БОЛЬШОЙ РУССКО-НЕМЕЦКИЙ СЛОВАРЬ

■

GROSSWÖRTERBUCH RUSSISCH-DEUTSCH

GROSSWÖRTERBUCH RUSSISCH-DEUTSCH

MIT ETWA 53 000 WÖRTERN
UND 160 000 WORTVERBINDUNGEN

Herausgegeben von K. Leyn

16., unveränderte Auflage

MOSKAU • VERLAG RUSSKIJ JAZYK • 2002

БОЛЬШОЙ РУССКО - НЕМЕЦКИЙ СЛОВАРЬ

ОКОЛО 53 000 СЛОВ
И 160 000 СЛОВОСОЧЕТАНИЙ

Под редакцией К. Лейна

■

16-е издание, стереотипное

МОСКВА • ИЗДАТЕЛЬСТВО «РУССКИЙ ЯЗЫК» • 2002

УДК 808.2-3=30
ББК 81.2 Нем.—4
Б79

Авторы:
К. Лейн, Е. И. Лепинг, А. А. Лепинг, О. Д. Липшиц, Н. П. Страхова, Р. Эккерт, И. Б. Глинка

Русско-немецкий словарь (основной) вышел в свет в 1943 г.
2-е изд., испр. и доп., 1948 г.
3-е изд., перераб. и доп., 1956 г.
Стереотип.: 4-е изд. 1960 г., 5-е изд. 1962 г., 6-е изд. 1965 г.
7-е изд., испр. и доп., 1976 г.
Стереотип.: 8-е изд. 1978 г., 9-е изд. 1983 г.
10-е изд., испр. и доп., 1989 г.
Стереотип.: 11-е изд. 1991 г., 12-е изд. 1996 г.
С 1999 г. Большой русско-немецкий словарь

Б79 **Большой русско-немецкий словарь** / Под ред. К. Лейна. — 16-е изд., стереотип. — М.: Рус. яз., 2002. — 736 с.

ISBN 5—200—03127—3

Словарь содержит около 53 000 слов и 160 000 словосочетаний современного русского литературного языка. Слова и отдельные значения слов сопровождаются необходимыми пояснениями и пометами, указывающими на грамматическую принадлежность слова, стилистическую окраску и т. д. Для показа употребления слова приводится значительное количество словосочетаний.

Словарь предназначается для специалистов в области немецкого языка, переводчиков и преподавателей, а также для немецких читателей, занимающихся русским языком.

УДК 808.2-3=30
ББК 81.2 Нем.—4

Справочное издание

ЛЕЙН Карл
ЛЕПИНГ Елена Ивановна
СТРАХОВА Наталья Петровна и др.

БОЛЬШОЙ РУССКО-НЕМЕЦКИЙ СЛОВАРЬ

Ведущий редактор *Э. Л. Рымашевская*
Редакторы *Л. С. Блинова, О. П. Эхина*
Художественное оформление *Л. П. Копачева*
Художественный редактор *Е. М. Виксне*
Технический редактор *И. В. Богачева*
Корректоры *О. Д. Баулина, М. С. Губернаторова*

Издание осуществлено при участии издательства «Дрофа»
Изд. лиц. № 010155 от 09.04.97.
Подписано в печать 08.02.02. Формат 84×108 1/16. Бумага офсетная № 1. Гарнитура «Кудряшовская энциклопедическая».
Печать офсетная (с готовых диапозитивов). Усл. печ. л. 77,28. Уч.-изд. л. 161,44.
Доп. тираж III 15 000 экз. Заказ № 1052.
Издательство «Русский язык» Министерства РФ по делам печати, телерадиовещания и средств массовых коммуникаций. 113303, Москва, М. Юшуньская ул., 1.
Отпечатано в полном соответствии с качеством предоставленных диапозитивов в ОАО «Можайский полиграфический комбинат». 143200, Можайск, ул. Мира, 93.

ISBN 5-200-03127-3
9 785200 031276

ISBN 5—200—03127—3

ОТ ИЗДАТЕЛЬСТВА

Настоящее издание словаря является тринадцатым. Первое издание, увидевшее свет в 1943 году, было подготовлено в основном силами издательства, второе издание словаря вышло в 1948 году под редакцией А. А. Лепинга, третье — в 1956 году под редакцией А. А. Лепинга и Н. П. Страховой. Шестое издание было выпущено в 1965 году под редакцией А. Б. Лоховица, А. А. Лепинга и Н.П. Страховой.

Большие изменения претерпел словарь при подготовке седьмого издания, вышедшего в 1976 году. Работа над этим изданием была проведена Е. И. Лепинг, Н. П. Страховой и немецкими специалистами К. Лейном и проф. д-ром Р. Эккертом, преподавателями русского языка Лейпцигского университета. Сохранив в прежнем виде построение словарной статьи и структуру словаря, авторы значительно расширили русский словник, включив новые слова и значения, новые термины и терминологические сочетания, а также большое количество словосочетаний и фразеологических единиц, не вошедших в предыдущие издания. Немецкими специалистами была проведена большая работа по уточнению переводов, большое внимание уделялось стилистической адекватности переводов.

Десятое издание вышло в 1989 г. под редакцией К. Лейна, внесшего большие изменения в словарь. Словник был пополнен актуальной общественно-политической, научно-технической и разговорной лексикой. Значительная работа была проведена по улучшению немецких переводов и уточнению географических названий. В приложении был добавлен список русских глагольных форм, имеющих звуковые и иные особенности в своем образовании, что должно помочь немецким читателям в овладении русским языком. Была уточнена система помет как к русскому слову, так и к немецким эквивалентам, дано больше пояснений к значениям русского слова. Это наиболее полный из выпущенных в нашей стране и за рубежом русско-немецких словарей. Им могут пользоваться как российские, так и зарубежные читатели.

Настоящее издание является переизданием Русско-немецкого (основного) словаря под редакцией К. Лейна, но выходит под новым названием Большой русско-немецкий словарь. В него включены обновлённый список географических названий и статья «О реформе немецкой орфографии», написанные М. Я. Цвиллингом.

В качестве приложения словарь содержит: 1) список географических названий; 2) таблицу склонения немецких имён существительных; 3) таблицу немецких глаголов сильного и неправильного спряжения; 4) таблицу немецкой транскрипции русских имён и названий по системе проф. Штейница; 5) список наиболее употребительных русских сокращений, встречающихся в печати; 6) список русских глагольных форм, имеющих звуковые и иные особенности в своём образовании.

Все замечания и дополнения к словарю редакция просит направлять в издательство «Русский язык» (113303, Москва, Малая Юшуньская ул., д. 1).

VORWORT

Das vorliegende Buch ist die 13. Auflage des Russisch-deutschen Wörterbuches. Die erste Auflage, die 1943 erschienen war, wurde im wesentlichen durch Mitarbeiter des Verlages vorbereitet; die zweite Auflage erschien 1948 unter der Redaktion von A. A. Leping, und die dritte 1956 unter der Redaktion von A. A. Leping und N. P. Strachowa. Die sechste Auflage wurde 1965 von A. B. Lochowiz, A. A. Leping und N. P. Strachowa herausgegeben.

Wesentliche Veränderungen wurden bei der Vorbereitung der siebenten Neuauflage, die 1976 erschienen war, unternommen. Die Bearbeitung dieser Auflage besorgten E. I. Leping, N. P. Strachowa und die Russisten der Universität Leipzig K. Leyn und Prof. Dr. R. Eckert. Der Artikelaufbau und die Struktur des Wörterbuches blieben grundsätzlich unverändert. Das Wörterbuch wurde sowohl durch Neuwörter und Neubedeutungen, neue Fachtermini und terminologische Wortverbindungen, als auch durch eine große Anzahl von Wortverbindungen und phraseologischen Einheiten wesentlich ergänzt, die in früheren Ausgaben nicht berücksichtigt wurden. Die deutschen Sprachwissenschaftler haben umfangreiche Arbeit geleistet, um die Übersetzungen zu verbessern und zu präzisieren. Großer Wert wurde darauf gelegt, daß die Übersetzungen stilistisch adäquat sind.

Die Verbesserungen und Ergänzungen zur zehnten Auflage wurden von K. Leyn vorgenommen. In die Wortliste ist die aktuell gewordene gesellschaftspolitische, wissenschaftlich-technische und umgangssprachliche Lexik nachgetragen. Das Verzeichnis der geographischen Namen wurde wesentlich überarbeitet und aktualisiert. Ein Verzeichnis der russischen Verbalformen mit phonetischen und anderen Besonderheiten, das den deutschsprachigen Benutzern beim Erlernen der russischen Sprache behilflich sein kann, wurde beigefügt. Das System der terminologischen und stilistischen Angaben zum russischen Wortschatz bzw. zu den deutschen Äquivalenten wurde präzisiert, die Bedeutungen der russischen Stichwörter wurden genauer differenziert.

Das ist das vollständigste von allen in unserem Lande und im Ausland erschienenen russisch-deutschen Wörterbüchern. Es kann sowohl von russisch sprechenden als auch von deutschsprachigen Benutzern gebraucht werden.

Die vorliegende Auflage ist die Neuauflage des von K. Leyn herausgegebenen Russisch-deutschen Wörterbuches. Es erscheint freilich unter einem neuen Titel »Großwörterbuch Russisch-Deutsch« und enthält das aktualisierte Verzeichnis der geographischen Namen und den Artikel »Zur Reform der deutschen Rechtschreibung«, verfaßt von M. J. Zwilling.

Als Anlagen enthält das Wörterbuch: 1) ein Verzeichnis geographischer Namen; 2) eine Tabelle der Deklination der deutschen Substantive; 3) eine Zusammenstellung der Konjugationsformen der starken und der unregelmäßigen Verben; 4) die Transkriptionstabelle der russischen Namen und Begriffe nach Prof. Steinitz; 5) ein Verzeichnis der oft in der Presse vorkommenden russischen Abkürzungen; 6) ein Verzeichnis der russischen Verbalformen mit phonetischen und anderen Besonderheiten.

Alle Bemerkungen und Vorschläge, die der Verbesserung dieser Ausgabe dienen können, bitten wir an die folgende Adresse zu richten: 113303, Москва, Малая Юшуньская ул., д. 1. Издательство «Русский язык».

1999 г.

О РЕФОРМЕ НЕМЕЦКОЙ ОРФОГРАФИИ

1 июля 1996 в г. Вене представителями правительств стран немецкого языка — Федеративной Республики Германия, Австрийской Республики, Швейцарской Конфедерации, Княжества Лихтенштейн, а также ряда государств, на территории которых компактно проживает немецкоязычное меньшинство (Италии, Румынии и Венгрии) было подписано совместное «Заявление о намерениях» (»Wiener Absichtserklärung«), на основании которого с 1 августа 1998 г. вводятся в действие новые правила немецкой орфографии, официально именуемые »Deutsche Rechtschreibung. Regeln und Wörterverzeichnis«. Text der amtlichen Regelung (Gunter Narr Verlag. Tübingen 1996, 332 S.). Для повсеместного внедрения указанных правил предусмотрен семилетний переходный период, заканчивающийся 31 июля 2005 г. Однако многие издательства и учебные заведения Германии приняли решение руководствоваться в своей деятельности новыми правилами, не дожидаясь их официального вступления в силу. Так, в некоторых землях ФРГ правописание в первых классах преподается по новым правилам уже с начала 1996/97 учебного года.

В Германии издано и поступило в продажу новое издание нормативного орфографического словаря «Дуден» (Duden. Rechtschreibung der deutschen Sprache, 21., völlig neu bearb. u. erw. Aufl./hrsg. von der Dudenredaktion. Mannheim; Leipzig; Wien; Zürich: Dudenverl., 1996, 910 S.)

Поскольку пользователи данного словаря в своей массе не имели возможности ознакомиться с указанными правилами, так как у нас они не публиковались, представляется целесообразным изложить основные отличия новой орфографии от принятой ранее, и таким образом помочь пользователю словаря в будущем самостоятельно корректировать написание тех приводимых в словаре слов, которых коснулась орфографическая реформа. В нашем кратком изложении представлены лишь важнейшие из вновь вводимых правил, новшества, касающиеся пунктуации, по понятным причинам здесь не рассматриваются.

1. В новых правилах **более последовательно учитывается словообразовательно-этимологический принцип**, при котором написание основы слова сохраняется по возможности неизменным (напр.: differenzial (*вместо* differential) — основа: Differenz; aufwändig (*вместо* aufwendig) — основа: Aufwand; überschwänglich (*вместо* überschwenglich) — основа: Überschwang).

Однако во многих случаях (в частности, в двух первых из вышеприведенных слов) допускается двоякое написание — и новое, и прежнее.

2. Принципиально изменено правило использования буквы ß. Впредь она сохраняется только для обозначения глухого звука после долгих гласных и дифтонгов (Fuß, weiß, stoßen). **После кратких гласных всегда** (в том числе и в конечной позиции в слове) **пишется только удвоенное ss** (Hass, Nuss, nass, fließen — floss, союз dass).

3. Для многих широко употребительных слов иностранного происхождения, сохраняющих иноязычную орфографию, **допускается упрощенное написание в соответствии с их немецким произношением** (напр.: Kommunikee *вместо* Kommuniqué; Majonäse *вместо* Mayonnaise). Вместе с тем большое число заимствований сохраняет свое традиционное написание (напр.: City, Chaiselongue, Renaissance, Teenager).

Расширено число слов греческого происхождения, в которых **наряду с традиционным ph может писаться f** (напр.: Delfin, Kolofonium).

4. Отменено действовавшее ранее правило, согласно которому в сложных словах написание трех одинаковых согласных допускалось лишь перед последующим согласным (Brennstoffflasche), но не между гласными (Kunststoffaser = Kunststoff + Faser), кроме случаев разрыва слова при переносе (Kunststoff-faser). По новым правилам **три согласных сохраняются во всех случаях** (Schwimmmeister, Betttuch «простыня» — в отличие от Bettuch «молитвенный платок»). Допускается также написание таких слов через дефис: Balett-Tänzer.

5. Внесены уточнения в правила слитного и раздельного написания сложных слов и словосочетаний, которые, в частности, выражаются в следующих изменениях:

1) Некоторые сложные глаголы, ранее писавшиеся слитно, по новым правилам трактуются как словосочетания и пишутся раздельно (anheim fallen, überhand nehmen, vorlieb nehmen, gefangen nehmen, verloren gehen и т.п.).

2) Сложные существительные английского происхождения, писавшиеся согласно правилам языка-источника раздельно, в немецком языке по новым правилам могут писаться слитно (Bigband, Softdrink, Hotdog).

3) Для большинства наречных единиц, образованных из сочетания предлога с существительным и используемых как элемент глагольной конструкции, допускается двоякое написание (außerstand/außer Stand setzen, imstande/im Stande sein, infrage/in Frage stellen, zugrunde/zu Grunde gehen, zutage/zu Tage treten, zuschulden/zu Schulden kommen lassen и т.п.).

6. Вносятся некоторые уточнения в правила использования прописных букв в субстантивированных словах и при десубстантивированном употреблении существительных, приводить которые в деталях здесь не представляется целесообразным. Ограничимся лишь указанием на одно из наиболее существенных новшеств: с прописной буквы должны писаться субстантивированные прилагательные в некоторых адвербиализованных сочетаниях (im Großen und Ganzen, des Näheren и т.п.)

М. Я. Цвиллинг

КАК ПОЛЬЗОВАТЬСЯ СЛОВАРЕМ

РАСПОЛОЖЕНИЕ МАТЕРИАЛА

Русские заглавные слова расположены в алфавитном порядке.

Заглавные слова с общим корнем объединены в гнезда, если они стоят рядом по алфавиту.

Неизменяемая часть заглавного слова, а также первого заглавного слова гнезда отделяется параллельными линиями (||); внутри статьи эта часть слова заменяется тильдой (~). Каждое новое слово в гнезде набрано полужирным шрифтом, например:

дели́м||ое *с мат.* Dividénd [-vi-] *m* (8); **~ость** (*читай*: дели́мость) *ж* Téilbarkeit *f*
ве́рн||ый 1. (*правильный*) ríchtig; wahr; у вас **~ые** (*читай*: ве́рные) часы́? geht Íhre Uhr ríchtig?..

Тильда заменяет также все заглавное слово при повторении его во фразеологии, например:

вести́ 1. führen *vt*... **~**(*читай*: вести́) су́дно ein Schiff führen...

УДАРЕНИЕ И ТРАНСКРИПЦИЯ

Во всех русских и немецких словах показано у д а р е н и е. Оно обозначено косой черточкой над буквой ударяемого гласного, например:

обору́дование *с* Áusstattung...

В немецких словах, где ударение падает на гласный с умлаутом, знак ударения не ставится, например, Säge. В словах, где два гласных имеют умлаут, ударение показано, например, Gescháftsführung.

В немецких словах с двумя или тремя равноударными слогами ударения показаны на всех ударяемых гласных, например, schnéewéiß.

В сложных немецких словах обозначено только главное ударение, которое обычно падает на первый компонент, например, Getréidespeicher.

Если в немецком слове ударение падает на дифтонг, то черточка ставится над первой буквой дифтонга, например, láufen.

Если при немецком глаголе факультативно (в круглых скобках) дана приставка, на которую падает ударение, то на этом слове даны два знака ударения; в случае употребления глагола с приставкой второе ударение не принимается во внимание, например, (án)kómmen (*читай*: ánkommen *или* kómmen).

Ударение не показано в следующих случаях: 1) если слово односложно; 2) если при немецком слове имеется транскрипция ударяемого гласного; 3) если слово дано курсивом.

При немецких словах, произношение которых не подчиняется основным правилам чтения (главным образом при словах иностранного происхождения) в прямых скобках дается ф о н е т и ч е с к а я т р а н с к р и п ц и я всего слова или той его части, которая может вызвать затруднение при чтении. В некоторых случаях перед транскрипцией дается помета (*англ.*, *фр.*, *ит.* и т. п.), указывающая, из какого языка заимствовано данное слово. Если транскрибируется часть слова, то пометы *англ.*, *фр.*, *ит.* и т. п. опущены.

Ударение показано в транскрипции косой черточкой перед слогом. Черточка, обозначающая главное ударение, стоит вверху; черточка, обозначающая второстепенное ударение, стоит внизу, например:

варьете́ *с* Varieté [*фр.* varie'te:]
дели́тель *м мат.* Divisor [-'vi:-] (*читай*: [di'vi:zor])
авиали́ния *ж* ... Flúgroute [-,ru:tə] (*читай*: ['flu:k,ru:tə])

Транскрипция близких по звучанию слов дана в статье один раз — при первом слове; при других же словах транскрипция не дается и ударение в слове не показывается (если оно уже было показано в транскрипции), например:

сезо́нный Saison- [zɛ'zɔŋ-]; Jáhreszeiten-, jáhreszeitlich; saisonbedingt; ~ рабо́чий Saisonarbeiter *m* (6) (Здесь в словах saisonbedingt и Saisonarbeiter ударение не показано, так как оно показано в слове Saison-)

Транскрипция дана также к грамматическим формам существительных, например:

па *с* Pas [*фр.* pa] *m* =, = [pas] (Здесь вторая транскрипция показывает, что при употреблении слова во множественном числе s читается)

В словосочетаниях транскрипция стоит непосредственно после того слова, к которому она относится, например:

стихи́йный... носи́ть [име́ть] **~ хара́ктер** éinen spontánen Charákter [ka-] háben

В словаре используются знаки международного фонетического алфавита (см. таблицу транскрипционных знаков).

В е р т и к а л ь н а я п у н к т и р н а я ч е р т а в немецких словах показывает, что разделяемые ею буквы надо читать как отдельные звуки, например:

Líni¦e (e читается)
Häus¦chen (*не*: Häu-schen)
Peritoné¦um (u читается)

СВЕДЕНИЯ О ЧАСТЯХ РЕЧИ

При р у с с к и х с у щ е с т в и т е л ь н ы х указан род: *м* — мужской род, *ж* — женский род, *с* — средний род.

При существительных, употребляющихся только в форме множественного числа, стоит помета *мн.*— множественное число, например:

духи́ *мн.* Parfüm *n* (2)

Если существительное в одном из своих значений употребляется в форме множественного числа, эта форма показана при данном значении, например:

водоём *м* **1.** Wásserbehälter *m* (6) ... **2.** *мн.* ~ы (*читай*: водоёмы) *собир.* Gewässer *pl*...

При субстантивированных прилагательных и причастиях стоит помета *сущ.*, например:

жаропонижа́ющее *сущ. с мед.* Fíebermittel *n* (6)
гла́вное 1. *сущ. с* Háuptsache *f*...
уполномо́ченный *сущ. м* Bevóllmächtigte *m* (14)

При существительных, имеющих собирательное значение, стоит помета *собир.*, например:

вале́жник *м собир.* Fállholz *n* -es, Brúchholz *n*

Русские реалии, в том числе сложносокращённые слова и сокращения, даются как самостоятельные заглавные слова, например, **ВЛКСМ, Моссовет, МХАТ, москвич, североморец.**

Сочетания прилагательного с существительным, обозначающие различные виды данного понятия, даны, как правило, при существительном, например:

дробь *ж*... **2.** *мат.* Bruch *m* (1*), Brúchzahl *f* (10); десяти́чная ~...; проста́я ~...; пра́вильная ~...; непра́вильная ~...

Р у с с к о е п р и л а г а т е л ь н о е часто передается в немецком языке первым компонентом сложного слова. Такие слова изображены в словаре с дефисом. Это означает, что они в указанном значении употребляются в сложении с другим немецким словом, например:

берёзов||ый Bírken-; ~ая ро́ща Bírkenhain *m* (1)...

Русское прилагательное и соответствующее качественное н а р е ч и е передаются по-немецки большей частью одним и тем же словом. Поэтому, как правило, качественные наречия даны в словаре заглавным словом только тогда, когда их перевод имеет особенности по сравнению с переводом соответствующих прилагательных. В большинстве случаев словосочетания с наречием приводятся в статье прилагательного.

М е с т о и м е н и я снабжены пометой *мест.*

Перевод и примеры употребления местоимений, изменяющихся по родам, даны при форме мужского рода. На своем алфавитном месте приведены формы женского рода, среднего рода и множественного числа со ссылкой на форму мужского рода, например:

э́тот *мест.* díeser (*f* díese, *n* díeses, *pl* díese); возьми́те э́ту кни́гу, а я возьму́ ту néhmen Sie díeses Buch, und ich néhme jénes

э́та *ж см.* э́тот

э́то *мест.* *с* **1.** *см.* э́тот...

э́ти *мн. см.* э́тот

Перевод и примеры употребления форм косвенных падежей личных местоимений даны при именительном падеже. На своем алфавитном месте указаны формы косвенных падежей со ссылкой на именительный падеж, например:

я 1. *мест.* ich (*G* méiner, *D* mir, *A* mich); э́то я das bin ich; ich bin's!; отпусти́те меня́! lássen Sie mich!; ...мне э́то уже́ говори́ли man hat es mir schon geságt...

меня́ *род., вин. см.* **я**

Перевод р у с с к о г о г л а г о л а дается обычно при совершенном виде, при формах несовершенного вида дается ссылка на соответствующий глагол в совершенном виде. Если же глагол имеет какие-либо значения только в несовершенном виде, то они приводятся при несовершенном виде, например:

утеша́ть *см.* уте́шить

уте́шить trösten *vt*...

встре́тить 1. begégnen *vi* (s)...

встреча́ть 1. *см.* встре́тить; **2.** (*идти навстречу*) entgégengehen* *vi* (s)...

Р у с с к и е п р и ч а с т и я, употребляющиеся во фразеологических сочетаниях, помещены в статье соответствующего глагола.

Причастия, перешедшие в определенных значениях в прилагательные, даны на своем алфавитном месте, например:

да́нн||ый *прич.* **1.** *см.* дать; **2.** *в знач. прил.* (*этот*) gegében; entsprÉchend (*соответствующий*); в ~ый моме́нт...; ~ая величина́...

С л о ж н ы е п р е д л о г и типа «в течение», «в силу» приведены на своем алфавитном месте, а не под существительными.

При н е м е ц к и х с у щ е с т в и т е л ь н ы х указан род: *m* — мужской род, *f* — женский род, *n* — средний род и в скобках дана цифра, являющаяся ссылкой на таблицу склонения, помещенную в конце словаря. Так, цифра (11) при словах Knospe, Niere означает, что они склоняются как слово Gabe, приведенное в таблице склонений под номером 11. Две цифры в скобках означают, что существительное имеет две формы склонения, например:

сосе́д *м* Náchbar *m* (13,8) (*читай*: *Genitiv* Náchbars *или* Náchbarn, *Plural* Náchbarn)

При существительных, склонение которых не указывается в таблице, даны формы родительного падежа единственного числа и именительного падежа множественного числа; формы эти приведены также в том случае, когда ß переходит в ss, например:

аккордео́н *м* Akkórdeon *n* -s, -s... (*читай*: *Genitiv* Akkórdeons, *Plural* Akkórdeons)

коми́ссия *ж* **1.** Kommissión *f* (10), Áusschuß *m* -sses, -schüsse... (*читай*: *Genitiv* Áusschusses, *Plural* Ausschüsse)

такси́ *с* Táxe *f* (11), Táxi *n* = *u* -s, = *u* -s... (Знак равенства означает, что форма родительного падежа единственного числа или форма именительного падежа множественного числа совпадает с формой именительного падежа единственного числа. *Читай*: *Genitiv* Táxi *или* Táxis, *Plural* Táxi *или* Táxis)

ма́монт *м* Mámmut *n* (2) (*pl тж.* -s) (*читай*: *Genitiv* Mámmuts, *Plural* Mámmute *или* Mámmuts)

ви́лла *ж* Villa ['vi-] *f*, *pl* -llen... (*читай*: *Genitiv* Villa, *Plural* Villen)

профе́ссор *м* Proféssor *m* -s, -ssóren (*читай*: *Genitiv* Proféssors, *Plural* Professóren — здесь показан переход ударения во множественном числе)

геркуле́с *м* **1.** *миф.* (*с прописной*) Hérkules *m* -', (*читай*: *Genitiv* Hérkules'); **2.** *перен.* Hérkules *m* =, -se... (*читай*: *Genitiv* Hérkules, *Plural* Hérkulesse)

Помета *sub* (substantiviert) при субстантивированных прилагательных и субстантивированных причастиях, а также при сложных словах, в состав которых они входят в качестве второго компонента, означает, что слово склоняется как прилагательное, например:

орлёнок *м* ... Ádlerjunge *sub n*

переме́нн||ый... ~ая величина́ *мат.* veränderliche Größe, Variáble [va-] *sub f*

живопи́сность *ж* das Málerische (*sub*)

Отсутствие указаний на образование множественного числа немецких существительных означает, что данное существительное или не имеет формы множественного числа, или что оно в данном значении не употребляется во множественном числе, например:

арифме́тика *ж* Arithmétik *f*; Réchnen *n* -s...

При сложных существительных, основной компонент которых (Grundwort) приводится в этой же статье в других словах, ради экономии места не дается отсылки к таблице склонения, так как цифра в скобках при основном компоненте относится и к сложному слову, например:

верёвка *ж* Strick *m* (1), Léine *f* (11); ... ~ для белья́ Wäscheleine *f* (В данном примере цифра (11) при слове Leine относится и к Wäscheleine)

велосипе́д *м* Fáhrrad *n* (5), Rad *n*, Zwéirad *n* ... (В данном примере цифра (5) при слове Fahrrad относится также к словам Rad и Zweirad)

В случае расхождения в употреблении форм числа русского и немецкого существительного приводятся специальные указания, например:

жи́вность *ж собир. разг.* ... **2.** (*живые существа*) kléine Lébewesen (*pl*)

сме́тный... ~ая сто́имость Plánkosten *pl*, geplánte Kósten (*pl*)

При н е м е ц к и х п р и л а г а т е л ь н ы х, которые не склоняются, стоит помета *inv* — invariabel, например:

ленингра́дский Léningrader *inv*

ро́зовый 1. (*о цвете*) rósa *inv*...

При н е м е ц к и х г л а г о л а х показана переходность (*vt*) и непереходность (*vi*). При безличных глаголах стоит помета *vimp*.

Помета (s) означает, что глагол спрягается с вспомогательным глаголом sein; (s, h) — что он может спрягаться как с sein, так и с haben. Отсутствие указания на вспомогательный глагол означает, что глагол спрягается с haben.

Глаголы сильного и неправильного спряжения отмечены звездочкой, которая отсылает к таблице в конце словаря. В таблице приведены глаголы без приставок. При глаголах, имеющих сильные и слабые формы, звездочка стоит в скобках, например:

идти́ 1. (*передвигаться, направляться*) géhen* *vi* (s)...

впита́ть 1. áufsaugen(*) *vt*, éinsaugen(*) *vt*...

Глаголы **haben**, **sein** и **werden** в словосочетаниях условно даны без звездочки, хотя они относятся к глаголам неправильного спряжения. Их формы приведены в таблице.

Пометы *отд.* и *неотд.* при сложных глаголах указывают на то, отделяется или не отделяется первый компонент глагола при спряжении. Они даются только тогда, когда у пользующегося словарем могут возникнуть сомнения. В трудных случаях первый компонент отделен вертикальной пунктирной чертой, например:

сравни́ть... nebeneinánder¦stellen *отд. vt*; gegenüber¦stellen *отд. vt* (*сопоставить*)
затяну́ть I **1.** ... féstziehen * *отд. vt*...
оста́вить, оставля́ть 1. lássen * *vt*, ... líegenlassen* *отд. vt*; stéhenlassen * *отд. vt*...
приласка́ть (*кого-л.*) líebkosen *неотд. vt*...

Если первым компонентом глагола является предлог-наречие типа **auf, durch** (так называемая полуприставка) или если глагол имеет приставку, например, **be-**, то пометы *отд.* и *неотд.* не даются, и пользующийся словарем должен ориентироваться на ударение. Ударение на корне показывает, что первый компонент не отделяется, например:

dúrchfeuchten — ударение на durch показывает, что эта часть глагола отделяется при спряжении
durchféuchten — ударение на корне показывает, что durch не отделяется при спряжении.

УПРАВЛЕНИЕ

В случае расхождения в управлении в русском и немецком языках в словаре даются соответствующие указания в круглых скобках, например:

расста́ться sich trénnen (с кем-л., с чем-л. von *D*)...
свыка́ться, свы́кнуться sich gewöhnen (с чем-л. an *A*), sich éingewöhnen (in *A*)
мири́ть versöhnen *vt*, áussöhnen *vt*; Fríeden stíften (когó-л. с кем-л. zwischen *D*) (*vt* при глаголах versöhnen и aussöhnen показывает, что управление этих глаголов совпадает с управлением русского глагола. Точка с запятой в данном примере означает, что управление, приведенное в скобках, относится только к последнему переводу)
отде́латься 1. *разг.* (*избавиться от кого-л., от чего-л.*) lóswerden* *отд. vt* (s)... (Помета *vt* в данном случае показывает, что управление русского слова — *от кого-л., от чего-л.* в немецком языке передается существительным или местоимением в винительном падеже)

Помета (*D*) после sich в немецких глаголах означает, что sich употребляется в дательном падеже, например:

зада́ться (*чем-л.*) sich (*D*) etw. vórnehmen*; ~ це́лью sich (*D*) ein Ziel sétzen [stécken]; sich (*D*) etw. zum Ziel stéllen...

В словаре показано управление также тех существительных и прилагательных, для которых оно типично, например:

ве́рность *ж*... **2.** (*преданность*) Tréue *f* (чему́-л. zu *D*)...

ЗНАЧЕНИЕ ЗАГЛАВНОГО СЛОВА И ПЕРЕВОД

В многозначных словах отдельные з н а ч е н и я, а также разные ч а с т и р е ч и внутри одной статьи обозначены полужирными арабскими цифрами с точкой. После цифры дается пояснение данного значения либо в круглых скобках курсивом, либо сокращенными пометами, показывающими область применения данного слова (*мед., воен., тех.* и т. п.) или характеризующими его стилистически (*разг., поэт.* и т. п.), например:

ве́рный 1. (*правильный*) ríchtig; wahr... **2.** (*надёжный*) sícher, fest, zúverlässig... **3.** (*преданный*) treu, ergében...

Фразеологические обороты и примеры к отдельным значениям слова даются при этих значениях. Разные з н а ч е н и я ф р а з е о л о г и ч е с к и х о б о р о т о в обозначены светлыми арабскими цифрами со скобкой, например:

дать... ~ сло́во 1) (*предоставить*) das Wort ertéilen; 2) (*обещать*) das Wort gében*

После всех значений слова за ромбом (◇) даются фразеологические сочетания, не подходящие ни под одно из приведенных значений слова, поговорки и пословицы, например:

кра́сн||ый rot... ◇ ра́ди ~ого слов́ца der schönen Wórte wégen; ~ая цена́ *разг.* gúter Preis, höchstmöglicher Preis; проходи́ть ~ой ни́тью sich wie ein róter Fáden hindúrchziehen *

О м о н и м ы даны в разных статьях и отмечены римскими цифрами, например:

по́чка I *ж бот.* Knóspe *f* (11)
по́чка II *ж анат.* Níere *f* (11)...

О м о г р а ф ы даны в разных статьях, но цифрами не отмечены, например:

ве́дение *с* Kompeténz *f* (10)...
веде́ние *с* Führung *f*...

Если заглавное русское слово в современном русском языке встречается только в словосочетаниях и самостоятельно не употребляется, то после него ставится д в о е т о ч и е, за которым приводится соответствующее словосочетание, например:

излёт: пу́ля на ~е *воен.* mátte Kúgel, máttes Geschóß

Двоеточие означает также, что для данного заглавного слова или данного значения заглавного слова нет обобщающего перевода, например:

моч||ь II *сущ. ж разг.*: изо всей ~и, что есть ~и aus Léibeskräften; крича́ть во всю ~ь aus vóllem Hálse schréien *; ~и нет ich hábe kéine Kraft [kéine Gedúld] mehr

П е р е в о д ы, близкие по значению, разделяются запятыми. Переводы, более далекие и передающие разные смысловые оттенки, отделяются друг от друга точкой с запятой. Оттенки переводов поясняются в скобках курсивом, например:

рука́ *ж* **1.** Hand *f* (3) (*кисть*); Arm *m* (1) (*вся рука*)...
гнои́ться éitern *vi*; tríefen * *vi* (*о глазах*)...

З н а к п р и б л и з и т е л ь н о г о р а в е н с т в а (≅) после русского оборота указывает на то, что следующий за ним перевод близок русскому обороту по смыслу, но отличается от него образной основой, например:

воро́на... ◇ пу́ганая ~ (и) куста́ бои́тся *посл.* ≅ gebránntes Kind scheut das Féuer; gebrühte Kátze scheut auch káltes Wásser

П о м е т а *перен.* показывает, что слово или выражение употреблено в переносном значении, например:

ко́пия 1. ... **2.** *перен.* Kopíe *f* (11), Ébenbild *n* (5) ...
впереди́... **2.** ... идти́ ~ всех állen vorángehen *; *перен.* állen voráus sein

Помета *тж. перен.* перед немецким переводом употребляется, когда русское слово имеет как прямое, так и переносное значение и оба значения переводятся одним и тем же немецким словом, например:

магнети́зм *м тж. перен.* Magnetísmns *m* =

В аналогичных случаях помета *тж. перен.* употребляется и во фразеологических сочетаниях, например:

вы́бросить 1. ... ~ за́ борт *тж. перен.* über Bord wérfen *, áusbooten *vt*

Помета (*тж. перен.*) после немецкого перевода ставится, когда русское слово имеет как прямое, так и переносное значение, но переносное значение передается только одним из переводов, после которого и ставится помета, причем этот перевод передает и прямое значение. Точка с запятой перед этим переводом означает, что помета относится только к этому переводу, например:

до́йн||ый... ~ая коро́ва Mílchkuh *f* (3); mélkende Kuh (*тж. перен.*)

Если первый перевод относится и к прямому, и к переносному значению русского слова или фразы, а последующие переводы только к переносному, то после первого перевода дается помета *перен. тж.*, например:

масштáб *м* Máßstab *m* (1 *); *перен. тж.* Maß *n* (2), Ausmaß *n*, Formát *n* (2), Dimensiónen *pl*

Статьи с терминами разработаны аналогично, например:

сочетáемость *ж* Kombiniérbarkeit *f* (10); *лингв. тж* Valénz [va-] *f* (10) (В данном примере общее значение русского слова передает только первый перевод; для передачи лингвистического термина возможны оба перевода)

Если русское слово является термином, который употребляется также переносно, и переводится в обоих значениях одним и тем же немецким словом, ставятся две пометы через запятую, например, *ист., перен.* или *миф., перен.*:

вандáл *м ист., перен.* Vandále [van-] *m* (9)

Помета *ист.* дается не только к историческим терминам, но и к историзмам — историческим реалиям, типа **городовой, городничий, городской голова, городская дума.**

Помета, стоящая перед немецким переводом или перед одним из немецких переводов, относится как к русскому, так и к немецкому слову, например:

связь *ж* **1.** Zusámmenhang *m* (1 *); Verbíndung *f* (10); *физ.* Ko¦härénz *f*... (Помета *физ.* в данном случае означает, что русское слово «связь» является и термином физики; для передачи этого специального значения из приведенных немецких переводов можно взять только Kohärénz)

Помета, стоящая после немецкого перевода, относится только к немецкому слову, например:

великолéпно hérrlich!, áusgezeichnet!; príma! (*разг.*) (В данном примере помета *разг.* относится только к немецкому слову prima, на что указывает точка с запятой, стоящая перед этим словом и отделяющая его от других переводов)

Помета *книжн.* дается только к немецким переводам, чтобы предупредить русского читателя о стиле немецкого слова.

Пометы *австр.* и *швейц.* стоят после тех немецких слов, которые употребительны только в Австрии или Швейцарии, например:

миссионéр *м* Missionár *m* (1); Missionär *m* (1) (*австр., швейц.*) (Точка с запятой показывает, что пометы относятся только к последнему переводу)

К некоторым словам даны две пометы.

Две терминологические пометы, разделенные запятой, например, *физ., хим.*, означают, что данный термин относится как к физике, так и к химии.

Две разнородные пометы, не разделенные запятой, следует рассматривать вместе, например:

слабогрýдый *разг. уст.* schwáchbrüstig (В данном примере пометы означают, что слово употреблялось раньше в разговорной речи)

Помета *предик. безл.* ставится при безлично-предикативных словах, например:

желáтельно *предик. безл.* es ist zu wünschen, es ist erwünscht...

При сложных немецких существительных с двойными согласными указываются особенности переноса слов, например:

мореплáвание *с* Schiffahrt (*при переносе* Schiff-fahrt) *f*...

крапи́ва *ж* Brénnessel (*при переносе* Brenn-nessel) *f* (11)

Взятые в тексте в круглые скобки слово, часть слова, выражение являются факультативными, например;

добрó I *с* **1.** (*имущество*) (Hab und) Gut *n* -(e)s (*читай*: Hab und Gut *или* Gut)...

Взятое в прямые скобки слово является вариантом стоящего перед скобками слова, например:

вы́литься... **2.** *перен.*: ~ во что-л. ... éine Form [Gestált] ánnehmen * (*читай*: éine Form ánnehmen * *или* éine Gestált ánnehmen *)

душ||á ... легкó [тяжелó] на ~é leicht [schwer] zumúte (*читай*: легкó на душé leicht zumúte *или* тяжелó на душé schwer zumúte)

BENUTZUNGSHINWEISE

ZUR ANORDNUNG DES MATERIALS

Die russischen Stichwörter sind alphabetisch angeordnet.

Stichwörter mit gleichem Stamm, die alphabetisch unmittelbar aufeinanderfolgen, sind zu Wortgruppen zusammengefaßt.

Der unveränderliche Teil des Stichwortes des Wortartikels bzw. des ersten Stichwortes der Wortgruppe ist durch einen Doppelstrich (||) gekennzeichnet; innerhalb des Wortartikels wird dieser Wortteil durch die Tilde (~) ersetzt. In der Wortgruppe ist jedes neue Stichwort halbfett gedruckt, z. B.:

дели́м||ое *с мат.* Dividénd [-vi-] *m* (8); **~ость** (*lies*: дели́мость) *ж* Téilbarkeit *f*

ве́рн||ый 1. (*правильный*) ríchtig; wahr; у вас ~ые (*lies*: ве́рные) часы́? geht Íhre Uhr ríchtig?..

Die Tilde ersetzt das Stichwort ebenfalls bei seiner Wiederholung in phraseologischen Wendungen, z.B.:

вести́ 1. führen *vt* ... ~ (*lies*: вести́) су́дно ein Schiff führen...

ZUR BETONUNG UND UMSCHRIFT

Die B e t o n u n g ist bei allen russischen und deutschen Wörtern bezeichnet. Als Betonungszeichen steht ein schräger Strich über dem betonten Vokal, z. B.:

обору́дование *с* Áusstattung...

Handelt es sich bei dem betonten Laut um einen Umlaut, so bleibt die Betonung unbezeichnet, z. B.: **Säge.** Enthält jedoch das Wort zwei Umlaute, dann wird die Betonung bezeichnet, z. B.: **Geschäftsführung.**

Bei deutschen Wörtern mit zwei oder drei gleichbetonten Silben steht das Betonungszeichen über allen betonten Vokalen, z. B.: **schnéewéiß.**

In zusammengesetzten deutschen Wörtern wird nur die Hauptbetonung bezeichnet, die gewöhnlich auf dem ersten Teil des Wortes liegt, z. B.: **Getréidespeicher.**

Wenn im deutschen Wort die Betonung auf einem Diphthong liegt, so steht das Betonungszeichen über dem ersten Buchstaben des Diphthonges, z. B.: **láufen.**

Falls bei deutschen Verben fakultativ (in runden Klammern) eine Vorsilbe angegeben ist, auf der die Betonung liegt, so sind zwei Betonungszeichen gesetzt. Bei Verwendung des Verbs mit Vorsilbe bleibt die zweite Betonung unberücksichtigt, z. B.: **(án)kómmen** (*lies*: ánkommen *oder* kómmen).

In folgenden Fällen bleibt die Betonung unbezeichnet: 1) bei einsilbigen Wörtern; 2) wenn dem deutschen Wort eine Umschrift des betonten Vokals folgt; 3) bei Wörtern in kursiver Schrift.

Für deutsche Wörter, deren Aussprache von den allgemeingültigen Leseregeln abweicht (vor allem bei Wörtern fremdsprachiger Herkunft), ist die U m s c h r i f t des ganzen Wortes bzw. des in Frage kommenden Wortteils in eckigen Klammern angeführt. In einigen Fällen ist vor der Umschrift ein Hinweis auf die Herkunftssprache des Wortes gegeben (*англ.*, *фр.*, *ит.* u. dgl.). Wenn nur Teile des Wortes transkribiert werden, fällt dieser Hinweis weg.

In der Umschrift wird die Betonung durch einen schrägen Strich vor der betonten Silbe bezeichnet. Bei der Hauptbetonung steht das Zeichen oben, bei der Nebenbetonung unten, z. B.:

варьете́ *с* Varieté [*фр.* varie'te:]

дели́тель *м мат.* Divisor [-'vi:-] (*lies*: [di'vi:zor])

авиали́ния *ж* ... Flúgroute [-,ru:tə] (*lies*: ['flu:k-,ru:tə])

Die Umschrift ähnlich lautender Wörter wird innerhalb eines Wortartikels nur einmal gegeben, und zwar bei dem ersten Wort. Bei den folgenden Wörtern fällt die Umschrift weg, die Betonung (soweit sie in der Umschrift angegeben wurde) bleibt unbezeichnet, z. B.:

сезо́нный Saison- [zɛ'zɔŋ-]; Jáhreszeiten-, jáhreszeitlich; saisonbedingt; ~ **рабо́чий** Saisonarbeiter *m* (6) (In den Wörtern **saisonbedingt** und **Saisonarbeiter** ist die Betonung nicht angegeben, da sie im Wort **Saison-** bezeichnet ist)

Die Umschrift wird für die grammatischen Formen der Substantive gegeben, z. B.:

па *с* Pas [*фр.* pa] *m* =, = [pas] (Die zweite Umschrift gibt in diesem Falle an, daß in der Pluralform das **s** ausgesprochen wird)

In Wortverbindungen folgt die Umschrift unmittelbar dem zu transkribierenden Wort, z. B.:

стихи́йный... носи́ть [**име́ть**] ~ **хара́ктер** éinen spontánen Charákter [ka-] háben

Im Wörterbuch werden die Zeichen der Association Phonétique Internationale benutzt (siehe Tabelle der Umschriftzeichen).

D e r s e n k r e c h t e P u n k t s t r i c h in deutschen Wörtern gibt an, daß die durch ihn getrennten Buchstaben selbständig auszusprechen sind, z. B.:

Lini¦e (**e** ist auszusprechen)
Häus¦chen (*nicht*: Häu-schen)
Peritoné¦um (**u** ist selbständig auszusprechen)

GRAMMATISCHE ANGABEN

ZU DEN VERSCHIEDENEN WORTARTEN

Bei r u s s i s c h e n S u b s t a n t i v e n ist das Geschlecht angegeben: *м* — Maskulinum, *ж* — Femininum, *с* — Neutrum.

Bei Pluraliatantum steht die Kennzeichnung *мн.* — Plural, z. B.:

духи́ *мн.* Parfüm *n* (2)

Wenn ein Substantiv nur in einer seiner Bedeutungen in der Pluralform gebraucht wird, ist die Form unter der betreffenden Bedeutung angegeben:

водоём *м* **1.** Wásserbehälter *m* (6)... **2.** *мн.* ~ы (*lies*: водоёмы) *собир.* Gewässer *pl*...

Bei substantivierten Adjektiven und Partizipien steht die Kennzeichnung *сущ.*, z. B.:

жаропонижа́ющее *сущ. с мед.* Fíebermittel *n* (6)
гла́вное 1. *сущ. с* Háuptsache *f*...
уполномо́ченный *сущ. м* Bevóllmächtigte *m* (14)

Substantive, die Sammelnamen sind, erhalten die Kennzeichnung *собир.*, z. B.:

вале́жник *м собир.* Fállholz *n* -es, Brúchholz *n*

Russische Realien, einschließlich der Abbreviationskomposita und Kurzwörter, werden als selbständige Stichwörter behandelt, z. B.: **ВЛКСМ, Моссовет, МХАТ, москвич, североморец.**

Verbindungen von Adjektiv und Substantiv, die verschiedene Arten eines gemeinsamen Gattungsbegriffs bezeichnen, sind zumeist in den Wortartikel des Substantivs aufgenommen, z. B.:

дробь *ж*... **2.** *мат.* Bruch *m* (1 *), Brúchzahl *f* (10); десяти́чная ~...; проста́я ~...; пра́вильная ~...; непра́вильная ~...

Das russische Adjektiv wird im Deutschen häufig durch den ersten Teil (Bestimmungswort) einer Zusammensetzung wiedergegeben. Solche Teilwörter sind im Wörterbuch mit einem Strich versehen. Damit wird angedeutet, daß sie in der betreffenden Bedeutung mit anderen deutschen Wörtern Zusammensetzungen eingehen, z. B.:

берёзов||ый Bírken-; ~ая ро́ща Bírkenhain *m* (1)...

Das russische Adjektiv und das mit ihm stammverwandte Adverb werden ins Deutsche meistens mit ein und demselben Wort übersetzt. Deshalb werden die Adjektivadverbien im Wörterbuch nur dann als selbständige Stichwörter behandelt, wenn sich ihre Übersetzung von der des Adjektivs durch gewisse Besonderheiten unterscheidet. Im allgemeinen sind Redewendungen mit dem Adverb in den Wortartikel des betreffenden Adjektivs aufgenommen.

Pronomen sind mit der Kennzeichnung *мест.* versehen.

Übersetzungen und Verwendungsbeispiele werden grundsätzlich bei der maskulinen Form des Pronomens angeführt, wenn das betreffende Pronomen nach dem Geschlecht variiert. Femininum, Neutrum und Pluralenform stehen an ihrer alphabetischen Stelle, von wo auf die maskuline Form verwiesen wird, z. B.:

э́тот *мест.* díese, (*f* díese, *n* díeses, *pl* díese); возьми́те э́ту кни́гу, а я возьму́ ту néhmen Sie díeses Buch, und ich néhme jénes

э́та *ж см.* э́тот

э́то *мест. с см.* э́тот

э́ти *мн. см.* э́тот

Übersetzungen und Verwendungsbeispiele für alle Kasusformen der Personalpronomen sind unter dem Stichwort der Nominativform aufgeführt. Die übrigen Kasusformen stehen an ihrer alphabetischen Stelle, von wo auf die Nominativform verwiesen wird, z. B.:

я 1. *мест.* ich (*G.* méiner, *D* mir, *A* mich); э́то я das bin ich; ich bin's!; отпусти́те меня́! lássen Sie mich!; ... мне э́то уже́ говори́ли man hat es mir schon gesägt...

меня *род.*, *вин. см.* я

Die Übersetzung des russischen Verbs wird grundsätzlich beim vollendeten Aspekt aufgeführt; von den Formen des unvollendeten Aspekts wird auf das entsprechende Verb des vollendeten Aspekts verwiesen. Wenn das Verb aber bestimmte Bedeutungen nur im unvollendeten Aspekt aufweist, so werden diese hier aufgeführt, z. B.:

утеша́ть *см.* уте́шить

уте́шить trösten *vt*...

встре́тить 1. begégnen *vi* (s)...

встреча́ть 1. *см.* встре́тить; **2.** (*идти навстречу*) entgégengehen * *vi* (s)

Russische Partizipien, die in phraseologischen Wendungen vorkommen, werden in den Wortartikel des betreffenden Verbs aufgenommen.

Partizipien, die in bestimmten Bedeutungen zu Adjektiven wurden, sind als selbständige Stichwörter in die allgemeine alphabetische Reihenfolge aufgenommen, z. B.:

да́нн||ый *прич.* **1.** *см.* дать; **2.** *в знач. прил.* (*этот*) gegében; entspréchend (*соответствующий*); в ~ый моме́нт...; ~ая величина́...

Zusammengesetzte Präpositionen wie **в течение, в силу** werden als selbständige Wörter behandelt und stehen an ihrer alphabetischen Stelle, sie sind nicht in den Wortartikel des Substantivs aufgenommen.

Bei den deutschen Substantiven ist das Geschlecht angegeben: *m* — Maskulinum, *f* — Femininum, *n* — Neutrum, die in Klammern beigefügte Zahl verweist auf die Tabelle der Substantivdeklinationen im Anhang des Wörterbuches. So gibt die Zahl (11) bei den Wörtern **Knospe, Niere** an, daß sie wie das Wort **Gabe** dekliniert werden, das in der Tabelle der Substantivdeklinationen unter Nummer 11 steht. Stehen zwei Zahlen in Klammern, so bedeutet das zwei verschiedene Deklinationsmuster des Substantivs, z. B.:

сосе́д *м* Náchbar *m* (13, 8) (*lies*: *Genitiv* Náchbars *oder* Náchbarn, *Plural* Náchbarn)

Bei den Substantiven, deren Deklinationsmuster in der Tabelle fehlen, sind die Formen des Genitiv Singular und des Nominativ Plural angegeben; diese Formen sind auch angeführt, wenn bei der Deklination das ß in ein **ss** übergeht, z.B.:

аккордео́н *м* Akkórdeon *n* -s, -s... (*lies*: *Genitiv* Akkórdeons, *Plural* Akkórdeons)

коми́ссия *ж* **1.** Kommissión *f* (10), Áusschuß *m* -sses, schüsse... (*lies*: *Genitiv* Áusschusses, *Plural* Áusschüsse)

такси́ *с* Táxe *f* (11), Táxi *n* = *u* -s, = *u* -s... (Das Gleichheitszeichen zeigt an, daß die Form des Genitiv Singular bzw. die Form des Nominativ Plural mit der des Nominativ Singular übereinstimmt. *Lies*: *Genitiv* Táxi *oder* Táxis, *Plural* Táxi *oder* Táxis)

ма́монт *м* Mámmut *n* (2) (*pl тж.* -s) (*lies*: *Genitiv* Mámmuts, *Plural* Mámmute *oder* Mámmuts)

ви́лла *ж* Villa ['vi-] *f*, *pl* -llen... (*lies*: *Genitiv* Villa, *Plural* Villen)

профе́ссор *м* Proféssor *m* -s, -ssóren (*lies*: *Genitiv* Proféssors, *Plural* Professóren — hier ist die Betonungsverlagerung im Plural angegeben)

геркуле́с *м* **1.** *миф.* (*с прописной*) Hérkules *m* -' (*lies*: *Genitiv* Hérkules'); **2.** *перен.* Hérkules *m* =, -se... (*lies*: *Genitiv* Hérkules, *Plural* Hérkulesse)

Die Kennzeichnung *sub* (substantiviert), die nach substantivierten Adjektiven und substantivierten Partizipien sowie nach mit ihnen als Grundwort gebildeten Zusammensetzungen steht, bedeutet, daß das betreffende Wort adjektivisch dekliniert wird, z. B.:

орлёнок *м*... Ádlerjunge *sub n*

переме́нн||ый... ~ая величина́ *мат.* veränderliche Größe, Variáble [va-] *sub f*

живопи́сность *ж* das Málerische (*sub*)

Wenn beim deutschen Substantiv kein Hinweis auf die Bildung der Pluralform gegeben ist, so bedeutet das, daß das Substantiv entweder keine Pluralform besitzt oder in der betreffenden Bedeutung nicht im Plural gebraucht wird, z. B.:

арифме́тика *ж* Arithmétik *f*; Réchnen *n* -s...

Bei zusammengesetzten Substantiven, deren Grundwort im gleichen Wortartikel erscheint, fällt aus Gründen der Raumersparnis der Hinweis auf die Tabelle der Substantivdeklinationen weg, die eingeklammerte Zahl nach dem Grundwort gilt dabei zugleich für die Zusammensetzung, z.B.:

верёвка *ж* Strick *m* (1), Léine *f* (11); ...~ для белья́ Wäscheleine *f* (Im angeführten Beispiel gilt die eingeklammerte Zahl 11 nach dem Wort **Leine** zugleich für die Zusammensetzung **Wäscheleine)**

велосипе́д *м* Fáhrrad *n* (5), Rad *n*, Zwéirad *n*... (Im angeführten Beispiel gilt die eingeklammerte Zahl 5 nach dem Wort **Fahrrad** zugleich für die Wörter **Rad** und **Zweirad)**

Wenn das russische und das deutsche Substantiv im Gebrauch der Numerusformen auseinandergehen, so wird darauf ausdrücklich hingewiesen, z. B.:

жи́вность *ж собир. разг.* ... **2.** (*живые существа*) kléine Lébewesen (*pl*)

сме́тн||ый... ~ая сто́имость Plánkosten *pl*, geplánte Kósten (*pl*)

Bei nicht deklinierbaren deutschen Adjektiven steht die Kennzeichnung *inv* — invariabel, z. B.:

ленингра́дский Léningrader *inv*

ро́зовый 1. (*о цвете*) rósa *inv*...

Bei den deutschen Verben ist ihre Transitivität (*vt*) bzw. Intransitivität (*vi*) angegeben. Unpersönliche Verben erhalten die Kennzeichnung *vimp*.

Mit dem Hilfsverb **sein** konjugierte Verben erhalten die Kennzeichnung (s); Verben, die mit **sein** und **haben** konjugiert werden, erhalten die Kennzeichnung (s, h). Die Verwendung des Hilfsverbs **haben** bleibt unbezeichnet.

Starke und unregelmäßige Verben sind mit einem Sternchen gekennzeichnet, mit dem auf die Tabelle der Konjugationsformen im Anhang des Wörterbuches verwiesen wird. In dieser Tabelle sind die Verben ohne Präfix aufgeführt. Bei gleichzeitig stark oder schwach konjugierbaren Verben steht das Sternchen in Klammern, z. B.:

идти́ 1. (*передвигаться, направляться*) géhen* *vi* (s)...

впита́ть 1. áufsaugen(*) *vt*, éinsaugen(*) *vt*...

In Wortverbindungen bleiben die Verben **haben, sein** und **werden** zweckmäßigerweise ohne Sternchen, obwohl es sich um unregelmäßige Verben handelt. Ihre Konjugationsformen sind in der Tabelle enthalten.

Die Kennzeichnungen *отд.* und *неотд.* bei zusammengesetzten Verben weisen auf die Trennbarkeit bzw. Untrennbarkeit des ersten Teils des Verbs bei der Konjugation hin. Diese Kennzeichnung erfolgt nur, wenn beim Benutzer Zweifel aufkommen können. In schwierigen Fällen wird der erste Teil durch einen senkrechten Punktstrich getrennt, z. B.:

сравни́ть... nebeneinánder¦stellen *отд. vt*; gegenüber¦stellen *отд. vt* (*сопоставить*)

затяну́ть I **1.** ... féstziehen * *отд. vt*...

оста́вить, оставля́ть 1. lássen* *vt*, ... líegenlassen * *отд. vt*; stéhenlassen * *отд. vt*...

приласка́ть (*кого-л.*) líebkosen *неотд. vt*...

Wenn als erster Bestandteil des Verbs Präfix-Adverbien wie **auf, durch** (sogenannte Halbpräfixe) fungieren, oder wenn das Verb ein Präfix hat (z. B. be-), so unterbleibt die Kennzeichnung *отд.* bzw. *неотд.*, da der Benutzer das Verhalten des Präfixes auf Grund der Betonung bestimmen kann. Liegt die Betonung auf der Wurzel, so ist der erste Teil untrennbar, z. B.:

dúrchfeuchten — die Betonung auf **durch** zeigt, daß dieser Teil bei der Konjugation abgetrennt wird

durchféuchten — die Betonung auf der Wurzel zeigt, daß **durch** bei der Konjugation nicht abgetrennt wird.

ZUR REKTION

Wenn die Rektion des deutschen Äquivalents von der des russischen Wortes abweicht, werden entsprechende Hinweise in runden Klammern gegeben, z. B.:

расста́ться sich trénnen (с кем-л., с чем-л. von *D*)...

свыка́ться, свы́кнуться sich gewöhnen (с чем-л. an *A*), sich éingewöhnen (in *A*)

мири́ть versöhnen *vt*, aussöhnen *vt*; Fríeden stíften (кого́-л. с кем-л. zwíschen *D*) (*vt* nach den Verben **versöhnen** und **aussöhnen** gibt an, daß die Rektion dieser Verben mit der des russischen Verbs übereinstimmt. Das Semikolon im angeführten Beispiel zeigt, daß der eingeklammerte Rektionshinweis nur für die letzte Übersetzung gilt)

отде́латься 1. *разг.* (*избавиться от кого-л., от чего-л.*) lóswerden * *отд. vt* (s)... (Die Kennzeichnung *vt* weist in diesem Beispiel darauf hin, daß anstelle der russischen Rektion *от кого-л., от чего-л.* im Deutschen ein Akkusativobjekt verwendet wird)

Die Kennzeichnung (*D*) nach **sich** bei deutschen Verben bedeutet, daß das Reflexivpronomen **sich** im Dativ steht, z. B.:

зада́ться (*чем-л.*) sich (*D*) etw. vórnehmen*; ~ це́лью sich (*D*) ein Ziel sétzen [stécken], sich (*D*) etw. zum Ziel stéllen...

Im Wörterbuch ist ebenfalls die Rektion der Substantive und Adjektive angegeben, soweit sie für diese typisch ist, z. B.:

ве́рность *ж*... **2.** (*преданность*) Tréue *f* (**чему́-л.** zu *D*) ...

ZUR BEDEUTUNG DES STICHWORTES UND ZUR ÜBERSETZUNG

Bei Wörtern mit mehreren Bedeutungen sind die einzelnen B e d e u t u n g e n sowie die verschiedenen W o r t a r t e n innerhalb des Wortartikels mit halbfetten arabischen Ziffern und Punkt bezeichnet. Nach der Ziffer folgt die Erläuterung der jeweiligen Bedeutung in kursiver Schrift in Klammern bzw. eine abgekürzte Kennzeichnung, die entweder auf den Verwendungsbereich des Wortes hinweist (*мед., воен., тех.* u. dgl.) oder das Wort stilistisch charakterisiert (*разг., поэт.* u. dgl.), z. B.:

ве́рный 1. (*правильный*) ríchtig; wahr... **2.** (*надёжный*) sícher, fest, zúverlässig... **3.** (*преданный*) treu, ergében...

Phraseologische Wendungen und Verwendungsbeispiele zu den einzelnen Wortbedeutungen werden bei den entsprechenden Bedeutungen angeführt. Verschiedene B e d e u t u n g e n v o n p h r a s e o l o g i s c h e n W e n d u n g e n sind durch magere arabische Ziffern mit Klammern bezeichnet, z. B.:

дать... ~ сло́во 1) (*предоставить*) das Wort ertéilen; 2) (*обещать*) das Wort gében*

Nach allen Bedeutungen stehen hinter dem Rhombus (◇) die phraseologischen Verbindungen, die sich keiner der angeführten Wortbedeutungen zuordnen lassen, sowie sprichwörtliche Redensarten und Sprichwörter, z. B.:

кра́сн||ый rot... ◇ ра́ди ~ого слове́ца der schönen Wórte wégen; ~ая цена́ *разг.* gúter Preis, höchstmöglicher Preis; проходи́ть ~ой ни́тью sich wie ein róter Fáden hindúrchziehen *

H o m o n y m e werden in getrennten Wortartikeln behandelt und sind mit römischen Ziffern gekennzeichnet, z. B.:

по́чка I *ж бот.* Knóspe *f* (11)

по́чка II *ж анат.* Niere *f* (11) ...

H o m o g r a p h e werden in getrennten Wortartikeln behandelt, erhalten jedoch keine Ziffernkennzeichnung, z. B.:

ве́дение *с* Kompeténz *f* (10)...

веде́ние *с* Führung *f*...

Wenn das russische Stichwort des Wortartikels im modernen Russisch nur in Wortverbindungen vorkommt und nicht selbständig gebraucht wird, so steht nach ihm ein D o p p e l p u n k t, auf den die entsprechende Wortverbindung folgt, z. B.:

излёт: пу́ля на ~е *воен.* mátte Kúgel, máttes Geschóß

Der Doppelpunkt deutet auch an, daß für das betreffende Stichwort bzw. für die betreffende Bedeutung eines Stichwortes keine zusammenfassende Übersetzung angeführt werden kann, z. B.:

моч||ь II *сущ. ж разг.*: изо все́й ~и, что есть ~и aus Léibeskräften; крича́ть во всю ~ь aus vóllem Hálse schreien *; ~и нет ich hábe kéine Kraft [kéine Gedúld] mehr

Bedeutungsmäßig einander nahestehende Ü b e r s e t z u n g e n werden durch ein Komma getrennt. Übersetzungen, die bedeutungsmäßig weiter auseinanderliegen und verschiedene Bedeutungsnuancen wiedergeben, werden durch ein Semikolon getrennt. Die Erläuterungen zu den Übersetzungsnuancen werden in Klammern in kursiver Schrift gegeben, z. B.:

рука́ 1. Hand *f* (3) (*кисть*); Arm *m* (1) (*вся рука*)...

гнои́ться éitern *vi*; tríefen * *vi* (*о глазах*)...

Das Zeichen «angenähert» (≅) nach einer russischen Redewendung weist auf die annähernde bedeutungsmäßige Übereinstimmung der nachfolgenden Übersetzung mit der russischen Redewendung hin bei gleichzeitiger Verschiedenheit im bildhaften Aufbau hin, z. B.:

воро́на... ◇ пу́ганая ~ (и) куста́ бои́тся *посл.* ≅ gebránntes Kind scheut das Féuer; gebrühte Kátze scheut auch káltes Wásser

Die K e n n z e i c h n u n g *перен.* steht für den Gebrauch eines Wortes oder einer Redewendung in übertragener Bedeutung z. B.:

ко́пия 1. ... **2.** *перен.* Kopíe *f* (11), Ébenbild *n* (5)...

впереди́ 2. ... идти́ ~ всех állen vorángehen*; *перен.* állen voráus sein

Die Kennzeichnung *тж. перен.* steht vor der deutschen Übersetzung, wenn das russische Wort sowohl in eigentlicher als auch in übertragener Bedeutung vorkommt und beide

Bedeutungen mit ein und demselben deutschen Wort übersetzt werden, z. B.:

магнети́зм *м тж. перен.* Magnetismus *m* =

In ähnlichen Fällen wird die Kennzeichnung *тж. перен.* auch bei phraseologischen Verbindungen verwendet, z. B.:

вы́бросить 1. ... ~ за́ борт *тж. перен.* über Bord wérfen *, áusbooten *vt*

Nach der deutschen Übersetzung steht die Kennzeichnung (*тж. перен.*) in dem Falle, wenn das russische Wort sowohl in eigentlicher als auch in übertragener Bedeutung auftritt, wobei jedoch die übertragene Bedeutung nur durch eine der angeführten Übersetzungen wiedergegeben wird. Nach dieser Übersetzung steht (*тж. перен.*), wenn sie zugleich auch die eigentliche Bedeutung des Wortes wiedergibt. Das Semikolon vor dieser Übersetzung zeigt, daß die Kennzeichnung nur für sie allein gilt, z. B.:

до́йн||ый... ~ая коро́ва Mílchkuh *f* (3); mélkende Kuh (*тж. перен.*)

Wenn sich die erste Übersetzung sowohl auf die eigentliche als auch auf die übertragene Bedeutung des Wortes oder der Redewendung bezieht, die folgenden Übersetzungen aber nur auf die übertragene, dann steht hinter der ersten Übersetzung die Kennzeichnung *перен. тж.* z. B.:

масшта́б *м* Máßstab *m* (1 *); *перен. тж.* Maß *n* (2), Ausmaß *n*, Formát *n* (2), Dimensiónen *pl*

Nach dem gleichen Muster sind die Wortartikel ausgearbeitet, die Fachtermini enthalten, z. B.:

сочета́емость *ж* Kombinierbarkeit *f* (10); *лингв. тж.* Valénz [va-] *f* (10) (In diesem Beispiel wird die allgemeine Bedeutung des russischen Wortes nur durch die erste Übersetzung wiedergegeben, für die Wiedergabe des linguistischen Fachterminus eignen sich beide Übersetzungen)

Ist das russische Wort ein auch in übertragener Bedeutung verwendbarer Fachterminus, der in beiden Fällen durch das gleiche deutsche Wort übersetzt wird, so stehen vor der Übersetzung zwei durch ein Komma getrennte Kennzeichnungen, z. B.: *ист.*, *перен.* oder *миф.*, *перен.*:

ванда́л *м ист., перен.* Vandále [van-] *m* (9)

Die Kennzeichnung *ист.* steht nicht nur bei historischen Fachtermini, sondern auch bei Historismen, historischen Realien wie **городово́й, городни́чий, городско́й голова́, городска́я ду́ма.**

Eine Kennzeichnung, die vor der deutschen Übersetzung bzw. vor einer von mehreren Übersetzungen steht, gilt sowohl für das russische als auch für das deutsche Wort, z. B.:

связь *ж* **1.** Zusámmenhang *m* (1 *); Verbíndung *f* (10); *физ.* Ko|häréńz *f*... (Die Kennzeichnung *физ.* bedeutet in diesem Beispiel, daß das russische Wort связь zugleich ein physikalischer Fachterminus ist; zur Wiedergabe dieser fachsprachlichen Bedeutung eignet sich von allen deutschen Übersetzungen nur das Wort **Kohärénz**)

Eine hinter dem deutschen Wort stehende Kennzeichnung bezieht sich nur auf dieses, z. B.:

великоле́пно hérrlich!, áusgezeichnet!; prímа! (*разг.*) (Hier bezieht sich die Kennzeichnung *разг.* nur auf das deutsche Wort **prima**, was durch das davorstehende trennende Semikolon angedeutet ist)

Die Kennzeichnung *книжн.* steht nur bei deutschen Übersetzungen, sie macht den russischsprechenden Benutzer auf die stilistische Eigenart des deutschen Wortes aufmerksam.

Die Kennzeichnungen *австр.* und *швейц.* stehen bei deutschen Wörtern, die nur in Österreich oder in der Schweiz gebräuchlich sind, z. B.:

миссионе́р *м* Missionár *m* (1); Missionär *m* (1) (*австр., швейц.*) (Das Semikolon beschränkt die Kennzeichnung auf die letzte der Übersetzungen)

Bei einigen Wörtern werden zwei Kennzeichnungen angeführt.

Zwei durch ein Komma getrennte terminologische Kennzeichnungen, z. B. *физ.*, *хим.*, bedeuten, daß der entsprechende Fachausdruck zugleich zu zwei Fachbereichen (Physik und Chemie) gehört.

Zwei verschiedenartige Kennzeichnungen, die nicht durch ein Komma getrennt sind, sind einheitlich anzuwenden, z. B.:

слабогру́дый *разг. уст.* schwáchbrüstig (Die beiden Kennzeichnungen in diesem Beispiel besagen, daß das Wort früher in der Umgangssprache gebräuchlich war)

Die Kennzeichnung *предик. безл.* steht bei unpersönlich prädikativen Wörtern, z. B.:

жела́тельно *предик. безл.* es ist zu wünschen, es ist erwünscht...

Bei deutschen zusammengesetzten Substantiven mit Doppelkonsonanten sind die Besonderheiten der schriftlichen Silbentrennung dargestellt, z. B.:

морепла́вание *с* Schíffahrt (*при переносе* Schiff-fahrt) *f*...

крапи́ва *ж* Brénnessel (*при переносе* Brenn-nessel) *f* (11)

In runden Klammern stehende Wörter, Wortteile oder Redewendungen im Text des Wortartikels sind fakultativ, z. B.:

добро́ *с* (*имущество*) (Hab und) Gut *n* -(e)s (*lies*: Hab und Gut *oder* Gut)...

Ein Wort in eckigen Klammern ist eine Alternativvariante zum vorhergehenden Wort, z. B.:

вы́литься... **2.** *перен.*: ~ во что-л. ... eine Form [Gestált] ánnehmen * (*lies*: éine Form ánnehmen * *oder* éine Gestált ánnehmen *)

душ||а́... легко́ [тяжело́] на ~е́ leicht [schwer] zumúte (*lies*: легко́ на душе́ leicht zumúte *oder* тяжело́ на душе́ schwer zumúte)

ЛЕКСИКОГРАФИЧЕСКИЕ ИСТОЧНИКИ

QUELLENNACHWEIS

Словарь русского языка/АН СССР, Ин-т рус. яз.; Под ред. А. П. Евгеньевой, 2-е изд., испр. и доп. М., 1981 — 1984. Т. 1—4.

Ожегов С. И. Словарь русского языка/Под ред. Н. Ю. Шведовой. 17-е изд., стереотип. М., 1985.

Толковый словарь русского языка/Под ред. проф. Д. Н. Ушакова. М., 1935—1940. Т. 1—4.

Словарь современного русского литературного языка/ АН СССР, Ин-т рус. яз. М.— Л., 1950—1965. Т. 1—17.

Новые слова и значения: Словарь-справочник по материалам прессы и литературы 60-х годов/АН СССР, Ин-т рус. яз.; Под ред. Н. З. Котеловой, Ю. С. Сорокина. М., 1971.

Новое в русской лексике. Словарные материалы — 77 — 82/АН СССР, Ин-т рус. яз.; Под ред. Н. З. Котеловой. М., 1980—1986.

Фразеологический словарь русского языка/Под ред. А. И. Молоткова. 3-е изд., стереотип. М., 1978.

Словарь иностранных слов. 9-е изд., испр. М., 1982.

Орфографический словарь русского языка/АН СССР, Ин-т рус. яз.; Под ред. С. Г. Бархударова, И. Ф. Протченко и Л. И. Скворцова. 19-е изд., стереотип. М., 1982.

Орфоэпический словарь русского языка/АН СССР, Ин-т рус. яз.; Под ред. Р. И. Аванесова. М., 1983.

Букчина Б. З., Калакуцкая Л. П. Слитно или раздельно? (Опыт словаря-справочника). 3-е изд., испр. и доп. М., 1982.

Розенталь Д. Э. Прописная или строчная? (Опыт словаря-справочника). 2-е изд., стереотип. М., 1985.

Алексеев Д. И., Гозман И. Г. Сахаров Г. В. Словарь сокращений русского языка/Под ред. Д. И. Алексеева. 4-е изд., стереотип. М., 1984.

Левашов Е. А. Словарь прилагательных от географических названий. М., 1986.

Ахманова О. С. Словарь лингвистических терминов. М., 1966.

Немецко-русский политехнический словарь. 3-е изд., стереотип. М., 1980.

Wörterbuch der deutschen Gegenwartssprache/Hrsg. von R. Klappenbach, W. Steinitz. Berlin, 1968—1978. Bd. 1—6.

Handwörterbuch der deutschen Gegenwartssprache/Hrsg. von G. Kempcke. Berlin, 1984. Bd. 1—2.

Wörter und Wendungen. Wörterbuch zum deutschen Sprachgebrauch/Hrsg. von Dr. E. Agricola unter Mitwirkung von H. Görner, R. Küfner. 5., überarb. Aufl. Leipzig, 1972.

Russisch-deutsches polytechnisches Wörterbuch/Hrsg. von P. Hüter, H. Görner. 3., stark bearb. Aufl. Berlin, 1983. Bd. 1—2.

Wahrig G. Deutsches Wörterbuch. Berlin (West)/München/Wien. 1977.

Der Sprach-Brockhaus. Deutsches Bildwörterbuch. 8. Aufl. Wiesbaden, 1976.

Der Große Duden. Wörterbuch und Leitfaden der deutschen Rechtschreibung. 2., durchges. Aufl. (der 18. Neubearbeitung). Leipzig, 1986.

Großes Fremdwörterbuch. Leipzig, 1977.

Der Große Duden. Bd. 5. Fremdwörterbuch. 3., völlig neu bearb. u. erw. Aufl. Mannheim/Wien/Zürich, 1974.

Großes Wörterbuch der deutschen Aussprache. Leipzig, 1982.

Der Große Duden. Bd. 6. Aussprachewörterbuch. Mannheim, 1962.

Koblischke H. Großes Abkürzungsbuch. Leipzig, 1978.

Meyers Neues Lexikon. 2., völlig neu erarb. Aufl. Leipzig, 1972—1978. Bd. 1—18.

Daum E., Schenk W. Russisch-deutsches Wörterbuch. 15. Aufl. Leipzig, 1984.

УСЛОВНЫЕ ЗНАКИ

‖ **Параллельные линии** отделяют первую неизменяемую часть русского заглавного слова, например:

па́уз‖а *ж* Páuse *f* (11); **де́лать ~у** (*читай*: па́узу) ínnehalten * *отд. vi*...

~ **Тильда** заменяет: 1. все заглавное слово, например:

па́чка *ж* **1.** Päckchen *n* (7)...; ~ (*читай*: па́чка) сигаре́т...; ~ми (*читай*: па́чками) bündelweise...

2. первую неизменяемую часть заглавного слова, отделенную параллельными линиями, например:

пе́н‖а *ж* Schaum *m* ...; снять ~у (*читай*: пе́ну)...

3. внутри гнезда неизменяемую часть первого заглавного слова, отделенную параллельными линиями, например:

пала́т‖ка *ж* **1.** Zelt *n* (2) ... **2.** (*киоск*) Búde *f* (11)...; **~очный** (*читай*: пала́точный) Zelt-...

¦ **Вертикальная пунктирная черта** показывает, что: 1. разделяемые ею буквы надо читать как отдельные звуки, например:

Muse¦um (u читается как самостоятельный звук)

2. первый компонент сложного немецкого глагола при спряжении отделяется, например:

auseinánder¦nehmen * *отд.*

- **Дефис** 1. при показе грамматических форм немецкого существительного заменяет основу слова, например:

Park *m* -s, -s (*читай*: *Genitiv* Parks, *Plural* Parks)

2. в транскрипции заменяет нетранскрибируемую часть слова, например:

Friseur [-'zø:r] (*читай*: [fri'zø:r])

3. указывает, что данный элемент употребляется либо как первая часть сложного слова (дефис на конце), либо как последняя часть слова (дефис впереди), например:

тюле́ний Róbben-; ~ жир Róbbentran *m*...
водоро́дистый *хим.* -hydrid *n* (1); ~ на́трий Nátriumhydrid *n*

= **Знак равенства** 1. при немецком существительном означает, что форма родительного падежа единственного числа или форма именительного падежа множественного числа совпадает с формой именительного падежа единственного числа, например:

Daltonísmus *m* = (*читай*: *Genitiv* Daltonísmus)

2. используется в необходимых случаях перед числами, например:

арши́н *м* Arschín *m* (13) (=*0,71 м*)

≅ **Знак приблизительного равенства** указывает, что немецкий оборот речи близок русскому обороту по смыслу, но отличается от него по образу, например:

вить... ◇ из него́ верёвки мо́жно ~ ≅ er läßt Holz auf sich hácken

, **Запятая** 1. разделяет близкие по значению переводы, например:

камы́ш *м* **1.** Schilf *n* (2), Schílfrohr *n* (2)...

2. отделяет друг от друга грамматические формы немецких существительных, например:

Kánu *n* -s, -s

; **Точка с запятой** разделяет более далекие по значению переводы, например:

кольцо *с* Ring *m* (1); Reif *m* (1)...

: **Двоеточие** после русского заглавного слова (или после цифры, выделяющей значение слова) означает: 1. что данное слово встречается только в словосочетаниях, например:

вкруту́ю *нареч.*: свари́ть яйцо́ ~ ein Ei hart kóchen; сва́ренный ~ hártgekocht

2. что для данного слова или данного значения слова нет обобщающего перевода, например:

вечер‖ний... 2.: ~ий костю́м Geséllschaftsanzug *m* (1 *); ~ее пла́тье das (gróße) Ábendkleid

* **Звездочка** стоит при немецких глаголах сильного и неправильного спряжения и является отсылкой к таблице в конце словаря.

(*) **Звездочка в скобках** стоит при немецких глаголах, имеющих как сильные, так и слабые формы.

( ) **В круглых скобках** даны: 1. слово, часть слова или выражение, которые могут быть опущены, например:

Trópf(en)anzeiger

2. пояснения к переводам и дополнительные сведения (управление и т. п.)

[ ] **В прямых скобках** даны: 1. транскрипция, например:

Kárneval [-val]

2. Возможный вариант предыдущего слова, например:

кандидат‖у́ра... отвести́ ~у́ру éine Kandidatúr zurückweisen * [áblehnen] (*читай*: отвести́ кандидату́ру éine Kandidatúr zurückweisen * *или* éine Kandidatúr áblehnen)

каблу́к... ту́фли на сре́днем [высо́ком] ~е́ Schúhe mit hálbhohen [hóhen] Ábsätzen (*читай*: ту́фли на сре́днем каблуке́ Schúhe mit hálbhohen Ábsätzen *или* ту́фли на высо́ком каблуке́ Schúhe mit hóhen Ábsätzen)

◇ **За ромбом** даны фразеологические сочетания, смысловая связь которых со значениями заглавного слова утрачена, а также поговорки и пословицы, например:

го́род... ◇ сме́лость ~а́ берёт *посл.* ≅ frisch gewágt ist halb gewónnen

ZEICHEN

Der Doppelstrich trennt den unveränderlichen Anfangsteil des russischen Stichwortes ab, z. B.:

пáуз||а *ж* Páuse *f* (11); дéлать ~у (*lies*: пáузу) ínnehalten * *отд. vi...*

Die Tilde ersetzt: 1. das ganze Stichwort, z. B.:

пáчка *ж* **1.** Päckchen *n* (7)...; ~ (*lies*: пáчка) сигарéт...; ~ми (*lies*: пáчками) bündelweise...

2. den unveränderlichen Anfangsteil des Stichwortes vor dem Doppelstrich, z. B.:

пéн||а *ж* Schaum *m*...; снять ~у (*lies*: пéну)...

3. den unveränderlichen Teil des ersten Stichwortes vor dem Doppelstrich innerhalb der Wortgruppe, z. B.:

палáт||ка *ж* **1.** Zelt *n* (2)... **2.** (*киоск*) Búde *f* (11)...; **~очный** (*lies*: палáточный) Zelt-...

Der senkrechte Punktstrich gibt an, daß: 1. die durch ihn getrennten Buchstaben selbständig auszusprechen sind, z. B.:

Muséˈum (u ist selbständig auszusprechen)

2. der erste Teil des zusammengesetzten deutschen Verbes bei der Konjugation getrennt wird, z. B.:

auseinánderˈnehmen * *отд.*

Der Bindestrich 1. ersetzt den Stamm des Stichwortes in den grammatischen Angaben zu den deutschen Substantiven, z. B.:

Park *m* -s, -s (*lies*: *Genitiv* Parks, *Plural* Parks)

2. ersetzt den nicht transkribierten Teil des Wortes in der Umschrift, z. B.:

Friseur [-ˈzø:r] (*lies*: [friˈzø:r])

3. weist darauf hin, daß der betreffende Wortteil entweder als vorangehender Teil eines zusammengesetzten Wortes (der Bindestrich steht am Ende) oder als nachstehender Teil (der Bindestrich steht am Anfang) verwendet wird, z. B.:

тюлéний Róbben-; ~ **жир** Róbbentran *m*...

водорóдистый *хим.* -hydrid *n* (1); ~ **нáтрий** Nátriumhydrid *n*

Das Gleichheitszeichen 1. In den grammatischen Angaben zum deutschen Substantiv bedeutet es, daß die Form des Genitiv Singular bzw. des Nominativ Plural mit der Form des Nominativ Singular übereinstimmt, z. B.:

Daltonísmus *m* = (*lies*: *Genitiv* Daltonísmus)

2. Es wird wenn nötig vor Zahlen gesetzt, z. B.:

аршúн *м* Arschín *m* (13) (=*0,71 м*).

Das Zeichen «angenähert» weist darauf hin, daß die deutsche Redewendung der russischen bedeutungsmäßig nahekommt, sich von ihr aber im bildhaften Aufbau unterscheidet, z. B.:

вить... ◇ из негó верёвки мóжно ~ ≅ er läßt Holz auf sich hacken

, Das Komma trennt 1. bedeutungsmäßig einander nahestehende Wörter in der Übersetzung, z. B.:

камы́ш *м* **1.** Schilf *n* (2), Schílfrohr *n* (2)...

2. die grammatischen Formen der Substantive, z. B.:

Kánu *n* -s, -s

; Das Semikolon trennt Übersetzungen, die bedeutungsmäßig stärker voneinander abweichen, z. B.:

кольцó *с* Ring *m* (1); Reif *m* (1)...

: Der Doppelpunkt nach dem russischen Stichwort (oder nach der Ziffer, die eine der Bedeutungen einleitet) bedeutet, daß: 1. das betreffende Wort nur in Redewendungen vorkommt, z. B.:

вкрутýю *нареч.*: сварúть яйцó ~ ein Ei hart kóchen; свáренный ~ hártgekocht

2. für das betreffende Wort bzw. die betreffende Bedeutung keine zusammenfassende Übersetzung angeführt werden kann, z. B.:

вечéрн||ий... 2.: ~ий костю́м Geséllschaftsanzug *m* (1 *); ~ее плáтье das (gróße) Ábendkleid

* Das Sternchen bei starken und unregelmäßigen deutschen Verben verweist auf die Tabelle der Konjugationsformen am Schluß des Wörterbuches.

(*) Das Sternchen in Klammern steht bei Verben, die sowohl stark als auch schwach konjugiert werden können.

( ) In runden Klammern stehen:
1. Wörter, Wortteile oder Redewendungen, die ausgelassen werden können, z. B.:

Trópf(en)anzeiger

2. Erläuterungen zu Übersetzungen und andere ergänzende Angaben (Rektion u. ä.).

[ ] In eckigen Klammern steht:
1. die Umschrift, z. B.:

Kárneval [-val]

2. eine Alternativvariante für das vorhergehende Wort, z. B.:

кандидат||ýра... отвестú ~ýру éine Kandidatúr zurückweisen * [áblehnen] (*lies*: отвестú кандидатýру éine Kandidatúr zurückweisen * *oder* éine Kandidatúr áblehnen)

каблýк... тýфли на срéднем [высóком] ~é Schúhe mit hálbhohen [hóhen] Ábsätzen (*lies*: тýфли на срéднем каблукé Schúhe mit hálbhohen Ábsätzen *oder* тýфли на высóком каблукé Schúhe mit hóhen Ábsätzen)

◇ Der Rhombus steht vor phraseologischen Wendungen, deren Verbindung zu den Bedeutungen des Stichwortes verdunkelt ist, sowie vor sprichwörtlichen Redensarten und Sprichwörtern, z. B.:

гóрод... ◇ смéлость ~á берёт *посл.* ≅ frisch gewágt ist halb gewónnen

УСЛОВНЫЕ СОКРАЩЕНИЯ

ABKÜRZUNGEN

РУССКИЕ

ав. авиация — Flugwesen
австр. австрийский — österreichisch
автм. автоматика и телемеханика — Automatik
авто автомобильная промышленность, автотранспорт — Automobilindustrie, Kraftverkehr
анат. анатомия — Anatomie
англ. английский (язык) — englisch
антр. антропология — Anthropologie
археол. археология — Archäologie
архит. архитектура — Architektur
астр. астрономия — Astronomie
бакт. бактериология — Bakteriologie
безл. безличная форма — unpersönlich
библ. библеизм — biblisch
биол. биология — Biologie
биохим. биохимия — Biochemie
бирж. биржевой термин — Börsenausdruck
бот. ботаника — Botanik
бран. бранное слово, выражение — Schimpfwort
буд. будущее (время) — Zukunft
бухг. бухгалтерия — Buchhaltung
б. ч. большей частью — meistens
в. век — Jahrhundert
вв. века — Jahrhunderte
вводн. сл. вводное слово — Schaltwort
вежл. форма вежливости — Höflichkeitsform
вет. ветеринария — Veterinärmedizin
в знач. в значении — in (der) Bedeutung
вин. винительный падеж — Akkusativ
воен. военное дело — Militärwesen
воен.-мор. военно-морской термин — Kriegsmarine
возвр. возвратное местоимение — Reflexivpronomen
вопр. вопросительный — interrogativ
в разн. знач. в разных значениях — in verschiedenen Bedeutungen
высок. высокий стиль — gehoben
выч. тех. вычислительная техника — Rechentechnik
г. год; город — Jahr; Stadt
гг. годы — Jahre
геогр. география — Geographie
геод. геодезия — Geodäsie
геол. геология — Geologie
геофиз. геофизика — Geophysik
геохим. геохимия — Geochemie
гидр. гидрология, гидротехника — Hydrologie, Hydrotechnik
гл. глагол — Verb
гл. обр. главным образом — hauptsächlich
горн. горное дело — Bergbau
грам. грамматика — Grammatik
груб. грубое слово, выражение — derb
дат. дательный падеж — Dativ
дет. детская речь — Kindersprache
дип. дипломатия — Diplomatie
др. другой, другие — anderer, andere
ед. единственное число — Singular
ж женский род — Femininum
ж.-д. железнодорожный транспорт — Eisenbahnwesen
жив. живопись — Malerei
знач. значение — Bedeutung
зоол. зоология — Zoologie
инф. инфинитив — Infinitiv
ирон. в ироническом смысле, иронический — spöttisch
иск. искусство — (bildende) Kunst
исп. испанский (язык) — spanisch
ист. история, историзм — historisch
ит. итальянский (язык) — italienisch
и т. д. и так далее — und so weiter
и т. п. и тому подобное — und dergleichen mehr
канц. канцелярское слово, выражение — Papierdeutsch
карт. термин карточной игры — Kartenspiel
картогр. картография — Kartographie
киберн. кибернетика — Kybernetik
кино кинематография — Kinematographie
книжн. книжный стиль — buchsprachlich
кож. кожевенно-обувная промышленность — Leder- und Schuhindustrie
ком. коммерческий термин — Handel
косм. космонавтика — Kosmonautik
крист. кристаллография — Kristallographie
кто-л. кто-либо — (irgend) jemand
кул. кулинария — Kochkunst
л. лицо — Person
ласк. ласкательное слово, выражение — zärtlich
лат. латинский (язык) — lateinisch
лес. лесное дело, лесоводство — Forstwirtschaft
лингв. лингвистика — Sprachwissenschaft
лит. литература, литературоведение — Literatur
личн. личное местоимение — Personalpronomen
м мужской род — Maskulinum
мат. математика — Mathematik
маш. машиностроение — Maschinenbau
мед. медицина — Medizin
межд. междометие — Interjektion
мест. местоимение — Pronomen
мет. металлургия — Hüttenwesen
метео метеорология — Meteorologie
мет.-об. металлообработка — Metallbearbeitung
мех. механика — Mechanik
мин. минералогия — Mineralogie
миф. мифология — Mythologie
мн. множественное число — Plural
мор. морской термин — Seefahrt, Schiffbau
муз. музыка — Musik
напр. — например — zum Beispiel
нареч. наречие — Adverb
неодобр. неодобрительно — mißbilligend
неопр. неопределенное местоимение — unbestimmtes Pronomen
неотд. первый компонент сложного глагола не отделяется — untrennbar
несов. несовершенный вид — unvollendeter Aspekt
обл. областное слово, выражение — landschaftlich-umgangssprachlich
о-в, о-ва остров, острова — Insel, Inseln
оз. озеро — See
определит. определительное местоимение — Bestimmungspronomen
опт. оптика — Optik
отд. первый компонент сложного глагола отделяется — trennbar
относ. относительное местоимение — Relativpronomen
офиц. официальный термин, выражение — offiziell, amtlich
охот. охота — Jagdwesen
п. падеж — Kasus
палеонт. палеонтология — Paläontologie
пед. педагогика — Pädagogik

перен. **переносно, в переносном значении — übertragen**
п-ов полуостров — Halbinsel
повел. повелительное наклонение — Imperativ
погов. поговорка — sprichwörtliche Redensart
полигр. полиграфия — Buchwesen
полит. политический термин — Politik
полн. полная форма — Langform (des Adjektivs)
португ. португальский (язык) ~ portugiesisch
посл. пословица — Sprichwort
поэт. поэтическое слово, выражение — dichterisch
пр. прочий, прочее — sonstiger, sonstiges
превосх. ст. превосходная степень — Superlativ
предик. предикативное употребление — prädikativ
предл. предложный падеж — Präpositiv
презр. презрительно — verächtlich
пренебр. пренебрежительно — geringschätzig
прил. имя прилагательное — Adjektiv
притяж. притяжательное местоимение — Possessivpronomen
прич. причастие — Partizip
прош. прошедшее время — Vergangenheit
психол. психология — Psychologie
р. река — Fluß
радио радиоэлектроника, радиотехника — Funkelektronik, Funktechnik
разг. разговорное слово, выражение — umgangssprachlich
ракет. ракетная техника — Raketentechnik
резин. резиновое производство — Gummiindustrie
рел. религия — Religion
род. родительный падеж — Genitiv
рыб. рыболовство, рыбоводство — Fischerei, Fischzucht
с средний род — Neutrum
свз. связь — Nachrichtenwesen
сложн. сложное слово — Zusammensetzung
см. смотри — siehe
собир. собирательное существительное — Sammelwort
собств. имя собственное — Eigenname
сов. совершенный вид — vollendeter Aspekt
сокр. сокращение, сокращенно — Abkürzung
спец. специальный термин — fachsprachlich
спорт. физкультура и спорт — Sport
ср. сравни — vergleiche
сравн. степень — Komparativ
стр. строительное дело — Bauwesen
страд. страдательный залог — Passiv
сущ. имя существительное, субстантивированное прилагательное или субстантивированное причастие — Substantiv, substantiviert
с.-х. сельское хозяйство — Landwirtschaft
тв. творительный падеж — Instrumentalis
театр. театральный термин — Theater
текст. текстильное дело — Textilindustrie
тепл. теплотехника — Wärmetechnik
тех. техника — Technik
тж. также — auch
тк. только — nur
тлв. телевидение — Fernsehen
уменьш. уменьшительная форма — Diminutiv
употр. употребляется — wird... gebraucht
уст. устаревшее слово, выражение — veraltet
фарм. фармакология — Pharmazie
физ. физика — Physik
физиол. физиология — Physiologie
филос. философия — Philosophie
фин. финансовый термин — Finanzwirtschaft
фольк. фольклор — Folklore
фон. фонетика — Phonetik
фото фотография — Photographie
фр. французский (язык) — französisch
хим. химия — Chemie
цел. целлюлозно-бумажная промышленность — Zellulose-industrie
церк. церковное слово, выражение — kirchlich
ч. число — Zahl
числ. имя числительное — Numerale
что-л. что-либо — (irgend) etwas
шахм. шахматы — Schachspiel
швейц. швейцарский — schweizerisch
шутл. шутливое слово, выражение — scherzhaft
эк. экономика — Ökonomik
эл. электротехника, электричество — Elektrotechnik
этн. этнография — Ethnographie
юр. юридический термин — Jura
яд. физ. ядерная физика — Kernphysik

НЕМЕЦКИЕ И ЛАТИНСКИЕ

A Akkusativ — винительный падеж
conj Konjunktiv — конъюнктив, сослагательное наклонение
D Dativ — дательный падеж
etw. etwas — что-либо
f Femininum — женский род
G Genitiv — родительный падеж
(h, s) — спрягается с вспомогательным глаголом haben или sein
imp Imperativ — императив, повелительное наклонение
impf Imperfekt — имперфект
inf Infinitiv — инфинитив, неопределенная форма глагола
inv invariabel — не изменяется
j-d jemand — кто-либо
j-m jemandem — кому-либо
j-n jemanden — кого-либо
j-s jemandes — чей-либо, кого-либо
m Maskulinum — мужской род
n Neutrum — средний род
N Nominativ — именительный падеж
part II Partizip II — причастие II
pl Plural — множественное число
präs Präsens — презенс, настоящее время
(s) спрягается с вспомогательным глаголом sein
sg Singular — единственное число
sub substantiviert — субстантивированное прилагательное или субстантивированное причастие
u. a. und andere — и др. — и другие
u. d. ä. und dem ähnliches — и т. п. — и тому подобное
u. dgl. (*m.*) und dergleichen (mehr) — и т. п. — и тому подобные
usw. und so weiter — и т. д. — и так далее
vi intransitives Verb — непереходный глагол
vimp unpersönliches Verb — безличный глагол
vt transitives Verb — переходный глагол

ТРАНСКРИПЦИОННЫЕ ЗНАКИ

UMSCHRIFTZEICHEN

Знак	Произносится как в немецком слове	Знак	Произносится как в немецком слове
a	all	o:	Sohn
a:	Aal	o	Roman
ae̯	Ei	ŏa	Toilette
ao̯	braun	ɔø̯	neun
b	backen	œ	Hölle
ç	ich	ø:	Höhle
d	da	ø	Ökonomie
ɛ	es	p	Paar
ɛ:	Ähre	pf	Kopf
e:	Ehre	r	rot
e	egal	s	ist
ə	sagen	ʃ	Schule
f	Feder	t	tun
g	Garten	ts	Zahn
h	haben	tʃ	deutsch
ɪ	ist	ʊ	und
i:	Biene	u:	Uhr
i	Violine	u	Student
ĭ	Linie	ŭ	Statue
j	ja	v	was
k	kommen	x	Sache
l	Lampe	Y	füllen
m	Mutter	y:	fühlen
n	Nacht	y	amüsieren
ŋ	singen	z	Saal
ɔ	Sonne	ʒ	Etage

Знак	Произносится как во французском слове	Знак	Произносится как в английском слове
ɑ̃	chance	æ	cab
ɛ̃	terrain	ʌ	butler
ɔ̃	bonbon	ə:	girl
œ̃	parfum	ɔ:	Hall
œ:	Chef d'œuvre	θ	Thornton
		ð	Fotheringhay
		dʒ	gin
		w	walk

РУССКИЙ АЛФАВИТ

RUSSISCHES ALPHABET

Аа	Ее	Кк	Рр	Цц	ь
Бб	Ёё	Лл	Сс	Чч	Ээ
Вв	Жж	Мм	Тт	Шш	Юю
Гг	Зз	Нн	Уу	Щщ	Яя
Дд	Ии	Оо	Фф	ъ	
	Йй	Пп	Хх	ы	

А

а I *союз* **1.** (*противительный*) 1) und, aber, jedóch, dagégen; пиши́ перо́м, а не карандашо́м schréibe mit der Féder und nicht mit dem Bléistift; 2) (*после отрицания*) sóndern; я приду́ вас навести́ть не за́втра, а послеза́втра ich besúche Sie nicht mórgen, sóndern übermorgen; 3) (*после уступительных предложений*) doch, dénnoch, áber doch, alléin, trotzdém; хотя́ здесь и о́чень ве́село, а на́до уходи́ть zwar ist es hier sehr lústig, doch muß ich géhen; **2.** (*присоединительный*) 1) und (dann), dann áber; он написа́л письмо́, а зате́м ушёл er schrieb éinen Brief und ging dann fort; 2): а потому́, а сле́довательно darúm, déshalb; álso, fólglich; э́то хоро́шая кни́га, а потому́ я вам её рекоменду́ю das ist ein gútes Buch, darúm empféhle ich es Íhnen; ◇ а и́менно und zwar, nämlich; а то́, а не то́ sonst, ánder(e)nfalls

а II *вопр. частица* was?, wie?

а III *межд.* ach!, ah!, ha!

абажу́р *м* Lámpenschirm *m* (1)

абба́т *м* Abt *m* (1*); **~ство** *с* Abtéi *f* (10)

аббревиату́ра *ж* Abbreviatúr [-vĭa-] *f* (10); Ábkürzung *f* (10), Kúrzwort *n* (5); бу́квенная ~ Búchstabenkürzung *f*, Búchstabenwort *n* (5); звукова́я ~ Initiálkürzung *f*

аберра́ция *ж астр.* Aberratión *f* (10); Ábweichung *f* (10); *перен. тж.* Ábirrung *f* (10)

абза́ц *м* Ábsatz *m* (1*); *полигр.* Alínea *n* -s, -s; с (но́вого) ~а mit Ábsatz; нача́ть с но́вого ~а éinen Ábsatz máchen, éinen néuen Ábsatz [éine néue Zéile] beginnen*

абзе́тцер *м горн.* Ábsetzer *m* (6)

абисси́н||ец *м* Abessíni|er *m* (6); **~ка** *ж* Abessíni|erin *f* (12); **~ский** abessínisch

абитурие́нт *м* Stúdi|enbewerber *m* (6)

аблати́в *м грам.* Áblativ *m* (1), Ablatívus [-vʊs] *m* =, -ve

абла́ут *м лингв.* Áblaut *m* (1)

абля́ция *ж* **1.** *косм., ракет.* Ablatión *f*; **2.** *геол.* Ablatión *f*, Ábschmelzung *f*; ~ ледника́ Ábschmelzen *n* des Glétschers

аболициони́зм *м* Abolitionísmus *m*

абонеме́нт *м* **1.** (*право пользования*) Abonnement [-'maŋ] *n* -s, -s; Ánrecht *n* (2), Theáteranrecht *n* (*театральный*); по ~у auf Ánrecht; **2.** *офиц.* (*подписка на газеты и т. п.*) Abonnement [-'maŋ] *n*; Bezúg *m* (1*), Dáuerbezug *m*; **3.** (*отдел библиотеки*) Áusleihe *f* (11); межбиблиоте́чный ~ Férnleihe *f*; ◇ сверх ~а éxtra; **~ный** Abonnements- [-'maŋs-]; ~ный спекта́кль Ánrechtsvorstellung *f* (10)

абоне́нт *м* Abonnént *m* (8); Ánrechtsinhaber *m* (6), Ánrechtler *m* (6) (*владелец театрального абонемента*); Férnsprechteilnehmer *m* (6), Téilnehmer *m* (*телефонной сети*); Léser *m* (6) (*читатель*); Bezíeher *m* (6) (*подписчик*); **~ный**, **~ский** Téilnehmer-; ~ная пла́та (*за радио, телефон*) Téilnehmergebühr *f* (10); **~ский** (телефо́нный) аппара́т Téilnehmeranschluß *m* -sses, -schlüsse; ~ная ка́рточка Lésekarte *f* (*в библиотеке*); **~ный** но́мер (*читателя*) Lésernummer *f* (11)

абони́ровать(ся) abonníeren *vt*; (dáuernd) bezíehen * *vt*

аборда́ж *м мор. ист.* Éntern *n* -s; взять на ~ éntern *vt*

аборда́жный *мор.* Énter-; **~ный** мо́стик Énterbrücke *f* (11)

абориге́н *м* Úreinwohner *m* (6), Úrbewohner *m*

або́рт *м мед.* **1.** (*выкидыш*) Abórt *m* (1), Abórtus *m* =, Féhlgeburt *f* (11); **2.** (*искусственный*) Schwángerschaftsunterbrechung *f* (10) (*легальный*); Ábtreibung *f* (10), verbótener Éingriff (*нелегальный*); сде́лать ~ ein Kind [die Léibesfrucht] ábtreiben*; **~и́вный** *мед.* abortív, frúchtabtreibend

абрази́в *м* Schléifmittel *n* (6)

абрази́вный: ~ материа́л *тех.* Schléifmaterial *n* -s, Schléifmittel *n* (6)

абракада́бра *ж* Abrakadábra *n* -s, sínnloses Geschwätz

абрико́с *м* **1.** (*плод*) Aprikóse *f* (11); **2.** (*дерево*) Aprikósenbaum *m* (1*); **~овый** Aprikósen-; aprikósenfarbig (*о цвете*)

а́брис *м* **1.** Ábriß *m* -sses, -sse, Úmriß *m*, Úmrißlini|e *f* (11), Kontúr *f* (10); **2.** *полигр.* Klátschdruck *m* (1), Kontúrenpause *f* (11)

абсе́нт *м* (*напиток*) Absínth *m* (1)

абсентеи́зм *м полит.* Níchtteilnahme *f* an den Wáhlen, Férnbleiben *n* von den Wáhlen, Absentísmus *m* =

абсолю́т *м филос.* Absolúte *sub n*

абсолютизи́ровать verabsolutíeren *vt*

абсолюти́зм *м ист.* Absolutísmus *m* =

абсолю́тн||о *нареч.* absolút; durcháus; э́то ~ невозмо́жно das [es] ist ganz únmöglich; **~ый** absolút, únbedingt; únbeschränkt (*неограниченный*); абсолю́тное большинство́ absolúte Méhrheit; ~ая величина́ *мат.* absolúte Größe; ~ый слух *муз.* absolútes Gehör; ~ый нуль *физ.* absolúter Núllpunkt; ~ая мона́рхия únumschränkte Monarchíe; ~ое повинове́ние únbedingter Gehórsam

абсорбе́нт *м хим.* Absórbens *n* =, -bénzi|en

абсо́рбер *м хим.* Absórber *m* (6); Sättiger *m* (6)

абсорби́ровать *хим., физ.* absorbíeren *vt*, áufsaugen* *vt*

абсорбцио́нный Absorptións-; ~ холоди́льник Absórberkühlschrank *m* (1*)

абсо́рбция *ж хим., физ.* Absorptión *f*, Áufsaugung *f*

абстраги́ровать abstrahíeren *vt*; **~ся** abstrahíeren *vi* (от чего́-л. von *D*)

абстра́ктн||ость *ж* Abstráktheit *f*; **~ый** abstrákt, rein begrífflich; ~ая жи́вопись gégenstandslose Maleréi; ~ое сло́во *лингв.* abstráktes Wort, Abstráktum *n* -s, -ta

абстракцион||и́зм *м* Abstraktionísmus *m* =, abstrákte Kunst; **~и́ст** Abstraktioníst *m* (8)

абстра́кция *ж* Abstraktión *f* (10); Abstráktum *n* -s, -ta (*отвлечённое понятие*)

абсу́рд *м* Únsinn *m* -(e)s; Wídersinn *m* -(e)s; довести́ до ~а ad absúrdum führen; ins Únsinnige verkéhren; дойти́ до ~а sich zu éiner Absurdität verstéigen *; **~ность** *ж* Absurdität *f*, Úngereimtheit *f*; **~ный** absúrd, úngereimt, wídersinnig

абсце́сс *м мед.* Abszéß *m* -sses, -sse, Éitergeschwür *n* (2)

абсци́сса *ж мат.* Abszísse *f* (11)

абули́я *ж мед.* Abulíe *f*

абха́з, **~ец** *м* Abcháse *m* (9), Abchási|er *m* (6); **~ка** *ж* Abchásin *f* (12), Abchási|erin *f* (12); **~ский** abchásisch; ~ский язы́к die abchásische Spráche, das Abchásische (*sub*)

аванга́рд *м* **1.** *воен.* Vórhut *f* (10); **2.** *перен.* Vórhut *f* (10)

авангард||и́зм *м* Avantgardísmus [avan-] *m* =; **~и́стский** avantgardístisch

аванга́рдн||ый Vórhut-; **~ый** бой *воен.* Vórhutgefecht *n* (2)

аван||за́л *м* Vórsaal *m* -(e)s, -säle; **~ка́мера** *ж гидр.* Éinlaufbecken *n* (7), Vórbecken *n* (7); **~ло́жа** *ж* Vórraum *m* (1 *) éiner Theáterloge [-ʒə]; **~по́рт** *м мор.* Áußenhafen *m* (7*), Vórhafen *m*; **~по́ст** *м воен. ист.* Vórposten *m* (7), vórgeschobene Stéllung, vórgeschobener Pósten

ава́нс *м* Ánzahlung *f* (10), Vórschuß *m* -sses, -schüsse; де́нежный ~ Bárvorschuß *m*; ~ в счёт зарпла́ты Lóhnabschlag *m* (1*); получи́ть ~ пять рубле́й fünf Rúbel Ábschlag bekómmen *; внести́ ~ в су́мме... éinen Vórschuß in Höhe von... záhlen; ◇ де́лать ~ы zur Ánnäherung ermúntern; **~и́ровать** vórschießen* *vt*, vórstrecken *vt*

авансода́тель *м* Vórschußzahler *m* (6), Vórschußleistende *m* (14)

ава́нсом *нареч.* vórschußweise; als Vórschuß; ◇ ~ превозноси́ть Vórschußlorbeeren spénden (кого́-л., что-л. *D*)

авансополучáтель *м* Vórschußnehmer *m* (6), Vórschußempfänger *m* (6)

авансцéна *ж* Vórbühne *f* (11), Proszénium *n* -s, -ni¦en

авантю́р||а *ж* Ábenteuer *n* (6); ◇ пусти́ться в ~ы sich auf Ábenteuer éinlassen *; **~и́зм** *м* Ábenteuerlichkeit *f*, Ábenteurergeist *m* -es; Ábenteurertum *n* -s; **~и́ст** *м* Hóchstapler *m* (6), Ábenteurer *m* (6); **~исти́ческий** ábenteuerlich; hóchstaplerisch; **~и́стка** *ж* Hóchstaplerin *f* (12), Ábenteu(r)erin *f* (12)

авантюри́н *м мин.* Aventurín [-vɛn-] *m* (1)

авантю́рный ábenteuerlich, Ábenteuer-; ~ ромáн Ábenteuerroman *m* (1)

авáрец *м* Awáre *m* (9)

авари́йно-спасáтельн||ый Bérgungs- und Réttungs-; ~ые рабóты Bérgungs- und Réttungsarbeiten *pl*

авари́йность *ж* Únfallhäufigkeit *f*, Únfallziffer *f* (11)

авари́йн||ый Havaríe- [-va-], Not-; Störungs-; ~ый выключáтель Nótschalter *m* (6); ~ая радиостáнция Havaríefunk *m* -(e)s; ~ый передáтчик Nótsender *m* (6); ~ый вы́ход Nótausgang *m* (1*), Nótausstieg *m* (1); ~ое освещéние Nótbeleuchtung *f* (10); ~ая сигнализáция Alármanlage *f* (11); ~ый слу́чай Nótfall *m* (1*), Schádenfall *m*, Katastróphenfall *m*; ~ая посáдка *ав.* Brúchlandung *f* (10); ~ая слу́жба *авто* Ábschleppdienst *m* (1); ~ая летýчка *авто* Ábschleppwagen *m* (7); ~ая бригáда Störungskolonne *f* (11)

авáр||ия **1.** Pánne *f* (11); Havaríe [-va-] *f* (11) (*судна, самолёта*); Únfall *m* (1*) (*несчастный случай*); Verkéhrsunfall *m* (*транспортная*); потерпéть ~ию havaríeren [-va-] *vi* (*о судне, самолёте*); éine Pánne háben (*об автомобиле*); Bruch máchen (*о самолёте*); **2.** *тех.* Störung *f* (10); Betríebsstörung *f* (*на производстве*); без ~ий störungsfrei; **3.** *мор. юр.* (*убытки*) Séeschaden *m* (7*); **4.** *перен. разг.* Pánne *f* (11); потерпéть ~ию Pech háben

авáр||ка *ж* Awárin *f* (12); **~ский** awárisch; ~ский язы́к die awárische Spráche, das Awárische (*sub*)

áвгиев: ~ы коню́шни *миф.*, *тж. перен.* Áugiasstall *m* -(e)s; чи́стить ~ы конюшни den Áugiasstall réinigen

авгу́р *м ист.*, *тж. перен.* Áugur *m* G -s *u* -n *или* Augúren, *pl* -n *u* Augúren

áвгуст *м* Augúst *m* = *u* -s; в ~е мéсяце im Mónat Augúst; в начáле ~а Ánfang Augúst; в середи́не ~а Mítte Augúst; в концé ~а Énde Augúst; в ~е прóшлого гóда im Augúst vórigen Jáhres, (im) vórigen Augúst; в ~е э́того гóда im Augúst díeses Jáhres; в ~е бу́дущего гóда (im) nächsten Augúst; **~óвский** Augúst-

авиа||багáж *м* Lúftgepäck *n* -(e)s; **~бáза** *ж* Lúftstützpunkt *m* (1); Fliegerstützpunkt *m*; **~бензи́н** *м* Flúgbenzin *n* (2); **~билéт** *м* Flúgkarte *f* (11); **~бóмба** *ж* Fliegerbombe *f* (10); **~вéрфь** *ж* Lúftschiffwerft *f* (11) (*для дирижаблей, аэростатов*); **~десáнт** *м* Lúftlandetruppen *pl*; **~десáнтный:** ~десáнтный отря́д Lúftlandungstrupp *m* -s, -s; **~диспéтчер** *м* Flúglotse *m* (9); **~завóд** *м* Flúgzeugwerk *n* (2); **~инстру́ктор** *м* Flúglehrer *m* (6); **~катастрóфа** *ж* Flúgzeugunglück *n* (2); **~компáния** *ж* Lúftverkehrsgesellschaft *f* (10); **~констру́ктор** *м* Flúgzeugkonstrukteur [-,tø:r] *m* (1); **~лáйнер** *м* (großes) Verkéhrsflugzeug *n* (2); **~ли́ния** *ж* Flúglini¦e *f* (11), Flúgroute [-,ru:tə] *f* (11); **~мáтка** *ж мор.* Flúgzeugmutterschiff *n* (2); **~мая́к** *м* Flúgfeuer *n* (6), Ánsteuerungsfeuer *n*; **~медици́на** *ж* Flúgmedizin *f*; **~метеослу́жба** *ж* Flúgwetterdienst *m* (1); **~механи́к** *м* Flúgzeugmechaniker *m*, (6); **~механи́ка** *ж* Flúgmechanik *f*; **~ми́на** *ж* Lúftmine *f* (11); **~модели́зм** *м* Flúgmodellsport *m* -(e)s; **~модели́ст** *м* Flúgmodellbauer *m* (6); **~мотóр** *м* Flúgzeugtriebwerk *n* (2); **~нóсец** *м воен. мор.* Flúgzeugträger *m* (6); **~отправлéние** *с* Lúftpostsendung *f* (10); **~отря́д** *м* Fliegerabteilung *f* (10); **~пáрк** *м* Flúgzeugpark *m* (1); **~пассажи́р** *м* Flúggast *m* (1*); **~пóлк** *м* Geschwáder *n* (6), Flúgzeuggeschwader *n*; истреби́тельный ~пóлк Jágd(flieger)geschwader *n*; **~посы́лка** *ж* Lúftpostpaket *n* (2); **~пóчта** *ж* Lúftpost *f*; **~промы́шленность** *ж* Flúgzeugindustrie *f*; **~пулемёт** *м* Bórd-MG *n* -s, -s, Flúgzeug-MG *n*; **~пу́шка** *ж* Bórdkanone *f* (11); **~радиомая́к** *м* Flúgfunkfeuer *n* (6); **~радиосвя́зь** *ж* Flúgfunk *m* -s; **~развéдка** *ж воен.* Lúftaufklärung *f*; **~свя́зь** *ж* **1.** Flúgverbindung *f*, Lúftverbindung *f*; междунарóдная ~свя́зь internationáler Lúftverkehr; **2.** *воен.* Lúftnachrichtenwesen *n* -s; **~соединéние** *с* Flúgzeugverband *m* (1*); **~сообщéние** *с* Lúftverkehr *m* -s, Flúgverkehr *m*; **~тéхник** *м* Flúgzeugtechniker *m* (6); Bódenmechaniker *m* (6)

авиáтор *м* Flíeger *m* (6)

авиа||торпéда *ж* Lúfttorpedo *m* -s, -s; **~трáнспорт** *м* **1.** Flúgverkehr *m* -s, Lúftverkehr *m*, Lúfttransport *m* -s; **2.** *воен. мор.* Flúgzeugmutterschiff *n* (2); **~трáсса** *ж* Flúgroute [-,ru:tə] *f* (11)

авиациóнн||ый Flúg(zeug)-, Luft-, Flíeger-; ~ый завóд Flúgzeugwerk *n* (2); ~ые мáсла Flúgzeugöle *pl*; ~ая бóмба Flíegerbombe *f* (11); ~ая ракéта Bórdrakete *f* (11), Flúgzeugrakete *f*; ~ая развéдка Lúftaufklärung *f*

авиáция *ж* **1.** (*лётное дело*) Flúgwesen *n* -s, Lúftfahrt *f*; граждáнская ~ zivíle [-'vi:-] Lúftfahrt, Zivílluftfahrt *f*; **2.** (*воздушный флот*) Lúftflotte *f*; *воен.* Lúftstreitkräfte *pl*; Lúftwaffe *f* (*бундесвера*); áтомная ~ Atómflieger (-kräfte) *pl*; боевáя ~ Kámpfflieger(kräfte) *pl*; бомбардирóвочная ~ Bómbenflieger(kräfte) *pl*; граждáнская ~ zivíle [-'vi:-] Lúftflotte; истреби́тельная ~ Jágdflieger(kräfte) *pl*; морскáя ~ Séeflieger(kräfte); пилоти́руемая ~ bemánnte Flúgzeuge; развéдывательная ~ Áufklärungsflieger(kräfte) *pl*; ракетонóсная ~ Rakétenträger(kräfte) *pl*; реакти́вная ~ stráhlgetriebene Flúgzeuge, Düsenflugzeuge *pl*, штурмовáя ~ Jágdbomben(flieger)kräfte *pl*

авиа||чáсть *ж* Flíegertruppenteil *m* (1); **~шкóла** *ж* Flíegerschule *f* (11); **~шпионáж** *м* Lúftspionage [-,na:ʒə] *f*; **~эскáдра** *ж* Flíegergeschwader *n* (6)

авиéтка *ж уст.* Kléinflugzeug *n* (2)

ави́зо I *с мор.* Aviso [-'vi:-] *m* -s, -s, Avísoschiff *n* (2), Méldeschiff *n*

ави́зо II *с фин.* Avis [a'vi:s] *m* (1), *n* (2) *или* [a'vi:] *m*, *n* =, =, Aviso [a'vi:zo:] *n* -s, -s, Avísbrief *m* (1)

авитаминóз *м мед.* Avitaminóse [-vi-] *f*, Vitamínmangelkrankheit *f*

авомéтр *м* Avométer [-vo-] *n* (6), Ampere-Volt-Ohmméter [am'pɛ:rvɔlt-] *n*

авóст *м* (авари́йный остановá) *тех.* Nótabschaltung *f*, Havaríeabschaltung [-va-] *f*

авóсь *вводн. сл. разг.* vielléicht; ◇ на ~ aufs Gerátewohl, auf gut Glück

авóська *ж разг.* Éinkaufsnetz *n* (2), Éinholnetz *n*

аврáл *м* **1.** *мор.* geméinsame Árbeit der Mánnschaft, Gróßalarm *m* (1); ~! álle Mann an Deck!; **2.** *перен. разг.* (vom gánzen Kollektív áusgeführte) Kampagnearbeit [-'panjə-] *f* (10); der réine Féuerwehreinsatz

аврóра *ж поэт.* Auróra *f*, Mórgenröte *f*

Аврóра *ж ист.* (*крейсер*) Auróra *f*

австрал||и́ец *м* Austráli¦er *m* (6); **~и́йка** *ж* Austráli¦erin *f* (12); **~и́йский** austrálisch

австриаци́зм *м лингв.* Austriazísmus *m* =, -men, österreichischer Áusdruck

австр||и́ец *м* Österreicher *m* (6); **~и́йка** *ж* Österreicherin *f* (12); **~и́йский** österreichisch

автарки́я *ж эк.* Autarkíe *f*; воéнная ~ Rüstungsautarkie *f*

авто||аптéчка *ж авто* Áutoflickzeug *n* (2), Réifenflickzeug *n*; **~бáза** *ж* Kráftverkehrsbetrieb *m* (1); Fáhrbereitschaft *f* (10) (*предприятия*); **~бензозапрáвщик** *м* Tánkfahrzeug *n* (2), Kráftstofftankwagen *m* (7), Tánkwagen *m*; **~бетономешáлка** *ж* Betonmischfahrzeug [-'tɔŋ-] *n* (2)

автобиографи́ч||еский autobiográphisch; **~ность** *ж* autobiográphischer Charákter [ka-]

автобиогрáфия *ж* Lébenslauf *m* (1*), Autobiographíe *f* (11), Sélbstbiographie *f*

автоблокирóвка *ж ж.-д.* Sélbstblockung *f* (10)

автобронетáнковый *воен.* Kfz.- und Pánzer-

автóбус *м* Ómnibus *m* -ses, -se, Kráftomnibus *m*, Áutobus *m* -ses, -se; Bus *m* (*разг.*); ~ дáльнего слéдования Réiseomnibus *m*, Réisebus *m*; Schláfsitzbus *m* (*с откидными креслами*); Férnbus *m*; ~ без конду́ктора schäffnerloser Áutobus [Bus], Éinmannbus *m*; городскóй ~ Städt(omni)bus *m*; двухэтáжный ~ Dóppelstockbus *m*; Dóppeldeck(omni)bus *m*; маломéстный ~ Kléin(omni)bus *m*; маршру́тный ~ Líni¦enbus *m*; междугорóдный ~ Férnverkehrsautobus *m*, Überland(omni)bus *m*; сочленённый ~ Gelénk(omni)bus *m*; тури́стский [экскурсиóнный] ~ Réise(omni)bus *m*, Tourístenbus [tu-] *m*; Rúndsicht(omni)bus *m*, Áussichts(omni)bus *m*, Áussichtswagen *m* (7) (*с большой обозримостью для пассажиров или открытый*); ~-кни́жная лáвка (-библиотéка) Bíbliobus *m*, fáhrbare Bücheréi, Áutobücherei *f* (10); ~-полуприцéп Sáttelschlepp(omni)bus *m*; ~-экспрéсс Éilbus *m*, Schnéllbus *m*; **~ный** Áutobus-, Ómnibus-, Bus-; ~ный парк Búshof *m* (1*)

автовагóн *м ж.-д.* Schíenenbus *m* -ses, -se, Tríebwagen *m* (7)

автовесы́ *мн.* automátische Wáage

авто||водоцистéрна *ж* Wássertankwagen *m* (7); **~вокзáл** *м* Búsbahnhof *m* (1*)

автовыключéние *с* automátische [sélbsttätige] Áusschaltung, Sélbstabstellung *f*

автовы́шка *ж* Túrmwagen *m* (7) (*для ремонта воздушной сети*)

автогéнн||ый autogén; ~ая свáрка Autogénschweißen *n* -s; ~ая рéзка Gásbrennschneiden *n* -s

авто||гóнки *мн. спорт.* Áutorennen *n* (7); **~гóнщик** *м спорт.* Áutorennfahrer *m* (6)

автóграф *м* **1.** (*текст, собственноручно написанный его автором*) Autográph *n* (2, 13), Originálhandschrift *f* (10); собрáние ~ов Autográphensammlung *f* (10); **2.** (*подпись, надпись на книге*) Autográmm *n* (2); дать ~ ein Autográmm gében *; охóтник за ~ами Autográmmjäger *m* (6); кни́га с ~ом ein

Buch mit éigenhändiger Wídmung (des Verfássers)

автогре́йдер *м стр.* Mótorstraßenhobel *m* (6)

автогудрона́тор *м* Téerspritzmaschine *f* (11)

авто||да́ча *ж* Wóhnwagen *m* (7), Wóhnanhänger *m* (6), Campinganhänger [ˈkɛm-] *m*; **~доро́га** *ж* Áutostraße *f* (11); **~доро́жный** Áutostraßen-; ~доро́жное происше́ствие Verkéhrsunfall *m* (1 *); ~доро́жный институ́т Institút für Áutostraßenbau; **~дрези́на** *ж ж.-д.* Mótordraisine [-dra̤e-] *f* (11); **~дро́м** *м* **1.** Fáhrschulübungsgelände *n* -s **2.** (*для автомобильных соревнований*) Áutorennstrecke *f* (11); **~заво́д** *м* Áutowerk *n* (2); **~запра́вочный** Tank-; ~запра́вочная ста́нция Tánkstelle *f* (11); **~инспе́ктор** *м* Kráftfahrzeuginspektor *m* (13), Kfz-Inspéktor *m*; **~инспе́кция** *ж* Kráftfahrzeuginspektion *f* (10), Kfz-Inspektion *f*; **~ка́мера** *ж* Áutoschlauch *m* (1*); **~ка́р** *м* Múlticar *m* -s, -s, Díeselameise *f* (11), Ámeise *f*

автокаранда́ш *м* Füllstift *m* (1); Dréhbleistift *m* (*винтовой*); Drúckstift *m* (*цанговый*); Víerfarbstift *m* (*четырёхцветный*)

авто||кинопередви́жка *ж* Fílmwagen *m* (7); **~кла́в** *м тех.* Autokláv *m* (13); **~коло́нна** *ж* Áutokolonne *f* (11), Fáhrzeugkolonne *f*; **~комбина́т** *м* Kráftverkehrskombinat *n* (2); **~констру́ктор** *м* **1.** (*специалист*) Áutokonstrukteur [-,tøːr] *m* (1); **2.** (*игрушка*) Áutobaukasten *m* (7)

автокорму́шка *ж с.-х.* Fútterautomat *m* (8)

автокра́н *м* Kránwagen *m* (7), Áutokran *m* (1, 1 *)

автокра́тия *ж* Autokratíe *f*, Sélbstherrschaft *f*

авто||кро́сс *м спорт.* Géländefahrt *f* (10); **~ку́рсы** *мн.* Fáhr(schul)lehrgang *m* (1 *)

авто́л *м* (Kfz-)Motórenöl *n*; зи́мний ~ Winteröl *n*

авто||лаборато́рия *ж* fáhrbares Labór; **~ла́вка** *ж разг.* Verkáufswagen *m* (7), fáhrbare Verkáufsstelle; Verkáufsanhänger *m* (6), Verkáufsfahrzeug *n* (2); кни́жная ~ла́вка fáhrbare Búchhandlung, Wánderbuchhandlung *f* (10); **~лебёдка** *ж* fáhrbare Séilwinde, Wíndenkraftwagen *m* (7); **~лесово́з** *м* Lángholzwagen *m* (7), Lángholzauto *n* -s, -s

авто||лиха́ч *м* Ámokfahrer *m* (6); **~люби́тель** *м* Áutoliebhaber *m* (6); **~магистра́ль** *ж* Férnverkehrsstraße *f* (11); **~мастерска́я** *ж* Áutoreparaturwerkstatt *f*, *pl* -stätten

автома́т *м* **1.** Automát *m* (8), биле́тный ~ Fáhrkartenautomat *m* (*на железной дороге*); Fáhrkartengeber *m* (6) (*в автобусе, трамвае*); ~ для прода́жи напи́тков Getränkeautomat *m*; ~-доза́тор Dosíerautomat *m*; заку́сочный ~ Ímbißautomat *m*; кофе́йный ~ Esprésomaschine *f* (11), Káffee-Sélbstentnehmer *m* (6); магази́н-~ Automátenverkaufsstelle *f* (11); почто́вый ~ Bríefmarkenautomat *m*; Póstwertzeichenautomat *m* (*книжн.*); Áusgabeautomat *m* (*для продажи почтовых знаков, открыток и т. п.*); разме́нный ~ Wéchselautomat *m*, Münzautomat *m*; секцио́нный ~ Fácherautomat *m*, Gefáchautomat; телефо́н-~ Münzfernsprecher *m* (6), Telefónautomat *m*; торго́вый ~ Verkáufsautomat *m*; фасо́вочный ~ Ábpackautomat *m*, Ábfüllautomat *m*; **2.** (*станок*) Automát *m* (8), automátische Werkzeugmaschine; ~ для сва́рки труб Róhrschweißautomat *m*; револьве́рный ~ Revolverdrehautomat [-ˈvɔlvər-] *m*; тока́рный ~ Dréhautomat *m*; **3.** *воен.* Maschínenpistole *f* (11), MPi *f*, *pl* -s

автомат||иза́ция *ж* Automatisíerung *f*, Automatión *f*; по́лная ~иза́ция Vóllautomatisierung *f*; части́чная ~иза́ция Téilautomatisierung *f*; ~иза́ция программи́рования automátische Prográmmfertigung, Sélbstprogrammierung *f*; ~иза́ция междугоро́дной телефо́нной свя́зи Éinführung des Sélbstwählfernverkehrs; **~изи́рованный** automatisíert; по́лностью ~изи́рованный vóllautomatisiert; части́чно ~изи́рованный téilautomatisiert; **~и́зм** *м* Automatísmus *m* =, Automatíe *f*

автома́тика *ж* Automátik *f*; ~ управле́ния Stéuerautomatik *f*; защи́тная ~ *эл.* Schútzautomatik *f*; промы́шленная ~ industriélle Automátik; регули́рующая ~ Régelautomatik *f*

автомат||и́чески *нареч.* **1.** automátisch, sélbsttätig; **2.** (*невольно*) automátisch, únwillkürlich; **~и́ческий** automátisch, sélbsttätig-; **~и́ческая пу́шка** Maschínenkanone *f* (11); **~и́ческая** телефо́нная ста́нция Sélbstanschluß-Férnsprechamt *n* (5), Sélbstwählamt *n*; ~и́ческая радиоста́нция únbemannte [automátische] Fúnkstation; ~и́ческий выключа́тель Sélbstausschalter *m* (6), Léitungsschutzschalter *m*; ~и́ческое ору́жие Maschínenwaffe *f* (11); **~и́чность** *ж* Automatísmus *m* =

автома́т||ный *воен.* MPi-; ~ная о́чередь Féuerstoß *m* (1 *) aus der MPi; **~чик** *м* **1.** *воен.* Maschínenpistolenschütze *m* (9), MPi-Schütze *m*; **2.** *тех.* (*наладчик*) Automáteneinrichter *m* (6)

авто||маши́на *ж см.* автомоби́ль; **~меха́ник** *м* Kráftfahrzeugmechaniker *m* (6), Kfz.-Mechániker *m*; **~мобилестрое́ние** *с* Automobílbau *m* -(e)s, Áutobau *m* -(e)s; Kráftfahrzeugindustrie *f*, Kráftfahrzeugbau *m* -(e)s; **~мобили́зм** *м* Kráftfahrwesen *n* -s; Áutosport *m* -(e)s; **~мобили́ст** *м* Kráftfahrer *m* (6), Áutofahrer *m*

автомоби́ль *м* Áuto *n* -s, -s; Automobíl *n* (2), Kráftwagen *m* (7), Kráftfahrzeug *n* (2); Wágen *m* (*разг.*); газобалло́нный ~ Fláschengaswagen *m*; газогенера́торный ~ Generátorgaswagen *m*, Gásgeneratorwagen *m*; го́ночный ~ *спорт.* Rénnwagen *m*; грузово́й ~ Lástkraftwagen *m*; Schwérlastkraftwagen *m* (*большой грузоподъёмности*); гу́сеничный ~ Ráupenfahrzeug *n*; двухме́стный ~ Zwéisitzer *m* (6); де́тский педа́льный ~ Trétauto *n*; Sélbstfahrer *m* (6); игру́шечный ~ Spíelauto *n*; легково́й ~ Persónen(kraft)wagen *m*; малолитра́жный ~ Kléin(kraft)wagen *m*, Kléinauto *n*; микролитра́жный ~ Kléinstwagen *m*, Kléinstauto *n*; мо́ечный ~ Stráßenwaschwagen *m*; мусороубо́рочный ~ Stráßenkehrwagen *m*; откры́тый ~ óffener Wágen; Áussichtswagen *m* (*туристский*); грузопассажи́рский ~ Kómbiwagen *m*; Kómbi *m* -s, -s (*разг.*); ~ повы́шенной проходи́мости Geländefahrzeug *n*, geländegängiger Wágen; поде́ржанный ~ Gebráuchtwagen *m*, gebráuchter Wágen; пожа́рный ~ Löschwagen *m*, Löschfahrzeug *n*, Féuerwehrwagen *m*; поли́вочный ~ Spréngwagen *m*; похоро́нный ~ Léichenauto *n*, Léichenwagen *m*; санита́рный ~ Kránkenwagen *m*; *воен.* Sanitätskraftwagen (*сокр.* Sánkra); ~ ско́рой по́мощи Únfallwagen *m*, Réttungswagen *m*; ~ ско́рой техни́ческой по́мощи Reparatúrwagen *m*; ~ со все́ми веду́щими колёсами Kráftwagen [Áuto] mit Állradantrieb, állradgetriebener Wágen; четырёхме́стный ~ Víersitzer *m* (6); ~-конте́йнер Containerwagen [-ˈteːnər-] *m*, Behälterwagen *m*; ~-лесово́з Lángholzwagen *m*; ~-мастерска́я Wérkstattwagen *m*; ~-мусорово́з Müll(abfuhr)wagen *m*; ~-пика́п Líeferwagen *m* (*для доставки товаров*); ~-пескомёт Sándstreuwagen *m*; ~-самосва́л Kípper *m*, Kíppfahrzeug *n*; ~-снегоочисти́тель Mótorschneepflug *m* (1 *), Schnéepflug *m*; ~-фурго́н Kófferwagen *m*, Kästenwagen *m*; Möbelwagen *m* (*для перевозки мебели*); ~-холоди́льник Kühlwagen *m*; ~-цементово́з Zeménttransporter *m* (6), Zeménttransportwagen *m*; ~-цисте́рна Tánkwagen *m*

автомоби́льн||ый kráftfahrtechnisch, Áuto-, Automobíl-, Kraft-; Kráftwagen-, Kfz-; ~ое движе́ние, ~ый тра́нспорт Kráftverkehr *m*, Áutoverkehr *m* -s; ~ый тури́зм Áutotouristik [-tu-] *f*, Áutotourismus *m* =; ~ое хозя́йство Kráftverkehrsbetrieb *m* (1); ~ый заво́д Áutowerk *n* (2); ~ая сире́на Áutohupe *f* (11)

автомодели́зм *м* Áutomodellbau *m* -(e)s

автомотоклу́б *м* Mótorsportklub *m* -s, -s

автомотри́са *ж ж.-д.* Tríebwagen *m* (7), Schíenenbus *m* -ses, -se

авто||но́мия *ж* Autonomíe *f*, Sélbstverwaltung *f*; **~но́мность** *ж* Autonomíe *f*, Sélbständigkeit *f*; **~но́мный** **1.** autonóm; ~но́мная о́бласть autonómes Gebíet; ~но́мная респу́блика autonóme Republík; **2.** *эл.* beéinflussungsfrei; *тех.* autonóm, únabhängig, selbst-, Selbst-; mit Éigenantrieb; ~но́мное управле́ние *тех.*, *ав.* Sélbstlenkung *f*, Sélbststeuerung *f*; с ~но́мным управле́нием automátisch gestéuert, sélbstgesteuert, sélbstgelenkt

автоэпера́тор *м* Bedíenungsautomat *m* (8)

автопа́рк *м* Kráftfahrzeugpark *m* (1), Kfz.-Park *m*, Áutopark *m*

автопереключа́тель *м эл.* automátischer Úmschalter

автопило́т *м* Áutopilot *m* (8), Kúrssteueranlage *f* (11)

авто||плу́г *м* Mótorpflug *m* (1 *); **~погру́зчик** *м* Sélbstlader *m* (6), Fáhrlader *m*; Húbstapler *m* (6); ковшо́вый ~погру́зчик Scháufellader *m*; ви́лочный ~погру́зчик Gábelstapler *m*; **~пода́тчик** *м тех.* Sélbstvorschubgerät *n* (2)

автоподстро́йка *ж радио* automátische Nách(ab)stimmung

автопо́езд *м* Lástzug *m* (1*) (*грузовой*)

автопо́илка *ж* Sélbsttränke *f* (11)

автопокры́шка *ж* Mántel *m* (6 *), Décke *f* (11)

автопортре́т *м* Sélbstbildnis *n* (3 *), Sélbstporträt [-,trɛː] *n* -s, -s

авто||прице́п *м* Ánhänger *m* (6), Áutoanhänger *m*; **~пробе́г** *м* Áutorennen *n* (7); **~промы́шленность** *ж* Áutoindustrie *f*, Automobílindustrie *f*

а́втор *м* Áutor *m* -s, -tóren, Verfásser *m* (6); Úrheber *m* (6) (*виновник, создатель*); молоды́е ~ы *собир.* Náchwuchsautoren *pl*

автора́лли *с спорт.* Áutorallye [-,liː] *f*, *n* = *u* -s, *pl* -s

авто||регулиро́вка *ж* Sélbstregelung *f*; *ж.-д.* sélbsttätige Zúgbeeinflussung; **~ремо́нтник** *м* Áutoschlosser *m* (6); Kráftfahrzeugschlosser *m*, Kfz.-Schlosser *m*

авторемо́нтн||ый: ~ая мастерска́я Áutoreparaturwerkstatt *f* -stätten, Kráftfahrzeug-Instándsetzungswerkstatt *f*; ~ая я́ма Reparatúrgrube *f* (11)

авторефера́т *м* Áutorreferat *n* (2)

авторефрижера́тор *м* Kühlwagen *m* (7), Kühlauto *n* -s, -s

авторизо́в||анный autorisíert, beréchtigt; ~**анный** перево́д beréchtigte [autorisíerte] Übertrágung [Übersétzung]; ~**а́ть** autorisíeren *vt*

авторита́рный autoritär

авторите́т *м* **1.** (*значение, вес*) Autorität *f*; Ánsehen *n* -s; непререка́емый ~ unbestréitbare Autorität; име́ть ~ Ánsehen geníeßen; по́льзоваться ~ом Autorität genießen *, in Ánsehen stéhen *; подорва́ть чей-л. ~ j-s Autorität untergráben *; j-n in Míßkredit bríngen * (*дискредитировать*); **2.** (*лицо*) Autorität *f* (10); anerkánnte Fáchgröße (*учёный*); máßgebende Persönlichkeit; он для меня́ ~ er ist für mich máßgebend; ~**ный** autoritatív; maßgebend, máßgeblich; ángesehen, geáchtet (*о человеке*); kompetént (*компетентный*); из ~ных исто́чников von máßgeblicher Séite (*о сообщении и т. п.*)

авторо́та *ж воен.* Kfz.-Kompanie *f* (11)

а́вторские *сущ. мн. разг.* Autórenhonorar *n* (2)

а́втор||ский Autór(en)-, Verfásser-, Úrheber-; ~ское пра́во *юр.* Úrheberrecht *n* (2); ~ская корректу́ра Autórenkorrektur *f* (10); ~ский лист *полигр.* Autórenbogen *m* (7, 7 *), Verlágsbogen *m*; ~ский о́ттиск Belégexemplar *n* (2); ~ский экземпля́р Fréiexemplar *n*, Autórenexemplar *n*; ~**ство** Áutorschaft *f*; Úrheberschaft *f*

авторулево́й *м мор.* Sélbststeuerer *m* (6)

автору́чка *ж* Füllhalter *m* (6), Füllfeder *f* (11); Füller *m* (6) (*разг.*); ша́риковая ~ Kúgelschreiber *m* (6), Kúgelfüller *m* (6); Kúli *m* -s, -s (*разг.*)

авто||самосва́л *м* Kípper *m* (6), Sélbstentlader *m* (6); ~**са́ни** *мн.* Áutoschlitten *m* (7); Mótorschlitten *m*

автосе́рвис *м* Áutoservice [-ˌsœːrvɪs] *m* =

авто||сифо́н *м* (*для газированной воды*) Héimsprudler *m* (6); ~**спу́ск** *м фото* Sélbstauslöser *m* (6)

автоста́нция *ж* Búsbahnhof *m* (1*)

автосто́п *м* **1.** *ж.-д.* Fáhrsperre *f* (11), Fáhrsperreinrichtung *f*; **2.** (*использование попутных машин*) Trampen [ˈtrɛmpən] *n* -s

автостра́да *ж* Áutobahn *f* (10); кольцева́я ~ Áutobahnring *m* (1)

автострое́ние *с* Kráftfahrzeugbau *m* -(e)s, Automobílbau *m*, Áutobau *m*

автосце́пка *ж ж.-д.* Sélbstkupp(e)lung *f*, sélbsttätige Kúpplung

автотеле́жка *ж* Múlticar *m* -s, -s

автотелеуправле́ние *с* automátische Férnsteuerung

автотелеуправля́емый automátisch férngesteuert

автоти́пия *ж полигр.* Autotypíe *f*, Hálbtonätzung *f*

автото́рмоз *м ж.-д.* sélbsttätige Brémse

автотра́кторный: ~ заво́д Kráftfahrzeug- und Traktórenwerk *n* (2)

автотра́нспорт *м* Kráftverkehr *m* -s, Áutoverkehr *m*

автотранспортёр *м* Stráßentransporter *m* (6)

автотрансформа́тор *м эл.* Spártransformator *m* (13), Spártrafo *m* -s, -s; пусково́й ~ Ánlaßspartrafo *m*, Ánlaßspartransformator *m*, Ánlaßtransformator in Spárschaltung

авто||тра́сса *ж* Áutopiste *f* (11); ~**тури́зм** *м* Áutotouristik [-tu-] *f*; Cámpingsport [ˈkɛm-] *m* -(e)s; ~**тури́ст** *м* Áutotourist [-tu-] *m* (8); Camper [ˈkɛm-] *m* (6)

авто||управле́ние *с* automátische Stéuerung, Sélbststeuerung *f*; ~**фреза́** *ж* motorisíerte Bódenfräse

автофурго́н *м* Kástenwagen *m* (7); Líeferwagen *m* (*для доставки товаров*)

автохто́н *м* Úreinwohner *m* (6), Autochthóne *m* (9)

авто||цисте́рна *ж* Tánkwagen *m* (7), Tánkfahrzeug *n* (2); моло́чная ~цисте́рна Mílchtankwagen *m*; ~**ши́на** *ж* Áutoreifen *m* (7); ~**шко́ла** *ж* Fáhrschule *f* (11)

автошту́рман *м ав.* automátisches Stéuergerät, Sélbststeuerungsanlage *f* (11)

ага́ *межд.* ahá!

ага́ва *ж бот.* Agáve [-və] *f* (11)

ага́т *м мин.* Achát *m* (1); ~**овый** Achát-

агглютин||ати́вный *лингв.* agglutiníerend; ~**а́ция** *ж* **1.** *хим.* Agglutinatión *f*, Verklébung *f*; **2.** *лингв.* Agglutinatión *f*; ~**и́рующий** agglutiníerend

а́генс *м лингв.* Ágens *n* =, *pl* Agénziˌen *u* Agéntia, Hándlungsträger *m* (6), Träger *m* der Hándlung

аге́нт I *м* **1.** (*представитель*) Agént *m* (8), Vertréter *m* (6); Geschäftsvermittler *m* (6) (*комиссионер*); страхово́й ~ Versícherungsvertreter *m* (6), Versícherungsagent *m* (8); тра́нспортный ~ Spediteur [-ˈtøːr] *m* (1); нало́говый ~ Stéuereinnehmer *m* (6); **2.** (*сотрудник разведки*) Agént *m* (8)

аге́нт II *м хим.* Ágens *n* =, *pl* Agénziˌen

аге́нтство *с* Agentúr *f* (10), Vertrétung *f* (10); телегра́фное ~ Telegráphenagentur *f*; Náchrichtenagentur *f*; как передаёт ~ Ре́йтер wie die Agentúr Réuter míttteilt [méldet]; Аге́нтство Печа́ти Но́вости (*сокр.* АПН) Présseagentur «Nówosti» (*сокр.* APN)

агенту́р||а *ж* **1.** Agentúr *f* (10); **2.** *собир.* Agénten *pl*; ~**ный** Agentúr-; ~ные све́дения Agentúrnachrichten *pl*; ~ная разве́дка Agentúraufklärung *f*

агита́тор *м* Áufklärer *m* (6), Agitátor *m* -s, -tóren; Wáhlhelfer *m* (6) (*во время выборов*)

агитацио́нн||ый Agitatións-, Áufklärungs-, agitatórisch; ~ый плака́т Agitatiónsplakat *n* (2); ~ая рабо́та Agitatiónsarbeit *f*, Áufklärungsarbeit *f*, Überzéugungsarbeit *f*; ~ая де́ятельность agitatórische Tätigkeit

агита́ция *ж* Agitatión *f*, Áufklärung *f*; предвы́борная ~ Wáhlagitation *f*; нагля́дная ~ Síchtwerbung *f*

агитбрига́да *ж* Agitatiónsbrigade *f* (11), Agitatiónsgruppe *f* (11)

агити́ровать **1.** agitíeren *vt*, *vi*, wérben * *vi* (за что-л. für *A*); **2.** *разг.* (*убеждать*) zu überzéugen versúchen

аги́тка *ж разг.* **1.** (*листовка*) Agitatiónsschrift *f* (10); **2.** (*пьеса*) Agitatiónsstück *n* (2)

агит||кампа́ния *ж* Agitatiónseinsatz *m* (1 *), Agitatiónskampagne [-ˌpanjə] *f* (11); ~**коллекти́в** *м* Agitatiónskollektiv *n* -s, *pl* -e *u* -s, Agitatiónsgruppe *f* (11); ~**ма́ссовый:** ~ма́ссовая рабо́та Mássenagitationsarbeit *f*; Agitatiónsarbeit *f* únter den Mássen; ~**пу́нкт** *м* Áufklärungslokal *n* (2)

агитснаря́д *м воен.* Agitatiónsgeschoß *n* -sses, -sse

агломера́т *м мет., геол.* Agglomerát *n* (2), Síntergut *n* -(e)s

агломерацио́нн||ый Sínter-; ~ая маши́на Sínteranlage *f* (11), Sínterapparat *m* (1)

агломера́ция *ж мет.* Agglomeratión *f*, Ánhäufung *f*, Zusámmenballung *f*, Sínterung *f*

а́гнец *м* (*кроткий человек*) Lamm *n* (5); Únschuldslamm *n*

агно́ст||ик *м филос.* Agnóstiker *m* (6), Agnostizíst *m* (8); ~**ици́зм** *м филос.* Agnostizísmus *m* =

агонизи́ровать, агони́ровать im Stérben líegen *, in den létzten Zügen líegen *

аго́ния *ж мед.* Agoníe *f*, Tódeskampf *m* -es

аграммати́зм *м мед.* Agrammatísmus *m* =, -men

агра́рий *м* Agráriˌer *m* (6), Gróßgrundbesitzer *m* (6)

агра́рно-индустриа́льн||ый: ~ая страна́ Agrár-Industríe-Land *n* (5)

агра́рн||ый Agrár-, agrárwirtschaftlich, lándwirtschaftlich, Lándwirtschafts-; agrárisch; ~ое перенаселе́ние agrárische Überbevölkerung; ~ая поли́тика Agrárpolitik *f*; ~ая рефо́рма Bódenreform *f* (10); ~ая страна́ Agrárland *n* (5); ~ый кри́зис Agrárkrise *f* (11)

агрега́т *м тех.* Aggregát *n* (2), Maschínensatz *m* (1 *); авари́йный ~ *эл.* Nót(strom)aggregat *n*; коте́льный ~ Késseleinheit *f* (10); мо́ечный ~ Wáschanlage *f* (11); посевно́й ~ Sämaschinensatz *m* (1 *); Dríllmaschinensatz *m*; раке́тный ~ *ав.* Rakétensatz *m*; турби́нный ~ Turbínensatz *m*

агрега́тн||ый Aggregát-; Báukasten-; ~ая констру́кция Báukastenprinzip *n* (2); ~ое состоя́ние *физ.* Aggregátzustand *m* (1 *)

агрема́н *м дип.* Agrément [*фр.* agreˈmã] *n* -s, -s

агресси́вн||ость *ж* Aggressivität [-vi-] *f*; ~**ый** aggressív; áusfällig (*о тоне и т. п.*); ~ая война́ Ángriffskrieg *m* (1)

агре́сс||ия *ж* Aggressión *f* (10); Ángriff *m* (1); bewáffneter Überfall; предупреди́ть ~ию éine Aggressión verhüten; ~**ор** *м* Aggréssor *m* -s, -ssóren; Ángreifer *m* (6); а́рмия ~ора Ángriffsarmee *f* (11)

агро||авиа́ция *ж* Flúgzeugeinsatz *m* in der Lándwirtschaft, lándwirtschaftliches Flúgwesen; ~**ба́за** *ж* agronómischer Stützpunkt; lándwirtschaftliche [agronómische] Statión; ~**биоло́гия** *ж* Ágrobiologie *f*, Agrárbiologie *f*; ~**геогра́фия** *ж* Agrárgeographie *f*, Lándwirtschaftsgeographie *f*; ~**гидроло́гия** *ж* Agrárhydrologie *f*; ~**климатоло́гия** *ж* Ágroklimatologie *f*, Agrárklimatologie *f*

агрокульту́р||а *ж с.-х.* Agrikultúr *f*, Áckerbau *m* -(e)s

агрокульту́р||ный lándwirtschaftlich, agronómisch; ~ные мероприя́тия agronómische Máßnahmen

агрометеороло́гия *ж* Agrármeteorologie *f*, lándwirtschaftliche Wétter- und Klímakunde

агроно́м *м* Agronóm *m* (8); Lándwirt *m* (1); диплоли́рованный ~ Diplómlandwirt *m*; ~**и́ческий** agronómisch, lándwirtschaftlich; ~**ия** *ж* Agronomíe *f*, Agrárwissenschaft *f*

агропро́м *м* das Komitée für Agrár-Industríe-Komplex

агропромы́шленн||ый: ~ый ко́мплекс (*сокр.* АПК) Agrár-Industríe-Komplex *m* (1); ~ое объедине́ние Agrár-Industríe-Vereinigung *f* (10)

агро||пропага́нда *ж* agronómische Propagánda; ~**пу́нкт** *м* agronómische Statión; ágrotechnische Berátungsstelle; ~**те́хника** *ж* Ágrotechnik *f*; ~**техни́ческий** ágrotechnisch; ~**хи́мия** *ж* Ágrochemie *f*

ад *м* Hölle *f*

ада́жио *муз.* **1.** *нареч.* adágio [-dʒo]; **2.** *сущ. с* Adágio [-dʒo] *n* -s, -s

ада́мов: ~а голова́ 1) (*бабочка*) Tótenkopfschwärmer *m* (6); 2) *бот.* Alráun *m* (1); ~о я́блоко *анат.* Ádamsapfel *m* (6 *)

адамси́т *м хим.* Adamsít *n* -s

адапта́ция *ж* **1.** *биол.* Adaptíerung *f*, Ánpassung *f*; **2.** *лингв.* Adaptíerung *f*, Adaptión *f* (*текста*)

ада́птер *м радио* Tónabnehmer *m* (6); **~иза́ция** *радио ж* Tónabnahme *f*

адапт||и́рованный adaptíert; **~и́ровать** adaptíeren *vt*, ánpassen *vt*

адвербиализа́ция *ж грам.* Adverbialisíerung [-vɛr-] *f*

адвербиа́льный *грам.* adverbiál [-vɛr-], úmstandswörtlich

адвока́т *м* Ánwalt *m* (1 *), Advokát [-vo-] *m* (8), Réchtsanwalt *m*; *перен.* Fürsprecher *m* (6); **~у́ра** *ж* **1.** *собир.* Ánwaltschaft *f*, Réchtsanwaltschaft *f*; **2.** (*деятельность*) Ánwaltstätigkeit *f*

адге́зия *ж физ.* Adhäsión *f*, Háftfestigkeit *f*

адеква́тн||ость *ж* Adäquánz *f*, Ángemessenheit *f*; **~ый** adäquát, übereínstimmend, entspréchend

адено́иды *мн.* Ráchenmandelvergrößerung *f* (10)

аде́пт *м* Adépt *m* (8)

аджа́р||ец *м* Adsháre *m* (9); **~ка** *ж* Adshárin *f* (12); **~ский** adshárisch; ~ский язы́к die adshárische Spráche, das Adshárische (*sub*)

администрати́вно-организацио́нный Verwáltungs- und Organisatións-

администрати́вно-территориа́льн||ый administratív-territoriál; ~ое устро́йство administratív-territoriále Gliederung

администрати́вно-хозя́йственный Wírtschafts- und Verwáltungs-

администрати́вн||ый administratív, Verwáltungs-; verwáltungsrechtlich; ~ая до́лжность Verwáltungsfunktion *f* (10); ~ое взыска́ние Órdnungsstrafe *f* (11); ~ое деле́ние verwáltungsmäßige Éinteilung; в ~ом поря́дке auf dem Verwáltungswege, auf dem Verfügungswege; verwáltungsmäßig; ~ая едини́ца verwáltungstechnische Éinheit (*о районе и т. п.*); ~ое наруше́ние *юр.* Órdnungswidrigkeit *f* (10)

администр||а́тор *м* Verwálter *m* (6); Empfángsॱchef [-,ʃɛf] *m* (*в гостинице*); Geschäftsführer *m* (6); **~а́ция** *ж* **1.** Administratión *f* (10), Verwáltung *f* (10), Verwáltungsbehörde *f* (11); вашингто́нская ~а́ция die Wáshingtoner Administratión; **2.** (*в гостинице*) Rezeptión *f* (10); **~и́рование** *с* Administríeren *n* -s; **~и́ровать** administríeren *vi*

адмира́л *м* Admirál *m* (1)

адмиралте́й||ский Admiralitäts-; ◇ ~ская игла́ Túrmspitze *f* des Admiralitätspalastes (*in Leningrad*); **~ство** *с* Admiralität *f*; Maríneamt *n* (5)

адмира́льский Admiráls-; ~ кора́бль Admirálsschiff *n* (2)

адопт||а́ция *ж* Adoptión *f* (10); **~и́ровать** adoptíeren *vt*, an Kíndes Statt ánnehmen *

а́дрес *м* **1.** (*надпись на почтовом отправлении*) Adrésse *f* (11), Bríefanschrift *f* (10), Ánschrift *f*; телегра́фный ~ Dráhtanschrift *f* (*уст.*); Telegrámmadresse *f*; **2.** (*обозначение местожительства*) Wóhnort *m* (1), Wóhnanschrift *f* (10); дома́шний ~ Privatadresse [-'va:t-] *f* (11); Héimatanschrift *f* (*воен.*); усло́вный ~ Déckadresse *f* **3.** (*письменное приветствие*) Glückwunschschreiben *n* (7); приве́тственный ~ Begrüßungsschreiben *n* (7); **4.** (*условное обозначение местонахождения документа в хранилищах*) Signatúr *f* (10); **5.** (*величина, определяющая местонахождение информации в вычислительной машине*) Adrésse *f* (11); входно́й ~ Rúfadresse *f*; мни́мый ~ Schéinadresse *f*; обра́тный ~ Ábsender *m* -s; относи́тельный ~ Bezúgsadresse *f*; символи́ческий ~ Pséudoadresse *f*; ~ информа́ции в вычисли́тельной маши́не Maschínenadresse *f*; ~ кома́нды [прика́за] Beféhlsadresse *f*; ◇ э́то ска́зано по твоему́ ~у das ist an déine Adrésse geríchtet; попа́сть не по ~у an die fálsche Adrésse [an den Únrechten] kómmen * [geráten *]; **~а́нт** *м* Ábsender *m* (6), Bríefabsender *m*; **~а́т** *м* Empfänger *m* (6); ~а́т вы́был (*пометка на письме*) Empfänger verzógen; ~а́т не разы́скан Empfänger nicht zu ermítteln; Empfänger únbekannt; письмо́ верну́лось за ненахожде́нием ~а́та der Brief kam als únbestellbar zurück

а́дрес||ный Adréß-; ~ный стол Éinwohnermeldeamt *n* (5); ~ная кни́га Adréßbuch *n* (5); ~ный алгори́тм *киберн.* Adréssenalgorithmus *m* =, -men

адресова́ть adressíeren *vt*; ~ кому́-л. an j-n ríchten; **~ся 1.** *уст.*: ~ся к кому́-л. sich an j-n ríchten, an j-n éine Ánsprache hálten *, sich an j-n wénden *; **2.** *страд.* adressíert wérden

а́дски *нареч. разг.* (*очень, чрезвычайно*) vertéufelt; höllisch, verflúcht, verdámmt; ~ хо́лодно es ist húndekált [sáukált, éine Húndekälte]; э́то ~ тяжело́ das ist vertéufelt schwer; ~ бо́льно das tut höllisch [vertéufelt, verflúcht, verdámmt] weh

а́дск||ий höllisch, Höllen-; únerträglich (*невыносимый*); entsétzlich (*ужасный*); ~ий хо́лод grímmige Kälte; ~ий шум Höllenlärm *m* -s; ◇ ~ая маши́на Höllenmaschine *f* (11)

адсорбе́нт *м хим.* Adsórbens *n* =, -bénziॱen

адсо́рбция *ж хим.* Adsorptión *f*

адъективиза́ция *ж грам.* Adjektivíerung [-'vi:-] *f*

адъекти́вный *грам.* adjektívisch [-vɪʃ]

адъю́нкт *м* Adjúnkt *m* (8)

адъюта́нт *м воен.* Adjutánt *m* (8)

адыге́ец *м* Adygé *m* =, =

адыге́йка *ж* Adýgin *f* (12)

адыге́йский adygéॱisch; ~ язы́к die adygéॱische Spráche, das Adygéॱische (*sub*)

а́жио *с ком.* Agio [*ит.* 'a:dʒo] *n* -s, Áufgeld *n* -(e)s

ажиота́ж *м* **1.** (*сильное возбуждение*) Áufregung *f* (10); Rúmmel *m* (6) (*шумиха*); **2.** *бирж.* Agiotage [*фр.* aʒio'ta:ʒə] *f* (11); биржево́й ~ Börsenspekulation *f* (10)

ажита́ц||ия *ж уст.* Áufregung *f*, Éifer *m* -s; Affékt *m* (1); быть в ~ии (ganz) aus dem Häusॱchen sein

ажу́р I *м* **1.** *разг.*: всё в ~е es ist álles im Lot, es ist álles in Bútter; es ist álles in béster [schönster] Órdnung; **2.** *фин.* Tágfertigkeit *f*

ажу́р II *нареч. бухг.* à jour [*фр.* a'ʒu:r], auf dem láufenden

ажу́рн||ый durchbróchen; ~ая стро́чка durchbróchene Naht; ~ая рабо́та durchbróchene [*перен.* féine] Árbeit; ~ые чулки́ Nétzstrümpfe *pl*

аз 1.: ни ~а́ не знать *разг.* gar nichts wíssen *; kéine blásse Áhnung háben (von *D*); kéinen bláuen Dunst davón háben; **2.** *мн.* ~ы́ Ánfangsgründe *pl*; изуча́ть ~ы́ ein ABC-Schütze sein; тверди́ть ~ы́ *разг.* nicht über die Ánfangsgründe hináuskommen *; начина́ть с ~о́в *разг.* ganz von vórne ánfangen *

аза́лия *ж бот.* Azáliॱe *f* (11), Azalée *f* (11)

аза́рт *м* Léidenschaft(lichkeit) *f* (*страсть*); Éifer *m* -s; игра́ть с ~ом léidenschaftlich spíelen; ◇ войти́ в ~ in Éifer geráten *, sich eréifern

аза́рт||ный Hasárd-, léidenschaftlich, hítzig; ~ная игра́ Glücksspiel *n* (2)

а́збука *ж* **1.** (*алфавит*) Alphabét *n* (2), Abc [a:be:'tse:] *n* =, =; **2.** (*букварь*) Fíbel *f* (11); **3.** (*система условных знаков*) Alphabét *n* (2); но́тная ~ Nótenschrift *f* (11); ручна́я ~ (*глухонемых*) Daktylologíe *f*, Fíngersprache *f*; ~ слепы́х Blíndenschrift *f*; телегра́фная ~ Telegráphenalphabet *n* -(e)s; семафо́рная ~ *мор.* Wínk(flaggen)-alphabet *n* -(e)s; ~ Мо́рзе Mórsealphabet *n* -(e)s; **4.** *перен.* Ánfangsgründe *pl*, ABC [a:be:'tse] *n* =

а́збучн||ый 1. alphabétisch; **2.** *перен.* elementár, állbekannt; ~ая и́стина Bínsenweisheit *f* (10)

азербайджа́н||ец *м* Aserbaidsháner *m* (6); **~ка** *ж* Aserbaidshánerin *f* (12); **~ский** aserbaidshánisch; ~ский язы́к die aserbaidshánische Spráche, das Aserbaidshánische (*sub*)

азиа́тский asiátisch

а́зимут *м астр.* Azimút *n* -(e)s

азосоедине́ние *с хим.* Stíckstoffverbindung *f* (10), Ázoverbindung *f*

азо́т *м* Stíckstoff *m* -(e)s (*хим. знак* N); за́кись ~а Stíckstoffoxid *n* -(e)s, Láchgas *n* -es; о́кись ~а Stíckoxyd *n* -(e)s. Stíckstoffmonoxid *n*

азоти́рование *с хим.* Nitríerung *f*, Nitríeren *n* -s

азотистоки́слый *хим.* salpétrigsauer

азо́тист||ый *хим.* salpétrig; stíckstoffhaltig; ~ая кислота́ salpétrige Säure

азотноки́слый salpétersauer

азо́тно-ту́ковый Stíckstoffdünger-

азо́тн||ый Stíckstoff-; ~ая кислота́ Salpétersäure *f*; ~ое удобре́ние Stíckstoffdünger *m* -s; ~ая устано́вка Stíckstoffgewinnungsanlage *f* (11)

азотосодержа́щий stíckstoffhaltig

азы́ *мн. см.* аз 2

аи́р *м бот.* Kálmus *m* =, -se

а́ист *м* Storch *m* (1 *)

а́истник *м бот.* Réiherschnabel *m* (6 *)

ай *межд.* ach!, au!, o weh!; ай да! (*возглас восхищения*) sieh da!

айва́ *ж* **1.** (*плод*) Quítte *f* (11); грушеви́дная ~ Bírnenquitte *f*; **2.** (*дерево*) Quíttenbaum *m* (1 *)

айда́ *межд. разг.* d(a)raufl ós!; ~ в лес! gehen wir in den Wald!, auf in den Wald!

айла́нт *м бот.* Götterbaum *m* (1 *)

а́йсберг *м* Éisberg *m* (1)

академгородо́к *м* Akademgorodók *m* -s, -s, Stadt *f* (3) der Wíssenschaft

академи́зм *м* Akademísmus *m* =

акаде́мик *м* Akademíemitglied *n* (5), Mítglied der Akademíe

академи́ческ||ий akadémisch; ~ий час akadémische Stúnde; два ~их часа́ Dóppelstunde *f*; ~ий год Stúdiॱenjahr *n* -(e)s; ~ий о́тпуск (éinjährige) Fréistellung von der Léhre (zur Vórbereitung auf die Promotión)

акаде́мия *ж* Akademíe *f* (11); Акаде́мия нау́к die Akademíe der Wíssenschaften; Акаде́мия худо́жеств die Akademíe der Künste; сельскохозя́йственная ~ Lándwirtschaftsakademie *f*

а́канье *с лингв.* Ákanje *n* =, Áussprache des «o» in únbetonten Sílben als «a» (in der rússischen Literatúrsprache)

ака́ция *ж* Akázi̯e *f* (11); Schótendorn *m* (1) (*белая*)

аквала́нг *м* (Préßluft-)Táuchgerät *n* (2)

аквалангист *м* Spórttaucher *m* (6), Táuchschwimmer *m* (6)

аквамари́н *м мин.* Aquamarín *m* (1)

аквана́вт *м* Aquanáut *m* (8)

аквапла́н *м* Aquaplán *m* (1)

акваплани́ст *м спорт.* Wéllenreiter *m* (6)

акварели́ст *м иск.* Aquaréllmaler *m* (6)

акваре́ль *ж* **1.** (*краска*) Aquaréllfarbe *f* (11), Wásserfarbe *f*; писа́ть ~ю aquarellíeren *vt, vi*; in Wásserfarben málen; **2.** (*картина*) Aquaréll *n* (2), Aquaréllbild *n* (5); **~ный** *иск.* Aquaréll-, Wásserfarben-; ~ный портре́т Aquaréllbildnis *n* (3 *); ~ная жи́вопись Aquaréllmalerei *f*

аква́риум *м* Aquárium *n* -s, -ri̯en

аквариуми́ст *м* Aquariáner *m* (6)

аква́риумн||ый: ~ая ры́бка Aquári̯enfisch *m* (1)

аква||ти́нта *ж полигр.* Aquatínta *f*; ~ти́пия *ж полигр.* Wásserfarbendruck *m* -(e)s; Aquatypíe *f*; **~то́рия** *ж* Wásserfläche *f* (11); Stárt- und Lándefläche *f* (für Wásserflugzeuge)

акведу́к *м* **1.** (*водопроводный*) Aquädúkt *m* (1); Wásserleitungsbrücke *f* (11) **2.** (*канала*) Kanálbrücke *f* (11)

акклиматиз||а́ция *ж* Akklimatisatión *f*, Éingewöhnung *f*; **~и́ровать** akklimatisíeren *vt*, éingewöhnen *vt*, héimisch máchen; **~и́роваться** sich akklimatisíeren, sich éingewöhnen, héimisch wérden

аккомода́ция *ж фон.* Ángleichung *f* (10)

аккомпанеме́нт *м* Begléitung *f* (10); под ~ роя́ля mit Klavierbegleitung [-'vi:r-]

аккомпаниа́тор *м* Begléiter *m* (6)

аккомпани́ровать (*кому-л.*) begléiten *vt*

акко́рд *м* Akkórd *m* (1); взять ~ éinen Akkórd gréifen*; заключи́тельный ~ *тж. перен.* Schlúßakkord *m*, Áusklang *m*

аккордео́н *м* Akkórdeon *n* -s, -s; **~и́ст** *м* Akkordeoníst *m* (8)

акко́рдн||ый Akkórd-; ~ая рабо́та Akkórdarbeit *f*, Stücklohnarbeit *f*; ~ая пла́та Stücklohn *m* -(e)s, Objéktlohn *m*; Akkórdlohn *m*

аккредити́в *м фин.* Akkreditív *n* (2); Kredítbrief *m* (1); Réisescheck *m* -s, -s (*для частных лиц*); **~ный** Akkreditív-; Begláubigungs-; ~ная гра́мота *дип.* Begláubigungsschreiben *n* (7)

аккредито́ванный begláubigt, akkreditíert

аккредитова́ть **1.** *фин.* akkreditíeren *vt*, bevóllmächtigen *vt*; **2.** *дип.* akkreditíeren *vt*; begláubigen *vt*

аккумули́ровать akkumulíeren *vt*, spéichern *vt*, ánsammeln *vt*

аккумуля́тор *м тех.* Akkumulátor *m* -s, -tóren, Sámmler *m* (6), Ákku *m* -s, -s; *авто* Batteríe *f* (11); **~ная** *ж* Akkumulatórenraum *m* (1 *), Ákkuraum *m*, Batteríeraum *m*

аккумуля́ция *ж* Akkumulatión *f*, Áufspeicherung *f*; ~ капита́ла Akkumulatión des Kapitáls, Kapitálakkumulation *f*

аккура́тн||ость *ж* Genáuigkeit *f*; Pünktlichkeit *f* (*во времени*); Sórgfalt *f*; Sáuberkeit *f* (*в одежде и т. п.*); **~ый** genáu, präzís(e) (*точный*); pünktlich, präzís(e) (*во времени*); sórgfältig (*тщательный*); sáuber (*опрятный*)

акони́т *м бот.* Éisenhut *m* (1 *), Acónitum *n* -s

акр *м с.-х.* Acre [*англ.* 'e:kər] *m* -s, -s

акри́л *м* Akrýl *n* -s

акроба́т *м* Akrobát *m* (8); **~ика** *ж* Akrobátik *f*; **~и́ческий** akrobátisch; **~ка** *ж* Akrobátin *f* (12)

акро́поль *м ист.* Akrópolis *f*, *pl* -pólen

акрости́х *м лит.* Akróstichon [-çɔn] *n* -s, *pl* -chen *u* -cha

акселера́||тор *м авто* Gáspedal *n* (2) (*ножной*); Gáshebel *m* (6) (*ручной*); **~ция** *ж биол.* Akzeleratión *f*

аксельба́нты *мн.* Áchselschnur *f* (3)

аксессуа́р *м* Zúbehör *n* (2), Béiwerk *n* (2)

аксио́ма *ж мат., филос.* Axióm *n* (2), Grúndsatz *m* (1 *); **~ти́ческий** axiomátisch

аксоло́тль *м зоол.* Axolótl *m* -s, =

акт *м* **1.** (*действие*) Akt *m* (1), Aktión *f* (10); Hándlung *f* (10), Tat *f* (10) (*поступок*); ~ дру́жбы Fréundschaftsbezeigung *f*; речево́й ~ Spréchakt *m*; террористи́ческий ~ Térrorakt *m*; **2.** *юр.* (*документ*) Úrkunde *f* (11), Ákte *f* (11); Áktenstück *n* (2); по́длинный ~ Originálurkunde *f*; обвини́тельный ~ Ánklageschrift *f* (10); заключи́тельный ~ 1) Schlúßakte *f* (*напр., конференции в Хельсинки*); 2) Ábschlußprotokoll *n* (2); ~ы гражда́нского состоя́ния Persónenstandsregister *n* (6); ~ на ве́чное по́льзование землёй Úrkunde für éwige Bódennutzung; ~ капитуля́ции Kapitulatiónsurkunde *f*; **3.** (*описание установленных фактов*) Protokóll *n* (2); приёмочный ~ Ábnahmeprotokoll *n*; ~ испыта́ния *тех.* Prüf(ungs)protokoll *n*; ~ о несча́стном слу́чае Únfallprotokoll *n*; рекламацио́нный ~ *ком.* Mängelrüge *f* (11), Reklamatión *f* (10); соста́вить ~ о чём-л. über etw. (*A*) ein Protokóll áufnehmen *, etw. áktenkundig máchen; **4.** *театр., лит.* Akt *m* (1), Áufzug *m* (1 *); траге́дия в пяти́ ~ах Tragödi̯e in fünf Ákten [Áufzügen]; **5.** *уст.* (*торжественное собрание*) Akt *m* (1), Féierlichkeit *f*; Schúlfeier *f* (11) (*в школе*); **6.** *иск.* (*обнажённая натура*) Akt *m* (1)

актёр *м* **1.** Scháuspieler *m* (6), Bühnenkünstler *m* (6); коми́ческий ~ Kómiker *m* (6); траги́ческий ~ Tragöde *m* (9); веду́щий ~ Háuptdarsteller *m* (6); ~ на характе́рные ро́ли Charákterdarsteller [ka-] *m*; **2.** *перен.* Komödiánt *m* (8); **~ский** Scháuspiel-; dárstellerisch; scháuspielerisch; ~ский труд, ~ская рабо́та die dárstellerische Léistung; ~ское иску́сство Scháuspielkunst *f*; **~ство** *с* Scháuspielertätigkeit *f*

акти́в I *м собир.* Aktív *n* -s, aktíve [-vəs] Mítglieder (*pl*); парти́йный ~ Partéiaktiv *n*; роди́тельский ~ Élternaktiv *n*

акти́в II *м фин.* Aktíva [-va] *pl*, Aktívbestand *m* -(e)s; Gúthaben *n* (7), Aktívposten *m* (7); ~ и пасси́в Aktíva und Passíva [-va]; име́ть на ~е gúthaben *отд. vt*

акти́в III *грам.* Áktiv *n* -s, Aktívum [-vum] *n* -s, Tátform *f*, Tätigkeitsform *f*

актива́тор *м хим., тепл.* Aktivator [-'va-] *m* -s, -tóren, Verstärker *m* (6); ~ самовоспламене́ния Klópfpeitsche *f*

активиз||а́ция *ж* Aktivierung [-'vi:-] *f*; **~и́ровать** aktivieren [-'vi:-] *vt*; **~и́роваться** aktiviert [-'vi:-] wérden, lébhafter [aktíver (-vər)] wérden; rührig wérden (*прийти в движение*)

активи́ст *м* Aktivist [-'vist] *m* (8), Funktionär *m* (1), aktíves [-vəs] Mítglied; **~ка** *ж* Aktivistin [-'vist-] *f* (12), Funktionärin *f* (12), aktíves [-vəs] Mítglied

акти́вн||ость *ж* Aktivität [-vi-] *f*, Geschäftigkeit *f*, Tätigkeit *f*; Rührigkeit *f*; делова́я ~ость Geschäftstätigkeit *f*, geschäftliche Aktivität; трудова́я ~ость Árbeitsaktivität *f*; со́лнечная ~ость *астр.* Sónnenaktivität *f*, Soláraktivität *f*, Sónnentätigkeit *f*; проявля́ть ~ость Aktivität an den Tag légen; rührig sein; **~ый** **1.** aktív, geschäftig, tätig, tátkräftig; rührig; ~ое избира́тельное пра́во aktíves [-vəs] Wáhlrecht; ~ый рабо́тник tätiger [aktíver] Árbeiter; Aktivist [-'vist] *m* (8); ~ый бала́нс *фин.* aktíve [-və] Bilánz; ~ое уча́стие aktíver [tätiger] Ánteil; ~ая борьба́ aktíver [tátkräftiger] Kampf; ~о боро́ться за что-л. aktív [tátkräftig] für etw. (*A*) kämpfen; ~о уча́ствовать в чём-л. an etw. (*D*) aktív téilnehmen *; **2.** *тех.* aktív, Aktív-, wírksam, Wirk-; ~ое желе́зо aktíves [-vəs] Éisen; ~ая па́мять, ~ое запомина́ющее устро́йство *выч. тех.* Aktívspeicher *m* (6); ~ая мо́щность *эл.* Wírkleistung *f*; **3.** *лингв.* aktív; в ~ой фо́рме aktívisch [-viʃ], aktív

акти́ний *м* Aktínium *n* -s (*хим. знак* Ac)

акти́ния *ж зоол.* Aktíni̯e *f* (11), Séerose *f* (11)

акти́ровать (*что-л.*) *etw.* áktenkundig máchen, éine Ákte ánlegen (*über A*)

а́ктов||ый **1.** áktenmäßig, Ákten-; Úrkunden-; ~ая бума́га Áktenpapier *n* -s, Stémpelpapier *n*; ~ая по́шлина Verwáltungsgebühr *f* (10); **2.:** ~ый зал Áula *f*, *pl* -len *u* -s

актри́са *ж* **1.** Scháuspielerin *f* (12); **2.** *перен.* Komödiántin *f* (12)

актуа́льн||ость *ж* Aktualität *f*, Zéitnähe *f*, Zéitbezogenheit *f*; ~ость вопро́са Aktualität der Fráge; де́ло потеря́ло свою́ ~ость die Sáche hat nichts mehr auf sich; **~ый** aktuéll, zéitnah, zéitgemäß; zéitgebunden; ~ый вопро́с éine aktuélle [akúte, brénnende] Fráge

аку́ла *ж* Háifisch *m* (1), Hai *m* (1)

акупункту́ра *ж* Akupunktúr *f*

аку́ст||ика *ж* **1.** (*раздел физики*) Akústik *f*, Schállehre (*при переносе* Schall-lehre) *f*; **2.** (*слышимость в помещении*) Akústik *f*; **~и́ческий** akústisch

акушёр *м* Gebúrtshelfer *m* (6)

акуше́р||ка *ж* Hébamme *f* (11); **~ский** gebúrtshilflich, Gebúrtshelfer-, Entbíndungs-; **~ство** Gebúrtshilfe *f*

акце́нт *м* **1.** (*ударение*) Akzént *m* (1), Betónung *f* (10); Betónungszeichen *n* (7) (*знак ударения*); сде́лать ~ на чём-л. *перен.* auf etw. (*A*) éinen besónderen Akzént [Náchdruck] légen; **2.** (*иноязычное произношение*) Akzént *m* (1), Áussprache *f* (11); Tónfall *m* (1 *) (*интонация*); **~и́рование** *с* **1.** *см.* акцентуа́ция; **2.** *перен.* Akzentuíerung *f*, (náchdrückliche) Betónung; **~и́ровать** *лингв., тж. перен.* akzentuíeren *vt*, betónen *vt*; осо́бенно ~и́ровать что-л. etw. mit Náchdruck betónen; **~оло́гия** *ж лингв.* Akzéntlehre *f*, Akzentologíe *f*; **~уа́ция** *ж лингв.* Betónung *f*, Akzentuíerung *f*

акце́пт *м* **1.** *юр., дип.* Éinverständnis *n* zum Vertrágsanschluß; **2.** *фин.* Akzépt *n* (2); **~áнт** *м фин.* Akzeptánt *m* (8); **~овáть** *фин.* akzeptíeren *vt*

акци́з *м ком.* Akzíse *f* (11), Verbráuchssteuer *f* (11); ~ на табáк, спи́чки *и т. п.* índirekte Stéuer auf Tábak, Zündhölzer *usw.*; **~ный** *ком.* Akzís-; ~ный сбор Akzíseinnahme *f* (11), Akzíse *f* (11)

акционéр *м* Aktionär *m* (1); Ákti¦eninhaber *m* (6); **~ный** Ákti¦en-; ~ное óбщество Ákti¦engesellschaft *f* (10) (*сокр.* AG); ~ный капитáл Ákti¦enkapital *n* -s, -e *u* -li¦en

áкция I *ж* (*ценная бумага*) Ákti¦e *f* (11); привилеги́рованная ~ Vórzugsakti¦e *f*; учреди́тельская ~ Gründungsakti¦e *f*

áкция II *ж* (*действие*) Aktión *f* (10); дипломати́ческая ~ diplomátische Aktión, diplomátischer Vórstoß, diplomátisches Vórgehen; полити́ческая ~ polítische Aktión [Máßnahme]

акы́н *м* Akýn *m* (1) (*Volkssänger oder Volksdichter in Mittelasien*)

албáн¦¦ец *м* Albáner *m* (6); **~ка** *ж* Albánerin *f* (12); **~ский** albánisch; ~ский язы́к die albánische Spráche, das Albánische (*sub*)

áлгебра *ж* Álgebra *f*, Búchstabenrechnung *f*; **~и́ческий** algebrá¦isch, Búchstaben-; ~и́ческая величинá algebrá¦ische Größe, Búchstabengröße *f* (11); ~и́ческое уравнéние algebrá¦ische Gléichung, Búchstabengleichung *f* (10)

алгори́тм *м спец.* Algoríthmus *m* =, -men; теóрия ~ов Algoríthmentheorie *f*

алебáрда *ж* Hellebárde *f* (11)

алебáстр *м мин.* Alabáster *m* -s; **~овый** *мин.* Alabáster-, alabástern

александри́йский alexandrínisch; ~ стих *лит.* Alexandríner *m* (6); ~ лист *фарм.* Sénnesblätter *pl*

александри́т *м мин.* Alexandrít *m* (1), Chrysoberýll [kry-] *m* (1)

алекси́я *ж мед.* Alexíe *f*, Léseunfähigkeit *f*

алемáнский alemánnisch

алéть 1. (*становиться алым*) rot wérden, sich röten; **2.** (*выделяться вдали*) rot schímmern

алеýт *м* Aleút *m* (8), Aleútenbewohner *m* (6); **~ка** Aleútin *f* (12), Aleútenbewohnerin *f* (12); **~ский** aleútisch

алжи́р¦¦ец *м* Algéri¦er *m* (6); **~ка** *ж* Algéri¦erin *f* (12); **~ский** algérisch

áлиби *с юр.* Álibi *n* -s, -s; доказáть своё ~ sein Álibi náchweisen *

алидáда *ж тех.* Dióptérlineal *n* (2), Visíerlineal [vi-] *n*, Alhidáde *f* (11)

ализари́н *м хим.*: жёлтый ~ Alizaríngelb *n* -(e)s; крáсный ~ Alizarínrot *n* (e)s, Krápprot *n* -(e)s; **~овый** *хим.* Alizarín-; ~овые черни́ла Alizaríntinte *f*; ~овые краси́тели Alizarínfarbstoffe *pl*

алимéнт¦¦ный Alimentatións-; ~ное обязáтельство Alimentatiónspflicht *f*, Únterhaltspflicht *f*; **~щик** *м разг.* Aliméntenzahler *m* (6), Únterhaltszahler *m*, Únterhaltspflichtige *m* (14); **~ы** *мн.* Aliménte *pl*, Únterhaltskosten *pl*, Únterhaltsbeitrag *m* (1 *); плати́ть ~ы Aliménte záhlen, Únterhalt záhlen

алкалóид *м хим.* Alkaloíd *n* (2)

алкáть *поэт. уст.* dürsten *vi*, verlángen *vi*, tráchten *vi* (чегó-л. nach *D*); begéhren *vt*

алкоголи́зм *м* Alko¦holísmus *m* =, Trúnksucht *f*

алкогóлик *м* Alko¦hóliker *m* (6); Trínker *m* (6), Gewóhnheitstrinker *m*; Säufer *m* (6) (*пьяница*)

алкогóль *м* Álko¦hol *m* -s; **~ный** Álko¦hol-, alko¦hólisch; álko¦holhaltig (*содержащий алкоголь*); ~ное отравлéние Álko¦holvergiftung *f* (10); **~ные напи́тки** alko¦hólische [álko¦holhaltige] Getränke *pl*; ~ное опьянéние Álkoholrausch *m* -es; ~ное помешáтельство *мед.* Säuferwahn *m* -(e)s

аллáх *м* Állah

аллегори́ческий, аллегори́чный allegórisch, sínnbildlich

аллегóрия *ж* Allegoríe *f* (11), Sínnbild *n* (5)

аллéгро *муз.* **1.** *нареч.* allégro; **2.** *сущ. с* Allégro *n* -s, -s

аллерги́¦¦я *ж мед.* Allergíe *f* (11); больнóй **~ей** Allérgiker *m* (6), Allergíekranke *m* (14)

аллéя *ж* Alléе *f* (11)

аллигáтор *м зоол.* Alligátor *m* -s, -tóren, Káiman *m* (1)

аллитерáция *ж лит.* Alliteratión *f* (10), Stábreim *m* (1)

аллó *межд.* halló!

аллóд *м ист.* Allód *n* (2), Allódium *n* -s, -di¦en

аллопáт *м* Allopáth *m* (8); **~и́ческий** allopáthisch; **~ия** *ж* Allopathíe *f*

аллоскóп *м* Díabildwerfer *m* (6); Bíldwerfer *m*

аллотропи́ческий *хим.* allotróp, méhrförmig

аллотрóпия *ж хим.* Allotropíe *f*

аллювиáльный *геол.* alluvial [-'vĭa:l], Alluviál-, ángeschwemmt; ~ грунт Alluviálboden *m* -s, Schwémmboden *m*

аллю́вий *м геол.* Allúvium [-vĭum] *n*, -s, -vi¦en, Anschwemmung *f* (10)

аллю́р *м* Allüre *f* (11), Gángart *f* (10) (des Pférdes)

алмáз *м* Diamánt *m* (8); стеклорéзный ~ Gläserdiamant *m*; Glásschneider *m* (6); промы́шленный ~ Bóhr-und Schléifdiamant *m*, Industríediamant *m*; **~ный** diamánten (*сделанный из алмаза, с алмазами*); Diamánt(en)-; ~ный рудни́к Diamántengrube *f* (11)

алоги́чный únlogisch

алóэ *с бот.* Áloe *f* (11)

алтáец *м* Altái¦er *m* (6)

алтáйка *ж* Altái¦erin *f* (12)

алтáйск¦¦ий altá¦isch, Altái-; **~ие** языки́ altá¦ische Spráchen

алтáрь *м* Altár *m* -s, -täre

алтéй *м бот.* Éibisch *m* (1)

алфави́т *м* Alphabét *n* (2), Abc [a:be:'tse:] *n* =; расстáвить по ~у alphabétisch órdnen

алфави́тно-цифровóй *выч. тех.* alphanumérisch

алфави́тный alphabétisch; ~ укáзатель alphabétisches Régister [Verzéichnis]

алхи́м¦¦ик *м* Alchimíst *m* (8); **~ия** *ж* Alchimíe *f*

áлчн¦¦ость *ж* Gier *f*, Hábsucht *f*, Hábgier *f*; **~ый** gíerig, hábsüchtig, hábgierig

áлчущий *поэт.* dürstend; verlángend; strébend (чегó-л. nach *D*)

áлый rot, hóchrót; blútrót, schárlachrot

алычá *ж бот.* Kírschpflaume *f* (11)

альбатрóс *м зоол.* Álbatros *m* =, -se

альбин¦¦и́зм *м биол.* Albinísmus *m* =, Leukopathíe *f*; **~óс** *биол. м* Albíno *m* -s, -s

альбóм *м* **1.** Álbum *n* -s, *pl* -ben *u разг.* -s; ~ для грампласти́нок Schállplattenalbum *n*; ~ для мáрок Bríefmarkenalbum *n*, Éinsteckalbum *n*; ~ для откры́ток Póstkartenalbum *n*; ~ для рисовáния Zéichenblock *m*; Zéichenbuch *n* (5); ~ для стихóв Poesíe-Album *n*; ~ для фотосни́мков Fótoalbum *n*; **2.** (*гравюр, репродукций*) Bíldband *m* (1 *), Kúnstmappe *f* (11), Ábbildungswerk *n* (2); Leporéllobuch *n* (5) (*в виде гармоники*); **~ный** Álbum-; **~ный** формáт Quérformat *n* (2), Bréitformat *n*

альбуми́н *м хим.* Albumín *n* (2), Éiweißstoff *m* (1)

альбуминури́я *ж мед.* Albuminuríe *f*, Éiweißharnen *n* -s

альвеóл¦¦ы *мн. анат.* Alveólen [-ve-] *pl*, Höhlungen *pl*; **~я́рный** *анат.*, *лингв.* alveolár [-ve-]

альдеги́д *м хим.* Áldehýd *n* (2)

алькóв *м* Alkóven [-vən] *m* (7), Béttnische *f* (11); Schláfkammer *f* (11)

альманáх *м* Álmanach *m* (1), Jáhrbuch *n* (5)

альманди́н *м мин.* Almandín *m* (1), róter Granát, Karfúnkel *m* (6)

альпакá *с* **1.** (*животное*) Alpáka *n* -s, -s; **2.** (*шерсть*) Alpáka *m* -s, Alpákawolle *f*; **3.** (*ткань*) Alpáka *m* -s, Alpákastoff *m* -(e)s

альпáри *нареч. фин.* al pári, zum Nénnwert

альпенштóк *м* Bérgstock *m* (1 *)

альпи́йск¦¦ий Álpen-, alpín; **~ая** флóра Álpenpflanzen *pl*; ~ое двоебóрье (*лыжи*) alpíne Kombinatión; ~ое пáстбище Alm *f* (10), Álp(e) *f* (10, 11)

альпинáрий *м* Stéingarten *m* (7 *)

альпиниáда *ж* Mássenbesteigung *f* éines Bérges

альпин¦¦и́зм *м* Bérgsteigen *n* -s, Alpinísmus *m* =; Alpinístik *f*; Hóchtouristik [-tu-] *f*; **~и́ст** *м* Bérgsteiger *m* (6), Hóchgebirgswanderer *m* (6); **~и́стка** *ж* Bérgsteigerin *f* (12); **~и́стский:** ~и́стский похóд Hóchgebirgstour [-tu:r] *f* (10); ~и́стский лáгерь *спорт.* Bérgsteigerlager *n* (6)

альт *м муз.* **1.** (*инструмент*) Brátsche *f* (11), Áltgeige *f* (11), Ármgeige *f* **2.** (*голос*) Alt *m* (1), Áltstimme *f* (11); петь ~ом Alt síngen *; **3.** (*поющий альтом*) Altíst *m* (8); (*поющая альтом*) Altístin *f* (12)

альтерáц¦¦ия *ж муз.* Alteratión *f*; знак ~ии Vórzeichen *n* (7), Versétzungszeichen *n*

альтернати́в¦¦а *ж* Alternatíve [-və] *f* (11), Entwéder — Óder *n* =; **~ный** alternatív; ~ный вопрóс Alternatívfrage *f* (11), Entschéidungsfrage *f*

альтимéтр *м ав.* Höhenmesser *m* (6), Höhenmeßgerät *n* (2)

альти́ст *м муз.* Bratschíst *m* (8); **~ка** *ж* Bratschístin *f* (12)

альтóв¦¦ый Alt-; ~ая пáртия Áltpartie *f* (11)

альтру¦¦и́зм *м* Altruísmus *m* =, Nächstenliebe *f*; Úneigennützigkeit *f* (*бескорыстие*); **~и́ст** *м* Altruíst *m* (8), Ménschenfreund *m* (1); **~исти́ческий** altruístisch; úneigennützig (*бескорыстный*); **~и́стка** *ж* Altruístin *f* (12), Ménschenfreundin *f* (12)

áльф¦¦а *ж* (*буква*) Álpha *n* = *u* -s, -s; ◇ ~а и омéга das Álpha und das Ómega, das A und das O; от ~ы до омéги von A bis Z

áльфа-излучéние *с физ.* Álphastrahlung *f*

áльфа-лучи́ *мн. физ.* Álphastrahlen *pl*

áльфа-облучéние *с физ.* Beschíeßung *f* mit Álphateilchen

áльфа-радиоакти́вность *ж физ.* Álphaaktivität [-vi-] *f*

áльфа-распáд *м физ.* Álphazerfall *m* -(e)s, Álpha¦umwandlung *f*

áльфа-счётчик *м физ.* Álphazähler *m* (6)

áльфа-части́цы *мн. физ.* Álphateilchen *pl*

алюми́н||иевый Alumínium-; Álu-; ~иевый заво́д Alumíniumwerk *n* (2); ~иевая посу́да Alumíniumgeschirr *n* -(e)s, Álugeschirr *n* (*разг.*); **~ий** *м* Alumínium *n* -s (*хим. знак* Al); Álu *n* = *u* -s (*разг.*); листово́й ~ий Alumíniumblech *n* (2); Álublech *n* (*разг.*)

алюмосилика́т *м* Alumíniumsilikat *n* -(e)s

аляпова́т||ость *ж* Geschmácklosigkeit *f*; **~ый** geschmácklos

амазо́нка *ж* *уст.* **1.** (*наездница*) Amazóne *f* (11); **2.** (*платье для верховой езды*) Amazónenkleid *n* (5), Réitkleid *n*

амальга́ма *ж* *хим.* Amalgám *n* (2)

амальгами́ровать *хим.* amalgamíeren *vt*

амари́ллис *м* *бот.* Amarýllis *f*, *pl* -len, Narzíssenlilie *f* (11)

амба́р *м* Spéicher *m* (6), Lágerraum *m* (1*); *с.-х.* Schéune *f* (11), Getréidespeicher *m*

амби́ц||ия *ж* Ambitión *f*; Hóchnäsigkeit *f*; ◇ вломи́ться [войти́, уда́риться] в ~ию *разг.* den Beléidigten spíelen [markíeren]

а́мбра *ж* Ámbra *m*, *n* -s, -s, (*тж.* *f*, *pl* -s), Ámber *m* -s, = *u* -n

амбразу́ра *ж* **1.** *стр.* Fénsternische *f* (11), Fénstervertiefung *f* (10) (*оконная*); Türnische *f* (*дверная*); **2.** *воен.* Schíeßscharte *f* (11)

амбро́зия *ж* **1.** *миф, поэт.* Ambrósia *f*, Götterspeise *f*; **2.** *бот.* Tráubenkraut *n* -(e)s

амбулато́р||ия *ж* Ambulánz *f* (10); Ambulatórium *n* -s, -ri̯en; **~ный** ambulánt; ~ный больно́й ein ambulánter Patiént

амбушю́р *м* **1.** *муз.* (*мундштук*) Múndstück *n* (2), Ánsatz *m* (1*); **2.** (*способ складывания губ при игре на духовых инструментах*) Ánsatz *m* -es; **3.** (*телефона, микрофона*) Spréchkapsel *f* (11), Éinsprechöffnung *f* (10)

амво́н *м* *церк.* Altárvorraum *m* (1*)

амёба *ж* *зоол.* Amöbe *f* (11), Úrtierchen *n* (7)

америка́н||ец *м* Amerikáner *m* (6); **~и́зм** *м* *лингв.* Amerikanísmus *m* =, -men; **~и́ст** *м* Amerikaníst *m* (8); **~и́стика** *ж* Amerikanístik *f*; **~ка** *ж* **1.** Amerikánerin *f* (12); **2.** *полигр.* Tíegeldruckpresse *f* (11)

америка́нский amerikánisch; ◇ америка́нские го́ры (*аттракцион*) Áchterbahn *f* (10)

амети́ст *м* *мин.* Amethýst *m* (1); **~овый** Amethýst-, aus Amethýst

аминокисло́ты *мн.* *хим.* Amínosäuren *pl*

аминопла́ст *м* *хим.* Amínoplast *m* -(e)s

ами́нь ámen, Ámen *n* -s

амми||а́к *м* **1.** *хим.* Ammoniák *n* -s; **~а́чный** *хим.* ammoniakálisch, Ammoniák-; ~а́чная вода́ Ammoniákwasser *n* -s

аммона́л *м* *хим.* Ammonál *n*

аммо́ний *м* *хим.* Ammónium *n* -s; азотноки́слый ~ Ammóniumnitrat *n* -es

амнези́я *ж* *мед.* (*слабость памяти*) Amnesíe *f*, Gedächtnisschwund *m* -(e)s, Gedächtnisverlust *m* -es

амнисти́ровать amnestíeren *vt*, begnádigen *vt*, j-m Stráferlaß gewähren

амни́ст||ия *ж* Amnestíe *f* (11), Begnádigung *f* (10), Stráferlaß *m* -sses, -sse; попа́сть под ~ию únter die Amnestíe fállen *

а́мок *м* *мед.* Ámoklaufen *n* -s

амора́льн||ость *ж* Únmoral *f*, Amoralität *f*, Síttenlosigkeit *f*, Únsittlichkeit *f*; **~ый** únmoralisch, síttenlos, únsittlich; ~ый челове́к ámoralischer Mensch

амортиз||а́тор *м* *тех.* Dämpfer *m* (6), Púffer *m* (6), Stóßdämpfer *m*; ма́сляный ~а́тор Ölstoßdämpfer *m*, Ölpuffer *m* (6); ~а́тор телескопи́ческого ти́па Teleskópstoßdämpfer; **~ацио́нный** **1.** *эк.* Amortisatións-; Tílgungs-; **2.** *тех.* Dämpfungs-; ~ацио́нное устро́йство Dämpfungsvorrichtung *f* (10); **~а́ция** *ж* **1.** *эк.* (*погашение*) Amortisatión *f*, Amortisíerung *f*, Schúldentilgung *f*; Ábschreibung *f*; **2.** (*изнашивание*) Verschléiß *m* (1); Verwóhntheit *f* (*о жилом здании, мебели*); **3.** *тех.* Dämpfung *f*, Stóßdämpfung *f*; **~и́ровать** **1.** *эк.* amortisíeren *vt*; ábschreiben* *vt*; **2.** *тех.* dämpfen *vt*, ábschwächen *vt*

амо́рфн||ость *ж* Amorphíe *f*, Fórmlosigkeit *f*, Gestáltlosigkeit *f*; **~ый** amórph, gefügelos, struktúrlos

а́мпельн||ый Ámpel-; ~ые расте́ния Ámpelpflanzen *pl*, Hängepflanzen *pl*

ампе́р *м* *эл.* Ampere [*фр.* am'pɛ:r] *n* = *u* -s, = (*сокр.* A)

ампер||вольтме́тр *м* *эл.* Stróm-Spánnungsmesser *m* (6), Stróm-Spánnungsmeßgerät *n* (2), Amperevoltméter [am,pɛ:rvɔlt-] *n* (6); **~ме́тр** *м* *эл.* Ampereméter [am,pɛ:r-] *n* (6), Strómmesser *m* (6)

ампер-ча́с *м* *эл.* Amperestunde [am'pɛ:r-] *f* (11) (*сокр.* Ah)

ампи́р *м* *иск.* Empire [*фр.* ã'pi:r] *n* -s; Empirestil [ã'pi:r-] *m* -(e)s, Biedermeierstil *m* (*в Германии первой половины 19 в.*)

амплиту́да *ж* *физ.* Amplitúde *f* (11), Áusschlag *m* -(e)s; ~ колеба́ний Schwíngungsweite *f* (11), Schwíngungsamplitude *f*

амплифика́ция *ж* *лит.* Amplifikatión *f* (10), Erwéiterung *f* (10); áusführliche Dárlegung

амплуа́ *с* **1.** *театр.* Rólle *f* (11); ~ коми́ческой стару́хи die Rólle der kómischen Álten; **2.** *перен.* Beschäftigung *f* (10)

а́мпула *ж* Ampúlle *f* (11)

ампут||а́ция *ж* Amputatión *f* (10), **~и́ровать** amputíeren *vt*, ábnehmen* *vt*; ему́ ~и́ровали но́гу das Bein wúrde ihm ábgenommen [amputíert]

амуле́т *м* Amulétt *n* (2)

амуни́ция *ж* *воен.* *уст.* Léderzeug *n* -(e)s; Áusrüstung *f* (10)

аму́р *м* *миф., поэт.* Ámor *m* -s

аму́рн||ый Líebes-; Hérzens-; ~ые дела́ *разг.* Hérzensangelegenheit *f* (10); Líebesgeschichte *f* (11)

амфи́бия *ж* **1.** *зоол.* Amphíbi̯e *f* (11), Amphíbium *n* -s, -bi̯en, Lurch *m* (1); **2.** *воен.* Amphíbi̯enfahrzeug *n* (2), Schwímmwagen *m* (7); самолёт-~ Amphíbi̯enflugzeug *n* (2); Wásser-Lánd-Flugzeug *n*; танк-~ Schwímmpanzer *m* (6)

амфибра́хий *м* *лит.* Amphíbrachys *m* =

амфитеа́тр *м* Amphítheater *n* (6)

а́мфора *ж* Ámphora *f*, *pl* -phóren

амха́рский *лингв.* amhárisch

анабапти́зм *м* *ист.* Anabaptísmus *m* =, Wíedertäuferbewegung *f*

анабапти́ст *м* Anabaptíst *m* (8), Wíedertäufer *m* (6)

анабио́з *м* *биол.* Anabióse *f*

анагра́мма *ж* *лит.* Anagrámm *n* (2), Búchstabentausch *m* (1)

анаколу́ф *м* *лингв.* Anakolúth *n* (2), Sátzbruch *m* (1*), Fólgewidrigkeit *f* in der Sátzkonstruktion

анако́нда *ж* *зоол.* Anakónda *f*, *pl* -s

анакреонти́ческий *лит.* anakreóntisch

ана́лиз *м* Analýse *f* (11); Zerlégung *f* (10) (*разложение*); ~ бесконе́чно ма́лых *мат.* Infinitesimálanalyse *f*; ка́чественный ~ *хим.* qualitatíve [-və] Analýse; коли́чественный ~ *хим.* quantitatíve Analýse; ~ кро́ви Blútbild *n* (5); Blútprobe *f* (11) (*на содержание алкоголя*); ~ оши́бок Féhleranalyse *f*, Féhlerauswertung *f* (10); ~ уро́ка Áuswertung *f* éiner Stúnde; спектра́льный ~ Spektrálanalyse *f*; **~а́тор** *м* *тех.* Analysátor *m* -s, -tóren, Analysíergerät *n* (2); **~и́ровать** analysíeren *vt*; zerlégen *vt* (*разлагать*); áuswerten *vt* (*опыт и т. п.*)

анали́т||ик *м* Analýtiker *m* (6); **~ика** *ж* **1.** Analýtik *f*; **2.** (*раздел геометрии*) analýtische Geometríe; **~и́ческий** analýtisch; zerlégend; ~и́ческая хи́мия analýtische Chemíe

ана́лог *м* Análogon *n* -s, -ga

аналог||и́ческий analóg; **~и́чный** gléichartig; ähnlich; ~и́чный слу́чай Análogon *n* -s, -ga, ähnlicher Fall

анало́г||ия *ж* Analogíe *f* (11); по ~ии der Analogíe nach; заключе́ние по ~ии Analogíeschluß *m* -sses; проводи́ть ~ию éinen Vergléich ánstellen

анало́гов||ый *мат.* Analóg-; ~ая вычисли́тельная маши́на Analógrechner *m* (6)

ана́лого-цифров||о́й: ~а́я вычисли́тельная маши́на Analógdigitalrechner *m* (6)

анало́й *м* *церк.* Lésepult *n* (2)

ана́льн||ый *анат.* anál, Anál-; Áfter-; ~ое отве́рстие Áfter *m* (6); *охот.* Wéidloch *n* (5) (*у животных*); ~ый плавни́к *зоол.* Áfterflosse *f* (11)

анамне́з *м* *мед.* Anamnése *f* (11), Kránkengeschichte *f* (11)

анана́с *м* Ánanas *f*, *pl* = *u* -se

ана́пест *м* *лит.* Anapäst *m* (1)

анарх||и́зм *м* Anarchísmus *m* =; **~и́ст** Anarchíst *m* (8); **~и́стка** *ж* Anarchístin *f* (12); **~и́стский** anarchístisch; **~и́ческий** anárchisch

ана́рхия *ж* Anarchíe *f*

ана́рхо-синдикал||и́зм *м* Anárchosyndikalísmus *m* =; **~и́ст** *м* Anárchosyndikalist *m* (8); **~и́стский** anárchosyndikalistisch

ана́строфа *ж* *лингв.* Anastróphe *f* (11)

ана́том *м* Anatóm *m* (8); **~и́ровать** anatomíeren *vt*, sezíeren *vt*; zergliedern *vt*; **~и́ческий** anatómisch; ◇ ~и́ческий теа́тр Anatomíe *f* (11), Anatomíesaal *m* -(e)s, -säle, Sezíersaal *m*; **~и́чка** *ж* *разг.* Anatomíe *f* (11), Anatomíesaal *m* -(e)s, -säle

анато́мия *ж* Anatomíe *f*

ана́фем||а *ж* *церк.* Bánnfluch *m* (1*), Kírchenbann *m* (1); преда́ть ~е den Kírchenbann verhängen (*кого́-л.* über j-n)

ана́фор||а *ж* *лит.* Anápher *f* (11), Anáphora *f*, *pl* -rä; **~и́ческий** anaphórisch

анахоре́т *м* *уст.* Anachorét *m* (8), Éinsiedler *m* (6); жить ~ом als Éinsiedler lében

анахрон||и́зм *м* Anachronísmus [-kro-] *m* =, -men; **~и́ческий** anachronístisch [-kro-]

ангажеме́нт *м* *уст.* Engagement [aŋgaʒə'maŋ] *n* -s, -s, Ánstellung *f* (10); получи́ть ~ engagíert [aŋga'ʒi:rt] wérden, verpflíchtet wérden

ангажи́ровать *уст.* engagíeren [aŋga'ʒi:-] *vt*, verpflíchten *vt*

анга́р *м* Hángar *m* -s, -s, Flúgzeughalle *f* (11); Lúftschiffhalle *f*

а́нгел *м* Éngel *m* (6); ◇ день ~а Námenstag *m* (1)

а́нгельск||ий Éngels-, éngelgleich, éngelhaft; ~ое терпе́ние *разг.* Éngelsgeduld *f*

ангидри́д *м хим.* Anhydríd *n* (2)

ангидри́т *м мин.* Anhydrít *m* (1)

анги́на *ж* Angína *f*, Mándelentzündung *f*

англи́йск||ий énglisch; **~ий** язы́к die énglische Spráche, das Énglische (*sub*); ◇ ~ая була́вка Sícherheitsnadel *f* (11); ~ий замо́к Sícherheitsschloß *n* -sses, -schlösser

англика́нец *м* Anglikáner *m* (6)

англика́нск||ий anglikánisch; ~ая це́рковь anglikánische Kírche

англици́зм *м лингв.* Anglizísmus *m* =, -men

англича́н||ин *м* Éngländer *m* (6); **~ка** *ж* Éngländerin *f* (12)

а́нгло-америка́нский ánglo-amerikánisch

англоговоря́щий énglischsprechend

англома́н *м* Anglománe *m* (9); **~ия** *ж* Anglomanie *f*

а́нгло-ру́сский énglisch-rússisch

англосаксо́нский ángelsächsisch

англоязы́чный énglischsprachig

анго́лец *м* Angoláner *m* (6)

анго́льский angolánisch

анго́рск||ий Angóra-; ~ая коза́ Angóraziege *f* (11); ~ая ко́шка Angórakatze *f* (11); ~ая шерсть Angórawolle *f*, Mohair [moˈhɛ:r] *m* -s, Mohär *m*, Mohärwolle *f*

анда́нте *муз.* **1.** *нареч.* andánte; **2.** *сущ. с* Andánte *n* -s, -s

аневри́зма *ж мед.* Aneurýsma *n* -s, *pl* -men *u* -ta, Púlsadergeschwulst *f* (3)

анекдо́т *м* **1.** Witz *m* (1); **2.** (*рассказ об исторической личности*) Anekdóte *f* (11); **~и́ческий, ~и́чный** anekdótenhaft, anekdótisch

анем||и́ческий, ~и́чный anämisch, blútarm; **~и́я** *ж* Anämíe *f* Blútarmut *f*

анемо́||граф *м метеор.* Anemográph *m* (8); Windschreiber *m* (6); **~метр** *м метеор.* Anemométer *n* (6), Windmesser *m* (6)

анемо́н *м бот.* Anemóne *f* (11), Windrös¦chen *n* (7)

анемотерапи́я *ж мед.* Anemotherapíe *f*, Lúft¦heilverfahren *n* -s

анеро́ид *м метеор.* Aneroíd *n* (2), Aneroídbarometer *n* (6)

анестезио́лог *м* Anästhesiológe *m* (9), Anästhesíst *m* (8), Narkósefacharzt *m* (1*)

анестезиоло́гия *ж* Anästhesiologíe *f*

анестези́р||овать *мед.* anästhesíeren *vt*; **~ующий** anästhétisch; ~ующее сре́дство anästhétisches Míttel, Anästhétikum *n* -s, -ka

анестези́я *ж* Anästhesíe *f*, Schmérzbetäubung *f*; о́бщая ~ totále [allgeméine] Anästhesíe; ме́стная ~ Lokálanästhesie *f*, örtliche Betäubung

анжамбема́н *м лит.* Enjambement [ãʒãb(ə)ˈmã] *n* -s, -s, Übergreifen *n* éines Sätzes über das Strophenende hináus

анили́н *м хим.* Anilín *n* -s; **~овый** Anilín-; ~овые кра́ски Anilínfarben *pl*

анимали́ст *м иск.* Tíermaler *m* (6) (*художник*); Tíerbildhauer *m* (6) (*скульптор*)

аними́зм *м* Animísmus *m* =

ани́с *м* **1.** (*растение*) Ánis *m* -es, -e; **2.** (*яблоко*) Ánisapfel *m* (6*); **~о́вка** *ж* **1.** (*водка*) Ánisbranntwein *m* -(e)s, Anisétt *m* -(e)s; **2.** (*яблоко*) Ánisapfel *m* (6*); **~овый** Ánis-; ~овый спирт Ánisgeist *m* -es; ~овые ка́пли Ánistropfen *pl*

а́нкер *м тех.* Ánker *m* (6); **~ный** *тех.* Ánker-; часы́ на ~ном ходу́ Ánkeruhr *f* (10); ~ный болт Stéinschraube *f* (11), Ánkerbolzen *m* (7); **~о́вка** *тех.* Veránkerung *f*

анке́т||а *ж* **1.** (*опрос*) Úmfrage *f* (11), Rúndfrage *f*; **2.** (*опросный лист*) Frágebogen *m* (7, 7*), Personálbogen *m*; запо́лнить ~у éinen Frágebogen áusfüllen; **~ный** Fráge-; ~ные да́нные Personáli¦en *pl*

анкла́в *м* Enkláve [-və] *f* (11)

анна́лы *мн.* Annálen *pl*

аннексиони́ст *м* Annexioníst *m* (8); **~ский** annexionístisch

аннекси́ровать annektíeren *vt*, gewáltsam éinverleiben *vt*

анне́ксия *ж* Annexión *f* (10), Annektíerung *f* (10), gewáltsame Éinverleibung

аннигиля́ция *ж яд. физ.* Zerstráhlung *f*, Verníchtung *f*

аннот||а́ция *ж* kúrze Ínhaltsangabe; **~и́ровать** éine kúrze Ínhaltsangabe verfássen (что-л. von *D*)

аннули́ров||ание *с* Annullíerung *f*, Úngültigkeitserklärung *f*, Níchtigkeitserklärung *f*; ~ание креди́та Kredítzurückziehung *f* (10); **~ать** annullíeren *vt*, für úngültig [für níchtig] erklären; ~ать зака́з éine Bestéllung rückgängig máchen [stornieren], éinen Áuftrag zurückziehen*; ~ать распоряже́ние éine Ánordnung äußer Kraft sétzen; ~ать креди́т éinen Kredít zurückziehen*

ано́д *м эл.* Anóde *f* (11); **~и́ровать** eloxíeren *vt*; **~и́рованный** под зо́лото góld¦eloxiert

ано́д||ный Anóden-; ~ная батаре́я Anódenbatterie *f* (11)

анома́||лия *ж* Anomalíe *f* (11), Régelwidrigkeit *f* (10); магни́тная ~лия Magnétanomalie *f*; **~льный** ánomal, régelwidrig

анони́м *м* **1.** (*автор*) úngenannter Verfásser, Anónymus *m* =, -mi; **2.** (*сочинение*) anonýme Schrift; **~ность** *ж* Anonymität *f*; **~ный** anoným, námenlos; úngenannt; ~ное письмо́ anonýmer Brief

ано́нс *м* Ánzeige *f* (11), Annonce [aˈnɔŋsə] *f* (11); Inserát *n* (2) (*в печати*); сде́лать ~ о чём-л. etw. annoncieren [anɔŋˈsi:-], etw. ánzeigen; inseríeren *vi* (*в печати*)

анонси́ровать annoncieren [anɔŋˈsi:-] *vt*, ánzeigen *vt*

анора́к *м* (*куртка с капюшоном*) Ánorak *m* -s, -s, Wíndjacke *f* (11) (mit Kapúze); стёганый ~ Stéppanorak *m*

анорма́льный ábnorm, régelwidrig

ано́фелес *м зоол.* Anópheles *f*, *pl* =, Maláriamücke *f* (11)

анса́мбль *м* **1.** Ensemble [*фр.* aŋˈsa:mbəl] *n* -s, -s; Gesámtbild *n* (5) (*архитектурный и т. п.*); ~ зда́ний Báuensemble *n* **2.** (*согласованное исполнение*) Zusámmenspiel *n* (2); **3.** (*художественный коллектив*) Ensemble [ãˈsãbəl] *n* -s, -s, Kultúrgruppe *f* (11); ~ пе́сни и пля́ски Vólkstanzensemble *n*; инструмента́льный ~ (*оркестр*) Klángkörper *m* (6)

антагон||и́зм *м* Antagonísmus *m* =, -men, Wíderstreit *m* -(e)s; únversöhnlicher Wíderspruch; **~и́ст** *м* Antagoníst *m* (8), Wídersacher *m* (6), Gégner *m* (6); **~исти́ческий** antagonístisch

Анта́нта *ж ист.* Entente [*фр.* ãˈtãt]

Анта́рктика *ж* die Antárktis

антаркти́ческий antárktisch

Анте́й *м миф.* Antä¦us *m* -

анте́нна *ж* **1.** *радио* Anténne *f* (11); коллекти́вная ~ Geméinschaftsantenne *f*; **2.** *зоол.* Fühler *m* (6) (*у насекомых*); Fühlhorn *n* (5) (*у улиток*)

антибио́тики *мн.* Antibiótika *pl*

антивещество́ *с физ.* Ántimateri¦e *f*

антивибра́тор *м* Schwíngungsdämpfer *m* (6)

антивое́нный Antikríegs-

антиге́н *мед.* Antigén *n* (2)

антигигиени́ческий únhygi¦enisch, gesúndheitswidrig

антиги́тлеровск||ий Antihítler-; ~ая коали́ция Antihítlerkoalition *f*

антигосуда́рственный stáatsfeindlich

антигума́нный ménschenfeindlich

антидемократи́ческий antidemokrátisch

антидетона́тор *м авто* Antiklópfmittel *n* (6)

антидетонацио́нн||ый *авто* klópffest; ~ое сво́йство Klópffestigkeit *f*

антиимпериалисти́ческий antiimperialístisch; ~ наро́дный фронт antiimperialístische Vólksfront

антиистори́ческий antihistórisch

антиква́р *м* Antiquitätenhändler *m* (6); **~иа́т** *м* Antiquitätenhandel *m* -s; **~ный** antiquárisch; ~ный магази́н Antiquitätenhandlung *f* (10); ~ные ве́щи Antiquitäten *pl*

антиколониали́зм *м* Antikolonialísmus *m* =

антиколониа́льный antikoloniál

антикоммуни́зм *м* Antikommunísmus *m* =

антикоммунисти́ческий antikommunístisch

антиконституцио́нный verfássungswidrig

антикоррози́йн||ый Róstschutz-; Korrosiónsschutz-; ~ое покры́тие Róstschutzanstrich *m* (1), Róstschutzfarbe *f* (11); ~ая сталь róstfreier [níchtrostender, korrosiónsbeständiger] Stahl

антило́па *ж* Antilópe *f* (11)

антимаркси́стский antimarxístisch

антимилитар||и́зм *м* Antimilitarísmus *m* =; **~и́ст** *м* Antimilitaríst *m* (8); **~исти́ческий** antimilitarístisch

антимонополисти́ческий Antimonopól-, antimonopolístisch, gégen die Monopóle geríchtet

антинаро́дный vólksfeindlich; vólksfremd (*чуждый народу*)

антинау́чный únwissenschaftlich, wissenschaftsfeindlich

антинациона́льный antinationál

антино́мия *ж филос.* Antinomíe *f* (11)

антиобще́ственн||ый geséllschaftswidrig; geséllschaftsfeindlich, ásozial; ~ые элеме́нты ásoziale Elemente; ~ый посту́пок antisoziále Hándlung

антипарти́йный partéiwidrig, partéifeindlich

антипасса́т *м метеор.* Gégenpassat *m* (1), Ántipassat *m*

антипати́чный únsympathisch, wíderwärtig

антипа́т||ия *ж* Antipathíe *f*, Ábneigung *f* Wíderwille(n) *m* (15,7); пита́ть ~ию к кому́-л., к чему́-л. gégen j-n, gégen etw. (*A*) Ábneigung empfínden* [éine Ábneigung háben]

антипири́н *м фарм.* Antipyrín *n* -s

антипо́д *м* **1.** *геогр.* Antipóde *m* (9); **2.** (*противник*) Antipóde *m* (9), Wídersacher *m* (6), Gégner *m* (6)

антиправи́тельственный regíerungsfeindlich

антирабо́чий árbeiterfeindlich; ~ зако́н árbeiterfeindliches Gesétz

антираке́та *ж воен.* Antirakéte *f* (11); Gégenrakete *f*, Rakétenabwehrrakete *f*, Ábfangrakete *f*

антираке́т||ный: ~ные сре́дства Rakétenabwehrmittel *pl*

антирелигио́зн||ый antireligiös, gláubensfeindlich; ~ая пропага́нда antireligiöse Propagánda

антисанита́рн||ый únhygi¦enisch, gesúndheitswidrig; ~ые усло́вия únhygi¦enische [gesúndheitswidrige] Verhältnisse

антисеми́т *м* Antisemít *m* (8); **~и́зм** *м* Antisemitísmus *m* =; **~ский** antisemítisch

антисе́пт||ик *м мед.* Antiséptikum *n* -s, -ka; **~ика** *ж мед.* **1.** *собир.* (*средства*) Antiséptika *pl*; **2.** (*мероприятия*) Antisépsis *f*; **~и́ровать** *тех.*; ~и́ровать (де́рево) (Holz) imprägníeren, mit fäulnisverhütenden Stóffen tränken; **~и́ческий** *мед.* antiséptisch

антиснаря́д *м см.* антираке́та

антисовети́зм *м* Antisowjetísmus *m*=, Sowjétfeindlichkeit *f*

антисове́тский sowjétfeindlich, antisowjétisch

антисоциа́льный antisoziál, geséllschaftsfeindlich, únsozial

антиспазмати́ческ||ий *мед.* antispástisch, krámpflösend; ~ие сре́дства krámpflösende Míttel *pl*, Antispasmódika *pl*

антиспу́тников||ый: ~ая раке́та Antisatellíitenrakete *f* (11)

антиста́тик *м* Antistátikum *n* -s, -ka

антистати́ческий antistátisch

антите́за *ж*, **антите́зис** *м филос.* Antithése *f* (11), Gégenbehauptung *f* (10)

антитела́ *мн. мед.* Antikörper *pl*

антитокси́н *м* Antitoxín *n* (2); Gégengift *n* (2)

антифаши́ст *м* Antifaschíst *m* (8); **~ка** *ж* Antifaschístin *f* (12); **~ский** antifaschístisch; ~ский фронт die antifaschístische Front

антифри́з *м авто* Fróstschutzmittel *n* (6); *ав.* Entéisungsflüssigkeit *f*

антифрикцио́нность *ж тех.* Gléiteigenschaft *f*

антифрикцио́нный *тех.* Gleit-; Láger-; ~ мета́лл Lágermetall *n* (2)

анти́христ *м рел.* Ántichrist [-krɪst] *m* (8)

антихудо́жественный kúnstwidrig, kúnstfeindlich

антицикло́н *м метеор.* Hoch *n* -s, -s, Hóchdruckgebiet *n* (2), Antizyklóne *f* (11)

античасти́ца *ж физ.* Ántiteilchen *n* (7)

анти́чн||ость *ж* Antíke *f*; **~ый** antík; ~ый мир Antíke *f*, Áltertum *n* -s

антишумово́й *радио* ráuschunterdrückend

антия́дерный Antiatóm-, gégen (die Stationíerung von) Kérnwaffen gerichtet

антологи́ческий anthológisch; in Áuswahl

антоло́гия *ж* Anthologíe *f* (11), Gedíchtsammlung *f* (10)

анто́ним *м лингв.* Antonỳm *n* (2); Gégensatz *m* (1*)

антоними́ческ||ий *лингв.* antonýmisch; ~ая па́ра Antonýmenpaar *n* (2)

антоними́я *ж лингв.* Antonymíe *f*

анто́нов: ~ ого́нь *мед. уст.* Antóniusfeuer *n* -s

анто́новка *ж* (*сорт яблок*) Antónowka *f*, *pl* -s (*Apfelsorte*)

антракно́з *м бот.* Anthraknóse *f*, Brénnfleckenkrankheit *f*

антра́кт *м* **1.** *театр.* Páuse *f*; **2.** *муз.* Zwíschenaktmusik *f* (10), Zwíschenspiel *n* (2)

антраце́н *м хим.* Anthrazén *n* -(e)s

антраци́т *м мин.* Anthrazít *m* (1), Anthrazítkohle *f* (11); **~ный**, **~овый** Anthrazít-

антраша́ *с* Kréuzsprung *m* (1*), Entrechat [*фр.* ãtər'ʃa:] *m* -s, -s

антреко́т *м* Rípрenstück *n* (2) (vom Rind), Entrecote [*фр.* ãtər'ko:t] *n* =

антрепренёр *м театр.* privater [-'va-] Theáterunternehmer

антрепри́за *ж театр.* privates [-'va-] Theáterunternehmen

антресо́ли *мн.* Zwíschengeschoß *n* -sses, -sse, Zwíschenstock *m* -(e)s, -stockwerke

антропо́ид *м* Anthropoíd *m* (8), Ménschenaffe *m* (9), ménschenähnlicher Áffe

антропо́||лог *м* Anthropológe *m* (9); **~логи́ческий** anthropológisch

антропо||ло́гия *ж* Anthropologíe *f*, Ménschenkunde *f*; **~метри́ческий** anthropométrisch; **~ме́трия** *ж* Anthropometríe *f*; **~морфи́зм** *м* Anthropomorphísmus *m* =, -men; **~морфи́ческий** anthropomórph(isch); **~мо́рфный** anthropomórph, ménschenähnlich; **~ни́мика** *ж лингв.* Anthroponymíe *f*, Persónennamenforschung *f*; **~фа́г** *м* Anthropopháɡ(e) *m* (8, 9), Ménschenfresser *m* (6); **~фа́гия** *ж* Anthropophagíe *f*, Ménschenfresserei *f*; **~фо́бия** *ж* Anthropophobíe *f*, Ménschenscheu *f*

антура́ж *м уст.* Umgébung *f* (10); Milieu [*фр.* mi'lïø] *n* -s, -s

анфа́с *нареч.* en face [*фр.* ã'fas], von vorn (geséhen), in Vórderansicht

анфила́да *ж* Zímmerflucht *f* (10)

анча́р *м бот.* Antschár *m* (1), Úpasbaum *m* (1*)

анчо́ус *м зоол.* Anschóvis [-vis] *f*, *pl* =

аншла́г *м* Ánschlag *m* (1*) über éine áusverkaufte Theátervorstellung; спекта́кль прошёл с ~ом die Vórstellung fand vor áusverkauftem Háuse statt

а́ншлюс *м ист.* (*аннексия Австрии гитлеровской Германией в 1938 г.*) »Ánschluß« *m* -sses [Annexión *f*] Österreichs

а́ншпуг *м мор.* Hébebaum *m* (1*)

аню́тин: ~ы гла́зки *бот.* Stíefmütterchen *n* (7)

ао́рист *м грам.* Aoríst *m* (1)

ао́рта *ж анат.* Aórta *f*, *pl* -ten, Háuptschlagader *f* (11)

апартаме́нт *м* Appartement [-'mã] *n* -s, -s; ~ы (größere) Wóhnung *f* (10), Prächtwohnung *f*; Zímmerflucht *f* (10)

апартеи́д *м* Apártheid [-heɪt] *f*

апати́т *м мин.* Apatít *m* (1); Phosphorít *m* (1); концентри́рованные ~ы Apatítkonzentrate *pl*; суперфосфа́тные ~ы Superphosphátapatite *pl*; **~овый:** ~овая руда́ Apatíterz *n* (2)

апати́чн||ость *ж* Apathíe *f*; Gléichgültigkeit *f* (*безразличие*); Lässigkeit *f*, Trägheit *f* (*вялость*); **~ый** apáthisch; téilnahmslos (*безучастный*); gléichgültig (*безразличный*); lässig, träge (*вялый*)

апа́тия *ж* Apathíe *f*; Téilnahmslosigkeit *f* (*безучастие*); Gléichgültigkeit *f*, Índifferenz *f* (*безразличие*)

апатри́д *м юр.* Stáatenlose *m* (14)

апа́ш: руба́шка ~ Hérrenhemd mit óffenem Krágen

апелл||и́ровать **1.** *юр.* appellíeren *vi*; ~и́ровать к суду́ das Gerícht ánrufen; **2.** *перен.* ánrufen* *vt*, sich wénden* (к кому́-л. an *A*); ~и́ровать к чьему́-л. ра́зуму an j-s Verstánd appellíeren, sich an j-s Vernúnft wénden*; **~я́нт** *м*, **~я́тор** *м юр.* Appellánt *m* (8), Berúfungskläger *m* (6); **~яцио́нный** Appellatións-, Berúfungs-; ~яцио́нный суд Appellatiónsgericht *n* (2), Berúfungsgericht *n*; **~я́ция** *ж* **1.** *юр.* Appellatión *f* (10), Berúfung *f* (10); пода́ть ~я́цию appellíeren *vi*, Berúfung éinlegen; **2.** (*обращение*) Appéll *m* (1); ~я́ция к обще́ственному мне́нию Appéll an die öffentliche Méinung

апельси́н *м* Apfelsíne *f* (11), Orange [o'raŋʒə] *f* (11); **~ный**, **~овый** Apfelsínen-; Orangen- [o'raŋʒən-]; ~овое де́рево Apfelsínenbaum *m* (1*), Orángenbaum *m*

аплоди́ровать applaudíeren *vi*, Béifall klátschen [spénden]

аплодисме́нт||ы *мн.* Appláus *m* (1), Béifall *m* -(e)s; бу́ря ~ов Béifallssturm *m* (1*); бу́рные ~ы stürmischer [bráusender, tósender] Béifall; продолжи́тельные ~ы lang ánhaltender Béifall; несмолка́емые ~ы nicht énden wóllender Béifall; жи́дкие ~ы spärlicher Béifall [Appláus]; ~ы во вре́мя де́йствия Szénenapplaus *m*

апло́мб *м* Sélbstsicherheit *f*, Sícherheit *f* (im Áuftreten); говори́ть с ~ом mit Náchdruck spréchen*

апоге́й *м* **1.** *астр.* Apogä¦um *n* -s, -gäen, Érdferne *f*; **2.** *перен.* Glánzpunkt *m* (1), Höhepunkt *m*, der höchste Grad

апока́липсис *м рел.* Apokalýpse *f*

апо́копа *ж лингв.* Apókope *f*, *pl* -kópen

апо́криф *м* Apokrýph *n* (13); **~и́ческий**, **~и́чный** apokrýph(isch); únecht

аполити́чн||ость *ж* ápolitische Éinstellung; únpolitische Háltung [Éinstellung], Gléichgültigkeit *f* gegenüber dem polítischen Lében; **~ый** ápolitisch, únpolitisch, der Polítik férnstehend

Аполло́н *м миф.* Apóll(o) *m* -s

апологе́т *м* Apologét *m* (8), Vertéidiger *m* (6), Verféchter *m* (6); **~ика** *ж* Apologétik *f*; **~и́ческий** apologétisch

аполо́гия *ж* Apologíe *f* (11), Vertéidigungsrede *f* (11), Vertéidigungsschrift *f* (10); *перен.* Réchtfertigung *f* (10)

апоплекси́ческий *мед. уст.* apopléktisch, zum Schláganfall néigend; ~ уда́р Gehírnschlag *m* (1*), Schlag *m*

апопле́ксия *ж мед.* Apoplexíe *f*, Schlag *m* -(e)s, Schláganfall *m* -(e)s

апопле́ктик *м* Apopléktiker *m* (6)

апо́рт *м* (*сорт яблок*) Apórtapfel *m* (6*)

апостерио́р||и *нареч. филос.* a posterióri (*лат.*), erfáhrungsgemäß, auf Grund der Erfáhrung; **~ный** *филос.* aposteriórisch, erfáhrungsgemäß; ~ное сужде́ние erfáhrungsgemäßes Úrteil

апо́стол *м* **1.** *рел.*, *перен.* Apóstel *m* (6), Jünger *m* (6); **2.** (*церковная книга*) die Apóstelgeschichte, Epísteln *pl*

апостро́ф *м* Apostróph *m* (1), Áuslassungszeichen *n* (7)

апофео́з *м* **1.** Apotheóse *f* (11), Verhérrlichung *f* (10); **2.** *театр.* féierliche Mássenszene am Schluß der Vórstellung, féierliche Schlúßszene *f* (11)

аппара́т *м* **1.** Apparát *m* (1), Vórrichtung *f* (10), Gerät *n* (2); телефо́нный ~ Férnsprechgerät *n*, Telefónapparat *m* (1), Férnsprechapparat *m*, Férnsprecher *m* (6), Téilnehmerapparat *m* (*абонентный*); Wóhnungsanschluß *m* -sses, -lüsse (*квартирный*); Díenstanschluß *m* (*служебный*); косми́ческий лета́тельный ~ Ráumflugkörper *m* (6); спуска́емый ~ *косм.* Lándekapsel *f* (11); ~ звукоза́писи Tónaufzeichnungsgerät *n* (2); контро́льный ка́ссовый ~ Kontróllkasse *f* (11), Registríerkasse *f*; фотографи́ческий ~ Fótoapparat *m*; Kámera *f*, *pl* -s; киносъёмочный ~ Bíldkamera *f*; слухово́й ~ Hörapparat *m* (*для тугоухих*); ~ иску́сственного кровообраще́ния (*сокр.* АИК) Hérz-Lúngen-Maschine *f* (11); **2.:** госуда́рственный ~ Stáatsapparat *m* (1); **3.** *собир.* (*работники*) Apparát *m*

а́хнуть 1. *см.* а́хать 1, 2; **2.** *разг.* (*уда́рить*) éinen Hieb [Stoß, Schlag] versétzen; eins áufpelzen; **3.** *разг.* (*о пушке*) dónnern *vi*, krácheni *vi*

ахромат||и́зм *м* Achromatísmus [-kro-] *m* = ; **~и́ческий 1.** *опт.* achromátisch [-kro-]; **2.** (*бесцветный*) fárblos, blaß

ахтерште́вень *м мор.* Áchtersteven [-vən] *m* (7), Híntersteven *m*

ахти́ *межд.* ach!, ei!, o weh!; ◇ не ~ како́й *разг.* kein besónderer

ацета́тный: ~ шёлк Azetátseide *f* (11)

ацетиле́н *м хим.* Azetylén *n* -s; **~овый** Azetylén-; ~овая горе́лка *тех.* Azetylénbrenner *m* (6)

ацето́н *м хим.* Azetón *n* -s

ацидофили́н *м* Azidóphilusmilch *f*

ашу́г *м* Aschúge *m* (9) (*kaukasischer Volkssänger*)

аэра́рий *м мед.* Lúftbadeanstalt *f* (10), Lúftbad *n* (5)

аэра́||тор *м* Lüfter *m* (6); **~ция** *ж* Durchlüftung *f*; ~ция по́чвы Bóden(durch)lüftung *f*; ~ция воды́ Wásserbelüftung *f*; ~ция муки́ Durchlüftung des Mehls

аэро́бус *м* Airbus ['ɛ:r-] *m* -ses, -se, Gróßraumverkehrsflugzeug *n* (2)

аэро||вокза́л *м* Flúghafengebäude *n* (6); Ábfertigungshalle *f* (11); **~ге́нный** aerogén; **~геосъёмка** *ж* geológische Lúftaufnahme *f*

аэро́||граф *м* (*пневматическая кисть*) Aerográph *m* (8); Lúftpinsel *m* (6), Fárbspritzer *m* (6), Fárbspritzpistole *f* (11); **~гра́фия** *ж* Fárbsprühverfahren *n* -s; **~дина́мика** *ж физ.* Aerodynámik *f*; **~динами́ческий** aerodynámisch; ~динами́ческие сво́йства aerodynámische Éigenschaften; ~динами́ческая труба́ Wíndkanal *m* -s, -näle; **~дро́м** *м* Flúgplatz *m* (1 *), Lándungsplatz *m*; обору́довать ~дро́м éinen Flúgplatz ánlegen; **~зо́ль** *м хим.* Aerosól *n* (2), Schwébstoffe *pl*; Spray [*англ.* spre:] *m* = *u* -s, -s, Sprühstoffe *pl* (*в бытовой химии*); генера́тор для изготовле́ния ~зо́лей Aerosólgenerator *m* (13); грана́ты с ~зо́лями Aerosólgranaten *pl*; **~клу́б** *м* Fliegerklub *m* -s, -s

аэроли́т *м уст.* Aerolíth *m* (1, 8), Meteórstein *m* (1)

аэро||ло́гия *ж* Aerologíe *f*; **~мая́к** *м* Léuchtbake *f* (11), Ánsteuerungsfeuer *n* (6)

аэро||меха́ника *ж* Aeromechánik *f*, Mechánik der Gáse; **~моби́ль** *м* Kráftwagen *m* (6) [Auto *n* -s, -s] mit Propéllerantrieb

аэро́н *м фарм.* Aerón(um) *n* -s (*Heilmittel gegen Brechreiz bei See- und Luftkrankheit*)

аэро||навига́ция *ж* Aeronavigatión [-vi-] *f*, Aeronáutik *f*; **~на́вт** *м* Aeronáut *m* (8), Lúftschiffer *m* (6); **~опры́скиватель** *m* Flúgzeugsprühgerät *n* (2)

аэропла́н *м* Flúgzeug *n* (2)

аэро||по́рт *м* Flúghafen *m* (7*); **~распыли́тель** *м* Flúgzeugverstäubungsgerät *n* (2); **~са́ни** *мн.* Propéllerschlitten *m* (7); **~се́в** *м* Säen *n* [Gróßflächenbesamung *f*] mit dem Flúgzeug; **~сни́мок** *м* Lúftbild *n* (5), Lúftaufnahme *f* (11)

аэроста́т *м* Ballon [-'lɔŋ] *m* (1), Lúftballon *m*; ~ наблюде́ния Beóbachtungsballon *m*; свобо́дный ~ Fréiballon *m*; привязно́й ~Fésselballon *m*; зме́йковый ~ Dráchenballon *m*; ~ возду́шного загражде́ния Spérrballon *m*

аэро||ста́тика *ж* Aerostátik *f*; **~-та́нк** *м* Schlámmbelebungsanlage *f* (11), Belüftungsbecken *n* (7); **~фи́льтр** *м* Bíofilter *m, n* (6), Belüftungsfilter *m, n*; **~фи́нишер** *м ав.* Áuffanganlage *f* (11)

аэрофло́т *м* Aeroflót *f*

аэрофото||аппара́т *м* Lúftbildkamera *f*; **~грамме́трия** *ж ав.* Lúftbildmessung *f* (10), Aerofotogrammetríe *f*; **~пулемёт** *м* (*аппарат для аэрокиносъёмки*) Lúftfilmkamera *f*, *pl* -s; **~разве́дка** *ж* Lúftbilderkundung *f*; **~съёмка** *ж* Lúftaufnahme *f* (11)

аэрохо́д *м* Lúftkissenfahrzeug *n* (2) (*автомобиль или корабль*)

Б

б *частица*: е́сли б я мог wenn ich könnte; бы́ло б вре́мя wenn man Zeit hätte

ба *межд. разг.* (*удивление, неожиданность*) pah!; da sieh mal an!; nanú!, hoi!; ба! кого́ я ви́жу! ei (ei)! wen séhe ich!

ба́б||а I *ж* **1.** *пренебр.* Fráuenzimmer *n* (6), Wéibsbild *n* (5); вздо́рная ~а zänkisches Weib; **2.** *уст.* (*о крестьянке*) Báuernfrau *f* (10), Bäuerin *f* (12); **3.** *разг.* (*жена*) Frau *f* (10), Éhefrau *f*; **4.** *дет.* Óma *f*, *pl* -s; Gróßmutter *f*, *pl* -mütter, Gróßmama *f*, *pl* -s; **5.** *пренебр.* (*о мужчине*) Mémme *f* (11), Féigling *m* (1), Hásenherz *n* -ens, -en; ◇ ка́менная ~а stéinernes Götzenbild, Idól *n* (2); сне́жная ~а Schnéemann *m* (4); лепи́ть сне́жную ~у éinen Schnéemann báuen

ба́ба II *ж тех.* Rámme *f* (11), Rámmbär *m* (8), Fállbär *m*

ба́ба III *ж кул.* Nápfkuchen *m* (7); ро́мовая ~ Púnschtorte *f* (11), Púnschkuchen *m*

ба́ба-яга́ *ж фольк.* Héxe *f* (11), (álte böse) Záuberin *f* (12); böse Fee

баббит *м тех.* Babbittmetall ['bɛbɪt-] *n* (2), Wéißmetall *n*

бабби́т||овый *тех.* Wéißmetall-, aus Wéißmetall; ~овый подши́пник Wéißmetallager *n* (6) (*при переносе* Weißmetall-lager)

бабёнка *ж разг.* fésches Wéib(chen)

ба́б||ий *разг.* wéibisch; Wéiber-; ◇ ~ьи ска́зки ≅ Ámmenmärchen *pl*; ~ье ле́то Altwéibersommer *m* -s, Spätsommer *m*

ба́бка I *ж разг.* **1.** (*бабушка*) Gróßmutter *f*, *pl* -mütter; **2.** (*старуха*) álte Frau, Álte *f* (14), (áltes) Mütterchen *n* (7); **3.** *уст.* (*повивальная*) die wéise Frau, Hébamme *f* (11)

ба́бк||а II *ж* **1.** (*у животных*) Féssel *f* (11), Fúßknöchel *m* (6); игра́ в ~и Knöchelspiel *n* (2); **2.** *с.-х.* Púppe *f* (11), Getréidepuppe *f*; Gárben *pl*; **3.** *тех.* (*в токарном станке*): пере́дняя ~а Spíndelkasten *m* (7), Spíndelstock *m* (1*); за́дняя ~а Réitstock *m*; шлифова́льная ~а Schléifbock *m* (1*), Schléifkopf *m* (1*)

ба́бник *м разг.* Schürzenjäger *m* (6), Wéibernarr *m* (8), Fráuenheld *m* (8)

ба́бочка *ж* **1.** Schmétterling *m* (1), Fálter *m* (6); ночна́я ~ Náchtfalter *m*; **2.** (*галстук*) Schléife *f* (11), Fliege *f* (11)

бабу́ся *ж разг. ласк.* Óma *f*, *pl* -s, Ómi *f*, *pl* -s

ба́бушка *ж* Gróßmutter *f*, *pl* -mütter; Óma *f*, *pl* -s; áltes Mütterchen; ◇ э́то ещё ~ на́двое сказа́ла *погов.* ≅ das wird die Zúkunft [Zeit] léhren [zéigen]; das wérden wir noch séhen; das ist noch únbestimmt; вот тебе́, ~, и Ю́рьев день! *погов.* ≅ da háben wir die Beschérung [den Mist, den Salát]!

бабьё *с собир. пренебр.* Wéiber *pl*, Wéibervolk *n* -s

бава́р||ец *м* Báyer *m* (8); **~ка** *ж* Báyerin *f* (12); **~ский** báy(e)risch

бага́ж *м* **1.** Gepäck *n* -e(s); ручно́й ~ Hándgepäck *n*; *ж.-д.* Tráglasten *pl*; ~, провози́мый беспла́тно Fréigepäck *n*; изли́шек ~а́ (*сверх нормы*) Übergepäck *n*; приём ~а́ Gepäckannahme *f*; отпра́вка ~а́ Gepäckabfertigung *f*; пла́та за перево́зку ~а́ Gepäckfracht *f*; сдать ве́щи в ~ das Gepäck áufgeben*; ка́мера хране́ния ручно́го ~а́ Gepäckaufbewahrung *f*; отпра́вить ве́щи ~о́м das Gepäck ábfertigen; **2.** *перен.*: у́мственный ~ Wíssensschatz *m* -es; теорети́ческий ~ theorétisches Rüstzeug; **~ни́к** *м* Gepäckraum *m* (1*), Kófferraum *m* (*в автомобиле*); Gepäckbrücke *f* (11), Kófferbrücke *f*, Gepäckgalerie *f* (11) (*на крыше автомобиля*); Gepäckträger *m* (6) (*у велосипеда*); **~ный** Gepäck-; ~ная квита́нция Gepäckschein *m* (1); ~ная се́тка Gepäcknetz *n* (2); ~ное помеще́ние Gepäckraum *m* (1*); ~ный ваго́н Gepäckwagen *m* (7), Páckwagen *m*

баге́т *м* Léiste *f* (11); Zíerleiste *f* (*для украшения*); Bílderleiste *f* (*для рам*); Gardínenstange *f* (11), Gardínenleiste *f* (*для занавесок*)

баго́р *м* Hákenstock *m* (1*); Bóotshaken *m* (7), Schífferhaken *m*; Flößerstange *f* (11) (*для сплавщика*); Físchhaken *m* (*для ловли рыбы*); пожа́рный ~ Féuerwehrhaken *m*, Brándhaken *m*

ба́гр||енье *с* (*рыбы*) Hákenfischerei *f*, Físchstechen *n* -s, Stéchfischerei *f*; **~ить 1.** (*ловить рыбу*) mit dem Físchhaken físchen; **2.** (*вытаскивать из воды*) etw. mit dem Schífferhaken aus dem Wásser zíehen*

багри́ть púrpurrot färben

багрове́||ть flámmendrot [glútrot, bláurot] wérden; не́бо ~ет der Hímmel färbt sich púrpurn; ~ть от гне́ва vor Wut [Zorn] rot wérden [ánlaufen*]

багро́вый flámmendrot, glútrot, púrpurrot, púrpurn; bláurot

багря́н||ец *м* flámmende Röte, Púrpurröte *f*; **~ый** *поэт. см.* багро́вый

багу́льник *м бот.* wílder Rosmarín, Porst *m* (1)

баде́йка *ж* kléiner Kübel [Éimer]

бадминто́н *м* Féderball *m* -(e)s, Féderballspiel *n* (2)

бадья́ *ж* Kübel *m* (6), Zúber *m* (6), Éimer *m* (6); подъёмная [проходче́ская] ~ *горн.* Förderkübel *m*; опрокидна́я ~ Kíppkübel *m*, Kíppgefäß *n* (2)

ба́з||а *ж* **1.** (*основа, основание*) Básis *f*, *pl* -sen, Grúndlage *f* (11); материа́льно-техни́ческая ~ materiéll-téchnische Básis; золота́я ~а *фин.* Góldbasis *f*; на ~е чего́-л. auf Grund, auf der Grúndlage (*G*); подвести́ ~у подо что́-л. etw. (*D*) éine féste Grúndlage gében*; etw. auf éine féste Grúndlage stéllen; подвести́ нау́чную ~у подо что́-л. etw. wíssenschaftlich untermáuern, etw. auf éine wíssenschaftliche Säulenbásis stéllen; **2.** *стр.*: ~а коло́нны Säulenfuß *m* (1*); **3.** (*учреждение*) Statión *f* (10); лы́жная ~а Schíhütte *f* (11); Schílager *n* (6); экскурсио́нная ~а Áusflugsstation *f*; тури́стская ~а Wánderherberge *f* (11); Tourístenheim [tu-] *n* (2); Júgendherberge *f*; альпини́стская ~а Báude *f* (11), Bérgsteigerhütte *f*; **4.** (*склад*) Materiállager *n* (6); опто́вая ~а Gróßhandelsniederlassung *f* (10); Gróßhandelslager *n*; торго́вая ~а Hándelsniederlassung *f*; Hándelszentrale *f* (11); продово́льственная ~а Lébensmittellager *n*; ремóнтная ~а Reparatúrstützpunkt *m* (1); **5.** *воен.* Stützpunkt *m* (1); авиациóнная ~а Lúftstützpunkt *m*; ракéтная ~а Rakétenstützpunkt *m*; воéнная ~а Militärstützpunkt *m*; воéнно-морскáя ~а Marinestützpunkt *m*, Flóttenstützpunkt *m*, Flóttenbasis *f*; **6.** *мор.*: плавýчая ~а Mútterschiff *n* (2), Transpórt-und Verárbeitungsschiff *n*; китобóйная ~а Wálfangmutterschiff *n*; **7.** *авто* Rádstand *m* (1*)

базáльт *м мин.* Basált *m* (1); **~овый** basálten, Basált-

базáр *м* **1.** Markt *m* (1*); Basár *m* (1); по срéдам здесь бывáет ~ Míttwoch wird hier Markt ábgehalten; колхóзный ~ Kolchósmarkt *m*; книжный ~ Bücherbasar *m*; прáздничный ~ Jáhrmarkt *m*; **2.** (*место*) Márktplatz *m* (1*); **3.** *разг.* (*шум, гам*) Gejóhle *n* -s, Spektákel *m* -s, Rúmmel *m* -s; ◇ птичий ~ Brútkolonie *f* (11) (von Vögeln); **~ный** Markt-; ~ный день Márkttag *m* (1)

базéдов: ~а болéзнь Básedowsche [-doː ʃə] Kránkheit

базилика *ж архит.* Basílika *f*, *pl* -ken

базирован||ие *с воен.* Basíerung *f*; ракéта корабéльного [назéмного] ~ия bórdgestützte [lándgestützte] Rakéte

базировать **1.** basíeren *vt* (на чём-л. auf *D*), gründen *vt* (auf *A*); **2.** *воен.* stationíeren *vt*, únterbringen* *vt*; **~ся** **1.** sich gründen (на чём-л. auf *A*); sich stützen (auf *A*) (*тж. воен.*); fúßen *vi* (auf *D*), berúhen *vi* (auf *D*); **2.** *воен.* stationíert sein

бáзис I *м* Básis *f*, *pl* Básen; Grúndlage *f* (11); материáльный ~ materiélle Básis, materiélle Grúndlage; ~ и надстрóйка Básis und Überbau

бáзис II *м стр.* Básis *f*, *pl* Básen, Säulenfuß *m* (1*)

бáзис III *м геод.* Básis *f*, *pl* Básen

бáзисн||ый Básis-; Grund-; ~ая ценá Grúndpreis *m* (1)

бáзов||ый Statións-; Stützpunkt-, ~ая авиáция lándgestützte Flíegerkräfte *pl*

бáиньки (*в обращении к детям*): порá ~ ≅ der Sándmann kommt; хóчешь ~? willst du ins Bétt(chen)?

бай *м ист.* Bei *m* -s, -s (*Groβbauer in Mittelasien*)

бай-бáй *межд.* éia, (h)éiapopéia!

байбáк *м* **1.** *зоол.* Síebenschläfer *m* (6); Bilch *m* (1), Bílchmaus *f* (3); **2.** *разг.* (*лентяй*) Fáulpelz *m* (1), Fáulenzer *m* (6), Tágedieb *m* (1); Schláfmütze *f* (11)

байдáрк||а *ж спорт.* Páddelboot *n* (2), Kájak *m* (1) (*pl тж.* -s); разбóрная [сбóрная, резинoвая] ~а Fáltboot *n*; ~а-одинóчка Kájak-Éiner *m* (6); катáться на ~е páddeln *vi*; грéбля на ~ах Páddeln *n* -s

байдáрочный Páddel-; ~ спорт Páddelsport *m* (1)

бáйка I *ж* (*ткань*) Flausch *m* -es, -e

бáйка II *ж разг.* kúrzes Märchen, Fábel *f* (11)

бáйков||ый Fláusch-, fláuschig; ~ое одеяло fláuschige Décke, Fláuschdecke *f* (11)

байпáс *м тех.* Úmleitung *f*, Nébenleitung *f*

бак I *м* Tank *m* (1), Behälter *m* (6); Wásserbehälter *m*, Wássertank *m* (*для воды*); Bóiler *m* (6) (*для кипячения*); ~ для мáсла Öltank *m*; Ölschrank *m* (1*) (*бензоколонки*)

бак II *м мор.* Back *f* (10)

бакалáвр *м уст.* Bakkaláure¦us *m* =, -re¦i, стéпень ~а Bakkalaureát *n* (2)

бакал||éйный Nähr- und Genúßmittel-; Spezeréi-; Koloniálwaren- (*уст.*); ~éйный отдéл (*в магазине*) Nähr- und Genúßmittelabteilung *f* (10); **~éйщик** *м разг.* Spezeréihändler *m* (6); **~éя** *ж* Nähr- und Genúßmittel *pl*; Koloniálwaren *pl* (*уст.*)

бáкан *м см.* бáкен I

бакáут *м* **1.** *бот.* Guájakbaum *m* (1*); **2.** (*материал*) Póckholz *n* -es

бакелит *м хим.* Bakelít *n* -s

бáкен I *м мор.* Bóje *f* (11), Líchtboje *f*, Báke *f* (11)

бáкен II *м уст. см.* бакенбáрды

бакенбáрды *мн.* Báckenbart *m* (1*); Bártstreifen *pl*, Kotelétten *pl* (*небольшие*)

бáкенщик *м* Bákenwärter *m* (6)

бáки *мн. уст. см.* бакенбáрды

баккарá I *с* (*хрусталь*) Baccarat [*фр.* baka'raː] *n* -s [-'raːs], Kristállglas *n* -es

баккарá II *с* (*карточная игра*) Bakkarát *n* -s

баклáга *ж* Féldflasche *f* (11), fláche Flásche

баклажáн *м бот.* Aubergine [*фр.* obɛr'ʒiːnə] *f*, *pl* -s; *растение тж.* Éierpflanze *f* (11); *плод тж.* Éierfrucht *f* (3)

баклáн *м зоол.* Kormorán *m* (1)

баклýш||а *ж тех.* (*болванка*) Hólzklotz *m* (1*); ◇ бить ~и *разг.* ≅ auf der Bärenhaut líegen*, fáulenzen *vi*, die Zeit vergéuden

бактериáльный bakteriéll, Baktéri¦en-; ~ препарáт Baktéri¦enpräparat *n* (2)

бактериóз *м с.-х.* Bakteriόse *f*

бактериó||лог *м* Bakteriológe *m* (9); **~логический** bakteriológisch; ~логическая войнá der bakteriológische Krieg; ~логическое орýжие bakteriológische [biológische] Wáffe

бактерио||лóгия *ж* Bakteriologíe *f*; **~фáг** *м* Bakteriopháge *m* (9)

бактерицидность *ж* bakterizíde Éigenschaft; Bakterizidität *f*

бактерицидный bakterizíd, baktéri¦entötend

бактéри||я *ж* Baktéri¦e *f* (11), гнилостные ~и Fäulnisbakteri¦en *pl*; устóйчивый прóтив ~й baktéri¦enfest; заражённый ~ями baktéri¦endurchsetzt; загрязнённый ~ями bakteriéll verúnreinigt

бал *м* Ball *m* (1*); ~-маскарáд, костюмирóванный ~ Máskenball *m*; ◇ кóнчен ~! *разг.* aus ist der Schmaus!

балабóлка *разг.* **1.** *ж* (*помпон*) Quáste *f* (11); **2.** *перен. м, ж* Schwätzer *m* (6), Schwätzerin *f* (12), Klátschbase *f* (11)

балагáн *м* **1.** (*лёгкая деревянная постройка*) Scháubude *f* (11); Jáhrmarktsbude *f*; **2.** (*зрелище*) Scháubudenvorstellung *f* (10), Pósse *f* (11), Narretéi *f* (10), Hanswursteréi *f* (10); *перен.* Rúmmel *m* (6); **~ить** *разг.* Póssen réißen*, Nárrenpossen tréiben*; den Hanswúrst [Nárren] máchen; **~ный** **1.** Scháubuden-; ~ное представлéние Scháubudenvorstellung *f* (10), Hanswursteréi *f* (10); **2.** *перен.* póssenhaft, närrisch, grob

балагýр *м разг.* Póssenreißer *m* (6), Wítzbold *m* (1); Spáßvogel *m* (6*), Spáßmacher *m* (6) (*шутник*); lústiger Brúder (*весельчак*); **~ить** *разг.* Póssen [Wítze] réißen*; Spaß máchen, spáßen *vi*; **~ство** *с разг.* Póssen *pl*, Spaß *m* (1*); Tändeléi *f* (10)

балалáечник *м* Balaláikaspieler *m* (6)

балалáйка *ж* Balaláika *f*, *pl* -s

баламýтить *разг.* **1.** (*воду*) trüben *vt*, trübe máchen; **2.** *перен.* j-m den Kopf verwírren; j-n (únnütz) áufregen

балáнс I *м* (*равновесие*) **1.** Gléichgewicht *n* (2), Balance [-'lɑ̃sə] *f* (11); **2.** *фин., эк.* Bilánz *f* (10), Réchnungsabschluß *m* -sses, -schlüsse; актúвный ~ aktíve [-və] Bilánz; внешнеторгóвый ~ Áußenhandelsbilanz *f*; годовóй ~ Jáhresabschluß *m*; Jáhresbilanz *f*; межотраслевóй ~ Verfléchtungsbilanz *f*; пассúвный ~ passíve [-və] Bilánz; платёжный ~ Záhlungsbilanz *f*; предварúтельный ~ Róhbilanz *f*; торгóвый ~ Hándelsbilanz *f*; энергетúческий ~ Energíebilanz *f*; ~ трудовых ресýрсов Árbeitskräftebilanz *f*; подводúть ~ die Bilánz zíehen* [ábschließen*]; составлять ~ éine Bilánz áufstellen

балáнс II *м* (*лесной материал*) Papíerholz *n* -es, Fáserholz *n*

балансёр *м* Séiltänzer *m* (6)

балансúр *м* **1.** (*шест*) Balancierstange [-lɑ̃'siːr-] *f* (11); **2.** *тех.* (*коромысло*) Áusgleichhebel *m* (6), Schwínghebel *m*; **3.** (*в часах*) Únruh *f* (10); **~овать** **1.** (*сохранять равновесие*) balancieren [-lɑ̃'siː-] *vi*, das Gleichgewicht hálten*; **2.** *фин.* die Bilánz zíehen*; (die Réchnung) ábschließen* *vt*; **3.** (*уравновешивать*) áusgleichen* *vt*; **4.** *тех.* áuswuchten; **5.** *ав., мор.* áustrimmen *vt*; **6.** *радио* ábgleichen* *vt*

балансирóвка *ж* **1.** *фин.* Áusgleich *m* (1); **2.** (*сохранение равновесия*) Balancieren [-lɑ̃'siː-] *n* -s; **3.** *физ. и тех.* (*уравновешивание механизмов*) Mássenausgleich *m* -(e)s; **4.** *ав., мор.* Áustrimmen *n* -s; **5.** *радио* Ábgleichen *n* -s

балáнсовый I *фин.* Bilánz-

балáнсов||ый II: ~ая древесúна Papíerholz *n* -es, Fáserholz *n* -es

балахóн *м разг.* Kíttel *m* (6); sáckartiges Kleid; это плáтье сидúт как ~ díeses Kleid sitzt wie ein Sack

балбéс *м разг.* Lümmel *m* (6); Tölpel *m* (6), Dúmmkopf *m* (1*), Táugenichts *m* = *и* -es, -e

балдá I *ж уст.* (*молот*) Vórschlaghammer *m* (6), schwérer Schmíedehammer

балдá II *м, ж бран.* Dúmmkopf *m* (1*), Scháfskopf *m*

балдахúн *м* Báldachin *m* (1), Bétthimmel *m* (*над кроватью*); Thrónhimmel *m* (*над троном*); кровáть с ~ом Hímmelbett *n* (13)

балерúна *ж* Balléttänzerin *f* (12) (*при переносе* Ballett-tänzerin), Ballerína *f*, *pl* -nen

балéт *м* Ballétt *n* (2); Balléttaufführung *f* (10) (*спектакль*); солúст ~а Méistertänzer *m* (6), Sólotänzer *m* (6); ~ на льдý Éisrevue [-rə,vyː] *f*, *pl* -n [-rəvyːən]; вéчер ~а Balléttabend *m* (1); **~мéйстер** *м* Choreográph [ko-] *m* (8), Balléttmeister *m* (6); **~ный** Ballétt-; ~ная мýзыка Balléttmusik *f*

балетомáн *м* (léidenschaftlicher) Balléttliebhaber *m* (6)

бáлка I *ж тех.* Bálken *m* (7), Träger *m* (6); поперéчная ~ Quérbalken *m*, Quérträger *m*; двутаврóвая ~ Dóppel-T-Träger *m*, I-Träger *m*; ~ перекрытия Déckenträger *m*

бáлка II *ж* (*овраг*) Schlucht *f* (10), énges Tal; степнáя ~ Stéppenschlucht *f*

балкáнский Bálkan-

балкáрец *м* Balkáre *m* (9)

балкóн *м* **1.** Balkon [-'kɔŋ] *m* -s, -s, *австр.* [-'koːn] *m* (1); крытый ~ Érker *m* (6); **2.** *театр.* Míttelrang *m* (1); без ~а (*о зрительном зале*) ránglos; местá на ~е Rángplätze *pl*, Plätze auf dem [im] Rang

балл *м* **1.** (*единица шкалы*) Grad *m* (1); вéтер в 6 ~ов Windstärke 6; **2.** (*отметка*) Nóte *f* (11), Zensúr *f* (10); Wértungspunkt *m* (1); Wértungseinheit *f* (10); годово́й ~ Jáhresnote *f*, Jáhreszensur *f*; проходно́й ~ (*при поступлении в вуз*) Míndestpunktzahl *f* (10); **3.** *спорт.* Punkt *m* (1); о́бщее коли́чество ~ов Gesámtpunktzahl *f*; сба́вка ~ов Púnktabzug *m* (1*)

балла́д||а *ж* Balláde *f* (11); **~ный** balladésk, Balláden-

балла́ст *м* **1.** (*груз*) Bállast *m* (1); *перен.* Bállast *m*, tóte Last; **2.** *ж.-д.* Béttung *f* (10), Gléisbettung *f*; Schótterung *f* (10); **~ер** *м. ж.-д.* Beschótterungsmaschine *f* (11); **~и́ровать** *ж.-д.* beschóttern *vt*; **~иро́вка** *ж ж.-д.* Gléisbettung *f* (10); ~иро́вка песко́м Sándbettung *f*; ~иро́вка щё́бнем Schótterung *f* (10), Beschótterung *f*; **~ный 1.** Bállast-; **2.** *ж.-д.* Béttungs-; ~ный слой Béttungskörper *m* (6)

балли́ст||ика *ж воен.* Ballístik *f*, Wúrflehre *f*; **~и́ческий** ballístisch; ~и́ческая раке́та ballístische Rakéte

балло́н *м* **1.** *ав.* Ballon [-'lɔŋ] *m* -s, -s; Lúftballon *m*; ~-зонд Ballónsonde *f* (11), Sóndenballon *m*, Versúchsballon *m*; запусти́ть ~ éinen Ballon áuflassen*; **2.** (*сосуд для газов*) Gásflasche *f* (11); аэрозо́льный ~ Sprayflasche ['Spre:-] *f*; ~ с кислоро́дом Sáuerstoffflasche *f*; ~ со сжа́тым во́здухом Préßluftflasche *f*; пусково́й ~ Ánlaßflasche *f*, Ánlaßgefäß *n* (2); **3.** (*шина*) Ballonreifen [-'lɔŋ-] *m* (7); **4.** *эл.*, *радио* Kólben *m* (7); ~ тру́бки Röhrenkolben *m*; стекля́нный ~ Gláskolben *m*; **~е́т** *м* Ballonétt *n* (2); *ав.* Lúftsack *m* (1*)

баллоти́р||овать ábstimmen *vi* (кого́-л., что-л. über *A*); zur Ábstimmung bríngen* (*поставить на голосование*); **~оваться 1.** kandidíeren *vi*; **2.** *страд.* ábgestimmt wérden; zur Ábstimmung gebrácht wérden (*быть поставленным на голосование*); **~о́вка** *ж* (gehéime) Ábstimmung *f* (10); Kúgelwahl *f* (10) (*шарами*); **~о́вочный** Wahl-, Ábstimmungs-; ~о́вочный шар Wáhlkugel *f* (11); ~о́вочный бюллете́нь Ábstimmungszettel *m* (6)

бало́ванный verwöhnt, verzógen; verhätschelt, verzärtelt (*изнеженный*)

балова́ть 1. (*кого-л.*) verwöhnen *vt*, verzíehen* *vt*; verhätscheln *vt*, verzärteln *vt* (*изнеживать*); **2.** *разг. см.* баловáться 1; **3.** *уст. разг.* (*разбойничать*) Únfug tréiben *; **~ся 1.** únartig [úngezogen, áusgelassen] sein [spielen]; **2.** *см.* баловáть 3

ба́ловень *м* **1.** verzógenes Kind, Schóßkind *n* (5), Líebling *m* (1); ~ сча́стья [судьбы́] Glückskind *n*; Glückspilz *m*; он всео́бщий ~ er ist der Líebling áller; **2.** *см.* баловни́к

балов||ни́к *м*, **~ни́ца** *ж* únartiges, verzógenes Kind; Balg *m* (1*), *n* (5) (*озорник*); Schelm *m* (1) (*плутишка*); **~но́й 1.** *разг.* áusgelassen, úngezogen, wild; **2.** *см.* бало́ванный; **~ство́** *с* **1.** Verwöhnung *f*; Verzíehen *n* -s, Verhätschelung *f*; **2.** (*шаловливость*) Übermut *m* -(e)s, Mútwille *m* -ns, mútwillige Stréiche *pl*; Schelmeréi *f* (10), Únart *f* (10), Úngezogenheit *f* (10) (*озорство*); э́то одно́ ~ство́ das ist nur Spieleréi; das ist nicht ernst zu néhmen

балт||и́ец *м* Matróse *m* (9) [Offizíer *m* (6)] der Báltischen Flótte; **~и́йский** báltisch; Óstsee-; Балти́йский Краснозна́мённый флот die Báltische Rótbannerflotte

балы́к *м* Balýk *m* -s, -s, gedörrter Störrücken

бальза́м *м тж. перен.* Bálsam *m* (1); ◇ проли́ть ~ *уст.* Bálsam gíeßen* (на что-л. auf *A*), berúhigen *vt*, trösten *vt*

бальзами́н *м бот.* Balsamíne *f* (11); Gártenspringkraut *n* -(e)s

бальзам||и́рование *с* Éinbalsamierung *f* (10), Balsamíerung *f*; **~и́ровать** (éin-) balsamíeren *vt*

бальнео́||лог *м мед.* Balneológ(e) *m* (8, 9); **~логи́ческий** *мед.* balneológisch; **~ло́гия** *ж мед.* Balneologíe *f*, Bäderkunde *f*

бальнеотерапи́я *ж* Balneotherapíe *f*, Héilbäderbehandlung *f*

ба́льн||ый Ball-; ~ое пла́тье Bállkleid *n* (5); ~ый та́нец Geséllschaftstanz *m* (1*)

балюстра́да *ж стр.* Balustráde *f* (11); Geländer *n* (6), Brüstung *f* (10)

баля́сина *ж стр.* Geländerpfeiler *m* (6), Geländerpfosten *m* (7), Balúster *m* (6), Balústersäule *f* (11)

баля́сы: точи́ть [разводи́ть] ~ *разг.* müßiges Zeug réden, únnützes Zeug schwätzen

бамбу́к *м* Bámbus *m* -ses *u* =, *pl* -se *u* =; **~овый** Bámbus-; ~овая ро́ща Bámbushain *m* (1)

ба́мпер *м авто* Stóßstange *f* (11)

бана́льн||ость *ж* Banalität *f* (10), Pláttheit *f* (10), Ábgedroschenheit *f* (10), Fádheit *f* (10), Fláchheit *f* (10); **~ый** banál, ábgedroschen, fáde, flach

бана́н *м* **1.** (*плод*) Banáne *f* (11); **2.** (*дерево*) Banánenbaum *m* (1*); **~овый** Banánen-

ба́нда *ж* Bánde *f* (11), Rótte *f* (11), Hórde *f* (11)

банда́ж *м* **1.** *мед.* Bandáge [-ʒə] *f* (11), Bínde *f* (11); Brúchband *n* (5) (*при грыже*); **2.** *ж.-д.* Rádreifen *m* (7); **3.** *эл.* Bandáge [-ʒə] *f* (11); **4.** *тепл.* Déckband *n* (5); **5.** *тех.* Trágring *m* (1); **~и́ровать** bandagieren [-'ʒi:-] *vt*; **~и́ст** *м мед.* Bandagist [-'ʒist] *m* (8); **~и́стка** *ж мед.* Bandagistin [-'ʒistin] *f* (12)

бандеро́ль *ж* **1.** (*обёртка, полоса бумаги*) Kréuzband *n* (5); Stréifband *n*; **2.** (*почтовое отправление*) Päckchen *n* (7); заказна́я ~ Éinschreibepäckchen *n*; посла́ть ~ю als Päckchen schícken; (*газету*) per [únter] Kréuzband schicken [versénden*]; **3.** (*ярлык об уплате акциза*) Banderóle *f* (11)

ба́нджо *с* Bánjo *n* -s, -s

бандит *м* Bandít *m* (8), Räuber *m* (6); **~и́зм** *м* Bandítentum *n* -s, Bandítenunwesen *n* -s; **~ский** Bandíten-

банду́р||а *ж муз.* Bandúra *f*, *pl* -s; **~и́ст** *м муз.* Bandúraspieler *m* (6)

банк I *м* **1.** Bank *f* (10), Bánkhaus *n* (5); госуда́рственный ~ Stáatsbank *f*; эмиссио́нный ~ Nótenbank *f*; име́ть счёт в ~е ein Bánkkonto háben; ein Kónto bei der Bank háben; положи́ть де́ньги в ~ Geld in die Bank légen; име́ть де́ньги в ~е Geld auf der Bank (líegen) háben; **2.:** ~ да́нных *выч. тех.* Dátenbank *f*; ~ кро́ви Blútbank *f*

банк II *м* **1.** *карт.* (*деньги*) Bank *f* (10), Spíelbank *f*; держа́ть ~ die Bank hálten* [áuflegen]; сорва́ть ~ die Bank sprengen; **2.** (*карточная игра*) Phárao *m* = *u* -s

ба́нк||а I *ж* **1.** Glas *n* (5), Konsérvenglas [-vɛn-] *n*, Éinmachglas *n* (*стеклянная*); Éinmachgefäß *n* (2); Büchse *f* (11), Dóse *f* (11), Konsérvenbüchse [-vɛn-] *f* (*жестяная*); пло́ская (консе́рвная) ~ Fláchdose *f*; ~ для собира́ния колле́кции (*насекомых и т. п.*) Sámmelglas *n* (5); **2.** *мед.* Schröpfkopf *m* (1*); поста́вить кому́-л. ~и j-m Schröpfköpfe (án)sétzen; j-n schröpfen; ◇ Ле́йденская ~а Léidener Flásche

ба́нка II *ж мор.* (*мель*) Sándbank *f* (3)

ба́нка III *ж мор.* (*скамья*) Rúderbank (3), Sitz *m* (1), Sítzbrett *n* (5)

банке́т I *м* Bankétt *n* (2), Féstessen *n* (7), Féstmahl *n* (5,2); дать ~ в честь кого́-л. ein Féstessen für j-n gében

банке́т II *м воен., стр.* Bankétt *n* (2), Bankétte *f* (11)

банки́р *м* Bankier [*фр.* baŋ'kie:] *m* -s, -s; **~ский** Bank-; ~ская конто́ра Bánkgeschäft *n* (2), Bánkhaus *n* (5)

банкно́т *м* Bánknote *f* (11), Géldschein *m* (1)

ба́нковский, ба́нковый Bank-; ба́нковский биле́т Bánknote *f* (11); ба́нковская систе́ма Bánksystem *n* (2); ба́нковое де́ло Bánkgeschäft *n* (2); ба́нковый перево́д Bánküberweisung *f* (10)

банкомё́т *м карт.* Bánkhalter *m* (6)

банкро́т *м* Bankrotteur [-'tø:r] *m* (1); (*неплатёжеспособный*) Záhlungsunfähige *m* (14); объяви́ть себя́ ~ом den Bankrótt erklären, sich záhlungsunfähig erklären; *ком.* den Konkúrs ánmelden; зло́стный ~ betrügerischer Bankrotteur; **~иться** *см.* обанкро́титься; **~ство** Bankrótt *m* (1); Pléite *f* (11) (*тж. перен.*); Geschäftszusammenbruch *m* (1*); Fallimént *n* (2), *австр.* [-'mã] *n* -s, -s; зло́стное ~ство betrügerischer Bankrótt; объяви́ть ~ство den Bankrótt erklären; полити́ческое ~ство polítischer Bankrótt [Zusámmenbruch]

ба́нник *м воен.* Kanónenwischer *m* (6), Geschützwischer *m*

ба́нный Báde-; ~ день Bádetag *m* (1); устро́ить ~ день (*в армии и т. п.*) éinen Bádetag éinlegen; ◇ приста́ть [привяза́ться] к кому́-л. как ~ лист *разг.* sich an j-n wie éine Klétte hängen

бант *м* Schléife *f* (11); завяза́ть ~ом éine Schléife binden* [knüpfen]

ба́нщ||ик *м* Bádegehilfe *m* (9), Bádewärter *m* (6); **~ица** *ж* Bádefrau *f* (10), Bádewärterin *f* (12)

ба́н||я *ж* **1.** (*мытьё*) Bad *n* (5); Dámpfbad *n*; **2.** (*помещение*) Báderaum *m* (1*); Bádehaus *n* (5); Schwítzbad *n*, Sáuna *f*, *pl* = *u* -s (*парная*); сходи́ть в ~ю ein Dámpfbad néhmen*; ~я рабо́тает весь день das Bad ist den gánzen Tag (über) geöffnet; **3.** *разг.* (*жара*) Schwítzbad *n* -(e)s, Hítze *f*, Áffenhitze *f*; **4.** *хим.*: водяна́я ~я Wásserbad *n* -(e)s; ◇ крова́вая ~я Blútbad *n* -(e)s; зада́ть кому́-л. *разг.* j-m tüchtig den Kopf wáschen*, j-m die Hölle heiß máchen, j-m éinheizen

баоба́б *м бот.* Báobab *m* -s, -s, Áffenbrotbaum *m* (1*)

бапти́ст *м* Baptíst *m* (8)

бар I *м* **1.** (*кабачок*) Bar *f*, *pl* -s; Áusschank *m* -(e)s; Stéhausschank *m*; Stéhbierhalle *f* (11); ночно́й ~ Náchtbar *f*; **2.** (*отделение в серванте*) Bárfach *n* (5); **3.:** дома́шний ~ Háusbar *f*; ~ на самолё́те Bárecke *f* (11)

бар II *м физ.* (*единица давления*) Bar *n* -s, -s

бар III *м мор.* Bárre *f* (11); Úntiefe *f* (11)

бар IV *м горн.* Áusleger *m* (6), Arm *m* (1)

бараба́н *м* **1.** *муз.* Trómmel *f* (11); Wírbeltrommel *f* (*военный*); пионе́рский ~ Pioníertrommel *f*, Schülertrommel *f*; большо́й ~ Páuke *f* (11); бить в ~ *см.* бараба́нить 1; **2.** *тех.* Trómmel *f* (11); Zylínder *m* (6); Wálze *f* (11); Fédergehäuse *n* (6) (*в часах*); тормозно́й ~ Brémstrommel *f*; смеси́тельный ~ Míschtrommel *f*; ~ с деле́ниями Téiltrommel *f*; **~ить 1.** trómmeln *vi*; die Trómmel schlágen* [rühren]; **2.** (*стучать*) trómmeln *vi*; **3.** (*на рояле*) klímpern *vi*, auf die Tásten háuen; **~ный** Trómmel-; ~ный бой Trómmelschlag *m* (1*); Getrómmel *n* -s; ~ная дробь Trómmelwirbel *m* -s; **~ная** пáлочка Trómmelschlegel *m* (6), Trómmelstock *m* (1*); ~ная перепóнка *анат.* Trómmelfell *n* (2); ~ная пóлость *анат.* Páukenhöhle *f* (11); **~щик** *м* Trómmler *m* (6), Támbour [-bu:r] *m* (1)

барáк *м* Barácke *f* (11), Wóhnbaracke *f*

барáн *м* Hámmel *m* (6), Schâfbock *m* (1*), Wídder *m* (6); ~-производи́тель Zúchtwidder *m* (6), Sprúngbock *m* (1*); откóрмленный ~ Fétthammel *m*; ◇ уставиться как ~ на нóвые ворóта ≅ wie die Kuh vorm néuen Tor dástehen*; он упёрся как ~ er ist störrisch wie ein Ésel

барáн||ий **1.** Hámmel-; ~ья груди́нка Hámmelbrust *f*; ~ий óкорок [кострéц] Hámmelkeule *f* (11); **2.** (*из меха*) Schâf(fell)-; aus Schâffell; ◇ согну́ть в ~ий рог ≅ j-n kléinkriegen; j-n wíndelweich [kírre] máchen; **~ина** *ж* Hámmelfleisch *n* -es; Schöpsenfleisch *n*; Hámmelbraten *m* (7) (*жаркое*)

барáнка I *ж* Kríngel *m* (6), Ríngel *m* (6)

барáнка II *ж разг.* (*руль автомобиля*) Lénkrad *n* (5)

барахли́ть *разг.* **1.** (*о двигателе*) stóttern *vi*; **2.** (*говорить глупости*) (dúmmes Zeug) quátschen, Únsinn verzápfen, Quatsch réden

барах||ло́ *с разг.* **1.** (*пожитки*) Trödel *m* -s, Plúnder *m* -s; álter Kram (*хлам*); **2.** (*дрянь — тж. о человеке*) Dreck *m* -es; **~óлка** *ж разг.* Flohmarkt *m* (1*)

барáхтаться záppeln *vi*, strámpeln *vi*; sich wälzen (*на траве, в песке и т. п.*)

барáчный Barácken-, baráckenähnlich; ~ посёлок Baráckensiedlung *f* (10)

барáш||ек *м* **1.** júnger Hámmel; Lamm *n* (5); Schäfchen *n* (7); **2.** (*мех*) Schâfpelz *n* (1); искýсственный ~ек Krímmer *m* -s **3.** *тех.* (*гайка*) Flügelmutter *f* (11); **4.** *мн.* ~ки (*облака*) Schäfchen(wolken) *pl*, Lämmerwölkchen *pl*; **5.** *мн.* ~ки (*на воде*) kléine schâumgekrönte Wéllen, Schâumwellen *pl*; Schâumkronen *pl*; **6.** *мн.* ~ки *бот.* Wéidenkätzchen *pl*; **~ковый** (*о мехе*) Schâfpelz-; ~ковый воротни́к Schâfpelzkragen *m* (7)

барбари́с *м бот.* **1.** (*кустарник*) Berberítzenstrauch *m* (4), Sáuerdorn *m* (1); **2.** (*ягода*) Berberítze *f* (11), Berberítzenbeere *f* (11)

барбóс *м* **1.** (*собака*) Hófhund *m* (1); **2.** *перен.* Gróbian *m* (1)

барботáж *м хим., тепл.* Drúckluftmischung *f*; Dúrchwallen *n* -s

барви́нок *м бот.* Ímmergrün *n* (2); Wíntergrün *n*

бард *м ист., поэт.* Bárde *m* (9)

бардá *ж с.-х.* Tréber *pl*, Tréster *pl*, Schlémpe *f* (11); ~ идёт на корм скотý die Tréber díenen als Víehfutter

барельéф *м* Basrelief [*фр.* ˈbare,liɛf] *n* -s, -s, Fláchrelief [-re,liɛf] *n* -s, -s

бáржа *ж* Lástkahn *m* (1*), Schléppkahn *m*; Schúte *f* (11); Prahm *m* (1); наливнáя ~ Tánkprahm *m*; рефрижерáторная ~ Gefríerlastkahn *m*, Kǘhlkahn *m*; самохóдная ~ Mótor(last)kahn *m*

бáрий *м* Bárium *n* -s (*хим. знак* Ba)

бáрин *м* **1.** *уст.* Herr *m* (8); Ádlige *m* (14); Gútsbesitzer *m* (6), Gútsherr *m* (*помещик*); **2.** *ирон.* gróßer Herr; держáть себя́ ~ом den (gróßen) Herrn spíelen [heráuskehren]; als (gróßer) Herr áuftreten*; жить ~ом ein sórgloses, müßiges Lében führen; auf gróßem Fuß lében; сидéть ~ом úntätig beiséite sítzen*; an der geméinsamen Árbeit nicht téilnehmen*; **3.** *уст.* (*в обращении*) gnädiger Herr

бари́т *м мин.* Barýt *m* (1)

баритóн *м* **1.** (*голос*) Báriton *m* (1); лири́ческий ~ lýrischer Báriton; **2.** (*певец*) Báriton *m* (1); **3.** (*инструмент*) Báryton *n* (2)

баритонáльный *муз.* baritonál, báritonartig; ~ бас Báßbariton *m* (1)

бáрич *м уст.* Júnker *m* (6), júnger Herr; der Herr Sohn

бáрка *ж* Bárke *f* (11), Schúte *f* (11)

баркарóла *ж* Barkaróle *f* (11), Góndellied *n* (5)

баркáс *м* Barkásse *f* (11)

бáрмен *м* Bármixer *m* (6); Bárkeeper [-,ki:pər] *m* (6); **~ша** *ж* Bárdame *f* (11)

барóграф *м метеор.* Barográph *m* (8), Lúftdruckschreiber *m* (6), Registríerbarometer *n* (6)

барокáмера *ж* Hóch- und Únterdruckkammer *f* (11)

барóкко *с иск.* Baróck *n*, *m* -s, Baróckstil *m* -(e)s

барóметр *м* Barométer *n* (6); Lúftdruckmesser *m* (6); ~ пáдает das Barométer fällt; ~ поднимáется das Barométer steigt; ~ покáзывает бýрю das Barométer steht auf Sturm; снимáть показáния ~а vom [das] Barométer áblesen*; **~и́ческий** barométrisch

барóн *м* Barón *m* (1); **~éсса** *ж* Baronésse *f* (11), Fréifräulein *n* (7) (*дочь барона*); Barónin *f* (12), Fréifrau *f* (10) (*жена барона*)

бароскóп *м метеор.* Baroskóp *n* (2)

бáрочник *м* Bárkenführer *m* (6), Bárkenschiffer *m* (6)

бáрочный Bárken-; ~ тёс Bárkenbretter *pl*

барóчн||ый baróck, Baróck-; ~ая жи́вопись Baróckmalerei *f*

баррáж *м ав.* Ballonsperre [-ˈlɔŋ-] *f* (11)

барражи́рование *с* Spérrflug *m* (1)

баррикáд||а *ж* Barrikáde *f* (11), Stráßensperre *f* (11); воздвигáть ~ы Barrikáden báuen [errichten]; сражáться на ~ах auf den Barrikáden kämpfen; **~и́ровать** verbarrikadíeren *vt*, verrámmeln *vt*, verspérren *vt*; **~и́роваться** sich verbarrikadíeren; **~ный** Barrikáden-; ~ный бой Barrikádenkampf *m* (1*)

барс *м* Írbis *m* -ses, -se, Schnéeleopard *m* (8)

бáрск||ий Hérren-; hérrschaftlich; hérrisch (*властный*); ~ий дом Hérrenhaus *n* (5); ~ая усáдьба Rίttergut *n* (5); ~ие затéи (müßige) Hérrenlaunen, ~ие замáшки Hérrenallüren *pl*; жить на ~ую нóгу auf gróßem Fuß lében

бáрственный hóffärtig, hóchmütig; gerίngschätzig (*пренебрежительный*)

бáрство *с* **1.** *собир. уст.* (*баре, господа*) ádlige Síppe; Hérrschaften *pl*, Hérren *pl*; **2.** (*высокомерие*) hérrisches Wésen, Hóchmut *m* -(e)s, hóchmütiges Áuftreten, Hérrenmanieren *pl*; **3.** (*паразитизм*) Schmarótzertum *n* -s; **~вать** ein schmarótzerhaftes [müßiges] Lében führen; den (gróßen) Herrn spíelen

барсýк *м* Dachs *m* (1); Méister Grímbart (*в сказке*)

бархáны *мн.* Wánderdünen *pl*, Síchelddünen *pl*, Barchâne *pl*

бáрхат *м* Samt *m* (1), Sámtstoff *m* (1); рýбчатый ~ Kórdsamt *m*, Ríppelsamt *m*; хлопчатобумáжный ~ Báumwollsamt *m*, Manchester [manˈʃɛstər] *m* -s; муáровый ~ Schíllersamt *m*; **~истый** sámtig, sámtweich; sámtartig (*подобный бархату*); **~ка** *ж* Sámtband *n* (5); **~ный** sámten, Sámt-; *перен.* sámtweich; ~ная лéнта *см.* бархóтка; ~ный гóлос éine sámtweiche Stímme; ◇ ~ный сезóн Wéintraubenzeit *f* (*September, Oktober*); **~цы** *мн. бот.* Sámtblume *f* (11); Tagétes *f*, Studéntenblume *f*

бархóтка *ж разг.* Sámtband *n* (5)

барчýк *м уст.* Júnker *m* (6); júnger [kléiner) Herr

бáрщина *ж ист.* Fron *f* (10), Fróndienst *m* (1), Frónarbeit *f* (10)

бáрын||я *ж* **1.** *ист.* Hérrin *f* (12), Gnädige *f* (14); Frau *f* (10); Gútsbesitzerin *f* (12), Gútsherrin *f* (12) (*помещица*); **2.** *ирон.* (gróße) Dáme *f* (11); hóchnäsige Persón (*заносчивая особа*); кóрчить из себя́ ~ю die gróße Dáme spíelen; **3.** *уст.* (*в обращении*) gnädige Frau; **4.** (*народная песня, пляска*) «Bárynja» *f*

бары́ш *м уст.* **1.** (*прибыль*) Gewínn *m* (1), Profít *m* (1); огрóмные ~и́ Ríesengewinne *pl*; дели́ть ~и́ den Gewínn téilen; давáть ~и́ Gewínn ábwerfen*, Gewínn bríngen*; **2.** *разг.* (*выгода*) Vórteil *m* (1); **~ник** *м уст.* **1.** (*перекупщик*) Zwíschenhändler *m* (6), Áufkäufer *m* (6); Wúcherer *m* (6) (*ростовщик*); **2.** (*торговец лошадьми*) Pférdehändler *m* (6); **~ничать** Zwíschenhandel tréiben*, áufkaufen *vt*; wúchern *vi* (чем-л. mit *D*); **~нический** Áufkäufer-; Wúcher (*ростовщический*); **~ничество** *с* Zwíschenhandel *m* -s, Áufkauf *m* (1*)

бáрышня *ж уст.* **1.** Fräulein (7); **2.** (*в обращении*) (gnädiges) Fräulein; ◇ кисéйная ~ Zíerpuppe *f* (11)

барьéр *м* **1.** Barriére *f* (11), Schránke *f* (11); *ж.-д.* Schlágbaum *m* (1*); *спорт.* Húrde *f* (11); взять ~ éine Barriére [Húrde] néhmen*; **2.** *спец.*: торгóвый ~ Hándelsschranke *f* (11), Hándelssperre *f* (11); тамóженные ~ы Zóllschranken *pl*; ведóмственные ~ы Ressórtschranken *pl*; языковóй ~ Spráchbarriere *f*; преодолéть звуковóй ~ die Schállmauer dúrchbréchen*; **~и́ст** *м спорт.* Húrdenläufer *m* (6); **~ный:** ~ный бег *спорт.* Húrdenlauf *m* (-e)s

бас *м* **1.** (*голос*) Baß *m* -sses, Bässe; Báßstimme *f* (11); ни́зкий ~ ein tíefer Baß; говори́ть ~ом im Báß(ton) spréchen*; петь ~ом Baß síngen*; **2.** (*певец*) Baß *m* -sses, Bässe, Bassíst *m* (8); **3.** (*музыкальный струнный и духовой инструмент*) Baß *m* -sses, Bässe; Báßgeige *f* (11); Kóntrabaß *m*; Báßhorn *n* (5); **4.** (*струна, клавиша*) Báßsaite *f* (11); Báßtaste *f* (11)

баси́ст||ый tief, Baß-; ~ый гóлос tíefe Stímme; ~ые звýки Báßtöne *pl*

баси́ть *разг.* im Báß(ton) spréchen* [síngen*]

баск *м* Báske *m* (9)

бáска *ж* (*у платья*) Schößchen *pl*

баскетбóл *м* Básketball *m* -s; Kórbballspiel *n* (2); **~и́ст** *м* Básketballspieler *m* (6); Básketballer *m* (6); **~и́стка** *ж* Básketballspielerin *f* (12); Básketballerin *f* (12)

баск||óнка *ж* Báskin *f* (12); **~ский** báskisch; ~ский язы́к die báskische Spráche, das Báskische (*sub*)

басмáч *м ист.* Basmátsch(e) *m* (8, 9) (*konterrevolutionärer Bandit während des Bürgerkrieges in Mittelasien*)

басно||пи́сец *м* Fábeldichter *m* (6); **~слóвный** fábelhaft, únglaublich; märchenhaft; ~слóвно лёшево spóttbillig; ~слóвные цéны Phantasíepreise *pl*; ~слóвные при́были schwíndelerregende Profíte

ба́сн||я *ж* **1.** (*рассказ*) Fábel *f* (11); **2.** (*вымысел*) Faseléi *f* (10), Lügenmärchen *pl*; не расска́зывай ~и! erzähl kéine Schäuermärchen [Märchen]!, bleib bei der Wáhrheit!; ◇ соловья́ ~ями не ко́рмят éinem húngrigen Mágen ist nicht gut prédigen

басо́вый *муз.* Baß-; ~ ключ Báßschlüssel *m* (6)

бас||о́к *м* **1.** *разг.* (*голос*) wéiche Báßstimme; говори́ть ~ко́м im verháltenen Baß réden; **2.** *муз.* (*струна*) Báßsaite *f* (11)

басо́н *м* Posamént *n* (2), Trésse *f* (11), Bórte *f* (11), Góldborte *f* (11)

басо́нщ||ик *м* Tréssenwirker *m* (6), Bórtenmacher *m* (6), Posamentíerer *m* (6)

бассе́йн *м* **1.** Bassin [-'sɛŋ] *n* -s, -s; Bécken *n* (7), Wásserbecken *n*; пла́вательный ~ Schwímmbad *n* (5); Schwímmbassin *n*, Schwímmbecken *n*; зи́мний [закры́тый] ~ Hállenbad *n*, Schwímmhalle *f* (11); ле́тний [откры́тый] ~ Fréibad *n*; ~ для дете́й Plánschbecken *n*; о́пытный ~ (*для судовых моделей*) Modéllschleppanstalt *f* (10); отсто́йный ~ Klärbecken *n*, Ábsetzbecken *n*; **2.** *геол.* Revier [-'vi:r] *n* (2), Bécken *n* (7); каменноуго́льный ~ Kóhlenbecken *n*, Stéinkohlenbecken *n*; Stéinkohlenrevier *n*; **3.:** ~ реки́ Strómgebiet *n* (2); Éinzugsgebiet *n*; ~ реки́ Во́лги Éinzugsgebiet [Strómgebiet] der Wólga; ~ Ти́хого океа́на der pazífische Raum; **4.:** возду́шный ~ Lúftraum *m* -(e)s

ба́ста *межд.* básta!, genúg davón!, Púnktum!

баста́рд *м биол.* Bástard *m* (1), Míschling *m* (1)

Бастил||ия *ж* Bastille [*фр.* bas'ti:j(ə)] *f*; взя́тие ~ии die Erstürmung der Bastille

бастио́н *м воен.* Bastión *f* (10), Bastéi *f* (10); *перен.* Bóllwerk *n* (2)

бастова́ть stréiken *vi*

басту́ющий *сущ. м* Stréikende *m* (14)

батали́ст *м жив.* Schláchtenmaler *m* (6)

бата́лия *ж* **1** *уст.* Schlacht *f* (10), Bataille [-'taljə] *f* (11); **2.** *ирон.* Schlägeréi *f* (10), Rauferéi *f* (10)

бата́льн||ый Schláchten-; ~ая жи́вопись Schláchtenmalerei *f*

батальо́н *м воен.* Bataillon [-tal'jo:n] *n* (2); Abtéilung *f* (10) (*в танковых и специальных частях*); пехо́тный ~ Infanteriebataillon *n*; стрелко́вый ~ Schützenbataillon *n*; сапёрный ~ Pioníerbataillon *n*; ~ свя́зи Náchrichtenabteilung *f*; та́нковый ~ Pánzerabteilung *f*; **~ный** *воен.* Bataillons- [-tal'jo:ns-]; ~ный команди́р Bataillonskommandeur [batal'jo:nskɔman-,dø:r] *m* (1)

батаре́ец *м воен. разг.* Artillerist *m* (8)

батаре́йка *ж эл.* kléine Batterie; Táschenlampenbatterie *f* (11)

батаре́йный *воен.* Batteríe-

батаре́я I *ж воен.* Batteríe *f* (11); ~ лёгких ору́дий léichte Batteríe; зени́тная ~ Flákbatterie *f*; ◇ ~ буты́лок *шутл.* éine Batteríe Wéinflaschen

батаре́||я II *ж* **1.** *эл.* Batteríe *f* (11); ~я сухи́х элеме́нтов Tróckenbatterie *f*; Batteríe von Tróckenelementen; аккумуля́торная ~я Akkumulatórenbatterie *f*; со́лнечная ~я Sónnenbatterie *f*; ~я нака́ла Héizbatterie *f*; цилиндри́ческая ~я Stábbatterie *f*; рабо́тающий от ~и batteríebetrieben; пита́ющийся от ~и batteríegespeist; **2.** (*парового отопления*) Héizkörper *m* (6)

бата́т *м бот.* Batáte *f* (11), Süßkartoffel *f* (11)

ба́тенька *м разг.* (*в обращении*) ≅ mein Líeber, Väterchen *n*

ба́тик *м* Bátik *f*; наби́ть ткань спо́собом ~ bátiken *vt*

батиска́ф *м* Tíefseetauchfahrzeug *n* (2); Bathyskáph *m*, *n* -en, -en

бати́ст *м* Batist *m* (1); **~овый** batísten, Batíst-; ~овый носово́й плато́к Batísttaschentuch *n* (5)

батисфе́ра *ж* Bathysphäre *f* (11)

бато́н *м* **1.** (*белый хлеб*) Lángbrot *n* (2), längliches Wéißbrot; Stríezel *m* (6) (*сдобный*) **2.** (*кондитерское изделие*) Ríegel *m* (6); шокола́дный ~ Schokoládenriegel *m*, ein Ríegel Schokoláde

батра́к *м* Knecht *m* (1); Tágelöhner *m* (6); Lándarbeiter *m* (6)

батра́цкий, батра́ческий Knechts-, Tágelöhner-

батра́чество *с* Knéchtsarbeit *f*, lándwirtschaftliche Tágelöhnerarbeit

батра́чить als Tágelöhner árbeiten; tágelöhnern *неотд. vi*

батра́чка *ж* Magd *f* (3); Tágelöhnerin *f* (12)

баттерфля́й *м спорт.* Schmétterlingsstil *m* -(e)s

ба́тюшк||а *м* **1.** *уст.* (*отец*) Váter *m* (6*); Väterchen *n* (7) (*ласк.*); ваш ~а Ihr (Herr) Váter; **2.** *разг.* (*русский священник*) Príester *m* (6); **3.** *уст.* (*в обращении*) ≅ mein Líeber; mein Béster; Fréundchen *n* (7); ◇ ~и (мои́)!, ~и светы́! *разг.* ach, du méine Güte!; au Bácke!; как вас по ~е? wie ist Ihr Vátersname?

ба́ул *м* länglicher Réisekoffer

бах *межд.* bumm!, peng!, plumps!

бахва́л *м разг.* Práhler *m* (6), Práhlhans *m* (1*), Gróßmaul *n* (5); Áufschneider *m* (6); **~иться** *разг.* práhlen *vi* (чем-л. mit *D*); áufschneiden* *vi*, gróßtun* *vi*; das Maul voll néhmen*; ◇ ~илась сини́ца — обеща́ла мо́ре сжечь *погов.* ≅ viel Geschréi und wénig Wólle

бахва́льство *с разг.* Prahleréi *f* (10), Áufschneiderei *f* (10), Gróßsprecherei *f* (10), Überhéblichkeit *f*

бахром||а́ *ж* Fránse *f* (11), Posamént *n* (13); отде́лывать ~о́й befránsen *vt*

бахро́мчатый fránsig

бахча́ *ж* Melónenfeld *n* (5), Kürbisfeld *n*

бахчево́дство *с* Melónen- und Kürbisbau *m* -s

бахчев||о́й: ~ы́е культу́ры Melónen und Kürbisse

бац *межд.* bums!, bauz!, pardáuz!

баци́лла *ж* Bazíllus *m* =, -llen

бациллоноси́тель *м* Bazíllenträger *m* (6), Kéimträger *m*, Dáuerausscheider *m*; ~ дизентери́и Áusscheider [Träger] von Rúhrbazillen, Rúhrbazillenträger *m*

ба́чки *мн.* kléiner Báckenbart

бачо́к *м* **1.** (kléiner) Behälter *m* (6); проя́вочный ~ *фото* Entwícklungsdose *f* (10); **2.** (*в уборной*) Spülkasten *m* (7)

ба́шенн||ый Turm-; ~ые часы́ Túrmuhr *f* (10); ~ый кран *тех.* Túrmkran *m* (1)

башибузу́к *м уст.* Räuber *m* (6), Räuberhauptmann *m* -es, -leute; Hálsabschneider *m* (6)

башка́ *ж разг.* Bírne *f* (11), Rübe *f* (11), Kopf *m* (1*), Schädel *m* (6)

башки́р *м* Baschkíre *m* (9); **~ка** *ж* Baschkírin *f* (12)

башки́р||ский baschkírisch; ~ский язы́к die baschkírische Spráche, das Baschkírische (*sub*)

башкови́тый *разг.* klug, geschéit, áufgeweckt

башлы́к *м* Baschlík *m* -s, -s, kaukásische Wóllkapuze

башма́к *м*: тормозно́й ~ *ж.-д.* Brémsschuh *m* (1), Hémmschuh *m*

башмак||и́ *мн.* (*ед.* башма́к) Schúhe *pl* (*sg* Schuh *m*); деревя́нные ~и́ Hólzschuhe; ◇ быть под ~о́м (у жены́) *разг.* únter dem Pantóffel stéhen*; муж под ~о́м у жены́ Pantóffelheld *m* (8)

башма́ч||ник *м уст.* Schúhmacher *m* (6); Schúster *m* (6) (*разг.*); **~ный** Schuh-

башмачо́к *м* **1.** kléiner Schuh; Pantöffelchen *n* (7); **2.** *бот.* Fráuenschuh *m* (1)

ба́шня *ж* Turm *m* (1*); бронева́я ~ Pánzerturm *m*; враща́ющаяся ~ Dréhturm *m*; ору́дийная ~ Geschützturm *m*; водонапо́рная ~ *тех.* Wásserturm *m*; ~ централизацио́нного поста́ *ж.-д.* Stéllwerksturm *m*; си́лосная ~ Hóchsilo *n*, *m* -s, -s, Túrmsilo *n*, *m*; Síloturm *m*; смотрова́я ~ Áussichtsturm *m*; телевизио́нная ~ Férnsehturm *m*

башта́н *м см.* бахча́

ба́ю-ба́юшки-ба́ю *см.* бай-ба́й

баю́кать in den Schlaf síngen* [wiegen]

баяде́р(к)а *ж* Bajadére *f* (11)

бая́н I *м ист.* (*певец*) (áltslawischer) Bárde *m* (9); (áltslawischer) Díchter und Sänger

бая́н II *м* (*музыкальный инструмент*) Knópfharmonika *f*, *pl* -ken, Bandóneon *n* -s, -s; **~и́ст** *м* (Knópf)harmonikaspieler *m* (6)

бде́ние *с уст.* Wáchen *n* -s, Wáchsamkeit *f*

бди́тельн||о *нареч.* wáchsam, áchtsam, mit éinem wáchsamen Áuge; **~ость** *ж* Wáchsamkeit *f*; проявля́ть ~ость ein wáchsames Áuge auf etw. (*A*) háben (*следить за чем-л.*); Wáchsamkeit zéigen (*быть бдительным*); **~ый** wáchsam, áchtsam; быть ~ым wáchsam sein, auf der Hut sein

бег *м* Lauf *m* (1*); ~ с препя́тствиями Híndernislauf *m*; скоростно́й ~ на конька́х Éisschnellauf (*при переносе* Eisschnell lauf) *m*; ~ на дли́нные диста́нции Lángstreckenlauf *m*; ~ на коро́ткие диста́нции Kúrzstreckenlauf *m*; спри́нтерский ~ Sprint *m* -(e)s, -s; ~ на 100 ме́тров Hundertméterlauf *m*; барье́рный ~ Hürdenlauf *m*; эстафе́тный ~ Stáffellauf *m*; ~ на ме́сте (*тж. воен.*) Stéhlaufschritt *m* (1); *перен.* Léerlauf *m*; марафо́нский ~ Márathonlauf *m*; на ~у́ im Láufen; ◇ ~ вре́мени der Lauf der Zeit

бега́ *мн* **1.** Pférderennen *n* (7); Trábrennen *n*, Rénnen *n*; **2.** *уст.*: быть в ~х entláufen sein; ◇ я всё вре́мя в ~х ich bin dáuernd auf den Béinen [unterwégs]

бе́гать **1.** láufen* *vi* (s); rénnen* *vi* (s); auf und ab láufen*, hin und her láufen* (*взад и вперёд*); ~ на конька́х Schlíttschuh láufen*; ~ вза́пуски [вперегонки́] um die Wétte laufen*; ~ за кем-л. *перен. разг.* j-m náchlaufen* *vi* (s); **2.** (*избегать*) méiden* *vt*; áusweichen* *vi* (s) (от кого́-л. *D*); **3.:** глаза́ его́ так и бе́гают er hat éinen únsteten Blick

бегемо́т *м* Nílpferd *n* (2), Flúßpferd *n*

беглéц *м* Flüchtling *m* (1); Áusreißer *m* (6) (*разг.*); Entláufene *m* (14); Entsprúngene *m* (14) (*из заключения*)

бе́гл||о *нареч.* **1.** (*быстро, свободно*) flíeßend, geläufig, behénd; ~**о** игра́ть (на роя́ле) geläufig (Klavier [-'vi:r]) spíelen; ~о чита́ть flíeßend lésen*; ~о говори́ть по-неме́цки flíeßend deutsch spréchen*; **2.** (*поверхностно*) flüchtig, óberflächlich, obenhín; ~о просмотре́ть flüchtig [óberflächlich] dúrchsehen*; ~**ость** *ж* Geläufigkeit *f*, Behéndigkeit *f*; Flüchtigkeit *f* (*поверхностность*); ~**ый** **1.** (*убежавший*) flüchtig, entláufen; entwíchen, áusgebrochen, entsprúngen, entflóhen (*из заключения*); **2.** (*быстрый*): ~ый по́черк flíeßende Schrift; **3.** (*поверхностный*) flüchtig, óberflächlich; ~ый взгляд flüchtiger Blick; ~ое обозре́ние flüchtige [óberflächliche] Dúrchsicht, rascher Überblick; ◇ ~ый ого́нь *воен.* Grúppenfeuer *n* (6), láufendes Féuer; ~ый гла́сный *лингв.* flüchtiger Vokál; ~**я́нка** *ж* Flüchtige *f* (14); Áusgebrochene *f* (14), Entláufene *f* (14) (*из заключения*)

бегов||о́й *спорт.* Renn-; ~а́я ло́шадь Rénnpferd *n* (2); ~а́я доро́жка Rénnbahn *f* (10); ~ы́е коньки́ Rénnschlittschuhe *pl*; ~ы́е ту́фли (*с шипами*) Láufschuhe *pl*, Spikes [*англ.* spaeks] *pl*

бего́м *нареч.* in schnéllem Lauf, im Láufschritt; ~ марш! *воен.* marsch, marsch!; ◇ бежа́ть ~ rénnen* *vi* (s); behénd [húrtig] láufen*, léichtfüßig láufen*

бего́ния *ж бот.* Begónie *f* (11)

беготня́ *ж* Lauferéi *f* (10); Herúmlaufen *n* -s; Hin und Her *n* =; ~ взад и вперёд das Hin- und Hérlaufen

бе́гств||о *с* Flucht *f*; Entwéichen *n* -s, Áusreißen *n* -s (*из заключения*); ~о крестья́н из дере́вни (*в связи с обнищанием при капитализме*) Lándflucht *f*; ~о капита́ла *эк.* Kapitálflucht *f*; обрати́ть кого́-л. в ~о j-n in die Flucht schlágen*; j-m Béine máchen (*разг.*); обрати́ться в ~о flíehen* *vi* (s), die Flucht ergréifen*; спаса́ться ~ом sein Heil in der Flucht súchen; попы́тка к ~у Flúchtversuch *m* (1)

бегу́н *м* **1.** *спорт.* Läufer *m* (6); ~ на коро́ткие диста́нции Kúrzstreckenläufer *m*, Sprinter *m* (6), Kúrzstreckler *m* (6); ~ на дли́нные диста́нции Lángstreckenläufer *m*; Lángstreckler *m*; ~ на сре́дние диста́нции Míttelstreckenläufer *m*; Míttelstreckler *m*; **2.** *мн.* ~ы́ *тех.* Kóllergang *m* (1*), Kóllermühle *f* (11); ме́льничные ~ы́ Máhlsteine *pl*, Láufsteine *pl*; **3.** *уст.* (*лошадь*) Tráber *m* (6), Rénnpferd *n* (2)

бегуно́к *м* **1.** *тех.* Läufer *m* (6); Láufrad *n* (5); **2.** *разг.* (*обходной лист*) Láufzettel *m* (6)

бегу́нья *ж спорт.* Läuferin *f* (12)

бед||а́ *ж* **1.** Únglück *n* -(e)s, Únheil *n* -(e)s; Élend *n* -s, Not *f* (3) (*бедственное положение*); попа́сть в ~у́ ins Únglück [in die Klémme (*разг.*)] geráten*; ◇ не велика́ ~а́, что за ~а́, в э́том нет ~ы́ das ist nicht so schlimm, das ist kein gróßes Únglück; was ist da schon dabéi!, das hat nichts zu bedéuten; das tut nichts; das hat nichts zu ságen; ~а́ мне с ним *разг.* ≅ ich hábe méine líebe Not mit ihm; в то́м-то и ~а́ das ist jaében das Schlímme; на ~у́ zum Únglück, únglücklicherweise; как на ~у́ wie zum Únglück; случи́сь на ~у́, что... zum Únglück múßte es geschéhen, daß...; до́лго ли до ~ы́! wie leicht ist ein Únglück geschéhen!; в доверше́ние всех **бед** zu állem Únglück; пришла́ ~а́ — **отворя́й воро́та** *погов.* ≅ ein Únglück kommt sélten alléin; ~а́ как *разг.* ≅ sehr, fúrchtbar, schrécklich; лиха́ ~а́ нача́ло *погов.* áller Ánfang ist schwer; друзья́ позна́ются в ~е́ *посл.* den Freund erkénnt man in der Not

бедла́м *м разг.* (*беспорядок*) Durcheinánder *n* -s; Tohuwabóhu *n* -s *u* =, *pl* -s *u* =

бедне́ть arm [ärmer] wérden; verármen *vi* (s), verélenden *vi* (s)

бе́дность *ж* Ármut *f*, Élend *n* -(e)s; Dürftigkeit *f* (*скудость*); ◇ ~ не поро́к *погов.* Ármut ist kéine Schánde

беднота́ *ж* **1.** *собир.* Ármut *f*, die Ármen *pl*, дереве́нская ~ Dórfarmut *f*; **2.** *см.* бе́дность

бе́дн||ый **1.** arm, ärmlich; dürftig (*скудный*); kümmerlich (*жалкий*); béttelarm (*нищий*); ~ая приро́да kárge [kümmerliche] Natúr; ~ый оса́дками níederschlagsarm, régenarm; ~ый белко́м éiweißarm; ме́стность ~а́ леса́ми die Gégend ist arm an Wäldern; ~ая фанта́зия kümmerliche Phantasíe, schwáche Éinbildungskraft; ~ый по содержа́нию ínhaltsarm; **2.** (*несчастный*) arm, únglücklich; élend; ◇ бе́ден как церко́вная кры́са arm wie éine Kírchenmaus

бедня́||га *м разг.* ármer Mann, ármer Tropf, ármer Téufel, ármer Schlúcker; ~**жка** *м, ж разг.* ármes Ding, ármes Geschöpf

бедн||я́к *м* **1.** (*неимущий*) Árme *m* (14), Míttellose *m* (14); **2.** (*крестьянин*) ármer Báuer, Kléinbauer *m* (8, 13); **3.** *уст. см.* бедня́га; ~**я́цкий** **1.** (*маломощный*) kléinbäuerlich, Kléinbauern-; ~я́цкое хозя́йство Kléinbauernwirtschaft *f*; ~я́цко-середня́цкая ма́сса die Másse der Kléin-und Míttelbauern; **2.** (*неимущий*) béttelarm; ~**я́чка** *ж* **1.** (*неимущая*) Árme *f* (14), Míttellose *f* (14); **2.** (*крестьянка*) árme Bäuerin, Kléinbäuerin *f* (12)

бедо́вый *разг.* keck; verwégen (*ничего не боящийся*); únartig (*о детях*)

бедоку́рить *разг.* áusgelassen sein; Stréiche máchen; Únheil ánrichten

бе́дренн||ый *анат.* Schénkel-, Hüft-; ~ая кость Óberschenkelbein *n* (2), Óberschenkelknochen *m* (7)

бедро́ *с* **1.** Schénkel *m* (6), Óberschenkel *m*; Schénkelbein *n* (2); **2.** (*бок*) Hüfte *f* (11); **3.** (*часть туши*) Óberschale *f* (11), Léndenstück *n* (2)

бе́дств||енный élend, erbärmlich, jämmerlich; bedürftig; miserábel; ~енное положе́ние Nótlage *f* (11); Nótstand *m* (1*); *мор.* Séenot *f* (3); в слу́чае ~енного положе́ния im Nótstandsfall; ~**ие** *с* Not *f* (3), Únglück *n* -s, Únheil *n* -s; Kalamität *f* (10), Katastróphe *f* (11); стихи́йное ~ие Natúrkatastrophe *f*; райо́н ~ия Nótstandsgebiet *n* (2); сигна́л ~ия Nótsignal *n* (2); *мор.* SOS [ɛs|o:|'ɛs] ~**овать** Not léiden*, dárben *vi*

бедуи́н *м* Beduíne *m* (9)

беж beige [*фр.* bɛ:ʒ]; чулки́ цве́та ~ beigefarbene ['bɛ:ʒ-] Strümpfe, Strümpfe in beige

беж||а́ть **1.** rénnen* *vi* (s); láufen* *vi* (s); ~а́ть со всех ног, ~а́ть сломя́ го́лову *разг.* rénnen* [láufen*], was das Zeug hält; ~а́ть ры́сью (*о лошади*) tráben *vi* (h, s); **2.** (*спасаться бегством*) flíehen* *vi* (s), entflíehen* *vi* (s), flüchten *vi* (s); sich durch die Flucht rétten; ~а́ть от кого́-л. vor j-m áusreißen*; áusbrechen* *vi* (s), entspríngen* *vi* (s), entwéichen* *vi* (s) (*из заключения*); **3.** (*о воде*) láufen* *vi* (s); rínnen* *vi* (s), flíeßen* *vi* (s); **4.** (*простираться*): тропи́нка зме́йкой ~а́ла вверх der Pfad schlängelte sich áufwärts; ◇ вре́мя ~и́т die Zeit verrínnt [verflíegt, entéilt]; молоко́ ~и́т (*при кипячении*) die Milch läuft über

бе́жевый *см.* беж

бе́жен||ец *м* Flüchtling *m* (1); ~**ка** *ж* Flüchtige *f* (14)

без *предлог* **1.** óhne (*A*); ~ его́ ве́дома óhne sein Wíssen; ~ сомне́ния óhne Zwéifel, zwéifelsohne, zwéifellos; ~ исключе́ния óhne Áusnahme, áusnahmslos; ~ внима́ния к... óhne Rücksicht auf... (*A*); оста́вить ~ внима́ния áußer acht lássen*; ~ огово́рок óhne Vórbehalt, vórbehaltlos; ~ рабо́ты óhne Árbeit, árbeitslos; **2.** (*в отсутствие кого-л.*) in Ábwesenheit (*G*); ~ вас приходи́ли го́сти in Ihrer Ábwesenheit wáren Gäste da; **3.** (*за вычетом*) wéniger als; ~ 200 *г* килогра́мм 200 *g* wéniger als ein Kilográmm; ~ ма́лого пять лет fast (vólle) fünf Jáhre; ~ че́тверти час ein Víertel vor eins; dréiviertel eins; ~ пяти́ (мину́т) три fünf (Minúten) vor drei; ◇ не ~ nicht óhne, nicht frei von; не ~ причи́ны nicht óhne Grund; ~ того́ ohnehín; не ~ того́ höchstwahrscheinlich (ist es so); бе́з году неде́ля vor kúrzem, néulich

безавари́йный únfallfrei, schádensfrei; störungssicher; *авто* óhne Pánnen

безазо́тистый stíckstofffrei

безала́бер||ность *ж разг.* Schlamperéi *f*, Líederlichkeit *f*; Mángel an Órdnung; ~**ый** *разг.* schlámpig, líederlich, únordentlich

безалкого́льн||ый álkoholfrei; ~ые напи́тки álkoholfreie Getränke

безапелляцио́нный **1.** *юр.* kéine Berúfung zúlassend, nicht der Berúfung unterlíegend; **2.** (*категорический*) kategórisch, kéinen Wíderspruch dúldend

безаспе́ктн||ый: ~ое обуче́ние иностра́нному языку́ Spráchunterricht *m* [Frémdsprachenunterricht] óhne Áufteilung in Éinzeldisziplinen, kompléxer Spráchunterricht

беза́томн||ый: ~ая зо́на atómwaffenfreie Zóne

безбе́дн||о *нареч.* sórgenlos, sórgenfrei, in gúten Verhältnissen; жить ~о gut situíert sein, áuskömmlich lében; ~**ый:** ~ое существова́ние gesícherte Verhältnisse, áuskömmliche Existénz

безбиле́тный: ~ пассажи́р Schwárzfahrer *m* (6); blínder Passagíer [-'ʒi:r]; ~ зри́тель Záungast *m* (1*)

безбо́ж||ие *с* Atheísmus *m* =; ~**ник** *м* **1.** Atheíst *m* (8), Góttlose *m* (14); **2.** *уст. бран.* Rúchlose *m* (14), Kétzer *m* (6); ~**но** *нареч. разг.* sehr, äußerst; gewíssenlos, únverschämt; ~**ный** **1.** *разг.* gewíssenlos, únverschämt; únerhört; ~ная ложь únverschämte Lüge; **2.** *уст.* atheístisch, góttlos

безболе́зненн||ость *ж* Schmérzlosigkeit *f*; ~**ый** schmérzlos; *перен.* glatt, réibungslos

безборо́дый bártlos

безбоя́зненный fúrchtlos, únerschrocken

безбра́ч||ие *с* **1.** Éhelosigkeit *f*; Zölibát *m*, *n* -(e)s (*церк.*); **2.** *биол.* Agamíe *f*; ~**ный** **1.** éhelos, únverheiratet; lédig; **2.** *биол.* agámisch

безбре́жн||ость *ж* Éndlosigkeit *f*, éndlose Wéite; ~**ый** úferlos; grénzenlos, éndlos, únendlich (*бесконечный*)

безбро́вый bräuenlos, óhne Áugenbrauen

безве́рие *с* Úngläubigkeit *f*, Únglaube *m* -ns

безве́стн||ость *ж* Únbekanntheit *f*; Úngewißheit *f* (10); жить в ~ости únbekannt lében; ~**ый** únbekannt

безве́тр||енный wíndstill; ~**ие** *с* Wíndstille *f*, Fláute *f*

безви́зовый visafrei ['vi:-]

безви́нный schúldlos, únschuldig

безвку́с||ие *с*, ~**ица** *ж* Geschmácklosigkeit *f*, Fádheit *f*, Ábgeschmacktheit *f*; Kitsch *m* -es (*в литературе, искусстве*); ~**ный 1.** geschmácklos, fáde, schal; **2.** *перен.* geschmácklos, ábgeschmackt; ~ная обстано́вка ко́мнаты geschmácklose Zímmereinrichtung

безвла́стие *с* Féhlen *n* éiner Macht [Stáatsgewalt], Anarchíe *f*

безво́дн||ый 1. wásserarm, wásserlos; ~ая пусты́ня wásserlose Wüste; **2.** *хим.* wásserfrei

безво́дье *с* Wásserarmut *f*, Wássermangel *m* -s, Wásserlosigkeit *f*, Wássernot *f*

безвозвра́тн||ый únwiederbringlich, únwiderruflich; ~о поги́бший únwiederbringlich verlóren; ~ая ссу́да Dárlehen *n* óhne Rückerstattung, (ein) nicht rückzahlungspflichtiges Dárlehen

безвозду́шн||ый lúftleer; ~ое простра́нство *физ.* lúftleerer Raum, Vakuum ['va:-] *n* -s, -kua

безвозме́здн||ый únentgeltlich, entschädigungslos, kóstenlos, óhne Vergütung [Gégenleistung]; получи́ть что-л. ~о etw. únentgeltlich [grátis] bekómmen*; ~ое отчужде́ние *эк.* entschädigungslose Entéignung

безво́лие *с* Wíllenlosigkeit *f*

безволо́сый háarlos; únbehaart; káhlköpfig (*лысый*)

безво́льный wíllenlos; ~ челове́к wíllenloser [schwácher] Mensch

безвре́дн||ость *ж* Únschädlichkeit *f*, Hármlosigkeit *f*; ~**ый 1.** únschädlich; hármlos (*безобидный*); ~ое сре́дство únschädliches Míttel; **2.** *уст. см.* невреди́мый

безвре́менн||ый vórzeitig, (zu) früh, verfrüht; ~о уме́рший Frühverstorbene *m* (14)

безвре́менье *с уст.* schwére [böse] Zéiten

безвы́ездно *нареч.* ständig (an éinem Ort lébend), óhne den Áufenthaltsort zu ändern; он ~ живёт в Ленингра́де er lebt ständig in Léningrad

безвы́ходн||о *нареч.* (*не покидая дома*) óhne áuszugehen, óhne das Zímmer zu verlássen; ~**ость** *ж* Áusweglosigkeit *f*; Hóffnungslosigkeit *f* (*безнадёжность*); ~**ый** áusweglos; áussichtslos, hóffnungslos (*безнадёжный*); verzwéifelt (*отчаянный*); оказа́ться в ~ом положе́нии in die Klémme geráten*

безглаго́льный *грам.* verblos ['vɛrb-]

безгла́зый óhne Áugen; éinäugig (*одноглазый*)

безгла́сный 1. (*молчаливый*) wórtlos, schwéigsam, stumm, láutlos; **2.** (*не имеющий своего мнения*) úrteilslos

безголо́вый 1. óhne Kopf; entháuptet (*обезглавленный*); **2.** *разг.* (*глупый*) kópflos, dumm; vergéßlich (*забывчивый*)

безголо́сый stímmlos; mit schwácher Stímme (*со слабым голосом*)

безгра́мотн||о *нареч.* **1.**: он пи́шет ~о er macht beim Schréiben gróbe Féhler; **2.** (*неумело*) schlecht, féhlerhaft; ~**ость** *ж* **1.** (*невежество*) Únwissenheit *f*; Mángel *m* an Bíldung und Wíssen; полити́ческая ~ость Mángel an polítischem Wíssen; polítische Únwissenheit; **2.** (*неграмотность*) Analphabétentum *n* -s; mángelhafte Kénntnisse im Lésen und Schréiben (*малограмотность*); ликвида́ция ~ости Liquidíerung *f* des Analphabétentums; ~**ый** *прил.* **1.** (*невежественный*) úngebildet, únwissend, únbewandert; **2.** (*неграмотный*) des Lésens und Schréibens únkundig (*книжн.*); mit mángelhaften Kénntnissen im Lésen und Schréiben (*малограмотный*); **3.** (*содержащий много ошибок*) falsch, schlecht, féhlerhaft; э́то ~ая рабо́та das ist éine schléchte [äußerst féhlerhafte] Árbeit, éine Árbeit vóller Féhler; **4.** *в знач. сущ. м* Analphabét *m* (8)

безграни́ч||ность *ж* Grénzenlosigkeit *f*; ~**ный** grénzenlos, únbegrenzt, únbeschränkt

безгре́шный óhne Sünde, schúldlos, únschuldig

безда́рн||ость *ж* **1.** Mángel *m* an Begábung, Taléntlosigkeit *f*; **2.** taléntloser Mensch (*бездарный человек*); Stümper *m* (6) (*халтурщик*); ~**ый** únbegabt, únfähig, taléntlos (*о человеке*); stümperhaft (*халтурный*)

безде́йств||енный úntätig, passív, träge, müßig; ~**ие** *с* Úntätigkeit *f*, Níchtstun *n* -s; Müßiggang *m* -s; Stíllstand *m* -es (*предприятия*); ~**овать** úntätig sein, nichts tun*; müßig géhen*, féiern *vi* (*быть праздным*); kéinen Fínger rühren [krümmen] (*не вмешиваться, не принимать мер*); stíllstehen* *отд. vi*, áußer Betríeb sein (*о машине, предприятии и т. п.*)

безде́л||ица *ж*, ~**ка** *ж* Kléinigkeit *f* (10); Bagatélle *f* (11), Lappálie *f* (11); ~**у́шка** *ж* Níppsache *f* (11); Kléinigkeit *f* (10)

безде́лье *с* **1.** Müßiggang *m* -(e)s; Níchtstun *n* -s; Úntätigkeit *f*; **2.** (*пустое занятие*) únnütze Beschäftigung *f*, Zéitvertreib *m* -s

безде́льн||ик *м* **1.** Müßiggänger *m* (6), Fáulenzer *m* (6), Níchtstuer *m* (6); **2.** *бран.* Fáulenzer *m*, Níchtsnutz *m* (1), Fáulpelz *m* (1); ~**ица** *ж* **1.** Müßiggängerin *f* (12), Fáulenzerin *f* (12), Níchtstuerin *f* (12); **2.** *бран.* Níchtsnutz *m* (1), Fáulpelz *m* (1); ~**ичать** müßig géhen*; fáulenzen *vi*; auf der fáulen Haut líegen*; herúmlungern *vi*; Däumchen dréhen; ~**ый 1.** tátenlos, únbeschäftigt, úntätig, müßig; árbeitsscheu; **2.** *уст.* (*пустяковый*) níchtig, únbedeutend, klein

безде́нежный 1. *бухг.* bárgeldlos (*напр. расчёт*); **2.** míttellos (*о человеке*)

безде́нежье *с* Géldmangel *m* -s; у меня́ по́лное ~ bei mir ist Ébbe (im Portemonnaie [pɔrtmɔ'ne:])

безде́тн||ость *ж* Kínderlosigkeit *f*; ~**ый** kínderlos

безде́фе́ктный féhlerfrei, féhlerlos, éinwandfrei

бездефици́тный óhne Défizit; ~ бюдже́т áusgeglichener Háushalt

безде́ятельн||ость *ж* Úntätigkeit *f*; ~**ый** úntätig, tátenlos

бе́здна *ж* **1.** (*пропасть*) Ábgrund *m* (1*), Schlund *m* (1*), Kluft *f* (3), únermeßliche Tíefe; **2.** (*множество*) Únmenge *f* (11), Únmasse *f* (11); ◇ ~ премудро́сти *шутл.* Áusbund *m* an Wéisheit

бездо́ждье *с* Régenlosigkeit *f*, Mángel *m* an Régen; Dürre *f* (11) (*засуха*)

бездоказа́тельн||ость *ж* Bewéislosigkeit *f*, Únbewiesenheit *f*; ~ость обвине́ния die Únbewiesenheit der Ánklage [der Ánschuldigung]; ~**ый** bewéislos; únbewiesen (*недоказанный*); ~ое утвержде́ние únbewiesene Beháuptung

бездо́мн||ость *ж* Óbdachlosigkeit *f*; ~**ый** *прил.* **1.** óbdachlos; óhne Famílie, éinsam; ~ая соба́ка hérrenloser [stréunender] Hund; **2.** *в знач. сущ. м* Óbdachlose *m* (14); Wóhnungslose *m* (14) (*без квартиры*)

бездо́нн||ый 1. (*без дна*) óhne Bóden; **2.** (*глубокий*) bódenlos; ábgrundtief; *перен.* unergründlich; ◇ ~ая бо́чка *шутл.* 1) (*о любителе выпить*) Sáufbold *m* (1); 2) (*о чём-л., требующем затрат*) ≅ éine Schráube óhne Énde

бездоро́жный wéglos, únbefahrbar, únwegsam

бездоро́ж||ье *с* **1.** Wégelosigkeit *f*; únwegsames Gelände; schléchter Zústand der Fáhrstraßen; езда́ по ~ью *спорт.* Géländefahrt *f*; **2.** (*распутица*) áufgeweichte [verschlámmte] Wége

бездохо́дн||ый únwirtschaftlich, ertráglos, únrentabel; ~ое предприя́тие ein únrentabler Betríeb

безду́мный gedánkenlos; léichtsinnig (*легкомысленный*)

безду́ш||ие *с*, ~**ность** *ж* Hérzlosigkeit *f*, Hártherzigkeit *f*; ~**ный 1.** séelenlos, hérzlos, hártherzig, kalt; **2.** *уст.* (*безжизненный, мёртвый*) léblos, tot

безды́мный ráuchlos

бездыха́нн||ый 1. (*мёртвый*) léblos, tot, entséelt; ~ое те́ло lébloser Körper; **2.** (*затаивший дыхание*) mit verháltenem Átem

безе́ *с кул.* Baiser [bɛ'ze:] *m*, *n* -s, -s; ~ с кре́мом Ráhmbaiser *m*, *n*

безжа́лостный erbármungslos, únbarmherzig, mítleidlos; hártherzig (*чёрствый*); schónungslos (*беспощадный*)

безжи́зненн||ость *ж* Léblosigkeit *f*; ~**ый** tot, léblos; áusdruckslos (*невыразительный*); erlóschen, trübe, matt; blícklos (*книжн.*) (*о глазах, взгляде*)

беззабо́тн||ость *ж* Sórglosigkeit *f*, Léichtfertigkeit *f* (*беспечность*); ~**ый** sórglos, sórgenfrei, únbesorgt; únbeschwert; únbekümmert, léichtfertig (*беспечный*); ~ая жизнь sórgloses Lében; ~о смея́ться únbeschwert láchen

беззаве́тн||ый sélbstlos; híngebungsvoll; grénzenlos (*безграничный*); ~о пре́данный réstlos ergében; ~ая пре́данность rückhaltlose Ergébenheit (чему́-л. für *A*)

беззако́н||ие *с* Gesétzlosigkeit *f*, Réchtswidrigkeit *f* (10); Gesétzwidrigkeit *f* (10), Úngesetzlichkeit *f* (10); Wíllkür *f* (*произвол*); gesétzwidriges Vórgehen (*о поступке и т. п.*); соверша́ть ~ия gesétzwidrig hándeln; ~**ный** úngesetzlich, gesétzwidrig, réchtswidrig; wíllkürlich (*произвольный*)

беззасте́нчив||ость *ж* Rücksichtslosigkeit *f*, Únverfrorenheit *f*; Únverschämtheit *f*, Skrúpellosigkeit *f*; ~**ый** rücksichtslos, únverfroren; únverschämt, skrúpellos

беззащи́тн||ость *ж* Schútzlosigkeit *f* Wéhrlosigkeit *f*; Hílflosigkeit *f* (*беспомощность*); ~ость ребёнка die Hílflosigkeit des Kíndes; ~**ый** schútzlos, wéhrlos; hílflos (*беспомощный*)

беззвёздн||ый stérn(en)los; ~ая ночь stérnenlose Nacht

беззву́чный láutlos, tónlos; klánglos (*приглушённый*); ~ смех láutloses Láchen

беззе́ме́ль||е *с* Lándlosigkeit *f*; Lándarmut *f*; Lándmangel *m* -s, Lándhunger *m* -s (*нужда в земле*); ~**ный** lándlos, óhne Land; ~ный крестья́нин lándloser Kléinbauer

беззло́б||ие *с*, ~**ность** *f* Gútherzigkeit *f*, Gútmütigkeit *f*, Gútartigkeit *f*; ~**ный** gútherzig, gútmütig, gútartig; ~ная насме́шка gútmütiger Spott

беззо́льный áschenfrei

беззу́б||ый 1. záhnlos; záhnarm; **2.** *перен.* schwach; ~ая кри́тика óberflächliche Krítik; ~ая зло́ба óhnmächtige Wut

безлепестко́вые *сущ. мн. бот.* Kélchblumen *pl*

безлепестко́вый krónblattlos

безле́сный wáldlos, únbewaldet, báumlos

безле́сье *с* Wáldlosigkeit *f*; Wáldmangel *m* -s (*бедность лесами*)

безли́к||ий óhne kláre [bestímmte] Gestált, verschwómmen; ~ая толпа́ *пренебр.* gráue Másse

безли́ственный láublos, únbelaubt, kahl

безли́ст(н)ый blättlos, blätterlos

безли́ч||ие *с*, **~ность** *ж* Charákterlosigkeit [ka-] *f*, Mángel *m* an Persönlichkeit [Éigenart]; **~ный 1.** (*безликий*) charákterlos [ka-], únpersönlich, óhne Éigenart; **2.** *грам.* únpersönlich; ~ный глаго́л únpersönliches Zéitwort [Verb(v-)], Impersonále *n* -s, -lien

безлоша́дн||ый óhne Pferd; gespánnlos; ~ое хозя́йство Báuernwirtschaft *f* óhne Pferd; ~ые крестья́не gespánnlose Báuern

безлу́нный móndlos

безлю́дный ménschenleer; ménschenarm, schwáchbevölkert, schwach bewóhnt (*малонаселённый*); schwach besúcht *малопосещаемый*)

безлю́дье *с* **1.** (*отсутствие людей*) Ménschenleere *f*; **2.** (*недостаток в кадрах*) Ménschenmangel *m* -s ◇ на ~ и Фома́ дворяни́н ≅ únter Blínden ist der Éinäugige König

безме́н *м* Bálkenwaage *f*, Láufgewichtswaage *f*

безме́рный máßlos; únermeßlich

безмо́зглый *разг.* hóhlköpfig; stupíd, dumm; ~ челове́к Hóhlkopf *m* (1 *), Dúmmkopf *m*

безмо́лв||ие *с* Stíllschweigen *n* -s, Schwéigen *n*, Stílle *f*; в лесу́ цари́ло ~ие im Wálde hérrschte Stílle; **~ный** schwéigend; schwéigsam, láutlos, still, stumm; **~ствовать** schwéigen*, stíllschweigen* *отд. vi*; Schwéigen [Stíllschweigen] bewáhren; sich in Schwéigen hüllen; in síeben Sprächen schwéigen* (*ирон.*)

безморо́зный fróstfrei

безмото́рный *ав.* mótorlos; mit ábgeschaltetem Mótor (*напр. полёт*)

безму́жняя *разг.* **1.** (*незамужняя*) óhne Mann, lédig; **2.** (*вдова*) verwítwet

безмяте́жн||ость *ж* Rúhe *f*, Stílle *f*, Gemütsruhe *f*; Fríedlichkeit *f*; **~ый** rúhig, still, mit rúhigem Gemüt, fríedlich; wólkenlos; ~ое де́тство sórglose [wólkenlose] Kíndheit

безнадёжн||ость *ж* Hóffnungslosigkeit *f*; **~ый** hóffnungslos; ~ый больно́й ein hóffnungslos kránker Mensch; ~ый дура́к ein áusgemachter Narr

безнадзо́рный áufsichtslos, únbeaufsichtigt

безнака́занн||ость *ж* Stráflosigkeit *f*; **~ый** únbestraft, stráflos; оста́ться ~ым stráflos [stráffrei] áusgehen*

безнали́чн||ый: ~ расчёт *бухг.* bárgeldlose Záhlung; bárgeldloser Záhlungsverkehr

безнача́лие *с* Anarchíe *f* (11); Féhlen *n* éiner Léitung

безно́г||ий béinlos, óhne Bein; fúßlos, óhne Fuß; *разг.* mit gelähmtem [láhmem] Bein; **~е** *сущ. мн. зоол.* Apóden *pl*

безно́сый 1. násenlos, óhne Náse; **2.** (*о чайнике и т. п.*) óhne Tülle [Schnéppe]

безнра́вственн||ость *ж* Únsittlichkeit *f*, Síttenlosigkeit *f*, Amoralität *f*; **~ый** únsittlich, síttenlos, únmoralisch

безо *см.* без

безоби́дность *ж* Hármlosigkeit *f*

безоби́дн||ый hármlos; úngefährlich (*безопасный*); ~ая шу́тка ein hármloser Scherz

безо́блачн||ый wólkenlos, únbewölkt; héiter; klar; *перен. тж.* úngetrübt; ~ое не́бо wólkenloser [héiterer, klárer] Hímmel; ~ое сча́стье úngetrübtes Glück

безобра́з||ие *с* **1.** (*внешности*) Häßlichkeit *f*, ábstoßendes Äußere, Míßgestalt *f* (10); **2.** (*беспорядок*) Únordnung *f*; **3.** (*бесчинство*) Únfug *m* -(e)s; ◇ како́е ~ие! wie schéußlich!, das ist éine Geméinheit!, empörend!; **~ить 1.** (*уродовать*) entstéllen *vt*, verúnstalten *vt*; **2.** (*озорничать*) *см.* безобра́зничать; **~ник** *м разг.* Flégel *m* (6); úngezogener [frécher, geméiner] Patrón, Randalíerer *m* (6); **~ница** *ж* úngezogene [fréche] Persón; **~ничать** sich flégelhaft [únanständig] benéhmen*, Únfug tréiben*, Radáu máchen

безо́бразный 1. (*о мысли, стиле*) áusdruckslos, trócken; **2.** *лит.* óhne díchterische Bíldhaftigkeit

безобра́зный 1. (*о внешности*) (ábstoßend) häßlich; **2.** (*о поступке*) schéußlich, empörend, abschéulich, geméin

безоговоро́чн||ый bedíngungslos, kompromíßlos, vórbehaltlos; únbedingt, óhne Vórbehalt (*предик.*); ~ое согла́сие bedíngungslose Zústimmung; ~ая капитуля́ция bedíngungslose Kapitulatión

безопа́сн||ость *ж* Gefáhrlosigkeit *f*; Sícherheit *f*; в ~ости in Sícherheit; о́рганы ~ости die Sícherheitsbehörden; госуда́рственная ~ость Stáatssicherheit *f*; вну́тренняя ~ ínnerstaatliche Sícherheit; обще́ственная ~ость öffentliche Sícherheit; Сове́т Безопа́сности Sícherheitsrat *m* -(e)s; систе́ма коллекти́вной ~ости Systém der kollektíven [-vən] Sícherheit; те́хника ~ости Sícherheitstechnik *f*; sícherheitstechnische Máßnahmen: Únfallverhütung *f*; пра́вила те́хники ~ости Sícherheitsvorschriften *pl*; ~ость произво́дства [эксплуата́ции] Betríebssicherheit *f*; ~ость движе́ния *авто* Verkéhrssicherheit *f*; острово́к ~ости *авто* Verkéhrsinsel *f* (11); диста́нция ~ости *авто* Sícherheitsabstand *m* -(e)s; ~ость полёта Flúgsicherheit *f*; **~ый 1.** úngefährlich, gefáhrlos; únschädlich; **2.** (*надёжный*) sícher, geschützt; укры́ть что-л. в ~ом ме́сте etw. sícher bérgen* [únterbringen*]; **3.** *тех.* Sícherheits-; ~ый у́ровень воды́ Sícherheitswasserstand *m* (1 *)

безору́жный 1. únbewaffnet, wáffenlos; **2.** (*беззащитный*) wéhrlos, hílflos

безоско́лочн||ый splíttersicher, splítterfrei; ~ое стекло́ Sícherheitsglas *n* -es, splíttersicheres Glas

безоснова́тельный grúndlos, únbegründet

безостано́вочн||ый únunterbrochen, únausgesetzt, dáuernd, únaufhörlich, kontinuíerlich; óhne ánzuhalten (*при движении*); ~ое движе́ние (*езда*) Nonstópfahrt *f*

безо́стый *с.-х.* grännenlos

безотве́тн||ость *ж* Démut *f*; Sánftmut *f*, Mílde *f*; **~ый 1.** (*покорный*) démütig; sánftmütig, mílde; ~ое живо́тное stúmme Kreatúr; **2.** (*не получающий ответа*) óhne Ántwort (zu bekómmen); ~ая любо́вь únerwiderte Líebe; **3.** (*не дающий ответа*) óhne Ántwort (zu gében), índifferent

безотве́тственн||ость *ж* Verántwortungslosigkeit *f*; **~ый** verántwortungslos; únverantwortlich

безотговоро́чн||о *нареч. уст.* óhne Wíderspruch, óhne Áusflüchte, óhne Éinwendung; **~ый** wíderspruchslos, únbedingt, bedíngungslos

безотка́зно *нареч.* **1.** óhne Wíderrede; **2.** (*о машине и т. п.*) óhne zu verságen, störungsfrei, éinwandfrei; ~ рабо́тать störungslos funktioníeren

безотлага́тельн||ый dríngend, únaufschiebbar, únverzüglich; ~о приня́ть реше́ние únverzüglich éinen Beschlúß fássen

безотлу́чно *нареч.* ständig, beständig (ánwesend sein)

безотноси́тельн||о *нареч.* únabhängig (к чему́-л. von *D*); bezíehungslos; óhne Bezíehung; **~ый** absolút; únbedingt

безотра́дн||ость *ж* Trübseligkeit *f*; Fréudlosigkeit *f*; Tróstlosigkeit *f*; **~ый** trübselig; fréudlos, fréudenleer; tróstlos; ~ые перспекти́вы trübe Áussichten; како́й ~ый пейза́ж! welch éine tróstlose Lándschaft!

безотры́вн||ый óhne Unterbréchung; ~ое обуче́ние Stúdium óhne Unterbréchung der Berúfsarbeit

безотхо́дн||ый: ~ое произво́дство ábfallfreie Produktión

безотцо́вщина *ж разг.* **1.** Váterlosigkeit *f*; **2.** váterloses Kind, Wáise *f* (11)

безотчётн||ость *ж* **1.** (*бессознательность*) Únbewußtheit *f*; Instínktmäßigkeit *f*; **2.** (*отсутствие контроля*) Féhlen *n* der Réchenschaftspflicht, Féhlen éiner Kontrólle; **~ый 1.** (*бессознательный*) únbewußt, únüberlegt; únwillkürlich (*невольный*); instinktív, tríebhaft (*инстинктивный*); únerklärlich (*необъяснимый*); ~ый страх éine únerklärliche Angst; **2.** (*бесконтрольный*) nicht réchenschaftspflichtig

безоши́бочн||ость *ж* Féhlerlosigkeit *f*; **~ый 1.** (*без ошибок*) féhlerlos, féhlerfrei; untrüglich (*несомненный*); ríchtig (*правильный*); **2.** (*не совершающий ошибок*) unféhlbar; zúverlässig (*надёжный*)

безрабо́т||ица *ж* Árbeitslosigkeit *f*, Erwérbslosigkeit *f*; ма́ссовая ~ица Mássenarbeitslosigkeit *f*; части́чная ~ица Kúrzarbeit *f*; **~ный** *прил.* **1.** árbeitslos, erwérbslos; stéllenlos; быть ~ным árbeitslos sein; **2.** *в знач. сущ. м* Árbeitslose *m* (14), Erwérbslose *m*; Kúrzarbeiter *m* (6) (*частично безработный*)

безра́достный fréudlos; fréudenleer; trübselig (*невесёлый*)

безразде́льн||ый úngeteilt; úneingeschränkt (*неограниченный*); ~ая власть úngeteilte Macht

безразли́ч||ие *с* Gléichgültigkeit *f*, Índifferenz *f*; **~ный 1.** gléichgültig, índifferent; ~ное равнове́сие *физ.* índifferentes Gléichgewicht; **2.** *предик. безл.*: э́то мне ~но das ist mir gléich(gültig) [(ganz) egál, einerléi; píepe, piepegál (*разг.*)]

безразме́рный dimensiónslos

безраса́дн||ый: ~ спо́соб культиви́рования *с.-х.* Diréktaussaat *f*

безрассу́дн||ый únvernünftig, únbesonnen, únüberlegt, únbedacht, übereílt (*опрометчивый*); léichtsinnig (*легкомысленный*); vernúnftwidrig; ~ая сме́лость Verwégenheit *f*, Tóllkühnheit *f*

безрассу́дство *с* **1.** (*свойство*) Únvernunft *f*, Únbesonnenheit *f* (10), Únverstand *m* -(e)s; **2.** (*поступок*) únvernünftige [únbesonnene, únbedachte] Hándlung

безрезульта́тн||ость *ж* Ergébnislosigkeit *f*; Erfólglosigkeit *f*; **~ый** ergébnislos; erfólglos (*безуспешный*); frúchtlos (*бесплодный*); ◇ ~ый шаг ein Schlag ins Wásser

безре́льсовый schíenenlos, gléislos; ~ тра́нспорт schíenenloser Transpórt

безрессо́рный féderlos, úngefedert

безро́гий hórnlos, hörnerlos, úngehörnt

безро́дный 1. (*без родных*) óhne Verwándte; alléinstehend; **2.** (*без родины*) héimatlos; **3.** *уст.* (*неродовитый*) óhne aristokrátische Áhnen

безро́потн||о *нареч.* óhne zu múrren; ergében, resigniert, démütig; **~ость** *ж* Démut *f*, Ergébenheit *f*; Resignatión *f*; **~ый** démütig, ergében; resigniert

безрука́вка *ж* ärmellose Jácke; Wéste *f* (11)

безру́кий 1. óhne Arm; óhne Hand; **2.** *перен. шутл.* úngeschickt, línkisch, täppisch

безры́бье *с* Físchmangel *m* -s; ◇ на ~ и рак ры́ба *погов.* ≅ in der Not frißt der Téufel Flíegen

безубы́точность *ж* verlústlose [verlústfreies] Árbeit

безубы́точный verlústlos

безуда́рный 1. *лингв.* únbetont, tónlos; ~ слог únbetonte Sílbe; **2.** *тех.* stóßfrei, schlágfrei

безу́держный rückhaltlos; únaufhaltsam, úngehemmt (*неудержимый*); hémmungslos, zügellos, úngezügelt (*несдерживаемый*); stürmisch, úngestüm (*бурный*); ~ смех úngehemmtes [nicht zu unterdrückendes] Láchen

безукори́зненн||ость *ж* Tádellosigkeit *f*; Mákellosigkeit *f*; **~ый** tádellos, éinwandfrei; mákellos; ~ая рабо́та einwandfreie [tádellose] Árbeit; ~ый челове́к mákelloser Mensch; ~ая красота́ volléndete Schönheit

безу́м||ец *м* **1.** (*сумасшедший*) Verrückte *m* (14); Géisteskranke *m* (14), Wáhnsinnige *m* (14), Írre *m* (14); **2.** (*безрассудный человек*) Narr *m* (8), Verrückte *m* (14), Tóllkopf *m* (1*); **~ие 1.** (*сумасшествие*) Verrücktheit *f*; Írrsinn *m* -(e)s, Wáhnsinn *m* -(e)s; **2.** (*безрассудство*) Únbesonnenheit *f*, Únsinnigkeit *f*, Únvernunft *f*; Wáhnwitz *m* -es; Tóllkühnheit *f* (*смелость*); до ~ия únsinnig; únbändig; **~но** *нареч.* únsinnig, wáhnsinnig; únbändig (*крайне*); **~ный 1.** *уст.* (*сумасшедший*) verrückt; géistesgestört, írrsinnig, wáhnsinnig; wáhnwitzig; **2.** (*безрассудный*) únsinnig, únbesonnen, hírnverbrannt, sínnlos, únvernünftig, töricht, toll; **3.** *разг.* (*чрезвычайный*) únsinnig, wáhnsinnig, höchst

безумо́лчный *поэт.* únausgesetzt [únablässig, únaufhörlich] tönend [spréchend]

безу́мство *с см.* безу́мие; **~вать** únsinnig [únverständig] hándeln, sich wie ein Beséssener [Rásender] áufführen; tóben *vi*, rásen *vi* (*неистовствовать*)

безупре́чн||ый tádellos, éinwandfrei, mákellos, úntadelig; ~ая репута́ция mákelloser Ruf; ~ая рабо́та éinwandfreie [mákellose] Árbeit

безуса́дочный 1. (*о ткани*) éinlauffest, níchteinlaufend; **2.** (*о плёнке*) schrúmpfungsfrei

безусло́вн||о *нареч.* **1.** únbedingt, völlig, absolút; ~о че́стный челове́к ein durch und durch éhrlicher Mensch; **2.** *в знач. вводн. сл.* (*конечно*) zwéifellos, natürlich, sélbstredend; **~ый 1.** (*абсолютный, полный*) únbedingt, völlig, voll, absolút; ~ое повинове́ние únbedingter Gehórsam; **2.** (*несомненный*) únzweifelhaft

безуспе́шн||ость *ж* Erfólglosigkeit *f*; Vergéblichkeit *f* (*тщетность*); **~ый** erfólglos, vergéblich

безуста́нный *уст. см.* неуста́нный

безу́сый bártlos; *перен.* grün; ~ мальчи́шка *разг.* Grünschnabel *m* (6*), Mílchbart *m* (1*)

безуте́шный úntröstlich, tróstlos

безу́хий óhne Óhr(en)

безуча́ст||ие *с*, **~ность** *ж* Téilnahmslosigkeit *f*; Gléichgültigkeit *f*, Índifferenz *f*; Apathíe *f*

безуча́стный téilnahmslos; gléichgültig, indifferent; apáthisch

безъя́дерн||ый 1.: ~ая зо́на *полит.* kérnwaffenfreie [atómwaffenfreie] Zóne **2.** *биол.* kérnlos

безъязы́кий, безъязы́чный spráchlos, stumm

безыде́йн||ость *ж* Idé¦enlosigkeit *f*, Idé¦enleere *f*; **~ый** idé¦enlos, idé¦enleer

безызве́стн||ость *ж см.* неизве́стность; **~ый** *см.* неизве́стный 1

безымённый, безымя́нный námenlos; anoným; ◇ безымя́нный па́лец Ríngfinger *m* (6), Góldfinger *m*

безынерцио́нный trägheitslos, mássélos, óhne Verzögerung

безынициати́вн||ость *ж* Mángel *m* an Initiatíve [-və]; **~ый** óhne Initiatíve [-və]

безынтере́сный úninteressant

безыскрово́й *эл.* fúnkenfrei

безыску́сственн||ость *ж* Natürlichkeit *f*, Éinfachheit *f*; Úrwüchsigkeit *f* (*самобытность*); **~ый** úngekünstelt, natürlich; úrwüchsig (*самобытный*)

безысхо́дн||ость *ж* Hóffnungslosigkeit *f*, Áusweglosigkeit *f*; **~ый** hóffnungslos, tróstlos, áusweglos

бей *м* Bei *m* -s, -s, Bey *m* -s, *pl* -s *u* -e (*титул на Ближнем и Среднем Востоке*)

бейдеви́нд: идти́ в ~ *мор.* bei dem Wínde ségeln [hálten*]

бе́йк||а *ж разг.* (*отделка на платье*) Blénde *f* (11), Páspel *m* (6), *f* (11); с ~ой paspelíert, ábgepaspelt

бейсбо́л *м* Baseball ['be:sbɔ:l, *тж.* 'ba:zəbal] *m* -(e)s

бека́р *м муз.* Áuflösungszeichen *n* (7)

бека́с *м зоол.* Schnépfe *f* (11); **~и́нник** *м охот.* Schnépfenschrot *n* -(e)s, Vógeldunst *m* (-e)s; **~и́ный** *охот.* Schnépfen-

беко́н *м* geräucherter Speck

белемни́т *м мин.* Belemnít *m* (8), Téufelsstein *m* (1), Dónnerkeil *m* (1)

белен||а́ *ж бот.* Bílsenkraut *n* -s; ◇ он ~ы объе́лся *разг.* ≅ er ist nicht recht bei Trost [ist übergeschnappt]

беле́ние *с текст.* Bléichen *n* -s; лугово́е ~, ~ на со́лнце Rásenbleichen *n*, Sónnenbleichen *n*

белёный 1. *текст.* gebléicht; ~ холст gebléichte Léinwand; **2.** (*о хате*) geweíßt

белесова́тый, белёсый wéißlich, fáhlweiß; falb; белёсые во́лосы wéißblonde Háare

беле́ть 1. (*становиться белым*) weiß wérden; (ver)bléichen* *vi* (s) (*бледнеть*); **2.** (*белеться*) weiß schímmern, weiß schéinen*; **3.** (*рассветать*) tágen *vi*, dämmern *vi*; **~ся** weiß schímmern, weiß schéinen*

бе́ли *мн. мед.* Wéißfluß *m* -sses

белиберда́ *ж разг.* Únsinn *m* -(e)s, Stuß *m* -sses, Blödsinn *m*, dúmmes Zeug

белизна́ *ж* Wéiße *f*

бели́ла *мн.* **1.** (*краска*) wéiße Fárbe; Metállweiß *n* = *u* -es; свинцо́вые ~ Bléiweiß *n*; ци́нковые ~ Zínkweiß *n*; кро́ющие ~ Déckweiß *n*; **2.** (*для лица*) wéiße Schmínke

бели́льня *ж* Bléiche *f* (11), Bleicheréi *f* (10)

бели́ть 1. (*ткани*) bléichen *vt*; ~ холст Léinwand bléichen; **2.** (*стены и т. п.*) wéißen *vt*, túnchen *vt*, (weiß) ánstreichen* *vt*; ~ потоло́к die Décke wéißen; **3.** (*лицо*) weiß schmínken

бели́ться sich (weiß) schmínken

бе́лич||ий Éichhorn-; **~ий мех** Feh *n* -(e)s; Gráuwerk *n* -(e)s; **~ьи шку́рки** Féhfelle *pl*; **~ий про́мысел** Éichhornfang *m* (1*)

бе́лка *ж* **1.** Éichhorn *n* (5), Éichhörnchen *n* (7); Éichkatze *f* (11) (*австр.*) **2.** (*мех*) Feh *n* -(e)s; ◇ (верте́ться) как ~ в колесе́ *погов.* ≅ óhne Rast und Ruh (sein)

белкови́на *ж хим., биол.* Éiweißstoff *m* (1), Albumín *n* (2)

белко́во-витами́нный: ~ концентра́т *с.-х.* Éiweiß-Vitamín-Konzentrat [-vi-] *n* (2)

белко́в||ый *хим., биол.* Éiweiß-; éiweißhaltig; ~ое вещество́ Éiweißstoff *m* (1), Albumín *n* (2); ~ое перерожде́ние Éiweißzersetzung

белладо́нна *ж бот.* Belladónna *f*, *pl* -nnen, Tóllkirsche *f* (11)

беллетри́ст *м* Belletríst *m* (8); **~ика** *ж* Belletrístik *f*, schöne [belletrístische, schöngeistige] Literatúr; **~и́ческий** belletrístisch

белобиле́тник *м разг.* zum Militärdienst Úntauglicher

белоборо́дый wéißbärtig

белобры́сый *разг.* sémmelblond, wéißblond, fláchsfarben

белова́тый wéißlich

белови́к *м* Réinschrift *f* (10)

белово́й ins réine geschríeben; ~ экземпля́р Réinschrift *f* (10)

беловоло́сый wéißblond, fláchshaarig; wéißhaarig (*седой*)

белогвард||е́ец *м* Wéißgardist *m* (8); Kónterrevolutionär [-vo-] *m* (1); **~е́йский** wéißgardistisch; kónterrevolutionär [-vo-]

белогла́зка *ж* **1.** (*птица*) Móorente *f* (10) **2.** (*рыба*) Ukeléi *f* (10)

белоголо́вый wéißköpfig, wéißhaarig; gráuköpfig (*седой*); blóndköpfig, fláchsköpfig (*о детях*)

бело́к I *м хим., биол.* Éiweiß *n* -es; живо́тный ~ tíerisches Éiweiß

бело́к II *м* (*яйца́*) Wéiße *n* -n (im Ei), Éiweiß *n* -es; взби́тые белки́ *кул.* geschlágenes Éiweiß, Éierschnee *m* -s; отдели́ть ~ от желтка́ das Éiweiß vom Éigelb trénnen

бело́к III *м* (*гла́за*) Wéiße *n* -n (des Áuges), Skléra *f*, *pl* -ren, Léderhaut *f* (3)

белокали́льный *тех.* wéißglühend, Wéißglüh-

белока́менный aus wéißem Stein

белокоча́нн||ый: ~ая капу́ста Wéißkohl *m* -(e)s, Wéißkraut *n* -(e)s

белокро́вие *с мед.* Leukämíe *f*

белоку́рый blond, héllblond, blóndköpfig

белоли́цый mit wéißem Gesícht, mit wéißer Haut, wéißhäutig

белору́с *м* Bélorusse *m* (9); **~ка** *ж* Bélorussin *f* (12); **~ский** bélorussisch; ~ский язы́к die bélorussische Spráche, das Bélorussische (*sub*)

белору́чка *м, ж разг.* árbeitsscheuer Mensch; Mensch, der phýsische, gróbe Árbeit scheut, Árbeitsscheue *m* (14)

белоры́бица *ж* Wéißlachs *m* (1)

белосне́жный schnéeweiß; blütenweiß

белоте́лый mit wéißer Háut(farbe), wéißhäutig

белошве́й||ка *ж* Wéißnäh(t)erin *f* (12), Näh(t)erin *f*; **~ный** Wéißnäh-; ~ная мастерска́я Wéißnähwerkstatt *f*, *pl* -stätten, Wéißnäherei *f* (10)

белоэмигра́нт *м* wéißer [kónterrevolutionärer (-vo-)] Emigránt

белу́г||а *ж* Háusen *m* (7), Belúga *f*, *pl*

-s; ◇ ревéть ~ой ≅ wie ein Schlóßhund héulen; zétern *vi*

белýж||ий Háusen-, Belúga-; ~ья икрá 1) *биол.* Háusenrogen *m* (7); 2) (*для еды*) Háusenkaviar [-vi-] *m* (1)

белýха *ж зоол.* Wéißwal *m* (1)

бéл||ый *прил.* **1.** (*цвет*) weiß; **2.** (*контрреволюционный*) wéißgardistisch; ~ая гвáрдия *ж* Wéiße Gárde; **3.** *в знач. сущ. м этн.* Wéiße *m* (14); **4.** *в знач. сущ. м* (*контрреволюционер*) Wéiße *m* (14); **5.** *в знач. сущ. мн.* ~ые *шахм.* Wéißen *pl* ◇ Бéлый дом das Wéiße Haus; ~ые нóчи die wéißen [héllen] Nächte; Бéлая Олимпиáда Olýmpische Winterspiele; ~ое пятнó (*на карте*) ein wéißer Fleck; ~ый билéт Fréistellung *f* vom Militärdienst; ~ое винó Wéißwein *m* (1); ~ая кость *ирон.* bláues Blut; ~ая ворóна ein wéißer Rábe; ~ый гриб Stéinpilz *m* (1); ~ая избá [бáня] Báuernhaus *n* (5) [Báderaum *m* (1*)] mit Ráuchfang; ~ая горя́чка *мед.* Säuferwahnsinn *m* -(e)s, Delírium trémens *n* =; ~ое духовéнство wéltliche Géistlichkeit; ~ые стихи́ *лит.* réimlose Vérse, Blánkverse *pl*; ~ый ýголь *тех.* Wásserkraft *f*, «wéiße Kóhle»; средь ~а дня am héllichten Tág(e); на ~ом свéте in [auf] der wéiten Welt

бельги́||ец *м* Bélgi|er *m* (6); **~йка** *ж* Bélgierin *f* (12); **~йский** bélgisch

бельё *с собир.* Wäsche *f*; Wäschestück *n* (2) (*одна штука*); столóвое ~ Tíschwäsche *f*, Táfelzeug *n* -(e)s; носи́льное ~ Léibwäsche *f*; постéльное ~ Béttwäsche *f*; бéлое ~ Wéißwäsche *f*, wéiße Wäsche; цветнóе ~ Búntwäsche *f*; ткáневое ~ Stóff(unter)wäsche *f*; трикотáжное ~ Úntertrikotagen [-ʒən] *pl*, gewírkte Wäsche; ни́жнее ~ Únterwäsche *f*, Únterzeug *n* выкатанное ~ Mángelwäsche *f*

бельевáя *сущ. ж* Wäschezimmer *n* (6)

бельев||óй Wäsche-; ~áя корзи́на Wäschekorb *m* (1*); ~óй мешóк Wäschebeutel *m* (6); ~áя ткань Wäschestoff *m* (1); ~óй магази́н Wäschegeschäft *n* (2); Wéißzeugladen *m* (7*, 7) (*австр.*)

бельмéс *разг.*: ни ~а не знать [не понимáть] gar nichts wíssen* [verstéhen*]

бельмó *с* **1.** Hórnhautfleck *m* (1), Leukóm *n* (2); **2.** *мн.* бéльма *груб.* (*глаза*) Stíelaugen *pl*, Glótzaugen *pl*; ◇ как ~ на глазý *разг.* wie ein Dorn im Áuge

бельэтáж *м* **1.** érster Stock; **2.** *театр.* érster Rang

беля́к *м* **1.** *охот.* Schnéehase *m* (9), wéißer Háse; **2.** *мн.* ~и́ (*волны*) wéiße Wéllenkämme

беля́нка *ж* **1.** blóndes Mädchen, blónde Frau; **2.** (*бабочка*) Wéißling *m* (1); ~ капýстная Kóhlweißling *m*

бемóль *м муз.* Erníedrigungszeichen *n* (7), B [be:] *n* =, = *u* -s

бéмск||ий: ~ое стеклó böhmisches Glas

бенгáл||ец *м* Bengále *m* (9); **~ьский** bengálisch; ~ьский язы́к die bengálische Spráche, das Bengálische (*sub*), Bengáli *n* = *u* -s; ◇ ~ьский огóнь bengálisches Féuer

бенефи́с *м театр.* Benefízvorstellung *f* (10); ◇ устрóить ~ комý-л. ≅ j-m die Hölle heiß máchen

бенефициáнт *м театр.* Benefiziánt *m* (8); **~ка** *ж* Benefiziántin *f* (12)

бензи́н *м хим.* Benzín *n* (2); *разг.* Sprit *m* (1), автомоби́льный ~ Fáhrbenzin *n*, Motórenbenzin *n*; Áutokraftstoff *m* (1); авиациóнный ~ Flúgbenzin *n*; ~-растворúтель Lösungsbenzin *n*; **~овый** Benzín-; ~овая горéлка Benzínlampe *f* (11)

бензобáк *м* Kráftstoffbehälter *m* (6), Benzíntank *m* -s, -s

бензовóз *м* Tánkwagen *m* (7)

бензозаправóчн||ый Zapf-; Tank-; ~ая колóнка Zápfsäule *f* (11); ~ая стáнция Tánkstelle *f* (11)

бензозапрáвщик *м* Tánkwagen *m* (7) (mit Tánkspritze)

бензоколóнка *ж* Zápfsäule *f* (11)

бензóл *м хим.* Benzól *n* (2); неочи́щенный ~ Róhbenzol *n*

бензомéр *м* Benzínuhr *f* (10), Benzínmesser *m* (6)

бензонасóс *м* Benzínpumpe *f* (11), Kráftstoffpumpe *f*

бензопровóд *м тех.* Benzínleitung *f* (10), Kráftstoffleitung *f*

бензораздáточн||ый Tank-; ~ая стáнция Tánkstelle *f* (11)

бензохрани́лище *с тех.* Tréibstofflager *n* (6), Tánklager *n*

бенуáр: лóжа ~а *театр.* Parkéttloge [-ʒə] *f* (11)

бербéр *м* Bérber *m* (6); **~ка** *ж* Bérberin *f* (12); **~ский** bérberisch

бергамóт *м* (*сорт груш; цитрусовое дерево*) Bergamótte *f* (11)

бердáнка *ж уст.* (*винтовка*) Berdángewehr *n* (2)

бёрдо *с текст.* Wéberkamm *m* (1*), Kamm *m*, Wéberblatt *n* (5), Riet *n* (2), Ríetblatt *n*

бéрег *м* **1.** Úfer *n* (6); Küste *f* (11), Strand *m* (1) (*морской*); крутóй ~ Stéilufer *n*; Stéilküste *f* (*морской*); ни́зкий ~ Fláchufer *n*; Fláchküste *f* (*морской*); вы́йти из ~óв über die Úfer tréten*; держáться ~а am Úfer entláng fáhren*, an der Küste entláng fáhren*; sich am Úfer hálten*; sich an der Küste hálten*; **2.** (*суша*) Land *n* -(e)s; сойти́ на ~ an(s) Land géhen*; пристáть к ~у (am Úfer) ánlegen *vi*; ~ в ви́димости! *мор.* Land in Sicht! ◇ от одногó ~а отстáть, к другóму не пристáть ≅ sich zwíschen zwei Stühle sétzen; zwíschen zwei Entschlüssen schwánken

берегов||óй Úfer-; Land-; Küsten-, Strand- (*при море*); ~óй вéтер Lándwind *m* (1); ~áя полосá (*у моря*) Küstenstrich *m* (1); ~áя охрáна Küstenschutz *m* -es; ~áя артиллéрия *воен.* Küstenartillerie *f* (11); ~óе судоходство Küstenschiffahrt (*при переносе* Küstenschiff-fahrt); ~ы́е скáлы Strándklippen *pl*; ~óе укреплéние Úferbefestigung *f* (10)

берегозащи́тн||ый Küstenschutz-; ~ые сооружéния Küstenschutzanlagen *pl*

береди́ть 1. réizen *vt*; áufreiben* *vt*; **2.** (*тревожить*) réizen *vt*, beúnruhigen *vt*; ~ стáрую рáну in éiner álten Wúnde wühlen; éine álte Wúnde áufreißen*

бережли́в||ость *ж* **1.** Spársamkeit *f*; Wírtschaftlichkeit *f*; **2.** *уст. см.* бéрежность; **~ый 1.** spársam; wírtschaftlich, háushälterisch; быть ~ым (gut) háushalten*; **2.** *см.* бéрежный

бéрежн||ость *ж* Behútsamkeit *f*; **~ый** behútsam, vórsichtig; schónend; sórgsam, sórglich (*заботливый*); féinfühlig (*чуткий*); ~ое обращéние schónende [pflégliche] Behándlung (с чем-л. *G*); sórgsamer Úmgang (с кем-л. mit *D*); **~ое** отношéние líebevolles [schónendes] Verhálten (zu *D*); относи́ться ~о к комý-л. j-m éine líebevolle [schónende] Behándlung ángedeihen lássen*; обращáться ~о с чем-л. behútsam mit etw. (*D*) úmgehen*

берёза *ж* Bírke *f* (11); карéльская ~ karélische Bírke; плакýчая ~ Hängebirke *f*, Tráuerbirke *f*; кáрликовая ~ Zwérgbirke *f*

березня́к *м* Bírkenwald *m* (4); Bírkengehölz *n* -es

берёзов||ик *м* Bírkenpilz *m* (1); Kapuzínerpilz *m*; **~ый** Bírken-; ~ая рóща Bírkenhain *m* (1); ◇ дать комý-л. ~ой кáши *разг.* j-m die Rúte zu kósten gében*

берéйтор *м* **1.** (*объездчик*) Zúreiter *m* (6); **2.** (*учитель верховой езды*) Réitlehrer *m* (6)

берéменеть schwánger wérden

берéменн||ая *прил.* **1.** schwánger; trächtig (*о животных*); быть ~ой in (ánderen) Úmständen sein, gúter Hóffnung sein; быть ~ой на четвёртом мéсяце im víerten Mónat sein [géhen*]; быть ~ой на послéднем мéсяце hóchschwanger [im létzten Mónat] sein; hóchtragend sein (*о животных*); **2.** *в знач. сущ. ж* Schwángere *f* (14); плáтье для ~ой Úmstandskleid *n* (5); консультáция для ~ых Schwángerenberatung *f* (10); **~ость** *ж* Schwángerschaft *f* (10); Trächtigkeit *f* (*о животных*); пери́од ~ости Schwángerschaftszeit *f* (10); Trágezeit *f* (*о животных*)

бéрест *м бот.* Féldulme *f* (11)

берёста, берестá *ж* Bírkenrinde *f* (11)

берёстовый, берестянóй aus Bírkenrinde

берéт *м* Báskenmütze *f* (11); Barétt *n* (2) (*у судей и т. п.*); Púllmankappe *f* (11) (*австр.*)

берéчь 1. (*стеречь*) hüten *vt*, bewáchen *vt*; **2.** (*сохранять*) (áuf)bewáhren *vt*; verwáhren *vt*, áufheben* *vt*; spáren *vi*, *vt* (*копить*); ~ тáйну das Gehéimnis wáhren; **3.** (*щадить*) schónen *vt*; bewáhren *vt* (от чегó-л. vor *D*); ~ свои́ си́лы séine Kräfte schónen; ~ глазá die Áugen schónen; ◇ копéйка рубль бережёт *см.* копéйка; **~ся 1.** (*быть осторожным*) sich schónen, sich vórsehen*; берегúсь! (*предупреждение*) Vórsicht!, Áchtung!; **2.** (*остерегаться*) sich hüten; sich in acht néhmen* (чегó-л. vor *D*); берегúсь! (*угроза*) hüte dich!; sieh dich vor!

бéри-бéри *ж, с мед.* Beribéri *f*

бери́лл *м мин.* Berýll *m* (1)

бери́ллий *м* Berýllium *n* -s (*хим. знак* Be)

бéрклий *м* Berkélium *n* -s (*хим. знак* Bk)

бéркут *м зоол.* Königsadler *m* (6)

берли́нец *м* Berlíner *m* (6); искóнный [и́стинный] ~ Úrberliner *m*

берли́нск||ий Berlíner, berlínisch, Berlín-; ◇ ~ая лазýрь *хим.* Berlíner Blau *n* -s

берлóга *ж* **1.** Bärenhöhle *f* (11), Bärenlager *n* (6); **2.** *шутл.* (*комната*) Búde *f* (11), Höhle *f* (11)

бертолéтов: ~а соль *хим.* Berthollétsalz *n* -es

берцóв||ый *анат.*: большáя ~ая кость Schíenbein *n* (2); мáлая ~ая кость Wádenbein *n*, Fíbula *f*, *pl* -lä *u* -buln

бес *м* Téufel *m* (6), Böse *m* (14); Dämon *m* -s, -mónen; ◇ рассыпáться мéлким ~ом *см.* рассыпáться; сединá в бóроду, а ~ в ребрó *посл.* ≅ Álter schützt vor Tórheit nicht; je óller, je tóller

бесéд||а *ж* **1.** Unterháltung *f* (10); Gespräch *n* (2); Unterrédung *f* (10) (*интервью*); **2.** (*собеседование*) (kollektíve [-və]) Bespréchung *f* (10); Aussprache *f* (11); ~а с избира́телями Wählergespräch *n* (2); провести́ ~у éine Bespréchung dúrchführen; из бесе́д мы узна́ли, что... in Gesprächen erfúhren wir, daß...

бесе́дка *ж* Láube *f* (11), Gártenlaube *f*, Gártenhäus¦chen *n* (7)

бесе́довать sich unterhálten*, ein Gespräch führen (с кем-л. mit *D*): éine Áussprache [Unterrédung] háben

бесёнок *м разг.* **1.** (*уменьш. от* бес) Téufelchen *n* (7); **2.** (*шалун*) Wíldfang *m* (1*), Schalk *m* (1, 1*)

беси́ть bis zur Wut réizen; in Wut bríngen*; rásend [toll] máchen; **~ся 1.** (*о животном*) tóllwütig wérden, an Tóllwut erkránken; **2.** (*быть в крайнем раздражении, гневе*) wüten *vi*; rásen *vi*, vor Wut tóben [schäumen]; **3.** (*резвиться*) tóllen *vi*, áusgelassen [wild] sein; ◇ он с жи́ру бе́сится *разг.* ≅ ihn sticht der Háfer

бескарка́сн||ый: ~ая констру́кция skeléttlose Konstruktión

бескисло́тный säurefrei

бескла́панный ventíllos [vɛn-], óhne Ventíle

бескла́ссов||ый klássenlos; ~ое о́бщество die klássenlose Geséllschaft

бескле́точный *биол.* azellulár, zéllenlos

бескозы́рка *ж* schírmlose Mütze; Téllermütze *f* (11); матро́сская ~ Matrósenmütze *f* (11)

бескозы́рный *карт.* óhne Trumpf

бескомпроми́ссн||ый kompromíßlos, **~ость** *ж* Kompromíßlosigkeit *f*

бесконе́чн||о *нареч.* unéndlich; éndlos, éwig (*о времени*); óhne Énde, äußerst (*чрезвычайно*); ~о ма́лый *мат.* unéndlich klein, infinitesimál; **~ость** *ж* **1.** Unéndlichkeit *f*; Éndlosigkeit *f*, Éwigkeit *f* (*о времени*); **2.** *мат.* Infinität *f* (10); **3.** *фото* установи́ть объекти́в на ~ость das Objektív auf unéndlich éinstellen; ◇ до ~ости bis ins Unéndliche; ad infinítum (*лат.*); ждать до ~ости éine Éwigkeit wárten; wárten, bis man schwarz wird; **~ый 1.** unéndlich; éndlos, éwig (*о времени*); **2.** *мат.* infinít; ~ая дробь unéndlicher Bruch; ~ое произведе́ние éndloses Prodúkt; **3.** (*беспредельный*) grénzenlos, únbegrenzt; ~ая пре́данность grénzenlose Ergébenheit; **4.** *разг.* (*постоянный*) dáuernd, fórtwährend; éwig, óhne Énde; ~ые ссо́ры éwige Stréitigkeiten, éndlose Streiteréien; ◇ ~ый винт *тех.* éndlose Schráube; Schnécke *f* (11); ~ый реме́нь *тех.* Láufriemen *m* (7)

бесконтро́льн||ость *ж* Áufsichtslosigkeit *f*, Féhlen *n* éiner Kontrólle; **~ый** áufsichtslos, únkontrolliert

бесконфли́ктн||ость *ж* Konflíktlosigkeit *f*; тео́рия ~ости *лит.* Theoríe der Konflíktlosigkeit; **~ый** konflíktlos

беско́рмица *ж с.-х.* Füttermangel *m*

бескоро́вный óhne Kuh

бескоры́ст||ие *с*, **~ность** *ж* Úneigennützigkeit *f*, Sélbstlosigkeit *f*; **~ный** úneigennützig, sélbstlos; ~ная по́мощь úneigennützige Hílfe

беско́стный knóchenlos; grätenlos (*о рыбе*)

бескра́йний, бескра́йный unéndlich, grénzenlos, éndlos; unerméßlich (*неизмеримый*)

бескри́зисный krísenfrei, krísenlos

бескро́вн||ый I **1.** (*бледный*) blútlos, blútleer; ~ые гу́бы blútlose [bléiche] Líppen; **2.** (*без кровопролития*) únblutig, óhne Blútvergießen

бескро́вный II *уст.* (*без крова*) óbdachlos

бескры́лый 1. *зоол.* flügellos; **2.** *перен.* flügellahm

бескульту́рье *с* kulturélle Rückständigkeit

бешено́в||тый... **беснова́||тый 1.** *разг.* (*крайне раздражённый*) besessen, rásend, blíndwütig; **2.** *уст.* (*душевнобольной*) géisteskrank; **~ться** (*раздражаться*) rásen *vi*, wüten *vi*, tóben *vi*; sich wie ein Beséssener áufführen

беспа́лубный *мор.* óhne Deck, décklos

беспа́л||ый fingerlos; zéhenlos (*без пальцев на ноге*); **~ые живо́тные** zéhenlose Tíere

беспа́мят||ность *ж* Vergéßlichkeit *f*; Gedächtnisschwäche *f*; *мед.* Amnesíe *f*; **~ный** vergéßlich; **~ство** *с* **1.** (*обморок*) Besínnungslosigkeit *f*, Bewúßtlosigkeit *f*, Óhnmacht *f* (10); впада́ть в ~ство die Besínnung [das Bewúßtsein] verlíeren*; in Óhnmacht fállen*; в ~стве óhne Besínnung, in besínnungslosem [bewúßtlosem] Zústand; *перен.* (*вне себя*) áußer sich, séiner nicht mächtig; **2.** *уст. см.* беспа́мятность

беспардо́нный *разг.* rücksichtslos; frech

беспарти́йность *ж* Partéilosigkeit *f*

беспарти́йн||ый *прил.* **1.** partéilos; nicht partéigebunden; ~ые ма́ссы die partéilosen Mássen; **2.** *в знач. сущ. м* Partéilose *m* (14)

беспа́спортный óhne Paß

беспате́нтный óhne Patént; únpatentiert

бесперебо́йн||ость *ж*: ~ость рабо́ты störungsfreie Árbeit; **~ый** úununterbrochen, störungsfrei, störungslos, régelmäßig, glatt [réibungslos] verláufend; ~ое снабже́ние úununterbrochene [régelmäßige] Versórgung; ~ое снабже́ние электроэне́ргией ábschaltfreie Energíeversorgung; ~ая рабо́та störungsfreie [glatt verláufende] Árbeit

беспереводн||ый: ~ое чте́ние übersétzungslose Lektüre

бесперегру́зочный úmschlagfrei, óhne Úmladen

беспереса́дочн||ый *ж.-д.* dúrchgehend, óhne Úmsteigen; ~ое сообще́ние dirékter Verkéhr, Dúrchgangsverkehr *m* -s

бесперспекти́вн||ость *ж* Áussichtslosigkeit *f*; Perspektívlosigkeit *f*; **~ый** áussichtslos, perspektívlos

беспёрый *зоол.* féderlos, úngefiedert

беспеча́льн||ый sórglos, sórgenfrei; ~ое существова́ние sórgenfreie Existénz, sórg(en)loses Dásein

беспе́чн||ость *ж* Sórglosigkeit *f*, Léichtsinn *m* -(e)s (*легкомыслие*); Fáhrlässigkeit *f* (*халатность*); **~ый** únbekümmert, sórglos; léichtsinnig (*легкомысленный*); fáhrlässig (*халатный*); ~ая жизнь sórgloses Lében; быть ~ым álles auf die léichte Áchsel néhmen*; sich (*D*) kéine gráuen Háare wáchsen lássen* (um *A*)

беспило́тный *ав.* únbemannt

бесписьме́нный (*о народе*) schríftlos, óhne Schríftsprache

беспла́менный *тех.* flámmenlos

беспла́нов||ость *ж* Plánlosigkeit *f*; Únplanmäßigkeit *f*; **~ый** plánlos; nicht plánmäßig; ~ое хозя́йство plánlose Wírtschaft

беспла́тн||о *нареч.* grátis, umsónst; **~ость** *ж* Únentgeltlichkeit *f*; ~ость обуче́ния Schúlgeldfreiheit *f*; **~ый** únentgeltlich, kóstenlos, kóstenfrei; ~ое пита́ние fréie Kost; ~ое обуче́ние únentgeltlicher Únterricht; ~ый биле́т *ж.-д.* Fréifahrkarte *f* (11); *театр.* Fréikarte *f*; ~ый прое́зд Fréifahrt *f*; **~ая кварти́ра** míetfreie Wóhnung; ~ая медици́нская по́мощь kóstenlose ärztliche Betréuung; ~ое приложе́ние (*к журналу*) Grátisbeilage *f* (11); вход **~ый** Éintritt frei

беспла́цка́ртный *ж.-д.* óhne numeríerten Platz, óhne Plátzkarte

беспло́д||ие *с* Únfruchtbarkeit *f*; Sterilität *f* (*о живых существах*); Únergiebigkeit *f* (*о почве*); **~ность** *ж* **1.** *см.* беспло́дие; **2.** (*тщетность*) Frúchtlosigkeit *f*, Nútzlosigkeit *f*; Erfólglosigkeit *f*, Ergébnislosigkeit *f* (*безрезультатность*); **~ный 1.** únfruchtbar; sterίl (*о живых существах*); únergiebig (*о почве*); frúchtlos, taub (*о растениях*) **2.** (*тщетный*) frúchtlos, nútzlos; vergéblich, erfólglos (*безрезультатный*); wírkungslos (*неэффективный*)

беспло́тный *поэт.* körperlos, únkörperlich

беспоро́тн||ый... **бесповоро́тн||ый** únabänderlich, únwiderruflich, éndgültig; únwiederbringlich (*безвозвратный*); ~ое реше́ние únabänderlicher [félsenfester] Entschlúß

бесподо́бн||ый óhnegléichen, unvergléichlich; éinzig dástehend, béispiellos (*несравненный*); únübertrefflich, únübertroffen (*непревзойдённый*); ~ое исполне́ние ро́ли únübertroffenes Spiel

беспозвоно́чн||ый *зоол.* *прил.* **1.** wírbellos; **2.** *в знач. сущ. мн.* ~ые Wírbellose *sub pl*

беспоко́||ить 1. (*волновать*) beúnruhigen *vt*; j-m Sórgen máchen; э́то меня́ **~**ит das macht mir Sórgen; **2.** (*мешать*) stören *vt*; úngelegen [zur únrechten Zeit] kómmen*; belästigen *vt*, lästig wérden (*стеснять*); **~иться 1.** besórgt sein (о ком-л., о чём-л. um *A*); sich beúnruhigen, sich (*D*) Sórgen máchen (о чём-л. wégen *G*); sich áufregen (*волноваться*) (о чём-л. wégen *G*); **не ~йтесь** (о нём) séien Sie (um ihn) únbesorgt; **2.** (*затруднять себя*) sich stören lássen*; не ~йтесь, пожа́луйста! bítte, lássen Sie sich nicht stören!; máchen Sie bítte kéine Úmstände!

беспоко́й||ный 1. únruhig, rúhelos; rástlos (*неутомимый*); ~ный сосе́д únruhiger [störender] Náchbar; ~ная ста́рость rúheloses Álter; **2.** (*подвижный*) bewégt; ~ное мо́ре únruhiges [bewégtes] Meer; **~ство** *с* **1.** (*озабоченность*) Únruhe *f* (11); Áufregung *f* (10) (*волнение*); Únrast *f* (*хлопоты*); вызва́ть у кого́-л. ~ство j-n in Únruhe versétzen; **2.** (*нарушение покоя*) Störung *f* (10); причини́ть кому́-л. ~ство j-m zu scháffen máchen; j-m Únruhe verúrsachen; прости́те за ~ство entschúldigen Sie die Störung

бесполе́зн||о *нареч.* nútzlos; э́то совершéнно ~о das ist völlig nútzlos [zwécklos], da wird nichts hélfen; **~ость** *ж* Nútzlosigkeit *f*; Erfólglosigkeit *f* (*безуспешность*); **~ый** únnütz, nútzlos; vergéblich; **~ые** уси́лия vergébliche Bemühungen

беспо́л||ый *биол.* geschléchtslos; asexuéll; ~ое размноже́ние úngeschlechtliche Fórtpflanzung

беспо́мощ||ность *ж* Hílflosigkeit *f*; Schwäche *f* (*слабость*); Óhnmacht *f* (*бессилие*); де́тская ~ость kíndliche Hílflosigkeit; **~ый** hílflos; schwach (*слабый*); óhnmächtig (*бессильный*); únbeholfen (*неловкий*)

беспоро́дный nicht réinrassig (*о животных*); nicht sórtenrein (*о растениях*)

беспоро́чн||ость *ж* Mákellosigkeit *f*; **~ый** mákellos, tádellos, únbescholten, féhlerfrei; ~ая слу́жба mákelloser Dienst, éhrliche Árbeit

беспоря́д||ки *мн.* (*волнения*) Únruhen *pl*; вы́звать ~ки Únruhe stíften; **~ок** *м* Únordnung *f*; Míßstand *m* (1*) (*неисправность*); в ~ке in Únordnung; отступа́ть в ~ке sich in Únordnung zurückziehen*; **~очность** *ж* **1.** (*небрежность*) Líederlichkeit *f*; **2.** (*хаотичность*) Systémlosigkeit *f*, Régellosigkeit *f*; Chaos [ˈkaːɔs] *n* =; **~очный 1.** (*небрежный*) únordentlich, líederlich; **2.** (*лишённый порядка*) úngeordnet; chaótisch [ka-] (*хаотический*); systémlos (*бессистемный*); régellos (*нерегулярный*)

беспоса́дочный: ~ перелёт *ав.* Flug óhne Zwíschenlandung, Nonstópflug *m*

беспо́чвенность *ж* Gründlosigkeit *f*; Wésenlosigkeit *f*

беспо́чвенный únbegründet, aus der Luft gegríffen; wésenlos (*несущественный*); auf Sand gebáut

беспо́шлинный zóllfrei, únverzollt

беспоща́дн||ость *ж* Schónungslosigkeit *f*, Erbármungslosigkeit *f*; Únerbittlichkeit *f* (*неумолимость*); с ~остью уничтожа́ть враго́в die Féinde schónungslos vernichten; **~ый** schónungslos, erbármungslos; únerbittlich (*неумолимый*)

беспра́в||ие *с*, **беспра́вность** *ж* Réchtlosigkeit *f*; Gesétzlosigkeit *f* (*беззаконие*); **~ный** réchtlos

беспреде́льный 1. (*безграничный*) grénzenlos, únbegrenzt, unéndlich, únermeßlich; **2.** *перен.* (*чрезвычайный*) máßlos, schránkenlos

беспредло́жный *грам.* präpositiónslos

беспредме́тн||ость *ж* Gégenstandslosigkeit *f*; Sínnlosigkeit *f*; **~ый** gégenstandslos; sínnlos; ~ая зло́ба gründlose [sínnlose] Wut; ◇ ~ая жи́вопись *иск.* gégenstandslose [abstrákte] Maleréi

беспрекосло́вн||ый wíderspruchslos, únbedingt, únweigerlich; ~ое послуша́ние únbedingter Gehórsam

беспрепя́тственный úngehindert, úngehemmt; frei (*свободный*); ~ вход и вы́ход fréier Ein- und Áusgang

беспреры́вный únunterbrochen, únaufhörlich, únausgesetzt; kontinuíerlich

беспреста́нно *нареч.* fórtwährend; ständig; ímmerzu, ímmerfort; ~ повторя́ть одно́ и то же ímmerzu ein und dassélbe wiederhólen; ~ смея́ться in éinem fort láchen

беспрецеде́нтный béispiellos, präzedénzlos, noch nicht dágewesen

беспри́быльн||ость *ж* Únwirtschaftlichkeit *f*, Únrentabilität *f*; **~ый** ertráglos, únrentabel, únwirtschaftlich

беспри́вязн||ый: ~ое содержа́ние (*скота*) *с.-х.* Láufstallhaltung *f*

бесприда́нница *ж* Braut óhne Mítgift [Áussteuer]

беспризо́рн||ик *м* óbdachloses [verwáhrlostes, vagabundíerendes (va-)] Kind, Verwáhrloste *m* (14); **~ичать** *разг.* ein Vagabúndenleben [va-] führen (*о детях*); **~ость** *ж* Óbdachlosigkeit *f*, Verwáhrlosung *f*; **~ый** *прил.* **1.** áufsichtslos; verwáhrlost; óbdachlos (*бездомный*); ~ые де́ти verwáhrloste [verkómmene] Kínder; ~ое хозя́йство verwáhrloste Wírtschaft; **2.** *в знач. сущ. м см.* беспризо́рник; ~ые *собир.* óbdachlose Kinder *pl*

бесприме́рн||ость *ж* Béispiellosigkeit *f*; **~ый** béispiellos; únvergleichlich (*несравненный*); **быть ~ым в исто́рии** in der Geschíchte éinmalig dástehen*

беспри́месный óhne Béimischung

беспринци́пн||ость *ж* Prinzípi¦enlosigkeit *f*; Gesínnungslosigkeit *f*; **~ый** prinzípi¦enlos, áller Grúndsätze bar, gesínnungslos

бесприста́вочный *грам.* únpräfigiert; ~ глаго́л Símplex *n* =, -lízia, únpräfigiertes Verb [v-]

беспристра́ст||ие *с*, **~ность** *ж* Únparteilichkeit *f*, Únvoreingenommenheit *f*; Objektivität [-vi-] *f*; Únbefangenheit *f*; **~ный** únpartei¦isch, únvoreingenommen; objektív; únbefangen; ~ное сужде́ние únpartei¦isches Úrteil

беспричи́нн||о *нареч.* gründlos; óhne Úrsache, óhne Veránlassung; óhne (éinen) Grund; **~ый** gründlos, unbegründet; зате́ять ~ую ссо́ру éinen Streit vom Zaun bréchen*

беспрою́тный óbdachlos; schútzlos

беспробу́дн||ый: ~ый сон féster [tíefer] Schlaf; der éwige Schlaf (*смерть*); **~ый пья́ница** hémmungsloser Säufer; **~ое пья́нство** éwiges Säufen, únunterbrochene Sauferéi

беспро́волочный dráhtlos; ~ телегра́ф dráhtloser Telegráph, Rádiotelegraph *m* -en

беспро́игрышн||ый verlústlos, mit sícherem Gewínn, gewínnsicher; ~ая лотере́я Lotteríe óhne Níeten; ~ое де́ло síchere Geschäft [Unternéhmen]

беспросве́тн||ый 1. (stóck)fínster; ~ая тьма úndurchdringliches Dúnkel, stóckfinstere Nacht; **2.** (*безнадёжный*) hóffnungslos, óhne Líchtblick

беспросы́пный sehr fest (*о сне*); hémmungslos (*о пьянстве*)

беспроце́нтный zínslos; беспроце́нтно-вы́игрышный заём únverzinsliche [zínslose] Gewínnanleihe

беспу́тничать *разг.* ein lóses [áusschweifendes, síttenloses, wüstes] Lében führen

беспу́тный áusschweifend; líederlich; léichtfertig, lóse (*легкомысленный*); verdórben, síttenlos (*развратный*); ~ ма́лый lóser Vógel; Wüstling *m*

беспу́тство *с* Áusschweifungen *pl*; Líederlichkeit *f*; Léichtfertigkeit *f* (*легкомыслие*); Verdérbtheit *f*, Síttenlosigkeit *f* (*разврат*)

бессвя́зн||ость *ж* Zusámmenhanglosigkeit *f*; Verwórrenheit *f*; **~ый** zusámmenhang(s)los, únzusammenhängend; verwórren

бессеме́йный óhne Famíli¦e; únverheiratet (*холостой*); alléinstehend (*одинокий*)

бессеме́ров||ание *с мет.* Béssemern *n* -s, Béssemerverfahren *n* -s; **~ский** *тех.* Béssemer-; ~ская сталь Béssemerstahl *m* -(e)s

бессемядо́льн||ый *бот.* kéimblattlos; ~ые расте́ния Akotyledónen *pl*

бессемя́н||ка *ж бот.* kérnlose Frucht [Bírne]; **~ный** sámenlos, kérnlos; ~ные плоды́ kérnlose Früchte

бессерде́ч||ие *с*, **~ность** *ж* Hérzlosigkeit *f*, Hártherzigkeit *f*, Gefühllosigkeit *f*; **~ный** hérzlos, hártherzig, gefühllos; ~ное обраще́ние hérzlose Behándlung (*с кем-л. G*)

бесси́лие *с* **1.** (*слабость*) Kráftlosigkeit *f*, Schwäche *f*; полово́е ~ *мед.* Ímpotenz *f*; ста́рческое ~ Áltersschwäche *f*; **2.** *перен.* Únvermögen *n* -s, Máchtlosigkeit *f*, Óhnmacht *f*

бесси́льный 1. (*слабый*) schwach; kráftlos, entkräftet (*обессиленный*); **2.** *перен.* máchtlos, óhnmächtig, hílflos (*беспомощный*); ~ гнев óhnmächtiger Zorn

бессисте́мн||ость *ж* Systémlosigkeit *f*; **~ый** systémlos, únsystematisch; ~ое изложе́ние фа́ктов systémlose [verwórrene] Schílderung der Tátsachen

бессла́вие *с* Schmach *f*

бессла́вн||ый rúhmlos, únrühmlich; schmáchvoll, schmählich (*позорный*); kläglich (*разг.*); ~ая смерть schmáchvoller Tod, schmähliches Énde

бессле́дн||ый spúrlos; ~ое исчезнове́ние spúrloses Verschwínden

бессловéсн||ость *ж* **1.** Stúmmheit *f*; **2.** (*молчаливость*) Wórtkargheit *f*, Schwéigsamkeit *f*; Unterwürfigkeit *f*, Úntertänigkeit *f* (*смирение*); **~ый 1.** stumm; der Spráche nicht mächtig; ~ое живо́тное stúmme Kreatúr; **2.** (*молчаливый*) wórtkarg, schwéigsam; unterwürfig, úntertänig (*смиренный*); schüchtern, scheu (*робкий*)

бессме́нн||ый únablösbar, únabgelöst; ständig (*постоянный*); *юр.* únabsetzbar; ~ая стра́жа ständige Wáche

бессме́рт||ие *с* Únsterblichkeit *f*; стяжа́ть себе́ ~ие die Únsterblichkeit erríngen*; **~ник** *м бот.* Immortélle *f* (11), Stróhblume *f* (11); **~ный** únsterblich; ~ная сла́ва únsterblicher Ruhm

бессмы́сленн||ость *ж* **1.** Sínnlosigkeit *f*; Únsinn *m* -(e)s; **2.** (*неосмысленность*) Stúmpfsinnigkeit *f*, Blödigkeit *f*; **~ый 1.** sínnlos, únsinnig; vernúnftwidrig; úngereimt; ~ый набо́р слов sínnloser Wórtschwall; ~ая муштра́ sínnloser Drill; **2.** (*неосмысленный*) stúmpfsinnig, blöde; unverständig, verständnislos; ~ый взгляд verständnisloser Blick

бессмы́слие *с* **1.** (*отсутствие мыслей*) Gedánkenlosigkeit *f*, Mángel *m* an Verständnis; **2.** (*неразумность*) Únvernunft *f*; Zíellosigkeit *f* (*бесцельность*)

бессмы́слица *ж* Únsinn *m* -(e)s, Nónsens *m* =; úngereimtes [törichtes] Geréde

бесснéжный schnéelos, schnéefrei

бессо́вестн||о *нареч.* **1.** *см.* бессо́вестный; **2.** *разг.* (*очень*) sehr, áußerórdentlich, únverschämt; **~ость** *ж* **1.** (*нечестность*) Gewíssenlosigkeit *f*, Éhrlosigkeit *f*; **2.** (*наглость*) Fréchheit *f*, Únverschämtheit *f*; Skrúpellosigkeit *f* (*беззастенчивость*); **~ый 1.** (*нечестный*) gewíssenlos, éhrlos, éhrvergessen; **2.** (*наглый*) frech, únverschämt; skrúpellos (*беззастенчивый*); ~ая ложь únverschämte Lüge

бессодержа́тельн||ость *ж* Ínhalt(s)losigkeit *f*; Léere *f*; **~ый** ínhalt(s)los; ínhaltsleer; níchtssagend; leer; ~ая кни́га ein ínhalt(s)loses [gedánkenarmes] Buch; ~ый челове́к ein hóhler Kopf

бессозна́тельн||ость *ж* **1.** *мед.* Bewúßtlosigkeit *f*, Besínnungslosigkeit *f*; **2.** (*безотчётность*) Únbewußtheit *f*; **~ый 1.** *мед.* bewúßtlos; besínnungslos; ~ое состоя́ние bewúßtloser Zústand, Bewúßtlosigkeit *f*, Besínnungslosigkeit *f*; **2.** (*безотчётный*) únbewußt; únbeabsichtigt (*непреднамеренный*); ~ый посту́пок únbewußte [nicht vórsätzliche] Hándlung

бессолев||о́й sálzlos; ~о́е пита́ние, ~а́я дие́та sálzfreie [sálzlose] Kost

бессо́лнечный sónnenlos; trübe (*пасмурный*)

бессо́нн||ица *ж* Schláflosigkeit *f*; **~ый 1.** (*проводимый без сна*) schláflos; **2.** (*бодрствующий*) nicht schláfend, wáchend

бессою́зный *грам.* konjunktiónslos, bíndewortlos, asyndétisch

бесспо́рн||о *нареч.* **1.** únbestreitbar, únstreitig, únleugbar, únumstößlich (*неопровержимо*); ~о че́стный челове́к ein únbestreitbar éhrlicher Mensch; э́то ~о das ist únbestreitbar [únbestritten]; das unterlíegt kéinem Zwéifel; **2.** *вводн. сл.* bestímmt, óffenkundig, fráglos, zwéifelsohne; он ~о я́вится er wird bestímmt erschéinen; **~ость** *ж* Únbestreitbarkeit *f*; **~ый** únstreitig, únbestreitbar; únleugbar, únumstößlich (*неопровержимый*); ~ая и́стина éine únumstößliche Wáhrheit; ~ое пра́во únbestrittenes Recht

бессре́бреник *м* úneigennütziger [sélbstloser] Mensch

бессро́чный únbefristet; ~ о́тпуск únbefristeter Úrlaub, Dáuerurlaub *m* (1)

бесстано́чн||ый: ~ое содержа́ние (*скота*) *с.-х.* bóxenfreie Háltung

бесство́льн||ый: ~ая артилле́рия róhrlose Artilleríe

бессто́чный ábflußlos, óhne Ábfluß

бесстра́стный 1. (*невозмутимый*) gelássen; **2.** (*равнодушный*) léidenschaftslos, gléichmütig

бесстра́ш||ие *с* Fúrchtlosigkeit *f*, Únerschrockenheit *f*; Kühnheit *f* (*смелость*); **~ный** fúrchtlos, únerschrokken; kühn (*смелый*)

бесструкту́рность *ж* Struktúrlosigkeit *f*

бесстру́нн||ый *муз.* óhne Sáiten, sáitenlos; ◇ ~ая балала́йка *бран.* Schnáttermaul *n* (5), Schwätzer *m* (6), Quátschkopf *m* (1*); Quátschliese *f* (11) (*о женщине*)

бесступе́нчатый stúfenlos

бессты́д||ник *м*, **~ница** *ж* Schámlose *m*, *f* (14); Únverschämte *m*, *f* (14) (*наглый*); **~ный** schámlos; únverschämt (*наглый*); **~ство** *с* Schámlosigkeit *f*; Únverschämtheit *f* (*наглость*)

бессты́жий *разг. см.* бессты́дный

бессубъе́ктн||ый *грам.*: ~ое предложе́ние únpersönlicher Satz

бессу́ффиксный *грам.* nicht suffigíert, suffíxlos

бессчётн||ый únzählig; záhllos; ~ое число́ раз únzählige Mále

бессюже́тный *лит.* sujetlos [sy'ʒe:-], óhne Sujet [Fábel]

беста́ктн||ость *ж* Táktlosigkeit *f*; Mángel *m* an Zártgefühl; соверши́ть ~ость sich (*D*) éine Táktlosigkeit zuschúlden kómmen lássen*; **~ый** táktlos

беста́ла́нный I únbegabt, talе́ntlos

беста́ла́нн||ый II *фольк.* (*несчастный*) glücklos; únglückselig; únselig; ~ая голо́вушка Únglückskind *n* (5), Péchvogel *m* (6*)

беста́рн||ый lóse, únverpackt, óhne Verpáckung; ~ая перево́зка Transpórt in lósem [únverpacktem] Zústand; ~ое хране́ние (*продуктов*) Mássen-einlagerung *f*

бестеле́сн||ость *ж* Körperlosigkeit *f*; **~ый** körperlos, únkörperlich

бестенево́й *фото* scháttenlos, scháttenfrei

бе́стия *ж бран.* Béstie *f* (11), Biest *n* (5), Vieh *n* -(e)s, Únmensch *m* (8); продувна́я ~ geríebener Kúnde; durchtríebener Kerl; то́нкая ~ lístiger Fuchs, Schláukopf *m* (1*)

бестолко́в||ость *ж* Verständnislosigkeit *f*, Stupiditát *f*, Stúmpfsinn *m* -(e)s; Beschránktheit *f* (*ограниченность*); **~щина** *ж разг.* Wírrwarr *m* -s, Únordnung *f*; úngereimtes Zeug; **~ый 1.** (*непонятливый*) verständnislos, únverständig, stúmpfsinnig, stupíd, schwer von Begríff, begríffsstutzig; **2.** (*несвязный*) wirr, únverständlich

бе́столочь *ж разг.* **1.** *см.* бестолко́вщина; **2.** (*бестолковый человек*) Dúmmkopf *m* (1*); blöder [konfúser] Kerl

бестре́петный *поэт.* fúrchtlos, únerschrocken

бесфо́рменн||ость *ж* **1.** Fórmlosigkeit *f*; Gestáltlosigkeit *f*; Únförmigkeit *f*; **2.** (*расплывчатость, неясность*) Únklarheit *f*; **~ый 1.** (*нескладный*) fórmlos; gestáltlos; únförmig; **2.** (*расплывчатый, неясный*) verschwómmen, únklar; **3.** *текст.* gefügelos

бесхара́ктерность *ж* Charákterschwäche [ka-] *f*

бесхара́ктерный charákterschwach [ka-]

бесхво́стый *зоол.* schwánzlos

бесхи́тростный tréuherzig, óffenherzig; árglos, hármlos, úngekünstelt

бесхо́зн||ый hérrenlos; ~ое иму́щество hérrenloses Gut

бесхозя́йственн||ость *ж* Míßwirtschaft *f*, náchlässige Wírtschaftsführung (*плохая организация*); Náchlässigkeit *f*, Fáhrlässigkeit *f* (*нерадивость*); **~ый** (*о человеке*) únwirtschaftlich; únpraktisch

бесхребе́тный óhne Rückgrat (*предик.*); *перен. тж.* charákterlos [ka-], prinzípienlos

бесцветко́вый *бот.* blütenlos

бесцве́тн||ость *ж* **1.** Fárblosigkeit *f*; Blässe *f*, Fáhlheit *f* (*лица́*); **2.** *перен.* Fárblosigkeit *f*; Áusdruckslosigkeit *f*, Fádheit *f*; **~ый 1.** fárblos; blaß, fahl (*о лице*); **2.** *перен.* fárblos, áusdruckslos; fáde; ábgedroschen, matt, trócken (*о стиле и т. п.*)

бесце́льн||ость *ж* Zíellosigkeit *f*, Zwécklosigkeit *f*; Nútzlosigkeit *f* (*бесполезность*); **~ый** zíellos, zwécklos; nútzlos (*бесполезный*); ~ые разгово́ры zwécklose [únnütze] Gespräche [Rederéien]

бесцензу́рный zensúrfrei

бесце́нн||ость *ж* **1.** (*большая ценность*) Únschätzbarkeit *f*, Kóstbarkeit *f*; **2.** (*малоценность*) Wértlosigkeit *f*; **~ый 1.** (*ценный*) wértvoll, kóstbar, únschätzbar; nicht mit Gold áufzuwiegen; ~ый друг téuerster Freund; **2.** *уст.* (*малоценный*) wértlos

бесце́нок: прода́ть что-л. за ~ *разг.* etw. spóttbillig [für ein Spóttgeld, zu éinem Spóttpreis, für ein Bútterbrot] verkáufen, etw. verschléudern

бесцеремо́нн||ость *ж* Rücksichtslosigkeit *f*, Úngeniertheit [-ʒe-] *f*; Skrúpellosigkeit *f*; Únverfrorenheit *f* (*наглость*); **~ый** rücksichtslos, úngeniert [-ʒə-]; skrúpellos; únverfroren (*наглый*); де́йствовать ~о rücksichtslos vórgehen*; kúrzen Prozéß máchen (*разг.*); ~о обраща́ться с кем-л. mit j-m rücksichtslos úmgehen* [úmspringen*]

бесчелно́чный *текст.* schützenlos, schíffchenlos

бесчелове́чн||ость *ж* Únmenschlichkeit *f*; Barbaréi *f*; Gráusamkeit *f*; **~ый** únmenschlich, entménscht, jéder ménschlichen Régung bar; gráusam; barbárisch

бесче́ст||ить entéhren *vt*, schänden *vt*, j-m die Éhre ráuben [ábschneiden*]; **~ный** éhrlos, éhrvergessen, únehrenhaft, schändlich, únfair [-fɛ:r]

бесче́стье *с* Schmach *f*, Schánde *f*; Schmach und Únehre

бесчи́н||ный *уст.* únziemlich, únanständig, úngebührlich, únschicklich; **~ство** *с* Únfug *m* -(e)s; Exzéß *m* -sses, -sse; Áusschreitung *f* (10), Überschréitung *f* (10); **~ствовать** Únfug tréiben*; Radáu máchen; die Rúhe [die Órdnung] stören; randalíeren *vi*, sein Únwesen *f* tréiben*

бесчи́сленн||ость *ж* Záhllosigkeit *f*, Únzählbarkeit *f*; Únzahl *f*; **~ый** záhllos, únzählbar; úngezählt, únzählig; ~ое мно́жество Únzahl *f*, Únmenge *f*

бесчу́вственн||ость *ж* **1.** Gefühllosigkeit *f*, Ábgestumpftheit *f*; Únempfindlichkeit *f* (*невосприимчивость*); **2.** (*безжалостность*) Mítleidslosigkeit *f*, Erbármungslosigkeit *f*; **~ый 1.** gefühllos, gefühlskalt, ábgestumpft; únempfindlich (*невосприимчивый*); **2.** (*безжалостный*) mítleidslos, erbármungslos

бесчу́вств||ие *с* **1.** Besínnungslosigkeit *f*, Bewúßtlosigkeit *f*; Óhnmacht *f* (10) (*обморок*); до ~ия bis zur Bewúßtlosigkeit; **2.** (*холодность*) Kälte *f*, Gefühllosigkeit *f*, Hérzlosigkeit *f*, Gefühlskälte *f*, Hártherzigkeit *f*

бесшаба́шность *ж* **1.** Únbekümmertheit *f*, Sórglosigkeit *f*; **2.** (*отчаянность*) Verwégenheit *f*, Übermut *m* -(e)s

бесшаба́ш||ный *разг.* **1.** (*беспечный*) sórglos, únbekümmert; вести́ ~ую жизнь ein flóttes [sórgloses] Lében führen; **2.** (*отчаянный*) verwégen, wághalsig; übermütig, áusgelassen; ~ый па́рень Héißsporn *m* (1)

бесшо́вн||ый *тех.* náhtlos; ~ая труба́ *тех.* náhtloses Rohr

бесшу́мный geräuschlos, geräuscharm, láutlos; ~ ход (*машины*) geräuschloser [geräuscharmer] Gang

бе́та-лучи́ *мн. физ.* Bétastrahlen *pl*, β-Strählen *pl*

бетатро́н *м физ.* Bétatron *n* -s, *pl* -s *u* -tróne, Elektrónenschleuder *f* (11)

бе́тель *м* **1.** *бот.* Bételpfefferstrauch *m* (4); **2.** (*листья для жевания*) Bétel *m* -s, Bételblätter *pl*

бето́н *м* Beton [-'tɔŋ] *m* -s, -s; арми́рованный ~ bewéhrter Beton; вибри́рованный ~ Rüttelbeton *m*; нетрамбо́ванный [насыпно́й] ~ Schüttbeton *m*; (предвари́тельно) напряжённый ~ Spánnbeton *m*; стру́нный ~ Stáhlsaitenbeton *m*; яче́истый ~ Zéllenbeton *m*; укла́дка ~а Betóneinbringung *f*; **~и́рование** *с тех.* Betoníeren *n* -s; ~и́рование с примене́нием подвижно́й [скользя́щей] опа́лубки Gléitbauweise *f* (11); **~и́ровать** *тех.* betoníeren *vt*; **~ный** *тех.* Beton- [-'tɔŋ-], aus Beton; ~ное основа́ние *стр.* Betóngründung *f* (10), Betónunterbau *m* -(e)s, -ten; на ~ном основа́нии (*о машине*) in den Bóden éinbetoniert

бетоно||меша́лка *ж тех.* Betonmischer [-'tɔŋ] *m* (6), Betónmischmaschine *f* (11); **~насо́с** *м* Betonpumpe [-'tɔŋ-] *f* (11); **~пласт** *м* Plástbeton [-,tɔŋ] *m* -s, -s; **~разда́тчик** *м* Betonverteiler [-'tɔŋ-] *m* (6); **~укла́дчик** *м* Betoneinbringer [-'tɔŋ-] *m* (6); Betoníermaschine *f* (11)

бето́нщик *м* Betonarbeiter [-'tɔŋ-] *m* (6), Betónleger *m* (6); Betónbauer *m* (6)

беф-стро́ганов *м* Beef [bi:f] Stróganow *n* -s (*Fleischgericht*)

бечев||а́ *ж* Schlépptau *n* (2), Zúgseil *n* (2), Trécksell *n*; тяну́ть (су́дно) ~о́й (*о бурлаках*) tréideln *vt*

бечёвк||а *ж* Schnur *f* (3); Bíndfaden *m* (7*); Spagát *m* (1) (*австр.*); перевяза́ть ~ой mit éiner Schnur (zú)bínden*; (zú)schnüren *vt*

бешаме́ль *ж кул.* Béchamelsoße [beʃa'mel-] *f* (11)

бе́шен||ство *с* **1.** (*болезнь*) Tóllwut *f*, Tóbsucht *f*, Rábies *f*; **2.** (*неистовство*) Raseréi *f*; приходи́ть в ~ство in Wut geráten*, rásend wérden;

rot séhen*; éine Sáuwut kríegen (*разг.*); приводи́ть в ~ство in Raseréi bríngen*; j-n fúchsteufelswild máchen; **~ый 1.** tóllwütig; **2.** (*неистовый*) rásend, wütend; schäumend [kóchend] vor Wut; ~ая ско́рость rásende Schnélligkeit [Éile]; ◇ ~ые де́ньги leicht erwórbenes und vertánes Geld; ~ые це́ны *разг.* wáhnsinnige [enórme, horrénde] Préise; ~ая го́нка вооруже́ний fíeberhaftes Wéttrüsten

бешме́т *м* Beschmét *m* (8)

бзик *м разг.* Schrúlle *f* (11), Fímmel *m* (6), fíxe Idée

биатло́н *м спорт.* Bíathlon *n* -s

биатлони́ст *м* Bíathlonsportler *m* (6)

библеи́зм *м* bíblischer Áusdruck (1*)

библе́йский bíblisch, Bíbel-

библио́||граф *м* Bibliográph *m* (8); **~графи́ческий** bibliográphisch; ~графи́ческий указа́тель Literatúrverzeichnis *n* (3*), Literatúrnachweis *m* (1); **~гра́фия** *ж* Bibliographíe *f*, Bücherschau *f* (*обзор в печати*); **~ма́н** *м* Bibliománe *m* (9); Büchernarr *m* (8) (*разг.*); **~ма́ния** *ж* Bibliomaníe *f*; Büchersammelwut *f* (*разг.*)

библиоте́ка *ж* Bibliothék *f* (10), Bücheréi *f* (10); отраслева́я ~ Fáchbücherei *f*; Госуда́рственная ~ и́мени Ле́нина die Lénin-Stáatsbibliothek, die stáatliche Léninbibliothek; публи́чная ~ öffentliche Bibliothék; передвижна́я ~ Fáhrbibliothek *f*, Fáhrbücherei *f*, Bíbliobus *m* -ses, -se; ~-стациона́р ständige Bibliothék; заводска́я ~ Betríebsbibliothek *f*; (пла́тная) ~ с вы́дачей книг на́ дом Léihbibliothek *f*; ~ свобо́дного до́ступа Fréihandbibliothek *f*, Fréihandbücherei *f*; но́тная ~ Musíkbibliothek *f*; ~ програ́мм *тех.* Programmothék *f* (10), Prográmmbibliothek *f*

библиоте́ка-чита́льня *ж* Bibliothék *f* mit Lésesaal

библиотекове́дение *с* Bibliothékskunde *f*, Bibliothékswissenschaft *f*

библио||те́чный Bibliothéks-, Bücheréi-; bibliothekárisch; ~те́чное де́ло Bibliothékswesen *n* -s; ~те́чный те́хникум Fáchschule *f* für Bibliothekáre; Bibliothekárschule *f* (11); **~фи́л** *м* Bibliophíle *m* (9), Bücherfreund *m* (1), Bücherliebhaber *m* (6); **~фи́льский** bibliophíl, für Bücherliebhaber; ~фи́льское изда́ние bibliophíle Áusgabe, Líebhaberausgabe *f* (11); **~фи́льство** *с* Bibliophilíe *f*, Bücherliebhaberei *f*

би́блия *ж* Bíbel *f* (11)

бива́к *м воен.* Bíwak *n* (2) (*тж.* -s, -s), Féld(nacht)lager *n* (6); стоя́ть [располага́ться] ~ом biwakíeren *vi*, im Fréien lágern; kampíeren *vi*

бива́чн||ый *воен.* Bíwak-; ~ый ого́нь Bíwakfeuer *n* (6)

би́вень *м* Stóßzahn *m* (1*), Háuer *m* (6); ~ слона́ Stóßzahn des Elefánten

бивуа́||к *уст. см.* бива́к; **~чный** *уст. см.* бива́чный

бигуди́ *мн.* Lóckenwickler *pl*

бидо́н *м* Bléchkanne *f* (11); ~ для молока́ Mílchkanne *f*; ~ для кероси́на Petróleumkanne *f*; Petróleumbehälter *m* (6)

бие́ние *с* **1.** Schlag *m* (1*); Schlágen *n* -s; ~ пу́льса Púlsschlag *m*; ~ се́рдца Hérzschlag *m*; Hérzklopfen *n* -s; **2.** *тех.* Schlag *m* (1), Schlágen *n* -s, Láufunruhe *f*; ◇ ~ жи́зни Púlsschlag des Lébens

бижуте́рия *ж* Módeschmuck *m* -(e)s, Bijouterie [biʒutəˈriː] *f* =, -i̯en

биза́нь *ж мор.* Besán *m* (1), Besánsegel *n* (6); **~-ма́чта** Besánbaum *m* (1*), Híntermast *m* (1) (*pl тж.* -en)

би́знес *м* Busineß [*англ.* ˈbɪznɪs] *n* =, Geschäft *n* (2); большо́й ~ Big Business *n*; **~ме́н** *м* Geschäftsmann *m* -(e)s, -leute

бизо́н *м зоол.* Bíson *m* -s,-s, Wísent *m* (1)

бикарбона́т *м хим.* Bíkarbonat *n* -(e)s

биквадра́т *м мат.* Bíquadrat *n* (2); die víerte Poténz; **~ный** *мат.* Bíquadrat-, bíquadratisch; ~ное уравне́ние Bíquadratgleichung *f* (10), Gléichung víerten Grádes

бикфо́рдов: ~ шнур *тех.* Zündschnur *f* (3)

билабиа́льный *лингв.* bilabiál

биле́т *м* **1.** (*проездной*) Fáhrkarte *f* (11) (*картонный*); Fáhrschein *m* (1) (*бумажный*); беспла́тный ~ Fréifahrkarte *f*; де́тский ~ Kínderfahrkarte *f*; еди́ный ~ kombiníerte Zéitkarte *f*; ме́сячный ~ Mónatskarte *f*; обра́тный ~ Rückfahrkarte *f*; плацка́ртный ~ *ж.-д.* Plátzkarte *f*; ра́зовый ~ Éinzelfahrschein *m*; сезо́нный ~ Zéitkarte *f*; трамва́йный ~ Stráßenbahnfahrschein *m*; ~ на самолёт Flúgkarte *f*; зака́з ~ов по телефо́ну telefónische Kártenbestellung; пригото́вьте ~ы! Fáhrkarten beréithalten!; **2.** (*входной*) Éintrittskarte *f* (11), Éinlaßkarte *f*; постоя́нный ~ (*абонемент*) Dáuerkarte *f*; ~ в теа́тр Theáterkarte *f*; пригласи́тельный ~ Éinladungskarte *f*; взя́тые ~ы действи́тельны die gelösten Kárten behálten íhre Gültigkeit; **3.** (*членский*) Buch *n* (5); Áusweis *m* (1); во́инский ~ Sóldbuch *n*; парти́йный ~ Partéidokument *n* (2); профсою́зный ~ Gewérkschaftsbuch *n*; студе́нческий ~ Studéntenausweis *m*; чита́тельский ~ Léserkarte *f* (11), Benútzerkarte *f*; шко́льный [учени́ческий] ~ Schüleraus-weis *m*; **4.:** (экзаменацио́нный) ~ Prüfungszettel *m* (6)

билетёр *м разг.* Plátzanweiser *m* (6) (*в кино*); Lógenschließer [-ʒən-] *m* (6) (*в театре*); **~ша** *ж разг.* Plátzanweiserin *f* (12) (*в кино*); Lógenschließerin [ʒən-] *f* (12) (*в театре*)

биле́тн||ый Fáhrkarten-, Kárten-; ~ая ка́сса *ж.-д.* Schálter *m* (6), Fáhrkartenschalter *m*; Fáhrkartenausgabe *f*; *театр.* Theáterkasse *f* (11)

билингви́зм *м* Bilinguísmus *m* =, Zwéisprachigkeit *f*

билингвисти́ческий bilinguisch [-ˈlɪŋgŭɪʃ]

биллио́н *м мат.* Milliárde *f* ($=10^9$)

билль *м* Bill *f*, *pl* -s, Gesétzentwurf *m* -s (*в Англии, США*)

би́ло *с текст., с.-х.* Schlágstab *m* (1*), Schwíngbeil *n* (2), Schlágleiste *f* (11); Schláger *m* (6)

бильдаппара́т *м тех.* Bíldapparat *m* (1); передава́ть по ~у bíldfunken *vi*

бильярд *м* Billard [*фр.* ˈbɪljart] *n* (2) (*тж.* -s, -s); игра́ть на ~е Billard spíelen; па́ртия на ~е Billardpartie *f* (11); **~ная** *сущ.* *ж* Billardzimmer [ˈbɪljart-] *n* (6); **~ный** Billard- [ˈbɪljart-]; ~ный кий Billardstock *m* (1*); ~ный шар Billardkugel *f* (11)

бимета́лл *м* Bímetall *n* (2)

биметалл||и́зм *м эк.* Bimetallísmus *m* =, Dóppelwährung *f*; **~и́ческий 1.** *мет.* bimetallisch; ~и́ческий про́вод Bimetallkabel *n* (6); **2.** *эк.* bimetallístisch; ~и́ческая систе́ма bimetallístisches Systém

бина́рный *лингв.*, *мат.* binär

бино́кль *м* Férnglas *n* (5), Theáterglas *n*, Ópernglas *n*; *разг.* Ópergucker *m* (6) (*театральный*); полево́й ~ *воен.* Féldstecher *m* (6); ночно́й ~ (*инфракрасный*) Náchtglas *n*

бинокуля́рн||ый binokulár; ~ое зре́ние binokuláres Séhen; ~ый опти́ческий прибо́р Dóppelfernrohr *n* (2)

бино́м *м мат.* Binóm *n* (2); ~ Нью́тона das Newtonsche [ˈnjuː-] Binóm

бинт *м* **1.** Bínde *f* (11); ска́танный ~ Róllbinde *f*; **2.** (*спорт*) Bandage [-ˈaːʒə] *f* (11); **~ова́ть** verbínden* *vt*

биоакти́вный bioaktív

биоаку́стика *ж* Bioakústik *f*

биогене́з *м* Biogenése *f*

биогенети́ческий *биол.* biogenétisch

биоге́нный biogén

биогеогра́фия *ж* Biogeographíe *f*

био́граф *м* Biográph *m* (8); **~и́ческий** biográphisch

биогра́фия *ж* Biographíe *f* (11), Lébensbeschreibung *f* (10)

биокиберне́тика *ж* Biokybernétik *f*

био́лог *м* Biológ(e) *m* (8,9); **~и́ческий** biológisch; ~и́ческое ору́жие biológische Wáffe; ~и́ческая война́ biológischer Krieg

биоло́г||ия *ж* Biologíe *f*; ~ия мо́ря Méeresbiologie *f*; кабине́т ~ии Biologíezimmer *n* (6) (*в школе*)

био||ма́сса *ж* Bíomasse *f*; **~меха́ника** *ж* Biomechánik *f*

био́ника *ж* Biónik *f*

био||про́ба *ж* Tíerversuch *m* (1); **~ри́тм** *м* Bíorhythmus *m* =, -men; **~-си́нтез** *м* Biosynthése *f*; **~сфе́ра** *ж* Biosphäre *f*; **~те́хника** *ж* Bíotechnik *f*; **~техноло́гия** *ж* Bíotechnologie *f*; **~то́ки** *мн.* Bíoströme *pl*; **~фа́брика** *ж* Fabrík [Werk] für veterinärmedizinische [ve-] Präparáte; **~фи́зика** *ж* Biophysík *f*; **~хими́ческий** biochémisch; **~хи́мия** *ж* Biochemíe *f*; **~энерге́тика** *ж* Bioenergétik *f*

бипла́н *м ав.* Zwéidecker *m* (6), Dóppeldecker *m*

биполя́рн||ость *ж физ.* Bipolarität *f*, Zwéipoligkeit *f*; **~ый** *физ.* bipolár, zwéipolig

би́рж||а *ж* Börse *f* (11); на ~е an der Börse; фо́ндовая ~а Effékténbörse *f*; това́рная ~а Wárenbörse *f*, Prodúktenbörse *f*; хле́бная ~а Getréidebörse *f*; лесна́я ~а Hólzbörse *f*, Hólzstapelplatz *m* (1*); ~а труда́ Árbeitsamt *n* (5)

биржев||и́к *м* Börsiáner *m* (6), Börsenspekulant *m* (8); Börsenjobber [-dʒɔ-] *m* (6); **~о́й** Börsen-; ~а́я сде́лка Börsengeschäft *n* (2)

би́рка *ж* **1.** (*у багажа*) Kófferanhänger *m* (6); **2.** *уст.* (*палочка с нарезками, отмечающими счёт*) Kérbholz *n* (5), Kérbstock *m* (1*)

бирма́н||ец *м* Burmése *m* (9); **~ский** burmésisch

бирюз||а́ *ж* Türkís *m* (1); **~о́вый** Türkís-; türkísfarben; ~о́вый пе́рстень Türkísring *m* (1)

бирю́к *м* **1.** *разг.* (*волк-одиночка*) nicht in Rúdeln lébender Wolf; **2.** *перен.* (éinsamer) Gríesgram *m* (1); ◇ смотре́ть ~о́м ≅ fínster [mürrisch] dréinschauen

бирю́льки *мн.* (*игра*) Stäbchenspiel *n* -(e)s; ◇ игра́ть в ~ séine Zeit mit Spieleréien vergéuden [vertändeln]

бис *междометие* nóch einmál!, da capo [ˈkaː-]!; выступле́ние на ~ Zúgabe *f* (11); исполня́ть на ~ wiederhólen *vt*

би́сер *м* Glásperlen *pl*; Stíftperlen *pl* (*в форме палочек*); Stíckperlen *pl* (*для вышивания*);низа́ть ~ Glásperlen áufreihen; вышива́ть ~ом mit Glásperlen stícken; вы́шивка ~ом

Pérlenstickerei *f*; ◇ метáть ~ пéред свиньями Pérlen vor die Säue wérfen*; **~ин(к)а** *ж разг.* Glásperle *f* (11), Glásperlchen *n* (7); **~ный 1.** Glásperlen-; pérlenartig; ~ное ожерéлье Glásperlenkette *f* (11); **2.** *перен.* klein, fein, zíerlich; **~ный** пóчерк kléine [zíerliche] Schrift, Pérlschrift *f* (10)

бисиро́вать (séinen Áuftritt) wiederhólen; zúgeben* *vt*; застáвить когó-л. нéсколько раз ~ j-m méhrere Zúgaben ábnötigen

бискви́т *м* **1.** (*печенье*) Biskuit [-'kvit] *m*, *n* -(e)s, -e (*pl тж.* -s); **2.** *спец.* (*род фарфора*) Biskuitporzellan [-'kvit-] *n* -(e)s; **~ный** Biskuit- [-'kvit-]; ~ное пирóжное Biskuitkuchen *m* (7)

биссектри́са *ж мат.* Biséktrix *f*, *pl* -trízen, Halbíerende *f* (14), Halbíerungslini|e *f* (11); ~ углá Wínkelhalbierende *f*

бистро́ *с* Bístro *n* -s, -s; Café [-'fe:] *n* -s, -s

бисульфа́т *м хим.* Bisulfát *n* (2)

бит *м выч. тех.* Bit *n* -s, -s

бита́ *ж спорт.* Schlágholz *n* (5), Schläger *m* (6)

би́тва *ж* Schlacht *f* (10); ~ за Москвý die Schlacht um Móskau; ~ под... die Schlacht bei...

би́тенг *м мор.* Béting *m* (1), *f* (3)

битко́м: ~ наби́тый vóllgestopft, vóllgepfropft, überfüllt; bréchend [gedrängt] voll, zum Bérsten voll; зал был наби́т ~ der Saal war überfüllt, der Saal war bréchend voll

бито́к *м* **1.** *спорт. см.* битá; **2.** *кул.* Klops *m* (1), Fléischkloß *m* (1*)

биту́м *м* Bitúmen *n* -s, *pl* = *u* -mina

би́тый geschlágen; verháuen; zerschlágen (*разбитый*); geschláchtet (*убитый — о птице*); ◇ ~ час éine geschlágene [vólle] Stúnde

бить 1. (*избивать*) schlágen* *vt*, háuen* *vt*, prügeln *vt*, verprügeln *vt*; ~ пáлкой mit dem Stock schlágen*; **2.** (*побеждать*) schlágen* *vt*, besíegen *vt*; ~ врагá den Feind schlágen* [besíegen]; **3.** (*разбивать*) zerschlágen* *vt*, zertrümmern *vt*; ~ посýду Geschírr zerschlágen*; **4.** (*резать скот*) schláchten *vt*; **5.** *охот.* schíeßen* *vt*, erlégen *vt*; ~ зáйца éinen Hásen schíeßen* [erlégen]; **6.** (*о ружье*) trágen* *vi*; ружьё бьёт далекó das Gewéhr trägt weit; **7.** (*о воде, нефти и т. п.*) quéllen* *vi* (s), sprúdeln *vi* (h, s), springen* *vi* (s); фонтáн бьёт der Spríngbrunnen geht; **8.** (*давать сигнал*) schlágen* *vt*, läuten *vt*; ~ в кóлокол die Glócke läuten, mit der Glócke läuten; ~ в набáт Sturm läuten; ~ отбóй 1) *воен.* zum Rückzug blásen*; 2) *перен.* ábblasen* *vi*; sich zurückziehen*, sich drücken, sich davónmachen; часы́ бьют die Uhr schlägt; **9.** *спорт.* (*по мячу*) schlágen* *vt*, schíeßen* *vt*, schméttern *vt*, tréten* *vt*; flánken *vt* (*с боку к середине*); **10.** *перен.* (*бичевать*) géißeln *vt*; ~ по суевéрию den Áberglauben géißeln; ◇ ~ ключóм quéllen* *vi* (s); hervórsprudeln *vi* (h, s); жизнь бьёт ключóм das Lében sprúdelt über, das Lében pulsíert; ~ тревóгу Alárm schlágen*; ~ в барабáн die Trómmel rühren [schlágen*]; trómmeln *vi*; ~ в ладóши (in die Hände) klátschen; ~ в цель ins Ziel schíeßen*, ins Schwárze zíelen [tréffen*], das Ziel [das Ríchtige] tréffen*; ~ в глазá in die Áugen springen* [stéchen*, fállen*]; áuffallen*; ~ кáрту éine Kárte stéchen*; ~ мáсло Bútter schlágen*, búttern *vi*; меня́ бьёт лихорáдка ich hábe Schüttelfrost; ~ задóм (*о лошади*) áusschlagen* *vi*; ~ челóм (*комý-л.*) *уст.* j-n úntertänigst [kníefällig, démütig] um etw. (*A*) bítten*; ~ по самолю́бию das Éhrgefühl verlétzen; kränken *vt*; э́то бьёт по кармáну das reißt ins Geld; э́то бьёт по неимýщим das trifft die Míttellosen; э́то бьёт на эффéкт das ist Effékthascherei; на что он бьёт? wo will er hináus?, was hat er im Sinn?

битьё *с* **1.** (*побои*) Prügel *pl*, Schläge *pl*; **2.** (*разбивание*) Zerschlágen *n* -s, Zertrümmern *n* -s

би́ться 1. (*сражаться*) sich schlágen*, kämpfen *vi*; **2.** (*драться*) sich schlágen*, sich ráufen; **3.** (*о сердце и т. п.*) schlágen* *vi*; klópfen *vi* (*стучать*); **4.** *разг.* (*бороться*) kämpfen *vi*; ~ за выполнéние плáна für die Erfüllung des Plánes kämpfen; **5.** (*прилагать усилия*) sich ábmühen, sich ábplagen, sich ábquälen (над чем-л. mit *D*); ~ над разрешéнием задáчи sich mit der Lösung éiner Áufgabe ábplagen; **6.** (*ударяться*) schlágen* *vi*, rénnen* *vi* (чем-л. mit *D*, обо что-л. gégen *A*, an *A*); **7.** *страд.* zerbréchen* *vi*, sich zerschlágen lássen*; посýда легкó бьётся das Geschírr zerbricht leicht; ◇ ~ как ры́ба об лёд *погов.* ≅ sich ábmühen wie der Fisch auf dem Trócknen; in éiner verzwéifelten Láge sein; ~ в тискáх кри́зиса sich im Schráubstock der Kríse winden*; ~ об заклáд wétten *vi*; éine Wétte éingehen*; ~ в истéрике éinen hystérischen Ánfall háben, um sich (*A*) schlágen*

битю́г *м* stárkes Lástpferd (2)

бифурка́ция *ж* Bifurkatión *f* (10), Gáb(e)lung *f* (10); Zwéiteilung *f* (10)

бифште́кс *м* Beefsteak [*англ.* 'bi:fstek] *n* -s, -s

би́цепс *м анат.* Bízeps *m* (1), Óberarmbeugemuskel *m* (13)

бич *м* **1.** Péitsche *f* (11); **2.** *перен.* Géißel *f* (11); Pláge *f* (11); войнá — ~ человéчества der Krieg ist die Géißel der Ménschheit

бичев||а́ние *с* **1.** Áuspeitschung *f*; **2.** *перен.* Géißelung *f*, Brándmarkung *f*; **~а́ть 1.** (áus)peitschen *vt*; **2.** *перен.* géißeln *vt*, brándmarken *vt*, an den Pránger stéllen, ánprangern *vt*

бичено́сец *м зоол.* Géißeltierchen *n* (7)

бишь *разг. уст.* doch, ja; doch gleich; как ~ егó зовýт? wie heißt er doch gleich?; то ~ óder vielméhr

бла́г||о I *сущ. с* **1.** Wohl *n* -(e)s, Heil *n* -(e)s; Nútzen *m* -s (*польза*); нарóдное ~о das Vólkswohl; óбщéственное ~о das allgeméine Wohl; **2.** *мн.* ~а Güter *pl*; ~а жи́зни die Güter der Welt, die Güter des Lébens; материáльные ~а materi|élle Güter; **3.** *предик.* sehr gut, ein Glück; ~о емý, что он вернýлся sein Glück, daß er zurückgekommen ist; ~о, что есть... zum Glück gibt es... ◇ на ~о, для ~а zum Wohl (*G*); всех благ! *разг.* (*при прощании*) álles Gúte!; считáть за ~о für gut erachten; ни за какие ~а (в ми́ре) nicht um álle Güter der Welt; für nichts in der Welt

бла́го II *союз разг.* um so mehr als; weil ja, da doch; порабóтаю с утрá, ~ я рáно встал ich wérde am Mórgen árbeiten, da ich (doch) früh áufgestanden bin

благове́рн||ый *шутл.*: мой ~ый, моя́ ~ая méine Éhehälfte

бла́говест *м церк.* Läuten *n* -s (vor dem Góttesdienst), Kírchenglockengeläut *n* (2)

благове́щение *с церк.* Maríä Verkündigung *f* (*праздник*)

благови́дн||ый 1. ánständig; ángemessen; **2.** *уст. см.* благообрáзный; ◇ под ~ым предлóгом únter éinem pássenden Vórwand

благовол||е́ние *с уст.* Wóhlwollen *n* -s, Gunst *f*; **~и́ть** *уст.* **1.** (*к комý-л.*) wóhlwollen *отд. vi* (*D*); gewógen sein (*D*); **2.** belíeben *vt* (*что-л. делать etw. zu tun*); ~и́те... séien Sie so gut..., belíeben Sie..., háben Sie die Güte...

благово́н||ие *с* Wóhlgeruch *m* (1*); **~ный** wóhlriechend; dúftend (*благоухающий*)

благовоспи́танн||ость *ж* Wóhlerzogenheit *f*; **~ый** wóhlerzogen, gesíttet

благогов||е́йный éhrfurchtsvoll; ándächtig, ándachtsvoll; **~е́ние** *с* Éhrfurcht *f*, Ándacht *f*

благогове́ть: ~ пéред кем-л. j-n veréhren; zu j-m empórschauen; *разг.* j-n ánhimmeln

благодар||и́ть dánken *vi*, Dank ságen (когó-л. *D*); sich bedánken (когó-л. bei *D*); sich erkénntlich zéigen (за что-л. für *A*) (*быть признательным*); ~ю́ вас! dánke (schön)!, ich dánke Ihnen!, bésten Dank! ◇ ~ю́ покóрно *ирон.* dánke ergébenst [gehórsamst], bedáure; ≅ ich dánke für Obst und Südfrüchte

благода́р||ность *ж* **1.** (*чувство*) Dánkbarkeit *f*, Erkénntlichkeit *f*; глубóкая ~ность tíefempfundener Dank; **2.** (*изъявление благодарности*) Dank *m* -es; Dánkesbezeigung *f* (10); приноси́ть ~ность séinen Dank ábstatten [áussprechen*]; не стóит ~ности! kéine Ûrsache!, gern geschéhen!, (das ist) nicht der Réde wert!; **~ный** dánkbar, dánkerfüllt, erkénntlich; быть ~ным комý-л. j-m dánkbar sein, j-m Dank wíssen*; ◇ ~ный труд dánkbare [lóhnende] Árbeit; **~ственный** *уст.* Dank-; ~ственное письмó Dánkesbrief *m* (1), Dánkschreiben *n* (7)

благодаря́ *предлог* (комý-л., чемý-л.) dank (*D*), durch (*A*); infólge (*G*); ~ случáйности durch éinen Zúfall; ~ томý, что... dádurch, daß...

благода́тный ségenspendend; glücklich, wóhltuend; ~ край ein frúchtbares Land

благода́ть *ж* **1.** *предик. разг.* Wónne *f*, Glückseligkeit *f*; какáя ~! wie schön!, wélche Wónne!; **2.** *церк.* Gnáde *f*, Ségen *m* (7); ◇ ~ в дóме Überfluß [Réichtum] im Háuse

благоде́нств||ие *с уст.* Wóhlstand *m* -(e)s; Wóhlfahrt *f*; **~овать** im Wóhlstand lében, hérrlich und in Fréuden lében

благоде́тель *м* Wóhltäter *m* (6); **~ница** *ж* Wóhltäterin *f* (12); **~ность** *ж* Wóhltätigkeit *f*; **~ный 1.** (*благотворный*) wóhltuend, wóhltätig; **2.** (*добрый*) *уст.* gútherzig, philantrópisch

благодея́ние *с* Wóhltat *f* (10)

благоду́ш||ествовать sórgloser Stímmung [Láune] sein; sórglos dahínleben; **~ие** *с* Séelenruhe *f*, Áusgeglichenheit *f* (des Charákters [ka-]); Gútmütigkeit *f* (*добродушие*); Sélbstgefälligkeit *f* (*самоуспокоенность*); Gútgläubigkeit *f* (*легковерие*); **~ный** séelenruhig, güter Stímmung; gútmütig (*добродушный*); ~ное настроéние güte [héitere, fréudige] Stímmung

благожела́тель *м* Gönner *m* (6)

благожела́тель||ность *ж* Wóhlwollen *n* -s; **~ный** wóhlwollend; wóhlgemeint, gútgemeint, gútgesinnt; ~ное отноше́ние wóhlwollendes Verhálten, Zúneigung *f*

благозву́ч||ие *с*, **~ность** *ж* Wóhllaut *m* (-e)s, Wóhlklang *m* -(e)s, Euphoníe *f* (11); **~ный** wóhlklingend

благ||о́й I *уст.* (*хороший*) gut, vortréfflich; nützlich; **~и́е** **наме́рения** gúte Vórsätze, wóhlmeinende Ábsichten; **~а́я** **мысль** vortrélflicher Gedánke; ◇ **~у́ю** **часть** **избра́ть** das béssere Teil erwählen

благ||о́й II *разг.* (*сумасбродный*) unberéchenbar; кричáть **~и́м** мáтом aus vóllem Hálse schréien*, wie am Spieß schréien*

благоле́пие *с уст.* Pracht *f*, Schönheit *f*

благонадёжн||ость *ж* **1.** (*надёжность*) Zúverlässigkeit *f*; Sícherheit *f* (*достоверность*); **2.** *уст.* (*политическая*) Regíerungs¦treue *f*; свидéтельство о ~ости Unbedénklichkeitsbescheinigung *f* (10); **~ый** **1.** (*заслуживающий доверия*) zúverlässig; sícher (*достоверный*); **2.** *уст.* (*политически*) regíerungs¦treu

благонаме́ренн||ость *ж уст.* Regíerungs¦treue *f*; **~ый** **1.** *уст.* (*в дореволюционной России преданный строю*) regíerungs¦treu; **2.** (*с добрыми намерениями*) wóhlgemeint, gútgesinnt, wóhlmeinend

благонра́в||ие *с уст.* Síttsamkeit *f*; **~ный** *уст.* síttsam, gesíttet

благообра́з||ие *с* wóhlgestaltetes Äußere; würdiges Áussehen; **~ный** wóhlgestaltet

благополу́ч||ие *с* Wóhlergehen *n* -s, Wóhlfahrt *f*; Gedéihen *n* -s (*процветание*); Wóhlstand *m* -(e)s (*благосостояние*); **~но** *нареч.* glücklich, glatt; wóhlbehalten; ещё не всё ~но es ist noch nicht álles in Órdnung [zum bésten bestéllt]; всё кóнчилось ~но álles ging gut aus; **~ный** günstig, glücklich, glatt; wóhlbehalten; ~ный исхóд glücklicher [günstiger] Áusgang; ~ное прибы́тие glückliche Ánkunft

благоприобретённый *юр.* (*не наследственный*) réchtmäßig gekáuft; selbst erwórben

благопристо́йность *ж уст.* Wóhlanständigkeit *f*; Schícklichkeit *f*

благопристо́йный *уст.* wóhlanständig, schícklich

благоприя́т||ный **1.** (*способствующий чему-л.*) günstig; ~ные услóвия günstige Bedíngungen; в ~ном слу́чае günstigenfalls; **2.** (*хороший, одобрительный*) lóbend, ánerkennend, béifällig; ~ное суждéние béifälliges [lóbendes] Úrteil; ~ные вéсти günstige Náchrichten; представля́ть дéло в ~ном ви́де éine Sáche in ein vórteilhaftes [günstiges] Licht rücken; **~ствование** *с* Begünstigung *f* (комý-л. *G*); наибóльшее ~ствование *эк.*, *полит.* Méistbegünstigung *f*; **~ствовать** begünstigen *vt*, günstig sein; fördern *vt*, förderlich sein; счáстье емý ~ствовало das Glück war ihm hold [günstig, gnädig, gewógen]; **~ствуемый** begünstigt, unterstützt, gefördert (чем-л. durch *A*)

благоразу́м||ие *с* Vernúnft *f*; Verständigkeit *f*, Éinsicht *f*; Úmsicht *f* (*осторожность*); ~ие заставля́ет... die Vernúnft gebíetet...; **~ный** vernünftig; verständig, éinsichtig, besónnen; vórsichtig (*осторожный*); э́то бы́ло **~но** das war vernünftig gehándelt; будь **~ен!** sei vernünftig!, nimm Vernúnft an!

благоро́дие *с уст.* (*титулование*): вáше ~ Éuer Wóhlgeboren; егó [их] ~ Séiner Wóhlgeboren

благоро́д||ный *прил.* **1.** édel; édelmütig, hóchsinnig, vórnehm; stínkvornehm (*ирон. разг.*); ~ный постýпок éine édle Tat; ~ный метáлл Édelmetall *n* (2); **2.** *прил. уст.* (*аристократический*) ádlig, von ádliger Hérkunft, vórnehm; **3.** *в знач. сущ.* Édelmann *m* (4) (*pl тж.* -leute), Ádlige *m* (14); **~ство** *с* **1.** (*величие*) Édelmut *m* -(e)s, Édelsinn *m* -(e)s; Größe *f*; Hóchherzigkeit *f* (*великодушие*); **2.** (*достоинство, изящество*) das Vórnehme (*sub*), das Édle (*sub*); ~ство осáнки vórnehme Háltung; **3.** (*дворянство*) Ádel *m* -s, ádlige Hérkunft

благоскло́нн||ость *ж* Wóhlwollen *n* -s, Zúneigung *f*, Gunst *f*, Gewógenheit *f*, Genéigtheit *f*; пóльзоваться чьей-л. ~остью j-s Gunst [Wóhlwollen] besítzen*; bei j-m in Gunst stéhen*; **~ый** wóhlwollend, genéigt, zúgetan, gewógen; он отнёсся ~о к э́той идéе er begrüßte díesen Gedánken; ~о вы́слушать когó-л. j-n wóhlwollend [mit Wóhlwollen] ánhören; ~ый читáтель der genéigte Léser

благослов||е́ние *с* **1.** (*пожелание*) Ségen *m* (7); Ségenswunsch *m* (1*); **2.** *разг.* (*одобрение*) Bílligung *f*; **~ённый** geségnet, ségenspendend, ségensreich; **~и́ть**, **~ля́ть** **1.** (*перекрестить*) ségnen *vt*, Ségen spénden; **2.** (*одобрять*) bílligen *vt*; séinen Ségen zu etw. (*D*) gében*; **3.** (*возблагодарить*) lóben *vt*, dánken *vi*

благосостоя́ние *с* Wóhlstand *m* -(e)s; Wóhlergehen *n* -s

бла́гостный wóhltuend

благотвори́тель *м* Wóhltäter *m* (6); **~ность** *ж* Wóhltätigkeit *f*, Philanthropíe *f*; **~ный** wóhltätig, philanthrópisch; ~ная лотерéя Wóhltätigkeitslotterie *f* (11); ~ная столóвая Súppenküche *f* (11)

благотво́рн||ость *ж* Héilsamkeit *f*; Erspríeßlichkeit *f*; **~ый** wóhltuend, héilsam; günstig, erspríeßlich (*полезный*); ~ое влия́ние güter Éinfluß; ségensreiche Áuswirkung

благо||устро́енный wóhlgeordnet; gerégelt; gut éingerichtet [áusgestattet], komfortábel, bequém (*о доме, квартире*); **~устро́ить** gut [komfortábel] éinrichten; **~устро́йство** *с* Komfort [-'fo:r] *m* -s, Wóhnkomfort *m* (*квартиры*); Begrünung und Áusstattung mit állen nötigen Versórgungseinrichtungen, Verschönerung *f* (*города*)

благоуха́||ние *с* Wóhlgeruch *m* (1*), Duft *m* (1*), Aróma *n* -s *pl* -s, *u* -ta; **~нный** *см.* благоухáющий; **~ть** dúften *vi* (чем-л. nach *D*), Wóhlgerüche áusströmen; **~ющий** wóhlriechend, dúftend, aromátisch

благо||чести́вый fromm, stréngglaubig; **~че́стие** *с* Frömmigkeit *f*, Strénggläubigkeit *f*

блаже́н||ный **1.** (*счастливый*) sélig, glückselig, wónnevoll, wónnig; verzückt; ~ная улы́бка verzücktes Lächeln; ~ное состоя́ние séliger Zústand, Zústand der tíefsten Befríedigung; ~ный день wónnevoller [wónniger] Tag; **2.** (*глуповатый*) töricht; (*юродивый*) beséssen; ◇ блажéн, кто вéрует wer's glaubt, wird sélig; **~ство** *с* Séligkeit *f*; Glückseligkeit *f*, Wónne *f*; tíefstes Wóhlbehagen; ◇ быть на верхý ~ства in Wónne [im Glück, in éinem Meer von Séligkeit] schwímmen*; **~ствовать** sich sélig [glücklich] fühlen

блаж||и́ть *разг.* Dúmmheiten máchen; éigensinnig [láunisch] sein; **~но́й** *разг.* láunisch, únberechenbar

блажь *ж разг.* Láune *f* (11); Únberechenbarkeit *f*; Grílle *f* (11); **поро́й** на негó **нахóдит** ~ mitúnter hat er séine Láunen [Grillen]

бланк *м* Formulár *n* (2), Vórdruck *m* (1), Vórdruckblatt *n* (5); **фи́рменный** ~ Fírmenbriefbogen *m* (7, 7*); чи́стый ~ Blánkoformular *n*, léeres [únausgefülltes] Formulár; ~ закáза Bestéllschein *m* (1); ~ заявлéния Ántragsformular *n*; ~ почтóвого перевóда Záhlkarte *f* (11), Póstanweisung *f* (10); телегрáфный ~ Telegrámmformular *n*; ~ поздрави́тельной телегрáммы Schmúckblatt-Telegrámm *n*; ~ для донесéний *воен.* Méldekarte *f*; заполнить ~ éinen Vórdruck áusfüllen; **~овый** Blánko-; ~овая нáдпись *фин.* Blánkoindossament *n* (2); ~овая кни́жка Quíttungsbuch *n* (5)

бланконадписа́тель *м фин.* Blánkoindossant *m* (8)

бланширова́ть *кул.* blanchieren [blaŋ'ʃi:-] *vt*

блат *м* **1.** *см.* блатнóй язы́к; **2.** *разг.* Vétternwirtschaft *f*; «Vitamín B» (*ирон.*); имéть ~, пóльзоваться ~ом Bezíehungen háben; по ~у durch Protektión, durch die Híntertür, durch Bezíehungen

блатно́й: ~ язы́к (*воровской жаргон*) Gáunersprache *f*, Rótwelsch *n* -(e)s

блева́ть *груб.* kótzen *vi*

бледне́ть **1.** erblássen *vi* (s), erbléichen * *vi* (s), bleich [blaß] wérden; он бледнéет er erbléicht, die [álle] Fárbe weicht aus séinem Gesícht; **2.** (*перед чем-л.*): э́то бледнéет **пéред** ýжасами войны́ das ist nichts **gégen** die Schrékken des Krieges

бледноли́цый *прил.* **1.** blaß, mit blássem Gesícht; **2.** *в знач. сущ.* Bléichgesicht *n* (5)

бле́дно-ро́зовый bláßrosa

бле́дн||ость *ж* **1.** Blässe *f*; **2.** (*о стиле, языке и т. п.*) Fárblosigkeit *f*; Tróckenheit *f*; **~ый** **1.** bleich, blaß; óchень ~ый kréidebleich; tótenbleich, léichenbláß (*мертвенно-бледный*); schréckensbleich (*от испуга*); **2.** (*о стиле и т. п.*) fárblos; trócken; nüchtern; ~о-зелёный máttgrün, fáhlgrün; ~о-голубóй bláßblau; ◇ ~ая немóчь *мед.* Bléichsucht *f*, Chloróse [klo-] *f*

блёк||лость *ж* (*красок*) Fáhlheit *f*; Máttheit *f*; Wélkheit *f* (*лица, растений*); **~лый** (*о краске, цвете*) fahl, matt; verbláßt, verschóssen (*выцветший*); welk (*о лице, растениях*); ~лые áстры máttfarbene Ástern; ~лая рудá *мин.* Fáhlerz *n* -es, Fáhlglanz *m* -es; **~нуть** fahl [matt] wérden; verschíeßen* *vi* (s), verblássen *vi* (s) (*о цвете*); welk wérden, wélken *vi* (s) (*о лице, растениях*); erlöschen* *vi* (s) (*о взгляде*)

бле́нда *ж фото* Blénde *f* (11); Sónnenblende *f*

бле́нкер *м свз.* Scháuzeichen *n* (7), Blínker *m* (6)

бленноре́я *ж мед.* **Blennorrhö(e)** *f*, Áugentripper *m* -s

блеск *м* **1.** Glanz *m* **-es**, Schein *m* -(e)s; Blítzen *n* -s; Fúnkeln *n* -s; начи́щенный до ~а **blánkpoliert**; **2.** (*великолепие*) Pracht *f*, Prunk *m* -(e)s, Pomp *m* -(e)s; ~ нарядa Kléiderpracht *f*; ~ остроýмия Géistesblitz *m* -es; лóжный ~ Flíttergold *n* -es, trügerischer Glanz [Schein]; ◇ **желéзный** ~ *мин.*

Éisenglanz *m*, Rótelsenerz *n* -es; во всём ~е in áller Pracht (und Hérrlichkeit); показáть себя́ во всём ~е sich von der bésten Séite zéigen; с ~ом сдать экзáмен die Prüfung mit Glanz bestéhen*

блеснá *ж* Blinker *m* (6), Köder *m* (6)

блесну́||ть áufglänzen *vi* (h, s), áufblinken *vi* (h, s), áufblitzen *vi* (h, s); у меня́ ~ла мысль ein Gedánke schoß [fuhr] mir durch den Kopf; ~ть красноре́чием sich als ein glänzender Sprécher [Rédner] zéigen.

блес||тéть glänzen *vi*; stráhlen *vi*; blítzen *vi*, fúnkeln *vi*, schímmern *vi* (*сверкать*); blínken *vi*, léuchten *vi* (*светиться*); глазá ~тя́т 1) (*радостью*) die Áugen glänzen [blítzen]; 2) (*гневом*) die Áugen fúnkeln; он не блéщет умóм *разг.* ≅ er ist kéine Léuchte; звёзды ~тя́т die Stérne glänzen [fúnkeln, stráhlen]; посу́да ~ти́т das Geschírr ist blítzblank; егó (стáрые) брю́ки ~тéли séine Hóse war blánkgescheuert; ◇ не всё то зóлото, что ~ти́т *посл.* es ist nicht álles Gold, was glänzt

блёстк||и *мн.* **1.**: ~и на водé Flímmern *n* [Geflímmer *n*] auf dem Wásser; **2.** (*украшение*) Flítter *pl*, Metállflitter *pl*; Paillette [pa'jetə] *f* (11); плáтье в ~ах pailletiertes Kleid; ◇ ~и остроу́мия Géistesfunken *pl*, Géistesblitze *pl*

блестя́щ||ий **1.** glänzend; stráhlend; blank; fúnkelnd (*сверкающий*); **2.** (*великолепный*) glánzvoll, prächtig, prúnkvoll; pómphaft (*о зрелище и т. п.*); **3.** (*выдающийся*) glänzend; ~ий орáтор glänzender [brillanter (brɪl'jantər)] Rédner; ~ий примéр léuchtendes Vórbild (*о человеке*)

блеф *м* Bluff *m* -s, -s

блéяние *с* Blöken *n* -s (*овцы*); Mékkern *n* -s (*козы*)

бле́ять blöken *vi* (*об овцах*); mékkern *vi* (*о козах*)

ближáйш||ий **1.** nächst, nächstliegend; nächstgelegen; (der) nächst(e), (der) fólgend(e), únmittelbar fólgend (*следующий*); benáchbart, ángrenzend (*соседний*); únmittelbar (*непосредственный*); ~ая задáча die nächste Áufgabe; в ~ем бу́дущем in nächster Zúkunft, in ábsehbarer Zeit, in állernächster Zeit; *разг.* in Bälde; ~ее учáстие únmittelbare Téilnahme; **2.** (*более детальный*) näher; при ~ем рассмотрéнии bei näherer Betráchtung; **3.** (*о людях*) nah, nächst, intím; ~ий друг ein náher [intímer] Freund; ~ие рóдственники die nächsten Verwándten

ближневостóчный Nahóst-, nahóstlich

бли́ж||ний *прил.* **1.** nah; náhegelegen, benáchbart (*близлежащий*); ◇ Бли́жний Востóк der Náhe Ósten; стрáны Бли́жнего Востóка die nahöstlichen Länder; **2.** *в знач. сущ. м* Nächste *m* (14); Mítbruder *m* (6*) (*собрат*); долг по отношéнию к ~нему Nächstenpflicht *f*

близ *предлог* náhe (*D*); náhe an (*D*); bei (*D*); in der Nähe von (*D*)

бли́з||иться sich nähern, heránnahen *vi* (s), náhen *vi* (s), sich náhen; врéмя ~ится к десяти́ (часáм) es geht stark auf zehn (Uhr); зимá ~ится к концу́ es geht auf den Frühling zu; **~кие** *сущ. мн.* (*родственники*) die Nächsten, die náhen Verwándten; **~кий** **1.** (*недалёкий*) nah; náhgelegen (*близлежащий*); ~кое бу́дущее nächste Zúkunft; ~кий отъéзд báldige Ábreise; ~кий к óбмороку fast [halb] óhnmächtig, éiner Óhnmacht náhe; на ~ком расстоя́нии in nächster Nähe (*находиться*); aus nächster Nähe (*смотреть и т. п.*); **2.** (*сходный*) nah, ähnlich; wórtgetreu (*о переводе*); **3.** (*об отношениях*) nah, intím; ~кий рóдственник ein náher Verwándter; ~кий друг ein intímer [náher] Freund; ~кий к полити́ческим кругáм éine den polítischen Kréisen náhestehende Persönlichkeit; ◇ ~кие отношéния 1) (*дружеские*) náhe Bezíehungen; énges fréundschaftliches Verhältnis; 2) (*любовная связь*) Líebesverhältnis *n* -ses; бли́же к дéлу näher zur Sáche; **~ко** *нареч.* **1.** nah, únweit; **2.** *перен.* nah, intím, eng; ~ко познакóмиться с кем-л. j-n näher kénnenlernen; ~ко сойти́сь с кем-л. sich mit j-m intím [eng] befréunden

близлежáщий nah, náhegelegen, náheliegend

близнецы́ *мн.* **1.** Zwíllinge *pl*; Zwíllingsbrüder *pl* (*братья*); однояйцóвые ~ éineiịige Zwíllinge; **2.** *астр.* (*с прописной*) Zwíllinge *pl*

близору́к||ий *тж. перен.* kúrzsichtig; ~ая поли́тика éine kúrzsichtige Polítík; **~ость** *ж тж. перен.* Kúrzsichtigkeit *f*

бли́зость *ж* **1.** (*по месту и времени*) Nähe *f*; **2.** (*об отношениях*) énge Fréundschaft, Intimität *f*, Vertráulichkeit *f*; **3.** (*сходство*) Nähe *f*; Verwándtschaft *f* (*взглядов и т. п.*); Ähnlichkeit *f* (*репродукции к подлиннику*); ~ к оригинáлу (*о переводе*) Ánlehnung an das Originál

блик *м* Líchtstelle *f* (11), Líchtfleck *m* (1); Líchtreflex *m* (1); Glánzlicht *n* (5); сóлнечные ~и Sónnenkringel *pl*

блин *м* (*из дрожжевого теста*) (flácher) Pfánnkuchen; ◇ пéрвый ~ кóмом *погов.* der érste Fláden wird zum Klúmpen; ≅ áller Ánfang ist schwer; он сегóдня (рабóтает) как ~ы́ печёт héute geht's wie's Brézelbacken

блиндáж *м воен.* Únterstand *m* (1*), **~и́ровать** *воен. уст.* bómbenfest máchen

бли́нн||ый: ~ая мукá Pfánnkuchenmehl *n* -(e)s

блинт *м полигр.* Prägedruck *m* -(e)s

бли́нчик *м* Plínse *f* (11): ~и с начи́нкой éingerollte gefüllte Plínsen

блистáтельный *см.* блестя́щий 1

блистáть glänzen *vi*; brillíeren *vi* (чем-л. mit *D*); ~ красноре́чием éine bléndende Rédnergabe besítzen*; ◇ ~ отсу́тствием *ирон.* durch Ábwesenheit glänzen

блок I *тех.* **1.** *стр.* Block *m* (1*); Báuteil *m* (1); стеновóй ~ Wándblock *m*; кру́пный ~ Gróßblockbaueinheit *f* (10); шлакобетóнный ~ Schláckenbetonblock [-ˌtɔŋ-] *m*; ~ здáний Wóhnblock *m* -(e)s, -s; **2.** (*часть механизма*) Block *m* (1*), Báugruppe *f* (11); Grúppe *f*, Satz *m* (1*); ~ двигáтеля *авто* Mótorblock *m*; ~ питáния *эл.* Strómversorgungsteil *m*; ~ питáния от сéти *эл.* Nétz(anschluß)teil *m*; монтáжный ~ Montágeeinheit [-ʒe-] *f* (10); сумми́рующий ~ *выч. тех.* Addíerwerk *n* (2); **3.** (*подъёмное устройство*) Rólle *f* (11), Block *m* (1*); Flásche *f* (11), Séilrolle *f*, Séilscheibe *f* (11)

блок II *м полит.* Block *m* -(e)s, -s; воéнно-полити́ческий ~ militärisch-polítischer Block

блокáда *ж* Blockáde *f* (11); Spérre *f* (11); ~ гáвани Háfensperre *f*; эконом́ическая ~ Wírtschaftsblockade *f*; морскáя ~ Séeblockade *f*; континентáльная ~ *ист.* Kontinentálsperre *f*

блок-аппарáт *м ж.-д.* Blóckwerk *n* (2)

блокгáуз *м воен.* Blóckhaus *n* (5)

блоки́рование *с* **1.** *см.* блокирóвка 1, 2; **2.**: ~ зарплáты Lóhnstopp *m* -s

блоки́ровать **1.** *воен.* die Blockáde verhängen (über *A*); **2.** *ж.-д.* blockíeren *vt*, spérren *vt*; **3.** *фин.* spérren *vt*

блоки́роваться *полит.* éinen Block bílden

блокирóв||ка *ж* **1.** *полит.* Blóckbildung *f*; **2.** *тех.* Spérre *f* (11), Spérrung *f* (10); Verríegelung *f* (10); **~очный** Block-; ~очная систéма Blócksignalsystem *n* (2), Blócksystem *n*

блокнóт *м* Notízblock *m* -(e)s, -s, Notízbuch *n* (5); Bríefblock *m* (*для писем*), Zéichenblock *m* (*для рисования*); отрывнóй ~ Ábreißblock *m*

блокпóст *м ж.-д.* Blóckstelle *f* (11)

блок||-систéма *ж ж.-д.* Blócksignalsystem *n* (2), Blócksystem *n*; **~-схéма** *эл.* Blóckschaltbild *n* (5); **~-учáсток** *м* Blóckstrecke *f* (11)

блонди́н *м* Blónde *m* (14); Blóndkopf *m* (1*); óчень свéтлый ~ Fláchskopf *m*; **~ка** *ж* Blondíne *f* (11); Blóndkopf *m* (1*); крáшеная ~ка Wásserstoffblondine *f*

блохá *ж* Floh *m* (1*)

блóчн||ый *тех.* Block-; ~ый канáт Blóckseil *n* (2); ~ый при́нцип *тех.* Báukastenprinzip *n*; ~ый дом Blóckbau *m*; ~ый мéтод строи́тельства Blóckbauweise *f* (11); ~áя застрóйка Blóckbebauung *f* (10); ~ое строи́тельство Blóckbau *m* -(e)s

блоши́ный Floh-; ~ укýс Flóhbiß *m* -sses, -sse, Flóhstich *m* (1)

блуд *м уст.* Únzucht *f*, Únsittlichkeit *f*; Hureréi *f*

блуди́ть I **1.** *разг.* (*распутничать*) ein únzüchtiges [lóckeres] Lében führen; húren *vi*; **2.** (*о кошке и т. п.*) máusen *vi*

блуди́ть II *разг.* (*блуждать*) umhérirren *vi* (s)

блуд||ли́вость *ж* **1.** Únzüchtigkeit *f*; Géilheit *f*, Síttenlosigkeit *f*; **2.** (*о кошке и т. п.*) die Gewóhnheit zu máusen; **~ли́вый** **1.** geil, únzüchtig; **2.** (*о кошке и т. п.*) díebisch; **~ни́к** *м уст.* Wüstling *m* (1), Wóllüstling *m* (1); **~ни́ца** *ж уст.* Dírne *f* (11), Húre *f* (11); **~ный** *уст.* geil; ◇ ~ный сын der verlórene Sohn

блужд||áние *с* Wándern *n* -s, Umhérirren *n* -s; Umhérschweifen *n* -s, Umhértreiben *n* -s, Vagabundieren [va-] *n* -s (*скитание*); **~áть** wándern *vi* (s), umhérirren *vi* (s); umhérschweifen *vi* (s), sich umhértreiben*, vagabundieren [va-] *vi* (*скитаться*); ~áть взóром séinen Blick umhérschweifen lássen*; **~áющий** wándernd, umhérirrend, umhérschweifend; Wánder-; ~áющий взгляд ein flíehender [áusweichender, únsteter] Blick; ◇ ~áющая пóчка *мед.* Wánderniere *f*; ~áющий нерв *анат.* Vagus ['va:-] *m* =; ~áющий огонёк Írrlicht *n* (5); ~áющие звёзды *астр.* Wándelsterne *pl*, Planéten *pl*

блу́з||а *ж* Árbeitskittel *m* (6), Kíttel *m*, Árbeitsbluse *f* (11), Blúse *f* (*рабочая*); Strándkittel *m* (*для пляжа*); Gürtelbluse *f* (*с поясом*); **~ка** *ж* Blúse *f* (11); Hémdbluse *f*, Blouson [blu'zɔ̃] *n*, *m* = *u* -s, -s (*навыпуск*)

блю́дечко *с* Úntertasse *f* (11) (*под чашкой*); Téllerchen *n* (7), Schälchen *n* (7) (*для варенья и т. п.*)

блю́д||о *с* **1.** (*посуда*) (fláche) Schüssel *f* (11); Schále *f* (11); Kúchenteller *m* (6), Kúchenplatte *f* (11) (*для пирожных*); Wándteller *m* (*декоративное настен-*

ное); **2.** (*кушанье*) Gericht *n* (2); Gang *m* (1*); готóвое ~о Fértiggericht *n*; ассортимéнт блюд (*в столовой*) Spéisenangebot *n* (2); обéд из трёх блюд Míttagessen aus drei Gängen; вторóе ~о zwéiter Gang, Háuptgericht *n*; горя́чие ~а wármes Éssen, wárme Küche; мучнóе ~о Méhlspeise *f* (11); ры́бное ~о Físchgericht *n*; мяснóе ~о Fléischgericht *n*; люби́мое ~о Léibgericht *n*, Líeblingsessen *n* -s

блюдоли́з *м уст.* Spéichellecker *m* (6)

блю́дце *см.* блю́дечко

блюз *м муз.* Blues [blu:s] *m* =, =

блю́минг *м мет.* Blóckwalzwerk *n* (2)

блюсти́ 1. (*соблюдать*) wáhrnehmen* *тд. vt*, wáhren *vt*, schützen *vt*; ~ закóны die Gesétze befólgen, sich an die Gesétze hálten*; **2.** *уст.* (*смотреть за чем-л.*) behüten *vt*, beáufsichtigen *vt*; **~тель** *м уст.* Hüter *m* (6); ◇ ~тель поря́дка *ирон.* Órdnungshüter *m*

бля́ха *ж* kléines Bléchschild, Bléchplatte *f* (11); Márke *f* (11) (*носильщика*); ~ пóяса *воен.* Kóppelschloß *n* -sses, -schlösser

боá *с* **1.** (*змея*) Bóa *f*, *pl* -s, Ríesenschlange *f* (11); **2.** (*меховой шарф*) Pélzboa *f*, *pl* -s

боб *м* **1.** Bóhne *f* (11); кормовóй ~ Áckerbohne *f*; **2.:** ~ы с ликёром (*конфеты*) Wéinbrandbohnen *pl*; ◇ остáться на ~áх das Náchsehen háben, leer áusgehen*; разводи́ть ~ы́ léeres Stroh dréschen *; егó на ~áх не проведёшь der läßt sich nicht so leicht hínters Licht führen, der läßt sich nicht leicht auf den Arm néhmen*

бобёр *м* (*мех*) Bíberfell *n* (2); Bíberpelz *m* (1)

боби́на *ж* **1.** *тех.* Bobíne *f* (11), Spúle *f* (11); *эл.* Spúlenkern *m* (1), Wíckelkern *m*; ~ зажигáния *авто* Zündspule *f*; ~ для плёнки Fílmspule *f*; Tónbandspule *f* (*для магнитофона*); **2.** *текст.* Spúle *f* (11), Bobíne *f* (11)

бобóв||ый Lórbeer-; ~ое мáсло Lórbeeröl *n* (-e)s; ~ая мазь Lórbeersalbe *f*

бобóвые *сущ. мн. бот.* Hülsenfrüchte *pl*, Leguminósen *pl*

бобóв||ый *бот.* Bóhnen-; ~ый стручóк Bóhnenschote *f* (11); ~ые растéния Hülsenfruchtgewächse *pl*, Schótengewächse *pl*

бобр *м зоол.* Bíber *m* (6); ◇ уби́ть ~á *ирон.* éinen Bock schíeßen*; sich verréchnen

бóбрик *м* (*сукно*) Fries *m* (1); Bíberplüsch *m* (1); **~ом:** причёска ~ом Bürstenfrisur *f*, Bürstenschnitt *m* -(e)s, Ígelkopf *m* -(e)s

бобрóвый Bíber-, aus Bíberpelz; ~ воротни́к Bíberkragen *m* (7)

бобслéй *м спорт.* **1.** (*сани*) Bob *m* -s, -s, Bóbschlitten *m* (7); **2.** (*вид спорта*) Bóbfahren *n* -s, Schlíttensport *m* -(e)s

бобы́л||ь *м* **1.** *уст.* (*безземельный крестьянин*) lándloser [ármer] Báuer; **2.** *разг.* (*бессемейный*) éinsamer famíli¦enloser Mann, Hágestolz *m* (1); Únverheiratete *m* (14); жить ~ём zurückgezogen und éinsam leben

бобы́шка *ж тех.* Pútzen *m* (7); Knágge *f* (11)

бог *м* Gott *m* (4); ◇ ~ с ним! von mir aus, méinetwegen; ~ знáет, ~ весть *разг.* weiß Gott, weiß der Kúckuck; слáва ~у! *разг.* Gott sei Dank!; рáди ~а! um Góttes wíllen!; не дай ~! Gott bewáhre [behüte]!; как ~ нá душу полóжит ≅ wie es éinem geráde éinfällt; давáй ~ нóги *разг.* (ich, er *и т. д.*) nahm die Béine únter die Árme; ~ [бóже] мой! mein Gott!, du líeber Hímmel; (ach du) héiliger Stróhsack! (*ирон.*); не ~ весть [знáет] (*какой, что*) nichts Besónderes [Berühmtes]; ви́дит ~! bei Gott!; побóйся ~а hast du denn kein Gewíssen!, erbárme dich!; однóму ~у извéстно weiß der Hímmel; с ~ом! in Góttes Námen!; вот ~, а вот порóг! du weißt, wo der Zímmermann das Loch gelássen hat!

богадéльня *ж уст.* Ármenhaus *n* (5)

богарá *ж с.-х.* Félder óhne Bewässerung (*в Средней Азии*)

богатéй *м см.* богáч

богатéть reich wérden, Réichtum erwérben* [erlángen]

богáт||ство *с* **1.** (*состояние*) Réichtum *m* (5); Vermögen *n* (7); **2.** (*роскошь*) Prachtƒ, Üppigkeit *f* (*обстановки и т. п.*); **3.** *мн.* ~ства (*материальные ценности*) Schätze *pl*; естéственные ~ства Bódenschätze *pl*, Natúrschätze *pl*; **~ый 1.** reich (чем-л. an *D*); ~ый витами́нами vitamínreich [vi-]; ~ый белкóм éiweißreich; begütert, vermögend (*зажиточный, состоятельный*); óчень ~ый schwérreich, stéinreich; **2.** (*роскошный, великолепный*) reich, hérrlich, práchtvoll; ~ые перспекти́вы gróßartige Áussichten [Perspektíven (-vən)]; **3.** (*обильный*) reich, réichlich, üppig; ~ый вы́бор (*товаров*) réichhaltiges Ángebot, gróße Áuswahl; ◇ чем ~ы, тем и рáды was ich hab', geb' ich gern; **~ые** *сущ. мн. собир.* die Réichen

богаты́рск||ий 1. réckenhaft, ríesenstark, hünenhaft; Récken-, Ríesen-; ~ий рост Hünengestalt *f*; ~ий гóлос Sténtorstimme *f* (11); ~ое здорóвье éiserne Gesúndheit; ~ая си́ла Ríesenkraft *f* (3); ~ий сон fester [tiefer] Schlaf; **2.:** ~ий эпос *лит.* Hélden¦epos *n* =, -epen

богаты́рь *м* **1.** (*эпический*) Récke *m* (9), Hüne *m* (9); Held *m* (8); **2.** (*силач, храбрец*) Held *m* (8), Hüne *m* (9); bärenstarker Mensch, Hérkules *m* =

богáч *м* Réiche *m* (14); Krösus *m* =, -susse

богáче *сравн. ст. см.* богáтый

богдыхáн *м ист.* der Káiser von Chína

богéма *ж* **1.** *собир.* Boheme [*фр.* bo'ɛ:m] *f*; **2.** (*беспорядочный быт*) Únordnung *f*, Míßwirtschaft *f*

богéмный bohemeartig [*фр.* bo'ɛ:m-], úngeordnet, líederlich

боги́ня *ж* Göttin *f* (12)

богобоя́зненный góttesfürchtig, fromm

богоискáтельство *с рел., филос.* Góttsuchertum *n* -(e)s

богомáз *м* **1.** *разг.* Ikónenmaler *m* (6); **2.** *шутл.* Fárbenkleckser *m* (6)

богомáтерь *ж см.* богорóдица

богомóл *м см.* богомóлец

богомóл||ец *м* Pílger *m* (6), Wállfahrer *m* (6); Bétbruder *m* (6*); **~ка** *ж* Pílgerin *f* (12), Wállfahrerin *f* (12); Bétschwester *f* (11)

богомóль||е *с* Wállfahrt *f* (10), Pílgerfahrt *f*; **~ный** fromm

богоотсту́пник *м* Ábtrünnige *m* (14), Góttesleugner *m* (6), Apostát *m* (8)

богорóдица *ж рел.* Mútter Góttes, Madónna *f*, *pl* -nen

богослóв *м* Theológe *m* (9); **~ие** *с* Theologíe *f*; **~ский** theológisch

богослужéние *с* Góttesdienst *m* (1); Mésse *f* (11) (*католическое*)

боготвори́ть vergöttern *vt*

богоуго́дн||ый *уст.* góttgefällig; ◇ *уст.* ~ое заведéние wóhltätige [philanthrópische] Ánstalt

богоху́ль||ник *м уст.* Gótteslästerer *m* (6); **~ство** *с уст.* Gótteslästerung *f* (10); **~ствовать** *уст.* Gott lästern

бодáть mit den Hörnern stóßen*; **~ся 1.** mit den Hörnern stóßen*; stößig sein; **2.** (*бодать друг друга*) einánder mit den Hörnern stóßen*, mit den Hörnern gegeneinánderrennen*

бодли́вый stößig

бодну́ть *см.* бодáть

бодри́ть ermútigen *vt*, áufmuntern *vt*, ánregen *vt*; stärken *vt*; **~ся** sich (*D*) Mut máchen; Mut fássen; **sich** zusámmennehmen*

бóдр||ость *ж* Múnterkeit *f*; Spánnkraft *f*; Frísche *f*; fróher Mut; Rüstigkeit *f* (*о старике*); придавáть кому́-л. ~ости j-s Mut [Stímmung] hében*; **~ствовать** wáchen *vi*, wach bléiben*; ~ствовать всю ночь die Nacht durchwáchen; **~ый** múnter; frisch, erfríschend; lébensvoll (*живой*); rüstig (*о старике*); **~я́щий** ermútigend, áufmunternd, erfríschend; ánregend; belébend; stärkend (*укрепляющий*)

боеви́к *м* **1.** *разг.* (*фильм, спектакль*) Schláger *m* (6), Béstseller *m* (6) (*pl тж.* -s); Réißer *m* (6); Zúgstück *n* (2); **2.** *ист.* Mítglied éines (revolutionären [-vo-]) bewáffneten Árbeitertrupps; **3.** *горн.* Schlágpatrone *f* (11)

боев||óй 1. Geféchts-, Kriegs-, Kampf-; ~áя подготóвка Geféchtsausbildung *f*; ~áя готóвность Geféchtsbereitschaft *f*; ~áя мощь Schlágkraft *f*, Kámpfkraft *f*; ~óй товáрищ Kríegskamerad *m* (8); ~áя задáча Kámpfaufgabe *f* (11); ~óй поря́док Geféchtsordnung *f*; ~óе охранéние Geféchtsvorposten *pl*; ~óй патрóн schárfe Patróne; ~áя пружи́на (*в оружии*) Schlágfeder *f* (11); **2.** (*воинственный*) kämpferisch, kríegerisch; schlágkräftig; kámpftüchtig; ~óй дух kämpferischer Geist, Kámpfmoral *f*; **3.** *разг.* (*решительный, смелый*) kríegerisch, stréitbar, kámpflustig; ~óй пáрень ein flótter [kámpflustiger, schnéidiger] Búrsche; **4.** (*неотложный*) brénnend, überaus wíchtig (*о задаче и т. п.*); ◇ ~óе крещéние Féuertaufe *f*; ~óй друг Kámpfgefährte *m* (9)

боеголóвка *ж* Spréngkopf *m* (1*); áтомная ~ Atómsprengkopf *m*

боеготóвность *ж воен.* Geféchtsbereitschaft *f*

боёк *м* **1.** *воен.* Schlágbolzen *m* (6); **2.** (*молота или молотка*) Hámmerbahn *f* (10)

бое||питáние *с воен.* Munitiónsversorgung *f*; **~припáсы** *мн. воен.* Munitión *f*; холостые ~припáсы Manövermunition [-ver-] *f*; осветительные ~припáсы Léucht(spur)munition *f*

боеспосóбн||ость *ж воен.* Kámpffähigkeit *f*, Kámpfkraft *f*; Éinsatzbereitschaft *f*; Kámpfwert *m* -(e)s; **~ый** *воен.* kámpffähig, kámpftüchtig

боéц *м* (*воин*) Kämpfer *m* (6); Geméine *m* (14) (*разг.*); Soldát *m* (8) (*рядовой*)

бóже *межд.* mein Gott!, gróßer Gott!

бóжеский 1. göttlich; **2.** *разг.* (*подходящий*) ánnehmbar (*о цене и т. п.*)

божéственный göttlich; schön (*прекрасный*); vollkómmen (*совершенный*)

божествó *с* Góttheit *f* (10); *перен.* Ábgott *m* (4)

бóж||ий Góttes-; ◇ я́сно, как ~ий день klar wie der Tag; sónnenklar; klar wie dícke Tínte (*разг.*); ~ья корóвка Marí¦enkäfer *m* (6); кáждый ~ий день tagtäglich

божи́ться bei Gott schwören*

божóк *м* **1.** (*идол*) Götze *m* (9), Götzenbild *n* (5); **2.** *перен.* Ábgott *m* (4)

бой *м* **1.** *(битва)* Geféсht *n* (2), Kampf *m* (1*); Schlacht *f* (10); возду́шный ~ Lúftkampf *m*, Lúftgefecht *n*; рукопа́шный ~ Náhkampf *m*; встре́чный ~ Begégnungsgefecht *n*; демонстрати́вный ~ Schéingefecht *n*; дать ~ éine Schlacht líefern; **ввести́** [**бро́сить**] **в** ~ ins Tréffen [in den Kampf] führen [éinsetzen]; у́личные **бои́** Stráßenkämpfe *pl*, Stráßenschlacht *f*; в хо́де боёв im Verláuf der Kämpfe, in den Kämpfen; испы́танный в боя́х kámpferprobt; с боя́ми únter Kämpfen; без боя́ kámpflos; взять с бо́ю erkämpfen *vt*; erstürmen *vt* (*тж. перен.*); за ка́ждый дом ведётся ~ jédes Háus wird umkämpft; **2.** *(состязание)* кула́чный ~ Fáustkampf *m* (1*); ~ быко́в Stíerkampf *m*; **3.** *разг.* *(побои)* Prügel *pl*; бить сме́ртным бо́ем hálbtót schlágen* [prügeln]; **4.** *(убой)* Schláchten *n* -s; **5.** *собир.* *(осколки, брак)* Schérben *pl*, Bruch *m* (1*); стекля́нный ~ Glásbruch *m*; **6.** *(сигналы ударами)*: бараба́нный ~ Trómmelschlag *m* -(e)s, Getrómmel *n* -s; ~ часо́в Schlag der Uhr; часы́ с бо́ем Uhr mit Schlágwerk; **7.** *(дальнобойность)* Trágweite *f*

бой-ба́ба *ж разг.* Dragóner *m* (6); resolútes Fráuenzimmer

бо́йк||ий behénd, lébhaft, gewándt *(живой)*; fíndig, schlágfertig *(находчивый)*; forsch *(тк. о человеке)*; belébt, rége *(оживлённый)*; ~ая у́лица belébte Stráße; ~ое движе́ние réger Verkéhr; у него́ ~ое перо́ er führt éine gewándte Féder; быть ~им на язы́к éine flínke Zúnge háben; zúngenfertig [rédegewandt] sein; ein gútes [flínkes] Múndwerk háben; ~о говори́ть на иностра́нном языке́ éine frémde Spráche flíeßend spréchen*

бо́йк||ость *ж* Behéndigkeit *f*, Lébhaftigkeit *f* *(живость)*; Schlágfertigkeit *f* *(находчивость)*; ~ость языка́ Zúngenfertigkeit *f*, Rédegewandtheit *f*; ~ость пера́ Schréibgewandtheit *f*

бойко́т *м* Boykótt [bɔø-] *m* (1); объяви́ть ~ den Boykótt verhängen; **~и́ровать** boykottíeren [bɔø-] *vt*

бо́йлер *м* Bóiler *m* (6), Héißwasserspeicher *m* (6)

бойни́ца *ж* Schíeßscharte *f* (11)

бо́йня *ж* **1.** *(скотобойня)* Schláchthof *m* (1*); Schláchthaus *n* (5); **2.** *(резня)* Gemétzel *n* -s, Massáker *n* (6); крова́вая ~ Blútbad *n* (5)

бойска́ут *м* Pfádfinder *m* (6), Boy-Scout ['bɔyskaut] *m* -s, -s

бок *м* **1.** *(сторона)* Séite *f* (11); по ~а́м von béiden Séiten; **2.** *(тела)* Séite *f* (11); Flánke *f* (11) *(у животных)*; ~а́ Hüften *pl*; у меня́ ко́лет в ~у́ ich hábe Séitenstechen; с ~у на́ ~ von éiner Séite auf die ándere; ложи́ться на́ ~ *мор.* kéntern *vi*; **3.** *горн.*: вися́чий ~ Hängende *sub n*; лежа́чий ~ Líegende *sub n*; ◇ ~ о́ ~ Séite an Séite; Tür an Tür; dicht nebeneinánder; по́д ~ом *(вблизи)* in állernächster Nähe; намя́ть кому́-л. ~а́ *груб.* j-n grün und blau schlágen*; j-n windelweich schlágen*; лежа́ть на ~у́ auf der fáulen Haut líegen*; auf der Bärenhaut líegen*; отдува́ться свои́ми ~а́ми séinen Kopf für ándere hínhalten*

бока́л *м* Wéinglas *n* (5); Séktglas *n*, Kélchglas *n* *(для шампанского)*; Römer *m* (6) *(из цветного стекла)*; ◇ поднима́ть ~ (за кого́-л.) das Glas auf jémandes Wohl erhében*; auf j-s Wohl trinken *

бокови́на *ж* **1.** Séitenteil *n* (2), Séitenwand *f* (3); **2.** *тех.* Wánge *f* (11)

боков||о́й Séiten-; séitlich; *фон.* laterál; *бот.* séitenständig; ~а́я у́лица Séitenstraße *f* (11); ~о́й радиа́тор *ав.* Séitenkühler *m* (6); ~а́я ка́чка *мор.* Schlíngern *n* -s; ~о́й ве́тер Séitenwind *m* (1); ◇ отпра́виться на ~у́ю *разг.* zu Bett géhen*; sich aufs Ohr légen

бо́ком *нареч.* séitwärts

бокс I *м спорт.* Bóxen *n* -s

бокс II *м* *(стрижка)* Fassonschnitt [-'sɔŋ-] *m* -(e)s

бокс III *м* *(отгороженное помещение)* Box *f* (10), Ábteil *n* (2)

боксёр *м* **1.** *спорт.* Bóxer *m* (6); **2.** *(порода собак)* Bóxer *m* (6); **~ский** *спорт.* Box-; ~ская перча́тка Bóxhandschuh *m* (1); ~ский банда́ж Tíefschlagschützer *m* (6)

бокси́ровать bóxen *vi*

бокси́т *м мин.* Bauxít *m* (1)

болва́н *м* **1.** *(чурбан)* Hólzklotz *m* (1*); **2.** *(шляпная форма)* Hútblock *m* (1*), Hútform *f* (10); Stúmpen *m* (7); **3.** *бран.* Dúmmkopf *m* (1*), Stróhkopf *m*; **4.** *уст.* *(идол, статуя)* Götze *m* (8)

болва́нка *ж* **1.** *(чугуна и т. п.)* Bárren *m* (7), Íngot *m* -s, -s; Block *m* (1*); **2.** *(форма)* Form *f* (10); **3.** *см.* болва́н 2

болга́р||ин *м* Bulgáre *m* (9); **~ка** *ж* Bulgárin *f* (12); **~ский** bulgárisch; ~ский язы́к die bulgárische Spráche, das Bulgárische *(sub)*

болев||о́й schmérzhaft, Schmerz-; ~ы́е ощуще́ния schmérzhafte Empfíndungen, Schmérzgefühle *pl*; ~о́й поро́г Schmérzschwelle *f* (11)

бо́лее **1.** *нареч.* *(больше)* mehr; ~ чем mehr als; ~ чем когда́-либо mehr denn je; никто́ ~ níemand mehr, kéiner mehr; **2.** *(для образования сравн. ст.)* *переводится сравн. ст. прилагательного*: ~ подро́бный докла́д áusführlicherer Bericht; ◇ ~ или ме́нее mehr óder wéniger; не ~ и не ме́нее как nicht mehr und nicht wéniger als; ~ всего́ vor állem; ~ того́ noch mehr; тем ~ um so mehr

боле́зненн||ость *ж* **1.** *(слабое здоровье)* Kränklichkeit *f*, Schwächlichkeit *f*; **2.** *(ненормальность)* Kránkhaftigkeit *f*; **3.** *(боль)* Schmérzhaftigkeit *f*; **~ый** **1.** *(склонный к заболеваниям)* kränklich, schwächlich; **2.** *(ненормальный, нездоровый)* kránkhaft; ~ый румя́нец kránkhafte Röte; ~ые явле́ния Kránkheitserscheinungen *pl*; *перен.* kránkhafte Erschéinungen; ~ое самолю́бие kránkhafter [übertríebener] Éhrgeiz; ~о воспринима́ть кри́тику überempfindlich gégen Kritík sein; **3.** *(причиняющий боль)* schmérzhaft, schmérzlich; ~ое прикоснове́ние schmérzhafte Berührung

болезнетво́рн||ый kránkheitserregend, pathogén; ~ые бакте́рии kránkheitserregende Baktéri|en; ~ое нача́ло Kránkheitskeim *m* (1)

болезнеусто́йчивый *(о растениях)* widerstandsfähig [resistént] gégen Erkránkungen

боле́зн||ь *ж* Kránkheit *f* (10); Léiden *n* (7) *(длительная)*; венери́ческая ~ь Geschléchtskrankheit *f*; душе́вная ~ь Géisteskrankheit *f*; Gemütsleiden *n*; зара́зная ~ь Infektiónskrankheit *f*, ánsteckende Kránkheit; затяжна́я ~ь verschléopptes Léiden; ко́жная ~ь Háutkrankheit *f*, Háutleiden *n* (7); лучева́я ~ь Stráhlenkrankheit *f*; морска́я ~ь Séekrankheit *f*; почечнока́менная ~ь Níerensteinleiden *n*; профессиона́льная ~ь Berúfskrankheit *f*; ~ь пе́чени Léberleiden *n*; са́харная ~ь Zúckerkrankheit *f*; слоно́вая ~ь Elephantiásis *f*, *pl* -tiásen; ~и у́ха, го́рла, но́са Hals-, Násen- und Óhrenkrankheiten *pl*, HNO-Kránkheiten *pl*; ~и, вы́званные пого́дой meteorotrópe Kránkheiten; перенести́ ~ь éine Kránkheit dúrchmachen; схвати́ть ~ь *разг.* sich *(D)* éine Kránkheit hólen [zúziehen*]; исто́рия ~и Kránkengeschichte *f* (11); в слу́чае ~и im Kránkheitsfalle; по ~и kránkheitshalber; ◇ ~ь ро́ста Wáchstumskrankheit *f*; ~ь вре́мени Zéitkrankheit *f*

боле́льщик *м спорт.* Spórtfreund *m* (1), Fan [*англ.* fɛn] *m* -s, -s, Spórtbegeisterte *m* (14); Schláchtenbummler *m* (6) *(специально приехавший на спортивное соревнование из другого города)*; léidenschaftlicher Ánhänger [Zúschauer]; ~ футбо́ла Fúßballfreund *m*, Fúßballfan [-fɛn] *m* -s, -s, Fúßballnarr *m* (8); назо́йливый ~ *(при игре в карты, шахматы)* Kíebitz *m* (1)

болеро́ *с* Boléro *m* -s, -s; Bolérojäckchen *n* (7) *(костюм)*

боле́ть I **1.** *(быть больным)* krank sein; das Bett hüten *(разг.)*; kränkeln *vi* *(часто)*; léiden* *vi* (чем-л. an *D*) *(хронически)*; ~ гри́ппом die Grippe háben; ~ ревмати́змом an Rheumatísmus léiden*; **2.** *(заботиться)* sich sórgen, besórgt sein (о ком-л., о чём-л. um *A*); bemítleiden *vt*; **3.** *спорт. разг.* (за кого́-л.) j-m [für j-n] den Dáumen hálten*; (léidenschaftlich) Partéi ergréifen*; kíebitzen *vi* *(при игре в карты, шахматы)*; ◇ ~ душо́й о чём-л. sich *(D)* etw. zu Hérzen néhmen*; mit gánzem Hérzen dabéi sein; он боле́ет душо́й о ребёнке das Wohl des Kíndes liegt ihm sehr am Hérzen

боле́ть II *(об ощущении боли)* schmérzen *vi*; weh tun*; что у вас боли́т? was tut Íhnen weh?, wo háben Sie Schmérzen?; у меня́ боли́т голова́ [зуб] ich hábe Kópfschmerzen [Záhnschmerzen]; mir tut der Kopf [der Zahn] weh *(разг.)*; mir schmerzt der Kopf [der Zahn] *(книжн.)*; ◇ у меня́ душа́ [се́рдце] боли́т mir ist weh ums Herz, es schmerzt mich tief, mein Herz blútet, es tut mir in der Séele weh (о ком-л., о чём-л. um *A*)

болеутоля́ющий *мед.* schmérzstillend, schmérzlindernd

боливи́||ец *м* Boliviáner [-vi-] *m* (6), Bolívi|er *m* (6); **~йка** Boliviánerin [-vi-] *f* (12); Bolívi|erin *f* (12); **~йский** boliviánisch [-vi-], bolívisch

боли́д *м астр.* Bolíd *m* (8), Féuerkugel *f* (11)

боло́нка *ж* Bologneser [bolɔn'je:zər] Hund *m* (1); Schóßhündchen *n* (7)

боло́т||истый súmpfig, morástig; ~истая ме́стность súmpfige Gégend, Móorland *n* -(e)s; **~ный** Sumpf-, Moor-; ~ные испаре́ния Súmpfausdünstungen *pl*; ~ный газ *хим.* Súmpfgas *n* -es, Methán *n* -s; ~ное расте́ние Móorpflanze *f* (11)

боло́то *с* Sumpf *m* (1*), Moor *n* (2), Morást *m* (1, 1*); торфяно́е ~ Tórfmoor *n*; ◇ обыва́тельское ~ spíeßbürgerlicher Sumpf

болотохо́д *м* súmpfgängiges Fáhrzeug

болт *м тех.* Bólzen *m* (7), Schráube *f* (11); соедине́ние ~а́ми Verbólzung *f* (10), Verschráubung *f* (10); зажимно́й ~ Klémmschraube *f*; ~ с шестигра́нной голо́вкой Séchskantschraube *f*; ~ с га́йкой Mútterschraube *f*

болта́нка *ж ав. разг.* Schwánken *n* -s, Schäukeln *n* -s

болта́ть I **1.** *разг.* *(взбалтывать)* schütteln *vt*; **2.** *(двигать)* báumeln *vi*, schlénkern *vi*, scháukeln *vi*; ~ нога́ми mit den Béinen báumeln; **3.** *безл. разг.*: самолёт болта́ет das Flúgzeug scháukelt [schwankt]

болта́ть II *разг.* **1.** *(говорить)* schwátzen *vi*, *vt*, pláppern *vi*, *vt*, pláudern *vi*, *vt*; schwadroníeren *vi*; ~ вздор

Únsinn schwátzen; dúmmes Zeug verzápfen; **2.** (*бегло говорить на иностранном языке, б. ч. на французском*) parlíeren *vi*

болтáться *разг.* **1.** (*висеть*) báumeln *vi*, hín- und hérschaukeln *vi*; schláckern *vi* (*н.-нем.*); schlóttern *vi* (на чём-л. um *A*, an *D*) (*о широкой одежде*); плáтье болтáлось на егó худóм тéле die Kléider schlótterten an séinem mágeren Leib; **2.** (*слоняться*) sich herúmtreiben*, herúmlungern *vi*, schléndern *vi* (h, s), müßig géhen*

болтлúв||ость *ж* Schwátzhaftigkeit *f*, Geschwätzigkeit *f*, Rédewut *f*; **~ый** schwátzhaft, geschwätzig; rédefreudig (*любящий поговорить*)

болтовнá *ж* Geschwätz *n* -es, Geréde *n* -s, Rederéi *f*, Gepláuder *n* -s; Salm *m* (1) (*разг.*); пустáя ~ Scháumschlägerei *f*; это тóлько ~ es ist nichts dahínter; das ist léeres Geschwätz

болторéзный: ~ станóк *тех.* Schráubenschneidmaschine *f* (11)

болтýн I *м разг.* (*о человеке*) Schwätzer *m* (6); Quátschkopf *m* (1*)

болтýн II *м разг.* (*яйцо*) Wíndei *n* (5), táubes Ei

болтýнья *ж разг.* Schwätzerin *f* (12), Pláudertasche *f* (11)

болтýшка I *ж разг. ласк.* Pláppermäulchen *n* (7), Pláudertasche *f* (11)

болтýшка II *ж разг.* **1.** (*яичница*) Rührei *n* (5); **2.** (*мешалка*) Quirl *m* (1); **3.** (*пойло*) Méhltränke *f* (11) (für das Vieh); **4.** *фарм.* Schüttelmixtur *f* (10)

бол||ь *ж* Schmerz *m* (13), Schmérzen *pl*, Weh *n* (2); головнáя ~ь Kópfschmerz *m*, Kópfschmerzen *pl*; ~ь в желýдке Mágenschmerzen *pl*; без ~и schmérzfrei; зубнáя ~ь Záhnschmerzen *pl*; с ~ью в душé [в сéрдце] mit blútendem Hérzen; душéвная ~ь Séelenschmerz *m*, Hérzweh *n*; причинúть ~ь weh tun*; испытáть ~ь Schmerz empfínden*

больнúц||а *ж* Kránkenhaus *n* (5); поступлéние в ~у Éinlieferung ins Kránkenhaus; пребывáние в ~е Kránkenhausaufenthalt *m* (1)

больнúчн||ый Kránkenhaus-, Kránken-; ~ый лист Kránkenschein *m* (1); ~ый персонáл medizínisches Personál; ~ая кáрта Kránkenkarte *f* (11)

бóльно I **1.** *нареч.* empfíndlich, schmérzhaft; ~ уколóться sich stark [schmérzhaft] stéchen*; **2.** *предик. безл.*: мне ~ es tut mir weh; мне ~ за негó es tut mir leid um ihn; дéлать ~ комý-л. j-m weh tun*, j-m Schmerz verúrsachen [beréiten]; ~ это слы́шать es schmerzt mich, das zu hören

бóльно II *нареч. разг.* (*очень*) sehr, allzuséhr, höchst; он ~ хитёр er ist mächtig [schrécklich] schlau

больн||óй *прил.* **1.** krank; léidend; он тяжелó бóлен er ist schwer krank; ~óе мéсто éine kránke Stélle; *перен.* die schwáche Séite, der wúnde Punkt; ~óе воображéние kránkhafte Éinbildung; **2.** *в знач. сущ. м* Kránke *m* (14); Patiént *m* (8) (*пациент*); туберкулёзный ~óй Lúngenkranke *m*; лежáчий ~óй béttlägeriger Patiént; амбулатóрный ~óй ambulánter Patiént; тяжелó ~óй Schwérkranke *m* (14) ◇ ~óй вопрóс éine brénnende Fráge; ein wúnder Punkt

большáк *м обл.* **1.** (*хозяин*) Famíli̯enoberhaupt *n* (5); **2.** (*дорога*) Lándstraße *f* (11)

бóльше **1.** (*сравн. ст. от* **большóй**) größer (als); **2.** (*сравн. ст. от* мнóго) mehr; стóить ~ mehr kósten; как мóжно ~ möglichst viel; немнóго ~ étwas mehr; ~ не nicht mehr; сдéлать ~, чем трéбуется ein übriges tun*; всё ~ и ~ ímmer mehr und mehr; ◇ чтоб этого ~ нé было! das darf nicht mehr vórkommen!, das möchte ich mir verbítten!, емý это ~ нрáвится das gefällt ihm bésser; ~ тогó darüber hináus

большев||изáция *ж* Bolschewisíerung *f*; **~и́зм** *м* Bolschewísmus *m* =; **~и́к** *м* Bolschewík *m* -en, -í; **~и́стский** bolschewístisch

большеголóвый gróßköpfig, díckköpfig

большегрýзный Schwérlast-; Gróßraum-; mit gróßem Ládegewicht; ~ кран Schwérlastkran *m* (1); ~ самосвáл Gróßraumkipper *m* (6)

бóльш||ий größer; ~ая часть der größte Teil; ◇ ~ей чáстью, по ~ей чáсти größtenteils; méistenteils, méistens (*чаще всего*); сáмое ~ее höchstens; nicht mehr als

большинств||ó *с* Méhrheit *f*, Méhrzahl *f*; Majorität *f*; die méisten; в ~é слýчаев méist(ens); ~ó егó друзéй die Méhrzahl séiner Fréunde; ~ó голосóв Stímmenmehrheit *f*; прóчное ~ó die féste Méhrheit; абсолю́тное ~ó die absolúte Méhrheit; подавля́ющее ~ó die überwíegende Méhrheit; незначи́тельное ~ó knáppe Méhrheit; ~ó в две трéти голосóв Zweidríttelmehrheit *f*; решéние ~á Méhrheitsbeschluß *m* -sses, -schlüsse; послýшное ~ó *ирон.* die gefügige Méhrheit; ~óм в два гóлоса mit éiner Méhrheit von zwei Stímmen

больш||óй **1.** (*значительный по величине*) groß; ~óй гóрод éine gróße Stadt; **2.** (*замечательный*) groß; ~óй учёный ein gróßer Gelérhter; ~óй человéк ein gróßer Mann, ein bedéutender Mensch; **3.** *разг.* (*взрослый*) erwáchsen; groß; **4.** (*многочисленный*) groß; ~óе знакóмство ein gróßer Bekánntenkreis; ~и́е дéньги viel Geld, schwéres Geld; ◇ ~óй пáлец Dáumen *m* (7) (*руки*); der gróße Zeh, die gróße Zéhe (*ноги*); ~áя дорóга Lándstraße *f* (11); ~áя бýква ein gróßer Búchstabe, Gróßbuchstabe *m* -n(s), -n, Versálbuchstabe [vɛr-] *m*, Versál *m* -s, -li̯en; ~и́е друзья́ gúte Fréunde; dícke Fréunde (*разг.*)

большýщий *разг.* ríesig, úngeheuer (groß), enórm, kolossál

боля́чка *ж* wúnde [éiternde, áufgeriebene] Stélle; Schorf *m* (1) (*струп*)

бóмба *ж* **1.** Bómbe *f* (11); авиациóнная ~ Fliegerbombe *f*; зажигáтельная ~ Brándbombe *f*; фугáсная ~ Spréngbombe *f*; глуби́нная ~ *мор.* Wásserbombe *f*; неразорвáвшаяся ~ Blíndgänger *m* (6); осветúтельная ~ Léuchtbombe *f*; оскóлочная ~ Splítterbombe *f*; напáлмовая ~ Napálmbombe *f*; плáстиковая ~ Plástikbombe *f*; ~ замéдленного дéйствия Zéitzünderbombe *f*; áтомная ~ Atómbombe *f*, Á-Bombe *f*; водорóдная ~ Wásserstoffbombe *f*, H-Bombe ['ha:-] *f*; **2.** *тех.* калориметри́ческая ~ kalorimétrische Bómbe; **3.**: шоколáдная ~ Schokoládenkugel *f* (11); ◇ влетéть бóмбой, влетéть как ~ heréingeschneit [heréingestürmt] kómmen*

бомбардúр *м* **1.** *ист.* Artillerist *m* (8) (*в царской армии и флоте*); **2.** *разг.* (*в футболе*) Tórschütze *m* (9); **3.** *зоол.* Bombardíerkäfer *m* (6)

бомбардир||овáть **1.** *воен.* beschíeßen* *vt*, mit Artilleríefeuer belégen (*артиллерией*); bombardíeren *vt*, mit Bómben belégen (*с воздуха*); **2.** belästigen *vt* (*просьбами и т. п.* mit *D*); **~óвка** *ж* **1.** *воен.* Artilleríebeschuß *m* -sses, Beschíeßung *f* *артиллерийский обстрел*); Bómbenangriff *m* (1), Bombardement [-'mã] *n* -s, -s, Bombardíerung *f* (10) (*воздушная*); подвергáться ~óвке bombardíert wérden, mit Bómben belégt wérden; **2.** *физ.* Beschúß *m* -sses, Bestráhlung *f* (10); **~óвщик** *м* **1.** *ав.* Bómber *m* (6), Bómbenflugzeug *n* (2); пики́рующий ~óвщик Stúrzkampfflugzeug *n*; ~óвщик дáльнего дéйствия, стратеги́ческий ~óвщик Lángstreckenbomber *m*; реакти́вный ~óвщик Düsenbomber *m*; **2.** *разг.* (*лётчик*) Bómbenflieger *m* (6)

бомбёжка *ж разг. см.* бомбардирóвка 1

бомби́ть *разг.* bombardíeren *vt*, bómben *vt*

бомбо||вóз *м см.* бомбардирóвщик 1; **~держáтель** *м ав.* Bómbenträger *m* (6), Bómbenaufhängung *f* (10); **~мёт** *м воен.* Bómbenwerfer *m* (6); **~метáние** *с* Bómbenwerfen *n* -s, Bómbenwurf *m* (1*), Bómbenabwurf *m*; высóтное ~метáние Bómben(ab)wurf aus gróßer Höhe; **~отсéк** *м* Bómbenschacht *m* (1*); **~прицéл** *м* Bómbenvisier [-vi-] *n* (2); **~сбрáсыватель** *м ав.* Bómbenabwurfvorrichtung *f* (10); **~убéжище** *с* Búnker *m* (6), Lúftschutzraum *m* (1*); Lúftschutzkeller *m* (6) (*под жилым домом*)

бом-брáмсель *м мор.* Óberbramsegel *n* (6)

бон *м мор.* Schwímmsperre *f* (11)

бóна *ж фин.* Bon *m* -s, -s, Gútschein *m* (1), Géldanweisung *f* (10)

бонапарт||и́зм *м ист.* Bonapartísmus *m* = ; **~и́ст** *м* Bonapartíst *m* (8); **~и́стский** bonapartístisch

бонбоньéрка *ж* Bonbonniere [*фр.* bɔŋbɔŋ'jɛ:rə] *f* (11), Bonbon¦schachtel [bɔŋ'bɔŋ-] *f* (11)

бондáр||ный Böttcher-; ~ный прóмысел Böttcherhandwerk *n* -(e)s; **~ня** *ж* Böttcherwerkstatt *f*, *pl* -stätten, Böttcheréi *f* (10), Fáßbinderei *f* (10)

бóндарь *м* Böttcher *m* (6), Fáßbinder *m* (6)

бóнза *м* **1.** (*буддийский жрец*) Bónze *m* (9); **2.** *разг. презр.* (*о бюрократе*) Bónze *m* (9)

бонитéт *м лес.* Bonität *f* (10), Güteklasse *f* des Hólzbestandes

бóнна *ж уст.* Bónne *f* (11), Erzíeherin (12)

бор I *м* (*лес*) Wald *m* (4); соснóвый ~ Kíefernwald *m*; ◇ с ~у да с сóсенки wáhllos

бор II *м хим.* Bor *n* -s (*хим. знак* B)

бор* III *м* (*зубоврачебный*) Bóhrer *m* (6)

борá, бóра *ж* kálter Stúrmwind

бóргес *м полигр.* Bórgis *f*

бордó I *сущ. с* (*вино*) Bordeaux [-'do:] *m* =

бордó II *прил.* (*цвет*) wéinrot, bordeaux rot [-'do:-]

бордóвый *см.* бордó II

бордю́р *м* Bordüre *f* (11), Bórte *f* (11); Besátz *m* (1*); *полигр.* Éinfassung *f* (10)

борéц I *м* **1.** Kämpfer *m* (6); Vórkämpfer *m*, Verféchter *m* (6) (*поборник*); ~ за мир Fríedenskämpfer *m*; **2.** *спорт.* Ríngkämpfer *m* (6), Ríngen *m* (6)

борéц II *м бот.* Éisenhut *m* (1*)

боржóми *м* (*минеральная вода*) Borshóm-Wásser *n* -s

борзáя *сущ. ж* Barsói *m* -s, -s, (rússischer) Wíndhund *m* (1)

борзопи́сец *м ирон.* Schréiberling *m* (1)

бóрзый: ~ конь *поэт.* féuriges Roß

бормаши́на *ж* Bóhrmaschine *f* (11)

бормот||áние *с* Múrmeln *n* -s, Gemúrmel *n* -s; Brúmmen *n* -s, Gebrúmm *n* -s (*ворчание*); **~áть** múrmeln *vt*, *vi*; brúmmen *vt, vi* (*ворчать*); ~**áть что-л. под нос** *разг.* etw. in den Bart brúmmen, etw. zwíschen den Zähnen hervórstoßen*

бóрн||ый *хим.* Bor-; ~ая кислотá Bórsäure *f*; ~ый вазелúн Bórvaselin [-va-] *n* -(e)s

бóров I *м* (*свинья*) Éber *m* (6), Kéiler *m* (6); *груб.* (*о толстом человеке*) Féttwanst *m* (1*)

бóров II *м* (*часть дымохода*) Fuchs *m* (1*), Ráuchzug *m* (1*), Zug *m*

боровúк *м* (*белый гриб*) Stéinpilz *m* (1)

бородá *ж* Bart *m* (1*); Vóllbart *m* (*окладистая*); Stútzbart *m* (*лопатой*); Spítzbart *m* (*козлиная*); Schífferbart *m* (*капитанская*); рéдкая ~ schütterer Bart; ◇ смеяться в бóроду still [in sich hinéin, kaum bemérkbar] láchen

бородáв||ка *ж* Wárze *f* (11); ~**чатый** wárzig, vóller Wárzen

бородáтый bärtig

бородáч *м* **1.** *разг.* (*о человеке*) Bärtige *m* (14); **2.** *бот.* Bártgras *n* -es

борóдка I *ж* Bärtchen *n* (7)

борóдка II *ж* (*у ключа*) Schlüsselbart *m* (1*)

бородóк *м* *тех.* Lócheisen *n* (7), Lóchdorn *m* (13)

борозд||á *ж* Fúrche *f* (11), Ríllе *f* (11); мозговáя ~á *анат.* Gehírnfurche *f*; ~**úть** fúrchen *vt*, Fúrchen zíehen*; durchfúrchen *vt* (*тж. перен.*); пароход ~úт океáн das Schiff durchpflügt den Ózean; морщúны ~úли его лоб Rúnzeln durchfúrchten séine Stirn

борóздка *ж уменьш.* (*желобок*) (kléine) Fúrche *f* (11), Rínne *f* (11), Ríllе (11); звуковáя ~ Tónrille *f* (*на граммофонной пластинке*)

бороздúк *м с.-х.* Ríllenpflug *m* (1*), Ríllenzieher *m* (6), Fúrchenzieher *m*

борóздчатый durchfúrcht, gefúrcht, fúrchig; *бот.* geríeft, gerillt

борон||á *ж с.-х.* Égge *f* (11); дúсковая ~á Schéibenegge *f*; посевнáя ~á Sáategge *f*; лёгкая ~á Féinegge *f*; ~**úть**, ~**овáть** éggen *vt*

бороньбá *ж* Éggen *n* -s

борóться 1. kämpfen *vi*, ríngen* *vi* (за что-л. für, um *A*; прóтив чегó-л. gégen *A*, mit *D*), ánkämpfen *vt* (прóтив чегó-л. gégen *A*), bekämpfen *vt*; ~ со смéртью mit dem Tod ríngen*; **2.** (*драться, возиться*) sich bálgen

борт *м* **1.** (*судна*) Bord *m* -(e)s; прáвый ~ Stéuerbord *m*; лéвый ~ Báckbord *m*; навéтренный ~ Lúvseite *f*, Luv *f*; подвéтренный ~ Léeseite *f*, Lee *f*; подойтú к ~у längsseit géhen*; бóрт ó ~ Bord an Bord; брать [взять] нá ~ an Bord néhmen* (*тж. ав.*); за ~ом áußenbords; вы́бросить зá ~ über Bord wérfen* (*тж. перен.*), áusbooten *vt*; на ~ý an Bord (*тж. ав.*); человéк за ~ом! *мор.* Mann über Bord!; **2.** *авто* (*стенка кузова*) Séitenwand *f* (3), Bórdwand *f*; откиднóй ~ herúnterklappbare Bórdwand; **3.** (*у одежды*) Bórte *f* (11)

бортинженéр *м* Bórdingenieur [-inʒe,niø:r] *m* (1)

бортмехáник *м ав.* Bórdmechaniker *m* (6)

бортóвка *ж* Fútterleinen *n* (7), Stéifleinen *n*

бортов||óй Bord-; ~óй журнáл *мор.* Schíffstagebuch *n* (5); *ав.* Bórdbuch *n*; ~áя кáчка *мор.* Schlíngern *n* -s; ~óй кáмень *стр.* Rándstein *m* (1)

борт||проводнúца *ж* Stewardeß [*англ.* 'stju:ərdɛs] *f*, *pl* -dessen; ~**радúст** *м* Bórdfunker *m* (6)

борщ *м* Borschtsch *m* =, Róte-Rüben-Suppe

борьб||á *ж* **1.** Kampf *m* (1*), Ríngen *n* -s (*тж. перен.*); ~á клáссов Klássenkampf *m*; ~á за мир Fríedenskampf *m*; ~á за существовáние der Kampf ums Dásein; ~á за повышéние зáработной плáты Lóhnkampf *m*; ~á с вредúтелями *с.-х.* Schädlingsbekämpfung *f* (10); ~á с пы́лью Stáubbekämpfung *f*; ~á с сорнякáми Únkrautbekämpfung *f*; ~á с шýмом Lärmbekämpfung *f*; ~á за кáчество Kampf um Qualitätsverbesserung, Kampf um die Verbésserung der Qualität; ~á в одинóчку Alléinkampf *m*; начáть ~ý den Kampf eröffnen [begínnen*, áufnehmen*]; вы́держать ~ý den Kampf bestéhen* [áusfechten*]; вестú ~ý *см.* борóться 1; включúться в ~ý sich in den Kampf éinschalten; **2.** *спорт.* Ríngen *n* -s; Ríngkampf *m* -(e)s; вóльная ~á Fréistilringen *n*

босикóм *нареч.* bárfuß; bárfüßig

босниéц *м* Bósni¦er *m* (6)

босóй bárfüßig; nackt, bloß (*о ногах*); надéть тýфли на бóсу нóгу die Schúhe an die náckten Füße [óhne Strümpfe] ánziehen*

босонó||гий bárfüßig; ~**жка** *ж* **1.** (*танцовщица*) Bárfußtänzerin *f* (12); **2.** *см.* босонóжки

босонó||жки *мн.* (*ед.* босонóжка *ж*) Sandalétten *pl* (*sg* Sandalétte *f*); пляжные ~жки (*без задника*) Pantolétten *pl* (*sg* Pantolétte *f*)

босс *м* Boß *m* -sses, -sse

бостóн *м* **1.** (*сукно*) (féines) Tuch *n* (5); **2.** (*карт. игра*) Bóston *n* -s; **3.** (*танец*) Bóston *m* -s, -s

босяк *м* Lúmpenproletari¦er *m* (6); Strómer *m* (6) (*бродяга*)

бот *м уст.* Kahn *m* (1*); kléines éinmastiges Schiff

ботанизúровать botanisíeren *vi*

ботáн||ик *м* Botániker *m* (6); ~**ика** *ж* Botánik *f*, Pflánzenkunde *f*; ~**úческий** botánisch; ~úческий сад botánischer Gárten; ~úческая геогрáфия Pflánzengeographie *f*

ботв||á *ж* Kraut *n* -(e)s; ~á свёклы Rübenkraut *n*; ~á картóфеля Kartóffelkraut *n*; идтú в ~ý ins Kraut schíeßen*

ботвúнья *ж кул.* Botwínja *f* (*kalte Suppe aus Kwaß, Gemüse und Fisch*)

ботвоотделúтель *м с.-х.* Kráutabschneider *m* (6)

ботворéзальн||ый: ~ая машúна *с.-х.* Kráutschneidemaschine *f* (11), Kráuthobel *m* (6)

ботвоудалúтель *м с.-х.* Kráutschläger *m* (6)

бóтик *м мор.* Náchen *m* (7)

бóтики *мн.* (*ед.* бóтик *м*) Überschuhe *pl* (*sg* Überschuh *m*)

ботúнки *мн.* (*ед.* ботúнок *м*) Schúhe *pl* (*sg* Schuh *m*), Schnürstiefel *pl* (*на шнурках*); ~ на резúнках Zúgstiefel *pl*; ~ на прáжках Schnállenschuhe *pl*; высóкие ~ на шнуркáх Schnürschaftstiefel *pl*

ботфóрты *мн.* Kanónenstiefel *pl*

бóты *мн. см.* бóтики

бóцман *м мор.* Bóotsmann *m* -es, -leute

бочáр *м см.* бóндарь

бóчка *ж* **1.** Faß *n* (5), Tónne *f* (11); я́корная ~ *мор.* Vertäuboje *f* (11); вúнная ~ Wéinfaß *n*; пожáрная ~ Löschwasserfaß *n*; ~ для дождевóй воды́ Régentonne *f*; **2.** *ав.* Rólle *f* (11); **3.** Faß *n* (5) (*altes Flüssigkeitsmaß* = *480 l*) ◇ бездóнная ~ Faß óhne Bóden

бочкóм: пробирáться ~ *разг.* sich séitwärts (ängstlich) an etw. (*D*) vorbéidrücken; vorüberschleichen* *vi* (s); sich séitwärts in die Büsche schlágen*

бочóнок *м* Fäßchen *n* (7), Tönnchen *n* (7)

боязлúв||ость *ж* Ängstlichkeit *f*, Fúrchtsamkeit *f*, Scheu *f*; ~**ый** ängstlich, fúrchtsam, scheu

бóязно *предик. разг.*: мне ~ ich hábe Angst

боя́зн||ь *ж* Angst *f* (3), Furcht *f*, Scheu *f*; из ~и aus Furcht; ~ь пространства *мед.* Plátzangst *f*

боя́р||ин *м ист.* Bojár *m* (8); ~**ский** Bojáren-; ~ская дýма die Bojárenduma; ~**ство** *с ист.* Bojárentum *n* -s; ~**ыня** *ж ист.* Bojárin *f* (12)

боя́рышник *м бот.* Hágedorn *m* -(e)s, Wéißdorn *m*

боя́рышня *ж ист.* (únverheiratete) Bojárentochter *f*, *pl* -töchter

боя́ться fürchten *vt*, sich fürchten, Angst háben (когó-л., чегó-л. vor *D*); я безýмно боюсь *разг.* mir ist hímmelangst; э́то растéние боúтся морóза díese Pflánze verträgt kéinen Frost, díese Pflánze ist fróstempfindlich; ◇ боюсь сказáть *вводн. сл.* ich bin nicht sícher, ich weiß es nicht genáu; не бóйтесь! sie können ganz rúhig sein!

бра *с* Wándleuchter *m* (6), Wándlampe *f* (11), Ármleuchte *f* (11)

брав||áда *ж* Prahleréi *f* (10), Großtueréi *f* (10), vórgetäuschte Tápferkeit *f*, Schneid *m* -es; ~**úровать** áuftrumpfen *vi* (чем-л. mit *D*); práhlen *vi*, gróßtun* *vi*; ~úровать опáсностью mit der Gefáhr spíelen

бравúссимо *межд.* bravissimo [-'vi-]!

брáво *межд.* brávo [-vo]!

бравýрный schnéidig; Bravour- [-'vu:r], bravourös, laut; ~ марш Bravourmarsch *m* (1*)

брáвый brav, wácker, tüchtig

брáга *ж* Dünnbier *n* -(e)s, sélbstgebrautes Bíer

брадобрéй *м уст.* Barbíer *m* (1)

брáжник *м уст.* Zéchbruder *m* (6*), Bümmler *m* (6), Schlémmer *m* (6)

брáжничать *уст.* zéchen *vi*, knéipen *vi*, schlémmen *vi*

бразды́: ~ правлéния *разг.* die Zügel der Regíerung; das Stéuer des Stáates; прия́ть ~ правлéния ans Rúder kómmen*; die Zügel ergréifen*

бразúлец *м* Brasiliáner *m* (6)

бразúль||ский brasiliánisch; ~**я́нка** *ж* Brasiliánerin *f* (12)

брак I *м* (*супружество*) Éhe *f* (11); ~ по любвú Líebesehe *f*; ~ по расчёту Vernúnftehe *f*, Verstándesehe *f*; рáнний ~ Frühehe *f*; нерáвный ~ Míßheirat *f*, Mesalliance [*фр.* meza'liãs] *f*; фиктúвный ~ Schéinehe *f*; свидéтельство о ~е Héiratsurkunde *f* (11); (*церковное*) Tráuschein *m* (1); вступúть в ~ héiraten *vt*, *vi*, sich verhéiraten, éine Éhe schlíeßen* [éingehen*], in den Éhestand tréten*; заключéние ~а Éheschließung *f* (10); заключéние граждáнского ~а stándesamtliche Tráuung; состоя́ть в ~е verhéiratet sein (с кем-л. mit *D*); быть счастлúвым в ~е éine glückliche Éhe führen

брак II *м* (*недоброкачественные изделия*) Áusschuß *m* -sses; Murks *m* -es (*разг.*); процéнт ~а Áusschußquote *f*; ~ ткáни Stóffehler (*при переносе*: Stoff-fehler) *m* (6)

бракёр *м* Wárenkontrolleur [-,lø:r] *m* (1), Wárenprüfer *m* (6)

бракерáж *м* Wárenprüfung *f*, Qualitätsprüfung *f*, Wárenkontrolle *f*

бракóв||анный Áusschuß-; ~анный товáр Áusschußware *f* (11); beánstandete Wáre

браков||áть 1. (*признавать негодным*) beánstanden *vt*, zu Áusschuß erklären; áussondern *vt*; **2.** (*определять сорт, качество*) die Qualität bestímmen; **~кá** *ж* **1.** (*отбор недоброкачественных изделий*) Áussondern *n* -s; **2.** (*определение сорта, качества*) Qualitätsbestimmung *f*; **~щи́к** *м* Wárenkontrolleur [-,lø:r] *m* (1), Wárenprüfer *m* (6)

бракодéл *м разг.* Áusschußerzeuger *m* (6), Múrkser *m* (6), Pfúscher *m* (6), Schlúderer *m* (6)

бракодéльство *с* Áusschußarbeit *f* (10), Schlúderarbeit *f*

браконьéр *м* Wílderer *m* (6), Wílddieb *m* (1); **~ство** *с* Wílddieberei *f* (10), Wíldfrevel *m* (6), Wíldern *n* -s; **~ствовать** wíldern *vi*

брако||развóдный Schéidungs-, Éhescheidungs-; ~развóдный процéсс Éhescheidungsprozeß *m* -sses, -sse; **~сочетáние** *с* Éheschließung *f* (10); Tráuung *f* (10) (*церковный обряд*); Дворéц ~сочетáний Palást der Éheschließungen

брами́н *м* Brahmáne *m* (9)

брам-рéя *ж мор.* Brámrahe *f* (11)

брáмсель *м мор.* Brámsegel *n* (6)

брам-стéньга *ж мор.* Brámstange *f*

брандахлы́ст *м разг.* **1.** (*разведённое вино, пиво*) Fúsel *m* (6); Dünnbier *n* (2); **2.** (*похлёбка*) dünne Brühe; **3.** *бран.* (*о человеке*) Hóhlkopf *m* (1*)

брандвáхта *ж мор.* Wáchtschiff *n* (2)

брáндер *м мор.* Bránder *m* (6)

брандмайóр *м уст.* Brándmajor *m* (1), Bránddirektor *m* -s (13)

брандмáуэр *м стр.* Brándmauer *f* (11)

брандмéйстер *м уст.* Brándmeister *m* (6)

брандспóйт *м* Féuerspritze *f* (11), Stráhlrohr *n* (2)

брани́ть schélten* *vt*; schmähen *vt*; schímpfen *vt* (*ругать*); herúntermachen *vt* (*отчитывать*); tádeln *vt*, rügen *vt* (*порицать*); rüffeln *vt* (*разг.*); **~ся 1.** (*ссориться*) sich stréiten*; sich zánken, hádern *vi*; **2.** (*ругаться*) schímpfen *vi*, flúchen *vi*, kéifen *vi*

брáнн||ый I (*ругательный*) Schelt-, Schmäh-, Schimpf-; ~ые словá Schéltworte *pl*, Schímpfworte *pl*

брáнн||ый II *уст.* Kriegs-; ~ые доспéхи Kríegsrüstung *f* (10)

бранчли́вый *разг.* zänkisch, zánksüchtig, stréitsüchtig

брань I *ж* (*ругательства*) Zank *m* -(e)s; Schélte *f* (*книжн.*); Geschímpf *n* -es, Gekéif *n* -es

бран||ь II *ж уст., поэт.* (*битва*) Krieg *m* (1), Schlacht *f* (10); на пóле ~и auf dem Schláchtfeld

брас *м мор.* Brásse *f* (11), Hálteleine *f* (11)

браслéт *м*, **~ка** *ж* Ármband *n* (5), Ármspange *f* (11)

брасовáть *мор.* brássen *vt*

брасс *м спорт.* Brústschwimmen *n* -s

брат *м* **1.** Brúder *m* (6*); роднóй ~ der léibliche Brúder; двоюрóдный ~ Vétter *m* -s, -n; свóдный ~ Stíefbruder *m*; молóчный ~ Mílchbruder *m*; ~ и сестрá, ~ья и сёстры (*в семье*) Geschwíster *pl*; **2.** (*обращение*) Brúderherz, mein Líeber; **3.:** ~ья по орýжию Wáffenbrüder *pl*; ◇ ваш ~ *собир. разг.* ihr und éuresgleichen; éure Sórte Ménschen, wie éuresgleichen (*пренебр.*); наш ~ *собир. разг.* únsereiner; свой ~ *разг.* Freund *m* (1), Genósse *m* (9); Gesínnungsgenosse *m*; на ~а *разг.* pro Persón, pro Náse; знáем мы вáшего ~а! *разг.* ≅ ich kénne méine Páppenheimer!

брат||áние *с* Verbrüderung *f*; **~áться** sich verbrüdern

братвá *ж собир. разг.* (únsere) Júngens *pl*, (únsere) Kerls *pl*, Kameráden *pl*

брáтец, брати́шка *м* **1.** *ласк.* Brüderchen *n* (7); **2.** (*обращение*) Brúderherz *n* -ens, -en, Fréundchen *n* (7); брáтцы! Fréunde!

брáтия *ж собир.* **1.** *шутл.* Geséllschaft *f* (10), Konsórten *pl*; **2.** *церк.* Órdensbrüderschaft *f* (10), Klóstergemeinschaft *f* (10)

брáтнин *разг.* des Brúders

братоуби́й||ственный: ~ственная войнá Brúderkrieg *m* (1); **~ство** *с* Brúdermord *m* (1); **~ца** *м* Brúdermörder *m* (6)

брáт||ский brüderlich; fréundschaftlich; verbrüdert; Brúder-; ~ский привéт brüderlicher Gruß; ~ская пáртия Brúderpartei *f* (10); ~ские стрáны Brúderländer *pl*; ~ский нарóд Brúdervolk *n* (5); ~ское еди́нство brüderliche Éinheit; ~ские респýблики Schwésterrepubliken *pl*; ~ская моги́ла Mássengrab *n* (5); **~ство** *с* **1.** (*содружество*) Brüderlichkeit *f*; ~ство нарóдов die Brüderlichkeit zwíschen den Völkern; ~ство по орýжию Wáffenbrüderschaft *f*; **2.** (*община*) Brüderschaft *f* (10), Geméinschaft *f* (*тж. церк.*)

брать *см.* взять 1—7, 9—12; ◇ ~ начáло den Ánfang néhmen*; ры́ба берёт der Fisch beißt an; **~ся** *см.* взяться

брáунинг *м* Browning [*англ.* 'brauniŋ] *m* -s, -s

брáчн||ый 1. éhelich, hóchzeitlich, Éhe-, Héirats-; ~ый договóр Éhevertrag *m* (1*); ~ый сою́з Éhebund *m* (1*); ~ый афери́ст Héiratsschwindler *m* (6); ~ое объявлéние Héiratsanzeige *f* (11); **2.** *зоол.* Páarungs-

брáшпиль *м мор.* Brátspill *n* (2), Ánkerwinde *f* (11)

бревéнчат||ый Bálken-, aus Bálken; ~ая стенá Bálkenwand *f* (3); ~ый дом Blóckhaus *n* (5)

бревнó *с* **1.** Hólzstamm *m* (1*), Hólzblock *m* (1*), Klotz *m* (1*); Bálken *m* (7) (*обтёсанное*); *спорт.* Schwébebalken *m*; **2.** *бран.* Röhling *m* (1); (gróber) Klotz, úngeschliffener [gróber] Patrón

бред *м* Fíeberwahn *m* -(e)s, Fíeberphantasie *f* (11); алкогóльный ~ *мед.* Delírium trémens *n* =, Säuferwahn *m*; лихорáдочный ~ *мед.* Fíeberdelirium *n* -s; *перен.* Únsinn *m* -(e)s; он в ~ý er phantasíert

брéдень *м* (*невод*) Schléppnetz *n* (2)

брéд||ить 1. (*говорить в бреду*) im Fíeber spréchen*, írrereden *отд. vi*; **2.:** ~ить кем-л. von j-m entzückt [hingerissen] sein; ~ить чем-л. von etw. (*D*) träumen; für etw. (*A*) schwärmen; ~ить наявý wáchend träumen; **~ни** *мн.* Gefásel *n* -s, úngereimtes Zeug, Phantasteréi|en *pl*; пусты́е ~ни léeres Gefásel; **~óвый** wáhnwitzig, Wahn-, Fíeber-, Phantasíe-; ~óвая идéя Wáhngebilde *n* (6); Phantasíebild *n* (5); ~óвые плáны hírnverbrannte Pläne

брéзг||ать 1. sich ékeln (чем-л. vor *D*); Ékel [Wíderwillen, Ábscheu] háben [fühlen, empfínden*]; я ~аю пить из óбщего стакáна es ékelt mich, aus éinem Gláse mit ándern zu trínken; **2.** (*гнушаться*) míßachten *vt*, veráchten *vt*; Wíderwillen [Ábscheu] empfínden*; он не ~ает ничéм kein Míttel ist ihm zu schlecht; **~ли́вость** *ж* Ékel *m* -s, Ékelgefühl *n* -s, Ábscheu *f*; **~ли́вый 1.** Ékel empfíndend; wählerisch; **~ли́вое** чýвство Gefühl des Ékels, Ékelgefühl *n* -s; **2.** (*выражающий отвращение*) vóller Ékel [Ábscheu]

брезéнт *м* Zélttuch *n* (2); Zéltplane *f* (11), Plánenstoff *m* (1); Persénning *f*, *pl* -e, -en *u* -s (*просмолённый*); **~овый** Ségeltuch-; ~овый плащ Ségeltuchmantel *m* (6*); ~овая кýртка Wíndjacke *f* (11); ~овый верх [чехóл] Pláne *f* (11)

брéзжи||ть(ся) 1. schímmern *vi*; в окнé ~л(ся) свет im Fénster schímmerte Licht; **2.** (*рассветать*) dämmern *vimp*, tágen *vimp*; ~ла заря́ der Mórgen dämmerte [gráute], es dämmerte, es tágte

брейд-вы́мпел *м мор.* Stánder *m* (6), Bréitwimpel *m* (6)

брейквáтер *м мор.* Wéllenbrecher *m* (6)

брелóк *м* Berlócke *f* (11); Úhrkettenanhängsel *n* (6), Úhrgehänge *n* (6)

брéмсберг *м горн.* Brémsberg *m* (1)

брéм||я *с* Last *f* (10), Bürde *f* (11); *перен. тж.* Wucht *f*; ~я воéнных расхóдов Rüstungslasten *pl*; налóговое ~я Stéuerlast *f*; ~я лет die Last der Jáhre; ~я забóт Sórgenlast *f*; под ~енем ули́к únter der Wucht der Beweise; ◇ разреши́ться от ~ени gebären* *vt*; entbúnden wérden (кем-л. von *D*); níederkommen* *vi* (s)

брéнн||ый *уст.* vergänglich; ◇ **~ые** остáнки die stérblichen Überreste

бренчá||ть *разг.* **1.** klírren *vi*; ~ли шпóры die Spóren klírrten; **2.** (*наигрывать*) klímpern *vi*; ~ть на роя́ле auf dem Klavier [-'vi:r] klímpern

брести́ 1. (*с трудом идти*) sich schléppen, sich mit Mühe fórtbewegen; **2.** (*тихо идти*) lángsam géhen*; wándeln *vi* (s), schléndern *vi* (s)

бретéль(ка) *ж* Träger *m* (6); без бретéлей trägerlos; ~ки регули́руемой длины́ verstéllbare Träger

бретóн||ец *м* Bretóne *m* (9); **~ский** bretónisch

брех||áть *груб.* **1.** (*лаять*) béllen *vi*, kläffen *vi*; **2.** (*лгать*) lügen* *vi*, quátschen *vt*, fáseln *vt*; **~ня́** *ж разг.* Lügneréi *f* (10), Quatsch *m* -es, dúmmes Geschwätz; **~ýн** *м* Lügner *m* (6), Schwíndler *m* (6), Fáselhans *m* = *u* -es, *pl* -e *u* -hänse, Schwätzer *m* (6)

брешь *ж* Brésche *f* (11); проби́ть в чём-л. ~ *тж. перен.* in etw. (*A*) éine Brésche schlágen* [éine Lücke réißen*]

брéющий: ~ полёт *ав.* Tíefflug *m* (1*)

бриг *м мор.* Brigg *f pl* -s

бригáд||а *ж* **1.** *воен.* Brigáde *f* (11); **2.** (*производственная группа*) Brigáde *f* (11), Grúppe *f* (11), Kolónne *f* (11), Mánnschaft *f* (10), Team [ti:m] *n* -s, -s; удáрная ~а Stóßbrigade *f*; Aktivistenbrigade [-'vɪstən-] *f*; ~а отли́чного кáчества Brigáde der áusgezeichneten Qualität; молодёжная ~а Júgendbrigade *f*; ~а коммунисти́ческого трудá Brigáde der kommunístischen Árbeit; интернационáльная ~а Ínterbrigade *f*; ремóнтная ~а Reparatúrkolonne *f*; ~а из пяти́ человéк Fünfergruppe *f*; **3.** *ж.-д.*: поезднáя ~а Zúgpersonal *n* -s; паровóзная ~а Lokomotívbesatzung *f* (10); путевáя ~а Gléisbautrupp *m* -s, -s; **~и́р** *м* **1.** Brigadíer *m* (1); **2.** *воен. уст.* Brigadier [-'dìe:] *m* -s, -s, Brigádegeneral *m* (1); **~ный** Brigáde(n)-

бриганти́на *ж мор.* Brigantíne *f* (10), léichte Brigg

бридж *м карт.* Bridge [brɪtʃ] *n* =

бри́джи *мн.* Breeches ['brɪtʃɪs] *pl*, Réithose *f* (11)

бриз *м мор.* Bríse *f* (11); береговóй ~ Lándbrise *f*, морскóй ~ Séebrise *f*

бризáнтн||ость *ж* Brisanz *f*, Spréngkraft *f*; **~ый** *воен.* Brisánz-; ~ая гранáта Brisánzgranate *f* (11); ~ый снаря́д Brisánzgeschoß *n* -sses, -sse

брикéт *м* **1.** Brikétt *n* (2) (*тж.* -s, -s); Préßkohle *f* (11) (*угля*); **2.** Préßwürfel *m* (6) (*из пищевых концентратов*); **~и́рование** *с* Brikettíerung *f*; **~и́ровать** brikettíeren *vt*; ~и́рованные смéси пищевы́х продýктов gepréßte kóchfertige Súppen; **~ный** Brikétt-; ~ная фáбрика Brikéttfabrik *f* (10)

бриллиáнт, брилья́нт *м* Brillant [brɪl'jant] *m* (8), (geschliffener) Diamánt *m* (8); **~овый** brillanten [brɪl'jantən], Brillant-; ~овый пéрстень Brillantring [brɪl'jant-] *m* (1); ~овая свáдьба diamántene Hóchzeit (*60 лет со дня свадьбы*)

британ||ец *м* Bríte *m* (9); **~ский** brítisch; ◇ ~ский метáлл *тех.* Británniametall *n* -s

бри́тв||а *ж* Rasíermesser *n* (6); безопáсная ~a Rasíerapparat *m* (1); Rasíerklinge *f* (11) (*лезвие*); электри́ческая ~a Eléktrorasierer *m* (6), eléktrischer Rasíerapparat, Tróckenrasierer *m*; у негó язы́к как ~a er hat éine schárfe Zúnge; er hat Háare auf den Zähnen; **~енный** Rasíer-; zum Rasíeren; ~енный прибóр Rasíerzeug *n* (2)

бри́тый rasíert, gláttrasiert

брить rasíeren *vt*

бритьё *с* Rasíeren *n* -s; Rasúr *f* (10); электри́ческое ~ Tróckenrasieren *n*; жи́дкость для бритья́ Rasíerwasser *n* -s; мы́ло для бритья́ Rasíerseife *f* (11)

бри́ться sich rasíeren (*самому*); sich rasíeren lássen* (*у парикмахера*)

бри́чка *ж уст.* léichtes Fáhrzeug, Kalésche *f* (11)

брóвка *ж* **1.** *уменьш. см.* бровь; **2.** (*край дороги и т. п.*) Kánte *f* (11); Stráßenkante *f*; *спорт.* Báhnkante *f*

бров||ь *ж* Bráue *f* (11), Áugenbraue *f*; густы́е ~и búschige Bráuen; поднять ~и (*удивлённо*) die Áugenbrauen hóchziehen*; хмýрить ~и die Stirn rúnzeln; ◇ он и ~ью не повёл *разг.* ≅ er hat mit kéiner Wímper gezúckt; er verzóg kéine Míene; попáсть не в ~ь, а в глаз *погов.* ≅ den Nágel auf den Kopf tréffen*

брод *м* Furt *f* (10)

броди́ло *с* Gär(ungs)stoff *m* (1), Fermént *n* (2)

броди́льный fermentatív, Gär(ungs)-; ~ чан Gärbottich *m* (1)

броди́||ть I (umhér)wándern *vi* (s), umhérschweifen *vi* (s); umhérschlendern *vi* (s) (*слоняться*); strómern *vi* (*разг.*); ◇ по лицý егó ~ла улы́бка ein Lächeln húschte über sein Gesícht; ~ть в потёмках im Dúnkeln táppen

броди́ть II (*о пиве и т. п.*) gären(*) *vi*; fermentíeren *vi*

бродя́г||а *м* Lándstreicher *m* (6), Vagabúnd [va-] *m* (8), Féchtbruder *m* (6*); Strómer *m* (6); *разг. мн.* ~и fáhrendes Volk

бродя́жнич||ать *разг.* vagabundíeren [va-] *vi* (s); sich herúmtreiben*; strómern *vi*; herúmstrolchen *vi*; **~ество** *с* Lándstreicherei *f*, Vagabundíeren [va-] *n* -s

бродя́ч||ий umhérziehend, wándernd; Wánder-; ~ий музыкáнт ein wándernder Musikánt; ~ая собáка ein stréunender Hund; ◇ ~ий óбраз жи́зни *разг.* únstetes Lében, Nomádenleben *n* -s

брожéние *с* **1.** Gärung *f* (10), Fermentatión *f* (10); **2.** *перен.* Gärung *f* (10), Únruhen *pl*, Errégung *f* (10); ~ умóв Errégung der Gemüter [Géister]

брóйлер *м* Bróiler *m* (6); **~ный:** ~ная фáбрика Bróilerfabrik *f* (10)

бром *м* Brom *n* -s (*хим. знак* Br); **~истый** brómhaltig, Brom-; ~истые соединéния brómhaltige Verbíndungen; ~истый нáтрий Brómnatrium *n* -s; **~ный** Brom-; ~ная водá *хим.* Brómwasser *n* -s

броне||автомоби́ль *м воен.* Pánzerspähwagen *m* (7), Pánzerauto *n* -s, -s; **~бáшня** *ж* Pánzerturm (1*); **~бóйка** *ж воен. разг.* Pánzerbüchse *f* (11); **~бóйный** pánzerbrechend; ~бóйный снаря́д Pánzergeschoß *n* -sses, -sse; **~бóйщик** *м* Pánzerbüchsenschütze *m* (9)

броневи́к *м воен.* Pánzerspähwagen *m* (7)

бронев||óй gepánzert, Pánzer-; ~áя пáлуба *мор.* Pánzerdeck *n* (2)

броне||защи́та *ж* Pánzerung *f*; **~маши́на** *ж воен. см.* броневи́к; **~нóсец** *м* **1.** *воен. мор.* Pánzerschiff *n* (2); **2.** *зоол.* Gürteltier *n* (2); **~нóсный** *воен. мор.* Pánzer-; ~нóсный крéйсер Pánzerkreuzer *m* (6); **~пóезд** *м воен.* Pánzerzug *m* (1*); **~пробивáемость** Pánzerdurchschlagskraft *f*; **~стеклó** *с* Pánzerglas *n* (5); **~тáнковый:** ~тáнковые войскá Pánzertruppen *pl*; **~транспортёр** *м* Schützenpanzerwagen *m* (7) (*сокр.* SPW)

брóнза *ж* **1.** (*металл и изделия из него*) Bronze ['brɔŋsə] *f*; **2.** *разг.* (*медаль*) Brónze *f*, Brónzemedaille [-me,daljə] *f* (11)

бронзировáть bronzíeren [brɔŋ'si:-] *vt*

бронзир||óвка *ж* Bronzíeren [brɔŋ'si:-] *n* -s, Bronzíerung *f*; **~óвщик** *м* Bronzíerer [brɔŋ'si:-] *m* (6), Bronzearbeiter ['brɔŋsə-] *m* (6)

брóнзов||ый **1.** bronzen ['brɔŋsən], Bronze-; in Bronze gegóssen (*о памятнике и т. п.*); ~ая медáль Bronzemedaille [-,daljə] *f* (11); **2.** (*цвета бронзы*) bronzefarben ['brɔŋsə-]; ◇ ~ый век Bronzezeit *f*

брони́рование *с* (*мест, билетов*) Reservíerung [-'vi:-] *f*, Búchung *f*

бронировáние *с воен.* Pánzerung *f*

брони́рован||ный (*закреплённый за кем-л.*) reservíert [-'vi:rt], gesíchert; ~ное мéсто reservíerter Platz

бронирóванный (*покрытый сталью, броней*) gepánzert; *эл.* bewéhrt, armíert, stáhlblechgekapselt

брони́ровать (*закреплять что-л. за кем-л.*) reservíeren [-'vi:-] *vt*, búchen *vt*, síchern *vt*; ~ мéсто в самолёте éinen Platz im Flúgzeug búchen

бронтозáвр *м палеонт.* Brontosáurus *m* =, -rier

брóнх||и *мн. анат.* Brónchi|en *pl*; **~иáльный** *анат.* bronchiál, Bronchiál-; Lúftröhren-; ~иáльные жéлезы Bronchiáldrüsen *pl*; ~иáльный катáр Lúftröhrenkatarrh *m* (1); ~иáльная áстма Bronchiálasthma *n* -s; **~и́т** *м мед.* Bronchítis *f*

брóня *ж* **1.** (*закрепление чего-л. за кем-л.*) Reservíerung [-'vi:-] *f*; Sícherung *f*; ~ на мéсто в пóезде Reservíerung éines Plátzes im Zúge; ~ на жилплóщадь Wóhnraumreservierung *f*; **2.** (*освобождение от воинской службы*) Fréistellung *f* vom Militärdienst

броня́ *ж* **1.** *ист.* Pánzer *m* (6), Brústharnisch *m* (1), Küráß *m* -sses, -sse; **2.** *тех.* (*броневая плита*) Pánzer *m* (6); **3.** *воен.* Pánzerung *f* (10)

бросáть **1.** *см.* брóсить; **2.** *безл.*: меня́ бросáет в дрожь mich scháudert; меня́ бросáет то в жар, то в хóлод mir wird [es überríeselt mich] heiß und kalt; ◇ ~ тень Schátten gében* [wérfen*]; ~ тень на когó-л. éinen Schátten auf j-n wérfen*; j-n in üblen Ruf bríngen*, j-n kompromittíeren; ~ словá на вéтер in den Wind réden; ~ ты́сячи (рублéй) Táusende (von Rúbel) hináuswerfen* [vergéuden]; **~ся** **1.** *см.* брóситься; **2.** (*бросать друг в друга*) einánder bewérfen*; ~ся камня́ми einánder mit Stéinen bewérfen*; ~ся цитáтами mit Zitáten um sich wérfen*; **3.** *страд.* gewórfen wérden

брóсить **1.** (*кинуть*) wérfen* *vt*, hínwerfen* *vt*; schméißen* *vt* (*разг.*) (*швырнуть*); schléudern *vt* (*с силой*); ~ кáмень в вóду éinen Stein ins Wásser wérfen*; ~ взгляд на когó-л., что-л. éinen Blick auf j-n, auf etw. (*A*) wérfen*; ~ замечáние éine Bemérkung fállen lássen*; ~ обвинéние комý-л. j-n beschúldigen [ánklagen]; ~ комý-л. упрёк j-m éinen Vórwurf máchen; **2.** (*срочно направить*) wérfen* *vt*; ~ товáры на ры́нок Wáren auf den Markt wérfen*; ~ войскá в бой die Trúppen in die Schlacht wérfen*; **3.** (*покинуть*) verlássen* *vt*, im Stich lássen*; ~ семью́ Frau und Kind verlássen*; die Famíli|e im Stich lássen*; ~ всё álles stéhen und líegen lássen*; **4.** (*прекратить*) áufhören *vi* (что-л. mit *D*); áblassen* *vi* (что-л. von *D*); an den Nágel hängen (*разг.*); ábstehen* *vi* (что-л. von *D*); ábbrechen* *vt*; áussetzen *vi* (что-л. mit *D*) (*прервать*); ~ рабóту áufhören zu árbeiten; die Árbeit an den Nágel hängen; ~ кури́ть sich (*D*) das Ráuchen ábgewöhnen, das Ráuchen lássen* [áufgeben*]; ◇ ~ я́корь Ánker wérfen*, vor Ánker géhen*; ánkern *vi*; ~ орýжие die Wáffen strécken; sich ergében* (*сдаться*); ~ жрéбий das Los zíehen*; lósen *vi*; брось! laß das (bléiben [sein])!; laß dávon ab!; **~ся** sich wérfen*; sich stürzen (*устремиться*); ~ся на шéю комý-л. j-m um den Hals fállen*; ~ся в стóрону zur Séite spríngen*; ~ся в атáку vórstürmen *vi* (s), vórstürzen *vi* (s), zum Sturm vórgehen*; ~ся бежáть davónlaufen* *vi* (s), die Flucht ergréifen*; davónstürzen *vi* (s); ~ся в погóню за кем-л. j-m náchsetzen; die Verfólgung áufnehmen*; ◇ кровь брóсилась мне в лицó [в гóлову] das Blut stieg [schoß] mir ins Gesícht [in den Kopf, zu Kopf]; ~ся в глазá in die Áugen fállen* [spríngen*, stéchen*], áuffallen* *vi* (s); áugenfällig sein (*быть очевидным*)

брóский *разг.* áuffallend; grell, schréiend (*о цвете и т. п.*)

брокóм *нареч.* mit éinem Ruck

брóсов||ый schlecht, wértlos; ◇ ~ый э́кспорт *эк.* Dumping ['dam-] *n* -s, Schléuderexport *m* -(e)s; ~ая ценá Schléuderpreis *m* (1)

бросóк *м* **1.** *спорт.* Wurf *m* (1*); штрафнóй ~ Fréiwurf *m*; ~ от ворóт Ábwurf *m*; **2.** *воен.* (*быстрое передвижение*) Sprung *m* (1*)

брóшка, брошь *ж* Brósche *f* (11), Ánstecknadel *f* (11)

брошю́ра *ж* Broschüre *f* (11); Heft *n* (2); Flúgschrift *f* (10) (*листовка*); агитациóнная ~ Agitatiónsschrift *f*; сéрия брошю́р Héftreihe *f* (11)

брошюрóв||анный *полигр.* broschíert, gehéftet; **~áть** broschíeren *vt*, héften *vt*; **~ка** *ж* Broschíerung *f*, Broschíeren *n* -s, Héften *n* -s; Héftarbeit *f*; Broschúr *f*; **~очная** *сущ. ж* Broschíerwerkstatt *f*, *pl* -stätten; **~очный:** ~очный автомáт automátische Héftmaschine; **~щик**

м Broschíerer *m* (6); **~щица** *ж* Broschíererin *f* (12)

бру́дер *м с.-х.* Schírmglucke *f* (11); **~гауз** *м с.-х.* Kückenstall *m* (1*), Kückenaufzuchtstall *m*

брудерша́фт: вы́пить с кем-л. на ~ mit j-m Brǘderschaft trínken*

брус *м* **1.** Bálken *m* (7), Stab *m* (1*), Träger *m* (6), Bóhle *f* (11); попере́чный ~ Quérbalken *m*, Quérträger *m*; **2.:** (паралле́льные) ~ья *спорт.* Bárren *m* (7); разновысо́кие ~ья Stúfenbarren *m*

бруско́в||ый Stab-, Stángen-; ~ое желе́зо Stábeisen *n* (7); ~ое мы́ло Stángenseife *f* (11)

бруси́||ка *ж* Préiselbeere *f* (11); **~чный** Préiselbeer-

брусо́вка *ж* Ármfeile *f* (11), gróbe Féile

брусо́к *м* Block *m* (1*), Kántholz *n* (5), Klotz *m* (1*), Stánge *f* (11); Víerkant *n* (2) (*четырёхгранный*); точи́льный ~ Schléifstein *m* (1); Sensenstein *m* (*для точки кос*); Ábziehstein *m* (*для коньков*); ~ мы́ла éine Stánge Séife, Séifenriegel *m* (6)

бру́ствер *м воен.* Brústwehr *f* (10); стреля́ть пове́рх ~а über Bank schießen*

брусча́тка *ж* víerkantige Pflástersteine, Pflásterwürfel *pl*

бру́тто brútto; вес ~ Brúttogewicht *n* -(e)s

бруцеллёз *м мед.* Bruzellóse *f*, Bángsche Kránkheit

брыже́йка *ж анат.* Mesentérium *n* -s, -iịen, Dármgekröse *n* (6)

бры́згать 1. sprítzen *vi*; sprühen *vi* (*фонтаном, искрами*); ~ слюно́й geifern *vi*; **2.** (*обрызгивать*) besprítzen *vt*, besprengen *vt*; **~ся 1.** sprítzen *vi*, besprítzen *vt*; **2.** (*обрызгивать друг друга*) einánder besprítzen; ~ся водо́й einánder mit Wásser besprítzen

бры́зги *мн.* Sprítzer *m* (6) (*б. ч. pl*); ~ дождя́ Régenspritzer *pl*; Régentropfen *pl*; черни́льные ~ Tíntenspritzer *pl*; ме́лкие ~ воды́ (*водопада, фонтана*) Wásserstaub *m* -(e)s

брызгови́к *м авто* Schútzblech *n* (2)

брызгозащищённый sprítzwassergeschützt, sprítzwasserdicht

бры́знуть *см.* бры́згать 1; ~ струёй in éinem Strahl hervórspritzen [heráusschießen*]

брыка́ть *см.* брыка́ться 1

брык||а́ться 1. áusschlagen* *vi* (*о животных*); strámpeln *vi* (*о ребёнке*); **2.** *разг.* (*упираться*) störrisch [hálsstarrig] sein, sich auf etw. (*A*) verstéifen; bócken *vi*, bóckig sein; **~ну́ть** (éinmal) áusschlagen* *vi*

бры́нза *ж* Scháfskäse *m* -s

брысь *межд.* weg!

брюзга́ *м, ж* Nörgler *m* (6), Brúmmbär *m* (8); Méckerer *m* (6) (*разг.*)

брюзгли́в||ость *ж* Verdríeßlichkeit *f*, mürrisches Wésen; **~ый** mürrisch, brúmmig, verdríeßlich

брюзгнуть kránkhaft dícker wérden, ánschwellen* *vi* (s)

брюзж||а́ние *с* Brúmmen *n* -s, Gebrúmm *n* -(e)s, Múrren *n* -s; Méckern *n* -s (*разг.*); **~а́ть** brúmmen *vi*, múrren *vi*, verdríeßlich sein; knúrren *vi*, méckern *vi* (*разг.*)

брю́ква *ж* Kóhlrübe *f* (11), Stéckrübe *f*

брю́ки *мн.* Hóse *f* (11), Hósen *pl*; лы́жные ~ Schíhose *f*, Skihose [ˈʃiː-] *f*; Kéilhose *f* (*зауженные книзу*); трениро́вочные ~ Trainingshose [ˈtrɛː-] *f*; ~ ду́дочкой Schláuchhose *f*, Röhrenhose *f*

брюкодержа́тель *м* Hósenbügel *m* (6), Hósenspanner *m* (6)

брюне́т *м* Brünétte *m* (14), bráunhaariger Mann

брюне́тка *ж* Brünétte *f* (14)

брюссе́льск||ий Brüsseler *inv*; ~ая капу́ста Rósenkohl *m* -(e)s, Sprössenkohl *m*

брюха́т||ый *разг.* **1.** díckbäuchig; **2.:** она́ ~ая sie kriegt ein Kind

брю́хо *с груб.* Bauch *m* (1*); Wanst *m* (1*); наби́ть ~ sich (*D*) den Bauch vóllstopfen, den Wanst füllen; ◇ по́лзать на брю́хе (*перед кем-л.*) vor j-m kríechen*

брюхоно́гие *сущ. мн. зоол.* Gastropóden *pl*, Báuchfüßler *pl*

брю́чный: ~ костю́м Hósenanzug *m* (1*) (*дамский*)

брюши́н||а *ж анат.* Báuchfell *n* (2); Dármfell *n*; Peritonéịum *n* -s, -neịen; воспале́ние ~ы *мед.* Báuchfellentzündung *f* (10), Peritonítis *f*

брюш||ко́ *с* **1.** *разг.* Bäuchlein *n* (7); Schmérbauch *m* (1*) (*пузо*); отрасти́ть ~ко́ sich (*D*) ein Bäuchlein ánlegen [ánmästen]; **2.** *зоол.* (*у насекомых*) Hínterleib *m* (4); Abdómen *n* -s, -mina; **~но́й** Bauch-, abdominál; ~но́й тиф *мед.* Únterleibstyphus *m* =; ~на́я ао́рта Báuchaorta *f*, *pl* -ten

бря́кать, бря́кнуть *разг.* **1.** kláppern *vi* (*греметь*); klirren *vi* (*звенеть*); **2.** (*уронить*) (mit Geklírr) fállen lássen*, geräuschvoll hínwerfen*; zu Bóden schméttern (*швырнуть*); **3.** (*неосторожно сказать*) únbedacht heráusplatzen *vi* (s) (что-л. mit *D*); mit der Tür ins Haus fállen*

бря́кнуться *разг.* schwer hínfallen* *vi* (s), hínschlagen* *vi* (s), hínstürzen *vi* (s)

бряц||а́ние *с* Geklírr *n* -(e)s; Gerássel *n* -s; ~а́ние шпор Spórengeklirr *n*; ~а́ние ору́жием Säbelrasseln *n* -s; *перен.* Säbelgerassel *n*; **~а́ть** klírren *vi*, klímpern *vi*; rásseln *vi*; ~а́ть по стру́нам die Sáiten schlágen*; ~а́ть ору́жием *перен.* mit dem Säbel rásseln

бу́бен *м* Tamburín *n* (2), Schéllentrommel *f* (11)

бубенц||ы́ *мн.* Schéllen *pl*; колпа́к с ~а́ми (*у шутов*) *ист.* Schéllenkappe *f* (11), Nárrenkappe *f*

бубе́нчик *м* Schélle *f* (11); звон ~ов Schéllengeläut *n* -(e)s, Schéllengeklingel *n* -s

бу́блик *м* Kríngel *m* (6)

бубни́ть *разг.* brúmmen *vi*, in den Bart brúmmen, vor sich hin brúmmen, únaufhaltsam wiederhólen [spréchen*]

бубно́вый *карт.* Káro-, Schéllen-; ~ туз Káro|as *m* -ses, -se, Schéllen|as *m*

бу́бны *мн.* **1.** *карт.* Káro *n* -s, -s, Schéllen *pl*; ходи́ть с бубён Káro [Schéllen] áusspielen; **2.** *мн. от* бу́бен

бубо́н *м мед.* Béule *f* (11); Drüsengeschwulst *f* (3), Léistengeschwulst *f*; **~ный** Béulen-; ~ная чума́ *мед.* Béulenpest *f*

буга́й *м обл.* Stier *m* (1), Búlle *m* (9); Zúchtstier *m*

бу́гель *м* **1.** *тех.* Bügel *m* (6), Schélle *f* (11); Gléitbügel *m* (6) (*у трамвая*); **2.** *мор.* Bügel *m* (6), Band *n* (2), Réifen *m* (7)

буго́р *м* Hügel *m* (6), Anhöhe *f* (11); Erhébung *f* (10); **~о́к** *м* **1.** Hügelchen *n* (7), kléine Erhöhung; **2.** *мед.* Knötchen *n* (7); туберкулёзный ~о́к Tubérkel *f* (11); **3.** *бот.* Höckerchen *n* (7); **~ча́тка** *ж мед. уст.* Lúngentuberkulose *f*, Schwíndsucht *f*; **~ча́тый 1.** hügelig, úneben; **2.** *бот.* mit Knötchen [Knóllen] bedéckt, kléinwulstig

бугри́стый hügelig, úneben, höckerig, wéllig

будди́зм *м* Buddhísmus *m* =

будди́йский buddhístisch

бу́де *союз уст.* woférn, wenn, falls

будёновец *м* Réiter *m* der Budjónny-Armée

будёновка *ж* Budjónnymütze *f* (11)

бу́дет 1. *3 л. ед. буд. см.* быть; **2.** *в знач. нареч. разг.* (*довольно*) es genügt!; genúg (davón)!; Schwamm drüber!, básta!

буди́льник *м* Wécker *m* (6), Wéckeruhr *f* (10); доро́жный ~ Réisewecker *m*; электро́нный ~ elektrónischer Wécker

будирова́ть *разг. уст.* schmóllen *vi*, mäkeln *vi*; únzufrieden sein

буди́ть 1. wécken *vt*, áufwecken *vt*; **2.** *перен.* erwécken *vt*, wáchrufen* *vt*; áufrütteln *vt*

бу́дка *ж* Häus|chen *n* (7); Búde *f* (11); Hütte *f* (11); сторожева́я ~ Wächterhäus|chen *n*; суфлёрская ~ Souffleurkasten [suˈfløːr-] *m* (7); ~ часово́го, постова́я ~ *воен.* Schílderhaus *n* (5); железнодоро́жная ~ Báhnwärterhäus|chen *n*; ~ дежу́рного по перее́зду Schránkenwärterhäus|chen *n* (7); ~ крановщика́ Kránführerhaus *n*; трансформа́торная ~ Transformatórenhäus|chen *n*; телефо́нная ~ Telefónzelle *f* (11); Férnsprechzelle *f* (*книжн.*); метеорологи́ческая ~ Wétterhäus|chen *n*, Wétterhütte *f*; соба́чья ~ Húndehütte *f*

бу́дни||и *мн.* **1.** Wérktag *m* (1), Wóchentag *m*; по ~ям am Wóchentag [Wérktag], wóchentags, wérktags; **2.** *перен.* Álltag *m* -(e)s; ве́чные ~и das éwige Einerléi des Álltags; **~ий:** ~ий день Wérktag *m* (1); **~ичность** *ж* Álltäglichkeit *f*; Eintönigkeit *f*; Álltagstrott *m* -(e)s; **~ичный 1.** Wérktags-, wérktäglich; ~ичное пла́тье Wérktagskleid *n* (5); **2.** *перен.* Álltags-, álltäglich, éintönig, prosáịisch; ~ичная жизнь Álltagsleben *n* -s

будора́жить *разг.* in Únordnung bríngen*; áufregen *vt*, errégen *vt*, áufrühren *vt*, áufwühlen *vt* (*возбуждать*); **~ся** sich áufregen

бу́дочник *м ж.-д.* Báhnwärter *m* (6); Wächter *m* (6)

бу́дто *союз и частица* **1.** (*словно, как если бы*) als, als ob, als wenn; он продолжа́л чита́ть, ~ ничего́ не слы́шал er fuhr fort zu lésen, als ob er nichts gehört hätte [als hätte er nichts gehört]; ~ ты сам э́того не зна́ешь! als ob du das nicht wüßtest!; **2.** (*что — выражает неуверенность*) daß; *или не переводится*; говоря́т, ~ он уе́хал man sagt, er sei fórtgefahren; man sagt, daß er fórtgefahren sei; **3.** *разг.* (*кажется*) es scheint; мне послы́шалось, ~ кто́-то идёт es scheint mir, da kommt jémand; **4.** *вопр. частица разг.* tátsächlich?, wírklich?

бу́ду *1 л. ед. буд. см.* быть

будуа́р *м* Boudoir [*фр.* budoˈaːr] *n* -s, -s

бу́дучи als; ~ студе́нтом als Studént

бу́дущ||ее *с* Zúkunft *f*; пла́ны на ~ее Zúkunftspläne *pl*; мечта́ть о ~ем von der Zúkunft träumen; **~ий** künftig, zúkünftig; nächst (*следующий*); в ~ем году́ im nächsten [kómmenden] Jahr; в ~ем später, nachhér; ~ее вре́мя *грам.* Zúkunft *f*, Futúr *n* (2), Futúrum *n* -s, -ra; сло́жное ~ее (вре́мя) *грам.* zusámmengesetztes Futúr; её ~ий муж ihr künftiger Mann; ~ая мать éine wérdende Mútter; ~ая неве́стка éine ángehende Schwiegertochter; ~ее поколе́ние die zúkünftige [kómmende] Generatión; **~ность** *ж* Zúkunft *f*; блестя́щая ~ность éine glänzende Zúkunft

будь *повел., см.* быть; ◇ ~ то sei es; ~ что бу́дет *см.* быть

буёк *м см.* буй

бу́ер *м спорт.* Ségelschlitten *m* (7)

буера́к *м* Múlde *f* (11), Érdkluft *f* (3)

буери́ст *м спорт.* Éissegler *m* (6)

бу́ерный: ~ спорт Éissegeln *n* -s

буженина *ж кул.* gekóchter Schínken

буза́ I *ж* (*напиток*) Busá *f*

буза́ II *ж разг.* Skandál *m* (1), Únfug *m* -(e)s, Krakéel *m* (1), Radáu *m* -s

бузина́ *ж бот.* Holúnder *m* (6)

бузи́ть *разг.* Skandál [Radáu] máchen; lärmen *vi*, Únfug tréiben*, krakéelen *vi*

бузотёр *м разг.* Skandálmacher *m* (6), Krakéeler *m* (6), Radáubruder *m* (6*)

буй *м мор.* Bóje *f* (11)

бу́йвол *м* Büffel *m* (6); Zúgbüffel *m* (*тягловый*)

буйвол||ёнок *м* Büffelkalb *n* (5); **~ица** *ж* Büffelkuh *f* (3); **~овый** Büffel-; ~овая ко́жа Büffelhaut *f* (3)

бу́йн||ый **1.** (*бурный*) úngestüm, toll; wild, stürmisch, únbändig, zügellos, verwégen (*безудержный*); ~ое помеша́тельство Tóbsucht *f*; **2.** (*стремительный*) schnell; **3.** (*пышный — о растительности*) üppig; ~ый рост üppiges Wáchstum; ◇ ~ая голо́вушка Dráufgänger *m* (6), Bráusekopf *m* (1*), Tóllkopf *m*

бу́йство *с* Gewálttätigkeit *f* (10), Únfug *m* -(e)s, Radáu *m* -s; учини́ть ~ Gewálttätigkeiten verüben, Únfug tréiben*; **~вать** *разг.* tóben *vi*, Gewálttätigkeiten verüben; Únfug tréiben*, Radáu máchen

бук *м бот.* Búche *f* (11); кра́сный ~ Rótbuche *f*

бу́к||а *м, ж разг.* **1.** Schréckgespenst *n* (5); Pópanz *m* (1); schwärzer Mann; **2.** *перен.* fínsterer, ménschenscheuer Geséle; Griesgram *m* (1); ◇ сиде́ть [смотре́ть] ~ой mit fínsterer [verschlóssener] Miene dásitzen*; griesgrämig dásitzen*

бука́шка *ж* Käferchen *n* (7)

бу́кв||а *ж* **1.** Búchstabe *m* (15); прописна́я ~а gróßer Búchstabe, Versálbuchstabe [vεr-] *m*, Versál [vεr-] *m* -s, -ien; *полигр.* Majúskel *f* (11); строчна́я ~а kléiner Búchstabe; *полигр.* Minúskel *f* (11); нача́льная ~а Ánfangsbuchstabe *m*; написа́ние с большо́й [прописно́й] ~ы Gróßschreibung *f*; писа́ть сло́во с большо́й [прописно́й] ~ы ein Wort groß schréiben*; начерта́ние ~ы Schréibweise éines Búchstaben; чита́ть по ~ам buchstabíeren *vt*; **2.** *полигр.* (*литера*) Schríftzeichen *n* (7); Létter *f* (11) (*печатная*); надстро́чная ~а Búchstabe *m* mit Óberlänge; подстро́чная ~а Búchstabe mit Únterlänge; сли́тные ~ы Ligatúr *f* (10); ◇ ~а зако́на der Búchstabe des Gesétzes; остава́ться мёртвой ~ой (*не применяться на деле*) ein tóter Búchstabe bleiben*, nur auf dem Papíer stéhen*; ~а в ~у genáu; búchstäblich

буква́льн||ый **1.** (*дословный*) búchstäblich, Wort für Wort, wörtlich, genáu dem Wórtlaut nach; ~ый перево́д wörtliche Übersétzung; **2.** (*точный*) búchstäblich, tátsächlich; ~ое значе́ние búchstäbliche Bedéutung; в ~ом смы́сле сло́ва im éigentlichen [búchstäblichen] Sínne des Wórtes; ~о Wort für Wort; ságe und schréibe (*точно, не больше не меньше*); он ~о сказа́л сле́дующее wörtlich hat er fólgendes geságt

буква́рный: ~ пери́од обуче́ния Únterricht *m* nach der Fíbel

буква́рь *м* Fíbel *f* (11); ~ с карти́нками Bílderfibel *f*

бу́квенн||ый Búchstaben-; ~ое обозначе́ние Bezéichnung *f* durch Búchstaben, Búchstabenbezeichnung *f*; ~ое письмо́ Búchstabenschrift *f*

буквое́д *м ирон.* Háarspalter *m* (6); Pedánt *m* (8); **~ство** *с ирон.* Pedanteríe *f*, Háarspalterei *f* (10)

буквопечáтающий: ~ телегра́фный аппара́т Drúckempfänger *m* (6)

буке́т *м* **1.** Strauß *m* (1*), Blúmenstrauß *m*, Bukétt *n* (2); **2.** (*аромат — о вине и т. п.*) Blúme *f* (11), Aróma *n* -s, *pl* -s *u* -men

букини́ст *м* Antiquár *m* (1); купи́ть кни́гу у ~а ein Buch alt [antiquárisch] káufen

букинисти́ческий: ~ магази́н Antiquariát *n* (2)

букле́ *с текст.* Bouclé [bu'kle:] *n* -s, -s, Boucléstoff *m* -(e)s, Nóppenstoff *m*; ковёр из пря́жи ~ Boucléteppich *m* (1)

букле́т *м* Fáltblatt *n* (5)

бу́кли *мн. уст.* Lócken *pl*

бу́ковый *бот.* Búchen-; бу́ковая ро́ща Búchenhain *m* (1)

буко́л||ика *ж лит.* Schäferdichtung *f* (10); **~и́ческий** *лит.* bukólisch, Schäfer-; ~и́ческая пье́са Schäferspiel *n* (2)

букс *м бот.* Buchs *m* (1), Búchsbaum *m* (1*)

бу́кса *ж ж.-д.* Búchse *f* (11), Büchse *f* (11)

букси́р *м* **1.** (*судно*) Schléppdampfer *m* (6), Schlépper *m* (6); ~-спаса́тель Réttungsschlepper *m*; ~-толка́ч Schúbschiff *n* (2); **2.** (*канат*) Schlépptau *n* (2); *авто* Ábschleppseil *n* (2); брать на ~ *мор., тж. перен.* ins Schlépptau néhmen*; *авто* ábschleppen *vt*; тяну́ть на ~е schléppen *vt*; **3.** *авто* Zúgmaschine *f* (11), Trécker *m* (6); **~ный** Schlepp-; Zug-, Treck-; Schub-; ~ный парохо́д *см.* букси́р 1; **~овать** bugsíeren *vt*, schléppen *vt*; zíehen* *vt*; schíeben* *vt* (*о толкаче*); *авто* ábschleppen *vt*; **~о́вка** *ж* Bugsíeren *n* -s, Schléppen *n* -s; Zíehen *n* -s; Schíeben *n* -s (*о толкаче*); *авто* Ábschleppen *n*; ~о́вка на мя́гкой [ги́бкой] сце́пке Ábschleppen mit Seil; ~о́вка на жёсткой сце́пке Ábschleppen mit Stánge

буксов||а́ние *с* Schlupf *m* -(e)s, Rútschen *n* -s, Gléiten *n* -s; **~а́ть** máhlen *vi*, Schlupf háben, (dúrch)rútschen *vi* (s)

булава́ *ж* **1.** *ист.* (*древнее оружие*) Kéule *f* (11), Stréitkolben *m* (7); **2.** *ист.* (*знак власти*) Stab *m* (1*); ге́тманская ~ Hétmanstab *m*; **3.** *спорт.* Kéule *f* (11)

була́в||ка *ж* Stécknadel *f* (11); Nádel *f*; Krawáttennadel *f* (*заколка для галстука*); прикрепля́ть что-л. ~ками etw. mit Nádeln ánstecken [féststecken]; ◇ де́ньги на ~ки Nádelgeld *n* -es; **~очный** Stécknadel-; с ~очную голо́вку so groß wie ein Stécknadelkopf; wínzig klein; ~очные уко́лы *тж. перен.* Nádelstiche *pl*

була́н||ый falb; ~ая ло́шадь Fálbe *m* (14)

була́т *м ист. поэт.* **1.** (*сталь*) Damaszéner Stahl *m* -(e)s; **2.** (*клинок*) Damaszéner Klínge *f* (11); **~ный:** ~ный меч Damaszéner Klínge *f* (11), Damaszéner *m* (6)

бу́лка *ж* Sémmel *f* (11), Brötchen *n* (7)

бу́лла *ж* Búlle *f* (11)

бу́лочка *ж* Brötchen *n* (7), Sémmel *f* (11)

бу́лочн||ая *ж* Bäckeréi *f* (10), Bäkkerladen *m* (7*, 7); ~ая-конди́терская Féinbäckerei *f*; **~ик** *м* Bäcker *m* (6); **~ица** *ж* **1.** (*торговка булками*) Bäckerin *f* (12); **2.** (*жена булочника*) Bäckersfrau *f* (10); **~ый:** ~ые изде́лия Báckwaren *pl*

бултыха́ться, бултыхну́ться *разг.* **1.** (*упасть в воду*) (ins Wásser) plúmpsen *vi* (s), púrzeln *vi* (s); **2.** (*броситься в воду*) sich (kópfüber) ins Wásser stürzen; **3.** (*плескаться*) plántschen *vi*; **4.** (*взбалтываться — о жидкости*) geschüttelt wérden

булы́жн||ик *м* Pflästerstein *m* (1), Kópfstein *m*; **~ый** stéinern, Stéin-; ~ая мостова́я Stéinpflaster *n* (6), Kópfsteinpflaster *n*

бульва́р *м* Boulevard [*фр.* bul'va:r] *n* -s, -s; **~ный** Boulevard- [bul'va:r-]; ◇ ~ная пре́сса Boulevardpresse *f*; ~ный рома́н Híntertreppenroman *m* (1), Schúndroman *m*; Schwárte *f* (11)

бульва́рщина *ж* Schund *m* -s

бульдо́г *м* Búlldogge *f* (11)

бульдо́жий Búlldoggen-

бульдо́зер *м* Planíerraupe *f* (11); Búlldozer [-zər] *m* (6) (*гусеничный*); Dámmschütter *m* (6) (*для отсыпки грунта в насыпь*)

бульдозери́ст *м* Búlldozerfahrer [-zər-] *m* (6), Planíerraupenfahrer *m* (6)

бу́льк||анье *с* Glúcken *n* -s, Glúcksen *n* -s, Glúckern *n* -s; **~ать** glúckern *vi*, glúcksen *vi*

бульо́н *м* Bouillon [bul'jɔŋ] *f*, *pl* -s, Brühe *f* (11); Kráftbrühe *f* (*крепкий*); Fléischbrühe *f* (*мясной*); Hühnerbrühe *f* (*куриный*)

бум I *м* (*шумиха*) Boom [bu:m] *m* -s; биржево́й ~ Börsenboom *m*

бум II *м спорт.* Schwébebalken *m* (7)

бум III *межд.* bums! ◇ не знать ни ~-~ kéine Áhnung háben (von *D*)

бума́г||а I *ж* **1.** Papíer *n* (2); газе́тная ~а Zéitungsdruckpapier *n*; ге́рбовая ~а Stémpelpapier *n*; гла́дкая ~а satiníertes Papíer; копирова́льная ~а Kóhlepapier *n*; Karbónpapier *n* (*швейц.*); кури́тельная ~а Zigaréttenpapier *n*; лино́ванная ~а lin(i)íertes Papíer; машинопи́сная ~а Schréibmaschinenpapier *n*; мело́ванная ~а Kúnstdruckpapier *n*; обёрточная ~а Páckpapier *n*, Éinwickelpapier *n*; папиро́сная ~а Séidenpapier *n*; пи́счая ~а Schréibpapier *n*; почто́вая ~а Bríefpapier *n*; прозра́чная ~а Transparéntpapier *n*; промá́сленная ~а Ölpapier *n*; промока́тельная ~а Löschpapier *n*, Löschblatt *n* (5); то́нкая [папиро́сная] ~а Dúrchschlagpapier *n* (*для пишущей машинки*); цветна́я ~а búntes Papíer, Búntpapier *n*; ~а в кле́тку karíertes Papíer; ~а в две лине́йки dóppelt lin(i)íertes Papíer; ~а для заме́ток Konzéptpapier *n*; ~а под каранда́ш nicht tíntenfestes Papíer; **2.** *канц.* Papíer *n* (2), Schréiben *n* (7), Schríftstück *n* (2), Áktenstück *n*; официа́льная ~а Díenstschreiben *n*; **3.** *мн.* **~и** (*документы*) Papíere *pl*, Ákten *pl*; **4.** (*ценная*) Papíer *n* (2), Wértpapier *n*; ~и па́дают (*на бирже*) die Papíere fállen; ◇ оста́ться то́лько на ~е nur auf dem Papíer stéhen*; ~а всё те́рпит *погов.* Papíer ist gedúldig

бума́га II *ж* (*нитки, ткань*) Báumwolle *f*

бумаго||держа́тель *м* **1.** (*владелец ценных бумаг*) Ínhaber *m* von Wértpapieren; **2.** *канц.* Papíerhalter *m* (6); **~мара́ние** *с разг. ирон.* Schmiereréi *f*

(10), Víelschreiberei *f*; Tíntenkleckserei *f*; ~**мара́тель** *м разг. ирон.* Schmíerer *m* (6); Víelschreiber *m* (6), Skríbifax *m* (1)

бумагообраба́тывающий papíerverarbeitend

бума́жка *ж* **1.** Papíerchen *n* (7), ein Fétzen Papíer; **2.** *разг.* (*о деньгах*) Schein *m* (1), Géldschein *m*; **3.** (*канцелярская*) Schríftstück *n* (2), kléines Schréiben, Papíer *n* (2)

бума́жник I *м* (*рабочий*) Papíerarbeiter *m* (6)

бума́жник II *м* (*для денег*) Bríeftasche *f* (11)

бума́жн||ый I **1.** Papíer-; aus Papíer; ~ая ме́льница Papíermühle *f* (11); ~ая фа́брика Papíerfabrik *f* (10); ~ые де́ньги Papíergeld *n* -(e)s; ~ый стака́н Papíerbecher *m* (6); **2.** (*бюрократический*) Papíer-, Amts-, bürokrátisch

бума́жн||ый II (*хлопчатобумажный*) báumwollen, Báumwoll-; aus Báumwolle; ~ая мате́рия Báumwollstoff *m* (1)

бумажо́нка *ж пренебр.* ein Fétzen Papíer

бумазе́йный Bárchent-

бумазе́я *ж* Bárchent *m* -(e)s, -e; набивна́я ~ Drúckbarchent *m*

бумера́нг *м* Búmerang *m*, *n* -s, -s; ~ возвраща́ется обра́тно *перен.* der Búmerang fliegt [schlägt] zurück (к кому́-л. auf *A*)

бунд *м ист.* Bund *m* -(e)s

бундесве́р *м* (*вооружённые силы ФРГ*) Búndeswehr *f*

бундесра́т *м* (*орган представительства земель ФРГ*) Búndesrat *m* -(e)s

бундеста́г *м* (*парламент ФРГ*) Búndestag *m* -(e)s

бу́ндовец *м ист.* Bundíst *m* (8)

бу́нкер *м* Búnker *m* (6); Vórratsbehälter *m* (6); у́гольный ~ Kóhlenbunker *m*; зерново́й ~ Körnertank *m* -s, -s (*на комбайне*); си́лосный ~ Sílobehälter *m*; ~**ова́ть** *спец.* Kóhlen éinnehmen*; búnkern *vt*; ~**ова́ться** *спец.* búnkern *vi*; ~**о́вка** *ж* Kóhleneinnahme *f*

бунт I **1.** (*кипа*) Bállen *m* (7); Rólle *f* (11); Bund *n* (2) (*связка*); **2.** (*сложенный в штабеля товар*) Stápel *m* (6)

бунт II *м* (*восстание*) Empörung *f* (10), Áufruhr *m* (1); Revolte [-'vɔl-] *f* (11), Rebellión *f* (10); Meuteréi *f* (10) (*во флоте, в армии*)

бунта́р||ский áufrührerisch, áufständisch; rebéllisch ~**ство** *с* Rebéllentum *n* -(e)s, Rebéllengeist *m* -es; Áufsässigkeit *f* (*неповиновение*)

бунта́рь *м см.* бунтовщи́к

бунтов||а́ть **1.** sich empören, rebellíeren *vi*; méutern *vi* (*во флоте, в армии*); **2.** *уст.* (*подстрекать к бунту*) áufwiegeln *vt*, zum Áufstand áufreizen; ~**а́ться** *см.* взбунтова́ться; ~**щи́к** Empörer *m* (6), Áufrührer *m* (6), Rebéll *m* (8); Áufständische *m* (14) (*повстанец*)

бур I *м тех.* Bóhrer *m* (6), Bérgbohrer *m*, Érdbohrer *m*, Stéinbohrer *m*; *горн.* Bóhrstange *f* (11); поро́дный ~ Geštéinsbohrer *m*

бур II *м* (*народность*) Búre *m* (9)

бура́ *ж хим.* Bórax *m* = *u* -es

бура́в *м тех.* Bóhrer *m* (6); ~**ить** bóhren *vt*; ~**чик** *м тех.* Hándbohrer *m* (6), Nágelbohrer *m*; Hólzbohrer *m* (*плотничий*)

бура́к *м обл.* (*свёкла*) Rúnkelrübe *f* (11), Béte *f* (11)

бура́н *м* Schnéesturm *m* (1*), Schnéegestöber *n* (6)

бурбо́н *м уст.* Gróbian *m* (1), úngeschliffener Patrón; Flégel *m* (6)

бургоми́стр *м* Bürgermeister *m* (6)

бургу́ндское *с* (*вино*) Burgúnderwein *m* (1), Burgúnder *m* (6)

бурда́ *ж разг.* Plémpe *f*; dünne geschmácklose Brühe

бурдю́к *м* Wéinschlauch *m* (1*)

буреве́стник *м* Stúrmvogel *m* (6*); ~ револю́ции das érste Stúrmzeichen der nähenden Revolutión

бурело́м *м* Wíndbruch *m* -(e)s

буре́ние *с тех.* Bóhren *n* -s, Bóhrung *f*; уда́рное ~ Schlágbohren *n*, Perkussiónsbohren *n*; эксплуатацио́нное ~ Gewínnungsbohren *n*, Produktiónsbohren *n*; разве́дочное ~ Schürfbohrung *f*

буре́ть sich (gráu)braun färben, (gráu-)braun wérden

буржуа́ *м* Bourgeois [*фр.* bur'ʒoa] *m* =, =, Bürger *m* (6)

буржуази́я *ж* **1.** (*класс*) Bourgeoisíe [*фр.* burʒoa'zi:] *f*, Bürgertum *n* s; кру́пная ~ Gróßbourgeoisie *f*, Gróßbürgertum *n*; ме́лкая ~ Kléinbourgeoisie *f*, Kléinbürgertum *n*; **2.** *ист.* (*сословие*) Bürgerstand *m* -(e)s

буржуа́зно-демократи́ческ||ий bürgerlich-demokrátisch; ~ая револю́ция bürgerlich-demokrátische Revolutión [-vo-]

буржуа́зн||ый bürgerlich, Bürger-; ~ые па́ртии bürgerliche Partéien; ~ый предрассу́док ein bürgerliches Vórurteil; ~ое госуда́рство ein bürgerlicher Staat

буржу́й *м разг. пренебр.* Bourgeois [*фр.* bur'ʒoa] *m* =, =; Áusbeuter m (6) (*эксплуататор*); Schmarótzer m (6) (*паразит*); ~**ка** *ж разг.* **1.** *пренебр.* Bürgersfrau *f* (10); Áusbeuterin *f* (12); Schmarótzerin *f* (12) (*ср.* буржу́й); **2.** (*небольшая железная печь*) kléiner éiserner Ófen *m* (7*), kléiner Kanónenofen

бур||и́льный *тех.* Bohr-; ~**и́ть** *тех.* bóhren *vt*

бури́льщик *м* Bóhrhauer *m* (6), Bóhrarbeiter *m* (6)

бу́рка I *ж фольк.* (*бурая лошадь*) Bräune *m* (14)

бу́рка II *ж* (*плащ*) Búrka *f*, *pl* -s, kaukásischer Filzüberwurf

бу́рки *мн.* (*ед.* бу́рка *ж*) Fílzschaftstiefel *pl* (*sg* Fílzschaftstiefel *m*)

бу́ркнуть *разг.* brúmmen *vi*, *vt*; knúrren *vi*; ~ что́-то себе́ под нос etw. in den Bart brúmmen, etw. vor sich hin brúmmen, éinen knúrrenden Laut von sich gében*

бурл||а́к *м* Tréidler *m* (6), Schíffszieher *m* (6); ~**а́цкий** Tréidler-; ~а́цкие пе́сни Tréidlerlieder *pl*; ~**а́чить** tréideln *vi*

бурле́ск *м лит.* Burléske *f* (11), Schwank *m* (1*)

бурл||и́вый únruhig, stürmisch, tósend, bródelnd; ~**и́ть** bródeln *vi*, wállen *vi*, tósen *vi*; kóchen *vi*, síeden* *vi*; вода́ в котле́ ~и́т das Wásser bródelt im Késsel; мо́ре ~и́т das Meer tost [bródelt]; у него́ кровь ~и́т sein Blut ist in Wállung

бурми́стр *м ист.* Ámtmann *m* (4) (*pl тж.*-leute), Vogt *m* (1*)

бу́рн||ый **1.** stürmisch, úngestüm, héftig; ~ый поры́в ве́тра ein héftiger Wíndstoß; ~ое мо́ре stürmisches Meer, schwére See; ~ый рост социалисти́ческой промы́шленности das stürmische Wáchstum der sozialístischen Industríe; **2.** (*о характере и т. п.*) úngestüm, héftig, léidenschaftlich; ~ый восто́рг úngestümes Entzücken; ~ый разгово́р stürmische Únterredung, héftige [léidenschaftliche] Áuseinándersetzung; ~ые аплодисме́нты stürmischer Béifall; ~ые ова́ции frenétischer Béifall; ~ые го́ды bewégte Jáhre

бурова́я *сущ. ж* Bóhrturm *m* (1*), Bóhranlage *f* (11)

буро-взрывн||о́й Bóhr- und Spréng-; ~ы́е рабо́ты Bóhr- und Spréngarbeiten *pl*

буров||о́й *тех.* Bohr-; ~а́я сква́жина Bóhrloch *n* (5); ~о́й стано́к Bóhranlage *f* (11); Bóhrwagen *m* (7) (*передвижной*); ~о́й ма́стер Bóhrmeister *m* (6)

бурозём *м* Bráunerde *f*

бу́рса *ж* **1.** (*духовное училище в дореволюционной России*) géistliches Seminár; **2.** (*общежитие учащихся духовных училищ в дореволюционной России*) Pensión [paŋ-] *f* beim géistlichen Seminár

бурса́к *м* (*воспитанник бурсы*) Zögling *m* éines géistlichen Seminárs

бу́рский búrisch; ~ язы́к Afrikáans *n* =

бурт *м* **1.** *с.-х.* Míete *f* (11); свеклови́чный ~ Rübenmiete *f*; вы́брать из ~а́ áusmieten *vt*; **2.** *тех.* Bund *m* (1*); ~**ова́ние** *с с.-х.* Éinmieten *n* -s; ~**оукла́дчик** *м с.-х.* Míetenlader *m* (6); ~**оукры́вщик** *м* Míetenzudeckmaschine *f* (11)

буру́н *м мор.* Stúrzwelle *f* (11), Brécher *m* (6); Búgwelle *f* (*носовой*); кормово́й ~ Héckwelle *f*; ~ы́ Brándung *f* (10)

бурунду́к *м зоол.* Burundúk *m* -s, -s, Érdeichhörnchen *n* (7)

бурч||а́ние *с разг.* **1.** **Brúmmen** *n* -s, Grúnzen *n* -s, Múrmeln *n* -s; **2.** Knúrren *n* -s, Köllern *n* -s (*в желудке*); Bródeln *n* -s, Súmmen *n* -s (*в котле и т. п.*); ~**а́ть** *разг.* **1.** brúmmen *vi*, múrmeln *vi*, grúnzen *vi*; ~а́ть себе́ под нос etw. in den Bart brúmmen; **2.** knúrren *vi*, köllern *vi* (*в желудке*); bródeln *vi*, súmmen *vi* (*в котле*); у меня́ в животе́ ~и́т mir knurrt der Mágen

бу́рый braun; ~ у́голь Bráunkohle *f* (11); ~ железня́к Bráuneisenerz *n* (2); ~ медве́дь Bráunbär *m* (8)

бурья́н *м* Únkraut *n* -s, Stéppengras *n* -es

бу́р||я *ж* Sturm *m* (1*); Únwetter *n* -s; песча́ная ~я Sándsturm *m*; ~я негодова́ния ein Sturm der Entrüstung; вы́звать ~ю éinen Sturm heráufbeschwören; пери́од «Бу́ри и на́тиска» *лит.* Stúrm-und-Dráng-Zeit *f*; ◇ ~я в стака́не воды́ *разг.* ein Sturm im Wásserglas

буря́т Burjáte *m* (9), Burjäte *m* (9); ~**ка** *ж* Burjátin *f* (12), Burjätin *f* (12); ~**ский** burjátisch, burjätisch; ~ский язы́к die burjátische Spráche, das Burjátische (*sub*)

бу́син(к)а *ж* Glásperle *f* (11)

буссо́ль *ж* Bussóle *f* (11), Wínkelmeßgerät *n* (2); артиллери́йская ~ Ríchtkreis *m* (1)

бу́сы *мн.* Kétte *f* (11), Hálskette *f*

бут *м стр.* Brúchstein *m* (1), Natúrstein *m*

бута́н *м хим.* Bután *n* -s

бутафо́р *м театр.* Requisiteur [-'tø:r] *m* (1); ~**ия** *ж* **1.** *театр.* Requisít *n* (13); **2.** (*в витрине*) Attráppe *f* (11); Scháustück *n* (2), Scháupackung *f* (10); **3.** *перен.* Áufmachung *f* (10), Kulíssenzauber *m* -s, Bühnenzauber *m*

бутафо́рский **1.** *театр.* Requisíten-; **2.** *перен.* únecht, künstlich

бутербро́д *м* belégtes Brot [Brötchen], belégte Schnítte; Stúlle *f* (11) (*в Северной Германии, б. ч. в Берлине*)

бути́ловый *хим.* Butýl-; ~ спирт Butýlalkohol *m* -s

бутиро́метр *м* Butyrométer *n* (6), Féttgehaltsmesser *m* (6)

бути́ть *стр.* mit Brúchsteinen áusmauern

бу́тов||ый *стр.* Brúchstein-; **~ая кла́дка** Brúchsteinmauerung *f* (10)

буто́н *м* Knóspe *f* (11)

бутонье́рка *ж уст.* Ánsteckblume *f* (11), Boutonniere [*фр.* butɔ'nïɛ:rə] *f* (11)

бу́тсы *мн.* (*ед.* бу́тса *ж*) *спорт.* Fúßballschuhe *pl* (*sg* Fúßballschuh *m*)

буту́з *м разг.* Páusback *m* (1), Díkkerchen *n* (7)

буты́лк||а *ж* Flásche *f* (11); Púlle *f* (11) (*разг.*); разлива́ть что-л. по ~ам etw. in Fláschen ábfüllen; ~а из-под молока́ (léere) Mílchflasche *f*; ~а с горю́чей сме́сью Brándflasche *f*; ◇ лезть в ~у *разг.* gleich auf der Pálme sein

буты́лочный Fláschen-; ◇ ~ цвет Fláschengrün *n* -s

буты́ль *ж* gróße Flásche, Ballon [-'lɔŋ] *m* -s, -s; Kórbflasche *f* (11) (*в плетёнке*)

бу́фер *м* **1.** *тех.* Dämpfer *m* (6); **2.** *ж.-д., тж. перен.* Púffer *m* (6); игра́ть роль ~а die Rólle éines Púffers spíelen; **~ный** Púffer-; ~ное госуда́рство Púfferstaat *m* (13)

буфе́т *м* **1.** (*шкаф*) Büfett [-'fe:] *n* (2), Geschírrschrank *m* (1*); Ánrichte *f* (11), Ánrichtetisch *m* (1) (*сервант*); **2.** (*стойка*) Büfett [-'fe:] *n* (2), Schánktisch *m* (1); **3.** (*закусочная*) Ímbißstube *f* (11), Erfríschungsraum *m* (1*); Schnéllbüfett [-,fe:] *n* (2); Automátenrestaurant [-resto,raŋ] *n* -s, -s (*закусочная-автомат*); Pantry ['pɛntri] *f*, *pl* -s (*буфет и кладовая на судне и самолёте*); **~ная** *сущ. ж* Ánrichteraum *m* (1*); **~чик** *м* Büfettier [-'tïe:] *m* -s, -s, Büfettkraft [-'fe:-] *f* (3); **~чица** *ж* Büfettiere [-'tïɛ:rə] *f* (11), Büfettkraft [-'fe:-] *f* (3)

буфф: о́пера-буфф kómische Óper

буффона́да *ж театр.* Buffonáde *f* (11), Pósse *f* (11); *перен.* Póssenreißerei *f* (10), Nárrenspossen *pl*

бу́ф||ы *мн.* Rüschen *pl*; рукава́ с ~ами Púffärmel *pl*; Schínkenärmel *pl* (*разг. ирон.*)

бух *межд.* **1.** bums!, bauz!, plumps! **2.** *предик. разг. см.* бу́хнуться

буха́нка *ж* Laib *m* (1)

буха́рский buchárisch

бу́хать(ся) *см.* бу́хнуть I 2, бу́хнуться

бухга́л||тер *м* Búchhalter *m* (6), Búchführer *m* (6); гла́вный ~тер Háuptbuchhalter *m*; ~тер-ревизо́р Bücherrevisor [-,vi-] *m* (13); **~те́рия** *ж* **1.** Búchhaltung *f*, Búchführung *f*; двойна́я ~те́рия *тж. перен.* dóppelte Búchführung; **2.** (*отдел*) Búchhaltung *f* (10); рабо́тники ~те́рии Búchhaltungskräfte *pl*; **~терский** Búchhalter-; ~терская кни́га Geschäftsbuch *n* (5); ~терская маши́на Búchungsmaschine *f*

бу́хнуть I *разг.* **1.** (*ударить*) knállen *vi* (чем-л. mit *D*); schméttern *vt*, búmsen *vi*; **2.** (*об орудиях*) knállen *vi*, dónnern *vi*; **3.** (*неуместно сказать*) heráusplatzen *vi* (s) (что-л. mit *D*); **4.** (*положить слишком много*) etw. zu viel hinéintun*

бу́хну||ть II (*разбухать*) quéllen* *vi* (s), áufquellen* *vi* (s); две́ри ~т от сы́рости die Türen sind von der Féuchtigkeit gequóllen

бу́хнуться *разг.* **1.** (*упасть*) hínstürzen *vi* (s), hínplumpsen *vi* (s); **2.** (*кинуться*) sich stürzen; ~ в во́ду sich ins Wásser stürzen

бу́хта I *ж геогр.* Bucht *f* (10); ме́лкая ~ éine séichte Bucht

бу́хта II *ж мор.* (*каната*) Bucht *f* (10)

бу́хты-бара́хты *разг.*: так, с ~ нельзя́ э́то сде́лать so mit éinem Mal [únüberlegt, auf die Schnélle] kann man das nicht máchen, man kann das nicht aus dem Ärmel schütteln [im Hándumdrehen máchen]

бу́ч||а *ж разг.* Lärm *m* -(e)s, Tumúlt *m* (1); подня́ть ~у Lärm schlagen*, Krach máchen

бу́ч||ение *с спец.* Béuchen *n* -s; Láugen *n* -s; **~ить** *спец.* béuchen *vt*, láugen *vt*

бушева́ть **1.** (*о стихии*) bráusen *vi*, tósen *vi*, stürmen *vimp*, wüten *vi*; hóchgeh(e)n* *отд.* *vi* (s) (*о море*); bránden *vi* (*о волнах*); wéttern *vimp* (*о непогоде*; *тж. перен.*); **2.** *разг.* (*буйствовать*) tóben *vi*; Skandál máchen

бу́шель *м* Búshel [-ʃəl] *m* -s, *pl* =

бушла́т *м* Matrósenjacke *f* (11); ка́поковый ~ mit Kápok gepólsterte Réttungsweste

бушме́н *м* Búschmann *m* (4)

бушпри́т *м мор.* Búgspriet *m* (1)

буя́н *м* Ráufbold *m* (1), Radáubruder *m* (6*), Krakéeler *m* (6); **~ить** Radáu máchen, Únfug tréiben*, krakéelen *vi*, randalíeren *vi*

бы *частица* **1.** (*при выражении пожелания*): я бы охо́тно почита́л э́ту кни́гу ich würde díeses Buch gern lésen; не вам бы говори́ть Sie sóllten líeber schwéigen; **2.** (*при выражении вежливого предложения*): вы бы присе́ли! vielléicht néhmen Sie Platz!, néhmen Sie bítte Platz!; ты бы почита́л немно́го lies doch ein wénig; du würdest gut darán tun, étwas zu lésen; **3.** (*для образования сослагательного наклонения*): е́сли бы он был в Москве́, он бы пришёл wenn er in Móskau wäre [wäre er in Móskau], würde er kómmen

быва́ло *вводн. сл. разг.* früher, einst; mánchmal; *переводится тж. глаголом* pflégen *vi* (+*inf*) (*книжн*); я ~ ча́сто е́здил в дере́вню früher réiste ich öfters aufs Land; ~ он ко мне заходи́л er pflégte zu mir zu kómmen, er kam mánchmal [öfters] zu mir

быва́л||ый **1.** *разг.* (*опытный*) erfáhren, bewándert, mit Wéltkenntnis; ~ый па́рень ein Búrsche mit Wélt- und Lébenskenntnis; Allerwéltskerl *m* (1) (*продувной*); **2.** *разг.* (*привычный*): э́то де́ло ~ое das ist éine alltägliche Sáche, das kommt álle Táge vor; **3.** (*прошедший*) *уст.* vergángen, verflóssen; ~ые го́ды vergángene [frühere] Jáhre

быв||а́ть **1.** (*случаться*) vórkommen* *vi* (s); geschéhen* *vi* (s), sich eréignen; ~а́ет, что... es kommt vor, daß...; es geschíeht, daß...; на све́те вся́кое ~а́ет auf der Welt kommt állerlei vor; чуде́с не ~а́ет es gibt kéine Wúnder; таки́х веще́й не ~а́ет so étwas gibt es nicht, sólche Sáchen kómmen nicht vor; как ни в чём не ~а́ло als ob nichts geschéhen [gewésen] wäre; mit der únschuldigsten Míene; ~а́ют слу́чаи es gibt Fälle, es kommt vor; вся́кое [вся́ко] ~а́ет es kommt máncherlei vor, es gibt nichts Únmögliches; **2.** (*происходить*) státtfinden* *отд.* *vi*; заседа́ния ~а́ют раз в ме́сяц éinmal im Mónat fínden die Sítzungen statt; **3.** (*быть*) sein* *vi* (s); sich befínden* (*находиться*); по вечера́м я ~а́ю до́ма abends bin ich zu Háuse; **4.** (*посещать*) besúchen *vt*, verkéhren *vi* (у кого́-л. mit, bei *D*); он ча́сто ~а́ет в клу́бе er besúcht öfters den Klub; **~а́ть у друзе́й** bei Fréunden verkéhren; ◇ бо́ли как не ~а́ло die Schmérzen wáren spúrlos verschwúnden; чего́ то́лько не ~а́ет! was es nicht álles gibt!

бы́вш||ий gewésen, éhemalig, éinstig; Ex-; Alt-; **~ий заве́дующий** der éhemalige Léiter; ~ий мини́стр Éxminister *m* (6); ~ий чемпио́н ми́ра Éxweltmeister *m* (6); ◇ ~ие лю́ди gewésene Léute

бы́дло *с обл.* (*рабочий скот*) Árbeitsvieh *n* -(e)s (*тж бран. о людях*)

бык I *м* Stier *m* (1), Búlle *m* (9); **племенно́й** ~ Zúchtstier *m*, Zúchtbulle *m*; ~ на убо́й Mástochse *m* (9); ~-производи́тель Déckbulle *m*; ◇ он упёрся как ~ *разг.* er ist stíernackig [hálsstarrig, stur]; взять ~а́ за рога́ den Stier bei [an] den Hörnern fássen [pácken]; он здоро́в как ~ er strotzt vor Gesúndheit

бык II *м* (*моста*) Pféiler *m* (6), Brückenpfeiler *m*

были́на *ж лит.* (áltrussische) Ságe *f* (11), Héldensage *f*, Héldengedicht *n* (2)

были́нка *ж* Gräschen *n* (7), Gráshalm *m* (1)

были́нный *лит.* Ságen-; **~ э́пос** Ságenepos *n* =

бы́ло *3 л. ед. прош., см.* быть 1, 2, 3, 4, 5

было *частица* **1.** (*сначала*) zuérst, ánfangs, éigentlich; я ~ во́все не хоте́л приезжа́ть ich wóllte éigentlich gar nicht kómmen; я ~ во́все его не заме́тил ich hábe ihn ánfangs gar nicht bemérkt; **2.** (*несовершившееся действие*): чуть ~ не... fast..., beináhe... (+*conj*); он чуть ~ не упа́л fast [beináhe] wäre er gefállen; я чуть ~ не сказа́л schon wóllte ich ságen; fast hätte ich gesägt

бы́лое *сущ. с* Vergángenheit *f*, das Vergángene; vergángene Zéiten

бы́л||ой vergángen, früher; **в ~ое** вре́мя in vergángenen Tágen; in álten [früheren] Zéiten (*гл. обр. об эпохе*); ~а́я сла́ва verflóssener Ruhm

быль *ж* éine wáhre Geschíchte; ein wáhrer Vórfall

быльё *с*: ~м поросло́ darüber ist (längst) Gras gewáchsen

быстрина́ *ж* Strómschnelle *f* (11), Strúdel *m* (6)

быстро||враща́ющийся schnéllaufend (*при переносе*: schnell-laufend); **~гла́зый** mit lébhaftem Blick; **~де́йствующий** schnéllwirkend, Schnéll-; ~де́йствующий то́рмоз Schnéllbremse *f* (11); **~заморо́женный** Féinfrost-; ~заморо́женные о́вощи Féinfrostgemüse *n* -s; **~но́гий** schnéllfüßig, léichtfüßig; **~расту́щий** *бот.* schnéllwüchsig, schnéllwachsend; **~ре́жущий:** ~ре́жущая сталь Schnéllstahl *m* (1, 1*), Schnéllarbeitsstahl *m*

быстрот||а́ *ж* **1.** (*скорость*) Schnélligkeit *f*, Geschwíndigkeit *f*; Húrtigkeit *f* (*проворство*); с ~о́й мо́лнии blítzschnéll; **2.** *перен.* Lebéndigkeit *f*; ~ ума́ Schárfsinn *m* -(e)s

быстроте́чный *уст.* flüchtig; vergänglich; schnell vergéhend, dahíneilend (*преходящий*)

быстрохо́д||ность *ж* Schnéllauf (*при переносе* Schnell-lauf) *m* -(e)s, Schnélläufigkeit (*без переноса*: Schnelläufigkeit) *f*, Schnéllgängigkeit *f*; **~ный** Schnell-; schnéllaufend (*при переносе*: schnell-laufend); ~ный парохо́д Schnélldampfer *m* (6); ~ная маши́на Schnélläufer (*без переноса*: Schnelläufer) *m* (6); ~ный ка́тер Schnellboot *n* (2)

бы́стрый schnell, rasch; rapíd; prompt; schléunig (*немедленный*); húrtig, flink, fix (*проворный, ловкий*); ~ темп schnélles [schárfes] Témpo; быстре́е, быстре́е!

schnéller!, nun áber Témpo!; беги́ как мо́жно быстре́е! láuf, was du kannst!

быт *м* **1.** (*уклад*) Lébensweise *f* (11), Lébensgewohnheiten *pl*, Lébensformen *pl*; Sítten und Bräuche; борьба́ за но́вый ~ der Kampf um néue Lébensformen; **2.** (*повседневная жизнь*) Alltag *m* -(e)s, das alltägliche Lében; дома́шний ~ das häusliche Lében; но́вый ~ die néue Lébensweise; Дом ~а Haus *n* (5) der Díenstleistungen; слу́жба ~а Díenstleistungen *pl*; э́то про́чно вошло́ в ~ dies ist aus dem Lében nicht wégzudenken; das hat sich éingebürgert

бытие́ *с* Dásein *n* -s, Sein *n* -s; ~ определя́ет созна́ние das (geséllschaftliche) Sein bestímmt das Bewúßtsein

бы́тность: в ~ zur Zeit, während; в его́ ~ zur Zeit [während] séines Híerseins

бытова́ть vórkommen* *vi* (s)

бытови́к *м* **1.** (*писатель*) Síttenschilderer *m* (6); **2.** (*художник*) Genremaler [ˈʒãr-] *m* (6)

быто́вка *ж разг.* Áufenthaltsraum *m* (1*) (*на предприятии*); Báubude *f* (11) (*на стройплощадке*)

бытов||о́й Lébens-; für den Háusbedarf; für den Bedárf der Bevölkerung; ~а́я ле́ксика Alltagswortschatz *m* -es; ~о́е помеще́ние Áufenthaltsraum *m* (1*); предприя́тие ~о́го обслу́живания, ~о́е предприя́тие Díenstleistungsbetrieb *m* (1); ~о́й рома́н Geséllschaftsroman *m* (1); ~а́я стира́льная маши́на Háushaltwaschmaschine *f* (11); ~а́я те́хника Háushalttechnik *f*, téchnische Háushaltgeräte *pl*; ~ы́е усло́вия Lébensbedingungen *pl*, Lébensverhältnisse *pl*; Lébensumstände *pl*; ~ы́е учрежде́ния soziále [kommunále] Éinrichtungen; ~а́я хи́мия Háushaltchemie *f*; ~о́е явле́ние éine allgeméin verbréitete Erschéinung [Sítte]; стать ~ы́м явле́нием Sítte wérden

бытописа́тель *м* Beschréiber *m* der Sítten und Bräuche [der Lébensweise] (éiner bestímmten soziálen Grúppe)

быть **1.** (*тж. связка*) sein* *vi* (s); ~ рабо́чим (ein) Árbeiter sein; кем ты хо́чешь ~? was willst du wérden?; рабо́та была́ зако́нчена die Árbeit war beéndet, die Árbeit wúrde beéndet; ~ в пальто́ im Mántel sein; **2.** (*находиться*) sein* *vi* (s), sich befínden*, sich áufhalten*; ~ до́ма zu Háuse sein; ~ в отсу́тствии ábwesend sein; ~ нали́цо ánwesend [zugégen] sein; **3.** (*иметься*): у меня́ есть кни́га ich hábe ein Buch; у него́ был сын er hätte éinen Sohn; **4.** (*случаться*) geschéhen* *vi* (s), sich eréignen, sich zútragen*; **5.** (*иметь место*) státtfinden* *отд. vi*; за́втра бу́дут вы́боры в Верхо́вный Сове́т СССР die Wáhlen zum Óbersten Sowjét der UdSSR wérden mórgen státtfinden; уро́ка не бу́дет die Stúnde fällt aus; **6.** (*приходить*) kómmen* *vi* (s); он бу́дет к ве́черу er kommt gégen Ábend; ◇ жил-был... es war éinmal...; бу́дьте так добры́! séien Sie so gut!, séien Sie so líebenswürdig!; ~ мо́жет viellеícht; es ist möglich, daß...; должно́ ~ wahrschéinlich, állem Ánschein nach; так и ~! méinetwegen!; ~ по сему́! es sei!, éinverstanden!; es bleibt dabéi!; как ~? was tun?, was nun?; was soll geschéhen?; ~ бу́ре! es gibt sícher Sturm!; ~ в си́лах, ~ в состоя́нии imstánde sein; ~ ни при чём nicht schuld sein, nichts damít zu tun háben; была́ не была́! *разг.* es sei gewágt!, man muß es riskíeren!; будь что бу́дет! *разг.* kómme, was da wólle!; auf jéde Gefáhr hin; не будь его́ wäre er nicht (da); бу́дет!, бу́дет тебе́! *разг.* hör auf!, genúg davón!; бу́дет ему́ за э́то! *разг.* er kriegt sein Fett schon weg!, er wird schon sein Teil dafür ábbekommen; и был тако́в *разг.* und er máchte sich aus dem Stáube; und weg war er; не то ещё бу́дет! es wird noch ganz ánderes kómmen!; чему́ ~, того́ не минова́ть *погов.* ≅ was muß sein, da schick dich drein

бытьё *с уст.* Lébensweise *f*; житьё-бытьё Lében *n* -s, Lébensart *f*, Lébensweise *f*

быча́чий, бы́чий Stier-, Óchsen-; ~ заты́лок Stiernacken *m* (7)

бычи́ться *разг.* fínster [düster, verdríeßlich] dréinschauen

бычо́к I *м* (*молодой бык*) júnger Stier [Ochs], Júngbulle *m* (9), Färre *m* (9), Búllenkalb *n* (5)

бычо́к II (*рыба*) Káulkopf *m* (1*)

бьеф *м гидр.*: ве́рхний ~ Óberwasser *n* -s; ни́жний ~ Únterwasser *n*

бью́щийся zerbréchlich

бюва́р *м* Schréibunterlage *f* (11) (aus Löschpapier); Schréibmappe *f* (11)

бюдже́т *м* Háushalt *m* (1), Budget [*фр.* byˈdʒeː] *n* -s, -s; Etat [*фр.* eˈtaː] *m* -s, -s, Háushaltplan *m* (1*); дохо́дная часть ~а Éinnahmeteil im Háushalt; расхо́дная часть ~а Áusgabenteil im Háushalt; вое́нный ~ Rüstungshaushalt *m*; госуда́рственный ~ Stáatshaushalt *m*; согла́сно ~у etatmäßig [eˈtaː-]; вы́йти из ~а zu viel verbráuchen; **~ный** Budget- [byˈdʒeː-]; Háushalt(s)-; haushaltsmäßig; ~ная статья́ Háushaltsposten *m* (7), Budgetposten *m*; ~ный год Háushaltsjahr *n* (2)

бюллете́нить *разг.* krank geschríeben sein; krank máchen

бюллете́нь *м* **1.** (*официальное сообщение*) Bericht *m* (1), Bekánntmachung *f* (10); метеорологи́ческий ~ Wétterbericht *m* (1); **2.** (*периодическое издание*) Bulletin [*фр.* bylˈtɛ̃] *n* -s, -s, Áusgabe *f* (11); информацио́нный ~ Informatiónsblatt *n* (5), Náchrichtenblatt *n*; курсово́й ~ иностра́нной валю́ты Kúrszettel *m* (für áusländische Valúta [va-]); **3.:** избира́тельный ~ Wáhlschein *m* (1), Stímmzettel *m* (6), Stímmschein *m* (1); **4.** *разг.* (*больничный лист*) Kránkenschein *m* (1)

бю́ргер *м* **1.** *ист.* (*горожанин*) Bürger *m* (6); **2.** (*обыватель*) Spíeßbürger *m* (6), Philíster *m* (6); **~ство** *с ист.* Bürgertum *n* -(e)s

бюре́тка *ж хим.* Bürétte *f* (11), Trópfenmesser *m* (6), Máßröhre *f* (11)

бюро́ *с* **1.** (*руководящий орган*) Büró *n* -s, -s; Komitée *n* -s, -s; **2.** (*учреждение*) Büró *n* -s, -s, Amt *n* (5), Stélle *f* (11), Kontór *n* (2); спра́вочное ~ Áuskunftsbüro *n*, Áuskunftsstelle *f*; Áuskunft *f*; ~ нахо́док Fúndbüro *n*; ~ поврежде́ний (*телефона*) Entstörungsstelle *f*; ~ путеше́ствий [экскурсио́нное ~] Réisebüro *n*; кварти́рное ~ Zímmernachweis *m* (1); констру́кторское ~ Konstruktiónsbüro *n*; машинопи́сное ~ Schréibbüro *n*; ~ пого́ды Wéttermeldestelle *f*; похоро́нное ~ Bestáttungsanstalt *f* (10); **3.** (*конторка, стол*) Schréibtisch *m* (1)

бюрокра́т *м* Bürokrát *m* (8); Bónze *m* (9) (*профсоюзный*); **~и́зм** *м* Bürokratísmus *m* =; **~и́ческий** bürokrátisch; ~и́ческое отноше́ние к де́лу bürokrátische Éinstellung zur Árbeit; по-бюрократи́чески bürokrátisch, vom grünen Tisch aus; **~и́я** *ж* Bürokratíe *f*, Bürokrátentum *n* -(e)s; Bonzokratíe *f* (*профсоюзная*); **~ка** *ж* Bürokrátin *f* (12)

бюст *м* **1.** (*скульптура*) Büste *f* (11); **2.** (*грудь*) Büste *f* (11), Búsen *m* (7)

бюстга́льтер *м* Büstenhalter *m* (6)

бя́зев||ый Néssel-; ~ая руба́шка Nésselhemd *n* (13), Hemd aus Nésselstoff

бязь *ж* (*ткань*) Néssel *f* (11), Nésselstoff *m* (1)

В

в *предлог* **1.** *вин.*: 1) (*при обозначении направления — на вопрос «куда?»*) in (*A*); nach (*D*) (*перед названием городов и т. п.*); an (*A*), zu (*D*) (*обращение куда-л.*); идти́ в го́род in die Stadt gehen*; в Москву́ nach Móskau; в Сове́тский Сою́з in die Sowjétunion; в По́льшу nach Pólen; обрати́ться в дире́кцию sich an die Direktión wénden*; 2) (*внутрь чего-л.; тж. перен.*) in (*A*); в чемода́н in den Kóffer; попа́сть в неприя́тную исто́рию in éine únangenehme Geschíchte hinéingeraten*; 3) (*при обозначении должности, сферы деятельности, в которые кто-л. вступает*) in (*A*); zu (*D*); вступи́ть в профсою́з in die Gewérkschaft éintreten*; избра́ть в коми́ссию in éine Kommissión [éinen Áusschuß] wählen; вовле́чь в рабо́ту zu éiner Árbeit heránziehen*; произвести́ в полко́вники zum Óbersten befördern; 4) (*при обозначении срока, длительности чего-л.*) an (*D*); um (*A*) (*при обозначении часа, момента*); im Láufe von (*D*) (*в течение*); zur Zeit (*G*), zu Zéiten (*G*), während (*G*) (*во время, во времена*); я э́то сде́лаю в две неде́ли ich máche es im Láufe von zwei Wóchen; ich scháffe es in zwei Wóchen; в пя́тницу am Fréitag; в де́сять часо́в um zehn Uhr; в эпо́ху феодали́зма zur Zeit des Feudalísmus; в войну́, во вре́мя войны́ während des Kríeges, im Kríeg(e); 5) (*при обозначении размера, веса, цены и т. п.*) von (*D*); zu (*D*); ко́мната в де́сять квадра́тных ме́тров ein 10 m^2 (zehn Quadrátmeter) gróßes Zímmer, ein Zímmer von zehn Quadrátmetern; расстоя́ние длино́й в 25 *м* éine 25 m lánge Strécke; в э́ту це́ну zu díesem Préise; ве́сом в то́нну von éiner Tónne Gewícht, éine Tónne schwer; груз ве́сом в 20 *кг* éine 20 Kílo schwére Last; в два ра́за ме́ньше halb soviél; **2.** *предл.* 1) (*при обозначении местоположения, пребывания — на вопрос «где?»*) in (*D*); в гора́х in den Bérgen; 2) (*при обозначении положения внутри чего-л., среди кого-л.*) in (*D*); в чемода́не im Kóffer; в а́рмии in der Armée; в прези́диуме im Vórsitz, im Präsídium; в его́ слова́х in séinen Wórten; 3) (*при обозначении времени, даты*) in (*D*); в январе́ im Jánuar; он роди́лся в 1917 году́ er ist (im Jáhre) 1917 gebóren; в двадца́том ве́ке im zwánzigsten Jahrhúndert; 4) (*при обозначении качества, свойства, вида и т. п.*) in (*D*); в све́тлых тона́х in héllen Fárben (gehálten); в метри́ческих ме́рах in métrischen Máßen; в ви́де... in Form von... (*D*); дра́ма в стиха́х ein Dráma in Vérsen; он был в си́нем костю́ме и в шля́пе er hätte éinen bláuen Ánzug an und éinen Hut auf; 5) (*при обозначении количества*) in (*D*); von (*D*); в трёх экземпля́рах in drei Exemplâren; ра́зница в два го́да ein Únterschied von zwei Jáhren; два ра́за в день zwéimal am Táge; ◇ сло́во в сло́во Wort für Wort; в начáле am Ánfang; в концé am Énde; в кáчестве когó-л. als (*N*), in méiner [déiner *usw.*] Éigenschaft als (*N*); в том числé darúnter; мáльчик весь в отцá der Júnge ist ganz der Váter, der Júnge ist dem Váter wie aus dem Gesícht geschnítten; игрáть в футбóл Fúßball spíelen; быть в дрýжбе с кем-л. mit j-m befréundet sein; стенá в трéщинах die Wand ist voll von Ríssen, die Wand hat víele Rísse; рýки в черни́лах die Hände sind mit Tínte beschmíert; в э́том мéсте an díeser Stélle; в э́то же врéмя и в э́том же мéсте um die gléiche Zeit und am gléichen Ort; смотрéть в окнó durchs Fénster [aus dem Fénster] séhen*; ins Fénster scháuen (*загля́дывать*); вы́бросить в окнó zum Fénster hináuswerfen*, aus dem Fénster wérfen*; в дождь bei [im] Régen; в честь zu Éhren; в оправдáние zur Entschúldigung; в шýтку zum Scherz; в знак дрýжбы als Zéichen der Fréundschaft; растерéть в порошóк zu Púlver zerréiben*; в откры́том мóре auf óffener See; бить себя́ в грудь sich vor die Brust schlágen*; он в óтпуске er ist auf [im] Úrlaub

ва-бáнк *нареч. карт.* va banque [*фр.* va'bãk]; es gilt die Bank; игрáть ~ va banque spíelen, álles aufs Spiel [auf éine Kárte] sétzen; ◇ идти́ [пойти́] ~ va banque spíelen, álles aufs Spiel [auf éine Kárte] sétzen

вáб||ик *м охот.* Lóckpfeife *f* (11); ~ить *охот.* lócken *vt*, durch éine Lóckpfeife ánlocken

вавилóнск||ий babylónisch; ~ое столпотворéние die babylónische Verwírrung; héilloser Wírrwarr, To¦huwabó¦hu *n* = *u* -s, *pl* = *u* -s

вáга *ж* **1.** *спец. и обл.* (*весы*) Wáage *f* (11); **2.** (*толстая жердь, служащая рычагом*) Hébel *m* (6), Hébebaum *m* (1*); Bräcke *f* (11), Hínterbracke *f* (*у повозки*)

вагóн *м* Wágen *m* (7); Waggon [*фр.* va'gɔŋ] *m* -s, -s *и с числ.* =; спáльный ~ Schláfwagen *m*; мя́гкий ~ Wágen [Réisezugwagen] érster Klásse; жёсткий ~ Wágen [Réisezugwagen] zwéiter Klásse; купи́рованный [купéйный] ~ Abtéilwagen *m*; óбщий ~ Schláfwagen óhne Abtéile; пассажи́рский ~ Réisezugwagen *m*, Persónenwagen *m*; багáжный ~ Gepäckwagen *m*, Páckwagen *m*; почтóвый ~ Póstwagen *m*; грузовóй [товáрный] ~ Güterwagen *m*; ~-ресторáн Spéisewagen *m*; санитáрный ~ *воен.* Lazaréttzugswagen *m*; большегрýзный ~ Gróßraumwagen *m*, Gróßraumgüterwagen *m*; ~ для скотá Víehwagen *m*; изотерми́ческий ~ Tíefkühlwagen *m*, Kühlwagen *m*; мотóрный ~ Tríebwagen *m*; ~ прямóго сообщéния Dúrchgangswagen *m*, Kúrswagen *m*; ~-платфóрма Pláttformwagen *m*; ~-транспортёр Tíefladewagen *m*, Tíeflader *m* (6); ~-холоди́льник Kühlwagen *m*; ~-лáвка Éisenbahn-Verkaufswagen *m*; ~-цистéрна Késselwagen *m*, Tánkwagen *m*; трамвáйный ~ Stráßenbahnwagen *m*; ~ами wágenweise, waggonweise [va'gɔŋ-]

вагонéтка *ж* Lóre *f* (11); ýгольная ~ *горн.* Hund *m* (1), Grúbenwagen *m* (7); ~ канáтной дорóги Séilbahnlore *f*, Dráhtseillore *f*; опроки́дывающаяся ~ Kípplore *f*

вагóнн||ый Wágen-; Waggon- [va'gɔŋ-]; ~ая сцéпка *ж.-д.* Wágenkupp(e)lung *f* (10)

вагоно||вожáтый *м* Wágenführer *m* (6); **~мóечный** Wágenwasch-; **~оборóт** *м* Wágenumlauf *m* -(e)s; **~опроки́дыватель** *м* Waggonkippanlage [va'gɔŋ-] *f* (11), Waggonkipper *m* (6); **~ремóнтный:** ~ремóнтный завóд Wágenausbesserungswerk *n* (2), Wágenreparaturwerk *n*; ~ремóнтные мастерски́е Éisenbahnwerkstätten *pl*; **~строéние** *с* Waggonbau [va'gɔŋ-] *m* -(e)s; **~строи́тельный:** ~строи́тельный завóд Waggonfabrik [va'gɔŋ-] *f* (10)

вагóнчик *м* (*на полевом стане: для трактористов и т. д.*) Wóhnwagen *m* (7) (*der Traktoristen*)

вагрáнка *ж тех.* Kupólofen *m* (7*), Kúppelofen *m*

вáжн||ичанье *с разг.* Wíchtigtuerei *f*, Gróßtuerei *f*; Dícktuerei *f*; **~ичать** *разг.* wíchtig tun*, sich wíchtig máchen (чем-л. mit *D*); gróßtun* *отд. vi*; sich aufs hóhe Roß sétzen; sich dícktun* *отд.*, sich máusig máchen; **~ость** *ж* **1.** (*значительность*) Wíchtigkeit *f*; Bedéutung *f* (*значение*); слéдующий по ~ости der nächstwichtige; **2.** (*надменность*) Hóchmut *m* -(e)s; Wíchtigtuerei *f*, Gróßtuerei *f* (*важничанье*); ◇ э́ка ~ость!, великá ~ость! *разг.* das hat nichts auf sich!, das ist ganz únwichtig! **~ый 1.** (*о деле и т. п.*) wíchtig; bedéutend, schwérwiegend; gewíchtig; ~ый вопрóс éine wíchtige Fráge э́то óчень ~о das ist sehr wíchtig, das ist von gróßer Bedéutung [von äußerster Wíchtigkeit]; э́то для меня́ óчень ~о es kommt mir sehr daráuf an; es ist mir sehr darúm zu tun [sehr darán gelégen], es liegt mir darán; ~ое откры́тие éine wíchtige Entdéckung; ~ое решéние ein wíchtiger [schwérwiegender] Entschlúß [Beschlúß]; ~éйшая обя́занность vórnehmste Pflicht; **2.** (*влиятельный, авторитетный*) wíchtig, gewíchtig, máßgebend; ~ая персóна éine wíchtige [einflußreiche, máßgebende] Persón; **~ая ши́шка** *ирон.* ein gróßes Tier; **3.** (*надменный*) wíchtig, hóchmütig; áufgeblasen (*надутый*)

вáза *ж* Vase ['va:-] *f* (11) (*для цветов или как украшение*); Schále *f* (11) (*для конфет, печенья и т. п.*); ~ для фрýктов Óbstschale *f*

вазели́н *м* Vaselín [va-] *n* -s, Vaselíne *f*; бóрный ~ Bórvaselin *n*, Bórvaseline *f*

вазомотóрный *мед., физиол.* vasomotórisch [va-]; ~ рефлéкс Gefäßreflex *m* (1)

вазóн *м* Blúmentopf *m* (1*)

вáзопись *ж иск.* Vasenmalerei ['va:-] *f*

вáзочка *ж* kléine Váse (*для цветов или как украшение*); kléine Schále (*для конфет, печенья и т. п.*); ~ для морóженого Éisbecher *m* (6)

вáйя *ж* **1.** (*лист папоротника*) Fárnwedel *m* (6); **2.** *разг.* (*лист пальмы*) Pálmwedel *m*

вакáнсия *ж* Vakánz [va-] *f* (10), únbesetzter Pósten; fréie [óffene] Stélle; Stúdi¦enplatz *m* (1*) (*в вузе — для студентов*)

вакáнтн||ый vakánt [va-], únbesetzt, frei; ~ая дóлжность fréie Plánstelle; únbesetztes Amt; vakánte Stélle

вáкса *ж* schwárze Schúhkrem, Wíchse *f* (11); Stíefelwichse *f*

вáксить *разг.* wíchsen *vt*

вáкуум *м физ., тех.* Vakuum ['va:-] *n* -s, -kua, Lúftleere *f*; lúftleerer Raum; ~-насóс Únterdruckpumpe *f* (11), Vákuumpumpe *f*

Вакх *м миф.* Bacchus ['bahʊs] *m* -'

вакх||анáлия *ж* **1.** *ист.* Bacchanál [baxa-] *n* (2) (*pl тж.* -i¦en); *перен.* Orgíe *f* (11), Geláge *n* (6); **2.** (*беспорядок*) Míßstand *m* (1*); Wíllkür *f* (*произвол*); **~áнка** *ж* Bacchantin [ba'xan-] *f* (12); **~и́ческий** bacchantisch [ba'xan-]

вакци́н||а *ж бакт., мед.* Ímpfstoff *m* (1), Vakzín [vak-] *n* (2), Vakzíne *f* (11); **~áция** *ж мед.* Ímpfung *f* (10), Vakzinatión [vak-] *f* (10); **~áция прóтив гри́ппа** Grippeschutzimpfung *f*; **~и́ровать** *мед.* vakziníeren [vak-] *vt*, ímpfen *vt*

вакцинотерапи́я *ж мед.* Vakzínetherapie [vak-] *f*, Ímpfbehandlung *f*

вал I *м* (*земляной*) Wall *m* (1*), Érdwall *m*

вал II *м* (*волна*) Wélle *f* (11), Wóge *f* (11); ◇ огневóй ~ *воен.* Féuerwalze *f* (11); девя́тый ~ die schwérste Prüfung, die größte Gefáhr

вал III *м тех.* Wélle *f* (11), Wálze *f* (11); колéнчатый ~ Kúrbelwelle *f*, gekröpfte Wélle; приводнóй ~ Ántriebswelle *f*; гребнóй ~ *мор.* Schráubenwelle *f*

вал IV *м см.* валовáя продýкция

валáндаться *разг.* **1.** (*проводить время с кем-л.*) sich herúmtreiben * (mit *D*); **2.** (*медленно и бестолково делать что-либо, возиться*) (herúm)trödeln *vi*

валансьéнск||ий: ~ие кружевá Valencienner [*фр.* valã'sjɛnər] Spítzen

валéжник *м собир.* Fállholz *n* -es, Brúchholz *n*

валёк *м* **1.** (*бельевой*) Wäschebleuel *m* (6); **2.** (*веслá*) Rúderschaft *m* (1*); **3.** (*в экипаже*) Klíppschwengel *m* (6), Wágenschwengel *m*, Órtscheit *n* (2)

вáленки *мн.* (*ед.* вáленок *м*) Fílzstiefel *pl* (*sg* Fílzstiefel *m*)

валéнтность *ж хим.* Valénz [va-] *f* (10), Wértigkeit *f*

вáлен||ый Filz-; ~ые сапоги́ Fílzstiefel *pl*

валерья́н||а *ж бот.* Báldrian *m* (1); **~овый** Báldrian-; ~овый кóрень Báldrianwurzel *f*; ~овые кáпли Báldriantropfen *pl*

валéт *м карт.* Búbe *m* (9)

валидóл *м фарм.* Validól [va-] *n* -s

вáлик *м* **1.** *тех.* Wálze *f* (11); Wélle *f* (11); **2.** (*диванный*) Sófarolle *f* (11); Schlúmmerrolle *f*

вали́ть I (*бросать*) wérfen* *vt*; stürzen *vt*, úmwerfen* *vt*, úmstoßen* *vt* (*опрокидывать*); zusámmenwerfen* *vt* (*сваливать вместе*); ~ дерéвья Bäume fällen; бýря вáлит дерéвья der Sturm entwúrzelt die Bäume; ◇ ~ винý на когó-л. die Schuld auf j-n ábwälzen; j-m die Schuld in die Schúhe schíeben *; ~ всё в однý кýчу álles auf éinen Háufen [in éinen Topf] wérfen*

вали́ть II *разг.* **1.** (*идти, двигаться массой*) strömen *vi* (s), zusámmenströmen *vi* (s); herbéiströmen *vi* (s); **2.:** дым вали́т из трубы́ der Rauch steigt in dícken Wólken aus dem Schórnstein auf; снег вали́т хлóпьями es schneit [der Schnee fällt] in gróßen Flócken; ◇ вали́! *разг.* los!

вали́ться fállen* *vi* (s); úmfallen * *vi* (s); ◇ у негó всё из рук вáлится 1) (*от неловкости*) ihm fällt álles aus den Händen; es geht ihm nichts recht vonstátten; 2) (*от бессилия, отчаяния*) er läßt die Hände sínken; ~ с ног от устáлости vor Müdigkeit úmfallen*; на бéдного Макáра все ши́шки вáлятся *погов.* ≅ er ist der Sündenbock; er hat Pech, er ist ein Péchvogel

вáлка I *ж* (*деревьев*) Fällen *n* -s

вáлка II *ж* (*сукна*) Wálke *f* (11), Wálken *n* -s

вáлк||ий wáck(e)lig, schwánkend; ◇ ни шáтко ни ~о *погов.* ≅ so lalá; nicht sónderlich gut, mäßig

валкóв||ый *с.-х.* Schwad-; ~ая коси́лка Schwádmäher *m* (6)

валов||ой *эк.* Brútto-, Roh-; **~óй** дохóд Brúttoertrag *m* (1*), Róhertrag *m*; ~áя продýкция Brúttoproduktion *f*; Gesámtproduktion *f*; ~óй урожáй Brútto|ertrag (an Getréide *u. a.*)

валóк *м с.-х.* Schwáden *m* (7)

валокордин *м фарм.* Valocordín [va-] *n* -s

валóм *нареч.*: ~ валить in héllen Háufen [in Schären, in Mássen] herbéiströmen

валоризáция *ж эк.* Valorisatión [va-] *f* (10), Áufwertung *f*, Géldaufwertung *f*

валтóрна *ж муз.* Wáldhorn *n* (5), Jágdhorn *n*

валторнист *м* Wáldhornist *m* (8)

валýн *м* Róllstein *m* (1), Fíndling *m* (1); ледникóвые ~ы *геол.* Glaziálgeschiebe *n* (6)

вáльдшнеп *м зоол.* Wáldschnepfe *f* (11)

валькирия *ж миф.* Walküre *f* (11)

вальпýргиев: ~а ночь *миф.* Walpúrgisnacht *f* (3)

вальс *м* Wálzer *m* (6); **~ировать** Wálzer tánzen

вальц||евáть *тех.* wálzen *vt*; **~óвка** *ж тех.* **1.** (*процесс*) Wálzen *n* -s; **2.** (*валковая дробилка*) Wálzmaschine *f* (11)

вальц||óвщик *м* Wálzwerker *m* (6); **~óвый** *тех.* Walz-; ~óвая мéльница Wálzenmühle *f* (11)

вальцы́ *мн. тех.* Wálzen *pl*

валют||а *ж* Währung *f* (10), Valúta [va-] *f*, *pl* -ten; Devísen [-'vi:-] *pl* (*платёжные средства в иностранной валюте*); устóйчивая ~а stabíle Währung; золотáя ~а Góldwährung *f*; инострáнная ~а Devísen [-'vi:-] *pl*; свобóдно конвертирýемая ~а frei konvertíerbare [-vɛr-] Währung; **~ный** Währungs-, Valúta- [va-]; ~ный кри́зис Währungskrise *f* (11); ~ный курс Währungskurs *m* (1), Valútakurs *m*; Междунарóдный ~ный фонд Internationáler Währungsfonds [-fɔŋ] *m* =[-fɔŋs] (*сокр.* IWF)

валютчик *м разг.* Devísenschieber [-'vi:-] *m* (6)

валя́ль||ный *текст.* Walk-; ~ное произвóдство Wálkbetrieb *m*; Fílzfabrikation *f*; **~ня** *ж текст.* Walkeréi *f* (10), Wálkmühle *f* (11); **~щик** *м* Wálker *m* (6); **~щица** *ж* Wálkerin *f* (12)

валя́ние *с текст.* Wálken *n* -s

валя́ть 1. (*катать по поверхности*) umhérwälzen *vt*; ~ пó полу auf der Díele wälzen, am Bóden schléppen; ~ в гряз́и durch den Schmutz zíehen*; **2.** (*войлок*) wálken *vt*; **3.** *разг.* (*небрежно делать*) líederlich [náchlässig] árbeiten; ◇ ~ дуракá *разг.* 1) (*бездельничать*) fáulenzen *vi*; 2) (*дурачиться*) Dúmmheiten máchen; sich dumm stéllen; валя́й! *разг.* los!, drauf lós!; nur zu!; schieß los! (*говори!*); **~ся 1.** *разг.* (*лежать в беспорядке*) umhérliegen* *vi*; **2.** *разг.* (*лежать — о человеке*) líegen* *vi*; **3.** (*кататься*) sich wälzen; ~ся в снегý sich im Schnee wälzen; ◇ ~ся в ногáх у когó-л. auf den Kníen vor j-m líegen *; j-n ánflehen; sich vor j-m erníedrigen; э́то на дорóге [на ýлице, на полý] не валя́ется das liegt nicht auf der Stráße herúm

вам *дат. см.* вы

вáми *тв. см.* вы

вампи́р *м* **1.** *миф.* Vampir ['vam-] *m* (1); *перен.* Blútsauger *m* (6); **2.** *зоол.* Vampir *m* ['vam-] (1), (míttelamerikanische] Flédermaus *f* (3)

ванáдий *м* Vanádium [va-] *n* -s (*хим. знак* V)

вандáл *м ист., перен.* Vandále [van-] *m* (9); **~и́зм** *м* Vandalísmus [van-] *m* =

ванили́н *м* Vanillín [va-] *n* -s

вани́ль *ж* Vanille [va'nɪljə] *f* (11)

вани́льный Vanille- [va'nɪljə-]

вáнн||а *ж* **1.** Wánne *f* (11), Bádewanne *f*; нóмер с ~ой Zímmer *n* mit Bad; **2.** (*купание*) Bad *n* (5); сóлнечная ~а Sónnenbad *n*; воздýшная ~а Lúftbad *n*; гигиени́ческая ~а Réinigungsbad *n*; хвóйная ~а Físchtennadelbad *n*; сидя́чая ~а Hálbbad *n*; óбщая [пóлная] ~а Vóllbad *n*; ножнáя ~а Fúßbad *n*; грязевáя ~а Móorbad *n*; лечéбные ~ы Héilbäder *pl*; приня́ть ~у ein Bad néhmen *

вáнн||ая *ж* Bad *n* (5), Bádezimmer *n* (6); **~ый** Báde-; ~ая кóмната Bádezimmer *n* (6), Bad *n* (5)

вáнты *мн. мор.* Wánten *pl*

вáнька-встáнька *м* (*игрушка*) Stehäufmännchen *n* (7)

вар *м* Pech *n* -(e)s; Schústerpech *n* (*сапожный*)

варáн *м зоол.* Warán *m* (1)

вáрвар *м* Barbár *m* (8); **~и́зм** *м лингв.* Barbarísmus *m* =, -men; **~ский** barbárisch; gráusam (*жестокий*); **~ство** *с* Barbaréi *f*; Gráusamkeit *f* (10) (*жестокость*)

вáрево *с разг.* dícke Súppe

вáрежки *мн.* (*ед.* вáрежка *ж*) Fáusthandschuhe *pl* (*sg* Fáusthandschuh *m*), Fäustlinge *pl* (*sg* Fäustling *m*)

варенéц *м кул.* im Ófen gedämpfte Sáuermilch

варéние *с см.* вáрка

варéник *м кул.* Warénik *m* -s, *pl* -i (*Beeren- oder Quarkknödel*)

варёный gekócht

варéнье *с* Konfitüre *f* (11) (*in Zuckersirup eingekochte ganze Früchte*)

вариáнт *м* Variánte [va-] *f* (11); Fássung *f* (10) (*текста*); испрáвленный ~ verbésserte Fássung; черновóй ~ vórläufiger Entwúrf

вариáтор *м тех.* Variátor [va-] *m* -s, -tóren

вариациóнн||ый: ~ое исчислéние *мат.* Variatiónsrechnung [va-] *f* (10)

вариáци||я *ж* Variatión [va-] *f* (10); ~и *муз.* Variatiónen *pl*

вари́ть kóchen *vt*; síeden(*) *vt* (*кипятить*); ~ пи́во Bier bráuen; ~ суп Súppe kóchen; ◇ желýдок вáрит der Mágen verdáut; головá у негó вáрит *разг.* er hat Köpfchen; **~ся** kóchen *vi*; síeden(*) *vi* (*кипеть*); ◇ ~ся в сóбственном сокý im éigenen Saft schmoren

вáрка *ж* Kóchen *n* -s

варрáнт *м ком.* Wárrant *m* -s, -s, Lágerschein *m* (1)

варшавя́нин *м* Wárschauer *m* (6)

варшавя́нка I *ж* (*жительница Варшавы*) Wárschauerin *f* (12)

Варшавя́нка II *ж* (*песня*) Warschawjánka *f*

варьетé Varieté [*фр.* varĭe'te:] *n* -s, -s; теáтр-~ Varietétheater *n* (6)

варьи́ровать variíren [va-] *vt*, (áb-) wéchseln *vt*, ábwandeln *vt*

варя́г *м ист.* Waräger *m* (6)

варя́жский *ист.* Waräger-

вас *род., вин. см.* вы

василёк *м* Flóckenblume *f* (11); си́ний ~ Kórnblume *f*

васили́ск *м зоол., миф.* Basilísk *m* (8)

василькóвый kórnblumenblau, Kórnblumen-; ~ цвет Kórnblumenblau *n* -s

вассáл *м ист.* Vasáll [va-] *m* (8), Léhnsmann *m* (4) (*pl тж.* -leute)

вассáльн||ый vasállisch [va-]; Vasállen-; ~ое госудáрство Vasállenstaat *m* (13); ~ая зави́симость Vasállentum *n* -(e)s

вáт||а *ж* Wátte *f* (11); стекля́нная ~а Gláswatte *f*, Gláswolle *f*; пальтó на ~е wattíerter Mántel

ватáга *ж разг.* Schar *f* (10); Bánde *f* (11), Rótte *f* (11); шýмная ~ Rásselbande *f*

ватерли́ния *ж мор.* Wásserlini|e *f* (11)

ватерпáс *м тех.* Wásserwaage *f* (11), Libélle *f* (11)

ватерполи́ст *м* Wásserballspieler *m* (6)

ватерпóло *с спорт.* Wásserball *m* -(e)s

вати́н *м* Watteline *f*

вáтка *ж* Wáttebausch *m* (1*)

вáтман *м* (díckes) Zéichenpapier *n* -s

вáтник *м разг.* wattíerte Jácke *f* (11), Wáttejacke *f*

вáтн||ый 1. Wátten-; aus Wátte; **2.** (*на вате*) wattíert; ~ое одея́ло Stéppdecke *f* (11); ~ые брю́ки Wáttehosen *pl*

ватрýшка *ж кул.* Quárkkuchen *m* (7), Käsekuchen *m*

ватт *м эл.* Watt *n* -s, =; **~мéтр** *м эл.* Wáttmeter *n* (6); **~-час** *эл.* Wáttstunde *f* (11)

вáфельница *ж* Wáffelform *f* (10), Wáffeleisen *n* (7)

вáфельный 1. Wáffel-; **2.** *текст.* mit Wáffelmuster

вáфля *ж* Wáffel *f* (11); Wáffeltüte *f* (11), Wáffelröhrchen *n* (7) (*трубочка*)

вахлáк *м разг.* Tölpel *m* (6), Tólpatsch *m* (1)

вáхмистр *м уст.* Wáchtmeister *m* (6)

вáхт||а *ж* **1.** *мор.* Wáche *f* (11); стоя́ть на ~е Wáche stéhen* [géhen*]; Wáche háben; **2.** *перен.* Schicht *f* (10); Áufgebot *n* (2); трудовáя ~а Produktiónsaufgebot *n*; удáрная ~а Hóchleistungsschicht *f*; ~а ми́ра Fríedenswacht *f*, Fríedensaufgebot *n*

вáхтенный *мор. прил.* **1.** Wach-, wáchhabend; ~ журнáл Lógbuch *n* (5); **2.** *в знач. сущ. м* Wáchgänger *m* (6)

вахтёр *м* Wächter *m* (6), Betríebsschutzmann *m* -(e)s, -leute, Pförtner *m* (6)

ваш *мест.* **1.** éuer; Ihr (*форма вежливости*); (*без сущ.*) der (die, das) éure, der (die, das) éurige; der (die, das) Íhrige (*форма вежливости*); э́та кни́га ~а das ist Ihr Buch; дáйте мне мою́ кни́гу, а я дам вам ~у gében Sie mir mein Buch, und ich gébe Íhnen das Íhrige; **2.** *в знач. сущ.* вáше *с* (*собственность*) das Éure; das Íhre; нам не нýжно ~его das Éure [das Íhre] bráuchen wir nicht; **3.** *в знач. сущ.* вáши *мн.* (*родные*) die Éuren, die Éurigen; die Íhrigen; передáйте привéт всем ~им! grüßt die Éurigen!; ◇ лýчше ~его (*чем вы*) bésser als ihr [Sie]; э́то óчень любéзно с ~ей стороны́ das ist sehr nett von euch [Íhnen]; э́то ~е дéло das ist éure [Íhre] Sáche

вáшгерд *м тех.* Wáschherd *m* (1)

ая́||ние *с* Bíldhauerkunst *f*, Bíldhauerei *f*, Skulptúr *f*; **~тель** *м уст.* Bíldhauer *m* (6); **~ть** *уст.* méißeln *vt*, aus Stein [Mármor] háuen* (*impf* háute)

вбегáть, вбежáть heréinlaufen* *vi* (s), heréinrennen* *vi* (s), heréingelaufen kómmen* (*по направлению к говорящему*); hinéinlaufen* *vi* (s), hinéinrennen* *vi* (s) (*по направлению от говорящего*)

вбивáть *см.* вбить

вбирáть *см.* вобрáть; **~ся 1.** *см.* вобрáться; **2.** *страд.* áufgesaugt wérden

вбить éinschlagen* *vt*; ~ гвоздь éinen Nágel éinschlagen*; ◇ ~ что-л. комý-л. в гóлову *разг.* j-m etw. éintrichtern;

j-m etw. in den Kopf sétzen; ~ себе́ что-л. в го́лову *разг.* sich (*D*) etw. in den Kopf sétzen

вблизи́ 1. *нареч.* in der Nähe; рассмотре́ть что-л. ~ sich (*D*) etw. in der Nähe ánsehen*; **2.** *предлог* náh(e) (от чего́-л. *D*), únweit (*G*, von *D*); ~ доро́ги únweit [in der Nähe] des Wéges

вбок *нареч.* zur Séite

вбра́сывание *с*: ~ мяча́ *спорт.* Éinwurf *m* (1*)

вбра́сывать *см.* вбро́сить

вбро́д *нареч.*: переходи́ть ре́ку ~ den Fluß durchwáten; перее́хать реку ~ den Fluß durchfáhren*

вбро́сить hinéinwerfen* *vt*

вва́ливаться 1. *см.* ввали́ться; **2.** *страд.* hinéingeworfen wérden

ввали́ться 1. (*упасть*) heréinfallen* *vi* (s) (*по направлению к говорящему*); hinéinfallen* *vi* (s) (*по направлению от говорящего*); **2.** *разг.* (*войти*) heréinplatzen *vi* (s) (*по направлению к говорящему*); hinéinstürzen *vi* (s) (*по направлению от говорящего*); ~ в ко́мнату ins Zímmer stürzen; **3.** (*стать впалым*) éinfallen* *vi* (s), éinsinken* *vi* (s); щёки ввали́лись die Bácken [Wángen] sind éingefallen

введе́ние *с* **1.** (*действие*) Éinführung *f*; **2.** (*вводная часть*) Éinführung *f* (10), Éinleitung *f* (10); **3.** *мед.* Éinspritzung *f* (10), Injektión *f* (10); ~ в арте́рию intraarteriélle Injektión

ввезти́ 1. (*доставить куда-л.*) hinéinfahren* *vt* (*по направлению от говорящего*); heréinfahren* *vt* (*по направлению к говорящему*); **2.** (*импортировать*) *см.* ввози́ть

ввек *нареч. разг.* níemals, nie im Lében; ~ э́того не забу́ду das wérde ich nie im Lében vergéssen

вверга́ть, вве́ргнуть *уст.* **1.** (*бросить*) (hinéin)wérfen* *vt*, (hinéin)stürzen *vt*; **2.**: ~ в печа́ль [скорбь] in Tráuer versétzen; ~ в отча́яние zur Verzwéiflung tréiben*

вве́ренный *офиц.* ánvertraut

вве́рить *см.* вверя́ть

вверну́ть, ввёртывать 1. (*ввинчивать*) éinschrauben *vt*; éindrehen *vt*; ~ ла́мпочку éine Bírne éinschrauben; **2.** *разг.*: ~ словечко ein Wort éinflechten*

вверх *нареч.* nach óben; heráuf (*по направлению к говорящему*); hináuf (*по направлению от говорящего*); подня́ть ~ heráufheben* *vt*; hináufheben* *vt*; empórheben* *vt*; ~ по реке́ flußáuf(wärts), stromáuf(wärts); ~ по ле́стнице treppáuf; ру́ки ~! Hände hoch!; ◊ ~ нога́ми auf den Kopf gestéllt; *перен.* verkéhrt; in völliger Únordnung; ~ дном drúnter und drüber, in héillosem Durcheinánder; wie Kraut und Rüben durcheinánder; переверну́ть всё ~ дном das Únterste zuóberst kéhren

вверху́ *нареч.* óben

вверя́ть ánvertrauen *vt*

ввести́ 1. éinführen *vt*; heréinführen *vt* (*по направлению к говорящему*); hinéinführen *vt* (*по направлению от говорящего*); ~ зонд в ра́ну éine Sónde in die Wúnde éinführen; ~ во́йска в го́род die Stadt (mit Trúppen) besétzen; **2.** (*ввергнуть, вовлечь*): ~ кого́-л. в расхо́ды j-m Kósten [Áusgaben] verúrsachen; ~ в заблужде́ние írreführen *отд. vt*, írre|leiten *отд. vt*; in die Írre führen; **3.** *мед.* (*лекарство*) sprítzen *vt*, injizíeren *vt*; **4.** (*установить*) éinführen *vt*; ~ мо́ду éine Móde éinführen; ~ самообслу́живание auf Sélbstbedienung úmstellen (в чём-л. *A*); ~ оса́дное положе́ние den Belágerungszustand verhängen (где-л. über *A*); ◊ ~ в эксплуата́цию in Betríeb néhmen* [sétzen] (*предприятие*); in Dienst stéllen (*средства транспорта*); dem Verkéhr übergében* (*дорогу, ж.-д. линию*); *горн.* neu áufschließen* (*карьер*); ~ в де́йствие in Betríeb sétzen; éinsetzen *vt*; ~ кого́-л. в курс де́ла j-n in éine Sáche éinweihen, j-n mit dem Stand der Dínge vertráut máchen, j-n vom Stand der Dínge unterríchten; ~ кого́-л. во владе́ние чем-л. *юр.* j-n in den Besítz (*G*) éinführen

ввиду́ *предлог* (*чего-л. — по причине*) in Ánbetracht (*G*); wégen (*G*); ángesichts (*G*) (*перед лицом*); ~ ва́шего отсу́тствия in Ánbetracht Íhrer Ábwesenheit; ~ мое́й боле́зни wégen méiner Kránkheit; ~ того́, что... da..., weil...; ~ э́того déshalb, in Ánbetracht déssen

ввинти́ть, вви́нчивать éinschrauben *vt*

ввод *м* **1.** (*действие*) Éinführung *f*; ~ в де́йствие, ~ в эксплуата́цию Inbetríebnahme *f*, Inbetríebsetzung *f*; Indíenststellung *f*; ~ в док Éindocken *n* -s; ~ да́нных *выч. тех.* Dáteneingabe *f*; **2.** *тех.* (*для проводов, труб и т. п.*) Ánschluß *m* -sses, -schlüsse, Ánschlußstelle *f* (11); электри́ческий ~ Strómanschluß *m*

вводи́ть *см.* ввести́

вво́дн||ый éinführend, éinleitend, Éinführungs-; ~ый курс Éinführungslehrgang *m* (1*); ~ый фонети́ческий курс phonétischer Vórkurs [Éinführungskurs]; ~ая ле́кция Éinführungsvorlesung *f* (10); éinführender Vórtrag; ~ая статья́ éinführender Artíkel; ◊ ~ое сло́во *грам.* Scháltwort *n* (5); ~ое предложе́ние *грам.* Scháltsatz *m* (1*), Zwíschensatz *m*

ввоз *м эк.* Éinfuhr *f* (10), Impórt *m* (1); **~и́ть** éinführen *vt*, importíeren *vt*

ввозн||о́й *эк.* Éinfuhr-, Impórt-; ~ая по́шлина Éinfuhrzoll *m* (1*), Impórtzoll *m*; ~ые континге́нты Impórtquoten *pl*

вола́кивать, вволо́чь *разг.* hinéinschleppen *vt*

вво́лю *нареч. разг.* nach Hérzenslust; wieviel man will; in Hülle und Fülle (*в изобилии*)

вво́сьмеро *нареч.* áchtmal; ~ бо́льше áchtmal sovíel

ввосьмеро́м *нареч.* zu acht, zu áchten

в-восьмы́х *вводн. сл.* áchtens

ввысь *нареч.* in die Höhe, in die Luft, nach óben

ввяза́ть 1. éinstricken *vt*, hinéinstricken *vt*; ~ пя́тку в чуло́к éine Férse in den Strumpf (hinéin)stricken; **2.** *разг.* (*впутать*) verstrícken *vi*, hinéinziehen* *vt*; **~ся** *разг.* (*во что-л.*) sich éinmischen; ~ся в разгово́р sich in das Gespräch éinmischen; ~ся в исто́рию sich (*A*) auf [in] éine Sáche éinlassen*, sich (*D*) éine Geschíchte auf den Hals láden*

ввя́зывать *см.* ввяза́ть; **~ся 1.** *см.* ввяза́ться; **2.** *страд.* éingestrickt [hinéingestrickt] wérden

вгиба́ть(ся) *см.* вогну́ть(ся)

вглубь *нареч.* in die Tíefe; in das Ínnere; tief hinéin

вгляде́ться, вгля́дываться (*во что-л.*) áufmerksam [genáu] betráchten *vt*; fixíeren *vt*; вгля́дываться в темноту́ in die Fínsternis stárren

вгоня́ть *см.* вогна́ть

вдава́ться hinéinragen *vi*; éinschneiden* *vi*; мыс далеко́ вдаётся в мо́ре die Lándzunge ragt tief ins Meer hinéin; зали́в далеко́ вдаётся в бе́рег der Méerbusen [die Bucht] schnéidet tief in die Küste ein; ◊ ~ в подро́бности auf Éinzelheiten éingehen*; sich áusführlich [sich des lángen und bréiten] über etw. (*A*) áuslassen*; sich auf Éinzelheiten éinlassen*, ins Detail [de'tae] géhen*

вдави́ть éindrücken *vt*, hinéindrücken *vt*, hinéinpressen *vt*; **~ся** hinéingedrückt [hinéingepreßt] wérden; éindringen* *vi* (s)

вда́вливаться *см.* вдави́ть(ся)

вда́лбливать *см.* вдолби́ть

вдалеке́, вдали́ *нареч.* **1.** in der Férne, fern; ~ сине́ло мо́ре fern [in der Férne] bláute das Meer; **2.** *в знач. предлога* (weit) entférnt, weit, fern (от чего́-л. von *D*); ~ от мо́ря fern vom Meer, (weit) entférnt vom Meer; ~ от ро́дины fern von der Héimat

вдаль *нареч.* in die Férne, ins Wéite

вда́ться *см.* вдава́ться

вдвига́ть hinéinschieben* *vt*; zúschieben* *vt* (*ящик стола и т. п.*); **~ся 1.** éinschiebbar sein, sich (hin-) éinschieben lássen*; **2.** *страд.* hinéingeschoben wérden; zúgeschoben wérden

вдви́нуть(ся) *см.* вдвига́ть(ся)

вдво́е *нареч.* dóppelt; zwéifach; zwéimal; ~ бо́льше dóppelt sovíel (*о количестве и т. п.*); zwéimal so groß (*о размере и т. п.*); ~ ме́ньше halb sovíel (*о количестве и т. п.*); halb so groß (*о размере и т. п.*); бо́льше чем ~ mehr als das Dóppelte; сложи́ть [согну́ть] ~ dóppelt zusámmenfalten; дава́ть ~ бо́льше zwéimal [dóppelt] sovíel gében*; увели́чивать ~ auf das Zwéifache [das Dóppelte] vergrößern; verdóppeln *vt*

вдвоём *нареч.* zu zwéien, zu zweit

вдвойне́ *нареч.* dóppelt, zwéifach; zwíefach (*уст. и поэт.*); быть ~ винова́тым dóppelt schuld sein; он ~ рад э́тому es war ihm éine dóppelte Fréude

вдева́ть *см.* вдеть; **~ся 1.**: легко́ [тру́дно] ~ся sich leicht [schwer] éinfädeln [dúrchziehen] lássen*; **2.** *страд.* éingefädelt [dúrchgezogen] wérden; ни́тка вдева́ется в иго́лку der Fáden wird in die Nádel éingezogen

вде́вятеро *нареч.* néunmal, néunfach

вдевятеро́м *нареч.* zu neun, zu neunt

в-девя́тых *вводн. сл.* néuntens

вде́ланный éingesetzt; éingebaut (*встроенный*)

вде́лать, вде́лывать éinsetzen *vt*, éinstellen *vt*; éinfassen *vt* (*драгоценный камень*); éinbauen *vt* (*встроить*)

вдёргивать, вдёрнуть dúrchziehen* *vt*

вдёржка *ж разг.* (*игла*) Dúrchziehnadel *f* (11)

вде́сятеро *нареч.* zéhnmal, zéhnfach

вдесятеро́м *нареч.* zu zehn, zu zehnt

в-деся́тых *вводн. сл.* zéhntens

вдеть dúrchziehen* *vt*; dúrchschieben* *vt*; éinfädeln *vt* (*нитку*); ~ ни́тку в иго́лку (den Fáden in) die Nádel éinfädeln; ~ но́гу в стре́мя den Fuß in den Stéigbügel sétzen

вдоба́вок *нареч. разг.* áußerdem, obendréin; zu alledém (*в довершение всего*)

вдова́ *ж* Wítwe *f* (11); ◊ соло́менная ~ *разг.* Stróhwitwe *f*

вдове́ть verwítwet sein

вдове́ц *м* Wítwer *m* (6)

вдо́вий Wítwen-; für Wítwen

вдо́воль *нареч.* genúg, hínreichend; volláuf, in Hülle und Fülle (*в изобилии*); у нас всего́ ~ wir háben álles in Hülle und Fülle; ~ нае́сться sich satt éssen*

вдовство́ *с* Wítwenstand *m* -(e)s (*о женщине*); Wítwerstand *m* (*о мужчине*)

вдо́вушка *ж* (júnge, kokétte) Wítwe *f* (11)

вдо́вый verwítwet

вдого́нку *нареч. разг. переводится приставкой* nach- *в соединении с соответств. глаголом*: пусти́ться за кем-л. ~ j-m náchjagen, j-m náchsetzen; кри́кнуть кому́-л. ~ j-m náchrufen*

вдолби́ть *разг.* éinprägen *vt*, éinpauken *vt*; ~ что-л. в го́лову кому́-л. j-m etw. éinpauken [éinbleuen, éintrichtern], j-m etw. begréiflich máchen

вдоль 1. *нареч.* der Länge nach; разре́зать что-л. ~ etw. der Länge nach (dúrch)schnéiden*; **2.** *предлог* längs (*G*); längsseits (*G*); entláng (*A*, an *D* — *ставится после сущ.*); идти́ ~ бе́рега das Úfer entláng [am Úfer entláng] géhen*; ~ реки́ längs des Flússes; ◇ ~ и поперёк kreuz und quer, in die Kreuz und Quére; знать что-л. ~ и поперёк etw. wie séine Wéstentasche kénnen*

вдо́сталь *нареч. разг. см.* вдо́воль

вдох *м* Éinatmen *n* -s, Átemzug *m* (1*)

вдохнов||е́ние *с* Begéisterung *f*; Éingebung *f* (10); **~е́нность** *ж* Begéisterung *f*; **~е́нный** begéistert; flámmend (*пламенный*); hinréißend (*увлекательный*); ~е́нная речь éine flámmende Réde; **~и́тель** *м* Ánreger *m* (6); Inspirátor *m* -s, -tóren; Ánstifter *m* (6) (*зачинщик*); **~и́тельница** *ж* Ánregerin *f* (12); Ánstifterin *f* (12) (*зачинщица*); **~и́ть** begéistern *vt*, ánregen *vt*, inspiríeren *vt* (на что-л. zu *D*); entflámmen *vt*, hínreißen* (*увлечь*); **~и́ться** sich begéistern (чем-л. für *A*); Inspiratión schöpfen (aus *D*); entflámmen *vi* (s) (*загореться*); **~ля́ть** *см.* вдохнови́ть; **~ля́ющий** приме́р ánfeuerndes Béispiel; **~ля́ться 1.** *см.* вдохнови́ться; **2.** *страд.* ángeregt wérden (*ср.* вдохнови́ть)

вдохну́ть 1. éinatmen *vt*; **2.** *перен.* (*возбудить что-л.*) éinflößen *vt*, éinhauchen *vt*; ~ в кого́-л. му́жество j-m Mut éinflößen; ~ жизнь в како́е-л. де́ло éiner Sáche (*D*) Lében éinhauchen; Lében in die Búde bríngen* (*разг.*)

вдре́безги *нареч. разг.* in kléine Stücke, in Trümmer; разби́ть что-л. ~ etw. in Trümmer schlágen*; etw. kurz und klein schlágen*; разби́ться ~ in Schérben géhen* [zerspríngen*]; ◇ ~ пья́ный *разг.* vollkómmen betrúnken; stérnhagelvoll, stóckbesoffen

вдруг *нареч.* plötzlich, auf éinmal; ◇ все ~ álle zusámmen; всё ~ álles auf éinmal, álles mit éin(em)mal

вдрызг *нареч. груб.*: ~ пья́ный vollkómmen betrúnken; stérnhagelvoll, stóckbesoffen

вдува́||ние *с* **1.** Éinblasen *n* -s; **2.** *мед.* Lúfteinblasung *f* (10), Pneumothórax (1); **~ть** *см.* вду́нуть

вду́м||аться (*во что-л.*) sich hinéindenken*, sich vertíefen (in *A*): **~чивость** *ж* Éinfühlungsvermögen *n* -s; **~чивый** ernst; gedánkenvoll; ~чиво отнести́сь к чему́-л. sich in etw. (*A*) hinéindenken*; **~ываться** *см.* вду́маться

вду́нуть, вдуть éinblasen* *vt*, éinhauchen *vt*

вдыха́||ние *с* Éinatmen *n* -s, Éinatmung *f*; **~тельный** éinatmend, Éinatmungs-; ~тельное движе́ние éinatmende Bewégung; ~тельный кла́пан (*противогаза*) Éinatmungsventil [-vɛn-] *n* (2); **~ть** *см.* вдохну́ть **1**

вегетариа́н||ец *м* Vegetári¦er [ve-] *m* (6); **~ка** *ж* Vegetári¦erin [ve-] *f* (12); **~ский** vegetárisch [ve-]; ~ский стол vegetárische Küche; **~ство** *с* vegetárische [ve-] Lébensweise, Vegetarísmus *m* =

вегетати́вный *биол.* vegetatív [ve-]

вегета́ция *ж бот.* Vegetatión [ve-] *f*, Pflánzenwuchs *m* -es

ве́да||ть I (*управлять, заведовать чем-л.*) verwálten *vt*, léiten *vt*; zúständig sein (für *A*); ~ть хозя́йством die Wírtschaft führen; кто ~ет э́тим? wer ist dafür zúständig?

ве́дать II *уст.* (*знать*) wíssen* *vt*; kénnen* *vt*

ве́ден||ие *с* Kompeténz *f* (10), Zúständigkeit *f* (10); Befúgnis *f* (3); э́то не в моём ~ии dázu hábe ich kéine Befúgnis, das liegt áußer méiner Kompeténz; в чьём э́то ~ии? wer ist dafür zúständig?; находи́ться в ~ии министе́рства просвеще́ния dem Ministérium für Vólksbildung unterstéhen*

веде́ние *с* Führung *f*; Léitung *f*; ~ бухга́лтерских книг Búchführung *f*; ~ заседа́ния Léitung der Sítzung; ~ проце́сса *юр.* Prozéßführung *f*; ~ дел Geschäftsführung *f*; ~ огня́ *воен.* Féuerführung *f*; отстрани́ть от веде́ния дел von der Léitung entbínden*

ведёрный (*вместимостью в одно ведро*) éinen Éimer fássend

ве́дома: с моего́ ~ mit méinem Wíssen; без моего́ ~ óhne mein Wíssen [Zútun]; с ~ кого́-л. mit j-s Wíssen

ве́домость *ж* **1.** Verzéichnis *n* (3*); Líste *f* (11); дефе́ктная ~ Schádensliste *f*, Schádensmeldung *f* (10); отчётная ~ Beríchtsheft *n* (2); платёжная ~ Lóhn(auszahlungs)liste *f*; Gehálts(auszahlungs)liste *f*; погру́зочная ~ Ládeliste *f*; сво́дная ~ Sámmelnachweis *m* (1); тре́бовательная ~ Bestélliste *f* (*при переносе* Bestéll-liste); экзаменацио́нная ~ Prüfungsliste *f*; **2.** *мн.* ве́домости (*повремённое издание*) periódische Dénkschriften *pl*; Mítteilungen *pl*; **Ве́домости Верхо́вного Сове́та СССР** Mítteilungen des Óbersten Sowjéts der UdSSR

ве́домственн||ость *ж неодобр.* Ressórtgeist [-'sɔr-] *m* -es, ressórtmäßige Beschränktheit; **~ый** behördlich, ámtlich, verwáltungsmäßig, ressórtgebunden [-'sɔr-]; ~ые изда́ния behördliche Áusgaben; ~ый барье́р Ressórtschranke *f* (11)

ве́домство *с* Behörde *f* (11), Amt *n* (5), Verwáltungsdienststelle *f* (11) (*учреждение*); Díenstbereich *m* (1), Ressort [-'sɔr] *n* -s, -s (*область управления*); ~ печа́ти Préssestelle *f*; тамо́женное ~ Zóllbehörde *f*, Zóllverwaltung *f*

ведо́м||ый 1. *тех.* (án)getríeben; ~ое колесо́ (án)getríebenes Rad; Láufrad *n* (5); **2.** *ав.* gelénkt; férngesteuert (*управляемый на расстоянии*)

ведр||о́ *с* Éimer *m* (6); ◇ (дождь) льёт как из ~а́ es régnet [gießt] in Strömen, es gießt wie mit Éimern [Kánnen]

вёдро *с разг.* schönes tróckenes Wétter

веду́щ||ий *прил.* **1.** (*идущий впереди, головной*) führend; ~ий самолёт Führungsflugzeug *n* (2); ~ее сло́во *грам.* Léitwort *n* (5), Analogíemuster *n* (6); **2.** (*руководящий, главный*) führend, léitend; ~ие о́рганы печа́ти die führenden Présseorgane; занима́ть ~ее ме́сто an der Spítze stéhen*; vornán stéhen* (в чём-л. *D*); игра́ть ~ую роль éine führende Rólle spíelen; ~ее нача́ло Grúndprinzip *n* (2) (*pl тж.* -i¦en); ~ее звено́ (рабо́ты) das wíchtigste Momént, der Schwérpunkt, der Ángelpunkt (der Árbeit); **3.** *тех.*: ~ее колесо́ Tríebrad *n* (5), Ántriebsrad *n*; ~ая ось Tríebachse *f* (11), Ántriebsachse *f*; **4.** *в знач. сущ. ав.* Führungsflugzeug *n* (2)

ведь 1. *усилит. частица*: ~ **вы бы́ли пра́вы in der Tat, Sie hätten recht;** но ~ я э́того не говори́л aber das hábe ich ja gar nicht geságt; а ~ я знал э́то давно́ das ich ja längst gewúßt; ~ **я не ребёнок** ich bin doch kein Kind; ~ **ты** э́то сде́лаешь? du wirst es doch tun?; **2.** *союз* (*дело в том, что*) ja, doch; ~ э́то ску́чно das ist doch lángweilig; мне хо́чется есть, ~ я ещё не обе́дал ich bin húngrig, ich hábe ja noch nicht gegéssen

ве́дьма *ж* Héxe *f* (11)

ве́ер *м* Fächer *m* (6); обма́хиваться ~ом sich (mit dem Fächer) fächeln

ве́ерный fächerförmig, fächerartig, Fächer-; ~ душ *мед.* Fächerdusche *f*

веерообра́зный fächerartig, fächerförmig; ~ свод *архит.* Fächergewölbe *n* (6)

ве́жлив||ость *ж* Höflichkeit *f* (10); Ártigkeit *f* (10) (*учтивость*); фо́рма ~ости *грам.* Höflichkeitsform *f* (10); **~ый** höflich; ártig (*учтивый*)

везде́ *нареч.* überáll, állerorts; ◇ ~ и всю́ду an állen Écken und Énden, an állen Écken und Kánten; weit und breit

вездесу́щий 1. állgegenwärtig; **2.** *шутл.* Hansdámpf in állen Gássen

вездехо́д *м* Geländefahrzeug *n* (2); лу́нный ~ Móndfahrzeug *n*; **~ный** geländegängig

везе́ние *с разг.* Glück *n* -(e)s

везти́ I 1. fáhren* *vt*; überführen *vt* (*перевозить*); bríngen* *vt*, hólen *vt* (*привозить*); ~ кого́-л. j-n fáhren*; ~ что-л. на та́чке etw. mit dem Kárren fáhren*; по́езд везёт госте́й из Ленингра́да der Zug bringt Gäste aus Léningrad; **2.** (*тянуть — о лошади и т. п.*) zíehen* *vt*

везти́ II *безл.*: ему́ везёт er hat Glück, ihm lacht das Glück; ihm blüht der Wéizen; er hat Schwein (*разг.*); ему́ не везёт er hat Pech; er hat kein Glück; er ist ein Péchvogel

век *м* **1.** (*столетие*) Jahrhúndert *n* (2); двадца́тый ~ das zwánzigste Jahrhúndert; **2.** (*эпоха*) Zeit *f* (10); Zéitalter *n* (6); ка́менный ~ Stéinzeit *f*; бро́нзовый ~ Bronzezeit ['brɔŋsə-] *f*; желе́зный ~ Éisenzeit *f*; сре́дние ~а́ Míttelalter *n* -s; а́томный ~ Atómzeitalter *n*; ~ те́хники das Zéitalter der Téchnik; **3.** *тк. ед. разг.* (*жизнь*) Lében *n* -s, Lébenszeit *f*; весь свой ~ sein gánzes Lében lang; на моём ~у zeit méines Lébens; in méinem (gánzen) Lében; отжи́ть свой ~ verálten *vi* (s), sich überlében; **4.** *в знач. нареч. разг.* (*длительное время*) éine Éwigkeit (lang); éndlos lang; мы с тобо́й ~ не ви́делись wir háben einánder éine Éwigkeit (lang) nicht geséhen; ◇ ~ **живи́**, ~ **учи́сь** *погов.* ≅ zum Lérnen ist níemand zu alt; в ко́и-то ~и *разг.* álle Júbeljahre éinmal; на ~и ве́чные in álle Éwigkeit; дитя́ ~а ein Kind séiner Zeit

ве́ко *с* Áugenlid *n* (5)

веков||е́чный unéndlich, dáuernd, immerwährend, éwig; **~о́й** (*старый*) húndertjährig, úralt; jahrhúndertelang, jahrhúndertalt (*существующий с давних времён*); ~о́й дуб éine húndertjährige Éiche; **~а́я** вражда́ éine jahrhúndertelange Féindschaft

вексе́ле||да́тель *м* Wéchselaussteller *m* (6), Trassánt *m* (8); **~держа́тель** *м* Wéchselinhaber *m* (6)

ве́ксель *м фин.* Wéchsel *m* (6); ~ **на предъяви́теля** Síchtwechsel *m*; долгосро́чный ~ Wéchsel auf lánge Sicht, lángfristiger Wéchsel; краткосро́чный ~ Wéchsel auf kúrze Sicht, kúrzfristiger Wéchsel; переводно́й ~ Trátte *f* (11), trassíerter [gezógener] Wéchsel; ~ в иностра́нной валю́те Devísen [-'vi:-] *pl*; **выдава́ть ~ éinen Wéchsel áusstellen;**

предъявлять ~ éinen Wéchsel präsentieren [vórlegen]; учитывать ~ éinen Wéchsel diskontieren; уплатить по векселю éinen Wéchsel éinlösen; **~ный** *фин.* Wéchsel-; ~ный курс Wéchselkurs *m* (1)

вéктор *м мат.* Vektor ['vɛk-] *m* -s, -tóren

велéнев||ый: ~ая бумага Velín [ve-] *n* -s, Velínpapier *n* -(e)s

велéние *с поэт.* Gebót *n* (2), Befehl *m* (1)

велеречúвый: ~ человéк *ирон.* Wórtkrämer *m* (6)

велé||ть gebíeten* *vt*, beféhlen* *vt* (+*inf с* zu); héißen* *vt*, lássen* *vt* (+*inf без* zu); он ~л емý молчáть er hieß ihn schwéigen; он ~л мне написáть er hat mich schréiben lássen; ◇ сóвесть мне не велúт mein Gewíssen erlaubt es mir nicht

велúк (*бóльшего размéра, чем нужно*) zu groß; сапогú ~ú die Stíefel sind zu groß

великáн *м* Ríese *m* (9)

велúк||ий groß; Велúкая Октябрьская социалистúческая революция die Gróße Sozialístische Októberrevolution [-vo-]; Велúкая Отéчественная войнá der Gróße Váterländische Krieg; ~ие держáвы Gróßmächte *pl*; ◇ от мáла до ~а groß und klein; alt und jung; к ~ому (моемý) счáстью [ýжасу, гóрю] *разг.* zu méinem größten Glück [Schreck, Kúmmer]

великовáтый *разг.* étwas zu groß

великовóзрастный: ~ ученúк überálterter Schüler

великодержáвно - шовинистúческий gróßmachtchauvinistisch [-ʃov-]

великодержáвный Gróßmacht-; ~ шовинúзм Gróßmachtchauvinismus [-ʃovi-] *m* =

великодýш||ие *с* Gróßmut *f*, Hóchherzigkeit *f*, Gróßherzigkeit *f*; Édelmut *m* -(e)s (*благорóдство*); **~ничать** *разг.* únangebrachte Gróßmut zéigen; den Gróßmütigen spíelen; **~ный** gróßmütig, hóchherzig, gróßherzig; édelmütig (*благорóдный*)

великолéп||ие *с* Pracht *f*, Hérrlichkeit *f* (10); **~ный** gróßartig, prächtig, práchtvoll, hérrlich; ~ный рабóтник éine érstklassige Árbeitskraft; ~но! hérrlich!, áusgezeichnet!; primal (*разг.*)

великорýсский *лингв.* gróßrussisch

великосвéтский *уст.* aristokrátisch, vórnehm

величáв||ость *ж* Erhábenheit *f*; Majestät *f* (*величественность*); **~ый** erhában; majestätisch (*величественный*)

величáть *уст.* **1.** (*называть*) nénnen* *vt*; titulíeren *vt* (*по титулу*); **2.** (*чествовать*) rühmen *vt*, préisen* *vt*

велúчественность *ж* Erhábenheit *f*; Majestät *f*

велúчественный erhában; majestätisch, imposánt

велúчество *с* (*титул*) Majestät *f* (10)

велúчие *с* Größe *f*, Erhábenheit *f*

величин||á *ж* **1.** Größe *f* (11); вторóй по ~é der zwéitgrößte; в натурáльную ~у in Lébensgröße (*о человеке*); in natürlicher Größe (*о других объектах*); ~óй с булáвочную голóвку stécknadelgroß; ~óй с кулáк fáustgroß; **2.** *мат.*, *тех.* Größe *f* (11), Wert *m* (1); входнáя ~á Éingangsgröße *f*; зáданная ~á Sóllwert *m*, Sóllgröße *f*; измеряемая ~á Méßwert *m*, Méßgröße *f*; исхóдная ~á Bezúgsgröße *f*; контрóльная ~á Ríchtgröße *f*, Ríchtwert *m*; максимáльная ~á Höchstwert *m*; номинáльная ~á Nénnwert *m*; переменная ~á Veränderliche *sub f*, Variáble [va-] *sub f*, постоянная ~á Konstánte *sub f*; Féstwert *m*; предéльная ~á Grénzwert *m*; приближённая ~á Näherungswert *m*; регулúруемая ~á Régelgröße *f*; срéдняя ~á Dúrchschnittsgröße *f*, Dúrchschnittswert *m*, Míttelwert *m*; управляемая ~á Stéuergröße *f*; фактúческая ~á Ístgröße *f*, Ístwert *m*; неизвéстная ~á Únbekannte *sub f*; **3.** *перен.* (*о человеке*) Größe *f*; литератýрная ~á éine literárische Größe

вело||аптéчка *ж* Fáhrradflickzeug *n* (2); **~гóнка** *ж.* Rádrennen *n* (7); ~гóнка Мúра Fríedensfahrt *f* (10); учáстник ~гóнки Мúра Fríedensfahrer *m* (6); **~гóнщик** *м* Rádrennfahrer *m* (6); **~дорóжка** *ж* Fáhrradweg *m* (1); **~дрóм** *м* Rádrennbahn *f* (10), Velodróm [ve-] *n* (2); **~завóд** *м* Fáhrradwerk *n* (2); **~кáмера** *ж* Fáhrradschlauch *m*(1*); **~крóсс** *м* Querfeldéinfahrt *f* (10); **~покрышка** *ж* Fáhrraddecke *f* (11), Fáhrradmantel *m* (6*)

велопробéг *м* Rádrennen *n* -s, Fáhrradrennen *n*

велосипéд *м* Fáhrrad *n* (5), Rad *n*, Zwéirad *n*; вóдный ~ Wássertreter *m* (6), Wásserfahrrad *n*; шоссéйный ~ Spórtrad *n*; гóночный ~ Rénnrad *n*; дорóжный ~ Tourenrad ['tu:rən-] *n*; трёхколёсный ~ Dréirad *n*; ~ с мотóром Fáhrrad mit Ánbaumotor; **~úст** *м* Rádfahrer *m* (6), Rádler *m* (6) (*австр.*); **~úстка** *ж* Rádfahrerin *f* (12)

велосипéд||ный Rád(fahr)-; ~ная дорóжка Rádfahrweg *m* (1)

вело||спóрт *м* Rádsport *m* -(e)s; **~трáсса** *ж* Rádrennstrecke *f* (11); **~трéк** *м* Rádrennbahn *f*; **~тренажёр** *м* Hometrainer ['ho:mtrɛ:nər] *m* (6), Héimtrainer *m*; **~турúзм** *м* Rádwandern *n* -s; **~турúст** *м* Rádwanderer *m* (6); **~фигурúст** *м* Kúnstradfahrer *m* (6)

вельбóт *м мор.* éinmastige Schalúppe *f* (11), Éinmaster *m* (6)

вельвéт *м текст.* Velvet ['vɛlvət] *m n* -s, -s; Báumwollsamt *m* (1), Manchester [man'ʃɛs-] *m* -s

вельмóжа *м* Würdenträger *m* (6), Magnát *m* (8)

велюр *м текст.* Velours [və'lu:r] *m* = [-'lu:rs], *pl* = [-'lu:rs]

велярный *фон.* Híntergaumen-, postpalatál; ~ звук Híntergaumenlaut *m* (1), velárer [ve-] Laut, Velár *m* (1)

вéна *ж анат.* Vene ['ve:-] *f* (11), Blútader *f* (11)

венгéрец *м уст. см.* венгр

венгéрка I *ж* Úngarin *f* (12)

венгéрка II *ж* (*танец*) úngarischer Tanz

венгéрский úngarisch; ~ язык die úngarische Spráche, das Úngarische (*sub*)

венгр *м* Úngar *m* (8)

Венéра *ж астр.*, *миф.* Venus ['ve:-] *f*

венерúческ||ий *мед.* venérisch [ve-]; geschléchtskrank; ~ая болéзнь Geschléchtskrankheit *f* (10); ~ий больнóй Geschléchtskranke *m* (14)

венерóлог *м* Venerológe [ve-] *m* (9)

венерологúя *ж мед.* Venerologíe [ve-] *f*

венесуэ́лец *м* Venezoláner [ve-] *m* (6)

венесуэ́льский venezolánisch [ve-]

вéнец *м* (*житель Вены*) Wiener *m* (6)

венéц *м.* **1.** *уст.* (*корона*) Króne *f* (11); Bráutkrone *f* (*при бракосочетании*); **2.** *поэт.* (*венок*) Kranz *m* (1*); **3.** *астр.* Koróna *f*, *pl* -nen; ◇ **идтú под ~** *уст.* sich kírchlich tráuen lássen*; конéц — дéлу ~ *посл.* ≅ Énde gut, álles gut

венециáн||ец *м* Veneziáner [ve-] *m* (6); **~ка** *ж* Veneziánerin [ve-] *f* (12); **~ский** veneziánisch [ve-]; ◇ **~ское** окнó veneziánisches Fénster

венéчн||ый *анат.* Kranz-; **~ые** сосýды сéрдца Hérzkranzgefäße *pl*; **~ая** кость Krónbein *n* (2)

вéнзел||ь *м* Monográmm *n* (2); ◇ писáть ~я́ *разг.* (*о пьяном*) tórkeln *vi* (s)

вéник *м* Bésen *m* (7); Bírkenrute *f* (11) (*банный*)

вéнка *ж* (*жительница Вены*) Wíenerin *f* (12)

венóзный venös [ve-]

венóк *м* Kranz *m* (1*)

вéнск||ий Wíener *inv*; ◇ **~ое питьё** *мед. уст.* Wíener Trank

вентилúровать lüften *vt*, ventilíeren [vɛn-] *vt*, belüften *vt*; *горн.* bewéttern *vt*

вéнтиль *м тех.* Ventíl [vɛn-] *n* (2)

вентиля́||тор *м* Lüfter *m* (6), Ventilátor [vɛn-] *m* -s, -tóren; **~ция** *ж* **1.** Ventilatión [vɛn-] *f*, Lüftung *f*; *горн.* Bewétterung *f*; **2.** (*вентиляционная установка*) Lüftungsanlage *f* (11), Gebläse *n* (6)

венчá||льный Trau-; Hóchzeits-; ~льное плáтье Hóchzeitskleid *n* (5); **~ние** *с* **1.** (*о браке*) (kírchliche) Tráuung *f* (10); **2.** (*коронование*) Krönung *f* (10); **~ть 1.** (*о браке*) (kirchlich) tráuen *vt*; **2.** *поэт. уст.* (*украшать голову венком*) schmücken *vt*; **3.** (*заканчивать что-л.*; *перен. успешно завершать что-л.*) krönen *vt*; ◇ ~ть на цáрство krönen *vt*; **~ться 1.** (*о браке*) sich tráuen lássen*; **2.** *поэт. уст.* (*украшаться*) geschmückt wérden; **3.** (*заканчиваться чем-л.*) gekrönt werden (von *D*); ◇ ~ться на цáрство gekrönt wérden

вéнчик *м бот.* Blúmenkrone *f* (11)

вепрь *м* (*кабан*) Éber *m* (6), Wíldschwein *n* (2)

вéр||а *ж* **1.** Gláube(n) *m* (15,7) (во что-л. an *A*); Zúversicht *f*, Überzéugung *f* (10) (*уверенность, убеждённость*); Vertráuen *n* -s (*доверие*); ~а в побéду der Gláube an den Sieg; ~а в сóбственные сúлы Vertráuen in die éigene Kraft; **2.** (*религия*) Gláube(n) *m* (15,7), Religión *f* (10); ◇ принять на ~у что-л. etw. auf Treu und Gláuben ánnehmen*

верáнда *ж* Veránda [ve-] *f*, *pl* -den, Terrásse *f* (11); Líegehalle *f* (11) (*в санатории*)

вéрба *ж* Wéide *f* (11)

вербáльн||ый Verbál- [ver-]; ◇ ~ая нóта *дип.* Verbálnote *f* (11)

вербéна *ж бот.* Verbéne [vɛr-] *f* (11), Éisenkraut *n* -(e)s

верблюд *м* Kamél *n* (2); Dromedár *n* (2) (*одногорбый*); Trámpeltier *n* (2) (*двугорбый*); Kamélhengst *m* (1) (*самец*); выóчный ~ Lástkamel *n*

верблюдица *ж* Kamélstute *f* (11)

верблюжáтник *м* Kaméltreiber *m* (6)

верблюж||ий Kamél-; ~ья шерсть Kamélhaar *n* -(e)s

верблюжóнок *м* Kamélfohlen *n* (7)

вербовáть wérben* *vt*, ánwerben* *vt* (кудá-л. für *A*)

вербóв||ка *ж* Wérbung *f* (10), Ánwerbung *f*; **~щик** *м* Wérber *m* (6)

вердúкт *м юр.* Verdíkt [vɛr-] *n* (2), Úrteilsspruch *m* (1*); оправдáтельный ~ Fréispruch *m*

верёв||ка *ж* Strick *m* (1), Léine *f* (11); Bíndfaden *m* (7*) (*шнурок, бечёвка*); ~ка для белья Wäscheleine *f*; **~очка** *ж* Schnur *f* (3), Schnürchen *n* (7); **~очный** Strick-; Schnur-; ~очная лéстница Stríckleiter *f* (11)

вереница *ж* Réihe *f* (11); Zug *m* (1*); Kétte *f* (11) (*гл. обр. о куропатках*)

~ у́ток Éntenzug *m*, ein Zug (von) Énten; **~ мы́слей** (éndlose) Gedánkenkette *f*

ве́реск *м бот.* Héidekraut *n* -(e)s, Érika *f*, *pl* -ken; **~овый** Héidekraut-

веретено́ *с* Spíndel *f* (11); **~обра́зный** spíndelförmig

верещáть *разг.* kréischen *vi*, schréien* *vi*; zírpen *vi* (*о кузнечиках*)

верзи́ла *м разг.* lánger Lúlatsch *m* (1)

вери́тельн||ый: ~ая грáмота *дип.* Begláubigungsschreiben *n* (7)

ве́ри||ть 1. gláuben *vt*; vertráuen *vt* (*доверять*); ~ть друзья́м séinen Fréunden gláuben; ~ть нá слово aufs Wort gláuben; **2.** (*в кого-л., во что-л.*) gláuben *vi* (an *A*), vertráuen *vi* (*D*), tráuen *vi* (*D*); báuen *vi* (auf *A*) (*полагаться*); слéпо ~ть blind vertráuen; ~ть в егó невинóвность an séine Únschuld gláuben, von séiner Únschuld überzéugt sein; **3.** *см.* **вéровать**; ◇ не ~ть свои́м глазáм [ушáм] séinen Áugen [Óhren] nicht tráuen; **~ться** *безл.:* не ~тся, ~тся с трудóм es ist nicht [kaum] zu gláuben; мне не ~тся ich gláube kaum

ве́рмахт *м* (*вооружённые силы фашистской Германии*) Wéhrmacht *f*

вермише́ль *ж* Fádennudeln *pl*, Núdeln *pl*

ве́рмут *м* Wérmutwein *m* (1)

верне́е 1. *сравн. ст. от* вéрный *и* вéрно; **2.** *в знач. вводн. сл.* (*точнее*) vielméhr, genáuer geságt

вернисáж *м* Eröffnungstag *m* -(e)s (einer Gemäldeausstellung)

ве́рно *нареч.* **1.** (*правильно*) ríchtig; wahr; э́то ~ das stimmt; что ~, то ~ *разг.* was wahr ist, ist wahr; часы́ идýт ~ die Uhr geht ríchtig; **2.** (*преданно*) treu, getréulich, ergében; **3.** *в знач. вводн. сл. разг.* (*вероятно*) wahrschéinlich, wohl; он, ~, забы́л позвони́ть (*по телефону*) er hat wohl vergéssen ánzurufen

вернопóдданн||ический *уст.* úntertänig; **~ый** *сущ. м уст.* tréuer Úntertan

ве́рность *ж* **1.** (*правильность*) Ríchtigkeit *f*; Genáuigkeit *f* (*точность*); ~ перевóда die Exáktheit der Übersétzung; **2.** (*преданность*) Tréue *f* (чемý-л. zu *D*), Ergébenheit *f*; ~ прися́ге Tréue zum Schwur

верну́ть 1. zurückgeben* *vt*, ábgeben* *vt*; wíedergeben* *vt*; zurückerstatten *vt* (*деньги*); ~ долг éine Schuld zurückzahlen [bezáhlen]; **2.** (*утраченное*) wíedergewinnen* *vt*, zurückgewinnen* *vt*; wíederbekommen* *vt*; zurückerlangen *vt*; ~ себé что-л. sich (*D*) etw. wíedererobern, etw. wíedergewinnen*; ~ свои́ издéржки séine Áusgaben décken; **3.** (*кого-л. с дороги*) zurückholen *vt*, zurückrufen* *vt*; **~ся** zurückkehren *vi* (s), zurückkommen* *vi* (s), wíederkommen* *vi* (s); ~ся домóй héimkehren *отд. vi* (s); ~ся к вопрóсу auf éine Fráge zurückkommen*; ~ся к какóй-л. дéятельности éine Tätigkeit wíederaufnehmen*

ве́рн||ый 1. (*правильный*) ríchtig; wahr; у вас ~ые часы́? geht Íhre Uhr ríchtig?; **2.** (*надёжный*) sícher, fest, zúverlässig; ~ое срéдство ein bewährtes [wírksames] Míttel; из ~ых истóчников aus zúverlässiger Quélle; **3.** (*преданный*) treu, ergében; быть ~ым своемý слóву sein Wort hálten*; остáться ~ым своемý убеждéнию séiner Überzéugung treu bléiben*; **4.** (*неизбежный*) sícher; únvermeidlich; ~ая смерть der síchere Tod; ~ый при́знак úntrügliches Zéichen; **5.** (*похожий, точный*) genáu, getréu; ~ое изображéние éine wáhrheitsgetreue Schílderung; ~ый перевóд éine genáue [wórtgetreue, exákte] Übersétzung

верньéр *м эл.* Féin(ein)steller *m* (6), Vernier [vɛr'nie:] *m* -s [-'nie:s], -s [-'nie:s], Nónius *m* =, *pl* -ni¦en *u* -se; **~ный** *эл.* Féinstell-; ~ный дви́гатель (*ракеты*) Féinstellmotor *m* (13), Vernier [vɛr'nie:] *m* =, -s [-'nie:s], -s [-'nie:s]

ве́рова||ние *с* Gláube(n) *m* (15,7); ~ния Religión *f* (10); **~ть** gláuben *vi* (в когó-л., во что-л. an *A*)

вероисповéдан||ие *с* Gláubensbekenntnis *n* (3*), Konfessión *f* (10); Religiónsausübung *f*; свобóда ~ия Religiónsfréiheit, Gláubensfreiheit *f*

вероисповéдный konfessionéll

верolóмно *нареч.* tréubrüchig

верolóм||ный tréubrüchig; wórtbrüchig; tréulos; verräterisch (*предательский*); **~ство** *с* Tréubruch *m* -(e)s; Tréulosigkeit *f*; Verrát *m* -(e)s (*измена*)

веронáл *м фарм.* Veronál [ve-] *n* -s

верóника *ж бот.* Verónika [ve-] *f*, *pl* -s *u* -ken, Éhrenpreis *m* (1)

вероотсту́пник *м рел. уст.* Ábtrünnige *m* (14)

веротерпи́м||ость *ж* Gláubensfreiheit *f*, religiöse Toleránz [Dúldsamkeit]; **~ый** toleránt, dúldsam

вероучéние *с* Gláubenslehre *f* (11), Religión *f* (10)

верoя́т||ие *с уст.* Wahrschéinlichkeit *f*; Gláubwürdigkeit *f* (*правдоподобие*); в э́том мáло ~ия das ist höchst únwahrscheinlich; ◇ по всемý ~ию áller Wahrschéinlichkeit nach; сверх всякого ~ия entgégen állen Erwártungen; **~но** *вводн. сл.* wahrschéinlich; **~ностный** *мат.* wahrschéinlichkeitstheoretisch, Wahrschéinlichkeits-; **~ность** *ж* Wahrschéinlichkeit *f*; Gláubwürdigkeit *f* (*правдоподобие*); ◇ по всей ~ности áller Wahrschéinlichkeit nach; исчислéние ~ности *мат.* Wahrschéinlichkeitsrechnung *f*; **~ный** wahrschéinlich; vermútlich, mútmaßlich (*предположительный*); gláubwürdig (*правдоподобный*); ~ный исхóд дéла der wahrschéinliche [mútmaßliche] Áusgang der Sáche

версификáтор *м ирон.* Vérseschmied *m* (1)

версификáторство *с ирон.* Reimeréi *f* (10)

ве́рс||ия *ж* Versión [vɛr-] *f* (10), Áuslegung *f* (10), Dárlegung *f* (10); соглáсно официáльной ~ии der offiziéllen Versión zufólge; по другóй ~ии nach éiner anderen Áuslegung [Áuffassung]

верст||á *ж уст.* Werst *f*, *pl* -en (*после числ. pl* =) (*ehemaliges russisches Längenmaß* = 1,06 *km*); ◇ зá ~у sehr weit, von wéitem

верстáк *м* Wérktisch *m* (1), Wérkbank *f* (3); Hóbelbank *f* (*столярный*)

верст||áльщик *м полигр.* Metteur [-'tø:r] *m* (1); **~áтка** *ж полигр.* Wínkelhaken *m* (7); **~áть** *полигр.* úmbrechen* *vt*

вёрстка *ж полигр.* Úmbruch *m* (1*)

верстовóй *уст.* Werst-; ~ столб Wérstpfosten *m* (7)

ве́ртел *м* Brátspieß *m* (1), Spieß *m*

вертéп *м* **1.** (*притон*) Spelúnke *f* (11); Räuberhöhle *f* (11) (*разбойничий*); **2.** *уст.* (*театр марионеток*) Púppentheater *n* (6), Marionéttentheater *n*

вертéть 1. dréhen *vt*, herúmdrehen *vt*; ~ что-л. в рукáх etw. in den Händen herúmdrehen, mit etw. (*D*) spíelen; **2.** *перен. разг.:* ~ кем-л. j-n am Gängelband führen, j-n nach séiner Pféife tánzen lássen*; **~ся 1.** sich dréhen, sich im Kréise dréhen [bewégen]; **2.** *разг.* (*находиться где-либо*) sich herúmtreiben*; **3.** *разг.* (*изворачиваться*) áusweichen* *vi* (s), Áusflüchte máchen [súchen]; ◇ э́та мысль вéртится у меня́ в головé díeser Gedánke will mir nicht aus dem Sinn; ~ся на языкé auf der Zúnge schwében [líegen*]

вертикáл *м астр.* Vertikálkreis [vɛr-] *m* (1)

вертикáль *ж мат.* Sénkrechte *sub f*, Vertikále [ver-] *sub f*; Lótlini¦e *f* (11); по вертикáли (*в кроссворде*) sénkrecht; **~ность** *ж* sénkrechte Láge; **~ный** sénkrecht, vertikál [vɛr-]; lótrecht, ~ный формáт (*напр. фотоснимка*) Hóchformat *n* (2); ~ная навóдка (*орудия*) *воен.* vertikáles Ríchten

вертихвóстка *ж неодобр.* léichtsinnige Frau

вéрткий *разг.* fix, flink, wéndig

вертлю́г *м* **1.** *анат.* Róllhügel *m* (6); **2.** *тех., воен.* Dréhzapfen *m* (7); Wírbel *m* (6); Gewéhrträger *m* (6) (*пулемёта*)

вертля́в||ость *ж разг.* Zápp(e)ligkeit *f*, Bewéglichkeit *f*; **~ый** *разг.* zápp(e)lig, bewéglich, únruhig

вертодрóм *м* Húbschrauberlandeplatz *m* (1*)

вертолёт *м* Húbschrauber *m* (6); грузовóй ~ Lástenhubschrauber *m*

вертолётчик *м* Húbschrauberpilot *m* (8)

вертопрáх *м разг. уст.* Wíndbeutel *m* (6), Léichtfuß *m* (1*)

верту́шка *ж разг.* **1.** (*дверь*) Dréhtür *f* (10); **2.** (*игрушка*) Dréhwürfel *m* (6), Mühle *f* (11); **3.** *тех., гидр.* Flügel *m* (6); **4.** (*о женщине*) Kokétte *f* (11), Fléderwisch *m* (1)

вертя́чка *ж* (*болезнь животных*) Schöpsdrehe *f*

вéрующий *сущ. м* Gläubige *m* (14)

верфь *ж* Werft *f* (10); судоремóнтная ~ Reparatúrwerft *f*

верх *м* **1.** (*верхняя часть*) óberer Teil, Óberteil *m* (1); óberes Stóckwerk (*дóма*); Wágenverdeck *n* (2) (*экипажа*); Verdéck *n* (*автомобиля*); откиднóй ~ Kláppverdeck *n*; раздвижнóй ~ Schíebedach *n* (5). **2.** (*пальто и т. п.*) Áußenseite *f*; **3.** (*материи*) réchte Séite; **4.** (*высшая степень, вершина*) Gípfel *m* (6), Höhepunkt *m* (1), Spítze *f* (11); ~ блажéнства der Höhepunkt des Glückes; ~ совершéнства Múster *n* der Vollkómmenheit; э́то ~ совершéнства das setzt állem die Króne auf; э́то ~ нахáльства das ist der Gípfel der Fréchheit; он на ~ý слáвы er ist auf dem Gípfel séines Ruhms; **5.** (*превосходство*) Óberhand *f*, Übergewicht *n* -(e)s; одержáть [взять] ~ die Óberhand gewínnen* (над кем-л., над чем-л. über *A*); sich (gégen j-n) dúrchsetzen; *см. тж.* верхи́

верх||и́ 1. *разг.* die óberen Schíchten, Óberschichten *pl* (*общества*); Léitung (*какой-л. организации*); die Spítzen der Regíerung (*о правительстве*); совещáние в ~áх Gípfelkonferenz *f* (10); встрéча в ~áх Gípfeltreffen *n* (7); **2.** *муз.* die hóhen Töne, das óbere Regíster ◇ нахватáться ~óв *разг.* etw. óberflächlich erlérnen [erfássen]; скользи́ть по ~áм *разг.* an der Óberfläche schwímmen*

верхненемéцк||ий: ~ие диалéкты Hóchdeutsch *n* = *u* -s, das Hóchdeutsche (*sub*)

вéрхн||ий 1. óber-; Óber-; ~яя пáлуба Óberdeck *n* (2); ~ее течéние Вóлги der Óberlauf der Wólga; ~ее плáтье Óberbekleidung *f*; **2.** *муз.* hoch, höchst, óber; ~ий реги́стр das óbere Regíster; ◇ ~яя пала́та (*парламента*) Óberhaus *n* -es

верхня́к *м горн.* Káppe *f*

верхо́вн||ый Óber-, óberst; höchst (*высший*); ~ый о́рган das óberste Orgán; Верхо́вный Сове́т СССР der Óberste Sowjét der UdSSR; Верхо́вный Суд СССР der Óberste Geríchtshof der UdSSR; ~ый комисса́р Hóher Kommissár; ~ый главнокома́ндующий der Óberste Beféhlshaber; ~ое кома́ндование das Óberkommando

верхово́д *м разг.* Rädelsführer *m* (6), Ánführer *m*; ~**ить** (*кем-л., чем-л.*) *разг.* ánführen *vt*; das große Wort führen

верхов||о́й I *прил.* **1.** Reit-; ~а́я езда́ Réiten *n* -s; Réitkunst *f*; ~а́я ло́шадь Réitpferd *n* (2); **2.** *в знач. сущ. м* Réiter *m* (6), Berìttene *m* (14)

верхово́й II (*расположенный выше по течению*) am Óberlauf (des Flússes) gelégen; flußáufwärts gelégen

верхо́вье *с* Óberlauf *m* -(e)s; ~ Во́лги der Óberlauf der Wólga

верхогля́д *м разг.* óberflächlicher Mensch; ~**ство** *с разг.* Óberflächlichkeit *f*, Séichtigkeit *f*

верхола́з *м* Hóchbauarbeiter *m* (6); сва́рщик-~ Hóchbauschweißer *m* (6)

ве́рхом *нареч.* (*по верхней части*) óben, auf der Ánhöhe; идти́ ~ óben gehen*

верхо́м *нареч.* **1.** zu Pferd; hoch zu Roß (*поэт.*); прогу́лка ~ Spazíerritt *m* (1); е́здить ~ réiten* *vt, vi* (s, h); **2.** (*на стуле и т. п.*) ríttlings

верху́шечн||ый Spítzen-; ~ые слои́ о́бщества die Spítzen der Gesellschaft, die óberen Zehntáusend

верху́шка *ж* **1.** Spítze *f* (11); Gípfel *m* (6) (*горы*); Wípfel *m* (6) (*дерева*); ~ лёгкого *анат.* Lúngenspitze *f*; **2.** *перен. разг.* (*организации*) Spítzen *pl*, die óberen Schíchten; Óberschichten *pl*, (*класса, общества*); пра́вящая ~ die óberen Zehntáusend

верче́ние *с* Dréhen *n* -s

ве́рша *ж* Réuse *f* (11), Físchreuse *f*

верши́на *ж* **1.** Gípfel *m* (6), Spítze *f* (11); Wípfel *m* (6), Báumwipfel *m* (*дерева*); *перен.* Gípfel *m*, Höhe *f* (11), Höhepunkt *m* (1); ~ тво́рчества die Höhe des künstlerischen Schäffens; **2.** *мат.*: ~ угла́ Schéitelpunkt *m* des Wínkels

верши́||тель *м высок.*: ~тель су́деб Lénker *m* (6) der Geschícke; ~**ть** *высок.* entschéiden* *vt, vi* (чем-л. über *A*); die Macht áusüben; hérrschen *vi*

вершо́к *м уст.* Werschók *m* -s, -s (*после числ. pl* =) (*altes russisches Längenmaß* = *4,4 cm*)

вес *м* **1.** Gewícht *n* (2); Másse *f*; *перен.* Ánsehen *n* -s, Éinfluß *m* -sses; уде́льный ~ 1) *физ.* spezífisches Gewícht; 2) *перен.* Gewícht *n*, Bedéutung *f*; Ánteil *m* -(e)s (an *D*); на ~ nach Gewícht; ~ом в два кило́ zwei Kílo schwer; живо́й ~ Lébendmasse *f*, Lébendgewicht *n*; а́томный ~ *физ.* Atómgewicht *n*; взлётный ~ *ав.* Stártmasse *f*, Stártfluggewicht *n*; избы́точный ~ Übergewicht *n*, Méhrgewicht *n*; поле́зный ~ Nútzgewicht *n*; со́бственный ~ Éigengewicht *n*; ста́ртовый ~ *ракет.* Stártmasse *f*, Stártfluggewicht *n*; убо́йный ~ Schláchtgewicht *n*; прове́рить ~ náchwiegen* *vt*; по́льзоваться больши́м ~ом ein großes Ánsehen genießen*, in hóhem Ánsehen stéhen*; его́ мне́ние име́ет большо́й ~ séine Méinung hat großes Gewícht; челове́к с ~ом ein ángesehener [éinflußreicher] Mann; **2.** *спорт.*: наилегча́йший ~ Fliegengewicht *n* (2); легча́йший ~ Bántamgewicht *n*; полулёгкий ~ Fédergewicht *n*; лёгкий ~ Léichtgewicht *n*; пе́рвый полусре́дний ~ Hálbweltergewicht *n*; второ́й полусре́дний ~ Wéltergewicht *n*; пе́рвый сре́дний ~ Hálbmittelgewicht *n*; второ́й сре́дний ~ Míttelgewicht *n*; полутяжёлый ~ Hálbschwergewicht *n*; тяжёлый ~ Schwergewicht *n*; ◇ на ~ зо́лота Góldes wert

веселе́ть lústig [fröhlich] wérden

весели́ть belústigen *vt*; áufheitern *vt*; ergötzen *vt* (*забавлять*); ~**ся** sich vergnügen; sich amüsíeren (*развлекаться*)

весёл||ость *ж* Lústigkeit *f*, Héiterkeit *f*, Fröhlichkeit *f*; ~**ый** **1.** lústig, héiter, fröhlich, froh; fidél (*разг.*); amüsánt (*забавный*); ~ая исто́рия éine lústige [amüsánte] Geschíchte; **2.** *предик. безл.*: мне ве́село mir ist froh [fröhlich] zumúte

весе́ль||е *с* Héiterkeit *f*; Fréude *f* (*радость*); ~**ча́к** *м разг.* ein lústiger Vógel, Spáßvogel *m* (6*); Brúder Lústig, ein fidéles Haus

веселя́щий: ~ газ *хим.* Láchgas *n* -es

весе́нн||ий Frühlings-; Frühjahrs-; ~ий сев Frühjahraussaat *f*; ~яя пого́да Frühlingswetter *n* -s; ~ие цветы́ Frühlingsblumen *pl*

ве́сить wiegen* *vi*

ве́ск||ий schwérwiegend, gewíchtig, ~ое сло́во ein gewíchtiges Wort; ~ий до́вод ein tríftiges Argumént; ~ое дока́зательство ein schlágender Bewéis

ве́скость *ж* Gewíchtigkeit *f*, Gewícht *n* -(e)s

весл||о́ *с* Rúder *n* (6), Ríemen *m* (7); *спорт.* Skull *n* -s, -s; уда́р ~а́ Rúderschlag *m* (1*)

весн||а́ *ж* Frühling *m* (1), Frühjahr *n* (2); Lenz *m* (1) (*поэт.*); ра́нняя ~а́ Vórfrühling *m*; нача́ло ~ы́ Frühlingsanfang *m* -(e)s; в нача́ле ~ы́ zu Frühlingsanfang; по́здняя ~а́, коне́ц ~ы́ Spätfrühling *m*; про́шлой ~о́й (im) vórigen Frühling; бу́дущей ~о́й (im) nächsten Frühling; наступа́ет ~а́ es wird Frühling, der Frühling begínnt; es lenzt (*поэт. уст.*); ~а́ уже́ наступи́ла der Frühling ist schon da; der Lenz ist ángekommen (*поэт.*); ~а́ прошла́ der Frühling ist vorüber [vorbéi]

весновспа́шка *ж с.-х.* Frühjahrsfurche *f*

весно́й, весно́ю *нареч.* im Frühling, im Frühjahr

весну́шка *ж* Sómmersprosse *f* (11)

весну́шчатый *разг.* sómmersprossig, voll Sómmersprossen

весов||о́й **1.** (*относящийся к весам*) Wáage-, Gewíchts-; ~о́й сбор Wíegegebühr *f* (10), Wíegegeld *n* (5); ~а́я ги́ря Gewícht *n* (2); **2.** (*на вес*) nach Gewícht; ~о́й хлеб Brot *n* nach Gewícht; **3.** *спорт.*: ~а́я катего́рия Gewíchtsklasse *f* (11); ~**щи́к** *м* Wíegemeister *m* (6)

весо́м||ость *ж* Wägbarkeit *f*; ~**ый** **1.** wägbar; **2.** *перен.*: ~ый вклад (во что-л.) ein gewíchtiger Béitrag (zu *D*)

вест *м мор.* **1.** (*направление*) West *m* -(e)s, Wésten *m* -s (*сокр.* W); **2.** (*ветер*) West *m* (1), Wéstwind *m* (1)

веста́лка *ж* Vestálin [vɛs-] *f* (12); Príesterin *f* der Vésta

вестго́т||ский *ист.* wéstgotisch; ~**ы** *мн. ист.* Wéstgoten *pl*

ве́стерн *м* Wéstern *m* -(s); Wíldwéstfilm *m* (1)

вести́ **1.** führen *vt*; geléiten *vt* (*сопровождать*); ánführen *vt* (*возглавлять*); ~ су́дно ein Schiff führen [stéuern]; ~ вперёд vоránführen *vt*; **2.** (*руководить*) führen *vt*, léiten *vt*; ~ кружо́к éinen Zírkel léiten; **3.** (*куда-л. — о тропинке и т. п.*) führen *vi* (nach *D*, in *A*); доро́га ведёт в лес der Weg führt in den Wald; **4.** (*иметь следствием*) führen *vi* (к чему́-л. zu *D*); алкоголи́зм ведёт к вырожде́нию der Alkoholísmus führt zur Degeneratión; **5.** (*чем-л. по чему-л.*) fáhren* *vi* (s); ~ ука́зкой по ка́рте mit dem Zéigestock über die Kárte fáhren*; ~ смычко́м по стру́нам den Bógen über die Sáiten führen; **6.** *спорт.* führen *vt*; in Führung liegen* [sein]; die Spítze hálten* (*бег*); ◇ ~ бой ein Gefécht führen [áustragen*]; ~ борьбу́ einen Kampf führen; ~ войну́ Krieg führen; ~ ого́нь *воен.* féuern *vi*, schießen* *vi*; ~ наблюде́ние (*чего-л.*) Beóbachtungen ánstellen (über *A*), beóbachten *vt*; *мор.* Áusguck hálten*; ~ обуче́ние на родно́м языке́ den Únterricht in der Múttersprache ertéilen; ~ обще́ственную рабо́ту geséllschaftliche Árbeit léisten; ~ протоко́л Protokóll führen, protokollíeren *vt*; ~ перегово́ры verhándeln *vi*, unterhándeln *vi*, Verhándlungen führen; ~ торго́влю Hándel tréiben*; ~ кни́ги *бухг.* Bücher führen; ~ перепи́ску im Bríefwechsel stéhen*; ~ подко́п 1) *воен.* (unter)miníeren *vt*, éine Míne légen; 2) *перен.* untergráben* *vt*; j-m éine Grúbe gráben*; ~ своё нача́ло séinen Úrsprung [Ánfang] néhmen*; ~ разве́дку *воен.* áufklären *vt*, erkúnden *vt*; ~ учёт registríeren *vt*; ~ хозя́йство die Wírtschaft führen; ~ пра́здную жизнь ein müßiges Lében führen; ~ себя́ sich áufführen, sich betrágen*, sich benéhmen*; sich verhálten* (*относиться*); неуме́ние ~ себя́ Mángel *m* an Benéhmen

вестибуля́рный: ~ аппара́т *анат.* Vestibulárapparat [vɛs-] *m* (1)

вестибю́ль *м* Vórhalle *f* (11), Hálle *f*, Vestibül [vɛs-] *n* (2); наземный ~ (*метро*) Éingangshalle *f*

вести́сь **1.** *страд.* geführt [geléitet] wérden; перегово́ры веду́тся es wird unterhándelt, es wérden Verhándlungen geführt; **2.** (*соблюдаться — об обычаях*) *разг.*: так уж у нас ведётся so ist es bei uns üblich, so ist es bei uns Sítte [Brauch], so will es dic (althérgebrachte) Sítte

ве́стник *м* **1.** Bóte *m* (9); **2.** (*периодическое издание*) Informatiónsblatt *n* (5)

вестов||о́й *прил.* **1.** *уст.* Signál-, Alárm-; ~а́я пу́шка Signálkanone *f* (11), Alármkanone *f*; **2.** *в знач. сущ. м воен.* Ordonnánz *f* (10)

ве́сточка *ж уменьш. разг.* Nachricht *f* (10), Kúnde *f* (11); Bríefchen *n* (7) (*письмецо*)

вест||ь I *ж* Náchricht *f* (10), Kúnde *f*; Bótschaft *f* (10); подава́ть о себе ~и von sich (*D*) hören lassen*; без ~и пропа́вший 1) verschóllen, vermíßt; 2) *в знач. сущ.* Verschóllene *m* (14), Vermíßte *m* (14)

весть II *разг.*: бог ~ Gott weiß; не бог ~ что nichts Besónderes

весы́ *мн.* Wáage *f* (11); апте́карские ~ Apothékerwaage *f*; десяти́чные ~ Dezimálwaage *f*; проби́рные ~ Probíerwaage *f*; пружи́нные ~ Féderwaage *f*; то́чные ~ Präzisiónswaage *f*; ~ для взве́шивания пи́сем Bríefwaage *f*; медици́нские ~ Persónenwaage *f*; насто́льные ~ Táfelwaage *f*; цифербла́тные ~ Zéigerwaage *f*, Néigungswaage *f*; ча́шечные ~ Schálenwaage *f*

весь *мест. м* **1.** (вся, всё, все) all, áller (*f* álle, *n* álles; *pl* álle); all der (die, das); **ganz** (*целый*); все лю́ди álle Ménschen; сруби́ли все дере́вья álle Bäume wúrden gefällt; ~ го́род был освещён die gánze Stadt war beléuchtet; вся су́мма die gánze Súmme; я прочёл все (без исключе́ния) кни́ги из на́шей библиоте́ки ich hábe sämtliche Bücher aus únserer Bibliothék gelésen; он ~ изму́чился er ist ganz ábgequält; са́хар ~ вы́шел der Zúcker ist álle; ~ в поту́ ganz mit Schweiß bedéckt, in Schweiß gebádet; **2.** *в знач. сущ.*: всё álles; все álle; всё вме́сте взя́тое álles in állem; он всё забы́л er hat álles vergéssen; он всех уви́дел er hat álle geséhen; все прие́хали álle sind ángekommen; все за одного́ и оди́н за всех álle für éinen, éiner für álle; э́то ещё не всё damít ist es nicht getán; das ist noch nicht álles; всё что уго́дно, то́лько не... álles ándere als...; **3.:** всего́ (*при сравн. степени*) am (áller-) (+*превосх. ст. прил.*); лу́чше всего́ am (áller)bésten; прия́тнее всего́ путеше́ствовать по́ морю am ángenehmsten ist éine Séereise; ◇ всего́ хоро́шего! (*при прощании*) álles Gúte!; при всём том 1) (*тем не менее*) bei álledém; 2) (*вдобавок*) obendréin, áußerdem; при всём жела́нии beim bésten Wíllen; всё равно́ *разг.* 1) (*безразлично*) es ist gléichgültig [egál, éinerlei]; 2) (*во всяком случае*) sowiesó; без всего́ *разг.* 1) (*без одежды*) nackt und bloß, únbekleidet; 2) (*не имея средств*) óhne Existénzmittel; всё и вся álles, rein álles; все и вся álle óhne Áusnahme; он ~ в отца́ er ist ganz der Váter; вот и всё das ist álles

весьма́ *нареч.* sehr, überáus, höchst

ветви́||стый (viel)ästig; (wéit)verzwéigt (*разветвлённый*); wéitausgelegt (*о рогах оленя*); ~**ться** ästen *vi*, Äste tréiben*; sich verzwéigen, sich gábeln (*разветвляться*)

ветвь *ж* Zweig *m* (1), Ast *m* (1*); *перен.* Zweig *m*, Branche [*фр.* 'braŋʃə] *f* (11)

ве́тер *м* Wind *m* (1); *мор.* Brise *f* (11); встре́чный ~ Gégenwind *m*; лёгкий ~ léichte Bríse; морско́й ~, ~ с мо́ря Séewind *m*; попу́тный ~ Rückenwind *m*; поры́вистый ~ böiger Wind; ре́зкий ~ schárfer Wind; све́жий ~ frísche Bríse; се́верный ~ Nórdwind *m*, Nord *m* (1); си́льный ~ stärker Wind; сла́бый ~ schwácher Bríse, schwácher Wind; ~ меня́ется der Wind dreht sich [springt um]; поднима́ется ~ ein Wind erhébt sich [kommt auf]; ~ стиха́ет der Wind legt sich; ◇ у него́ ~ в голове́ er ist ein wíndiger Geséllе [ein Windbeutel]; броса́ть слова́ на ~ in den Wind réden; держа́ть нос по́ ветру den Mántel nach dem Wínde hängen, die Fáhne nach dem Wínde dréhen; он зна́ет, отку́да ~ ду́ет er weiß, wohér der Wind weht

ветера́н *м* Veterán [ve-] *m* (8); ~ войны́ Kriegsveteran *m*

ветерина́р *m* Tierarzt *m* (1*), Veterinär [ve-] *m* (1); ~**ия** *ж* Veterinärmedizin [ve-] *f*, Tierheilkunde *f*; Tíermedizin *f*; ~**ный** Veterinär- [ve-], tierärztlich; ~ный пункт Veterinärstation *f* (10)

ветер||о́к *м* Lüftchen *n* (7), léichter [línder] Wind; ◇ с ~ко́м *разг.* sehr schnell

ве́тка *ж* **1.** Zweig *m* (1); Reis *n* (5) (*отросток*); ~ берёзы Bírkenreis *n*; **2.** *ж.-д.* Zwéigbahn *f* (10); заводска́я ~ Gléisanschluß *m* -sses, -schlüsse, Industríegleis *n* (2); ~ трубопрово́да Róhrstrang *m* (1*)

ветла́ *ж* Sílberweide *f* (11)

ве́то *с* Veto ['ve:-] *n* -s, -s; Éinspruch *m* (1*); Verbót *n* (2); пра́во ~ Vétorecht *n* -(e)s, Éinspruchsrecht *n*; наложи́ть ~ (sein) Véto éinlegen; Éinspruch erhében*

ве́тошь *ж* álte Lúmpen (*pl*); Trödel *m* -s, álter Kram; Plúnder *m* -s (*хлам*)

ве́треник *м разг.* Léichtfuß *m* -es, Windbeutel *m* (6)

ве́треница I *ж разг.* (*легкомысленная женщина*) Léichtfuß *m* -es, Schmétterling *m* (1)

ве́треница II *ж бот.* Wíndröschen *n* (7), Anemóne *f* (11)

ве́трен||ость *ж* Léichtsinn *m* -(e)s, Léichtfertigkeit *f*, Únbesonnenheit *f*; ~**ый** **1.** wíndig; wíndstark; на дворе́ ~o dráußen ist es wíndig; **2.** *разг.* (*о человеке*) léichtsinnig, léichtfertig, únbesonnen; ~ое поведе́ние ein léichtfertiges Betrágen

ветри́ло *с уст. поэт.* Ségel *n* (6); ◇ без руля́ и без ветри́л ≅ óhne Zweck und Ziel

ветров||о́й Wind-, Wíndschutz- (*для защиты от ветра*); ~о́е стекло́ Wíndschutzscheibe *f* (11)

ветро||го́н *м разг.* (*о человеке*) Windbeutel *m* (6), Windhund *m* (1); ~**дви́гатель** *м* Wíndkraftmaschine *f* (11), Wíndmotor *m* (13); ~**защи́тный** Wíndschutz-; ~**колесо́** *с тех.* Wíndrad *n* (5) (*ветродвигателя*); ~**ме́р** *м физ.* Wínd(geschwindigkeits)messer *m* (6), Wíndstärkemesser *m*; ~**непроница́емый** wínddicht; ~**силово́й** *тех.* Wíndkraft-; ~**ула́вливатель** *м* Wíndfang *m* (1*); ~**чёт** *м ав.* Dréieckrechner *m* (6); ~**электроста́нция** *ж* Wíndkraftwerk *n* (2)

ветря́к *м разг.* **1.** *см.* ветродви́гатель; **2.** (*мельница*) Wíndmühle *f* (11)

ветря́нка *ж мед. разг.* Wíndpocken *pl*

ветрян||о́й Wind-; ~а́я ме́льница Wíndmühle *f* (11); ~о́й дви́гатель *тех.* Wíndkraftmaschine *f* (11), Wíndmotor *m* (13); ◇ борьба́ с ~ы́ми ме́льницами der Kampf gégen Wíndmühlen

ве́трян||ый: ~ая о́спа *мед.* Wíndpocken *pl*

ветсанэксперти́за *ж* Fléischbeschau *f*

ве́тхий alt (*старый*); báufällig, ábbruchreif (*о строении*); ábgenutzt (*о вещи*); gebréchlich, hínfällig (*о человеке*)

ветхозаве́тный **1.** *рел.* álttestamentlich; **2.** *перен. ирон.* überlébt, áltmodisch, vórsintflutlich, von Anno Tóbak

ве́тхост||ь *ж* Álter *n* -s (*старость*); Báufälligkeit *f* (*о строении*); Gebréchlichkeit *f*, Hínfälligkeit *f* (*о человеке*); разруша́ться от ~и verfállen* *vi* (*s*); приходи́ть в ~ь in Verfáll geráten* [kómmen*]; báufällig wérden

ветчина́ *ж* Schínken *m* (7)

ветчи́нно-ру́блен||ый: ~ая колбаса́ Schínkenwurst *f*

ветша́ть alt [báufällig] wérden; in Verfáll geráten*

ве́х||а *ж* **1.** *геод., горн.* Ábsteckpflock *m* (1*), Absteckpfahl *m* (1*); Flúchtstab *m* (1*); ста́вить ~и ábstecken *vt*; **2.** *мор.* Bake *f* (11); **3.** *б. ч. мн.* ~и *перен.* Márkstein *m* (1), Méilenstein *m*; Entwícklungsstufe *f* (11), Ábschnitt *m* (1)

ве́че *с* **1.** *ист.* (*собрание*) Wétsche *n* =, -n, (áltslawische) Vólksversammlung *f* (10); **2.** (*в Югославии*); Сою́зное ~ Búndesvječe *n* =; Сою́зное исполни́тельное ~ Bündesexekutivrat *m* -(e)s; ~**во́й** *ист.* der (áltslawischen) Vólksversammlung; ~во́й ко́локол die Glócke der (áltslawischen) Vólksversammlung

ве́чер *м* **1.** (*часть суток*) Ábend *m* (1); к ~у gégen Ábend; по ~а́м ábends; наступа́ет ~ es wird Ábend; **2.** (*общественное собрание*) Ábendveranstaltung *f* (10); зва́ный ~ Ábendgesellschaft *f* (10); литерату́рный ~ literárischer Ábend; ~ па́мяти Пу́шкина Púschkin-Abend; выпускно́й ~ Entlássungsfeier *f* (11); новогóдний ~ Néujahrsabend *m* -s; Silvesterabend [-'vɛs-] *m*, Silvéster *m*, *n* (*употр. без артикля, но с прил.*: das nächste Silvester)

вечере́ть *безл.*: вечере́ет es wird Ábend, der Tag neigt sich dem Énde zu

вечери́нка *ж* Ábendgesellschaft *f* (10); geselliger Ábend; Tánzabend *m* (*с танцами*); Party [*англ.* 'pa:rti] *f*, *pl* -s ['pa:rti:s]

вечерко́м *нареч. разг.* ábends, am Ábend

вече́рн||ий **1.** ábendlich; Ábend-; ~яя заря́ Ábendrot *n* -(e)s, Ábendröte *f* (11); ~ие ку́рсы Ábendkurse *pl*; ~ий вуз Ábendhochschule *f* (11); ~ее отделе́ние (*вуза*) Abtéilung *f* (für) Ábendstudium; учи́ться на ~ем отделе́нии im Ábendstudium stéhen* [studíeren], Ábendstudent sein; **2.:** ~ий костю́м Geséllschaftsanzug *m* (1*); ~ее пла́тье das (gróße) Ábendkleid

вече́рник *м разг.* Ábendstudent *m* (8) (*в вузе и техникуме*); Ábendschüler *m* (6) (*в школе*)

вече́рница *ж разг.* Ábendstudentin *f* (12) (*в вузе и техникуме*); Ábendschülerin *f* (12) (*в школе*)

вече́рня *ж церк.* Vesper ['fes-] *f* (11), Ábendandacht *f* (10)

ве́чером *нареч.* ábends, am Ábend; по́здно ~ spät am Ábend; ábends spät, spät ábends; сего́дня ~ héute ábend; вчера́ ~ géstern ábend; за́втра ~ mórgen ábend; в воскресе́нье ~ Sónntag ábend

ве́черя *ж*: та́йная ~ *рел.* Ábendmahl *n* (1)

вечнозелёный ímmergrün

ве́чн||ость *ж* Éwigkeit *f*; ◇ ка́нуть в ~ость spúrlos verschwínden*; in Vergéssenheit geráten*; це́лая ~ость *разг.* éine Éwigkeit lang; ~**ый** **1.** éwig; на ~ое по́льзование für éwige Nútzung; ~ая благода́рность únauslöschlicher Dank; ~ая дру́жба éwige Fréundschaft; на ~ые времена́ auf éwige [álle] Zéiten; **2.** *разг.* (*постоянный, непрерывный*) ímmerwährend, fórtwährend; dáuernd; ◇ ~ое перо́ Füll(feder)halter *m* (6); Füller *m* (6) (*разг.*)

ве́шалка *ж* **1.** Kléiderrechen *m* (7) (*с несколькими крючками*); Kléiderhaken *m* (7) (*крючок*); Kléiderbügel *m* (6), Bügel *m* (6) (*плечики*); Kléiderständer *m* (6) (*стоячая*); **2.** (*у платья*) Áufhänger *m* (6); **3.** *разг.* (*раздевалка*) Kléiderablage *f* (11), Garderóbe *f* (11)

ве́шать I **1.** hängen *vt* (на что-л. an *A*); áufhängen *vt* (*повесить*); **2.** (*казнить*) hängen *vt*, hénken *vt* (*уст.*); ◇ ~ го́лову den Kopf hängen lássen*; ~ соба́к на кого́-л. *разг.* j-m álle Schuld zúschreiben*

ве́шать II (*взвешивать*) wíegen* *vt*; ábwiegen* *vt*

ве́шаться **1.** (*совершать самоубийство*) sich erhängen, sich áufhängen; **2.** *страд.* áufgehängt [ángehängt] wérden, ◇ ~ кому́-л. на ше́ю *разг.* sich j-m an den Hals wérfen*, sich j-m áufdrängen

ве́шить *геод.* ábstecken *vt*

ве́шн||ий *поэт. и обл.* Frühjahrs-, Frühlings-; ~ие во́ды Frühjahrshochwasser *n* -s

вещáние *с* **1.** *радио* Séndung *f* (10); многопрогрáммное ~ по проводáм Méhrprogrammdrahtfunk *m* -(e)s; **2.** *уст.* Verkündung *f* (10)

вещáть 1. *радио* sénden *vt*; **2.** *уст. и разг. ирон.* verkünden *vt*, verkündigen *vt*

вещев||óй Gepäck-; ~óй обóз *воен.* Gepäckstaffel *f* (11); ~óй мешóк (*походный*) Rúcksack *m* (1*); ~áя лотерéя Sáchwertlotterie *f* (11), Tómbola *f*, *pl* -s

вещéственн||ость *ж филос.* Materialität *f*, Stófflichkeit *f*; **~ый** materiéll; stófflich, substanziéll; ~ое доказáтельство *юр.* Bewéisstück *n* (2); sáchliches Beweismittel; Sáchbeweis *m* (1); в ~ом выражéнии stófflich, in natúra

веществó *с* Stoff *m* (1), Substánz *f* (10); *филос.* Substánz *f*, Matérie *f*; áтомное взрывчáтое ~ Kérnsprengstoff *m*; взрывчáтое ~ Spréngstoff *m*; радиоакти́вное ~ radioaktíver [-vər] Stoff, radioaktíve Substánz; отравля́ющее ~ (*сокр.* ОВ) *воен.* chémischer Kámpfstoff, Gíftstoff *m*; питáтельное ~ Nährstoff *m*

вéщ||и *мн.* Sáchen *pl*; Hábseligkeiten *pl* (*имущество*); Gepäck *n* (2) (*багаж*); тёплые ~и (*одежда*) wárme Sáchen, wárme Kléidungsstücke; домáшние ~и Háusrat *m* -(e)s; со всéми ~áми mit Hab und Gut

вещи́зм *м* Sáchenkult *m* -(e)s

вéщий *поэт.* prophétisch; wéise

вещи́ца *ж* (*уменьш. к* вещь) *разг.* **1.** kléine Sáche; kléine Kóstbarkeit (*драгоценность*); **2.** (*небольшое музыкальное произведение*) kléines Musíkstück, kléines Stück; (*небольшое литературное произведение*) kléinere Sáche

вéщн||ый Sách(en)-; ◊ ~ое прáво *юр.* Sáchenrecht *n* -(e)s

вещ||ýн *м уст.* Prophét *m* (8); Wáhrsager *m* (6); **~ýнья** *ж уст.* Prophétin *f* (12); Wáhrsagerin *f* (12)

вещь *ж* **1.** Ding *n* (2); Sáche *f* (11); Gégenstand *m* (1*) (*предмет*); **2.** (*пакет, тюк*) Gepäckstück *n* (2); **3.** (*художественное или научное произведение*): он написáл хорóшую ~ er hat ein gútes Buch geschríeben (*о книге*); er hat ein gútes Stück geschríeben (*о пьесе*); er hat ein gútes Bild gemált (*о картине*); ◊ ~ вéщи рознь es gibt éinen Unterschied zwíschen den Díngen; называ́ть вéщи свои́ми именáми die Dínge beim réchten Námen nénnen*; э́то в поря́дке вещéй das ist ganz normál [in Órdnung]; ~ в себé *филос.* das Ding an sich; *см. тж.* вéщи

вéя||лка *ж с.-х.* Windfege *f* (11); Kórnschwinge *f* (11), Getréideschwinge *f* (*зерновая*); Wórfelmaschine *f* (11); **~льщик** *м* Wórfler *m* (6)

вéяние *с* **1.** *с.-х.* Kórnschwingen *n* -s, Schwíngen *n*, Wórfeln *n*; **2.** (*о ветре*) Wéhen *n* -s; **3.** (*направление, тенденция*) Strömung *f* (10); Ríchtung *f* (10); Tendénz *f* (10); ~ врéмени Zéichen *n* der Zeit, Geist *m* der Zeit

вéять 1. *с.-х.* (Korn) schwíngen* *vt*, wórfeln *vt*; **2.** (*о ветре*) wéhen *vi*; **3.** (*о знамёнах, флагах и т. п.*) wéhen *vi*, flättern *vi*; **4.** *безл.*: вéет веснóй der Frühling liegt in der Luft

вживáться, вжи́ться sich éinleben

взад *нареч.*: ~ и вперёд *разг.* auf und ab, hin und her; ни ~ ни вперёд wéder vór- noch rückwärts

взаи́мно-возврáтный *грам.* rezipróк-reflexív

взаи́мн||ость *ж* **1.** Gégenseitigkeit *f*, Beíderseitigkeit *f*; при́нцип ~ости Gégenseitigkeitsprinzip *n* -(e)s; **2.** (*симпатия*) Gégenliebe *f*, gégenseitige Sympathíe [Néigung]; отвечáть ~остью die Líebe erwídern; люби́ть без ~ости únglücklich líeben, kéine Gégenliebe fínden*

взаи́мн||ый gégenseitig, wéchselseitig, béiderseitig; auf Gégenseitigkeit berúhend (*основанный на взаимности*); при́нцип ~ого уважéния das Prinzíp der gégenseitigen Áchtung; при́нцип ~ой вы́годы das Prinzíp des gégenseitigen Vórteils; ~ый глагóл *грам.* reziprókes Verb; они́ нуждáются во ~ой поддéржке sie sind aufeinánder ángewiesen

взаимо||влия́ние *с* Wéchselwirkung *f* (10); **~вы́годный** béiderseitig vórteilhaft, zu béiderseitigem Vórteil [Nútzen] (geréichend); на ~вы́годных услóвиях auf der Básis des gégenseitigen Vórteils; **~вы́ручка** *ж* gégenseitige Hílfe [Unterstützung]

взаимо||дéйствие *с* **1.** Wéchselwirkung *f* (10); ~дéйствие сил Kräftespiel *n* -(e)s, Spiel *n* der Kräfte; находи́ться в постоя́нном ~дéйствии in ständigem Wéchselspiel stéhen*; **2.** *воен.* Zusámmenwirken *n* -s; огневóе ~дéйствие Zusámmenwirken des Féuers; я́дерное ~дéйствие Kérnwechselwirkung *f*; **~дéйствовать** zusámmenwirken *vi*; **~довéрие** *с* gégenseitiges Vertráuen; **~зави́симость** *ж* wéchselseitige Ábhängigkeit, wéchselseitiger Zusámmenhang; **~заменя́емость** *ж* Áustauschbarkeit *f*; (*о людях*) gégenseitige Ersétzbarkeit, gégenseitige Vertrétung; *мат., хим.* Substituíerbarkeit *f*; **~заменя́емый** áustauschbar; **~исключáющий** *мат.* einánder áusschließend; **~контрóль** *м* gégenseitige Kontrólle; **~обогащéние** *с* gégenseitige [wéchselseitige] Beréicherung; **~обуслóвленность** *ж* wéchselseitige Bedíngtheit; **~отношéние** *с* **1.** Wéchselbeziehung *f* (10); gégenseitiges Verhálten; **2.** *мн.* ~отношéния (*людей*) Bezíehungen *pl*; gégenseitiges Verhältnis; клáссовые ~отношéния Klássenbeziehungen *pl*; **~пóмощь** *ж* gégenseitige Hílfe [Unterstützung]; кáсса ~пóмощи Kásse der gégenseitigen Hílfe; Совéт Экономи́ческой Взаимопóмощи (*сокр.* СЭВ) der Rat für Gégenseitige Wírtschaftshilfe (*сокр.* RGW); **~понимáние** *с* gégenseitige Verständigung; Éinvernehmen *n* -s; ~понимáние мéжду нарóдами Vólkerverständigung *f*; **~приéмлемый** béiderseitig ánnehmbar; **~провéрка** *ж* gégenseitige Kontrólle; **~проникновéние** *с* gégenseitige Durchdríngung; **~свя́занный** in wéchselseitigem Zusámmenhang stéhend; **~свя́зь** *ж* Wéchselbeziehung *f* (10), wéchselseitiger Zusámmenhang; **~уважéние** *с* gégenseitige Áchtung

взаймы́ *нареч.* auf Borg; auf Pump (*разг.*); взять ~ (áus)léihen* *vt*, bórgen *vt* (у когó-л. bei *D*), auf Borg néhmen*, éine Ánleihe máchen; j-n ánpumpen (*разг.*); получи́ть ~ auf Borg [auf Pump (*разг.*)] bekómmen*; дать ~ (áus)léihen* *vt*, léihweise überlássen*, bórgen *vt*, auf Borg gében*

взамéн 1. *нареч.* zum Ersátz, als Ersátz; als Entgélt (*в возмещение*); **2.** *предлог* anstátt (*G*)

взаперти́ *нареч.* éingeschlossen, éingesperrt, hínter Schloß und Ríegel

взáпуски *нареч. разг.*: бéгать ~ um die Wétte láufen*

взасóс *нареч. разг.*: целовáться ~ sich lánge und léidenschaftlich küssen

взатя́жку *нареч. разг.*: кури́ть ~ auf Lúnge ráuchen, durch die Lúnge ráuchen

взáшей *нареч. груб.* ins Genick, mit einem Geníckstoß

взбаламý||тить *разг.* **1.** (*когó-л.*) in Áufruhr bríngen*; áufreizen *vt*; **2.** (*мутить воду и т. п.*) trübe máchen, trüben *vt*; **~ченный** *разг.* (*о ком-л.*) hóchеrregt

взбáлмошный *разг.* únberechenbar; töricht; únausgeglichen

взбáлтыв||ание *с* Schütteln *n* -s; **~ать** *см.* взболтáть

взбегáть, взбежáть empórlaufen* *vi* (s), heráuflaufen* *vi* (s) (*по направлению к говорящему*); hináuflaufen* *vi* (s) (*по направлению от говорящего*); ~ по лéстнице die Tréppe hináuflaufen* [heráuflaufen*]

взбелени́ться *разг.* sich erzürnen, in Wut gеráten*, áus dem Häuschen gеráten*

взбеси́ть *разг.* toll [wütend] máchen, erzürnen *vt*; **~ся 1.** (*о животном*) tóllwütig wérden, an Tóllwut erkránken; **2.** *разг.* (*о человеке*) sich erzürnen, wild [wütend] wérden, in Wut geráten*

взбешённый toll, wütend, rásend; wíldgeworden

взбивáть *см.* взбить

взбирáться *см.* взобрáться

взбить 1. rühren *vt* (*яйца*); (zu Schaum) schlágen* (*сливки, белки*); **2.** áufklopfen *vt*, áufschütteln *vt* (*подушки*); áufkämmen *vt* (*волосы*)

взблеск *м* Áufblitzen *n* -s

взблеснýть áufblitzen *vi*

взбодри́ть *разг.* ermútigen *vt*, áufmuntern *vt*

взболтáть schütteln *vt*, dúrchschütteln *vt*

взбрести́ *разг.*: ~ в гóлову [на ум] éinfallen* *vi* (s), in den Sinn kómmen*

взбры́згивать, взбры́знуть bespritzen *vt*

взбудорáживать, взбудорáжить in Áufruhr bríngen*; in Errégung versétzen, áufregen *vt* (*встревожить*)

взбунтовáть áufwiegeln *vt*; **~ся** sich empören, rebellíeren *vi*

взбухáть, взбýхнуть (án)schwéllen* *vi* (s)

взбýчк||а *ж разг.* **1.** (*нагоняй*) Rüffel *m* (6); Ánschnauzer *m* (6); задáть комý-л. ~у j-m den Kopf wáschen*; **2.** (*побои*) éine Tracht Prügel

взвáливать, взвали́ть 1. áufladen* *vt*, áufpacken *vt*; **2.** *перен. разг.*: ~ на когó-л. всю рабóту j-m álle Árbeit áufbürden; ~ винý на когó-л. die Schuld auf j-n ábwälzen

взвéсить 1. ábwiegen* *vt*; ~ багáж das Gepäck wíegen*; **2.** *перен.* (er-)wägen(*) *vt*, ábwägen(*) *vt*; ~ всё, ~ все дóводы, ~ все за и прóтив álle Für und Wíder ábwägen(*); тщáтельно ~ sórgfältig ábwägen(*); auf die Góldwaage légen; **~ся** sich wíegen lássen*

взвести́ 1.: ~ курóк den Hahn spánnen; **2.** (*вести вверх*) hináufführen *vt*; ◊ ~ на когó-л. поклёп *разг.* j-m die Schuld in die Schúhe schíeben*, j-m etw. ándichten, j-n durch den Kakáo zíehen*

взвесь *ж физ., тех.* Suspensión *f* (10); Trübe *f* (*муть*)

взвéшенн||ый: ~ые веществá *спец.* Schwébestoffe *pl*

взвéшив||ание *с* Wíegen *n* -s; **~ать** *см.* взвéсить; **~аться 1.** *см.* взвéситься; **2.** *страд.* gewógen wérden (*ср.* взвéсить)

взвивáть(ся) *см.* взви́ть(ся)

взви́згивать, взви́згнуть (áuf)kréischen *vi*; winseln *vi* (*о собаке*)

взвинти́ть *разг.*: ~ цéны die Préise hóchschrauben, die Préise in die Höhe schráuben [tréiben*]; ~ себя́ séine Nérven áufpeitschen; sich errégen

взви́нчив||ание *с разг.*: ~ цен das Hóchschrauben der Préise, Préistreiberei *f*; Préiswucher *m* -s; **~ать** *см.* взвинти́ть

взвить áufwirbeln *vt*; вéтер взвил пыль der Wind wírbelte den Staub auf; **~ся** áufsteigen* *vi* (s); sich in die Höhe [Luft] schwíngen*; sich hináufschwingen*; sich (áuf)bäumen, stéigen* *vi* (s) (*о лошади*); орёл взви́лся под облака́ der Ádler verschwánd in den Wólken

взвихри́ть áufwirbeln *vt*

взвод I *м воен.* (*подразделение*) Zug *m* (1*); ~ свя́зи Náchrichtenzug *m*

взвод II *м* (*в оружии*) Rast *f* (10) (*am Gewehr*); боево́й ~ Spánnrast *f*; на боево́м ~е gespánnt; предохрани́тельный ~ Sícherungsrast *f*; на предохрани́тельном ~е gesíchert; куро́к на ~е der Hahn ist gespánnt; ◇ быть на ~е *разг.* ángeheitert sein; éinen in der Króne háben

взводи́ть *см.* взвести́

взводн||о́й Áufzugs-; ~а́я пружи́на Áufzugsfeder *f* (11)

взво́дн||ый *воен. прил.* **1.** Zug-; ~ая коло́нна Zúgkolonne *f* (11); **2.** *в знач. сущ. м* Zúgführer *m* (6)

взволно́ванность *ж* Áufgeregtheit *f*, Errégung *f*

взволно́в||анный áufgeregt, errégt; bewégt (*растроганный*); у него́ ~анный вид er sieht áufgeregt aus; **~а́ть 1.** in Wéllenbewegung versétzen (*напр. воду*); **2.** (*кого-л.*) áufregen *vt*, errégen *vt*; in Áufregung versétzen; aus der Fássung bríngen* (*вывести из себя*); beúnruhigen *vt* (*обеспокоить*); **~а́ться 1.** in Bewégung geráten*, zu wógen begínnen* (*о воде*); **2.** (*о ком-л.*) sich áufregen, sich errégen; die Fássung verlíeren* (*потерять самообладание*); sich beúnruhigen (*обеспокоиться*)

взвыть áufheulen *vi*

взгляд *м* **1.** Blick *m* (1); бро́сить ~ éinen Blick wérfen* (на кого́-л., что-л. auf *A*); оки́нуть ~ом überblícken *vt*; привлека́ть к себе́ все ~ы die Blícke auf sich lénken; **2.** (*мнение*) Méinung *f* (10), Ánsicht *f* (10); Áuffassung *f* (10); Gesíchtspunkt *m* (1) (*точка зрения*); ~ы на жизнь Lébensauffassung *f* (10); полити́ческие ~ы polítische Ánsichten; оши́бочный ~ fálsche Ánsicht; на мой ~ méiner Méinung [Ánsicht] nach, méines Eráchtens; еди́нство ~ов Éinheit *f* der Áuffassungen; они́ разошли́сь во ~ах íhre Ánsichten gíngen auseinánder; ◇ на ~ dem Ánschein nach; с пе́рвого ~а auf den érsten Blick

взгля́дывать, взгляну́ть ánsehen* *vt*, ánblicken *vt*, ánschauen *vt*; взгляни́ сюда́! schau her!; он взгляну́л на э́то соверше́нно серьёзно er nahm die Sáche sehr ernst, er beúrteilte díese Sáche von der érnsten Séite

взго́рье *с разг.* Ánhöhe *f* (11), Húgel *m* (6)

взгреть (*кого-л.*) *разг.* j-m den Kopf wáschen*

взгроможда́ть *см.* взгромозди́ть; **~ся 1.** *см.* взгромозди́ться; **2.** *страд.* ángehäuft [áufgetürmt] wérden

взгромозд||и́ть ánhäufen *vt*, áuftürmen *vt*; **~и́ться** kléttern *vi* (s), (mit Mühe) erklíttern *vt*; он ~и́лся на воз er klétterte auf den Wágen

взгрустну́||ться *безл.*: мне ~лось es würde mir wéhmütig ums Herz

вздвоенн||ый: ~ые ряды́ *воен.* Dóppelreihen *pl*

вздёр||гивать *см.* вздёрнуть; **~нутый**: ~нутый нос Stúmpfnase *f* (11); Stúpsnase *f* (*разг.*); **~нуть 1.** (*поднять*) hináufziehen* *vt*; **2.** *разг.* (*повесить*) hénken *vt*, an den Gálgen hängen; ◇ ~нуть нос *разг.* die Náse hoch trágen*; ~нуть плеча́ми mit den Áchseln zúcken

вздор *м разг.* Únsinn *m* -(e)s, dúmmes Zeug; поро́ть [городи́ть, нести́] ~ Únsinn [úngereimtes Zeug] réden [quátschen]; всё э́то ~ das ist álles Quatsch [Únsinn]

вздо́р||ить *разг.* sich zánken, sich stréiten*; **~ный** *разг.* **1.** (*нелепый*) úngereimt, únsinnig; **2.** (*сварливый*) zänkisch, stréitsüchtig

вздорож||а́ние *с* Vertéuerung *f* (10), Stéigen *n* der Préise, Préissteigerung *f* (10); **~а́ть** téurer wérden, sich vertéuern, im Préise stéigen*

вздох *м* Séufzer *m* (6); ◇ испусти́ть после́дний ~ *ирон.* den Geist áufgeben*; о́хи да ~и *разг.* éwiges Ach und Weh; éwiges Jámmern, éndlose Klágelieder; **~ну́ть 1.** átmen *vi*, áufatmen *vi*; **2.** (*передохнуть*) áufatmen *vi*, Átem schöpfen; **3.** (*с горя и т. п.*) séufzen *vi*; ◇ ~ну́ть свобо́дно frei áufatmen

вздра́гив||ание *с* Zúckung *f* (10), Áufzucken *n* -s; **~ать 1.** *см.* вздро́гнуть; **2.** (*дрожать*) zúcken *vi*

вздремну́ть schlúmmern *vi*, éinnicken *vi* (s), ein Schläfchen máchen, dösen *vi*; éinschlummern *vi* (s) (*задремать*)

вздро́гнуть zusámmenzucken *vi* (s), zusámmenfahren* *vi* (s); áuffahren* *vi* (s); ~ от испу́га vor Schreck áuffahren*

вздува́ть *см.* взду́ть I 2; **~ся** *см.* взду́ться

взду́ма||ть auf éinen Éinfall [Gedánken] kómmen*; не взду́майте... *разг.* laßt es euch nicht éinfallen...; **~ться** *безл.* éinfallen* *vi* (s), in den Sinn kómmen*; что тебе́ ~лось? was fällt dir ein?, wie kommst du daráuf [dazú]?; ◇ как ~ется wie es éinem geráde éinfällt

взду́тие *с* **1.** *тех.* Verdíckung *f* (10), Wulst *f* (3); **2.** *мед.* Schwéllung *f* (10), Blähung *f* (10); ~ живота́ Mágenblähung *f*; **3.**: ~ цен das Hóchtreiben der Préise, Préistreiberei *f* (10)

взду́т||ый 1. áufgedunsen, ángeschwollen; **2.** *перен.* hóchgetrieben (*о ценах*); ~ые шта́ты áufgeblähter Stéllenplan

взду||ть I **1.** *безл.*: у меня́ ~ло щёку méine Bácke [Wángel] ist ángeschwollen; **2.**: ~ть це́ны übertéuern *vt*, die Préise hóchtreiben* [hóchschrauben]; ~ шта́ты den Stéllenplan áufblähen

вздуть II *разг.* (*отколотить*) dúrchprügeln *vt*, dúrchbleuen *vt*, dúrchwamsen *vt*

взду́||ться 1. ánschwellen* *vi* (s), schwéllen* *vi* (s); река́ ~лась der Fluß ist ángeschwollen; **2.** *перен.* (*напр. о ценах*) übermäßig (án)steigen* *vi* (s)

взды́биться 1. (*стать на дыбы*) sich áufbäumen, sich auf die Hínterbeine stéllen; **2.** (*подняться кверху*) áufsteigen* *vi* (s)

вздыма́ть áufheben* *vt*, in die Höhe hében*; ~ пыль Staub áufwirbeln; **~ся** sich hében*; schwéllen* *vi* (s)

вздыха́ть 1. séufzen *vi*; **2.** (*тосковать*) sich séhnen (по ком-л., по чём-л. nach *D*); **3.** *шутл.* (*быть влюблённым*) verlíebt sein (по ком-л. in *A*)

взим||а́ние *с* Erhébung *f*, Éinziehung *f*, Béitreibung *f*; ~а́ние нало́гов Stéuererhebung *f*, Stéuereintreibung *f*; ~а́ние кварти́рной пла́ты Míeteinziehung *f*; ~а́ние репара́ций die Entnáhme von Reparatiónen; **~а́ть** erhében* *vt* (*проценты, пошлину*); éinziehen* *vt*, béitreiben* *vt* (*налоги, издержки*)

взира́ть *уст.* ánschauen *vt*, ánsehen* *vt*, betráchten *vt*

взла́мывать *см.* взлома́ть

взлеза́ть, взлезть erklímmen* *vt*; heráufklettern *vi* (s) (*по направлению к говорящему*); hináufklettern *vi* (s) (*по направлению от говорящего*)

взлеле́ять líebevoll áufziehen*, pflégen *vt*; hégen und pflégen; ~ мечту́ éinen Wunsch hégen

взлёт *м* **1.** Áuffliegen *n* -s (*птиц*); *ав.* Start *m* (1) (*pl тж.* -s); вертика́льный ~ Sénkrechtstart *m*; ~ с воды́ Ábwassern *n* -s; **2.** *перен.* Áufschwung *m* (1*)

взлета́ть, взлете́ть 1. áuffliegen* *vi* (s), áufsteigen* *vi* (s) (*о птицах*), stárten *vi* (s) (*о самолёте*); **2.**: взлете́ть по ле́стнице *разг.* die Tréppe hináufrennen* [hináufstürmen]; ◇ ~ на во́здух 1) (*взорваться*) in die Luft flíegen*, explodíeren *vi* (s); 2) (*о мечтах, планах*) sich in nichts áuflösen

взлётно-поса́дочн||ый Stárt- und Lánde-; ~ая полоса́ Stárt- und Lándebahn *f* (10)

взлётн||ый Start-; ~ая доро́жка, ~ая полоса́ *ав.* Stártbahn *f* (10)

взля́з(ин)ы *мн. разг.* «Gehéimratsekken» *pl*

взлом *м* Éinbruch *m* (1*); кра́жа со ~ом Éinbruchsdiebstahl *m* (1*); ~ замка́ das Áufbrechen éines Schlósses; **~а́ть 1.** áufbrechen* *vt*, erbréchen* *vt*; ~а́ть дверь [замо́к, шкаф] die Tür [das Schloß, den Schrank] áufbrechen*; ~а́ть пол die Díele áufreißen*; **2.** *воен.* durchbréchen* *vt*; **~а́ться** (*о льде*) áufbrechen* *vi* (s); **~щик** *м* Éinbrecher *m* (6)

взлохма́тить zerzáusen *vt*, záusen *vt*; **~ся** in Únordnung geráten*

взмах *м* Schwung *m* (1*), Schwíngen *n* -s; Schwénken *n* -s, Schwénkung *f* (10) (*руки и т. п.*); ~ кры́льев Flügelschlag *m* (1*); **~ивать, ~ну́ть** schwíngen* *vi*, schlágen* *vi* (*крыльями*); schwénken *vi* (*руками*)

взмёт *м с.-х.* Áufbruch *m* (1*)

взмета́ть I *с.-х.* áufbrechen* *vt*

взмет||а́ть II (*пыль и т. п.*) áufwirbeln *vt*, áufstöbern *vt*; **~ну́ть** schwíngen* *vi*, schlágen* *vi*; ~ну́ть кры́льями mit den Flügeln schlágen*; **~ну́ться 1.** sich hináufschwingen*; hervórbrechen* *vi* (s); ого́нь ~ну́лся из-под кры́ши das Féuer brach únter dem Dach hervór; **2.** (*подпрыгнуть*) úngestüm hóchspringen* *отд. vi* (s)

взмоли́ться *разг.* bítten* *vi*, fléhen *vi* (о чём-л. um *A*)

взмо́рье *с* Strand *m* (1), Küste *f* (11)

взмости́ться *разг.* hináufklettern *vi* (s), erstéigen* *vt*

взмути́ть, взму́чивать áufwühlen *vt*, trüben *vt*, áufschlämmen *vt*

взмы́ленный (*о лошади*) schäumbedeckt

взмыть áuffliegen* *vi* (s)

взнос *м* **1.** (*внесение платы*) Záhlung *f* (10), Éinzahlung *f*; Rátenzahlung *f* (*в рассрочку*); де́лать ~ den Béitrag entríchten [bezáhlen]; **2.** (*уплаченные деньги*) Béitrag *m* (1*); чле́нский ~ Mítgliedsbeitrag *m*; вступи́тельный ~ Béitrittsgeld *n* (5), Éintrittsbeitrag *m*, Béitrittsgebühr *f* (10); страхово́й ~ Versícherungsbeitrag *m*

взнузда́ть, взну́здывать áufzäumen *vt*, zäumen *vt*; hálftern *vt*, zügeln *vt*; ~ ло́шадь ein Pferd (áuf)zäumen

взобра́ться erstéigen* *vt*; empórsteigen* *vi* (s); heráufsteigen* *vi* (s), heráufklettern *vi* (s), heráufklimmen* *vi* (s) (*по направлению к говорящему*); hináufsteigen* *vi* (s), hináufklettern *vi* (s), hináufklimmen* *vi* (s) (*по направлению от говорящего*); sich hináufarbeiten (*с трудом*); ~ на́ гору den Berg bestéigen*; ~ на верши́ну горы́ den Gípfel des Bérges erstéigen*

взойти́ 1. (*подняться*) erstéigen* *vt*; heráufsteigen * *vi* (s) (*по направлению к говорящему*); hináufsteigen* *vi* (s) (*по направлению от говорящего*); **2.** (*о солнце*) áufgehen* *vi* (s); **3.** (*о семенах*) áufkeimen *vi* (s), áufgehen* *vi* (s)

взор *м* Blick *m* (1); ~ы всей пу́блики die Áugen [Áufmerksamkeit] des gánzen Públikums; поту́пить ~ den Blick [die Áugen] sénken; впери́ть ~ в кого́-л. j-n ánstarren, j-n únverwandt ánsehen*

взорва́‖ть 1. spréngen *vt*; zünden *vt* (*зарядом*); **2.** (*возмутить*) empören *vt*, aus der Fássung bríngen*; меня́ ~ло es empörte mich, ich war empört; **~ться 1.** (*о взрывчатом веществе*) explodíeren *vi* (s), detoníeren *vi* (s); krepíeren *vi* (s) (*о бомбе и т. п.*); hóchgehen* *отд. vi* (s) (*о мине*); **2.** (*о сооружениях и т. п.*) hóchgehen* *отд. vi* (s), in die Luft flíegen* [géhen*]; **3.** *перен. разг.* hóchgehen* *отд. vi* (s), explodíeren *vi* (s)

враста́ть, выра́щивать áufziehen* *vt*, gróßziehen* *отд. vt*; zíehen* *vt* (*разводить*)

взреве́ть áufheulen *vi*, áufbrüllen *vi*

взре́зать, взреза́ть áufschneiden* *vt*

взросле́ть erwáchsen wérden

взро́слый *прил.* **1.** erwáchsen; áusgewachsen (*о животном*); **2.** *в знач. сущ. м* Erwáchsene *m* (14)

взрыв *м* **1.** Explosión *f* (10), Detonatión *f* (10); *тепл.* Verpúffung *f* (10); ~ а́томной бо́мбы Atómexplosion *f*, Atómdetonation *f*; ~ водоро́дной бо́мбы H-Bomben-Explosion [ˈhaː-] *f*, Wásserstoffbombenexplosion *f*; я́дерный ~ Kérnwaffendetonation *f*; **2.** (*взрывание*) Sprèngung *f* (10); ~ мо́ста die Sprèngung der Brücke; **3.** *фон.* Explosión *f*; **4.:** ~ сме́ха Láchsalve [-və] *f* (11); ~ негодова́ния Zórnesausbruch *m* -(e)s; ~ аплодисме́нтов Béifallssturm *m* (1*)

взрыва́емость *ж* Explosivität [-vi-] *f*

взрыва́тель *м воен., тех.* Zünder *m* (6); дистанцио́нный ~ Zéitzünder *m*; ~ заме́дленного де́йствия Verzögerungszünder *m*; ~ мгнове́нного де́йствия Zünder óhne Verzögerung; уда́рный ~ Áufschlagzünder *m*

взрыва́ть I *см.* взорва́ть 1

взрыва́ть II *см.* взрыть

взрыва́‖ться 1. *см.* взорва́ться 1, 2; **2.** *страд.* gesprèngt wérden; ска́лы ~ются с по́мощью динами́та die Félsen wérden mit Dynamít gesprèngt

взрывни́к *м горн. разг.* Schíeßhauer *m* (6); Schíeßmeister *m* (6), Sprèngmeister *m*

взрывн‖о́й Explosións-, Detonatións-; Spreng-, Zünd-; ~ы́е рабо́ты Sprèngarbeiten *pl*; ~о́й заря́д Sprèngladung *f* (10); ~а́я волна́ Detonatiónswelle *f* (11); ~о́й звук *фон.* Explosívlaut *m* (1), Verschlúßlaut *m*

взрыво‖безопа́сный explosiónssicher, explosiónsgeschützt, éxgeschützt; **~опа́сный** explosiónsgefährdet

взрывча́тка *ж разг.* Sprèngstoff *m* (1)

взры́вчат‖ость *ж* Explosiónsfähigkeit *f*, Sprèngfähigkeit *f*; Explosivität [-vi-] *f*; **~ый** explosív, Spreng-; ~ое вещество́ Sprèngstoff *m* (1)

взрыть áufgraben* *vt*

взрыхл‖е́ние *с* Áuflockern *n* -s, Áuflockerung *f* (10); **~и́ть, ~я́ть** áuflockern *vt*, úmgraben* *vt*; ~я́ть гря́ды die Béete úmgraben*

взъеда́ться *разг. см.* взъе́сться

взъезжа́ть *см.* взъе́хать

взъерепе́ниться *разг.* áufbrausen *vi* (s), in Hítze geráten*

взъеро́ш‖енный zerzáust; ~енные во́лосы zerzáuste Háare; **~ить** (*волосы*) zerzáusen *vt*; **~иться** (*о волосах*) in Únordnung geráten*

взъе́сться *разг.* hérfallen* *vi* (s) (*на кого́-л.* über *A*)

взъе́хать hináuffahren* *vi* (s)

взыва́ть (*к кому-л.*) ánrufen* *vt*, ánflehen *vt* (*о чём-л.* um *A*); ~ к кому́-л. о по́мощи j-n um Hílfe ánrufen*

взыгра́‖ть 1. (*разыграться*) in Spíeleifer geráten*; **2.** (*разбушеваться*) lósbrechen* *отд. vi* (s); ◇ ~ло се́рдце das Herz sprang vor Fréude

взыска́ние *с* **1.** (*наказание*) Stráfe *f* (11); Máßregelung *f* (10); администрати́вное ~ Órdnungsstrafe *f*, Verwáltungsstrafe *f*; наложи́ть на кого́-л. дисциплина́рное ~ gégen j-n éine Disziplinárstrafe verhängen (за что-л. wégen *G*); парти́йное ~ Partéistrafe *f*; отмени́ть ~ éine Stráfe áufheben*; снять ~ éine Stráfe löschen; **2.** (*принудительное взимание*) Béitreibung *f* (10); Zwángseintreibung *f* (*чего́-л.* von *D*)

взыска́тельн‖ость *ж* Strénge *f* (*строгость*); **~ый** ánspruchsvoll (*требовательный*); streng (*строгий*)

взыска́ть, взы́скивать 1. (*требовать*) verlángen *vt*, fórdern *vt*; éinziehen* *vt*, béitreiben* *vt*, erhében* *vt* (*получать*); ~ нало́ги с кого́-л. von j-m Gebühren erhében* [éinziehen*]; ~ недои́мки *ист.* die Rückstände béitreiben*; **2.** (*наказать*) (be)stráfen *vt*; ◇ не взыщи́(те) *разг.* ≅ ich bítte um Náchsicht

взя́т‖ие *с* **1.** Éinnahme *f* (11); Eróberung *f* (10); ~ие вла́сти Máchtübernahme *f*; Máchtergreifung *f*; при ~ии кре́пости bei der Eróberung der Féstung; ~ие зало́жников Géiselnahme *f* (11); ~ие в плен Gefángennahme *f*; **2.:** ~ие кро́ви *мед.* Blútentnahme *f* (11); ~ие про́бы Próbenahme *f* (11)

взя́тк‖а *ж* **1.** (*подкуп*) Bestéchung *f* (10); Bestéchungsgeld *n* (5), Schmíergeld *n* (*денежная*); дава́ть кому́-л. ~у j-n bestéchen* [schmíeren, korrumpíeren]; брать ~и sich bestéchen lássen*; да́ча ~и aktíve [-və] Bestéchung; получе́ние ~и passíve [-və] Bestéchung; **2.** *карт.* Stich *m* (1); ◇ с него́ ~и гла́дки *погов.* ≅ bei ihm ist nicht viel zu hólen

взя́ток *м* (*пчелы*) Bíenenbeute *f* (11)

взя́точник *м* bestéchlicher [korrúpter] Mensch

взя́точничество *с* Bestéchlichkeit *f*, Käuflichkeit *f*; Korruptión *f*

взять 1. néhmen* *vt*; ergréifen* *vt* (*книжн.*); ~ па́лку éinen Stock néhmen* [ergréifen*]; ~ обра́тно zurücknehmen* *vt*; **2.** (*с собой*) mítnehmen* *vt*; ~ с собо́й де́ньги Geld mítnehmen*; ~ рабо́ту на́ дом Árbeit mit nach Háuse néhmen*; его́ взяла́ попу́тная маши́на ein Áuto hat ihn mítgenommen; **3.** (*принять*) ánnehmen* *vt*, übernéhmen* *vt*; ~ что-л. на себя́ etw. übernéhmen*, etw. auf sich néhmen*; ~ на себя́ дополни́тельную рабо́ту zúsätzliche Árbeit übernéhmen*; ~ на себя́ отве́тственность die Verántwortung übernéhmen*; ~ обяза́тельство die Verpflíchtung übernéhmen* [éingehen*]; ~ поруче́ние éinen Áuftrag übernéhmen* [ánnehmen*]; ~ ше́фство над кем-л. die Pátenschaft über j-n übernéhmen*; ~ на коми́ссию in Kommissión néhmen*; **4.:** ~ взаймы́ bórgen *vt*, (áus)léihen* *vt*; púmpen (*разг.— деньги*); ~ кни́гу в библиоте́ке ein Buch in der Bibliothék [Bücheréi] áusleihen*; ~ внаём míeten *vt*; ~ в аре́нду páchten *vt* (*земельный участок*); míeten *vt* (*помещение*); chartern [ˈʃar-] *vt* (*самолёт, судно*); ~ в креди́т auf Kredít néhmen*; **5.** (*купить*) káufen *vt*, néhmen* *vt*; ~ биле́ты в теа́тр Theáterkarten káufen; ~ биле́т на самолёт éine Flúgkarte lösen [káufen]; **6.** (*взимать*) erhében* *vt*, éinfordern *vt*; ~ по́шлину Zoll erhében*; ~ штраф éine Géldstrafe erhében*; до́рого ~ éinen hóhen Preis verlángen, viel verlángen; **7.** *воен.* néhmen* *vt*, éinnehmen* *vt*; ~ го́род [пози́цию] éine Stadt [Stéllung] (éin)néhmen*; ~ шту́рмом [при́ступом] im Sturm néhmen*, stürmen *vt*; ~ с бо́ю im Kampf néhmen*; ~ пле́нных Gefángene máchen; **8.** (*охватить*) ergréifen* *vt*, pácken *vt*; меня́ взял страх ich bekám Angst, die Angst páckte mich; его́ взя́ло сомне́ние ihm kámen Zwéifel, ihn überkámen Zwéifel; меня́ взяла́ зло́сть ich bekám die Wut, mich páckte die Wut; меня́ взяла́ охо́та ich hábe Lust bekómmen; **9.** (*преодолеть*) néhmen* *vt*; ~ препя́тствие ein Híndernis néhmen*; ~ барье́р éine Hürde néhmen*; маши́на взяла́ подъём das Áuto nahm die Stéigung; ~ поворо́т éine Kúrve néhmen*; **10.** (*арестовать*) verháften *vt*; **11.** (*направиться*)] ~ вле́во [вправо] (sich) links [rechts] hálten*; **12.** (*добиться своей цели*: sein Ziel erréichen (*чем-л.* durch *A*)] она́ возьмёт хи́тростью [усидчи́востью] sie wird ihr Ziel durch List [Áusdauer] erréichen, sie schafft es mit List [Áusdauer] ◇ ~ быка́ за рога́ den Stier bei den Hörnern pácken; ~ в жёны zur Frau néhmen*; ~ в кле́щи in die Zánge néhmen* кого́-л. в оборо́т j-m den Kopf wáschen*; sich (*D*) j-n (tüchtig) vórnehmen*; ~ в ско́бки éinklammern *vt*; ~ в толк begréifen* *vt*; ~ верх die Óberhand gewínnen*, den Sieg davóntragen*; ~ власть die Macht ergréifen; ~ во́лю sich (*D*) viel heráusnehmen*; всё вме́сте взя́тое álles zusámmengenommen; ~ го́лыми рука́ми etw. mühelos erréichen; он взял да сказа́л er ságte es, óhne sich lánge zu besínnen; а ты возьми́ да скажи́ ему́? (*с оттенком удивления*) hast du's ihm tátsächlich geságt?; ~ де́ло в свои́ ру́ки die Sáche in die Hand néhmen*; ~ диста́нцию auf Ábstand géhen*; ~ кого́-л. за го́рло [за гло́тку] j-n an [bei] der Gúrgel pácken, j-n an der Kéhle pácken; j-m das Mésser an die Kéhle sétzen; ~ кого́-л. за́ руку j-n an der Hand néhmen*; ~ кого́-л. за́ се́рдце [за́ душу, за живо́е] j-m ans Herz géhen*, j-n im Ínnersten tréffen*; ~ курс на что-л. Kurs auf etw. (*A*) néhmen*; ~ на борт an Bord néhmen*; ~ на букси́р ábschleppen *vt*, in Schlepp néhmen*; ~ на заме́тку sich (*D*) mérken; ~ на изгото́вку *воен.* schúßbereit hálten*; ~ винто́вку на карау́л das Gewéhr präsentíeren; ~ кого́-л на му́шку j-n aufs Korn néhmen*, auf j-n ánlegen; ~ на пору́ки кого́-л. für j-n die Bürgschaft übernéhmen*, für j-n bürgen; ~ на прице́л *тж. перен.* aufs Korn néhmen*; ~ на учёт registríeren *vt*; ~ нача́ло séinen Ánfang néhmen*, entstéhen* *vi* (s);

нáша взялá! der Sieg ist únser!, wir háben gesíegt!; ~ óтпуск Úrlaub néhmen*; ~ патéнт на что-л. etw. patentíeren lássen*; ~ под арéст verháften *vt*; ~ под защи́ту in Schutz néhmen*; ~ под контрóль únter Kontrólle stéllen; ~ под козырёк *воен.* die Éhrenbezeigung erwéisen*, grüßen *vt*, die Hand an den Mützenschirm légen; ~ под обстрéл [огóнь] únter Beschúß [Féuer] néhmen*; ~ под отчёт *фин.* auf Vórschuß néhmen*; ~ пóд руку когó-л. j-n únter den Arm fássen, sich bei j-m éinhaken; ~ под сомнéние bezwéifeln *vt*, in Zwéifel zíehen*; ~ под стрáжу verháften *vt*; ~ примéр с когó-л. sich (*D*) an j-m ein Béispiel néhmen*, sich (*D*) j-n zum Vórbild néhmen*; ~ своё sich (*D*) nichts entgéhen lássen*, sein Interésse zu wáhren wíssen*; ~ свои́ словá назáд séine Wórte zurücknehmen*; ~ себя́ в рýки sich zusámmennehmen*, sich zusámmenreißen*, sich behérrschen; ~ слóво das Wort ergréifen*; ~ слóво с когó-л. j-m das Verspréchen ábnehmen*; ~ со счёта (vom Kónto) ábheben* *vt*; ~ чью-л. стóрону für j-n Partéi ergréifen* [néhmen*], j-s Partéi ergréifen*; егó ничтó не берёт er ist gégen álles geféit; возьмём хоть... néhmen wir mal..., néhmen wir zum Béispiel...; чёрт возьми́! *разг.* hol's der Téufel!

взя́ться 1.: ~ зá руки einánder [sich] an den Händen fássen; 2. (*обязáться*) übernéhmen* *vt*, auf sich néhmen*; ~ написáть статью́ sich verpflíchten, éinen Artíkel zu schréiben; 3. (*приступи́ть*) an éine Árbeit [Beschäftigung] géhen*; я взя́лся за рабóту ich máchte mich [ging] an die Árbeit, ich ging ans Werk; ~ (энерги́чно) за дéло (tüchtig) ins Zeug géhen*; ~ самомý за дéло die Sáche auf sich (*A*) néhmen*; по-другóму ~ за дéло éine Sáche ánders ángreifen*; ◇ откýда у них э́то взялóсь? wo háben sie das her?; ~ за ум *разг.* zur Besínnung kómmen*; ~ за когó-л. *разг.* sich (D) j-n vórnehmen*; откýда ни возьми́сь plötzlich, von úngefähr, únerwartet

виадýк *м* Viadúkt [vi-] *m* (1)

вибрáтор *м физ.* Vibrátor [vi-] *m* -s, -tóren; *тех.* Rüttler *m* (6)

вибрациóнн||ый Vibratións- [vi-], Schwing-, Schwíngungs-, Rüttel-; *мед.* oszillatórisch (*о массáже*); ~ая устанóвка Vibratiónsanlage *f* (11); ~ая мéльница Schwíngmühle *f* (11); ~ая нагрýзка Schwíngungsbeanspruchung *f* (10)

вибрáция *ж муз., физ.* Vibratión [vi-] *f* (10), Schwíngung *f* (10); *тех.* Flättern *n* -s (*колёс*)

вибриóн *м бакт.* Vibrio ['vi:-] *m* = -riónen, kómmaförmiger Keim, Kómmabazillus *m* =, -llen

вибри́ровать vibríeren [vi-] *vi*, schwíngen* *vt*; *тех.* flättern *vi* (*о колёсах*)

вибро||бетóн *м* Rüttelbeton [-,tɔŋ] *m* -s; ~гаси́тель *м тех.* Schwíngungsdämpfer *m* (6)

вибрóграф *м тех.* Schwíngungsschreiber *m* (6)

вибро||грóхот *м горн.* Schwíngsieb *n* (2), Rüttelsieb *n*; **~дáтчик** *м эл.* Schwíngungsgeber *m* (6); **~изоля́ция** *ж* Vibratiónsdämpfung [vi-] *f*, Schwíngungsdämpfung *f*; **~конвéйер** *м горн.* Schwíngförderer *m* (6), Rüttelförderer *m*

вибрóметр *м эл.* Schwíngungsmesser *m* (6)

вибро||питáтель *м тех.* Schnéllschwingspeiser *m* (6), Vibratiónsaufgeber [vi-] *m* (6); **~прóчность** *ж* Schwíngungsfestigkeit *f*, Rüttelfestigkeit *f*; **~стéнд** *м тех.* Rütteltisch *m* (1)

вивáрий *м спец.* Vivarium [vi'va:-] *n* -s, -ri|en

вивисéкция *ж спец.* Vivisektión [vivi-] *f* (10)

виг *м ист.* Whig [*англ.* vıg] *m* -s, -s

вигóнь *ж* 1. *зоол.* Vikúnja [vi-] *f*, *pl* -jen; 2. (*пря́жа*) Vikúnja [vi-] *f*, Vigognewolle [*фр.* vi'gɔnje-] *f*, Lámawolle *f*; 3. (*ткань*) Vigogne [*фр.* vi'gɔnje] *f* (11)

вид I *м* 1. (*внéшность*) Äußere *sub n*; Áussehen *n* -s; Míene *f* (11) (*выражéние лицá*); молодцевáтый ~ schnéidiges Áuftreten; strámme Háltung; ~ э́того человéка неприя́тен díeser Mensch hat ein únangenehmes Äußeres; имéть недовóльный ~ éine únzufriedene Míene zéigen; имéть хорóший ~ (*о человéке*) gut [gesúnd] áussehen*; у негó ~ арти́ста er sieht wie ein Künstler aus, er hat das Áussehen éines Künstlers; емý на ~ сóрок лет dem Áussehen nach kann man ihn für víerzig hálten, er sieht wie víerzig [ein Víerziger] aus; сýдя по ~у dem Ánschein nach, állem Ánschein nach; 2. (*пейзáж*) Lándschaft *f* (10); Áussicht *f* (10) (*перспекти́ва*); Ánsicht *f* (10) (*рисýнок, сни́мок*); óбщий ~ Gesámtansicht *f*; ~ свéрху Dráufsicht *f*; ~ сзáди Rückansicht *f*; ~ спéреди Vórderansicht *f*; Fróntansicht *f*, Áufriß *m* -sses, -sse; ~ сбóку Séitenansicht *f*; с ~ом нá море mit Áussicht [mit Blick] auf das Meer; ~ы нóвой Москвы́ Ánsichten des néuen Móskau; откры́тки с ~ами Ánsichtskarten *pl*; 3. (*фóрма*) Gestált *f* (10), Form *f* (10); кáмень в ~е яйцá ein Stein von der Form éines Éies; 4. (*состоя́ние*) Zústand *m* (1*); в нетрéзвом ~е in betrúnkenem Zústand; в сырóм ~е im Róhzustand; 5. (*ви́димость*) Schein *m* -(e)s; Ánschein *m*; под ~ом дрýжбы unter dem Schein [Déckmantel] der Fréundschaft; для ~а zum Schein; дéлать ~ sich (*D*) den Ánschein gében*, sich (ver)stéllen; не показáть ~у sich (*D*) nichts mérken [ánmerken] lássen*, kéine Míene verzíehen*; 6. *мн.* ~ы (*предположéния, намерéния*) Áussichten *pl*, Ábsicht *f* (10); ~ы на бýдущее Perspektíven [-vən] für die Zúkunft, Zúkunftsperspektiven *pl*; ~ы на урожáй Érnteaussichten *pl*; имéть ~ы на когó-л., на что-л. Ábsichten auf j-n, auf etw. (*A*) háben; 7.: в ~е (*в кáчестве*) als, -weise; в ~е доказáтельства als Beweís; в ~е óпыта versúchsweise; в ~е исключéния áusnahmsweise; в пи́сьменном ~е schríftlich; в ~е табли́цы in Form éiner Tabélle, tabellárisch; в испрáвленном ~е in verbésserter Fássung; ◇ ни под каки́м ~ом únter kéiner Bedíngung, auf kéinen Fall, in kéinem Fall; имéть в ~ý 1) (*дýмать о ком-л., о чём-л., подразумевáть*): имéть когó-л., что-л. в ~ý (*на примéте*) j-n, etw. im Áuge háben, auf j-n, auf etw. (*A*) réchnen; (*намекáть на что-л.*) etw. ándeuten, auf etw. (*A*) ánspielen; 2) (*принимáть во внимáние, учи́тывать что-л.*) berücksichtigen *vt*, in Betrácht zíehen* *vt*, ins Áuge fássen; Réchnung trágen* (*D*); Rücksicht néhmen* (auf *A*); éсли имéть в ~ý... wenn man bedénkt...; имéйте в ~ý, что... mérken Sie sich, daß...; vergéssen Sie nicht, daß...; behálten Sie im Áuge, daß...; имéя в ~ý что-л. im Hínblick auf (*A*); 3) (*имéть намéрение, зáмысел*) es auf etw. (*A*) ábgesehen háben, vórhaben *vt*, beábsichtigen *vt*, sich (*D*) etw. vórnehmen*; имéть в ~ý сдéлать что-л. sich mit der Ábsicht trágen* etw. zu tun; упусти́ть из ~у áußer acht lássen*; потеря́ть из ~у aus den Áugen verlíeren*; скры́ться из ~у den Blícken entschwínden*; на ~ý у всех vor állen Áugen; быть на ~ý éine bedéutende Stéllung éinnehmen*; в ~ý гáвани in Sicht des Háfens; постáвить комý-л. на ~ j-m éinen Verwéis ertéilen; он видáл ~ы er ist mit állen Wássern gewáschen; er ist ein erfáhrener Mensch; er kennt Welt und Ménschen; ~ на жи́тельство Áufenthaltsgenehmigung *f* (10)

вид II *м* 1. (*разнови́дность, род, сорт*) Art *f* (10) (*тж. биол.*), Gáttung *f* (10); происхождéние ~ов *биол.* die Entstéhung der Árten; рáзные ~ы мрáмора verschíedene Árten von Mármor; ~ энéргии Energíeform *f* (10); ~ дéятельности [заня́тия] Berúfsbild *n* (5); ~ спóрта Spórtart *f*; 2. *грам.* Aspékt *m* (1) (*в славя́нских языкáх*); Aktiónsart *f* (10) (*напр. в немéцком языкé*); совершéнный ~ perfektíver [-vər] [vollendéter] Aspékt; несовершéнный ~ imperfektíver [-vər] [únvollendeter] Aspékt; дли́тельный [дурати́вный] ~ duratíve [-və] Aktiónsart; многокрáтный ~ iteratíve [-və] Aktiónsart; однокрáтный ~ momentáne Aktiónsart

видáть I 1. (*неоднокрáтно ви́деть*) oft séhen* *vt*, oft tréffen* *vt*; 2. *разг.* (*ви́деть*) séhen* *vt*; ◇ где э́то ви́дано?, ви́данное ли э́то дéло? hat man schon mal so étwas [*разг.* so was] erlébt?; он видáл ви́ды er hat viel erlébt

видáть II *разг. вводн. сл. см.* ви́дно 2

видáться *разг. см.* ви́деться I

ви́дение *с* Sicht *f*; ~ на расстоя́нии wéite Sicht

видéние *с* Erschéinung *f* (10), Visión [vi-] *f* (10); Gespénst *n* (5) (*при́зрак*)

видео||зáпись *ж* Bíld(signal)aufzeichnung *f* (10); **~канáл** *м* Bíldkanal *m* -(e)s, -näle; **~кассéта** *ж* Vídeokassette *f* (11); **~магнитофóн** *м* Videorecorder ['vi:-] *m* (6); **~связь** *ж* Videoverbindung *f*, Bíldfunkverbindung *f*; **~сигнáл** *м* Videosignal ['vi:-] *n* (2), Bíldsignal *n*; **~телефóн** *м* Bíldtelefon *n* (2), Videotelefon ['vi:-] *n*; **~телефони́я** *ж* Videotelefonie ['vi:-] *f*; **~усили́тель** *м* Bíldverstärker *m* (6), Videoverstärker ['vi:-] *m*; **~фильм** *м* Vídeofilm *m* (1); **~частотá** *ж* Videofrequenz ['vi:-] *f* (10)

ви́де||ть 1. séhen* *vt*; рад вас ~ть es ist mir ein Vergnügen, Sie zu séhen; ~ть во сне im Tráume séhen* *vt*, träumen *vi* (когó-л., что-л. von *D*); ~ть сон éinen Traum háben, träumen *vi*; нельзя́ не ~ть, что... man sieht únbedingt, daß...; 2. (*пережи́ть*) dúrchmachen *vt*, erlében *vt*; он мнóгое ~л в своéй жи́зни er hat in séinem Lében viel dúrchgemacht; ◇ ~ть когó-л. насквóзь j-n durchscháuen; ви́дите ли... séhen Sie...; ~ть не могý ich kann es nicht ánsehen; тóлько егó и ~ли (und) weg war er; **~ться** 1. einánder [sich] séhen*, sich tréffen*, sich begégnen; besúchen *vt* (*навещáть когó-л.*); 2. *безл. разг.* (*во сне*): мне ~лось, что... mir träumte, daß...

видикóн *м тлв.* Vidikon ['vi:-] *n* -s, -kónen

ви́димо *вводн. сл.* óffenbar, áugenscheinlich; wie es scheint

ви́димо-неви́димо *нареч. разг.* éine únzählige Ménge, unabséhbar (viel), mássenhaft

ви́дим||ость *ж* 1. (*различáемость*) Sicht *f*, Síchtbarkeit *f*, Síchtweite *f*; вне ~ости áußer Sicht [Síchtweite];

радиолокацио́нная ~ость Fúnkmeßsicht *f*; горизонта́льная ~ость Síchtweite *f*; визуа́льная ~ость visuélle [vi-] Sicht, visuélle Síchtweite; преде́л ~ости äußerste Síchtweite, Sícht(weite)grenze *f* (11); **2.** *разг.* (*кажущееся*) Schein *m* -(e)s; Ánschein *m*; создава́ть ~ость den Ánschein erwécken; э́то то́лько ~ость! das ist doch nur Máche!; ◇ для ~ости zum Schein; по всей ~ости *в знач. вводн. сл.* áller Wahrschéinlichkeit nach, állem Ánschein nach; **~ый 1.** síchtbar, síchtlich; **2.** *разг.* (*кажущийся*) schéinbar, trügerisch; ◇ ~ое де́ло *в знач. вводн. сл. разг.* (*ясно*) es ist klar

видне́||ться síchtbar sein, zu séhen sein; sich zéigen; вдали́ ~лись го́ры in der Férne sah man Bérge; in der Férne wáren Bérge zu séhen

ви́дно 1. *безл. предик.* síchtbar, zu séhen, zu erkénnen; несмотря́ на су́мерки бы́ло ещё доста́точно ~ trotz der Dämmerung kónnte man (*etw.*) zíemlich [ganz] gut erkénnen; бы́ло уже́ ~, что он вы́здоровеет es war schon klar [man sah es ihm an], daß er gesúnd [dúrchkommen] wird; по всему́ ~, что... aus állem ist zu erséhen, daß...; **2.** *в знач. вводн. сл.* (*по-видимому*) áugenscheinlich, óffenbar

ви́дн||ый 1. (*видимый*) síchtbar, erkénnbar; быть ~ым (*виднеться*) síchtbar sein, zu séhen [erkénnen] sein; газе́та печа́тает на ~ом ме́сте die Zéitung bringt an hervórragender Stélle; **2.** (*выдающийся — о положении, должности и т. п.*) bedéutend; hervórragend, éinflußreich, ángesehen; námhaft; ~ый учёный ein bekánnter [prominénter, námhafter] Gelé̄hrter; **3.** *разг.* (*статный*) státtlich, ánsehnlich

видово́й I: ~ фильм Lándschaftsfilm *m* (1)

видов||о́й II **1.** Art-; ~о́е поня́тие Ártbegriff *m* -(e)s; **2.** *грам.* Aspékt-; ~ы́е разли́чия Aspéktunterschiede *pl*; ~о́е значе́ние Aspéktbedeutung *f* (10)

видоизмен||е́ние *с* **1.** (*действие*) Veränderung *f* (10), Ábänderung *f*, Modifizíerung *f* (10), Modifikatión *f* (10); **2.** (*разновидность*) Ábart *f* (10), Spíelart *f*; Variánte [va-] *f* (11); **~и́ть** ändern *vt*, verändern *vt*, ábändern *vt*, modifizíeren *vt*; **~и́ться** sich ändern, sich verändern, sich modifizíeren; **~я́емость** *ж* Veränderungsfähigkeit *f*; **~я́ть** *см.* видоизмени́ть; **~я́ться 1.** *см.* видоизмени́ться; **2.** *страд.* verändert wérden (*ср.* видоизмени́ть)

видоиска́тель *м фото* Súcher *m* (6), Bíldsucher *m*

ви́за *ж* Visum ['vi:-] *n* -s, *pl* -sen *u* -sa; Síchtvermerk *m* (1) (*пометка на документе*); ~ на въезд Éinreisevisum *n*; ~ на вы́езд Áusreisevisum *n*; транзи́тная ~ Dúrchreisevisum *n*, Transítvisum *n*

визави́ 1. *нареч.* (*друг против друга*) vis-à-vis [*фр.* viza'vi:]; gegenüber; **2.** *сущ. м, ж* Visavis [*фр.* viza'vi:] *n* =, Gegenüber *n* (6)

византи́||ец *м ист.* Byzantíner *m* (6); **~йский** byzantínisch

визг *м* Gekréisch(e) *n* -(e)s; Gewínsel *n* -s (*собаки*); **~ли́вый** kréischend; wínselnd

визж||а́ть kréischen *vi*; wínseln *vi* (*о собаке*); пила́ ~и́т die Säge kreischt

визи́га *ж кул.* gedörrter Störrücken, getrócknete Rückensehne des Störs [Háusens]

визи́р *м* **1.** *спец.* Visíer [vi-] *n* (2); курсово́й ~ *воен.* Kúrsvisier *n*; **2.** *фото* Súcher *m* (6), Bíldsucher *m*

визи́ровать I visíeren [vi- *vt*; *m* ... éinem Visum ['vi:-] verséhen*; (*заверять*) begláubigen *vt*; vidíeren [vi-] *vt* (*австр.*)

визи́ровать II *воен.* (*наводить*) visíeren [vi-] *vi* (*тж. геод.*); zíelen *vi*, ánrichten *vt*

визи́рь *м* Wesír *m* (1); **вели́кий** ~ Gróßwesir *m*

визи́т *м* Besúch *m* (1); Visíte [vi-] *f* (11); ~ ве́жливости *дип.* Höflichkeitsbesuch *m*; Ántrittsbesuch *m*; отве́тный ~ Gégenbesuch *m*; ~ дру́жбы Fréundschaftsbesuch *m*, Fréundschaftsreise *f* (11); прибы́ть с ~ом в По́льшу zu éinem Besúch in Pólen éintreffen*, éinen Besúch in Pólen máchen; прийти́ с ~ом, нанести́ ~ éinen Besúch máchen [ábstatten]; éine Visíte máchen; отда́ть ~ éinen Gégenbesuch máchen; die Visíte erwídern

визит||ёр *м уст.* Besúcher *m* (6); **~ка** *ж уст.* Cutaway [*англ.* 'katəwe:] *m* -s, -s, Cut [*англ.* kat] *m* -s *u* =, -s; **~ный** Visíten- [vi-]; ~ная ка́рточка Visítenkarte [vi-] *f* (11)

визуа́льн||ый visuéll [vi-]; Sicht-; ~ое наблюде́ние visuélle Beóbachtung; ~ый полёт *ав.* Flug *m* mit Bódensicht [Érdsicht, Sicht]; ~ая прове́рка Síchtprüfung *f* (10)

ви́ка *ж с.-х.* Wícke *f* (11)

ви́кинг *м ист.* Wíkinger *m* (6)

виктори́на *ж* Quiz [kvís] *n* =, Wíssenstoto *m* -s, -s; Préisausschreiben *n* (7) (*письменная*)

викто́рия-ре́гия *ж бот.* Viktória régia [vi-] *f*

ви́лка *ж* **1.** *в разн. знач.* Gábel *f* (11); **2.** *эл.*: ште́псельная ~ Stécker *m* (6), Stéckkontakt *m* (1); прибо́рная ~ Gerätestecker *m*; ~ с защи́тным конта́ктом Schúkostecker *m*; Schútzkontaktstecker *m*

вилкообра́зный gábelförmig, Gábel-

ви́лла *ж* Villa ['ví-] *f*, *pl* -llen, Lándhaus *n* (5)

вило́к *м* (*капусты*) *разг.* Kóhlkopf *m* (1*)

вилообра́зный gábelförmig

ви́л||ы *мн.* Héugabel *f* (11); Místgabel *f* (*навозные*); ◇ э́то ещё ~ами на [по] воде́ пи́сано das ist noch ganz únbestimmt, das ist zwéifelhaft

вильну́ть *см.* виля́ть 1

виля́||ние *с* **1.** (*хвостом*) Wédeln *n* -s, Schwänzeln *n* -s, Gewédel *n* -s; **2.** *перен.* Áusflüchte *pl*, Kníffe *pl*; **~ть 1.** (*хвостом*) wédeln *vi*, schwänzeln *vi*; **2.** *перен.* áusweichen* *vi* (s), Áusflüchte máchen, sich dréhen und wénden

вин||а́ *ж* **1.** Schuld *f*; Verschúlden *n* -s; Vergéhen *n* (7) (*проступок*); поста́вить кому́-л. что-л. в ~у́ j-m die Schuld an etw. (*D*) zúschreiben* [béimessen*], j-m etw. zur Last légen; свали́ть ~у́ на друго́го die Schuld (von sich) auf éinen ánderen ábwälzen [schíeben*], j-m etw. in die Schúhe schíeben*; загла́дить пре́жнюю ~у́ éine Schuld [éine frühere Verféhlung] wiedergútmachen; чу́вствовать свою́ ~у́ sich schúldig fühlen; сознаю́щий (свою́) ~у́ schúldbewußt; по ~е́ durch Verschúlden; по его́ ~е́ durch séine Schuld; er ist d(a)rán schuld; э́то не по мое́й ~е́ darán bin ich nicht schuld, das ist nicht méine Schuld; э́то его́ ~а́ das ist séine Schuld; без ~ы́ винова́тые die schúldlos Schúldigen; **2.** (*причина*) Úrsache *f* (11)

виндро́уэр *м с.-х.* Schwádenmähmaschine *f* (11), Schwád(en)mäher *m* (6)

виндсёрфинг *м* Brettsegeln *n* -s

винегре́т *м* **1.** *кул.* Salát *m* (1) (*aus feingeschnittenem Gemüse*); **2.** *перен.* *разг.* Míschmasch *m* (1), Durcheinánder *n* -s

вини́тельный: ~ паде́ж *грам.* Ákkusativ *m* (1), Wénfall *m* (1*)

вини́ть beschúldigen *vt*; ~ кого́-л. в чём-л. [за что-л.] j-m die Schuld an etw. (*D*) zúschreiben*; j-n éiner Sáche (*G*) beschúldigen; **~ся** *разг.* sich schúldig bekénnen* (в чём-л. *G*); séine Schuld bekénnen*

виннока́менн||ый: ~ая кислота́ *хим.* Wéinsteinsäure *f*

ви́нн||ый Wein-; ~ая буты́лка Wéinflasche *f* (11); ◇ ~ый ка́мень 1) *хим.* Wéinstein *m* -(e)s; 2) (*отложение на зубах*) Záhnstein *m*; ~ая я́года getrócknete Féige

вино́ *с* Wein *m* (1); десе́ртное ~ Dessértwein *m*; столо́вое ~ Tíschwein *m*; кра́сное ~ Rótwein *m*; бе́лое ~ Wéißwein *m*; сухо́е ~ hérber Wein; плодо́вое ~ Óbstwein; кре́пкое ~ schwérer Wein; натура́льное ~ natúrreiner Wein

винова́т 1. *предик.* schuld, schúldig; быть ~ым в чём-л. an etw. (*D*) schúld (-ig) sein; быть ~ым пе́ред кем-л. j-m gegenüber schúldig sein; он не ~ er ist nicht schuld (darán); er trägt kéine Schuld (darán); он круго́м ~ *разг.* er trägt álle Schuld; die Schuld liegt ganz und gar bei ihm; **2.** *в знач. вводн. сл.* ich bítte um Entschúldigung!; Verzéihung!; **~ый 1.** schúldig, schúldbeladen; **2.** (*выражающий сознание вины*) schúldbewußt; ~ый взгляд ein schúldbewußter Blick

вино́вн||ик *м* Úrheber *m* (6), Schúldige *m* (14), der schúldige Teil; гла́вный ~ик Háuptschuldige *m*; ~ик торжества́ Geféierte *m* (14), Míttelpunkt *m* éiner Féier; **~ица** *ж* Úrheberin *f* (12), Schúldige *f* (14); ~ица торжества́ Geféierte *f* (14), Míttelpunkt *m* éiner Féier; **~ость** *ж* Schuld *f*; Stráfbarkeit *f* (*наказуемость*); **~ый** schúldig (в чём-л. *G*); schuld (в чём-л. an *D*); призна́ть кого́-л. ~ым j-n schúldig spréchen*

виногра́д *м* **1.** (*растение*) Wéinrebe *f* (11), Wéinstock *m* (1*); ди́кий ~ wílder Wein; уви́тый ~ом rébenumsponnen; разведе́ние ~а Wéinbau *m* -(e)s; **2.** (*плоды*) Wéinbeeren *pl*, Wéintrauben *pl*; сбор ~а Wéinlese *f* (11); ◇ зе́лен ~ die Tráuben sind zu sáuer; **~арство** *с* Wéinbau *m* -(e)s, Winzeréi *f*; **~арь** *м* Wínzer *m* (6), Wéingärtner *m* (6), Wéinbauer *m* (6); **~ина** *ж* Wéinbeere *f* (11); **~ник** *м* Wéinberg *m* (1), Wéingarten *m* (7); **~ный 1.** (*относящийся к лозе*) Reb-, Wein-; ~ная лоза́ Wéinstock *m* (1*), Wéinrebe *f* (11); ~ный лист Wéinblatt *n* (5); **2.** (*относящийся к плодам*) Weintrauben-; ~ная кисть Wéintraube *f* (11); ~ное су́сло Wéinmost *m* (1); ~ное вино́ Tráubenwein *m* (1); ~ный сок Tráubensaft *m* (1*); ~ный сезо́н Wéintraubenzeit *f*, Tráubenzeit *f*, Wéintraubensaison [-sɛ,zɔŋ] *f*

виноде́л *м* Spezialíst *m* (8) für Wéinbereitung, Kéllermeister *m* (6); **~ие** *с* Wéinbereitung *f*, Wéinfabrikation *f*, Kelteréi *f*

виноде́льческ||ий Wein-; Kélter-; ~ий райо́н Wéingegend *f* (10); ~ое предприя́тие Kélterwirtschaft *f*

виноку́р *м* Bránntweinbrenner *m* (6); **~е́ние** *с* Bránntweinbrennerei *f*; **~енный**: ~енное произво́дство Bránntweinbrennerei *f*, Bránntweinfabrikation *f*; Bránntweinindustrie *f*; ~енный заво́д Brenneréi *f* (10), Spíritusbrennerei *f*

виноторго́в||ец *м* Wéinhändler *m* (6);

~**ля** *ж* **1.** Wéinhandel *m* -s; **2.** *уст.* (*магазин*) Wéinhandlung *f* (10)

виночéрпий *м ист.* Múndschenk *m* (8)

винт I *м* Schráube *f* (11); Spíndel *f* (11); воздýшный ~ *ав.* Lúftschraube *f*, Propéller *m* (6); несýщий ~ (*вертолёта*) Rótor *m* -s, -tóren, Trágschraube *f*; уравновéшивающий ~ Áusgleichschraube *f*; хвостовóй ~ *ав.* Stéuerschraube *f*, Héckschraube *f*; ходовóй ~ Léitspindel *f*; установóчный ~ Stéllschraube *f*; зажúмный [натяжнóй] ~ Klémmschraube *f*, Spánnspindel *f*; бесконéчный ~ Schnékke *f* (11); архимéдов ~ Wásserschraube *f*; гребнóй ~ Schíffsschraube *f*; Ántriebsschraube *f*; затянýть ~ éine Schráube ánziehen *; шаг ~á Schráubensteigung *f* (10); ~-заглýшка *ж* Gewíndestopfen *m* (7)

винт II *м карт.* Wint *m* -(e)s

вúнтик *м* Schräubchen *n* (7); ◇ у негó ~а не хватáет *разг.* bei ihm ist éine Schráube los [lócker]; bei ihm ist es im Óberstübchen nicht ríchtig

винтúть I *разг.* **1.** (*завинчивать*) zúschrauben *vt*; éine Schráube ánziehen*; **2.** (*отвинчивать*) lósschrauben *отд. vt*; die Schráube lóckern

винтúть II *карт. разг.* Wint spíelen

винтовáльн||ый: ~ая доскá *тех.* Gewínde(schneid)eisen *n* (7); Schnéideisen *n*

винтóвка *ж* Gewéhr *n* (2); магазúнная ~ Méhrladegewehr *n*; самозарядная ~ Sélbstladegewehr *n*; учéбная ~ Übungsgewehr *n*; автоматúческая ~ Schnéllfeuergewehr *n*; малокалúберная ~ Kléinkalibergewehr *n*

винтов||óй Schráuben-; ~áя передáча *тех.* Schráubengetriebe *n* (6): ~áя нарéзка Schráubengewinde *n* (6); ~áя пружúна Schráubenfeder *f* (11); ~áя лúния *мат.* Spiräle *f* (11), Schráubenlini¦e *f* (11), Schnéckenlini¦e *f*; ~óй домкрáт *тех.* Spíndelhebebock *m* (1*), Schráubenwinde *f* (11); ~áя лéстница Wéndeltreppe *f* (11); ~óй парохóд Schráubendampfer *m* (6); ~óй самолёт Propéllerflugzeug *n* (2)

винтóвочный Gewéhr-

винтóм *нареч.* schráubenförmig; лéстница шла ~ es war éine Wéndeltreppe

винтообрáзный schráubenförmig; spirál

винторéзный: ~ станóк Gewíndeschneidmaschine *f* (11)

виньéтка *ж* Vignette [*фр.* vın'jɛtə] *f* (11)

виóла *ж муз.* Vióla [vi-] *f*, *pl* -len *u* -s

виолончелúст *м* Cellist [tʃɛ-] *m* (8), Cellospieler ['tʃɛ-] *m* (6)

виолончéль *ж* Cello [*um.* 'tʃɛlo] *n* -s, *pl* -s *u* -lli, Violoncello [*um.* violɔn-'tʃɛlo] *n* -s, *pl* -s *u* -lli

вирáж I *м* Kúrve [-və *u* -fə] *f* (11); плóский ~ fláche Kúrve; крутóй ~ stéile Kúrve; входúть в ~ in die Kúrve géhen*; выводúть из ~á aus der Kúrve néhmen*; выполнять ~ éine Kúrve dréhen

вирáж II *м фото* Tónbad *n* (5); ~-фиксáж Tónfixierbad *n*

вирúровать *фото* tónen *vt*

виртуáльн||ый *тех.* virtuéll [vır-]; ~ая скóрость virtuélle Geschwíndigkeit

виртуóз *м* Virtuóse [vır-] *m* (9); Klaviervirtuose [-'vi:rvır-] *m* (*о пианисте*); Violinvirtuose [vio'li:nvır-] *m* (*о скрипаче*); *перен.* Méister *m* (6); он ~ в своéй óбласти er ist ein Méister in séinem Fach; ~**ность** *ж* Virtuosität [vır-] *f*, Virtuósentum *n* -(e)s; ~**ный** virtuós [vır-], méisterhaft

вирулéнтн||ость *ж мед., бакт.* Viruléns [vi-] *f*; ~**ый** *мед., бакт.* virulént [vi-]

вúрус *м бакт.* Virus ['vi:-] *n* =, -ren

вúрусный Virus- ['vi:-]; ~ грипп Vírusgrippe *f*

вирусóлог *м* Virológe *m* (9)

вирусолóгия *ж* Virologíe [vi-] *f*

вирусоносúтель *м мед.* Virusträger ['vi:] *m* (6)

вис *м спорт.* Hang *m* -(e)s; ~ стóя Hángstand *m* -(e)s; ~ лёжа Líegehang *m*; ~ согнýвшись Béugehang *m*; ~ прогнýвшись Kréuzhang *m*

вúсел||ица *ж* Gálgen *m* (7); ~**льник** *м уст.* **1.** (*повешенный*) Gehénkte *m* (14), Gehängte *m* (14); **2.** *бран.* (*негодяй*) Gálgenvogel *m* (6*), Gálgenstrick *m* (1), Halúnke *m* (9); ◇ юмор ~льника Gálgenhumor *m* -s

висéние *с* Hängen *n* -s; Stándschwebe *f* (*вертолёта*)

висéть **1.** hängen* *vi*; áufgehängt sein (*быть повешенным*); лáмпа висúт над столóм die Lámpe hängt über dem Tisch; картúны висят на стенé die Bílder hängen an der Wand; **2.** (*о птице, вертолёте и т. п.*) schwében *vi*; ◇ ~ на волоскé an éinem Haar [Fáden] hängen; ~ в вóздухе (*быть в неопределённом положении*) in der Luft schwében; дéло ещё висúт в вóздухе die Sáche schwebt noch, die Sáche hängt noch in der Luft; ~ на телефóне *разг.* an der Stríppe hängen*

вúски *с* Whisky [*англ.* 'vıski] *m* -s, -s

вискóза *ж* **1.** *тех.* Viskóse [vıs-] *f*; **2.** (*шёлк из вискозы*) Kúnstseide *f*

вискóз||ный Viskóse- [vıs-]; Kúnstseiden-; ~ные ткáни Kúnstseidenstoffe *pl*; ~ное произвóдство Viskóseherstellung *f*

вислоýхий **1.** (*о животных*) schlápp-ohrig, lángohrig; **2.** *бран.* blöd, dämlich (*глуповатый*); tölpelhaft (*нерасторопный*)

вúсмут *м* Wismut *n* -(e)s (*хим. знак* Bi)

вúснуть hängen *vi*; ◇ ~ у когó-л. на шéе *разг.* sich an j-n hängen

висóк *м* Schläfe *f* (11)

високóсный: ~ год Scháltjahr *n* (2)

висóчн||ый Schläfen-; ~ая кость *анат.* Schläfenbein *n* (2)

вист *м карт.* Whist [vıst] *n* -es, Whístspiel *n* -(e)s

висюлька *ж разг.* Ánhängsel *n* (6)

висяч||ий hängend, Hänge-; ~ая лáмпа Hängelampe *f* (11), Ámpel *f* (11); ~ий бок *геол.* Hángende *sub n*; ~ий ледник *геогр.* Hánggletscher *m* (6), Hängegletscher *m*; ~ий замóк Vórhängeschloß *n* -sses, -schlösser; ~ий мост Hängebrücke *f* (11)

витализм *м биол.* Vitalísmus [vi-] *m* =

виталúст *м биол.* Vitalíst [vi-] *m* (8)

витамúн *м* Vitamín [vi-] *n* (2); содержáние ~а Vitamíngehalt *m* (1); бéдный ~ами vitamínarm

витамин||изáция *ж* Vitamínzugabe *f* (11), Vitaminisíerung *f* (10); ~**изúровать** vitaminisíeren [vi-] *vt*, mit Vitamínen ánreichern; ~**ный** Vitamín- [vi-]; ~**óзный** vitamínhaltig [vi-], vitamínreich; ~**оносúтель** *м* Vitamínträger [vi-] *m* (6); ~**отерапúя** *ж* Vitamíntherapie [vi-] *f*, Vitamínkur *f*

витá||ть schwében *vi*; смерть ~ет над ним er ist dem Tód(e) náhe; ◇ ~ть в облакáх *разг.* in höheren Regiónen schwében

витиевáтость *ж* (*стиля*) Gezíertheit *f*, Geschráubtheit *f*, Schwülstigkeit *f*

витиевáтый gezíert, geschráubt, schwülstig; ~ стиль ein schwülstiger Stil

вит||óй gewúnden; ~áя колóнна éine gewúndene Säule

витóк *м* Wíndung *f* (10); ~ вокрýг Землú Érdumkreisung *f* (10)

витрáж *м* Búntglasfenster *n* (6)

витрúна *ж* **1.** (*окно в магазине*) Scháufenster *n* (6), Áuslage *f* (11); **2.** (*застеклённый ящик, шкаф*) Vitríne [vi-] *f* (11); Scháukasten *m* (7,7*) (*для газет, объявлений, товаров и т. п.*); музéйная ~ Muséumsvitrine *f*; вы́ставочная ~ Áusstellungsvitrine *f*, Scháuvitrine *f*; охлаждáемая ~ Kühlvitrine *f*

вить wínden* *vt*; ~ венкú Kränze wínden*; ~ верёвку éinen Strick dréhen; ◇ ~ гнездó ein Nest báuen; из негó верёвки мóжно ~ ≅ er läßt Holz auf sich hácken; er läßt sich álles gefállen; ~**ся** **1.** (*о волосах*) sich lócken, sich kräuseln; sich wéllen; **2.** (*вокруг чего-л.*) sich schlíngen*, sich wínden*; sich ránken (*о растениях*); **3.** (*подниматься вихрем*) áufwirbeln *vi* (s); пыль вьётся der Staub wírbelt auf; **4.** (*кружиться*) kréisen *vi*; птúцы вьются над пóлем die Vögel kréisen über dem Félde; **5.** (*извиваться*) sich schlängeln; дорóга вьётся в гóру der Weg schlängelt sich den Berg hináuf; **6.** *страд.* gewúnden [gedréht, gewíckelt] wérden

витю́тень *м зоол.* Ríngeltaube *f* (11)

вúтязь *м уст., поэт.* Récke *m* (9), Dégen *m* (7)

вихóр *м разг.* Schopf *m* (1*), Háarwirbel *m* (6), Háarlocke *f* (11)

вихрáстый *разг.* zóttig, zerzáust; ~ мальчугáн zóttelköpfiger Júnge

вихрев||óй wírbelartig, wírbelförmig; Wírbel-, turbulént; ~óе движéние Wírbelbewegung *f*, Wírbel *m* (6); ~óй потóк Wírbelstrom *m* (1*), turbulénter Strom

вúхриться wírbeln *vi* (s)

вихр||ь *м* **1.** Wírbelwind *m* (1), Wírbelsturm *m* (1*); снéжный ~ь Schnéegestöber *n* -s, Schnéesturm *m*; воздýшный ~ь Lúftwirbel *m*; **2.** *перен.* Wírbel *m* -s, Strúdel *m* -s в ~е событúй im Strúdel [Wírbel] der Eréignisse; **3.** *тех.* Wírbel *m* -s; **4.** *в знач. нареч.* ~ем wie ein Wírbelwind; blítzschnell; летéть ~ем mit Wíndeseile dahínstürmen

вúце-адмирáл *м* Vizeadmiral ['vi:-] *m* (1)

вúце-кáнцлер *м* Vizekanzler ['vi:-] *m* (6)

вúце-председáтель *м* stéllvertretender Vórsitzender *m* (14)

вúце-президéнт *м* Vizepräsident ['vi:-] *m* (8)

вишнёв||ка *ж* Cherry Brandy [*англ.* ˌtʃɛri'brɛndi] *m* -s, -s, Kírschlikör *m* (1); ~**ый** Kírsch-; ~ого цвéта kírschfarben, kírschrot; ~ый сад Kírschgarten *m* (7*)

вúшн||я *ж* **1.** (*плод*) Kírsche *f* (11), Sáuerkirsche *f*; *собир.* Kírschen *pl*; глазá как ~и Kírschenaugen *pl*; **2.** (*дерево*) Kírschbaum *m* (1*), Sáuerkirschbaum *m*

вишь *частица разг.* da sieh mal einer an!; ~ ты какóй! du bist mir éiner!

вкáлывать **1.** *см.* вколóть **2.** *разг.* schúften *vi*.

вкáпывать *см.* вкопáть

вкатú||ть hinéinrollen *vt*, hinéinwälzen *vt*, róllend hinéinschaffen (*по направлению от говорящего*); heréinrollen *vt*, heréinwälzen *vt*, róllend heréinschaffen (*по направлению к говорящему*); **~ться 1.** hinéinrollen *vi* (s) (*по направлению от говорящего*); heréinrollen *vi* (s) (*по направлению к говорящему*); мяч ~лся в кóмнату der Ball róllte ins Zímmer hinéin; **2.** *разг.* (*въехать*) hinéinfahren* *vi* (s) (*по направлению от говорящего*); heréinfahren* *vi* (s) (*по направлению к говорящему*)

вкáтывать *см.* вкатить; **~ся 1.** *см.* вкатиться; **2.** *страд.* hinéingerollt [hinéingewälzt] wérden

вкачáть, вкáчивать hinéinpumpen *vt*

вкидывать, вкинуть hinéinwerfen* *vt* (*по направлению от говорящего*); heréinwerfen* *vt* (*по направлению к говорящему*)

вклад *м* **1.** (*в банк*) Éinlage *f* (11); Deposít *n* (2), Depósitum *n* -s, *pl* -síten *u* -sita; бáнковский ~ Bánkguthaben *n* (7); вы́нуть ~ die Éinlage (von der Bank) ábheben*; бессрóчный ~ féste Spáreinlage, féstes Spárguthaben; Síchteinlage *f*; срóчный ~ befrístete Éinlage; Termineinlage *f*; ~ на предъявителя Ínhabersparguthaben *n* (7); **2.** *перен.* Béitrag *m* (1*) (во что-л. zu *D*); сдéлать ~ einen Béitrag líefern [léisten]; сдéлать ~ в наýку éinen (wíchtigen) Béitrag zur Entwícklung der Wíssenschaft léisten; ~ в дéло ми́ра éine Tat für den Fríeden; выдаю́щийся ~ в дéло ми́ра éine Gróßtat für den Fríeden

вклáдка *ж полигр.* Éinlage *f* (11), Béilage *f*

вклади||óй 1. Éinlage-; Deposíten-; **~ые** сýммы Spárgelder *pl*; **2.** *полигр.*: **~óй** лист Éinlagebogen *m* (7, 7*)

вклáдчик *м* Deponént *m* (8); Spárkunde *m* (9), Spárer *m* (6); Kóntoinhaber *m* (6), Éinzahler *m* (6)

вклáдывать *см.* вложить

вклáдыш *м* **1.** *тех.* Éinsatz *m* (1*), Éinlage *f* (11); ~ подши́пника Lágerschale *f* (11); **2.** (*в книге*) Éinschaltbild *n* (5); (*в трудовой книжке и т. п.*) Éinlageblatt *n* (5); **3.** *мед.* Implantát *n* (2)

вклéивать, вклéить éinkleben *vt*, hinéinkleben *vt*; ◇ ~ словцó *разг.* ein Wort ins Gespräch wérfen*

вклéйка *ж* **1.** (*действие*) Éinkleben *n* -s; **2.** *полигр.* (*вклеенный лист*) Éinlage *f* (11); цветнáя ~ Fárbtafel *f* (11)

вклинéние *с воен.* Éinbruch *m* (1*)

вкли́нивать(ся) *см.* вклинить(ся)

вклини́ть éinkeilen *vt*; hinéinzwängen *vt*; **~ся** sich éinkeilen; sich éinzwängen; *воен.* éinbrechen* *vi* (s), éindringen* *vi* (s); ~ся в расположéние проти́вника éinen Keil in die Áufstellung des Gégners tréiben*

включáтель *м тех.* Éinschalter *m* (6), Schálter *m*

включáть *см.* включить; **~ся 1.** *см.* включиться; **2.** *страд.* éingeschlossen [éingefügt] wérden (*ср.* включить)

включáя *предлог* éinschließlich (что-л. *A*), mit Éinschluß (von *D*); mit éinbegriffen; mit éingeschlossen; mit éingerechnet; inklusíve [-və] (*сокр.* inkl.); ~ сегóдняшний день éinschließlich héute, héute mit éinbegriffen [ínbegriffen]

включéние *с* **1.** (*в состав*) Éinschluß *m* -sses; Éinschließung *f* (10), Éinfügung *f* (10), Éinbeziehung *f* (10), Áufnahme *f* (11); ~ (кандидáтов) в избирáтельные спи́ски Éintragung *f* (der Kandidáten) in die Wáhllisten; со ~м únter Éinschluß; éinschließlich, inklusíve [-və] (*включая*); **2.** *тех.* (*пуск*) Scháltung *f* (10), Éinschaltung *f*; ~ тóка Strómschaltung *f*, Éinschaltung des Strómes; дистанциóнное ~ Férnschaltung *f*; Férnbetätigung *f* (10); послéдовательное ~ Réihenschaltung *f*; **3.** (*инородная частица*) Éinschluß *m* -sses, -schlüsse; гáзовое ~ Gáseinschluß *m*

включи́тельно *нареч.* éinschließlich, mit éinbegriffen, mit éingeschlossen, inklusíve [-və] (*сокр.* inkl.); с седьмóго по десятóе ~ vom Síebenten bis zum Zéhnten éinschließlich

включи́ть 1. éinschließen* *vt* (*в состав, список*); éinreihen *vt*, éinfügen *vt*, hinéinnehmen* *vt* (*принимать*); éinbeziehen* *vt*, mítrechnen *vt* (*в число*); áufnehmen* *vt* (*в программу, план, договор и т. п.*); áusbedingen *vt* (*условие*); **2.** (*свет, радио и т. п.*) éinschalten *vt*, schálten *vt*; in Gang sétzen (*пустить в ход*); ~ ток den Strom éinschalten; ~ сцеплéние *авто* éinkuppeln *vi*; ~ стáртер *авто* ánlassen* *vi*, den Mótor ánlassen*; «включенó!» *эл.* «éin (-geschaltet)!»; ~ параллéльно *эл.* parallél schálten; ~ послéдовательно in Séri¦e [hintereinánder, in Réihe] schálten; **~ся 1.** sich éinreihen, sich éinfügen, sich éinordnen; ~ся в соцсоревновáние sich dem sozialístischen Wéttbewerb ánschließen*; **2.** *спец.* sich éinschalten

вколáчив||ание *с* Éinschlagen *n* -s; Éinrammen *n* -s (*свай*); **~ать, вколоти́ть** éinschlagen* *vt*; éinrammen *vt* (*сваю*)

вколóть éinstechen* *vt*, hinéinstekken *vt*

вконéц *нареч. разг.* ganz und gar, gänzlich, vóllends, völlig; ~ изму́чить когó-л. j-n ganz herúnterbringen*

вкóпанный: он стои́т как ~ er steht wie ángewurzelt [féstgebannt]

вкопáть éingraben* *vt*

вкорен||и́вшийся éingewurzelt, éingebürgert; **~и́вшаяся** привы́чка éine in Fleisch und Blut übergegangene Gewóhnheit; **~и́ться** sich éinwurzeln; sich éinbürgern, in Fleisch und Blut übergehen*; **~я́ться 1.** *см.* вкорени́ться; **2.** *страд.* éingeführt [éingebürgert] wérden

вкось *нареч.* schief, schräg

ВКП(б) [Всесою́зная Коммунисти́ческая пáртия (большевикóв)] *ист.* KPdSU(B) [die Kommunístische Partéi der Sowjétunion (Bolschewikí)]

вкрáдчивость *ж* éinschmeichelndes Wésen

вкрáдчивый éinschmeichelnd

вкрáдываться *см.* вкрáсться

вкрапи́ть 1. besprénkeln *vt*; **2.** (*включить*) éinfügen *vt*

вкраплéние *с геол.* Éinsprengung *f* (10); Éinsprengsel *n* (6)

вкрáпливать *см.* вкрапить

вкрáсться sich éinschleichen*; unterláufen* *vi* (s) (*об ошибке, опечатке*); ~ к комý-л. в довéрие sich in j-s Vertráuen éinschleichen*

вкрáтце *нареч.* kurz, in (áller) Kürze; mit kúrzen Wórten

вкривь *нареч.* krumm, schief; ◇ ~ и вкось schief und krumm; суди́ть ~ и вкось vórschnell [úngerecht] úrteilen

вкругову́ю *разг.* (*кругом*) rings(her-)úm, im Kreis

вкрути́ть *разг.* **1.** éinschrauben *vt*; **2.** (*внушить кому-л. что-л. неверное*) j-m etw. éinreden [wéismachen *отд.*]

вкруту́ю *нареч.*: свари́ть яйцó ~ ein Ei hart kóchen; свáренный ~ hártgekocht

вкýпе *нареч. уст.* zusámmen; in hólder Éintracht (*ирон.*)

вкус *м* **1.** *в разн. знач.* Geschmáck *m* (1*); Néigung *f* (10) (*склонность*); прия́тный ~ Wóhlgeschmack *m*; имéть ~ чегó-л. nach etw. (*D*) schmékken; заня́тие по (моему́) ~у éine Beschäftigung ganz nach (méinem) Geschmáck; э́то мне не по ~у das gefällt mir nicht, das ist nicht nach méinem Geschmáck; худóжественный ~ Kúnstverständnis *n* -ses; ~ к поэ́зии Néigung zur Poesíe; э́то дéло ~а das ist Geschmácksache; одевáться со ~ом sich mit Geschmáck [geschmáckvoll] kléiden; **2.** (*стиль, художественная манера*) Geschmáck *m* (1*), Stil *m* (1); во ~е когó-л. nach j-s Geschmáck; во ~е 18-го столéтия im Geschmáck [im Stil] des 18. Jahrhúnderts; ◇ войти́ во ~ чегó-л. Geschmáck an etw. (*D*) fínden*; auf den Geschmáck von etw. (*D*) kómmen*; о ~ах не спóрят über den Geschmáck läßt sich nicht stréiten

вкус||и́ть 1. *уст.* (*съесть, выпить*) kósten *vt*; schmécken *vt*; **2.** *перен. высок.* (*что-л. приятное*) genießen* *vt*, empfínden* *vt*; (*что-л. неприятное*) erfáhren* *vt*; dúrchmachen *vt*; erdúlden *vt*, erléiden* *vt*; **~и́ть** удовóльствие Vergnügen háben; **~и́ть** мнóго бéдствий viel Únglück erdúlden [erléiden*]; **~ный** wóhlschmeckend, schmáckhaft; lécker; э́то ~но das schmeckt gut; **~овóй** geschmácklich, Geschmácks-; ~овóе ощущéние Geschmácksempfindung *f* (10)

вкусовщи́на *ж разг. неодобр.* Subjektivismus [-'vis-] *m* =

вкуша́ть *см.* вкуси́ть

влáга *ж* Féuchtigkeit *f*, Féuchte *f*, Nässe *f*

влагáлище *с* **1.** *анат.* Schéide *f* (11), Mútterscheide *f*, Vagína [va-] *f*, *pl* -nen; **2.** *бот.* Blá́ttscheide *f* (11); Blúmenscheide *f* (*цветочное*)

влаго||ёмкость *ж* Wásserhaltungsvermögen *n* -s, Wásseraufnahmefähigkeit *f*, Wásseraufnahmevermögen *n* -s; **~лю́бивый** hydrophíl, féuchtigkeitsliebend; **~мéр** *м* Féuchtigkeitsmesser *m* (6), Psychrométer *n* (6); **~непроницáемый** wássergeschützt, wásserdicht; **~стóйкий** féuchtigkeitsfest, wásserabweisend; **~чувстви́тельный** féuchtigkeitsempfindlich

владé||лец *м* Besítzer *m* (6); Ínhaber *m* (6); ~лец счёта Kóntoinhaber *m*; ~лец капитáла Kapitálbesitzer *m*, Kapitálinhaber *m*; **~лица** *ж* Besítzerin *f* (12); Ínhaberin *f* (12); **~ние** *с* **1.** (*обладание*) Besítz *m* -es; вступи́ть во ~ние den Besítz ántreten*; находи́ться во ~нии im Besítz sein; передавáть во ~ние in j-s Besítz übergében*, übereígnen *vt*; **2.** (*собственность*) Besítzung *f* (10); Besítztum *n* (5), Gut *n* (5) (*имение*); **3.** (*территория*): колониáльные ~ния koloniále Besítzungen, Koloniálbesitz *m* -es; **4.** (*умение*) Behérrschung *f*; ~ние немéцким языкóм die Behérrschung der déutschen Spráche

владéтельный *уст.* hérrschend, regíerend

владéть 1. (*иметь своей собственностью*) besítzen* *vt*; **2.** (*уметь обращаться*) behérrschen *vt*, in der Gewált [Hand] háben; ~ инструмéнтом ein Instrumént hándhaben; ~ орýжием wáffentüchtig sein, die Wáffen zu führen wíssen*; не ~ рукóй séine Hand nicht gebráuchen können*, séiner Hand nicht mächtig sein; ~ аудитóрией die Zúhörer im Bann hálten*; ~ материáлом den Stoff behérrschen; ~ каки́м-л. языкóм éine Spráche behérrschen; in éiner Spráche firm sein (*в совершенстве*); ◇ ~ перóм éine gewándte Féder führen; ~ собóй sich behérrschen, sich in der Gewált háben; не ~ собóй séiner selbst nicht mächtig sein, die Fássung verlieren*; умéние ~ собóй Sélbstbeherrschung *f*

влады́||ка *м высок.* Hérrscher *m* (6), Máchthaber *m* (6); Herr *m* (8); **~чество** *с высок.* Hérrschaft *f*, Óbergewalt *f*; **~чица** *ж высок.* Hérrscherin *f* (12), Hérrin *f* (12)

влажне́ть feucht wérden

вла́жн||ость *ж* Féuchtigkeit *f*; ~ость вóздуха Lúftfeuchtigkeit *f*; Lúftfeuchte *f*; **~ый** feucht

вла́мываться *см.* вломи́ться

власт́вовать *высок.* hérrschen *vi* (над чем-л. über *A*) (*господствовать*); regíeren *vt* (*управлять*)

власт||ели́н *м высок.* Hérrscher *m* (6), Máchthaber *m* (6); Herr *m* (8); **~и́тель** *м уст.* Herr *m* (8), Hérrscher *m* (6), Máchthaber *m* (6); **~и́тельница** *ж уст.* Hérrin *f* (12), Hérrscherin *f* (12)

вла́ст||ность *ж* hérrischer Charákter [ka-]; **~ный 1.** (*склонный повелевать*) hérrschsüchtig, hérrisch; ~ный харáктер ein hérrschsüchtiger Charákter [ka-]; **2.** (*повелительный*) hérrisch, gebíeterisch; beféhlend; ~ный тон hérrischer Ton; ~ный взгляд ein gebíeterischer Blick; **3.:** я не ~ен над ним ich hábe kéine Gewált über ihn; в э́том я не ~ен das steht nicht in méiner Macht, dárüber hábe ich kéine Gewált

власто||люби́вый hérrschsüchtig, máchtliebend; **~лю́бие** *с* Hérrschsucht *f*, Máchtliebe *f*

власт||ь *ж* **1.** Macht *f*, Gewált *f*; совéтская ~ь Sowjétmacht *f*; государ́ственная ~ь Stáatsgewalt *f*, Stáatsmacht *f*; законодáтельная ~ь die gesétzgebende Gewált, Legislatíve [-və] *f*; исполни́тельная ~ь die vollzíehende Gewált, Exekutívgewalt *f*; борóться за ~ь um die Macht kämpfen; захвати́ть ~ь die Macht ergréifen*; прийти́ к ~и zur Macht gelángen; an die Macht [ans Rúder] kómmen*; прихóд к ~и Máchtantritt *m* -(e)s; находи́ться у ~и am Rúder sein; **2.** *б. ч. мн.* ~и (*лица, облечённые властью, администрация*) Óbrigkeit *f* (10), Behörde *f* (11); воéнные ~и Militärbehörden *pl*; оккупациóнные ~и Besátzungsbehörden *pl*; мéстная ~ь die lokálen Behörden; ~ь на местáх, мéстные óрганы ~и örtliche Máchtorgane; центрáльная ~ь Zentrálgewalt *f*; граждáнская ~ь Zivilbehörde [-'vi:l-] *f*; нарóдная ~ь Vólksmacht *f*; судéбные ~и Geríchtsbehörden *pl*, Geríchtsorgane *pl*; **3.** (*право распоряжаться*) Macht *f*; роди́тельская ~ь die Macht der Éltern; осуществля́ть ~ь die Macht áusüben; обладáть ~ью über die Macht verfügen; облечённый ~ью mit Máchtbefugnissen áusgestattet, ámtlich bevóllmächtigt; лиши́ть ~и entmáchten *vt*; быть под ~ью когó-л. únter j-s Gewált stéhen*; сóбственной ~ью éigenmächtig; в моéй ~и es liegt in méiner Macht; не в моéй ~и решáть э́тот вопрóс es steht nicht in méiner Macht, díese Fráge zu entschéiden; ◇ превышéние ~и die Óberschréitung der Máchtbefugnisse; ~ь иму́щие *уст.* Máchthaber *pl*; ~ь над сами́м собóй Sélbstbeherrschung *f*; во ~и предрассу́дков im Bann der Vórurteile; вáша ~ь *разг. уст.* es liegt in Íhrer Macht; es steht Íhnen frei; wie Sie wóllen

влачи́ть 1. *уст.* schléppen *vt*, zíehen* *vt*; **2.:** ~ жáлкое существовáние ein élendes Dásein [Lében] fristen

влéво *нареч.* **1.** (*на вопрос «куда?»*) nach links; **2.** (*на вопрос «где?»*) links

влеза́ть, влезть 1. (*вскарабкаться*) hináufklettern *vi* (s) (*по направлению от говорящего*); heráufklettern *vi* (s) (*по направлению к говорящему*); **2.** (*проникнуть*) éindringen* *vi* (s), éinsteigen* *vi* (s); вóры влéзли в дом die Díebe sind in das Haus éingedrungen; **3.** *разг.* (*войти с усилием*) sich hinéindrängen; **4.** *разг.* (*уместиться*) Platz fínden*; sich únterbringen lássen*; ◇ влезть в долги́ sich in Schúlden stürzen; влезть комý-л. в дýшу *разг.* sich in j-s Vertráuen drängen [éinschleichen*]; скóлько влéзет *разг.* so viel man will

влепи́ть 1. éinkleben *vt*; **2.** *разг.*: ~ комý-л. j-m eins überhauen, j-m ein paar Híebe áufzählen; ~ комý-л. пощёчину j-m éine Óhrfeige versétzen [gében*]; ~ вы́говор éinen stréngen Verwéis ertéilen

влепля́ть *см.* влепи́ть 1

влета́ть, влете́ть I **1.** hinéinfliegen* *vi* (s) (*по направлению от говорящего*); heréinfliegen* *vi* (s) (*по направлению к говорящему*); **2.** *разг.* (*вбежать*) hinéinstürzen *vi* (s) (*по направлению от говорящего*); heréinstürzen *vi* (s) (*по направлению к говорящему*); ◇ влетéть в копéечку ins Geld réißen*, téuer zu stéhen kómmen*

влета́ть, влете́ть II *безл. разг.* etwas ábbekommen*, éinen Verwéis bekómmen*; мне влетéло ich hábe was ábbekommen

влечéн||ие *с* Néigung *f* (10); Hang *m* -(e)s, Trieb *m* (1); Léidenschaft *f* (10) (*страсть*); слéдовать своемý ~ию séiner Néigung náchgehen*

влечь 1. (*тащить*) schléppen *vt*, zíehen* *vt*; **2.** (*привлекать*) ánziehen* *vt*; Ánziehungskraft besítzen*; ◇ ~ за собóй nach sich zíehen*, zur Fólge háben

влива́||ние *с мед.* Infusión *f* (10); ~ние крóви Blútinfusion *f*; **~ть** *см.* влить; **~ться 1.** *см.* вли́ться; **2.** (*впадать — о реке*) münden *vi*; **3.** *страд.* éingegossen [éingeflößt] wérden

влипа́ть, вли́пнуть klébenbleiben* *отд. vi* (s); *перен. разг.* heréinfallen* *vi* (s), in die Klémme gerâten*; вли́пнуть в сквéрную истóрию in éine únangenehme Geschíchte hinéingeraten*

влито́й: как ~ wie ángegossen; костюм сиди́т как ~ der Ánzug sitzt wie ángegossen

влить 1. éingießen* *vt*; *перен.* éinflößen *vt*; ~ в когó-л. бóдрость j-m Mut éinflößen; **2.** (*добавить*) zúführen *vt*; éingliedern *vt*; ~ нóвые кáдры в промы́шленность der Industríe néue Káder zúführen; **~ся 1.** (hin)éinfließen* *vi* (s); **2.** (*соединиться*) sich ánschließen*; sich éingliedern, sich éinreihen

влия́||ние *с* **1.** Éinfluß *m* -sses, -flüsse; Áuswirkung *f* (*условий и т. п.*); Éinwirkung *f* (10) (*воздействие*); ~ние среды́ Úmwelteinflüsse *pl*; окáзывать ~ние Éinfluß áusüben, beéinflussen *vt*; поддавáться ~нию únter j-s Éinfluß gerâten*, sich beéinflussen lássen*; быть под ~нием когó-л. von j-m beéinflußt wérden; **2.** (*авторитет*) Éinfluß *m* -sses, Gewícht *n* -(e)s, Ánsehen *n* -s; пóльзоваться ~нием Éinfluß háben; Ánsehen besítzen*; **~тельный** éinflußreich

влия́ть Éinfluß háben, Éinfluß áusüben, beéinflussen *vt*; sich áuswirken (*оказывать воздействие*); ~ на детéй auf die Kínder éinwirken, die Kínder beéinflussen

ВЛКСМ (Всесою́зный Ле́нинский Коммунисти́ческий Сою́з Молодёжи) der Léninsche Kommunístische Júgendverband der Sowjétunion

влож||éние *с* **1.** Éinlage *f* (11); **2.** *эк.* Ánlage *f* (11); ~éние капитáла Kapitálanlage *f*, Kapitálinvestition [-vɛs-] *f* (10), Investitión *f* (10); ~éние сóбственных средств Éigenmittelbeteiligung *f*; **~и́ть 1.** hinéinlegen *vt*, hinéintun* *vt*; **2.** (*делать вклад*) deponíeren *vt*, éinlegen *vt*; **3.** *эк.* (*вкладывать средства*) ánlegen *vt*; investíeren [-vɛs-] *vt*; ~и́ть капитáл [срéдства] Kapitál ánlegen; ◇ ~и́ть все си́лы álle Kräfte áufbieten*; ~и́ть комý-л. в устá чужи́е словá j-m frémde Wórte in den Mund légen; ~и́ть всю дýшу во что-л. sich éiner Sáche (*D*) mit Leib und Séele híngeben*

вломи́ться mit Gewált éindringen* (s); ~ в дверь sich (*D*) mit Gewált Éintritt verscháffen; ◇ ~ в амби́цию *разг.* den Beléidigten spíelen [markíeren]; die gekränkte [beléidigte] Léberwurst spíelen

влюби́ть (*кого-л. в себя*) j-m den Kopf verdréhen; **~ся** sich verlíeben; sich vergúcken, sich verknállen (*разг.*)

влюблённость *ж* Verlíebtheit *f*, Verlíebtsein *n* -s

влюблённ||ый *прил.* **1.** verlíebt; быть ~ым в когó-л. in j-n verlíebt sein; in j-n verschóssen sein (*разг.*); ~ый пó уши verlíebt bis über die [béide] Óhren; **2.** *в знач. сущ.* Verlíebte *m* (14); ~ая Verlíebte *f* (14)

влюбля́ть(ся) *см.* влюби́ть(ся)

влю́бчив||ость *ж разг.* Néigung *f* zur Verlíebtheit; léichte Entflámmbarkeit; **~ый** *разг.* leicht verlíebt, leicht entflámmt

вма́зать éinkitten *vt* (*в стену, в печь и т. п.*); féstkitten *отд. vt*, verkítten *vt* (*укрепить*); éinsetzen *vt* (*стекло*)

вма́з||ка *ж* Éinkitten *n* -s; Éinsetzen *n* -s (*стекла*); **~ывать** *см.* вмáзать

вмени́ть 1. *уст.* ánrechnen *vt*, hálten* *vt* (во что-л. für *A*); **2.:** ~ что-л. в винý комý-л. j-m etw. als Schuld ánrechnen, j-n beschúldigen (*G*), j-n bezíchtigen (*G*); ~ комý-л. что-л. в обя́занность j-m etw. zur Pflicht máchen, j-n verpflíchten zu (*+inf*)

вменя́ем||ость *ж* Zúrechnungsfähigkeit *f*; **~ый** zúrechnungsfähig; во ~ом состоя́нии in zúrechnungsfähigem Zústande

вменя́ть *см.* вмени́ть

вмерза́ть, вмёрзнуть (im Eis) éinfrieren* *vi* (s)

вмéсте *нареч.* zusámmen; geméinsam, geméinschaftlich; gléichzeitig (*одновременно*); ~ с кем-л., с чем-л. samt (*D*); ~ с дождём пошёл и град es régnete und hágelte gléichzeitig; идти́ ~ zusámmengehen* *vi* (s); ~ рабóтать над чем-л. zusámmen [geméinschaftlich] an etw. (*D*) árbeiten; ◇ ~ с тем zugléich, gléichzeitig; danében (*наряду с этим*); ~ взя́тый zusámmengenommen; всё ~ взя́тое álles in állem

вмести́||лище *с* Behälter *m* (6); **~мость** *ж* **1.** Fássungsvermögen *n* -s, Áufnahmefähigkeit *f*, Kapazität *f* (10); Ráuminhalt *m* -(e)s, Volúmen [vo-] *n* (7); Úmfang *m* (1*) (*объём*); ~мость посу́ды Ínhalt *m* des Gefäßes; **2.** (*судна*) Tonnáge [-ʒə] *f* (11); **~тельность** *ж* Geräumigkeit *f*; **~тельный** geräumig (*о помещении и т. п.*); mit größem Fássungsvermögen (*ёмкий — о сосудах и т. п.*)

вмести́ть 1. (*содержать в себе*) enthálten* *vi*; **2.** (*иметь ёмкость*) fássen *vt*; áufnehmen* (können*) *vt*; **3.** (*поместить*) hinéinlegen *vt* (*положить*); hinéinstellen *vt* (*поставить*); **~ся** hinéingehen* *vi* (s), Platz háben [fínden*]

вмéсто *предлог* statt, anstátt (*G*); anstélle, an Stélle (*G*); он пришёл ~ своегó брáта er ist anstátt [anstélle, an Stélle] séines Brúders gekómmen; ◇ ~ тогó чтóбы рабóтать anstátt zu árbeiten

вметáть, вмётывать (*о шитье*) éinheften *vt*, lóse [mit wéiten Stíchen] éinnähen

вмешáтельство *с* Éinmischung *f* (10); Éinschreiten *n* -s; Éingreifen *n* -s (*активное*); хирургúческое ~ chirúrgischer Éingriff

вмешáть 1. (*примешать*) béimischen *vt*; **2.** *разг.* (*впутать кого-л.*) verwíkkeln *vt*; hinéinziehen* *vt*; **~ся** sich éinmischen; éinschreiten* *vi* (s); interveníeren [-ve-] *vi*; ~ся в чужúе делá sich in frémde Ángelegenheiten míschen; ~ся в разговóр sich ins Gespräch éinmischen; ~ся в чужýю игрý (*в шахматы, карты*) kíebitzen *vi* (*разг.*)

вмéшивать *см.* вмешáть; **~ся 1.** *см.* вмешáться; **2.** *страд.* (éin)gemischt wérden (*ср.* вмешáть)

вмещáть(ся) *см.* вместúть(ся)

вмиг *нареч.* im Nu, im Hándumdrehen, in éinem Áugenblick; blítzschnell

вминáть *см.* вмять

вмонтúровать éinbauen *vt*

вмуровáть, вмурóвывать éinmauern *vt*

вмя́тина *ж* Béule *f* (11), Éinbeulung *f* (10), éingedrückte [éingebeulte] Stélle

вмять (hin)éindrücken *vt*; (*сделать вмятину в чём-л.*) éinbeulen *vt*

внаём, внаймы́ *нареч.*: взять ~ míeten *vt*; отдавáть ~ vermíeten *vt*; сдавáться ~ zu vermíeten sein

внакúдку *нареч.* úmgehängt; надéть ~ úmhängen *vt*, um die Schúltern hängen

внаклáде *нареч. разг.*: остáться ~ im Náchteil sein, den Schäden davóntragen*; быть не ~ от чегó-л. auf séine Kósten kómmen*; sich nicht verréchnen

внаклáдку *нареч. разг.*: пить чай ~ Tee mit (darín áufgelöstem) Zúcker trínken*

вначáле *нареч.* ánfangs, zuérst, erst; zunächst (*прежде всего*)

вне *предлог* áußer (*G u D*), áußerhalb (*G*); ~ гóрода áußerhalb der Stadt; ~ дóма áußer Haus, áuswärts; ~ óчереди áußer der Réihe; ~ кóнкурса áußerhalb des Wéttbewerbs; ~ опáсности áußer Gefáhr; ~ расписáния *ж.-д.* áußerfahrplanmäßig; ~ конкурéнции áußer Konkurrénz; konkurrénzlos; ◇ ~ врéмени и прострáнства áußer Zeit und Raum; быть ~ себя́ áußer sich sein, áußer Rand und Band sein, ganz aus dem Häus|chen sein; объявúть когó-л. ~ закóна j-n für vógelfrei erklären; ~ сомнéния óhne Zwéifel, zwéifelsohne, áußer Zwéifel

внеаудитóрн||ый áußerunterrichtlich; ~ое чтéние Háuslektüre *f*

внебрáчн||ый áußerehelich, níchtehelich; únehelich; ~ый ребёнок ein áußereheliches Kind; ~ая связь wílde Éhe

внебюджéтный áußerplanmäßig, áußeretatmäßig [-e,ta:-]

вневéдомственный nicht ámtlich, áußerbehördlich, áußerdienstlich

вневрéменный zéitlos, nicht zéitbedingt; nicht termíngebunden

внегалактúческий *астр.* áußergaláktisch, extragaláktisch

внедоговóрный áußervertraglich

внедр||éние *с* Éinführung *f* (10), Übernáhme *f* (11); Éinbürgerung *f* (10); Éinsatz *m* (1*); ~éние тéхники Technisíerung *f*; ~éние новéйшей тéхники Éinführung [Dúrchsetzung] der néuesten Téchnik; ~éние изобретéния Éinführung éiner Erfíndung; ~éние (передовóго) óпыта Áuswertung *f* der Erfáhrungen; ~ в произвóдство Überleitung *f* (in die Produktión); **~úть** éinführen *vt*, übernéhmen* *vt*; dúrchsetzen *vt*; éinbürgern *vt*; práktische Géltung verscháffen (что-л. *D*); ~úть в произвóдство in die Produktión übernéhmen* [überleiten]; ~úть тéхнику technisíeren *vt*; **~úться 1.** sich éinprägen; **2.** (*проникнуть*) éindringen* *vi* (s), dúrchdringen* *vi* (s); Wúrzel fássen (*пустить корни*); **~я́ть** *см.* внедрúть; **~я́ться 1.** *см.* внедрúться; **2.** *страд.* éingeführt [éingebürgert] wérden

внеевропéйск||ий áußereuropäisch; ~ие стрáны áußereuropäische Länder

внезáпн||о *нареч.* plötzlich; jählings; Knall und Fall (*вдруг*); únerwartet (*неожиданно*); überráschend (*тж. воен.*); **~ость** *ж* Plötzlichkeit *f*; *воен.* Überráschung *f*; **~ый** plötzlich; jäh; únerwartet, únvermutet (*неожиданный*); überráschend (*тж. воен.*)

внеземнóй áußerirdisch; *спец.* áußerterrestrisch

внеклáсс||ый áußerhalb des Pénsums stéhend; áußerunterrichtlich (*внешкольный*); ~ое чтéние Háuslektüre *f*; ~ая рабóта áußerunterrichtliche Árbeit

внеклáссовый áußerhalb der Klássen (stéhend), nicht klássengebunden

внеклéточный *биол.* extrazellulár

внекóнкурсный áußerhalb des Wéttbewerbs

внелимúтный *эк.* áußerhalb des Limíts stéhend; über das Kontingént hináus(gehend)

внелингвистúческий extralinguistisch [-lıŋ'güıs-], áußersprachlich

внелитератýрный *лингв.* nicht schríftsprachlich

внемáточн||ый: ~ая берéменность Báuchhöhlenschwangerschaft *f* (10)

внеочереди||óй áußer der Réihe; außerórdentlich; ~óе заявлéние (*на собрании*) außerórdentliche [áußerhalb der Tágesordnung stéhende] Erklärung; ~áя céссия außerórdentliche Tágung; во ~óм поря́дке áußerhalb der bestéhenden Réihenfolge

внепарлáментск||ий áußerparlamentarisch; ~ая борьбá áußerparlamentarischer Kampf

внепартúйный áußerhalb der Partéi stéhend, áußerparteilich

внеплáновый áußerplanmäßig, im Plan nicht vórgesehen

внепрогрáммный áußerprogrammmäßig (*без переноса* außerprogrammäßig)

внепроизвóдственный nicht produktiónsbezogen, nicht produktiónsbedingt, produktiónsfremd, produktiónsunabhängig

внесéние *с* **1.** (*вещей и т. п.*) Hinéintragen *n* -s (*по направлению от говорящего*); Heréintragen *n* (*по направлению к говорящему*); **2.** *с.-х.*: ~ удобрéний Düngergabe *f*, Düngung *f* (10), Düngerstreuen *n* -s; ~ калúйных удобрéний Kálidüngung *f*; ~ úзвести Kálkung *f*; **3.** (*денег и т. п.*) Éinzahlung *f* (10); **4.** (*запись*) Éintragung *f* (10), Éintragen *n* -s, Éinfügen *n* -s; Áufnahme *f*; ~ в протокóл Áufnahme in das Protokóll; **5.** *лингв.* Parenthése *f* (11), Sátzparenthese *f*

внесистéмный *киберн.* systémfremd

внеслужéбный áußerdienstlich; áußeramtlich

внесмéтный nicht kalkulíert, únkalkuliert, áußerhalb des Kóstenanschlags stéhend

внести́ 1. hinéintragen* *vt*, hinéinbringen* *vt* (*по направлению от говорящего*); heréintragen* *vt*, heréinbringen* *vt* (*по направлению к говорящему*); **2.** *с.-х.*: ~ удобрéние düngen *vt*, Dünger éinbringen*; ~ úзвесть kálken *vt*; **3.** (*уплатить*) éinzahlen *vt*, éine Záhlung entríchten [léisten]; ~ взнос éinen Béitrag entríchten; ~ задáток éine Ánzahlung léisten; **4.** (*вписать*) éintragen* *vt*; ~ в спúсок in die Líste éintragen*; ~ в кнúги *бухг.* búchen *vt*; ~ поправки, ~ изменéния (*в рукопись и т. п.*) Änderungen [Korrektúren] vórnehmen*; ~ нóвое услóвие в договóр éine néue Bedíngung in den Vertrág áufnehmen*; **5.**: ~ предложéние éinen Ántrag stéllen; éinen Vórschlag unterbréiten; ~ законопроéкт éinen Gesétzentwurf éinbringen*; ~ попрáвку éinen Ergänzungsantrag [Ábänderungsantrag] stéllen; ~ изменéния (*в законопроект*) éine Änderung beántragen; ~ добавлéние (*к законопроекту*) éinen Zúsatzantrag stéllen; ~ я́сность в какóе-л. дéло Klárheit in éine Sáche bríngen*; **6.** *перен.* (*сделать вклад во что-л.*) béitragen* (zu *D*), éinen Béitrag léisten [líefern] (zu *D*); béisteuern *vt*; ~ мнóго цéнного viel Wértvolles béisteuern; **7.** (*вызывать*): ~ оживлéние etw. belében; Lében in die Búde bríngen* (*разг.*); ~ замешáтельство Verwírrung hinéintragen* [hinéinbringen*]

внесудéбн||ый *юр.* áußergerichtlich; ~ым поря́дком áußergerichtlich

внешкóльн||ый áußerschulisch; ~ая рабóта áußerschulische Árbeit

внéшне *нареч.* äußerlich; dem Äußeren nach (*по внешнему виду*)

внешнеполитúческий áußenpolitisch

внешнеторгóв||ый Áußenhandels-; ~ые отношéния Áußenhandelsbeziehungen *pl*

внешнеэкономúческ||ий áußenwirtschaftlich, Áußenwirtschafts-; ~ие отношéния Áußenwirtschaftsbeziehungen *pl*

внéшн||ий 1. (*наружный*) äußerer, Áußen-; ~ий вид die Áußenseite; das Äußere (*человека*); ~ие влия́ния äußere Éinflüsse; ~ие обстоя́тельства die äußeren Úmstände; ~яя дорóжка *спорт.* Áußenbahn *f* (10); ~ий ýгол *мат.* Áußenwinkel *m* (6); **2.** (*поверхностный*) äußerlich, óberflächlich; ~ий лоск der äußere Glanz; der trügerische Glanz; **3.** (*иностранный*) áuswärtig; Áußen-; ~яя полúтика Áußenpolitik *f*; в óбласти ~ей полúтики auf áußenpolitischem Gebíet; ~яя торгóвля Áußenhandel *m* -s; ~ие сношéния die áuswärtigen Beziehungen, die Bezíehungen mit [zu] dem Áusland

внéшност||ь *ж* Äußere *sub n*; сýдя по ~и dem Äußeren nach

внештáтный nébenamtlich, áußerhalb des Stéllenplans; ~ сотрýдник nicht féstangestellter Mítarbeiter; ~ преподавáтель Léhrbeauftragte *m* (14)

внеэкономúческ||ий áußerökonomisch; ~ое принуждéние áußerökonomischer Zwang

внея́дерн||ый *физ.* extranukleár; ~ое пóле extranukleáres Feld

внеязыково́й áußersprachlich, extralinguistisch [-lıŋ'gᴜıs-]

вниз *нареч.* nach únten; hinúnter, hináb (*по направлению от говорящего*); herúnter, heráb (*по направлению к говорящему*); спускáться ~ hinúntersteigen* *vi* (s), hinúntergehen* *vi* (s); ~ по лéстнице treppáb; плыть ~ по течéнию flußáb(wärts) [stromáb(-wärts)] schwímmen* (*о пловце*); mit dem Strom schwímmen* (*о пловце, брёвнах и т. п.*); flußáb(wärts) [stromáb(wärts)] fáhren* (*о судне или человеке на судне*); ~ по Вóлге die Wólga ábwärts; свéрху ~ von óben nach únten; von óben heráb

внизу́ *нареч.* **1.** únten; **2.** *в знач. предлога* únter (*D*); ~ письмá былá дáта únter dem Brief stand das Dátum

вникáть, вни́кнуть éindringen* *vi* (s) (во что-л. in *A*); ergründen *vt*; ~ в суть дéла in das Wésen éiner Sáche éindringen *; den Kern éiner Sáche ergründen [erfórschen]; ~ во все детáли etw. bis ins Éinzelne erfórschen, auf álle Éinzelheiten éingehen*

внимáни||е *с* **1.** Áufmerksamkeit *f*; обрати́ть ~е на когó-л., на что-л. die Áufmerksamkeit auf j-n, auf etw. (*A*) ríchten, sein Áugenmerk auf j-n, auf etw. (*A*) ríchten; etw. beáchten, auf etw. (*A*) áchten; обрати́ть осóбое ~е sein Háuptaugenmerk ríchten (auf *A*); обрати́ть чьё-л. ~е на что-л. j-n auf etw. (*A*) áufmerksam máchen, j-s Áufmerksamkeit auf etw. (*A*) lénken; достóйный ~я beáchtenswert, beáchtlich; э́то заслу́живает ~я das verdíent Beáchtung, das ist beáchtenswert; ускользну́ть от ~я der Áufmerksamkeit entgéhen*; быть в цéнтре ~я im Míttelpunkt der Áufmerksamkeit stéhen*; удели́ть ~е Áufmerksamkeit schénken; приня́ть во ~е in Betrácht [Erwägung] zíehen*; berücksichtigen *vt*; остáвить без ~я (*ошибки и т. п.*) áußer acht lássen*, nicht bemérken; in den Wind schlágen*, únter den Tisch fállen lássen* (*разг.*); привлекáть ~е die Áufmerksamkeit [die Beáchtung, das Áugenmerk] auf sich zíehen* [lénken]; von sich spréchen máchen; обращáть на себя́ ~е áuffällig sein; **2.** (*предупредительность*) Áufmerksamkeit *f* (10); пóльзоваться ~ем Beáchtung fínden*; окáзывать ~е Áufmerksamkeiten erwéisen*; zuvórkommend sein (*быть предупредительным*); ◇ принимáя во ~е in Erwägung (*G*), mit Rücksicht (auf *A*), únter Berücksichtigung (*G*); не принимáя во ~е ábgerechnet; он весь ~е er ist ganz Áuge und Ohr, er ist voll gespánnter Áufmerksamkeit; ~е! Áchtung!

внимáтельн||ость *ж* **1.** Áchtsamkeit *f*; áufmerksames [áchtsames] Verhálten (*внимательное отношение*); **2.** (*любезность*) Líebenswürdigkeit *f* (10), Zuvórkommenheit *f* (10); **~ый 1.** áufmerksam, áchtsam; **2.** (*любезный*) rücksichtsvoll, líebenswürdig, zuvórkommend

внимáть *уст.* láuschen *vi*, ánhören *vt*

вничью́ *нареч.*: игрá закóнчилась ~ *спорт.* das Spiel éndete únentschieden; сыгрáть ~ *шахм.* remis [rə'mi:] máchen; пáртия окóнчилась ~ die Partíe éndete mit Remis [rə'mi:]

вновь *нареч.* **1.** von néuem (*снова*); nóchmals, wíeder (*ещё раз*); всё ~ и ~ ímmer wíeder; ~ создáнное издéлие Néuentwicklung *f* (10), néuentwickeltes Erzéugnis; **~ при́нятый** wíeder áufgenommen; **2.** (*недавно*) únlängst, vor kúrzem; ~ прибы́вший vor kúrzem ángekommen, néuangekommen; ~ назнáченный néuernannt

вноси́ть *см.* внести́

внук *м* **1.** Énkel *m* (6), Énkelsohn *m* (1*); **2.** *мн.* ~и (*потомки*) Náchkommen *pl*

вну́тренн||е *нареч.* ínnerlich; ínnen; **~ий 1.** ínner; ínwendig (*с внутренней стороны*); *перен.* ínnerlich, éigentlich; ~яя болéзнь ínnere Kránkheit; ~яя секрéция *физиол.* ínnere Sekretión; для ~его употреблéния (*о лекарстве*) ínnerlich ánzuwenden; ~ие резéрвы ínnere Resérven [-vən]; ~яя резьбá Ínnengewinde *n* (6); ~ие вóды Bínnengewässer *pl*; ~ий вóдный путь Bínnenwasserstraße *f* (11); ~ее мóре Bínnenmeer *n* (2); рыболóвство во ~их вóдах Bínnenfischerei *f*; ~яя отдéлка (*здания*) Ínnenausbau *m* -es; ~яя дорóжка *спорт.* Ínnenbahn *f* (10); ~ие переживáния ínneres Erlében; ~ий гóлос ínnere Stímme; ~ие причи́ны ínnere Gründe; ~ие закóны разви́тия языкá die ínneren [immanénten] Entwícklungsgesetze der Spráche; ~ий смысл слов der éigentliche Sinn der Wórte; ~яя фóрма *лингв.* ínnere Spráchform; **2.** (*в пределах одного государства*) Ínnen-; Bínnen-; Ínlands-; ~яя поли́тика Ínnenpolitik *f*; ~яя торгóвля Bínnenhandel *m* -s; ~ий ры́нок Bínnenmarkt *m* (1*); министéрство ~их дел Ínnenministerium *n* -s, -ri|en, Ministérium für ínnere Ángelegenheiten

вну́тренности *мн. анат.* ínnere Orgáne, Éingeweide *pl*; Inneréien *pl*, Gedärme *pl* (*кишки*)

вну́тренность *ж* das Ínnere (*sub*); ~ здáния das Ínnere des Gebäudes

внутри́ 1. *нареч.* ínnen, drínnen; все находи́лись ~ álle wáren drínnen; **2.** *предлог* ínnerhalb, im Ínneren; ~ чегó-л. in (*D*); ~ госудáрства im Ínneren des Stáates; ~ страны́ im Ínland

внутриáтомный *физ.* ínneratomar

внутривéнн||ый intravenös [-ve-]: ~ое вливáние Veneninjektion ['ve:-] *f* (10)

внутригородск||óй ínnerstädtisch; ~óе движéние ínnerstädtischer Verkéhr

внутригосудáрственный ínnerstaatlich, ínnerhalb [im Beréich] des Stáates

внутриевропéйский ínnereuropä|isch, ínnerhalb Európas

внутризаводскóй Betríebs-, ínnerbetrieblich; ~ трáнспорт ínnerbetrieblicher Transpórt

внутриинституту́тский institútsintern, ínnerhalb des Institúts [der Hóchschule]

внутриклáссовый *полит.* ínnerhalb éiner Klásse

внутриклéточный *биол.* intrazellulár, intrazellulär

внутриконтинентáльн||ый *геогр.* küstenfern; ~ое госудáрство Bínnenstaat *m* (8)

внутриматерикóвый *см.* внутриконтинентáльный

внутримолекуля́рный intramolekulár

внутримы́шечный intramuskulär

внутриотраслевóй ínnerhalb des Wírtschaftszweigs, zwéiggebunden

внутрипарти́йн||ый ínnerparteilich; ~ая демокрáтия die ínnerparteiliche Demokratíe

внутриполити́ческий ínnerpolitisch, ínnenpolitisch

внутрипромы́шленный ínnerhalb der Industríe

внутрия́дерный *физ.* intranukleár

внутрь 1. *нареч.* nach ínnen; приня́ть лекáрство ~ éine Arznéi éinnehmen*; **2.** *предлог* in; ins Ínnere; ~ чегó-л. in (*A*), in (*A*) hinéin; **войти́ ~ дóма** in das Haus (hinéin)géhen*

внучáт||а *мн* Énkelkinder *pl*; **~ный:** ~ный племя́нник Gróßneffe *m* (9), ~ная племя́нница Gróßnichte *f* (11)

вну́ч||ек *м* (*уменьш. ласк. от* внук) Énkel *m* (6); Énkelkind *n* (5); **~ка** *ж* Énkelin *f* (12); Énkelkind *n* (5); Énkeltochter *f*, *pl* -töchter; **~óнок** *м см.* внýчек

внуш||áемость *ж* Suggestiónsempfänglichkeit *f*, Empfänglichkeit für Suggestión; **~áть** *см.* внуши́ть; он ~áет мне отвращéние er wídert mich an; **~éние** *с* **1.** Suggestión *f*; лечи́ть ~éнием durch Suggestión kuríeren; легкó поддавáться ~éнию sich leicht beéinflussen lássen*, leicht beéinflußbar sein; **2.** (*настояние*) Éingebung *f* (10), Ánraten *n* -s; Éinflüsterung *f* (10) (*нашёптывание*); по ~éнию друзéй auf Ánraten der Fréunde; **3.** (*выговор*) Ermáhnung *f* (10), Verwéis *m* (1); сдéлать стрóгое ~éние комý-л. j-m éinen stréngen Verwéis ertéilen; **~и́тельный** éindrucksvoll, náchdrücklich; bedéutend, imponíerend, imposánt (*значительный, заметный*); ~и́тельный рост imponíerender Wuchs, státtliche Größe; **~и́ть 1.** éinflößen *vt*, éinschärfen *vt*; ~и́ть комý-л. что-л. j-m etw. éinflößen [éinschärfen], j-m etw. auf die Séele bínden*; ~и́ть страх комý-л. j-m Furcht éinflößen; ~и́ть тревóгу Ánlaß zur Besórgnis gében*; ~и́ть уважéние Áchtung éinflößen; **2.** (*мысли, убеждения*) éingeben* *vt*, suggeríeren *vt* (*подсказать*); éinschärfen *vt*; éinflüstern *vt*, éinblasen* (*что-л. отрицательное*)

вня́тн||ость *ж* Déutlichkeit *f*, Klárheit *f*; Verständlichkeit *f* (*понятность*); **~ый** hörbar, vernéhmbar, vernéhmlich, déutlich, klar (*ясный*); ~ая речь déutliche Spréchweise [Áussprache]

внять *уст. поэт.* erhören *vt*, vernéhmen* *vt* (*услышать*); hören *vi* (комý-л. auf *A*), gehórchen *vi* (*D*) (*послушаться*); ◇ ~ прóсьбе éine Bítte erhören [erfüllen]

во *см.* в; ◇ во цвéте лет in der Blüte der Jáhre; во всеуслы́шание laut; öffentlich, vor állen Óhren; во что бы то ни стáло um jéden Preis; es kóste, was es wólle; во и́мя im Námen (*G*); um (*G*) wíllen; во главé an der Spítze

вóбла *ж* Wóbla *f* (*Rutilus rutilis*)

вобрáть éinsaugen(*) (*чаще по слаб. спр.*) *vt*, áufsaugen(*) (*чаще по слаб. спр.*) *vt*; *перен.* in sich áufnehmen*; ~ в себя́ вóду das Wásser áufsaugen(*); **~ся** sich éinsaugen(*) (*чаще по слаб. спр.*) (*о жидкости*)

вовéк(и) éwig

вовлекáть *см.* вовлéчь; **~ся 1.** *см.* вовлéчься; **2.** *страд.* zúgezogen wérden (*ср.* вовлéчь)

вовлечéние *с* Heránziehung *f*, Zúziehung *f*; Éinbeziehung *f*; ~ широ́ких масс в управлéние госудáрством die Éinbeziehung der bréiten Mássen in die Léitung des Stáates

вовлéчь 1. (*привлечь к участию в работе*) heránziehen* *vt*, zúziehen* *vt* (во что-л. zu *D*); ~ в общéственную рабóту zur geséllschaftlichen Árbeit heránziehen*; **2.** (*склонить к чему-л.*) verléiten *vt* (во что-л. zu *D*); ~ в преступлéние zum Verbréchen verléiten; ~ в нóвую войнý in éinen néuen Krieg hinéinziehen*; **~ся** híngerissen wérden

вовнé *нареч.* áußen, dráußen

вовнýтрь *нареч. разг.* hinéin, nach ínnen

вóвремя *нареч.* réchtzeitig, zur (réchten) Zeit; gelégen, zu gelégener [geéigneter] Zeit (*кстати*); он всегда́ явля́ется ~ 1) er kommt ímmer réchtzeitig; 2) (*кстати*) er kommt ímmer zu gelégener Zeit; он явля́ется всегда́ не ~ 1) er kommt ímmer zur Únzeit; 2) (*некстати*) er kommt ímmer úngelegen

во́все *нареч.*: ~ не(т) gar nicht, ganz und gar nicht, durcháus nicht, kéineswegs, nicht im léisesten, nicht im geríngsten

вовсю́ *нареч. разг.* aus áller Kraft; mit áller Macht; aus Léibeskräften; was das Zeug hält

во-вторы́х *вводн. сл.* zwéitens

вогна́ть *разг.* hinéinjagen *vt*, hinéintreiben* *vt*; éinschlagen* *vt* (*гвоздь и т. п.*); ◇ ~ в гроб кого́-л. j-n ins Grab bríngen*; ~ в кра́ску кого́-л. j-m die Schámröte ins Gesícht tréiben*; ~ в пот кого́-л. j-n in Schweiß bríngen*, j-n schwítzen lássen*

во́гнут||ость *ж* Konkavität [-vi-] *f*; Höhlung *f* (10); **~ый** konkáv, hohl; ~ое зе́ркало konkáver [-vər] Spiegel, Hóhlspiegel *m* (6)

вогну́ть (hin)éinbiegen* *vt*; **~ся** sich éinbiegen*, sich éinwärts bíegen*

вод||а́ *ж* Wásser *n* (6); водопрово́дная ~а́ Léitungswasser *n*; газиро́ванная ~а́ Sélterswasser *n*, Sódawasser *n*; грунтова́я [подзе́мная] ~а́ Grúndwasser *n*; жёсткая ~а́ hártes Wásser; ключева́я ~а́ Quéllwasser *n*; минера́льная ~а́ Minerálwasser *n* -s, -wässer; морска́я ~а́ Méerwasser *n*; отрабо́танная ~а́ *тех.* Ábwasser *n* -s, -wässer; питьева́я ~а́ Trínkwasser *n*; пре́сная ~а́ Süßwasser *n*; прото́чная ~а́ fließendes Wásser; радиоакти́вная ~а́ radioaktíves [-vəs] Wásser; речна́я ~а́ Flúßwasser *n*; све́жая ~а́ Fríschwasser *n*; солёная ~а́ Sálzwasser *n*; солонова́тая ~а́ Bráckwasser *n*; стоя́чая ~а́ stéhendes Gewässer, tótes Wásser; сыра́я ~а́ róhes [úngekochtes] Wásser; та́лая ~а́ Schmélzwasser *n*; тяжёлая ~а́ *спец.* schwéres Wásser; хозя́йственная ~а́ Bráuchwasser *n*; е́хать ~о́й zu Wásser [auf dem Séeweg] fáhren* [réisen]; путеше́ствие по ~е́ Schíffsreise *f* (11); ◇ ка́мень чи́стой ~ы́ ein Édelstein von réinem Wásser; их ~о́й не разольёшь sie sind únzertrennlich, sie hängen wie die Klétten aneinánder; с него́ как с гу́ся ~а́ das ist ihm schnúppe; das läßt ihn kalt; как в во́ду ка́нуть spúrlos verschwínden*; вы́йти сухи́м из ~ы́ mit héiler Haut davónkommen*; выводи́ть кого́-л. на чи́стую во́ду j-n entlárven, j-n überfǘhren; j-s Míssetaten ans Tágeslicht bríngen*; с тех по́р мно́го ~ы́ утекло́ seitdém ist schon viel Wásser vom Bérge geflóssen; ещё мно́го ~ы́ утечёт bis dahín läuft noch viel Wásser den Berg hinúnter; толо́чь во́ду в сту́пе ≅ léeres Stroh dréschen* (*о праздном разговоре*); Wásser ins Meer trágen* (*о ненужной работе*); он и ~ы́ не замути́т er sieht aus, als könnte er kein Wässerlein trüben; он прошёл сквозь ого́нь и во́ду er ist mit állen Wássern gewáschen; в его́ докла́де бы́ло мно́го ~ы́ *ирон.* sein Bericht war ziemlich inhaltsarm; как в во́ду опу́щенный tráurig, bedrückt, níedergeschlagen; концы́ в во́ду álle Spúren sind verwíscht; в му́тной ~е́ ры́бу лови́ть im trüben físchen; лить во́ду на чью-л. ме́льницу Wásser auf j-s Mühle gießen*; *см. тж.* во́ды

водвор||е́ние *с* **1.** (*поселение*) Ánsiedlung *f* (10); **2.** (*порядка и т. п.*) Scháffung *f*; **~и́ть 1.** (*поселить*) ánsiedeln *vt*; hinéinsetzen *vt*; **2.** (*установить*): ~и́ть поря́док Órdnung scháffen; **~и́ться** (*поселиться*) sich ánsiedeln, sich (häuslich) níederlassen*; **~я́ть** *см.* водвори́ть; **~я́ться 1.** *см.* водвори́ться; **2.** *страд.* ángesiedelt wérden; éingeführt wérden (*о порядке*)

водеви́ль *м* Síngspiel *n* (2)

води́тель *м* Fáhrer *m* (6); Kráftfahrer *m* (6) (*шофёр*)

води́тель||ский: ~ские права́ Fáhrerlaubnis *f*, Führerschein *m* (1)

води́тельство *с* Führung *f*, Léitung *f*, Lénkung *f*; под ~м кого́-л. únter Führung von (*D*)

води́ть *см.* вести́ 1, 5; ◇ ~ за́ нос an der Náse herúmführen, auf den Arm néhmen*; **~ся 1.** *разг.* (*дружить с кем-л.*) verkéhren *vi*, Úmgang háben (mit *D*); es mit j-m hálten*; **2.** (*иметься, встречаться*): в э́том лесу́ во́дится мно́го ди́чи in díesem Wáld(e) gibt es viel Wild; ◇ э́то за ним во́дится das ist so séine Maníer; как во́дится wie üblich, wie es Bráuch ist

во́дка *ж* Bránntwein *m* (1); Schnaps *m* (1*) (*разг.*); Wódka *m* -s, -s; ◇ ца́рская ~ *хим.* Königswasser *n* -s

во́дник *м* in der Schíffahrt (*при переносе* Schiff-fahrt) Beschäftigte *m* (14); Bínnenschiffer *m* (6) (*речник*); Séemann *m* -(e)s, -leute (*моряк*)

воднолы́жник *м* Wásserschisportler *m* (6), Wásserschiläufer *m* (6)

во́дно-мото́рный: ~ спорт Motórwassersport *m* -(e)s

во́дно-спаса́тельный Wásserrettungs-

во́дно-спорти́вный Wássersport-

во́дн||ый Wásser-; гла́вная ~ая магистра́ль Háuptwasserader *f* (11); ~ый путь Wásserweg *m* (1); ~ым путём auf dem Wásserweg(e); ~ый тра́нспорт Schíffsverkehr *m* -s; ~ое по́ло Wásserball *m* -(e)s; ~ые лы́жи (*вид спорта*) Wásserschisport *m* -(e) s, Wásserschilaufen *n* -s

водобоя́знь *ж мед.* Tóllwut *f*

водовмести́лище *с* Wásserbehälter *m* (6); Wásserreservoir [-,vŏa:r] *n* (2)

водово́д *м* Wásser(zu)leitung *f* (10); Gerínne *n* (6) (*безнапорный*)

водово́з *м* **1.** Trínkwasserfuhrmann *m* (4); **2.** (*машина*) Wássertankwagen *m* (7); **~ный:** ~ная бо́чка Wássertonne *f* (11)

водоворо́т *м* Wásserwirbel *m* (6), Strúdel *m* (6); *перен.* Wírbel *m*, Strúdel *m*; ~ собы́тий der Wírbel [der Strúdel] der Eréignisse

водогрязелече́бница *ж* Wásser- und Móorbadeanstalt *f* (10)

водоём *м* **1.** Wásserbehälter *m* (6), Wásserreservoir [-,voa:r] *n* (2); ~ для разведе́ния ры́бы Físchteich *m* (1); **2.** *мн.* ~ы *собир.* Gewässer *pl*; вну́тренние ~ы (*водные богатства*) Bínnengewässer *pl*

водоёмкость *ж* Wásseraufnahmefähigkeit *f*

водозабо́р *м* Wásserentnahme *f* (11)

водоизмери́тельный Wássermeß-

водоизмеще́ние *с мор.* Wásserverdrängung *f*, Deplacement [*фр.* deplas'mã] *n* -s, Ráuminhalt *m* -(e)s; су́дно ~м в 200 тонн ein Schiff mit 200 Tónnen Wásserverdrängung

водока́чка *ж* Púmpenhaus *n*, Schöpfwerk *n* (2)

водола́з *м* **1.** Táucher *m* (6); **2.** (*собака*) Neufúndländer *m* (6)

водола́зка *ж* Róllkragenpullover [-vər] *m* (6)

водола́зный Táucher-; ~ ко́локол Táucherglocke *f* (11); ~ костю́м Táucheranzug *m* (1*)

водоле́й *м разг.* (*болтун*) Schwätzer *m* (6)

Водоле́й *м астр.* Wássermann *m* -(e)s

водо||лече́бница *ж* Wásserheilanstalt *f* (10); **~лече́бный** hydropáthisch; hydrotherapéutisch; **~лече́ние** Hydrotherapíe *f*, Wásserheilkunde *f*; Wásserkur *f*; **~люби́вый** *бот.* hydrophíl; **~ме́р** *м тех.* Wásserzähler *m* (6); Wásseruhr *f* (10); **~ме́рный:** ~ме́рное стекло́ Wásserstandsglas *n* (5); ~ме́рная тру́бка Wásserstandsanzeiger *m* (6); **~мёт** *м* Wásserwerfer *m* (6); **~мо́ина** *ж* Erosiónskessel *m* (6); **~наливно́й:** ~наливно́е су́дно Wássertransportschiff *n* (2); **~напо́рный** Wásser(druck)-; ~напо́рная ба́шня Wásserturm *m* (1*); **~насы́щенность** *ж* Wássersättigung *f*

водонепроница́ем||ость *ж* Wásserdichtheit *f*, Wásserdichtigkeit *f* Wásserundurchlässigkeit *f*; **~ый** wásserdicht, wásserundurchlässig; ~ая ткань wásserdichter Stoff; ~ая перебо́рка *мор.* wásserdichtes Schott

водоно́с *м* Wásserträger *m* (6); **~ность** *ж* Wásserführung *f* (*рек*); Ergíebigkeit *f* (*источника, колодца*); **~ный** *геол.* wásserhaltig, wasserführend

водо||обеспе́ченность *ж* Wásserversorgung *f*; **~обме́н** *м* Wásserwechsel *m* -s, Wásseraustausch *m* -es; **~опресни́тель** *м* Séewasserentsalzungsanlage *f* (11), Süßwasserbereiter *m* (6)

водоотво́д *м* Wásserableitung *f* (10), Wásserabzug *m* (1*); Ábzugsgraben *m* (7*); **~ный** Wásserableitungs-; ~ный кана́л Wásserableitungskanal *m* -s, -näle, Wásserabzugskanal *m*

водо||отда́ча *ж* Wásserabgabe *f*; **~отдели́тель** *м* Wásserabscheider *m* (6); **~отли́в** *м* Wásserhaltung *f*, Entwässerung *f* (10); **~отли́вный** Wásserhaltungs-, Entwässerungs-; Wásserlösungs-; ~отли́вная што́льня *горн.* Wásserlösungsstollen *m* (7), Wásserabflußstollen *m*; ~отли́вный насо́с *мор.* Lénzpumpe *f* (11); Wásserpumpe *f*; **~отта́лкивающий** wásserabstoßend, wásserabweisend; **~охлажде́ние** *с* Wásserkühlung *f*; **~очисти́тель** *м* Wásserreiniger *m* (6), Wásserfilter *m*, *n* (6); **~очи́стка** *ж* Wásserreinigung *f*, Wásseraufbereitung *f*

водопа́д *м* Wásserfall *m* (1*)

водопла́вающ||ий: ~ая пти́ца *собир.* Wásservögel *pl*

водо||поглоще́ние *с* Wásseraufnahme *f*; **~подгото́вка** *ж* Wásseraufbereitung *f*; **~подогрева́тель** *м* Wásservorwärmer *m* (6)

водоподъёмн||ик *м* Wásserpumpwerk *n* (2), Wásserschöpfwerk *n*; **~ый** Wásserpump-

водопо́й *м* Tränke *f* (11), Tränkstelle *f* (11)

водо||по́льзование *с* Wássernutzung *f*; **~потребле́ние** *с* Wásserverbrauch *m* -(e)s; **~приёмник** *м* Wásserentnahmestelle *f* (11)

водопрово́д *м* Wásserleitung *f* (10); **~ный** Wásserleitungs-; ~ная сеть Wásserleitungsnetz *n* (2); ~ная труба́ Wásserleitungsrohr *n* (2); ~ный кран Wásserhahn *m* (1*); ~ная вода́ Léitungswasser *n* -s

водопрово́дчик *м* Wásserleitungsinstallateur [-,tø:r] *m* (1)

водо||проница́емость *ж* Wásserdurchlässigkeit *f*; **~проница́емый** wásserdurchlässig; **~разбо́р** *м* Wásserentnahme *f*; Wásserverteilung *f*; **~разбо́рный:**

~разбóрная колóнка Wásserentnahmestelle *f* (11); **~раздéл** *м геогр.* Wásserscheide *f* (11); **~растворѝмый** wásserlöslich

водорéз *м мор.* Bug *m* (1*)

водорóд *м* Wásserstoff *m* -(e)s (*хим. знак* H); тяжёлый ~ schwérer Wásserstoff, Deutérium *n* -s; **~истый** *хим.* -hydrid *n* (1); ~истый нáтрий Nátriumhydrid *n*; **~ный** Wásserstoff-; ~ная бóмба Wásserstoffbombe *f* (11), H-Bombe]'ha:-] *f*; ~ный показáтель pH-Wert [pe:'ha:-] *m* (1)

вóдоросль *ж* Tang *m* (1), Álge *f* (11); морскáя ~ Séetang *m*

водо||сбóр *м* **1.** *геогр.* Sámmelgebiet *n* (2), Strómgebiet *n*, Quéllgebiet *n*, Éinzugsgebiet *n*; **2.** *гидр.* Wássersammler *m* (6), Wássersammelanlage *f* (11); **3.** *бот.* Akeléi *f* (10); **~сбóрник** *м см.* водосбóр **2**; **~сбóрный** *гидр.* wássersammelnd; wásserfassend; ~сбóрная галерéя wásserfassende Galeríe; ~сбóрный бассéйн Wássersammelbecken *n* (7); **~сбрóс** *м гидр.* Überfallmauer *f*; Wásserentlastungsüberfall *m*; пáводковый ~сбрóс Hóchwasserablaß *m* -sses, -lässe; **~слѝв** *м гидр.* Überlauf *m* (1*); Wásserüberfall *m* (1*); **~снабжéние** *с* Wásserversorgung *f*; **~спýск** *м гидр.* Wásserablaß *m* -sses, -lässe

водостóйкий wásserfest, wásserbeständig

водостó||к *м* Wásserabfluß *m* -sses, -flüsse; Ábflußrinne *f* (11) (*жёлоб*); Ábflußgraben *m* (7*) (*канава*); Rínnsal *n* (2) (*канавка*); Ábflußröhre *f* (11), Dáchrinne *f* (*с крыши*); **~чный** Wásserabfluß-; ~чный жёлоб Ábflußrinne *f* (11), Tráufe (11); Dáchrinne *f* (*вдоль крыши*); ~чная трубá Ábflußrohr *n* (2); ~чная канáва Ábflußgraben *m* (7*)

водотерапѝя *ж* Hýdrotherapie *f*

водотóк *м* Wásserlauf *m* (1*)

водотрýбный: ~ котёл *тех.* Wásserrohrkessel *m* (6)

водоупóрный wásserbeständig, wásserfest; ~ клей wásserfester Leim

водохранѝлище *с* Wásserbehälter *m* (6); Wásserspeicher *m* (6); Stáubecken *n* (7), Wássersammelbecken *n*; Stáusee *m* (13) (*крупное*); Брáтское ~ Brátsker Stáusee

водочерпáлка *ж тех.* Wásserschöpfmaschine *f* (11)

вóдочный Bránntwein-; Schnaps-; ~ завóд Bránntweinbrennerei *f* (10), Schnápsbrennerei *f*

водружáть *см.* водрузѝть; **~ся 1.** *см.* водрузѝться; **2.** *страд.* áufgestellt [áufgepflanzt] wérden

водрузѝть áufrichten *vt*, áufstellen *vt*, áufpflanzen *vt*; ~ знáмя das Bánner [die Fáhne] áufpflanzen [híssen, áufziehen*]; **~ся** sich áufrichten, sich áufpflanzen

вóды *мн.* **1.** (*водные пространства*) Gewässer *pl*; Wássermassen *pl*; территориáльные ~ Hóheitsgewässer *pl*; Territoriálgewässer *pl*; внýтренние ~ Bínnengewässer *pl*; прибрéжные ~ Küstengewässer *pl*; **2.** (*курорт с минеральными источниками*) Kúrort *m* (1), Bad *n* (5); éхать на ~ ins Bad réisen; лечѝться вóдами Brúnnen trínken*; **3.:** стóчные ~ Ábwässer *pl*; *см. тж.* водá

водянѝст||ость *ж* **1.** Wässerigkeit *f*; **2.** *перен.* Blässe *f*, Áusdruckslosigkeit *f*, Kráftlosigkeit *f*; **~ый 1.** wässerig; **2.** *перен.* blaß, áusdruckslos, kráftlos

водя́нка *ж мед.* Wássersucht *f*, Hýdrops *m* =, Hydropsíe *f*

водян||óй I *прил. в разн. знач.* Wásser-; ~óе отоплéние Wásserheizung *f* (10); ~áя бáня *хим.* Wásserbad *n* (5); ~óй смерч Wásserhose *f* (11); ~ы́е растéния Wásserpflanzen *pl*; ~ы́е птѝцы Wásservögel *pl*; ~áя мéльница Wássermühle *f* (11); ◇ ~óй знак Wásserzeichen *n* (7)

водянóй II *сущ. м фольк.* Nix *m* (1); Wássermann *m* (4)

водя́ночный *мед.* **1.:** ~ отёк Wásserödem *n* (2); **2.** *разг.* (*о больном водянкой*) wássersüchtig

воевáть 1. Krieg führen; kämpfen *vi* (*бороться*); **2.** *разг.* (*ссориться*) sich zánken, stréiten* *vi*; онѝ ужé с утрá вою́ют sie zánken sich vom Mórgen an

воевóд||а *м* **1.** *ист.* Héerführer *m* (6); **2.** (*в Польше*) Wojewóde *m* (9); **~ство** *с* Wojewódschaft *f* (10) (*в Польше*)

воединó *нареч.* zusámmen

военачáльник *м* Féldherr *m* (8), Héerführer *m* (6)

военврáч *м* (воéнный врач) Militärarzt *m* (1*), Trúppenarzt *m*

военизáция *ж* Militarisíerung *f*; Ánpassung *f* an die Erfórdernisse des Krieges; ~áция промы́шленности Úmstellung *f* der Industríe auf Kríegszwecke; **~ѝрованный** militarisíert, Militär-; páramilitärisch; **~ѝровать** militarisíeren *vt*

военкóм *м* (воéнный комиссáр) Léiter *m* des Wéhrkommandos

военкомáт *м* (воéнный комиссариáт) Wéhrkommando *n* -s, -s, городскóй ~ Stádtwehrkommando *n*

военкóр *м* (воéнный корреспондéнт) Kríegsberichter *m* (6), Militärkorrespondent *m* (8), Kríegsberichterstatter *m* (6)

воéнно-воздýшн||ый Luft-; ~ые сѝлы (*сокр.* ВВС) Lúftstreitkräfte *pl* (*сокр.* LSK)

воéнно-истори́ческий militärhistorisch, kríegsgeschichtlich

воéнно-морск||óй Maríne-, Kríegsmarine-; ~óй флот (*сокр.* ВМФ) Séekriegsflotte *f* (11) (*сокр.* SKF); Kríegsmarine *f* (11), Maríne *f*; ~ѝе сѝлы (*сокр.* ВМС) Séestreitkräfte *pl* (*сокр.* SSK); ~áя бáза (*сокр.* ВМБ, вмб) Marínebasis *f*, *pl* -sen, Flóttenstützpunkt *m* (1)

военно||обя́занный *м* Wéhr(dienst)pflichtige *m* (14); **~плéнный** *м* Kríegsgefangene *m* (14)

воéнно-полевóй: ~ суд Féldgericht *n* (2), Stándgericht *n*

воéнно-политѝческий militärpolitisch

воéнно-промы́шленный: ~ кóмплекс der militärisch-industriélle Kompléx

воéнно-революциóнный: ~ комитéт revolutionäres [-vo-] Kríegskomitee

воéнно-санитáрн||ый Militärsanitäts-; ~ое дéло Militärsanitätswesen *n* -s; ~ый склад Militärsanitätslager *n* (6)

военнослýжащ||ая *ж* wéibliche Militärangehörige *f* (14); **~ий** *м* Arméeangehörige *m* (14), Militärangehörige *m*; Militärperson *f* (10); ~ие *собир.* Militär *n* -s

воéнно-спортѝвный wéhrsportlich, Wéhrsport-

воéнно-стратегѝческий militärstrategisch

воéнно-технѝческий militärtechnisch

воéнно-учéбн||ый: ~ое заведéние militärische Léhranstalt

воéнно-экономѝческий kríegswirtschaftlich; ~ потенциáл kríegswirtschaftliches Potentiál

воéнн||ый *прил.* **1.** Militär-, Kriegs-, militärisch; ~ое врéмя Kríegszeit *f* (10); ~ая слýжба Wéhrdienst *m* -es, Militärdienst *m*; ~ый завóд Rüstungsbetrieb *m* (1); ~ое положéние Kríegszustand *m* -(e)s; перевестѝ на ~ое положéние auf den Krieg [auf Kríegsproduktion] úmstellen, in den Kríegszustand versétzen; ~ый бюджéт Militärbudget [-by,dʒe:] *n* -s, -s, Militärhaushalt *m* (1); ~ые расхóды Rüstungsausgaben *pl*; ~ые приготовлéния Kríegsvorbereitungen; ~ый óкруг (*сокр.* ВО) Militärbezirk *m* (1) (*сокр.* МВ); ~ый совéт Militärrat *m* (1*); ~ый сою́з Militärbündnis *n* (3*); ~ый корáбль Kríegsschiff *n* (2); ~ая акадéмия Militärakademie *f* (11); ~ое учѝлище militärische Léhranstalt, Offizíersschule *f* (11); ~ое искýсство Kríegskunst *f*; ~ая хѝтрость Kríegslist *f*; ~ый престýпник Kríegsverbrecher *m* (6); прекращéние ~ых дéйствий Éinstellung *f* der Kämpfhandlungen; **2.** *в знач. сущ. м* Militärperson *f* (10)

военпрéд *м* (воéнный представѝтель) Militär-Ábnahmebeauftragte *m* (14)

военрýк *м* (воéнный руководѝтель) Léiter *m* (6) der vórmilitärischen Áusbildung

военсовéт *м* (воéнный совéт) Militärrat *m* (1*); *ист.* Kríegsrat *m*

военспéц *м* (воéнный специалѝст) Militärfachmann *m* -(e)s, -leute, Militärspezialist *m* (8)

военторг *м* Militärhandelsorganisation *f* (10), Hándelsbetrieb *m* (1) zur Versórgung der Stréitkräfte

воéнщина *ж собир. неодобр.* Militärclique [-,kli:kə] *f*, Kriegstreiber *pl*, militärische Führungsclique, Militärklüngel *m* (6), Militarístenklüngel *m*; Soldatéska *f*

вожáк *м* **1.** (*руководитель*) Ánführer *m* (6), Führer *m*, Léiter *m* (6); **2.** (*проводник*) Führer *m* (6), Begléiter *m* (6); ~ медвéдя Bärenführer *m*; ~ слепóго Blíndenführer *m*; **3.** (*животное — вожак стада*) Léittier *n* (2)

вожáтая *ж* (*пионерского отряда или дружины*) Pioníerleiterin *f* (12)

вожáтый *м* **1.** (*вагоновожатый*) Stráßenbahnfahrer *m* (6), Fáhrer *m*; **2.** (*пионерского отряда или дружины*) Pioníerleiter *m* (6)

вожделéн||ие *с* Begíer *f*; Lüsternheit *f*, Begéhrlichkeit *f* (*плотское*); Begíerde *f* (11) (nach *D*), stárkes [héißes] Verlángen (*страстное желание*); **~ный** *уст.* héißersehnt, héißbegehrt

вождéние *с* **1.** Führen *n* -s, Léiten *n* -s (*тж. воен.*); **2.** (*поездов*) Fáhren *n* -s, Führen *n* -s; (*автомашин, танков и т. п.*) Fáhren *n* -s, Fáhrweise *f*; (*судов*) Stéuern *n* -s; (*самолётов*) Führen *n*, Lénken *n* -s; Steuern *n* (*пилотирование*); ~ тяжеловéсных поездóв das Fáhren von Schwérlastzügen

вождь *м* Führer *m* (6)

вожж||á *ж* **1.** Pférdeleine *f* (11); **2.** *мн.* вóжжи Zügel *pl*; натянýть вóжжи *тж. перен.* die Zügel (straff) ánziehen*

воз *м* **1.** Führe *f* (11), Führwerk *n* (2), Wágen *m* (7), Léiterwagen *m*; **2.** (*мера*) Fúder *n* (6), Führe *f* (11); ~ дров éine Führe Holz, ein Wágen Holz; ~ сéна ein Fúder Heu; **3.** *разг.* (*множество*) Ménge *f* (11), ein Sack voll; ~ новостéй ein Sack voll Néuigkeiten; ◇ что с ~а упáло, то пропáло *погов.* ≅ hin ist hin! verlóren ist verlóren!

возбранять *уст.* verbíeten* *vt*; unterságen *vt*; **~ся** *б. ч. безл. уст.* verbóten [unterságt] sein; э́то не возбраня́ется das ist erláubt

возбудѝм||ость *ж* Errégbarkeit *f*;

Réizbarkeit *f*; **~ый** errégbar, leicht errégt; réizbar

возбуди́тель *м* **1.** Erréger *m* (6); **2.** *мед.* Erréger *m* (6), Stímulans *n* =, *pl* -lánzi;en *u* -lántia; ~ болéзни Kránkheitserreger *m*; ~ инфéкции Infektiónserreger *m*; ~ дизентери́и Rúhrerreger *m*; **3.** *эл.* Erréger *m* (6), Errégermaschine *f* (11)

возбуди́ть **1.** (*вызвать*) errégen *vt*, ánregen *vt*, hervórrufen* *vt*, réizen *vt*; ~ любопы́тство Néugier errégen; ~ аппети́т den Appetít ánregen; ~ подозрéние Verdácht errégen [hervórrufen*]; **2.** (*восстановить кого-л. против чего-л.*) áufreizen *vt*; áufstacheln *vt*, áufwiegeln *vt*; áufputschen *vt*; **3.** (*привести в состояние нервного подъёма*) áufstacheln *vt*, áufpeitschen *vt*; ~ нéрвы die Nérven áufpeitschen; **4.** (*предлагать для решения, обсуждения*) ánregen *vt*; ~ вопрóс éine Fráge áufwerfen*; éine Fráge zur Spráche bríngen*; ~ ходáтайство ein Gesúch éinreichen; ~ иск [дéло] *юр.* éinen Prozéß ánstrengen, ein Verfáhren [éine Kláge] éinleiten; ~ уголóвное дéло ein Stráfverfahren éinleiten; **~ся** errégt [áufgeregt] wérden; in Áufregung [Errégung] gerâten*

возбужд||а́ть *см.* возбуди́ть; **~а́ться** **1.** *см.* возбуди́ться; **2.** *страд.* hervórgerufen wérden; áufgereizt [áufgestachelt, áufgewiegelt] wérden; **~а́ющий** errégend, ánregend, réizend; ~а́ющее срéдство *мед.* stimulíerendes Míttel; **~éние** *с* **1.** (*действие*) Réizung *f*, Ánregung *f*; Áufreizung *f*, Áufwiegelung *f*, Áufstachelung *f* (*против кого-л.*); ~éние уголóвного дéла die Éinleitung éines Stráfverfahrens; **2.** (*состояние*) Errégung *f* (10), Áufregung *f* (10), Errégtheit *f*; быть в си́льном ~éнии in héftiger Errégung sein, áufgeregt [héftig errégt] sein

возведéние *с* **1.** (*здания*) Errríchtung *f*; **2.** *мат.*: ~ в стéпень Potenzíeren *n* -s, Erhébung *f* in éine Poténz; ~ в куб Kubíeren *n* -s

возвели́чивать, возвели́чить lóben *vt*, rühmen *vt*, lóbpreisen* *неотд. vt*

возвести́ **1.** (*построить*) erríchten *vt*, (áuf)báuen *vt*, áufführen *vt*; **2.** *мат.*: ~ в стéпень potenzíeren *vt*, in éine Poténz erhében*; ~ в куб kubíeren *vt*; **3.** (*установить происхождение*) ábleiten *vt*, hérleiten *vt* (*к чему-л.* von *D*); **4.** *уст.* (*поднять*) erhében* *vt*; ~ óчи (к нéбу) den Blick (zum Hímmel) erhében*; **5.** *уст.* (*кого-л. в сан, должность и т. п.*) j-m éine Würde [ein Amt] verléihen*; ◇ ~ в при́нцип что-л. sich (*D*) etw. zum Prinzíp máchen; etw. zum Prinzíp erhében*; ~ клеветý [напрáслину] на когó-л. j-n verléumden, j-m etw. ándichten; ~ обвинéние на когó-л. j-n beschúldigen (в чём-л. *G*), gégen j-n éine Ánschuldigung vórbringen*

возвести́ть, возвещáть verkünden *vt*

возводи́ть *см.* возвести́

возврáт *м* **1.** Rückkehr *f*; ~ болéзни Rückfall *m* (1*), Rezidív *n* (2); **2.** Rückgabe *f* (*имущества*); Rückzahlung *f*, Rückerstattung *f* (*суммы денег*); Rücksendung *f* (*товара*); *тех.* Rückführung *f*, Rücklauf *m* -(e)s, Rückzug *m* -(e)s; ~ бyты́лок Fláschenrückgabe *f*; ~ порóжней тáры Léergutrücklauf *m*; ~ карéтки (*у пишущей машинки*) Wágenrücklauf *m*; **~и́ть** zurückgeben* *vt*; zurücksenden* *vt*; zurückzahlen *vt*, zurückerstatten *vt* (*деньги, издержки*); ~и́ть здорóвье séine Gesúndheit wiederhérstellen; ~и́ть себé уважéние sich (*D*) die Áchtung zurückgewinnen*; ~и́ть когó-л. с дорóги j-n von der Réise zurückrufen*; **~и́ться** zurückkehren *vi* (s), zurückkommen* *vi* (s), wíederkehren *vi* (s); пóздно ~и́ться домóй spät nach Háuse kómmen*; ~и́ться на рóдину in die Héimat zurückkehren, héimkehren *отд. vi* (s); ~и́ться к рабóте den Dienst [die Stélle, das Amt] wíeder ántreten*, die Árbeit wíeder;áuf;nehmen*; ~и́ться к вопрóсу auf die Fráge zurückkommen*

возврáтно-поступáтельн||ый hín- und hérgehend; ~ое движéние hín- und hérgehende Bewégung

возврáтн||ый **1.** *мед.* wíederkehrend; Rückfall-, rückläufig, rückfällig; ~ый тиф Rückfalltyphus *m* =; **2.**: ~ый глагóл reflexíves [-vəs] Verb [verp], rückbezügliches Zéitwort; ~ое местоимéние Reflexívpronomen *n* -s, *pl* = *u* -mina, rückbezügliches Fürwort; **3.** *фин.* rückzahlbar; ~ая ссýда rückzahlbares Dárlehen

возвращ||áть *см.* возврати́ть; **~áться** **1.** *см.* возврати́ться; **2.** *страд.* zurückgegeben [zurückerstattet, zurückgezahlt] wérden; **~éние** *с* **1.** Rückkehr *f*, Rückkunft *f*; ~éние домóй, ~éние на рóдину Héimkehr *f*; **2.** Rückgabe *f* (*имущества*); Rückerstattung *f* (10), Rückzahlung *f* (10) (*денег*)

возвы́си||ть erhöhen *vt*; ◇ ~ть гóлос die Stímme erhében*; **~ться** stéigen* *vi* (s); он óчень ~лся в мои́х глазáх er ist in méinen Áugen sehr gestíegen

возвыш||áть *см.* возвы́сить; **~áться** **1.** sich erhében*; **2.** *страд.* erhöht [erhóben] wérden; **~éние** *с* **1.** (*действие*) Hébung *f*; *перен.* Erhöhung *f*; **2.** (*высокое место*) Erhöhung *f* (10)

возвы́шенн||ость *ж* **1.** (*гора*) Lándrücken *m* (7); Plátte *f* (11); Erhébung *f* (10); Ánhöhe *f* (11), Höhe *f*, Erhöhung *f* (10); Валдáйская ~ость Waldáihöhe *f*, Waldáiplatte *f*; Привóлжская ~ость Wólgaplatte *f*; Среднерýсская ~ость Míttelrussische Plátte; **2.** (*мыслей и т. п.*) Erhábenheit *f*; **~ый** **1.** hoch gelégen, erhöht; **2.** *перен.* hoch, erháben

возглáвить *см.* возглавля́ть 1

возглавля́ть **1.** (*становиться во главе*) an die Spítze tréten*; sich an die Spítze stéllen; **2.** (*быть во главе*) léiten *vt*, führen *vt*, vórstehen* *vi* (*D*); an der Spítze stéhen*; in den érsten Réihen stéhen*; ~ мáссы die Mássen führen; ~ делегáцию die Delegatión léiten; ~ рабóту éine Árbeit léiten

вóзглас *м* Áusruf *m* (1), Ruf *m*; ~ы с мест Zwíschenrufe *pl*; ~ы рáдости Fréudenrufe *pl*; **~и́ть** *уст.* (laut) verkünden *vt*, kúnd;tun* *отд. vt*

возглашáть *см.* возгласи́ть

возгóн||ка *ж хим.* Sublimatión *f* (10); **~я́ть** *хим.* sublimíeren *vt*

возгорáем||ость *ж спец.* Entflámmbarkeit *f*; **~ый** *спец.* entflámmbar

возгорáться *см.* возгорéться

возгорди́ться stolz [hóchmütig] wérden (**чем-л.** auf *A*)

возгорéться **1.** sich entzünden, entflámmen *vi* (s); **2.** (*любовью и т. п.*) entflámmen *vi* (s)

воздавáть, воздáть: ~ комý-л. по заслýгам j-n nach Verdíenst behándeln; ~ пóчести Éhrenbezeigungen erwéisen*; ~ комý-л. дóлжное j-m gében*, was ihm gebührt; j-n gebührend éinschätzen; j-m Geréchtigkeit widerfáhren lássen*, j-m gerécht wérden; ~ добрóм за зло Böses mit Gútem vergélten*

воздая́ние *с уст.* Vergéltung *f* (10); Belóhnung *f* (10) (*за заслуги*)

воздвигáть, воздви́гнуть erríchten *vt*, erbáuen *vt*; ~ пáмятник éin Dénkmal erríchten; воздви́гнуть прегрáды Híndernisse áuftürmen

воздéйств||ие *с* Éinwirkung *f* (10); Éinfluß *m* -sses, -flüsse (*влияние*); воспитáтельное ~ие erzíeherische Éinwirkung, erzíeherischer Éinfluß; обрáтное ~ие Rückwirkung *f*; побóчное ~ие Nébenwirkung *f*; температýрное ~ие Temperatúreinwirkung *f*; ~ие на мáссы Mássenbeeinflussung *f*; возмущáющее ~ие *эл.* Störgröße *f*; управля́ющее ~ие *эл.* Führungsgröße *f*; оказáть морáльное ~ие éinen morálischen Éinfluß áusüben; примени́ть физи́ческое ~ие Gewált ánwenden*; **~овать** éinwirken *vi* (на когó-л. auf *A*); beéinflussen *vt* (*влиять*)

возделáть **1.** (*почву*) (Land) bebáuen *vt*; bestéllen *vt*; **2.** (*растения*) kultivíeren [-'vi:-] *vt*

возделывание *с с.-х.* Ánbau *m* -(e)s, Kultúr *f*; ~ кукурýзы на си́лос Sílomaisanbau *m*; одновремéнное ~ различных культýр Polykultúr *f*

возде́лывать *см.* воздéлать

воздержá||вшийся: при двух ~вшихся bei zwei Stímmenthaltungen; **~ние** *с* Entháltsamkeit *f*, Abstinénz *f*; Mäßigung *f*, Mäßigkeit *f* (*умеренность*)

воздéрж||анность *ж* Entháltsamkeit *f*; Mäßigkeit *f* (*умеренность*); **~анный** entháltsam; mäßig (*умеренный*); **~áться, ~иваться** **1.** sich enthálten* (от чегó-л. *G*); entságen *vi* (от чегó-л. *D*); sich mäßigen; Ábstand néhmen* (от чегó-л. von *D*); ~áться при голосовáнии sich der Stímme enthálten*; **2.** *разг.* (*отказаться от предложения*) ábsagen *vi*, áblehnen *vt*

вóздух *м* Luft *f* (3); жи́дкий *физ.* flüssige Luft; кондициони́рованный ~ klimatisíerte Luft; пусковóй ~ *тех.* Ánlaßluft *f*; рудни́чный ~ *горн.* Wétter *pl*; сжáтый ~ *тех.*, *физ.* Drúckluft *f*, Préßluft *f*; тёплый ~ Wármluft *f*; холóдный ~ Káltluft *f*; давлéние ~а Lúftdruck *m* -(e)s; выкáчивать ~ *физ.* die Luft áuspumpen; госпóдство в ~е Lúftherrschaft *f*; по ~у auf dem Lúftweg; ◇ идéя носи́лась в ~е die Idée lag in der Luft; на (откры́том) ~е an der (fríschen) Luft; на свéжем ~е im Fréien; дышáть ~ом (frísche) Luft schöpfen; ~! *воен.* Flíegeralarm!; подня́ть на ~ spréngen *vt*

воздухо||вóз *м горн.* Drúckluftlokomotive [-və] *f* (11); **~дýвка** *ж тех.* Gebläse *n* (6); **~забóрник** *м ав.* Lúftansaugstutzen *m* (7); Lúftfänger *m* (6); **~мéр** *м физ.* Lúftmesser *m* (6); Aerométer *n* (6)

воздухонагнетáтельный: ~ насóс *тех.* Drúckluftpumpe *f* (11)

воздухо||нагревáтель *м* Lúfterhitzer *m* (6); *мет.* Winderhitzer *m*; **~охлади́тель** *м* Lúftkühler *m* (6); **~очисти́тель** *м* Lúftfilter *m*, *n* (6)

воздухоплáва||ние *с* Lúftfahrt *f*; **~тель** *м* Lúftschiffer *m* (6); **~тельный** Lúftschiffer-

воздухоподготóвка *ж тепл.* Lúftaufbereitung *f*

воздухоподогревáтель *м* Lúftvorwärmer *m* (6)

воздухопровóдн||ый *тех.* Lúftzuführungs-, Lúftzuleitungs-, Lúftzufuhr-; ~ая трубá Lúftzuführungsrohr *n* (2)

воздухопроница́емый lúftdurchlässig

возду́шник *м спец.* Entlüftungsrohr *n* (2)

возду́шно-деса́нтн||ый Lúftlande-; ~ая опера́ция Lúftlandeoperation *f* (10); ~ые войска́ Lúftlandetruppen *pl*

возду́шно-косми́ческий Lúft- und Ráumfahrt-

возду́шно-реакти́вный: ~ дви́гатель Lúftstrahltriebwerk *n* (2)

возду́шн||ый 1. Luft-; ~ая ата́ка, ~ый налёт Lúftangriff *m* (1); ~ый бой Lúftkampf (1*); ~ый винт *ав.* Lúftschraube *f* (11), Propéller *m* (6); ~ый выключа́тель *эл.* Lúftschalter *m* (6); ~ый ка́бель Lúftkabel *n* (6); ~ый кана́л Lúftschacht *m* (1*); ~ый мост Lúftbrücke *f* (11); ~ый насо́с *тех.* Lúftpumpe *f* (11); ~ый пара́д Lúftparade *f* (11); ~ая поду́шка *тех.* Lúftkissen *n* (7); ~ый пото́к Lúftstrom *m* (1*), Lúftzug *m* (1*); ~ая по́чта Lúftpost *f*; ~ая прово́дка *эл.* Fréileitung *f*; ~ое простра́нство Lúftraum *m* -(e)s; ~ая разве́дка Lúftaufklärung *f* (10); ~ое сообще́ние Lúftverkehr *m* -(e)s; ~ая трево́га Lúftalarm *m* (1), Fliegeralarm *m*; ~ый флот Lúftflotte *f* (11); ~ый шар Lúftballon [-ˌlɔŋ] *m* -s, -s; ~ая я́ма *ав.* Fállbö *f* (10); ~ым путём auf dem Lúftwege; **2.** (*лёгкий*) lúftig, leicht; ~ое пла́тье ein lúftiges Kleid; **3.:** ~ая кукуру́за Púffmais *m* -es; ◇ ~ые за́мки Lúftschlösser *pl*; Schlösser, die im Mond líegen; ~ый поцелу́й Kúßhand *f* (3); посла́ть кому́-л. ~ый поцелу́й j-m éine Kúßhand zúwerfen*

воззва́ние *с* Áufruf *m* (1); Appéll *m* (1)

воззва́ть *уст. см.* взыва́ть

воззре́ние *с* Ánsicht *f* (10), Ánschauung (10); Méinung *f* (10) (*мнение*)

воззри́ться *разг.* (únverwandt) ánsehen* *vt*, den Blick héften (auf *A*)

вози́ть *см.* везти́ I 1

вози́ться *разг.* **1.** (*заниматься*) hantíeren *vi* (с чем-л. mit *D*); sich (*D*) zu scháffen máchen, sich ábgeben*, sich ábmühen, séine líebe Not háben (с кем-л., с чем-л. mit *D*); (herúm)fúmmeln *vi* (с чем-л. an *D*); herúmwirtschaften *vi* (*заниматься мелочами*); **2.** (*медлить*) trödeln *vi*, záudern *vi*, lángsam árbeiten; **3.** (*о детях*) sich bálgen, tóben *vi*

во́зка *ж разг.* Fáhren *n* -s, Transpórt *m* (1)

возлага́ть *см.* возложи́ть; ◇ ~ больши́е наде́жды на кого́-л., на что-л. gróße Hóffnungen auf j-n, auf etw. (*A*) sétzen

во́зле 1. *нареч.* danében; **2.** *предлог* nében, an (*A на вопрос «куда»?, D на вопрос «где»?*); bei (*D*)

возлежа́ть *уст. поэт., теперь шутл.* dahíngestreckt líegen* [rúhen]

возле́чь *уст. поэт., теперь шутл.* sich níederlegen, sich hínstrecken

ликова́ть áufjubeln *vi*, in Júbel áusbrechen*

возлия́ние *с шутл.* Zéchgelage *n* (6); Zecheréi *f* (10)

возложе́ние *с:* ~ венко́в Kránzniederlegung *f* (10)

возложи́ть 1. níederlegen *vt*; ~ вено́к на моги́лу éinen Kranz am Grabe níederlegen; **2.** *перен.* áuferlegen *vt* (на кого́-л. *D*); ~ поруче́ние на кого́-л. j-m éinen Áuftrag gében* [ertéilen]; j-n beáuftragen; ~ отве́тственность на кого́-л. j-n verántwortlich máchen, j-m die Verántwortung übertrágen*; ~ вину́ на кого́-л. j-n für schúldig eráchten

возлюби́ть *уст.* líeb|gewinnen* *отд. vt*, ins Herz schlíeßen*

возлю́бленн||ая *прил.* **1.** gelíebte, héißgeliebte; **2.** *в знач. сущ. ж* Gelíebte *f* (14); ~**ый** *прил.* **1.** gelíebt, héißgeliebt; **2.** *в знач. сущ. м* Gelíebte *m* (14)

возме́здие *с* Vergéltung *f*; Stráfe *f* (11) (*кара*); он получи́л ~ die Vergéltung eréilte ihn

возмести́ть ersétzen *vt*, entschädigen *vt* (кому́-л. что-л. j-n für *A*); wiedergútmachen (*impf* máchte wíeder gut, *part II* wiedergútgemacht) *vt* (*ущерб, убыток, причинённый кому-л.*); ~ поте́рю éinen Verlúst áusgleichen* [wéttmachen *отд.*], für éinen Verlúst áufkommen*; ~ расхо́ды die Spésen ersétzen; ~ деньга́ми in Geld ersétzen; ~ убы́ток Schádenersatz léisten, den Scháden ersétzen, für den Scháden áufkommen*; entschädigen *vt*

возмечта́ть: ~ о себе́ *разг. уст.* sich (*D*) viel éinbilden, sich étwas Größes dünken, éingebildet [dünkelhaft] sein

возмещ||а́ть *см.* возмести́ть; ~**е́ние** *с* Ersátz *m* -(e)s, Entschädigung *f* (10); Entgélt *n* -(e)s; ~е́ние убы́тков Schádenersatz *m*, Schádenvergütung *f* (10); ~е́ние затра́т Áufwandsentschädigung *f*; ~е́ние изде́ржек Kósten(rück)erstattung *f*

возмо́жн||о 1. *предик. безл.* möglich, es kann sein; э́то весьма́ ~о das ist leicht möglich; е́сли ~о wenn möglich; наско́лько ~о sowéit möglich; **2.** *в знач. вводн. сл.* vielléicht; ~о, меня не бу́дет до́ма vielléicht bin ich nicht zu Háuse; **3.** *нареч.* möglichst; womöglich; ~о скоре́е so schnell wie (nur írgend) möglich; möglichst schnell; ~о лу́чше so gut wie (nur írgend) möglich; прийти́ ~о скоре́е so bald wie möglich kómmen*; ~**ость** *ж* **1.** Möglichkeit *f* (10); ~ость сбы́та Ábsatzmöglichkeit *f*; ~ость э́кспорта Expórtmöglichkeit *f*; есть ~ость es bestéht die Möglichkeit; появи́лась ~ость es ergáb sich die Möglichkeit; предоста́вить ~ость éine Gelégenheit bíeten*; дать ~ость кому́-л. j-n in den Stand sétzen, j-m ermöglichen; упусти́ть ~ость éine Gelégenheit versäumen [verpássen]; éine Möglichkeit áußer acht lássen*; име́ть ~ость die Möglichkeit háben, imstánde sein; **2.** *мн.* ~ости Áussichten *pl*, Möglichkeiten *pl*; у него́ больши́е ~ости er hat güte Áussichten; материа́льные ~ости Míttel *pl*; Géldmittel *pl*; произво́дственные ~ости Produktiónsmöglichkeiten *pl*, die industriéllen Möglichkeiten; страна́ неограни́ченных ~осте́й das Land der únbegrenzten Möglichkeiten; ◇ по ~ости, по ме́ре ~ости nach Möglichkeit, nach Kräften; при пе́рвой ~ости bei érster Gelégenheit [Möglichkeit]; so bald wie möglich; ~**ый** möglich; étwa¦ig; dénkbar (*мыслимый*); eventuéll [-vɛn-] (*при тех или других обстоятельствах*); сде́лать всё ~ое sein Möglichstes [Béstes] tun*, álles Erdénkliche tun*; в преде́лах ~ого im Beréich des Möglichen

возмужа́||лость *ж* Männbarkeit *f*, Réife *f*; ~**лый** männbar; erwáchsen; вы́глядеть ~лым erwáchsen áussehen*; ~**ть 1.** männbar wérden; **2.** (*окрепнуть — о детях*) wáchsen* *vi* (s), groß wérden

возмути́тельный empörend

возмути́ть 1. (*вывести из себя*) empören *vt*; entrüsten *vt*; erzürnen *vt*, áufbringen* *vt* (*рассердить*); **2.** *уст.* (*побудить к восстанию*) áufwiegeln *vt*, áufhetzen *vt*, zum Áufstand [zur Empörung] réizen; ~**ся 1.** (*выйти из себя*) sich empören, áuffahren* *vi* (s); in Hárnisch gerâten*; **2.** *уст.* (*восстать*) sich empören, sich erhében*

возмущ||а́ть(ся) *см.* возмути́ть(ся); ~**е́ние** *с* **1.** (*негодование*) Empörung *f*, Entrüstung *f*; вы́звать ~е́ние Empörung áuslösen; **2.** *уст.* (*восстание*) Empörung *f* (10); Áufstand *m* (1*), Áufruhr *m* (1); **3.** *астр., физ.* Ábweichung *f* (10), Schwánkung *f* (10); магни́тное ~е́ние magnétischer Sturm; **4.** *метеор., тех.* Únregelmäßigkeit *f* (10), Störung *f* (10); грозово́е ~е́ние Gewítterstörung *f*; ~**ённый** empört, entrüstet

вознагради́ть, вознагражда́ть belóhnen *vt*; entlóhnen *vt*; entgélten* *vt*, entschädigen *vt* (*возместить*); ~ себя́ за что-л. sich für etw. (*A*) entschädigen, sich für etw. (*A*) schádlos hálten*

вознагражде́ние *с* **1.** (*награда*) Belóhnung *f* (10); поощри́тельное [премиа́льное] ~ Prämi¦e *f* (11); **2.** (*плата за труд*) Bezáhlung *f*, Entlóhnung *f*; Entgélt *n* -(e)s; Árbeitsentgelt *n*, Árbeitslohn *m* -(e)s, Árbeitsvergütung *f* (10); Honorár *n* (2) (*гонорар*); комиссио́нное ~ Kommissiónsgebühr *f* (10), Provisión [-vi-] *f* (10); за ~ gégen Bezáhlung

вознаме́ри(ва)ться *уст.* beábsichtigen *vt*, die Ábsicht háben [hégen]; beschlíeßen* *vt* (*решиться*)

вознегодова́ть únwillig wérden, in Zorn gerâten*

возненави́деть hássen *vt*; zu hássen begínnen*; Haß gégen j-n hégen

вознесе́ние *с рел.* Hímmelfahrt *f*

вознести́ erhében* *vt*, hében* *vt*; ~ до небе́с *ирон.* in den Hímmel hében*; ~**сь 1.** *поэт.* (*подняться ввысь*) sich empórschwingen*; empórstreben *vi* (s), sich (hin)áufschwingen*; empórragen *vi* (über *A*) (*возвышаться*); **2.** *разг.* (*возгордиться*) sich (*D*) viel éinbilden, sich brüsten, stolz [hóchmütig] sein

возник||а́ть *см.* возни́кнуть; ~**нове́ние** *с* Entstéhung *f*; ~нове́ние жи́зни на Земле́ die Entstéhung des Lébens auf der Érde

возни́к||нуть entstéhen* *vi* (s), áufkommen* *vi* (s); ins Dásein tréten* (*зарождаться*); ~ли сомне́ния Zwéifel kámen mir [stíegen mir auf]; возни́к вопро́с die Fráge entstánd [táuchte auf]; у него́ ~ла мысль er kam auf den Gedánken, es fiel ihm ein; вновь ~ший néuerstanden

возни́ца *м уст.* Kútscher *m* (6), Fúhrmann *m* (4) (*pl тж.* -leute)

возноси́ть(ся) *см.* вознести́(сь)

возн||я́ *ж разг.* **1.** Spektákel *m* -s; Gepólter *n* -s, Lärm *m* -(e)s (*шум*); Balgeréi *f* (10) (*драка в шутку*); **2.** (*хлопоты*) Scherereíen *pl*; у меня́ мно́го ~и́ с э́тим ich hábe damít álle Hände voll zu tun, das verúrsacht mir viel Mühe [Schereréi]

возоблада́ть *уст.* die Óberhand gewínnen*

возобнови́ть ernéuern *vt*; wiederáufnehmen* (*impf* nahm wíeder auf, *part II* wiederáufgenommen) *vt*; ~ знако́мство éine Bekánntschaft áuffrischen [wiederáufnehmen*]; ~ разгово́р auf ein Gespräch zurückkommen*; ~ дру́жбу éine Fréundschaft áuffrischen [wiederbeleben]; ~ заня́тие éine Beschäftigung wiederáufnehmen*; ~ перегово́ры die Verhándlungen wiederáufnehmen* [wiederéinleiten]; ~ пье́су ein Theáterstück wiederáufführen [néuaufführen]; ~ подпи́ску das Abonnement [-'maŋ] ernéuern; ~ догово́р den Vertrág ernéuern; **~ся** wíeder ánfangen*

возобновл||е́ние *с* Ernéuerung *f* (10); Áuffrischung *f* (*знакомства*); Wiederáufnahme *f* (*занятия, разговора*); Wíederbelebung *f* (10) (*дружбы*); Wiederáufführung (10), Néuaufführung *f*, Néuinszenierung *f* (10) (*пьесы*); ~е́ние де́ла *юр.* Wiederáufnahme des Verfáhrens; **~я́ть** *см.* возобнови́ть; **~я́ться 1.** *см.* возобнови́ться; **2.** *страд.* ernéuert wérden; wiederáufgenommen wérden

возо́к *м уст.* Schlíttenkutsche *f* (11)

возомни́ть: ~ о себе́ *ирон.* sich (*D*) (zu) viel éinbilden; sich viel dünken

возраж||а́ть *см.* возрази́ть; Éinwendungen erhében*, Éinspruch erhében* (*заявлять протест*); не ~а́ю ich hábe nichts dagégen; не ~а́й! kéine Wíderrede!

возраже́ние *с* Éinwand *m* (1*), Éinwendung *f* (10), Éinwurf *m* (1*) (*замечание*); Éinspruch *m* (1*), Erwíderung *f* (10), Entgégnung *f* (10) (*ответ*); Wíderspruch *m*, Wíderrede *f* (11) (*несогласие*); опрове́ргнуть ~е́ния die Éinwände entkräften [widerlégen]; без ~е́ний! óhne Wíderrede!; ~е́ний не после́довало es erhób sich kein Wíderspruch; es erfólgte kein Éinspruch; не терпе́ть ~е́ний kéinen Wíderspruch dúlden; ~е́ний нет? hat jémand étwas éinzuwenden?

возрази́ть erwídern *vt*, entgégnen *vt* (*ответить*); widerspréchen* *vi* (*противоречить*); éinwenden* *vt* (*заметить, отметить*); как мо́гут ~ es mag uns entgégengehalten wérden

во́зраст *м* Álter *n* -s, Lébensalter *n*; Áltersstufe *f* (11); преде́льный ~ Áltersgrenze *f* (11); Höchstalter *n*; шко́льный ~ Schúlalter *n*; грудно́й ~ Säuglingsalter *n*; де́тский ~ Kíndesalter *n*; дошко́льный ~ Vórschulalter *n*; перехо́дный ~ Wéchseljahre *pl*; сре́дний ~ Dúrchschnittsalter *n*; пенсио́нный ~ Réntenalter *n*; прекло́нный ~ Gréisenalter *n*, hóhes Álter; призывно́й ~ Éinberufungsalter *n*; в пожило́м ~е bei Jáhren; челове́к пожило́го ~а ein bejáhrter Mensch; челове́к прекло́нного ~а ein hóchbetagter [hóchbejahrter] Mensch; одного́ ~а gléichalt(e)rig; всех ~ов áller Áltersstufen; лю́ди ра́зного ~а Ménschen verschíedener Áltersstufen; де́вушка на ~е *разг.* erwáchsenes Mädchen; не по ~у развито́й ребёнок frühreifes Kind

возраст||а́ние *с* Ánwachsen *n* -s, Wáchstum *n* -(e)s; Stéigen *n* -s; Zúnahme *f*; ~а́ние полити́ческого влия́ния die Zúnahme des polítischen Éinflusses; ~а́ние дохо́дов Éinkommenszuwachs *m* -es, die Zúnahme des Éinkommens; ~а́ние цен Préiserhöhung *f*, Préissteigerung *f*, das Stéigen der Préise; в поря́дке ~а́ния in áufsteigender Réihenfolge; **~а́ть** ánwachsen* *vi* (s), wáchsen* *vi* (s); zúnehmen* *vi*; stéigen* *vi* (s) (*о ценах*); **~а́ющий** ánwachsend, wáchsend; zúnehmend; ~а́ющая ско́рость *физ.* zúnehmende [wáchsende] Geschwíndigkeit; ~а́ющая прогре́ссия *мат.* stéigende Réihe

возрасти́ *см.* возраста́ть

возрастн||о́й Álters-; áltersmäßig; ~ы́е гру́ппы Áltersstufen *pl*; Áltersgruppen *pl*; ~ы́е явле́ния Álterserscheinungen *pl*; ~о́й соста́в áltersmäßige Zusámmensetzung, Áltersgliederung *f* (10); ~о́й преде́л Áltersgrenze *f* (11)

возроди́ть wíederbeleben *vt*, wíedererstehen lássen* *vt*; ernéuern *vt* (*возобновить*); áufwärmen *vt* (*ирон. о чём-л. дурном*); ~ к жи́зни ins Lében zurückrufen*; fríschen Lébensmut éinflößen (кого́-л. *D*); возрождённый го́род die néuerstandene Stadt; **~ся** wiederáuf¦leben *отд. vi* (s), wiederáuf¦kommen* *отд. vi* (s), wíedererstehen* *vi* (s)

возрожд||а́ть *см.* возроди́ть; **~а́ться 1.** *см.* возроди́ться; **2.** *страд.* wíederbelebt wérden; ernéuert wérden (*возобновиться*); **~е́ние** *с* **1.** Wíedergeburt *f*; Wíederbelebung *f*; Wiederáufleben *n* -s, Wiederáufblühen *n* -s; Wíedererstehen *n* -s, Wiederáufrichtung *f* (10), Wiederhóchkommen *n* -s (*чего-л. разрушенного*); Ernéuerung *f* (10) (*возобновление*); национа́льное ~е́ние die nationále Wíedergeburt; **2.** *ист.*: эпо́ха Возрожде́ния die Renaissance [*фр.* rənɛ'sãs]; ра́ннее Возрожде́ние Frührenaissance *f*

возро́сш||ий gestíegen; ~ие потре́бности gewáchsene Bedürfnisse

во́зчик *м* Fúhrmann *m* (4) (*pl тж.* -leute)

возыме́ть háben* *vt*; bekómmen* *vt*; ~ жела́ние Lust bekómmen*; ~ наме́рение éine Ábsicht háben; ◇ ~ де́йствие ein Ergébnis zéitigen; Früchte trágen*; ~ си́лу in Kraft tréten*

во́ин *м* Kämpfer (6), Soldát *m* (8); ~-освободи́тель Befréier *m* (6)

во́инск||ий Militär-; militärisch; Wehr-; ~ая дисципли́на militärische Disziplín; ~ая обя́занность Militär(dienst)pflicht *f*; Wéhrpflicht *f*

во́инственн||ость *ж* Kämpflust *f*, kríegerischer Geist; **~ый** kríegerisch, kämpflustig; ~ый вид kríegerisches Áussehen

во́инство *с высок.* Heer *n* (2)

вои́нствующий stréitbar, kämpferisch, militánt; kríegslüstern, ángriffslüstern (*агрессивный*); ~ материали́зм der stréitbare Materialísmus

вои́стину *нареч. уст.* wírklich, wahrháftig; in der Tat, in Wírklichkeit

вои́тель *м поэт.* Kämpfer *m* (6), Kríeger *m* (6)

вой *м* Gehéul *n* -(e)s, Héulen *n* -s

во́йло||к *м* Filz *m* (1); **~чный** Filz-, aus Filz; ~чные ту́фли Fílzpantinen *pl*, Filzpantoffeln *pl*

войн||а́ *ж* **1.** Krieg *m* (1); Вели́кая Оте́чественная ~а́ der Gróße Váterländische Krieg; наро́дная ~а́ Vólkskrieg *m*; партиза́нская ~а́ Partisánenkrieg *m*; гражда́нская ~а́ Bürgerkrieg *m*; мирова́я ~а́ Wéltkrieg *m*; империалисти́ческая ~а́ imperialístischer Krieg; крестья́нская ~а́ Báuernkrieg *m*; грабительская ~а́ Ráubkrieg *m*; захва́тническая ~а́ Eróberungskrieg *m*; молниено́сная ~а́ Blítzkrieg *m*; ~а́ на два фро́нта Zweifróntenkrieg *m*; оборони́тельная ~а́ Vertéidigungskrieg *m*; Defensívkrieg *m*; манёвренная ~а́ Bewégungskrieg *m*; позицио́нная ~а́ Stéllungskrieg *m*; хими́ческая ~а́ chémischer Krieg; ~а́ в во́здухе Lúftkrieg *m*; а́томная ~а́ Atómkrieg *m*; а́томная, биологи́ческая и хими́ческая ~а́ ABC-Krieg [a:be:'tse:-] *m*; раке́тно-я́дерная ~а́ Rakéten-Kérnwaffenkrieg *m*; я́дерная ~а́ Kérnwaffenkrieg *m*; холо́дная ~а́ kálter Krieg; ~а́ за незави́симость Únabhängigkeitskrieg *m*; вести́ ~у́ Krieg führen; вступи́ть в ~у́ in den Krieg éintreten*; развяза́ть ~у́ éinen Krieg entfésseln; идти́ на ~у́ in den Krieg zíehen*; вы́вести из ~ы́ aus dem Krieg áusschalten; прекраще́ние состоя́ния ~ы́ Áufhebung [Beéndigung] des Kríegszustandes; **2.** *перен.* Kampf *m* (1*), Krieg *m* (1); **~а́ с сами́м собо́й** der Kampf mit sich selbst

войска́ *мн.* Trúppen *pl*; Stréitkräfte *pl*; регуля́рные ~ reguläre Trúppen; ~ свя́зи Náchrichtentruppen *pl*; инжене́рные ~ Pioníere *pl*; Pioníertruppen *pl*; бронета́нковые ~ Pánzertruppen *pl*; раке́тные ~ Rakétentruppen *pl*; деса́нтные ~ *мор.* Lándungstruppen *pl*; *ав.* Lándetruppen *pl*; ка́дровые ~ Kérntruppen *pl*, Stámmtruppen *pl*; оккупацио́нные ~ Besátzungstruppen *pl*, Okkupatiónstruppen *pl*; пограни́чные ~ Grénztruppen *pl*; скопле́ние войск Trúppenbereitstellung *f*; Trúppenkonzentration *f* (*концентрация*)

во́йско *с* Heer *n* (2); наёмное ~ Söldnerheer *n*

войсков||о́й Trúppen-; ~а́я часть Trúppenteil *m* (1)

войти́ 1. hinéinkommen* *vi* (s) (*по направлению от говорящего*); heréinkommen* *vi* (s) (*по направлению к говорящему*); éintreten* *vi* (s); éinsteigen* *vi* (s) (*в вагон и т. п.*); éindringen* *vi* (s) (*проникнуть*); ~ в помеще́ние éinen Raum betréten*; войди́те! (*ответ на стук в дверь*) heréin!; ~ в га́вань (*о судне*) in den Háfen éinlaufen*, den Háfen ánlaufen*; **2.** (*уместиться*) hinéingehen* *vi* (s); hinéinpassen *vi*; **3.** (*в комитет и т. п.*) béitreten* *vi* (s) (*D*), Mítglied wérden; ~ в вое́нный блок éinem Militärblock béitreten*; ◇ ~ с предложе́нием *офиц.* éinen Ántrag stéllen; éinen Vórschlag unterbréiten; ~ в суд с хода́тайством bei Gerícht vórstellig wérden; ~ в сноше́ния Verbíndungen ánknüpfen, in Verbíndung tréten*; ~ во вкус чего́-л. an etw. (*D*) Gefállen fínden*; ~ в дета́ли ins Éinzelne géhen*, auf Éinzelheiten éingehen*; ~ в роль sich in éine Rólle éinfühlen; ~ в суть де́ла in das Wésen der Sáche éindringen*; ~ в дове́рие Vertráuen erwérben*; ~ в чьё-л. положе́ние sich in j-s Láge [an j-s Stélle] versétzen; ~ в aза́рт in Éifer geráten*; ~ в долги́ in Schúlden geráten*; ~ в си́лу [в де́йствие] in Kraft tréten*; ~ в исто́рию in die Geschíchte éingehen*; ~ в привы́чку zur Gewóhnheit wérden; ~ в быт sich éinbürgern; ~ в погово́рку sprichwörtlich wérden; ~ в употребле́ние [в обихо́д] zum alltäglichen Gebráuchsgegenstand wérden; ~ в мо́ду in Móde kómmen*, Móde wérden

вока́була *ж лингв.* Vokábel [vo-] *f* (11)

вокал||иза́ция *ж муз.* Vokalisatión [vo-] *f* (10); **~и́зм** *м лингв.* Vokalísmus [vo-] *m* =; **~и́ст** *м муз.* Vokalíst [vo-] *m* (8)

вока́льно-инструмента́льный: ~ анса́мбль Vokál-Instrumentál-Ensemble [-aŋ,sa:mbəl] *n* -s,-s

вока́льн||ый *муз.* vokál [vo-], Vokál-; **~ый** ве́чер Gesángsabend *m* (1); ~ая му́зыка Vokálmusik *f*; ~ые спосо́бности [да́нные] gesángliche Fähigkeiten

вокати́в *м грам.* Vokativ ['vo:-] *m* (1)

вокза́л *м* Báhnhof *m* (1*); центра́льный ~ Háuptbahnhof *m*; речно́й [морско́й] ~ das Empfángsgebäude [Háfengebäude] der Fáhrgastflotte

воко́дер *м свз.* Vocoder ['vo:-] *m* (6)

вокру́г 1. *нареч.* ringsúm, ringsherúm, ríngsumher; **2.** *предлог* um (*A*), um... (*A*) herúm; Земля́ дви́жется ~ Со́лнца die Érde kreist um die Sónne; ~ го́рода um die Stadt herúm; ~ **нас** rings um uns her

вол *м* Óchse *m* (9); рабо́чий ~ Zúgochse *m*; ◇ он рабо́тает как ~ er schúftet; er árbeitet, was das Zeug hält; er árbeitet wie ein Pferd

вола́н *м* **1.** Fálbel *f* (11), Besátz *m* (1*); **2.** *спорт.* Féderball *m* (1*)

«Во́лга» *ж* (*марка легкового автомобиля*) Wólga *m* -s, -s

волды́рь *м* Wásserblase *f* (11), Bláse *f* (*пузырь*); Béule *f* (11) (*шишка*)

волев||о́й **1.** (*относящийся к воле*) Wíllens-; ~о́й и́мпульс Wíllensimpuls *m* -es; Wíllensantrieb *m* -(e)s; **2.** (*энергичный*) wíllensstark, enérgisch, tátkräftig; entschlóssen (*решительный*); ~ое поведе́ние wíllensmäßige Éinstellung; ~о́е реше́ние wíllkürliche Entschéidung

волеизъявле́ние *с*: ~ наро́да Wíllensäußerung *f* [Wíllensbekundung *f*, Wíllenskundgebung *f*] des Vólkes; Vólksentscheid *m* (1)

волейбо́л *м* Volleyball ['vɔli-] *m* -(e)s; ~и́ст *м* Volleyballer ['vɔli-] *m* (6), Vólleyballspieler *m* (6); ~**ьный** Volleyball- ['vɔli-]

во́лей-нево́лей *нареч.* wohl óder übel, ob man will óder nicht; nólens volens [*лат.* 'vo:-]

волжа́нин *м* an der Wólga gebürtig; Bewóhner *m* (6) des Wólgagebiets

во́лжский Wólga-

волк *м* Wolf *m* (1*); ◇ морско́й ~ Séebär *m* (8); смотре́ть ~ом *разг.* fínster dréinschauen; ~ом выть *разг.* ein Klágelied ánstimmen, sich bítter beklágen; хоть ~ом вой *разг.* das ist zum Héulen; es ist nicht mehr áuszuhalten!; ~ в ове́чьей шку́ре ein Wolf im Scháfpelz; ~о́в боя́ться — в лес не ходи́ть *посл.* wer den Wolf fürchtet, geht nicht in den Wald; ≅ wer Hónig lécken will, darf die Bíenen nicht schéuen; как ~а ни корми́, он всё в лес гляди́т *посл.* ≅ léhre den Wolf das Vaterúnser [Paternóster], er sagt doch Lamm; с ~а́ми жить — по-во́лчьи выть *посл.* mit den Wölfen muß man héulen; ~а но́ги ко́рмят *посл.* es sind die Béine, die den Wolf ernähren

волк-маши́на *ж цел.* Wolf *m* (1*), Réißwolf *m*

волкода́в *м* Wólfshund *m* (1)

волн||а́ *ж* **1.** (*водяной вал*) Wélle *f* (11), Wóge *f* (11); *мор.* See *f*; гре́бень ~ы́ Wéllenberg *m* (1), Wéllenkamm *m* (1*); про́тив ~ы́ *мор.* gégen die See; **2.** *перен.* (*чего-л.*) Wélle *f* (11); ~а́ забасто́вок Stréikwelle; **3.** *физ.* Wélle *f* (11); электромагни́тные во́лны elektromagnétische Wéllen; звукова́я ~а́ Schállwelle *f*; светова́я ~а́ Líchtwelle *f*; взрывна́я ~а́ Detonatiónswelle *f*, Explosiónswelle *f*, Lúftdruckwelle *f*; длина́ ~ы́ Wéllenlänge *f* (11); дли́нные во́лны *радио* Lángwellen *pl*; коро́ткие во́лны *радио* Kúrzwellen *pl*; ультракоро́ткие во́лны *радио* Últrakurzwellen *pl* (*сокр.* UKW)

волне́ние *с* **1.** (*на водной поверхности*) Wállung *f* (10), Wógen *n* -s; Séegang *m* -(e)s (*на море*); Brándung *f* (*прибой*); лёгкое ~ leicht bewégte See; си́льное ~ hóhe See; **2.** (*нервное возбуждение*) Áufregung *f* (10); (ínnere) Bewégung *f* (10); Únruhe *f* (11) (*беспокойство*); Gärung *f* (10) (*смятение*); **3.** *мн.* волне́ния (*массовое выражение недовольства*) Únruhen *pl*

волни́ст||ый wéllig, gewéllt (*о волосах*); hügelig (*о местности*); ~ое желе́зо Wéllblech *n* (2); ~ая ли́ния Wéllenlini¦e *f* (11), Schlángenlini¦e *f*

волни́тельный *разг.* áufregend

волн||ова́ть **1.** áufregen *vt*, in Áufregung versétzen; bewégen *vt* (*трогать*); ergréifen* *vt* (*захватывать*); э́то меня́ не ~у́ет das läßt mich kalt; **2.** (*о водной поверхности и т. п.*) Wéllen erzéugen; ~**ова́ться** **1.** sich áufregen; ~ова́ться из-за чего-л. sich über etw. (*A*) áufregen; sich wégen etw. (*G*) beúnruhigen (*беспокоиться*); **2.** (*о водной поверхности и т. п.*) wállen *vi*, wógen *vt*; **3.** (*о народных волнениях*) rebellíeren *vi*

волново́д *м физ.* Wéllenleiter *m* (6), Hóhlleiter *m*

волнов||о́й *физ.* Wéllen-; ~а́я тео́рия Wéllentheorie *f*; ~а́я **обмо́тка** *эл.* Wéllenwicklung *f*; ~о́е **движе́ние** Wéllenbewegung *f* (10)

волно||ло́м *м см.* волноре́з; ~**ме́р** *м тех.* Wéllenmesser *m* (6); ~**обра́зный** wéllenförmig, wéllenartig; ~обра́зная пове́рхность wéllenförmige Óberfläche; ~**образова́тель** *м радио* Wéllenerzeuger *m* (6); ~**ре́з** *м* Wéllenbrecher *m* (6)

волну́шка *ж* (*гриб*) Bírkenreizker *m* (6), Brénnreizker *m*, Gíftreizker *m*

волну́ющ||ий áufregend; ~ий спекта́кль ein áufregendes [áufwühlendes] Stück; э́то бы́ли ~ие дни es wáren erhébende Táge

воло́в||ий Óchsen-; ~ья шку́ра Kúhhaut *f* (3). ◇ ~ья ше́я Stíernacken *m* -s

воло́вня *ж с.-х.* Óchsenstall *m* (1*)

во́лок *м*: тащи́ть ~ом schléifen *vt*, schléifend schléppen

волоки́т||а I *ж разг.* (*канцелярская*) Bürokratísmus *m* =; Verzögerung *f* [Verschléppung *f*] (éiner Ángelegenheit); Ámtsschimmel *m* (6); бума́жная ~а Papíerkrieg *m* -(e)s; создава́ть ~у den Ámtsschimmel réiten*

волоки́та II *м разг. уст.* (*ухажиатель*) Schürzenjäger *m* (6); ста́рый ~ álter Schwérenöter

волоки́тчик *м разг.* sáumseliger Beárbeiter; Bürokrát *m* (8)

волокни́ст||ый fáserig; ~ый лён Fáserflachs *m* -es; ~ый асбе́ст fáseriger Asbést; ~ые культу́ры Fáserpflanzen *pl*

волокно́ *с тех., биол.* Fáser *f* (11); иску́сственное ~ Kúnstfaser *f* (11); полиэфи́рное ~ Polyésterfaser *f*; синтети́ческое ~ Synthésefaser *f*, synthétische Fáser; стекля́нное ~ Glásfaser *f*; хими́ческое ~ (*искусственное и синтетическое*) Chemíefaser *f*; шта́пельное ~ Stápelfaser *f*, Zéllwolle *f*

волоку́ша *ж с.-х.* Schléppe *f* (11)

волонтёр *м уст.* Fréiwillige *m* (14)

во́лос *м* Haar *n* (2); ко́нский ~ *собир.* Róßhaar *n*, Pférdehaar *n*; ◇ ни на́ ~ nicht um Háaresbreite, nicht (um) ein Haar, kein bíßchen, nicht im geríngsten; красне́ть до корне́й воло́с bis zu den Háarwurzeln erröten; рвать на себе́ ~ы sich (*D*) die Háare (áus-) ráufen; ~ы встаю́т ды́бом die Háare stéhen éinem zu Bérge; притяну́ть что-л. за́ ~ы etw. an den Háaren herbéiziehen*

волоса́тик *м зоол.* Fádenwurm *m* (4); Háarwurm *m*

волос||а́тость *ж* Beháarung *f*; ~**а́тый** háarig, beháart; zóttig (*косматый*); ~**и́стый** *мин.* fáserig; ~**но́й** *физ.* Haar-; ~ны́е сосу́ды *анат.* Háargefäße *pl*, Háarröhrchen *pl*, Kapilláren *pl*

воло́сность *ж физ.* Kapillarität *f*

волосови́на *ж мет.* Háarriß *m* -sses, -sse

волос||о́к *м* **1.** Härchen *n* (7); **2.** (*в часах*) Féder *f* (11); **3.** (*в электрической лампочке*) Glühfaden *m* (7*); **4.** (*в оптическом приборе*) Fáden *m* (7*); **5.** *бот.* Fláumhärchen *n* (7); ◇ на ~о́к um ein Haar; быть на ~о́к от сме́рти [ги́бели] am Ránde des Tódes [Verdérbens] sein; он был на ~о́к от сме́рти er ist um ein Haar dem Tóde entrónnen; держа́ться [висе́ть] на ~ке́ an éinem Haar [Fáden] hängen*; не тро́нуть ~ка́ у кого́-л. j-m kein Haar krümmen

во́лость *ж ист.* Ámtsbezirk *m* (1)

волосяно́й hären, Haar-; ~ матра́с Róßhaarmatratze *f* (11); ~ покро́в *биол.* Háarkleid *n* -(e)s; Háarpelz *m* (1) (*у животных*)

волоче́ние *с тех.* Zíehen *n* -s; ~ **про́волоки** Dráhtziehen *n*

волочи́ль||ный *тех.* Zieh-, Dráhtzieh-; ~ный стан Dráhtziehbank *f* (3), Zíehbank *f*; ~ный бараба́н Zíehtrommel *f* (11)

волочи́льщик *м тех.* Dráhtzieher *m* (6)

волочи́ть **1.** (*тащить*) schléppen *vt*, schléifen *vt*; **2.** *тех.* (*проволоку*) zíehen* *vt*; ◇ е́ле но́ги ~ *разг.* sich mühsam fórtschleppen; ~**ся** **1.** sich schléppen; **2.** *разг. уст.* (*ухаживать*) den Hof máchen

волхв *м* Wáhrsager *m* (6); Záuberer *m* (6)

волча́нка *ж мед.* Lúpus *m* =, Schwíndflechte *f*, Háuttuberkulose *f*

волча́та *мн. см.* волчо́нок

во́лч||ий wölfisch- Wolfs-; ◇ ~ья я́года (*куст*) Séidelbast *m* (1); ~ья пасть *мед.* Wólfsrachen *m* (7); ~ья я́ма *воен.* Wólfsgrube *f* (11); ~ий аппети́т *разг.* Wólfshunger *m* -s, Bärenhunger *m*

волчи́ха *разг. см.* волчи́ца

волчи́ца *ж* Wölfin *f* (12)

волчо́к *м* **1.** (*игрушка*) Kréisel *m* (6), Brúmmkreisel *m*; **2.** *текст.* Wolf *m* (1*)

волчо́нок *м* Wólfsjunge *sub n*, kléiner Wolf

волше́б||ник *м* Záuberer *m* (6); ~**ница** *ж* Záuberin *f* (12); ~**ный** **1.** Záuber-; Wúnder-; záuberhaft, wúnderbar; ~ная па́лочка Záuberstab *m* (1*); Wünschelrute *f* (11); ~ная фле́йта Záuberflöte *f* (11); ~ное ца́рство Fé¦enreich *n* (2), Záuberreich *n*; **2.** (*чарующий*) záuberisch, záuberhaft, wúnderschön; fé¦enhaft, Fé¦en- (*феерический*); ~ные зву́ки záuberhafte Töne; ~ное освеще́ние fé¦enhafte Beléuchtung; ◇ ~ный фона́рь Latérna mágica *f* (*лат.*); ~**ство́** **1.** Zauberéi *f* (10), Héxenkunst *f* (3), Hexeréi *f* (10); **2.** *перен.* Záuber *m* -s

волы́нить *разг.* trödeln *vi*

волы́нка I *ж* (*инструмент*) Dúdelsack *m* (1*), Sáckpfeife *f* (11)

волы́нк||а II *ж разг.* (*канитель*) Getrödel *n* -s, Trödeléi *f*; ◇ тяну́ть ~у éine lánge Brühe [éinen lángen Senf] máchen

волы́нщик I *м* (*музыкант*) Dúdelsackpfeifer *m* (6)

волы́нщик II *м разг.* Trödler *m* (6), Trödelfritze *m* (9)

вольго́тный *разг.* frei, úngebunden, úngehemmt, úngezwungen

волье́р *м* Fréige¦hege *n* (6) (*для зверей*); Voliere [vo'li̯ɛ:rə] *f* (11) (*для птиц*)

во́льная *ж ист.* Fréilassungsbrief *m* (1), Fréibrief *m*

во́льничать *разг.* sich (*D*) etw. heráusnehmen*; sich (*D*) (únpassende) Fréiheiten erláuben

во́льно *нареч.* **1.** frei, úngehemmt, úngebunden; **2.** *воен., спорт.:* во́льно! (*команда*) rührt euch!

вольно́ *разг.*: ~ тебе́... ≅ wer hat dich geheíßen?; ~ тебе́ бы́ло э́то де́лать! warúm múßtest du das tun?; ~ тебе́ говори́ть du hast gut réden

вольноду́м‖ец *м уст.* Fréidenker *m* (6), Fréigeist *m* (4); **~ный** *уст.* fréidenkerisch, fréidenkend; **~ство** *с уст.* Fréidenkerei *f*, Fréigeisterei *f*, Fréidenkertum *n* -s

вольнолюби́вый *уст.* fréiheitsliebend

вольномы́слие *с см.* вольноду́мство

вольно‖наёмный *прил.* **1.** vertrágsmäßig gebúnden; **2.** *в знач. сущ. м воен.* Zivilangestellte [-'vi:l-] *m* (14), Zivílbeschäftigte *m* (14); **~определя́ющийся** *м воен. ист.* Fréiwillige *m* (14); Éinjährig-Freiwillige *m* (*одногодичник*); **~отпу́щенник** *м ист.* Fréigelassene *m* (14); **~отпу́щенный** *ист.* fréigelassen; **~слу́шатель** *м* Gásthörer *m* (6); **~слу́шательница** *ж* Gásthörerin *f* (12)

во́льност‖ь *ж* **1.** *уст.* (*свобода*) Fréiheit *f*; **2.** (*развязность*) Úngebundenheit *f*, Úngezwungenheit *f*; позволя́ть себе́ ~и сли́шком (*D*) víel(es) [zuvíel] heráusnehmen*; sich (*D*) Fréiheiten erláuben [heráusnehmen*]; **3.** *б. ч. мн.* ~и *ист.* Fréiheiten *pl*, Privilégi|en [-vi-] *pl*, Sónderrechte *pl*; ◇ поэти́ческая ~ь díchterische Fréiheit

во́льн‖ый **1.** (*свободный*) frei, úngehemmt; ~ая торго́вля Fréihandel *m* -s; ~ая прода́жа fréier Verkáuf; **2.** (*развязный*) úngebunden, úngezwungen; zu frei; úngezügelt (*распущенный*); ~ое поведе́ние ein zu fréies Benéhmen; ◇ ~ый го́род *ист.* Fréistadt *f* (3); ~ая га́вань *ист.* Fréihafen *m* (7*); ~ый стрело́к *ист.* Fréischütz *m* (8); ~ый стиль *спорт.* Fréistil *m* -(e)s; ~ые стихи́ fréie Vérse; он ~ая пти́ца *разг.* er ist ein fréier Vógel; ~ые движе́ния *спорт.* Fréiübungen *pl*; ~ый перево́д éine fréie Übersétzung; ~ый каза́к *разг.* ein fréier, durch nichts gebúndener Mensch; он во́лен де́лать, что он хо́чет es steht ihm frei zu tun, was er will; er ist sein éigener Herr; по ~ому на́йму im Zivílangestelltenverhältnis ['vi:l-] bei éiner Militärdienststelle

вольт I *м эл.* Volt [vɔlt] *n* = *u* (-e)s, *pl* = (*сокр.* V)

вольт II *м спорт* Volte ['vɔl-] *f* (11)

вольта́ж *м эл. разг.* Spánnung *f* (10)

вольта́метр *м эл.* Voltaméter [vɔl-] *n* (6)

вольтерья́н‖ец *м ист.* Voltairiáner [vɔltɛ-] *m* (6); **~ство** *с ист.* Fréidenkerei *f*

вольтиж‖ёр *м спорт.* Voltigeur [vɔlti'ʒø:r] *m* (1), Kúnstreiter *m* (6); **~и́ровать** *спорт.* voltigieren [vɔlti'ʒi:-] *vi*; **~иро́вка** *ж спорт.* Voltigieren [vɔlti'ʒi:-] *n* -s, Kúnstreiten *n* -s

вольтме́тр *м эл.* Voltmeter ['vɔlt-] *n* (6), Spánnungsmesser *m* (6)

вольфра́м *м* Wólfram *n* -s (*хим. знак* W); **~овый** Wólfram-; ~овая ла́мпа *эл.* Wólframlampe *f* (11); ~овая сталь *тех.* Wólframstahl *m* -(e)s

волюнтари́зм *м филос.* Voluntarísmus [vo-] *m* =

волюнтари́стский voluntarístisch [vo-]; wíllkürlich; ~ подхо́д (*к чему-л.*) ein wíllkürliches Herángehen (an *D*)

волю́та *ж архит.* Schnécke *f* (11), Volúte [vo-] *f* (11)

во́л‖я *ж* **1.** Wílle(n) *m* (15,7); име́ть си́лу ~и Wíllenskraft besítzen*; челове́к си́льной ~и wíllensstarker Mensch; э́то был челове́к желе́зной ~и díeser Mensch hátte éinen éisernen Wíllen; ~я к побе́де Síegeswille; лю́ди до́брой ~и die Ménschen gúten Wíllens, die gútwilligen Ménschen; прояви́ть до́брую ~ю gúten Wíllen an den Tag légen; э́то в ва́шей ~е es steht Íhnen frei (zu entschéiden); по до́брой ~е fréiwillig, aus fréien Stücken; не по свое́й ~е únfreiwillig, gezwúngen, gezwúngenermaßen; про́тив ~и кого́-л. wíder j-s Wíllen, gégen j-s Wunsch und Wíllen; после́дняя ~я létztwillige Verfügung, der Létzte Wílle, das Testamént; **2.** (*свобода*) Fréiheit *f*; отпусти́ть на ~ю кого́-л. j-m die Fréiheit gében* [schénken], j-n fréilassen* *отд.*, j-n auf fréien Fuß sétzen; ◇ дать ребёнку по́лную ~ю dem Kind fréien Wíllen [vólle Fréiheit] lássen*; дать ~ю слеза́м séinen Tränen fréien Lauf lássen*; дать ~ю свои́м чу́вствам sich (*D*) Luft máchen; дать ~ю рука́м hándgreiflich wérden; сда́ться на ~ю победи́теля sich auf Gnáde und Úngnade ergében*; ~ею судьбы́ zúfällig, der Zúfall wóllte es, daß...

вон I *нареч.* (*прочь*) fort, weg, hináus; вы́йти ~ hinásgehen* *vi* (s); вы́гнать ~ fórtjagen *vt*, hináusjágen *vt*; ~ отсю́да! fort!, 'raus!, hináus von hier!; пошёл ~! mach, daß du fórtkommst!, hau ab!; ◇ лезть из ко́жи ~ *разг.* sich (*D*) die größte Mühe gében*; sich selbst überbíeten*; из рук ~ пло́хо sehr schlecht, únter áller Kritík; из ря́да ~ выходя́щий hervórragend, áußergewöhnlich, úngewöhnlich; э́то у меня́ (совсе́м) из ума́ ~ *разг.* das ist mir (ganz) entfállen, das ist (ganz) aus méinem Gedächtnis geschwúnden

вон II *частица разг.* (*там*) da, dort; ~ там dort; ~ он идёт da kommt er; ◇ ~ оно́ что! da sieh mal éiner an!, da liegt der Háse im Pféffer!

во́на *ж* (*денежная единица КНДР*) Won *m* -s, =

вонза́ть *см.* вонзи́ть; **~ся** **1.** *см.* вонзи́ться; **2.** *страд.* hinéingestoßen wérden

вонзи́ть hinéinstoßen* *vt*, stóßen* *vt*; ~ нож в грудь das Mésser in die Brust stóßen*; **~ся** sich hinéinbohren; sich éinkrallen (*когтями*); éindringen* *vi* (s) (*проникнуть вглубь*)

вонь *ж разг.* Gestánk *m* -(e)s, übler Gerúch

воню́ч‖ий *разг.* stínkend, stínkig, übelriechend; **~ка** *ж зоол.* Stínktier *n* (2)

воня́ть *разг.* stínken* *vi*; die Luft verpésten

вообра‖жа́емый schéinbar, éingebildet; imaginär; ~а́емая ли́ния *мат.* éine imaginäre [gedáchte] Líni|e; **~а́ла** *м, ж разг.* éingebildeter Áffe *m* (9); **~а́ть** *см.* вообрази́ть; ~а́ю! *разг.* das kann ich mir vórstellen!; он мно́го о себе́ ~а́ет *разг.* er bíldet sich (*D*) viel ein; er ist máßlos éingebildet; er ist von sich állzu éingenommen

воображе́ние *с* **1.** (*фантазия*) Éinbildungskraft *f*, Phantasíe *f*; живо́е ~ éine lébhafte [rége] Éinbildungskraft [Phantasíe]; **2.** *разг.* (*ложное предположение*) Éinbildung *f*; ein Trúgbild der Phantasíe; всё э́то одно́ ~! das ist álles nur Éinbildung!

вообраз‖и́мый dénkbar, vórstellbar; **~и́ть** **1.** sich (*D*) etw. vórstellen; sich (*D*) etw. vergégenwärtigen; **2.** (*выдумать*) sich (*D*) etw. éinbilden; áusdenken* *vt*

вообще́ *нареч.* **1.** (*в общем, в целом*) im allgeméinen, im gánzen, im gróßen (und) gánzen; **2.** (*всегда*) überháupt; (für) gewöhnlich, ímmer; э́того ~ не существу́ет das existíert überháupt nicht; ◇ ~ говоря́ im allgeméinen; éigentlich

воодушев‖и́ть begéistern *vt*, ánfeuer *vt* (на что-л. zu *D*); **~и́ться** sich begéistern (чем-л. für *A*); **~ле́ние** *с* Begéisterung *f*; Enthusiásmus *m* =*c*; Schwung *m* (*вдохновение*); **~лённый** begéistert, beséelt; entflámmt (чем-л. für *A*); **~ля́ть(ся)** *см.* воодушеви́ть(ся)

вооружа́ть(ся) *см.* вооружи́ть(ся)

вооруже́н‖ие *с* **1.** (*действие*) Áufrüstung *f*, Rüstung *f*; го́нка **~ий** Wéttrüsten *n* -s; го́нка а́томных ~ий atomáres Wéttrüsten; сокраще́ние ~ий Rüstungsbeschränkung *f*; **2.** (*материальная часть*) Bewáffnung *f*; Áusrüstung *f*; *мор. тж.* Bestückung *f*; радиолокацио́нное ~ие Fúnkmeßausrüstung *f*; обы́чное ~ие hérkömmliche Wáffen *pl*; а́томное ~ие Atómrüstung *f*, Atómbewaffnung; раке́тное ~ие Rakétenbewaffnung *f*; приня́ть [взять] на ~ие 1) in die Bewáffnung áufnehmen* [éinführen]; 2) *перен.* áusnutzen *vt*, ánwenden(*) *vt*

вооружённ‖ость *ж* Áusrüstung *f*; Áusrüstungsstand *m* -(e)s; Áusstattung *f*; техни́ческая ~ость téchnische Áusstattung; техни́ческая ~ость се́льского хозя́йства die téchnische Áusrüstung [der Maschínenbesatz] der Lándwirtschaft; **~ый** **1.** bewáffnet; áusgerüstet; bestückt; ~ые си́лы Stréitkräfte *pl*; ~ое вмеша́тельство bewáffnetes Éinschreiten [Vórgehen]; Éinschreiten mit Wáffengewalt; ~ое восста́ние bewáffneter Áufstand; **2.** *перен.* áusgerüstet (чем-л. mit *D*); ~ый зна́ниями mit Kénntnissen áusgerüstet; ~ый те́хникой mit Téchnik verséhen; ◇ ~ый до зубо́в bis an die Zähne bewáffnet ~ым гла́зом mit bewáffnetem Áuge

вооружи́ть **1.** bewáffnen *vt*; (áus-)rüsten *vt*, áufrüsten *vt*; bestücken *vt*; **2.** *перен.* verséhen* *vt*, (áus)rüsten *vt* (чем-л. mit *D*); ~ зна́нием чего́-л. mit der Kénntnis (*G*) rüsten; mit dem Wíssen (um *A*) wäppnen; **3.** (*против кого-л.*) áufreizen *vt*, áufbringen* *vt*; **~ся** **1.** rüsten *vi* (s) (*о государстве*); sich bewáffnen; Wáffen ánlegen (*о людях*) **2.** (*запастись*) sich áusrüsten, sich versórgen (чем-л. mit *D*); ~ся терпе́нием sich mit Gedúld wäppnen, sich in Gedúld fássen

во́очию *нареч.* mit éigenen Áugen; ~ убеди́ться в чём-л. sich mit éigenen Áugen von etw. (*D*) überzéugen

во-пе́рвых *вводн. сл.* érstens; éinmal

вопи́ть *разг.* schréien* *vi*, brüllen *vi*, héulen *vi*; jámmern *vi* (*жалобно кричать*)

вопию́щ‖ий (hímmel)schréiend; empörend (*возмутительный*); ~ая несправедли́вость éine (zum Hímmel) schréiende Úngerechtigkeit, ein (hímmel)schréiendes Únrecht; ~ий факт éine empörende Tátsache; ~ее противоре́чие ein krásser Wídersspruch; ◇ глас ~его в пусты́не die Stímme éines Prédigers in der Wüste, ein Prédiger in der Wüste

воплоти́ть verkörpern *vt*; verwírklichen *vt* (*осуществить*); ~ в жизнь in die Práxis úmsetzen; **~ся** sich verkörpern; sich verwírklichen (*осуществиться*); ~ся в жизнь (zur) Wírklichkeit wérden

вопло́щ‖а́ть(ся) *см.* воплоти́ть(ся); **~е́ние** *с* **1.** Verkörperung *f* (10), Inkarnatión *f* (10); **2.** (*осуществление*) Verwírklichung *f*

воплощённый 1. verkörpert; э́та де́вушка — воплощённая скро́мность díeses Mädchen ist die Beschéidenheit selbst [in Persón]; **2.** (*осуществлённый*) verwírklicht

вопль *м*, **во́пли** *мн.* Schréien *n* -s; (klägliches) Geschréi *n* -(e)s, Jámmergeschrei *n*; Gezéter *n* -s; Jámmern *n* -s, Gejámmer *n* -s, Klágegeschrei *n* (*причитания*); Gestöhn(e) *n* -s (*стоны*)

вопреки́ *предлог* (*чему-л.*) entgégen (*D*); zuwíder (*D*); gégen (*A*); trotz (*D*, *G*); úngeachtet (*G*) (*несмотря на*); ~ здра́вому смы́слу dem gesúnden Ménschenverstand zuwíder; ~ всем пра́вилам gégen álle Régeln; állen Régeln zuwíder [entgégen]; ~ чьему́-л. жела́нию gégen j-s Wunsch; ~ да́нному сло́ву úngeachtet séines Verspréchens; ~ при́нятому реше́нию gégen den Beschlúß; ~ всему́ trotz állem

вопро́с *м* **1.** Fráge *f* (11); альтернати́вный ~ Entschéidungsfrage *f*, Alternatívfrage *f*; встре́чный ~ Gégenfrage *f*; наводя́щий ~ Suggestívfrage *f*; обрати́ться с ~ом к кому́-л. j-m éine Fráge stéllen, éine Fráge an j-n ríchten, sich mit éiner Fráge an j-n wénden*; засыпа́ть кого́-л. ~ами j-n mit Frágen überschǘtten, an j-n Frágen über Frágen stéllen; **2.** (*дело, обстоятельство*) Fráge *f* (11), Ángelegenheit *f* (10); Sáche *f* (11); по ли́чному ~у in persönlicher Ángelegenheit; ~ че́сти Éhrensache *f*; ~ вре́мени éine Fráge der Zeit; спо́рный ~ Stréitfrage *f*; ~ стои́т так die Dínge líegen so; ~ не в э́том es hándelt sich nicht dárum; весь ~ в том, что... es hándelt sich vor állem dárum, daß...; die Schwíerigkeit liegt darin, daß...; **3.** (*проблема*) Fráge *f* (11), Problém *n* (2); основно́й ~ Grúndfrage *f*, Kérnfrage *f*; узлово́й ~ Schwérpunktfrage *f*; ча́стный ~ Téilfrage *f*, Éinzelfrage *f*; жили́щный ~ Wóhnungsfrage *f*; нерешённый ~ úngelöste [schwébende] Fráge; ~ы, стоя́щие на пове́стке дня die auf der Tágesordnung stéhenden Frágen; круг ~ов Frágenkomplex *m* (1); поста́вить ~ éine Fráge stéllen [áufwerfen*, ánschneiden*]; поста́вить пе́ред собо́й ~ sich (*D*) die Fráge vórlegen; подня́ть ~ éine Fráge ánschneiden* [áufwerfen*]; верну́ться к ~у auf éine Fráge zurückkommen*; возника́ет ~ es entstéht [erhébt sich] die Fráge; ~ встал (пе́ред на́ми) со всей остротой die Fráge stand vor uns in áller Schärfe; останови́ться подро́бнее на ~е länger bei éiner Fráge verwéilen; éine Fráge éingehend erörtern; auf éine Fráge näher éingehen*; ◇ ритори́ческий ~ rhetórische Fráge; больно́й ~ brénnende Fráge; оста́вить ~ откры́тым die Fráge óffenlassen*; э́то остаётся под (больши́м) ~ом das fragt sich (sehr), das ist (sehr) frágIich; поста́вить ~ ребро́м die Fráge scharf stéllen; (по)ста́вить под ~ in Fráge stéllen; bezwéifeln *vt*; что за ~! natürlich!, zwéifellos!; ~ жи́зни и́ли сме́рти éine entschéidende Fráge; éine Schícksalsfrage; éine lébenswichtige Fráge; éine Fráge von Lében und Tod; **4.** *мн.* ~ы (*в названиях некоторых научных журналов и сборников*) Probléme *pl*; «Вопро́сы филосо́фии» Probléme der Philosophíe

вопроси́тельн‖ый 1. frágend, Fráge-; ~ый взгляд frágender Blick; **2.** *грам.* interrogatív; Fráge-; ~ое предложе́ние Frágesatz *m* (1*); ~ая интона́ция Frágeintonation *f* (10); ~ое местоиме́ние Interrogatívpronomen *n* -s, *pl* = *u* -mina, Frágefürwort *n* (5); ~ый знак Frágezeichen *n* (7)

вопро́сник *м* Frágespiegel *m* (6), Frágeliste *f* (11)

вопро́с‖ный Fráge-; ~ный лист Frágebogen *m* (7, 7*)

вопроша́‖ть *уст.* befrágen *vt* (о чём-л. über *A*); **~ющий** frágend; ~ющий взгляд ein frágender Blick

вор *м* Dieb *m* (1); карма́нный ~ Táschendieb *m*; ◇ на ~е ша́пка гори́т *посл.* ≅ der Schúldige verrät sich selbst; das Gesícht verrät den Wicht

во́рвань *ж* Físchtran *m* -(e)s, Tran *m*

ворва́ться éindringen* *vi* (s); hinéinstürmen *vi* (s) (*по направлению от говорящего*); heréinstürmen *vi* (s) (*по направлению к говорящему*); éinbrechen* *vi* (s) (*вторгаться*; *тж. воен.*)

вори́шка *м* kléiner Dieb, Lángfinger *m* (6)

ворков‖а́нье *с* Gúrren *n* -s, Gírren *n* -s; **~а́ть** gúrren *vi*, gírren *vi*; *перен. шутл.*, *ирон.* kósen *vi*

воркотня́ *ж разг.* Brúmmen *n* -s

вороб‖е́й *м* Spérling *m* (1), Spatz *m* (8); ◇ стре́ляный ~е́й, ста́рый ~е́й *разг.* geríebener Kúnde [Búrsche], geríssener Patrón; ста́рого ~ья на мяки́не не проведёшь *посл.* álte Spérlinge sind schwer zu fángen; ≅ ein álter Fuchs geht nicht zum zwéiten Mal in die Fálle

воробьи́н‖ый Spérlings-, Spátzen-; ~ая ста́я Spátzenschar *f* (10); ◇ коро́че ~ого но́са *разг.* sehr kurz, winzig; ~ая ночь 1) (*ночь с грозой*) fínstere, von Wétterleuchten erhéllte Nacht; 2) (*самая короткая летняя ночь*) kürzeste Sómmernacht

воробьи́ха *ж разг.* Spätzin *f* (12)

воро́в‖анный gestóhlen; **~а́тый** *разг.* spítzbübisch; betrügerisch; geríssen (*плутоватый*); ~а́тый взгляд ein spítzbübischer Blick

ворова́ть stéhlen* *vt*, entwénden *vt*; kláuen *vt*, máusen *vt* (*разг.*)

воро́в‖ка *ж* Díebin *f* (12); **~ски́** *разг.* (*мошеннически*) betrügerisch; (*украдкой*) verstóhlen; **~ско́й** Diebs-; Gáuner-; ~ско́й язы́к, ~ско́й жарго́н Gáunersprache, Díebessprache *f*, Rótwelsch *n* -(e)s; ~ско́й прито́н Gáunerherberge *f* (11); Spelúnke *f* (11); Díebshöhle *f* (11); **~ство́** *с* Díebstahl *m* (1*), Entwéndung *f*; Áneignung *f* (*присвоение*); Mauseréi *f*, Táschendiebstahl *m* (*мелкое*)

ворож‖ба́ *ж уст.* Wahrsageréi *f* (*гадание*); Zauberéi *f* (10) (*колдовство*); **~ея́** *ж* Wáhrsagerin *f* (12) (*гадалка*); Kúrpfuscherin *f* (12) (*знахарка*); **~и́ть** wáhrsagen *неотд. vt* (*гадать*); záubern *vi* (*колдовать*)

во́рон *м* Rábe *m* (9), Kólkrabe *m*; ◇ куда́ ~ косте́й не занесёт ≅ wo sich die Fǘchse gúte Nacht ságen

воро́на *ж* **1.** Krähe *f* (11); **2.** *разг.* (*ротозей*) Gáffer *m* (6); Gúckindieluft *m* =; ◇ воро́н счита́ть *разг.* Löcher in die Luft gúcken [stárren], пу́ганая ~ (и) куста́ бои́тся *посл.* ≅ gebránntes Kind scheut das Féuer; gebrühte Kátze scheut auch káltes Wásser; бе́лая ~ ein wéißer Rábe

воронён‖ый *тех.* brüníert; ~ая сталь brüníerter Stahl

воро́н‖ий Krähen-; ~ье гнездо́ Krähennest *n* (5); ◇ **~ий** глаз *бот.* Éinbeere *f* (11)

ворони́ть *тех.* brüníeren *vt*

воро́нка *ж* **1.** Tríchter *m* (6); стекля́нная ~ Glástrichter *m*; **2.** (*яма*) Tríchter *m* (6); ~ от разры́ва снаря́да Granáttrichter *m*, Geschóßtrichter *m*; ми́нная ~ Mínentrichter *m*

воронкообра́зн‖ый tríchterförmig; ~ая анте́нна Tríchterantenne *f* (11)

ворон‖о́й schwarz; ~а́я ло́шадь Ráppe *m* (9); ◇ прокати́ть кого́-л. на ~ы́х *уст. шутл.* (*провалить на выборах*) j-n bei der Ábstimmung dúrchfallen lássen*

воронье́ *с собир.* Rábenschwarm *m* (1*); Krähenschwarm *m*; *перен. разг.* Áasfresser *pl*, Áasgeier *pl*

во́рот I (*одежды*) Krágen *m* (7); Hálsrand *m* (4)

во́рот II *м тех.* Winde *f* (11); Háspel *f* (11); ка́бельный ~ Kábelwinde *f*; кана́тный ~ Séilwinde *f*

воро́та *мн.* **1.** Tor *n* (2), Pfórte *f* (11); шлю́зные ~ Schléusentor *n*; триумфа́льные ~ Tríumphbogen *m* (7, 7*); **2.** *спорт.* Tor *n* (2); ли́ния воро́т Tórlinie *f* (11); уда́р по ~м Tórschuß *m* -sses, -schüsse; **3.**: входны́е ~ *ав.* Éinflugschneise *f* (11); **4.** *мед.* Pfórte *f* (11), Hílus *m* =, *pl* Híli; ~ пе́чени Léberpforte *f*; ~ по́чки Níerenhilus; ◇ пришла́ беда́ — отворя́й воро́та *посл.* ≅ ein Únglück kommt sélten alléin

вороти́ла *м разг.* Háuptperson *f* (10); Geschäftsmann *m* (4) (*pl тж.* -leute), Géldmann *m* -es, -leute (*делец*)

вороти́ть I *разг. см.* верну́ть; сде́ланного не воро́тишь! getán ist getán!

вороти́ть II *разг.*: ~ нос die Náse rümpfen; его́ воро́тит от э́того dies ékelt ihn an; dies wídert ihn an

вороти́ться *разг.* zurückkehren *vi* (s), zurückkommen* *vi* (s)

воротни́к *м* Krágen *m* (7); стоя́чий ~ Stéhkragen *m*; отложно́й ~ Úmlegekragen *m*; мехово́й ~ Pélzkragen *m*

воротничо́к *м* Krágen *m* (7); Hémdkragen *m*; стоя́чий ~ Stéhkragen *m*; крахма́льный ~ stéifer Krágen

воро́тн‖ый: ~ая ве́на *анат.* Pfórtader *f* (11)

вороток *м* (*инструмент*) Windeisen *n* (7)

во́рох *м* Háufen *m* (7); ~ бума́г ein Háufen Papíer; це́лый ~ новосте́й *разг.* éine gánze [schöne] Ménge Néuigkeiten

воро́ч‖ать 1. schíeben* *vt*, rücken *vt*; **2.** *разг.* (*перевёртывать*) úmwenden* *vt*, úmdrehen *vt*; **3.** *разг.* (*распоряжаться*): ~ать дела́ми (nach Belíeben) schálten und wálten; ~ать кру́пными дела́ми gróße Geschäfte máchen; он ~ает больши́ми су́ммами gróße Súmmen géhen durch séine Hände; **~аться** *разг.* **1.** (*вертеться*) sich dréhen, sich wénden*; **2.** (*с боку на бок*) sich hin und her wérfen*, sich (herúm)wälzen

вороши́ть *разг.* wénden *vt*; ~ се́но das Heu wénden

ворс *м* (*сукна́*) Haar *n* (2), Strich *m* (1); по ~у mit dem Strich; про́тив ~а gégen den Strich; **~и́льный** *см.* ворсова́льный; **~и́льщик** *м* Túchrauher *m* (6), Túchaufstreicher *m* (6); **~и́нка** *ж* **1.** Härchen *n* (7); **2.** *анат.*: кише́чные ~ ~и́нки Dármzotten *pl*; **~и́стый** háarig, wóllig, fláuschig; ángerauht; **~и́ть** *см.*

ворсова́ть; **~ова́льный**; ~ова́льная маши́на *текст.* Ráuhmaschine *f* (11); ~ова́льная ши́шка *текст.* Ráuhkarde *f* (11); **~ова́ние** *с* Ráuhen *n* -s; **~ова́ть** *текст.* ráuhen *vt*, ánrauhen *vt*; **~о́вый**: ~о́вая ткань wólliger Stoff; **~я́нка** *ж бот.* Kárde *f* (11)

ворч||а́ние *с* Brúmmen *n* -s, Gebrúmm *n* -(e)s (*брюзжание*); Geknúrr *n* -(e)s, Knúrren *n* -s (*о собаке*); **~а́ть** brúmmen *vi* (*брюзжать*); knúrren *vi* (*о собаке*); **~ли́вость** *ж* Brúmmigkeit *f*, Gríesgrämigkeit *f*; **~ли́вый** brúmmig, knúrrig; gríesgrämig; **~у́н** *м*, **~у́нья** *ж разг.* Brúmmbär *m* (8), Griesgram *m* (1), Brúmmbart *m* (1*)

восвоя́си *нареч. разг.* nach Háuse, heim

восемна́дцат||ый der áchtzehnte; 18 ма́рта — день Пари́жской комму́ны der 18. März ist der Tag der Paríser Kommúne; ~ого ма́рта am áchtzehnten März; den áchtzehnten März (*на письме*); ~ая страни́ца Séite áchtzehn; ~ый но́мер Númmer áchtzehn

восемна́дцать áchtzehn

во́семь acht

во́семьдесят áchtzig

восемьсо́т áchthúndert

во́семью *нареч.* áchtmal; ~ три acht mal drei

воск *м* Wachs *n* (2); пчели́ный ~ Bíenenwachs *n*; ~ для натира́ния по́ла Bóhnerwachs *n*; натира́ть пол ~ом den Fúßboden bóhnern; мя́гкий как ~ wáchsweich; ◇ го́рный ~ Montánwachs *n*, Érdwachs *n*, Ozokerít *m* -s

воскли́кнуть áusrufen* *vi*

восклица́ние *с* Áusruf *m* (1)

восклица́тельный Áusruf-, Áusrufungs-; ~а́тельный знак Áusrufezeichen *n* (7); ~а́тельное предложе́ние *грам.* Áusrufungssatz *m* (1*); **~а́ть** *см.* воскли́кнуть

воско́вка *ж* Wáchsmatritze *f* (11)

воско́в||о́й **1.** wächsern, Wachs-; ~а́я свеча́ Wáchskerze *f* (11), Wáchslicht *n* (5); ~а́я бума́га Wáchspapier *n* (2); **2.** (*о цвете кожи*) wächsern, wáchsbleich; ◇ ~а́я спе́лость *с.-х.* Wáchsreife *f*

воскрес||а́ть *см.* воскре́снуть; **~е́ние** *с рел.* Áuferstehung *f*; *перен. тж.* Wíederbelebung *f*, Wíedererwachen *n* -s

воскресе́нь||е *с* Sónntag *m* (1); в ~е am Sónntag; в про́шлое ~е am vórigen Sónntag; в бу́дущее ~е am nächsten Sónntag; в ~е ве́чером (am) Sónntag ábend; в ~е у́тром (am) Sónntag früh; по ~ям sónntags

воскреси́ть wíederbeleben *vt*, wíedererwecken *vt*; wíedererstehen lássen*; ~ наде́жду die Hóffnung wíedererwecken [wíederbeleben]; ~ в па́мяти in Erínnerung rúfen*, ins Gedächtnis zurückrufen*

воскре́сник *м* Sónntagssonderschicht *f* (10), kollektíver [-vər] fréiwilliger Árbeitseinsatz am Sónntag

воскре́снуть **1.** *рел.* áuferstehen* *vi* (s); **2.** *перен.* wíedererwachen *vi* (s), wíederáufleben *vi* (s)

воскре́сный sónntäglich, Sónntags-; ~ день Sónntag *m* (1); ~ о́тдых Sónntagsruhe *f*

воскреш||а́ть *см.* воскреси́ть; **~е́ние** *с* **1.** Wíederbeleben *n* -s **2.** *рел.* Áuferweckung *f*

воскури́ть, воскуря́ть: ~ фимиа́м кому́-л. *ирон.* j-n beweíhräuchern

воспале́ние *с мед.* Entzündung *f* (10); ~ лёгких Lúngenentzündung *f*, Pneumoníe *f*; ~ брюши́ны Báuchfellentzündung *f*, Peritonítis *f*; ~ по́чек Níerenentzündung *f*, Nephrítis *f*; ~ кишо́к Dármentzündung *f*, Enterítis *f*; ро́жистое ~ Róse *f* о́строе ~ akúte Entzündung

воспал||ённый entzündet; ~ённый взор únsteter [fláckernder] Blick; **~и́тельный** *мед.* entzündlich, Entzündungs-; ~и́тельный проце́сс Entzündungsprozeß *m* -sses, -sse; **~и́ться, ~я́ться** sich entzünden

воспева́ть, воспе́ть *поэт.* besíngen* *vt*; lóbpreisen* *неотд. vt*

воспита́ние *с* **1.** Erzíehung *f*; физи́ческое ~ Körpererziehung *f*, Körperertüchtigung *f*; иде́йно-полити́ческое ~ polítisch-ideológische Erzíehung; трудово́е ~ Erzíehung im Árbeitsprozeß, Erzíehung zur Árbeit; ~ в де́тском до́ме Héimerziehung *f*; гражда́нское ~ stáatsbürgerliche Erzíehung, Erzíehung zum Stáatsbürger; дошко́льное ~ Vórschulerziehung *f*, vórschulische Erzíehung; интернациона́льное ~ Erzíehung zum Internationalísmus; полово́е ~ sexuélle Áufklärung [Erzíehung]; ~ аккура́тности Erzíehung zur Genáuigkeit; полити́ческое ~ масс polítische Erzíehung der Mássen; ~ ка́дров Káderschulung *f*; отдава́ть ребёнка на ~ ein Kind in die Pflége gében*; систе́ма воспита́ния Erzíehungswesen *n* -s; **2.** (*воспитанность*) Wóhlerzogenheit *f*; Höflichkeit *f* (*вежливость*); он получи́л хоро́шее ~ er hat éine gúte Erzíehung genóssen; er hat éine gúte Kínderstube gehábt, sein Benéhmen verrät éine gúte Kínderstube [zeugt von éiner gúten Kínderstube]

воспи́танн||ик *м* **1.** (*учебного заведения*) Absolvent [-'vɛnt] *m* (8) (*выпускник*); Schüler *m* (6), Studént *m* (8) (*учащийся*); ~ик суво́ровского учи́лища Suwórowschüler *m*; **2.** (*приёмыш*) Pflégekind *n* (5); **~ость** Wóhlerzogenheit *f*; Höflichkeit *f* (*вежливость*); **~ый** wóhlerzogen; höflich (*вежливый*); он хорошо́ воспи́тан er ist gut erzógen, er hat éine gúte Kínderstube gehábt; ~ый челове́к ein wóhlerzogener Mensch

воспита́тель *м* Erzíeher *m* (6); **~ница** *ж* Erzíeherin *f* (12); Kíndergärtnerin *f* (12) (*в детском саду*); Kríppenerzieherin *f* (*в яслях*); **~ный** erzíeherisch; Erzíehungs-; ~ный дом *ист.* Fíndelhaus *n* (5); Erzíehungsanstalt *f* (10); **~ский** Erzíeher-

воспита́ть, воспи́тывать erzíehen* *vt* gróßziehen* *отд. vt* (*детей*); ánerziehen* *vt* (*чувство и т. п.*); ~ в де́тях уваже́ние к труду́ die Kínder zur Áchtung vor der Árbeit erzíehen*

воспи́тываться erzógen wérden

воспламен||е́ние *с* Entzündung *f*; Entflámmung *f*; ~е́ние от и́скры *авто* Fúnkentzündung *f*, Frémdzündung *f*; ~е́ние от сжа́тия Sélbstzündung *f*, Kompressiónszündung *f*; **~и́ть** **1.** entzünden *vt*; **2.** *перен.* entflámmen *vt*; **~и́ться** **1.** sich entzünden, in Brand geráten*; **2.** *перен.* entflámmen *vi* (s), sich begéistern (чем-л. für *A*)

воспламен||я́емость *ж* Entzündbarkeit *f*; Entflámmbarkeit *f*; **~я́емый** entzündbar; entflámmbar; **~я́ть(ся)** *см.* воспламени́ть(ся)

воспо́лнить, восполня́ть ergänzen *vt*, vervóllständigen *vt*; ~ пробе́лы die Lücken áusfüllen [schlíeßen*]; ~ уро́н den Verlúst wéttmachen; ~ поте́ри *воен.* die Verlúste áuffüllen

воспо́льзоваться áusnutzen *vt*, áusnützen *vt*; benútzen *vt*, benützen *vt*; sich (*D*) etw. zunútze máchen; ~ слу́чаем die Gelégenheit ergréifen* [benútzen, wáhrnehmen*]; ~ чем-л. в ка́честве предло́га etw. vórschützen, etw. zum Vórwand néhmen*

воспомина́н||ие *с* **1.** Erínnerung *f* (10), Rückerinnerung *f*; сму́тное ~ие éine verschwómmene Erínnerung; **2.** *мн.* ~ия *лит.* Lébenserinnerungen *pl*; Memoiren [*фр.* memo'a:rən] *pl*

воспрепя́тствовать híndern *vt* (чему́-л. etw., кому́-л. j-n an *D*); verhíndern *vt* (*чему-л.*), híinderlich sein (*быть помехой*); ábhalten* *vt* (j-n von *D*) (*удержать от чего-л.*)

воспрети́тельн||ый *офиц. уст.* verbíetend, verhíndernd, prohibitív; ~ый зако́н Prohibitívgesetz *n* (2); ~ая по́шлина Spérrzoll *m* (1*), Prohibitívzoll *m*

воспрети́ть, воспреща́ть verbíeten* *vt*, verwéhren *vt*, untersа́gen *vt*

воспрещ||а́ться verbóten [untersа́gt] sein; кури́ть ~а́ется! Ráuchen verbóten!; **~е́ние** *с* Verbót *n* (2), Unterságung *f*

восприе́мник *м уст.* Páte *m* (9), Táufvater *m* (6*)

восприи́мчив||ость *ж* **1.** Empfänglichkeit *f* (*к чему-л.* für *A*); **2.** *мед.* Ánfälligkeit *f* (к чему́-л. für *A*); **~ый** **1.** empfänglich (к чему́-л. für *A*); lébhaft fühlend, éindrucksfähig (*впечатлительный*); ~ая нату́ра éine empfängliche Natúr; **2.** *мед.* ánfällig

восприним||а́емость *ж* Fáßbarkeit *f*, Verständlichkeit *f*; **~а́ть** *см.* восприня́ть; **~а́ться** verständlich [fáßbar] sein, áufgefaßt wérden; э́тот текст легко́ ~а́ется слу́шателями díeser Text ist für die Hörer léicht verständlich; мои́ слова́ неве́рно ~а́ются méine Wórte wérden falsch áufgefaßt

восприня́ть wáhrnehmen* *отд. vt*, áufnehmen* *vt*; áuffassen *vt*, fássen *vt* (*понять*); sich (*D*) áneignen (*усвоить*); ~ иностра́нную речь éine frémdsprachige Réde verstéhen*; непра́вильно ~ что-л. etw. falsch áuffassen

восприя́тие *с* Wáhrnehmung *f* (10); Áuffassung *f* (10) (*понимание*)

воспроизведе́н||ие *с* **1.** Wíedergabe *f* (11); ~ие зву́ка *радио* Tónwiedergabe *f*; ~ие изображе́ния *тлв.* Bíldwiedergabe *f*; дли́тельность ~ия Spíeldauer *f* (*у магнитофона*); **2.** (*репродукция*) Reproduktión *f* (10), Náchbildung *f* (10); Náchdruck *m* (1) (*перепечатка*); **3.** *биол.* Wíedererzeugung *f*

воспроиз||вести́, ~води́ть **1.** (*передать, изобразить*) wíedergeben* *vt*; náchbilden *vt*; náchdrucken *vi* (*перепечатать*); худо́жник уда́чно ~во́дит приро́ду der Künstler bíldet die Natúr geschíckt nach; **2.** (*повторить*) wiederhólen *vt*; **3.** (*воссоздать*) wíedererzeugen *vt*; ~вести́ что-л. в па́мяти sich (*D*) etw. ins Gedächtnis zurückrufen*; **4.** *биол.* wíedererzeugen *vt*; **5.** *эк.* reproduzíeren *vt*; **~води́ться** wíederhólt wérden; náchgebildet wérden; wíedererzeugt wérden (*ср.* воспроизводи́ть); **~во́дство** *с эк.* Reproduktión *f*, расши́ренное ~во́дство erwéiterte Reproduktión; ~во́дство ста́да *с.-х.* Reproduktión der Hérde

воспроти́виться sich widersétzen, Wíderstand léisten

воспря́нуть *разг.* sich (wieder) áufraffen, (néue) Kräfte sámmeln; ~ ду́хом wíeder Mut fássen, sich ermánnen

воспыла́ть entbrénnen* *vi* (s), ~ гне́вом in Zorn [Wut] entbrénnen*, ~ любо́вью in Líebe entbrénnen*

восседа́ть *ирон.* thrónen *vi*

воссоедин||е́ние *с* Wíedervereinigung *f*, ~е́ние семе́й Famíli̇enzusammenführung *f* (10)

воссоедин||и́ть, ~я́ть wíedervereinigen *vt*

воссозд||ава́ть *см.* воссозда́ть; **~ава́ться** wiederhérgestellt [néugeschaffen] wérden; **~а́ние** *c* Wiederhérstellung *f*; Néuschaffung *f*; Wiederáufstellung *f*; **~а́ть** neu schäffen* *vt*, wiederhér¦stellen *отд. vt*, wíedergestalten *vt* (*образ и т. п.*); ~а́ть в па́мяти sich (*D*) vergégenwärtigen

восстава́ть *см.* восста́ть

восста́вить: ~ перпендикуля́р *мат.* ein Lot [éine Sénkrechte] erríchten

восста́вшие *сущ. мн.* die Aufständischen

восстана́вливать *см.* восстанови́ть; **~ся 1.** *см.* восстанови́ться; **2.** *страд.* wiederhérgestellt wérden (*ср.* восстанови́ть)

восста́ние *c* Áufstand *m* (1*), Erhébung *f* (10); ~ декабри́стов *ист.* der Dekabrístenaufstand; вооружённое ~ bewáffneter Áufstand

восстанови́тель *м хим.* Reduktiónsmittel *n* (6)

восстанови́тельн||ый Wiederhérstellungs-; Wiederáufbau-; Renovierungs- [-'vi:-]; ~ый перио́д Wiederhérstellungsperiode *f*; ~ые рабо́ты Wiederáufbautätigkeit *f*, Áufbautätigkeit *f*; ~ая хирурги́я plástische Chirurgíe

восстанови́||ть 1. wiederhér¦stellen *отд. vt*; wiederáuf¦bauen *отд. vt* (*хозяйство*); restauríeren *vt* (*здание, памятник, текст*); renovíeren [-'vi:-] *vt*, áusbessern *vt* (*починить*); **2.** (*в памяти*) sich (*D*) etw. ins Gedächtnis zurückrufen*; **3.** (*кого-л. в чём-л.*) wiederéin¦setzen *отд. vt*, wiederéin¦stellen *отд. vt*; ~ть в права́х *юр.* j-s Réchte wiederhérstellen; j-n in séine Réchte wiederéinsetzen; ~ть в па́ртии als Partéimitglied rehabilitíeren, die Partéimitgliedschaft wíeder zúerkennen* (*D*); in die Partéi wieder¦áuf¦nehmen* *отд.* **4.** (*против кого-л., против чего-л.*) áufreizen *vt*, áufbringen* *vt* (gégen *A*); ~ть кого́-л. про́тив себя́ j-n gégen sich áufbringen*; j-n sich (*D*) zum Féind máchen; **5.** *хим.* reduzíeren *vt*; **~ться 1.** wiederhérgestellt sein; wiederáufgebaut sein (*о хозяйстве*); **2.** (*в памяти*) (wieder)éinfallen* *vi* (s); **3.** (*в чём-л.*) wiederéingesetzt wérden (*в должности*); wiederáufgenommen wérden (*в партии*); ~ться в до́лжности in sein Amt wiederéingesetzt wérden; ~ться в па́ртии in die Partéi wiederáufgenommen wérden; он ~лся в права́х die Réchte wúrden ihm wíeder zúerkannt

восстановл||е́ние *c* **1.** Wiederhérstellung *f* (*мира, здоровья и т. п.*); Áufbau *m* -(e)s, Wiederáufbau *m*, Néuaufbau *m* (*хозяйства*); Restauratión *f*, Restauríerung *f* (*здания, памятника, текста*); Renovíerung [-'vi:-] *f*, Áusbesserung *f* (10) (*починка*); **2.** (*в памяти*) Áuffrischung *f*; **3.** (*в чём-л.*) Wiederéinsetzung *f*; Wiederáufnahme *f*; ~е́ние на рабо́те Wiederéinstellung *f*, Wiederéinsetzung am Árbeitsplatz; ~е́ние в до́лжности Wiederéinstellung im Amt, Wiederéinsetzung in die frühere Díenststellung; ~е́ние гражда́нства Wíederverleihung *f* der Stáatsbürgerschaft; ~е́ние в права́х Wiederhérstellung [Restituíerung] der Réchte; **4.** *хим.* Reduktión *f* (10)

восста́ть 1. (*поднять восстание*) sich erhében*; sich empören; **2.** (*протестовать*); ~ про́тив чего́-л. sich gégen etw. (*A*) áuflehnen, gégen etw. (*A*) Éinspruch erhében*

восстаю́щий *сущ. м горн.* Überhauen *n* (7), Überbruch *m* (1*)

восто́к *м* **1.** (*страна света, направление*) Ósten *m* -s; Ost (*поэт., мор., геогр.— употр. без артикля; сокр.* O): на ~е im Ósten; к ~у, на ~ nach Ósten; óstwärts; к ~у [на~, на ~е] от чего́-л. östlich von etw. (*D*); с ~а von Ósten, aus dem Ósten; **2.** (*восточные страны*) Ósten *m* -s; Oriént *m* -(e)s; Да́льний Восто́к der Férne Ósten; Бли́жний Восто́к der Náhe Ósten; Mórgenland *n* -(e)s (*поэт.*); Сре́дний Восто́к der Míttlere Ósten; путеше́ствие на Восто́к Oriéntreise *f* (11); жи́тель Восто́ка Ori¦entále *m* (9); жи́тельница Восто́ка Ori¦entálin *f* (12)

востокове́д *м* Ori¦entalíst *m* (8); **~ение** *c* Ori¦entalístik *f*; **~ческий** ori¦entalístisch

восто́рг *м* Entzücken *n* -s; Begéisterung *f*; приводи́ть в ~ entzücken *vt*, in Entzücken versétzen; приходи́ть в ~ in Entzücken geráten*; быть от чего́-л. в ~е von etw. (*A*) begéistert sein, von etw. (*D*) entzückt sein; **~а́ть** begéistern *vt*, entzücken *vt*; **~а́ться** sich begéistern (чем-л. für *A*)

восто́рженн||ость *ж* Exaltatión *f*; Verzücktheit *f*; **~ый** begéistert, entzückt; ~ый о́тзыв о кни́ге éine begéisterte Bespréchung [Kritík] des Búches; ~ый челове́к ein exaltíerter Mensch

восторжествова́ть triumphíeren *vi* (над чем-л. über *A*); ~ над врага́ми den Sieg über die Féinde davóntragen*

восто́чнее (*чего-л.*) östlich (von *D*)

восто́чник *м разг.* (*студент, учёный*) Ori¦entalíst *m* (8)

восто́чно||азиа́тский ostasiátisch; **~африка́нский** ostafrikánisch; **~европе́йский** osteuropä¦isch; **~сиби́рский** ostsibírisch; **~славя́нский** óstslawisch; ~славя́нские языки́ die óstslawischen Spráchen

восто́чн||ый 1. östlich, Ost-; ~ый ве́тер Óstwind *m* (1); Ost *m* (1) (*поэт.*); ~ая сторона́ Óstseite *f*; в ~ом направле́нии от чего́-л., ~ее чего́-л. östlich von etw. (*D*); Восто́чная Евро́па Ósteuropa -s; **2.** (*о культуре и т. п.*) ori¦entálisch; mórgenländisch *высок.*

востре́бов||ание *c* Fórderung *f* (10); ~ание това́ров Wárenanforderung *f*; ◇ до ~ания póstlagernd, poste restante [*фр.* 'pɔst rɛs'tãt] (*австр.*); **~ать** fórdern *vt*, verlángen *vt*

востро́ *нареч.*: держа́ть у́хо ~ *разг.* auf der Hut sein

востроно́сый *разг.* spítznasig, mit spítzer Náse

востру́шка *ж разг.* Blítzmädel *n* (6), ein paténtes Mädel

восхвал||е́ние *c* Préisung *f* (10), Lóbpreisung *f*; **~и́ть, ~я́ть** lóben *vt*, lóbpreisen * *vt*; sich in Lóbeserhebungen ergéhen*

восхити́тельный entzückend, réizend, wúnderschön

восхити́ть entzücken *vt*; bezáubern *vt* (*очаровать*); **~ся** entzückt [bezáubert] sein, in Entzücken geráten*

восхищ||а́ть(ся) *см.* восхити́ть(ся); **~е́ние** *c* Entzücken *n* -s; Bewúnderung *f*; быть в ~ении entzückt sein; вы́сказать своё ~е́ние sein Entzücken zum Áusdruck bríngen*; прийти́ в ~е́ние in Entzücken geráten*; привести́ в ~е́ние entzücken *vt*

восхищённый entzückt

восхо́д *м* Áufgang *m* (1*); ~ со́лнца Sónnenaufgang *m*

восход||и́ть 1. (*подниматься*) hináufsteigen* *vt*; erstéigen* *vt*; bestéigen* *vt*; **2.** (*о светилах*) áufgehen* *vi* (s); **3.** (*иметь началом*) zurückreichen *vi*, séinen Úrsprung háben; э́то преда́ние восхо́дит к 12 ве́ку díese Ságe reicht bis in das 12. Jahrhúndert zurück; **~я́щий** (*о движении*) áufsteigend, empórsteigend; ~я́щая крива́я áufsteigende Kúrve [-və]; ~я́щая интона́ция *фон.* stéigender Ton; ◇ ~я́щая звезда́ ein áufgehender Stern

восхожде́ние *c* Áufstieg *m* (1); ~ на́ гору *спорт.* Bérgbesteigung *f* (10)

восше́ствие *c*: на престо́л *ист.* Thrónbesteigung *f*

восьмёрк||а *ж* **1.** (*цифра*) Acht *f* (10); **2.** *карт.* Acht *f* (10); ~ бубён Káro-Acht *f*; ~ пик Pík-Acht *f*; **3.** *спорт.* Áchter *m* (6), Áchtriemer *m* (6); **4.** (*в виде цифры* 8): повя́зка ~ой *мед.* Áchterbinde *f* (11), Áchtertourenverband [-tu:rən-] *m* (1*)

во́сьмеро acht; нас бы́ло ~ wir wären acht

восьмивесёлый áchtriemig

восьмигра́нн||ик *м мат.* Oktaéder *n* (6); Áchtflach *n* (2); Áchtflächner *m* (6); **~ый** áchtflächig

восьмидеся́т||ый der áchtzigste; ~ые го́ды die áchtziger Jáhre; ~ая страни́ца Séite áchtzig; ~ый но́мер Númmer áchtzig

восьми||дне́вный áchttägig; **~кла́ссник** *м* Schüler *m* (6) der áchten Klásse; **~кла́ссница** *ж* Schülerin *f* (12) der áchten Klásse; **~кра́тный** áchtfach, áchtmalig; **~ле́тний** áchtjährig, von acht Jáhren; **~ме́сячный** áchtmonatig; ~ме́сячный ребёнок Achtmónatskind *n* (5)

восьмисотле́тие *c* der áchthúndertste Jáhrestag

восьми||со́тый der áchthúndertste; **~сти́шие** *c лит.* Áchtzeiler *m* (6), áchtzeilige Stróphe, Oktáve [-və] *f* (11); **~сто́пный** *лит.* áchtfüßig; ~сто́пный стих áchtfüßiger Vers; **~стру́нный** áchtsaitig; **~уго́льник** *м мат.* Oktogón *n* (2), Áchteck *n* (2); **~уго́льный** áchteckig; **~часово́й** áchtstündig; ~часово́й рабо́чий день Áchtstundentag *m* (1); **~эта́жный** síebenstöckig, áchtgeschossig

восьм||о́й der áchte; ~о́го ма́рта am áchten März; den áchten März (*на письме*); ~о́й час es geht auf acht (Uhr), es ist nach síeben; es ist síeben durch (*разг.*); в ~о́м часу́ nach síeben Uhr, zwíschen síeben und acht; ~о́й но́мер Númmer acht; ~а́я страни́ца Séite acht; ~а́я до́ля Áchtel *n* (6), áchter Teil; кни́га форма́том в одну́ ~у́ю (часть листа́) ein Buch im Oktávformat [in Oktáv]

восьму́шка *ж* **1.** Áchtel *n* (6); **2.** (*формат*) Oktáv *n* (2), Áchtelbogen *m* (7, 7*)

вот *частица* da; hier; das ist; da ist; ~ он идёт da kommt er; ~ и я da bin ich; ◇ ~, ~ (*вот именно*) ében, ében; ~ и всё das ist álles; ~ тебе́! da hast du's!, so geschíeht es dir recht; ~ дура́к! ist das áber ein Narr!; ~ ещё! das hat gerade noch gefehlt!; ~ как! da sieh mal éiner an!, sieh da!; ~ тебе на́!, ~ тебе ра́з! da háben wir's!, da hast du's!; ~ тебе́, ба́бушка, и Ю́рьев день! *погов.* ≅ da háben wir die Beschérung [den Salát]!

вот-во́т *нареч.* (*сейчас*): ребёнок ~ упадёт das Kind kann jéden Áugenblick fállen

воти́ровать ábstimmen *vi* (über *A*), stímmen *vi*

воти́роваться zur Ábstimmung gelángen

воткну́ть (hin)éinstecken *vt*; (hin-) éinstoßen* *vt*

воткну́ться (*во что-л.*) in etw. (*A*) éindringen* *vi* (s)

во́тум *м* Votum ['vo:-] *n* -s, *pl* -ten *u* -ta; ~ дове́рия Vertráuensvotum *n*; ~ недове́рия Míßtrauensvotum *n*

во́тчин||а *ж ист.* Stámmgut *n* (5), Érbgut *n*; Domäne *f* (11); **~ник** *м ист.* Gútsherr *m* (8), Großgrundbesitzer *m* (6)

воцар||и́ться, воцаря́ться 1. *уст.* den Thron bestéigen*, die Regíerung antreten *; **2.** (*наступить*) éintreten* *vi* (s), sich verbréiten; ~и́лось глубо́кое молча́ние éine tíefe Stílle trat ein

вошь *ж* Laus *f* (3); головна́я ~ Kópflaus *f*; лобко́вая ~ Fílzlaus *f*; платяна́я ~ Kléiderlaus *f*; ◇ травяна́я ~ Bláttlaus *f*

вощáнка *ж* (*бумага*) Wáchspapier *n* (2)

вощён||ый gewáchst, Wachs-; ~ый пол gebóhnerte Díele; ~ая ни́тка Wáchsfaden *m* (7*)

вощи́на *ж* **1.** *собир.* (*пустые соты*) léere Hónigwaben (*pl*); **2.** (*воск*) gélbes úngereinigtes Wachs

вощи́ть wáchsen *vt*; bóhnern *vt* (*пол*)

вою́ющий kríegführend

воя́ж *м* Réise *f* (11)

воя́ка *м ирон.* Háudegen *m* (7); Ráufbold *m* (1)

впада́ть 1. *см.* впасть; **2.** (*о реке*) münden *vi*; sich ergíeßen*; **3.** *спец.* (*принимать оттенок*) übergehen* *vi* (s), schíllern *vi*; ~ в лило́вый цвет ins Violétte [vi-] schíllern; ◇ ~ в де́тство kíndisch wérden; ~ в противоре́чие in Wíderspruch geráten*; ~ в кра́йность ins Extrém verfállen*; ~ в оши́бку in éinen Féhler verfállen*

впаде́ние *с* (*реки́*) Mündung *f* (10)

впа́дина *ж* Höhlung *f* (10), Vertíefung *f* (10), Höhle *f* (11); глубоково́дная ~ Tíefseegraben *m* (7 *); ◇ глазна́я ~ *анат.* Áugenhöhle *f*

впа́ивать *см.* впая́ть

впа́йка *ж* **1.** (*действие*) Éinlöten *n* -s; **2.** (*впаянное*) Éinlötung *f* (10)

впа́л||ый éingefallen, éingesunken, hohl; ~ые щёки éingefallene [éingesunkene, hóhle] Wángen; ~ые глаза́ éingesunkene [éingefallene] Áugen

впасть 1. (*в какое-л. состояние*) geráten* *vi* (s); ~ в отча́яние in Verzwéiflung geráten*; ~ в неми́лость in Úngnade fállen*; **2.** (*о щеках, о глазах*) éinfallen* *vi* (s), éinsinken* *vi* (s)

впая́ть éinlöten *vt*

вперво́й *нареч.*: мне не ~ *разг.* das ist nicht neu, ich bin darán gewöhnt

впервы́е *нареч.* zum érsten Mále, zum érstenmal

вперебо́й *разг.* sich gégenseitig únterbréchend

вперева́лку *нареч. разг.*: ходи́ть ~ éinen wátschelnden Gang háben, wátscheln *vi*

вперегонки́ *нареч. разг.* um die Wétte; бе́гать ~ um die Wétte láufen*

вперёд *нареч.* **1.** vórwärts, vorán, voráus, vor; идти́ ~ vórwärtsgehen* *vi* (s); *перен.* vórwärtsschreiten* *vi* (s); ~, к побе́де! vórwärts zum Síeg!; **2.** *разг.* (*впредь*) künftig, in Zúkunft, künftighin; ~ бу́дьте осмотри́тельнее! séien Sie künftighin vórsichtiger!; ◇ взад и ~ auf und ab, hin und her; ни взад ни ~ wéder vór noch rückwärts; часы́ иду́т ~ die Uhr geht vor; плати́ть ~ voráus(be)zahlen *vt*; э́то большо́й шаг ~ das ist ein größer Fórtschritt; дать кому́-л. не́сколько очко́в ~ j-m weit überlégen sein

впереди́ 1. *нареч.* vórn(e); vorán, voráus; у тебя́ ещё це́лая жизнь ~ das gánze Lében liegt noch vor dir; **2.** *предлог* vor (*D*); идти́ ~ всех állen vorángehen*; *перен.* állen voráus sein; быть ~ други́х в рабо́те álle in der Arbeit überflügeln

впереме́жку *нареч.* ábwechselnd; untermíscht mit (*D*)

впереме́шку *нареч.* durcheinánder, kúnterbunt; wie Kraut und Rüben

впе́рить, впери́ть: ~ взгляд во что-л., в кого́-л. den (bewégungslosen, stárren) Blick auf etw., auf j-n ríchten; etw., j-n ánstarren

впечатл||е́ние *с* Éindruck *m* (1 *); Impressión *f* (10); производи́ть си́льное ~е́ние éinen gróßen Éindruck máchen; éindrucksvoll sein; под ~е́нием únter dem Éindruck (*G*), beéindruckt (von *D*), получи́ть ~е́ние den Éindruck gewínnen*; созда́ть ~е́ние den Éindruck erwécken; **~и́тельность** *ж* Empfänglichkeit *f* (für Éindrücke); **~и́тельный** empfänglich, leicht zu beéindrucken; **~я́ющий** éindrucksvoll; wírkungsvoll, ergréifend, páckend

впива́ть éinsaugen* *vt*, áufsaugen* *vt*; **~ся** *см.* впи́ться

вписа́ть 1. éinschreiben* *vt*, éintragen* *vt*; **2.** *мат.*: ~ треуго́льник в окру́жность ein Dréieck in éinen Kreis éinzeichnen; **~ся 1.** *разг.* (*записаться*) sich éintragen* (lássen*), sich éinschreiben* (lássen*); séinen Námen éinschreiben*; **2.** (*подойти по виду, характеру и т. п.*) pássen *vi* (zu *D*); sich éinfügen (во что-л. in *A*); éinbezogen wérden (in *A*)

впи́ска *ж* Éintragung *f* (10) (in éinen Text, in ein Manuskrípt); Ergänzung *f* (10) (zu éinem Text, zu éinem Manuskrípt)

впи́сыва||ние *с* Éinschreiben *n* -s, Éintragung *f* (10); **~ть** *см.* вписа́ть; **~ться 1.** *см.* вписа́ться; **2.** *страд.* éingeschrieben [éingetragen] wérden; *мат.* éingezeichnet wérden

впит||а́ть 1. áufsaugen* *vt*, éinsaugen *vt*; **2.** *перен.* in sich áufnehmen*; **~ться** (*проникнуть*) éindringen* *vi* (s); вла́га ~лась в зе́млю die Féuchtigkeit drang in die Érde ein

впи́тыва||ние *с* Áufsaugen *n* -s, Éindringen *n* -s; **~ть** *см.* впита́ть; **~ться 1.** *см.* впита́ться; **2.** *страд.* áufgesogen [áufgesaugt] wérden

впи́||ться 1. (*о булавке и т. п.*) éindringen* *vi* (s); **2.** (*о пиявке и т. п.*) sich féstsaugen*; пия́вка ~ла́сь в но́гу der Blútegel sáugte sich am Bein fest; **3.** (*ухватиться*) sich ánklammern, sich féstklammern *отд.*; она́ ~ла́сь мне в ру́ку sie klámmerte sich an méinem Arm fest; ~ться когтя́ми sich féstkrallen *отд.*; ~ться зуба́ми sich féstbeißen* *отд.* ◇ ~ться глаза́ми в кого́-л., во что-л. j-n, etw. mit den Blícken [Áugen] verschlíngen*

впи́хивать, впихну́ть *разг.* **1.** hinéinpressen *vt*, hinéinpferchen *vt*, hinéinzwängen *vt*; **2.** (*втолкнуть*) hinéinstoßen* *vt*

вплавь *нареч.* schwímmend; перепра́виться ~ hinüberschwimmen* *vi*, schwímmend übersetzen

вплести́, вплета́ть éinflechten* *vt*, hinéinflechten* *vt*; *перен.* (*в речь и т. п.*) éinflechten* *vt*

вплета́ться sich éinflechten*; sich verfléchten*

вплотну́ю *нареч.* **1.** fest; dicht, hart (an *A или* an *D*); подойти́ ~ к бе́регу dicht an das Úfer herángehen*; **2.** *разг.* (*серьёзно*) érnsthaft; подойти́ ~ к разреше́нию вопро́са sehr náhe an die Lösung éiner Fráge heránkommen*; ~ взя́ться за де́ло sich érnsthaft an éine Sáche máchen

вплоть: ~ до bis zu (*D*), bis an (*A*)

впова́лку *нареч. разг.*: спать ~ (álle) in éiner Réihe dahíngestreckt schláfen*

вполго́лоса *нареч.* hálblaut

вполза́ть, вползти́ 1. hinéinkriechen* *vi* (s) (*по направлению от говорящего*); heréinkriechen* *vi* (s) (*по направлению к говорящему*); **2.** (*подняться вверх*) hináufkriechen* *vi* (s) (*по направлению от говорящего*); heráufkriechen* *vi* (s) (*по направлению к говорящему*)

вполнака́ла *нареч.* **1.** mit hálber [verríngerter] Léuchtkraft; **2.** *перен.* (рабо́тать) ~ mit hálber Kraft (árbeiten)

вполне́ *нареч.* vollkómmen, ganz, völlig; я в э́том ~ убеждён ich bin davón vollkómmen [fest] überzéugt; ~ доста́точно völlig áusreichend; ~ заслужи́ть vollkómmen verdíenen; не ~ nicht ganz [völlig]

вполоборо́та *нареч.* halb zúgewandt (к кому́-л., к чему́-л. *D*)

вполови́ну *нареч. разг.* um die Hälfte; zur Hälfte; ~ ме́ньше halb sovíel, halb so groß

впопа́д *нареч. разг.* gelégen (*кстати*); zur réchten Zeit (*вовремя*); отве́тить ~ éine tréffende Ántwort gében*

впопыха́х *нареч. разг.* **1.** (*торопливо*) éilig; átemlos, áußer Átem; вбежа́ть ~ átemlos heréinstürzen [ánkommen*]; **2.** (*в спешке*) in der Éile, in Übereile, in áller Éile, in áller Hast; ~ я забы́л до́ма кни́гу in der Éile hábe ich das Buch zu Háuse gelássen

впо́ру *разг.* **1.** *нареч.* (*об одежде, обуви*) pássend; быть ~ pássen *vi*; э́то пальто́ ему́ ~ díeser Mántel paßt ihm gut; **2.** *предик.* (*остаётся лишь*) es bleibt nur; da muß man; ~ рассмея́ться! da muß man wírklich láchen!

вспорхну́ть hinéinflattern *vi* (s); hinéinhüpfen *vi* (s); hinéingehüpft kómmen* (*о человеке*)

впосле́дствии *нареч.* später, späterhin, nachhér, in der Fólge

впотьма́х *нареч. разг.* im Dúnkeln, in der Dúnkelheit

впра́вду *нареч. разг.* wírklich, tátsächlich, in der Tat

впра́ве: быть ~ beréchtigt sein; ein Recht auf etw. (*A*) háben

впра́вить, вправля́ть *мед.* éinrenken *vt*; ◇ ~ мозги́ кому́-л. *разг.* j-m den Kópf zuréchtrücken [zuréchtsetzen], j-n zur Vernúnft bríngen*

впра́во *нареч.* **1.** (*на вопрос «куда?»*) nach rechts; **2.** (*на вопрос «где?»*) rechts

впредь *нареч.* künftig, in Zúkunft; férnerhin; von nun an (*отныне*); ~ до bis auf (*A*), bis zu (*D*); ~ до (дальне́йшего) распоряже́ния bis auf wéiteres; ~ до его́ возвраще́ния bis zu séiner Rückkehr

впригля́дку *нареч. шутл.*: пить чай ~ Tee óhne Zúcker trínken*

вприку́ску *нареч.*: пить чай ~ Zúkkerstückchen sáugend Tee trínken*

вприпры́жку *нареч.* hüpfend

вприся́дку *нареч.*: он пусти́лся ~ er tánzte hóckend, er tánzte [er ging] hoch

впри́рку *разг.* ganz dicht (к an *D*)

впри́тык *нареч. разг.* dicht aneinánder; eng; hart an etw. (*A*) stóßend; стыко́вка ~ *тех.* Stúmpfstoß *m* (1 *); мы сиди́м ~ wir sítzen uns [einánder] auf den Nähten, wir sítzen eng zusámmen

впро́голодь *нареч.* húngernd, arm, ärmlich; жить ~ húngern *vi*, am Húngertuch(e) nágen, ein Húngerdasein frísten

в продолже́ние *предлог* im Láuf(e) (*G или* von *D*), während (*G*); ~ ле́та im Láufe des Sómmers; ~ всего́ го́да im Láufe des gánzen Jáhres, während des gánzen Jáhres; ~ до́лгого вре́мени éine lánge Zeit hindúrch; ~ не́которого вре́мени éine Zéitlang; ~ всей жи́зни das gánze Lében lang; ~ пяти́ лет im Verláuf [in éinem Zéitraum] von fünf Jáhren

впро́к *нареч.*: заготовля́ть ~ éinen Vórrat ánlegen; пойти́ ~ кому́-л. j-m zum Vórteil geréichen; э́то ему́ не идёт ~ das bekómmt ihm nicht; нау́ка ему́ не пошла́ ~ er hat kéine Léhre daráus gezógen; ему́ всё идёт ~ bei ihm schlägt álles an, ihm geréicht álles zum Nútzen

впроса́к *нареч. разг.*: попа́сть ~ in Verlégenheit geráten*; in die Pátsche geráten*; heréinfallen* *vi* (s); übel ánlaufen* [ánkommen*] *vi* (s)

впросо́нках *нареч. разг.* im Dämmerzustand, im Hálbschlaf; zwischen Wáchen und Traum

впро́чем *союз* übrigens, im übrigen

впры́гивать, впры́гнуть hinéinspringen* *vi* (s) (*по направлению от говорящего*); heréinspringen* *vi* (s) (*по направлению к говорящему*)

впрыск *м авто* Éinspritzung *f*; ~ то́плива Kráftstoffeinspritzung *f*

впры́скив||ание *с мед.* Éinspritzung *f* (10), Injektión *f* (10); подко́жное ~ание subkutáne Injektión, Únterhauteinspritzung *f*; внутримы́шечное ~ание intramuskuläre Injektión; **~ать, впры́снуть** *мед.* éinspritzen *vt*, éine Injektión [Sprítze] gében*

впряга́ть *см.* впрячь; **~ся 1.** *см.* впря́чься; **2.** *страд.* éingespannt [vórgespannt] wérden

впрямь *вводн. сл. разг.* tátsächlich, in der Tat, wírklich

впрячь éinspannen *vt*; vórspannen *vt*, ánspannen *vt*, ánschirren *vt*; ~ лошаде́й в теле́гу die Pférde vor den Wágen spánnen; ◇ ~ кого́-л. в рабо́ту *разг.* j-m viel Árbeit áufbürden

впря́чь||ся sich éinspannen; ◇ ~ся в рабо́ту *разг.* sich (*D*) viel Árbeit áufbürden [áufhalsen]

впуск *м* Éinlaß *m* -sses; **~а́ть** *см.* впусти́ть

впуск||но́й *тех.* Éinlaß-; ~но́й кла́пан Éinlaßventil [-vɛn-] *n* (2)

впусти́ть hinéinlassen* *vt* (*по направлению от говорящего*); heréinlassen* *vt* (*по направлению к говорящему*); éinlassen* *vt*

впусту́ю *нареч. разг.* únnütz, vergébens; говори́ть ~ in den Wind réden

впу́тать éinflechten* *vt*; *перен.* verwíckeln *vt*; **~ся** *см.* ввяза́ться

впу́тывать *см.* впу́тать; **~ся 1.** *см.* ввяза́ться; **2.** *страд.* verwíckelt wérden

впя́теро *нареч.* fünffach; fünfmal; сломи́ть [согну́ть] ~ fünffach zusámmenlegen [zusámmenbiegen*]; увели́чить ~ auf das Fünffache vergrößern, verfünffachen *vt*; ~ бо́льше fünfmal soviel

впятеро́м *нареч.* zu fünf(en), zu fünft

в-пя́тых *вводн. сл.* fünftens

врабо́таться *разг.* sich éinarbeiten; auf séine Árbeit éingespielt sein

враг *м* Feind *m* (1); Gégner *m* (6), Wídersacher *m* (6) (*противник*); кла́ссовый ~ Klássenfeind *m*; закля́тый ~ geschwórener Feind; смерте́льный ~ Tódfeind *m*

вражд||а́ *ж* Féindschaft *f*; Gégnerschaft *f*; се́ять **~у́** Féindschaft säen, Zank stíften; пита́ть ~у́ к кому́-л. Féindschaft gégen j-n hégen

вражде́бн||ость *ж* Féindseligkeit *f*; Míßgunst *f* (*неприязнь*); **~ый** féindselig; féindlich (gesínnt); ~ые де́йствия Féindseligkeiten *pl*; ~ые отноше́ния féindselige Bezíehungen; относи́ться к кому́-л. ~о j-n féindselig behándeln; j-n auf dem Strich háben (*разг.*)

враждова́ть (*с кем-л.*) mit j-m auf dem Kríegsfuß stéhen*; ~ ме́жду собо́й sich [einánder] beféinden

враж||е́ский féindlich, Féindes-; gégnerisch; ~еская страна́ Féindesland *n* (5); **~е́ский ла́герь** das féindliche Láger

вра́жий *поэт. уст.* féindlich, Féindes-

враз *разг.* **1.** (*разом*) gléichzeitig, auf éinmal; **2.** (*сразу*) sofórt, gleich

врабив́ку *нареч.* nicht der Réihe nach, in wíllkürlicher Réihenfolge

вразбро́д *нареч. разг.* getrénnt; zerstréut; úngeordnet; де́йствовать ~ óhne Fühlung miteinánder [óhne geméinsamen Plan] hándeln

вразва́лку *нареч. разг.* wátschelnd; ходи́ть ~ wátscheln *vi*

разнобо́й *разг.* éinzeln, nicht] geméinsam

вразно́с *нареч. разг.*: торгова́ть ~ hausíeren *vi*; торго́вля ~ Hausíerhandel *m* -s

вразре́з *нареч.* (*против*) zuwíder, gégen; идти́ ~ с чем-л. zuwíderlaufen* *vi* (s) (*D*); он де́йствовал ~ с о́бщим мне́нием er hándelte der allgeméinen Méinung zuwíder

вразря́дку *полигр.* gespérrt; набра́ть ~ spérren *vt*

вразуми́тельн||ость *ж* Klárheit *f*, Déutlichkeit *f*; Verständlichkeit *f*; Überzéugungskraft *f* (*убедительность*); **~ый** klar, déutlich; verständlich; éinleuchtend; plausíbel; überzéugend (*убедительный*)

вразуми́ть, вразумля́ть beléhren *vt* (*наставить*); überzéugen *vt*, überréden *vt* (*убедить*); zur Vernúnft bríngen* (*надоумить*); j-m den Kopf zuréchtrücken (*разг.*); его́ ниче́м не вразуми́шь er ist nicht zur Vernúnft zu bríngen, er ist únbelehrbar

вра́ки *мн. разг.* Lügen *pl*; Lügengewebe *n* -; fálsche Gerüchte; léeres Geschwätz (*вздор, болтовня*); э́то ~ das ist erstúnken und erlógen

враль *м разг.* Lügner *m* (6); Schwätzer *m* (6) (*болтун*); Áufschneider *m* (6) (*хвастун*)

враньё *с разг.* Lügen *pl*, Schwindeléi *f*, Geflúnker *n* -s; dúmmes Geschwätz (*вздор, болтовня*)

враска́чку *разг.* schwánkend

враспло́х *нареч.* únerwartet; засти́гнуть [заста́ть] ~ überráschen *vt*; überrúmpeln *vt*; j-n in séinen Fílzschuhen erwíschen (*разг.*)

врассыпну́ю *нареч.* zerstréut; бежа́ть [бро́ситься] ~ sich (nach állen Séiten) zerstréuen

враст||а́ние *с* Hinéinwachsen *n* -s, Éinwachsen *n*, Wúrzelfassen *n* -s; **~а́ть, ~и́** hinéinwachsen* *vi* (s), éinwachsen* *vi* (s), Wúrzel fássen; *перен.* (*внедряться*) Bóden fássen; sich éinleben (*о человеке*); он как в зе́млю врос er steht wie ángewurzelt [féstgebannt]

врастя́жку *нареч. разг.* áusgestreckt; längelang; упа́сть ~ längelang [der Länge nach] hínschlagen* [hínfallen*]

врата́ *мн. уст. и поэт.* Tor *n* (2), Pfórte *f* (11)

врата́рь *м спорт.* Tórwart *m* (1), Tórmann *m* (4)

врать *разг.* lügen* *vi*, flúnkern *vi*; áufschneiden* *vi* (*хвастаться*); ~ как по пи́саному lügen* wie gedrúckt; часы́ врут die Uhr geht falsch, die Uhr geht nach dem Mond

врач *м* Arzt *m* (1*); же́нщина-~ Ärztin *f* (12); ~-акушёр Gebúrtshelfer *m* (6); ветерина́рный ~ Tíerarzt *m*; гла́вный ~ Chefarzt [ˈʃɛf-] *m*; де́тский ~ Kínderarzt *m*; диспансе́рный ~ Fürsorgearzt *m*; зубно́й ~ Záhnarzt *m*; куро́ртный ~ Kúrarzt *m*; ле́чащий ~ behándelnder Arzt; ~-окули́ст Áugenarzt *m*; практику́ющий ~ práktischer Arzt; ~-рентгено́лог Röntgenarzt *m*; санита́рный ~ Hygiénearzt *m*; ста́рший ~ Óberarzt *m*; физкульту́рный ~ Spórtarzt *m*; ~-терапе́вт, врач по вну́тренним боле́зням Internist *m* (8), Facharzt für ínnere Kránkheiten; ~и́ *собир.* Ärzteschaft *f*

враче́бн||ый ärztlich; ~ая пра́ктика ärztliche Práxis; ~ый осмо́тр ärztliche Untersúchung; *воен.* Músterung *f* (10); ~ая по́мощь ärztliche [medizínische] Hílfe; ~ая спра́вка (ámts)ärztliche Beschéinigung, fáchärztliches Zéugnis; ~ое заключе́ние fáchärztliches Úrteil; ~ый обхо́д (*в больнице*) Visíte [vi-] *f* (11); ~ая та́йна ärztliche Schwéigepflicht

врачев||а́ние *с уст.* Héilung *f*, Kuríeren *n* -s; **~а́ть** *уст.* héilen *vt*, kuríeren *vt*

враща́тельн||ый dréhend, rotíerend, Dreh-; Rotatións-; ~ое движе́ние Rotatión *f* (10), rotíerende Bewégung, Dréhbewegung *f* (10), Rotatiónsbewegung *f*

враща́ть dréhen *vt*, in Dréhung versétzen; ◇ ~ глаза́ми *разг.* die Áugen róllen; **~ся 1.** sich dréhen, sich im Kréise bewégen, kréisen *vi*; *тех.* rotíeren *vi*; umláufen* *vt*; Земля́ враща́ется вокру́г свое́й о́си die Érde dreht sich um íhre Áchse; **2.** *страд.* gedréht wérden; ◇ ~ся в кругу́ [в о́бществе] (*кого-л.*) verkéhren *vi* (mit *D*); mit j-m Verkéhr pflégen, únter Ménschen kómmen*

враща́ющ||ий: ~ий моме́нт *физ.* Dréhmoment *n* (1); **~ийся** dréhbar, schwénkbar; ~аяся сце́на *театр.* Dréhbühne *f* (11); ~аяся печь *тех.* Dréhofen *m* (7*), Dréhrohrofen *m*

враще́н||ие *с* Dréhen *n* -s; Dréhung *f* (10); Kréisen *n* -s; Drall *m* (1) (*снаряда*); *тех.* Rotatión *f* (10); Umláufen *n* -s; ~ие Земли́ вокру́г Со́лнца das Kréisen der Érde um die Sónne; ~ие вокру́г со́бственной о́си Éigendrehung *f*, Éigenrotation *f*; ~ие вле́во Línksdrehung *f*; те́ло ~ия *мат.* Dréhkörper *m* (6)

вред *м* Schäden *m* (7*); Náchteil *m* (1) (*ущерб*); быть кому́-л. во ~ j-m zum Náchteil geréichen; э́то ему́ во ~ das ist für ihn schädlich; das ist sein éigener Schäden; причини́ть кому́-л. ~ j-m Schäden zúfügen [verúrsachen]

вреди́тел||ь *м* **1.** Schädling *m* (1); Saboteur [-ˈtøːr] *m* (1); ~и destruktíve [-və] Eleménte; **2.** *с.-х.* Schädling *m* (1); лесно́й ~ь Fórstschädling *m*; ~ь расте́ний Pflánzenschädling *m*; борьба́ с ~ями Schädlingsbekämpfung *f*

вреди́тель||ский Schädlings-; vólksschädlich (*враждебный народу*); ~ская де́ятельность Schädlingsarbeit *f*; Schädlingstätigkeit *f*; Sabotáge [-ʒə] *f*

вреди́тельство *с* Schädlingsarbeit *f*, Schädlingstätigkeit *f*; Sabotáge [-ʒə] *f*; Störtätigkeit *f*

вреди́ть schäden *vi*, schädigen *vt*, Schäden bríngen* [zúfügen, ántun*]; benáchteiligen *vt* (*наносить ущерб кому-л.*)

вре́дн||ость *ж* Schädlichkeit *f*; **~ый** schädlich, schádenbringend; э́то ~о для здоро́вья das schádet der Gesúndheit; ~ый для здоро́вья gesúndheitsschädlich; ~ое произво́дство gesúndheitsschädlicher Betríeb; ~ая привы́чка éine schädliche Gewóhnheit; ~ое вещество́ Schádstoff *m* (1), ˌschädlicher Stoff

вре́зать, вреза́ть éinschneiden* *vt*, einfügen *vt*; éinsetzen *vt*, éinstellen *vt* (*вставить*); ~ замо́к в дверь ein Schloß in die Tür éinbauen

вре́заться, вреза́ться 1. éindringen* *vi* (s), éinschneiden* *vi* (s); aufeinánderstoßen * *отд.* *vi* (h, s) (*друг в друга — о поездах и т. п.*); ~ в песо́к (*о лодке*) auf Sand [auf Grund] stóßen*; ~ в толпу́ in die Ménge éindringen*; **2.** (*запечатлеться*) sich éinprägen; ~ в па́мять sich j-m ins Gedächtnis éinprägen; **3.** (вре́заться) *разг.* (*влюбиться*) sich vergáffen, sich vergúcken, sich verknállen

времена́ *мн. см.* вре́мя 3, 4, 5

времена́ми *нареч.* zéitweise, mánchmal; von Zeit zu Zeit, hin und wíeder

временн||о́й temporál; Zeit-; ~а́я зави́симость Zéitverhältnis *n* (3*); ~а́я фо́рма *грам.* Zéitform *f* (10)

вре́менн||ый zéitweilig, zéitbedingt; temporär; vorübergehend (*преходящий*); stéllvertretend, interimístisch (*о должностных лицах*); provisórisch [-vi-] (*о правительстве, о мероприятиях и т. п.*); ~ое явле́ние zéitbedingte Erschéinung; ~ая нетрудоспосо́бность zéitweilige Árbeitsunfähigkeit; ~ая ме́ра provisórische Máßnahme; Nótbehelf *m* (1); ~ый мост Nótbrücke *f* (11), Behélfsbrücke *f*; ~ое прави́тельство provisórische [vórläufige] Regíerung; ~ый рабо́тник Áushilfskraft *f* (3); ~ое состоя́ние Provisórium [-vi-] *n* -s, -ri¦en; ~ый вы́ход, ~ое реше́ние provisórische Lösung, Zwíschenlösung *f* (10); ~о исполня́ющий обя́занности заве́дующего stéllvertretender Léiter; ~ый пове́ренный в дела́х der Geschäftsträger ad ínterim

временщи́к *м ист.* Günstling *m* (1), Favorít [-vo-] *m* (8); госпо́дство ~о́в Günstlingsherrschaft *f*, Favorítenwirtschaft *f*

вре́м||я *с* **1.** Zeit *f* (10); Zéitpunkt *m* (1) (*момент*); ме́стное ~я Órtszeit *f*; поясно́е ~я Zónenzeit *f*; среднеевропе́йское ~я mítteleuropäische Zeit (*сокр.* MEZ); в э́то ~я in díeser Zeit; за́втра в э́то же ~я mórgen um díese Zeit; в любо́е ~я zu jéder Zeit, zu jéder Stúnde; в то ~я dámals, zu jéner Zeit; в ско́ром ~ени bald, nächstens; в неда́вние ~ена́ únlängst, néulich, jüngst, vor kúrzem; в после́днее ~я néuerdings; до после́днего ~ени bis vor kúrzem; bis zulétzt; bis in die létzte Zeit hinéin; в настоя́щее ~я gégenwärtig; zur Zeit; wie die Dínge héute líegen; в неуро́чное ~я zu úngewohnter Zeit; в уро́чное ~я zur féstgelegten [veréinbarten] Zeit; за ~я im Láufe, während; рабо́чее ~я Árbeitszeit *f*; свобо́дное ~я fréie Zeit, Múße *f*; Fréizeit *f*; árbeitsfreie Zeit; **~я** на вы́грузку Entládezeit *f*; лу́чшее **~я** *спорт.* Béstzeit *f*; вы́игрыш во ~ени Zéitgewinn *m* (1); тре́бующий мно́го ~ени zéitraubend; **2.** (*продолжительность*) Zeit *f*, Zéitraum *m* -(e)s, Zéitdauer *f*; Zéitspanne *f*; календа́рное ~я Kaléndérzeit *f*; маши́нное ~я *эк.* Maschínenzeit *f*; *выч. тех.* Réchnerzeit *f*; до́лгое ~я éine lánge Zeit, ein lánger Zéitraum; в коро́ткое ~я bínnen kúrzer Zeit; **3.** (*эпоха*) Zeit *f* (10), Zéiten *pl*; Epóche *f* (11); в ва́ше ~я zu Íhrer Zeit; в на́ше ~я héutzutage, zur Zeit, héute; в пре́жние ~ена́ früher; во вку́се того́ ~ени im Geschmáck jéner Zeit; во ~я револю́ции zur Zeit der Revolutión [-vo-]; во ~ена́ Пу́шкина zu Púschkins Zeit; со ~ён Петра́ Пе́рвого seit der Zeit Péters des Érsten; **4.** (*пора́*) Zeit *f* (10); ~я го́да Jáhreszeit *f*; ~я поко́са Zeit der Héuernte; ~я жа́твы Érntezeit *f*; ~я отпуско́в Úrlaubszeit *f*; дождли́вое ~я Régenwetter *n* -s; в ле́тнее ~я im Sómmer; в зи́мнее ~я im Wínter; обе́денное ~я Míttagszeit *f*; вече́рнее ~я Ábendzeit *f*, Ábendstunde *f*, Ábendstunden *pl*; у́треннее ~я Mórgenstunde *f*, Mórgenstunden *pl*; послеобе́денное ~я Náchmittag *m* -(e)s; ночно́е ~я Náchtzeit *f*; ми́рное ~я Fríedenszeit *f*; вое́нное ~я Kríegszeit *f*; послевое́нное ~я Náchkriegszeit *f*; **5.** *грам.* Zeit *f* (10), Zéitform *f* (10), Zéitstufe *f* (11); Témpus *n* = *pl* -pora; настоя́щее ~я Gégenwart *f*, Präsens *n* =, *pl* -séntia; проше́дшее ~я Vergángenheit *f*, Prätéritum *n* -s, *pl* -ta; давнопроше́дшее ~я Vórvergangenheit *f*, Plúsquamperfekt *n* -(e)s; бу́дущее ~я Zúkunft *f*, Futúr *n* -s, *pl* -e; после́довательность времён Zéitfolge *f*; ◇ ~я пока́жет kommt Zeit, kommt Rat; до́брое ста́рое ~я die gúte álte Zeit; в то же ~ gléichzeitig; в то ~я как... während (*G*); ~я от ~ени, от ~ени до ~ени, по ~ена́м von Zeit zu Zeit, mánchmal, hin und wíeder; с тече́нием ~ени mit der Zeit, im Láufe der Zeit, nach und nach; со ~енем mit der Zeit; в своё ~я 1) (*когда-то*) zu séiner Zeit; 2) (*своевременно*) im geéigneten Áugenblick; во ~я о́но in álten Zéiten; до сего́ ~ени bis jetzt, bis zu únserer Zeit, тем ~енем währenddéssen, unterdéssen, inzwíschen, míttlerweile; на ~я für éinige Zeit, zéitweilig; до поры́ до ~ени vórläufig, bis zu éinem gewíssen Zéitpunkt; в да́нное ~я áugenblicklich, im gegébenen Momént; всему́ своё ~я álles zu séiner Zeit; тяжёлые ~ена́ böse Zéiten; ~я не ждёт, ~я не те́рпит die Zeit drängt, es hat Éile, es dúldet kéinen Áufschub; ~я рабо́тает на нас die Zeit árbeitet für uns, die Zeit ist mit uns; одно́ ~я éine Zéitlang; на пе́рвое ~я fürs érste; всё ~я die gánze Zeit, fórtwährend, in éinem fort; де́лу ~я — потéхе час *посл.* ≅ erst die Árbeit, dann das Spiel [dann's Vergnügen]; ~я — лу́чший врач *посл.* die Zeit heilt álle Wúnden

времяисчисле́ние *с* Zéitrechnung *f* (10)

времянка *ж* **1.** (*на стройплощадке*) Báubude *f* (11), Báubaracke *f* (11); **2.** (*в рабочем посёлке первостроителей*) Báuarbeiterbaracke *f* (11); **3.** (*печка*) (éisernes) Öfchen *n* (7); **4.** (*лестница*) (kléine) Léiter *f* (11)

вро́вень *нареч.* (*с чем-л.*) in gléicher Höhe mit (*D*); ~ с края́ми bis an den Rand

вро́де *предлог* ähnlich (*D*), so wie (*N*), in der Art von (*D*); он ~ тебя́ er gleicht dir, er ist dir ähnlich; ◇ не́что ~... so étwas wie...

врождённый ángeboren; э́то у него́ ~ недоста́ток díeser Féhler ist ihm ángeboren; ~ тала́нт Natúrtalent *n* (2); ~ поро́к *мед.* Gebúrtsfehler *m* (6)

в ро́зницу *нареч.* im Éinzelhandel; im éinzeln; im Detail(handel) [-'taɛ-] (*австр.*); прода́жа о́птом и ~ Gróß- und Éinzelverkauf *m* -(e)s

врозь *нареч.* getrénnt; жить ~ getrénnt lében; сто́йка но́ги ~ *спорт.* Grätschstand *m* -(e)s, Grätschstellung *f*; ◇ де́ло идёт ~ *разг.* die Sáche [die Árbeit] klappt nicht [geht schief]

вруб *м горн.* Schram *m* (1*), Éinbruch *m* (1*)

вруба́ть *см.* вруби́ть; **~ся 1.** *см.* вруби́ться; **2.** *страд.* éingehauen [éingerammt] wérden

вруби́ть éinhauen * (*impf* háute ein) *vt*; éinrammen *vt*; ~ бочо́нок в лёд ein Fäßchen in das Eis éinrammen; **~ся** éindringen * *vi* (s); ~ся в ряды́ неприя́теля sich in die Réihen der Féinde éinhauen *

вру́бка *ж стр.* Hólzverbindung *f* (10)

вру́бов||ый: ~ая маши́на *горн.* Schrämmaschine *f* (11)

врукопа́шную *нареч.*: они́ схвати́лись ~ es entstánd ein Hándgemenge

врун *м разг.* Lügner *m* (6); Áufschneider *m* (6) (*хвастун*)

вру́нья *ж разг.* Lügnerin *f* (12); Áufschneiderin *f* (12) (*хвастунья*)

вруча́ть *см.* вручи́ть

вруч||е́ние *с* Áushändigung *f*, Übergabe *f*, Überréichung *f*; ~е́ние о́рдена die Überréichung des Órdens; **~и́ть** áushändigen *vt*, überréichen *vt*, übergeben* *vt*; ~и́ть вери́тельные гра́моты das Begláubigungsschreiben überréichen

вручну́ю *нареч.* mit der Hand (ángefertigt); von Hand, manuéll; рабо́та ~ Hándarbeit *f*

врыва́ть *см.* врыть

врыва́ться I **1.** *см.* вры́ться; **2.** *страд.* éingegraben wérden

врыва́ться II *см.* ворва́ться

врыть éingraben* *vt*; **~ся** sich éingraben*

вря́д ли *нареч.* schwérlich, kaum; es ist zwéifelhaft, ob; э́то ~ возмо́жно es ist kaum möglich

всади́ть éinstechen* *vt*, hinéinstoßen* *vt*; ~ пу́лю в лоб éine Kúgel durch den Kopf jágen

вса́дни||к *м* Réiter *m* (6); ◇ Ме́дный ~к der Éherne Réiter; **~ца** *ж* Réiterin *f* (12)

вса́живать *см.* всади́ть

вса́сыв||ание *с* Éinsaugen *n* -s, Áufsaugen *n* -s; Ánsaugen *n*; **~ать** *см.* всоса́ть; **~аться 1.** *см.* всоса́ться; **2.** *страд.* éingesaugt [éingesogen] wérden; áufgesaugt [áufgesogen] wérden; **~ающий** Saug-; ~ающий кла́пан *тех.* Sáugventil [-vɛn-] *n* (2), Ánsaugventil *n*

все *мн. см.* весь

всё I *мест. см.* весь

всё II *нареч.* **1.** (*всегда, всё время*) ímmer, ímmerfort, stets, fórtwährend, die gánze Zeit; он ~ рабо́тает er árbeitet ímmer [die gánze Zeit]; **2.** (*перед формой сравнительной степени*) ímmer; ~ да́льше ímmer wéiter; де́ло идёт ~ лу́чше es [die Árbeit] geht ímmer bésser; **3.** (*до сих пор, не переставая*): ~ ещё ímmer noch; **4.**: ~ ж, ~ же (*однако*) (áber) doch, dénnoch, ímmerhín; похо́же, а ~ же не то ähnlich, und dénnoch nicht dasselbe; **5.** (*исключительно*) nur, áusschließlich; и ~ из-за тебя́ und nur déinetwegen; ◇ ~ равно́ éinerlei; мне ~ равно́ es ist mir ganz egál

всеве́дение *с ирон.* Allwíssenheit *f*

всеве́дущий *ирон.* allwíssend

всеви́дящий *ирон.* éiner, der álles sieht

всевозмо́жн||ый állerlei; verschíedenerlei; ~ые сре́дства verschíedenste [álle möglichen] Míttel; ~ый това́р állerlei [verschíedenerlei] Wáren

всево́лновый *радио*: ~ приёмник Állwellenempfänger *m* (6)

всегда́ *нареч.* ímmer, stets, áll(e-)zeit; zu állen Zéiten (*во все времена*); fort und fort (*вечно*); ~ гото́в! ímmer beréit!

всегда́шн||ий ímmerwährend, beständig, ständig; gewöhnlich, üblich (*обычный*); ~ий гость ein ständiger Gast; Stámmgast *m* (1*); э́то его́ ~яя мане́ра das ist séine übliche Art und Wéise

всего́ I *мест. род. см.* весь 3

всего́ II *нареч.* **1.** (*итого*) im gánzen, insgesámt; **2.** (*только*) nur; erst (*о времени*); нашло́сь ~ дво́е es méldeten sich nur zwei, es fánden sich nur zwei; ~ лишь ме́сяц наза́д erst vor éinem Mónat; ◇ ~-на́всего álles in állem; то́лько и ~! wéiter nichts!, und das ist álles!; das wäre álles!

в-седьмы́х *вводн. сл.* síeb(en)tens

всезна́йка *м, ж разг. ирон.* Álleswisser *m* (6), Bésserwisser *m*, Allesbésserwisser *m*

всезна́йство *с разг. ирон.* Bésserwisserei *f*

вселе́ние *с* Éinzug *m* -(e)s, Éinquartierung *f*

вселе́нная *ж* Wéltall *n* -s, Universum [-'vɛr-] *n* -s; All *n* -s

вселе́нский *уст.* ökuménisch; Welt-; ~ собо́р ökuménisches Konzíl (*в католической церкви*); Wéltkirchenkonferenz *f* (10) (*в протестантской церкви*)

всели́ть **1.** (*кого-л.*) éinquartieren *vt*; **2.** (*внушить*) éinflößen *vt*, béibringen* *vt*; ~ в кого́-л. наде́жду j-m Hóffnung éinflößen; ~ в кого́-л. уве́ренность j-m Zúversicht verléihen*; ~ в кого́-л. трево́гу j-n in Únruhe versétzen; **~ся** éinziehen* *vi* (s), sich éinquartieren

вселя́ть *см.* всели́ть; **~ся** **1.** *см.* всели́ться; **2.** *страд.* éinquartiert wérden (*ср.* всели́ть)

всеме́рн||о *нареч.* auf jéde Wéise, in jéder Wéise, mit állen Mítteln, nach Kräften; **~ый** größtmöglich, höchstmöglich; nach Kräften; wéitestgehend; оказа́ть ~ое соде́йствие j-m jéde mögliche [die größtmögliche] Unterstützung erwéisen* [ángedeihen lássen*]

все́меро *нареч.* síebenfach, síebenmal; увели́чить ~ auf das Síebenfache vergrößern; уме́ньшить ~ auf ein Síebentel verkléinern [verríngern]; ~ ме́ньше síebenmal wéniger; ~ бо́льше síebenmal sovíel

всемеро́м *нареч.* zu síeben, zu síebent, zu siebt; síeben Mann hoch (*разг.*)

всеми́рно-истори́ческий wélthistorisch, wéltgeschichtlich

всеми́рн||ый Welt-; wéltumspannend, wéltumfassend; wéltweit; ~ая исто́рия Wéltgeschichte *f*; Всеми́рный конгре́сс сторо́нников ми́ра Weltfríedenskongreß *m* -sses, -sse; Всеми́рный конгре́сс миролюби́вых сил Wéltkongreß der Fríedenskräfte; Всеми́рный Сове́т Ми́ра Wéltfriedensrat *m* -(e)s; Всеми́рная федера́ция демократи́ческой молодёжи (*сокр.* ВФДМ) Wéltbund *m* der Demokrátischen Júgend (*сокр.* WBDJ); Всеми́рная федера́ция профсою́зов (*сокр.* ВФП) Weltgewerkschaftsbund *m* -(e)s (*сокр.* WGB)

всемогу́щ||ество *с* Állmacht *f*, Allmächtigkeit *f*, Állgewalt *f*; **~ий** allmächtig

всенаро́дн||ый allgeméin, Volks-; ~ый опро́с, ~ый рефере́ндум allgeméine Vólksbefragung; ~ое одобре́ние Bílligung *f* des gánzen Vólkes; ~ое торжество́ Vólksfest *n* (2); ~ый пра́здник allgeméines Vólksfest; ~ достоя́ние Vólkseigentum *n* -s; ~ое де́ло éine Sáche des gánzen Vólkes; на́ше иску́сство всенаро́дно únsere Kunst gehört dem Volk; ~ое движе́ние в защи́ту ми́ра Vólksbewegung *f* zur Vertéidigung des Fríedens

все́нощная *ж церк.* Vésper *f* (11), Ábendmesse *f* (11)

всеобу́ч *м* (всео́бщее обяза́тельное обуче́ние) allgeméine Schúlpflicht

всео́бщ||ий allgeméin; ~ая забасто́вка Generálstreik *m* -s, -s; ~ая исто́рия Wéltgeschichte *f*, allgeméine Geschíchte; ~ая пе́репись населе́ния allgeméine Vólkszählung; ~ее избира́тельное пра́во allgeméines Wáhlrecht; ~ий восто́рг allgeméine Begéisterung; ~ее пра́вило allgeméingültige Régel

всео́бщность *ж* Allgeméinheit *f*, Gesámtheit *f*

всеобъе́млющий állumfassend; ~ ум ein állumfassender Geist

всеору́ж||ие: во ~ии gewáppnet mit (*D*), áusgestattet mit (*D*), (áus)gerüstet mit (*D*); во ~ии зна́ний mit vóllem Wíssen áusgerüstet

всепобежда́ющий álles bezwíngend; stets síegreich

всепоглоща́ющий (*о страсти и т. п.*) verzéhrend, überwältigend

всепого́дный Állwetter-; ~ самолёт Állwetterflugzeug *n* (2); ~ истреби́тель Állwetterjagdflugzeug *n*

в сердца́х *нареч. разг.* zórnig, erbóst, wütend; ~ он хло́пнул две́рью wütend [in der Wut] schlug er die Tür zu

всеросси́йский állrussisch, gesámtrussisch; Всеросси́йский Центра́льный Исполни́тельный Комите́т (*сокр.* ВЦИК) *ист.* Állrussischer Zentrálvollzugsausschuß

всерьёз *нареч. разг.* érnstlich, ernst; in vóllem Ernst; принима́ть что-л. ~ etw. ernst néhmen*; не принима́ть чего́-л. ~ etw. leicht [nicht ernst] néhmen*, etw. auf die léichte Schúlter néhmen*; ~ и надо́лго im Ernst und für länge Zeit

всесве́тный *уст.* allgeméin (*всеобщий*); universál [-vɛr-], universéll [-vɛr-] (*всемирный*)

всесезо́нн||ый: ~ое ма́сло *тех.* gánzjähriges Öl, Lángzeitöl *n* -(e)s

всеси́льный allmächtig, állgewaltig

всеславя́нский állslawisch

всесою́зн||ый Unións-; uniónsoffen (*напр. о спорт. соревнованиях*); der (gesámten) Unión; ~ый реко́рд Uniónsrekord *m* (1); ~ый съезд Uniónstagung *f* (10); во ~ом масшта́бе im Uniónsmaßstab

всесторо́нн||ий állseitig, állerseitig; áusführlich (*подробный*); gründlich (*основа́тельный*); ~е образо́ванный челове́к ein víelseitig [állseitig] gebíldeter Mensch; ~ее обсужде́ние éine állseitige [gründliche, ins Éinzelne géhende] Erörterung

всё-таки *союз* doch, trotz állem, trótzdem; ímmerhín (*всё же*); он ~ пришёл er ist doch gekómmen

всеуслы́шание: во ~ laut; vernéhmlich; öffentlich, vor áller Óhren (*открыто*); заяви́ть во ~ únüberhörbar bekúnden

всеце́ло *нареч.* ganz, gänzlich, ganz und gar; völlig, vollkómmen, vóllständig (*совершенно*); он ~ поглощён рабо́той er geht ganz in séiner Árbeit auf; э́то ~ зави́сит от вас das hängt ganz [vollkómmen] von Íhnen ab

всея́дн||ый álles fréssend, álles éssend, álles verzéhrend; ~ое живо́тное Állesfresser *m* (6), Omnivore [-'vo:-] *m* (9); **~ый** двигатель Víelstoffmotor *m* [13]

в си́лу *предлог* kraft (*G*), infólge (*G*); ~ сложи́вшихся обстоя́тельств kraft [infólge] der éingetretenen Úmstände; ~ э́того infolgedéssen

вска́кивать *см.* вскочи́ть

вска́пывать *см.* вскопа́ть

вскара́бкаться, вскара́бкиваться *разг.* hináufklettern *vi* (s) (*по направлению от говорящего*); heráufklettern *vi* (s) (*по направлению к говорящему*)

вска́рмлив||ание *с* Ernährung *f*; Áuffütterung *f* (*животных*); иску́сственное ~ание (*ребёнка*) künstliche Érnährung; Fláschenernährung *f*; **~ать** *см.* вскорми́ть

вскачь *нареч.* im Galópp; нести́сь ~ galoppíeren *vi*, im Galópp dahínstürmen

вски́дывать, вски́нуть **1.** wérfen* *vt*, hináufwerfen* *vt*; ~ мешо́к на пле́чи den Sack auf die Schúltern láden*; **2.** (*поднять*) erhében* *vt*, schnell hében*; ~ го́лову den Kopf erhében*; ~ ружьё das Gewéhr ánlegen [hóchreißen*]

вскип||а́ние *с* Áufkochen *n* -s, Síeden *n* -s; **~а́ть** ánfangen* zu kóchen; ánfangen* zu síeden; **~е́ть** **1.** áufkochen *vi* (s), áufschäumen *vi* (s); **2.** *перен. разг.* áufbrausen *vi* (s); vor Wut schäumen

вскипяти́ть áufkochen *vt*; síeden* *vt*

в скла́дчину *нареч.* auf geméinsame Kósten

всклоко́ченный *разг.* zerzáust, zóttig

всколыхну́ть in Bewégung bríngen*; áufwühlen *vt*; **~ся** in Bewégung [Áufregung] geráten*

вскользь *нареч.* béiläufig; flüchtig, nebenbéi; obenhín; упомяну́ть что-л. ~ etw. béiläufig erwähnen; ~ взгляну́ть на что-л. etw. flüchtig ánsehen*, auf etw. (*A*) éinen flüchtigen Blick wérfen*; заме́тим ~ es sei am Ránde vermérkt

вскопа́ть úmgraben* *vt*, úmstechen* *vt* (*огород*)

вско́ре *нареч.* bald, bald daráuf, bínnen kúrzem, in Kürze; ~ по́сле... kurz nach... (*D*)

вскорми́ть ernähren *vt*; áuffüttern *vt* (*животное*); áufziehen* *vt*, gróßziehen* *отд. vt* (*воспитать*)

вскочи́ть **1.** áufspringen* *vi* (s), áuffahren* *vi* (s); in die Höhe fáhren*; ~ с ме́ста vom Platz áufspringen*; ~ от испу́га vor Schreck áuffahren*; ~ с посте́ли vom Bett áufspringen*; **2.** (*куда-л.*) hinéinspringen* *vi* (s) (*по направлению от говорящего*); heréinspringen* *vi* (s) (*по направлению к говорящему*); ~ в ваго́н auf den Wágen áufspringen*; ~ на ло́шадь sich aufs Pferd schwíngen*; **3.** *разг.* (*о прыще, шишке и т. п.*) sich bílden, síchtbar wérden; ◇ ~ в копе́ечку *разг.* ins Geld láufen* [géhen*]

вскри́кивать, вскри́кнуть áufschreien* *vi*, éinen Schrei áusstoßen*

вскрича́ть áusrufen* *vt*

вскруж||и́ть: ~и́ть кому́-л. го́лову j-m den Kopf verdréhen; **~и́ться:** у него́ ~и́лась голова́ er verlór den Kopf

вскрыва́ть *см.* вскрыть; **~ся** **1.** *см.* вскры́ться; **2.** *страд.* geöffnet wérden; *мед.* seziert wérden; *перен.* áufgedeckt wérden

вскры́тие *с* **1.** Öffnen *n*; ~ помеще́ний das Áufbrechen von Räumen; **2.** (*трупа*) Obduktión *f* (10); Autopsíe *f* (11), Sektión *f* (10); **3.:** ~ реки́ Éisbruch *m* -(e)s, das Áufbrechen des Éises; **4.** (*причины и т. п.*) Áufdeckung *f* (10); **5.** *горн.* Dúrchbohren *n* -s, Áufschluß *m* -sses, -schlüsse, Áusrichtung *f*, Erschlíeßung *f*; ~ карье́ра der Áufschluß éines Tágebau(e)s; ~ нефтяно́го пласта́ das

Dúrchbohren [die Erschlíeßung] der ölführenden Schicht

вскрыть 1. öffnen *vt*; **2.** (*труп*) sezíeren *vt*, obduzíeren *vt*; **3.** (*причину*) áufdecken *vt*; blóßlegen *отд. vt* (*недостатки и т. п.*); ~ злоупотребле́ние éinen Míßbrauch áufdecken; **4.** *горн.* áufschließen* *vt*, erschlíeßen * *vt*; áusrichten *vt*; ~ месторожде́ние éine Lágerstätte áufschließen*; **~ся 1.** plátzen *vi* (s) (*о нарыве и т. п.*); áufgehen* *vi* (s), áufbrechen* *vi* (s), sich vom Eis befréien (*о реке*); **2.** (*о причине, злоупотреблениях*) sich zéigen, sich áuftun*; sich den Blícken dártun* *отд.*

вскрыш||óй: ~ые рабо́ты *горн.* Ábraumförderung *f*, Ábraumbetrieb *m* -(e)s

всласть *нареч. разг.* zur Genüge; мы поéли ~ wir áßen uns nach Hérzenslust satt

вслед 1. *нареч.* hinterhér; nach- (*глагольная приставка*); посла́ть ~ náchschicken *vt*; ~ за... nach... (*D*), gleich nach... (*D*), únmittelbar nach... (*D*); прийти́ ~ за кем-л. gleich nach j-m kómmen*; идти́ ~ за кем-л. j-m auf dem Fuß fólgen; ~ за тем gleich daráuf; **2.** *предлог*: закрича́ть кому́-л. ~ j-m náchschreien*; смотре́ть кому́-л. ~ j-m náchsehen* [náchschauen, náchblikken]

всле́дствие *предлог* infólge (*G*); zufólge (*D после сущ., G перед сущ.*)

вслепу́ю *нареч.* blíndlings; aufs Gerátewohl; сыгра́ть па́ртию ~ *шахм.* éine Partíe blind [óhne Brett] spíelen; поса́дка ~ *ав.* Blíndlandung *f* (10); лете́ть ~ blíndfliegen* *отд. vi* (s); печа́тать ~ (*на машинке*) blíndschreiben* *отд. vt*

вслух *нареч.* laut, hörbar; чита́ть кому́-л. ~ j-m vórlesen* *vt*; чте́ние ~ Láutlesen *n* -s

вслу́шаться вслу́шиваться (áufmerksam) zúhören *vi* (во что-л. *D*); hínhören *vi*; áufmerken *vi* (auf *A*)

всма́триваться, всмотре́ться (*в кого-л., во что-л.*) genáu ánsehen* *vt*; genáu betráchten *vt*; fixíeren *vt*; при́стально ~ scharf fixíeren, únverwandt ánsehen*

всмя́тку: яйцо́ ~ ein wéiches [wéichgekochtes] Ei; свари́ть яйцо́ ~ ein Ei weich kóchen

всо́бывать см. всу́нуть

всоса́||ть éinsaugen* *vt*; áufsaugen* *vt*; ◇ ~ть что-л. с молоко́м ма́тери etw. mit der Múttermilch éinsaugen*; **~ться 1.** (*впиться*) sich ánsaugen*; пия́вка ~лась в те́ло der Blútegel säugte sich an den Körper an; **2.** (*впитаться*) sich éinsaugen*

вспа́ивать *см.* вспои́ть

вспа́х||анный (áuf)gepflügt, (áuf-)geáckert; **~а́ть, ~ивать** (áuf)pflügen *vt*, (áuf)áckern *vt*; stürzen *vt* (*пар, целину*)

вспа́шка *ж* Áufackern *n* -s, Áckern *n*, Áufpflügen *n* -s, Pflügen *n*; зя́блевая ~ Hérbststurz *m* -es, Hérbstfurche *f*; весе́нняя ~ Frühjahrsfurche *f*; глубо́кая ~ Tíefpflügen *n*

вспе́н||ить zum Schäumen bríngen*; áufschäumen lássen*; ве́тер ~ил ре́ку der Wind máchte den Fluß schäumen; **~иться** schäumen *vi* (*о мыле, вине*)

всплакну́ть *разг.* ein wénig wéinen, ein paar Tränen vergíeßen*

всплеск *м* Plätschern *n* -s

всплéскивать, всплёскивать *см.* всплесну́ть

всплесну́ть plätschern *vi*; ◇ ~ рука́ми die Hände (über dem Kópf) zusámmenschlagen*

всплошну́ю *нареч. разг.* dicht [eng] aneinánder; únunterbrochen

всплыва́ть, всплыть 1. áuftauchen *vi* (s); an der Óberfläche erschéinen*; **2.** *перен.* áuftauchen *vi* (s), zum Vórschein kómmen*; э́тот вопро́с всплыл то́лько сего́дня díese Fráge kam erst héute aufs Tapét; díese Fráge wúrde erst héute áufgeworfen; сно́ва ~ wíeder áuftauchen, wíeder an der Óberfläche erschéinen*

вспои́ть 1. (*о животных*) mit Milch [mit der Flásche] áufziehen*; **2.** (*о людях*): ~ и вскорми́ть erzíehen* *vt*; gróßziehen* *отд. vt*

вспола́скивать, всполосну́ть *разг.* spülen *vt*

всполоши́ть *разг.* in Áufregung [in Únruhe] versétzen, erschrécken *vt*; Áufregung verúrsachen; beúnruhigen *vt*; **~ся** *разг.* in Áufregung [in Únruhe] geráten*

вспомин||а́ть *см.* вспо́мнить; **~а́ться:** мне ~а́ется де́тство ich dénke an die Kíndheit zurück, ich erínnere mich an méine Kíndheit

вспо́мни||ть sich erínnern (кого́-л., что-л., о ком-л., о чём-л. an *A*); zurückdenken* *vi* (что-л. an *A*); gedénken* *vi* (о ком-л., о чём-л. *G*), sich besínnen* (что-л. auf *A*); ~ть о чём-л. sich (*D*) etw ins Gedächtnis rúfen*; не могу́ ~ть его́ и́мени ich kann mich auf séinen Námen nicht besínnen; **~ться:** мне ~лось э́то es fiel mir ein, es kam mir in den Sinn

вспомога́тельн||ый Hilfs-; Behélfs-; behélfsmäßig; ~ый глаго́л *грам.* Hílfsverb *n* (13), Hílfszeitwort *n* (5); ~ые рабо́ты Hílfsarbeiten *pl*; ~ая анте́нна *радио* Behélfsantenne *f* (11)

вспомоществова́ние *с уст.* Unterstützung *f* (10), Béihilfe *f* (11)

вспомяну́ть *разг.* sich erínnern (кого́-л., что-л., о ком-л., о чём-л. an *A*); zurückdenken* *vi* (an *A*)

вспоро́ть áuftrennen *vt*

вспорхну́ть áufflattern *vi* (s), áuffliegen* *vi* (s)

вспоте́ть schwítzen *vi*; in Schweiß geráten*

вспры́гивать, вспры́гнуть áufspringen* *vi* (s), auf etw. (*A*) spríngen*; вспры́гнуть на ло́шадь sich auf das Pferd schwíngen*

вспры́скив||ание *с* **1.** Bespritzung *f* (10); **2.** *мед. разг.* Éinspritzung *f* (10); **~ать, вспры́снуть 1.** bespritzen *vt*, besprengen *vt*; ~ать бельё Wäsche bespritzen; **2.** *мед. разг.* éinspritzen *vt*; вспры́снуть камфару́ Kámpfer éinspritzen; **3.** *разг.* (*отмечать выпивкой*) begíeßen* *vt*; э́то ну́жно вспры́снуть das muß begóssen [geféiert] wérden

вспря́нуть áuffahren* *vi* (s)

вспугну́ть áufschrecken *vt*; áufscheuchen *vt* (*птицу*)

вспуха́ть, вспу́хнуть ánschwellen* *vt* (s), schwéllen* *vi* (s)

вспу́чивание *с* Áufblähen *n* -s, Blähen *n*, Áuftreiben *n* -s, Áufquellen *n* -s, Quéllen *n*

вспу́чивать(ся) *см.* вспу́чить(ся)

вспу́чить *разг.* blähen *vt*, áufblähen *vt*; **~ся** *разг.* sich blähen, sich áufblähen

вспыли́ть *разг.* áufbrausen *vi* (s), áuffahren * vi (s)

вспы́льчив||ость *ж* Héftigkeit *f*, Hítzigkeit *f*, Jähzorn *m* -(e)s; **~ый** áufbrausend, áuffahrend, héftig, hítzig, jähzornig; ~ый челове́к Hítzkopf *m* (1*); он о́чень вспы́льчив er braust leicht auf, er kocht gar zu leicht über, er explodíert leicht

вспы́хивать, вспы́хнуть 1. áufflammen *vi* (s), áuflodern *vi* (s) (*о пламени*); in Brand geráten*, Féuer fángen*, áufflammen *vi* (s) (*о соломе. дереве и т. п.*); áusbrechen* *vi* (s) (*о пожаре*); **2.** *перен.* entbrénnen* *vi* (s); áusbrechen* *vi* (s) (*о войне и т. п.*); áufflammen *vi* (s), áuflodern *vi* (s), zum Áusbruch kómmen* (*о страсти*); áufbrausen *vi* (s) (*о гневе*); **3.** (*краснеть*) erröten *vi* (s), erglühen *vi* (s)

вспы́шка *ж* **1.** (*пламени*) Áufflammen *n* -s, Áuflodern *n* -s; Áufblitzen *n* -s; Explosión *f* (10) (*взрыв*); Verpúffung *f* (*газа*); *тепл.* Entzündung *f*, Zündung *f*; ~ све́та Líchtblitz *m* (1); Áufleuchten *n* -s; **2.** *фото* Blitz *m* (1); Blítzgerät *n* (2), Blítzer *m* (6) (*прибор*); **3.** *перен.* Áusbruch *m* (1*) (*эпидемии*); Áuflodern *n* -s, Áufflammen *n* -s (*страсти*)

вспять *нареч.* zurück, rückwärts; поверну́ть ~ 1) (*повернуть назад*) úmkehren *vi* (s), sich zurückwenden(*); 2) (*повернуть что-л. назад*) zurückdrehen *vt*; идти́ ~ im Krébsgang géhen*

встава́ние *с* Áufstehen *n* -s; почти́ть па́мять кого́-л. ~м j-s Ándenken durch Áufstehen [durch Erhében von den Plätzen] éhren

встава́ть *см.* встать

вста́в||ить éinsetzen *vt*; éinstecken *vt*; ~ить о́кна Fénster éinsetzen; ~ить стекло́ éine Schéibe éinsetzen (*в окно*); éin Glas éinsetzen (*в часы и т. п.*); ~ить ка́мень в опра́ву éinen Stein [Édelstein] fássen; ~ить карти́ну в ра́му ein Bild éinrahmen; ~ить шпо́ны *полигр.* den Dúrchschuß zwíschenlegen, durchschíeßen* *vt*; ~ить зу́бы Zähne éinsetzen; ~ить в текст in den Text éinfügen [éinsetzen, éinschalten]; ~ить слове́чко ein Wort (in die Unterháltung) éinflechten* [éinschalten, éinfließen lássen*]; séinen Senf dazú gében* (*разг.*); **~ка** *ж* **1.** (*действие*) Éinsetzen *n* -s; Éinschalten *n* -s, Éinfügen *n* -s, Éinschaltung *f* (10), Éinfügung *f* (10) (*в текст и т. п.*); ~ка в ра́му Éinrahmung *f* (10); ~ка в опра́ву Éinfassung *f* (10); **2.** (*вставленный отрывок*) éingesetzte Stélle; Éinschub *m* (1*) (*в рукопись, корректуру и т. п.*); **3.** (*у платья*) Éinsatz *m* (1*); кружевна́я ~ка Spítzeneinsatz *m*; **~ля́ть** *см.* вста́вить; **~но́й** éingesetzt, éingefügt; ~ны́е ра́мы Dóppelfenster *pl*; ~ны́е зу́бы fálsche Zähne; künstliches Gebíß (*челюсть*); **~очка** *ж* kléiner Éinsatz *m* (1*)

встарь *нареч.* vorzéiten, in álten Zéiten; in gráuer Vórzeit

вста||ть 1. áufstehen* *vi* (s), sich erhében*; sich stéllen, stéigen* *vi* (s) (на что-л. auf *A*); ~ть из-за стола́ vom Tísche áufstehen*; ~ть на́ ноги *перен.* auf éigenen Füßen stéhen*; sélbständig wérden; **2.:** ~ть гру́дью за что-л. etw. schützen; sein Lében für etw. éinsetzen; **3.** (*о небесных светилах*) áufgehen* *vi* (s); со́лнце ~ёт die Sónne geht auf; **4.** (*возникнуть*) entstéhen* *vi* (s) (*о вопросе*); áufsteigen* *vi* (s) (*о воспоминании и т. п.*); ~л вопро́с es entstánd die Fráge; пе́ред ним ~ла зада́ча er stand vor der Áufgabe; ~ли препя́тствия es entstánden Híndernisse; воспомина́ния ~ли пе́редо мной Erínnerungen stíegen vor mir auf

встопо́рщить *разг.* sträuben *vt*; **~ся** sich sträuben

встра́ивать *см.* встро́ить

встрева́ть *см.* встрять

встрево́женный beúnruhigt, áufgeregt

встрево́жить beúnruhigen *vt*, áufregen *vt*, in Únruhe versétzen; auf die Béine bríngen* (*взбудоражить*); **~ся** sich beúnruhigen, únruhig [áufgeregt] wérden, in Áufregung geráten*

встрёпанный *разг.* zerzáust, verwírrt; verwíldert

встрепену́||ться 1. (*о птицах*) áufwachen *vi* (s), den Schlaf ábschütteln, sich schütteln; **2.** (*вздрогнуть*) áuffahren* *vi* (s), zusámmenfahren* *vi* (s); **3.:** сéрдце ~лось das Herz schlug bis zum Hálse

встрёпк||а *ж разг.* (*головомойка*) Rüffel *m* (6), Ánschnauzer *m* (6); задáть ~у комý-л. j-m den Kopf wáschen*

встрéт||ить 1. begégnen *vi* (s) (когó-л. *D*); tréffen* *vt*; stóßen* *vi* (s) (что-л. auf *A*) (*наткнуться*); fínden* *vt*, entdécken *vt* (*найти*); я ~ил егó в теáтре ich begégnete ihm [traf ihn] im Theáter; ~ить затруднéния auf Schwíerigkeiten stóßen*; ~ить отпóр auf Wíderstand stóßen*; sich (*D*) éine Ábfuhr hólen; ~ить в кни́ге интерéсную мысль im Búche auf éinen interessánten Gedánken stóßen*; **2.** (*праздник и т. п.*) begéhen* *vt*, würdigen *vt*; entgégengehen* *vi* (s) (что-л. *D*); ~ить годовщи́ну Вели́кой Октя́брьской социалисти́ческой револю́ции больши́ми успéхами в трудé den Jáhrestag der Gróßen Sozialístischen Októberrevolution [-vo-] durch gróße Erfólge in der Árbeit begéhen* [würdigen], dem Jáhrestag der Gróßen Sozialístischen Októberrevolution mit gróßen Erfólgen entgégengehen*; **3.** (*пойти навстречу*) entgégenkommen* *vi* (s) (когó-л. *D*); **4.** (*принять*) empfángen* *vt*, willkómmen héißen* (*когó-л.*); áufnehmen* *vt* (*сообщение, заявление*); ~ить когó-л. на вокзáле j-n am Báhnhof ábholen; **~иться** tréffen* *vt* (*встретить*); begégnen *vi* (s) (с кем-л. *D*) (*встретить случайно*); sich tréffen* (*по договорённости*); einánder tréffen* (*видеться*); stóßen* *vi* (s) (с чем-л. auf *A*) (*натолкнуться на что-л.*); ~иться со знакóмыми Bekánnte tréffen*, Bekánnten begégnen; ~иться с препя́тствием auf ein Híndernis stóßen*, behíndert wérden; корабли́ ~ились die Schíffe tráfen sich; мне ~илась в кни́ге интерéсная мысль ich entdéckte im Búche éinen interessánten Gedánken

встрéч||а *ж* **1.** Begégnung *f* (10); Zusámmentreffen *n* -s, Zusámmenkunft *f* (3); деловáя ~а Árbeitstreffen *n* (7); дрýжеская ~а Fréundschaftstreffen *n*; **~а** на вы́сшем ýровне Gípfeltreffen *n* (7), товáрищеская ~а *спорт.* Fréundschaftsspiel *n* (2); мéсто ~и Tréffpunkt *m* (1); искáть ~и éine Begégnung herbéiführen; **2.** (*приём*) Empfáng *m* (1*); **3.** (*праздника и т. п.*) Féier *f* (11), Begéhen *n* -s; ~а Нóвого гóда Néujahrsfeier *f*, Silvesterfeier [-'vɛs-] *f*

встречá||ть 1. *см.* встрéтить; **2.** (*идти навстречу*) entgégengehen* *vi* (s); **~ться 1.** zusámmenkommen* *vi* (s); ежеднéвно ~ться на совещáниях tägich zu Berátungen zusámmentreten*; **2.** *см.* встрéтиться; **3.** (*бывать, случаться*) vórkommen* *vi* (s); э́то не чáсто ~ается das kommt nicht oft vor

встрéчный *прил.* **1.** Gégen-; entgégenkommend; gégenläufig (*напр. о перевозках*); ~ пóезд Gégenzug *m* (1*); ~ трáнспорт Gégenverkehr *m* -(e)s; ~ иск *юр.* Widerklage *f* (11), Gégenklage *f*; ~ план Gégenplan *m* (1*); ~ вéтер Gégenwind *m* (1), wídriger Wind; ~ бой Begégnungsgefecht *n* (2); **2.** *в знач. сущ. м* Vorübergehende *m* (14); ◇ пéрвый ~ der érste béste; ~ и поперéчный Hinz und Kunz; jéder belíebige

встрóенн||ый éingebaut, Éinbau-; ~ая мéбель Éinbaumöbel *pl*; ~ая кýхонная мéбель Éinbauküche *f* (11); ~ый шкаф Éinbauschrank *m* (1*); ~ое освещéние Beléuchtung *f* mit únsichtbaren Líchtquellen; ~ый клáпан *тех.* Éinbauventil [-vɛn-] *n* (2)

встрóить éinbauen *vt*

встрóйка *ж* Éinbau *m* -(e)s

встря́ск||а *ж* **1.** Áufrütteln *n* -s; **2.** *разг.*: задáть ~у комý-л. j-m den Kopf wáschen*, j-m den Marsch blásen*

встрять *разг.* sich éinmischen

встря́хивать *см.* встряхнýть

встря́хиваться 1. *см.* встряхнýться 1; **2.** *страд.* áufgerüttelt [geschüttelt] wérden

встряхнýть 1. schütteln *vt*, áufschütteln *vt*; **2.** *перен.* áufrütteln *vt*, wáchrufen* *отд. vt*, wáchrütteln *отд. vt*; **~ся 1.** sich schütteln; **2.** *перен.* die Sórgen ábschütteln; sich zerstréuen (*развлечься*)

вступáть(ся) *см.* вступи́ть(ся)

вступи́тельн||ый Éintritts-; Ántritts-; éinleitend (*вводный*); ~ый экзáмен Áufnahmeprüfung *f* (10); ~ый взнос Éintrittsbeitrag *m* (1*); ~ое слóво Vórrede *f* (11), Éinleitung *f* (10), Eröffnungsansprache *f* (11), Eröffnungsworte *pl*

вступ||и́ть 1. (*войти*) éinrücken *vi* (s); éinziehen* *vi* (s); éinmarschieren *vi* (s); войскá ~и́ли в гóрод die Trúppen rückten [zógen, marschíerten] in die Stadt ein; **2.** (*поступить, быть зачисленным*) éintreten* *vi* (s); béitreten* *vi* (s) (*книжн.*) (во что-л. *D*); ~и́ть в пáртию in die Partéi éintreten*, der Partéi béitreten; ~и́ть в пионéры in die Pioníerorganisation éintreten*; ~и́ть в сою́з ein Bündnis éingehen*; **3.** (*начать какое-л. действие*) begínnen* *vt*, eröffnen *vt*, ántreten* *vt*; ~и́ть в бой das Gefécht áufnehmen*, ins Gefécht éintreten*; ~и́ть в контáкт Kontákt áufnehmen*; ~и́ть в спор éinen Streit ánfangen* [ánzetteln]; ~и́ть в разговóр ein Gespräch ánknüpfen; sich in ein Gespräch éinlassen*; ~и́ть в переговóры Verhándlungen eröffnen; Unterhándlungen ánknüpfen, in Unterhándlungen tréten*; ~и́ть в войнý in den Krieg éintreten*; ~и́ть на дежýрство *воен.* den Dienst ántreten*; **4.** (*перейти в новое состояние*) übergehen* *vi* (s); (éin)treten* *vi* (s); ~и́ть в нóвую фáзу in éine néue Pháse übergehen*; in éine néue Pháse tréten*; **5.** *муз.* éinsetzen *vi*, éinfallen* *vi* (s); ◇ ~и́ть во владéние чем-л. von etw. (*D*) Besítz ergréifen*, etw. in Besítz néhmen*; ~и́ть в дóлжность ein Amt ántreten*; ~и́ть в си́лу in Kraft tréten*, réchtskräftig wérden, ~и́ть в брак héiraten *vi*; in den Éhestand tréten* (*офиц.*); ~и́ть в строй (*о заводе и т. п.*) in Betríeb genómmen wérden, in Betríeb gesétzt wérden; зимá ~и́ла в свои́ правá der Wínter hat sein Regimént ángetreten; ~и́ть на престóл den Thron bestéigen*

вступи́ться éintreten* *vi* (s), sich éinsetzen (за когó-л. für *A*); vertéidigen *vt* (*защищать*); in Schutz néhmen* (*взять под защиту*); j-s Partéi ergréifen*; für j-n Partéi ergréifen* (*взять чью-л. сторону*); sich ins Zeug légen, éine Lánze bréchen* [éinlegen] (за когó-л. für *A*) (*горячо*)

вступлéние *с* **1.** (*действие*) Éintritt *m* (1), Ántritt *m*; Béitritt *m* (*в организацию, партию*); Éinmarsch *m* -es; Éinzug *m* -(e)s (*в город*); **~ в бой** Áufnahme *f* des Geféchtes; ~ на дежýрство Díenstantritt *m*; ~ в пáртию Éintritt in die Partéi; **2.** Éinleitung *f* (10), Vórwort *n* (2) (*в книге*); Vórspiel *n* (2), Áuftakt *m* (1) (*в музыке*); Éinsatz *m* (1*) (*в речи*); ◇ ~ в си́лу Inkráfttreten *n* -s

всýе *нареч. уст.* umsónst, únnütz, gründlos, óhne Grund [Ánlaß]; поминáть чьё-л. и́мя ~ j-s Námen míßbräuchen

всýнуть (hin)éinstecken *vt*; ~ записнýю кни́жку в кармáн ein Notízbuch in die Tásche stécken

всухомя́тку *нареч.*: есть ~ trócken éssen*; питáться ~ kein wármes Éssen bekómmen* [haben]

всýчивать, всучи́ть 1. (*вплетать*) éindrehen *vt*; éinflechten* *vt*; **2.** *разг.* (*навязать*) áufbinden* *vt*; ándrehen *vt*; áufschwatzen *vt*; всучи́ть комý-л. плохóй товáр j-m schléchte Wáre áufschwatzen

всхлип *м разг.* Schlúchzer *m* (6)

всхли́п||нуть áufschluchzen *vi*; **~ывание** *с* Schlúchzen *n* -s; **~ывать** schlúchzen *vi*

всходи́ть *см.* взойти́

всхóды *мн.* die júnge Saat, Kéime *pl*, Schößlinge *pl*; Júngpflanzenbestand *m* -(e)s; ~ хороши́ die júnge Saat steht gut; дрýжные ~ картóфеля die Fróhwüchsigkeit der Kartóffeln

всхóж||есть *ж с.-х.* Kéimfähigkeit *f*; определéние ~ести (семя́н) Kéimprobe *f* (11), Kéimprüfung *f* (10); понижéнная ~есть vermínderte Kéimfähigkeit; ~есть в темнотé Dúnkelkeimung *f*; **~ий** *с.-х.* kéimfähig; ~ие семенá kéimfähige Sámen

вcыпá||ть 1. éinschütten *vt*, éinstreuen *vt*; **2.** *разг.* (*комý-л.*) verprügeln *vt*, verdréschen* *vt*; емý ~ли er hat was ábbekommen

всыпáть *см.* вcы́пать 1

всю *вин. ж см.* весь

всю́ду *нареч.* überáll, állerórts; állenthalben

вся *ж см.* весь

всяк *уст. см.* вся́кий 1, 4

вся́к||ий *мест.* **1.** (*каждый, любой*) jéder; jéder belíebige; jéder x-belíebige; во ~ое врéмя zu jéder (belíebigen) Zeit; **2.** (*разный*) állerlei, állerhand; ~ими путя́ми mit den verschíedensten Mítteln; **3.** (*с пренебрежением*) jéder, írgendein; ~ий проходи́мец írgendein Hérgelaufener; **4.** *в знач. сущ. м* ein jéder, jédermann; **5.** *в знач. сущ. с*: ~ое бывáет es kann álles sein; es gibt nichts Únmögliches únter der Sónne; ◇ ~ий своё хвáлит ≅ jéder lobt séine Wáre; jéder Vógel hat sein Nest lieb; без ~ой жáлости óhne das geríngste Mítleid [Mítgefühl]; во ~ом слýчае in jédem Fálle, jédenfalls; на ~ий слýчай auf álle Fälle, für jéden Fall; ~ий раз как sooft; на ~ого мудрецá довóльно простоты́ *посл.* éine Dúmmheit macht auch der Geschéiteste

вся́ческ||и *нареч. разг.* auf jéde (Art und) Wéise; mit állen möglichen Mítteln; ~и старáться sich (*D*) álle Mühe gében*

вся́ческ||ий *разг.* jéglich, állerlei; verschíeden, verschíedenartigst; ~ими спóсобами auf jéde mögliche Wéise; ~ий товáр die verschíedenartigsten Wáren

вся́чина: вся́кая ~ *разг.* Állerlei *n* -s, állerlei Kram, állerhand Zeug; Sammelsúrium *n* -s, -riien

вта́йне *нареч.* insgehéim, héimlich, im gehéimen; im stíllen (*втихомолку*)

вта́лкивать *см.* втолкну́ть

вта́птывать *см.* втопта́ть

вта́скивать *см.* втащи́ть

втача́ть éinnähen *vt*, éinsetzen *vt*, ánnähen *vt*; ~ рука́в den Ärmel éinnähen

втащи́ть 1. (*внутрь*) hinéinschleppen hinéinziehen* *vt* (*по направлению от говорящего*); heréinschleppen *vt*, heréinziehen* *vi* (*по направлению к говорящему*); **2.** (*наверх*) hináufschleppen *vt*, hináufziehen* *vt* (*по направлению от говорящего*); heráufschleppen *vt*, heráufziehen* *vi* (*по направлению к говорящему*); **~ся** *разг.* sich (mühselig) hinéinschleppen (*по направлению от говорящего*); sich (mühselig) heréinschleppen (*по направлению к говорящему*)

втека́ть hinéinfließen* *vi* (s), sich ergíeßen*

втёмную *нареч. разг.* blíndlings, aufs Gerátewohl

втемя́ши||ть *разг.*: ~ кому́-л. что-л. j-m etw. éinpauken [éinschärfen]; **~ться** *разг.*: ~лось ему́ э́то er hat sich (*D*) das in den Kopf gesétzt

втере́ть (*мазь и т. п.*) éinreiben* *vt*; ◇ ~ очки́ кому́-л. *разг.* j-m ein X für ein U vórmachen, j-m etw. wéismachen, j-m bláuen Dunst vórmachen; **~ся** *разг.* sich in [únter] etw. (*A*) méngen [míschen]; sich hinéindrängen; sich éinschleichen*; ◇ ~ся в дове́рие к кому́-л. sich in j-s Vertráuen schléichen*

втеса́ться *разг.* éindringen* *vi* (s)

в тече́ние *предлог* im Láufe (*G или* von *D*); während (*G*); ~ ча́са im Láufe einer Stúnde; ~ зимы́ während des Winters, den Wínter über; ~ до́лгого вре́мени éine lánge Zeit hindúrch; ~ трёх дней drei Táge lang; ~ всего́ дня im Láufe [während] des gánzen Táges; ~ неде́ли ínnerhalb einer Wóche; ~ ве́чера im Verláuf des Ábends

втечь *см.* втека́ть

втира́н||ие *с* **1.** (*действие*) Éinreibung *f* (10), Éinreiben *n* -s; **2.** (*лекарство*) Éinreibung *f* (10); Sálbe *f* (11) (*мазь*); лече́ние ~иями Schmíerkur *f*

втира́ть *см.* втере́ть; **~ся 1.** *см.* втере́ться; **2.** *страд.* éingerieben wérden

вти́скивать(ся) *см.* вти́снуть(ся)

вти́снуть hinéindrängen *vt*, hinéinpressen *vt*, hinéinquetschen *vt*; **~ся** *разг.* sich hinéindrängen, sich hinéinpressen, sich hinéinquetschen; ~ся в толпу́ sich in das Gedränge míschen

втихомо́лку *нареч. разг.* stíllschweigend; im stíllen, in állen Stílle; sáng- und klánglos; héimlich, im gehéimen, insgehéim (*тайком*)

втолкну́ть hinéinstoßen* *vt* (*по направлению от говорящего*); heréinstoßen* *vt* (*по направлению к говорящему*)

втолкова́ть, втолко́вывать erklären *vt*, béibringen* *vt*, éinprägen *vt*

втопта́ть hinéinstampfen *vt*, stámpfen *vt* (во что-л. in *A*); ◇ ~ в грязь mit Schmutz bewerfen*, in den Schmutz ziehen*, in den Kot zérren

вто́ра *ж муз.* zwéite Géige, zwéite Violíne [vi-]

вторга́ться, вто́ргнуться 1. éindringen* *vi* (s); éinfallen* *vi* (s), éinbrechen* *vi* (s) (*в страну*); **2.** *перен.* sich éinmischen; éingreifen* *vi* (*в чужие права*)

вторже́ние *с* Éinbruch *m* (1*), Éinfall *m* (1*); Invasión [-va-] *f* (10) (*в страну*); ~ холо́дного во́здуха *метеор.* Kälte|einbruch *m* (1*), Kältewelle *f* (11)

вто́рить 1. (*отражать звук*) widerhallen *vi*, échoen *vi*, (den Schall, den Laut) zurückwerfen* *vt*; **2.** *перен.* (*поддакивать*) wiederhólen *vt*, náchsprechen* *vt*; ~ кому́-л. in j-s [in das gléiche] Horn blásen *; **3.** *муз.* die zwéite Stímme spíelen [síngen*]

втори́чн||о *нареч.* zum zwéitenmal; nóchmals; **~ый** nóchmalig, wiederhólt (*повторный*); sekundär (*второстепенный, побочный*); ~ая опера́ция *мед.* Náchoperation *f* (10); ~ое явле́ние *мед.* Fólgeerscheinung *f*; ~ая форма́ция *геол.* Sekundärformation *f* (10); ~ая обмо́тка *эл.* Sekundärwicklung *f*; ~ые полово́е при́знаки sekundäre Geschléchtsmerkmale

вто́рник *м* Díenstag *m* (1); во ~ am Díenstag; в про́шлый ~ (am) vórigen Díenstag; в бу́дущий ~ (am) nächsten Díenstag; во ~ ве́чером (am) Díenstag ábend; во ~ у́тром (am) Díenstag früh; по ~ам díenstags

второго́дни||к *м* Sítzengebliebene *m* (14); Sítzenbleiber *m* (6) (*разг.*); **~чество** Sítzenbleiben *n* -s

второ́е 1. *сущ. с* (*блюдо*) der zwéite Gang; **2.** *в знач. вводн. сл. разг.* zwéitens

втор||о́й der zwéite; ~о́е число́ der Zwéite (des Mónats); ~о́го ма́я am zwéiten Mai; den zwéiten Mai (*на письме*); ~а́я страни́ца Séite zwei; ~о́й но́мер Númmer zwei; ~о́й эта́ж érster Stock; ~о́й по ка́честву zwéitbest; ~о́й по величине́ zweitgrößt; ~о́й час es geht auf zwei, es ist eins durch; Екатери́на Втора́я Katharína II. [die Zwéite]; ~а́я скри́пка die zwéite Géige; ~о́й го́лос die zwéite Stímme; ~а́я ско́рость *авто* der zwéite Gang; на ~о́м ме́сте an zwéiter Stélle; ◇ обрести́ ~о́е дыха́ние néue Kräfte [Kraft] schöpfen; узна́ть [знать] из ~ы́х рук aus zwéiter Hand [nicht aus érster Quélle] erfáhren* [wíssen*]; купи́ть из ~ы́х рук durch Vermíttlung káufen

второкла́сс||ник *м* Schüler *m* (6) der zwéiten Klásse; **~ица** *ж* Schülerin *f* (12) der zwéiten Klásse; **~ый** zwéitklassig; ~ый порт ein zwéitklassiger Háfen

второку́рсник *м* Studént *m* (8) des zwéiten Stúdi|enjahres

второочередно́й zwéitrangig

второпя́х *нареч.* in der Éile, in größter Hast; überstürzt, Hals über Kopf

второ||разря́дный zwéiten Ránges; míttelmäßig (*посредственный*); **~со́ртный** zwéiter Wahl, zwéiter Güte, (von) zwéitbester Qualität

второстепе́нн||ый 1. (*не основной*) nébensächlich; Nében- (*побочный*); ~ые чле́ны предложе́ния *грам.* die Nébenglieder des Sátzes; ~ое ударе́ние *фон.* Nébenton *m* (1*), Nébenakzent *m* (1); ~ая роль Nébenrolle *f* (11); игра́ть ~ую роль éine úntergeordnete Rólle spielen; **2.** (*посредственный*) zwéitrangig; zwéiter Güte, míttelmäßig; ~ый писа́тель ein mittelmäßiger Schriftsteller

вторсырьё *с* Sekundärrohstoff *m* (1)

врави́ть, втравля́ть *разг.* hinéinziehen* *vt*, verwíckeln *vt* (во что-л. in *A*)

втрамбова́ть, втрамбо́вывать éinrammen *vt*

в-тре́тьих *вводн. сл.* dríttens

втри́дорога *нареч. разг.* zu stark überhöhten Préisen; für ein Héidengeld; купи́ть что-л. ~ etw. sehr téuer káufen; etw. zum dréifachen [für den dréifachen] Preis káufen; он дерёт ~ er zieht éinem das Fell über die Óhren

втро́е *нареч.* dréifach; dréimal; сложи́ть ~ dréifach zusámmenlegen; согну́ть ~ dréifach zusámmenbiegen*; ~ бо́льше dréimal sovíel; увели́чить ~ auf das Dréifache vergrößern; ~ ме́ньше dréimal wéniger; уме́ньшить ~ auf ein Dríttel verkléinern [verríngern]

втроём *нареч.* zu dréien, zu drítt

втройне́ *нареч.* dréimal sovíel

втуз *м* (вы́сшее техни́ческое уче́бное заведе́ние) téchnische Hóchschule

вту́лка *ж* **1.** *тех.* Búchse *f* (11); Hülse *f* (11); Nábe *f* (11) (*колеса*); рабо́чая ~ Láufbuchse *f*; **2.** (*пробка, затычка*) Zápfen *m* (7), Spund *m* (1); Pfrópfen *m* (7), Stöpsel *m* (6)

вту́не *нареч. уст.* umsónst, vergébens; ergébnislos

в тупи́к: поста́вить кого́-л. ~ j-n in Verlégenheit [in Verwírrung] bríngen*; j-n in die Énge tréiben*; стать ~ nicht [wéder] ein noch aus wíssen*; kéinen Áusweg séhen*; in Verlégenheit geráten* [kómmen*]; mit seinem Latéin zu Énde sein; зайти́ ~ in éine Sáckgasse láufen*; тут уж я становлю́сь ~ hier ist méine Kunst zu Énde

втыка́ть *см.* воткну́ть; **~ся 1.** *см.* воткну́ться; **2.** *страд.* hinéingesteckt wérden

втя́гивать *см.* втяну́ть; **~ся 1.** *см.* втяну́ться; **2.** *страд.* (hin)éingezogen wérden (*ср.* втяну́ть)

втяжно́й 1. *тех.* éinsaugend, Säug-; **2.** (*втягиваемый*) éinziehbar

втяну́||ть 1. éinziehen* *vt*, hinéinziehen* *vt*; éinsaugen* *vt* (*губами, носом*); ~ть ко́гти die Krállen éinziehen*; Sámtpfötchen máchen; **2.** (*наверх*) hináufziehen* *vt*; **3.** (*привлечь*) heránziehen* *vt*, hinzúziehen* *vt*; ~ть кого́-л. в рабо́ту j-n zur Árbeit hinzúziehen*; **4.** (*вовлечь*) verléiten *vt*, verführen *vt* (во что-л. zu *D*); verwíckeln *vt* (in *A*); verstrícken *vt*; hinéinzerren *vt*, éinspannen *vt*; ~ть в войну́ in den [éinen] Krieg verwíckeln [hinéinziehen*]; **~ться 1.** (*привыкнуть*) sich éinleben; sich gewöhnen (во что-л. an *A*); ~ться в рабо́ту sich éinarbeiten, sich an die Árbeit gewöhnen; **2.** (*пристраститься к чему-л.*) für etw. (*A*) in Léidenschaft geráten*; sich éiner Léidenschaft ergében*; **3.:** щёки ~лись die Wángen sind éingefallen

вуалехво́ст *м* (*аквариумная рыбка*) Schléierschwanz *m* (1*)

вуа́ль *ж* **1.** Schléier *m* (6); **2.** (*материя*) Voile [*фр.* voa:l] *m* -s, -s; **3.** *фото* Schléier *m* (6)

вуз *м* (вы́сшее уче́бное заведе́ние) Hóchschule *f* (11); техни́ческий ~ téchnische Hóchschule [Léhranstalt]; экономи́ческий ~ Wírtschaftshochschule

ву́зов||ец *м* (*студент вуза*) Studént *m* (8) éiner Hóchschule; **~ский** Hóchschul-; ~ская молодёжь Hóchschuljugend *f*

вулка́н *м* Vulkán [vul-] *m* (1), féuerspeiender Berg; поту́хший ~ erlóschener Vulkán; де́йствующий ~ tätiger Vulkán; ◇ жить (как) на ~е wie auf einem Vulkán lében; wie auf dem Púlverfaß sítzen*

вулканиза́тор *м резин.* Vulkanisíerapparat [vul-] *m* (1)

вулканиза́ция *ж резин.* Vulkanisíerung [vul-] *f*, Vulkanisatión *f*

вулканизи́ровать *резин.* vulkanisíeren [vul-] *vt*

вулкани́зм *м геол.* Vulkanísmus [vul] *m* =

вулкани́ческий vulkánisch [vul-]

4 – 1052

вулканоге́нный *геол.* vulkanogén [vʊl-]

вулкано́лог *м* Vulkanológe [vʊl-] *m* (9)

вулканоло́гия *ж* Vulkanologíe [vʊl-] *f*

вульгариза́тор *м* Vulgarisátor [vʊl-] *m* -s, -tóren

вульгариз||а́ция *ж* Vulgarisatión [vʊl-] *f* (10); Vulgarisíerung *f* (10); **~и́ровать** vulgarisíeren [vʊl-] *vt*

вульгари́зм *м лингв.* Vulgarísmus [vʊl-] *m* = -men, geméines Wort, geméiner Áusdruck

вульга́рн||ость *ж* Vulgarität [vʊl-] *f*, vulgäres Wésen; **~ый** vulgär [vʊl-]; gemein (*грубый*); ◇ ~ая латы́нь Vulgärlatein *n* -s

вундерки́нд *м* Wúnderkind *n* (5)

вход *м* **1.** (*действие*) Éintritt *m* -(e)s; Betréten *n* -s; Zútritt *m* (*доступ*); ~ воспрещён Éintritt verbóten; пла́та за ~ Éintrittsgeld *n* -(e)s; ~ в земну́ю атмосфе́ру *косм.* der Éintritt in die Érdatmosphäre; **2.** (*место*) Éingang *m* (1*); Éinstieg *m* (1) (*в автобусе и т. п.*); гла́вный ~ Háupteingang *m*; отде́льный ~ getrénnter [separáter, éigener] Éingang; **3.** *радио, эл.* Éingang *m* (1*); Éingangsseite *f* (11); **~и́ть** *см.* войти́; ◇ э́то не ~и́ло в мои́ расчёты damít hábe ich nicht geréchnet; ~и́ть в соста́в чего́-л. zu etw. (*D*) gehören; э́то вхо́дит в мои́ обя́занности das gehört zu méinen Pflíchten; **~но́й** Éingangs-; Éintritts-; ~на́я дверь Éingangstür *f* (10); ~но́й биле́т Éintrittskarte *f* (11)

входя́щ||ая *сущ. ж. канц.* (*о документе*) éinlaufendes [éingehendes] Schréiben; **~ий** éintretend; ~ий журна́л *канц.* Pósteingangsbuch *n* (5), Éingangsbuch *n*; ~ая по́чта *канц.* éinlaufende Post; ~ий у́гол *стр.* éinspringender Wínkel, Kéhle *f* (11)

вхо́ж||ий *разг.* verkéhrend; fréien Zútritt genießend; быть ~им gut bekánnt sein (к кому́-л., куда́-л. mit *D*); fréien Zútritt háben (bei *D*)

вхолосту́ю *нареч. тех.*: рабо́тать ~ léerlaufen* *отд. vi* (s), im Léerlauf géhen*

вцепи́ться, вцепля́ться sich ánklammern, sich féstklammern *отд.* (во что-л. an *D*); sich verbéißen* (in *A*) (*вгрызаться*); ~ друг дру́гу в во́лосы *разг.* einánder in die Háare fáhren*

ВЦСПС (Всесою́зный Центра́льный Сове́т Профессиона́льных Сою́зов) Zentrálrat *m* der Gewérkschaften der Sowjétunion

вчера́ *нареч.* géstern; ~ у́тром géstern früh, géstern mórgen; ~ ве́чером géstern ábend; ~ в по́лдень géstern míttag; ~ днём géstern am Táge

вчера́шн||ий géstrig; весь ~ий день géstern den gánzen Tag; ◇ иска́ть ~его дня *ирон.* den géstrigen Tag súchen

вчерне́ *нареч.* im Entwúrf, im únreinen; дом гото́в ~ das Haus ist im Róhbau fértig

вчерти́ть, вче́рчивать éinzeichnen *vt*

вче́тверо *нареч.* víerfach, víermal; сложи́ть ~ víerfach zusámmenlegen; согну́ть ~ víerfach zusámmenbiegen*; увели́чить ~ auf das Víerfache vergrößern; ~ бо́льше víermal sovíel; ~ ме́ньше víermal wéniger; уме́ньшить ~ auf ein Víertel verkléinern [verríngern]

вчетверо́м *нареч.* zu víeren, zu viert

в-четвёртых *вводн. сл.* víertens

вчини́ть, вчиня́ть: ~ иск кому́-л. *юр. уст.* éine Kláge gégen j-n ánstrengen [ánhängig máchen]

вчита́ться, вчи́тываться sich éinlesen*

вчу́же *нареч. разг.* únbekannterweise; мне его́ ~ жаль er tut mir leid, auch wenn ich ihn nicht kénne

вше́стеро *нареч.* séchsfach, séchsmal; сложи́ть ~ séchsfach zusámmenlegen; согну́ть ~ séchsfach zusámmenbiegen*; увели́чить ~ auf das Séchsfache vergrößern; ~ бо́льше séchsmal sovíel; ~ ме́ньше séchsmal wéniger; уме́ньшить ~ auf ein Séchstel verkléinern [verríngern]

вшестеро́м *нареч.* zu séchst; zu sechsen (*разг*)

в-шесты́х *вводн. сл.* séchstens

вшива́ть *см.* вшить

вши́веть verláusen *vi* (s)

вшивно́й éingenäht, éingesetzt; ~ рука́в éingenähter [éingesetzter] Ärmel

вши́вость *ж* Läusebefall *m* -s

вши́вый verláust, láusig

вширь *нареч.* in die Bréite; разда́ться ~ dícker wérden; разраста́ться ~ sich áusbreiten, sich áusdehnen; sich weit verbréiten

вшить éinnähen *vt*, éinsetzen *vt*

въеда́ться *см.* въе́сться

въе́дливый *разг.* **1.** (*едкий*) ätzend; **2.** (*придирчивый*) zúdringlich; néugierig

въезд *м* **1.** (*действие*) Éinfahrt *f* (10); Éinzug *m* (1*) (*торжественный*); пра́во ~а Éinreisegenehmigung *f* (10), Éinreiseerlaubnis *f* (3); **2.** (*место*) Éinfahrt *f* (10); Áuffahrt *f*; **~но́й** Éinfahrts-; ~на́я ви́за Éinreisevisum [-,vi:-] *n* -s, -sa; ~ны́е воро́та Éinfahrt *f*, Éinfahrtstor *n* (2)

въезжа́ть *см.* въе́хать

въе́сться (*о краске и т. п.*) éindringen* *vi* (s), sich (hin)éinfressen*

въе́ха||ть **1.** éinfahren* *vi* (s); hinéinfahren* *vi* (s) (*по направлению от говорящего*); heréinfahren* *vi* (s) (*по направлению к говорящему*); hinéinreiten* *vi* (s) (*верхом*); ~ть во двор in den Hof éinfahren*; **2.** (*по подъёму*) hináuffahren* *vi* (s); он ~л на́ гору er ist den Berg hináufgefahren; **3.** (*поселиться*) éinziehen* *vi* (s); ~ть в кварти́ру in éine Wóhnung éinziehen*

въявь *нареч. уст.* im Wáchen; im wáchen Zústand; in Wírklichkeit

вы *мест.* ihr (*G* éuer, *D*, *A* euch); Sie (*G* Íhrer, *D* Íhnen, *A* Sie) (*форма вежливости*); вас не́ было до́ма ihr wart nicht zu Háuse; Sie wáren nicht zu Háuse; он дал вам всё er hat euch [Íhnen] álles gegében; он пригласи́л вас er hat euch [Sie] éingeladen; он говори́л с ва́ми er hat mit euch [mit Íhnen] gespróchen; он дово́лен ва́ми er ist mit euch [mit Íhnen] zufríeden; он говори́л о вас er hat von euch [von Íhnen] gespróchen; у вас есть ihr habt; Sie háben; ◇ мы с ним на вы wir ságen Sie zueinánder

выба́лтывать *см.* вы́болтать

выбега́ть, вы́бежать hináuslaufen* *vi* (s), hináusrennen* *vi* (s) (*по направлению от говорящего*); heráuslaufen* *vi* (s), heráusrennen* *vi* (s) (*по направлению к говорящему*); ~ на у́лицу auf die Stráße hináuslaufen*

вы́белить **1.** wéißen *vt*; **2.** *разг.* (*выпачкать*) weiß máchen; **~ся** **1.** weiß wérden; **2.** *разг.* (*выпачкаться*) sich weiß máchen, sich weiß schmíeren

выбива́лка *ж* Téppichklopfer *m* (6)

выбива́ть *см.* вы́бить; **~ся** **1.** *см.* вы́биться; **2.** *страд.* áusgeklopft wérden; geprägt wérden (*ср.* вы́бить)

выбира́ть **1.** *см.* вы́брать; **2.** *мор.* (*тянуть*) áufholen *vt*, híeven [-vən] *vt*; ~ я́корную цепь die Ánkerkette éinhieven

выбира́ться I *см.* вы́браться

выбира́ться II *страд.* (*быть избираемым*) gewählt wérden

вы́би||ть **1.** áusschlagen* *vt* (*глаз, зуб*); éinstoßen* *vt*, éinschlagen* *vt* (*дверь*); ~ть из рук aus den Händen schlágen*; ~ть неприя́теля den Féind vertréiben* [verdrängen]; ~ть неприя́теля с пози́ции den Feind (aus der Stéllung) verdrängen; ~ть стекло́ éine Fénsterscheibe éinschlagen*; éine Fénsterscheibe [Schéibe] éinwerfen* (*брошенным предметом*); ~ть из седла́ aus dem Sáttel hében* [wérfen*]; ~ть доро́гу éine Stráße zerfáhren*; **2.** (*выколотить пыль*) áusklopfen *vt*; ~ть дива́н das Sófa [die Couch (kaʊtʃ)] áusklopfen; **3.** (*штамповать*) prägen *vt*, schlágen* *vt*; ~ть меда́ль éine Medaille [me'daljə] prägen; **4.** *разг.* (*чек*) bóngen *vt*; ~ть кило́ са́хару ein Kílo Zúcker bóngen; ◇ хлеб ~ло гра́дом das Korn wúrde durch Hágelschlag verníchtet; ~ть из коле́и aus dem Gleis bríngen*; ~ть по́чву из-под но́г den Bóden únter den Füßen wégziehen*; ~ть дурь из головы́ die Dúmmheiten aus dem Kopf schlágen*; ~ть ко́зыри из рук у кого́-л. j-m die Trümpfe aus der Hand néhmen*; **~ться** (*выбраться, освободиться с трудом*) sich (mühselig) heráusarbeiten, sich empórarbeiten; ◇ ~ться из сил séine Kräfte erschöpfen; erschöpft sein; ~ться из коле́и aus dem gewóhnten Gleis kómmen*; ~ться в лю́ди *разг.* sich empórarbeiten, Karriére máchen; es zu étwas bríngen*; ~ться на доро́гу den réchten Weg fínden*; ~ться из гра́фика den Árbeitsablaufplan [den Plan] verlétzen; во́лосы ~лись из-под шля́пы das Haar hing [quoll] únter dem Hut hervór

вы́боина *ж* Áushöhlung *f* (10); Vertíefung *f* (10); Schlágloch *n* (5) (*на дороге, мостовой*)

вы́бойка *ж горн.* Áusschlagen *n* -s (*крепи*)

вы́болтать *разг.* áusplaudern *vt*, áusschwatzen *vt*, áusplappern *vt*; ~ секре́т ein Gehéimnis verráten*

вы́бор *м* Wahl *f* (10); Áuswahl *f*; Áuslese *f*; ~ ме́ста Stándortwahl *f*; ~ профе́ссии Berúfswahl *f*; предвари́тельный ~ Vórauswahl *f*; случа́йный ~ Zúfallswahl *f*; по ~у nach Wahl; в магази́не большо́й ~ im Láden ist éine gróße [réichhaltige] Áuswahl; одобря́ть чей-л. ~ j-s Wahl gútheißen*; у меня́ не́ было ~а ich hätte [mir blieb] kéine Wahl; сде́лать ~ die Wahl tréffen*; останови́ть свой ~ sich entschéiden* (на чём-л., на ком-л. für *A*); предоста́вить кому́-л. ~ j-m die Wahl (über-)lássen*; ~ тру́ден wer die Wahl hat, hat die Qual; ◇ на ~ zur Áuswahl; ~ пал на него́ die Wahl ist auf ihn gefállen; *см. тж.* вы́боры

вы́борк||а *ж* **1.** (*действие*) Áuswahl *f*; *горн.* Kláuben *n* -s; **2.** (*выбранное*) Áuszug *m* (1*); Exzérpt *n* (2); де́лать ~и Áuszüge máchen; exzerpíeren *vt*; прове́рка на ~у stíchprobenweise Kontrólle, Stíchprobe *f* (11); прове́рить на ~у éine Stíchprobe máchen; **3.** *ЭВМ* Zúgriff *m* -(e)s; вре́мя ~и Zúgriffszeit *f*

вы́бор||ность *ж* Wählbarkeit *f*; Besétzung *f* (éines Ámtes) durch Ábstimmung; **~ный** *прил.* **1.** wählbar; gewählt, durch Ábstimmung bestímmt; Wahl-; ~ный о́рган wählbares Orgán; ~ная до́лжность Wáhlamt *n* (5); ~ное собра́ние Wáhlversammlung *f* (10); **2.** *в знач. сущ. м* Gewählte *m* (14), Deputíerte *m* (14), Delegíerte *m* (14); ~очно stíchprobenweise, áuszugsweise, nach Wahl; ~очный stíchprobenweise, stíchprobenartig; ~очная прове́рка Stíchprobe *f* (11), stíchprobenweise Kontrólle

вы́борщик *м* Wáhlmann *m* (4)

вы́бор||ы *мн.* Wahl *f* (10), Wáhlen *pl*; дополни́тельные ~ы Náchwahlen *pl*, Ergänzungswahlen *pl*; назна́чить ~ы Wáhlen áusschreiben* (на... für *A*); приступи́ть к ~ам zur Wahl schréiten*; поря́док проведе́ния ~ов Wáhlordnung *f* (10); исхо́д ~ов Wáhlergebnis *n* (3*), Áusgang *m* der Wáhlen

вы́браковать, выбрако́вывать (als únbrauchbar) áussondern *vt*, áussortieren *vt*; áusmerzen *vt* (*скот*)

вы́бранить *разг.* áusschelten* *vt*

выбра́сыватель *м тех.* Áuszieher *m* (6); Áuswerfer *m* (7) (*в огнестрельном оружии*)

выбра́сывать *см.* вы́бросить; ~ся **1.** *см.* вы́броситься; **2.** *страд.* hináusgeworfen wérden (*ср.* вы́бросить)

вы́брать 1. wählen *vt*, áuswählen *vt*; áussuchen *vt*; ~ ме́жду кем-л., чем-л. wählen zwischen (D); die Wahl tréffen*; **2.** (*голосованием*) wählen *vt*, *vi*; ~ депута́том в Верхо́вный Сове́т zum Ábgeordneten [Deputíerten] in den Óbersten Sowjét wählen; **3.** (*отобрать, отсортировать*) áussuchen *vt*; áuslesen* *vt*, áussondern *vt*; ~ я́годы Béeren áussuchen; **4.** (*вынуть*) heráusnehmen* *vt*; áuspacken *vt*; **5.** *разг.*: ~ вре́мя (для чего́-л.) sich (*D*) Zeit néhmen* (zu *D*), sich (*D*) Zeit gönnen; **6.** *уст.* (*получить патент и т. п.*) néhmen* *vt*, erhálten* *vt*

вы́браться 1. (*выходить из, на*) sich heráusfinden*; sich (mit Mühe) heráusarbeiten; sich lósreißen* *отд.*; ~, наконе́ц, на доро́гу éndlich [nach lángem Súchen] den Weg fínden*; ~ из толпы́ sich aus dem Gedränge heráusarbeiten; **2.** (*из затруднительного положения и т. п.*) sich heráusfinden*; уж он-то вы́берется из э́того der wird sich schon daráus heráusfinden; **3.** *разг.* (*покинуть помещение*) (mit Sack und Pack) áusziehen* *vi* (s); ~ из кварти́ры aus der Wóhnung áusziehen*

вы́брить rasíeren *vt*

вы́бродить, вы́бродиться (*о пиве*) áusgären* *vi* (h, s)

вы́брос *м* **1.** (*действие*) Áuswurf *m* -(e)s, Áuswerfen *n* -s; внеза́пный ~ га́за Gásausbruch *m* (1*); возду́шные ~ы Lúftschadstoffe *pl*; ~ вре́дных веще́ств Schádstoffemission *f*; **2.** (*выброшенное*) Áuswurf *m* (1*)

вы́бросить 1. hináuswerfen* *vt*, hináusschmeißen* *vt* (*по направлению от говорящего*); heráuswerfen* *vt*, heráusschmeißen* *vt* (*по направлению к говорящему*); wégwerfen* *vt*; ~ из окна́ zum Fénster hináuswerfen*; ~ на бе́рег ans Úfer wérfen*; ~ за́ борт *тж. перен.* über Bord wérfen*; **2.** *разг.* (*выпустить*) wérfen* *vt*; ~ това́ры на ры́нок Wáren auf den Markt wérfen*; **3.** (*исключить, вычеркнуть*) stréichen* *vt*, áusstreichen* *vt*; **4.** (*выгнать*) hináusjagen *vt*; ~ кого́-л. на у́лицу j-n auf die Stráße wérfen* [sétzen]; ◇ ~ что-л. из головы́ etw. aus dem Sinn schlágen*; ~ зря де́ньги Geld auf die Stráße wérfen*; Geld vergéuden [hináuswerfen*]; ~ ло́зунг éine Lósung áusgeben*; ~ возду́шный деса́нт Lúftlandetruppen ábsetzen; ~ся sich hináusstürzen, sich stürzen; sich aus etw. (*D*) wérfen*; ~ся из окна́ sich zum Fénster hináusstürzen, sich aus dem Fénster stürzen; ~ся на мель *мор.* auf éine Sándbank láufen*, stránden *vi* (s)

вы́броск||а *ж*: знак ~и *полигр.* Deleáturzeichen *n* (7)

вы́бурить áusbohren *vt*

выбыва́ть *см.* вы́быть

вы́бытие Ábgang *m* (1*); ~ из шко́лы der Ábgang von der Schúle; за ~м wégen Áustritt, wégen Ábgang

вы́быть áustreten* *vi* (s); áusscheiden* *vi* (s); verlássen* *vt* (*покинуть*); ~ из шко́лы von der Schúle ábgehen*; ~ со слу́жбы den Dienst verlássen*; ~ из спи́сков aus der Líste gestríchen wérden; ~ из игры́ aus dem Spiel áusscheiden*; ~ из стро́я 1) *воен.* kámpfunfähig wérden; 2) *перен.* aus den Réihen [aus der Front] schéiden*; адреса́т вы́был Empfänger verzógen

выва́ливать(ся) *см.* вы́валить(ся)

вы́валить hináuswerfen* *vt* (*по направлению от говорящего*); heráuswerfen* *vt* (*по направлению к говорящему*); ~ся heráusfallen* *vi* (s); hináusfallen* *vi* (s); fállen* *vi* (s)

вы́валяться *разг.* (*выпачкаться*) sich von óben bis únten beschmíeren (в чём-л. mit *D*)

выва́ривать *см.* вы́варить; ~ся **1.** *см.* вы́вариться; **2.** *страд.* áusgekocht wérden

вы́варить 1. (*варкой извлечь*) heráuskochen *vt*; ~ жир из косте́й das Fett aus den Knóchen heráuskochen; **2.** (*слишком долго варить*) áuskochen *vt*, áuslaugen *vt*

вы́вариться áuskochen *vi* (s)

вы́вар||ка *ж* Áuskochen *n* -s; ~ки *мн. спец.* (*остатки после варки*) Ábsud *m* (1), Dekókt *n* (2)

вы́ведать áusforschen *vt*, áuskundschaften *vt*; ~ у кого́-л. что-л. j-m auf den Zahn fühlen

выведе́ние *с* **1.** *с.-х.* Áufzucht *f*, Zucht *f*; ~ цыпля́т Kükenaufzucht *f*; иску́сственное ~ цыпля́т Kúnstbrut *f*; **2.**: ~ фо́рмулы die Ábleitung éiner Fórmel; **3.**: ~ пя́тен Fléckentfernung *f*

выве́дывать *см.* вы́ведать

вы́вез||ти hináusfahren* *vt*; ábfahren* *vt*, ábtransportieren *vt*; ◇ крива́я ~ла ein únerwarteter günstiger Úmstand hat mir [dir, ihm *usw.*] aus der Pátsche gehólfen

вы́вер||ить prüfen *vt*; áusrichten *vt*; justíeren *vt* (*наладить*); éichen *vt* (*весы*); ~ить часы́ die Uhr regulíeren [stéllen]; ~ить спи́ски избира́телей die Wählerlisten überprüfen; ~ка *ж* Prüfung *f* (10); Áusrichten *n* -s; Éichung *f* (10), Justíeren *n* -s, Justíerung *f* (*мер, весов*)

вы́вернуть 1. (*вывинтить*) áusschrauben *vt*, ábschrauben *vt*, heráusschrauben *vt*; **2.** *разг.* (*вывихнуть*) áusrenken *vt*; vertréten* *vt*, verstáuchen *vt* (*ногу*); **3.**: ~ наизна́нку wénden *vt*; auf die línke Séite kéhren; ~ся **1.** (*вывинтиться*) sich lósschrauben *отд.*; **2.** (*изнанкой вверх*) sich úmstülpen; sich mit der línken Séite nach áußen kéhren; **3.** (*выскользнуть*) heráusgleiten* *vi* (s), aus den Händen gléiten*; **4.** (*из затруднительного положения*) sich heráusdrehen, sich heráuswinden*; sich heráusreden (*отговориться*)

вы́верт||ы *мн. разг.* (*причуды, фокусы*) Geschráubtheit *f* (10); говори́ть с ~ами geschráubt [geschwóllen] réden

вывёртывать *см.* вы́вернуть; ~ся **1.** *см.* вы́вернуться; **2.** *страд.* áusgeschraubt [ábgeschraubt] wérden; áusgerenkt wérden; gewéndet wérden

выверя́ть *см.* вы́верить

вы́весить I (*повесить*) áufhängen *vt*; áushängen *vt* (*объявление, плакат*); ~ бельё Wäsche áufhängen; ~ фла́ги flággen *vi*

вы́весить II (*проверить вес*) ábwiegen* *vt*

вы́веск||а I *ж* Schild *n* (5), Áushängeschild *n*; Fírmenschild *n* (*фирмы*); Díenststellenschild *n* (*учреждения*); *перен.* Áushängeschild *n*; под ~ой *перен.* únter dem Déckmantel

вы́веска II *ж* (*взвешивание*) Ábwiegen *n* -s

вы́вести 1. heráusführen *vt* (*по направлению к говорящему*); hináusführen *vt* (*по направлению от говорящего*); wégführen *vt* (*увести*); ~ войска́ die Trúppen ábziehen* [zurückziehen*]; ~ из бо́я aus dem Gefécht (heráus)lösen; ~ из войны́ aus dem Krieg áusschalten; ~ войска́ из-под уда́ра die Trúppen éinem Schlag entzíehen*; кора́бль «Сою́з-12» был вы́веден на расчётную орби́ту das Ráumschiff Sojús 12 wúrde auf die vorásberechnete Bahn gebrácht; ~ из прези́диума aus dem Präsídium áusschließen*; **2.** (*пятна и т. п.*) heráusmachen *vt*, entférnen *vt*; **3.** (*искоренить*) beséitigen *vt*; áusmerzen *vt*; áusrotten *vt*; vertílgen *vt*; ~ злоупотребле́ния Míßstände ábschaffen; **4.** (*сделать вывод*) éinen Schluß zíehen*, fólgern *vt*, *vi*, schlúßfolgern *неотд. vt*, *vi*; schlíeßen* *vt*, *vi* (*заключить*); *мат.* áblеiten *vt*, hérleiten *vt*; ~ о́бщую отме́тку [оце́нку] éine Gesámtnote ermítteln; ~ са́льдо *фин.* den Sáldo féststellen [ermítteln]; **5.** (*плодить; вырастить*) áusbrüten *vt*; zúchten *vt*; ~ цыпля́т Küken áusbrüten; ~ но́вый сорт пшени́цы éine néue Wéizensorte zúchten; **6.** (*построить*) báuen *vt*, áufführen *vt*; ~ сте́ну éine Máuer áufführen; **7.** *разг.* (*старательно написать, нарисовать*) zéichnen *vt*, málen *vt*; ~ узо́р ein Múster malen [zéichnen]; ◇ ~ тип кого́-л. (*в романе*) éinen Týpus prägen; ~ кого́-л. из терпе́ния j-n aus der Fássung bríngen*, j-n in Wut versétzen; j-n auf die Pálme bríngen* (*разг.*); ~ кого́-л. из затрудне́ния j-m aus der Verlégenheit hélfen*; j-m aus der Pátsche hélfen* (*разг.*); ~ из зацепле́ния *тех.* áusrücken *vt*, áußer Éingriff bríngen*; ~ из стро́я 1) *воен.* kámpfunfähig máchen, áußer Gefécht sétzen; 2) (*механизм, машину*) áußer Betríeb sétzen; ~ нару́жу etw. an den Tag [ans Tágeslicht] bríngen*; áufdecken *vt*; ~ на чи́стую [све́жую] во́ду entlárven *vt*, blóßstellen *отд. vt*

вы́вестись 1. (*исчезнуть*) verschwínden* *vi* (s); áußer Gebráuch kómmen*; **2.** (*о птенцах*) aus dem Ei kríechen*

выве́тривание *с* **1.** Lüften *n* -s, Lüftung *f*; **2.** *геол.* Verwítterung *f*

выве́тривать *см.* вы́ветрить; ~ся **1.** *см.* вы́ветриться; **2.** *страд.* gelüftet [áusgelüftet] wérden

вы́ветрить lüften *vt*, áuslüften *vt*; ~ся **1.** *геол.* verwíttern *vi* (s); **2.** (*не сохраниться в памяти*) entfállen* *vi* (s) (у кого́-л. *D*); (dem Gedächtnis) entschwínden* *vi* (s) [entgéhen* *vi* (s)]

выве́шивание *с* Áushängen *n* -s; ~ газе́т на предприя́тиях Áushängen von Zéitungen in Betríeben; ~ белья́ das Áufhängen der Wäsche

выве́шивать *см.* вы́весить I, II

вы́винтить, выви́нчивать (her)áusschrauben *vt*, ábschrauben *vt*

вы́вих *м* Verrénkung *f* (10); Verstáuchung *f* (10) (*пальца, кисти*); *мед.* Luxatión *f* (10); ~ бедра́ Hüftgelenkverrenkung *f*; ~ сустáва Gelénkluxation *f*; **~нутый** verrénkt, áusgerenkt; verstáucht (*о пальце, кисти*); **~нуть** verrénken *vt*, áusrenken *vt*; verstáuchen *vt* (*палец, кисть*); *мед.* luxíeren *vt*; ~нуть нóгу sich (*D*) den Fuß vertréten*

вывод *м* **1.** (*удаление*) Entférnung *f*; Zurückziehen *n* -s; ~ войск Trúppenabzug *m* -(e)s, der Ábzug der Trúppen; **2.** (*заключение*) Schluß *m* -sses, Schlüsse, Fólgerung *f* (10), Schlúßfolgerung *f*; логический ~ lógische Fólge; лóжный ~ Trúgschluß *m*; поспéшный ~ übereílte Fólgerung; организациóнные ~ы organisatórische Máßnahmen; сдéлать ~ы die Konsequénzen zíehen*; прийти́ к ~у zum Schluß kómmen* [gelángen]; торопи́ться с ~ами übereílte Schlúßfolgerungen [Fólgerungen] zíehen*; ~ы диссертáции die Zusámmenfassung der Dissertatión; **3.** *выч. тех.* Áusgabe *f* (11); ~ дáнных Dátenausgabe *f*; **4.** *мат.* Hérleitung *f* (10), Ábleitung *f*; **5.** *тех.* Ábleitung *f* (10); *полигр.* Áuslage *f* (11); **6.** *эл.* Klémme *f* (11); Ánschluß *m* -sses, -schlüsse; Ánschlußdraht *m* (1*); **~и́ть** *см.* вы́вести; **~и́ться 1.** *см.* вы́вестись; **2.** *страд.* heráusgeführt [entférnt] wérden; vertílgt wérden (*ср.* вы́вести)

выводн||óй Áblaß-; Áblauf-; ~áя трубá Áblaufrohr *n* (2), Áblaßrohr *n*

вы́водок *м* Brut *f* (10)

вы́воз *м* **1.** Ábfuhr *f* (10); Ábtransport *m* -(e)s; ~ лéса Hólzabfuhr *f*; **2.** *эк.* Áusfuhr *f*, Expórt *m* (1); ~ капитáла Kapitálexport *m*; предмéт ~а Áusfuhrartikel *m* (6); ~ превышáет ввоз die Áusfuhr übersteígt die Éinfuhr; **~и́ть 1.** *см.* вы́везти; **2.** (*экспортировать*) áusführen *vt*, exportíeren *vt*; **~и́ться 1.** *разг.* áusziehen* *vi* (s), séine Síebensachen heráusschleppen; **2.** *страд.* áusgeführt wérden, exportíert wérden; **~ка** *ж* (*дров, камня и т. п.*) Ábfuhr *f*; ~ка нечистóт Müllabfuhr *f*

вывозн||óй *эк.* Áusfuhr-; Expórt-; ~áя пóшлина Áusfuhrzoll *m* (1*)

выволáкивать, вы́волочь *разг.* hináusschleifen *vt*, hináusschleppen *vt* (*по направлению от говорящего*); heráusschleifen *vt*, heráusschleppen *vt* (*по направлению к говорящему*)

выворáчивать *см.* вы́вернуть 3

выворáчиваться 1. *см.* вы́вернуться 2; **2.** *разг.* (*из затруднений*) sich dréhen und wénden; sich heráuszuwinden súchen; **3.** *страд.* gewéndet wérden

вы́ворот *м мед.* Áusstülpung *f*

вы́воротить *разг.* **1.** (*вытащить*) heráusdrehen *vt*; heráusziehen* *vt*; **2.** (*вывернуть, вывихнуть*) verdréhen *vt*; **3.** (*перевернуть внутренней стороной*) úmstülpen *vt*; ~ наизнáнку úmkehren *vt*, wénden *vt*; **4.** (*опрокинуть*) úmstoßen* *vt*, úmwerfen* *vt*

вы́гадать, выгáдывать *разг.* spáren *vt* (*сэкономить*); gewínnen* *vt*, Nútzen [Vórteil] aus etw. (*D*) zíehen* (*получить выгоду от чего-л.*); он вы́гадал на э́том дéле er hat aus díeser Sáche Nútzen [Vórteil] gezógen; ~ врéмя Zeit gewínnen*

вы́гиб *м* Krümmung *f* (10), Bíegung *f* (10); Áusbuchtung *f* (10); *тех.* Kröpfung *f* (10); **~áть** *см.* вы́гнуть; **~áться 1.** *см.* вы́гнуться; **2.** *страд.* gekrümmt wérden, gebógen wérden

вы́гладить, выглáживать 1. (*вытюжить*) plätten *vt*, bügeln *vt*; **2.** (*сделать гладким*) glätten *vt*

вы́глядеть I *разг.* (*высмотреть*) erspähen *vt*; áusspähen *vt* (*тайно*); ◇ ~ все глазá sich (*D*) die Áugen aus dem Kopf séhen*

вы́глядеть II (*иметь вид*) áussehen* *vi*; хорошó ~ gut áussehen*; он вы́глядит горáздо молóже er wirkt viel jünger, er sieht viel jünger aus

выгля́дывать, вы́гляну||ть 1. hináussehen* *vi*, hináusschauen *vi* (*по направлению от говорящего*); heráussehen* *vi*, heráusschauen *vi* (*по направлению к говорящему*); **2.** (*показаться*) hervórsehen* *vi*, hervórlugen *vi*; мéсяц ~л из-за кры́ши der Mond sah [lúgte] hínter dem Dach hervór

вы́гнать 1. (*прогнать*) hináusjagen *vt*; hináuswerfen* *vt*; (*скот*) hináustreiben* *vt*; ~ когó-л. (*из помещения*) j-m zéigen, wo der Zímmermann das Loch gelássen hat (*разг.*); **2.** *тех.* (*добыть перегонкой*) destillíeren *vt*; brénnen* *vt*; ~ спирт Bránntwein brénnen*

вы́гн||утый gekrümmt, gebógen; **~уть** krümmen *vt*, bíegen* *vt*; **~уться** sich krümmen; sich bíegen* (*изогнуться*)

выговáривать 1. *см.* вы́говорить; **2.** (*делать выговор*) tádeln *vt*, rügen *vt*, verwéisen* *vt*, éinen Verwéis ertéilen

вы́говор *м* **1.** (*произношение*) Áussprache *f* (11); **2.** (*порицание*) Tádel *m* (6), Rüge *f* (11), Verwéis *m* (1); стрóгий ~ с предупреждéнием strénger Verwéis mit Verwárnung; объяви́ть ~ éinen Verwéis ertéilen

вы́говорить 1. (*произнести*) áussprechen* *vt*; **2.** (*обеспечить за собой*) sich (*D*) etw. áusbedingen*, sich (*D*) etw. vórbehalten*; als Bedíngung stéllen, etw. zur Gégenbedingung máchen (*поставить условием*); ~ себé прáво sich (*D*) ein Recht vórbehalten*

вы́говориться *разг.* sich áussprechen*

вы́год||а *ж* Vórteil *m* (1) (*преимущество*); Nútzen *m* (7) (*польза*); Gewínn *m* (1), Profít *m* (1) (*прибыль*); ждать ~ы от чегó-л. sich (*D*) von etw. (*D*) Nútzen verspréchen*; извлекáть из чегó-л. ~у aus etw. (*D*) Vórteil [Nútzen, Gewínn] zíehen*

вы́год||ность *ж* Vórteilhaftigkeit *f*; Éinträglichkeit *f*; **~ный** vórteilhaft; éinträglich; gewínnbringend, gewínnreich (*прибыльный*); lóhnend (*стóящий*); емý бы́ло ~ но es páßte ihm, daß...; dámit war ihm gedíent; ◇ выставля́ть в ~ном свéте in günstigem Líchte schíldern

вы́гон *м* **1.** (*действие*) Áuftrieb *m* (1); ~ скотá на гóрное пáстбище Álmauftrieb *m*; **2.** (*пастбище*) Wéide *f* (11), Trift *f* (10), Ánger *m* (6), Ángerweide *f*

вы́гонка *ж* **1.** *тех.* Destillatión *f* (10), Brénnen *n* -s; **2.** *с.-х.* Tréiben *n* -s; зи́мняя ~ овощéй Tréibgemüsebau *m* -(e)s; ~ расса́ды Pflánzenanzucht *f* im Tréibhaus [Gewächshaus]

выгоня́ть *см.* вы́гнать

выгорáживать *см.* вы́городить

выгорáть *см.* вы́гореть I, II

вы́гореть I **1.** verbrénnen* *vi* (s), níederbrennen* *vi* (s); **2.** (*выцвести*) verblássen *vi* (s), verbléichen* *vi* (s), verschíeßen* *vi* (s)

вы́горе||ть II *разг.*: дéло не ~ло die Sáche ist schíefgegangen; die Sáche ist geschéitert; es ist míßlungen; дéло ~ло die Sáche hat geklappt, es ist gelúngen

вы́городить 1. ábsondern *vt*, ábzäunen *vt*; **2.** (*когó-л.*) éinstehen* *vi* (s) (für *A*), éintreten* *vi* (s) (für *A*); vertéidigen *vt*, in Schutz néhmen* (*защитить*)

вы́гравировать éingravieren [-,vi:-] *vt*

выгребáть *см.* вы́грести I, II

выгребн||óй: ~áя я́ма Müllgrube *f* (11)

вы́грести I áusnehmen* *vt*, áusleeren *vt*; réinigen *vt*

вы́грести II (*о гребце*) rúdern *vi* (h, s); ~ прóтив вéтра [прóтив течéния] gégen den Wind [gégen den Strom] rúdern

выгружáтель *м тех.* Áuslader *m* (6), Entléerer *m* (6); бýнкерный ~ *горн.* Búnkerabzugswagen *m* (7)

выгружáть(ся) *см.* вы́грузить(ся)

вы́грузить áusladen* *vt*; ábladen* *vt*; *горн.* räumen *vt*; *мор.* löschen *vt*; áusschiffen *vt* (*с судна*); **~ся** sich áusschiffen; an Land géhen* (s)

вы́грузка *ж* Áusladen *n* -s, Ábladen *n*; Löschen *n* -s (*судна*)

выгрызáть, вы́грызть áusnagen *vt*

вы́гул *м с.-х.* Áuslauf *m* (1*)

выдавáть *см.* вы́дать

выдавáться 1. *см.* вы́даться; **2.** *страд.* áusgehändigt wérden; áusgezahlt wérden; áusgeliefert wérden (*ср.* вы́дать)

вы́давить, выдáвливать 1. (*выжать*) áuspressen *vt*, áusdrücken *vt*, áusquetschen *vt*; **2.** *перен.*: ~ слезý éine Träne aus den Áugen quétschen; ~ улы́бку [смех] sich zum Lächeln [zum Láchen] zwíngen*; ~ из себя́ слóво ein Wort hervórpressen; **3.** (*продавить*) éindrücken *vt*, dúrchdrücken *vt*

выдáива||ние *с* Áusmelken *n* -s; **~ть** *см.* вы́доить

выдáлбливать *см.* вы́долбить

вы́данье: дéвушка на ~ *разг.* ein héiratsfähiges [erwáchsenes] Mädchen

вы́дать 1. ábliefern *vt*; übergében* *vt*, áushändigen *vt* (*вручить*); verábreichen *vt*, verábfolgen *vt* (*довольствие и т. п.*); ertéilen *vt*, zústellen *vt*, áusstellen *vt* (*документ*); áusleihen* *vt* (*книгу в библиотеке*); ~ патéнт ein Patént ertéilen; ~ пáспорт éinen Paß áusstellen; ~ удостоверéние éine Beschéinigung áusstellen; ~ авáнс Vórschuß záhlen; ~ зáработную плáту den Lohn [das Gehált] áuszahlen; ~ нá руки áushändigen *vt*; **2.** (*преступника другому государству*) áusliefern *vt*; **3.** (*предать*) verráten* *vt*, préisgeben* *отд.* *vt*; **4.** (*предать гласности*) offenbáren *vt*, enthüllen *vt*, verráten* *vt*; ~ свои́ намéрения séine Gedánken offenbáren; ~ чью-л. тáйну j-s Gehéimnis verráten*; ~ себя́ sich verráten*; **5.** (*за когó-л., за что-л.*) áusgeben* *vt* (für *A*); он вы́дал э́ту мысль за свою́ er gab díese Idée für die séinige aus; **6.**: ~ зáмуж verhéiraten *vt*; **7.** *горн.*: ~ на-горá (zutáge) fördern *vt*

вы́даться 1. (*выступать*) hervórstehen* *vi*, hervórragen *vi*, hervórtreten* *vi* (s); vórspringen* *vi* (s), ábstehen* *vi* (*торчать*); **2.** (*выделяться*) hervórstechen* *vi*; ábstechen* *vi*; sich hervórtun*; ándere verdúnkeln [übertréffen]; **3.** (*случаться, наступать*) sich eréignen, vórfallen* *vi* (s), sich tréffen*; у меня́ вы́далось нéсколько часóв свобóдного врéмени es traf sich, daß ich éinige Stúnden fréie Zeit hátte; ну уж вы́дался денёк! das war áber [mal] ein Tag!

вы́дач||а *ж* **1.** Übergabe *f*, Áushändigung *f*, Áusgabe *f*; Ertéilung *f*, Áusstellung *f* (*документа*); Áuszahlung *f* (10) (*выплата*); Verábreichung *f*, Verábfolgung *f* (*довольствия и т. п.*); ~а лицéнзии Lizénzerteilung *f*; ~а нá руки Áushändigung *f*; часы́ ~и (*в библиотеке*) Áusleihzeit *f*; отдéл ~и (*в библиотеке*) Áusleihe *f*; **2.** (*преступника другому государству*) Áuslieferung *f* (10)

выдаю́щ||ийся 1. vórspringend, vórstehend, hervórragend; ~ееся достижéние Spítzenleistung *f* (10); ~иеся спосóбности glänzende Fähigkeiten; **2.** (*о человеке*) hervórragend; bedéutend; überrágend; prominént; **~ийся худóжник**

hervórragender [bedéutender, überrágender] Künstler

выдвигáть *см.* вы́двинуть; **~ся** **1.** (*о ящике и т. п.*) (her)áusziehbar [áufschiebbar] sein; **2.** (*выделяться*) sich hervórtun*, vórrücken *vi* (s); áufrücken *vi* (s) (*на работе*); он стал бы́стро ~ся er rückte schnell (auf éinen höheren Pósten) auf; **3.** *страд.* vórgerückt [vórgeschoben] wérden (*ср.* **вы́двинуть**)

выдвижéн||ец *м* Wérktätige *m* (14) in léitender Stéllung; Áufstiegskandidat *m* (8); он ~ец er wúrde auf éinen léitenden Pósten berúfen; **~ие** *с* Beförderung [Berúfung] *f* auf éinen höheren Pósten [in ein höheres Amt]; Áufstellung *f* (10), Nominíerung *f* (10) (*в качестве кандидатов*); ~ие кандидáтов в депутáты Верхóвного Совéта Сою́за ССР Áufstellung [Nominíerung] der Kandidaten für den Óbersten Sowjét der UdSSR

выдвижéнка *ж* Wérktätige *f* (14) in léitender Stéllung; Áufstiegskandidat *m* (8)

выдвижн||óй áufschiebbar; heráusziehbar; áusfahrbar; ~óй я́щик Schúbfach *n* (5), Schúblade *f* (11); ~áя лéстница Áusziehleiter *f* (11), áusziehbare Léiter

вы́двинуть **1.** áufschieben* *vt*; vórrücken *vt*; vórschieben* *vt*; heráusziehen* *vt* (*ящик и т. п.*); **2.** (*предложить для обсуждения и т. п.*) vórbringen* *vt*; ~ дóводы Argumènte ánführen [vórbringen*, ins Feld führen]; ~ на пéрвый план in den Vórdergrund rücken [stéllen]; ~ доказáтельства Bewéise erbríngen* [líefern, vórbringen*, bríngen*]; ~ вопрóс éine Fráge áufwerfen*; ~ предложéние éinen Vórschlag máchen [unterbréiten (*книжн.*)]; ~ трéбование éine Fórderung erhében* [stéllen]; **3.** *воен.* vórziehen* *vt*; vórrücken lássen* (*части, войска*); **4.** (*выделять, повышать*) befördern *vt*, áufrücken lássen*; éinsetzen *vt*; (éinen Árbeiter) auf éinen (verántwortlichen) Pósten stéllen; für éinen Pósten vórschlagen*; ~ когó-л. в кандидáты j-n als Kandidáten áufstellen [vórschlagen*]; ~ чью-л. кандидатýру j-s Kandidatúr áufstellen; ~ свою́ кандидатýру kandidíeren *vi*; **~ся** *см.* выдвигáться 2

вы́дворить, выдворя́ть **1.** áusweisen* *vt*; **2.** *разг.* (*выпроводить*) hináuswerfen* *vt*

вы́дел *м ист.* (*доля*) Teil *m* (1), Ánteil *m*

вы́деланный beárbeitet; gegérbt (*о коже*)

вы́делать **1.** (*выполнить*) áusführen *vt*; **2.** (*обработать*) beárbeiten *vt*; gérben *vt* (*кожу*)

выдел||éние *с* **1.** (*действие*) *хим.* Áusscheidung *f* (10); Áussonderung *f*; *физиол.* Áusfluß *m* -sses, Ábsonderung *f* (10); ~éние я́дерной энéргии Fréisetzung *f* von Kérnenergie; ~éние гнóя Éiterausfluß *m*; ~éние молокá Mílchabsonderung *f*; **2.** *б. ч. мн.* **~éния** *физиол.* (*выделяемое вещество*) Ábsonderung *f* (10), Áusfluß *m* -sses, -flüsse; Áuswurf *m* -(e)s; **3.** *юр.* (*наследников*) Ábfindung *f* (10); Vertéilung *f* des Érbes; **4.:** ~éние средств Bewílligung *f* von Mítteln; **~и́тельный** *физиол.*: ~и́тельные óрганы Ábsonderungsorgane *pl*

вы́делить **1.** (*отобрать*) áussuchen *vt*, wählen *vt*, sóndern *vt*; **2.** *воен.* beréitstellen *отд.* *vt*; éinsetzen *vt*, éinteilen *vt*; zúweisen* *vt*; ~ в резéрв als Resérve [-və] éinteilen; **3.** *юр.* (*имущество и т. п.*) ábfinden* *vt*; **4.** (*назначить*) bestímmen *vt*; **5.** (*отличить*) áuszeichnen *vt*; **6.** *хим.*, *физиол.* áusscheiden* *vt*, ábsondern *vt*, áussondern *vt*; **~ся** **1.** (*выдвинуться*) sich hervórtun*, hervórstechen* *vi*, ábstechen* *vi*; sich áuszeichnen; **2.** (*об имущественных отношениях*) sich ábteilen; séinen Vermögensanteil überréhmen*; **3.** *хим.*, *физиол.* áusscheiden* *vi* (s), sich ábsondern

вы́делка *ж* Beárbeitung *f*; Gérbung *f* (*кожи*)

выдéлывать **1.** *см.* вы́делать; **2.** (*вырабатывать*) hérstellen *vt*; verfértigen *vt*; **3.** *разг.* (*проделывать*) máchen *vt*; ~ рáзные фóкусы állerhánd Póssen tréiben*

выделя́ть *см.* вы́делить; **~ся** **1.** *см.* вы́делиться; **2.** (*на фоне чего-л.*) ábstechen* *vi*; **3.** *страд.* áusgesucht wérden (*ср.* вы́делить)

выдёргивать *см.* вы́дернуть

вы́держанн||ость *ж* **1.** (*самообладание*) Sélbstbeherrschung *f*; **2.** (*дисциплина*) Disziplíniertheit *f*; **3.** (*последовательность*) Konsequénz *f*; **~ый** **1.** (*умеющий владеть собой*) behérrscht, sélbstbeherrscht; **2.** (*дисциплинированный*) diszipliniert; **3.** (*последовательный*) konsequént; **4.** (*о продуктах и т. п.*): ~ое винó ábgelagerter Wein; ~ая древеси́на tróckenes Lágerholz

вы́держать **1.** áushalten* *vt*, stándhalten* *отд.* *vi* (что-л. *D*), ertrágen* *vt*; ~ нáтиск éinem Ángriff stándhalten*; ~ бой ein Gefécht bestéhen *; ein Gefécht dúrchkämpfen; ~ конкурéнцию konkurrénzfähig sein; **2.** (*продержать где-л.*) hálten* *vt*; **3.** (*о продуктах и т. п.*): ~ винó Wein áblagern; ~ табáк Tábak áblagern; **4.** (*соблюсти*) éinhalten* *vt*; ~ дистáнцию den Ábstand (éin)hálten*; ◇ ~ экзáмен ein Exámen [éine Prüfung] bestéhen*; (bei éiner Prüfung) dúrchkommen* *vi* (s); ~ нéсколько изда́ний éinige Áuflagen háben; ~ харáктер stándhalten* *отд.* *vi*; не ~ харáктера nicht stándhalten*; ~ роль séine Rólle gut spíelen; nicht aus der Rólle fállen*; он не вы́держал и рассмея́лся er kónnte sich nicht behérrschen und brach in Láchen aus

выдéржива||ть *см.* вы́держать; ~ть высóкую температýру hóhe Temperatúr áushalten*; ~ть си́льное давлéние stárken Druck áushalten*; лёд ~ет большýю тя́жесть das Eis trägt éine gróße Last; das Eis hält éinem gróßen Gewícht stand; ◇ э́то не ~ет кри́тики das ist únter áller Krítík; das ist únter áller Kanóne (*разг.*)

вы́держк||а I *ж* **1.** (*самообладание*) Behérrschung *f*, Sélbstbeherrschung *f*, Áusdauer *f*; Stándhaftigkeit *f*: он прояви́л большýю ~у er zéigte éine gróße Áusdauer [Sélbstbeherrschung]; **2.** *фото* Belíchtungsdauer *f*; **3.** (*хранение*) Lágerung *f*; ~а на вóздухе Lúftlagerung *f*

вы́держк||а II *ж* (*цитата*) Zitát *n* (2), Áuszug *m* (1*); ◇ на ~у aufs Gerátewohl

вы́дернуть (her)áusreißen* *vt*, (heráus)zíehen* *vt*; ~ зуб éinen Zahn zíehen*

выдирáть *см.* вы́драть I

вы́доить áusmelken* *vt*

вы́долбить **1.** áushöhlen *vt*, áusmeißeln *vt*; ~ стамéской áusstemmen *vt*; **2.** *разг.* (*выучить*) sich (*D*) etw. éinpauken, éinochsen *vt*

вы́дох *м* Áusatmung *f*, Áusatmen *n* -s, Expiratión *f* (10); **~нуть** áusatmen *vt*; **~нуться** **1.** (*о запахе*) verflíegen* *vi* (s), sich verflüchtigen; чай [кóфе] ~ся der Tee [Káffee] hat das Aróma verlóren; **2.** *разг.* (*обессилеть*) erschöpft sein, ábgekämpft sein (*о войсках*)

вы́дра *ж* (*животное и мех*) Ótter *m* (6)

вы́драть I *разг.* (*вырвать*) (her)áusreißen* *vt*; ~ листы́ из кни́ги Blätter aus éinem Buch réißen*

вы́драть II *разг.* (*высечь*) dúrchprügeln *vt*, dúrchhauen* (*impf* háute durch) *vt*; ~ зá уши an den Óhren zíehen*

вы́дрессировать dressíeren *vt*, ábrichten *vt*

вы́дубить (*кожу*) gérben *vt*, lóhen *vt*

выдувáть *см.* вы́дуть

вы́дув||ка *ж* **1.** *тех.* Blásen *n* -s; Glásblasen *n* (*стекла*); **2.** (*доменной печи*) Áusblasen *n* -s, Níederblasen *n*; **~нóй** (*о стекле*) geblásen, hohl

вы́дум||анный erdácht, áusgedacht; erfúnden, ersónnen, erlógen; **~ать** áusdenken* *vt*; erdíchten *vt*, erfínden* *vt*, ersínnen* *vt*; ◇ он пóроха не ~ает das Púlver hat er nicht erfúnden; **~ка** *ж* **1.** Erdíchtung *f* (10) (*вымысел*); Hírngespinst *n* (2), Ámmenmärchen *n* (7); Erfíndung *f* (10), Lüge *f* (11), Lügengeschichte *f* (11) (*неправда*); **2.** *разг.* (*изобретательность*) Phantasíe *f*, Éinbildungskraft *f*; **3.** (*затея*) Éinfall *m* (1*)

вы́думщик *м разг.* **1.** erfínderischer Mensch; **2.** (*лгун*) Lügner *m* (6); Áufschneider *m* (6) (*хвастун*)

выдýмывать *см.* вы́думать

вы́дуть **1.** (*выгнать дутьём*) heráusblasen* *vt*, blásen* *vt* (из чегó-л. aus *D*); ~ пéпел из трýбки die Ásche aus der Pféife blásen*; всё теплó вы́дуло die gánze Wärme hat sich verflüchtigt; **2.** *тех.* blásen* *vt*; ~ стеклó Glas blásen*; **3.** *разг.* (*выпить*) áustrinken* *vt*, áussaufen* *vt*; ◇ ~ дóменную печь éinen Hóchofen áusblasen*

выдыхáние *с* Áusatmen *n* -s, Áusatmung *f*, Expiratión *f*

выдых||áтельный Áusatmungs-; ~áтельный клáпан Áusatmungsventil [-vɛn-] *n* (2); **~áть(ся)** *см.* вы́дохнуть(ся)

выедáть *см.* вы́есть¹

вы́еденн||ый áusgefressen, áusgenagt; zerfréssen (*едкими веществами*); ◇ ~ого яйцá не стóит *погов.* ≅ das ist kéinen Páppenstiel [Pfífferling] wert

вы́езд *м* **1.** (*действие*) Ábfahrt *f* (10); Áusreise *f* (11); ~ на пози́цию *воен.* Instéllunggehen *n* -s, Áuffahren *n* -s; предписáние ~а *юр.* Áusweisung *f* (10); **2.** (*место*) Áusfahrt *f* (10); **3.** (*экипаж с лошадьми*) Equipage [-ˈpaːʒə] *f* (11), Gespánn *n* (2); **~ить** (*лошадь*) éinfahren* *vt*; zúreiten* *vt* (*верховую*); **~ка** *ж* (*лошадей*) Éinfahren *n* -s; Zúreiten *n* -s (*верховых*); **~нóй** **1.** Áusfahr-; Áusfahrts-; **2.:** ~ная сéссия судá Verhándlung *f* vor erwéiterter Öffentlichkeit; *юр.* áuswärtige Geríchtssitzung

выезжáть **1.** *см.* вы́ездить; **2.** *см.* вы́ехать; **3.** *разг.*: ~ на ком-л. auf j-m herúmreiten*, j-n áusnützen; ~ на чём-л. etw. zu séinem Vórteil áusnützen

вы́емка *ж* **1.** (*действие*) Heráusnahme *f*; Áusheben *n* -s (*грунта*); *горн.* Ábbau *m* -(e)s, Gewínnung *f*; ~ прóбы Próbenentnahme *f*; ~ пи́сем из почтóвого я́щика die Léerung des Bríefkastens; **2.** *спец.* (*документов*) Beschlágnahme *f*; **3.** (*углубление*) Vertíefung *f* (10); Áushöhlung *f* (10); *ж.-д.* Éinschnitt *m* (1) (*желобок*); Grúbe *f* (11) (*в земле*); *стр.* Kröpfung *f* (10); Áussparung *f* (10); **4.** (*вырез*): ~ для рукавá Áusschnitt *m* (1)

вы́есть **1.** heráusfressen* *vt*, áusessen* *vt*; áusnagen *vt* (*выгрызть*); **2.** (*о едких веществах*) (wég)béizen *vt*; zerfréssen* *vt*, áusätzen *vt*

вы́ехать fórtfahren* *vi* (s), verréisen *vi* (s); áusziehen* *vi* (s); úmziehen* *vi* (s), übersiedeln *vi* (s) (*переехать*); ~ из дере́вни das Dorf verlássen*; ~ на да́чу aufs Land übersiedeln; вы́ехал неизве́стно куда́ verzógen, únbekannt wohín; мы вы́едем из кварти́ры послеза́втра wir zíehen übermorgen aus der Wóhnung aus

вы́жать I **1.** (*лимон и т. п.*) áusquetschen *vt*, áusdrücken *vt*; áuspressen *vt*; ~ виногра́д Tráuben kéltern; **2.** (*бельё*) (áus)wríngen* *vt*; **3.** *спорт.* hében* *vt*; stémmen *vt* (*штангу*); ◇ ~ со́ки из кого́-л. *разг.* j-n áusbeuten; j-n im Schwéiße séines Ángesichts árbeiten lássen*; ~ всё, что то́лько мо́жно das létzte heráusholen

вы́жать II (*рожь и т. п.*) ábmähen *vt*

вы́ждать ábwarten *vt*; ábpassen *vt* (*подкараулить*); ~ удо́бный слу́чай éine pássende Gelégenheit ábwarten

вы́жечь 1. verbrénnen* *vt*, áusbrennen* *vt*; éinäschern *vt* (*обратить в пепел*); со́лнце вы́жгло всхо́ды die Sónne hat die Sáaten áusgebrannt; неприя́тель вы́жег це́лые дере́вни der Feind äscherte gánze Dörfer ein; ~ клеймо́ ein Mal áufbrennen*, brándmarken *неотд.* *vt*; **2.** (*очистить обжиганием*) áusbrennen* *vt*

выжива́емость *ж* Überlébensvermögen *n* -s, Überlébenskraft *f*; Lébensfähigkeit *f*; Überlébens¦chancen [-,ʃaŋ] *pl* (*при катастрофах*)

выжива́ть *см.* вы́жить

вы́жига *м* *разг.* Schláukopf *m* (1*), Gáuner *m* (6), durchtríebener Kúnde

выжиг||а́ние *с* **1.** *мед.* Áusbrennen *n* -s; **2.:** ~а́ние древе́сного у́гля Kóhlenbrennerei *f*; ~а́ние по де́реву Brándmalerei *f*, Hólzbrandmalerei *f*, Hólzbrandtechnik *f*; **~а́ть 1.** *см.* вы́жечь; **2.:** ~а́ть по де́реву áusbrennen* *vt*, auf Holz brénnen*

выжида́ние *с* Ábwarten *n* -s

выжида́тельн||ый ábwartend; ~ая поли́тика ábwartende Politík, Polítik des Ábwartens; занима́ть ~ую пози́цию éine ábwartende Stéllung [Positión] éinnehmen* [bezíehen*]; ~ая пози́ция, ~ое положе́ние *воен.* Wártestellung *f* (10)

выжида́ть *см.* вы́ждать

выжим||а́ние *с* **1.** Áusquetschen *n* -s, Áusdrücken *n* -s; Áuspressen *n* -s; **2.** *спорт.* *см.* жим; **~а́ть** *см.* вы́жать I

вы́жимка *ж* (*действие*) Áusquetschen *n* -s, Áusdrücken *n* -s; Áuspressen *n* -s

вы́жимки *мн.* Rückstände *pl*; Resíduum *n* -s, -duen (*остаток*); Ölkuchen *m* -s, Ölschrot *n* -s (*жмыхи*); Tréber *pl*, Tréster *pl* (*от фруктов*)

выжина́ть *см.* вы́жать II

вы́жи||ть 1. (*остаться в живых*) am Lében bléiben*; он не ~вет (*о больном*) er wird die Kránkheit nicht überstéhen; **2.** *разг.* (*заставить уйти*) heráusekeln *vt*, hináusbeißen* *vt*; vertréiben* *vt*; heráusdrängen *vt* (*вытеснить*); sich (*D*) j-n vom Hálse schäffen (*отделаться от кого-л.*); **3.** *разг.* (*пробыть*) sich áufhalten*; **4.** (*вытерпеть*) áushalten* *vi*; ◇ ~ть из ума́ *разг.* den Verstánd verlíeren*, schwáchsinnig wérden; kíndisch wérden (*впасть в детство*)

вы́звать 1. herbéirufen* *vt*; kómmen lássen*; zu sich bestéllen [beórdern]; áufrufen* *vt* (*в классе*); éinladen* *vt*, vórladen* *vt* (*в суд, милицию*); ~ врача́ den Arzt bestéllen; ~ по телефо́ну ánrufen* *vt*; ~ кого́-л. (*из комнаты, с заседания*) j-n heráusbitten*; ~ кого́-л. в суд j-n vor Gerícht láden*, j-n vórladen*; учи́тель вы́звал ученика́ к доске́ der Léhrer rief den Schüler an die Táfel; **2.** (*побудить кого-л. к чему-л.*) heráusfordern *vt*, áuffordern *vt*; áufrufen* *vt*; ~ кого́-л. на соцсоревнова́ние j-n zum sozialístischen Wéttbewerb áuffordern [áufrufen*]; ~ на дуэ́ль j-n fórdern, j-n zum Duéll áuffordern; ~ кого́-л. на открове́нность j-n zur Óffenheit heráusfordern; j-n veránlassen, óffen zu spréchen; **3.** (*возбудить, быть причиной*) hervórrufen* *vt*, herbéiführen *vt*, áuslösen *vt*, erregen *vt*; ~ аппети́т den Appetít réizen; ~ слёзы у кого́-л. j-n zum Wéinen bríngen*, j-m die Tränen in die Áugen tréiben*; ~ подозре́ние Verdácht erregen [erwécken, wáchrufen*] ~ воодушевле́ние Begéisterung áuslösen; ~ воспомина́ния (álte) Erínnerungen heráufbeschwören; ~ интере́с Interésse wécken [hervórrufen*]; ~ живо́й о́тклик ein lébhaftes Écho áuslösen, lébhaften Ánklang fínden*; **4.** *воен.:* ~ ого́нь Féuer ánfordern; ~ ого́нь на себя́ das Féuer auf sich (*A*) lénken [zíehen*]; **~ся** (*предложить свои услуги*) sich erbíeten*, sich (zu éiner Árbeit) ánbieten*; он вы́звался пе́рвый er méldete sich als érster; ~ся помо́чь séine Hílfe ánbieten*

вы́звезди||ть *безл.* (*покрыться звёздами*): ~ло die Stérne stánden schon am Hímmel

вы́зволить, вызволя́ть *разг.* (*выручить, помочь*) befréien *vt*; fréimachen *отд.* *vt* (*освободить*); ~ кого́-л. из беды́ j-m aus der Pátsche hélfen*

выздора́влив||ать *см.* вы́здороветь; **~ающий** *прич.* **1.** genésend; **2.** *в знач. сущ. м* Genésende *m* (14), Rekonvaleszént [-va-] *m* (8)

вы́здоров||еть gesúnd wérden, genésen* *vi* (s); wíeder auf die Béine kómmen*; wíeder auf den Damm kómmen* (*разг.*); **~ле́ние** *с* Genésung *f*, Gesúndung *f*, Wiederhérstellung *f*; Rekonvaleszénz [-va-] *f* (*спец.*)

вы́зов *м* **1.** Éinladung *f* (10) (*приглашение*); Áufruf *m* (1) (*ожидающих в очереди*); ~ врача́ die Bestéllung éines Árztes; междугоро́дный ~ (*по телефону*) Férngespräch *n* (2); ме́стный ~ (*по телефону*) Ánruf *m* im Órtsverkehr, Órtsgespräch *n* (2); ~ по телефо́ну Ánruf *m* (1); ~ в суд Vórladung *f* (vor Gerícht); по ~у auf Ábruf; auf Ánforderung; **2.** (*призыв к состязанию*) Áufforderung *f* (10), Áufruf *m* (1), Heráusforderung *f*; Fórderung *f* (*на дуэль*); ~ на соцсоревнова́ние Áufforderung [Áufruf] zum sozialístischen Wéttbewerb; **3.** *воен.:* ~ огня́ Féueranforderung *f*; ◇ бро́сить ~ кому́-л. j-n (zum Kámpfe) heráusfordern; j-m den Féhdehandschuh hínwerfen*; j-m den Kampf ánsagen; приня́ть ~ die Heráusforderung ánnehmen*; den Féhdehandschuh áufheben*

вы́золотить vergólden *vt*

вызрева́ние *с* Réifen *n* -s, Áusreifen *n*

вызрева́ть, вы́зреть réifen *vi* (s), áusreifen *vi* (s), reif wérden

вызу́бривать, вы́зубрить *разг.* (éin-)óchsen *vt*; sich (*D*) etw. éinpauken

вызыва́ть 1. *см.* вы́звать; **2.** (*артистов после спектакля*) heráusrufen* *vt*; vor den Vórhang rúfen*; **3.** (*по списку кого-л.*) áufrufen* *vt*; **~ся 1.** *см.* вы́зваться; **2.** *страд.* heráusgerufen wérden; ~ся на допро́сы zu Verhören vórgeführt wérden

вызыва́ющий heráusfordernd; áufreizend (*возбуждающий*); frech (*наглый*); ~ посту́пок éine heráusfordernde Hándlung

вы́играть, выи́грывать 1. gewínnen* *vt*; ~ в лотере́е велосипе́д in der Lotteríe ein Rad gewínnen*; ~ па́ртию у кого́-л. gégen j-n gewínnen*; ~ де́ло *юр.* éinen Prozéß gewínnen*; ~ би́тву éine Schlacht gewínnen*, als Síeger aus der Schlacht hervórgehen*; **2.** (*иметь пользу, выгадать*) gewínnen* *vt*, *vi*; Gewínn [éinen Vórteil] háben; éinen Vórteil heráusschlagen*; ~ на чём-л. éinen Vórteil aus etw. (*D*) schlágen*; éinen Gewínn aus etw. (*D*) zíehen*; ~ вре́мя Zeit gewínnen*; от э́того он то́лько вы́играет dabéi wird er nur gewínnen

вы́игрыш *м* **1.** (*в займе, лотерее и т. п.*) Gewínn *m* (1); гла́вный ~ Háuptgewinn *m*, das gróße Los; де́нежный ~ Bárgewinn *m*; вещево́й ~ Sáchgewinn *m*; ~ по за́йму Ánleihegewinn *m*; **2.** (*в игре на деньги*) Gewínnanteil *m* (1); быть в ~е gewínnen* *vi*; der gewínnende Teil sein; *перен.* im Vórteil sein; der Gewínner sein; **3.** (*выгода*) Nútzen *m* -s, Gewínn *m* (1); ~ во вре́мени Zéitgewinn *m*; **~ный 1.** (*дающий выигрыш*) Gewínn-; ~ный заём Gewínnanleihe *f* (11); **2.** *разг.* (*выигранный*) gewónnen; ~ные де́ньги das gewónnene Geld; **3.** (*выгодный*) vórteilhaft; gewínnbringend, einträglich, lukratív; ~ная роль *театр.* vórteilhafte Rólle

вы́искать heráusfinden* *vt*; áusfindig máchen; **~ся** sich fínden*, sich mélden

вы́искивать súchen *vt*, heráussuchen *vt*; náchforschen *vi* (что-л. nach *D*); ~ оши́бки Féhler heráussuchen, nach Féhlern fórschen

вы́йти 1. (*покинуть*) hináustreten* *vi* (s) (*по направлению от говорящего*); heráustreten* *vi* (s) (*по направлению к говорящему*); verlássen* *vt*; áussteigen* *vi* (s) (*из вагона и т. п.*); ~ из-за стола́ vom Tísche áufstehen*; ~ из бо́я *воен.* das Gefécht ábbrechen*, sich aus dem Gefécht lösen; ~ из окруже́ния *воен.* aus der Éinkreisung [aus dem Késsel] áusbrechen*; **2.** (*появиться, показаться; прийти куда-л.*) erschéinen* *vi* (s); ~ на сце́ну die Széne betréten*; ~ на рабо́ту die Árbeit áufnehmen*; ~ на у́лицу auf die Stráße géhen*; ~ в мо́ре áuslaufen* *vi* (s); ~ в да́льнее пла́вание auf gróße Fahrt géhen*; ~ на цель *ав.* ein Ziel ánfliegen*; **3.** (*израсходоваться*) verbráucht wérden, áufgehen* *vi* (s), zu Énde géhen*; у меня́ вы́шли все де́ньги mein Geld ist zu Énde; mein Geld ist álle (*разг.*); **4.** (*удаться, получиться, сделаться*) gelíngen* *vi* (s), áusfallen* *vi* (s); э́то пло́хо вы́шло das ist schlecht gerâten; ваш докла́д вы́шел сли́шком растя́нутым Ihr Bericht ist zu lang geráten; из него́ вы́шел прекра́сный рабо́тник er gibt éinen gúten Árbeiter ab; aus ihm ist ein vortréfflicher Árbeiter gewórden; из э́того ничего́ не вы́йдет dáraus wird nichts; вы́шло совсе́м по-друго́му es kam ganz ánders; из э́той мате́рии вы́йдет хоро́шее пла́тье aus dem Stoff wird sich ein gútes Kleid máchen lássen; зада́ча вы́шла die Áufgabe ist áufgegangen; **5.** (*происходить, быть следствием*) fólgen *vi* (из чего-л. aus *D*); hérrühren *vi*; отсю́да и вы́шли все недоразуме́ния dáraus fólgten álle Míßverständnisse; **6.** (*быть родом, по происхождению*) stámmen *vi* (из чего́-л. aus *D*), ábstammen *vi* (из чего́-л. von *D*); hérkommen* *vi* (s); он вы́шел из народа er ist ein Mann des Vólkes; ◇ ~ зáмуж (за когó-л.) (j-n) héiraten, sich (mit j-m) verhéiraten; ~ в отстáвку den Ábschied néhmen*, in den Rúhestand tréten*; demissioníeren *vi* (*о министре и т. п.*); ~ в свет (*быть изданным*) erschéinen* *vi* (s); ~ в финáл sich für das Finále qualifizíeren; ~ из употреблéния [из обихóда] aus dem Gebráuch kómmen*; ~ из стрóя 1) *тех.* áusfallen* *vi* (s); 2) (*о человеке: стать неработоспособным*) árbeitsunfähig wérden; ~ из себя áußer sich geráten*; aus dem Häus¦chen geráten*, aus der Haut fáhren* (*разг.*); ~ из терпéния die Gedúld verlíeren*; ~ из кри́зиса aus der Kríse heráuskommen*, die Kríse überwínden*; ~ из положéния éinen Áusweg fínden*; sich aus der Pátsche zíehen* (*разг.*); ~ сухи́м из воды́ mit héiler Haut davónkommen*; ~ на орби́ту *косм.* in die Úmlaufbahn éintreten* (s); ~ на проéктную мóщность die projektíerte Léistung erréichen; ~ нарýжу ans Tágeslicht kómmen*; вы́шло, что... es erwíes sich, daß...; он рóстом не вы́шел er ist zu klein geráten; er ist von únansehnlichem Wuchs; ~ из берегóв über die Úfer tréten*; ~ в лю́ди *разг.* Karriére máchen; éine gúte Lébensstellung erréichen; zu Éhren gelángen; ~ (далекó) за предéлы die Grénzen überschréiten*; weit über den Ráhmen hináusgehen*; ~ из дéтского вóзраста aus den Kínderschuhen heráuswachsen*, den Kínderschuhen entwáchsen*; срок вы́шел der Termín ist ábgelaufen

вы́казать, выкáзывать zéigen *vt*; bewéisen* *vt*; mérken lássen *, an den Tag légen (*обнаружить*); ~ хрáбрость Mut bewéisen* [zéigen]

выкáлывать *см.* вы́колоть

выкáпывать *см.* вы́копать

вы́карабкаться 1. (mit Mühe) heráusklettern *vi* (s); sich heráusarbeiten; **2.** *перен. разг.* sich aus einer schwíerigen Láge zíehen*; sich aus der Klémme zíehen*; sich befréien; ~ из долгóв sich von Schúlden befréien; sich (*D*) die Schúlden vom Hálse schäffen; die Schúlden lóswerden*

выкáрмливать *см.* вы́кормить

вы́катать (*бельё*) róllen *vt*, mángeln *vt*

вы́катить heráusrollen *vt*; ◇ ~ глазá *разг.* dic Áugen áufreißen*; **~ся 1.** heráusrollen *vi* (s); **2.** *шутл.* (*выбежать*) heráusrennen* *vi* (s)

выкáтывать *см.* вы́катить; **~ся 1.** *см.* вы́катиться 1; **2.** *страд.* heráusgerollt wérden; ◇ выкáтывайся! *разг.* verschwínde; mach, daß du fórtkommst!

выкáть *разг.* síezen *vt*

вы́качать, выкáчивать *тж. перен.* áuspumpen *vt*

вы́качка *ж* Áuspumpen *n* -s

выкáшивать *см.* вы́косить

выкáшливать, вы́кашлять heráushusten *vt*; áuswerfen* *vt*

выки́дывать *см.* вы́кинуть; **~ся 1.** *см.* вы́кинуться; **2.** *страд.* heráusgeworfen wérden (*ср.* вы́кинуть)

вы́кидыш *м* **1.** Féhlgeburt *f* (10) (*самопроизвольный*); Ábtreibung *f* (10) (*искусственный*); **2.** (*плод*) Fétus, Fötus *m* -ses, -se

вы́кинуть 1. (*выбросить*) hináuswerfen* *vt* (*по направлению от говорящего*); heráuswerfen* *vt* (*по направлению к говорящему*); **2.** áusstreichen* *vt* (*вычеркнуть*); áusschließen* *vt* (*исключить*); ~ абзáц *полигр.* éinen Ábsatz stréichen*; **3.** *разг.* (*преждевременно родить*) éine Féhlgeburt háben; ◇ вы́кинь э́то из головы́! *разг.* schlag dir das aus dem Sinn!; ~ штýку [нóмер] *разг.* etw. ánstellen; ~ флаг die Flágge híssen

вы́кинуться *разг.* hináusspringen* *vi* (s); hináusstürzen *vi* (s), sich hináusstürzen

выкипáть, вы́кипеть verdámpfen *vi* (s)

вы́кипятить *разг.* áuskochen *vt*

вы́кладк||а *ж* **1.** *стр.* Áusmauerung *f*, Áuslegung *f*; ~а подзéмного газопровóда огнеупóрным кирпичóм die Áusmauerung der únterirdischen Gásleitung mit féuerfesten Zíegeln; **2.** *мет.* Áuskleidung *f* (10), Fútter *n* (6); **3.** *б. ч. мн.*: математи́ческие ~и mathemátische Beréchnungen; **4.** *воен.* Gepäck *n* (2); боевáя ~а Stúrmgepäck *n* -(e)s; похóдная ~а Márschgepäck *n*

выкладывать(ся) *см.* вы́ложить(ся)

вы́клевать, выклёвывать 1. (*вырывать клювом*) (mit dem Schnábel) áushakken *vt*, áuspicken *vt*; **2.** (*съесть всё, склевать*) álles áufpicken

вы́клеймить stémpeln *vt*, ábstempeln *vt*

выкликáть, вы́кликнуть áufrufen* *vt*, áusrufen* *vt*; ~ по спи́ску nach éiner Líste áufrufen*

выключ||áтель *м эл.* Schálter *m* (6), Schältgerät *n* (2); мáсляный ~áтель *тех.* Ölschalter *m*; авари́йный ~áтель Nótschalter *m*; дистанциóнный ~áтель Férn(bedienungs)schalter *m*; высоковóльтный ~áтель Hóchspannungsschalter *m*; низковóльтный ~áтель Níederspannungsschalter *m*; воздýшный ~áтель Lúftschalter *m*; электромагни́тный ~áтель elektromagnétischer Schálter *m*; вытяжнóй ~áтель Zúgschalter *m*; кнóпочный ~áтель Drúcktastenschalter *m*; повернýть ~áтель den Líchtschalter betätigen; **~áть** *см.* вы́ключить; **~áя** *в знач. предлога уст.* áusschließlich, exklusíve [-və]; **~éние** *с* **1.** Áusschließung *f* (10); **2.** *тех.* Áusschaltung *f* (10), Ábschaltung *f* (10), Ábstellen *n* -s; ~éние тóка Strómsperre *f* (11), Strómabschaltung *f*; автомати́ческое ~éние Sélbstabschaltung *f*; дистанциóнное ~éние Férnabschaltung *f*; ~éние сцеплéния *авто* Áuskuppeln *n* -s

вы́ключить 1. áusschließen* *vt*; ~ из спи́ска aus der Líste stréichen*; **2.** *тех.* áusschalten *vt*, ábschalten *vt*, ábstellen *vt*; stóppen *vt*; ~ ток den Strom áusschalten [spérren]; ~ свет das Licht áusschalten [áusdrehen]; ~ сцеплéние *авто* áuskuppeln; **3.** *полигр.* áusschließen* *vt*; ~ строкý éine Zéile áusschließen*

выкля́нчивать, вы́клянчить *разг.* erbétteln *vt*

вы́ковать, выкóвывать *тж. перен.* schmíeden *vt*; ~ квалифици́рованные кáдры qualifizíerte Káder heránbilden

выковы́ривать, вы́ковырнуть, вы́ковырять *разг.* heráusstochern *vt*, heráusklauben *vt*

выколáчивать *см.* вы́колотить

выколáшиваться, вы́колоситься in die Ähren schíeßen* (s)

вы́колотить 1. (*ударами*) áustreiben* *vt*; áusklopfen *vt*; ~ клин éinen Keil áustreiben*; ~ пéпел из трýбки die Pféife áusklopfen; **2.** *разг.* (*получить, применяя насилие, принуждение*) erzwíngen* *vt*, heráusschlagen* *vt*; **3.** (*отчистить от чего-л.*) áusklopfen *vt*; ~ пыль из чегó-л. den Staub aus etw. (*D*) klópfen; ~ мéбель die Möbel áusklopfen; ~ ковёр éinen Téppich klópfen

вы́кол||оть áusstechen * *vt*; ◇ (темнó) хоть глаз ~и ≅ es ist stóckfínster; es ist so fínster, daß man die Hand vor den Áugen nicht sieht

вы́конопатить, выконопáчивать ábdichten *vt*, zústopfen *vt*

вы́копать 1. (*яму и т. п.*) gráben* *vt*; **2.** (*откопать*) áusgraben* *vt*; **3.** *перен. разг.* hervórholen *vt*, hervórkramen *vt*

вы́копаться sich befréien, sich heráusarbeiten

вы́кормить áuffüttern *vt*; mästen *vt* (*скот, птиц*); stópfen *vt* (*птиц*)

выкорчевáть, выкорчёвывать 1. áusroden *vt*; **2.** *перен.* áusmerzen *vt*, áusrotten *vt*; ~ суевéрие den Áberglauben áusrotten

вы́косить ábmähen *vt*

выкрáдывать *см.* вы́красть

выкрáивать *см.* вы́кроить

вы́красить ánstreichen* *vt*, stréichen* *vt* (*стены, мебель*); färben *vt* (*волосы, материю*); ~ в крáсный цвет rot stréichen* [färben]

вы́красть heráusstehlen* *vt*, stéhlen* *vt* (из чегó-л. aus *D*)

выкрáшивание *с тех.* Ábbröckeln *n* -s, Áusbröckeln *n* -s

вы́крик *м* Schrei *m* (1), géllender Ruf; Áusruf *m* (1) (*возглас*)

выкри́кивать, вы́крикнуть 1. schréiend hervórstoßen*; áufschreien* *vi*; **2.** (*вызывать*) (námentlich) áusrufen* *vt*

вы́кристаллизоваться, выкристаллизóвываться 1. sich kristallisíeren; **2.** *перен.* sich heráusbilden, sich heráuskristallisieren

вы́кроить 1. zúschneiden* *vt*; **2.** *разг.* (*сэкономить*) ábzwacken *vt*, heráusschlagen* *vt*; éinsparen *vt*; ábknapsen *vt* (из чегó-л. *D*); ~ врéмя Zeit fínden*

вы́кройк||а *ж* Schnitt *m* (1), Zúschnitt *m*, Schníttmuster *n* (6), Schníttbogen *m* (7); снять ~у éinen Schnitt kopíeren [ábnehmen*]

вы́крошиться *разг.* zerbröckeln *vi* (s), zerkrümeln *vi* (s)

выкрутáс||ы *мн. разг.* Verzíerungen *pl* (*в стиле*); Schnörkel *pl* (*в почерке*); Verschnörkelungen *pl* (*в речи и манерах*); Körperverrenkungen *pl* (*в танцах*); человéк с ~ами ein Mensch mit Fáxen

вы́крутить (*вывинтить*) áusschrauben *vt*; heráusdrehen *vt*; **~ся 1.** (*вывинтиться*) sich lósschrauben; **2.** *перен. разг.* sich heráuswinden*, sich heráusbeißen*; ~ся из чегó-л. sich (*D*) aus der Pátsche hélfen*; sich (aus éiner schwíerigen Láge) heráuswinden*

выкрýчивать *см.* вы́крутить; **~ся 1.** *см.* вы́крутиться; **2.** *страд.* (her)áusgeschraubt wérden; sich (aus éiner schwíerigen Láge) heráuswinden*

вы́куп *м* **1.** (*действие*) Lóskauf *m* (1*) (*когó-л.*); Áuslösung *f* (*чегó-л., когó-л.*); Éinlösung *f* (*чегó-л. из-под залóга*); ~ облигáции die Rückzahlung einer Obligatión; **2.** (*плата*) Lösegeld *n* -(e)s; Ábstandsgeld *n*; трéбовать ~а Lösegeld verlángen [fórdern]

вы́купать báden *vt*

выкупáть *см.* вы́купить

вы́купаться báden *vi*

вы́куп||ить 1. (*что-л. из-под залога*) éinlösen *vt*; **2.** (*когó-л.*) lóskaufen *отд.* *vt*; (durch ein Lösegeld) befréien *vt* (*из плена*); **3.** *разг.* (*все товары*) áuskaufen *vt*; **~иться** sich lóskaufen *отд.*; **~нóй** Éinlöse-; ~ные платежи́ *ист.* Áblösegelder *pl*; ~нóе прáво Éinlöserecht *n* (2), Rückkaufsrecht *n*

выку́ривать, вы́курить 1. (*папиросу и т. п.*) (áus)ráuchen *vt*, zu Énde ráuchen; **2.** (*спирт и т. п.*) brénnen* *vt*; **3.** *разг.* (*выгнать*) áusräuchern *vt*

вы́кусить, выку́сывать heráusbeißen* *vt*

выла́вливать *см.* вы́ловить

вы́лазка *ж* **1.** *воен.* Áusfall *m* (1*); **2.** *перен.* héimtückischer [hínterhältiger] Ángriff; **3.:** лы́жная ~ Skitour [ˈʃiː,tuːr] *f* (10)

вы́лакать áuflecken *vt*, áufschlecken *vt*

выла́мывать *см.* вы́ломать

выла́щивать *см.* вы́лощить

вы́лежать (*неделю, месяц и т. п.*) im Bett líegen*, das Bett hüten; **~ся, вылёживаться 1.** (*отдохнуть*) sich (líegend) áusruhen; **2.** (*дозревать — о фруктах*) (líegend) áusreifen *vi* (s); лес вы́лежался das Holz ist áusgetrocknet

вылеза́ть, вы́лезти, вы́лезть 1. heráuskriechen* *vi* (s); (her)áusstéigen* *vi* (s); **2.** (*о волосах*) áusfallen* *vi* (s), áusgehen* *vi* (s)

вы́лепить modellíeren *vt*; bósseln *vi* (что-л. an *D*) (*разг.*); ~ сне́жную ба́бу éinen Schnéemann báuen

вы́лет *м* **1.** (*самолёта и т. п.*) Ábflug *m* (1*); Start *m* -s, *pl* -s; **2.** *стр., горн.* Áusladung *f*; Áuslegeweite *f* (11); Gréifweite *f*; ~ стрелы́ (кра́на) Áusleger *m* (6)

вылета́ть, вы́лет||еть 1. (her)áusfliegen* *vi* (s); áuffliegen* *vi* (s) (*о птице*); ábfliegen* *vi* (s) (*о самолёте*); heráusstürzen *vi* (s), hináusstürzen *vi* (s) (*выскочить*); автомоби́ль ~ел из-за угла́ das Áuto kam um die Écke gerást; бума́га ~ела из его́ рук das Papíer flog aus séiner Hand; **2.** *разг.* (*быть выгнанным*) hináusgeworfen wérden; ◇ э́то ~ело у меня́ из головы́ *разг.* das ist mir gänzlich entfállen; das hábe ich völlig vergéssen

выле́чивать, вы́лечить (áus)héilen *vt*, áuskurieren *vt*; auf die Béine bríngen* (*разг.*)

вы́лечиться gesúnd wérden, sich áuskurieren

вылива́ть *см.* вы́лить; **~ся 1.** *см.* вы́литься; **2.** *страд.* áusgegossen wérden; gegóssen wérden

вы́лизать, вылі́зывать áuslecken *vt*, áusschlecken *vt*

вы́линя||ть 1. (*о красках*) áusbleichen* *vi* (s), verschíeßen* *vi* (s); **2.** háaren *vi* (*о шерсти животных*); fédern *vi*, máusern *vi* (*о птицах*); за́йцы ~ли die Hásen háben geháart

вы́литый *прич.* **1.** áusgegossen, áusgeschüttet; **2.** *в знач. прил.* sehr ähnlich; spréchend ähnlich; он ~ оте́ц er ist das Ébenbild des Váters, er ist dem Váter wie aus dem Gesícht geschnítten

вы́ли||ть 1. (*воду и т. п.*) áusgießen *vt*; áusschütten *vt*; **2.** (*отлить из металла и т. п.*) gießen* *vt*; **~ться 1.** überfließen* *vi* (s); áusfließen* *vi* (s) **2.** *перен.:* ~ться во что-л. in etw. (*A*) áusmünden; zum Áusdruck kómmen*, éine Form [Gestált] ánnehmen*; Fólgen zéitigen; etw. zur Fólge háben; Frúchte zéitigen; неизве́стно, во что э́то вы́льется man weiß noch nicht, was dáraus wird; **3.** *перен.* hervórströmen *vi* (s), hervórbrechen* *vi* (s); э́ти стро́ки у него́ ~лись из души́ díese Zéilen hat er mit séinem Hérzblut geschríeben

вы́ловить 1. ábfangen* *vt*, fángen* *vt*, áuffangen* *vt*; físchen *vt* (*рыбу*); **2.** *разг.* (*извлечь*) heráusfischen *vt*; heráusziehen* *vt*; aus dem Wásser zíehen* (*из воды*); **3.** *разг.* (*переловить*) ábfischen *vt*; ~ всю ры́бу в пруду́ den Teich ábfischen

вы́лож||ить 1. heráuslegen *vt*, áusbreiten *vt*, áusstellen *vt*; ~ить това́р на прила́вок die Wáren auf den Ládentisch légen; die Wáren auf dem Ládentisch áusstellen; **2.** (*обложить и т. п.*) áuslegen *vt*; ~ить пли́ткой flíesen *vt*, kácheln *vt*; ~ить кирпичо́м áusmauern *vt*; ~ить дёрном mit Rásen belégen; **3.** *перен. разг.* óffen áussprechen*; áuspacken *vt*; geradeheráus ságen *vt*; он ~ил ему́ всё er schüttete ihm sein Herz aus, er öffnete ihm sein Herz

вы́ложиться *разг.* álle Kräfte ánspannen, álle séine Kräfte áufbieten*, álles áufbieten*; sich mit gánzer [vóller] Kraft éiner Sáche (*D*) wídmen

вы́ломать heráusbrechen* *vt*; áufbrechen* *vt* (*сломать*); ~ дверь die Tür áufbrechen* [éinschlagen*]

вы́лощенный geschníegelt und gebügelt; ~ молодо́й челове́к ein geschníegeltes Bürschchen

вы́лощить auf Hóchglanz bríngen* *vt*

вы́лудить verzínnen *vt*

вы́лупить: ~ глаза́ *разг.* glótzen *vi*; die Áugen áufreißen*

вы́лупиться, вылупля́ться (*о птенцах*) áusschlüpfen *vi* (s); aus dem Ei kríechen*

вылу́щивать, вы́лущить 1. (*бобы и т. п.*) áushülsen *vt*, enthülsen *vt*, áusschoten *vt*, áusschälen *vt*; **2.** *мед.* áuslösen *vt*

вы́мазать *разг.* (*выпачкать*) beschmíeren *vt*; beflécken *vt*, beschmútzen *vt*; besúdeln *vt* (*чем-л. жидким*); **~ся** *разг.* (*выпачкаться*) sich beschmíeren; sich beschmútzen; sich besúdeln (*чем-л. жидким*)

выма́зываться *см.* вы́мазаться

выма́ливать *см.* вы́молить

выма́нивать, вы́манить heráuslocken *vt*, heráuswinken *vt*; áblisten *vt*, áblocken *vt* (*хитростью*)

вы́марать *разг.* **1.** (*запачкать*) beschmíeren *vt*, beschmútzen *vt*; **2.** (*зачеркнуть*) áusstreichen* *vt*, stréichen* *vt*; **~ся** *разг.* sich beschmíeren

выма́рывать *см.* вы́марать; **~ся 1.** *см.* вы́мараться; **2.** *страд.* áusgestrichen wérden

выма́тывать *см.* вы́мотать

выма́чивать *см.* вы́мочить 2, 3

выме́нивать, вы́менять áustauschen *vt*, éintauschen *vt* (на что-л. gégen *A*), táuschen *vt*

вы́мереть áussterben* *vi* (s)

вымерза́ть, вы́мерзнуть áusfrieren* *vi* (s), gefríeren* *vi* (s), erfríeren* *vi* (s), éinfrieren* *vi* (s); áuswintern *vi* (s)

вы́мерить, вымеря́ть méssen* *vt*, áusmessen* *vt*, ábmessen* *vt*

вы́месить (*тесто*) knéten *vt*, dúrchkneten *vt*

вы́мести áusfegen *vt*, áuskehren *vt*

вы́местить: ~ зло́бу на ком-л. séine Wut [séinen Zorn] an j-m áuslassen*; sein Mütchen an j-m kühlen (*разг.*)

вы́метать: ~ пе́тли Knópflöcher áusnähen

вымета́ть *см.* вы́мести

вымет||а́ться 1. *груб.* sich pácken; sich drücken; ~а́йтесь отсю́да! macht, daß ihr fórtkommt!, packt euch!; **2.** *страд.* áusgekehrt wérden

выме́шивать *см.* вы́месить

вымеща́ть *см.* вы́местить

вымира́ние *с* Áussterben *n* -s; быть обречённым на ~ auf dem Áussterbeetat [-e,taː] stéhen*

вымира́ть *см.* вы́мереть

вымога́тель *м* Erprésser *m* (6); **~ница** *ж* Erprésserin *f* (12); **~ский** erprésserisch

вымога́тельство *с* Erpréssung *f* (10)

вымога́ть erpréssen *vt*; ábpressen *vt*; ~ де́ньги у кого́-л. aus j-m Geld heráuspressen; ~ призна́ние у кого́-л. j-m ein Geständnis ábnötigen, von j-m ein Geständnis erzwíngen*

вымока́ть, вы́мокнуть 1. naß wérden; durchnäßt wérden; вы́мокнуть до ни́тки kéinen tróckenen Fáden am Léibe háben, bis auf die Haut [bis auf die Knóchen] durchnäßt wérden; **2.** (*о льне и т. п.*) wéichen *vi* (s), rösten *vi* (s); rótten *vi* (s) **3.** (*погибнуть — о растениях*) wégen zu gróßer Nässe éingehen* *vi* (s)

вымола́чивать *см.* вы́молотить

вы́молвить áussprechen* *vt*; ságen *vt*; не ~ ни сло́ва kein Wort [Stérbenswörtlein] ságen [verlíeren*]

вы́молить (*выпросить*) erfléhen *vt*, erbítten* *vt*

вы́молот *м с.-х.* Dréschertrag *m* (1*), Dréschergebnis *n* -ses, Áusdrusch *m* -(e)s; **~ить** *с.-х.* áusdreschen* *vt*

вымора́живать *см.* вы́морозить

вы́морить (*истребить*) vertílgen *vt*, áusrotten *vt*

вы́морозить 1. (*выстудить*) ábkühlen *vt*; **2.** (*уничтожить морозом*) áusfrieren* *vt*, durch Frost vertílgen

вы́морочн||ый *юр.* érblos, hérrenlos; ~ое иму́щество Gut óhne Érbe

вы́мостить pflástern *vt*

вы́мотать *разг.* (*изнурить*) zermürben *vt*; ~ все си́лы j-n von Kräften bríngen*; ◇ ~ кому́-л. (всю) ду́шу j-n quälen; j-n völlig erschöpfen

вы́мочить 1. (*промочить*) durchnässen *vt*; **2.** (*лён и т. п.*) nässen *vt*, wéichen *vt*, éinweichen *vt*, rösten *vt*, rótten *vt*; **3.:** ~ селёдку éinen Héring éinwässern

вы́мпел *м* **1.** *мор.* Wímpel *m* (6); **2.** *воен. ав.* (*для сбрасывания донесений*) Ábwurftasche *f* (11); Ábwurfzeichen *n* (7)

вы́мученный erzwúngen; ábgezwungen; gezwúngen (*тж. перен.*); gequält, verquält (*о стиле и т. п.*)

выму́чивать, вы́мучить erzwíngen* *vt*, ábzwingen* *vt*, erpréssen *vt*

вы́муштровать *разг.* dressíeren *vt*, ábrichten *vt*, schléifen* *vt*, drillen *vt*

вымыва́ть *см.* вы́мыть; **~ся** *страд.* gewáschen wérden

вы́мысел *м* Erfíndung *f* (10) (*выдумка*); Díchtung *f* (10) (*поэт.*); Lügengeschichte *f* (11), Lüge *f* (11) (*ложь*); гру́бый ~ plúmpe Erfíndung

вы́мыть áuswaschen* *vt*, wáschen* *vt*; ábwaschen* *vt*, áufwaschen* *vt* (*посуду*); **~ся** sich wáschen*

вы́мышленный erfúnden, erdíchtet; áusgedacht, erdácht (*выдуманный*); erlógen (*лживый*)

вы́мя *с* Éuter *n* (6)

вына́шивать *см.* вы́носить

вынесе́ние *с:* ~ пригово́ра Úrteilsverkündung *f* (10)

вы́нести 1. hináustragen* *vt* (*наружу*); fórttragen* *vt* (*унести*); ~ на ры́нок auf den Markt trágen*; **2.** (*выдержать*) áushalten* *vt*, ertrágen* *vt*, vertrágen* *vt*; léiden* *vt*, erléiden* *vt* (*выстрадать*); erdúlden *vt* (*вытерпеть*); verdáuen *vt* (*разг.*); ◇ ~ на поля́ an den Rand schréiben*; ~ под строку́ éine Fúßnote máchen; ~ пригово́р ein Úrteil fällen [verkünden]; ~ резолю́цию éine Entschlíeßung [éine Resolutión] ánnehmen*; ~ за ско́бки *мат.* áusklammern *vt*, vor die Klámmer sétzen [bríngen*]; ~ порица́ние éinen Tádel áussprechen*; ~ на обсужде́ние zur Diskussión stéllen; ~ впечатле́ние éinen Éindruck erhálten* [bekómmen*, gewínnen*]; ~ на свои́х плеча́х ertrágen* vt; allein trágen müssen*

вы́нестись (*о лошади, автомобиле и т. п.*) hervórstürmen *vi* (s), heráusjagen *vi* (s), hervórjagen *vi* (s), heráusfliegen* *vi* (s)

вынима́ть *см.* вы́нуть; **~ся 1.** sich (her)áusziehen lássen*; **2.** *страд.* heráusgezogen wérden; entférnt wérden

вы́нос *м* (*покойника*) Léichenbegängnis *n* (3*)

вы́носить 1. (*ребёнка*) áustragen* *vt*; **2.** *перен.* (bis zur Réife) áustragen*; ~ прое́кт éinen Entwúrf dúrchdenken*

выноси́ть 1. *см.* вы́нести 1; **2.** (*терпеть*) léiden* *vt*, vertrágen* *vt*; не ~ кого́-л. j-n nicht léiden können*, j-n nicht áusstehen können*; не ~ шу́ма kéinen Lärm vertrágen*; ◇ ~ сор из избы́ *погов.* ≅ séine schmútzige Wäsche vor állen Léuten wáschen* [áusbreiten]; etw. aus der Schúle pláudern; **~ся 1.** *см.* вы́нестись; **2.** *страд.* hináusgetragen [fórtgetragen] wérden; ertrágen [erdúldet] wérden

вы́носка *ж* **1.** (*действие*) Hináustragen *n* -s; **2.** (*примечание*) Ánmerkung *f* (10); Fúßnote *f* (11) (*сноска*); Rándglosse *f* (11), Rándbemerkung *f* (10) (*на полях*)

выно́слив||ость *ж* Wíderstandskraft *f*, Wíderstandsfähigkeit *f*, Zähigkeit *f*; Áusdauer *f* (*выдержка*); скоростна́я ~ость *спорт.* Témpohärte *f*, speziélle Áusdauer; **~ый** wíderstandsfähig, zäh; áusdauernd

вы́ношенный 1. (*обдуманный*) áusgereift, durchdácht; reif (*зрелый*); **2.** (*ветхий*) ábgetragen

вы́нудить, вынужда́ть erzwíngen* *vt*, ábnötigen *vt*, zwíngen* *vt*, ábzwingen* *vt*; ~ согла́сие die Zústimmung erzwíngen*; ~ призна́ние у кого́-л. j-n zu éinem Geständnis zwíngen*; он вы́нужден er ist genötigt [gezwúngen]; er ist daráuf ángewiesen; я вы́нужден заме́тить ich kann nicht umhín zu bemérken

вы́нужден||ный erzwúngen; nótgedrungen; ~ная поса́дка Nótlandung *f* (10); ~ная ме́ра Nótmaßnahme *f* (11)

вы́нуть heráusnehmen* *vt* (*взять*); áusheben* *vt* (*землю*); heráusziehen* *vt*, entférnen *vt* (*извлечь*); ~ три миллио́на кубоме́тров земли́ drei Milliónen Kubíkmeter Érde áusheben*; ~ зано́зу éinen Splítter heráusziehen* [entférnen]; ~ ко́сточки из фру́ктов Obst [Früchte] entkérnen; ◇ вы́нь да поло́жь *разг.* ≅ gib sofórt her!; étwas (oft Únmögliches) sofórt [unverzüglich] verlángen

вы́нырнуть áuftauchen *vi* (s); an der Óberfläche erschéinen* (*тж. перен.*)

вы́нюхать, вынюхивать 1. verschnúpfen *vt*; ~ весь таба́к den gánzen Tábak verschnúpfen; **2.** *разг.* (*разузнать, выведать*) áusschnüffeln *vt*; áuskundschaften *vt*

вы́нянчить *разг.* gróßziehen* *отд. vt*; áufziehen* *vt*

вы́пад *м* **1.** *спорт.* Áusfall *m* (1*); Áuslage *f* (11); **2.** *перен.* (böswilliger) Ángriff *m* (1), Áusfall *m* (1*); **~ать** *см.* вы́пасть; **~éние** *с* **1.** (*волос, зубов и т. п.*) Áusfallen *n* -s; ~éние воло́с Háarausfall *m* -(e)s; **2.** *мед.* Vórfall *m* (1*); ~éние ма́тки Gebärmuttervorfall *m*; ~éние прямо́й кишки́ Mástdarmvorfall *m*; **3.:** ~éние сне́га Schnéefall *m* (1*); ~éние в оса́док Níederschlagen *n* -s

выпа́ивать *см.* вы́поить

выпа́ливать, вы́палить 1. féuern *vi* (в кого́-л. auf *A*); éinen Schuß ábgeben*, ábfeuern *vt*; **2.** *перен. разг.* heráusplatzen *vi* (s) (что-л. mit *D*)

выпа́лывать *см.* вы́полоть

выпа́рив||ание *с хим.* Ábdampfen *n* -s, Verdámpfung *f* (10); Evaporatión [-va-] *f* (10); **~ать** *см.* вы́парить; **~аться 1.** *см.* вы́париться; **2.** *страд.* evaporíert [vaporisíert] wérden

вы́парить 1. (*удалить влагу*) verdúnsten lássen*; *хим.* evaporíeren [-va-], vaporisíeren [va-] *vt*; **2.** (*очистить*) mit Dampf réinigen *vt*; **~ся 1.** (*очиститься*) mit Dampf geréinigt wérden; **2.** (*исчезнуть*) verdámpfen *vi* (s); **3.** *разг.* (*в бане*) sich mit Bírkenreisern schlágen* (*im Dampfbad*)

выпарно́й: ~ аппара́т Verdámpfer *m* (6)

выпа́рывать *см.* вы́пороть I

вы́пас *м с.-х.* (*пастбище*) Wéide *f* (11), Wéideplatz *m* (1*), Trift *f* (10); испо́льзовать зе́млю под ~ das Land ábweiden

вы́пасть 1. (*упасть*) (her)áusfallen* *vi* (s); heráusgleiten* *vi* (s); entgléiten* *vi* (s) (*из чего-л. D*) (*выскользнуть*); **2.** (*об осадках*) fállen* *vi* (s); *хим.* áusscheiden* *vi* (s); вы́пал дождь es hat gerégnet; вы́пал снег es hat geschnéit; **3.** (*достаться*) zúfallen* *vi* (s); zutéil wérden (*о счастье, чести*); ~ на до́лю кому́-л. j-m zutéil wérden; **4.** (*оказаться*) sein* *vi* (s); ночь вы́пала на ре́дкость ти́хая die Nacht war sélten rúhig; **5.** (*утратиться*) entfállen* *vi* (s); э́то соверше́нно вы́пало из его́ па́мяти das war ihm völlig entfállen; **6.** *разг.* (*выбыть*) áusscheiden* *vi* (s); ~ из игры́ aus dem Spiel áusscheiden*

выпа́чкать beschmíeren *vt*; beschmútzen *vt*; besúdeln *vt* (*чем-л. жидким*); **~ся** sich beschmíeren; sich beschmútzen; sich besúdeln (*чем-л. жидким*)

выпека́ть(ся) *см.* вы́печь(ся)

вы́переть *см.* выпира́ть 2, 3

вы́пестовать gróßziehen* *отд. vt*

вы́печка *ж* Bácken *n* -s

вы́печь (aus)bácken* *vt*; **~ся** bákken* *vi*, fértig gebácken sein; хорошо́ ~ся gut gebácken sein

выпива́ть *см.* вы́пить

вы́пивка *ж разг.* **1.** (*попойка*) Trínkgelage *n* (6), Sáufgelage *n*; Kneiperéi *f* (10), Zecheréi *f* (10); **2.** (*напитки*) Spirituósen *pl*; ein gúter Trópfen

вы́пивши *предик.* ángeheitert

выпи́ливать, вы́пилить áussägen *vt*; heráussägen *vt*; ~ ло́бзиком mit der Láubsäge áussägen

выпира́ть *разг.* **1.** (*выдаваться вперёд*) vórspringen* *vi* (s); (her)vórstehen* *vi* **2.** *разг.* (*выталкивать*) hináusstoßen* *vt*, hinaúsdrängen *vt* (*по направлению от говорящего*); heráusstoßen* *vt*, heráusdrängen *vt* (*по направлению к говорящему*); **3.** *разг.* (*выгонять*) heráusschmeißen* *vt*; zéigen, wo der Zímmermann das Loch gelássen hat

вы́писать 1. (*сделать выборку*) áusschreiben* *vt*, Áuszüge máchen; **2.** (*тщательно написать*) málen *vt*, sórgfältig áusschreiben*; **3.** (*заказать*) bestéllen *vt*, bezíehen* *vt*; kómmen lássen*; ~ газе́ту die Zéitung abonníeren [bestéllen]; **4.** (*вызвать письмом*) (bríeflich) hérbestellen *vt*; schríftlich [bríeflich] éinladen* *vt*; я вы́писал свою́ мать ich schrieb, méine Mútter sólle kómmen; **5.** (*исключить*) (aus der Líste) stréichen*; ~ из домо́вой кни́ги ábmelden *vt*; aus dem Háusbuch áustragen*; ~ кого́-л. из больни́цы j-n gesúnd schréiben*, j-m den Entlássungsschein gében*; **6.** (*документ*) áusschreiben* *vt*, áusstellen *vt*; ~ кого́-л. на рабо́ту (*после болезни*) j-n gesúnd schréiben*; **~ся** sich ábmelden (lássen*); ~ся из больни́цы aus dem Kránkenhaus entlássen wérden, séinen Entlássungsschein bekómmen*

вы́писка *ж* **1.** (*действие*) Áusschreiben *n* -s, Ábschreiben *n*; Entlássung *f* (10) (*из больницы*); **2.** (*товаров, книг и т. п.*) (schríftliche) Bestéllung *f* (10), Bezúg *m* -(e)s; ~ газе́т Bestéllung von Zéitungen; **3.** (*извлечение из книги и т. п.*) Áuszug *m* (1*), Exzérpt *n* (2); ~ из счёта Kóntoauszug *m*; **4.** (*из домовой книги и т. п.*) Ábmeldung *f* (10)

выпи́сыва||ть *см.* вы́писать; **~ться 1.** *см.* вы́писаться; **2.** *страд.* áusgeschrieben wérden; bestéllt wérden; ábgemeldet wérden (*ср.* вы́писать); э́ти кни́ги ~ются из Москвы́ díese Bücher wérden aus Móskau bezógen

вы́пись *ж уст.* Áuszug *m* (1*); метри́ческая ~ Gebúrtsschein *m* (1); Táufschein *m*; нотариа́льная ~ notariélle Áusfertigung (éines Dokuméntes)

вы́пить áustrinken* *vt*, trínken* *vt*; он вы́пил *разг.* (*охмелел*) er hat éinen Rausch, er ist ángeheitert; ~ ли́шнее *разг.* éinen über den Durst trínken*; ~ до дна ein Glas bis zur Néige léeren; die Nágelprobe máchen

выпи́хивать, вы́пихнуть *разг.* hináusstoßen* *vt*

выплав||ить (áus)schmélzen *vt*; **~ка** *ж* **1.** (*действие*) Schmélzen *n* -s, Verhüttung *f*; Erschmélzen *n* -s; ~ка чугуна́ Éisenverhüttung *f*, Róheisenerzeugung *f*; **2.** (*то, что выплавлено*) Schmélzertrag *m* (1*); ~ка ста́ли Stáhlproduktion *f*; **~ля́ть** *см.* вы́плавить

вы́плакать 1. áusweinen *vt*; ~ го́ре séinen Gram áusweinen; **2.** *разг.* (*выпросить*) mit Tränen erbétteln, erfléhen *vt*; ◇ ~ (все) глаза́ sich (*D*) die Áugen áusweinen

вы́плакаться sich áusweinen

вы́плат||а *ж* Záhlung *f* (10), Áuszahlung *f*; ~а в рассро́чку Rátenzahlung *f*, Téilzahlung *f*, Ábschlagszahlung *f*, Ábzahlung *f*; Ábstottern *n* -s (*разг.*); дополни́тельная ~а Náchzahlung *f*; единовре́менная ~а éinmalige Ábfindung; ~а за́работной пла́ты Lóhnzahlung *f*; ~а по частя́м Záhlung in Téilbeträgen; купи́ть на ~у *разг.* auf Ábzahlung [auf Ráten] káufen; auf Stóttern káufen; **~ить, выпла́чивать** záhlen *vt*, bezáhlen *vt*, áuszahlen *vt*; ~ить за́работную пла́ту den Lohn [die Gehälter] áuszahlen; постепе́нно выпла́чивать in Ráten záhlen; ábstottern *vt* (*разг.*); ~ить долг die Schuld tílgen

выплёвывать *см.* вы́плюнуть

выплёскивать *см.* вы́плеснуть; **~ся 1.** *см.* вы́плеснуться; **2.** *страд.* áusgegossen [vergóssen, verschüttet] wérden

вы́плеснуть áusgießen* *vt*, vergíeßen* *vt*, verschütten *vt*; **~ся** heráusschwappen *vi* (s)

вы́плести, выплета́ть 1. (*вынуть из косы*) aus dem Zopf fléchten* *vt*; áusflechten* *vt*; **2.** (*изготовить плетением*) fléchten* *vt*

выплыва́ть, вы́плыть 1. hináusschwimmen* *vi* (s); **2.** (*всплыть*) áuftauchen *vi* (s); an der Óberfläche áuftauchen *vi* (s); **3.** *перен.* (*неожиданно появляться*) áuftauchen *vi* (s), erschéinen* *vi* (s)

вы́плюнуть áusspeien* *vt*, áusspucken *vt*

выпля́сывать *разг.* tánzen *vt*

вы́поить áuffüttern *vt*, mit éinem Nährtrank áufziehen*

выпола́скивать *см.* вы́полоскать

выполза́ть, вы́ползти heráuskriechen* *vi* (s), hervórkriechen* *vi* (s)

выполн||е́ние *с* Áusführung *f* (10); Erfüllung *f*; Vollzúg *m* -(e)s, Vollziehung *f*; Erlédigung *f* (*реализация*); ~е́ние пла́на Plánerfüllung *f*; досро́чное ~е́ние пла́на Plánvorsprung *m* -(e)s; ~е́ние рабо́ты Árbeitsausführung *f*; Árbeitsdurchführung *f*; ~е́ние норм Nórmerfüllung *f*; ~е́ние прика́зания Beféhlsausführung *f*; ~е́ние зака́зов die Erlédigung der Áufträge, Áuftragserfüllung *f*; **~и́мость** *ж* Erfüllbarkeit *f*; **~и́мый** áusführbar, erfüllbar; ~и́мое зада́ние éine erfüllbare Áufgabe

выполн||и́ть, ~я́ть áusführen *vt*; erfüllen *vt*; erlédigen *vt*; vollzíehen* *vt* (*исполнить*); verwírklichen *vt*, bewérkstelligen *vt* (*осуществить*); ~ить распоряже́ние éiner Ánordnung Fólge léisten; ~ить свой долг séine Pflicht erfüllen; ~я́ть свои́ обя́занности séinen Pflíchten náchkommen*; ~ить прика́з éinen Beféhl áusführen; ~ить обеща́ние ein Verspréchen erfüllen [hálten*]; ~ить восьмёрку éine Acht fáhren* (*на мотоцикле*); éine Acht flíegen* (*ав.*); ~ить реше́ние [постановле́ние] den Beschlúß erfüllen [éinhalten*]; ~ить пятиле́тний план в четы́ре го́да den Fünfjahrplan in vier Jáhren verwírklichen [erfüllen]; **~я́ться** áusgeführt wérden; dúrchgeführt wérden; erfüllt wérden

вы́полоскать áusspülen *vt* (*бельё*); spülen *vt* (*рот*); ~ го́рло gúrgeln *vi*

вы́полоть áusjäten *vt*

вы́пороть I (*распороть*) ábtrennen *vt*

вы́пороть II *разг.* (*высечь*) dúrchprügeln *vt*; verdréschen* *vt*

вы́порхну||ть heráusflattern *vi* (s), áufflattern *vi* (s); из воро́т ~ла де́вочка aus dem Tor kam ein Mädchen heráusgesprungen

вы́пот *м мед.* Exsudát *n* (2)

вы́потрошить áusnehmen* *vt*; áusweiden *vt*

вы́прав||ить 1. (*выпрямить*) geráde¦biegen * *отд. vt*; **2.** (*исправить*) verbéssern *vt*, korrigíeren *vt*, beríchtigen *vt*; ~ить ру́копись ein Manuskrípt korrigíeren; **3.** (*освободить от недостатков, наладить*) beríchtigen *vt*; ríchtigstellen *отд. vt*; **4.** *разг.* (*получить документ*) sich (*D*) áusstellen lássen*; ~ить па́спорт sich (*D*) éinen Paß áusstellen lássen*; ~ить биле́т éine Fáhrkarte lösen; **~иться 1.** (*выпрямиться*) sich geráde¦biegen* *отд.*; **2.** *разг.* (*исправиться*) sich béssern; **~ка** *ж* **1.** *разг.* (*исправление*) Verbésserung *f*, Beríchtigung *f* (10); **2.** (*осанка*) Háltung *f* (10), Áuftreten *n* -s; вое́нная ~ка militärische Háltung; **~ля́ть** *см.* вы́править; **~ля́ться 1.** *см.* вы́правиться; **2.** *страд.* gerádegebogen wérden; verbéssert wérden (*ср.* вы́править)

выпра́шивать erbítten* *vt*, erfléhen *vt*

выпрова́живать, вы́проводить hináusbitten* *vt*; hináuskomplimentieren *vt* (*любезно*); hináuswerfen* *vt* (*грубо*)

вы́просить *см.* выпра́шивать

вы́простать *разг.* **1.** (*опорожнить*) léeren *vt*, befréien *vt*; ~ корзи́ну den Korb léeren; **2.** (*вытащить*) heráusziehen* *vt*

выпры́гивать, вы́прыгнуть hináusspringen* *vi* (s) (*по направлению от говорящего*); heráusspringen *vi* (s) (*по направлению к говорящему*)

выпряга́ть *см.* вы́прячь

выпряда́ть *см.* вы́прясть

выпрями́тель *м эл.* Gléichrichter *m* (6); силово́й ~ Nétzgleichrichter *m*

вы́прям||ить geráde¦machen *отд. vt*; geráde¦biegen* *отд. vt*; ◇ ~ить ток *эл.* den Strom gléichrichten; **~иться 1.** geráde¦werden* *отд. vi* (s); **2.** (*встать прямо*) sich áufrichten; ~иться во весь рост sich hoch áufrichten; **~ле́ние** *с* Geráderichten *n* -s; Áufrichten *n*; *эл.* Gléichrichtung *f*; **~ля́ть** *см.* вы́прямить; **~ля́ться 1.** *см.* вы́прямиться; **2.** *страд.* gerádegebogen wérden; áufgerichtet wérden; gléichgerichtet wérden

вы́прясть spínnen* *vt*

вы́прячь áusspannen *vt*

вы́пукло-во́гнутый konvex-konkáv [-'vɛks-]

вы́пукл||ость *ж* **1.** (*возвышение*) Wölbung *f* (10); Erhábenheit *f* (*рельефность*); **2.** *физ.* (*свойство*) Konvexität [-vɛksi-] *f*; **3.** *перен.* (*отчётливость*) Klárheit *f*, Schärfe *f*, Áugenfälligkeit *f*; в э́том посту́пке с осо́бой ~остью отрази́лись черты́ его́ хара́ктера in díeser Tat äußerte sich mit besónderer Schärfe [Áugenfälligkeit] sein Charákter [ka-]

вы́пукл||ый 1. gewölbt; báuchig (*о сосудах*); erháben (*рельефный*); **2.** *физ.* konvex [-'vɛks]; ~ая ли́нза Konvéxlinse *f* (11); **3.** *перен.* (*отчётливый*) klar, scharf, áugenfällig

вы́пуск *м* **1.** (*действие*) Áblassen *n* -s, Áuslassen *n*; Áusströmung *f*; Áblauf *m*; Ábstich *m* (1) (*металла из печи*); Emissión *f* (10), Áusgabe *f* (*денег, займа*); Áuflage *f* (11) (*займа*); Heráusgabe *f* (*из печати*); ~ шасси́ *ав.* Áusfahren *n* des Fáhrwerks; ночно́й ~ после́дних изве́стий (*по радио*) Spätnachrichten *pl*; специа́льный ~ (*книги и т. п.*) Sónderausgabe *f*; ~ проду́кции Produktiónsausstoß *m* -sses; ~ това́ров на ры́нок Belíeferung *f* des Márktes; **2.** (*продукция*) Produktión *f*, Áusstoß *m* -es, Erzéugung *f*; ра́зовый ~ Éinzelfertigung *f*, Éinzelproduktion *f*; **3.** (*группа учащихся, окончивших в один срок*) Jáhrgang *m* (1*); **4.** *уст.* (*сокращение, пропуск*) Kürzung *f* (10); пье́су дава́ли с больши́ми ~ами das Theáterstück wúrde mit gróßen Kürzungen gegében; **5.** (*часть тома*) Líeferung *f* (10), Heft *n* (2)

выпуск||а́ть *см.* вы́пустить; **~ни́к** *м* Absolvent [-'vɛnt] *m* (8); Schúlabgänger *m* (6), Abituriént *m* (8) (*школы*); **~но́й 1.** Ábgangs-; ~но́й экза́мен Abitúr *n* (2), Réifeprüfung *f* (10), Ábschlußprüfung *f*; ~но́й ве́чер (*в школе*) Schúlentlassungsfeier *f*; ~но́й класс Abitúrklasse *f* (11), Abituriéntenklasse *f*; **2.** *тех.* Áblaß-; Áblauf-; Áuspuff-; ~но́й кла́пан Áblaßventil [-ven-] *n* (2); ~на́я труба́ Áblaufrohr *n* (2), Ábflußrohr *n*; ~но́е отве́рстие (*доменной печи*) Ábstichloch *n* (5); ~но́й колле́ктор Áuspufftopf *m* (1*)

вы́пустить 1. hináuslassen* *vt* (*по направлению от говорящего*); heráuslassen* *vt* (*по направлению к говорящему*); ~ из рук fállen lássen*; aus den Händen lássen* (*тж. перен.*); ~ шасси́ *ав.* das Fáhrwerk [Fáhrgestell] áusfahren*; **2.** *эк.* (*заём и т. п.*) in Úmlauf sétzen, emittíeren *vt*; áusgeben* *vt*; ~ това́ры на ры́нок Wáren auf den Markt bríngen*; ~ в прода́жу in den Hándel bríngen*; ~ заём éine Ánleihe áuflegen; **3.** (*дать продукцию*) produzíeren *vt*; hérstellen *vt*; líefern *vt*; heráusbringen* *vt*; **4.** (*из учебного заведения*) das Ábgangszeugnis [Ábschlußzeugnis] gében* (кого́-л. *D*); ~ специали́стов Fáchleute áusbilden; **5.** (*освободить*) fréilassen* *отд. vt*, auf fréien Fuß sétzen; **6.** *тех.* áblassen* *vt*; entléeren *vt*; áustragen* *vt*; ábstechen* *vt*; ~ мета́лл из пе́чи éinen Hóchofen ábstechen*; ~ во́здух entlüften *vt*; **7.** *воен.*: ~ о́чередь (*пулемётную*) éinen Féuerstoß ábgeben*; ~ торпе́ду *мор.* éinen Torpédo áusstoßen* [ábschießen*]; **8.** (*пропустить часть*) áuslassen* *vt*, fórtlassen* *vt*; **9.** (*издать*) heráusgeben* *vt*; ~ газе́ту éine Zéitung heráusgeben*; ~ кинокарти́ну (*на экран*) éinen Film auf die Léinwand bríngen*; **10.** (*удлинить, расширить*) áuslassen* *vt*; ~ шов [рубе́ц] den Saum áuslassen*; ~ рука́в den Ärmel áuslassen*; ◇ ~ ко́гти die Krállen zéigen

вы́путать 1. entwírren *vt*; **2.** *перен.* heráushelfen* *vi* (кого́-л. *D*); **~ся 1.** sich befréien; **2.** *перен.* heráusgelangen; sich heráusbeißen* (*разг.*); ~ из затрудни́тельного положе́ния sich aus der Klémme zíehen*

выпу́тывать(ся) *см.* вы́путать(ся)

выпу́чивать, вы́пучить *разг.*: ~ глаза́ gróße Áugen máchen, Glótzaugen máchen; die Áugen groß áuftun* [áufreißen*]; glótzen *vi*

вы́пушка *ж* Vórstoß *m* (1*), Páspel *m* (6), *f* (11); Verbrämung *f* (10) (*меховая*)

вы́пытать, выпы́тывать áusforschen *vt*, áuskundschaften *vt*; (ein Geständnis) ábzwingen* [erzwíngen*]

выпь *ж зоол.* Róhrdommel *f* (11)

вы́пялить *разг.*: ~ глаза́ glótzen *vi*, Glótzaugen máchen; ánglotzen (на кого́-л. *A*)

вы́пятить 1. *разг.* heráusstrecken *vt*, hervórstrecken *vt*; ~ грудь die Brust wölben; sich in die Brust wérfen*; ~ гу́бы die Líppen áufwerfen* [vórstrecken]; **2.** *перен.* hervórheben* *vt*, besónders betónen *vt*; **~ся 1.** *разг.* hervórspringen* *vi* (s), hervórragen *vi* **2.** *перен.* in die Áugen spríngen* [stéchen*]

выпя́чивать(ся) *см.* вы́пятить(ся)

выраба́тывать, вы́работать 1. (*производить*) produzíeren *vt*, erzéugen *vt*, hérstellen *vt*; **2.** (*составлять*) áusarbeiten *vt*, erárbeiten *vt*; zusámmenstellen *vt*; ~ резолю́цию éine Resolution áusarbeiten; **3.** (*заработать*) erárbeiten *vt*; verdíenen *vt*; **4.** *горн.* ábbauen *vt*; **5.** *перен.* (*развить*) heráusbilden *vt*; ~ привы́чку éine Gewóhnheit heráusbilden; ~ в себе́ си́лу во́ли séine Wíllenskraft stärken; ~ на́выки у́стной ре́чи die Spréchfertigkeit entwíckeln [áusbilden]

вы́работк||а *ж* **1.** (*действие*) Hérstellung *f* (*производство*); Áusarbeitung *f* (10) (*составление*); ~а электроэне́ргии Strómerzeugung *f*; ~а законопрое́кта Áusarbeitung éiner Gesétzesvorlage; **2.** (*выработанное*) Produktiónsmenge *f* (11), Produktión *f* (10); Áusstoß *m* -es; дневна́я ~а Tágesleistung *f* (10); сре́дняя дневна́я ~а Tágesdurchschnittsleistung *f*, Dúrchschnittsleistung *f*; реко́рдная ~а Spítzenleistung *f*; но́рма ~и Árbeitsnorm *f* (10); сме́нная ~а Schíchtleistung *f*; ~а превы́сила но́рму die Produktión überstíeg die Norm; вы́сшая но́рма ~и der höchste Áusstoß; **3.** (*качество*) Qualität *f* (10); мате́рия хоро́шей ~и ein Stoff gúter Qualität, Qualitätsware *f* (11); **4.** *горн.* Bau *m* -(e)s, Ábbau *m*; подзе́мная ~а Grúbenbau *m*; откры́тая го́рная ~а Tágebau *m*

вырáвнив||ание *с* **1.** Ángleichung *f*; Áusgleich *m* (1); ~ание цен die Ángleichung der Préise; Préisausgleich *m*; ~ание балáнса *бухг.* Bilánzausgleich *m*; ~ание давлéния *тех.* Drúckausgleich *m*; **2.** *воен.* Áusgleichen *n* -s, Áusgleich *m* (1), Ríchten *n* -s; ~ание самолёта *ав.* Ábfangen *n* des Flúgzeuges; **3.** *стр.* Planíeren *n* -s; Éinebnen *n* -s; **~ать** *см.* вы́ровнять; **~аться 1.** *см.* вы́ровняться; **2.** *страд.* éingeebnet [áusgeglichen] wérden

выраж||áть *см.* вы́разить; **~áться 1.** *см.* вы́разиться; **2.** *страд.* áusgedrückt wérden; ◇ мя́гко ~áясь gelínde geságt; **~éние** *с* **1.** Äußerung *f* (10), Áusdruck *m* (1*); найти́ своё ~éние Níederschlag fínden*; не находи́ть слов для ~éния чегó-л. für etw. (*A*) kéine Wórte fínden*; **2.** (*оборот речи*) Áusdruck *m* (1*), Rédensart *f* (10); Áusspruch *m* (1*); идиомати́ческое ~éние idiomátische Rédensart [Rédewendung]; кни́жное ~éние búchsprachlicher Áusdruck, Búchwort *n* (5); штампóванное ~éние ábgedroschene Rédensart, sprächliches Klischée; брáнное ~éние Schímpfwort *n* (5); **3.** *мат.*: алгебраи́ческое ~éние algebráische Fórmel; цифровóе ~éние záhlenmäßiger Áusdruck; **4.** (*лицá*) Áusdruck *m* (1*), Gesíchtsausdruck *m*; Míenenspiel *n* -s (*мимика*); ◇ читáть с ~éнием [без ~éния] áusdrucksvoll [áusdruckslos] lésen*

вы́раженный 1. áusgedrückt; **2.** (*определённый*) áusgeprägt; я́рко ~ клáссовый харáктер ein scharf áusgeprägter Klássencharakter [-ka-]

вырази́тель *м* Vertréter *m* (6), Wórtführer *m* (6); Interéssenvertreter *m*; **~ница** *ж* Vertréterin *f* (12), Wórtführerin *f* (12)

вырази́тельность *ж* Áusdruckskraft *f*; Áusdrucksstärke *f*

вырази́тель||ный áusdrucksvoll, áusdrucksstark; víelsagend, bedéutungsvoll (*многозначительный*); áusdrucksgeladen (*о движениях*); ~ное чтéние áusdrucksvolles Lésen

вы́рази||ть 1. (*высказать*) áusdrücken *vt*; äußern *vt*, áussprechen* *vt*; ~ть своё мнéние séine Méinung äußern, séine Méinung zum Áusdruck bríngen*; **2.** (*проявить, обнаружить*) áusdrücken *vt*, Áusdruck gében* (чтó-л. *D*), zum Áusdruck bríngen* *vt*, zéigen *vt*, äußern *vt*; егó лицó ~ло удивлéние auf séinem Gesícht stand Verwúnderung geschríeben: ~ть свою благодáрность séiner Dánkbarkeit Áusdruck gében*; **3.** (*в цифрах*) (in Zíffern) dárstellen *vt*; **~ться 1.** (*высказаться*) sich áusdrücken; sich äußern; **2.** (*проявиться*) sich zéigen, sich äußern, zum Áusdruck kómmen*; в чём ~лось вáше учáстие в рабóте? worín äußerte sich Íhre Téilnahme an der Árbeit?; **3.** (*найти себе выражение в цифрах*) betrágen* *vt*; расхóды ~лись в сýмме... die Áusgaben betrúgen...; **4.** *разг.* (*выругаться*) schímpfen *vi*, Schímpfworte [dérbe Áusdrücke, geméine Áusdrücke] gebráuchen

выраст||áть, вы́расти 1. wáchsen* *vi* (s), áufwachsen* *vi* (s), groß wérden*; heránwachsen *vi* (s); стреми́тельно вы́расти áufschießen* *vi* (s); ~áют нóвые здáния Néubauten wáchsen aus dem Bóden; **2.** (*усилиться, увеличиться*) ánwachsen* *vi* (s); гигáнтски вы́росла промы́шленность страны́ die Industríe des Lándes ist gigántisch gewáchsen; **3.** *разг.*: ~áть из чегó-л. etw. áuswachsen*, aus etw. (*D*) heráuswachsen*; онá ~áет из плáтья sie wächst das Kleid aus, sie wächst aus dem Kléid heráus; **4.** (*показаться, возникнуть перед кем-л.*) sich zéigen, in Erschéinung tréten*; entstéhen* *vi* (s); ◇ вы́расти в чьих-л. глазáх in j-s Áugen stéigen*

вы́растить zíehen* *vt*, züchten *vt* (*растения*); áufziehen* *vt*, gróßziehen* *отд. vt* (*детей, животных*); ~ высóкий урожáй éine réiche Érnte erzíelen; ~ кáдры Káder heránbilden [entwíckeln]

вырáщивание *с* Zucht *f* (*растений*); Áufzucht *f* (*животных*); ~ цветóв Blúmenzucht *f*; ~ крýпного рогáтого скотá Ríndezucht *f*

вырáщивать *см.* вы́растить

вы́рвать I **1.** áusreißen* *vt*, heráusreißen* *vt*; entréißen* *vt* (у когó-л. *D*); zíehen* *vt* (*зуб*); entwúrzeln *vt* (*дерево*); ~ с кóрнем *перен.* mit der Wúrzel heráusreißen*, áusrotten *vt*, vertílgen *vt*; **2.** *перен.* (*добиться чего-л.*) erzwíngen* *vt*, ábzwingen* *vt*; ~ признáние у когó-л. j-m ein Geständnis ábzwingen*

вы́рва||ть II *безл.* erbréchen* *vi*, sich erbréchen*; sich übergében*; *мед.* vomíeren [vo-] *vt, vi*; егó ~ло er hat sich erbróchen

вы́рва||ться 1. sich lósreißen* *отд.*; sich befréien (*высвободиться*); entschlüpfen *vi* (s) (*выскользнуть, убежать*); ~ться вперёд vórbrechen* *vi* (s); éinen Vórsprung gewínnen* (*тж. перен.*); **2.** *перен.* (*о сдерживаемых чувствах, словах и т. п.*) entschlüpfen *vi* (s), entfáhren* *vi* (s); у меня́ ~лось слóво mir ist ein Wort entschlüpft [entfáhren]; стон ~лся из егó груди́ ein Séufzer entráng sich séiner Brust, Stöhnen entráng sich ihm

вы́рез *м* Áusschnitt *m* (1); *тех.* Áussparung *f* (10); плáтье с ~ом ein Kleid mit Áusschnitt, ein áusgeschnittenes Kleid; глубóкий ~ ein tíefer [gróßer] Áusschnitt; óстрый ~ ein spítzer Áusschnitt; **~áние** *с см.* вырéзывание; **~ать, вырезáть 1.** (*удалить*) áusschneiden* *vt*; *мед. тж.* operíeren *vt*; **2.** schnítzen *vt* (*из дерева*); méißeln *vt* (*из камня*); gravíeren [-'vi:-] *vt*, stéchen* *vt* (*гравировать*); **3.** (*убить*) níedermetzeln *vt*, níedermachen *vt*

вы́резка *ж* **1.** (*удаление*) Áusschneiden *n* -s; **2.** (*из дерева*) Schnítzen *n* -s; **3.** (*газетная*) Áusschnitt *m* (1), Zéitungsausschnitt *m*; **4.** (*сорт мяса*) Léndenstück *n* (2)

вырезнóй áusgeschnitten

вырéзыв||ание *с* **1.** (*удаление*) Áusschneiden *n* -s; *мед.* Operíeren *n* -s; **2.** Schnítzen *n* -s (*по дереву*); Méißeln *n* -s (*на камне*); Gravíeren [-'vi:-] *n* -s, Stéchen *n* -s (*по металлу*); **~ать** *см.* вы́резать 1, 2

вырисóвыва||ть sórgfältig [in állen Éinzelheiten] (áuf)zéichnen; **~ться 1.** (*выделяться*) ábstechen* *vi*; sich ábheben*; sich ándeuten (*о перспективах и т. п.*); на горизóнте ~лась гóрная цепь ein Gebírgszug zéichnete sich gégen den [vom] Horizónt ab; **2.** *страд.* sórgfältig [genáu] áufgezeichnet wérden

вы́ровнять 1. (*сделать ровным*) ébnen *vt*; *тех.* nivellíeren [-vɛ-] *vt*, ríchten *vt*; *стр.* éinebnen *vt*; planíeren *vt*; ~ дорóгу den Weg ébnen; **2.** (*по прямой линии*) nach der Schnur zíehen*; *воен.* in Líni|e stéllen, áusrichten *vt*, ríchten *vt*; ~ самолёт *ав.* das Flúgzeug ábfangen*

вы́ровняться 1. *воен.* (*в одну линию*) sich ríchten; **2.** (*избавиться от недостатков*) sich béssern

вы́род||иться entárten *vi* (s), degeneríeren *vi* (s); áusarten *vi* (s), mißárten *vi* (s) (*о семенах*); **~ок** *м разг.* Mißgeburt *f* (10); entárteter [degeneríerter] Mensch

вырожд||áться *см.* вы́родиться; **~áющийся** entártend, degeneríerend; **~éние** *с* Entártung *f* (10), Áusartung *f*, Degeneratión *f* (10); Verfáll *m* -s, Dekadénz *f* (*упадок*)

вы́ронить fállen lássen*

вырубáть, вы́рубить 1. áushauen* (*impf* háute aus) *vt*; ábholzen *vt*, áusholzen *vt*, ábschlagen* *vt* (*лес, деревья и т. п.*); **2.** (*часть чего-л.*) áushakken *vt*, heráushacken *vt*; ~ сук из бревнá éinen Knórren aus dem Bálken (heráus)hácken; **3.** (*дыру, окно и т. п.*) éinhacken *vt*

вы́рубка *ж* **1.** (*действие*) Ábholzen *n* -s; Áushieb *m* (1) (*молодняка*); ~ лéса Hólzeinschlag *m* (1*); **2.** (*вырубленное место*) Áushau *m* (1), Hólzschlag *m* (1*); entwáldetes Gebíet; **3.** *мет.* Áusstanzen *n* -s, Áuskreuzen *n* -s; **4.** *разг.* (*зарубка*) Kérbe *f* (11), Éinschnitt *m* (1)

вырубн||óй: ~óй пуансóн *мет.* Stánzstempel *m* (6); ~áя маши́на *мет.* Áuskreuzmaschine *f* (11)

вы́ругать *разг.* áusschelten* *vt*; áusschimpfen *vt*; **~ся** *разг.* schímpfen *vi*

вырýливать, вы́рулить *ав.* áusrollen *vi* (s) (*после посадки*); ~ на старт stárten *vi* (s)

выручáть, вы́ручить 1. (*приходить на помощь*) hélfen* *vi* (когó-л. *D*); áushelfen* *vi* (*D*); ~ когó-л. из беды́ j-n aus der Not rétten; j-m béispringen*, j-m aus der Pátsche hélfen* (*разг.*); **2.** (*получать деньги*) verdíenen *vt*, Gewínn háben; ~ при́быль Profít heráusholen [heráusschlagen*]; ~ затрáченное das Veráusgabte wíeder éinbringen*; дéньги, вы́рученные за дом das Geld, das der Verkáuf des Háuses éingebracht hat

вы́ручк||а *ж* **1.** (*помощь*) Hílfe *f*, Réttung *f* (*спасение*); *воен.* Entsátz *m* -es; приходи́ть на ~у zu Hílfe kómmen*; **2.** (*от торговли*) Erlös *m* (1), Ertrág *m* (1*); дневнáя ~а Tágeserlös *m*; чи́стая ~а Réinerlös *m*, Réinertrag *m*

вырывáние I *с* Áusreißen *n* -s, Entwúrzeln *n* -s (*растений*); Zíehen *n* -s (*зубов*)

вырывáние II *с* (*выкапывание*) Áusgraben *n* -s, Áusgrabung *f* (10); Exhumíerung *f* (10) (*трупов*)

вырывáть I *см.* вы́рвать I

вырывáть II *см.* вы́рыть

вырывáться I **1.** sich lószureißen súchen, sich zu befréien súchen; *см. тж.* вы́рваться; **2.** *страд.* heráusgerissen wérden

вырывáться II *страд.* (*выкапываться*) gegráben [áusgegraben, exhumíert] wérden

вы́рыть 1. (*яму и т. п.*) gráben* *vt*; **2.** (*извлечь из земли*) áusgraben* *vt*; exhumíeren *vt* (*труп*)

вы́рядить *разг.* áusputzen *vt*, (heráus)staffíeren *vt*; **~ся** *разг.* sich heráusputzen, sich heráusstaffieren

высад||ить 1. (*из вагона, автомобиля и т. п.*) ábsetzen *vt*; ánlanden *vt*, an(s) Land sétzen (*с судна на берег*); ~ить пассажи́ра (*из машины*) éinen Fáhrgast ábsetzen [áussteigen lássen*]; ~ить безбилéтного пассажи́ра éinen blínden Passagíer [-'ʒi:r] heráussetzen; ~ить десáнт Lándungstruppen ánlanden; **2.** (*pa-*

стения) áuspflanzen *vt*, verpflánzen *vt*; **3.** *разг.* *(выбить)* éinschlagen* *vt* *(окно)*; erbréchen* *vt*, éinstoßen* *vt* *(дверь)*; **~иться** áussteigen* *vi* (s) *(из вагона)*; an Land géhen* *vi* (s), lánden *vi* (s) *(с судна)*; **~ка** *ж* **1.** Áussteigen *n* -s *(из вагона)*; Lándung *f* (10) *(с судна)*; ~ка воздýшного десáнта Ábsetzen [Lánden] *n* von Lúftlandetruppen; **2.** *(растений)* Áuspflanzen *n* -s, Verpflánzung *f* (10); **3.** *мет.* Stáuchen *n* -s; ~ка голóвок Ánstauchen *n* -s; **~ок** *м с.-х.* Sétzling *m* (1)

высáживать *см.* вы́садить; **~ся 1.** *см.* вы́садиться; **2.** *страд.* áusgeschifft wérden *(ср.* вы́садить)

высáсывать *см.* вы́сосать

высвéрливать, вы́сверлить áusbohren *vt*

вы́светить, высвéчивать áusleuchten *vt*

вы́свистать, вы́свистеть, высви́стывать *разг.* **1.** *(мелодию)* pféifen* *vt*; **2.** *(вызвать свистом)* heráuspfeifen* *vt*

вы́свободить lósmachen *omd. vt*; fréimachen *omd. vt*, befréien *vt* *(освободить)*; fréisetzen *omd. vt* *(рабочую силу, средства)*; **~ся** sich fréimachen *omd.*; sich befréien *(освободиться)*; sich lósreißen* *omd.* *(вырваться)*

высвобождáть *см.* вы́свободить; **~ся 1.** *см.* вы́свободиться; **2.** *страд.* befréit wérden *(ср.* вы́свободить)

вы́сев *м с.-х.* Áussaat *f* (10); **~áть** *см.* вы́сеять; **~ки** *мн.* Síebrückstand *m* (1*)

высекáть *см.* вы́сечь I

выселéние *с* Áussied(e)lung *f* (10); Exmittíerung *f* (10) *(принудительное — из квартиры)*; Áusweisung *f* (10) *(из населённого пункта)*

вы́селить umsíedeln *vt* *(переселить)*; exmittíeren *vt* *(принудительно — из квартиры)*; áusweisen* *vt* *(из населённого пункта)*; **~ся** áusziehen* *vi* (s), übersíedeln *vi* (s)

вы́сел||ки *мн.*, **~ок** *м* Wéiler *m* (6); **~я́ть** *см.* вы́селить; **~я́ться 1.** *см.* вы́селиться; **2.** *страд.* áusgewiesen [exmittíert] wérden *(ср.* вы́селить)

вы́серебрить versílbern *vt*

вы́сечка *ж* **1.** Schnitt *m* (1); Stich *m* (1); **2.** *мет.* Áushauen *n* -s

высечн||óй *мет.*: ~ы́е нóжницы Áushauschere *f* (11)

вы́сечь I *(вырезать)* méißeln *vt*, áusmeißeln *vt*; ~ нáдпись на кáмне éine Ínschrift in Stein méißeln; ◇ ~ огóнь Féuer (aus éinem Stein) schlágen*

вы́сечь II *(побить)* verháuen* *(impf* verháute) *vt*, verprügeln *vt*

вы́сеять *с.-х.* säen *vt*, áussäen *vt*

вы́сидеть 1. *разг.* *(оставаться где-л. некоторое время)* sítzen* *vi*, verwéilen *vi*; **2.** *(птенцов)* áusbrüten *vt*

выси́живание *с* *(птенцов)* Áusbrüten *n* -s

выси́живать *см.* вы́сидеть

вы́ситься empórragen *vi*, áufragen *vi*

выскáблив||ание *с мед.* Áuskratzung *f* (10), Áusschabung *f* (10); **~ать** *см.* вы́скоблить

вы́сказать áussprechen* *vt*; áusdrükken *vt*, äußern *vt* *(выразить)*; ~ мнéние séine Méinung äußern; ~ предположéние éine Vermútung áussprechen* [äußern]; ~ что-л. в лицó комý-л. etw. j-m ins Gesícht ságen; **~ся** sich äußern (о ком-л., о чём-л. über *A*; *по какому-л. вопросу* zu *D*); áuftreten* *vi* (s) *(на собрании)*; ~ся за [прóтив] когó-л. für [gégen] j-n áuftreten*; sich für [gégen] j-n áussprechen*; sich für [gégen] j-n erklären; ~ся в том смы́сле, что... sich dahín äußern, daß...

выскáзывание *с* **1.** *(действие)* Áusdrücken *n* -s, Äußern *n* -s; **2.** *(суждение)* Äußerung *f* (10); Áussage *f* (11); Míttеilung *f* (10); Erklärung *f* (10) *(заявление)*; Áusspruch *m* (1*) *(изречение)*

выскáзывать *см.* вы́сказать; **~ся 1.** *см.* вы́сказаться; **2.** *страд.* áusgedrückt wérden; áusgesprochen wérden

выскáкивать *см.* вы́скочить

выскáльзывать *см.* вы́скользнуть

вы́скоблить 1. ábkratzen *vt*; (áb-) schäben *vt*, áusschaben *vt* *(скребком)*; **2.** *мед.* áuskratzen *vt*, áusschaben *vt*

выскользáть, вы́скользнуть 1. *(выпасть)* entgléiten* *vi* (s); entschlüpfen *vi* (s) (у когó-л. *D*); **2.** *(незаметно уйти)* hináusschlüpfen *vi* (s) *(по направлению от говорящего)*; heráusschlüpfen *vi* (s) *(по направлению к говорящему)*

вы́скочить 1. *(откуда-л.)* hináusspringen* *vi* (s) *(по направлению от говорящего)*; heráusspringen* *vi* (s) *(по направлению к говорящему)*; hervórspringen* *vi* (s), hervórschießen* *vi* (s) *(неожиданно появиться)*; ~ из окнá aus dem Fénster spríngen*; ~ с замечáнием *разг.* plötzlich mit éiner Bemérkung kómmen*; **2.** *(выпасть)* áusfallen* *vi* (s), heráusfallen* *vi* (s); ◇ у меня́ вы́скочило из головы́ *разг.* es ist mir entfállen

вы́скочка *м, ж разг.* **1.** *(человек, вмешивающийся во всё раньше других)* Gérnegroß *m* =, -e; **2.** *(человек, случайно занявший какую-л. должность, общественное положение)* Empórkömmling *m* (1); Parvenü [-ve-] *m* -s, -s

выскребáть, вы́скрести ábkratzen *vt*; ábschaben *vt*, áusschaben *vt* *(скребком)*

вы́сл||анный *прич.* **1.** ábgeschickt, ábgesandt; **2.** *в знач. сущ. м* Áusgewiesene *m* (14), Verbánnte *m* (14); **~ать 1.** *(послать, отправить)* ábschicken *vt*; ábsenden(*) *vt* *(книжн.)*; entsénden(*) *vt* *(книжн.)*; áussenden(*) *vt* *(книжн.)*; vóraussenden(*) *vt*, vórtreiben* *vt*, vórschicken *vt* *(вперёд)*; **2.** *(административно удалить)* áusweisen* *vt*; verschícken *vt*, verbánnen *vt*; ~ать из страны́ des Lándes verwéisen*

вы́следить áufspüren *vt*, áusspüren *vt*; auf die Spur kómmen* (когó-л. *D*; *тж. охот.*)

выслéживать 1. áufspüren *vt*, áusspüren *vt*; j-m auf der Spur sein; die Spur verfólgen *(тж. охот.)* **2.** *(исподтишка следить)* náchspüren *vi* (когó-л. *D*); náchspionieren *vi* (*D*)

вы́слуг||а *ж*: за ~у лет für lángjährige Díenste; надбáвка за ~у лет Tréueprämie *f* (11)

выслýживать(ся) *см.* вы́служить(ся)

вы́служить áusdienen *vt*; ~ двáдцать лет zwánzig Jáhre ábdienen; ~ пéнсию pensiónsberechtigt [paŋ-] sein; **~ся** *(перед кем-л.)* sich (bei j-m) lieb Kind máchen

вы́слушать 1. ánhören *vt* *(кого-л., что-л.)*; entgégennehmen* *vt* *(речь, сообщение)*; благосклóнно ~ когó-л. j-m Gehör schénken; **2.** *мед.* ábhorchen *vt*, auskultíeren *vt*

выслýшив||ание *с мед.* Ábhorchen *n* -s, Auskultíeren *n* -s; **~ать** *см.* вы́слушать

высмáтривать 1. *см.* вы́смотреть; **2.** *(выискивать)* Áusschau hálten* (когó-л. nach *D*)

высмéивать, вы́смеять áuslachen *vt*; lächerlich máchen, ins Lächerliche zíehen*; verspótten *vt*, dem Spott préisgeben* *omd.*

вы́смолить téeren *vt*, verpíchen *vt*; ~ лóдку ein Boot téeren [verpíchen]

вы́сморкать: ~ нос *см.* вы́сморкаться

вы́сморкаться sich schnáuben; sich (áus)schnéuzen, sich (*D*) die Náse pútzen

вы́смотреть 1. *(разглядеть)* erspähen *vt*; erblícken *vt*; **2.** *разг.* *(найти, выбрать)* fínden* *vt*; áuswählen *vt*; ◇ ~ все глазá *разг.* sich (*D*) die Áugen áussehen* [áusgucken], sich (*D*) die Áugen aus dem Kopf séhen*

высóвывать *см.* вы́сунуть; **~ся 1.** *см.* вы́сунуться; **2.** *страд.* hináusgestreckt wérden; hervórgestreckt wérden

высóк||ий hoch; groß, gróßgewachsen, hóchgewachsen *(о росте)*; *перен.* erhában; ~ая мéстность éine hóchgelegene Gégend; ~ая нóта *муз.* éine hóhe Nóte; ~ое напряжéние *эл.* Hóchspannung *f*; óчень ~ие цéны sehr hóhe Préise; gepféfferte Préise *(разг.)*; ~ий лоб éine hóhe Stirn; он ~ого рóста er ist groß [hóchgewachsen]; ~ий и стрóйный rank und schlank; ~ие побуждéния édle [erhábene] Bewéggründe; ~ое искýсство hóchstehende Kunst; ~ий стиль hóher Stil; ◇ Высóкие Договáривающиеся Стóроны *дип.* die Hóhen Vertrágschließenden Séiten [Partéien]; в ~ой стéпени in hóhem Gráde, im höchsten Gráde; быть ~ого мнéния о ком-л. hóher Méinung von j-m sein, von j-m éine hóhe Méinung háben; ~ó ценúть hóchschätzen *omd. vt*

высокоавтоматизи́рованный hóchautomatisiert

высокоавторитéтный máßgebend, máßgeblich

высокобелкóвый mit hóhem Éiweißgehalt

высоковитами́нный mit hóhem Vitamíngehalt [vi-]

высоковóльтн||ый *эл.* Hóchspannungs-; ~ая установка Hóchspannungsanlage *f* (11); ~ая лúния (электропередáчи) Hóchspannungsleitung *f* (10)

высокогóрн||ый Hóchgebirgs-; alpín; ~ая мéстность Hóchgebirge *n* (6); ~ая лы́жная бáза Schíhütte *f* (11)

высокодохóдный erträgreich, éinträglich, gewínnbringend, profitábel

высокоидéйный mit hóhem Idéengehalt

высокоиндустриáльный hóchindustrialisiert

высокоинтеллектуáльный géistig hóchstehend

высокоинтеллигéнтный hóchintelligent

высокоинтенсúвный hóchintensiv

высококалори́йный kalorí|enreich, energíereich; héizkräftig, héizwertreich *(о топливе)*

высококáчесвенн||ый hóchwertig, (von) hóher Qualität, Qualitäts-; ~ая пшени́ца Wéizen hóher Qualität; ~ая продýкция Qualitätsproduktion *f*

высококвалифици́рованный hóchqualifiziert, geschúlt

высококипя́щий *спец.* hóchsiedend

высококультýрный kulturéll hóchstehend

высоколеги́рованный *спец.* hóchlegiert

высокомéр||ие *с* Hóchmut *m* -(e)s; Dünkel *m* -s; **~ный** hóchmütig; dünkelhaft

высокомеханизи́рованный hóchmechanisiert

высокомолекуля́рный *физ.* hóchmolekular

высоконадёжный *спец.* höchst zúverlässig

высоконапóрн||ый *спец.* Hóchdruck-; ~ая ГЭС Hóchdruckkraftwerk *n* (2)

высоконра́вственный morálisch hóchstehend

высокообразо́ванный hóchgebildet

высокоодарённый hóchbegabt

высокоокта́новый *спец.* mit hóher Oktánzahl, hóchoktanig

высокоопла́чиваемый gútbezahlt

высокоорганизо́ванный hóchorganisiert

высокопа́рн||ость *ж* Schwulst *m* (1*), Schwülstigkeit *f*, Bombást *m* -es; Geziertheit *f* (*напыщенность*); Geschráubtheit *f* (*витиеватость*); **~ый** hóchtrabend, schwülstig, schwúlstig, bombástisch; geziert (*напыщенный*); geschráubt (*витиеватый*); ~ый слог ein gezíerter [schwülstiger] Stil

высокопита́тельный mit hóhem Nährwert

высокополиме́р *м хим.* Hóchpolymer *n* (2); **~ный** *хим.* hóchpolymer

высокопоста́вленный hóchgestellt

высокопро́бн||ый (*о благородных металлах*) hóchhaltig; *перен. разг.* Qualitäts-; ~ое вино́ Qualitätswein *m* (1)

высокопродукти́вн||ый ertrágreich; ~ая поро́да (*скота*) hóchergiebige Rásse

высокопроизводи́тельн||ый hóchproduktiv; hóchleistungsfähig; ~ый труд hóchproduktive [-vә] Árbeit; ~ые маши́ны Hóchleistungsmaschinen *pl*

высокопроце́нтный hóchverzinst, mit éinem hóhen Zínssatz

высокопро́чный *спец.* hóchfest

высокора́звитый hóchentwickelt

высокоро́слый von hóhem Wuchs

высокосейсми́чный mit größer Érdbebenhäufigkeit

высокосо́ртный Qualitäts-; ~ това́р Qualitätsware *f* (11)

высокоство́льн||ый hóchstämmig; ~ое де́рево Hóchstamm *m* (1*)

высокотала́нтливый hóchtalentiert, hóchbegabt

высокотова́рный *эк.* mit hóher Márktproduktion, hóchproduktiv

высокотокси́чный hóchgiftig, hóchtoxisch

высокоуважа́емый hóchverehrt

высокоуглеро́дистый *мет.* kóhlenstoffreich

высокоурожа́йный ertrágreich

высокохудо́жественный von hóhem künstlerischem Wert

высокочасто́тн||ый *эл.* hóchfrequent, Hóchfrequenz-; ~ая те́хника Hóchfrequenztechnik *f*

высокочувстви́тельный *спец.* hóchempfindlich

высокоширо́тный *геогр.* in höheren Bréiten

высокоэффекти́вный hóchwirksam, hócheffektiv, Hóchleistungs-

вы́сосать áussaugen(*) *vt*; ◇ ~ из па́льца что-л. *разг.* sich (*D*) etw. aus den Fíngern säugen(*); ~ все со́ки из кого́-л. *разг.* j-n áussaugen(*); j-m álle Säfte áuspressen

высот||а́ *ж* **1.** Höhe *f* (11); ма́лая ~а́ geringe Höhe; ~а́ зву́ка *муз.* die Tónhöhe, die Höhe des Tónes; ~а́ треуго́льника *мат.* die Höhe des Dréiecks; ~а́ подпо́ра *тех.* Stáuhöhe *f*; ~а́ сече́ния *геод.* Schíchthöhe *f*; ~а́ давле́ния *физ.* Drúckhöhe *f*; ~а́ над у́ровнем мо́ря Höhe über dem Méeresspiegel; ~а́ этажа́ Geschóßhöhe *f*; ~а́ полёта Flúghöhe *f*; ~а́ в свету́ líchte Höhe; ~а́ хо́да *авто* Hub *m* (1*), Húbhöhe *f*; теря́ть ~у́ (an) Höhe verlíeren*; набра́ть ~у́ stéigen* *vi* (s); **2.** (*возвышенность*) Höhe *f* (11); Gípfel *m* (6); ◇ кома́ндная ~а́ *воен.* behérrschende Höhe; безымя́нная ~а námenlose Höhe; быть [оказа́ться] на ~е́ (положе́ния) auf der Höhe sein, éiner Áufgabe [Situatión] gewáchsen sein; быть на до́лжной ~е́ Niveau [ni'vo:] háben; быть [оказа́ться] не на ~е́ nicht auf der Höhe sein

высо́тник *м* **1.** Hóchbauarbeiter *m* (6); сва́рщик-~ Hóchbauschweißer *m* (6); **2.** *ав.* Spezialíst *m* (8) für Höhenflüge

высо́тн||ый Höhen-; Hoch-; *ав.* hóchfliegend; ~ый полёт Höhenflug *m* (1*); ~ое зда́ние Hóchhaus *n* (5), Hóchbau *m* -(e)s, -ten; ~ая боле́знь Höhenkrankheit *f* (10)

высотоме́р *м* Höhenmesser *m* (6), Höhenmeßgerät *n* (2)

вы́сох||нуть **1.** trócken wérden; vertrócknen *vi* (s), verwélken *vi* (s) (*о растении*); áustrocknen *vi* (s), versíegen *vi* (s) (*об источнике, реке и т. п.*); **2.** *разг.* (*о человеке*) ábmagern *vi* (s); **~ший** **1.** vertrócknet, verwélkt (*о растении*); áusgetrocknet, versíegt (*об источнике, реке и т. п.*); **2.** *разг.* (*о человеке*) ábgemagert, ábgezehrt; Haut und Knóchen (*кожа да кости*)

высо́чество *с* Hóheit *f* (10)

вы́спаться áusschlafen* *vi*, sich áusschlafen*

выспева́ть, вы́спеть réifen *vi* (s), áusreifen *vi* (s)

выспра́шивать *см.* вы́спросить

вы́спренний *уст.* hóchtrabend

вы́спросить áusfragen *vt*, áusforschen *vt*; áuskundschaften *vt*, áushorchen *vt*

вы́ставить **1.** vórwärts¦stellen *отд.* *vt*, vórwärts¦schieben* *отд.* *vt*, vórrücken *vt* (*вперёд*); hináusstellen *vt* (*наружу*); ~ но́гу den Fuß vórschieben*, den Fuß vórwärts sétzen; ~ сапоги́ за дверь die Stíefel vor die Tür stéllen; **2.:** ~ кандидату́ру éine Kandidatúr áufstellen [vórschlagen*]; ~ тре́бование éine Fórderung stéllen; ~ кома́нду *спорт.* éine Mánnschaft áufstellen; **3.:** ~ о́кна die Dóppelfenster heráusnehmen*; **4.** (*напоказ, на выставку*) zur Schau stéllen, áusstellen *vt*; ~ карти́ну ein Bild [ein Gemälde] áusstellen; ~ това́ры Wáren zur Schau stéllen; ~ в витри́не in éinem Scháukasten áuslegen; in éinem Scháufenster áusstellen (*в окне*); **5.** (*отметки и т. п.*) gében* *vt*; **6.** *разг.* (*выгнать*) an die Luft sétzen (*прогнать*); hináuskomplimentieren *vt* (*выпроводить*); hináussetzen *vt* (*со службы*); ~ кого́-л. за дверь j-m die Tür zéigen; j-n vor die Tür sétzen; j-m zéigen, wo der Zimmermann das Loch gelássen hat; **7.** (*охарактеризовать*) hínstellen *vt*, zéigen *vt*; ~ кого́-л., что-л. в плохо́м [хоро́шем] све́те j-n, etw. in úngünstiges [günstiges] Licht rücken [sétzen, stéllen]; ~ кого́-л. в смешно́м ви́де j-n lächerlich máchen; **~ся** *разг.* (*высунуться*) sich hináusbeugen, sich hináuslehnen

выстав||ка *ж* **1.** Áusstellung *f* (10), Schau *f* (10); всеми́рная ~ка Wéltausstellung *f*; животново́дческая ~ка Tíerschau *f*, Víehausstellung *f*; передвижна́я ~ка Wánderausstellung *f*; промы́шленная ~ка Industríeausstellung *f*; сельскохозя́йственная ~ка Lándwirtschaftsausstellung *f*, Agrárschau *f*; уче́бно-показа́тельная ~ка Léhrschau *f*; Выставка достиже́ний наро́дного хозя́йства (*сокр.* ВДНХ) Áusstellung der Errúngenschaften der Vólkswirtschaft; ~ка карти́н Gemäldeausstellung *f*; ~ка мод Módenschau *f*; ~ка нови́нок Néuheitenschau *f*; ~ка образцо́в Músterschau *f*; Mústermesse *f* (11); ~ка-прода́жа Verkáufsausstellung *f*; ~ка садово́дства Gártenbauausstellung *f*; ~ка соба́к Húndeausstellung *f*; ~ка цвето́в Blúmenausstellung *f*; учáстник ~ки Áussteller *m* (6); на ~ке auf der Áusstellung; **2.** (*в магазине и т. п.*) Áuslage *f* (11), Scháufenster *n* (6); ~ка това́ров Wárenauslage *f*; **~ля́ть** *см.* вы́ставить; **~ля́ться** **1.** *см.* вы́ставиться; **2.** (*помещать свои работы на выставке*) seine Bílder áusstellen; **3.** *страд.* vórgerückt [vórwärtsgeschoben] wérden; áusgestellt wérden (*ср.* вы́ставить)

выставо́чный Áusstellungs-; ~ павильо́н Áusstellungshalle *f* (11); Áusstellungspavillon [-,pavɪljɔŋ] *m* -s, -s

выста́ивать *см.* вы́стоять 1; **~ся** *см.* вы́стояться

вы́стегать I (*одеяло*) stéppen *vt*

вы́стегать II (*плетью и т. п.*) áuspeitschen *vt*

выстила́ть *см.* вы́стлать

вы́стирать wáschen* *vt*

вы́стлать áuslegen *vt*; belégen *vt*, bedécken *vt*; ~ пол ковра́ми die Díele mit Téppichen bedécken [áuslegen]

вы́стоять **1.** (*простоять*) (éine Zéitlang) stéhen* *vi*; **2.** (*устоять*) dúrchhalten* *vi*; **~ся** **1.** (*о вине*) áblagern *vi*; **2.** (*отдохнуть — о лошади*) áusruhen *vi*, sich verschnáufen

вы́страдать **1.** (*пережить*) erléiden* *vt*, erdúlden *vt*; **2.** (*достигнуть страданиями*) únter Quálen hervórbringen* [scháffen*]; ~ како́е-л. реше́ние nach lángen Quálen éinen Entschlúß fássen

выстра́ивать *см.* вы́строить; **~ся** **1.** *см.* вы́строиться; **2.** *страд.* gebáut wérden; áufgestellt wérden

вы́стрел *м* Schuß *m* -sses, *pl* Schüsse; Ábschuß *m*; руже́йный ~ Gewéhrschuß *m*; разда́лся ~ ein Schuß fiel; ~ в во́здух Schréckschuß *m*; Wárnschuß *m* (*предупредительный*); прямо́й ~ dirékter Schúß; ~ в упо́р Nahschuß *m*; ◇ сда́ться без ~а sich óhne éinen Schuß ergében*; на расстоя́нии ~а auf Schúßweite; не подпуска́ть кого́-л. на (пу́шечный) ~ к чему́-л. j-n auf Schúßweite von etw. (*D*) hálten*; **~ить** schíeßen* *vi* (в кого́-л. auf *A*); éinen Schuß ábgeben*; ~ить из ружья́ ein Gewéhr ábfeuern

выстрига́ть, вы́стричь ábscheren* *vt*, ábschneiden* *vt*

вы́строгать ábhobeln *vt*

вы́строить **1.** (áuf)báuen *vt*; **2.** (*поставить в строй*) ríchten *vt*, in Reih und Glied áufstellen [ántreten lássen*]; **~ся** **1.** (*стать в строй*) ántreten* *vi* (s); **2.** (*возникнуть — о постройке*) gebáut wérden; **3.** *разг.* (*закончить стройку*): он вы́строился er hat sich ein Haus gebáut

вы́строчить ábnähen *vt*, stéppen *vt*

вы́стругать, выстру́гивать *разг.* ábhobeln *vt*

вы́студить, высту́живать *разг.* kalt wérden [ábkühlen] lássen*

вы́стукать *см.* высту́кивать

высту́кив||ание *с мед.* Ábklopfen *n* -s, Perkussión *f* (10); **~ать** *мед.* ábklopfen *vt*, perkutíeren *vt*

вы́ступ *м* **1.** Vórsprung *m* (1*); **2.** *тех., стр.* Áusladung *f* (10); Áuskragung *f* (10), Vórsprung *m* (1*); Wárze *f* (11); Náse *f* (11); **~а́ть** **1.** *см.* вы́ступить; **2.** (*выдаваться*) vórspringen* *vi* (s), vórstehen* *vi*, hervórragen *vi*; hináusragen *vi*; мыс далеко́ ~а́ет в мо́ре das Vórgebirge ragt weit ins Meer hináus; **3.** (*ходить чинно*) einhérschreiten* *vi* (s), einhérstolzieren *vi* (s)

вы́ступ||ить **1.** (*выйти*) heráustreten* *vi* (s), hervórtreten* *vi* (s); **~ить** из берегóв aus den Úfern tréten*, über die Úfer tréten*; **2.** (*публично*) spréchen *vi*; áuftreten* *vi* (s) (*об артистах*); ~ить на олимпиáде an der Olympiáde téilnehmen; ~ить на собрáнии in éiner Versámmlung spréchen*; ~ить с заявлéнием éine Erklärung ábgeben*; ~ить с предложéнием éinen Vórschlag máchen [unterbréiten *книжн.*]; ~ить с рéчью éine Réde [éine Ánsprache] hálten*; ~ить с лéкцией éine Vórlesung hálten*; ~ить с отчётом Beŕicht erstátten; ~ить по рáдио im Rúndfunk spréchen*; ~ить за мир für den Fríeden éintreten*; ~ить прóтив чегó-л. sich gégen etw. (*A*) wénden*; ~ить в поддéржку когó-л., чегó-л. sich áussprechen* für j-n, für etw. (*A*), spréchen* zugúnsten von j-m, von etw. (*D*); ~áющий в прéниях Diskussiónsredner *m* (6); **3.** (*отправиться*) áufbrechen* *vi* (s), zíehen* *vi* (s), áusziehen* *vi* (s), áusrücken *vi* (s); ~ить в похóд ins Feld zíehen* [rücken]; den Marsch ántreten*; in den Krieg zíehen*; **4.** (*проступить*) dúrchsickern *vi* (*о жидкости*); áusschlagen* *vi* (s) (*о плесени*); на стенé ~ила плéсень der Schímmel schlägt an der Wand aus; слёзы ~или у неё на глазáх Tränen tráten ihr in die Áugen; **~лéние** *с* **1.** Áuftreten *n* -s; Kúndgebung *f* (10); ~лéние масс Aktiónen der Mássen; ~лéние хóра der Áuftritt des Chores ['ko-]; ~лéние на бис Zúgabe *f* (11); **2.** (*речь*) Réde *f* (11), Ánsprache *f* (11); Áusführungen *pl*; Veröffentlichung *f* (10); публи́чное ~лéние öffentliche Réde; в ~лéниях печáти in Veröffentlichungen der Présse; ~лéние в прéниях [на дискýссии] Diskussiónsbeitrag *m* (1*); **3.** (*отправление*) Áuszug *m* -(e)s, Áusmarsch *m* (1*), Áufbruch *m* -(e)s; *воен. тж.* Áusrücken *n* -s, Ábrücken *n* -s; ~лéние в похóд Áusmarsch [Áufbruch] der Trúppen

вы́суну||ть hináusstrecken *vt* (*по направлению от говорящего*); heráusstrecken *vt* (*по направлению к говорящему*); hervórstrecken *vt*; ◇ ~в язы́к *разг.* mit hängender Zunge; nach Luft schnáppend

вы́сунуться sich hináusstrecken, sich hináuslehnen (*по направлению от говорящего*); sich heráuslehnen (*по направлению к говорящему*)

высýшивание *с* Áustrocknen *n* -s, Tróсknen *n*; Dörren *n* -s (*вяление*)

высýшивать, вы́сушить 1. (áus)tróсknen *vt*; dörren *vt* (*вялить*); **2.** *разг.* (*человека*) verzéhren *vt*; **~ся** trócken wérden

вы́считать, высчи́тывать áusrechnen *vt*, beréchnen *vt*, errechnen *vt*

вы́сш||ий 1. (*более высокий*) höher; **2.** (*самый высокий*) höchst; ~ее кáчество béste Qualität; ~ий долг die vórnehmste Pflicht; ~ий закóн das óberste Gesétz; ~ая инстáнция die höchste Instánz; ~ая мéра наказáния *юр.* Tódesstrafe *f* (11); ~ий óрган влáсти höchstes Orgán der Stáatsgewalt [der Stáatsmacht]; **3.:** ~ее образовáние Hóchschulbildung *f*; akadémische Bíldung; ~ее учéбное заведéние Hóchschule *f* (11); ◇ в ~ей стéпени im höchsten Gráde; ~ая математика die höhere Mathematík; ~ая нéрвная дéятельность höhere Nérventätigkeit

высылáть *см.* вы́слать

вы́сылка *ж* **1.** Ábsendung *f* (10), Verséndung *f*; ~ счёта Réchnungsausgang *m* (1*); **2.** (*административная*) Áusweisung *f* (10); Verbánnung *f* (10); Deportatión *f* (10); ~ за предéлы госудáрства Lándesverweisung *f* (10)

вы́сыпать, высыпáть 1. áusschütten *vt*, áusstreuen *vt*; verschütten *vt*, verstréuen *vt* (*просыпать*); **2.** *мед.* (*о сыпи*) áusschlagen* *vi* (s); **3.** *разг.* (*о толпе*) strömen *vi* (s)

вы́сыпаться verschüttet wérden; heráusfallen* *vi* (s) (*выпасть*)

высыпáться I *см.* вы́спаться

высыпáться II *см.* вы́спаться

высыхáть *см.* вы́сохнуть

высь *ж* Höhe *f* (11); Gípfel *m* (6) (*вершина*); ◇ уноси́ться в заóблачную ~ in den Wólken schwében; in höheren Regiónen schwében

вытáивать *см.* вы́таять

вытáлкиватель *м тех.* Áusstoßer *m* (6)

вытáлкивать *см.* вы́толкать

вытанцóвыв||ать mit Éifer tánzen, das Tánzbein schwíngen*; **~аться:** дéло не ~ается *разг.* ≅ die Sáche klappt nicht

вытáпливать *см.* вы́топить I, II

вытáптывать *см.* вы́топтать

вы́таращить: ~ глазá *разг.* die Áugen (vor Verwúnderung) áufreißen*; glótzen *vi*

вытáскивать *см.* вы́тащить

вытáчивать *см.* вы́точить

вы́тачка *ж* (*в шитье*) Ábnäher *m* (6), Fálte *f* (11)

вы́тащить 1. (*вынуть, достать*) hervórholen *vt*, heráusholen *vt*; heráusschleppen *vt*, hináusschleppen *vt*; heráusziehen* *vt*; heráusreißen* *vt* (*выдернуть*); **2.** (*украсть*) stéhlen* *vt*, heráusstehlen* *vt*; ◇ ~ когó-л. из бедьí *разг.* j-m aus der Pátsche hélfen*

вы́таять 1. (*растаять*) táuen *vi* (s); **2.** (*появиться из-под снега*) únter dem táuenden Schnee zum Vórschein kómmen*

вы́твердить *разг.* áuswendig lérnen; ~ таблицу умножéния das Éinmaléins áuswendig lérnen

вытворя́ть *разг.* ánstellen *vt*, ánrichten *vt*; ~ глýпости Dúmmheiten ánstellen

вытекá||ть 1. (*литься откуда-л.*) heráusfließen* *vi* (s); áusfließen* *vi* (s); водá ~ет из крáна das Wásser fließt aus dem Hahn; **2.** (*о реке и т. п.*) entspríngen* *vi* (s); **3.** (*являться следствием*) fólgen *vi* (s), sich ergében*; hervórgehen* *vi* (s); resultíeren *vi*; отсю́да ~ет, что... dáraus folgt, daß..., híeraus ergíbt sich, daß...; все ~ющие отсю́да послéдствия álle dáraus resultíerenden Fólgen

вы́тереть (áb)wíschen *vt*; ~ посýду das Geschírr ábtrocknen; ~ лоб die Stirn ábwischen; ~ нóги (sich *D*) die Füße ábstreichen*; **~ся 1.** sich ábwischen; sich ábtrocknen (*насухо*); **2.** *разг.* (*износиться*) sich ábtragen*, sich ábnutzen, verschléißen* *vi* (s)

вы́терпеть áushalten* *vt*

вы́тертый *прич.* **1.** *см.* вы́тереть; **2.** *в знач. прил. разг.* (*об одежде*) schäbig, ábgeschabt

вытеснéние *с тж. физ.* Verdrängung *f* (10)

вы́теснить, вытесня́ть verdrängen *vt*, hináusdrängen *vt*

вы́те||чь *см.* вытекáть 1; ◇ глаз ~к das Áuge ist áusgelaufen

вытирáть *см.* вы́тереть; **~ся 1.** *см.* вы́тереться; **2.** *страд.* ábgewischt wérden (*ср.* вы́тереть)

вы́тиснить, вытисня́ть prägen *vt*; púnzen *vt*, ziselíeren *vt* (*выпуклый рисунок, букву и т. п.*)

вы́ткать wében *vt*, wírken *vt*; ~ узóром ковёр ein Múster in den Téppich wében

вы́толкать, вы́толкнуть hináusstoßen* *vt*, hináusdrängen *vt*

вы́топить I (*печь и т. п.*) héizen *vt*; éinheizen *vt*

вы́топить II (*сало и т. п.*) schmélzen *vt*, áuslassen* *vt*

вы́топиться I (*о печке и т. п.*) sich erwärmen, warm wérden, (éin)geheizt sein

вы́топи||ться II (*о сале и т. п.*) áusschmelzen* *vi* (s); ~лось мнóго сáла viel Fett ist áusgeschmolzen

вы́топтать zerstámpfen *vt*, zertréten* *vt*; ~ пóле [травý] das Feld [den Rásen] zerstámpfen

вы́торговать, выторгóвывать 1. (*выручить какую-л. сумму при продаже товара*) erhándeln *vt*; éinnehmen* *vt*; **2.** (*получить уступку*) ábhandeln *vt*; ~ пять рублéй fünf Rúbel (vom Preis) ábhandeln

вы́точ||енный gedréchselt, gedréht, geschlíffen (*отшлифованный*); ◇ слóвно ~енный (*о чертах лица*) wie (aus Stein) geméißelt; **~ить 1.** dréhen *vt*, dréchseln *vt* (*на токарном станке*); schléifen* *vt* (*на шлифовальном станке*); **2.** *разг.* (*наточить*) spítzen *vt*, schärfen *vt*; **3.** *разг.* (*подточить — о насекомых*) zernágen *vt*, zerfréssen* *vt*

вы́точка *ж тех.* Éindrehung *f*; Éinstich *m* (1), Éinschnitt *m* (1); Ríllе *f* (11)

вы́тошнить *безл. разг. см.* вы́рвать II

вы́травить 1. (*уничтожить, истребить*) áusrotten *vt*; vertílgen *vt* (*мышей, крыс*); **2.** *мед.*: ~ плод die Léibesfrucht ábtreiben*; **3.** (*надпись и т. п.*) (áus)beizen *vt*, (wég)ätzen *vt*; entférnen *vt*; heráusmachen *vt* (*пятна и т. п.*); **4.** *хим.* ätzen *vt*, ábätzen *vt*, béizen *vt*, radíeren *vt*; **5.** (*вытоптать*) zerstámpfen *vt*; ábgrasen *vt*, ábweiden *vt* (*луг*)

вы́травиться (*о пятнах, краске*) áusgehen* *vi* (s), ábgehen* *vi* (s)

вытрав||ля́ть *см.* вы́травить; **~ля́ться 1.** *см.* вы́травиться; **2.** *страд.* vertílgt wérden (*ср.* вы́травить); **~нóй** *хим.* ätzend, béizend; Ätz-, Beiz-; ~нóе веществó Béizmittel *n* (6), Ätzmittel *n*

вытрáливать, вы́тралить *мор.* mit dem Schléppnetz fángen*

вы́трамбовать durch Féststampfen éinebnen

вы́требовать 1. (*когó-л.*) (zu sich) beféhlen* *vt*, j-n kómmen lássen*; heráusrufen* *vt*; **2.** (*что-л.*) ánfordern *vt*, verlángen *vt*

вытрезви́тель *м см.* медвытрезви́тель

вы́трезвить nüchtern máchen; ernüchtern *vt*; **~ся** nüchtern wérden; séinen Rausch áusschlafen*

вытрезвл||éние *с* Ernüchterung *f* (10); **~я́ть** *см.* вы́трезвить; **~я́ться 1.** *см.* вы́трезвиться; **2.** *страд.* ernüchtert wérden

вытрясáть, вы́трясти 1. (*высыпать*) áusschütten *vt*, verschütten *vt*; **2.** (*очистить от пыли*) áusstauben *vt*

вытря́хивать, вы́тряхнуть *см.* вытрясáть 1

вытýривать, вы́турить *разг.* hináuswerfen* *vt*, hináussetzen *vt*; hináusjagen *vt*, fórtjagen *vt*; vor die Tür sétzen; zum Téufel jágen

выть héulen *vi*

вытьё *с разг.* Gehéul *n* -s; Gejámmer *n* -s; Héulen und Zähneklappern

вытя́гивать *см.* вы́тянуть; **~ся 1.** *см.* вы́тянуться; **2.** (*потягиваться*) sich strécken, sich récken; **3.** *страд.* heráusgezogen wérden; áusgestreckt wérden

вытяжéние *с мед.* Strécken *n* -s, Extensión *f*

вы́тяж||ка *ж* **1.** (*действие*) Ábzug *m* (1*); сде́лать грубу́ для ~ки га́за éinen Ábzugsschacht éinbauen; **2.** *хим.* Áuszug *m* (1*); Extrákt *m* (1); **3.** *мет.-об.* Strécken *n* -s, Déhnung *f*; ~**но́й** Ábzug(s)-; Zug-; ~**но́й** пла́стырь Zúgpflaster *n* (6); ~**но́й** шкаф Ábzugsschrank *m* (1*); ~**на́я** труба́ Ábzugsrohr *n* (2)

вы́тяну||ть **1.** (*извлечь*) ábziehen* *vt*; heráusziehen* *vt*; пла́стырь ~л весь гной das Pfláster hat den Éiter áufgesogen; **2.** (*протянуть*) áusstrecken *vt*; áusdehnen *vt*; **3.** *спец.* längen *vt*; zíehen* *vt* (*проволоку, стекло*); ◇ ~ть (всю) ду́шу чем.-л. ≅ mit etw. (*D*) zu Tóde quälen; ~**ться** **1.** (*растянуться, лечь*) sich áusstrecken; **2.** (*о резине, ткани и т. п.*) sich áusdehnen; **3.** *разг.* (*вырасти*) wáchsen* *vi* (s), áufschießen* *vi* (s); ◇ его́ лицо́ ~лось er máchte ein lánges Gesícht

вы́удить, выу́живать **1.** ángeln *vt*, heráusangeln *vt*; **2.** *разг.* (*деньги и т. п.*) heráusziehen* *vt*; heráusluchsen *vt*

вы́утюжить plätten *vt*, bügeln *vt*

выу́чивать *см.* вы́учить; ~**ся** **1.** *см.* вы́учиться; **2.** *страд.* gelérnt wérden

вы́учить **1.** (*что-л.*) lérnen *vt*; erlérnen *vt* (*изучить*); ~ наизу́сть áuswendig lérnen; **2.** (*кого-л. чему-л.*) léhren *vt*; ~ ученико́в неме́цкому языку́ die Schüler Deutsch léhren; den Schülern Deutsch béibringen*; ~**ся** erlérnen *vt*, lérnen *vt*; ~ся чита́ть lésen lérnen; он вы́учился пла́вать er hat das Schwímmen gelérnt [erlérnt]

вы́учк||а *ж* Léhre *f*, Schúlung *f*; Schúle *f* (11) (*школа*); Áusbildungsstand *m* -(e)s (*уровень подготовки*); боева́я ~а (Stand *m* der) Geféchtsausbildung *f*; отда́ть на ~у in die Léhre gében*; хоро́шая ~а éine gúte Schúle

вы́франтиться *разг.* sich schönmachen *отд.*, sich heráusputzen; sich áufdonnern

выха́живать *см.* выходи́ть

вы́хватить, выхва́тывать heráusreißen* *vt*, heráusziehen* *vt*; entréißen* *vt* (у кого́-л., из чего́-л. *D*); ~ сло́во из конте́кста ein Wort aus dem Kontéxt heráusreißen*

вы́хлоп *м тех.* Áuspuff *m* (1)

выхлопн||о́й *тех.* Áuspuff-; ~ пар Áuspuffdampf *m* (1*); ~ы́е га́зы автотра́нспорта Kfz-Abgase [kaɛf'tsɛt-]

вы́хлопотать erwírken *vt*, verscháffen *vt*

вы́ход *м* **1.** (*действие*) Áustritt *m* (1), Hináusgehen *n* -s; Verlássen *n* -s (*уход*); Hináusströmen *n* -s (*толпы и т. п.*); ~ из организа́ции Áustritt aus der Organisatión; ~ в отста́вку Versétzung *f* in den Rúhestand; Rücktritt *m* (1) (*правительства, министра и т. п.*); ~ из войны́ Áusscheiden *n* aus dem Kríeg(e); ~ из бо́я Lösen *n* aus dem Gefécht, Ábbruch *m* des Geféchts; ~ из окруже́ния Áusbruch *m* aus der Éinkreisung [aus dem Késsel]; ~ из по́рта Áuslaufen *n* -s; ~ из стро́я *тех.* Áusfall *m* (1*); ~ в откры́тый ко́смос Áusstiegmanöver [-vər] *n* (im Wéltraum); ~ иску́сственного спу́тника на орби́ту der Báhneinlauf des künstlichen Satellíten; ~ из кри́зиса *эк.* Áustritt *m* aus der Kríse; ~ из пики́рования *ав.* Ábfangen *n* aus dem Stúrzflug; ~ на цель *ав.* Zíelanflug *m* (1*); при ~е из до́ма beim Verlássen des Háuses; **2.** (*место*) Áusgang *m* (1*); Áusstieg *m* (1) (*из вагона*); авари́йный ~ Nótausgang *m* (1*), Nótausstieg *m* (1); запа́сный ~ Nótausgang *m*; в до́ме два ~а das Haus hat zwei Áusgänge; **3.** *перен.* Áusweg *m* (1); найти́ ~ из положе́ния éinen Áusweg aus der Láge fínden*; **4.** (*опубликование книги и т. п.*) Erschéinen *n* -s; **5.** *эк.* (*продукции*) Ertrág *m* (1*); Áusbeute *f*; ~ зерна́ с гекта́ра Héktarertrag bei Korn, Kórnertrag pro Héktar; **6.** *театр.* Áuftreten *n* -s, Áuftritt *m* (1); ◇ ~ на прое́ктную мо́щность Erréichung *f* der projektíerten Léistung; знать все ходы́ и ~ы gut [genáu] Bescheíd wíssen*; álle Schlíche kénnen*; дать ~ (*какому-л. чувству*) fréien Lauf lássen* (*D*); тво́рческие си́лы нашли́ ~ в... die Scháffenskraft hat in... (*D*) Áusdruck gefúnden

вы́ходец *м*: ~ из Фра́нции gebürtig aus Fránkreich; он ~ из крестья́нской семьи́ er stammt aus éiner Báuernfamilie

вы́ходить **1.** (*больного*) gesúnd pflégen; **2.** (*вырастить*) áufziehen* *vt*, gróßziehen* *отд. vt*

выходи́ть **1.** *см.* вы́йти 1, 2, 4, 5; **2.** (*об окнах и т. п.*) hináusgehen* *vi* (s) (auf *A*); окно́ выхо́дит на у́лицу das Fénster geht auf die Stráße (hináus); штрек выхо́дит на пове́рхность *горн.* der Gang streicht zu Táge aus; **3.**: не ~ (*из дому из-за болезни*) das Zímmer hüten; **4.** выхо́дит *в знач. вводн. сл. разг.* álso; fólglich

вы́ходка *ж* Áusfall *m* (1*), Áusschreitung *f* (10); tóller Streich, Únfug *m* -(e)s

выходн||о́й *прил.* **1.** Áusgangs-; ~а́я дверь Áusgang *m* (1*), Áusgangstür *f* (10); ~о́е посо́бие Überbrückungsgeld *n* -(e)s; ~о́й день fréier Tag, árbeitsfreier [díenstfreier] Tag, Áusgehtag *m* (1); **2.** *в знач. сущ. м разг.* (*нерабочий день*) fréier Tag, árbeitsfreier [díenstfreier] Tag, Áusgehtag *m* (1); **3.** *в знач. сущ. м, ж разг.*: быть ~ы́м (*свободным от работы*) séinen fréien Tag háben, Áusgang háben; ◇ ~ы́е све́дения [да́нные] (*книги*) Impréssum *n* -s, -ssen; ~а́я роль *театр.* Nébenrolle *f* (11)

выхола́щивать *см.* вы́холостить

выхол||енный gepflégt; verhätschelt (*избалованный*); ~**ить** pflégen *vt*; hégen *vt*; hégen und pflégen

вы́холостить **1.** kastríeren *vt*, entmánnen *vt*; verschnéiden * *vt*; wállachen *vt* (*лошадей*); **2.** *перен.* áuslaugen; der Kraft [des Ínhalts] beráuben; ~ иде́ю éine Idée frúchtlos máchen

вы́холощенн||ый **1.** kastríert, entmánnt; verschnítten; **2.** *перен.* gehált-los, ínhaltslos; gégenstandslos, wésenlos; ~ые мы́сли ínhaltslose [frúchtlose] Gedánken

вы́хухоль *м* **1.** *зоол.* Bísamratte *f* (11); **2.** (*мех*) Bísam *m*, *n* -s, = *u* -s

вы́царапать, выцара́пывать **1.** áuskratzen *vt*; ~ на́дпись на ка́мне éine Ínschrift auf éinen Stein krátzen; **2.** *разг.* (*добыть что-л. с трудом*) ábringen* *vt*, ábzwingen* *vt*; ~ у кого́-л. де́ньги j-m Geld aus dem Kreuz léiern

вы́цвести, выцвета́ть áusbleichen* *vi* (s), verbléichen* *vi* (s), verschíeßen* *vi* (s)

вычёркивать, вы́черкнуть áusstreichen* *vt*, stréichen* *vt*; ◇ ~ из па́мяти aus séinem Gedächtnis stréichen*; der Vergéssenheit préisgeben*

вычерпа́ть, вычёрпывать áusschöpfen *vt*; ~ землечерпа́лкой áusbaggern *vt*

вы́чертить zéichnen *vt*; áufzeichnen *vt*

вы́черченный áufgezeichnet; то́чно ~ чертёж éine genáue Zéichnung

вычéрчивать *см.* вы́чертить

вы́чесать áuskämmen *vt*; ~ лён Flachs hécheln

вы́честь **1.** *мат.* subtrahíeren *vt*, ábziehen* *vt*; **2.** (*удержать*) ábziehen* *vt*, in Ábzug bríngen*; ~ из зарпла́ты vom Lohn [Gehált] ábziehen*

вычёсывать *см.* вы́чесать

вы́чет *м* Ábzug *m* (1*); ~ из зарпла́ты Lóhnabzug *m*; Geháltsabzug *m*; за ~ом чего́-л. nach [únter] Ábzug (*G*), ábzüglich (*G*); ábgerechnet (*A*); за ~ом накладны́х расхо́дов nach Ábzug [ábzüglich] der Únkosten; die Únkosten ábgerechnet

вычисле́ние *с* Beréchnung *f* (10); Überschlag *m* (1*) (*подсчёт*); приближённое ~ *мат.* Näherungsrechnung *f*

вычисли́тель *м мат., выч. тех.* Réchner *m* (6); электро́нный ~ Elektrónenrechner *m*

вычисли́тельн||ый Réchen-; ~ый центр Réchenzentrum *n* -s, -tren; электро́нный ~ый автома́т elektrónischer Réchenautomat; маши́нная ~ая те́хника maschinélle Réchentechnik; ~ая маши́на для обрабо́тки да́нных Dátenverarbeitungsanlage *f* (11); электро́нная ~ая маши́на elektrónische Réchenmaschine, Elektrónenrechner *m* (6), Computer ['pju:-] *m* (6); анало́говая ~ая маши́на Analógrechner *m* (6); цифрова́я ~ая маши́на Digitálrechner *m*; програ́ммно-управля́емая ~ая маши́на prográmmgesteuerter Réchenautomat

вы́числить, вычисля́ть beréchnen *vt*, áusrechnen *vt*; erréchnen *vt*; überschlágen* *vt* (*сделать подсчёт*)

вы́чистить säubern *vt*, pútzen *vt*; réinigen *vt* (*платье*); áusbürsten *vt*, ábbürsten *vt* (*щеткой*); réinmachen *отд. vt* (*комнату, квартиру*); ~ рези́нкой áusradieren *vt*; ~**ся** rein wérden, sáuber wérden

вычит||а́емое *с мат.* Subtrahénd *m* (8); ~**а́ние** *с* Subtraktión *f* (10), Subtrahíeren *n* -s, Ábziehen *n* -s

вы́читать **1.** (*читая, узнать что-л.*) heráuslesen* *vt*; durch Lésen erfahren*; **2.** (*рукопись*) zum Druck vórbereiten; korrigíeren *vt*; lektoríeren *vt* (*редакционно*)

вычита́ть *см.* вы́честь

вы́читк||а *ж* Korrektúr *f* (10); Lektoríerung *f* (10), Lektoríeren *n* -s (*редакционная*); дать ру́копись на ~у das Manuskrípt zum Druck vórbereiten lássen*

вычи́тывать *см.* вы́читать

вычища́ть *см.* вы́чистить; ~**ся** **1.** *см.* вы́чиститься; **2.** *страд.* gesäubert [gepútzt, geréinigt] wérden

вычурн||ость *ж* Gezíertheit *f* (*манер*); Geschráubtheit *f* (*стиля*); ~**ый** gezíert, gekünstelt (*о манерах*); geschráubt, gesúcht, maniéríert (*о литературном стиле*); geschnörkelt, verschnörkelt (*о почерке*)

вышвы́ривать, вы́швырнуть *разг.* hináuswerfen* *vt*; hináusschmeißen* *vt*; vor die Tür sétzen (*прогнать*)

вы́ше **1.** *сравн. ст. прил. и нареч.* höher; größer (*ростом*); подня́ться ~ *тж. перен.* höher stéigen*; **2.** *нареч.* (*свыше, сверх чего-л.*) über, mehr; де́ти от семи́ лет и ~ Kínder von síeben Jáhren und mehr [älter, darüber]; ~ сре́днего überdurchschnittlich; **3.** *нареч.* (*раньше в тексте*) óben; смотри́ ~ síeh(e) óben (*сокр.* s. o.); как ска́зано ~ wie óben geságt; **4.** *предлог* (*за пределами, вне чего-л.*) über (*A*); э́то ~ мои́х сил das geht über méine Kräfte, das übersteigt méine Kräfte; э́то ~ моего́ понима́ния das geht über mein Verständnis; быть ~ предрассу́дков über álle Vórurteile erháben sein; быть ~ кого́-л. j-m überlégen sein; **5.** *предлог* (*сверх чего-л.*; *выше по течению*) über (*D*); óberhalb (*G*); ~ коле́на über dem Knie; ~ моста́ óberhalb der Brücke; три гра́дуса ~ нуля́ drei Grad über Null

вышеизло́женный óbengesagt; óbenangeführt

вышена́званный óbengenannt

вышеозна́ченный *см.* вышеупомя́нутый

вышеприведённый óbenangeführt

вышестоя́щий höher, nächsthöher; übergeordnet

вышеука́занный óbenerwähnt, óbengesagt; óbenbemerkt

вышеупомя́нутый óbenerwähnt

вышиба́ть, вы́шибить *разг.* **1.** (*дверь*) éinschlagen* *vt*; ~ из рук aus den Händen schlágen*; **2.** (*выгнать*) hináusjagen *vt*, verjágen *vt*; hináusschmeißen* *vt* (*вышвырнуть*)

вышив||а́льный Stick-; ~а́льная игла́ Stícknadel *f* (11); **~а́льщица** *ж* Stíckerin *f* (12); **~а́ние** *с* Stickeréi *f* (10); **~а́ть** *см.* вы́шить

вы́шивка *ж* Stickeréi *f* (10); ~ кресто́м Kréuzstickerei *f*

вышин||а́ *ж* Höhe *f* (11); ~о́й в сто ме́тров húndert Méter hoch

вы́шить stícken *vt*; éinsticken *vt* (*что-л. на чём-л.*)

вы́шитый gestíckt; hándgestickt (*ручной работы*)

вы́шк||а *ж* **1.** Wárte *f* (11), Turm *m* (1*); *охот.* Hóchstand *m* (1*); наблюда́тельная ~а Beóbachtungsturm *m*, Wáchtturm *m*; сторожева́я ~а Wáchtturm *m*; бурова́я ~а Bóhrturm *m*; эксплуатацио́нная ~а *горн.* Förderturm *m*; парашю́тная ~а Fállschirmsprungturm *m*, Sprúngturm *m*; **2.** *архит.* Söller *m* (6)

вы́школить *разг.* schúlen *vt*; Disziplín béibringen* (*кого́-л. D*), zur Disziplín erzíehen* *vt*

вы́шмыгнуть *разг.* hináushuschen *vi* (s)

вы́штукатурить ábputzen *vt*, mit Stuck bewérfen*

вы́шутить, вышу́чивать ins Lächerliche ziehen*; áuslachen *vt*, zum bésten háben

выщела́чив||ание *с хим.* Áuslaugen *n* -s; **~ать, вы́щелочить 1.** *хим.* áuslaugen *vt*; **2.** (*выварить в щёлоке*) in Láuge áuswaschen* [áuskochen]

вы́щербить *разг.* kérben *vt*, áuskerben *vt*; schártig máchen; **~ся** *разг.* schártig wérden

вы́щипать, вы́щипнуть, выщи́пывать áusrupfen *vt* (*перья у птицы*); áuszupfen *vt* (*траву, волосы*)

выя́в||ить 1. (*проявить*) zéigen *vt*, offenbáren *vt*; ~ить себя́ sich bewähren; ~ить своё му́жество séinen Mut bewéisen*; **2.** (*вскрыть, обнаружить*) áufdecken *vt*, entdécken *vt*, erkénnen* *vt*, féststellen *отд. vt*, an den Tag [zum Vórschein] bríngen*; ~ить недоста́тки в рабо́те die Mängel in der Árbeit heráusstellen; **~иться** sich zéigen, sich heráusstellen, sich offenbáren, zum Vórschein kómmen*, zu Táge tréten*; ~илось, что... es zéigte sich, daß...; **~ле́ние** *с* **1.** (*проявление*) Offenbárung *f* (10); **2.** (*вскрытие, обнаружение*) Áufdeckung *f* (10), Entdéckung *f*; Erkénnen *n* -s, Féststellen *n* -s; ~ле́ние резе́рвов die Áufdeckung [Erschlíeßung] von Resérven [-vən]; **~ля́ть** *см.* вы́явить

выявля́ться 1. *см.* вы́явиться; **2.** *страд.* offenbárt wérden

выясне́ние *с* Áufklärung *f* (10), Klárstellung *f*, Klärung *f*

вы́ясни||ть ergründen *vt*, klárstellen *отд. vt*, (áuf)klären *vt*, ins réine [kláre] bríngen*; **~ться** klárwerden* *отд. vi* (s), sich áufklären, sich heráusstellen; ins réine [kláre] kómmen*; sich erwéisen* (*оказаться*); ~лось, что он не винова́т es hat sich heráusgestellt, daß er únschuldig ist

выясня́ть *см.* вы́яснить; **~ся 1.** *см.* вы́ясниться; **2.** *страд.* áufgeklärt wérden (*ср.* вы́яснить)

вьетна́м||ец *м* Vietnamése [vǐɛt-] *m* (14); **~ка** *ж* Vietnamésin [vǐɛt-] *f* (12); **~ский** vietnamésisch [vǐɛt-]

вью́га *ж* Schnéesturm *m* (1*), Schnéegestöber *n* (6); Stöberwetter *n* -s

вьюк *м* Tráglast *f* (10), Last *f*

вьюн *м* **1.** (*рыба*) Schmérle *f* (11); Schlámmbeißer *m* (6); **2.** *перен.* (*о человеке, о животном*) Quirl *m* (1), Wírbelwind *m* (1); ◇ ви́ться о́коло кого́-л. ~о́м *разг.* um j-n (herúm)scharwénzeln; j-m den Hof máchen; **~о́к** *м бот.* Wínde *f* (11)

вьюч||и́ть beláden* *vt*; pácken *vt* (*нагружать*); **~ный** Last-, Pack-; ~ное живо́тное Lásttier *n* (2); ~ная ло́шадь Páckpferd *n* (2); ~ное седло́ Pácksattel *m* 6)

вью́шка *ж* Ófenklappe *f* (11)

вьющ||ийся 1. (*о растениях*) Schling-, ránkend; ránkig, ránkenartig; ~ееся расте́ние Schlíngpflanze *f* (11); **2.** (*о волосах*) lóckig, kraus, wéllig

вя́жущ||ий zusámmenziehend; **bíndend**; ~ее вещество́ [сре́дство] *мед.* Bíndemittel *n* (6)

вяз *м бот.* Úlme *f* (11)

вяза́ль||ный Strick-; ~ная спи́ца Strícknadel *f* (11); ~ный крючо́к Häkelnadel *f*; ~ное и трикота́жное произво́дство Strick- und Wírkwarenfabrikation *f*; **~щик** *м* **1.** (*трикотажа*) Strícker *m* (6), Wírker *m* (6); **2.** (*снопов*) Gárbenbinder *m* (6), Bínder *m*; **~щица** *ж* **1.** (*трикотажа*) Stríckerin *f* (12), Wírkerin *f* (12); **2.** (*снопов*) Gárbenbinderin *f* (12), Bínderin *f*

вяза́ние *с* **1.** (*трикотажа*) Strícken *n* -s; Häkeln *n* -s (*крючком*); **2.** (*снопов*) Gárbenbinden *n* -s, Bínden *n*

вяза́нка *ж* Bund *n* (2), Bündel *n* (6); ~ хво́роста ein Bündel Réisig

вя́зан||ый gestríckt, Strick-; ~ый жаке́т Stríckjacke *f* (11); ~ые изде́лия Stríckwaren *pl*

вяза́нье *с* (*изделие*) Stríckeréi *f* (10); Häkeléi *f* (10) (*крючком*)

вяза́ть I **1.** (*чулки и т. п.*) strícken *vt*; häkeln *vt* (*крючком*); **2.** (*снопы и т. п.*) bínden* *vt*

вяза́ть II (*быть вязким*) zusámmenziehen* *vt*; от э́того у меня́ **вя́жет** во рту das zieht mir den Mund zusámmen

вяза́ться 1. (*соответствовать*) zusámmenpassen *vi*; pássen *vi* (с чем-л. zu *D*); übereín¦stimmen *отд. vi*; его́ слова́ не вя́жутся с дела́ми séine Wórte und Táten stímmen miteinánder nicht übereín [réimen sich schlecht zusámmen]; э́то не вя́жется с его́ взгля́дами das verträgt sich nicht mit séinen Ánsichten; **2.** *страд.* gestríckt wérden; gehäkelt wérden; gebúnden wérden; ◇ де́ло не вя́жется *разг.* die Sáche klappt nicht

вя́зк||а *ж* **1.** (*трикотажа*) Strícken *n* -s; Häkeln *n* -s (*крючком*); **2.**: кру́пной ~и gróbgestrickt; маши́нной ~и maschínengestrickt; ручно́й ~и hándgestrickt; **3.** (*снопов и т. п.*) Bínden *n* -s

вя́з||кий zäh; díckflüssig, zähflüssig; klébrig (*липкий*); schlámmig (*тинистый*); súmpfig (*топкий*); *тех.* viskós [vɪs-]; **~кость** *ж* Zähigkeit *f*; Klébrigkeit *f*, Zähflüssigkeit *f* (*липкость*); Súmpfigkeit *f* (*топкость*); *тех.* Viskosität [vɪs-] *f*; **~нуть** éinsinken* *vi* (s); stéckenbleiben* *отд. vi* (s); колёса ~нут в грязи́ die Räder sínken in den Schlamm ein; ~нуть в зуба́х 1) in den Zähnen stéckenbleiben*; 2) *перен.* zum Hals heráushängen*

вязь *ж лингв.* (*в письме*) Zíerschrift *f* (10); Ligatúr *f* (10)

вя́лен||ие *с* Dörren *n* -s; **~ый** gedörrt, Dörr-; ~ое мя́со gedörrtes Fleisch, Dörrfleisch *n* -es; ~ая треска́ Klíppfisch *m* (1)

вя́лить dörren *vt*; **~ся 1.** dórren *vi* (s); ~ся на со́лнце in der Sónne dórren; **2.** *страд.* gedörrt wérden

вя́л||ость *ж* Schláffheit *f*, Wélkheit *f* (*о мускулах, коже*); Trägheit *f*, Lässigkeit *f* (*о человеке*); *мед.* Atoníe *f* (*кишок и т. п.*); **~ый 1.** schlaff, welk, sáft- und kráftlos (*о мускулах, коже и т. п.*); welk, verwélkt (*о цветах*); **2.** *перен.* träge; lässig; ~ая рабо́та träge Árbeit; ~ое настрое́ние fláue Stímmung; **3.** (*о человеке*) índolent, träge, lax, schlaff

вя́ну||ть wélken *vi* (s), verwélken *vi* (s); ◇ у́ши ~т *разг.* es ist nicht zum Ánhören

вя́щ||ий *уст.*, *теперь шутл.* größer, höher; к ~ей ра́дости zur größten Fréude; для ~его успе́ха um éines größeren Erfólges wíllen

Г

га *м* (*гекта́р*) ha (Héktar)

гаа́гский Háager *inv*

габарди́н *м* (*ткань*) Gabardine [gabar'di:n(ə)] *m* -s, *f*

габари́т *м* **1.** (*размеры*) Ábmessungen *pl*, Áußenabmessungen *pl*, Größe *f* (11); **2.** *ж.-д.* Dúrchfahrtsprofil *n* (2), Ládemaß (2), Ládeprofil *n*; ~ приближе́ния строе́ний Líchtraumprofil *n*, Verkéhrsprofil *n*

габари́тн||ость *ж* Máßhaltigkeit *f*; **~ый** Láde-, Áußenmaß-; ~ые воро́та *ж.-д.* Ládemaß *n* (2), Ládeprofil *n* (2); ~ый знак *авто* Umrándungszeichen *n* (7), Ábmaße *pl*

га́битус *м биол.*, *мед.* Hábitus *m* =, Gestált *f*; Äußere *sub n*; атлети́ческий ~ athlétische Gestált

габо́н||ец *м* Gabúner *m* (6); **~ский** gabúnisch

гава́||ец *м* Hawaiáner *m* (6); **~йский** Hawái-, hawáiisch; ~йская гита́ра Hawáiigitarre *f* (11)

гава́нск||ий Havanna- [-'va-]; ~ая сига́ра Havánnazigarre *f* (11), Havánna *f*, *pl* -s

га́ван||ь *ж* Háfen *m* (7*); во́льная ~ь Fréihafen *m*; вне́шняя ~ь Áußenhafen *m* (7*); вну́тренняя ~ь, речна́я ~ь Bínnenhafen *m*; незамерза́ющая ~ь éisfreier Háfen; торго́вая ~ь Hándelshafen *m*; лесна́я ~ь Hólzhafen *m*; перева́лочная ~ь Úmschlaghafen *m*, Úmschlagplatz *m* (1*); вход в ~ь Háfeneinfahrt *f*; войти́ в ~ь in éinen Háfen éinlaufen*; éinen Háfen éinlaufen* (*на короткое время*); вы́йти из ~и den Háfen verlássen*

гáвкать разг. béllen vi, kläffen vi

гавóт м муз. Gavotte [-'vɔ-] f (11)

гáга ж зоол. Éiderente f (11)

гагáра ж зоол. Táucher m (6), Stéißfuß m (1*); полярная ~ Éistaucher m; морскáя ~ Séetaucher m

гагáт м мин. Gagát m (1), Péchkohle f (11), Gagátkohle f

гагáчий Éider-; ~ пух Éiderdaunen pl

гад м 1. зоол. Reptíl n (2) (pl тж. -liien), Kriechtier n (2); 2. бран. Schéusal n (2)

гадáлка ж Wáhrsagerin f (12), Kártenlegerin f (12) (на картах)

гадáние с 1. (угадывание) Wáhrsagen n -s, Wáhrsagerei f; Kártenlegen n -s, Kártenschlagen n -s (на картах); ~ по рукé das Wáhrsagen aus Hándliniien, Chiromantíe f, Hándlesekunst f; 2. (догадка) Mútmaßung f (10); Vermútung f (10) (предположение)

гадáтельный 1. (служащий для гадания) zum Wáhrsagen díenend, Wáhrsage-; 2. vermútlich, mútmaßlich (предположительный); zwéifelhaft, frágwürdig (сомнительный)

гадáть 1. wáhrsagen неотд. vt, wéissagen неотд. vt; Kárten légen [schlágen*], aus Kárten wáhrsagen (на картах); 2. (предполагать) vermúten vt, mútmaßen неотд. vt, Mútmaßungen ánstellen; ◇ ~ на кофéйной гýще aus dem Káffeesatz orákeln; ~ на бобáх sich étwas an den Knöpfen ábzählen

гáдина ж 1. зоол. разг. Nátter f (11); 2. бран. Schéusal n (2)

гáдить разг. 1. (пачкать) besúdeln vt, beschmútzen vt; 2. (вредить) verdérben* vt, verpfúschen vt; pfúschen vi (портить)

гáдкий abschéulich, wíderlich, gárstig, ékelhaft, wídrig

гадли́в||ость ж Ékel m -s, Ábscheu m -s, f, Widerwillen m -s; **~ый**: ~ое чýвство см. гадли́вость

гадоли́ний м хим. Gadolínium n -s (хим. знак Gd)

гáдость ж разг. 1. Únflat m -(e)s, Únrat m -(e)s; 2. (о поступке) Geméinheit f (10), Níederträchtigkeit f (10), Únfläterei f (10); 3. (о словах) únanständige Réden, Zóten pl

гадю́ка ж 1. зоол. Ótter f (11), Víper ['vi:-] f (11); 2. бран. Schéusal n (2), giftige Nátter

гадю́чий: ~ лук бот. Tráubenhyazinthe f (11), Träubel n (6)

гáер м уст. Póssenreißer m (6), Hanswúrst m (1), Spáßvogel m (6*); **~ство** с уст. Póssenreißerei f, Spáßmacherei f; **~ствовать** уст. Póssen réißen*, den Hanswúrst spíelen

гáечный: ~ ключ тех. Schráubenschlüssel m (6), Mútterschlüssel m

газ I м 1. Gas n (2); баллóнный ~ Fláschengas n; болóтный ~ Súmpfgas n; веселя́щий ~ Láchgas n; выхлопнóй ~ Ábgas n, Áuspuffgas n; генерáторный ~ Generátorgas n, Lúftgas n; гремýчий ~ Knállgas n; ~ для бытовы́х нужд, городскóй ~ Städtgas n; дóменный ~ Gichtgas n, Hóchofengas n; инéртный ~ Édelgas n; нефтянóй ~ Érdölgas n, Petróleumgas n; отрабóтанный ~ Ábgas n; подъёмный ~ ав. Füllgas n; прирóдный ~ Érdgas n; Natúrgas n; промы́шленный ~ Industríegas n; рудни́чный ~ Grúbengas n, schlágende Wétter pl; свети́льный ~ Léuchtgas n; сжи́женный ~ Flüssiggas n; слезотóчи́вый ~ Tränengas n; угáрный ~ Stíckoxyd n (2); углеки́слый ~ Kóhlendioxyd n -(e)s; ядови́тый ~ Gíftgas n; отравлéние ~ом Gásvergiftung f (10); отрави́ть ~ом vergásen vt; на пóлном ~ý разг. mit Vóllgas; дать ~ авто разг. Gas gében*; сбáвить ~ авто разг. (das) Gas wégnehmen*, wéniger Gas gében*; 2. мн. гáзы мед. Gáse pl, Wínde pl, Blähung f (10)

газ II м (материя) Gáze [-zə] f (11), Séidengaze f

газгóльдер м тех. Gásbehälter m (6), Gásspeicher m (6), Gasométer m (6)

газéль I ж зоол. Gazélle f (11)

газéль II ж лит. G(h)asél n -s, -e, G(h)aséle f (11) (orientalische Gedichtform)

газéт||а ж Zéitung f (10), Blatt n (5); ежеднéвная ~а Tágeszeitung f; заводскáя ~а Betríebszeitung f; учи́тельская ~а Léhrerzeitung f; стеннáя ~а Wándzeitung f; вечéрняя ~а Ábendblatt n; бульвáрная ~а Revolverblatt [-'vɔlvər-] n; выпи́сывать ~у éine Zéitung abonníeren [bezíehen*]; появля́ться на страни́цах газéт in den Zéitungsspalten áuftauchen; **~ный** Zéitungs-; ~ный стиль Zéitungsstil m -(e)s; ~ные вы́резки Zéitungsausschnitte pl; ~ная кампáния Préssekampagne [-,panjə] f; ~ное сообщéние Zéitungsmeldung f (10), Préssemeldung f (10); ~ная замéтка Zéitungsnotiz f (10); ~ный киóск Zéitungsstand m (1*), Zéitungskiosk m (1); ~ная бумáга Zéitungspapier n -(-e)s; ~ный рабóтник Zéitungsmitarbeiter m (6); Journalíst [ʒur-] m (8); ~ное дéло Zéitungswesen n -s; **~чик** м 1. разг. (сотрудник газеты) Zéitungsmann m (4), Zéitungsmitarbeiter m (6); 2. уст. (продавец газет) Zéitungsverkäufer m (6), Zéitungshändler m (6); мáльчик-газéтчик Zéitungsjunge m (9)

газирóванн||ый gasíert, mit Kóhlensäure gesättigt; ~ая водá Sprúdelwasser n -s, Sódawasser n -s; Bráuse(limonade) f (11) (с сиропом)

гази́ровать gasíeren vt; mit Kóhlensäure sättigen (насыщать углекислотой)

газифи||кáция ж 1. (превращение в газ) Vergásung f; 2. (снабжение газом) Ánschluß m ans Gásnetz, Gásversorgung f; **~ци́ровать** 1. (превратить в газ) vergásen vt, zu Gas verárbeiten vt; 2. (снабдить газовой энергией) an das Gásnetz [an die Gásversorgung] ánschließen*, mit Gas versórgen

газоанализáтор м Gásanalysator m (13)

газобаллóн м Gásflasche f (11)

газобезопáсный горн. schlágwettersicher

газобензи́новый Gásbenzin-; ~ завóд Gásbenzinwerk n (2)

газобетóн м стр. Gásbeton [-,tɔŋ] m -s, -s

газови́к м разг. Gásarbeiter m (6), Árbeiter in der Gásindustrie

гáзово-пылевóй астр. Gásstaub-

газовщи́к м Gásinstallateur [-,tø:r] m -s

гáзов||ый I Gas-; ~ый завóд Gáswerk n (2); ~ое освещéние Gásbeleuchtung f; ~ый рожóк Gásanzünder m (6); ~ая плитá Gásherd m (1); Gáskocher m (6); ~ый счётчик Gásuhr f (10), Gásmesser m (6); ~ая атáка воен. Gásangriff m (1); ~ая тревóга Gásalarm m (1); ~ая свáрка Gásschweißen n -s, Autogénschweißen n; ~ый дви́гатель Gásmotor m -s, -en; ~ое месторождéние Gásvorkommen n (7)

гáзов||ый II (о ткани) Gáze- [-zə]; ~ое плáтье Gázekleid n (5)

газо||генерáтор м тех. Gáserzeuger m (6), Gásentwickler m (6), Gásgenerator m -s, -en; **~добы́тчик** м Árbeiter m der Gásförderung; **~дýвка** ж Gásgebläse n (6); **~кали́льный** тех. Gásglüh-; ~кали́льный свет Gásglühlicht n -es

газокáмера ж тех. Begásungsraum m (1*)

газоли́н м тех. Gasolín n -s

газо||мéр м тех. Gásuhr f (10), Gásmesser m (6); **~мéтр** м тех. Gasométer m (6), Gásbehälter m (6); **~мотóр** м тех. Gásmotor m -s, -en

газóн м Rásen m (7); коврóвый ~ Rásenteppich m (1)

газо||наполненный gásgefüllt; **~насы́щенный** gásgesättigt; **~непроницáемый** gásdicht

газонокоси́лка ж Rásenmähmaschine f (11), Rásenmäher m (6)

газо||нóсный геол. gásführend; **~обмéн** м Gásaustausch m -es; **~обрáзный** физ. gásförmig; ~обрáзное веществó gásförmiger Stoff; ~обрáзное состоя́ние gásförmiger Zústand; **~образовáние** с хим Gásbildung f, Gásentwicklung f; **~окýривание** с Áusräuchern n durch Gas, Begásen n -s; **~опáсный** воен. gásgefährdet, kámpfstoffgefährdet; **~определи́тель** м Gásanzeigegerät n (2); воен. Gásspürer m (6), Gásspürgerät n, Kámpfstoffanzeiger m (6); **~отвóд** м Gásabzug m (1*), Gásabzugsrohr n (2); **~охлади́тель** м Gáskühler m (6); **~очисти́тель** м Gásreiniger m (6), Gásfilter m, n (6); **~очи́стный** Gásreinigungs-; **~перекáчивающий**: ~перекáчивающая стáнция Gáspumpstation f (10); **~поглоти́тель** м Gétter m (6); **~подогревáтель** м Gásvorwärmer m (6); **~провóд** м Gásleitung f (10); магистрáльный ~провóд Férngasleitung f; **~провóдный** Gas-; Gásleitungs-; ~провóдная трубá Gásrohr n (2); ~провóдная сеть Gásleitungsnetz n (2); **~проницáемый** gásdurchlässig; **~разбры́згиватель** м см. газораспыли́тель; **~разря́дный** эл. Entládungs-; ~разря́дная лáмпа радио Entládungsröhre f (11); **~распределéние** с авто Motorsteuerung f; Spülung f (у двухтактного двигателя); **~распыли́тель** м Gászerstäuber m (6); **~рéзка** ж Gásbrennschneiden n -s, Brénnschneiden n; **~рéзчик** м Brénnschneider m (6); **~сбóрник** м Gássammler m (6), Gásaufnehmer m (6); **~свáрка** ж autogénes Schwéißen, Gásschweißen n -s; **~свáрщик** м Gásschweißer m (6), Autogénschweißer m; **~слáнцевый** Gásschiefer-; ~слáнцевый завóд Gásschieferwerk n (2); **~снабжéние** с Gásversorgung f; **~трóн** м радио Gásgleichrichter m (6), Gásgleichrichterröhre f (11); **~трýбный**: ~трýбный котёл тех. Gásrohrkessel m (6); **~турби́нный** Gásturbinen-; ~турби́нная электростáнция Gásturbinenkraftwerk n (2); **~турбовóз** м Gásturbinenlokomotive [-və] f (11), Gásturbinenlok f =, -s; **~турбохóд** м мор. Gásturbinenschiff n (2); **~убéжище** с Gásschutzunterstand m (1*), kámpfstoffsicherer Únterstand; **~улови́тель** м тех. Gásfang m (1*), Gásabscheider m (6); мет. Gichtgasfang m; **~хóд** м Gásabzug m (1*); **~храни́лище** с Gásbehälter m (6)

гаитя́н||ин м Haitiáner m (6); **~ка** ж Haitiánerin f (12); **~ский** haítisch, haitiánisch

гайáн||ец м Guyaner [gu'ja:-] m (6); **~ский** guyanisch [gu'ja:-]

гайдамá||ки мн. ист. Haidamáken pl; **~цкий** Haidamáken-

гайдрóп м ав. Schléppseil n (2), Schlépptau n (2)

га́йк||а *ж тех.* Schráubenmutter *f* (11), Mútter *f* (11); завинти́ть ~у die Mútter féstschrauben [ánziehen*]
гаймори́т *м мед.* Óberkieferhöhlen-entzündung *f* (10)
га́йморов: ~а по́лость *анат.* Óberkieferhöhle *f* (11), Highmorshöhle [ˈhaɐ-] *f*
гак I *м мор.* Háken *m* (7)
гак II *м разг.*: с ~ом (étwas) über...; два́дцать лет с ~ом (étwas) über zwánzig Jáhre
гала́ *театр.*: ~-представле́ние Gálavorstellung *f* (10), Féstvorstellung *f*; спекта́кль-~ Féstschauspiel *n* (2)
гала́ктика *ж астр.* Mílchstraßensystem *n* (2), Galáxis *f*, *pl* Galaxí¦en
галакти́ческий *астр.* galáktisch
галакто́за *ж хим.* Galaktóse *f*
галакто́метр *м* Galaktométer *n* (6) (*разг. m*), Mílchmesser *m* (6), Mílchwaage *f* (11); Galaktoskóp *n* (2)
галали́т *м тех., хим.* Galalíth *n* -(e)s
галантере́йный Galanteríe-; Kúrzwaren-; Pútz- und Schmúckwaren-; ~ магази́н Galanteríewarenhandlung *f* (10), Kúrzwarenhandlung *f*, Pútz- und Schmúckwarenhandlung *f*, Pútz- und Schmúckwarenladen *m* (7*)
галантере́я *ж* Galanteríewaren *pl*, Kúrzwaren *pl*, Pútz- und Schmúckwaren *pl*
гала́нтн||ость *ж* Galanteríe *f*, höfliches [galántes] Betrágen, Höflichkeit *f* (gégen Fráuen); ~**ый** galánt, höflich; zuvórkommend (*предупредительный*)
гала́-представле́ние *с* Gálavorstellung *f* (10)
галдёж *м разг.* Geschréi *n* -s, Halló *n* -s, -s
галде́ть *разг.* schréien* *vi*, lärmen *vi*; randalíeren *vi*
галени́т *м мин.* Galenít *n* -s, Bléiglanz *m* -es
гале́нов: ~ы препара́ты *фарм.* galénische Zúbereitungen *pl*
гале́р||а *ж ист.* Galéere *f* (11); сосла́ть на ~ы zu éiner Galéerenstrafe verúrteilen, auf die Galéeren schícken
галере́я *ж* **1.** Galeríe *f* (11); Gang *m* (1*); кры́тая ~ Wándelhalle *f* (11), Wándelgang *m*; **2.:** карти́нная ~ Bíldergalerie *f* (11), Gemäldegalerie *f*; **3.** *гидр., горн., воен.* Gang *m* (1*), Stóllen *m* (6); подзе́мно-ми́нная ~ miníerter Stóllen
галёрка *ж разг.* **1.** Óbergalerie *f* (11); Olymp *m* -s (*шутл.*); **2.** (*публика*) die Galeríe, Galeríepublikum *n* -s
гале́та *ж* Dáuerbrot *n* (2), Schíffszwieback *m* (1*), Hártbrot *n*
га́лечник *м геол.* Geróllboden *m* -s
галимать||я́ *ж разг.* Galimathías *m* =, dúmmes Zeug, Únsinn *m* -es, Kohl *m* -es; нести́ ~ю́ dúmmes Zeug [Únsinn] verzápfen; schwätzen *vi*
галифе́ *мн.* Réit¦hose *f* (11), Réit¦hosen *pl*, Stíefelhose *f* (11), Stíefelhosen *pl*
га́лка *ж* Dóhle *f* (11); ◇ счита́ть га́лок 1) (*ротозейничать*) Máulaffen féilhalten* *отд.*; 2) (*бездельничать*) Däumchen dréhen, auf der fáulen Haut líegen*
галл *м ист.* Gálli¦er *m* (6)
га́ллий *м хим.* Gállium *n* -s (*хим. знак* Ga)
галлици́зм *м лингв.* Gallizísmus *m* =, -men
га́ллов||ый: ~ая кислота́ *хим.* Gállussäure *f*
галло́н *м* Gallóne *f* (11)
га́лльский *ист.* gállisch
галлюцин||а́ция *ж* Halluzinatión *f* (10), Sínnestäuschung *f* (10); Trúgbild *n* (5); вкусова́я ~а́ция Geschmáckstäuschung *f*; зри́тельная ~а́ция óptische Täuschung, Gesíchtshalluzination *f*; обоня́тельная ~а́ция Gerúchstäuschung *f*; слухова́я ~а́ция Gehörtäuschung *f*; ~**и́ровать** halluziníeren *vi*
гало́ *с астр., метеор.* Hálo *m* -s, *pl* -s *u* Halónen, Hof *m* (1*), Ring *m* (1); ~ вокру́г луны́ Móndhalo *m*, Móndhof *m*
галоге́н *м хим.* Halogén *n* (2)
гало́иды *мн. хим.* Haloiíde *pl*
гало́п *м* **1.** (*аллюр*) Galópp *m* (1) (*pl тж.* -s); **2.** (*танец*) Galópp *m* (1) (*pl тж.* -s); ~**и́ровать** galoppíeren *vi* (s), im Galópp réiten*
гало́пом *нареч.* im Galópp; *перен.* sehr schnell
галофи́т *м* Sálzpflanze *f* (11), Halophýt *m* (8)
га́лоч||ий Dóhlen-; ~ье гнездо́ Dóhlennest *n* (5)
га́лочк||а *ж* (*пометка*) Háken *m* (7), Häkchen *n* (7); ста́вить ~и ábhaken *vt*
гало́ши *мн.* (*ед.* гало́ша) Galóschen *pl* (*sg* Galósche *f*), Gúmmischuhe *pl* (*sg* Gúmmischuh *m*), Überschuhe *pl*
галс *м мор.* **1.** (*курс судна*) Hals *m* -es, -en; перемени́ть ~ Hálsen ändern; **2.** (*линия пути*) Gang *m* (1*), Schlag *m* (1*); **3.** (*снасть*) Hálse *f* (11)
га́лстук *м* Krawátte *f* (11), Schlips *m* (1); пионе́рский ~ Pioníerhalstuch *n* (5)
га́лстучник *м зоол.* Sándregenpfeifer *m* (6)
га́лтель *м стр., маш.* Hóhlkehle *f* (11), Kéhle *f*; Áusrundung *f* (10)
галу́н *м* Trésse *f* (11), Lítze *f* (11)
галу́шка *ж кул.* kléiner Méhlkloß (*in Suppe oder Milch gekocht*)
галчо́нок *м* kléine [júnge] Dóhle
гальваниз||а́ция *ж* Galvanisíerung [-va-] *f*; ~**и́ровать** galvanisíeren [-va-] *vt*
гальван||и́зм *м* Galvanísmus [-va-] *m* =; ~**и́ческий** galvanisch [-ˈvaː-]; ~и́ческий ток galvánischer Strom
гальва́но *с полигр.* Galvano [-ˈvaː-] *n* -s, -s
гальвано́||метр *м физ.* Galvanométer [galvano-] *n* (6); ~**пла́стика** *ж тех.* Galvanoplástik [-va-] *f*; ~**ско́п** *м физ.* Galvanoskóp [-va-] *n* (2); ~**сте́гия** *ж хим., тех.* Galvanostegíe [-va-] *f*; ~**терапи́я** *ж мед.* Galvanotherapíe [-va-] *f*; ~**те́хника** *ж* Galvanotéchnik [-va-] *f*; ~**ти́пия** *ж полигр.* Galvanotypíe [-va-] *f*
га́лька *ж* Kíesel *m* (6), Úferkiesel *m*, Kíeselsteine *pl*, Geröll *n* -s; морска́я ~ maríner Úfergeröll
гальюн *м мор.* Klosétt *n* -s, -s, Ab¦órt *m* (1) (*auf einem Schiff*)
гам *м разг.* Lärm *m* -(e)s; шум и ~ Héidenlärm *m*
гамадри́л *м зоол.* Mántelpavian [-,viaːn] *m* (1)
гама́к *м* Hängematte *f* (11); пове́сить ~ die [éine] Hängematte áufspannen [áufhängen]
гама́ши *мн.* (*ед.* гама́ша) Gamáschen *pl* (*sg* Gamásche *f*)
гамби́||ец *м* Gámbi||er *m* (6); ~**йский** gámbisch
гамби́т *м шахм.* Gambít *n* -s, -s
га́мм||а I *ж* **1.** *муз.* Tónleiter *f* (11); игра́ть ~ы Tónleitern spíelen; **2.** *перен.* Skála *f*, *pl* -len *u* -s; ~а цвето́в Fárbenskala *f*, Zusámmenstellung von Fárben, Fárbenpalette *f* (11)
га́мма II *ж* (*буква*) Gámma *n* = *u* -s, -s; ~**-акти́вность** *ж яд. физ.* Gámma-Aktivität [-vi-] *f*; ~**-аппара́т** *м* Kóbaltkanone *f* (11), Rádiumkanone *f*; ~**-глобули́н** *м* Gámmaglobulin *n* (2); ~**-излуча́тель** *м* Gámmastrahler *m* (6); ~**-излуче́ние** *с яд. физ.* Gámmastrahlung *f* (11), Gámma¦emission *f*; ~**-лучи́** *мн. физ.* Gámmastrahlen *pl*; ~**-радиоакти́вность** *см.* га́мма-акти́вность; ~**-устано́вка** *ж* Gámmastrahlenkanone *f* (11)
га́нглий *м* **1.** *анат.* Gánglion *n* -s, -li¦en, Nérvenknoten *m* (7); **2.** *мед.* Überbein *n* -(e)s
гангре́н||а *ж мед.* Gangräne *f* (11), Gangrän *n* (1), Brand *m* (1*); га́зовая ~а Gásbrand *m*, Gásödem *n* (2), Gásphlegmone *f* (11); гни́лостная ~а Fáulbrand *m*, Verjáuchung *f* (10), Fäulnisbrand *m*; госпита́льная ~а Wúndbrand *m*; ~**о́зный** *мед.* gangränös, brándig
га́нгстер *м* Gangster [ˈgɛŋ-] *m* (6)
гангстери́зм *м* Gangsterunwesen [ˈgɛŋ-] *n* -s
га́нгстер||ский Gangster- [ˈgɛŋ-]; ~**ство** *с см.* гангстери́зм
гандбо́л *м* Hándball *m* -(e)s
гандболи́ст *м* Hándballspieler *m* (6); Hándballer *m* (6) (*разг.*)
гандика́п *м* Handikap [*англ.* ˈhændikæp] *n* -s, -s, Vórgabespiel *n* (2); Vórgaberennen *n* (7) (*скачки*)
га́ндшпуг *м мор.* Hébebaum *m* (1*)
га́нец *м* Ghanaer [ˈgaː-] *m* (6)
га́нский ghana¦isch [ˈga-], ghanésisch
ганте́ль *ж спорт.* Hántel *f* (11)
гаоля́н *м бот.* Móhrenhirse *f*
гаплогра́фия *ж лингв.* Haplographíe *f*
гаплоло́гия *ж лингв.* Haplologíe *f*, Sílbendissimilation *f*
гара́ж *м* Garáge [-ʒə] *f* (11); Fáhrzeughalle *f* (11) (*многоместный*); многоя́русный ~ Hóchgarage *f*; подзе́мный ~ Tíefgarage *f*; ста́вить маши́ну в ~ das Áuto in die Garáge stéllen; das Áuto garagieren [-ˈʒiːrən] (*австр., швейц.*)
гара́жно-строи́тельный: ~ кооперати́в Garágenbaugemeinschaft [-ʒən] *f* (10)
гара́нт *м* Garánt *m* (8), Bürge *m* (9), Gewährsmann *m* (4) (*pl тж.* -leute)
гарант||и́йный Garantíe-, Bürgschafts-; ~и́йный догово́р Garantíevertrag *m* (1*); ~и́йное письмо́ Garantíeschreiben *n* (7), Garantíebrief *m* (1); ~и́йный срок Garantíefrist *f* (10); Garantíezeit *f* (10); ~и́йная мастерска́я Vertrágswerkstatt *f*, *pl* -stätten; ~**и́ровать** garantíeren *vt*, gewährleisten *неотд. vt*, háften *vi*, bürgen *vi*, Bürgschaft léisten (что-л. für *A*)
гара́нт||ия *ж* Garantíe *f* (11); Garantíeübernahme *f*, Garantíeverpflichtung *f*, Sícherheit *f* (10); Garantíeschein *m* (1) (*документ*); Bürgschaft *f* (10) (в чём-л. für *A*); без ~ии óhne Gewähr, únverbürgt
гардемари́н *м уст.* Séekadett *m* (8)
гарде́ния *ж бот.* Gardéni¦e *f* (11)
гардеро́б *м* **1.** (*шкаф*) Garderóbenschrank *m* (1 *), Kléiderschrank *m*; **2.** (*помещение*) Garderóbe *f* (11), Kléiderablage *f* (11); **3.** (*платье*) Garderóbe *f* (11), Kléidung *f* (10); ~**ная** *ж см.* гардеро́б 2
гардеро́бщик *м* Garderobier [*фр.* -ˈbieː] *m* -s, -s; ~**щица** *ж* Garderóbenfrau *f* (10), Garderobiere [*фр.* -ˈbiɛːrə] *f* (11)
гарди́на *ж* Gardíne *f* (11), Fénstervorhang *m* (1*), Vórhang *m*
гарди́нный Gardínen-; ~ тюль Gardínentüll *m* (1)
га́рев||ый: ~ая доро́жка Áschenbahn *f* (10)
гаре́м *м* Hárem *m* -s, -s
гарибальди́йцы *мн. ист.* Garibáldikämpfer *pl*, Garibaldiáner *pl*

га́ркать, га́ркнуть *разг.* **1.** laut schréien*; **2.:** ~ на кого́-л. j-n ánschreien* [ánfahren*, ánranzen]

гармониз||а́ция *ж муз.* Harmonisíerung *f* (10); **~и́ровать** *муз.* harmonisíeren *vt*

гармо́ник||а *ж* **1.** (*музыкальный инструмент*) Harmónika *f*, *pl* -s, Zíehharmonika *f*; Schífferklavier [-,vi:r] *n* (2) (*разг.*); губна́я ~а Múndharmonika *f*; **2.:** ~ой in Fálten; сложи́ть ~ой in Fálten légen

гармони́ровать harmoníeren *vt*, übereínstimmen *vi*; (zusámmen)pássen *vi*

гармони́ст I *м* (*играющий на гармонике*) Zíehharmonikaspieler *m* (6)

гармони́ст II *м* (*композитор*) Méister der Harmoníe

гармони́ч||еский **1.** (*гармоничный*) harmónisch, übereínstimmend; **2.** *муз.* wóhlklingend, harmónisch; **~ный** harmónisch, voll Harmoníe, wóhlklingend

гармо́ния I *ж* **1.** (*благозвучие*) Harmoníe *f* (11), Wóhlklang *m* (1*); **2.** (*согласованность*) Übereínstimmung *f* (10), Éinklang *m* -(e)s, Éintracht *f*; ~ интере́сов Interéssenharmonie *f*, Übereínstimmung *f* der Interéssen; **3.** *муз.* (*теория*) Harmoníelehre *f*, Harmónik *f*

гармо́ния II *ж разг. см.* гармо́ника 1

гармо́нь *ж разг. см.* гармо́ника 1

гармо́шка *ж разг. см.* гармо́ника

гарнизо́н *м воен.* Besátzung *f* (10) (*крепости*); Garnisón *f* (10), Stándort *m* (1) (*города*); нача́льник ~а Stándortälteste *m* (14); **~ный** Stándort-; Garnisón(s)-; ~ная слу́жба Stándortdienst *m* -es, Garnisóndienst *m* -es

гарни́р *м кул.* Béilage *f* (11), Zúkost *f* (10); овощно́й ~ Gemüsebeilage *f*; с ~ом garníert; **~ова́ть** garníeren *vt*

гарниту́р *м* Garnitúr *f* (10), Satz *m* (1*); ~ ме́бели Möbelgarnitur *f*; ~ бельё Wäschegarnitur *f*

гарниту́ра *ж полигр.* Schríftgarnitur *f* (10)

га́рн||ый: ~ое ма́сло *уст.* Brénnöl *n* -(e)s

га́рпия *ж миф.* Harpýi!e *f* (11)

гарпу́н *м мор., охот.* Harpúne *f* (11); бить ~о́м harpuníeren *vt*

гарпунёр *м см.* гарпу́нщик

гарпу́н||ить harpuníeren *vt*; **~ный** Harpúnen-; ~ная пу́шка Harpúnengeschütz *n* (2), Harpúnenkanone *f* (11); **~щик** *м* Harpuníer *m* (1), Harpuníerer *m* (6)

гарт *м полигр.* Létternmetall *n* -(e)s, Schríftblei *n* -(e)s; Hártblei *n* (*гартблей*)

га́рус *м* Wóllgarn *n* -(e)s; Stíckwolle *f*; вы́шивка ~ом Wóllstickerei *f* (10)

гарцева́ть Réiterkunststücke vórführen

гарь *ж* **1.** Brándgeruch *m* -(e)s; па́хнет ~ю es riecht brándig [nach Brand]; **2.** (*остатки перегоревшего угля*) Stéinkohlenasche *f* (11); **3.** *лес.* Brándstelle *f* (11) (*im Wald*)

гаси́тель *м*: ~ колеба́ний *тех., муз.* Schwíngungsdämpfer *m* (6)

гаси́ть löschen *vt*, áuslöschen *vt*; áusschalten *vt*, ábdrehen *vt* (*электричество, газ*); dämpfen *vt* (*колебания*); ~ свет [свечу́] das Licht áuslöschen; ◇ ~ и́звесть Kalk löschen

га́сн||уть erlöschen* *vi* (s); verlöschen* *vi* (s); áusgehen* *vi* (s); электри́чество ~ет das eléktrische Licht geht aus; си́лы ~ут die Kräfte versíegen

гастр||и́т *м мед.* Gastrítis *f*, Mágenschleimhautentzündung *f* (10); **~и́ческий** *мед.* gástrisch

гастролёр *м* **1.** *театр.* Gástspieler *m* (6); Gástsolist *m* (8); **2.** *перен. разг.* Gelégenheitsarbeiter *m* (6)

гастро́||ли *мн.* Gástspiel *n* (2), Gástrolle *f* (11); выезжа́ть на ~ли éine Gástspielreise unternéhmen*, eine Tournee [tur'ne:] unternéhmen*, auf Tournee géhen*; прие́хать на ~ли в Берли́н ein Gástspiel in Berlín gében*; догово́р на ~ли Gástspielvertrag *m* (1*); **~ли́ровать** gastíeren *vi*, als Gast áuftreten*; *перен. разг.* éine Gástrolle gében*; **~льный** Gástspiel-; ~льная пое́здка Tournee [tur'ne:] *f*, *pl* -s; ~льный спекта́кль Gástvorstellung *f* (10)

гастроно́м *м* **1.** (*гурман*) Féinschmekker *m* (6); **2.** (*специалист по гастрономии*) Gastronóm *m* (8), Gáststättenfachmann *m* -(e)s, *pl* -leute; **3.** (*магазин*) Delikatéssenhandlung *f* (10), Féinkosthandlung *f*, Féinkostverkaufsstelle *f* (11), Delikatéssengeschäft *n* (2), Lébensmittelgeschäft *n*

гастрономи́ческий gastronómisch

гастроно́мия *ж* **1.** (*понимание тонкостей кулинарного искусства*) Gastronomíe *f*; **2.** (*товары*) Delikatéßwaren *pl*, Féinkost *f*, Féinkostartikel *pl*; ры́бная ~ Físchdelikatessen *pl*

гастро||ско́п *м мед.* Mágenspiegel *m* (6), Gastroskóp *n* (2); **~скопи́я** *ж мед.* Gastroskopíe *f*, Mágenspiegelung *f*; **~энтери́т** *м мед.* Gastroenterítis *f*; Mágen-Dárm-Entzündung *f* (10)

гати́ть mit Faschínen belégen, mit Réisigbündeln áusfüllen

гать *ж* Faschínenweg *m* (1); Knüppeldamm *m* (1*) (*бревенчатая*)

га́уб||ица *ж воен.* Haubítze *f* (11); **~и́чный** Haubítz(en)-; ~и́чная батаре́я Haubítzenbatterie *f* (11)

гауптва́хта *ж воен.* Arréstanstalt *f* (10)

га́усс *м эл. от собств.* Gauß *n* =, = (*знак* G)

га́фель *м мор.* Gáffel *f* (11)

га́фний *м* Háfnium *n* -s (*хим. знак* Hf)

гаше́ние *с* Löschen *n* -s, Áuslöschen *n*; Dämpfen *n* -s (*колебаний*); ◇ ~ и́звести Kálklöschen *n*

гашён||ый gelöscht; ~ая и́звесть gelöschter Kalk; ~ая почто́вая ма́рка gestémpelte Briefmarke

гаши́ш *м* Háschisch *m*, *n* =

га́шпиль *м кож.* Háspel *f* (11), *m* (6)

гвалт *м разг.* Lärm *m* -(e)s, Héidenlärm *m*, Höllenlärm *m*; подня́ть ~ Lärm máchen

гвард||е́ец *м* Gardíst *m* (8); **~е́йский** Gárde-

гва́рдия *ж* Gárde *f* (11); ◇ Кра́сная ~ *ист.* die Róte Gárde; ста́рая ~ die álte Gárde; молода́я ~ die júnge Gárde

гватема́лец *м* Guatemaltéke *m* (14)

гватема́льский guatemaltékisch

гвине́||ец *м* Guiné!er [gi-] *m* (6); **~йский** guiné!isch [gi-]

гвозди́ка I *ж* (*цветок*) Nélke *f* (11)

гвозди́ка II *ж* (*пряность*) Gewürznelken *pl*, Nélken *pl*; ~ в порошке́ gemáhlene Nélken

гвозди́льн||ый Nágel-; ~ый заво́д Nágelfabrik *f* (10), Nágelwerk *n* (2); ~ая маши́на Nágelmaschine *f* (11), Stíftmaschine *f*

гвозди́чные *сущ. мн.* Nélkengewächse *pl*

гвозди́чн||ый Nélken-; ~ое ма́сло Nélkenöl *n* -(e)s

гвоздодёр *м* Nágel(aus)zieher *m* (6), Nágelheber *m* (6), Nágelzange *f* (11), Kláuenhammer *m* (6)

гвозд||ь *м* Nágel *m* (6*); сапо́жный ~ь Schústerstift *m* (1), Schústernagel *m*; Täcks *m* (1), Täks *m*; шля́пка ~я́ Nágelkopf *m* (1*); ко́стный ~ь *мед.* Knóchennagel *m*; кро́вельный ~ь Dáchnagel *m*, Páppnagel *m*, Páppstift *m*; подко́вный ~ь Húfnagel *m*; оби́ть ~я́ми mit Nägeln beschlágen*; подби́тый ~я́ми (*об обуви*) mit Zwécken beschlágen [genágelt]; прибива́ть ~я́ми nágeln *vt*, ánnageln *vt*; заби́ть ~я́ми vernágeln *vt*; ◇ ~ь сезо́на Zúgstück der Saison [zɛ'zɔŋ]; Clou [klu:] *m* -s, -s; и никаки́х ~е́й! und damít básta!, kéinen Wíderspruch!, kéine Wíderrede!, erlédigt!

где *нареч.* wo; ~ ни wo... auch; ~ бы то ни́ бы́ло gleichvíel wo, wo ímmer, wo es auch sein mag; ◇ ~ ему́ быть писа́телем! was ist er schon für ein Schríftsteller!, dér soll ein Schríftsteller sein!

где́-либо, где́-нибудь, где́-то írgendwó

Ге́ба *ж миф.* Hébe *f*

гебра||и́зм *м лингв.* Hebraị́smus *m* =, -men; **~и́ст** *м лингв.* Hebraíst *m* (8); **~и́стика** *ж лингв.* Hebraístik *f*

гегелья́н||ец *м филос.* Hegeliáner *m* (6); **~ский** *филос.* hegeliánisch, hégelsch; **~ство** *с филос.* Hegeliánertum *n* -(e)s

гегемо́н *м* Hegemón *m* (1)

гегемони́стский hegemonístisch

гегемо́ния *ж* Hegemoníe *f* (11), Führerrolle *f* (11), Führerschaft *f*; ~ пролетариа́та die Hegemoníe des Proletariáts

гедон||и́зм *м филос.* Hedonísmus *m* =; **~и́ст** *м филос.* Hedóniker *m* (6); **~и́ческий** *филос.* hedonístisch

гее́нна *ж рел.* Hölle *f*; Gehénna *f*

гезе́нк *м горн.* Gesénk *n* (2), Blíndschacht *m* (1)

гей *межд. разг.* **1.** (*оклик*) he!, halló!; **2.** (*возглас, которым погоняют лошадей*) hui!

ге́йзер *м* Géiser *m* (6)

гейзери́т *м геол.* Geyserít *m* (1), Kíeselsinter *m* (6)

ге́йша *ж* Geisha ['ge:ʃa] *f*, *pl* -s

гекато́мба *ж* Hekatómbe *f* (11), Mássenopfer *n* (6); *перен. тж.* Mássenschlächterei *f* (10)

гекза́метр *м лит.* Hexámeter *m* (6)

гексаго́н *м мат.* Hexagón *n* (2), Séchseck *n* (2); **~а́льный** hexagonál, séchseckig

гекса́эдр *м мат.* Hexaéder *n* (6), Séchsflach *n* (2), Würfel *m* (6)

гексо́д *м эл., радио* Hexóde *f* (11); Séchspolröhre *f* (11)

гекта́р *м* (*сокр.* га) Héktar *n* (2), *разг.* *m* (1) (*после числ.* *pl*=) (*сокр.* ha); Hektáre *f* (11) (*швейц*); три ~а drei Héktar; с ~а je Héktar (*сокр.* je ha); со́рок це́нтнеров зерновы́х с гекта́ра víerzig Dézitonnen (40dt) Getréide pro Héktar

гектова́тт *м* Héktowatt *n* (2) (*сокр.* hw)

гекто́граф *м* Hektográph *m* (8); **~и́ровать** hektographíeren *vt*; **~и́ческий** hektográphisch, Hektográphen-; ~и́ческие черни́ла Hektográphentinte *f* (11)

гекто||ли́тр *м* Héktoliter *n* (6) (*разг.* *m*); **~ме́тр** *м* Héktometer *n* (6) (*разг.* *m*)

ге́лий *м* Hélium *n* -s (*хим. знак* He)

гелико́н *м муз.* Hélikon *n* -s, -s

геликопте́р *м см.* вертолёт

гелиобиоло́гия *ж* Heliobiologíe *f*

гелиоводонагрева́тель *м* mit Sónnenenergie betríebener Wássererhitzer

гелиогравю́ра *ж полигр.* Heliogravüre [-'vy:-] *f* (11), Kúpferlichtdruck *m* (1)

гелио́граф *м* Heliográph *m* (8); *воен.* Líchtsignalgerät *n* (2), Blínkgerät *n*

гелиогра́фия *ж астр.* Heliographíe *f*

гелиоко́мплекс *м* Soláranlage *f* (11), Sónnenkraftanlage *f*

гелио́метр *м астр.* Heliométer *n* (6)
гелиометри́ческ||ий: ~ая электростанция Sónnenkraftwerk *n* (2), Sónnenkraftanlage *f* (11)
гелио||сва́рка *ж* Schwéißen *n* -s mit Sónnenenergie; **~ско́п** *м астр.* Helioskóp *n* (2), Sónnenfernrohr *n* (2); **~ста́нция** *ж* Solárkraftwerk *n* (2); **~ста́т** *м астр.* Heliostát *m* (7); **~терапи́я** *ж мед.* Heliotherapíe *f*, Behándlung *f* mit Sónnenlicht
гелиотро́п *м бот., мин.* Heliotróp *n* (2); **~и́зм** *м бот.* Heliotropísmus *m* =, Sónnenwendigkeit *f*
гелиоустано́вка *ж*; энергети́ческая ~ Sónnenenergieanlage *f* (11)
гелиоцентри́ческ||ий heliozéntrisch; ~ая систе́ма *астр.* heliozéntrisches Wéltsystem
гелиоэнерге́тика *ж* Solárenergetik *f*
гелофи́ты *мн. бот.* Súmpfpflanzen *pl*, Helophýten *pl*
гельми́нт||о́з *м мед.* Helminthíasis *f*, Wúrmkrankheit *f* (10); **~о́лог** *м биол.* Helminthológe *m* (9)
гельминтоло́гия *ж биол.* Helminthologíe *f*, Würmerkunde *f*
гельми́нты *мн.* Helmínthen *pl*, Éingeweidewürmer *pl*
гемати́н *м физиол.* Hämatín *n* -s
гемати́т *м мин.* Hämatít *m* -s, Róteisenstein *m* (1), Róteisenerz *n* (2)
гематоге́н *м фарм.* Hämatogén *n* -s
гемато́лог *м мед.* Hämatolog(e) *m* (8, 9)
гематологи́ческий *мед.* hämatológisch
гемато́ма *ж мед.* Hämatóm *n* (2), Blúterguß *m* -sses, -güsse
гемина́ция *ж лингв. см.* удвое́ние
гемисфе́ра *ж* Hemisphäre *f* (11), Hálbkugel *f* (11)
ге́мма *ж иск.* Gémme *f* (11)
гемоглоби́н *м физиол.* Hämoglobín *n* -s
гемо́лиз *м мед.* Hämolýse *f*
геморроида́льн||ый *мед.* hämorrhoidál; ~ая ши́шка Hämorrhoidálknoten *m* (7)
геморро́й *м мед.* Hämorrhoíden *pl*; **~ный** *мед.* hämorrhoidál
гемотерапи́я *ж мед.* Hämotherapíe *f*
гемофи́лик *м мед.* Blúter *m* (6)
гемофили́я *ж мед.* Hämophilíe *f*; Blúterkrankheit *f*
ген *м биол.* Gen *n* (2) (*б. ч. pl*); взаимоде́йствие ~ов Géninteraktion *f*
генеалоги́ческий genealógisch
генеало́гия *ж* Genealogíe *f* (11); Stámmbaum *m* (1*)
ге́незис *м* **1.** (*возникнове́ние*) Génesis *f*, Wérden *n* -s, Entstéhung *f*; **2.** (*история зарождения*) Entstéhungsgeschichte *f*
генера́л *м* Generál *m* (1, 1*); ~ а́рмии Arméegeneral *m*
генера́л-адъюта́нт *м ист.* Generáladjutant *m* (8)
генера́л-губерна́тор *м ист.* Generálgouverneur [-guvɛr,nø:r] *m* (1)
генерали́ссимус *м* Generalíssimus *m* =, *pl* -mi *u* -musse
генералите́т *м собир.* Generalität *f*
генера́л||-квартирме́йстер *м ист.* Generálquartiermeister *m* (6); **~-лейтена́нт** *м* Generálleutnant *m* (1); **~-майо́р** *м* Generálmajor *m* (1); **~-полко́вник** *м* Generáloberst *m* (8); **~-фельдма́ршал** *м ист.* Generalféldmarschall *m* (1*)
генера́льн||ый Generál-; Haupt-; ~ая ли́ния па́ртии Generállinie der Partéi; ~ая ассамбле́я Vóllversammlung *f* (10); ~ый план Generálplan *m* (1*); ~ый штаб *воен.* Generálstab *m* (1*); ~ое сраже́ние Háuptschlacht *f* (10); ~ый ко́нсул Generálkonsul *m* (13); ~ые шта́ты *ист.* Generálstaaten *pl*; ~ая репети́ция Generálprobe *f* (11), Háuptprobe *f*
генерати́вн||ый *биол.* generatív, kéimbildend; ~ая грамма́тика *лингв.* generatíve [-və] Grammátik
генера́тор *м тех.* Generátor *m* -s, -tóren, Strómerzeuger *m* (6); *авто* Líchtmaschine *f* (11); Dynámo *m* = *u* -s, -s (*у велосипеда*); ~ поме́х *радио* Störsender *m* (6); авари́йный ~ Nótstromgenerator *m*; задаю́щий ~ Stéuersender *m*, Stéuerstufe *f* (11); вызывно́й ~ *свз.* Rúfmaschine *f*; ква́нтовый ~ Quántenoszillator *m* (13); ~ постоя́нного то́ка *эл.* Gléichstromgenerator *m*; ~ переме́нного то́ка Wéchselstromgenerator *m*; **~ный** Generátor-; ~ный газ Generátorgas *n* -es; ~ные ла́мпы Generátorröhren *pl*
генера́ция *ж* **1.** *биол.* Generatión *f*, Náchkommenschaft *f*; **2.** (*произво́дство*) Erzéugung *f*; ~ па́ра Dámpferzeugung *f*
гене́тик *м* Genétiker *m* (6)
гене́т||ика *ж* Genétik *f* (10); **~и́ческий** genétisch, érblich bedíngt
гениа́льн||ость *ж* Genialität *f*; **~ый** geniál
ге́ний *м* **1.** (*творческая способность*) Genie [*фр.* ʒe'ni:] *n* -s, -s, Schöpferkraft *f*; **2.** (*великий человек*) Genie *n* -s, -s, geniáler Mensch; ◇ до́брый ~ Génius *m* =, -nien, Schútzgeist *m* (4); злой ~ böser Geist; непри́знанный ~ verkánntes Genie
генита́лии *мн. анат.* Genitálien *pl*, Geschléchtsteile *pl*
генити́в *м грам.* Génitiv *m* (1)
ге́нн||ый Gen-; ~ая инжене́рия Géntechnik *f*; ~ая мута́ция Génmutation *f*
геногеогра́фия *ж* Genogeographíe *f*
гено||ти́п *м биол.* Genotýpus *m* =, -pen, Érbbild *n* (5); **~фо́нд** *м биол.* Érbmasse *f*
геноци́д *м* Völkermord *m* -(e)s; Genozíd *n* (1) (*pl тж.* -dien)
генподря́дчик *м* Generálauftragnehmer *m* (6)
ге́нри *м эл.* Hénry [-ri] *n* =, =
генуэ́зец *м* Genuése *m* (9), Genuéser *m* (6)
генуэ́зский genuésisch, Genuéser *inv*
геншта́б *м* (генера́льный штаб) Generálstab *m* (1*); **~и́ст** *м* Generálstábler *m* (6)
гео||акти́вность *ж геофиз.* Érdaktivität [-vi-] *f*; **~бота́ника** *ж* Geobotánik *f*, Pflánzengeographie *f*
гео́граф *м* Geográph *m* (8); **~и́ческий** geográphisch, érdkundlich; **~и́ческая** ка́рта Lándkarte *f* (11); **~и́ческое** положе́ние geográphische Láge; **~и́ческое** назва́ние geográphischer Náme
геогра́фия *ж* **1.** (*наука*) Geographíe *f*, Érdkunde *f*; экономи́ческая ~ Wírtschaftsgeographie *f*, ökonómische Geographíe; физи́ческая ~ phýsische [physikálische] Geographíe; **2.** (*изучение географического размещения, распространения чего-л.*): ~ расте́ний Pflánzengeographíe *f*; ~ приро́дных ресу́рсов Róhstoffgeographie *f*; ~ произво́дства Produktiónsgeographie *f*; ~ промы́шленности Industríegeographie *f*; лингвисти́ческая ~ Sprachgeographie *f*, Dialéktgeographie *f*; **3.** (*о географических границах распространения чего-либо*) Verbréitung *f* (G)
геодез||и́ст *м* Geodät *m* (8), Geométer *m* (6), Lándmesser *m* (6); Vermessungsingenieur [-inʒe,niø:r] *m* (1) (*с высшим образованием*); **~и́ческий** geodätisch; **~и́ческая** съёмка Géländeaufnahme *f*, Géländevermessung *f* (10); **~и́ческие** пу́нкты geodätische Féstpunkte
геоде́зия *ж* Geodäsíe *f*, Vermessungskunde *f*, Féldmeßkunde *f*
геокриоло́гия *ж* Geokryologíe *f*
гео́лог *м* Geolog(e) *m* (8, 9); **~-разве́дчик** Schürfer *m* (6); Prospektíerer *m* (6)
геологи́ческий geológisch; **~и́ческий** переворо́т geológische Úmwälzung
геоло́гия *ж* Geologíe *f*
геологопоиско́в||ый: ~ое буре́ние geológische Erkúndungsbohrung
геологоразве́д||ка *ж* geológische Erkúndung; **~о́чный** Prospektíerungs-, Erkúndungs-; ~очный институ́т Institút für geológische Fórschung; **~чик** *м* Prospektíerer *m* (6)
геометри́ческ||ий geométrisch; ~ая прогре́ссия geométrische Progressión [Réihe]; ~ое те́ло geométrischer Körper
геоме́трия *ж* Geometríe *f*; начерта́тельная ~ dárstellende Geometríe, Projektiónslehre *f*; проекти́вная ~ projektíve [-və] Geometríe, Geometríe der Láge; евкли́дова ~ Euklídische Geometríe; ~ Лобаче́вского Lobatschéwskische Geometríe; неевкли́дова ~ níchteuklidische Geometríe
геоморфоло́гия *ж* Geomorphologíe *f*
георги́н *м* Dáhlie *f* (11)
геотекто́ника *ж геол.* Geotektónik *f*
геотерма́льн||ый geothermál; ~ая электроста́нция Geothermálkraftwerk *n* (2)
геотерми́ческий *геол.* geothérmisch
геотерми́я *ж геол.* Geothermíe *f*
геотропи́зм *м бот.* Geotropísmus *m* =, Érdwärtsdrehung *f* (10)
геофи́зик *м* Geophýsiker *m* (6)
геофи́зика *ж* Geophysík *f*
геофизи́ческий geophysikálisch; Междунаро́дный ~ год das Internationále Geophysikálische Jahr (*1956*)
геохи́мик *м* Geochémiker *m* (6)
гео||хими́ческий geochémisch; **~хи́мия** *ж* Geochemíe *f*; **~хроноло́гия** *ж геол.* geológische Zéitrechnung, Geochronologíe *f*
геоцентр||и́зм *м астр.* Geozentrísmus *m* =; **~и́ческий** geozéntrisch; **~и́ческая** систе́ма geozéntrisches Wéltsystem
гепа́рд *м зоол.* Gepárd *m* -s, -en
гепат||и́т *м мед.* Hepatítis *f*, Léberentzündung *f*; **~оло́гия** *ж* Hepatologíe *f*
гептаго́н *м мат.* Heptagón *n* (2), Síebeneck *n* (2)
гепта́эдр *м мат.* Heptaéder *n* (6), Síebenflächner *m* (6)
гепто́д *м радио* Heptóde *f* (11), Síebenpolröhre *f* (11)
гера́льд||ика *ж* Heráldik *f*, Wáppenkunde *f*; **~и́ческий** heráldisch; **~и́ческий** зверь Wáppentier *n* (2)
гера́ниев||ый: ~ое ма́сло Gerániumöl *n* -(e)s
гера́нь *ж* Geránium *n* -s; Geránie *f* (11), Stórchschnabel *m* (6*)
герб *м* Wáppen *n* (7); госуда́рственный ~ Stáatswappen *n*; ~ го́рода Stádtwappen *n*
гербаризи́ровать botanisíeren *vi*
герба́рий *м* Herbárium *n* -s, -rien
гербе́ра *ж бот.* Gérbera *f* =, -s
гербици́д *м хим.* Herbizíd *n* (1)
гербо́вник *м* Wáppenbuch *n* (5)
ге́рбов||ый Stémpel-, Wáppen-; ~ый сбор Verwáltungsgebühr *f* (10); ~ая бума́га Stémpelpapier *n* -(e)s; ~ая ма́рка Stémpelmarke *f* (11); ~ая печа́ть Ámtssiegel *n* (6), Síegel *n*
гериатри́я *ж мед.* Geriatríe *f*, Áltersheilkunde *f*

геркулéс I *м* **1.** *миф.* (*с прописной*) Hérkules *m* -'; **2.** *перен.* Hérkules *m* =, -se; **3.** (*созвездие*) (*с прописной*) Hérkules *m* =

геркулéс II *м* (*крупа*) Háferflocken *pl*

геркулéсов: ~ы столбы́ [столпы́] Hérkulessäulen *pl*

геркулéсовский herkúlisch

гéрма *ж архит.* Hérme *f* (11), Hérmensäule *f* (11)

гермáнец *м* **1.** *ист.* Germáne *m* (9); **2.** *разг.* (*немец*) Déutsche *m* (14)

германи́зм *м лингв.* Germanísmus *m* =, -men, déutsche Sprácheigentümlichkeit

гермáний *м* Germánium *n* -s (*хим. знак* Ge)

германи́ст *м* Germaníst *m* (8); **~ика** *ж* Germanístik *f*

гермáнка *ж* **1.** *ист.* Germánin *f* (12); **2.** *разг.* (*немка*) Déutsche *f* (14)

гермáно-совéтск||ий déutsch-sowjétisch; Óбщество ~ой дру́жбы die Geséllschaft für Déutsch-Sowjétische Fréundschaft

германо||фи́л *м* Déutschenfreund *m* (1); **~фóб** *м* Déutschenhasser *m* (6)

германоязы́чный déutschsprachig

гермáнск||ий 1. germánisch; ~ие языки́ germánische Sprachen; **2.** (*немецкий*) deutsch

гермафроди́т *м* Hermaphrodít *m* (8), Zwítter *m* (6); **~и́зм** *м* Hermaphrodítismus *m* =, Zwítterbildung *f* (10), Androgyníe *f*

герметиз||áция *ж* Ábdichtung *f*, hermétische Ábdichtung, lúft- und gásdichter Ábschluß; **~и́ровать** (hermétisch) ábdichten *vt*

гермети́ческий hermétisch, lúftdicht; гермети́чески закры́ть hermétisch verschlíeßen*

гермокаби́на *ж ав.* Drúck(ausgleich)-kabine *f* (11)

гермошлéм *м* Drúckhelm *m* (1)

героизи́ровать heroisíeren *vt*; zum Hélden erhében * (*кого-л.*)

герои́зм *м* Héldenmut *m* -(e)s, Héldentum *n* -(e)s, Hero¦ísmus *m* =; трудово́й ~ Árbeitshero¦ismus *m*; прояви́ть ~ Héldenmut [Heroísmus] beweísen* [an den Tag légen]

герóика *ж* Héldengeist *m* -es; Hero¦ísmus *m*

герои́н *м* Heroín *n* -s

герои́||ня *ж* Héldin *f* (12); **~ческий** héldenmütig, Hélden-; heró¦isch; héldenhaft; ~ческие по́двиги Héldentaten *pl*; ~и́ческий э́пос Héldenepos *n* =, -pen

гери́й *м* **1.** Held *m* (8); Геро́й Совéтского Сою́за Held der Sowjétunion; Геро́й Социалисти́ческого Труда́ Held der Sozialístischen Árbeit; **2.:** гла́вный ~ рома́на die Háuptgestalt des Románs **3.:** быть геро́ем дня der Held des Táges sein; **~ский** héldenmütig, Hélden-; heró¦isch; ~ский посту́пок Héldentat *f* (10)

герóйство *с* Héldenmut *m* -(e)s, Héldentum *n* -s

герóльд *м ист.* Hérold *m* (1)

геронто||логи́ческий gerontológisch; ~логи́ческое пита́ние gerontológische Kost, Álterskost *f*; **~лóгия** *ж* Gerontologíe *f*, Álternsforschung *f*

герунди́в *м грам.* Gerundív *n* (2)

герýндий *м грам.* Gerúndium *n* -s, -di¦en

герц *м физ.* Hertz *n* = (*сокр.* Hz)

гéрцог *м* Hérzog *m* (1, 1*); **~и́ня** *ж* Hérzogin *f* (12); **~ство** *с* Hérzogtum *n* (5)

гестáпо *с* (*тайная государственная полиция в фашистской Германии*) Gestápo *f* (Gehéime Stáatspolizei); **~вец** *м* Gestápomann *m* -es, *pl* -leute

гетéра *ж* Hetäre *f* (11)

гетерогéн *м лингв.* (*разнородовое слово*) heterogénes Wort

гетерогéнн||ость *ж* Heterogenität *f*, Úngleichartigkeit *f*; **~ый** heterogén, úngleichartig

гетероди́н *м радио* Überlagerer *m* (6), Oszillátor *m* -s, -tóren; **~ный** *радио* Überlágerungs-; ~ный приёмник Überlágerungsempfänger *m* (6)

гетерóзис *м биол.* Heterósis *f*

гетерони́мия *ж лингв.* Heteronymíe *f*

гéтман *м ист.* Hétman *m* (1) (*pl тж.* -s)

гéтры *мн.* (*ед.* гéтра *ж*) Gamáschen *pl* (*sg* Gamásche *f*); Wádenstrümpfe *pl* (*sg* Wádenstrumpf *m*); Fúßballstrümpfe *pl* (*футбольные*)

гéтто *с* Gétto *m*, *n* -s, -s, Ghétto *n*

Гефсимáнский сад *библ.* Gárten *m* -s von Gethsemane [-'semane:]

гжель *ж собир.* (*изделия*) (díckwandiges) Gshéler Porzellán *n* -s, Gshéler Kerámik *f*

гиаци́нт *м* **1.** (*цветок*) Hyazínthe *f* (11); **2.** (*драгоценный камень*) Hyazínth *m* (1)

гиббóн *м зоол.* Gíbbon *m* -s, -s

ги́бел||ь *ж* **1.** Úntergang *m* -(e)s, Verdérben *n* -s; Verfáll *m* -(e)s; Fall *m* -(e)s (*государства*); Tod *m* -(e)s (*смерть*); быть причи́ной чьей-л. ~и j-m zum Verdérben geréichen; гото́вить кому́-л. ~ь j-m éinen Strick dréhen; находи́ться [быть] на краю́ ~и am úntergangsreif sein; **2.** *разг.* (*множество*) Únmenge *f*, Únzahl *f*

ги́бельн||ый verderblich, únhéilvoll; verhängnisvoll (*пагубный, роковой*); ~ые послéдствия únheilvolle [verhängnisvolle] Fólgen

гибернáция *ж* **1.** *биол.* Hibernatión *f*, Überwínterung *f*; **2.** *мед.* Héilschlaf *m* -(e)s

ги́бка *ж тех.* Bíegen *n* -s

ги́бк||ий *тж. перен.* bíegsam, schmíegsam; gelénk(ig); wéndig (*ловкий*); geschméidig (*о теле*); flexíbel; ~ое руково́дство elástische Léitung; **~ость** *ж тж. перен.* Bíegsamkeit *f*, Schmíegsamkeit *f*; Gelénkigkeit *f*; Wéndigkeit *f* (*ловкость*); Geschméidigkeit *f* (*о теле*); ~ость цен *эк.* Elastizität *f* [Flexibilität *f*] der Préise

ги́бл||ый *разг.*: ~ое дéло verlórene [hóffnungslose] Sáche; ~ое мéсто gefährlicher [verdámmter] Ort

ги́бнуть úmkommen* *vi* (s), ums Lében kómmen* (*тк. о человеке*); éingehen* *vi* (s) (*о растениях, животных*); zugrúnde géhen* (*тк. перен.*); dahínsiechen *vi* (s) (*угасать*)

гибри́д *м* Hybríde *f* (11), *m* (9); Bastárd *m* (1); **~изáция** *ж* Kréuzung *f* (10), Hybridisíerung *f* (10); **~ность** *ж* Hybridität *f*; **~ный** Hybríd-; ~ные семена́ Hybrídsamen *pl*; ~ная фóрма *лингв.* Míschbildung *f*, hybríde Form

гиг *м см.* ги́чка

гигáнт *м* Ríese *m* (9), Gigánt *m* (8); заво́д-~ Ríesenwerk *n* (2), Ríesenbetrieb *m* (1); совхо́з-~ ríesiges Stáatsgut; ~ы промы́шленности Industríegiganten *pl*; **~и́зм** *м мед.* Ríesenwuchs *m* -es, Gigantísmus *m* =; **~ский** ríesig, gigántisch, ríesenhaft, Ríesen-; ~ские уси́лия Ríesenanstrengungen *pl*; ~ские шаги́ *спорт.* Rúndlauf *m* (1*); ~скими шагáми *перен.* mit Ríesenschritten, mit Siebenméilenstiefeln

гигиéн||а *ж* Hygiéne *f*, Gesúndheitslehre *f*; Gesúndheitspflege *f* (*практическая*); социа́льная ~а Soziálhygi¦ene *f*; ~а труда́ Hygiéne der Árbeit, Árbeitshygi¦ene *f*; коммунáльная ~а Stádthygi¦ene *f*; профессионáльная ~а Berúfshygi¦ene *f*; радиацио́нная ~а Stráhlungshygi¦ene *f*; ~а и санитари́я Artíkel *pl* für die Körperpflege; **~ист** *м* Hygiéniker *m* (6); **~и́ческий, ~и́чный** hygiénisch, gesúndheitlich, Gesúndheits-, Hygiéne-

гигрó||граф *м метеор.* Hygrográph *m* (8); **~метр** *м физ.* Hygrométer *n* (6), Féuchtigkeitsmesser *m* (6)

гигроскóп *м физ.* Hygroskóp *n* (2), Féuchtigkeitsanzeiger *m* (6); **~и́ческий** hygroskópisch; wásseranziehend; ~и́ческая вáта hygroskópische Wátte, Verbándswatte *f*

гигроскопи́чность *ж* Hygroskopizität *f*, Nétzfähigkeit *f*

гигрофи́ты *мн. бот.* Hygrophýten *pl*, féuchtigkeitsliebende [hygrophíle] Pflánzen

гид *м* Stádtführer *m* (6) (*по городу*); Muséumsführer *m* (*по музею*); Frémdenführer *m*, Führer *m* (*проводник*); ~-перево́дчик Réiseleiter-Dólmetscher *m* (6)

гидáльго *м* (*испанский дворянин*) Hidálgo *m* -s, -s

ги́дра *ж зоол., миф.* Hýdra *f*, *pl* Hýdren

гидрáвл||ика *ж* Hydráulik *f*; **~и́ческий** hydráulisch; ~и́ческий пресс hydráulische Présse; ~и́ческий гипс wásserhaltiger Gips

гидрáнт *м* Hydránt *m* (8), Zápfstelle *f* (11); пожáрный ~ Brándschutzhydrant *m*; подзéмный ~ Únterflurhydrant *m*

гидрáт *м хим.* Hydrát *n* (2)

гидри́д *м хим.* Hydríd *n* (2)

гидро||авиабáза *ж* Séeflughafen *m* (7*), Marínefliegerstation *f* (10); **~авиáция** *ж* Séeflugwesen *n* -s; Séefliegerkräfte *pl* (*воздушные силы*); **~автомáтика** *ж* Hýdroautomatik *f*; **~агрегáт** *м* Wásserturbinensatz *m* (1*); **~аккумули́рование** *с* Púmpspeicherung *f*; **~аккумули́рующий:** ~аккумули́рующая электростáнция Púmpspeicherwerk *n* (2); **~аккумуля́тор** *м* Púmpspeicher *m* (6); **~акýстик** *м* Hýdroakustiker *m* (6); *мор.* Hórchgast *m* (1*), Hýdrogast *m*; **~акýстика** *ж* Hýdroakustik *f*, Únterwasserschallehre *f*; **~аэродрóм** *м*, **~аэропóрт** *м* Wásserflugplatz *m* (1*), Séeflughafen *m* (7*); **~биóлог** *м* Hydrobiológe *m* (9); **~биолóгия** *ж* Hydrobiologíe *f*; **~брю́ки** *мн.* Wásserhose *f* (11); **~бýр** *м* Hýdrobohrer *m* (6); **~гéн** *м* Hydrogén *n* -(e)s, Hydrogénium *n* -s, Wásserstoff *m* -(e)s; **~генерáтор** *м* Wásserkraftgenerator *m* -s, -en, Wásserkraftmaschine *f* (11); **~генизациóнный** Hydríer-; ~генизацио́нный завóд Hydríerwerk *n* (2); **~генизáция** *ж хим.* Hydríerung *f* (10); ~генизáция жиров Fétthärtung *f* (10); **~геóлог** *м* Hydrogeológe *m* (9); **~геолóгия** *ж* Hydrogeologíe *f*, Grúndwassergeologie; Quéllenkunde *f*

гидрóграф *м* **1.** (*специалист*) Hydrográph *m* (8); **2.** *гидр.* Ábflußmengenli¦ni¦e *f*

гидро||графи́ческий hydrográphisch; ~графи́ческое сýдно Vermessungsschiff *n* (2); ~графи́ческая развéдка hydrográphische Áufklärung; **~грáфия** *ж* Hydrographíe *f*, Gewässerkunde *f*; ~грáфия рек Flúßkunde *f*; **~двигáтель** *м* Hydráulikmotor *m* -s, -en; **~динáмика** *ж* Hydrodynámik *f*; **~динами́ческий** hydrodynámisch; Wásserkraft-; **~домкрáт** *м* hydráulischer Hébebock; ~аэ-

кись *ж хим.* Hydroxíd *n* (2); **~замóк** *м* Hydráulikverschluß *m* -sses, -schlüsse, Hydráulikschloß *n* -sses, -schlösser; **~изоляциóнный** wásserfest; **~изоля́ция** *ж стр.* Féuchtigkeitsisolierung *f*; **~канáл** *м мор.* (*для испытаний моделей судов*) Modéllschleppanstalt *f* (10); **~комбинезóн** *м*, **~костю́м** *м* Táucheranzug *m* (1*)

гидрокс||и́д *м хим.* Hydroxíd *n* (2); **~и́л** *м хим.* Hydroxýl *n* (2)

гидрокульту́ра *ж* (*комнатных растений*) Hýdrokultur *f*, Hydropónik *f*

гидрó||лиз *м хим.* Hydrolýse *f* (11); **~лог** *м* Hydrológe *m* (9); Hydrológ *m* (8) (*австр.*)

гидро||логи́ческий hydrológisch; **~лóгия** *ж* Hydrologíe *f*; **~локáтор** *м* Únterwasserortungsgerät *n* (2); **~локациóнный** Únterwasserortungs-, hýdroakustisch; **~локáция** *ж* Únterwasser(schall)ortung *f*; **~мелиорáция** *ж* Hydromelioratión *f*; **~металлурги́ческий** hýdrometallurgisch; **~металлу́ргия** *ж* Náßmetallurgie *f*, Hýdrometallurgie *f*; **~метеорологи́ческий** hydrometeorológisch; ~ая слу́жба *см.* гидрометеослу́жба; **~метеороло́гия** *ж* Hydrometeorologíe *f*; **~метеослу́жба** *ж* Séewetterdienst *m* -es, hydrometeorológischer Dienst; **~метеостáнция** *ж* Séewetterdienststelle *f* (11)

гидрóметр *м* Hydrométer *n* (6), Flüssigkeitstachometer *n* (6)

гидро||мéтрия *ж* Hydrometríe *f*, Wássermeßwesen *n* -s, Wássermessungslehre *f*; **~механизáция** *ж горн.* Wásserspritzverfahren *n* -s, Hýdroabbauverfahren *n*; Náßbaggerung *f*; **~механика** *ж* Hydromechánik *f*; **~монитóр** *м* Hydromónitor *m* -s, -tóren, Mónitor *m*, Spülspritze *f* (11); **~му́фта** *ж* hydráulische Kúpplung; **~насóс** *м* hydráulische Púmpe, Hydráulikpumpe *f* (11); **~непроницáемость** *ж* Wásserundurchlässigkeit *f*; **~óкись** *ж хим.* Hydroxíd *n* (2); **~пáт** *м мед.* Hydropáth *m* (8), Wásserheilkundige *m* (14); **~пати́ческий** *мед.* hydropáthisch; **~пáтия** *ж* Hydropathíe *f*; Wásserheilkunde *f*; **~передáча** *ж* hydráulisches Getríebe, Flüssigkeitsgetriebe *n* (6); **~пéрекись** *ж хим.* Wásserstoffperoxid *n* -s; **~плáн** *м см.* гидросамолёт; **~планёр** *м* Wássergleitflugzeug *n* (2); **~подъёмник** *м* Hydráulikheber *m* (6); **~пóника** *ж* Hydropónik *f*, Hýdrokultur *f*; **~посáдка** *ж ав.* Wássern *n* -s, Wásserlandung *f* (10); **~прéсс** *м* hydráulische Présse; **~привóд** *м* hydráulischer Ántrieb, Hydráulikantrieb *m* (1); **~пу́шка** *ж см.* гидромонитóр; **~ресу́рсы** *мн.* Wásserkraftreserven [-vən] *pl*; **~самолёт** *м* Wásserflugzeug *n* (2); пассажи́рский ~самолёт Wásserverkehrsflugzeug *n*; **~систéма** *ж* **1.** (*гидравлическая*) Hydráuliksystem *n* (2), Hydráulikanlage *f* (11); **2.** (*гидротехническая*) Wásserwirtschaftssystem *n* (2), **~скóп** *м* Hydroskóp *n* (2); **~сооружéние** *с* hydrotéchnische Ánlage, Wásserbauanlage *f* (11); Wásserbauten *pl*; **~спидóметр** *м* Strömungsmeßgerät *n* (2), Strömungsmesser *m* (6); **~стáнция** *ж* Wásserkraftwerk *n* (2); гидроаккумули́рующая ~стáнция Púmpspeicherwerk *n*, Spéicherkraftwerk *n*; прили́вная ~стáнция Gezéitenkraftwerk *n*; **~стáтика** *ж* Hydrostátik *f*; **~стати́ческий** hydrostátisch; **~строи́тель** *м* Wásserbauer *m* (6); **~сульфи́т** *м хим.* Hydrosulfít *n* (2); **~сфéра** *ж* Hydrosphäre *f*; ~сфéра Земли́ die Wásserhülle der Érde; **~сцеплéние** *с авто* hydráulische Kúpplung, Strömungskupplung *f*; **~терапи́я** *ж мед.* Hydrotherapíe *f*, Káltwasserkur *f*; **~термодинáмика** *ж* Hýdrothermodynamik *f*; **~тéхник** *м* Hydrotéchniker *m* (6), Wásserbauer *m* (6); инженéр-~тéхник Wásserbauingenieur [-ʒe,niø:r] *m* (1); **~тéхника** *ж* Hydrotéchnik *f*, Wásserbautechnik *f*; **~техни́ческий** Wásserbau-; hydrotéchnisch; **~тóрмоз** *м* Flüssigkeitsbremse *f* (11), Öldruckbremse *f*; **~тóрф** *м* Hýdrotorf *m* -(e)s, Schwémmtorf *m*; **~трáнспорт** *м* hydráulische Förderung, Spülförderung *f*; **~трансформáтор** *м* hydráulisches Getríebe *n* (6); **~турби́на** *ж* Wásserturbine *f* (11); **~турбогенерáтор** *м* Wásserkraftgenerator *m* -s, -en; **~у́зел** *м* hydrotéchnischer Kompléx *m* (1); **~управлéние** *с* hydráulische Stéuerung, Hydráuliksteuerung *f*; **~устанóвка** *ж* Wásserkraftanlage *f* (11); **~фáн** *м мин.* Hydrophán *m* (1), mátter Opál; **~фи́зика** *ж* Hydrophysík *f*; **~фи́льность** *ж* Hydrophilíe *f*, Wásseraufnahmefähigkeit *f*; **~фи́льный** hydrophíl, wásseraufnehmend; *бот.* wásserliebend; **~фи́ты** *мн. бот.* Hydrophýten *pl*, Wásserpflanzen *pl*; **~фóбия** *ж мед.* Tóllwut *f*, Hydrophobíe *f*; **~фóбность** *ж* Hydrophobíe *f*, Wásserabstoßungsfähigkeit *f*; **~фóбный** hydrophób, wásserabweisend, wásserabstoßend; **~фóн** *м мор.* Únterwasserschallempfänger *m* (6), Únterwasserhorchgerät *n* (2), Únterwassermikrofon *n* (2); **~хи́мия** *ж* Hydrochemíe *f*; **~хинóн** *м хим.* Hydrochinón *n* (2); **~центрáль** *ж* Wásserkraftwerk *n* (2); **~цили́ндр** *м* Hydráulikzylinder *m* (6); **~электри́ческий** Wásserkraft-; ~электри́ческая стáнция Wásserkraftwerk *n* (2); **~электропри́вод** *м* elektrohydráulischer Ántrieb, Élhy-Ántrieb *m* (1); **~электростáнция** *ж* (ГЭС) *см.* гидростáнция; **~энергéтика** *ж* Hydroenergétik *f*; **~энéргия** *ж* Wásserkraft *f*, Wásserenergie *f*

гиéна *ж зоол.* Hyäne *f* (11); полосáтая ~ gestréifte Hyäne; пятни́стая ~ Tüpfelhyäne *f*

гик *м мор.* Giek *n* (2)

ги́к||анье *с разг.* Geschréi *n* -(e)s; Gekréisch *n* -es; **~ать, ~нуть** schréien* *vi*, kréischen *vi*

ги́льд||ия *ж ист.* Gílde *f* (11), Ínnung *f* (10), Zunft *f* (3); купéц пéрвой ~ии Gróßhändler *m* [Káufmann *m*] érster Gílde

ги́льза *ж* **1.** Hülse *f* (11); Büchse *f* (11); патрóнная ~ Patrónenhülse *f*; ~для удлинéния карандашá Bléistifthülse *f*, Verlängerungshülse *f*; защи́тная ~ Schútzhülse *f*; **2.** *текст.* Rólle *f* (11); ~ с ни́тками Rólle (mit) Garn

гильоти́н||а *ж* Guillotine [*фр.* gıljoˈti:nə] *f* (11), Fállbeil *n* (2); **~и́ровать** guillotiníeren [gıljo-] *vt*, durch das Fállbeil hínrichten

Гименéй *м миф.* Hýmen *m* -s, Éhegott *m*-es

гимн *м* Hýmne *f* (11); госудáрственный ~ Stáatshymne *f*; испóлнить ~ die Hýmne síngen* [ábsingen*] (*петь*); die Hýmne intoníeren [spíelen] (*об оркестре*)

гимназ||и́ст *м уст.* Gymnasiást *m* (8); **~и́стка** *ж* Gymnasiástin *f* (12); **~и́ческий 1.** Gymnasiál-; ~и́ческое преподавáние Gymnasiálunterricht *m* -(e)s; **2.** (*относящийся к гимназисту*) Gymnasiásten-; ~и́ческие прокáзы Gymnasiástenstreiche *pl*

гимнáзия *ж* Gymnásium *n* -s, -si|en; Latéinschule *f* (11) (*в средние века*); класси́ческая ~ humanístisches Gymnásium

гимнáст *м* Túrner *m* (6)

гимнастёрка *ж* Blúse *f* (11), Féldbluse *f*

гимнáст||ика *ж* Túrnen *n* -s, Gymnástik *f*; дыхáтельная ~ика Átemgymnastik *f*; лечéбная ~ика Héilgymnastik *f*; ортопеди́ческая ~ика orthopädisches Túrnen; произвóдственная ~ика Páusengymnastik *f*; Áusgleichsgymnastik *f*; ~ика на снаря́дах Geräteturnen *n*; у́тренняя ~ика Mórgengymnastik *f*, Frühsport *m* -(e)s; худóжественная ~ика rhýthmische Spórtgymnastik; занимáться ~икой Gymnástik tréiben*, túrnen *vi*; **~и́ческий** Turn-; gymnástisch, Gymnástik-; ~и́ческий зал Túrnhalle *f* (11); Túrnsaal *m* -(e)s, *pl* -säle (*австр.*); ~и́ческое упражнéние Túrnübung *f* (10), gymnástische Übung

гинекóлог *м* Gynäkológe *m* (9), Fráuenarzt *m* (1*); **~и́ческий** gynäkológisch

гинеколóгия *ж* Gynäkologíe *f*, Fráuenheilkunde *f*

гинéя *ж* Guinee [*англ.* giˈne:] *f* (11)

гипéрбол||а *ж мат., лит.* Hypérbel *f* (11); **~и́ческий, ~и́чный** hyperbólisch; *перен. тж.* übertríeben

гиперболóид *м мат.* Hyperboloíd *n* (2)

гипереми́я *ж мед.* Hyperämíe *f* (11)

гиперзву́к *м* Hýperschall *m* (1, 1*)

гиперзвуковóй Hýperschall-; ~ самолёт Hýperschallflugzeug *n* (2)

гипертóник *м* Hypertóniker *m* (6), Hóchdruckkranke *m* (9)

гипертони́ческ||ий hypertónisch, Hóchdruck-; übermäßig gespánnt (*о мускулах*); ~ая болéзнь *см.* гипертони́я

гипертони́я *ж* Hypertoníe *f*, zu hóher Blútdruck

гипертрофи́я *ж мед., биол.* Hypertrophíe *f*; Vergrößerung *f* (10); Wúcherung *f* (10)

гипнóз *м* Hypnóse *f* (11); лечéние ~ом Hypnósetherapie *f*

гипно||педи́ческий hypnopädisch; **~педи́я** *ж* Hypnopädíe *f*; **~терапи́я** *ж* Hypnósetherapie *f*, Suggestiónstherapie *f*

гипнотизёр *м* Hypnotiseur [-ˈzø:r] *m* (1)

гипнотизи́ровать 1. hypnotisíeren *vt*; **2.** *перен.* beéinflussen *vt*

гипнот||и́зм *м* Hypnotísmus *m* =; **~и́ческий** hypnótisch, Hypnóse-

гиповитаминóз *м мед.* Hypovitaminóse [-vi:] *f*

гиподинами́я *ж мед.* Bewégungsarmut *f*

гипокси́я *ж мед.* Hypoxíe *f*

гипосульфи́т *м хим.* Hyposulfít *n* (2)

гипотáксис *м грам.* Hypotáxe *f*, Únterordnung *f*

гипóтез||а *ж* Hypothése *f* (11), wíssenschaftliche Ánnahme; стрóить ~ы Hypothésen áufstellen

гипотензи́вный *мед.* hypotensív, blútdrucksenkend

гипотену́за *ж мат.* Hypotenúse *f* (11)

гипотерми́я *ж мед.* Hypothermíe *f*, Unterkühlung *f*

гипотети́ческий, гипотети́чный hypothétisch

гипо||тóник *м* Hypotóniker *m* (6); **~тони́ческий** *мед.* hypotónisch; **~тони́я** *ж* Hypotoníe *f*, zu níedriger Blútdruck

гипóфиз *м анат.* Hypophýse *f* (11), Hírnanhang *m* (1*)

гипо||фу́нкция *ж мед.* Únterfunktion *f* (10); **~цéнтр** *м геол.* Érdbebenherd *m* (1); **~циклóида** *ж мат.* Hypozykloíde *f* (11)

гиппопотáм *м зоол.* Nílpferd *n* (2), Flúßpferd *n*

гипс *м* **1.** *мин.* Gips *m* (1); Gípsmehl *n* -s (*порошок*); безвóдный ~ wásserloser Gips; строи́тельный ~ **Báugips** *m*,

Stúckgips *m*; сырóй ~ Róhgips *m*, Natúrgips *m*; наложи́ть ~ на́ ногу das Bein éingipsen [in Gips légen]; **2.** (*скульптура*) Gípsabguß *m* -sses, -güsse; **~ова́ние** *с с.-х.* Gípszuführung *f*, Gípsdüngung *f*, Gipsen *n* -s; **~ова́ть 1.** (*почву*) gípsen *vt*, mit Gips düngen; **2.** (*вино*) mit Gips klären; **3.** *мед.* éingipsen *vt*; **~овый** gípsen, Gips-; ~овая повя́зка *мед.* Gípsverband *m* (1*); Géhgips *m* (1) (*для ноги*); ~овый раство́р Gípsbrei *m* (1); ~овый сле́пок Gípsabdruck *m* (1*)

гипсогра́мма *ж геод., гидр.* Pégellini¦e *f* (11)

гипсо́метр *м геод.* Hypsométer *n* (6), Höhenmesser *m* (6); **~и́ческий** hypsométrisch; ~и́ческая ка́рта Höhenschichtenkarte *f* (11)

гипсоме́трия *ж* Hypsometríe *f*, Höhenmessung *f*

гипсо(шлако)бето́н *м стр.* Gíps(schlacken)beton [-ˌtɔŋ] *m* -s

гипю́р *м* (*сорт кружев*) Gipüre *f* (11)

ги́рло *с* Mündungsarm *m* (1)

гирля́нда *ж* Girlánde *f* (11), Blúmengewinde *n* (6); ~ ла́мпочек Líchterkette *f* (11)

гиро||горизо́нт *м ав.* Kréiselhorizont *m* (1); **~ко́мпас** *м* Kréiselkompaß *m* -sses, -sse; **~корре́ктор** *м ав.* Kréiselradflugweiser *m* (6); **~пило́т** *м ав.* Áutopilot *m* (1); **~рулево́й** *м мор.* Sélbststeueranlage *f* (11), Sélbststeuerer *m* (6), Kréiselsteuerung *f* (10); **~ско́п** *м физ.* Gyroskóp *n* (2), Kréisel *m* (1), Kréiselapparat *m* (1); **~стабилиза́тор** *м мор.* Kréiselstabilisator *m* (13)

ги́ря *ж в разн. знач.* Gewícht *n* (2); *ком.* Wägestück *n* (2), Gewíchtsstück *n*; образцо́вая ~ Normálgewichtsstück *n*; клеймёная ~ Éichwägestück *n*; рабо́чая ~ Gebráuchswägestück *n*

гистере́зис *м физ., эл.* Hysterése *f*, Hysterésis *f*

гисто́лог *м* Histológe *m* (9)

гисто||ло́гия *ж* Histologíe *f*, Gewébelehre *f*; **~хи́мия** *ж* Histochemíe *f*

гита́р||а *ж* Gitárre *f* (11); Klámpfe *f* (11) (*уст.*); игра́ть на ~е Gitárre spíelen

гитари́ст *м* Gitárrespieler *m* (6), Gitarríst *m* (8); ~и́ст-виртуо́з Gitárrenvirtuose [-vir-] *m* (9)

гитлери́зм *м* (*фашистская диктатура 1933—1945*) Hítlerfaschismus *m* =, Nazísmus *m* =

ги́тлеров||ец *м* (*немецкий фашист*) Názi *m* -s, -s; **~ский** (hítler)faschístisch, Názi-; ~ская а́рмия Náziwehrmacht *f*; ~ские захва́тчики die (hítler)faschístischen Okkupánten

ги́тов *м мор.* Géitau *n* (2)

ги́чка *ж мор., спорт.* Gig *n* -s, -s, *f*, *pl* -s

ГКП (Герма́нская Коммунисти́ческая па́ртия) DKP (Déutsche Kommunístische Partéi) (*в ФРГ, с 1968 г.*)

глав||а́ I *ж* **1.** *уст., поэт. см.* голова́; **2.** (*главное лицо*) Haupt *n* (5), Óberhaupt *n*, Léiter *m* (6), Chef [*фр.* ʃɛf] *m* -s, -s; ~а́ госуда́рства Stáatsoberhaupt *n*; ~а́ прави́тельства Regíerungs¦chef *m*; ~а́ делега́ции Delegatiónsleiter *m*; ~а́ семьи́ [семе́йства] Famíli¦enoberhaupt *n*; **3.** (*купол церкви*) Kúppel *f* (11); ◇ быть [стоя́ть] во ~е́ an der Spítze stéhen*; vórstehen* *vi* (*чего-л.* *D*); den Érsten máchen (*разг.*); во ~е́ с кем-л. geführt [geléitet] von j-m; ста́вить во ~у́ угла́ in den Vórdergrund stéllen

глава́ II *ж* (*книги и т. п.*) Kapítel *n* (6); Ábschnitt *m* (1) (*раздел*); ~ зако́на Kapítel éines Gesétzes

глава́рь *м* Ánführer *m* (6), Rädelsführer *m*, Häuptling *m* (1); Óbermacher *m* (6) (*разг.*)

главе́нство *с* Vórrang *m* -(e)s; Hegemoníe *f*, Óberherrschaft *f*, Vórherrschaft *f*, Vórmachtstellung *f* (*гегемония*); Überlégenheit *f*, Übergewicht *n* -(e)s (*превосходство*); **~вать** (vór)hérrschen *vi*, éine führende Stéllung éinnehmen*

главк *м* (гла́вный комите́т) Háuptverwaltung *f* (10)

гла́вн||ое 1. *сущ. с* Háuptsache *f* (11); сосредото́читься на ~ом sich auf das Wíchtigste [Wésentliche] konzentríeren; э́то ~ое das ist die Háuptsache [der spríngende Punkt]; **2.** *в знач. вводн. сл.* vor állem

главнокома́ндующий *м* Óberbefehlshaber *m* (6), Óberkommandierende *m* (14); Верхо́вный ~ der Óberste Beféhlshaber

гла́вн||ый Haupt- (*основной*); háuptsächlich, wésentlich (*существенный*); Óber-; léitender (*старший*); Chef-; ~ая у́лица Háuptstraße *f* (11); ~ый го́род Háuptstadt *f* (3); ~ая **кни́га** *бухг.* Háuptbuch *n* (5), Großbuch *n*; ~ый пункт обвине́ния Háuptanklagepunkt *m* (1); ~ые си́лы *воен.* Háuptkräfte *pl*, Gros [*фр.* gro:] *n* =; ~ый констру́ктор Chefkonstrukteur [*фр.* 'ʃɛfkonstruk,tø:r] *m* (1); ~ый бухга́лтер Háuptbuchhalter *m* (6); Óberbuchhalter *m*; ~ый врач Chefarzt ['ʃɛf-] *m* (1*); ~ый прокуро́р Óberstaatsanwalt *m* (1*); ~ое управле́ние Háuptverwaltung *f*; ◇ ~ым о́бразом háuptsächlich; in der Háuptsache

глаго́л *м грам.* Verb [vɛrp] *n* (13), Vérbum *n* -s, -ba, Zéitwort *n* (5), Tätigkeitswort *n*; вспомога́тельный ~ Hílfsverb *n*, Hílfszeitwort *n*; (не)перехо́дный ~ (in)tránsitives [-vəs] Verb; возвра́тный ~ reflexíves [-vəs] Verb, rückbezügliches Zéitwort; безли́чный ~ únpersönliches Verb; непра́вильный ~ únregelmäßiges Verb; ~ соверше́нного ви́да volléndetes [perfektíves (-vəs)] Verb; недоста́точный ~ defektíves [-vəs] Verb; ~ движе́ния Verb der Bewégung

глаго́л||ица *ж лингв.* Glagolíza *f*, glagolítische (áltslawische) Schrift; **~и́ческий** glagolítisch

глаго́льно-именно́й verbál-nominál [vɛr-]

глаго́льность *ж* verbáler [vɛr-] Charákter

глаго́льн||ый *грам.* verbál [vɛr-]; Verb- [vɛrp]; ~ая фо́рма Vérbform *f* (10); ~ое словосочета́ние verbále Wórtgruppe, Verbálgruppe *f*

гладиа́тор *м ист.* Gladiátor *m* -s, -tóren

глади́ль||ный Glätt-; Bügel-; Plätt-; ~ная доска́ Plättbrett *n* (5), Bügelbrett *n*; ~ная мастерска́я Bügelanstalt *f* (10), Plätteréi *f* (10); ~ный манеке́н Bügelpuppe *f* (11); ~ная маши́на Bügelmaschine *f* (11), Plättmaschine *f*; ~ный пресс Bügelpresse *f* (11); **~щик** *м* Bügler *m* (6), Plätter *m* (6); Glätter *m* (6) (*швейц.*); **~щица** *ж* Büglerin *f* (12), Plätterin *f* (12); Glätterin *f* (12) (*швейц.*)

гладио́лус *м* Gladióle *f* (11)

гла́дить 1. (*ласкать*) stréichen* *vt*, stréicheln *vt*; **2.** (*утюжить*) plätten *vt*, bügeln *vt*, glätten *vt*; ◇ ~ по голо́вке begünstigen *vt*

гла́дк||ий 1. glatt, ében; ~ая доро́га ébener Weg; ~ая стена́ glátte Wand; ~ая ко́жа glátte Haut; ~ая пове́рхность glátte Óberfläche; **2.** *текст.* (*одноцветный, без узора*) úngemustert, uni [*фр.* y'ni:]; ◇ ~ая ло́шадь (*откормленная*) wóhlgenährtes Pferd; **~ий** стиль flüssiger Stil; с него́ взя́тки ~и ≅ bei ihm ist nichts zu hólen; **~о** *нареч.* glatt; ~о вы́строгать glatt ábhobeln, glátthobeln *отд.* *vt*; ~о вы́бритый glattrasíert; ~о чита́ть geläufig lésen*; де́ло идёт ~о *разг.* die Sáche verläuft glatt [réibungslos]

гладкостóльн||ый mit glättem Rohr; ~ая артилле́рия Artilleríe mit glättem Rohr

гла́дкость *ж* (*доски, стола и т. п.*) Glätte *f*, Glättheit *f*

гладкошёрстный schlíchtwollig

гладь I *ж* (*поверхность воды*) Spíegel *m* -s; морска́я ~ Méeresspiegel *m*; ◇ тишь да ~ rúhiges, idýllisches Lében

гладь II *ж* (*вышивка*) Plättstickerei *f* (10), Plättstich *m* (1)

гла́женье *с* Bügeln *n* -s, Plätten *n* -s; Glätten *n* -s (*швейц.*)

глаз *м* Áuge *n* (13); раско́сые ~а́ Schlítzaugen *pl*; хоро́шие [плохи́е] ~а́ (*о зрении*) gúte [schléchte] Áugen; ве́рный ~ ein sícheres Áuge; у него́ хозя́йский ~ er ist ein gúter Wirt; маги́ческий ~ *радио* mágisches Áuge; ~ бу́ри *метеор.* das Áuge des Stúrmes; невооружённым ~ом mit blóßem [únbewaffnetem] Áuge; кра́ем ~а aus den Áugenwinkeln; закрыва́ть ~а́ на что-л. ein Áuge [béide Áugen] zúdrücken, die Áugen vor etw. (*D*) verschlíeßen*; fünf gerádе sein lássen*; открыва́ть кому́-л. ~а́ на что-л. j-m über etw. (*A*) die Áugen öffnen, j-m den Star stéchen*; наско́лько хвата́ет ~ sowéit das Áuge reicht; ~ не пока́зывать sich nicht blícken lássen*; отвести́ ~а́ кому́-л. j-s Áufmerksamkeit áblenken; прогляде́ть [просмотре́ть] все ~а́ sich die Áugen áussehen* (nach j-m); для отво́да ~ zum Schein; на ~а́х у всех vor áller Áugen; в ~а́ говори́ть ins Gesícht ságen; сме́яться в ~а́ ins Gesícht láchen; за ~а́ (*в отсутствие кого-л.*) hínter dem Rücken; за ~а́ дово́льно übergenug, volláuf hínreichend; броса́ться в ~а́ in die Áugen fállen* [spríngen*, stéchen*]; áuffällig sein; хоть ~ вы́коли es ist stóckdunkel, stóckfinster, stóckdüster; с ~у на ~ únter vier Áugen; попада́ться на ~а́ únter die Áugen kómmen*; ра́ди чьих-л. прекра́сных ~ um j-s schöner Áugen wíllen; упа́сть в ~а́х кого́-л. in j-s Méinung sínken*; определи́ть на ~ nach Áugenmaß bestímmen; не ве́рить свои́м ~а́м séinen Áugen nicht tráuen; тут ну́жен ~ hier ist ein wáchsames Áuge nötig; не смыка́я ~ óhne ein Áuge zu zútun; wáchsam; не спуска́ть ~ с кого́-л. 1) (*любоваться*) von j-m kein Áuge [kéinen Blick] wénden*; 2) (*не выпускать из виду*) j-n nicht aus den Áugen lássen* [verlíeren*]; смотре́ть во все ~а́ ≅ ganz Áuge sein; смотре́ть опа́сности [сме́рти] в ~а́ der Gefáhr [dem Tod] ins Áuge scháuen; у него́ ~а́ вы́лезли на лоб (*от удивления*) ihm fíelen beináhe die Áugen aus dem Kopf, er war éinfach platt; у неё ~а́ на мо́кром ме́сте sie hat náh am Wásser gebáut; идти́ куда́ ~а́ глядя́т der Náse nach géhen*; ни в одно́м ~у́ (*нисколько не пьян*) kein bíßchen (betrúnken); прочь с ~ мои́х! geh mir aus den Áugen!; ◇ положи́ть ~ на кого́-л. auf j-n ein Áuge wérfen; не в бровь, а в ~ *погов.* ≅ den Nágel auf den Kopf tréffen*; с ~ доло́й — из се́рдца вон *посл.* aus den Áugen — aus dem Sinn; у стра́ха

~а́ велики́ *посл.* die Furcht hat táusend Áugen

глаза́стый *разг.* **1.** gróßäugig; **2.** (*зоркий*) schárfsichtig

глазе́т *м текст.* Glánzbrokat *m* (1), Glánzstoff *m* (1)

глазе́ть *разг.* gáffen *vi*; Máulaffen féilhalten* (*ротозейничать*); ~ на ко-ró-л. ánstarren *vt*

глазиро́в||анный glasíert (*о фруктах и т. п.*); satiníert (*о бумаге*); **~а́ть** glasíeren *vt* (*фрукты и т. п.*); satiníeren *vt* (*бумагу*)

глазн||и́к *м разг.* (*врач*) Áugenarzt *m* (1*); **~и́ца** *ж анат.* Áugenhöhle *f* (11); **~и́чный** Áugen-; ~и́чный нерв *анат.* Áugennerv *m* -s *u* -en, -en; **~о́й** Áugen-; Aug-; ~о́е я́блоко *анат.* Áugapfel *m* (6*); ~ы́е зу́бы *анат.* Áugenzähne *pl*; ~ы́е боле́зни *мед.* Áugenkrankheiten *pl*; ~а́я лече́бница Áugenklinik *f* (10)

глаз||о́к *м* **1.** (*уменьш.* от глаз) Äuglein *n* (7); **2.** (*окошечко*) Gúckloch *n* (5); Scháuloch *n*, Scháuöffnung *f* (10); Gúckfenster *n* (6) (*разг.*); **3.** *бот.* Knóspe *f* (11); Bláttknospe *f*; Áuge *n* (13) (*в картофеле*); Ímpfreis *n* (5) (*для прививки*); привива́ть ~ко́м okulíeren *vt*, äugeln *vt*; аню́тины гла́зки Stíefmütterchen *n* (7); ◇ де́лать [стро́ить] кому́-л. гла́зки mit j-m líebäugeln; одни́м ~ко́м flüchtig; на ~о́к nach Áugenmaß, schätzungsweise

глазоме́р *м* Áugenmaß *n* -es; хоро́ший ~ gútes Áugenmaß; **~ный** nach Áugenmaß; ~ное определе́ние расстоя́ния Entférnungsschätzen *n* -s

глазу́нья *ж* (*яичница*) Spíegeleier *pl*, Óchsenauge *n* (13)

глазу́рь *ж* **1.** *кул.* Überzug *m* (1*); са́харная ~ Zúckerguß *m* -sses (*сироп*); шокола́дная ~ Kakáoüberzug *m*; *спец.* Kuvertüre [-ver-] *f* (11); **2.** (*на посуде и т. п.*) Glasúr *f* (10), Schmelz *m* -es

гла́нды *мн. анат.* Hálsmandeln *pl*, Mándeln *pl*; удали́ть ~ *мед.* die Mándeln heráusnehmen*

глас *м уст.*, *поэт.* Stímme *f* (11); ◇ ~ вопию́щего в пусты́не die Stímme éines Prédigers in der Wüste, ein Rúfer in der Wüste

глас||и́ть **1.** *уст.*, *поэт.* (*возвещать*) verkünd(ig)en *vt*, mélden *vt*, *vi*; **2.** (*о документе и т. п.*) láuten *vi*; beságen *vt*; зако́н ~и́т das Gesétz láutet

гла́сн||о *нареч.* öffentlich; **~ость** *ж* Óffenheit *f*, Transparénz *f*, Öffentlichkeit *f*, Offenkundigkeit *f*; Publizität *f*; ~ость суда́ *юр.* die Öffentlichkeit des Geríchtsverfahrens; преда́ть ~ости publík máchen, vor [an] die Öffentlichkeit bríngen*; veröffentlichen *vt*, bekánntgeben* *отд.* *vt*, bekánntmachen *отд.* *vt*; стать достоя́нием ~ости an die Öffentlichkeit gelángen

гла́сный I *прил.* **1.** (*открытый*, *публичный*) öffentlich; ~ суд öffentliche Geríchtsverhandlung; **2.** *лингв.* vokálisch [vo-]

гла́сный II *сущ. м лингв.* Vokál [vo-] *m* (1), Sélbstlaut *m* (1); носово́й ~ Nasálvokal *m*; откры́тый ~ óffener Vokál

гла́сный III *сущ. м ист.* gewähltes Mítglied der örtlichen Sélbstverwaltung (*im vorrevolutionären Rußland*); зе́мский ~ Sémstwo-Ábgeordnete *m* (14); ~ ду́мы Stádtverordnete *m* (14)

гла́уберов: ~а соль Gláubersalz *n* -es, schwéfelsaures Nátron

глауко́ма *ж мед.* Glaukóm *n* (2), grüner Star

гляци||о́лог *м* Glaziológe *m* (9); **~ологи́ческий** glaziológisch; **~оло́гия** *ж* Glaziologíe *f*, Glétscherforschung *f*

глаша́тай *м ист.* Hérold *m* (1), Verkünd(ig)er *m* (6); Áusrufer *m* (6); Künder *m* (6) (*провозвестник*); *перен.* ~ ми́ра ein Hérold des Fríedens

глет *м хим.* Glätte *f*; свинцо́вый ~ Bléiglätte *f*

гле́тчер *м* Glétscher *m* (6)

гликоге́н *м* Glykogén *n* -s, Léberstärke *f*

глико́ль *м хим.* Glykól *n* -s

гли́н||а *ж* Ton *m* -(e)s, Lehm *m* -(e)s; гонча́рная ~а Töpferton *m*; фарфо́ровая ~а Porzellánerde *f*; огнеупо́рная ~а féuerfester Ton, Féuerton *m*; приро́дная ~а Natúrerde *f*, Róherde *f*; цве́та ~ы léhmfarbig, léhmgelb; ◇ бе́лая ~а Kaolín *n* -s, Porzellánerde *f* (11); **~истый** Lehm-; léhmhaltig, tónhaltig, léttig, léhmig; ~истый раство́р Léhmmörtel *m* (6); ~истая по́чва léhmiger Bóden, Léhmboden *m* (7*); **~ище** *с* Léhmgrube *f* (11), Tóngrube *f*

глинobи́т||ный Stámpflehm-, léhmgestampft; ~ая постро́йка Léhmbau *m* -(e)s, -bauten, Stámpfbau *m*

глинозём *м* Tónerde *f*, Aláunerde *f*, Aláunton *m* -(e)s; уксуснокислый ~ éssigsaure Tónerde, Alumíniumazetat *n* -s; **~истый** tónerdehaltig

глино||меша́лка *ж* Léhmmischer *m* (6), Tónmischer *m*; **~мя́лка** *ж* Léhmknetmaschine *f* (11), Léhmkneter *m* (6), Tónkneter *m*; **~ре́з** *м* Tónschneider *m* (6)

глинтве́йн *м* Glühwein *m* -(e)s

гли́нян||ый Ton-, tönern; ~ые изде́лия Tónwaren *pl*, Stéingut *n* -(e)s; ~ый горшо́к Tóntopf *m* (1*)

гли́птика *ж иск.* Glýptik *f*, Stéinschneidekunst *f*

глиптоте́ка *ж иск.* Glyptothék *f* (10)

глисса́да *ж ав.* Gléitweg *m* (1)

глисса́ндо *с муз.* Glissándo *n* -s, -s *u* -di

гли́ссер *м* Gléitboot *n* (2)

глист *м зоол.* Éingeweidewurm *m* (4), Helmínthe *f* (11); ле́нточный ~ Bándwurm *m*; кру́глый ~ Spúlwurm *m*; Fádenwurm *m*; пузы́рчатый ~ Fínne *f* (11)

глиста́ *ж разг.* **1.** *см.* глист; **2.** *груб.* (*о худом человеке*) Bóhnenstange *f* (11), (lánge) Látte; он как ~ er ist dürr wie éine Bóhnenstange

глисто||го́нный wúrm(ab)treibend; ~го́нное сре́дство wúrm(ab)treibendes Míttel

глифта́левый *хим.* Glyptál-; ~ лак Glyptállack *m* (1)

глицери́н *м* Glyzerín *n* -s; **~овый** Glyzerín-; ~овое ма́сло Glyzerínöl *n* -(e)s

глици́ния *ж бот.* Glyzínie *f* (11)

глоба́льн||ый globál, Globál-; ~ая война́ globáler Krieg; ~ая раке́та Globálrakete *f*; ~ая страте́гия Globálstrategie *f*

гло́бус *м* Glóbus *m* -ses *u* =, *pl* -se *u* -ben

глода́ть nágen *vi* (что-л. an *D*); ~ кость am Knóchen nágen; тоска́ гло́жет его́ der Gram nagt an séinem Hérzen

глокси́ния *ж* Gloxínie *f* (11)

гло́сс||а *ж лингв.* Glósse *f* (11); **~а́рий** *м* Glossár *n* (2) (*pl тж.* -ien), Glossárium *n* -s, -ien, Wörterverzeichnis *n* -ses, -se

глот||а́ние *с* Schlúcken *n* -s; *мед.* Schlúckakt *m* (1); **~а́тельный** Schluck-; ~а́тельное движе́ние Schlúcken *n* -s; **~а́ть** **1.** schlúcken *vt*; **2.** *перен.* (*читать жадно*) verschlíngen* *vt*; ◇ ~а́ть слова́ Wórte verschlúcken, úndeutlich ássprechen*; ~а́ть слёзы das Wéinen unterdrücken

гло́тк||а *ж* **1.** *анат.* Schlund *m* (1*), Ráchen *m* (7); **2.** *разг.* (*горло*) Gúrgel *f* (11), Kéhle *f* (11); ◇ во всю ~у aus vóller Kéhle, aus vóllem Hálse, aus Léibeskräften; заткну́ть ~у кому́-л. *груб.* j-m den Mund stópfen; лужёная ~а áusgepichte Kéhle; драть ~у (*орать*) grölen *vi*, aus vóllem Hálse schréien*; здоро́вая ~а kräftige Stímme

глот||ну́ть *см.* глота́ть 1; **~о́к** *м* **1.** (*глотаемое*) Schluck *m* (1), ein Múndvoll; ~о́к воды́ [молока́] ein Schluck Wásser [Milch]; **2.** (*движение*) Schlúcken *n* -s; сде́лать ~о́к éinen Schluck néhmen*; пить ме́дленными ~ка́ми schlúckweise trínken*; одни́м ~ко́м auf éinen Schluck, mit éinem Zúge

гло́точн||ый *анат.* Ráchen-; ~ые минда́лины Ráchenmandeln *pl*; ~ое отве́рстие Ráchenmündung *f* (10)

гло́ттис *м анат.* (*голосовая щель*) Stímmritze *f* (11), Glóttis *f*, *pl* -ttes

гло́хнуть **1.** (*о человеке*) taub wérden; **2.** (*о звуках, голосе и т. п.*) verhállen *vi* (s), still wérden; **3.** (*о саде, парке и т. п.*) verwíldern *vi* (s); **4.** *авто* (*о двигателе*) ábgewürgt wérden; verrécken (*разг.*)

глу́бже *сравн. ст. см.* глубо́кий

глубин||а́ *ж тж. перен.* Tíefe *f* (11); ~а́ мо́ря Méerestiefe *f*; ~а́ борозды́ Fúrchentiefe *f*; ~а́ вспа́шки Pflúgtiefe *f*; ~а́ посе́ва Sáattiefe *f*; ~а́ погруже́ния *мор.* Táuchtiefe *f*; ~а́ сне́га Schnéehöhe *f* (11); ~а́ ре́зкости *фото* Tíefenschärfe *f* (11), Schärfentiefe *f*; ~а́ сце́ны Tíefe der Bühne; ~а́ чу́вства Gefühlstiefe *f*, Gemütstiefe *f*; на ~е́ десяти́ ме́тров zehn Méter tief; в ~е́ страны́ (tief) im Lándesinnern, im Ínneren des Lándes; ◇ ~а́ зна́ний Gründlichkeit *f* der Kénntnisse; от ~ы́ души́ aus tíefstem Hérzen, von gánzem Hérzen; в ~е́ души́ im tíefsten Ínnern; до ~ы́ души́ bis ins Ínnerste; в ~е́ веко́в in gráuer Vórzeit

глуби́нн||ый Tief-, Tíefen-; ~ый лов ры́бы Tíefseefischfang *m* (e)s; ~ая бо́мба Wásserbombe *f* (11); ~ый аэродро́м tief im Hínterland gelégener Flúgplatz; ~ая поро́да *геол.* Tíefengestein *n* (2)

глубиноме́р *м мор.* Tíefenmesser *m* (6)

глубо́к||ий **1.** tief, Tief-; ~ая таре́лка tíefer Téller; ~ая печа́ть *полигр.* Tíefdruck *m* -(e)s; ~ая вспа́шка Tíefpflügen *n* -s; **2.** *перен.*: ~ий сон tíefer Schlaf; ~ая печа́ль tíefer Schmerz; ~ое впечатле́ние tíefer Éindruck; ~ое убежде́ние tíefwurzelnde Überzéugung; ~ие зна́ния profúndes Wíssen; ~ое содержа́ние tíefer Ínhalt; ~ая тишина́ tíefe Stílle; ~ая о́сень Spätherbst *m* -es; ~ая ста́рость hóhes Álter; ~ий стари́к hóchbetagter Greis (*книжн.*); stéinalter Mann; до ~ой но́чи bis tief in die Nacht hinéin; ~ий тыл tíefes Hínterland *n* -(e)s; ~ое неве́жество krásse Únwissenheit; ~ая благода́рность tíefempfundener Dank; ~ий ана́лиз tíefgehende [tíefgreifende, tíefschürfende] Analýse; ~ое изуче́ние gründliche [éingehende] Erfórschung [Untersúchung]; ~ое противоре́чие krásser Wídersprush [Gégensatz]; име́ть ~ие ко́рни tíefe Wúrzeln gefáßt [geschlágen] háben; tíefgehende Gründe háben; в ~ой дре́вности in gráuer Vórzeit

глубоко́ *нареч.* tief; *перен.* zutíefst, höchst; ~ уважа́ть hoch veréhren; я ~ потрясён ich bin zutíefst erschüttert

глубоково́дн||ый wásserreich, tief; Tíefsee-; ~ый путь Tíefwasserstraße *f*;

~ые ры́бы Tíefseefische *pl*; **~ая съёмка** *фото, кино* Tíefseeaufnahme *f* (11); ~ый фотоаппара́т Tíefseekamera *f*, *pl* -s; ~ая кинока́мера Tíefsee(film)kamera *f*

глубокоизлуча́тель *м* (*светотехника*) Tíefstrahler *m* (6)

глубокомы́сл||енный tíefsinnig; **~ие** *с* Tíefsinn *m* -(e)s

глубокоуважа́емый hóchverehrt, sehr geéhrt

глубь *ж* Tíefe *f* (11); в ~ страны́ ins Ínnere des Lándes, in das Lándesinnere; в ~ ле́са tief in den Wald hinéin

глум||и́ться verspótten *vt*, verhöhnen *vt*; spótten *vi* (над кем-л. über *A*); **~ле́ние** *с* Spott *m* -(e)s, Hohn *m* -(e)s

глуп||е́ть dumm wérden; **~е́ц** *м* Dúmmkopf *m* (1*), Éinfaltspinsel *m* (6); **~и́ть** *разг.* blödeln *vi*, sich álbern [dumm, éinfältig] benéhmen*; не ~и́ mach kéine Dúmmheiten; **~ова́тый** éinfältig, dümmlich, álbern; он ~ова́т er hat ein Brett vorm Kopf

глу́п||ость *ж* **1.** Dúmmheit *f* (10), Tórheit *f* (10); Dämlichkeit *f* (*разг.*); Álbernheit *f*; по ~ости aus Dúmmheit; **2.** (*глупый поступок*) Dúmmheit *f* (10); ~ости! *разг.* Únsinn!; Blödsinn!, dúmmes Zeug!; де́лать ~ости Dúmmheiten begéhen* [máchen]; Únsinn verzápfen (*разг.*); не говори́ [не болта́й] ~осте́й red doch kéinen Únsinn [kein Blech (*разг.*)]; **~ый** dumm, närrisch, töricht; álbern; глуп как про́бка *разг.* stóckdumm, stróhdumm, dumm wie Bóhnenstroh; sáudumm (*груб.*); ~ый! so ein álberner Pínsel!; он не глуп er ist nicht auf den Kopf gefállen; ~ая шу́тка fáuler Witz; поста́вить себя́ в ~ое положе́ние sich in éine dúmme Láge bríngen*

глупы́ш I *м разг.* Éinfaltspinsel *m* (6)

глупы́ш II *м зоол.* Éissturmvogel *m* (6*)

глупы́шка *ж разг.* Gänschen *n* (7), Dúmm(er)chen *n* (7)

глуха́р||ка *ж зоол.* Áuerhenne *f* (11); **~ь** *м* **1.** (*птица*) Áuerhahn *m* (1*); **2.** *шутл.* (*о человеке*) Táube *m* (14), Schwérhörige *m* (14); **3.** *тех.* (*винт*) Hólzschraube *f* (11)

глухова́тый 1. (*о человеке*) schwérhörig; **2.** (*о голосе*) verschléiert, gedämpft

глух||о́й *прил.* **1.** taub, gehörlos; соверше́нно ~о́й stócktaub, völlig taub; быть ~и́м к чему́-л. *перен.* gégen etw. (*A*) taub sein, sich éiner Sáche verschlíeßen*; не оста́ться ~и́м *перен.* ≅ j-m sein Ohr nicht verschlíeßen*; ein genéigtes Ohr schénken; **2.** (*о звуке, голосе*) dumpf, hohl, gedämpft, klánglos; *фон.* tónlos, stímmlos; ~о́й согла́сный stímmloser Konsonánt; **3.** (*тихий, без проявлений жизни*) ábgelegen; ~а́я прови́нция ábgelegene Gégend; ~а́я дере́вня entlégenes Dorf; ~а́я у́лица únbelebte Stráße; ~а́я ночь éine stílle, stóckfinstere Nacht; ~о́й лес díchter [tíefer] Wald; **4.** (*сплошной, без отверстий*) blind, falsch; ~а́я стена́ blínde Máuer; ~о́е окно́ blíndes [fálsches] Fénster; ~а́я ги́псовая повя́зка *мед.* geschlóssener [ungefénsterter] Gípsverband; **5.** *в знач. сущ. м* Táube *m* (14), Gehörlose *m* (14)

глухома́нь *ж разг. см.* глушь **2**

глухонемо́й *прил.* **1.** táubstumm; **2.** *в знач. сущ. м* Táubstumme *m* (14)

глухонемота́ *ж* Táubstummheit *f*

глухослепо́й táubblind

глухота́ *ж* Táubheit *f*

глу́ше *сравн. ст. см.* глухо́й

глуш||и́тель *м* **1.** *тех.* Dämpfer *m* (6), Schálldämpfer *m*; Áuspufftopf *m* (1*); **2.** *перен.* Unterdrücker *m* (6); ~и́тель свобо́ды Unterdrücker der Fréiheit; **~и́ть 1.** betäuben *vt*; *перен.* dämpfen *vt*, unterdrücken *vt*, erstícken *vt*; ~и́ть кри́тику die Kritík drósseln [ábwürgen]; **2.** (*заглушать — о растениях*) erstícken *vt*, nicht wáchsen lássen*; крапи́ва глу́шит сад die Nésseln erstícken den Gárten; **3.** (*мотор*) ábdrosseln *vt*, ábwürgen *vt*

глушь *ж* **1.** (*о лесе*) Wáldesdickicht *n* (2), Díckicht *n*; **2.** (*об удалённом месте*) Öde *f* (11), ábgelegener Ort, Éinöde *f*

глы́ба *ж* Block *m* (1*); Bátzen *m* (7) (*камня, металла*); Schólle *f* (11), Érdscholle *f*, Érdklumpen *m* (7); ~ льда Éisscholle *f*, Éisklumpen *m*, Éisblock *m*; поса́дка ~ми *лес.* Bállenpflanzung *f* (10)

глыбокроши́тель *м*, **глыборе́з** *м с.-х.* Schóllenbrecher *m* (6), Drílleggе *f* (11)

глюко́за *ж* Glykóse *f*, Tráubenzucker *m* -s, Dextróse *f*

глютами́н *м* Glutamín *n* -s

гля||де́ть 1. scháuen *vi*; gúcken *vi* (*разг.*); blícken *vi* (на кого́-л. auf *A*); ánsehen* *vt*; zúsehen* *vi* (*D*) (*на происходящее*); **2.** (*об окнах*) Áussicht háben, blícken *vi*, scháuen *vi* (куда́-л. auf *A*); **3.** *разг.* (*иметь вид*) áussehen* *vi*; ~де́ть геро́ем wie ein Held áussehen*; **4.** *разг.* (*присматривать*) áchtgeben* *отд. vi* (за кем-л. auf *A*), beáufsichtigen *vt*; ~де́ть за ребёнком auf ein Kind áchtgeben* [áchten]; ◇ ~де́ть в о́ба áuf der Hut sein, kein Áuge von etw. (*D*) wénden*; ~де́ть сквозь па́льцы durch die Fínger séhen*, ein Áuge zúdrücken; ни на что не гля́дя óhne jéde Rücksicht; идти́ куда́-л. на́ ночь гля́дя spätábends írgendwohin géhen*; идти́ куда́ глаза́ ~дя́т ≅ ímmer der Náse nach géhen*; ~де́ть во все глаза́ ganz Áuge sein; не́чего на него́ ~де́ть mit dém muß man nicht viel Féderlesen máchen; того́ и ~ди́ случи́тся es kann jéden Áugenblick passíeren; того́ и ~ди́ дождь пойдёт es kann jéden Áugenblick régnen; того́ и ~ди́ éhe man sich's versíeht; ~де́ть в гроб [в моги́лу] mit éinem Fuß im Grábe stéhen*; ~де́ть сме́рти [опа́сности] в глаза́ dem Tod [der Gefáhr] ins Áuge séhen*

гляде́ться sich betráchten; sich beséhen*; ~ в зе́ркало sich im Spíegel betráchten

глядь *разг.* sieh da!

гля́нец *м* Glanz *m* -es; навести́ ~ на боти́нки die Stíefel spíegelblank pútzen [wíchsen]

гля́нуть *разг. см.* гляде́ть 1; ◇ куда́ ни гля́нешь wohín das Áuge auch blíckt

гля́нцев||ый glänzend; **~ая бума́га** Glánzpapier *n* (2); **~ый карто́н** Glánzpappe *f* (11)

гляциоло́гия *ж* Glaziologíe *f*, Glétscherkunde *f*

гм hm!

гнать 1. tréiben* *vt*; jágen *vt*; ~ скот на па́стбище das Vieh auf die Wéide tréiben*; ве́тер го́нит ли́стья der Wind treibt die Blätter; ве́тер го́нит облака́ der Wind jagt die Wólken; ~ лес Holz flößen; **2.** (*прогонять*) fórtjagen *vt*, vertréiben* *vt*; ~ из дому aus dem Háus(e) jágen [wégjagen, verjágen]; **3.** *разг.* (*торопить*) hétzen *vt*, ántreiben* *vt*; ~ ло́шадь (во весь дух) das Pferd (zu höchster Éile) ántreiben*; гони́! nur zu!; ~ маши́ну mit dem Áuto rásen; **4.** (*делать что-л. быстро*) hétzen *vi*, schnell máchen; **5.** (*добывать посредством перегонки*) brénnen* *vt* (*спирт и т. п.*); schwélen *vt* (*смолу*)

гна́ться 1. náchjagen *vi* (s), náchsetzen *vi* (s) (за кем-л. *D*); ~ за кем-л. по пята́м j-m auf den Férsen sein; **2.** *перен. разг.*: ~ за чем-л. nach etw. (*D*) tráchten [strében]

гнев *м* Zorn *m* -(e)s; Wut *f* (*ярость*); в припа́дке ~а im Zórnausbruch; ◇ положи́ть [смени́ть] ~ на ми́лость Gnáde für Recht ergéhen lássen*; не во ~ будь ска́зано néhmen Sie mir's nicht übel; **~аться** sich erzürnen; ~аться на кого́-л. j-m zürnen, auf j-n böse sein; **~и́ть** *уст.* erzürnen *vt*, áufbringen * *vt*

гне́вный zórnig, erzürnt, áufgebracht, zórnerfüllt; wútentbrannt

гнедо́й *прил.* **1.** braun; **2.** *в знач. сущ. м* (*гнедая лошадь*) Bráune *m* (14)

гнезди́ться 1. nísten *vi*; hórsten *vi* (*о хищных птицах*); **2.** *перен.* háusen *vi*, sich éinnisten (*ютиться*); séinen Sitz [séine Brútstätte] háben (*о болезни*)

гнездо́ *с* **1.** Nest *n* (5); Horst *m* (1) (*у хищных птиц*); свить ~ *тж. перен.* ein Nest báuen; орли́ное ~ Ádlerhorst *m*; пти́чье ~ с я́йцами Gelége *n* (6); пулемётное ~ *воен.* Maschínengewehrnest *n*, MG-Nest *n*; **2.** *тех.* Sitz *m* (1), Loch *n* (5), Nísche *f* (11); подши́пниковое ~ Lágersitz; ~ ца́пфы Zápfenloch *n*; коммута́торное ~ Vermíttlungsklinke *f*; **3.** *эл.* Búchse *f* (11); Klínke *f* (11) (*телефона*); дио́дное ~ Diódenbuchse *f*; *радио* Sóckelkontakt *m* (1) (*у ламп*); **4.** *лингв.* Wórtfamilie *f* (11); ◇ дворя́нское ~ Ádelssitz *m* (1); **~ва́ние** *с зоол.* Nésterbau *m* (1); **~ва́ться** Néster báuen; гнездя́щаяся пти́ца Stándvogel *m* (6*)

гнездо́вка I *ж бот.* Néstwurz *f* (10)

гнездо́вка II *ж см.* гнездо́вье

гнездов||о́й Nest-; Néster-; *бот.* nésterartig; ~о́й посе́в Díbbelsaat *f*, Néstersaat *f*; ~о́й спо́соб поса́дки Nésterpflanzverfahren *n* -s; ~а́я се́ялка Díbbelmaschine *f* (11)

гнездо́вье *с* Nístplatz *m* (1*)

гнейс *м геол.* Gneis *m* (1)

гне||сти́ bedrücken *vt*; э́то воспомина́ние ~тёт меня́ díese Erínnerung bedrückt mich; его́ ~тёт тоска́ éine tíefe Tráuer drückt ihn

гнёт *м* **1.** *уст. обл.* (*груз, пресс*) Druck *m* (1), Présse *f* (11); положи́ть сыр под ~ den Käse únter die Présse légen; **2.** (*тяжесть*) Druck *m* -(e)s; **3.** (*угнетение*) Bedrückung *f*, Unterdrückung *f*; Unterjóchung *f*; Joch *n* (2) (*иго*); вы́рваться из-под ~а aus dem Joch áusbrechen*

гнету́щ||ий drückend, bedrückend, deprimíerend; ~ая забо́та drückende [bléischwere] Sórge

гни́да *ж* Nísse *f* (11)

гние́ние *с* Fäulen *n* -s, Fäulnis *f*, Fäule *f*; Verwésung *f*

гнил||о́й faul, verfáult (*прогнивший*; *тж. перен.*); módrig; kariös (*о зубах, костях*); stagníerend (*о воде*); ~а́я о́сень násser Herbst

гни́л||остность *ж* Fäulniserscheinung *f* (10); **~остный** fáulig, jáuchig; **~ость** *ж* Fäule *f*, Fäulnis *f*; **~у́шка** *ж* **1.** (*кусок гнилого дерева*) fáules Stück Holz; Ráuchholz *n* (5); **2.** (*гнилой зуб*) fáuler [kariöser] Zahn

гниль *ж*, **гнильё** *с* Fäule *f*, Fäulnis *f*

гнильц||á *ж разг.* Fäulnis *f*; быть с ~óй ángefault sein, faul ríechen* [schmécken]; бананы с ~óй ángefaulte Banánen

гни||ть (ver)fáulen *vi* (s), vermódern *vi* (s), verwésen *vi* (s); stagníeren *vi* (*о воде*); дерево ~ёт der Baum fault

гноеви́дный *мед.* éiterartig

гноéние *с мед.* Éiterung *f* (10), Éitern *n* -s, Éiterfluß *m* -sses, Pyorrhöe *f*

гноеотделéние *с мед.* Éiterabsonderung *f*

гноерóдный *мед.* éitererregend, pyogén

гноетечéние *с см.* гноéние

гноетoчи́вый *мед.* éit(e)rig

гнои́||ть 1. fáulen lássen*; 2.: ~ть когó-л. в тюрьмé j-n im Kérker verkómmen lássen*; **~ться** éitern *vi*; tríefen* *vi* (*о глазах*); рáна ~тся die Wúnde éitert

гной *м* Éiter *m* -s; Áugendrüsenschleim *m* -(e)s (*из глаз*); **~ни́к** *м* 1. Éiterherd *m* (1), Éitergeschwür *n* (2), Éiterbeule *f* (11); 2. *перен.* Éiterbeule *f* (11), Péstherd *m* (1); **~ничóк** *м* Éiterblase *f* (11), Éiterbläschen *n* (7); **~но-инфекциóнный** *мед.* éitrig-infektiös; **~ный** éiternd, éit(e)rig, Éiter-, voll Éiter, purulént; ~ный процécс Éiterungsprozeß *m* -sses, -sse; ~ное воспалéние éit(e)rige Entzündung

гном *м миф.* Gnom *m* (8), Zwerg *m* (1), Érdgeist *m* (4), Bérggeist *m*

гнóма *ж лит.* Gnóma *n* -s, -men, Sínnspruch *m* (1*), Aphorísmus *m* =, -men; áвтор гном Gnómiker *m* (6)

гноми́ческий *лит.* gnómisch

гнóмон *м астр.* Gnómon *m* -s, -mónen, Sónnenuhr *f* (10)

гносеологи́ческий *филос.* gnoseológisch, erkénntnistheoretisch

гносеолóгия *ж филос.* Gnoseologíe *f*, Erkénntnistheorie *f*

гнóст||ик *м филос.* Gnóstiker *m* (6); **~ици́зм** *м* Gnostizísmus *m* =; **~и́ческий** *филос.* gnóstisch

гну *м зоол.* Gnu *n* -s, -s

гнус *м собир.* Úngeziefer *n* -s, Inséktenplage *f*, Geschméiß *n* -es

гнусáв||ить näseln *vt*; **~ость** *ж* Näseln *n* -s, näselnde Áussprache; **~ый** näselnd

гнусли́вый *разг. см.* гнусáвый

гнусн||ость *ж* Schändlichkeit *f* (10), Níederträchtigkeit *f* (10); Abschéulichkeit *f* (10); Geméinheit *f* (10) (*низость*); **~ый** 1. (*о поведении, поступке и т. п.*) schändlich, níederträchtig, níedrig, geméin; ~ое предáтельство níedriger Verrát; ~ая клеветá geméine [níederträchtige] Verléumdung; 2. (*о виде, человеке*) gárstig, abschéulich, schéußlich

гнуть 1. bíegen* *vt*, béugen *vt*, krümmen *vt*; 2. *разг.* (*клонить к чему-л.*) ábzielen *vi* (auf *A*); я ви́жу, кудá он гнёт ich séhe, woráuf er hínzielt, ich séhe, wo er hínwill [hináuswill]; ◇ ~ спи́ну den Rücken béugen, kátzbuckeln *неотд. vi* (пéред кем-л. vor *D*); ~ горб bis zur Erschöpfung árbeiten; ~ свою ли́нию séine Líni:e dúrchsetzen; **~ся** sich béugen, sich krümmen (*о ком-л.*); sich bíegen* (*о чём-л.*)

гнутьё *с тех.* Bíegen *n* -s; горя́чее ~ Wármbiegen *n*; холóдное ~ Káltbiegen *n*

гнушáться verábscheuen *vt*; sich ékeln, Ékel empfínden* (когó-л., чегó-л. vor *D*)

гобелéн *м* Gobelin [-'lɛ̃] *m* -s, -s, Bíldteppich *m* (1); сюжéтный ~ Figúrengobelin *m*

гобои́ст *м* Oboíst *m* (8)

гобóй *м муз.* Obóe *f* (11)

говáривать *разг.* etw. zu ságen pflégen, etw. oft ságen [wiederhólen]

говéть *рел.* fásten *vi*, durch Fásten und Kírchenbesuch sich zum Ábendmahl vórbereiten

гóвор *м* 1. Geréde *n* -s; Gemúrmel *n* -s; ~ волн das Múrmeln der Wéllen; 2. (*произношение*) Áussprache *f* (11); 3. *лингв.* Dialékt *m* (1), Múndart *f* (10); Lokálmundart *f*

говорéние *с тж. лингв.* Spréchen *n* -s

говори́льня *ж пренебр.* Schwátzbude *f*(11), Quásselbude *f*

говор||и́ть 1. spréchen* *vt*, *vi*; réden *vt*, *vi* (с кем-л. mit *D*; о ком-л., о чём-л. über *A*, von *D*); ~и́ть по-рýсски rússisch spréchen*; нéчего ~и́ть об э́том davón wóllen wir nicht spréchen; das ist nicht der Réde wert; хорошó [дýрно] ~и́ть о ком-л. gut [schlecht] von j-m réden, Gútes [Schléchtes] von j-m spréchen*; постоя́нно ~и́ть о чём-л. etw. ständig im Múnde führen; ~и́ть обинякáми drum herúm réden; ~и́ть намёками durch die Blúme spréchen*; он ~и́л без обиняков er sprach frei von der Léber weg; er wúrde déutlich; ~и́ть откровéнно mit der Spráche heráusrükken; ~и́ть как по пи́саному wíe ein Buch réden; ~и́ть на инострáнном языкé éine Frémdsprache spréchen*; манéра ~и́ть Sprêchweise *f*, die Art zu sprechen; ~и́ть без ýдержу sich (*D*) den Mund fússelig [in Fránsen] réden; скýпо ~и́ть nicht víele Wórte máchen; об э́том ещё не врéмя ~и́ть das ist noch nicht sprúchreif; ~и́ть в стóрону *театр.* in die Kulísse spréchen*; не бýдем ~и́ть об э́том wóllen wir das líeber beiséite lássen!, lássen wir das beiséite!; начáть ~и́ть zum Spréchen ánsetzen; он ~и́л без ýдержу er rédete in éinem fort; мя́гко ~я́ gelínde gesägt; ~и́т Москвá (*по радио*) hier spricht Móskau; 2. (*сказать*) ságen *vt*; ~и́ть прáвду die Wáhrheit ságen; не дать комý-л. ~и́ть j-n nicht zu Wórte kómmen lássen*; ~я́т, что... man sagt sagt [es heißt], daß...; 3. (*свидетельствовать о чём-л., доказывать что-л.*) zéugen *vi*; besάgen *vt*; о чём ~я́т фáкты? was besägen die Tátsachen?; егó постýпок ~и́т о мýжестве séine Tat zeugt von Mut; э́то [не] ~и́т в егó пóльзу das spricht [nicht] für ihn; э́то емý мáло что ~и́т das sagt ihm nichts; ◇ ~и́ть загáдками in Rätseln sprechen*; ~и́ть на рáзных языкáх verschíedene Spráchen sprechen*, einánder nicht verstéhen*; э́то ~и́т самó за себя́ das spricht für sich selbst; об э́том ~я́т все das ist in áller Múnde; ~я́т тебé! hörst du!, das sei dir gesägt!; ~я́т тебé, замолчи́! sei gefälligst still!; мнóго [мáло] чегó ~я́т es wird so mánches gerédet [geságt]; откровéнно ~я́ óffen [áufrichtig] geságt, óffen gestánden; мéжду нáми ~я́ im Vertráuen geságt; стрóго ~я́ strénggenommen; сóбственно ~я́ éigentlich, im Grúnde genómmen; корóче ~я́ mit ánderen Wórten; не ~я́ ужé о том, что... geschwéige (denn), daß...; ganz zu schwéigen davón, daß...; не ~я́ ни словá óhne ein Wort zu ságen [zu verlíeren]; что ни ~и́ was man auch ságen mag; что и ~и́ть fréilich; **~и́ться:** как ~и́тся wíe es heißt, wie man (so) sagt; в кни́ге ~и́тся im Buch heißt es, im Buch steht zu lésen; ужé ~и́лось, что... es war schon davón die Réde, daß...; недáром ~и́тся es heißt [da heißt es] wohl mit Recht

говор||ли́вость *ж* Gesprächigkeit *f*, Rédseligkeit *f*; Geschwätzigkeit *f* (*болтливость*); **~ли́вый** gesprächig, rédselig; geschwätzig, schwátzhaft

говор||ýн *м* Schwätzer *m* (6); **~ýнья** *ж* Schwätzerin *f* (12)

говя́||дина *ж* Ríndfleisch *n* -es; **~жий** Rínds-, Rínder-, Ríndfleisch-; ~жий жир Ríndstalg *m* -(e)s, Rínderfett *n* -(e)s, Ríndertalg *m* -(e)s

гóгол||ь: ходи́ть ~ем *разг.* stolz einhérgehen*, wie ein Pfau einhérstolzieren; die Brust heráusstrecken

гóголь-мóголь *м* geschlágenes Éigelb mit Zúcker

гóгот *м*, **~áнье** *с* Gáckern *n* -s, Schnáttern *n* -s; *перен.* Gelächter *n* (6), Gewíeher *n* (6); **~áть** gáckern *vi*, schnáttern *vi*; *перен.* laut láchen, wíehern *vi*

год *м* Jahr *n* (2); астрономи́ческий [сóлнечный] ~ astronómisches Jahr, Sónnenjahr *n*; високóсный ~ Schältjahr *n*; календáрный ~ Kaléndérjahr *n*; звёздный [сидери́ческий] ~ *астр.* Stérnenjahr *n*, sidérisches Jahr; лýнный ~ *астр.* Móndjahr *n*; световóй ~ *астр.* Líchtjahr *n*; отчётный ~ Berichtsjahr *n*; Réchnungsjahr *n*; текýщий ~ das láufende [jétzige] Jahr; бюджéтный ~ Háushaltsjahr *n*; Réchnungsjahr *n*; финáнсовый ~ Finánzjahr *n*, Réchnungsjahr *n*; хозя́йственный ~ Wírtschaftsjahr *n*; Geschäftsjahr *n*; учéбный ~ Schúljahr *n* (*в школе*); Stúdienjahr *n* (*в вузе, техникуме*); Léhrjahr *n* (*ученика на производстве*); учéбный ~ в систéме партúйного просвещéния Partéischuljahr *n*; Нóвый ~ (*1 января*) Néujahr *n*, Néujahrstag *m* -(e)s; под Нóвый ~ zu Silvester [-'vɛs-], am Néujahrsabend; врéмя ~а Jáhreszeit *f* (10); ~ издáния Erschéinungsjahr *n* (*книги*); Jáhrgang *m* (1*) (*журнала*); ~ изготовлéния Hérstellungsjahr *n*; Báujahr *n* (*машины и т. п.*); ~ рождéния Gebúrtsjahr *n*; рáзница в ~áх Áltersunterschied *m* (1); в стáрые ~ы in álten Zéiten; они́ не ви́делись ~ы sie háben sich éwig [jáhrelang] nicht geséhen; шестидесятые [восьмидеся́тые] ~ы die séchziger [die áchtziger] Jáhre; в прóшлом ~ý im vórigen [vergángenen] Jáhr(e), vóriges Jahr; в бýдущем ~ý im künftigen [kómmenden, nächsten] Jáhr(e), nächstes Jahr; на трéтьем ~ý im drítten Jahr (чегó-л. *G*); ~ томý назáд (héute) vor éinem Jahr; vor Jáhresfrist (*книжн*); за оди́н ~ ínnerhalb éines Jáhres, in éinem Jahr, чéрез ~ in éinem Jahr (*о предстоящем*); nach éinem Jahr, ein Jahr später (*о прошлом*); в концé ~а gégen [am] Jáhresende; до концá ~а bis Jáhresende; э́того ~а díesjährig; без указáния ~а óhne Jáhresangabe (*сокр.* o. J.); емý 32 ~а er ist 32 Jáhre alt; емý деся́тый ~ er wird zéhn (Jáhre alt), er ist neun Jáhre alt; емý испóлнилось двáдцать лет er ist zwánzig Jáhre alt gewórden; er ist zwánzig gewórden (*разг.*); er hat das zwánzigste Lébensjahr volléndet (*книжн.*); емý нельзя́ дать егó ~ы man sieht ihm sein Álter nicht an, er sieht jünger aus; ◇ ~-другóй ein (bis) zwei Jáhre; крýглый ~ ein gánzes [rúndes, vólles] Jahr; das gánze Jahr hindúrch; из ~а в ~ von Jahr zu Jahr; jahráus, jahréin; в вáши ~ы in Íhrem Álter, bei Íhren Jáhren; он ужé в ~áх er ist schon bei Jáhren [bejáhrt]; er hat schon víele Jáhre auf dem Búckel (*разг.*); без ~у недéля unlängst, vor kúrzem, néulich; он развит не по ~áм er ist frühreif

года́ми *нареч.* (*по целым годам*) jáhrelang

го́ден *предик. см.* го́дный

годи́на *ж* Zeit *f* (10); тяжёлая ~ schwére Zeit

год||и́ться 1. táugen *vi* (для чего́-л., на что-л. zu *D*); táuglich sein, sich éignen (для чего́-л. zu *D*); он в учи́теля не ~и́тся er éignet sich nicht als Léhrer, als Léhrer kommt er nicht in Betrácht; никуда́ не ~и́ться zu nichts táugen; **2.** (*быть подходящим, быть впору*) pássen *vi*; э́ти боти́нки мне ~я́тся díese Schúhe pássen mir; ◇ э́то не ~и́тся! das ist nichts!; так поступа́ть не ~и́тся es schickt sich nicht [es ist únzulässig, es ist únschicklich] so zu hándeln; я тебе́ в отцы́ [в ма́тери] гожу́сь ich könnte dein Váter [déine Mútter] sein; он ему́ в подмётки не ~и́тся ≅ er kann ihm nicht das Wásser réichen

годи́чн||ый jährig, Jáhres-; ~ый срок Jáhresfrist *f* (10); ~ое кольцо́ *бот.* Jáhresring *m* (1)

го́дность *ж* Táuglichkeit *f*; Bráuchbarkeit *f*; Éignung *f*; ~ к вое́нной слу́жбе Wéhrdiensttauglichkeit *f*

го́дный táuglich; bráuchbar; geéignet (*подходящий*); fähig (*способный*); gültig (*о билете и т. п.*); ~ к вое́нной слу́жбе kríegsdienstfähig; kríegsverwendungsfähig (*сокр.* k. v.); ~ к нестрое-во́й слу́жбе ínnendienstfähig (*сокр.* idfg.); ~ к строево́й слу́жбе díensttauglich, díenstfähig (*сокр.* dfg.); wéhrdiensttauglich; усло́вно ~ *воен.* bedíngt táuglich; ~ к обрабо́тке beárbeitungsfähig; ~ к эксплуата́ции betríebsfähig; ~ для питья́ trínkbar; ~ для еды́ éßbar, geníeßbar; ~ на всё für álles [zu állem] bráuchbar; ни на что не ~ челове́к Táugenichts *m* (1) (*G тж.* =), Níchtsnutz *m* (1)

годов||а́лый éinjährig; ~а́лый ребёнок einjähriges Kind; ~а́лые ягня́та éinjährige Lämmer; ~а́лое живо́тное Jährling *m* (1); **~о́й** Jáhres-; jährlich; ~о́й отчёт Jáhresbericht *m* (1); ~о́й дохо́д Jáhreseinkommen *n* (7); **~щи́на** *ж* Jáhrestag *m* (1); Wíederkehr *f* (des Jáhrestages); ~щи́на Вели́кой Октя́брьской социалисти́ческой револю́ции der Jáhrestag der Gróßen Soziałístischen Októberrevolution; ~щи́на основа́ния чего́-л. die Wíederkehr des Gründungstags (*G*); че́рез ме́сяц насту́пит ~щи́на in éinem Mónat jährt sich der Tag, da...; отмеча́ть ~щи́ну den Jáhrestag begéhen*; ~щи́на сме́рти Tódestag *m*; седьма́я ~щи́на der síebente Jáhrestag; деся́тая ~щи́на сва́дьбы der zéhnte Hóchzeitstag

годо́граф *м тех.* Hodográph *m* (8), Geschwíndigkeitskurve [-və] *f* (11)

гол *м спорт.* Tor *n* (2), Tréffer *m* (6), Tórschuß *m* -sses, -schüsse; заби́ть ~ éin Tor schíeßen*, ein Tor erzíelen, éinen Tréffer únterbringen*; пропусти́ть ~ éinen Tréffer éinstecken; ~ в свои́ воро́та Sélbsttor *n*; игро́к, заби́вший ~ Tórschütze *m* (9); ~! Tor!

гола́вль *м зоол.* Döbel *m* (6)

голго́фа *ж библ.* (*с прописной*), *тж. перен.* Gólgatha *n* -s

голена́ст||ые *сущ. мн. зоол.* Stélzenläufer *pl*, Stórchenvögel *pl*; **~ый** *разг.* (*длинноногий*) lángbeinig; stélzbeinig

голени́ще *с* Stíefelschaft *m* (1*)

голеносто́пный: ~ суста́в *анат.* Sprúnggelenk *n* (2)

го́лень *ж* Únterschenkel *m* (6)

голе́ц I *м зоол.* Schmérle *f* (11), Gründel *m* (6)

голе́ц II *м* entwáldeter Berg; *см.* гольцы́

голиа́ф *м* **1.** *миф.* (*с прописной*) Góliath *m* =; **2.** *перен.* Góliath *m* -s, -s, Ríese *m* (9), Gigánt *m* (8)

голла́ндец *м* Hólländer *m* (6)

голла́ндка I *ж* Hólländerin *f* (12)

голла́ндка II *ж* **1.** (*печь*) Káchelofen *n* (7*); **2.** (*животное голландской породы*) hólländische Kuh, hólländisches Rind (*корова*); Hólländerhuhn *n* (5) (*курица*); **3.** *мор.* Matrósenbluse *f* (11)

голла́нд||ский hólländisch, níederländisch; ~ский язы́к die Hólländische Spráche, das Hólländische (*sub*); ~ское иску́сство níederländische Kunst; ◇ ~ская печь *см.* голла́ндка II 1; ~ское полотно́ hólländische Léinwand, hólländisches Léinen; ~ский сыр hólländischer Käse

голов||а́ *ж* **1.** Kopf *m* (1*), Haupt *n* (5); с ~ы́ до ног [до пят] vom Kópfe bis zu den Füßen, vom Schéitel bis zur Sóhle, vom Wírbel bis zur Zéhe; смé-рить с ~ы́ до ног von óben bis únten mústern; вино́ уда́рило ему́ в го́лову ihm ist der Wein zu Kópfe gestíegen; **2.** (*о скоте*) Stück *n* (2); сто голо́в скота́ húndert Stück Vieh; **3.** (*руководитель*) Óberhaupt *n* (5), Haupt *n*; городско́й ~а́ *ист.* Bürgermeister *m* (6), Geméindeoberhaupt *n*, Stádtoberhaupt *n*; **4.:** ~а́ шлю́за *гидр.* Schléusenhaupt *n*; **5.:** ~а́ коло́нны *воен.* Spítze *f* der Kolónne, Kolónnenspitze *f*; ~а́ по́езда Spítze *f* des Zúges; Zúgspitze *f*; ◇ ~а́ са́хара Zúckerhut *m* (1*); у меня́ э́того и в ~е́ не́ было ich hábe überháupt nicht darán gedácht, es lag [war] nicht in méiner Ábsicht; в ~а́х am Kópfende (*des Bettes*); вали́ть с больно́й ~ы́ на здоро́вую die Schuld auf éinen ánderen [Únschuldigen] schíeben* [ábwälzen]; вбить [вколоти́ть] себе́ в го́лову sich (*D*) etw. in den Kopf sétzen; не ве́шай ~ы́ laß den Kopf nicht hängen; вскружи́ть кому́-л. го́лову j-m den Kopf verdréhen; из ~ы́ вон es ist vergéssen, es ist (mir *и т. п.*) entfállen; вы́бросить [вы́кинуть] из ~ы́ sich (*D*) aus dem Kopf [Sinn] schlágen*; э́то у меня́ вы́летело [вы́скочило, вы́шло] из ~ы́ das ist mir entfállen; э́то не выхо́дит у меня́ из ~ы́ das geht [kommt] mir nicht aus dem Sinn, das will mir gar nicht aus dem Kopf; он ~о́й [на́ ~у] вы́ше меня́ 1) (*о росте*) er ist éinen Kopf größer als ich; 2) *перен.* er ist mir (géistig) überlégen, er ist klüger als ich; вы́ше го́лову! Kopf hoch!; горя́чая ~а́ Hítzkopf *m*; даю́ го́лову на отсече́ние dafür lásse ich mir den Kopf ábhacken, ich wétte um méinen Kopf; де́йствовать че́рез чью-л. го́лову über j-s Kopf hinwég hándeln, j-n übergéhen*; дурна́я ~а́ нога́м поко́я не даёт was man nicht im Kopf hat, muß man in den Béinen háben; дыря́вая ~а́ *шутл.* ein Gedächtnis wie ein Sieb; ело́вая ~а́ Dúmmkopf *m*; не жале́ть ~ы́ sein Lében nicht schónen, séinen Kopf hínhalten*; задури́ть кому́-л. го́лову *разг.* j-n durcheinánderbringen*, j-n konfús máchen; забра́ть себе́ в го́лову sich (*D*) in den Kopf sétzen; у меня́ ~а́ закружи́лась mir wúrde schwíndlig; закры́ться с ~о́й sich (*D*) die Décke über den Kopf zíehen*; лома́ть себе́ го́лову sich (*D*) den Kopf zerbréchen*; моро́чить го́лову кому́-л. j-n an der Náse herúmführen; на свою́ го́лову zum éigenen Schāden [Náchteil]; намы́лить кому́-л. го́лову j-m den Kopf wáschen*; он о двух ~а́х er ist únerschrocken; окуну́ться [уйти́] с ~о́й, погрузи́ться с ~о́й во что-л. sich in etw. (*A*) vertíefen [stürzen], sich éiner Sáche (*D*) vóllständig [ganz] híngeben* [wídmen]; отвеча́ть ~о́й за что-л. für etw. (*A*) voll verántwortlich sein; очертя́ го́лову blíndlings; в пе́рвую го́лову in érster Líníe; пове́сить го́лову den Kopf hängen lássen*, verzágen, den Mut sínken lássen*; подня́ть го́лову fríschen Mut fássen; поплати́ться [заплати́ть] ~о́й за что-л. etw. mit dem Lében bezáhlen (müssen), etw. mit dem Lében büßen; мне пришло́ в го́лову mir fiel ein; что тебе́ пришло́ в го́лову? was fällt dir denn ein?, was ist dir bloß in den Kopf gefáhren?, у меня́ ~а́ распу́хла от забо́т ich hábe den Kopf vóller Sórgen, ich hábe éinen dícken Kopf; руча́ться ~о́й за что-л. für etw. (*A*) voll verántwortlich sein; с ~ы́ по рублю́ pro Kopf [Persón] éinen Rúbel; сам себе́ ~а́ ich bin mein éigener Herr, du bist dein éigener Herr *и т. д.*; на све́жую го́лову mit fríschem Kopf; све́тлая ~а́ ein héller [klúger] Kopf; сто голо́в, сто умо́в [ско́лько голо́в, сто́лько умо́в] *погов.* víele Köpfe, víele Sínne; sóviel Köpfe, sóviel Sínne; сложи́ть го́лову sein Lében lássen*; сломя́ го́лову Hals über Kopf; как снег на́ ~у wie ein Blitz aus héiterem Hímmel; снять го́лову den Kopf ábreißen*, schwer bestráfen; схвати́ться за́ ~у sich (*D*) an den Kopf gréifen; теря́ть го́лову den Kopf verlíeren*; у меня́ тяжёлая ~а́ mir ist der Kopf schwer; вино́ уда́рило ему́ в го́лову der Wein ist ihm in den Kopf [zu Kópfe] gestíegen; э́то не укла́дывается у меня́ в ~е́ das will mir gar nicht in den Kopf; у́мная ~а́ ein klúger Kopf; он челове́к с ~о́й er hat éinen klúgen Kopf

голова́стик *м зоол.* Káulquappe *f* (11)

голова́стый *разг.* gróßköpfig; ~ челове́к Gróßkopf *m* (1*)

голове́шка *ж разг.* schwélendes, verkóhltes [ángekohltes] Hólzscheit

голови́зна *ж* (gróßer) Físchkopf *m* (1*)

голо́вка *ж* **1.** *уменьш.* Köpfchen *n* (7); **2.** (*винта, гвоздя, булавки и т. п.*) Kopf *m* (1*); спи́чечная ~ Kúppe *f* (11); ~ бло́ка цили́ндров Zylínderkopf *m*; ~ бу́ра *горн.* Bóhrerschneide *f* (11); ~ молотка́ Hámmerkopf *m*; ~ магнитофо́на Tónkopf *m*; запи́сывающая ~ Schréibkopf *m* (*обработка данных*); Áufnahmekopf *m* (*магнитофона*); стира́ющая ~ Löschkopf *m* (*магнитофона*); заводна́я ~ Áufzug *m* (1*), Áufzugsknopf *m* (1*) (*фотоаппарата*); Króne *f* (11)(*часов*); боева́я ~ *воен.* Spréngkopf *m*, Geféchtskopf *m*; ~ самонаведе́ния *воен.* Zíelsuchkopf *m*, Sélbststeuerungskopf *m*; а́томная боева́я ~ *воен.* Atómsprengkopf *m*; **3.** *мн.* голо́вки (*у сапог*) Vórderblatt *n* (5); Vórschuh *m* (1); ста́вить но́вые голо́вки vórschuhen *vt*; **4.:** конта́ктная ~ *эл.* Kontáktkopf *m* (1*); **5.:** ~ чеснока́ Knóblauchzwiebel *f* (11); ~ лу́ка Zwíebel *f*, Zwíebelknolle *f* (11); **6.** *разг.* (*руководящие лица*) Spítze *f* (11), Kopf *m* (1*)

головнёв||ый *с.-х.* Kórnbrand-, Brand-; ~ые грибы́ Brándpilze *pl*

головн||о́й 1. Kopf-, Haupt-; ~а́я боль Kópfschmerz *m* (13), Kópfweh *n* -(e)s; ~о́й убо́р Kópfbedeckung *f* (10); ~о́й телефо́н Kópfhörer *m* (6); **2.** (*находящийся впереди*) Vor-; Spítzen-; ~ы́е ваго́ны die vórderen Wágen; ~а́я часть раке́ты Kopf *m* der Rakéte; ~о́е предприя́тие Léitbetrieb *m* (1); ◇ ~о́й мозг Hirn *n* (2), Gehírn *n* (2)

головня́ *ж* **1.** (*полено*) *см.* голове́шка; **2.** *с.-х.* (*болезнь злаковых растений*) Kórnbrand *m* -(e)s, Brand *m*, Getréidebrand *m*

головокруж||е́ние *с* Schwíndel *m* -s, Schwíndelgefühl *n* -(e)s; вызыва́ть ~е́ние Schwíndel errégen; **~и́тельный** schwíndelnd, schwíndelerregend; с ~и́тельной быстрото́й mit schwíndelerregender Schnélligkeit; ~и́тельная высота́ schwíndelnde Höhe

головоло́м||ка *ж* Dénkaufgabe *f* (11), Dénksportaufgabe *f*; Gedúld(s)spiel *n* (2); Rätsel *n* (6) (*загадка*); Zusámmensetzspiel *n* (2) (*игра*); **~ный** Kópfzerbrechen verúrsachend, sehr schwer zu entschéiden [zu lösen]

головомо́йк||а *ж разг.* Áusputzer *m* (6), Verwéis *m* (1), Rüge *f* (11), Rüffel *m* (6); зада́ть кому́-л. ~у j-m tüchtig den Kopf wáschen*; получи́ть ~у éinen Rüffel éinstecken

головоно́гие *сущ. мн. зоол.* Kópffüßler *pl*, Zephalopóden *pl*

головоре́з *м разг.* **1.** Mórdgeselle *m* (9); Mórdbube *m* (9), Mésserheld *m* (8), Kópfjäger *m* (6); Bandít *m* (8); **2.** (*сорвиголова*) Mórdskerl *m* (1) (*разг. pl тж.* Mórdskerls), Wágehals *m* (1*)

головотя́п *м разг.* Tölpel *m* (6), Érztölpel *m*; Dúmmkopf *m* (1*) **~ство** *с разг.* Tölpeléi *f* (10), Kópflosigkeit *f*

голограмма *ж* Holográmm *n* (2)

голографи́я *ж* Holographíe *f*

го́лод *м* **1.** Húnger *m* -s; Húngergefühl *n* -(e)s (*ощущение*); умира́ть с ~у verhúngern *vi* (s), vor Húnger stérben*; am Verhúngern sein, totál áusgehungert sein; я умира́ю с ~у *перен.* ich sterbe fast vor Húnger; мори́ть ~ом *перен.* áushungern, húngern lássen*; **2.** (*народное бедствие*) Húngersnot *f* (3); во вре́мя ~а zur Zeit der Húngersnot; **3.** (*недостаток*) Mángel *m* -s; у́гольный ~ Köhlenverknappung *f*; де́нежный ~ Géldmangel *m*, Géldnot *f*; това́рный ~ Wárenhunger *m* -s; ◇ ~ не тётка (пирожки́ не подсу́нет) *посл.* Húnger tut weh; **~а́ние** *с* **1.** (*недоедание*) Húngern *n* -s; **2.:** кислоро́дное ~а́ние Sáuerstoffmangel *m* -s; белко́вое ~а́ние Éiweißhunger *m* -s; **3.** *мед.* Húngerkur *f* (10), Fástenkur *f*; провести́ лече́ние ~а́нием éine Húngerkur [Fástenkur] máchen; **~а́ть 1.** húngern *vi*, Húnger léiden*; **2.** (*воздерживаться от пищи*) húngern *vi*; fásten *vi*; **~а́ющий** *прил.* **1.** húngerleidend, húngernd; **2.** *в знач. сущ. м* Húngernde *m* (14)

голо́д||ный húngrig, Húnger-; быть ~ным húngrig sein, Húnger háben [léiden*]; ~ный год Húngerjahr *n* (2); ~ная смерть Húngertod *m* -(e)s; ~ный паёк Húngerration *f* (10); ~ный бунт Húngerrevolte [-,vɔl-] *f* (11); ~ный отёк *мед.* Húngerödem *n* (2); умере́ть ~ной сме́ртью vor Húnger stérben*; **~о́вка** *ж* **1.** *см.* голода́ние 1; перенести́ ~о́вку die Húngersnot überstéhen* [überlében]; **2.** (*в тюрьме*) Húngerstreik *m* -(e)s, *pl* -s; объяви́ть ~о́вку in den Húngerstreik tréten*

голодра́нец *м разг.* Hábenichts *m* (1)

голоду́х||а *ж разг.*: с ~и vor Húnger

гололёд *м*, **гололе́дица** *ж* Glátteis *n* -es

голоно́г||не *сущ. мн. зоол.* Náćktfüßler *pl*; **~ий** *разг.* bárfüßig

го́лос *м в разн. знач.* Stímme *f* (11); хри́плый ~ héisere Stímme; во весь ~ aus vóllem Hálse; у него́ меня́ется [лома́ется] ~ er hat Stímmwechsel [Stímmbruch]; ни́зкий ~ tíefe Stímme; чи́стый ~ kláre Stímme; ~ срыва́ется die Stímme verságt; облада́ть ~ом (*певческим*) stímmbegabt sein, stímmlich begábt sein; уме́ние владе́ть ~ом die stímmliche Léistungsfähigkeit; петь в два ~а zwéistimmig síngen*; повы́сить ~ die Stímme erhében*; пра́во ~а Stímmrecht *n* -(e)s; име́ть пра́во ~а stímmberechtigt sein; не име́ть пра́ва ~а kein Stímmrecht [Wáhlrecht] háben, nicht stímmberechtigt [wáhlberechtigt] sein; реша́ющий ~ beschlíeßende [entschéidende] Stímme; совеща́тельный ~ berátende Stímme; пода́ть ~ за кого́-л., за что-л. séine Stímme für j-n, für etw. (*A*) (áb)gében*, für j-n, für etw. (*A*) stímmen; большинство́ ~о́в Stímmenmehrheit *f*, Majoritát *f*; собра́ть сто́лько-то ~о́в sóundso viel Stímmen erhálten*; подсчёт ~о́в Stímmenzählung *f* (10); Áuszählung *f* der Stímmen; ра́венство ~о́в Stímmengleichheit *f*; ~ про́тив (*на выборах*) Gégenstimme *f* (11); ◇ в оди́н ~ wie aus éinem Múnde, éinstimmig; unísono; wie ein Mann; петь [говори́ть] с чужо́го ~а kéine éigene Méinung háben, únbesehen frémde Méinungen übernéhmen*; во весь ~ [по́лным ~ом] заяви́ть laut und vernéhmlich erklären; быть в ~е bei Stímme sein; подня́ть ~ проте́ста Protést erhében*, protestíeren *vi*

голосемя́нные *мн. бот.* Náćktsamer *pl*, Náćktsamige *pl*, Gymnospérmen *pl*

голос||и́стый *разг.* stímmkräftig, stímmgewaltig; ~и́стый солове́й héllstimmige Náchtigall; быть ~и́стым éine láute Stímme háben, ein kräftiges Orgán [kräftige Stímmbänder] háben; **~и́ть** wéhklagen *неотд. vi*; jámmern *vi*, héulen *vi*, ach und weh schréien*

голосло́вн||ость *ж* Únmotiviertheit [-,vi:rt] *f*, Grúndlosigkeit *f*; **~ый** únbegründet, únmotiviert [-,vi:rt], grúndlos; jéder Grúndlage entbéhrend; ~ое обвине́ние únbegründete [grúndlose] Beschúldigung

голосов||а́ние *с* Ábstimmung *f* (10), Stímm(en)abgabe *f* (11); откры́тое ~а́ние óffene Ábstimmung; та́йное ~а́ние gehéime Ábstimmung; всео́бщее ~а́ние allgeméine Ábstimmung; всенаро́дное ~а́ние Vólksabstimmung *f*; поимённое ~а́ние námentliche Ábstimmung; ~а́ние в це́лом Ábstimmung *f* en bloc [ã'blɔk], En-bloc-Abstimmung [ɔ'blɔk-] *f*; предвари́тельное ~а́ние Úrabstimmung *f*; Vórabstimmung *f*; прямо́е ~а́ние dirékte Wahl; воздержа́ться от ~а́ния sich der Stímme enthálten*; уча́ствовать в ~а́нии séine Stímme ábgeben*, an der Ábstimmung téilnehmen*; процеду́ра ~а́ния Ábstimmungsverfahren *n* -s; уча́стие в ~а́нии (*при выборах*) Wáhlbeteiligung *f*; ~а́ние подня́тием рук Ábstimmung durch Hándzeichen; поста́вить на ~а́ние zur Ábstimmung bríngen*; ábstimmen lássen* (что-л. über *A*); приступи́ть к ~а́нию zur Ábstimmung schréiten*; ста́влю на ~а́ние! zur Ábstimmung!; ~а́ние спи́ском Ábstimmung nach Lísten; протоко́л ~а́ния das Protokóll der Ábstimmung; ито́ги [результа́ты] ~а́ния Ábstimmungsergebnisse *pl*

голосова́ть I **1.** (áb)stimmen *vi*; ~ подня́тием рук durch Hándhochheben stímmen; **2.** (*что-л.*) zur Ábstimmung bríngen* (*A*), ábstimmen *vi*, ábstimmen lássen* (über *A*); ~ резолю́цию über die Resolutión ábstimmen

голосова́ть II *разг.* (*останавливать попутную машину*) ein Áuto (durch Wínken) ánhalten*

голосове́дение *с муз.* Stímmführung *f*

голосов||о́й Stimm-; stímmlich; ~о́й аппара́т *анат.* Stímmwerkzeuge *pl*; ~ы́е да́нные stímmliche Míttel (*pl*); ~а́я щель *анат.* Stímmritze *f* (11); ~ы́е свя́зки *анат.* Stímmbänder *pl*

голоце́н *м геол.* Holozän *n* -(e)s, Allúvium [-vi-] *m* -s, óberes Quartär

голоэ́др *м крист.* Holoéder *m* (6), Vóllflächner *m* (6); **~и́ческий 1.** *мат.* holoédrisch, éinstufig; **2.** *крист.* vóllflächig; **~ия** *ж мат., крист.* Holoedríe *f*, Vóllflächigkeit *f*

голубе||во́д *м* Táubenzüchter *m* (6); *воен.* Bríeftaubenmeister *m* (6); **~во́дство** *с* Táubenzucht *f*; Táubenhaltung *f*; **~гра́мма** *ж воен.* Bríeftaubenspruch *m* (1*); **~ста́нция** *ж воен.* Bríeftaubenstelle *f* (11)

голубе́ть 1. (*казаться голубым*) blau schímmern; **2.** (*становиться голубым*) blau wérden

голубе́ц I *м кул. см.* голубцы́

голубе́ц II *м хим.* Bérgblau *n* -s, Bérgasche *f*

голубизна́ *ж* Bláue *sub n*, Bläue *f*

голуби́ка *ж бот.* Bláubeeren *pl*, Súmpfheidelbeeren *pl*

голуби́н||ый 1. Táuben-; ~ая по́чта Táubenpost *f*; **2.** *уст.* (*кроткий*) mild, sanft, wie éine Táube

голу́б||ка *ж* **1.** Täubin *f* (12); **2.** *ласк.* Líebchen *n* (7); **~ки́** *мн.* Túrteltauben *pl*

голубова́тый bläulich

голубогла́зый bláuäugig

голуб||о́й blau, héllblau; hímmelblau (*небесно-голубой*); ◇ ~о́й песе́ц Bláufuchs *m* (1*); ~о́й экра́н Bíldschirm *m* (1), Férnsehschirm *m*; ~о́й кро́ви *уст.* bláublütig (*ирон.*); ~о́е то́пливо Érdgas *n* -es; Natúrgas *n*

голу́бушка *ж* (*обращение*) (mein) Líebchen *n* (7); méine Béste

голубцы́ *мн. кул.* Köhlrouladen [-ru-] *pl*, Kráutwickel *pl*

голу́бчик *м* (*обращение*) (mein) Líeber *m* (14), (mein) Líebster *m* (14)

го́лубь *м* Táube *f* (11), Táuber *m* (6); почто́вый ~ Bríeftaube *f*; си́зый ~ Félsentaube *f*; ~ ми́ра Fríedenstaube *f*; ~ свя́зи Méldetaube *f*

голубя́тн||ик *м разг.* Táubenfreund *m* (1), Táubennarr *m* (8); **~я** *ж* Táubenschlag *m* (1*), Táubenhaus *n* (5)

го́л||ый 1. (*обнажённый*) nackt, bloß; kahl (*лишённый растительности, покрова*); соверше́нно ~ый blank und bloß, splítternackt; ~ые дере́вья káhle Bäume; ~ые поля́ káhle Félder; спать на ~ой земле́ auf der blóßen [náckten] Érde schláfen*; ~ая прово́дка *эл.* blánker Draht; **2.** *разг.* (*чистый, без примеси*) rein; ◇ ~ая и́стина náckte Wáhrheit, ~ые фа́кты náckte Tátsachen; ~ыми рука́ми mit blóßen Händen; гол как соко́л arm wie éine Kírchenmaus; ~ое администри́рование blóßes Administríeren

голытьба́ *ж собир. разг.* árme Schlúkker; árme Léute, ármes Volk, Hábenichtse *pl*

голы́ш *м разг.* **1.** (*голый ребёнок*) náćktes Kind, Náćkedei *m* (1) (*pl тж.* -s); **2.** (*кукла*) Babypuppe ['be:bi-] *f* (11); náckte Zellulóidpuppe; **3.** (*камень*) Kíeselstein *m* (1)

голышо́м *нареч. разг.* náckig, nackt

голь *ж уст. см.* голытьба́; ◇ ~ на вы́думки хитра́ ≅ Not bricht Éisen, Not macht erfínderisch

го́льды *мн. уст.* Gólden *pl*; *см.* нана́йцы

голье́ *с кож.* Blöße *f*, Háutblöße *f*

го́льмий *м* Hólmium *n* -s (*хим. знак* Ho)

гольф *м спорт.* Golf *n* -s

го́льфы *мн.* **1.** (*брюки*) Kníckerbocker *pl*; **2.** (*чулки*) Kníestrümpfe *pl*

гольцы́ *мн.* Bérgtundra *f* (*in Sibirien*)

голья́н *м зоол.* Elrítze *f* (11)

голя́к *м разг.* Hábenichts *m* (1), ármer Schelm

гомеопа́т *м* Homöopáth *m* (8); **~и́ческий** homöopáthisch; **~ия** *ж* Homöopathíe *f*

гомеополя́рный *хим.* únpolar

гомеоста́з(ис) *м биол.* Homöostáse *f*, Homöostásis *f*

гомери́ческий: ~ смех homérisches Gelächter

гоме́ровский Homérs; ~ э́пос *ист., лит.* Épos von Homér

гомогениза́тор *м хим.* Homogenisátor *m* -s, -tóren

гомогенизи́ровать *хим.* homogenisíeren *vt*

гомоге́нность *ж* Homogenität *f*

гомоге́нный *биол.* homogén, gléichartig

гомологи́чный homológ, entspréchend

го́мон *м* Héidenlärm *m* -(e)s, Lärm *m*; láutes Réden; пти́чий ~ Gezwítscher *n* (6)

гомопла́стика *ж мед.* Homo(io)plástik *f*

гомосексуа́л||и́зм *м* Hómosexualität *f*; **~и́ст** Homosexuélle *m* (14); wármer Brúder (*разг.*)

гомосексуа́льный homosexuéll, gleichgeschlechtlich

гомотрансплантáция *ж мед.* Homotransplantatión *f*

гонг *м* Gong *m, n* -s, -s; Góngschlag *m* (1*) (*звук*)

гондо́ла *ж* **1.** (*лодка*) Góndel *f* (11); **2.** *ав.* Góndel *f* (11); **3.:** това́рная ~ Wárengondel *f* (11); **4.** *ж.-д.* óffener Güterwagen

гондолье́р *м* Gondolíere *m* =, -ri; **~а** *ж муз.* Góndellied *n* (5), Barkaróle *f* (11)

гондура́сский honduránisch

гоне́ни||е *с* Verfólgung *f* (10), Bedrückung *f* (10); подверга́ться ~ю verfólgt wérden

гоне́ц *м* Éilbote *m* (9), Bóte *m*

гони́мый verfólgt

гонио́метр *м геод.* Goniométer *n* (6) (*разг. m*), Wínkelmesser *m* (6)

гониоме́трия *ж мат.* Goniometríe *f*, Wínkelmessung *f*, Dréieckmessung *f*

гони́тель *м* Verfólger *m* (6); Bedrücker *m* (6) (*притеснитель*)

го́нк||а *ж* **1.** *разг.* (*спешка*) Éile *f*; сумасше́дшая ~а wáhnsinnige Hast; **2.** *спорт.* Rénnen *n* (7); Regátta *f pl* -tten (*на воде*); гребны́е ~и Rúderregatta *f*; па́русные ~и Ségelregatta *f*; ~а на тре́ке Báhnrennen *n*; группова́я шоссе́йная ~а Mánnschaftsstraßenrennen *n* (*велоспорт*); ~а пресле́дования Verfólgungsfahren *n* -s, Verfólgungsrennen *n* (*велоспорт*); ◇ ~а (я́дерных) вооруже́ний (atomáres) Wéttrüsten *n* -s; безу́держная ~а вооруже́ний hémmungsloses Wéttrüsten

гоно́к *м текст.* Pícker *m* (6), Schützentreiber *m* (6), Tréiber *m* (*am Webstuhl*)

гоноко́кк *м биол.* Gonokókkus *m* =, -ken

го́нор *м разг.* Dünkel *m* -s; челове́к с ~ом éingebildeter Mensch

гонора́р *м* Honorár *n* (2); а́вторский ~ Autórenhonorar *n*

гонoreя *ж* Gonorrhöe *f*, Gonorrhoe [-'rø:] *f* =, -n [-'rø:ən], Tripper *m* -s

го́ночн||ый Renn-; ~ый автомоби́ль Rénnauto *n* -s, -s; ~ая ло́дка Rénnboot *n* (2)

гонт *м собир. стр.* Dáchschindeln *pl*, Hólzschindeln *pl*, Schíndeln *pl*; **~ово́й** Schíndel-; ~ова́я кры́ша Schíndeldach *n* (5)

гонча́р *м* Töpfer *m* (6); **~ный** Töpfer-; ~ное произво́дство Töpferéi *f*; Töpferwerkstatt *f*, *pl* -stätten (*мастерская*); ~ный круг Töpferscheibe *f* (11); Dréhscheibe *f* (11); ~ные изде́лия Töpferzeug *n* -(es), Töpferware *f* (11), Tónwaren *pl*; Stéingut *n* -(e)s (*фаянсовые*)

гонча́рство *с* Töpferhandwerk *n* -(e)s, Töpferéi *f*

го́нчая *сущ. ж* (*собака*) Jágdhund *m* (1)

го́нч||ий: ~ая соба́ка Jágdhund *m* (1)

го́нщик *м спорт.* Rénnfahrer *m* (6)

гоня́ть **1.** *см.* гнать 1, 2; **2.** *разг.* (*посылать кого-л.*) méhrmals schícken; ~ кого́-л. за чем-л. j-n nach etw. (*D*) méhrmals schícken; ◇ ~ ло́дыря, ~ соба́к *разг.* fáulenzen *vi*, herúmschlendern *vi* (s), sich herúmtreiben*; **~ся** *см.* гна́ться

гоп *межд.* hopp!, ◇ не говори́ ~, пока́ не перепры́гнешь *посл.* man muß nicht héisa rúfen, eh' man über den Berg ist; ≅ ángefangen ist noch nicht fértig

гопа́к *м* Hopák *m*, Gopák *m*

гопля́ *межд.* hopp!

гор||а́ *ж* **1.** Berg *m* (1); в го́ру bergán, bergáuf; по́д ~у bergáb ката́ться с гор (*на санях*) ródeln *vi*; **2.** *мн.* го́ры (*горная цепь*) Gebírge *n* (6), в го́ры ins Gebírge; **3.** (*куча*) Háufen *m* (7); го́ры книг Bérge [Stöße] von Büchern; ◇ быть не за ~а́ми nicht állzuweit sein; экза́мен не за ~а́ми die Prüfung steht vor der Tür; стоя́ть ~о́й за кого́-л. fest für j-n éinstehen*; идти́ в го́ру im Áufschwung begríffen sein; он идёт по́д гору 1) er geht bergáb; 2) (*перен.*) es geht mit ihm bergáb; у меня́ как ~а́ с плеч свали́лась *разг.* ≅ mir ist ein Stein vom Hérzen gefállen; на него́ мо́жно положи́ться, как на ка́менную го́ру auf ihn kann man sich félsenfest verlássen; пир ~о́й üppiger Schmaus; ~а́ родила́ мышь *погов.* ≅ es kréißen die Bérge und gebären éine Maus; сули́ть золоты́е го́ры góldene Bérge verspréchen*; америка́нские го́ры (*аттракцион*) Áchterbahn *f* (10)

гора́зд *разг.*: ~ на что-л. zu etw. (*D*) geéignet [geschíckt]; in etw. (*D*) gewándt [geschíckt]; ~ на вы́думки éinfallsreich; кто во что ~ jéder tut, was er kann

гора́здо *нареч.* viel, bei wéitem, um víeles

горб *м* Búckel *m* (6), Höcker *m* (6) ◇ зарабо́тать свои́м ~о́м *разг.* ≅ mit éigenen Händen erárbeiten; на своём ~у́ испыта́ть am éigenen Léib(e) erfáhren*

горба́т||ый búck(e)lig; verwáchsen; ~ый нос krúmme [gebógene] Náse, Hákennase *f* (11); ◇ ~ого моги́ла испра́вит *посл.* den Verwáchsenen heilt erst der Tod; das ist ein hóffnungsloser Fall

горби́нк||а *ж*: нос с ~ой gebógene Náse

го́рбить krümmen *vt*; ~ спи́ну éinen Búckel máchen

го́рбиться sich krümmen, sich krumm hálten*

горб||у́н *м* Búck(e)lige *m* (14); **~у́нья** *ж* Búck(e)lige *f* (14)

горбу́ша *ж* (*рыба*) Búckellachs *m* (1)

горбу́шка *ж разг.* Brótkanten *m* (7), Ranft *m* (1*); ein Ränftchen Brot (*маленькая*)

горбы́ль *м тех.* Schálbrett *n* (5); Schwárte *f* (11); обтеса́ть ~ ábschwarten *vt*

горде́ли́в||ость *ж* Hóchmut *m* -(e)s, Stolz *m* -es; **~ый** stolz, hóchmütig

го́рдень *м мор.* Wíppe *f* (11)

горде́ц *м* stólzer [hóchmütiger] Mensch

го́рдиев: ~ у́зел górdischer Knóten; разруби́ть ~ у́зел den górdischen Knóten zerháuen*

горди́ться **1.** stolz sein (*кем-л., чем-л.* auf *A*); sich brüsten (mit *D*) (*кичиться*); **2.** (*держаться горделиво*) den Kopf hoch trágen*

го́рд||ость *ж* Stolz *m* -es; **зако́нная** ~ость beréchtigter Stolz; **испы́тывать** ~ость Stolz empfínden*; **~ый** stolz (чем-л. auf *A*); он о́чень горд er trägt den Kopf sehr hoch; **~я́чка** *ж* Stólze *f* (14)

го́р||е *с* **1.** Gram *m* -(e)s, Kúmmer *m* -s; Verdrúß *m* -sses, -sse (*огорчение*); с ~я vor Kúmmer; **2.** (*несчастье*) Not *f*, Únglück *n* -(e)s; к моему́ ~ю, на моё ~е zu méinem Únglück; сде́лать что-л. на своё ~е etw. zu séinem éigenen Únglück máchen; ◇ «Го́ре от ума́» «Verstánd schafft Léiden»; ему́ и ~я ма́ло er macht sich (*D*) nichts daráus, ihn kümmert es wénig; ~е мне! wéhe mir!; одно́ ~е с тобо́й ich hábe méinen Kúmmer [méine líebe Not] mit dir; с ~ем попола́м mit Mühe und Not

го́ре- *в сложн. словах разг. ирон.*: ~-води́тель Sónntagsfahrer *m* (6); ~-кри́тик Möchtegern-Krítiker *m* (6); ~-маркси́ст Áuch-Marxíst *m* (8), Quási-Marxíst *m*; ~-охо́тник Sónntagsjäger *m* (6); ~-педаго́г únfähiger Pädagóge; ~-перево́дчик únfähiger [erbärmlicher] Übersétzer; ~-поэ́т Díchterling *m* (1), Díchterlein *n* (7); ~-роди́тели Rábeneltern *pl*; ~-руководи́тель únfähiger Léiter; ~-рыболо́в Sónntagsangler *m* (6); ~-теоре́тик Pseudotheorétiker *m* (6); ~-фило́соф Jámmerphilosoph *m* (8)

горева́ть sich betrüben, sich grämen, tráuern *vi* (о ком-л., о чём-л. über, um *A*)

горе́лка *ж тех.* Brénner *m* (6); беспла́менная ~ Múffelbrenner *m*; га́зовая ~ Gásflamme *f* (11), Gásbrenner *m*; пая́льная ~ Lötbrenner *m*, Lötlampe *f* (11); ре́зательная ~ Schnéidbrenner *m*; ~ Бу́нзена Búnsenbrenner *m*; дежу́рная ~ Spárbrenner *m*; сва́рочная ~ Schwéißbrenner *m*

горе́лки *мн.* (*игра*) Fángspiel *n* (2), Háschspiel *n*; игра́ть в ~ Fángen spíelen

горе́лый brándig, verbránnt; ángebrannt (*подгорелый*)

горелье́ф *м иск.* Hóchrelief *n* -s, -s (*pl тж.* -e), Hautrelief [*фр.* ore'liɛf] *n*

горемы́||ка *м, ж разг.* ármer Téufel, Péchvogel *m* (6*); **~чный** ármselig, élend, tráurig, Jámmer-; ~чное житьё Jámmerleben *n* -s

горе́ние *с* Brénnen *n* -s, Glühen *n* -s; Verbrénnen *n* -s (*сгорание*)

го́рест||ный kúmmervoll, tráurig; kläglich (*жалкий*); ~ное изве́стие tráurige Náchricht; **~ь** *ж* **1.** *уст.* Kúmmer *m* -s, Gram *m* -(e)s; **2.** *мн.* ~и (*несчастья*) Not *f* (3), Únglück *n* (2)

горе́ть **1.** brénnen* *vi*; in Flámmen stéhen* (*о здании — при пожаре*); glühen *vi* (*от жара*); дом гори́т das Haus brennt [steht in Flámmen]; **2.** (*блестеть*) glänzen *vi*, fúnkeln *vi*; звёзды горя́т die Stérne fúnkeln [léuchten]; **3.:** ~ от стыда́ vor Scham vergéhen*; щёки горя́т (*от жара*) die Wángen glühen [brénnen]; **4.** (*преть*) (durch Erwärmung) fáulen; се́но гори́т в ко́пнах das Heu fault in den Háufen; ◇ ~ жела́нием den héißen [brénnenden] Wunsch háben, vor Verlángen brénnen*; nach etw. (*D*) fíebern; рабо́та гори́т в его́ рука́х die Árbeit geht ihm von der Hand; у него́ по́чва гори́т под нога́ми es [der Bóden] brennt ihm únter den Sóhlen; (э́то) не гори́т! es brennt ja nicht!, es hat kéine Éile

го́рец *м* Bérgbewohner *m* (6)

горе́ц *м бот.* Knöterich *m* (1)

гореча́вка *ж бот.* Énzian *m* (1)

гореча́вковые *мн. бот.* Énziangewächse *pl*

го́речь *ж* **1.** Bítterkeit *f*; ~ во рту bítterer Geschmáck im Mund; **2.** *перен.* Bítternis *f* (3); ~ разлу́ки die Bítterkeit des Ábschieds

го́ржа *ж воен., тех.* Kéhle *f* (11)

горже́т *м*, **горже́тка** *ж* Pélzhalskragen *m* (7), Pélzkollier [-kɔ,lĭe:] *n* -s, -s

горизо́нт *м* **1.** Horizónt *m* (1); *неперен. тж.* Gesíchtskreis *m* -es; Blíckfeld *n* -(e)s; *ав., мор.* Kimm *f*; полити́ческий ~ polítischer Horizónt; и́стинный ~ *астр.* wáhrer [astronómischer] Horizónt; ви́димый ~ schéinbarer Horizónt; **2.** (*у́ровень*) Niveau [-'vo:] *n* -s, -s; ~ воды́ Wásserstand *m* (1*), Wásserspiegel *m* (6); водоно́сный ~ grúndwasserführender Horizónt; **3.** *горн.* Sóhle *f* (11); вентиляцио́нный ~ Wéttersohle *f*; рабо́чий ~ Ábbausohle *f*, Árbeitsebene *f* (11); ~ экскава́тора (*на разре́зе*) Bággerstrosse *f* (11); ~**а́ль** *ж* **1.** (*пряма́я*) Horizontále *f* (11), Wáagerechte *f* (11); **2.** *геод.* Höhen(schicht)linie *f* (11), Schíchtlinie *f*, Isohýpse *f* (11); ~**а́льность** ж horizontále Lage; ~**а́льный** horizontál, waag(e)recht; *ж.-д.* gefällefrei; *геол.* wásserrecht; ~а́льная ли́ния Horizontállinie *f* (11), Wáag(e)rechte *f* (11); ~а́льное положе́ние wáag(e)rechte Láge; ~а́льная прое́кция Grúndriß *m* -sses, -sse

гори́лка *ж обл.* Schnaps *m* (1*)

гори́лла *ж* Goríl1a *m* -s, -s

горисполко́м *м* (исполни́тельный комите́т городско́го Сове́та наро́дных депута́тов) Exekutívkomitee des Stádtsowjets

гори́ст||ость *ж* gebírgiger Charákter ~**ый** bérgig, gebírgig; ~ая ме́стность bérgiges Gelände, Bérglandschaft *f* (10), Gebírgsgegend *f* (10)

горихво́стка *ж зоол.* Gártenrotschwänzchen *n* (7), Gártenrotschwanz *m* (1*), Rótschwänzchen *n*

горицве́т *м бот.* Líchtröslchen *n* (7), Adónisröslchen *n*

го́рка *ж* **1.** kléiner Berg, Ánhöhe *f* (11); де́тская ~ Rútschbahn *f* (10); ледяна́я ~ Ródelbahn *f*; **2.** (*шкафчик*) Glásschrank *m* (1*); **3.** *ж.-д.* Áblaufberg *m* (1) **4.** *ав.* Hóchziehen *n* -s; **5.** *текст.* Ánlauf *m* (1)

го́ркнуть ránzig wérden

горко́м *м* (городско́й комите́т) Stádtkomitee *n* -s, -s; ~ па́ртии Stádtkomitee der Partéi, Stádtparteikomitee *n*

горл||а́н *м разг.* Schréier *m* (6), Schréihals *m* (1*); ~**а́нить** *разг.* grölen, schreién* *vi*; ~**а́стый** *разг.*: ~а́стый па́рень Schréier *m* (6), Schréihals *m* (1*)

го́рлинка *ж*, **го́рлица** *ж* wílde Táube; Túrteltaube *f* (11); ко́льчатая го́рлица Túrkentaube *f*

го́рл||о *с* **1.** Kéhle *f* (11), Gúrgel *f* (11); Hals *m* (1*); дыха́тельное ~ Lúftröhre *f* (11); у меня́ в ~е перши́т es kratzt mir im Hálse; ich spüre éinen Hústenkitzel; у меня́ в ~е пересо́хло ich hábe éine tróckene Kéhle; **2.** (*горлышко бутылки*) Fláschenhals *m* (1*); **3.** (*рукав устья*) Mündungsarm *m* (1); ◇ крича́ть во всё ~о *разг.* aus vóllem Hálse [vóller Kéhle, vóller Lúnge] schréien*; по ~о (*много*) bis óben, mehr als genúg; быть сы́тым по ~о bis óben hináuf satt sein; bis óben hin voll sein; э́то мне ста́ло поперёк ~а *разг.* das hábe ich satt, das ist mir über, das hängt mir zum Hals heráus; попа́сть не в то ~о in die fálsche [únrechte] Kéhle kómmen* [geráten*]; сме́яться во всё ~о láut(hals) láchen; драть ~о *разг.* laut schréien*; рабо́ты бы́ло по ~о es gab Árbeit über Árbeit; приста́ть с ножо́м к ~у *разг.* das Mésser an die Kéhle sétzen; схвати́ть кого́-л. за ~о j-n bei der Gúrgel fássen [pácken]; перегры́зть ~о друг дру́гу sich [einánder] die Hälse ábschneiden*; промочи́ть ~о *разг.* die Gúrgel spülen; слова́ застря́ли в ~е das Wort blieb in der Kéhle stécken

горлови́на *ж тех.* Hals *m* (1*); Schacht *m* (1*); Lúke *f* (11); заливна́я ~ Éinfüllstutzen *m* (7); ~ сопла́ Düsenhals *m*

горл||ово́й Kehl-, Kéhlkopf-; Hals-; ~ова́я чахо́тка *разг.* Kéhlkopftuberkulose *f*

го́рлышко *с* **1.** Kéhlchen *n* (7); **2.** (*бутылки*) Fláschenhals *m* (1*), Hals *m*

горля́нка *ж бот.* Fláschenkürbis *m* -ses, -se

гормо́н *м физиол.* Hormón *n* (2); полово́й ~ Geschléchtshormon *n*; ~ ро́ста Wáchstumshormon *n*; лече́ние ~ами Hormóntherapie *f*; ~**а́льный** hormonál, Hormón-, Hormonál-; ~а́льная систе́ма Hormonálsystem *n* (2); ~а́льные препара́ты Hormónpräparate *pl*; ~**ный** Hormón-; ~ный крем Hormónkrem *f*, *pl* -s

гормонотерапи́я *ж* Hormóntherapie *f*

горн I *м тех.* Herd *m* (1); кузне́чный ~ Schmíedeherd *m*, Schmíedeesse *f* (11); похо́дный ~ *воен.* Féldschmiede *f* (11)

горн II *м муз.* Horn *n* (5); тума́нный ~ *мор.* (*ревун*) Nébelhorn *n*

горни́ло *с* **1.** *уст.* Féuergrube *f* (11), Herd *m* (1); Schmélztiegel *m* (6); **2.** *перен.* Féuerprobe *f* (11); ~ жи́зни закали́ло его́ die Féuerprobe des Lébens stählte ihn

горни́ст *м* Horníst *m* (8)

го́рн||ица *ж* gúte Stúbe *f* (11); ~**и́чная** *ж* Zímmermädchen *n*; Ráumpflegerin *f* (12) (*в гостинице*)

горново́й *сущ. м* (*рабочий*) Hérdmeister *m* (6), Hóchöfner *m* (6)

горнодобыва́ющ||ий: ~ая промы́шленность Bérgbau *m* -s, extraktíve Industrie *f*

горнозаво́д||ский Bérgbau-; Bérgwerks-; Montán-, montanístisch; ~**чик** *м* Bérgwerksbesitzer *m* (6); Hüttenbesitzer *m*

горноклимати́ческий: ~ куро́рт Hóchgebirgsluftkurort *m* (1)

горнолы́жник *м* alpíner Schíläufer, Alpíne *m* (14)

горнолы́жный: ~ *спорт* alpíner Schísport

горнообогати́тельн||ый: ~ая фа́брика Áufbereitungsanlage *f* (11)

горнопромы́шленник *м* Bérgwerksbesitzer *m* (6), Grúbenbesitzer *m*, Zéchenherr *m* (8)

горнопромы́шленный Bérgbau-; ~ райо́н Bérgbaugebiet *n* (2), Bérgrevier [-,vi:r] *n* -s, -e

горнорабо́чий *м* (*шахтёр*) Bérgarbeiter *m* (6), Bérgmann *m* -(e)s, -leute, Grúbenarbeiter *m*, Kúmpel (6) (*pl разг.* -s); *собир. тж.* Grúbenbelegschaft *f*

горнору́дн||ый Érzberg-; ~ая промы́шленность Érzbergbau *m* -(e)s

горноспаса́тель *м* Grúbenwehrmann *m* -(e)s, -leute, Wéhrmann *m*; ~**ный** Grúbenrettungs-; ~ая слу́жба Grúbenrettungsdienst *m* -(e)s

горноста́ев||ый Hermelín-; ~ая наки́дка Hermelínüberwurf *m* (1*)

горноста́й *м* **1.** *зоол.* Hermelín *n* (2); **2.** (*мех*) Hermelín *m* (1), Hermelínpelz *m* (1)

горнострелко́в||ый: ~ые войска́ Gebírgstruppen *pl*

го́рн||ый **1.** Gebírgs-, Berg-; Höhen-; ~ая цепь [гряда́] Bérgkette *f* (11), Gebírgskette *f*; Gebírge *n* (6); ~ая верши́на Bérggipfel *m* (6); ~ый хребе́т Gebírgskamm *m* (1*); ~ая желе́зная доро́га Bérgbahn *f* (10), Gebírgsbahn *f*; ~ое о́зеро Gebírgssee *m* (13); ~ая доро́га Gebírgsstraße *f* (11); ~ый обва́л Bérgsturz *m* (1*); ~ые боти́нки Bérgschuhe *pl*; ~ое па́стбище Bérgweide *f* (11); Alm *f* (10) (*альпийское*); ~ая расти́тельность Gebírgsflora *f*, *pl* -ren; ~ый руче́й Gebírgsbach *m* (1*); ~ый кли́мат Höhenklima *n* -s, Gebírgsklima *n*; ~ое расте́ние Gebírgspflanze *f* (11); ~ая артилле́рия Gebírgsartillerie *f* (11); ~ая боле́знь Bérgkrankheit *f*, Höhenkrankheit *f*; **2.** (*гористый*) bérgig, gebírgig; ~ая страна́ Bérgland *n* (5), Gebírgsland *n*; **3.** (*рудниковый*) Grúben-, Bérgwerks-, Bérg(bau)-, montán; ~ая промы́шленность Bergbau *m* -(e)s, Montánindustrie *f*; подзе́мные ~ые рабо́ты Úntertagearbeiten *pl*, Tíefbau *m*; ~ая маши́на Bérgbaumaschine *f* (11); ~ый инжене́р Bérgingenieur [-ınʒe,nĭo:r] *m* (1); ~ый институ́т Bérgbauinstitut *n* (2); ~ая акаде́мия Bérgakademie *f* (11); ~ый хруста́ль *мин.* Bérgkristall *m* -s; ~ый лён *мин.* Bérgflachs *m* -es, Féderweiß *n* -es, Amiánt *m* (1), Asbést *m* (1); ◇ ~ое со́лнце *мед.* Höhensonne *f*, Quécksilberdampflampe *f* (11)

горня́к *м* **1.** (*рабочий*) Kúmpel *m* (6) (*разг. pl* -s), Bérgarbeiter *m* (6), Bérgmann *m* -(e)s, -leute; **2.** Bérgingenieur [-ınʒe,nĭo:r] *m* (1) (*инженер*); Studént éiner Bérgakademie (*студент*); ~**я́цкий** Bérgarbeiter-; ~я́цкий посёлок Bérgarbeitersiedlung *f* (10)

го́род *м* Stadt *f* (3); гла́вный ~ Háuptstadt *f*, Metropóle *f* (11); областно́й ~ Gebíetsstadt *f*; портовы́й ~ Háfenstadt *f*; провинциа́льный ~ Lándstadt *f*, Provínzstadt [-'vints-] *f*; промы́шленный ~ Industríestadt *f*; ~-геро́й Héldenstadt *f*; ~-гига́нт Ríesenstadt *f*; ~-госуда́рство Stádtstaat *m* (13); ~-кре́пость Féstungsstadt *f*; ~-куро́рт Bádestadt *f*; ~-музе́й únter Dénkmalschutz stéhende Stadt; ~-побрати́м Pártnerstadt *f*; ~-респу́блика Stádtrepublik *f* (10); ~-сад Gártenstadt *f*; ~-спу́тник Satellítenstadt *f*, Trabántenstadt *f*; плани́ровка ~о́в Stádteplanung *f* (10); реконстру́кция ~а Rekonstruktión der Stadt; пойти́ в ~ in die Stadt géhen*; по направле́нию к ~у stadtéinwärts; за ~ом áußerhalb der Stadt; за́ ~ aufs Land, ins Grüne; в черте́ ~а im Wéichbild der Stadt; ◇ сме́лость ~а берёт *посл.* ≅ frisch gewágt ist halb gewónnen; dem Mútigen gehört die Welt

городи́ть éinzäunen *vt*; ◇ ~ вздор dúmmes Zeug schwátzen; fáseln *vi*; Blech réden; что он городи́т! was er dahérschwatzt!; не́зачем бы́ло огоро́д ~ ≅ es lóhnte sich nicht, es war nicht der Mühe wert

городи́ще *с археол.* prähistórische [vórgeschichtliche] Síedlung

городки́ *мн.* (*игра*) Gorodkí *pl*, Knüttelspiel *n* -(e)s

городни́чий *м ист.* Stádthauptmann *m* -(e)s, -leute

городово́й *м ист.* Schútzmann *m* (4) (*pl тж.* -leute), Polizíst *m* (8)

городо́к *м* **1.** Städtchen *n* (7), Kléinstadt *f* (3); **2.:** вое́нный ~ Militärsiedlung *f* (10), Wóhnsiedlung für Militärangehörige; де́тский ~ Kínderspielplatz *m* (1*); университе́тский ~ Universitätsviertel [-vɛr-] *n* (6); уче́бный ~ Léhrgelände *n* (6); Léhrgarten *m* (7); нау́чный ~ Stadt der Wíssenschaft

городск||о́й städtisch, Stadt-; kommunál; munizipál (*муниципальный*); stádteigen (*принадлежащий городу*); ~о́й комите́т па́ртии Stádtparteikomitee *n* -s, -s; городско́й Сове́т наро́дных депута́тов Stádtsowjet der Vólksdeputierten; ~о́й жи́тель Stádtbewohner *m* (6), Städter *m* (6); ~о́е населе́ние Stádtbevölkerung *f*; ~и́е вла́сти städtische Behörden *pl*; ~а́я черта́ Wéichbild *n* -(e)s (der Stadt); ~о́е управле́ние Stádtverwaltung *f* (10); ~о́й голова́ *ист.* Stádtoberhaupt *n* (5); Bürgermeister *m* (6); ~а́я ду́ма *ист.* Stádtverordnetenversammlung *f*

горожа́н||ин *м* Städter *m* (6); **~ка** *ж* Städterin *f* (12)

гороно́ *с* (городско́й отде́л наро́дного образова́ния) Abtéilung *f* Vólksbildung beim Stádtsowjet

горообразова́ние *с геол.* Gebírgsbildung *f*, Gebírgsformation *f*

гороско́п *м* Horoskóp *n* (2); соста́вить ~ ein Horoskóp stéllen

горо́х *м* Érbsen *pl*; полево́й ~ Félderbse *f* (11); посевно́й ~ Zúckererbse *f*, Pflückerbse *f*; стручо́к ~а Érbsenhülse *f* (11), Érbsenschote *f* (11); ◇ как об сте́ну ~ óhne Resultát; wírkungslos an j-m ábprallen; при царе́ Горо́хе vor úndenklichen Zéiten; **~овый** Érbsen-; ~ового цве́та érbsenfarbig; ◇ шут ~овый Hanswúrst *m* (1); чу́чело ~овое Vógelscheuche *f* (11)

горо́ш||ек *м* **1.:** души́стый ~ек *бот.* wóhlriechende Plátterbse; зелёный ~ек *кул.* grüne Érbsen, Schóten *pl*; забо́рный ~ек *бот.* Záunwicke *f* (11); мыши́ный ~ек *бот.* Vógelwicke *f*; посевно́й ~ек Fútterwicke *f*; **2.** (*крапинки*) Túpfen *pl*, Pünktchen *pl*; мате́рия в ~ек gepúnkteter Stoff; **3.** (*конфеты*) Zúckerbohnen *pl*, Zúckererbsen *pl*, Líebesperlen *pl*; **~ина** *ж*, **~инка** *ж* Érbse *f* (11); величино́й с ~ину érbsengroß

го́рск||ий Gebírgs-; Berg-; ~ая дере́вня Bérgdorf *n* -s, Gebírgsdorf *n*

горсове́т *м* (городско́й Сове́т наро́дных депута́тов) Stádtsowjet *m* -s, -s (der Vólksdeputierten)

горст *м геол.* Horst *m* (1); скла́дчатый ~ Fáltenhorst *m*, Fáltungshorst *m*; сто́ло́вый ~ Táfelhorst *m*

горсть *ж* **1.** (*руки*) hóhle Hand; **2.** (*количество; тж. о людях*) Hándvoll *f*, *pl* =

горта́нн||ый **1.** Kéhl(kopf)-; ~ые мы́шцы Kéhlkopfmuskeln *pl*; **2.** *фон.* Kehl-; gutturál; ~ый звук Kéhllaut *m* (1), Gutturállaut *m*, Gutturál *m* (1); ~ый при́ступ [взрыв] Kéhlkopfverschluß *m* -sses, -schlüsse, Knácklaut *m* (1); ~ый го́лос éine kéhlige Stímme

горта́нь *ж анат.* Kéhlkopf *m* (1*), Lárynx *m* =, *pl* Larýngen

горте́нзия *ж бот.* Horténsie *f* (11)

горчи́нк||а *ж*: с ~ой étwas bítter

горч||и́ть bítter schmécken, ránzig schmécken; **~и́ца** *ж* **1.** (*приправа*) Spéisesenf *m* -es, Senf *m*, Móstrich *m* (1); **2.** *бот.* Senf *m* -es; полева́я **~и́ца** *бот.* Áckersenf *m*

горчи́чн||ик *м* Sénfpflaster *n* (6), Sénfpapier *n* (2); Sénfwickel *m* (6) (*компресс*); поста́вить ~ик ein Sénfpflaster áuflegen; **~ица** *ж* Sénfglas *n* (5), Sénfdose *f* (11); **~ый** Senf-; ~ое се́мя Sénfkörner *pl*; ~ое ма́сло Sénföl *n* -(e)s; **~ый** порошо́к Sénfmehl *n* -(e)s; ~ого цве́та sénffarbig; ~ый газ *хим.* Sénfgas *n* -es, Yperít *n* -es

горше́чн||ик *м* Töpfer *m* (6), Töpfermeister *m* (6); **~ый** Töpfer-; ~ый про́мысел Töpferhandwerk *n* -s; ~ый това́р Töpferware *f* (11), Töpferzeug *n* (2); ~ое расте́ние Tópfpflanze *f* (11); ~ая расса́да getópfte Sétzlinge

горшо́к *м* Topf *m* (1*); цвето́чный ~ Blúmentopf *m*; ночно́й ~ Náchtgeschirr *n* (2); конденсацио́нный ~ *хим.* Kondénstopf *m*

го́рьк||ая *сущ. ж* (*водка*) Bítt(e)re *m* (14), Schnaps *m* (1*); ◇ пить ~ую sáufen* wie ein Loch [Bürstenbinder]

го́рьк||ий bítter *тж. перен.*; име́ть ~ий вкус bítter schmécken; э́то ~ая и́стина das ist éine bíttere Wáhrheit; ~ая необходи́мость éine bíttere [schmérzliche] Nótwendigkeit; ~ий упрёк ein héftiger Vórwurf; ~ие слёзы bíttere Tränen; ~ий о́пыт böse [schlímme] Erfáhrungen; ~ий пья́ница *разг.* Trúnkenbold *m* (1), árger Säufer

го́рько **1.** *нареч. тж. перен.* bítter; ~ пла́кать bíttere Tränen wéinen; ~ раска́иваться в чём-л. etw. bítter beréuen; **2.** *предик. безл.* (*об ощущении горечи*): у меня́ ~ во рту́ ich hábe éinen bítteren Geschmáck auf der Zúnge; **3.** *предик. безл.* (*горестно*): ~ ду́мать, что... es ist bítter, wenn ich bedénke, daß...; у него́ ~ на душе́ der Kúmmer liegt auf séiner Séele; мне э́то о́чень ~ das kommt mich bítter an; **4.:** ~! (*возглас на свадьбе*) küßt euch!

го́рьков||ский Górkier; **~ча́нин** *м* Éinwohner *m* von Górki

горько-солён||ый: ~ая вода́ Bítterwasser *n* (6)

горю́ч||ее *с тех.* Brénnstoff *m* (1), Tréibstoff *m*; Kráftstoff *m*; авиацио́нное ~ее Flúgzeugtreibstoff *m*; ди́зельное ~ее Díeselkraftstoff *m*, Díeseltreibstoff *m*, Díeselöl *n* -(e)s; карбюра́торное ~ее Vergáserkraftstoff *m*; раке́тное ~ее Rakétentreibstoff *m*; я́дерное ~ее Kérnbrennstoff *m*; пополне́ние ~им Tréibstoffaufnahme *f* (11); **~есть** *ж* Brénnbarkeit *f*; Entzündbarkeit *f*; **~ий** **1.** brénnbar; entzündbar; Brenn-; ~ий материа́л Brénnmaterial *n* -s, -i;en, Brénngemisch *n* (2); ~ая смесь Kráftstoffgemisch *n* (2); **2.:** ~ие слёзы bíttere [héiße] Tränen

горю́шк||о *с разг.* Kúmmer *m* -s; ему́ и ~а ма́ло ihn kümmert es wénig

горя́нка *ж* Bérgbewohnerin *f* (12)

горячека́таный *мет.* wármgewalzt

горячетя́нутый *мет.* wármgezogen

горя́ч||ий **1.** heiß; brühheiß (*разг.* — *кипящий*); féurig, glühend, brénnend (*жгучий*); ~ая пи́ща wárme Kost, wármes Éssen; *воен.* wárme Verpflégung; ~ий исто́чник wárme [héiße] Quélle; Thermálquelle *f* (11); ~ая обрабо́тка мета́лла *тех.* Wärmebearbeitung *f* [thérmische Beárbeitung] von Metállen; **2.** *перен.* heiß, glühend, féurig, brénnend; flámmend (*пламенный — о любви, желании*); hítzig, héftig (*легко возбуждающийся — о характере и т. п.*); ~ий о́тклик lébhaftes Écho, lébhafter Wíderhall; **~ий** спор héftiger Streit; ~ая голова́ Hítzkopf *m* (1*); Féuerkopf m, hítziges Gemüt; **~ее** вре́мя Zeit, wo mit Hóchdruck geárbeitet wird; он ~о́ взя́лся за де́ло er páckte die Sáche tüchtig [mit Schwung] an; ◇ по ~им следа́м auf físcher Spur [Fährte]; **~и́тельный:** **~и́тельные** напи́тки Spirituósen *pl*; **~и́ть** erhítzen *vi*, **~и́ться** sich erhítzen, sich eréifern, in Éifer gerâten*, sich in Hítze réden

горя́ч||ка *ж разг.* **1.** *мед.* Fíeber *n* (6); роди́льная ~ка Kíndbettfieber *n* -s; **2.** (*спешка*) Hast *f*, gróße Éile; ◇ бе́лая ~ка Säuferwahnsinn *m* -(e)s, Delírium trémens *n* =, =; биржева́я ~ка Börsenfieber *n*; экзаменацио́нная ~ка Prüfungsfieber *n*; поро́ть ~ку ≅ in gróßer Hast [únbesonnen] hándeln; **~ность** *ж* **1.** (*пылкость*) Éifer *m* -s, Féuer *n* -s; **2.** (*вспыльчивость*) Héftigkeit *f*, Hítzigkeit *f*

горячо́ *нареч.*: ~ благодари́ть aufs hérzlichste [wärmstens] dánken; ~ приня́ться за де́ло mit Féuereifer an die Árbeit géhen*, die Sáche mit Féuereifer ánpacken; mit Féuereifer bei der Sáche sein; ~ призыва́ть léidenschaftlich áufrufen*; ~ подде́рживать enérgisch unterstützen

гос||аппара́т *м* (госуда́рственный аппара́т) Stáatsapparat *m* (1); **~ба́нк** *м* (госуда́рственный банк) Stáatsbank *f* (10); **~бюдже́т** *м* (госуда́рственный бюдже́т) Stáatshaushalt *m* (1); **~департа́мент** *м* (госуда́рственный департа́мент США) Áußenministerium *n* der USA; **~заём** *м* (госуда́рственный заём) Stáatsanleihe *f* (11); **~инспе́кция** *ж* (госуда́рственная инспе́кция) stáatliche Inspektión; **~контро́ль** *м* (госуда́рственный контро́ль) stáatliche Kontrólle; **~креди́т** *м* (госуда́рственный креди́т) Stáatskredit *m* (1), stáatlicher Kredít, stáatliches Dárlehen; **~лесхо́з** *м* stáatlicher Fórstwirtschaftsbetrieb *m* (1)

госпитализа́ция *ж* Hospitalisíerung *f*, Éinweisung *f* [Áufnahme *f*] ins Kránkenhaus, Únterbringung *f* im Kránkenhaus

госпитализи́ровать in ein Kránkenhaus éinweisen*, in éinem Kránkenhaus únterbringen*; hospitalisíeren *vt* (*спец.*)

го́спит||аль *м* Lazarétt *n* (2); вое́нный ~аль Kríegslazarett *n*; полево́й ~аль Féldlazarett *n*; **~а́льный** Lazarétt-; ~а́льное су́дно Lazaréttschiff *n* (2)

Госпла́н СССР (Госуда́рственный пла́новый комите́т СССР) Gosplán *m* -(e)s der UdSSR, Stáatliches Plánkomitee der UdSSR

господа́ *мн.* **1.** (*хозяева*) Hérrschaften *pl*; **2.** (*обращение*) méine (Dámen und) Hérren!; méine Hérrschaften!

господи́н *м* **1.** Herr *m* (8); **2.** (*в обращении*) mein Herr, gnädiger Herr; ◇ ~ положе́ния Herr der Láge; быть ~ом положе́ния das Feld behérrschen; быть ~ом чего́-л. Herr über etw. (*A*) sein; я сам себе́ ~ ich bin mein éigener Herr

госпо́дский *уст.* hérrschaftlich, Hérren-; ~ дом Hérrenhaus *n* (5), Hérrschaftshaus *n* (5)

госпо́дств||о *с* Hérrschaft *f* (10); мирово́е ~о Wéltherrschaft *f*; пла́ны мирово́го ~а Wéltbeherrschaftspläne *pl*; ликвида́ция ~а Entmáchtung *f*; ~о в во́здухе Lúftherrschaft *f*; ~о на́ море Séeherrschaft *f*; безразде́льное ~о únumschränkte Hérrschaft; сфе́ра полити́ческого ~а Máchtbereich *m* (1);

~ова́ть 1. (*над кем-л., над чем-л.*) behérrschen *vt*; **2.** (*царить*) hérrschen *vi* (над кем-л., над чем-л. über *A*); **3.** (*быть выше, возвыша́ться*) behérrschen *vt*, dominíeren *vi, vt*, überrágen *vt*; vórherrschen *vi* (*преобладать*); **~у́ющий** hérrschend; vórherrschend (*преобладающий*); ~у́ющий класс hérrschende Klásse; ~у́ющее положе́ние Vórmachtstellung *f*

госпо́дь *м* Gott *m* -es; ◇ ~ его́ зна́ет! Gott weiß!

госпожа́ *ж* **1.** Frau *f* (10); **2.** (*в обращении*) Madám(e) *f*, gnädige Frau; Frau *f* (10) (*в соединении с фамилией*); **3.** (*хозяйка*) Hérrin *f* (12)

гос||поста́вки *мн.* (госуда́рственные поста́вки) *с.-х.* stáatliche Pflíchtablieferung; **~приёмка** *ж* (госуда́рственная приёмка проду́кции) stáatliche Ábnahme *f* (der Produktión); **~стра́х** *м* (госуда́рственное страхова́ние) Gosstrach [gɔs'strax] *f* (*СССР*); stáatliche Versícherungsanstalt

ГОСТ *м* (госуда́рственный станда́рт) GOST *m*, *pl* -s

гостево́й: ~ биле́т Gästekarte *f* (11)

гостеприи́мный gástfreundlich, gástlich

гостеприи́мство *с* Gástfreundschaft *f*; gástliche Áufnahme

гости́ная *ж* (*комната для гостей*) Gástzimmer *n*; Wóhnzimmer *n*; Geséllschaftszimmer *n* (*в общественном здании и т. п.*)

гости́нец *м уст., разг.* Geschénk *n* (2); Gástgeschenk *n*

гости́н||ица *ж* Hotél *n* -s, -s; ~ица при аэродро́ме Flúghafenhotel *n*; **~ый:** ~ый двор *уст.* Káufhof *m* (1*)

гости́ть zu Besúch sein

гость *м*, **го́стья** *ж* Gast *m* (1*); Tíschgast *m* (*к обеду, ужину и т. п.*); Gástdelegierte *m, f* (14) (*на съезде и т. п.*); ра́нний ~ vórzeitiger Gast; в ка́честве го́стя besúchsweise, als Gast; у нас го́сти wir háben Besúch; принима́ть госте́й Besúch empfángen*; идти́ в го́сти zu Besúch géhen*; быть в гостя́х zu Gast [zu Besúch] sein; ◇ в гостя́х хорошо́, а до́ма лу́чше *погов.* ≅ Ósten und Wésten, zu Haus ist's am bésten

госуда́рственно - монополисти́ческий stáatsmonopolistisch; ~ капитали́зм stáatsmonopolistischer Kapitalísmus

госуда́рственн||ость *ж* Stáatlichkeit *f*, Stáatswesen *n* -s; **~ый** Staats-, stáatlich; ~ая власть Stáatsmacht *f*; ~ый строй Stáatsform *f* (10); Stáatsaufbau *m* -(e)s; ~ое пра́во Stáatsrecht *n* -(e)s; ~ый язы́к Stáatssprache *f*; ~ый де́ятель Stáatsmann *m* (4); ~ый переворо́т Stáatsstreich *m* (1); ~ая со́бственность Stáatseigentum *n* -s; ~ое страхова́ние stáatliche Versícherung; на ~ой слу́жбе im Stáatsdienst

госуда́рств||о *с* Staat *m* (13); Сове́тское ~о Sowjétstaat *m*; ~о рабо́чих и крестья́н Árbeiter-und-Báuern-Staat *m*; буржуа́зно-демократи́ческое ~о bürgerlich-demokrátischer Staat; общенаро́дное ~о der Staat des gánzen Vólkes; колониа́льное ~о Koloniálstaat *m*; еди́ное ~о Éinheitsstaat *m*; многонациона́льное ~о Nationalitätenstaat *m*; несувере́нное ~о ábhängiger [nichtsouveräner (zuvə-)] Staat; сувере́нное ~о souveräner [zuvə-] Staat; сою́зное ~о (éinzelner) Búndesstaat *m*; социалисти́ческое ~о sozialístischer Staat; миролюби́вое ~о Fríedensstaat *m*; ~а-чле́ны (*какой-л. международной организации*) Téilnehmerstaaten *pl*, ~а — уча́стники догово́ра die Vertrágsstaaten; управля́ть ~ом den Staat léiten; со стороны́ ~а stáatlicherseits, von séiten des Stáates; сою́з госуда́рств Stáatenbund *m* (1*); отноше́ния ме́жду ~ами zwíschenstaatliche Bezíehungen

госуда́рыня *ж ист.* Hérrscherin *f* (12); Fürstin *f* (12); ◇ ми́лостивая ~ (*обращение*) gnädige Frau; sehr geéhrte Frau (*в письмах*)

госуда́рь *м ист.* Hérrscher *m* (6); Fürst *m* (8); ◇ ми́лостивый ~ (*обращение*) mein Herr; sehr geéhrter Herr (*в письмах*)

госэкза́мен *м* (госуда́рственный экза́мен) Stáatsexamen *n* -s, -mina

го́т||ика *ж* Gótik *f*; по́здняя ~ика Spätgotik *f*; ра́нняя ~ика Frühgotik *f*; **~и́ческий** gótisch; ~и́ческий шрифт gótische Schrift; *полигр.* Fraktúr *f*

гото́ва́льня *ж тех.* Réißzeug *n* (2)

гото́вить 1. vórbereiten *vt* (к чему́-л. auf *A*, für *A*, zu *D*); ~ кни́гу к печа́ти ein Buch drúckfertig máchen; ~ уро́ки die Áufgaben máchen; ~ кого́-л. к экза́мену j-n auf éine Prüfung vórbereiten; **2.** (*специалистов*) áusbilden *vt*, heránbilden *vt*; **3.** (*стряпать*) zúbereiten *vt*, kóchen *vt*; ~ обе́д das Míttagessen zúbereiten [kóchen]; она́ хорошо́ гото́вит sie kocht gut; **~ся 1.** sich vórbereiten (к чему́-л. auf *A*, für *A*); sich fértigmachen; sich gefáßt máchen (к чему́-л. auf *A*); Ánstalten máchen (к чему́-л. zu *D*) (*делать приготовления*); rüsten *vi* (*снаряжаться*); ~ся к экза́мену sich auf éine Prüfung vórbereiten, für éine Prüfung árbeiten; **2.** *страд.* vórbereitet [zúbereitet] wérden

гото́вност||ь *ж* **1.** (*подготовленность*) Beréitschaft *f*; в по́лной ~и in vóller Beréitschaft; прове́рить ~ь auf die Beréitschaft prüfen; боева́я ~ь Kámpfbereitschaft *f*; быть в боево́й ~и geféchtsbereit sein, привести́ в боеву́ю ~ь in Kámpfbereitschaft versétzen; ~ь (приступи́ть) к рабо́те Árbeitsbereitschaft *f*; Árbeitswille *m* (15); заводска́я ~ь *стр.* Vórfertigungsgrad *m* -(e)s; **2.** (*желание сделать что-л.*) Beréitwilligkeit *f*, Díenstfertigkeit *f*; вы́разить свою́ ~ь sich beréit erklären; ~ь помо́чь Hílfsbereitschaft *f*

гото́в||ый 1. fértig, beréit, Fértig-; beéndigt (*законченный*); *мор.* klar; *кул.* gar; ~ая проду́кция, ~ые изде́лия Fértigwaren *pl*, Fértigfabrikate *pl*; ~ый проду́кт Fértigprodukt *n* (2); ~ый к вы́ходу в мо́ре séeklar; ~ый к заселе́нию bezúgsfertig, schlüsselfertig (*о доме, квартире*); ~ый к отпра́вке versándfertig; ~ый к употребле́нию gebráuchsfertig; ~ый к взлёту *ав.* stártbereit; ~ый к приёмке *спец.* ábnahmebereit; ~ый к печа́ти drúckreif, drúckfertig; ~ый к эксплуата́ции betríebsbereit, betríebsfähig, éinsatzbereit, éinsatzfähig; ~ый к откры́тию огня́ *воен.* féuerbereit; ~ое пла́тье Konfektión *f* (10); э́то совсе́м ~о das ist fix und fértig; **2.** (*согласный*) genéigt, wíllig, beréit, beréitwillig, disponíert; быть ~ым к чему́-л. zu etw. (*D*) wíllens sein; ~ый на вся́кие же́ртвы zu jédem Ópfer beréit; он гото́в на всё er ist zu állem beréit; он был гото́в (*сделать что-л.*) er fand sich beréit (+*inf*); она́ была́ ~а запла́кать sie war dem Wéinen náhe; ◇ ~ый к услу́гам díenstfertig; всегда́ гото́в! (*девиз пионеров*) ímmer beréit!; на всём ~ом mit Kost und Logis [lo'ʒi:]

го́тский *ист.* gótisch; ~ язы́к die gótische Spráche, das Gótische (*sub*)

готтенто́т *м* Hottentótte *m* (8); **~ка** *ж* Hottentóttin *f* (12)

го́ты *мн. ист.* Góten *pl*

гофрирова́ние *с* Gaufríeren [go-] *n* -s, Gaufríerung [go-] *f*; Prägen *n* -s

гофриро́в||анный geríffelt; gewéllt; ~анная бума́га Kréppapier *n* (2); ~анное желе́зо Wéllblech *n* (2); **~а́ть** gaufríeren [go-] *vt* (*ткань*); wéllen *vt* (*железо*); prägen *vt* (*наносить рисунок на ткань*); **~ка** *ж* **1.** (*действие*) *см.* гофрирова́ние; **2.** *текст.* (*рисунок*) Gaufríerbild [go-] *n* (5), Gaufríerung *f* (10)

гофрокарто́н *м* Wéllpappe *f* (11)

граб *м бот.* Hágebuche *f* (11), Wéißbuche *f*, Háinbuche *f*

грабёж *м* Raub *m* -(e)s, Beráubung *f* (10); Plünderung *f* (10); э́то ~ среди́ бе́ла дня das ist die réinste Géldschneiderei

граби́тель *м* Räuber *m* (6); Plünderer *m* (6); **~ница** *ж* Räuberin *f* (12); **~ский** räuberisch; ~ская война́ räuberischer Krieg, Ráubkrieg *m* (1)

гра́бить áusrauben *vt*; plündern *vt*

гра́бли *мн.* Réchen *m* (7); ручны́е ~ Hándrechen *m*; сенны́е ~ Héurechen *m* (*деревянные*); ко́нные ~ Pférderechen *m*; валко́вые ~ Schwádenrechen *m*; попере́чные ~ Schlépprechen *m*

гравёр *м* Graveur [-'vø:r] *m* (1); Radíerer *m* (6), Stécher *m* (6) (*по металлу*); Kúpferstecher *m* (6) (*на меди*); ~ по де́реву Hólzschneider *m* (6); **~ный** Kúpferstich-, Graveur- [-'vø:r-], Gravier- [-'vi:r-]; ~ное иску́сство Gravíerkunst *f*

гравиемо́йка *ж стр.* Kíeswaschanlage *f* (11), Kíeswäsche *f* (11)

гра́вий *м* Kies *m* (1); кру́пный ~ Gróbkies *m*; ме́лкий ~ Féinkies *m*; речно́й ~ Flúßkies *m*; карье́рный ~ Grúbenkies *m*

гравила́т *м бот.* Nélkenwurz *f* (10)

гравиме́тр *м геофиз.* Gravimé́ter [-vi-] *n* (6), Schwéremesser *m* (6)

гравиме́трия *ж геофиз.* Gravimetríe [-vi-] *f*, Schwéremessung *f*

гравиров||а́льный Gravier- [-'vi:r-]; Radíer-; ~а́льный резе́ц Gravíermeißel *m* (6); ~а́льная игла́ Gravíernadel *f* (11); Ätznadel *f*, Radíernadel *f* (*для офорта*); **~а́ние** *с* Gravíeren [-'vi:-] *n* -s, Gravíerung *f*; Radíerung *f* (*на металле*); Bíldgravierkunst *f*; **~а́ть** gravíeren [-'vi:-] *vt*; radíeren *vt* (*на металле*); ~а́ть по де́реву Hólzschnitte máchen [ánfertigen]

гравиро́в||ка *ж* Gravíerung [-'vi:-] *f* (10); **~щик** *м разг. см.* гравёр

гра́вис *м лингв.* Grávis *m* =, =, Tíefton *m* (1*), fállender Ton

гравита́ция *ж* **1.** *физ.* Gravitatión [-vi-] *f*; **2.** *мет.* Schwérkraftaufbereitung *f*

гравю́ра *ж* Gravüre [-'vy:-] *f* (11); Radíerung *f* (10), Stich *m* (1); ~ на ме́ди Kúpferstich *m*; ~ на де́реве Hólzschnitt *m* (1)

град I *м* Hágel *m* -(e)s; Hágelwetter *n* -s; вы́пал ~ es hat gehágelt; быть поби́тым ~ом verhágeln *vi*; идёт ~ es hágelt; **2.** *перен.*: ~ бомб Bómbenhagel *m* -s; ~ пуль Kúgelregen *m* -s; ~ руга́тельств [уда́ров] Hágel [Schwall] von Schímpfworten [von Schlägen]; ~ вопро́сов Schwall von Frágen; сы́паться ~ом hágeldicht fállen*, hágeln; со лба кати́лся ~ом пот von der Stirn rann der Schweiß

град II *м уст. см.* го́род 1

града́ция *ж* Gradatión *f* (10), Stéigerung *f* (10), Ábstufung *f* (10)

градие́нт *м физ.* Gradiént *m* (8)

гра́дина *ж разг.* Hágelkorn *n* (5), Schlóße *f* (11)

гради́р||ня *ж тех.* Gradíerwerk *n* (2); Gradíerhaus *n* (5) (*здание*); **~ование** *с* Gradíerung *f* (10); **~овать** gradíeren *vt*

градоби́тие *с* Hágelschlag *m* -(e)s, Hágelschaden *m* -s

градов||о́й Hágel-; ~а́я ту́ча Hágelwolke *f* (11)

градозащи́та *ж* Hágelschutz *m* -es

градо||нача́льник *м ист.* Stádthauptmann *m* -(e)s, -leute; **~строе́ние** *с см.* градостроительство; **~строи́тельный** städtebaulich; **~строи́тельство** *с* Städtebau *m* -(e)s

градуи́ровать *тех.* graduíeren *vt*, in Gráde éinteilen; kalibríeren *vt*

гра́дус *м* **1.** Grad *m* (1) (*после числ. pl* =) (*сокр.* grd); жара́ в 30 ~ов 30 Grad Wärme; у́гол в 60 ~ов Wínkel von 60 Grad; ~ жёсткости (воды́) Härtegrad *m* (*Wasser*); **2.** (*крепость напитков*) Prozént *n* (2); ◇ под ~ом *разг.* ángeheitert; **~ни́к** *м разг.* Thermométer *n* (6); **~ность** *ж* Grädigkeit *f*, Grádstärke *f*; **~ный** Grad-; ~ное измере́ние Grádmessung *f* (10); ~ная се́тка Grádnetz *n* (2)

граждани́н *м* **1.** Bürger *m* (6), Stáatsangehörige *m* (14); Stáatsbürger *m*; ~ Сове́тского Сою́за Bürger der Sowjétunion, Sowjétbürger *m*; **2.** (*форма обращения*) mein Herr

гражда́н||ка *ж* **1.** Bürgerin *f* (12), Stáatsangehörige *f* (14); ~ка Сове́тского Сою́за Bürgerin der Sowjétunion; **2.** (*форма обращения*) méine Dáme; **~ский** bürgerlich, zivíl [-'vi:l]; Bürger-, Zivíl- [-'vi:l-]; ~ский долг Bürgerpflicht *f* (10); ~ское му́жество Zivílcourage [-ku,ra:ʒə] *f*; ~ское пра́во *юр.* Zivílrecht *n* -(e)s; лиши́ть ~ских прав die bürgerlichen Éhrenrechte ábˈerkennen*; ~ский иск zivílrechtliche Kláge; ~ский ко́декс Bürgerliches Gesétzbuch; ~ская смерть *ист.* Ábˈerkennung *f* der bürgerlichen Éhrenrechte; ~ская промы́шленность zivíle Industríe; ~ское произво́дство Zivílproduktion *f*; ~ская панихи́да Tráuerfeier *f* (11); ~ский брак Zivílehe *f* (11); ~ский возду́шный флот zivíler Lúftverkehr; ~ская война́ Bürgerkrieg *m* (1)

гражда́нско-правово́й zivílrechtlich [-'vi:l-]

гражда́н||ственность *ж* Stáatsbewußtsein *n* -s; **~ство** *с* Stáatsbürgerschaft *f*, Stáatsangehörigkeit *f*; приня́ть ~ство die Stáatsbürgerschaft ánnehmen*; приня́ть сове́тское ~ство die sowjétische Stáatsbürgerschaft ánnehmen*; Bürger der Sowjétunion wérden; права́ ~ства Bürgerrechte *pl*; лицо́ без ~ства Stáatenlose *m* (14); лиши́ть кого́-л. ~ства j-m die Stáatsbürgerschaft ábˈerkennen*; получи́ть [приобрести́] пра́во [права́] ~ства *перен.* allgeméine Ánerkennung fínden*

грамза́пис||ь *ж* (граммофо́нная за́пись) Schállplattenaufnahme *f* (11); воспроизведе́ние ~и Schállplattenabtastung *f* (10); конце́рт в ~и Schállplattenkonzert *n* (2)

грамициди́н *м фарм.* (*антибиотик*) Gramizidín *n* -s

грамм *м* Gramm *n* (2) (*сокр. g*) (*после числ. pl* =); два ~а zwei Gramm; ◇ ни ~а *разг.* nicht die Bóhne

грамма́т||ика *ж* Grammátik *f* (10); описа́тельная ~ика deskriptíve [-və] Grammátik; порожда́ющая ~ика generatíve [-və] Grammátik; **~и́ст** *м* Grammátiker *m* (6); **~и́ческий** grammátisch, grammatikálisch; ~и́ческий строй языка́ der grammátische [grammatikálische] Áufbau der Spráche; ~и́ческая оши́бка grammátischer Féhler; ~и́ческие пра́вила grammátische [grammatikálische] Régeln

грамм||-а́том *м* Grámmatom *n* (2); **~-кало́рия** *ж* Grámmkalorie *f* (11); **~-моле́кула** *ж* Grámmolekül *n* (2), Mol *n* (2)

граммофо́н *м* Grammophón *n* (2); **~ный** Grammophón-; Schállplatten-; ~ная пласти́нка Schállplatte *f* (11)

гра́мот||а *ж* **1.** (Behérrschung von) Lésen und Schréiben; учи́ться ~е Lésen und Schréiben lérnen; обуче́ние ~е Lése und Schréibunterricht *m* -(e)s; **2.** (*элементарные сведения*) Grúndkenntnisse *pl*, Grúndwissen *n* -s; **3.** (*документ*) Úrkunde *f* (11), Schréiben *n* (7); почётная ~а Éhrenurkunde *f*; вери́тельная ~а *дип.* Begláubigungsschreiben, Ernénnungsurkunde *f*; отзывна́я ~а *дип.* Ábberufungsschreiben *n*, Ábberufungsurkunde *f*; охра́нная ~а *ист.* Geléitbrief *m* (1), Schútzbrief *m*; отпускна́я ~а *ист.* Fréilassungsurkunde *f*; дворя́нская ~а *ист.* Ádelsbrief *m*

грамоте́й *м разг.* Schríftkundige *m* (14), Lése- und Schréibkundige *m*; он ~ er ist des Lésens und Schréibens kúndig

гра́мотн||ость *ж* **1.** die Behérrschung des Lésens und Schréibens **2.** *перен.*: полити́ческая ~ость polítische Schúlung; **~ый 1.** (*о человеке*) schríftkundig, lése- und schréibkundig; ~ый в чём-л. sáchkundig, geschúlt; ~о писа́ть féhlerfrei schréiben*; **2.** (*о работе*) fáchmännisch; э́то вполне́ ~ая рабо́та das ist éine éinwandfreie Árbeit

грампласти́нк||а *ж* Schállplatte *f* (11); проигра́ть ~у éine Schállplatte [Plátte] ábspielen

гран *м* (*единица аптекарского веса*) Gran *n* (2) (*после числ. pl* =); три ~а drei Gran

грана́т I *м бот.* **1.** (*плод*) Granátapfel *m* (6*); **2.** (*дерево*) Granát(apfel)baum *m* (1*)

грана́т II *м мин.* Granát *m* (1)

грана́т||а *ж воен.* Granáte *f* (11); ручна́я ~а Hándgranate *f*; дымова́я ~а Nébelgranate *f*; оско́лочная ~а Splíttergranate *f*; противота́нковая ~а Pánzergranate *f*; оско́лочно-фуга́сная ~а Sprénggranate *f*; руже́йная ~а Gewéhrgranate *f*; оско́лок ~ы Granátsplitter *m* (6)

грана́тник *м бот.* Granátbaum *m* (1*)

грана́тов||ый I Granát(apfel)- (*о плодах*); Granátbaum- (*о растении*); granátrot, hóchrot, schárlachrot (*о цвете*); ~ые *мн. бот.* Granátbaumgewächse *pl*

грана́тов||ый II (*о камне*) Granát-; ~ое ожере́лье Granátschnur *f* (3)

гранатомёт *м воен.* Gewéhrgranatwerfer *m* (6); реакти́вный противота́нковый ~ reaktíve [-və] Pánzerbüchse; руже́йный ~ Gewéhrgranatgerät *n* (2); **~чик** *м воен.* Pánzerbüchsenschütze *m* (9); Hándgranatenwerfer *m* (6)

гранд *м* (*испанский дворянин*) Gránde *m* (9)

грандио́зн||ость *ж* Gróßartigkeit *f*, Grandiosität *f*; **~ый** gróßartig, grandiós; kolossál (*огромный*); erháben (*величественный*)

гран||е́ние *с* Schléifen *n* -s; Facettíeren [-sɛt-] *n* -s (*б. ч. о драгоценном камне*); алма́зное ~е́ние (*стекла*) Tíefschliff *m* (1); **~ёный** geschlíffen; facettíert [-sɛt-] (*б. ч. о драгоценном камне*); ~ёный стака́н, ~ёное стекло́ geschlíffenes Glas; **~и́льный** Schleif-; ~и́льный ка́мень Schléifstein *m* (1); **~и́льня** *ж* Schleiferéi *f* (10); **~и́льщик** *м* Stéinschleifer *m* (6)

грани́т *м мин.* Granít *m* (1); оде́ть в ~ mit Granít verkléiden; облицо́ванный ~ом granítverkleidet; **~ный** Granít-; graníten (*сделанный из гранита*); ~ный утёс Granítfelsen *m* (7)

гранито́ль *м* (*заменитель кожи*) Granitól *n*, Granitólkunstleder *n* (6)

грани́ть* schléifen* *vt*; facettíeren [-sɛt-] *vt* (*драгоценный камень*); ◇ ~ мостову́ю das Pfláster tréten*

грани́ц||а *ж* **1.** Grénze *f* (11); госуда́рственная ~а Stáatsgrenze *f*; ~а страны́ Lándesgrenze *f*; возду́шная ~а Lúftgrenze *f*; сухопу́тная ~а Lándgrenze *f*; морска́я ~а Séegrenze *f*; ~а ве́чного сне́га Schnéegrenze *f*; ~а лесо́в Báumgrenze *f*; тамо́женная ~а Zóllgrenze *f*; закры́тие ~ы Schlíeßung [Spérrung] der Grénze, Grénzsperre *f*; пересече́ние [перехо́д] ~ы Grénzübertritt *m* (1); наруше́ние ~ы Grénzverletzung *f* (10); пропуска́ть че́рез ~у die Grénze passíeren lássen*; по́езд пересёк ~у der Zug róllte über die Grénze; **2.** (*предел*) Grénze *f* (11), Énde *n* (13), Limít *n* -(e)s; не знать грани́ц kéine Grénze kénnen*; нет грани́ц чему́-либо éiner Sáche (*D*) sind kéine Grénzen gesétzt; вы́йти из грани́ц álle Grénzen überstéigen*; über die Stränge [über den Strang] schlágen* [háuen*]; э́то перехо́дит все ~ы das überstéigt álle Grénzen; ◇ за ~ей im Áusland; за ~у ins Áusland; из-за ~ы aus dem Áusland

грани́ч||ить *тж. перен.* grénzen *vi* (*с чем-л.* an *A*); э́то ~ит с глу́постью das grenzt an Dúmmheit

гра́нка *ж полигр.* **1.** (*корректура*) Fáhne *f* (11), Korrektúrfahne *f*; Fáhnenabzug *m* (1*); набо́р в ~х Fáhnensatz *m* (1*); **2.** (*наборная доска*) Schiff *n* (2)

гран-при́ *м* Grand Prix [grã'pri:] *m* =, =

гра́нула *ж тех.* Korn *n* (5)

гранул||и́ровать *тех.* granulíeren *vt*, körnig máchen, körnen *vt*; **~и́ровать** корма́ Fútter pelletíeren; **~я́тор** *м* Granulíeranlage *f* (11); Pelletíeranlage *f* (11) (*для кормов*); **~я́ция** *ж мед.*, *астр.* Granulatión *f* *тех.* Körnung *f*; *с.-х.* Pelletierung *f*

гран||ь *ж* **1.** (*граница*) Grénze *f* (11); Rand *m* (4) (*край*); на ~и am Ránde; поли́тика на ~и войны́ Polítík am Ránde des Kríeges; **2.** (*плоскость*) Fläche *f* (11); Facette [-'sɛtə] *f* (11) (*драгоценного камня*); *тех.* Kánte *f* (11), Fläche *f* (11), Rand *m* (4); у ку́ба шесть ~ей der Kúbus hat sechs Flächen; *мат.* Séite *f* (11), Kánte *f* (11), Begrénzung *f* (10), Rándebene *f* (11)

грасси́ровать Zäpfchen-r spréchen*

граф *м* Graf *m* (8)

графа́ *ж* **1.** (*рубрика*) Rubrík *f* (10); **2.** (*столбец*) Spálte *f* (11); Tabéllenkolonne *f* (11) (*таблицы*)

графе́ма *ж* Graphém [-'fe:m] *n* (2)

гра́фик I *м* **1.** *мат.* gráphische Dárstellung, Scháubild *n* (5), Diagrámm *n* (2); **2.** (*расписание*): часово́й ~ Stúndenplan *m* (1*); ~ движе́ния поездо́в Bíldfahrplan *m*, Fáhrplan *m*; по ~у (*о движении поездов*) (fáhr)plánmäßig; ~ отпуско́в Úrlaubsplan *m*; сме́нный ~ Schíchtplan *m*; **3.** (*план работ*) Términplan *m* (1*), Áblaufplan *m*, Zeit-

5 – 1052

plan *m*, Zéittabelle *f* (11); произво́дственный ~ Produktiónsdurchlaufplan *m*; сетево́й ~ Nétzwerk *n* (2); ~ строи́тельства Báuablaufplan *m*; рабо́тать стро́го по ~у genáu nach dem [éinem] Plan árbeiten; вы́бить из ~а aus dem Zéitplan bríngen*

гра́фик II *м* (*художник*) Gráphiker *m* (6), Gráfiker *m*

гра́фика *ж* **1.** *иск.* Gráfik *f*; кни́жная ~ Búchgrafik *f*; **2.** *лингв.* Schréibweise *f* (11)

графи́н *м* Karáffe *f* (11); Wásserflasche *f* (11) (*для воды*)

графи́ня *ж* Gräfin *f* (12)

графи́т *м* **1.** *мин.* Graphít *m* (1); **2.** (*в карандаше*) Míne *f* (11); **~ный, ~овый** Graphít-; graphíthaltig (*содержащий графит*); ~овый ти́гель *тех.* Graphíttiegel *m* (6)

графи́ть lin(i)íeren *vt*, Líni|en zíehen*, rubrizíeren *vt*

графи́ческ||ий gráphisch; zéichnerisch; ~ое иску́сство gráphische Kunst

графлёный lin(i)íert, rubrizíert

графо́вка *ж* Spálteneinteilung *f*

графо||ло́гия *ж* Graphologíe *f*; **~ма́н** *м* Schréibwütiger *m* (6); **~ма́ния** *ж* Schréibwut *f*

гра́ф||ский gräflich; **~ство** *с* **1.** (*административно-территориальная единица в Англии*) Gráfschaft *f* (10); **2.** (*титул*) Gráfenwürde *f* (11)

грацио́зный graziös, ánmutig

гра́ц||ия *ж* **1.** Grázi|e *f*, Ánmut *f*; **2.** *мн.* ~ии *миф.* die Grázi|en; **3.** (*корсет*) Míeder *n* (6), Korsétt *n* (2) (*pl тж.* -s), Korselétt *n* (2) (*pl тж.* -s)

грач *м зоол.* Sáatkrähe *f* (11)

гребёнк||а *ж* **1.** Kamm *m* (1*); **2.** *тех.* Záhnstange *f* (11), Záhneisen *n* (7), Záhnkamm *m* (1*); игра́ть на ~е auf dem Kamm blásen*; ◇ стри́чься под ~у sein Haar kurz schnéiden*; стричь всех под одну́ ~у álle über éinen Kamm schéren*; ≅ álle über éinen Léisten schlágen*

гребе́нчатый Kamm-, kámmförmig, kámmartig; ~ подши́пник *тех.* Kámmlager *n* (6)

гребенщи́к *м бот.* Tamaríske *f* (11)

гре́бень *м* **1.** Kamm *m* (1*); Stíelkamm *m* (1*) (*с ручкой*); ча́стый ~ díchter [énger] Kamm; **2.** (*птицы*) Kamm *m* (1*); петуши́ный ~ Háhnenkamm *m*; **3.** (*верхний край, вершина*) Grat *m* (1), Kamm *m* (1*); Kúppe *f* (11); Schéitel *m* (6); Bekrönung *f* (10), Króne *f* (11); ~ горы́ Gebírgskamm *m*; Bérggrat *m*; ~ волны́ Wéllenkamm *m*, Wéllenberg *m* (1); ~ да́мбы Dámmkrone *f* (11); **4.** *тех.* Héchel *f* (11); Fláchshechel *f* (*для чесания льна*); Hánfhechel *f* (*для чесания пеньки*); съёмный ~ *текст.* Hácker *m* (6), Áushacker *m* (*чесальной машины*)

гребе́ц *м* Rúderer *m* (6); Rúderin *f* (12) (*о женщине*)

гребешо́к *м* **1.** *см.* гребёнка 1, гре́бень 1; **2.** (*у птиц*) *см.* гре́бень 2

гре́бл||я *ж* Rúdern *n* -s; состяза́ние по ~е Wéttrudern *n*; Rúderregatta *f*, *pl* -tten; *мор.* Púllen *n* -s

гребневи́дный kámmförmig, gekämmt

гребневи́к *м бот.* Kámmgras *n* -es

гребнеотдели́тель *м с.-х.* Ábbeermaschine *f* (11)

гребнечеса́льн||ый: ~ая маши́на *тех.* Kämmaschine (*при переносе* Kämm-maschine) *f* (11), Símplexmaschine *f*

гребнечеса́ние *с текст.* Kämmen *n* -s

гребн||о́й Rúder-; ~о́й спорт Rúdersport *m* -(e)s; ~о́й винт Schíffsschraube *f* (11), Schráube *f*; ~а́я шлю́пка Rúderboot *n* (2)

гребо́к *м* **1.** Rúderzug *m* (1*) (*веслом*); Hándschlag *m* (1*), Zug *m* (*движение рук при плавании*); **2.** (*весло*) Páddel *n* (6); **3.** *тех.* Krátzer *m* (6); Zúghacke *f* (11) (*погрузчик*)

грегориа́нский *см.* григориа́нский

грёз||а *ж* Traum *m* (1*), Wúnschtraum *m*; Trúgbild *n* (5); ~ы Träumeréi *f* (10); мир грёз Tráumwelt *f*

грézи||ть träumen *vt, vi*; ~ть наяву́ wáchend träumen; **~ться** träumen *vi*; мне ~лось, что... mir träumte, daß...

гре́йдер *м тех.* Stráßenhobel *m* (6); самохо́дный ~ Motórstraßenhobel *m*; гу́сеничный ~ Planíerraupe *f* (11); ~-элева́тор Schürflader *m* (6)

грейдери́ст *м* Stráßenhobelfahrer *m* (6)

грейпфру́т *м бот.* **1.** (*плод*) Grapefruit [*англ.* 'gre:pfru:t] *f*, *pl* -s; Pámpelmuse *f* (11); **2.** (*дерево*) Pámpelmuse *f* (11)

гре́йфер *м* Gréifer *m* (6), Sélbstgreifer *m*, Klápp(en)kübel *m* (6); Krángreifer *m* (*кран*)

грек *м* Gríeche *m* (9)

гре́лка *ж* **1.** (*для тела*) Wärmflasche *f* (11), Wärmkruke *f* (11); Gúmmiwärmflasche *f*, Wärmbeutel *m* (6) (*резиновая*); Béttwärmer *m* (6) (*для постели*); электри́ческая ~ eléktrisches Héizkissen; **2.** (*для кофейника, чайника*) Wärmehaube *f* (11), Kánnenwärmer *m* (6); Téepuppe *f* (11), Téewärmer *m*

грем||е́ть **1.** dónnern *vi*, dröhnen *vi*, róllen *vi* (*о громе*); erschállen* *vi* (s), schméttern *vi* (s) (*о музыке*); klírren *vi*, rásseln *vi* (*звякать*); гром ~и́т es dónnert, der Dónner rollt [grollt]; ~е́ть ключа́ми mit den Schlüsseln klírren; **2.** *перен.* (*о славе*) erschállen* *vi* (s), ertönen *vi* (s)

грему́ч||ий Knall-, Klápper-; ~ая змея́ Klápperschlange *f* (11); ~ая ртуть *хим.* Knállquecksilber *n* -s; ~ий газ *хим.* Knállgas *n* -es

гре́на *ж собир.* Séidenwürmereier *pl*

гренаде́р *м* Grenadíer *m* (1)

грена́ж *м* Séidenraupenzucht *f* (10)

гренки́ *мн. кул.* Toaste [*англ.* 'to:stə] *pl*, geröstete Brótschnitten

гренла́ндский grönländisch

грено́к *м см.* гренки́

грести́ **1.** (*вёслами*) rúdern *vi* (h, s); ~ в па́ре skúllen; *мор.* púllen *vi*; **2.** (*сгребать*) hárken *vt*

греть **1.** (*без дополнения*) wärmen *vi*, warm hálten *; со́лнце гре́ет die Sónne wärmt; шу́ба гре́ет der Pelz hält warm; **2.** (*кого-л., что-л.*) (er-)wärmen *vt*; áufwärmen *vt* (*подогревать*); ~ ру́ки sich (*D*) die Hände wärmen; *перен.* éinen únehrlichen [únverdienten] Gewínn éinstreichen*; **~ся** **1.** sich wärmen; ~ся на со́лнце sich sónnen; **2.** *страд.* gewärmt wérden

грех *м* **1.** Sünde *f* (11); Vergéhen *n* (7) (*проступок*); Schuld *f* (10) (*вина*); мой ~ méine Schuld; **2.** *предик. разг.* es ist éine Schánde; над ста́ростью смея́ться ~ es ist éine Schánde, sich über das Álter lústig zu máchen; ◇ не ~ es würde nicht scháden, es wäre kein Féhler; есть тако́й ~ ich muß schon bekénnen [gestéhen]; с ~о́м попола́м mit Mühe und Not, mit Ach und Krach; как на ~ *разг.* áusgerechnet, wie zum Trotz; ~ попола́м *разг.* béide sind schuld; что [не́чего] ~а́ таи́ть *разг.* es hat kéinen Zweck, es zu verbérgen, ich muß gestéhen; от ~а́ пода́льше *разг.* um Únannehmlichkeiten zu verméiden; **~о́вный** sündhaft, sündig

грехо||во́дник *м уст.* Sünder *m* (6); **~во́дница** *ж уст.* Sünderin *f* (12); **~паде́ние** *с библ., ирон.* Sündenfall *m* -(e)s

греци́зм *м лингв.* gríechische Rédewendung; Gräzísmus *m* =

гре́цкий: ~ оре́х Wálnuß *f* =, -nüsse

гре́ча *ж см.* гречи́ха

греча́нка *ж* Gríechin *f* (12)

гре́ческий gríechisch; ~ язы́к die gríechische Spráche, dás Gríechische (*sub*)

гречи́ха *ж бот.* Búchweizen *m* -s

гре́чнев||ый Búchweizen-; ~ая ка́ша Búchweizengrütze *f* (11); ◇ ~ая ка́ша сама́ себя́ хва́лит *погов.* ≅ Éigenlob stinkt

греши́ть sündigen *vi*; ~ про́тив здра́вого смы́сла gégen den gesúnden Ménschenverstand hándeln

гре́шн||ик *м* Sünder *m* (6); **~ица** *ж* Sünderin *f* (12); **~ый** sündhaft; он ~ый челове́к *разг.* er ist ein (gróßer) Sünder; ◇ ~ым де́лом *разг.* léider, schwach wie ich [du *usw.*] schon bin [bist *usw.*]

грешо́к *м разг.* kléine Sünde; kléines Vergéhen (*несерьёзный, небольшой проступок*); Schwäche *f* (11) (*слабость*); за ним во́дится э́тот ~ er hat so éine Schwäche, das sieht ihm ähnlich

гриб *м* Pilz *m* (1); Schwamm *m* (1*); бе́лый ~ Stéinpilz *m*, Édelpilz *m*; ядови́тый ~ Gíftpilz *m*; съедо́бный ~ Spéisepilz *m*, éßbarer Pilz; шля́почный ~ Schírmpilz *m*; Hútpilz *m*; пласти́нчатый ~ Laméllenpilz *m*, Blätterpilz *m*; тру́бчатый ~ Röhrenpilz *m*; отравле́ние ~а́ми Pílzvergiftung *f* (10); ◇ «а́томный ~» Atómpilz *m* -es

грибко́в||ый Pilz-; ~ая культу́ра Pílzkultur *f* (10); ~ое заболева́ние *мед.* Pílzkrankheit *f* (10), Pílzerkrankung *f* (10)

грибни́к *м разг.* Pílzsammler *m* (6), Pílzsucher *m* (6); Pílzkenner *m* (6) (*знаток грибов*)

грибни́ца I *ж разг.* (*о женщине*) Pílzsammlerin *f* (12), Pílzsucherin *f* (12); Pílzkennerin *f* (12)

гриб||ни́ца II *ж бот.* Brúthaut *f*; Kéimhaut *f*, Schláuchschicht *f*; Myzél(ium) *n* -s, -li|en; **~но́й** Pilz-; ~но́й суп Pílzsuppe *f*; ~но́е ме́сто в лесу́ ein pílzreicher Platz im Wálde; ◇ ~но́й дождь *разг.* ein wármer Régen bei Sónnenschein; Sprühregen *m* (7), Stáubregen *m*

грибови́д||ный pílzartig, pílzförmig; ~ное о́блако при взры́ве а́томной бо́мбы pílzförmige Ráuchwolke bei der Explosión der Atómbombe

гриб||о́к *м* **1.** *уменьш. см.* гриб; ~о́к для што́пки Stópfpilz *m* (1), Stópfei *n* (5); **2.** *бакт.* Pilz *m* (1); плесневы́е ~ки́ Schímmelpilze *pl*; дрожжевы́е ~ки́ Spróßpilze *pl*, Héfepilze *pl*, Blastomyzéten *pl*; пораже́ние ~ко́м Pílzbefall *m* -(e)s; поражённый ~ко́м von Pílzen befállen; **3.** *стр.* Hólzschwamm *m* (1*); **4.** (*лёгкое сооружение в виде гриба*) pílzförmiges Schútzdach

гри́ва *ж* **1.** Mähne *f* (11); **2.** *шутл.* (*у человека*) Díchtermähne *f* (11), Künstlermähne *f*

грива́стый *разг.* lángmähnig

гри́венник *м разг.* Zehnkopékenstück *n* (2)

гри́вна *ж* **1.** *ист.* Gríwna *f*; **2.** *уст.* (*тк. после числ.* 6, 7, 8, 9) zehn Kopéken; семь гри́вен síebzig Kopéken

григориа́нский: ~ календа́рь Gregoriánischer Kalénder

гри́зли *м зоол.* Grizzlybär ['grisli-] *m* (8)

гриль *м* Eléktrogrill *m* -s, -s, Grill *m*; **~-ба́р** *м* Gríllbar *f* =, -s

грилья́ж *м* gebránnte Mándeln [Nüsse]

грим *м* Schmínke *f* (11), Máske *f* (11); Gesíchtsfarbe *f* (11) (*краска*), Make-up [*англ.* me:k'ap] *n* =; жи́дкий ~ flüssige Schmínke; ~ в па́лочках Stángenschminke *f*; ~ для век Lídschatten *m* (7); снима́ть ~ ábschminken *vt*; ~ уда́лся die Máske ist gelúngen

грима́с||а *ж* Grimásse *f* (11); де́лать ~ы Grimássen [Gesíchter] máchen [schnéiden*]; **~ник** *м* Grimássenschneider *m* (6); **~ница** *ж* Grimássenschneiderin *f* (12); **~ничать** Grimássen [Gesíchter, Frátzen] schnéiden *

гримёр *м* Máskenbildner *m* (6); **~ная** *сущ. ж* (*комната*) Máskenbildneratelier [-,lie:] *n* -s, -s, Schmínkraum *m* (1*); **~ша** *ж* Máskenbildnerin *f* (12)

гримирова́ть schmínken *vt*; **~ся** sich schmínken

гримиро́вка *ж* Schmínken *n* -s

гри́нвичск||ий: по ~ому вре́мени Greenwicher ['gri:nitʃər] Zeit

грипп *м мед.* Grippe *f*; ви́русный ~ Virusgrippe [-'vi:-] *f*; **~о́зный** Gríppe-; grippál; gríppekrank (*больной гриппом*); ~о́зное заболева́ние Gríppeerkrankung *f* (10)

гриф I *м* **1.** *миф.* Greif *m* (1, 8); **2.** (*птица*) Lämmergeier *m* (6)

гриф II *м* (*у скрипки*) Gríffbrett *n* (5)

гриф III *м* (*выгравированная подпись*) Námensstempel *m* (6), Faksímilestempel *m*

гри́фель *м* Gríffel *m* (6); **~ный** Schíefer-, Gríffel-; ~ная доска́ Schíefertafel *f* (11)

грифо́н *м* **1.** *миф.* Greif *m* (1, 8); **2.** (*порода собак*) Áffenpinscher *m* (6)

гроб *м* Sarg *m* (1*); Báhre *f* (11); идти́ за ~ом das létzte Geléit gében*; ве́рность до ~а Tréue bis in den Tod; друзья́ до ~а Fréunde bis ans Grab; ◇ стоя́ть одно́й ного́й в ~у́, быть на краю́ ~а mit éinem Fuß im Grábe stéhen*; вогна́ть в ~ ins Grab bríngen*; э́то вгони́т меня́ в ~ das ist ein Nágel zu méinem Sarg; переверну́ться в ~у́ sich im Grábe úmdrehen; **~ни́ца** *ж* Grábmal *n* (5, 2); **~ово́й** Grábes-; Tóten-; ◇ ~ово́й го́лос Grábesstimme *f* (11); ~ова́я тишина́ Tótenstille *f*; до ~ово́й доски́ bis ans Grab, bis in den Tod; **~овщи́к** *м* Sárgtischler *m* (6), Sárgmacher *m* (6)

гробокопа́тель *м ирон.* Tótengräber *m* (6)

грог *м* Grog *m* -s, -s

гроза́ *ж* **1.** Gewítter *n* (6); ~ надвига́ется ein Gewítter zieht auf [ist im Ánzug]; суха́я ~ régenloses Gewítter; **2.** *перен.* (*о человеке*) Schrékken *m* -s

гроздь *ж* Tráube *f* (11); ~ виногра́да Wéintraube *f*; ~ями tráubenförmig

гроз||и́ть **1.** (*кому-л.*) dróhen *vi* (чем-л. mit *D*); ~и́ть па́льцем mit dem Fínger dróhen; **2.:** ему́ ~и́т опа́сность ihm droht Gefáhr; ста́рая постро́йка ~и́ла развали́ться das álte Gebäude dróhte éinzustürzen, dem álten Gebäude dróhte der Éinsturz; ~я́ чем-л. únter Dróhung (von *D*); **~и́ться** *разг. см.* грози́ть 1

гро́зный fürchterlich, schrécklich; fúrchtgebietend; dróhend (*угрожающий*); ~ взгляд ein strénger Blick; ~ враг ein gefährlicher Feind

грозов||о́й gewíttrig, gewítterhaft, Gewítter-; ~о́й дождь gewíttriger Scháuer, Gewítterregen *m* (7); ~а́я ту́ча Gewítterwolke *f* (11); ~о́е ле́то gewítterreicher Sómmer

грозо||защи́та *ж* Blítzschutz *m* -(e)s; **~отме́тчик** *м* Gewítteranzeiger *m* (6); самопи́шущий ~отме́тчик Brontográf *m* (8), Gewítterschreiber *m* (6); **~разря́дник** *м* Blítzschutzanlage *f* (11)

гром *м* **1.** Dónner *m* -s; греми́т ~ es dónnert; раска́ты ~а das Róllen [Gróllen] des Dónners; уда́р ~а Dónnerschlag *m* (1*); **2.** (*сильный шум*) Dónnergepolter *n* -s, Héidenlärm *m* -(e)s; ~ аплодисме́нтов Béifallssturm *m* (1*); ~ ору́дий der Dónner der Geschütze; ◇ мета́ть ~ы и мо́лнии Blitz und Dónner schléudern, Féuer und Flámmen spéien*; как ~ среди́ я́сного не́ба wie der [ein] Blitz aus héiterem Hímmel; как ~ом поражённый wie vom Dónner gerührt, wie vom Blitz getróffen; пока́ ~ не гря́нет solánge nichts Érnstes geschíeht

грома́д||а *ж см.* грома́дина; ~ы гор ein mächtiges [gewáltiges] Bérgmassiv

грома́д||ина *ж разг.* Ríese *m* (9), Kolóß *m* -sses, -sse; Ríesending *n* (2) (*о вещи*); Ríesenbau *m* -(e)s, -ten, Ríesenwerk *n* (2) (*о постройке*); **~ность** *ж* übermäßige [úngewöhnliche, gewáltige] Größe, Ríesengröße *f*; **~ный** ríesig, kolossál, imméns, enórm; áusgedehnt, únermeßlich (*обширный*); áußerordentlich, úngeheuer (*чрезвычайный*); ~ное большинство́ die übergroße Méhrheit

гром||и́ла *м разг.* **1.** (*вор*) Éinbrecher *m* (6); **2.** (*участник погрома*) Pogrómheld *m* (8), Schlágetot *m* -s, -s, Plünderer *m* (6); **~и́ть** **1.** plündern *vt*, zertrümmern *vt*, zerstören *vt*; demolíeren *vt*; **2.** *перен.:* ~и́ть кого́-л. gégen j-n éifern [lósdonnern]; **3.** *воен.* zerschlágen* *vt*, verníchten *vt*

гро́мк||ий laut, láutstark; ~ие аплодисме́нты láuter Béifall; ~ие кри́ки láute Schréie; ~ий хо́хот schállendes Gelächter; ◇ ~ая побе́да ein glänzender Sieg; ~ое и́мя ein bekánnter [berühmter, klíngender] Náme; ~ие слова́ schöne Rédensarten, gróße [tönende] Wórte; **~ий** проце́сс ein áufsehenerregender Prozéß; **~о** *нареч.* laut; láuthals (*разг.*); ~о крича́ть [петь] láuthals schréien* [síngen*]

громкоговори́тель *м* Láutsprecher *m* (6); Láutsprechersäule *f* (11), Tónsäule *f* (*уличная установка*); Kófferlautsprecher *m* (*в чемодане-футляре*); ру́порный ~ Tríchterlautsprecher *m*; выносно́й ~ Áußenlautsprecher *m*; дополни́тельный ~ Zúsatzlautsprecher *m*; мо́щный ~ Gróßlautsprecher *m*; широкополо́сный ~ Bréitbandlautsprecher *m*

громкоговоря́щ||ий: ~ий приём Láutsprecherempfang *m* -(e)s; ~ая устано́вка Láutsprechanlage *f* (11)

громкоголо́сый mit láuter Stímme

гро́мкость *ж* Láutstärke *f*

громове́ржец *м миф.* Dónnerschleuderer *m* (6)

громово́й dónnernd, Dónner-; ~ го́лос Dónnerstimme *f* (11), dónnernde Stímme; Sténtorstimme *f*

громогла́сн||о *нареч.* laut, mit láuter Stímme; láuthals (*разг.*); öffentlich (*во всеуслышание*); **~ый** laut, láutstark

громозди́ть áufhäufen *vt*, áuftürmen *vt*, áufschichten *vt*, áufstapeln *vt*; **~ся** sich türmen

громо́здкий spérrig, plátzraubend; úmfangreich (*объёмистый*); ~ груз *ж.-д.* Spérrgut *n* (5)

громо||отво́д *м* Blítzableiter *m* (6); **~подо́бный** dónnerähnlich, dónnerartig

гро́мче *сравн. ст. см.* гро́мкий

громых||а́ние *с* Dönnern *n* -s, Póltern *n* -s; **~а́ть** dónnern *vi*, póltern *vi*; rättern *vi* (*о телеге и т. п.*)

гросс *м ком.* Gros *n* -ses, -se (*после числ. pl*=); два ~а zwei Gros

гроссбу́х *м бухг.* Háuptbuch *n* (5)

гроссме́йстер *м* **1.** *шахм.* Gróßmeister *m* (6), Schácħgroßmeister *m*; **2.** *ист.* Gróßmeister *m* (6)

грот I *м* (*пещера*) Grótte *f* (11)

грот II *м мор.* Gróßsegel *n* (6)

гроте́ск *м* **1.** Grotéske *f* (11); **2.** *полигр.* Grotésk(schrift) *f*; **~ный** grotésk

грот-ма́чта *ж мор.* Gróßmast *m* (1, 13)

гро́хнуть *разг.* **1.** (*уронить*) mit Gepólter fállen lássen*; **2.** (*бросить*) mit Gepólter hínwerfen*; **~ся** *разг.* hínstürzen *vi* (s), (lang) hínschlagen* *vi* (s)

гро́хот I *м* (*шум*) Gepólter *n* -s, Gekrách *n* -(e)s

гро́хот II *м тех.* (*род решета*) Sieb *n* (2), Dúrchwurf *m* (1*), Síebapparat *m* (1), Schéidesieb *n*, Síebrost *m* (1), Rost *m* (1); бараба́нный ~ Trómmelsieb *n*; вибрацио́нный ~ Schwíngsieb *n*; кача́ющийся ~ Rüttelsieb *n*; ~-конве́йер Síebförderer *m* (6)

грохот||а́нье *с* Gepólter *n* -s, Gekráche *n* -s, Gerólle *n* -s; **~а́ть** póltern *vi*, krachen *vi*; dónnern *vi*, róllen *vi*, gróllen *vi* (*о громе*)

грохоти́ть *тех.* síeben *vt*, klassíeren *vt*, dúrchsieben *vt*, dúrchwerfen* *vt*, rättern *vt*

грохоче́ние *с тех.* Síeben *n* -s, Síebung *f* (10), Ábsieben *n* -s, Ábsiebung *f* (10), Rättern *n* -s; мо́крое ~ Náßsiebung *f*

грош *м* Gróschen *m* (7); (жа́лкие) ~и́ Béttelpfennige *pl*; быть без ~а́ *разг.* kéinen Gróschen [Héller] in der Tásche háben; ◇ он меня́ ни в ~ не ста́вит *разг.* ich bin ihm kéinen Gróschen [Héller, Pfífferling] wert; за ~и́ (*работать*) für éinen Húngerlohn; э́тому ~ цена́, ло́маного [ме́дного] ~а́ не сто́ит das ist nichts wert; ни на ~ ему́ не ве́рю ich gláube ihm kein Wort; **~о́вый** *разг.* sehr bíllig; *перен.* geríng, wértlos, geríngfügig; ~о́вое жа́лованье erbärmliches Gehált

гру́ббер *м с.-х.* Grúbber *m* (6), Mésseregge *f* (11)

груб||е́ть hart [rauh] wérden; grob wérden (*о человеке*); **~и́ть** grob sein (кому́-л. gégen *A*)

грубия́н *м* Gróbian *m* (1), gróber Kerl, Ráuhbein *n* (2); он ~ er ist ein Gróbian; **~ить** grob sein (кому́-л. gégen *A*), Gróbheiten ságen; **~ка** *ж* gróbe Persón

грубова́тый ein bißchen grob

грубо||волокни́стый gróbfaserig; **~зерни́стый** gróbkörnig; **~мо́лотый** gróbgemahlen; **~очи́щенный** *тех.* vórgereinigt

гру́бость *ж* Gróbheit *f* (10), Róheit *f* (10); Bárschheit *f* (10); Brutalität *f* (10) (*ср.* гру́бый)

грубоше́рстн||ый aus dérber [gróber] Wólle, gróbwollig, ráuhhaarig; ~ое сукно́ Tweed [twi:d] *m* -s, -s *u* -e; ~ая ку́ртка Lódenjoppe *f* (11)

5*

гру́б||ый **1.** grob; hart, rauh (*жёсткий*); knótig, roh, úngeschliffen (*некультурный*); barsch, brüsk (*резкий*); brutál (*с оттенком насилия*); ~ое поведе́ние gróbes Benéhmen; ~ый вкус gróber Geschmáck; ~ые черты́ лица́ gróbe Gesíchtszüge; ~ый го́лос ráuhe Stímme; ~ое сло́во gróbes [geméines] Wort; ~ое выраже́ние dérber Áusdruck; ~ая игра́ *спорт.* únfaires [-fɛ:rəs] Spiel; **2.** (*о ткани, шерсти и т. п.*) grob, derb, rauh; ~ые корма́ *с.-х.* Gróbfutter *n* -s, Ráuhfutter *n*; мука́ . ~ого помо́ла Schrot *m* (1), *n* (2); ◇ ~ая оши́бка ein gróber Féhler; в ~ых черта́х in gróßen Úmrissen, in gróben Zügen; ~ое наруше́ние дисципли́ны ein gróber Disziplínverstoß; ~ый расчёт Überschlag *m* (1*); ~о говоря́ summárisch (*обобщённо*); ánnähernd (*приблизительно*); kúrzgefaßt (*без деталей*)

гру́да *ж* Háufen *m* (7), Ménge *f* (11); лежа́ть ~ми in Háufen [háufenweise] líegen*; ~ разва́лин Trümmerhaufen *m*

груд||а́стый vóllbrüstig; vóllbusig (*о женщине*); **~и́на** *ж анат.* Brústbein *n* (2); **~и́нка** *ж* Brúststück *n* -(e)s; Ríppe(n)speer *m*, *n* -(e)s, Ríppchen *pl*, **~и́ться** *разг.* sich ánsammeln; **~ни́ца** *ж мед.* Brústdrüsenentzündung *f* (10), Mastítis *f*; **~но́й** Brust-; ~на́я кле́тка *анат.* Brústkasten *m* -s; Brústkorb *m* (1*); ~но́й го́лос tíefe Stímme; ~на́я жа́ба *мед.* Angína *f* péctoris; ~но́й ребёнок Säugling *m* (1), Baby [*англ.* 'be:bi:] *n* -s, -s, Brústkind *n* (5)

грудобрю́шн||ый *анат.*: ~ая прегра́да Zwérchfell *n* -(e)s

груд||ь *ж* **1.** Brust *f* (3); объём ~и́ *спец.* Óberweite *f* (11); Brústumfang *m* (1*); дыша́ть по́лной ~ью mit vóller Brust [in vóllen Zügen] átmen; прижа́ть кого́-л. к свое́й ~и́ j-n ans Herz drücken; пла́кать на ~и́ у кого́-л. an j-s Brust wéinen; ~ь колесо́м éine hóchgewölbte Brust; по ~ь brústhoch; **2.** (*женская*) Brust *f* (3), Búsen *m* (7); корми́ть ~ью (*ребёнка*) stíllen *vt*; отня́ть ребёнка от ~и́ ein Kind entwöhnen; ◇ ~ью защити́ть ро́дину die Héimat mit séinem éigenen Léibe vertéidigen; встать ~ью за кого́-л., за что-л. sich [sein Lében] für j-n, für etw. (*A*) éinsetzen

гружёный beláden, belástet, únter Last

груз *м* **1.** (*товар*) Ládung *f* (10), Fracht *f* (10); Gut *n* (5); ~ ма́лой ско́рости *ж.-д.* Fráchtgut *n*; ~ большо́й ско́рости *ж.-д.* Éilgut *n*, Expréßgut *n*; громо́здкий ~ Spérrgut *n*; длинноме́рный ~ Lánggut *n*, übermäßig lánges Gut; доба́вочный ~ Béiladung *f*; ма́ссовый ~ Mássengut *n*; наливно́й ~ flüssige Ládung [Fracht]; обра́тный ~ Rückfracht *f*, Rückladung *f*; охлажда́емый ~ Kühlgut *n*; поле́зный ~ *авто* Nútzlast *f* (10); (по)шту́чный ~ Stückgut *n*; сыпу́чий ~ Schüttgut *n*; *мор.* Mássengut *n*; ~, подлежа́щий по́шлине Zóllgut *n*; **2.** (*тяжесть, бремя*) Druck *m* -(e)s, Last *f*, Bürde *f*; лежа́ть тяжёлым ~ом als bléiernes Gewícht drücken

груздь *м* (*гриб*) Mílchling *m* (1)

грузи́ло *с* Sénkblei *n* (2); Ángelblei *n* (*рыболовное*)

грузи́н *м* Geórgi¦er *m* (6); **~ка** *ж* Geórgi¦erin *f* (12); **~ский** geórgisch, grusínisch; ~ский язы́к die geórgische Spráche, das Geórgische (*sub*)

грузи́ть láden* *vt*; befráchten *vt* (*судно*); beláden* *vt* (*нагружать*); **~ся 1.** (*о войсках и т. п.*) verláden wérden; **2.** *страд.* geláden wérden

гру́зн||ость *ж* Schwére *f*, Schwérfälligkeit *f*; **~ый** schwer, schwérfällig

грузови́к *м* LKW [ɛlka've:] *m* -s, -s (*сокр. от* Lástkraftwagen), Lástauto *n* -s, -s; ~-вездехо́д geländegängiger LKW; ~-тяжелово́з Schwértransporter *m* (6); ~-самосва́л Kípper *m* (6)

грузовладе́лец *м* Fráchteigentümer *m* (6), Fráchteigner *m* (6)

грузовмести́мость *ж* Láderaum *m* -(e)s, Láde¦inhalt *m* -(e)s

грузов||о́й Last-; Fracht-; ~о́й парохо́д Fráchter *m* (6); ~о́й автомоби́ль *см.* грузови́к; ~о́е такси́ Gütertaxi *n* -s, -s

грузо||оборо́т *м* Güterbeförderungsleistung *f*, Transpórtleistung *f*, Güterumschlag *m* -(e)s, Fráchtumschlag *m*, Fráchtverkehr *m* -(e)s; торго́вый ~оборо́т Wárenverkehr *m* -s; **~отправи́тель** *м* Fráchtabsender *m* (6), Ábsender *m*, Verfráchter *m* (6), Áuflieferer *m* (6); **~подъёмник** *м* Lástenaufzug *m* (1*); **~подъёмность** *ж* **1.** (*вагона и т. п.*) Ládekapazität *f*, Ládefähigkeit *f*, Trágfähigkeit *f*; Trágkraft *f*, Belástbarkeit *f*; Gesámtwasserverdrängung *f* (*судна*); **2.** (*подъёмного механизма*) Hébekraft *f*; **~подъёмный** Hébe-; ~подъёмный кран Kran *m* (1, 1*), Hébekran *m*; **~получа́тель** *м* Fráchtempfänger *m* (6); **~пото́к** *м* Güterstrom *m* (1*), Güteranfall *m* -(e)s; **~ши́на** *ж* Vollgummireifen *m* (7)

гру́зчик *м* Lástträger *m* (6); Verládearbeiter *m* (6); Scháuermann *m* -(e)s, -leute (*в порту*)

грунт *м* **1.** (*почва*) Bóden *m* (7, 7*); Grund *m* -(e)s; ры́хлый ~ lóckerer Bóden; гли́нистый ~ Léhmboden *m*; и́листый ~ Móddergrund *m*; боло́тистый ~ Móorboden *m*; песча́ный ~ Sándboden *m*, sandiger Bóden; откры́тый ~ *с.-х.* Fréiland *n* (5); строи́тельный ~ Báugrund *m*; **2.** (*первый слой краски*) Grund *m* -(e)s, Grúndanstrich *m* (1); Grúndfarbe *f* (11) (*в живописи*); **~ова́ть** grundíeren *vt*; **~о́вка** *ж* **1.** (*процесс*) Grundíerung *f* (10); **2.** *см.* грунт 2; **~ово́з** *м* Érdtransporter *m*; **~ово́й 1.:** ~овы́е во́ды Grúndwasser *n* -s; ~ова́я доро́га únbefestigte Lándstraße; **2.:** ~овы́е кра́ски Grundíerfarben *pl*

грунто||забо́рный zur Entnáhme von Bódenproben; **~заце́п** *м авто* Gréiferstollen *m* (6), Stóllen *m*; **~прово́д** *м* Spülrohrleitung *f* (10)

гру́пп||а *ж в разн. знач.* Grúppe *f* (11); возрастна́я ~а *спорт.* Áltersgruppe *f*; основна́я ~а (*велогонки*) Háuptfeld *n* (5); иссле́довательская ~а Fórschungsgruppe *f*, Stúdi¦engruppe *f*; ~а тури́стов Réisegruppe *f*; именна́я ~а *грам.* Nominálgruppe *f*; ~а продлённого дня *пед.* Grúppe mit verlängertem Schúltag, Gánztagsgruppe *f*; Hórtgruppe *f* (*ГДР*); ~а кро́ви *биол.* Blútgruppe *f*; определе́ние ~ы кро́ви Blútgruppenbestimmung *f*; ~ами grúppenweise; **~ирова́ть** gruppíeren *vt*; in Grúppen zusámmenfassen; **~ирова́ться 1.** sich gruppíeren; **2.** *страд.* gruppíert wérden; **~иро́вка** *ж* **1.** (*действие*) Gruppíerung *f* (10); **2.** (*войска*) Kräftegruppe *f* (11); **~ово́й** Grúppen-; ~овы́е заня́тия Grúppenübungen *pl*; ~ова́я фотогра́фия Grúppenphotographie *f* (11); **~о́вщина** *ж* Fraktíonsbildung *f*, Cliquenwirtschaft ['kli:kən-] *f*; **~о́рг** *м* (группово́й организа́тор) Grúppenorganisator *m* (13)

грусти́ть tráurig [betrübt] sein

гру́стн||ый tráurig, betrübt; ~ые результа́ты klägliche Ergébnisse; наводи́ть на ~ые размышле́ния auf tráurige Gedánken bríngen*

грусть *ж* Wéhmut *f*, Tráurigkeit *f*, Betrübnis *f* (*скорбь*); Schwérmut *f* (*меланхолия*)

гру́ша *ж* **1.** (*плод*) Bírne *f* (11); ди́кая ~ Hólzbirne *f*; **2.** (*дерево*) Bírnbaum *m* (1*)

грушеви́дный birn(en)förmig

гру́шев||ый Bírn(en)-; ~ое вино́ Bírn(en)most *m* (1)

грушо́вка *ж* **1.** (*наливка*) Bírnenlikör *m* (1); **2.** (*сорт яблок*) Bírnenapfel *m* (6*)

гры́ж||а *ж* Bruch *m* (1*); Hérni¦e *f* (11); па́ховая [мошо́ночная] ~а Léistenbruch *m*; пупо́чная ~а Nábelbruch *m*; ущемлённая ~а éingeklemmter Bruch; **~евый** Bruch-; ~евый мешо́к Brúchsack *m* (1*); ~евый банда́ж Brúchband *n* (5)

гры́зло *с спец.* Kandáre *f* (11)

грызня́ *ж* **1.** Beißeréi *f* (10) (*о собаках и т. п.*); **2.** *перен.* Zänkeréi *f* (10), Geráufe *n* -s; Geplänkel *n* (6)

гры́з||ть 1. nágen *vi* (что-л. an *D*); ~ть кость am Knóchen nágen; **2.** (*орехи*) knácken *vt*; **3.** (*сухари и т. п.*) knúppern *vi*, *vt*, knábbern *vi*, *vt*; ◇ со́весть ~ёт das Gewíssen nagt [quält, plagt]; **~ться 1.** sich béißen* (*о собаках*); **2.** *перен.* sich zánken

грызу́н *м зоол.* Náger *m* (6), Nágetier *n* (2)

грю́ндерство *с ист.* Gründerzeit *f*

гряда́ *ж* **1.** (*на огороде*) Beet *n* (2); **2.** (*гор, облаков, островов*) Réihe *f* (11), Kétte *f* (11); ~ холмо́в Hügelkette *f*; ~ облако́в Wólkenzug *m* (1*), Wólkenbank *f* (3)

гря́диль *м с.-х.* (*у плуга*) Gríndel *m* (6), Pflúgbalken *m* (7)

гря́дка *ж см.* гряда́ 1

гряду́щ||ее *с* Zúkunft *f*; **~ий** künftig, kómmend; ◇ на сон ~ий vor dem Schláfengehen

грязеводолече́бница *ж* Móor- und Wásserheilanstalt *f* (10)

грязев||о́й Schlamm-, Moor-; ~ы́е ва́нны *мед.* Schlámmbäder *pl*, Móorbäder *pl*; ~о́й куро́рт Móorbad *n* (5); ~о́й вулка́н *геол.* Schlámmvulkan [-vʊl-] *m* (1)

грязе||лече́бница *ж* Móorbadeanstalt *f* (10); **~лече́ние** *с* Schlámmbäderkur *f* (10), Héilschlammbehandlung *f*, Fángotherapie *f*, Móorbehandlung *f*; **~отдели́тель** *м тех.* Schlámmabscheider *m* (6); **~отсто́йник** *м* Schlámmtank *m* -s, -s; **~улови́тель** *м тех.* Schlámmfänger *m* (6)

грязн||е́ть schmútzig wérden; **~и́ть** *разг.* beschmútzen *vt*, schmútzig máchen; **~и́ться** schmútzig wérden, sich beschmútzen; **~ова́тый** recht schmútzig; **~у́ля** *м, ж*, **~у́ха** *м, ж разг.* Schmútzfink *m* (8)

гря́зн||ый schmútzig; únsauber, únreinlich (*нечистоплотный*); kótig (*о дороге и т. п.*); schlámmig (*тинистый*); benútzt, gebráucht (*о посуде*); ~ый челове́к *перен.* únsauberer [unflätiger] Mensch; ~ое ведро́ (*для мусора*) Mülleimer *m* (6); ◇ ~ое де́ло éine häßliche [geméine] Sáche; **занима́ться ~ыми дела́ми** éine schmútzige Wéste háben; **~ая исто́рия** *разг.* éine häßliche [únsaubere] Geschíchte; **~ая война́** schmútziger Krieg; ры́ться [копа́ться] в ~ом белье́ schmútzige Wäsche wáschen*

грязь *ж* **1.** Schmutz *m* -es; Kot *m* -(e)s, Stráßenkot *m* (*уличная*); Kéhricht *n* -(e)s, Müll *m* -(e)s (*мусор*); Dreck *m* -(e)s, Unrat *m* -(e)s (*нечистоты*); **2.** *мн.* грязи *мед.* Bádeschlamm *m* -(e)s, héilkräftiger Schlamm, Héilschlamm *m*; Schlámmbäder *pl*, Móorbäder *pl* (*ванны*); лечить грязями mit Bádeschlamm [mit Móorbädern] kuríeren; лечиться грязями Móorbäder néhmen*; ◇ месить ~ *разг.* durch den Schlamm wáten; забросать ~ю, смешать с ~ю, втоптать в ~ кого-л. j-n mit Schmutz [Dreck (*разг.*), Kot (*австр.*)] bewérfen*; in den Staub zíehen* [zérren, tréten*]; in den Schmutz [Dreck (*разг.*)] zíehen* [tréten*]; не ударить лицом в ~ séinen Mann stéhen*, sich nicht blamíeren

гряну||ть **1.** (*загрохотать*) knállen *vi*, krachen *vi*; dónnern *vi*, dröhnen *vi* (*о громе и т. п.*); **2.** (*зазвучать*) erschállen* *vi* (s), ertönen *vi* (s); ~ла музыка die Musík sétzte ein; **3.** *перен.* (*разразиться*) zum Áusbruch kómmen*, áusbrechen* *vi* (s)

гуа́но *с с.-х.* Guáno *m* -s; Vógeldünger *m* (6) (*птичье*); Físchdünger *m* (*рыбное*)

гуа́шь *ж жив.* Guásch *f*

губ||а́ I *ж* Líppe *f* (11); Léfze *f* (11) (*у животных*); кусать губы sich (*D*) auf die Líppen béißen*; надуть губы die Líppen áufwerfen*; *перен.* schmóllen *vi* (на кого-л. mit *D*); ◇ заячья ~а́ *мед.* Hásenscharte *f* (11); губы бантиком geschürzte Líppen; у него молоко на ~а́х не обсохло ≅ er ist noch nicht trócken hínter den Óhren; у него губа не дура *погов.* er hat kéinen üblen Geschmáck, er ist kein Kóstverächter

губа́ II *ж геогр.* Méerbusen *m* (7), Bucht *f* (10)

губа́стый *разг.* dícklippig

губерна́тор *м* Gouverneur [*фр.* guvɛr'nø:r] *m* (1); **~ский**: положение хуже ~ского ≅ éine héikle Láge

губе́рн||ия *ж* Gouvernement [guvɛrnə'maŋ] *n* -s, -s; ◇ пошла писать ~ия *разг.* ≅ da floß die Tínte in Strömen; **~ский** Gouvernements- [guvɛrnə'maŋs-]; ~ский город Gouvernementsstadt [guvɛrnə'maŋs-] *f* (3)

губи́тель *м* Verdérber *m* (6), Zerstörer *m* (6); Verwüster *m* (6) (*опустошитель*); ~ сердец Hérzensbrecher *m* (6); **~ный** verdérblich, verdérbenbringend; únheilvoll (*пагубный*); **~ный** климат schädliches [úngesundes] Klima; ~ный огонь *воен.* vernichtendes Féuer

губи́ть **1.** (*портить*) verdérben* *vt*; ~ кого-л. [себя] j-n [sich] zugrúnde richten (чем-л. mit *D*, durch *A*); vernichten *vt*, zerstören *vt* (*разрушать*); ins Verdérben stürzen (*вести к гибели*); **2.** (*бесцельно тратить*) nútzlos vergéuden

гу́бк||а I *ж уменьш.* Líppchen *n* (7); ~и бантиком áufgeworfene Óberlippe

гу́бка II *ж* **1.** *зоол.* Schwamm *m* (1*); **2.** (*для мытья*) Bádeschwamm *m* (1*); ◇ впитывать всё как ~ áufnahmefähig sein wie ein Schwamm

гу́бно||-губно́й *фон.* bilabiál; **~-зубно́й** *фон.* labiodentál; ~-зубной звук Labiodentál *m* (1), Líppenzahnlaut *m* (1)

губн||о́й **1.** Líppen-; ~áя помада Líppenstift *m* (1); **2.** *лингв.* labiál; ~óй согласный labiáler Konsonánt; ~óй звук Líppenlaut *m* (1), Labiál *m* (1)

губоцве́тные *сущ. мн. бот.* Labiáten *pl*, Líppenblütler *pl*

губошлёп *м разг.* **1.** Díckmaul *n* (5); **2.** *бран.* Tólpatsch *m* (1), Tölpel *m* (6)

гу́бчат||ый schwámmig; schwámmartig; ~ая резина Scháumgummi *m* -s; ~ая платина *тех.* Plátinschwamm *m* -(e)s

гу́бы *мн.* **1.** *см.* губа I; **2.** *тех.*: тисочные ~ Schráubstockbacken *pl*

гуверна́нтка *ж* Gouvernánte [guvɛr-] *f* (11)

гувернёр *м* Erzíeher *m* (6) (in Ádelfamilien)

гуґено́т *м ист.* Hugenótte *m* (9)

гугу́: об этом ни ~! kéinen Ton [kein Wort] darüber!

гуде́ние *с* Läuten *n* -s, Geläute *n* -s (*колокола*); Súmmen *n* -s, Brúmmen *n* -s, Gesúmme *n* -s, Gebrúmme *n* -s (*насекомых*); Súrren *n* -s (*самолёта*); Héulen *n* -s, Gehéul *n* -(e)s (*ветра, сирены*); анодное ~ (*фон*) *радио* Anódenbrumm *m* -(e)s; сеточное ~ (*шум*) *эл.* Gítterbrumm *m*

гуде́ть tönen *vi*, läuten *vi* (*о колоколе и т. п.*); súmmen *vi*, brúmmen *vi* (*о насекомых*); súrren *vi* (*о самолёте*); héulen *vi* (*о сирене, ветре*); у меня гудит в ушах es saust mir in den Óhren, ich hábe Óhrensausen

гуд||о́к *м* Húpe *f* (11); Siréne *f* (11) (*сирена*); Pféifen *n* (7) (*паровозный*); автомобильные ~ки́ Áutohupe *n* -s; паровой ~óк Dámpfsirene *f*; по ~ку́ mit der Siréne, mit dem Signál; телефонные ~ки́ («*занято*») Besétztzeichen *n* (7)

гудро́н *м тех.* Goudrón [gu'drõ] *m*, *n* -s; Asphálteer *m* (1); **~áтор** *м стр.* Téerspritzmaschine *f* (11); **~и́ровать** *тех.* mit Goudrón [gu-] asphaltíeren

гуж *м* (*часть упряжки*) Kúm(me)triemen *m* (7); ◇ взялся за ~, не говори, что не дюж *погов.* ≅ wer A sagt, muß auch B ságen; **~ево́й** **1.** Kúm(me)t(riemen)-; **2.** Fráchtfuhr-; Fuhr-; ~евой транспорт Wágentransport *m* -s; Fúhrwerktransport *m*, Gespánntransport *m*; Fráchtfuhrwesen *n* -s; **~ева́я** повинность Spánndienst *m* -es; **~о́м** *нареч.* mit Fúhrwerk; auf [mit] Pférdewagen (*на телеге*); auf [mit] Pférdeschlitten (*на санях*)

гу́зка *ж разг.* (*у птиц*) Bürzel *m* (6)

гул *м* (dúmpfes) Getöse *n* -s; ~ орудий Dónner *m* der Geschütze; подземный ~ únterirdisches Gróllen; ~ голосов Stímmengewirr *n* -(e)s

гу́лкий wíderhallend; schállend; ~ свод wíderhallendes Gewölbe

гульба́ *ж разг.* Búmmel *m* (6); Zecheréi *f* (10), Geláge *n* -s (*кутёж*)

гу́льден *м* (*монета*) Gúlden *m* (7)

гу́ля *м, ж разг.* Täubchen *n* (7)

гуля́ка *м* Búmmler *m* (6), Herúmtreiber *m* (6); Zéchbruder *m* (6*), Schwíem(e)ler *m* (6), Schwíemelkopf *m* (1*) (*кутила*)

гуля́нье *с* **1.** Spazíergang *m* (1*), Promenáde *f* (11); **2.** (*празднество*): народное ~ Vólksfest *n* (2)

гуля́ть **1.** spazíeren, spazíerengehen* *отд.* *vi* (s), promeníeren *vi*; **2.** *разг.* (*быть свободным от работы*) féiern *vi*; **3.** (*веселиться*) búmmeln *vi*; schwíemeln *vi*, zéchen *vi* (*кутить*); **4.** *разг.* (*быть в интимных отношениях*) verkéhren *vi*; ◇ ~ по рукам von Hand zu Hand géhen*

гуля́ш *м кул.* Gúlasch *n*, *m* -es

гуля́щий *разг.* áusschweifend

гуман||и́зм *м* Humanísmus *m* =; социалистический ~изм der sozialístische Humanísmus; **~и́ст** *м* Humaníst *m* (8); **~исти́ческий** humanístisch

гуман||ита́рный géisteswissenschaftlich; ~итарные науки Géisteswissenschaften *pl*, Geséllschaftswissenschaften *pl*

гума́нн||ость *ж* Humanität *f*, Ménschlichkeit *f*; **~ый** humán, ménschlich, ménschenfreundlich

гуммиара́бик *м* Gummiarábikum *n* -s

гумно́ *с* Ténne *f* (11), Dréschtenne *f*

гу́мус *м с.-х.* Húmus *m* =

гу́нны *мн. ист.* Húnnen *pl*

гу́ппи *ж* (*рыба*) Gúppi *m* -s, -s

гури́||ец *м* Gúriler *m* (6); **~йка** *ж* Gúrierin *f* (12); **~йский** gúrisch

гу́рия *ж миф.* Húri *f*, *pl* -s

гурма́н *м* Féinschmecker *m* (6), Léckermaul *n* (5); **~ка** *ж* Féinschmeckerin *f* (12), Léckermaul *n* (5); **~ство** *с* Léckerhaftigkeit *f*

гурт I *м* (*стадо*) Hérde *f* (11)

гурт II *м* **1.** (*ребро монеты*) Münzrand *m* (4); **2.** *стр.* Gurt *m* (1), Gúrtgesims *n* (2)

гуртовщи́к *м* **1.** (*погонщик*) Tréiber *m* (6); **2.** *уст.* (*владелец гурта*) Hérdenbesitzer *m* (6)

гурто́м *нареч.* im gróßen; en gros [aŋ'gro:]

гурьб||а́ *ж разг.* Háufen *m* (7) (Léute), Schar *f* (10); идти ~óй in héllen Háufen géhen*, in Schären géhen*

гуса́к *м* Gänserich *m* (1), Gánter *m* (6)

гуса́р *м* Husár *m* (8); **~ский** Husáren-; ~ский полк Husárenregiment *n* (5)

гу́сен||ица *ж* **1.** *зоол.* Ráupe *f* (11); **2.** *тех.* Ráupe *f* (11), Gléiskette *f* (11), Ráupenkette *f*; **~ичный** *тех.* Ráupen-, Gléisketten-, Kétten-; ~ичный трактор Ráupenschlepper *m* (6), Ráupentraktor *m* (13); ~ичный автомобиль Gléiskettenfahrzeug *n* (2), Kéttenfahrzeug *n*; ~ичный ход Ráupenantrieb *m* -(e)s; на ~ичном ходу mit Ráupenantrieb; экскаватор на ~ичном ходу Ráupenbagger *m* (6)

гус||ёнок *м* Gänschen *n* (7), Gänseküken *n* (7), júnge Gans; **~и́ный** Gänse-; ~иное перо (*для письма*) Gänsekiel *m* (1), Gänsefeder *f* (11); ◇ ~иная трава *бот.* Gänsefuß *m* -es, Gänsekraut *n* -(e)s, Gänsegarbe *f* (11); ~иная кожа *мед.* Gänsehaut *f*; ~иные лапки (*морщинки у глаз*) Krähenfüße *pl*; ~иная лапка *бот.* Gänsefingerkraut *n* -(e)s

гуси́т *м ист.* Hussít *m* (8)

гу́сли *мн. муз.* Gúsli *pl* (*russisches Volksmusikinstrument*)

гусля́р *м* Gúslispieler *m* (6)

густе́ть díck(er) wérden, dícht(er) wérden, sich verdíchten; úndurchdringlich wérden (*о тумане и т. п.*)

густо||бро́вый mit búschigen [díchten] Áugenbrauen; **~воло́сый** dicht behäart, mit stärkem Háarwuchs

густ||о́й **1.** (*не редкий*) dicht; ~óй лес díchter Wald; ~ые брови búschige Áugenbrauen; **2.** (*не жидкий*) díck(flüssig); ~ые чернила dícke Tínte; **3.**: ~óй цвет éine sátte Fárbe; ~óй бас tíefer Baß; ◇ не густо das ist nicht viel

густоли́ственный díchtbelaubt, búschig

густонаселённый dicht besíedelt

густота́ *ж* **1.** (*плотность*) Díchte *f*; Díchtheit *f*; **2.** (*жидкости*) Díckflüssigkeit *f*

гуся́ня *ж* Gans *f* (3), Múttergans *f*

гус||ь *м* Gans *f* (3); ◇ хорош ~ь! *ирон.* ein sáuberer Patrón!; с него как с ~я вода ≅ das ist ihm schnúppe

гусько́м *нареч.* im Gänsemarsch

гуся́та *мн. см.* гусёнок

гуся́т||ина *ж* Gänsefleisch *n* -es; **~ник** *м* Gänsestall *m* (1*); **~ница** *ж* **1.** (*работница*) Gänsehirtin *f* (12); **2.** (*посуда*) Brátpfanne *f* (11)

гутали́н *м* Schúhkrem *f*, *pl* -s (*разг.* *m* -s, -e); Stíefelwichse *f* (11)

гуттапе́рч||а *ж* Guttapércha [-tʃa:] *f*, *n* =; **~евый** Guttapércha- [-tʃa:-]; ~евые изде́лия Guttapérchawaren *pl*, Guttapérchaerzeugnisse *pl*

гуттурализа́ция *ж лингв.* Gutturalisíerung *f*

гуттура́льный *лингв.* gutturál; ~ согла́сный Gutturál *m* (1), Gáumenlaut *m* (1), Kéhl(kopf)laut *m*

гуцу́л *м* Huzúle *m* (9)

гу́щ||а *ж* **1.** (*осадок*) Satz *m* (1*), Bódensatz *m*; пивна́я ~а Bíertreber *pl*; солодо́вая ~а Málztreber *pl*; кофе́йная ~а Káffeesatz *m*; **2.** (*чаща*) Díckicht *n* (2); **3.** (*толпа*) Ménschengewühl *n* -(e)s; ◇ гада́ть на кофе́йной ~е aus dem Káffeesatz orákeln

гу́ще *сравн. ст. см.* густо́й

гюйс *м мор.* Gösch *f* (10)

гюрза́ *ж зоол.* Levánteotter *f* (11)

гяу́р *м уст.* Giáur *m* -s, -s

Д

да I *частица* **1.** (*утвердительная*) ja; jawóhl; да и́ли нет? ja óder nein?; **2.** (*усилительная*) doch, so... doch; да замолчи́! so schwéige doch!; да поторопи́тесь! beéilt euch doch!; **3.** (*модальная*) (*пусть*) *передаётся глаголом в präs conj с* es; да здра́вствует..! es lébe..!; да здра́вствует Сове́тский Сою́з! es lébe die Sowjétunion!

да II *союз* **1.** (*соединительный*) und; я да ты ich und du; **2.** (*противительный*) doch; áber; она́ обеща́ла прийти́, да её мать заболе́ла sie versprách zu kómmen, doch íhre Mútter wúrde krank; я пошёл бы в теа́тр, да у меня́ вре́мени нет ich würde gern ins Theáter géhen*, hábe áber kéine Zeit; ◇ да и... und, bis; ду́мал, ду́мал, да и наду́мал *ирон.* er sann, sann, bis er éine Dúmmheit ersánn [áusheckte]; да и то́лько in éinem fort; смеётся, да и то́лько er lacht und lacht; er lacht in éinem fort

да́бы *союз уст.* damít, um (zu+*inf*); auf daß

дав||а́ть **1.** *см.* дать; **2.:** ~а́й, ~а́йте (+*инф.* *или 1 л. мн. буд.*) laßt uns, wóllen wir (mal) (+ *inf*), álso; ~а́йте игра́ть [поигра́ем]! álso spíelen wir!, wóllen wir spíelen!; ◇ ~а́й бог но́ги ≅ die Béine únter die Árme néhmen*; **~а́ться** **1.** *см.* да́ться; **2.** *страд.* gegében wérden

да́веча *нареч. разг.* vorhín, jüngst, kurz vorhér, néulich,ében (erst)

да́вешний *разг.* vórig, vórmalig

дави́ло *с* Wéinpresse *f* (11), Kélter *f* (11)

дави́ль||ня *ж* Kelteréi *f* (10), Wéinkelterei *f*; **~щик** *м* Wéinpresser *m* (6), Kélterer *m* (6)

дави́ть **1.** (*тяжестью*; *тж. перен.*) drücken *vt*; lásten *vi* (на что-л. auf *D*); **2.** (*раздавить*) zerdrücken *vt*, zerquétschen *vt*; **3.** (*выдавливать*, *выжимать что-л. из чего-л.*) (áus)préssen *vt*, áusdrücken *vt*; quétschen *vt*; kéltern *vt* (*сок из винограда*); **4.** *разг.* (*душить*) (er)würgen *vt*; **5.** (*о боли*) beéngen *vt*, beklémmen *vimp*; у меня́ в груди́ да́вит es beklémmt mich, ich hábe Brústbeklemmungen; **6.** (*угнетать*, *удручать*) bedrücken *vt*; **7.** (*переехать*) überfáhren* *vt*; **~ся** **1.** erstícken *vi* (s); ~ся ко́стью an éinem Knóchen [an éiner Gräte (*рыбьей*)] erstícken; ~ся от ка́шля vor Hústen erstícken; ~ся от сме́ха vor Láchen erstícken, sich vor Láchen verschlúcken; verhálten láchen; **2.** *разг.* (*глотать не разжёвывая*) das Éssen hinúnterwürgen; ~ся куско́м an éinem Bíssen würgen; **3.** *страд.* zerdrückt wérden (*ср.* дави́ть)

да́вка *ж* Gedränge *n* -s

давле́ние *с* Druck *m* (1*); ~ во́здуха Lúftdruck *m*; ~ га́зов Gásdruck *m*; ~ па́ра Dámpfdruck *m*; кровяно́е ~ Blútdruck *m*; повы́шенное ~ erhöhter Druck, Überdruck *m*; повыше́ние кровяно́го давле́ния Blútdruckanstieg *m* -(e)s, Erhöhung *f* des Blútdrucks; пони́женное ~ Únterdruck *m*; атмосфе́рное ~ Lúftdruck *m* -(e)s; ни́зкое ~ *метео* Tíefdruck *m*, Tief *n* (2); ока́зывать ~ на кого́-л. *перен.* auf j-n Druck áusüben; j-n únter Druck sétzen; под ~м обстоя́тельств únter dem Druck der Verhältnisse; под ~м вне́шних сил únter Druck von áußen

давне́нько *нареч. разг.* recht lánge her

да́вн||ий längst gewésen; längst vergángen, éinstig; weit zurückliegend; ~ий обы́чай éine althérgebrachte Sítte; с ~их пор von álters her, von jéher, seit jéher, von úralten Zéiten her, seit álters, seit eh und je

давни́шн||ий alt, úralt, althérgebracht; ~ий прия́тель álter Freund; ~ее жела́ние ein lánggehegter Wunsch

давно́ *нареч.* längst, lánge, seit lángem; уже́ ~ schon lánge, von lánger Hand; не так ~ vor noch nicht állzu lánger Zeit; э́то бы́ло не так ~ die Zeit liegt noch nicht sehr weit zurück; ◇ ~ бы так! na éndlich!, (es war) höchste Zeit!

давнопроше́дш||ий längstvergangen; ◇ ~ее вре́мя *грам.* Plúsquamperfekt *n* (2), Vórvergangenheit *f* (10)

да́вност||ь *ж* **1.** Álter *n* (6); **2.** *юр.* Verjährung *f*; срок ~и Verjährungsfrist *f* (10); теря́ть си́лу за ~ью verjähren *vi*

давны́м-давно́ *нареч. разг.* sehr lánge her, längst, vor úrlanger Zeit

дагеста́н||ец *м* Dagestáner *m* (6); **~ка** *ж* Dagestánerin *f* (12); **~ский** dagestánisch

да́же *частица* sogár, selbst; ~ своему́ дру́гу он э́того не сказа́л selbst séinem Fréund(e) ságte er es nicht, nicht éinmal séinem Fréund(e) ságte er es; ~ и не... nicht éinmal; gar nicht

да́кать, да́кнуть *разг.* ja zu etw. (*D*) ságen; nach dem Múnd(e) réden

дактили́ческий *лит.* daktýlisch; ~ разме́р daktýlisches Vérsmaß

дактилоло́гия *ж* Daktylologíe *f*, Hánd- und Físngersprache *f* (der Táubstummen)

дактилоскопи́ческий daktyloskópisch; ~ о́ттиск Físngerabdruck *m* (1*)

дактилоскопи́я *ж* Daktyloskopíe *f*, Físngerabdruckverfahren *n* (7)

да́ктиль *м лит.* Dáktylus *m* =, *pl* -týlen

дала́й-ла́ма *м* Dálai-Láma *m* = *u* -s, -s

да́лее *нареч.* wéiter, férner; до го́рода не ~ киломе́тра bis zu der Stadt ist es nicht wéiter als ein Kilométer; ◇ не ~ как вчера́ erst géstern; и так ~ (*сокр.* и т. д.) und so wéiter (*сокр.* usw.), und so fort (*сокр.* usf.)

далёк||ий **1.** fern, weit; entférnt (*отдалённый*); ~ие стра́ны férne Länder; ~ое путеше́ствие wéite Réise; ~ое про́шлое längst vergángene Zéiten, férne Vergángenheit; **2.** *перен.* (*чуждый кому-л.*, *чему-л.*) fremd; они́ друг дру́гу ~ие лю́ди sie sind einánder fremd; **3.** *перен.* (*от чего-л.*) weit, weit entférnt; я далёк от предположе́ния, что... ich bin weit entférnt zu gláuben, daß...; es liegt mir fern zu gláuben, daß...

далеко́ **1.** *нареч.* *к* далёкий; оста́вить ~ позади́ weit hínter sich lássen*; **2.** *предик.* weit; вокза́л ~, до вокза́ла ~ der Báhnhof ist weit entférnt, bis zum Báhnhof ist es weit; ~ от и́стины weit von der Wáhrheit; до э́того ещё ~ das liegt noch in wéitem Feld [in wéiter Férne], das hat noch lánge Zeit; ◇ ~ не bei wéitem nicht; он ~ пойдёт *разг.* er wird es weit bríngen; заходи́ть сли́шком ~ zu weit géhen*; бы́ло ~ за́ полночь es war spät [weit] nach Mítternacht; ему́ ~ за пятьдеся́т er ist hoch in den Fünfzigern, er ist weit über fünfzig

дalёко *см.* далеко́

дал||ь *ж* Férne *f*, Wéite *f*; в тако́й ~и́ so weit weg [fort]; в таку́ю ~ь не пойду́ so weit weg [fort] géhe ich nicht

дальневосто́чный fernöstlich, Fernóst-

дальне́йш||ий wéiter; férner; ~ее разви́тие Wéiterentwicklung *f*; в ~ем im wéiteren; des wéiteren; férnerhin, in Zúkunft (*в будущем*); im fólgenden (*в тексте*)

да́льн||ий **1.** (*отдалённый*) fern, entférnt, entlégen; **2.** (*длинный*) weit; ~ путь ein wéiter Weg, éine wéite Réise; **3.** (*о родстве*) wéitläufig, entférnt; ◇ Да́льний Восто́к der Férne Ósten; без ~их слов óhne víele Wórte, óhne viel Féderlesen; óhne (viel) Úmstände (zu máchen)

дальнобо́йн||ость *ж* Wúrfweite *f*, Réichweite *f* (*струи*); *воен.* Trágweite *f*; **~ый** wéittragend, wéitreichend; ~ое ору́дие wéittragendes Geschütz, Férngeschütz *n* (2)

дальнови́дн||ость *ж* Wéitblick *m* (-e)s; Voráussicht *f*, Úmsicht(igkeit) *f* (*предусмотрительность*); **~ый** wéitblickend; wéitsichtig; voráusschauend, úmsichtig (*предусмотрительный*); **быть не осо́бенно ~ым** nicht viel Wéitblick zéigen; ~ая поли́тика wéitsichtige Polítik

дальнозо́рк||ий **1.** wéitsichtig, férnsichtig; **2.** *перен.* wéitblickend; **~ость** *ж* Wéitsichtigkeit *f*, Férnsichtigkeit *f*; Übersichtigkeit *f* (*очень сильная*); ста́рческая ~ость Álterssichtigkeit *f*

дальноме́р *м* Entférnungsmesser *m* (6), Entférnungsmeßgerät *n* (2); **~щик** *м воен.* Entférnungsmesser *m* (6), É-Messer *m*; *мор.* É-Meßgast *m* (1*)

да́льност||ь *ж* Wéite *f*; Entférnung *f* (*отдалённость*); ~ь ви́димости Síchtweite *f*; ~ь де́йствия Réichweite *f*, Aktiónsradius *m* =, -ilen; ~ь слы́шимости Rúfweite *f*; ~ь стрельбы́ Schúßweite *f*; ~ь полёта *ав.* Flúgweite *f* (*сокр.* FW), Flúgentfernung *f*; полёт на ~ь *ав.* Férnflug *m* (1*), Lángstreckenflug *m*; раке́та сре́дней ~и Míttelstreckenrakete *f* (11); ~ь броска́ Wúrfweite *f*

дальтони́зм *м* Daltonísmus *m* =, Fárbenblindheit *f*

дальто́ник *м* Fárbenblinde *m*, *f* (14)

да́льше **1.** *сравн. ст. от прил.* далекий *и нареч.* далекó wéiter, férner; **2.** *нареч.* (*затем*) daraufhín, hernách, sodánn; ◇ ~! (*продолжайте*) wéiter!, fáhren Sie fort!; до сих пор и не ~ bis hierhér und nicht wéiter

дáма *ж тж. карт.* Dáme *f* (11); ~ червéй Hérzdame *f*; ~ треф Kréuzdame *f*, Tréffdame *f*; ~ бубён Károdame *f*; ~ пик Píkdame *f*; ◇ ~ сéрдца *шутл.* Hérzensdame *f*

дамáсск||ий Damaszéner; damaszénisch (*из Дамаска*); ◇ ~ая сталь Damaszéner Stahl

дáмба *ж* Damm *m* (1*), Deich *m* (1)

дáмк||а *ж* (*в шашках*) Dáme *f* (11); пройтú в ~и éine Dáme bekómmen*

дамóклов: ~ меч Dámoklesschwert *n* -(e)s

дáмский Dámen-; ~ портнóй Dámenschneider *m* (6)

дáнник *м ист.* Tribútzahler *m* (6); превратúть в ~ов tribútpflichtig máchen

дáнн||ые *мн.* **1.** (*сведения*) Ángaben *pl*; Materiál *n* -s; Dáten *pl*; Wérte *pl*; анкéтные ~ые Personáli¦en *pl*; исхóдные ~ые Áusgangsdaten *pl*, Áusgangswerte *pl*; конкрéтные ~ые konkréte Gegébenheiten; основны́е ~ые Háuptdaten *pl*; ориентирóвочные ~ые Ríchtwerte *pl*, Ánnäherungswerte *pl*; параметрúческие ~ые Kénndaten *pl*; расчётные ~ые Beréchnungsdaten *pl*, Beréchnungswerte *pl*, erréchnete Wérte; смéтные ~ые Kalkulatiónsunterlagen *pl*; сравнúтельные ~ые Vergléichswerte *pl*, Vergléichsdaten *pl*; статистúческие ~ые statístische Únterlagen [Ángaben, Dáten]; частúчные [непóлные] ~ые únvollständige Ángaben [Dáten], Téilergebnis *n* (3*); ~ые осмóтра Befúnd *m* (1); цифровы́е ~ые Záhlenangaben *pl*, Záhlen *pl*; по официáльным ~ым ámtlichen Ángaben zufólge, nach ámtlichen Ángaben; по послéдним ~ым néuesten Ángaben nach; у нас нет никакúх ~ых wir háben kéinerlei Dáten; обрабóтка ~ых Dátenverarbeitung *f*; ввод ~ых *выч. тех.* Dateneingabe *f*; вы́вод ~ых *выч. тех.* Dátenausgabe *f*; зáпись ~ых (*прибора*) Dátenaufzeichnung *f*; **2.** (*основания*) Gründe *pl*; Voráussetzungen *pl*; для э́того есть все ~ые dazú liegt áller Grund vor; у негó есть все ~ые для э́того er hat álle Voráussetzungen dafür; er hat das Zeug dazú (*разг.*)

дáнн||ый *прич.* **1.** *см.* дать; **2.** *в знач. прил.* (*этот*) gegében; entspréchend (*соответствующий*); в ~ый момéнт im gegébenen Áugenblick; ~ая величинá *мат.* Gegébene *sub n*, gegébene Größe

дáнсинг *м* Tánzbar *f*, *pl* -s, Tánzdiele *f* (11), Tánzgaststätte *f* (11)

дантúст *м уст.* Dentíst *m* (8); **~ка** *ж уст.* Dentístin *f* (12)

дань *ж* **1.** Tribút *m* (1); Ábgaben *pl*; платúть ~ tribútpflichtig sein, Tribút záhlen; **2.** *перен.* Tribút *m* (1), Schúldigkeit *f*; отдáть ~ den Tribút zóllen; würdigen *vt*

дар *м* **1.** (*подарок*) Gábe *f* (11), Geschénk *n* (2); *юр.* Schénkung *f* (10); принестú в ~ zum Geschénk máchen; **2.** (*способность*) Gábe *f* (11), Begábung *f* (10); ~ рéчи, ~ слóва Rédnergabe *f*, Rédekunst *f*, Berédsamkeit *f*

дарвин||úзм *м* Darwinísmus *m* =; **~úст** *м* Darwiníst *m* (8)

дарéние *с юр.* Schénkung *f* (10)

дарён||ый geschénkt; ◇ ~ому конЮ в зу́бы не смóтрят *погов.* éinem geschénkten Gaul sieht man nicht ins Maul

дарúть schénken *vt*; beschénken *vt* (комý-л. что-л. j-n mit *D*)

дармоéд *м разг.* Schmarótzer *m* (6), Parasít *m* (8); Nássauer *m* (6); **~ничать** *разг.* schmarótzen *vi*; ein Schmarótzerleben führen, auf frémde Kósten lében; nássauern *vi*; **~ство** *с разг.* Schmarótzertum *n* -(e)s, Schmarótzerleben *n* -s

дровáние *с* Begábung *f* (10), Talént *n* (2); прирóдное ~ ángeborene Begábung, Natúrtalent *n*

даровáть *уст.* schénken *vt*; ◇ ~ жизнь das Lében schénken

даровúт||ость *ж* Begábtheit *f*, Talentíertheit *f*; **~ый** begábt, taléntvoll, talentíert

даров||óй *разг.* unentgéltlich, kóstenlos, Frei-; ~óй билéт Fréikarte *f* (11), unentgéltliche Éintrittskarte; **~щúна, ~щúнка:** на ~щúн(к)у *разг.* auf frémde Kósten

дáром *нареч.* **1.** (*бесплатно*) unentgéltlich, óhne Bezáhlung, umsónst, grátis; halb geschénkt, für éinen Páppenstiel (*очень дёшево*); я э́того и ~ не возьмý das ist geschénkt zu téuer; das néhme ich nicht geschénkt; **2.** (*напрасно*) vergébens, vergéblich, nútzlos, umsónst, únnütz, zwécklos; трáтить ~ врéмя die Zeit (zwécklos) vergéuden; ◇ ~ что *разг.* wenn auch; э́то тебé ~ не пройдёт *разг.* das wird dir téuer zu stéhen kómmen; э́то не ~ достáлось das hat Mühe gekóstet

дарохранúтельница *ж церк.* Sakraméntshäus¦chen *n* (7)

дáрственн||ый: ~ая зáпись *юр.* Schénkungsurkunde *f* (11)

дáт||а *ж* Dátum *n* -s, -ten; Zéitpunkt *m* (1); Zéitangabe *f* (11); ~ы жúзни Lébensdaten *pl*; постáвить ~у das Dátum sétzen

дáтельный: ~ падéж *грам.* Dativ *m* (1)

датирóв||анный datíert; **~ать** datíeren *vt*, das Dátum [den Tag, die Zeit] ángeben*; zéitlich bestímmen (*определить дату*); ~ать зáдним числóм zurückdatieren *vt*

датирóвка *ж* Datíerung *f* (10)

дáтский dänisch (*сокр.* dän.); ~ язы́к die dänische Spráche; das Dänische (*sub*)

датчáн||ин *м* Däne *m* (9); **~ка** *ж* Dänin *f* (12)

дáтчик *м тех.* Géber *m* (6); Gébergerät *n* (2); дистанциóнный ~ Férngeber *m*; измерúтельный ~ Méßwertgeber *m*; запоминáющий ~ Spéichergeber *m*; ~ комáнды Kommándogeber *m*; ~ úмпульсов Impúlsgeber *m*

дать 1. gében* *vt*; ~ есть [пить] zu éssen [zu trínken] gében*; ~ взаймы́ léihen* *vt*, ein Dárlehen gewähren, ~ залп éine Sálve [-və] ábfeuern; ~ дорóгу den Weg fréigeben*, áusweichen* *vi* (s); ~ напрокáт verléihen* *vt*, vermíeten *vt*; ~ вы́говор éinen Verwéis ertéilen; ~ показáние áussagen *vt*, éine Áussage máchen; дать рабóту комý-л. j-n beschäftigen, j-n ánstellen, j-m Ánstellung [Árbeit] gében*; ~ распоряжéние Dispositiónen [Ánordnungen, Verfügungen] tréffen*, disponíeren *vi*, ánordnen *vt*; ~ соглáсие bewílligen *vt*, séine Éinwilligung gében*; ~ ход дéлу etw. in Gang bríngen*; *юр.* ein Verfáhren éinleiten; ~ кля́тву schwören* *vi*, *vt*; éinen Eid [Schwur] áblegen [léisten]; ~ слóво 1) (*предоставить*) das Wort gében* [ertéilen]; 2) (*обещать*) das Wort gében*; ~ трéщину plátzen *vi* (s), sich spálten, éinen Riß bekómmen*; ~ течь leck wérden; ~ поня́ть zu verstéhen gében*; dúrchblicken lássen*; ~ знать wíssen lássen*; ~ о себé знать sich bemérkbar máchen; ~ пóвод к чемý-л. Ánlaß zu etw. (*D*) gében*; ~ результáт Erfólge zéitigen; ~ сражéние éine Schlacht líefern [schlágen*]; ~ свет das Licht éinschalten; Licht máchen (*разг.*); ~ ток Strom líefern [ábgeben]; ~ звонóк klíngeln *vi*, láuten *vi*, schéllen *vi*; ~ концéрт ein Konzért gében*; ~ себé труд sich (*D*) die Mühe néhmen* (*etw. zu tun*), sich (*D*) die Mühe gében*; ~ телегрáмму ein Telegrámm áufgeben* [ábsenden*], telegrafíeren *vt*; **2.** (*позволить*) lássen* *vt*; дáйте мне спокóйно рабóтать lássen Sie mich rúhig árbeiten; **3.** *груб.* (*ударить*) schlágen* *vt*; я тебé дам! du wirst gleich was ábkriegen!; он мне дал пó уху er hat mir éine rúntergehauen [gekl ebt]; ◇ скóлько (лет) вы мне дадúте? wie alt schätzen Sie mich?, für wie alt hálten Sie mich?; ни ~ ни взять ganz und gar dassélbe, háargenau; э́то емý не данó das bleibt ihm verságt; комý мнóго данó, с тогó мнóго и спрóсится wem víeles gegében, von dem wird viel gefórdert; ~ вóлю слезáм den [séinen] Tränen fréien Lauf lássen*; ~ вóлю своемý гнéву séinem Zorn Luft máchen; не ~ себя́ в обúду sich nichts gefállen lássen*; **~ся 1.** (*позволить поймать себя*) sich... lássen*; не ~ся в обмáн sich nicht betrügen lássen*; **2.** (*легко усвоиться*) léichtfallen* *отд. vi* (s); gelíngen* *vi* (s), *vimp* (*удаться*); э́то емý не даётся das fällt ihm schwer; das will ihm nicht in den Kopf; матемáтика емý не далáсь die Mathematík fiel ihm schwer; э́тот язы́к емý не даётся díese Spráche liegt ihm nicht

дáфния *ж зоол.* Wásserfloh *m* (1*), Dáphnie *f*

дáча I *ж* **1.** *юр.:* ~ показáний Ábgabe *f* von Áussagen; **2.** *мед.* (*лекарств*) Verábreichung *f*; Applikatión *f* (10); **3.** (*порция*) Portión *f* (10), Verpflégungssatz *m* (1*) (*продовольственная*); Ratión *f* (10), Füttersatz *m* (*фуражная*); сýточная ~ Tágessatz *m*, Tágesration *f*

дáч||а II *ж* **1.** (*загородный дом*) Dátsche *f* (11) (*ГДР*), Wóchenendhaus *n* (5), Lándhaus *n*; **2.** (*дачная местность*) Sómmerfrische *f*; на ~е auf dem Lánde; на ~у aufs Land

дáча III *ж:* леснáя ~ Revier [-'vi:r] *n* (2), Fórstrevier *n*; Versúchsrevier *n* (*опытная*)

дачевладéлец *м* Dátschenbesitzer *m* (6), Wóchenendhausbesitzer *m*

дáчн||ик *м* Sómmerfrischler *m* (6), Sómmergast *m* (1*); **~ица** *ж* Sómmerfrischlerin *f* (12)

дáчн||ый: ~ый сезóн Férienzeit *f*; ~ый пóезд Vórortzug *m* (1*); ~ая жизнь Lében *n* in der Sómmerfrische, Lándleben *n* -s; ~ый посёлок Dátschensiedlung *f* (10), Féri¦ensiedlung *f*; ~ое мéсто Sómmerfrische *f*; ~ая мéбель Campingmöbel ['kɛm-] *pl*

два zwei (*в телефонных разговорах употребительна форма* zwo, *чтобы отличить* zwei *от* drei); пó ~ je zwei, páarweise; кáждые ~ дня álle zwei Táge; в две рýки *муз.* zwéihändig; ◇ ни ~ ни полторá ≅ wéder Fisch noch Fleisch; nicht Fisch, nicht Fleisch; в ~ счёта eins-zwei, im Hándumdrehen; в двух словáх kurz (geságt), in wénigen Wórten; э́то в двух шагáх es ist nur ein Kátzensprung; на ~ слóва auf ein paar Wórte, auf éinen Áugenblick; ум хорошó, а ~ лýчше *посл.* ≅ vier Áugen séhen mehr als zwei; döppelt genäht hält bésser

двадцати||гра́дусный: ~гра́дусный моро́з zwánzig Grad Frost; **~гра́нник** *м мат.* Ikosaéder *n* (6), Zwánzigflach *n* (2), Zwánzigflächner *m* (6); **~кра́тный** zwánzigfach

двадцатиле́т||ие *с* **1.** (*срок*) ein Zéitraum von zwánzig Jáhren, zwánzig Jáhre; **2.** (*годовщина*) der zwánzigste Jáhrestag; Zwánzigjahrfeier *f* (11); **~ний** zwánzigjährig

двадцатипятиле́т||ие *с* **1.** (*срок*) ein Zéitraum von fünfundzwanzig Jáhren, fünfundzwanzig Jáhre; **2.** (*годовщина*) der fünfundzwanzigste Jáhrestag, Fünfundzwanzigjahrfeier *f*; **~ний** fünfundzwanzigjährig

двадца́т||ый der zwánzigste; ~ого ию́ня am zwánzigsten Júni; den zwánzigsten Júni (*на письме*); ~ая до́ля Zwánzigstel *n* (6); der zwánzigste Teil; ~ая страни́ца Séite zwánzig; ~ый но́мер Númmer zwánzig; ~ые го́ды die zwánziger Jáhre

два́дцать zwánzig; ~ оди́н éinundzwanzig; ◇ ~ одно́ *карт.* Síebzehn-und-vier *n*

два́жды *нареч.* zwéimal; ~ Геро́й Сове́тского Сою́за zwéifacher Held der Sowjétunion; ◇ я́сно, как ~ два — четы́ре das ist so gewíß, wie zwei mal zwei vier ist; es ist sónnenklar; das ist klar wie dícke Tínte (*шутл.*)

две *см.* два

двенадцати||гра́нник *м мат.* Dodekaéder *n* (6), Zwölfflach *n* (2), Zwölfflächner *m* (6); **~ле́тний** zwölfjährig; **~пе́рстный:** ~пе́рстная кишка́ *анат.* Zwölffíngerdarm *m* -(e)s, Duodénum *n* -s, -na

двена́дцат||ый der zwölfte; ~ого ию́ня am zwölften Júni; den zwölften Júni (*на письме*); ~ый час es geht auf zwölf (Uhr); es ist elf Uhr vorbéi; в ~ом часу́ nach elf Uhr; zwíschen elf und zwölf; ~ая страни́ца Séite zwölf; ~ый но́мер Númmer zwölf; ~ая до́ля Zwölftel *n* (6), der zwölfte Teil; ~ая до́ля листа́ *полигр.* Duodézformat *n* -(e)s; Duodéz *n* -es, Zwölftelbogengröße *f*

двена́дцать zwölf

дверн||о́й Tür-; ~а́я ру́чка Türklinke *f* (11); Türgriff *m* (1); ~о́й ко́ся́к Türpfosten *m* (7)

две́рца *ж* Türchen *n* (7); Schlag *m* (1*), Wágenschlag *m* (1*) (*экипажа*); Tür *f* (10), Áutotür *f* (*автомобиля*); откидна́я ~ Klápptür *f* (10); с двумя́ ~ми zwéitürig; то́почная ~ (*печи*) Féuertür *f*

двер||ь *ж* Tür *f* (10); входна́я ~ь Éingangstür *f*; выходна́я ~ь Áusgangstür *f*; раздвижна́я ~ь Schíebetür *f*; складна́я ~ь Harmónikatür *f*, Fáltentür *f*; автомати́чески закрыва́ющаяся ~ь Tür mit sélbsttätigem Türschließer, automátisch schlíeßende [sélbstschließende] Tür; ~ь, открыва́ющаяся в о́бе сто́роны Péndeltür *f*, Schwíngtür *f*; ~ь в спа́льню Schláfzimmertür *f*; ~ь в ку́хню Küchentür *f*; закрыва́йте ~ь! bítte Tür zu!; указа́ть на ~ь *перен.* die Tür wéisen*; ◇ жить ~ь в ~ь Tür an Tür wóhnen; при закры́тых ~я́х hínter geschlóssenen Türen; únter Áusschluß der Öffentlichkeit; поли́тика откры́тых ~е́й Politík der óffenen Tür; ломи́ться в откры́тую ~ь óffene Türen éinrennen* [éinlaufen*]; откры́ть ~и (*вузов и т. д.*) die Pfórten öffnen; широко́ откры́ть ~и Tür und Tor öffnen (чему́-л. *D*); день откры́тых ~е́й (*в вузе*) Tag der óffenen Tür

две́сти zwéihundert

двигателестрое́ние *с* Motórenbau *m* -(e)s

дви́гатель *м* **1.** Mótor *m* -s, -tóren; Kráftmaschine *f* (11); Tríebwerk *n* (2) (*атомный, реактивный*); а́томный ~ Atómtriebwerk *n*; бензи́новый ~ Benzínmotor *m*, Óttomotor *m*; ветряно́й ~ Wíndkraftmaschine *f*; ~ вну́треннего сгора́ния Verbrénnungsmotor *m*; газотурби́нный ~ *ав.* Gásturbinentriebwerk *n*; двухта́ктный ~ Zwéitaktmotor *m*; Zwéitakter *m* (6) (*разг.*); карбюра́торный ~ Vergásermotor *m*; раке́тный ~ Rakétentriebwerk *n*; (возду́шно-)реакти́вный ~ Stráhltriebwerk *n*, Düsentriebwerk *n*; ротацио́нный ~ Úmlauf(kolben)motor *m*; трёхфа́зный ~ *эл.* Dréhstrommotor *m*; турбовинтово́й ~ Turbopróptriebwerk *n*; турбореакти́вный ~ Turbínen-Lúftstrahltriebwerk *n*, TL-Triebwerk [teˈɛl-] *n*; **2.** *перен.* Tríebkraft *f* (3); **~ный** motórisch, Bewégungs-; ~ные не́рвы *анат.* Bewégungsnerven *pl*, motórische [zentrifugále] Nérven

дви́га||ть 1. bewégen *vt*, in Bewégung sétzen [bríngen*]; schíeben* *vt*; verrücken *vt*, verschíeben* *vt* (*передвигать*); vórwärts schíeben*, vórrücken *vt* (*вперёд*); stóßen* *vt*, den Ánstoß gében* (*что-л. D*) (*толкать*); ~ть нау́ку вперёд die Wíssenschaft vorán-bringen* [voránttreiben*]; **2.** (*шевелить*) bewégen *vt*, rühren *vt*; **~ться 1.** sich bewégen; in Bewégung sein, sich in Bewégung befínden* (*быть в движении*); ~ться вперёд voránkommen* *vi* (s); ~ться по направле́нию к чему́-л. sich auf etw. (*A*) zúbewegen; Земля́ дви́жется вокру́г Со́лнца die Érde dreht sich um die Sónne; **2.** (*шевелиться*) sich rühren; in Bewégung kómmen* (*прийти в движение*); не ~йся! rühr dich nicht!; **3.** *страд.* bewégt wérden

движе́ние *с* **1.** Bewégung *f* (10); ~ вперёд Vórwärtsbewegung *f*, Fórtbewegung *f*; *воен.* Vórmarsch *m* -(e)s; поступа́тельное ~ Vórwärtsbewegung *f*; враща́тельное ~ Dréhbewegung *f*; ~ по орби́те *косм.* Flug *m* -(e)s auf éiner Kréisbahn; ~ по прямо́й Gerádeausfahrt *f*; Gerádeausflug *m* (*о прямолинейном полёте*); привести́ в ~ in Bewégung sétzen [bríngen*]; прийти́ в ~ in Bewégung kómmen [geráten*]; без движе́ния régungslos, bewégungslos; **2.** (*общественное*) Bewégung *f* (10); революцио́нное ~ revolutionäre [-vo-] Bewégung; рабо́чее ~ Árbeiterbewegung *f*; мирово́е коммунисти́ческое ~ kommunístische Wéltbewegung; профсою́зное ~ Gewérkschaftsbewegung *f*; забасто́вочное ~ Stréikbewegung *f*; общенаро́дное ~ Vólksbewegung *f*; национа́льно-освободи́тельное ~ nationále Befréiungsbewegung *f*; ~ Сопротивле́ния *ист.* Wíderstandsbewegung *f*; Движе́ние сторо́нников ми́ра Wéltfriedensbewegung *f*; **3.** (*езда, ходьба*) Verkéhr *m* -s; городско́е ~ Stádtverkehr *m*; у́личное ~ Stráßenverkehr *m*; пра́вила у́личного движе́ния Stráßenverkehrsordnung *f*; встре́чное ~ Gégenverkehr *m*; двусторо́ннее ~ Verkéhr in zwei Ríchtungen; односторо́ннее ~ Ríchtungsverkehr *m*, Verkéhr *m* in éiner Ríchtung; кольцево́е ~ *ж.-д.* Ríngverkehr *m*; *авто* Kréisverkehr *m*; правосторо́ннее ~ Réchtsverkehr *m*; левосторо́ннее ~ Línksverkehr *m*; у́лица с односторо́нним ~м Éinbahnstraße *f* (11); ~ в часы́ пик Spítzenverkehr *m*, Verkéhrsspitze *f* (11); ~ по у́лице откры́то die Stráße ist (für den Verkéhr) fréigegeben; автомоби́льное ~ Áutoverkehr *m*; Kráftverkehr *m*; ~ поездо́в Zúgverkehr *m*; возду́шное ~ *ав.* Flúgverkehr *m*; Lúftverkehr *m*; ◇ во́льные движе́ния *спорт.* Fréiübungen *pl*

дви́жимость *ж юр.* Mobiliár *n* (2), Mobíli¦en *pl*, bewégliche Hábe, bewégliches [mobíles] Vermögen

дви́жим||ый 1. (*побуждаемый чем-л.*) geléitet (von *D*), bewógen (zu *D*, zu + *inf*), ángeregt (zu *D*); **2.** *юр.* mobíl, bewéglich; ~ое иму́щество mobíles Vermögen, bewégliche Hábe

движи́тель *м тех.* Ántrieb *m* (1), Tríebwerk *n* (2); водомётный ~ Wásser(strahl)triebwerk *n* (2); гу́сеничный ~ Kéttenfahrwerk *n*, Ráupenfahrwerk *n*

движо́к *м* **1.** *тех.* Schíeber *m* (6) (*напр. реостата*); Läufer *m* (6) (*счётной линейки*); **2.** (*лопата*) Schnéeschippe *f* (11); **3.** *разг.* (*двигатель*) (kléiner) Mótor *m* -s, -tóren

дви́жущ||ий bewégend; tréibend, Trieb-; ~ие си́лы Tríebkräfte *pl*, tréibende Kräfte; **~ийся** bewéglich; ~ийся в одно́м направле́нии éinläufig; ~ийся в обра́тном направле́нии rückläufig; ~ийся в противополо́жном направле́нии gégenläufig

дви́нуть *см.* дви́гать; ◇ он па́льцем не дви́нул er hat kéinen Fínger gerührt; **~ся** *см.* дви́гаться **1, 2;** ~ся в путь sich auf den Weg máchen

дво́||е 1. zwei; ~е дете́й zwei Kínder; ко́мната на ~и́х (*в гостинице, доме отдыха*) Zwéibettzimmer *n* (6); нас бы́ло ~е wir wáren zwei [zu zweit]; **2.** (*две пары*) zwei Paar; ~е перча́ток zwei Paar Hándschuhe; ◇ на свои́х (на) ~и́х auf Schústers Ráppen

двоебо́рье *с спорт.* Zwéikampf *m* (1*); зи́мнее ~ Bíathlon *n* -s

двоебра́чие *с* Dóppelehe *f* (11), Bigamíe *f* (11)

двоевла́стие *с ист.* Duumvirát [-vi-] *n* -(e)s (*в Древнем Риме*)

двоеже́нец *м* Bigamíst *m* (8)

двоежёнство *с* Dóppelehe *f* (11), Bigamíe *f*, Éhe *f* éines Mánnes mit zwei Fráuen

двоему́жие *с* Biandríe *f*, Éhe *f* éiner Frau mit zwei Männern

двоето́чие *с* Dóppelpunkt *m* (1)

дво́ечник *м разг.* Hängelampe *f*

двои́т||ься *безл.*: у меня́ ~ся в глаза́х ich séhe álles dóppelt

дво́й||ка *ж* **1.** (*цифра*) Zwei *f* (10); **2.** (*отметка*) Zwei *f* (10) (*Schulzensur «ungenügend» in der UdSSR*); **3.** *карт.* Zwei *f* (10); ~ка пик Pík-Zwei *f*; **4.** *спорт.* (*лодка*) Zwéier *m* (6); распашна́я ~ка Dóppelzweier *m*; **5.** (*комплект из шерстяной кофты и жакета*) Twínset *n*, *m* -s,-s; **~ни́к** *м* Dóppelgänger *m* (6); **~но́й** dóppelt, zwéifach; Dóppel-; ~на́я нить Dóppelfaden *m* (7*); ~ны́е ра́мы Dóppelfenster *pl*; в ~но́м разме́ре in dóppeltem Áusmaß; ~на́я бухгалте́рия dóppelte Búchführung; ~но́е гражда́нство Dóppelstaatsangehörigkeit *f*; ~но́е управле́ние *ав.* Doppelsteuerung *f* (10); ~на́я пе́тля *мор.* dóppelter Ánkerstich; ~но́й ствол *воен.* Dóppellauf *m* (1*); ~но́го де́йствия dóppeltwirkend; ◇ вести́ ~ну́ю игру́ ein Dóppelspiel tréiben*

двойня *ж* Zwillinge *pl*, Zwíllingspaar *n* (2)

двойственн||ость *ж* **1.** Duplizität *f*, Dualität *f*; **2.** (*двуличность*) Dóppelnatur *f*; Dóppelzüngigkeit *f*; Heucheléi *f*; **3.:** ~ость руково́дства Dóppelgleisigkeit *f* der Léitung; **~ый 1.** (*противоречивый*) zwíespältig; ~ое чу́вство zwíespältiges Gefühl; **2.** (*двуличный*) dóppelzüngig; héuchlerisch; ◇ ~ое число́ *грам.* Dúal *m* -s, -ále, Duális *m* =, -le; Zwéizahl *f* (10)

двойчáтка *ж разг.* zwei zusámmengehörende Dínge; *бот.* Zwíllingsfrüchte *pl*

двор I *м* **1.** Hof *m* (1 *); зáдний ~ Hínterhof *m*; внýтренний ~ Ínnenhof *m*; **2.** (*крестьянское хозяйство*) Hof *m* (1*), Báuernhof *m*, Gehöft *n* (2); ◇ постоя́лый ~ Éinkehr *f* (10), Hérberge *f* (11); Wírtshaus *n* (5); скóтный ~ Víehhof *m*; Stállungen *pl*; Rínderstall *m* (1*); пти́чий ~ Geflügelhof *m*, Hühnerhof *m*; Hühnerauslauf *m* (1*); монéтный ~ Münzamt *n* (5); Münz(präge)stätte *f* (11); *ист.* Münze *f* (11); литéйный ~ Gießhalle *f* (11); на ~é (*на улице*) im Fréien, dráußen; на ~é морóз dráußen friert es; веснá на ~é der Frühling ist da [ist gekómmen]; ни колá ни ~á *погов.* wéder Haus noch Hof; быть не ко ~ý nicht pássen

двор II *м* (*монарха*) Hof *m* (1*); при ~é am Hof

дворéц *м* Palást *m* (1*), Schloß *n* (5), Palais [-'lɛ:] *n* =, =; Дворéц съéздов Kongréßpalast *m*; ~ культýры Kultúrpalast *m*; Дворéц пионéров Pioníerpalast *m*; Дворéц спóрта Spórtpalast *m*; Дворéц бракосочетáния Palást der Éheschließungen; Дворéц нáций (*в Женеве*) Palást der Natiónen (*in Genf*); Зи́мний ~ Wínterpalais *n*

дворéцкий *м* Háushofmeister *m* (6)

двóрн||ик *м* **1.** Háuswart *m* (1), Háusmann *m* -(e)s, -leute; Háusbesorger *m* (6) (*австр.*); **2.** *разг.* (*стеклоочиститель*) Schéibenwischer *m* (6); **~ицкая** *ж* Háusmannswohnung *f* (10); **~ичиха** *ж разг.* **1.** (*жена дворника*) Háusmannsfrau *f* (10); **2.** (*женщина-дворник*) Háuswart *m* (1), Háusmann *m* -(e)s; -leute; Háusbesorgerin *f* (12) (*австр.*)

двóрня *ж собир. ист.* Gesínde *n* (6), Hófgesinde *n*, Háusgesinde *n*

дворня́га *ж*, **дворня́жка** *ж* Hófhund *m* (1), Köter *m* (6); Promenádenmischung *f* (*шутл.*)

дворóв||ый *прил.* **1.** Hof-; ~ые пострóйки Hófgebäude *pl*, Nébengebäude *pl*; **2.** *в знач. сущ. м ист.* Knecht *m* (1); ~ые *собир.* Gesínde *n* (6)

дворцóв||ый Palást-; Schloß-; ~ый парк Schlóßpark *m* -s, -s; ~ая плóщадь Schlóßplatz *m* (1*); ◇ ~ый переворóт Palástrevolution [-vo-] *f* (10)

дворяни́н *м* Ádlige *m* (14), Édelmann *m* -(e)s, -leute; столбовóй ~ Ádlige aus áltem Geschlécht

дворя́н||ка *ж* Ádlige *f* (14), Édelfrau *f* (10); **~ский** ádelig, Ádel-; ~ское сослóвие Ádelsstand *m* -(e)s; **~ство** *с* Ádel *m* -s, Ádelsstand *m* -(e)s; помéстное ~ство Lándadel *m*

двоюрóдн||ый: ~ый брат Vétter *m* -s, -n, Cousin [*фр.* ku'zɛŋ] *m* -s, -s; ~ая сестрá Kusíne *f* (11), Cousíne [ku-] *f* (11), Báse *f* (11)

двоя́к||ий zwéifach, dóppelt; zwíespältig; ~ое значéние zwéifache Bedéutung; ~ое толковáние dóppelte Áuslegung

двояко||вóгнутый *физ.* bikonkáv; **~-вы́пуклый** *физ.* bikonvex [-'vɛks]

двоякоды́шащие *сущ. мн. зоол.* Lúngenfische *pl*

двоякофóкусный *физ.* bifokál, bikonfokál

двубóртный zwéireihig; ~ пиджáк zwéireihige Jácke

двуглáв||ый dóppelköpfig; ~ый орёл *ист.* Dóppeladler *m* (6); ~ая мы́шца *анат.* Bizeps *m* (1)

двуглáсный *сущ. м лингв.* Dóppellaut *m* (1), Diphthóng *m* (1)

двугóрбый zwéihöckerig; ~ верблю́д zwéihöckeriges Kamél

двугрáнный *мат.* zwéikantig

двугри́венный *м разг.* Zwanzigkopékenstück *n* (2)

двудóльн||ый *бот.* dikotyledónisch, zwéilappig; ~ые растéния zwéikeimblättrige Pflánzen, Dikotýlen *pl*, Dikotyledónen *pl*

двудóмный *бот.* zwéihäusig, diözisch

двудóнный *см.* двухдóнный

двужи́льный **1.** (*о кабеле*) dóppeladrig; **2.** *перен. разг.* kérngesúnd, zäh

двузнáчн||ый zwéistellig; ~ое числó zwéistellige Zahl

двузýбый zwéizinkig (*о вилке и т. п.*)

двукóлка *ж* zwéirädriger Gábelwagen; Kárren *m* (7)

двукóнный zwéispännig

двукопы́тн||ый *зоол.* zwéihufig; ~ое живóтное Zwéihufer *m* (6)

двукрáтн||ый zwéimalig; wiederhólt (*повторный*); в ~ом размéре in dóppeltem Áusmaß

двукры́лые *сущ. мн.* Zwéiflügler *pl*; Diptéren *pl* (*лат.*)

двули́кий **1.** mit zwei Gesíchtern; Двули́кий Я́нус *миф.* dóppelköpfiger Jánus; *перен.* Dóppelzüngler *m* (6); **2.** *перен. см.* двули́чный

двули́стный *бот.* zwéiblättrig

двули́ч||ие *с*, **~ность** *ж* Heucheléi *f*, Fálschheit *f*; **~ный** héuchlerisch; быть ~ным zwei Gesíchter háben, ein dóppeltes Spiel tréiben*

двумолекуля́рный *хим.* bímolekular

двуни́точн||ый zwéidrähtig, bifilár; ~ая лáмпа *авто* Bíluxbirne *f* (11)

двунóгий zwéifüßig, zwéibeinig; bipéd

двуóкись *ж хим.* Dioxýd *n* (2)

двупáлый *зоол.* zwéizehig

двуплáнн||ый *мат.* in zwei Ánsichten; ~ое изображéние Zwéitafelprojektion *f*

двуплéчий (*о рычаге*) dóppelarmig

двупóлый zwéigeschlechtig, bisexuéll, androgýn

двупóлье *с с.-х.* Zweifélderwirtschaft *f*

двуполя́рный *физ.* bipolár

двурóгий zwéihörnig, dóppelhörnig

двурýчн||ый zwéigriffig, dóppelgriffig; ~ая пилá dóppelgriffige Säge

двурýшн||ик *м* Dóppelzüngler *m* (6); **~ичать** ein dóppeltes Spiel tréiben*, zwei Gesíchter háben; **~ический** dóppelzünglerisch; **~ичество** *с* Dóppelzüngigkeit *f*

двусемядóльный *см.* двудóльный

двускáтн||ый: ~ая кры́ша Sátteldach *n* (5)

двуслогов||óй, двуслóжн||ый *лингв.* zwéisilbig; ~ое слóво zwéisilbiges Wort

двусмы́сленн||ость *ж* **1.** Zwéideutigkeit *f*, Dóppelsinn *m* -(e)s; Dóppeldeutigkeit *f*, Dóppelsinnigkeit *f*; **2.** (*двусмысленное выражение*) zwéideutiger Áusdruck; **~ый** zwéideutig, dóppelsinnig

двусостáвный *лингв.* zwéigliedrig

двуспáльн||ый: ~ая кровáть Dóppelbett *n* (13)

двуствóлка *ж* dóppelläufiges Gewéhr; Dóppelflinte *f* (11)

двуствóльный dóppelläufig, Zwíllings- (*о ружье*); dóppelstämmig (*о дереве*)

двуствóрчат||ый **1.** (*о двери*) zwéiflüg(e)lig; ~ая дверь Flügeltür *f* (10); **2.** (*о моллюсках*) zwéischalig

двусти́шие *с лит.* Dístichon [-çɔn] *n* -s, -chen, Vérspaar *n* (2), Dóppelvers *m* (1), Zwéizeiler *m* (6)

двустóпный *лит.* zwéifüßig; ~ ямб zwéifüßiger Jámbus

двусторóнн||ий **1.** *текст.* béiderseitig, dóppelflächig, dóppelseitig, séitengleich, óhne verkéhrte Séite; ~яя ткань Reversible [reveːr'ziːb(ə)l] *m* -s, -s; ~яя фланéль Dóppelflanell *m* (1); **2.:** ~ее воспалéние лёгких dóppelseitige Lúngenentzündung; ~ее движéние Verkéhr in zwei Ríchtungen; **3.** (*обязательный для обеих сторон; обоюдный*) zwéiseitig, bilaterál; ~ее совещáние zwéiseitige Berátung; ~ее сотрýдничество bilateréle Zusámmenarbeit; ~ее соглашéние, ~ий договóр Zwéierabkommen *n* (7), bilateráles Ábkommen

двутаврóв||ый *тех.* dóppel-T-förmig; ~ое желéзо Dóppel-T-Eisen *n* (7); ~ая бáлка Dóppel-T-Träger *m* (6)

двууглеки́сл||ый *хим.* dóppelkohlensauer; ~ая сóда dóppelkohlensaures Nátron, Nátriumbikarbonat *n*

двуугóльный *мат.* biangulár

двуутрóбка *ж зоол.* Béuteltier *n* (2), Béutelratte *f* (11)

двухáктн||ый aus zwei Ákten bestéhend; ~ая пьéса Zwéiakter *m* (6)

двухáтомный *хим.* zwéiwertig

двухвалéнтный *хим.* zwéiwertig

двухвесéльный zwéiruderig

двухвинтов||óй Dóppelschrauben-; ~óе сýдно Dóppelschraubenschiff *n* (2)

двухгоди́чный zwéijährig, von zwéijähriger Dáuer, Zwéijahres-; ~ курс zwéijähriger Kúrsus

двухгодовáлый von zwei Jáhren, zwéijährig; ~ барáн Zéithammel *m* (6)

двухголóсный *муз.* zwéistimmig

двухдиапазóнный mit zwei Beréichen; *радио* mit zwei Wéllenbereichen

двухднéвный zwéitägig, Zwéitag(e)s-; ~ запáс Vórrat *m* für zwei Táge

двухдóнный mit dóppeltem Bóden, dóppelbödig

двухдорóжечный: ~ магнитофóн zwéispuriges Tónbandgerät, Zwéispurgerät *n* (2)

двухдюймóв||ка *ж* (*доска*) zwei Zoll stárkes Brett; **~ый** zwei Zoll lang (*о длине*); zwei Zoll stark [dick] (*о толщине*)

двухканáльный *радио* Zwéikanal-

двухкатýшечный *эл.* zwéispulig

двухквартúрный mit zwei Wóhnungen; ~ дом Zwéifamili|enhaus *n* (5), Dóppelhaus *n*

двухколéйн||ый *ж.-д.* dóppelgleisig, dóppelspurig, zwéigleisig, zwéispurig; ~ая желéзная дорóга zwéigleisige Éisenbahn

двухколёсный zwéiräd(e)rig

двухкóмнатн||ый Zwéizimmer-; Zwéiraum-; ~ая квартúра Zwéiraumwohnung *f* (10)

двухкóнтурный *радио* Zwéikreis-; ~ приёмник Zwéikreisempfänger *m* (6); Zwéikreiser *m* (6)

двухкопéечный Zwéikopeken- (*о монете*); zwei Kopéken wert (*стоимостью в две копейки*)

двухкрáсочн||ый Zwéifarben-; ~ая печáть *полигр.* Zwéifarbendruck *m* -(e)s

двухлемéшный *с.-х.* zwéischarig; ~ плуг dóppelschariger [zwéischariger] Pflug

двухлéтний **1.** *см.* двухгоди́чный; **2.** (*о ребёнке*) von zwei Jáhren, zwéijährig

двухлитрóвый zwei Líter fássend, Zwéiliter-

двухлóпастный *тех.* zwéiflüg(e)lig

двухмáчтов||ый zwéimastig; ~ое сýдно Zwéimaster *m* (6)

двухмéрный zwéidimensional

двухмéстн||ый zwéisitzig; ~ый автомоби́ль zwéisitziges Áuto, Zwéisitzer *m* (6); ~ый самолёт zwéisitziges Flúgzeug,

Zwéisitzer *m*; ~ая каю́та Dóppelbettkabine *f*

двухме́сячный zwéimonatig; ~ ребёнок ein Kind von zwei Mónaten; в ~ срок ínnerhalb von zwei Mónaten

двухмото́рный zwéimotorig; ~ самолёт zwéimotoriges Flúgzeug

двухнеде́льный zwéiwöchig (*длящийся две недели*); zwéimal mónatlich erschéinend, víerzehntäglich, hálbmonatlich; Hálbmonats- (*о периодическом издании*); zwei Wóchen alt (*о ребёнке, щенке и т. п.*); ~ за́работок Zwéiwochenlohn *m* -(e)s

двухо́сн||ый zwéiachsig, Zwéiachs-; ~ая маши́на Zwéiachswagen *m* (7); ~ый прице́п Zwéiachsanhänger *m* (6)

двухпала́тн||ый Zwéikammer-; ~ая систе́ма Zwéikammersystem *n* (2); ~ый парла́мент Zwéikammerparlament *n* (2)

двухпа́лубн||ый *мор.* Zwéideck-; mit zwei Decks; ~ое су́дно Zwéidecker *m* (6)

двухпарти́йн||ый Zwéiparteien-; ~ая систе́ма Zwéiparteiensystem *n* (2)

двухпо́люсный *физ.* zwéipolig, Zwéipol-, bipolár, dóppelpolig

двухпроводно́й *эл.* zwéidrähtig, dóppeldrähtig

двухпрогра́ммный mit zwei Prográmmen

двухпроце́нтный zwéiprozentig

двухпу́тный *см.* двухколе́йный

двухразме́рный zwéidimensional

двухря́дный *с.-х.* zwéireihig

двухсло́йный zwéilagig, Zwéilagen-

двухсме́нн||ый zwéischichtig, Zwéischichten-; ~ая рабо́та Zwéischichtenarbeit *f*

двухсотле́тие *с* **1.** (*период*) ein Zéitraum von zwéihundert Jáhren, zwéihundert Jáhre; **2.** (*годовщина*) der zwéihundertste Jáhrestag

двухсотле́тний zwéihundertjährig, Zwéihundertjahr-

двухсо́тый der zwéihundertste

двухступе́нн||ый zwéistufig; ~ые вы́боры Wáhlen *pl* nach dem Zwéistufensystem

двухстро́чный zwéizeilig

двухстру́нный zwéisaitig

двухступе́нчатый zwéistufig, Zwéistufen-

двухсу́точный zwéitägig

двухта́ктный *муз., тех.* Zwéitakt-; ~ дви́гатель Zwéitaktmotor *m* (13)

двухто́мник *м* zwéibändige Ausgabe; ~ стихо́в Пу́шкина Púschkins Gedíchte in zwei Bänden

двухты́сячн||ый der zwéitausendste; Zwéitausend-; в ~ом году́ im Jáhre 2000; ~ый но́мер die Númmer 2000 [zweitáusend]

двухфа́зный *эл.* zwéiphasig, Zwéiphasen-; ~ переме́нный ток Zwéiphasen-Wechselstrom *m* -(e)s

двухфо́кусный *фото* mit zwei Brénnweiten, dóppelbrennweitig

двухфюзеля́жный (*о самолёте*) Dóppelrumpf-

двухцве́тн||ый zwéifarbig, Zwéifarben-; ~ая фотогра́фия Zwéifarbenphotographie *f* (11)

двухцили́ндровый *авто* Zwéizylinder-

двухчасово́й 1. (*продолжающийся два часа*) zwéistündig; **2.** (*назначенный на два часа*) Zwéiuhr-; ~ по́езд Zwéiuhrzug *m* -(e)s

двухъя́русный zwéigeschossig; ~ мост Dóppelstockbrücke *f* (11)

двухэта́жный éinstöckig, zwéigeschossig

двучле́н *м мат.* Binóm *n* (2); **~ный** *мат.* binómisch; *лингв.* zwéigliedrig

двуязы́ч||ие *с лингв.* Zwéisprachigkeit *f*; **~ный** *лингв.* zwéisprachig, bilinguisch [bi'lɪŋgŭɪʃ]; ~ный слова́рь zwéisprachiges Wörterbuch; вы́расти в ~ной среде́ zwéisprachig áufwachsen*

-де *частица разг.* sagt er [sie], meint er [sie]; он-де не мо́жет прийти́ er kann [könne], sagt er, nicht kómmen

деаэра́тор *м тепл.* Entgáser *m* (6), Entlüfter *m* (6)

дебаркаде́р *м* **1.** *ж.-д. уст.* Báhnsteig *m* (1); **2.** (*пристань*) Ánlegestelle *f* (11), Lándungsstelle *f*

дебати́ровать debattíeren *vt, vi*; einen Méinungsstreit áusfechten*; verhándeln *vi* (что-л., о чём-л. um *A*, über *A*); dúrchsprechen* *vt*; **~ся** zur Debátte stéhen*

деба́ты *мн.* Debátte *f* (11); Wórtgefecht *n* (2); Rédeschlacht *f* (10) (*шутл.*)

дебе́лый *уст.* (wóhl)beleibt, üppig

де́бет *м бухг.* Débet *n* -s, -s, Soll *n* = *u* -s, = *u* -s; ~ и кре́дит Soll und Háben

дебетова́ть *бухг.* auf die Sóllrechnung schréiben*, im Soll éintragen* [búchen]; debitíeren *vt*, belásten *vt*

деби́т *м спец.* Fördermenge *f*, Ergíebigkeit *f*; Schüttung *f*; ~ грунтово́й воды́ Grúndwasserergiebigkeit *f*

дебитоме́р *м* Dúrchflußmengenmesser *m* (6)

деби́тор *м бухг.* Schúldner *m* (6), Débitor *m* -s, -tóren

деблоки́ровать *воен.* entsétzen *vt*

дебо́ш *м разг.* Skandál *m* (2), Spektákel *m* (6), Radáu *m* -s; Krach *m* (1); rúhestörender Lärm

деботи́р *м разг.* Rúhestörer *m* (6), Radáubruder *m* (6*); **~ить** *разг.* randalíeren *vi*, Radáu [Lärm] máchen

де́бри *мн.* **1.** (*лесные*) Úrwald *m* (4), Díckicht *n* (2); непроходи́мые ~ úndurchdringliches Díckicht; **2.** *перен.* Labyrínth *n* (2), Wírrwarr *m* -s

дебю́т *м* **1.** *театр., перен.* Debüt [*фр.* de'by:] *n* -s, -s; Ántritt *m* (1); **2.** *шахм.* Eröffnung *f* (10); Debüt [*фр.* de'by:] *n* -s, -s

дебют||а́нт *м* Debütánt *m* (8); **~а́нтка** *ж* Debütántin *f* (12); **~и́ровать** debütíeren *vi*

де́ва *ж уст. поэт.* Júngfrau *f* (10), Júngfer *f* (11); ◇ ста́рая ~ *разг.* álte Júngfer

девальв||а́ция *ж эк.* Ábwertung *f*, (10); ~а́ция валю́ты Ábwertung der Währung; **~и́ровать** *эк.* devalvieren [-val'vi:-] *vt*, entwérten *vt*, ábwerten *vt*

дева́ть(ся) *см.* де́ть(ся)

де́верь *м* Schwáger *m* (6*) (*Bruder des Mannes*)

девиа́ция *ж спец.* Deviatión [-via-] *f* (10), Ábweichung *f* (10), Kómpaßablenkung *f* (10) (*компаса*)

деви́з *м* Devise [-'vi:-] *f* (11); Mótto *n* -s, -s Wáhlspruch *m* (1*); боево́й ~ Kámpflosung *f* (10); ~ пионе́ров Pioníerlosung *f*; под ~ом (*о конкурсе*) únter der Devíse

деви́зы *мн. фин.* Devisen [-'vi:-] *pl*

деви́ца *ж* Mädchen *n* (7), Júngfrau *f* (10); Únverheiratete *f* (14) (*незамужняя*)

деви́ческий, деви́чий, де́вичий Júngfrau-, júngfräulich, mädchenhaft, Mädchen-; ◇ де́вичья фами́лия Mädchenname *m* (15)

деви́чник *м* Pólterabend *m* (1)

де́вичья *сущ. ж ист.* (*комната*) Spínnstube *f*

де́вка *ж груб.* **1.** Mädchen *n* (7); **2.** (*проститутка*) Dírne *f* (11); ◇ засиде́ться [оста́ться] в ~х *разг.* sítzenbleiben* *отд. vi* (s), kéinen Mann bekómmen*

дево́н *м геол.* Devon [-'vo:n] *n* = *u* -s; **~ский** *геол.* devonisch [-'vo:-]

де́вочка *ж* (kléines) Mädchen *n* (7)

де́вственн||ик *м* (kéuscher) Júnggeselle *m* (9); **~ица** *ж* (kéusche) Júngfrau *f* (10); **~ость** *ж* Júngfräulichkeit *f*, Kéuschheit *f*; лиши́ть ~ости deflorieren *vt*, entjúngfern *vt*; **~ый 1.** júngfräulich, keusch; **2.** *перен.* únberührt, rein; ~ый лес Úrwald *m* (4), júngfräulicher Wald; ◇ ~ая плева́ *анат.* Hýmen *n* (7), Júngfernhäutchen *n* (7)

де́вушка *ж* **1.** júnges Mädchen; **2.** (*обращение*) Fräulein

девча́та *мн. разг.* Mädchen *pl*, Mädels *pl*

девчо́нка *ж разг.* Mädchen *n* (7), Mädel *n* (6)

девяно́сто néunzig

девяностоле́тний néunzigjährig, Néunzigjahr-

девяно́ст||ый der néunzigste; ~ые го́ды die néunziger Jáhre; ~ая страни́ца Séite néunzig; ~ый но́мер Númmer néunzig

девяси́л *м бот.* Álant *m* (1)

девятикла́ссни||к *м* Schüler *m* (6) der néunten Klásse; **~ца** *ж* Schülerin *f* (12) der néunten Klásse

девяти||кра́тный néunfach; néunfältig; **~ле́тний** néunjährig; von neun Jáhren; **~со́тый** der néunhundertste; ~со́тый год на́шей э́ры das Jahr néunhundert únserer Zéitrechnung; **~эта́жный** áchtstöckig, néungeschossig

девя́тка *ж* **1.** (*цифра*) Neun *f* (10); **2.** *карт.* Neun *f* (10); ~ пик Pík-Neun *f*

девятна́дцат||ый der néunzehnte; ~ого ма́я am néunzehnten Mai; den néunzehnten Mai (*на письме*); ~ая страни́ца Séite néunzehn; ~ый но́мер Númmer néunzehn

девятна́дцать néunzehn

девя́т||ый der néunte; ~ого ию́ня am néunten Júni; den néunten Júni (*на письме*); ~ый час es geht auf neun, es ist nach acht; в ~ом часу́ nach acht (Uhr); zwíschen acht und neun; ~ая часть Néuntel *n* (6); der néunte Teil; ~ая страни́ца Séite neun; ~ый но́мер Númmer neun; téerig; ◇ ~ый вал ≅ die schwérste Prüfung, die höchste Gefáhr

де́вять neun

девятьсо́т néunhundert

де́вятью *нареч.* néunmal; ~ шесть neun mal sechs

дегаза́тор *м* **1.** (*вещество*) Entgíftungsmittel *n* (6), Entgífter *m* (6); **2.** (*устройство*) Entgáser *m* (6), Entlüfter *m* (6)

дегазацио́нн||ый Entgíftungs-; ~ая кома́нда Entgíftungstrupp *m* -s, -s

дегаза́ция *ж* Entgíftung *f*, Entgásung *f* (10); ~ ме́стности Géländeentgiftung *f*

дегази́ровать entgíften *vt*, entgásen *vt*

дегенер||а́т *м* Degeneríerte *m* (14); **~ати́вный** degeneríert, entártet; **~а́ция** *ж* Degeneratión *f*, Degeneríerung *f*, Entártung *f*; **~и́ровать** degeneríeren *vi* (s), entárten *vi* (s)

дегидрата́ция *ж хим.* Dehydratatión *f*, Entwässern *n* -s

дёготь *м* Teer *m* (1); древе́сный ~ Hólzteer *m*

деград||а́ция *ж* Verfáll *m* -(e)s (*упадок*); **~и́ровать** verfállen* *vi* (s) (*приходить в упадок*)

дёгтебето́н *м* Téerbeton [-,tɔŋ] *m* -s

дегтя́рн||ик *м* Téerbrenner *m* (6); **~ый** Teer-; téerig; ~ое мы́ло Téerseife *f* (11), Hárzseife *f*; **~ый** заво́д Hólzteerfabrik *f* (10)

дегуста́||тор *м* Degustátor *m* -s, -tóren, Geschmácksprüfer *m* (6); Verkóster *m* (6); ~тор вин Wéinverkoster *m*; ~тор ча́я Téeschmecker *m*; **~цио́нный** Degustíer-; **~ция** *ж* Degustatión *f* (10), Degustíerung *f*, Kósten *n* -s, Verkóstung *f* (von *D*); ~ция вин Wéinprobe *f*; Wéinverkostung *f*

дед *м* **1.** Gróßvater *m* (6*); **2.** *мн.* (*предки*): на́ши ~ы únsere Gróßväter, únsere Vórfahren, únsere Áhnen; ◇ Дед Моро́з Gróßväterchen Frost (*в СССР*); Wéihnachtsmann *m* -(e)s (*рождественский*)

дедеро́н *м* Déderon *n* -s

де́д||ка *м разг.* Gróßväterchen *n* (7); Ópa *m* -s, -s; **~овский 1.** gróßväterlich, Gróßvater-; **2.** (*старинный*) áltväterlich; längst überhólt (*устаревший*)

дедукти́вн||ый deduktív, hérleitend; ~ое умозаключе́ние deduktíver [-vər] Schluß

деду́кция *ж* Deduktión *f* (10), Ábleitung *f*

дедуци́ровать deduzíeren *vt*, hérleiten *vt*

де́душка *м разг.* **1.** Gróßvater *m* (6*); Gróßpapa *m* -s, -s; Ópa *m* -s, -s; Ópapa *m* -s, -s (*австр. разг.*); **2.** (*в обращении к старику*) Väterchen *n* (7)

дееприча́стие *с грам.* Gerúndium *n* -s, -di¦en, Adverbiálpartizip [-vɛr-] *n* -s, -i¦en

дееспосо́бн||ость *ж* **1.** Árbeitsfähigkeit *f*, Léistungsfähigkeit *f*; **2.** *юр.* Hándlungsfähigkeit *f*, Geschäftsfähigkeit *f*, Réchtsfähigkeit *f*; **~ый 1.** árbeitsfähig; léistungsfähig; **2.** *юр.* hándlungsfähig, geschäftsfähig, réchtsfähig

дежа́ *ж спец.* Trog *m* (1*), Bácktrog *m*

дежу́р||ить Dienst háben [tun*]; ~ить в кли́нике an der Klínik Dienst háben; ~ить у посте́ли больно́го am Bétte éines Kránken wáchen; **~ный** *прил.* **1.** dіénsttuend, díensthabend, wáchthabend, vom Dienst; ~ный врач díensttuender Arzt; ~ный офице́р Offizíer vom Dienst [vom Tágesdienst]; ~ная автомаши́на Beréitschaftswagen *m* (7); ~ный магази́н Spätverkaufsstelle *f* (11); ~ная апте́ка díenstbereite Apothéke; ~ное блю́до Tágesgericht *n* (2); ~ная часть *воен.* díensthabender Trúppenteil; **2.** *в знач. сущ. м* Díensttuende *m* (14), Díensthabende *m* (14); Áufseher *m* (6); Órdner *m* (6); ~ный по ста́нции *ж.-д.* Fáhrdienstleiter *m* (6); ~ный по кла́ссу Klássendienst *m* -es, Klássenordner *m* (6); ~ный по ро́те Únteroffizier *m* (6) vom Dienst, UvD [u:fau'de:] *m* -s, -s; **~ство** *с* Dienst *m* (1); Wáchtdienst *m*; Tágesdienst *m*; Áufsicht *f* (*в школе*), Beréitschaftsdienst *m* (*пожарной команды, Красного Креста и т. п.*); Sítzwache *f* (11) (*у постели больного*); ночно́е ~ство Náchtdienst *m*, Náchtwache *f* (11); сего́дня его́ ~ство héute hat er Dienst; нести́ ~ство Dienst háben

дезавуи́ровать (*кого-л.*) desavouíeren [-vu-] *vt*; für únbefugt erklären *vt*, sich distanzíeren (von *D*); ~ посла́ *дип.* éinen Bótschafter desavouíeren; ~ своё заявле́ние séine Erklärung widerrúfen*

дезактива́тор *м* Entaktivierungsmittel [-'vi:-] *n* (7)

дезактива́ция *ж* (*обезвреживание от радиоактивных веществ*) Entséuchung *f*; Inaktivierung [-'vi:-] *f* (10), Entaktivierung [-'vi:-] *f*

дезактиви́ровать entséuchen *vt*, inaktivieren [-'vi:-] *vt*

дезерти́р *м* Fáhnenflüchtige *m* (14), Deserteur [-'tø:r] *m* (1); **~овать** fáhnenflüchtig wérden, desertíeren *vi* (s); **~ство** *с* Fáhnenflucht *f*, Desertión *f* (10); *перен.* Drücken *n* vor der Árbeit, Hínwerfen *n* der Árbeit (*уклонение от работы*)

дезинсе́кция *ж* Inséktenbekämpfung *f*, Úngeziefervernichtung *f*; Entwésung *f*; Entláusung *f* (*уничтожение вшей*)

дезинтегра́||тор *м спец.* Desintegrátor *m* -s, -tóren, Schléudermühle *f* (11); **~ция** *ж спец.* Desintegratión *f*; Desintegríeren *n* -s

дезинфе́ктор *м* Desinféktor *m* -s, -tóren

дезинфекцио́нн||ый Desinfektións-; ~ая ка́мера Desinfektiónskammer *f* (11), Desinfektiónsraum *m* (1*), Entséuchungszelle *f* (11), Desinfektiónsanlage *f* (11), Entséuchungsanlage *f*

дезинфе́кция *ж* Desinfektión *f*, Entséuchung *f*

дезинфици́р||овать desinfizíeren *vt*, entséuchen *vt*; entkéimen *vt* (*стерилизовать*); ~ующее сре́дство Desinfektiónsmittel *n* (6), Desinfizíerungsmittel *n*

дезинформа́ция *ж* Írreführung *f*, Desinformatión *f*; Fálschmeldung *f* (*сообщение*); ~ обще́ственного мне́ния Írreführung *f* der Öffentlichkeit

дезодора́тор *м спец.* (*средство*) Desodoríerungsmittel *n* (6); Desodórans *n* =, *pl* -ránzi¦en *и* -rántia; Desodoríerstift *m* (1) (*карандаш*)

дезодора́ция *ж спец.* Desodoríeren *n* -s; ~ воды́ Gerúchsverbesserung des Wássers

дезорганиза́тор *м* Desorganisátor *m* -s, -tóren; **~ский** desorganisíerend, zerrüttend, verwírrend

дезорганиза́ция *ж* Desorganisatión *f*, Desorganisíerung *f*, Zerrüttung *f*, Verwírrung *f*

дезорганиз||ова́ть, ~о́вывать desorganisíeren *vt*, zerrütten *vt*, verwírren *vt*

дезориент||а́ция *ж* Írreführung *f*, Desori¦entíerung *f*; **~и́ровать** írreleiten *отд. vt*, desori¦entíeren *vt*

деи́зм *м филос.* Deísmus *m* =

деи́ст *м филос.* Deíst *m* (8); **~и́ческий** *филос.* deístisch

де́йственн||ость *ж* Wírksamkeit *f*; ~ость самокри́тики Wírksamkeit der Sélbstkritik; **~ый** wírksam, wírkungsstark, wírkungsvoll; zúgkräftig; schlágkräftig

де́йств||ие *с* **1.** Hándlung *f*; Aktión *f*, Tätigkeit *f*, Hándeln *n* -s; Hándlungsweise *f* (11) (*образ действий*); Funktión *f*, Lauf *m* (e)s (*машины, аппарата и т. п.*); его́ ~ия (*поведение*) séine Hándlungsweise; вое́нные ~ия Kríegshandlungen *pl*, Féindseligkeiten *pl*; боевы́е ~ия Kámpfhandlungen *pl*; Geféchtshandlungen *pl*; ~ия авиа́ции Lúfttätigkeit *f*; еди́нство ~ий Aktiónseinheit *f*; програ́мма ~ий Aktiónsprogramm *n*; руково́дство к ~ию Ánleitung *f* zum Hándeln; вступи́ть в ~ие in Aktión tréten*; в ~ии in Aktión; привести́ маши́ну в ~ие éine Maschíne in Gang bríngen* [sétzen]; соверша́ть ~ия Hándlungen begéhen*; воздержа́ться от ~ий sich Hándlungen enthálten*; предоста́вить кому́-л. по́лную свобо́ду ~ий j-m vólle Hándlungsfreiheit lássen*; j-n gewähren lássen*; име́ть свобо́ду ~ий fréie Hand háben; оскорби́ть кого́-л. ~ием gégen j-n tätlich wérden; **2.** (*применение, проявление, осуществление на практике*) Gültigkeit *f*; Géltungsdauer *f*; обра́тное ~ие зако́на *юр.* rückwirkende Kraft des Gesétzes; срок ~ия (*документа*) Gültigkeitsdauer *f*; **3.** (*влияние*) Wírkung *f* (10), Éinfluß *m* -sses, -flüsse; обра́тное ~ие Rückwirkung *f*; мгнове́нное ~ие Sofórtwirkung *f*; побо́чное ~ие Nébenwirkung *f*; сфе́ра ~ия Wírkungsbereich *m* (1); под ~ием чего́-л. únter dem Éinfluß von etw. (*D*); ока́зывать ~ие Éinfluß áusüben; благотво́рное ~ие лека́рства wóhltuende Wírkung der Arznéi; поле́зное ~ие *тех.* Nútzeffekt *m* (1); коэффицие́нт поле́зного ~ия Wírkungsgrad *m* (1); **4.** (*события в пьесе или в повествовании*) Hándlung *f* (10); ме́сто ~ия Ort der Hándlung; ~ие происхо́дит в Ленингра́де die Hándlung spielt in Léningrad; **5.** (*часть драматического произведения*) Áufzug *m* (1*), Akt *m* (1); пье́са в трёх ~иях ein Theáterstück in drei Áufzügen; **6.** *мат.* Operatión *f* (10); Grúndrechnungsart *f* (10); четы́ре ~ия арифме́тики die vier Grúndrechnungsarten

действи́тельн||о *нареч.* **1.** wírklich; in der Tat, tátsächlich (*на самом деле*); **2.** *в знач. вводн. сл.* wáhrlich, wahrháftig; **~ость** *ж* Wírklichkeit *f*; стать ~остью lebéndige Wírklichkeit wérden; бли́зкий к ~ости wírklichkeitsnah, zéitnah; ото́рванный от ~ости wírklichkeitsfremd; соотве́тствующий ~ости der Wírklichkeit entspréchend; ◇ в ~ости in Wírklichkeit; **~ый 1.** (*действительно существующий*) wírklich (vorhánden); tátsächlich (*фактический*); ~ое положе́ние дел die wírkliche Sáchlage, der wáhre Sáchverhalt; **2.** (*сохраняющий свою силу*) gültig; réchtswirksam; биле́т действи́телен на тро́е су́ток die Fáhrkarte ist drei Táge gültig; **3.** *уст. и спец.* (*дающий результат*) effektív; wírksam; ~ое сре́дство effektíves [-vəs] [wírksames] Míttel; ◇ ~ый член (*научного учреждения, какого-л. общества*) órdentliches Mítglied; ~ый зало́г *грам.* Áktiv *n* (2), Tätigkeitsform *f* (10); ~ая (вое́нная) слу́жба aktíver [-vər] Militärdienst

де́йств||овать 1. (*поступать*) hándeln *vi*, verfáhren* *vi*; in Aktión tréten*; ~овать сообра́зно зако́ну gesétzmäßig hándeln; **2.** (*функционировать*) funktioníeren *vi*, in Betríeb sein; árbeiten *vi*, gehén* *vi* (s), láufen* *vi* (s) (*о машине*); телефо́н не ~ует das Telefón funktioníert [geht] nicht; **3.** (*оказывать действие*) wírken *vi*; лека́рство уже́ ~ует die Arznéi wirkt schon; ~овать успоко́ительно berúhigend wírken; ~овать на не́рвы auf die Nérven fállen* [géhen*]; ничто́ не ~ует es verschlägt nichts; э́то уже́ переста́ло ~овать das zieht nicht mehr (*разг.*); **4.** (*о законах, постановлениях*) gültig sein, wírksam sein, in Kraft sein; gélten* *vi*

де́йствующ||ий *прич. см.* де́йствовать; си́льно ~ие сре́дства *перен.* dúrchschlagende [stark wírkende] Míttel; ◇ ~ее лицо́ *театр.* (hándelnde) Persón *f* (10), Bühnengestalt *f*, Bühnenfigur *f*; ~ая а́рмия hándelnde Armée, Éinsatzarmee *f* (11), Fróntruppen *pl*; ~ая си́ла wírkende Kraft, Wírkungskraft *f*

де́ка *ж муз.* Décke *f* (11), Schálldeckel *m* (6)

декабри́ст *м ист.* Dekabríst *m* (8); восста́ние ~ов Dekabrístenaufstand *m* -es

дека́бр||ь *м* Dezémber *m* = *и* -s; в ~е́ ме́сяце in Mónat Dezémber; в нача́ле ~я́ Ánfang Dezémber; в середи́не ~я́ Mítte Dezémber; в конце́ ~я́ Énde Dezémber; в ~е́ про́шлого го́да im Dezémber vórigen Jáhres, (im) vórigen Dezémber; в ~е́ э́того го́да im Dezémber díeses Jáhres; в ~е́ бу́дущего го́да im Dezémber nächsten Jáhres, (im) nächsten Dezémber

дека́брьский Dezémber-; Дека́брьское вооружённое восста́ние 1905 го́да в Москве́ der bewáffnete Dezémberaufstand des Jáhres 1905 in Móskau

декаго́н *м мат.* Dekagón *n* (2), Zéhneck *n* (2)

дека́да *ж* **1.** Dekáde *f* (11); **2.** (*искусства и т. п.*) zéhntägiges Fest, Fésttage *pl*

декада́нс *м* Dekadénz *f*, Verfáll *m* -(e)s

декаде́нт *м* Dekadénzler *m* (6) (*ирон.*); поэ́т-~ dekadénter Díchter; **~ский** dekadént, Dekadénz-; **~ство** *с* Dekadénz *f*

декали́тр *м* Dekalíter *n* (6)

декальки́ровать *спец.* dekalkíeren *vt*, Bílder ábziehen*

декалькома́ния *ж спец.* Dekalkomaníe *f*, Bílderabziehen *n* -s

дека́н *м* Dekán *m* (1); **~а́т** *м* Dekanát *n* (2)

деканта́ция *ж спец.* Dekantatión *f*, Ábgießen *n* -s

декапи́рование *с мет.* Dekapíeren *n* -s; Béizen *n* -s

декарбониза́ция *ж хим.* Kóhlenstoffentzug *m* -(e)s

декартелиза́ция *ж эк.* Dekartellisíerung *f*, Konzérnentflechtung *f*

декатир||ова́ть *текст.* dekatíeren *vt*; krímpen *vt*; **~о́вка** *ж* Dekatíerung *f*, Dekatúr *f*, Dekatíeren *n* -s, Krímpen *n* -s

дека́эдр *м мат.* Dekaéder *m* (6), Zéhnflach *n* (2), Zéhnflächner *m* (6)

деквалифика́ция *ж* Disqualifikatión *f*

деквалифици́роваться séine Qualifikatión verlíeren* [éinbüßen]

де́кель *м полигр.* Áufzug *m* (1*)

деклама́тор *м* Rezitátor *m* -s, -tóren; **~ский** deklamatórisch, Vórtrags-; ~ское иску́сство Vórtragskunst *f*

деклам||ацио́нный Deklamatións-, Rezitatións-; ~ацио́нный стиль Deklamatiónsstil *m* (1); hóchtrabender Stil (*высокопарный*); **~а́ция** *ж* Deklamatión *f* (10), Rezitatión *f* (10); хорова́я ~а́ция Spréchchor [-ˌkɔːr] *m* -s; **~и́ровать** deklamíeren *vt*, rezitíeren *vt*, vórtragen* *vt*; моното́нно ~и́ровать herúnterleiern *vt*

деклар||ати́вный deklaratív, Deklaratións-; ~ати́вное заявле́ние Deklaratión *f*; Grúndsatzerklärung *f*; **~а́ция** *ж* **1.** Deklaratión *f* (10), Erklärung *f* (10); ~а́ция прав наро́дов Росси́и (*1917 г.*) Deklaratión der Réchte der Völker Rúßlands; прави́тельственная ~а́ция Regíerungserklärung *f*; **2.:** ~а́ция на груз *мор.* Wárenerklärung *f* (10), Wárendeklaration *f* (10); тамо́женная ~а́ция Zóllerklärung *f*; Zóllinhaltserklärung *f* (*посылки, бандероли*); нало́говая ~а́ция *фин.* Stéuererklärung *f*; **~и́ровать** deklaríeren *vt*, erklären *vt*

деклассиро́в||анный deklassíert; ~анный элеме́нт deklassíertes Elemént; **~аться** deklassíert wérden

деклина́тор *м физ.* Deklinatórium *n* -s, -riˌen, Deklinatiónskompaß *m* -sses, -sse

декоди́рова||ние *с* Entschlüsselung *f*, Dekodíerung *f*; **~ть** entschlüsseln *vt*, dekodíeren *vt*

деколониза́ция *ж* Éntkolonisíerung *f*

деколь||те́ *с* Dekolleté [*фр.* dekɔl'teː] *n* -s, -s; **~иро́ванный** dekolletíert [dekɔl'tiːrt]

декомпенса́ция *ж мед.* Dekompensatión *f*

декомпре́ссия *ж спец.* Entspánnung *f*, Drúckabbau *m* -(e)s

декорати́вно-прикладно́й dekoratívángewandt

декорати́вн||ость *ж* das Dekoratíve [-və] (*sub*), die dekoratíve Art [Maníer]; **~ый** dekoratív, schmückend, Schmuck-, verzíerend; Zier-; ~ое иску́сство dekoratíve [-və] Kunst; ~ое садово́дство Zíergärtnerei *f* (10); ~ая а́рка *стр.* Bléndbogen *m* (7, 7*); ~ый элеме́нт Dekoratiónsglied *n* (5); ~ый фонта́н Zíerbrunnen *m* (7)

декор||а́тор *м* Dekorateur [-'tøːr] *m* (1); *театр.* Theátermaler *m* (6), Bühnenbildner *m* (6); **~ацио́нный** Dekoratións-, dekoratív, schmückend, verzíerend; ~ацио́нная мастерска́я Dekoratiónswerkstatt *f*, *pl* -stätten; **~а́ция** *ж* Dekoratión *f* (10); театра́льные ~а́ции Bühnenbild *n* (5), Szeneríe *f* (11); *собир.* Báuten *pl*; Theáterdekoration *f*; сме́на ~а́ций *перен.* Kulíssenwechsel *m* (6); **~и́ровать** dekoríeren *vt*, (áus)schmücken *vt*; ~и́ровать зал éinen Saal (áus)schmücken; ~и́ровать фла́гами mit Flággen (áus)schmücken

деко́рум *м* Dekórum *n* -s, Ánstand *m* -(e)s; сохрани́ть ~ das Gesícht wáhren

декре́т *м* Dekrét *n* (2); Verfügung *f* (10), Verórdnung *f* (10); Erláß *m* -sses, -sse; ~ о ми́ре Dekrét über den Fríeden; **~и́ровать** dekretíeren *vt*; durch Dekrét [Erláß] ánordnen [verfügen], verórdnen *vt*; **~ный** dekrétmäßig; dem Dekrét zufólge, laut Dekrét (*согласно декрету*); ◇ ~ный о́тпуск Schwángerschaftsurlaub *m* (1)

декстри́н *м хим.* Dextrín *n* (2)

де́ланн||ость *ж* Gemáchtheit *f*; Affektíertheit *f*, Ziereréi *f* (*жеманство*); **~ый** geschráubt, gekünstelt, gemácht; gezíert, affektíert (*жеманный*); ~ый смех gekünsteltes Láchen; ~ая улы́бка únnatürliches Lächeln

де́лать **1.** máchen *vt*, tun * *vt*; ~ вы́вод den Schluß zíehen*, schlúßfolgern *vt*; ~ поку́пки Éinkäufe máchen; ~ докла́д éinen Vórtrag [ein Referát] hálten*; ~ сообще́ние éine Mítteilung máchen; ~ кому́-л. опера́цию [приви́вку, рентге́н, масса́ж] j-n operíeren [ímpfen, röntgen, massíeren]; ~ кому́-л. уко́л j-m éine Sprítze gében*; **2.** (*производить что-л.*) verfértigen *vt*, hérstellen *vt*; ~ ме́бель Möbel hérstellen; ◇ ~ вид, что... tun*, als ob...; ~ честь кому́-л. j-m zur Éhre geréichen; ~ не́чего da ist nichts zu tun [máchen]; от не́чего ~ aus (láuter) Übermut; ~, так ~! wenn schon, denn schon!; что мне ~? was fánge ich an?; **~ся** **1.** (*происходить, совершаться*) geschéhen* *vi* (s), vórgehen* *vi* (s); что де́лается у вас до́ма? was geht bei Íhnen vor?; **2.** (*становиться*) wérden* *vi* (s); пого́да де́лается лу́чше das Wétter wird bésser; **3.** *страд.* gemácht wérden

делег||а́т *м* Delegíerte *m* (14); манда́т ~а́та Delegíertenmandat *n*; **~а́тский** Delegíerten-; ~а́тское собра́ние Delegíertenkonferenz *f* (10); **~а́ция** *ж* Delegatión *f* (10), Ábordnung *f* (10); **~и́ровать** delegíeren *vt*, ábordnen *vt*

делёж *м* Téilung *f*, Éinteilung *f*; Áufteilung *f* (*напр. прибыли*)

деле́ни||е *с* **1.** Téilen *n* -s; Téilung *f*; Glíederung *f*; Únterteilung *f*, Úntergliederung *f* (*подразделение*); администрати́вное ~е Verwáltungseinteilung *f*; ~е (*общества*) на кла́ссы Áufspaltung *f* in Klássen, Klássenteilung *f*; сосло́вное ~е Éinteilung *f* in Stände, ständische Glíederung; **2.** *биол.* Téilung *f*; ~е кле́тки Zélltеilung *f*; **3.** *мат.* División [-vi-] *f*, Dividíeren *n* -s; ~е на две ча́сти Zwéiteilung *f*, Bisektión *f*, Halbíerung *f*; ~е на три ча́сти Trisektión *f*, Dréiteilung *f*; ~е на четы́ре ча́сти Víerteilung *f*; **~е с оста́тком** División mit Rest; знак ~я Divisiónszeichen *n* (7); **4.** *физ.* Spáltung *f*; ~е а́томного ядра́ Atómkernspaltung *f*, Kérnspaltung *f*, Fissión *f*; **5.** (*на шкале*) Téilstrich *m* (1); Skálenteilung *f*; нулево́е ~е Núllstrich *m* (1); термо́метр подня́лся на 6 ~й das Thermométer ist (um) 6 Téilstriche gestíegen

деле́ц *м* Geschäftsmann *m* -(e)s, *pl* -leute; Geschäftsmacher *m* (6); биржево́й ~ Börsenjobber [-ˌdʒɔbər] *m* (6)

делика́те́с *м* Delikatésse *f* (11), Féinkost *f*

делика́тн||ичать *разг.* schónend verfáhren* (с кем-л. mit *D*); j-n mit Glacéhandschuhen [-'seː-] [Sámthandschuhen] ánfassen; **~ость** *ж* Zártgefühl *n* -s, Rücksicht *f*, Féingefühl *n*, Féinfühligkeit *f*; **~ый** **1.** zártfühlend, rücksichtsvoll, féinfühlend; **2.** *разг.* (*щекотливый*) héikel, kítzlig

делі́кт *м юр.* Delíkt *n* (2), stráfbare [réchtswidrige, únerlaubte] Hándlung, Réchtsverletzung *f* (10)

дели́м||ое *с мат.* Dividénd [-vi-] *m* (8); **~ость** *ж* Téilbarkeit *f*

дели́тель *м мат.* Divisor [-'viː-] *m* -s, -sóren, Téiler *m* (6); о́бщий наибо́льший ~ der größte geméinsame Téiler

дели́||ть **1.** (*на части*) téilen *vt*; áufteilen *vt*; éinteilen *vt*; únterteilen *vt*, úntergliedern *vt* (*подразделять*); ábteilen *vt* (*слово при переносе*); **2.** *мат.* dividíeren [-vi-], téilen *vt*; ~ть на пять durch fünf dividíeren [téilen]; **3.:** ~ть с кем-л. что-л. sich in etw. (*A*) téilen, etw. untereinánder téilen; он ~л с ни́ми го́ре и ра́дость er hat mit íhnen Freud und Leid getéilt; **~ться** **1.** (*на части*) sich téilen; **2.** *мат.* téilbar sein; де́сять де́лится на пять zehn ist téilbar durch fünf; ~ться без оста́тка áufgehen* *vi* (s), óhne Rest téilbar sein; **3.** (*давать часть*) téilen *vi* (с кем-л. mit *D*); ~ться чем-л. с кем-л. mit j-m etw. téilen; **4.** (*сообщать*) Mítteilung máchen, mítteilen *vt*; ~ться впечатле́ниями с кем-л. j-m séine Éindrücke mítteilen; séine Éindrücke vermítteln; **5.** *страд.* getéilt wérden

дели́шки *мн. разг.* Sáchen *pl*; как ~? wie steht's?

де́л||о *с* **1.** (*работа, занятие*) Árbeit *f* (10), Werk *n* (2); у него́ дел по го́рло er hat vollául zu tun; взя́ться за ~о ánpacken *vt*; **2.** (*ремесло, отрасль*) Hándwerk *n* (2); ба́нковское ~о Bánkwesen *n* -s, Bánkfach *n* -(e)s; библиоте́чное ~о Bibliothékswesen *n*; изда́тельское ~о Verlágswesen *n*; строи́тельное ~о Báuwesen *n*; столя́рное ~о Tíschlerhandwerk *n*; газе́тное ~о Zéitungswesen *n*; вое́нное ~о Militärwesen *n*; лесно́е ~о Fórstwesen *n*; го́рное ~о Bérgbau *m* -(e)s; знать своё ~о sein Hándwerk verstéhen*, séine Sáche gut máchen; часовы́х дел ма́стер Úhrmacher *m* (6); золоты́х дел ма́стер Juwelíer *m* (1), Góldschmied *m* (1); **3.** *уст.* (*предприятие*) Unternéhmen *n* (7), Geschäft *n* (2); он закры́л своё ~о er hat sein Unternéhmen geschlóssen; он воро́чает кру́пными ~а́ми er macht gróße Geschäfte; **4.** (*поступок*) Tat *f* (10), Hándlung *f* (10); до́брое ~о éine gúte Tat; вы сде́лали большо́е ~о Sie háben ein gróßes Werk vollbrácht; ~о чьих-л. рук j-s Werk; сло́вом и ~ом in Wort und Tat; **5.** (*чьё-л., чего-л.*) Sáche *f* (11), Ángelegenheit *f* (10); Werk *n* (2) (*создание*); ли́чное ~о persönliche Ángelegenheit; служе́бное ~о díenstliche Ángelegenheit, Díenstangelegenheit *f*; ча́стное ~о Privátangelegenheit [-'vaːt-]

f, Privátsache f; текýщие ~á láufende Ángelegenheiten; у меня́ к вам ~о ich hábe ein Ánliegen an Sie; э́то моё ~о das ist méine Sáche; пра́вое ~о éine gerechte Sáche; ~о его́ жи́зни sein Lébenswerk; ~о ми́ра die Sáche des Fríedens; **6.** *юр.* Sáche f (11); Verfáhren n -s, Prozéß m (1) (*процесс*); гражда́нское ~о Zivilsache [-'vi:l-] f, Zivílfall m; Zivílprozeß m; суде́бное ~о Geríchtssache f; Geríchtsverfahren n; Geríchtsprozeß m; уголо́вное ~о Stráfsache f; Kriminálfall m (1*); трудово́е ~о Árbeitsrechtssache f, Árbeitsrechtsfall m; возбуди́ть ~о ein Verfáhren éinleiten, éinen Prozéß ánstrengen; проигра́ть ~о éinen Prozéß verlíeren*; вы́играть ~о éinen Prozéß gewínnen*; **7.** *канц.* Ákte f (11), Áktenstück n (2); ли́чное ~о Personálakte f; секре́тное ~о Verschlúßsache f (11); архи́вное ~о Archívstück n, Archívakte f, Archívaktenstück n; подши́ть к ~у zu den Ákten héften; **8.** *уст.* (*сражение*) Gefécht n (2), Tréffen n (7); **9.** (*событие, случай*) Sáche f (11); ◇ э́то друго́е ~о da ist étwas (ganz) ánderes; das steht auf éinem ánderen Blatt; гла́вное ~о die Háuptsache; э́то ~о деся́тое *разг.* das ist únwichtig; в то́м-то и ~о daráuf kommt es (ében) an; я зна́ю, с кем име́ю ~о ich weiß, mit wem ich es zu tun hábe; ich kénne méine Páppenheimer (*ирон.*); употреби́ть в ~о verwénden(*) vt, gebráuchen vt; войти́ в ~о (*ориентироваться*) sich ori¦entíeren, sich zuréchtfinden* *отд.*, sich áuskennen* (in D); со зна́нием ~а fáchgerecht, fáchgemäß; отве́тить на что-л. ~ом mit der Tat auf etw. (A) ántworten; etw. mit Táten beántworten; держа́ться су́ти ~а sich an das Wésen der Sáche hálten*; как ~á? wie geht es?; ~á поправля́ются es steht bésser, es steht um die Sáche bésser; в чём ~о? worúm hándelt es sich?, worán liegt es?; в чём же ~о? wo fehlt's denn wíeder?, was soll das schon?; ~о не в э́том nicht dárum hándelt es sich; es liegt nicht dáran; ~о идёт о... es geht um..., es hándelt sich um...; э́то к ~у не отно́сится das gehört nicht zur Sáche; положе́ние дел Sáchlage f, der Stand der Dínge; настоя́щее положе́ние дел die gégenwärtige Sáchlage; ход ~а Geschäftsgang m -(e)s; на ~е in Wírklichkeit; de fácto; на (са́мом) ~е in der Tat; показа́ть что-л. на ~е etw. durch die Tat beweísen; а что получи́лось на ~е? was ist áber in Wírklichkeit heráusgekommen?, wie ist es jedóch in Wírklichkeit gekómmen?; в са́мом ~е wahrháftig, wírklich; моё ~о сторона́ ich hábe damít nichts zu tun; mein Náme ist Háse, ich weiß von nichts; мне нет до э́того ~а das geht mich nichts an; како́е ему́ ~о?, что ему́ за ~о? was geht das ihn an?; то и ~о beständig, ímmer wíeder; то ли ~о *разг.* (*гораздо лучше*) ≅ étwas ganz ánders ist es mit; за ~о (*заслуженно*) verdíentermaßen, verdíenterweise; пе́рвым ~ом vor állem, vor állen Díngen; zu állererst; ме́жду ~ом beiläufig; im Vorübergehen, únter ánderem, gelégentlich; таки́е-то ~á! so steht die Sáche; вот э́то ~о! (*правильно*) das läßt sich hören!; вот так ~о! (*неодобрительно*) da háben wir die Bescherung!; **и ~о с концо́м** und dámit fértig; ко́нченое ~о éine ábgetane Sáche; ~о дрянь *разг.* das ist éine fáule Geschíchte [Sáche]; ~о в шля́пе *разг.* die Sáche steht in Órdnung; der Láden [die Sáche] klappt; der Láden läuft; по ~у geschäftlich, Geschäfte hálber; э́то ~о вку́са das ist Geschmáckssache; ~о обстоя́ло так die Sáche verhíelt sich so, das ist der Sáchverhalt; бли́же к ~у! zur Sáche!; Mensch, wérde wésentlich! (*шутл.*); за мной ~о не ста́нет an mir soll es nicht líegen, an mir liegt es nicht; за э́тим всё ~о ста́ло da sitzt [steckt] der Knóten; da sitzt der Háken

делови́т||ость *ж* Sáchlichkeit f; **~ый** sáchlich; túchtig; geschäftstüchtig; с ~ым ви́дом mit éiner geschäftigen Míene

делов||о́й geschäftlich, Geschäfts-; sáchlich; fáchlich, berúflich (*профессиональный*); geschäftserfahren (*опытный*); ~о́й подхо́д sáchliche Behándlung; ~а́я квалифика́ция fáchliche Qualifikatión f; ~о́й челове́к Geschäftsmann m -(e)s, -leute; ~ы́е круги́ Geschäftskreise pl; ~ы́е свя́зи Geschäftsbeziehungen pl; ~о́й стиль Sáchstil m, sáchbetonter Stil; ~о́е изложе́ние sáchbestimmte Dárstellung

делопроизводи́тель *м* Schríftführer m (6); Geschäftsführer m

делопроизво́дство *с* Schríftführung f, Schríftverkehr m -(e)s; Geschäftsführung f (*управление делами*); Geschäftsverkehr m; Geschäftsgang m -(e)s, Geschäftsabwicklung f

де́льн||ый túchtig; geschéit (*толковый*); vernünftig (*разумный*); ~ое предложе́ние vernünftiger Ántrag [Vórschlag]; ~ый сове́т sáchkundiger Rat

де́льт||а I *ж* Délta n = u -s, pl -s u -ten; райо́н ~ы Mündungsgebiet n (2)

де́льта II *ж* (*греч. буква*) Délta n = u -s, -s; ◇ ~-лучи́ *физ.* Délta-Strählen pl; ~-древеси́на *стр.* Préßschichtholz n -es; ~-мета́лл Déltametall n -(e)s

дельтапла́н *м* Dráchenflugzeug n (2)

дельтапланер||и́зм *м* Dráchenfliegen n -s; **~и́ст** *м* Dráchenflieger m (6)

дельфи́н *м* **1.** *зоол.* Delphín m (1); **2.** *спорт.* Delphínschwimmen n -s

дельфина́рий *м* Delphinárium n -s, -ri¦en

дельфино́лог *м* Delphínforscher m (6), Delphinológe m (9)

делю́вий *м геол.* Dilúvium [-vĭum] n -s, -vi¦en

деля́га *м разг.* Mácher m (6), Geschäftemacher m; prinzípi¦enloser Práktiker; ein im Praktizísmus versúmpfter Mensch

деля́нка *ж* **1.** (*лесосека*) Wáldparzelle f (11); Hólzschlag m (1*); **2.** (*участок поля*) Féldstück n (2), Parzélle f (11); о́пытная ~ Versúchsparzelle f

деля́че||ский: ~ский подхо́д к вопро́су éine rein geschäftsmäßige [ein éngstirniger Praktizísmus in der] Behándlung éiner Fráge; **~ство** *с* Praktizísmus réinster Prägung, éngstirniger Praktizísmus; беспринци́пное ~ство prinzípi¦enloser Praktizísmus

демаго́г *м* Demagóg(e) m (8, 9); **~и́ческий** demagógisch; **~и́я** *ж* Demagogíe f (11)

демаркацио́нн||ый Ábgrenzungs-, Schéide-; Demarkatións-; ~ая ли́ния Demarkatiónslini¦e f (11) Ábgrenzungslini¦e f

демарка́ция *ж* **1.** Demarkatión f, Demarkíerung f, Grénzmarkierung f; **2.** *мед.* Demarkatión f, Ábgrenzung f

дема́рш *м дип.* Demarche [*фр.* de'marʃ] f (11)

демаскировать *воен.* die Tárnung ábnehmen* (что-л. von D)

демилитариз||а́ция *ж* Entmilitarisíerung f, Demilitarisíerung f; **~ова́ть** entmilitarisíeren vt, demilitarisíeren vt

демисезо́нн||ый Frühlings-; Herbst-; ~ое пальто́ Übergangsmantel m (6*)

демобилиз||а́ция *ж* Demobilisíerung f (10); ~а́ция промы́шленности Úmstellung f der Industríe auf Fríedenszwecke; **~о́ванный** *прич.* **1.** demobilisíert; **2.** *в знач. сущ. м* Demobilisíerte m (14); **~ова́ть** demobilisíeren vt; **~ова́ться** demobilisíert wérden

демо́граф *м* Demográph m (8)

демографи́ческий demográphisch

демогра́фия *ж* Demographíe f, Bevölkerungsstatistik f

демодуля́тор *м спец.* Demodulátor m -s, -tóren

демокра́т *м* Demokrát m (8); **~иза́ция** *ж* Demokratisíerung f; **~изи́ровать** demokratisíeren vt; **~и́зм** *м* demokrátischer Charákter [ka-] m =; **~и́ческий** demokrátisch; ~и́ческий централи́зм der demokrátische Zentralísmus; **~и́чный** demokrátisch; **~и́я** *ж* Demokratíe f (11); внутрипарти́йная ~и́я ínnerparteiliche Demokratíe; социалисти́ческая ~и́я soziali̇́stische Demokratíe; наро́дная ~и́я Vólksdemokratie f; буржуа́зная ~и́я bürgerliche Demokratíe

де́мон *м* Dämon m -s, -mónen

демони́ческий dämónisch

демонстра́нт *м* Demonstránt m (8); **~ка** *ж* Demonstrántin f (12)

демонстр||ати́вный demonstratív; ~ати́вные де́йствия *воен.* Schéinhandlungen pl; **~а́тор** *м* Vórführer m (6); **~ацио́нный** Vórführungs-; Demonstratións-; Áusstellungs-; ~ацио́нный зал Vórführungssaal m -(e)s, pl -säle, Demonstratiónshalle f (11); **~а́ция** *ж* **1.** Demonstratión f (10), Kúndgebung f (10); ~а́ция проте́ста Protéstdemonstration f; первома́йская ~а́ция Máidemonstration f; ~а́ция до́брой во́ли Bekúndung f des gúten Wíllens; ~а́ция си́лы Demonstratión der Stärke; **2.** (*проявление*) Demonstratión f, Kúndgebung f; ~а́ция дру́жбы Fréundschaftskundgebung f; **3.** (*показ*) Vórführung f (10); Demonstríerung f (10); повто́рная ~а́ция (*фи́льма*) Náchaufführung f, Repríse f (11); **4.** *воен.* Schéinunternehmen n (7); **~и́ровать** **1.** demonstríeren vt, vi; **2.** (*показывать*) vórführen vt, zéigen vt; demonstríeren vt; zur Schau stéllen (*выставлять*); ~и́ровать фильм éinen Film vórführen [láufen lássen*]; **3.** *воен.* vórtäuschen vt

демонт||а́ж *м* Ábbau m (c)s; Demontáge [-ʒə] f, Demontíerung f; **~и́ровать** ábbauen vt, ábmontieren vt; demontíeren vt

деморализ||а́ция *ж* Demoralisíerung f; **~ова́ть** demoralisíeren vt

де́мпинг *м эк.* Dumping [*англ.* 'dam-] n -s, Schléuderkonkurrenz f, gezíelte Préisunterbietung

де́мпфер *м тех.* Stóßdämpfer m (6); Púffer m (6); *муз.* Dämpfer m (6)

демпфи́рование *с тех.* Dämpfung f

демуниципализа́ция *ж юр.* Demunizipalisíerung f, Veräußerung [Rückgabe] f aus Geméindeeigentum

дена́рий *см.* дина́р

денатурализа́ция *ж юр.* Denaturalisatión f, Entlássung f aus der Stáatsangehörigkeit

денатур||а́т *м* denaturíerter [vergällter] Spíritus; Brénnspiritus m =; **~а́ция** *ж хим.* Denaturíeren n -s, Denaturíerung f; Vergällen n -s, Vergällung f; **~и́ровать** *хим.* denaturíeren vt, vergällen vt

денационализ||а́ция *ж* **1.** (*культуры и т. п.*) Entnationalisíerung f; Verlúst m der nationálen Besónderheiten (*народа*); **2.** (*предприятия и т. п.*) Reprivatisíerung [-va-] *f*; **~и́ровать** (*предприятие и т. п.*) reprivatisieren [-va-] *vt*

денацифика́ция *ж* Entnazifizíerung *f*

де́нди *м* Dandy [*англ.* ˈdɛndi] *m* -s, -s, Stútzer *m* (6)

дендра́рий *м* Arborétum *n* -s, -ta

дендри́т *м в разн. знач.* Dendrít *m* (8)

дендроло́гия *ж бот.* Dendrologíe *f*, Báumkunde *f*, Gehölzkunde *f*

де́нежно-вещев||о́й: ~а́я лотере́я Géld- und Sáchwertlotterie *f* (11)

де́нежн||ый Geld-; géldlich; Währungs-; pekuniär; ~ая рефо́рма Währungsreform *f* (10); ~ая едини́ца Währungseinheit *f* (10); ~ое посо́бие géldliche Unterstützung; ~ые сре́дства Záhlungsmittel *pl*, Géldmittel *pl*; ~ая опла́та труда́ Géldlohn *m* (1*); ~ое обраще́ние Géldumlauf *m* -(e)s; ~ый перево́д Géldanweisung *f* (10); ~ый знак Bánknote *f* (11), Géldschein *m* (1); ~ая пре́мия Géldprämi¦e *f* (11); ~ый ры́нок Géldmarkt *m* (1*); в ~ом выраже́нии *эк.* im Géldäquivalent [-va-]; ~ый стано́к Nótenpresse *f*; ◇ ~ый челове́к *разг.* Géldmann *m* (4)

денни́к *м спец.* Box *f* (10), Kástenstand *m* (1*), Pférdestand *m*, Láufstall *m* (1*)

де́нно *нареч.*: ~ и но́щно *разг.* Tag und Nacht

деномина́ция *ж эк.*, *фин.* Denominíerung *f*

денонса́ция *ж дип.* Kündigung *f* (10)

денонси́ровать *дип.* kündigen *vt*

денти́н *м анат.* Dentín *n* -s, Záhnbein *n* -(e)s

денщи́к *м уст.* Offizíersbursche *m* (9)

день *м* Tag *m* (1); рабо́чий ~ Árbeitstag *m*, Wérktag *m*; восьмичасово́й рабо́чий ~ Achtstúndentag *m*; непо́лный рабо́чий ~ verkürzter Árbeitstag, Kúrzarbeitstag *m*; по́лный рабо́чий ~ vóller Árbeitstag; бу́дничный ~ Wérktag *m*; ~ о́тдыха Erhólungstag *m*, Rúhetag *m*; выходно́й [нерабо́чий] ~ (árbeits)fréier Tag; Rúhetag *m* (*в столовых, ресторанах*); пра́здничный ~ Féiertag *m*, Fésttag *m*; приёмный ~ Spréchtag *m*; ~ рожде́ния Gebúrtstag *m*; ~ вы́боров Wáhltag *m* (1); по́сле оконча́ния рабо́чего дня nach Féierabend; ~ Пари́жской комму́ны der Tag der Paríser Kommúne; Междунаро́дный же́нский ~ der Internationále Fráuentag; ◇ до́брый ~! gúten Tag!; в оди́н прекра́сный ~ éines schönen Táges; на дня́х 1) (*в прошлом*) néulich; 2) (*в будущем*) in díesen Tágen, díeser Táge, in éinigen Tágen; на сле́дующий ~ tags daráuf, ánderntags; по сей ~ bis jetzt; ~-деньско́й den líeben lángen Tag; че́рез ~ jéden zwéiten Tag; со дня на́ ~ von Tag zu Tag; изо дня́ в ~ tagáus, tagéin; tagtäglich; Tag für Tag; це́лый ~ den gánzen Tag; tágsüber; по це́лым дням tágelang; со дня... geréchnet vom Táge...; на чёрный ~ *разг.* für den Nótfall; средь бе́ла дня am héllichten Táge; тре́тьего дня vórgestern; счи́танные дни gezählte Táge; в на́ши дни héutzutage; не по дням, а по часа́м zúsehends

де́ньг||и *мн.* Geld *n* (5) (*pl редко*); Gélder *pl* (*суммы*); бума́жные ~и Papíergeld *n*; металли́ческие ~и Metállgeld *n*, Hártgeld *n*; нали́чные ~и Bárgeld *n*; ме́лкие ~и Kléingeld *n*; кру́пные ~и gróßes Geld; потре́бность в ~а́х Géldbedarf *m* -s; ◇ ни за каки́е ~и! um kéinen Preis!, für noch sovíel Geld und gúte Wórte; быть при ~а́х bei Kásse sein; не в ~а́х сча́стье *посл.* Geld alléin macht nicht glücklich

денье́ *с хим.* (*единица измерения*) Denier [dəˈnie:] *n* = *u* -s, =

деньжа́та, деньжо́нки *мн. разг.* Monéten *pl*; Moos *n* -es; Kies *m* -es

депарафиниза́ция *ж спец.* Entparaffiníerung *f*

департа́мент *м* Departement [-ˈmaŋ] *n* -s, -s, Abtéilung *f* (10)

депе́ша *ж уст.* Depésche *f* (11), Telegrámm *n* (2)

депиля́тор *м* Háarentfernungsmittel *n* (6)

депо́ *с* Depot [-ˈpo:] *n* -s, -s; Báhnbetriebswerk *n* (2) (*вагонное*); Betríebshof *m* (1*) (*троллейбусное и т. п.*); ремо́нтное ~ *ж.-д.* Báhnausbesserungswerk *n*; трамва́йное ~ Stráßenbahnhof *m*; пожа́рное ~ Féuerwache *f* (11)

депози́т *м фин.* Depósitum *n* -s, *pl* -síten *u* -sita, hinterlégter Betrág; внести́ в ~ deponíeren *vt*, hinterlégen *vt*

депозита́рий *м* (*тж.* госуда́рство-~) Depositárstaat *m* (13)

депози́тн||ый *фин.* Deposíten-, Hinterlégungs-; ~ая квита́нция Hinterlégungsschein *m* (1), Hinterlégungsquittung *f* (10); ~ый банк Deposítenbank *f* (10)

депози́тор *м фин.* Deponént *m* (8), Hinterléger *m* (6)

деполяриза́ция *ж физ.* Depolarisatión *f* (10)

депоне́нт *м фин.* Deponént *m* (8), Hinterléger *m* (6), Éinzahler *m* (6)

депони́ровать *фин.* deponíeren *vt*, hinterlégen *vt*, in Deposít gében*

депресси́вный Depressións-; depressív, níedergeschlagen

депре́ссия *ж* **1.** *эк.* Depressión *f* (10), Fláute *f* (11), gedrückte Márktlage; **2.** *мед.* Depressión *f*, Níedergeschlagenheit *f*

депута́т *м* Ábgeordnete *m* (14), Deputíerte *m* (14); ~ Верхо́вного Сове́та СССР der Deputíerte [der Ábgeordnete] des Óbersten Sowjéts der UdSSR; Сове́ты наро́дных депута́тов die Sowjéts der Vólksdeputierten; пала́та ~ов Deputíertenkammer *f* (11); **~ский** Deputíerten-, Ábgeordneten-; ~ский манда́т Ábgeordnetenmandat *n* (2)

депута́ция *ж* Deputatión *f* (10), Ábordnung *f* (10)

де́рби *с спорт.* Dérby [-bi] *n* = *u* -s, -s; Dérbyrennen *n* (7)

де́рвиш *м* Dérwisch *m* (1)

дёрганье *с* **1.** *тж. перен.* Zérren *n* -s; **2.** (*выдёргивание*) Áusreißen *n* -s, Zíehen *n* -s

дёрга||ть 1. zúpfen *vi*, zíehen* *vi* (за что-л. an *D*); ~ть за рука́в am [beim] Ärmel zúpfen [zíehen*]; **2.** *разг.* (*выдёргивать*) áusreißen* *vt*, zíehen* *vt*; ~ть зуб éinen Zahn zíehen*; **3.** *перен.* (*беспокоить*) (hin und hér) záusen *vt*; zérren *vt*; ~ть кого́-л. постоя́нными про́сьбами j-n durch ständige Bítten belästigen; **4.** *безл.* (*о боли*): у меня́ ~ет па́лец es zuckt mir im Fínger, es reißt mir im Fínger; ◇ ~ть но́сом *разг.* schníefen *vi*; **~ться 1.** zúcken *vi*; **2.** *страд.* áusgerissen [gezógen] wérden

дерга́ч *м* (*птица*) Wáchtelkönig *m* (1)

дёргающ||ий: ~ая боль réißender Schmerz

деревене́ть (*неметь — о ногах и т. п.*) steif wérden

дереве́нский ländlich, Land-, dörflich, Dorf-; ~ жи́тель Dórfbewohner *m* (6)

дереве́нька *ж* Dörflein *n* (7), Wéiler *m* (6)

дере́вн||я *ж* Dorf *n* (5); das Land (*в противоположность городу*); жить в ~е im Dórf(e) [auf dem Lánd(e)] lében

де́рево *с* **1.** Baum *m* (1*); хво́йное ~ Nádelbaum *m*; ли́ственное ~ Láubbaum *m*; плодо́вое ~ Óbstbaum *m*; высокоство́льное ~ Hóchstamm *m* (1*); ка́рликовое ~ Zwérgbaum *m*; **2.** (*материал*) Holz *n* (5); кра́сное ~ Ma¦hagóni *n* -s; чёрное ~ (schwárzes) Ébenholz *n*; оре́ховое ~ Núßbaumholz *n*; строи́тельное ~ Báuholz *n*; поде́лочное ~ Nútzholz *n*; ◇ родосло́вное ~ Stámmbaum *m*; за дере́вьями ле́са не ви́деть *погов.* ≅ man sieht den Wald vor láuter Bäumen nicht

деревообде́лочн||ик *м* Hólzarbeiter *m* (6); **~ый** Hólzbearbeitungs-

деревообраба́тывающ||ий hólzverarbeitend, hólzbearbeitend; ~ая промы́шленность hólzbearbeitende Industríe

дереву́шка *ж см.* дереве́нька

де́ревце *с*, **деревцо́** *с* Bäumchen *n* (7)

деревяни́стый *бот.* hólzig

деревя́нн||ый 1. hölzern, Holz-; ~ый дом Hólzhaus *n* (5); **2.** *перен. разг.* hölzern, steif; она́ кака́я-то ~ая sie ist [benímmt sich] hölzern; sie hat ein hölzernes [stéifes] Benéhmen; ◇ ~ое ма́сло Báumöl *n* -(e)s

деревя́шка *ж* **1.** (*небольшой кусок дерева*) Hólzklötzchen *n* (7); **2.** *разг.* (*искусственная нога*) Stélzfuß *m* (1*); Stélzbein *n* (2)

держа́в||а *ж* **1.** (*государство*) Macht *f* (3), Staat *m* (13); вели́кие ~ы Gróßmächte *pl*; за́падные ~ы die Wéstmächte; иностра́нная ~а áusländische [frémde] Macht; индустриа́льная ~а Industríemacht *f*; морска́я ~а Séemacht *f*; раке́тно-я́дерная ~а Rakéten- und Kérnwaffenmacht *f*; **2.** (*эмблема власти*) Réichsapfel *m* (6*); **~ный** *уст.* **1.** óberherrlich, sélbstherrlich; mit der höchsten Gewált bekléidet; **2.** *поэт.* (*величественный*) majestätisch, erhában

держа́вка *ж мет.-об.* Áufspannbock *m* (1*), Hálter *m* (6); резцо́вая ~ Stáhlhalter *m*

де́ржаный *разг.* gebräucht, getrágen

держа́тель *м* **1.** (*владелец*) Ínhaber *m* (6); Besítzer *m* (6); ~ а́кций Aktionär *m* (1), Ákti¦enbesitzer *m*, Ákti¦eninhaber *m*; **2.** *тех.* Hálter *m* (6), Suppórt *m* (1); Träger *m* (6)

держа́ть 1. hálten* *vt*; высоко́ ~ флаг die Fáhne hóchhalten*; ~ ребёнка за́ руку das Kind an der Hand hálten*; ~ под аре́стом gefángen hálten*; **2.** (*удерживать*) nicht fórtlassen*; bei sich (*D*) behálten*; **3.** (*хранить*) áufbewahren *vt*; ~ в холо́дном ме́сте kalt áufbewahren; ~ де́ньги в сберка́ссе Geld auf der Spárkasse háben; **4.** (*оставлять у себя*) behálten* *vt*; нельзя́ до́лго ~ библиоте́чные кни́ги Bibliothéksbücher darf man nicht lánge behálten; ◇ ~ компре́сс den Úmschlag éinwirken lássen*; ~ в та́йне gehéim¦halten* *отд. vt*; ~ в неве́дении in Únwissenheit hálten*; ~ в рука́х in der Hand [Gewált] háben; ~ напра́во [нале́во] (sich) rechts [links] hálten*; ~ пря́мо geráde hálten*, geradeáus géhen* [fáhren*]; так ~! recht so!; ~ курс на ... *мор.* Kurs auf etw. (*A*) hálten*; ~ речь éine Réde hálten*; ~ сло́во sein Wort hálten*; ~ пари́ wétten *vt*, *vi*; ~ путь den Weg éinschlagen*; ~ корректу́ру *полигр.* die Korrektúr lésen*; ~ экза́мен ein Exámen máchen [áblegen]; sich éiner Prüfung unterzíehen*; ~ чью-л. сто́рону für j-n Partéi néhmen*; ~ у́хо востро́ auf der Hut sein; он уме́ет ~ себя́ er verstéht sich (gut) zu benéhmen; ~ язы́к за зуба́ми den Mund [Schnábel] hálten*, réinen Mund hálten*; ~ в ежо́вых рукави́цах streng [kurz] hálten*; (j-n) únter der Fúchtel hálten*; **~ся 1.** (*за кого-л.*, *за что-л.*) sich hálten* (an *A*); **~ся за** го́лову sich an den Kopf fássen; **~ся** вме́сте zusámmenhalten* *vi*; **2.** (*приде́рживаться*) sich hálten*, fésthalten* *отд. vi* (чего́-л. an *D*); **~ся** того́ взгля́да, что... der Ánsicht [Méinung] sein, daß...; **~ся** те́мы sich an das Théma hálten*; **3.** (*вести себя*) sich halten*, sich áufführen, sich benéhmen*; **4.** (*выде́рживать*; *тж. воен.*) dúrchhalten* *vi*, áusharren *vi*; **5.** (*на чём-л.*) hálten* *vi*; hängen* *vi*; rúhen *vi* (*о мосте*); **~ся** на воде́ sich über Wásser hálten*; **~ся** на воло́ске an éinem Haar hängen*; ◇ еле **~ся** на нога́х sich kaum auf den Béinen hálten*; **~ся** ле́вой [пра́вой] стороны́ links [rechts] géhen*, sich links [rechts] hálten* (*о пешеходе*); links [rechts] fáhren* (*о транспорте*); **~ся** бе́рега sich ans Úfer hálten*; **~ся** в стороне́ sich ábseits hálten*; це́ны де́ржатся высо́кие die hóhen Préise beháupten sich [hálten sich]; па́смурная пого́да де́ржится das trübe Wétter bleibt (bestéhen); держи́сь! halte aus!, dúrchhalten!; ну, тепе́рь держи́сь! paß auf!

дерз||áние *с* Wágemut *m* -(e)s, Behérztheit *f*, Kühnheit *f*; **~áть 1.** (*действовать смело, решительно*) wágen *vt*; vórwärts strében; **2.** (*осмеливаться*) sich erkühnen, sich erdréisten, sich vermréssen*; sich unterstéhen*, wágen *vt*

дерзи́ть *разг.* Fréchheiten [Gróbheiten] ságen

де́рзкий 1. frech, únverschämt; grob; **2.** (*смелый*) vermréssen, dreist, werwégen, tóllkühn

дерзнове́н||ие *с уст. см.* дерза́ние; **~ный** verwégen, dreist, kühn

дерзну́ть *см.* дерза́ть 2

де́рзост||ь *ж* **1.** Fréchheit *f* (10); Gróbheit *f* (10) (*грубость*); говори́ть **~и** Gróbheiten ságen; **2.**(*смелость*) Dréistigkeit *f*, Verwégenheit *f*, Verméssenheit *f*

дерива́т *м спец.* Derivat [-'va:t] *n* (2) (*pl тж.* -a)

дерива́ция *ж* **1.** *воен.* Drállabweichung *f* (10); **2.** *гидр.* Úmleitung *f*, Derivatión [-va-] *f*

дерма́тин *м* (*заменитель кожи*) Künstleder *n* (6)

дермати́т *м мед.* Dermatítis *f*, Háutentzündung *f*

дермато́з *м мед.* Dermatóse *f* (11), Háutkrankheit *f* (10)

дермато́||лог *м мед.* Dermatológ(e) *m* (8, 9), Háutarzt *m* (1*); **~ло́гия** *ж мед.* Dermatologíe *f*

дёрн *м* Rásen *m* (7); покры́тый **~ом** begrást

дерн||и́на *ж* **1.** (*дёрн*) Rásen *m* (7); **2.** *спец.* Sóde *f* (11), Rásenziegel *m* (6); **~о́вый** Rásen-; **~о́вая** земля́ *с.-х.* Kompósterde *f*

дерноре́з *м спец.* Rásenpflug *m* (1*), Rásenschneider *m* (6)

дерносни́м *м спец.* Vórschäler *m* (6), Rásenschälpflug *m* (1*), Rásenheber *m* (6)

дёрнуть(ся) *см.* дёргать(ся) 1; ◇ чёрт дёрнул меня́ э́то сде́лать der Téufel hat mich gerítten, das zu máchen

де́ррик *м*, **де́ррик-кра́н** *м стр.* Dérrick *m* (1), Dérrickkran *m* (1), Mástenkran *m*

дерть *ж с.-х.* Schrot *n* (2), *m* (1)

дерю́га *ж* Sáckleinwand *f*

деса́нт *м воен.* **1.** (*операция*) Lándung *f* (10); Áusschiffung *f* (10) (*морской*); **2.** (*войска́*) Lándetruppen *pl* (*воздушный*); Lándungstruppen *pl* (*морской*); та́нковый **~** auf Pánzern áufgesessene Infanteríe; попы́тка вы́садить **~** Lándungsversuch *m* (1)

деса́нтн||ик *м воен.* Ángehörige *m* (14) der Lándetruppen; **~ый** *ав.* Lánde-; *мор.* Lándungs-; **~ая** опера́ция Lándeoperation *f* (10); Lándungsoperation *f*; **~ый** самолёт Lúftlandeflugzeug *n* (2)

десе́рт *м* Dessert [-'sɛ:r] *n* -s, -s, Náchtisch *m* (1); **~ный** Dessert- [-'sɛ:r-]; **~ное** вино́ Dessertwein *m* (1), Süßwein *m*

де́скать *разг.* ángeblich

десна́ *ж анат.* Záhnfleisch *n* -es

десни́ца *ж уст. поэт.* die réchte Hand, die Réchte

deсо́рбция *ж спец.* Desorptión *f*

де́спот *м* **1.** Despót *m* (8), Gewáltherrscher *m* (6); **2.** *перен.* hérrschsüchtiger [despótischer] Mensch; Háustyrann *m* (8) (*в семье*); **~и́зм** *м* Despotísmus *m* =, Gewáltherrschaft *f*, Wíllkür *f*; **~и́ческий**, **~и́чный** despótisch; hérrisch; **~и́я** *ж* Despotíe *f*, Gewáltherrschaft *f*, Wíllkürherrschaft *f*

деструкти́вный destruktív

дестру́кция *ж* Destruktión *f*, Zerstörung *f*, Ábbau *m* -(e)s

десть *ж*: **~** бума́ги ein Buch Papíer

де́сятеро zehn (Mann)

десятиба́лльн||ый: **~ая** шкала́ zéhnstufige Skála

десятибо́рье *с спорт.* Zéhnkampf *m* -es

десятигра́нник *м мат.* Dekaéder *m* (6), Zéhnflach *n* (2), Zéhnflächner *m* (6)

десятидне́в||ка *ж* Dekáde *f* (11), Zéitraum *m* -(e)s von zehn Tágen; **~ный** zéhntägig

десятикла́ссни||к *м* Schüler *m* (6) der zéhnten Klásse; **~ца** *ж* Schülerin *f* (12) der zéhnten Klásse

десятикопе́ечн||ый Zéhnkopeken-; **~ая** моне́та Zéhnkopekenstück *n* (2)

десятикра́тный zéhnfach

десятиле́т||ие *с* **1.** (*период*) Jahrzéhnt *n* (2), Dezénnium *n* -s, -ni̯en; **2.** (*годовщина*) der zéhnte Jáhrestag; **~ка** *ж* (*школа*) Zéhnklassenschule *f* (11); **~ний** zéhnjährig

десяти́на *ж ист.* **1.** (*мера земли*) Desjatíne *f* (11) (*ehemaliges russisches Flächenmaß* $= 1{,}09$ *ha*); **2.** (*налог*) Zéhnt(e) *m* (8, 9); Zéh(e)ntgeld *n* -(e)s (*денежная*); Zéh(e)ntkorn *n* -(e)s (*натуральная*)

десятирублёвка *ж разг.* Zéhnrubelschein *m* (1)

десятисло́жный: **~** стих zéhnsilbiger Vers

десятиуго́льник *м* Zéhneck *n* (2)

десяти́чн||ый dezimál, Dezimál-; **~ая** дробь Dezimálbruch *m* (1*); **~ые** весы́ Dezimálwaage *f* (11); **~ая** систе́ма счисле́ния Dezimálsystem *n* -s, Zéhnersystem *n*; **~ый** знак Dezimálzahl *f* (10)

десятиэта́жный néunstöckig, zéhngeschossig

деся́тка *ж* **1.** (*цифра*) Zehn *f* (10); **2.** *карт.* Zehn *f* (10); **~** пик Píkzehn *f*; **3.** *разг.* (*десятирублёвка*) Zéhnrubelschein *m* (1); **4.** *мор.* Zéhner *m* (6)

деся́тник *м* Áufseher *m* (6), Brigadíer *m* (1); Políer *m* (1) (*на стройке в капиталистических странах*)

деся́т||ок *м* zehn (Stück), Zehn *f* (10); **~ки** (*в многозначном числе*) Zéhner *pl*; **~ки** люде́й Dútzende von Ménschen; **~ки** ты́сяч Zehntáusende *pl*; **~ками** zu Dútzenden; ◇ ему́ пошёл шесто́й **~ок** er ist über fünfzig; он не ро́бкого **~ка** *разг.* er ist kéiner von den Zághaften [kein Schláppschwanz]

деся́т||ый der zéhnte; **~ого** декабря́ am zéhnten Dezémber; den zéhnten Dezémber (*на письме*); **~ый** час es geht auf zehn (Uhr); es ist neun (Uhr) vorbéi; в **~ом** часу́ nach neun Uhr; zwíschen neun und zehn; **~ый** но́мер Númmer zehn; **~ая** страни́ца Séite zehn; одна́ **~ая**, **~ая** часть Zéhntel *n* (6), der zéhnte Teil; ◇ с пя́того на **~ое** ≅ vom Húndertsten ins Táusendste

де́сять zehn

де́сятью *нареч.* zéhnmal

детализ||а́ция *ж* Detaillierung [-ta-'ji:-] *f*, nähere [genáuere] Áusführung [Dárlegung]; прое́кт нужда́ется в **~а́ции** der Éntwúrf bedárf näherer [genáuerer] Áusführung; **~и́ровать** detaillieren [-ta'ji:-] *vt*, éingehend dárlegen, auf Éinzelheiten éingehen*

дета́||ль *ж* **1.** Detail [-'tae] *n* -s, -s, Éinzelheit *f* (10); любопы́тная **~ль** éine interessánte Éinzelheit; во всех **~лях** bis ins kléinste, bis ins éinzelne; **2.** *тех.* Éinzelteil *n* (2), Teil *n*; Detail [-'tae] *n* -s, -s; Báuelement *n* (2); Wérkstück *n* (2) (*обрабатываемая*); взаимозаменя́емые **~ли** Áustauschteile *pl*; **~ли** маши́н Maschínenelemente *pl*, Maschínenteile *pl*; строи́тельные **~ли** (vórgefertigte) Báuteile; гото́вая **~ль** Fértigteil *n*; сбо́рная **~ль** Montagebauteil [mɔŋ'ta:ʒə-] *n*; **~льно** *нареч.* bis ins kléinste, bis ins éinzelne; **~льный** ausführlich; im éinzelnen

дета́ндер *м тепл.* Entspánnungsmaschine *f* (11), Expansiónsmaschine *f*

детвора́ *ж собир. разг.* Kínder *pl*, Kínderwelt *f*; Kínderschar *f* (10) (*толпа детей*)

детдо́м *м* (де́тский дом) Kínderheim *n* (2)

детекти́в *м* **1.** (*сыщик*) Detektív *m* (1), Gehéimpolizist *m* (8); **2.** (*роман*) Kriminálroman *m* (1); Kríml *m* -s, -s (*разг.*); (*фильм*) Kriminálfilm *m* (1); Kríml *m* -s, -s (*разг.*); **~ный**: **~ный** рома́н Kriminálroman *m* (1); Kríml *m* -s, -s (*разг.*)

детéктор *м радио* Detéktor *m* -s, -tóren; **~ный** *радио* Detéktor-; **~ный** приёмник Detéktorempfänger *m* (6)

детёныш *м* Júnge *sub n*

детермин||и́зм *м филос.* Determinísmus *m* =; **~и́стский** *филос.* determinístisch

де́ти *мн.* Kínder *pl*; малоле́тние **~** Kléinkinder *pl*; несовершенноле́тние **~** Mínderjährige *sub pl*

дети́на *м разг.* Búrsche *m* (9), Kerl *m* (1)

де́тище *с* (*создание*) Kind *n* (5); Werk *n* (2), Geschöpf *n* (2), Schöpfung *f* (10); люби́мое **~** Líeblingskind *n*; Líeblingswerk *n*

де́тка *ж* (*в обращении*) líebes Kind

детона́||тор *м спец.* Detonátor *m* -s, -tóren, Zündladung *f* (10), Zünder *m* (6); **~ция** *ж спец.* Detonatión *f* (10); Klópfen *n* -s (*двигателя*); **~ция** на расстоя́нии Zündübertragung *f* (10)

детони́ровать I *спец.* detoníeren *vi*, knállen *vi*, lósknallen *отд. vi*

детони́ровать II *муз.* vom Ton ábweichen*; falsch [únsauber] síngen* (*при пении*)

детоpо́дн||ый *уст.* Zéugungs-; **~ые** о́рганы Genitáli̯en *pl*, Zéugungsorgane *pl*, Geschléchtsteile *pl*

деторожде́ние *с* Zéugung *f*

детоуби́й||ство *с* Kíndesmord *m* (1), Kíndestötung *f* (10); **~ца** *м*, *ж* Kíndesmörder *m* (6); Kíndesmörderin *f* (12) (*о женщине*)

детри́т *м мед.* Kúhpockenimpfstoff *m* (1), Kúhpockenlymphe *f*

де́тская *ж* Kínderstube *f* (11), Kínderzimmer *n* (6)

де́тск||ий 1. kíndlich, Kínder-; **~ий** дом Kínderheim *n* (2); **~ий** сад Kíndergarten *m* (7*); Kíndertagesstätte *f* (11);

~ое учреждéние Kíndereinrichtung *f* (10); ~ая плóщадка Kínderspielplatz *m* (1*); ~ая консультáция Kínderberatungsstelle *f* (11); ~ий вóзраст Kíndesalter *n* -s; ~ая литератýра Kínderliteratur *f*; ~ий труд Kínderarbeit *f*; **2.** (*по характеру*) kíndisch, kíndlich; ~ий пóчерк éine kíndliche Hándschrift; **3.** (*свойственный детскому возрасту*) Kínder-; ~ие болéзни Kínderkrankheiten *pl*; ~ая смéртность Kíndersterblichkeit *f*; ~ая игрá *тж. перен.* Kíndersplel *n* (2); **4.** *анат.*: ~ое мéсто Plazénta *f*, *pl* -s, Mútterkuchen *m* (7), Náchgeburt *f* (10); ◇ «Дéтский мир» (*магазин*) Kínderkaufhaus *n* (5), Káufhaus *n* des Kíndes

дéтств||о *с* Kíndheit *f*; с (сáмого) ~а von Kíndheit auf, von Kind auf; ◇ впасть в ~о (im Álter) kíndisch wérden

деть *разг.* tun* *vt*, híntun* *vt*, (hín-) stécken *vt* (кудá-л. in *A*); **~ся** *разг.* híngeraten* *vt* (s); hínkommen* *vi* (s) (*потеряться*); кудá он дéлся? wo steckt er?; кудá онá тепéрь дéнется? wo wird sie jetzt bléiben?; он не знáет, кудá емý ~ся er weiß nicht, wo er sich lássen soll; не знáю, кудá дéлась кнúга ich weiß nicht, wo das Buch híngekommen ist

де-фáкто *нареч.* de fácto

дефéкт *м* Defékt *m* (1), Féhler *m* (6); Mángel *m* (6*); Beschädigung *f* (10) (*повреждение*); скрытый ~ verdéckter Mángel; конструктúвный ~ Konstruktiónsfehler *m*; **~úвный** defektív; **~ный** defékt, mángelhaft, féhlerhaft, beschädigt, schádhaft, Fehl-; ~ный экземпля́р únvollständiges Exemplár

дефектоскóп *м тех.* Defektoskóp *n* (2); Féhlersuchgerät *n* (2)

дефилé *с воен., геогр.* Éngpaß *m* -sses, -pässe, Énge *f* (11), Hóhlweg *m* (1); гóрное ~ Gebírgspaß *m*; озёрное ~ Sée-Enge *f*

дефилúровать defilíeren *vi* (h, s), vorbéimarschieren *vi* (s)

дефинúция *ж* Definitión *f* (10), Begríffsbestimmung *f* (10)

дефúс *м* Divis [-'vi:s] *n* (2), Téilungszeichen *n* (7), Bíndestrich *m* (1) (*соединительная чёрточка*); Trénnungszeichen *n*, Ábteilungszeichen *n* (*знак переноса*)

дефицúт *м* **1.** (*убыток*) Défizit *n* (2), Féhlbetrag *m* (1*), Verlústbetrag *m*; Féhlmenge *f* (11); Verlúst *m* (1), Mánko *n* -s, -s (*недочёт*); бюджéтный ~ Háushaltsdefizit *n*; **2.** (*нехватка*) Mángel *m* (6*); Lücke *f* (11); валю́тный ~ Devisenmangel [-'vi:-] *m*, Devísenknappheit *f*; **~ный 1.** (*убыточный*) verlústbringend; defizitär, Défizit-; ~ное предприя́тие Verlústbetrieb *m* (1); Zúschußbetrieb *m*; **2.** (*о товарах*) Mángel-; zu wénig vorhánden; knapp, verknáppt, schwer beschäffbar, úngenügend ángeboten; ~ный материáл Éngpaßmaterial *n* -s, -ilen; ~ный метáлл Éngpaßmetall *n* (2); ~ный товáр Mángelware *f* (11); быть ~ным (sehr) gesúcht sein

дефлегмáтор *м тепл.* Dephlegmátor *m* -s, -tóren, Dámpfkühler *m* (6)

дефлéктор *м тепл.* Áblenker *m* (6), Léitblech *n* (2); *гидр.* Stráhlabweiser *m* (6); Ráuchkappe *f* (11) (*на дымовой трубе*)

дефля́ция *ж эк.* Deflatión *f* (10)

деформ||áция *ж* Verfórmung *f* (10), Deformatión *f* (10), Deformíerung *f* (10); **~úровать** verfórmen *vt*, deformíeren *vt*; **~úроваться 1.** sich verfórmen, sich deformíeren; deformíert sein; **2.** *страд.* deformíert wérden

дехкáнин *м* Dechkán *m* (1) (*Bauer in Mittelasien*)

децентрализáция *ж* Dezentralisíerung *f*

децентрализовáть dezentralisíeren

деци||грáмм *м* Dezigrámm *n* (2) (*сокр.* dg); **~лúтр** *м* Deziliter *n* (6) (*сокр.* dl); **~мéтр** *м* Deziméter *n* (6) (*сокр.* dm)

дешевéть bíllig(er) wérden

дешевúзна *ж* Bílligkeit *f*, Préisgünstigkeit *f*

дешёвк||а *ж разг.* níedrige Préise; по ~е zu níedrigem Préise, zu Schléuderpreisen

дешéвле *сравн. ст. см.* дешёвый; ◇ ~ пáреной рéпы *разг.* ≅ spóttbillig

дешёвый 1. bíllig, wóhlfeil, préiswert, préisgünstig, níedrig im Preis; **2.** *перен.* bíllig, leicht; ~ успéх bílliger Erfólg; дёшево острúть fáde Witze réißen*; ◇ дёшево отдéлаться *разг.* léichten Káufes davónkommen*; mit éinem bláuen Áuge davónkommen *

дешифрáтор *м* Dechiffríereinrichtung [-ʃɪf-] *f* (10); *выч. тех.* Dekodíereinrichtung *f* (10)

дешифр||úровать, ~овáть dechiffríeren [- ʃɪf-] *vt*, entzíffern *vt*; entschlüsseln *vt*, dekodíeren *vt*; **~óвка** *ж* Dechiffríeren [-ʃɪf-] *n* -s, Entzífferung *f*, Entschlüsselung *f*, Dekodíerung *f*

деэскалáция *ж* Deieskalatión *f*

де-ю́ре *нареч.* de júre, von Rechts wégen

деяние *с* Hándlung *f* (10), Tat *f* (10); Vergéhen *n* (7) (*проступок*)

дéятель *м*: государственный ~ Stáatsmann *m* (4), Stáatsfunktionär *m* (1); политúческий ~ Polítiker *m* (6); общéственный ~ éine Persönlichkeit [ein Vertréter] des öffentlichen Lébens; партúйный ~ Partéifunktionär *m*; хозя́йственные дéятели Wírtschaftler *pl*, Wírtschaftsfunktionäre *pl*; руководя́щий ~ führende Persönlichkeit, léitender Funktionär; профсою́зный ~ Gewérkschaftsfunktionär *m*; дéятели искýсств Künstler *pl*, Kúnstschaffende *sub pl*; дéятели культýры Kultúrschaffende *sub pl*; дéятели кинó Fílmschaffende *sub pl*

дéятель||ность *ж* **1.** Tätigkeit *f*, Aktivität [-vi-] *f*; Beschäftigung *f* (10), Betätigung *f* (10); Wírken *n*-s (*занятие*); общéственная ~ность öffentliche [gesélIschaftliche] Tätigkeit; революциóнная ~ность revolutionäre [-vo-] Tätigkeit; трудовáя ~ность Erwérbstätigkeit *f*, Árbeitstätigkeit *f*; производственная ~ность Produktiónstätigkeit *f*; служéбная ~ность díenstliche Tätigkeit; хозя́йственная ~ность Wírtschaftstätigkeit *f*, Geschäftstätigkeit *f*; сфéра [круг] ~ности Tätigkeitsbereich *m* (1), *n* (2), Wírkungskreis *m* (1), Wírkungsfeld *n* (5); Ámtsbereich *m*, *n* (*офиц.*); развúть бýрную ~ность rége Wírksamkeit entfálten; писáтельская ~ность Schríftstellerei *f*; **2.** (*каких-л. органов, сил природы*) Tätigkeit *f*, Funktión *f* (10); **~ный** wírksam, tätig, tátkräftig; rége; принимáть ~ное учáстие tätig mítwirken, tätigen Ánteil néhmen*; ~ная подготóвка rége Vórbereitungen

джаз *м* **1.** (*оркестр*) Jazzkapelle ['dʒɛs-] *f* (11), Jazzband ['dʒɛsbɛnt] *f*, *pl* -s, Band [bɛnt] *f*, *pl* -s; **2.** (*музыка*) Jazz [dʒɛs] *m* =, Jazzmusik ['dʒɛs-] *f*

джазúст *м разг.* Jazzmusiker ['dʒɛs-] *m* (6)

джáзовый Jazz- [dʒɛs-]

джейрáн *м зоол.* Krópfgazelle *f* (11)

джем *м* Marmeláde *f* (11)

джéмпер *м* Pullóver *m* (6)

джентльмéн *м* Gentleman ['dʒɛntlmən] *m* -s, *pl* Gentlemen ['dʒɛntlmən]; **~ский** Gentleman- ['dʒɛntlmən-]; ~ское соглашéние *дип.* Gentleman's Agreement ['dʒɛntlmənz ə'gri:mənt] *n* = =, *pl* = -s

джерсú, джéрси *с текст.* Jersey [*англ.* 'dʒœ:zi] *m* -s, -s, Stríckstoff *m* (1)

джерсóвый Jersey- ['dʒœ:zi-], Stríckstoff-

джигúт *м* Dshigít *m* (8) (*kaukasischer Kunstreiter*); **~óвка** *ж* Réiterkunststücke *pl*

джин *м* (*водка*) Gin [*англ.* dʒɪn] *m* -s

джúнсы *мн.* Jeans [*англ.* dʒi:ns] *pl*

джип *м* Jeep [dʒi:p] *m* -s, -s

джúу-джúтсу *с см.* дзюдó

джóнка *ж мор.* Dschúnke *f* (11)

джóуль *м физ.* Joule [*англ.* ʒu:l] *n* -s *u* =, =

джýнгли *мн.* Dschúngel *m*, *реже* *n* -s, =, *f* (11)

джут *м бот., тех.* Júte *f*; **~овый** Júte-; ~овые растéния Jútepflanzen *pl*

дзот *м* (дéрево-земляная огневáя тóчка) *воен.* Féuernest *n* (5)

дзюдó *с* Júdo *n* -s

дзюдоúст *м* Judóka *m* -s, -s, Júdosportler *m* (6)

диабáз *м геол., тех.* Diabás *m* (1)

диабéт *м мед.* Diabétes *m* =, Hárnruhr *f*; сáхарный ~ Zúckerkrankheit *f*; **~ик** *м* Diabétiker *m* (6), Zúckerkranke *m* (14); **~úческий** diabétisch

диáгноз *м* Diagnóse *f* (11), Befúnd *m* -(e)s; ошúбочный ~ Féhldiagnose *f*; стáвить ~ diagnostizíeren *vt*, die Diagnóse stéllen

диагнóст *м* Diagnóstiker *m* (6); **~ика** *ж* Diagnóstik *f*; Diagnostizíeren *n* -s; рáнняя ~ика Früherkennung *f*; **~úровать** diagnostizíeren *vt*; **~úческий** diagnóstisch

диагонáл||ь *ж мат.* Diagonále *f* (11); ◇ прочитáть кнúгу по ~и *разг.* ein Buch diagonál lésen*

диагонáльный diagonál, Diagonál-, schräglaufend

диагрáмма *ж* Diagrámm *n* (2); gráphische Dárstellung, Scháubild *n* (5)

диадéма *ж* Diadém *n* (2), Stírnband *n* (5)

диакритúческий: ~ знак *лингв.* diakrítisches Zéichen

диалéкт *м лингв.* Dialékt *m* (1), Múndart *f* (10); **~áльный** *лингв.* Dialékt-, Múndart-, dialektál, múndartlich; **~úзм** *м лингв.* múndartlicher Áusdruck, Dialektísmus *m* =, -men

диалéктик *м* Dialéktiker *m* (6); **~а** *ж* Dialéktik *f*

диалектúческий I *филос.* dialéktisch; ~ материалúзм dialéktischer Materialísmus

диалектúческий II *лингв. уст. см.* диалектáльный

диалéктный *лингв.* dialektál, múndartlich

диалектó||лог *м лингв.* Dialektológ(e) *m* (8, 9); **~логúческий** dialektológisch; **~лóгия** *ж* Dialektologíe *f*, Múndartenkunde *f*, Múndartenforschung *f*

диáлиз *м физ.* Dialýse *f* (11); **~áтор** *м* Dialysátor *m* -s, -tóren

диалóг *м* Dialóg *m* (1), Zwíegespräch *n* (2); вести ~ éinen Dialóg [ein Zwíegespräch] führen; **~úческий** dialógisch

диама́т *м разг.* (**диалекти́ческий материали́зм**) dialéktischer Materialísmus (*als Lehrfach*), Diamát *m* -(e)s
диа́метр *м мат.* Dúrchmesser *m* (6); **~а́льно** *нареч.* diametrál; ~а́льно противополо́жный diametrál [völlig] entgégengesetzt
диапазо́н *м* **1.** Úmfang *m* (1*); Beréich *m* (1); ~ го́лоса Stímmumfang *m*; ~ волн *радио* Wéllenbereich *m*; ~ колеба́ний *физ.* Schwíngungsbereich *m*; *эк.* Schwánkungsbreite *f* (11) (*напр. цен*); **2.** *перен.* (*объём, охват, размер*) Úmfang *m* (1*), Áusmaß *n* (2); Beréich *m* (1), Bréite *f* (11); ~ рабо́ты Árbeitsbereich *m*; Árbeitsumfang *m*, Árbeitsbreite *f*
диапозити́в *м Фото* Diapositív *n* (2), Día *n* -s, -s, Líchtbild *n* (5); ~ на стекле́ Glásdia *n*, verglástes Día; цветно́й ~ Fárbdia *n*; ле́кция с демонстра́цией ~ов Líchtbild(er)vortrag *m* (1*)
диапрое́ктор, диаско́п *м* Bíldwerfer *m* (6)
диате́з *м мед.* Diathése *f*
диатерми́я *ж мед.* Diathermíe *f*, Kúrzwellentherapie *f*
диатони́ческ||ий *муз.* diatónisch; ~ая га́мма diatónische Tónleiter
диафи́льм *м* Bíldband *n* (5), Díafilm *m* (1)
диафра́гма *ж* **1.** *анат.* Zwérchfell *n* (2); **2.** *физ.* Diaphrágma *n* -s, -men; *фото* Bléndе *f* (11); автомати́ческая ~ Spríngblende *f*
диахрони́||я *ж лингв.* Diachroníe [-kro-] *f*; **~ческий** *лингв.* diachronisch [-'kro:-]
дибазо́л *м фарм.* Dibazól *n* -s
дива́н *м* Sófa *n* -s, -s, Liegesofa *n*
дива́н-крова́ть *ж* Béttcouch [-kautʃ] *f*, *pl* -s, Schláfcouch *f*
диверге́нция *ж спец.* Divergénz [-vɛr-] *f* (10)
диверс||а́нт *м* Diversánt [-vɛr-] *m* (8); **~ио́нный** Diversións- [-vɛr-]; ~ио́нный акт Diversiónsakt *m* (1)
дивéрсия *ж* **1.** Diversión [-vɛr-] *f* (10); **2.** *воен.* Áblenkungsangriff *m* (1)
дивертисме́нт *м муз.* Divertiménto [-vɛr-] *n* -s, -s *u* -ti, Zwíschenspiel *n* (2), Divertissement [*фр.* divɛrtis'mã] *n* -s, -s
дивиде́нд *м эк.* Dividénde [-vi-] *f* (11), Gewínnanteil *m* (1)
дивизио́н *м воен.* Abtéilung *f* (10) (*сокр.* Abt.); **~ный** División(s)- [-vi-] (*относящийся к дивизии*); Abtéilungs- (*относящийся к дивизиону*)
диви́зия *ж воен.* División [-vi-] *f* (10) (*сокр.* Div.); пехо́тная (стрелко́вая) ~ Infanteríedivision *f*, Schützendivision *f*; та́нковая ~ Pánzerdivision *f*
диви́ть *разг.* in Erstáunen sétzen; **~ся** *разг.* **1.** (*удивляться кому-л., чему-л.*) sich wúndern (über *A*); stáunen *vi* (über *A*); **2.** (*глядеть с восхищением на кого-л., на что-л.*) ánstaunen *vt*, bewúndern *vt*
ди́вный wúndervoll, wúnderbar; wúnderschön (*прекрасный*)
ди́в||о *с разг.* Wúnder *n* (6), Wúnderding *n* (2); ◇ что за ~о! 1) (*странно*) das ist ein wáhres Wúnder!, das ist wúnderbar!, das ist ein wúnderliches Ding!; 2) (*нет ничего удивительного*) das ist gar nicht verwúnderlich!; не ~о kein Wúnder; ~у дава́ться sich wúndern; на ~о áusgezeichnet, sehr gut
дигита́лис *м фарм.* Digitális *f*
дида́кт||ика *ж* Didáktik *f*; **~и́ческий** didáktisch; ~и́ческое стихотворе́ние Léhrgedicht *n* (2)
дие́з *м муз.* Kreuz *n* (2), Erhöhungszeichen *n* (7)
дие́т||а *ж* Diät *f*, Kránkenkost *f*, Schónkost *f*; моло́чная ~а Mílchdiät *f*, Mílch(kranken)kost *f*; разгру́зочная ~а Reduktiónsdiät *f*; лече́ние ~ой Diätkur *f*; соблюда́ть ~у, **сиде́ть на** ~е Diät hálten*, diät lében
диетети́ческий diätétisch
диети́ческ||ий Diät-; **~ий стол** Diätkost *f*, Kránkenkost *f*; ~ий проду́кт Diäterzeugnis *n* (3*); ~ое блю́до Diätspeise *f* (11)
дието́лог *м* Ernährungswissenschaftler *m* (6)
диетоло́гия *ж* Ernährungswissenschaft *f*
диетотерапи́я *ж* Héilkost *f*
диет||проду́кты *мн.* Diätlebensmittel *pl*; **~сестра́** *ж* Diätschwester *f* (11); **~столо́вая** *ж* Diätgaststätte *f*
диза́йн *м* Design [di'zain] *n* -s, -s; **~ер** *м* Designer [di'zainər] *m* (6), Industríeformgestalter *m* (6)
дизеле||во́з *м горн.* Díesellokomotive [-və] *f* (11); **~строе́ние** *с* Díeselmotorenbau *m* -(e)s
ди́зель *м тех.* Díeselmotor *m* (13); Díesel *m* (6) (*разг.*)
ди́зель-генера́тор *м* Díeselstromerzeuger *m* (6)
ди́зельн||ый Díesel-; ~ый экспре́сс Díeselschnellzug *m* (1*); ~ое то́пливо Díeselöl *n* -(e)s, Díeselkraftstoff *m* -(e)s
ди́зель-по́езд *м* Díesel(triebwagen)-zug *m* (1*)
ди́зель-электри́ческий díeselelektrisch
ди́зель-электрово́з *м* Díeselelektrolokomotive [-və] *f* (11)
ди́зель-электроста́нция *ж* Díeselstromaggregat *n* (2)
ди́зель-электрохо́д *м* Mótorschiff *n* (2) mit díeselelektrischem Ántrieb
дизентери́йный Dysenteríe-, dysentérisch; Ruhr-; ~ больно́й Rúhrkranke *m* (14)
дизентери́я *ж* Dysenteríe *f* (11), Ruhr *f*
дика́рка *ж* Wílde *f* (14); *перен.* Ménschenscheue *f* (14)
дика́рь *м* Wilde *m* (14); *перен.* Ménschenscheue *m* (14)
ди́к||ий **1.** *в разн. знач.* wild; ~ие плоды́ Wíldfrüchte *pl*; ~ое живо́тное wíldlebendes Tier, wíldes Tier; ~ая у́тка Wíldente *f* (11); ~ая ме́стность Wíldnis *f* (3), ein wíldes Land; ~ие нра́вы wílde Sítten; **2.** (*застенчивый*) scheu, ménschenscheu; ◇ ~ое мя́со wíldes Fleisch; ~ая боль rásender Schmerz
дикобра́з *м зоол.* Stáchelschwein *n* (2)
дико́вин||а *ж*, **~ка** *ж разг.* Séltenheit *f* (10), Wúnderding *n* (2); э́то не ~а das ist nichts Séltenes; ◇ в ~у, в ~ку úngewöhnlich, absónderlich
дико́винный *разг.* séltsam, wúnderlich
дикорасту́щ||ий wíldwachsend; ~ие плоды́ Wíldfrüchte *pl*
ди́кость *ж* **1.** Wíldheit *f*; ~ нра́вов Síttenentartung *f*; **2.** *разг.* (*вздор*) Únsinn *m* -(e)s
дикта́нт *м* Diktát *n* (2)
дикта́т *м* Diktát *n* (2); поли́тика ~а die Polítik des Diktáts; сле́довать ~у sich nach dem Diktát ríchten
дикта́тор *м* Diktátor *m* -s, -tóren; **~ский** diktatórisch; ~ские полномо́чия diktatórische Vóllmacht; **~ствовать** únbeschränkt hérrschen; *перен.* sich wie ein Diktátor benéhmen*
диктату́ра *ж* Diktatúr *f* (10); ~ пролетариа́та Diktatúr des Proletariáts; вое́нная ~ Militärdiktatur *f*
дикт||ова́ть diktíeren *vt*; **~о́вка** *ж* Diktát *n* (2); писа́ть под чью-л. ~о́вку nach j-s Diktát schréiben*
ди́ктор *м* Ánsager *m* (6); Rúndfunksprecher *m* (6); Náchrichtensprecher *m*; ~ы радиовеща́ния и телеви́дения die Ánsager von Rúndfunk und Férnsehen; **~ский:** ~ская сту́дия Ánsageraum *m* (1*), Spréchraum *m*; ~ский текст Kommentártext *m* (1); чита́ть ~ский текст ánsagen *vt*
диктофо́н *м* Diktíergerät *n* (2), Bánddiktiergerät *n*
ди́кция *ж* Diktión *f*, Spréchweise *f*; хоро́шая ~ éine kláre Diktión
дилато́метр *м* Dilatométer *n* (6), Áusdehnungsmesser *m* (6)
диле́мма *ж* Dilémma *n* -s, *pl* -s *u* -ta
дилета́нт *м* Dilettánt *m* (8), Kúnstliebhaber *m* (6); Láie *m* (9); **~и́зм** *м см.* дилета́нтство; **~ка** *ж* Dilettántin *f* (12), Kúnstliebhaberin *f* (12); **~ский** dilettántisch, láienhaft, únfachmännisch; *перен. тж.* óberflächlich
дилета́нтство *с* Dilettantísmus *m* =, Dilettántentum *n* -s; *перен. тж.* Óberflächlichkeit *f*
дилижа́нс *м* Póstkutsche *f* (11)
дилоги́я *ж лит.* Dilogíe *f*
димедро́л *м фарм.* Dimedról *n* -s
диморфи́зм *м мин., биол.* Dimorphíe *f*, Dimorphísmus *m* =, Zwéigestaltigkeit *f*
димо́рфный *спец.* dimórph, zwéigestaltig
ди́на *ж физ.* Dyn *n* -s, =
динами́зм *м* Dynamísmus *m* =
дина́мик *м* Láutsprecher *m* (6)
дина́мика *ж* **1.** *физ.* Dynámik *f*, Bewégungslehre *f*; **2.** (*движение, развитие*) Dynámik *f*, Bewégung *f*, Entwícklung *f*; ~ цен Préisentwicklung *f*, Préisdynamik *f*; **3.** *муз.* Dynámik *f*
динами́т *м* Dynamít *n* -(e)s; **~ный** Dynamít-
динами́ческий *см.* динами́чный
динами́чность *ж* Dynámik *f*
динами́чный dynámisch
дина́мо *с*, **дина́мо-маши́на** *ж уст.* Dynámo *m* -s *u* =, -s, Gléichstromgenerator *m* (13)
динамо́метр *м тех.* Dynamométer *n* (6), Kráftmesser *m* (6)
дина́р *м* Dinár *m* (1) (*сокр.* Din.)
династи́ческий dynástisch
дина́стия *ж* **1.** Dynastíe *f* (11), Hérrschergeschlecht *n* (5); **2.:** рабо́чая ~ álte Árbeiterfamilie
ди́нго *м зоол.* Díngo *m* -s, -s
динозáвр *м* Dinosáurus *m* =, -rier, Dinosáurier *m* (6)
динь-ди́нь *межд.* klíngling!
дио́д *м радио* Dióde *f* (11); полупроводнико́вый ~ Hálbleiterdiode *f*
диони́н *м фарм.* Dionín *n* -s
дио́птр *м физ.* Dióptеr *n* (6)
диоптри́ческий Dióptеr-; ~ прице́л *воен.* Dióptervisier [-vi-] *n* (2)
диоптри́я *ж физ.* Dioptríe *f* (11) (*сокр.* dptr)
диора́ма *ж* Dioráma *n* -s, -men
дипкурье́р *м* (**дипломати́ческий курье́р**) diplomátischer Kuríer
диплоко́кк *м бакт.* Diplokókkus *m* =, -ken
дипло́м *м* **1.** Diplóm *n* (2) (*вуза*); Ábschlußzeugnis *n* (3*) (*школы*); университе́тский ~ Universitätsdiplom [-vɛr-] *n*; **2.** *разг.* (*дипломная работа*) Diplóm *n* (2), Diplómarbeit *f* (10); защити́ть ~ sein Diplóm áblegen; **3.** (*как награда*) Éhrenurkunde *f* (11); Preis

m (1); Diplóm n (2); *спорт.* Úrkunde f; вручáть ~ das Diplóm überréichen

дипломáнт м Diplománd m (9)

дипломáт м **1.** Diplomát m (8); **2.** (*портфель*) Attachékoffer [-ˈʃe:-] m (6); **~и́ческий** diplomátisch; **~и́ческий** кóрпус das diplomátische Korps [ko:r]; ~и́ческая пóчта Diplomátengepäck n -s; Diplomátenpost f; установи́ть ~и́ческие отношéния с каки́м-л. госудáрством die diplomátischen Bezíehungen zu éinem Staat áufnehmen*; **~и́чный** diplomátisch, klug beréchnend; wéndig, gewándt; **~ия** ж Diplomatíe f

дипломи́рованный diplomíert, Diplóm-; ~ инженéр Diplómingenieur [-ınʒə,nĭø:r] m (1)

диплóмн||ик м Diplománd m (8); **~ый** Diplóm-; ~ая рабóта Diplómarbeit f (10)

дипóль м *радио* Dípol m (1)

директи́в||а ж Direktíve [-və] f (11); Ríchtlini|e f (11), Wéisung f (10); **~ный** Direktív-, ríchtungweisend, ríchtunggebend, léitend; ~ные укáзания Ríchtlini|en pl

дирéктор м Diréktor m -s, -tóren; ~ завóда Wérkleiter m (6), Betríebsleiter m, Wérkdirektor m, Betríebsdirektor m; ~ магази́на Verkáufsstellenleiter m; ~ карти́ны *кино* Produtiónsleiter m; **~áт** м Direktorát n (2), Direktórium n -s, -ri|en, Léitung f (10)

дирекtóрия ж *ист.* Direktórium n -s (*1795—1799 гг.*)

директри́са I ж *уст.* Direktríce [-sə] f (11)

директри́са II ж **1.** *мат.* Léitlini|e f, Diréktrix f; **2.** *воен.* (*стрельбы*) Schíeßbahn f (10), Schíeßrichtung f (10)

дирéкция ж Direktión f (10); ~ предприя́тия Betríebsleitung f, Direktión f des Betríebes

дирижаблестроéние с Lúftschiffbau m -(e)s

дирижáбль м Lúftschiff n (2)

дирижёр м Dirigént m (8) (*оркестра*); Chorleiter [ˈkɔ:r-] m (6) (*хора*); **~ский** Dirigénten-; ~ская пáлочка Dirigéntenstab m (1*), Táktstock m (1*)

дирижи́ров||ать dirigíeren vi, vt; den Stab führen; óперой ~ал áвтор die Óper wúrde vom Komponísten dirigíert [áufgeführt]

дирхáм м (*денежная единица Марокко*) Dirham [ˈdi:ram] m = u -s, -s (*после числ. pl* =)

дисгармони́ровать **1.** *муз.* disharmoníeren vi, nicht zusámmenstimmen; **2.** *перен.* in éinem Míßverhältnis stéhen* (zu D), disharmoníeren vi (mit D); **~óния** ж **1.** *муз.* Disharmoníe f (11), Míßklang m (1*); **2.** *перен.* Diskrepánz f (10) (*расхождение, разлад*); Míßverhältnis n (3*) (*несоответствие*)

диск м **1.** Dískus m, pl Dísken u Dískusse, Schéibe f (11); ~ Луны́ Móndscheibe f; метáние ~а *спорт.* Dískuswerfen n -s; **2.** *тех.* Schéibe f (11), Plátte f (11), Lamélle f (11); ~ проигрывателя Plättenteller m (6); ~ крýглой пилы́ Kréissägeblatt n (5); ~ номеронабирáтеля (телефóна) Wählscheibe f, Númmernscheibe f

ди́скант м *муз.* **1.** (*голос*) Diskánt m (1); **2.** (*певец*) Diskántsänger m (6), Diskantíst m (8); **~óвый** Diskánt-; ~óвый гóлос Diskántstimme f (11)

дисквалификáция ж Disqualifikatión f (10), Disqualifizíerung f

дисквалифици́ровать disqualifizíeren vt; **~ся** **1.** séine Qualifikatión verlíeren*; **2.** *страд.* disqualifizíert wérden

ди́ск-жокéй м (*ведущий дискотеку*) Dískjockey [-dʒɔke:] m -s, -s

дискобóл м *спорт.* Dískuswerfer m (6)

ди́сковый Schéiben-; ~ плуг Schéibenpflug m (1*)

дискомфóрт м féhlender Komfort [-ˈfɔ:r]

дискóнт м *фин.* Diskónt m (1), Diskónto m -s, -s u -ti

дисконти́ровать *фин.* diskontíeren vt

дискотéка ж Diskothék f (10), *разг.* Dísko f -s

дискредит||áция ж Diskreditíerung f; **~и́ровать** diskreditíeren vt, in Míßkredit [Verrúf] bríngen*; ~и́ровать себя́ (в чём-л.) sich diskreditíeren; in Míßkredit geráten* [kómmen*]; séine Autorität untergráben*

дискрéтн||ость ж *мат.* Únstetigkeit f; **~ый** *мат.* únstetig

дискриминáнт м *мат.* Diskriminánte f (11)

дискриминациóнный diskriminíerend

дискримин||áция ж Diskriminatión f, Diskriminíerung f; рáсовая ~áция Rássendiskriminierung f; экономи́ческая ~áция wírtschaftliche Diskriminíerung; **~и́ровать** diskriminíeren vt

дискуссиóнн||ый Diskussións-; diskutábel, diskutíerbar, víeldiskutiert (*спорный*); ~ый вопрóс Stréitfrage f (11), umstríttene Fráge; вопрóс является ~ым die Fráge steht zur Diskussión; в ~ом поря́дке auf dem Wége der Diskussión

диску́сс||ия ж Diskussión f (10), Bespréchung f (10), Erörterung f (10); Áussprache f (11) (*обмен мнениями*); развернýть ~ию éine Diskussión in Gang bríngen*

дискути́ровать *уст.* diskutíeren vi (что-л., о чём-л. über A); erörtern vt

дислокáция ж **1.** *воен.* Stándortverteilung f (10); Dislozíerung f, Únterbringung f, Stationíerung f; **2.** *геол.* Verschíebung f (10), Dislokatión f, Lágerungsstörung f, geológische Störung; **3.** *мед.* Lágeveränderung f, Verschíebung f

дислоци́ровать *воен.* dislozíeren vt, únterbringen* vt, stationíeren vt

диспансéр м Gesúndheitsfürsorgestelle f (11); Dispensaire [-pãˈsɛ:r] n -s, -s; туберкулёзный ~ Tuberkulósefürsorgestelle f; **~изáция** ж Gesúndheitsfürsorgewesen n -s, Dispensaire|-erfassung [-pãˈsɛ:r-] f, Dispensairebetreuung f; **~ный** dispensárisch, Dispensaire- [-pãˈsɛ:r-]

диспепси́я ж *мед.* Dyspepsíe f (11)

диспергáтор м *хим.* Dispérgens n =, pl -génzi|en u -géntia

дисперсия ж *физ.*, *хим.* Dispersión f (10); ~ свéта Líchtzerstreuung f (10), Fárbenzerstreuung f

диспéтчер м Dispatcher [-ˈpɛtʃər] m (6); *ж.-д.* Fáhrdienstleiter m (6); **~ская** ж Dispatcherzentrale [-ˈpɛtʃər-] f (11), Dispátcherraum m (1*)

дисплéй м Display [-ˈple:] n -s, -s, Bíldschirmgerät n (2)

диспози́ция ж *воен.* Dispositión f (10)

диспрóзий м Dysprósium n -s (*хим. знак* Dy)

диспропóрция ж Disproportión f (10), Míßverhältnis n (3*)

ди́спут м Méinungsstreit m (1); *ист.* Dispút m (1), Disputatión f (10); вести́ ~ disputíeren vi; **~и́ровать** disputíeren vi, geléhrt stréiten*

диссертáнт м Doktoránd m (8)

диссертáц||ия ж Dissertatión f (10), Dissertatiónsschrift f (10); защи́та ~ии die Vertéidigung éiner Dissertatión; ~ия на соискáние стéпени кандидáта наýк Kandidátendissertation f; защищáть ~ию éine Dissertatión vertéidigen; promovieren [-ˈvi:-] vi (*получать учёную степень*)

диссидéнт м Dissidént m (8)

диссимиля́ция ж *спец.* Dissimilatión f (10)

диссон||áнс м *муз.* Dissonánz f (10), Míßklang m (1*); Míßton m (1*); *перен.* Únstimmigkeit f, Nichtüberéinstimmung f; **~и́ровать** *муз.* dissoníeren vi, míßklingen* vi, míßtönen vi

диссоци||áция ж *спец.* Dissoziatión f (10); Áuflösung f (10); Trénnung f (10); Zerfáll m -(e)s; **~и́ровать** *спец.* dissoziíeren vt, áuflösen vt; trénnen vt

дистанциóнн||ый Fern-; férnbetätigt; férngelenkt, férngesteuert; ~ое управлéние Férnbedienung f, Férnlenkung f, Férnsteuerung f; ~ая трýбка *воен.* Zéitzünder m (6)

дистáнц||ия ж **1.** Distánz f (10); Entférnung f (10); **2.** *воен.* Ábstand m (1*); **3.** *ж.-д.*, *спорт.* Strécke f (11); пройти́ ~ию *спорт.* éine Strécke híntег sich bríngen*; сойти́ с ~ии *спорт.* (aus dem Wéttkampf) áusscheiden* vi (s); отрéзок ~ии Stréckenabschnitt m (1)

дистилл||и́рованный destillíert; ~и́рованная водá destillíertes Wásser; **~и́ровать** destillíeren vt; **~я́т** м Destillát n (2); **~я́тор** м Destillíerapparat m (1); **~я́ция** ж Destillatión f (10)

ди́стих м *лит.* Dístichon [-çɔn] n -s, -chen

дистрофи́я ж *мед.* Dystrophíe f, Mángelkrankheit f

дисципли́н||а I ж Disziplín f; трудовáя ~а Árbeitsdisziplin f; госудáрственная ~а Stáatsdisziplin f; парти́йная ~а Partéidisziplin f; нарушéние ~ы Disziplínverstoß m (1*); поддéрживать ~у Disziplín hálten*; соблюдáть ~у трудá die Árbeitsdisziplin éinhalten*

дисципли́на II ж (*отрасль науки*) Disziplín f (10); учéбная ~ Stúdi|enfach n (5), Léhrfach n, Únterrichtsfach n, Áusbildungsfach n; смéжная ~ Náchbardisziplin f

дисциплинáрн||ый disziplinárisch, Disziplinár-; ~ое взыскáние Disziplinárstrafe f (11); ~ый батальóн *воен.* Stráfbataillon [-ta,ljo:n] n (2); ~ый устáв *воен.* Disziplinárordnung f (10); в ~ом поря́дке disziplinárisch

дисциплини́ров||анность ж Diszipliníertheit f, gúte [stráffe] Disziplín; **~анный** diszipliníert; **~ать** diszipliníeren vt, zur Disziplín ánhalten*

дитя́ с Kind n (5); ◇ ~ прирóды Natúrmensch m (8); чем бы ~ ни тéшилось, лишь бы не плáкало *погов.* ≅ laß jédem Tíerchen sein Pläsíerchen

диурéз м *мед.* Diurése f (11), Tágesurinmenge f

диурети́н м *фарм.* Diuretín n -s

дифирáмб м Dithyrámbus m =, -ben, Dithyrámbe f (11), Lóblied n (5), Lóbeshymne f (11); ◇ петь комý-л. ~ы j-m Lóbeshymnen síngen*; ein Lóblied auf j-n ánstimmen

дифосгéн м *хим.* Diphosgén n -s

дифрáкция ж *физ.* Diffraktión f (10), Stráhlenbrechung f (10)

дифтери́йный diphthérisch, diphtherítisch, Diphtheríe-

дифтери́т м *см.* дифтери́я; **~ный** *см.* дифтери́йный

дифтери́я ж *мед.* Diphtheríe f

дифтóнг м *фон.* Diphthóng m (1), Dóppellaut m (1), Dóppelvokal [-vo-] m (1), Zwíelaut m (1)

диффама́ция *ж* Diffamíerung *f* (10)
диффере́нт *м мор.* Trimm *m* -(e)s, Trímmlage *f*
дифферентóвка *ж мор.* Trímmen *n* -s
дифференци||а́л *м* **1.** *мат.* Differentiál *n* (2); знак ~а́ла Differentiálzeichen *n* (7); **2.** *тех.* Differentiál *n* (2), Áusgleichgetriebe *n* (6); **3.** Scháltdifferenz *f* (10) (*регулятора*); **~а́льный** Differentiál-; ~а́льный тари́ф *эл.* Differentiáltarif *m* (1); ~а́льное исчисле́ние *мат.* Differentiálrechnung *f* (10); **~а́ция** *ж* Differenzíerung *f* (10), Glíederung *f* (10), Síchtung *f*; *мат.* Differentiatión *f*
дифференци́ров||ание *с мат.* Differentiatión *f*; **~анный** differenzíert; ~анная опла́та труда́ differenzíerte Entlóhnung; **~ать** differenzíeren *vt*; stáffeln *vt*; áufgliedern *vt*; *мат.* differenzíeren *vt*; **~аться** sich differenzíeren; in méhrere Grúppen zerfállen*
диффу́||зия *ж физ.* Diffusión *f* (10); **~зор** *м тех.* Diffúsor *m* -s, -sóren
дихотоми́я *ж биол.* Dichotomíe *f*
дича́ть **1.** verwíldern *vi* (s); **2.** (*о человеке*) ménschenscheu wérden
дичи́ться *разг.* schéuen *vt*, (ver)méiden* *vt* (*избегать*); ménschenscheu sein (*быть застенчивым*)
дичо́к *м* **1.** (*дерево*) Wíldling *m* (1); **2.** *разг.* (*о ребёнке*) schéues [schüchternes] Kind
дичь *ж* **1.** *собир.* (*дикие птицы, животные*) Wild *n* -(e)s; ме́лкая ~ Kléinwild *n*; кра́сная ~ Rótwild *n*; перна́тая ~ Féderwild *n* -(e)s, Wíldgeflügel *n* -s; **2.** (*мясо*) Wild *n* -(e)s; **3.** *разг.* (*дикое место*) Wíldnis *f* (3); **4.** *разг.* (*вздор*) Únsinn *m* -(e)s; поро́ть [нести́] ~ Únsinn réden
диэле́ктрик *м физ.* Di|eléktrikum *n* -s, *pl* -ken *u* -ka, Níchtleiter *m* (6)
длин||а́ *ж* Länge *f* (11); ~о́й в два ме́тра, два ме́тра в ~у́ von zwei Méter Länge, zwei Méter lang; ме́ра ~ы́ Längenmaß *n* (2); во всю ~у́ der Länge nach
длинно||во́лновый *радио* Lángwellen-; **~волокни́стый** lángfaserig; **~волóсый** lánghaarig; **~кры́лый** lángflüg(e)lig; **~ме́рный**: ~ме́рный груз Lánggut *n* -(e)s; **~но́гий** lángbeinig; hóchbeinig; stórchbeinig (*как аист*); **~но́сый** lángnasig; **~по́лый** lángschößig; **~ство́льный** *воен.* Lángrohr-
длинно́ты *мн.* Längen *pl*, Wéitschweifigkeiten *pl*
длинно||у́хий lángohrig; **~хво́стый** lángschwänzig; **~шёрст(н)ый** lánghaarig; lángwollig
дли́нный lang; ◇ у него́ ~ язы́к *разг.* er hat éine gróße Kláppe; er ist geschwätzig, er rédet zu viel
дли́тельн||ость *ж* Dáuer *f*; Zeit *f*; ~ость хране́ния Lágerzeit *f*; **~ый** dáuernd, lángwierig, lángwährend; ánhaltend; lánganhaltend; ~ая рабо́та lángwierige Árbeit; на ~ый пери́од auf lánge Sicht
дли́ться dáuern *vi*; währen *vi* (*поэт.*) (*продолжаться*); von lánger Dáuer sein, sich hínziehen* (*тянуться*)
для *предлог* **1.** für (*A*); ваго́н ~ некуря́щих Wágen *m* (7) für Níchtraucher; я́щик ~ пи́сем Bríefkasten *m* (7); конце́рт ~ скри́пки Violínkonzert [vi-] *n* (2); щипцы́ ~ opéхов Núßknacker *m* (6); альбо́м ~ почто́вых ма́рок Bríefmarkenalbum *n* -s, -ben; **2.** (*с целью чего-л.*) zu (*D*); ~ ва́шей по́льзы zu Íhrem Nútzen; для по́льзы де́ла zum Nútzen der Sáche; ~ того́, что́бы um... zu (+*inf*), damít; ~ того́, что́бы узна́ть всю пра́вду um die gánze Wáhrheit zu erfáhren; ~ чего́? wozú?; ~ того́ dazú; **3.** (*по сравнению с*) für (*A*); **э́то бы́ло больши́м достиже́нием für die dámalige Zeit war das éine gróße Errúngenschaft**; ◇ не́ ~ чего́ es ist nicht nótwendig; es ist überflüssig
дне I *предл. см.* день
дне II *предл. см.* дно
днева́лить *воен. разг.* Dienst háben
днева́льный *м воен.* Gehílfe *m* (9) des Únteroffiziers vom Dienst
днева́ть: ~ и ночева́ть у кого́-л. *разг.* bei j-m Stámmgast [ständiger Gast] sein
днёвка *ж воен.* Tágesrast *f*, Rásttag *m* (1)
дневни́к *м* Tágebuch *n* (5); шко́льный ~ Háusaufgabenheft *n* (2), ~ боевы́х де́йствий Kríegstagebuch *n*; путево́й ~ Réisetagebuch *n*; вести́ ~ ein Tágebuch führen
дневн||о́й **1.** Táges-; ~а́я сме́на Tágesschicht *f* (10); ~о́й свет Tágeslicht *n* -(e)s; ~ а́я ба́бочка *зоол.* Tágschmetterling *m* (1), Tágfalter *m* (6); ~о́е представле́ние, ~о́й спекта́кль Náchmittagsvorstellung *f* (10); ла́мпа ~о́го све́та Tágeslichtlampe *f* (11); **2.** (*за день*) Táges-, täglich; ~а́я вы́работка Tágesleistung (10); ~о́й за́работок Tágelohn *m* (1*), Tágesverdienst *m* (1)
дней *род. мн. см.* день
днём **1.** *нареч.* am Tág(e); tágsüber, bei Táge; ~ и но́чью Tag und Nacht; **2.** *тв. см.* день
Днепрогэ́с *м* (Днепро́вская гидроэлектри́ческая ста́нция) der Dneprogés, das Dnéprkraftwerk
дни *мн. см.* день
дни́ще *с* Bóden *m* (7*); Gefäßboden *m*
дно *с* Grund *m* (1*), Bóden *m* (7*); *гидр.* Sóhle *f* (11); откидно́е ~ *тех.* Kláppboden *m*; вы́бить ~ у бо́чки dem Faß den Bóden áusschlagen*; идти́ ко дну versínken* *vi* (s), úntergehen* *vi* (s); пуска́ть ко дну versénken *vt*; пить до дна bis auf den Grund léeren; bis zur Néige léeren; ◇ глазно́е ~ *анат.* Áugenhintergrund *m* -(e)s; золото́е ~ Góldgrube *f*, góldener Bóden; вверх ~м drúnter und drüber; переверну́ть вверх ~м das Únterste zuóberst kéhren, etw. auf den Kopf stéllen; чтоб тебе́ ни дна ни покры́шки! *разг.* daß du die Kränke kriegst!
дночерпа́тель *м гидр.* Bódengreifer *m* (6)
дноуглуби́тель *м гидр.* Schwímmbagger *m* (6); **~ный**: ~ные рабо́ты Áusbaggerungsarbeiten *pl*
дню *дат.*, **дня** *род. см.* день
до I *предлог* **1.** (*вплоть до*) bis, bis zu (*D*), bis auf (*A*); боро́ться до конца́ bis zu Énde kämpfen; вы́пить до после́дней ка́пли bis auf den létzten Trópfen áustrinken*; до сих по́р bis jetzt, bislang, bishér (*о времени*); bis zu díeser Stélle (*о месте*); до того́ как, до тех пор пока́ solánge, bis; до пяти́ часо́в bis fünf Uhr; до свида́ния! auf Wíedersehen!; он до того́ слаб, что... er ist so schwach, daß...; до 16 лет únter 16 Jáhren; биле́т до Москвы́ éine Kárte nach Móskau; **2.** (*около*) gégen, úngefähr, étwa, an die; бы́ло до 30° моро́за es wáren étwa [gégen] 30 Grad Frost; си́лой до одно́й ро́ты *воен.* étwa in Kompaníestärke; **3.** (*раньше*) vor (*D*); до Октя́брьской револю́ции vor der Októberrevolution [-vo-]; до на́шей э́ры vor únserer Zéitrechnung; за́ день до отъе́зда éinen Tag vor der Ábreise; **4.** (*при снижении или повышении*) auf (*A*); сни́зить брак до трёх проце́нтов die Áusschußquote auf drei Prozént sénken; ◇ от вре́мени до вре́мени von Zeit zu Zeit; до чего́ жа́рко! es ist áber heiß!; до чего́ вы меня́ довели́! wohín háben Sie mich gebrácht!; мне не до того́ ich bin dazú nicht áufgelegt
до II *сущ. с муз.* C *n* =, =; **~-дие́з** Cis *n* =; **~-бемо́ль** Ces *n* =; ~ мажо́р C-Dur *n* = (*сокр.* C); в ~ мажо́ре in C-Dur; ~ мино́р c-Moll *n* = (*сокр.* c); в ~ мино́ре in c-Moll
доба́в||ить hinzúfügen *vt*, hinzúsetzen *vt*; béifügen *vt*, ergänzen *vt* (*дополнить*); мне не́чего бо́льше ~ить wéiter hábe ich nichts hinzúzufügen; **~ка** *ж* **1.** *разг.* Zúgabe *f* (11), Zúsatz *m* (1*); проси́ть ~ки éinen Náchschlag verlángen, náchverlangen *vt*; **2.** *стр.* Zúsatzmittel *n* (6), Zúsatzstoff *m* (1), Zúsatz *m* (1*); **~ле́ние** *с* **1.** (*действие*) Ergänzung *f* (10), Hinzúfügung *f* (10); в ~ле́ние к ска́занному in Ergänzung zu dem Geságten; **2.** (*то, что добавлено*) Zúschlag *m* (1*), Náchsatz *m* (1*), Zúsatz *m*, Ergänzung *f* (10); примеча́ния и ~ле́ния Ánmerkungen und Zúsätze; **~ля́ть** *см.* доба́вить; **~ок** *м разг. см.* доба́вка 1; **~очный** ergänzend, Ergänzungs-; zúsätzlich, Zúsatz-; ~очный за́работок Nébenverdienst *m* (1)
добега́ть *см.* добежа́ть
добе́гаться *разг.* bis zu... (*D*) láufen*; ~ до уста́лости sich müde láufen*
добежа́ть bis... (zum Ziel) láufen*, láufen* bis...
добела́ *нареч.*: раскалённый ~ wéißglühend
доберма́н-пи́нчер *м* (*порода собак*) Dóbermannpinscher *m* (6)
добива́ть *см.* доби́ть
добива́ться strében *vi*, tráchten *vi* (чего́-л. nach *D*); erstrében *vt*, zu erréichen [erlángen] súchen; sich éinsetzen (für *A*), sich bewérben* (um *A*), auf etw. (*A*) áussein (*домогаться*); упо́рно ~ чего́-л. hínter etw. (*D*) her sein
добира́ться *см.* добра́ться
доби́ть **1.** (*прикончить кого-л.*) j-m den Gáraus máchen, j-m den Gnádenstoß [Rest] gében*; **2.** (*окончательно разбить*) éndgültig zerschlágen*
доби́ться erlángen *vt*, erréichen *vt*, erzíelen *vt*; zu Wége bríngen*; gelángen *vi* (*s*) (чего́-л. zu *D*); ~ отве́та от кого́-л. j-m éine Ántwort ábzwingen*; ~ внима́ния sich (*D*) Gehör verschäffen; ~ своего́ séine Ábsicht erréichen; таки́м спо́собом ничего́ не добьёшься dámit kommst du [kommt man] nicht weit; ~ значи́тельных успе́хов bedéutende Erfólge erzíelen; ~ побе́ды den Sieg erríngen*
до́блестный héldenmütig, tápfer; ~ труд héldenmütige Árbeit
до́блесть *ж* Héldenmut *m* -(e)s, Tápferkeit *f*; трудова́я ~ Héldenmut bei der Árbeit; во́инская ~ Héldentum *n* im Kampf
добра́сывать *см.* добро́сить
добра́ть **1.** (*что-л. или чего-л.*) noch dazúnehmen* *vt*; на́до ~ де́нег ich muß [wir müssen] noch Geld dazúnehmen; **2.** *полигр.* zu Énde sétzen, fértig sétzen
добра́ться (mit Mühe) gelángen *vi* (s); ~ до́ дому sein Haus erréichen, bis zu séinem Háuse gelángen; до него́ не доберёшься *разг.* bei ihm ist nicht ánzukommen; ◇ я до тебя́ доберу́сь! *разг.* ≅ ich will dich noch bei den Hámmelbeinen kríegen!
добра́чный vórehelich
добрести́ sich bis zu... (*D*) schléppen

добре́ть I (*делаться добрее*) gútmütiger wérden

добре́ть II *разг.* (*толстеть*) zúnehmen* *vi*, dick wérden

добр||о́ I *с* **1.** (*имущество*) (Hab und) Gut *n* -(e)s; Hábseligkeiten *pl* (*пожитки*); наро́дное ~о́ Vólkseigentum *n* -s; обще́ственное ~о́ geséllschaftliches Éigentum; колхо́зное ~о́ Kolchóseigentum *n*; **2.** (*благо*) das Gúte (*sub*); жела́ть кому́-л. ~а́ j-m álles Gúte [das Béste] wünschen; э́то ~о́м не ко́нчится das wird nicht gut áusgehen [énden]; **3.** (*доброе дело*) Wóhltat *f* (10); за ~о́ ~о́м и пла́тят Gútes wird mit Gútem vergólten; ◇ помина́ть ~о́м кого́-л. j-n in gútem Ándenken behálten*, sich j-s fréundlich erínnern; э́то не к ~у́ das hat nichts Gútes zu bedéuten

добро́ II *частица разг.* gut denn; ◇ ~ пожа́ловать! willkómmen!

доброво́||лец *м* Fréiwillige *m* (14); записа́ться в ~льцы [~льцем] sich als Fréiwilliger mélden

доброво́льн||о *нареч.* fréiwillig, aus fréiem Ántrieb, durch éigenen fréien Entschlúß; aus fréien Stücken (*разг.*); рабо́тать ~о fréiwillig [im fréiwilligen Éinsatz] árbeiten; соверше́нно ~о auf völlig fréiwilliger Grúndlage, völlig fréiwillig; **~ость** *ж* Fréiwilligkeit *f*; **~ый** fréiwillig; ~ое уча́стие в чём-либо fréiwilliger Éinsatz bei (*D*); ~ое о́бщество fréiwillige Geséllschaft

доброво́льческий Fréiwilligen-; ~ отря́д Fréiwilligenabteilung *f* (10)

доброде́тель *ж* Túgend *f* (10); **~ный** túgendhaft

доброду́ш||ие *с* Gútmütigkeit *f*; **~ный** gútmütig

доброжела́тель *м* Gönner *m* (6); **~ница** *ж* Gönnerin *f* (12); **~ный** wóhlwollend, gewógen (к кому́-л. *D*); **~ство** *с* Wóhlwollen *n* -s, Gewógenheit *f*, Gunst *f*

доброка́чественн||ость *ж* Güte *f*, gúte [hóhe] Qualität; éinwandfreie [féhlerfreie] Beschäffenheit; **~ый 1.** (*высокого качества*) von gúter [hóher] Qualität, von hóher Güte, qualitätsgerecht; Qualitäts-; éinwandfrei; gedíegen; **2.** *мед.* gútartig; ~ая о́пухоль gútartige Geschwúlst

добро́м *нареч.* im Gúten (*по-хорошему*); fréiwillig (*по доброй воле*)

добропра́вный *уст.* síttsam

добропоря́дочн||ость *ж* Ánständigkeit *f*, Éhrenhaftigkeit *f*, Órdentlichkeit *f*; **~ый** ánständig, éhrenhaft, órdentlich

добросерде́ч||ие *с*, **~ность** *ж* Gútherzigkeit *f*; **~ный** gútherzig

добро́сить bis zu... (*D*) wérfen*

добросо́вестн||ость *ж* Gewíssenhaftigkeit *f*; **~ый** gewíssenhaft

добрососе́дск||ий gútnachbarlich; ~ие отноше́ния gútnachbarliche Bezíehungen, gúte Náchbarschaft; подде́рживать ~ие отноше́ния gúte Náchbarschaft hálten*

доброта́ *ж* Güte *f*, Hérzensgüte *f*

добро́тн||ость *ж* Güte *f*, Qualität *f*; Háltbarkeit *f*; **~ый** gut; háltbar; gedíegen

до́бр||ый gut, gútherzig; ~ые лю́ди gúte Ménschen; ◇ в ~ый час! Glück auf!, zu gúter Stúnde!; всего́ ~ого! (ich wünsche Íhnen) álles Gúte!; ~ое у́тро! gúten Mórgen!; бу́дьте ~ы séien Sie so gut, háben Sie die Güte; ~ых три часа́ gúte [réichliche, vólle] drei Stúnden; он на ~ых де́сять лет ста́рше меня́ er ist gut zehn Jáhre älter als ich; ~ая дю́жина ein rúndes Dútzend; ~ая полови́на die gúte [réichliche] Hälfte; ~ая во́ля gúter Wílle; по ~ой во́ле aus fréiem Wíllen, fréiwillig; лю́ди ~ой во́ли Ménschen gúten Wíllens; чего́ ~ого он рассе́рдится zu gúter Letzt [am Énde gar] wird er noch böse

добря́к *м разг.* gútmütiger Kerl; ein hérzensguter Mensch

добу́диться *разг.*: наси́лу [с трудо́м, едва́] ~ кого́-л. mit Mühe und Not j-n áufwecken

добыв||а́ние *с* **1.** Beschäffung *f*; Ermítt(e)lung *f* (*сведений*); ~а́ние средств к жи́зни der Erwérb des Lébensunterhaltes; **2.** (*руды и т. п.*) Gewínnung *f*, Förderung *f*; **~а́ть** *см.* добы́ть; **~а́ющий:** ~а́ющая промы́шленность extraktíve [-vә] Industríe

добы́ть 1. erwérben* *vt*, beschäffen *vt*, verschäffen *vt*; ermítteln *vt* (*сведения*); **2.** (*руду и т. п.*) gewínnen* *vt*, fördern *vt*, ábbauen *vt*, áusbringen* *vt*

добы́ч||а *ж* **1.** (*добывание*) Áusbeute *f*; Gewínnung *f*, Förderung *f* (*руды и т. п. из недр земли*); ~а о́лова Zínnförderung *f*; ~а у́гля Kóhlenförderung *f*; су́точная ~а Tágesförderung *f*; **2.** (*добытое*) Béute *f*; Fang *m* -(e)s (*улов*); das Erbéutete (*sub*) (*захваченное*); охо́тничья ~а Jágdbeute *f*; вое́нная ~а Kríegsbeute *f*; **3.** (*добытое из недр земли*) Fördermenge *f* (11), Förderleistung *f* (10), Förderung *f*; Áusbeute *f*, Áusbringung *f*; мирова́я ~а Wéltförderung *f*, Wéltfördermenge *f*; **4.** *перен.* Raub *m* -(e)s, Béute *f*; стать ~ей пла́мени ein Raub der Flámmen wérden

дова́ривать *см.* довари́ть; **~ся 1.** *см.* довари́ться; **2.** *страд.* fértig gekócht wérden

довари́ть das Kóchen beéndigen (*окончить*); gar [fértig] kóchen (*до готовности*); **~ся** völlig gar wérden

доведе́ние *с* (*до конца*) Dúrchführung *f*, Volléndung *f*; ◇ ~ до све́дения Mítteilung *f*

довезти́ bis zu... (*D*) fáhren* [bríngen*] *vt*

дове́ренн||ость *ж* Vóllmacht *f* (10), Ermächtigung *f* (10); вы́дать ~ость éine Vóllmacht áusstellen; ~ость на веде́ние дел Verhándlungsvollmacht *f*; ~ость на получе́ние де́нег éine Vóllmacht für den Géldempfang; по ~ости in [laut] Vóllmacht; о́бщая ~ость Blánkovollmacht *f*, Generálvollmacht *f*; **~ый** *прич.* **1.** *см.* дове́рить; **2.** *в знач. прил.* bevóllmächtigt; ermächtigt, beáuftragt; ~ое лицо́ Vertráuensperson *f* (10), Vertráuensmann *m* (4) (*pl тж.* -leute); **3.** *в знач. сущ. м* Bevóllmächtigte *m* (14), Beáuftragte *m* (14), Tréuhänder *m* (6); Prokuríst *m* (8)

дове́р||ие *с* Vertráuen *n* -s; Zútrauen *n*; не заслу́живающий ~ия únzuverlässig; вы́разить ~ие sein Vertráuen áussprechen*; по́льзоваться ~ием Vertráuen geníeßen*; лиша́ть кого́-л. ~ия j-m das Vertráuen entzíehen*; пита́ть ~ие Vertráuen entgégenbringen* [schénken]; не пита́ть к кому́-л. ~ия zu j-m kein Vertráuen háben [hégen]; потеря́ть ~ие das Vertráuen éinbüßen; in Míßkredit kómmen*; во́тум ~ия Vertráuensvotum [-vo-] *n* -s

довери́тель *м юр.* Vóllmachtgeber *m* (6); Áuftraggeber *m* (6); **~ница** *ж юр.* Vóllmachtgeberin *f* (12); **~ный 1.** vertráulich; **2.** *юр.* Vóllmacht-; Tréuhand-, tréuhänderisch

дове́рить ánvertrauen *vt*; ~ кому́-л. получи́ть что-л. j-n zur Inempfángnahme bevóllmächtigen; **~ся** (*кому-л.*) sich ánvertrauen (*D*); sich verlássen* (auf *A*) (*положиться*)

до́верху *нареч.* bis óben, voll; насы́пать корзи́ну ~ den Korb (bis zum Rand) vóllschütten [füllen]

дове́рчив||ость *ж* Zútraulichkeit *f*, Gútgläubigkeit *f*; Léichtgläubigkeit *f* (*легковерие*); **~ый** zútraulich, vertráuensvoll; vertráuensselig; léichtgläubig (*легковерный*)

доверш||а́ть *см.* заверши́ть; **~е́ние** *с* Volléndung *f*; ◇ в ~е́ние всего́ zu gúter Letzt; **~и́ть** volléndеn *vt*

доверя́||ть 1. *см.* дове́рить; **2.** (*иметь доверие*) (ver)tráuen *vt* (кому́-л. *D*); Vertráuen háben (zu *D*), Gláuben schénken (*D*); не ~ть míßtrauen *vi*; не ~ть кому́-л. ни на грош *разг.* j-m nicht über den Weg tráuen; ~й, да не вся́кому *посл.* trau, schau, wem; **~ться 1.** *см.* дове́риться; **2.** *страд.* ánvertraut wérden

дове́с||ить (beim Wiegen) (hin)zúlegen *vt*; **~ок** *м* Zúgabe *f* (11) (bis zum ríchtigen Gewícht); Zúwaage *f* (11) (*австр.*)

довести́ 1. (*кого-л. до какого-л. места*) hínführen *vt*; begléiten *vt* (*проводить*); **2.** (*приводить к чему-л.*) zu etw. (*D*) führen, heránführen *vt*, heránbringen* *vt*; bis dahín bríngen*, daß...; stéigern *vt* (*усилить*); ~ де́ло до конца́ éine Sáche volléndеn [zu Énde führen]; ~ кого́-л. до слёз j-n zum Wéinen bríngen*; ~ до кра́йности bis zum Äußersten tréiben*; **3.** (*что-л. до чего-л.*) bis zu... (*D*) führen; ~ желе́зную доро́гу до го́рода die Éisenbahn bis zur Stadt führen; ◇ ~ что-л. до чьего́-л. све́дения j-m etw. zur Kénntnis bríngen*, j-n von etw. (*D*) in Kénntnis sétzen

довести́сь *безл.*: мне не довело́сь там побыва́ть ich hátte kéine Gelégenheit, dort zu sein

дове́шивать *см.* дове́сить

довинти́ть, дови́нчивать éinschrauben *vt*; völlig éinschrauben (*до конца*)

до́вод *м* Bewéisgrund *m* (1*), Argumént *n* (2); ве́ский ~ gewíchtiges [bewéiskräftiges] Argumént; неопроверж́имый ~ unwiderlégbarer Bewéisgrund; ~ы за и про́тив Bewéis und Gégenbeweis, das Für und Wíder, Für- und Gégenbeweise; опрове́ргнуть ~ы die Bewéise entkräften, Arguménte widerlégen; приводи́ть ~ы Bewéisgründe ánführen [vórlegen, unterbréiten]

довод||и́ть 1. *см.* довести́; не ~и́ де́ло до того́, что... laß es nicht dahín kómmen, daß...; **2.** *мет.-об.* hónen *vt*, läppen *vt*

доводи́ться 1. *см.* довести́сь; **2.** (*о родстве*): он дово́дится мне дя́дей er ist mein Ónkel; **3.** *страд.* gebrácht wérden (*ср.* довести́)

householdдово́дка *ж тех.* Vervóllständigen *n* -s; Áusbessern *n* -s, Áusbesserung *f*; Nácharbeit *f*; Justíeren *n* -s; *мет.-об.* Hónen *n* -s, Läppen *n* -s

довое́нный Vórkriegs-; ~ у́ровень произво́дства der Vórkriegsstand der Produktión; ~ пери́од Vórkriegszeit *f*

довози́ть *см.* довезти́

дово́льно *нареч.* **1.** genúg, genügend, zur Genüge; с него́ э́того ~ das wird ihm (schon) lángen; на сего́дня ~! sovíel für héute!; с меня́ ~! ich hábe es satt!; **2.** (*порядочно, до некоторой степени*) zíemlich; ~ дли́нный zíemlich lang; ~ хорошо́ recht gut; **3.** (*как восклицание*) genúg!; ~ безде́льничать! genúg gefáulenzt!; ~ слов! genúg der Wórte!; ~ спо́рить! hört auf zu stréiten!

дово́льный zufríeden; ~ вид zufríedenes Áussehen; я дово́лен тобо́й ich bin mit dir zufríeden

дово́льств||ие *с воен.* Verpflégung *f* (10); веще́вое ~ие Versórgung *f* mit Bekléidung und Áusrüstung; де́нежное ~ие Besóldung *f* (10); finanziélle Versórgung; зачи́слить на ~ие in Verpflégung néhmen*; снять с ~ия aus der Verpflégung stréichen*; состоя́ть на ~ии versórgt wérden

дово́льств||о *с* 1. Zufríedenheit *f*; Befríedigung *f*, Genüge *f* (*удовлетворение*); 2. *разг.* (*достаток*) Wóhlstand *m* -(e)s; жить в ~е wóhlhabend sein; álles volláuf háben, gut lében

дово́льствовать *воен.* verpflégen *vt*, versórgen *vt*; ~ся 1. sich begnügen, sich zufríedengeben* *отд.*, es dabéi bewénden lássen* (чем-л. mit *D*); 2. *страд.* verpflégt [versórgt] wérden

довооруже́ние *с* Náchrüstung *f*

доврачéбн||ый: ~ая по́мощь Hílfe (-leistung) *f* vor dem Éintreffen des Árztes

довы́боры *мн.* Ergänzungswahl *f* (10) (*чаще pl*), Náchwahl *f* (*чаще pl*)

дог *м* (*порода собак*) Dógge *f* (11)

догада́ться (*о чём-л.*) erráten* *vt*, auf etw. (*A*) verfállen*; auf etw. (*A*) kómmen* (-s)

дога́дка *ж* Mútmaßung *f* (10); Vermútung *f* (10); ◇ теря́ться в ~х sich in Vermútungen verlíeren*, Mútmaßungen ánstellen

дога́длив||ость *ж* Schárfsinnigkeit *f*; ~ый schárfsinnig

дога́дываться 1. *см.* догада́ться; 2. (*предполагать*) mútmaßen *неотд. vt*, vermúten *vt*

догляде́||ть (*до конца, до половины и т. п.*): я ~л представле́ние в ци́рке ich habe mir das Scháuspiel im Zírkus bis zu Énde ángesehen

до́гма *ж*, ~т *м* Dógma *n* -s, -men, Léhrsatz *m* (1*); Gláubenssatz *m*; ~ти́зм *м* Dogmatísmus *m* =

догма́т||ик *м* Dogmátiker *m* (6); ~ика *ж* Dogmátik *f*, Gláubenslehre *f*; ~и́ческий, ~и́чный dogmátisch

догна́ть éinholen *vt*; náchholen *vt* (*наверстать*)

догова́ривать *см.* договори́ть; не ~ чего́-л. (*скрывать*) etw. verschwéigen* [verhéhlen]; догова́ривай! sprich zu Énde!; ~ся 1. *см.* договори́ться; 2. (*вести переговоры*) unterhándeln *vt*, verhándeln *vi*

догова́ривающ||ийся *юр.* vertrágschließend; ~иеся сто́роны die vertrágschließenden Séiten

догово́р *м* Vertrág *m* (1*); Pakt *m* (1); Ábkommen *n* (7) (*соглашение*); ми́рный ~ Fríedensvertrag *m*; торго́вый ~ Hándelsabkommen *n*, Hándelsvertrag *m*; трудово́й ~ Árbeitsvertrag *m*, Árbeitskontrakt *m* (1), Ánstellungsvertrag *m*; Árbeitsrechtsverhältnis *n* (3*); междунаро́дный ~ völkerrechtlicher Vertrág; двусторо́нний ~ zwéiseitiger [bilateráler] Vertrág; многосторо́нний ~ méhrseitiger [múltilateráler] Vertrág; односторо́нний ~ éinseitiger Vertrág; сою́зный ~ Bündnisvertrag *m*; ~ о ненападе́нии Níchtangriffspakt *m*; Догово́р о запреще́нии испыта́ний я́дерного ору́жия Téststoppabkommen *n*, Ábkommen über Éinstellung der Kérnwaffenversuche; Догово́р об ограниче́нии стратеги́ческих вооруже́ний, Догово́р ОСВ-2 der Vertrág über die Begrénzung der strategíschen Rüstung, SALT II [sɔlt-]; Догово́р о противораке́тной оборо́не (*сокр.* ПРО) der Vertrág über die Begrénzung der Rakétenabwehrsysteme (*сокр.* ABM [eɪbiː'em]), ABM-Vertrag *m*; Догово́р о дру́жбе и взаи́мной по́мощи Vertrág über Fréundschaft und gégenseitigen Béistand; Варша́вский Догово́р der Wárschauer Vertrág; ~ о социалисти́ческом соревнова́нии Vertrág über den sozialístischen Wéttbewerb; коллекти́вный ~ Kollektívvertrag *m*; о́бщий ~ Generálvertrag *m*; заключа́ть ~ éinen Vertrág ábschließen* [schlíeßen*]; подпи́сывать ~ éinen Vertrág unterschréiben* [unterzéichnen, unterfértigen]; нару́шить ~ vertrágsbrüchig wérden; éinen Vertrág verlétzen; расто́ргнуть ~ éinen Vertrág kündigen; страна́, подписа́вшая ~ Signatármacht *f* (3); Unterzéichner *m* (6), Signatárstaat *m* (13); рабо́тать по ~у vertrágsmäßig árbeiten

договорённост||ь *ж* Übereínkunft *f* (3), Veréinbarung *f* (10), Ábsprache *f* (11); Ábmachung *f* (10); согла́сно ~и laut Veréinbarung, veréinbarungsgemäß

договор||и́ть zu Énde spréchen*, (álles) áussprechen* *vt*; дай мне ~и́ть! laß mich áusreden!; ~и́ться 1. (*условиться о чём-л.*) verábreden *vt*, sich veréinbaren, sich ábsprechen*; sich verständigen, éinig wérden, übereínkommen* *vi* (s) (с кем-л. о чём-л. mit *D* über *A*); ábmachen *vt*, féste Ábrede tréffen* (*окончательно*); мы ~и́лись es ist zwíschen uns ábgesprochen; твёрдо ~и́ться о чём-л. féste Ábrede tréffen*; 2. *разг.*: он ~и́лся до абсу́рда er verstíeg sich ins Absúrde

догово́рник *м разг.* ein auf Vertrágsbasis [nicht fest] éingestellter Beschäftigter (*sub*), ein stúndenweise Beschäftigter (*sub*)

догово́рн||ый vertrágsgemäß; vertráglich, vertrágsgebunden, Vertrágs-; ~ые обяза́тельства vertrágliche Verpflíchtungen; ~ые отноше́ния Vertrágsbeziehungen *pl*, vertrágliche Bezíehungen; рабо́та на ~ых нача́лах Árbeit auf vertráglicher Grúndlage, Vertrágsarbeit *f*

догола́ *нареч.*: разде́ть кого́-л. ~ j-n nackt áusziehen*

догоня́ть *см.* догна́ть

догора́ть, догоре́||ть áusbrennen* *vi* (s), zu Énde brénnen*; áusgehen* *vi* (s); свеча́ ~ла das Licht ist níedergebrannt; за́рево ~ло der Féuerschein ist erlóschen

догреба́ть, догрести́ 1. (*граблями*) zusámmenharken *vt*; 2. (*вёслами — до чего-л.*) heránrudern *vi* (h, s), rúdern bis zu... (*D*)

догружа́ть, догрузи́ть 1. (*кончить грузить*) zu Énde láden*; 2. (*грузить дополнительно*) zúladen* *vt*

догру́зка *ж* (*дополнительная погрузка*) Zúladung *f* (10)

додава́ть, дода́ть (da)zúgeben* *vt*, hinzúgeben* *vt*, hinzúfügen *vt*

додекафо́ния *ж муз.* Dodekaphoníe *f*, Zwölftonmusik *f*

додека́эдр *м мат.* Dodekaéder *m* (6), Zwölfflach *n* (2), Zwölfflächner *m* (6)

доде́лать völlig beéndigen, fértig máchen, zu Énde führen [bríngen*]; nácharbeiten *vt*

доде́лка *ж* Nácharbeit *f*

доде́лывать *см.* доде́лать

додержа́ть (*до*) (bei sich) behálten* bis, hálten* bis

доду́маться, доду́мываться auf éinen Éinfall [Gedánken] kómmen*; как вы до э́того доду́мались? wie sind Sie daráuf gekómmen?

доеда́ть *см.* дое́сть

доезжа́||ть *см.* дое́хать; киломе́тра два не ~я до го́рода úngefähr zwei Kilométer vor der Stadt

доезжа́чий *м охот.* Vórreiter *m* (6), Jágdreiter *m*, Áufseher *m* (6) der Jágdhunde, Pikör *m* (1), Piqueur [pi'køːr] *m* (1)

дое́ние *с* Mélken *n* -s; маши́нное ~ Maschínenmelken *n*; ручно́е ~ Hándmelken *n*

дое́сть áufessen* *vt*; verzéhren *vt*

дое́хать ánkommen* *vi* (s) (до чего́-л. an *D*); erréichen *vt*; ~ до́ дому das Haus erréichen, zu Háuse ánkommen*

дож *м ист.* Doge [*ит.* 'do:ʒə] *m* (9); Дворе́ц ~ей Dogenpalast ['do:ʒən-] *m* -es

дожа́ривать, дожа́рить zu Énde [fértig] bráten*

дожа́ть (zu Énde) mähen *vt*, fértig mähen

дожд||а́ться 1. erwárten *vt*; он ~а́лся, наконе́ц, письма́ er erhíelt éndlich den lángerwarteten Brief; мы ~али́сь его́ прихо́да wir wárteten, bis er kam; ~а́ться побе́ды den Sieg noch erlében; 2. *разг.* (*дойти до того, что...*) es dahín bríngen*; он ~а́лся того́, что его́ уво́лили er bráchte es dahín, daß man ihn entlíeß; ◇ ждём не ~ёмся wir können es kaum erwárten

дождева́льн||ый: ~ая устано́вка Berégnungsanlage *f* (11)

дождева́ние *с с.-х.* Berégnung *f*

дождева́тель *м* Stráhlregner *m* (6), Régner *m*, Beríeseler *m* (6) Sprénger *m* (6); враща́ющийся ~ Dréhstrahlregner *m*

дождеви́к *м* 1. (*гриб*) Stáubpilz *m* (1), Bófist *m* (1), Bóvist [-vɪst] *m*; 2. *разг.* (*пальто из непромокаемой ткани*) Régenmantel *m* (6*)

дождев||о́й Régen-; ~а́я ка́пля Régentropfen *m* (7); ~а́я вода́ Régenwasser *n* -s; ~о́й зо́нтик Régenschirm *m* (1); ~о́й червь *зоол.* Régenwurm *m* (4); ~о́е о́блако Régenwolke *f* (11)

дожде||ме́р *м* (*прибор*) Régenmesser *m* (6), Ombrométer *n* (6); Pluviométer [-vio-] *n*; ~приёмник *м* Gully ['gʊli] *m*, *n* -s, -s, Régeneinlauf *m* (1*), Schléusenloch *n* (5)

до́ждик *м разг. см.* дождь

дожди́нка *ж разг.* Régentropfen *m* (7)

дожд||и́ть *безл.*: с утра́ ~и́т *разг* es régnet [sprüht] vom Mórgen an

дождли́в||ый régnerisch; ~ый день ein verrégneter Tag, Régentag *m* (1); ~ая пого́да Régenwetter *n* -s

дождь *м* Régen *m* (7); проливно́й ~ strömender Régen; (héftiger) Scháuer *m* (6); Régenguß *m* -sses, -güsse, Plátzregen *m*; небольшо́й ~ léichter Régen; кратковре́менный ~ (*в сводке погоды*) kúrzdauernder Régen; zéitweise Régenschauer (*pl*); затяжно́й ~ Dáuerregen *m*; морося́щий ~ Sprühregen *m*, Stáubregen *m*, Níeseln *n* -s; обложно́й ~ Lándregen *m*; косо́й ~ Schlágregen *m*; ~ со сне́гом Schnéematsch *m* (1); в ~ bei Régen; идёт ~ es régnet; ~ разошёлся es hat sich éingeregnet; ~ льёт как из ведра́ es gießt in Strömen, es gießt wie mit Kánnen; ◇ ~ искр Fúnkenregen *m*; ~ упрёков ein Schwall von Vórwürfen; золото́й ~ *бот.* Góldregen *m*

дожива́ть *см.* доже́ть

дожида́ться wárten *vi* (auf *A*); ~ (прие́зда) до́ктора auf den Arzt wárten

дожи́тие *с* noch verbléibende Lébenszeit; страхова́ние на ~ *юр.* Versícherung *f* auf den Erlébensfall

дожи́ть 1. (*до чего-л.*) erlében *vt*, lében bis...; ~ до глубо́кой ста́рости ein hóhes Álter erréichen; ~ до 80 лет es auf 80 Jáhre bríngen*, 80 Jáhre alt wérden; ~ свой век [свою́ жизнь] sein Lében beschlíeßen*; **2.** *разг.* (*провести остаток времени где-л.*) die réstliche Zeit verbríngen*; **он до́жил ле́то на да́че** er verbráchte den Rest des Sómmers in der Sómmerfrische [auf dem Lánde]

до́за *ж* Dósis *f*, *pl* -sen, Dóse *f* (11); Gábe *f* (11) (*лекарства*); ~ радиа́ции Stráhlungsdosis *f*; ра́зовая ~ Éinzelgabe *f*; смерте́льная ~ Letáldosis *f*

дозагру́зка *ж* Náchladen *n* -s

дозапра́вка *ж*: ~ в во́здухе *ав.* Náchtanken *n* im Flug

до заре́зу *нареч. разг.* dríngend, äußerst

дозаряди́ть, дозаряжа́ть náchladen* *vt*; dúrchladen* *vt*

доза́тор *м спец.* Dosátor *m* -s, -tóren, Dosíerer *m* (6), Dosíergerät *n* (2), Dosíerapparat *m* (1); ~ кормо́в Fútterverteiler *m* (6)

дозва́ться: ~ кого́-л. j-n herbéirufen*

дозво́ленн||ый erláubt, gestáttet, genéhmigt; ~ые приёмы борьбы́ *спорт.* erláubte Griffe im Ríngkampf; *перен.* erláubte Kámpfmethoden

дозво́л||ить, ~я́ть erláuben *vt*, gestátten *vt*, bewílligen *vt*; **~я́ться** *безл.*: ~я́ется es ist erláubt [gestáttet]

дозвони́ться 1. (*по телефону*) Ánschluß bekómmen *; (telefónisch) erréichen *vt* (*кому-л.*); **2.** (*у дверей и т. п.*) klíngeln, bis man öffnet [bis geöffnet wird]

дозвуков||о́й *физ.*, *ав.* Únterschall-; ~а́я о́бласть Únterschallbereich *m* (1), *n* (2); ~а́я ско́рость Únterschallgeschwindigkeit *f*

дозиме́тр *м спец.* Dosiméter *n* (2), Dósismesser *m* (6), Stráhlungsmeßgerät *n* (2); карма́нный ~ Táschendosimeter *n*, Füllhalterdosimeter *n*; напёрстковый ~ Fíngerringdosimeter *n*

дозиметр||и́ст *м* Dosimetríst *m* (8), Stráhlungsmesser *m* (6); **~и́ческий** dosimétrisch; ~и́ческий дозо́р *воен.* Stráhlungsmeßtrupp *m* -s, -s

дозиме́трия *ж* Dosimetríe *f*, Stráhlungsmessung *f*, Stráhlenschutzmessung *f*

дози́р||овать *мед.* dosíeren *vt*; **~о́вка** *ж мед.* Dosíerung *f* (10); *спец. тж.* Zúteilung *f* (10), Zúmessung *f* (10)

дознава́ться *см.* дозна́ться

дозна́ние *с юр.* vórbereitende Untersúchung, Ermíttlung *f* (10)

дозна́ться *разг.* áusforschen *vt*; erfáhren* *vt*

дозо́р *м воен.* Áufklärungstrupp *m* -s, -s; Spähtrupp *m* (*на марше*); *мор.* Vórposten *m* (7); корабе́льный ~ Schiffsvorposten *m*; **~ный** *прил.* **1.** *воен.* Áufklärungs-; Späh- (*на марше*); *мор.* Vórposten-; **2.** *в знач. сущ. м* Späher *m* (6)

дозрев||а́ние *с* Náchreifen *n* -s, Áusreifen *n*, Réifwerden *n* -s; **~а́ть** *см.* дозре́ть

дозре́лый reif gewórden, gereíft

дозре́ть réifen *vi* (s), náchreifen *vi* (s), reif wérden

догра́||ть bis zu Énde spíelen; **~ться** spíelen, bis...; ◊ вот и ~лся *разг.* da hast du es!, da hast du die Beschérung!

дои́грывать *см.* догра́ть

до́ильн||ый Melk-; ~ый аппара́т Mélkmaschine *f* (11); ~ый стано́к Mélkstand *m* (1 *); ~ая устано́вка Mélkstand *m*, Mélkanlage *f* (11); Wéidemelkstand *m* (*пастбищная*)

доиска́ться entdécken *vt*, áufdecken *vt*, áusfindig máchen

дои́скиваться 1. *см.* доиска́ться; **2.** (*искать*) áusfindig máchen, súchen *vt*, erfórschen *vt*; náchforschen *vi* (до чего́-л. *D*)

доистори́ческий prähistórisch, vórgeschichtlich

дои́ть mélken* *vt*; **~ся** Milch gében*, mílchen *vi*

до́йка *ж* Mélken *n* -s

до́йн||ый mílchend, mélkbar; ~ая коро́ва Mílchkuh *f* (3); mélkende Kuh (*тж. перен.*)

дойти́ 1. (*о людях*) géhen * *vi* (s) bis..., gelángen *vi* (s), kómmen * *vi* (s) bis...; erréichen *vt*; вам ну́жно ~ до пло́щади Sie müssen bis zum Platz géhen; мы с трудо́м дошли́ до верши́ны mit Mühe erréichten wir den Gipfel; **2.** (*о предметах*) erréichen *vt*; письмо́ дошло́ до него́ че́рез неде́лю der Brief erréichte ihn nach éiner Wóche; **3.** (*проникнуть в сознание*): слова́ не дошли́ до них die Wórte sind bei íhnen nicht ángekommen (*разг.*); ле́кция не дошла́ до слу́шателей die Vórlesung ist bei den Hörern nicht ángekommen (*разг.*); die Hörer háben die Vórlesung nicht mítgekriegt (*разг.*); **4.** *разг.* (*достигнуть понимания*): ~ свои́м умо́м до чего́-л. auf etw. (*A*) von alléin(e) kómmen*; я сам дошёл до реше́ния зада́чи ich bin selbst auf die Lösung der Áufgabe gekómmen; **5.** (*быть доведённым до чего-л.*) zu etw. (*D*) kómmen* *vi* (s); ~ до кра́йности bis zum Äußersten géhen*; ~ до отча́яния in Verzwéiflung geráten*; де́ло дошло́ до того́, что... es war dazú gekómmen, daß...; ссо́ра дошла́ до дра́ки der Streit ártete in éine Schlägeréi aus; **6.** (*возрасти*): счёт дошёл до ты́сячи рубле́й die Réchnung wuchs bis auf táusend Rúbel an; ~ до колосса́льных разме́ров kolossáles [ríesiges] Áusmaß ánnehmen*; моро́з дошёл до тридцати́ гра́дусов der Frost erréichte dréißig Grad; **7.** *разг.* (*до готовности*) völlig reif wérden, náchreifen *vi* (s) (*дозреть*); gar wérden (*довариться*); те́сто не дошло́ der Teig ist nicht genügend áufgegangen; ◊ ру́ки не дошли́ ich bin nicht dazú gekommen; до моего́ све́дения дошло́, что... es kam mir zu Óhren, daß...

док *м* Dock *n* (2) (*pl тж.* -s); сухо́й ~ Tróckendock *n*; плаву́чий ~ Schwímmdock *n*; вводи́ть в ~ éindocken *vt*; выводи́ть из ~а áusdocken *vt*

до́ка *м разг.* Kénner *m* (6); geríebener Kúnde (*ловкач*); он большо́й ~ (в э́том де́ле) er verstéht sich daráuf

доказа́тельность *ж* Beweískraft *f*

доказа́тельный bewéiskräftig

доказа́тель||ство *с* **1.** (*довод*) Bewéis *m* (1); Náchweis *m* (1); Bewéisgrund, *m* (1*); приводи́ть ~ства Bewéise líefern [erbríngen*], den Náchweis führen; веще́ственное ~ство *юр.* Bewéisstück *n* (2); в ~ство als [zum] Bewéis; **2.** (*доказывание*) Bewéisführung *f*, Bewéis *m* -es; ~ство от проти́вного *мат.* ein Bewéis vom Gégenteil

доказа́ть bewéisen* *vt*; náchweisen* *vt*, erwéisen* *vt*; den Bewéis erbríngen*; как дока́зано erwíesenermaßen; дока́зано, что... es ist erwíesen, daß...; что и тре́бовалось ~ was zu bewéisen war

доказу́емость *ж* Bewéisbarkeit *f*; Náchweisbarkeit *f*

доказу́емый bewéisbar; náchweisbar, náchweislich

дока́зывать *см.* доказа́ть

дока́нчивать *см.* доко́нчить

докапиталисти́ческий vórkapitalistisch

дока́пывать(ся) *см.* докопа́ть(ся)

докати́ть 1. heránrollen *vt*, heránwälzen *vt* (до чего́-л. bis zu *D*); **2.** *разг.* (*доехать*) ánkommen* *vi* (s), ánlangen *vi* (s), éintreffen* *vi* (s); за два часа́ мы докати́ли до го́рода in zwei Stúnden führen wir bis zur Stadt; **~ся 1.** (hín-) róllen *vi* (s) (до чего́-л. bis zu *D*); **2.** *перен. разг.* herúnterkommen* *vi* (s) (bis zu *D*)

дока́тывать(ся) *см.* докати́ть(ся)

до́кер *м* Háfenarbeiter *m* (6), Schäuermann *m* -(e)s, *pl* -leute

доки́дывать, доки́нуть hináufwerfen* *vt*, wérfen* bis zu (*D*); я доки́нул ка́мень до забо́ра ich warf den Stein bis zum Zaun

докла́д *м* **1.** Bericht *m* (1); отчётный ~ Réchenschaftsbericht *m*; **2.** (*научный*) Vórtrag *m* (1*), Referát *n* (2); де́лать ~ éinen Vórtrag hálten*; éine Mítteilung máchen (*делать сообщение*); ◊ входи́ть без ~а únangemeldet éintreten*; **~но́й** zum Vórtrag (bestímmt), Vórtrags-; ~на́я запи́ска schríftlicher Bericht; Berichtsschreiben *n* (7); Memorándum *n* -s, *pl* -den *и* -da; Áktennotiz *f* (10); **~чик** *м* Berichterstatter *m* (6), Referént *m* (8), Vórtragende *m* (14)

докла́дывать *см.* доложи́ть I, II

докла́ссов||ый vor Entstéhung der Klássen; ~ое о́бщество die klássenlose Úrgesellschaft

докле́ивать, докле́ить (*кончить клеить что-л.*) zu Énde klében; fértig klében

доко́ле *нареч. уст.* **1.** *вопр.* wie lánge?, bis wann?; **2.** *относ.* (so lánge) bis (*до тех пор пока*); so weit wie (*до того места куда*)

доколо́ть (*дрова*) zu Énde spálten [hácken]

докона́||ть *разг.* erlédigen *vt*; den Rest gében* (кого́-л. *D*); э́то его́ ~ло das gab ihm den Rest, das hat ihn fértiggemacht

доко́нчить beénd(ig)en *vt*, vollénden *vt*, zu Énde führen

докопа́ть 1. (*докончить копать*) zu Énde gráben*; **2.** (*до чего-л.*) gráben* bis zu (*D*) [bis an (*A*)]; ~ до воды́ gráben*, bis man auf Wásser stößt; **~ся 1.** (*до чего-л.*) bis zu (*D*) gráben*; **2.** *перен. разг.* dahínterkommen* *vi* (s); ~ся до су́ти де́ла der Sáche auf den Grund kómmen*

докоси́ть 1. (*докончить косить*) zu Énde mähen; **2.** (*до чего-л.*) mähen bis zu (*D*) [bis an (*A*)]

докрасна́ *нареч.* **1.** (*при накаливании*) bis zur Rótglut; ~ раскалённый rótglühend; **2.** (*до красноты*); натере́ть что-л. ~ sich (*D*) etw. rot réiben*

докрити́ческий *физ.* únterkritisch, vórkritisch

докрича́ться *разг.* **1.** (*кого-л.*) durch Schréien herbéirufen*; **2.** (*до чего-л.*) schréien* bis...; ~ до хрипоты́ sich héiser schréien*

до́ктор *м* **1.** (*учёная степень*) Dóktor *m* -s, -tóren (*сокр. Dr.*); ~ нау́к Dóktor der Wíssenschaften (*сокр.* Dr.sc. = scientiae); habilitíerter Dóktor (*сокр.* Dr. habil.); ~ медици́нских нау́к Dóktor der medizínischen Wíssenschaften; получи́ть сте́пень ~а sich habilitíeren; име́ть сте́пень ~а нау́к habilitíert sein; **2.** (*врач*) Arzt *m* (1*)

доктора́льн||ый: говори́ть ~ым то́ном dozíeren *vi*, *vt*

доктора́нт *м* Habilitánd *m* (8)

до́ктор||ский Dóktor-; ~ская диссерта́ция Habilitatiónsschrift *f* (10); Dóktorarbeit *f* (10), Dóktordissertation *f* (10); ~ская стéпень Dóktorgrad *m* (1)

дóкторша *ж разг.* **1.** (*жена доктора*) (die) Frau éines Árztes; **2.** (*женщина-врач*) Ärztin *f* (12)

доктри́на *ж* Doktrin *f* (10), Léhre *f* (11)

доктринёр *м* Doktrinär *m* (1); **~ский** doktrinär; **~ство** *с* Doktrinarísmus *m* =

докýда *нареч. разг.* bis wohin?

докумéнт *м* Dokumént *n* (2); Beschéinigung *f* (10); Schríftstück *n* (2); Schein *m* (1); Únterlage *f* (11); Áusweis *m* (1) (*удостоверение личности*); бухгáлтерский ~ Búchungsbeleg *m* (1); пóдлинный ~ Originálurkunde *f* (11); Úrschrift *f* (10); оправдáтельный ~ Belég *m* (1); секрéтный ~ (gehéime) Verschlúßsache *f* (11); сопроводи́тельный ~ Begléitpapiere *pl*, Begléitschein *m*; Begléitbrief *m* (1); судéбный ~ Geríchtsakte *f* (11); судовы́е ~ы Schíffspapiere *pl*; тамóженный ~ Zóllbegleitschein *m*; ~ы 1) Schríftstücke *pl*; (schríftliche) Únterlagen *pl*; 2) (*личные*) Papíere *pl*, Áusweispapiere *pl*; предъяви́ть ~ы séine Beschéinigung [Úrkunde] vórweisen*, sich legitimíeren, sich àusweisen*

документали́ст *м кино* Dokumentaríst *m* (8)

документáльность *ж* dokumentárischer Charákter [ka-]

документáльн||ый dokumentárisch, úrkundlich; ~ые дáнные dokumentárische Ángaben; ~ый фильм Dokumentárfilm *m* (1); ~ый материáл Tátsachenmaterial *n* -s, -i:en

документ||áция *ж* **1.** Dokumentatión *f* (10), Únterlagen *pl*; техни́ческая ~áция téchnische Únterlagen; téchnische Dokumentatión; учётная ~áция Ábrechnungsbelege *pl*; **2.** (*действие*) dokumentárischer Beweis; **~и́ровать** dokumentíeren *vt*; belégen *vt*, beúrkunden *vt*

докупáть I (*выкупать*) báden *vt*

докупáть II (*купить ещё*) (hin)zúkaufen *vt*

докупáться báden *vi* (до чегó-л. bis zu *D*)

докупи́ть *см.* докупáть II

докýривать, докури́ть áusrauchen *vt*, zu Énde ráuchen

докучáть (*комý-л.*) *уст.* belästigen *vt*; j-m lästig fállen* [wérden]; ~ комý-л. прóсьбами j-n mit Bítten belästigen, j-m mit Bítten in den Óhren líegen*

докýчливый, докýчный *уст.* lästig zúdringlich, áufdringlich

дол *м уст. поэт.* Tal *n* (5); за горáми, за ~áми über Berg und Tal; по горáм, по ~áм durch Wald und Feld

долбёжный: ~ станóк *тех.* Stóßmaschine *f* (11)

долб||и́ть **1.** stóßen* *vt*, bestóßen* *vt*; áushöhlen *vt*; méißeln *vt* (*резцом*); **2.** *разг.* (*повторять*) éinprägen *vt*, éinschärfen *vt*, beständig wiederhólen; **3.** *разг.* (*зубрить что-л.*) (éin)páuken *vt*, sich (*D*) etw. éintrichtern; ◇ кáпля и кáмень ~и́т *посл.* stéter Trópfen höhlt den Stein

долбя́к *м мет.-об.* Stößel *m* (6)

долг *м* **1.** (*обязанность*) Pflicht *f* (10); Schúldigkeit *f*; вои́нский ~ militärische [soldátische] Pflicht; общéственный ~ geséllschaftliche Pflicht, Pflíchten *pl* vor der Gesélschaft; граждáнский ~ Bürgerpflicht *f*; служéбный ~ díenstliche Verpflíchtung; ~ чéсти Éhrenschuld *f*; по ~у слýжбы aus díenstlicher Verpflíchtung; считáть своúм ~ом es für séine Pflicht hálten*; sich verpflíchtet fühlen; нарýшить свой ~ séine Pflicht verlétzen; исполня́ть свой ~ пéред кем-л. séiner Pflicht j-m gegenüber náchkommen*, séine Pflicht erfüllen; **2.** (*взятое взаймы*) Schuld *f* (10); ~и́ Schúlden *pl*; Áußenstände *pl*, Verbíndlichkeiten *pl*; стáрые ~и́ Áltschulden *pl*; взять в ~ (ent)léihen* *vt*, bórgen *vt*; дать в ~ (ver)léihen* *vt*, (ver)bórgen *vt*; влезть в ~и́ in Schúlden geráten*; возврати́ть ~ die Schúlden zurückzahlen [begléichen*]; aus den Schúlden kómmen*; взы́скивать ~и́ die Áußenstände éinziehen* [éintreiben*]; ◇ быть в ~ý, как в шелкý *погов.* ≅ bis über die Óhren in Schúlden stécken; mehr Schúlden als Háare auf dem Kópf háben; не остáться в ~ý nichts schúldig bléiben*; отдáть послéдний ~ покóйному dem Tóten die létzte Éhre erwéisen*; пéрвым ~ом *разг.* zuallererst, vor állen Díngen

дóлг||ий lang; ◇ э́то ~ая пéсня *разг.* das ist éine lánge Geschíchte; откла́дывать что-л. в ~ий я́щик *разг.* etw. auf die lánge Bank schíeben*; ≅ auf lánge Wélle schálten; ~о ли до беды́ wie leicht kann ein Únglück passíeren; ~о ли упáсть на льду wie leicht kann man auf dem Eis hínfallen; ~о ли, корóтко ли *разг.* über kurz óder lang

долговéчн||ость *ж* Lánglebigkeit *f*; Lébensdauer *f*, Nútzungsdauer *f*; Háltbarkeit *f* (*прочность*); **~ый** lánglebig; lánge währeпd; von hóher Lébensdauer [Nútzungsdauer], dáuerhaft, háltbar (*прочный*)

долгов||óй Schuld-; ~óе обязáтельство Schúldverschreibung *f* (10), Schúldbrief *m* (1); ~áя распи́ска Schúldschein *m* (1)

долговрéмен||ный lánge währeпd; ~ное оборони́тельное сооружéние (*сокр.* ДОС) *воен.* ständige Beféstigungsanlage, Búnker *m* (6)

долговя́зый *разг.* hóchaufgeschossen; ~ пáрень (báum)lánger Kerl

долгождáнный lángerwartet, lángersehnt

долгожи́тель Lánglebige *m* (14)

долгоигрáющ||ий: ~ая грампласти́нка Lángspielplatte *f* (11), Míkrorillenplatte *f*

долголéт||ие *с* Lánglebigkeit *f*; **~ний** lánglebig; lángjährig; ~ние растéния áusdauernde Pflánzen

долгонóжка *ж зоол.* Schnáke *f* (11)

долгонóсик *м зоол.* Rüsselkäfer *m* (6); амбáрный ~ Kórnkäfer *m*; кукурýзный ~ Máiskäfer *m*

долгопóлый lángschößig

долгосрóчный lángfristig, Dáuer-; ~ заём éine lángfristige Ánleihe; ~ креди́т lángfristiger Kredít

долготá *ж* **1.** Dáuer *f*; Länge *f*; ~ глáсного *фон.* die Länge éines Vokáls; **2.** *геогр.* Länge *f* (11), Längenkreis *m* (1), Längengrad *m* (1); востóчная ~ östliche Länge

долготерпéние *с* Lángmut *f*

долевóй I (*продольный*) Längs-

долевóй II (*об участии, отчислениях и т. п.*) Ánteil-, Teil-

доледникóвый *геол.* vóreiszeitlich, präglaziál

дóлее *нареч.* länger

долезáть, долéзть kléttern *vi* (s) bis...; stéigen* *vi* (s) bis...

долетáть, долетéть flíegen* *vi* (s) bis...

долéчивание *с мед.* Náchbehandlung *f*

долéчивать, долечи́ть (*когó-л.*) vóllständig hérstellen [héilen]; áuskurieren *vt*; **~ся** sich áuskurieren

должáть *разг.* sich in Schúlden stürzen, in Schúlden geráten*, Schúlden máchen

дóлжен *предик.* **1.:** он мне ~ большýю сýмму er schúldet mir éine gróße Súmme, er ist mir éine gróße Súmme schúldig; **2.** (*обязан*): я ~ закóнчить э́ту рабóту ich muß díese Árbeit beéndigen; ты не ~ э́того дéлать du sollst es nicht tun

должéнствовать *уст.* sóllen* *vi*; müssen* *vi* (*быть вынужденным*)

должн||и́к *м* Schúldner *m* (6); несостоя́тельный ~и́к záhlungsunfähiger Schúldner; быть чьим-л. ~икóм j-s Schúldner sein; bei j-m in der Kréide stéhen* (*разг.*); я ваш ~и́к 1) ich bin Íhnen Geld schúldig, ich stéhe in Íhrer Schuld; 2) *перен.* ich stéhe (tief) in Íhrer Schuld, ich bin Íhnen zu Dank verpflíchtet; **~и́ца** *ж* Schúldnerin *f*

дóлжно *предик. уст.* man muß, man soll

должнó быть *вводн. сл.* wahrschéinlich, ánscheinend

дóлжное *сущ. с* das Gebührende (*sub*), das Zúkommende (*sub*); отдáть комý-л. ~ j-m Geréchtigkeit widerfáhren lássen*, j-n nach Gebühr würdigen

должностн||óй ámtlich, Amts-; ~óе лицó Ámtsperson *f* (10), Stáatsfunktionär *m* (1); Beámte *m* (14); ~óе преступлéние Ámtsvergehen *n* (7), Ámtsverbrechen *n* (7)

дóлжност||ь *ж* Amt *n* (5); Funktión *f* (10) (*государственная, общественная и т. п.*); Stélle *f* (11), Díenststelle *f* (*место*); Pósten *m* (7) (*пост*); вы́борная ~ь gewählte Funktión; штáтная ~ь Plánstelle *f*; занимáть ~ь 1) ein Amt bekléiden, éine Funktión áusüben; 2) (*место*) éine Stéllung bekléiden; вступи́ть в ~ь ein Amt ántreten*; освободи́ть когó-л. от ~и j-n séines Ámtes enthében*; j-n von séiner Funktión entbínden*; поступи́ть на ~ь in Dienst tréten*, den Dienst ántreten*; назнáчить на ~ь für éine Funktión ernénnen*; повышáть в ~и in éine höhere Díenststellung éinsetzen; понижáть в ~и *воен.* degradíeren *vt*

дóлжн||ый gebührend, gehörig; ~ым óбразом gebührendermaßen; с ~ым внимáнием mit gebührender Áufmerksamkeit [Áchtung]; на ~ой высотé auf entsprechender Höhe [Ébene], auf entsprechendem [gebührendem] Niveau [ni'vo:]

доливáть *см.* доли́ть

доли́н||а *ж* Tal *n* (5); гóрная ~а Hóchtal *n*, Gebírgstal *n*; **~ный** Tal-; *бот.* tálbewohnend

доли́ть áuffüllen *vt* (*во что-л.*); náchfüllen *vt*, náchgießen* *vt*, náchschenken *vt* (*вино*); (hin)zúgießen* *vt* (*чегó-л.*)

дóллар *м* Dóllar *m* -s, -s (*после числ. pl* =) (= *100 центам*); **~овый** Dóllar-; ~овая зóна Dóllarraum *m* (1*), Dóllarzone *f* (11); ~овое исчислéние Dóllarberechnung *f*

доложи́ть I **1.** (*сделать доклад о чём-л., сообщить что-л.*) beríchten *vt*, *vi* (über *A*), vórtragen* *vt*; ~ комý-л. о чём-л. j-m etw. [éine Náchricht] mítteilen [unterbréiten], j-m Bеrícht erstátten, j-n informíeren; **2.** (*о посетителе*) (án)mélden *vt*

доложи́ть II *разг.* (*прибавить чегó-л.*) zúlegen *vt*, hinzúfügen *vt*

долóй *нареч. разг.* níeder!, hinwég!; **~ войнý!** níeder mit dem Kríeg!; уходи́

с глаз ~! verschwínde!, geh mir aus den Áugen!
доломáн *м* Dólman *m* (1)
доломи́т *м геол.* Dolomít *m* (1)
долотó *с* Méißel *m* (6), Stéchbeitel *m* (6); полукрýглое ~ Hóhlmeißel *m*, Hóhleisen *n* (7)
дóлька *ж* Téilchen *n* (7); ~ апельси́на Apfelsínenstück *n* (2), Apfelsínenscheibe *f* (11)
дольмéн *м археол.* Dólmen *m* (7)
дóльше *нареч.* länger
дóл||я *ж* **1.** (*часть*) Teil *m* (1), Ánteil *m*; Quóte *f* (11); кни́га в четвёртую ~ю листá ein Buch in Quart, Quártband *m* (1*); в ~ю секýнды im Brúchteil éiner Sekúnde; наслéдственная ~я *юр.* Érbteil *n*; в рáвных ~ях zu gléichen Téilen; в э́том есть ~я и́стины dáran ist étwas Wáhres; dárin ist ein Körnchen Wáhrheit enthálten; ~я здрáвого смы́сла ein Fúnke gesúnden Ménschenverstandes; **2.** *бот., анат.* Láppen *m* (7); семеннáя ~я Kéimlappen *m*, Kéimblatt *n* (5), Kotyledóne *f* (11); ~и лёгких Lúngenlappen *pl*; **3.** (*судьба*) Schícksal *n* (2), Los *n* (2); вы́пасть комý-л. на ~ю j-m anhéim¦fallen* *отд. vi* (s), j-m zúfallen* *vi* (s); э́та тяжёлая задáча вы́пала на мою́ ~ю díese schwére Áufgabe ist mir zutéil gewórden, díese schwére Áufgabe müßte ich auf mich néhmen; ◇ льви́ная ~я *разг.* Löwenanteil *m*
дом *м* **1.** (*здание*) Haus *n* (5); жилóй ~ Wóhnhaus *n*, Wóhngebäude *n* (6); высóтный ~ Hóchhaus *n*; однокварти́рный ~ Éinfamili¦enhaus *n*; многокварти́рный ~ Méhrfamili¦enhaus *n*, (gróßes) Wóhnhaus *n*; крупнопанéльный ~ Gróßplattenhaus *n*; нóвый ~ Néubau *m* -(e)s, -ten; стáрый ~ Áltbau *m*; стандáртный ~ Týpenhaus *n*; **2.** (*жильё, квартира*) Behásung *f* (10); Wóhnung *f* (10); Quartíer *n* (2); Logis [-'ʒi:] *n* = [-'ʒi:s], *pl* = [-'ʒi:s]; вам из ~у звони́ли man hat Sie aus Íhrer Wóhnung [von zu Háuse] ángerufen; **3.** (*семья*) Famíli¦e *f* (11); **4.** (*культурно-просветительное, бытовое и т. п. учреждение*) Heim *n* (2), Haus *n* (5); Ánstalt *f* (10); ~ óтдыха Erhólungsheim *n*; однодне́вный ~ óтдыха Éintagserholungsheim *n*; ~ культýры Kultúrhaus *n*; Центрáльный Дом Совéтской Áрмии (*сокр.* ЦДСА) Zentrálhaus der Sowjétarmee; дéтский ~ (*сокр.* детдóм) Kínderheim *n*; **5.** *уст.* (*заведение, предприятие*) Haus *n* (5); Geschäft *n* (2); банки́рский ~ Bánkhaus *n*, Bánkgeschäft *n* (2); торгóвый ~ Hándelshaus *n*, Geschäftshaus *n*; **6.** (*династия*) Haus *n* (5); ◇ ночлéжный ~ *уст.* Náchtasyl *n* (2); инвали́дный ~ Soziálheim *n*; Pflégeheim *n*; Áltersheim *n* (*для престарелых*); роди́льный ~ Entbíndungsheim *n*; сумасшéдший ~ Írrenhaus *n*; рабóтать на ~ý zu Háuse árbeiten; принимáть на ~ý zu Háuse empfángen*; прислáть на ~ ins Haus [in die Wóhnung] schícken; задáние нá ~ Háusaufgabe *f* (11); задáть нá ~ für zu Háuse áufgeben*; вне ~а áußerhalb des Háuses; áuswärts; помогáть по ~у im Háushalt hélfen*; тосковáть по ~у Héimweh háben
дóма *нареч.* zu Háuse, dahéim; как делá ~? wie steht's zu Háuse [dahéim]?; здесь он ~ hier ist er zuháuse; у меня́ ~ bei mir zu Háuse; быть как ~ sich wie zu Háuse fühlen; ◇ у негó не все ~ *разг.* er ist nicht ríchtig im Kopf, es ist bei ihm nicht ganz ríchtig im Óberstübchen; er hat einen Dáchschaden; er hat nicht álle Tássen im Schrank
домáлывать *см.* домолóть
домаркси́стский vórmarxisch, vórmarxistisch
домáшние *сущ. мн.* (*семья*) Háusangehörige *pl*, méine [déine, séine] Famíli¦e, die Méinigen [Déinigen, Séinigen]
домáшн||ий **1.** (*относящийся к семейной жизни*) Haus-; Famíli¦en-, häuslich, Háushalts-; ~ее хозя́йство Háushalt *m* -(e)s, Háushaltung *f*; ~яя хозя́йка Háusfrau *f* (10); ~ие обстоя́тельства Famíli¦enangelegenheiten *pl*; häusliche Ángelegenheiten *pl*; ~ий костю́м Háusanzug *m* (1*); Háuskleid *n* (5), Álltagskleid *n*; ~ие обéды, ~ий стол Háusmannskost *f*; ~ий хлеб háusbackenes [sélbstgebackenes] Brot; ~ее печéнье sélbstgebackenes Gebäck; ~яя колбасá háusschlachtene Wurst; **2.** (*о животных*) Haus-; ~яя пти́ца *собир.* Háusgeflügel *n* -s; ◇ ~ий арéст Háusarrest *m* (1); *воен.* Áusgangssperre *f*
дóменн||ый Hóchofen-; ~ая печь Hóchofen *m* (7*); ~ый процéсс Hóchofengang *m* (1*); ~ая плáвка Hóchofenschmelze *f* (11); ~ый цех Hóchofenabteilung *f* (10)
дóменщик *м* Hóchofenwerker *m* (6), Hóchofenarbeiter *m* (6), Hóchöfner *m* (6)
дóмик *м* Häus¦chen *n* (7); ◇ кáрточный ~ Kártenhaus *n* (5)
доминáнта *ж* Dominánte *f* (11)
доминикáнец I *м* (*член монашеского ордена*) Dominikáner *m* (6), Dominikánermönch *m* (1)
доминикáнец II *м* (*житель Доминиканской Республики*) Dominikáner *m* (6)
доминикáнский I (*относящийся к монашескому ордену*) dominikánisch, Dominikáner-
доминикáнский II (*относящийся к Доминиканской Республике*) dominikánisch
доминиóн *м* Domínion *n* -s, *pl* -s *u* -ni¦en
доми́н||овать dominíeren *vi*, vórherrschen *vi*; (*над чем-л.*) das Bild behérrschen; **~ующий** dominíerend, vórherrschend; ~ующее положéние Vórmachtstellung *f* (10)
доминó I *с* (*костюм*) Dómino *m* -s, -s
доминó II *с* (*игра*) Dómino *n* -s, = *u* -s, Dóminospiel *n* -(e)s, Ánlegespiel *n*
домкóм *м* (домóвый комитéт) Háuskomitee *n* -s, -s; Háusgemeinschaftsleitung *f* (10) (*сокр.* HGL, *в ГДР*)
домкрáт *м* Wágenheber *m* (6); Wágenwinde *f* (11), Hébewinde *f*; Hébebock *m* (1*); Schráubenwinde *f* (*винтовой*); Drúckluftheber *m* (*пневматический*); поднимáть ~ом hóchwinden* *отд. vt*, hóchbocken *отд. vt*, áufbocken *vt*
дóмн||а *ж* Hóchofen *m* (7*); задýть нóвую ~у éinen néuen Hóchofen ánblasen*
домови́тый háushälterisch, wírtschaftlich; spársam (*экономный*)
домовладéл||ец *м* Háusbesitzer *m* (6); **~ица** *ж* Háusbesitzerin *f* (12)
домовладéние *с офиц.* Háusbesitz *m* -es; Éigenheim *n* (1) (*как собственность*)
домовни́чать *разг.* das Haus hüten, Éinhüter sein, zum Éinhüten kómmen*
домовóдств||о *с* Háuswirtschaft *f*, Háushaltsführung *f*; кýрсы ~а Háusfrauenlehrgang *m* (1*)
домовóй *сущ. м миф.* Háusgeist *m* (4), Kóbold *m* (1)
домóв||ый Haus-; ~ая кни́га Háusbuch *n* (5); вы́писать из ~óй кни́ги ábmelden *vt*
домогáтельство *с* dríngendes Bítten, Ánsuchen *n* -s; Ánsinnen *n* -s; Bewérbung *f* (10)
домогáться (*чего-л.*) (behárrlich) ánsuchen *vi*, ánstreben *vt*; sich (éifrig) bewérben* (um *A*); hínarbeiten (auf *A*); ~ влáсти nach der Macht strében
домóй *нареч.* nach Háuse; мне порá ~ nun muß ich nach Háuse géhen; отпрáвиться ~ sich nach Háuse begében*
домолáчивать, домолоти́ть zu Énde dréschen*, áusdreschen* *vt*
домолóть zu Énde máhlen (*part II* gemáhlen) *vt*, áusmahlen *vt* (*part II* áusgemahlen)
домонополисти́ческий vórmonopolistisch; ~ капитали́зм vórmonopolistischer Kapitalísmus
доморóщенн||ый **1.** aus éigener Zucht, zu Háuse gezógen [gezüchtet]; **2.** *перен. ирон.* háusbacken, primitív, provinziéll [-vɪn-]; ~ые стихи́ sélbstgemachte Gedíchte
домосéд *м* Stúbenhocker *m* (6); **~ка** *ж* Stúbenhockerin *f* (12)
домостро||éние *с см.* домострои́тельство; **~и́тельный** Wóhnungsbau-; ~и́тельный комбинáт Wóhnungsbaukombinat *n* (2) (*сокр.* WBK); **~и́тельство** *с* Wóhnungsbau *m* -(e)s
домострóй *м перен.* strénge Sítten in der Famíli¦e
домоткáн||ый háusgewebt; ~ое полотнó háusgewebte Léinwand, Háusmacherleinen *n* (7)
домо||управлéние *с* Háusverwaltung *f* (10); Wóhnungsverwaltung *f*; **~хозя́ин** *м* **1.** *уст.* Háuswirt *m* (1), Háusherr *m* (8); **2.** (*домовладелец*) Háusbesitzer *m* (6); **~хозя́йка** *ж* **1.** Háusfrau *f* (10); **2.** (*домовладелица*) Háusbesitzerin *f* (12), Háuswirtin *f* (12)
домочáдц||ы *мн. уст.* Háusangehörige *sub pl*; с чáдами и ~ами mit Kínd und Kégel
дóмра *ж муз.* Dómra *f* =, -s *u* -ren
домрабóтница *ж* Háusgehilfin *f* (12), Háusangestellte *f* (14); Áushilfe *f* (11) (*приходящая*); Zúgängerin *f* (12) (*австр.*)
домчáть *разг.* blítzschnell herbéiführen, blítzschnell hérbringen*; **~ся** *разг.* blítzschnell ánkommen* [ánlangen], blítzschnell erréichen
домывáть *см.* домы́ть
дóмысел *м* Vermútung *f* (10), Mútmaßung *f* (10), Ánnahme *f* (11) (*предположение*); Erfíndung *f* (10) (*выдумка*)
домы́ть *разг.* zu Énde [fértig] wáschen* [schéuern]
донагá *нареч. разг.* splítternackt
донáшивать *см.* доноси́ть I 2, 3; **~ся** *см.* доноси́ться II
Донбáсс *м см.* донéцкий
донг *м* (*денежная единица ДРВ*) Dong *m* (1) (*после числ. pl* =)
донéльзя *нареч. разг.* (bis) aufs äußerste, über álle Máßen
донесéние *с* Méldung *f* (10); Berícht *m* (1), Rappórt *m* (1); сдéлать ~ Berícht erstátten, Méldung máchen; ~ полýчено die Méldung liegt vor
донести́ I trágen* [bríngen*] bis...; ~ дó дому bis nach Háuse trágen*; ◇ ~ до зри́теля dem Públikum náhebringen*
донести́ II **1.** (*сообщить*) mélden *vt*, berichten *vi* (о чём-л. über *A*); **2.** (*сделать донос на кого-л.*) denunzíeren *vt*, ánzeigen *vt*

донести́сь 1. (*о звуках*) hállen *vi* (до чего́-л. bis zu *D*); **2.** *разг.* (*о быстрой езде, ходьбе*) réitend [láufend, fáhrend] erréichen *vt*

доне́цкий Donéz-; Доне́цкий каменноу́гольный бассе́йн (*сокр.* Донба́сс) Donézbecken *n* -s

донжуа́н *м* Don Juan [*исп.* dɔnxu'an] *m* = *u* -s; Schürzenjäger *m* (6); Verführer *m* (6) (*соблазнитель*)

до́низу *нареч.* bis nach únten; све́рху ~ von oben bis únten

донима́ть *см.* доня́ть

донкихо́т||ский ábenteuerlich; **~ство** *с* Donquichotterie [dɔnkixɔtə'ri:] *f*; Kampf *m* gégen Windmühlen

до́нник *м бот.* Stéinklee *m* -s, Hónigklee *m*

до́нный Grund-; ~ лёд Gründeis *n* -es; ~ лов Físchfang *m* in gróßer Tíefe

до́нор *м* Blútspender *m* (6); Háutspender *m* (*отдающий кожу*); Gewébespender *m* (*отдающий ткани*); **~ский:** ~ский пункт Blútspendezentrale *f* (11); **~ство** *с* Blútspendewesen *n* -s

доно́с *м* Denunziatión *f* (10), Ánzeige *f* (11)

доноси́ть I **1.** *см.* донести́ I; **2.** (*одежду*) ábtragen* *vt*; **3.** (*ребёнка*) ein Kind áustragen*

доноси́ть II *см.* донести́ II

доноси́ться I *см.* донести́сь I

доноси́ться II (*износиться*) ábgetragen [ábgeschabt] wérden, schäbig sein

доно́счик *м* Denunziánt *m* (8), Ángeber *m* (6), Zúträger *m* (6)

донск||о́й Don-; **~о́й** каза́к Dónkosak *m* (8); ~и́е сте́пи Dónsteppen *pl*; **~а́я** пшени́ца Dónweizen *m* -s

доны́не *нареч.* bis jetzt, bis héute, bishér

доня́ть *разг.* belästigen *vt*; behélligen *vt* (чем-л. mit *D*); ~ кого́-л. es j-m sáuer máchen, j-m die Hölle heiß máchen

дооктя́брьский vor der Októberrevolution [-vo-]

до отва́ла *см.* отва́л II

до отка́за *см.* отка́з

допаха́ть zu Énde áckern [pflügen]

допека́ть(ся) *см.* допе́чь(ся)

допетро́вск||ий: ~ие времена́ [~ий перио́д] *ист.* die Zeit [die Perióde] vor Péter dem Érsten

допеча́т||ать **1.** (*докончить печатать*) zu Énde drúcken; **2.** (*напечатать дополнительно*) náchdrucken *vt*; **~ка** *ж* Náchdruck *m* (1); Zúsatzauflage *f* (11); **~ывать** *см.* допеча́тать

доне́чь **1.** áusbacken* *vt*; **2.** (*кончить печь*) zu Énde bácken*, fértig bácken*; **3.** *разг.* (*кого-л. упрёками и т. п.*) j-m éinheizen, j-m die Hölle heiß máchen; **~ся** vóllständig áusgebacken sein, gut dúrchgebacken [durchbácken] sein

допива́ть *см.* допи́ть

до́пинг *м* Dóping *n* -s, -s, Áufpeitschungsmittel *n* (6), Réizmittel *n*; дава́ть кому́-л. ~ (*во время спортивных соревнований*) j-n dópen, j-n ánreizen; **~-контро́ль** *м* Dópingkontrolle *f* (11)

дописа́ть, допи́сывать (*докончить писать*) zu Énde schréiben*

допи́ть zu Énde trínken*; áustrinken* *vt*; léeren *vt* (*стакан, бутылку и т. п.*); **~ся:** ~ся до чёртиков *разг.* sich totál betrínken* [besáufen*]

допла́т||а *ж* Náchzahlung *f* (10), Zúschlag *m* (1*); письмо́ с ~ой ein Brief mit Náchporto [Stráfporto]; за осо́бую ~у gégen Méhrberechnung; ~а за выполне́ние осо́бо тяжёлых рабо́т Erschwérniszulage *f* (11); ~а за сверхуро́чную рабо́ту Überstundenzuschlag *m*; **~и́ть, допла́чивать** náchzahlen *vt*, zúzahlen *vt*, Zúschlag záhlen; **~но́й:** ~но́е письмо́ Brief *m* (1) mit Náchporto

доплести́сь *разг.* sich schléppen bis...

доплыва́ть, доплы́ть schwímmen* (s) bis...

допо́длинн||о *нареч. разг.* bestímmt, genáu; **~ый** *разг.* echt, genáu

допоздна́ *разг.* bis spät in die Nacht

дополза́ть, доползти́ heránkriechen* *vi* (s), kríechen* *vi* (s) bis...

дополне́ние *с* **1.** Ergänzung *f* (10), Náchtrag *m* (1*); Zúsatzantrag *m* (*к проекту и т. п.*); в ~ ergänzend, in Ergänzung, als Náchtrag; **2.** *грам.* Objékt *n* (2), Ergänzung *f* (10); прямо́е [ко́свенное] ~ diréktes [índirektes] Objékt

дополни́тельн||о *нареч.* ergänzend, náchträglich; Zúsatz-, zúsätzlich; пи́сьменное подтвержде́ние бу́дет дано́ ~о die schríftliche Bestätigung wird náchgereicht; **~ый** **1.** Ergänzungs-; Zúschlags- (*добавочный*); ~ый у́гол *мат.* Ergänzungswinkel *m* (6); ~ые цвета́ *физ.* Ergänzungsfarben *pl*, Komplementärfarben *pl*; ~ая пла́та Zúschlagszahlung *f*; ~ый план Zúsatzplan *m* (1*); ~ая прове́рка Náchprüfung *f* (10); ~ое соглаше́ние Zúsatzabkommen *n* (7); ~ое вре́мя Verlängerung *f* (*в футболе*); **2.** *грам.*: ~ое прида́точное предложе́ние Objéktsatz *m* (1*)

допо́лн||ить, дополня́ть ergänzen *vt* (чем-л. durch *A*); hinzúfügen *vt*; ~я́ть друг дру́га einánder ergänzen; испра́вленное и ~енное изда́ние verbésserte und ergänzte Áusgabe

дополуча́ть, дополучи́ть hinzúbekommen* *vt*

допото́пн||ый **1.** antediluvianisch [-'vĭa:-], frühgeschichtlich, vórweltlich; vórsintflutlich; **2.** *разг.* (*устаревший*) vórsintflutlich, von Ánno dázumal, áltfränkisch (*старомодный*); ~ый костю́м áltmodische Kléidung [Tracht]; ~ые взгля́ды veráltete [vórsintflutliche] Ánsichten

допра́шивать *см.* допроси́ть

допризы́вн||ик *м воен.* Júgendliche *m* (14) in der vórmilitärischen Áusbildung; **~ый** vórmilitärisch; ~ая подгото́вка vórmilitärische Áusbildung

допро́с *м* Verhör *n* (2), Vernéhmung *f* (10); ~ свиде́телей Zéugenvernehmung *f*; ~ обвиня́емого Vernéhmung des Beschúldigten; перекрёстный ~ Kréuzverhör *n*; подверга́ть кого́-л. ~у j-n éinem Verhör unterzíehen*, j-n verhören; снять ~ с подсуди́мого den Ángeklagten vernéhmen* [verhören], den Ángeklagten ins Verhör néhmen*; **~и́ть** verhören *vt*, vernéhmen* *vt*

допроси́ться *разг.* áusbitten* *vt*; ~, наконе́ц, чего́-л. nach víelem Bítten etw. erhálten*

до́пуск *м* **1.** Zútritt *m* -(e)s; Éinlaß *m* -sses; ~ к секре́тным докуме́нтам Zúgang *m* zu gehéimen Dokuménten; **2.** *тех.* Toleránz *f* (10); контро́льный ~ Ábnahmetoleranz *f*; ~ на изно́с Ábnutzungstoleranz *f*; **~а́ть** *см.* допусти́ть; э́то я ~а́ю das räume ich ein, das gébe ich zu, das hálte ich für möglich; он не ~а́ет э́той мы́сли er läßt den Gedánken nicht zu, er hält es nicht für möglich; **~а́ться** **1.** (*иметь разрешение входить куда-л., заниматься чем-л.*) Zútritt háben (zu *D*); Zúgang háben (zu *D* — *к секретным документам и т. п.*); де́ти моло́же шестна́дцати лет не ~а́ются Júgendlichen únter séchzehn Jáhren ist der Éintritt verbóten; **2.** (*разрешаться*) zúgelassen [gestáttet, erláubt] wérden; genéhmigt wérden (*офиц.*); **3.** *страд.* ángenommen wérden (*ср.* допусти́ть)

допуст||и́мый zúlässig; státthaft, gestáttet; э́то вполне́ ~и́мо das ist durcháus zúlässig; das ist durcháus vertrétbar (*о точке зрения, мнении*); в ~и́мых грани́цах in vertrétbaren Grénzen; **~и́ть** **1.** (*разрешить*) zúlassen* *vt*, den Zútritt gestátten (кого́-л. *D*); vórlassen* *vt* (*напр. на приём*); не ~и́ть кого́-л. j-m den Zúgang spérren; ~и́ть к экза́мену zu éiner Prüfung zúlassen*; э́того нельзя́ ~и́ть das kann [darf] man nicht zúlassen, das darf nicht geschéhen; **2.** (*предположить*) ánnehmen* *vt*, zúgeben* *vt*; допу́стим, что... néhmen wir an, daß...; gében wir zu, daß...; zúgegeben, daß...; ◇ ~и́ть оши́бку éinen Féhler begéhen* [zúlassen*]

допуще́ние *с* **1.** (*разрешение*) Zúlassung *f* (10); **2.** (*предположение*) Ánnahme *f* (11); **3.** *мат.* Ánnahme *f* (11), Voráussetzung *f* (10)

допыта́ться *разг.* heráusbekommen* *vt*, erfáhren* *vt*

допы́тываться *разг.* áusforschen *vt*, áuskundschaften *vt*

допьяна́ *нареч.*: напи́ться ~ *разг.* sich vóllaufen (*при переносе* voll-laufen) lássen*, sich (vollkómmen) besáufen*

дораба́тывать, дорабо́тать fértig árbeiten *отд. vt*, fértigstellen *отд. vt*; nácharbeiten *vt*; дорабо́тать до утра́ bis zum Mórgen (dúrch)árbeiten

дорабо́таться *разг.* (*до чего-л.*) sich (*D*) etw. durch Árbeit zúziehen*; ~ до головно́й бо́ли vom lángen Árbeiten Kópfschmerzen bekómmen*

дорабо́тка *ж* Fértigbearbeitung *f*, Fértigstellung *f*, Nácharbeit *f*, Náchbearbeitung *f*; Éndbearbeitung *f*, Éndfertigung *f*; *горн.* Áusbaggern *n* -s

дораста́ть, дорасти́ áuswachsen* *vi* (s); groß genúg wérden; die gehörige Höhe erréichen; он не доро́с до э́той зада́чи er ist díeser Áufgabe nicht gewáchsen; ма́льчик ещё не доро́с, что́бы чита́ть таки́е кни́ги der Júnge ist noch nicht alt [groß] genúg, um sólche Bücher lésen zu können

дорва́ться *разг.* éndlich gelángen (до чего́-л. zu *D*); hérfallen* *vi* (s) (über *A*)

дореволюцио́нный vor der Revolutión [-vo-], Vórrevolutions-, vórrevolutionär

доре́зать bis zu Énde [fértig] schnéiden*

дорефо́рменный vor der Refórm

дорисова́ть, дорисо́вывать éine Zéichnung vollénden, fértig zéichnen

дори́ческий dórisch

доро́г||а *ж* **1.** Weg *m* (1), Stráße *f* (11); автомоби́льная ~а Áutostraße *f*, Áutobahn *f* (*автострада*); вое́нная ~а *ист.* Héerstraße *f*; го́рная ~а Gebírgsstraße *f*; грунтова́я ~а||únbefestigte Stráße, Natúrstraße *f*; лесовы́зная ~а Hólzabfuhrweg *m*; магистра́льная ~а Férnverkehrsstraße *f*; подъездна́я ~а Zúfahrtsstraße *f*; прое́зжая ~а Fáhrweg *m*; просёлочная ~а Féldweg *m*, Órtsverbindungsweg *m*; са́нная ~а Schlíttenbahn *f* (10); шоссе́йная ~а (beféstigte) Lándstraße, Chaussee [ʃɔ'se:] *f* (11); дать [уступи́ть] кому́-л. ~у *тж. перен.* j-m aus dem Wége géhen*, áusweichen* *vi*(s), den Weg fréigeben*; (прочь) с ~и! (macht) die Stráße frei!; на полови́не ~и *тж. перен.* auf hálbem Wége; сби́ться с ~и *тж. перен.* vom Wége ábkommen*, sich verírren, sich verláufen*; **2.** *ж.-д.* Bahn *f* (10); желе́зная

~а Éisenbahn *f*; кана́тная ~а Séilbahn *f*, Dráhtseilbahn *f*; моноре́льсовая ~а Éinschienenbahn *f*; подвесна́я ~а Hängebahn *f*, Schwébebahn *f*; узкоколе́йная (желе́зная) ~а Schmálspurbahn *f*, Kléinbahn *f*; эстака́дная ~а Hóchbahn *f*; **3.** (*путешествие*) Réise *f* (11); да́льняя ~а éine wéite Réise, ein wéiter Weg; отпра́виться [пусти́ться] в ~у sich auf den Weg begében* [máchen]; на ~у für unterwégs; ◇ по ~е (*попутно*) béiläufig, nebenbéi; нам с ва́ми по ~е 1) wir háben densélben [éinen, den gléichen] Weg; 2) *перен.* wir háben geméinsame [die gléichen] Zíele; вы́йти на ~у den Weg beschréiten*; вы́вести на широ́кую ~у auf die bréite Bahn führen; пробива́ть себе́ ~у sich (*D*) Bahn bréchen*, sich (*D*) séinen Weg báhnen, идти́ свое́й ~о́й séines Wéges [séinen éigenen Weg] géhen*; стать кому́-л. попере́к ~и j-m im Wége stéhen*, j-m in die Quére kómmen*; туда́ ему́ и ~а *разг.* das geschíeht ihm recht; das hát er (auch) verdíent; ска́тертью ~а! *разг.* scher dich weg!

до́рого *нареч.* téuer; ~ сто́ить viel kósten; téuer zu stéhen kómmen*; э́то ему́ ~ бу́дет сто́ить! *перен.* das soll er mir büßen!, das soll er mir téuer bezáhlen!; ◇ ~ я бы дал [заплати́л] ich würde sonst was dafür gében; ~ прода́ть свою́ жизнь sein Lében téuer verkáufen; э́то доро́же зо́лота das ist Góldes wert, das ist nicht mit Gold zu bezáhlen

дороговизна *ж* **1.** Téuerung *f*; Vertéuerung *f* (*вздорожание*) **2.:** ~ това́ра der hóhe Preis der Wáre

дорого́й *нареч.* (*в пути*) unterwégs

дорог||о́й 1. téuer; kóstspielig (*дорого стоящий*); kóstbar (*драгоценный*); ваш сове́т мне до́рог Ihr Rat ist mir téuer; ка́ждая мину́та ~а́ jéde Minúte ist kóstbar; auf jéde Minúte kommt es an; э́то мне до́рого dies liegt mir am Hérzen; **2.** (*милый*) téuer; ~о́й друг! téurer [líeber] Freund!

доро́дн||ость *ж* Beléibtheit *f*, Korpulénz *f*; **~ый** beléibt, korpulént

дородово́й *мед.* pränatál

дорожа́ть téuer wérden, sich vertéuern

доро́же *сравн. ст. от* дорого́й *и* до́рого téurer

дорожи́ть schätzen *vt*; gróße Stücke hálten* (кем-л. auf *A*); **~ся** *разг.* viel verlángen

доро́жка *ж* **1.** (*тропинка*) Pfad *m* (1), Fúßweg *m* (1); пешехо́дная ~ (*для перехода через улицу*) Fúßgängerübergang *m* (1*), Schútzstreifen *m* (7), Fúßgängerstreifen *m*; **2.** (*в спортивных сооружениях, на аэродромах*) Bahn *f* (10); бегова́я ~ 1) Láufbahn *f*; Hállenbahn *f* (*в закрытом помещении*); 2) *авто* Láuffläche *f* (11) (*на покрышке*); вну́тренняя ~ Ínnenbahn *f*; нару́жная ~ Áußenbahn *f*; во́дная ~ Schwímmbahn *f*; га́ревая ~ Áschenbahn *f*; рулёжная ~ *ав.* Róllbahn *f*; испыта́тельная ~ *авто* Prüfbahn *f*; ледяна́я ~ Éisbahn *f*; Schlítterbahn *f*; голуба́я ~ Wásserwege *pl*, Wásserstraßen *pl*; **3.** (*коврик*) Läufer *m* (6); ковро́вая ~ Brücke *f* (11), Läuferteppich *m* (1); **4.** *тех.* (*бороздка*) Ríllе *f* (11); **5.** (*на магнитофоне*) Spur *f* (10); звукова́я ~ *кино* Tónstreifen *m* (7), Tónspur *f*

доро́жник *м* Stráßenbauer *m* (6)

доро́жно||-ремо́нтный Stráßenreparatur-, Stráßenunterhaltungs-; **~-строи́тельный** Stráßenbau-

доро́жн||ый Réise-; Wég(e)-, Stráßen-; ~ый костю́м Réiseanzug *m* (1*); ~ые расхо́ды Réisekosten *pl*; Réisespesen *pl*; ~ое строи́тельство Stráßenbau *m*; ~ый ма́стер *ж.-д.* Báhnaufseher *m* (6); ~ая маши́на Stráßenbaumaschine *f* (11); ~ое покры́тие Stráßendecke *f* (11); ~ый знак Verkéhrszeichen *n* (7); ~ый указа́тель Wégweiser *m* (6); ~ые испыта́ния *авто* Stráßenversuch *m* (1), Fáhrerprobung *f* (10)

дорса́льный *лингв.* dorsál; ~ согла́сный Dorsále *n* =, *pl* -lia *u* -li¦en, Dorsállaut *m* (1)

дортуа́р *м уст.* Schláfsaal *m* -(e)s, -säle; Dormitórium *n* -s -ri¦en (*в монастыре*)

ДОСАА́Ф (Доброво́льное о́бщество соде́йствия а́рмии, авиа́ции и фло́ту СССР) DOSAÁF (Fréiwillige Geséllschaft zur Förderung der Armée, Lúftstreitkräfte und Flótte der UdSSR)

доса́д||а *ж* Ärger *m* -s, Verdrúß *m* -sses; кака́я ~а! wie ärgerlich!; с ~ы aus Ärger (über *A*)

досади́ть I (*кому-л.*) ärgern *vt*, ärgerlich máchen

досади́ть II **1.** (*окончить посадку*) das Pflánzen beénden, fértig pflánzen; **2.** (*дополнительно посадить*) náchpflanzen *vt*

доса́д||ный ärgerlich, verdríeßlich, bedáuerlich, péinlich (*с оттенком сожаления*); ~ная опеча́тка ein bedáuerlicher Drúckfehler; ~ное недоразуме́ние ein bedáuerliches [péinliches] Míßverständnis; мне ~но, что... mich ärgert [es ärgert mich], daß...; **~овать** sich ärgern; verdríeßlich sein, áufgebracht sein (на кого́-л. gégen *A*, на что-л. über *A*)

досажда́ть *см.* досади́ть I

досева́ть náchsäen *vt*

досиде́ть, доси́живать bis zu Énde sítzen* [bléiben*]

доск||а́ *ж* Brett *n* (5); Táfel *f* (11); Bóhle *f* (11) (*толстая*); до́ски *мн.* Bréttmaterial *n* -s, Brétter *pl*; ~а́ пи́сьменного стола́ Schréibtischplatte *f* (11); насти́лочная ~а́ *тех.* Belágbohle *f*, Díelenbrett *n*; кла́ссная ~а́ Schúltafel *f*, Wándtafel *f*, Táfel *f*; чертёжная ~а́ Réißbrett *n*, Zéichenbrett *n*; ~а́ для объявле́ний Ánschlagtafel *f*, das Schwárze Brett; ~а́ соцсоревнова́ния Wéttbewerbstafel *f*; настила́ть до́ски díelen *vt*; обшива́ть ~а́ми bebóhlen *vt*; ◇ ша́хматная ~а́ Scháchbrett *n*; распредели́тельная ~а́ *эл.* Schältbrett *n*, Schälttafel *f*, Schálttisch *m* (1); прибо́рная ~а́ *эл.*, *тепл.* Gerätetafel *f*, Instruméntenbrett *n*; *авто* Armatúrenbrett *n*; кра́сная ~а́, ~а́ почёта Éhrentafel *f*; прочесть от ~и́ до ~и́ ≅ von A bis Z dúrchlesen*; ста́вить на одну́ до́ску ≅ auf die gléiche Stúfe stéllen, mit dem gléichen Maß méssen*

досказа́ть, доска́зывать zu Énde spréchen*; áussprechen* *vi*, áusreden *vi*; zu Énde erzählen (*рассказ и т. п.*)

доскака́ть galoppíerend [im Galópp] erréichen *vt*

доскона́льн||ый gründlich; in állen Éinzelheiten (*подробный*); ~ое рассле́дование gründliche Untersúchung; знать что-л. ~о etw. aus dem Éfféff wíssen* [verstéhen*]

досла́ть náchschicken *vt*; náchsenden* *vt*; ánsetzen *vt* (*снаряд*)

дослéдов||ание *с юр.* Náchuntersuchung *f* (10); верну́ть на ~ание zur Náchermittlung zurückweisen*; **~ать** *юр.* eine Náchuntersuchung [Náchermittlung] éinleiten [vórnehmen*]

дословн||о *нареч.* wörtlich, wórtwörtlich, Wort für Wort, búchstäblich; **~ый** wörtlich; ~ый перево́д wörtliche [wórtwörtliche] Übersétzung, die Wórt-für-Wórt-Übersetzung

дослужи́ть díenen *vi* (до чего́-л. bis *A*); im Dienst bléiben* bis...; **~ся** erdíenen *vt*; ~ся до пе́нсии bis zur Rénte árbeiten, das Réntenalter erréichen

дослу́шать, дослу́шивать zu Énde hören

досмо́тр *м* Kontrólle *f* (11); тамо́женный ~ Zóllkontrolle *f*; пограни́чный ~ Grénzkontrolle *f*; ли́чный ~ Léibesvisitation [-vi-] *f* (10); ~ гру́зов Fráchtkontrolle *f*

досмотре́ть 1.: ~ пье́су до конца́ éin Scháuspiel bis zu Énde ánsehen*; **2.** (*на таможне*) kontrollíeren *vt*, durchsúchen *vt*

досмо́трщик *м*: тамо́женный ~ Zóllabfertigungsbeamte *m* (14), Kontrolléur [-'lø:r] *m* (1); Zöllner *m* (6) (*разг.*)

досове́тский vor der Sowjétmacht

досоциалисти́ческий vórsozialistisch

доспа́ть bis zu éiner gewíssen Zeit schláfen*; ~ до утра́ bis zum Mórgen [bis früh] schláfen*; не ~ nicht zur Genüge schláfen*

доспева́ть, доспе́ть reif wérden, (áus)-réifen *vi* (s)

доспе́хи *мн.* Hárnisch *m* (1); Rüstung *f* (10); наде́ть ~ die Rüstung ánlegen

досро́чн||ый vórfristig, vórzeitig, vor dem Termín; ~ый экза́мен vórzeitig ábgelegte Prüfung; ~ое выполне́ние пла́на vórfristige Plánerfüllung, Plánvorsprung *m* (1*)

достава́ть(ся) *см.* доста́ть(ся)

доста́в||ить 1. (*товары, письма и т. п.*) zústellen *vt*, líefern *vt*, ánliefern *vt*, áusliefern *vt*; überbríngen* *vt*, zúkommen lássen*; письмо́ не мо́жет быть ~лено der Brief ist únzustellbar; **2.** (*причинить*) beréiten *vt*; ~ить удово́льствие Vergnügen beréiten; ~ить неприя́тность Kúmmer beréiten; **~ка** *ж* Zústellung *f*, Líeferung *f* (10); Ánlieferung *f*, Áuslieferung *f*; Überbríngung *f* (10), Ántransport *m* -(e)s; Zústelldienst *m* -es (*служба доставки*); ~ка на́ дом Líeferung ins Haus; пла́та за ~ку на́ дом Zústellgebühr *f* (10); ~ка пи́сем Áustragen der Bríefe, Bríefzustellung *f*; **~ля́ть** *см.* доста́вить; **~щик** *м* Lieferánt *m* (8), Zústeller *m* (6); Überbrínger *m* (6)

доста́т||ок *м* Wóhlstand *m* -(e)s; Wóhlhabenheit *f*; жить в ~ке im Wóhlstand lében, wóhlhabend sein; он челове́к с ~ком er hat ein gútes Áuskommen

доста́точн||о *нареч.* hínlänglich, zúlänglich; genügend, genúg, zur Genüge; sáttsam (*вполне*); у нас ~о уче́бных посо́бий wir háben genügend Léhrmittel; э́того ~о das genügt, das reicht; у нас ~о основа́ний ве́рить wir háben állen Grund [Grund genúg], es zu gláuben; бо́лее чем ~о mehr als genúg; ~о сказа́ть es genügt zu ságen; э́того бы́ло бы ~о, что́бы... das hätte híngereicht, um...; ~о бы́ло одного́ сло́ва es bedúrfte nur éines Wórtes; **~ый 1.** (*в нужном количестве*) hínreichend, áusreichend, zúlänglich, hínlänglich, genügend; **2.** *уст.* (*зажиточный*) wóhlhabend, begütert

доста́||ть 1. (*дотянуться*) erréichen *vt*, lángen bis...; ~ть руко́й до потолка́ mit der Hand bis an die Décke réichen; **2.** (*добыть*) verscháffen *vt*, áuftreiben* *vt*; fínden* *vt* (*найти*); э́ту кни́гу тру́дно ~ть dies Buch ist schwer zu bekómmen [háben]; **3.** (*взять откуда-л.*) néhmen* *vt*; heráusnehmen* *vt*, heráusziehen* *vt* (*вынуть*); herúnternehmen* *vt* (*снять*); 4. *разг.* (*быть достаточным*) genügend sein, réichen *vi*, áusreichen *vi*; хлéба ~ло на всех das Brot réichte für álle; **~ться 1.** (*выпасть на долю*) zutéil wérden; zúkommen* *vi* (s); **2.** (*при раздаче и т. п.*) zúfallen* *vi* (s); емý ~лся вы́игрыш ihm ist ein Gewínn zúgefallen; **3.** *безл.*: емý порядком ~лось *разг.* er hat gründlich was ábbekommen, man hat ihm órdentlich den Kopf gewáschen

достигáть, дости́гнуть *см.* дости́чь

достиж||éние *с* **1.** Erréichung *f*, Erréichen *n* -s, Erlángung *f*; Erzíelung *f*, Erzíelen *n* -s; по ~éнии 50-лéтнего вóзраста nach volléndetem 50. Lébensjahr; по ~éнии совершеннолéтия nach Erlángung der Vólljährigkeit; **2.** (*успех*) Erfólg *m* (1), Léistung *f* (10), Errúngenschaft *f* (10); выдáющееся ~éние Spítzenleistung *f*, Béstleistung *f*; выдáющиеся ~éния в óбласти наýки hervórragende Léistungen [Erkénntnisse] auf dem Gebíet der Wíssenschaft; трудовы́е ~éния Árbeitserfolge *pl*; спорти́вные ~éния spórtliche Léistungen; ли́чное ~éние *спорт.* persönliche Béstleistung; вы́сшее мировóе ~éние *спорт.* Wéltbestleistung *f*; **~и́мый** erréichbar

достирáть das Wáschen beénden, mit (dem) Wáschen fértig wérden

дости́чь erréichen *vt*, ánlangen *vi* (s) (чегó-л. an *A*), gelángen *vi* (s) (zu *D*); ~ вы́сшей тóчки den Kulminatiónspunkt [Höhepunkt] erréichen; ~ бéрега das Úfer erréichen

достовéрн||ость *ж* **1.** Gláubwürdigkeit *f*; Wáhrheitstreue *f*; Échtheit *f*, Ríchtigkeit *f*; Unbestréitbarkeit *f* (*неоспоримость*); провéрить ~ость свéдений die Áuskünfte auf íhre Ríchtigkeit prüfen; **2.** *мат.* Zúverlässigkeit *f*, Sícherheit *f*; **~ый 1.** gláubwürdig; wáhrheitsgetreu; echt, ríchtig, zúverlässig; unbestréitbar (*бесспорный*); из ~ых истóчников aus zúverlässiger Quélle; **2.** *мат.* zúverlässig, sícher

достóинств||о *с* **1.** Würde *f* (11); чýвство сóбственного ~а Sélbstbewußtsein *n* -s; он считáл ни́же своегó ~а отвечáть емý er hielt es für únter séiner Würde, ihm zu ántworten; он держáл себя́ с ~ом er trat mit Würde auf; ронять своё ~о sich erníedrigen, únter séiner Würde hándeln; sich (*D*) étwas vergében*; **2.** (*качество*) Wert *m* (1), Güte *f*, Qualitä́t *f* (10); Vórzug *m* (1*) (*преимущество*); ~о перевóда die Qualität der Übersétzung; ~о рабóты der Wert éiner Árbeit; ~о э́той кни́ги в том, что... der Vórzug díeses Búches ist, daß...; ~а и недостáтки Vor- und Náchteile *pl*; **3.** (*стоимость*) Wert *m* (1), Wértangabe *f* (11); ~ом в дéсять рублéй im Wérte von zehn Rúbeln; **4.** *уст.* (*титул*) Würde *f* (11), Títel *m* (6); ◇ оцени́ть по ~у nach Gebühr [gebührend] würdigen [éinschätzen]

достóйн||ый 1. (*заслуживающий чего-л.*) wert, würdig; ~ый внимáния bemérkenswert; ~ый подражáния náchahmungswert, náchahmungswürdig; ~ый похвалы́ lóbenswert; **2.** (*заслуженный*) verdíent, gerécht; ~ое наказáние éine geréchte [verdíente] Stráfe; дать ~ый отпóр éine gebührende Ábfuhr ertéilen; **3.** (*почтенный*) würdig; ~ый человéк ein würdiger Mann

достопáмятный dénkwürdig

достопочтéнный *уст.* éhrwürdig, éhrenwert, áchtenswert

достопримечáтельность *ж* Séhenswürdigkeit *f* (10)

достопримечáтельный séhenswürdig, bemérkenswert

достоя́н||ие *с* **1.** (*собственность*) Éigentum *n* -s, Besítz *m* -es, Hábe *f*, Gut *n* (5); всенарóдное ~ие Geméingut des Vólkes, (allgeméines) Vólkseigentum *n*; общéственное ~ие öffentliches Vermögen; **2.** *перен.*: сдéлать что-л. ~ием общéственности éiner Sáche (*D*) öffentlichen Áusdruck verléihen*; сдéлать наýку ~ием масс die Wíssenschaft den Mássen zu éigen máchen, die Wíssenschaft zum Geméingut der Mássen máchen; стать óбщим ~ием Allgeméinbesitz wérden

дострáивать, дострóить zu Énde báuen, den Bau volléndеn, fértigbauen *отд. vt*

дóступ *м* Zútritt *m* -(e)s, Zúgang *m* (1*); свобóдный ~ fréier Zútritt [Zúgang]; ~ вóздуха Lúftzutritt *m*; дать ~ den Zútritt gestátten [fréigeben*]; откры́ть ширóкий ~ wéitgehenden Zútritt verscháffen; закры́ть [прекрати́ть] ~ den Éintritt verwéhren

достýпн||ость *ж* Zúgänglichkeit *f*; Erréichbarkeit *f*; Fáßlichkeit *f* (*напр. содержания книги*); **~ый** zúgänglich; erréichbar; geméinverständlich (*о языке и т. п.*); ~ые цéны erschwíngliche Préise; быть ~ым zúgänglich sein; ~ая для понимáния кни́га leicht verständliches [fáßliches] Buch; ~ый контрóлю kontrollíerbar, überprüfbar, überwáchbar; в легкó ~ой фóрме in léichtverständlicher Form

достучáться nach lángem Klópfen heréingelassen wérden; durch ánhaltendes Klópfen sich (*D*) Éingang [Zútritt] verscháffen

досýг *м* Múße *f*, Múßestunde *f* (11); на ~е, в часы́ ~а in den Múßestunden; организáция ~а Fréizeitgestaltung *f*; культýрный ~ sínnvolle Fréizeitgestaltung

досýж||ий *разг.* müßig; ~ее врéмя Múßezeit *f*; ~ие тóлки müßiges Geréde

дóсуха *нареч.*: вытирáть ~ trócken wíschen, trócken réiben*, ábtrocknen *vt*; вытирáться ~ sich ábtrocknen

досчитáть zu Énde [fértig] zählen; ~ до... zählen bis...

досчи́тывать *см.* досчитáть

досылáть *см.* дослáть

досы́лка *ж* Náchsendung *f* (10)

досыпáть *см.* досыпáть II

досыпáть I *см.* доспáть

досыпáть II hinzúschütten *vt*, áufschütten *vt*, zúschütten *vt*; ~ муки́ в мешóк noch mehr Mehl in den Sack schütten

дóсыта *нареч.* satt; наéсться ~ sich satt éssen*; накорми́ть когó-л. ~ j-n satt kriegen (*разг.*)

досьé *с* Dossier [dɔ'sǐe:] *m*, *n*. -s, -s, Áktenheft *n* (2), Áktenbündel *n* (6), Áktenstoß *m* (1*)

досю́да *нареч. разг.* bis hierhér

досягáем||ость *ж* Erréichbarkeit *f*; *воен.* Trágweite *f*, Réichweite *f*; в предéлах ~ости in bequémer Réichweite; вне ~ости áußer Réichweite, áußer dem Beréich; находи́ться вне (предéлов) ~ости únerreichbar sein; **~ый** erréichbar

дот *м* (долговрéменная огневáя тóчка) *воен.* ständiges Féuernest, Búnker *m* (6)

дотáция *ж* Subventión [-vɛn-] *f* (10) (*предприятиям*); Zúwendung *f* (10), Zúschuß *m* -sses, -schüsse (*организациям, учреждениям*); государственная ~ Subventión *f*, Stützung *f*, Stáatszuwendung *f*

дотащи́ть zíehen* *vt* (до чегó-л. bis zu *D*), hínschleppen *vt*; **~ся** *разг.* sich schléppen bis...

дотемнá *нареч.* bis zum Dúnkelwerden, bis es dúnkel wird

дотлá *нареч.*: сгорéть ~ völlig [bis auf den Grund] ábbrennen*, níederbrennen* *vi* (s); разори́ться ~ sich totál [völlig] ruiníeren, sich zugrúnde ríchten

дотóшный *разг.* péinlich genáu, pedántisch

дотрáгиваться, дотрóнуться berühren *vt*, ánrühren *vt* (чем-л. mit *D*)

дотýда *нареч. разг.* bis dáhin, bis dórthin

дотя́гивать, дотянýть 1. bis zu [nach] etw. (*D*) zíehen*; **2.** *перен.* hínziehen* *vt*, verschléppen *vt*; он дотянýл разговóр до полýночи er zog das Gespräch bis Míttеrnacht hin; **3.** *разг.* (*обойтись своими средствами*) (mit séinen Mítteln, mit séinem Gehált) áuskommen* [hínkommen*] *vi* (s); **4.** (*дожить*) (noch) erlében *vt*; он не дотя́нет до утрá (*о больном*) er wird den Mórgen nicht erlében

дотянýться 1. (*достичь*) hínreichen *vi*, erréichen *vt*, lángen (bis...); ýлица дотянýлась до желéзной дорóги die Stráße geht bis zur Éisenbahn [bis zur Bahn]; **2.** *разг.* (*о времени*) sich hínziehen* (bis...)

до упáду *нареч. разг.* bis zur Erschöpfung, bis zum Úmfallen; хохотáть ~ sich krank láchen

доýчивать, доучи́ть 1. (*кончить изучение*) zu Énde lérnen; ~ стихотворéние до середи́ны das Gedícht bis zur Mítte lérnen; **2.** (*кончить обучение*) zu Énde léhren

доучи́ться 1. (*кончить учиться*) die Áusbildung ábschließen*, áuslernen *vi*; ~ до восьмóго клáсса bis zur áchten Klásse in die Schúle géhen*; **2.** *разг.* (*довести себя до чего-л.*) lérnen *vt* (bis zu *D*); он доучи́лся до тогó, что заболéл er hat so viel gelérnt, daß er krank gewórden ist

дофеодáльный vórfeudal

дофи́н *м ист.* Dauphin [do'fɛ̃] *m* -s, -s

дохá *ж* Pélzmantel *m* (6*) (mit Pelz nach ínnen und áußen)

дóхлый 1. (*о животных*) veréndet, verréckt, krepíert; **2.** *разг.* (*слабосильный*) schwächlich, kränklich

дохля́тина *ж разг.* (*падаль*) Aas *n* (2)

дóхн||уть (*о животных*) veréndеn *vi* (s), verrécken *vi* (s), krepíeren *vi* (s); ◇ мýхи ~ут *разг.* (*о невыносимой скуке*) tödliche Láng(e)weile, es ist zum Stérben lángweilig [stérbenslangweilig]

дохнý||ть 1. *разг.* éinen Átemzug máchen; **2.** *перен.* (*подуть*) wéhen *vi*; ~л слáбый ветерóк ein léises Lüftchen wéhte; ◇ не сметь ~ть от ýжаса vor Schreck erstárren; мне ~ть нéкогда *разг.* ich hábe kéine Zeit zum Verschnáufen

дохóд *м* Éinkommen *n* -s; Ertrág *m* (1*), Gewínn *m* (1), Erlös *m* (1); Éinnahme *f* (11) (*от сборов*); нетрудовы́е ~ы árbeitsloses [níchterarbeitetes] Éinkommen; трудовы́е ~ы Árbeitseinkommen *n*, erárbeitetes Éinkommen, Árbeitseinkünfte *pl*; побóчный ~ Nébeneinnahmen *pl*, Nébeneinkünfte *pl*; Nébenverdienst *m*; плáновые ~ы Pláneinnahmen *pl*, geplánte Éinnahmen; валовóй ~ Brúttoeinnahme *f*, Brúttogewinn *m*; Brúttoeinkommen *n*, Brúttoeinkünfte *pl*; чи́стый ~ Réingewinn *m* -(e)s, Réinertrag *m*, Néttoertrag *m*;

годово́й ~ Jáhreseinkommen *n*; госуда́рственные ~ы Stáatseinkünfte *pl*; национа́льный ~ *эк.* Nationáleinkommen *n*; де́нежные и натура́льные ~ы (*колхозников*) Geld- und Naturáleinkünfte *pl*; приноси́ть ~ Gewínn (éin)bríngen*; Zínsen trágen*; извлека́ть ~ Gewínn erzíelen [heráusholen, heráusschlagen*]

доходи́ть *см.* дойти́; ◇ не доходя́ до... kurz vor...; не доходя́ до вокза́ла kurz vor dem Báhnhof; ру́ки не дохо́дят es kommt nicht dazú

дохо́дн||ость *ж* Éinträglichkeit *f*, Ertrágsfähigkeit *f*, Rentabilität *f*; **~ый** éinträglich, gewínnbringend, profitábel, ertrágreich, rentábel; lukratív; ~ая статья́ Éinnahmequelle *f* (11), Gewínnposten *m* (7); ~ые статьи́ бюдже́та Éinnahmeposten des Budgets [-'dʒe:]

дохо́дчив||ость *ж* léichte Fáßlichkeit, Verständlichkeit *f*; **~ый** leicht fáßlich, éingängig; zúgänglich, éinleuchtend; verständlich (*понятный*)

дохристиа́нский *ист.* vórchristlich [-krıst-], in der Zeit vor der Entstéhung des Chrístentums

доцвести́, доцвета́ть ábblühen *vi* (s), verblühen *vi* (s)

доце́нт *м* Dozént *m* (8); Dozéntin *f* (12) (*о женщине*); **~у́ра** *ж* **1.** (*звание*) Dozentúr *f*; **2.** *собир.* (*доценты*) Dozénten *pl*, Dozéntenschaft *f*

доче́рн||ий Tóchter-; ~ее предприя́тие *эк.* Tóchterunternehmen *n* (7)

дочерти́ть, доче́рчивать fértig zéichnen; ~ до... zéichnen bis...

до́чиста *нареч.* **1.** rein, sáuber; вы́тереть ~ rein [sáuber] wischen; **2.** *перен. разг.* vóllständig; съесть всё ~ álles áufessen*; álles rátzekáhl éssen*

дочи́стить zu Énde [fértig] réinigen [pútzen]

дочита́ть, дочи́тывать zu Énde lésen*; ~ до... lésen* bis...

до́чка *ж*, **дочу́рка** *ж* Töchterchen *n* (7)

дочь *ж* Tóchter *f*, *pl* Töchter

дошива́ть, доши́ть fértig nähen

дошко́льн||ик *м* Vórschulkind *n* (5), noch nicht schúlpflichtiges Kind, noch nicht schúlpflichtiger Júnge; **~ица** *ж* **1.** (*ребёнок*) noch nicht schúlpflichtiges Kind [Mädel]; **2.** (*педагог*) Kíndergärtnerin *f* (12)

дошко́льн||ый Vórschul-; vórschulaltrig, vórschulisch; ~ое воспита́ние Vórschulerziehung *f*; ~ое учрежде́ние Vórschuleinrichtung *f* (10)

до́шлый *разг.* bewándert, erfáhren (*опытный*); geríeben, mit állen Húnden gehétzt (*хитрый*)

доща́ник *м* fláchgehendes Flúßfahrzeug

доща́тый aus Bréttern, Brétter-; Bóhlen-; ~ пол Brétterdiele *f* (11), Díelenfußboden *m* (7, 7*); ~ забо́р Brétterzaun *m* (1*)

доще́чка *ж* **1.** Bréttchen *n* (7), Täfelchen *n* (7); кро́вельная ~ Dáchdeckbrettchen *n*; парке́тная ~ Parkéttbrettchen *n*; то́нкая ~ Spließ *m* (1); **2.** (*с надписью*) Schíldchen *n* (7), Plakétte *f* (11)

доя́р *м* Mélker *m* (6); **~ка** *ж* Mélkerin *f* (12)

дра́га *ж тех.* Schwímmbagger *m* (6); Góldwäsche *f* (11) (*для промывки золота*)

драгла́йн *м тех.* Kábelbagger *m* (6), Éimerseilbagger *m*, Schürfkübelbagger *m*

драгома́н *м* Drágoman *m* (1) (*pl тж.* -s)

драгоце́нн||ость *ж* Wértgegenstand *m* (1*), Kóstbarkeit *f* (10); Kléinod *n* (2) (*pl тж.* -nódi¦en), Juwél *n* (13) (*золотые украшения и т. п. вещи*); Schatz *m* (1*) (*сокровище*); **~ый** kóstbar, wértvoll; ~ый ка́мень Édelstein *m* (1); как ва́ше ~ое здоро́вье? *шутл.* wie ist Íhre wérte Gesúndheit?

драгу́н *м ист.* Dragóner *m* (6); **~ский** Dragóner-; ~ский полк Dragónerregiment *n* (5)

драже́ *с* Dragee [-'ʒe:] *n* -s, -s, *f*; Líebesperlen *pl* (*конфеты*); *фарм.* Dragée *n*

дразн||и́ть 1. nécken *vt*; hänseln *vt* (*подтрунивать*); не ~и́ звере́й réize die Tíere nicht; **2.** (*возбуждать*) errégen *vt*, réizen *vt*

дра́ить *мор.* (blank) schéuern *vt*

дра́к||а *ж* Schlägeréi *f* (10), Rauferéi *f* (10); Prügeléi *f* (10); Hándgemenge *n* (6) (*рукопашная*); затея́ть ~у éine Schlägeréi begínnen*

драко́н *м* **1.** *миф.* Dráche *m* (9); Líndwurm *m* (4); **2.** *зоол.* flíegender Dráche, Flügeleidechse *f* (11), Flátter-eidechse *f*

драко́новск||ий drakónisch; ~ие зако́ны drakónische Gesétze

дра́ма *ж* Dráma *n* -s, -men

драматиз||а́ция *ж* Dramatisíerung *f* (10); **~и́ровать** dramatisíeren *vt*, für die Bühne beárbeiten

драмат||и́зм *м* der dramátische Charákter [ka-], Dramátik *f*; Spánnung *f*; **~и́ческий** dramátisch; ~и́ческий кружо́к (*сокр.* драмкружо́к) dramátischer Zírkel; ~и́ческий теа́тр Scháuspielhaus *n* (5); ~и́ческий те́нор Héldentenor *m*; ~и́ческое сопра́но Soprán vom dramátischen Fach; **~и́чность** *ж см.* драмати́зм; **~и́чный** dramátisch

драмату́рг *м* Dramátiker *m* (6); Bühnenschriftsteller *m* (6), Bühnenautor *m* (13); **~и́я** *ж* Dramaturgíe *f* (11), Dramátik *f*, Bühnendichtung *f*; **~и́я** Го́рького Górkis Drámenwerke

драмкружо́к *м* (драмати́ческий кружо́к) dramátischer Zírkel

дра́нка *ж спец.* **1.** *собир.* Dáchschindeln *pl* (*кровельная*); Róhrgewebe *n* (6), Róhrgeflecht *n* (2); Splíttholz *n* (5) (*штукатурная*); **2.** (*отдельная дощечка*) Réißplatte *f* (11)

дра́ный *разг.* ábgerissen, zerlúmpt, verschlíssen

дрань *см.* дра́нка 1

драп *м* Drap [dra] *m* =, schwérer Mántelstoff

дра́пать *груб.* türmen *vi* (s)

драпирова́ть drapíeren *vt*; **~ся 1.** sich drapíeren; **2.** *страд.* drapíert wérden

драпиро́в||ка *ж* **1.** (*действие*) Drapíerung *f*, Áusschmückung *f*; **2.** (*занавеска*) Draperíe *f* (11), Beháng *m* (1*); **~щик** *м* Tapezíerer *m* (6)

дра́повый aus Drap [dra], Drap-

драпри́ *с* Draperíe *f* (11), Beháng *m* (1*)

дра́тва *ж* Schústerzwirn *m* (1); вощёная [смолёная] ~ Péchdraht *m* (1*)

драть *разг.* **1.** (*рвать*) zerréißen* *vt*, zerfétzen *vt*; **2.** (*царапать*): бри́тва дерёт das Rasíermesser kratzt; **3.** (*раздражать*) э́то вино́ дерёт го́рло díeser Wein kratzt im Háls; **4.** (*наказывать, сечь*) prügeln *vt*; ~ за́ волосы кого́-л. j-n bei den Háaren záusen [zíehen*]; **5.** (*дорого брать*) übertéuern *vt*; ~ проце́нты zu viel Zínsen verlángen; ◇ ~ лы́ко ábbasten *vt*; ~ го́рло sich (*D*) die Kéhle wund schréien*, aus vóllem Hálse schréien*; ~ с кого́-л. шку́ру j-n schínden*; ~ нос die Náse hoch trágen*; hóchnäsig sein; моро́з по ко́же дерёт es überläuft mich kalt

дра́ться 1. sich schlágen*, sich ráufen, sich prügeln; **2.** *перен. разг.* (*бороться*) kämpfen *vi*, ríngen* *vi* (за что-л. um *A*)

дра́хма *ж* (*денежная единица Греции*) Dráchme *f* (11)

драце́на *ж бот.* Dráchenbaum *m* (1*)

драчли́в||ость *ж разг.* Ráuflust *f*, Ráufsucht *f*; stréitsüchtiges Wésen; **~ый** *разг.* ráuflustig, ráufsüchtig, stréitsüchtig, händelsuchend

драчу́н *м*, **драчу́нья** *ж разг.* Ráufbold *m* (1), Fáustheld *m* (8), Prügelheld *m*

дребеде́нь *ж разг.* Únsinn *m* -(e)s, Quatsch *m* -es, Gewäsch *n* -es, Úngereimtheit *f* (10), úngereimtes Zeug

дре́безг *м разг.* Klírren *n* -s; с ~ом klírrend, mit Klírren

дре́безги: в (ме́лкие) ~ *разг.* in (kléine) Schérben, in Trümmer

дребезж||а́ние *с* Klírren *n* -s, Geklírr(e) *n* -(e)s; ~а́ние стёкол das Klírren der Fénsterscheiben; **~а́ть** klírren *vi*

древеси́на *ж* Holz *n* (5), Báuholz *n*; бала́нсовая ~ Fáserholz *n*, Papíerholz *n*; делова́я ~ Nútzholz *n*; прессо́ванная ~ Préßholz *n*, Féstholz *n*; ~ твёрдых поро́д hártes Holz, Hártholz *n*; фане́рная ~ Furníerholz *n*

древе́сница *ж зоол.* **1.** (*бабочка*) Róßkastani¦enspinner *m* (6), Bláusieb *m* (1); **2.** (*лягушка*) Láubfrosch *m* (1*)

древесноволокни́ст||ый Hólzfaser-; ~ая плита́ Hólzfaserplatte *f* (11)

древесностру́жечн||ый Hólzspan-; ~ая плита́ Spánplatte *f* (11)

древе́сн||ый Holz-; ~ый у́голь Hólzkohle *f*; ~ый спирт Hólzgeist *m* -es; ~ая ма́сса Hólzstoff *m* -(e)s, Hólzschliff *m* -(e)s; ~ая поро́да Hólzart *f* (10); ~ый пито́мник Báumschule *f* (11); ~ые насажде́ния Báumanpflanzungen *pl*; ~ая лягу́шка *см.* древе́сница 2

дре́вко *с* Schaft *m* (1*); ~ копья́ Lánzenschaft *m*; ~ зна́мени Fáhnenstange *f* (11)

древневерхненеме́цкий álthochdeutsch (*сокр.* ahd.); ~ язы́к Álthochdeutsch *n* = *u* -s, das Álthochdeutsche (*sub*) (*сокр.* Ahd.)

древнегре́ческий áltgriechisch; ~ язы́к die áltgriechische Spráche, das Áltgriechische (*sub*)

древнеевре́йский hebräisch; ~ язы́к die hebräische Spráche, das Hebräische (*sub*)

древнери́мский (ált)römisch

древнеру́сский áltrussisch

древнескандина́вский *лингв.* áltnordisch

древнеславя́нский áltslawisch

древнецерковнославя́нский altkírchenslawisch

дре́вн||ие *сущ. мн.* die Álten; **~ий 1.** alt, áltertümlich; antík (*античный*); ~яя исто́рия Geschíchte des Áltertums; ~ий мир Antíke *f*; ~ие языки́ die álten Sprächen; die klássischen Sprächen (*о латинском и греческом языках*); **2.** *разг.* (*очень старый*) úralt; greis; ~ий стари́к ein úralter Mensch; Greis *m* (1); **~ость** *ж* Áltertum *n* -s; в глубо́кой ~ости in úralten Zéiten, in gráuer Vórzeit; ◇ ~ости *археол.* Áltertümer *pl*, Antiquitäten *pl*

дре́во *с уст. поэт.* Baum *m* (1*); ◇ ~ жи́зни Lébensbaum *m*; родосло́вное ~ Stámmbaum *m*

древо||ви́дный *бот.* báumartig, báumförmig, báumähnlich, Baum-; **~ви́дный** па́поротник Báumfarn *m*; **~насажде́ние** *с* Báumanpflanzung *f* (10);

~стóй *м собир.* Báumbestand *m* (1*), Wáldbestand *m* -es; **~тóчец** *м зоол.* Hólzwurm *m* (4), Hólzbohrer *m* (6)

дреднóут *м воен.-мор.* Dreadnought [*англ.* dret'nɔ:t] *m* -s, -s

дрези́на *ж ж.-д.* Draisíne *f* (11)

дрейф *м мор.* Drift *f* (10), Ábtrift *f* (10); лечь в ~ béidrehen *vi*; лежáть в ~е tréiben* *vi* (s); ýгол ~а Ábtriftswinkel *m* (6); ~ нулевóго ýровня *выч. тех.* Núllverschiebung *f* (10); **~овáть** *мор.* dríften *vi*, tréiben* *vi* (h, s), dem Stróme fólgen; ~овáть по течéнию mit der Strömung tréiben*; ~ýющая льди́на dríftende Éisscholle; ~ýющая стáнция Tréibeisstation *f* (10), Dríftstation *f*; **~овый** Treib-; ~овое течéние Tréibströmung *f* (10)

дрек *м мор.* Drággen *m* (7), Quírlanker *m* (6)

дрель *ж тех.* Dríllbohrer *m* (6)

дремá I *ж разг. см.* дремóта

дремá, дрёма II *ж бот.* Líchtnelke *f* (11), Kránzrade *f* (11); смоли́стая ~ Péchnelke *f*, Klébnelke *f*

дремáть 1. schlúmmern *vi*, im Hálbschlaf sein; dúseln *vi* (*разг.*); **2.:** не ~ wáchsam sein; **~ся:** мне дрéмлется ich bin schläfrig

дремóта *ж* Schlúmmer *m* -s, Hálbschlaf *m* -s; Schläfrigkeit *f*, Schláftrunkenheit *f* (*сонливость*)

дремýчий dicht; ~ лес Úrwald *m* (4)

дрéна *ж тех.* Drän *m* -s, -s, Síckergraben *m* (7), Entwässerungsgraben *m*, Rigóle *f* (11)

дренáж *м* **1.** (*осушение*). Dränáge [-ʒə] *f*, Drän(ier)ung *f*, Bódenentwässerung *f*; **2.** (*осушительная система*) Dränáge [-ʒə] *f* (11), Entwässerungsanlage *f* (11); **3.** *мед.* Dränáge [-ʒə] *f* (11)

дренажи́ровать *тех.* dräníeren *vt*, entwässern *vt*

дренáжн||ый Dränáge- [-ʒə-], Drän-; ~ая трубá Dränrohr *n* (2), Dränröhre *f* (11); Drän *m* -s, -s, Entwässerungsgraben *m* (7*)

дресвá *ж* Kies *m* -es, Kíessand *m* -(e)s

дрессирóв||анный dressíert, ábgerichtet; **~áть** dressíeren *vt*, ábrichten *vt*; **~ка** *ж* Dressúr *f* (10), Dressíeren *n* -s, Ábrichten *n* -s; Drill *m* (1) (*муштра*); ~ка живóтного Tíerabrichtung *f*; Tíerdressur *f*; **~щик** *м* Dompteur [-'tø:r] *m* (1) (*хищников*); Dresseur [-'sø:r] *m* (1)

дриáда *ж миф.* Dryáde *f* (11), Wáldnymphe *f* (11)

дри́блинг *м спорт.* Dríbbling *n* -s, -s

дри́фтер *м мор.* Tréibnetzfischerboot *n* (2); Lógger *m* (6)

дроби́лка *ж тех.* Brécher *m* (6), Mühle *f* (11); Quétsche *f* (11); кормовáя ~ *с.-х.* Fútterquetsche *f* (11)

дроби́льн||ый *тех.* Schrot-; ~ая маши́на Schrótmaschine *f* (11)

дроби́на *ж* **1.** (*шарик ружейной дроби*) Schrótkorn *n* (5); **2.** *с.-х.* (*солодовая, хмелевая*) Tréber *pl*

дроби́нка *ж* Schrótkorn *n* (5)

дроби́ть 1. (*разбивать*) zerstückeln *vt*, zerkléinern *vt*, zerstóßen* *vt*, zerschróten *vt*, zermálmen *vt*; *спец.* bréchen* *vt*; granulíeren *vt* **2.** *перен.* (*разделять*) zerstückeln *vt*, zersplíttern *vt*; **~ся** sich zerstückeln

дроблéние *с* Zerstück(e)lung *f*, Zerstückeln *n* -s, Zerkléinerung *f*; *спец.* Bréchen *n* -s; ~ произвóдства Zersplítterung *f* der Produktión

дробни́ца *ж охот.* Schrótbeutel *m* (6)

дрóбн||ый 1. *мат.* Bruch-; gebróchen; ~ое числó Brúchzahl *f* (10); **2.** *разг.* (*мелкий*) zerstückelt

дробови́к *м охот.* Schrótbüchse *f* (11)

дроболи́тéйный: ~ завóд Schrótgießerei *f* (10), Schrótfabrik *f* (10)

дробь *ж* **1.** *охот.* Schrot *n* (2), *m* (1); **2.** *мат.* Bruch *m* (1*), Brúchzahl *f* (10); десяти́чная ~ Dezimálbruch *m*, Zéhnerbruch *m*; простáя ~ gewöhnlicher Bruch; прáвильная ~ échter Bruch; неправи́льная ~ únechter Bruch; непреры́вная ~ Kéttenbruch *m*; знак дрóби Brúchzeichen *n* (7); сокращáть ~ éinen Bruch kürzen; привести́ дрóби к одномý знаменáтелю Brüche auf éinen Nénner bríngen*; **3.** (*звуки*): барабáнная ~ Trómmelwirbel *m* -s

дровá *мн.* Brénnholz *n* -es, Holz *n* (5); ◇ кто в лес, кто по ~ *погов.* ≅ der éine singt Dur, der ándere Moll, der éine sagt hü, der ándere hott

дрóвни *мн.* Báuernschlitten *m* (7), Hólzschlitten *m*

дровозаготóвка *ж* Hólzbeschaffung *f*, Hólzaufbereitung *f*

дровокóл *м* Hólzhacker *m* (6)

дровокóльный: ~ станóк Hólzspaltmaschine *f* (11)

дровосéк *м* **1.** Hólzfäller *m* (6); Fórstarbeiter *m* (6), Wáldarbeiter *m*; **2.** (*жук*) Hólzbock *m* (1*)

дровянóй Holz-; ~ склад Hólzlager *n* (6); ~ сарáй Hólzschuppen *m* (7); ~ лес Brénnholz *n* -es

дрóги *мн.* Lástwagen *m* (7), Fúhre *f*, (11), lánger Wágen, Wágengestell *n* (2)

дрóгнуть I (*зябнуть*) fríeren* *vi*

дрóгнуть II **1.** (*вздрогнуть*) erzíttern *vi* (s), erbében *vi* (s), zusámmenfahren* *vi* (s), áufzucken *vi*; **2.** (*прийти в смятение*) wánken *vi*; schwánken *vi*, ins Schwánken kómmen*, in Verwírrung [ins Wánken] geráten*; ◇ у негó рукá не дрóгнет (*это сделать*) er wird nicht davón zurückschrecken (das zu tun)

дрож||áние *с* Zíttern *n* -s, Bében *n* -s; Vibratión [vi-] *f* (10), Schwíngung *f* (10) (*колебания*); **~áтельный:** ~áтельный парали́ч *мед.* Schüttellähmung *f* (10), Zítterlähmung *f*; **~áть 1.** zíttern *vi*, bében *vi*; scháuern *vi* (*трепетать*); fláckern *vi* (*о свете*); vibríeren [vi-] *vi* (*о голосе, струне и т. п.*); он весь ~и́т er zíttert am gánzen Léibe; er fliegt am gánzen Körper; ~á от стрáха ángstgeschüttelt; **2.** *перен.* zíttern *vi* (за когó-л., за что-л. für *A*), bében *vi*, sich fürchten (um, für *A*); ängstlich besórgt sein (um *A*); ~áть над кáждой копéйкой jéden Pfénnig úmdrehen

дрожжев||óй Héfe-; ~ы́е грибки́ Héfepilze *pl*, Spróßpilze *pl*

дрóжж||и *мн.* Héfe *f* (11); пивны́е ~и Bíerhefe *f*; сухи́е ~и Tróckenhefe *f*; прессóванные ~и Préßhefe *f*; искýсственные ~и Báckpulver *n*; ◇ расти́ как на ~áх wie (die) Pílze wáchsen*

дрóжки *мн.* Dróschke *f* (11); беговы́е ~ Rénndroschke *f*

дрожь *ж* Zíttern *n* -s; Frösteln *n* -s (*озноб*); Scháuer *m* (6), Schäuder *m* (6) (*трепет*); лихорáдочная ~ Fíeberschauder *m*; меня́ в ~ брóсило mich überlíef ein Scháuer

дрозд *м* Drössel *f* (11); чёрный ~ Ámsel *f* (11)

дрозофи́ла *ж зоол.* Éssigfliege *f* (11)

дрок *м бот.* Gínster *m* (6)

дромадéр *м зоол.* Dromedár *n* (2)

дросселирóвание *с тех.* Ábdrosseln *n* -s, Drösseln *n*, Drösselung *f*

дрóссель *м эл.* Drössel *f* (11), Drösselspule *f* (11); *тех.* Drösselventil [-vɛn-] *n* (2); Drúckminderer *m* (6)

дрóтик *м ист.* (*копьё*) Wúrfspieß *m* (1)

дрофá *ж зоол.* Tráppe *f* (11)

дрочёна *ж кул.* Kúchen *m* (7) aus Éiern, Milch und Mehl

друг I *м* Freund *m* (1); закады́чный ~ Búsenfreund *m*; ~ дéтства Spíelgefährte *m* (9); ~ ю́ности Júgendfreund *m*; боевóй ~ Kámpfgefährte *m* (9)

друг II: ~ óколо ~а nebeneinánder; ~ от ~а voneinánder; ~ на ~е aufeinánder; ~ ~а einánder; ~ за ~ом nacheinánder, hintereinánder; ~ с ~ом miteinánder; ~ прóтив ~а gegeneinánder; они́ отли́чно понимáют ~ ~а sie verstéhen sich áusgezeichnet; мы лю́бим ~ ~а wir líeben uns; они́ помогáют ~ ~у sie hélfen sich gégenseitig

друг||óй 1. (*иной*) ánd(e)re; anderléi; von ánderer Art, ándersartig, ánders geártet; тот и ~óй sowóhl der éine wie der ándere; díeser und jéner; ни тот ни ~óй kéiner von béiden; ктó-то ~óй jémand ánders; никтó ~óй kein ánderer, níemand ánders; оди́н за ~и́м éiner nach dem ánderen; однó за ~и́м éins nach dem ánderen; Stück für Stück; ничегó ~óго nichts ánderes; и мнóгие ~и́е und víele ándere (*сокр.* u.v.a.); и мнóгое ~óе und víeles ándere mehr (*сокр.* u. v. a. m.); (в) ~óй раз ein ándermal; в ~óм мéсте ánderswo; в ~óе мéсто ánderswohin; из ~óго мéста ánderswoher; с ~óй стороны́ ánder(er)seits; **2.** (*следующий, второй*) der nächste, der fólgende, der zwéite; на ~óй день am fólgenden [nächsten] Táge; ánderntags; **3.** *в знач. сущ.* der ándere; ◇ э́то ~óе дéло *разг.* das ist (ét)was ánderes, das ist éine ándere Sáche; ~и́ми словáми mit ánderen Wórten

дрýжб||а *ж* Fréundschaft *f*; по ~е aus Fréundschaft; ~а мéжду нарóдами die Fréundschaft únter den Völkern, Völkerfreundschaft *f*; ◇ не в слýжбу, а в ~у *погов.* tu [tun Sie] das mir zulíebe!; ~а ~óй, а слýжба слýжбой *погов.* in Díenstsachen hört die Fréundschaft auf; Dienst ist Dienst und Schnaps ist Schnaps (*разг.*)

дружелю́б||ие *с* Fréundlichkeit *f*, Fréundschaftlichkeit *f*; **~ный** fréundlich, fréundschaftlich

дрýжеск||ий fréundschaftlich, Fréundes-, Fréundschafts-; ~ий шарж fréundschaftliche Karikatúr; ~ая услýга Fréundesdienst *m* (1); ~ие отношéния [свя́зи] fréundschaftliche Beziehungen [Verbíndungen]; ~ая встрéча *спорт.* Fréundschaftsspiel *n* (2); питáть ~ие чýвства к комý-л. für j-n fréundschaftliche Gefühle hégen; ◇ быть на ~ой ногé с кем-л. *разг.* auf gútem Fúß(e) mit j-m stéhen*

дрýжественн||ый fréundschaftlich; Fréundes-; ~ые стрáны Fréundesländer *pl*, befréundete Länder; ~ая поли́тика Polítik *f* der Fréundschaft; пройти́ в ~ой обстанóвке im fréundschaftlichen Geist verláufen*

дружи́н||а *ж* **1.** *ист.* Mánnen *pl*, Kríegsgefolge *n* -s; Gefólgschaft *f* (10); Drushina [-'ʒi:-] *f* (*на Руси*); **2.** (*отряд*) Kommándo *n* -s, -s, Abtéilung *f* (10); боевы́е ~ы die (revolutionären [-vo-]) bewáffneten Árbeitertrupps; Kámpfgruppen *pl* (*в ГДР*); нарóдная ~а fréiwillige Hélfer der Milíz; пожáрная ~а fréiwillige Féuerwehr; пионéрская ~а Pioníerfreundschaft *f*

(10); **~ник** *м* **1.** fréiwilliger Hélfer *m* (6) der Milíz; **2.** (*в ГДР*) Angehörige *m* (14) der Kämpfgruppe(n); **3.** *ист.* Kríeger *m* (6); Kämpe *m* (9) (*поэт.*), Gefólgsmann *m* (4) (*pl тж.* -leute); Drushinnik [-'ʒın-] *m* =, *pl* -i (*на Руси*)

дружи́ть befréundet [gut Freund] sein, Fréundschaft hálten* (с кем-л. mit *D*)

дружи́ще *м разг.* (*обращение*) líeber Freund, mein Líeber; áltes Haus, Mensch, Ménschenskind

дру́жка *м уст.* Bráutführer *m* (6)

дру́жн‖о *нареч.* éinträchtig, in Éintracht; жить ~о in Éintracht lében, sich vertrágen*; рабо́тать ~о Hand in Hand [éinmütig] árbeiten; **~ый** éinig, éinträchtig, éinhellig, éinmütig (*единодушный*); állgeméin (*общий*); ~ый коллекти́в ein gútes Kollektív; ~ая рабо́та geméinsame Árbeit; ~ый отпо́р éinmütige Ábwehr; ~ый хо́хот állgeméines Gelächter

дру́за *ж мин.* Drúse *f* (11)

друзья́ *мн. от* друг I

друи́д *м* Druíde *m* (9); **~и́зм** *м* Druídenlehre *f*

дры́гать *разг.* strámpeln *vi*, záppeln *vi*; ~ нога́ми mit den Béinen strámpeln, mit den Füßen záppeln

дры́хнуть *разг.* pénnen *vi*, póksen *vi*

дря́бл‖ость *ж* Schláffheit *f*, Wélkheit *f*; **~ый** schlaff, welk; *перен.* willensschwach, lax

дря́бнуть *разг.* welk [morsch] wérden; áustrocknen *vi* (s) (*высыхать*)

дря́зги *мн. разг.* Gezänk *n* - (e)s, Stréitigkeiten *pl* (*пререкания*); Únannehmlichkeiten *pl* (*неприятности*)

дрянно́й *разг.* geméin, élend, lúmpig (*о человеке*); lúmpig, dréckig, Schund- (*о вещи*)

дрянь *ж разг.* **1.** (*о вещи*) Dreck *m* - (e)s, Plúnder *m* -s, Gerümpel *n* -s; Mist *m* -es (*груб.*); Schund *m* - (e)s (*о товаре*); Schmárren *m* (7) (*о книге, фильме*); **2.** (*о человеке*) Lump *m* (8); ◇ де́ло ~ *разг.* um die Sáche steht es dréckig; die Sáche steht schlecht [geht schief, ist múlmig]; die Kárre läuft schief

дряхле́ть áltern *vi* (s), gebréchlich [hínfällig] wérden

дря́хл‖ость *ж* Áltersschwäche *f*, Gebréchlichkeit *f*; Hínfälligkeit *f*; **~ый** áltersschwach, gebréchlich; hínfällig; vergréist (*о человеке*); *перен. разг.* (*о предметах*) antiquíert

дуал‖и́зм *м филос.* Dualísmus *m* =; **~и́ст** *м филос.* Dualíst *m* (8); **~исти́ческий** *филос.* dualístisch

дуб *м* **1.** (*дерево*) Éiche *f* (11); **2.** (*материал*) Éichenholz *n* -es; **3.** *разг.* (*о человеке*) Klotz *m* (1*), stúrer Kerl

дуба́сить *разг.* **1.** (*кого-л.*) (dúrch-) prügeln *vt*, verdréschen* *vt*, vermöbeln *vt*, versóhlen *vt*; **2.** (*по чему-л., во что-л.*) éinschlagen* *vi*, lósschlagen* *vi*, trómmeln *vi* (auf *A*)

дуби́ль‖ный *спец.* Gerb-, Loh-; ~ное вещество́ Gérbstoff *m* (1); ~ное корьё, ~ная кора́ Lóhe *f* (11), Gérberlohe *f*; ~ная кислота́ *хим.* Gérbsäure *f*, Gállusgerbsäure *f*, Tannín *n* -s; **~ня** *ж* Gerberéi *f* (10); **~щик** *м* Gérber *m* (6), Lóhgerber *m*

дуби́н‖а *ж* **1.** Kéule *f* (11), Knüttel *m* (6), Knüppel *m* (6); **2.** *бран.* (*о человеке*) Dúmmkopf *m* (1*), Schwáchkopf *m*, Narr *m* (8); **~ка** *ж* Knüppel *m* (6); рези́новая ~ка Gúmmiknüppel *m*

Дуби́нушка *ж* (*песня*) Dubínuschka *f* (*russisches Arbeitslied*)

дуби́тель *м спец.* Gérbstoff *m* (1), Härtemittel *n* (6)

дуби́ть *спец.* gérben *vt*, lóhen *vt*

дубле́ние *с спец.* Gérben *n* -s

дублёнка *ж разг.* Scháfpelz *m* (1) (*mit dem Leder nach außen gekehrt*)

дублёный gegérbt; ~ полушу́бок Scháfpelz *m* (1) (*mit dem Leder nach außen gekehrt*)

дублёр *м* **1.** (*запасной*) Ersátzmann *m* (4) (*pl тж.* -leute); **2.** *театр.* zwéite Besétzung; игра́ть в ка́честве ~а alterníerend spíelen (*в очередь с другим актёром*); **3.** *кино* Double ['du:bəl] *n* -s, -s; Synchronisatiónssprecher [-kro-] *m* (6), Sprécher *m* (*при синхронизации*); **4.** *тех.* Dublíermaschine *f* (11); Dóppler *m* (6)

дубле́т *м* **1.** Dublétte *f* (11), Dóppelstück *n* (2); **2.** *лингв.* Dóppelform *f* (10); территориа́льные ~ы lándschaftliche Wörter; territoriále Dublétten; **3.** *охот.* Dublétte *f* (11)

дублика́т *м* Duplikát *n* (2), Dóppel *n* (6), Zwéitschrift *f* (10); ~ (чита́тельского) биле́та (*вместо потерянного*) Ersátzkarte *f* (11); вы́дача ~а (*взамен потерянного документа*) Néuausstellung *f*

дубли́рование *с* Überschnéidungen *pl*; Nebeneinánder *n* -s, Parallélarbeit *f*; Dóppelgleisigkeit *f*; Dóppelforschungen *pl* (*в научной работе*); ~ в рабо́те Dóppelarbeit *f*

дубли́р‖овать **1.** (*делать параллельно с кем-л. одно и то же*) dasselbe parallél mit ánderen áusführen; э́ти предприя́тия ~уют рабо́ту друг дру́га díese Betríebe léisten (únnötige) Dóppelarbeit; ~овать роль *театр.* (*играть в очередь с другим актёром*) alterníerend spíelen; **2.** (*заменять кого-л.*) für j-n Double ['du:bəl] sein, j-n doubeln ['du:-] **3.:** ~овать фильм éinen Film synchronisíeren [-kro-]; фильм ~ован на ру́сский язы́к der Film läuft in rússischer Fássung

дубль *м* **1.** *кино* Wiederhólungsaufnahme *f* (11); снять ~! (*команда*) Wiederhólen!, Wiederhólung!; **2.** *спорт.* Ersátzmannschaft *f* (10)

дубля́ж *м кино* Synchronisíerung [-kro-] *f*, Synchronisatión *f*; ~ зарубе́жных фи́льмов Synchronisatión frémdsprachiger Fílme

дубня́к *м* Éichenwald *m* (4), Éichenhain *m* (1)

дубова́тый *разг.* klótzig; schwérfällig, schwer [lángsam] von Begríff (*непонятливый*)

дубо́в‖ый éichen, Éichen-; aus Éichenholz; ~ая ро́ща Éichenwäldchen *n* (7), Éichenhain *m* (1); ◇ ~ый стиль *разг.* hölzerner Stil; ~ая голова́ *бран.* Hólzkopf *m* (1*)

дубо́к *м* júnge Éiche

дубоно́с *м зоол.* Kérnbeißer *m* (6)

дубра́ва *ж поэт.* Éichen(hoch)wald *m* (4), Éichenhain *m* (1), Láubwald *m*

дуг‖а́ *ж* **1.** Bógen *m* (7, 7*); *мат.* Kréisbogen *m*; ~а́ сво́да *стр.* Gewölbebogen *m*; электри́ческая ~а́ *физ.* Líchtbogen *m*; ~о́ю bógenförmig; gewölbt; бро́ви ~о́ю geschwúngene [(hóch)gewölbte, bógenförmige] Bráuen; **2.** (*в упряжи*) Krúmmholz *n* -es; ◇ согну́ть кого́-л. в три ~и́ [в ~у́] j-n zur völligen Unterwérfung zwíngen*

дугов‖о́й **1.** Krúmmholz-; **2.** *физ.*, *тех.* Bógen-; ~а́я ла́мпа Líchtbogenlampe *f* (11)

дугообра́зный bógenförmig, gewölbt, gekrümmt, gebógen

дуде́ть *разг.* auf der Schalméi spíelen, die Schalméi blásen*; pféifen* *vi*; ◇ ~ в одну́ дуду́ [ду́дку] *разг.* (*говорить одно и то же*) die álte Wéise ábleiern

ду́дк‖а *ж* **1.** Schalméi *f* (10), Róhrpfeife *f* (11); Schäferpfeife *f*; **2.** *мор.* (*боцманская*) Batteríepfeife *f* (11), Signálpfeife *f*; ◇ пляса́ть под чью-л. ~у *разг.* nach j-s Pféife tánzen; tánzen müssen, wie jémand pfeift

ду́дки *межд. разг.* dénkste!; prost Máhlzeit!

ду́жка *ж* **1.** kléiner Bógen; Bríllenbügel *m* (6), Steg *m* (1) (*у очков*); **2.** (*ручка*) Hénkel *m* (6); Griff *m* (1); Bügel *m* (6) (*у корзины; шпаги*); **3.** *спорт.* (*в крокете*) Tor *n* (2)

дука́т *м ист.* Dukáten *m* (7)

ду́ло *с* Mündung *f* (10)

ду́льный Mündungs-; ~ чехо́л Mündungskappe *f* (11)

ду́льце *с муз.* Múndstück *n* (2) (an Blásinstrumenten)

ду́м‖а *ж* **1.** Gedánke(n) *m* (15,7); **2.** *лит.* (*род гражданской поэзии 19 в.*) Betráchtungen *pl*, Reflexiónen *pl*; (*род украинской народной песни*) (ukraínisches) Vólkslied *n* (5); **3.** *ист.* Dúma *f*; городска́я ~а Stádtrat *m* (1*); госуда́рственная ~а Stáatsduma *f*; боя́рская ~а Bojárenduma *f*; ◇ ду́мать ~у sínnen* *vi*; in Gedánken versúnken sein; mit éinem Gedánken úmgehen*

ду́ма‖ть **1.** dénken* *vi*, *vt* (о ком-л., о чём-л. an *A*); sínnen* *vi*, überlégen *vt*, éinem Gedánken náchhängen* (*размышлять*); ~ть то́лько об одно́м nur auf eins bedácht sein; ~ть про себя́ für sich dénken*; **2.** (*полагать*) gláuben *vt*, méinen *vt*; как вы ~ете? was méinen Sie?; не ~ю, что́бы... ich gláube nicht, daß...; **3.** (*намереваться*) (ge)dénken* *vi*; beábsichtigen *vt*; когда́ вы ~ете пое́хать в Москву́? wann (ge)dénken Sie nach Móskau zu fáhren?; ◇ мно́го о себе́ ~ть sich (*D*) viel éinbilden; sehr von sich (*D*) éingenommen sein; éine hóhe Méinung von sich (*D*) háben; недо́лго ~я óhne sich lánge zu besínnen, óhne viel zu überlégen; kurz entschlóssen; я и не ~ю! es fällt mir gar nicht ein!, es fällt mir nicht im Traum ein!, das sóllte mir geráde éinfallen!; и ~ть не́чего! kein Gedánke darán!, das kommt nicht in Fráge!; я ~ю! (*конечно*) das will ich méinen!; **~ться** *безл.* (*казаться*) schéinen* *vi*; мне ду́мается es scheint mir

ду́мка *ж* **1.** *разг.* (*маленькая подушка*) kléines Kíssen, Óhrenkissen *n* (7); **2.** (*народная украинская песня*) balládenartiges Vólkslied, Vólksballade *f* (11), Dúmka *f*, *pl* -s

думпка́р *м тех.* Dúmper *m* (6), Kübelkipper *m* (6), Kípplore *f* (11), Kíppwagen *m* (7)

ду́мский *ист.* Dúma-; ~ депута́т Dúmaabgeordnete *m* (14)

дуна́йский Dónau-; Дуна́йский бассе́йн Dónaubecken *n* -s

дунове́ние *с* Hauch *m* (1), Lúfthauch *m*, Wéhen *n* -s

ду́нуть *см.* дуть I

ду́пель *м зоол.* Dóppelschnepfe *f* (11)

дупле́т *м* (*на бильярде*) Dublée *n* -s, -s

дупли́стый hohl

дупло́ *с* Höhlung *f* (10); ~ де́рева Báumhöhlung *f*, hóhle Stélle; ~ зу́ба Záhnhöhle *f* (11)

ду́ра *ж разг.* Närrin *f* (12), dúmmes Fráuenzimmer, dúmme Gans, dúmme Tríne

дура́к *м* **1.** *разг.* Dúmmkopf *m* (1*), Narr *m* (8), Tor *m* (8), Schwáchkopf *m*, Scháfskopf *m*; он наби́тый ~ er ist ein Érznarr, er ist ein áusgemachter [komplétter] Narr, er hat ein Brett vor dem Kopf; он па́рень не ~ er kann mehr als Brot éssen, er kann mehr als Grütze löffeln; **2.** *карт.* (*игра*) Durákspiel *n* (-e)s, Scháfskopf *m* (*ein Kartenspiel*); ◇ оста́вить кого́-л. в ~а́х j-n zum Nárren háben [hálten*], j-n an der Náse herúmführen, j-n násführen; оста́ться в ~а́х mit lánger Náse ábziehen*, das Náchsehen háben, genásführt sein; ~а́м зако́н не пи́сан *погов.* ≅ mit der Dúmmheit kämpfen Götter selbst vergébens; валя́ть ~а́ sich dumm stéllen; den dúmmen Áugust máchen; сваля́ть ~а́ éine Dúmmheit begéhen* [máchen]

дурале́й *м разг. см.* дура́к 1

дура́цкий *разг.* dumm, närrisch, töricht, Nárren-; ~ колпа́к Nárrenkappe *f* (11)

дура́чество *с разг.* Póssen *pl*, Únsinn *m* - (e)s, Alberéi *f* (10), dúmmer Streich

дура́ч||ить *разг.* (*кого-л.*) j-m etw. vórmachen; j-n auf den Bésen láden*; j-n übers Ohr háuen*; j-n zum Nárren háben [hálten*] (*издеваться*); **~иться** *разг.* Póssen tréiben*; Fáxen máchen; herúmalbern *vi*, herúmkaspern *vi*; Wítze réißen*; **~óк** *m* **1.** *разг.* kléiner Narr; Närrchen *n* (7); прики́дываться ~ко́м sich dumm stéllen; **2.** *уст. и разг.* (*умственно дефективный*) Idiót *m* (8), schwáchsinniger Mensch

дурачьё *с собир. разг.* Nárren *pl*, Nárrenpack *n* -s

дура́шливый, дура́шный *разг.* däm(e)lich

ду́рень *м разг.* Dúmmkopf *m* (1*); Tölpel *m* (6), Schwachkopf *m*, Tropf *m* (1*), Pínsel *m* (6), Narr *m* (8)

дуре́ть *разг.* verdúmmen *vi* (s), verblöden *vi* (s); Nárren wérden; den Verstánd verlíeren*

дурёха *ж разг.* álbernes Ding, dúmme Gans

дури́ть *разг.* dúmme Stréiche máchen, Dúmmheiten máchen [begéhen*]; не дури́! sei nicht dumm!

дури́ща *ж см.* дурёха

дурма́н *м* **1.** *бот.* Stéchapfel *m* (6*); **2.** *перен.* Betäubungsmittel *n* (6); **~ить** betäuben *vt*, die Sínne benébeln

дурне́ть häßlich wérden

ду́рно 1. *нареч.* schlecht, übel; ~ обраща́ться с кем-л. j-n schlecht behándeln, übel mit j-m úmspringen* [úmgehen*]; ~ вести́ себя́ sich schlecht benéhmen*; **2.** *предик. безл.* (*о плохом самочувствии*); ей (сде́лалось) ~ sie verspürte Übelkeit; ihr wúrde übel [schlecht]

дурн||о́й 1. schlecht, übel; ~о́й челове́к ein schléchter Mensch; ein übler Geséllе; ~а́я сла́ва übler Léumund [Ruf]; приобрести́ ~у́ю сла́ву in Verrúf geráten*; éinen schléchten Ruf bekómmen*; ~о́й посту́пок éine schléchte [böse] Tat; **2.** (*некрасивый*) häßlich; ◇ ~о́й глаз ein böses Áuge

дурнот||а́ *ж* Übelkeit *f*, (léichtes) Unwohlsein *n* -s; почу́вствовать ~у́ Übelkeit verspüren

дурну́шка *ж разг.* häßliches Mädchen; häßliche Frau

дуропла́ст *м* Duroplást *m* (1)

ду́рочка *ж* **1.** *разг.* Närrchen *n* (7), Kíndskopf *m* (1*); dúmmes Ding; **2.** *уст. и разг.* (*умственно дефективная*) Idiótin *f* (12), Schwáchsinnige *f* (14)

дуршла́г *м* Dúrchschlag *m* (1*)

дурь *ж разг.* Tórheit *f* (10), verrücktes Zeug, Álbernheiten *pl*; Grílle *f* (11) (*причуда*); на него́ ~ нашла́ er hat Ráupen [Gríllen] im Kopf; вы́киньте э́ту ~ из головы́ schlágen Sie sich (*D*) díese Álbernheiten [Dúmmheiten] aus dem Sinn

дуст *м* (*дезинфекционное средство*) Dust *m* -(e)s

ду́т||ый 1. hohl; **2.** *перен. разг.* áufgebauscht, áufgeblasen; übertríeben (*преувеличенный*); ~ые ци́фры áufgebauschte [übertríeben hóhe] Záhlen; ~ая сла́ва Schéinruhm *m* -(e)s

дуть 1. blásen* *vi*, wéhen *vi*; здесь ду́ет hier zieht es, hier ist es zúgig; **2.** (*стекло*) blásen* *vt*; ◇ он и в ус не ду́ет *разг.* ≅ er läßt sich (*D*) darüber kéine gráuen Háare wáchsen, er zuckt nicht mit der Wímper

дутьё *с тех.* Blásen *n* -s; ~ стекла́ Glásblasen *n*

ду́ться *разг.* schmóllen *vi* (на кого́-л. mit *D*)

дуумвира́т *м ист.* Duumvirát [-vi-] *n* (2)

дух *м* **1.** Geist *m* -es; ~ вре́мени Geist der Zeit, Zéitgeist *m*; в ~е вре́мени zéitgemäß, dem Zéitgeist gemäß [entspréchend]; э́то в моём ~е das ist nach méinem Geschmáck [Sinn]; в э́том ~е in díeser Art, in díesem Sínne; в маркси́стском ~е im Sínne [Géiste] des Marxísmus; в ~е взаимопонима́ния и бра́тского сотру́дничества im Géiste des gégenseitigen Éinvernehmens und der brüderlichen Zusámmenarbeit; **2.** (*моральное состояние*) Geist *m* -es; Stímmung *f* (*настроение*); Mut *m* -es (*смелость*); боево́й ~ Kámpfgeist *m*, Kámpfmoral *f*; состоя́ние ~а Gemütsstimmung *f*; прису́тствие ~а Géistesgegenwart *f*; собра́ться с ~ом Mut fássen; sich (*D*) ein Herz néhmen*; подня́ть ~ die Stímmung hében*; па́дать ~ом den Mut verlíeren*; у меня́ не хвати́ло ~у ich könnte nicht den Mut áufbringen, ich hätte nicht das Herz; ich bráchte es nicht übers Herz; **3.** (*дыхание*) Átem *m* -s; перевести́ ~ Átem schöpfen [hólen]; у меня́ ~ захва́тывает mein Átem stockt, es verhält [benímmt] mir den Átem; мча́ться [бежа́ть] во весь ~ aus Léibeskräften láufen* [rénnen*]; **4.** (*призрак*) Geist *m* (4), Gespénst *n* (5); ◇ быть в ~е gut geláunt sein, gúter Láune sein, in gúter Stímmung sein, gut áufgelegt sein; быть не в ~е nicht bei Stímmung [Láune] sein, verstímmt sein, míßgestimmt sein, schléchter Stímmung [Láune] sein; о нём ни слу́ху ни ~у *разг.* er läßt nichts von sich (*D*) hören, er ist spúrlos verschwúnden; испусти́ть ~ den Geist áufgeben*, у него́ ~ вон *разг.* er ist hinüber [tot]; одни́м [еди́ным] ~ом in éinem Átem, in éinem Zúge; продолжа́йте в том же ~е máchen Sie in dersélben Wéise wéiter

духа́н *м* Krug *m* (1*); Áusschank *m* (1*) (im Káukasus); **~щик** *м* Schánkwirt *m* (1) (im Káukasus)

ду́хи *мн. см.* дух 4

духи́ *мн.* Parfüm *n* (2)

духове́нство *с собир.* Géistlichkeit *f*, Klérus *m* =; бе́лое ~ Wéltgeistlichkeit *f*; чёрное ~ Klóstergeistlichkeit *f*

духо́вка *ж* Báckofen *m* (7*), Brátröhre *f* (11), Báckröhre *f*

духовни́к *м* Béichtvater *m* (6*), Béichtiger *m* (6)

духо́вн||ый 1. géistig, séelisch; ~ые интере́сы die géistigen Interéssen; ~ая бли́зость séelische [ínnere] Geméinschaft [Verwándtschaft]; **2.** (*церковный*) géistlich; ~ое лицо́ Géistliche *m* (14); **~ый оте́ц** Béichtvater *m* (6*); ◇ ~ое завеща́ние (kírchliches) Testamént *n* (2)

духов||о́й 1. *муз.* Blas-; ~ы́е инструме́нты Blásinstrumente *pl*; ~о́й орке́стр Blásorchester [-kɛs-] *n* (6); **2.:** ~о́е ружьё Lúftgewehr *n* (2); **3.:** ~а́я печь *см.* духо́вка

духота́ *ж* Schwüle *f*, drückende Hítze

душ *м* **1.** Dúsche *f* (11), Bráuse *f* (11); ~ с ги́бким шла́нгом Schláuchbrause *f*; **2.** (*процедура*) Bráusebad *n* (5), Dúsche *f* (11); ве́ерный ~ Fächerdusche *f*; принима́ть ~ dúschen *vi*, únter die Dúsche géhen*, sich bráusen

душ||а́ *ж* **1.** Séele *f* (11); благоро́дная ~а́ ein édler Charákter [ka-]; до́брая ~а́ éine gúte Séele; **2.** *ист.* (*крепостной крестьянин*) Léibeigene *m*, *f* (14); léibeigene Séele; **3.:** на ду́шу населе́ния je [pro] Kopf der Bevölkerung; произво́дство на ду́шу населе́ния Pro-Kópf-Produktion *f*; ни ~и́ kéine Ménschenseele; ◇ ~а́-челове́к éine Séele von éinem Ménschen, ein séelen(s)guter Mensch; бума́жная [черни́льная] ~а́ Schréiberseele *f* (11), Bürokrát *m* (8); ~а́ о́бщества die Séele der Geséllschaft; быть ~о́й де́ла Séele éines Unternéhmens sein; у него́ ~а́ нараспа́шку er ist ein óffenherziger Mensch; er hat das Herz auf der Zúnge; у меня́ ~а́ в пя́тки ушла́ es wúrde mir angst und bánge; der Schrécken ist mir in die Knóchen gefáhren; das Herz ist mir in die Hósen gefállen (*разг.*); у меня́ ~а́ не лежи́т к нему́ er ist mir nicht sympáthisch; ich hábe nichts für ihn übrig; у меня́ к э́тому **~а́ не лежи́т** das liegt mir nicht; жить ~а́ в ду́шу ein Herz und éine Séele sein; ~и́ не ча́ять в ком-л. éinen Nárren an j-m gefréssen háben; ско́лько ~е уго́дно nach Hérzenslust; отвести́ ду́шу sich (*D*) das Herz erléichtern; изли́ть кому́-л. ду́шу j-m sein Herz áusschütten; всей ~о́й von gánzem Hérzen; ра́доваться всей ~о́й sich hérzlich fréuen; он пре́дан ему́ всей ~о́й er ist ihm mit Leib und Séele ergében; ~о́й и те́лом mit Leib und Séele; криви́ть ~о́й sich verstéllen; héucheln *vi* (*лицемерить*); lügen* *vi*; gégen sein Gewíssen hándeln; он поэ́т в ~е́ er ist díchterisch veránlagt, er hat éine díchterische Áder; влезть кому́-л. в ду́шу sich in j-s Vertráuen éinschleichen*; в глубине́ ~и́ im Grúnde des Hérzens; для ~и́ zum éigenen Vergnügen; до глубины́ ~и́ bis ins Ínnerste; хвата́ть за́ ~у кого́-л. j-m ans Herz géhen*, j-m náhe géhen*; сде́лать что-л. за ми́лую ду́шу etw. mit gróßem Vergnügen tun*; легко́ [тяжело́] на ~е́ leicht [schwer] zumúte; как бог на́ ~у поло́жит wie es éinem geráde éinfällt; стоя́ть над ~о́й у кого́-л. j-m kéine Rúhe lássen*; j-n mit Bítten [Förderungen] bestürmen; от ~и́ von Hérzen, hérzlich gern; благодари́ть от всей ~и́ aus tíefstem Hérzen dánken; э́то мне по ~е́ das ist (ganz) nach méinem Hérzen [Geschmáck]; э́то мне не по ~е́ dáfür hábe ich nichts [nicht viel] übrig; говори́ть по ~а́м с кем-л. óffen [vertráulich] mit j-m réden; петь [игра́ть] с ~о́й mit Gefühl [Gemüt] síngen* [spíelen]

душева́я *сущ.* *ж* Dúschraum *m* (1*); Bráusebad *n* (5), Dúschanlage *f* (11)

душевнобольно́й *прил.* **1.** géisteskrank, gemütskrank; psychopáthisch; **2.**

в знач. сущ. м Géisteskranke *m* (14), Gemütskranke *m*

душе́вн||ый 1. séelisch, ínner; ~ое споко́йствие die ínnere Rúhe, Séelenruhe *f*; **2.** (*сердечный, искренний*) hérzlich, ínnig; ~ое отноше́ние hérzliches [fréundschaftliches] Verhältnis; извеща́ть о чём-л. с ~ым приско́рбием etw. mit tíefstem [größtem] Bedáuern mítteilen; **3.**: ~ая боле́знь Géisteskrankheit *f* (10), Gemütskrankheit (10); ~ое расстро́йство Géistesstörung *f* (10)

душев||о́й I (*относящийся к душу*) Bráuse-, Dusch-; ~а́я каби́на Dúschkabine *f* (11), Dúschecke *f* (11)

душев||о́й II (*на душу населения*) pro Kopf, pro Mann; ~о́е потребле́ние Pro-Kópf-Verbrauch *m* -(e)s; ~о́й наде́л земли́ *ист.* Bódenanteil *m* pro Kopf

душегре́йка *ж уст.* Séelenwärmer *m* (6)

душегу́б *м уст. и разг.* Mörder *m* (6)

душегу́бка *ж* **1.** (*лодка*) Séelenverkäufer *m* (6); **2.** (*фашистская газоудушающая автомашина*) Vergásungswagen *m* (7)

ду́шенька *ж разг.* Hérzchen *n* (7), Schätzchen *n* (7), Líebchen *n* (7)

душеприка́зчик *м юр. уст.* Testaméntsvollstrecker *m* (6), Testaméntsvollzieher *m* (6)

душераздира́ющий hérzzerreißend

ду́шечка *ж см.* ду́шенька

душещипа́тельный *разг. ирон.* sentimentál, rührend, hérzergreifend; ~ рома́нс Schmáchtfetzen *m* (7)

души́ст||ый wóhlriechend, dúftend, dúftig; ~ые вещества́ Ríechstoffe *pl*; ◇ ~ый горо́шек *бот.* wóhlriechende Plätterbse, spánische Wícke

души́тель *м* Würger *m* (6), Bedrükker *m* (6); Unterdrücker *m* (*притеснитель*); Verfólger *m* (6) (*гонитель*); ~ просвеще́ния Dúnkelmann *m* (4), Feind *m* (1) der Áufklärung

души́||ть I **1.** würgen *vt*; den Átem benéhmen* (кого́-л. *D*); erstícken *vt* (*стеснять дыхание*); его́ ~ла зло́ба er kéuchte [erstíckte] vor Wut; **2.** (*угнетать, притеснять*) erstícken *vt*, drósseln *vt*; bedrücken *vt*, unterdrücken *vt*

души́ть II (*духами*) parfümíeren *vt*

души́ться sich parfümíeren

души́ца *ж бот.* Dost *m* (1), Dóstkraut *n* -(e)s

ду́шка *м, ж разг.* süßes Mädel (*о девушке*); réizender Kerl (*о мужчине*)

душни́к *м* Ófen(röhren)klappe *f* (11)

ду́шн||ый schwül, drückend, stíckig (heiß); ~ая пого́да drückende [schwüle] Witterung; мне ~о ich erstícke; ich bekómme [hábe] kéine Luft

душ||о́к *разг.* **1.** übler Gerúch, léichter Verwésungsgeruch; Hautgout [*фр.* o'gu:] *m* -s; мя́со с ~ко́м das Fleisch hat éinen Stich; неприя́тный ~о́к únangenehmer Béigeschmack; **2.** *перен.* Hautgout [*фр.* o'gu:] *m* -s; Ánrüchigkeit *f*

душо́нка *ж пренебр.*: дрянна́я [га́дкая] ~ élender Wicht, élende Kreatúr; ме́лкая ~ Krämerseele *f* (11)

дуэ́л||ь *ж* Duéll *n* (2), Zwéikampf *m* (1*); вы́звать на ~ь j-n fórdern, j-n zum Duéll áuffordern; дра́ться на ~и sich duellíeren

дуэля́нт *м* Duellánt *m* (8)

дуэ́т *м* **1.** *муз.* Duétt *n* (2); **2.** *спорт.* Paar *n* (2); Läuferpaar *n* (*тк. в танцах на льду*)

ды́б||а *ж ист.* Fólterbank *f* (3), Wíppgalgen *m* (7), Schnéllgalgen *m*; вздёрнуть на ~у auf die Fólter spánnen

ды́бом *нареч.*: у меня́ во́лосы вста́ли ~ die Háare sträubten sich [stánden] mir zu Bérge

дыбы́: встать [подня́ться, станови́ться] на ~ *тж. перен.* sich bäumen, sich auf die Hinterbeine stéllen

ды́лда *м, ж разг.* Lúlatsch *m* (1), Hópfenstange *f* (11), lánger Lában

дым *м* Rauch *m* -(e)s; густо́й ~ Qualm *m* -(e)s; стéлющийся ~ Ráuchfahne *f* (11); ◇ там ~ коромы́слом *разг.* da geht es hoch her; da herrscht ein wáhres Tohuwabóhu; нет ~а без огня́ *погов.* kein Rauch óhne Féuer; wo Rauch ist, da ist auch Féuer

дыми́ть(ся) ráuchen *vi*

ды́м||ка *ж* (tróckener) Dunst *m* -es; ~ка тума́на Nébelschleier *m* (6), Nébeldunst *m*; моро́зная ~ка Éisnebel *m* -s, Fróstnebel *m*, Fróstrauch *m* -(e)s; подёрнутый ~кой umflórt; néb(e)lig (*туманный*)

ды́мный dámpfig, ráuchig, verráucht, voll Rauch

дымов||о́й Rauch-; ~а́я труба́ Schórnstein *m* (1); Ésse *f* (11); ~а́я заве́са *воен.* Ráuchschleier *m* (6), Nébelschutz *m* -es; Nébelvorhang *m* (1*) (*вертикальная*); ~а́я ша́шка *воен.* Nébelkörper *m* (6)

дымога́рн||ый: ~ая труба́ *тех.* Ráuchrohr *n* (2)

дымо́к *м* Ráuchfahne *f* (11), Ráuchwölkchen *n* (7)

дымосо́с *м* Ábgasgebläse *n* (6), Sáugzugverstärker *m* (6)

дымохо́д *м* Ófenzug *m* (1*), Zug *m*; Ráuchkanal *m* -s, -näle, Schlot *m* (1, 1*)

ды́мчат||ый ráuchfarben, ráuchgrau, Rauch-; ~ый кварц *мин.* Ráuchquarz *m* -es; ~ые стёкла Ráuchgläser *pl*

ды́ня *ж* Melóne *f* (11), Zúckermelone *f*

дыр||а́ *ж* **1.** Loch *n* (5); в ды́рах (*продырявленный*) durchlöchert, löcherig; заткну́ть ~у́ ein Loch stópfen; **2.** *разг.* (*захолустье*) Nest *n* (5), Provinznest [-'vınts-] *n*; Élendsloch *n* (5) (*о жилье*)

дыроко́л *м* Lócher *m* (6)

ды́рчатый *спец.* gelócht, perforíert

дыря́в||ить *разг.* lóchen *vt*, durchlöchern *vt*; **~ый** durchlöchert, löcherig, zerlöchert; ~ые пе́рчатки zerríssene Hándschuhe; ◇ ~ая голова́ [па́мять] ≅ ein Gedächtnis wie ein Sieb, ein kúrzes [schléchtes] Gedächtnis

ды́хало *с зоол.* Átemloch *n* (5)

дыха́ние *с* **1.** Átem *m* -s, Átmung *f*, Átmen *n* -s; Respiratión *f*, Átemtätigkeit *f*; затруднённое ~ Átemnot *f*; Átembeschwerden *pl*; затаи́в ~ mit verháltenem Átem; иску́сственное ~ *мед.* künstliche Átmung; **2.** (*ветра и т. п.*) Hauch *m* -es; ◇ обрести́ «второ́е ~» néue Kräfte schöpfen

дыха́тельн||ый Átmungs-; ~ые пути́ *анат.* Átemwege *pl*

дыша́ть átmen *vi*, respiríeren *vi*; ~ све́жим во́здухом frísche Luft schöpfen, réine Luft átmen; тяжело́ ~ schwer [mühsam] átmen; глубоко́ ~ tief átmen; ◇ ~ на ла́дан *разг.* mit éinem Fúß im Gráb(e) stéhen*; am Rand(e) des Grábes stéhen*; **~ся** здесь ле́гче ды́шится hier átmet es sich léichter, hier kann man léichter átmen

ды́шло *с* Déichsel *f* (11)

дья́вол *м* Téufel *m* (6), Dämon *m* -s, -mónen

дьяволёнок *м разг.* Téufelchen *n* (7), kléiner Schlíngel; Schalk *m* (1, 1*), kléiner Schelm

дья́воль||ски *нареч. разг.* (*чрезвычайно*) vertéufelt; ~ски тру́дная зада́ча éine vertéufelt schwíerige Áufgabe; я ~ски уста́л ich bin húndemüde; **~ский** téuflisch, vertéufelt; höllisch (*адский*); ~ский за́мысел ein téuflischer Plan; ~ская пого́да *разг.* Místwetter *n* -s, Sáuwetter *n*, Húndewetter *n*

дья́вольщина *ж разг.* Teufeléi *f*, Téufelswerk *n*; что за ~! was ist das für ein Téufelsspuk?!

дьяк *м ист.* Beámte *m* (14) (*einer Behörde im alten Rußland, bis zum 18. Jahrhundert*)

дья́кон *м* Diakón *m* (1, 8), Diákonus *m* =, -kónen

дьячо́к *м* Kírchendiener *m* (6), Küster *m* (6)

дю́жий *разг.* stark, kräftig, robúst; ~ дети́на ein bärenstarker Kerl

дю́жина *ж* Dútzend *n* (2) (*сокр.* Dtzd.); це́лая ~ ein vólles Dútzend

дю́жинный gewöhnlich, alltäglich; Dútzend-; ~ челове́к Dútzendmensch *m* (8), Dúrchschnittsmensch *m*

дюйм *м* Zoll *m* -s, =; **~о́вка** *ж стр.* ein zólldickes Brett; **~о́вый** zóllang (*при переносе* zoll-lang); éinen Zoll lang; ~о́вый гвоздь ein zóllanger Nágel

дю́кер *м гидр.* Düker *m* (6), Dúrchlaß *m* -sses, -lässe

дю́ны *мн.* Dünen *pl*; песча́ные ~ Sánddünen *pl*

дюра́ль, дюралюми́ний *м* Dúraluminium *n* -s, Durál *n* -s

дюше́с *м* (*сорт груш*) Duchessebirne [dy'ʃɛs-] *f* (11)

дя́гиль *м бот.* Éngelwurz *f*, Angélika *f*, *pl* -ken

дя́дька *м* **1.** *разг.* (*взрослый мужчина*) Ónkel *m* (6); **2.** *уст.* (*воспитатель*) Kínderwärter *m* (6); Áufseher *m* (6)

дя́дюшка *м* Ónkelchen *n* (7), Ónkel *m* (6)

дя́дя *м* **1.** Ónkel *m* (6) (*pl разг.* -s); **2.** *разг.* (*взрослый мужчина*) Ónkel *m* (6)

дя́тел *м* Specht *m* (1); зелёный ~ Grünspecht *m*; пёстрый ~ Búntspecht *m*

Е

ева́нгелие *с* Evangélium [-van-] *n* -s, -li¦en

евангели́ческий evangélisch [-van-]

ева́нгельский evangélisch [-van-]

евге́ника *ж* Eugénik *f*

е́внух *м* Eunúch *m* (8)

Евра́том *м* (Европе́йское соо́бщество по а́томной эне́ргии) EURATÓM (Europäische Atómgemeinschaft)

евре́й *м* Júde *m* (9); Hebräer *m* (6) (*в древней Палестине*); **~ка** *ж* Jüdin *f* (12); Hebräerin *f* (12) (*в древней Палестине*); **~ский** jüdisch; hebräisch (*древнееврейский*); ~ский язы́к die jíddische Spráche, das Jíddische (*sub*) (*идиш*); die hebräische Spráche, das Hebräische (*sub*) (*древний*)

Еврови́дение *с* Eurovisión [-vi-] *f*

европе́ец *м* Europäer *m* (6)

европеизи́ровать europä¦isíeren *vt*; **~ся** europä¦ische Kultúr ánnehmen*

европе́йский europä¦isch

евро́пий *м* Európium *n* -s (*хим. знак* Eu)

евста́хиев: ~а труба́ *анат.* Eustáchische Röhre

е́герский Jäger-; ~ полк Jägerregiment *n* (5)

е́герь *м* Jäger *m* (6)

еги́петский ägýptisch

египто́лог *м* Ägyptológe *m* (9)

египтоло́гия *ж* Ägyptologíe *f*

египтя́н||ин *м* Ägýpter *m* (6); **~ка** *ж* Ägýpterin *f* (12)

его́ 1. *личн. мест. род., вин. см.* он *и* оно́; **2.** *притяж. мест.* (*перед сущ.*) sein; (*без сущ.*) der (die, das) séine, der (die, das) séinige; э́то ~ кни́га das ist sein Buch; да́йте мне мою́ кни́гу, а я дам вам ~ gében Sie mir mein Buch, und ich gébe Íhnen das séine [das séinige]

егоз||а́ *м, ж. разг.* Quécksilber *n* -s, únruhiger Mensch; вот ~á! der hat Quécksilber im Leib!; **~и́ть** *разг.* **1.** ein únruhiger Geist sein, únruhiges Blut háben; únruhig wie Quécksilber sein; sich beständig rühren, sich dréhen und wénden; **2.** (*перед кем-л.*) sich bei j-m éinschmeicheln

еда́ *ж* **1.** (*пища*) Éssen *n* -s; Kost *f*; Spéise *f* (11) (*кушанье*); **2.** (*действие*) Éssen *n* -s; во вре́мя еды́, за едо́й beim Éssen, während des Éssens

едва́ *нареч.* kaum; он ~ уме́ет чита́ть er kann kaum lésen; ◇ ~ не fast, beináhe; он ~ не упа́л fast wäre er gefállen; ~ ли schwérlich; kaum; ~ ли э́то уда́стся es wird kaum gelíngen; ~-~ (*еле-еле*) mit Müh und Not, mit genáuer Not; ~ он зако́нчил, как... kaum war er fértig, als...

едине́н||ие *с* Éinigung *f*, Éinigkeit *f*; в те́сном ~ии eng zusámmengeschlossen; в ~ии—си́ла Éinigkeit macht stark

едини́ц||а *ж* **1.** Éinheit *f* (10); ~а измере́ния Máßeinheit *f*; метри́ческая ~а métrische Éinheit; основна́я ~а Grúndeinheit *f*; ~а объёма Ráumeinheit *f*; де́нежная ~а Géldeinheit *f*; **2.** (*отметка*) Eins *f* (10) (*Schulzensur «sehr schlecht» in der UdSSR*); **3.** *мат.* Eins *f* (10); Éiner *m* (6); **4.** *мн.* ~ы (*немногие*) Éinzelne *pl*, éinzelne Persönlichkeiten

едини́чн||ый éinzeln, veréinzelt; éinmalig, sélten (*редкий*); **~ый** слу́чай Éinzelfall *m* (1*); ~ые слу́чаи заболева́ния veréinzelte Erkránkungsfälle

единобо́жие *с* Monotheísmus *m* =

единобо́рство *с* Zwéikampf *m*; **~вать** éinen Zwéikampf führen

единобра́чие *с* Monogamíe *f*, Éinehe *f*

единове́рец *м* **1.** Gláubensgenosse *m* (9); **2.** (*сектант*) Ánhänger *m* (6) der Sékte der Áltgläubigen

единовла́ст||ие *с* Alléinherrschaft *f*; **~ный** alléinherrschend

единовре́менн||ый éinmalig; ~ое посо́бие éinmalige Géldunterstützung [Béihilfe]

единогла́с||ие *с* Éinstimmigkeit *f*; **~ный** éinstimmig; éinhellig; при́нято ~но éinstimmig beschlóssen

единоду́ш||ие *с* Éinmütigkeit *f*; **~но** *нареч.* éinhellig; выступа́ть ~но geschlóssen vórgehen*; ~но приня́ть предложе́ние éinen Vórschlag éinstimmig ánnehmen*; **~ный** éinmütig; ~ное одобре́ние úngeteilte Zústimmung

единокро́вн||ый *уст.* blútsverwandt; von éinem Váter (áb)stámmend; ~ые бра́тья léibliche Brüder

единоли́чн||ик *м* Éinzelbauer *m* (8, 13); **~ый 1.** (*осуществляемый одним лицом*) Éinzel-; éine éinzelne Persón betréffend; ~ое реше́ние Éinzelentscheidung *f*; **2.** (*относящийся к единоличнику*) individuéll [-vi-] wírtschaftend, éinzelbäuerlich; ~ое хозя́йство Éinzelbauernwirtschaft *f*, bäuerliche Éinzelwirtschaft, bäuerlicher Éinzelbetrieb

едино||мы́слие *с* Gesínnungsgleichheit *f*, Idé¦enharmonie *f*; **~мы́шленник** *м* **1.** Gesínnungsgenosse *m* (9), Gléichgesinnte *m* (14); **2.** (*сообщник*) Mítbeteiligte *m* (14), Mítschuldige *m* (14), Komplíce [-sə] *m* (9)

единонача́л||ие *с* Éinzelleitung *f*; **~ьник** *м* Éinzelleiter *m* (6)

единообра́з||ие *с* Éinheitlichkeit *f*; **~ный** éinheitlich; ~ная фо́рма учёта éinheitliche Form der Evidénz [-vi-]

единоплеме́нник *м* Stámmesgenosse *m* (9)

единоро́г *м миф.* Éinhorn *n* (5)

единоутро́бный *уст.* léiblich; von dersélben Mútter (gebóren); ~ брат léiblicher Brúder

еди́нственн||о *нареч.* **1.** nur, alléin, éinzig und alléin; **2.** *в знач. частицы* éinzig; ~о возмо́жный спо́соб das éinzig mögliche Míttel; ~о, о чём говоря́т das éinzige, wovón man spricht; **~ый** éinzig; ~ый в своём ро́де éinzigartig; ◇ ~ое число́ *грам.* Síngular *m* (1), Éinzahl *f*

еди́нство *с* Éinheit *f*; Éinigkeit *f*; ~ па́ртии Partéieinheit *f*; ~ де́йствия, вре́мени и ме́ста *лит.* die Éinheit der Hándlung, der Zeit und des Órtes; ~ де́йствий Aktiónseinheit *f*; ~ противополо́жностей *филос.* Éinheit der Gégensätze; ~ взгля́дов Idé¦engemeinschaft *f*; Geméinsamkeit [Übereinstimmung] der Áuffassungen

еди́н||ый 1. (*объединённый*) Éinheits-, éinheitlich; geéint; ~ый фронт Éinheitsfront *f*; **2.** (*единственный*) ein, éinzig; там не́ было ни ~ой души́ es war kéine Ménschenseele dort; все до ~ого álle bis auf den létzten

е́дк||ий 1. ätzend; béißend (*о дыме*); ~ое вещество́ Ätzstoff *m* (1); **2.** *перен.* béißend, bíssig; ätzend; káustisch, schnéidend; ~ая иро́ния béißende Ironíe; ~ая насме́шка ätzender Spott; ~ий ю́мор béißender Humór; ~ое замеча́ние éine bíssige Bemérkung

е́дкость *ж* **1.** Ätzkraft *f*; Schärfe *f*; Kaustizität *f*; **2.** *перен.* Bíssigkeit *f* (10); Sticheléi *f* (10) (*колкость*)

едо́к *м* **1.** Esser *m* (6); плохо́й ~ ein schwácher [schléchter] Ésser; хоро́ший ~ ein stárker Ésser; **2.** (*лицо*) Persón *f* (10); семья́ из трёх ~о́в éine Famíli¦e von drei Persónen, éine dréiköpfige Famíli¦e

её 1. *личн. мест. вин., род. см.* она́; **2.** *притяж. мест.* (*перед сущ.*) ihr; (*без сущ.*) der (die, das) íhre, der (die, das) íhrige; э́то ~ кни́га das ist ihr Buch; да́йте мне мою́ кни́гу, а я дам вам ~ gében Sie mir mein Buch, und ich gébe Íhnen das íhre [das íhrige]

ёж *м* **1.** *зоол.* Ígel *m* (6); **2.** *воен.* (*переносное проволочное заграждение*) Dráhtigel *m* (6)

ежев||и́ка *ж бот.* **1.** (*ягода*) Brómbeere *f* (11); **2.** (*растение*) Brómbeerstrauch *m* (4); **~и́чник** *м* Brómbeerdickicht *n* (2); **~и́чный** Brómbeer-; brómbeerrot (*о цвете*); ~и́чное варе́нье éingekochte Brómbeeren, Brómbeerkonfitüre *f* (11)

ежего́дн||ик *м* Jáhrbuch *n* (5); **~ый** jährlich, álljährlich, Jáhres-; ~ый конгре́сс Jáhreskongreß *m* -sses, -sse; ~ый отчёт Jáhresbericht *m* (1)

ежедне́вн||о *нареч.* tagtäglich; **~ый 1.** täglich, Táges-; ~ая газе́та Tágeszeitung *f* (10); Tág(e)blatt *n* (5) (*австр.*); **2.** (*обычный*) alltäglich, gewöhnlich; ~ые забо́ты Álltagssorgen *pl*

е́жели *уст. см.* е́сли

ежеме́сячн||ик *м* Mónatsheft *n* (2), Mónatsschrift *f* (10); **~ый** (áll)mónatlich, Mónats-; ~ый взнос mónatlicher Béitrag [Géldbeitrag]; Mónatsrate *f* (11)

ежемину́тн||о *нареч.* jéden Áugenblick; **~ый** dáuernd, fórtwährend (*беспрестанный*); ~ые звонки́ по телефо́ну fórtwährende Telefónanrufe

еженеде́льн||ик *м* Wóchenschrift *f* (10); Wóchenblatt *n* (5) (*австр.*); **~ый** (áll)wöchentlich; Wóchen-, wöchentlich

ежено́щный allnächtlich

ежеча́сный stündlich

ёжик *м* **1.** (*причёска*) Bürste *f* (11), Bürstenschnitt *m* (1), Ígelfrisur *f* (10); стри́чься ~ом sich das Haar bürstenförmig schnéiden lássen*, sich (*D*) éine Bürstenfrisur schnéiden lássen*; **2.** *уменьш. см.* ёж 1

ёжиться sich zusámmenkauern; fröstеln *vi* (*от холода и т. п.*)

ежо́в||ый Ígel-; ígelartig; ◇ держа́ть кого́-л. в ~ых рукави́цах j-n streng hálten* [kúrz¦halten*], j-n únter der Fúchtel hálten [háben], j-n in strénger Zucht hálten*

езд||а́ *ж* **1.** Fáhren *n* -s; верхова́я ~á Réiten *n* -s; в двух часа́х ~ы́ от... zwei Stúnden Fahrt von...; **2.** (*по железной дороге, на пароходе и т. п.*) Réisen *n* -s; **3.** (*уличное движение*) Stráßenverkehr *m* -s

е́здить fáhren* *vi* (s); réisen *vi* (s) (*путешествовать*); ~ верхо́м réiten* *vi* (h, s); ~ на автомоби́ле Áuto fáhren* (*уметь пользоваться*); mit dem Áuto fáhren* (*перемещаться*; *см. тж.* е́хать); ~ на велосипе́де rádfahren* *vi* (s) (*употр. тк. в inf и part* II), Rad fáhren* (*кататься*); mit dem Rad fáhren* (*использовать как средство передвижения*); ~ в го́сти к родны́м zu [auf] Besúch zu Verwándten fáhren*; ~ за́ город aufs Land fáhren*

ездов||о́й *прил.* **1.** Fahr-; Zug-; ~ы́е соба́ки Zúghunde *pl*; ~ы́е ка́чества (*автомобиля*) Fáhreigenschaften *pl*; **2.** *в знач. сущ. м воен. уст.* Fáhrer *m* (6); Führer *m* (6); Réiter *m* (6)

ездо́к *м* (*верховой*) Réiter *m* (6)

е́зженый (*о дороге*) gebáhnt; (*о лошади*) éingefahren; zúgeritten

ей *дат. см.* она́

ей-бо́гу *межд. разг.* bei Gott!, wahrháftig!

ей-е́й, ей-же-е́й *межд. разг.* wáhrlich!, wahrháftig!

ёкать, ёкнуть *разг.* (*о сердце*) stíllstehen* *отд. vi* (s), stócken *vi*

е́ле *нареч.* kaum; ◇ ~ живо́й halbtót; ~-~ mit (größter) Mühe; mit Müh und Not, mit knápper [genáuer] Not; он ~-~ успе́л er hat es kaum geschäfft; ~-~ душа́ в те́ле *разг.* er [sie] ist sehr schwach

еле́й *м* **1.** *церк.* Sálb¦öl *n* -(e)s, Wéiheöl *n*; **2.** *перен.* Bálsam *m* -s; **~ный** *перен.* sálbungsvoll; ölig (*о голосе*)

ёлка *ж* **1.** (*дерево*) Tánne *f* (11), Tánnenbaum *m* (1*), Fíchte *f* (11), Fíchtenbaum *m*; голуба́я ~ Bláutanne *f*; **2.** (*праздничная*) Néujahrsbaum *m* (1*), Néujahrstanne *f* (11) (*новогодняя*); Wéihnachtsbaum *m*, Christbaum ['krɪst-] *m* (*рождественская*); **3.** (*праздник*) Wéihnachtsfeier *f* (11); Néujahrsfeier *f* (*в СССР*)

6 – 1052

ело́в||ый Fíchten-, Tánnen-; aus Fíchtenholz (*сделанный из еловой древесины*); ~ые ши́шки Tánnenzapfen *pl*

ёлочк||а *ж* **1.** *уменьш. см.* ёлка 1; **2.** (*рисунок, узор*) Físchgrätenmuster *n* (6); ~ой, в ~у mit Físchgrätenmuster; шов в ~у Físchgrätenstich *m* (1); стежо́к ~ой Zíckzackstich *m*; подъём ~ой (*лыжи*) Grätenschritt *m*; вышива́ть ~ой im Físchgrätenstich stícken; **3.** *разг.* (*доильная установка*) Físchgrätenmelkstand *m* (1*)

ёлочн||ый Wéihnachts-, Baum-; ~ые све́чи Báumkerzen *pl*, Wéihnachtskerzen *pl*; ~ые украше́ния Báumschmuck *m* (1*), Christbaumschmuck [ˈkrist-] *m*

ель *ж* Fíchte *f* (11); Tánne *f* (11)

е́льник *м* **1.** (*лес*) Fíchtenwald *m* (4), Tánnenwald *m*; **2.** (*ветки*) Tánnenstreu *f* (10), Tánnenreisig *n* -s

ёмк||ий úmfangreich; geräumig (*о помещении и т. п.*); **~остный** kapazitív, Kapazitäts-; ~остное сопротивле́ние *эл.* Kapazitätsreaktanz *f* (10), Kapazitánz *f* (10); **~ость** *ж* **1.** Ráuminhalt *m* (1); Kapazität *f* (10), Fássungsvermögen *n* -s; Geräumigkeit *f* (*вместительность*); ме́ра ~ости Ráummaß *n* (2); ~ость ры́нка *эк.* Áufnahmefähigkeit des Márktes; ~ость запомина́ющего устро́йства, ~ость па́мяти *тех.* Spéicherkapazität *f*; заря́дная ~ость *эл.* Ládekapazität *f*; **2.** (*сосуд*) Behälter *m* (6), Tank *m* -s, -s

ему́ *дат. см.* он *и* оно́

ендова́ *ж стр.* Dáchkehle *f*

ено́т *м* **1.** (*зверь*) Wáschbär *m* (8); **2.** (*мех*) Wáschbärpelz *m* (1)

енотови́дн||ый: ~ая соба́ка Márderhund *m* (1)

епа́рхия *ж церк.* Eparchíe *f*, *pl* -i̯en, Bístum *n* (5)

епи́скоп *м* Bíschof *m* (1*); **~ство** *с* Bíschofswürde *f*

ерала́ш *м разг.* Wírrwarr *m* -s

ерепе́ниться *разг.* sich sträuben, wíderspenstig sein

е́ресь *ж* **1.** *рел.* Häresíe *f*, *pl* -i̯en, Ketzeréi *f* (10); **2.** *разг.* (*чепуха*) Únsinn *m* -(e)s; нести́ [городи́ть] ~ Únsinn zusámmenreden, álbernes Zeug schwátzen; fáseln *vi*

ерети́к *м* Härétiker *m* (6), Kétzer *m* (6)

ерети́ческий härétisch, kétzerisch

ёрза||ть *разг.* sich fórtwährend bewégen; (hin und her) rútschen, záppeln *vi*; не ~й! sitz doch still!

ермо́лка *ж* Käppchen *n* (7), Schéitelkäppchen *n*

еро́шить *разг.* zerzáusen *vt*; **~ся** sich sträuben, únordentlich ábstehen (*о волосах, перьях*)

ерунд||а́ *ж разг.* **1.** Únsinn *m* -(e)s; dúmmes [álbernes] Zeug; Quatsch *m* -es; **2.** (*пустяк*): э́то для него́ су́щая ~а́ das ist für ihn éine wáhre Kléinigkeit; **~и́ть** *разг.* **1.** (*болтать вздор*) Únsinn réden; fáseln *vi*; **2.** (*делать глупости*) dúmmes Zeug tréiben*, Dúmmheiten máchen; не ~и́! mach kéine Dúmmheiten!; **~о́вский, ~о́вый** *разг.* **1.** (*глупый*) dumm; **2.** (*пустяковый*) bedéutungslos, únbedeutend, níchtig

ёрш I *м* **1.** (*рыба*) Káulbarsch *m* (1, 1*); **2.** (*щётка*) Gläserbürste *f* (11), Fláschenbürste *f*, Rúndbürste *f*; *тех.* Róhrreiniger *m* (6)

ёрш II *м разг.* (*смесь водки с пивом*) Gemísch *n* aus Wódka und Bier

есау́л *м ист.* Kosákenrittmeister *m* (6)

е́сли *союз* wenn, falls; ~ **то́лько** wenn nur; ~ и wenn auch; что ~ бы пойти́ в теа́тр *разг.* wie, wenn man ins Theáter gínge; уж ~, то... wenn schon, dann...; ~ бы не дождь... wenn nicht der Régen (gewésen) wäre...

есте́ственн||ик *м уст.* **1.** (*специалист*) Natúrforscher *m* (6), Natúrwissenschaftler *m* (6); **2.** (*студент*) Studént der Natúrwissenschaften; **~о** *вводн. сл.* natürlich; **~ость** *ж* Natürlichkeit *f*; **~ый** natürlich, natúrgemäß; Natúr-; natürlich wírkend (*напр. о локонах*); ~ый ход веще́й der natürliche Lauf der Dínge; ~ые нау́ки Natúrwissenschaften *pl*; ~ые бога́тства Bódenschätze *pl*, Natúrschätze *pl*; ~ым о́бразом auf natürliche Wéise, natürlicherweise; ◇ ~ое де́ло *разг.* sélbstverständliche Sáche, sélbstverständlich, natürlicherweise

естество́ *с* **1.** (*сущность*) Wésen *n* -s; **2.** *уст.* (*природа*) Natúr *f* (10)

естество||ве́д *м см.* есте́ственник 1; **~ве́дение** *с уст.* Natúrkunde *f*; **~ве́дческий** natúrkundlich; **~зна́ние** *с* Natúrwissenschaften *pl*, Natúrkunde *f*; **~испыта́тель** *м* Natúrforscher *m* (6)

есть I **1.** éssen* *vt*; spéisen *vt*; fréssen* *vt* (*о животных*); он ест за трои́х *разг.* er ißt für drei; **2.** (*выедать, разъедать*) zerfréssen* *vt*; ржа́вчина ест желе́зо der Rost (zer)frißt das Éisen; дым ест глаза́ der Rauch beißt in die Áugen

есть II **1.** *см.* быть 1; **2.** (*имеется*) es gibt; в э́том до́ме ~ не́сколько вы́ходов in díesem Háuse gibt es méhrere Áusgänge; у него́ ~ изве́стные зна́ния er hat gewísse Kénntnisse; ◇ так и ~ wírklich; ~ тако́е де́ло! *разг.* éinverstanden!, ábgemacht!

есть III *межд. воен.* zu Beféhl!

ефре́йтор *м воен.* Gefréite *m* (14)

е́хать **1.** (*на чём-л.*) fáhren* *vi* (s); ~ на парохо́де mit dem Schiff fáhren*; ~ на авто́бусе [на трамва́е] mit dem Ómnibus [mit der Stráßenbahn] fáhren*; ~ по желе́зной доро́ге [на по́езде] mit der Éisenbahn [mit dem Zug] fáhren*; ~ на ли́фте mit dem Fáhrstuhl fáhren*; ~ верхо́м réiten* *vi* (s); ~ на попу́тной маши́не per Ánhalter fáhren* (*разг.*); **2.** (*куда-л.*) fáhren* *vi* (s); verréisen *vi* (s) (*уезжать*); ~ в Берли́н nach Berlín fáhren*; ~ в Крым nach der [auf die] Krim fáhren*; ◇ да́льше ~ не́куда! *разг.* das ist die Höhe!

ехи́д||на *ж* **1.** (*животное*) Ámeisenigel *m* (6), Schnábeligel *m*; **2.** (*змея*) Schwárzotter *f* (11); **3.** *перен. разг.* Spötter *m* (6); Lästermaul *n* (5); **~ни́чать** *разг.* bóshafte Réden führen, j-m bóshaft náchreden; **~ный** *разг.* bóshaft, bösartig; gíftig; **~ство** *с* Bósheit *f*, Bösartigkeit *f*; **~ствовать** *разг.* **1.** bóshaft [bösartig] sein; **2.** (*злорадствовать*) schádenfroh sein

ещё *нареч.* **1.** (*по-прежнему, до сих пор*) noch; noch ímmer; ímmer noch; всё ~ noch ímmer; нет ~ noch nicht; **2.** (*уже*) schon; ~ ребёнком schon als Kind; **3.** (*дополнительно*) noch; ~ и ~ noch und noch, (ímmer und) ímmer wíeder; ◇ ~ бы! *разг.* 1) (*конечно*) und ob!, natürlich!, fréilich!; 2) (*было бы некстати*) das wäre doch sónderbar!, das wäre noch schöner!; вот ~! *ирон.* das fehlte noch!, warúm nicht gar!; что ~? was noch?, (na) und?

е́ю *тв. см.* она́

Ж

ж *см.* же I, II

жа́ба I *ж зоол.* Kröte *f* (11)

жа́ба II *ж мед. уст.* Angína *f*; ◇ грудна́я ~ Angína péctoris *f*, Stenokardíe *f*

жа́берн||ый Kíemen-; ~ые амфи́бии kíemenatmende Amphíbi̯en

жабо́ *с* Jabot [ʒaˈbo:] *n* -s,-s

жаброно́гие *сущ. мн. зоол.* Kíemenfüßler *pl*

жа́бры *мн.* Kíemen *pl*; ◇ взять кого́-л. за ~ *разг.* j-n (zur Réde) stéllen; j-m das Mésser an die Kéhle sétzen

жаве́лев: ~а вода́ *хим.* Javellesche [ʒaˈvɛlʃə] Láuge

жа́воронок *м* **1.** Lérche *f* (11); **2.** (*булочка*) »Léipziger Lérche«

жа́дина *м, ж разг.* Knáuser *m* (6), Géizkragen *m* (7)

жа́дн||ичать knáusern *vi*, géizen *vi*; gíerig sein; **~ость** *ж* **1.** (*алчность*) Gier *f*, Hábsucht *f*, Hábgier *f*; Gefräßigkeit *f* (*к еде*); **2.** *разг.* (*скупость*) Geiz *m* -es; **~ый** **1.** (*алчный*) gíerig, hábsüchtig; gefräßig (*к еде*); ~о есть gíerig [héißhungrig] éssen*; ~ый до зна́ний wíßbegierig; ~ый на сла́ву rúhmsüchtig; смотре́ть ~ыми глаза́ми Stíelaugen máchen; **2.** *разг.* (*скупой*) géizig

жа́жд||а *ж* **1.** Durst *m* -es; умира́ть от ~ы verdúrsten *vi*; **2.** *перен.* Begíerde *f*, Gier *f*; Drang *m* -(e)s; ~а зна́ний Wíssensdurst *m* -es, Wíßbegier *f*, Wíssensdrang *m*; ~а наслажде́ний Vergnügungssucht *f*; **~ать** dúrsten *vt*; begéhren *vt*, *vi*, léchzen *vi* (чего́-л. nach *D*)

жа́ждущий dürstend, von Durst gequält, léchzend

жаке́т *м*, **жаке́тка** *ж* Dámenjacke *f* (11)

жале́ть **1.** (*испытывать жалость*) bedáuern *vt*; bemítleiden *vt*, Mítleid háben (кого́-л. mit *D*); **2.** (*беречь*) schónen *vt*, spáren *vt*, ~ де́ньги Geld spáren; ~ здоро́вье die Gesúndheit schónen; не ~ трудо́в kéine Mühe schéuen; **3.** (*сокрушаться*) bedáuern *vt*, beréuen *vt*, beklágen *vt*; ~ о том, что... bedáuern, daß...

жа́лить stéchen* *vt* (*о насекомых*); béißen* *vt* (*о змее*)

жа́лкий kläglich, jämmerlich, erbärmlich; beklágenswert, bedáuernswert, bemítleidenswert (*достойный жалости*); ~ вид kläglicher Ánblick; ~ трус erbärmlicher Féigling

жа́лко **1.** *нареч.* bedáuerlich; ~ вы́глядеть jämmervoll áussehen*; **2.** *см.* жаль

жа́ло *с* **1.** (*у насекомых*) Stáchel *m* (13); **2.** (*у змеи*) Zúnge *f* (11); **3.** *перен.* Stáchel *m* (13), Gíftzahn *m* (1*); **4.** *тех.* (*режущая часть лезвия*) Schnéide *f* (11)

жа́лоб||а *ж* Kláge *f* (11); Beschwérde *f* (11); бюро́ жа́лоб Beschwérdestelle *f* (11); кни́га жа́лоб Beschwérdebuch *n* (5); пода́ть ~у *юр.* éine Kláge einreichen; обрати́ться к кому́-л. с ~ой на кого́-л., на что-л. sich bei j-m über j-n, über etw. (*A*) beschwéren; **~ный** klágend, jámmernd, kläglich; Kláge-; Beschwérde-; ~ные зву́ки Klágetöne *pl*; ◇ ~ная кни́га Beschwérdebuch *n* (5)

жа́лобщ||ик *м юр.* Kläger *m* (6), Beschwérdeführer *m* (6); **~ица** *ж юр.* Klägerin *f* (12), Beschwérdeführerin *f* (12)

жа́лованн||ый *ист.* verlíehen; ~ая гра́мота Gnádenbrief *m* (1)

жа́лованье *с* **1.** Gehált *n* (5); **2.** *уст.* (*награда*) Verléihung *f* (10)

жа́ловать *уст.* **1.** (*даровать*) verléihen* *vt*, ertéilen *vt*; **2.** (*любить*) gern mögen, gern háben; **3.** (*посещать*) besúchen *vt*

жа́ловаться **1.** sich beklágen, sich beschwéren, Kláge [Beschwérde] führen (на кого́-л., на что-л. über *A*); на что вы жа́луетесь? worüber beklágen [beschwéren] Sie sich?; (*у врача*) was fehlt Íhnen?; ~ на кого́-л. в суд j-n beim Gerícht verklágen; **2.** *разг.* ángeben* *vt*, pétzen *vi* (*ябедничать*)

жа́лост||ливый mítleidig, téilnehmend, mítfühlend (*сострадательный*); rührend, tráurig (*печальный*); **~ный** *разг.* kläglich; jämmerlich (*жалобный*); mítfühlend (*сострадательный*); ~ный го́лос Klágestimme *f* (11)

жа́лост||ь *ж* Mítleid *n* -(e)s; из ~и aus Mítleid; досто́йный ~и erbármungswürdig; ◇ кака́я ~ь! *разг.* wie scháde!

жаль **1.** *предик. безл.* scháde, es ist bedáuerlich, es tut (mir) leid; мне жаль э́того челове́ка díeser Mensch tut mir leid, mich dáuert díeser Mensch; мне его́ до слёз ~ ich könnte wéinen, so tut er mir leid; ~ что вы уезжа́ете scháde [es ist bedáuerlich], daß Sie fórtfahren; (как) ~! (wie) schádе! о́чень ~ sehr schádе, sehr bedáuerlich; ему́ для вас ничего́ не ~ für Sie ist ihm nichts zu schádе; ~ но́вого пла́тья schádе um das néue Kleid; **2.** *вводн. сл.* léider

жалюзи́ *с* Jalousie [*фр.* ʒalu'zi:] *f* (11), Rólladen *m* (*при переносе* Roll-laden) *m* (7*); ~ радиа́тора *тех.* Kühlerjalousie *f*

жанда́рм *м* Gendárm [ʒan-] *m* (8); Lándjäger *m* (6) (*сельский*); **~е́рия** *ж* Gendarmerie [ʒan-] *f* (11)

жанр *м* **1.** (*род, вид в искусстве*) Genre [*фр.* 'ʒãr] *n* -s, -s, Gáttung *f* (10), Art *f* (10); бытово́й ~ Génrekunst *f*; лёгкий ~ léichte Múse, Unterháltungskunst *f*; **2.** *жив.* Genre ['ʒãr] *n* -s, -s; Genrebild *n* (5) (*картина*)

жа́нров||ый Genre- ['ʒãr-], genrehaft; ~ая жи́вопись Genremalerei *f* (10); ~ые сце́ны Szénen aus dem Álltagsleben

жар *м* **1.** Hítze *f*, Glut *f*; кали́льный ~ *мет.* Glühhitze *f*; **2.** (*рвение*) Éifer *m* -s, Féuer *n* -s; говори́ть с ~ом mit Éifer [Begéisterung] spréchen*, féurig réden; **3.** (*повышенная температура*) Fíeber *n* -s; унего́ ~ er hat Fíeber [Temperatúr], er fíebert; **4.** (*горячие угли*) Kóhlenglut *f*, glühende Kóhlen; выгреба́ть ~ из пе́чи die Glut aus dem Ófen néhmen* [schárren]; ◇ меня́ в ~ броса́ет es überkómmt mich heiß; зада́ли ему́ ~у man hat ihm die Hölle heiß gemácht; чужи́ми рука́ми ~ загреба́ть *погов.* ≅ sich (*D*) die Kastánien aus dem Féuer hólen lássen*

жара́ *ж* Hítze *f*

жарго́н *м* Jargon [*фр.* ʒar'gɔŋ] *m* -s, -s, Sóndersprache *f* (11); воровско́й ~ Gáunersprache *f*, Rótwelsch *n* -es

жардинье́рка *ж* Blúmenständer *m* (6)

жа́рен||ое *с уст. см.* жарко́е; **~ый** gebráten; geröstet (*подсушенный*); ~ая ры́ба Brátfisch *m* (1); ~ый карто́фель Brátkartoffeln *pl*; **~ье** *с разг.* Bráten *n* -s

жа́рить **1.** bráten * *vt*; rösten *vt* (*подсушивать*); **2.:** со́лнце жа́рит *разг.* die Sónne brennt [sticht]; **3.** *разг.* stark éinheizen (*жарко топить*); zum Glühen bríngen* (*накалять*); **4.** *разг.* (*делать что-л. с азартом*): сего́дня жа́рит дождь héute régnet es Bíndfäden; ~ наизу́сть це́лые страни́цы gánze Séiten áuswendig hérsagen; бы́стро жарь домо́й! nimm die Béine únter die Árme und — nach Háuse!; **~ся** **1.** bráten* *vi*; **2.:** ~ся на со́лнце *разг.* sich sónnen; sich braun brénnen lássen*

жа́рк||ий **1.** heiß; ~ий день héißer Tag; ~ий по́яс *геогр.* héiße Zóne; **2.** *перен.* heiß, héftig; ~ое сраже́ние héiße Schlacht; ~ий спор héftiger Streit

жарко́е *с* Bráten *m* (7)

жаро́вня *ж* **1.** Kóhlenbecken *n* (7); **2.** (*для кофе*) Káffeetrommel *f* (11), Káffeebrenner *m* (6)

жарово́й Hítze-

жаропонижа́ющ||ее *сущ. с мед.* Fíebermittel *n* (6), fíebersenkendes Míttel, Antipyrétikum *n* -s, -ka; **~ий** fíebersenkend

жаро||про́чный, ~сто́йкий, ~упо́рный, ~усто́йчивый hítzebeständig, hítzefest

жар-пти́ца *ж фольк.* Féuervogel *m* (6*)

жасми́н *м* Jasmín *m* (1); **~ный, ~овый** Jasmín-

жа́тв||а *ж* Érnte *f* (11); вре́мя ~ы Érntezeit *f*; оби́льная ~а réiche [réichliche, áusgiebige] Érnte; **~енный** Érnte-; ~енная маши́на Getréidemähmaschine *f* (11), Getréidemäher *m* (6)

жа́тка *ж с.-х.* Getréidemähmaschine *f* (11); ~-самосбро́ска Mähableger *m* (6); ~-сноповяза́лка Mähbinder *m* (6)

жать I **1.** (*стискивать*) drücken *vt*; ~ ру́ку die Hand drücken; **2.** (*выжимать*) préssen *vt*; ~ виногра́д kéltern *vt*; ~ сок из лимо́на den Saft aus der Zitróne préssen; **3.:** боти́нок жмёт der Schuh drückt

жать II (*рожь и т. п.*) érnten *vt*, schnéiden*; (áb)mähen *vt* (*косой*); sícheln *vt* (*серпом*)

жа́ться **1.** (*прижиматься*) sich drängen, sich drücken (к кому́-л. an *A*); ~ друг к дру́гу sich aneinánder schmíegen; **2.** (*тесниться*) eng [gedrängt] sitzen [wóhnen]; **3.** *перен.* (*быть в нерешительности*) únschlüssig sein; **4.** *перен. разг.* (*скупиться*) knáusern *vi*, kníckern *vi*

жбан *м* Kánne *f* (11), Krug *m* mit Déckel

жва́ч||ка *ж* **1.** (*процесс*) Wíederkäuen *n* -s; **2.** (*пережёвываемая пища*) wíedergekäutes Fútter; жева́ть ~ку *тж. перен.* wíederkäuen *vt*; **3.** *разг.* Káugummi *m* -s, *pl* -s (*резинка*); Káutabak *m* (1) (*табак*); **~ные** *сущ. мн. зоол.* Wíederkäuer *pl*

жгут *м* **1.** Gefléсht *n* (2) (aus Hanf, Stroh *usw.*), gewúndener Strick, gewúndenes Tuch *usw.*; соло́менный ~ Stróhwisch *m* (1); **2.** *мед.* Schlauch *m* (1*); эласти́чный ~ Schláuchbinde *f* (11); **3.** *мн.* ~ы́ Áchselschnüre *pl*

жгу́тик *м* **1.** *уменьш. см.* жгут 1; **2.** *зоол.* Géißel *f* (11), Géißelfaden *m* (7*)

жгу́тиковые *сущ. мн. зоол.* Géißeltierchen *pl*, Flagellánten *pl*

жгуто́вый geflóchten, Flecht-

жгутоно́сцы *мн. зоол.* Géißeltierchen *pl*, Flagellánten *pl*

жгу́ч||ий brénnend; glühend, heiß, béißend; héftig; ~ая крапи́ва Brénnessel (*при переносе* Brenn-nessel) *f* (11); ~ая боль héftiger [brénnender] Schmerz; ~ие вопро́сы brénnende Frágen; ~ие слёзы héiße Tränen; ~ая не́нависть glühender Haß; ◇ ~ий брюне́т dúnkler Brünétter

ждать wárten *vi* (кого́-л., что-л. auf *A*); erwárten *vt*; жду не дожду́сь, когда́ он придёт ich kann es kaum erwárten, daß er kommt; не ~ ничего́ хоро́шего nichts Gútes erwárten; вре́мя не ждёт die Sáche hat Éile, die Zeit drängt; того́ и жди, что... jéden Áugenblick kann es geschéhen, daß...

же I *союз* áber, jedóch; hingégen; ja, doch; моя́ сме́на выхо́дит на рабо́ту в во́семь часо́в, ва́ша же в три часа́ méine Schicht begínnt die Árbeit um acht Uhr, éure áber um drei; я ещё остаю́сь здесь, това́рищ же мой уезжа́ет за́втра ich bléibe noch hier, mein Freund [Kollége] jedóch [hingégen] reist mórgen ab

же II **1.** *усилительная частица* áber, doch; denn (*после вопр. слова*); говори́те же! sprecht doch!; spréchen Sie doch!; е́сли же вы не хоти́те doch [ja] wenn Sie nicht wóllen; почему́ же вы молчи́те? warúm schwéigen Sie denn?; ну и хитёр же ты! bist du áber schlau!; **2.** *частица для указания тождества*; там же ebendá; dasélbst; тогда́ же zur sélben Zeit; туда́ же ebendáhin; тот же dersélbe; та же diesélbe; то же dasselbe; тако́й же ein ébensolcher, ébenso ein

жева́ние *с* Káuen *n* -s

жёваный gekáut; *перен. разг.* zerknittert

жева́тельн||ый Kau-; ~ый таба́к Káutabak *m* (1), Priem *m* (1); ~ая рези́нка Káugummi *m* -s, *pl* -s

жева́ть káuen *vt*; ~ жва́чку *тж. перен.* wíederkäuen *vt*; ~ таба́к Tábak káuen, príemen *vi*

жезл *м* **1.** Stab *m* (1 *); ма́ршальский ~ Márschallstab *m*; **2.** *ж.-д.* Blóckstab *m*, Zúgstab *m*, Zúgscheibe *f* (11); сигна́льный ~ *воен. уст.* Wínkerstab *m*; волше́бный ~ Wünschelrute *f* (11)

жела́н||ие *с* Wunsch *m* (1*); Begíerde *f* (11) (*страстное желание*); Lust *f* (3) (*охота, склонность*); Verlángen *n* -s (*потребность*); Strében *n* -s (*стремление*); Wílle(n) *m* (15,7) (*воля*); Belíeben *n* -s (*усмотрение*); по ~ию (*как угодно*) nach Belíeben; wúnschgemäß; по ~ию кого́-л. auf Wunsch [Verlángen] von (*D*); про́тив ~ия wíder Wíllen; удовлетвори́ть [испо́лнить] чьи-л. ~ия j-s Wünsche náchkommen*, j-s Wünsche erfüllen; уга́дывать чьё-л. ~ие j-s Wunsch erráten*, j-m den Wunsch an den Áugen áblesen*; при всём ~ии beim bésten Wíllen; **~ный** *прил.* **1.** erwünscht, wünschenswert, erséhnt, willkómmen; быть ~ным го́стем bei j-m gern geséhen sein, ein gern geséhener Gast sein; **2.** (*милый*) gelíebt, víelgeliebt; **3.** *в знач. сущ.* Gelíebte *m* (14)

жела́тельн||о *предик. безл.* es ist zu wünschen, es ist erwünscht; **~ость** *ж* Erwünschtheit *f*; **~ый** wünschenswert, erwünscht

желати́н *м* Gelatíne [ʒe-] *f*; пищево́й ~ Spéisegelatine *f*; раство́р ~а Gelatínelösung *f* (10); **~ный, ~овый** gállertartig, Gelatíne- [ʒe-]; ~овая пласти́нка *фото* Gelatíneplatte *f* (11)

желатини́рование *с* Gelatiníerung [ʒe-] *f*

жела́||ть **1.** (*хотеть*) wünschen *vt*; begéhren *vt* (*страстно желать*); verlángen (nach *D*), Verlángen trágen* (*требовать*); tráchten *vi*, strében *vi* (чего-л. nach *D*) (*стремиться*); wóllen* *vt* (*с волевым оттенком*); сам того́ не ~я gégen séinen Wíllen; **2.** (*кому-л. чего-л.*) wünschen *vt*; ~ть кому́-л. сча́стья j-m Glück wünschen; ◇ э́то оставля́ет ~ть мно́гого [лу́чшего] das läßt (viel) zu wünschen übrig

жела́ющ||ие *сущ. мн.* Interessénten *pl*; для всех ~их für álle Interessénten, für álle, die dazú Lust háben

желва́к *м* Béule *f* (11), Schwéllung *f* (10)

желе́ *с* Gelee [*фр.* ʒe'le:] *n* -s, -s, Gallérte *f* (11), Gállert *n* (2); Götterspeise *f* (11) (*сладкое кушанье*); Sülze *f* (*студень из мяса*)

железа́ *ж анат.* Drüse *f* (11); поджелу́дочная ~ Báuchspeicheldrüse *f*; миндалеви́дная ~ Mándel *f* (11); щитови́дная ~ Schílddrüse *f*; же́лезы вну́тренней секре́ции endokríne [inkretórische] Drüsen; грудна́я ~ Mílchdrüse *f*; околоушна́я ~ Óhrspeicheldrüse *f*

желе́зина *ж разг.* ein Stück Éisen [Éisenblech]

желе́зист||ый I (*содержащий железо*) éisenhaltig; Éisen-; ~ые препара́ты Éisenpräparate *pl*; ~ая вода́ Éisenwasser *n* -s, éisenhaltiges Wásser

желе́зист||ый II (*относящийся к железе*) Drüsen-; ~ые волоски́ *бот.* Drüsenhaare *pl*

желе́зка I *ж* **1.** *разг.* kléines Stück Éisen; **2.** *тех.* Éisen *n* -s (*рубанка, фуганка*); двойна́я ~ Dóppeleisen *n*

желе́зк||а II *ж разг.*: на всю ~у (*изо всех сил*) aus állen Kräften; жать на всю ~у auf die Túbe drücken

желёзка *ж анат.* Drüse *f* (11); *бот. тж.* Klébmasse *f* (11)

железнодоро́жн||ик *м* Éisenbahner *m* (6), Éisenbahnbeamte *m* (14); **~ый** Éisenbahn-, Bahn-; ~ое полотно́ Báhnkörper *m* (6); ~ая сеть Éisenbahnnetz *n* (2); ~ая ве́тка Zwéigbahn *f* (10); ~ый у́зел Éisenbahnknotenpunkt *m* (1); ~ый путь Éisenbahngleis *n* (2), Schíenenweg *m*; ~ое движе́ние Éisenbahnverkehr *m* -s; ~ый тра́нспорт, ~ое сообще́ние Zúgverkehr *m* -s, Zúgverbindung *f*; ~ое строи́тельство Éisenbahnbau *m*; ~ая охра́на Báhnschutz *m* -es

желе́зн||ый **1.** éisern, Éisen-; ~ая руда́ Éisenerz (2); ~ый лом 1) (*инструмент*) Brécheisen *n* -s; 2) *собир.* Álteisen *n* -s, Áltmetall *n* -s, áltes Éisen, Schrott *m* (1); ~ый шпат Éisenspat *m* -(e)s, Spáteisenstein *m* (1); ~ый купоро́с *хим.* Éisenvitriol [-vi-] *m, n* -s, Éisensulfat *n* (2), grüner Vitriól [vi-]; ~ая доро́га Éisenbahn *f* (10), Bahn *f*; ~ая доро́га ме́стного значе́ния Lokálbahn *f*; окружна́я ~ая доро́га Ríngbahn *f*; Gürtelbahn *f* (*в Вене*); надзе́мная [эстака́дная] ~ая доро́га Hóchbahn *f*; зубча́тая ~ая доро́га Záhnradbahn *f*; внутризаводска́я ~ая доро́га Wérkbahn *f*; узкоколе́йная ~ая доро́га Schmálspurbahn *f*, Kléinbahn *f*; магистра́льная ~ая доро́га Háuptbahnlinie *f*; городска́я ~ая доро́га Stádtbahn *f*; ~ый блеск *мин.* Éisenglanz *m* -es; ~ый век *ист.* Éisenzeit *f* **2.** *перен.* éisern; ~ая во́ля éiserner Wílle

железня́к *м мин.* Éisenstein *m* (1); кра́сный ~ Róteisenstein *m*, Hämatít *n* (2); магни́тный ~ Magnéteisenstein *m*

желе́зо *с* Éisen *n* (7) (*хим. знак* Fe); содержа́щий ~ éisenhaltig; гу́бчатое ~ Éisenschwamm *m* (1*); кри́чное ~ Fríscheisen *n*; армату́рное ~ Bewéhrungseisen *n*; листово́е ~ Éisenblech *n* -(e)s; волни́стое листово́е ~ Wéllblech *n*; прока́тное ~ Wálzeisen *n*; прутко́вое ~ Stábeisen *n*

железобето́н *м* Stáhlbeton [-,tɔŋ] *m* -s; моноли́тный ~ monolíthischer Stáhlbeton; сбо́рный ~ Montágestahlbeton *m* [-ʒə], Stáhlbetonfertigteile *pl*; **~ный** Stáhlbeton- [-,tɔŋ-]; ~ные сооруже́ния Stáhlbetonbauten *pl*

железо||плави́льный Éisenschmelz-; ~плави́льная печь Éisenschmelzofen *m* (7*); **~прока́тный** Éisenwalz-; ~прока́тный заво́д Éisenwalzwerk *n* (2); ~прока́тный стан Wálzstraße *f* (11); **~ру́дный** Éisenerz-; **~содержа́щий** éisenhaltig

железоуглеро́дист||ый: ~ые спла́вы Éisenkohlenstofflegierungen *pl*

желе́йный Gelée- [ʒə-]; ~ мармела́д Geléekonfekt *n* (2), Geléefrüchte *pl*

желна́ *ж зоол.* Schwárzspecht *m* (1)

жёлоб *м* Rínne *f* (11); *тех.* Kéhle *f* (11); Ríllе *f* (11); водосто́чный ~ Tráufe *f* (11); Dáchrinne *f*, Dáchtraufe *f* (*на крыше*); вибрацио́нный ~ Rüttelrinne *f*, Schüttelrinne *f*; загру́зочный ~ Áufgaberinne *f*, Füllrinne *f*; транспорти́рующий ~ Förderrinne *f*, Transpórtrinne *f*

желоби́ть núten *vt*, kannelíeren *vt*

желобо́к *м тех., бот.* Ríllе *f* (11), kléine Rínne

жело́бчатый rínnenförmig

жело́нка *ж горн.* Bóhrkrätzer *m* (6), Schlámmlöffel *m* (6), Schöpfbüchse *f* (11), Schäppe *f* (11)

желте́ть **1.** gelb wérden; ángilben *vi* (s), vergílben *vi* (s); **2.** (*виднеться*) gelb schímmern; **~ся** gelb schímmern

желтизн||а́ *ж* Gélbe *sub n*, Gelb *n* -(e)s, с ~о́й gélblich

желти́нка *ж разг.* gélbliche Schattierung [Fárbe]; gélblicher Fleck

желти́ть gelb färben [máchen]

желтко́вый Éidotter-

желтова́тый gélblich, bláßgelb

желто́к *м* Éigelb *n* -s, Dótter *m* (6), Éidotter *m*

желтопу́зик *м зоол.* Scheltopúsik *m* -s, -s

желторо́тый **1.** (*о птенце*) mit gélbem Schnábel; **2.** *перен.*: ~ юне́ц Gélbschnabel *m* (6*), Grünschnabel *m*

желтофио́ль *ж бот.* Góldlack *m* -s

желто́чн||ый Éidotter-; ~о-жёлтый dóttergelb

желту́||ха *ж мед.* Gélbsucht *f*; **~шный** gélbsüchtig, Gélbsucht-

жёлт||ый gelb; ◇ ~ая лихора́дка *мед.* gélbes Fíeber; ~ые профсою́зы gélbe Gewérkschaften; ~ая пре́сса gélbe Présse

желудёвый Éichel-; ~ ко́фе Éichelkaffee *m* -s

желу́д||ок *м* Mágen *m* (7); расстро́йство ~ка Mágenverstimmung *f* (10); несваре́ние ~ка Verdáuungsstörung *f* (10); **~очек** *м анат.* (*сердца*) Hérzkammer *f* (11), Kámmer *f*, Höhle *f* (11); (*головного мозга*) Hírnkammer *f*; **~очный** Mágen-; ~очный сок *физиол.* Mágensaft *m* (1*); ~очные заболева́ния Mágenkrankheiten *pl*, Mágenleiden *pl*

жёлудь *м* Éichel *f* (11)

жёлчн||ость *ж* Gálligkeit *f*, Bítterkeit *f*; **~ый** **1.** gállig, Gállen-; ~ый пузы́рь *анат.* Gállenblase *f* (11); ~ый прото́к *анат.* Gállenblasengang *m* (1*); ~ые ка́мни *мед.* Gállensteine *pl*, Gállengrieß *m* -es; **2.** *перен.* gállig, bítter; gehässig; ~ые слова́ gehässige Wórte

жёлч||ь *ж тж. перен.* Gálle *f*; разли́тие ~и *мед.* Gállenerguß *m* -sses, -güsse; ◇ он по́лон ~и er speit Gift und Gálle

жема́н||иться sich zíeren, zímperlich [affektíert] sein [tun*]; **~ница** *ж разг.* Zímperliese *f* (11); **~ничанье** *с разг. см.* жема́нство; **~ничать** *разг. см.* жема́ниться; **~ность** *ж см.* жема́нство; **~ный** geziert, zímperlich; maniert, affektíert (*манерный*); **~ство** *с* Ziereréi *f*, Zímperlichkeit *f*

же́мчуг *м собир.* Pérlen *pl*; **иска́тель** ~а Pérlenfischer *m* (6); иска́ть ~ (nach) Pérlen físchen; иску́сственный ~ Scháumperlen *pl*

жемчу́жина *ж* Pérle *f* (11)

жемчу́жница I *ж зоол.* Pérlmuschel *f* (11)

жемчу́жница II *ж вет.* Pérlsucht *f*

жемчу́жн||ый Pérl(en)-; pérlgrau (*о цвете*); ~ое ожере́лье Pérlenhalsband *n* (5), Pérlenkette *f* (11); ~ый блеск Pérlenglanz *m* -es

жена́ *ж* Frau *f* (10), Éhefrau *f*, Gáttin *f* (12) (*супруга*)

жена́||тый verhéiratet; он ~т на мое́й сестре́ er ist mit méiner Schwéster verhéiratet

же́нин der Frau [der Gáttin] gehörend; ~а шля́па der Hut méiner Frau

жени́ть verhéiraten *vt*; **~ба** *ж* Héirat *f* (10); **~ся** sich verhéiraten (на ком-л. mit *D*), héiraten *vt*

жени́х *м* **1.** Bräutigam *m* (1); Verlóbte *m* (14) (*обручённый*); ~ и неве́ста Bráutleute *pl*; **2.** (*ищущий невесту*) Fréier *m* (6); ◇ он смо́трит ~о́м er strahlt vor Glück

жениха́ться *разг.* auf Fréiersfüßen géhen*

женолюби́вый: он женолюби́в er ist ein Wéiberfreund

женоненави́стн||ик *м* Wéiberfeind *m* (1); **~ический** wéiberfeindlich

женоподо́бный wéibisch, feminín

же́нский wéiblich, Fráuen-; ~ий труд Fráuenarbeit *f*; ~ий пол wéibliches Geschlécht; ~ая шко́ла Mädchenschule *f* (11); ~ая о́бувь Dámenschuhe *pl*; ◇ ~ие боле́зни *мед.* Fráuenkrankheiten *pl*; ~ая ри́фма *лит.* wéiblicher [klíngender] Reim; ~ий род *грам.* wéibliches Geschlécht, Fémininum *n* -s; э́то по-же́нски das sieht éiner Frau ähnlich

же́нственн||ость *ж* Wéiblichkeit *f*, Fráulichkeit *f*; **~ый** wéiblich, fráuenhaft, fráulich, feminín

жёнушка *ж разг. ласк.* Fráuchen *n* (7)

же́нщина *ж* Frau *f* (10); ~-космона́вт Kosmonáutin *f* (12); ~-врач Ärztin *f* (12); мужеподо́бная ~ Mánnweib *n* (5)

женьше́нь *м* Gínseng *m* -s, -s

жердня́к *м* Stángenholz *n* -es

жердь *ж* lánge, dünne Stánge, Rúndstange *f* (11); худо́й как ~ dünn [dürr] wie éine Hópfenstange, spíndeldürr

жерёбая: ~ кобы́ла trächtige Stúte

жереб||ёнок *м* Föhlen *n* (7); Füllen *n* (7); **~е́ц** *м* Hengst *m* (1); **~и́ться** föhlen *vi*

жеребьёвк||а *ж* Lósen *n* -s, Verlósung *f* (10); разы́гранный по ~е verlóst

жерло́ *с* **1.** (*пушки*) Schlund *m* (1*), Mündung *f* (10); **2.** (*вулкана*) Kráter *m* (6)

жёрнов *м* Mühlstein *m* (1)

же́ртв||а *ж тж. перен.* Ópfer *n* (6); неви́нная ~а Ópferlamm *n* (5); ~а у́личной катастро́фы Verkéhrsopfer *n*; принести́ в ~у ópfern *vt*; zum Ópfer bríngen*; имéется мнóго жертв víele Ópfer sind zu beklágen; пасть ~ой zum Ópfer fallen* (когó-л., чегó-л. *D*); стать ~ой несчáстного слýчая verúnglücken *vi* (s); éinem Únfall zum Ópfer fállen*

жéртвенн||ик Ópferstätte *f* (11); *церк.* Ópferaltar *m* -s, -täre; **~ость** *ж* Ópferbereitschaft *f*; **~ый 1.** Ópfer-; **2.** (*самоотверженный*) sélbstlos, ópferreich; ~ая любóвь áufopfernde Líebe

жéртвователь *м* Spénder *m* (6)

жéртвовать 1. *уст.* (*деньги и т. п.*) spénden *vt*; **2.** (*кем-л., чем-л.*) ópfern *vt*; ~ собóй sich áufopfern

жертвоприношéние *с* **1.** (*обряд*) Ópferung *f* (10); **2.** (*жертва*) Ópfergabe *f* (11)

жест *м* Géste *f* (11) (*тж. перен.*); Gebärde *f* (11), Hándbewegung *f* (10); язы́к ~ов Gebärdensprache *f*

жестикул||и́ровать gestikulíeren *vi*; **~я́ция** *ж* Gestikulatión *f* (10), Gebärdenspiel *n* -(e)s

жёстк||ий 1. hart, rauh; спать на ~ом hart schláfen*; ~ая бумáга gríffiges Papíer; ~ая водá hártes Wásser; **2.** *перен.* hart, rauh; streng, schraff, schroff (*суровый*); ~ая эконóмия strénge [äußerste, rigoróse] Spársamkeit; ~ие мéры die schróffsten Máßnahmen; **3.** *тех.* starr; steif; hart; fest; ~ая констрýкция stárre Konstruktión; дирижáбль ~ой констрýкции stárres Lúftschiff, Stárrluftschiff *n* (2); ◇ ~ий вагóн Wágen zwéiter Klásse; éхать в ~ом vagóne zwéiter Klásse fáhren*; мя́гко стéлет, (да) ~о спать *погов.* ≅ Hónig im Múnde, Gálle im Hérzen (háben)

жесткокры́лые *сущ. мн. зоол.* Schéidenflügler *pl*, Déckflügler *pl*, Käfer *pl*

жёсткость *ж* **1.** Härte *f*, Ráuheit *f*; **2.** *перен.* Härte *f*; Strénge *f*, Schróffheit *f* (*суровость*); **3.** *тех.* Stárrheit *f*, Stárre *f*; Härte *f* (*воды*); Stéife *f*; ~ излучéния *физ.* Stráhlenhärte *f*

жесткошёрстный dráhthaarig (*о собаке*)

жестóк||ий 1. gráusam; brutál; hart; ~ое обращéние с кем-л. gráusame Behándlung (G); **2.** (*очень сильный*) héftig, gewáltig; stark; gräßlich (*тк. о боли*); ~ий морóз strénger [grímmiger] Frost; ~ий штoрм schwérer [orkánartiger] Sturm; ~ая боль héftiger [gräßlicher] Schmerz; ~ое сопротивлéние erbítterter [héftiger] Wíderstand; ~ая необходи́мость bíttere [hárte] Nótwendigkeit, hártes Muß; ~ие бои́ héftige [erbítterte] Kämpfe

жестокосéрд||ие *с* Hártherzigkeit *f*; **~ный** hártherzig

жестóкость *ж* **1.** (*беспощадность*) Gráusamkeit *f* (10); Brutalität *f* (10); он имéл ~ сказáть [сдéлать] er hätte die Gráusamkeit [er war gráusam genúg] zu ságen [zu tun]; **2.** (*суровость*) Strénge *f*, Härte *f*

жесть *ж* Blech *n* (2); крóвельная ~ Dáchblech *n*; бéлая ~ Wéißblech *n*; оби́тый ~ю bléchbeschlagen

жестя́н||ик *м см.* жестя́нщик; **~ка** *ж* **1.** (*коробка*) Bléchbüchse *f* (11), Bléchdose *f* (11); **2.** (*кусок жести*) ein Stück Blech; **~óй** bléchern, Bléch-; ~áя посýда bléchernes Geschírr, Bléchgeschirr *n* (2); **~щик** *м* Klémpner *m* (6); Spéngler *m* (6) (*австр.*)

жетóн *м* **1.** (*медаль, значок*) Dénkmünze *f* (11), Plakétte *f* (11); **2.** Spíelmarke *f* (11) (*фишка*); kléine Bléchplatte; Automátenmünze *f* (11), Münze *f* (*для автомата*)

жечь 1. (ver)brénnen* *vt*; séngen *vt*; ~ дровá Holz (ver)brénnen*; **2.** (*о ране и т. п.*) brénnen* *vi*; weh tun*; **~ся** (*обжигать*) brénnen* *vi*; крапи́ва жжётся die Néssel brennt

жжéние *с* Brénnen *n* -s

жжёнка *ж* (*напиток*) Punsch *m* (1)

жжёный gebránnt; ~ кóфе gebránnter Káffee

живи́тельный belébend; erquíckend

живи́ть *поэт.* belében *vt*, erquícken *vt*, ermúntern *vt*

живи́ца *ж* Bálsam *m* (1), Terpentín *n* (2); смычкóвая ~ Bógenharz *n*

жи́вность *ж собир. разг.* **1.** Geflügel *n* -s, Féderviëh *n* -s (*домашняя птица*); Kléinvieh *n* (*мелкий скот*); **2.** (*живые существа*) kléine Lébewesen (*pl*)

жи́во *нареч.* **1.** (*оживлённо*) lébhaft, erregt; **2.** *разг.* (*быстро*) rasch; flink; **3.** (*отчётливо*) lébenswahr, léibhaftig, lebéndig, lébhaft; онá мне ~ напоминáет свою мать sie erínnert mich lébhaft an íhre Mútter

живоглóт *м разг.* Schmarótzer *m* (6)

живодёр *м разг.* Schínder *m* (6), Ábdecker *m* (6); *перен.*. Ménschenschinder *m*, Blútsauger *m* (6), Schínder *m*; **~ня** *ж* Abdeckeréi *f* (10); **~ство** *с* Schinderéi *f*

жив||óй 1. lébend, lebéndig; am Lében (*предик.*); lébensvoll (*полный жизни*); ~ы́е цветы́ lébende Blúmen; ~óе существó lebéndiges Geschöpf; ~áя и́згородь lébende Hécke; ~óй инвентáрь das lébende Inventár [-vɛn-]; он был ещё жив er war noch am Lében; остáться в ~ы́х am Lében bléiben*; mit dem Lében davónkommen*; жив и здорóв gesúnd und múnter; он ~óе доказáтельство тогó... er ist ein lebéndiger Beweís [ein lebéndiges Zéugnis] dafür...; ~óе изложéние éine lébensvolle Schílderung; в расскáзе изображены́ ~ы́е óбразы in der Erzählung sind lébensvolle Gestálten dárgestellt; на карти́не он как ~óй auf dem Bílde ist er, wie er leibt und lebt; **2.** (*оживлённый*) lébhaft, rége; lébensvoll; múnter (*резвый*); flink (*ловкий*); ~óй ребёнок ein lébhaftes Kind; ~ы́е глазá lébhafte Áugen; ~óй ум lébhafter Geist; ~óе воображéние rége Phantasíe; ◇ ~óй вес Lébendgewicht *n* (2); ~áя рáна óffene Wúnde; ~ы́е карти́ны lébende Bílder; ~óй язы́к lébende Spráche; ~óе слóво ein lebéndiges Wort; на ~ýю ни́тку mit héißer Nádel, nicht fest (*сметать, сшить*); на ~ýю рýку flüchtig, óberflächlich (*кое-как, небрежно*); ни однóй ~óй души́ kéine lebéndige [lébende] Séele, kein lébendes Wésen, níemand; задéть когó-л. за ~óе j-s wúnden Punkt tréffen*; ~óго мéста не остáлось kein héiler Fleck ist geblíeben; ни жив ни мёртв halbtót, erstárrt (*vor Schreck, Entsetzen*); всё ~óе álles, was lebt und webt; álles, was da kreucht und fleugt; ~ы́е и мёртвые die Lébenden und die Tóten

живопи́с||ец *м* Máler *m* (6), Kúnstmaler *m*; **~ность** *ж* das Málerische (*sub*); **~ный 1.** (*относящийся к живописи*) die Maleréi betréffend, Bílder-, Gemälde-; ~ная тéхника die Téchnik der Maleréi, Máltechnik *f* (10); **2.** (*красивый*) málerisch, pittorésk; ~ный пейзáж málerische Lándschaft

жи́вопись *ж* Maleréi *f* (10); фрéсковая ~ Fréskomalerei *f*; батáльная ~ Schláchtenmalerei *f*; монументáльная ~ Architektúrmaleréi *f*; ~ по стеклý Glásmalerei *f*; пейзáжная ~ Lándschaftsmalerei *f*; станкóвая ~ Táfelmalerei *f*

живородя́щие *сущ. мн. зоол., бот.* Lébendgebärende *sub pl*, Vivipáren [-vivi-] *pl*

живоры́бный: ~ садóк Físchbehälter *m* (6)

жи́вость *ж* Lebéndigkeit *f*, Lébhaftigkeit *f*, Múnterkeit *f*; Belébtheit *f*; ◇ с ~ю lébhaft; rasch, flink (*быстро, ловко*)

живóт *м* I Bauch *m* (1*); Leib *m* (4), Únterleib *m*; Abdómen *n* (7) (*pl тж.* -mina) (*брюшная полость*); Mágen *m* (7) (*разг.*); отви́слый ~ Hängebauch *m*; тóлстый ~ Schmérbauch *m*; лежáть на ~é auf dem Báuch líegen; тáнец ~á Báuchtanz *m* (1*); у меня́ ~ подвелó *разг.* ich hábe Húnger, mir knurrt der Mágen

живóт *м* II *уст.* Lében *n* -s; не на ~, а нá смерть auf Lében und Tod

животвóрн||ый belébend; lébenspendend; ~ая влáга das lébenspendende Naß

живóтик *м уменьш. см.* живóт; ◇ надорвáть ~и sich krank láchen

животновóд *м* Víehzüchter *m* (6), Víehpfleger *m* (6); **~ство** *с* Víehzucht *f*, Tíerzucht *f*, Víehhaltung *f*; Víehwirtschaft *f*; молóчное ~ство Mílchviehzucht *f*, продýкты ~ства tíerische Erzéugnisse; продукти́вность ~ства Léistungen *pl* der Víehwirtschaft; **~ческий** Víehzucht-; ~ческий совхóз Víehzuchtsowchos *m* =, -e; ~ческий план Víehaufzuchtplan *m* (1*), Víehhalteplan *m*

живóтное *с* **1.** Tier *n* (2); млекопитáющее ~ Säugetier *n*; позвонóчное ~ Wírbeltier *n*; вью́чное ~ Lásttier *n*; годовáлое ~ Jährling *m* (1); откóрмочное ~ Másttier *n*; племеннóе ~ Zúchttier *n*; полéзное ~ Nútztier *n*; рабóчее ~ Zúgtier *n*; стáдное ~ Hérdentier *n*; рези́новые живóтные (*игрушки*) Schwímmtiere *pl*; **2.** (*о грубом человеке*); он настоя́щее ~ er ist ein wáhres Vieh

живóтн||ый 1. Tier-, tíerisch, animálisch; ~ое цáрство Tíerreich *n* -es; ~ый э́пос Tíerepos *n* =, -pen; ~ый магнети́зм tíerischer Magnetísmus; ~ые жиры́ tíerische Fétte; **2.** *перен.* tíerisch, víehisch; ~ые потрéбности tíerische Gelüste

животрепéщущий 1. voll Lében; **2.** *перен.* aktuéll; brénnend; ~ вопрóс aktuélle [brénnende] Fráge

живýч||есть *ж* Lébensfähigkeit *f*; Zählebigkeit *f* (*выносливость*); **~ий** lébensfähig; zählebig (*выносливый*)

живýчка *ж бот.* Günsel *m* -s

жи́вчик *м* **1.** *разг.* (*подвижный человек*) lébhafter [bewéglicher] Mensch, Quécksilber *n* -s; **2.** *биол.* Sámentierchen *n* (7), Spermatozóon *n* -s, -zóen; *бот.* Sámenfaden *m* (7*); **3.** *разг.* (*нервное подёргивание века*) nervöses Zúcken des Áugenlids

живьём *нареч. разг.* lebéndig, bei lebéndigem Léibe

жи́га *ж муз.* Gigue [ʒi:k] *f* -n

жиганýть *разг.* (*когó-л.*) j-m éinen Hieb versétzen

«Жигули́» *мн.* (*марка легкового автомобиля*) Shiguli *m* -s, -s

жид *м груб. см.* еврéй; Вéчный ~ der Éwige Júde

жи́денький dünnflüssig

жи́дк||ий 1. flüssig; ~ий вóздух *физ.* flüssige Luft; обращéние в ~ое состоя́ние *физ.* Verflüssigung *f* (10); ~ое тóпливо flüssiger Tréibstoff; **2.** dünn (*негустой*); wässerig (*водянистый*); dünn, schwach (*слабый*); ~ое молокó wässerige Milch, Mágermilch *f*; ~ий кóфе dünner Káffee, Blümchenkaffee *m* -s; **3.** (*редкий*) schütter, spärlich (*напр. о волосах*); **~ость** *ж* Flüssigkeit *f* (10); ме́ры ~осте́й Flüssigkeitsmaße *pl*; ~ость для сня́тия ла́ка (с ногте́й) Nágellackentferner *m* (6); ~ость для воло́с Háarwasser *n* -s; ~ость для выведе́ния пя́тен Fléckenwasser *n*; тормозна́я ~ость *авто* Brémsflüssigkeit *f*; охлажда́ющая ~ость Kühlflüssigkeit *f*; промы́вочная ~ость Spülwasser *n*; рабо́чая ~ость Tréibwasser *n*

жидкотеку́чий léichtflüssig, dünnflüssig

жи́жа *ж* **1.** *см.* жи́жица; **2.** dünnflüssiges Gemísch; наво́зная ~ Jáuche *f* (11)

жи́жица *ж разг.* Brühe *f* (11); Saft *m* (1*) (*сок*)

жизнеде́ятельност||ь *ж* Lébenstätigkeit *f*, Lébensfunktion *f*; биохими́ческие пробле́мы ~и органи́змов biochémische Probléme der Lébensvorgänge der Organísmen

жизнелю́б *м* lébensfreudiger [das Lében líebender] Mensch

жи́зненн||ость *ж* Lébensfähigkeit *f*; Lébenskraft *f*; Vitalität [-vi-] *f*; Aktualität *f*, Lébenswichtigkeit *f* (*важность*); **~ый 1.** (*относящийся к жизни*) Lébens-; ~ая эне́ргия Lébenskraft *f*; ~ый путь Lébensweg *m* (1), Lébenswandel *m* -s; ~ый укла́д Lébenshaltung *f*; **2.** (*важный*) lébenswichtig, aktuéll; lébensnah, lébensecht; ~ая необходи́мость Lébensnotwendigkeit *f*; ~ый вопро́с lébenswichtige [aktuélle] Fráge; ~ая осно́ва Existénzgrundlage *f*

жизнеобеспе́че||ние *с косм.* Lébenserhaltung *f*, Lébensunterhaltung *f*, Lébensversorgung *f*; систе́ма ~ния, СЖО Lébenerhaltungssystem *n* (2), Lébensversorgungssystem *n*

жизне||описа́ние *с* Lébensbeschreibung *f* (10); curriculum vitae [*лат.* kuˈri:kulum ˈvi:tɛ:] *n*; **~ощуще́ние** *с* Lébensempfindung *f* (10); **~понима́ние** *с* Lébensauffassung *f* (10), Wéltanschauung *f* (10)

жизнера́достн||ость *ж* Lébensfreude *f*, Lébenslust *f*, Lébensmut *m* -es; **~ый** lébenslustig, lébensfroh

жизнеспосо́бность *ж* Lébensfähigkeit *f*, Lébenskraft *f*

жизнеспосо́бный lébensfähig, lébenskräftig

жизнесто́йкость *ж* Lébenstüchtigkeit *f*

жизнеутвержда́ющий lébensbejahend

жизн||ь *ж* Lében *n* (7); ~ь челове́ка Ménschenleben *n*; ~ь расте́ний Pflánzenleben *n*; обще́ственная ~ь geséllschaftliches [öffentliches] Lében; хозя́йственная ~ь страны́ das wírtschaftliche Lében des Lándes; зажи́точная ~ь wóhlhabendes Lében, Wóhlleben *n*; неприспосо́бленный к ~и lébensuntüchtig; де́ло всей ~и Lébenswerk *n*; ми́рная ~ь fríedliches Lében, ein Lében in Fríeden; спасти́ то́лько ~ь nur das náckte Lében rétten; сре́дства к ~и Existénzmittel *pl*, Míttel zum Lében; сто́имость ~и Lébenshaltungskosten *pl*; ничего́ не име́ть на ~ь nichts zu lében [zu béißen] háben; kéinen Únterhalt háben; у него́ хва́тит на ~ь er hat zu lében; о́браз ~и Lébensweise *f*, Lébensart *f*; при его́ ~и zu séinen Lébzeiten; всю (свою́) ~ь zeitlébens, zeit séines Lébens; никогда́ в ~и nie im Lében; лиши́ть себя́ ~и, поко́нчить с ~ью sich (*D*) das Lében néhmen*; ◇ не на ~ь, а на́ смерть auf Lében und Tod, auf Gedéih und Verdérb; проводи́ть что-л. в ~ь etw. verwírklichen; etw. in die Tat úmsetzen; ~и не рад séines Lébens nicht froh; ни в ~ь, в ~ь [в жи́зни] не... nie..., nie im Lében...

жикле́р *м тех.* Düse *f* (11), Vergáserdüse *f*; ~-корре́ктор *м* (*в карбюраторе*) Korrektúrdüse *f*

жи́ла I *ж* **1.** (*в мясе*) Fáser *f* (11); **2.** *разг.* (*сухожилие*) Fléchse *f* (11); Séhne *f* (11); **3.** *разг.* (*кровеносный сосуд*) Blútader *f* (11), Blútgefäß *n* (2); **4.** (*кабеля*) Séele *f* (11); **5.** *горн.* Áder *f* (11), Gang *m* (1*); Trum *m* (1); золота́я ~ Góldader *f*; ру́дная ~ Érzgang *m*; ура́новая ~ Uránerzgang *m*; ◇ тяну́ть жи́лы из кого́-л. j-n bis aufs Blut quälen

жи́ла II *м, ж разг.* (*скупой, прижимистый человек*) Knáuser *m* (6*), Géizkragen *m* (7)

жиле́т *м* Wéste *f* (11); спаса́тельный ~ Schwímmweste *f*; **~ка** *ж разг. см.* жиле́т; **~ный** Wésten-; ~ный карма́н Wéstentasche *f* (11)

жиле́ц *м* Bewóhner *m* (6); жильцы́ до́ма die Bewóhner des Háuses; Míeter *m* (6), Úntermieter *m* (*квартирант*) ◇ он не ~ на бе́лом све́те er ist ein Tódeskandidat

жи́лист||ый áderig; séhnig (*тж. о мясе*); muskulös, nérvig; ~ые ру́ки muskulöse Árme

жи́лить *груб.* mógeln *vi*, schwíndeln *vi*, gáunern *vi*

жили́ще *с* Wóhnung *f* (10), Beháusung *f* (10)

жили́щно-бытов||о́й: ~ые усло́вия Wóhn- und Lébensverhältnisse *pl*

жили́щно-строи́тельный: ~ коперати́в (*сокр.* ЖСК) Wóhnungsbaugenossenschaft *f* (10)

жили́щно-эксплуатацио́нный Wóhnungsinstandhaltungs-

жили́щн||ый Wóhnungs-; Wohn-; ~ный отде́л Wóhnungsamt *n* (5); ~ое управле́ние Wóhnungsverwaltung *f* (10); ~ые усло́вия Wóhnverhältnisse *pl*; ~ое строи́тельство Wóhnungsbau *m* -es

жи́лк||а *ж* **1.** *разг.* (*кровеносный сосуд*) Blútäderchen *n* (7); **2.** *бот.* Áderverzweigung *f*; ~и Geäder *n* -s; ~а листа́ Bláttrippe *f* (11); Ríppe *f*; **3.** (*прослойка в горной породе*) Áder *f* (11); **4.** (*склонность*) Áder *f* (11); поэти́ческая ~а éine díchterische Áder

жилкова́ние *с бот.* Äderung *f* (10), Verzwéigung *f* (10)

жил||о́й bewóhnt; Wóhn-; bewóhnbar (*годный для жилья*); ~а́я пло́щадь Wóhnfläche *f* (11); учёт и распределе́ние ~о́й пло́щади Wóhnraumlenkung *f*; ~о́й дом Wóhnhaus *n* (5), Wóhngebäude *n* (6)

жилотде́л *м* (жили́щный отде́л) Wóhnungsamt *n* (5)

жилпло́щадь *ж* (жила́я пло́щадь) Wóhnfläche *f* (11)

жилуправле́ние *с* (жили́щное управле́ние) Wóhnungsverwaltung *f* (10)

жиль||ё *с разг.* **1.** (*обитаемое место*) Wóhnstätte *f* (11); **2.** (*жилище*) Wóhnung *f* (10), Behásung *f* (10); по́иски ~я́ Wóhnungssuche *f*; го́дный для ~я́ bewóhnbar; ~ём обеспе́чиваются (*в объявлениях*) Únterkunft ist vorhánden

жи́льный 1. Fáser-, Séhnen-; Áder-; **2.** *горн.* Áder-, Gang-

жим *м спорт.* Stémmen *n* -s, Drücken *n* -s; ~ одно́й руко́й éinarmiges Drücken; ~ двумя́ рука́ми béidarmiges Drücken

жи́молость *ж бот.* Géißblatt *n* -es, Jelängerjelíeber *n* (6)

жир *м* Fett *n* (2); живо́тный ~ tíerisches Fett; свино́й ~ Speck *m* (1); расти́тельный ~ Pflánzenfett *n* (2); ры́бий ~ Físchtran *m* -(e)s, Lébertran *m*; гидрогенизи́рованный ~ gehärtetes Fett, hydríertes Fett; пищево́й ~ Spéisefett *n*; твёрдый ~ Hártfett *n*; сма́зать ~ом éinfetten *vt*; ◇ он с ~у бе́сится *разг.* ihn sticht der Háfer

жира́ф *м*, **~а** *ж зоол.* Giráffe *f* (11)

жире́ть fett [dick] wérden, verfétten, Fett ánsetzen

жи́рн||ость *ж* **1.** (*содержание жира*) Féttgehalt *m* -(e)s; **2.** (*тучность*) Féttleibigkeit *f*; **~ый** fett; feist, dick (*толстый, тучный*); féttig (*засаленный*); ~ое пятно́ Féttfleck *m* (1), Ölfleck *m*; ~ый суп fétte Súppe; ~ая земля́ fétte Érde; ~ый шрифт *полигр.* Féttdruck *m* (1*); ~ый о́ттиск *полигр.* fétter Ábzug, Féttkopie *f* (11); ◇ ~о бу́дет! *груб.* das ist des Gúten zuvíel; ~ый кусо́к ein fétter Háppen

жи́ро *с фин.* Giro [*ит.* ˈʒi:ro:] *n* -s, -s

жирова́ние *с* (*кожи*) Ölen *n* -s, Fétten *n* -s

жирови́к *м* **1.** *мин.* Steatit *m* (1), Spéckstein *m* (1), Tálkstein *m*; **2.** *мед.* Féttgeschwulst *f* (3), Lipóm *n* (2)

жиро́вка I *ж см.* жирова́ние

жиро́вка II *ж охот.* Fütterung *f* (10), Äsung *f* (10)

жиро́вка III *ж см.* жироприка́з

жиров||о́й Fett-; ~а́я о́пухоль *мед.* Féttgeschwulst *f* (3), Lipóm *n* (2); ~о́е перерожде́ние *мед.* Verféttung *f* (10)

жироло́вка *ж спец.* Féttabscheider *m* (6)

жиронди́ст *м ист.* Girondíst [ʒirɔ̃-] *m* (8)

жиронепроница́емый féttdicht

жироприка́з *м фин.* Giroanweisung [ˈʒi:-] *f* (10)

жирорасщепля́ющий *спец.* féttspaltend

жироско́п *м см.* гироско́п

жите́йск||ий 1. Lébens-; ~ая му́дрость Lébensklugheit *f*; **2.** (*обыденный*) Álltags-; alltäglich; ◇ э́то де́ло ~ое! das kommt vor!

жи́тель *м* Bewóhner *m* (6), Éinwohner *m*; Ánwohner *m* (*улицы, берега*); городско́й ~ Stádtbewohner *m*, Städter *m* (6); коренно́й ~ Úreinwohner *m*; ме́стный ~ Éinheimische *m* (14); **~ница** *ж* Bewóhnerin *f* (12), Éinwohnerin *f* (*ср.* жи́тель)

жи́тельство *с* Wóhnsitz *m* (1), Wóhnort *m* (1) (*местожительство*); Áufenthalt *m* (1) (*местопребывание*); перемени́ть ме́сто ~ства den Wóhnort ändern, úmziehen* *vi* (s); ◇ вид на ~ство Áufenthaltsgenehmigung *f* (10)

житие́ *с уст.* **1.** (*жизнеописание*) Lébensbeschreibung *f* (10); **2.** (*жизнь*) Lében *n* (7), Lébenslauf *m* (1*)

жи́тница *ж* **1.** *уст.* Spéicher *m* (6); **2.** *перен.* Kórnkammer *f* (11)

жи́то *с* Getréide *n* (6); Gérste *f* (*ячмень*); Róggen *m* -s (*рожь*)

жить 1. lében *vi*; ~ в ладу́ с кем-л. mit j-m in Fríeden lében, sich (gut) vertrágen*; пло́хо ~ с кем-л. mit j-m auf gespánntem Fúße [auf Kríegsfuß] lében [stéhen*]; sich nicht [schlecht] vertrágen*; он жил то́лько одно́й нау́кой er lébte nur séiner Wíssenschaft; er ging in séiner Wíssenschaft auf; ~ на пе́нсию von der [séiner] Rénte lében; ~ свои́м трудо́м von séiner Hände Árbeit lében; как вы живёте? wie geht es Íhnen?; ~ за́мкнуто zurückgezogen lében; ему́ не́чем ~ er hat kéine Míttel zum Lében; ~ по́лной жи́знью das Lében genießen*; **2.** (*проживать*) wóhnen *vi*; на како́й у́лице ты живёшь? in wélcher Stráße wohnst du?; ◇ ~ душа́ в ду́шу ein Herz und éine Séele sein; здоро́во живёшь mir nichts, dir nichts; für [um] nichts und wíeder nichts; жил-бы́л *фольк.* es war einmál; он велéл [приказáл] дóлго ~ er ist gestórben

жить||ё *с* Lében *n* -s; Dásein *n* -s (*существование*); ◇ ~**я́** нет *разг.* es ist nicht áuszuhalten (от когó-л., чегó-л. mit *D*); не давáть комý-л. житья́ j-m das Lében zur Qual máchen; ~**ё-бытьё** das Lében und Tréiben, Hándel und Wándel

жи́ться *безл. разг.*: емý живётся неплóхо er lebt nicht schlecht, es geht ihm nicht schlecht

жмём, жмёт(е), жмёшь *см.* жать I 1, 2

жмот *м груб.* Géizhals *m* (1*), Filz *m* (1), Knáuser *m* (6)

жмýрить: ~ глазá *см.* жмýриться; ~**ся** die Áugen zusámmenkneifen*, mit den Áugen blínzeln

жмýрки: игрáть в ~ Blíndekuh spíelen

жму(т) *см.* жать I 1, 2

жмыхи́ *мн. с.-х.* Ölfruchtkuchen *pl*; Fútterkuchen *pl*; Léinkuchen *pl* (*льняные*)

жмыходроби́лка *ж с.-х.* Ölfruchtkuchenbrecher *m* (6)

жнéйка *ж* Getréidemähmaschine *f* (11)

жнём, жнёт(е) *см.* жать II

жнец *м* Schnítter *m* (6)

жнёшь *см.* жать II

жни́во *с*, **жнивьё** *с* **1.** (*поле*) Stóppelfeld *n* (5); **2.** (*солома*) Stóppeln *pl*; **3.** (*уборка*) Érnte *f* (11)

жни́ца *ж* Schnítterin *f* (12)

жну, жнут *см.* жать II

жокéй *м спорт.* Rénnreiter *m* (6), Jockei [*англ.* 'dʒɔke:] *m* -s, -s; ~**ка** *ж* Jockeimütze ['dʒɔke:-] *f* (11)

жом *м* **1.** *с.-х.* Quétsche *f* (11), Schnítzelpresse *f* (11); **2.** *анат.* (*мышца*) Schlíeßer *m* (6), Schlíeßmuskel *m* (13); **3.** (*свекловичные выжимки*) Zúckerrübenschnitzel *pl*

жонглёр *м* Jongleur [*фр.* ʒɔŋ'lø:r] *m* (1)

жонгли́ровать *тж. перен.* jonglíeren [ʒɔŋ-] *vi*

жох *м разг.* Gáuner *m* (6), Filz *m* (1)

жратвá *ж груб.* Fraß *m* -es

жрать *груб.* fréssen* *vt*, verschlíngen* *vt*, fúttern *vt*

жрéбий *м тж. перен.* Los *n* (2); гóрький ~ ein bítteres Los; тянýть ~ das Los zíehen*; метáть, бросáть ~ etw. durchs Los entschéiden*; ◇ ~ брóшен das Los ist gefállen, die Würfel sind gefállen

жрец *м* **1.** *ист.* Ópferpriester *m* (6); верхóвный ~ Óberpriester *m*; **2.** *перен. ирон.* Díener *m* (6); ~ чи́стой наýки ein Díener der réinen Wíssenschaft

жрéчество *с* Príestertum *n* -s

жри́ца *ж ист.* Ópferpriesterin *f* (12)

жýжелица *ж зоол.* Láufkäfer *m* (6)

жужж||áние *с* Súmmen *n* -s, Súrren *n* -s, Sáusen *n* -s, Gesúmm(e) *n* -(e)s, Geschwírr(e) *n* -(e)s; ~**áть** súmmen *vi*, súrren *vi*, sáusen *vi*, schwírren *vi*; пýля ~**и́т** die Kúgel schwirrt

жуи́р *м уст.* Lébemann *m* (4), Geníeßer *m* (6)

жук I *м* (*насекомое*) Käfer *m* (6); мáйский ~ Máikäfer *m*; навóзный ~ Místkäfer *m*; колорáдский ~ Kartóffelkäfer *m*; ~**-могильщик** Áaskäfer *m*, Tótengräber *m* (6)

жук II *м разг.* (*плут*) geríebener Búrsche, Spítzbube *m* (9)

жýлик *м* Gáuner *m* (6), Spítzbube *m* (9); Dieb *m* (1) (*вор*); ~**овáтый** *разг.* spítzbübisch

жульё *с разг.* Díebsgesindel *n* (6), Gáunerbande *f* (11)

жýльнич||ать betrügen* *vt*, mógeln *vi*, begáunern *vt*; ~**еский** gáunerhaft; ~**ество** *с* Betrügeréi *f* (10), Gaunerеí *f* (10), Spitzbüberéi *f* (10)

жýпел *м* Schréckgespenst *n* (5), Popánz *m* (1); Schrat(t) *m* (1) (*австр.*)

журавли́ный Kránich-; ~ клюв Kránichschnabel *m* (6*)

журáвл||ь *м* **1.** (*птица*) Kránich *m* (1); **2.** (*у колодца*) Schwéngel *m* (6); ◇ не сули́ ~**я́** в нéбе, дай сини́цу в рýки *погов.* ≅ bésser ein Spérling in der Hand als éine Táube auf dem Dach

журúть *разг.* *j-m* die Leviten [-'vi:-] lésen*; j-n (leicht) zuréchtweisen*

журнáл *м* **1.** (*периодическое издание*) Zéitschrift *f* (10); еженедéльный ~ Wóchenschrift *f*; ежемéсячный ~ Mónatsheft *n* (2), Mónatsschrift *f*; специáльный ~ Fáchzeitschrift *f*; реферати́вный ~ Referátzeitschrift *f*; иллюстри́рованный ~ Illustrierte *f* (14), ~ мод Módenzeitung *f*; **2.** (*книга для записей*): ~ входя́щих бумáг *канц.* Éingangsbuch *n* (5); клáссный ~ Klássenbuch *n*, бортовóй ~ *ав.* Bórdbuch *n*; путевóй ~ *авто* Bórdbuch *n*; ~ боевы́х дéйствий *воен.* Kríegstagebuch *n*; вáхтенный ~ *мор.* Wáchbuch *n*; судовóй ~ *мор.* Schíffstagebuch *n*, Lógbuch *n*

журнали́ст *м* Journalíst [ʒʊr-] *m* (8), Zéitungsmann *m* (4); ~**ика** *ж* Journalístik [ʒʊr-] *f*, Zéitungswesen *n* -s; ~**ский** journalístisch [ʒʊr-]

журч||áние *с* Ríeseln *n* -s; Múrmeln *n* -s (*поэт.*); ~**áть** ríeseln *vi*; múrmeln *vi* (*поэт.*)

жýткий únheimlich, beängstigend (*тревожный*); grús(e)lig, erschréckend (*страшный*)

жýтко **1.** *предик. безл.* (*о чувстве страха*) bánge, angst; мне ~ mir graut, mir [mich] grúselt's; **2.** *нареч. разг.* (*очень*) äußerst, sehr; ~ мнóго schrécklich viel

жуть *ж разг.* Gráuen *n* -s, Angst *f* (3), Schrécken *m* -s; меня́ ~ берёт mir [mich] graut, Gráuen ergréift [packt] mich; ◇ до жýти *разг.* äußerst, sehr

жýхлый matt, trübe (*о красках*); welk (*о траве*)

жучóк *м* **1.** Käferchen *n* (7); древéсный ~ Hólzkäfer *m* (6), Hólzbohrer *m* (6); **2.** *эл. разг.* Blíndsicherung *f* (10)

ЖЭК (*жилищно-эксплуатациóнная контóра*) (kommunále) Wóhnungsverwaltung *f* (10)

жюри́ *с* Jury [*англ.* ʒy'ri:] *f*, *pl* -s; Préisgericht *n* (2); член ~ Júror *m* -s, -róren; Préisrichter *m* (6); решéние ~ Juryentscheidung [ʒy'ri:-] *f* (10)

З

за *предлог* **1.** (*позади, сзади*) hínter (*A на вопрос «кудá?»*, *D на вопрос «где?»*); jénseits (*G*) (*по ту сторону*); áußerhalb (*G*) (*вне*); за дóмом hínter dem Háuse; за рекóй jénseits des Flússes; за горáми hínter den Bérgen, jénseits der Bérge; за Москвóй áußerhalb Móskaus, áußerhalb von Móskau; зá городом áußerhalb der Stadt, auf dem Lánde; поéхать зá город aufs Land fáhren*; ins Grüne fáhren*; вы́бросить за окнó aus dem Fénster (hináus)wérfen*; zum Fénster hináuswerfen*; проводи́ть гостéй за кали́тку die Gäste bis vor die Gártentür bríngen*; повернýть зá угол um die Écke biegen*; зимá не за горáми der Wínter steht vor der Tür; остáвить когó-л. далекó за собóй j-n weit hínter sich (*D*) zurücklassen*; **2.** (*следом*) nach (*D*); оди́н за други́м éiner nach dem ánder(e)n; бежáть за кем-л. j-m náchlaufen* *vi* (s); идти́ за кем-л. j-m náchgehen* *vi* (s); j-m fólgen *vi* (s); слéдовать за чем-л. éiner Sáche (*D*) (nách)fólgen *vi* (s); поспеши́ть за кем-л. j-m nácheilen *vi* (s); гнáться за кем-л. j-m náchjagen *vi* (s); он слал письмó за письмóм er sándte Brief um Brief [éinen Brief nach dem ánderen]; шаг за шáгом 1) (*медленно*) Schritt für Schritt; 2) (*постепенно*) Schritt um Schritt; друг за дрýгом nacheinánder, éiner nach dem ánder(e)n; день за днём Tag um Tag, Tag für Tag; **3.** (*ради, в пользу*) für (*A*); борóться за побéду револю́ции für den Sieg der Revolutión [-vo-] kämpfen; отдáть жизнь за рóдину sein Lében für die Héimat gében* [lássen*]; голосовáть за когó-л. für j-n stímmen; заступи́ться за когó-л. für j-n éintreten*, sich für j-n éinsetzen; борьбá за мир der Kampf für [um] den Fríeden; бои́ идýт за деревню es wird um das Dorf gekämpft; соревновáться за что-л. um etw. (*A*) im Wéttbewerb stéhen* **4.** (*около*) an (*A на вопрос «кудá?»*, *D на вопрос «где?»*); сесть за стол sich an den Tisch sétzen; (*для еды*) zu Tisch géhen*; sich zu Tisch sétzen; сидéть за столóм am Tisch sítzen*; сидéть за рулём am Stéuer sítzen*; за столóм (*во время еды*) bei Tisch; **5.** (*после некоторых глаголов*) an (*D*), bei (*D*); держáться за пери́ла sich am Geländer féstalten*; вести́ зá руку an der Hand führen; схвати́ть зá руку an [bei] der Hand fássen; зацепи́ться за что-л. an etw. (*D*) hängenbleiben*; **6.** (*при обозначении занятия*) an (*A, D*), bei (*D*); сесть за рабóту sich an die Árbeit máchen; взя́ться за дéло ans Werk géhen*; сидéть за рабóтой an [bei] der Árbeit sein; мáльчик как раз сиди́т за чтéнием der Júnge ist geráde am [beim] Lésen; за зáвтраком beim Frühstück; за чáшкой чáю bei éiner Tásse Tee; **7.** (*указывает на время, отделяющее одно событие от другого; б. ч. не переводится*) приди́ за полчасá komm éine hálbe Stúnde vorhér; за два дня до Октя́брьских прáздников zwei Táge vor den Októberfeiertagen; **8.** (*во время, в течение*) während (*G*), im Láufe (*G*); in (*D*); за послéдние три гóда während der létzten drei Jáhre, im Láufe der létzten drei Jáhre, die létzten drei Jáhre; за э́то врéмя in díeser Zeit, während díeser Zeit; за два дня э́та рабóта бýдет окóнчена díese Árbeit wird im Láufe von zwei Tágen beéndet sein, in zwei Tágen ist die Árbeit fértig; **9.** (*вместо, взамен, в качестве*) für (*A*); за что? wofür?; за э́то dafür; дежýрить за больнóго товáрища für éinen [anstélle éines] kránken Kollégen Dienst háben* [tun*]; рабóтать за двои́х für zwei árbeiten; быть за пóвара den Koch máchen, (*разг.*); **10.** (*указывает на вознаграждение, стоимость*) за дéньги für Geld; за вознаграждéние gégen Bezáhlung; купи́ть кни́гу за два рубля́ ein Buch für zwei Rúbel káufen; **11.** (*чтобы привезти, принести и т. п.*) nach (*D*); *переводится также формами глагола* hólen *vt*; пойти́ за билéтами nach Fáhrkarten géhen*; послáть за сигарéтами nach Zigarétten schícken; пойти́ за дóктором den Arzt hólen; я зайдý за тобóй ich hóle dich ab; **12.** (*вследствие*) infólge (*G*), wégen (*G*); zufólge (*G перед сущ.*, *D после сущ.*); hálber

(*G после сущ.*); за вы́ездом infólge der Ábreise; за недоста́тком вре́мени aus Zéitmangel, wégen Zéitmangels; **13.** (*в возмещение, в награду и т. п.*) für (*A*); wégen (*G*) (*причина дружелюбного или недружелюбного отношения, а также наказания*) все лю́бят его́ за его́ до́брое се́рдце álle háben ihn gern wégen séines gúten Hérzens; он се́рдится на меня́ за шу́тку er ist mir wégen des Spáßes böse; за то, что dafür, daß; weil; ребёнок был нака́зан за своё непослуша́ние das Kind würde für séinen Úngehorsam [wégen séines Úngehorsams] bestráft; осуди́ть за кра́жу wégen Díebstahl(s) verúrteilen; ни за что́ *разг.* um kéinen Preis; ни за что́ на све́те nicht um álles in der Welt; ни за что́ ни про что́ *разг.* mir nichts dir nichts; **14.** (*указывает на лицо или предмет, на которые направлено действие*) auf (*A*); наблюда́ть, следи́ть за кем-л. j-n beóbachten; следи́ть за детьми́ auf die Kínder áufpassen [áchtgeben*]; следи́те за ва́шей температу́рой áchten Sie auf Íhre Temperatúr; уха́живать за больны́ми Kránke pflégen; ◇ за чем де́ло ста́ло? worán liegt es?; де́ло то́лько за деньга́ми es hándelt sich nur ums Geld; о́чередь за тобо́й die Réihe ist an dir, du bist an der Réihe; за по́дписью кого́-л. mit j-s Únterschrift verséhen, von j-m unterzéichnet; за вы́четом nach [únter] Ábzug (чего́-л. von *D*); за мно́й пять рубле́й ich bin [ich bléibe] fünf Rúbel schúldig; за исключе́нием mit Áusnahme von (*D*), áusgenommen (*A*); за счёт кого́-л. auf j-s Réchnung, auf j-s Kósten; за счёт чего́-л. (*в ущерб чему-л.*) auf Kósten (*G или* von *D*); ему́ за пятьдеся́т (лет) er ist über die Fünfzig; er ist über fünfzig Jáhre alt; за́ полночь nach Mítternacht; пить за чьё-л. здоро́вье auf j-s Wohl [Gesúndheit] trínken*; за и про́тив das Für und Wíder, Pro und Kóntra

заале́ть sich röten; erröten *vi* (s) (*о лице*)

заалта́йский Transaltái-

зааплоди́ровать ánfangen* zu applaudíeren [Béifall zu klátschen], applaudíeren *vt*, Béifall klátschen

заарендова́ть *см.* арендова́ть

заарта́читься *разг.* sich sträuben, sich widersétzen, sich verstéifen; stárrköpfig auf etw. (*D*) bestéhen*

заатланти́ческий transatlántisch

заба́ва *ж* Belústigung *f* (10), Vergnügen *n* (7) (*развлечение*); Kúrzweil *f*, Zéitvertreib *m* -s (*времяпрепровождение*); Spieleréi *f* (10) (*игра*); Spíelsache *f* (11), Spíelzeug *n* -s (*игрушка*)

забавля́ть belústigen *vt*, vergnügen *vt*; э́то меня́ ~ля́ет das macht mir Spaß [Vergnügen]; **~ля́ться** sich belústigen, sich amüsíeren (*развлекаться*); sich (*D*) die Zeit vertréiben*; Kúrzweil tréiben* (*коротать время*); **~ник** *м* Spáßvogel *m* (6*), Spáßmacher *m* (6); Brúder Lústig (*разг.*); **~ница** *ж* Spáßmacherin *f* (12); **~ный** lústig, spáßig, kómisch; ~ная исто́рия éine lústige [kómische, spáßige] Geschíchte; ~ный челове́к kómischer Kerl [Kauz]

Забайка́лье Transbaikáli|en *n* -s

забайка́льский transbaikálisch, Transbaikál-

забаллоти́ров||анный (bei den Wáhlen) dúrchgefallen; быть ~анным bei éiner Ábstimmung éine Níederlage erléiden* [dúrchfallen*]; **~ать** j-n (bei den Wáhlen) dúrchfallen lassen*

забараба́нить ánfangen* zu trómmeln

забаррикади́ровать verbarrikadíeren *vt*; verrámmeln *vt*; **~ся** sich verbarrikadíeren

забастова́ть **1.** ánfangen* zu stréiken; in den Streik [Áusstand] tréten*; die Árbeit níederlegen (*прекратить работу*); **2.** *перен. разг.* nicht (mehr) mítmachen, stréiken *vi*

забасто́в||ка *ж* Streik *m* -(e)s, *pl* -s; Áusstand *m* -(e)s; всео́бщая ~ка Generálstreik *m*; полити́ческая ~ка polítischer Streik; ~ка солида́рности Solidaritätsstreik *m*, Sympathíestreik *m*; ~ка проте́ста Protéststreik *m*; всео́бщая ~ка проте́ста Protéstgeneralstreik *m*; части́чная ~ка Téilstreik *m*; италья́нская ~ка Sítzstreik *m*; экономи́ческая ~ка Lóhnstreik *m* (*за повышение заработной платы*); объявле́ние ~ки die Áusrufung éines Streiks; прекраще́ние ~ки Stréikabbruch *m* -(e)s; объяви́ть ~ку éinen Streik áusrufen* [proklamíeren]; нача́ть [объяви́ть] всео́бщую ~ку in den Generálstreik tréten*; объяви́ть кратковре́менную ~ку in éinen kúrzfristigen Áusstand tréten*; отмени́ть ~ку den Streik ábblasen*; прекрати́ть ~ку den Streik ábbrechen*

забасто́в||очный Streik-; ~очное движе́ние Stréikbewegung *f*; ~очное движе́ние в знак солида́рности Solidaritätsstreikbewegung *f*; ~очный комите́т Stréikausschuß *m* -sses, -schüsse, Stréikkomitee *n* -s, -s, Stréikleitung *f*; ~очный пике́т Stréikposten *m* (7); **~щик** *м* Stréikende *m* (14); Áusständige *m* (14)

забве́н||ие *с* Vergéssenheit *f*, Vergéssen *n* -s; ~ие до́лга Pflíchtvergessenheit *f*; ◇ преда́ть что-л. ~ию etw. der Vergéssenheit préisgeben*; быть пре́данным ~ию in Vergéssenheit geráten*; иска́ть ~ия sich zu betäuben súchen (в чём-л. durch *A*)

забе́г *м спорт.* Vórlauf *m* (1*); Wéttlauf *m*; ~ на дли́нную диста́нцию Lángstreckenlauf *m*

забега́ловка *ж разг.* Stéhkneipe *f* (11); Stéhbierhalle *f* (11)

забе́га||ть ánfangen* umhérzulaufen; umhérlaufen* *vi* (s), hín- und hérlaufen* *vi* (s); у него́ глаза́ ~ли sein Blick würde únstet

забега́ть *см.* забежа́ть; ◇ ~ вперёд *разг.* vórgreifen* *vi*; vóreilig hándeln

забе́гаться *разг.* sich müde láufen*; sich ábstrapazieren (*утомиться*)

забежа́ть **1.** *разг.* (*к кому-л.*) bei j-m (kurz) ánklopfen; bei j-m vórsprechen*; zu j-m éinen Sprung máchen [tun*]; я забегу́ к тебе́ ich kómme bei dir vorbéi [vor]; я забегу́ туда́ на мину́ту ich kómme für éine Minúte hin; **2.:** мы забежа́ли далеко́ в лес wir sind weit in den Wald hinéingelaufen

забели́ть: ~ суп смета́ной *разг.* dícke Sáhne in die Súppe tun*

забере́менеть schwánger wérden

забеспоко́и||ться únruhig wérden, in Únruhe geráten*; я уже́ ~лся об э́том ich begánn mir schon darüber Gedánken zu máchen, ich máchte mir schon Sórge (darüber), ich war schon besórgt darúm

забетони́ровать *стр.* (zú)betoníeren *vt*, mit Beton [-'tɔŋ] áusfüllen; éinbetonieren *vt*

забива́ть *см.* заби́ть 1, 2, 3, 4, 5

забива́ться **1.** *см.* заби́ться 2, 3; **2.** *страд.* éingeschlagen wérden

заби́вка *ж* Éinschlagen *n* -s; ~ сва́й Éinrammen [Éinschlagen] der Pfähle, Áuspfählen *n* -s

забинтова́ть, забинто́вывать verbínden* *vt*; éinen Verbánd ánlegen (*наложить повязку*)

забира́ть *см.* забра́ть

забира́ться *см.* забра́ться 1, 2

заби́тый **1.** *прич. см.* заби́ть 1, 2, 3, 4; **2.** *прил.* éingeschüchtert (*запуганный*); unterdrückt (*угнетённый*)

заби́ть **1.** éinschlagen* *vt*; ~ сва́и Pfähle éinrammen; **2.** (*заполнить*) vóllstopfen *vt*; vóllpacken *vt*; vóll belégen (*о помещении*); **3.** (*заделать*) zúschlagen* *vt*; zúnageln *vt*, vernágeln *vt* (*гвоздями*); zústopfen *vt*, verstópfen *vt* (*заткнуть*); **4.** *спорт.*: ~ гол ein Tor schíeßen*; ~ шар в лу́зу (*бильярд*) éinen Ball máchen; **5.** *разг.* (*превзойти кого-л.*) j-n in die Tásche stécken; **6.** (*начать бить*) ánfangen* zu schlágen; **7.** (*о фонтане и т. п.*) hervórsprudeln *vi* (s); из сква́жины заби́ла нефть aus dem Bóhrloch sprúdelte Érdöl hervór; **8.** (*скот*) schláchten *vt*; ◇ ~ трево́гу Alárm schlágen*; ~ кому́-л. го́лову пустяка́ми j-m Ráupen in den Kopf sétzen; ~ себе́ что-л. в го́лову sich (*D*) etw. steif und fest éinbilden

заби́ться **1.** schlágen* *vi*, ánfangen* zu schlágen; се́рдце у меня́ заби́лось mein Herz póchte stärker [begánn zu hämmern]; **2.** *разг.* (*спрятаться*) sich verkríechen*, sich verstécken; ~ в у́гол sich in éinen Wínkel verkríechen*; sich in éine Écke drücken; **3.** *разг.* (*засориться*) verstópft sein; **4.** (*проникнуть — о снеге и пыли*) éindringen* *vi* (s)

забия́ка *м, ж разг.* Ráufbold *m* (1), Händelsucher *m* (6), Stréithammel *m* (6), Stréithahn *m* (1*)

заблаговре́мен||но *нареч.* beizéiten, frühzeitig, réchtzeitig (*своевременно*); im voráus, im vórhinein (*заранее*); **~ный** (früh)zéitig; réchtzeitig (*своевременный*)

заблагорассу́дит||ься *безл.*: он де́лает, что ему́ ~ся er tut, was ihm belíebt; он де́йствует, как ему́ ~ся er hándelt, wie es ihm (geráde) éinfällt

заблесте́ть erglänzen *vi* (s, h)

забле́ять blöken *vi*, ánfangen* zu blöken (*об овцах*); méckern *vi*, ánfangen* zu méckern (*о козах*)

заблоки́ровать ábsperren *vt*, blockíeren *vt*

заблуди́ться sich verírren, sich verláufen*; den Weg verlíeren* (*потерять дорогу*); írregehen* *отд. vi* (s), vom Wége ábkommen* (*сбиться с пути*); ◇ ~ в трёх со́снах éiner éinfachen Áufgabe nicht gewáchsen sein, mit éiner éinfachen Áufgabe nicht zuréchtkommen*

заблу́дш||ий verírrt; ◇ ~ая овца́ ein verlórenes Schaf

заблужд||а́ться írren *vi*, sich írren; sich im Írrtum befínden*, im Írrtum sein; auf dem Hólzweg sein, schíefgewickelt sein (*разг.*); **~е́ние** *с* Írrtum *m* (4); ввести́ (*кого-л.*) в ~е́ние írreführen *отд. vt*, írreleiten *отд. vt*; впасть в ~е́ние in éinen Írrtum verfállen* [geráten*]; быть в ~е́нии *см.* заблужда́ться; вы́вести кого́-л. из ~е́ния j-n über éinen Írrtum áufklären

забода́ть mit den Hörnern (zu Tóde) stóßen*, mit den Hörnern áufspießen

забо́||й I *горн.* Ort *n* (5); очистно́й ~й Ábbauort *n*, Ábbaustoß *m* (1*); ~й прохо́дки ша́хтного ствола́ Sóhle *f* (11); рабо́тать в ~е vor Ort árbeiten

забо́й II *м с.-х.* (*скота*) Schláchten *n* -s

забо́йщик *м* Háuer *m* (6), Häuer *m* (6); ~ по поро́де Gestéinshauer *m*; ~ по у́глю Kóhlenhauer *m*

заболáчив||ание *с* Versúmpfung *f*; **~аться** versúmpfen *vi* (s)

заболев||áемость *ж* Morbidität *f*, Erkránkungshäufigkeit *f*, Kránkenstand *m* -(e)s; профессионáльная ~áемость Berúfsmorbidität *f*; **~áние** *с* Erkránkung *f* (10); Erkránkungsfall *m* (1*) (*случáй заболевáния*); лучевóе ~áние Stráhlungserkrankung *f*; óбщее ~áние Allgeméinerkrankung *f*, Gesámterkrankung *f*; профессионáльное ~áние Berúfskrankheit *f* (10); ~áние грúппом Erkránkung an Gríppe; колúчество ~áний die Zahl der Erkránkungen, Erkránkungsziffer *f* (11), Morbidität *f*; **~áть** *см.* заболéть 1; мне кáжется, что я заболевáю ich gláube, ich wérde krank [bei mir ist éine Kránkheit im Ánzug]

заболé||ть **1.** krank wérden, erkránken *vi* (s) (чем-л. an *D*); **2.** (*начáть болéть — о кáком-л. óргане*) schmérzen *vi*, ánfangen* zu schmérzen; у меня́ ~ли глазá méine Áugen fíngen an zu schmérzen; у меня́ ~ла головá ich bekám Kópfschmerzen [Kópfweh]

зáболонь *ж бот.* Splint *m* (1), Splíntholz *n* (5)

заболóченн||ый *прич.* **1.** versúmpft; **2.** *в знач. прил.* súmpfig, Sumpf-; ~ая пóчва súmpfiger Bóden, Súmpfboden *m* -s; ~ый луг Súmpfwiese *f* (11)

заболтáться *разг.* sich verpláudern; die Zeit über dem Schwätzen vergéssen*; ~ до вéчера die Zeit bis zum Ábend verpláudern

забóр I *м* Zaun *m* (1*); Umzäunung *f* (10) (*огрáда*); врéменный ~ *стр.* Báuzaun *m*; отгорáживать ~ом ábzäunen *vt*

забóр II *м* Entnáhme *f*; ~ воды́ Wásserentnahme *f*; ~ вóздуха Lúftfang *m*-(e)s; ~ проб Próbenentnahme *f*; ~ лу́нного гру́нта die Entnáhme von Móndgestein; мéсто ~а Zápfstelle *f* (11)

забóристый *разг.* scharf, béißend; spitz, gepféffert

забормотáть ánfangen* zu múrmeln [zu brúmmen]

забóрн||ый **1.** (*относя́щийся к забóру*) Zaun-; ~ый столб Záunpfahl *m* (1*); **2.** *разг.*: ~ая ру́гань, ~ое слóво Únflätigkeit *f* (10), Zótenreißerei *f*

забороню́ть *с.-х.* éineggen *vt*, zúeggen *vt*

забóт||а *ж* **1.** (*беспокóйство*) Sórge *f* (11); без забóт óhne Sórge(n), sórgenlos, sórgenfrei; пóлный забóт sórgenvoll, sórgenschwer, sórgenbeladen; повседнéвные ~ы tägtägliche Sórgen, Álltagssorgen *pl*; **2.** (*попечéние*) Sórge *f*; Fürsorge *f*; ~а о человéке Sórge um den Ménschen; ~а о дéтях Sórge um die Kínder; окружúть ~ой umsórgen *vt*; проявля́ть ~у о ком-л. Sórge für j-n bezéigen; житéйские ~ы Álltagssorgen *pl*; ◇ э́то моя́ ~а das laß nur méine Sórge sein; однóй ~ой мéньше éine Sórge wéniger, éine [díese] Sórge wäre ich [wärest du *и т. д.*] nun los; емý и ~ы мáло er macht sich (*D*) kéine Sórge(n) darúm, er macht sich (*D*) nichts d(a)ráus; er läßt sich (*D*) déswegen kéine gráuen Háare wáchsen; э́то моя́ послéдняя ~а *разг.* das soll mein kléinster Kúmmer sein; нé было ~ы! das hat noch geféhlt!

забóт||ить Sórge(n) máchen (когó-л. *D*); bekümmern *vt*, beúnruhigen *vt* (*беспокóить*); меня́ óчень ~ит егó состоя́ние sein Zústand macht mir gróße Sórge, ich máche mir Sórgen um ihn; э́то егó мáло ~ит das macht ihm wénig Sórge(n), er macht sich (*D*) kéine Sórge darúm; déswegen läßt er sich kéine gráuen Háare wáchsen; **~иться** **1.** (*беспокóиться*) sich sórgen, besórgt sein (о чём-л. um *A*); **2.** (*окружáть забóтой*) sórgen *vi*, Sórge trágen* (о ком-л., чём-л. für *A*); sich kümmern (um *A*); pflégen *vt* (*ухáживать за кем-л., чем-л.*); ~иться о семьé für die Famíli¦e sórgen; ~иться о чём-л. sich (*D*) etw. ángelegen sein lássen*; ~иться о хозя́йстве die Wírtschaft besórgen; он и о чём не ~ится er kümmert sich um nichts; ~ясь о ком-л., о чём-л. in Fürsorge für (*A*); о нём ~ятся er wird umsórgt

забóтлив||ость *ж* Sórgsamkeit *f*; Sórgfalt *f*; Áufmerksamkeit *f* (*внимáние*); **~ый** sórgsam, besórgt; fürsorglich; áufmerksam (*внимáтельный*); sórgfältig, sórglich (*тщáтельный*); ~о относи́ться к комý-л. um j-n besórgt sein; он ~ый отéц er ist ein fürsorglicher [tréusorgender] Váter; ~ый ухóд sórgfältige Pflége

забракóв||анный zu Áusschuß erklärt, beánstandet, áusgesondert, Áusschuß-; ~анный товáр Áusschußware *f* (11); **~áть** (als úntauglich) ábweisen* *vt*, für úntauglich erklären; áussondern *vt*, zu Áusschuß erklären, áussortieren *vt* (*о товáре*)

забрáло *с ист.* Visíer [vi-] *n* (2); опусти́ть ~ das Visíer herúnterschlagen*; подня́ть ~ das Visíer öffnen; ◇ с откры́тым ~м mit óffenem Visíer, óffen und éhrlich

забрáсывать **1.** *см.* забросáть; **2.** *см.* забрóсить 1, 4

забрáть **1.** (*отобрáть*) wégnehmen* *vt*; (áb)néhmen* *vt*; éinheimsen *vt*; sich (*D*) éinstecken (*разг.; прикармáнить*); ~ с собóй mítnehmen* *vt*; **2.** (*захвати́ть*) éinnehmen* *vt*; entnéhmen* *vt* (*напр. лу́нный грунт*); **3.** *разг.* (*арестовáть*) verháften *vt*, féstnehmen* *отд. vt*; **4.** *разг.* (*укороти́ть*) éinnähen *vt*, kürzen *vt*; énger máchen (*сýзить*); **5.** (*загороди́ть доскáми*) zúnageln *vt*, vernágeln *vt* (*заби́ть гвоздя́ми*); ◇ ~ власть над кем-л. über j-n gróße Macht gewínnen*, j-n in séine Gewált bekómmen*; ~ себé в гóлову sich (*D*) etw. in den Kopf sétzen

забрá||ться **1.** (*прони́кнуть*) éindringen* *vi* (s); sich éinschleichen* (*пробрáться тáйком*); hinéinschlüpfen *vi* (s) (*проскользнýть*); ~ться в постéль ins Bett kríechen*; **2.** (*взобрáться*) hináufsteigen* *vi* (s), (hináuf)kléttern *vi* (s); **3.** (*далекó*) gerâten* *vi* (s); кудá я ~лся? wo bin ich híngeraten?

забрéзжи||ть dämmern *vi* (*о рассвéте*); áufleuchten *vi*, flímmern *vi* (*о свéте, огнé*); ~ло *безл.* es tagt, es dämmert, der Mórgen graut

забрести́ *разг.* (hín)gerâten* *vi* (s) (кудá-л. in *A*); sich verláufen* (*заблуди́ться*)

забри́ть: ~ лоб комý-л. *уст.* ≅ j-n únter die Soldáten [zu den Soldáten] stécken

заброди́ть gären* *vi* (s), in Gärung gerâten*, ánfangen* zu gären

заброни́ровать *см.* брони́ровать

забрóс: в ~е *разг.* vernáchlässigt

забросáть **1.** bewérfen* *vt*; **2.** (*засы́пать*) überschütten *vt*, überhäufen *vt*; ~ когó-л. подáрками j-n mit Geschénken überschütten [überhäufen]; ~ когó-л. прóсьбами [вопрóсами] j-n mit Bítten [Frágen] bestürmen; ◇ ~ гря́зью mit Schmutz bewérfen*; in den Kot zérren

забрóси||ть **1.** wérfen* *vt*; судьбá ~ла егó далекó das Schícksal hat ihn weit verschlágen; **2.** (*положи́ть не на мéсто*) verlégen *vt*; **3.** (*оставить без внимáния*) vernáchlässigen *vt*; он ~л свой заня́тия er hat das Stúdium vernáchlässigt; ~ть хозя́йство die Wírtschaft áufgeben*; **4.** (*достáвить кудá-либо*) (hín)scháffen *vt*; éinschleusen *vt* (*заслáть*)

забрóшенн||ость *ж* Verfáll *m* -s; gänzliche Verlássenheit; **~ый** **1.** (*потéрянный*) verlóren, verlégt; **2.** (*запу́щенный*) vernáchlässigt; úngepflegt; ~ый сад ein verwílderter Gárten

забры́згать bespritzen *vt*; ~ чулки́ sich die Strümpfe vóllspritzen

забры́згивать bespritzen *vt*

забубённ||ый: ~ая головá *разг.* Tóllkopf *m* (1*), Héißsporn *m* (1), Hítzkopf *m*

забуксовáть rútschen *vi* (s), ánfangen* zu rútschen

забулды́га *м разг.* Trúnkenbold *m* (1), Säufer *m* (6), Zécher *m* (6), Zéchbruder *m* (1*)

забути́ть *см.* бути́ть

забýхнуть áufquellen *vi* (s), verquéllen *vi* (s); окóнные рáмы забýхли die Fénsterrahmen sind verquóllen

забушевá||ть **1.** (*о стихи́и*) ánfangen* zu tóben; бýря ~ла das Bráusen des Stúrmes sétzte ein; **2.** *разг.* (*скандáлить*) áufbrausen *vi* (s); Krach schlágen*; Händel ánfangen*

забыв||áть *см.* забы́ть; не ~áй меня́! vergíß mich nicht!

забыв||áться **1.** *см.* забы́ться 1, 2, 3, 5; не ~áйтесь! vergéssen Sie sich nicht!; **2.** *страд.* vergéssen wérden

забы́вчив||ость *ж* Vergéßlichkeit *f*; **~ый** vergéßlich; kópflos, zerstréut (*рассéянный*)

забы́тый vergéssen

забы́||ть **1.** vergéssen* *vt*; и дýмать забýдь! *разг.* schlag dir das ganz aus dem Sinn [Kopf]; **2.** (*остáвить*) líegenlassen* *отд. vt*; ◇ что я там ~л? was hábe ich dort verlóren [zu súchen]?; себя́ не ~ть sich nicht vergéssen*, séine Interéssen zu wáhren wíssen*; э́того я вам никогдá не забýду! das wérde ich Íhnen nie vergéssen!; das verzéihe ich Íhnen nie!

забытьё *с* **1.** (*беспáмятство*) Bewúßtlosigkeit *f*, Óhnmacht *f* (10); Dämmerzustand *m* -(e)s; впасть в ~ das Bewúßtsein verlíeren*, in éinen Dämmerzustand verfállen*; **2.** (*полусóн*) Schlúmmer *m* -s, léichter Schlaf

забы́ться **1.** (*задремáть*) éinschlafen* *vi* (s), (éin)schlúmmern *vi* (s), **2.** (*потеря́ть сознáние*) das Bewúßtsein verlíeren*; **3.** (*не сдержáться, перейти́ грани́цы дозвóленного*) sich vergéssen*, die Behérrschung verlíeren*, die Grénzen (des Erláubten) überschréiten* [übertréten*]; **4.**: он пьёт, чтóбы ~ er trinkt, um sich zu betäuben; **5.** (*оказáться забы́тым всéми*) in Vergéssenheit gerâten*

забюллетéнить *разг.* kránkmachen *отд. vi*, sich krank schréiben lássen*

зав *м разг. см.* завéдующий

завáл *м* Verschüttung *f* (10); Spérre *f* (11) (*воен.*); снéжные ~ы Schnéeverwehungen *pl*; ~ на шáхте Éinsturz *m* (1*) im Stóllen; дорóжный ~ Stráßensperre *f*; леснóй ~ Báumsperre *f*

завáливать *см.* завали́ть; **~ся** **1.** *см.* завали́ться; **2.** (*ветшáть и т. п.*) báufällig wérden, verfállen* *vi* (s)

завáлинка *ж* Érdaufwurf *m* (1*) (*um das Bauernhaus*)

завали́ть **1.** (*засы́пать*) verschütten *vt*, zúschütten *vt*; **2.** (*загромозди́ть*) verspérren *vt*; **3.** (*переобременить*) überbürden *vt*, überláden* *vt*, überlásten *vt*; **4.** *разг.* (*опрокинуть*) úmwerfen* *vt*, úmkippen *vt*; **5.** *перен. разг.* verháuen *vt*; ~ рабо́ту éine Árbeit verháuen [verdérben*]

завали́||ться *разг.* **1.** (*обвалиться*) éinstürzen *vi* (s), éinfallen* *vi*; **2.**: ~ться спать sich schláfen légen; sich aufs Ohr légen; **3.** (*упасть*) (hínter etw. *A*) fállen* *vi* (s); кни́га ~лась за дива́н das Buch ist hínter das Sófa gefállen; **4.** *разг.*: фру́ктов там — хоть завали́сь Obst gibt es dort in Méngen [jéde Ménge]

за́валь *ж разг.* (*залежавшийся товар*) ábgelagerte Wáre, Ládenhüter *m* (6)

завал||я́ться *разг.* **1.** líegenbleiben* *отд. vi* (s); **2.** (*остаться непроданным*) kéinen Käufer [kéinen Ábsatz] fínden*; ~я́щий *разг.* líegengeblieben; schlecht

зава́ривать *см.* завари́ть; **~ся 1.** *см.* завари́ться; **2.** *страд.* áufgebrüht wérden

завари́||ть 1. (*чай, кофе и т. п.*) áufbrühen *vt*, áufkochen *vt*; **2.** (*залить кипятком*) ábbrühen *vt*; überbrühen *vt*; **3.** *мет.* verschwéißen *vt*, zúschweißen *vt*; ◇ ~ть ка́шу éine Súppe éinbrocken; éine Sáche éinrühren; кто ~л ка́шу, (тот) пусть её и расхлёбывает *погов.* wer den Scháden ánrichtet, der muß ihn auch büßen!; **~ться: чай** ~лся der Tee hat gezógen

зава́рк||а *ж* **1.** (*чая*) Áufbrühen *n* -s; **2.** (*чай для заварки*): ча́ю хва́тит ещё на одну́ ~у der Tee reicht noch für éine Kánne; **3.** *мет.* Verschwéißung *f*, Verschwéißen *n* -s

заварн||о́й 1. überbrüht; ~о́е пиро́жное Wíndbeutel *m* (6); ~о́й хлеб süßes Schwárzbrot (*vor dem Backen überbrüht*); **2.** (*для заварки*): ~о́й чан Bráukessel *m* (6)

заведе́ние *с* Ánstalt *f* (10); Éinrichtung *f* (10), Institutión *f*; уче́бное ~ Léhranstalt *f*, Bíldungseinrichtung *f*; вы́сшее уче́бное ~ Hóchschule *f* (11); лече́бное ~ Héilstätte *f* (11)

заве́дов||ание *с* Léitung *f*, Verwáltung *f*; **~ать** léiten *vt*, verwálten *vt*

заве́дом||о *нареч.* bewúßt, wíssentlich; ~о ло́жное показа́ние éine bewúßt fálsche Áussage; **~ый** (áll)bekánnt, wíssentlich, bewúßt, óffenkundig, notórisch; ~ая ложь notórische Lüge; он ~ый лентя́й er ist ein notórischer Fáulpelz; ~ое после́дствие *юр.* beábsichtigte Fólge

заве́дующий *сущ. м* Léiter *m* (6), Verwálter *m* (6); Chef [*фр.* ʃef] *m* -s, -s; ~ отде́лом Abtéilungsleiter *m*; ~ хозя́йством Verwálter *m*, Wírtschaftsleiter *m*; ~ уче́бной ча́стью pädagógischer Diréktor (*в школе*); Léiter *m* der Stúdi|enabteilung (*в вузе*); ~ ка́федрой Léhrstuhlleiter *m*; ~ клу́бом Klúbhausleiter *m*; ~ магази́ном Verkáufsstellenleiter *m*; ~ скла́дом Lágerverwalter *m*; ~ отде́лом сбы́та Ábsatzleiter *m*; ~ произво́дством Produktiónsleiter *m*

завезти́ 1. (*мимоездом*) (im Vorbéifahren) bríngen* *vt*; он завёз меня́ на вокза́л er bráchte mich (im Vorbéifahren) zur Bahn; **2.** *разг.* (*привезти, доставить — о товарах*) hínbringen* *vt*, zústellen *vt*; **3.** (*далеко*) hínfahren* *vt*, hínbringen* *vt*; verschléppen *vt*; куда́ ты меня́ завёз? wo hast du mich híngebracht?

завербова́ть, завербо́вывать (án-) wérben* *vt*

завере́ние *с* **1.** (*в чём-л.*) Versícherung *f* (10), Zúsicherung *f*, Betéuerung *f* (10); дать ~ die Versícherung (áb)gében*; versíchern *vt* (кому́-л. в чём-л. j-m etw. *или* j-n éiner Sáche *G*); betéuern *vt* (*в чём-л.*); **2.** (*подписи*) Begláubigung *f* (10), Beschéinigung *f* (10)

заве́рить 1. versíchern *vt* (кого́-л. в чём-л. j-m etw. *или* j-n éiner Sáche *G*), betéuern *vt* (кого́-л. в чём-л. j-m etw.); **2.** (*подпись и т. п.*) begláubigen *vt*, beschéinigen *vt*; ~ ко́пию докуме́нта die Ábschrift éiner Úrkunde begláubigen; заве́ренная ко́пия begláubigte Ábschrift

заверну́ть 1. éinwickeln *vt*, éinpacken *vt*; éinhüllen *vt* (*закутать*); ~ в бума́гу in Papíer éinschlagen* [éinwickeln, éinpacken]; **2.** (*свернуть в сторону*) ábbiegen* *vi* (s), éinbiegen* *vi* (s); ~ за́ угол um die Écke bíegen*; **3.** *разг.* (*зайти куда-л.*) éinkehren *vi* (s) (к кому́-л. bei *D*); éinen Ábstecher máchen; **4.** (*винт и т. п.*) féstschrauben *отд. vt*, ánziehen* *vt*; ~ кран den Hahn zúdrehen; **5.** (*загнуть*) áufkrempeln *vt* (*рукава, поля шляпы*); áufschürzen *vt* (*подол*); **6.** *разг.* (*быстро наступить*) plötzlich und héftig éinsetzen; заверну́ли моро́зы plötzlich sétzte stárker Frost ein; **~ся 1.** (*закутаться*) sich éinwickeln, sich éinhüllen; **2.** (*загнуться*) úmgeschlagen sein (*о рукаве, подоле*); úmknicken *vi* (s) (*о странице*)

заверте́||ть 1. (*начать вращать*) dréhen *vt*, ánfangen* zu dréhen; **2.** *разг.*: ~ть кого́-л. (*вскружить кому-л. голову*) j-m den Kopf verdréhen; **~ться 1.** ánfangen* sich zu dréhen; **2.**: он совсе́м ~лся *разг.* er weiß nicht, wo ihm der Kopf steht

завёртк||а *ж разг.* **1.** (*обёртка*): ~а конфе́т Bonbonpapier [bɔŋ'bɔŋ-] *n* (2); **2.** (*задвижка*) Éinreiberverschluß *m* -sses, -schlüsse (*оконная, дверная*); ◇ храпе́ть во все носовы́е ~и *шутл.* laut schnárchen

завёрточный: ~ автома́т Verpáckungsautomat *m* (8)

завёртыв||ание *с* Einpacken *n* -s; **~ать** *см.* заверну́ть 1, 2, 4, 5; **~аться 1.** *см.* заверну́ться; **2.** *страд.* éingepackt [éingeschlagen] wérden

заверш||а́ть *см.* заверши́ть; **~а́ться 1.** *см.* заверши́ться; **2.** *страд.* volléndet wérden; beéndet wérden; **~а́ющий** letzt, ábschließend; ~а́ющий год пятиле́тки [семиле́тки] das ábschließende Jahr des Fünfjahrplanes [Síebenjahrplanes]; **~е́ние** *с* Volléndung *f*; Ábschluß *m*; получи́ть своё по́лное ~е́ние gípfeln *vi* (в чём-л. in *D*); в ~е́ние zum Ábschluß, zum Schluß; zu güter Letzt; **~и́ть** vollénden *vt*; beénden *vt*, (áb-) schlíeßen* *vi*, zum Ábschluß bríngen*; ~и́ть год но́выми побе́дами das Jahr mit néuen Síegen beénden [ábschließen*]; ~и́ть де́ло das Geschäft ábwickeln; но́вое откры́тие ~и́ло все его́ труды́ die néue Entdéckung sétzte séinem Werk die Króne auf; **~и́ться** volléndet wérden; énden *vi*; schlíeßen* *vi*, zum Ábschluß kómmen* [gelángen*]; ~и́ться успе́хом von Erfólg gekrönt sein [wérden]

заверя́ть *см.* заве́рить

заве́с||а *ж тж. перен.* Vórhang *m* (1*), Schléier *m* (6); дымова́я ~а (*сокр.* ДЗ) *воен.* Nébelvorhang *m*, Nébelblende *f* (11), Nébelwand *f* (3) (*вертикальная*); Nébelschleier *m* (*горизонтальная*); огнева́я ~а *воен.* Spérrfeuer *n*, Féuervorhang *m*; ◇ приподня́ть ~у над чем-л. den Schléier über etw. (*D*) lüften

заве́сить verhängen *vt*, zúhängen *vt*

заве||сти́ 1. (*куда-л.*) (hín)führen *vt*; (hín)bríngen* *vt* (*привести*); ~сти́ кого́-л. в тупи́к j-n in éine Sáckgasse bríngen *, j-n in éine áusweglose Láge versétzen; э́то ~ло́ бы нас сли́шком далеко́ das würde uns zu weit führen; **2.** (*приобрести*) sich (*D*) ánschaffen *vt*; ~сти́ соба́ку sich (*D*) éinen Hund ánschaffen; **3.** (*основать*) gründen *vt*; ~сти́ семью́ [хозя́йство] éine Famíli|e [éine Wírtschaft] gründen; **4.** (*ввести правила, моду и т. п.*) éinführen *vt*; ~сти́ поря́док Órdnung schäffen; ~сти́ но́вые поря́дки *разг.* Néuerungen éinführen; ~сти́ себе́ привы́чку *разг.* éine Gewóhnheit ánnehmen, sich (*D*) zur Gewóhnheit máchen, sich (*D*) ángewöhnen; ~сти́ де́ло на кого́-л. *канц.* über j-n éine Ákte ánlegen; ~сти́ ка́рточку (в картоте́ке) éine Kárte [Kartéikarte] ánlegen; **5.**: ~сти́ разгово́р ein Gespräch ánknüpfen; ~сти́ знако́мство с кем-л. mit j-m Bekánntschaft máchen; ~сти́ дру́жбу с кем-л. mit j-m Fréundschaft schlíeßen*; **6.** (*привести в движение*) ánkurbeln *vt*, ánlassen* *vt*; áufdrehen *vt* (*разг.*); ~сти́ часы́ die Uhr áufziehen*; ~сти́ мото́р den Mótor ánlassen*; den Mótor ánkurbeln [ánwerfen*] (*ручкой*); ~сти́ волчо́к den Kréisel áufziehen*

заве||сти́сь 1. (*появиться*) sich éinfinden*; *переводится тж. формами глагола* ánschaffen *vt*; у него́ ~ли́сь друзья́ er hat sich (*D*) Fréunde ángeschafft; у меня́ ~ли́сь де́ньги *разг.* ich bin jetzt (ímmer) bei Geld; **2.** (*о насекомых*) sich éinnisten; **3.** (*прийти в движение*) in Gang kómmen*; мото́р завёлся der Mótor sprang an; **4.** (*установиться*) sich éinbürgern; ~ли́сь но́вые обы́чаи néue Sítten háben sich éingebürgert; **5.** *разг.* (*начать горячиться, спорить*) in Fahrt kómmen*

заве́т *м* Vermächtnis *n* (3*); ~ы Ле́нина Lénins Vermächtnis; ◇ Ве́тхий ~ Áltes Testamént; Но́вый ~ Néues Testamént

заве́тн||ый 1. (*дорогой, любимый*) séhnlich(st), erséhnt, héißersehnt; э́то моё ~ое жела́ние das ist mein séhnlichster Wunsch; **2.** (*секретный*) vertráut, héimlich; ~ый разгово́р vertráutes Gespräch

заве́тренный dem Wind ábgekehrt

завечере́ть *безл. разг.* Ábend wérden

заве́шивать *см.* заве́сить

завеща́||ние *с* Testamént *n* (2); Vermächtnis *n* (3*); во́инское ~ние Militärtestament (*юр.*); нотариа́льное ~ние notariélles Testamént; сде́лать ~ние sein Testamént máchen; оста́вить ~ние ein Testamént hinterlássen*; оста́вить по ~нию vermáchen *vt*, testamentárisch verérben; свобо́да ~ния *юр.* Testíerfreiheit *f*; **~тель** *м юр.* Testátor *m* -s, -tóren, Érb|lasser *m* (6); **~тельница** *ж* Érb|lasserin *f* (12); **~тельный** *юр.* testamentárisch; ~тельное распоряже́ние testamentárische [létztwillige] Verfügung; Testaméntsverfügung *f*

завеща́ть vermáchen *vt*; verérben *vt*, létztwillig verfügen

завзя́тый *разг.* léidenschaftlich éingefleischt, verbóhrt; notórisch; ~ кури́льщик ein léidenschaftlicher Ráucher; ~ ло́дырь ein notórischer Fáulenzer [Tágedieb]

завива́ть *см.* зави́ть; **~ся 1.** *см.* зави́ться; **2.** sich kräuseln (*виться*)

зави́вк||а *ж* **1.** (*действие*) Wéllen *n* -s; Ondulíerung *f* (10) (*щипцами*); **2.** (*причёска*): холо́дная ~а Wásserwelle *f*; горя́чая ~а Héißwelle *f* (11); хими́ческая ~а Káltwelle *f*; шестиме́сячная ~а Dáuerwelle *f*, сде́лать себе́ ~у sich ondulíeren (lássen* — *у парикмахера*)

зави́деть *разг.* erblícken *vt*

зави́д||но 1. *нареч.* benéidenswert; **2.** *предик. безл.*: мне ~но ich bin néidisch; ему́ ~но, что я... er benéidet mich um (*A*); er mißgönnt mir, daß ich...; **~ный** benéidenswert; ~ное положе́ние éine benéidenswerte Láge [Stéllung]; **~овать** benéiden *vt* (чему́-л. um *A*), néidisch sein (кому́-л., чему́-л. auf *A*); mißgönnen *vt*; ~овать чьим-л. успе́хам j-n um séinen Erfólg benéiden, j-m séinen Erfólg mißgönnen; ◇ я ему́ не ~ую er ist nicht zu benéiden; **~ущий** *разг.* néidisch; глаза́ ~ущие *разг.* néidische [gíerige] Áugen

завизжа́ть (áuf)kréischen *vi*; wínseln *vi*, ánfangen* zu wínseln (*о собаке*)

визи́ровать visíeren [vi-] *vt*, mit éinem Vísum [vi:-] versehen*; ~ па́спорт éinen Paß visíeren

завиля́ть 1. ánfangen* zu wédeln; **2.** *перен.* ánfangen* Wínkelzüge zu máchen; ánfangen* Ausflüchte zu máchen

завинти́ть, зави́нчивать zúschrauben *vt*, féstschrauben *отд. vt* (*до отказа*); ánziehen* *vt*; ~ налого́вый пресс die Stéuerschraube ánziehen*

завира́||ться *см.* завра́ться; ◇ ври, да не ~йся *погов.* trag nicht zu stark auf

зави́с||еть ábhängen* *vt*, ábhängig sein (от кого́-л., от чего́-л. von *D*); zusámmenhängen* *vi* (от чего́-л. mit *D*); от чего́ э́то ~ит? worán liegt es?; э́то ~ит не от меня́ das liegt nicht an mir; реше́ние ~ит от вас die Entschéidung hängt von Íhnen ab, Sie háben zu entschéiden; э́то ~ит от того́ das hängt davón ab; es kommt daráuf an; мы сде́лали всё, что от нас ~ело wir háben das Únsrige getán, wir háben únser Möglichstes getán; от нас ~ит an uns ist es; материа́льно ~еть от кого́-л. auf j-n wírtschaftlich ángewiesen sein, von j-m wírtschaftlich ábhängen*; сде́лать всё от кого́-л. ~ящее álles in j-s Macht Stéhende tun*

зави́сим||ость *ж* Ábhängigkeit *f*; крепостна́я ~ость *ист.* Léibeigenschaft *f*; колониа́льная ~ость koloniále Ábhängigkeit; васса́льная ~ость *ист.* Vassalität [va-] *f*; служе́бная ~ость díenstliche Ábhängigkeit; ста́вить в ~ость ábhängig máchen; находи́ться [быть] в ~ости ábhängen* *vi*, ábhängig sein (от кого́-л. von *D*); в ~ости от обстоя́тельств je nach den Verhältnissen; je nachdém; зако́н обра́тной ~ости *мат.* Reziprozitätsgesetz *n* (2); **~ый** ábhängig; ~ое положе́ние ábhängiger Zústand; ~ые стра́ны ábhängige Länder; сде́лать ~ым in Ábhängigkeit bríngen*

зави́ст||ливый néidisch; **~ник** *м разг.* Néider *m* (6), néidischer Mensch; Néidhammel *m* (6); **~ница** *ж разг.* Néiderin *f* (12)

за́вист||ь *ж* Neid *m* -(e)s; возбужда́ть ~ь Neid errégen [erwécken]; с ~ью néidisch; от ~и vor Neid; чу́вство ~и Néidgefühl *n* (2); чёрная ~ь der gélbe [grüne, blásse] Neid; его́ гло́жет ~ь der Neid zehrt [frißt] an ihm, der Neid läßt ihm kéine Rúhe; умира́ть от ~и vor Neid vergéhen* [plátzen (*разг.*)]

завито́й frisíert, ondulíert; gelóckt, gekräuselt (*в завитках*)

завит||о́к *м* **1.** Lócke *f* (11), Lóckenringel *m* (6); **2.** (*почерка*) Schnörkel *m* (6); **3.** (*у колонн*) Schnécke *f* (11); Spirále *f* (11); **4.** (*ползучего растения*) Ránke *f* (11); **5.** *тех.* Wíndung *f* (10) (*виток*); **~у́шка** *ж разг. см.* зави́ток 1, 2

зави́ть: ~ во́лосы die Háare lócken [wéllen, frisíeren, ondulíeren, kräuseln] (lássen* — *у парикмахера*)

зави́ться sich frisíeren; sich frisíeren lássen* (*у парикмахера*)

завихре́ние *с физ.* Wírbel *m* (6), Wírbelung *f* (10), Verwírbelung *f*, Áufwirbelung *f*

завко́м *м* (заводско́й комите́т профсою́зной организа́ции) Betríebsgewerkschaftsleitung *f* (10), Gewérkschaftsleitung *f*

завладева́ть, завладе́ть sich bemächtigen (чем-л. *G*); in Besítz néhmen*; áneignen *vt*; über etw. (*A*) Herr wérden; an sich (*A*) réißen*; *воен.* éinnehmen* *vt* (*захватить*); ~ внима́нием die Áufmerksamkeit fésseln; ~ ума́ми Gewált [Macht] über die Gemüter gewínnen*

завлека́тельный *разг.* spánnend, fésselnd

завлека́ть, завле́чь 1. (*заманить*) verführen *vt*, verlócken *vt* (чем-л. mit *D*); ~ в серьёзный разгово́р in ein érnstes Gespräch verwíckeln; **2.** (*увлечь*) hínreißen* *vt*; verléiten *vt* (*склонить к чему-л.*); не́нависть завлекла́ его́ сли́шком далеко́ er ließ sich von séinem Haß zu weit hínreißen, sein Haß hat ihn zu weit geführt

завма́г *м разг.* (заве́дующий магази́ном) Verkáufsstellenleiter *m* (6)

заво́д I *м* **1.** Werk *n* (2), Fabrík *f* (10); Betríeb *m* (1); автомоби́льный ~ Automobílfabrik *f*, Automobílwerk *n*; авиацио́нный ~ Flúgzeugwerk *n*, Flúgzeugfabrik *f*; вое́нный ~ Rüstungsbetrieb *m*; га́зовый ~ Gáswerk *n*, Gásanstalt *f* (10); ~ железобето́нных изде́лий Betonwerk [-'tɔŋ-] *n*, Werk für Betónfertigteile; ка́бельный ~ Kábelwerk *n*; кирпи́чный ~ Ziegeléi *f* (10), Zíegelwerk *n*; коже́венный ~ Gerberéi *f* (10); коксова́льный ~ Kokeréi *f*; лесопи́льный ~ Sägewerk *n*, Sägemühle *f* (11); лите́йный ~ Gießeréi *f* (10); маслобо́йный ~ Ölmühle *f* (11); машинострои́тельный ~ Maschínenfabrik *f*; Maschínenbaubetrieb *m*; медеплави́льный ~ Kúpferhütte *f* (10); ~ металлоконстру́кций Stáhlbaubetrieb *m*; металлурги́ческий ~ Hütte *f*, Hüttenwerk *n*; моло́чный ~ Molkeréi *f* (10); мылова́ренный ~ Séifenfabrik *f*, Séifensiederei *f* (10); нефтеперего́нный ~ Érdölraffinerie *f*, *pl* -i¦en; обогати́тельный ~ Áufbereitungsanlage *f* (11); пивова́ренный ~ Bíerbrauerei *f* (10); порохово́й ~ Púlverfabrik *f*; ~-потреби́тель Ánwenderbetrieb *m*, Empfängerbetrieb *m*; Verárbeiterbetrieb *m*, Verárbeiter *m* (6); прока́тный ~ Wálzwerk *n*, Wálzhütte *f*; ремо́нтный ~ Reparatúrwerk *n*, Áusbesserungswerk *n*; рыбоконсе́рвный ~ Físchverarbeitungswerk *n*, Físchkonservenfabrik [-vən-] *f*; са́харный ~ Zúckerfabrik *f*; ~ сельскохозя́йственных маши́н Lándmaschinenwerk *n*; солева́ренный ~ Salíne *f* (11); сталелите́йный ~ Stáhlgießerei *f* (10); спи́рто-во́дочный ~ Spirituósenfabrik *f* (10); сталеплави́льный ~ Stáhlwerk *n*; станкострои́тельный ~ Wérkzeugmaschinenfabrik *f*, Wérkzeugmaschinenwerk *n*; стеко́льный ~ Gláshütte *f*; судострои́тельный ~ Schíffswerft *f* (10); Schíffbaubetrieb *m*; сырова́ренный ~ Käseréi *f* (10), Käsefabrik *f*; тра́кторный ~ Traktórenwerk *n*; трубопрока́тный ~ Róhrwalzwerk *n*; цеме́нтный ~ Zeméntwerk *n*, Zeméntfabrik *f*; часово́й ~ Úhrenfabrik *f*; чугунолите́йный ~ Éisengießerei *f* (10); электрола́мповый ~ Glühlampenwerk *n*; ~-шеф Pátenbetrieb *m*; ~ы-сме́жники vor- und náchgelagerte Betríebe, Kooperatiónsbetriebe *pl*; ~-гига́нт Ríesenwerk *n*; Ríesenbetrieb *m*; ~-изготови́тель Hérstellerwerk *n*, Hérstellerbetrieb *m*; ~-поставщи́к Líeferwerk *n*, Líeferbetrieb *m*; на ~е im Betríeb; коллекти́в ~а Betríebsangehörige *sub pl*, Wérksangehörige *sub pl*; **2.**: ко́нный ~ Gestüt *n* (2); рыбово́дный ~ Físchzuchtbetrieb *m*

заво́д II *м* **1.** (*действие*) Áufziehen *n* -s; Ándrehen *n* -s, Ánlassen *n* -s, Ánkurbeln *n* -s (*ср.* завести́ 6); **2.** (*часовой и т. п. механизм*) Áufzug *m* (1*); по́лный ~ Vóllaufzug *m*; механи́ческий ~ Sélbstaufzug *m*; ручно́й ~ Hándaufzug *m*; ~ часо́в ко́нчился die Uhr ist ábgelaufen; **3.** *полигр.* Téilauflage *f* (11); ◇ у нас э́того и в ~е нет *разг.* wir kénnen so (ét)was überháupt nicht; so (ét)was kommt bei uns überháupt nicht vor

заводи́ла *м, ж разг.* Ánführer *m* (6), Ánstifter *m* (6), Ánführerin *f* (12), Ánstifterin *f* (12)

заводи́ть *см.* завести́; **~ся 1.** *см.* завести́сь; **2.** *страд.* 1) (*вводиться*) éingeführt wérden; gegründet wérden; 2) (*о знакомстве и т. п.*) ángeknüpft wérden; 3) (*о механизме*) ángekurbelt [ángelassen] wérden; ángezogen wérden (*о пружине*)

заво́дка *ж см.* заво́д II 1

заводн||о́й Áufzieh-; zum Áufziehen (*служащий для завода*); ~а́я ку́кла Áufziehpuppe *f* (11); ~а́я игру́шка mechánisches Spíelzeug; ~о́е отве́рстие (*в часах для ключа*) Áufziehloch *n* (5); ~о́й автомоби́ль (*игрушка*) Áufziehauto *n* -s, -s

заводоуправле́ние *с* Wérkleitung *f* (10), Betríebsleitung *f* (10), Betríebsverwaltung *f* (10)

заводск||о́й 1. Werk(s)-, Fabrík-, Betríebs-; wérkseigen (*принадлежащий заводу*); ~о́й комите́т (*сокр.* завко́м) Betríebsgewerkschaftsleitung *f* (10), Gewérkschaftsleitung *f*; председа́тель ~о́го комите́та der Vórsitzende der Gewérkschaftsleitung [Betriebsgewerkschaftsleitung]; ~а́я библиоте́ка Wérkbücherei *f* (10); ~о́й рабо́чий Betríebsarbeiter *m* (6); в ~и́х усло́виях wérkmäßig, fabríkmäßig, industriéll; gróßtechnisch; **2.**: ~а́я ло́шадь (*племенная*) Zúchtpferd *n* (2); Zúchthengst *m* (1) (*жеребец*)

заво́дчик *м* Fabríkbesitzer *m* (6), Fabrikánt *m* (8)

за́водь *ж* Stíllwasser *n* -s, Strömungsschatten *m* -s; kléine, fláche Bucht mit geríngerer Strömung

завоева́н||ие *с* **1.** Eróberung *f* (10); Erkämpfung *f* (*мира, прав*); **2.** *б. ч. мн.* ~ия (*достижение*) Errúngenschaft *f* (10); ~ия Октября́ die Errúngenschaften der Októberrevolution [-vo-]; ~ие госпо́дства в во́здухе Erríngung der Lúftherrschaft

завоева́тель *м* Eróberer *m* (6); **~ный** Eróberungs-; ~ная война́ Eróberungskrieg *m* (1)

завоева́ть eróbern *vt*; erkämpfen *vt*; *перен.* erríngen* *vt*, erwérben* *vt*; ~

мир den Fríeden erkämpfen; ~ своё право sein Recht erkämpfen; ~ свобо́ду die Fréiheit erobern; ~ первый приз den érsten Preis gewínnen*; ~ себе́ положе́ние sich (*D*) éine Stéllung eróbern [errí́ngen*]; ~ дове́рие това́рищей das Vertráuen der Kollégen [Genóssen (*в партии*)] erwérben* [gewínnen*]; ~ пе́рвое ме́сто den érsten Platz belégen; auf den érsten Platz kómmen* (*разг.*)

завоёвывать *см.* завоева́ть

зав́оз *м* Ánfuhr *f*, Ántransport *m* (1); Belíeferung *f* (10), Ánlieferung *f* (10), Zúfuhr *f* (10); ~ това́ров Wárenbelieferung *f*; Heránschaffung von [der] Wáren

завози́ть *см.* завезти́

завози́ться I **1.** (*замешкаться*) trödeln *vi*, záudern *vi*, lángsam árbeiten; **2.** *см.* вози́ться 3

завози́ться II *страд.* (*о товарах*) zúgeführt wérden

завози́ться III *разг.* (*испачкаться*) schmútzig wérden

завола́кивать(ся) *см.* заволо́чь(ся)

заво́лжский östlich [jénseits] der Wólga gelégen; am línken Úfer der (míttleren und únteren) Wólga líegend [gelégen]

Заво́лжье *с* das Gebíet östlich der Wólga

заволнова́ться 1. (*о море и т. п.*) ánfangen* zu wállen [zu wógen]; **2.** (*о человеке*) in Errégung geráten*

завол||о́чь 1. (*о тучах*) überzíehen* *vt*; не́бо ~окло́ (ту́чами) der Hímmel verdüsterte sich, der Hímmel überzóg sich (mit Wólken); **2.** (*затуманить*) trüben *vt*, umflóren *vt*; глаза́ ~окло́ слеза́ми die Áugen wáren von Tränen umflórt [getrübt]; **~о́чься** sich überzíehen*, sich umwölken, sich bedécken; sich trüben; sich verdúnkeln, sich verdüstern (*темнеть*); не́бо ~окло́сь ту́чами der Hímmel überzóg sich mit Wólken, der Hímmel trübte [verdüsterte] sich

завопи́ть ánfangen* zu schréien; (*ср.* вопи́ть)

завора́чивать 1. *см.* заверну́ть 1, 2, 3, 4, 5; **2.** *см.* заворотить

заворкова́ть ánfangen* zu gírren

завор́ож||ённый verzáubert; ◇ он засты́л как ~ённый er stand wie féstgebannt; **~и́ть 1.** bezáubern *vt*, verzáubern *vt*; **2.** *перен.* bezáubern *vt*

заворо́т *м разг.* (*крутой изгиб*) Wéndung *f* (10), Biegung *f* (10); ◇ за́ворот кишо́к *мед.* Dármverschlingung *f*, Dármverschluß *m* -sses

заворотить *разг.* úmkehren *vi* (s), úmwenden* *vi* (s); ~ за́ угол um die Écke biegen*

заворо́чаться *разг.* (*задвигаться*) únruhig wérden, ánfangen* sich zu bewégen [zu rühren]

завра́ться fáustdíck lügen*, sich aufs Lügen verlégen; verlógen sein [wérden] (*изолгаться*)

завсегда́тай *м разг.* ständiger Besúcher; Stámmgast *m* (1*) (*кафе и т. п.*)

за́втра *нареч.* **1.** mórgen; ~ у́тром mórgen früh; ~ в по́лдень mórgen míttag; ~ днём mórgen am Táge; ~ ве́чером mórgen ábend; **2.** *в знач. сущ.* das Mórgen; до ~ bis (auf) mórgen; откла́дывать что-л. до ~ etw. bis auf mórgen verschíeben; ◇ до ~! (*при прощании*) bis mórgen!; ита́к, до ~! álso bis mórgen!; не ны́нче-~ héute óder mórgen

за́втрак I *м* Frühstück *n* (2); на ~ zum Frühstück

за́втрак II *м*: корми́ть кого́-л. ~ами *разг.* j-n auf mórgen vertrösten, j-n mit léeren Verspréchungen ábspeisen

за́втракать frühstücken *vi*, das Frühstück éinnehmen*

за́втрашн||ий mórgend; mórgig; **~ий** день der mórgende [mórgige] Tag; *перен.* das Mórgen; die Zúkunft (*будущее*); не ду́мать о ~ем дне in den Tag hinéin lében; ~его дня von mórgen; с ~его дня von mórgen an, ab mórgen; уве́ренность в ~ем дне soziále Sícherheit

завуали́ровать verschléiern *vt*; *перен. тж.* verdúnkeln *vt*

за́вуч *м разг.* (заве́дующий уче́бной ча́стью) pädagógischer Diréktor, stéllvertretender Diréktor für Únterricht; Léiter der Stúdi|enabteilung (*в техникуме*)

завхо́з *м разг.* (заве́дующий хозя́йством) Verwálter *m* (6), Wírtschaftsleiter *m* (6)

завши́веть *разг.* verláusen *vi* (s)

завыва́ть héulen *vi*

завы́сить überhöhen *vt*; zu hoch féstsetzen (*цены, план*); ~ отме́тки (на экза́мене) (bei der Prüfung) zu güte Zensúren gében* [Nóten ertéilen]; предъявля́ть завы́шенные тре́бования überfórdern *vt*

завы́ть ánfangen* zu héulen, áufheulen *vi*

завя́дший verwélkt, welk; verblüht (*отцветший*)

завяза́ть I **1.** zúbinden* *vt*, zúschnüren *vt*; úmbinden* *vt* (*обвязать*); éinbinden* *vt* (во что-л. in *A*); verbínden* *vt* (*связать*): ~ у́зел, ~ узло́м éinen Knóten knüpfen [schürzen, máchen]; ~ боти́нки die Schúhe (zú-) schnüren; ~ га́лстук den Schlips [die Krawátte] úmbinden* [bínden*]; **2.** (*перевязать, повязать*) verbínden* *vt*; bínden* *vt* (что-л. um *A*); ~ го́лову платко́м ein Tuch um den Kopf bínden*; **3.** *перен.* ánknüpfen *vt*; ánbahnen *vt*; ~ разгово́р ein Gespräch ánknüpfen; ~ сноше́ния Verbíndungen [Bezíehungen] ánknüpfen (с кем-л. mit *D*), in Bezíehung tréten* (с кем-л. zu *D*); ~ дру́жбу éine Fréundschaft ánbahnen [ánknüpfen]; ~ спор [ссо́ру] éinen Streit ánzetteln [vom Záun bréchen*]; ~ бой [сраже́ние] den Kampf áufnehmen*

завяза́ть II *см.* завя́знуть

завяза́||ться 1. zúgebunden [zúgeschnürt] sein; **2.** (*начаться*) begínnen* *vi*; in Gang kómmen*; sich entspínnen*; entbrénnen* *vi* (s) (*о войне, битве*); lósgehen* *vi* (s) (*разг.*); ~лась бесе́да ein Gespräch entspánn sich; ~лся спор ein Streit brach aus; ~ло́сь де́ло! es ging los!; **3.** *бот.* (*о плоде*) Früchte ánsetzen

завя́зка *ж* **1.** (*у одежды и т. п.*) Band *n* (5), Schnürband *n*, Bíndeband *n*; Kínnband *n* (*у капора, чепца, шляпы*); **2.** (*начало*): ~ де́йствия der Knóten der Hándlung; Hándlungsknoten *m* -s, die Schürzung des Knótens, Verwíck(e)lung *f*; ~ бо́я die Eröffnung des Kámpfes, die Éinleitung des Gefechts

завя́знуть stéckenbleiben* *отд. vi* (s), stécken *vi*; versínken* *vi* (s) (*тж. перен.*); ~ в грязи́ im Schmutz versínken* [stéckenbleiben*]; ~ в зуба́х zwíschen [in] den Zähnen stéckenbleiben*; ◇ ~ в долга́х *разг.* (bis über die Ohren) in Schúlden stécken; verschúldet sein

завя́зывать *см.* завяза́ть I; **~ся 1.** *см.* завяза́ться; **2.** *страд.* (zú)gebúnden [(zú)geschnürt] wérden

за́вязь *ж бот.* Frúchtknoten *m* (7), Frúchtansatz *m* (1*)

завя́лить dörren *vt*; ~ ры́бу Fisch dörren

завя́нуть (ver)wélken *vi* (s), welk sein [wérden]

загада́ть 1. zu ráten áufgeben*; ~ зага́дку ein Rätsel áufgeben*; **2.** (*задумать*) sich (*D*) etw. (*A*) dénken* [áussinnen*]; ~ число́ sich éine Zahl áusdenken*; **3.** (*предположить*) voráusplanen *vt*, voráusdenken *vi*

загади́ть *разг.* verúnreinigen *vt*, besúdeln *vt*, versáuen *vt*

зага́дк||а *ж* Rätsel *n* (6); де́тская ~ (*пустяк*) Kínderspiel *n* -(e)s, kínderleichte Áufgabe; отгада́ть ~у ein Rätsel lösen; э́то для меня́ ~а das ist mir rätselhaft, das bleibt [ist] mir ein Rätsel, ich stéhe vor éinem Rätsel; ◇ говори́ть ~ами in Rätseln spréchen*

зага́дочн||ость *ж* Rätselhaftigkeit *f*; Únerklärlichkeit *f* (*необъяснимость*); **~ый** rätselhaft; gehéimnisvoll (*таинственный*); únergründlich (*необъяснимый*); ~ое явле́ние éine rätselhafte Erschéinung; ~ое исчезнове́ние das gehéimnisvolle Verschwínden; ~ая карти́нка Vexíerbild [vɛ-] *n* (5), Súchbild *n* (*картинка-загадка*)

зага́дывать *см.* загада́ть

зага́живать *разг. см.* загади́ть

загазо́ванность *ж* (*воздуха*) Gíftgasgehalt *m* (*der Luft*)

загалде́ть *разг.* ánfangen* zu schréien [zu lärmen; zu randalíeren (*заскандалить*)]

зага́р *м* Sónnenbrand *m* -(e)s, Bräune *f*, Sónnenbräune *f*; сре́дство для ~а Sónnenöl *n* (*масло*); цве́та ~а sónnenbraun

загаси́ть (áus)löschen *vt*; загаси́ свет lösch [mach] das Licht aus

загати́ть, зага́чивать mit Böhlen [Faschínen] belégen; ~ боло́то éinen Knüppeldamm durch den Sumpf báuen

загво́здка *ж разг.* Háken *m* (7); Schwíerigkeit *f* (10); тут есть одна́ ~ die Sáche hat éinen [íhren] Háken; вот в чём ~! da liegt der Háse im Pféffer!; darán hängt die Sáche!

заги́б *м* **1.** Éinknickung *f* (10), Kníkkung *f*, Bruch *m* (1*) (*на листе бумаги*); Biegung *f* (10), Krümmung *f* (10) (*изгиб*); **2.** *перен.* Ábweichung *f* (10) (*уклон*); Überspítzung *f* (10), Übergriff *m* (1) (*перегиб*)

загиба́ть *см.* загну́ть; **~ся 1.** *см.* загну́ться; **2.** *страд.* (éin)gebógen [úmgebogen] wérden

загипнотизи́ровать *см.* гипнотизи́ровать

загипсова́ть *мед.* in Gips légen, éingipsen *vt*

загла́в||ие *с* Títel *m* (6); Überschrift *f* (10) (*заголовок*); под ~ием únter dem Títel; **~ный** Títel-; ~ный лист Títelblatt *n* (5); ~ная бу́ква Gróßbuchstabe *m* (9) (*G тж.* -ns); Versál [vɛr-] *m* -s, -i|en, Versálbuchstabe *m* (*полигр.*); ◇ ~ная роль Títelrolle *f*

загла́дить, загла́живать 1. glätten *vt* (*сделать гладким*); (*утюгом*) (áus-) plätten *vt*, (áus)bügeln *vt* (*напр. складку*); **2.** *перен.* wiedergútmachen *vt* (*impf* máchte wíeder gut, *part II* wiedergútgemacht), ausbügeln *vt*; ~ свою́ вину́ séine Schuld wiedergútmachen; die Schárte áuswetzen (*разг.*)

загла́зно *нареч. разг.* in Ábwesenheit; покупа́ть това́р ~ die Wáre únbesehen [úngesehen] káufen

заглóх||нуть 1. (*перестать звучать, действовать*) verhállen *vi* (s); звýки ~ли die Töne verhállten; самовáр заглóх *разг.* der Samowár hat áufgehört zu kóchen; двúгатель заглóх der Mótor hat áusgesetzt [ist verréckt (*разг.*)]; **2.** (*одичать*) verwíldern *vi* (s); сад заглóх der Gárten ist verwíldert; **3.** (*прийти в состояние застоя*) versánden *vi* (s), im Sánde verláufen*; егó слáва ~ла sein Ruhm verbláßte [ist erlóschen]; дéло ~ло die Sáche ist im Sánde verláufen

заглуш||áть, ~úть 1. übertönen *vt*; егó гóлос ~áл всё séine Stímme übertönte álles; ~úть мотóр *разг.* den Mótor ábwürgen; **2.** *перен.* betäuben *vt*; dämpfen *vt* (*смягчить*); ~úть боль den Schmerz betäuben; ~úть протéст den Protést ersticken; ~úть своЮ сóвесть sein Gewíssen übertäuben; **3.** (*о сорных травах*) überwúchern *vt*, erstícken *vt*

заглýшка *ж разг.* Schíeber *m* (6); Verschlúßstück *n* (2), Verschlúßkappe (11); ~ трубы́ Róhrverschluß *m* -sses, -schlüsse

загляде́||нье *с разг.* Áugenweide *f*; э́то прóсто ~нье man kann sich darán nicht satt séhen; das ist éine Áugenweide; **~ться** *разг.* sich nicht satt séhen können* (на когó-л., что-л. an *D*); sich ins Betráchten vertíefen; ánglotzen *vt*, ángaffen *vt*, ánstarren *vt* (*глазеть*)

заглядыва||ть 1. *см.* заглянýть; **2.:** он не ~ет в кни́гу er nimmt kein Buch in die Hand; ◇ ~ть вперёд in die Zúkunft blícken; an die Zúkunft dénken* (*думать о будущем*); **~ться** *см.* загляде́ться

заглянýть 1. (hín)schauen *vi*, hinéinsehen* *vi*, éinen Blick wérfen*; **2.** (*в книгу, словарь и т. п.*) náchsehen* *vt*, *vi*, náchschlagen* *vt*, *vi* (во что-л. in *D*); **3.** *разг.* (*зайти*) auf kúrze Zeit vórsprechen* (к комý-л. bei *D*); éinen Ábstecher máchen (*разг.*); bei j-m vorbéischauen; я загляну́ к тебé ich kómme bei dir vorbéi

загнáиваться *см.* загнои́ться

зáгнанн||ый 1. (*утомлённый, измученный*) ábgejagt, ábgehetzt, ábgequält; ~ая лóшадь ein ábgejagtes [ábgetriebenes] Pferd; **2.** (*забитый*) éingeschüchtert; ◇ как ~ый зверь wie ein gehétztes Tier [Wild]

загнáть 1. hinéinjagen *vt*, (hin)éintreiben* *vt*, ~ скот das Vieh in den Stall tréiben*, das Vieh híntreiben*; **2.** (*утомить*) ábjagen *vt*, ábhetzen *vt*; ~ лóшадь ein Pferd ábjagen [zu Tóde jágen, zuschánden fáhren*]; ein Pferd zuschánden réiten* [áusreiten*] (*верховую*); **3.:** ~ звéря *охот.* ein Tier hétzen [jágen]; **4.** *разг.* (*вбить*) éinschlagen* *vt*, tréiben* *vt*; ~ гвоздь в стéну éinen Nágel in die Wand éinschlagen* [tréiben*]; **5.** *разг.* (*продать*) verklópfen *vt*, lósschlagen* *vt*, verschéuern *vt*

загнивáние *с* Verfáulen *n* -s; Fäulnis *f*

загнивáть, загнúть ánfaulen *vi* (s), verfáulen *vi* (s), in Fäulnis übergehen*; verfáult sein

загнои́ть veréitern lássen*; **~ся** ánfangen* zu éitern, veréitern *vi* (s), éitern *vi*

зáгнутый gekrümmt; gebógen; ~ внутрь éingekrümmt; ~ назáд zurückgebogen

загнýть 1. úmbiegen* *vt*, éinbiegen* *vt*; áufkrempeln *vt* (*рукава*); áufschürzen *vt* (*платье и т. п.*); krümmen *vt* (*изогнуть*); ~ углы́ страни́цы die Écken der Séite úmbiegen*; Éselsohren máchen (*разг.*); ~ кáрту éinen Knick in éine Kárte máchen; ~ край bördeln *vt*; ~ крóмку ábkanten *vt*; **2.** *разг.*: ~ цéну éinen únverschämt hóhen Preis verlángen; **~ся 1.** sich úmbiegen*, sich éinbiegen*; sich úmschlagen*; **2.** *груб.* (*умереть*) krepíeren *vi* (s), ábkratzen *vi* (s), ins Gras béißen*

заговáривать *см.* заговори́ть 2, 4, 5; ◇ ~ комý-л. зýбы j-m ein X für ein U vórmachen; j-m bláuen Dunst vórmachen; **~ся** *разг.* únzusammenhängendes Zeug réden; wírre [írre] Réden führen, írre réden

заговéнье *с рел.* Vórfasten *n* -s

заговéться, заговля́ться *рел. разг.* zum létzten Mal (vor dem Fásten) Fleisch éssen*

зáговор I *м* Verschwörung *f* (10), Komplótt *n* (2); состáвить ~ éine Verschwörung organisíeren [ánzetteln]; sich verschwören (с кем-л. прóтив когó-л. mit *D* gégen *A*); раскры́ть ~ éine Verschwörung áufdecken

зáговор II *м фольк.* (*заклинание*) Bánnspruch *m* (1*), Záuberspruch *m*, Beschwörungsformel *f* (11)

заговор||и́ть 1. (*начать говорить*) ánfangen* zu spréchen; я с ним ещё не так ~ю́ *разг.* ich wérde noch ganz ándere Töne ánschlagen; рáдио ~и́ло der Rúndfunk nahm den Séndebetrieb auf; мы ~и́ли о нём wir kámen auf ihn zu spréchen; ~и́ть о чём-л. другóм auf ein ánderes Kapítel [Théma] kómmen*; **2.** (*обратиться к кому-л.*) ánreden *vt*, ánsprechen* *vt*; ~и́ть с кем-л. по-рýсски j-n auf rússisch ánsprechen*; он ~и́л со мной по-немéцки er rédete mich deutsch an; **3.** *перен.* erwáchen *vi* (s), wach wérden, laut wérden, sich régen; в нём ~и́ла сóвесть das Gewíssen schlug ihm, sein Gewíssen régte sich; **4.:** ~и́ть когó-л. j-n nicht zu Wórte kómmen lássen*; ~и́ть когó-л. дó смéрти j-m ein Loch in den Bauch réden; j-n tot¦reden; **5.** *фольк.* (*заколдовать*) bespréchen* *vt*, beschwören* *vt*; ◇ ~и́ть комý-л. зýбы j-n beschwatzen; **~и́ться** *разг.* **1.** (*заболтаться*) über dem Réden die Zeit vergéssen*; sich verpláudern; sich in ein lánges Gespräch verlíeren*; **2.** *разг.* (*завраться*) phantasíeren *vi*, fáseln *vi*, flúnkern *vi*

заговóрщ||ик *м* Verschwörer *m* (6); **~ица** *ж* Verschwörerin *f* (12); **~ицкий, ~ический** *разг.* Verschwörer-; gehéimnisvoll (*таинственный*); ~ицкий вид Verschwörermiene *f* (11)

загóдя *нареч. разг.* beizéiten

заголóв||ок *м* Überschrift *f* (10); Títel *m* (6) (*заглавие*); Kopf *m* (1*); Rubríkzeile *f* (11); Bríefkopf *m* (*письма, бланка*); Zéitungskopf *m* (*газеты*); брóский ~ок Blíckfang *m* (1*); свóдный ~ок Sámmelüberschrift *f*; ~ок формуля́ра Formulárkopf *m*; вéрхний ~ок Spáltenbezeichnung *f* (10); внýтренний ~ок Zwíschenüberschrift *f*, Zwíschentitel *m*; по ~кам títelmäßig; под жи́рным ~ком mit dícker Schlágzeile [Bálkenüberschrift]

заголоси́ть *разг.* ein Jámmergeschrei [Klágegeschrei] erhében*

загóн *м* **1.** (*действие*) Éintreiben *n* -s, Hinéintreiben *n* -s; **2.** (*для скота*) Hürde *f* (11), Umzäunung *f* (10) (*загородка*); Kóppel *f* (11); ~ для овéц Scháfhürde *f*; ~ для скотá Víehhof *m* (1*) (*напр. на станции*); ◇ быть в ~е vernáchlässigt [stíefmütterlich behándelt] wérden

загóнщик *м охот.* Tréiber *m* (6)

загоня́ть *см.* загнáть

загорáживать(ся) *см.* загороди́ть(ся)

загорáть sich (in der Sónne) bräunen lássen*; sich sónnen (*греться на солнце*)

загорáться *см.* загорéться

загорди́ться *разг.* die Náse hoch trágen*, hóchnäsig wérden

загорéлый sónnengebräunt, sónnenverbrannt

загорéть sónnengebräunt sein

загорé||ться 1. ánbrennen* *vi* (s), ánfangen* zu brénnen, Féuer fángen*, in Brand geráten*; áufflammen *vi* (s) (*вспыхнуть*); дом ~лся das Haus geríet in Brand; **2.** *перен.* entbrénnen* *vi* (s), erglühen *vi* (s); sich entzünden (чем-л. an *D*); глазá ~лись die Áugen erglühten; ~ться любóвью in Líebe erglühen [entbrénnen*]; **3.** (*начаться*) áusbrechen* *vi* (s); ~лся спор ein Streit entbránnte [brach aus]; ◇ емý ~лось немéдленно уéхать *разг.* er bránnte plötzlich daráuf, sofórt wégzufahren; er war nicht zu hálten

загороди́ть 1. (*обнести оградой*) éinzäunen *vt*, umzäunen *vi*; **2.** (*преградить*) (ver)spérren *vt*; verstéllen *vt*, verlégen *vt*; ~ прохóд den Áusgang verstéllen [verspérren]; ~ дорóгу den Weg verlégen [spérren]; ~ свет комý-л. j-m im Licht stéhen*; ~ свет (рукóй) das Licht (mit der Hand) ábblenden; **3.** (*загромоздить*) vóllpacken *vt*, verrámmeln *vt* (чем-л. mit *D*); **~ся** sich éinschließen*; sich ábsondern; sich verbérgen* (*укрыться*); vórhalten* *vt* (*держать перед собой*); vórstellen *vt* (*поставить перед собой*); ~ся ши́рмой éine spánische Wand vórstellen, sich hínter éine spánische Wand stéllen; ~ся рукóй die Hand schützend vórhalten*

загорóдка *ж* Zaun *m* (1*) (*забор*); Schéidewand *f* (3), Verschlág *m* (1*) (*перегородка*)

зáгородн||ый Land-, áußerhalb der Stadt gelégen; ~ый дом, ~ая дáча, Lándhaus *n* (5), Villa [ˈvɪ-] *f*, *pl* -llen; Sómmerhäus¦chen *n* (7) (*небольшая дачка*); ~ая прогýлка Áusflug *m* (1*) (ins Fréie, aufs Land, ins Grüne)

загости́ться (*у когó-л.*) *разг.* sich (zu länge) áufhalten*, (bei j-m) zu länge zu Besúch sein, séinen Besúch zu länge áusdehnen

заготáвливать *см.* заготóвить

заготови́тель *м* (*организация*) Beschäffungsorganisation *f* (10), Erfássungsstelle *f* (11); **~ный** Beschäffungs-, Erfássungs-; ~ный пункт Beschäffungsstelle *f* (11), Erfássungsstelle *f*; ~ная ценá *эк.* Erfássungspreis *m* (1)

заготóвить 1. (*приготовить*) vórbereiten *vt*, fértig machen; beréithalten* *отд. vt*, beréitstellen *отд. vt* (*держать наготове*); **2.** (*запасти*) sich verséhen* (что-л. mit *D*); besórgen *vt*; Vórräte ánlegen; bevórraten *неотд. vt* (*сделать запасы*); **3.** (*сделать заготовки*) beschäffen *vt*, áufbereiten *vt*

заготóвк||а *ж* **1.** Beschäffung *f*; Erfássung *f*; Áufbereitung *f*; Beréithaltung *f*, Beréitstellung *f* (*товаров*); Besórgung *f*; план ~и Erfássungsplan *m* (1*); ~а хлéба Getréidebeschaffung *f*; ~а шéрсти Wóllerfassung *f*; ~а фуражá [кормóв] Fútterbereitstellung *f*; лесны́е ~и Hólzbeschaffung *f*; Hólzaufbereitungsstelle *f* (11) (*место заготовок*); госудáрственные ~и stáatliche Erfássung [Beschäffung] (чего́-л. von *D*); обяза́тельство по ~ам Pflíchtablieferungen *pl*, Áblieferungspflicht *f* (10); ~а ле́са Hólzeinschlag *m* (1*); ~а сельскохозя́йственных проду́ктов die Erfássung lándwirtschaftlicher Erzéugnisse; **~а** продово́льствия Lébensmittelbeschaffung *f*, Beréitstellung *f* von Lébensmitteln; ~а това́ров Wárenbereitstellung *f*; ~а запа́сов Bevórratung *f* (10), Beréitstellung *f* von Vórräten; **2.** (*полупродукт*) Hálbzeug *n* (2), Róhling *m* (1); обраба́тываемая ~а Wérkstück *n*; стальна́я ~а Stáhlwerkstück *n*, Stáhlhalbzeug *n*; кузне́чная ~а Schmíedewerkstück *n*; сапо́жная ~а Óberleder *n* -s

заготовля́ть *см.* загото́вить

загото́вщик *м* **1.** (*лесозаготовитель*) Hólzfäller *m* (6); **2.** (*на заводе*) Hálbzeugmacher *m* (6)

загради́тель *м воен.-мор.* Spérrfahrzeug *n* (2), Spérrenleger *m* (6); ми́нный ~ Mínenleger *m* (6); **~ный** *воен.* Sperr-; ~ный ого́нь Spérrfeuer *n* -s, Féuerwalze *f* (11), Féuerwelle *f* (11) (*подвижной*); ~ная полоса́ Spérrstreifen *m* (7); ~ный отря́д Spérrabteilung *f* (10); ~ные сооруже́ния Schútzanlagen *pl*; вести́ ~ный ого́нь Spérrfeuer schíeßen*

загради́ть, загражда́ть versperren *vt*, verlégen *vt*; ~ путь den Weg verlégen [spérren]

загражде́н||ие *с* **1.** Spérre *f* (11) (*тж. воен.*); Híndernis *n* (3*) (*препятствие*); Schránke *f* (11) (*преграда*); аэроста́тное ~ие Ballonsperre [ba'lɔŋ-] *f*; возду́шное ~ие Lúftraumsperre *f*; огнево́е ~ие Féuersperre *f*, Féuerriegel *m* (6); противопехо́тное ~ие Infanteríesperre *f*; про́волочное ~ие Dráhtsperre *f*; противота́нковое ~ие Pánzersperre *f*; ми́нное ~ие Mínensperre *f*; аэроста́т возду́шного ~ия Spérrballon [-,lɔŋ] *m* -s, -s; **2.** *воен.* (*действие*) Spérrung *f*, Ábsperrung *f*, Verspérrung *f*

загрannи́ца *ж разг.* Áusland *n* -(e)s

загрaни́чн||ый áusländisch; Áuslands-; ~ый па́спорт Áuslandspaß *m* -sses, -pässe; ~ые това́ры áusländische Wáren; ~ая пое́здка Áuslandsreise *f* (11)

загреба́||ть *разг.* zusámmenraffen *vt*, zusámmenscharren *vt*; *перен.* éinheimsen *vt*; éinstecken *vt*, éinstreichen* *vt*; schéffeln *vt* (*в большом количестве*); он ~ет мно́го де́нег er heimst viel Geld ein

загребн||о́й *прил.* **1.**: ~о́е весло́ Báckbordriemen *m* (7); **2.** *в знач. сущ. м* (*гребец*) Schlágmann *m* (4)

загреме́ть ertönen *vi* (s), erschállen* *vi* (s); ánfangen* zu dónnern [zu dröhnen]

загрести́ *см.* загреба́ть

загри́в||ок *м* **1.** (*у лошади*) Wíderrist *m* (1); **2.** *разг.* (*затылок*) Geníck *n* (2), Nácken *m* (7); ◇ получи́ть по ~ку eins aufs Dach bekómmen

загримирова́ть schmínken *vt*; **~ся** sich schmínken, Schmínke ánlegen

загро́бн||ый jénseitig; ~ая жизнь das jénseitige Lében, das Lében nach dem Tód(e); ~ый мир Jénseits *n* =; ~ый го́лос Grábesstimme *f*

загромажд||а́ть *см.* загромозди́ть; **~е́ние** *с* **1.** Verrámmelung *f*; **2.** *перен.* Überfüllung *f*; Überladung *f* (*перегрузка*)

загромозди́ть 1. verstéllen *vt* (*заставить*); verrámmeln *vt* (*забаррикадировать*); vóllstopfen *vt* (*заполнить*); ~ у́лицу die Stráße verstópfen; **2.** *перен.* überfüllen *vt*; überláden* *vt* (*перегрузить*); ~ расска́з подро́бностями éine Erzählung mit Éinzelheiten überláden

загрохота́ть ánfangen* zu póltern [zu ráttern]; ánfangen* zu krάchen [zu róllen, zu dónnern, zu gróllen] (*о громе*)

загрубе́лый (*о коже*) rauh, hart

загрубе́ть (*о коже*) rauh [hart] wérden

загружа́ть *см.* загрузи́ть

загру́женность *ж* **1.** (vólle) Áuslastung *f* (10); **2.** *перен. разг.* Beschäftigung *f* (10); непо́лная ~ Únterbeschäftigung *f*

загрузи́ть 1. (*наполнить*) füllen *vt*; (be)láden* *vt*, belásten *vt*, áuslasten *vt* (*нагрузить*); bekóhlen *vt* (*углём*); **2.** *тех.* beschícken *vt*; ~ до́менную печь den Hóchofen beschícken; **3.** *перен. разг.* (*дать работу*) beschäftigen *vt*; überláden* *vt*, überlásten *vt*, überbürden *vt* (*перегрузить*); его́ сли́шком загрузи́ли рабо́той er ist mit Árbeit überháuft, er ist überlástet; загрузи́ть кого́-л. по́лностью j-n voll beschäftigen, j-n voll belásten; по́лностью загрузи́ть рабо́чий день den Árbeitstag voll áusnützen; заво́д загру́жен зака́зами das Werk ist mit Áufträgen áusgelastet; ~ заво́д на по́лную мо́щность die Kapazität des Betríebs voll áusnützen, den Betríeb voll áuslasten

загру́зка *ж* **1.** Ládung *f* (10), Beládung *f*; Belástung *f* (10), Áuslastung *f*; Bekóhlung *f* (10) (*углем*); (*печи*) Beschíckung *f* (10); ~ реа́ктора *ядерн.* Füllung *f* des Reáktors; ~ обору́дования Áuslastung der Ánlagen [der Maschínen], Maschínenauslastung *f*, Maschínenbelegung *f* (10); ~ произво́дственных мо́щностей Áuslastung der Produktiónskapazität, Kapazitätsauslastung *f*, Kapazitätsausnutzung *f* (10); **2.** *перен. разг.* Belástung *f* (10); Überbürdung *f* (10); Beschäftigung *f* (10); Überládung *f*, Überlástung *f*; по́лная ~ Vóllauslastung *f* (10); преде́льная ~ maximále Áuslastung, Höchstauslastung *f*; непо́лная ~ *эк.* Únterbelastung *f*, Níchtauslastung *f*; ~ рабо́чего Áuslastung des Árbeiters; ~ рабо́чего дня Nútzung des Árbeitstages; Árbeitstagnutzung *f* (10); Árbeitstagauslastung *f*

загрунтова́ть grundíeren *vt*

загрусти́ть tráurig wérden

загры́з||ть 1. tótbeißen* *отд. vt*, zu Tóde béißen*; zerréißen* *vt*, zerfléischen *vt* (*растерзать*); **2.** *перен. разг.* zéhren *vi*, nágen *vi*, fréssen* *vi* (кого́-л. an *D*); тоска́ его́ ~ла die Séhnsucht zéhrte [nágte, fraß] an ihm; со́весть меня́ ~ла mein Gewíssen quält mich

загрязн||е́ние *с* Verschmútzung *f*; Verúnreinigung *f*; ~е́ние окружа́ющей среды́ Úmweltverschmutzung *f*; ~е́ние рек Verúnreinigung der Flüsse; ~е́ние радиоакти́вным вещество́м (*биосферы*) radioaktíve [-və] Kontaminatión, Verúnreinigung mit radioaktívem Stoff, radioaktíve Verúnreinigung; **~ённость** *ж* Verschmútzung *f*, Verschmútzungsgrad *m* -(e)s; **~и́ть** verschmútzen *vt*; verúnreinigen *vt*; schmútzig máchen, beschmútzen *vt* (*испачкать*); **~и́ться** verúnreinigt wérden; schmútzig wérden; sich beschmútzen (*испачкаться*); **~я́ть(ся)** *см.* загрязни́ть(ся)

загс *м* (отде́л за́писи а́ктов гражда́нского состоя́ния) Stándesamt *n* (5); Amt für Persónenstandswesen (*ГДР*); регистра́ция в ~е stándesamtliche Éheschließung [Tráuung] (*брака*); Éintragung *f* ins Persónenstandsregister (*ребёнка*)

загуб||и́ть *разг.* zugrúnde ríchten; ~и́ть кого́-л. j-n ins Verdérben stürzen; он ~и́л своё здоро́вье er hat séine Gesúndheit zugrúnde geríchtet

загуде́ть ánfangen* zu tönen [zu läuten (*о колоколе*), zu súrren (*о самолёте*), zu héulen (*о сирене*)]

загуля́ть *разг.* ánfangen* sich herúmzutreiben [zu búmmeln, zu trínken]; ánfangen* zu féiern; **~ся** *разг.* **1.** überm Spazíerengehen die Zeit vergéssen*; **2.** (*кутить*) zéchen *vi*, féiern *vi*

загусте́ть sich verdíchten, dick wérden, díckflüssig wérden, загусте́вшее варе́нье éingedickte Konfitüre

зад *м* **1.** (*задняя часть чего-л.*) Hínterteil *n* (2), *m* (1), Hínterseite *f* (11); **2.** (*седалище*) Híntere *m* (14); Gesäß *n* (2); ◇ стать [поверну́ться] к кому́-л. ~ом j-m den Rücken (zú)kéhren [zúdrehen, zúwenden*]; ло́шадь бьёт ~ом das Pferd schlägt hínten aus

зада́бривать *разг.*: ~ кого́-л. j-n zu gewínnen súchen

задава́ть *см.* зада́ть; ◇ ~ тон den Ton ángeben*; das gróße Wort führen

зада||ва́ться 1. *см.* зада́ться; **2.** *разг.* (*важничать*) sich (*D*) etw. [viel] éinbilden, wíchtig tun*, gróßtun* *отд. vi*; **3.** *страд.* áufgegeben wérden; нам ~ю́тся уро́ки на́ дом uns wérden Háusarbeiten áufgegeben

задави́ть 1. erdrücken *vt*; zerdrücken *vt*, zerquétschen *vt* (*раздавить*); überfáhren* *vt*, tótfahren* *отд. vt* (*переехать*); **2.** (*задушить*) erwürgen *vt*, erstícken *vt*; **3.** *перен.* unterdrücken *vt* (*чувство*)

зада́н||ие *с* **1.** Áufgabe *f* (11), Áuftrag *m* (1*); Áufgabenstellung *f* (10); Soll *n* = *u* -s, *pl* = *u* -s (*производственное*); пла́новое ~ие Plánaufgabe *f*; Plánauflage *f* (11); Plánziel *n* (2); дневно́е [су́точное] произво́дственное ~ие Tágesauflage *f*, Tágesnorm *f* (10), Tágessoll *n*; годово́е ~ие Jáhresplan *m*, Jáhressoll *n*; прое́ктное ~ие Vórprojekt *n* (2); произво́дственное ~ие Produktiónsauflage *f*, Fértigungsaufgabe *f*, Produktiónssoll *n*; Produktiónsauftrag *m*; госуда́рственные ~ия stáatliche Áuflagen; боево́е ~ие Geféchtsaufgabe *f*; иссле́довательское ~ие Fórschungsauftrag *m*; лётное ~ие *воен.* Flúgaufgabe *f*; ~ия пятиле́тнего пла́на die Plánzahlen [Áuflagen] des Fünfjáhrplanes; ~ие по уло́ву Físchfangsoll *n*; дать ~ие éinen Áuftrag gében*, éine Áufgabe stéllen; по ~ию áuftragsgemäß; **2.** (*школьное*) Áufgabe *f* (11), Háusarbeit *f* (10), Schúlarbeit *f*

за́данн||ый *прич.* **1.** *см.* зада́ть; **2.** *в знач. прил.* Soll-, befóhlen; vórgegeben; ~ая глубина́ Sólltiefe *f*; ~ое состоя́ние Sóllzustand *m* (1*); ~ая ско́рость Sóllgeschwindigkeit *f* (10); ~ым ку́рсом auf befóhlenem Kurs

зада́ривать, задари́ть 1. mit Geschénken überschǘtten [überháufen]; **2.** (*подкупить подарками*) mit Geschénken bestéchen*

задарма́ *нареч. разг.* für ein Bútterbrot, für éinen Páppenstiel, für éinen Ápfel und ein Ei

зада́ром *нареч. разг.* umsónst; э́того я и ~ не возьму́! das néhme ich nicht (mal) geschénkt; das néhme ich nicht für umsónst!

зада́тки *мн.* (*склонности*) Ánlagen *pl*; у ребёнка хоро́шие ~ das Kind hat gúte Ánlagen, das Kind ist gut veránlagt

зада́ток *м* Hándgeld *n* -(e)s, Ánzahlung *f* (10); Akóntozahlung *f*, Ábschlagszahlung *f*, Vórschuß *m* -sses, -schüsse, Vórschußzahlung *f* (*аванс*); внести́ ~ éine Ánzahlung léisten [máchen], ánzahlen *vt*; ~ нали́чными Bárvorschuß *m*

зада́тчик *м* *тех.* Sóllwertgeber *m* (6)

зада́ть **1.** áufgeben* *vt*; ~ уро́к éine Áufgabe stéllen [áufgeben*]; на сего́дня нам за́дано (*в школе*) für héute háben wir áufbekommen; **2.:** ~ корм (vór-)schütten *vt*; **3.** *разг.* (*устроить*) veránstalten *vt*; ~ бал éinen Ball gében*; ◇ ~ вопро́с éine Fráge stéllen [vórbringen*]; ~ стра́ху кому́-л. j-m Angst [éinen Schreck] éinjagen; я тебе́ зада́м! *разг.* du kriegst gleich eins drauf [gleich was ab]!

зада́ться (*чем-л.*) sich (*D*) etw. vórnehmen*; ~ це́лью sich (*D*) ein Ziel sétzen [stécken], sich (*D*) etw. zum Ziel stéllen; es sich (*D*) zur Áufgabe máchen; ~ мы́слью mit dem Gedánken úmgehen*

зада́ч||а *ж* **1.** Áufgabe *f* (11); Problém *n* (2); боева́я ~а Geféchtsaufgabe *f*; Kámpfauftrag *m* (1*); насу́щная ~а Gégenwartsaufgabe *f*; гла́вная ~а Schwérpunktaufgabe *f*; основна́я ~а Háuptaufgabe *f*; экстрема́льная ~а *мат.* Extrémwertproblem *n*, Extremálaufgabe *f*; специа́льная ~а Sónderaufgabe *f*; очередна́я ~а nächste Áufgabe; э́то тру́дная ~а das ist éine schwére Áufgabe; das ist éine hárte Nuß (*разг.*); ста́вить себе́ [пе́ред собо́й] ~у sich (*D*) éine Áufgabe stéllen, es sich (*D*) zur Áufgabe máchen; пе́ред на́ми стои́т ~а wir stéhen vor der Áufgabe; vor uns steht die Áufgabe; пе́ред на́ми вста́ла ~а uns ist die Áufgabe erwáchsen; разреши́ть [вы́полнить] ~у eine Áufgabe lösen [erfüllen]; спра́виться с ~ей éine Áufgabe bewältigen [méistern]; der Áufgabe gerécht wérden; **2.** *мат.* Áufgabe *f* (11); арифмети́ческая ~а Réchenaufgabe *f*; реши́ть ~у éine Áufgabe lösen

зада́чник *м* Réchenbuch *n* (5), Áufgabensammlung *f* (10)

задви́гать ánfangen* zu bewégen [zu rühren]

задвига́ть *см.* задви́нуть

задви́гаться ánfangen* sich zu bewégen [sich zu rühren, sich zu régen], in Bewégung gerâten* [kómmen*]

задвиг||а́ться **1.** *см.* задви́нуться; **2.** *страд.* zúgeschoben wérden; **3.:** я́щик не ~а́ется die Schúblade geht nicht [will nicht] hinéin

задви́ж||ка *ж* Ríegel *m* (6); *тех.* Schíeber *m* (6), Ábsperrschieber *m*; око́нная ~ка Fénsterriegel *m*; водяна́я ~ка Wásserschieber *m*; ~ка-регуля́тор Régelschieber *m*; ~**но́й** vórschiebbar

задви́нуть zúschieben* *vt*; hinéinschieben* *vt* (*вдвинуть*); ~ задви́жку den Ríegel vórschieben*; ~**ся** zúgehen* *vi* (s); sich hinéinschieben lássen* (*вдвинуться*)

задво́рк||и *мн.* Hinterhof *m* (1*); быть на ~ах *перен.* an létzter [únbeachteter] Stélle stéhen

задева́ть I *см.* заде́ть 1, 2, 3

задев||а́ть II *разг.* (*запрятать, затерять*) híntun* *vt*, verlégen *vt*; куда́ ты ~а́л кни́гу? wo hast du das Buch híngetan?; я куда́-то ~а́л свою́ кни́гу ich hábe mein Buch verlégt

заде́л *м* *разг.* **1.** Vórlauf *m* (1*), Produktiónsvorlauf *m*; Fértigungsvorlauf *m*; ~ констру́кторских рабо́т Konstruktiónsvorlauf *m*; **2.** (*запас заготовок*) Árbeitsvorrat *m* (1*); произво́дственные ~ы Vórlaufmengen *pl*

заде́лать zúmachen *vt*; zúschlagen* *vt*, verschlágen* *vt* (*забить*); zúnageln *vt*, vernágeln *vt* (*гвоздями*); verstópfen *vt*, (zú)stópfen *vt* (*заткнуть*); zúmauern *vt*, vermáuern *vt* (*замуровать*); verkítten *vt* (*замазать*); ~ пробо́ину *мор.* ein Leck stópfen; ◇ ~ семена́ *с.-х.* den Sámen [die Saat] éinharken

заде́латься *разг.* (*стать*) wérden* *vi* (s); ~ специали́стом ein Fáchmann [ein gróßer Kénner] wérden

заде́лка *ж* Zúmachen *n* -s; Zúschlagen *n* -s (*забивка*); Verstópfung *f* (10), Zústopfen *n* -s (*дыр*); Verkítten *n* -s (*замазывание*); Áusbesserung *f* (10) (*починка*); ~ в стене́ Beféstigung (10) im Máuerwerk; ~ пробо́ин *мор.* Léckdichtung *f* (10); ~ швов *мет.* Áusfugen *n* -s (*при сварке*)

заде́лывать *см.* заде́лать; ~**ся** *см.* заде́латься

задёрганный ábgehetzt; ~ челове́к ein ábgehetzter Mensch

задёргать I (*измучить*) ábhetzen *vt*, ábquälen *vt*

задёрг||ать II (*начать дёргать*) zúpfen *vt*, ánfangen* zu zúpfen, zíehen* *vt* (за что-л. an *D*); ~**аться** (*начать дёргаться*) ánfangen* zu zúcken; у него́ ~ались гу́бы um séinen Mund begánn es zu zúcken

задёргивать *см.* задёрнуть

задереве||не́лый *разг.* erstárrt; ~**не́ть** *разг.* starr wérden, erstárren *vi* (s)

задержа́ние *с* **1.** (*арест*) Féstnahme *f* (11), Verháftung *f* (10); предвари́тельное ~ *юр.* Untersúchungshaft *f* (*сокр.* U-Haft); ~ гру́за Ládungsbeschlagnahme *f* (11); ~ контраба́нды Beschlágnahme von Schmúggelware; ~ су́дна Schíffsbeschlagnahme *f*; Schíffsarrest *m* (1); **2.:** ~ мочи́ *мед.* Anuríe *f* (11), Hárnverhaltung *f* (10)

задерж||а́ть **1.** áufhalten* *vt*; zurückhalten* *vt* (*остановить*); hínhalten* *vt* (*оттянуть на время*); ~а́ть на (*какой-л. срок*) áufhalten* um (*A*); ~а́ть платёж säumig záhlen, (ständig) im Záhlungsverzug sein; ~а́ть зарпла́ту Lohn [Gehált] éinbehalten*; меня́ ~а́ли ich wúrde áufgehalten; ~а́ть дыха́ние den Átem ánhalten*; ~а́ть непри́ятеля до прибы́тия подкрепле́ния den Feind bis zur Ánkunft von Verstärkungen áufhalten*; я не ~у́ вас с отве́том ich wérde Sie mit der Ántwort nicht hínhalten, ich wérde Íhnen unverzüglich [úmgehend] ántworten; **2.** (*отложить*) verzögern *vt*, verschléppen *vt*, hináusschieben* *vt*; **3.** (*арестовать*) ánhalten* *vt*, fésthalten* *vt*; féstnehmen* *vt*; áufgreifen* *vt*; díngfest máchen (*преступника*); **4.** (*конфисковать*) beschlágnahmen *неотд.* *vt*, mit Beschlág belégen; ~а́ть това́ры Wáren mit Beschlág belégen; Wáren beschlágnahmen; **5.** (*замедлить, препятствовать чему-л.*) hémmen *vt*; verspäten *vt*; verhíndern *vt*; неблагоприя́тная пого́да ~а́ла урожа́й das schléchte Wétter hat die Érnte verspätet; ~**а́ться** sich áufhalten*; überfällig sein (*напр. о самолёте*); я ~а́лся на́ день в Ленингра́де ich wúrde éinen Tag in Léningrad áufgehalten; ich war genötigt [gezwúngen], éinen Tag länger in Léningrad zu bléiben

задéрж||ивать *см.* задержа́ть; ~**иваться** **1.** *см.* задержа́ться; **2.** *страд.* áufgehalten wérden (*ср.* задержа́ть); ~**ивающий** hémmend, hínhaltend; ~**ивающие** це́нтры *физиол.* inhibíerende Nérvenzentren, Hémmungsnerven *pl*; ~**ка** *ж* **1.** (*остановка*) Áufenthalt *m* (1); **2.** (*помеха*) Störung *f* (10), Hémmung *f* (10); Verzögerung *f* (10), Verzúg *m* -(e)s, Rückstand *m* (1*), Verschléppung *f* (10), Áufschub *m* (1*) (*промедление*); Stockung *f* (10), Híndernis *n* (3*); ~ка в пути́ Unterwégsaufenthalt *m*; ~ка в расчётах Záhlungsverzögerung *f*, Záhlungsrückstand *m*; ~ка в сбы́те Ábsatzstockung *f*; ~ка поста́вки Líeferverzug *m*, Líeferrückstand *m*; ~ка в рабо́те Árbeitsverzögerung *f*, Árbeitsstockung *f*; Árbeitshemmnis *n* -ses, -se; ~ка при заряжа́нии *воен.* Ládehemmung *f*; без ~ки óhne Áufschub (*без промедления*), únverzüglich, úmgehend; рабо́та идёт без ~ки die Árbeit geht réibungslos [úngehindert, úngestört] vonstátten

задёрнуть zúziehen* *vt*, vórziehen* *vt*

заде́||ть **1.** (*коснуться*) stréifen *vt*, (leicht) berühren *vt*, ánrühren *vt*; ~ть за что-л. (*удариться*) an [gégen] etw. (*A*) stóßen*, an etw. (*A*) ánstoßen*; ~ть ного́й за ка́мень mit dem Fuß an éinen Stein stóßen; пу́ля ~ла ему́ у́хо die Kúgel stréifte sein Ohr; **2.** *перен.* (*затронуть*) stréifen *vt*, berühren *vt*; **3.** (*оскорбить*) kränken *vt*, schmérzlich [schmérzhaft] berühren; verlétzen *vt*; э́то си́льно меня́ ~ло das hat mich schmérzlich berührt, ich bin schmérzlich davón berührt [betróffen]; **4.** *мед.* ángreifen* *vt*; лёгкое ~то die Lúnge ist ángegriffen; ◇ ~ть за живо́е am wúnden Punkt [an éiner empfíndlichen Stélle] tréffen*

за́дешево *нареч.* *разг.* spóttbillig, für ein Spóttgeld

зади́ра *м, ж* *разг.* Stréithammel *m* (6), Stréithahn *m* (1*)

задира́ть **1.** *см.* задра́ть 1, 2; **2.** *разг.* (*дразнить*) réizen *vt*, nécken *vt*; ánbinden* *vi* (кого́-л. mit *D*), Händel [Streit] súchen (*вызывать на ссору*)

задира́ться **1.** *см.* задра́ться; **2.** *страд.* gehóben [geschürzt] wérden

задири́стый *разг.* zänkisch, zánksüchtig, stréitsüchtig

заднене́бный *фон.* Híntergaumen-, postpalatál; ~ звук Híntergaumenlaut *m* (1), velárer [ve-] Laut, Velár *m* (1)

Заднепро́вье *с* das Gebíet jénseits [östlich] des Dnepr

задне||прохо́дный *анат.* anál; ~**язы́чный** *фон.* postdorsál; ~язы́чный звук Hínterzungenlaut *m* (1)

за́дн||ий hínter, Hínter-; rückwärtig; rückwärts gelégen (*расположенный сзади*); ~ий двор Hínterhof *m* (1*); ~ее крыльцо́ Híntertreppe *f* (11); ~ие но́ги Hínterbeine *pl*; ~яя часть Hínterteil *m* (1), *n* (2); ~ий прохо́д *анат.* Áfter *m* (6); ~ий ход *тех.* Rücklauf *m* (1*); Rückwärtsgang *m* (1*); на ~ем пла́не im Híntergrund; отойти́ на ~ий план *перен.* in den Híntergrund tréten*; ◇ ~яя мысль Híntergedanke *m* (15); ~им умо́м кре́пок ≅ séine Wéisheit viel zu spät bráuchen; die bésten Gedánken kómmen hinterhér [zu spät]; поме́тить ~им число́м zurückdatieren *vt*

за́дник *м* **1.** (*у обуви*) Háckenleder *n* -s, Férsenleder; Férse *f* (11); откры́тый ~ Férse frei; закры́тый ~ Férse geschlóssen; **2.** *театр.* Híntergrundvorhang *m* (1*), Híntergrund *m* (1*); Prospékt *m* (1); рисо́ванный ~ *кино* gemálter Prospékt; фотографи́ческий ~ *кино* Híntersetzer *m* (6)

задо́брить *разг.* j-n gütig stímmen

задо́к *м* (*повозки*) Hínterteil *m* (1), *n* (2); Rückenlehne *f* (11), Rückwand *f* (3) (*спинка*)

задо́лго *нареч.* lánge (до чего́-л. vor *D*); ~ до отхо́да по́езда lánge vor Ábfahrt [Ábgang] des Zúges

задолж||а́ть in Schúlden geráten*, verschúldet sein; он си́льно ~а́л er ist stark [schwer, hoch] verschúldet; ~а́ть кому́-л. j-m schúldig sein; bei j-m in der Kréide stéhen* (*разг.*)

задо́лженност||ь *ж* Verschúldung *f*, Schúlden *pl*; Schúldverpflichtung *f* (10); Schúldenlast *f* (10); Rückstände *pl* (*недоимки*); вне́шняя ~ь Áuslandsverschuldung *f*; ~ь по пла́ну Plánschulden *pl*; ~ь по поста́вкам Líefer(ungs)rückstände *pl*; ~ь по платежа́м rückständige Záhlungen; погаси́ть ~ь Schúlden [éine Schuld] tílgen, Rückstände bezáhlen; освобожде́ние от ~и Schúlderlaß *m* -sses, -sse; у вас ~ь по чле́нским взно́сам Sie sind mit Íhren Mítgliedsbéiträgen im Rückstand

за́дом *нареч.* rückwärts, rücklings; наде́ть что-л. ~ напере́д etw. verkéhrt ánziehen*; дом стоя́л ~ к ле́су die Rückseite des Háuses war dem Wálde zúgekehrt; идти́ ~ rückwärts géhen*

задо́р *м* Übermut *m* -(e)s; Éifer *m* -s, Féuer *n* -s (*горячность*); Hítzigkeit *f*, Héftigkeit *f* (*запальчивость*)

задо́рный übermütig; heráusfordernd (*вызывающий*); keck, néckisch (*насмешливый*); hítzig (*запальчивый*); у него́ ~ вид er sieht keck aus

задохну́ться erstícken *vi* (s)

задра́ивать, задра́ить *тех.* verschlíeßen* *vt*, dicht máchen; *мор. тж.* vórreiben* *vt*; задра́ить перебо́рки! Schótte(n) dicht!

задра́йка *ж мор.* Vórreiber *m* (6); Verschlúß *m* -sses, -sse

задрапирова́ть 1. (*чем-л.*) behängen *vt* (mit *D*); **2.** (*уложить складками*) drapíeren *vt*, in Fálten légen; **~ся** sich (éin)hüllen

задра́ть 1. (hóch)hében* *vt*, in die Höhe hében*; ~ го́лову den Kopf in den Nácken wérfen* [légen]; **2.** *разг.* (*подобрать*) hóchheben* *отд. vt*; schürzen *vt*, ráffen *vt* (*о платье*); **3.** (*овцу и т. п.*) zerréißen* *vt*; ◇ ~ нос die Náse hoch trágen*, hóchnäsig wérden; wíchtig tun*; не задира́й но́са! hab dich nicht so!; **~ся** (*о платье*) sich hében*

задребезжа́ть ánfangen* zu klírren

задрема́ть éinschlummern *vi* (s)

задрожа́ть erzíttern *vi* (s), ánfangen* zu zíttern, ins Zíttern geráten*; erbében *vi* (s) (*содрогнуться*)

задува́ть *см.* заду́ть I, II

заду́вка *ж тех.* Ánblasen *n* -s; ~ до́мны das Ánblasen eines Hóchofens

заду́ман||ный geplánt, beábsichtigt; э́то хорошо́ ~о das ist ein gúter Gedánke

заду́м||ать 1. (*намереваться*) sich (*D*) etw. vórnehmen*, beábsichtigen *vt*, vórhaben* *vt*, plánen *vt*; я ~ал пое́хать в Крым ich nahm mir vor [ich beábsichtigte], éine Réise auf die [nach der] Krim zu máchen; он что́-то ~ал er führt étwas im Schílde; **2.** (*загадать*): ~ай како́е-либо число́ dénke dir éine Zahl; **~аться 1.** (*предаться размышлению*) (vor sich hin) sínnen* *vi*, náchdenklich wérden; ganz in Gedánken sein; in Gedánken versínken*, sich in Gedánken vertíefen, in Gedánken vertíeft sein (*углубиться в мысли*); стоя́ть ~авшись in Gedánken versúnken [in Gedánken verlóren] dástehen*; ~аться над чем-л. über etw. (*A*) náchsinnen* [náchdenken*]; **2.** (*колебаться*) zögern *vi*, záudern *vi*, únschlüssig sein; он не ~ался э́то сде́лать er tat es óhne zu záudern, er ging óhne Záudern an die Sáche herán

заду́мчив||ость *ж* Náchdenklichkeit *f*; Melancholíe [-laŋko-] *f*; **~ый** náchdenklich, gedánkenvoll; tíefsinnig; его́ лицо́ при́няло ~ое выраже́ние sein Gesícht nahm éinen náchdenklichen Áusdruck an

заду́мыва||ть *см.* заду́мать; **~ться** *см.* заду́маться; ◇ не ~ясь kurz entschlóssen, óhne zu záudern

задури́ть *разг.* verwírren *vt*; írremachen *vt*; aus dem Konzépt bríngen*; ◇ ~ го́лову j-m den Kopf verdréhen

заду́ть I (*погасить*) áusblasen* *vt*, áuslöschen *vt*, áuspusten *vt*

заду́ть II *тех.* (*разжечь*) ánblasen* *vt*; ~ до́мну éinen Hóchofen ánblasen*

зад||у́ть III (*начать дуть*) ánfangen* zu blásen; ~у́л ве́тер ein Wind erhób sich [kam auf]

задуше́вн||ость *ж* Hérzlichkeit *f*, Ínnigkeit *f*; **~ый** hérzlich, ínnig, voll Ínnigkeit, gemütvoll; óffen, óffenherzig (*искренний*); ~ый друг Búsenfreund *m* (1)

задуши́ть 1. erstícken *vt*, erwürgen *vt*, erdrósseln *vt*; vergásen *vt* (*газом*); **2.** *перен.* ábwürgen *vt*, erstícken *vt*

зад||ы́ *мн.* **1.** (*задворки*) Hínterhöfe *pl*; мы прошли́ к реке́ ~а́ми wir gíngen zum Fluß durch die Hínterhöfe; **2.:** повторя́ть ~ы́, тверди́ть ~ы́ *разг.* längst bekánnte Tátsachen wiederhólen

задыми́ть I (*закоптить дымом*) verräuchern *vt*, verquálmen *vt*

задыми́ть II, **задыми́ться** (*начать дымить*) ánfangen* zu ráuchen [zu quálmen], ráuchen *vi*, quálmen *vi*

задымле́ние *с воен.* Éinnebeln *n* -s, Éinnebelung *f* (10), Vernéb(e)lung *f*

задымля́ть *воен.* vernébeln *vt*, éinnebeln *vt*

задыха́||ться erstícken *vi* (s), áußer Átem sein [kómmen*, geráten*], kéine Luft bekómmen*, kéuchen *vi*; я ~лся mir blíeb die Luft weg; die Púste ging mir aus (*разг.*); ~ться от гне́ва vor Zorn [Wut] kéuchen [(fast) erstícken]

задыша́ть átmen *vi*, ánfangen* zu átmen

заеда́ть *см.* зае́сть 1, 3

зае́зд *м* **1.** Lauf *m* (1*), Tour [*фр.* tu:r] (10) (*конный спорт*); Rénnen *n* -s (*байдарочный спорт*); Rúnde *f* (11) (*парусный спорт*); ~ со ста́ртом с ме́ста Rénnen mit stéhendem Start (*велоспорт*); ~ без проти́вника Alléingang *m* (1*) (*гребля*); фина́льный ~ трёхлёток der Éndlauf der Dreijährigen (*конный спорт*); **2.** *воен.* Schwénkung *f* (10)

зае́здить 1. (*лошадь*) ábjagen *vt*, ábhetzen *vt*; zuschánden [zu Tóde] réiten* (*верховую*); **2.** *перен. разг.* ábhetzen *vt*, erschöpfen *vt*, ábquälen *vt*, zu Tóde quälen (*замучить*)

заезжа́ть *см.* зае́хать

зае́зженн||ый 1. (*замученный*) ábgejagt, ábgehetzt; (áb)gequält; hártschlächtig (*о лошади*); **2.** (*банальный*) ábgeplattet, ábgedroschen; ábgegriffen, verschlíssen (*напр. о цитате*); **~ые** ме́тоды álteingefahrene Methóden; **~ые** фра́зы ábgedroschene Rédensarten

зае́зжий dúrchreisend

заём *м* **1.** Ánleihe *f* (11); госуда́рственный ~ Stáatsanleihe *f*; вы́игрышный ~ Lotteríeanleihe *f*; Prämíenanleihe *f*; несро́чный ~ únkündbare Ánleihe; проце́нтный ~ verzínsliche Ánleihe; беспроце́нтный ~ únverzinsliche [zínslose] Ánleihe; вну́тренний ~ Ínlandsanleihe *f*, ínnere Ánleihe; вне́шний ~ Áuslandsanleihe *f*, Áußenanleihe *f*, äußere Ánleihe; вое́нный ~ Rüstungsanleihe *f*; Kríegsanleihe *f*; вы́пустить ~ éine Ánleihe (zur Zéichnung) áuflegen; подпи́ска на ~ Ánleihezeichnung *f* (10); объяви́ть подпи́ску на ~ éine Ánleihe zur Zéichnung áuflegen; подпиcáться на ~ éine Ánleihe zéichnen; устано́вленная су́мма за́йма die Áuflage [der féstgesetzte Betrág] der Ánleihe; **2.** (*ссуда*) Ánleihe *f* (10), Dárlehen *n* (7); де́нежный ~ Gélddarlehen *n*; сде́лать ~ éine Ánleihe máchen, ein Dárlehen áufnehmen*; **~ный 1.** *юр.* Leih-; Schuld-; ~ное письмо́ Schúldbrief *m* (1), Schúldschein *m* (1), Schúldverschreibung *f* (10); **2.** (*взятый в долг*): ~ные де́ньги gelíehenes Geld

заёрзать *разг.* ánfangen* sich zu rühren, ánfangen* hin und her zu rútschen, únruhig wérden

зае́сть 1. (*закусить чем-л.*) etw. náchessen*; ~ лека́рство куско́м са́хара nach der Arznéi ein Stück Zúcker éssen*; **2.** (*кого-л.*) ábzehren *vt*; zéhren *vi*; тоска́ его́ зае́ла die Séhnsucht zehrt an ihm; **3.** *тех.* éinklemmen *vt*, sich féstklemmen *отд.*; sich verklémmen, hängen *vi*, stéckenbleiben *отд. vi* (s) (*застрять*); sich féstfressen* *отд.*, féstsitzen* *отд. vi* (s), éinhaken *vi* (s), féstlaufen* *отд. vi* (s); замо́к зае́ло das Schloß geht nicht auf, das Schloß will nicht áufgehen; по́ршень зае́ло *авто* der Kólben hat sich féstgefressen

зае́х||ать 1. (*въехать*) (her)éinfahren* *vi* (s), hinéinfahren* *vi* (s); **2.** (*попасть куда-л.*) (hín)geráten* *vi* (s), (hín)gelángen *vi* (s); куда́ я ~ал? wo bin ich híngeraten?; **3.** (*навестить кого-л.*) besúchen *vt*, áufsuchen *vt*; я зае́ду к тебе́ ich kómme zu dir, ich wérde dich áufsuchen; **4.** (*остановиться где-л.*) éinkehren *vi* (s); ábsteigen* *vi* (s) (к кому́-л. bei *D*; куда́-л. in *D*); ~ать в гости́ницу ein Zímmer in éinem Hotél néhmen*; **5.** (*за кем-л., за чем-л.*) ábholen *vt*; я зае́ду за тобо́й ich hóle dich ab

зажа́рить bráten* *vt*; **~ся** (*быть готовым*) gebráten sein

зажа́ть 1. (*стиснуть*) (éin)klémmen *vt*; féstklemmen *отд. vt*; zúdrücken *vt*; zusámmenpressen *vt* (*сжать*); ~ в руке́ in der Hand fésthalten*; ~ в тиски́ in den Schráubstock (éin)spánnen; ~ в клещи *воен.* in die Zánge néhmen*; **2.** (*закрыть*) zúdrücken *vt*; ~ у́ши sich (*D*) die Óhren zúhalten*; **3.** *перен.:* ~ рот кому́-л. j-m den Mund verbíeten* [stópfen], j-n zum Schwéigen bríngen*

зажда́ться séhnsüchtig erwárten, kaum erwárten können*

заже́чь 1. ánzünden *vt*, ánstecken *vt*; in Flámmen [Brand] sétzen [stécken] (*поджечь*); ~ свет Licht (án)máchen [ánschalten]; das Licht ánknipsen (*разг.— включить*); **2.** *перен.* ánfeuern *vt*, begéistern *vt*, entflámmen *vt*; ~ энтузиа́змом begéistern *vt*; ~ любо́вь Líebe erwécken; **~ся 1.** sich entzünden, zünden *vi*; Féuer fángen*; erglühen *vi* (s), entflámmen *vi* (s) (*вспыхнуть*); **2.** *перен.* entbrénnen* *vi* (s), entflámmen *vi* (s), entbránnt sein (чем-л. von *D*)

зажив||áть *см.* зажи́ть I; **~и́ть** *мед.* héilen *vt*; **~лéние** *с мед.* Héilung *f* (10), Héilen *n* -s; процéсс ~лéния Héilprozeß *m* -sses; ~лéние рáны die Verhéilung der Wúnde, Wúndheilung *f*; **~ля́ть** *см.* зажи́ви́ть

зáживо *нареч.* bei lebéndigem Léibe, lebéndigen Léibes, lebéndig

зажигá||лка *ж* **1.** Féuerzeug *n* (2), Zünder *m* (6); кармáнная ~лка Táschenfeuerzeug *n*; настóльная ~лка Tíschfeuerzeug *n*; электри́ческая ~лка (*в автомобиле*) Zigárrenanzünder *m*; (электри́ческая) ~лка для гáза Gásanzünder *m*; **2.** *разг.* (*бомба*) Brándbombe *f* (11); **~ние** *с* Zündung *f* (10)

зажигáтельн||ый 1. Brenn-, Brand-; Zünd-; ~ое стеклó Brénnglas *n* (5); ~ый снаря́д *воен.* Brándgranate *f* (11); ~ое дéйствие Brándwirkung *f*; ~ый состáв Brándsatz *m* (1*); **2.** *перен.* zündend, begéisternd, hínreißend; féurig (*пламенный*); ~ая речь éine zündende [hínreißende] Réde; орáтор говори́л ~о der Rédner hielt éine zündende Réde

зажигáть *см.* зажéчь; **~ся 1.** *см.* зажéчься; **2.** *страд.* ángezündet [ángesteckt] wérden

зажи́ливать, зажи́лить *разг.* sich (*D*) etw. éinstecken; stibítzen *vt*, máusen *vt*

зажи́м *м* **1.** *тех.* (*действие*) Éinklemmen *n* -s, Beféstigung *f* (10) (*прикрепление*); Éinspannen *n* -s (*детали*); **2.** (*приспособление*) Klémme *f* (11); Klémmvorrichtung *f* (10); Spánnelement *n* (2), Hálterung *f* (10); Klámmer *f* (11); Léimzwinge *f* (*столярный, для клея*); бельевóй ~ Wäscheklammer *f*; брю́чный ~ Hósenklammer *f*; Rádklammer *f* (*у велосипедиста*); пружи́нный ~ Klips *m* (1); ~ для гáлстука Krawáttenhalter *m* (6), Krawáttenspange *f* (11); ~ для вóлос (*заколка*) Háarklemme *f*; ~ для бумáг Klémme *f*; пóлюсный ~ *эл.* Pólklemme *f*; **3.** *перен.* Unterdrückung *f*; Éinschränkung *f* (10), Éinengung *f* (10) (*ограничение*); **~áть** *см.* зажáть; ~áть кри́тику *разг.* die Kritík unterdrücken [erstícken, ábwürgen]

зажи́мный *тех.* Klemm-; ~ винт Klémmschraube *f* (11)

зажи́мщик *м разг.* Unterdrücker *m* (6); ~ кри́тики jémand, der Kritík unterdrückt

зажи́точн||ость *ж* Wóhlstand *m* -(e)s, Wóhlhabenheit *f*; **~ый** wóhlhabend; vermögend (*состоятельный*)

зажи́ть I (*стать здоровым*) (áb)héilen *vi* (s); zusámmenheilen *vi* (s); vernárben *vi* (s), verhárschen *vi* (s) (*зарубцеваться*)

зажи́ть II (*начать жить*): ~ нóвой жи́знью ein néues Lében begínnen*; ~ семьёй ein Famíli̯enleben zu führen ánfangen* [begínnen*]; séinen éigenen Herd gründen

зажи́ться *разг.* an éinem Ort lánge verwéilen [wóhnen bléiben*]

зажмýривать, зажмýрить: ~ глазá *см.* зажмýриться; **~ся** die Áugen zusámmenkneifen*

зажóр *м*, **зажóра** *ж гидр.* Wásseranhäufung únter dem Schnee, Éis-Schlämm-Versetzung *f*

зажужжáть ánfangen* zu súmmen [zu súrren, zu schwírren]

зазвáть *см.* зазывáть

зазвенéть erklíngen* *vi* (s); erschállen(*) *vi* (s), ertönen *vi* (*зазвучать*); klírren *vi* (*о стекле и т. п.*)

зазвони́ть ánfangen* zu läuten

зазвуковóй *см.* сверхзвуковóй

зазвучáть ertönen *vi* (s), erschállen* *vi* (s)

заздрáвный: ~ тост Trínkspruch *m* (1*), Hoch *n* -s, -s; произнести́ ~ тост ein Hoch auf j-n áusbringen*; подня́ть ~ кýбок за когó-л. j-m zútrinken*

зазевáться *разг.* zerstréut sein, nicht áufpassen; Máulaffen féilhalten* (*разг.*); ~ на что-л. sich in etw. (*A*) vergáffen

зазеленéть grün wérden; ergrünen *vi* (s) (*поэт.*)

заземл||éние *с эл., радио* Érdung *f* (10); Érden *n* -s; Érdanschluß *m* -sses, -schlüsse; Érdableitung *f* (10); Érdleitung *f* (10) (*провод заземления*); **~и́тель** *м* Érde *f* (*разг.*); Érdelektrode *f*; **~и́ть, ~я́ть** érden *vt*

зазимовáть überwíntern *vi*

зазна||вáться *разг.* sich (*D*) viel éinbilden, überhéblich wérden; он ~ётся ihm schwillt der Kamm; не ~вáйся! gib nicht so an!

зазнáйство *с разг.* Überhéblichkeit *f* (10), Gróßtuerei *f* (10)

зазнáться *см.* зазнавáться

зазнóба *ж*, **зазнóбушка** *ж разг.* Líebchen *n* (7), Hérzallerliebste *f* (14), Schatz *m* (1*)

зазóр *м тех.* Spíel *n* -(e)s, Ábstand *m* -(e) s, Luft *f*; Lücke *f*

зазóрн||ый *разг.* ánstößig, schímpflich, schmählich; Ánstoß erregénd; в э́том нет ничегó ~ого das ist ja kéine Schánde, darán kann man kéinen Ánstoß néhmen

зазрéни||е: без ~я сóвести skrúpellos, schámlos; óhne Gewíssensbisse, gewíssenlos, óhne jéde Gewíssensregung

зазýбренный I **1.** (*о лезвии*) schártig; **2.** (*зубчатый*) záckig, gezáckt, gekérbt, gezáhnt; geríffelt

зазýбренный II (*об уроке*) éingeochst, éingepaukt

зазýбривать *см.* зазубри́ть I, II

зазýбриваться *см.* зазубри́ться

зазýбрина *ж* Schárte *f* (11), Kérbe *f* (11); Zácke *f* (11); Zäckchen *n* (7) (*на ребре монеты*); *бот.* Kérbe *f* (11), Kérbzahn *m* (1*)

зазубри́ть I schártig máchen, Schárten máchen (что-л. in *A*); ~ бри́тву das Rasíermesser schártig máchen, in das Rasíermesser Schárten máchen

зазубри́ть II *разг.* (*заучить*) sich (*D*) etw. éinpauken; éinochsen *vt*

зазубри́ться schártig wérden

зазывáла *м разг. уст.* Áusrufer *m* (6), Márktschreier *m* (6); Ánreißer *m* (6)

зазывáть (her)ánlocken *vt*, éinladen* *vt*

заигр||анный ábgedroschen, schal, ábgeschmackt; verbráucht; ~анная вещь *разг.* (*о музыкальной пьесе*) ein ábgedroschenes Musíkstück; ~анные кáрты ábgegriffene Kárten; ~анная пласти́нка ábgespielte Plátte

заигр||áть spíelen *vt*, *vi*, ánfangen* zu spíelen; мýзыка ~áла Musík ertönte [erschállte], die Musík sétzte ein

заигр||áться 1. (*увлечься игрой*) sich ins Spiel vertíefen; **2.** (*играть слишком долго*) die Zeit über dem Spiel vergéssen*; они́ ~áлись до утрá sie spíelten die Nacht durch, sie spielten bis in den Mórgen hinéin

заи́грыв||ание *с разг.* **1.** (*флирт*) Ánbändelung *f* (10); Kokettíeren *n* -s; Líebäugeln *n* -s; Ánnäherungsversuch *m* (1) (*попытка сближения*); **2.** (*заискивание*) Schmeicheléi *f* (10); **~ать** *разг.* **1.** ánbändeln *vi* (*заводить шашни*); kokettíeren *vi* (*кокетничать*); líebäugeln *неотд. vi* (*любезничать*); **2.** (*заискивать*) sich éinschmeicheln (с кем-л. bei *D*); ~ать с кем-л. j-m um den Bart géhen*

заи́грываться *см.* заигрáться

зáика *м*, *ж* Stótterer *m* (6) (*о мужчине*); Stóttrerin *f* (12) (*о женщине*)

заик||áние *с* Stóttern *n* -s; **~áться 1.** stóttern *vi*; stámmeln *vi* (*бормотать*); **2.** *см.* заикнýться 1; **~нýться 1.** *разг.* (*о чём-л.*) erwähnen *vt* (*упомянуть*); он дáже не ~нýлся обо мне́ er hat mit kéiner Sílbe an mich gedácht; он об э́том и не ~нётся er wird es mit kéinem Wort erwähnen; er wird sich hüten, darüber zu spréchen; он попрóбовал ~нýться об э́том er versúchte éine schüchterne Ándeutung zu máchen; **2.** (*запнуться на полуслове*) stéckenbleiben* *отд. vi* (s), stócken *vi* (*в речи*)

заилéние *с* Verschlámmung *f* (10); ~ водохрани́лищ *гидр.* Stáuraumauflandung *f*, Stáuraumverlandung *f*

заимодáвец *м уст.* (*кредитор*) Dárleh(e)nsgeber *m* (6), Géldverleiher *m* (6); Kredítor *m* -s, -tóren, Kredítgeber *m* (6), Gläubiger *m* (6) (*кредитор*)

заимообрáзн||о *нареч.* léihweise; **~ый** auf Borg; als Dárlehen

заи́мствов||ание *с* **1.** (*действие*) Entléhnen *n* -s, Entléhnung *f* (10); **2.** *лингв.* Léhnwort *n* (5), Léhnprägung *f* (10); *собир.* Léhngut *n* -(e)s; **~анный:** ~анное слóво Léhnwort *n* (5); **~ать** entléhnen *vt*

заи́ндеве||лый beréift; réifbedeckt; mit Reif [Ráuhreif] bedéckt; **~ть** beréifen *vi* (s), beréift sein, sich mit Reif bedécken

заинтересóв||анность *ж* Interésse *n* (13) (в чём-л. an *D*); при́нцип материáльной ~анности das Prinzíp der materi̯éllen Interessíertheit; он прояви́л ~анность er zéigte sich interessíert; **~анный** interessíert (в чём-л. an *D*); betéiligt, betróffen; мы все в э́том ~аны wir sind álle darán interessíert, das ist únser geméinsames Interésse; ~анная сторонá, ~анное лицó Interessént *m* (8); Betéiligter *m* (6); я лицó не ~анное *разг.* ich bin nicht interessíert; **~áть 1.** interessíeren *vt*, j-s Interésse (er)wécken [áuslösen, hervórrufen*] (чем-л. für *A*); **2.** (*привлечь выгодой*) interessíeren *vt* (*в каком-л. деле* an *D*); **~áться** sich interessíeren, Interésse zéigen (чем-л. für *A*); я ~áлся э́тим ich interessíerte mich dafür; он жи́во ~áлся судьбóй ребёнка er nahm lébhaften Ánteil am Kínde [am Schícksal des Kíndes]

заинтригóв||анный néugierig, gespánnt; я был ~ан ich war gespánnt; **~áть** néugierig máchen; j-s Néugierde erwécken [errégen]

заи́скив||ание *с* Schmeicheléi *f* (10), Liebedienerei *f*; **~ать** sich éinschmeicheln (пéред кем-л. bei *D*); scharwénzeln *vi*, sich um j-s Gunst bewérben* (*добиться чьего-л. расположения*); **~ающий** éinschmeichelnd, schméichlerisch; úntertänig (*верноподданнический*)

заи́скриться 1. áufblitzen *vi*, ánfangen* zu fúnkeln; **2.** (*о вине*) ánfangen* zu pérlen [zu schäumen]; **3.** *перен.* ánfangen* zu sprühen

зáймов||ый Ánleihe-, Dárlehns-; **~ые** оперáции Ánleiheoperationen *pl*

займодержа́тель *м* Ánleihebesitzer *m* (6), Ánleihegläubiger *m* (6), Ínhaber éiner Obligatión

зайти́ 1. (*куда-л.*) (hín)géhen* *vi* (s); kómmen* *vi* (s) (*прийти*); besúchen *vt*, áufsuchen *vt*, vórsprechen* *vi* (к кому́-л. bei *D*) (*посетить*); ~ мимохо́дом vorbéigehen* *vi* (s), vorbéikommen* *vi* (s); я зайду́ сего́дня ich kómme héute vorbéi; я до́лжен ~ в магази́н ich muß ins Geschäft; я зайду́ к тебе́ ich kómme bei dir vorbéi; почему́ вы к нам не зайдёте? warúm besúchen Sie uns nicht?; заходи́те (к нам) поча́ще! besúchen Sie uns recht oft!; как прия́тно, что вы зашли́! nett, daß Sie mal zu uns fínden [gekómmen sind]!; **2.** (*за кем-л., за чем-л.*) ábholen *vt*; я зайду́ за тобо́й ich hóle dich ab; **3.** (*войти*) hinéingehen* *vi* (s); мы зашли́ далеко́ в лес wir gíngen weit [tief] in den Wald hinéin; ~ за́ угол um die Écke biegen*; **4.** (*попасть куда-л.*) (hín)geráten* *vi* (s), (hín)gelángen *vi* (s); куда́ мы зашли́? wo sind wir híngeraten?; **5.** *воен.* (*обойти*) umgéhen* *vt*; ~ неприя́телю с ле́вого фла́нга den Feind auf séiner línken Flánke umgéhen*; ~ в тыл in den Rükken fállen*; **6.** (*о светилах*) úntergehen* *vi* (s); ◇ речь зашла́ о... das Gespräch [die Réde] kam auf... (*A*); речь зашла́ у нас о теа́тре wir kámen auf das Theáter zu spréchen; ~ сли́шком далеко́ в чём-л. zu weit géhen*; sich (*D*) zu viel erláuben; де́ло зашло́ далеко́ die Sáche hat úngewöhnliche Áusmaße ángenommen

зайча́тина *ж* Hásenfleisch *n* -es

за́йч||ик *м* **1.** *уменьш.* Häs¦chen *n* (7); **2.** *разг.*: пуска́ть ~иков spíegeln *vi*; **~и́ха** *ж* Häsin *f* (12); Hásenweibchen *n* (7); **~о́нок** *м* júnger Háse

закабале́ние *с* Versklávung [-vuŋ] *f*; Knéchtung *f*, Unterjóchung *f*

закабали́ть knéchten *vt*, unterjóchen *vt*; verskláven [-vən] *vt*; überfrémden *vt*; ins Joch spánnen; **~ся** sich bínden*, sich verschréiben*

закабаля́ть(ся) *см.* закабали́ть(ся)

закавка́зский transkaukásisch

Закавка́зье *с* Transkaukási¦en *n* -s

закады́чн||ый *разг.*: ~ый друг Búsenfreund *m* (1); мы с ним ~ые друзья́ wir sind gúte Fréunde

зака́з *м* Áuftrag *m* (1*), Líeferauftrag *m* (1*), Bestéllung *f* (10); ~ы *мн. собир.* Áuftragsbestände *pl*; вое́нные ~ы Rüstungsaufträge *pl*; дополни́тельный ~ Náchbestellung *f*; Náchauftrag *m* (1*), Zúsatzauftrag *m* (1*); индивидуа́льный ~ Éinzelauftrag *m*; Éinzelbestellung *f*; предвари́тельный ~ Vórbestellung *f* (*книги*); сро́чный ~ Éilauftrag *m*; телефо́нный ~ на биле́ты telefónische Kártenbestellungen; ~ на э́кспорт Expórtauftrag *m*; де́лать ~ bestéllen *vt*; дава́ть ~ы кому́-л. bei j-m Bestéllungen áufgeben* [vergében*, ertéilen]; Áufträge ertéilen; получи́ть ~ éinen Áuftrag [éine Bestéllung] bekómmen* [erhálten*]; приня́ть ~ éinen Áuftrag überněhmen* [entgégennehmen*, ánnehmen*], die Bestéllung búchen; испо́лнить ~ éinen Áuftrag áusführen [erlédigen]; аннули́ровать ~ den Áuftrag annullíeren; отказа́ться от ~а den Áuftrag stornieren; подтвержде́ние ~а Áuftragsbestätigung *f* (10); поступле́ние ~ов Áuftragseingänge *pl*; отде́л ~ов Bestéllabteilung *f* (10); на ~ auf Bestéllung; сши́тый на ~ костю́м Máßanzug *m* (1*); сокраще́ние числа́ ~ов Áuftragsrückgang *m* (1*); ~ на разгово́р Gesprächsanmeldung *f*; по индивидуа́льным ~ам nach Kúndenwünschen

заказа́ть bestéllen *vt*; in Áuftrag gében*; máchen lássen* (*заказать сделать*); ~ костю́м éinen Ánzug in Áuftrag gében; ~ зара́нее vórbestellen *vt*, voráusbestellen *vt*; ~ дополни́тельно náchbestellen *vt*; ~ междугоро́дный телефо́нный разгово́р ein Férngespräch (beim Amt) ánmelden; ~ по телефо́ну такси́ ein Táxi telefónisch bestéllen

зака́зник *м* (*лесной участок*) Wildreservat [-v-] *n* (2); (*водный участок*) ein Gewässer, in dem der Físchfang verbóten ist

заказн||о́й 1. éingeschrieben; Éinschreibe-; ~о́е письмо́ éingeschriebener Brief, Éinschreibebrief *m* (1); посла́ть письмо́ ~ы́м éinen Brief éinschreiben lássen*, éinen Brief éingeschrieben schícken; «заказно́е» (*надпись*) »éingeschrieben«; **2.**: ~о́й авто́бус Sónderbus *m* -sses, -sse; ~о́й (*надпись на автобусе*) Sónderfahrt

зака́з||чик *м* Bestéller *m* (6), Kúnde *m* (9); Áuftraggeber *m* (6); генера́льный ~чик Háuptauftraggeber *m* (6); **~чица** *ж* Bestéllerin *f* (12), Kúndin *f* (12); Áuftraggeberin *f* (12)

зака́зывать *см.* заказа́ть

зака́иваться *см.* зака́яться

зака́л *м* **1.** *тех.* Härtung *f* (10), Härten *n* -s; Ábschrecken *n* -s, Ábschrekkung *f* (10); ~ в воде́ Wásserhärtung *f*, Ábschrecken in Wásser; **2.** *перен.* Ábhärtung, Ábhärten *n* -s, Stählung *f*; челове́к ста́рого ~а ein Mann von áltem Schrot und Korn; **3.** (*сырой слой в хлебе*) Schliff *m* (1); **~ённый 1.** *тех.* gehärtet; **2.** *перен.* gestählt, ábgehärtet; ~ённый в боя́х kámpfgestählt, im Kámpfe gestählt; **~ивать (-ся)** *см.* закали́ть(ся)

закали́ть 1. *тех.* härten *vt*, ábschrekken *vt*; **2.** *перен.* stählen *vt*; ~ во́лю den Wíllen stählen; **~ся 1.** *тех.* (*о стали*) gehärtet sein; **2.** *перен.* gestählt sein [wérden]; sich ábhärten, séinen Körper stählen, sich körperlich ertüchtigen

зака́лка *ж см.* зака́л 1, 2; физи́ческая ~ körperliche Ertüchtigung [Ábhärtung]

зака́лочный *тех.* Härte-, Härtungs-, Ábschreck-; ~ цех Härteréi *f* (10)

зака́лывать *см.* заколо́ть 1, 2, 3

закаля́ть *см.* закали́ть; **~ся 1.** *см.* закали́ться; **2.** *страд.* gehärtet wérden (*ср.* закали́ть)

закамене́ть *разг.* **1.** hart wérden; **2.** *перен.* hart wie Stein wérden, gefühllos wérden

закамуфли́рованный *воен.* durch Verzérrungsanstrich getárnt

закамуфли́ровать *воен.* tárnen *vt*, mit Tárnanstrich verséhen

зака́нчива||ть *см.* зако́нчить; *тж.* an etw. (*A*) die létzte Hand [Féile] ánlegen; den létzten Schliff gében*; séinem Ábschluß entgégengehen*; я уже́ ~ю ich bin gleich fértig; **~ться 1.** *см.* зако́нчиться; **2.** *страд.* volléndet wérden

зака́пать *разг.* **1.** (*начать капать*) ánfangen* zu trópfen; **2.** (*запачкать*) betröpfeln *vt*; bespritzen *vt* (*забрызгать*)

закапри́зничать éigensinnig [láunenhaft] wérden, séinen Kopf áufsetzen

зака́пывать 1. *см.* закопа́ть; **2.** *см.* зака́пать 2

зака́ркать krächzen *vi*, ánfangen* zu krächzen

зака́рмливать *см.* закорми́ть

закарпа́тский Transkarpáten-; Закарпа́тская о́бласть Transkarpátengebiet *n* -(e)s

Закарпа́тье *с* die Karpáto¦ukraine

закаспи́йский transkáspisch

зака́т *м* **1.** (*солнца*) Úntergang *m* (1*), Sónnenuntergang *m*; **2.** *перен.* Níedergang *m* -(e)s, Verfáll *m* -(e)s; ◇ на ~е дней am Lébensabend; an der Néige séines Lébens

заката́ть 1. (*во что-л.*) éinrollen *vt*, éinwickeln *vt*; **2.**: ~ рукава́ die Ärmel áufkrempeln [hóchrollen]; **3.** *тех.* éinwalzen *vt*, überwálzen *vt*

закати́ть 1. róllen *vt* (за что-л., подо что-л. hínter, únter *A*); **2.** *разг.* (*нанести удар*) verábreichen *vt*, herúnterlangen *vt*; ~ кому́-л. пощёчину j-m éine Óhrfeige verábreichen, j-m éine herúnterlangen [herúnterhauen*]; **3.** *разг.* (*устроить*): ~ исте́рику éine Széne [éinen Áuftritt] máchen; ~ пир éine Gasteréi veránstalten; ◇ ~ глаза́ die Áugen verdréhen

закати́ться 1. (*о солнце*) úntergehen* *vi* (s); **2.** (*о мячике и т. п.*) únter [hínter] etw. (*A*) róllen [fállen*]; ◇ ~ сме́хом in Láchen [Gelächter] áusbrechen*

зака́тывать 1. *см.* заката́ть; **2.** *см.* закати́ть 1, 3

зака́тываться 1. *см.* закати́ться; **2.** *страд.* éingerollt wérden

закача́||ть 1. (*начать качать*) ánfangen* zu scháukeln, ánfangen* (hin und her) zu bewégen [zu wíegen]; **2.** (*убаюкать*) in den Schlaf wíegen; éinwiegen *vt*; **3.** *безл.*: его́ ~ло ihm würde schwíndlig [übel]; er würde séekrank (*на море*); **~ться 1.** (*начать качаться*) ánfangen* zu scháukeln, scháukeln *vi*; **2.** (*зашататься*) ins Schwánken kómmen*, ins Wánken geráten*; schwánken *vi*, wánken *vi*, táumeln *vi*

зака́шлять in Hústen áusbrechen*, ánfangen* zu hústen; **~ся** éinen Hústenanfall bekómmen*, sich vor Hústen schütteln

зака́я||ться *разг.* sich schwören*; sich (*D*) gelóben [den Vórsatz fássen, sich fest vórnehmen*], etw. nicht mehr zu tun; я ~лся э́то де́лать ich gelóbte mir, es nicht mehr zu tun; ich wérde mich schwer hüten, es zu tun; я ~лся туда́ ходи́ть ich hábe mir fest vórgenommen, nicht mehr hínzugehen

заква́кать ánfangen* zu quáken

заква́с||ить éinsäuern *vt*; **~ка** *ж* **1.** Gärstoff *m* (1); Sáuer *n* -s, Sáuerteig *m* (1) (*тесто*); **2.** *перен. разг.* Veránlagung *f* (10), Ánlagen *pl*; он хоро́шей ~ки er ist gut veránlagt, er hat éinen gúten Kern

заква́шивать *см.* заква́сить

закива́ть ánfangen* zu nícken [j-m zúzunicken]

закида́ть 1. (*заполнить*) vóllwerfen* *vt*; **2.** *перен.* bewérfen* *vt*, überschütten *vt* (чем-л. mit *D*)

заки́дывать 1. *см.* закида́ть; **2.** *см.* заки́нуть

заки́нуть 1. áuswerfen* *vt*; ~ у́дочку die Ángel áuswerfen*; *перен. разг.* die Fühler áusstrecken; ~ се́ти Nétze áuswerfen*; **2.** (*далеко*) weit hínwerfen*; verwérfen* *vt* (*затерять*); **3.**: ~ го́лову den Kopf zurückwerfen*, den Kopf in den Nácken wérfen*; ~ но́гу на́ ногу die Béine übereinánderschlagen* [kréuzen]; сиде́ть, заки́нув но́гу на́ ногу mit übergeschlagenen Béinen sítzen*; ◇ ~ слове́чко за кого́-л. ein Wort für j-n éinlegen

закипа́ть ánfangen* zu kóchen

закип||е́ть (áuf)kóchen *vi*, síeden(*) *vi*; рабо́та ~е́ла die Árbeit ging flott vonstátten, die Árbeit ging (íhnen) leicht von der Hand

закиса́ть, заки́снуть 1. sáuer wérden, sáuern *vi* (h, s), versáuern *vi* (s); **2.** *перен. разг.* versáuern *vi* (s); verschímmeln *vi* (s)

за́кись *ж хим.* Oxydúl *n* (2); ~ азо́та Distíckstoffoxid *n* -(e)s, Láchgas *n* -es

закла́д *м* **1.** (*действие*) Versétzen *n* -s, Versátz *m* -es, Verpfändung *f* (10); принима́ть в ~ in Záhlung néhmen*; **2.** (*предмет*) Pfand *n* (5); в ~ als Pfand, zum Pfand; отда́ть в ~ in Versátz gében*, versétzen *vt*, verpfänden *vt*; взять де́ньги под ~ Geld gégen Pfand léihen*; ◇ би́ться об ~ wétten *vi*, éine Wétte éingehen*

закла́дка *ж* **1.** (*действие*) Grúndsteinlegung *f* (*напр. здания*); Ánlegung *f* (10) (*садов, скверов*); *горн.* Versátz *m* (1*), Versátzmauer *f* (11); ~ си́лоса *с.-х.* Éinsilierung *f*, Éinsilieren *n* -s; ~ яи́ц (*в инкубатор*) Éieinlage *f*; ~ су́дна Kíellegung *f* éines Schíffes; **2.** (*для книги*) Búchzeichen *n* (7), Lésezeichen *n*

закладна́я *сущ. ж юр. уст.* Pfándbrief *m* (1), Pfándschein *m* (1); ипоте́чная ~ Hypothékenbrief *m*

закла́д||чик *м* Verpfänder *m* (6), Pfándgeber *m* (6); **~чица** *ж* Verpfänderin *f* (12), Pfándgeberin *f* (12); **~ывание** *с* Versétzen *n* -s, Verpfänden *n* -s; **~ывать** *см.* заложи́ть

закла́ние *с уст.* Ópfern *n* -s

заклева́ть 1. (*начать клевать*) ánfangen* ánzubeißen (*о рыбе*); ánfangen* zu pícken (*клювом*); **2.** (*насмерть*) zerpícken *vt*, zerhácken *vt*; mit dem Schnábel zu Tóde hácken; **3.** *перен. разг.* j-m (mit Schikánen, Ángriffen) arg zúsetzen

закле́ивать, закле́ить zúkleben *vt*; zúleimen *vt*

закле́йка *ж* **1.** (*действие*) Zúkleben *n* -s, Verklében *n*; **2.** (*полоска*) Klébestreifen *m* (7)

заклейм||ённый gebrándmarkt, gezéichnet, ángeprangert; **~и́ть** *см.* клейми́ть 2

заклепа́ть *тех.* vernieten *vt*, níeten *vt*

заклёп||ка *ж тех.* **1.** (*действие*) Níeten *n* -s, Vernieten *n*; Nietung *f*; **2.** (*стержень*) Niet *m* (1), *n* (2); без ~ок níetlos

заклин||а́ние *с* Beschwörung *f* (10); Záuberspruch *m* (1*), Beschwörungsformel *f* (11), Beschwörungswort *n* (2), Beschwörungsspruch *m* (1*); **~а́тель** *м*: ~а́тель змей Schlángenbeschwörer *m* (6); **~а́ть** beschwören* *vt*, ínständig bítten* *vt*; она́ ~а́ла его́ па́мятью отца́ sie beschwór ihn beim Ándenken séines Váters

закли́нивать, закли́нить éinkeilen *vt*, féstkeilen *отд. vt*, verkéilen *vt*; éinen Keil éintreiben* (*загнать клин*)

заклокота́ть ánfangen* zu sprúdeln [zu kóchen, zu bródeln, zu wállen, zu síeden]

заклуби́ться (*о дыме, паре и т. п.*) ánfangen* sich zu bállen [áufzusteigen]

заключа́ть *см.* заключи́ть; ◇ ~ в себе́ enthálten* *vt* (*содержать*); éinschließen* *vt*, umfássen *vt* (*охватывать*)

заключа́||ться 1. (*состоять в чём-л.*) bestéhen* *vi*; де́ло ~ется в том... die Sáche bestéht darín..., es hándelt sich darúm...; es kommt daráuf an...; **2.** (*находиться*) enthálten sein, sich befínden*; **3.** (*кончаться*) schlíeßen* *vi*; **4.** *страд.* (áb)geschlóssen wérden; **5.** *страд.*: ~ться в тюрьму́ éingekerkert wérden

заключе́н||ие *с* **1.** (*в тюрьму*) Éinkerkerung *f* (10), Inháftnahme *f* (11), Inhaftíerung *f* (10); **2.** (*пребывание в тюрьме*) Haft *f*, Gefängnishaft *f*; Gefängnisstrafe *f* (11); Fréiheitsentzug *m* (1*); одино́чное ~ие Éinzelhaft *f*; ~ие в кре́пости Féstungshaft *f*; предвари́тельное ~ие Untersúchungshaft *f*; пожи́зненное ~ие lébenslänglicher Fréiheitsentzug; приговори́ть к пяти́ года́м ~ия zu fünf Jáhren Haft [Gefängnis] verúrteilen; отбыва́ть ~ие inhaftíert sein; содержа́ть в места́х ~ия in Haft belássen*; освободи́ть из ~ия aus der Haft entlássen*, fréilassen* *vt*; **3.** (*вывод*) Schlúßfolgerung *f* (10), Schluß *m* -sses, Schlüsse; сде́лать ~ие éinen Schluß zíehen*, schlíeßen* *vi*; сде́лать ло́жное ~ие éinen Trúgschluß [fálschen Schluß] zíehen*; по ~ию кого́-л. auf j-s Beschlúß; прийти́ к ~ию zu dem Schluß gelángen; **4.** (*специалиста*) Gútachten *n* (7); Befúnd *m* (*б. ч. мед.*); медици́нское ~ие ärztliches [fáchärztliches, medizínisches] Gútachten; ärztliches Attést; ~ие экспе́ртов Sáchverständigengutachten *n*; переда́ть на ~ие begútachten lássen*, ein Gútachten ánfordern; дать ~ие ein Gútachten ábgeben*, begútachten *vt*; **5.** (*договора и т. п.*) Ábschluß *m* -sses, -schlüsse; ~ие ми́ра Fríedensschluß *m*; ~ие бра́ка Éheschließung *f*; ~ие догово́ра Vertrágsabschluß *m*; ~ие сде́лки Geschäftsabschluß *m*; **6.** (*окончание*) Schluß *m* -sses, Schlüsse; в ~ие zum Ábschluß, zum Schluß; сказа́ть в ~ие ábschließend ságen; ◇ обвини́тельное ~ие *юр.* Ánklageschrift *f* (10)

заключённый *прич.* **1.** *см.* заключи́ть 1, 2, 4; **2.** *в знач. сущ. м* Häftling *m* (1), Gefángene *m* (14); полити́ческий ~ polítischer Häftling [Gefángener]

заключи́тельн||ый Schluß-, ábschließend; ~ое сло́во Schlúßwort *n* (2), Schlúßrede *f* (11); Schlúßansprache *f*; отказа́ться от ~ого сло́ва auf ein Schlúßwort verzíchten; ~ое совеща́ние Ábschlußberatung *f*; ~ое заседа́ние Schlúßsitzung *f* (10)

заключи́ть 1. (*в тюрьму*) éinkerkern *vt*, ins Gefängnis wérfen*; éinschließen* *vt*; éinsperren *vt* (*разг.*); ~ под стра́жу inhaftíeren *vt*, in Haft néhmen*; **2.** (*договор и т. п.*) (áb)schlíeßen* *vt*; ~ мир Fríeden schlíeßen*; ~ переми́рие éinen Wáffenstillstand schlíeßen*; ~ пакт о ненападе́нии éinen Níchtangriffspakt (áb)schlíeßen*; ~ догово́р [контра́кт] éinen Vertrág [ein Ábkommen] (áb)schlíeßen*; ~ сде́лку ein Geschäft ábschließen*; ~ брак eine Éhe schlíeßen* [éingehen*]; ~ сою́з ein Bündnis [éinen Bund] schlíeßen*, sich verbünden; ~ пари́ éine Wétte éingehen* [schlíeßen], wétten *vi*; **3.** (*сделать вывод*) fólgern *vt*, schlíeßen* *vt*, *vi*, den Schluß zíehen*; **4.** (*закончить*) (áb)schlíeßen* *vt*, beénden *vt*; ~ счета́ *бухг.* die Kónten ábschließen*; ◇ ~ в ско́бки éinklammern *vt*, in Klámmern éinschließen*; ~ в объя́тия in die Árme schlíeßen*

закля́тый: ~ враг ein geschwórener [erbítterter] Feind, ein Tódfeind, ein Érzfeind

зако́ванный *прич. см.* закова́ть; ~ в броню́ gehárnischt, mit ángelegtem [ángeschnalltem] Hárnisch; ~ в ла́ты gepánzert

закова́ть, зако́вывать fésseln *vt*; закова́ть в кандалы́ in Fésseln schlágen*, in Kétten légen [schlágen*]

заковыля́ть dahíntrotten *vi*, húmpelnd [hínkend] (séines Wéges) géhen*

заковы́ристый *разг.* schwíerig, verwíckelt; ~ вопро́с éine schwíerige [héikle] Fráge

закоди́ровать verschlüsseln *vt*, kodíeren *vt*

закола́чивать *см.* заколоти́ть

заколдо́в||анный verwúnschen, verzáubert; ◇ ~анный круг Téufelkreis *m* -es; círculus vitiósus [vi-] (*лат.*); ≅ hier ist die Welt mit Bréttern vernágelt; **~а́ть, ~ывать** verwünschen *vt*, verzáubern *vt*, verhéxen *vt*

заколеба́||ться wánken *vi*, schwánken *vi*, ins Wánken geráten* [kómmen*], ins Schwánken kómmen*, он ~лся er begánn zu schwánken, er záuderte [zögerte], er hielt záudernd ínne

зако́лка *ж* (*для волос*) Háarspange *f* (11), Háarklemme *f* (11)

заколоси́ться in die Ähren schießen*

заколоти́ть 1. (*закрыть*) zúschlagen* *vt*, zúhämmern *vt*; zúnageln *vt*, vernágeln *vt* (*гвоздями*); **2.** (*вбить*) éinschlagen* *vt*

заколоти́ться *разг.* (*о сердце*) hämmern *vi*, ánfangen* zu hämmern, póchen *vi*

заколо́||ть 1. erstéchen* *vt*; erdólchen *vt* (*кинжалом*); über die Klínge spríngen lássen* (*разг.*); **2.** (*скот*) ábstechen* *vt*; **3.** (*укрепить булавкой*) (zú)stécken *vt*; zúheften *vt*; ánstecken *vt*, áufstecken *vt* (*приколоть*); ábstecken *vt* (*подколоть при примерке и т. п.*); úmstecken *vt*; подо́л то́лько зако́лот, но ещё не подши́т der Saum ist úmgesteckt, noch nicht genäht; ~ть во́лосы sich (*D*) das Haar áufstecken; **4.** *безл.*: у него́ ~ло в боку́ er bekám Séitenstechen; **~ться** sich erstéchen*; sich erdólchen (*кинжалом*)

заколыха́||ться ánfangen* sich zu bewégen [zu wógen, zu wéhen], in Bewégung [in Wállung] geráten*; ~лись знамёна die Fáhnen wéhten, die Fáhnen wógten

закольцева́ть, закольцо́вывать (*птиц*) berínggen *vt*

зако́н *м* Gesétz *n* (2); основно́й ~ Grúndgesetz *n*, Verfássung *f* (10); основно́й экономи́ческий ~ социали́зма das ökonómische Grúndgesetz des Sozialísmus; де́йствующий ~ géltendes Gesétz; чрезвыча́йный ~ Áusnahmegesetz *n*, Nótstandsgesetz *n*; ~ об охра́не труда́ Gesétz zum Schútze der Árbeit, Árbeitsschutzgesetz *n*; ~ разви́тия Entwícklungsgesetz *n*; ~ сто́имости *эк.* Wértgesetz *n*; фонети́ческий ~ *лингв.* Láutgesetz *n*; ~ о чрезвыча́йном положе́нии Nótstandsgesetz *n*; ~ приро́ды Natúrgesetz *n*; ~ы нау́ки die Gesétze der Wíssenschaft; Зако́н о защи́те ми́ра das Gesétz zum Schútze des Fríedens; по ~у дем Gesétz gemäß, laut Gesétz, von Rechts wégen; réchtsgültig; вопреки́ ~у entgégen dem Gesétz; gesétzwidrig; охраня́емый ~ом gesétzlich geschützt; и́менем ~а im Námen des Gesétzes; в си́лу ~а kraft des Gesétzes; laut Gesétz, nach dem Gesétz; статья́ [пара́граф] ~а Artíkel [Paragráph] des Gesétzes; Gesétzesparagraph *m* (8); свод [ко́декс] ~ов Gesétzbuch *n* (5); изда́ть [обнаро́довать] ~ ein Gesétz erlássen* [veröffentlichen, bekánntmachen, proklamíeren]; приня́ть [утверди́ть] ~ ein Gesétz verábschieden [ánnehmen*]; отмени́ть ~ das Gesétz áufheben* [ábschaffen]; соблюда́ть ~ы die Gesétze befólgen, sich an die Gesétze hálten*; наруша́ть ~ das Gesétz verlétzen, gégen das Gesétz verstóßen*; распространи́ть де́йствие ~а die Géltung éines Gesétzes áusdehnen; полага́ться по ~у gesétzlich zústehen*; подчиня́ться ~ам den Gesétzen unterstéhen*; объяви́ть вне ~а für vógelfrei erklären, für áußerhalb des Gesétzes [der Réchtsordnung] stéhend erklären; они́ бы́ли объя́влены вне ~а sie wáren Fréiwild gewórden, sie wúrden für vógelfrei erklärt; ◇ ~ бо́жий *уст.* Religiónsunterricht *m* -(e)s; ему́ ~ не пи́сан er tut, was er will; **~ник** *м разг.* réchtskundiger Mensch, Réchtskundige *m* (14), Gesétzeskundige *m*

зако́нно *нареч.* von Gesétzes wégen (*по закону*)

законнорождённый *уст.* legitím, éhelich

зако́н||ность *ж* Gesétzlichkeit *f*, Réchtsordnung *f*; Réchtmäßigkeit *f*; революцио́нная ~ность revolutionäre [-vo-] Gesétzlichkeit; социалисти́ческая ~ность sozialístische Gesétzlichkeit; укрепля́ть ~ность die Gesétzlichkeit féstigen; **~ный 1.** gesétzlich, réchtmäßig, réchtsgültig; legitím; Gesétz(es)-, Rechts-; réchtswirksam; réchtsverbindlich (*о браке*); réchtlich (*правовой*); быть ~ным zu Recht bestéhen*; ~ное притяза́ние réchtmäßiger [beréchtigter, gesétzlich fundíerter] Ánspruch; ва́ше притяза́ние вполне́ ~но ihr Ánspruch ist vollkómmen beréchtigt [bestéht zu Recht]; ~ная си́ла Gesétzeskraft *f*, Réchtskraft *f*; име́ющий ~ную си́лу réchtskräftig, réchtsgültig; приобрета́ть ~ную си́лу réchtswirksam wérden, Réchtskraft erlángen; ~ное основа́ние gesétzliche Grúndlage, Réchtsgrundlage *f* (11); ~ное пра́во verbrieftes Recht; ~ный владе́лец réchtmäßiger Besítzer *m*; ~ный насле́дник gesétzlicher [réchtmäßiger] Érbe; ~ным поря́дком auf gesétzlichem [legálem] Wége; **2.** (*справедливый, понятный*) beréchtigt; ~ная го́рдость beréchtigter Stolz

законове́д *м* Réchtswissenschaftler *m* (6); Juríst *m* (8); **~ение** *с* Réchtswissenschaft *f*, Gesétzeskunde *f*; Jurisprudénz *f*

законода́тель *м* Gesétzgeber *m* (6); **~ница** *ж* Gesétzgeberin *f* (12); ~ница мод Módekönigin *f* (12); **~ный** legislatív, gesétzgebend; ~ная власть Legislatíve [-və] *f* (11), gesétzgebende Gewált; ~ная коми́ссия Gesétzgebungskommission *f* (10); ~ный акт Gesétzgebungsakt *m* (1)

законода́тельство *с юр.* Gesétzgebung *f* (10); gesétzliche Bestímmungen *pl*; сове́тское ~ die sowjétische Gesétzgebung; гражда́нское ~ Zivilgesetzgebung [-'vi:l-] *f*; де́йствующее ~ géltende Gesétze *pl*, géltendes Recht; общесою́зное ~ Uniónsgesetzgebung *f*; нало́говое ~ Stéuergesetzgebung *f*; трудово́е ~ Árbeitsgesetzgebung *f*; внести́ измене́ние в де́йствующее ~ die bestéhenden Gesétze ábändern

закономе́рн||ость *ж* Gesétzmäßigkeit *f*; **~ый** gesétzmäßig; réchtmäßig (*оправданный*); ~ое разви́тие gesétzmäßige Entwícklung

законопа́тить, законопа́чивать mit Werg verstópfen; verkítten *vt* (*замазывать*); *мор.* kalfátern *vt*; ~ щель éine Rítze [éinen Ritz, éinen Spalt] verstópfen [verkítten]

законо||положе́ние *с юр.* Gesétzesbestimmung *f* (10); Réchtsvorschrift *f* (10), gesétzliche Ríchtlini¦e; **~прое́кт** *м юр.* Gesétzesentwurf *m* (1*); Gesétzesvorlage *f* (11); внести́ ~прое́кт éine Gesétzesvorlage éinbringen*

законоучи́тель *м уст.* Religiónslehrer *m* (6)

законсерви́ровать 1. *см.* консерви́ровать; **2.:** ~ строи́тельство éinen Bau vorübergehend stíllegen; ~ рабо́ту die Árbeit vorübergehend éinstellen; ~ поля́рную ста́нцию die Polárstation vorübergehend schließen*

законспекти́ровать éinen Konspékt ábfassen (что-л. von *D*), konspektíeren *vt*

законспири́ровать auf konspiratíven [-vən] [íllegalen] Fuß sétzen, in die Illegalität versétzen; ~ свою́ рабо́ту séine Árbeit konspiratív führen [betréiben*]

законтрактова́ть kontráktlich síchern; kontrahíeren *vt*, verträglich [kontráktmäßig] bínden* [síchern]; *ком.* éinen Áufkaufvertrag ábschließen* (кого́-л., что-л. über *A*); ~ кого́-л. j-n kontráktlich verpflíchten; **~ся** sich kontráktlich verpflíchten (на что-л. zu *D*)

законтракто́вывать *см.* законтрактова́ть; **~ся 1.** *см.* законтрактова́ться; **2.** *страд.* kontráktlich verpflíchtet wérden

зако́нченн||ость *ж* Volléndung *f*; Vollkómmenheit *f* (10) (*совершенство*); **~ый 1.** *прич. см.* зако́нчить; *тж.* fértiggestellt, betríebsfertig (*о строительстве*); ~ое зда́ние der fértiggestellte Bau; **2.** *прил.* volléndet, ábgeschlossen; vollkómmen (*совершенный*); ~ая мысль der in sich ábgeschlossene Gedánke; име́ть ~ое образова́ние im Besítz des Abitúrs sein; не име́ть ~ого образова́ния óhne Abitúr sein; ◇ ~ый негодя́й ein áusgemachter Schúrke

зако́нчить beénden *vt*, (áb)schlíeßen* *vt*; erlédigen *vt* (*доделать*); volléndеn *vt* (*завершить*); ~ что-л. etw. zu Énde führen, etw. fértig háben; **~ся** énden *vi*, schlíeßen* *vi*, zu Énde sein; séinen Ábschluß fínden*; zum Ábschluß kómmen*; зако́нчившийся год das ábgelaufene Jahr

закопа́ть vergráben* *vt*, verschárren *vt*, éinscharren *vt*, éingraben* *vt*; zúschippen *vt* (*лопатой*) (*разг.*); **~ся 1.** (*зарыться*) sich éingraben*; **2.** (*начать копаться*) ánfangen* zu gráben; **3.** *разг.* (*замешкаться*) sich zu lánge áufhalten*

закопоши́ться *разг.* ánfangen* zu wímmeln [zu kríbbeln], wímmeln *vi*, kríbbeln *vi*, ánfangen* sich zu rühren [sich zu bewégen]; ánfangen* zu hantíeren [umhér¦zukramen] (*ср.* копоши́ться)

закопте́лый verrúßt, verräuchert, rúßig

закопт||е́ть verrúßen *vi* (s), verräuchern *vi* (s), sich mit Ruß bedécken, voll Ruß sein, rúßig wérden; **~и́ть 1.** ánfangen* zu quálmen [zu rúßen]; **2.** (*что-л.*) berúßen *vt*; ánrußen *vt*, rúßig máchen, verräuchern *vt*; **3.** (*рыбу, мясо*) räuchern *vt*; **~и́ться 1.** (*стать копчёным*) (fértig) geräuchert sein; **2.** (*о стекле и т. п.*) verrúßen *vi* (s)

закопчённый 1. (*копчёный*) geräuchert; **2.** *см.* закопте́лый

закорене́л||ый 1. éingewurzelt; éingebürgert; éingefleischt (*напр. о привычке; тж. о человеке*); hártnäckig; ~ая боле́знь hártnäckige [verschléppte] Kránkheit; ~ые предрассу́дки éingewurzelte [stárre] Vórurteile; **2.** (*о человеке*) verstóckt; hálsstarrig, hártgesotten (*разг.*); ~ый престу́пник ein notórischer [verstóckter] Verbrécher

закорене́ть verstóckt sein

закó́рк||и *мн. разг.*: взять на ~и húckepack néhmen*; носи́ть [таска́ть] на ~ах húckepack trágen*

закорми́ть *разг.* überfüttern *vt*

закорю́чка *ж* **1.** Háken *m* (7); Schnörkel *m* (6) (*росчерк*); **2.** *разг.* (*затруднение*) Háken *m* (7); **3.** (*хитрость*) Trick *m* -s, -s Fínte *f* (11)

закосне́л||ость *ж* Stárrheit *f*, Verstócktheit *f*; **~ый** verknöchert; verstóckt; unverbésserlich; ~ое неве́жество grobe Únwissenheit; ~ый бюрокра́т ein verknöcherter Bürokrát

закосне́ть verknöchern *vi* (s); versáuern *vi* (s); versúmpfen *vi* (s) (*погрязнуть*)

закостене́||лый verknöchert; erstárrt, starr, steif; **~ть** verknöchern *vi* (s) (*тж. перен.*); erstárren *vi* (s), starr [steif] wérden

закоу́л||ок *м* **1.** (*переулок*) Séitengasse *f* (11); **2.** (*уголок в помещении*) Wínkel *m* (6), Écke *f* (11); по всем ~кам in állen Écken und Wínkeln

закочене́||лый erfróren, vor Kälte erstárrt [steif]; fróstklamm; **~ть** erfríeren * *vi* (s), vor Kälte erstárren; у меня́ ру́ки ~ли méine Hände sind fróstklamm [steif vor Kälte]

закра́дываться *см.* закра́сться

закра́ина *ж* **1.** *тех.* Rand *m* (4); **2.** (*лёд, примёрзший к берегу*) Éiskruste *f*

закра́сить färben *vt*; übermálen *vt*, überstréichen* *vt*, übertünchen *vt* (*дом, забор и т. п.*)

закрасне́ться (*покраснеть*) rot wérden, erröten *vi* (s)

закра́||сться 1. sich éinschleichen*; **2.** *перен.* (*возникнуть*) áufkommen* *vi* (s), áufsteigen* *vi* (s); ~лось подозре́ние der Verdácht stieg auf

закра́шивать *см.* закра́сить

закреп||и́ть 1. beféstigen *vt*, féstmachen *отд. vt*; ~и́ть до́ску гвоздя́ми ein Brett féstnageln [ánnageln]; ~и́ть ба́лку *стр.* éinen Träger éinziehen.*; **2.** (*о праве и т. п.*) veránkern *vt* (*тж. о знаниях и т. п.*); ~и́ть успе́хи [pozíции] die Erfólge [Positiónen] féstigen; **3.** (за кем-л. j-m) síchern *vt*, sícherstellen *отд. vt*; reservíeren [-'vi:-] *vt* (*о месте, помещении и т. п.*); zútеilen *vt* (за кем-л., за чем-л. *D*); ~и́ть зе́млю за колхо́зами den Kolchósen Land zúteilen; **4.** *мед.* (ver)stópfen *vt*; его́ ~и́ло *разг.* er ist verstópft; **5.** *тех. фото* fixíeren *vt*; **~и́ться 1.** sich féstsetzen; **2.** (*упрочиться*) sich féstigen; **~ле́ние** *с* **1.** Beféstigung *f*; Féstigung *f*; Veránkerung *f*, Féstlegung *f*; **2.** (*за кем-л.*) Sícherung *f*, Sícherstellung *f*; Verbríefung *f* (*законом и т. п.*); **3.** *тех. фото* Fixíerung *f* (10); ~ле́ние краси́телей Fixíerung der Fárbstoffe; **~ля́ть** *см.* закрепи́ть; **~ля́ться 1.** *см.* закрепи́ться; **2.** *страд.* beféstigt wérden (*ср.* закрепи́ть)

закрепля́ющ||ий *мед.*: ~ее сре́дство ein stópfendes Míttel

закрепости́ть, закрепоща́ть 1. *ист.:* ~ крестья́н die Léibeigenschaft éinführen, die Báuern zu Léibeigenen máchen; **2.** *перен.* knéchten *vt*, verskláven [-vən] *vt*

закрепоще́ние *с* **1.** *ист.* Éinführung der Léibeigenschaft; **2.** *перен.* Knéchtung *f* (10), Versklávung [-vuŋ] *f* (10)

закрича́ть ánfangen* zu schréien; áufschreien* *vi* (*вскрикнуть*); ~ на кого́-л. j-n ánschreien* [ánfahren*]; j-n ánbrüllen (*разг.*)

закро́й||ный Zúschneide-; ~ный цех Zuschneideréi *f* (10); ~ная маши́на Stóffzuschneidemaschine *f* (11); **~щик** *м* Zúschneider *m* (6); **~щица** *ж* Zúschneiderin *f* (12)

за́кром *м с.-х.* Kórnkasten *m* (7,7*), Fútterboden *m* (7,7*)

закругл||е́ние *с* **1.** (*действие*) Ábrundung *f* (10); **2.** (*линия*) Rúndung *f* (10); Bíegung *f* (10), Kúrve [-və] *f* (11) (*поворот*); **~ённый** ábgerundet; жаке́т с ~ёнными по́лами éine ábgerundete Jácke; ~ённая фра́за ábgerundeter Satz; **~и́ть, ~я́ть 1.** ábrunden *vt*; **2.** (*придать законченность*) áusfeilen *vt*, glätten *vt*

закружи́||ть 1. dréhen *vt*, im Kréise dréhen; **2.** (*до головокружения*) schwíndlig máchen; он ~л её в та́нце er dréhte sie im Tánze, bis [daß] ihr schwíndlig wúrde; **3.** *разг.* (*влюбить в себя*) j-m den Kopf verdréhen; **~ться** ánfangen * sich zu dréhen; wírbeln *vi*; ◇ у меня́ ~лась голова́ mir schwíndelte, der Kopf schwíndelte mir, mir wúrde schwíndlig

закрути́||ть 1. dréhen *vt*; verdréhen *vt*; ~ть кому́-л. ру́ки за́ спину die Hände auf dem Rücken fésseln; **2.** (*намотать*) dréhen *vt* (вокру́г чего́-л., на что-л. um *A*), wíckeln *vt* (um *A*), wínden* *vt* (um *A*); ~ть во́лосы на бигуди́ das Haar éindrehen [auf Lóckenwickel dréhen]; **3.** *разг.* (*завернуть винт, гайку*) ánziehen* *vt*, zúschrauben *vt*; ~ть кран den Wásserhahn zúdrehen; **4.** *разг.* (*начать крутить*) dréhen *vt*, áufwirbeln *vt*; ве́тер ~л пыль der Wind wírbelte (den) Staub auf; **~ться 1.** (*о нитке и т. п.*) sich wíckeln (вокру́г чего́-л. um *A*); **2.** (*начать крутиться*) áufwirbeln *vi* (s); пыль ~лась der Staub wírbelte auf

закру́чивать *см.* закрути́ть 1, 2, 3; **~ся** *см.* закрути́ться 1

закручи́ниться betrübt wérden, ánfangen* sich zu grämen [sich zu härmen]

закрыва́||ть *см.* закры́ть; ~йте дверь! Tür zu!, Tür schlíeßen!; ◇ ~ть глаза́ на что-л. ein Áuge [béide Áugen] bei etw. (*D*) zúdrücken; fünf geráde sein lássen*; **~ться 1.** *см.* закры́ться; дверь не ~ется die Tür schließt nicht (gut), die Tür geht nicht zu; столо́вая ~ется в три часа́ die Kantíne macht um drei (Uhr) zu; магази́ны ~ются в во́семь часо́в die Geschäfte schlíeßen um acht (Uhr); **2.** *страд.* geschlóssen [zúgemacht] wérden

закры́т||ие *с* Schlíeßung *f*; Schluß *m* -sses, Ábschluß *m* (*окончание*); Áufhebung *f* (*заседания и т. п.*); ~ие навига́ции Schluß der Schíffahrtssaison [-sɛ'zɔŋ], Schíffahrtsschluß *m*; ~ие счёта *фин.* Ábschluß éiner Réchnung, Réchnungsabschluß *m*; (*в банке*) Löschung éines Kóntos; **~ый** *прич.* **1.** geschlóssen, zúgemacht; zúgedeckt (*прикрытый, покрытый*); дверь ~а die Tür ist zú(gemacht); кран закры́т der Wásserhahn ist zu [zúgedreht]; с ~ыми глаза́ми mit geschlóssenen Áugen; **2.** gespérrt; geschlóssen; ~о! (*объявление*) geschlóssen! (*о магазине и т. п.*); gespérrt! (*о дороге, улице*); грани́ца ~а die Grénze ist gespérrt [geschlóssen]; **3.** *в знач. прил.* geschlóssen; ~ое заседа́ние geschlóssene Sítzung; éine Sítzung únter Áusschluß der Öffentlichkeit; ◇ ~ое голосова́ние geschlóssene [gehéime] Ábstimmung; ~ое уче́бное заведе́ние geschlóssene Léhranstalt; ~ая огнева́я пози́ция *воен.* gedéckte Féuerstellung; ~ое пла́тье (hóch)geschlóssenes Kleid; ~ое мо́ре Bínnenmeer *n* (2); при ~ых дверя́х bei geschlóssenen Türen; ~ый гла́сный *лингв.* geschlóssener Vokál [vo-]

закры́||ть 1. schlíeßen* *vt*, zúmachen *vt*, zútun* *vt*; zúschlagen* *vt* (*захлопнуть*); zúziehen * *vt* (*раздвижную дверь*); ~ть кни́гу das Buch schlíeßen* [zúschlagen*]; ~ть глаза́ die Áugen schlíeßen* [zúschlagen*]; я не ~л глаз всю ночь ich kónnte héute nacht kein Áuge zútun; закро́й рот! mach den Mund zu!; ~ть на ключ zúschließen* *vt*, verschlíeßen* *vt*, (zú-) spérren *vt*; **2.** (*покрыть, прикрыть*) zúdecken *vt*, verdécken *vt*, bedécken *vt*; ábdecken *vt*; ту́чи ~ли не́бо Wólken bedéckten den Hímmel, der Hímmel bewölkte sich; **3.** (*преградить*) spérren *vt*; ~ть грани́цу die Grénze spérren [schlíeßen*]; **4.** (*закончить*) schlíeßen* *vt*; ~ть собра́ние die Versámmlung schlíeßen* [áufheben*]; ◇ ~ть счёт 1) (*о вкладчике*) ein Kónto áuflösen; 2) *бухг.* die Réchnung ábschließen *; ~ть ско́бки die Klámmern schlíeßen.*; **~ться 1.** sich schlíeßen*, zúgehen* *vi* (s), zúfallen* *vi* (s); ins Schloß fállen* (*о двери*); глаза́ ~лись die Áugen fíelen zu; **2.** (*покрыться*) sich bedécken, sich zúdecken (чем-л. mit *D*); **3.** (*окончиться*) schlíeßen* *vi*

закряхте́ть ánfangen* zu ächzen [zu stöhnen]

закуда́хтать ánfangen* zu gáckern, ein Gegácker erhében*, in ein Gegákker áusbrechen*

закули́сн||ый hínter den Kulíssen (vórgehend); *перен. тж.* gehéim, verbórgen, héimlich; ~ая сторона́ де́ла die gehéime [verbórgene] Séite éiner Ángelegenheit; ~ая сторона́ собы́тий die Híntergründe der Eréignisse; ~ые си́лы die (gehéimen) Dráhtzieher; вести́ ~ые перегово́ры héimlich verhándeln

закупа́ть, закупи́ть 1. (*скупить*) áufkaufen *vt*; ánkaufen *vt*; zusámmenkaufen *vt*; **2.** (*делать покупки*) éinkaufen *vt*; besórgen *vt*

заку́пк||а *ж* Éinkauf *m* (1*), Besórgung *f* (10) (*б. ч. pl*); Ánkauf *m*, Áufkauf *m* (*оптом*); госуда́рственные ~и stáatlicher Áufkauf; ма́ссовая ~а Mássenaufkauf *m*; опто́вая ~а Gróßeinkauf *m*, Engroskauf [aŋ'gro:-] *m*, Kauf in gróßen Méngen; ~а това́ров Wáreneinkauf *m*, Wárenbezug *m* (e)s

заку́поривать, заку́пор||ить zúpfropfen *vt*; verkórken *vt*, zúkorken *vt* (*бутылку*); verspúnden *vt* (*бочку*); **~иться** (*засориться*) verstópft sein; **~ка** *ж* **1.** Zúpfropfen *n* -s; Verkórkung *f* (*бутылки*); Verspúndung *f* (*бочки*); **2.** ~ка вен *мед.* Venenverstopfung ['ve:-] *f* (10)

заку́почн||ый Ánkaufs-; Áufkauf-, Éinkaufs-, Kauf-; ~ые це́ны Ánkaufspreise *pl*, Áufkaufpreise *pl*; ~ые организа́ции Áufkauforgane *pl*

заку́пщик *м* Ánkäufer *m* (6), Áufkäufer *m*, Éinkäufer *m*

заку́ривать *см.* закури́ть 1, 3

заку́риваться *см.* закури́ться

закури́ть 1. ánrauchen *vt*; ~ папиро́су sich (*D*) éine Zigarétte ánstecken; ~ тру́бку éine Pféife ánrauchen; **2.** (*стать курильщиком*) ánfangen* zu ráuchen, (zum) Ráucher wérden; **3.** (*закоптить*) verräuchern *vt*, durch Rauch schwärzen; **~ся 1.** (*зажечься*) ánbrennen* *vi* (s); **2.** *разг.* (*задымиться*) ánfangen* zu ráuchen

закуса́ть *разг.* béißen* *vt*

закуси́ть I (*прикусить*) béißen* *vt*; éinbeißen* *vt* (*впиться зубами*); ~ удила́ (*о лошади*) dúrchgehen* *vi* (s); *перен.* áußer Rand und Band sein; ~ губу́ sich (*D*) auf die Líppen béißen*

закуси́ть II **1.** (*поесть*) éinen Ímbiß éinnehmen*, etw. zu sich néhmen*; **2.** (*заесть что-л. чем-л.*) náchessen* *vt*; ~ лека́рство куско́м са́хара nach der [auf die] Arznéi ein Stück Zúcker éssen*

заку́с||ка *ж* **1.** Ímbiß *m* -sses, -sse; Gábelfrühstück *n* (2) (*лёгкий завтрак*); **2.** (*перед едой*) Vórspeise *f* (11), Vórgericht *n* (2); холо́дная ~ка kálter Áufschnitt, kálte Plátte, kálte Vórspeise; блю́до с холо́дной ~кой búnte [kálte] Plátte; на ~ку als Vórspeise (*перед едой*); als Náchspeise (*после выпивки*); *перен.* zu gúter Letzt; **~очная** *ж* Ímbißstube *f* (11), Ímbißhalle *f* (10), Frühstücksraum *m* (1*); **~ывать** *см.* закуси́ть I, II

заку́тать éinhüllen *vt*, éinmummen *vt*; éinwickeln *vt*; **~ся** sich (éin)hüllen, sich vermúmmen; sich (éin)wíckeln (*завернуться*)

закути́ть ánfangen* flott zu lében [zu zéchen, zu prássen, zu schwíemeln]

заку́тывать *см.* заку́тать; **~ся 1.** *см.* заку́таться; **2.** *страд.* éingehüllt [éingewickelt] wérden

зал *м* Saal *m* -(e)s, *pl* Säle, Hálle *f* (11); банке́тный ~ Féstsaal *m*; зри́тельный ~ Zúschauerraum *m* (1*); чита́льный ~ Lésesaal *m*; танцева́льный ~ Tánzsaal *m*, Tánzdiele *f* (11); гимнасти́ческий ~ Túrnhalle *f*; а́ктовый ~ (*в университете*) Áula *f*, *pl* Áulen; аукцио́нный ~ Auktióֹnssaal *m*, Verstéigerungssaal *m*; маши́нный ~ Maschínenhalle *f*, Maschínenraum *m*; демонстрацио́нный ~ Vórführungsraum *m*; конце́ртный ~ Konzérthalle *f*, Konzértsaal *m*; торго́вый ~ Verkáufsraum *m*; ~ заседа́ний Verhándlungssaal *m*, Sítzungsraum *m*, Sítzungsaal *m*, Tágungsstätte *f*; ~ ожида́ния (*на вокзале и т. п.*) Wártesaal *m*; Wárteraum *m*; ~ заседа́ний суда́ Geríchtssaal *m*

зала́д||ить *разг.* **1.** (*повторять*) ein und dassélbe wiederhólen, ímmer das álte Lied síngen*; **2.** (+ *инф.*) sich (*D*) etw. zur Gewóhnheit máchen, éine Gewóhnheit ánnehmen*, sich auf etw. (*A*) verlégen; он ~ил ходи́ть в кино́ er hat sich aufs Kíno verlégt

зала́мывать *см.* заломи́ть I

зала́ять ánfangen* zu béllen, ánschlagen* *vi*

залег||а́ние *с геол.* Vórkommen *n* (7), Áblagerung *f* (10); Láger *n* (6) (*залежи*); Ánlagerung *f* (*напластование*); ~а́ние у́гля Köhlenlager *n*; Köhlenvorkommen *n*; **~а́ть** *геол.* lágern *vi*

заледене́||лый 1. veréist; **2.** (*холодный как лёд*) éisig, éiskalt; **~ть 1.** veréisen *vi* (s); **2.** (*закоченеть*) éiskalt wérden, erstárren *vi* (s)

залеж||а́вшийся, ~а́лый zu lánge líegen geblíeben; überlágert; ~а́лый това́р ábgelagerte [úngangbare, überlágerte] Wáre; Ládenhüter *m* (6) (*разг.*); ~а́вшиеся консе́рвы überlágerte Konsérven [-vən]; **~а́ться, залёживаться 1.** zu lánge líegen bleiben *; **2.** (*о товарах*) kéinen Ábsatz fínden *; zu Ládenhütern wérden (*разг.*); **3.** (*испортиться*) verdérben * *vi* (s), ánfaulen *vi* (s)

зáлежн||ый: ~ые зéмли bráchliegende Länderéien, Bráchlandgebiete *pl*, Áltbrachen *pl*; Bráchland *n* -(e)s

зáлеж||ь *ж* **1.** *геол.* Láger *n* (6), Lágerstätte *f* (11), Vórkommen *n* -s =; ~и рудь́ Érzlagerstätte *f*, Érzlager *n*, Érzvorkommen *n*; ~и кáменного ýгля Stéinkohlenlagerstätte *f* (11), Stéinkohlenlager *n* (6); **2.** *разг.* (*о товарах*) Ládenhüter *m* (6), unverkäufliche Wáre; **3.** *с.-х.* Bráchland *n* -(e)s

залезáть, залéзть 1. (*влезть*) hinéinkriechen* *vi* (s) (*по направлению от говорящего*); heréinkriechen* *vi* (s) (*по направлению к говорящему*); kríechen* *vi* (s) (кудá-л. in *A*); sich éinschleichen* (*закрасться*); ~ в чужóй кармáн *разг.* in éine frémde Tásche fáhren*; **2.** (*наверх*) hináufkriechen* *vi* (s), hináufklettern *vi* (s) (*по направлению от говорящего*); heráufkriechen* *vi* (s), heráufklettern *vi* (s) (*по направлению к говорящему*); hináufkraxeln *vi* (s) (*разг.*); ◇ ~ в долги́ in Schúlden gerâten*, sich in Schúlden stürzen

залени́ться faul wérden, sich auf die Bärenhaut [auf die fáule Haut] légen

залепетáть etw. zu stámmeln ánfangen*

залеп||и́ть, залеплять 1. verschmíeren *vt*; verkítten *vt*, verkléistern *vt* (*замазать*); **2.** (*заклеить*) zúkleben *vt*, verklében *vt*; снег ~и́л глазá der Schnee verklébte die Áugen; ◇ ~и́ть пощёчину [оплеýху] *груб.* j-m éine (Óhrfeige) klében [knállen, kráchen]

залетáть 1. (*начать летать*) ánfangen* zu fliegen; **2.** *см.* залетéть

залетé||ть 1. (*влететь кудá-л.*) (hin-) éinfliegen* *vi* (s), heréinfliegen* *vi* (s); бáбочка ~ла в кóмнату ein Schmétterling hat sich in das Zímmer verflógen; **2.** (*далеко*) weit fórtfliegen*; weit wégfliegen*; ~ть за Поля́рный круг den Polárkreis überfliegen*; **3.** (*о лётчике — кудá-л.*) ánfliegen* *vt* (за чем-л. um *A*, nach *D*); ~ть на аэродрóм за горю́чим den Flúgplatz nach Brénnstoff ánfliegen*

залéчивать *см.* залечи́ть 1

залечи́ть 1. héilen *vt*; ~ рáны, нанесённые войнóй die vom Krieg geschlágenen Wúnden héilen; **2.** *разг.*: ~ когó-л. дó смерти j-n durch fálsche Behándlung ins Jénseits befördern; **~ся** (*заживиться*) héilen *vi*

залéчь 1. sich hínlegen; ~ спать sich schláfen légen; sich aufs Ohr légen; sich hínhauen * (*разг.*); **2.** (*притаиться*) sich verstécken; ~ в засáду sich in den Hínterhalt légen, sich auf die Láuer légen

зали́в *м геогр.* Bucht *f* (10), Bai *f* (10); Méerbusen *m* (7), Golf *m* (1) (*тк. морской*)

заливáть 1. *см.* зали́ть; **2.** *разг.* (*врать*) spínnen* *vi*, flúnkern *vi*, Märchen erzählen; (ein múnteres) Séemannsgarn spínnen* (*о моряках*); не заливáй! flúnkere nicht!, schneid nicht auf!

заливáться I *см.* зали́ться I, II

заливáться II **1.** (*затопляться*) überschwémmt wérden [sein]; únter Wásser stéhen *; **2.** *страд.* begóssen [übergóssen] wérden; gelöscht wérden

зали́вка *ж* **1.:** ~ рези́новых издéлий Reparatúr schádhafter Gúmmiwaren; **2.** *стр.* Vergúß *m* -sses, Vergíeßen *n* -s; ~ асфáльтом Asphaltíerung *f*, Aspháltvergúß *m* -sses

заливнóе *с кул.* Aspík *m*, *n* -s; ~ из ры́бы Fisch in Aspík

заливн||óй 1. überschwémmbar; beríeselbar; ~óй луг (durch Überschwémmung) bewässerte Wíese; **2.** *кул.*: ~áя ры́ба Fisch in Aspík

зализáть, зали́зывать (áb)lécken *vt*; ~ рáну die Wúnde lécken

зал||и́ть 1. (*затопить*) überschwémmen *vt*, überflúten *vt*; вóлны зали́ли пáлубу Stúrzwellen überschwémmten das Deck; толпá ~илá плóщадь die Ménge überflútete den Platz; зали́тый сóлнцем von Sónnenlicht überflútet; **2.** (*запачкать*) begíeßen* *vt*; vergíeßen* *vt*, verschútten *vt*; ~и́ть скáтерть черни́лами Tínte auf das Tíschtuch gíeßen* [verschútten]; **3.** (*облить*) übergíeßen* *vt*; румя́нец зáлил её лицó ihr Gesícht wúrde von Röte übergóssen; **4.** (*потушить*) löschen *vt*; **5.** *стр.* vergíeßen* *vt*, verfüllen *vt*; ◇ ~и́ть за гáлстук *разг.* éinen [eins] hínter die Bínde gíeßen *; ~и́ть гóре винóм *разг.* den Kúmmer [das Leid] in Wein [Álkohol] ertränken

зали́ться I (*кудá-л.*) (heréin) fließen* *vi* (s); éindringen * *vi* (s) (*проникнуть*); водá залилáсь за вороти́к das Wásser floß hínter den Krágen

зали́ться II: ~ смéхом hell (áuf)láchen, in Geláchter áusbrechen*; ~ слезáми hélle Tränen wéinen, in Tränen zerfließen* [áusbrechen*]; ~ лáем ein Gebéll ánstimmen, kläffen *vi*; зали́лся соловéй die Náchtigall begánn zu schlágen* [síngen*]

залихвáтский *разг.* übermútig, keck; stramm (*бравый*)

залóг I *м* **1.** Versátz *m* -es, Verpfändung *f* (10); Pfand *n* (5), Únterpfand *n* (*предмет залога*); отдавáть в ~ verpfänden *vt*; остáвить в ~ als Pfand zurücklassen*; зум Pfand gében*; взять в кáчестве ~а als Pfand zurückbehalten* *vt*; под ~ (*чегó-л.*) únter Verpfändung, gégen Pfand; вы́купить из ~а ein Pfand éinlösen [áuslösen]; **2.** *перен.* Únterpfand *n* (5), Gewähr *f*; в э́том ~ нáшего успéха dárin liegt die Gewähr únseres Erfólges; ~ побéды ein Únterpfand des Síeges; ~ ми́ра das Únterpfand des Fríedens; **3.** (*денежная гарантия*) Kautión *f* (10); Sícherheit *f* (10), Sícherheitsleistung *f* (10); освободи́ть под ~ gégen Kautión fréilassen* [auf fréien Fuß sétzen]

залóг II *м грам.* Génus *n* =, Génera; действи́тельный ~ Aktív *n* (2); Aktívum [-vʊm] *n* -s, -va; Tátform *f* (10); страдáтельный ~ Pássiv *n* (2); Passívum [-vʊm] *n* -s, -va; Léideform *f*; срéдний [медиáльный] ~ Médium *n* -s, -di|en

залóгов||ый Pfand-; Versátz-; ~ое свидéтельство, ~ая квитáнция Pfándschein *m* (1)

залогo||дáтель *м юр.* Verpfänder *m* (6), Pfándgeber *m* (6); **~дáтельница** *ж юр.* Pfándgeberin *f* (12); **~держáтель** *м юр.* Pfándgläubiger *m* (6)

залож||и́ть 1. (*положить кудá-л.*) légen *vt*; stécken *vt* (*засунуть*); verlégen *vt* (*потерять*); ~и́ть рýки зá спину die Hände auf dem Rücken verschränken; **2.** (*заделать*) áusfüllen *vt* (*щели*); verstópfen *vt* (*законопатить*); ~и́ть окнó кирпичóм ein Fénster zúmauern; **3.** *разг.* (*запереть*) zúsperren *vt*; ~и́ть дверь на крючóк den Háken vor die Tür légen; **4.** (*загромоздить*) verstéllen *vt*; verlégen *vt* (*книгами*); **5.** (*впрячь лошадей*) ánspannen *vt*, éinspannen *vt*; ánschirren *vt*; **6.** (*отдать в залог*) versétzen *vt*, verpfänden *vt*; **7.** (*здание и т. п.*) gründen *vt*; den Grúndstein légen (zu *D*); ~и́ть фундáмент *тж. перен.* den Grund légen (чегó-л. zu *D*); ~и́ть гóрод éine Stadt gründen [ánlegen]; ~и́ть фруктóвый сад éinen Óbstgarten ánlegen; ~и́ть пáмятник den Grúndstein zu éinem Dénkmal légen; ~и́ть сýдно ein Schiff auf Kiel légen; ~и́ть оснóвы die Grúndlagen scháffen*, fundíeren *vt*; в нарóде залóжены твóрческие си́лы Schöpferkräfte wóhnen dem Vólke ínne; **8.** *воен.*: ~и́ть ми́нные поля́ Mínenfelder ánlegen; **9.** *безл. разг.*: грудь ~и́ло die Brust ist belégt; залóженный нос verstópfte Náse; **10.** (*страницу; книгу*) dazwíschenlegen *vt*; ~и́ть страни́цу ein Búchzeichen éinlegen [hinéinlegen]; ◇ ~и́ть склáдку éine Fálte éinlegen; ~и́ть за гáлстук *разг.* eins [éinen] hínter die Bínde gíeßen*, éinen hében*

залóжник *м* Géisel *f* (11); захвáт ~ов Géiselnahme *f* (11); уби́йство ~ов Géiselmord *m* (1); захвати́ть ~ов Géiseln néhmen*

залóм *м* (*сельдь*) Fétthering *m* (*im Kaspischen Meer*)

заломи́ть I *разг.* **1.** (*надломить*) úmknicken *vt*, éinknicken *vt*; **2.:** ~ цéну éinen únverschämten Preis verlángen; ◇ ~ шáпку *разг.* die Mütze schief [keck] aufs Ohr sétzen; ли́хо залóмленная шля́па ein verwégen gekrémpelter Hut

заломи́ть II *разг.* (*начать ломить*) schmérzhaft réißen; у меня́ заломи́ло в спинé ich hábe Rückenschmerzen bekómmen, mir tut der Rücken weh

залосн||и́ться glänzen *vi*; лóкти у пиджакá ~и́лись die Jácke glänzt an den Éllbogen

залп *м* Sálve [-vә] *f* (11); бортовóй ~ *мор.* Bréitseite *f* (11); дать ~ éine Sálve ábfeuern [ábgeben*]; ~ами sálvenweise [-vәn-]; стрельбá ~ами, огóнь ~ами Sálvenfeuer *n* -s

зáлпом *нареч. разг.* in éinem Zug, in éinem Satz; вы́пить ~ auf éinen Zug [in éinem Satz, auf ex] áustrinken*; произнести́ всё ~ in éinem Zúge álles ságen

залучи́ть *разг.* verlócken *vt*, heréinlocken *vt*

залы́сины *мн.* Gehéimratsecken *pl* (*разг.*)

залюбовáться (*кем-л.*, *чем-л.*) sich (an éinem Ánblick) wéiden, sich ergötzen, sich nicht satt séhen können* (чем-л. an *D*); séine Blícke nicht ábwenden können*

зам *м разг. см.* замести́тель

замáзать 1. (*закрасить*) übermálen *vt*, übertünchen *vt*; überstréichen* *vt* (*забор и т. п.*); **2.** (*замазкой*) verkítten *vt*; verkléistern *vt* (*дыру*); **3.** (*запачкать*) beschmíeren *vt*, verschmíeren *vt*; **4.** *перен.* vertúschen *vt*, bemänteln *vt*; ~ недостáтки Mängel vertúschen [bemänteln, tótschweigen*]; ◇ ~ комý-л. глазá j-m Sand in die Áugen stréuen; ~ комý-л. рот j-m den Mund verbíeten; j-m den Mund stópfen (*взяткой*); **~ся** sich beschmíeren, sich beschmútzen; sich besúdeln

замáзка *ж* **1.** (*вещество*) Kitt *m* (1); ~ на oли́фе Ölkitt *m*; окóнная ~ Gláserkitt *m*, Fénsterkitt *m*; **2.** (*действие*) Verkítten *n* -s

замáзывать *см.* замáзать; **~ся 1.** *см.* замáзаться; **2.** *страд.* verkíttet wérden; verkléistert wérden (*о дырах*); **3.** *страд. перен.* bemäntelt [vertúscht] wérden

замáлчивать verschwéigen* *vt*, tótschweigen* *отд. vt*, mit Stíllschweigen übergéhen*

замáнивать, заманúть verlócken *vt*, hinéinlocken *vt*, (án)lócken *vt*; э́тим никогó не замáнишь ≅ dámit lockt man kéinen Hund hínter dem Ófen vor; егó калачóм не замáнишь er läßt sich durch nichts verlócken

замáнчив||ость *ж* Reiz *m* (1), das Verlóckende (*sub*), Ánziehungskraft *f*; **~ый** verlóckend, ánziehend; ~ые перспектúвы verlóckende Áussichten

замарáть beschmíeren *vt*, beschmútzen *vt*; besúdeln *vt*; **~ся** sich beschmíeren, sich beschmútzen, sich schmútzig máchen; sich besúdeln

замарáшка *м, ж, разг.* Schmútzfink *m* (1), Schmíerfink *m*; Kléckerfritze *m* -n, Kléckerhans *m* -es -hänse, Kléckerliese *f* (*о женщине*)

замариновáть 1. mariníeren *vt*, éinlegen *vt*; **2.** *перен. разг.* auf die lánge Bank schíeben*

замаскирóванный maskiert, getárnt; mit Tárnanstrich bedéckt, verstéckt (*прикрытый*)

замаскировáть *см.* маскировáть; **~ся** *см.* маскировáться 1, 2, 3

замáслить *тех.* éinfetten *vt*, Féttflekke [féttig] máchen; mit Féttflecken beschmútzen; ~ кнúгу Féttflecken im Buch máchen; **~ся** féttig [spéckig] wérden

заматерéлый (*неисправимый*) únverbesserlich; éingefleischt (*закоренелый*)

заматерéть verhärten *vi* (s); verknöchern *vi* (s)

замáтывать *см.* замотáть 1, 2; **~ся** *см.* замотáться

замáх *м спорт.* Áusholen *n* -s, Schwúngholen *n*

замахáть ánfangen* zu schwénken; ánfangen* zu wínken (*рукой*); ánfangen* zu wédeln (*хвостом*); ~ крыльями mit den Flügeln schlágen* [schwíngen*]

замáх||иваться, ~нýться zum Schláge áusholen (чем-л. mit *D*); ~нýться рукóй mit der Hand áusholen, die Hand zum Schláge hében*

замáчивать *см.* замочúть

замáшки *мн.* Ángewohnheit *f* (10), Maníer *f* (10); дурны́е ~ Únsitte *f* (11); бáрские ~ hóchmütiges [hérrschaftliches] Gebáren

замáщивать *см.* замостúть

замáяться *разг.* sich ábrackern, erschöpft sein; áusgepumpt sein

замая́ч||ить blínken *vi*, fúnkeln *vi*; áuftauchen *vi* (*появиться*); вдалú ~или огнú парохóда in der Férne táuchten die Líchter des Dámpfers auf, in der Férne blínkten die Líchter des Dámpfers

замбúец *м* Sámbier *m* (6)

замбúйский sámbisch

замдекáна *м* (заместúтель декáна) Pródekan *m* (1)

замдирéктора *м* (заместúтель дирéктора) stéllvertretender Diréktor

замедлéн||ие *с* **1.** Verlángsamung *f* (10); **2.** (*задержка*) Verzögerung *f* (10), Verzúg *m* -(e)s; с ~ием zéitlich verzögert, zögernd; без ~ия óhne Verzúg, únverzüglich

замéдл||енный verlángsamt, verzögert, Lángzeit-; ~енным тéмпом *кино и перен.* im Zéitlupentempo, in Zéitlupe; бóмба ~енного дéйствия *воен.* Zéitzünderbombe *f* (11); релé ~енного дéйствия *радио* Verzögerungsrelais [-rəˈlɛː] *n* = [-rəˈlɛːs], = [-rəˈlɛːs], Lángzeitrelais *n*; ~енная киносъёмка Ráfferaufnahme *f*; производúть ~енную киносъёмку ráffen, im Ráffer fílmen

замедл||úтель *м воен.* Verzögerungssatz *m* (1*), Verzögerer *m* (6); трýбка с ~úтелем Verzögerungszünder *m* (6); *ядерн.* Moderátor *m* -s, -óren

замéдл||ить 1. (*что-л.*) verlángsamen *vt*; verzögern *vt*; áufhalten* *vt*; **2.:** не ~ить (+ *инф.*) nicht verféhlen; я не ~ю прийтú ich wérde nicht auf mich wárten lássen; я не ~ю вернýться ich kómme únverzüglich zurück, ich hálte mich nicht áuf, ich bin gleich wíeder da; слýчай не ~ил предстáвиться éine Gelégenheit ließ nicht lánge auf sich wárten

замéдлиться 1. sich verlángsamen, sich verzögern; **2.** (*затянуться*) sich in die Länge zíehen*

замедлять *см.* замéдлить 1; нельзя́ ~ тéмпы das Témpo darf nicht herábgesetzt wérden; nicht im Témpo náchlassen*

замедлáться 1. *см.* замéдлиться; **2.** *страд.* verlángsamt wérden

замелькáть ánfangen* zu flímmern [zu blínken]; vorüberfliegen* *vi* (s) (*при быстром движении*)

замéн||а *ж* **1.** (*действие*) Ersátz *m* -es; Ersétzen *n* -s, Ersétzung *f*; Vertrétung *f* (*о людях*); Áuswechseln *n* -s, Áustausch *m* -es; Wéchsel *m* -s, =; ~а мáсла *авто* Ölwechsel *m* (6); в порядке ~ы vertrétungsweise; stéllvertretend; ~а игрокóв *спорт.* Wéchsel der Spíeler; ~а спектáкля Prográmmänderung *f*; **2.** Ersátz *m* -es, Ersátzmittel *n* (6) (*чего-л.*); Vertrétung *f* (*о человеке*); служúть ~ой als Ersátz díenen, ersétzen *vt*; в ~у zum Ersátz; **~úмый** ersétzbar; vertrétbar; áustauschbar, áuswechselbar (*напр. о детали*); э́тот рабóтник легкó ~úм díeser Árbeiter ist leicht zu ersétzen

заменúтел||ь *м* Áustauschstoff *m* (1), Ersátzstoff *m*; ~ь кóжи Lédersatz *m*, Kúnstleder *n*; ~и цветны́х метáллов Áustauschstoffe für Búntmetalle

замен||úть 1. ersétzen *vt* (кем-л., чем-л. durch *A*); áustauschen *vt*, áuswechseln *vt* (*напр. деталь*); ~úть когó-л. (на рабóте) für j-n (in der Árbeit) éinspringen*; für j-n in die Brésche springen* (*разг.*); ~úть преподавáтеля на урóке in j-s Vertrétung éine Stúnde gében*; нáдо бы́ло ~úть вы́бывшего man müßte in die Lücke tréten*; онá ~úла емý мать sie ersétzte ihm die Mútter, sie vertrát Mútterstelle an ihm; **2.** (*быть чьим-л. заместителем*) (*j-n*) vertréten*; ктo ~я́ет дирéктора wer vertrítt den Diréktor?

заменя́ть *см.* заменúть

замéр *м спец.* Vermé́ssung *f*

замерéть 1. (*остановиться*) stíllstehen* *отд. vi* (s), stócken *vi*; erstérben* *vi* (s); stéhenbleiben* *отд. vi* (s); zum Erlíegen kómmen*; движéние зáмерло der Verkéhr stóckte [kam zum Erlíegen]; сéрдце моё зáмерло mein Púlsschlag stóckte, mein Herz stand still; **2.** (*застыть на месте*) erstárren *vi* (s), starr sein; ~ от стрáха vor Schreck erstárren [starr sein]; он зáмер (на мéсте) er stand wie féstgebannt [verstéinert, erstárrt]; **3.** (*о звуках*) erstérben* *vi* (s), verhállen *vi* (s); *радио* schwínden* *vi* (s) (*о колебаниях*); слóво зáмерло на егó устáх das Wort erstárb ihm auf den Líppen

замерзáн||ие *с* **1.** (*жидкости*) Gefríeren *n* -s; **2.** (*растений, людей и т. д.*) Erfríeren *n* -s; тóчка ~ия *физ.* Gefríerpunkt *m* -(e)s; ◇ находúться на тóчке ~ия auf dem tóten Punkt ángekommen sein

замерзáть, замёрз||нуть 1. éinfrieren* *vi* (s), gefríeren* *vi* (s), zúfrieren *vi* (s); рекá ~ла der Fluß ist zúgefroren; **2.** (*умереть от мороза*) erfríeren* *vi* (s); **3.** *разг.* (*озябнуть*) fríeren* *vi*; я совсéм замёрз ich bin ganz erfróren [durchfróren]

замéрить méssen* *vt*, ábmessen* *vt*, vermé́ssen* *vt*

зáмертво *нареч.* bewúßtlos, léblos; онá упáла ~ sie fiel wie tot zu Bóden

замесúть knéten *vt*, éinrühren *vt*; éinkneten *vt*

заме||стú 1. (*метлой и т. п.*) fégen *vt*; zusámmenfegen *vt* (*смести куда-л.*); **2.** *безл.* (*снегом и т. п.*) zúwehen *vt*, verwéhen *vt*; снéгом ~лó все дорóги álle Wége sind schnéeverweht; следы́ ~лó die Spúren sind verwéht; ~стú следы́ *перен.* die Spúren verwíschen [tílgen]

заместúтель *м* Vertréter *m* (6), Stéllvertreter *m*; ~ председáтеля stéllvertretender Vórsitzender; ~ дирéктора stéllvertretender Diréktor; ~ начáльника stéllvertretender Léiter, Stéllvertreter *m* (6) des Chefs; в кáчестве заместúтеля in Vertrétung; ~ командúра по политúческой чáсти (*сокр.* замполúт) Polítstellvertreter *m* (6); **~ница** *ж* Vertréterin *f* (12), Stéllvertreterin *f*; **~ство** *с* Vertrétung *f* (10), Stéllvertretung *f*

заместúть 1. (*заменить*) ersétzen *vt*; vertréten* *vt*; **2.** (*назначить на должность*) besétzen *vt*; **3.** *хим.*, *мат.* substituíeren *vt*

заметáть I *см.* замести́

заметáть II (*сметать*) ánheften *vt*

заметá||ться ánfangen* sich hin und her zu wérfen; больнóй ~лся в постéли der Kránke warf sich im Bett hin und her

замéт||ить 1. (be)mérken *vt*, ánmerken *vt*; erblícken *vt* (*увидеть*); я э́то сейчáс же ~ил ich hábe es gleich bemérkt; я ничегó не замечáю ich mérke nichts; по егó вúду нельзя́ бы́ло ничегó ~ить man kónnte ihm nichts ánmerken; не ~ить когó-л. j-n überséhen*; **2.** (*отметить*) notíeren *vt*, sich (*D*) notíeren; Notízen máchen; **3.** (*запомнить*) sich (*D*) mérken *vt*, sich (*D*) éinprägen *vt*; замéть себé э́то merk dir das; замéть notabéne (*лат.*, *сокр.* NB); **4.** (*сделать замечание, сказать*) bemérken *vt*, éine Bemérkung máchen; **~ка** *ж* **1.** Áufzeichnung *f* (10), Notíz *f* (10); газéтная ~ка Zéitungsnotiz *f*; ~ка на поля́х Rándbemerkung *f* (10), Rándnotiz *f*, Marginále *n* = *u* -s, -li̇en, Rándglosse *f* (11); путевы́е ~ки Réisenotizen *pl*; дéлать ~ки Notízen [Áufzeichnungen] máchen; дéлать крáткие ~ки Stíchwortnotizen máchen; **2.** (*метка, знак*) Mérkzeichen *n* (7), Zéichen *n*; я у негó на ~ке er hat mich auf dem Kíeker

замéт||ный 1. bemérkbar; mérklich; ~ная рáзница ein mérklicher [ins Áuge fállender] Únterschied; ~но (*на глаз*) zúsehends; бы́ло ~но, что он... man mérkte es ihm an, daß...; э́то ~но das merkt man; **2.** (*значительный*) bedéutend; hervórragend (*выдающийся*); ~ный человéк éine bedéutende Persönlichkeit

замётывать *см.* заметáть II

замечáние *с* **1.** Bemérkung *f* (10); критúческое ~ krítische Bemérkung;

то́нкое ~ tréffende Bemérkung; **2.** (*вы́говор*) Verwéis *m* (1); Órdnungsruf *m* (1); сде́лать кому́-л. ~ j-m éinen Verwéis ertéilen

замеча́тель||но *нареч.* wúnderbar, vortréfflich; ~но краси́вая де́вушка ein áuffallend hübsches Mädchen, ein wúnderschönes Mädchen; **~ный** bemérkenswert; hervórragend (*выдаю́щийся*); vortréfflich, áusgezeichnet (*превосхо́дный*); э́то ~ное явле́ние das ist éine bemérkenswerte Erschéinung

замеча́ть *см.* заме́тить; **~ся** **1.** zu (be)mérken [zu beóbachten] sein, mérkbar sein, sich bemérkbar máchen; **2.** *страд.* bemérkt wérden

замечта́ться in Gedánken [Träumeréien] versínken*; sich in Träumeréien [Gedánken] verlíeren*

заме́шанн||ый verwíckelt; быть ~ым во что-л. in etw. (*A*) verwíckelt sein; die Hand im Spíele háben

замеша́тельств||о *с* Verwírrung *f*; Verlégenheit *f* (*смуще́ние*); привести́ в ~о in Verlégenheit bríngen*, verwírren *vt*, verlégen máchen; прийти́ в ~о in Verlégenheit [in Verwírrung] geráten*, verlégen wérden; в кра́йнем ~е in äußerster Verwírrung

замеша́ть (*кого́-л. во что-л.*) (in éine Sáche) verwíckeln *vt*, verstrícken *vt*

замеша́ться **1.** (*затеря́ться*) sich míschen; ~ в толпе́ sich únter die Ménge míschen, in der Ménge úntertauchen; **2.** (*быть втя́нутым*) (hinéin)geráten* *vi* (s)

заме́шивать I *см.* замеси́ть

заме́шивать II *см.* замеша́ть

заме́шкаться *разг.* sich (zu lánge) áufhalten*; sich verspäten (*опозда́ть*)

замеща́ть *см.* замести́ть

замеще́ние *с* **1.** (*заме́на*) Ersátz *m* -es, Ersétzung *f*, Ersétzen *n* -es; **2.** (*замести́тельство*) Vertrétung *f* (10), Ámtsvertretung *f*; **3.** (*назначе́ние на до́лжность*) Besétzung *f* (10); **4.** *хим.*, *мат.* Substitutión *f* (10)

замига́ть **1.** ánfangen* zu blínzeln; **2.** (*о свече́, ла́мпе*) ánfangen zu flákkern

замини́ровать *см.* мини́ровать

зами́нк||а *ж разг.* Stóckung *f* (10); Verzögerung *f* (10) (*промедле́ние*); ~а в сбы́те Ábsatzstockung *f*; без ~и 1) (*говори́ть*) óhne zu stócken, flíeßend, glatt; 2) (*без заде́ржки*) réibungslos, glatt

замир||а́ние *с* Erstérben *n* -s; Stókkung *f* (*остано́вка*); Verhállen *n* -s (*зву́ков*); *ра́дио* Schwund *m* -(e)s; слу́шать с ~а́нием се́рдца mit stókkendem Hérzen zúhören; **~а́ть** *см.* замере́ть

за́мкнут||о *нареч.* verschlóssen; zurückgezogen, жить ~о zurückgezogen lében; ein zurückgezogenes Lében führen; **~ость** *ж* **1.** (*хара́ктера*) Verschlóssenheit *f*; **2.** (*о среде́ и т. п.*) Ábgeschlossenheit *f*, Exklusivität [-vi-] *f*; **3.** *мат.* Geschlóssenheit *f* (*систе́мы*); **~ый** **1.** geschlóssen; ~ая ли́ния *мат.* éine geschlóssene Kúrve [-və]; ~ая сеть *эл.* geschlóssenes Strómnetz; **2.** *перен.* verschlóssen; (áb)geschlóssen, exklusív (*о среде́*); вести́ ~ый о́браз жи́зни ein zurückgezogenes Lében führen

замкну́||ть schlíeßen* *vt*; ~ть цепь *эл.* den Kreis schlíeßen*; **~ться** *разг.* **1.** schlíeßen *vi*, sich schlíeßen; цепь ~лась der Kreis ist geschlóssen; **2.** *перен.* sich ábsondern, sich (von der Áußenwelt) ábschließen*, sich ábkapseln

за́мковый Schloß-, Burg-

замко́вый Schloß-

замоги́льный: ~ го́лос Grábesstimme *f* (11)

за́м||ок *м* Schloß *n* -sses, Schlösser, Burg *f* (10); ◇ возду́шные ~ки Lúftschlösser *pl*

зам||о́к *м* Schloß *n* -sses, Schlösser, Verschlúß *m* -sses, -schlüsse (*застёжка, затво́р*); дверно́й ~о́к Türschloß *n*; вися́чий ~о́к Hängeschloß *n*, Vórlegeschloß *n*, Vórhängeschloß *n*; врезно́й ~о́к Éinlaßschloß *n*, Blíndschloß *n*, Éinsteckschloß *n*; францу́зский ~о́к Sélbstschließer *m* (6), Schnáppschloß *n*; ~о́к с секре́том Vexíerschloß [v-] *n*; Búchstabenschloß *n* (*с бу́квенным ши́фром*); ~о́к ору́дия Verschlúß *m*; ~о́к сво́да *стр.* Schlúßstein *m* éines Gewölbes; пове́сить ~о́к ein Schloß vórhängen, ein Schloß vor *etw.* (*A*) hängen; запере́ть на ~о́к (ver)schlíeßen* *vt*; éinschließen* *vt* (*кого́-л.*); ◇ под ~ко́м únter Verschlúß; éingesperrt; за семью́ ~ка́ми hínter Schloß und Ríegel

замо́лвить: ~ слове́чко за кого́-л. *разг.* für j-n ein gútes Wort éinlegen

замолка́ть, **замо́лкнуть** schwéigen* *vi*, stíllschweigen* *отд. vi*, verstúmmen *vi* (s); verhállen *vi* (s) (*о зву́ках*); замо́лкли зву́ки пе́сни das Lied verhállte; разгово́р замо́лк das Gespräch brach ab

замолч||а́ть I *см.* замолка́ть; **~и́!** schweig!, sei still!; halt den Mund, halt's Maul! (*разг.*); заста́вить кого́-л. ~а́ть j-n zum Schwéigen bríngen*; j-m ein Schloß vor den Mund légen, j-m éinen Máulkorb ánlegen (*разг.*); j-n múndtot máchen (*лиши́ть возмо́жности выступа́ть в печа́ти*)

замолча́ть II *см.* зама́лчивать

замора́жив||ание *с* **1.** Gefríeren *n* -s, Éinfrieren *n*, Frósten *n* -s; *мед.* Veréisen *n* -s; иску́сственное ~ание гру́нта künstliches Éinfrieren des Bódens; **2.** *фин.* Éinfrieren *n* -s; ~ание за́работной пла́ты Éinfrieren der Löhne, Lóhnstopp *m* -s; ~ание цен Préisstopp *m*; **~ать** *см.* заморо́зить

заморга́ть ánfangen* zu blínzeln

заморённ||ый *разг.* entkräftet, erschöpft; ~ая кля́ча Schíndmähre *f* (11)

замори́ть *разг.* (zu Tode) schínden* *vt*, ábhetzen *vt*, ábquälen *vt*; ~ го́лодом j-n verhúngern lássen*; ◇ ~ червячка́ *разг.* den ärgsten Húnger stíllen

заморо́женн||ый **1.** Gefríer-, gefróren; éisgekühlt; gefróstet; ~ая ры́ба Gefríerfisch *m* (1); **2.** *разг.* (*равноду́шный*) éiskalt, gléichgültig

заморо́зить **1.** gefríeren lássen*; zum Gefríeren bríngen*; éinfrosten *vt*; *мед.* veréisen *vt*; **2.** *разг.* (*си́льно охлади́ть*) kalt stéllen; ~ буты́лку шампа́нского éine Flásche Sekt kalt stéllen; **3.** *фин.* éinfrieren* *vt* (*за́работную пла́ту, це́ны, сре́дства*); spérren *vt*, blockíeren (*счёт*)

за́морозки *мн.* Frost *m* (1*); ра́нние (*осе́нние*) ~ Frühfrost, früher Hérbstfrost; по́здние (*весе́нние*) ~ Spätfrost *m*; später Frühlingsfrost; Náchtfröste *pl* (*ночны́е*); ~ на по́чве Bódenfrost *m*; пострада́ть от за́морозков Fróstschäden erléiden*

замороси́ть ánfangen* zu tröpfeln

замо́рск||ий **1.** übersee isch, Übersee-; ~ая торго́вля Überseehandel *m* -s; **2.** *уст.* (*иностра́нный*) fremd, frémdländisch; ~ий гость Frémde *m* (14)

замо́рыш *м разг.* éine kümmerliche Gestált; ein Häufchen Únglück; он вы́глядит ~ем er sieht ganz verkümmert aus

Замоскворе́чье *с* Samoskworétschje *n* = (*Moskauer Stadtteil südlich der Moskwa*)

замости́ть pflástern *vt*

замота́||ть **1.** (*обмота́ть*) wíckeln *vt*, wínden* *vt* (вокру́г чего́-л. um *A*); umwíckeln *vt*, umwínden* *vt* (чем-л. mit *D*); zúwickeln *vt*, áufwickeln *vt*; áufwinden* *vt* (*намота́ть*); **2.** *разг.* (*утоми́ть*) ermüden *vt*; j-n ganz verdréht máchen; **3.** *разг.* (*заверте́ть*) wáckeln *vi*; ~ть голово́й den Kopf schütteln [wíegen], mit dem Kopf wáckeln; ~ть хвосто́м mit dem Schwanz wédeln; **~ться** **1.** (*обмота́ться*) sich áufwikkeln, sich áufwinden*, sich wíckeln (um *A*); **2.** *разг.* (*вы́биться из сил*) sich ábrackern, erschöpft [ábgespannt] sein; я совсе́м ~лся ich weiß nicht, wo mir der Kopf steht, ich bin ganz erlédigt

замочи́ть **1.** naß máchen; ~ но́ги násse Füße bekómmen*; **2.** (*намочи́ть*) éinweichen *vt*; (éin)wässern *vt* (*селёдку и т. п.*); éinquellen *vt* (*бочку*); **3.** (*лён, коно́плю*) rösten *vt*

замо́чк||а *ж* Éinweichen *n* -s; Röste *f* (11) (*льна, конопли́*); сре́дство для ~и белья́ Éinweichmittel *n* (6)

замо́чн||ый Schloß-; ~ая пружи́на Schlóßfeder *f* (11); ~ая скважи́на Schlüsselloch *n* (5)

замполи́т *м* (замести́тель команди́ра по полити́ческой ча́сти) Polítstellvertreter *m* (6)

за́муж: вы́йти ~ sich verhéiraten, héiraten *vi*; вы́йти ~ за кого́-л. j-n héiraten, sich mit j-m verhéiraten; вы́дать ~ verhéiraten *vt*; **~ем:** быть ~ем verhéiratet sein; быть ~ем за кем-л. mit j-m verhéiratet sein, j-s Frau sein

заму́ж||ество *с* Héirat *f* (10); Éhe *f* (11) (*einer Frau*); в ~естве in der Éhe; **~няя** verhéiratet; ~няя же́нщина verhéiratete Frau

замурлы́кать *разг.* ánfangen* zu schnúrren [spínnen]

замурова́ть vermáuern *vt*; éinmauern *vt* (*в сте́ну*); zúmauern *vt* (*заде́лать в сте́ну*); **~ся** *разг.* sich vergráben*; sich (von der Welt) ábschließen*, sich éinschließen*

замуро́вывать(ся) *см.* замурова́ть(ся)

замусо́ленный ábgegriffen; beschmútzt

замусо́ливать, **замусо́лить** beschmútzen *vt*; besábbern *vt* (*разг.*)

заму́сорить (durch Kéhricht) verúnreinigen *vt*; verdrécken *vt* (*разг.*)

замут||и́ть trüben *vt*; ◇ он воды́ не ~и́т er sieht aus, als könnte er kein Wässerchen trüben; **~и́ться** sich trüben, trübe wérden

замухры́шка *м, ж разг.* éine kümmerliche [jämmerliche] Gestált, Jämmerling *m* (1)

заму́ч||ить **1.** (*до сме́рти*) zu Tóde quälen [mártern, fóltern]; **2.** *перен.* (áb)quälen *vt*, plágen *vt*, bis aufs Blut quälen; меня́ со́весть ~ила mein Gewíssen quält mich [läßt mir kéine Rúhe]; **~иться** sich ábquälen, sich ábplagen

за́мш||а *ж* Wíldleder *n* -s, Wáschleder *n*, Sämischleder *n* (*спец.*); **~евый** wíldledern, Wíldleder-, Wáschleder-, sämischledern, aus Sämischleder; ~евые перча́тки Wáschlederhandschuhe *pl*; ~евые ту́фли Wíldlederschuhe *pl*

замыва́ть *см.* замы́ть

замыка́||ние *с* Schluß *m* -sses, Schlüsse, Schlíeßung *f* (10); коро́ткое ~ние *эл.*

Kúrzschluß *m*, dirékter Schluß; ~ние на зéмлю *эл.* Érdschluß *m*; ~ние на кóрпус *эл.* Mässeschluß *m*; **~тель** *м эл.* Strómschließer *m* (6)

замыкáть 1. *см.* замкнýть; **2.**: ~ шéствие den Zug schließen*

замыкá||ться 1. *см.* замкнýться; **2.** *страд.* verschlóssen wérden; **~ющий** *сущ. м воен.* Schlíeßende *m* (14)

зáмыс||ел *м* **1.** (*намерение*) Vórhaben *n* (7); Plan *m* (1*); Ábsicht (10); у негó дурны́е ~лы er führt Böses im Schílde; **2.** (*идея*) Idée *f* (11); ~ел произведéния die Idée [Grúndidee] éines Wérkes

замы́слить vórhaben *vt*, plánen *vt*, beábsichtigen *vt*, sich (*D*) *etw.* vórnehmen*; sich trágen* mit der Ábsicht [mit dem Plan] *etw.* zu tun; ~ что-л. злóе Böses im Schílde führen; он замышляéт месть er brütet [sinnt auf] Ráche

замысловáт||ость *ж* Kompliziertheit *f* (10), Verzwícktheit *f* (10); **~ый** kompliziert, verwíckelt, verzwíckt

замы́ть 1. (*устранить пятна*) heráuswaschen* *vt*, (durch Wäschen) entférnen *vt*; **2.** (*смыть течением*) glättspülen *vt*; verwíschen *vt*; следы́ замы́ты дождём die Spúren sind vom Régen verwíscht

замычáть ánfangen* zu brüllen [zu múhen], ein Gebrüll erhében*

замышлять *см.* замы́слить

замя́ть *разг.* **1.** zerdrücken *vt*; ~ окýрок éinen Zigaréttenstummel [éine Kíppe] áusdrücken; **2.** *перен.* vertúschen *vt*; unterdrücken *vt*; nicht áufkommen lássen*; ~ вопрóс éine Fráge übergéhen*; ~ дéло éine Sáche vertúschen [únter den Téppich kéhren]; ~ разговóр das Gespräch (von Théma) áblenken, das Gespräch in éine ándere Ríchtung lénken, dem Gespräch éine ándere Ríchtung gében*

замя́||ться *разг.* verlégen [verwírrt] wérden; den Fáden verlíeren (*потерять нить*); расскáзчик вдруг ~лся der Erzähler geríet plötzlich ins Stócken

зáнавес *м* (*б. ч. театр.*) Vórhang *m* (1*); ~ упáл der Vórhang fiel [ging níeder]; ~ поднимáется der Vórhang geht hoch; ~ раздви́нулся der Vórhang téilte sich; подня́ть ~ den Vórhang hében*; опусти́ть [закры́ть] ~ den Vórhang herúnterlassen* [schlíeßen*, vórziehen*]; ◇ под ~ (noch) vor Áktschluß; желéзный ~ der éiserne Vórhang

занавéс||ить verhängen *vt*; ~ить окнó den Vórhang vórziehen*; **~ка** *ж* Vórhang *m* (1*); Gardíne *f* (11); Schéibenvorhang *m*, Fénstervorhang *m* (*на окно*); тю́левая ~ка Tüllgardine *f*; задёрнуть ~ку den Vórhang zúziehen* [vórziehen*]

занавéшивать *см.* занавéсить

занáшивать *см.* заноси́ть II

занемéть *разг.* (*потерять чувствительность*) erstárren *vi* (s), éinschlafen *vi* (s)

занемóчь erkránken *vi* (s), krank wérden, únwohl wérden [sein]

занесéние *с* Éintragung *f* (10) (*в протокол и т. п.*); ~ в кни́ги *бухг.* Búchung *f*

занес||ти́ 1. (*принести*) (hín)bríngen* *vt*; **2.** (*болезнь и т. п.*) éinschleppen *vt*, verschléppen *vt*; **3.** (*внести, записать*) éintragen* *vt*, éinschreiben* *vt*; *бухг.* (ver)búchen *vt*; ~ти́ в спи́сок in die Líste éintragen* [éinschreiben*]; ~ти́ в протокóл zu Protokóll néhmen*; protokollíeren *vt*; ~ти́ в дéбет *бухг.* im Soll búchen, das Kónto belásten (mit *D*); ~ти́ в крéдит *бухг.* gútschreiben* *отд. vt*, im Háben búchen; **4.** *безл.* (*засыпать*) verwéhen *vt*, zúwehen *vt*; дорóгу ~лó снéгом der Weg war verwéht; ýстье ~лó пескóм die Mündung ist versändet; ~ённый снéгом (tief) éingeschneit; **5.** (*поднять*): ~ти́ нóгу, рýку den Fuß, die Hand hében*; ~ти́ нóгу за порóг den Fuß über die Schwélle sétzen; **6.** *безл.*: маши́ну ~лó (на мóкром асфáльте) der Wágen [das Áuto] geríet (auf dem nássen Asphált) ins Schléudern [ins Rútschen]; ◇ что тебя́ ~лó сюдá? was hat dich hierhér verschlágen?; каки́м вéтром тебя́ ~лó? wélcher Wind hat dich denn hérgeweht?

занести́сь *разг.* **1.** (*унестись далеко мыслями*) sich hínreißen lássen*, sich davóntragen lássen*; **2.** (*зазнаться*) stolz wérden; sich (*D*) viel éinbilden, hoch hináuswollen*

занижáть *см.* зани́зить

занижéние *с* Únterbewertung *f* (10), zu níedrige Bewértung (*оценки, стоимости*); zu níedrige Féstsetzung (*цен, плановых заданий, норм*)

зани́женн||ый zu níedrig ángesetzt [féstgesetzt]; ~ые трéбования zu níedrige Ánforderungen; Únterforderungen *pl*

зани́зить zu stark herábsetzen [sénken]; drósseln *vt*; zu níedrig ánsetzen (*план, норму, цену*); zu níedrig bewérten, únterbewerten *vt* (*стоимость, оценку*)

заними́тельн||ый ánregend, unterháltsam, interessánt; spánnend (*увлекательный*); amüsánt (*забавный*); ~ая фи́зика (*заголовок книги*) Physík leicht gemácht, unterháltsame Physík; кни́га довóльно ~а das Buch ist ganz geníeßbar

занимáть I *см.* заня́ть I

занимáть II *см.* заня́ть II; ~ пост den Pósten ínnehaben*

занимá||ться I **1.** (be)tréiben* *vt*; ~ться чем-л. sich mit etw. (*D*) beschäftigen [befássen]; ~ться спóртом Sport tréiben*; ~ться гимнáстикой Gymnástik tréiben*; túrnen *vi*; я ~лся э́тим вопрóсом ich hábe mich mit der Fráge beschäftigt; ~ться хозя́йством die Wírtschaft führen [besórgen]; wírtschaften *vi*; **2.** (*работать*) árbeiten *vi*; **3.** (*об учащихся*) lérnen *vi*; studíeren *vi*, *vt* (*изучать*); прилéжно ~ться fléißig studíeren; **4.** (*преподавать*) unterríchten *vt*, Únterricht ertéilen; **5.** *разг.* (*заботиться*) sich kümmern (*кем-л.*, *чем-л.* um *A*); ◇ ~ться собóй auf sein Äußeres hálten*

занимáться II (*загораться*) *см.* заня́ться II

зáново *нареч.* von néuem, aufs néue; von vórne an (*сначала*); сдéлать чтó-либо ~ etw. neu máchen

занóз||а 1. *ж* Splítter *m* (6); **2.** *м, ж перен. разг.* Nörgler *m* (6), Nörglerin *f* (12); Stréithammel *m* (6) (*задира*); **~истый** *разг.* **1.** splítt(e)rig; **2.** *перен.* nörglerisch, spóttsüchtig; stréitsüchtig (*задиристый*); **~и́ть** sich (*D*) éinen Splítter éinziehen*; ~и́ть нóгу sich (*D*) éinen Splítter (in den Fuß) éintreten*

занóс *м* **1.** (*действие*) Rútschen *n* -s, Schléudern *n* -s; опáсность ~а Rútschgefahr *f* (10), Schléudergefahr *f*; ~ хвостá самолёта Áusscheren *n* des Hecks; **2.** (*отложение*) Verwéhung *f* (10); снéжный ~ Schnéeverwehung *f*; песчáный ~ Versándung *f* (10)

заноси́ть I *см.* занести́

заноси́ть II *разг.* (*истрепать*) ábtragen* *vt*, ábnützen *vt*

заноси́ться I *см.* занести́сь

заноси́ться II *страд.* gebrácht wérden (*ср.* занести́)

занóсный fremd; (von éinem ánderen Órt) herbéigebracht

занóсчив||ость *ж* Ánmaßung *f*; Hóchmut *m* -s; Überhéblichkeit *f*; Arrogánz *f*; **~ый** ánmaßend, hóchmütig; überhéblich; arrogánt; hóchnäsig (*разг.*)

заночевáть übernáchten *vi*, über Nacht bléiben*

занóшенный ábgetragen; ábgeschabt, schäbig (*потёртый*)

занумеровáть numeríeren *vt*

заня́т||ие *с* **1.** (*захват*) Éinnahme *f* (11); Besétzung *f* (10); ~ие гóрода Besétzung éiner Stadt; **2.** (*работа, времяпрепровождение*) Beschäftigung *f* (10); Betätigung *f* (10); Tätigkeit *f* (10); побóчное ~ие Nébenbeschäftigung *f*; не имéть определённых ~ий kéiner gerégelten Árbeit náchgehen*; без определённых ~ий beschäftigungslos; род ~ий Berúf *m* (1); **3.** *мн.* ~ия (*учебные*) Únterricht *m* -(e)s; Léhrveranstaltungen *pl* (*книжн.*, *в вузах и техникумах*); часы́ ~ий Únterrichtszeit *f*; наýчные ~ия wíssenschaftliche Stúdi¦en; практи́ческие ~ия по рýсскому языкý rússische Spráchübungen; ~ия (в вýзах) начали́сь der Stúdi¦enbetrieb wúrde áufgenommen, die Léhrveranstaltungen háben begónnen; ~ий не бýдет der Únterricht fällt aus; когдá начнýтся ~ия в шкóле? wann beginnt die Schúle?; когдá начнýтся ~ия в вýзе? wann begínnt der Únterricht an der Hóchschule?, wann begínnen die Vórlesungen an der Hóchschule?; дополни́тельные часы́ ~ий (*для отстающих*) Förderunterricht *m*, Náchhilfeunterricht *m*; проводи́ть ~ия с кружкóм éinen Zírkel léiten; **4.** *воен.* Übung *f* (10); строевы́е ~ия Exerzíerausbildung *f*; полевы́е ~ия Geländeausbildung *f*

заня́тный amüsánt, unterháltsam; interessánt (*интересный*); dróllig (*забавный*)

занятóй *разг.* beschäftigt

зáнят||ость *ж* **1.** (*перегруженность работой*) Überbelastung *f* (10); ввидý ~ости я не мог прийти́ ich kónnte nicht kómmen, da ich beschäftigt war [viel zu tun hätte]; **2.** *эк.* Beschäftigung *f*, Beschäftigungsgrad *m* (1) (*рабочей силы*); пóлная ~ость Vóllbeschäftigung *f*; непóлная ~ость Kúrzarbeit *f*; Téilbeschäftigung *f*, Únterbeschäftigung *f*; **~ый 1.** (*захваченный*) éingenommen, besétzt; **2.** (*не свободный*) besétzt, belégt; мéсто ужé ~о der Platz ist beréits besétzt; мéсто ~о для товáрища der Platz ist für éinen Kollégen belégt [reserviert (-'vi:)] **3.** (*работой и т. п.*) beschäftigt; tätig; я óчень зáнят ich bin sehr beschäftigt; он сли́шком зáнят э́тим дéлом er ist davón zu sehr in Ánspruch genómmen; на завóде ~á ты́сяча рабóчих der Betríeb beschäftigt táusend Árbeiter; ~ый в промы́шленности in der Industríe Beschäftigte *m* (14); ~ый непóлный рабóчий день Kúrzarbeiter *m* (6); ~ый пóлный рабóчий день Vóllbeschäftigte *m* (14)

заня́ть I (*в долг*) bórgen *vt* (у когó-л. von *D*, bei *D*), léihen* *vt* (у когó-л. von *D*)

заня́ть II **1.** (*территорию, место, должность*) éinnehmen* *vt*, besétzen *vt*; belégen *vt*; ~ райо́н, го́род *воен.* éinen Raum, éine Stadt besétzen [éinnehmen*]; ~ аэродро́м *воен.* éinen Flúgplatz belégen; ~ исхо́дное положе́ние *воен.* die Áusgangsstellung bezíehen*; die Áusgangsposition éinnehmen*; ~ ко́мнату (*в гостинице*) ein Zímmer belégen; все ко́мнаты за́няты álle Zímmer sind belégt; ~ места́ Platz néhmen*, die Plätze éinnehmen*; ~ пе́рвое ме́сто (*в соревновании*) den érsten Platz belégen; an die érste Stélle rücken; ~ до́лжность éine Stélle éinnehmen*; ein Amt bekléiden; éine Funktión [éine Díenststellung] ínnehaben*; auf éine Stélle áufrücken; **2.** (*время*) in Ánspruch néhmen*; **3.** (*заинтересовать*) interessíeren *vt*; beschäftigen *vt*; unterhálten* *vt*, j-m die Zeit vertréiben* (*позабавить*); э́то де́ло меня́ о́чень за́няло die Sáche beschäftigte mich sehr, die Sáche interessíerte mich sehr

заня́ться I *см.* занима́ться I; ~ рабо́той sich an die Árbeit máchen

заня́||ться II (*загореться*) Féuer fángen*; ◇ заря́ ~ла́сь der Mórgen dämmerte [gráute]; день ~лся́ der Tag brach an; дух у меня́ ~лся́ *разг.* der Átem ging mir aus, das benáhm mir den Átem

зао́блачн||ый **1.** *поэт.* über den Wólken; **2.** *перен.* in den Wólken schwébend, hóchtrabend; ~ые мечты́ überspánnte Träumeréien, Wólkenguckerei *f*

заодно́ *нареч.* **1.** (*в согласии*) im Éinverständnis, im Éinvernehmen; geméinsam; де́йствовать [быть] ~ geméinsam hándeln [vórgehen*], im Éinverständnis mit j-m hándeln; mit j-m únter éiner Décke stécken, an éinem Strang zíehen* (*разг.*); **2.** (*попутно, кстати*) zugléich, gléichzeitig

зао́зёрный jénseits des Sées befíndlich [gelégen]

заокеа́нский überseeisch, Übersee-; transozeánisch; transatlántisch (*заатлантический*)

заора́ть *разг.* ein Geschréi [ein Gebrüll] ánstimmen, ánfangen* zu brüllen; ~ на кого́-л. j-n ánbrüllen

заостре́ние *с* Schärfung *f*; ~ о́браза (*в литературе*) Zúspitzung der Gestált; сатири́ческое ~ satírische Zúspitzung; ~ сюже́та Zúspitzung des Sujets [sy'ʒe:s]

заострённ||ость *ж* Spítzigkeit *f*; *перен.* Zúgespitztheit *f*; полити́ческая ~ость polítische Zúgespitztheit; **~ый** spítzig, spitz; Spitz-; zúgespitzt (*тж. перен.*); spitz áuslaufend, verjüngt (*суживающийся к концу*); ~ый нос spítze Náse

заостри́ть **1.** schärfen *vt*, (zu)spítzen *vt*; verjüngen *vt* (*сузить к концу*); ~ ко́лья Pfähle ánspitzen; ~ каранда́ш den Bléistift spítzen; **2.** *перен.* (*подчеркнуть*) zúspitzen *vt*, verschärfen *vt*; ~ вопро́с éine Fráge zúspitzen; ~ внима́ние (на чём-л.) die Áufmerksamkeit auf etw. (*A*) (hín)lénken [konzentríeren]; **~ся** **1.** spitz wérden, sich zúspitzen; spitz áuslaufen*, sich verjüngen (*суживаться*); **2.** *перен.* sich zúspitzen; sich verschärfen (*обостриться*); слух заостри́лся до бо́ли das Gehör war bis zur Únerträglichkeit ángespannt

заостря́ть *см.* заостри́ть; **~ся** **1.** *см.* заостри́ться; **2.** *страд.* zúgespitzt wérden

зао́хать *разг.* ánfangen* zu ächzen (zu krächzen, zu séufzen]

зао́чник *м* Férnstudent *m* (8); быть студе́нтом-~ом férnstudieren *vi*

зао́чн||о *нареч.* **1.** (*в отсутствие*) in Ábwesenheit; приговори́ть ~о in Ábwesenheit verúrteilen; **2.** (*об учении*) im Férnstudium [Férnunterricht]; **~ый** **1.** *юр.* (*без присутствия*) Kontumáz-, Kontumaziál-; ~ый пригово́р Kontumáz(iál)urteil *n* (2); Ábwesenheitsurteil *n*; ~ое реше́ние Versäumnisurteil *n* (*в гражданском процессе*); ~ое разбира́тельство Kontumaziálverfahren *n* (7); Versäumnisverfahren *n* (*в гражданском процессе*); Verfáhren in Ábwesenheit des Ángeklagten (*в уголовном процессе*); **2.** Fern-; ~ое обуче́ние Férnunterricht *m* -(e)s, Férnstudium *n* -s, -dilen; ~ый институ́т Férnschule *f* (11); ~ый курс Férnlehrgang *m* (1*); ~ое лече́ние Férnbehandlung *f*, ~ое отделе́ние (*вуза*) Férnstudilenabteilung *f* (10); ~ая аспиранту́ра áußerplanmäßige Aspirantúr; око́нчить ~ый вуз das Férnstudium an éiner Hóchschule beénden

за́пад *м* **1.** (*страна света, направление*) Wésten *m* -s; West (*поэт., мор., геогр.— употр. без артикля; сокр.* W); к ~у gé(ge)n Wésten; nach Wésten; wéstwärts; к ~у, на ~, на ~е от чего́-л. wéstlich von etw. (*D*); с ~а von [aus dem] Wésten; на ~е im Wésten; **2.** (*западные страны*) Wésten *m* -s; *собир.* das wéstliche Áusland; Ókzident *m* -(e) s (*уст.*); Ábendland *n* - (e)s (*гл. обр. поэт.*)

запа́да||ть ánfangen* zu fällen, ~ли ка́пли дождя́ es begánn zu tröpfeln

запада́ть *см.* запа́сть

за́паднее (*чего-л.*) wéstlich (von *D*)

за́падн||ик *м ист.* Wéstler *m* (6); **~ичество** *с ист.* Wéstlertum *n* -s

западногерма́нский wéstdeutsch

западноевропе́йский wésteuropäisch

западнославя́нск||ий wéstslawisch; ~ие языки́ die wéstslawischen Spráchen

за́падн||ый **1.** wéstlich; West-; ~ый ве́тер Wéstwind *m* (1); West *m* (1) (*поэт.*); ~ая сторона́ Wéstseite *f*; в ~ом направле́нии от чего́-л. wéstlich von etw. (*D*); За́падная Евро́па Wésteuropa *n* -s; **2.** (*о культуре и т. п.*) wéstlich; ábendländisch

западн||я́ *ж* Fálle *f* (11) (*тж. перен.*); Fálleisen *n* (7) (*капкан*); Garn *n* (2) (*для птиц*); поста́вить кому́-л. ~ю́ j-m éine Fálle stéllen; расста́вить ~и́ Fállen áufstellen; попа́сть в ~ю́ ins Garn géhen*, in die Fálle géhen*; in éine Fálle gerâten*; замани́ть в ~ю́ in die Fálle [ins Garn] lócken

запа́здыва||ние *с* Verspätung *f* (10), Verzögerung *f* (10); **~ть** *см.* запозда́ть

запа́ивать *см.* запая́ть

запа́йка *ж разг.* Verlötung *f*, Zúlötung *f*

запакова́ть, запако́вывать éinpacken *vt*, verpácken *vt*; paketíeren *vt* (*в пакеты*); verstáuen *vt* (*укладывать*)

запа́костить *разг.* verschmútzen *vt*, beschmútzen *vt*, besúdeln *vt*; versáuen *vt*, verdrécken *vt*

запа́л I *м* (*у животных*) Hérzschlächtigkeit *f*; ло́шадь с ~ом ein hérzschlächtiges [dämpfiges] Pferd

запа́л II *м* **1.** (*запальное приспособление; тж. воен.*) Zünder *m* (6), Zündstück *n* (2); Zündloch *n* (5) (*запальное отверстие*); **2.** (*порыв*) Héftigkeit *f*, Éifer *m* -s

запали́ть I *разг.* (*зажечь*) ánzünden *vt*; ánstecken *vt*; in Brand stécken (*поджечь*)

запали́ть II (*загнать лошадь*) ábjagen *vt*, ábhetzen *vt*

запа́льн||ый Zünd-; Spreng-; Brand-; ~ое приспособле́ние Zündvorrichtung *f* (10); ~ая свеча́ *авто* Zündkerze *f* (11); ~ый шнур Zündschnur *f* (3, 10); ~ая ка́мера *воен.* Zündkammer *f* (11); ~ый ка́псюль Zündhütchen *n* (7), Zündkapsel *f* (11); ~ая тру́бка Brándröhre *f* (11); ~ый соста́в Zündmittel *n* (6), Zündsatz *m* (1*)

запа́льчив||ость *ж* Héftigkeit *f*, Jähzorn *m* -s; **~ый** héftig, áufbrausend, jähzornig

запа́льщик *м горн.* Schíeßmeister *m* (6), Schíeßhauer *m* (6), Spréngmeister *m*

запа́мятовать *уст.* vergéssen* *vt*; verschwítzen *vt* (*разг.*)

запанибра́та *нареч. разг.* familiär, vertráulich; быть ~ sich ánbiedern

запа́ривать(ся) *см.* запа́рить(ся)

запа́рить **1.** (*залить кипятком*) ábbrühen *vt*; **2.** *разг.* (*измучить*) ermátten *vt*; **~ся** *разг.* (*утомиться*) sich ábhetzen, ábgehetzt sein, áusgepumpt sein

запа́рка *ж* **1.** (*действие*) Dämpfen *n* -s; **2.** (*корм*) gedämpftes Fútter; **3.** (*установка*) Dämpfer *m* (6)

запа́рник *м с.-х.* Dámpffaß *n* -sses, -fässer, Dämpfer *m* (6), Dämpfanlage *f* (11); Fútterdämpfer *m*

запарши́веть *разг.* die Räude bekómmen*, räudig wérden

запа́с *м* **1.** Vórrat *m* (1*) (чего́-л. an *D*); ~ продово́льствия Lébensmittelvorrat *m*; ~ы сырья́ Róhstoffvorräte *pl*; исче́рпать ~ den Vórrat erschöpfen; ~ про́чности *тех.* Sícherheitsgrad *m* (1), Sícherheit *f*; **2.** (*наличное состояние*) Bestánd *m* (1*); сверхнормати́вный ~ Überplanbestand *m* (1*); авари́йный ~ Nótbestand *m*, Nótvorrat *m* (1*); желе́зный, неприкоснове́нный ~ der éiserne Bestánd; éiserne Resérve [-və] [Ratión]; золото́й ~ Góldbestand *m*, Góldreserve *f* (11), Góldschatz *m* (1*); това́рный ~ Wárenbestand *m*, Wárenvorrat *m* (1*); **3.** *перен.* Schatz *m* (1*), Vórrat *m* (1*); ~ слов Wórtschatz *m* -es; ~ зна́ний Kénntnisse *pl*, Erudítión *f*; ~ вре́мени Zéitpolster *n* (7), Zéitreserve [-və] *f* (11); **4.** (*в шве одежды*) Éinschlag *m* (1*); пла́тье, ю́бка с ~ом ein Kleid, ein Rock mit Éinschlag zum Áuslassen; **5.** *воен.* Resérve [-və] *f* (11); Ersátz *m* -es; увольня́ть в ~ in die Resérve versétzen; уходи́ть в ~ in die Resérve géhen*; состоя́ть в ~е der Resérve angehören; офице́р ~а Resérveoffizier *m* (1); ◇ име́ть в ~е im Vórrat háben; име́ть в ~е не́сколько аргуме́нтов ≅ méhrere Éisen im Féuer háben; про ~ auf Vórrat; für álle Fälle (*на всякий случай*); приобрета́ть про ~ auf Vórrat ánschaffen; sich versórgen (что-л. mit *D*)

запаса́ть *см.* запасти́

запаса́ться *см.* запасти́сь

запа́слив||ость *ж* Vórsorglichkeit *f*, Vórsorge *f*; **~ый** vórsorglich

запасн||о́й *прил.* **1.** *см.* запа́сный; ~о́й игро́к *спорт.* Ersátzspieler *m* (6), Áuswechselspieler *m*; ~о́е колесо́ Resérverad [-əv-] *n* (5); ~о́й бак *авто* Resérvetank [-və-] *m* -s, -s; ~ы́е ча́сти *тех.* Ersátzteile *pl*, *воен.* Ersátztruppen *pl*; **2.** *в знач. сущ. м воен.* Reservist [-'vist] *m* (8)

запа́сн||ый **1.** vórrätig; **2.** (*для замены*) Ersátz-; Resérve- [-və-]; ~ый путь *ж.-д.* Ábstellgleis *n* (2); ~ый аэродрóм *воен.* Ausweichflugplatz *m* (1*); ~ая позиция *воен.* Wéchselstellung *f* (10); **3.** (*на случай нужды*) Not-; behélfsmäßig; ~ый выход Nótausgang *m* (1*)

запасти́ auf Vórrat ánschaffen, Vórräte ánschaffen [ánlegen], sich bevórraten, sich éindecken, sich versórgen (что-л. mit *D*); **~сь** sich verséhen*, sich versórgen (чем-л. mit *D*); ~сь ýглем (*о пароходе и т. п.*) Kóhlen fássen; ~сь терпéнием sich mit Gedúld wáppnen, sich in Gedúld fássen, sich gedúlden; ~сь мýжеством Mut fássen

запá||сть 1. *разг.* (*завалиться*) hínter etw. (*A*) fállen*; **2.** (*запечатлеться*) sich éinprägen; егó словá глубокó ~ли мне в дýшу séine Wórte prägten sich mir tief in die Séele ein; **3.** (*о глазах*) éinfallen* *vi* (s); éinsinken* *vi* (s); глубокó запáвшие глазá tíefliegende Áugen

запатентóванный patentíert, paténtamtlich [paténtrechtlich, durch Patént] geschützt, paténtgeschützt

запатентовáть patentíeren *vt*

зáпах *м* Gerúch *m* (1*); Duft *m* (1*), Wóhlgeruch *m* (*аромат*); дурнóй ~ übler [schléchter] Gerúch; Gestánk *m* -(e)s (*вонь*); приня́ть ~ (*напр. соседних товаров*) den Geruch (*anderer Waren*) ánziehen*; не пропускáющий ~а (*об упаковке*) arómafest

запахáть *с.-х.* éinackern *vt*, únterakkern *vt*, únterpflügen *vt*, éinpflügen *vt*

запáхивать I *см.* запахáть

запáхивать II *см.* запахнýть

запáхиваться I *страд.* éingeackert wérden

запáхиваться II *см.* запахнýться

запáх||нуть ríechen* *vi*, ánfangen* zu ríechen, dúften *vi*; ~ло сирéнью ein Flíederduft stieg auf [verbréitete sich]

запахнýть übereinánderschlagen* *vt*; ~ пóлы пальтó die Mántelenden übereinánderschlagen*; ~ шýбу sich in den Pelz (éin)hüllen; **~ся** sich (éin-)hüllen

запáчкать(ся) *см.* пáчкать(ся)

запáш||ка *ж с.-х.* **1.** (*действие*) Éinackern *n* -s; **2.** (*вспаханный участок*) gepflügte Fläche, gepflügtes Feld, Ánbaufläche *f* (11); **~ник** *м с.-х.* Sáatpflug *m* (1*), Jätpflug *m*

запашóк *м разг.* léichter übler Gerúch

запая́ть zúlöten *vt*, verlöten *vt*

запéв *м* **1.** Sólogesang *m* -(e)s; **2.** *лит.* Éinleitung éines áltrussischen Héldenliedes

запев||áла *м, ж* **1.** Vórsänger *m* (6); Vórsängerin *f* (12); **2.** *перен.* Initiátor *m* -s, -tóren; Initiátorin *f* (12); **~áть 1.** (*в хоре*) vórsingen* *vi*; (im Chor [ko:r]) das Sólo síngen*; **2.** *см.* запéть

запекáнка *ж кул.* **1.** (*кушанье*) Áuflauf *m* -s; ~ из рúса Réisauflauf *m*; **2.** (*наливка*) Frúchtlikör *m* (1)

запекáть *см.* запéчь

запекáться 1. *см.* запéчься; **2.** *страд.* gebácken wérden

запёкш||ийся 1.: ~иеся гýбы trókkene [áufgesprungene] Líppen; **2.:** ~аяся кровь gerónnenes Blut

запеленáть (in Wíndeln) wíckeln *vt*; тýго запелёнатый ребёнок ein straff gewíckeltes Kind

запеленговáть ánpeilen *vt*

запéниться ánfangen* zu schäumen

заперéть 1. (*дверь, ящик и т. п.*) (zú)schließen* *vt*, zúsperren *vt*, verspérren *vt*, verschlíeßen* *vt*; ~ на ключ ábschließen* *vt*; ~ на засóв éinen Ríegel vórschieben*, verríegeln *vt*; **2.** (*кого-л.*) éinschließen* *vt*, éinsperren *vt*; **~ся 1.** sich éinschließen*; sich ábschließen*; **2.** *разг. см.* запирáться 3

заперш||и́ть *безл. разг.*: у меня́ в гóрле ~и́ло es beginnt mir in der Kéhle [im Hálse] zu krátzen

запéть ánfangen* zu síngen; ein Lied ánstimmen; ~ по-другóму *перен.* éinen ánderen Ton ánschlagen*

запечáтать versíegeln *vt*; zúsiegeln *vt*; petschíeren *vt*; ~ печáтью ein Síegel áufdrücken; ~ конвéрт éinen Úmschlag zúkleben [verschlíeßen*], ~ квартúру éine Wóhnung versíegeln

запечатлевáть(ся) *см.* запечатлéть(ся)

запечатлé||ть 1. éinprägen *vt*; bewáhren *vt* (*сохранить*); ~ть на снúмке auf éinem Fóto fésthalten; ~ть в сéрдце im Hérzen bewáhren; **2.** *иск., лит.* (*изобразить*) prägen *vt*; ~ть тип éinen Týp(us) prägen; ◇ ~ть поцелýй *уст., поэт.* éinen Kuß áufdrücken; **~ться** sich éinprägen, sich éingraben*; э́то глубокó ~лось в егó душé das hat auf ihn tiefen Éindruck gemácht; ~ться в пáмяти sich ins Gedáchtnis éingraben*

запечáтывать *см.* запечáтать

запечённ||ый *кул.* in Báckteig, im Schláfrock; ~ые сосúски Würstchen im Schláfrock

запéчь bácken* *vt*; bräunen *vt* (*подрумянить, поджарить*); ~ я́блоко в тéсте Ápfel in Teig bácken; **~ся 1.** gebácken sein (*испечься*); sich bräunen, gebräunt sein (*подрумяниться*); **2.** (*о крови*) gerínnen* *vi* (s); **3.:** гýбы запеклúсь die Líppen sind áufgeplatzt [rissig gewórden]

запивáть *см.* запúть I, II

запинáться *разг.* stócken *vi*; stámmeln *vi*, stóttern *vi*

запúнк||а *ж*: без ~и glatt, flíeßend, óhne zu stócken; óhne zu záudern (*без колебаний*)

запирáтельство *с* behárrliches Léugnen

запирá||ть *см.* заперéть; **~ться 1.** *см.* заперéться 1; **2.** (*закрываться*) schlíeßen* *vi*; дверь не ~ется die Tür schließt nicht; **3.** *разг.* (*не сознаваться*) léugnen *vt*; sich aufs Léugnen verlégen; 4. *страд.* (áb)geschlóssen wérden (*ср.* заперéть)

записáть 1. áufschreiben* *vt*, ánschreiben* *vt*, áufzeichnen *vt*; sich (*D*) etw. ánmerken; Notízen máchen, sich (*D*) etw. notíeren (*сделать заметки*); náchschreiben* *vt* (*лекцию и т. п.*); **2.** (*внести в список*) éinschreiben* *vt*, éintragen* *vt*, éinzeichnen *vt*; ~ на приём (án)mélden *vt*; ~ ребёнка в шкóлу sein Kind in der Schúle ánmelden; **3.** *бухг.* éintragen* *vt*, (ver)búchen *vt*; ~ на счёт auf ein Kónto éintragen* [búchen]; ~ комý-л. в дéбет [расхóд] j-n debitíeren, j-s Kónto belásten; éine Sóllbuchung áusführen, im Soll búchen; ~ комý-л. в крéдит [прихóд] j-m kreditíeren, j-m gútschreiben*, éine Hábenbuchung áusführen, im Háben búchen; **4.** (*на плёнку, пластинку*) áufnehmen*; ~ звук (*на киноплёнку*) den Ton áufsprechen*, vertónen *vt*; ~ на плёнку (*магнитофонную*) auf Tónband áufnehmen*; ~ на пластúнку éine Schállplatte áufnehmen*; **~ся** sich éinschreiben*, sich éintragen*, sich éinzeichnen (lássen*); sich vórанmelden; ~ся в библиотéку sich in der Bibliothék ánmelden; ~ся на приём к врачý sich beim Arzt ánmelden (lássen*); sich zur Spréchstunde vórmerken lássen*; он записáлся к врачý по телефóну er ist beim Arzt telefónisch ángemeldet [vórbestellt]

запúска *ж* Zéttel *m* (6); докладнáя ~ schríftlicher Bericht; пáмятная ~ Dénkschrift *f* (10); Memorándum *n* -s, *pl* -den *u* -da, Aide-mémoire [*фр.* ɛ:d-memo'a:r] *n* =, *pl* = *u* -s; служéбная ~ Díenstschreiben *n* (7), díenstliche Mítteilung

запúски *мн.* **1.** Notízen *pl*; Áufzeichnungen *pl*, Skízzen *pl* (*заметки*); путевые ~ Réiseskizzen *pl*; **2.** (*воспоминания*) Erínnerungen *pl*, Memoiren [-mo'a:rən] *pl*; **3.** (*название научных журналов*) (wíssenschaftliche) Schríften *pl*

записн||óй I: ~áя кни́жка Notízbuch *n* (5), Notízblock *m* -s, -s; Mérkbuch *n*, Táschenbuch *n*

записнóй II *разг.* (*завзятый*) bekánnt, notórisch; léidenschaftlich (*страстный*)

запúсыв||ать *см.* записáть; **~аться 1.** *см.* записáться; **2.** *страд.* 1) áufgeschrieben [ángeschrieben, notíert] wérden; 2) éingeschrieben [éingetragen] wérden

зáпис||ь *ж* **1.** Áufschreiben *n* -s; отдéл ~и áктов граждáнского состоя́ния Abtéilung Persónenstandswesen; дáрственная ~ь Schénkungsurkunde *f* (11); нотариáльная ~ь Notariátsurkunde *f*; **2.** (*на приём и т. п.*) Ánmeldung *f* (10); предварúтельная ~ь Vórаnmeldung *f*; Búchung *f* (10) (*на экскурсию и т. п.*); **3.** (*заметки*) Notízen *pl*, Áufzeichnungen *pl*; ~ь лéкций Vórlesungsnachschrift *f* (10); протокóльная ~ь Áktennotiz *f* (10); **4.** *бухг.* Éintragung *f* (10), Búchung *f* (10); ~ь в крéдит Gútschrift *f* (10); **5.** (*на плёнку, пластинку*) Áufnahme *f* (11); граммофóнная ~ь Schállplattenaufnahme *f*; ~ь звýка (*на киноплёнку*) Tónfilmaufnahme *f*; ~ь на плёнку (*магнитофонную*) Tónbandaufnahme *f*, Bándaufnahme *f*; с ~ью (*о плёнке*) bespíelt

запúть I (*чем-л.*) náchtrinken* *vt*; ~ лекáрство водóй nach der Arznéi éinen Schluck Wásser trínken*, die Arznéi [Medizín] mit Wásser hinúnterspülen

запúть II *разг.* (*начать пьянствовать*) sich dem Trúnk(e) ergében*

запихáть, запúхивать, запихнýть *разг.* hinéinstopfen *vt*, hinéinpressen *vt*, verstáuen *vt*

запищáть ánfangen* zu píep(s)en [zu quíeken]

заплáканн||ый verwéint; ~ые глазá rótgeweinte [verwéinte] Áugen

заплáкать ánfangen* zu wéinen, in Tränen áusbrechen*

запланиров||анный éingeplant; **~ать** éinplanen *vt*, plánen *vt*, vorаúsplanen *vt*

заплáт||а *ж* Flícken *m* (7), Flíckfleck *m* (1); наложúть ~у éinen Flícken áufsetzen; flícken *vt* (*чинить*); ~а на обýви Ríester *m* (6); весь в ~ах vóller Flícken, ein Flícken sitzt am ánderen

заплатáть *разг.* flícken *vt*, Flícken áufsetzen

заплат||úть 1. bezáhlen *vt*, éinzahlen *vt* (*внести плату*); я за э́то дóрого ~úл *тж. перен.* ich hábe das téuer bezáhlt; ~úть комý-л. (*за работу и т. п.*) j-m für etw. (*A*) bezáhlen, j-n bezáhlen; ~úть по счёту éine Réchnung begléichen*; ~úть жúзнью за что-л. etw. mit dem Lében bezáhlen [büßen]; **2.**

(*отплатить*) vergélten* *vi* (чем-л. mit *D*)

заплёванный bespúckt, bespíe(e)n; besúdelt (*тж перен.*)

заплева́ть, заплёвывать bespúcken *vt*, bespéien* *vt*

заплеска́ть, заплёскивать bespritzen *vt*

запле́сневе||лый verschímmelt; schímm(e)lig; mit Schímmel überzógen; **~ть** verschimmeln *vi* (s), ánschimmeln *vi* (s), sich mit Schímmel bedécken

заплести́, заплета́ть fléchten * *vt*; ~ ко́су den Zopf fléchten*

заплета́||ться 1.: у него́ язы́к ~ется *разг.* séine Zúnge wird schwer, séine Zúnge verságt ihm den Dienst; er lallt; у него́ но́ги ~ются séine Béine gehórchen ihm nicht, er tórkelt; **2.** *страд.* geflóchten wérden

запле́чики *мн. полигр.* die Schúltern der Létter

запле́чный: ~ мешо́к Rúcksack *m* (1*); ◇ ~ ма́стер, запле́чных дел ма́стер Hénker *m* (6), Hénkersknecht *m* (1), Fólterknecht *m*

запле́чье *c* Ánsatz *m* der Schúlterblätter

запломбирова́ть, запломбиро́вывать 1. (*запечатать*) plombíeren *vt*, versíegeln *vt*; **2.** (*зуб*) füllen *vt*, plombíeren *vt*

заплута́ться *разг.* sich verírren, vom Wége ábkommen*

заплы́в *м спорт.* Lauf *m* (1*), Vórlauf *m* (im Schwímmen); Wéttschwimmen *n* -s; ~ на да́льнюю диста́нцию Lángstreckenschwimmen *n*; ~ на коро́ткую диста́нцию Kúrzstreckenschwimmen *n*

заплыва́ть *см.* заплы́ть I, II

заплы́ть I (куда́-л. — *о пловце*) schwímmen* *vi* (s); ~ далеко́ weit fórtschwimmen*; ~ далеко́ в мо́ре weit ins Meer [in die See] hináusschwimmen*; ~ за что-л. hínter etw. (*A*) schwímmen*

заплы́ть II (*жиром*) Fett ánsetzen; dick und fett wérden; ~ и́лом verschlämmen *vi* (s); ~ смоло́й verhárzen *vi* (s); заплы́вшие жи́ром глаза́ verschwómmene Áugen

заплясать ánfangen* zu tánzen

запну́ться stócken *vi*; (in der Réde) stéckenbleiben*, ins Stócken geráten*

запове́д||ник *м* Schónrevier [-,vi:r] *n* (2), Schóngebiet *n* (2), Schónung *f* (10); Natúrschutzgebiet *n*, Natúrschutzpark *m* (1) (*pl тж.* -s); ландша́фтный ~ник Lándschaftsschutzgebiet *n* (2); пти́чий ~ник Vógelschutzgebiet *n*; ~ник живо́тных Wíldreservat [-,va:t] *n* (2), Wíldschutzgebiet *n*; **~ный** Schutz-, Schon-; Hége-; ~ный лес Hégewald *m* (4), Hégeholz *n* -es, Bánnwald *m*, Schónung *f* (10)

за́поведь *ж* Gebót *n* (2)

заподлицо́ *нареч. спец.* auf gléicher Höhe

заподо́зр||ить verdächtigen *vt*; Verdácht schöpfen (кого́-л. gégen *A*); ~ить кого́-л. j-n in Verdácht háben, auf j-n Verdácht háben; его́ ~или man verdächtigte ihn, er stand in Verdácht, er wúrde verdächtigt

запо́ем: пить ~ ánhaltend trínken*; die Trúnksucht háben; рабо́тать ~ óhne Rast und Ruh [mit Híngabe] árbeiten

запозда́||лый verspätet; spät (*поздний*); ~лое разви́тие verzögerte Entwícklung; **~ние** *c* Verspätung *f* (10); Verzögerung *f* (10) (*замедление, промедление*); Verzúg *m* -(e)s, Rückstand *m* (1*) (*при платежах*); по́езд пришёл с ~нием der Zug kam mit Verspätung an, der Zug hátte Verspätung

запозд||а́ть 1. verspäten *vi*; sich verspäten, zu spät kómmen*; по́езд ~а́л der Zug traf verspätet ein; самолёт запа́здывает на 10 мину́т das Flúgzeug ist 10 Minúten überfällig; ва́ше предупрежде́ние ~а́ло Íhre Wárnung kommt zu spät; **2.:** ~а́ть с чем-л., ~а́ть (*что-л. сделать*) versäumen *vt*, mit etw. (*D*) im Rückstand sein; ~а́ть с упла́той mit der Záhlung im Rückstand sein

запо́||й *м* (periódische) Trúnksucht *f*; страда́ть ~ем Quartálssäufer sein

запо́лзать ánfangen * zu kríechen

заполза́ть, заползти́ hinéinkriechen* *vi* (s) (*по направлению от говорящего*); heréinkriechen* *vi* (s) (*по направлению к говорящему*); kríechen* *vi* (s) (куда́-л. in *A*); sich verkríechen* (*спрятаться*)

заполни́тель *м стр.* Zúschlagstoff *m* (1)

запо́лнить 1. áusfüllen *vt*; áusstellen *vt* (*документ*); ~ вре́мя die Zeit áusfüllen; ~ анке́ту éinen Frágebogen áusfüllen; запо́лнить пробе́л éine Lücke ausfüllen; **2.** (*наполнить*) füllen *vt*, ánfüllen *vt*, éinfüllen *vt*; vóllaufen lássen* (*о жидкости*); **~ся** sich (án)füllen, voll sein

за́ полночь *см.* по́лночь

заполня́ть *см.* запо́лнить; **~ся 1.** *см.* запо́лниться; **2.** *страд.* 1) áusgefüllt wérden; 2) (án)gefüllt wérden

заполони́ть, заполоня́ть 1. *уст.* (*взять в плен*) gefángennehmen* *отд. vt*; *перен.* ~ се́рдце j-s Herz erobern [gewínnen*, in Beschlág néhmen*]; **2.** *разг.* (*занять, захватить какое-л. пространство*) (áus)füllen *vt*; besétzen *vt*; belégen *vt*; толпа́ заполони́ла пло́щадь der Platz wógte von Ménschen

заполучи́ть *разг.* ergáttern *vt*; kápern *vt*, éiner Sáche (*G*) hábhaft wérden; erwíschen *vt* (*поймать*); erwérben* *vt* (*добыть*); ~ кого́-л. j-n hérbekommen*

заполя́рный Polár-; ~ го́род Polárstadt *f* (3)

Заполя́рье *c* Polárgebiet *n* -(e)s, das Gebíet nördlich des Polárkreises

запомина́ние *c* Éinprägung *f*, Éinprägen *n* -s; *выч. тех.* Spéicherung *f* (10)

запомина́ть(ся) *см.* запо́мнить(ся)

запомина́ющ||ий: ~ее устро́йство *выч. тех.* Spéicher *m* (6), Réchenspeicher *m*

запо́мнить behálten* *vt*; sich (*D*) etw. mérken [éinprägen]; *выч. тех.* spéichern *vt*; я ничего́ не могу́ ~ ich kann nichts behálten, mein Gedächtnis versägt; запо́мни э́то! merk dir das!; **~ся** sich (ins Gedächtnis) éinprägen, sich ins Gedächtnis éingraben*; im Gedächtnis háftenbleiben*

за́понка *ж* Krágenknopf *m* (1*) (*для воротничка*); Manschéttenknopf *m* (*для манжет*)

запо́р I *м* (*приспособление*) Verschlúß *m* -sses, -schlüsse; Ríegel *m* (6) (*задвижка*); запере́ть на ~ verschlíeßen* *vt*, verríegeln *vt*; hínter Schloß und Ríegel tun* [sétzen]; на ~е verschlóssen, verríegelt, hínter Schloß und Ríegel; дверь на ~е die Tür ist verschlóssen; die Tür ist verríegelt (*на задвижке*)

запо́р II *м мед.* Verstópfung *f* (10), Stúhlverstopfung *f*; страда́ть ~ом an Verstópfung léiden*; verstópft sein (*разг.*)

запо́рный Verschlúß-, Schloß-, Ábsperr-; ~ кран *тех.* Ábsperrhahn *m* (1*)

запоро́жец *м ист.* Saporósher Kosák

«Запоро́жец» *м* (*марка автомобиля*) Saporoshez *m* =

запоро́жский Saporósher; Запоро́жская Сечь *ист.* Saporósher Setsch (*16—18 вв.*)

запоро́ть 1. zu Tóde péitschen; **2.:** ~ де́ло éine Sáche verbócken

запороши́ть 1. (*снегом*) verwéhen *vt*, bestäuben *vt*; **2.** *разг.* (*засорить*) bestréuen *vt*, bestäuben *vt*; stréuen *vt* (*что-л.* in *A*); ~ глаза́ песко́м Sand in die Áugen stréuen

запоте́лый (*о стекле и т. п.*) ángelaufen; beschlágen; trübe (*мутный*)

запоте́||ть 1. ánlaufen* *vi* (s); окно́ ~ло die Schéiben sind ángelaufen; **2.** *разг.* (*вспотеть*) schwítzen *vi*, verschwítzt sein

заправи́ла *м разг.* Ánführer *m* (6); Háuptmacher *m* (6), Häuptling *m* (1); Drähtzieher *m* (6); Boß *m* -sses, -sse; Manager [*англ.* 'mɛnədʒər] *m* (6); Rädelsführer *m* (*зачинщик*)

запра́вить 1. *кул.* zúrichten, ánrichten *vt*; ~ пря́ностями würzen *vt*; ~ сала́т ма́слом Salát mit Öl ánmachen; ~ суп яйцо́м die Súppe mit éinem Ei ánmachen [ábziehen*, ánrühren]; **2.** (*засунуть*) hinéinstecken *vt*, stécken *vt* (куда́-л. in *A*); ~ брю́ки в сапоги́ die Hóse in die Stíefel stécken; **3.** (*приготовить к действию машину, прибор*) zuréchtmachen *отд. vt*; ~ ла́мпу die Petróleumlampe füllen und pútzen; ~ ру́чку den Füller füllen; **4.:** ~ (горю́чим) tánken *vi*, áuftanken *vt*; ◇ ~ ко́йку *воен.* das Bett báuen; ~ обмундирова́ние *воен.* die Unifórm órdnen

запра́виться (*чем-л.*) **1.** *разг.* (*поесть*) sich stärken, séinen Mágen versórgen; **2.:** ~ горю́чим tánken *vi*

запра́вка *ж* **1.** *кул.* Zútaten *pl*; Würze *f* (11) (*пряность*); **2.** (*горючим*) Áuftanken *n* -s, Tánken *n*; **3.** *тех.* Zúrichten *n* -s

заправля́||ть 1. *см.* запра́вить; **2.:** ~ть всем schálten und wálten; wírtschaften *vi* (*хозяйничать*); die Strippe zíehen* (*разг.*); здесь он ~ет er gibt hier den Ton an; **~ться 1.** *см.* запра́виться; **2.** *страд.* 1) zúgerichtet wérden; 2) zuréchtgemacht [zúbereitet] wérden

запра́вочн||ый Tank-; ~ая ста́нция Tánkstelle *f* (11)

запра́вский *разг.* ríchtig(gehend), echt, wáschecht; wie er [sie, es *и т. д.*] im Búche steht

запра́вщик *м* Tánkwart *m* (1)

запра́шивать *см.* запроси́ть

запре́т *м* Verbót *n* (2); Unterságung *f* (10); Spérre *f* (11), Stopp *m* -s, -s (*ввоза и т. п.*); ~ поста́вок Lieferspere *f*, Líeferstopp *m*; ~ на профе́ссии Berúfsverbot *n* (*ФРГ*); под ~ом únter Verbót; наложи́ть ~ verbíeten* *vt*; unterságen *vt*, ein Verbót áuferlegen; наложи́ть ~ на опубликова́ние сообще́ний éine Náchrichtensperre verhängen; снять ~ ein Verbót áufheben*; **~и́тельный** verbíetend, Verbóts-, prohibitív, Prohibitív-, Sperr-; ~и́тельная по́шлина Spérrzoll *m* (1*), Prohibitívzoll *m*; **~и́ть** verbíeten* *vt*; unterságen *vt*; Éinhalt gebíeten* (*D*) (*какую-л. деятельность*); **~ный** verbóten; ~ная зо́на Spérrzone *f* (11); Spérrgebiet *n* (2); ◇ ~ный плод verbótene Frucht

запрещ||áть *см.* запретить; **~áться** verbóten [unterságt] sein; курить ~áется! Ráuchen verbóten!; **~éние** *с* Verbót *n* (2); пóлное ~éние generélles Verbót; Unterságung *f* (10); Spérre *f* (11), Stopp *m* -s, -s; Ächtung *f* (10); ~éние áтомного орýжия Ächtung [Verbót] der Atómwaffen; несмотря на ~éние trotz Verbót, úngeachtet des Verbótes; наложить ~éние verbíeten* *vt*; unterságen *vt*, ein Verbót áuferlegen; in Acht und Bann tun*; снять ~éние das Verbót áufheben*

запримéтить *разг.* wáhrnehmen* *отд. vt*; bemérken *vt*

заприхóдовать *бухг.* als Éinnahme verbúchen [éintragen*] *vt*, gútschreiben* *отд. vt*

запрограммировать 1. programmíeren *vt*; **2.** *перен.* vórprogrammieren *vt*

запрод||áжа *ж* Vórverkauf *m* -(e)s, Verkáuf auf Líeferung; vórläufiger Káufabschluß; ~áжа зернá Verkáuf von Getréide auf dem Halm; **~áть** vórverkaufen *vt*; auf Líeferung verkáufen; etw. vor séiner Fértigstellung verkáufen

запроектировать (im Plan) vórsehen* *vt*; plánen *vt* (*планировать*)

запрокидывать(ся) *см.* запрокинуть (-ся)

запрокинуть: ~ гóлову den Kopf zurückwerfen*; **~ся** *разг.* sich zurückbiegen*

запропаст||иться *разг.* **1.** (*затеряться — о вещи*) abhánden kómmen*, wégkommen* *vi* (s); **2.** (*исчезнуть — о человеке*) verschwínden* *vi* (s); кудá ты ~ился? wo bleibst du?; wo steckst du?

запрóс *м* **1.** (*официальное обращение*) Ánfrage *f* (11); Interpellatión *f* (10) (*в парламенте*); ~ свéдений Áuskunftsgesuch *n* (2); ~ парóля *воен.* Ánforderung der Paróle (*по линиям связи*); сдéлать ~ комý-л. an j-n éine Ánfrage ríchten [éinbringen*]; interpellíeren *vi* (*в парламенте*); **2.** *б. ч. мн.* ~ы (*потребности*) Ánsprüche *pl*, Bedürfnisse *pl*, Bedárfswünsche *pl*, Ánforderungen *pl*, Erfórdernisse *pl*; Interéssen *pl*; ~ы населéния die Bedárfswünsche der Bevölkerung; ли́чные ~ы людéй die persönlichen Bedürfnisse der Ménschen; культýрные ~ы kulturélle Bedürfnisse (*pl*); ~ы покупáтелей Kúndenwünsche *pl*; соотвéтствующий ~ам bedárfsgerecht (*напр. о снабжении*); изучéние ~ов (населéния) Bedárfsforschung *f* (10); **3.** *разг.* (*о цене*) Préisaufschlag *m* (1*); цéны без ~a féste Préise; **~ить 1.** ánfragen *vi* (когó-л. о чём-л. bei j-m nach *D*, um *A*, über *A*) interpellíeren *vi* (*сделать запрос в парламенте*); ánfordern *vt* (*затребовать*); ~ить разрешéние eine Genéhmigung éinholen; **2.** *разг.* (*о цене*) éinen überhöhten Preis verlángen

зáпросто *нареч.* *разг.* óhne Úmstände, úngezwungen, úngeniert [-ʒe-]; бывáть у когó-л. ~ bei j-m úngezwungen verkéhren; bei j-m áus- und éingehen*

запротестовáть protestíeren *vi*, Éinspruch erhében*

запротоколировать zu Protokóll gében* [néhmen*], protokollíeren *vt*, protokollárisch féstlegen [fésthalten*]

запрýд||а *ж* Damm *m* (1*), Stáudamm *m*, Wehr *n* (2), Deich *m* (1), Stáuanlage *f* (11), Tálsperre *f* (11); речнáя ~a Flußdamm *m*; **~ить, запрýживать** stáuen *vt*, dämmen *vt*; толпá ~ила плóщадь die Ménge stáute sich auf dem Platz, die Ménge überflútete den Platz

запрыг||áть ánfangen* zu hüpfen [zu springen]; ◇ у меня сéрдце ~ало в груди́ mein Herz póchte [klópfte zum Zerspríngen], das Herz schlug mir bis zum Hals hináuf

запрягáть *см.* запрячь; **~ся 1.** *см.* запрячься; **2.** *страд.* (éin)gespánnt [ángespannt] wérden

запряжка *ж* **1.** (*действие*) Ánspannen *n* -s, Éinspannen *n*, Ánschirren *n* -s; **2.** (*упряжка*) Gespánn *n* (2); кóнная ~ Pférdebespannung *f* (10); ~ пáрой Dóppelgespann *n*; **3.** (*сбруя*) Geschírr *n* (2)

запрятать verstécken *vt*, verbérgen* *vt*, **~ся** sich verstécken, sich verbérgen*

запрячь 1. ánspannen *vt*, éinspannen *vt*, ánschirren *vt*; ~ лóшадь в телéгу das Pferd an [vor] den Wágen spánnen, das Pferd éinspannen [ánschirren]; **2.** *перен.* *разг.*: ~ когó-л. j-n éinspannen; j-m éine Árbeit áufhalsen; **~ся** *шутл.* sich éinspannen; ~ся в рабóту sich in die Árbeit éinspannen, sich in die Ríemen [ins Zeug] légen

запуг||анный verschüchtert, éingeschüchtert; **~áть** verschüchtern *vt*, éinschüchtern *vi*; j-n bánge máchen, j-m éinen Schreck éinflößen [éinjagen], j-n ins Bóckshorn jágen (*напугать*); меня не ~áешь! bánge máchen gilt nicht!; **~ивание** *с* Éinschüchterung *f* (10); Dróhung *f* (10) (*угроза*); **~ивать** *см.* запугáть

зáпуск *м* Ánlassen *n* -s, Ánkurbeln *n* -s; Áuflassen *n* (*голубей, воздушного шара, зонда*); Ábschuß *m* -sses, -schüsse, Start *m* -s, -s (*ракеты*); произвести успéшный ~ спýтника Земли́ éinen Érdsatelliten erfólgreich stárten; ~ ракéты Rakétenstart *m*; неудáчный ~ (*ракеты*) Féhlstart *m*; готóвый к ~у ábschußbereit, stártbereit; ~ в произвóдство Ánfahren [Ánlaufen] der Produktión; Betríebsbeginn *m* -(e)s, Produktiónsaufnahme *f* (11)

запускáть *см.* запустить I, II

запустé||лый *уст.* verwíldert, úngepflegt; verlássen (*покинутый*); verwüstet, verödet, öde (*пустынный*); **~ние** *с* Verwüstung *f*; Verödung *f*; Verwílderung *f* (*одичание*); находиться в ~нии vernáchlässigt sein; verwüstet sein; ◇ мéрзость запустéния völliger Ruín

запуст||ить I **1.** (*бросить*) schléudern *vt*; ~ить кáмнем éinen Stein schléudern, mit éinem Stein schléudern (в когó-л. nach *D*); **2.** (*привести в действие*) ánlassen* *vt*; ~ить ракéту éine Rakéte stárten [ábschießen*]; ~ на орбиту auf éine Úmlaufbahn bríngen*; ~ить змéя éinen Dráchen stéigen lássen*; ~ станóк éine Maschíne in Gang sétzen; ~ двигатель den Mótor ánwerfen*; ~ в произвóдство etw. in die Produktión [Fértigung] gében*; die Produktión von etw. (*D*) áufnehmen*; **3.** (*засунуть*) (hinéin)stécken *vt*; ~ить рýку в кармáн (mit der Hand) in die Tásche fáhren* [gréifen*]; ~ рýки в вóду die Árme ins Wásser táuchen; **4.** (*когти*) (hinéin)schlágen *vt*; кóшка запустила кóгти в мышь die Kátze schlug íhre Krállen in die Maus

запустить II (*не заботиться*) vernáchlässigen *vt*, óhne Pflége lássen*; verschlámpen lássen* *vt*, vergámmeln lássen* *vt* (*разг.*)

запýтанн||ость *ж* Verwórrenheit *f*, Únklarheit *f*; **~ый** verwórren; verwickelt; kompliziert (*сложный*); verträckt (*разг.*)

запýт||ать 1. verwírren *vt*; *перен.* *тж.* írremachen *отд. vt*; ~ать дéло éine Sáche verwírren; ты меня совсéм ~аешь du machst mich ganz verwírrt; ~ать вопрóсами durch Frágen verwírren [írremachen]; **2.** (*усложнить*) komplizíeren *vt*; **3.** *разг.* (*замешать когó-л. во что-л.*) verwíckeln *vt*, verstrícken *vt*; **~аться 1.** sich verfítzen; нитки ~ались das Garn hat sich verfítzt [ist verfítzt]; **2.** (*усложниться*) verwíckelt [kompliziert] wérden; **3.** sich verwíckeln, verwíckelt sein; ~аться в долгáх sich in Schúlden stürzen; ~аться в противорéчиях sich in Wídersprüche verwíckeln [verstrícken]; **4.** *разг.* (*сбиться в речи*) sich verháspeln, sich verhéddern; **5.** *разг.* (*заблудиться*) sich verláufen*, sich verírren

запýтывать *см.* запýтать

запýтываться *см.* запýтаться

запухáть, запýхнуть ánschwellen* *vi* (s), geschwóllen [verquóllen] sein; глазá запýхли die Áugen sind verquóllen [geschwóllen]

запýщенн||ость *ж* Zerrüttung *f*; Verfáll *m* -(e)s; Verwílderung *f* (*одичание*); **~ый** vernáchlässigt, úngepflegt (*без ухода*); verwíldert (*одичалый*); zerrüttet (*расстроенный*); ~ый сад ein verwílderter Gárten; ~ые делá zerrüttete Verhältnisse; ~ая болéзнь éine verschléppte Kránkheit

запчáсти *мн.* (запасные чáсти) Ersátzteile *pl*

запылáть áuflodern *vi* (s), áufflammen *vi* (s)

запылённость *ж* (*воздуха*) Stáubgehalt *m* -(e)s

запылить 1. (*покрыть пылью*) stáubig máchen; bestáuben *vt*; **2.** (*поднять пыль*) Staub áufwirbeln; **~ся** verstáuben *vi* (s), sich mit Staub bedécken, stáubig sein [wérden]

запыхáться den Átem verlíeren*, áußer Átem kómmen*, kéuchen *vi*

запя́стье *с* **1.** *анат.* Hándgelenk *n* (2), Hándwurzel *f* (11); **2.** *поэт.* (*браслет*) Ármband *n* (5), Ármspange *f* (11)

запят||áя *ж* *грам.* Kómma *n* -s, *pl* -s *u* -ta, Béistrich *m* (1); расстанóвка ~ы́х Kómmasetzung *f* (10); отделить ~óй mit éinem Kómma trénnen, durch ein Kómma ábtrennen; постáвить ~ýю ein Kómma sétzen; заключить в ~ы́е in Kómmas éinschließen*; без ~ы́х kómmalos

запя́т||ки *мн.* Bedíentcntritt *m* (1); стоя́ть на ~ках hínten auf dem Wágentritt stéhen*

запятнáть beflécken *vt*; besúdeln *vt* (*замарать*); ~ своё и́мя séinen Námen beflécken [besúdeln]; запя́тнанный крóвью blútbefleckt

зарабáтывать *см.* зарабóтать I; ~ срéдства к существовáнию sein Brot verdíenen, sich (*D*) die Existénzmittel erárbeiten, den Lébensunterhalt verdíenen

зарабáтываться 1. *см.* зарабóтаться; **2.** *страд.* verdíent wérden

зарабóта||ть I verdíenen *vt*; erárbeiten *vt* (*выработать*); ~ть трёпку *шутл.* éine Ábreibung kríegen; ~нные дéньги erárbeitetes [verdíentes] Geld

зарабóт||ать II (*начать работать*) ánfangen* zu árbeiten; in Gang kómmen*; машина ~ала die Maschíne kam in Gang; мотóр ~ал der Mótor sprang an

зарабóт||аться 1. árbeiten *vi*, sich in die Árbeit vertíefen; я ~ался до глубóкой нóчи ich árbeitete bis tief in die

Nacht hinéin; **2.** *разг.* (*утомиться от работы*) sich ábarbeiten; sich ábrackern (*разг.*)

за́работн||ый: ~ая пла́та Lohn *m* (1*), Árbeitslohn *m*; Gehált *n* (5) (*служащих*); номина́льная ~ая пла́та Nominállohn *m*; реа́льная ~ая пла́та Reállohn *m*; рост реа́льной ~ой пла́ты wáchsendes Reáleinkommen; повыше́ние ~ой пла́ты Lóhnerhöhung *f* (10); сниже́ние ~ой пла́ты Lóhnsenkung *f* (10); получа́ть ~ую пла́ту entlóhnt wérden, áusbezahlt wérden; с сохране́нием ~ой пла́ты óhne Lóhneinbuße; о́тпуск с сохране́нием ~ой пла́ты bezáhlter Úrlaub; удержа́ние ~ой пла́ты die Éinbehaltung des Lóhnes, Lóhneinbehaltung *f* (10)

за́работок *м* Verdíenst *m* -es, Erwérb *m* -(e)s; Éinkommen *n* (7) (*доход*); Lóhn *m* (1*), Gehált *n* (5) (*зарплата*); случа́йный ~ Gelégenheitsverdienst *m*; дневно́й ~ Tágeslohn *m*, Tágesverdienst *m*; доба́вочный ~ Méhrverdienst *m*; (еже)ме́сячный ~ Mónatslohn *m*, Mónatsgehalt *n*, Mónatsverdienst *m*; побо́чный ~ Nébenverdienst *m*, Nébenerwerb *m*; уйти́ на за́работки auf Árbeitssuche géhen*

зара́внивать *см.* заровня́ть

заража́емость *ж* Ánsteckungsempfänglichkeit *f*, Empfänglichkeit *f*

заража́ть *см.* зарази́ть; **~ся 1.** *см.* зарази́ться; **2.** *страд.* ángesteckt wérden (*ср.* зарази́ть)

зараже́н||ие *с* Infektión *f* (10), Ánsteckung *f* (10); *бакт.* Verséuchung *f* (10); *хим.* Vergíftung *f* (10); радиоакти́вное ~ие Aktivierung [-'vi:-] *f* (10), rádioaktive [-və] Verséuchung; ~ие кро́ви Blútvergiftung *f*; ~ие окружа́ющей среды́ Verséuchung der Úmwelt; опа́сность ~ия Ánsteckungsgefahr *f*, Gefáhr éiner Infektión

зара́з *нареч. разг.* zugléich, gléichzeitig, auf éinen Schlag, auf éinmal, mit éinem Mál

зара́за *ж* **1.** Infektión *f* (10); Ánsteckung *f* (10); **2.** *разг.* (*эпидемия*) Séuche *f* (11)

зарази́тельн||ость *ж* (*болезни*) Übertrágbarkeit *f*; Ánsteckungsgefahr *f*; **~ый 1.** ánsteckend, übertrágbar, infektiös, Infektións-; ~ая боле́знь Infektiónskrankheit *f* (10), ánsteckende Kránkheit; **2.** *перен.* ánsteckend, mítreißend, hínreißend

зараз||и́ть 1. infizíeren *vt*, ánstecken *vt*; **2.** (*отравить что-л.*) *бакт.* verséuchen *vt*; *хим.* vergíften *vt*; verpésten *vt* (*воздух*); *яд. физ.* aktivieren [-'vi:-] *vt*, radioaktív verséuchen *vt*; **3.** *перен.* ánstecken *vt* (кого́-л. чем-л. j-n durch *A*), mítreißen* *vt*, fórtreißen* *vt*; он ~и́л всех свои́м весе́льем séine Héiterkeit [séine gúte Láune] stéckte álle an; **~и́ться 1.** sich ánstecken (у кого́-л. bei *D*, чем-л. mit *D*); sich (*D*) éine Infektiónskrankheit hólen [zúziehen*]; **2.** *перен.*: ~и́ться всео́бщей ра́достью von der allgeméinen Fréude ángesteckt [mítgerissen] wérden

зара́зиха *ж бот.* Sómmerwurz *f*

зара́зн||ый ánsteckend, Infektións-; ~ый больно́й Infektiónskranke *m* (14); ~ая боле́знь Infektiónskrankheit *f* (10), ánsteckende Kránkheit

зара́нее *нареч.* im voráus; vor-; von vórnherein (*с самого начала*); beizéiten, (früh)zéitig (*заблаговременно*); ~ усло́вленный vórvereinbart; с ~ обду́манным наме́рением mit Vórbedacht; ~ обду́мать vórbedenken* *vt*; ~ позабо́титься Vórsorge tréffen*

зарапортова́ться *разг.* sich vergaloppíeren; das Bláue vom Hímmel herúnter erzählen

зараста́ние *с* Verwáchsen *n* -s, Verwíldern *n* -s, Zúwachsen *n* -s; ~ о́зера Verlándung éines Sees

зараста́ть, зарасти́ 1. verwáchsen* *vi* (s), zúwachsen* *vi* (s); durchwáchsen* *vi* (s); verwíldern *vi* (s); ~ траво́й vergrásen *vi* (s); ~ мхом bemóost sein, mit Moos bewáchsen*; **2.** (*о ране и т. п.*) (zú)héilen *vi* (s), vernárben *vi* (s); ◇ ~ мо́хом (*опуститься — о человеке*) verwíldern *vi* (s), herúnterkommen* *vi* (s)

зарва́ться *разг.* zu weit géhen*, sich überhében*; álles Maß vergéssen*; über die Stränge háuen*; áußer Rand und Band geráten*

зарде́ться 1. *поэт.* sich röten, rot wérden, rot schímmern; **2.** (*вспыхнуть*) erröten *vi* (s)

зареве́ть ánfangen* zu brüllen; ánfangen* zu héulen (*заплакать*); áufheulen *vi* (*взвыть*)

за́рево *с* Féuerschein *m* -(e)s

зарегистри́ровать registríeren *vt*; lizensíeren *vt* (*о радиопередатчике*); éinschreiben* *vt*, éintragen* *vt* (*внести в список и т. п.*); ~ кандида́та в депута́ты éinen Wáhlkandidaten registríeren; **~ся 1.** sich registríeren [sich éintragen] lássen*; **2.** (*о браке*) sich ståndesamtlich tráuen lássen*

заре́з *м разг.*: до ~у dríngend, únbedingt nötig, bis zum Álleräußersten

заре́зать 1. erstéchen* *vt*; die Kéhle dúrchschneiden*; **2.** (*о животных*) (áb)schláchten *vt*, ábstechen* *vt*; **3.** *перен. разг.* (*погубить*) j-n ins Verdérben stürzen, j-m das Másser an die Kéhle sétzen; **~ся** sich (*D*) die Kéhle dúrchschneiden*

зарезерви́ровать zurückbehalten* *vt*, in Resérve [-və] (be)hálten*

зарека́ться *см.* заре́чься

зарекомендова́ть: ~ себя́ с хоро́шей стороны́ sich von der bésten Séite zéigen; sich gut bewähren

заре́чный jénseits des Flússes befíndlich [gelégen]

заре́чье *с* das Gebíet jénseits des Flússes

заре́чься sich (*D*) gelóben, nicht zu...; sich (*D*) fest vórnehmen*, nicht zu...; он заре́кся ходи́ть туда́ er nahm sich fest vor [er gelóbte sich], nicht wíeder dorthín zu géhen; ~ кури́ть sich fest vórnehmen*, nicht mehr zu ráuchen

зареше́ченный vergíttert

заржаве́лый *разг. см.* заржа́вленный

заржа́в||еть ánrosten *vi* (s), éinrosten *vi* (s), verrósten *vi* (s), róstig wérden, sich mit Rost bedécken; Róstansatz zéigen; **~ленный** verróstet, róstig, róstfleckig

заржа́ть ánfangen* zu wíehern, in ein Gewíeher áusbrechen*

зарисова́ть (áuf)zéichnen *vt*, skizzíeren *vt*; ~ с нату́ры nach der Natúr zéichnen

зарисо́в||ка *ж* **1.** (*действие*) Zéichnen *n* -s; **2.** (*рисунок*) Zéichnung *f* (10), Skízze *f* (11); **~ывать** *см.* зарисова́ть

за́риться *разг.* erpícht sein (на что-л. auf *A*)

зарни́ца *ж* Wétterleuchten *n* -s; сверка́ет ~ es wétterleuchtet

заровня́ть ébnen *vt*, glätten *vt*, gléichmachen *отд. vt*; ~ я́му éine Grúbe zúschütten

зароди́ть erzéugen *vt*; hervórrufen* *vt*; erwécken *vt*; ins Lében rúfen*; ~ наде́жду в ком-л. éine Hóffnung bei j-m erwécken; **~ся** entstéhen* *vi* (s), sich bílden

заро́дыш *м* **1.** Keim *m* (1), Émbryo *m* -s, -ónen; Léibesfrucht *f* (3) (*утробный плод*); **2.** *перен.* Keim *m* (1); быть в ~е im Kéime stécken, in den Ánfängen stécken; подави́ть в ~е дурну́ю привы́чку éine schléchte Ángewohnheit im Keim erstícken; **~евый** embryonál, Embryonál-; ~евое состоя́ние Émbryonálzustand *m* (1*); ~евая оболо́чка Kéimhülle *f* (11)

зарожд||а́ть(ся) *см.* зароди́ть(ся); **~е́ние** *с* Entstéhung *f* (10), Bíldung *f* (10)

заро́к *м разг.*: дать ~ sich (*D*) fest vórnehmen*; он дал ~ не игра́ть (в ка́рты) er hat sich fest vórgenommen, nicht mehr zu spíelen; взять ~ с кого́-л. j-m ein Verspréchen ábnehmen*

зарони́ть 1. fállen lássen* (за что-л. hínter *A*); **2.** *перен.* (*возбудить*) errégen *vt*, wáchrufen* *vt*; hervórrufen * *vt*; éinflößen *vt* (*внушить*); ~ сомне́ние Zwéifel säen; ~ мысль j-m éinen Gedánken éinflößen, j-n auf éinen Gedánken bríngen*; ~ подозре́ние éinen Verdácht wáchrufen* [erwécken]; ~ и́скру éinen Fúnken wérfen*

за́росль *ж* Gestrüpp *n* (2); Díckicht *n* (2) (*чаща*)

зарпла́та *ж см.* за́работная пла́та

зарубе́ть *см.* зарубить

зарубе́жн||ый áusländisch; ~ая печа́ть Áuslandspresse *f*; ~ые стра́ны Áusland *n* -es

заруби́ть 1. (*убить*) tótschlagen* *отд. vt*, níedermetzeln *vt*; ~и́ть са́блями zusámmenhauen* *vt*, níedersäbeln *vt*; **2.** (*сделать зарубку на чём-л.*) éinkerben *vt*, éine Kérbe éinschneiden*; ◇ ~и это себе́ на носу́! *разг.* merk dir das!; ≅ schreib dir das hínter die Óhren!

зару́бк||а *ж* Kérbe *f* (11), Éinschnitt *m* (1); Éinhieb *m* (1); сде́лать ~у на де́реве éine Kérbe in den Baum schnéiden*

зарубцева́||ться, зарубцо́вываться vernárben *vi* (s), verhárschen *vi* (s); ра́на ~лась die Wúnde ist vernárbt [verhárscht]

заруга́ть *разг.* (áus)schímpfen *vt*

зару́ливать, заруля́ть: ~ самолёт на стоя́нку das Flúgzeug zum Ábstellplatz róllen

зарумя́ниваться, зарумя́ниться 1. sich röten, rot wérden; **2.** (*поджариться*) bräunen *vi* (s)

заруча́ться, заручи́ться sich (*D*) etw. síchern; ~ чьим-л. согла́сием sich (*D*) j-s Éinverständnis síchern; заручи́ться подде́ржкой sich j-s Béistand síchern [verscháffen]

зару́чка *ж разг.* Stütze *f* (11); Hílfe *f* (11)

зарыва́ть *см.* зары́ть

зарыва́ться I **1.** *см.* зары́ться; **2.** *страд.* éingegraben [éingescharrt, vergráben] wérden

зарыва́ться II *см.* зарва́ться

зарыда́ть in Schlúchzen áusbrechen*, laut áufweinen

зары́ть éingraben* *vt*, vergráben* *vt*, éinscharren *vt*, verschárren *vt*; ◇ ~ тала́нт в зе́млю sein Pfund vergráben*, sein Licht únter den Schéffel stéllen; вот где соба́ка зары́та da liegt der Hund begráben; **~ся** *тж. перен.* sich vergráben*; ~ся лицо́м в поду́шки sein Gesícht in den Kíssen vergráben*

зарыча́ть ánfangen* zu brüllen; ánfangen* zu knúrren (*о собаке*)

зар||я́ *ж* **1.** Mórgenrot *n* -e(s), Mórgenröte *f*, Frühröt *n* (*утренняя*); Ábendrot *n*, Ábendröte *f* (*вечерняя*); ~я́ занима́ется der Mórgen graut, es dämmert; на ~е́, с ~ёю frühmórgens, am frühen Mórgen, früh am Mórgen, im Mórgengrauen; vor Tágesanbruch; **2.** *перен.* (*начало*) Mórgenröte *f*, Mórgenrot *n* -(e)s; на ~е́ жи́зни am Mórgen [im Frühling, im Lenz] des Lébens, in der érsten Frühe des Lébens; на ~е́ но́вой жи́зни an der Schwélle éines néuen Lébens; взошла́ ~я́ но́вой жи́зни das Mórgenrot éines néuen Lébens ist áufgegangen; ein néuer Mórgen ist áufgegangen; ~я́ свобо́ды das Mórgenrot [die Mórgenröte] der Fréiheit; **3.** (*военный сигнал*) Zápfenstreich *m* -(e)s (*вечерняя заря*); Wécken *n* -s (*утренняя заря*); ◇ от ~и́ до ~и́ 1) (*весь день*) den gánzen Tag hindúrch; 2) (*всю ночь*) vom Ábend bis zum Mórgen, die gánze Nacht hindúrch; ни свет ни ~я́ vor Tau und Tag, in áller Frühe

заряб||и́ть: у меня́ ~и́ло в глаза́х es flímmerte mir vor den Áugen

заря́д *м* **1.** *воен.*, *эл.* Ládung *f* (10); боево́й ~ schárfe Ládung; Geféchtsladung *f*; холосто́й ~ blínde Ládung; разрывно́й ~ Spréngladung *f*, Brisánzladung *f*; электри́ческий ~ eléktrische Ládung; а́томный [я́дерный] ~ Atómladung *f*, Kérnladung *f*, Atómsprengladung *f*, Kérnsprengladung *f*; ракéтный ~ Rakétentreibsatz *m* (1*); **2.** *перен.* Schuß *m* -sses, Schüsse; ~ бо́дрости ein Schuß Lébensmut

заряди́ть I **1.** láden* *vt*; áufladen* *vt* (*током*); ~ ору́дие ein Geschütz láden*; ~ электри́ческую батаре́ю éine eléktrische Batteríe láden* [áufladen*]; ~ фотоаппара́т éinen (néuen) Film éinlegen; ~ огнетуши́тель éinen Féuerlöscher náchfüllen; **2.** *перен.*: ~ кого́-л. боевы́м ду́хом j-n mit Kámpfgeist erfüllen

заряд||и́ть II *разг.* etw. beständig [häufig, únaufhörlich] tun*; ~и́л дождь es régnet únaufhörlich

заряди́ться 1. geláden sein; **2.** *перен. разг.* néue Kräfte sámmeln [áufspeichern], séinen Lébensmut [séine Energíe] áuffrischen

заря́дк||а *ж* **1.** (*действие*) Láden *n* -s; ~а аккумуля́торов das Láden der Akkumulatóren; **2.** *спорт.* Túrnübung *f* (10); у́тренняя ~а Frühsport *m* -(e)s; Mórgengymnastik *f*; **3.** *перен.* Áufmunterung *f* (10), ein Schuß Energíe, ein Schuß Lébensmut; получи́ть хоро́шую ~у mit Energíe geláden wérden

заря́дник *м воен.* Láder *m* (6)

заря́дн||ый *спец.* Láde-; ~ая вту́лка Ládebüchse *f* (11); ~ая ка́мера Láderaum *m* (1*), Ládungsraum *m*; ~ый лото́к Ládeschale *f* (11), Ládemulde *f* (11); ~ый ток *эл.* Ládestrom *m* (1*); ~ая ёмкость *эл.* Ládekapazität *f* (10), ~ый я́щик Munitiónskasten *m* (7)

заряжа́ть *см.* заряди́ть I

заряж||а́ющий *сущ. м воен.* Ládekanonier *m* (1); **~ённый** geláden; ~ённый боевы́м патро́ном scharf geláden; ~ённый холосты́м патро́ном blind geláden

заса́д||а *ж* Hínterhalt *m* (1), Verstéck *n* (2); Láuer *f*; Fálle *f* (11) (*ловушка*); засе́сть в ~у sich in den Hínterhalt légen, sich auf die Láuer légen; находи́ться в ~е im Hínterhalt láuern [líegen*], auf der Láuer sein [líegen*]; устро́ить ~у кому́-л. j-m éinen Hínterhalt légen; замани́ть в ~у in éinen Hínterhalt [in éine Fálle] lócken

засади́ть 1. ánpflanzen *vt*, bepflánzen *vt* (чем-л. mit *D*); **2.** *разг.* (*всадить*) hinéintreiben* *vt*, hinéinjagen *vt*, hinéinschlagen* *vt*; ~ зано́зу в па́лец sich (*D*) éinen Splítter in den Fínger éinstechen*; **3.** *разг.* (*за работу и т. п.*) an die Árbeit sétzen, j-n árbeiten lássen*; оте́ц засади́л его́ за кни́ги der Váter hat ihn gezwúngen zu lérnen; **4.** *разг.* (*куда-л.*): ~ в тюрьму́ ins Gefängnis stécken, éinsperren *vt*

заса́дка *ж* Ánpflanzung *f* (10); ~ па́рка die Ánlage des Parks

заса́живать *см.* засади́ть

заса́ливать I (*запачкать*) *см.* заса́лить

заса́ливать II *см.* засоли́ть

заса́ливаться I (*пачкаться*) *см.* заса́литься

заса́ливаться II *страд.* (éin)gesálzen wérden, éingelegt wérden

заса́л||ить féttig máchen, mit Féttflecken beschmíeren; ~енный костю́м ein verspéckter Ánzug; **~иться** féttig [spéckig] wérden; mit Féttflecken beschmíert sein, vóller Féttflecken sein

заса́сывать *см.* засоса́ть 2

заса́хар||енный verzúckert, kandíert; ~енные фру́кты kandíerte Früchte; **~ивать** zúckern *vt*; glasíeren *vt*, kandíeren *vt*; **~иваться, ~иться** *кул.* verzúckert wérden

засверк||а́ть erglänzen *vi* (s, h), áufleuchten *vi* (h), áufblitzen *vi* (s, h); ◇ у них пя́тки ~а́ли sie gáben Férsengeld, sie máchten sich auf die Sócken

засвети́ть I (*зажечь*) ánzünden *vt*, ánstecken *vt*

засвети́ть II *фото* (*плёнку*) durch Belíchten verdérben*, verséhentlich belíchten

засвети́ться I áufleuchten *vi* (s, h), erglänzen *vi* (s, h), áufstrahlen *vi* (s, h)

засвети́ться II *фото страд.* verséhentlich belíchtet wérden

за́светло *нареч. разг.* bei Tágeslicht, vor Ánbruch der Dúnkelheit

засвиде́тельствов||ание *с* **1.** Bezéugung *f* (10); Bescheinigung *f* (10); Bestätigung *f* (10) (*подтверждение*); **2.** (*подписи*) Begláubigung *f* (10), Beúrkundung *f* (10); **~ать 1.** bezéugen *vt*; beschéinigen *vt*; bestätigen *vt* (*подтвердить*); belégen *vt*; ~анная фо́рма *лингв.* belégte Form; ~ать факт éine Tátsache bestätigen [bezéugen]; истори́чески ~ано, что... geschíchtlich erwíesen ist, daß...; **2.** (*подпись*) begláubigen *vt*; beúrkunden *vt*; ◇ ~ать (своё) почте́ние кому́-л. *уст.* j-n séiner Hóchachtung versíchern, j-m séine Áchtung bezéigen; séine Áufwartung máchen (*посещением*)

засвиста́ть, засвисте́ть pféifen* *vi*, *vt*, ánfangen* zu pféifen

засе́в *м с.-х.* **1.** Áussaat *f* (10); Saat *f*; **2.** (*засеянная площадь*) Sáatfeld *n* (5), Sáatfläche *f* (11)

засева́ть *см.* засе́ять 1

заседа́ние *с* Sítzung *f* (10); Versámmlung *f* (10) (*собрание*); (вне)очередно́е ~ (áußer)órdentliche Sítzung; заключи́тельное ~ Ábschlußsitzung *f*; плена́рное ~ Plenársitzung *f*, Vóllsitzung *f*, Vóllversammlung *f*; откры́тое ~ öffentliche Sítzung [Versámmlung]; закры́тое ~ níchtöffentliche [geschlóssene] Sítzung [Versámmlung]; торже́ственное ~ Féstsitzung *f*, féierlicher Stáatsakt; Féierstunde *f* (11); суде́бное ~ Verhándlung *f* (10), Geríchtsverhandlung *f*; э́кстренное ~ Sóndersitzung *f*; выездно́е ~ Sítzung [Tágung] áußer Haus, áuswärtige Sítzung; *юр.* Verhándlung vor erwéiterter Öffentlichkeit; ~ в па́мять кого́-л., чего́-л. Gedénksitzung *f*; рабо́чее ~ Árbeitstagung *f* (10); собра́ться на ~ zu éiner Sítzung zusámmentreten*; откры́ть [закры́ть] ~ die Sítzung eröffnen [schlíeßen*]; назна́чить ~ die Sítzung ánberaumen [ánsetzen, féstsetzen]; отмени́ть ~ éine Sítzung ábsagen

заседа́тель *м* Béisitzer *m* (6); Schöffe *m* (9); наро́дный ~ *юр.* Schöffe *m*; присяжный ~ *уст.* Geschwórene *m* (14)

заседа́тельск||ий Sítzungs-; ~ая суета́ Sítzungsgeschäftigkeit *f*

заседа́||ть 1. éine Sítzung (áb)hálten*, Sítzung háben; **2.** (*о съезде, сессии и т. п.*) tágen *vi*; съезд ~ет der Kongréß tagt

засе́ка *ж* **1.** *воен.* (*преграда*) Verháu *m* (1) (*разг. n*); проволочная ~ Dráhtverhau *m*; **2.** *уст.* (*лес*) Hégewald *m* (4)

засека́ть *см.* засе́чь I, II

засека́ться *см.* засе́чься

засекре́тить 1. (*документ и т. п.*) für vertráulich [gehéim] erklären, vertráulich behándeln, gehéimhalten* *отд.* *vt*; **2.** (*сотрудника*) zu gehéimen [vertráulichen] Dokuménten Zútritt gewähren; zur Beárbeitung von Verschlúßsachen zúlassen *

засекре́ч||енный gehéim; ~енное де́ло (gehéime) Verschlúßsache *f* (11); **~ивать** *см.* засекре́тить

заселе́ни||е *с* **1.** (*какой-л. местности*) Besíed(e)lung *f*; **2.** (*до́ма*) Bezíehen *n* -s; гото́вый к ~ю schlüsselfertig, bezúgsfertig

заселённ||ость *ж* (*густота населения*) Bevölkerungsdichte *f*; **~ый 1.** (*о стране и т. п.*) besíedelt, bevölkert (кем-л. mit *D*); гу́сто ~ый dicht bevölkert; ре́дко ~ый dünn bevölkert; **2.** (*о доме*) bewóhnt, besíedelt, bezógen (кем-л. von *D*)

засели́ть, заселя́ть 1. (*край и т. п.*) bevölkern *vt*, besíedeln *vt*; ~ кем-л. j-n ánsiedeln; **2.** (*дом*) besíedeln *vt*; ~ дом но́выми жильца́ми néue Míeter in ein Haus éinweisen*; ~ кварти́ру éine Wóhnung bezíehen*

засемени́ть: ~ нога́ми tríppeln *vi* (h, s)

засеребри́ться sílbrig wérden [schímmern]

засе́||сть *разг.* **1.** (*за что-л.*) sich sétzen, sich féstsetzen *отд.*; ~сть за рабо́ту sich an die Árbeit máchen; **2.** (*где-л.*) sich féstsetzen *отд.*; ~сть до́ма zu Háuse hócken; nicht aus séinen vier Wänden heráuskommen*; ~сть в кре́пости sich in éiner Féstung éinschließen*; **3.** (*притаиться*) sich verstécken; ~сть в заса́ду sich in den Hínterhalt légen, sich auf die Láuer légen; **4.** (*застрять*) stéckenbleiben* *отд.* *vi* (s); пу́ля ~ла в ноге́ die Kúgel blieb im Bein stécken; э́та мысль ~ла у него́ в голове́ díeser Gedánke will ihm nicht aus dem Kopf [aus dem Sinn]

засе́чка *ж* (*зарубка*) Kérbe *f* (11), Éinschnitt *m* (1)

засе́чь I (*до смерти*) zu Tóde prügeln

засе́чь II **1.** (*сделать засечку*) éinkerben *vt*, éine Kérbe éinschneiden*; ánschneiden* *vt*; **2.**: ~ вре́мя (*на секундомере*) die Zeit néhmen* [stóppen]

засе́чься (*о лошади*) sich (mit dem Húfeisen) am Fúß verwúnden; sich gréifen*, sich fángen*
засе́ять 1. *с.-х.* besäen *vt* (чем-л. mit *D*); ~ по́ле кукуру́зой auf éinem Feld Mais säen; ~ по́ле пшени́цей ein Feld mit Wéizen bebáuen; **2.** *перен.* (*усеять*) übersäen *vt*
засиде́ть *разг.* (*о мухах и т. п.*) beschmútzen *vt*
засиде́ться zu lánge (sítzen)bléiben*; sich zu lánge áufhalten*; ~ до по́здней но́чи bis in die tíefe Nacht hinéin áufbleiben*; ◇ засиде́вшаяся де́вушка ein spätes Mädchen
заси́женный: ~ му́хами mit Flíegendreck betüpfelt
заси́живать *см.* засиде́ть
заси́живаться *см.* засиде́ться
засилосова́ть silíeren *vt*, éinsilieren *vt*
заси́лье *с* Übermacht *f*, Überhándnahme *f*, Vórherrschaft *f*, Hérrschaft *f*; иностра́нное ~ Überfrémdung *f*
засине́ть(ся) bläuen *vi*, blau schímmern
заси́нивать, засини́ть (*бельё*) zu stark bläuen, (ganz) blau máchen
засия́||ть áufleuchten *vi* (s, h), áufstrahlen *vi* (s, h), erglänzen *vi* (s, h); он ~л от ра́дости er stráhlte vor Fréude
заскака́ть hüpfen *vi* (h, s), ánfangen* zu hüpfen
заскирдова́ть *см.* скирдова́ть
заско́к *м разг.*: у него́ ~ в голове́ er ist übergeschnappt, er hat éinen Spárren [Vógel], er ist ganz verdréht
заскользи́ть ins Rútschen geráten*
заскору́з||лый 1. hart, schwíelig; **2.** *перен.* (*закоснелый*) verknöchert, hártnäckig, starr; **~нуть 1.** (*о руках*) hart [schwíelig] wérden; **2.** *перен.* (*закоснеть*) sich verhärten, verknöchern *vi* (s), verstócken *vi* (s)
заскочи́ть *разг.* **1.** (*запрыгнуть*) áufspringen* *vi* (s), hinéinspringen *vi* (s); **2.** (*зайти*) vorbéikommen* *vi* (s) (к кому́-л. bei j-m), éinen Ábstecher zu j-m máchen; **3.:** ~ вперёд voráuseilen *vi* (s)
заскрежета́ть: ~ зуба́ми mit den Zähnen knírschen
заскрести́(сь) *разг. см.* скрести́(сь)
заскрипе́ть ánfangen* zu knárren [zu schnárren]
заскули́ть *разг.* in ein Gewínsel áusbrechen*, ánfangen* zu wínseln
заскуча́ть ánfangen* sich zu lángweilen; Trübsal blásen* (*разг.— захандрить*)
засла́ть *разг.* **1.** (*послать не туда*) an éine fálsche Adrésse sénden*; féhlleiten *отд. vt*; **2.** (*послать с целью разведки*) (zur Erkúndung) vórschicken *vt*; éinschleusen *vt*
заслези́ться (*о глазах*) ánfangen* zu tränen
засло́н *м* **1.** Schútzwall *m* (1*); лесно́й ~ Schútzwaldstreifen *m* (7); **2.** *воен.* (*прикрытие*) Sícherungseinheit *f* (10), Déckungseinheit *f*
заслон||и́ть 1. (*закрыть*) verhüllen *vt*, bedécken *vt*, verdécken *vt*; ту́чи ~и́ли со́лнце die Wólken verhüllten die Sónne; ~и́ть кому́-л. свет j-m im Líchte stéhen*; ~и́ть вид die Áussicht verspérren; **2.** *перен.* (*вытеснить*) verdúnkeln *vt*, verhüllen *vt*; verwíschen *vt*, verdrängen *vt*; ~и́ть чей-л. о́браз j-s Bild verdrängen; **~и́ться** sich schützen (чем-л. mit *D* от чего́-л. vor *D*); vórhalten* *vt* (*держать перед собой*); **~и́ться руко́й от уда́ра** sich mit dem vórgehaltenen Arm vor dem Schlág schützen, den Arm schützend vórhalten*
засло́нка *ж* **1.** (*у печи*) Ófenklappe *f* (11), Ófentür *f* (10); **2.** (*приспособление для закрывания отверстий*) Ábsperrschieber *m* (6); дымова́я ~ Ráuchschieber *m*, Ráuchklappe *f* (11); дро́ссельная ~ *авто* Drósselklappe *f*; противопожа́рная ~ (*фонаря кинопроектора*) Schútzblende *f* (11)
заслоня́ть *см.* заслони́ть; **~ся 1.** *см.* заслони́ться; **2.** *страд.* verhüllt wérden (*ср.* заслони́ть)
заслу́г||а *ж* Verdíenst *n* (2) (в чём-л. um *A*); серьёзная ~а ein wíchtiges Verdíenst; трудовы́е ~и Verdíenste [Erfólge] in der Árbeit; его́ ~а в том, что... sein Verdíenst liegt [bestéht] darín, daß...; ста́вить себе́ что-л. в ~у sich (*D*) etw. als [zum] Verdíenst ánrechnen; име́ть больши́е ~и пе́ред ро́диной gróße Verdíenste um die Héimat háben; награди́ть по ~ам nach Verdíenst [Gebühr] belóhnen; он получи́л по ~ам das geschíeht ihm recht, er verdíent es nicht bésser; по ~ам и честь *посл.* wie die Kunst, so die Gunst
заслу́жен||но *нареч.* nach Verdíenst, wóhlverdient, verdíentermaßen, gerécht; он ~но получи́л награ́ду er hat die erháltene Belóhnung verdíent; **~ный** verdíent, nach Verdíenst, gerécht; ~ный авторите́т verdíenstvolle Autorität; по́льзоваться ~ным успе́хом verdíenten Erfólg háben; ~ный де́ятель нау́ки Verdíenter Wíssenschaftler; ~ный де́ятель иску́сств Verdíenter Künstler; ~ный учи́тель Verdíenter Léhrer (des Vólkes)
заслу́ж||ивать verdíenen *vt*, wert sein; ~ивать дове́рия Vertráuen [Zútrauen] verdíenen; ~ивать внима́ния beáchtenswert [bemérkenswert] sein; **~и́ть** verdíenen *vt*; erwérben* *vt*, gewínnen* *vt*; ~и́ть дове́рие das Vertráuen [Zútrauen] erwérben* [gewínnen*]
заслу́шать ánhören *vt*; entgégennehmen* *vt*; ~ докла́д éinen Vórtrag ánhören; éinen Beríсht entgégennehmen*; **~ся** áufmerksam [átemlos] láuschen, ganz Ohr sein, über dem Hören die Zeit vergéssen, híngegeben láuschen
заслу́шивать *см.* заслу́шать; **~ся 1.** *см.* заслу́шаться; **2.** *страд.* ángehört [entgégengenommen] wérden
заслы́шать hören *vt*, vernéhmen* *vt*
заслюни́ть, заслюня́вить *разг.* mit Spéichel bekléckern, besábbern *vt*
засма́тривать hinéinspähen *vi*; **~ся** *см.* засмотре́ться
засмея́ть *разг.* áuslachen *vt*, verspótten *vt*, sich (über j-n) lústig máchen
засмея́ться ánfangen* zu láchen, áuflachen *vi*, in Gelächter [Láchen] áusbrechen*
засмоли́ть 1. téeren *vt*; **2.** *разг.* (*запачкать смолой*) Téerflecken máchen (что-л. auf etw. *D*)
засмотре́ться sich nicht satt séhen können*, in éinen [j-s] Ánblick versúnken sein; die Áugen [Blícke] wéiden (на что-л. an *D*)
заснежённый verschnéit
засну́ть éinschlafen* *vi* (s)
засня́ть fotografíeren *vt*; áufnehmen* *vt*; knípsen *vt* (*разг.*); ~ для кино́ fílmen *vt*; ~ фильм éinen Film (áb)dréhen
засо́в *м* Ríegel *m* (6); Stéckbolzen *m* (7); задви́нуть ~ den Ríegel vórschieben*; закры́ть на ~ verríegeln *vt*
засо́вывать *см.* засу́нуть
засо́л *м* Éinsalzen *n* -s, Éinlegen *n* -s, Sálzen *n*; огурцы́ све́жего ~а frisch gesálzene Gúrken
засоле́ние *с*: ~ по́чвы Versálzung *f* des Bódens
засолённость *ж*: ~ по́чвы der Sálzgehalt des Bódens
засоли́ть (éin)sálzen *vt*, éinlegen *vt*; éinpökeln *vt* (*мясо*)
засопе́ть *разг.* schnáufen *vi*, schnáuben *vi*, ánfangen* zu schnáufen
засор||е́ние *с* Verúnreinigung *f* (10); Verstópfung *f* (10) (*закупорка*); ~е́ние посе́вов (*сорными травами*) Verúnkrautung *f* (10); ~е́ние желу́дка *мед.* Mágenverstimmung *f* (10), Verdáuungsstörung *f* (10); **~ённость** *ж* Verúnreinigung *f* (10)
засор||ённый únrein; ~ённая речь únreine Spráche; **~и́ть** verúnreinigen *vt*; verstópfen *vt* (*закупорить*); ~и́ть желу́док sich (*D*) den Mágen verdérben*; ра́ковина ~ена́ der Áusguß ist verstópft; поля́ ~ены́ die Félder sind verúnkrautet; **~и́ться** verstópft sein; **~я́ть** *см.* засори́ть; **~я́ться 1.** *см.* засори́ться; **2.** *страд.* verúnreinigt wérden (*ср.* засори́ть)
засос||а́ть 1. ánfangen* zu säugen; **2.** (*поглотить*) éinsaugen* *vt*, áufsaugen* *vt*; боло́то ~а́ло охо́тника der Jäger ist im Sumpf versúnken; **3.** (*погубить*); среда́ ~а́ла его́ er ist in díeser Umgébung versúmpft
засо́хнуть vertrócknen *vi* (s), éintrocknen *vi* (s), trócken wérden, verdórren *vi* (s)
за́спанный verschláfen, schläfrig; у него́ ~ вид er sieht verschláfen aus
заспа́ть *разг.* **1.** (*забыть во сне*) im Schlaf vergéssen*; **2.:** он заспа́л щёку séine Bácke ist (noch) rot vom Schlaf; **~ся** *разг.* verschláfen*
заспиртова́ть, заспирто́вывать in Spíritus légen [áufbewahren]
заспо́рить ánfangen* zu stréiten, éinen Streit begínnen* [ánzetteln, vom Zaun bréchen*]
заста́ва *ж* **1.** *ист.* Stádttor *n* (2), Éinfahrt *f* (10); **2.** *воен.* Sícherungswache *f* (11), Sícherungseinheit *f* (10); похо́дная ~ Márschsicherung *f* (10), пограни́чная ~ Grénzposten *m* (7), Grénzwache *f* (11); сторожева́я ~ Féldwacheinheit *f*
застава́ть *см.* заста́ть
заста́вить I **1.** (*загромоздить*) vóllstellen *vt*, vóllpacken *vt* (чем-л. mit *D*); **2.** (*загородить*) verstéllen *vt*, verspérren *vt*, verrámmeln *vt*
заста́в||ить II (*принудить*) nötigen *vt*, zwíngen* *vt*; veránlassen *vt* (*побудить*); он ~ил его́ сесть er nötigte ihn zum Sítzen; он ~ил его́ войти́ (в ко́мнату) er nötigte ihn ins Zímmer; меня́ нельзя́ ~ить ich lásse mich nicht zwíngen; он не ~ил себя́ проси́ть er ließ sich nicht bítten, er ließ sich nicht nötigen; ~ить говори́ть о себе́ von sich réden máchen; ~ить себя́ ждать auf sich wárten lássen*; ~ить себя́ улыбну́ться sich zu éinem Lächeln zwíngen*
заста́вка I *ж* (*рисунок*) Kópfleiste *f* (11), Vignette [*фр.* vin'jɛtə] *f* (11), Búchdruckerleiste *f* (*в книге*); Vórschaubild *n* (5) (*на экране телевизора*)
заста́вка II *ж* (*щит мельницы*) Schütz *n* (2)
заставля́ть *см.* заста́вить I, II
заста́иваться *см.* застоя́ться
застаре́л||ый 1. veráltet, verschléppt; *мед.* habituéll; ~ая боле́знь éine ver-

schléppte Kránkheit; **2.** (*закоренелый*) éingewurzelt, verwúrzelt; starr; ~ые предрассу́дки (tief) éingewurzelte Vórurteile

заста́ть 1. ántreffen* *vt*; (vór)fínden* *vt*; ~ до́ма zu Háuse ántreffen* [erréichen]; **2.** (*застигнуть*) erwíschen *vt*, ertáppen *vt*; ~ врасплóх überráschen *vt*, überrúmpeln *vt*; ~ на мéсте преступлéния auf fríscher Tat ertáppen

застёгивать *см.* застегну́ть; **~ся 1.** *см.* застегну́ться; **2.** *страд.* geschlóssen wérden (*ср.* застегну́ть); плáтье застёгивается на спинé das Kleid ist hínten [auf dem Rücken] dúrchgeknöpft

застегну́ть schlíeßen* *vt*; zúknöpfen *vt* (*на пуговицы*); zúhaken *vt* (*на крючки*); ~ не на ту пу́говицу sich verknöpfen; **~ся** (den Mántel *usw.*) zúknöpfen *vt*, schlíeßen* *vt*, *vi*; застегни́сь! knöpf den Mántel zu!, schließ den Mántel!

застёжка *ж* Verschlúß *m* -sses, -schlüsse; Schlíeße *f* (11) (*на старинных книгах*); Spánge *f* (11) (*пряжка*); ~ на крючкáх Háken- und Ösenverschluß *m*; ~ на пу́говицах Knópfverschluß *m*; ~ спéреди Vórderschluß *m*; ~ сзáди Rückenschluß *m*; ~ сбóку Séitenschluß *m*; потайнáя ~ verdéckte Knópfleiste; ~-мóлния Réißverschluß *m*; без ~и verschlúßlos

застеклённ||ый verglást, Glas-; ~ая верáнда Glásveranda [-ve-] *f*, *pl* -den; ~ая кабíна лётчика vergláste [glásgedeckte] Kabíne des Pilóten, Gláskabine *f* (11)

застекли́ть, застекля́ть vergläsen *vt*; ~ окнó ein Fénster verglásen, Fénsterscheiben éinsetzen; ~ карти́ну ein Bild verglásen

застели́ть *разг.* *см.* застлáть I

застенографи́ровать stenográfisch áufnehmen* *vt*, (mít)stenografíeren *vt*

застéнок *м* Fólterkammer *f* (11); Fólterhöhle *f* (11)

застéнчив||ость *ж* Schüchternheit *f*, Verlégenheit *f*, **~ый** schüchtern, verlégen

застигáть, засти́гнуть erwíschen *vt*, ertáppen *vt*; ~ врасплóх überráschen *vt*, überrúmpeln *vt*; быть засти́гнутым грозóй von éinem Gewítter überráscht wérden; ~ на мéсте преступлéния auf fríscher Tat ertáppen

застилáть *см.* застлáть

засти́ранный verwáschen, vom Wáschen grau gewórden

застирáть, засти́рывать áuswaschen* *vt*

засти́ть: ~ комý-л. свет j-m im Lícht stéhen*; j-m das Licht verdúnkeln

застлá||ть 1. bedécken *vt*, zúdecken *vt*, belégen *vt* (*коврами и т. п.*); ~ть пол коврáми den Bóden mit Téppichen bedécken [belégen]; **2.** (*скрыть*) verhüllen *vt*; trüben *vt*, umflóren *vt* (*затуманить*); тýчи ~ли сóлнце die Wólken verhüllten die Sónne; слёзы ~ли глазá Tränen trübten die Áugen, die Áugen wáren umflórt

застóй *м* **1.** Stagnation *f*, Stíllstand *m* -s; Fláute *f* (*в экономике*); ~ в деловóй жи́зни Fláute *f* (11); ~ в торгóвле Händelsflaute *f*; наступáет ~ die Fláute setzt ein; находи́ться в состоя́нии застóя stagníeren *vi*; **2.** *мед.*: ~ крóви Blútstockung *f* (10), Blútstauung *f* (10); **~ный** stagnierend, Stagnations-; stókkend; flau (*вялый*); ~ное состоя́ние Stíllstand *m* -(e)s; ~ные явлéния *мед.* Stáuungserscheinungen *pl*

застóльн||ый Tisch-; Táfel-; ~ая бесéда Tíschgespräch *n* (2); ~ая речь Tíschrede *f* (11); ~ая пéсня Tíschlied *n* (5), Trínklied *n*; ~ая здрáвица Trínkspruch *m* (1*), Toast [to:st] *m* -(e)s, -e *u* -s

застонáть (áuf)stöhnen *vi*; ánfangen* zu stöhnen

застóпори||ть (áb)stóppen *vt* (áb-)brémsen *vt*; *перен.* hémmen *vt*; áufhalten* *vt*; **~ться 1.** (*о машине и т. п.*) stóppen *vi*, ánhalten* *vi*, stéhenbleiben* *отд.* *vi* (s); **2.** *перен.* *разг.* ins Stócken kómmen* [geráten*], stéckenbleiben* *отд.* *vi* (s); дéло ~лось die Sáche kam [geríet] ins Stócken, die Sáche blieb stécken

застоя́||ться 1. (zu lánge) stéhenbleiben* *отд.* *vi* (s); ~вшаяся лóшадь ein stállmüdes Pferd; **2.** (*испортиться*) sich stáuen; stócken *vi*; ~вшаяся водá stéhendes Gewässer, Stáuwasser *n* (6), ábgestandenes Wásser; ~вшийся дым ábgestandener Rauch

застрáивать(ся) *см.* застрóить(ся)

застрахóв||анный 1. versíchert (от чегó-л. gégen *A*); **2.** *перен.* geféit; от э́того никтó не ~ан davór ist níemand sícher, dagégen ist níemand geféit; **~áть 1.** versíchern *vt* (от чегó-л. gégen *A*); ~áть жизнь sein Lében versíchern; **2.** (*обезопасить*) síchern *vt*; **~áться 1.** sich versíchern (от чегó-л. gégen *A*); **2.** *перен.* (*обезопасить себя*) sich síchern (от чегó-л. gégen *A*, vor *D*)

застращáть, застрáщивать *разг.* éinschüchtern *vt*; ábschrecken *vt*

застревáть *см.* застря́ть

застрели́ть erschíeßen* *vt*, níederschießen* *vt*, tótschießen* *отд.* *vt*; **~ся** sich erschíeßen*

застрéльщик *м* Úrheber *m* (6), Schríttmacher *m* (6), Initiátor *m* -s, -tóren (*соревнования и т. п.*); Ánführer *m* (6) (*вожак*), Rädelsführer *m*, Ánstifter *m* (6) (*зачинщик*)

застри́чь *разг.* (*ногти*) zu kurz schnéiden*

застрогáть ábhobeln *vt*, glátthobeln *отд.* *vt*; zúspitzen *vt* (*заострить*)

застрóить bebáuen *vt*; verbáuen *vt*; **~ся** bebáut sein, sich mit Gebäuden bedécken

застрóй||ка *ж* (*чего-л.*) Bebáuung *f*, báuliche Gestáltung; прáво ~ки Báurecht *n* (2), Bebauungsrecht *n*; **~щик** *м* Báuherr *m* (8); Investitiónsträger [-ve-] *m* (6) (*о предприятии, об организации*); индивидуáльный ~щик Éigenheimbauer *m* (6)

застроч||и́ть 1. (*зашить*) zúnähen *vt*, zústeppen *vt*, dúrchsteppen *vt*; **2.** *разг.* (*начать писать*) ánfangen* zu schréiben, sich ans Schréiben máchen; ◇ ~и́л пулемёт ein Maschínengewehr begánn zu rättern

застр||я́ть stéckenbleiben* *отд.* *vi* (s), féstfahren* *отд.* *vi* (s); nicht vom Fleck kómmen* (*не сдвинуться с места*); féstsitzen* *отд.* *vi*, sich féstsetzen *отд.*; орéх ~я́л в зубáх der Kern hat sich im Zahn féstgesetzt; дéло ~я́ло *разг.* die Sáche kommt nicht vom Fleck, die Sáche ist auf dem tóten Punkt ángelangt; учени́к ~я́л в клáссе на вторóй год *разг.* der Schüler ist sítzengeblieben; ◇ словá ~я́ли у меня́ в гóрле *разг.* die Wórte blíeben mir in der Kéhle stécken

застуди́ть *разг.* erkälten *vt*

зáступ *м* Späten *m* (7), Grábscheit *n* (2)

заступáться *см.* заступи́ться

заступи́ть 1. *разг.* (*приступить к работе, сменив кого-л.*) áblösen *vt*, an j-s Stélle tréten*; **2.** *уст.* (*заменить кого-л.*) vertréten* *vt*, ersétzen *vt*; ◇ ~ дорóгу комý-л. j-m den Weg verstéllen

заступи́ться: ~ за когó-л. für j-n éintreten*; sich für j-n éinsetzen, j-n in Schutz néhmen*; j-m die Stánge hálten*, j-m den Ánwalt máchen

заступлéние *с*: ~ на дежýрство Díenstantritt *m* -(e)s

застýпн||ик *м* Vertéidiger *m* (6), Beschützer *m* (6); Fürsprecher *m* (6); **~ица** *ж* Vertéidigerin *f* (12), Beschützerin *f* (12); Fürsprecherin *f* (12); **~ичество** *с* Éintreten *n* -s, Inschútznahme *f*; Béistand *m* -(e)s, Hílfe *f* (*помощь*); Vertéidigung *f* (*защита*); Fürsprache *f* (*выступление в защиту*)

застучáть klópfen *vi*, ánfangen* zu klópfen

застывáть *см.* засты́ть

застыди́ться *разг.* sich schämen; schámrot wérden, vor Scham erröten покраснéть от стыдá; verlégen wérden (*смутиться*)

засты́||нуть, засты́ть 1. (*сгуститься*) fest wérden, gerínnen* *vi* (s); **2.** *разг.* (*озябнуть*) erstárren *vi* (s), erkälten *vi* (s), fríeren* *vi* (s); у меня́ нóги ~ли ich hábe éiskalte [fróstklamme] Füße; ◇ ~вшая улы́бка ein stárres [erstárrtes, gefrórenes] Lächeln; он ~л от ýжаса er stand wie verstéinert vor Entsétzen; я ~л от удивлéния ich war starr vor Stáunen; у меня́ кровь ~ла в жи́лах das Blut stóckte [erstárrte] mir in den Ádern

засуди́ть *разг.* áburteilen *vt*, verúrteilen *vt*

засуети́ться *разг.* únruhig wérden, zápp(e)lig wérden

засýнуть *разг.* (hinéin)stécken *vt*, éinstecken *vt*; ~ рýки в кармáны die Hände in die Táschen stécken

зáсух||а *ж* Dürre *f* (11), Tróckenheit *f*; Tróckenperiode *f*; подвéрженный ~е dürregefährdet; борьбá с ~ой Dürrebekämpfung *f*

засухоустóйчив||ый *с.-х.* dürrebeständig, dürrefest; dürrewiderstandsfähig, dürreresistent; ~ые растéния dürrefeste Pflanzen

засýчивать, засучи́ть: ~ рукавá die Ärmel áufkrempeln [áufstreifen], die Ärmel in die Höhe stréifen

засýшивать, засуши́ть éintrocknen lássen*; trócken máchen

засýшливый 1. (*сопровождающийся засухой*) dürr; régenarm; ~ый год tróckenes Jahr, Dürrejahr *n*; ~ое лéто tróckenheißer Sómmer; **2.** (*подверженный засухе*) únter Dürre léidend, dürregefährdet; ~ая зóна Tróckengebiet *n* (2), Dürregebiet *n*; ~ые зéмли Dürreland, dürregefährdeter Bóden; ~ый кли́мат arídes [tróckenes] Klíma, Tróckenklima *n* -s

засчитáть, засчи́тывать ánrechnen *vt*; in Ánrechnung bríngen*; áufrechnen *vt*, verréchnen *vt*; in Betrácht zíehen*, in Réchnung ziehen*, berücksichtigen *vt* (*принять во внимание*)

засылáть *см.* заслáть

засы́лка *ж* Vórschicken *n* -s, Éinschleusen *n* -s; ~ шпиóнов Éinschleusen von Spiónen

засыпáть I *см.* заснýть

засыпáть II, **засы́пать 1.** (*яму и т. п.*) zúschütten *vt*, zúwerfen* *vt*; **2.** (*забросать*) überschütten *vt*; *перен.* *тж.* überhäufen *vt*; ~ подáрками mit Geschénken überschütten; ~ цветáми mit Blúmen überschütten; ~ вопрóсами mit Frágen bestürmen; **3.** (*насыпать корм*) vórschütten *vt*; ~ лóшади овсá dem Pferd Háfer vórschütten

7 – 1052

засы́па||ться, засыпа́ться I **1.** (*во что-л.*) éindringen* *vi* (s); песо́к ~лся в башмаки́ Sand drang in die Schúhe ein; **2.** (*покрыться*) zúgeschüttet [verschüttet] wérden

засы́паться, засыпа́ться II **1.** *разг.* (*попасться*) (he)réinfallen* *vi* (s), hinéinfallen* *vi* (s), éinen Réinfall erlében; **2.** *разг.* (*на экзамене*) dúrchfallen* *vi* (s)

засы́пка *ж* **1.** (*ямы*) Zúwerfen *n* -s, Zúschütten *n* -s; **2.** (*зерна и т. п.*) Schütten *n* -s, Éinschütten *n*; ~ семя́н die Éinlagerung des Sáatgutes

засыха́ть *см.* засо́хнуть

затаённ||ый gehéim, héimlich(st); verbórgen (*скрытый*); ~ое жела́ние ein héimlicher Wunsch

зата||и́ть gehéimhalten* *отд. vt*; verbérgen* *vt* (*скрыть*); ~и́ть зло́бу den Groll verbérgen*; он ~и́л на меня́ зло́бу er hat éinen Pik auf mich (*разг.*); ~и́ть оби́ду на кого́-л. j-m éine Kränkung náchtragen*; ~и́ть дыха́ние den Átem ánhalten*

зата́кт *м муз.* Áuftakt *m* (2); *лингв.* Anakrúsis *f*, *pl* -sen, Vórschlagsilbe [únbetonte Sílbe] am Vérsanfang

зата́пливать *см.* затопи́ть I

зата́птывать *см.* затопта́ть

затарато́рить *разг.* ánfangen* zu pläppern [zu schnättern]

зата́ск||анный *разг.* **1.** (*об одежде*) ábgenutzt, ábgenützt, ábgetragen; ábgeschabt, schäbig (*потёртый*); ~анное пальто́ ein ábgetragener [schäbiger] Mántel; **2.** (*опошленный*) ábgedroschen, ábgegriffen; ábgeschmackt, banál (*банальный*); ~анное выраже́ние éine ábgedroschene Rédensart; **~а́ть** *разг.* **1.** (*истрепать*) ábtragen* *vt*, ábnutzen *vt*, ábnützen *vt*; **2.** (*опошлить*) banalisíeren *vt*, verflächen *vt*

зата́скивать I *см.* затаска́ть

зата́скивать II *см.* затащи́ть

зата́чивать *см.* заточи́ть II

затащ||и́ть **1.** (*унести, увести*) verschléppen *vt*; **2.** *разг.* (*увлечь*) schléppen *vt*; он ~и́л меня́ к своему́ прия́телю er schléppte mich zu séinem Freund

затверд||ева́ть *см.* затверде́ть; **~е́лость** *ж тж. мед.* Verhärtung *f* (10); **~е́лый** verhärtet, hárt(geworden); **~е́ние** *с* Verhärtung *f* (10); Schwíele *f* (11) (*мозоль*)

затверд||е́ть verhärten *vi* (s), sich verhärten; verhárschen *vi* (s), erstárren *vi* (s)

затверди́ть *разг.* **1.** (*выучить*) áuswendig lérnen; **2.** (*начать повторять*) únaufhörlich wiederhólen; ~ одно́ и то же ein und dassélbe wiederhólen

затво́р *м* **1.** *тех.* Ábsperrvorrichtung *f* (10); **2.** *воен.* Verschlúß *m* -sses, -schlüsse (*орудия*); Schloß *n* -sses, *pl* Schlösser, Gewéhrschloß *n* (*винтовки*); лафе́тный ~ Laféttenschloß *n*; рукоя́тка ~а Öffnerhebel *m* (6), Verschlúßkurbel *f* (11) (*орудия*); Kámmerstengel *m* (6), Kámmergriff *m* (1) (*винтовки*)

затвори́||ть **1.** zúmachen *vt*, (zú-)schlíeßen* *vt*; **2.** *разг.* (*кого-л.*) éinschlíeßen* *vt*, éinsperren *vt*; **~ться 1.** (*о двери и т. п.*) schlíeßen* *vi*, zúfallen* *vi* (s), zúgehen* *vi* (s); дверь ~лась die Tür fiel zu [fiel ins Schloß]; **2.** (*о ком-л.*) sich éinschlíeßen*; sich ábsondern, sich zurückziehen* (*уединиться*)

затво́рн||ик *м* (*отшельник*) Éinsiedler *m* (6), Kláusner *m* (6), Eremít *m* (8), Anachorét *m* (8); жить ~иком wie ein Éinsiedler lében; **~ица** *ж* Éinsiedlerin *f* (12); **~ический:** ~ический óbraz жи́зни ein éinsiedlerisches [ábgeschiedenes, zurückgezogenes] Lében; Éinsiedlerleben *n* -s; **~ичество** *с* Éinsiedlertum *n* -s

затворя́||ть *см.* затвори́ть; **~ться 1.** *см.* затвори́ться; **2.** *страд.* zúgemacht wérden (*ср.* затвори́ть); **3.:** дверь не ~ется die Tür schließt nicht

затева́ть(ся) *см.* зате́ять(ся)

зате́йлив||ость *ж* (*вычурность*) Schnörkelhaftigkeit *f*; Kompliziertheit *f* (*сложность*); **~ый 1.** (*замысловатый*) verschnörkelt; kompliziert (*сложный*); verwíckelt (*запутанный*); ~ый рису́нок éine verschnörkelte Zéichnung; **2.** (*занятный*) amüsánt, unterháltsam

зате́йник *м*, **зате́йница** *ж* **1.** *разг.* (*выдумщик*) erfínderischer [wítziger] Mensch, Spáßvogel *m* (6*); Betríebmacher *m* (6); **2.** (*массовик*) Organisátor *m* von Vergnügungen

затека́ть *см.* зате́чь

зате́м *нареч.* **1.** (*потом*) daráuf, hieráuf; dann; später, nachhér; **2.** (*для того*) darúm, deshálb, déswegen; ~, чтобы um...zu (+*inf*); ~, чтобы тебе́ сказа́ть об э́том um es dir zu ságen

затемн||е́ние *с* **1.** Verdúnk(e)lung *f* (10); Ábblenden *n* -s; *мед.* Verschättung *f* (10); dúnkler Fleck (*тёмное пятно*); **2.** (*светомаскировка*) Verdúnk(e)lung *f*; Verdúnklung(svorrichtung) *f* (*приспособление*); **3.** *перен. разг.* Géistesverwirrung *f*; ~е́ние смы́сла die Verdúnk(e)ung des Sínnes; ~е́ние созна́ния Bewúßtseinstrübung *f*; **~и́ть 1.** verdúnkeln *vt*, ábdunkeln *vt*; ábblenden *vt*, ábdecken *vt* (*лампочку*); **2.** *перен.* (*скрыть*) verschléiern *vt*, verúndeutlichen *vt*, trüben *vt*; tárnen *vt*

за́темно *нареч. разг.* **1.** (*до рассвета*) vor Tágesanbruch, vor dem Héllwerden; **2.** (*когда стемнело*) schon im Fínstern

затени́ть, затеня́ть beschátten *vt*; überschátten *vt*, umschátten *vt*; ~ свет das Licht verhüllen [dämpfen]

зате́плить *уст.* ánzünden *vt*; **~ся** áufleuchten *vi* (*h, s*)

затере́ть **1.** (*стереть*) áuswischen *vt*, áusreiben* *vt*, verwíschen *vt*; **2.** (*замазать*) übermálen *vt*; überstréichen* *vt*; **3.** (*сдавить*) éinklemmen *vt*; су́дно зате́рло льда́ми das Schiff wúrde von Tréibeis éingeklemmt [zerdrückt]; **4.** *перен. разг.* (*оттеснить*) zurückdrängen *vt*, zurücksetzen *vt*, verdrängen *vt*

зате́рянный **1.** verlórengegangen, abhánden gekómmen; verlóren; **2.** (*покинутый*) verwáhrlost, vernáchlässigt

затеря́ть verlíeren* *vt*; verlégen *vt* (*засунуть куда-л.*); **~ся 1.** verlórengehen* *отд. vi* (s); abhánden kómmen*; flötengehen* *отд. vi* (s) (*разг.*); **2.** (*скрыться*) sich verlíeren, verschwínden* *vi* (s), áußer Sicht kómmen*; **3.** (*оказаться заброшенным*) verwáhrlosen *vi* (s), vernáchlässigt sein

затеса́ть beháuen* *vt*; ánspitzen *vt* (*заострить*)

затеса́ться *разг.* (*пробраться куда-л.*) sich éinschleichen*, sich (her-)eindrängen

затёсывать *см.* затеса́ть

зате́чь **1.** (*внутрь*) hinéinfließen* *vi* (s), éindringen* *vi* (s); **2.** (*распухнуть*) ánschwellen* *vi* (s), geschwóllen [verquóllen] sein; у меня́ глаз затёк ich hábe ein verquóllenes Áuge; **3.** (*онеметь*) gefühllos wérden; éinschlafen* *vi* (s) (*разг.*); у меня́ рука́ затекла́ ein Arm ist mir éingeschlafen

зате́я *ж* Éinfall *m* (1*), Idée *f* (11); Vórhaben *n* (7) (*намерение*); Unterfángen *n* (7) (*предприятие*); Streich *m* (1) (*выходка*)

зате́ять **1.** (*устроить*) arrangieren [*фр.* araŋ'ʒi:rən] *vt*, organisíeren *vt*; ~ игру́ ein Spiel arrangíeren; **2.** (*предпринять*) sich (*D*) etw. vórnehmen*, vórhaben* *vt*, sich (*D*) etw. éinfallen lássen*; éinfädeln *vt* (*разг.*); ánzetteln *vt*, áushecken *vt* (*что-л. нехорошее*); что э́то ты зате́ял? was ist dir éingefallen?; **~ся** ángefangen [ángestiftet, áusgeheckt, ángezettelt] wérden

затира́ть *см.* затере́ть

зати́скать *разг.* (áb)quétschen *vt*

зати́скивать, зати́снуть *разг.* hinéinpressen *vt*, hinéinstopfen *vt*

затиха́ть, зати́хнуть **1.** (*замолчать*) still wérden; stíllschweigen* *отд. vi*; **2.** (*о звуках*) verhállen *vi* (s); **3.** (*о ветре, о бое*) sich légen, náchlassen* *vi*, ábflauen *vi*; **4.** (*о боли*) ábklingen* *vi* (s), verklíngen* *vi* (s), náchlassen* *vi*

зати́шье *с* **1.** Stílle *f*; *воен.* Fróntstille *f*, Kámpfruhe *f*; ~ на мо́ре Wíndstille *f*, Kálme *f*; **2.** (*защищённое от ветра место*) wíndgeschützte Stélle; **3.** *перен.* (*застой*) Stíllstand *m* -(e)s, Stagnatión *f*, Fláute *f*; Ábflauen *n* (7) (*спад*)

затка́ть (hin)éinwirken *vt*, (hin)éinweben *vt*; ~ ткань серебро́м Sílber in den Stoff éinweben

заткн||у́ть **1.** (*отверстие*) verstópfen *vt*, zústopfen *vt*; ~у́ть у́ши *разг.* sich (*D*) die Óhren verstópfen, sich (*D*) die Óhren zúhalten*; **2.** (*засунуть за что-л.*) (hinéin)stécken *vt*; ◇ он тебя́ за по́яс ~ёт *разг.* er steckt dich gleich in die Tásche; er ist dir über; ~у́ть рот кому́-л. *разг.* j-m den Mund stópfen [verbíeten*]; **~у́ться** *груб.*: заткни́сь! jetzt halt áber die Luft an!, halt den Mund [die Kláppe]!

затле́ться ánfangen* zu glímmen

затмева́ть *см.* затми́ть

затме́ние *с* **1.** *астр.* Fínsternis *f* (3); со́лнечное ~ Sónnenfinsternis *f*; лу́нное ~ Móndfinsternis *f*; по́лное лу́нное ~ totále Móndfinsternis; части́чное лу́нное ~ partiélle Móndfinsternis; **2.** *перен. разг.* (zéitweilige) Verdúnkelung des Verstándes, Géistesverwirrung *f*; на меня́ иногда́ нахо́дит ~ ich hábe mánchmal méinen Verstánd nicht beisámmen; на меня́ нашло́ ~ ich wúrde mit Dúmmheit geschlágen

затми́ть **1.** (*скрыть*) verdúnkeln *vt*, verhüllen *vt*, verdüstern *vt*; **2.** (*превзойти кого-л.*) verdúnkeln *vt*; überstráhlen *vt*; in den Schátten stéllen; ~ чью-л. сла́ву j-s Ruhm verdúnkeln, j-n in den Schátten stéllen; **~ся** sich verfínstern

зато́ *союз* dafür

затова́ривание *с* Wárenhortung *f*, Vorhándensein *n* von Überplanbeständen an Wáren, übermäßige Wárenvorräte

затова́ри(ва)ться **1.** (*о лишнем товаре*) líegenbleiben* *отд. vi* (s), kéinen Ábsatz fínden*; gehórtet wérden; **2.** (*о торговой организации*) überfüllte Wárenlager [Überplanbestände] háben, die Wáre nicht ábsetzen können*

затолка́ть *разг.* hin- und hérstoßen* *vt*; erdrücken *vt* (*задавить*)

зато́н *м* Wínterhafen *m* (7*); tíefe Éinbuchtung (éines Flússes)

затону́ть versínken* *vi* (s), éinsinken* *vi* (s), úntergehen* *vi* (s)

зато́пать: ~ нога́ми áufstampfen *vi*, mit den Füßen stámpfen [trámpeln]

затопи́ть I (*печку*) ánheizen *vt*, éinheizen *vt*

затопи́ть II, **затопля́ть 1.** (*о воде*) überschwémmen *vt*, überflúten *vt*; überspülen *vt*; éindringen* *vi* (s) (*проникнуть куда-л.*); затóпленная шáхта éine ersóffene Grúbe; **2.** (*потопить*) versénken *vt*; in den Grund bóhren (*корабль*)

затопта́ть 1. (*растоптать*) zerstámpfen *vt*, zertréten* *vt*; áustreten* *vt* (*огонь*); erdrücken *vt* (*задавить*); **2.** (*вдавить*) (hin)éinstampfen *vt*; (hin)éintreten* *vt*; ◇ ~ когó-л. в грязь j-n in den Schmutz zíehen*

затопта́ться: ~ на мéсте *разг.* von éinem Fuß auf den ánderen tréten*

зато́р I *м* **1.** Stóckung *f* (10); ~ в ýличном движéнии Verkéhrsstockung *f*; **2.** (*ледяной*) Éisstauung *f*, Éisstau *m* (1), Éisbarri:ere *f* (11)

зато́р II *м* (*в пивоваренном и винокуренном производстве*) Máische *f* (11)

затормози́ть 1. (áb)brémsen *vt*, die Brémse (án)zíehen*; **2.** *перен.* hémmen *vt*; ~ дéло ein Verfáhren verschléppen

зато́рный: ~ чан (*для пива*) Máischbottich *m* (1)

торопи́ться sich beéilen

затоскова́ть Séhnsucht bekómmen*; tráurig wérden (*загрустить*); Trübsal blásen* (*разг.*); ~ по рóдине Héimweh bekómmen*

заточа́ть *см.* заточи́ть I

заточе́ние *с уст.* **1.** (*в тюрьму*) Éinkerkerung *f* (10); **2.** (*место заточения*) Gefängnis *n* (3*), Kérker *m* (6)

заточи́ть I *уст.*: ~ в тюрьмý éinkerkern *vt*, éinsperren *vt*, ins Gefängnis wérfen*; ~ в монасты́рь ins Klóster verbánnen

заточи́ть II (*заострить*) ánschleifen* *vt*, (áb)schléifen* *vt*, (áb)wétzen *vt*

зато́ч||ка *ж* (*инструмента*) Ánschliff *m* -s, Schliff *m*; **~ный:** ~ный станóк *тех.* Wérkzeugschleifmaschine *f* (11)

затош||и́ть *безл. разг.*: егó ~и́ло ihm wúrde übel [schlecht]

затрави́ть 1. *охот.* jágen *vt*, (áb)hétzen *vt*; **2.** *перен.* zu Tóde hétzen, ábhetzen *vt*

затра́вка *ж* **1.** *горн.*, *воен.* Zünder *m* (6); Zündloch *n* (5) (*затравочное отверстие*); Zündkanal *m* -s, -näle (*затравочный канал*); **2.** Ímpfkristall *m* (1)

затра́гивать *см.* затрóнуть

затрапе́зн||ый *разг.* Álltags-, gewöhnlich; ~ое плáтье Álltagskleid *n* (5); ~ый вид schlámpiges [náchlässiges] Äußere

затра́т||а *ж* **1.** Áufwand *m* -(e)s; ~а энéргии Energíeaufwand *m*; ~а врéмени Zéitaufwand *m*; ~а рабóчего врéмени Árbeitszeitaufwand *m*; ~а материáлов *тех.* Materiálaufwand *m*; ~а рабóчей си́лы Veráusgabung von Árbeitskraft; ~а трудá (на едини́цу продýкции) Árbeitsaufwand (je Erzéugniseinheit); большáя ~а нéрвов éine gróße nérvliche Veráusgabung; **2.** *б. ч. мн.* ~ы (*расходы, издержки*) Áusgabe *f* (11), Veráusgabung *f* (10), Kósten *pl*, Kóstenaufwand *m* -(e)s, (finanziélle) Áuslagen *pl*, Áufwendungen *pl*; дéнежные ~ы wértmäßige [finanziélle] Áufwendungen; дополни́тельные ~ы Nébenkosten *pl*; наимéньшие ~ы Kóstenminimum *n* -s; ~ы на проведéние исслéдований Fórschungsaufwand *m* -(e)s, Fórschungskosten *pl*; ~ы на произвóдство Produktiónsaufwand *m*, produktiónsbedingter Áufwand; ~ы на тáру Verpáckungskosten *pl*; ~ы на социáльные мероприя́тия Soziálleistungen *pl*; непроизводи́тельные ~ы únproduktive [-və] Áusgaben, Únkosten *pl*; с больши́ми ~ами únter gróßen Kósten; он не щади́л затрáт er schéute kéine Kósten; **~ить, затра́чивать** áufwenden* *vt*; veráusgaben *vt*, veráuslagen *vt*, áusgeben* *vt* (*тк. о деньгах*); ~ить мнóго уси́лий viel Kräfte [Mühe] áufwenden*, sich sehr ánstrengen

затре́бовать (ámtlich) ánfordern *vt*; ~ свéдения Áuskunft verlángen; ~ докумéнты (*у когó-л.*) die Papíere ábfordern [ábverlangen]

затрепа́ть *разг.* **1.** (*платье*) ábtragen* *vt*, verschléißen* *vt*; **2.** (*идею, сюжет и т. п.*) banalisíeren *vt*, ins Banále herábziehen*; затрёпанное выражéние éine ábgedroschene Rédensart; затрёпанное слóво ein ábgegriffenes Wort

затрепета́ть erzíttern *vi* (s), ánfangen* zu zíttern, erbében *vi* (s), bében *vi*

затреща́ть ánfangen* zu kráchen; ánfangen* zu zírpen (*о кузнечиках*)

затре́щин||а *ж разг.* Óhrfeige *f* (11), Báckenstreich *m* (1), Báckpfeife *f* (11); дать ~у j-m éine lángen [herúnterhauen*]

затро́нуть berühren *vt*, stréifen *vt*; ~ вопрóс éine Fráge berühren [stréifen]; недостáточно глубокó ~ вопрóс das Problém nicht tief genúg ánschneiden*; ~ самолю́бие das Éhrgefühl [den Éhrgeiz] verlétzen [kränken]; ~ больнóе мéсто éine wúnde Stélle berühren, den wúnden Punkt tréffen*; ◇ у негó затрóнуты лёгкие séine Lúnge ist ángegriffen

затруби́ть blásen* *vi*, *vt*, ins Horn stóßen*

затрудне́н||ие *с* **1.** Schwíerigkeit *f* (10); Beschwérde *f* (11); Híndernis *n* (3*), Hémmnis *n* (3*) (*препятствие*); ~ия со сбы́том Ábsatzschwierigkeiten *pl*; ~ие дыхáния Átembeschwerden *pl*, Átembeklemmung *f* (10); э́то дéло свя́зано с ~иями díese Sáche hat éinen Háken; встрéтить ~ие auf ein Híndernis [auf Schwíerigkeiten] stóßen*; создавáть комý-л. ~ия j-m Schwíerigkeiten beréiten [máchen, in den Weg légen]; **2.** (*затруднительное положение*) Schwíerigkeit *f* (10), Verlégenheit *f*; Nótlage *f* (11); Kalamität *f* (10) (*разг.*); дéнежные ~ия finanziélle Schwíerigkeiten, Géldverlegenheit *f*; Géldklemme *f* (*разг.*); быть в ~ии sich in éiner schwíerigen Láge befínden*; in der Klémme sein (*разг.*); вы́йти из ~ия sich aus éiner Schwíerigkeit [aus der Verlégenheit] zíehen*; вы́вести когó-л. из ~ия j-n aus éiner schwíerigen Láge befréien; j-m aus der Pátsche hélfen* (*разг.*)

затрудни́тельн||ость *ж* Schwíerigkeit *f*; Verlégenheit *f*; Úmständlichkeit *f* (*сложность*); **~ый** schwíerig, schwer; úmständlich (*сложный*); bedrängt (*стеснительный*); попáсть в ~ое положéние in éine schwíerige Láge geráten*; in éine bedrängte Situatión kómmen*; in éine Zwíckmühle gerâten*

затрудн||и́ть 1. (*когó-л.*) j-m schwérfallen*, j-m beschwérlich sein, Schwierigkeiten verúrsachen; éсли э́то вас не ~и́т wenn es Íhnen nicht schwer fällt, wenn es Íhnen kéine besóndere Mühe macht; **2.** (*что-л.*) erschwéren *vt*, schwíerig máchen; ~и́ть дóступ den Zútritt erschwéren

затрудни́ться in Verlégenheit sein, verlégen sein (чем-л. um *A*), Bedénken trágen*, schwánken *vi* (*не решиться на что-л.*)

затрудня́ть *см.* затрудни́ть; **~ся 1.** *см.* затрудни́ться; **2.** *страд.* erschwért wérden

затрясти́ ánfangen* zu schütteln [zu rütteln]; **~сь** erzíttern *vi* (s), erbében *vi* (s)

затума́нивать(ся) *см.* затумáнить(ся)

затума́ни||ть umnébeln *vt*, vernébeln *vt*, in Nébel hüllen, mit Nébel umzíehen*; *перен.* verschléiern *vt*, verdúnkeln *vt*, verhüllen *vt*; затумáненный взор umflórte [verschléierte] Áugen; **~ться** vernébeln *vi* (s), sich in Nébel hüllen; *перен.* sich verschléiern, sich verdúnkeln, sich trüben; umflórt sein; глазá ~лись die Áugen verschléierten sich, die Áugen wáren umflórt

затупи́ть stumpf máchen; **~ся** stumpf wérden

затух||а́ние *с* Erlöschen *n* -s; Dämpfung *f*, Ábschwächung *f*, Ábklingen *n* -s (*звуков, колебаний*); ~áние циклóна *метеор.* das Ábsterben der Zyklóne; **~а́ть, зату́хнуть** erlöschen* *vi* (s), am Erlöschen sein; náchlassen* *vi* (*ослабеть*); ábklingen* *vi* (s) (*о звуках, колебаниях*); ~áющие колебáния *физ.* ábklingende Schwíngungen

затушева́ть, затушёвывать 1. túschen *vt*, schattíeren *vt*; **2.** *перен.* vertúschen *vt*, bemänteln *vt*

затуши́ть 1. (áus)löschen *vt*; **2.** *перен.* (*подавить*) unterdrücken *vt*, níederhalten* *vt*

за́тхл||ость *ж* Módergeruch *m* -(e)s; **~ый** múffig, móderig; fáulig; пáхнуть ~ым múffig [móderig] ríechen*

затыка́ть *см.* заткнýть

заты́л||ок *м* Nácken *m* (7), Geníck *n* (2), Hínterkopf *m* (1*); ◇ станови́ться в ~ок Vórdermann hálten*, auf Vórdermann tréten*; **~очный:** *анат.* ~очная кость Hínterhauptbein *n* (2)

заты́льник *м воен.* Verschlúßleiste *f* (11), Hándhabe *f* (11)

заты́чк||а *ж разг.* Spund *m* (1*), Pfrópfen *m* (7); Stöpsel *m* (6) (*напр. в ванне*); ◇ быть к кáждой бóчке ~ой als Lückenbüßer díenen

затя́гив||ание *с* (*дела и т. п.*) Verzögerung *f* (10), Hináuszögerung *f*; Verschléppung *f* (10); ~ание дéла die Verschléppung des Verfáhrens, Verfáhrensverschleppung *f*; **~ать** *см.* затянýть I, II; **~аться 1.** *см.* затянýться; **2.** *страд.* zúgezogen wérden (*ср.* затянýть)

затя́жка *ж* **1.** (*при курении*) Zug *m* (1*); **2.** (*во времени*) Hínziehen *n* -s, Verzögerung *f* (10), Hináuszögerung *f*, Verschléppung *f* (10); Verzúg *m* -(e)s (*опоздание*); **3.** *стр.* Spánnbalken *m* (7), Zúgbalken *m*

затяжно́й 1. lángwierig; Dáuer-; ~ кри́зис Dáuerkrise *f* (11); ~ дождь ánhaltender [ándauernder] Régen; Lándregen *m* (7) (*разг.*); болéзнь принимáет ~ харáктер die Kránkheit nimmt éinen lángwierigen Charákter [ka-] an; **2.** (*замедленный*) verlángsamt; ~ прыжóк с парашю́том ein Sprung mit verzögerter Fállschirmöffnung, Verzögerungssprung *m* (1*), verzögerter Ábsprung

затяну́||ть I **1.** zúziehen* *vt*, féstziehen* *отд. vt*; zúschnüren *vt* (*завязать*); *тех.* ánziehen* *vt*; ~ть до откáза (*болт*) féstschrauben *отд. vt*; ~ть ýзел éinen Knóten knüpfen [schürzen]; затя́нутая тáлия éingeschnürte Taille ['taljə]; **2.** (*засосать*): егó ~лó в болóто *тж. перен.* er versánk im Sumpf, er ging im Sumpf únter; **3.** *разг.* (*втянуть*) hinéinziehen* *vt*; **4.** (*покрыть*) bedécken vt; нéбо ~ло тýчами der Hímmel ist mit Wólken bedéckt, der Hímmel ist bewölkt; 5. *безл.*: рáну ~ло die Wúnde ist vernárbt [verhárscht], die Wúnde hat sich geschlóssen; 6. (*о деле*) in die Länge zíehen*, hináusziehen* *vt*; hináuszögern *vt*, verzögern *vt*; verschléppen *vt*, schléppend behándeln (*разг.*)

затянýть II: ~ пéсню ein Lied ánstimmen

затянý||ться 1. (*об узле*) sich zúziehen*; ýзел тýго ~лся der Knóten ist fest geschürzt [zúgezogen]; 2. *разг.* (*туго стянуться*) éingeschnürt sein, sich éinschnüren; 3. (*покрыться*) sich überzíehen*, sich bezíehen*, sich bedécken; нéбо ~лось (тýчами) der Hímmel hat sich umzógen; пруд ~лся тúной der Teich verschlámmte; 4. (*о ране*) sich zúziehen*, sich schlíeßen*; vernárben *vi* (s), verhárschen *vi* (s) (*зарубцеваться*); 5. (*о деле*) sich in die Länge zíehen*, sich hínziehen*; собрáние ~лось зá полночь die Versámmlung déhnte sich bis nach Mítternacht aus; 6. (*при курении*) auf Lúnge ráuchen

заýмный áusgeklügelt, überspánnt

зауны́вный wéhmütig, schwérmütig, melancholisch [-'ko:-]

заупокóйн||ый *церк.* Séelen-; ~ая слýжба Séelenmesse *f* (11), Totenmesse *f*

заупря́миться *разг.* sich verstéifen (в чём-л. auf *D*); wíderspenstig wérden; bóckig sein, bócken *vi* (*разг.*)

Заурáлье *с* Transurálgebiet *n* -(e)s

заурáльский Transurál-, transurálisch

зауря́дный Dúrchschnitts-; míttelmäßig; gewöhnlich (*обыкновенный*); ~ писáтель ein míttelmäßiger Schríftsteller; ~ человéк Dúrchschnittsmensch *m* (8), Dútzendmensch *m*, ein únbedeutender Mensch

заусéница *ж* 1. (*на пальцах*) Níednagel *m* (6*), Néidnagel *m*; 2. *тех.* (*на металле*) Grat *m* (1), Bart *m* (1*)

заýтреня *ж церк.* Frühmesse *f* (11); Frühgottesdienst *m* (1)

заýченн||ый éinstudiert; говорúть ~ыми фрáзами éinstudierte Phrásen vom Stápel lássen*

заýчивать *см.* заучúть; **~ся** 1. *см.* заучúться; 2. *страд.* gelérnt wérden (*ср.* заучúть)

заучúть lérnen *vt*; erlérnen *vt*, sich (*D*) etw. áneignen (*усвоить*); sich (*D*) etw. éinprägen (*запомнить*); ~ наизýсть áuswendig lérnen; ~ роль éine Rólle einstudieren; **~ся** *разг.* durch übermäßiges Lérnen verdúmmen [sich ermüden]; sich dumm lérnen; он заучúлся er ist überstudiert

заушáтельск||ий beléidigend, schmähend; ~ая крúтика beléidigende Krítik

заýшница *ж мед.* Mumps *m* =; Zíegenpeter *m* -s (*разг.*)

зафиксúровать fixíeren *vt*, féstlegen *отд. vt*, féshalten* *отд. vt*

зафрахтовáть (*судно*) befráchten *vt*; míeten *vt*, héuern *vt*; chartern ['ʃar- *и* 'tʃar-] *vt* (*тж. самолёт*)

захáживать *разг.* (*к кому-л.*) j-n besúchen; zu j-m öfters hínkommen*, bei j-m verkéhren

захандрúть gríesgrämig wérden

захáять *разг.* herúntermachen *vt*

захвáливать, захвалúть übermäßig lóben, in den Hímmel hében*; über den grünen Klee lóben (*разг.*)

захвáт *м* 1. Ergréifung *f*; Ánsichreißen *n*; Wégnahme *f* (*отнятие*); Besítzergreifung *f*, (чегó-л. von *D*) (*овладение*); Eróberung *f* (10) (*завоевание*); ~ влáсти Máchtergreifung *f*; ~ плéнных Éinbringung von Gefángenen; ~ залóжников Géiselnahme *f* (11); 2. *спорт.* Griff *m* (1) (*борьба, дзюдо*); прáвильный ~ gewöhnlicher Griff; отбúть ~ den Griff ábwehren; ~ воды́ (*гребля*) Wásserfassen *n* -s; 3. *тех.* Králle *f* (11)

захвáт||анный *разг.* ábgegriffen; **~ать** *разг.* ábgreifen* *vt*, beflécken *vt*, beschmútzen *vt*, durch Gréifen ábnutzen

захват||úть 1. (*взять с собой*) néhmen* *vt*, mítnehmen* *vt*; míthaben* *vt* (*иметь при себе*); я не ~úл с собóй дéнег ich hábe kein Geld mít(genommen); 2. (*завладеть*) ergréifen* *vt*; sich bemächtigen (что-л. *G*); etw. in Besítz néhmen*, Besítz ergréifen* (что-л. von *D*); an sich réißen*; an sich bríngen* (*о территории и т. п.*); eróbern *vt* (*завоевать*); éinnehmen* *vt* (*занять*); ~úть власть die Macht ergréifen*; ~úть гóрод éine Stadt éinnehmen*; ~úть инициатúву die Initiatíve [-və] ergréifen*; ~úть ры́нки сбы́та die Ábsatzmärkte eróbern; ~úть в плен gefángennehmen* *отд. vt*; ~úть залóжников Géiseln néhmen*; ~úть сýдно протúвника das Schiff des Gégners áufbringen*; 3. *разг.* (*застать*) ántreffen* *vt*, erréichen *vt*; erwíschen *vt* (*разг.*); ertáppen *vt*, überráschen *vt* (*застигнуть*); я ~úл ещё послéдний пóезд es geláng mir noch, den létzten Zug zu erwíschen [zu erréichen]; ~úть врасплóх überrúmpeln *vt*, überráschen *vt*; ~úть на мéсте преступлéния auf fríscher Tat ertáppen [ergréifen]; 4. (*увлечь*) ergréifen* *vt*, hínreißen* *vt*, fórtreißen* *vt*; begéistern *vt* (*воодушевить*); fésseln *vt* (*приковать внимание*); überwältigen *vt*; мýзыка ~úла меня́ die Musík ergríff mich, die Musík nahm mich gefángen; словá орáтора ~úли всех álle wáren von den Wórten des Rédners híngerissen; кнúга ~úла меня́ das Buch hat mich gefésselt; ◇ у меня́ ~úло дух [дыхáние] der Átem stóckte mir, es verschlúg mir den Átem; ~úть болéзнь вóвремя *разг.* réchtzeitig gégen éine Kránkheit éinschreiten*

захвáт||нический Eróberungs-; räuberisch; Raub-; ~ническая полúтика die (räuberische) Eróberungspolitik; Lándraubpolitik *f*; ~ническая войнá Eróberungskrieg *m* (1); Ráubkrieg *m*; **~чик** *м* Éindringling *m* (1), Eróberer *m* (6); Okkupánt *m* (8); Lándräuber *m* (6)

захвáтыв||ать *см.* захватúть; э́та тéма ~ает díeses Théma fésselt éinen, das ist ein fésselndes Théma; **~ающий** ergréifend, hínreißend; fésselnd, spánnend, spánnungsgeladen (*увлекательный*); ~ающая кнúга ein spánnendes Buch; с ~ающим интерéсом mit gespánntem Interésse, gespánnt

захворáть *разг.* krank wérden, erkránken *vi* (s)

захирéть *разг.* dahínsiechen *vi* (s), verkümmern *vi* (s)

захихúкать *разг.* ánfangen* zu kíchern

захлебнýться 1. sich (beim Trínken) verschlúcken; (beim Schwímmen, beim Ertrínken) Wásser schlúcken; 2. *воен.* (*об атаке*) versánden *vi*, stéckenbleiben* *отд. vi* (s); sich tótlaufen* *отд.*, zusámmenbrechen* *vi* (s); 3. verságen *vi* (*о двигателе, автоматическом оружии*)

захлёбыв||аться 1. erstícken *vi* (s), sich verschlúcken; 2.: говорúть ~аясь sich überstürzen; 3.: ~аться от рáдости *разг.* vor Fréude áußer sich sein; sich vor Fréude nicht zu fássen wíssen*; ~аться от слёз schlúchzen *vi*, héftig wéinen

захлестнýть, захлёстывать 1. (*петлю*) zúziehen* *vt*, zúschnüren *vt*; ~ когó-л. пéтлей j-m die Schlínge um den Hals légen; 2. (*о волнах*) überschwémmen *vt*, überflúten *vt*, überspülen *vt*; *перен.* (*о чувствах*) mit sich fórtreißen*

захлóпать (*в ладоши*) klátschen *vi*, in die Hände klátschen, ánfangen * zu klátschen

захлóпнуть zúschlagen* *vt*, zúklappen *vt*; ~ дверь die Tür zúwerfen*; die Tür ins Schloß schméttern (*разг.*)

захлóпну||ться zúfallen* *vi* (s); дверь ~лась die Tür fiel [schnáppte] ins Schloß

захлопотáться *разг.* sich ábmühen; sich ábstrapazieren

захлóпывать *см.* захлóпнуть; **~ся** 1. *см.* захлóпнуться; 2. *страд.* zúgeschlagen wérden (*ср. захлопнуть*)

захлороформúровать *мед.* chloroformíeren [klo-] *vt*

захны́кать *разг.* ánfangen* zu plärren [zu flénnen, zu schlúchzen]

захóд *м* 1. (*солнца*) Úntergang *m* -(e)s; 2. (*куда-л.*) Besúch *m* (1); Áufenthalt *m* (1) (*остановка*); *ав.* Ánflug *m* (1*); *мор.* Ánlaufen *n* -s; ~ на посáдку *ав.* Lándeanflug *m*; ~ на цель *ав.* Zíelanflug *m*; без ~а в гáвань óhne den Háfen ánzulaufen

заходúть 1. *см.* зайтú; 2. *воен.* (éin-) schwénken *vi* (h, s)

заходя́щ||ий: ~ее сóлнце die úntergehende [sinkende] Sónne

захождéние *с воен.* Schwénkung *f* (10)

захолýстный ábgelegen

захолýстье *с* Krähwinkel *m* (6)

захоронéние *с* Begräbnis *n* (3*), Bestáttung *f* (10); ~ в землé Érdbestattung *f* (10); ~ в стенé Wándgrab *n* (5)

захотéть den Wunsch [das Verlángen] zéigen; **~ся**: мне вдруг захотéлось... ich bekám plötzlich [auf éinmal] das Verlángen...

захохотáть áuflachen *vi*; in Láchen [Gelächter] áusbrechen*

захрапéть ánfangen* zu schnárchen

захребéтник *разг.* Schmarótzer *m* (6), únnützer Brótesser; *см. тж.* тунея́дец

захрипéть kéuchen *vi*, ánfangen* zu kéuchen [zu röcheln]

захромáть lahm wérden, hínken *vi*, ánfangen* zu hínken

захудáлый herúntergekommen, verkümmert; verármt (*обедневший*)

зацвестú, зацветáть áufblühen *vi* (s), Blüten tréiben* [ánsetzen]

зацеловáть ábküssen *vt*, mit Küssen bedécken; tótküssen *отд. vt*

зацепúть éinhaken *vt*; stóßen* *vi* (s) (*задеть*) (за что-л. an *A*); ~ за стул an éinen Stuhl stóßen; über éinen Stuhl stólpern; **~ся** sich verfángen*, hängenbleiben* *отд. vi* (s); ~ся за гвоздь (*платьем*) am Nágel hängenbleiben*

зацéп||ка *ж разг.* 1. Háken *m* (7); Áufhänger *m* (6); 2. (*повод*) Vórwand *m* (1*); найтú ~ку éinen Vórwand fínden*; **~лéние** *с тех.* (*зубчатых колёс*) Éingriff *m* (1), Verzáhnung *f* (10); войтú в ~лéние éinspuren *vi*, éingreifen* *vi*; вы́вести из ~лéния áusrücken *vt*, áußer Éingriff bríngen*

зацепля́ть *см.* зацепи́ть; **~ся 1.** *см.* зацепи́ться; **2.** *тех.* (*о зубчатых колёсах*) ineinándergreifen*; **3.** *страд.* ángehakt [éingehakt] wérden

зачаро́в||анный verzáubert; *перен.* bezáubert; berückt; он стоя́л как ~анный er stand wie féstgebannt da; **~а́ть, ~ывать** verzáubern *vt*; *перен.* bezáubern *vt*, in séinen Bann zwíngen*, in Bann schlágen*; berücken *vt* (*пленить*)

зачаст||и́ть *разг.* **1.** (*участиться*) sich verstärken, héftiger wérden; дождь ~и́л der Régen ist héftiger gewórden; es régnet Bíndfäden; **2.** (*ускориться*) schnéller wérden; ímmer schnéller spréchen* (*заговорить быстро*); **3.:** ~и́ть к кому́-л. zu j-m öfters kómmen*; ein ständiger Gast bei j-m sein

зачасту́ю *нареч.* oft, öfters, häufig, óftmals

зача́тие *с* Empfängnis *f* (3)

зача́т||ок *м* **1.** *биол.* Keim *m* (1); Rudimént *n* (2); **2.** *б. ч. мн.* ~ки *перен.* Kéime *pl*; Ánfänge *pl*; Ánsätze *pl*; движе́ние бы́ло ещё в ~ке die Bewégung stak [stéckte] noch in den Ánfängen [in den Kínderschuhen]

зача́точн||ый Keim-; rudimentär, embryonál, únausgebildet; ~ые о́рганы rudimentäre Orgáne; ~ое состоя́ние rudimentärer Zústand

зача́ть *уст.* (ein Kind) empfángen*; schwánger wérden

зача́хнуть (dahín)síechen *vi* (s); verkümmern *vi* (s)

заче́м *нареч.* wozú, zu wélchem Zweck (*для чего*); warúm, wéshálb, weswégen (*почему*)

заче́м-то *нареч.* aus írgendeinem Grund; zu írgendeinem Zweck; wer weiß, wozú (*разг.*)

зачерви́веть *разг.* wúrmstichig wérden

зачёрк||ивание *с* Stréichen *n* -s, Áusstreichen *n*, Dúrchstreichen *n*; **~ивать, зачеркну́ть** (áus)stréichen* *vt*, dúrchstreichen* *vt*

зачерне́ть(ся) dúnkeln *vi*, sich dúnkel [schwarz] ábheben*, (dúnkel) schímmern *vi*

зачерпну́ть, заче́рпывать 1. schöpfen *vt*; **2.** (*неожиданно набрать воды, песка и т. п.*) vólllaufen* (*при переносе:* voll-laufen) *vi* (s); ло́дка чуть не заче́рпну́ла воды́ béinahe [um ein Haar] wäre das Boot voll Wásser geláufen

зачерстве́||лый 1. trócken, vertrócknet; áltbacken (*о хлебе*); **2.** *перен.* hart, verhärtet; **~ть 1.** trócken wérden, vertrócknen *vi* (s); хлеб ~л das Brot ist vertrócknet; **2.** *перен.* sich verhärten, hart wérden

зачёс *м* glättgekämmtes Haar

зачеса́ть (zurück)kämmen *vt*, glättkämmen *отд. vt*; гла́дко зачёсанные во́лосы glättgekämmtes Haar, glatt aus der Stirn gestríchenes Haar; **~ся 1.** (*начать чесать себе что-л.*) ánfangen*, sich zu krátzen; **2.** (*начать чесаться — о чём-л.*) júcken *vi*, ánfangen* zu júcken

заче́сть 1. (*засчитать*) ánrechnen *vt*, in Ánrechnung bríngen*; **2.** (*поставить зачёт*) zensíeren *vt*, als bestánden ánrechen; зачтено́ bestánden; **~ся** ángerechnet wérden; э́то тебе́ зачтётся das kommt auf dein Kónto

зачёсывать *см.* зачеса́ть

зачёт *м* **1.** Ánrechnung *f* (10), Áufrechnung *f*; Verréchnung *f*; подлежа́щий ~у ánrechenbar, áufrechenbar; ~ предвари́тельного заключе́ния *юр.* die Ánrechnung der Untersúchungshaft; **2.** (*в учебном заведении*) Testát *n* (2); сдать ~ ein Testát áblegen; **3.** *спорт.* Wértung *f* (10); в ли́чном ~е in Éinzelwertung; в кома́ндном ~е in Mánnschaftswertung; **~ный:** ~ная кни́жка (*студента*) Stúdi|enbuch *n* (5); ~ная се́ссия Prüfungsperiode *f* (11)

зачехли́ть *разг., спец.* mit éinem Überzug verséhen* *vt*

зачи́н *м лит.* Ánfang *m* (1*), Éinleitung *f* (10)

зачина́тель *м* Úrheber *m* (6), Schríttmacher *m* (6), Wégbereiter *m* (6), Báhnbrecher *m* (6), Initiátor *m* -s, -tóren

зачини́ть 1. áusbessern *vt*; stópfen *vt*, flícken *vt* (*заштопать*); **2.** (*заострить*) spítzen *vt*, ánspitzen *vt*

зачи́нщик *м* Ánstifter *m* (6), Ánführer *m* (6), Éinpeitscher *m* (6); Áufwiegler *m* (6) (*подстрекатель*); Rädelsführer *m* (*разг.*)

зачисле́ние *с* **1.** Ánrechnung *f* (10), Éintragung *f* (10); **2.** (*приём*) Áufnahme *f*, Ánstellung *f* (10), Éinstellung *f*; Immatrikulatión *f* (*в вуз*); ~ но́вых сотру́дников Néueinstellungen *pl*; ~ в штат die féste Ánstellung

зачи́слить 1. ánrechnen *vt*, in Ánrechnung bríngen*; ~ в счёт до́лга als Téilzahlung ánrechnen; **2.** (*куда-л.*) (in die Lísten) éintragen* *vt*; ánstellen *vt*, éinstellen *vt*, áufnehmen* *vt* (*принять*); ~ в штат fest ánstellen [éinstellen]; ~ секретарём als Sekretär éinstellen; ~ в запа́с *воен.* in die Resérve [-və] áufnehmen*, in der Resérve erfássen; **~ся** éintreten* *vi* (s), áufgenommen wérden (куда́-л. in *A*); ~ся на слу́жбу ángestellt [éingestellt] wérden, éine Stéllung [éine Stélle] ántreten*

зачисля́ть *см.* зачи́слить; **~ся 1.** *см.* зачи́слиться; **2.** *страд.* ángerechnet wérden (*ср.* зачи́слить)

зачита́ть 1. (*огласить*) verlésen* *vt*; **2.** *разг.:* ~ кни́гу 1) (*присвоить*) sich (*D*) ein Buch áneignen, ein Buch nicht zurückgeben*; 2) (*потрепать*) ein Buch in Stücke lésen*, ein Buch zerlésen* [zerréißen*, zerfétzen]; зачи́танная газе́та éine zerlésene Zéitung; **~ся** sich in ein Buch [in die Lektüre] vertíefen, álles über dem Lésen vergéssen*

зачи́тывать I *см.* заче́сть

зачи́тывать II *см.* зачита́ть

зачи́тываться I *см.* заче́сться

зачи́тываться II **1.** *см.* зачита́ться; **2.** *страд.* verlésen wérden

зачумлённый verpéstet

зашага́ть áusschreiten* *vi* (s), mit gróßen Schrítten géhen*; sich auf die Béine máchen (*разг.*)

зашата́ться ins Wánken [Schwánken] kómmen*; wáckeln *vi*, wáckelig wérden

зашвы́р||ивать, ~ну́ть *разг.* wégwerfen* *vt*, wégschmeißen* *vt*; **~я́ть** *разг.* bewérfen* *vt* (чем-л. mit *D*)

зашевели́ть ánfangen* zu bewégen; in Bewégung sétzen; **~ся** ánfangen* sich zu bewégen [zu rühren, zu régen]

зашелесте́ть ánfangen* zu ráuschen [zu rascheln]

зашепта́ть flüstern *vt*; **~ся** flüstern *vi*; túscheln *vi* (*разг.*)

зашиба́ть *разг.* **1.:** ~ де́ньги Geld zusámmenraffen; Geld éinheimsen; **2.** (*выпивать*) trínken* *vi*, dem Trunk ergében sein

зашиби́ть *разг.* (*ушибить*) verlétzen *vt*, verwúnden *vt*

зашива́ть *см.* заши́ть

заши́кать *разг.* zíschen *vi*, ánfangen* zu zíschen

зашипе́ть áufzischen *vi*, ánfangen* zu zíschen; ánfangen* zu schäumen (*о напитках*)

заши́ть zúnähen *vt*, féstnähen *отд. vt*, vernähen *vt*; **~ся** *разг.* nicht zuréchtkommen* *отд. vi* (s) (mit *D*), etw. nicht schäffen [bewältigen] können*

зашифрова́ть, зашифро́вывать chiffríeren [ʃi-] *vt*, verschlüsseln *vt*

зашнурова́ть, зашнуро́вывать (zú-)schnüren *vt*, éinschnüren *vt*

зашпаклева́ть, зашпаклёвывать verkítten *vt*, verspáchteln *vt*

зашпи́ливать, зашпи́лить zústecken *vt*

зашта́тный: ~ го́род *уст.* Kléinstadt *f* (3) (óhne verwáltungsmäßige Bedéutung)

зашто́пать stópfen *vt*

заштукату́рить *см.* штукату́рить

заштук||ова́ть, ~о́вывать kúnststopfen *неотд. vt*

зашуме́ть ánfangen* zu lärmen (*ср.* шуме́ть)

зашушу́каться *разг.* flüstern *vi*, ánfangen* zu flüstern; túscheln *vi* (*разг.*)

защебета́ть ein Gezwítscher erhében*, ánfangen* zu zwítschern

защекота́ть *разг.* (*замучить щекоткой*) zu Tóde kítzeln

защёлка *ж* **1.** *разг.* Klínke *f* (11), Spérrklinke *f*, Türklinke *f*; **2.** (*в замке*) Schnáppverschluß *m* -sses, -schlüsse; Schnápper *m* (6); Schnáppschloß *n* (5)

защёлкать 1. schnálzen *vi* (*языком*); knácken *vi* (*пальцами*); **2.** (*о певчих птицах*) tríllern *vi*, flöten *vi*, schlágen* *vi*, schméttern *vi*

защёлкивать zúklinken *vt*; ~ дверь die Tür zúklinken; **~ся** ins Schloß fállen*, ins Schloß spríngen*, éinschnappen *vi* (s)

защёлкнуть(ся) *см.* защёлкивать(ся)

защеми́||ть, защемля́ть (éin)klémmen *vt*; ~ть па́лец den Fínger (éin)klémmen; ◇ у меня́ се́рдце ~ло *разг.* mir wúrde beklómmen ums Herz

защи́т||а *ж* **1.** Schutz *m* -es; Vertéidigung *f* (10), Ábwehr *f* (*оборона*); Verféchtung *f* (*интересов и т. п.*); для ~ы от... zum Schutz gégen (*A*); под ~ой im Schutz; ~а ми́ра Vertéidigung des Fríedens; ~а от излуче́ния *физ.* Stráhlenschutz *m*, Stráhlenabschirmung *f*; ~а от шу́ма Lärmschutz *m*; (анти)коррозио́нная ~а Korrosiónsschutz *m*; ~а от ве́тра Wíndschutz *m*; ~а от моро́зов Fróstschutz *m*; ~а от поме́х *радио* Störschutz *m*; ~а от пы́ли Stáubschutz *m*; биологи́ческая ~а biológische Ábschirmung, biológischer Schutz; противоа́томная, противобактериологи́ческая и противохими́ческая ~а Schutz vor Mássenvernichtungsmitteln; противоа́томная ~а Schutz gégen Kérnwaffen, Atómschutz *m*, Atómabwehr *f*; ~а окружа́ющей среды́ Úmweltschutz *m*; вы́ступить в ~у кого́-л. j-s Partéi ergréifen*, für j-n éintreten*; **2.** *юр.* Vertéidigung *f* (10), Schutz *m* -(e)s; свиде́тель ~ы Entlástungszeuge *m* (9); **3.** *спорт.* Vertéidigung *f* (10), Déckung *f* (10); **~и́тельный** Vertéidigungs-; ~и́тельная речь *юр.* Vertéidigungsrede *f* (11); **~и́ть 1.** schützen *vt*; vertéidigen *vt*; ~и́ть диссерта́цию éine Dissertatión vertéidigen; ~и́ть свою́ ро́дину sein Váterland vertéidigen, séine Héimat schützen; ~и́ть чьи-л. интере́сы j-s Interéssen wáhren; **2.** (*охранять, покровительствовать*) (be)schützen *vt*; síchern *vt*; ábschirmen *vt*, décken *vt*; éinstehen* *vi* (s) (кого́-л. für *A*) (*вступиться*); **~и́ться** sich vertéidigen, sich zur Wehr sétzen; sich schützen; sich dе́cken (*укрыться*); **~ник** *м* **1.** Vertéidiger *m* (6); Verféchter *m* (6); Beschützer *m* (6); Fürsprecher *m* (6), Befürworter *m* (6) (*заступник*); ~ник ми́ра Vertéidiger des Fríedens, Fríedenskämpfer *m* (6); **2.** *юр.* Vertéidiger *m* (6), Ánwalt *m* (1*); общéственный ~ник geséllschaftlicher Vertéidiger; ~ник по жела́нию (подсуди́мого) Wáhlverteidiger *m*; ~ник по назначе́нию Pflíchtverteidiger *m*; **3.** *спорт.* Vertéidiger *m* (6); Málmann *m* (*в хоккее*)

защи́т||ный Schutz-; Ábwehr-; ~ная ме́ра Schútzmaßnahme *f* (11); ~ная оде́жда Schútzkleidung *f* (10), Schútzanzug *m* (1*); ~ные очки́ Schútzbrille *f* (11); ~ный шлем *спорт.* Stúrzhelm *m* (1); ~ного цве́та *воен.* khakifarben ['ka:-], féldgrau; ~ное лесонасажде́ние Schútzforst *m* (1); ~ная окра́ска *биол.* Schútzfärbung *f* (10); *воен.* Schútzanstrich *m*; ~ная реа́кция *физиол.* Ábwehrreaktion *f* (10)

защища́ть *см.* защити́ть; ~ воро́та (*в футболе, хоккее*) das Tor hüten; **~ся 1.** *см.* защити́ться; **2.** *страд.* vertéidigt wérden (*ср.* защити́ть)

заяви́тель *м* Ántragsteller *m* (6); Ánmeldende *sub m*

заяви́ть 1. erklären *vt*; deklaríeren *vt*; mélden *vt* (*сообщить*); ~ о жела́нии éinen Wunsch äußern, éinem Wúnsche Áusdruck gében*; ~ о расторже́нии догово́ра den Vertrág kündigen; ~ прете́нзию beánstanden *vt*, reklamíeren *vt*, Reklamatión éinlegen; *фин.* éine Fórderung géltend máchen; ~ о свои́х права́х séine Réchte géltend máchen; ~ проте́ст Protést éinlegen, Éinspruch erhében*; ~ о своём согла́сии sein Éinverständnis erklären; ~ о кра́же éinen Díebstahl ánzeigen; ~ о свое́й солида́рности с кем-л. sich mit j-m solidárisch erklären; **2.** (*сделать заявку*) ánmelden *vt*; ~ пате́нт ein Patént ánmelden

заяви́ться *разг.* erschéinen* *vi* (s), sich éinstellen

зая́вка *ж* **1.** (*требование*) Fórderung *f* (10); Ánforderung *f*; Bestélliste (*при переносе* Bestéll-liste) *f* (11); програ́мма (, соста́вленная) по ~м радиослу́шателей ein Prográmm (zusámmengestellt) auf Grund von Hörerwünschen; конце́рт по ~м (радиослу́шателей) Wúnschkonzert *n* (2); ~ на материа́лы Materiálanforderung *f*, Materiálbedarfsmeldung *f* (10); коллекти́вная ~ (*на посещение чего-л.*) Sámmelbestellung *f* (10); предвари́тельная ~ Vór¦anmeldung *f*; **2.** (*уведомление о своих правах и т. п.*) Ánmeldung *f* (10); ~ на изобрете́ние Ánmeldung éiner Erfíndung

заявле́ние *с* **1.** Erklärung *f* (10); ~ для печа́ти Présseerklärung *f*; ~ о вступле́нии (*в организацию*) Béitrittserklärung *f*, Áufnahmeantrag *m* (1*); ~ о вы́ходе (*из организации*) Áustrittserklärung *f*; ~ проте́ста Protésterklärung *f*; сде́лать ~, выступи́ть с ~м éine Erklärung ábgeben*; **2.** (*ходатайство*) Éingabe *f* (11); Ántrag *m* (1*); Gesúch *n* (2); ~ о приёме на рабо́ту Bewérbung *f* (10), Bewérbungsschreiben *n* -s; ~ о вы́даче ссу́ды Kredítantrag *m*, Dárlehensantrag *m*; ~ о приёме в уче́бное заведе́ние Stúdi¦enbewerbung *f* (10); ~ о приёме на зао́чное отделе́ние Bewérbung um ein Férnstudium; пода́ть ~ éine Éingabe máchen; ein Gesúch éinreichen; vórstellig wérden, sich bewérben*; пода́ть ~ в вуз sich an éiner Hóchschule bewérben*; пода́ть ~ для получе́ния путёвки (*в дом отдыха и т. п.*) éinen Féri¦enplatz beántragen; взять своё ~ обра́тно séine Éingabe zurückziehen*; приня́ть ~ éinen Ántrag entgégennehmen*

заявля́ть *см.* заяви́ть

зая́длый *разг.* léidenschaftlich, passioníert; ~ кури́льщик stárker Ráucher, Kéttenraucher *m* (6)

за́яц *м* **1.** Háse *m* (9); ~-саме́ц Rámmler *m* (6); ~-руса́к, полево́й ~ Féldhase *m*; альпи́йский ~, ~-беля́к Schnéehase *m*; **2.** *разг.* (*безбилетник*) blínder Passagíer [-'ʒi:r], Schwárzfahrer *m* (6); е́хать за́йцем als blínder Passagíer réisen; schwárzfahren* *отд.* *vi* (s); езда́ за́йцем Schwárzfahrt *f* (10); ◇ за двумя́ за́йцами пого́нишься, ни одного́ не пойма́ешь *погов.* wer zwei Hásen hetzt, fängt kéinen; одни́м уда́ром двух за́йцев уби́ть *погов.* ≅ mit éiner Kláppe zwei Flíegen schlágen*

за́яч||ий Hásen-; ~ья шку́рка Hásenbalg *m* (1*); ◇ ~ья капу́ста *бот.* fétte Hénne, Fétthenne *f*; ~ья ла́пка *бот.* Hásenfuß *m* (1*); ~ья губа́ *мед.* Hásenscharte *f* (11)

зва́н||ие *с* **1.** Rang *m* (1*), Títel *m* (6), Rángbezeichnung *f* (10); учёное ~ие wíssenschaftlicher Grad; почётное ~ие Éhrentitel *m*; присвое́ние ~ия Títelverleihung *f*; ~ие Геро́я Сове́тского Сою́за der Éhrentitel éines Hélden der Sowjétunion; ~ие заслу́женного арти́ста der Éhrentitel éines Verdíenten Künstlers; во́инское ~ие Díenstgrad *m*; ~ие ма́стера Méistertitel *m* (6); повыша́ть в ~ии *воен.* befördern *vt*; понижа́ть в ~ии *воен.* im Díenstgrad herábsetzen; очередно́е ~ие *воен.* nächsthöherer Díenstgrad; **2.** *уст.* (*сословие*) Stand *m* (1*)

зва́ный 1. (*приглашённый*) gebéten, éingeladen, geláden; **2.**: ~ обе́д Diner [*фр.* di'ne:] *n* -s, -s; Féstessen *n* (7), Féstmahl *n* (5, 2); ~ ве́чер Ábendgesellschaft *f* (10)

зва́тельный: ~ паде́ж *грам.* Vokativ ['vo:-] *m* (1), Rúffall *m*

зва||ть 1. rúfen* *vt*; ~ть кого́-л. j-n rúfen*, nach j-m rúfen*; ~ть на по́мощь um Hílfe rúfen*; ~ть кого́-л. на по́мощь j-n zu Hílfe rúfen*; **2.** (*приглашать*) rúfen* *vt*, éinladen* *vt*; bítten* *vt* (*просить*); **3.** (*называть*) nénnen* *vt*, héißen* *vt*; **4.** *безл.*: как вас зову́т?, как вас ~ть? *разг.* wie héißen Sie?, wie ist Ihr Náme?; ◇ помина́й как ~ли *погов.* ≅ er [sie, es *usw.*] war spúrlos verschwúnden [wúrde nicht mehr geséhen, war auf und davón]

зва́ться *уст.*, *разг.* héißen* *vi*, den Námen trágen*

звезд||а́ *ж* **1.** Stern *m* (1); не́бо усе́яно звёздами der Hímmel ist mit Stérnen besät [übersät]; ún zählige Stérne stéhen am Hímmel; па́дающая ~а́ Stérnschnuppe *f* (11); неподви́жная ~а́ Fíxstern *m*; блужда́ющая ~а́ *тж. перен.* Wándelstern *m*; ~а́ пе́рвой величины́ *тж. перен.* Stern érster Größe; пятикone´чная ~а́ ein fünfzackiger Stern; о́рден Кра́сной Звезды́ der Órden des Róten Stérnes; морска́я ~а́ *зоол.* Séestern *m*; **2.** (*о знаменитости*) Star [st-] *m* -s, -s; ~а́ экра́на Fílmstar *m*, Star *m*; ◇ ве́рить в свою́ ~у́ séinem Stern vertráuen, an séinen Stern gláuben; его́ ~а́ зака́тывается sein Stern ist im Sínken (*книжн.*); он звёзд с не́ба не хвата́ет *разг.* ≅ er hat das Púlver nicht erfúnden; er ist kein großes Licht, er ist kein gróßer Geist

звёздн||ый 1. *астр.* Stern-; astérisch, astrál, stellár, sidérisch; ~ая систе́ма Stérnsystem *n* (2); ~ая ка́рта Stérnkarte *f* (11), Stérntafel *f* (11); **2.** (*усеянный звёздами*) Stérnen-, gestírnt, bestérnt; ~ое не́бо der Stérn(en)himmel, der gestírnte Hímmel; ~ая ночь stérnklare Nacht; ◇ ~ый пробе́г *спорт.* Stérnfahrt *f* (10); ~ые су́тки Stérntag *m* (1); ~ый год Stérnjahr *n* (2); ~ый час Stérnenstunde *f* (11); ~ый перелёт *ав.* Stérnflug *m* (1*); Звёздный (городо́к) (*центр подготовки космонавтов*) Stérnenstädtchen *n* (7)

звездообра́зный stérnförmig, astérisch; ~ дви́гатель *авто* Stérnmotor *m* (13)

звездопла́вание *с* Ráumschiffahrt (*при переносе*: Raumschiff-fahrt) *f*

звездочёт *м уст.* Astrológ(e) *m* (8, 9), Stérndeuter *m* (6)

звёздочк||а *ж тж. полигр.* Stérnchen *n* (7); отмеча́ть ~ой *полигр.* durch ein Stérnchen kénnzeichnen *vt*

зве||не́ть klíngen* *vi*; tönen *vi* (*звучать*); klírren *vi* (*дребезжать*); стру́ны ~ня́т die Sáiten klíngen*; це́пи ~ня́т die Kétten klírren [rásseln]; ~не́ть шпо́рами mit den Spóren klírren; ◇ у меня́ ~ни́т в уша́х es klingt mir in den Óhren, ich hábe Óhrenklingen [Óhrensausen]

зве́н||о́ *с* **1.** (*цепи; тж. перен.*) Glied *n* (5); Kéttenglied *n*; Beständteil *m* (1) (*составная часть*); соедини́тельное ~о́ *тж. перен.* Verbíndungsglied *n*, Bíndeglied *n*; основно́е ~о́ Háuptbestandteil *m*, Háuptkettenglied *n*; неразры́вные зве́нья stárre Glíeder; э́то всё зве́нья одно́й це́пи *перен.* das álles sind Glíeder éiner Kétte; во всех зве́ньях in állen Beständteilen, in állen Glíederungen; руководя́щие зве́нья Léitungsgremi¦en *pl*; **2.** *воен.*, *ав.* Kétte *f* (11); Glied *n* (5); войсково́е ~о́ Trúppenglied *n*; *мор.* Rótte *f* (11), Grúppe *f* (11); по зве́ньям *мор.* róttenweise, grúppenweise; полёт ~о́м Kéttenflug *m* (1*); команди́р ~а́ Kéttenführer *m* (6); строй фро́нта ~а́ Kéttenlini¦e *f* (11); **3.** (*группа*) Grúppe *f* (11), Únterabteilung *f* (10); Árbeitsgruppe *f*; пионе́рское ~о́ Pioníerbrigade *f* (11); полево́дческое ~о́ Féldarbeitsgruppe *f*

звеньево́й *сущ. м* **1.** (*пионерского звена*) Léiter *m* (6) éines Pioníerzirkels; Brigádeleiter (der Pioníere) (*в ГДР*); **2.** (*колхозной бригады*) Grúppenleiter *m* (6), Árbeitsgruppenleiter *m*

зверёныш *м* júnges Tier, Júnge *sub n*

звере́ть vertíeren *vi* (s), gráusam [tíerisch] wérden

звери́н||ец *м* Menagerie [-ʒə'ri:] *f* (11); Tíerschau *f* (10); **~ый 1.** Tier-; ~ая шку́ра Tíerhaut *f* (3), Tíerfell *n* (2); **2.** (*свойственный зверям; тж. перен.*) tíerisch, tíerähnlich; animálisch, bestiálisch (*зверский*); ~ые инсти́нкты tíerische [animálische] Instínkte

зверобо́й I *м бот.* Johánniskraut *n* -(e)s, Hártheu *n* -s

зверобо́й II *м* (*охотник*) Séetierjäger *m* (6); **~ный** Tíerfang-; ~ный про́мысел Séetierfang *m* -(e)s; ~ное су́дно Séetierfänger *m* (6), Tíerfänger *m*; Róbbenfänger *m*, Róbbenfangschiff *n* (2)

зверово́д *м* Pélztierzüchter *m* (6)

зверово́дство *с* Pélztierzucht *f*; клеточное ~ Pélztierhaltung in Gehégen, Gehégehaltung *f*

зверово́дческий Pélztierzucht-; ~ совхо́з *см.* зверосовхо́з

зверолов *м* Pélztierjäger *m* (6); Fállensteller *m* (6); **~ный:** ~ный прóмысел Tíerfang *m* -(e)s; **~ство** *c* Pélztierfang *m* -(e)s

зероподóбный tíerähnlich, tíerisch; bestiálisch

зверо||совхóз *м* Pélztiersowchos *m* (1), *n* (2), stáatliche Pélztierfarm *f* (10); **~фéрма** *ж* Pélztierfarm *f* (10)

звéрск||ий tíerisch, bestiálisch, animálisch; gráusam (*жестокий*); gréulich (*страшный*); brutál, roh (*грубый*); vertíert (*озверелый*); ~ий постýпок Gréueltat *f* (10); ◇ я ~и гóлоден *разг.* ich hábe éinen Bärenhunger; я ~и устáл *разг.* ich bin tódmüde [húndemüde]

звéрство *c* Gréueltat *f* (10), Bestialität *f* (10)

звéрствовать Gréueltaten verüben, wüten *vi*

звер||ь *м* **1.** Tier *n* (2); хи́щный ~ь Ráubtier *n*, réißendes [wíldes] Tier; Ráubwild *n* -s (*как объект охоты*); Béstie *f* (11); пушнóй ~ь Pélztier *n*; укроти́тель ~éй Tíerbändiger *m* (6); **2.** *перен.* bestiálischer [gráusamer] Mensch, Béstie *f* (11); смотрéть ~ем grímmig dréinschauen; ~ь-звéрем *разг.* wie ein Bérserker, wie ein Wílder

звон *м* Klíngen *n* -s, Läuten *n* -s; Klang *m* (1*), Geläute *n* -s (*колоколов*); Geklírre *n* -s, Klírren *n* -s (*стекла, монет и т. п.*); ~ в ушáх Óhrenklingen *n*, Óhrensausen *n* -s; ~ шпор Spórengeklirre *n*; ◇ слы́шал ~, да не знáет, где он *погов.* er hat étwas läuten hören, weiß áber nicht, wo die Glócken hängen; er hat's läuten hören, áber nicht zusámmenschlagen; **~áрь** *м* Glöckner *m* (6); **~и́ть** läuten *vi*, klíngeln *vi*; ~и́ть в звонóк klíngeln *vi*, läuten *vi*, die Glócke ziehen*; ~я́т man klíngelt; es hat geklíngelt, es läutet; ~и́ть комý-л. по телефóну ánrufen* *vt*; telefoníeren *vi*; ánklingeln *vt* (*разг.*); ánläuten *vt* (*разг. австр., ю.-нем.*); ◇ ~и́ть во все колоколá *разг.* áusposaunen *vt*, áustrompeten *vt*; an die gróße Glócke hängen

звóнк||ий **1.** schállend, klíngend, (héll)tönend; ~ий гóлос hélle [sonóre, klángvolle] Stímme; ~о рассмея́ться hell áuflachen; éine hélle Láche áufschlagen* (*разг.*); ~ий поцелýй schállender Kuß; **2.** *лингв.*: ~ие соглáсные stímmhafte Konsonánten, Sonórlaute *pl*; ◇ ~ая монéта klíngende Münze, Hártgeld *n* -(e)s

звонкóв||ый Läute-; ~ая сигнализáция Läutewerk *n* (2)

звóнница *ж* Glóckenturm *m* (1*); Kampaníle *m* = *u* -s, = *u* -s (*в Италии*)

звонóк **1.** Klíngel *f* (11); Glócke *f* (11) (*колокольчик*); Rúfanlage *f* (11) (*у постели больного*); электри́ческий ~ eléktrische Klíngel; двернóй ~ Türklingel *f*; ~ в телефóнном аппарáте Wécker *m* (6): ~ на велосипéде Fáhrradklingel *f*; **2.** (*звук*) Klíngelton *m* (1*), Glóckenton *m*; Páusenzeichen *n* (7) (*на перерыв*); Féierabendzeichen *n* (*сигнал конца работы*); разбуди́ть звонкóм wáchklingeln *отд. vt*; раздáлся ~ es hat geklíngelt, es hat geläutet; ◇ ~ по телефóну Ánruf *m* (1); пéрвый ~ (*предупреждение*) das érste Klíngelzeichen; от звонкá до звонкá *разг.* von Ánfang bis Énde

звук *м* **1.** *физ.* Schall *m* (1, 1*); скóрость ~а Schállgeschwindigkeit *f*; истóчник ~а Schállquelle *f* (11); ~ вы́стрела Ábschußknall *m* (1), Mündungsknall *m*; **2.** *радио, муз.* Ton *m* (1*); полнотá ~а Tónfülle *f*; высотá ~а Tónhöhe *f*; кáчество ~а Tónqualität *f* (10), Tóngüte *f* (11); оттéнок [тембр] ~а Klángfarbe *f* (11); **3.** *фон.* Laut *m* (1); глáсный ~ Vokál [vo-] *m* (1), Sélbstlaut *m*; соглáсный ~ Konsonánt *m* (8), Mítlaut *m*; не издáть ни ~а kéinen Laut von sich gében *; изменéние ~ов Láutwandel *m*; ◇ пустóй ~ léerer Schall, léere Wórte, Schall und Rauch; **~овóй** Schall-, Ton-; Áudio- *фон.* láutlich, phónisch; ~овóй сигнáл Áudiosignal *n* (2), akústisches Signál; ~овóй состáв языкá der Láutbestand der Spráche; ~овáя волнá *физ.* Schállwelle *f* (11); ~овóй барьéр Schállmauer *f* (11); ~овóй фильм Tónfilm *m* (1); ~овáя развéдка *воен.* Schäll(meß)verfahren *n* (7); ~овóй мéтод (*обучения чтению*) Lautíermethode *f* (11)

звуко||воспроизводя́щий: ~воспроизводя́щий аппарáт *кино* Tónabnahmegerät *n* (2); **~глуши́тель** *м* Schálldämpfer *m* (6); *воен. тж.* Knálldämpfer *m*; **~запи́сывающий** schállregistrierend; ~запи́сывающий аппарáт Schállaufzeichnungsgerät *n* (2), Tónaufnahmeapparatur *f* (10), Tónaufnahmegerät *n*, Tónaufzeichnungsgerät *n*; **~зáпись** *ж* Tónaufnahme *f* (11), Tónaufzeichnung *f* (10); Tónkonserve [-və] *f* (11), Áufnahme *f*; стýдия ~зáписи Tónatelier [-,lie:] *n* -s, -s, Tónstudio *n* -s, -s; тéхника ~зáписи Phónotechnik *f*; цех ~зáписи Tónabteilung *f* (10); ~зáпись рéчи Spráchaufnahme *f* (11); воспроизведéние ~зáписи Wíedergabe *f* (11); Tónwiedergabe *f*; **~изоля́тор** *м* Schálldämpfer *m* (6); **~изоля́ция** *ж* Schálldämmung *f* (10); schálldichte Isolatión, Schállisolation *f* (10), Schállisolierung *f* (10); **~локáтор** *м воен.* Schállortungsgerät *n* (2); **~локáция** *ж* Schállortung *f*; akústische Órtung; **~маскирóвка** *ж воен.* akústische Tárnung; **~метри́ческий** Schállmeß-; ~метри́ческая стáнция Schállmeßstation *f* (10); **~метри́я** *ж воен.* Schállmessung *f*; Schállmeßverfahren *n* -s; **~непроницáемость** *ж* Schálldurchlässigkeit *f*; **~непроницáемый** schálldicht; schállisoliert; **~образовáние** *c фон.* Láutbildung *f*, Stímmbildung *f*, Phonatión *f*; **~оперáтор** *м* Tóningenieur [-inʒe,niø:r] *m* (1), Tónregisseur [-reʒi,sø:r] *m* (1); Tónmeister *m* (6) (*в титрах фильма*); **~отражáтель** *м физ.* Schállreflektor *m* (13); **~оформи́тель** *м театр.* Tónmeister *m* (6)

звýкопись *ж лингв.* Klángmalerei *f*

звуко||поглощáющий schállschluckend, Schállschluck-; ~поглощáющие материáлы Schállschluckstoffe *pl*; ~поглощáющая оби́вка [облицóвка] *стр.* schálldämpfende [schállhemmende] Verkléidung; **~поглощéние** *c* Schállabsorption *f*; **~подражáние** *c* Láutnachahmung *f*; **~подражáтель** *м* Stímmenimitator *m* (13); **~подражáтельный** láutmalend, lautnachahmend; **~приёмник** *м* Schállempfänger *m* (6); Schállaufnahmegerät *n* (2); **~провóдность** *ж физ.* Schálleitfähigkeit *f* (*при переносе*: Schall-leitfähigkeit); **~проницáемость** *ж* Schálldurchlässigkeit *f*; **~развéдка** *ж воен.* Schállmeßaufklärung *f* (10); **~режиссёр** *м* Tónregisseur [-ʒi,sø:r] *m* (1); **~режиссýра** *ж* Tónregie [-,ʒi:] *f*; **~ря́д** *м муз.* Tónleiter *f* (11); **~снимáтель** *м* Tónabnehmer *m* (6), Tónarm *m* (1); **~тéхника** *ж* Tóntechnik *f*; **~улáвливатель** *м воен. ав.* Hórchgerät *n* (2), Schállempfänger *m* (6); **~усили́тель** *м* Schállverstärker *m* (6); **~фикáция** *ж радио* Beschállung *f*; **~фици́ровать** beschallen *vt*

звуч||áние *c* **1.** Tönen *n* -s, Schall *m* (1, 1*), Ton *m* (1*); Láutwert *m* (1); Láutung *f* (10); у слóва инострáнное ~áние das Wort hat frémde Láutung; бли́зкий по ~áнию ähnlichklingend, klángähnlich; полнотá ~áния Klángfülle *f*; **2.** (*смысл, значение*) Nóte *f* (11); получи́ть осóбое ~áние séine besóndere Nóte háben, сатири́ческое ~áние satírische Nóte; остротá полити́ческого ~áния тéмы die schárfe polítische Resonánz des Thémas; **~áть 1.** (*издавать звуки*) tönen *vi*; klíngen* *vi*; láuten *vi*; **2.** (*раздаваться*) erschállen(*) *vi* (s), ertönen *vi* (s), erklíngen* *vi* (s); её гóлос ~и́т хорошó íhre Stímme hat éinen gúten Klang; ~áть одинáково gléichlautend sein; **~áщий** tönend, schállend

звýчн||ость *ж* Tónfülle *f*, Schállfülle *f*, Sonorität *f*, Schállstärke *f*; Vóllklang *m* -(e)s; Wóhllaut *m* (1), Wóhlklang *m* (1*) (*благозвучие*); **~ый** klángvoll, tónreich, klángreich; wóhlklingend, wóhllautend (*благозвучный*)

звя́к||анье *c* Klírren *n* -s, Geklírr(e) *n* -(e)s, Rásseln *n* -s, Gerássel *n* -s; **~ать, ~нуть 1.** klírren *vi*; rásseln *vi*; **2.** *разг.*: ~нуть комý-л. по телефóну j-n ánklingeln

зги: не ви́дно ни ~ *разг.* es ist stóckfinster; ≅ man sieht die Hand nicht vor den Áugen

здáн||ие *c* Gebäude *n* (6), Bau *m* -(e)s, -ten, Báuwerk *n* (2); администрати́вное ~ие Verwáltungsgebäude *n*, Büróhaus *n* (5); высóтное ~ие Hóchhaus *n* (5); жилóе ~ие Wóhnhaus *n*, Wóhngebäude *n*; капитáльное ~ие massíves [-vəs] Gebäude; многоэтáжное ~ие méhrstöckiges Gebäude, Hóchhaus *n* (5); общéственное ~ие öffentliches Gebäude; граждáнские ~ия Zivilbauten [-'vi:l-] *pl*; ~ия и сооружéния Gebäude und báuliche Ánlagen

здесь *нареч.* hier, da; ~ и там hier [hie] und da, da und dort; кто ~? wer (ist) da?

здéшний *разг.* híesig; я не ~ ich bin nicht von hier, ich bin hier fremd; я ~ ich bin von hier

здорóваться (*с кем-л.*) grüßen *vt*, begrüßen *vt*; j-m gúten Tag [gúten Mórgen] ságen; einánder begrüßen (*взаимно*)

здоровéнн||ый *разг.* **1.** báumstark, kérngesund (*о человеке*); **2.** gewáltig, mächtig, ríesengroß, Ríesen- (*о вещи*); ~ая дуби́на ein dérber Knüppel

здоровéть *разг.* sich erhólen, kräftig(er) wérden

здоровёхонек, здоровёшенек *разг.* kérngesund

здóрово *нареч. разг.* **1.** (*хорошо*) gut, fein; вот э́то ~! das ist áber fein!, э́то ~! das ist állerhand!; э́то мы ~ сдéлали! das war éine Léistung!; **2.** (*очень сильно*) tüchtig, órdentlich; мы ~ порабóтали wir háben tüchtig geárbeitet

здорóво *межд. разг.* (*здравствуй*) gúten Tag!

здорóв||ый **1.** gesúnd; kräftig (*сильный*); ~ый мáльчик ein kräftiger Júnge; быть ~ым gesúnd sein; sich éiner gúten Gesúndheit erfréuen; имéть ~ый вид gesúnd [blühend] áussehen*; он здорóв как бык er strotzt vor Gesúndheit, er ist bärenstark, er ist die Gesúndheit selbst; **2.** (*полезный*) gesúnd, zuträglich, héilsam; ~ая пи́ща gesúnde Kost; вести́ ~ый óбраз жи́зни gesúnd lében; **3.** *разг.* (*большой*) groß, stark, kräftig, báumstark; ◇ бýдьте ~ы! lében sie wohl! (*при прощании*); Gesúndheit! (*при чихании*); в ~ом тéле ~ый дух in éinem gesúnden Körper ein gesúnder Geist; (за) ~о живёшь ≅ für [um] nichts und wíeder nichts; mir nichts, dir nichts

здоро́вь||е *с* Gesúndheit *f*; расстро́ить ~е séine Gesúndheit zerrütten, gesúndheitlichen Schäden néhmen*; у него́ несокруши́мое ~е er erfréut sich éiner únverwüstlichen Gesúndheit; он пы́шет ~ем er strotzt vor Gesúndheit; у него́ сла́бое ~е er hat éine schwäche Gesúndheit; состоя́ние ~я Befínden *n* -s; о́бщее состоя́ние ~я Gesámtbefinden *n* -s, Gesámtzustand *m* -(e)s; свиде́тельство [спра́вка] о состоя́нии ~я Gesúndheitszeugnis *n* (3*), Gesúndheitsattest *n*; по состоя́нию ~я aus Gesúndheitsgründen, aus Gesúndheitsrücksichten; укрепле́ние ~я gesúndheitliche Kräftigung; сохране́ние ~я Gesúnderhaltung *f*; охра́на ~я Gesúndheitsschutz *m* -es, gesúndheitliche Betréuung; вре́дный для ~я úngesund, gesúndheitsschädigend; ◇ на ~е! wohl bekómm's! (*при еде*); на до́брое ~е! auf güte Gesúndheit!; (за) ва́ше ~е! zum Wohl!, prósit, auf Íhre Gesúndheit! (*тост*); пить за чьё-л. ~е j-s Gesúndheit áusbringen*, auf j-s Gesúndheit [auf j-s Wohl] trínken*, j-m zútrinken*; j-m zúprosten; как ва́ше ~е? wie ist Ihr Befínden?, wie geht es Íhnen (gesúndheitlich)?

здоровя́к *м разг.* ein kérngesunder Mensch, ein vor Gesúndheit strótzender Mensch

здра́ви||е *с уст.* Gesúndheit *f*; в до́бром ~и wóhlbehalten, bei güter Gesúndheit

здра́виц||а *ж* Trínkspruch *m* (1*), Toast [*англ.* to:st] *m* -(e)s, -e *u* -s; Hóchruf *m* (1) (auf *A*); провозгласи́ть ~у за кого́-л. j-s Gesúndheit áusbringen*, das Glas auf j-s Gesúndheit hében*

здра́вница *ж* Héilstätte *f* (11), Héilanstalt *f* (10), Erhólungsstätte *f*, Sanatórium *n* -s, -ri|en; де́тская ~ Kíndererholungsheim *n* (2); ~ для туберкулёзных Lúngenheilstätte *f*

здра́во *нареч.* gesúnd, vernünftig; ~ суди́ть о чём-л. vernünftig über etw. (*A*) úrteilen

здравомы́слие *с* éine vernünftige Dénkungsart, ein gesúnder Verstánd

здравомы́слящий vernünftig, verständig; gesúnd dénkend

здравоохране́н||ие *с* Gesúndheitsschutz *m* -es, Gesúndheitswesen *n* -s; о́рганы ~ия Gesúndheitsbehörden *pl*, Institutiónen des Gesúndheitswesens, Gesúndheitsorgane *pl*

здравпу́нкт *м* Sanitätsstelle *f* (11)

здра́вств||овать 1. (*жить*) am Lében sein; lében und wében; lében und gedéihen* (*процветать*); **2.** (*быть здоровым*) sich wohl befínden*, gesúnd sein; ◇ да ~ует! es lébe!; hoch!

здра́вствуй(те) 1. (*приветствие*) güten Tag!; güten Mórgen! (*утром*); güten Ábend! (*вечером*); **2.** *ирон. разг.* da háben wir die Bescherung [den Salát]!

здра́в||ый 1. (*разумный*) vernünftig, verständig; ~ый смысл der gesúnde Ménschenverstand; противоре́чить ~ому смы́слу dem gesúnden Ménschenverstand widerspréchen*; прояви́ть ~ый смысл Vernúnft wálten lássen*; вопреки́ ~ому смы́слу gégen álle Vernúnft; быть в ~ом уме́ séine fünf Sínne beisámmen háben; bei vóllem Verstánd [zúrechnungsfähig] sein; **2.** *уст.* (*здоровый*) gesúnd; здрав и невреди́м heil und ganz; gesúnd und únversehrt, frisch und gesúnd

зе́бра *ж зоол.* Zébra *n* -s, -s

зе́бу *м зоол.* Zébu *m* -s, -s

зев *м анат.* Ráchen *m* (7), Ráchenhöhle *f* (11), Schlund *m* (1*); воспале́ние ~а *мед.* Pharyngítis *f*, Ráchenentzündung *f* (10)

зева́ка *м, ж разг.* Gáffer *m* (6), Scháulustige *m, f* (14)

зев||а́ть 1. gähnen *vi*; **2.** *разг.*: ~а́ть по сторона́м gáffen *vi*; **3.** *разг.* (*пропускать*) verpássen *vt*, versäumen *vt*; не ~а́й! gib acht!, paß auf!

зевну́ть *см.* зева́ть I

зево́к *м* Gähnen *n* -s; подави́ть ~ ein Gähnen unterdrücken

зево́та *ж* Gähnen *n* -s, Gähnsucht *f*; на него́ напа́ла ~ das Gähnen kam ihn an, er múßte gähnen

Зевс *м миф.* Zeus *m* =

зела́нд||ец *м* Séeländer *m* (6); **~ский** séeländisch

зелене́ть 1. (*становиться зелёным*) grün wérden; **2.** (*виднеться*) grünen *vi*; grün schímmern; **~ся** *см.* зелене́ть 2

зеленн||о́й *уст.* Gemüse-; ~а́я ла́вка Gemüseladen *m* (7*)

зеленова́тый grünlich

зеленогла́зый grünäugig

зеленщ||и́к *м уст.* Gemüsehändler *m* (6); **~и́ца** *ж уст.* Gemüsehändlerin *f* (12)

зелён||ый 1. grün; **2.** (*неспелый*) grün, únreif; **3.** *разг.* (*неопытный*) grün, blútjúng, únerfahren; ~ый юне́ц Grünschnabel *m* (6*), ein grüner Júnge, júnger Dachs; ◇ ~ый горо́шек grüne Érbsen, Schóten *pl*; ~ый корм Grásfutter *n* -s; ~ые насажде́ния Ánlagen *pl*, Grünanlagen *pl*; ~ая зо́на Grüngürtel *m* (6), grüne Zóne; ~ый го́род Gártenstadt *f* (3); ~ый теа́тр Fréilichtbühne *f* (11), Fréilichttheater *n* (6); ~ый огонёк, ~ый свет (*у свободного такси*) (brénnendes) Fréilicht *n* (5); ~ый чай grüner Tee; ~ая у́лица das Signál steht auf grün; откры́ть чему́-л. ~ую у́лицу grünes Licht für etw. (*A*) gében*

зе́лен||ь *ж* **1.** (*растительность*) Grün *n* -s; в ~и in Grün gebéttet; декорати́вная ~ь Grünpflanzen *pl*, Zíerpflanzen *pl*; **2.** *собир.* (*овощи*) Gemüse *n* (6), Grünkram *m* -s, Grünzeug *n* -s; ~ь для су́па Súppengrün *n* -s; **3.** (*краска*) Grün *n* -s; пари́жская ~ь Paríser Grün

зе́лье *с разг.* Trank *m* (1*); Gífttrank *m* (*яд*); любо́вное ~ *фольк.* Líebestrank *m*; вре́дное ~ ein böses Kraut

зельц *м* Súlzwurst *f* (10), Préßkopf *m* (1*), Schwártenmagen *m* -s

зе́мельн||ый 1. Land-, Bóden-, Grund-; ~ый уча́сток Grúndstück *n* (2); ~ый наде́л Lándeigentum *n* -s, Bódenanteil *m*; ~ая со́бственность Grúndeigentum *n* -s, Grúndbesitz *m* -es; Bódenbesitz *m* -es; **2.** (*аграрный*) agrárisch, Agrár-; ~ая рефо́рма Bódenreform *f* (10), Agrárreform *f*; ~ый банк Agrárbank *f* (10); ~ый зако́н Agrárgesetz *n* (2); ~ая ре́нта *эк.* Grúndrente *f* (11)

зе́мец *м ист. разг.* (*земский деятель*) Mítglied *n* des rússischen Sélbstverwaltungsorgans Sémstwo; Sémstwodeputierte *m* (14)

землеве́дение *с* physikálische Geographíe

землевладе́||лец *м* Grúndbesitzer *m* (6), Grúndeigentümer *m* (6), Grúndherr *m* (8); кру́пный ~лец Gróßgrundbesitzer *m*; Gróßagrari|er *m* (6); **~ние** *с* Grúndeigentum *n* -s, Grúndbesitz *m* -es; Bódenbesitz *m* -es; кру́пное ~ние Gróßgrundbesitz *m*; обще́ственное [общи́нное] ~ние Geméineigentum an (Grund und) Bóden

земледе́л||ец *м* Lándmann *m* -(e)s, -leute, Áckerbauer *m* (8, 13); **~ие** *с* Lándwirtschaft *f*, Áckerbau *m* -(e)s, Féldbau *m* -(e)s, Féldwirtschaft *f*, Agrikultúr *f*

земледе́льческ||ий agrárisch; Agrár-; Lándwirtschafts-, Féldwirtschafts-; lándwirtschaftlich; Áckerbau-; ~ое ору́дие Bódenbearbeitungsgerät *n* (2)

землеко́п *м* Érdarbeiter *m* (6); Schípper *m* (6) (*работающий вручную*); **~ный:** ~ные рабо́ты Áusschachtungsarbeiten *pl*

землеме́р *м* Lándmesser *m* (6), Féldmesser *m*; Geométer *m* (6); **~ный** Lándmeß-, Féldmeß-; Verméß-, Meß-; ~ный инструме́нт Féldmeßgerät *n* (2), Vermessungsinstrument *n* (2); ~ное де́ло Vermessungswesen *n* -s

землепа́ш||ество *с уст.* Áckerbau *m* -(e)s; **~ец** *м уст.* Lándmann *m* -(e)s, -leute, Áckerbauer *m* (8, 13)

землепо́льзование *с* Bódennutzung *f*

землепрохо́дец *м ист.* Entdéckungsreisende *m* (14), Fórschungsreisende *m*

землеро́йка *ж зоол.* Spítzmaus *f* (3)

землеро́йн||ый: ~ая маши́на Bágger *m* (6), Bággermaschine *f* (11); Érdbaugerät *n* (2)

землесо́с *м* Sáugbagger *m* (6)

землесо́сн||ый Érdsaug-, Bódensaug-; ~ый снаря́д Sáugbagger *m* (6), hydráulischer Schlämmbagger; ~ая маши́на Sáugbagger *m* (6)

землетрясе́н||ие *с* Érdbeben *n* (7); отдалённое ~ие Férnbeben *n*, предве́стник ~ия Vórstoß *m*; оча́г ~ия Herd des Érdbebens, Bébenherd *m* (1)

земле||устро́итель *м* Fáchmann *m* für Flúrbereinigung [rationélle Bódennutzung]; **~устро́йство** *с* Flúrbereinigung *f*

землечерпа́лка *ж* Schwímmbagger *m* (6), Flúßbagger *m*, Bágger *m*

земли́стый 1. érdig, érdartig; **2.** (*о цвете*) érdfahl; áschfahl, áschgrau; ~ цвет лица́ fáhle Gesíchtsfarbe

земл||я́ *ж* **1.** Érde *f*; Érdkugel *f* (*земной шар*); оборо́т вокру́г ~и́ Érdumkreisung *f* (10), Érdumrundung *f* (10); расстоя́ние от ~и́ Érdabstand *m* (1*); по направле́нию к ~е́ auf die Érde zu, in Ríchtung Érde, érdwärts; орби́та ~и́ Érdbahn *f*; тень ~и́ Érdschatten *m* -s; ма́сса ~и́ Érdmasse *f*; враще́ние ~и́ Érddrehung *f*, Érdrotation *f*, Érdumdrehung *f*; относи́тельно ~и́ *эл.* gégen Érde; изоли́рованный от ~и́ *эл.* érdfrei магни́тное по́ле ~и́ magnétisches Érdfeld; свет от ~и́ Érdlicht *n* -(e)s; пове́рхность ~и́ Érdoberfläche *f*; не́дра ~и́ Érdinnere *sub n*; **2.** (*суша*) Féstland *n* -(e)s, féstes Land; **3.** (*почва*) Érde *f*; Érdboden *m* -s, Bóden *m*, Grund *m* -(e)s; садо́вая ~я́ Gártenerde *f*, Blúmenerde *f*; формо́вочная ~я́ *тех.* Fórmsand *m* -(e)s; ре́дкие зе́мли *хим.* séltene Érden; **4.** (*страна*) Land *n* (5); Lándstrich *m* (1) (*местность*); **5.** (*земельная собственность; обрабатываемая территория*) Grund und Bóden; Grúndbesitz *m* -es; Land *n* -(e)s, Éigenland *n*, Ländereien *pl*; госуда́рственная ~я́ Stáatsland *n*; обще́ственная ~я́ Geméindeland *n*, im öffentlichen Éigentum stéhender Grund und Bóden; поме́щичья ~я́ Gróßgrundbesitz *m* (1); приуса́дебная ~я́ Hófland *n*; обраба́тываемые ~и bebáutes [bestélltes] Land; lándwirtschaftliche Nútzfläche; пусту́ющие ~и bráchliegendes Land, Bráchland *n* -(e)s, -ländereien, Bráche *f* (11); ~я́ под па́ром Bráchland *n*; цели́нные ~и Néuland *n*; надели́ть кого́-л. **~ёй** j-m Land zúteilen, j-m

Grúndstücke zúweisen*; ничéйная ~я́ Níemandsland *n*; **6.** *уст.* (*фон ткани, обоев*) Grund *m* (1*); Úntergrund *m*; ◇ покá ~я́ его́ нóсит so weit die Füße ihn trágen*; плáтье до ~и́ ein fúßlanges Kleid; мéжду нéбом и ~ёй zwíschen Hímmel und Érde; они́ отличáются друг от дру́га как нéбо от ~и́ sie sind grúndverschieden, es ist ein hímmelweiter Únterschied zwíschen íhnen; сровня́ть с ~ёй dem Érdboden gléichmachen; стерéть с лицá ~и́ vernίchten *vt*, áusrotten *vt*, vom Ántlitz der Érde tilgen

земля́к *м* Lándsmann *m* -(e)s, -leute

землян||и́ка *ж* Érdbeere *f* (11); леснáя ~и́ка Wálderdbeere *f*; садóвая ~и́ка Gártenerdbeere *f*; **~и́чный** Érdbeer-; érdbeerfarben (*о цвете*); ~и́чное варéнье éingemachte Érdbeeren, Érdbeerkonfitüre *f*

земля́нин *м* Érdbewohner *m* (6)

земля́нка *ж* Érdhütte *f* (11); утеплённая ~ Wínterlagerhütte *f*; *воен.* Wóhnbunker *m* (6)

землян||óй Erd-; ~ы́е рабóты Érdarbeiten *pl*; Áusschachtungsarbeiten *pl*; Bággerarbeiten *pl*; ~óй орéх Érdnuß *f* (3); ~áя гру́ша Topinambúr *m* (1) (*pl тж.* -s), *f* (10), Érdbirne *f* (11); ~óй пол Léhmboden *m* (7*)

земля́чество *с* Lándsmannschaft *f* (10)

земля́чка *ж* Lándsmännin *f* (12)

земновóдн||ые *сущ. мн. зоол.* Amphíbi̯en *pl*, Lurche *pl*; **~ый** *зоол.* amphíbisch

земн||óй **1.** Érd-; ~óй шар Érdkugel *f*, Érdball *m* -(e)s; ~áя ось Érdachse *f*; ~áя корá Érdrinde *f*; Érdhülle *f*; ~óй магнети́зм *физ.* Érdmagnetismus *m* =; ~óе тяготéние [притяжéние] Érdanziehung *f*; **2.** *перен.* írdisch; ~ы́е блáга írdische Güter; ~ы́е делá Írdische *sub n*; ◇ ~óй поклóн éine Verbéugung bis zur Érde

зéмск||ий *ист.* Sémstwo-; Lándstände-, Lándes-; ~ое собрáние Sémstwoversammlung *f* (10); ~ий врач Lándarzt *m* (1*); ~ий собóр Stándesvertretung *f* (10)

земснаря́д *м* Schwímmbagger *m* (6), Bágger *m*, Bággerschiff *n* (2)

зéмство *с ист.* Sémstwo *n* -s, -s, Lándstände *pl* (*russisches Selbstverwaltungsorgan, 1864—1917*)

зени́т *м астр.* Zenít *m* -(e)s, Schéitelpunkt *m* (1); *перен.* Gípfelpunkt *m*; в ~е слáвы auf dem Gípfel [auf der Höhe] des Rúhmes

зени́тка *ж воен. разг.* Flak *f*, *pl* = *u* -s (*ср.* зени́тный 2)

зени́тно-ракéтн||ый: ~ая грýппа *воен.* Flíegerabwehrraketengruppe *f* (11)

зени́т||ный **1.** *астр.* Zenit-; zenitál; ~ное расстоя́ние Zenítdistanz *f* (10); **2.** *воен.* Flíegerabwehr-, Flak-, Flúgabwehr-; ~ное орýдие Flíegerabwehrgeschütz *n* (2), Flúgzeugabwehrkanone *f* (11) (*сокр.* Flak); ~ная артиллéрия (*сокр.* ЗА) Flákartillerie *f*; **~чик** *м воен. разг.* Flákartillerist *m* (8), Flákschütze *m* (9)

зени́ц||а *ж*: берéчь как ~у óка wie séinen Áugapfel hüten

зéркало *с* **1.** Spíegel *m* (6); ручнóе ~ Hándspiegel *m*; стеннóе ~ Wándspiegel *m*; гардерóбное ~ Ánkleidespiegel *m*, Schránkspiegel *m*; кармáнное ~ Táschenspiegel *m*; ~ зáднего ви́да *авто* Rückspiegel *m*; собирáтельное ~ *физ.* Sámmelspiegel *m*; блестя́щий как ~ spíegelblank; смотрéться в ~ in den Spíegel séhen* [schа́uen], sich im Spíegel beséhen*, sich bespíegeln; глáдкий как ~ spíegelglatt; **2.** (*отображение*) Spíegelbild *n* (5); Spíegelung *f* (10); **3.** (*поверхность чего-л.*) Spíegel *m* (6); Fläche *f* (11); ~ воды́ Wásserspiegel *m*, Wásserfläche *f*; ~ пéчи Ófenfliesenwand *f* (3); Flíesenwand *f*; ◇ кривóе ~ Vexíerspiegel [ve-] *m* (6), Zérrspiegel *m*; на ~ нéчего пеня́ть, кóли рóжа кривá *посл.* ≅ der Spíegel sagt die Wáhrheit, der Spíegel schméichelt nicht; es steckt nicht im Spíegel, was man im Spíegel sieht

зеркáльн||ый **1.** Spíegel-; séitenverkehrt, séitenvertauscht (*об изображении*); ~ое стеклó Spíegelglas *n* -es; Spíegelscheibe *f* (11) (*окно*); ~ый фотоаппарáт Spíegelreflexkamera *f* =, -s; ~ый блик Spíegelung *f* (10); ~ое изображéние Spíegelbild *n* (5); ~ый свети́льник Spíegelleuchte *f* (11); ~ое отражéние букв Spíegelschrift *f* (10); **2.** (*как зеркало*) spíegelglatt (*гладкий*); spíegelblank, spíegelnd (*блестящий*); ~ый лёд Glátteis *n* -es; ~ый блеск Spíegelglanz *m* -es; ~ая поверхность Spíegelfläche *f*; ~ая гладь óзера die spíegelglatte Fläche des Sees; ◇ ~ый карп Spíegelkarpfen *m* (7)

зéркальце *с* Spíegelchen *n* (7), Spíeglein *n* (7)

зерни́ст||ость *ж* Körnigkeit *f*, Körnung *f*; **~ый** körnig, gekörnt; ~ая пóчва *с.-х.* körniger Bóden; ~ый мрáмор gekörnter Mármor; ~ый снег körniger Schnee; ◇ ~ая икрá körniger Káviar

зерн||ó *с* **1.** Korn *n* (5), Sámenkorn *n*; Kern *m* (1) (*в овощах и т. п.*); ри́совое ~ó Réiskorn *n*; горчи́чное ~о Sénfkorn *n*; кóфе в зёрнах Bóhnenkaffee *m* -s; кукуру́за на ~ó Körnermais *m* -es; **2.** *собир.* Korn *n* -(e)s, Getréide *n* (6); посевнóе ~ó Sáatgetreide *n*; кормовóе ~ó Fúttergetreide *n*, Fútterkorn *n*; сортовóе ~ó Sórtengetreide *n*; дроблёное ~ó Schrot *n* (2), *m* (1); товáрное ~ó Márktgetreide *n*; продовóльственное ~ó Brótgetreide *n*; нали́в ~á Körnerbildung *f*; произвóдство ~á Getréideproduktion *f*; **3.** (*небольшая частица*) Korn *n* (5), Körnchen *n* (7); размéр ~á *тех.* Kórngröße *f*; снéжные зёрна Schnéegries *m* -es; жемчу́жное ~ó Pérle *f* (11); ◇ ~ó и́стины ein Körnchen Wáhrheit

зернобобóв||ый Hülsen-; ~ые культу́ры *с.-х.* Hülsenfrüchte *pl*, Hülsenfruchtgemenge *n* (6), Körnerleguminosen *pl*

зернови́дный kórnartig; kórnförmig

зерновóз *м* Getréideschiff *n* (2), Getréidefrachter *m* (6)

зернов||óй Korn-, Getréide-; ~óй совхóз Getréidesowchos *m* (1); ~áя культу́ра Getréidekultur *f* (10); Getréideart *f* (10); Körnerfrucht *f* (3); ~óй сепарáтор Getréidewindsichter *m* (6)

зерновы́е *сущ. мн.* Getréide *n* (6); Körnergewächse *pl*; кормовы́е ~ Fúttergetreide *n*; ози́мые ~ Wíntergetreide *n*; яровы́е ~ Sómmergetreide *n*

зернодроб||и́лка *ж* Schrótmühle *f* (11), Kórnquetsche *f* (11); **~и́льный:** ~и́льная маши́на *см.* зернодроби́лка

зерноочисти́тельн||ый: ~ая маши́на *с.-х.* Kórnfege *f* (11);; Getréidereinigungsmaschine *f* (11)

зерно||подъёмник *м с.-х.* Getréideelevator [-,va:-] *m* (13); **~постáвка** *ж* Getréide(pflicht)ablieferung *f* (an den Staat); **~пу́льт** *м* Schléudersichter *m* (6); **~склáд** *м* Getréidespeicher *m* (6); **~совхóз** *м см.* зерновóй совхóз; **~суши́лка** *ж* Getréidetrocknungsanlage *f* (11), Getréidetrockner *m* (6); *уст.* Kórndarre *f* (11), Getréidedarre *f*; **~транспортёр** *м* Getréideförderer *m* (6); **~убóрочный:** ~убóрочный комбáйн Mähdrescher *m* (6)

зернофурáжн||ый: ~ые культу́ры Fúttergetreide *n* (6)

зернохрани́лище *с* Kórnspeicher *m* (6), Getréidespeicher *m*, Getréidelager *n* (6),

зерноя́дн||ый *зоол.* körnerfressend; ~ые пти́цы Körnerfresser *pl*

зёрнышко *с* **1.** Körnchen *n* (7); **2.** (*плода*) Kern *m* (1)

зернь *ж* (*старинная игра в кости*) Würfelspiel *n* (2)

зефи́р *м* **1.** *поэт.* Zéphir *m* -s, mílder Südwéstwind; **2.** *кул.* Scháumgebäck *n* -s; **3.** (*ткань*) Zéphir *m* (1)

зигзáг *м* Zíckzack *m* (1); Zíckzacklini̯e *f* (11); ~ом im Zíckzack

зигзагообрáзн||ый im Zíckzack; ~ая ли́ния Zíckzacklini̯e *f* (11)

зи́ждиться basíeren *vi* (на чём-л. auf *D*); sich gründen (auf *D*)

зим||á *ж* Wínter *m* (6); рáнняя ~á ein früher Wínter; пóздняя ~á ein später Wínter; снéжная ~á ein schnéereicher Wínter; суровáя ~á ein strénger [hárter] Wínter; тёплая ~á ein mílder [wármer] Wínter; прóшлой ~óй (im) vórigen Wínter; бу́дущей ~óй (im) nächsten Wínter; в начáле ~ы́ zu Wínterbeginn; начáло ~ы́ Wíntersanfang *m* -(e)s; конéц ~ы́ der áusgehende Wínter; всю зи́му den gánzen Wínter, den Wínter über [hindúrch]; ~á наступáет es wird Wínter; ~á ужé наступи́ла der Wínter ist schon da; ~á миновáла der Wínter ist vorüber [vorbéi]; ◇ скóлько лет, скóлько зим! *разг.* ≅ éndlich sieht man sich wíeder!, das ist ein Wíedersehen nach lánger Trénnung!

зимбабви́йский simbábwisch

зи́мн||ий Winter-; wínterlich, wíntermäßig (*по-зимнему*); ~яя спя́чка *зоол.* Wínterschlaf *m* -(e)s; ~ий спорт Wíntersport *m* -(e)s; ~ие растéния überwínternde Pflánzen; ◇ Зи́мний дворéц Wínterpalais [-ˈlɛ:] *n* = [-ˈlɛ: *u* -ˈlɛ:s]

зи́мник *м разг.* Wínterstraße *f* (11)

зимовáть überwíntern *vi*

зимóв||ка *ж* **1.** (*действие*) Überwínterung *f*, Überwíntern *n* -s; остáться на ~ку в лáгере den Wínter über im Láger bléiben*, im Láger überwíntern *vi*, **2.** (*место, помещение*) Wínterlager *n* (6); Wínterhütte *f* (11); Überwínterungsstation *f* (10), Polárstation *f* (*станция*); **~щик** *м* Überwínterer *m* (6)

зимóвье *с см.* зимóвка

зимóй *нареч.* im Wínter

зиморóдок *м зоол.* Éisvogel *m* (6*)

зимостóйк||ий überwínternd; wínterhart, wínterfest; wínterbeständig, fróstresistent; ~ие культу́ры Wínterkulturen *pl*, überwínternde [wínterharte] Kultúren

зимостóйкость *ж* Wínterfestigkeit *f*, Fróstresistenz *f*

зипу́н *м уст.* Báuernmantel *m* (6*), Báuernrock *m* (1*), Báuernkittel *m* (6)

зия́ние *с лингв.* Hiátus *m* =

зия́||ть kláffen *vi*, gähnen *vi*; **~ющий** kláffend, gähnend; ~ющая рáна kláffende Wúnde; ~ющая прóпасть gähnender Ábgrund

злáк||и *мн. бот.* Gräser *pl*, Grásarten *pl*, Grásgewächse *pl*; хлéбные ~и Getréidearten *pl*, Getréidepflanzen *pl*, Brótgetreide *n* -s; стеблёвые ~и Hálmfrüchte *pl*, Hálmpflanzen *pl*; **~овые** *сущ. мн.* Gräser *pl*; *см. тж.* злáки; **~овый** *бот.* grásig, grásartig

зла́то *с уст., поэт.* Gold *n* (-e)s

златогла́вый mit góldener Küppel

златогу́зка *ж* (*бабочка*) Góldafter *m* (6)

златоку́дрый *поэт.* góldlockig

златотка́ный *уст. поэт.* gólddurchwirkt, mit Gold gestíckt

златоцве́т *м бот.* Wúcherblume *f* (11)

зле́йший bítterst, schlimmst, der böseste [bóshafteste]; ~ враг Tódfeind *m* (1), der ärgste Gégner

злить ärgern *vt*; erzürnen *vt*; erbósen *vt*, böse máchen; **~ся** sich ärgern (на кого́-л., на что-л. über *A*); zürnen *vi* (*D*), böse sein (*D*, auf *A*, mit *D*)

зло I *сущ. с* Übel *n* (6); Böse *sub n*; социа́льное ~ soziáles Übel; величайшее ~ das größte Übel; основно́е ~ der wáhre Krébsschaden; я не жела́ю тебе́ зла ich wünsche dir nichts Böses; ◇ ко́рень зла die Wúrzel des Übels; вы́рвать ~ с ко́рнем das Únkraut [Übel] mit der Wúrzel áusreißen*; меня́ ~ берёт mich packt [übermánnt] die Wut; со зла vor Wut, aus Ärger; из двух зол вы́брать ме́ньшее von zwei Übeln das kléinere wählen

зло II *нареч.* böse, bóshaft, erbóst

зло́б||а *ж* Bósheit *f*; Gehässigkeit *f* (10) (*неприязненность, враждебность*); Erbítterung *f* (10) (*озлобление*); ◇ **~а** дня Tágesgespräch *n* (2); Tágesereignis *n* (3*); о́тклик на ~у дня ein Wíderhall des Tágesgeschehens; быть ~ой дня das Tágesgespräch bílden

зло́бный böse, bóshaft; gehässig (*неприязненный, враждебный*)

злободне́вн||ость *ж* Aktualität *f* (10); **~ый** aktuéll; ~ый вопро́с Tágesfrage *f* (11), éine brénnende [aktuélle] Fráge

зло́бствовать gehässig [böse, bóshaft] sein, wüten *vi*, Gift sprítzen; Gift und Gálle spéien*

злове́щий únheilschwer, únheilvoll, únheilschwanger, únheilverkündend, únheildrohend

злово́н||ие *с* übler Gerúch, Gestánk *m* -(e)s; **~ный** übelriechend, stínkend, stínkig

зловре́дн||ость *ж* **1.** *разг.* (*кого-л.*) Gehässigkeit *f*, Bóshaftigkeit *f*; **2.** (*чего-л.*) Verdérblichkeit *f*, Schädlichkeit *f*; **~ый 1.** *разг.* (*о человеке*) bóshaft, gehässig; **2.** (*о чём-л.*) schädlich, verdérblich; únheilvoll (*пагубный*)

злоде́й *м* Bösewicht *m* (1), Míssetäter *m* (6); Verbrécher *m* (6) (*преступник*); **~ка** *ж* Míssetäterin *f* (12); Verbrécherin *f* (12) (*преступница*); **~ски** *нареч.* méuchlings; ~ски уби́ть méuchlings ermórden; **~ский** méuchlerisch; Verbrécher-; verbrécherisch (*преступный*); ~ское уби́йство éine gräßliche Mórdtat; **~ство** *с* Míssetat *f* (10); Gréueltat *f* (10), Gréuel *m* (6) (*зверство*); Verbréchen *n* (7) (*преступление*)

злодея́ние *с см.* злоде́йство

зложела́тельный *уст.* übelwollend; míßgünstig

злой 1. böse; bóshaft; erbóst (*озлобленный*); ~ язы́к böse Zúnge; зла́я во́ля böser Wílle; зла́я насме́шка béißender Spott [Hohn]; зла́я соба́ка ein schárfer [bíssiger] Hund; быть злым на кого́-л. j-m zürnen, auf j-n [mit j-m] böse sein, (mit) j-m gróllen; со злым у́мыслом böswillig; **2.** (*дурной, бедственный*) böse, schlimm, arg, übel; зла́я весть böse [üble, schlímme] Náchricht; **3.** (*сильный, жестокий*) grímmig; gráusam; ~ моро́з grímmiger Frost; зла́я лихора́дка ein bösartiges Fíeber

злока́чественн||ость *ж мед.* Bösartigkéit *f*; **~ый** *мед.* bösartig; ~ая о́пухоль bösartige Geschwúlst, malígner Túmor

злоключе́ние *с разг.* Únglück *n* -(e)s; Míßgeschick *n* (2) (*неудача*)

злоко́зненный *уст.* árglistig; hínterlistig

злонаме́ренн||ость *ж* Böswilligkeit *f*; böser Wílle; **~ый 1.** (*о человеке*) böswillig, übelgesinnt; **2.** (*о поступке*) böswillig, böslich, mútwillig, vórsätzlich

злопа́мятный náchtragend, náchträglich, ráchsüchtig (*мстительный*)

злополу́чный únglückselig, únheilbringend, únglücklich, Únglücks-; ~ челове́к Péchvogel *m* (6*)

злопыха́тель *м* Géiferer *m* (6); gehässiger [böswilliger, bóshafter, übelgesinnter] Mensch; **~ство** *с разг.* Gehässigkeit *f*, Bóshaftigkeit *f*; **~ствовать** géifern *vi*

злора́д||ный schádenfroh; hämisch; **~ство** *с* Schádenfreude *f*; **~ствовать** schádenfroh sein, hämische Fréude háben

злоречи́вый *уст.* lästersüchtig, klátschsüchtig

злосло́в||ие *с* Schmähsucht *f*; Lästerung *f* (10); Klatscheréi *f* (10), Klatsch *m* -es, Tratsch *m* -es (*сплетни*); **~ить** schmähen *vt*; lästern *vt*; beklátschen *vt*, klátschen *vi*, trátschen *vi* (*сплетничать*)

зло́стный 1. böswillig; böse, bóshaft (*злой*); ~ у́мысел böse Ábsicht, böswilliger Vórsatz; **2.** (*недобросовестный*); ~ неплате́льщик böswilliger Schúldner

злость *ж* Bósheit *f* (10); Wut *f*, Zorn *m* -(e)s (*гнев*); ◇ меня́ ~ берёт mich packt die Wut, ich bérste vor Wut

злосча́стие *с уст.* ein wídriges Schícksal; го́ре- ~ *фольк.* das böse Úngemach

злосча́стный únglücklich, únglückselig

зло́тый *м* (*польская монета*) Zloty ['zlɔti:] *m* -s, -s *и при обозначении суммы* =

злоумы́шленн||ик *м* Übeltäter *m* (6), Míssetäter *m*; Áttentäter *m*; Verbrécher *m* (6) (*преступник*); **~ый** böswillig

злоупотреб||и́ть mißbráuchen *vt*, Míßbrauch tréiben* (чем-л. mit *D*); ~и́ть чьим-л. дове́рием j-s Vertráuen mißbráuchen; **~ле́ние** *с* Míßbrauch *m* -s, Übergriff *m* (1); ~ле́ние вла́стью Míßbrauch der Macht; ~ле́ние служе́бным положе́нием Míßbrauch der Díenststellung, Ámtsmißbrauch *m*; ~ле́ние дове́рием Vertráuensmißbrauch *m*, Vertráuensbruch *m* (1*); ~ле́ние иностра́нными слова́ми der übermäßige Gebráuch von Frémdwörtern; **~ля́ть** *см.* злоупотреби́ть

злоязы́чный gehässig, klátschsüchtig; ~ челове́к Lästermaul *n* (5), Lästerzunge *f* (11)

злю́ка *м, ж,* **злю́чка** *м, ж разг.* Böse *m, f* (14), bóshafter Mensch; bóshaftes Fráuenzimmer, éine böse Síeben (*разг.*) (*о женщине*)

злю́щий *разг.* fúrchtbar böse, wütend

змееви́дный schlángenförmig, schlángenähnlich, schlángenartig; geschlängelt (*извилистый*)

змееви́к *м* **1.** *тех.* Róhrschlange *f* (11); **2.** *мин.* Serpentín *m* (1), Serpentínstein *m* (1)

змеело́в *м* Schlángenfänger *m* (6)

змеёныш *м* Schlángenbrut *f* (*тк. sg тж. бран.*)

змеепито́мник *м* Schlángenfarm *f* (10)

змеи́н||ый 1. Schlángen-; ~ое жа́ло Schlángenstachel *m* (13); **~ый** уку́с Schlángenbiß *m* -sses, -sse; **2.** *перен.* (*коварный*) (héim)tückisch, hämisch; ~ая улы́бка ein fálschfreundliches Lächeln; ◇ ~ая му́дрость Schlángenklugheit *f*

змеи́ться sich schlängeln

зме||й *м* **1.** *миф.* Dráche *m* (15), Líndwurm *m* (4); **2.** (*бумажный*) (Papíer)drachen *m* (7); запуска́ть ~я éinen Dráchen stéigen lássen*

зме́й||ка *ж* **1.** kléine Schlánge, Schlänglein *n* (7); **2.** *ав.* Schlángenlini¦e *f* (11); ~ка эскадри́лий Stáffelschlange *f* (11); **3.** *спорт.* Wénde *f* (11) (*лыжи*); Wéllenzug *m* (1*) (*гимнастика*); **~ковый:** ~ковый аэроста́т Dráchenballon [-,lɔŋ] *m* -s, -s

змея́ *ж* Schlánge *f* (11); ядови́тая ~ Gíftschlange *f*; очко́вая ~ Bríllenschlange *f*; грему́чая ~ Klápperschlange *f*; кова́рный как ~ lístig wie éine Schlánge; ско́льзкий [увёртливый] как ~ áalglatt; ◇ змею́ на груди́ отогре́ть [пригре́ть] éine Schlánge am Búsen nähren

знава́||ть *разг.* kénnen* *vt*, bekánnt sein (кого́-л. mit *D*); не ~ли ли вы его́? wären Sie nicht mit ihm bekánnt?

знак *м* **1.** Zéichen *n* (7) (*тж. перен.*); Wáhrzeichen *n* (*символ*); усло́вный ~ verábredetes [veréinbartes] Zéichen; *мн.* Zéichenerklärung *f* (10), Legénde *f* (11), Kártenzeichen *n* (*на географических картах*); хими́ческий ~ chémisches Symból; математи́ческий ~ Vórzeichen *n*, Symból *n* (2); ~ умноже́ния *мат.* Multiplikatiónszeichen *n*; ~ сложе́ния *мат.* Additiónszeichen *n*, Plúszeichen *n*; ~ вычита́ния *мат.* Mínuszeichen *n*; ~ деле́ния *мат.* Brúchstrich *m* (1); десяти́чный ~ *мат.* Dezimálstelle *f* (11); ~ ко́рня *мат.* Wúrzelzeichen *n*, Radikál *n* -s, -e; положи́тельный [отрица́тельный] ~ *мат.* pósitives [-vəs] [négatives (-vəs)] Vórzeichen; ~ ра́венства *мат.* Gléichheitszeichen *n*; восклица́тельный ~ Áusrufungszeichen *n*; вопроси́тельный ~ Frágezeichen *n*; мя́гкий ~ Wéichheitszeichen *n*; твёрдый ~ Härtezeichen *n*, hártes Zéichen; ~ препина́ния Interpunktiónszeichen *n*, Sátzzeichen *n*; расстано́вка ~ов препина́ния Interpunktión *f*, Zéichensetzung *f*; расставля́ть ~и препина́ния Sátzzeichen sétzen, interpungíeren *vi*, interpunktíeren *vi*; номерно́й ~ *авто* Númmernschild *n* (5); Kénnzeichen *n* (7); доро́жный ~ Verkéhrszeichen *n*; указа́тельный ~ *авто* Hínweiszeichen *n*, Hínweisschild *n*; ~ запре́та *авто* Verbótstafel *f* (11), Verbótszeichen *n*; предупреди́тельный ~ *авто* Wárnzeichen *n*; Wárnkreuz *n* (2) (*перед переездом*); опознава́тельный ~ аэродро́ма Flúghafenerkennungszeichen *n*; поса́дочный ~ *ав.* Lándezeichen *n*; ли́чный ~ *воен.* Erkénnungsmarke *f* (11); де́нежный ~ Bánknote *f* (11), Géldschein *m* (1); корректу́рный ~ Korrektúrzeichen *n*; ~ госуда́рственной принадле́жности Hóheitszeichen *n*; ~ ка́чества Gütezeichen *n*; кни́жный ~ Búchzeichen *n*; пограни́чный ~ Grénzstein *m*; водяно́й ~ Wásserzeichen *n*; това́рный [торго́вый] ~ Wárenzeichen *n*, Hándelsmarke *f* (11), Schútzmarke *f*; фи́рменный ~ Fírmenzeichen *n*; фабри́чный ~ Fabríkzeichen *n*, Fabríkmarke *f*; Márkenname *m* (15) (*название*); ~и разли́чия *воен.* Díenstgradabzeichen *pl*; ~ отли́чия Éhrenzeichen *n*, Áuszeichnung *f* (10); Órden *m* (7) (*орден*); объясня́ться ~ами sich durch Zéichen (miteinánder) verständigen; **2.** (*признак*) Mérkmal *n* (2), Ánzeichen *n*

(7) Kénnzeichen *n*; Mérkzeichen *n* (*пометка*); Vórzeichen *n* (*предзнаменование*); **3.** (*сигнал, указание*) Zéichen *n* (7); Wink *m* (1); подать ~ к чему-л. das Zéichen zu etw. (*D*) gében*; подать [сделать] кому-л. ~ j-m éinen Wink gében*; ◇ в ~ дружбы zum [als] Zéichen der Fréundschaft; под ~ом im Zéichen; пройти под ~ом... im Zéichen (*G*) verláufen*, únter dem Zéichen (*G*) stéhen*

знаком||ить 1. bekánnt máchen (с кем-л. mit *D*); vórstellen *vt* (*представить*); **2.** (*ознакомить*) bekánnt máchen; zéigen *vt* (*показать*); **~иться 1.** Bekánntschaft máchen (с кем-л. mit *D*); j-s Bekánntschaft máchen; kénnenlernen *отд. vt*; **2.** (*ознакомиться*) sich bekánnt máchen, sich vertráut máchen (с чем-л. mit *D*); studíeren *vt* (*изучать*); besíchtigen *vt* (*осматривать*); ~иться с музеями города die Muséen der Stadt besíchtigen

знакомство *с* **1.** Bekánntschaft *f* (10); личное ~ persönliches Bekánntwerden (с кем-л. mit *D*); завязать ~ Bekánntschaft máchen, éine Bekánntschaft ánknüpfen (с кем-л. mit *D*); у нас с ним только шапочное ~ ich bin (mit) ihm nur flüchtig bekánnt; поддерживать ~ с кем-л. mit j-m Verkéhr háben [unterhálten*], mit j-m im Verkéhr stéhen*; **2.** (*круг знакомых*) Bekánntenkreis *m* -es, Bekánntschaft *f* (10); у него обширное ~ er hat éinen gróßen [ausgedehnten] Bekánntenkreis, er hat éine gróße Bekánntschaft; **3.** (*с чем-л.*) Kénntnis *f* (3)

знаком||ый *прил.* **1.** bekánnt; быть ~ым bekánnt sein (с кем-л., с чем-л. mit *D*), kénnen* *vt*; быть хорошо ~ым с кем-л. mit j-m gut bekánnt sein; мы ~ы wir kénnen uns; я с ним близко знаком ich bin mit ihm gut bekánnt; вы мне кажетесь ~ым Sie kómmen mir bekánnt vor; это чувство мне ~о ich kénne díeses Gefühl; я хорошо знаком с городом ich kénne die Stadt gut; он хорошо знаком с предметом er behérrscht den Gégenstand, er kennt sich darín aus, er weiß darín Bescheid; **2.** *в знач. сущ. м* Bekánnte *m* (14); мой старинный ~ый ein älter [lángjähriger] Bekánnter von mir; мы старые ~ые wir sind álte Bekánnte; случайный ~ый ein zúfälliger Bekánnter

знаменател||ь *м мат.* Nénner *m* (6); общий ~ь Háuptnenner *m*, Generálnenner *m*; найти общий ~ь для... éinen geméinsamen Nénner für (*A*) fínden*; приведение дробей к одному ~ю Éinrichtung der Brüche; с общим ~ем gléichnamig; с разными ~ями úngleichnamig; привести к одному ~ю *тж. перен.* auf éinen geméinsamen Nénner bríngen*; únter éinen Hut bríngen* (*тк. перен.*)

знаменательн||ый 1. (*важный*) bezéichnend; kénnzeichnend, charakterístisch [ka-] (*характерный*); bedéutsam, bedéutungsvoll (*многозначительный*); ~ая дата ein dénkwürdiges [bedéutsames] Dátum, ein dénkwürdiger Tag; ~ые события schwérwiegende [bedéutende, wíchtige] Eréignisse; **2.** *лингв.* áutosemantisch; ~ые слова *лингв.* áutosemántische Wörter, Autosemántika *pl*, Begríffswörter *pl*

знамение *с уст.* (*знак, символ*) Zéichen *n* (7), Vórzeichen *n*; Fíngerzeig *m* (1); ◇ ~ времени Zéichen der Zeit

знаменит||ость *ж* Berühmtheit *f* (10); стать мировой ~остью zu internationáler Berühmtheit gelángen, wéltberühmt wérden; **~ый** berühmt; bekánnt (*известный*); rúhmreich, rúhmbedeckt (*славный*)

знаменовать bezéichnen *vt*, kénnzeichnen *неотд. vt*; zéugen *vi* (что-л. von *D*); bedéuten *vt* (*означать*)

знаменосец *м* Fáhnenträger *m* (6), Bánnerträger *m* (6)

знам||я *с* Bánner *n* (6), Fáhne *f* (11); войсковое ~я Trúppenfahne *f*; Paníer *n* (2) (*тж. перен.*); боевое ~я Kámpfbanner *n*; красное ~я das róte Bánner, die róte Fáhne; ~я победы Síegesfahne *f*; с развевающимися знамёнами mit wéhenden [flíegenden] Fáhnen; призывать под знамёна zur Fáhne éinberufen*; высоко держать ~я (чего-л.) das Bánner (*G*) hóchhalten*; написать на своём ~ени auf sein Paníer schréiben*

знани||е *с* **1.** Wíssen *n* -s; Wíssenschaft *f* (10) (*наука*); отрасль ~я Wíssensgebiet *n* (2); **2.** (*знакомство с чем-л.*) Kénntnis *f* (3); ~е чего-л. das Wíssen um (*A*); со ~ем дела mit Sáchkenntnis, voll Sáchkenntnis; работать со ~ем дела fáchgerecht árbeiten; **3.** *мн.* ~я Kénntnisse *pl*, Wíssen *n* -s; Bíldung *f* (*образование*); специальные ~я fáchliches Wíssen, Fáchwissen *n* -s; общие ~я Allgeméinwissen *n*; приобрести ~я Kénntnisse erwérben* [ánhäufen, sámmeln]; обладать ~ями Kénntnisse besítzen*; общество по распространению научных ~й Geséllschaft zur Verbréitung wíssenschaftlicher Kénntnisse

знатн||ый 1. (*выдающийся по своей деятельности*) ángesehen; námhaft; ~ые люди Страны Советов die ángesehenen [námhaften] Ménschen des Sowjétlandes; **2.** *уст.* (*принадлежащий к знати*) vórnehm

знаток *м* Kénner *m* (6); Sáchverständige *m* (14); Fáchmann *m* (4) (*pl тж.* -leute) (*специалист*); ~ своего дела Sáchkenner *m*, Kénner séines Fachs; ~ искусства Kúnstkenner *m*; взглядом ~а mit Kénnerblick

знать I *глаг.* **1.** (*что-л. о чём-л.*) wíssen* *vt*; я это точно знаю ich weiß es ganz genáu; как я могу об этом ~? wie kann [soll] ich das wíssen?; я об этом ничего не знаю ich weiß nichts davón; nicht daß ich wüßte; я знаю, что он здоров ich weiß, daß er gesúnd ist, ich weiß ihn gesúnd; хотел бы я ~ ich möchte wíssen; насколько я знаю méines Wíssens, sovíel ich weiß; хорошо зная wohl wíssend; право, не знаю! da frágen Sie mich zu viel!; это следовало бы ~ das dürfte wíssenswert sein; я об этом не знаю и ~ не желаю ich weiß davón nichts und will davón nichts wíssen; если бы я об этом знал wenn ich das wüßte [gewúßt hätte], das hätte ich wíssen sóllen; твёрдо ~ что-л. sich (*D*) éiner Sáche (*G*) genáu bewúßt sein; **2.** (*обладать знанием*) kénnen* *vt*; он знает жизнь er kennt das Lében; ~ наизусть áuswendig kénnen* [wíssen*, können*]; **3.** (*кого-л.*) kénnen* *vt*; его все знают ihn kénnen álle; я его мало знаю ich kénne ihn wénig; ~ в лицо кого-л. j-n von Ánsehen kénnen*; я его знаю только понаслышке ich kénne ihn nur vom Hörensagen; **4.** (*уметь*) kénnen* *vt*, können* *vt*, verstéhen* *vt*; ~ столярное дело das Tíschlerhandwerk kénnen* [behérrschen]; он знает своё дело er verstéht séine Sáche; он в этом знает толк er kennt sich darín aus, er weiß darín Bescheid; da ist er zu Háuse, da(rín) hat er (ét)was los (*разг.*); ◇ почём ~?, как ~? *разг.* wer weiß?, wer kann wíssen?; то и знай jéden Áugenblick, in éinem fort; **дать о себе ~** von sich wíssen lássen*; дать себя ~ sich fühlbar máchen; дайте мне поскорей ~ gében Sie mir bald Náchricht; ~ не знаю *разг.* ich weiß von nichts, mein Náme ist Háse; он только и знает, что... er tut nichts ánderes als..., er hat für nichts ánderes Zeit als...; он знает себе цену er ist sich (*D*) séines Wértes [séiner Bedéutung] bewúßt; ~ что-л. как свои пять пальцев etw. wie séine Wéstentasche kénnen*; ~ кого-л. как свои пять пальцев j-n bis in die geheímsten Fálten séiner Séele kénnen*; j-n durch und durch kénnen*, j-n ganz genáu kénnen*; знаем мы вашего брата! ich kénne méine Páppenheimer!; он не знал пощады er kánnte kéine Schónung [kéine Rücksicht]; он не знал меры er kánnte kein Maß [kéine Grénzen, kéine Schránken]; ~ меру Maß hálten*

знать II *сущ. ж. собир. уст.* Ádel *m* -s, Aristokratíe *f* (11); родовая ~ Stámmesadel *m*, Érbadel *m*; служилая ~ Léhnsadel *m*; финансовая ~ Hóchfinanz *f*

знать III *вводн. сл. разг.* wohl

знаться (*с кем-л.*) *разг.* mit j-m verkéhren, mit j-m Verkéhr pflégen; я с тобой и ~ не хочу ich will dich nicht kénnen

знахар||ка *ж* Kúrpfuscherin *f* (12); Gesúndbeterin *f* (12); **~ство** *с* Kúrpfuscherei *f*

знахарь *м* Kúrpfuscher *m* (6), Wúnderdoktor *m* (13)

значащий von Bedéutung; ничего не ~ óhne Bedéutung

значен||ие *с* **1.** Bedéutung *f* (10); Sinn *m* -(e)s (*смысл*); Bedéutungsgehalt *m* (1) (*слова*); основное ~ие Grúndbedeutung *f*, Háuptbedeutung *f*; прямое ~ие dirékter Sinn, die éigentliche Bedéutung; переносное ~ие übertrágener [figürlicher] Sinn; die übertrágene Bedéutung; новое ~ие (*напр. слова*) Néubedeutung *f*; совпадающий по ~ию bedéutungsgleich; совпасть по ~ию in der Bedéutung zusámmenfallen*; по ~ию bedéutungsmäßig; общее ~ие Gesámtbedeutung *f*; собственное ~ие Éigenbedeutung *f*; оттенок ~ия (*напр. слова*) Bedéutungsschattierung *f* (10); побочное ~ие Nébenbedeutung *f*; Nébensinn *m*; равный по ~ию bedéutungsgleich; сходный по ~ию bedéutungsähnlich; изменение ~ия Bedéutungswechsel *m* (6); Bedéutungswandel *m* (6); сужение ~ия Bedéutungsverengerung *f* (10); смещение ~ия Bedéutungsverschiebung *f*; расширение ~ия Bedéutungserweiterung *f* (10); объём ~ия Bedéutungsumfang *m* (1*); Begríffsumfang *m*; обеднение ~ия Bedéutungsverarmung *f* (10); обогащение ~ия Bedéutungsbereicherung *f* (10); исходное ~ие Úrbedeutung *f*, úrsprüngliche Bedéutung; во всех ~иях in jédem Sínne, in jéder Hínsicht; **2.** (*важность*) Bedéutung *f* (10), Wíchtigkeit *f* (10), Trágweite *f*; Wert *m* (1); Signifikánz *f*; мировое ~ие Wéltbedeutung *f*; приобретать ~ие an Bedéutung gewínnen*; это имеет большое ~ие das bedéutet viel, das ist von gróßer Bedéutung [Trágweite], das gilt viel; это дело имеет большое ~ие díeser Sáche kommt [fällt] gróße Bedéutung zu; придавать ~ие чему-л. éiner Sáche (*D*) Bedéutung beímessen* [zúschreiben*, béilegen]; Wert auf etw. (*A*) légen; viel auf etw. (*A*) gében* (*разг.*), sich (*D*) viel aus etw. (*D*) máchen; viel von etw. (*D*) hálten*; утратить ~ие gégenstandslos wérden; séine Bedéutung éinbüßen; an Bedéutung verlíeren*; э́то не име́ет ~ия das hat nichts zu ságen; das ist óhne Bedéutung, das hat nichts zu bedéuten, das ist nicht von Beláng; das hat nichts auf sich (*разг.*); име́ющий большо́е ~ие bedéutsam; ме́стного ~ия von lokáler [örtlicher] Bedéutung; **3.** *мат.* Wert *m* (1); преде́льное ~ие Grénzwert *m*; приближённое ~ие Näherungswert *m*, ángenäherter Wert

зна́чимость *ж* **1.** (*наличие значения*) Bedéutung *f* (10); ~ сло́ва der Áussagewert [der Áusdruckswert, der Bedéutungsgehalt] éines Wórtes; **2.** (*важность*) Bedéutsamkeit *f*; социа́льная ~ die soziále Wértigkeit

зна́чим||ый **1.** (*обладающий значением*) mit Áussagewert, mit Áusdruckswert; bedéutungsmäßig; begrífflich; быть ~ым Éigenbedeutung háben; ~ое сло́во das sínngebende Wort; **2.** (*важный*) bedéutsam

зна́чит *вводн. сл.* álso; fólglich (*следовательно*)

значи́тельн||ость *ж* **1.** (*значение*) Bedéutung *f*; Wíchtigkeit *f*; Trágweite *f*; Bedéutsamkeit *f*; **2.** (*по размеру*) Beträchtlichkeit *f*; Ánsehnlichkeit *f*; **~ый** **1.** (*по величине*) bedéutend, hóchbedeutend, beträchtlich, ánsehnlich; ~ое улучше́ние beáchtliche Verbésserung; ~ый дохо́д ein ánsehnliches [beträchtliches] Éinkommen; ~ые де́нежные сре́дства horrénde Géldsummen; в ~ой ме́ре [сте́пени] in bedéutendem Máße [Gráde], быть и́збранным ~ым большинство́м mit überwíegender [beträchtlicher] Stímmenmehrheit gewählt wérden; **2.** (*выразительный*) bedéutsam, áusdrucksvoll, víelsagend; schwérwiegend; ~ые слова́ schwérwiegende Wörte; ~ый взгляд áusdrucksvoller [víelsagender] Blick; **3.** (*важный*) bedéutend, bedéutungsvoll; signifikánt; beáchtlich, wíchtig, gewíchtig; hervórragend (*выдающийся*); ~ое собы́тие ein bedéutsames Eréignis

зна́чить **1.** (*означать*) bedéuten *vt*; что э́то зна́чит? was hat das zu bedéuten?, was soll das beságen [héißen]?; э́то ничего́ не зна́чит das macht [tut] nichts, das hat nichts zu ságen, das tut nichts zur Sáche; das hat nichts auf sich (*разг.*); э́то что́-нибудь да зна́чит! das will schon (ét)was héißen!, das ist schon (ét)was!; das ist kéine Kléinigkeit!; das ist kein Páppenstiel!; зна́чит ли э́то...? heißt das étwa...?; **2.** (*иметь значение, силу, вес*) gélten* *vi*, in Ánsehen stéhen*, Éinfluß háben, zu ságen háben; я здесь ма́ло зна́чу ich hábe hier kéinen Éinfluß

зна́читься éingetragen sein; enthálten sein, éingeschlossen sein (*содержаться*); ~ в спи́ске in [auf] der Líste stéhen*

значки́ст *м* Träger *m* éines Léistungsabzeichens [Éhrenzeichens (*почётного значка*)]; ~ ГТО Träger des Ábzeichens «Beréit zur Árbeit und Vertéidigung»

значо́к *м* **1.** (*пометка*) Zéichen *n* (7); Kénnzeichen *n*; Mérkzeichen *n*; поста́вить ~ на поля́х ein Zéichen [Häkchen] am Ránd máchen; **2.** (*нагрудный*) Ábzeichen *n* (7); Plakétte *f* (11); Ánstecknadel *f* (11) (*в виде булавки*); ~ уда́рника Aktivistennadel [-'vistən-] *f*; Éhrenzeichen *n* (*почётный*); ~ уча́стника (*какого-л. мероприятия*) Téilnehmernadel *f*; ~ отли́чника Béstenabzeichen *n*; спорти́вный ~ Spórt(leistungs)abzeichen *n*; обме́н значка́ми Ábzeichen(aus)tausch *m* -(e)s

зна́ющий wíssend; beschlágen, kúndig (*сведущий*); erfáhren (*опытный*)

зноб||и́ть *безл.*: меня́ ~и́т mich fröstelt, es überläuft mich kalt, ich hábe Schüttelfrost

зной *м* (drückende) Hítze *f*, (séngende) Glut *f* (10); Sónnenglut *f*; Schwüle *f* (*духота*); паля́щий ~ séngender Sónnenglast (*поэт.*); **~ный** (drückend) heiß, glühend heiß, glútheiß; schwül (*душный*)

зоб *м* Kropf *m* (1*); *мед.* Strúma *f*, *pl* -men; **~а́стый** *разг.* krópfig, mit Krópf

зов *м* Ruf *m* (1); прийти́ по пе́рвому ~у auf den érsten Ruf kómmen*, éinem Rúfe sofórt [unverzüglich] Fólge léisten; идти́ на ~ (*о собаке*) auf Ruf gehórchen

зодиа́к *м астр.* Zodíak(us) *m* =, Tíerkreis *m* -es; зна́ки ~а Tíerkreiszeichen *pl*, die Zéichen des Tíerkreises; **~а́льный** *астр.* Zodiakál-, Tíerkreis-; ~а́льный свет Zodiakállicht *n* -es, Tíerkreislicht *n*

зо́дч||ество *с* Báukunst *f*, Architektúr *f*; **~ий** *м* Báumeister *m* (6); Architékt *m* (8)

зо́ил *м* Béckmesser *m* (6), Nörgler *m* (6), kléinlicher Krítiker

зол||а́ *ж* Ásche *f* (11); цвета ~ы́ áschfarben; **~и́стый** áschenhaltig, áschenreich

золо́вка *ж* Schwägerin *f* (12) (*Schwester des Mannes*)

золота́рь *м уст. разг.* Latrínenfuhrmann *m* -(e)s, -leute, Ábtritträumer *m* (6), Grúbenräumer *m*

золоти́льщик *м* Vergólder *m* (6)

золоти́ст||ый góldig, gólden, góldglänzend, góldig schímmernd; góldfarbig, góldfarben; góldgetönt; ~ая рожь das góldgelbe Korn; ~ый се́рный колчеда́н *мин.* Góldkies *m* -es

золоти́ть vergólden *vt*; ◇ ~ пилю́лю die bíttere Pílle versüßen [verzúckern]; **~ся** góldig schímmern [glänzen]

золотни́к I *м уст.* (*мера веса*) Solotník *m* -s, -s (= *4,26 г.*) ◇ мал ~, да до́рог *погов.* klein, áber fein

золотни́к II *м тех.* Schíeber *m* (6)

золотнико́в||ый *тех.* Schíeber-; ~ая коро́бка Schíeberkasten *m* (7, 7*), Schíeberbüchse *f* (11)

зо́лот||о *с* **1.** (*металл*) Gold *n* -(e)s; черво́нное ~о Dukátengold *n*; саморо́дное ~о gedíegenes Gold, Brúchgold *n*; саморо́док ~а Góldklumpen *m* (7); чи́стое ~о réines [púres] Gold; Féingold *n*; листово́е ~о Blättgold *n*; Góldblech *n* -(e)s; ~о в сли́тках Bárrengold *n*; сли́ток ~а Góldbarren *m* (7); леги́рованное ~о Karátgold *n*, legíertes Gold; ро́ссыпное ~о Schwémmgold *n*, Séifengold *n*, Flúßgold *n*; ~о 56-й про́бы 56 gestémpeltes Gold; про́ба ~а Góldgehalt *m* (1), Góldprobe *f* (11); добы́ча ~а Góldgewinnung *f*; ~ом, в ~е (*о золотой валюте*) in Gold, in Góldwährung; пять рубле́й ~ом fünf Rúbel in Gold; уте́чка ~а *эк.* Góldabfluß *m* -sses; вы́воз ~а *эк.* Góldausfuhr *f*; **2.** *перен.* (*о ком-л.*) Pérle *f* (11); ◇ э́то це́нится на вес ~а das ist Góld(es) wert; das wird mit Gold áufgewogen; не всё то ~о, что блести́т *погов.* es ist nicht álles Gold, was glänzt, der Schein trügt; **3.** *разг.* (*медаль*) Gold *n* -es, Góldmedaille [-daljə] *f* (11)

золотоволо́сый góldhaarig, góldlockig

золотодобыва́ющий góldfördernd

золотоиска́тель *м* Góldsucher *m* (6), Góldgräber *m* (6)

золот||о́й *прил.* **1.** gólden; Góld-; ~ы́е изде́лия Góldwaren *pl*; Góldérzeugnisse *pl*; ~а́я валю́та *эк.* Góldwährung *f* (10); ~о́й запа́с *эк.* Góldbestand *m* (1*), Góldvorrat *m* (1*); ~а́я нали́чность *эк.* Góldschatz *m* -es; ~о́е покры́тие (*банкнот*) *эк.* Gólddekkung *f*; ~а́я руда́ Gólderz *n* -es; ~ы́е ро́ссыпи Góldfelder *pl*; ~о́й при́иск Góldgrube *f* (11); ~а́я моне́та Góldstück *n* (2), Góldmünze *f* (11); ~ы́е часы́ góldene Uhr; **2.** *ласк.* gólden; góldig; **3.** *в знач. сущ. м* (*монета*) Góldstück *n* (2); ◇ ~а́я ры́бка Góldfisch *m* (1); ~о́е руно́ *миф.* das Góldene Vlies; ~о́й теле́ц das Góldene Kalb; ~о́й век das góldene Zéitalter; ~ы́е слова́ góldene Wórte; ~а́я молодёжь *ирон.* góldene Júgend; Jeunesse dorée [*фр.* ʒø,nɛsdɔ're:]; ~а́я середи́на der góldene Míttelweg, die góldene Mítte; ~ы́х дел ма́стер *уст.* Góldschmied *m* (1); ~о́е дно Góldgrube *f* (11), góldener Bóden; ~а́я лихора́дка Góldrausch *m* -es, Góldfieber *n* -s; ~о́й дождь Góldregen *m* -s; ~о́е сече́ние *иск.* der góldene Schnitt; Золота́я Орда́ *ист.* die Góldene Hórde

золотоно́сн||ый góldhaltig; góldführend; быть ~ым (*напр. о реке*) Gold mítführen; ~ая жи́ла Góldader *f* (11); ~ый песо́к, ~ые ро́ссыпи Góldsand *m* -(e)s

золотопромы́шленн||ик *м* Góldproduzent *m* (8); Góldgrubenbesitzer *m* (6); **~ость** *ж* Góldindustrie *f*

золототы́сячник *м бот.* Tausendgüldenkraut *n* -(e)s

золоту́ха *ж мед.* Skrófel *f* (11), Skrofulóse *f* (11)

золоту́шный skrofulös

золоче́ние *с* Vergóldung *f* (10), Vergólden *n* -s

золочёный vergóldet, übergóldet

зо́лушка *ж фольк.* Áschenbrödel *n* (6), Áschenputtel *n* (6)

зо́льник *м тех.* Áschenkasten *m* (7*), Áschenloch *n* (5)

зо́льность *ж спец.* Áschengehalt *m* (1); **~ый** Áschen-; ~ая я́ма Áschengrube *f* (11)

зо́на *ж* Zóne *f* (11); Región *f* (10); Gürtel *m* (6) (*пояс*); Raum *m* (1*), Gebíet *n* (2), Beréich *m* (1) (*область, сфера*); нейтра́льная ~ neutrále Zóne, neutráles Gebíet; Níemandsland *n* -(e)s; запре́тная ~ Spérrgebiet *n*; пограни́чная ~ Grénzzone *f*, Grénzgebiet *n*; ~ загради́тельного огня́ *воен.* Spérrfeuerzone *f*; ~ наступле́ния Ángriffszone *f*; ~ оккупа́ции Besátzungszone *f*; ~ ми́ра Fríedenszone *f*; безъя́дерная ~ atómwaffenfreie [kérnwaffenfreie] Zóne; демилитаризо́ванная ~ entmilitarisíerte Zóne; ~ о́тдыха Erhólungsgebiet *n*; Náh|erholungsgebiet *n* (*вокруг города*); климати́ческая ~ Klímazone *f*

зона́льн||ый zonál; Zónen-; ~ая грани́ца Zónengrenze *f* (11); ~ые языки́ zonále Sprachen

зонд *м* **1.** *мед.*, *тех.* Sónde *f* (11), Sondíernadel *f* (11); то́нкий ~ Nádelsonde *f*; Háarsonde *f* (*волосяной*); то́лстый ~ stárke Sónde; желу́дочный ~ Mágensonde *f*; **2.** *метеор.* (*аэростат*) Sondíerballon [-,lɔŋ] *m* -s, -s; ◇ автомати́ческая ста́нция «Зонд» die automátische Statión «Sónde»; **~и́ровать** sondíeren *vt*; ~и́ровать по́чву das Terráin sondíeren; *перен.* vórfühlen *vt*; j-m auf den Zahn fühlen

зонт *м* **1.** *см.* зо́нтик 1; **2.** (*навес*) Schírmdach *n* (5), Schútzdach *n*

зо́нтик *м* **1.** Schirm *m* (1); Régenschirm *m* (*дождевой*); Sónnenschirm *m* (*от* *солнца*): складной ~ Táschenschirm *m*, Knirps *m* (1); **2.** *бот.* Dólde *f* (11)

зонтико||обра́зный 1. schírmförmig; **2.** *бот.* dóldenartig; **~цве́тный** *бот.* dóldenblütig

зо́нтичные *сущ. мн. бот.* Dóldenblütler *pl*; Dóldengewächse *pl*

зо́нтичный 1. Schirm-; ~ шёлк Schírmseide *f* (11); **2.** *бот.* dóldenartig, dóldenförmig

зоогеогра́фия *ж* Tíergeographie *f*, Zo¦ogeographie *f*

зоо́лог *м* Zo¦ológ(e) *m* (8, 9); **~и́ческий 1.** zo¦ológisch; ~и́ческий сад, ~и́ческий парк zo¦ológischer Gárten, Zoo [tso:] *m* = *u* -s, -s, Tíergarten *m* (7*); **2.** *перен.* animálisch; bestiálisch; ~и́ческая не́нависть animálischer Haß

зооло́гия *ж* Zo¦ologie *f*, Tíerkunde *f*

зоомагази́н *м* zo¦ológische Hándlung, Zó¦ohandlung *f* (11)

зоопа́рк, зооса́д *см.* зоологи́ческий сад

зоопсихоло́гия *ж* Tíerpsychologie *f*

зоо||те́хник *м* Zó¦otechniker *m* (6); **~техни́ческий** zó¦otechnisch; **~фе́рма** *ж* Tíerzuchtfarm *f* (10)

зоофи́т *м зоол.* Zo¦ophýt *n* (13), *m* (8)

зо́рк||ий schárfsichtig; schárfäugig; scharf (*тж. перен.*); wáchsam (*бди́тельный*); ~ий глаз schárfer [spähender] Blick; schárfes Áuge; **~ость** *ж* Schárfsichtigkeit *f*, Schärfe *f*; Wáchsamkeit *f* (*бди́тельность*)

зра́зы *мн. кул.* Klópse mit Grützefüllung

зрачко́вый *анат.* Pupíllen-; ~ рефле́кс Pupíllenreaktion *f* (10)

зрачо́к *м анат.* Pupílle *f* (11)

зре́лищ||е *с* **1.** Ánblick *m* (1); **2.** *театр.* Scháuspiel *n* (2), Vórstellung *f* (10); kulturélle Veránstaltungen (*мероприя́тия*); ма́ссовое ~е Mássenschauspiel *n*; **~ный** Bühnen-; ~ное предприя́тие Bühnenunternehmen *n* (7), Scháuunternehmung *f* (10)

зре́л||ость *ж* Réife *f* (*тж. перен.*); Genúßreife *f* (*о плодах*); Zúchttauglichkeit *f* (*о животных*); полова́я ~ость Geschléchtsreife *f*; воскова́я ~ость *с.-х.* Wáchsreife *f*; ◇ аттеста́т ~ости Réifezeugnis *n* (3*), Maturitätszeugnis *n*; экза́мен на аттеста́т ~ости Réifeprüfung *f*; Abitúr *n* (2); Maturitätsprüfung *f* (10), Matúr *n* -s; **~ый 1.** *тж. перен.* reif; ~ый плод réife Frucht; в ~ом во́зрасте in réife(re)n Jáhren, in réifem Álter; **2.** (*обду́манный*) reif, réiflich; ~ое сужде́ние réifes Úrteil; по ~ом размышле́нии nach réiflicher Überlégung; ◇ ~ая го́тика Hóchgotik *f*; ~ое баро́кко Hóchbarock *m*, *n* -s

зре́н||ие *с* Gesíchtssinn *m*; Séhkraft *f*; Séhvermögen *n* -s, Áugenlicht *n* -(e)s; име́ть хоро́шее ~ие güte Áugen háben; сла́бое ~ие schwáche Áugen; име́ть сла́бое ~ие séhbehindert [schwáchsichtig] sein; ослабле́ние ~ия Séhschwäche *f*; поте́ря ~ия Erblíndung *f*; недоста́ток ~ия Áugenfehler *m* -(e)s, Séhfehler *m*; дневно́е ~ие Tágessehen *n* -s; о́рган ~ия *анат.* Séhorgan *n* (2); острота́ ~ия Séhschärfe *f*; у́гол ~ия *физ.* Gesíchtswinkel *m* (6); по́ле ~ия *физ.* Séhfeld *n* -(e)s, Séhweite *f*, Gesíchtsfeld *n*; *перен.* Gesíchtskreis *m* -es, Blíckfeld *n*; ◇ то́чка ~ия Stándpunkt *m* (1), Gesíchtspunkt *m*; с э́той то́чки ~ия aus díeser Schau heráus; под угло́м ~ия únter dem Gesíchtswinkel, vom Gesíchtspunkt; обма́н ~ия óptische Täuschung

зреть I (*созрева́ть*) réifen *vi* (s), reif wérden, zur Réife kómmen*

зреть II *уст.* (*ви́деть*) séhen* *vt*, erblícken *vt*; ánsehen* *vt*, betráchten *vt*

зри́тель *м* Zúschauer *m* (6); Beschauer *m* (6) (*осма́тривающий что-л.*); широ́кий ~ die bréite Másse des Públikums; **~ница** *ж* Zúschauerin *f* (12); **~ный 1.** visuéll [vi-], Seh-; Gesíchts-; ~ная галлюцина́ция *мед.* Gesíchtshalluzination *f* (10); ~ный нерв *анат.* Séhnerv *m* (13); ~ная па́мять visuélles Gedächtnis; ~ная труба́ *физ.* Férnrohr *n* (2); **2.:** ~ный зал *театр.* Zúschauerraum *m* (1*); **~ский** Zúschauer-

зря *нареч. разг.* umsónst, únnütz, únnötig(erweise) (*попусту, без по́льзы*); únüberlegt, únbesonnen (*необду́манно*); болта́ть ~ ins Bláue hinéin schwätzen; пусть он ~ не тру́дится er braucht sich gar nicht erst zu bemühen; не ~ nicht óhne Grund

зря́чий séhend

зуа́в *м* Zuáve [-və] *m* (9)

зуб *м* **1.** (*мн.* зу́бы) Zahn *m* (1*); моло́чный ~ Mílchzahn *m*; ~ му́дрости Wéisheitszahn *m*; пере́дний ~ Vórderzahn *m*, Fróntzahn *m*; Schnéidezahn *m* (*резец*); коренно́й ~ Báckenzahn *m*; глазно́й ~ Áugenzahn *m*, Éckzahn *m*; плохи́е ~ы defékte [schléchte] Zähne; иску́сственные ~ы fálsche [künstliche] Zähne, fálsches Gebíß; ухо́д за ~а́ми Záhnpflege *f*, Múndpflege *f*; лечи́ть ~ы sich (*D*) die Zähne behándeln lássen*, in záhnärztlicher Behándlung sein; у ребёнка проре́зываются ~ы das Kind zahnt; скрежеща́ ~а́ми zähneknirschend; ска́лить ~ы die Zähne flétschen; *перен. см.* зубоска́лить; ~ но́ет ein Zahn schmerzt; **2.** (*мн.* зу́бья) *тех.* Zahn *m* (1*); Zínke *f* (11); ~ пилы́ Sägezahn *m*; ~ бороны́ Éggenzinke *f* (11); ◇ точи́ть ~ы на что-л. ganz verséssen sein auf etw. (*A*); име́ть ~ на [про́тив] кого́-л. j-n auf dem Kíeker háben (*разг.*), j-n nicht léiden können*; gégen j-n éingenommen sein; éinen Zahn auf [gégen] j-n háben; чеса́ть ~ы *разг.* klátschen; сквозь ~ы durch die Zähne, zwíschen den Zähnen; держа́ть язы́к за ~а́ми *разг.* die Zúnge im Zaum hálten*; das Maul [den Schnábel] hálten* (*груб.*); э́то у всех в ~а́х навя́зло álle háben das schon satt, das hängt állen schon zum Hálse (he)ráus; у меня́ от хо́лода ~ на́ ~ не попада́ет die Zähne kláppern mir vor Kälte; ich kláppere mit den Zähnen vor Kälte; положи́ть ~ы на по́лку *разг.* am Húngertuch nágen; Kóhldampf schíeben*, nichts zu béißen háben; на э́том мо́жно себе́ ~ы слома́ть darán kann man sich (*D*) die Zähne áusbeißen; das ist éine hárte Nuß; э́то то́лько на оди́н ~ (*очень мало*) das ist nur für den hóhlen Zahn; показа́ть ~ы die Zähne zéigen; вооружённый до ~о́в bis an die Zähne bewáffnet

зуба́ст||ый *разг.* **1.** mit lángen [schárfen, spítzen] Zähnen, bíssig (*о собаке*); ~ая щу́ка ein bíssiger Hecht; **2.** (*де́рзкий*) bíssig; mit éiner schárfen Zúnge; ~ый па́рень ein bíssiger Kerl; быть ~ым Háare auf den Zähnen háben

зуба́тка *ж* (*рыба*) Kátfisch *m* (1), Séewolf *m* (1*)

зубе́ц *м* Zahn *m* (1*); Zácke *f* (11); Zínke *f* (11), Zínne *f* (11) (*стены́, башни́*); почто́вая ма́рка с зубца́ми gezähnte Bríefmarke; почто́вая ма́рка без зубцо́в úngezähnte Bríefmarke

зуби́ло *с тех.* Méißel *m* (6), Méißelhammer *m* (6)

зубн||о́й 1. (*относя́щийся к зуба́м*) Zahn-; ~а́я боль Záhnschmerz *m* (13), Záhnschmerzen *pl*, Záhnweh *n* -s; ~о́й порошо́к Záhnpulver *n* (6); ~а́я па́ста Záhnpasta *f*, *pl* -sten, Záhnpaste *f* (11); ~о́й проте́з Záhnprothese *f* (11); ~о́й ка́мень *мед.* Záhnbelag *m* (1*), Záhnstein *m* (1); ~а́я пло́мба Záhnfüllung *f* (10), Záhnplombe *f* (11); ~а́я эма́ль Záhnschmelz *m* -es; ~а́я щётка Záhnbürste *f* (11); ~о́й врач Záhnarzt *m* (1*); ~о́й те́хник Záhntechniker *m* (6); **2.:** ~о́й звук *лингв.* Dentállaut *m* (1), Dentál *m* (1), Záhnlaut *m*

зубо́вн||ый: со скре́жетом ~ым *перен.* mit Zähneknirschen, zähneknirschend

зубоврачебн||ый záhnärztlich, záhnmedizinisch; ~ый кабине́т Behándlungszimmer (des Záhnarztes); ~ое отделе́ние záhnärztliche Abtéilung; ~ое кре́сло Behándlungsstuhl *m* (1*); ~ая кли́ника Záhnklinik *f* (10)

зубоврачева́ние *с* Záhnheilkunde *f*, Záhnmedizin *f*; Odontologíe *f*

зубодёр *м разг. ирон.* Gebíßklempner *n* (6)

зубо́к *м* Zähnchen *n* (7); ◇ попа́сть кому́-л. на ~ das Ópfer von j-s Gespött [Schikáne] wérden; подари́ть на ~ éinem Néugeborenen etw. schénken

зуболечебн||ица *ж* Záhnklinik *f* (10); **~ый** *см.* зубоврачебный

зубопроте́зн||ый Záhnersatz-; **~ая** те́хника Záhntechnik *f*

зубоpе́зный: ~ стано́к Záhnradfräsmaschine *f* (11)

зубоска́л *м разг.* Wítzbold *m* (1), Wítzreißer *m* (6)

зубоска́лить *разг.* grínsen *vi*; wítzeln *vi*, Wítze réißen*; féixen *vi* (*злора́дно*); spótten *vi* (*издева́ться*)

зубоска́льство *с разг.* Witzeléi *f* (10); оста́вь своё ~! laß déine fáulen Wítze!

зубофре́зерный: ~ стано́к Záhnradfräsmaschine *f* (11)

зубочи́стка *ж* Záhnstocher *m* (6)

зубошлифова́льный: ~ стано́к Záhnflankenschleifmaschine *f* (11)

зубр *м* **1.** *зоол.* Wísent *m* (1); Wísentbulle *m* (9) (*бык*); **2.** *перен.* Érzreaktionär *m* (1)

зубр||ёжка *ж разг.* Páuken *n* -s, Paukeréi *f* (10), Óchsen *n* -s, Büffeléi *f*; **~и́ла, ~и́лка** *м, ж разг.* Óchser *m* (6), Büffler *m* (6); Büfflerin *f* (12) (*о женщине*)

зубри́ть *разг.* páuken *vt*, *vi*, óchsen *vt*, *vi*, büffeln *vt*, *vi*, éinpauken *vt*, sich (*D*) etw. éinpauken

зу́бровый Wísent-

зубча́тка *ж тех.* Záhnrad *n* (5)

зубча́т||ый 1. (*с зазу́бринами*) gezáhnt, gezáckt, gezähnt, áusgezackt, záckig; mit Zínnen bewéhrt, krenelíert (*о стене*); ~ый орна́мент Zäckenverzierung *f* (10); ~ая стена́ die zínnenbewehrte Máuer; ~ый лист *бот.* gezácktes Blatt; **2.** *тех.* Zahn-, Záhnrad-; ~ое колесо́ Záhnrad *n* (5); ~ая переда́ча Záhnradgetriebe *n* (6)

зу́бчик *м* Zähnchen *n* (7); kléine Zácke; отде́лка ~ами Záckenlitze *f* (11); ◇ ~ чеснока́ *разг.* Knóblauchzehe *f* (11)

зуд *м* Júcken *n* -s (*тж. перен.*), Júckreiz *m* -es

зуд||е́ть júcken *vi*, руќа у меня́ ~и́т méine Hand juckt, es juckt mir [mich] an der Hand

зуёк *м зоол.* Régenpfeifer *m* (6)

зулу́с *м* Súlu *m* = *u* -s, = *u* -s, Zúlu *m* = *u* -s, = *u* -s; **~ский** Súlu-, Zúlu-

зу́ммер *м тех.* Súmmer *m* (6)

зумпф *м горн.* Sumpf *m* (1*)

зы́бка *ж разг.* Scháukelwiege *f*

зы́бк||ий 1. schwánkend, wáck(e)lig; náchgiebig (*о почве*); **2.** (*ненадёжный*) únsicher, schwánkend; **3.:** ~ие очерта́ния verschwómmene [únklare, úndeutliche] Úmrisse

зыбу́ч||ий bewéglich; tréibend, Tréib-; ~ие пески́ Tréibsand *m* -(e)s

зыбь *ж* Kräuseln *n* -s (*на реке*); Séegang *m* -(e)s, gekräuselte See, Dünung *f* (*на море*); кру́пная ~ der schwére Séegang

зы́чный: ~ го́лос kräftige [schállende] Stímme

зюйд *м мор.* **1.** (*направление*) Süd *m* -(e)s, Süden *m* -s (*сокр.* S); **2.** (*ветер*) Süd *m* -s, Südwind *m* (1)

зюйд-ве́ст *м мор.* **1.** (*направление*) Südwést *m* -es, Südwésten *m* -s (*сокр.* SW); **2.** (*ветер*) Südwést *m* -s, Südwéstwind *m* (1)

зюйдве́стка *ж* Südwéster *m* (6)

зюйд-о́ст *м мор.* **1.** (*направление*) Südóst *m* -es, Südósten *m* -s (*сокр.* SO); **2.** (*ветер*) Südóst *m* -s, Südóstwind *m* (1)

зя́бкий verfróren

зя́блев||ый: ~ая вспа́шка *с.-х.* Hérbststurz *m* -es, Wínterfurche *f* (11)

зя́блик *м* Fink *m* (8)

зя́бнуть fríeren* *vi*

зябь *с.-х.* (*пашня*) Hérbstacker *m* (6); подъём зя́би Hérbststurz *m* -es, Hérbstfurche *f* (11); подня́ть ~ die Hérbstfurche zíehen*

зять *м* **1.** (*муж дочери*) Schwíegersohn *m* (1*); **2.** (*муж сестры, муж золовки*) Schwáger *m* (6*)

И

и I *союз* **1.** (*соединение*) und; нау́ка и пра́ктика die Wíssenschaft und die Práxis; догна́ть и перегна́ть éinholen und überhólen; **2.** (*действительно*) und... tátsächlich [wírklich], und... auch; он собира́лся уе́хать и уе́хал er beábsichtigte zu verréisen und er ist auch [tátsächlich] fórtgefahren; **3.** (*именно*) geráde,ében; э́то я и хоте́л сказа́ть das geráde [ében] wóllte ich ságen; о вас и говоря́т geráde von Íhnen ist die Réde, von Íhnen spricht man geráde; **4.** (*хотя*) obgléich, obwóhl, zwar, wenn auch; и рад бы вам помо́чь, да не могу́ zwar würde ich Íhnen dabéi gérne hélfen, áber ich kann nicht; **5.** (*при повторении*) и... и... und... und...; sowóhl... als auch; sowóhl... wie auch; и мать и оте́ц sowóhl die Mútter als auch der Váter; и то и друго́е sowóhl das éine wie (auch) das ándere; он и проси́л, и умоля́л, и грози́л er bat und fléhte und dróhte; **6.** (*тем не менее*) und, áber; мужчи́на, и пла́чет! ein Mann, und wéinen!; ◇ и так да́лее (*сокр.* и т. д.) und so wéiter (*сокр.* usw.), und so fort (*сокр.* usf.); и про́чее (*сокр.* и пр.) und ánderes mehr (*сокр.* u. a. m.); и тому́ подо́бное (*сокр.* и т. п.) und dergléichen mehr (*сокр.* u. dgl. m.)

и II *усилительная частица* **1.** (*также*) auch; и в э́том слу́чае auch in díesem Fáll; **2.** (*ещё, даже*) sogár, selbst; nicht éinmal; ты и э́того не зна́ешь? nicht éinmal das weißt du?; и он э́того не зна́ет selbst [sogár] er weiß es nicht; я и не поду́маю сде́лать э́то ich dénke gar nicht darán, das zu tun; **3.** (*неужели*) wie; wie ist es möglich, daß; и вы могли́ ему́ э́то сказа́ть! wie kónnten Sie es ihm nur ságen!

ибери́ец *m* Ibérer *m* (6)

ибери́йский ibérisch

и́бис *м* Íbis *m* -ses, -se

и́бо *союз* da, weil; denn

и́ва *ж* Wéide *f* (11), Wéidenbaum *m* (1*); плаку́чая ~ Tráuerweide *f*

ива́н-да-ма́рья *ж бот.* Wáchtelweizen *m* -s

ива́новск||ий: (крича́ть) во всю ~ ую aus Léibeskräften (schréien*); скака́ть во всю ~ую in vóllem Galópp réiten*

ивня́к *м* Wéidengebüsch *n* (2) (*кусты*); Wéidengerten *pl* (*прутья*)

и́вовый Wéiden-; ~ плетéнь Wéidenzaun *m* (1*)

и́волга *ж* Piról *m* (1), Góldamsel *f* (11)

иври́т *м* Iwríth *n* = *u* -s (*государственный язык Израиля*)

игл||а́ *ж* **1.** Nádel *f* (11); Nähnadel *f* (*швейная*); вяза́льная ~а́ Strícknadel *f*; ~а́ звукоснима́теля Tónabnehmernadel *f*; корýндовая ~а́ Sáphirnadel *f*, Sáphir *m* (1); гравирова́льная ~а́ Graviernadel [-'vi:r-] *f*; хирурги́ческая ~а́ Operatiónsnadel *f*; но́мер [толщина́] ~ы́ Nádelstärke *f* (11); **2.** (*хвойная*) Nádel *f* (11); **3.** (*у животных*) Stáchel *m* (13); ◇ морска́я ~а́ *зоол.* Nádelfisch *m* (1)

и́гла-ры́ба *ж* Séenadel *f* (10)

игли́стый nádelförmig (*иглообразный*); stáchelig (*колючий*); ~ ёж stácheliger Ígel

игловоди́тель *м текст.* Nádelführer *m* (6), Nádelschieber *m* (6), Nádelstange *f* (11)

иглодержа́тель *м текст., мед.* Nádelhalter *m* (6)

иглоко́жие *сущ. мн. зоол.* Stáchelhäuter *pl*

иглообра́зный nádelförmig

иглоука́лывание *с мед.* Akupunktúr *f* (10)

игнори́ровать ignoríeren *vt*; sich hinwégsetzen, hinwéggehen* *vi* (s) (что-л. über *A*), überséhen *vt*; nicht beáchten (*не замечать*); j-n links líegenlassen* *отд.*, j-n schnéiden* (*относиться к кому-л. пренебрежительно*); kéine Notíz néhmen* (что-л. von *D*)

и́го *с* Joch *n* (2); тата́рское ~ *ист.* die Tatárenherrschaft; под ~м im Joch, únter dem Joch

иго́л||ка *ж* Nádel *f* (11), Nähnadel *f*; ◇ сиде́ть как на ~ках *разг.* wie auf (glühenden) Kóhlen sítzen*; **~очка** *ж уменьш.* kléine Nádel, Nädelchen *n* (7); ◇ с ~очки *разг.* (fúnkel)nágelneu; он оде́т с ~очки *разг.* er ist geschníegelt und gebügelt, er ist wie aus dem Ei gepéllt [geschält]

иго́ль||ник *м* Nádelbüchse *f* (11) (*коробочка*); Nádelkissen *n* (7) (*подушечка*); **~ница** *ж текст.* Nádelbarre *f* (11); **~ный** Nádel-; ~ное ушко́ Nádelöhr *n* (2); **~чатый** Nádel-, nádelförmig; *бот.* nádelblättrig; ~чатая желе́зная руда́ *мин.* Nádeleisenerz *n* (2)

иго́рный Spiel-; ~ дом Spíelhölle *f* (11)

игр||а́ *ж* Spiel *n* (2); Spíelen *n* -s (*процесс игры*); Spieleréi *f* (11) (*баловство*); ~а́ в вопро́сы и отве́ты Fráge-und-Ántwort-Spiel; ~а́-зага́дка Rätselspiel *n*; ~а́ в закры́том помеще́нии Hállenspiel *n*; насто́льная ~а́ Bréttspiel *n* (*шахматы и т. п.*); вое́нная ~а́ Kríegsspiel *n*; Geländespiel *n* (*на местности*); Олимпи́йские и́гры Olympiáde *f* (11), Olýmpische Spíele; спо́соб ~ы́ Spíelweise *f* (11); ход ~ы́ Spíelverlauf *m* -(e)s; принима́ть уча́стие в ~е́ an éinem Spiel téilnehmen*, ein Spiel mítmachen; вы́йти из ~ы́ aus der Partíe áusscheiden* [áussteigen*]; ты затéял опа́сную ~у́ *перен.* du treibst ein gefährliches Spiel; меша́ть ~е́ *тж. перен.* das Spiel verdérben*; ◇ двойна́я ~а́ dóppeltes Spiel; ~а́ слов Wórtspiel *n*; ~а воображе́ния Hírngespinst *n* (2), Trúgbild *n* (5), Éinbildung *f*, Spiel der Phantasíe; биржева́я ~а́ Spiel an der Börse; Börsenspekulation *f* (10); ~а́ не сто́ит свеч *погов.* das ist nicht der Mühe wert; es lohnt nicht die Mühe; ~а́ приро́ды ein Spiel der Natúr; вести́ [игра́ть] большу́ю ~у́ ein hóhes Spiel spíelen

игра́льн||ый Spiel-; ~ые ка́рты Spíelkarten *pl*

игра́||ть 1. spíelen *vi* (чем-л., с чем-л., с кем-л. mit *D*); **2.** (*во что-л.*) spíelen *vt*; ~ть в ша́хматы Schach spíelen; ~ть в мяч [футбо́л] Ball [Fúßball] spíelen; ~ть в ку́клы mit Púppen spíelen; ~ть бе́лыми [чёрными] die wéißen [schwárzen] Stéine führen; ~ть в пря́тки *тж. перен.* Versték(en) spíelen; ~ть голово́й (*футбол*) köpfen *vt*; **3.** (*на чём-л.*) spíelen *vt*; ~ть на роя́ле Klavier [-'vi:r] spíelen; ~ть на трубе́ die Trompéte blásen*; ~ть пе́рвую скри́пку *тж. перен.* die érste Géige spíelen; **4.** (*в театре*) spíelen *vt*, *vi*, dárstellen *vt*; **5.** (*сверкать*) spíelen *vi*, glänzen *vi*; вино́ ~ет der Wein perlt [schäumt]; ◇ э́то не ~ет ро́ли das spielt kéine Rólle; ~ть с огнём mit dem Féuer spíelen, ein gefährliches Spiel tréiben*; ~ть кому́-л. на́ руку j-m in die Hand spíelen; ~ть глаза́ми séine Blícke spíelen lássen*; ~ть коме́дию Komödi|e spíelen, j-m etw. vórmachen [vórtäuschen]; ~ть сва́дьбу *разг.* Hóchzeit féiern; ~ть в молча́нку *разг.* stumm dásitzen*

игра́ючи *нареч. разг.* spíelend, leicht

игра́ющий *прич.* **1.** *см.* игра́ть; **2.** *в знач. сущ. м* Spíelende *m* (14); Spíeler *m* (6) (*игрок*)

и́грек *м* Ýpsilon *n* -s, -s

игре́невый, игре́ний (*о масти лошади*) fúchsrot mit héller Mähne und héllem Schweif

игри́вость *ж* Schálkhaftigkeit *f*; Kokettería *f* (*кокетство*)

игри́вый schálkhaft; verspíelt; léichtsinnig (*о настроении и т. п.*); spíelerisch (*шаловливый*); spíellustig (*весёлый*); kokétt (*кокетливый*); ~ котёнок Spíelkätzchen *n* (7)

игри́ст||ый (*о вине и т. п.*) pérlend, schäumend, moussíerend [mu-]; ~ое вино́ Schäumwein *m*

игров||о́й Spiel-; ~а́я площа́дка (*для детей*) Spíelplatz *m* (1*)

игро́к *м* Spíeler *m* (6); *спорт.* первокла́ссный ~ Spítzenspieler *m*; запасно́й ~ Ersátzmann *m* (4)

игроте́ка *ж* Áusleihstelle *f* für Kínderspielzeug

игру́н *м разг.:* щено́к-~ spíelerisches Hündchen; котёнок-~ Spíelkätzchen (7); э́тот ма́льчик большо́й ~ díeser Júnge will ímmer nur spíelen [ist ganz verspíelt]

игру́шечник *м* Spíelzeugmacher *m* (6)

игру́ш||счный 1. (*относящийся к игрушкам*) Spíelzeug-, Spíelwaren-; ~ечный магази́н Spíelwarenhandlung *f* (10); **2.** (*являющийся игрушкой*) Spiel-; ~ечный автомоби́ль Spíel(zeug)auto *n* -s, -s; **3.** (*крохотный*) klein wie Spíelzeug; **~ка** *ж* **1.** Spíelzeug *n* -s, Spielsachen *pl*; Spíelwaren *pl* (*товар*); механи́ческая ~ка mechánisches Spíelzeug; рези́новая ~ка Gúmmispielzeug *n*; ~ки из пластма́ссы Plástspielwaren *pl*; я́щик с ~ками Spíelkiste *f* (11); фа́брика ~ек Spíelwarenfabrik *f* (10); **2.** (*забава*) Spíelzeug *n* -s, Spíelball *m* (1*); Spielerе́i *f* (10); ◇ э́то не ~ки! das ist kein Spíelzeug; чи́стенький, как ~ка blítzsauber

игуа́на *ж зоол.* Leguán *m* (1), Kámmeidechse *f* (11)

игу́||мен *m* Abt *m* (1*); **~менья** *ж* Äbtíssin *f* (12)

идеа́л *м* Ideál *n* (2); Vórbild *n* -(e)s, Músterbild *n* (*образец*); Wúnschbild *n* (*мечта*); **~иза́ция** *ж*, **~изи́рование** *c* Idealisíerung *f*; **~изи́ровать** idealisíeren *vt*

идеал||и́зм *м* Idealísmus *m* =; **~и́ст** *м* Idealíst *m* (8); **~исти́ческий** idealístisch

идеа́льн||ость *м* Idealität *f*; Vollkómmenheit *f* (*совершенство*); ~ость кольцево́й трае́ктории *физ.* Kréisgüte *f*; **~ый** ideál; vollkómmen (*совершенный*)

иде́йно-воспита́тельный: ~ая рабо́та ideológische Erzíehungsarbeit

иде́йно-полити́ческ||ий ideológisch-polítisch; geséllschaftspolitisch; повыше́ние ~ого у́ровня geséllschaftspolitische Wéiterbildung

иде́йн||ость *ж* Idé¦engut *n* -(e)s, Gedánkengut *n*, Idé¦engehalt *m* -(e)s (*идейное богатство*); ideológischer Gehált (*идейное содержание*)

иде́йно-теорети́ческий ideológisch-theorétisch

иде́йн||ый 1. (*выражающий, проводящий идею, идеологический*) Idé¦en-; ideéll; ideológisch; ~ое влия́ние ideológischer Éinfluß, ideológische Beéinflussung; ~ый проти́вник der ideológische Gégner; ~ое ору́жие ideológisches Rüstzeug, ideológische Wáffe; ~ый у́ровень das ideológische Niveau [ni'vo:]; der ideológische Horizónt; **2.** (*проникнутый передовыми идеями*) idé¦enreich; ~ое иску́сство idé¦enreiche Kunst; **3.** (*борющийся за передовые идеи; убеждённый*) éiner Idée ergében; prinzipiéll; **4.** (*выражающий идею произведения*) gedánklich; ~ое содержа́ние кни́ги gedánklicher Gehált [Idé¦engehalt] éines Búches

идентифи||ка́ция *ж* Identifizíerung *f*; Gléichsetzung *f*; ~ка́ция изото́пов Isotópenzuordnung *f*; **~ци́ровать** identifizíeren *vt*, gléichsetzen *отд. vt*

иденти́чн||ость *ж* Identität *f*, Gléichheit *f*; **~ый** idéntisch; gléichlautend (*о тексте, документе*); перево́д, ~ый оригина́лу originálgetreue Übersétzung

идеогра́мма *ж* Ideográmm *n* (2), Begríffszeichen *n* (7)

идеографи́ческ||ий ideográphisch; ~ое письмо́ Bílderschrift *f*, Begríffsschrift *f*

идео́лог *м* Ideológ(e) *m* (8, 9); **~и́ческий** ideológisch; wéltanschaulich; ~и́ческий фронт ideológische Front

идеоло́г||ия *ж* Ideologíe *f* (11); Wéltanschauung *f*; пролета́рская ~ия proletárische Ideologíe; в о́бласти ~ии auf ideológischem Gebíet

иде́||я *ж* **1.** Idée *f* (11); боро́ться за ~ю éine Idée verféchten*, für éine Idée kämpfen; **2.** (*основная мысль*) Grúndgedanke *m* (15); ~и (*литературного произведения*) Gedánkengehalt *m* -(e)s; ~и эпо́хи der Idéenzug der Zeit; **3.** (*мысль, план*) Idée *f* (11), Éinfall *m* (1*); блестя́щая ~я! éine glänzende Idée!, ein glänzender Éinfall!; пода́ть кому́-л. ~ю j-m éinen Gedánken éingeben*; j-n auf éinen Gedánken bríngen*; мне пришла́ в го́лову ~я ich kam auf die Idée; der Gedánke fiel mir ein [kam mir]; ◇ навя́зчивая ~я fíxe Idée, Zwángsvorstellung *f* (10)

идилли́ческий idýllisch

иди́ллия Idýll *n* -s, -e, Idýlle *f* (11); *иск.* Stímmungsbild *n* -(e)s

идио́м *м*, **~а** *ж лингв.* Idióm *n* (2); **~а́тика** Idiomátik *f*; **~ати́ческий** idiomátisch; ~ати́ческое выраже́ние idiomátischer Áusdruck, idiomátische Rédensart

идиосинкрази́я *ж мед.* Idiosynkrasíe *f* (11), (kránkhafte) Ábneigung *f* (10), Überempfíndlichkeit *f*

идио́т *м* Idiót *m* (8); Schwáchsinnige *m* (14); по́лный [кру́глый] ~ Vóllidiot *m*; **~и́зм** *м* **1.** *мед.* Idiotíe *f*, Schwáchsinn *m* -(e)s; **2.** *разг.* (*глупость*) Blödsinn *m* -s; **~ик** *м пренебр. разг.* Blödian *m* (1); **~и́ческий** idiótisch; **~и́я** *ж* **1.** *мед.* Idiotíe *f*, Verblödung *f*; **2.** *разг.* Dúmmheit *f*; **~ка** *ж* Idiótin *f* (12); Schwáchsinnige *f* (14); **~ский** idiótisch, blödsinnig; dämlich (*глуповатый*); hírnverbrannt (*сумасбродный*); **~ство** *с разг.* Blödsinn *m* -(e)s

и́диш *м* das Jíddische (*sub*), Jíddisch *n* = *u* -s (*современный еврейский язык*)

и́дол *м* **1.** (*статуя*) Idól *n* (2); Götze *m* (9), Götzenbild *n* (5); **2.** *уст.* (*кумир*) Ábgott *m* (4); **3.** *бран.* Hórnvieh *n* - (e)s; ◇ стоя́ть [сиде́ть] ~ом wie ein Ölgötze dástehen* [dásitzen*]

идолопокло́нник *м* Götzendiener *m* (6)

идолопокло́ннический götzendienerisch; héidnisch (*языческий*)

идолопокло́нство *с* Götzendienst *m* -es, Abgötteréi *f*

и́дольский Idól-

идти́ 1. (*передвигаться, направляться*) géhen* *vi* (s); ~ куда́-л. (hín)géhen* *vi* (s); ~ отку́да-л. kómmen* *vi* (s); ~ пешко́м zu Fuß géhen*, láufen* *vi* (s); ~ гуля́ть spazíerengehen* *отд. vi* (s); ~ в го́сти zu Besúch géhen*; ~ домо́й nach Háuse géhen*; heim géhen* (*разг.*); я иду́ из дому ich kómme von zu Háuse; иди́те по э́той у́лице géhen Sie díese Stráße; ~ в о́тпуск auf Úrlaub géhen*; ~ на войну́ in den Krieg zíehen*; ~ войно́й на кого́-л. gégen j-n ins Feld zíehen*; ~ в ата́ку ángreifen*, éinen Ángriff vórtragen*; облака́ иду́т die Wólken zíehen; письмо́ шло о́чень до́лго der Bríef ist sehr lánge gegángen; **2.** (*ехать, плыть*) géhen* *vi* (s), fáhren* *vi* (s); куда́ идёт э́тот по́езд? wohín geht [fährt] díeser Zug?; кора́бль идёт в Оде́ссу das Schiff fährt nach Odéssa; та́нки шли пря́мо на нас die Pánzer fúhren dirékt auf uns zu; ~ на вёслах rúdern *vi* (h, s); ~ под паруса́ми ségeln *vi* (s); ~ вдоль бе́рега die Küste entlángfahren*, längs der Küste fáhren*; самолёт идёт на высоте́... das Flúgzeug fliegt in éiner Höhe von...; ~ на поса́дку zur Lándung [zum Länden] ánsetzen; **3.** (*приближаться*) kómmen* *vi* (s); оте́ц идёт der Váter kommt; по́езд идёт! der Zug kommt!; иди́ сюда́! komm (hier-) hér!, иди́ скоре́й! komm schnell!; иду́, иду́! ich kómme sofórt!; весна́ идёт der Frühling naht [kommt]; ему́ шёл деся́тый год er war neun Jáhre alt; **4.** (*отправляться*) géhen* *vi* (s), fáhren* *vi* (s); по́езд [парохо́д] идёт в пять часо́в der Zug [Dámpfer] fährt [geht] um fünf (Uhr); ~ в мо́ре in See géhen* [stéchen*]; **5.** (*следовать*) fólgen *vi* (s) (за кем-л., чем-л. *D*); она́ шла за ним sie fólgte ihm, sie ging hínter ihm; идёт но́вая глава́ es kommt [folgt] ein néues Kapítel; **6.** (*заходить за чем-л.*) hólen (géhen*) *vt*; она́ идёт за молоко́м sie holt Milch, sie geht Milch hólen; ~ за поку́пками éinkaufen géhen*; **7.** (*вступить, поступить*) éintreten* *vi* (s), géhen* *vi* (s); ~ в комсомо́л in den Komsomól éintreten* [géhen* (*разг.*)]; ~ в а́рмию in die Armée éintreten*, Soldát wérden*; ~ в лётчики Flíeger wérden; ~ на биологи́ческий факульте́т an die biológische Fakultät géhen*; **8.** (*доставляться*): чай идёт с Кавка́за der Tee kommt aus dem Káukasus; э́тот лес идёт на юг díeses Holz geht nach dem Süden; **9.** *разг.* (*входить*) (hinéin)géhen* *vi* (s); про́бка не идёт в го́рлышко der Kórken [Pfrópfen] geht nicht in die Flásche (hinéin); гвоздь не идёт в сте́ну der Nágel geht nicht in die Wand; сапо́г не идёт на́ ногу der Fuß geht nicht in den Stíefel (hinéin); **10.** (*исходить, распространяться*) kómmen* *vi* (s), áusgehen* *vi* (s) (отку́да-л. von *D*); entströmen *vi* (s); дым идёт из трубы́ Rauch kommt [steigt] aus dem Schórnstein; от пе́чки идёт тепло́ der Ófen strahlt Wärme aus; кровь идёт из ра́ны Blut strömt [kommt (*разг.*)] aus der Wúnde, die Wúnde blútet; **11.** (*вести куда-л.*) führen *vi*, géhen* *vi* (s); доро́га идёт ле́сом der Weg führt [geht] durch den Wald; **12.** (*развиваться в каком-л. направлении*) géhen* *vi*, *vt* (s); иску́сство идёт по реалисти́ческому пути́ die Kunst geht den Weg des Realísmus; исто́рия шла ина́че die Geschíchte ist ánders verláufen; жизнь идёт свои́м чередо́м das Lében geht séinen Gang; **13.** (*подаваться*): вода́ идёт das Wásser läuft [ist ángestellt] (*о водопроводе*); ток идёт es fließt Strom; **14.** (*функционировать*) géhen* *vi* (s), láufen* *vi* (s); часы́ (не) иду́т die Uhr geht (nicht); маши́на идёт хорошо́ die Maschíne läuft gut; идти́ на холосто́м ходу́ leer láufen*; **15.** (*протекать*) vergéhen* *vi* (s); вре́мя идёт бы́стро die Zeit vergéht schnell [rasch, wie im Flúge]; так шёл день за днём so vergíng ein Tag nach dem ánderen; **16.** (*иметь сбыт*) (áb)géhen* *vi* (s), Ábsatz fínden*; э́тот това́р идёт хорошо́ díese Wáre geht gut (ab) [fíndet gúten Ábsatz]; **17.** (*падать, об осадках*): дождь идёт es régnet; снег идёт es schneit; град идёт es hágelt; **18.** (*происходить*) im Gánge sein, státtfinden* *отд. vi*; иду́т экза́мены [перегово́ры] die Prüfungen [Verhándlungen] sind im Gánge; на фро́нте шли ожесточённые бои́ an der Front fánden erbítterte Kämpfe statt [wáren erbítterte Kämpfe im Gánge]; **19.** (*о спектаклях, фильмах*) gespíelt wérden; gegében wérden; láufen* *vi* (s) (*о фильме*); за́втра идёт «Евге́ний Оне́гин» mórgen wird «Éugen Onégin» gespíelt [gegében]; сего́дня идёт но́вый цветно́й фильм héute läuft ein néuer Fárbfilm; что сегóдня идёт по телевизору? was gibt es héute im Férnsehen?; **20.** (*употребляться, быть нужным*) gebräucht [verwéndet] wérden; на стирку идёт мнóго мыла beim Wäschen wird viel Séife gebräucht, beim Wäschen geht viel Séife drauf; на плáтье идёт три мéтра матéрии für ein Kléid bräucht man drei Méter Stoff; этот лес идёт на мéбель díeses Holz wird zu Möbeln verárbeitet; эти товáры идут на экспорт díese Wáren sind für den Expórt bestímmt; **21.** (*быть к лицу*) pássen *vi*, (gut) stéhen* *vi*, kléiden *vt*; Вам идёт шляпа der Hut steht Íhnen (gut), der Hut paßt gut, der Hut kléidet Sie; **22.** (*делать ход в игре*) zíehen* *vi*, *vt*; áusspielen *vt* (*при карточной игре*); ~ конём mit dem Springer zíehen*, den Springer zíehen*; ~ с тузá das As áusspielen [zíehen*]; **23.** (*касаться*) géhen* *vi* (um *A*) о чём идёт речь? worúm hándelt es sich?, worúm geht es?, wovón ist die Réde?; дéло идёт о спасéнии человéка es geht um die Réttung éines Ménschen; es gilt, éinen Ménschen zu rétten; **24.** (*поступить, действовать*) hándeln *vi*; ~ прóтив своéй сóвести gégen sein Gewíssen hándeln; ~ на устýпки zu Zúgeständnissen beréit sein; ~ на риск ein Rísiko éingehen*, riskíeren; ~ на компромисс éin(en) Kompromíß éingehen*; ~ на всё álles aufs Spiel [auf éine Kárte] sétzen; ~ на авóсь [наудáчу, на урá] aufs Gerátewohl [auf gut Glück] hándeln; ◇ ~ зáмуж héiraten *vi*, *vt*, sich verhéiraten; ~ в счёт mítzählen *vi*; (mít)geréchnet wérden; это не идёт в счёт das zählt nicht (mit); емý идёт пéнсия er bezíeht éine Rénte; ~ на ýбыль (*о воде*) ábnehmen* *vi*, sinken* *vi* (s); ~ в сравнéние éinen Vergléich áushalten*; ~ на смерть dem Tóde entgégengehen*, in den Tod géhen*; ~ ко днý sinken* *vi* (s), úntergehen* *vi* (s); идёт слух es geht das Gerücht (um), ein Gerücht ist im Úmlauf; man múnkelt (*разг.*); дéло идёт как по мáслу die Sáche geht wie am Schnürchen, es geht wie geschmíert; не ~ в гóлову [на ум] nicht in den Kopf [Sinn] (géhen) wóllen*; это ещё кудá ни шло das geht noch an, das ist noch zu ertrágen; хорошó ~ по всем предмéтам (*о школьнике*) in állen Fächern gut mítkommen*; далекó идýщий wéitgehend; wéitgesteckt (*о цели*); дáльше ~ нéкуда! *разг.* das ist áber die Höhe!; идёт! *разг.* gut!, ábgemacht!, éinverstanden!

йды *мн. ист.* Íden *pl*; мáртовские ~ die Íden des März

иезуит *м* **1.** Jesuít *m* (8); **2.** (*лицемер*) Jesuít *m* (8), Héuchler *m* (6), Dóppelzüngler *m* (6); **~ский 1.** Jesuíten-; ~ский óрден Jesuítenorden *m* -s; **2.** (*лицемерный*) héuchlerisch; **~ство** Heuchelei *f* (10), Dóppelzüngigkeit *f*

иéна *ж* (*японская денежная единица*) Jen *m* = *u* -s, *pl* -s (*после числ. pl* =)

иерáрх *м* Hi¦erárch *m* (8)

иерархическ‖ий hi¦erárchisch; ~ая лéстница Rángordnung *f*

иерархичность *ж киберн.* hi¦erárchischer Áufbau

иерáрхия *ж* Hi¦erarchíe *f*, Rángordnung *f*

иератическ‖ий: ~ое письмó *лингв.* hi¦erátische Schrift

иерéй *м* Príester *m* (6)

иерихóнск‖ий: ~ая трубá (*о голосе*) éine Stímme, die Tóte áuferwecken kann

иерóглиф *м* Hi¦eroglýphe *f* (11); Schriftzeichen *n* (7), Bílderschriftzeichen *n*; **~ический** hi¦eroglýphisch; ~ическое письмó Hi¦eroglýphenschrift *f*, Bílderschrift *f*

иждивéн‖ец *м* Famíli¦enmitglied *n* óhne Éinkommen, ábhängiges [únselbständiges] Famíli¦enmitglied; Únterhaltsberechtigte *m* (14); Níchtberufstätige *m* (14); у меня пять ~цев ich hábe fünf Persónen zu unterhálten; **~ие:** быть на ~ии у когó-л. von j-m unterhálten wérden; на чьём ~ии состоите (*вопрос в анкете*) Únterhaltspflichtige *m* (14); **~ка** *ж* Únterhaltsberechtigte *f* (14), Níchtberufstätige *f* (14); **~ческий** materi¦éll ábhängig, únselbständig; ~ческие настроéния Réntnerideologie *f*; ~ческая установка Schmarótzerstandpunkt *m* -(e)s

иже *мест. уст.* wélcher, der; ◇ и ~ с ними *ирон.* und íhresgléichen

ижиц‖а *ж* (*буква церковнославянской азбуки, обозначавшая звук «и»*); ◇ от áза до ~ы von A bis Z; пропишут емý ~у! *уст.* das wird er büßen müssen!

из *предлог* **1.** (*откуда, из чего*) aus (*D*); von (*D*); из гóрода aus der Stadt; из гóрода в гóрод von Stadt zu Stadt; концéрт из произведéний Мóцарта ein Konzért mit Wérken von Mózart; цитáта из произведéний Лéнина ein Zitát aus Lénins Wérken; **2.** (*из числа*) von (*D*); кáждый из нас jéder von uns; один из моих друзéй éiner méiner Fréunde; **3.** (*о материале*) aus (*D*); из желéза aus Éisen; вылитый из брóнзы in Bronze ['brɔŋsə] gegóssen; гарнитýр [мéбель] из дýба éine Garnitúr [Möbel] in Éiche, Éichenmöbel *pl*; салáт из помидóров Tomátensalat *m* (1); букéт из роз Rósenstrauß *m* (1*); **4.** (*для обозначения происхождения*) von (*D*), aus (*D*); он из рабóчих er stammt aus éiner Árbeiterfamili¦e; он из крестьян er ist aus dem Báuernstande; он рóдом из Москвы er stammt aus Móskau, er ist aus Móskau gebürtig; **5.** (*по причине*) aus (*D*); из стрáха aus Angst; из любви к искýсству aus Líebe zur Kunst; из принципа aus Prinzíp; ◇ из гóда в год jahráus, jahréin; von Jahr zu Jahr; изо дня в день tagáus, tagéin; von Tag zu Tag; из рук в рýки von Hand zu Hand; выпустить из рук aus den Händen lássen*, fállen lássen*; выйти из себя áußer sich sein [geráten*]; ganz aus dem Häus¦chen sein [geráten*] (*разг.*); потерять из виду aus den Áugen verlíeren*; выйти из употреблéния áußer Gebráuch kómmen*; выйти из мóды aus der Móde sein [kómmen*]; из этого ничегó не выйдет daráus wird nichts

избá *ж* Báuernhaus *n* (5), Báuernhütte *f* (11); охóтничья ~ Jágdhütte *f*

избавитель *м* Befréier *m* (6), Erlöser *m* (6); Rétter *m* (6) (*спаситель*); **~ница** *ж* Befréierin *f* (12), Erlöserin *f* (12); Rétterin *f* (12) (*спасительница*)

избáвить 1. (*спасти*) rétten *vt*; erlösen *vt*, befréien *vt* (*освободить*); ~ от смéрти vor dem Tóde (er)rétten; ~ от стрáха von der Angst erlösen; ~ от когó-л. von j-m befréien; **2.** (*не утруждать*) verschónen *vt*; ~ когó-л. от чегó-л. j-m etw. erspáren; избáвьте меня от вáших замечáний verschónen Sie mich mit Íhren Bemérkungen; erspáren Sie mir Íhre Bemérkungen; ~ от забóты когó-л. j-n der Mühe enthében*; **~ся 1.** (*спастись*) sich rétten; ~ся от опáсности éiner Gefáhr (*D*) entrínnen* [entgéhen*]; ~ся от лихорáдки fíeberfrei [frei von Fíeber] sein; **2.:** ~ся от когó-л., от чегó-л. j-n, etw. lóswerden; j-n ábschütteln

избавл‖éние *с* Befréiung *f*, Erlösung *f*; Réttung *f* (*спасение*); **~ять(ся)** *см.* избáвить(ся)

избалóванн‖ость *ж* Verwöhntheit *f*; **~ый** verwöhnt, verzógen, verhätschelt

избаловáть verwöhnen *vt*, verzíehen* *vt*; verhätscheln *vt*; **~ся** *разг.* **1.** sich verwöhnen; sich verwéichlichen (*изнежиться*); **2.** (*стать шалуном*) únartig [áusgelassen] wérden; **3.** (*разлениться*) faul wérden

избá-читáльня *ж уст.* Dórflesestube *f* (11); Bücherstube *f* (11)

избегáть herúmlaufen* *vi* (s), áblaufen* *vt*, durchláufen* *vt*; **~ся** *разг.* **1.** (*утомиться*) sich müde láufen*, sich ábstrapazieren; **2.** (*распуститься — о детях*) áußer Rand und Band geráten*

избег‖áть 1. (*сторониться*) méiden* *vt*, verméiden* *vt*; áusweichen* *vi* (s) (когó-л. *D*); j-m aus dem Wége géhen*; ~áть людéй die ménschliche Geséllschaft méiden*; sich ábsondern; я ~áю встреч с ним ich verméide es, mit ihm zusámmenzutreffen; ~áть взгляда dem Blick áusweichen*; **2.** *см.* избежáть

избéгнуть *см.* избежáть; преступники не избéгнут наказáния die Verbrécher wérden der Stráfe nicht entgéhen

избежá‖ние: во ~ние um... zu verméiden; zwecks Verméidung; во ~ние недоразумéний um Míßverständnisse zu verméiden; **~ть** entgéhen* *vi* (s) (чегó-л. *D*); entrínnen* *vi* (s) (*D*); ~ть опáсности der Gefáhr entrínnen*; этого нельзя ~ть das läßt sich nicht verméiden

избивáть *см.* избить

избиéние *с* **1.** Prügeln *n* -s; Verprügelung *f* (10); **2.** (*убийство*) Ermórdung *f* (10); Gemétzel *n* (6) (*резня*); ◇ ~ младéнцев 1) *библ.* Kíndermord *m* -(e)s; 2) *шутл.* (*о строгостях по отношению к неопытным людям*) zu stréngen Vórgehen

избирáемость *ж* Wählbarkeit *f*

избирáтель *м* Wähler *m* (6); Stímmberechtigte *m* (14), Wählberechtigte *m*; выступить перéд избирáтелями vor die Wähler tréten*; спиcок избирáтелей Wählerliste *f* (11); **~ница** *ж* Wählerin *f* (12); Stímmberechtigte *f* (14), Wählberechtigte *f*; **~ность** *ж рад.* Trénnschärfe *f*, Selektivität [-vi-] *f*; **~ный 1.** Wahl-; ~ная систéма Wählsystem *n* (2); ~ная кампáния Wählkampagne [-njə] *f* (11); ~ное прáво Wählrecht *n* -(e)s; всеóбщее, рáвное и прямóе ~ное прáво при тáйном голосовáнии allgeméines, gléiches und dirèktes Wählrecht in gehéimer Ábstimmung; ~ный óкруг Wählkreis *m* (1); ~ный учáсток Wählbezirk *m* (1); ~ный пункт Wähllokal *n* (2); ~ный бюллетéнь Stímmzettel *m* (6), Wählschein *m* (1); ~ная комиссия Wählausschuß *m* -sses, -schüsse, Wählvorstand *m* (1*); центрáльная ~ная комиссия zentrále Wählkommission; лишéние ~ного прáва Áberkennung des Wählrechts; **2.** *рад.* selektív, trénnscharf

избирáть *см.* избрáть; имéть прáво ~ das aktíve [-və] Wählrecht háben; **~ся** zur Wahl stéhen*

избит‖ый 1. verprügelt; **2.** (*протоpённый, напр., о дороге*) bekánnt; gewóhnt; **3.** (*общеизвестный*) ábgedroschen, platt; ~ая фрáза, ~ое выражéние ábgedroschene [ábgegriffene] Rédensart; ~ая истина plátte Wéisheit, Bínsenweisheit *f*

избúть 1. verprügeln *vt*; níederknüppeln *vt* (*дубинкой*); избивáть когó-л. auf j-n éinprügeln; **2.** *уст.* (*убить*) úmbringen* *vt*; níedermetzeln *vt*; verníchten *vt*, töten *vt*; **3.** *разг.* (*испортить, износить*) beschädigen *vt*, únbrauchbar máchen; ábnützen *vt*; ábtragen* *vt* (*обувь*)

избороздл||ить 1. fúrchen *vt*, durchfúrchen *vt*; **2.:** морщины ~или лицó старикá Fúrchen durchzógen das Gesícht des Álten; **3.** (*исколесить*) kreuz und quer durchstréifen

избочéниться 1. die Hände in die Séiten stémmen; **2.** (*искривиться*) sich verbíegen*, sich verzíehen*

избрáн||ие *с* Wahl *f* (10), Erwählung *f* (10); переходить к ~ию zur Wahl übergehen*; дать соглáсие на ~ие die Wahl ánnehmen*; **~ник** *м*, **~ница** *ж* Áuserwählte *m*, *f* (14); ~ники нарóда die Áuserwählten des Vólkes

избранн||ый *прич.* **1.** gewählt; имéть прáво быть ~ым das passíve [və-] Wáhlrecht háben; **2.** *в знач. прил.* (*отобранный*) áusgewählt; ~ые сочинéния áusgewählte Schríften; Áuswahlband *m* (1*) (*том, сборник*); **3.** *в знач. прил.* (*лучший*) áuserlesen, áusgesucht, áuserwählt; **4.** *в знач. сущ. мн.* ~ые Áuswahl *f*, Elíte *f*

избрáть wählen *vt*; вновь ~ wíederwählen *vt*; ~ депутáтом zum Ábgeordneten wählen; ~ в депутáты Верхóвного Совéта СССР zum Ábgeordneten [Deputíerten] des Óbersten Sowjéts der UdSSR wählen

избýшка *ж* kléine Hütte

избы́т||ок *м* Überschuß *m* -sses, -schüsse, Überfluß *m* -flusses; Rest *m* (1) (*остаток*); у негó ~ок энéргии er hat ein Übermaß an [von] Energíe; er hat überschüssige Energíe; ~ок населéния Bevölkerungsüberschuß *m*; ~ок предложéния *эк.* Überangebot *n* (2); ~ок товáров Wárenüberfluß *m*; **2.** (*изобилие*) Übermaß *n* -es, Überfluß *m* -flusses; имéться в ~ке im Überfluß vorhánden sein; **3.** *мат.* Exzéß *m* -sses, -sse; ◇ в ~ке чувств, от ~ка чувств im Überschwang der Gefühle; вознаградить когó-л. с ~ком j-n réichlich belóhnen

избы́точн||ый überschüssig, überzählig; Über-; ~ое давлéние *тех.* Überdruck *m* -(e)s

изва||яние *с* Stándbild *n* (5), Státue *f* (11); Skulptúr *f* (10); мрáморное ~яние Mármorbild *n*; **~ять** méißeln *vt*; aus Stein háuen* (*из камня*)

изведáть erfáhren* *vt* (*испытать*); erlében *vt* (*пережить*)

и́зверг *м* Úngeheuer *n* (6); Únmensch *m* (8), Schéusal *n* (2); Únhold *m* (1)

извергáть áusstoßen* *vt*; (áus-) spéien* *vt*; schléudern *vt*; ~ плáмя (*о вулкане*) Féuer spéien*; ~ проклятия Verwünschungen áusstoßen*; **~ся 1.** sich ergíeßen*, áusbrechen* *vi* (s); Féuer spéien* (*о вулкане*); **2.** *страд.* áusgeworfen wérden (*ср.* извергáть)

извéргнуть *см.* извергáть

извержéние *с* Áusstoßung *f* (10), Áuswerfung *f* (10); Ergúß *m* -sses, -güsse (*излияние*); ~ вулкáна Áusbruch éines Vulkáns [vʊl-]; ~ на сóлнце Sónneneruption *f* (10)

извéриться *разг.* den Gláuben [das Vertráuen] verlíeren* (в ком-л., в чём-л. an *A*)

извернýться sich lósreißen*, sich fréimachen *отд.*; sich heráusdrehen; *перен. тж.* sich aus éiner Verlégenheit zíehen*

извести́ *разг.* **1.** (*истратить*) verbráuchen *vt*; áusgeben* *vt* (*о деньгах*); ~ зря vergéuden *vt*; ~ запáсы die Vórräte áufbrauchen; **2.** (*замучить*) entkräften *vt*, herúnterbringen* *vt*; ~ когó-л. насмéшками j-m mit Neckeréien arg zúsetzen; **3.** (*уничтожить*) zugrúnde ríchten, verníchten *vt*; áusrotten *vt*

извéст||ие *с* **1.** Náchricht *f* (10), Kúnde *f*; Mítteilung (10) (*сообщение*); послéдние ~ия die létzten Náchrichten [Méldungen]; ~ия по рáдио Náchrichtensendung *f*; **2.** *мн.* ~ия (*на звание периодических изданий*) Náchrichten *pl*

извести́сь *разг.* **1.** (*измучиться*) von Kräften kómmen*, herúnterkommen* *vi* (s); erschöpft sein; ~ от тоски́ vor Séhnsucht vergéhen*; **2.** (*исчезнуть*) verschwínden* (s), nicht mehr existíeren

извести́ть benáchrichtigen *vt*, in Kénntnis sétzen (о чём-л. von *D*); j-m etw. míttеilen, j-n wíssen lássen*

извёстка *ж* Kalk *m* (1) (*известь*); Mörtel *m* (6) (*раствор*)

известков||áние *с с.-х.* (*почвы*) Kálkdüngung *f* (10); Kálken *n* -s, Mérgelung *f* (10); **~áть** *с.-х.* (*почву*) mit Kalk düngen, kálken *vt*

известкóв||ый Kalk-; kálkig, kálkhaltig (*содержащий известь*); ~ая водá Kálkwasser *n* -s; ~ый шпат *мин.* Kálkspat *m* (1); ~ый раствóр Mörtel *m* (6), Kálkmörtel *m*

извéстн||о *предик. безл.* es ist bekánnt; (всем) ~о, что... es ist állbekannt [allgeméin bekánnt], daß...; мне стáло ~о об э́том ich bekám [erhíelt] Kénntnis davón; как ~о wie bekánnt, bekánntlich; наскóлько мне ~о sovíel ich weiß, méines Wíssens, sowéit ich unterríchtet bin; наскóлько мне ~о — нет nicht, daß ich wüßte; **~ость** *ж* Bekánntheit *f*, Ruf *m* -(e)s; Berühmtheit *f* (*знаменитость*); Ruhm *m* -es (*слава*); приобрести́ ~ость bekánnt [berühmt] wérden; von sich réden máchen; он приобрёл ~ость как óпытный врач er hat sich (*D*) den Ruf éines erfáhrenen Árztes erwórben; пóльзоваться ~остью bekánnt [berühmt] sein; éinen Námen háben; ◇ постáвить когó-л. в ~ость о чём-л. j-n von etw. (*D*) in Kénntnis sétzen, j-n etw. wíssen lássen*; j-m etw. zur Kénntnis bríngen*; **~ый 1.** (*знакомый*) bekánnt; ~ый всемý гóроду stádtbekannt; всем ~ый факт éine allgeméin bekánnte Tátsache; э́то дéло мне ~о ich weiß darüber Beschéid; вам извéстен э́тот человéк? kénnen Sie díesen Ménschen?; **2.** (*знаменитый*) bekánnt, berühmt; berüchtigt (*с дурной стороны*); ~ый чем-л. für etw. (*A*) bekánnt; он извéстен своéй скýпостью er ist dafür bekánnt, daß er géizig ist; óчень ~ый врач ein sehr bekánnter Arzt; **3.** (*определённый*) bestímmt, féstgesetzt; ~ое числó éine bestímmte Zahl; в ~ое врéмя zur bestímmten [féstgesetzten] Zeit; **4.** (*некоторый*) gewíß; в ~ых слýчаях in gewíssen Fällen; ◇ **~ое** дéло! sélbstverständlich!

известня́к *м* Kálkstein *m* (1); **~óвый** Kálkstein-; ~óвые гóры Kálksteingebirge *n* -s

и́звесть *ж* Kalk *m* (1); хлóрная ~ Chlórkalk [kl-] *m*; гашёная ~ gelóschter Kalk; негашёная ~ úngelöschter Kalk; бели́ть ~ю kálken *vt*, wéißen *vt*

извéчн||ый éwig, úralt; ~ые правá originäre Réchte

извещáть *см.* извести́ть

извещéние *с* **1.** (*действие*) Benáchrichtigung *f* (10); Mítteilung *f* (10); **2.** (*письменное сообщение*) Ánzeige *f* (11); Mítteilung *f* (10); Méldung *f* (10); Beschéid *m* (1) (*ответ*); официáльное ~ offiziélle [ámtliche] Mítteilung

изви́в *м* Windung *f* (10); Bíegung *f* (10), Krümmung *f* (10); **~áться** sich wínden*, sich schlängeln (*о змее и т. п.*); ~áться от бóли sich vor Schmérzen krümmen [wínden*]; ~áться перед кем-л. vor j-m scharwénzeln [kätzbuckeln]

изви́лин||а *ж* Wíndung *f* (10), Bíegung *f* (10); Krümmung *f* (10); Serpentíne *f* (11), Kéhre *f* (11) (*дороги*); ~ы мóзга *анат.* Gehírnwindungen *pl*

изви́лист||ый gewúnden; geschlängelt; *бот.* víelbeugig; ~ая дорóга Serpentínenstraße *f* (11), kúrvenreiche [-vən-] Stráße

извинéн||ие *с* Entschúldigung *f* (10); проси́ть ~ия um Entschúldigung bítten*, sich entschúldigen

извини́тельн||ый 1. (*просительный*) verzéihlich; **2.** (*содержащий извинение*) Entschúldigungs-; ~ое письмó Entschúldigungsbrief *m* (1)

извин||и́ть 1. entschúldigen *vt*, verzéihen* *vt*; ~и́те! entschúldigen Sie!, Verzéihung!, bítte um Entschúldigung!; он прóсит егó ~и́ть er läßt sich entschúldigen; **2.** (*оправдать*) entschúldigen *vt*; réchtfertigen *неотд. vt*; ◇ нет уж ~и́те! o, nein!, auf kéinen Fall!; **~и́ться** sich entschúldigen (пéред кем-л. bei *D*); ~и́тесь за меня́ пéред вáшей мáтерью entschúldigen Sie mich bei Íhrer Mútter

извин||я́ть(ся) *см.* извини́ть(ся); ~я́юсь! *разг.* Entschúldigung!, Verzéihung!

извиня́ющий entschúldigend, réchtfertigend; ~ся um Entschúldigung bíttend; schméichlerisch, bíttend

изви́||тость *ж*: эффéкт ~тости *текст.* krepónartiger Efféкt; **~тый** *см.* изви́листый; **~ть** wínden* *vt*, krümmen *vt*

извлекáть *см.* извлéчь

извлечéние *с* **1.** (*действие*) Heráusziehen *n* -s; Extraktión *f* (10); Entférnung *f* (10) (*удаление*); ~ урáна Uránextraktion *f*; **2.** (*выписка*) Áuszug *m* (1*); ~ из счёта Kóntenauszug *m*; **3.** *мат.*: ~ кóрня Wúrzelziehen *n* -s, Radizíeren *n* -s; ~ квадрáтного кóрня Beréchnung der Quadrátwurzel

извлéчь 1. *в разн. знач.* heráusziehen* *vt*; heráusholen *vt*; extrahíeren *vt*; entférnen *vt* (*удалить*); ~ звýки (*из инструмента*) (éinem Instrumént) Töne entlócken; ~ нóвые дáнные из архи́ва néue Ángaben im Archív fínden*; ~ урóк éine Léhre zíehen*; ~ пóльзу из чегó-л. aus etw. (*D*) Nútzen zíehen*, sich (*D*) etw. zunútze máchen; ~ при́быль Gewínn erwírtschaften; Profít erzíelen [máchen]; **2.** *мат.*: ~ кóрень éine Wúrzel zíehen*, radizíeren *vt*

извнé *нареч.* von áußen (her)

извóд I *м разг.* **1.** (*расточительство*) Verschwéndung *f*, Vergéudung *f*; ~ врéмени Zéitverschwendung *f*, Zéitvergeudung *f*; **2.** (*страдание*) Pláge *f* (11)

извóд II *м лингв.* (*рукописного текста*) Fássung *f* (10)

изводи́ть(ся) *см.* извести́(сь)

изво́з *м* Fúhrwesen *n* -s, Fúhr(manns)gewerbe *n* -s; занима́ться ~ом das Fúhr(manns)gewerbe betréiben*; **~и́ть** *разг.* verschmútzen *vt* (*пла́тье*); **~ный:** ~ный про́мысел Fúhrwesen *n* -s

изво́з||чик *м* Fúhrmann *m* (4) (*pl тж.* -leute); ломово́й ~чик Lástfuhrmann *m*; легково́й ~чик Dróschkenkutscher *m* (6); е́хать на ~чике [mit der] Dróschke fáhren*; взять ~чика éine Dróschke míeten [néhmen*]; ◇ руга́ться как ~чик lästerlich flúchen

изво́л||ить 1.: изво́льте вы́йти! bítte, verlássen Sie das Zímmer!; **2.** (*выраже́ние согла́сия*): изво́льте! gut!, éinverstanden!; méinetwegen!; ◇ чего́ ~ите? *уст.* was belíeben Sie?, wie belíebt?; изво́льте ра́доваться! da háben wir die Beschérung!

извора́чиваться sich dréhen und wénden; sich heráuswinden*

изворо́тлив||ость *ж* Gewándtheit *f*; Wéndigkeit *f*; **~ый** wéndig; gewándt; geschíckt (*ло́вкий*); geríeben (*быва́лый*); áalglatt, glatt wie ein Aal (*ско́льзкий как у́горь*); он челове́к ~ый er ist geschíckter Mensch; er ist ein geríebener Kerl; er ist glatt wie ein Aal

изврати́ть, извраща́ть 1. (*искази́ть*) entstéllen *vt*, verdréhen *vt*, verzérren *vt*; ~ смысл слов den Sinn der Wórte entstéllen [verdréhen]; **2.** (*ду́рно повлия́ть*) verdérben* *vt*, perveríeren [-ver-] *vt*

извраще́н||ие *с* **1.** (*искаже́ние*) Entstéllung *f* (10), Verdréhung *f* (10), Verzérrung *f* (10); **2.** (*ненорма́льность*) Perversión [-vɛr-] *f* (10), Verírrung *f* (10); вкусовы́е ~ия Geschmacksverirrungen *pl*

извращённ||ость *ж* Wídernatürlichkeit *f*; Perversität [-vɛr-] *f* (10); **~ый 1.** (*искажённый*) entstéllt, verzérrt, verdréht; in verfälschender Wéise wíedergegeben; ~ое поня́тие verzérrter Begríff, verdréhte Vórstellung; **2.** (*противоесте́ственный*) wídernatürlich; pervers [-'vɛrs]

изга́дить *разг.* (*испа́чкать*) beschmútzen *vt*, besúdeln *vt*; versáuen *vt*, verhúnzen *vt* (*испо́ртить*)

изги́б *м* **1.** (*изви́лина*) Krümmung *f* (10), Bíegung *f* (10); Kröpfung *f* (10); Windung *f* (10); Áusknickung *f* (10); про́чность на ~ Bíegefestigkeit *f*; ли́ния ~а струны́ Áuslenkungskurve [-və] *f* (11); **2.** *б. ч. мн.* ~ы (*отте́нки*) Schattíerung *f* (10), Nuance [ny'aŋsə] *f* (11)

изгиба́ть (ver)bíegen* *vt*, krümmen *vt*; **~ся 1.** sich bíegen*, éinen Bógen [éine Bíegung, Kúrve (-və)] máchen; sich schlängeln; **2.** (*криви́ться*) sich verzíehen* (*о губа́х*)

изгла́дить verwíschen *vt*, áuslöschen *vt*; ~ из па́мяти aus dem Gedächtnis tílgen; ~ неприя́тное впечатле́ние éinen únangenehmen Éindruck verwíschen; **~ся 1.** sich glätten; **2.** (*исчезну́ть*) sich verwíschen, verwíscht sein [wérden]; неприя́тное впечатле́ние изгла́дилось der únangenehme Éindruck war vergéssen

изгла́живать(ся) *см.* изгла́дить(ся)

изглода́ть *разг.* benágen *vt*, zernágen *vt*

изгна́н||ие *с* **1.** (*де́йствие*) Vertréibung *f*, Verjágung *f*; **2.** (*состоя́ние*) Verbánnung *f*, Exíl *n* (2); находи́ться в ~ии in der Verbánnung [im Exíl] lében; verbánnt sein; **~ник** *м*, **~ница** *ж* Verbánnte *m, f* (14); Vertríebene *m, f* (14)

изгна́ть 1. vertréiben* *vt*, verjágen *vt*; áustreiben * *vt*; ~ из употребле́ния áußer Gebráuch sétzen; **2.** (*из страны́*) áusweisen* *vt*, des Lándes verwéisen*; verbánnen *vt* (*вы́слать*); **3.** *мед.*: ~ плод die Léibesfrucht ábtreiben*

изго́й *м* Pária *m* -s, -s

изголо́вь||е *с* (*посте́ли*) Kópfende *n* (13); у ~я am Kópfende, zu Häupten; служи́ть ~ем als Kíssen díenen

изголода́ться 1. verhúngert [áusgehungert] sein; **2.** *перен.* húngern *vi*, sich séhnen (по чему́-л. nach *D*)

изгоня́ть *см.* изгна́ть

и́згородь *ж* Zaun *m* (1*); Fléchtzaun *m* (*пле́тень*); жива́я ~ (lébende) Hékke *f* (11)

изгота́вливать *см.* изгото́вить 1

изготови́тель *м* Hérsteller *m* (6), Erzéuger *m* (6), Produzént *m* (8)

изгото́вить 1. (*сде́лать*) hérstellen *vt*, verfértigen *vt*; fabrizíeren *vt*, produzíeren *vt*; **2.** *разг.* (*пригото́вить*) vórbereiten *vt*; zúbereiten *vt* (*пи́щу и т. п.*); **~ся 1.** sich vórbereiten, sich fértigmachen *отд.*; **2.** *воен.* (*к стрельбе́*) in Ánschlag géhen*

изгото́в||ка: взять ружьё на ~ку das Gewéhr schúßbereit hálten*; **~ле́ние** *с* Hérstellung *f*, (Ver)fértigung *f*; Ánfertigung *f*; Fabrikatión *f*, Produktión *f*; крупносери́йное ~ле́ние Größserienfertigung *f*; специа́льное ~ле́ние Sónderanfertigung *f*, Sónderausführung *f*; ~ле́ние сбо́рных элеме́нтов industriélle Vórfertigung; со́бственного ~ле́ния sélbstgefertigt; вре́мя ~ле́ния Fértigungszeit; **~ля́ть** *см.* изгото́вить 1

изгрыза́ть, изгры́зть zernágen *vt*, zerfréssen* *vt*

издава́ть I *см.* изда́ть I

издава́ть II **1.** *см.* изда́ть II; **2.:** ~ за́пах éinen Gerúch verbréiten [áusströmen]

и́здавна *нареч.* von álters her; von jéher, seit lángem

издалека́, и́здали *нареч.* von wéitem; von fern her; ◇ нача́ть ~ weit áusholen

изда́н||ие *с* **1.** (*де́йствие*) Heráusgabe *f* (11); Veröffentlichung *f* (10) (*опубликова́ние*); ~ие зако́на der Erláß [die Verábschiedung] eines Gesétzes; **2.** (*произведе́ние печа́ти*) Áusgabe *f* (11); шко́льное ~ие Schúlausgabe *f*; сокращённое ~ие gekürzte Áusgabe; роско́шное ~ие Práchtausgabe *f*; рекла́мное ~ие Wérbeschrift *f*; госуда́рственное [официа́льное] ~ие ámtliche Drúcksache; отде́льное ~ие, специа́льное ~ие Sónderausgabe *f*; периоди́ческое ~ие Zéitschrift *f*; Periódika *pl*; подписно́е ~ие Subskriptiónsausgabe *f*; **3.** (*вы́пуск кни́ги*) Áuflage *f* (11), Editión *f*; но́вое ~ие Néuauflage *f*; пе́рвое ~ие Érstauflage *f*; второ́е ~ие zwéite Áuflage; испра́вленное и допо́лненное ~ие verbésserte und erwéiterte Áuflage; ма́ссовое ~ие Mássenauflage *f*; стереоти́пное ~ие Náchdruck *m*, Náchauflage *f*; посме́ртное ~ие Náchlaßausgabe *f*; в ~ии а́втора im Sélbstverlag; ~ие, выходя́щее отде́льными тома́ми Áusgabe in Éinzelbänden; год ~ия Erschéinungsjahr *n* -(e)s (*кни́ги*); Jáhrgang *m* -(e)s (*журна́ла*); пра́во ~ия Verlágsrecht *n* -(e)s

изда́тель *м* Verléger *m* (6); Heráusgeber *m* (6) (*реда́ктор-изда́тель*); **~-ский** Verlágs-, verlégerisch; verlágseigen (*со́бственность изда́тельства*); **~-ское де́ло** Verlágswesen *n* -s; **~ство** *с* Verlág *m* (1); госуда́рственное ~ство Stáatsverlag *m*; ~ство специа́льной литерату́ры Fáchbuchverlag *m*

изда́ть I **1.** (*кни́гу и т. п.*) heráusgeben* *vt* (*о реда́кторе*); verlégen *vt*, áuflegen *vt* (*об изда́теле*); **2.** (*зако́н и т. п.*) veröffentlichen *vt*; erlássen* *vt*, verábschieden *vt*

изда́ть II (*звук и т. п.*) áusstoßen* *vt*; von sich gében*

издева́тель||ский höhnisch, spöttisch; ~ское отноше́ние Verhöhnung *f* (10); **~ство** *с* Verhöhnung *f* (10), Verspóttung *f* (10); Hohn *m* -(e)s, Spott *m* -es; Spötteréi *f* (10), Spöttelei *f* (10) (*насме́шки*); э́то ~ство! das ist der réine Hohn!

издева́ться (*над кем-л., над чем-л.*) verhöhnen *vt*; höhnsprechen* *отд. vi* (*D*); verspótten *vt*; bespötteln *vt* (*подтру́нивать*); sich über j-n, über etw. (*A*) lústig máchen (*насмеха́ться*); j-n auf den Arm néhmen* (*разг.*)

издёвк||а *ж разг.* Verhöhnung *f* (10), Verspóttung *f* (10); в ~у zum Hohn, zum Spott

изде́л||ие *с* (*проду́кт произво́дства*) Erzéugnis *n* (3*); Wérkstück *n* (2) (*обраба́тываемая дета́ль*); Artíkel *m* (6); Wáre *f* (11) (*това́р*); ~ие вы́сшего ка́чества Spítzenerzeugnis *n*; типово́е ~ие Standárderzeugnis *n*; скобяны́е ~ия Kléineisenwaren *pl*; шве́йные ~ия Konfektión *f* (10); ювели́рные ~ия Schmúckwaren *pl*; стекля́нные ~ия Gláswaren *pl*; куста́рные ~ия Erzéugnisse der Héimindustrie [Háusindustrie]; ко́жаные ~ия Léderwaren *pl*; галантере́йные ~ия Kúrzwaren *pl*; кондитерские, бу́лочные и мучны́е ~ия Süß-, Báck- und Téigwaren *pl*; мясны́е ~ия Fléischwaren *pl*; ры́бные ~ия Físchwaren *pl*

издёрганн||ый *разг.* überréizt; nervös [-'vø:s] (*не́рвный*); **~ый** челове́к ein nervöser Mensch; ~ые не́рвы überréizte Nérven [-f- *и* -v-]

издёргать *разг.* **1.** (*истрепа́ть*) zerrúpfen *vt*; **2.** *перен.* nervös [-'vø:s] máchen; ~ не́рвы die Nérven [-f- *и* -v-] überréizen [überánstrengen, zerrütten]; **~ся** *разг.* nervös [-'vø:s] wérden; die Nérven [-f- *и* -v-] verlíeren*; не́рвы издёргались die Nérven sind überréizt [zerrüttet]

издержа́||ть áusgeben* *vt*, veráusgaben *vt*; verbráuchen *vt*; **~ться** *разг.* sich veráusgaben; я совсе́м ~лся ich hábe mein gánzes Geld áusgegeben, ich hábe mich ganz veráusgabt

изде́ржки *мн.* Áusgaben *pl*; Kósten *pl*, Únkosten *pl*, Spésen *pl*; ~ произво́дства Produktiónskosten *pl*, Fértigungskosten *pl*; ~ обраще́ния *эк.* Zirkulatiónskosten *pl*; суде́бные ~ Geríchtskosten *pl*; доро́жные [путевы́е] ~ Réisekosten *pl*, Díenstreisekosten *pl*; ~ на рекла́му Wérbekosten *pl*; постоя́нные ~ fíxe Kósten; возмеще́ние изде́ржек Spésenvergütung *f* (10)

издо́ль||щик *м* Téilpächter *m* (6); **~-щина** *ж* Téilpacht *f* (10)

издо́хнуть krepíeren *vi* (s), verrécken *vi* (s)

издре́вле *нареч. уст.* von álters her

издыря́вить *разг.* durchlöchern *vt*

издыха́||ние *с*: быть при после́днем ~нии in den létzten Zügen líegen*; до после́днего ~ния bis zum létzten Átemzug; **~ть** *см.* издо́хнуть

ижа́лить zerstéchen* *vt* (*о пчёлах и т. п.*)

изжа́рить bráten* *vt*, rösten *vt*; **~ся 1.** (*быть гото́вым*) gebácken sein, geröstet sein; gar sein; **2.** *разг.* (*на солнце*) lánge in der Sónne líegen*

нажёванн||ый *прич.* **1.** zerkáut; **2.** *в знач. прил. разг.* (*измятый*) zerknüllt, zerknittert; **3.** *в знач. прил.* (*избитый*) ábgedroschen; **~ая** тéма ábgedroschenes Théma

изжевáть zerkáuen *vt*

и́зжелта-крáсный gélblichrot

изжéчь *разг.* **1.** an víelen Stéllen durchbrénnen* (*прожечь*); verbrénnen* *vt* (*обжечь*); **2.** (*израсходовать*) zum Héizen verbráuchen

изживáние *с* Ábschaffung *f*; Áufhebung *f*, Beséitigung *f*

изживáть, изжи́ть ábschaffen *vt*, ábstellen *vt*; beséitigen *vt*, aus der Welt schäffen (*устранить*); ~ недостáтки Mängel ábschaffen [ábstellen]; ◇ изжи́ть себя́ sich überlében, verálten *vi*

изжóг||а *ж мед.* Sódbrennen *n* -s; страдáть **~ой** an Sódbrennen léiden*, Sódbrennen haben

из-за *предлог* **1.** hínter (*D*)... hervór; встать из-за столá vom Tisch áufstehen*; из-за грани́цы aus dem Áusland; выгля́дывать из-за двéри hínter der Tür hervórblicken; **2.** (*по причине*) wégen (*G, D*); vor (*D*); durch (*A*); infólge (*G*) (*вследствие*); из-за тогó, что da, weil; из-за пустякá wégen éiner Níchtigkeit; из-за шу́ма ничегó не слы́шно vor Lärm ist nichts zu hören; из-за твоéй неосторóжности infólge déiner Únvorsichtigkeit; из-за чегó? weshálb?, weswégen?; из-за э́того déshalb, darúm; déswegen; из-за меня́ méinetwégen, méinethálben, (um) méinetwíllen

и́зселена-сéрый grünlichgrau, grüngrau

изселени́ть *разг.* grüne Flécke máchen (что-л. in *A*)

изззубри́ть *разг.* schártig máchen, áusscharten *vt*

иззя́б||нуть *разг.* ganz erfróren sein, durchfríeren* *vi* (s); **~ший** *разг.* (ganz) durchfróren, erfróren

излагáть *см.* изложи́ть

изла́зить *разг.* durchstöbern *vt*

изла́ять *груб.* gründlich áusschimpfen* *vt*

излени́ться *разг.* (ganz) faul wérden

излёт: пу́ля на ~е *воен.* mátte Kúgel, máttes Geschóß

излетáть *разг.* **1.** víele Gebíete durchflíegen*; **2.** (*израсходовать*) beim Flíegen verbráuchen (*напр. горючее*)

излечéние *с* **1.** (*выздоровление*) Héilung *f*, Wiederhérstellung *f*, Genésung *f*; **2.** (*лечение*) Héilung *f* (10), Kur *f* (10), Behándlung *f* (10); на ~ zur Behándlung, zur Kur

излéч||ивать *см.* излечи́ть; **~и́мый** héilbar; **~и́ть** héilen *vt*, (áus)kuríeren *vt*, wiederhérstellen *vt*; gesúnd máchen; **~и́ться** gehéilt sein; gesúnd wérden, wiederhérgestellt sein (*выздороветь*); он **~и́лся** от свои́х дурны́х привы́чек er ist von séinen Únsitten gehéilt, er ist séine Únsitten los

изливáть **1.** *см.* изли́ть; **2.** (*испускать свет, запах*) áusgießen* *vt*, áusströmen *vt*; áusstrahlen *vt*; ~ потóки свéта ein Líchtermeer áusströmen; **~ся** *см.* изли́ться

изли́ть **1.** (*дать выход словам, чувствам*) áuslassen* *vt*; ~ свой гнев на когó-л. séinen Zorn an j-m áuslassen* [über j-n ergíeßen *]; ~ всю жёлчь Gift und Gálle spéien *; **2.:** ~ ду́шу комý-л. j-m sein Herz áusschütten; **~ся** **1.** *уст.* (*вытечь*) (her)áusströmen *vi* (s); entströmen *vi* (s) (из чегó-л. *D*); **2.** (*о словах, чувствах*) sich ergíeßen*; **3.** (*откровенно высказаться*); ~ся пéред кем-л. j-m sein Herz áusschütten

изли́ш||ек *м* **1.** (*избыток*) Überfluß *m* -sses; *мн.* **~ки** *с.-х.* fréie Spítzen (*pl*); Übersollmengen *pl*; сверхплáновые **~ки** Überplanbestand *m* (1*); продавáть молокó из свои́х **~ков** Milch aus fréien Spítzen líefern; **с ~ком** (genúg und) übergenug; **2.** (*лишнее*) Überschuß *m* -sses, -schüsse; **~ество** *с* Übermaß *n* -es (von, an *D*), Únmäßigkeit *f* (10); половы́е **~ества** Áusschweifungen; лекси́ческое **~ество** *лит.* Pleonásmus *m* =, -men

изли́ш||не **1.** *нареч.* (*чересчур*) zu, zu sehr, únnötig, übermäßig; **2.** *предик. безл.* das ist únnötig [überflüssig]; **~не** об э́том говори́ть es hat kéinen Sinn, darüber zu spréchen; **~ний** **1.** (*чрезмерный*) übermäßig; **2.** (*ненужный*) únnötig, únnütz, überflüssig; **~няя** поспéшность únnütze Hast [Übereílung]; **~ний** вес Méhrgewicht *n* (2), Übergewicht *n*

излия́н||ие *с* **1.** Effusión *f*; Áusströmung *f*; Ergúß *m* -sses, -güsse; **2.** (*откровенность*) *мн.* **~ия** Ergüsse *pl*; дру́жеские **~ия** (fréundschaftliche) Hérzensergüsse *pl*

излови́ть **1.** (*поймать*) (áb)fángen* *vt*, fássen *vt*; erwíschen *vt*; **2.** (*изобличить*) überführen *vt*

изловчи́ться *разг.* etw. fértigbringen*; sich geschíckt ánstellen; etw. geschíckt ánstellen [zustánde bringen*]

излож||éние *с* **1.** (*действие*) Wíedergabe *f* (11); Dárlegung *f* (10), Dárstellung *f* (10), Áuslegung *f*; в егó **~éнии** in séiner Dárlegung; крáткое **~éние** Zusámmenfassung *f*, Resümée *n* -s, -s; **2.** (*письменный пересказ*) (schríftliche) Nácherzählung *f*; Wíedergabe *f*; **~и́ть** dárlegen *vt*, wíedergeben* *vt*; beríchten *vt*; vórbringen* *vt*; auseinándersetzen *vt* (*объяснить*); fássen *vt* (*сформулировать*); níederlegen *vt* (*в письменной форме*); **~и́ть** в немнóгих словáх sich kurz fássen; in [mit] kúrzen Wörten beríchten; **~и́ть** свою́ прóсьбу séine Bítte vórbringen*; он **~и́л** свои́ трéбования er hat séine Fórderungen dárgelegt [vórgebracht]

изло́жница *ж мет.* Kokílle *f* (11)

изло́м *м* **1.** *мет., мин.* Bruch *m* (1*); Knickung *f* (10); испытáние на ~ Brúchfestigkeitsprüfung *f*; **2.** (*место излома*) Brúchstelle *f* (11); ~ срéза *мин.* Schérknick *m* (1); **3.** (*извилина*) Krümmung *f* (10), Bíegung *f* (10), Wíndung *f* (10); Zíckzack *m* (1); Knick *m* (1); без **~а** (*о кривой*) úngeknickt; ~ кривóй [характери́стики] *физ.* Kénnlinienknick *m*; **~анный** **1.** *прич.* zerbróchen; **2.** *прил.* (*не прямой*) gebróchen; **~анная** ли́ния gebróchene Líniе; **3.** *прил.* (*испорченный*) verbíldet, verzérrt; gebróchen; verkrüppelt; **~áть** **1.** zerbréchen* *vt*; kapútt máchen; **~áть** на куски́ in Stücke bréchen*; он всё **~áл** er schlug álles kurz und klein; **2.** (*испортить*) verdérben* *vt*; mißbílden *vt*, verzérren *vt*; verkrüppeln *vt*; **~áться** **1.** zerbréchen* *vi* (s), kapútt sein, kapúttgehen* *отд. vi* (s); in Stücke géhen* (*разбиться*); **2.** (*быть ломакой, манерничать*) äußerst affektíert sein, sich únnatürlich benéhmen*

излучáтель *м физ.* Stráhler *m* (6), Bestráhler *m* (6); инфракрáсный ~ Ínfrarotstrahler *m*; напрáвленный ~ *радио* Ríchtstrahler *m*

излучáть **1.** (áus)stráhlen *vt*, ábstrahlen *vt*, emittíeren *vt*; Stráhlen áussenden; **2.** (*радость и т. п.*) áusströmen *vt*; **~ся** **1.** áusstrahlen *vi* (s); entströmen *vi* (s); **2.** *страд.* áusgestrahlt wérden

излучéн||ие *с физ.* Stráhlung *f* (10), Áusstrahlung *f* (10), Radiatión *f* (10), Stráhlen *n* -s, Áusströmung *f* (10), Ábstrahlung *f* (10), Emissión *f* (10), Emanatión *f* (10); **~ие** Земли́ Érdstrahlung *f*; косми́ческое **~ие** kósmische Stráhlung, Höhenstrahlung *f*, Últrastrahlung *f*; я́дерное **~ие** Kérnstrahlung *f*; инфракрáсное **~ие** Ínfrarotstrahlung *f*; вы́званный **~ием** stráhleninduziert

излу́чина *ж* Wíndung *f* (10), Krümmung *f* (10), Bíegung *f* (10), Kúrve [-və] *f* (11); ~ реки́ Flúßwindung *f*

излю́бленный Líeblings-, belíebt; ~ приём belíebtes Verfáhren

измáзать, измáзывать *разг.* **1.** (*испачкать*) beschmíeren *vt*; beschmútzen *vt*; **2.** (*истратить — краску и т. п.*) verbráucht wérden, dráufgehen* *vi* (s)

измалевáть *разг.* völlpinseln *vt*

измарáть *разг.* **1.** (*испачкать*) verschmíeren *vt*, schmútzig máchen; **2.** (*исписать — бумагу и т. п.*) völlschreiben* *vt*; **~ся** sich beschmíeren, sich schmútzig máchen

измáслить *разг.* mit Öl [Fett, Bútter] verschmíeren [verschmútzen]

измáтывать(ся) *см.* измотáть(ся)

измáяться *разг.* sich ábquälen, sich ábplagen; sich ábracken

измельчáние *с* **1.** Verfláchung *f* (10), Séichtwerden *n* -s (*реки и т. п.*); **2.** (*уменьшение размеров*) Zusámmenschrumpfen *n* -s; **3.** (*вырождение — о растениях и т. п.*) Entártung *f* (10); **4.** *перен.* (*о человеке*) (géistige) Verfláchung *f* (10)

измельчáть I **1.** flach [seicht] wérden (*о реке и т. п.*); **2.** (*стать меньше по размерам*) zusámmenschrumpfen *vi* (s), klein wérden; **3.** (*выродиться — о растениях и т. п.*) entárten *vi* (s); **4.** *перен.* (*о человеке*) (géistig) verfláchen *vi* (s)

измельчáть II *см.* измельчи́ть

измельч||éние *с* Zerkléinerung *f*; Zerstückelung *f*; *тех.* Máhlung *f*, Máhlen *n* -s; Zerbröckelung *f* (*в крошки*); грýбое **~éние** Gróbmahlung *f*; тóнкое **~éние** Féinmahlung *f*; **~éние** в порошóк Pulverisíerung *f*; **~и́тель** *м спец.* Máhlanlage *f* (11); Brécher *m* (6); **~и́ть** zerkléinern *vt*; zerstückeln *vt*; zerbröckeln *vt* (*искрошить*); **~и́ть** рудý *горн.* das Erz mätzen; **~и́ться** zerbröckeln *vi* (s)

измéн||а *ж* **1.** (*предательство*) Verrát *m* -(e)s (чемý-л. an *D*); госудáрственная **~а** Hóchverrat *m*, Lándesverrat *m*; совершúть **~у** Verrát üben [begéhen*]; **2.** (*неверность*) Úntreue *f*; Tréubruch *m* (1*) (*вероломство*); супрýжеская **~а** Éhebruch *m*; **3.** Ábkehr *f* (*идеалам и т. п.* von *D*)

изменéн||ие *с* **1.** Änderung *f* (10), Veränderung *f*, Wéchsel *m* -s; Modifikatión *f* (10); Wándlung *f* (10); Úmgestaltung *f* (10) (*видоизменение*); Wándel *m* -s (*перемена*); *грам.* (*по родам, временам и т. п.*) Ábwandlung *f*; **~ие** значéния *лингв.* Bedéutungswandel *m*; *мат.* Wértverlauf *m* -(e)s; **~ие** погóды Wétterwechsel *m*, Wétteränderung *f*; **~ие** структýры Struktúrveränderung *f*; Struktúrwandel *m*; **~ие** поли́тики Wándel der Politík; Wándel im polítischen Kurs; **~ие** формулирóвки die Ábänderung éiner Formulíerung; **~ие** цвéта Verfärbung *f*; внести́ **~ия**, подвéргнуть **~ию** Änderungen vórnehmen* [tréffen *]; претерпéть **~ие** éine Ábänderung erfáhren*; произошли́ **~ия** Änderungen tráten ein [vollzógen sich]; **2.** *хим.* Úmschlag *m* (1*); ◇ во ~ие in Ábänderung

измени́ть I (*переменить*) ändern *vt*, verändern *vt*, úmgestalten *vt*; wándeln *vt* (*книжн.*); *грам.* (*напр. время*) ábwandeln *vt*; э́того нельзя́ ~ das ist nicht zu ändern, das läßt sich nicht ändern

измен||и́ть II **1.** (*предать*) verráten* *vt*, Verrát üben [begéhen*] (чему́-л. an *D*) **2.** (*быть неверным*) úntreu sein [wérden]; die Tréue bréchen*; ~и́ть свои́м убежде́ниям séinen Überzéugungen úntreu wérden; ~и́ть до́лгу séine Pflicht verlétzen; ~и́ть прися́ге den Eid bréchen*; ~и́ть своему́ сло́ву sein Wort bréchen*; ~и́ть привы́чке von éiner Gewóhnheit ábgehen*; ◇ си́лы ~и́ли мне méine Kräfte verságten [verlíeßen mich]; го́лос ~и́л ему́ séine Stímme verságte; сча́стье ~и́ло ему́ das Glück hat ihn verlássen, das Glück hat ihm den Rücken gekéhrt; ~и́ть себе́ sich selbst úntreu wérden, séinem Charákter [séinen Gewóhnheiten] zuwíder hándeln

измени́ться sich verändern; внеза́пно ~ (*о направлении ветра*) úmspringen* *vi*; ~ к лу́чшему sich zum Bésseren [zu séinem Vórteil] verändern, sich béssern; ◇ ~ в лице́ die Fárbe wéchseln

изме́н||ник *м* Verräter *m* (6); Tréulose *m* (14); ~ник ро́дины Hóchverräter *m* (6); **~ница** *ж* Verräterin *f* (12); Tréulose *f* (14); **~нически** *нареч.* verräterisch, auf verräterische Wéise; tréulos (*вероломно*); **~нический** verräterisch

изме́нчив||ость *ж* Veränderlichkeit *f*, Variabilität [va-] *f*, Wándelbarkeit *f*; Únbeständigkeit *f* (*непостоянство*); **~ый** veränderlich, variábel [va-]; únbeständig (*непостоянный*); ~ая пого́да veränderliches [únsicheres] Wétter

изменя́ем||ость *ж* **1.** Veränderlichkeit *f*; **2.** *грам.* Flektíerbarkeit *f*; **~ый 1.** veränderlich; **2.** *грам.* flektíerbar, béugbar; ~ые ча́сти ре́чи flektíerbare Wórtarten

изменя́ть I *см.* измени́ть I

изменя́||ть II *см.* измени́ть II; е́сли мне па́мять не ~ет wenn mich mein Gedächtnis nicht trügt; па́мять мне ~ет das Gedächtnis läßt mich im Stich; е́сли мне зре́ние не ~ет wenn mich mein Áuge nicht trügt; зре́ние начина́ет мне ~ть méine Áugen wérden schwach

изменя́ться 1. *см.* измени́ться; **2.** *страд.* verändert wérden (*ср.* измени́ть 1)

измер||е́ние *с* **1.** (*действие*) Méssung (10), Ábmessung *f*, Vermíessung *f*; ~е́ние угло́в *мат.* Wínkelmessung *f*; едини́ца ~е́ния Máßeinheit *f* (10); ~е́ние глубины́ Péilung *f* (10), Lóten *n* -s; ~е́ние разме́ров тел *физ.* Ráummessung *f*; ~е́ние по́ля зре́ния Gesíchtsfeldbestimmung *f*; **2.** *мат.* Dimensión *f* (10); три ~е́ния die drei Dimensiónen; **~и́мость** *ж* Méßbarkeit *f*, Mensurabilität *f*; **~и́мый** méßbar, mensurábel; ~и́мая величина́ *мат.* mensuráble [méßbare] Größe; **~и́тель** *м* **1.** *тех.* Méßgerät *n* (2); ~и́тель у́ровня сигна́ла *радио* Pégelmesser *m* (6); ~и́тель у́ровня ма́сла *авто* Ölmeßstab *m* (1*); **2.** (*показатель*) Kénnziffer *f* (11); Norm *f* (10) (*норма*); **~и́тельный** *тех.* Meß-; ~и́тельный прибо́р Méßgerät *n* (2); произво́дственная ~и́тельная те́хника Betríebsmeßtechnik *f*

изме́рить, измеря́ть méssen* *vt*; vermíessen* *vt* (*обмерить*); ábschreiten* *vt* (*шагами*); ábgreifen* *vt* (*циркулем*); ~ на глаз nach Áugenmaß méssen*; ~ температу́ру die Temperatúr méssen*; ◇ ~ кого́-л. взгля́дом [взо́ром, глаза́ми] j-n (hóchmütig) von óben bis únten méssen*

измождённый áusgemergelt; erschöpft, ábgezehrt; у него́ ~ вид er sieht ábgezehrt aus

измо́кнуть *разг.* durchnäßt wérden [sein]; я совсе́м измо́к ich bin durch und durch naß (gewórden)

измоло́т *м* Áusdrusch *m* (1)

измоло́ть máhlen (*всё, до конца*)

измо́р: взять ~ом áushungern *vt*; взять кре́пость ~ом éine Féstung áushungern; взять кого́-л. ~ом *перен.* (durch zermürbende Zúdringlichkeit) j-n kléinkriegen; страте́гия ~а *воен.* Ermáttungsstrategie *f*

измори́ть áufreiben* *vt*, erschöpfen *vt*

и́зморозь *ж* (*иней*) Ráuhreif *m* -(e)s, Ráuhfrost *m* -es

и́зморось *ж* (*мелкий дождь*) Stáubregen *m* -s; Sprühregen *m*

измо́танный *разг.* mítgenommen, zerrüttet, ábgehetzt; *воен.* ábgekämpft, zermürbt, mürbe gemácht

измота́ть *разг.* ermüden *vt*; áufreiben* *vt* (*изнурить*); mítnehmen* *vt* (*обессилить*); *воен.* zermürben *vt*, mürbe máchen; ~ не́рвы séine Nérven [-f- *u* -v-] überánstrengen [zerrütten]; **~ся** *разг.* sich ábstrapazieren, sich ábhetzen, von Kräften kómmen*

измоча́ливать(ся) *см.* измоча́лить(ся)

измоча́лить 1. (*верёвку и т. п.*) zerfásern *vt*, áusfasern *vt*; **2.** *разг.* (*утомить*) erschöpfen *vt*; áufreiben* *vt* (*изнурить*); **~ся 1.** (*о верёвке и т. п.*) áusfasern *vi* (s), zerfásern *vi* (s); **2.** *разг.* (*утомиться*) sich ábhetzen, sich ábstrapazieren; áusgepumpt sein

измусо́лить *разг.* verschmútzen *vt*, verschmíeren *vt* (*слюной или грязными пальцами*)

изму́ченный (áb)gequält; zerquält; erschöpft; ábgearbeitet (*усталый*)

изму́чить 1. (áb)quälen *vt*; zerquälen *vt*; ~ до́ смерти zu Tóde quälen, bis aufs Blut quälen; **2.** (*утомить*) ermüden *vt*; entkräften *vt* (*обессилить*); áufreiben* *vt* (*изнурить*); **~ся** sich ábquälen; sich ábstrapazieren, sich ábrackern (*разг.*)

измыва́ться *разг. см.* издева́ться

измы́згать *разг.* verschmútzen *vt*; ábtragen* *vt* (*одежду*)

измы́лить (*мыло*) viel [die gánze] Séife verbráuchen; **~ся** (*о мыле*) dráufgehen* *vi* (s), verbráucht wérden

измы́слить *см.* измышля́ть

измышл||е́ние *с* **1.** (*действие*) Áusdenken *n* -s, Ersínnen *n* -s; **2.** (*выдумка*) Erfíndung *f* (10), Erdíchtung *f* (10); Lügenmärchen *n* (7); Hírngespinst *n* (2); клеветни́ческое ~е́ние Insinuatión *f* (10); **~я́ть** erfínden* *vt*, ersínnen* *vt*; áusdenken* *vt* (*выдумывать*); erdíchten *vt* (*сочинять*)

измя́ть zerdrücken *vt*, zerknítttern *vt*, zerknüllen *vt*; **~ся** zerdrückt [zerkníttert, zerknüllt] sein

изна́нк||а *ж* Kéhrseite *f* (11) (*тж. перен.*); Ábrechte *sub f*, línke Séite (*ткани*); гла́дить с ~и von links [línksseitig] bügeln; ~а ковра́ Únterseite des Téppichs; узна́ть ~у собы́тий die Kéhrseite der Eréignisse erfáhren*; erfáhren*, was hínter den Eréignissen steckt

изнаси́лов||ание *с* Vergewáltigung *f* (10), Schändung *f* (10), Nótzucht *f*; **~ать** vergewáltigen *vt*, schänden *vt*, nótzüchtigen *vt*

изнача́льный *уст.* úrsprünglich

изна́шив||аемость *ж* Verschléiß *m* (1); Ábnutzungsgrad *m* (1); Ábnutzung *f*, Ábnützung *f*; **~ать(ся)** *см.* износи́ть(ся)

изне́ж||енность *ж* Verwéichlichung *f*, Verzärtelung *f*; Verwöhnung *f* (*избалованность*); **~енный** verwéichlicht, verzärtelt; verwöhnt (*избалованный*); verpímpelt (*разг.*); **~ивать(ся)** *см.* изне́жить(ся); **~ить** verwéichlichen *vt*, verzärteln *vt*; verwöhnen *vt* (*избаловать*); **~иться** verwéichlichen *vi* (s), verwéichlicht wérden

изнемог||а́ть verschmáchten *vi* (s), vergéhen* *vi* (s) (от чего́-л. vor *D*); von Kräften kómmen*; он ~а́л séine Kräfte verságten; ~а́ть от уста́лости vor Müdigkeit úmfallen*; ~а́ть под тя́жестью чего́-л. éiner Last erlíegen*

изнеможе́ни||е *с* Müdigkeit *f*, Erschöpfung *f*, Entkräftung *f*; быть в ~и erschöpft [ábgespannt] sein; am Énde séiner Kräfte sein; до ~я bis zur Erschöpfung, bis zum Úmfallen; говори́ть до ~я sich héiser réden; sich die Zúnge aus dem Léibe réden (*разг.*)

изнемо́чь *см.* изнемога́ть

изне́рвнича||ться nervös [-'vø:s] wérden; die Nérven [-f- *u* -v-] verlíeren*; я ~лся ich bin mit méinen Nérven herúnter, méine Nérven verságen

изно́с *м* **1.** (*изнашивание*) Verschléiß *m* -es (*тж. тех.*); Ábnutzung *f*; Ábfaserung *f* (10) (*ковра*); Dúrchlaufen *n* -s (*подошвы*); мора́льный ~ morálischer Verschléiß; **2.:** э́тому материа́лу ~у нет, э́тот материа́л не зна́ет ~у *разг.* díeser Stoff ist únverwüstlich; **~и́ть** ábnützen *vt*; ábtragen* *vt*; **~и́ться 1.** ábgenützt sein; verschléißen *vi* (s), sich verschléißen*; ábgetragen [ábgeschabt] sein, schäbig sein [wérden] (*о платье*); **2.** *разг.* (*состариться*) ábgelebt sein [áussehen*]

износосто́йкий *тех.* verschléißfest

износосто́йкость *ж*, **износоусто́йчивость** *ж тех.* Verschléißfestigkeit *f*

изно́шенн||ость *ж* Ábnutzungsgrad *m* -(e)s, Grad der Ábnutzung [des Verschléißes], Ábnutzung *f*, Verschléiß *m*; **~ый 1.** ábgenutzt; verschlíssen (*о машине*); ábgetragen, schäbig, ábgeschabt (*о платье*); ábgespielt (*о киноплёнке*); dúrchgelaufen (*о подошве*); **2.** *разг.* (*состарившийся*) frühzeitig geáltert, hínfällig

изнур||е́ние *с*, **~ённость** *ж* Erschöpfung *f*, Entkräftung *f*; дойти́ до по́лного ~е́ния völlig erschöpft [entkräftet] sein, am Énde séiner Kraft sein; **~ённый** *см.* измождённый; **~и́тельный** erschöpfend; zéhrend; áufreibend; **~и́тельная** жара́ drückende [zéhrende] Hítze; **~и́тельная** рабо́та áufreibende Árbeit; **~и́ть** erschöpfen *vt*; ábzehren *vt*; entkräften *vt*; ~и́ть себя́ (рабо́той) sich ábarbeiten; **~и́ться** erschöpft [ábgezehrt] sein; **~я́ть(ся)** *см.* изнури́ть(ся)

изнутри́ *нареч.* von ínnen

изныва́ть, изны́ть verschmáchten *vi* (s), vergéhen* *vi* (s) (от чего́-л. vor *D*); ~ от жа́жды vor Durst vergéhen*; ~ от ску́ки *разг.* vor Länge(r)weile úmkommen* [stérben*]

изо *см.* из; ~ всех сил aus áller Kraft, aus Léibeskräften

изоба́ра *ж метеор., физ.* Isobáre *f* (11)

изоба́та *ж геогр.* Isobáthe *f* (11)

изоби́л||ие *с* Überfluß *m* -sses; Überfülle *f*; Réichtum *m* -s; в ~ии in (Hülle und) Fülle, im Überfluß; **край** ~ия ein Land des Überflusses; ◇ рог ~ия Füllhorn *n* (5); **~овать** reich sein (чем-л. an *D*); СССР ~ует поле́зными ископа́емыми die UdSSR ist reich an Bódenschätzen; ре́ки ~уют ры́бой die Flüsse sind reich an [wímmeln von] Físchen

изоби́льный reich; üppig

изоблич||а́ть 1. *см.* изобличи́ть; **2.** (*обнаруживать*) offenbáren *vt*, zéigen *vt*; **~е́ние** *с* Überführung *f* (10); Blóßstellung *f* (10); Entlárvung *f* (10) (*разоблачение*); **~и́тельный** überführend; belástend; ~и́тельные докуме́нты belástende Dokuménte; Belástungsmaterial *n* -s, -ilen; **~и́ть** überführen *vt* (в чём-л. *G*); blóßstellen *отд. vt*; entlárven *vt* (*разоблачить*); ~и́ть в преступле́нии éines Verbréchens überführen; ~и́ть во лжи Lügen stráfen; ~и́ть вреди́телей die Schädlinge entlárven

изображ||а́ть *см.* изобрази́ть; **~а́ться 1.** *см.* изобрази́ться; **2.** *страд.* dárgestellt wérden; **~е́ние** *с* **1.** (*действие*) Dárstellung *f* (10), Gestáltung *f* (10); Schílderung *f* (10) (*описание*); реалисти́ческое ~е́ние realístische Gestáltung; **2.** (*то, что изображено*) Ábbildung *f* (10); Bild *n* (5) (*картина*); Zéichnung *f* (10) (*рисунок*); **3.** (*отражение*) Ábbildung *f* (10); зерка́льное ~е́ние Spíegelbild *n* (5); негати́вное ~е́ние *фото* Négativ *n* (2), Négativbild *n*; позити́вное ~е́ние *фото* Pósitivbild *n*; ре́зкость ~е́ния *тлв.* Bíldschärfe *f*; перевёрнутое ~е́ние *тлв.* verkéhrtes [úmgekehrtes] Bild; двойно́е [повто́рное] ~е́ние *тлв.* Dóppelbild *n*, Phantómbild *n*; мерца́ние ~е́ний *тлв.* Bíldflimmern *n* -s; переда́ча ~е́ний *тлв.* Bíldübertragung *f* (10); цветно́е ~е́ние *тлв.* Fárbbild *n*

изобраз||и́тельный dárstellend; ~и́тельная си́ла Gestáltungskraft *f*; ~и́тельный язы́к Bíldersprache *f*; ◇ ~и́тельные иску́сства dárstellende [bíldende] Künste; **~и́ть 1.** dárstellen *vt*, gestálten *vt*; schíldern *vt* (*описать*); ~и́ть де́ло так die Sáche so hínstellen; **2.** (*на сцене и т. п.*) dárstellen *vt*, spíelen *vt*; náchahmen *vi*, *vt* (кого́-л. *D*, *A*); **3.** (*выразить, отразить*) dárstellen *vt*, zéigen *vt*, wíderspiegeln *vt*; нагля́дно ~и́ть veránschaulichen *vt*; ◇ ~и́ть из себя́ sich stéllen; héucheln *vt*; spíelen *vt*; sich als j-d áufspielen; ~и́ть из себя́ несча́стного den Unglücklichen spíelen; **~и́ться** sich spíegeln; sich wíderspiegeln (*отразиться*)

изобрести́ erfínden* *vt*

изобрета́тель *м* Erfínder *m* (6); **~ница** *ж* Erfínderin *f* (12); **~ность** *ж* Erfíndergeist *m* -es; Fíndigkeit *f* (*находчивость*); **~ный** erfínderisch, erfíndungsreich; fíndig (*находчивый*); **~ский** Erfínder-; **~ство** *с* Erfíndungswesen *n* -s; ма́ссовое ~ство и рационализа́торские предложе́ния Erfíndungs- und Vórschlagswesen *n*

изобрет||а́ть *см.* изобрести́; **~е́ние** *с* Erfíndung *f* (10)

изогло́сса *ж лингв.* Isoglósse *f* (11)

изо́гнутый gebógen, gekrümmt, rúndgebogen

изогну́ть bíegen* *vt*, verbíegen* *vt*, áusbiegen* *vt*, krümmen *vt*; **~ся** sich bíegen*, sich krümmen

изо́дранный *разг.* zerríssen, zerfétzt, zerlúmpt

изодра́ть *разг.* zerréißen* *vt*, zerfétzen *vt*; **~ся** *разг.* zerréißen* *vi* (s), in Fétzen géhen*

изойти́: ~ слеза́ми in Tränen zerfließen*, in Tränen áufgelöst sein; ~ кро́вью verblúten *vi* (s)

изолга́||вшийся verlógen; **~ться** *разг.* verlógen sein, sich (*D*) das Lügen ángewöhnen

изоля́р||ование *с* Isolíerung *f*; **~ованность** *ж* Isolíertheit *f*, Isolíerung *f*; **~ованный 1.** isolíert, ábgesondert; ábgeschlossen; ábgedichtet; getrénnt (*отделённый*); **2.** (*единичный*) Éinzel-; ~ованный слу́чай Éinzelfall *m* (1*); **~овать** isolíeren *vt* (*тж. эл.*); ábsondern *vt*; ~овать больно́го den Kránken isolíeren [ábsondern]; **~оваться** sich isolíeren, sich ábsondern; **~о́вочный, ~ующий** Isolíer-; *эл.* níchtleitend; ~ующие языки́ isolíerende Spráchen, Wúrzelsprachen *pl*

изоля́тор *м* **1.** *физ.*, *эл.* Isolátor *m* -s, -tóren; Níchtleiter *m* (6) (*непроводник*); **2.** (*помещение*) Isolíerraum *m* (1*); Isolíerbaracke *f* (11); Isolíerzelle *f* (11) (*в тюрьме*)

изоляциони́зм *м* Isolationísmus *m* =

изоляцио́нн||ый Isolíer-; Dämm-; ~ая ле́нта *эл.* Isolíerband *n* (5)

изоля́ци||я *ж* **1.** Isolatión *f*, Dämmung *f*, Isolíerung *f*, Ábsonderung *f*; ~я больны́х Isolíerung der Kránken; ~я престу́пника Sícherungsverwahrung *f*; заключе́ние со стро́гой ~ей Gefängnishaft *f* mit strénger Isolíerung; **2.** *эл.* Isolíerung *f*; Isolíerschicht *f* (10) (*изоляционный слой*)

изомери́я *ж хим.* Isomeríe *f*

изоме́р||ный isomér; **~ы** *мн. хим.* Isomére *pl*; Nuklíde *pl*

изометри́ческий isométrisch

изометри́я *ж* Isometríe *f*

изоморфи́зм *м хим.* Isomorphísmus *m* =

изомо́рфный *хим.* isomórph

изопре́н *м хим.* Isoprén *n* -s

изо́рванный zerríssen, zerfétzt

изорва́ть zerréißen* *vt*, zerfétzen *vt*; ~ в клочья in Stücke [Fétzen] réißen*; **~ся** zerréißen* *vi* (s)

изосиллаби́ческий *лингв.* gléichsilbig

изоте́рм||а *ж метеор.*, *физ.* Isothérme *f* (11); **~и́ческий 1.** *метеор.*, *физ.* isothérmisch; **2.** (*холодильный*) Kühl-; wärmefest; ~и́ческий ваго́н Kühlwagen *m* (7)

изото́пы *мн. хим.* Isotópe *pl*; Nuklíde *pl*

изотропи́я *ж физ.* Isotropíe *f*

изотро́пный *физ.* isotróp

изохиме́на *ж геогр.* Isochiméne *f* (11)

изохромати́ческий *физ.* isochromátisch [-kro-]

изохро́нн||ость *ж* Isochronísmus [-kro-] *m* =; **~ый** isochrón [-'kro:n]

изощр||ённость *ж* Raffiníertheit *f*; Schärfe *f* (11) (*острота*); **~ённый 1.** geübt; scharf (*острый*); fein (*тонкий*); ~ённый слух schárfes [féines] Gehör; **2.** (*утончённый*) raffiníert, fein, verféinert; ~ённый вкус verféinerter Geschmáck; ~ённая жесто́кость raffiníerte Gráusamkeit; ~ённые ме́тоды áusgeklügelte Methóden; **~и́ть** üben *vt*, schärfen *vt*, áusbilden *vt*; ~и́ть па́мять das Gedächtnis schärfen [üben]; **~и́ться 1.** (*о способностях, чувствах*) sich verféinern, sich schärfen, sich entwíckeln; **2.** (*о человеке*) geübt sein, gewítzigt sein [wérden], Fértigkeit erlángen, Méister sein [wérden] (в чём-л. in *D*); **~я́ть** *см.* изощри́ть; **~я́ться** *см.* изощри́ться; ~я́ться во лжи sich aufs Lügen verlégen, ein ábgefeimter Lügner sein [wérden]; ~я́ться в остроу́мии den Géistreichen spíelen; sich in Wítzen ergéhen*

из-под *предлог* **1.** únter (*D*)... hervór; ~ стола́ únter dem Tisch hervór; **2.** (*для, от; переводится сложным словом*): буты́лка ~ молока́ (léere) Mílchflasche *f* (11); коро́бка ~ спи́чек Stréichholzschachtel *f* (11); мешо́к ~ муки́ Méhlsack *m* (1*); по́ле ~ ржи ábgeerntetes Róggenfeld; **3.** (*употр. при обозначении населённого места, из района которого кто-л. отправляется, происходит и т. п.*): он ~ Пе́нзы er kommt [stammt] aus der Nähe [aus éinem Ort in der Nähe] von Pénsa; **4.** (*употр. при обозначении положения, от которого кто-л. освобождается*): освободи́ть ~ стра́жи aus der Haft entlássen*; ◇ ~ но́су vor der Náse weg; ~ па́лки gezwúngen, gezwúngenermaßen, únter Zwang

изразц||е́ц *м* Káchel *f* (11); **~о́вый** Káchel-; ~о́вая печь Káchelofen *m* (7*)

изра́иль||ский israélisch; **~тя́нин** *м* Israéli *m* = *u* -s, *pl* -s; **~тя́нка** *ж* Israéli *f*, *pl* -s

изра́н||енный verwúndet; mit Wúnden bedéckt, voll Wúnden; ~енная нога́ wúnder Fúß; **~ить** verwúnden *vt*; (víele) Wúnden béibringen* (кого́-л. *D*)

израсхо́дова||ть verbráuchen *vt*; veráusgaben *vt*, áusgeben* *vt* (*о деньгах*); ~ть все де́ньги бе́з толку das gánze Geld verwírtschaften; **~ться 1.** (*сделать затраты*) sich veráusgaben, álles áusgeben*; **2.** (*прийти к концу*) verbráucht wérden

изреди́ть líchten *vt* (*лес и т. п.*)

и́зредка *нареч.* biswéilen, zuwéilen, von Zeit zu Zeit, zéitweise, hin und wíeder, dann und wann

изре́з||анный zerschnítten; ~анная ме́стность durchschníttenes Gelände; ~анный бе́рег áusgezacktes Úfer; ~анные ска́лы zerklüftete Félsen; **~ать, ~ывать 1.** zerschnéiden* *vt*; verschnéiden* *vt* (*испортить при резании*); ~ать бума́гу на куски́ das Papíer in Stücke (zer)schnéiden*; **2.** sich etw. zerschnéiden; он ~ал себе́ ру́ки о стекло́ er hat sich an dem Glas die Hände zerschnítten

изрека́ть *см.* изре́чь

изрече́ние *с* Dénkspruch *m* (1*); Áusspruch *m*

изре́чь *уст.*, *тж. ирон.* áussprechen* *vt*, von sich gében* *vt*

изрешети́ть, изреше́чивать (*пулями и т. п.*) durchlöchern *vt*

изрисова́ть bemálen *vt*, mit Zéichnungen bedécken

изруби́ть 1. zerháuen* *vt*, zerhácken *vt*; **2.** (*шашкой*) níedersäbeln *vt*, níederhauen* *vt*

изрубцо́ванный vóll(er) Stríemen [Schrámmen, Nárben]

изруга́ть *разг.* áusschimpfen *vt*, áusschelten* *vt*; herúntermachen *vt* (*разг.*)

изрыга́ть 1. (*пламя и т. п.*) spéien* *vt*, áusstoßen* *vt*; **2.** (*ругательства*) áusstoßen* *vt*; **3.** *мед.* vomíeren *vt*; erbréchen* *vt*

изры́скать *разг.* (viele Stéllen) durchláufen* *vt*; ~ весь го́род (súchend) die gánze Stadt durchláufen*

изры́т||ь úmgraben* *vt* (*землю*); áufwühlen *vt*; ◇ **~ый** о́спой póckennarbig

изря́дн||о *нареч.* tüchtig, zíemlich viel, órdentlich; **~ый** tüchtig, órdentlich; bedéutend, zíemlich groß (*значительный*); ~ое коли́чество éine bedéutende Ánzahl

изуве́р *м* gráusamer Fanátiker; *перен.* brutáler Mensch, Únhold *m* (1); Feind *m* der Áufklärung [Bíldung]; **~ский** fanátisch; gráusam, brutál (*жестокий*); ~ский посту́пок éine gráusame Tat, Gréueltat *f* (10); **~ство** *с* (*жестокость*) Gráusamkeit *f* (10), Brutalität *f* (10), Barbaréi *f* (10); Gréueltat *f* (10) (*жестокий поступок*)

изувéчить verstümmeln *vt*, verkrüppeln *vt*; verdérben* *vt* (*испортить*)

изукрáсить, изукрáшивать 1. (áus-) schmücken *vt*; **2.** *разг. ирон.* (*испачкать, изуродовать*) verschmíeren *vt*; entstéllen *vt*

изумúтельн||ый erstáunlich, stáunenswert; wúndervoll, wúnderschön (*чудесный*); э́то здáние ~о краси́во díeses Gebäude ist wúnderschön

изуми́ть erstáunen *vt*, in Erstáunen sétzen, in Stáunen versétzen; überráschen *vt* (*поразить*); **~ся** stáunen *vi*, erstáunen *vi* (s), sich wúndern, erstáunt sein (чемý-л. über *A*)

изумл||éние *с* Erstáunen *n* -s, Verwúnderung *f*; повéргнуть в ~éние in Stáunen sétzen; приходи́ть в ~éние sich wúndern, erstáunt sein, stáunen *vi*; вы́звать си́льное ~éние stärkstes Befrémden errégen; **~ённый** erstáunt, stáunend; verwúndert (*удивлённый*); **~я́ть(ся)** *см.* изуми́ть(ся)

изумрýд *м* Smarágd *м* (1); **~ный** smarágden, Smarágd-; ~ное кольцó Smarágdring *m* (1); ~ная водá *поэт.* smarágdgrünes Wásser

изурóдовать 1. (*искалечить*) entstéllen *vt*, verúnstalten *vt*, verstümmeln *vt*; **2.** (*испортить*) verdérben* *vt*

изýстный *уст.* mündlich; von Mund zu Mund

изуч||áть studíeren *vt*, lérnen *vt*; erlérnen *vt*; **~éние** *с* **1.** Erlérnen *n* -s, Erlérnung *f*; Stúdium *n* -s, -di¦en; самостоя́тельное ~éние Sélbststudium *n*; ~éние инострáнных языкóв frémdsprachliche Stúdien; **2.** (*обследование*) Untersúchung *f* (10), Stúdium *n* -s, -di¦en; ~éние общéственного мнéния Méinungsforschung *f* (10); ~éние ры́нка Márktforschung *f*; ~éние спрóса Bedárfsforschung *f*; ~éние трудовóго процéсса Árbeitsstudiie *f* (11); **~и́ть 1.** erlérnen *vt*; studíeren *vt*; **2.** (*обследовать*) untersúchen *vt*, erfórschen *vt*, studíeren *vt*; ~и́ть вопрóс éine Fráge untersúchen; **3.** (*ознакомиться, понять*) kénnenlernen *отд. vt*; я хорошó ~и́л э́того человéка ich hábe díesen Ménschen gründlich kénnengelernt

изъедáть *см.* изъéсть

изъéденный zerfréssen; ~ мóлью von Mótten zerfréssen, vermóttet

изъéздить 1. durchréisen *vt*, durchfáhren* *vt*; beréisen *vt*; ~ странý вдоль и поперёк das Land kreuz und quer [in állen Ríchtungen] durchréisen [durchfáhren*, durchstréifen]; **2.** (*испортить*) zerfáhren* *vt*

изъéзженный (*о дороге*) áusgefahren, hólperig, höckerig (*ухабистый*)

изъéсть zerfréssen* *vt*; zerstéchen* *vt* (*о комарах и т. п.*); ätzen *vt* (*кислотой и т. п.*); шýба изъéдена мóлью der Pélzmantel ist von Mótten zerfréssen

изъяви́тельн||ый: ~ое наклонéние *грам.* Índikativ *m* (1), Wírklichkeitsform *f*

изъявл||я́ть äußern *vt*, (be)zéigen *vt*, áusdrücken *vt*, zum Áusdruck bríngen*; Áusdruck gében* (что-л. *D*); **~и́ть** желáние éinen Wunsch äußern; **~и́ть** своё соглáсие sich éinverstanden erklären; **~лéние** *с* Áusdruck *m* (1*), Äußerung *f* (10); ~лéние благодáрности Dánksagung *f* (10), Dánkesbezeigung *f* (10); **~ля́ть** *см.* изъяви́ть

изъязвлённый mit Geschwüren [Wúnden] bedéckt

изъя́н *м* Féhler *m* (6); Mángel *m* (6*); Defékt *m* (1), Materiálfehler *m*; с ~ом féhlerhaft, beschädigt, nicht éinwandfrei, defékt; без ~a féhlerfrei

изъясн||я́ть erklären *vt*, erläutern *vt*; **~я́ться, ~я́ться** sich äußern; sich verständigen; ~я́ться на инострáнном языкé sich in éiner frémden Spráche verständigen

изъя́ти||е *с* **1.** Entnáhme *f* (11), Éinziehung *f* (10); Beschlágnahme *f*, Konfiszíerung *f* (10) (*конфискация*); ~е из эксплуатáции *тех.* Außerbetríebsetzung *f* (10); ~е оборóтных срéдств Ábführung *f* überschüssiger Úmlaufmittel; ~е из употреблéния Außergebráuchsetzung *f*; ~е из обращéния Außerúmlaufsetzung *f*; ~е дéнег из обращéния Außerkúrssetzung der Záhlungsmittel; **2.** (*исключение*) Áusnahme *f* (11); все без ~я álle óhne Áusnahme, áusnahmslos

изъя́ть 1. entnéhmen* *vt*; beschlágnahmen *неотд. vt*, mit Beschlág belégen, sícherstellen *отд. vt*; konfiszíeren *vt* (*конфисковать*); éinziehen* *vt* (*документы и т. п.*); áussondern *vt* (*книги*); ~ из употреблéния áußer Gebráuch sétzen; ~ из обращéния (*деньги*) aus dem Úmlauf zíehen*, aus dem Verkéhr zíehen*, áußer Kurs sétzen; ~ из товáрного обращéния dem Wárenumlauf entzíehen*; **2.** (*исключить*) áusnehmen* *vt*

изымáть *см.* изъя́ть

изыскáн||ие *с* Fórschung *f* (10), Ermítt(e)lung *f* (10); Áuffindung *f*; геологи́ческие ~ия Schürfungen *pl*; Prospektíerungsarbeiten *pl*; проводи́ть ~ия Fórschungen [Untersúchungen] ánstellen; ~ие средств Áusfindigmachen von Géldmitteln; ~ие нóвых путéй Ermítt(e)lung [Erfórschung] néuer Wége

изы́сканн||ость *ж* Áuserlesenheit *f*, Áusgesuchtheit *f*; Féinheit *f*, Raffiníertheit *f* (*утончённость*); **~ый** áuserlesen, áusgesucht, gewählt; fein, raffiníert, verféinert (*тонкий*); ~ый вкус áusgesuchter [féiner] Geschmáck; ~ая речь gewählte Réde; ~ые манéры áusgesuchte [féine] Maníeren

изыскáтель *м* Fórscher *m* (6); **~ский** Fórschungs-; Ermíttlungs-; *геол.* Schürf-, Erkúndungs-; ~ская экспеди́ция Fórschungsexpedition *f* (10)

изыскáть, изы́скивать ermítteln *vt*, erfórschen *vt*; *геол.* erkúnden *vt*, schürfen *vt*; ~ нýжные срéдства die nötigen Míttel áusfindig máchen

изю́бр *м* Édelhirsch *m* (1)

изю́м *м* Rosínen *pl*; ◇ э́то тебé не фунт ~у *шутл.* das ist doch kein Páppenstiel; **~ина** *ж*, **~инка** *ж* Rosíne *f* (11); ◇ онá с ~инкой sie ist pikánt; sie hat ein gewísses Étwas

изя́щ||ество *с* Féinheit *f*, Elegánz *f*; **~ный** fein, elegánt; apárt; ◇ ~ные искýсства die schönen Künste; ~ная литератýра *уст.* die schöne Literatúr

икáть schlúcken *vi*, den Schlúcken háben; das Áufstoßen bekómmen* (*начать икать*)

икнýть schlúcken *vi*

икóна *ж* Ikóne *f* (11), Héiligenbild *n* (5)

иконобóрец *м ист.* Bílderstürmer *m* (6), Ikonoklást *m* (8)

иконогрáфия *ж* Ikonographíe *f*

иконопи́сец *м* Ikónenmaler *m* (6), Héiligenmaler *m*

и́конопись *ж* Ikónenmalerei *f*, Héiligenmalerei *f*

иконоскóп *м тлв.* Elektrónenbildröhre *f* (11), Ikonoskóp *n* (2)

иконостáс *м* Héiligenbilderwand *f* (3), Ikonostás [-st-] *m* =, -e

икóта *ж* Schlúcken *m* -s, Schlúckauf *m* -s

икр||á I *ж* **1.** *биол.* Rógen *m* (7), Laich *m* (1), Físchlaich *m*; лягýшечья ~á Fróschlaich *m*; метáть ~ý láichen *vi*; **2.** (*для еды*) Káviar [-vĭa:r] *m* (1); зерни́стая ~á körniger Káviar; пáюсная ~á gepréßter Káviar; кéтовая ~á róter Káviar; баклажáнная [грибнáя] ~á kléingehackte Auberginen [ober-'ʒi:nən] [Pílze]

икрá II *ж* (*мышца ноги*) *см.* и́кры

икри́нка *ж* Rógenkorn *n* (5); Káviarkorn [-vĭa:r-] *n* (*икры для еды*)

икри́ст||ый Rógen-; ~ая щýка Rógenhecht *m* (1)

икри́ться (*метать икру*) láichen *vi*

икрометáние *с* Láichen *n* -s; Láichzeit *f* (*время метания икры*)

и́кр||ы *мн.* (*ног*) Wáden *pl*; сýдорога в ~ах Wádenkrampf *m* (1*)

икряно́й Rógen-

икс-лучи́ *мн. физ. уст.* x-Stráhlen *pl*, Röntgenstrahlen *pl*

ил *м* Schlamm *m* -(e)s; покры́тый ~ом verschlámmt, mit Schlamm bedéckt

и́ли *союз* **1.** óder; ~ же óder áber; ~... ~... entwéder... óder; онá ~ приéдет ~ напи́шет sie wird entwéder kómmen óder schréiben; знáет ли он э́то, ~ забы́л? weiß er das óder hat er es vergéssen?; **2.** *разг.* (*разве*) denn; óder; ~ вы э́того не знáете? wíssen Sie es denn nicht?, óder wíssen Sie es nicht?

и́лист||ый schlámmig, Schlamm-; márschig; ~ое дно schlámmiger Grund; ~ая пóчва Schlámmboden *m* (7*), Márschland *n* -(e)s

иллюзиони́ст (*фокусник*) Illusioníst *m* (8), Záuberkünstler *m* (6)

иллю́з||ия *ж* Illusión *f* (10); Täuschung *f* (10); опти́ческая ~ия óptische Täuschung; предавáться ~иям sich Illusiónen híngeben*; питáть ~ии Illusiónen hégen; не предавáться никаки́м ~иям sich kéinerlei Illusiónen híngeben*; auf der Érde bléiben* (s); создавáть себé ~ии sich (*D*) Illusiónen máchen; рассéять чьи-л. ~ии j-n aus séinen Illusiónen réißen*; **~óрный** illusórisch; trügerisch (*обманчивый*)

иллюминáтор I *м мор.* Búllauge *n* (13); *ав.* Fénster *n* (6)

иллюминáтор II *м* Fáchmann *m* für Féstbeleuchtung

иллюмин||áция *ж* Illuminatión *f* (10), Féstbeleuchtung *f* (10); féstliche Beléuchtung; **~и́ровать** illuminíeren *vt*, féstlich beléuchten

иллюстр||ати́вный illustratív; ~ати́вный материáл illustratíves Materiál, Ábbildungsmaterial *n* -s, -i¦en; ~ати́вная часть (*книги*) Bíldteil *m* (1); ~ати́вные предложéния (*в словаре*) Béispielsätze; ~ати́вный мéтод Ánschauungsmethode *f* (11); **~áтор** *м* Illustrátor *m* -s, -tóren, Zéichner *m* (6); **~áция** *ж* **1.** Illustratión *f* (10); Veránschaulichung *f* (10) (*наглядный пример*); кни́га с ~áциями illustríertes Buch; ~áция в тéксте Téxtbild *n* (5), Téxtillustration *f*; газéтная ~áция Zéitungsbild *n*; страни́ца с ~áциями (*в журнале*) Bílderseite *f* (11); оригинáл ~áции Bíldvorlage *f* (11); служи́ть нóвой ~áцией чегó-л. etw. aufs néue veránschaulichen; **2.** (*иллюстрирование*) Illustríerung *f*, Bíldausstattung *f*; Veránschaulichung *f*; **~и́рованный** illustríert; Bild-; ~и́рованный журнáл illustríerte Zéitschrift; **~и́ровать** illustríeren *vt*; bebíldern *vt*; *перен. тж.* veránschaulichen *vt*

и́ловый *см.* и́листый

илóт *м ист.* Helót(e) *m* (8, 9)

иль *союз разг. см.* и́ли

ильм *м бот.* Úlme *f* (11), Rüster *f* (11)

им I *тв. см.* он

им II *дат. см.* они́

имажини́ст *м лит.* Imagíst *m* (8)

имби́рн||ый Íngwer-; ~ое пи́во Íngwerbier *n* -(e)s

имби́рь *м* Íngwer *m* -s

име́ние *с* Gut *n* (5), Lándgut *n*, Besítzung *f* (10); наро́дное ~ (*в ГДР*) vólkseigenes Gut, Vólksgut *n*

имени́нн||ик *м*, **~ица** *ж* **1.:** сего́дня я ~ик [~ица] héute ist mein Námenstag; **2.** *перен. шутл.* der Held des Táges; ◇ смотре́ть ~иком wie ein Gebúrtstagskind áussehen, vor Fréude stráhlen; сиде́ть как ~ик úntätig (dabéi) sítzen*, die Hände in den Schoß légen; **~ый** Námenstags-; ~ый пиро́г Námenstagskuchen *m* (7)

имени́ны *мн.* Námenstag *m* (1)

имени́тельный: ~ паде́ж *грам.* Nóminativ *m* (1), Wérfall *m* (1*), érster Fall

имени́тый **1.** *уст.* (*знатный*) ángesehen, vórnehm; **2.** *разг.* (*знаменитый*) allgeméin bekánnt, berühmt

и́менно *частица* **1.** (*тж. при перечислении*) nämlich, und zwar; хво́йные дере́вья, а ~... die Nádelbäume, und zwar...; кто ~? wer denn?, und zwar wer?; когда́ ~? wann denn?, und zwar wann?; **2.** (*как раз*) geráde; ében; áusgerechnet; ~ об э́том и идёт речь geráde [ében] davón ist die Réde; ему́ хо́чется ~ э́того áusgerechnet díeses möchte er háben; ~ поэ́тому ébendeshálb; ~ так genáuso, in ében díesem Sínne; ~ э́тот ébendíeser; ~ э́та ébendíese; ~ э́то ébendíeses; ◇ вот ~! das ist es ében!; jawóhl!, ganz recht!

имен||о́й **1.** Námen(s)-, Personál-; ~ы́е часы́ Uhr mit éingraviertem Námenszug; **2.** *грам.* nominál; ~óе [сла́бое] склоне́ние die nominále [schwáche] Deklinatión; ~óе предложе́ние Nominálsatz *m* (1*); ◇ ~о́й спи́сок Námensliste *f* (11), Persónenliste *f*, Persónenverzeichnis *n* (3*); ~о́й указа́тель Námenregister *n* (6), Námenverzeichnis *n*

именова́ние *с* Nénnen *n* -s, Benénnung *f* (10)

имено́ванн||ый: ~ое число́ *мат.* benánnte Zahl

именов||а́ть *уст.* (be)nénnen* *vt*, bezéichnen *vt*; **~а́ться** sich nénnen*; genánnt wérden, bezéichnet wérden (кем-л., чем-л. als); héißen* *vt*

имену́емый genánnt

име́||ть háben* *vt*; besítzen* *vt* (*обладать*); im Besítz sein, etw. sein éigen nénnen* (*владеть*); verfügen *vi* (что-л. über *A* — *располагать чем-л.*); ~ть пра́во das Recht háben (на что-л. auf *A*); beréchtigt sein (на что-л. zu *D*); ~ть возмо́жность die Möglichkeit háben [besítzen*], imstánde sein; я не ~ю возмо́жности э́то сде́лать es ist mir únmöglich, dies zu tun; ~ть отноше́ния in Verbíndung stéhen* (*с кем-л.* mit *D*); я не ~ю ни мале́йшего поня́тия об э́том ich hábe nicht die geríngste [kéine blásse] Áhnung davón; ~ть притяза́ния на что-л. auf etw. (*A*) Ánspruch háben [erhében*]; ~ть на́глость die Fréchheit besítzen*; ~ть наме́рение die Ábsicht háben; beábsichtigen *vt*; я хоте́л бы ~ть тебя́ свои́м помо́щником ich möchte dich zu méinem Gehílfen háben; ничего́ не ~ть про́тив nichts dagégen háben, éinverstanden sein; ◇ я не ~ю к э́тому никако́го отноше́ния ich hábe damít nichts zu tun; ~ть си́лу (*о законе и т. п.*) gültig sein, in Kraft sein; ~ть значе́ние von Bedéutung sein; э́то ~ет большо́е значе́ние das hat éine gróße Bedéutung, das ist von gróßer Bedéutung, das hat viel zu ságen, das macht viel aus; э́то не ~ет значе́ния das hat níchts zu ságen, das tut nichts zur Sáche; ~ть хожде́ние im Úmlauf sein; ~ть де́ло zu tun háben; не хочу́ ~ть с тобо́й де́ла ich will mit dir nichts zu tun háben; ты бу́дешь ~ть де́ло со мно́й! du bekómmst es mit mir zu tun!; ~ть го́лову на плеча́х éinen kláren Kopf (auf den Schúltern) háben; ~ть ме́сто státtfinden* *отд. vi* (*состояться*); éintreten* *vi* (*о событии*); ~ть в виду́ beábsichtigen *vt*; ~ть це́лью zum Ziel háben, ein Ziel verfólgen, bezwécken *vt*

име́ться **1.** *переводится действит. формами глаг.* háben* *vt*, besítzen* *vt*; у нас име́ются все возмо́жности wir háben die béste Möglichkeit; **2.:** име́ется es gibt; es ist vorhánden; es bestéht (*существует*); ~ налицо́ vorhánden sein; име́ется возмо́жность es bestéht die Möglichkeit; име́ются все основа́ния es liegt áller Grund vor; ◇ име́ется в виду́... geméint ist...

име́ющий: ~ зако́нную си́лу réchtskräftig; ~ пра́во по́дписи únterschriftsberechtigt

име́ющ||ийся vorhánden; ~иеся на э́тот счёт соображе́ния die díesbezüglichen Erwägungen

и́ми *тв. см.* они́

имит||а́тор *м* (*о человеке*) Imitátor *m* -s, -tóren; ~а́тор голосо́в живо́тных Tíerstimmenimitator *m* (13); **~а́ция** *ж* **1.** Imitatión *f* (10), Náchahmung *f* (10), Náchbildung *f* (10); **2.** (*подделка*) Imitatión *f* (10); Ersátz *m* -es (*суррогат*); ~а́ция ко́жи Kúnstleder *n* (6); ~а́ция ме́ха Féllimitation *f* (10); **~и́ровать** **1.** (*подражать*) imitíeren *vt*, náchahmen *vt*, náchbilden *vt*; **2.** (*делать имитации*) imitíeren *vt*, náchmachen *vt*

иммане́нтн||ость *ж филос.* Immanénz *f*; **~ый** immanént

имматериали́зм *м филос.* Immaterialísmus *m* =

иммерсио́нн||ый *опт.* Immersións-; ~ая систе́ма *опт.* Immersiónssystem *n* (2)

иммигр||а́нт *м* Éinwand(e)rer *m* (6); Immigránt *m* (8), **~а́нтка** *ж* Éinwanderin *f* (12), Immigrántin *f* (12); **~аци-о́нный** Éinwanderungs-, Immigratións-; ~ацио́нные зако́ны Éinwanderungsgesetze *pl*, Immigratiónsgesetze *pl*; ~ацио́нные вла́сти Éinwanderungsbehörden *pl*; **~а́ция** *ж* **1.** Éinwand(e)rung *f*; Immigratión *f*; **2.** *собир.* Éinwanderer *pl*; ◇ ~а́ция капита́ла Zúfluß áusländischen Kapitáls; **~и́ровать** éinwandern *vi* (s); immigríeren *vi* (s)

иммобилиз||а́ция *ж фин.* Bíndung *f*, zwéckwidrige Verwéndung; *мед.* Immobilisíerung *f*, Rúhigstellung *f*; **~ова́ть** *мед.*, *эк.* ímmobil máchen, immobilisíeren *vt*

иммо́рте́ль *ж бот.* Immortélle *f* (11), Stróhblume *f* (11)

иммуниз||а́ция *ж мед.* Immunisíerung *f* (10); **~и́ровать** *мед.*, *юр.* immunisíeren *vt*

иммуните́т *м* **1.** *мед.*, *биол.*, *тж. перен.* Immunität *f*, Únempfindlichkeit *f*, Únempfänglichkeit *f* (к чему-л. gegen *A*); **2.** *юр.* Immunität *f*; дипломати́ческий ~ Diplomátenimmunität *f*

иммýнный *мед.*, *биол.* immún, únempfindlich; únempfänglich (gégen Kránkheit)

иммуно||ло́гия *ж мед.*, *биол.* Immunologíe *f*, Immunitätsforschung *f*, **~тера́пия** *ж мед.* Immúnbehandlung *f*

императи́в *м* **1.** *филос.* Ímperativ *m* (1); категори́ческий ~ Kánta Kants kategórischer Ímperativ; **2.** *грам.* Ímperativ *m* (1), Beféhlsform *f* (10); **~ный** Ímperativ-, ímperativisch [-vi-]

импера́т||ор *м* Káiser *m* (6), Imperátor *m* -s, -tóren; **~орский** káiserlich; **~ри́ца** *ж* Káiserin *f* (12)

империа́л I *м уст.* (*монета*) Imperiál *m* (1, 13)

империа́л II *м уст.* (*места на верху омнибуса, конки и т. п.*) Deck *n* (2) (des Ómnibusses *u dgl.*)

империал||и́зм *м* Imperialísmus *m* =; мирово́й ~и́зм Wéltimperialismus *m*, **~и́ст** *м* Imperialíst *m* (8); **~исти́ческий, ~и́стский** imperialístisch; ~исти́ческая война́ der imperialístische Krieg; ~исти́ческий ла́герь imperialístisches Láger

импе́рия *ж* Réich *n* (2), Káiserreich *n*; мирова́я ~ Wéltreich *n*

импе́рский Reichs-; ~ ка́нцлер Réichskanzler *m* (6)

импе́рфе́кт *м грам.* Ímperfekt *n* (2), Imperféktum *n* -s, -ta

имплант||а́т *м* Implantát *n* (2); **~а́ция** *ж мед.* Implantatión *f* (10)

импоза́нтн||ый imposánt, éindrucksvoll; ~ая фигу́ра imposánte Figúr [Gestált]

импони́ровать imponíeren *vi*

и́мпорт *м эк.* Impórt *m* (1), Éinfuhr *f*; ~ това́ров Wáreneinfuhr *f*; ~ сырья́ Róhstoffeinfuhr *f*; ~ капита́лов Kapitálimport *m* -(e)s; **~ёр** *м эк.* Importeur [-'tøːr] *m* (1); **~и́ровать** *эк.* importíeren *vt*, éinführen *vt*; ~и́рующая страна́ Ábnehmerland *n* (5); ~и́рующая организа́ция importíerende Organisatión; **~ный** *эк.* Impórt-, Éinfuhr-; ~ные това́ры Impórtwaren *pl*; ~ная по́шлина Éinfuhrzoll *m* (1*), Impórtzoll *m*; ~ная лице́нзия Impórtlizenz *f* (10), Éinfuhrlizenz *f*

импоте́н||т *м мед.* ímpotenter Mensch; **~тный** ímpotent; zéugungsunfähig; **~ция** *ж* Ímpotenz *f*, (geschléchtliches) Únvermögen *n* -s

импрегни́рование *с* Imprägníeren *n* -s, Tränken *n* -s

импреса́рио *м* Impresário *m* -s, *pl* -ri¦en *u* -s; Theáterunternehmer *m* (6), Konzértunternehmer *m*, Manager ['mɛnɛdʒər] *m* (6)

импрессион||и́зм *м иск.* Impressionísmus *m* =; **~и́ст** *м иск.* Impressioníst *m* (8); **~исти́ческий, ~и́стский** *иск.* impressionístisch

импровиз||а́тор *м* Improvisátor [-vi-] *m* -s, -tóren; Stégreifdichter *m* (6); **~а́торский** Improvisatións- [-vi-]; ~а́торский тала́нт Improvisatiónstalent *n* (2); **~а́ция** *ж* **1.** (*действие*) Improvisatión [-vi-] *f*, Improvisíerung *f*; **2.** (*экспромт*) Improvisatión [-vi-] *f* (10), Stégreifdichtung *f* (10), **~и́рованный** improvisíert [-vi-]; aus dem Stégreif, únvorbereitet; ~и́рованная речь Réde aus dem Stégreif, Stégreifrede *f* (11), improvisíerte [únvorbereitete] Réde; **~и́ровать** **1.** *иск.* improvisíeren [-vi-] *vt*, aus dem Stégreif díchten; **2.** (*выдумывать*) áusdenken* *vt*; phantasíeren *vi*; **3.** *разг.* etw. óhne Vórbereitungen éinrichten

и́мпульс *м* **1.** Impúls *m* (1), Ánstoß *m* (1*), Áuftrieb *m* (1), Ántrieb *m* (1), Ánsporn *m* -(e)s; волевы́е ~ы *физиол.* Wíllensimpulse *pl*; **2.:** ~ излуче́ния *физ.* Stráhl(en)impuls *m* (1), Stráhlungsstoß *m* (1*); ~ то́ка *эл.* Strómstoß *m*; **~и́вность** *ж* Impulsivität [-vi-] *f*; Héftigkeit *f* (*порывистость*); **~и́в-**

ный impulsív; héftig (*порывистый*); únwillkürlich (*непроизвольный*); **~и́вный** челове́к impulsíver [-vər] Mensch

и́мпульсный *эл.*, *радио* Impúls-

иму́ществен||ный Vermögens-; Éigentums-; Besítz-; ~ый ценз Vermögenszensus *m* =, =; ~ые отноше́ния Éigentumsverhältnisse *pl*; vermögensrechtliche Verhältnisse; ~ое пра́во *юр.* Güterrecht *n* -(e)s

иму́щество *с* **1.** Vermögen *n* (7), Gut *n* (5); Besítzwerte *pl*; *воен.* Gerät *n* (2); дви́жимое ~ bewégliches Gut, Mobiliár *n* -s, Mobíli|en *pl*; fáhrende Hábe; недви́жимое ~ Immobíli|en *pl*; líegende Hábe, líegende Güter; облага́емое (нало́гом) ~ stéuerpflichtiges Vermögen; национа́льное ~ Vólksvermögen *n* -s; госуда́рственное ~ Stáatsvermögen *n* -s; вое́нное ~ Kríegsmaterial *n* -s; водола́зное ~ Táucherausrüstung *f*; **2.** (*вещи*) Hábe *f*, Hab und Gut *n* -(e)s; Hábseligkeiten *pl*, Háusrat *m* -(e)s

иму́щ||ий vermögend, besítzend; wóhlhabend (*зажиточный*); ~ие кла́ссы die besítzenden Klássen; ◇ власть ~ие Máchthaber *pl*, hérrschende Kréise

и́мя *с* **1.** Náme(n) *m* (15,7), Vórname *m*, Rúfname *m* (*без фамилии*); ~ и фами́лия Vór- und Zúname *m*; ~ и о́тчество Vór- und Vátersname *m*; дать ~ éinen Námen gében*; я спроси́л о его́ и́мени ich frágte [ich erkúndigte mich] nach séinem Námen; как ва́ше ~? wie ist Ihr Náme?, wie héißen Sie mit Vórnamen?; по и́мени mit Námen, námens; dem Námen nach (*формально*); вызыва́ть по и́мени (*перекличка*) námentlich áufrufen* *vt*; он на́зван и́менем (*кого-л.*) er ist nach (*D*) benánnt; шко́ла и́мени Го́рького die Górkischule, Górki-Schule; пединститу́т и́мени Кла́ры Це́ткин Pädagógisches Institút «Klára Zétkin»; я его́ зна́ю то́лько по и́мени ich kénne ihn nur dem Námen nach; назва́ть по и́мени beim Námen nénnen* [rúfen*]; **2.** (*известность, репутация*) Náme *m* (15); Ruf *m* -(e)s; до́брое ~ güter Ruf [Náme]; приобрести́ ~ Berühmtheit erlángen, sich (*D*) éinen Námen máchen; челове́к с и́менем ein Mann von [mit] Námen; **3.** *грам.* Nómen *n* -s, -mina; ~ существи́тельное Substantív *n* (2), Háuptwort *n* (5); ~ прилага́тельное Ádjektiv *n* (2); Éigenschaftswort *n*; ~ числи́тельное Numerále *n* = *u* -s, *pl* -li|en *u* -lia, Záhlwort *n*; ◇ называ́ть ве́щи свои́ми имена́ми das Kind beim réchten Námen nénnen*; во ~ кого́-л. [чего́-л.] im Námen (*G*), um... (*G*) willen; во ~ ми́ра im Námen des Fríedens; от и́мени кого́-л. im Námen (*G*); im Áuftrag (*G*); и́менем наро́да im Námen des Vólkes

имяре́к *м*: выдающийся худо́жник ~ der bedéutende Künstler Soundsó

инакомы́слящий *сущ.* *м* Ándersdenkende *m* (14)

ина́че **1.** *нареч.* (*по-иному*) ánders; ка́к-нибудь ~ írgendwie ánders, ánderswie; как же ~? wie denn auch ánders?; ~ говоря́ ánders(herum) áusgedrückt; **2.** *союз* (*а то*) sonst; ansónst(en); ◇ так и́ли ~ wie dem auch sei; sowiesó; jédenfalls; не ~ zwéifellos

инва́зия *ж мед.*, *биол.* Invasión [-va-] *f* (10)

инвали́д *м* Invalíde [-va-] *m* (9), Verséhrte *m* (14), Körperbehinderte *m* (14); ~ войны́ Kríegsbeschädigte *m* (14); ~ труда́ Árbeitsinvalide *m*; ~ с ограни́ченной работоспосо́бностью Erwérbsbeschränkte *m* (14); коопера́ция ~ов Invalídengenossenschaft *f* (10); **~ность** *ж* Invaliditát [-va-] *f*, Verséhrtheit *f*; Árbeitsunfähigkeit *f* (*нетрудоспособность*); части́чная ~ность Téilbehinderung *f*, Téilinvalidität *f*; перевести́ кого́-л. на ~ность j-n invalidisíeren [-va-]; **~ный** invalíd(e) [-va-], Invalíden-; ~ный дом Féierabendheim *n* (2); Soziálheim *n* (*ФРГ*)

инвалю́тный Devisen- [-'vi:-]

инва́р *м* (*сплав*) Invar [-'var] *n* -s, Invárstahl *m* -(e)s

инвариа́нт||ность *ж мат.* Invariánz [-va-] *f*, Únveränderlichkeit *f*; **~ный** invariánt [-va-], únveränderlich

инвентариз||а́ция *ж* Inventúr [-vɛn-] *f* (10); Bestándsaufnahme *f* (11); **~ова́ть** inventarisíeren [-vɛn-] *vt*, Inventúr máchen, den Bestánd áufnehmen*

инвента́рный Inventár- [-vɛn-]; ~ спи́сок Inventárverzeichnis *n* (3*), Bestándsverzeichnis *n*

инвента́рь *м* **1.** (*совокупность предметов*) Inventár [-vɛn-] *n* -s; Bestánd *m* (1*); ме́лкий ~ Kléininventar *n*; садо́вый ~ Gártengeräte *pl*; конто́рский ~ Büróeinrichtung *f* (10); противопожа́рный ~ Féuerlöschgerät *n* (2); Brándschutzgerät *n*; спорти́вный ~ Spórtgeräte *pl*, Spórtinventar *n*; **2.** (*опись имущества*) Inventúr [-vɛn-] *f* (10), Bestándsaufnahme *f* (11); соста́вить ~ *см.* инвентаризова́ть; ◇ живо́й ~ *с.-х.* lébendes Inventár; мёртвый ~ *с.-х.* tótes Inventár

инверсио́нный inversív [-vɛr-]; Inversións-

инве́рсия *ж лит.* Inversión [-vɛr-] *f* (10), Úmkehrung *f* (10); úngerade [índirekte] Wórtfolge

инверти́ровать invertíeren [-vɛr-] *vt*

инвест||и́ровать *эк.* investíeren [-vɛs-] *vt*, ánlegen *vt*; ~и́ровать капита́л Kapitál ánlegen; **~иту́ра** *ж ист.* Investitúr [-vɛs-] *f*, Éinsetzung *f* (10); **~и́ция** *ж эк.* Investitión [-vɛs-] *f* (10), Kapitálanlage *f* (11), Géldanlage *f* (*б. ч. pl*)

инве́стор *м* Investitiónsträger [-vɛs-] *m* (6), Invéstor *m* -s, -tóren

инволю́ция *ж биол.* Involutión [-vo-] *f* (10), Rückbildung *f* (10)

ингаля́||тор *м мед.* **1.** Inhalatiónsapparat *m* (1); **2.** (*помещение*) Inhalatórium *n* -s, -ri|en; **~то́рий** Inhalatórium *n* -s, -ri|en; **~цио́нный** Inhalatións-; ~цио́нный прибо́р *см.* ингаля́тор 1; **~ция** *ж* Inhalatión *f* (10)

ингиби́тор *м хим.*, *биол.* Inhibítor *m* -s, -tóren, Hémmer *m* (6)

ингредие́нт *м* Ingrediénz *f* (10) (*б. ч. pl*), Bestándteil *m* (1)

ингу́ш *м* Ingúsche *m* (9); **~ка** *ж* Ingúschin *f* (12); **~ский** ingúschisch

и́ндеветь beréifen *vi* (s); sich mit Reif bedécken

инде́ец *м* Indiáner *m* (6)

инде́йка *ж* Trúthenne *f* (11), Púte *f* (11)

инде́йский Indiáner-, indiánisch; ◇ ~ пету́х *разг.* Trúthahn *m* (1*)

и́ндекс *м* **1.** *эк.* Índex *m* -es *u* =, *pl* -e *u* -dizes; ~ опто́вых цен Gróßhandelsindex *m*; ~ ро́зничных цен Kléinhandelsindex *m*; ~ промы́шленной проду́кции Produktiónsindex *m*; **2.** *мат.* Índex *m* -es *u* =, *pl* -e *u* -dizes, Kénnzeichnungszahl *f* (10), Kénnziffer *f* (11); **3.** (*указатель, список*) Índex *m* -es *u* =, *pl* -e *u* -dizes; **4.**: почто́вый ~ Póstleitzahl *f* (10)

индекса́ция *ж* Índexbezeichnung *f* (10)

индетермини́зм *м филос.* Indeterminísmus *m* =

индиа́нка I *ж* Indiánerin *f* (12) (*в Америке*)

индиа́нка II *ж* Índerin *f* (12) (*в Индии*)

индиви́д *м* Individuum [-'vi:-] *n* -s, -duen

индивидуализ||а́ция *ж* Individualisíerung [-vi-] *f*; **~и́ровать** individualisíeren [-vi-] *vt*

индивидуал||и́зм *м* Individualísmus [-vi-] *m* =; **~и́ст** *м* Individualíst [-vi-] *m* (8); **~исти́ческий** individualístisch [-vi-]; **~и́стка** *ж* Individualístin [-vi-] *f* (12)

индивидуа́льн||ость *ж* **1.** Individualitát [-vi-] *f*; das Individuélle (*sub*); **2.** (*личность*) Persönlichkeit *f* (10); **~ый** individuéll [-vi-], Individuál-, Éinzel- (*единичный*); ~ые осо́бенности persönliche Éigenart; ~ая черта́ individuéller Zug; ~ое обуче́ние Éinzelunterricht *m* -(e)s; ~ый слу́чай Éinzelfall *m* (1*); ~ое соревнова́ние ein Mann-zu-Mann-Wéttbewerb; Wéttbewerb *m* von Mann zu Mann; ~ое обяза́тельство Sélbstverpflichtung *f* (10); ~ые сре́дства противохими́ческой защи́ты persönliche Schútzausrüstung; ~ый перевя́зочный паке́т Verbánd(s)päckchen *n* (7)

индиви́дуум *м* Individuum [-'vi:-] *n* -s, -duen

инди́го *с* (*краска*) Índigo *m* -s, *n* -s, Índigoblau *n* -s

инди́ец *м* Índer *m* (6), Índi|er *m* (6)

и́ндий *м хим.* Índium *n* -s (*хим. знак* In)

инди́йский índisch

индика́тор *м тех.*, *хим.* Ánzeigegerät *n* (2); Indikátor *m* -s, -tóren; ~ ОВ [отравля́ющих веще́ств] Kámpfstoffanzeiger *m* (6); элеме́нт-~ Spúrenelement *n* (2); опти́ческий ~ *радио* mágisches Áuge; радиоакти́вный ~ Rádioindikator *m*, Léitisotop *n* (2); радиолокацио́нный ~ Síchtgerät *n*, Schírmbild *n* (5); ~ часово́го ти́па Méßuhr *f* (10); **~ный** *тех.* Indikátor-; indiziért; ~ное устро́йство *радио* Wéiser *m* (6)

индифференти́зм *м* Indifferentísmus *m* =

индифференти́н||ость *ж* Índifferenz *f*, Gléichgültigkeit *f*, índifferentes [gléichgültiges] Verhálten; **~ый** índifferent, gléichgültig

индо||герма́нский *лингв.* indogermánisch; **~европе́йский** *лингв.* indoeuropäisch

индоло́гия *ж* Indologíe *f*

индонез||и́ец *м* Indonési|er *m* (6); **~и́йка** *ж* Indonesi|erin *f* (12); **~и́йский** indonésisch

индосс||аме́нт *м фин.* Indossamént *n* (2), Indossemént *n*; **~а́нт** *м фин.* Indossánt *m* (8); **~а́т** *м фин.* Indossát *m* (8); **~и́ровать** *фин.* indossíeren *vt*

индукти́вн||ый **1.** *филос.* induktív; ~ый ме́тод induktíve [-və] Methóde; **2.** *эл.*, *физ.* Induktións-; ~ый ток Induktiónsstrom *m* (1*); ~ая связь Induktivitätskopplung [-vi-] *f*

инду́ктор *м физ.* Indúktor *m* -s, -tóren; **~ный**: ~ный вы́зов *св.* Indúktorruf *m* (1), Wéckeranruf *m*

индукцио́нный *физ.* Induktións-; ~ ток Induktiónsstrom *m* (1*)

инду́кция *ж физ.*, *филос.*, *физиол.* Induktión *f*

индульге́нция *ж ист.* Áblaß *m* -sses, -lässe

инду́с *м* Híndu *m* -s *u* =, *pl* -s *u* =; **~ский** Híndu-

индустриализ||а́ция *ж* Industrialisíerung *f*; **~и́ровать** industrialisíeren *vt*

индустриа́льн||ый industri|éll, Industríe-; СССР из страны́ агра́рной стал

странóй ~ой die UdSSR wúrde aus éinem Agrárland zu éinem Industríeland
индýстрия *ж* Industríe *f* (11); тяжёлая ~ Schwérindustrie *f*; лёгкая ~ Léichtindustrie *f*
индуци́ровать induzíeren *vi*
индю́к *м* Trúthahn *m* (1*)
индю́ш||ка *ж см.* индéйка; **~óнок** *м* Pútenhühnchen *n* (7); júnger Trúthahn; júnge Trúthenne (*индюшка*)
и́не||й *м* Reif *m* -(e)s, Ráuhreif *m*; покры́тый ~ем mit Reif bedéckt, beréift
инéртн||ость *ж* Trägheit *f*, Índolenz *f*; **~ый** inért, träge, úntätig, schlaff; *перен. тж.* índolent, lässig; ~ый человéк träger [índolenter, lässiger] Mensch; ◇ ~ый материáл *тех.* Füllstoff *m* (1); ~ый газ *хим.* Édelgas *n* (2)
инéрци||я *ж* **1.** *физ.* Trägheit *f*; закóн ~и Trägheitsgesetz *n* -es; си́ла ~и Behárrungsvermögen *n* -s; Trägheitskraft *f*; движéние по ~и Náchlauf *m* (1*); **2.** (*бездеятельность*) Trägheit *f*, Índolenz *f*, Lässigkeit *f*; ◇ по ~и mechánisch
инжéктор *м тех.* Injéktor *m* -s, -tóren, Stráhlpumpe *f* (11)
инженéр *м* Ingenieur [*фр.* inʒəˈniøːr] *m* (1); глáвный ~ Chefingenieur [ˈʃɛf-] *m*; воéнный ~ Militäringenieur *m*; ~ путéй сообщéния Transpórtingenieur *m*; гóрный ~ Bérg(bau)ingenieur *m*; ~-испытáтель Prüfingenieur *m*; ~-áтомник Atómingenieur *m*; ~ по я́дерной тéхнике Kérningenieur *m*; ~-строи́тель Báuingenieur *m*; Báumeister *m* (6) (*архитектор*); ~-констрýктор Entwícklungsingenieur *m*; ~ по вычисли́тельной тéхнике EDV-Ingenieur *m*; ~ по тéхнике безопáсности Sícherheitsingenieur *m*; ~-машиностро́итель Maschínenbauingenieur *m*; ~-механик Maschíneningenieur *m*; ~-дорóжник Stráßenbauingenieur *m*; ~-лесовóд Fórstingenieur *m*; ~-металлýрг Hütteningenieur *m*; ~-экономи́ст Ingenieurökonom *m* (8); ~-хи́мик Chemíe¦ingenieur *m*; ~-эксплуатациóнник Betríebsingenieur *m*; ~-технóлог Fértigungsingenieur *m*; Verfáhrensingenieur *m* (*химик*); ~-гидростро́итель Wásserbauingenieur *m*; ~-электрóнщик Elektrónikingenieur *m*; Дом ~а и тéхника das Ingenieur- und Técnikerhaus
инженéрно-техни́ческ||ий ingenieurtéchnisch [inʒəˈniøːr-]; ~ие кáдры ingenieurtechnische Káder; ~ие рабóтники Ingenieure und Téchniker
инженéр||ный **1.** Ingenieur- [*фр.* inʒəˈniøːr-]; ingenieurmäßig; ~ное строи́тельство Tíefbau *m* -(e)s, -ten; **2.** *воен.* Pioníer-; ~ные войскá Pioníertruppen *pl*; ~ная развéдка Pioníeraufklärung *f*; **~ство** *с* **1.** *собир.* (*инженеры*) Ingenieure [inʒəˈniøːrə] *pl*; **2.** (*профессия*) Berúf *m* éines Ingenieurs [inʒəˈniøːrs]
инжи́р *м* **1.** (*плод*) Féige *f* (11); **2.** (*дерево*) Féigenbaum *m* (1*); **~ный** Féigen-; ~ный кóфе Féigenkaffee *m* -s
и́нистый beréift
инициáлы *мн.* Initiálen *pl*, Ánfangsbuchstaben *pl*, Initiálbuchstaben *pl*
инициати́в||а *ж* Initiatíve [-və] *f* (11); Ánregung *f* (10) (*побуждение*); твóрческая ~а масс die schöpferische Initiatíve der Mássen; чáстная ~а Privatinitiative [-ˈvaːt-] *f*; прояви́ть ~у Initiatíve zéigen, sélbständig hándeln; по своéй сóбственной ~е aus éigener Initiatíve, aus éigenem Ántrieb; по ~е когó-л. auf Ánregung (*G*), ángeregt von (*D*); взять ~у в свои́ рýки die Initiatíve ergréifen*; обладáть ~ой Initiatíve háben; ~а исхóдит от... die Initiatíve liegt bei... (*D*); ◇ законодáтельная ~а Initiatívrecht *n* -(e)s; **~-ный** Initiatív-; tátkräftig, unternéhmend; ~ная грýппа Initiatívgruppe *f* (11); ~ный комитéт Initiatívkomitee *n* -s, -s; ~ный человéк ein Mensch mit Initiatíve
инициáтор *м* **1.** Initiátor *m* -s, -tóren; Ánreger *m* (6), Úrheber *m* (6); ~ э́того движéния Úrheber díeser Bewégung; **2.** *хим.* Stárter *m* (6); Überträger *m* (6)
инкасс||áтор *м* Éinkassierer *m* (6); **~áция** *ж* Éinkassierung *f*, Éinziehung *f* (von Géldern); **~и́ровать** éinkassieren *vt*; (Gélder) éinziehen* *vt*
инкáссо *с фин.* Inkásso *n* -s, *pl* -s *u* -kássi, Éinkassierung *f*
ин-квáрто *нареч. полигр.* in quárto, im Víertelbogenformat
инквизи́тор *м* Inquisítor *m* -s, -tóren; **~ский** inquisitórisch
инквизициóнный Inquisitións-; ~ суд Inquisitiónsgericht *n* (2), Kétzergericht *n*
инквизи́ция *ж* Inquisitión *f*, Kétzergericht *n* (2)
инклинáтор *м горн.* Inklinátor *m* -s, -tóren
инклинóметр *м горн.* Inklinatiónsmesser *m* (6)
инкóгнито **1.** *нареч.* inkógnito; únter éinem Décknamen, únter fálschem [frémdem] Námen; **2.** *сущ. с* Inkógnito *n* -s, -s
инкорporáция *ж* **1.** (*присоединение*) Inkorporatión *f* (10), Éinverleibung *f* (10), Áufnahme *f* (11); **2.** *юр.* Inkorporatión *f* (10), Ángliederung *f* (10); Éingemeindung *f* (10)
инкримини́ровать *юр.* inkriminíeren *vt*; beschúldigen *vt* (что-л. *G*), zur Last légen
инкруст||áция *ж* Éinlegearbeit *f* (10); Intársia *f*, *pl* -si¦en (*б. ч. pl*), Intársi¦e *f* (11); **~и́ровать** inkrustíeren *vt*, éinlegen *vt*
инкуб||áтор *м* Inkubátor *m* -s, -tóren, Brútschrank *m* (1*), Brútofen *m* (7*); **~атóрий** *м* Brútanstalt *f* (10); **~аци-óнный** *мед., биол.* Inkubatións-; ~ациóнный перйод Inkubatiónszeit *f*; ~ациóнная устанóвка Brútanlage *f* (11); **~áция** *ж* **1.** Inkubatión *f*; Bebrütung *f*; **2.** *мед.* Inkubatión *f*, Entwícklungszeit *f*; **~и́ровать** im Brútschrank áusbrüten
инкунáбула *ж* Inkunábel *f* (11), Wíegendruck *m* (1)
иновéрец *м уст.* Ándersgläubige *m* (14)
иновéрный ándersgläubig
иногдá *нареч.* mánchmal, biswéilen; zuwéilen; von Zeit zu Zeit (*время от времени*)
иногорóдн||ий áuswärtig, aus éiner ánderen Stadt, ~ий жи́тель Zúgereiste *m* (14); in éiner ánderen Stadt Wóhnender; ~яя корреспондéнция áuswärtige Korrespondénz; ~ий чек *фин.* Distánzscheck *m* -s, -s
инозéмный frémdländisch; áusländisch, lándfremd
инóй **1.** (*другой*) ánderer; ины́ми словáми mit ánderen Wórten; по-инóму ánders; не что инóе, как... nichts ánderes als..., nichts wéiter als...; никтó ~, как... níemand ánders [kein ánderer] als...; **2.** (*некоторый*) máncher; manch éiner; ины́е лю́ди mánche Léute; инóму понрáвится manch éinem wird es gefállen; **3.** (*при повторении*) инóй..., инóй... der éine..., der ándere...; инóму нрáвится, инóму нет dem éinen gefällt es, dem ánderen nicht; ◇ ~ раз mánchmal; ины́е временá — ины́е пéсни ánd(e)re Zéiten, ánd(e)re Líeder
и́нок *м уст.* Mönch *m* (1)
и́нокиня *ж уст.* Nónne *f* (11)
инопланéтный von éinem ánderen Planéten
инопланетя́нин *м* Áußerirdische *m* (14), Bewóhner éines ánderen Planéten
иноплемéнный fremd, frémdstämmig
инорóдн||ый fremd, frémdartig; ártfremd; ~ое тéло Frémdkörper *m* (6)
иносказ||áние *с лит.* Allegoríe *f* (11), Sínnbild *n* (5); говори́ть ~áниями in Allegorí¦en sprécheh*; **~áтельно** *нареч.* allegórisch, sínnbildlich; выражáться ~áтельно sich sínnbildlich áusdrücken; etw. durch die Blúme ságen; **~áтельный** allegórisch, sínnbildlich
инострáн||ец *м* Áusländer *m* (6); **~-ка** *ж* Áusländerin *f* (12); **~ный** **1.** áusländisch, fremd; Áuslands-; ~ный язы́к frémde Spráche, Frémdsprache *f* (11); ~ный капитáл áusländisches Kapitál; ~ные кругú Áuslandskreise *pl*; ~ный тури́зм Áuslandstouristik [-tu-] *f*; изучéние ~ного языкá Frémdsprachenstudium *n* -s, -i¦en, Spráchstudium *n*; преподавáние на ~ном языкé frémdsprachiger Únterricht; **2.**: министéрство ~ных дел Ministérium für Áuswärtige Ángelegenheiten, Áußenministerium *n* -s, -ri¦en, Ministérium des Áußeren; Áuswärtiges Amt *ист.*; коми́ссия по ~ным делáм Áuswärtiger Áusschuß
инострáнщин||а *ж разг.* álles Frémdländische
инохóдец *м* Päßgänger *m* (6), Zélter *m* (6)
и́ноходь *ж* Päßgang *m* -(e)s, Zéltgang *m*, Zéltschritt *m* -(e)s
иноязы́ч||ный frémdsprachig; ándersprachig; ~ное заи́мствование *лингв.* Léhnwort *n* (5)
инсектици́д *м* Insektizíd *n* (2), Inséktengift *n* (2)
инсину||áция *ж* Insinuatión *f* (10); Unterstéllung *f* (10); Verléumdung *f* (10) (*клевета*); **~и́ровать** insinuíeren *vt*; verléumden *vt* (*оклеветать*)
инсоля́ция *ж* **1.** *геофиз.* Insolatión *f*; **2.** *мед.* Sónnenbadkur *f*; **3.** *мед.* (*солнечный удар*) Sónnenstich *m* (1)
инспекти́ровать inspizíeren *vt*
инспéктор *м* Inspéktor *m* -s, -tóren; ~ трудá Árbeitsinspektor *m*; Fabríkinspektor *m*; финáнсовый ~ Finánzinspektor *m*; санитáрный ~ Hygiéne¦inspektor *m*; шáхтный ~ Grúbeninspektor *m*; **~ский** Inspéktor-; Inspektións-; ~ский смотр Inspektiónsschau *f* (10); ~ская провéрка Inspizíerung *f* (10)
инспекциóнный Inspektións-
инспéкция *ж* Inspektión *f* (10), Áufsicht *f* (10); Inspizíerung *f* (10) (*осмотр*); фабри́чная ~ Fabríkaufsicht *f*; Fabríkinspektion *f*, санитáрная ~ Hygiéne¦inspektion *f*; ~ по охрáне трудá Árbeitsschutzinspektion *f*; промы́шленная ~ Gewérbeaufsicht *f*; рабóче-крестья́нская ~ Árbeiter- und Báuerninspektion *f*
инспир||áтор *м* Inspirátor *m* -s, -tóren; Ánstifter *m* (6), Dráhtzieher *m* (6) (*подстрекатель*); **~атóрный** (*вдыхательный*) *лингв.* inspiratórisch; **~áция** *ж* Inspiratión *f* (10), Inspiríerung *f* (10), Éinatmung *f*; **~и́ровать** inspiríeren *vt*; beéinflussen *vt*; (áuf)hétzen *vt* (*подстрекать*)
инстáнц||ия *ж* **1.** *юр.* Instánz *f* (10); суд пéрвой ~ии das Gerícht érster Instánz; **2.** (*административная и т. п.*) Instánz *f* (10), Behörde *f* (11); вы́сшая ~ия höchste Instánz; руководя́-

щие ~ии máßgebende Stéllen; соотве́тствующие ~ии die zúständigen Stéllen

инсти́нкт *м* Instínkt *m* (1); Trieb *m* (1); Natúrtrieb *m* -(e)s; ~ самосохране́ния Sélbsterhaltungstrieb *m*; подчиня́ться ~у sich von séinem Instínkt léiten lássen*; **~и́вный** instinktív, instínktmäßig; únwillkürlich (*нево́льный*)

институ́т *м* **1.** (*нау́чное учрежде́ние*) Institút *n* (2); нау́чно-иссле́довательский ~ Fórschungsinstitut; **2.** (*вы́сшее уче́бное заведе́ние*) Hóchschule *f* (11); автодоро́жный ~ Hóchschule für Stráßenbau; архитекту́рный ~ Hóchschule für Architektúr (und Báuwesen); го́рный ~ Bérgbauhochschule *f*; ~ иностра́нных языко́в Frémdspracheninstitut *n* (2); ~ кинематогра́фии Fílmhochschule *f*; ~ физи́ческой культу́ры Hóchschule für Körperkultur; лесно́й ~ Fórsthochschule *f*; литерату́рный ~ Institút für Literatúr, Literatúrhochschule *f*; педагоги́ческий ~ pädagógisches Institút; полиграфи́ческий ~ Hóchschule für Polygraphíe; сельскохозя́йственный ~ Lándwirtschaftliche Hóchschule; строи́тельный ~ Hóchschule für Báuwesen; театра́льный ~ Theáterhochschule *f*; тексти́льный ~ Textílhochschule *f*; хими́ческий ~ Hóchschule für Chemíe; электротехни́ческий ~ Hóchschule für Eléktrotechnik; **3.** *уст.* (*закры́тое же́нское уче́бное заведе́ние*) Pensionát *n* (2), Pensión *f* (10); **4.** (*обще́ственное установле́ние*) Institút *n* (2), Institutión *f* (10), Éinrichtung *f* (10); креди́тный ~ Kredítinstitut *n*, Kredítanstalt *f* (10); **~ка** *ж уст.* Pensionátschülerin *f* (12), Pensiónsfräulein *n* (7)

инструкт||а́ж *м* Instruktión *f* (10), Ánleitung *f* (10); Beléhrung *f* (10); **~и́вный** Instruktións-; ~и́вное письмо́ Instruktiónsbrief *m* (1); **~и́рование** *с* Instruktión *f* (10), Instruíeren *n* -s, Unterwéisen *n* -s; **~и́ровать** instruíeren *vt*; unterwéisen* *vt*, Wéisungen ertéilen; ánleiten *vt*

инстру́ктор *м* Instrukteur [-'tø:r] *m* (1); Áusbilder *m* (6) (*произво́дственного обуче́ния*); лётчик-~ Flúglehrer *m* (6); ~ по пла́ванию Schwímmlehrer *m*; ~ по лы́жам Schílehrer *m*; ~ по вожде́нию автомоби́лей Fáhrlehrer *m*; ~ по лече́бной гимна́стике Héilgymnast *m* (8)

инстру́к||торский Instrukteur-[-'tø:r]; ~торские ку́рсы Instrukteurkurse [-'tø:r-] *pl*; ~торские обя́занности Instruktéurpflichten *pl*; **~ция** *ж* Instruktión *f* (10); Díenstanweisung *f* (10); Wéisung *f*; Ánleitung *f* (10); Vórschrift *f* (10) (*предписа́ние*); Dúrchführungsbestimmung *f* (10) (*к зако́ну*); ~ция о по́льзовании Gebráuchsanweisung *f*; ~ция по обслу́живанию Bedíenungsvorschrift *f*, Bedíenungsanweisung *f*; ~ция по ухо́ду Wártungsvorschrift *f*; ~ция по эксплуата́ции Betríebsanleitung *f*; служе́бная ~ция Díenstanweisung *f*, Díenstvorschrift *f*; ~ция-па́мятка Mérkblatt *n* (5); по ~ции laut Wéisung, laut Instruktión, der Instruktión gemäß; согла́сно ~ции instruktiónsgemäß; vórschriftsmäßig; дава́ть ~ции *см.* инструкти́ровать; руково́дствоваться ~цией sich nach der Vórschrift ríchten

инструме́нт *м* **1.** Instrumént *n* (2), Wérkzeug *n* (2), Gerät *n* (2); контро́льно-измери́тельный ~ Kontróllmeßinstrument *n*; ша́нцевый ~ *воен.* Schánzzeug *n* (-e)s; хирурги́ческие ~ы chirúrgische Instruménte; чертёжные ~ы Zéichengeräte *pl*; землеме́рный ~ Vermëssungsgerät *n*; ре́жущий ~ Schnéidwerkzeug *n*; ручно́й ~ Hándwerkzeug *n*; **2.**: музыка́льный ~ Musíkinstrument *n* (2); стру́нный [смычко́вый] ~ Stréichinstrument *n*; щипко́вый ~ Zúpfinstrument *n*; духово́й ~ Blásinstrument *n*; уда́рный ~ Schlágzeug *n* (2); **~а́льная** *ж сущ.* Wérkzeuglager *n* (6); Wérkzeugausgabe *f* (11); **~а́льный** **1.** Instruménten-, Wérkzeug-; Geräte-; ~а́льное произво́дство Wérkzeugfabrikation *f*; ~а́льный заво́д Wérkzeugfabrik *f* (10); ~а́льная сталь Wérkzeugstahl *m* (1, 1*); **2.** *муз.* Instrumentál-; ~а́льная му́зыка Instrumentálmusik *f*; **~а́льщик** *м* Wérkzeugmacher *m* (6), Wérkzeugschlosser *m* (6); **~ова́ть** instrumentíeren *vt*; **~о́вка** *ж муз.* Instrumentatión *f*, Instrumentíerung *f* (10)

инсули́н *м фарм.* Insulín *n* -s

инсу́льт *м* Gehírnschlag *m* (1*), Schláganfall *m* (1*), Insúlt *m* (1)

инсурге́нт *м* Insurgént *m* (8), Áufständische *m* (14)

инсцени́р||овать **1.** *театр.* für die Bühne beárbeiten, dramatisíeren *vt*; ~овать рома́н éinen Román dramatisíeren; **2.** (*симули́ровать*) inszeníeren *vt*; vórtäuschen *vt*; **~о́вка** *ж* **1.** *театр.* Inszeníerung *f* (10), Dramatisíerung *f* (10); Bühnenfassung *f* (10) (*рома́на*); **2.** (*симуля́ция*) Inszeníerung *f* (10); э́то бы́ло то́лько ~о́вкой das war bloß vórgetäuscht

интегр||а́л *м мат.* Integrál *n* (2); **~а́льный** **1.** *мат.* integrál, Integrál-; ~а́льное исчисле́ние Integrálrechnung *f*; **2.** (*еди́ный*) integrál, zu éinem Gánzen verschmólzen; **~а́тор** *м мат.* Réchengerät *n* (2); **~а́ция** *ж* **1.** *мат.* Integratión *f* (10), Integríeren *n* -s; **2.** (*объедине́ние*) Integratión *f* (10), Zusámmenschluß *m* -sses; экономи́ческая ~а́ция wírtschaftliche Integratión [Integríerung]; **~и́рование** *с мат.* Integratión *f* (10), Integríeren *n* -s; **~и́ровать** **1.** *мат.* integríeren *vi*, *vt*; **2.** (*объединя́ть*) integríeren *vt*, zu éinem Gánzen zusámmenschließen*

интелле́кт *м* Intellékt *m* -(e)s, Verstánd *m* -(e)s, Dénkvermögen *n* -s; разви́тие ~а Géistesbildung *f*; челове́к высо́кого интелле́кта éine géistige Größe

интеллектуали́зм *м филос.* Intellektualísmus *m* =

интеллектуа́льный intellektuéll, verstándesmäßig, géistig

интеллиге́нт *м* Ángehöriger der Intelligénz; Intellektuélle *m* (14); **~ность** *ж* Intelligénz *f*; **~ный** intelligént; intellektuéll

интеллиге́нтский Intellektuéllen-

интеллиге́нция *ж* **1.** Intelligénz *f*; сове́тская ~ sowjétische Intelligénz; трудова́я ~ die schäffende [wérktätige] Intelligénz; **2.** *собир.* (*интеллиге́нты*) die Intellektuéllen *pl*; die Géistesschaffenden *pl*; се́льская ~ ländliche Intelligénz

интенда́нт *м воен.* Intendánt *m* (8); **~ский** *воен.* Intendantúr-; ~ское ве́домство Intendantúr *f* (10); **~ство** *с воен.* Intendantúr *f* (10)

интенси́вн||ость *ж* Intensität *f*; ~ость труда́ Árbeitsintensität *f*; ~ость движе́ния Verkéhrsdichte *f*; ~ость радиа́ции Stráhlungsintensität *f*; **~ый** intensív; stark (*си́льный*); ángespannt, ángestrengt (*напряжённый*); ~ое хозя́йство *с.-х.* intensíve [-və] Wírtschaft

интенсифи||ка́ция *ж* Intensivíerung [-'vi:-] *f*; ~ка́ция труда́ Intensivíerung der Árbeit; **~ци́ровать** intensivieren [-'vi:-] *vt*

интербрига́да *ж* internationále Brigáde *f* (11)

интерва́л *м* **1.** (*во вре́мени*) Intervall [-'val] *n* (2), Zéitabstand *m* (1*); Zwíschenzeit *f* (10); Zéitspanne *f* (11); Unterbréchung *f* (10) (*переры́в*); с ~ами mit Unterbréchungen; ~ ме́жду поезда́ми *ж.-д.* Zúgabstand *m*; **2.** *муз.* Intervall [-'val] *n* (2), Tónabstand *m* (1*); **3.** (*расстоя́ние*) Intervall [-'val] *n* (2), Ábstand *m* (1*); Zwíschenraum *m* (1*), Lücke *f* (11)

интерве́нт Intervent [-'vɛnt] *m* (8)

интервенц||иони́стский interventionístisch [-vɛn-]; **~ио́нный** Interventións- [-vɛn-]; Invasións-[-va-]; ~ио́нные во́йска́ Interventiónstruppen *pl*, Invasiónstruppen *pl*

интерве́нция *ж* Interventión [-vɛn-] *f* (10)

Интерви́ден||ие *с* Intervisión [-vi-] *f*; передава́ть по ~ию für Intervisión sénden; переда́ча по ~ию Intervisiónssendung *f* (10)

интервока́льный *лингв.* intervokálisch [-vo-]

интервью́ *с* Interview [-'vju:] *n* -s, -s; специа́льное ~ Exklusívinterview *n*; ~ по телеви́дению Férnsehinterview *n*; ~ «Пра́вде» ein Interview für «Práwda»; дать кому́-л. ~ j-m ein Interview gewähren; **~е́р** *м* Interviewer [-'vju:ər] *m* (6); **~и́ровать** interviewen [-'vju:ən] *vt*

интере́с *м* **1.** Interésse *n* (13); зако́нный ~ legitímes Interésse; слу́шать с ~ом mit Interésse [interessíert] zúhören; отсу́тствие ~а Desinterésse *n*; прояви́ть ~ sich interessíert zéigen, Interésse zéigen (к чему́-л. für *A*), Interésse néhmen* (an *D*); возбужда́ть ~ Interésse erwécken; вы́звать живе́йший ~ régstes Interésse áuslösen; представля́ть взаи́мный ~ von béiderseitigem Interésse sein; **2.** *мн.* ~ы Interéssen *pl*; Belánge *pl*; жи́зненные ~ы lébenswichtige Interéssen; о́бщие ~ы die geméinsamen Belánge; о́бщность ~ов Interéssengemeinschaft *f*; кро́вные ~ы úreigenste Interéssen; соблюда́ть чьи-л. ~ы j-s Interéssen wáhrnehmen*; задева́ть чьи-л. ~ы j-s Interéssen beéinträchtigen; защища́ть ~ы рабо́чего кла́сса die Interéssen der Árbeiterklasse vertéidigen [verféchten*]; э́то в ва́ших ~ах das liegt in Íhrem Interésse; **3.** *разг.* (*смысл, по́льза*) Sinn *m* (1), Interésse *n* (13); нет никако́го ~а es hat gar kéinen Sinn; како́й мне ~? was hábe ich davón?, was hat es für éinen Zweck?; **~ный** **1.** interessánt; unterháltend (*занима́тельный*); spánnend (*увлека́тельный*); **2.** (*о нару́жности*) interessánt, ánziehend; ◇ быть в ~ном положе́нии in (ánderen) Úmständen sein, gúter Hóffnung sein; **~ова́ть** interessíeren *vt*; э́то вас ~у́ет? interessíert Sie das?; **~ова́ться** sich interessíeren (чем-л. für *A*); Interésse háben (чем-л. an *D*); Interésse zéigen (чем-л. für *A*) (*проявля́ть интере́с*)

интерклу́б *м* internationáler Klub

интерлю́дия *ж муз.* Interlúdium *n* -s, -di¦en, Zwíschenspiel *n* (2)

интерме́дия *ж* **1.** *театр.* Intermédium *n* -s, -di¦en, Zwíschendarbietung *f* (10) **2.** *муз. см.* интерлю́дия

интерме́ццо *с муз.* Intermézzo *n* -s, *pl* -s *u* -mezzi (*тж. перен.*)

интерна́т *м* Internát *n* (2); шко́ла-~ Internátsschule *f* (11); Schülerheim *n* (2), geschlóssene Léhranstalt; учени́к ~а Héimschüler *m* (6); **~овец** *м* Internátsschüler *m* (6)

Интернационáл *м* **1.** *ист.* Internationále *f* (11); **2.** (*гимн*) die Internationále

интернационализáция *ж* Internationalisíerung *f*

интернационал||и́зм *м* Internationalísmus *m* =; **~и́ст** *м* Internationalíst *m* (8)

интернационáльн||ый internationál; ~ая солидáрность трудя́щихся internationále Solidarität der Wérktätigen; ~ое воспитáние молодёжи die Erzíehung der Júgend im Sínne des Internationalísmus; ~ые словá *лингв.* internationále Wörter

интерни́ровать interníeren *vt*

интерпелл||и́ровать *полит.* interpellíeren *vt*; **~я́ция** *ж* *полит.* Interpellatión *f* (10)

интерполи́ровать *мат.*, *лингв.* interpolíeren *vt*

интерполя́ция *ж* Interpolatión *f* (10), Interpolíerung *f* (10)

интерпрет||áция *ж* Interpretatión *f* (10), Interpretíerung *f* (10); Déutung *f* (10), Áuslegung *f* (10) (*толкование*); **~и́ровать** interpretíeren *vt*; déuten *vt*, áuslegen *vt* (*толковать*)

интерферéнция *ж* *физ.* Interferénz *f* (10), Überlágerung *f* (10)

интерьéр *м* *архит.*, *иск.* Interieur [*фр.* ɛ̃te'rĭø:r] *n* (2) (*pl тж.* -s); Ínnenraum *m* (1*), Ínneneinrichtung *f*, Innendekoration *f* (10); отдéлка ~а ínnerer Áusbau; съёмка ~а Ínnenaufnahme *f* (11) (*кино*)

инти́мн||ость *ж* Intimität *f*, Vertráulichkeit *f*; Ínnigkeit *f* (*задушевность*); **~ый** intím, vertráut, vertráulich; ínnig (*задушевный*); ~ый друг Íntimus *m* =, -mi, vertráuter Freund

интоксикáция *ж* *мед.* Intoxikatión *f* (10), Vergíftung *f* (10)

интон||ациóнный Intonatións-; **~áция** *ж* Intonatión *f* (10), Tónfall *m* -(e)s, Sátzmelodie *f* (11), Spráchmelodie *f* (11); **~и́ровать** intoníeren *vt*

интри́г||а *ж* **1.** Intríge *f* (11); любóвная ~а Líebesaffäre *f* (11), Líebesabenteuer *n* (6); ~и Intrígen *pl*, Ränke *pl*, вести́ ~у intrigíeren *vi*, éine Intríge spínnen*, Ränke schmíeden [spínnen*]; **2.** *лит.* Knóten der Hándlung; **~áн** *м* Intrigánt *m* (8), Ränkeschmied *m* (1), Ränkespinner *m* (6); **~áнка** *ж* Intrigántin *f* (12), Ränkespinnerin *f* (12); **~овáть 1.** (*вести интригу*) intrigíeren *vi*, Ränke schmíeden; **2.** (*возбуждать любопытство*) néugierig máchen, Spánnung erregén; меня́ э́то ~овáло ich war gespánnt daráuf, das hätte mich néugierig gemácht; **~ýющий:** кни́га с ~ýющим назвáнием ein Buch mit éinem víelverheißenden Títel

интри́жка *ж* *разг.* Flirt *m* -s, -s, Liebeléi *f* (10)

интровéрт *м* *психол.* introvertíerter [-vɛr-] [in sich gekéhrter] Mensch

интродýкция *ж* *муз.* Introduktión *f* (10), Vórspiel *n* (2); Éinleitung *f* (10)

интроскопи́я *ж* *тех.* Introskopíe *f*

интуити́вный intuitív

интуи́ци||я *ж* Intuitión *f* (10), Éinfühlungskraft *f*; по ~и intuitív

инфантéрия *ж* *воен.* *уст.* *см.* пехóта

инфант||или́зм *м*, **~и́льность** *ж* Infantilísmus *m* =; **~и́льный** infantíl

инфáркт *м* *мед.* Infárkt *m* (1); ~ сéрдца Hérzinfarkt *m*; ~ лёгкого Lúngeninfarkt *m*

инфекциóнн||ый *мед.* infektiös, Infektións-, ánsteckend; ~ая болéзнь Infektiónskrankheit *f* (10), ánsteckende Kránkheit; ~ый гóспиталь Séuchenlazarett *n* (2)

инфéкция *ж* *мед.* Infektión *f* (10), Ánsteckung *f* (10)

инфильтрáция *ж* *биол.*, *мед.* Infiltratión *f* (10), Infiltríerung *f* (10)

инфинити́в *м* *грам.* Ínfinitiv *m* (1)

инфлюэ́нца *ж* *мед.* *уст.* Grippe *f* (11), Influénza *f*

инфляци||óнный *эк.* inflatórisch; inflationístisch; ~óнная эми́ссия inflationístische Emissión

инфля́ци||я *ж* *эк.* Inflatión *f* (10); Géldentwertung *f* (10); во врéмя ~и während [zur Zeit] der Inflatión, in der Inflatiónszeit; скры́тая ~я schléichende Inflatión

информáнт *м* Informánt *m* (8)

информати́вн||ость *ж* Informatiónsgehalt *m* -(e)s; **~ый** informatív

информáтика *ж* Informátik *f*

информáтор *м* Beríchterstatter *m* (6), Informátor *m* -s, -tóren

информациóнн||ый Informatións-, informatórisch, informatív; ~ый отдéл Informatiónsabteilung *f* (10); Informatiónsbüro *n* -s, -s (*сокр.* Informbüró *n*); ~ое сообщéние Informatiónsbericht *m* (1), informatórische Míttteilung; ~ое агéнтство Náchrichtenagentur *f* (10); ~ое агéнтство ГДР Allgeméiner Déutscher Náchrichtendienst (*сокр.* ADN)

информáц||ия *ж* **1.** (*действие*) Informatión *f*, Informíerung *f*; Benáchrichtigung *f* (*оповещение*); **2.** (*сообщение*) Informatión *f* (10); Berícht *m* (1); Áuskunft *f* (3) (*справка*); газéтная ~ия Zéitungsinformation *f*, Zéitungsbericht *m*; коли́чество ~ии Informatiónsgehalt *m* (1); теóрия ~ии Informatiónstheorie *f*; носи́тель ~ии *выч.* *тех.* Dátenträger *m* (6); дать ~ию informíeren *vt*, Áuskunft gében* [ertéilen]; Berícht erstátten (*сделать сообщение, доклад*)

информбюрó *с* (информациóнное бюрó) Informatiónsbüro *n* -s, -s

информи́ровать informíeren *vt*; benáchrichtigen *vt*, in Kénntnis sétzen (*уведомить*)

инфра||звýк *м* *физ.* Ínfraschall *m* (1*); **~крáсный** *физ.* ínfrarot; ~крáсные лучи́ ínfrarote Stráhlen; ~крáсная плёнка *ж* Ínfrarotfilm *m* (1)

инфраструктýра *ж* Ínfrastruktur *f* (10)

инфузóрия *ж* *зоол.* Infusórium *n* =, -ri¦en, Infusiónstierchen *n* (7), Áufgußtierchen *n*

инцидéнт *м* Zwíschenfall *m* (1*), Vórfall *m*; пограни́чный ~ Grénzzwischenfall *m*; **~ность** *ж* *мат.* Inzidénz *f*, *pl* -en *u* -i¦en, Éinfall *m* (1*)

инъéкци||я *ж* *мед.* Injektión *f* (10), Éinspritzung *f* (10); сдéлать комý-л. ~ию j-m éine Injektión máchen, j-m éine Sprítze gében*

и. о. (исполня́ющий обя́занности) i. V. (in Vertrétung), stéllvertretend; amtíerend; и. о. дирéктора stéllvertretender Diréktor

иóн *м* *физ.* Ión *n* (13); многозаря́дный ~ méhrfachionisiertes Ión, áтомный ~ Atómion *n*; ~ гéлия Hél¦ion *n*; **~изáция** *ж* *физ.* *мед.* Ionisíerung *f* (10), Ionisatión *f* (10)

иони́йский, иони́ческий *архит.* iónisch; иони́ческая колóнна iónische Säule

иóнн||ый *хим.*, *физ.* Iónen-; ~ая теóрия Iónentheorie *f*

ионосфéр||а *ж* *астр.* Ionosphäre *f* (11); свобóдный от влия́ния ~ы ionosphärenfrei

иордáн||ец *м* Jordáni¦er *m* (6); **~ка** *ж* Jordáni¦erin *f* (12); **~ский** jordánisch

ипотéка *ж* *эк.* Hypothék *f* (10)

ипотéчный *эк.* hypothekárisch, Hypothéken-, Hypothekár-; ~ банк Hypothékenbank *f* (10); ~ креди́т Hypothekárkredit *m* (1)

ипохóндр||ик *м* Hypochónder *m* (6); **~и́ческий** hypochóndrisch, schwérmütig; **~и́я** *ж* *мед.* Hypochondríe *f*, Schwérmut *f*

ипподрóм *м* Rénnbahn *f* (10)

ипри́т *м* *хим.* Yperít *n* -s, Sénfgas *n* -es

ирáкец *м* Iráker *m* (6)

ирáкский irákisch

ирáн||ец *м* Iráni¦er *m* (6); **~и́стика** *ж* Iranístik *f*; **~ка** *ж* Iráni¦erin *f* (12); **~ский** iránisch

ири́дий *м* *хим.* Irídium *n* -s (*хим. знак* Ir)

ризи́рующий fárbenschillernd

и́рис *м* **1.** *бот.* Íris *f* =, =, Schwértlili¦e *f* (11); **2.** *анат.* Íris *f*, Régenbogenhaut *f* (3)

ири́с *м* (*конфета*) Sáhnebonbon [-bɔŋ,bɔ̃] *m*, *n* -s, -s

ирлáнд||ец *м* Íre *m* (9), Írländer *m* (6); **~ка** *ж* Írin *f* (12), Írländerin *f* (12); **~ский** írisch, írländisch

и́род *м* *бран.* Únmensch *m* (8), Úngeheuer *n* (6)

иронизи́ровать ironisíeren *vi*; spótten *vi*

ирони́ческий irónisch; spöttisch (*насмешливый*)

ирóния *ж* Ironíe *f* (11); Spötteléi *f* (10); éдкая ~ béißende Ironíe; тóнкая ~ féine Ironíe

иррадиáция *ж* *физ.*, *мед.* Irradiatión *f* (10)

иррационáльн||ость *ж* Irrationalität *f* (10); **~ый** Írrational-, írrational, írrationell; ~ое числó *мат.* irrationále Zahl, Irrationálzahl *f* (10)

ирреáльный írreal

иррегуля́рн||ый írregulär; únregelmäßig; ◇ ~ые войскá írreguläre Trúppen

ирригáтор *м* **1.** Bewässerungsfachmann *m* (4) (*pl тж.* -leute); **2.** *мед.* Irrigátor *m* -s, -tóren, Spülapparat *m* (1)

ирригациóнн||ый Irrigatións-, Bewässerungs-; ~ое строи́тельство Bau von Irrigatiónsanlagen [Bewässerungsanlagen]; ~ое дéло Bewässerungswesen *n* -s; ~ая систéма Irrigatiónssystem *n* (2), Bewässerungssystem *n*

ирригáция *ж* Bewässerung *f* (10), Irrigatión *f* (10), Beríeselung *f* (10)

иск *м* *юр.* (geríchtliche) Kláge *f* (11), Fórderung *f* (10); граждáнский ~ Zivilklage [-'vi:l-] *f*; встрéчный ~ Gégenklage *f*; ~ о возмещéнии убы́тков Kláge auf Schádenersatz; предъяви́ть ~ комý-л. gégen j-n klágen [Kláge führen]; предъяви́ть ~ на возмещéние убы́тков auf Schádenersatz klágen

искаж||áть *см.* искази́ть; **~áться 1.** *см.* искази́ться; **2.** *страд.* entstéllt wérden (*ср.* искази́ть); **~éние** *с* Entstéllung *f* (10), Verdréhung *f* (10), Verzérrung *f* (10); Verstümmelung *f* (10); Verúnstaltung *f* (10); Verfórmung *f* (10) (*формы*); Verfälschung *f* (10) (*преднамеренное*); ~éние смы́сла Sínnentstellung *f*; без ~éний *радио*, *опт.* verzérrungsfrei; ~éние изображéния Bíldverzerrung *f*; исправля́ть ~éния *радио* entzérren *vt*; **~ённый** entstéllt, verdréht, verzérrt; verstümmelt; ~ённая карти́на entstélltes Bild, Zérrbild *n* (5); ~ённое слóво verstümmeltes Wort; **~ённая телегрáмма** verstümmeltes Telegrámm; ~ённое от злóбы лицó wútverzerrtes [vor Wut verzérrtes] Gesícht

искази́ть entstéllen *vt*, verdréhen *vt*, verzérren *vt*; verstümmeln *vt*, verúnstälten *vt*; verfälschen *vt* (*преднамеренно*); ~ фа́кты die Tátsachen entstéllen [verdréhen, verfälschen]; ~ и́стину die Wáhrheit verzérren [verdréhen]; опеча́тка, искажа́ющая смысл sínnentstellender Drúckfehler; ~**ся** (*о лице*) sich verzíehen*, sich verzérren

искале́ч||енный verstümmelt; verkrüppelt (*тж. перен.*); ~**ить** verstümmeln; verkrüppeln *vt*, zum Krüppel máchen (*тж. перен.*)

иска́ни||е *с* **1.** Súchen *n* -s, Súche *f*; ~ пра́вды das Súchen der Wáhrheit; **2.** *мн.* ~я Súchen *n* -s, Fórschungen *pl*; Versúche *pl* (*опыты*)

иска́тель *м* **1.** Súcher *m* (6); ~ приключе́ний Ábenteurer *m* (6); ~ же́мчуга Pérlenfischer *m* (6); **2.** *тех.* Wähler *m* (6), Súcher *m* (6); враща́ющийся ~ Dréhwähler *m* (*телефон*); ~**ница** *ж* Súcherin *f* (12); ~ница приключе́ний Ábenteu(r)erin *f* (12)

иска́ть 1. súchen *vt*; ~ спасе́ния в бе́гстве sein Heil in der Flucht súchen; ~ по́вод(а) nach éinem Vórwand súchen; ~ сло́во в словаре́ ein Wort im Wörterbuch súchen [náchschlagen*]; **2.** *юр.* (*предъявлять иск*) klágen *vi* (с кого́-л. что-л. gégen j-n auf *A*); ~ су́мму убы́тка с желе́зной доро́ги gégen die Éisenbahn [Bahn] auf Schádenersatz klágen; ◇ ~ приключе́ний auf Ábenteuer áusgehen*

исклева́ть 1. (*изранить клювом*) (mit dem Schnábel) zerpícken *vt*, zerhácken *vt*, zerfléischen *vt*; **2.** (*съесть всё — о птицах*) (álles) áufpicken *vi*

исключа́ть *см.* исключи́ть; ~**ся 1.:** э́то исключа́ется (das ist) áusgeschlossen, das kommt nicht in Fráge; **2.** *страд.* áusgeschlossen wérden [sein]

исключ||а́я *предлог* áusgenommen (*A*) áußer (*D*); mit Áusnahme (*G*, von *D*); únter Áusschluß (*G*); áusschließlich, exklusíve [-və]; ~а́я прису́тствующих die Ánwesenden áusgenommen; не ~а́я никого́ álle óhne Áusnahme; все, ~а́я дете́й álle áußer den Kíndern; álle mit Áusnahme der Kínder; ~**е́ние** *с* **1.** (*удаление*) Áusschließung *f* (10), Áusschluß *m* -sses, -schlüsse; Exmatrikulatión *f* (10) (*из вуза*); ~е́ние из па́ртии Partéiausschluß *m* (1*); ~е́ние из спи́сков Stréichung aus der Líste; ~е́ние неизве́стного *мат.* Eliminatión [Eliminíerung] der Únbekannten; **2.** (*из правила и т. п.*) Áusnahme *f* (11); в ви́де ~е́ния áusnahmsweise; без ~е́ния óhne Áusnahme, áusnahmslos; за ~е́нием mit Áusnahme (*G*, von *D*); áusschließlich, exklusíve [-və]; я де́лаю для вас ~е́ние ich máche bei Íhnen éine Áusnahme; нет пра́вила без ~е́ния kéine Régel óhne Áusnahme; ~е́ния подтвержда́ют пра́вила die Áusnahmen bestätigen die Régel

исключи́тельн||о *нареч.* **1.** (*крайне, особенно*) áusnehmend; äußerst; áußerordentlich; ~о интере́сный докла́д ein äußerst [áusnehmend] interessánter Vórtrag; ~о ва́жное де́ло éine äußerst wíchtige Ángelegenheit; **2.** (*лишь*) áusschließlich, nur; ~**ость** *ж* **1.** Exklusivität [-vi-] *f*, Áusschließlichkeit *f*; прете́нзия на ~ость Áusschließlichkeitsanspruch *m* (1*); **2.** (*особенность*) Úngewöhnlichkeit *f*; ~**ый 1.** áusschließlich; Áusnahme-; áußerordentlich, áußergewöhnlich (*чрезвычайный*); ~ые спосо́бности áußergewöhnliche Fähigkeiten; ~ое пра́во áusschließliches Recht; ~ые полномо́чия áußerordentliche Vóllmacht; ~ый слу́чай Áusnahmefall *m* (1*), Sónderfall *m*; в ~ых слу́чаях in áußergewöhnlichen Fällen; ~ое положе́ние Áusnahmezustand *m* -(e)s; **2.** (*особенный*) äußerst; áusnehmend; де́ло ~ой ва́жности éine Sáche von äußerster Wíchtigkeit, éine äußerst wíchtige Ángelegenheit; карти́на ~ой красоты́ ein áusnehmend schönes Bild, ein Bild von áusnehmender Schönheit

исключ||и́ть 1. (*изъять*) áusschließen* *vt*; ~и́ть из спи́ска aus der Líste stréichen*; **2.** (*вывести из числа членов какой-л. организации*) áusschließen* *vt*; ~и́ть из ву́за exmatrikulíeren *vt*; relegíeren *vt* (*устарев.*); **3.** (*устранить*) áusschließen* *vt*; áusschalten *vt*, áusnehmen* *vt*; áusklammern *vt*; ~и́м э́тот моме́нт wóllen wir díeses Momént áusschalten; не ~ена́ возмо́жность es ist nicht áusgeschlossen, es bestéht die Möglichkeit

исков́ерк||анный entstéllt, verzérrt, verdréht; verstümmelt; verdórben (*испорченный*); ~**ать** entstéllen *vt*, verzérren *vt*, verdréhen *vt*; verstümmeln *vt*, verkrüppeln *vt* (*изуродовать*); verdérben* *vt* (*испортить*)

исков||о́й Kláge-; ~о́е заявле́ние Klágeschrift *f* (10); ~а́я да́вность Verjährung éiner Kláge

исковыря́ть zerlöchern *vt*, zerstóchern *vt*

исколеси́ть *разг.* durchwándern *vt*, durchméssen* *vt*, durchstréifen *vt*; beréisen *vt* (*объездить*); ~ всю страну́ das gánze Land durchstréifen

исколоти́||ть 1. *разг.* verháuen* *vt*, dúrchprügeln *vt*; его́ стра́шно ~ли в дра́ке er wúrde bei der Schlägeréi arg [übel] zúgerichtet; **2.** (*испортить*) zerhämmern *vt*

исколо́ть 1. (*изранить*) zerstéchen* *vt*; ~ ру́ки о куста́рник sich (*D*) die Hände am Stráuchwerk zerstéchen*; **2.** (*утыкать — карту булавками*) bestékken *vt* (mit *D*); ~**ся** sich stéchen*; ganz zerstóchen sein

иско́мкать zerkníttern *vt*, zerknüllen *vt*

иско́м||ый gesúcht; ~ая величина́ *мат.* gesúchte [únbekannte] Größe

искони́ *нареч.* *уст.* von jéher, seit álters, von álters her

иско́нн||ый althérgebracht, úreigen, úrsprünglich; althérkömmlich (*стародавний*); ángestammt (*коренной*); ~ый обита́тель Úreinwohner *m* (6); ~ый враг Érbfeind *m* (1); ~ые интере́сы úreigenste Lébensinteressen

исконопа́тить beim Ábdichten [Kalfátern] verbráuchen

ископа́ем||ое *сущ. с* Fossíl *n* -s, -i¦en; Minerál *n* (2) (*pl тж.* -i¦en); поле́зные ~ые *горн.* Minerálі¦en *pl*, Bódenschätze *pl*; ~**ый** fossíl; áusgegraben; versteinert; *перен. ирон.* vórsintflutlich

ископа́ть um und um gráben* *vt*

искорен||е́ние *с* Áusrottung *f*, Áusmerzung *f*; ~**я́ть**, ~**и́ть** áusrotten *vt*, áusmerzen *vt*; (vom Érdboden) vertílgen *vt*; ~и́ть бюрократи́зм den Bürokratísmus mit der Würzel áusreißen*; ~и́ть зло das Übel áusrotten

и́скоса *нареч.* von der Séite (her), schief; ~ погля́дывать на кого́-л. j-n von der Séite [schief] ánsehen*

и́скр||а *ж* **1.** *тж. перен.* Fúnke(n) *m* (15, 7); ~а зажига́ния *авто* Zündfunke *m*; электри́ческая ~а eléktrischer Fúnke; посы́пались ~ы Fúnken sprühten; вы́бить ~у Fúnken schlágen*; при разря́де проска́кивают ~ы bei der Entládung schlágen Fúnken über; ни ~ы чу́вства kein Fúnke von Gefühl; ~ наде́жды ein Fünkchen Hóffnung; **2.:** ткань с ~**ой** gesprénkelter Stoff; ◇ у меня́ ~ы из глаз посы́пались *разг.* mir verging Hören und Séhen, ich sah Stérne

искре́ние *с* Fúnkenbildung *f*

и́скренн||ий áufrichtig; óffen(herzig) (*откровенный*); ínnig (*сердечный*); ~яя благода́рность hérzlicher Dank, ínnige Dánkbarkeit; ~**ость** *ж* Áufrichtigkeit *f*; Óffenheit *f*, Óffenherzigkeit *f* (*откровенность*)

искрести́ть *разг.* **1.** (*исчертить*) víelmals dúrchkreuzen; **2.** (*исходить*) durchwándern *vt*, beréisen *vt*

искрив||и́ть 1. verbíegen* *vt*, verdréhen *vt*; krümmen *vt*; **2.** (*лицо и т. п.*) verzíehen* *vt*, verzérren *vt*; ~**и́ться 1.** sich verbíegen*, sich krümmen, verkrümmt [krumm, schief] wérden; **2.** (*о лице, губах и т. п.*) sich verzíehen*, sich verzérren; ~**ле́ние** *с* **1.** Bíegung *f* (10), Krümmung *f* (10), Verkrümmung *f*, Verbíegung *f*, Verdréhung *f* (10); ~ле́ние позвоно́чника Rückgrat(s)verkrümmung *f*; ~ле́ние рта Schíefstehen *n* des Múndes; **2.** *перен.* (*уклонение*) Ábweichung *f* (10); ~**лённый 1.** (*изогнутый*) verbógen, verkrümmt, gekrümmt; **2.** (*искажённый*) verzógen, verzérrt; verwáchsen; ~**ля́ть(ся)** *см.* искриви́ть(ся)

искри́стый fúnkelnd; fúnkensprühend; *перен.* (*о веселье и т. п.*) überschäumend

искри́ть Fúnken bílden

и́скриться 1. fúnkeln *vi*, blítzen *vi*; **2.** (*о вине*) pérlen *vi*, schäumen *vi*; **3.** *перен.* (*блестеть*) sprühen *vi*; его́ глаза́ и́скрятся ра́достью Fréude sprüht aus séinen Áugen

искрова́вить, искровени́ть *разг.* blútig schlágen*

и́скров||ец *м ист.* Ánhänger *m* der «Ískra»; ~**цы** die «Ískra»-Leute

искрово́й Fúnken-; ~ разря́дник *радио* Fúnken(strecken)ableiter *m* (6)

искрогаси́тель *м тех.* Fúnkenlöscher *m* (6)

искрогаше́ние *с тех.* Fúnkenlöschung *f*

искромётный fúnkelnd, sprühend, fúnkensprühend

искромса́ть *разг.* **1.** zerfétzen *vt*, zerschníppeln *vt*; **2.** (*статью и т. п.*) entstéllen *vt*, verdérben* *vt*

искро||образова́тель *м тех.* Fúnkengeber *m* (6); ~**улови́тель** *м тех.* Fúnkenfänger *m* (6); Fúnkensieb *n* (2), Fúnkenrost *m* (1)

искроши́ть 1. zerkrümeln *vt*, zerbröckeln *vt*, verkrümeln *vt*; **2.** (*изрубить саблями*) níedersäbeln *vt*, zusámmenhauen* *vt*; ~**ся** zerbröckeln *vi* (s), ábbröckeln *vi* (s)

искупа́ть I *разг.* (*выкупать*) báden *vt*

искупа́ть II *см.* искупи́ть

искупа́ться I *разг.* (*выкупаться*) báden *vi*; ein Bad néhmen*

искупа́ться II *страд.* gebüßt wérden

искуп||и́тельный erlösend; ~**и́ть 1.** (*вину*) sühnen *vt*, büßen *vt*; **2.** (*возместить*) ersétzen *vt* (durch *A*); ~**ле́ние** *с* **1.** Sühne *f* (11), Búße *f* (11); **2.** (*возмещение*) Entschädigung *f* (10)

иску́с *м* Versúchung *f*, Prüfung *f*

искуса́ть (zer)béißen* *vt*; (zer)stéchen* *vt* (*о насекомых*)

искуси́тель *м* Verführer *m* (6), Versúcher *m* (6); ~**ница** *ж* Verführerin *f* (12), Versúcherin *f* (12)

искуси́ть *см.* искуша́ть

иску́сн||ик *м разг.* geschíckter Mensch; Méister *m* (6); он ~ик в своём де́ле er ist Méister in séinem Fach; ~**ый 1.** (*ловкий, умелый*) geschíckt, gewándt; (künst)fértig; он ~ый стрело́к er ist ein gúter [sícherer] Schütze; **2.**: (*о работе и т. п.*) kúnstvoll, kúnstreich; ~ый приём Kúnstgriff *m* (1)

иску́сственник *м* (*о ребёнке*) Fláschenkind *n* (5)

иску́ссtвенн||ость *ж* Künstlichkeit *f*, Künsteléi *f*; Únnatürlichkeit *f* (*неестественность*); **~ый 1.** künstlich, Kunst-, Ersátz-; náchgemacht, falsch (*поддельный*); ~ое питание künstliche Ernährung; ~ое волокно́ *собир. тех.* Kúnstfaser *f*; ~ые ткáни Kúnststoffe *pl*; ~ый шёлк Kúnstseide *f* (11); ~ые цветы́ künstliche Blúmen; ~ый жéмчуг únechte Pérlen; ~ые зу́бы fálsche Zähne, künstliches Gebíß; ~ое дыхáние *мед.* künstliche Átmung; ~ый спу́тник Земли́ künstlicher Érdsatellit; ~ый лёд (*на катке*) Kúnsteis *n* -es; ~ое освещéние Kúnstlicht *n* -(e)s; ~ый язы́к Kúnstsprache *f* (11); **2.** (*деланный*) gekünstelt, erkünstelt; geziert (*жеманный*); únnatürlich (*неестественный*); ~ая улы́бка ein gezwúngenes Lächeln

иску́сств||о *с* **1.** Kunst *f* (3); изобрази́тельные ~а die dárstellenden [bíldenden] Künste; нарóдное ~о Vólkskunst *f*; эстрáдное ~о Unterháltungskunst *f*; изя́щные ~а die schönen Künste; прикладнóе ~о ángewandte Kunst; Kúnstgewerbe *n* -s; дéятель ~а Kúnstschaffende *m* (14), Künstler *m* (6); произведéние ~а Kúnstwerk *n* (2); истóрия ~а Kúnstgeschichte *f*; течéние в ~е Kúnstrichtung *f* (10); занимáться ~ом Kunst tréiben*; sich mit der Kunst befássen; он человéк, разбирáющийся в ~е er ist Kúnstkenner; ~о мáлых форм Kléinkunst *f*; кни́ги по ~у Kúnstbücher *pl*; **2.** (*мастерство, умение*) Kunst *f* (3); Fértigkeit *f* (10), Kúnstfertigkeit *f*; воéнное ~о Kríegskunst *f*; с бóльшим ~ом mit gróßer Fértigkeit, kúnstvoll; он примени́л всё своё ~о er hat séine gánze Kunst [Méisterschaft, sein gánzes Können] éingesetzt; *перен.* er ließ álle Künste spíelen; покажи́-ка своё ~о *разг.* zeig, was du kannst; zeig mal déine Kunst; ◇ из любви́ к ~у *разг.* aus Líebe zur Kunst; по всем прáвилам ~а nach állen Régeln der Kúnst, kúnstgerecht (*мастерски*); ~о рáди ~а l'art pour l'art [larpur'la:r], Kunst um der Kunst wíllen

искусствовéд *м* Kúnstwissenschaftler *m* (6); Kúnsthistoriker *m* (6), Kúnstgeschichtler *m* (6) (*историк искусства*); **~ение** *с* Kúnstwissenschaft *f*

искуш||áть versúchen *vt*, in Versúchung bríngen* [führen]; verführen *vt* (*соблазнять*); ◇ ~áть судьбу́ die Vórsehung versúchen; **~éние** *с* Versúchung *f* (10), Verführung *f* (10); вводи́ть кого́-л. в ~éние in Versúchung bríngen* [führen]; verführen *vt*, verléiten *vt* (zu *D*); поддáться ~éнию sich verléiten lássen* (zu *D*), éiner Versúchung náchgeben*; я бы́ло поддáлся ~éнию сдéлать э́то fast wäre ich der Versúchung unterlégen, es zu tun; проти́виться ~éнию der Versúchung widerstéhen *; **~ённый** erfáhren, bewándert; ~ённый о́пытом erfáhren, reich an Erfáhrungen; он ~ён в э́том дéле er kennt sich in díeser Sáche gut aus; er verstéht die Sáche

ислáм *м* Íslam *m* -s; **~и́зм** Islamísmus *m* =

ислáнд||ец Ísländer *m* (6); **~ка** *ж* Ísländerin *f* (12); **~ский** ísländisch; ~ский язы́к die ísländische Spráche, das Ísländische (*sub*); ◇ ~ский мох Ísländisches Moos

испáкостить *разг.* **1.** (*испачкать*) besúdeln *vt*, beschmútzen *vt*; versáuen *vt*; **2.** (*испортить*) verpfúschen *vt*, verpátzen *vt*, versáuen *vt*; verdérben* *vt*

испáнец *м* Spánier *m* (6)

испани́ст *м* Hispaníst *m* (8); **~ика** *ж* Hispanístik *f*

испáнка I *ж* Spánierin *f* (12)

испáнка II *ж* (*грипп*) Grippe *f* (11)

испáнский spánisch; ~ язы́к die spánische Spráche, das Spánische (*sub*)

испарéн||ие *с* **1.** (*действие*) Verdúnstung *f* (10); Vaporisatión [va-] *f* (10) (*уст.*), Verflüchtigung *f* (10); Emanatión *f* (10) (*хим.*); Verdámpfung *f* (10) (*горячее*); **2.** *мн.* ~ия Áusdünstung *f* (10), Dünste *pl*; ядови́тые ~ия gíftige Áusdünstungen [Dünste]

испáрина *ж* Schweiß *m* -es; у негó ~ er schwitzt

испар||и́тель *м* *тех.* Verdámpfer *m* (6), Verdámpfungsapparat *m* (1); Evaporátor [-va-] *m* -s, -tóren; **~и́ть** vaporisíeren [va-] *vt*, verdámpfen (lássen*) *vt*, verdúnsten *vt*, áusdunsten lássen*; emaníeren *vt*; **~и́ться 1.** vaporisíeren [va-] *vi* (s), verdámpfen *vi* (s), verdúnsten *vi* (s); **2.** *разг.* (*исчезнуть*) verdúften *vi* (s); sich drücken; **~я́емость** *ж* Verdámpfungsfähigkeit *f*, Verdámpfungsvermögen *n* -s; Flüchtigkeit *f*, Verdámpfbarkeit *f*; **~я́ть(ся)** *см.* испари́ть(ся)

испáчкать beschmútzen *vt*, schmútzig máchen; beflécken *vt* (*пятнами*); **~ся** sich beschmútzen, sich schmútzig máchen

испепели́ть, испепеля́ть 1. níederbrennen* *vt*, éinäschern *vt*, in Ásche verwándeln, in Schutt und Ásche légen; **2.** (*изнурить*) verwüsten *vt*; verzéhren *vt*; испепеля́ющая страсть verzéhrende Léidenschaft

испестри́ть, испестря́ть *разг.* bunt máchen, bunt schmücken [verzíeren]

испечённый gebácken; ◇ вновь ~ néu(ge)backen

испéчь (áus)bácken* *vt*; **~ся** (áus-)bácken* *vi* (h, s), (áus)gebácken sein; gar sein (*быть готовым*)

испещр||ённый bedéckt; besät, über und über bedéckt (*усеянный*); ~ённое морщи́нами лицó von Fúrchen [Rúnzeln] durchzógenes Gesícht, gefúrchtes Gesícht; ~ённый оши́бками (*текст и т. п.*) von Féhlern strótzend, vóller Féhler; **~и́ть, ~я́ть** bedécken *vt*; besäen *vt* (*усеять*)

испили́ть zersägen *vt*

испи́санный beschríeben, vóllgeschrieben

исписáть 1. (*заполнить*) beschréiben* *vt*, vóllschreiben* *vt*; **2.** (*истратить на писание*) verschréiben* *vt*; **~ся 1.** (*о карандаше и т. п.*) verbráucht [ábgeschrieben] sein; у меня́ все пéрья исписáлись ich hábe álle Fédern verschríeben; **2.** *разг.* (*о писателе*) nichts Néues mehr zu ságen háben; nicht mehr schréiben können*

испит||óй ábgezehrt, ábgehärmt, áusgemergelt; ~óе лицó áusgemergeltes Gesícht; у негó ~óй вид er síeht élend [ábgemagert] aus

испи́ть trínken* *vt*, áustrinken* *vt*; *перен.* erléiden* *vt*, erdúlden *vt*

исповедáльня *ж* Béichtstuhl *m* (1*)

исповéд||ание *с* *рел.* Konfessión *f* (10); **~ник** *м* *рел.* **1.** (*кающийся*) Béichtkind *n* (5); **2.** (*священник*) Béichtiger *m* (6), Béichtvater *m* (6*); **~овать 1.** *рел.* die Béichte ábnehmen*; béichten lássen*; **2.** *разг.* (*выспрашивать*) áusfragen *vt*, áusforschen *vt*; **3.** (*признавать*) bekénnen* *vt*; sich zu etw. (*D*) bekénnen*; **4.** (*откровенно сообщать*) óffen mítteilen *vt*, ánvertrauen *vt*; ~овать дру́гу свои́ задушéвные мы́сли séinem Fréunde séine intímen Gedánken ánvertrauen; **~оваться 1.** *рел.* béichten *vi*, zur Béichte géhen*; **2.** *разг.* (*открываться кому-л.*) éine Béichte áblegen, béichten *vt*; (j-m) sich mítteilen, sein Herz öffnen

и́споведь *ж* Béichte *f* (11); *перен.* Sélbstbekenntnis *n* (3*), Bekénntnis *n* (3*) (*признание*)

испогáнить *разг.* verúnreinigen *vt*, besúdeln *vt*; verschándeln *vt* (*обезображивать*)

и́сподволь *нареч.* nach und nach, allmählich, únmerklich

исподлóбья *нареч.*: смотрéть ~ j-n mürrisch [scheel] ánsehen*; fínster dréinschauen; взгляд ~ míßtrauischer [mürrischer] Blick

испóдн||ее *с* *уст.* Únterkleid *n* (5); **~ики** *мн. обл., разг.* Únterhosen *pl*

испóдни́зу *разг.* von únten hervór

исподтишкá *нареч.* héimlich, insgehéim; verstóhlen (*украдкой*); im stíllen (*втихомолку*); дéйствовать ~ hínterlistig hándeln; грози́ть ~ ≅ die Faust in der Tásche bállen

испокóн: ~ векóв [вéку] seit jéher, von álters her, seit álters

исполи́н *м* Ríese *m* (9), Hüne *m* (9), Récke *m* (9); Gigánt *m* (8); ~ нау́ки Gigánt der Wíssenschaft; **~ский** ríesig, ríesengroß, ríesenhaft, hünenhaft, Ríesen-; gigántisch; ~ская си́ла Ríesenkraft *f* (3), Ríesenstärke *f*; человéк ~ского рóста Ríese *m* (9), Hünengestalt *f* (10), Réckengestalt *f*; Ríesenkerl *m* (1) (*разг. pl тж.* -s)

исполкóм *м* (исполни́тельный комитéт) Vollzúgskomitee *n* -s, -s, Vollzúgsausschuß *m* -sses, -schüsse; Exekutívkomitee *n*; ~ городскóго Совéта (нарóдных депутáтов) Exekutívkomitee des Stádtsowjets (der Vólksdeputierten)

исполнéни||е *с* **1.** Erfüllung *f* (10); Verwírklichung *f* (10), Dúrchführung *f* (10) (*осуществление*); Áusübung *f* (10), Áusführung *f* (10) (*выполнение*); Vollzíehung *f* (10) (*приведение в исполнение*); стандáртное ~е Stándardausführung *f*; ~е желáния Erfüllung des Wúnsches; провéрка ~я Kontrólle der Dúrchführung; ~е дóлга Pflíchterfüllung *f*; приступи́ть к ~ю (свои́х) обя́занностей séine Árbeit áufnehmen*, sein Amt ántreten*; приводи́ть в ~е áusführen *vt*, verwírklichen *vt*; привести́ приговóр в ~е ein Úrteil vollstrécken [vollzíehen*]; остáвить без ~я únbefolgt lássen* (*приказ и т. п.*); **2.** (*на сцене и т. п.*) Dárstellung *f* (10); Dárbietung *f* (10); Áusführung *f* (10); хорóшее ~е рóли gútes Spiel; в ~и (*когó-л.*) vórgetragen [áusgeführt] von (*D*); в ~и ансáмбля gespíelt vom Ensemble [ã'sãbəl] (*о пьесе или музыкальном произведении*); в ~и хóра gesúngen [vórgetragen] vom Chor; в какóм ~и идёт спектáкль? in wélcher Besétzung wird gespíelt?; в том же ~и in dersélben Besétzung

испóлненн||ый *прич.* **1.** erfüllt; verwírklicht, dúrchgeführt (*осуществлённый*); áusgeführt (*выполненный*); vollzógen; **2.** (*на сцене и т. п.*) vórgetragen, dárgeboten; dárgestellt (*о роли*); пéсня, ~ая певи́цей ein Lied, von der Sängerin vórgetragen [(vór)gesúngen]; **3.** *в знач. прил.* (*полный*) voll(er), erfüllt (чего́-л. von *D*); ~ый го́рдости stólz(erfüllt); ~ый ра́дости vóller Fréude; взгляд, ~ый страда́ния grámerfüllter Blick

исполни́м||ость *ж* Áusführbarkeit *f*, Erfüllbarkeit *f*; **~ый** áusführbar, erfüllbar; möglich (*возмо́жный*); легко́ ~ое жела́ние ein leicht zu erfüllender Wunsch

исполни́тель *м* **1.** Beárbeiter *m* (6); áusführende Persón; áusführends Orgán; суде́бный ~ Gerichtsvollzieher *m*, Exekútor *m* -s, -tóren; **2.** (*арти́ст*) Dársteller *m* (6); Interprét *m* (8); (áusübender) Músiker (*о музыка́нте*); ~ гла́вной ро́ли Háuptdarsteller *m*; ~ наро́дных пе́сен Vólksliedersänger *m* (6); **~ница** (*арти́стка*) Dárstellerin *f* (12); Sängerin *f* (12) (*певи́ца*); Tänzerin *f* (12) (*танцо́вщица*)

исполни́тель||ность *ж* Sórgfältigkeit *f*; Verläßlichkeit *f*; Pünktlichkeit *f*; Genáuigkeit *f* (*аккура́тность*); Rührigkeit *f*, Éifer *m* -s, Tátkraft *f*; **~ный 1.** vollziehend Vollzúgs-; exekutív; ~ная власть vollzíehende Gewált, Vollzúgsgewalt *f*; Exekutíve [-və] *f*, Exekutívgewalt *f*; **~ный** комите́т Vollzúgsausschuß *m* -sses, -schüsse, Vollzúgskomitee *n* -s, -s, Exekutívkomitee *n*; **~ные** о́рганы die vollzíehenden Behörden; вы́сший ~ный о́рган die höchste Exekutíve; **2.** (*добросо́вестный*) sórgfältig; verläßlich (*надёжный*); pünktlich, genáu (*аккура́тный*); ánstellig (*стара́тельный*); ◇ ~ный лист *юр.* Pfändungsbefehl *m* (1); Vollstréckungsbefehl *m*

исполни́тельск||ий dárstellerisch; dárstellerisches Können ~ое мастерство́

испо́лни||ть 1. áusführen *vt*; vollzíehen* *vt*; erfüllen *vt* (*вы́полнить*); verwírklichen *vt* (*осуществи́ть*); ~ть прика́з éinen Beféhl áusführen; ~ть обеща́ние ein Verspréchen hálten* [erfüllen]; ~ть чью-л. про́сьбу j-m éine Bítte gewähren [erfüllen]; ~ть поруче́ние éinen Áuftrag áusführen; ~ть рабо́ту éine Árbeit áusführen; **2.** (*на сце́не и т. п.*) vórtragen* *vt*; dárbieten* *vt*; zu Gehör bríngen* (*о му́зыке и т. п.*), (vór)síngen* *vt* (*петь*); (vor)spíelen *vt* (*сыгра́ть*); ~ть роль éine Rólle spíelen [dárstellen]; кто исполня́л роль Фа́уста? wer hat den Faust gespíelt? **3.** *уст.* (*напо́лнить*) erfüllen *vt*; ~ть наде́ждой mit Hóffnung erfüllen; **~ться 1.** (*осуществи́ться*) sich erfüllen, in Erfüllung géhen*; sich vollzíehen*, vor sich géhen*; моё жела́ние ~лось mein Wunsch ging in Erfüllung; **2.** *безл.* (*о во́зрасте*); ему́ ~лось 30 лет er wúrde dréißig Jáhre alt, er erréichte sein dréißigstes Lébensjahr; **3.** (*о вре́мени, сро́ке*); ~лось де́сять лет со дня заключе́ния ми́рного догово́ра der Fríedensschluß jährte sich zum zéhnten Mále (*ср.* исполня́ться 1); **4.** (*прони́кнуться чем-л.*) sich erfüllen; се́рдце его́ ~лось ра́дости sein Herz schwoll vor Fréude

исполня́||ть *см.* испо́лнить; ~ть свой долг séine Pflicht erfüllen, séiner (*D*) Pflicht náchkommen*; ~ть обя́занности amtíeren *vi*; ~ть обя́занности кого́-л. j-n vertréten*; **~ющий** обя́занности Stéllvertreter *m* (6); ~ющий обя́занности дире́ктора stéllvertretender Dirέktor; вре́менно ~ющий обя́занности interimístisch; **~ться 1.** *см.* испо́лниться; сего́дня ~ется год со дня его́ сме́рти sein Tod jährt sich héute; **2.** *страд.* áusgeführt wérden; zum Vórtrag gelángen (*ср.* испо́лнить 1, 2)

исполосова́ть (*разг.*) **1.** (*изби́ть*) verprügeln *vt*, übel zúrichten *vt*; **2.** (*исчерти́ть*) Stréifen zíehen*; (*изре́зать*) in Stréifen schnéiden*

и́сполу *нареч.*: аре́нда ~*ист. с.-х. эк.* Hálbpacht *f*; арендова́ть зе́млю ~ Bóden in Hálbpacht néhmen*

испо́льзов||ание *с* Áusnützung *f*, Áusnutzung *f*, Nútzung *f*; Nútzbarmachung *f* (*примене́ние*); Verwéndung *f*, Ánwendung *f*, Áuswertung *f* (10) (*освое́ние*) Verwértung *f*, Áuslastung *f* (10) (*произво́дственных мо́щностей*); ~ание а́томной эне́ргии в ми́рных це́лях Verwéndung der Atómenergie zu fríedlichen Zwécken; ~ание о́пыта Áuswertung [Nútzung] der Erfáhrungen; ~ание отбро́сов Verwértung der Ábfälle; ~ание земли́ Bódennutzung *f*; повто́рное ~ание Wíederverwendung *f*; ~ание рабо́чей си́лы Éinsatz *m* der Árbeitskräfte; ~ание фо́ндов Inánspruchnahme der Fonds [fɔ̃s]; **~ать** áusnützen *vt*, (áus)nútzen *vt*; verwénden *vt*; ánwenden *vt*, gebráuchen *vt*; benútzen *vt*, (be)nützen *vt* (*воспо́льзоваться*); Nútzen zíehen* (что-л. aus *D*), sich (*D*) etw. zunútze máchen (*извле́чь по́льзу*); áuswerten *vt*, verwérten *vt* (*реализова́ть*); хорошо́ ~ать своё вре́мя séine Zeit gut (áus)nútzen; ~ать все сре́дства álle Míttel ánwenden* [éinsetzen]; kein Míttel únversucht lásen*, ~ать слу́чай éine Gelégenheit (áus)nützen [ergréifen*, wahrnehmen*]; ~ать о́пыт Erfáhrungen áuswerten; ~ать обору́дование die Áusrüstung áuslasten

испо́льщик *м ист. с.-х., эк.* Hálbpächter *m* (6); **~ина** *ж ист. с.-х., эк.* Hálbpacht *f*

испо́рти||ть verdérben* *vt*; beschädigen *vt* (*повреди́ть*); verpfúschen *vt*, versáuen *vt*, verkórksen *vt*, kapúttmachen *vt*; verpátzen *vt* (*разг.*); ты ~л отноше́ний с отцо́м du hast es mit dem Váter verdórben; ~ть себе́ здоро́вье séine Gesúndheit ruiníeren; **~ться** verdérben* *vi* (s), verdórben sein; у меня́ ~лись часы́ méine Uhr ist kapútt; ма́льчик совсе́м ~лся der Júnge ist ganz verdórben; у них ~лись отноше́ния er [sie] hat es mit ihr [ihm] verdórben; ◇ ~ть мно́го кро́ви viel böses Blut máchen

испо́рченн||ость *ж* Verdórbenheit *f*; Verdérbtheit *f*; **~ый** verdórben; ángefault (*подгни́вший*); faul (*гнило́й*); ~ый замо́к beschädigtes [kapúttes (*разг.*)] Schloß; ~ый во́здух schléchte Luft; ~ое мя́со ángegangenes Fleisch; ~ый хара́ктер ein verdórbener Charákter; ~ый вкус ein verdórbener Geschmáck; ~ый челове́к ein verdórbener Mensch

испо́шлить *разг.* banalisíeren *vt*, verfláchen *vt*

исправи́тельный Bésserungs-; Korrektións; ~ дом Bésserungsanstalt *f* (10);

испра́вить 1. (*оши́бку и т. п.*) verbéssern *vt*, korrigíeren *vt*; beríchtigen *vt*; ríchtigstellen *отд. vt*; behében *vt* (*устрани́ть*); тебе́ тру́дно бу́дет ~ э́ту оши́бку díesen Féhler wirst du schwer wiedergútmachen können; **2.** (*кого́-л.*) béssern *vt*; **3.** (*почини́ть*) áusbessern *vt*, reparíeren *vt*; **~ся** sich béssern; спосо́бный ~ bésserungsfähig

исправле́ние *с* **1.** (*оши́бок и т. п.*) Verbésserung *f* (10); Beríchtigung *f* (10); Korrektúr *f* (10) (*тетра́дей и т. п.*); **2.** (*о челове́ке*) Bésserung *f* (10); **3.** (*почи́нка*) Áusbesserung *f* (10), Reparatúr (10); **4.** *уст.*: ~ обя́занностей Bekléidung [Áusübung] eines Ámtes

испра́вленн||ый 1. verbéssert, korrigíert; beríchtigt; ~ая тетра́дь korrigíertes Heft; тре́тье допо́лненное и ~ое изда́ние drítte ergänzte und verbésserte Áuflage; «~ому ве́рить» «für die Ríchtigkeit zéichnet...»; **2.** (*почи́ненный*) áusgebessert, reparíert

исправля́ть 1. *см.* испра́вить; **2.** *уст.*: ~ до́лжность ein Amt bekléiden [áusüben]; **~ся 1.** *см.* испра́виться; **2.** *страд.* verbéssert wérden (*ср.* испра́вить)

испра́вник *м ист.* Kréispolizeichef [-ʃɛf] *m*, -s, -s

испра́вн||о *нареч.* intákt; gut (*хорошо́*); pünktlich, genáu (*аккура́тно*); korrékt (*пра́вильно*); **~ость** *ж* **1.** (*хоро́шее состоя́ние*) Intáktheit *f*, éinwandfreier Zústand, Funktiónstüchtigkeit *f*; в по́лной ~ости gut erhálten, in gútem Zústand; heil und ganz, únversehrt (*в це́лости*); содержа́ть в (по́лной) ~ости instánd hálten*; **2.** *см.* исполни́тельность; **~ый 1.** (*в хоро́шем состоя́нии*) intákt, gut erhálten, in gútem Zústand; unbeschädigt (*неповреждённый*); **2.** *см.* исполни́тельный 2

испражн||е́ние *с* (*де́йствие*) Stúhlgang *m* -(e)s; **~е́ния** *мн.* Exkreménte *pl*, Kot *m* -(e)s; **~я́ться** sich áusleeren, Stúhl(gang) háben

испра́шивать ánsuchen *vt*; ánfragen *vt*; erbítten *vt*

испро́бовать 1. versúchen *vt*, probíeren *vt*; ~ все возмо́жности jéde Gelégenheit benútzen, nichts únversucht lássen*; **2.** *разг.* *уст.* (*отве́дать*) schmécken *vt*, kósten *vt*; **3.** (*претерпе́ть*) fühlen *vt*, erlében *vt*, erdúlden *vt*

испроси́ть *уст.* erbítten* *vt*; erwírken *vt* (*доби́ться*); ~ разреше́ние eine Erláubnis erwírken, die Genéhmigung éinholen

испря́сть beim Spínnen (álles) verbráuchen

испу́г *м* Schreck *m* -(e)s, Schrécken *m* -s; с ~ у vor Schreck, im érsten Schreck; в ~е erschrócken; ◇ брать [взять] кого́-л. на ~ j-m (Angst und) bánge máchen; **~анный** erschrócken, erschréckt; **~а́ть** erschrécken *vt*; áufschrecken *vt*, áufscheuchen *vt* (*вспугну́ть*); **~а́ться** erschrécken* *vi* (s), erschróken sein, éinen Schreck bekómmen*, Angst bekómmen

испуска́ние *с* Emissión *f* (10), Áussendung *f* (10), Stráhlung *f* (10)

испуска́ть 1. *см.* испусти́ть; **2.** (*излуча́ть*) áuslösen *vt*, emitíeren *vt*, áusschleudern *vt*, áussenden *vt*; ~ за́пах einen Gerúch áusströmen [verbréiten]; ~ тепло́ Wärme áusströmen [verbréiten]; ~ лучи́ Stráhlen áussenden*, (áus)stráhlen *vt*

испусти́ть áusstoßen* *vt*; ~ крик éinen Schrei áusstoßen*; ◇ ~ дух den Geist áufgeben*, verschéiden* *vi* (s)

испыта́ни||е *с* **1.** Versúch *m* (1), Test *m* (1) (*pl тж* -s), Próbe *f* (11) (*про́ба*); Untersúchung *f* (10), Prüfung *f* (10) (*прове́рка*); для ~я, на ~е auf Próbe; ~е котла́ Késselprobe *f*; ~я а́томного ору́жия Atómwaffentests *pl*; ~я я́дерного ору́жия Kérnwaffentests *pl*; Kérnwaffenversuche *pl*, Nukleártests *pl*, ~е на разры́в *спец.* Zerréißprobe *f*; прове́рочное ~е Überprüfung *f*; прекраще́ние ~й Versúchsstopp *m* -s, -s; ~е материа́лов Materiálprüfung *f*, Wérkstoffprüfung *f*; ~е програ́ммы *выч. тех.* Prográmmprüfung *f*; госуда́рственные приёмочные ~я *тех.* stáatliche Ábnahmeprüfungen; доро́жное [ходово́е] ~е Próbefahrt *f* (10); Téstfahrt *f*; произво́дственные ~я Betríebsprüfungen *pl*; вы́борочное ~е Stíchprobe *f*; производи́ть ~е éinen Versúch [éine Próbe] ánstellen (чего́-л. mit *D*); подве́ргнуть ~ю éiner Prüfung unterwérfen* [unterzíehen*]; *перен.* auf die Próbe stéllen; подве́ргнуться пе́рвому ~ю zum érstenmal auf die Próbe gestéllt wérden; вы́держать ~е éine Prüfung bestéhen*; вы́держать реши́тельное ~е die gróße Bewährungsprobe bestéhen*; пусти́ть на прове́рочное ~е in Versúchsbetrieb néhmen*; **2.** (*экзамен*) Prüfung *f* (10), Exámen *n* (7) (*pl тж.* -mina); выпускны́е ~я Maturitätsprüfung *f*, Réifeprüfung *f*, Abitúr *n* (2); Matúr *n* -s (*австр., швейц.*); **3.** (*несчастье*) Erpróbung *f*, Prüfung *f* (10); Héimsuchung *f*; прийти́ тя́жкие ~я Schwéres dúrchgemacht háben, schwer geprüft sein; vom Schícksal héimgesucht wérden

испы́танн||ый *прич.* **1.** geprüft, erpróbt; **2.** *в знач. прил.* (*проверенный на деле*) erpróbt, bewährt; treu (*верный*); ergében (*преданный*); ~ый в боя́х kámpferprobt; ~ое сре́дство ein erpróbtes [probátes, bewährtes] Míttel; ~ый друг ein bewährter [tréuer] Freund

испыта́тель *м*: лётчик-~ Versúchsflieger *m* (6), Téstpilot *m* (8); **~ный** Prüfungs-; Próbe-, Versúchs-; ~ная коми́ссия Prüfungskommission *f* (10); ~ный срок Próbezeit *f* (10); взять на ~ный срок кого́-л. (*на работе*) j-n auf Próbe néhmen* [ánstellen], ~ный полёт *ав.* Próbeflug *m* (1*), Téstflug *m*; ~ный стенд Prüfstand *m* (1*)

испыт||а́ть 1. (*испробовать*) áusprobieren *vt*, erpróben *vt*, prüfen *vt*, versúchen *vt*; auf die Próbe stéllen; ~а́ть свои́ си́лы séine Kräfte auf die Próbe stéllen; ~а́ть ору́жие die Wáffe áusprobieren; **2.** (*ощутить*) fühlen *vt*, empfínden* *vt*; erléiden* *vt*, erdúlden *vt*, dúrchmachen *vt*, erlében *vt* (*претерпеть*); ~а́ть ра́дость [го́рдость] Fréude [Stolz] empfínden*; ~а́ть страх Angst [Furcht] áusstehen*; ~а́ть угрызе́ния со́вести Gewíssensbisse háben; ~а́ть несча́стье Únglück erléiden*; ~а́ть превра́тности судьбы́ vom Schícksal héimgesucht wérden; ~а́ть после́дствия die Fólgen zu fühlen bekómmen*; ~а́ть что-л. на себе́ etw. am éigenen Léibe erfáhren* [dúrchmachen]; я ~а́л большо́е удово́льствие от э́того das hat mir ein gróßes Vergnügen beréitet; **~у́емый** *прич.* **1.** geprüft; Versúchs-, Próbe-; ~у́емый материа́л das zu prüfende Materiál, Versúchsmaterial *n* -s, -ijen; **2.** *в знач. сущ. м* Versúchsperson *f* (10); **~у́ющий** fórschend, prüfend; ~у́ющий взгляд fórschender Blick

испы́тывать *см.* испыта́ть; ~ чьё-л. терпе́ние j-s Gedúld auf die Próbe stéllen

иссека́ть *см.* иссе́чь

и́ссера-зелёный gráugrün, gräulichgrün

иссе́чь (*изрубить*) zerschlágen* *vt*, zerháuen* *vt*, zerhácken *vt*

и́ссиня-чёрный bláuschwarz, bläulichschwarz

иссле́дован||ие *с* Erfórschung *f*, Fórschung *f* (10), Untersúchung *f* (10); ~ие больно́го ärztliche Untersúchung; ~ие кро́ви Blútuntersuchung *f*; косми́ческие ~ия Wéltraumforschung *f*; Ráumforschung *f*; прикладно́е ~ие ángewandte Fórschung; ~ие технологи́ческого проце́сса Árbeitsablaufstudije *f* (11); статисти́ческое ~ие statístische Untersúchung; лаборато́рное ~ие Labóruntersuchung *f*; социа́льное ~ие Soziálforschung *f*; социологи́ческие ~ия soziológische Fórschungen; фундамента́льные ~ия Grúndlagenforschung *f*; о́бласть ~ия Fórschungsgebiet *n* (2); быть на ~ии в больни́це éiner klínischen Untersúchung unterwórfen wérden

иссле́дователь *м* Fórscher *m* (6), Erfórscher *m*; ~ Арктики Polárforscher *m*; **~ский** Fórschungs-; Versúchs-; ~ская рабо́та Fórschungsarbeit *f* (10); ~ский институ́т Fórschungsinstitut *n* (2); ~ские учрежде́ния Fórschungseinrichtungen *pl*, Fórschungsstätten *pl*; ~ский дух Fórschergeist *m* -es

иссле́дов||ать 1. (*осмотреть*) untersúchen *vt*; ábsuchen *vt*, durchsúchen *vt*; ~ать больно́го éinen Kránken untersúchen; ~ать зо́ндом sondíeren *vt*; мы ~али всю ме́стность wir súchten die gánze Gégend ab; **2.** (*подвергнуть научному изучению*) erfórschen *vt*, fórschen *vt*; studíeren *vt*

иссо́х||нуть 1. vertrócknen *vi* (s), áustrocknen *vi* (s), áusdorren *vi* (s); **2.** (*исхудать*) verkümmern *vi* (s); **~ший** áusgetrocknet, vertrócknet, áusgedorrt

и́сстари *нареч.* von álters her; так ~ ведётся das ist ein álter Brauch

исстрада́ться *разг.* sich ábhärmen, sich zu Tóde grämen, vor Kúmmer vergéhen*; léidgeprüft sein

исстреля́ть 1. (*истратить*) verschíeßen* *vt* (*патроны и т. п.*); **2.** *разг.* zerschíeßen* *vt* (*мишень и т. п.*)

исстрочи́ть *разг.* **1.** (*израсходовать*) beim Nähen [Stéppen] verbráuchen; **2.** (*исписать*) vóllschreiben* *vt*

исступле́н||ие *с* Raseréi *f*; Verzückung *f*; Ekstáse *f* (11); прийти́ в ~ие sich wie toll gebärden, rásen *vi*; довести́ кого́-л. до ~ия j-n rásend máchen

исступлённ||ость *ж* Raseréi *f*; **~ый** rásend; léidenschaftlich (*страстный*); überspánnt (*возбуждённый*)

иссуша́ть, иссуш||и́ть 1. áustrocknen *vt*; áusdörren *vt*; **2.** (*изнурить*) verzéhren *vt*; лихора́дка ~и́ла его́ das Fíeber hat ihn verzéhrt

иссыха́ть *см.* иссо́хнуть

иссяка́ть, исся́кнуть 1. áustrocknen *vi* (s); versíegen *vi* (s); **2.** (*исчезнуть*) schwínden* *vi* (s); разгово́р иссяка́л das Gespräch ging aus; все сре́дства исся́кли álle Míttel sind erschöpft

иста́птывать *см.* истопта́ть

иста́сканный *разг.* **1.** (*об одежде*) ábgetragen; ábgenutzt; ábgeschabt, schäbig (*потёртый*); **2.** (*изнурённый*) verbráucht, ábgelebt; **3.** (*пошлый*) ábgedroschen, platt

истаска́ть *разг.* **1.** (*одежду*) ábtragen* *vt*; ábnutzen *vt*; **2.** (*опошлить*) banalisíeren *vt*; **~ся** *разг.* **1.** (*об одежде*) ábgeschabt sein, schäbig wérden; **2.** (*о человеке*) ábgelebt sein, verbráucht sein

истека́ть *см.* исте́чь

истёкш||ий vergángen, verflóssen, verstríchen; vórig (*прошлый*); в ~ем году́ im verflóssenen [vergángenen, ábgelaufenen, vórigen] Jahr; за ~ий день im Láufe díeses [des vergángenen] Táges; за ~ий пери́од in der vergángenen Periode

истере́ть 1. (*измельчить трением*) (zer)réiben* *vt*, verréiben* *vt*; ~ в порошо́к zu Púlver zerréiben*; zermálmen *vt*; **2.** (*израсходовать при трении*) beim Réiben verbráuchen; **3.** (*сделать потёртым*) ábnutzen *vt*, ábscheuern *vt* (*одежду*); **4.** (*повредить при трении — ногу*) sich (*D*) wund réiben* *vt*

истере́ться 1. (*израсходоваться от трения*) beim Réiben áufgebraucht [vernichtet] wérden; **2.** (*стать потёртым*) sich ábnutzen, sich ábwetzen, sich dúrchscheuern (*об одежде*); **3.** (*стереться*) sich verwíschen

исте́рз||анный 1. zerríssen, zerfétzt; zerfléischt; **2.** (*измученный*) gequält, geplágt; gemártert, gefóltert; **~а́ть 1.** zerréißen* *vt*, zerfétzen *vt*; zerfléischen *vt* (*растерзать*); **2.** (*измучить*) quälen *vt*; (áb)mártern *vt*, fóltern *vt*; **~а́ться** (*измучиться*) sich (áb)quälen; sich verzéhren

исте́рик *м* Hystériker *m* (6), hystérischer Mensch; **~а** *ж* hystérischer Ánfall; Wéinkrampf *m* (1*); Láchkrampf *m*; ◇ закати́ть ~у *разг.* éine (hystérische) Széne [éinen Áuftritt] máchen

истери́ч||еский hystérisch; **~ка** *ж* Hystérikerin *f* (12), hystérische Persón; **~ность** *ж* Hysteríe *f* (11), hystérische Überréiztheit

истери́чный hystérisch

истери́я *ж мед.* Hysteríe *f* (11); вое́нная ~ Kríegshysterie *f*

истёрт||ый 1. (*измельчённый*) zerríeben, verríeben; **2.** (*израсходованный*) beim Réiben áufgebraucht [vernichtet] **3.** (*потёртый — об одежде*) ábgenutzt, ábgeschabt; ábgetragen (*поношенный*); **4.** (*стёршийся*) verwíscht, ábgerieben; ~ая на́дпись verwíschte Áufschrift [Ínschrift]; **5.** (*пошлый*) ábgedroschen, platt; ~ая фра́за ábgedroschene Phráse [Rédensart]

истеса́ть beim Beháuen ganz verbráuchen

исте́ц *м юр.* Kläger *m* (6)

истече́ни||е *с* **1.** Áusfluß *m* -sses; Áusströmen *n* -s; гно́йное ~е Éiterfluß *m*, Éiterung *f* (10); **2.** (*о времени*) Áblauf *m* -(e)s; по ~и сро́ка nach Áblauf der Frist; по ~и не́которого вре́мени nach éiniger Zeit

исте́чь 1. *уст.* (*вытечь*) (her)áusfließen* *vi* (s); **2.** (*о сроке, времени*) áblaufen* *vi* (s); verstréichen* *vi* (s); вре́мя истекло́ die Zeit ist ábgelaufen; срок па́спорта истёк der Paß ist ábgelaufen; срок ве́кселя истёк der Wéchsel ist verfállen; полномо́чия истека́ют die Vóllmachten erlöschen; **3.** (*изойти*): ~ кро́вью verblúten *vi* (s); он истека́л слюно́й der Spéichel lief ihm im Múnde zusámmen

и́стин||а *ж* Wáhrheit *f* (10); э́то соверше́нная ~а das ist absolút wahr, das ist die vólle Wáhrheit; в э́том мно́го ~ы darán ist viel Wáhres; э́то ста́рая ~а das ist éine álte Wéisheit; изби́тая ~а Bínsenwahrheit *f*; э́то о́чень далеко́ от ~ы das ist ein Hohn auf die Wáhrheit; го́лая ~а náckte [úngeschminkte] Wáhrheit; откры́ть ~у hínter die Wáhrheit kómmen*; ◇ напра́вить [наста́вить] кого́-л. на путь ~ы j-n auf den réchten Weg léiten; **~но** *нареч.* wáhrhaft, wírklich, in der Tat; echt (*подлинно*); **~ность** *ж* Wáhrhaftigkeit *f*; **~ный** wáhrhaft, wahr, wírklich; echt (*настоящий*); ~ный друг ein wáhrer [échter] Freund; ~ное положе́ние веще́й die wírkliche Sáchlage; ~ная пра́вда die vólle [réine] Wáhrheit

истира́ние *с спец.* Ábreibung *f* (10); Ábnützung *f* (10); Zerréiben *n* -s, Zerkléinern *n* -s; Verschléiß *m* -sses; Zermáhlen *n* -s

истира́ть *см.* истере́ть

исти́ца *ж юр.* Klägerin *f* (12)

истлева́ть, истле́ть 1. vermódern *vi* (s), verwésen *vi* (s); zerfállen* *vi* (s) (*разлагаться*); мате́рия истле́ла der Stoff ist vermódert; **2.** (*сгорать*) verglímmen* *vi* (s)

истма́т *м разг.* (истори́ческий материали́зм) histórischer Materialísmus (*als Lehrfach*)

и́стово *нареч.* inbrünstig, éifrig

исто́к *м* Quélle *f* (11), Úrsprung *m* (1*); Áusgangspunkt *m* (1); ~и Quéllen *pl*; *перен. тж.* Ánfänge *pl*; ~и но́вой жи́зни die Ánfänge [der Úrsprung] éines néuen Lébens [éiner néuen Zeit]

истолков||а́ние *с* Áuslegung *f* (10), Déutung *f* (10); Erläuterung *f* (10), Erklärung *f* (10) (*объяснение*); **~а́тель** *м* Kommentátor *m* -s, -tóren: **~а́тельница** *ж* Kommentátorin *f* (12)

истолкова́ть, истолко́вывать áuslegen *vt*, déuten *vt*; erläutern *vt*, interpretíeren *vt*, erklären *vt* (*объяснять*); ~ зако́н ein Gesétz erläutern; ты истолко́вываешь мои́ слова́ непра́вильно du legst méine Wórte falsch aus, du verdréhst den Sinn méiner Wórte

истоло́чь (zer)stóßen* *vt*, (zer-) stámpfen *vt*; ~ са́хар Zúcker stóßen*; ~ в порошо́к zu Púlver stámpfen [zerstóßen*]

исто́м||а *ж* Máttigkeit *f*, Schláffheit *f*; **~и́ть** erschláffen *vt*, ermátten *vt*; **~и́ться** ermátten *vi* (s), erschláffen *vi* (s); sich verzéhren; verschmáchten *vi* (s); ~и́ться от нетерпе́ния sich vor Úngeduld verzéhren, vor Úngeduld vergéhen*; ~и́ться в ожида́нии чего́-л. etw. kaum erwárten können*; **~лённый** 1. (*изму́ченный*) ábgezehrt, verzéhrt; gequält; ~лённый го́лодом [жа́ждой] von Húnger [Durst] gequält; 2. (*уста́лый*) matt, schlaff, erschöpft; **~ный** ermüdend, ermáttend

истонча́ться schmal [dünn] wérden

истопи́ть I 1. (*печку и т. п.*) (ein-) héizen *vt*; 2. *разг.* (*израсходовать*) verhéizen *vt*

истопи́ть II *разг.* (*превратить в жидкое состояние*) schmélzen *vt*, áusschmelzen *vt*; áuslassen* *vt*, zerlássen* (*жир*)

истопни́к *м* Héizer *m* (6)

истопта́||ть 1. zertréten* *vt*, zerstámpfen *vt*; zertrámpeln *vt*; ábtreten* *vt*; schmútzig tréten*, Tápsen auf etw. (*D*) máchen (*разг.*); ковёр ~ли der Téppich ist ábgetreten; 2. *разг.* (*обувь*) ábtragen* *vt*; áustreten* *vt*, ábtreten* *vt*

исторга́ть, исто́ргнуть 1. áusstoßen* *vt*, áuswerfen* *vt*; 2. (*вызвать*) entlócken *vt*; ~ слёзы Tränen entlócken; ~ зву́ки Töne entlócken; 3. (*вырвать*) entréißen* *vt*

истори́зм *м* 1. Historísmus *m* =; 2. *иск.* (*интерес к прошлому*) Historísmus *m* =, Historizísmus *m* =

исто́рик *м* Históriker *m* (6), Geschíchtsforscher *m* (6), Geschíchtswissenschaftler *m* (6); Geschíchtslehrer *m* (6) (*учитель*); ~ теа́тра Theáterhistóriker *m*

исто́рико-||литерату́рный literatúrgeschichtlich, literárhistorisch; **~революцио́нный** revolutiónsgeschichtlich [-vo-]; **~филологи́ческий** histórisch-philológisch; **~филосо́фский** geschíchtsphilosophisch; **~экономи́ческий** wírtschaftshistorisch

историо́гр||аф *м* Historiográph *m* (8), Geschícht(s)schreiber *m* (6); **~а́фия** *ж* Historiographíe *f*, Geschícht(s-) schreibung *f*

истори́ческ||ий histórisch, geschíchtlich; epóchemachend (*эпохальный*); ~ий материали́зм histórischer Materialísmus; ~ая нау́ка Geschíchtswissenschaft *f*; ~ий рома́н *лит.* histórischer Román; ~ий колори́т *лит.* Zéitkolorit *n* (2), histórisches Kolorít; ~ая да́та Geschíchtszahl *f* (10); ~ая побе́да ein epóchemachender Sieg; факт ~ого значе́ния ein Fáktum von histórischer Trágweite

истори́чность *ж* Geschíchtlichkeit *f*

исто́р||ия *ж* 1. Geschíchte *f*; всео́бщая ~ия allgeméine Geschíchte, Wéltgeschichte *f*; ~ия но́вого вре́мени Zéitgeschichte *f*; ~ия СССР Geschíchte der UdSSR; нове́йшая ~ия Geschíchte der Néuzeit; дре́вняя ~ия Geschíchte des Áltertums; ~ия сре́дних веко́в Geschíchte des Míttelalters; ~ия гражда́нской войны́ Geschíchte des Bürgerkriegs; есте́ственная ~ия Natúrgeschichte *f*; ~ия литерату́ры Literatúrgeschichte *f*; ~ия ру́сской литерату́ры Geschíchte der rússischen Literatúr; ~ия языка́ Sprachgeschichte *f*; ~ия иску́сства Kúnstgeschichte *f*; ~ия се́льского хозя́йства Agrárgeschichte *f*; ~ия эконо́мики Wírtschaftsgeschichte *f*; вое́нная ~ия Kríegsgeschichte *f*; отойти́ в о́бласть ~ии der Geschíchte ángehören; войти́ в ~ию in die Geschíchte éingehen*; ~ия э́того де́ла такова́ die Sáche verhíelt sich (nämlich) so; 2. *разг.* (*происшествие, событие*) Geschíchte *f* (11); ◇ вот так ~ия! éine schöne Geschíchte!; ве́чная [обы́чная] ~ия! ímmer die álte Léier [Geschíchte]!; совсе́м друга́я ~ия étwas ganz ánderes; об э́том ~ия ума́лчивает *шутл.* darüber schweigt die Geschíchte [des Sängers Höflichkeit]

истоскова́ться *разг.* sich séhnen, sich vor Séhnsucht verzéhren, vor Séhnsucht vergéhen* (по ком-л., чём-л. nach *D*)

источа́ть áusströmen *vt*, verbréiten *vt*; ~ слёзы *уст.* Tränen vergíeßen*

источи́ть zerfréssen * *vt* (*изъесть*); zernágen *vt* (*изгрызть*); durchlöchern *vt* (*продырявить*); ábschleifen* *vt* (*истереть точением*)

исто́чник *м* 1. Quélle *f* (11); Quell *m* (1), Born *m* (1) (*поэт.*); Bezúgsquelle *f* (*получения и т. п.*); *перен. тж.* Úrsprung *m* (1*); минера́льный ~ Minerálquelle *f*; целе́бный ~ Héilquelle *f*, Brúnnen *m* (7); углеки́слый ~ Sáuerbrunnen *m*; соляно́й ~ Sólquelle *f*; желе́зистые минера́льные ~и Éisenquellen *pl*; горя́чий [терма́льный] ~ Thermálquelle *f*; бога́тый ~ами quéllenreich; неиссяка́емый ~ únversiegbare Quélle; ~ излуче́ния *физ.* Stráhlenquelle *f*; ~и сырья́ Róhstoffquellen *pl*; ~ получе́ния не́фти Bezúgsquelle *f* von Érdöl; откры́ть но́вые ~и néue Quéllen erschlíeßen*; ~ зна́ния Quélle des Wíssens; ~ информа́ции Informatiónsquelle *f*; ~ оши́бок Féhlerquelle *f*; ~ эне́ргии Kráftquelle *f*, Energíequelle *f*; ~ боле́зни Úrsprung der Kránkheit; из достове́рных ~ов aus sícherer [zúverlässiger] Quélle; 2. (*письменный памятник*) Quélle *f* (11); Quéllenwerk *n* (2); обраща́ться к ~ам die Quéllen studíeren; ~и маркси́зма-ленини́зма die Quéllen [die Úrsprünge] des Marxísmus-Leninísmus; иссле́дование ~ов Quéllenforschung *f* (10)

исто́шный *разг.* géllend; héulend, brüllend; ~ый крик géllendes Schréien

истоща́ть(ся) *см.* истощи́ть(ся)

истощ||е́ние *с* 1. (*запасов и т. п.*) Áufzehrung *f*, Erschöpfung *f*; Schwínden *n* -s (*убыль*); ~е́ние по́чвы Bódenerschöpfung *f*, Bódenmüdigkeit *f*; 2. (*изнурение*) Únterernährung *f*, Erschöpfung *f*, Áuszehrung *f*; ста́рческое ~е́ние Áltersschwäche *f*; война́ на ~е́ние Krieg bis zur Erschöpfung des Gégners, Ermáttungskrieg *m* (1), Zermürbungskrieg *m*; **~ённый** 1. erschöpft, áufgezehrt; áufgebraucht; 2. (*изнурённый*) únterernährt, erschöpft, entkräftet, ábgezehrt; ~ённый ребёнок únterernährtes Kind; **~и́ть** 1. (*израсходовать*) áufzehren *vt*, áuszehren *vt*, áufbrauchen *vt*, erschöpfen *vt*; ~и́ть запа́сы die Vórräte áufzehren [erschöpfen]; ~и́ть терпе́ние die Gedúld erschöpfen; 2. (*изнурить*) erschöpfen *vt*; áufreiben* *vt*, ermátten *vt*, entkräften *vt*; **~и́ться** 1. áufgebraucht [verbráucht, áufgezehrt] sein; erschöpft sein; сре́дства ~и́лись álle Míttel sind erschöpft; его́ си́лы ~и́лись séine Kräfte sind erschöpft; 2. (*ослабеть*) erschöpft [áusgezehrt, ábgezehrt] sein; entkräftet sein

истра́ти||ть verbráuchen *vt*, áufwenden* *vt*; áusgeben* *vt*, veráusgaben *vt* (*деньги*); ~ть запа́сы die Vórräte verbráuchen; **~ться** 1. verbráucht sein; 2. (*потратиться*) sich veráusgaben; он соверше́нно ~лся er hat sich ganz veráusgabt; er sitzt auf dem tróckenen (*разг.*)

истреби́тель *м* 1. Vertílger *m* (6); 2. *ав.* Jágdflugzeug *n* (2); реакти́вный ~ Düsenjäger *m* (6); ~-перехва́тчик Ábfangjäger *m*; ~-бомбардиро́вщик Jágdbomber *m* (6); **~ный** 1. vernìchtend, verwüstend; verhéerend (*опустоши́тельный*); ~ный ого́нь *воен.* vernìchtendes [verhéerendes, mörderisches] Féuer; 2. *ав.* Jagd-; ~ная авиа́ция Jágdfliegerkräfte *pl*, Jágdflieger *pl*

истреб||и́ть vertílgen *vt*; vernìchten *vt*, áusrotten *vt* (*уничтожить*); **~ле́ние** *с* Vertílgung *f*; Vernìchtung *f*, Áusrottung *f* (*уничтожение*); ору́жие ма́ссового ~ле́ния Mássenvernichtungswaffe *f* (11); **~ля́ть** *см.* истреби́ть

истре́бовать *канц.* ánfordern *vt*; ~ докуме́нты Dokuménte ánfordern

истрёпанный ábgetragen (*об одежде*); zerflédert (*о книге*); ábgegriffen (*о деньгах*); zerrüttet, áufgerieben (*о здоровье*); verlébt, verwüstet (*о лице*)

истрепа́||ть *разг.* ábnützen *vt*, zuschánden máchen; ~ть оде́жду Kléider ábtragen*; ~ть о́бувь *разг.* die Schúhe áblatschen; ~ть кни́гу ein Buch zerflédern [zerlésen*]; ◇ ~ть не́рвы die Nérven zerrütten [áufreiben*]; **~ться** *разг.* 1. zerríssen sein, ábgenutzt sein; ábgetragen [ábgeschabt] sein, schäbig wérden (*об одежде*); кни́га ~лась das Buch ist zerflédert [zerlésen]; 2. (*о здоровье*) zerrüttet [áufgerieben, verwüstet] sein; ◇ у него́ не́рвы ~лись er ist mit séinen Nérven herúnter

истре́скаться rissig wérden, Risse bekómmen*, mit Rissen bedéckt sein

истука́н *м* 1. Götze *m* (9); Götzenbild *n* (5); 2. *бран.* hérzloser, stupíder Mensch; ◇ стоя́ть как ~, стоя́ть ~ом dástehen* wie ein Stück Holz [wie ein Ölgötze]

и́стый wahr, echt; éifrig (*усердный*); ~ москви́ч *разг.* ein wáschechter Móskauer

исты́кать *разг.* 1. zerstéchen* *vt*, durchlöchern *vt*; 2. (*воткнуть повсюду*) vóllstecken *vt* (mit *D*)

истяз||а́ние *с* Fólter *f* (11); Mißhándlung *f* (10); ~а́ние живо́тных Tíerquälerei *f*; подверга́ть ~а́ниям mißhándeln *vt*; fóltern *vt*, auf die Fólter spánnen (*мучить, пытать*); **~а́тель** *м* Hénker *m* (6), Fólterknecht *m* (1); **~а́ть** mißhándeln *vt*; quälen *vt*, fóltern *vt*, mártern *vt* (*мучить, пытать*)

исхитри́ться *разг.* etw. geschíckt [schláu] ánstellen [zuständebringen*]

исхлеста́ть (*избить*) dúrchpeitschen *vt*

исхлопота́ть *разг.* áuswirken *vt*, erwírken *vt*; **~ся** sich ábmühen

исхо́д *м* **1.** (*результат*) Áusgang *m*, Áusfall *m*, Ergébnis *n* (3*), Resultát *n* (2); ~ борьбы́ Áusgang [Ergébnis] des Kámpfes; ~ вы́боров Áusgang der Wáhlen; **2.** (*конец*) Áusgang *m* (1*), Énde *n* -s, Néige *f*; Ábschluß *m* -sses; ~ сло́ва *лингв.* Áuslaut *m*; ~ игры́ Áblauf *m* (1*); на ~е дня gégen Ábend; день на ~е der Tag geht zur Néige; на ~е пе́рвого ме́сяца vor Áblauf des érsten Mónats; на ~е 19 столе́тия (am) Énde des 19. Jahrhúnderts; быть на ~е áusgehen* *vi* (s); де́ньги на ~е das Geld geht zu Énde

исхода́тайствовать áuswirken *vt*, erwírken *vt*

исходи́ть I (*обойти много мест*) durchwándern *vt*, durchstréifen *vt*

исходи́ть II **1.** (*происходить*) entstámmen *vi* (s) (из чего́-л. *D*), stámmen *vi* (s), áusgehen* *vi* (s); изве́стие исхо́дит из ве́рных исто́чников die Náchricht stammt aus sícherer Quélle; прика́з исхо́дит от нача́льника der Beféhl geht vom Vórgesetzten aus; **2.** (*основываться на чём-л.*) áusgehen* *vi* (s), basíeren *vi*; sich auf etw. (*D*) gründen; ~ из предпосы́лки von éiner Voráussetzung áusgehen*; **3.:** ~ кро́вью stark blúten; verblúten *vi* (s); ~ слеза́ми in Tränen zerflíeßen* [schwímmen*], in Tränen áufgelöst sein

исходи́ть III (*истекать, о времени*) áblaufen* *vi* (s), zu Énde géhen*

исхо́дн||ый Áusgangs-; ~ый пункт Áusgangspunkt *m* (1); ~ое положе́ние *тж. воен.* Áusgangsstellung *f* (10); Áusgangslage *f*; Áusgangshaltung *f* (10); заня́тие ~ого положе́ния *воен.* Beréitstellung *f*; ~ый материа́л (*сырьё*) Róhstoff *m* (1); ~ые да́нные *выч. тех.* Áusgangsdaten *pl*, Ánfangsdaten *pl*; *мат.* gegébene Wérte

исходя́щ||ий *спец.* áusgehend; ~ая по́чта áusgehende Post

исхолода́ться *разг.* vor Kälte starr (und steif) wérden

исхуд||а́лый ábgemagert, ábgefallen, áusgemergelt; **~а́ние** *с* Ábmagern *n* -s, Ábmagerung *f*; *мед.* Mágersucht *f*; **~а́ть** ábmagern *vi* (s), ábgemagert sein

исцара́пать zerkrátzen *vt*; zerschrámmen *vt*; **~ся** sich zerkrátzen

исцел||е́ние *с* Héilung *f* (10); Wiederhérstellung *f*; Genésung *f* (*выздоровление*); **~и́мый** héilbar; **~и́тель** *м* Héilkünstler *m* (6); **~и́ть** héilen *vt*; **~и́ться** genésen* *vi* (s), gesúnd [gehéilt] wérden; **~я́ть(ся)** *см.* исцели́ть(ся)

исцелова́ть *разг.* mit Küssen bedécken

исча́дие *с* Brut *f* (10); ~ а́да Höllenbrut *f*, Téufelsbrut *f*

исча́хнуть *разг.* verkümmern *vi* (s), dahínsiechen *vi* (s), dahínschwinden* *vi* (s); ~ от тоски́ sich vor Séhnsucht verzéhren, vor Séhnsucht vergéhen* (по ком-л., чём-л. nach *D*)

исчез||а́ть *см.* исче́знуть; **~нове́ние** *с* Verschwínden *n* -s; Schwund *m* -es; заявле́ние об ~нове́нии (*кого-л.*) *юр.* Abgängigkeitsanzeige *f* (11), Verschóllenenmeldung *f* (10)

исче́з||нуть **1.** (ver)schwínden* *vi* (s); ~нуть из по́ля зре́ния áußer Séhweite sein; aus dem Gesíchtskreis [von der Bíldfläche] verschwínden*; он исче́з в толпе́ er táuchte im Gedränge únter; она́ ~ла и не появи́лась sie blieb verschwúnden; ~нуть без следа́ spúrlos verschwínden*; боле́зненные явле́ния ~ли die Kránkheitserscheinungen sind verschwúnden; **2.** (*потеряться*) verlórengehen* *отд. vi* (s); abhánden kómmen* (s)

исчерка́ть *разг.* bekrítzeln *vt*, vóllkritzeln *vt*; (an víelen Stéllen) (áus-)stréichen*

и́счерна-бу́рый schwárzbraun, schwärzlichbraun

исче́рпать **1.** erschöpfen *vt*; ~ запа́с den Vórrat erschöpfen; ~ все возмо́жности álle Möglichkeiten áusschöpfen; **2.** (*уладить, довести до конца*) erlédigen *vt*; вопро́с исче́рпан die Fráge ist erlédigt; ~ инциде́нт éinen Zwíschenfall béilegen

исче́рпыв||ать *см.* исче́рпать; **~аться:** э́тим де́ло не ~ается damít hat die Sáche noch nicht ihr Bewénden

исче́рпывающ||ий erschöpfend; voll (*полный*); áusführlich (*подробный*); ~ие да́нные erschöpfende Ángaben

исчерти́ть **1.** (*израсходовать при черчении*) beim Zéichnen verbráuchen; **2.** (*испачкать, изрисовать*) vóllkritzeln *vt*; vóllzeichnen *vt*

исчи́ркать: ~ все спи́чки *разг.* álle Stréichhölzer verbráuchen

исчисле́ние *с* Beréchnung *f* (10); Réchnung *f*; Áusrechnung *f* (*вычисление*); дифференциа́льное ~ *мат.* Differenziálrechnung *f*; интегра́льное ~ *мат.* Integrálrechnung *f*; ~ бесконе́чно ма́лых *мат.* Infinitesimálrechnung *f*; ~ вероя́тностей *мат.* Wahrschéinlichkeitsrechnung *f*; основны́е спо́собы исчисле́ния Grúndrechnungsarten *pl*; ~ при́былей Profítkalkulation *f*, Gewínnberechnung *f*; ма́тричное ~ Matrízenrechnung *f*; ~ изде́ржек Kóstenrechnung *f*; ~ проце́нтов Prozéntrechnung *f*; ~ себесто́имости Sélbstkostenberechnung *f*; ~ цен Préisberechnung *f*; ~ убы́тков Verlústberechnung *f*

исчи́слить, исчисля́ть beréchnen *vt*; áusrechnen *vt* (*вычислить*)

исчисля́емость *ж мат.* Beréchenbarkeit *f*

исчисля́||ться **1.** betrágen* *vt*; sich beláufen*, sich bezíffern (чем-л. auf *A*); zur Beréchnung kómmen*; сто́имость ~ется в 1000 руб. die Kósten beláufen sich auf 1000 Rbl.; **2.** *страд.* beréchnet [áusgerechnet] wérden

исшага́ть *см.* исходи́ть I

исша́рить durchsúchen *vt*, durchwühlen *vt*, durchstöbern *vt*

исша́ркать zerkrátzen *vt* (*пол ногами*)

исши́ть beim Nähen verbráuchen

исщепа́ть in Späne réißen*, zerspálten *vt*, zersplíttern *vt*

исщипа́ть *разг.* (zer)knéifen* *vt*

ита́к *союз* álso, nun, somít; fólglich (*следовательно*); ~, вопро́с решён somít ist die Fráge erlédigt, die Fráge ist álso erlédigt, nun ist die Fráge erlédigt

италья́н||ец *м* Italiéner *m* (6); **~ка** *ж* Italiénerin *f* (12); **~ский** italiénisch; ~ский язы́к die italiénische Spráche, das Italiénische (*sub*); ◇ ~ская забасто́вка Sítzstreik *m* -(e)s, -s; ~ская бухгалте́рия dóppelte Búchführung

и т. д. (и так да́лее) usw. (und so wéiter); usf. (und so fort); u. a. m. (und ánderes mehr)

итерати́вный *лингв.* iteratív

ито́г *м* Éndergebnis *n* (3*), Ergébnis *n*, Fázit *n* (2) (*pl тж.* -s); Bilánz *f* (10); ~ по коло́нке Spáltensumme *f* (11) (*при счёте*); ~и пятиле́тки die Ergébnisse des Fünfjahrplanes; подводи́ть ~ die Bilánz [das Fázit] zíehen*; áuswerten *vt*; подведе́ние ~ов Zusámmenfassung [Áuswertung] *f* der Ergébnisse; подведе́ние предвари́тельных ~ов соревнова́ния Zwíschenwertung im Wéttbewerb; ◇ в ~е im Éndergebnis, im Gesámtergebnis; в коне́чном ~е létzten Éndes, létztlich, létztendlich

итого́ *нареч. бухг.*, *канц.* insgesámt; súmma summárum (*лат.*)

итого́в||ый Gesámt-; zusámmenfassend; ~ая су́мма Gesámtsumme *f* (11); ~ая конфере́нция Ábschlußkonferenz *f* (10)

ито́жить **1.** *бухг.* ábschließen* *vt*, Bilánz zíehen* **2.** *разг.* fólgern *vt*

и т. п. (и тому́ подо́бное) u. dgl. (m.) [und dergléichen (mehr)]; u. a. m. (und ánderes mehr)

итте́рбий *м* Yttérbium *n* -s, (*хим. знак* Yb)

и́ттрий *м* Yttrium *n* -s (*хим. знак* Y)

Иу́д||а *м бран.* Júdas *m* =, -se, Verräter *m* (6); ◇ поцелу́й ~ы Júdaskuß *m* -sses

иуда́изм *м рел.* Judaísmus *m* =

иуде́й *м* Júde *m* (9); **~ский** **1.** *ист.* jüdisch; **2.** *рел.* mosáisch

их **1.** *личн. мест. вин., род. см.* они́; **2.** *притяж. мест.* (*перед сущ.*) ihr (*f* íhre, *n* ihr, *pl* íhre); (*без сущ.*) der (die, das) íhre, der (die, das) íhrige; э́то их кни́ги das sind íhre Bücher; э́то на́ши кни́ги, а э́то — их das sind únsere Bücher, und das sind íhre [die íhrigen (*книжн.*)]

ихневмо́н *м зоол.* Ichnéumon *n* (2), *m* (1) (*pl тж.* -s)

ихтио́з *м мед.* Schúppenkrankheit *f* (10)

ихтиоза́вр *м* Ichthyosáurus *m* =, -rier

ихтиоко́л *м* Físchleim *m* -(e)s

ихтио́л *м. фарм.* Ichthyól *n* -s

ихтио́л||ог *м* Ichthyológe *m* (9); **~оги́ческий** ichthyológisch; **~о́гия** *ж* (*рыбоведение*) Ichthyologíe *f*, Físchkunde *f*

иша́к *м* **1.** Ésel *m* (6); **2.** (*лошак*) Máulesel *m* (6); **3.** *бран.* Ésel *m* (6); Stárrkopf *m* (1*), Dúmmkopf *m*

иша́чить *разг.* schwer árbeiten, schúften *vi*

и́шиас *м мед.* Íschias *f*

ишь *межд. разг.* da sieh mal éiner an!, da schau her!; ишь ты! so siehst du aus!

ище́йка *ж тж. перен.* Spürhund *m* (1)

ию́л||ь *м* Júli *m* = *u* -s; в ~е ме́сяце im (Mónat) Júli; в нача́ле ~я Ánfang Júli; в середи́не ~я Mítte Júli; в конце́ ~я Énde Júli; в ~е про́шлого го́да im Júli vórigen Jáhres, vórigen Júli; в ~е э́того го́да im Júli dieses Jáhres; в ~е бу́дущего го́да im Júli nächsten Jáhres, nächsten Júli

ию́льский Júli-

ию́н||ь *м* Júni *m* = *u* -s; в ~е ме́сяце im (Mónat) Júni; в нача́ле ~я Ánfang Júni; в середи́не ~я Mítte Júni; в конце́ ~я Énde Júni; в ~е про́шлого го́да im Júni vórigen Jáhres, vórigen Júni; в ~е э́того го́да im Júni díeses Jáhres; в ~е бу́дущего го́да im Júni nächsten Jáhres, nächsten Júni; пе́рвого ~я den érsten Júni, am érsten Júni; с пе́рвого по тре́тье ~я von 1. bis zum 3. Júni; с ~я до ию́ля [по ию́ль] von Júni bis Júli

ию́ньский Júni-

Й

йéмен||ец *м* Jemenít *m* (8); **~ка** *ж* Jemenítin *f* (12); **~ский** jemenítisch

йог *м* Jógi, Yogi ['jo-] *m* -s, -s

йогýрт *м* Jóghurt *m*, *австр. n* -s

йод *м* Jod *n* -(e)s (*хим. знак* J); радиоакти́вный (мéченый) ~ Rádiojod *n*, rádioaktives [-vəs] Jod; **~и́д** *м хим.* Jodíd *n* (2); **~истый** Jod-, jódhaltig; ~истый кáлий Jódkalium *n* -s; **~ный** Jod-; ~ная настóйка Jódtinktur *f* (10)

йодофóрм *м фарм.* Jodofórm *n* -s

йордáн||ец *м* Jordánier *m* (6); **~ка** *ж* Jordánierin *f* (12); **~ский** jordánisch

йот *м лингв.* Jot *n* =, =

йóт||а *ж* (*буква*) Jóta *n* = *u* -s, -s; ◇ ни на ~у *разг.* kein Jóta, nicht im geríngsten; nicht um ein Haar; ни на ~у не уступи́ть nicht ein Jóta [um kéinen Zóllbreit] wéichen*

К

к *предлог* **1.** zu (*D*); auf (*A*); *переводится тж. дат. падежом без предлога*; ко мне zu mir; дорóга к лéсу der Weg zum Wald; от одногó к другóму von éinem zum ánderen; вести́ к цéли zum Ziel führen; идти́ к цéли dem Zíele zústeuern; подготóвка к экзáмену Vórbereitung auf die Prüfung; **2.** (*обращение*) an (*A*); призы́в к чемý-л. Appéll an (*A*); обрати́ться к врачý sich an den Arzt wénden(*); **3.** (*вплотную к*) an (*A*); *переводится тж. дат. падежом без предлога*; подойти́ к окнý an das Fénster tréten*; прибли́зиться к гóроду sich der Stadt nähern; **4.** (*прикрепление, присоединение, прибавление*) an (*A*); zu (*D*); приклéить к стенé an die Wand kleben; к трём прибáвить пять zu drei fünf zúrechnen; **5.** (*по отношению к*) zu (*D*); gégen (*A*); gegenüber (*D*); *переводится тж. дат. падежом без предлога*; любóвь к дéтям die Líebe zu den Kíndern; нéнависть к врагáм der Haß gégen die Féinde; нéнависть к чемý-л. Haß auf etw. (*A*); по отношéнию ко мне mir gegenüber; он располóжен ко мне er ist mir zúgetan; три относится к пяти́ как шесть к десяти́ drei verhält sich zu fünf wie sechs zu zehn; в процéнтах к 1929 гóду in Prozénten gegenüber 1929; **6.** (*при обозначении временного отношения*) um (*A*); gégen (*A*) (*около, приблизительно*); к э́тому врéмени um díese Zeit; к десяти́ часáм gégen zehn Uhr; к Пéрвому мáя zum Ersten Mai; ◇ к моемý стыдý zu méiner Schánde; к моемý удовлетворéнию zu méiner Befríedigung; к сожалéнию léider; к несчáстью zum Únglück; к лýчшему zum bésten; к томý же zudém, áußerdem; к чемý э́то? wozú das?; к обéду; zu Míttag; к зáвтраку zum Frühstück

-ка *частица* **1.** (*при повелительном наклонении*) (éin)mal; doch; скажи́-ка мне sag mir mal; дáйте-ка мне э́ту кни́гу gében Sie mir mal [doch] dieses Buch; **2.** (*при будущем времени для выражения желания, твёрдого намерения*) doch; кýпим-ка э́ту кни́гу wóllen wir doch díeses Buch káufen, káufen wir doch díeses Buch

кабáк *м* **1.** *уст.* Schénke *f* (11), Knéipe *f* (11); **2.** *разг.* (*беспорядок*) Sáustall *m* (1*)

кабалá I *ж* **1.** Hörigkeit *f*, Léibeigenschaft *f*; Sklaveréi [-və-] *f* (*рабство*); **2.** *перен.* (*зависимость*) Díenstbarkeit *f*; Knéchtschaft *f*, Bótmäßigkeit *f*, Joch *n* -(e)s

кабалá II *ж см.* кабали́стика

кабали́стика *ж* **1.** (*магия*) Magíe *f*, Gehéimlehre *f*, Záuberkunst *f*; **2.** *перен.* (*нечто загадочное*) Rätsel *n* (6), Buch mit síeben Síegeln

кабáльн||ый **1.** (*находящийся в кабале*) hörig, léibeigen; **2.** *перен.* (*закабаляющий*) knéchtend; ~ый договóр knéchtender Vertrág, Knéchtschaftsvertrag *m* (1*); ~ая сдéлка úngleichberechtigtes Ábkommen

кабáн *м* **1.** Éber *m* (6), Kéiler *m* (6); Wíldschwein *n* (2); Bácher *m* (6) (*двухгодовалый*); сáмка ~á Báche *f* (11), Wíldsau *f* (3); детёныш ~á Fríschling *m* (1); молодóй ~ Überläufer *m* (6); ~ы́ Schwárzwild *n* -s; **2.** *спец.* (*глыба*) Block *m* (1*), Klúmpen *m* (7)

кабани́на *ж* (*мясо*) Éberfleisch *n* -es

кабаргá *ж зоол.* Móschustier *n* (2)

кабаргóв||ый Móschus-; móschusartig; ◇ ~ая струя́ Móschus *m* =

кабарди́нец *м* Kabardíner *m* (6)

кабарди́нка I *ж* (*народность*) Kabardínerin *f* (12)

кабарди́нка II *ж* **1.** (*одежда*) kaukásischer Óberrock; **2.** (*мужской народный танец*) Kabardínka *f* =

кабарди́нский kabardínisch

кабарé *с* Kabarétt *n* (2) (*pl тж.* -s); Náchtlokal *n* (2) (*ночное*); арти́ст ~ Kabarettíst *m* (8)

кабáтчик *м* Schánkwirt *m* (1)

кабáцкий Kneip-, Schank-; Schenk-; *перен.* roh, geméin

кабачкóвый Melónenkürbis-

кабачóк I *м* (*ресторанчик*) kléine Schénke [Knéipe]

кабачóк II *м* (*овощ*) Melónenkürbis *m* (3*)

кабелеуклáдчик *м* Kábellegemaschine *f* (11)

кáбель *м мор., тех.* Kábel *n* (6); подвóдный ~ Únterseekabel *n*; неизоли́рованный ~ blánkes Kábel; ~ телевизиóнной антéнны Férnsehlitze *f* (11); проклáдка кáбеля Kábelverlegung *f* (10); низковóльтный ~ Níederspannungskabel *n*; высокочастóтный ~ Hóchfrequenzkabel *n*, HF-Kabel *n*; **~ный** Kábel-; ~ная лебёдка Kábelwinde *f* (11)

кáбельтов *м* **1.** *мор.* Kábellänge *f* (11) (= 182,5 м); **2.** (*трос*) Kábeltau *n* (2)

кáбельщик *м* Kábelwerker *m* 6) (*на заводе*); Kábelleger *m* (6) (*прокладывающий кабель*)

кабестáн *м* **1.** *тех.* Wínde *f* (11); **2.** *мор.* Spill *n* (2), Gángspill *n*, Schíffswinde *f*

каби́на *ж* Kabíne *f* (11); Zélle *f* (11); *мор.* Kajüte *f* (11); телефóнная ~ Férnsprechzelle *f* (11), Telefónzelle *f*; ди́кторская ~ Sprécherkabine *f*; ~ автомаши́ны Fáhrerhaus *n* (5) (*грузовика*); Fáhrerraum *m* (1*) (*автобуса*); ~ управлéния Stéuerkabine *f*; ~ лётчика *ав.* Cóckpit *m* -s, -s, Pilótenkanzel *f* (11), Pilótenraum *m* (1*); ~ ли́фта Fáhrkorb *m* (1*), Áufzugskabine *f*; ~ на пля́же Úmkleidehäus|chen *n* (7); ~ на избирáтельном учáстке Wáhlkabine *f*

кабинéт *м* **1.** (*рабочая комната*) Árbeitszimmer *n* (6), Kabinétt *n* (2); Ámtszimmer *n* (*в учреждении*), Chéfzimmer *n* (*начальника*); Studíerzimmer *n* (*комната для занятий*); Fáchzimmer *n* (*в школе*); биологи́ческий ~ Biologíezimmer *n*, Biologíekabinett *n*; **2.** (*состав министров, входящих в правительство*) Kabinétt *n* (2); формировáние ~а Kabinéttsbildung *f*; отстáвка ~а der Rücktritt des Kabinétts; смéна ~а Regíerungsumbesetzung *f* (10); падéние ~а Sturz des Kabinétts; **3.** (*врачебное помещение*) Behándlungszimmer *n* (6) (*процедурный*); Spréchzimmer *n* (*приёмная*); **4.** (*в ресторане*) Séparée [sepa're:] *n* -s, -s; **5.** (*мебель*) Kabinéttgarnitur *f* (10); **~ный** Kabinétt(s)-; ~ный учёный Stúbengelehrte *m* (14), Schréibtischgelehrte *m*; ◇ ~ный портрéт Fóto im Kabinéttformat; ~ный роя́ль Stútzflügel *m* (6)

каби́нка *ж уменьш. от* каби́на; ~ на пля́же Úmkleidehäus|chen *n* (7)

каблогрáмма *ж* Überseetelegramm *n* (2), Kábeltelegramm *n* (*сокр.* Kábelgramm *n*)

каблýк *м* Ábsatz *m* (1*); Hácken *m* (7); боти́нки без ~óв ábsatzlose Schúhe; тýфли на срéднем [высóком] ~é Schúhe mit hálbhohen [hóhen] Ábsätzen; ширóкий ни́зкий ~ Trotteurabsatz [-'tø:r-] *m*; ~-шпи́лька Stöckelabsatz *m*, Stiléttoabsatz *m*, Pfénnigabsatz *m*; подбивáть ~и́ die Ábsätze neu besóhlen; сбить ~и́ die Ábsätze schíeftreten*; ◇ быть под ~óм únter dem Pantóffel stéhen* (*о муже*)

каботáж *м мор.* Küstenschiffahrt *f* (*при переносе*: Küstenschiff-fahrt); **~ник** *м* Küstenfahrer *m* (6) (*о моряке и о судне*); Küstenschiff *n* (2) (*о судне*); **~ничать** Küstenschiffahrt tréiben*; **~ный** Küsten-; ~ное плáвание Küstenschiffahrt *f*

кабриолéт *м* Kabriolétt *n* (2)

кабы́ *союз. разг.* wenn (ja); ◇ éсли бы да ~! ≅ wenn das Wenn und das Áber nicht wär'!

кавалéр I *м* Kavalíer [-va-] *m* (1)

кавалéр II *м* (*какого-л. ордена*) Rítter *m* (6); ~ Золотóй Звезды́ Rítter des Góldenen Sterns

кавалери́йск||ий Kavalleríe- [-va-], Réiter-, kavallerístisch; ~ие чáсти Kavalleríetruppen *pl*; ~ий разъéзд Réiterspähtrupp *m* -s, -s, Kavalleríepatrouille [-,tru(l)jə] *f* (11); ~ий рейд Kavalleríestreife *f* (11); ~ие нóги *разг.* Ó-Beine *pl*

кавалери́ст *м* Kavallerist [-va-] *m* (8), Réiter *m* (6)

кавалéрия *ж* Kavalleríe [-va-] *f* (11), Reiteréi *f* (10); лёгкая ~ léichte Kavalleríe

кавальéр *м* (*земляной вал*) Dámmkippe *f* (11); *ж.-д.* Érdniederlage *f* (11)

кавалькáда *ж* Kavalkáde [-val-] *f* (11), Réiterschar *f* (10), Réiterzug *m* (1*)

кавардáк *м разг.* Durcheinánder *n* -s, Únordnung *f*, Wírrwarr *m* -s, Tohuwabóhu *n* = *u* -s, -s; устрóить в дóме ~ das Haus auf den Kopf stéllen, das Únterste zuóberst kéhren

кавати́на *ж муз.* Kavatíne [-va-] *f* (11)

кáверз||а *ж разг.* **1.** (*проделка, проказа*) Schikáne *f* (11); **2.** (*интрига*) Intríge *f* (11), Ränke *pl*, Schlíche *pl*; устрóить комý-л. ~у j-m éinen bösen Streich spíelen; **~ник** *м разг.* **1.** (*проказник*) Schäker *m* (6); Schalk *m* (1,

1*), Schelm *m* (1); **2.** (*интриган*) Ränkeschmied *m* (1), Intrigánt *m* (8); **~ничать** *разг.* Ränke schmíeden [spínnen]; étwas Böses gégen j-n im Schílde führen, Schlímmes áushecken; **~ный** *разг.* **1.** (*запутанный*) ränkevoll; héimtückisch; ~ный вопрóс éine spítzfindige [héikle] Fráge, Fángfrage *f* (11); **2.** (*о человеке*) ränkesüchtig; héimtückisch, árglistig (*коварный*)

кавéрна *ж мед., геол.* Kaverne [-'vεr-] *f* (11); Höhle *f* (11)

кавкáз||ец *м* Kaukási|er *m* (6); **~ский** kaukásisch

кавы́чк||и *мн.* Ánführungszeichen *pl*; Gänsefüßchen *pl* (*разг.*); в ~ах in [zwíschen] Ánführungszeichen; *перен. ирон.* sózusagen mit Verláub zu ságen; учёный в ~ах Pséudogelehrte *m* (14)

кагáл *м разг.* lärmender Ménschenhaufen, Rúmmel *m* (6)

каганéц *м обл.* Ölfunzel *f* (11)

кагáт *м с.-х.* Míete *f* (11); **~и́ровать** éinmieten *vt*

кадáнс *м см.* каде́нция

кадáстр *м юр.* Katáster *m, n* (6); налóговый ~ Stéuerkataster *m*; земéльный ~ Grúndbuch *n* (5), Flúrbuch *n*

кадéнция *ж муз., лит.* Kadénz *f* (10)

кадéт I *м воен. ист.* Kadétt *m* (8)

кадéт II *м ист.* Kadétt *m* (8), konstitutionéller Demokrát (*Mitglied der konstitutionell-demokratischen Partei im zaristischen Rußland*)

кадéтский I *воен. ист.* Kadétten-; ~ кóрпус Kadéttenanstalt *f* (10), Kadéttenschule *f* (11)

кадéтск||ий II *ист.* Kadétten-; ~ая пáртия die konstitutionéll-demokrátische Partéi

кади́ло *с*, **кади́льница** *ж церк.* Wéihrauchfaß *n* -sses, -fässer; ◇ раздýть ~ 1) (*разгласить что-л.*) Lärm schlágen*; 2) (*развернуть деятельность*) éine Tätigkeit entwíckeln

кади́ть **1.** *церк.* Wéihrauch stréuen; **2.** (*льстить кому-л.*) j-m Wéihrauch stréuen, bewéihräuchern *vt*, lóbhudeln *неотд. vt, vi* (*D*)

кáдка *ж* Kübel *m* (6), Bútte *f* (11), Bütte *f* (11), kléine Kúfe; дерéвья в ~х Kübelbäume *pl*

кáдмий *м* Kádmium *n* -s (*хим. знак* Cd)

кадр *м фото, кино* Bild *n* (5); Fílmszene *f* (11); реклáмные ~ы Wérbevorspann *m* (1); смéна ~ов Szénenwechsel *m* (6); формáт ~а Bíldformat *n* (2)

кадри́ль *ж* Quadrille [*фр.* ka'driljə] *f* (11)

кáдров||ый **1.** Stamm-; ~ый рабóчий Stámmarbeiter *m* (6); **2.** *воен.* Berúfs-; Káder-; ~ая часть Káderformation *f* (10); ~ый офицéр Berúfsoffizier *m* (1), aktíver [-vər] Offizíer

кáдр||ы *мн.* **1.** (*основной состав*) Káder *pl*; Káderbestand *m* (1*); парти́йные ~ы die Partéikader; производственно-техни́ческие ~ы die betríebstechnischen Káder; преподавáтельские ~ы Léhrkräfte *pl*; Léhrkörper *m* (6) (*одной школы*); основны́е ~ы Stámmpersonal *n* (2); передовы́е [веду́щие] ~ы Spítzenkader *pl*; ~ы специали́стов Fáchkräfte *pl*; постоя́нные ~ы Fácharbeiterstamm *m* (1*); молоды́е ~ы специали́стов Fáchnachwuchs *m* -es; ~ы трактори́стов Káder an [von] Traktoristen; отдéл ~ов Káderabteilung *f* (10); Personálabteilung *f*; подготóвка ~ов Káderausbildung *f*; готóвить [расти́ть] ~ы Káder entwíckeln; распределéние ~ов Éinsatz der Káder; нау́чно-педагоги́ческие ~ы wíssenschaftlich-pädagógische Káder; **2.** *воен.* Káder *pl*

каду́шка *ж* (kléiner) Kübel *m* (6), Fäßchen *n* (7)

кады́к *м* Ádamsapfel *m* (6*)

каёмка *ж* Saum *m* (1*), Kánte *f* (11)

каёмчатый gesäumt, mit éiner Kánte [Bórte] verséhen

каждодне́вный täglich, alltäglich

кáжд||ый *прил.* **1.** jéder, álle; ~ую минýту jéde Minúte, jéden Áugenblick; álle Áugenblicke; ~ое ýтро allmórgendlich, allmórgens; ~ый день jéden Tag, täglich; ~ый вéчер jéden Ábend, alläbendlich; ~ую ночь jéde Nacht; ~ые два дня álle zwei Táge ; на ~ом шагý auf Schritt und Tritt; с ~ым рáзом von mal zu mal; с ~ой поéздкой von Réise zu Réise; **2.** *в знач. сущ. м* jéder (*часто употребляется с неопр. артиклем*); ~ый дóлжен э́то знать ein jéder muß das wíssen, ein jéder hat es zu wíssen; от ~ого — по (егó) спосóбностям, ~ому — по (егó) трудý jéder nach séinen Fähigkeiten, jédem nach séiner Léistung

кáжется *см.* казáться

кáжущийся schéinbar, Schéin-, Pséudo-

казáк *м* Kosák *m* (8)

казаки́н *м* (*одежда*) Kásack *m* -s, -s

казáнск||ий Kasáner; ◇ ~ая сиротá Jámmerlappen *m* (7)

казáрм||а *ж* Kasérne *f* (11); **~енный** Kasérnen-; ~енный распоря́док Kasérnenordnung *f* (10); ~енное расположéние войск Kaserníerung der Trúppen; переводи́ть на ~енное положéние kaserníeren *vt*

казáть: не ~ глаз [нóсу] *разг.* sich nicht zéigen, sich nicht séhen lássen*

казáться **1.** (*кем-л., чем-л., каким-л.*) schéinen* *vi*; áussehen* *vi* (*выглядеть*); den Ánschein háben (*иметь вид*); den Éindruck máchen (*производить впечатление*); он кáжется ýмным er scheint klug zu sein; онá кáжется ребёнком sie macht éinen kíndlichen Éindruck, sie sieht wie ein Kind aus; **2.** *безл.*: кáжется es scheint; э́то мне кáжется стрáнным das scheint mir sónderbar, das dünkt mich [mir] sónderbar, das mútet mich éigenartig an; **3.** *в знач. вводн. сл.*: кáжется ánscheinend, schéinbar, wie es scheint; кáжется, я не опоздáл wie es scheint, bin ich nicht zu spät gekómmen; ты, кáжется, ошибáешься du scheinst dich zu írren; ◇ не ~ на глазá sich nicht zéigen (комý-л. bei *D*)

казáх *м* Kasáche *m* (9); **~ский** kasáchisch; ~ский язы́к die kasáchische Spráche, das Kasáchische (*sub*)

казáцк||ий Kosáken-; ~ое седлó Kosákensattel *m* (6*)

казáч||ество *с собир.* Kosákentum *n* -s; Kosákenschaft *f*; **~ий** Kosáken-; ~ьи пéсни Kosákenlieder *pl*; **~ка** *ж* Kosákin *f* (12), Kosákenfrau *f* (10); Kosákenmädchen *n* (7)

казачóк I *м* (*танец*) Kasatschók *m* -s, -s

казачóк II *м уст.* (*слуга*) Kasatschók *m* -s, -s (*minderjähriger Diener*)

казáшка *ж* Kasáchin *f* (12)

казеи́н *м* Kaseín *n* -s; **~овый** Kaseín-; ~овый клей Kaseínleim *m* - (e)s

каземáт *м* Kasemátte *f* (11); **~ный** Kasemátten-; ~ное перекры́тие Kasemáttendecke *f* (11)

казёнка *ж разг. уст.* **1.** (*винная лавка*) Bránntweinbude *f* (11); **2.** (*водка*) Bránntwein *m* (1)

казённик *м воен.* Róhrbodenstück *n* (2), Verschlúßstück *n*

казённ||ый **1.** stáatlich, fiskálisch, Staats-; на ~ый счёт auf Stáatskosten; **2.** (*бюрократический*) bürokrátisch; ~ый подхóд к дéлу bürokrátische Éinstellung zur Sáche; **3.** (*банальный*) ábgeschmackt; ~ое выражéние ábgeschmackter Áusdruck; **4.** *воен.*: ~ая часть Hínterstück *n* (2); Bódenstück *n* (*орудия*); ◇ ~ая палáта *ист.* Kámmerkollegium *n* -s, -gi|en

казёнщина *ж разг.* Bürokratísmus *m* =, Formalísmus *m* =; Schablóne *f* (11)

казинó *с* Kasíno *n* -s, -s

казн||á *ж* **1.** *ист.* Stáatsschatz *m* -es, Stáatskasse *f* (11), Fískus = , *pl* = *u* -ken; госудáрственная ~á Stáatsgelder *pl*; **2.** *уст.* (*деньги*) Geld *n* (5); **3.** *воен.* Hínterstück *n* (2); орýжие, заряжáющееся с ~ы́ Hínterladewaffe *f* (11), Hínterlader *m* (6)

казначéй *м* Kassíerer *m* (6); Kassíer *m* (1) (*австр., швейц.*); *ист.* Kássenwart *m* (1), Kássenverwalter *m* (6); *воен.* Schátzmeister *m* (6), Záhlmeister *m*; **~ство** *с ист.*: госудáрственное ~ство Schátzkammer *f* (11), Schátzamt *n* (5)

казни́ть **1.** hínrichten *vt*; die Tódesstrafe vollzíehen* [vollstrécken] (когó-л. an *D*); **2.** (*мучить*) stráfen *vt*, zúchtigen *vt*, quälen *vt*, péinigen *vt*

казни́ться *разг.* sich beschúldigen, sich ánklagen, sich (*D*) etw. (*A*) vórwerfen *; beréuen *vt*; sich quälen, sich péinigen

казнокрáд *м* Dieb *m* am Stáatseigentum; Defraudánt *m* (8) (*австр.*); Verúntreuer *m* (6) (*растратчик*); **~ство** *с* Unterschlágung *f* (10), Verúntreuung von Stáatseigentum

казн||ь *ж* **1.** Hínrichtung *f* (10); Tódesstrafe *f* (11); приговори́ть к смéртной ~и zum Tóde verúrteilen; **2.** *перен.* Stráfe *f* (11), Qual *f* (10)

кáзовый *уст.* zwecks Scháustellung; ◇ ~ конéц 1) (*ткани*) Zéttelende *n* (13); 2) *перен.* vórteilhafte Séite, béstes Teil

казуáльный kasuál, gelégentlich, zúfällig

казуáр *м зоол.* Kásuar *m* (1), Kasuár *m*

казуи́ст *м* Kasuíst *m* (8); Háarspalter *m* (6) (*разг.*); **~ика** *ж* Kasuístik *f*, Deuteléi *f* (10); Háarspalterei *f* (10) (*разг.*); **~и́ческий** kasuístisch

кáзус *м* **1.** *разг.* (*происшествие*) Vórkommnis *n* (3*), Erlébnis *n* (3*); úngewöhnlicher Vórfall (*необычайный случай*); **2.** *юр.* (*случай*) (schwíeriger) Fall *m* (1*); **~ный** **1.** úngewöhnlich; **2.** *юр.* verwíckelt

кáинов: ~а печáть, ~о клеймó Káinsmal *n* (2)

кайлá *ж*, **кайлó** *с горн.* Hácke *f* (11)

кайм||á *ж* Saum *m* (1*), Kánte *f* (11), Bórte *f* (11); Rand *m* (4); без ~ы́ únberändert; матéрия с ~óй Bordürenstoff *m* (1); ~á ткáни Stóffkante *f*

каймáн *м зоол.* Káiman *m* (1)

кайнозóйский *геол.* kainozóisch, känozóisch

как **1.** *нареч.* (*каким образом*) wie, was; ~ он вы́глядит? wie sieht er aus?; ~ вы сказáли? wie bítte?; я не понимáю, ~ э́то возмóжно ich begréife nicht, wie so étwas möglich ist; ~ дóлго? wie lánge?; ~ пройти́...? wie kómme ich...?; wie kómmen wir...?; *нареч.* (*при восклицаниях*): ~ краси́во! wie schön!; ~ я его́ жале́ю! wie er mir leid tut!; **3.** *союз* (*при сравнении*) wie; поступи́ть ~ поря́дочный челове́к wie ein Éhrenmann hándeln; **4.** *союз* (*в качестве*) als; Пу́шкин ~ ли́рик Púschkin als Lýriker; **5.** *союз* (*временное отношение*) als, seit, seitdém; прошло́ два го́да, ~ мы с ним познако́мились zwei Jáhre sind vergángen, seit(dém) ich séine Bekánntschaft gemácht hábe; едва́ мы попа́ли под кры́шу, ~ начался́ дождь wir wáren kaum únter Dach, als es zu régnen ánfing; ~ то́лько sobáld, kaum; ~ то́лько он его́ уви́дит, пусть приведёт его́ ко мне sobáld er ihn sieht, soll er ihn zu mir bríngen; **6.** *союз* (*исключение*) als; не кто́ друго́й, ~ ты kein ánderer als du, níemand ánders als du; не что́ ино́е, ~ nichts ánderes als; ◇ **а)** (*как первый член словосочетаний*) ~ бу́дто 1) als ob; он де́лает вид, ~ бу́дто ничего́ не случи́лось er tut so, als wäre nichts geschéhen; 2) ánscheinend; ей ~ бу́дто лу́чше ánscheinend geht es ihr bésser, es scheint ihr bésser zu géhen; ~ бы мне спра́виться с э́той рабо́той? wie soll ich denn mit der Árbeit fértig wérden?; я бою́сь, ~ бы он не опозда́л ich fürchte, er könnte zu spät kómmen; ~ бы не так! *разг.* kommt nicht in Fráge!, so siehst du aus!; da bist du schief gewíckelt!, weit geféhlt!; ~ бы ни wie auch ímmer; ~ бы он ни рабо́тал wie er auch árbeitet [árbeiten möge]; ~ бы велики́ ни́ бы́ли его́ заслу́ги wie groß séine Verdíenste auch sind [sein mögen]; ~ бы то ни́ бы́ло wie dem auch sei; ~ бы он ни́ был умён wie klug er auch ist [sei]; ~ есть *разг.* vóllständig; он ~ есть дура́к er ist ein Vóllidiot [gróßer Idiót]; ~ же так? *разг.* wiesó?, wie ist das möglich?; ~ же! natürlich!, sélbstverständlich!; расскажи́, ~ и что *разг.* erzähl, wie sich die Sáche verhält; ~ изве́стно bekánntlich; ~ кому́, кому́ ~ jéder wie er will; ~ когда́ *разг.* je nachdém; ~ мо́жно... so... wie möglich; ~ мо́жно скоре́е so bald wie möglich; ~ нельзя́ лу́чше béstens, so gut wie möglich; ~ не знать э́того! wer wüßte das nicht!; ~ ни в чём не быва́ло als ob nichts geschéhen wäre; ~-ника́к schlíeßlich, wie dem auch sei; ~ оди́н челове́к wie ein Mann, éinmütig; ~ попа́ло írgendwie, náchlässig; wie es sich g(e)ráde trifft, auf gut Glück; ~ раз 1) (*именно*) geráde, ében; э́то ~ раз то, что мне на́до das ist geráde das, was ich bráuche; 2) (*впору*) pássend; боти́нки мне ~ раз die Schúhe pássen mir; ~ сказа́ть wie man's nimmt; ~ ты мне, так и я тебе́ wie du mir, so ich dir; **b)** (*как последний член словосочетаний*) в то вре́мя ~ während; вся́кий раз ~ jédesmal wenn, sooft; до того́ ~ bevór, éhe; ме́жду тем ~ während; пе́ред тем ~ bevór, éhe; подо́бно тому́ ~ (ähnlich) wie; по́сле того́ ~ nachdém; с тех пор ~ seitdém

какаду́ *м зоол.* Kákadu *m* -s, -s

кака́о *с* **1.** (*порошок, напиток*) Kakáo *m* -s; цвета ~ kakáofarben, kakáobraun; **2.** (*дерево*) Kakáobaum *m* (1*); **~вый** Kakáo-; ~вое ма́сло Kakáobutter *f*, Kakáoöl *n* - (e)s

ка́к-либо *нареч.* írgendwie, auf írgendéine Wéise

ка́к-нибудь *нареч.* **1.** (*тем или иным способом*) írgendwie, auf írgendéine Wéise; **2.** *разг.* (*когда-нибудь в будущем*) írgendwann, gelégentlich; bei Gelégenheit (*при случае*); **3.** (*небрежно*) flüchtig, óberflächlich, schlámpig

како́в *мест.* **1.** *вопр.* welch?, welch ein?, was für ein?, wélcher Art?; wie? (*какой*); ~ собо́й [из себя́] э́тот молодо́й челове́к? wie sieht dieser júnge Mann aus?; ~а́ причи́на? was ist die Úrsache?; **2.** *относ. разг.* welch, was für ein, welch ein; я не зна́ю, ~ э́тот челове́к ich weiß nicht, was für ein Mensch er ist; ~ я есть, како́в я есть ich gébe mich so, wie ich bin (und damít básta!); ◇ ~! da sieh mal éiner an!, da hört doch álles auf!; ~ поп, како́в и прихо́д *погов.* ≅ wie der Herr, so der Knecht; **~а́** *ж см.* како́в; **~о́** **1.** *мест. с см.* како́в; **2.** *нареч.* wie

какова́я *мест. уст.* der, welch; ~ до́лжен быть возвращён wélcher zurückerstattet wérden muß

како́вский *разг. см.* како́й; ◇ по-како́вски in wélcher Spráche

как||о́й *мест.* **1.** *вопр.* welch; wélcher (*какой именно, который*); was für ein (*который из, что за*); **2.** *определит.* welch; was für ein, welch ein; ~о́й краси́вый цвето́к! welch [was für éine, welch éine] schöne Blúme!; **3.** *относ.* (*подобный*) wie; ураган, ~о́го я никогда́ не вида́л ein Stúrmwind, wie ich ihn noch nie erlébt hábe; **4.** *вопр.* (*в восклицаниях означает отрицание*) ~о́й он специали́ст! was ist er schon für ein Spezialíst!; **5.** *неопр. разг.* (*какой-нибудь*) írgendein, írgendwélche; нет ли у вас ~о́й литерату́ры [кни́ги]? háben Sie nicht írgendwélche Literatúr [írgendein Buch]?; ◇ ~о́й бы то ни́ бы́ло, ~о́й хоти́те, хоть ~о́й jedwéder; ~о́й ни (на есть) wélcher... auch...; ~о́е там! *разг.* i wo!; вы из ~и́х? *разг.* wélchen Stándes sind Sie?; ни в ~у́ю *разг.* auf kéinen Fall; где ~о́й überáll verschíeden; когда́ ~о́й verschíeden, je nachdém, wann; кому́ ~о́й verschíeden, je nachdém wem

како́й-либо, како́й-нибудь *мест. неопр.* **1.** írgendein; belíebig, der érste béste (*любой*); да́йте мне каку́ю-нибудь кни́гу gében Sie mir írgendein [ein belíebiges] Buch, gében Sie mir das érste béste Buch; **2.** (*перед числительным*) éine Kléinigkeit; каки́е-нибудь 5 рубле́й éine Kléinigkeit von 5 Rúbel

како́й-то *мест. неопр.* **1.** (*некоторый, неизвестный*) ein, írgendein, ein únbekannter; ~ челове́к заговори́л со мной на у́лице ein (únbekannter) Mann sprach mich auf der Stráße an; **2.** (*вроде*) э́то ма́ния кака́я-то das ähnelt éiner Maníe, das grenzt an Maníe

какофони́ческий kakophónisch, míßklingend

какофо́ния *ж* Kakophoníe *f* (11), Míßklang *m* (1*); Kátzenmusik *f* (*разг.*)

ка́к-то *нареч.* **1.** (*каким-то образом*) írgendwie; **2.** (*когда-то*) éinmal, éinst(ens); ~ раз éines (schönen) Táges; **3.** (*а именно*) (wie) zum Béispiel, und zwar; **4.:** ~ он пожива́ет? wie mag es ihm géhen?

ка́ктус *м бот.* Káktus *m* =, -tée̦n, Kaktée̦ *f* (11)

кактусово́д *м* Kaktée̦nzüchter *m* (6), Kaktée̦nliebhaber *m* (6)

ка́ктусовые *сущ. мн. бот.* Kaktée̦n *pl*, Kaktazée̦n *pl*, Káktusgewächse *pl*

кал *м* Kot *m* -(e)s, Exkreménte *pl*; иссле́дование ~а Stúhluntersuchung *f* (10)

каламбу́р *м* Wórtspiel *n* (2)

каламбу́р||ить Wórtspiele máchen, wítzeln *vi*; **~ный** mit Wórtspiel

кала́ндр *м тех.* Kalánder *m* (6), Glättmaschine *f* (11)

каланча́ *ж* **1.** Wárte *f* (11), Wáchtturm *m* (1*); пожа́рная ~ Féuerwarte *f*, Féuerturm *m*; **2.** *разг.* (*о высоком человеке*) Hópfenstange *f* 11), ein lánges Énde, Lúlatsch *m* (1)

кала́ч *м* Kalátsch *m* =, -i (*Weißbrotsorte*); ◇ тёртый ~ *разг.* ein geríebener Kúnde, ábgefeimter [durchtríebener] Kerl; его́ туда́ ~о́м не зама́нишь ihn bríngen kéine zehn Pférde (da)hín; ему́ доста́лось на ~и́ er hat gründlich was ábbekommen

кала́чиком *нареч.*: спать ~ zusámmengekrümmt schláfen*

калёвка *ж тех.* Karníeshobel *m* (6), Símshobel *m*, Kéhlhobel *m*

калейдоско́п *м* Kaleidoskóp *n* (2); как в ~е wie mit éinem Zéitraffer; **~и́ческий** kaleidoskópisch, kaleidoskópartig

кале́ка *м, ж* Krüppel *m* (6)

календа́рный Kalénder-, kalendárisch; ~ план Kalénderplan *m* (1*); Zéitplan *m* (*график*); ~ год Kalénderjahr *n* (2)

календа́рь *м* Kalénder *m* (6); отрывно́й ~ Blóckkalender *m* Ábreißkalender *m*; перекидно́й ~ Úmlegekalender *m*; ~ пого́ды Wétterkalender *m*; ~-па́мятка Termínkalender *m*

кале́ндула *ж бот.* geméine Ríngelblume, Ríngelrose *f* (11)

кале́нды *мн. ист.* Kalénden *pl*; ◇ до гре́ческих кале́нд ≅ bis zum Sánkt-Nimmerleinstag

кале́н||ие *с тех.* Glut *f* (10), Glühen *n* -s; тёмно-кра́сное ~ие Dúnkelrotglut *f*, Rótglut *f*; бе́лое **~ие** Wéißglut *f*; ◇ довести́ до бе́лого **~ия** *разг.* j-n zur Wéißglut réizen, j-m das Blut in den Ádern síeden máchen

калён||ый **1.** glühend; ~ое желе́зо glühendes Éisen; **2.:** ~ые оре́хи geröstete Nüsse; **3.** *тех.* gehärtet (*закалённый*); ◇ ~ым желе́зом вы́жечь mit Féuer und Schwert áusrotten

кале́чить **1.** verkrüppeln *vt*, zum Krüppel máchen, verstümmeln *vt*; **2.** *перен.* verstümmeln *vt*, entstéllen *vt*, verdérben* *vt*

кали́бр *м* **1.** (*оружия*) Kalíber *n* (6), Séelenweite *f* (11); **2.** (*для измерения*) Léhre *f* (11); **3.** *перен. шутл.* Größe *f*, Formát *n* -s; **~а́тор** *м тех.* Éichgerät *n* (2), Éichinstrument *n* (2); **~ова́ть** *тех.* kalibríeren *vt*, éichen *vt*; ~о́ванный по частоте́ *эл.* frequénzgeeicht; **~о́вка** *ж* Éichung *f* (10); Éichmessung *f* (10)

калибромéр *м тех.* Kalíbermesser *m* (6); Kalíbermaß *n* (2)

ка́лиев||ый *хим.* Káli-, Kálium-; ~ые со́ли Kálisalze *pl*

ка́лий *м* Kálium *n* -s (*хим. знак* K)

кали́йн||ый *хим.* Káli-, kálihaltig; ~ое удобре́ние Kálidünger *m* (6); ~ые со́ли Káli(dünge)salze *pl*

кали́ка *м, ж*: ~ перехо́жий wándernder [óbdachloser] Béttler; Wállfahrer *m* (6)

кали́льн||ый *тех.* Glüh-; ~ая печь Glühofen *m* (7*), Glühherd *m* (1); ~ая се́тка Glühstrumpf *m* (1*)

кали́на *ж бот.* **1.** (*кустарник*) geméiner Schnéeball *m* (1*), Schnéeballstrauch *m* (4); Wásserholunder *m* (6); **2.** *собир.* (*ягоды*) Schnéeballbeeren *pl*

кали́тка *ж* Záuntür *f* (10), Pförte *f* (11); Éinlaß *m* -sses, -lässe, Éinlaßpforte *f*; ~ в воро́тах Tórpforte *f*

кали́ть 1. (*накаливать*) glühend máchen; ~ докрасна́ bis zur Rótglut erhítzen; härten *vt* (*закаливать*); **2.** (*орехи и т. п.*) rösten *vt*

кали́ф *м* Kalíf *m* (8); ◇ ~ на час *ирон.* Kalíf auf kúrze Dáuer; kúrzlebiger Gebíeter

каллигра́ф *м* Kalligráph *m* (8); **~и́ческий** kalligráphisch; **~ия** *ж* Kalligraphíe *f* (11); Schönschrift *f* (10); Schönschreiben *n* -s

калмы́||к *м* Kalmücke (*офиц.* Kalmyke) *m* (9); **~цкий** kalmückisch; **~чка** *ж* Kalmückin *f* (12)

ка́ломель *ж фарм.* Kálomel *n* -s, -s, Quécksilberchlorid [-klo-] *n* -s, Merkúrochlorid *n* -(e)s

калори́йность *ж* Kalorí¦engehalt *m* -(e)s; ~ то́плива Héizwert *m* (1), Wärmewert *m*, Héizkraft *f* (3)

калори́метр *м физ.* Kaloriméter *n* (6), Wärmemesser *m* (6); **~и́я** *ж* Kalorimetríe *f*, Wärmemessung *f*

калори́фер *м тех.* Héizkörper *m* (6), Lúfterhitzer *m* (6), Kalorifér *m* -s, -s

кало́рия *ж физ.* Kaloríe *f* (11); больша́я ~ gróße Kaloríe, Kílokalorie *f*; ма́лая ~ kléine Kaloríe, Grámmkalorie *f*

кало́ш||и *мн.* (*ед.* кало́ша *ж*) Gúmmischuhe *pl* (*sg* Gúmmischuh *m*); ◇ сесть в ~у sich blamíeren; sich in die Nésseln sétzen; посади́ть кого́-л. в ~у j-n in éine únangenehme [kómische] Láge bríngen*

калы́м *м этн.* Bráutgeld *n* (5) (*pl редко*), Áuslösung für die Braut

кальви́ль *м* (*сорт яблок*) Kalvíll *m* -s

кальвин||и́зм *м рел.* Kalvinísmus [-vi-] *m* =; **~и́ст** *м* Kalviníst [-vi-] *m* (8)

ка́лька *ж* **1.** (*бумага*) Páuspapier *n* (2); Páusleinwand *f* (*коленкоровая*); Dúrchzeichenpapier *n*; **2.** (*копия*) Páuse *f* (11), Dúrchzeichnung *f* (10), Kopíe *f* (11); **3.** *лингв.* Léhnübersetzung *f* (10); Übersétzungslehnwort *n* (5)

кальки́ровать 1. dúrchpausen *vt*, dúrchzeichnen *vt*; **2.** *лингв.* durch éine Léhnübersetzung wíedergeben*

калькул||и́ровать kalkulíeren *vt*, beréchnen *vt*, veránschlagen *vt*; **~я́тор** *м* **1.** Kalkulátor *m* -s, -tóren; **2.:** карма́нный ~я́тор Táschenrechner *m* (1); **~я́ция** *ж* Kalkulatión *f* (10), Beréchnung *f* (10); Préisbildung *f*; предвари́тельная ~я́ция Vórkalkulation *f*; Vóranschlag *m* (1*); ~я́ция себесто́имости по ви́дам проду́кции Kóstenträgerrechnung *f*

кальсо́ны *мн.* (lánge) Únterhose *f* (11)

ка́льциев||ый *хим.* Kálzium-; ~ые со́ли Kálziumsalze *pl*

ка́льций *м* Kálzium *n* -s (*хим. знак* Ca)

кальцина́ция *ж хим.* Kalziníerung *f*, Kalziníeren *n* -s

кальци́т *м мин.* Kalzít *m* (1), Kálkspat *m* (1)

кальа́н *м* Wásserpfeife *f* (11)

каля́кать *разг.* schwátzen *vi*, pláudern *vi*

камари́лья *ж* Kamarílla *f*, *pl* -llen

ка́мбала *ж зоол.* Flúnder *m* (6), *f* (11), Schólle *f* (11), Butt *m* (1)

ка́мбий *м бот.* Kámbium *n* -s, Bíldungsgewebe *n* (6)

ка́мбуз *м мор.* Kombüse *f* (11), Schíffsküche *f* (11)

камво́льн||ый Kámmgarn-; ~ые изде́лия Kámmgarnerzeugnisse *pl*; ~ая пря́жа Kámmgarn *n* -s; ~ая шерсть Kámmwolle *f*

каме́дь *ж* Pflánzengummi *n* -s, -s; ◇ арави́йская ~ Gummiarábikum *n* -s

камелёк *м* (kléiner) Kamín *m* (1); (kléiner) Herd *m* (1)

каме́лия *ж бот.* Kaméli¦e *f* (11)

камен||е́ть *тж. перен.* verstéinern *vi* (s), zu Stein wérden; **~и́стый** stéinig, félsig, stéinreich

каменноуго́льн||ый Stéinkohlen-; ~ый бассе́йн Stéinkohlenbecken *n* (7); ~ая копь Stéinkohlengrube *f* (11); ~ая систе́ма Stéinkohlenformation *f* (10)

ка́менн||ый 1. Stein-, stéinern; ~ая кла́дка Máuerwerk *n* -(e)s; ~ый у́голь Stéinkohle *f* (11); ~ая соль Stéinsalz *n* -es; **2.** *перен.*: ~ое лицо́ erstárrtes [lébloses] Gesícht; ~ое се́рдце stéinernes [hártes] Herz; ~ая ве́ра únerschütterlicher [fester] Gláube; ◇ ~ый век *археол.* Stéinzeit *f*

камено||ло́мня *ж* Stéinbruch *m* (1*); **~тёс** *м* Stéinmetz *m* (8)

ка́менщик *м* Máurer *m* (6)

ка́мень *м* Stein *m* (1); подво́дный ~ Riff *n* (2), Klíppe *f* (11); строи́тельный ~ Báustein *m*; межево́й ~ Márkstein *m*; драгоце́нный ~ Juwél *n* (13), Édelstein *m*; жёлчный ~ *мед.* Gállenstein *m*; по́чечный ~ *мед.* Níerenstein *m*; усы́панный камня́ми mit Stéinen übersä́t; натолкну́ться на подво́дный ~ auf éine Klíppe stóßen*; ◇ краеуго́льный ~ Grúndstein *m*; Éckstein *m*; ~ преткнове́ния Stein des Ánstoßes; про́бный ~ Prüfstein *m*; а́дский ~ *хим.* Höllenstein *m*, Sílbernitrat *n* -(e)s; ка́мня на ка́мне не оста́вить kéinen Stein auf dem ánderen lássen*; держа́ть ~ за па́зухой Groll (im Búsen) hégen (gégen *A*); па́дать ка́мнем wie ein Stein fállen*, lótrecht stürzen; у меня́ ~ с души́ свали́лся ein Stein fiel mir vom Hérzen; у меня́ на се́рдце [душе́] ~ mir ist schwer ums Herz

ка́мера *ж* **1.** (*помещение*) Kámmer *f* (11); ~ хране́ния *ж.-д.* Gepäckaufbewahrung *f* (10); дезинфекцио́нная ~ Desinfektiónsraum *m* (1*); **2.** (*тюремная*) Zélle *f* (11); одино́чная ~ Éinzelzelle *f*; о́бщая ~ Mássenzelle *f*; ~ сме́ртника Tódeszelle *f*; ~ для свида́ний Spréchzelle *f*; **3.** *фото* Kámera *f*, *pl* -s; подво́дная ~ Únterwasserkamera *f*; узкоплёночная ~ Schmálfilmkamera *f*; **4.** (*резиновая*) Schlauch *m* (1*); Bállblase *f* (11) (*мяча*); велосипе́дная ~ Fáhrradschlauch *m*; **5.** *тех.*: взрывна́я ~ Spréngkammer *f* (11); ~ сгора́ния Brénnkammer *f*, Verbrénnungsraum *m* (1*); поплавко́вая ~ *авто* Schwímmergehäuse *n* (6); холоди́льная ~ Kühlfach *n* (5) (*в холодильнике*); морози́льная ~ Gefríerfach *n*, Tíefkühlfach *n* (*в холодильнике*)

камерге́р *м ист.* Kämmerherr *m* (8)

камерди́нер *м ист.* Kämmerdiener *m* (6)

камери́стка *ж ист.* Kämmerzofe *f* (11), Kämmerfrau *f* (10)

ка́мерный I *спец.* Kámmer-; ~ шлюз Kámmerschleuse *f* (11)

ка́мерн||ый II *иск.* Kámmer-; ~ая му́зыка Kámmermusik *f*; ~ый теа́тр Kámmerspiele *pl*

камерто́н *м муз.* Stímmgabel *f* (11)

камеру́н||ец *м* Kamerúner *m* (6); **~ский** kamerúnisch

ка́мешек *м* Stéinchen *n* (7); ◇ бро́сить ~ в чей-л. огоро́д ánzüglich wérden, Ánspielungen máchen; э́то ~ в мой огоро́д séine Ánspielungen gélten mir

каме́я *ж* Kamé¦e *f* (11)

камзо́л *м уст.* Kamisól *n* (2), Wams *n* (5), Léibrock *m* (1*)

камила́вка *ж* Kópfbedeckung gríechisch-kathólischer Príester

ками́н *м* Kamín *m* (1)

камнего́нный *мед.* stéinabtreibend

камнедроби́лка *ж* Stéinbrechmaschine *f* (11)

камнело́мка *ж бот.* Stéinbrech *m* (1)

камнере́з *м* Stéinmetz *m* (8)

камне||сече́ние *с мед.* Stéinschnitt *m* (1), Lithotomíe *f* (11); **~щу́п** *м мед.* Stéinsonde *f* (11)

ка́мора *ж* **1.** *уст.* Zímmer *n* (6), Kámmer *f* (11), Lágerraum *m* (1*); **2.** *воен.*: заря́дная ~ Láderaum *m* (1*), Ládungsraum *m*

камо́рка *ж* Kämmer *f* (11), Kämmerlein *n* (7), Zímmerchen *n* (7), Stübchen *n* (7)

кампане́й||ский *разг.* kampagnemäßig [-'panjə-], plánlos; von Fall zu Fall; **~щина** *ж разг. неодобр.* Kampagnearbeit [-'panjə-] *f*; «Féuerwehreinsatz» *m* (1*)

кампа́ни||я *ж* **1.** *воен.* Kampagne [-'panjə] *f* (11), Féldzug *m* (1*); **2.** (*мероприятие*) Kampagne [-'panjə] *f* (11), Aktión *f* (10); посевна́я ~я Áussaatkampagne *f*; убо́рочная ~я Érntekampagne *f*; избира́тельная ~я Wáhlkampagne *f*; ~я по сбо́ру по́дписей Únterschriftensammlung *f* (10); проводи́ть ~ю éine Kampagne dúrchführen; ~я начина́ется die Aktión läuft an; разверну́ть широ́кую ~ю éine bréite Kampagne éinleiten

кампе́шев||ый: ~ое де́рево Kampéschebaum *m* (1*)

кампучи́||ец *м* Kampucheáner [-tʃe-] *m* (6); **~йский** kampucheánisch [-tʃe-]

камуфле́т *м* **1.** *воен.* Quétschmine *f* (11), Quétschladung *f* (10); Quétschung *f* (10); **2.** *шутл.* (*неудача*) únerwartetes Mißlingen, Mißerfolg *m* (1); Fálle *f* (11)

камуфли́ровать *воен.* mit Tárnanstrich verséhen*, tárnen *vt*

камуфля́ж *м воен.* Tárnung *f* durch Ánstrich [Fárbe]; Tárnanstrich *m* -(e)s

камфара́ *ж фарм.* Kámpfer *m* -s

камфа́рн||ый Kámpfer-; ~ое де́рево *бот.* Kámpferbaum *m* (1*); ~ое ма́сло Kámpferöl *n* -(e)s

камчада́л *м* Kamtschadále *m* (9)

камча́тн||ый *текст.* Damást-; damásten; ~ая ска́терть Damásttischtuch *n* (5)

камы́ш *м* **1.** Schilf *n* -(e)s, Schílfrohr *n* (2); Ried *n* (2) (*диал.*); зарасти́ ~о́м verschílfen *vi*; **2.** *мн.* ~и́ (*заросли*) Ried *n* (2); Röhricht *n* (2)

камы́шевка *ж зоол.* Róhrdrossel *f* (11)

камыши́т *м стр.* Schílfplatte *f* (11)

камышо́в||ый Schilf-, Rohr-; ~ая цино́вка Schílfmatte *f* (11), Róhrmatte *f*

кана́в||а *ж* Gráben *m* (7*); Gósse *f* (11) (*сток*); Ábfluß *m* -sses, -flüsse, Áblauf *m* (1*) (*сточная канава*); *мет.* Gúßrinne *f* (11); смотрова́я ~а *авто* Árbeitsgrube *f* (11); вы́копать ~у éinen Gráben zíehen*; **~ка** kléiner Gráben, Rínne *f* (11); Ríllе *f* (11) (*на пластинке*)

канавокопа́тель *м тех.* Grábenbagger *m* (6), Grábenzieher *m* (6), Grábenpflug *m* (1*); фре́зерный ~ Grábenfräse *f* (11)

кана́д||ец *м* Kanádi¦er *м* (6); **~ский** kanádisch; ~ский бальза́м *тех.* Kánadabalsam *m* -s, Kanádischbalsam *m*

кана́л *м* **1.** Kanál *m* -s, -näle; во́дный ~ Wásserkanal *m*; обводни́тельный ~ Wásserzufuhrkanal *m*; оросíтельный ~ Bewässerungskanal *m*; осушíтельный ~ Entwässerungskanal *m*, Entwässerungsgraben *m* (7*); обводнóй ~ Umführungskanal *m*; загрýзочный ~ *тех.* Ládeschacht *m* (1*); **2.** *анат.* Kanál *m* -s, -näle, Gang *m* (1*), Röhre *f* (11); мочеиспускáтельный ~ Hárnröhre *f* (11); **3.** *воен.*: ~ стволá Séele *f* (11); Róhrseele *f* (*орудия*); Láufinnere *n* (14) (*стрелкового оружия*); **4.** *свз.* Kanál *m* -s, -näle; Férnmeldekanal *m*; телевизиóнный ~ Férnsehkanal *m*

канализациóнн||ый Kanalisatións-; ~ая трубá Kanalisatiónsrohr *n* (2); ~ая сеть Kanalisatiónsnetz *n* (2)

канализ||áция *ж* Kanalisatión *f* (10); **~íровать** kanalisíeren *vt*

канáлья *м, ж бран.* Canaille [*фр.* ka'naljə] *f* (11), Schúrke *m* (9)

канарéечн||ый Kanári|en-; ~ое сéмя Kanári|ensamen *m* (7); ~ого цвéта kanári|engelb

канарéйка *ж* Kanári|envogel *m* (6*)

канáт *м* Seil *n* (2); Tau *n* (2) (*для причала*); Strang *m* (1*); Táuwerk *n* -(e)s (*снасти*); заградíтельный ~ Ábsperrseil *n*; цепнóй ~ Kéttenseil *n*, Kéttentau *n*; якорный ~ Ánkertau *n*; оттяжнóй ~ Ábspannseil *n*, Ánkerseil *n*; подъёмный ~ *горн.* Förderseil *n*; буксíрный ~ Schléppseil *n*, Schlépptau *n*; *авто* Ábschleppseil *n*; перетя́гивание ~а (*игра*) Táuziehen *n* -s; ходíть по ~у auf dem Seil láufen* [tánzen]; séiltanzen (*употр. только в inf*) *vi*; спускáть по ~у ábseilen *vt*; **~ик** *м* Lítze *f* (11); антéнный ~ик Anténnenlitze *f*, Anténnendraht *m* (1*)

канáтно-крéсельн||ый: ~ая дорóга Séssellift *m* -s, -s

канáтн||ый Seil-; ~ая фáбрика Séilfabrik *f* (10), Seileréi *f* (10); ~ое бурéние *горн.* Séilbohrung *f* (10); ~ая дорóга Séilbahn *f* (10)

канатохóдец *м* Séiltänzer *m* (6)

канáтчик *м* Séiler *m* (6)

канвá *ж* **1.** Kánevas [-vas] *m* =, = (*тж.* -ses, -se); Gíttergewebe *n* (6), Síebstoff *m* (1), Stramín *m* (1); **2.** *перен.* (*основа*) Grúndstock *m* -(e)s; ~ сюжéта das Skelétt [der Kern] der Hándlung; хронологíческая ~ chronológische [kro-] Áufstellung; ~ биогрáфии die wíchtigsten Dáten der Biographíe

кандалы́ *мн.* Fésseln *pl*; Kétten *pl* (*цепи*) (*тж. перен.*); заковáть в ~ in Fésseln schlágen*; ручны́е ~ Hándschellen *pl*, Hándeisen *pl*

кандáльный Kétten-; ~ звон Kéttengeklirr *n* -s, das Geklírr der Fésseln

канделя́бр *м* Ármleuchter *m* (6); Kandeláber *m* (6)

кандидáт *м* Kandidát *m* (8); Ánwärter *m* (6); ~ в члéны пáртии Kandidát der Partéi; ~ на пост президéнта Präsidéntschaftskandidat *m*; вы́ставить ~ом в депутáты als Ábgeordneten áufstellen [nominíeren]; выдвигáть ~а éinen Kandidáten vórschlagen*; выступáть в кáчестве ~а (*на какой-л. пост и т. п.*) kandidíeren (für *A*); ◇ ~ наýк Kandidát der Wíssenschaften; стéпень ~а наýк der wíssenschaftliche Grad éines Kandidáten (*в СССР*); Dóktorgrad *m* (1) (*в ГДР*); ~ в мастерá *спорт.* Spórtler der Méisterklasse; *шахм.* Méisteranwärter *m* (6); **~ский** Kandidáten-; **~ский стаж** Kandidátenzeit *f* (10), Kandidátenstand *m* -(e)s; **~ский ми́нимум** Kandidátenminimum *n* -s, -ma; **~ýра** *ж* Kandidatúr *f* (10); выставля́ть чью-л. ~ýру j-s Kandidatúr áufstellen; снимáть ~ýру die Kandidatúr zurückziehen*; отвестí ~ýру éine Kandidatúr zurückweisen* [áblehnen]

канíкул||ы *мн.* Féri|en *pl*; Semésterferi|en *pl* (*у студентов*); приéхать к комý-л. на ~ы zu j-m über die Féri|en kómmen*; поéхать на ~ы in die Féri|en géhen* [fáhren*]; организáция канíкул Féri|engestaltung *f* (10); **~я́рный** Féri|en-; ~я́рное врéмя Féri|enzeit *f* (10)

канíстра *ж* Kaníster *m* (6)

канитéлить, канитéлиться *разг.* trödeln *vi*, etw. lángsam tun*, in die Länge zíehen*

канитéль *ж* **1.** Kantílle *f* (11), gewúndener Gólddraht [Sílberdraht]; Lahn *m* (1); **2.** *разг.* (*что-л. однообразное*) Éinerléi *n* -s; Schereréi *f* (10), Plackeréi *f* (10); тянýть [разводíть] ~ in die Länge zíehen*, hínhalten* *vt*; auf die lánge Bank schíeben*; **~ный** lángwierig, wéitläufig (*затяжной*); úmständlich; mit Schereréien verbúnden (*хлопотливый*); **~щик** *м* **1.** *тех.* Kantíllenmacher *m* (6); **2.** *разг.* (*о медлительном человеке*) Trödler *m* (6)

канифáс *м текст.* Kánevas [-vas] *m* =, = (*тж.* -ses, -se)

канифóлить mit Kolophónium éinreiben* *vt*

канифóль *ж* Kolophónium *n* -s, Géigenharz *n* -es

каннелю́ра *ж архит.* Kannelüre *f* (11), Hóhlkehle *f* (11)

каннибáл *м тж. перен.* Kannibále *m* (9), Ménschenfresser *m* (6); **~íзм** *м* Kannibalísmus *m* =, Ménschenfresseréi *f*; *перен. тж.* Únmenschlichkeit *f*

канoíст *м* Kanúte *m* (9)

канóн *м* Kánon *m* -s, -s

канонáда *ж* Kanónendonner *m* -s, Kanonáde *f* (11)

канонéр||ка *ж воен.-мор.* Kanónenboot *n* (2); полíтика ~ок Kanónenbootpolitik *f*

канонизáция *ж* **1.** *рел.* Kanonisatión *f*, Héiligsprechung *f*; **2.** *перен.* Ánerkennung *f*, Éinbürgerung *f*

канонизíровать **1.** *рел.* kanonisíeren *vt*, héiligsprechen* *отд.* *vt*; **2.** (*признать, узаконить*) ánerkennen* *vt*

канóник *м* Dómherr *m* (8)

канонíр *м воен. ист.* Kanoníer *m* (1)

канонíческий kanónisch

канóэ *с спорт.* (*лодка*) Kánu *n* -s, -s, Kanádi|er *m* (6)

кант *м* Kánte *f* (11), Bórte *f* (11); Saum *m* (1*); Vórstoß *m* (1*), Bíese *f* (11); Páspel *f* (11); обшивáть ~ом paspelíeren *vt*

кантáбиле *муз.* **1.** *нареч.* kantábile; **2.** *сущ.* *с* Kantábile *n* =

кантáта *ж муз.* Kantáte *f* (11)

кáнтеле *с муз.* Kántele *f* (11)

кантиáн||ец *м* Kantiáner *m* (6); **~ский** *филос.* kántisch, kantiánisch; **~ство** *с филос.* Kantianísmus *m* =

кантилéна *ж муз.* Kantiléne *f* (11)

кантовáть kánten *vt*; úmdrehen *vt*, úmkippen *vt*; не ~! nicht stürzen! (*надпись на ящике*)

кантóн *м* Kantón *m* (1)

кáнтор *м церк.* Kántor *m* -s, -tóren, Vórsänger *m* (6) (*в синагоге*)

канýн *м* Vórabend *m* (1); в ~ am Vórabend; ~ Нóвого гóда Silvester ['vɛ-] *n* (6), Silvésterabend *m*; ~ прáздника Féierabend *m*

кáну||ть: **~ть в вéчность** verschwínden* *vi* (s); für ímmer vorbéi sein; он как в вóду ~л *разг.* er ist spúrlos verschwúnden; er ist wie vom Érdboden verschlúckt; er ist in die Bínsen gegángen

канцеляри́зм *м лингв.* Kanzléiausdruck *m* (1*)

канцеляри́ст *м* Kanzlíst *m* (8), Kanzléibeamte *m* (14); *перен.* Bürόhengst *m* (1)

канцеля́р||ия *ж* Kanzléi *f* (10); Ámtsstube *f* (11) (*тк. помещение*); начáльник ~ии Kanzléichef [-ʃɛf] *m* -s, -s, Kanzléivorsteher *m* (6); **~ский** Kanzléi-; ~ский стол Bürótisch *m* (1), Schréibtisch *m*; ~ские принадлéжности Schréibmaterial *n* -s, -li|en; Schréibutensili|en *pl*, Bürómaterial *n*; ~ский язы́к Kanzléisprache *f*; Ámtssprache *f*; Papíerdeutsch *n* = *u* -s (*немецкий*); Behördenjargon [-ʒar,gɔŋ] *m* -s, -s; Behördendeutsch *n* = *u* -s (*немецкий*); ◇ ~ская кры́са Schréiberseele *f* (11); **~щина** *ж разг.* **1.** (*канцелярская работа*) Bürόarbeit *f*; **2.** (*формализм*) Ámtsschimmel *m* -s; Papíerkrieg *m* -(e)s

канцерогéнный *мед.* kanzerogén, krébserzeugend

кáнцлер *м* Kánzler *m* (6)

канцóна *ж муз., лит.* Kanzóne *f* (11)

каню́к *м зоол.* Milán *m* (1)

каню́чить *разг.* áufdringlich bétteln; sich dáuernd beklágen; j-n mit Bítten belästigen

каолíн *м мин.* Kaolín *n* -s

кáпать **1.** (*стекать*) trópfen *vi* (h, s), (heráb)tröpfeln *vi* (h, *редко* s), tríefen* *vi* (s); **2.** (*лить по каплям*) trópfenweise éingießen*; **3.** *разг.* (*доносить*) ángeben* *vt*; ◇ над нáми не кáплет *разг.* ≅ damít hat es Zeit; das ist nicht dríngend

капéлла *ж* **1.** (*хор*) A-Capélla-Chor [-,ko:r] *m* (1*), Chor *m*; **2.** (*часовня*) Kapélle *f* (11)

капéль I *ж разг.* Táuwetter *n* -s; Gétröpfel *n* -s

капéль II *ж тех.* Kapélle *f* (11), Tíegel *m* (6)

капельдúнер *м* Lógenschließer [-ʒən-] *m* (6)

кáпельк||а *ж* **1.** Tröpfchen *n* (7); ~а росы́ Táutröpfchen *n*; **2.** *разг.* (*немного, чуть-чуть*) ein (ganz) klein wénig, verschwíndend wénig; вложíть ~у своегó трудá sein Teil Árbeit béisteuern; имéйте ~у терпéния háben Sie ein wénig Gedúld; ◇ ни ~и kein Deut, nicht im geríngsten; nicht die Spur; всё до (послéдней) ~и álles, ganz, réstlos

капельмéйстер *м муз.* Kapéllmeister *m* (6); *воен.* Léiter *m* des Musíkkorps [,ko:rs]

кáпельн||ики *мн. мин.* Trópfsteine *pl*; **~ица** *ж* Trópfenzähler *m* (6); *тех.* Trópfdüse *f* (11); буты́лочка [пузырёк] с ~ицей Trópfflasche *f* (11); **~ый** **1.** *разг.* (*крошечный*) wínzig, verschwíndend klein; stäubchenklein; **2.** *спец.* trópfbar, Trópf(en)-

капéльный Táuwetter-

кáперс *м* **1.** *бот.* Kápernstrauch *m* (4); **2.** *мн.* ~ы (*маринад*) Kápern *pl*

кáперство *с* Káperkrieg *m* -(e)s, Fréibeuterei *f*

капилля́р *м* **1.** *физ.* Kapilláre *f* (11), Háarröhrchen *n* (7); **2.** *анат.* Kapilláre *f* (11), Kapillárgefäß *n* (2), Háargefäß *n*; **~ность** *ж* Kapillarität *f*, Háarröhrchenwirkung *f*; **~ный** kapillár, Kapillár-; háarfein; ~ный анáлиз Kapilláranalyse *f* (11); ~ная сеть *анат.* Netz der Kapillárgefäße

капитáл *м* **1.** *эк.* Kapitál *n* (2) (*pl тж.* -li|en); промы́шленный ~ industriélles Kapitál, Industríekapital *n*;

торго́вый ~ Hándelskapital *n*; фина́нсовый ~ Finánzkapital *n*; постоя́нный ~ konstántes Kapitál; переме́нный ~ variábles [va-] Kapitál; основно́й ~ Grúndkapital *n*, fixes Kapitál; оборо́тный ~ Úmsatzkapital *n*, zirkulíeren des Kapitál; ~, возро́сший по сто́имости verwértetes Kapitál; первонача́льный ~ Stámmkapital *n*; ~, принося́щий проце́нты zínstragendes Kapitál; свобо́дный ~ disponíbles Kapitál; ссу́дный ~ Léihkapital *n*; фо́ндовый ~ Kapitál in Wértpapieren [Effékten]; чи́стый ~ Néttokapital *n*; нали́чный ~ verfügbares Kapitál; обраще́ние ~а Zirkulatión des Kapitáls; оборо́т ~а Úmschlag des Kapitáls, Kapitálumsatz *m* -es; накопле́ние ~а Kapitálakkumulation *f*, Akkumulatión des Kapitáls, Kapitálanhäufung *f*; концентра́ция ~а Konzentratión des Kapitáls; ры́нок ~а Kapitálmarkt *m* (1*); **2.** *собир.* Kapitál *n* -s, Kapitalísmus *m* =, Kapitalísten *pl*; противоре́чие ме́жду трудо́м и ~ом der Gégensatz zwíschen Árbeit und Kapitál; **3.** *разг.* (*бога́тство*) Kapitál *n* (2) (*pl тж.* -i¦en), Vermögen *n* (7), Réichtum *m* (5); ◇ нажи́ть ~ на чём-л. aus etw. (*D*) Kapitál schlágen*

капитализ||а́ция *ж* Kapitalisatión *f*, Kapitalisierung *f*; **~и́ровать** kapitalisieren *vt*, zum Kapitál schlágen*, zu Geld máchen

капитал||и́зм *м* Kapitalísmus *m* =; монополисти́ческий ~и́зм der monopolistische Kapitalísmus; при ~и́зме im Kapitalísmus; госуда́рственно-монополисти́ческий ~и́зм der stáatsmonopolistische Kapitalísmus; **~и́ст** *м* Kapitalíst *m* (8); ~и́ст-агра́рий Agrárkapitalist *m*; кру́пный ~и́ст Gróßkapitalist *m*; **~исти́ческий** kapitalístisch; ~исти́ческий строй die kapitalístische Geséllschaftsordunung; ~исти́ческий спо́соб произво́дства kapitalístische Produktiónsweise; ~исти́ческое окруже́ние die kapitalístische Úmwelt [Éinkréisung]

капиталовложе́н||ие *с* Kapitálanlage *f* (11); Kapitálinvestition [-vɛs-] *f* (10); ~ия за грани́цей Áuslandsinvestitionen *pl*; ~ия в строи́тельство Báuinvestitionen *pl*, Investitiónen im Báuwesen

капиталоё́мкий investitiónsintensiv [-vɛs-], ánlage¦intensiv

капиталообразова́ние *с* Kapitálbildung *f*

капита́льн||ый kapitál, Kapitál, Haupt,- gründlich, Generál-; ~ое строи́тельство Investitiónsbau [vɛs-] *m* -(e)s, Investiónsbauvorhaben *n* -s; Invéstbauten *pl*; Gróßbautätigkeit *f*; Néubautätigkeit *f* (*новостро́йки*); ~ая сто́имость Kapitálwert *m* (1); ~ый ремо́нт Generálüberholung *f* (10), Háuptinstandsetzung *f* (10); Generálreparatur *f* (10); ~ое сооруже́ние Dáuerbauwerk *n* (2); ~ые вложе́ния Ánlagekosten *pl*; ~ая стена́ *стр.* Háuptmauer *f* (11); ~ая ша́хта *горн.* Háuptschacht *m* (1*)

капита́н *м* **1.** *мор.* Kapitän *m* (1); ~-лейтена́нт Kapitänleutnant *m* (1) (*pl тж.* -s); ~ пе́рвого ра́нга Kapitän zur See; ~ второ́го ра́нга Fregáttenkapitän *m*; ~ тре́тьего ра́нга Korvéttenkapitän [-'vɛt-]; **2.** *воен.* Háuptman *m* -(e)s, -leute; **3.** *спорт.* Mánnschaftskäpitän *m* (1), Mánnschaftsführer *m* (6); **~ский** Kapitäns-; Háuptmanns-; ~ский мо́стик Kommándobrücke f (11)

капите́ль *ж* **1.** *архит.* Kapitéll *n* (2); Kapitäl *n* (2) (*австр.*); **2.** *полигр.* Kapitälchen *n* (7)

капитул||и́ровать kapitulíeren *vi*; sich ergében*, die Wáffen strécken (*тж. перен.*); **~я́нт** *м* Kapitulánt *m* (8); **~я́нтство** *с* Kapitulántentum *n* -s; **~я́ция** *ж* Kapitulatión *f* (10); Übergabe *f* (11) (*города и т. п.*); Wáffenstreckung *f* (10) (*тж перен.*)

ка́пище *с* (sláwischer) Götzentempel *m* (6)

капка́н *м* Fángeisen *n* (7), Téllereisen *n*, Fúßeisen *n*; Fúchseisen *n* (*для лисиц*)

капле||обра́зный trópfenförmig; ~обра́зная (*обтекаемая*) фо́рма Trópfenform *f* (10); **~отдели́тель** *м* Trópfenabscheider *m* (6), Flüssigkeitsabscheider *m*; **~указа́тель** *м* Trópf(en)-anzeiger *m* (6); **~улови́тель** *м* Trópfenfänger *m* (6)

каплу́н *м* Kapáun *m* (1), Kápphahn *m* (1*)

ка́пл||я *ж* **1.** Trópfen *m* (7); влива́ть по ~е trópfenweise éingeben* [éinflößen]; éinträpfeln *vt*; ~я воды́ Wássertropfen *m*; стека́ть по ~е ábtropfen *vi* (s); **2.** *мн.* ~ и *мед.* Trópfen *pl*; **3.** *разг.* (*очень мало*) ein Krümchen; ein (klein) wénig, ein bíßchen; das bíßchen; ни ~и gar nicht; kin bißchen; я ни ~и не испуга́лся ich war gar nicht erschrókken; ◇ ~я в мо́ре ein Trópfen auf den héißen Stein; после́дняя ~я ≅ das Stéinchen, das die Lawíne ins Róllen bringt; они́ похо́жи как две ~и воды́ sie gléichen [ähneln] sich wie ein Ei dem ánderen; до ~и (álles) bis zum létzten Trópfen; вы́пить всё до ~и álles bis auf den létzten Trópfen áustrinken*; ~я за ~ей nach und nach, allmählich; он и ~и в рот не берёт er trinkt nicht, er trinkt kéinen Alkohol; би́ться [сража́ться] до после́дней ~и кро́ви bis zum létzen Blútstropfen kämpfen; ~я и ка́мень долби́т *погов.* stéter Trópfen höhlt den Stein

ка́пнуть *см.* ка́пать

капо́к *м* (*волокно*) Kápok *m* -s

капони́р *м воен.* Grábenwehr *f* (10), Grábenflankierungsanlage *f* (11)

ка́пор *м* Kapúze f (11)

капо́т I *м* **1.** Mórgenkleid *n* (5); **2.** *тех.* (*кожух*) Verkléidung *f* (10); Mótorhaube *f* (11) (*у автомобиля*)

капо́т II *м ав. см.* капоти́рование

капоти́ров||ание *с ав.* Überschlag *m* (1*), Kópfstand *m* (1*); **~ать 1.** *ав.* überschlágen *vi*; **2.** *тех.* mit éiner Schútzhaube bedécken

капра́л *м воен.* Korporál *m* (1)

капри́з *м* Láune *f* (11), Grílle *f* (11); Kaprice [-sə] *f* (11); подчиня́ться чьим-л. ~ам sich j-s Láunen béugen; ~ы судьбы́ die Láunen des Schícksals; **~ник** *м*, **~ница** *ж разг.* láunenhafter [láunischer] Mensch; **~ничать** Láunen háben, séinen Láunen fréien Lauf lássen*, séinen Láunen die Zügel schíeßen lássen*; **~ный 1.** kapriziös, láunisch, láunenhaft; wétterwendisch (*изменчивый*); **2.** (*придирчивый*) wúnderlich, séltsam, phantástisch

каприфо́лий *м бот.* Kaprifólium *n* -s, -li¦en, Géißblatt *n* (5)

капри́чч(и)о *с муз.* Capriccio [-tʃo] *n* -s, -s

капролакта́м *м хим.* Kaprolaktám *n* -s

капро́н *м* Kaprón *n* -s (*entspricht Dederon*); **~овый** Kaprón-; aus Kaprón

ка́псул||а *ж* **1.** *фарм.* Kápsel *f* (11); заключе́ние в ~у Ábkapselung *f*; **2.** *анат.* Hüle *f* (11); **3.** *косм.* Ländekapsel *f* (11)

ка́псюль *м воен.* Zǘndhütchen *n* (7); ~-детона́тор Spréngkapsel *f*; ~-воспламени́тель Zǘndkapsel *f*; **~ный** Kápsel-;

~ный механи́зм *тех.* Kápselwerk *n* (2)

капта́ж *м тех.* Fássen *n* -s, Ábfange *n* -s (*einer Quelle*)

каптена́рмус *м воен.* Kámmerunteroffizier *m* (1)

капу́ста *ж* Kohl *m* (1), Kráut *n* -(e)s; цветна́я ~ Blúmenkohl *m*; Karfiól *m* (1) (*австр.*); коча́нная ~ Kópfkohl *m*; белокоча́нная ~ Wéißkohl *m*; саво́йская ~ Wírsingkohl *m*; брюссе́льская ~ Rósenkohl *m*, Sprόssenkohl *m*; ки́слая ~ Sáuerkohl *m*, Sáuerkraut *n* (5); ◇ морска́я ~ Séekohl *m*

капу́стн||ик *м* **1.** *с.-х.* Kóhlfeld *n* (5), Kóhlgarten *m* (7*); **2.** *зоол.* Kóhlraupe *f* (11); **3.** (*представление*) búnter Ábend (*unter Schauspielern oper Studenten*); **~ица** *ж зоол.* Kóhlweißling *m* (1)

капу́т *м*: тут тебе́ и ~! *разг.* jetzt ist es aus mit dir!, jetzt bist du erlédigt!

капуци́н *м* **1.** (*монах*) Kapuzíner *m* (6); **2.** *зоол.* Kapuzíneraffe *m* (9)

капюшо́н *м* Kapúze *f* (11); Régenhaube *f* (11) (*дождевой*); плащ с ~ом Kapúzenmantel *m* (6*)

ка́ра *ж* Stráfe f (11), Ábrechnung *f* (10)

караби́н I *м* (*винтовка*) Karabíner *m* (6)

караби́н II *м* (*зажимное приспособление*) Karabínerhaken *m* (7)

карабине́р *м* **1.** *ист.* (*солдат*) Karabinier [-'nĭe:] *m* -s, -s; **2.** (*жандарм в Италии*) Karabiniére *m* = *u* -s, -ri

кара́бкаться *разг.* kléttern *vi* (h, s); kráxeln *vi* (h, s)

карава́й *м* Laib *m* (1), Brot *n* (2); ◇ на чужо́й ~ рта не разева́й *посл.* ≅ Neid ist die Wúrzel álles Übels

карава́н *м* **1.** Karawáne *f* (11); ~ верблю́дов Kamélkarawane *f*; **2.** Zug *m* (1*); ~ судо́в Schíffszug *m*; букси́рный ~ Schléppzug *m*; **~-сара́й** *м* Karawanseréi *f* (10)

карага́ч *м бот.* Féldulme *f* (11)

кара́ем||ость *ж юр.* Stráfbarkeit *f*; **~ый** *юр.* stráfbar

караи́м *м* Karäer *m* (6), Karaíte *m* (9), Karaím *m* (1)

каракалпа́к *м* Karakalpáke *m* (9); **~ский** karakalpákisch; ~ский язы́к die karakalpákische Spráche, das Karakalpákische (*sub*)

каракалпа́чка *ж* Karakalpákin *f* (12)

карака́тица *ж* **1.** *зоол.* Sépie *f* (11), Tíntenfisch *m* (1); **2.** *разг. шутл.* (*о человеке*) únbeholfener, kúrzbeiniger, míßgestalteter Mensch

кара́ковый braun; ~ жеребе́ц bráuner Hengst, Bráune *m* (14)

каракуле́водство *с* Karakúlschafzucht *f*

кара́кулев||ый Karakúl-, Persiáner-, Ástrachan-; иску́сственная ~ая ткань Krímmer *m* (6)

кара́кул||и *мн.* Kríckelkrackel *n* -s, Gekrítzel *n* -s, Kritzeléi *f* (10); писа́ть ~ями krítzeln *vt*, *vi*, schmíeren *vt*, *vi*

кара́куль *м* Karakúl *m* -s, Persiáner *m* (6); Ástrachan *m* -s, -s, Karakúlfell *n* -(e)s

каракульча́ *ж* Bréitschwanz *m* -es

карамбо́ль *м* **1.** (*удар в бильярдной игре*) Karambóle *f* (11); **2.** (*бильярдная игра в три шара*) (Karambolâge [-ʒə] *f* (11)

караме́ль *ж* **1.** (*конфета*) Karamélle *f* (11) (*б. ч. pl*); Bonbon [bɔŋ'bɔŋ] *m*, *n* -s, -s; сли́вочная ~ Sáhnebonbon *m*, *n*; кофе́йная ~ Mókkabonbon *m*, *n*; **2.**

спец. (*жжёный сахар*) Karamélzucker *m* -s

каранда́ш *м* Bléistift *m* (1); цветно́й ~ Búntstift *m*, Fárbstift *m*; разноцве́тный ~ Méhrfarbenstift *m*; кра́сный ~ Rótstift *m*; хими́ческий ~ Tíntenstift *m*, Kopíerstift *m*; автомати́ческий ~ Dréh(blei)stift *m*; литогра́фский ~ Féttkreide *f* (11); ко́нтурный ~ (*для губ*) Kontúrenstift *m*; ~ для ресни́ц Wímpernstift *m*; ◇ взять на ~ etw. notíeren [áufschreiben*]; **~ный** Bléistift-; ~ный рису́нок Bléistiftzeichnung *f* (10)

каранти́н *м* **1.** (*изоляция*) Quarantäne [ka-] *f* (11); вы́держать ~ die Quarantäne dúrchmachen; быть под ~ом in Quarantäne líegen*; снять ~ die Quarantäne áufheben*; **2.** (*санитарный пункт*) Quarantänestation *f* (10); **~ный** Quarantäne-; ~ные ме́ры Quarantänemaßnahmen *pl*; ~ное свиде́тельство Gesúndheitspaß *m* -sses, -pässe; ~ная инспе́кция (*растений*) Pflánzenschutz *m* -(e)s

карапу́з *м разг.* Knirps *m* (1), Dreikäsehoch *m* -s, = *u* -s, Ménschlein *n* (7)

кара́сь *м* Karáusche *f* (11)

кара́т *м* Karát *n* (2) (*мера веса драгоценных камней, равная 0,2 г*)

кара́тель *м* Ángehöriger *m* éines Stráfkommandos; **~ный** Straf-; ~ные о́рганы Stráforgane *pl*; ~ный отря́д Stráfkommando *n* -s, -s, Vergéltungskommando *n*

карати́ст *м* Karátesportler *m* (6)

кара́ть stráfen *vt*, bestráfen *vt*; áhnden *vt*; **~ся** *страд.* gestráft wérden; únter Stráfe gestéllt wérden

карате́ *с* Karáte *n* = *u* -s

карау́л *м* **1.** *воен.* Wáche *f* (11), Bewáchung *f* (10); Wáchtposten *m* (7); полево́й ~ Féldwache *f*; почётный ~ Éhrenwache *f*; Tótenwache *f* (*у гроба*); нача́льник ~а Wáchthabende *m* (14), wáchthabender Offizíer; стоя́ть в ~е, нести́ ~ Wáche stéhen*, Wáche háben; сменя́ть ~ die Wáche áblösen; **2.:** ~! (*на помощь*) Hílfe!; крича́ть ~ um Hílfe rúfen*; Hílferufe áusstoßen*; Zéter und Mórdio schréien*; ◇ на ~! (*команда*) präsentíert das Gewéhr!; хоть ~ кричи́! *разг.* das ist zum Verzwéifeln!; das ist nicht áuszuhalten!; **~ить 1.** (*охранять*) bewáchen *vt*, behüten *vt*; ein Áuge auf etw. (*A*) háben; **2.** *разг.* (*подстерегать*) áuflauern *vi*, áufpassen *vi* (кого́-л. *D*); **~ка** *ж разг.* Wáchlokal *n* (2), Wáchstube *f* (11)

карау́ль||ная *сущ. ж* Wáche *f* (11), Wáchlokal *n* (2); **~ный** *прил.* **1.** *воен.* Wach-; ~ное помеще́ние Wáchlokal *n* (2), Wáchgebäude *n* (6); ~ная бу́дка Schílderhaus *n* (5); Wächterbude *f* (11); **2.** *в знач. сущ. м* Wáchposten *m* (7); **~щик** *м* (*разг.*) Áufpasser *m* (6), Wächter *m* (6)

кара́чк||и *разг.*: стать на ~и sich auf álle víere stéllen; ползать на ~ах auf állen víeren kríechen*

карби́д *м хим.* Karbíd *n* (2)

карбокси́л *м хим.* Karboxýl *n* -s

карбо́л||ка *ж разг.* Karbólsäure *f*; **~овый** Karból-; ~овое мы́ло Karbólseife *f* (11); ~овая кислота́ *хим.* Karbólsäure *f*, Phenól *n* -s

карбона́д *м кул.* Karbonáde *f* (11)

карбона́рий *м ист.* Karbonáro *m* -s, -ri

карбона́т *м* **1.** *мин.* Karbón *n* -s, Karbonát *m* (1); **2.** *хим.* Karbonát *n* (2)

карбониз||а́ция *ж тех.* Karbonisatión *f*, Karbonisíerung *f*; **~и́ровать** karbonisíeren *vt*

карбору́нд *м хим.* Karborúnd *n* -(e)s

карбу́нкул *м* **1.** *мин.* Karfúnkel *m* (6), Karfúnkelstein *m* (1); **2.** *мед.* Karbúnkel *m* (6)

карбюр||а́тор *м тех.* Vergáser *m* (6); **~а́торный** Vergáser-; **~а́ция** *ж хим.* Karburatión *f* (10); **~и́ровать** *хим.* karburíeren *vt*

карга́ *ж бран.* áltes Wéibsbild, Véttel *f* (11), álte Schráchtel; Héxe *f* (11), die böse Síeben (*ведьма*)

ка́рда *ж тех.* Kárde *f* (11)

кардамо́н *м бот.* Kardamón *m*, *n* -s, *pl* -e *u* -en

карда́н *м тех.* Kardán *m* (1), Kardángelenk *n* (2); **~ный** *тех.* Kardán-; ~ный вал Kardánwelle *f* (11)

кардина́л *м* Kardinál *m* (1*)

кардина́льный kardinál, Haupt-; hauptsächlich; wíchtig, gründlich (*основательный*)

кардиогра́мма *ж мед.* Kardiográmm *n* (2)

кардио́граф *м мед.* Kardiográph *m* (8)

кардио́лог *м* Kardiológe *m* (9), Fácharzt für Hérzkrankheiten

кардиоло́гия *ж* Kardiologíe *f*

карди́т *м мед.* Kardítis *f*, Hérzentzündung *f* (10)

ка́рдн||ый *тех.*: ~ая маши́на Kárdenmaschine *f* (11); ~ая про́волока Krätzendraht *m* (1*)

кардочеса́ние *с тех.* Kardíerung *f*

каре́ *с* **1.** *воен. ист.* Karrée *n* -s, -s, Víereck *n* (2); **2.** (*вырез*) Karrée *n* -s, -s; Víereck *n* (2), víereckiger Áusschnitt

карегла́зый bráunäugig

каре́л *м* Karélier *m* (6); **~ка** *ж* Karélierin *f* (12)

каре́льск||ий karélisch; ◇ ~ая берёза karélische Bírke

каре́т||а *ж* Kútsche *f* (11), ~а ско́рой по́мощи Sanitätswagen *m* (7); Únfallwagen *m*; **~ка** *ж тех.* Schlítten *m* (7), Wágen *m* (7) (*пишущей машинки*); широ́кая ~ка Bréitwagen *m*; **~ник** *м сущ.* **1.** (*сарай*) Wágenschuppen *m* (7), Remíse *f* (11); **2.** (*каретный мастер*) Wágenbauer *m* (6), Stéllmacher *m* (6); **~ный** Kutsch-, Wágen-; ~ный сара́й Wágenschuppen *m* (7), Remíse *f* (11)

кариати́да *ж архит.* Karyatíde *f* (11)

ка́риес *м мед.* Káries *f*; Záhnfäule *f*, Knóchenfraß *m* -es

ка́рий braun (*о глазах*), kastánienfarben (*о масти лошади*)

карикату́р||а *ж тж. перен.* Karikatúr *f* (10), Zérrbild *n* (5); **~и́ст** *м* Karikaturíst *m* (8); **~ный** karikíert, karikatúristisch; verzérrt (*искажённый*); предста́вить кого́-л. в ~ном ви́де j-n karikíeren, j-n zur Karikatúr máchen

кариога́мия *ж биол.* Kérnverschmelzung *f*

карио́з *м см.* ка́риес; **~ный** *мед.* kariös; ~ный зуб kariöser Zahn

карио||кине́з *м биол.* índirekte Kérnteilung; **~ло́гия** *ж биол.* Kariologíe *f*, Zéllkernlehre *f*

ка́рканье *с* Krächzen *n* -s, Gekrächze *n* -s

карка́с *м тех.* Gestéll *n* (2), Gerippe *n* (6), Gerüst *n* (2); Skelétt *n* (2); **~ный** Skelétt-; ~ное строи́тельство Skeléttbauweise *f*; ~но-пане́льное строи́тельство Skeléttplattenbauweise *f*

ка́рк||ать **1.** krächzen *vi*; **2.** *перен. разг.* únken *vi*, Únheil verkünden [prophezéien]; **~нуть** *см.* ка́ркать 1

ка́рла *м уст.*, **ка́рлик** *м* Zwerg *m* (1)

ка́рликов||ый Zwerg-; klein; ~ое де́рево Zwérgbaum *m* (1*)

ка́рлица *ж уст.* Zwérgin *f* (12)

карма́н *м* **1.** Tásche *f* (11); ~ с кла́паном Kláppentasche *f*, verdéckte Tásche; ло́жный ~ imitíerte Tásche; накладно́й ~ áufgesetzte Tásche; прорезно́й ~ éingeschnittene Tásche; разре́з ~а Táscheneingriff *m* (1); **2.** (*отделение в сумке и т. п.*) Fach *n* (5); вне́шний ~ Vórtasche *f*; ◇ э́то мне не по ~у *разг.* das geht über méine Míttel; das ist für mich únerschwinglich; das kann ich mir nicht erláuben; э́то бьёт по ~у *разг.* das reißt [läuft] ins Geld; наби́ть ~ *разг.* sich (*D*) die Táschen füllen; из одного́ ~а в друго́й aus der Kásse in die Béilage; держи́ ~ ши́ре! *разг.* daráuf réchne nur ja nicht!, das bild' dir nicht ein!, da kannst du lánge wárten!; он за сло́вом в ~ не поле́зет *разг.* er ist nicht auf den Mund gefállen, er ist nie um éine Ántwort verlégen; er ist schlágfertig; когда́ де́ло каса́ется ~а wenn's an den Géldbeutel geht; у него́ ве́тер свисти́т в ~ах *разг.* er ist ábgebrannt; er hat kein Geld; у него́ то́лстый [по́лный] ~ er hat éine Ménge Geld; положи́ть (себе́) в ~ sich áneignen, in die éigene Tásche stécken! **~ник** *м разг.* Táschendieb *m* (1); **~ный** Táschen-; in Táschenformat; ~ный слова́рь Táschenwörterbuch *n* (5); ~ные часы́ Táschenuhr *f* (10); ~ные де́ньги Táschengeld *n* (5); **~ный** кла́пан Táschenpatte *f* (11)

карми́н *м* Karmín *n* -s; **~ный** karmínrot

карнава́л *м* Kárneval [-val] *m* (1) (*pl тж.* -s); Fásching *m* (1) (*pl тж.* -s)

карни́з *м* **1.** *стр.* Sims *m* (1), Gesíms *n*; венча́ющий ~ Schlúßgesims *n*; **2.** (*для штор*) Gardínenstange *f* (11); Karníese *f* (11) (*австр.*)

карота́ж *м горн.* Bóhrlochmessung *f* (10), Kérnen *n* -s

каро́тель *ж бот.* Karótte *f* (11)

кароти́н *м* Karotín *n* -s

карп *м* Kárpfen *m* (7); ◇ зерка́льный ~ Spíegelkarpfen *m*

карст *м геол.* Karst *m* -es

ка́рт||а *ж* **1.** (*географическая и т. п.*) Kárte *f* (11); полити́ческая ~а polítische Kárte; полити́ко-администрати́вная ~а Verwáltungskarte *f*; морска́я ~а Séekarte *f*; госуда́рственная ~а Lándeskarte *f*; географи́ческая ~а Lándkarte *f*; ко́нтурная ~а Úmrißkarte *f*; маршру́тная [похо́дная] ~а Wégekárte *f*, Wánderkarte *f*; Stréckenkarte *f*; экономи́ческая ~а Wírtschaftskarte *f*; обзо́рная ~а Übersichtskarte *f*; ~а полуша́рий Kárte der Érdhalbkugeln; ~а путе́й сообще́ния Verkéhrskarte *f*; технологи́ческая ~а *эк.* Árbeitsablaufkarte *f*; **2.** (*игральная*) Kárte *f* (11), Spíelkarte *f*; игра́ть в ~ы Kárten spíelen; раскры́ть ~ы 1) die Kárten auseinánderfächern; 2) *перен.* séine Kárten áufdecken; Fárbe bekénnen*; подобра́ть ~ы (по мастя́м) die Kárten úmstecken; ◇ после́дняя ~а die létzte Chance ['ʃaŋsə]; (по)ста́вить на ~у свою́ жизнь sein Lében aufs Spiel sétzen; sein Lében éinsetzen; поста́вить всё на ~у *разг.* álles aufs Spiel [auf éine Kárte] sétzen, álles riskíeren; его́ ~а би́та séine Kárte würde übertrúmpft; séine Pläne sind gescheítert

карта́в||ить das R schnárrend áussprechen*; Zäpfchen-R [-,ɛr] sprέchen*; das L únsauber áussprechen*; **~ость** *ж* Áussprache des R als Zäpfchen-R; únsaubere [fálsche] Áussprache des L;

~ый: ~се произношéние schnárrende Áussprache

картёжн||ик *м* (léidenschaftlicher) Spíeler *m* (6); **~ый** Kárten-; ~ая игрá Kártenspiel *n* (2)

картезиáн||ец *м* Kartesiáner *m* (6); **~ский** *филос.* kartesiánisch, kartésisch; **~ство** *с филос.* Kartesianísmus *m* =

картелúрование *с эк.* Kartellíerung *f* (10)

картéль *м* **1.** *эк.* Kartéll *n* (2); **2.** *уст.* (*вызов на дуэль*) Kartéll *n* (2), Heráusforderung *f* zum Zwéikampf [Duéll]

кáртер *м тех.* Gehäuse *n* (6); ~ ведýщего мостá *авто* Ántriebsachsgehäuse *n*

картéчный *воен.* Kartätschen-; ~ вы́стрел Kartätschenschuß *m* -sses, -schüsse

картéчь *ж воен.* Kartätsche *f* (11); стрельбá ~ю Kártätschenfeuer *n* (6)

картúн||а *ж* **1.** Bild *n* (5); Gemälde *n* (6) (*гл. обр. масляными красками*); нарисовáть ~у *перен.* veránschaulichen *vt*, (lébhaft) schíldern *vt*; **2.** *разг.* (*кинофильм*) Film *m* (1); **3.** (*обстановка, состояние чего-л.*) Bild *n* (5), allgeméine Láge; ◇ живы́е ~ы lébende Bílder; ну и ~а! (*возглас удивления*) na, so was!; **~ка** *ж* **1.** *уменьш.* Bíldchen *n* (7); **2.** (*иллюстрация*) Ábbildung *f* (10), Illustratión *f* (10); переводны́е ~ки Ábziehbilder *pl*; кнúга с ~ками Bílderbuch *n* (5), Buch mit Ábbildungen; ◇ красúв как ~ка bíldhübsch; одéт как ~ка wie aus dem Módejournal [-ʒʊr-] geschnítten; не дéвушка, а ~ка ein bíldhübsches Mädchen; **~ность** *ж* **1.** (*живописность*) das Málerische (*sub*), das Pittoréske (*sub*); **2.** (*наглядность*) Ánschaulichkeit *f*; **~ный** **1.** Bílder-; ~ная галерéя Bíldergalerie *f* (11), Gemäldegalerie *f*; **2.** (*живописный*) málerisch, pittorésk; **3.** (*наглядный*) ánschaulich, éindrucksvoll

картогрáмма *ж* Kartográmm *n* (2)

картóграф *м* Kartográph *m* (8); **~úрование** *с* Kartíerung *f*; **~úровать** kartíeren *vt*; **~úческий** kartográphisch; ~úческая бумáга Lándkartenpapier *n* (2)

картогрáфия *ж* Kartographíe *f*

картóн *м* Páppe *f* (11), Kartón *m* (1) (*pl тж.* -s); гофрирóванный ~ Wéllpappe *f*; асбéстовый ~ Asbéstpappe *f*

картонáж *м* Kartonáge [-ʒə] *f* (11); **~ник** *м* Kartonágenarbeiter [-ʒən-] *m* (6); **~ный** Kartonágen- [-ʒən-]; ~ное произвóдство Kartonágenindustrie *f*

картóн||ка *ж* Páppschachtel *f* (11); Karton [-'tɔŋ] *m* (1) (*pl тж.* -s); ~ка для шляп Hútschachtel *f*; **~ный** páppen, Páp(en)-, Karton- [-'tɔŋ-]; aus Páppe, aus Kartón; ~ный переплёт Páppband *m* (1*); Páp(en)deckel *m* (6); ~ная макулатýра Áltpappe *f* (11); ~ный стакáн Páppbecher *m* (6)

картопечáтание *с* Lándkartendruck *m* -(e)s

картотéк||а *ж* Kartothék *f* (10), Kartéi *f* (10); Zéttelkasten *m* (7; 7*); перфорациóнная ~а Lóchkartei *f*; завестú ~у éine Kartothék ánlegen

картофеле||вóдство *с* Kartóffel(an)bau *m* -(e)s, **~дробúлка** *ж* Kartóffelquetsche *f* (11); **~запáрник** *м* Kartóffeldämpfer *m* (6); **~копáтель** *м* Kartóffelvorratsroder *m*, Kartóffelroder *m* (6); ~копáтель элевáторного тúпа Síebkettenroder *m*; **~мóйка** *ж* Kartóffelwaschmaschine *f* (11); **~сажáлка** *ж* Kartóffellegemaschine *f*, Kartóffelsetzmaschine *f*; **~сортирóвка** *ж* Kartóffelsortiermaschine *f* (11); **~убóрочный:** ~убóрочный комбáйн Kartóffelkombine [-,baen] *f*, *pl* -s, Kartóffelvollerntemaschine *f* (11); **~хранúлище** *с* Kartóffellagerhalle *f* (11) (*помещение*); Kartóffelmiete *f* (11) (*полевое*); **~чúстка** *ж* Kartóffelschälmaschine *f* (11)

картóфелина *ж разг.* Kartóffel *f* (11)

картóфель *м* Kartóffeln *pl*; семеннóй ~ Pflánzkartoffeln *pl*; столóвый ~ Spéisekartoffeln *pl*; рáнний ~ Frühkartoffeln *pl*; жáреный ~ Brátkartoffeln *pl*; мя́тый ~ Stámpfkartoffeln *pl*; ~ в мундúре *кул.* Péllkartoffeln *pl*; **~ный** Kartóffel-; ~ная мукá, ~ный крахмáл Kartóffelmehl *n* -s, Kartóffelstärke *f*; ~ные олáдьи Kartóffelpuffer *pl*

кáрточ||ка *ж* Kárte *f* (11); Zéttel *m* (6); библиотéчная ~ка Bibliothékskarte *f*; фотографúческая ~ка Fóto *n* -s, -s, Phóto *n*; Photographíe *f* (11); Líchtbild *n* (5); визúтная ~ка Visítenkarte [vi-] *f*; продовóльственная ~ка Lébensmittelkarte *f*; дополнúтельная (продовóльственная) ~ка Zúsatzkarte *f*; товáры по ~кам márkenpflichtige Wáren; ~ка вин (*в ресторане*) Getränkekarte *f*; купúть по ~кам auf Márken káufen; **~ный** Kárten-; Zéttel-; ~ный каталóг Zéttelkatalog *m* (1); ~ная систéма (*продовольственная*) Kártensystem *n* (2); Rationíerung *f*; ~ная систéма снабжéния das Kártensystem [Márkensystem] der Versórgung; ~ная нóрма Ratión *f* (10); **~ный** долг *карт.* Spíelschuld *f* (10); ~ный стол (*для игры в карты*) Spíeltisch *m* (1); ◇ ~ный дóмик Kártenhaus *n* (5)

картóшк||а *ж разг.* **1.** (*картофелина*) Kartóffel *f* (11); **2.** *собир.* Kartóffeln *pl*; (по)éхать на ~у *разг.* zur Kartóffelernte fáhren*; ◇ нос ~ой *разг.* Kartóffelnase *f* (11), knórpelige Náse

картýз *м* **1.** (*головной убор*) Schírmmütze *f* (11); **2.** *воен.* Kartúsch(en)beutel *m* (6)

картýшка *ж* (*компаса*) Róse *f* (11), Wíndrose *f*

карусéль *ж* Karussél *n* (2); катáться на карусéли Karussél fáhren*; **~ный** Karussél-; ~ный станóк *тех.* Karusséldrehmaschine *f* (11); **~щик** *м* Karusséldreher *m* (6)

карфагéн||ский *ист.* karthágisch; **~янин** *м ист.* Karthäger *m* (6)

кáрцер *м* Kárzer *m* (6)

карьéр I *м* (*аллюр*) Karriére *f* (11); в ~ in vóller Karriére, in vóllem Lauf; ◇ с мéста в ~ únverzüglich, vom Flécke weg

карьéр II *м горн.* Tágebau *m* (1); Grúbe *f* (11); известкóвый ~ Kálkgrube *f*; песчáный ~ Sándgrube *f*; глúняный ~ Tóngrube *f*, Léhmgrube *f*; кáменный ~ Stéinbruch *m* (1*)

карьéр||а *ж* Karriére *f* (11); Láufbahn *f* (10); ◇ сдéлать ~у Karriére máchen; es zu étwas bríngen*; **~úзм** *м* Karrierísmus *m* =, Strébertum *n* -s; **~úст** *м* Karrieríst *m* (8), Stréber *m* (6); Póstenjäger *m* (6) (*ирон.*); **~úстка** *ж* Karrieristin *f* (12), Stréberin *f* (12)

касáн||ие *с* Berührung *f* (10); тóчка ~ия *мат.* Berührungspunkt *m* (1)

касáтельная *ж мат.* Tangénte *f* (11); Berührungslinie *f* (11)

касáтель||но *предлог* betréffs (*G*), betréffend (*A*), bezüglich (*G*), hínsichtlich (*G*); **~ство** *с* Bezíehung *f* (10); Zusámmenhang *m* (1*); к э́тому дéлу он не имéет никакóго ~ства er hat mit díeser Sáche nichts zu tun

касáтка *ж* **1.** (*деревенская ласточка*) Ráuchschwalbe *f* (11); Stállschwalbe *f*; **2.** *обл. и фольк.* (*ласковое обращение*) Líebste *f* (14), Schatz *m* (1*)

касá||ться **1.** (*дотрагиваться*) berühren *vt*, ánrühren *vt*; stréifen *vt* (*задевать*); **2.** (*иметь отношение к чему-л.*) (án)betréffen* *vt*, ángehen* *vt*, sich hándeln (когó-л., чегó-л. um *A*); э́то тебя́ ~ется das betrífft dich; меня́ э́то не ~ется das geht mich nichts an, damít hábe ich nichts zu tun; **3.** (*упоминать*) erwähnen *vt*; stréifen *vt*; tangíeren *vt*, auf etw. (*A*) zu spréchen kómmen*; вкрáтце ~ться вопрóса éine Fráge kurz erwähnen [stréifen], an éine Fráge rühren; ◇ что ~ется меня́ was mich betrífft; ich für méine Persón, ich für méin(en) Teil, von mir aus

кáска *ж* Helm *m* (1)

каскáд *м* **1.** Kaskáde *f* (11); ~ слов Wórtschwall *m* -(e)s; **2.** *радио* Stúfe *f* (11)

каскадёр *м* (*дублёр*) Kaskadeur [-'døːr] *m* (1)

каскéтка *ж* léichte Schírmmütze

кáсса *ж* **1.** Kásse *f* (11); Záhlbox *f* (10) (*в трамвае, автобусе и т. д.*); несгорáемая ~ féuerfester Géldschrank; билéтная ~ Fáhrkartenschalter *m* (6); контрóльная ~ Registríerkasse *f*; **2.**: сберегáтельная ~ Spárkasse *f* (11); расчётная ~ Verréchnungskasse *f*; ~ взаимопóмощи Unterstützungskasse *f*; Kásse der gégenseitigen Hílfe; ~ предварúтельной продáжи Vórverkaufskasse *f*, Vórverkaufsstelle *f* (11); **3.** *полигр.*: наборная ~ Sétzkasten *m* (7), Schríftkasten *m*

кáсса-реáл *м полигр.* Kássenregal *n* (2)

кассациóнн||ый *юр.* Kassatións-, Berúfungs-; ~ый суд Kassatiónshof *m* (1*); подáть ~ую жáлобу um Berúfung [Kassatión] éinkommen*, Berúfung éinlegen

кассáция *ж юр.* Berúfung *f* (10), Berúfungsklage *f* (11); Kassatión *f* (10) (*австр.*)

кассéта *ж* Kassétte *f* (11)

кассéтный: ~ магнитофóн Kassétten-recorder [-,kɔr-] *n* (6)

кассúр *м* Kassíerer *m* (6); Kassíer *m* (6) (*австр., швейц.*)

кассúровать *юр.* kassíeren *vt*, ein Úrteil áufheben*; ~ вы́боры die Wáhlen für úngültig erklären

кассúрша *ж* Kassíererin *f* (12); Kassíerin *f* (*австр., швейц.*)

кáссов||ый Kássen-; ~ая кнúга Kássenbuch *n* (5); ~ая лéнта Kássenrolle *f* (11); ~ое помещéние Schálterraum *m* (1*); ◇ ~ый спектáкль [фильм] Kássenschlager *m* (6), Kássenfüller *m* (6)

кáста *ж* Káste *f* (11)

кастаньéты *мн.* Kastagnetten [kastan'jɛtən] *pl*

кастеля́нша *ж* (*заведующая бельевым хозяйством*) Wäscheverwalterin *f* (12); Wäschebeschließerin *f* (12) (*австр.*)

кастéт *м* Schlágring *m* (1)

кáстовый Kásten-; ~ дух Kástengeist *m* -es; ~ предрассýдок Kástenvorurteil *n* (2), Kástendünkel *m* -s

кастóр *м* (*ткань*) Flausch *m* -es, Fries *m* -es, Coating ['koː-] *m* -s

кастóрка *ж разг.* Rízinusöl *n* -(e)s

кастóров||ый I *фарм.*: ~ое мáсло Rízinusöl *n* -(e)s

кастóров||ый II: ~ая шля́па Fláuschhut *m* (1*)

кастр||áт *м* Kastrát *m* (8); **~áция** *ж* Kastratión *f* (10), Kastríerung *f* (10);

Verschnéidung *f* (10); **~и́ровать** kastríeren *vt*, verschnéiden* *vt*

кастрю́ля *ж* Topf *m* (1 *), Kóchtopf *m*, Kasserólle *f* (11), Schmórtopf *m*

кат *м мор.* Katt *f* (10)

катава́сия *ж разг.* Wírrwarr *m* -s, Tumúlt *m* (1), Tóhuwabóhu *n* = *u* -s, *pl* = *u* -s

катакли́зм *м* Kataklýsmus *m* =, -men, Natúrkatastrophe *f* (11); Katastróphe *f*

катако́мбы *мн.* Katakómben *pl*

катала́жка *ж разг.* Kíttchen *n* (7), Knast *m* -(e)s

катале́п||сия *ж мед.* Katalepsíe *f*, Stárrkrampf *m* -e(s); **~тик** *м* Kataléptiker *m* (6); **~ти́ческий** kataléptisch

ката́лиз *м хим.* Katalýse *f* (11); **~а́тор** *м* Katalysátor *m* -s, -tóren

ката́лка *ж* fáhrbare Kránkenbahre

катало́г *м* Katalóg *m* (1); предме́тный ~ Sáchkatalog *m*; чита́тельский ~ Benútzerkatalog *m*; ~ вы́ставки Áusstellungsführer *m* (6), Áusstellungskatalog *m*; ~ журна́лов и газе́т Póstzeitungsliste *f* (11); ка́рточный ~ Zéttelkatalog *m*

каталогиз||а́ция *ж* Katalogisíerung *f*; **~и́ровать** katalogisíeren *vt*

катало́жный Katalóg-

катамара́н *м мор.* Katamarán *m* (1)

ката́ние *с* **1.** (*действие*) Róllen *n* -s; ~ белья́ Wäscherollen *n*, Mángeln *n* -s; **2.** (*прогулка, развлечение, вид спорта*) Spazíerfahrt *f* (10); ~ верхо́м Spazíerritt *m* -(e)s; ~ на конька́х Schlíttschuhlaufen *n* -s; па́рное ~ Páarlauf *m* -(e)s, Páarlaufen *n*; одино́чное ~ Éinzellauf *m*, Éinzellaufen *n*; фигу́рное ~ Éiskunstlauf *m*; произво́льное ~ Kürlaufen *n*; ~ на ло́дке Bóotfahren *n* -s; ~ с гор (*ледяных*) Ródeln *n* -s

ка́танка *ж тех.* Wálzdraht *m* (1*)

ка́таньe: не мытьём, так ~м *погов.* ≅ kein Míttel schéuen, zu jédem belíebigen Míttel gréifen*; kóste es, was es wólle

катапу́льта *ж ав.* Katapúlt *m* (1), *n* (2)

катапульти́ровать *ав.* katapultíeren *vt*

катапульти́руем||ый Schléuder-; ~ое кре́сло Schléudersitz *m* (1), Schléuderanlage *f* (11)

ката́р *м мед.* Katárrh *m* (1); ~ желу́дка Mágenkatarrh *m*; хрони́ческий ~ кише́чника chronischer [ˈkro-] Dármkatarrh

катара́кт *м* **1.** (*водопад*) Strómschnelle *f* (11); Wásserfall *m* (1*); **2.** *тех.* Dämpfer *m* (6); Púffer *m* (6); **3.** *уст. см.* катара́кта

катара́кта *ж мед.* Katarákta *f*, *pl* -ten; gráuer Star; ста́рческая ~ Áltersstar *m* (1)

катара́льный *мед.* katarrhálisch

катáр||ец *м* Katárer *m* (6); **~ский** katárisch

катастро́ф||а *ж* Katastróphe *f* (11); нави́сшая ~а die dróhende Katastróphe; толка́ть к ~е éiner Katastróphe zútreiben*; автомоби́льная ~а Áutounfall *m* (1*); железнодоро́жная ~а Zúgunglück *n* (2); я́дерная ~а atomáres Inférno; **~и́ческий** katastrophál

ката́ть 1. (*шар, мяч и т. п.*) róllen *vt*; wälzen *vt* (*тяжёлый предмет*); **2.** (*везти*) fáhren* *vt*; ~ кого́-л. spazíerenfahren* *отд. vt*; **3.** (*скатывать пилюли, шарики и т. п.*) róllen *vt*, dréhen *vt*; **4.** (*разглаживать*) róllen *vt*, mángeln *vt* (*бельё*); wälzen *vt* (*напр. сталь*); wálken *vt* (*войлок*); **~ся 1.** sich róllen, sich wälzen; **2.** (*прогуливаться*) spazíerenfahren* *отд. vi* (s); ~ся верхо́м spazíerenreiten* *отд. vi* (s); áusreiten* *vi* (s); ~ся на конька́х Schlíttschuh láufen*; ~ся на сала́зках Schlítten fáhren*, ródeln *vi* (s); ~ся на ло́дке Boot fáhren*; ~ся на байда́рке páddeln *vi*; ~ся на лы́жах Schi láufen* [fáhren*]; ◇ ~ся со́ смеху sich vor Láchen wälzen [kúgeln]; как сыр в ма́сле ~ся *погов.* ≅ wie die Máde im Speck lében, (wie die Máde) im Speck sítzen*

катафа́лк *м* **1.** (*возвышение*) Katafálk *m* (1); **2.** (*дроги*) Léichenwagen *m* (7)

катафоре́з *м эл. уст.* Kataphorése *f* (11), Elektrophorése *f*

катафо́т *м авто* Rückstrahler *m* (6); Kátzenauge *n* (13) (*разг.*)

категори́ч||еский kategórisch, únbedíngt, bestímmt, entschíeden; **~ность** *ж* Bestímmtheit *f*, Entschíedenheit *f*; **~ный** *см.* категори́ческий

катего́рия *ж* **1.** Kategoríe *f* (11); Grúndbegriff *m* (1); **2.** (*разряд, группа*) Kategoríe *f*, Grúppe *f* (11); Gáttung *f* (10); ~ зарпла́ты Lóhnstufe *f* (11) (*рабочих*); Geháltsstufe *f* (*служащих*); ~ по́езда *ж.-д.* Zúggattung *f* (10); распределе́ние по ~м Áufteilung in Kategoríen; **3.** *спорт.* Klásse *f* (11); весова́я ~ Gewíchtsklasse *f*

ка́тер *м мор.* Kútter *m* (6); мото́рный ~ Mótorkutter *m*; торпе́дный ~ Torpédoschnellboot *n* (2), Schnéllboot *n*; прогу́лочный ~ Fáhrgastschiff *n* (2); Mótorboot für Vergnügungsfahrten; быстрохо́дный ~ Schnéllboot *n*; рыболо́вный ~ Físchkutter *m*; пожа́рный ~ Féuerlöschboot *n*; ~ на подво́дных кры́льях Trágflügelboot *n*; патру́льный ~ Patrouillenboot [-ˈuljən-] *n*; сторожево́й ~ Küstenschutzboot *n*

ка́тет *м мат.* Kathéte *f* (11); прилежа́щий ~ Ánkathete *f*; противолежа́щий ~ Gégenkathete *f*

кате́тер *м мед.* Kathéter *m* (6)

катехи́зис *м рел.* Katechísmus *m* =

кати́ть 1. róllen *vt*; ~ де́тскую коля́ску den Kínderwagen schíeben*; **2.** *разг.* (*ехать*) (dahín)róllen *vi* (s), fáhren* *vi* (s); он ка́тит сюда́ er ist im Ánrollen; **~ся 1.** róllen *vi* (s); fáhren* *vi* (s) (*ехать*); gléiten* *vi* (s) (*скользить*); ~ся по ине́рции áusrollen *vi* (s); **2.** (*течь*) flíeßen* *vi* (s); rínnen* *vi* (s); **3.** *перен.* (*о звуках*) ertönen *vi*; róllen *vi* (s); ◇ кати́сь колбасо́й *бран.* rück ab!, hau ab!, mach, daß du fórtkommst!

като́д *м эл.* Kathóde *f* (11); жи́дкий ~ flüssige Kathóde *f*; холо́дный ~ Káltkathode *f*; **~ный** *эл.* Kathóden-; ~ная ла́мпа Kathódenröhre *f* (11)

като́к *м* **1.** (*на льду*) Éisbahn *f* (10), Schlíttschuhbahn *f*; Éispalast *m* (1*) (*в закрытом помещении*); Éisstadion *n* -s, -dien (*для состязаний*); иску́сственный ~ Künsteisbahn *f*; **2.** *тех.*: парово́й ~ Dámpfwalze *f* (11); доро́жный ~ Stráßenwalze *f*; иго́льчатый ~ *с.-х.* Stáchelwalze *f*; **3.** (*для катания белья*) Wäscherolle *f* (11), Mángel *f* (11)

като́л||ик *м* Katholík *m* (8); **~ици́зм** *м* Katholizísmus *m* =; **~и́ческий** kathólisch; **~и́чка** *ж* Katholíkin *f* (12)

ка́торга *ж* **1.** Zúchthaus *n* (5); Zwángsarbeit *f* (10); **2.** *перен.* Plackeréi *f* (10), Schinderéi *f* (10), Galéerenarbeit *f*

каторжа́нин *м ист.* aus dem Zúchthaus Entlássener; (gewésener) Zúchthäusler *m* (6)

ка́торжн||ик *м см.* каторжа́нин; рабо́тать как ~ик *разг.* sich schínden*; árbeiten wie ein Galéerensklave [-və]; **~ый 1.** Zúchthaus-; Zwángs-; Sträflings-; **2.** *перен.* ánstrengend; ~ый труд Húndearbeit *f*; ~ая жизнь Húndeleben *n* -s

кату́шечн||ый Róllen-; ~ые ни́тки Róllenzwirn *m* (1)

кату́шка *ж* **1.** Rólle *f* (11); ~ чёрных ни́ток schwárze Zwírnrolle; **2.** *тех.* Spúle *f* (11); индукцио́нная ~ *эл.* Induktiónsspule *f*

ка́тышек *м разг.* (*хлеба, бумаги*) Kügelchen *n* (7)

катю́ша *ж* (*народное название, данное в годы Великой Отечественной войны реактивному миномёту особой системы*) »Katjúscha« *f* =, -s, Sálvengeschütz [-vən-] *n* (2), Rakétenwerfer *m* (6)

кауза́льн||ость *ж филос.* Kausalität *f*; **~ый** kausál

каузати́вный *грам.* kausatív; ~ глаго́л Kausatívum [-vum] *n* -s, -va, Bewírkungsverb [-vɛrp] *n* (13)

ка́упер *м* Wínderhitzer *m* (6), Cowperapparat [ˈkao-] *m* (1); Cowper *m* -s, -s

кау́р||ый (*о масти лошади*) góldfarben; ~ая ло́шадь Góldfuchs *m* (1*)

ка́устик *м хим.* Káustikum *n* -s, -ka; Ätznatron *n* -s

ка́устика *ж опт.* Káustik *f*

кausти́ческ||ий káustisch; ~ая со́да Ätznatron *n* -s, káustische(s) Sóda

каучу́к *м* Káutschuk *m* (1); натура́льный ~ Natúrkautschuk *m*; синтети́ческий ~ synthétischer Káutschuk, Synthésekautschuk *m*; **~овый** Káutschuk-

каучуконо́с *м бот.* káutschukhaltige Pflánze, Káutschukpflanze *f* (11)

кафе́ *с* Café [*фр.* kaˈfeː] *n* -s, -s; ~-моро́женое Éisdiele *f* (11); ~-моло́чная Mílchbar *f*, *pl* -s

ка́федр||а *ж* **1.** (*для выступлений*) Kathéder *n* (6), *m* (6); Rédnerpult *n* (2); Léhrerpult *n*; **2.** (*в вузе*) Léhrstuhl *m* (1*), Institút *n* (2); заве́дующий ~ой Léhrstuhlleiter *m* (6); Institútsleiter *m*; заве́довать ~ой éinen Léhrstuhl ínnehaben*; преподава́тель ~ы Léhrkraft *f* an éinem Léhrstuhl [Institút]; **3.** (*в церкви*) Kánzel *f* (11)

кафедра́льный: ~ собо́р Kathedrále *f* (11); Dom *m* (1) (*в странах немецкого языка*)

ка́фель *м* Káchel *f* (11); Flíese *f* (11) (*плитка*); **~ный** Káchel-; ~ная печь Káchelofen *m* (7*)

кафете́рий *м* Cafetéria [ka-] *f*, *pl* -ien; Káffeestube *f* (11)

кафешанта́н *м* Café-chantant [kafeːʃãˈtã] *n* -s, -s, Tíngeltangel *m* (6)

кафта́н *м* Káftan *m* (1)

кахети́нское *сущ. с* kachétischer Wein

кацаве́йка *ж* kúrze, mit Pelz verbrämte Jácke

кача́лка *ж* (*кресло*) Schäukelstuhl *m* (1*); ло́шадь-~ (*игрушка*) Schäukelpferd *n* (2), Wíppe *f* (11)

кача́ние *с* **1.** Schäukeln *n* -s; Wíegen *n* -s; Oszillatión *f* (10); Schwíngung *f* (10) (*маятника и т. п.*); **2.** (*насоса*) Púmpen *n* -s

кача́||ть 1. schäukeln *vt*, schwíngen* *vt*; hín- und hérbewegen; ве́тер ~ет дере́вья der Wind bewégt die Bäume; **2.** (*ребёнка*) wíegen *vt*; **3.** (*подбрасывать кого-л. вверх*) (únter Hóchrufen) in die Luft wérfen*; **4.** *безл.*: его́ ~ет от уста́лости er táumelt [schwankt] vor Müdigkeit; **5.** *безл.*: парохо́д ~ет das

Schiff rollt; das Schiff schlíngert (*о боковой качке*); das Schiff stampft (*о килевой качке*); **6.** (*накачивать*) púmpen *vt*; ◇ ~ть головóй den Kopf schütteln, den Kopf (hín- und hér)wíegen; **~ться 1.** scháukeln *vi*, sich wíegen; péndeln *vi* (*о маятнике и т. п.*); **2.** (*пошатываться*) táumeln *vi*, schwánken *vi*

качéли *мн.* Scháukel *f* (11); Wíppe *f* (11)

кáчественн||ый qualitatív; Qualitäts-; ~ая рабóта Wértarbeit *f* (10); ~ая вы́плавка Qualitätsausstoß *m* -es; в ~ом отношéнии qualitätsmäßig; ~ый анáлиз *хим.* qualitative [-və] Analýse; ~ые прилагáтельные *грам.* qualitative Ádjektive [-və]

кáчеств||о *с* Qualität *f* (10), Beschaffenheit *f*; Güte *f*, Éigenschaft *f* (10) (*свойство*); делoвы́е ~а fáchliche Éignung; стéпень ~а Güteklasse *f* (11); бригáда отли́чного ~а Qualitätsbrigade *f* (11); по ~у qualitätsmäßig; ни́зкое ~о (*товара*) níedrige [mínderwertige] Qualität; zwéite Wahl; высóкое ~о (*товара*) hóhe [sehr gúte] Qualität, érste Wahl; вы́сшее ~о Spítzenqualität *f*; товáр вы́сшего ~а éine Wáre érster Güte; стандáртное ~о hándelsübliche Qualität; морехóдные ~а Séetüchtigkeit *f*; борьбá за ~о Kampf um die Qualitätsverbesserung; контрóль ~а Gütekontrolle *f*; перехóд коли́чества в ~о *филос.* das Úmschlagen von Quantität in Qualität; ◇ в ~е чегó-л., когó-л. als..., in der Éigenschaft als...

кáчк||а *ж мор.* Scháukeln *n* -s, Róllen *n* -s; Schlíngern *n* -s (*боковая*); Stámpfen *n* -s (*килевая*); не переноси́ть морскóй ~и das Séefahren schlecht vertrágen*, leicht séekrank wérden

качну́||ть 1. éinmal scháukeln; **2.** *безл.*: его́ ~ло er schwánkte; er táumelte

кáш||а *ж* **1.** Grütze *f* (11), Brei *m* (1); овся́ная ~а Háferbrei *m*; **2.** (*путаница*) Durcheinánder *n* (6), Wírrwarr *m* -s, Kraut und Rüben; у негó в головé ~а in séinem Kopf herrscht ein héilloses Durcheinánder; ◇ берёзовая ~а Prügel *pl*; у негó ~а во ртy er hat Klöße im Múnde; завари́ть ~у sich (*D*) etwas (Schönes) éinbrocken; éine schöne [hübsche] Súppe éinbrocken [éinrühren]; расхлёбывать ~у *разг.* die Súppe áuslöffeln; мáло ~и ел *разг.* er ist noch jung und únerfahren; с ним ~и не свáришь mit ihm ist es unmöglich éinig zu wérden; сапоги́ ~и прóсят die Stíefel spérren das Maul auf [háben Húnger, sind durch, sind zerríssen]

кашалóт *м зоол.* Póttwal *m* (1), Kaschelótt *m* (1), Póttfisch *m* (1)

кашевáр *м воен.* Koch *m* (1*)

кáшель *м* Hústen *m* (7); уду́шливый ~ Stíckhusten *m*

кашеми́р *м* Káschmir *m* (1); **~овый** Káschmir-; ~овая шаль Káschmirschal *m* (1) (*pl тж.* -s)

кашеобрáзный bréi¦ig, bréiartig

каши́ца *ж* dünner Brei, bréi¦ige Másse; пищевáя ~ *анат.* Spéisebrei *m* (1)

кáшка I *ж ласк.* Brei *m* (1), bréi¦ige Másse

кáшка II *ж* (*клевер*) Klee *m* (1)

кáшлянуть (éinmal) áufhusten *vi*; sich räuspern (*откашляться*)

кáшлять hústen *vi*; ~ крóвью Blut spúcken

кашнé *с* Cachenez [*фр.* kaʃ(ə)ˈne:] *n* =, = [-ˈne:s]; Hálstuch *n* (5), Schal *m* (1) (*pl тж.* -s)

каштáн *м* **1.** (*плод*) Kastáni¦e *f* (11); Maróne *f* (11) (*съедобный*); **2.** (*дерево*) Kastáni¦enbaum *m* (1*); **~овый 1.** Kastáni¦en-; ~овая рóща Kastáni¦enhain *m* (1); **2.** (*о цвете*) kastáni¦enfarben, kastáni¦enbraun; ~овые вóлосы kastáni¦enbraunes Haar

каю́к *м см.* капу́т

каю́та *ж* Kabíne *f* (11), Kajüte *f* (11)

каю́т-компáния *ж мор.* Spéiseraum *m* (1*) (*на пассажирском судне*); Offizíersmesse *f* (11)' Mésse *f* (*на военном корабле*)

кáющийся réuig, réumütig

кáяться 1. (*сознаваться в чём-л.*) gestéhen* *vt*, éingestehen* *vt*; ~ в свои́х оши́бках ein (óffenes) Bekénntnis séiner Féhler áblegen; **2.** (*раскаиваться в чём-л.*) beréuen *vt*; bedáuern *vt* (*жалеть о чём-л.*); **3.** *в знач. вводн. сл.*: кáюсь óffen gestánden

квадрáнт *м* **1.** *мат.* Quadránt *m* (8), Víertelkreis *m* (1); **2.** *воен.* Wínkelmesser *m* (6); ~ с у́ровнем Libéllenquadrant *m* (8)

квадрáт *м* **1.** *мат.* (*равносторонний прямоугольник*) Quadrát *n* (2); (*вторая степень числа*) Quadrát *n*, zwéite Poténz *f*; возводи́ть в ~ in die zwéite Poténz erhében*, quadríeren *vt*; **2.** *полигр.* Quadrát *m* (8), Konkordánz *f*, *pl* =

квадрáтно-гнездовóй: ~ спóсоб *с.-х.* Quadrátnestverfahren *n* -s

квадрáт||ный Quadrát-; quadrátisch; ~ные мéры Flächenmaße *pl*; ~ное уравнéние *мат.* quadrátische Gléichung; Gléichung zwéiten Grádes; ~ный кóрень *мат.* Quadrátwurzel *f* (11); ~ные скóбки éckige Klámmern; ~ный метр Quadrátmeter *n* (6) (*разг. m*) (*сокр.* m² *или* qm); **~у́ра** *ж мат.* Quadratúr *f* (10); ◇ ~у́ра кру́га die Quadratúr des Kréises

квадрильóн *м* Billiárde *f* (11)

квазинау́чный pséudowissenschaftlich

квáк||анье *с* Quáken *n* -s; Gequáke *n* -s; **~ать, ~нуть** quáken *vi*

квáкер *м* Quäker *m* (6)

квáкша *ж* Láubfrosch *m* (1*)

квалифик||ациóнный Qualifikatións-; Qualifizíerungs-; ~ациóнная коми́ссия Qualifikatiónskommission *f* (10); ~ациóнный спрáвочник Lóhngruppenkatalog *m* (1); **~áция** *ж* Qualifikatión *f* (10); Qualifizíerung *f* (10) (*оценка*); произвóдственная ~áция fáchliche Fórtbildung; получи́ть ~áцию sich fáchlich schúlen; ку́рсы повышéния ~áции Wéiterbildungslehrgang *m* (1*); повышéние ~áции без отры́ва от произвóдства Höherqualifizierung [Wéiterbildung] óhne Fréistellung von der Árbeit

квалифици́ров||анный qualifizíert, fáchlich gut geschúlt, fáchkundig; ~анный труд qualifizíerte Árbeit; ~анный рабóчий gelérnter Árbeiter, Fácharbeiter *m* (6); **~ать 1.** (*оценивать*) bewérten *vt*, beúrteilen *vt*, qualifizíeren *vt*; **2.** (*проверить степень подготовки*) die Qualifikatión prüfen; **~аться** sich qualifizíeren

квант *м физ.* Quant *n* (13); ~ свéта Líchtquant *n*; рентгéновский ~ Röntgenquant *n*

квантовáние *с физ.* Quántelung *f*

квáнтов||ый *физ.* Quánten-; ~ая механика Quántenmechanik *f*; ~ая фи́зика Quántenphysik *f*; ~ая теóрия Quántentheorie *f*

квáрта *ж* **1.** (*мера жидкостей* = *1,14 литра*) Quart *n* (2); **2.** *муз.* Quárte *f* (11)

квартáл *м* **1.** (*четверть года*) Víerteljahr *n* (2); Quartál *n* (2); по ~ам víerteljährlich; **2.** (*часть города*) Stádtviertel *n* (6), Víertel *n*; жилóй ~ Wóhnviertel *n*; **3.** (*часть улицы*) Häuserblock *m* (1*)

квартáльный 1. (*о времени*) Quartál-, víerteljährlich; **2.** (*о части города*) Stádtviertel-

квартéт *м муз.* Quartétt *n* (2); стру́нный ~ Stréichquartett *n*

кварти́р||а *ж* **1.** Wóhnung *f* (10); Quartíer *n* (2), Logis [-ˈʒi:] *n* =, =; óбщая [коммунáльная] ~а Wóhnung mit méhreren Háuptmietern; отдéльная ~а éigene [ábgeschlossene] Wóhnung; готóвая к заселéнию ~а schlüsselfertige [bezúgsfertige] Wóhnung; ~а в нóвом дóме [новострóйке] Néubauwohnung *f*; ~а в стáром дóме Áltbauwohnung *f*; óрдер на ~у Wóhnungszuweisung *f* (10); получи́ть ~у éine Wóhnung zúgewiesen erhálten; обмéн ~ами Wóhnungstausch *m* -es; переéзд на другу́ю ~у Wóhnungswechsel *m* (6), Úmzug *m* (1*); сдаётся ~а (*объявление*) Wóhnung zu vermíeten; плати́ть за ~у Míete záhlen; дёшево плати́ть за ~у billig wóhnen; **2.** *мн.* ~ы *воен.* Quartíer *n* (2); зи́мние ~ы Wínterunterkunft *f*; ◇ глáвная ~а *воен. уст.* Háuptquartier *n*; **~áнт** *м* Míeter *m* (6); Úntermieter *m*; **~áнтка** *ж* Míeterin *f* (12); Úntermieterin *f*; **~ные** *сущ. мн.* (*денежное возмещение командированным*) Übernáchtungsgeld *n* -(e)s; **~ный 1.** Wóhnungs-, Miet(s)-; ~ный вопрóс Wóhnungsfrage *f* (11); ~ная плáта Míete *f* (11), Míetpreis *m* (1); Míetzins *m* (1) (*австр.*); **2.** *воен.*: ~ное расположéние войск Órtsunterkunft *f*

квартировáть wóhnen *vi*; *воен.* éinquartiert sein, in Quartíer líegen* [stéhen*]

квартиро||нанимáтель *м*, **~нанимáтельница** *ж см.* квартирáнт(ка); **~съёмщик** *м* Wóhnungsinhaber *m* (6); Háuptmieter *m* (6)

квартирьéр *м воен.* Quartíermacher *m* (6)

квартплáта *ж* Míete *f* (11)

кварц *м мин.* Quarz *m* (1)

квáрцев||ый Quarz-; ~ая лáмпа Quárzlampe *f* (11)

кварци́т *м мин.* Quarzít *m* (1)

квас *м* Kwaß *m G* = *и* Kwásses

квáсить (éin)säuern *vt*; **~ся** gären *vi*

квасно́й Kwaß-; ◇ ~ патриоти́зм ≅ Hurrápatriotismus *m* =

квас||óк: с ~кóм *разг.* mit säuerlichem Béigeschmack

квасц||евáть aláungerben *vt*, wéißgerben *vt*; **~óвый** Aláun-; aláunhaltig (*содержащий квасцы*); ~óвый слáнец Aláunschiefer *m* (6); **~ы́** *мн.* Aláun *m* (1)

квáшен||ие *с* Säuern *n* -s, Éinsäuern *n*, Säuerung *f*; **~ый** gesäuert, éingesäuert; ~ая капу́ста Sáuerkohl *m* -(e)s, Sáuerkraut *n* -(e)s

квашня́ *ж* **1.** Bácktrog *m* (1*); **2.** *разг.* (*опара*) Sáuerteig *m* (1); **3.** *разг.* (*о неповоротливом человеке*) Schláppschwanz *m* (1*)

квéрху *нареч.* empór, nach óben; hináuf (*по направлению от говорящего*); heráuf (*по направлению к говорящему*); подпры́гнуть ~ éinen Lúftsprung máchen; подня́ться ~ empórsteigen* *vi* (s), hináufsteigen* *vi* (s)

квиети́зм *м филос.* Quí¦etismus *m* =

квинт||а *ж муз.* Quínte *f* (11); ◇ повесить нос на ~у *разг.* die Náse hängen lássen*, den Mut sínken lássen*

квинтéт *м муз.* Quintétt *n* (2)

квинтэссéнция *ж* Quintessenz *f*

квитáнция *ж* Quíttung *f* (10), Empfángsschein *m* (1); Beleg *m* (1); багáжная ~ Gepäckschein *m*; ипотéчная ~ Hypothékenbrief *m* (1); почтóвая ~ Pósteinlieferungsschein *m*; Éinlieferungsschein *m*; Pakétkarte *f* (11) (*на посылку*); ~ о достáвке Lieferschein *m*; ~ о приёмке Empfángsbescheinigung *f* (10), Empfángsquittung *f*; ломбáрдная ~ Pfándschein *m*

квиты: мы с вáми ~ *разг.* wir sind quitt

квóрум *м* Quórum *n* -s, -s; нет ~а die Versámmlung ist nicht beschlußfähig

квóта *ж* Quóte *f* (11); ímпортная ~ Éinfuhrquote *f*, Impórtquote *f*; налóговая ~ Stéuersatz *m* (1*)

квохтáть glúcken *vi*, gáckern *vi*; köllern *vi* (*об индейке*)

кеб *м* Cab [*англ.* kɛp] *n* -s, -s; Dróschke *f* (11)

кегельбáн *м спорт.* Kégelbahn *f* (10)

кегль *м полигр.* Kégel *m* (6)

кéгл||я *ж* Kégel *m* (6); игрá в ~и Kégeln *n* -s; игрáть в ~и kégeln *vi*; игрóк в ~и Kégelspieler *m* (6)

кедр *м бот.* Zéder *f* (11), échte Zéder, Líbanonzeder *f*; сибирский ~ Zírbelkiefer *f* (11); **~óвник** *м* Zírbelwald *m* (4), Kíeterngehölz *n* (2); **~óвый** Zéder(n)-; Zírbel-; ~óвый орéх Zírbelnuß *f* (3)

кéды *мн.* (*ед.* кед *м*) Spórtschuhe *pl* (*sg* Spórtschuh *m*)

кекс *м* Rosínenkuchen *m* (7), Rührkuchen (mit Rosínen)

келéйн||о *нареч. разг.* héimlich, im stíllen; **~ый** (*тайный*) héimlich, geheim

кéльнер *м* Kéllner *m* (6); **~ша** *ж* Kéllnerin *f* (12)

кельт *м* Kélte *m* (9); **~ский** kéltisch; ~ский язы́к die kéltische Spráche, das Kéltische (*sub*)

кéлья *ж* Klósterzelle *f* (11), Zélle *f*; Kláuse *f* (11), Mönchszelle *f*

кем *тв. см.* кто

кéмпинг *м* Campinglager ['kɛm-] *n* (6), Campingplatz *m* (1*), Zéltplatz *m*

кенáф *м бот.* Éibisch *m* (1), Hánfeibisch *m*

кенгурý *м зоол.* Känguruh *n* -s, -s

кендырь *м бот.* Húndskohl *m* (1), Húndswolle *f*

кени́||ец *м* Keniáner *m* (6); **~йка** *ж* Keniánerin *f* (12); **~йский** keniánisch

кентáвр *м миф.* Zentáur *m* (8), Kentáur *m* (8)

кéпи *с* Schírmmütze *f* (11)

кéпка *ж* Schírmmütze *f* (11)

керамзитобетóнный *стр.* Keramsítbeton-

керáм||ика *ж* Kerámik *f* (10); строи́тельная ~ика Báukeramik *f*; декорати́вная ~ика Zíerkeramik; электротехни́ческая ~ика Eléktrokeramik *f*; **~и́ческий** kerámisch; ~и́ческая облицóвка Kerámikverkleidung *f* (10)

кератит *м мед.* Keratítis *f*, Hórnhautentzündung *f* (10)

керн *м горн.* Kern *m* (1), Bóhrkern *m*

кéрнер *м тех.* Körner *m* (6), Ánkörner *m*

керогáз *м* Petróle¦umkocher *m* (6)

кероси́н *м* Petróle¦um *n* -s; неочи́щенный ~ Róhpetrole¦um *n*; **~ка** *ж* Petróle¦umkocher *m* (6); **~ный, ~овый** Petróle¦um-; ~овая лáмпа Petróle¦umlampe *f* (11)

кéсарев: ~о сечéние *мед.* Káiserschnitt *m* (1)

кéсарь *м ист.* Cäsar ['tsɛ:-] *m* -s, -sáren; Káiser *m* (6)

кессóн *м* **1.** *тех.* Caisson [kɛ'sɔ̃] *m* -s, -s, Sénkkasten *m* (7*); **2.** *архит.* Kassétte *f* (11)

кéссон||ный: ~ная болéзнь *мед.* Caisson¦krankheit [kɛ'sɔ̃-] *f*, Táucherkrankheit *f*

кéта *ж* sibírischer Lachs, Kétalachs *m* (1)

кетгýт *м мед.* Kátgut *n* -s

кéтов||ый: ~ая икрá Láchskaviar [-vi-] *m* -s

кетóн *м хим.* Ketón *n* (2)

кефáль *ж зоол.* Méeräsche *f* (11)

кефи́р *м* Kéfir *m* -s; Jóghurt *m* -s

кзáди *нареч.* rückwärts, nach hínten

кибернéтика *ж* Kybernétik *f*

кибернети́ческ||ий kybernétisch; ~ие исслéдования kybernétische Fórschungen

киби́тка *ж* **1.** (*повозка*) Kibítka *f*, *pl* -s, gedéckter Wágen; gedéckter Réiseschlitten (*сани*); **2.** (*жилище кочевников*) Kibítka *f*, *pl* -s, Zelt *n* (2) (*der Nomadenvölker*)

кивáть **1.** (*в знак согласия*) nícken *vi*, mit dem Kopf nícken; den Kopf néigen; **2.** (*в знак приветствия*) (j-m) zúnicken *vi*, den Kopf grüßend néigen; **3.** (*указывать движением головы*) durch éine Kópfbewegung wéisen* (на когó-л. auf *A*); **4.** *разг.* (*сваливать вину*) j-m die Schuld in die Schúhe schíeben*

ки́вер *м воен. ист.* Tscháko *m* -s, -s

кивнýть *см.* кивáть 1, 2, 3

кивóк *м* Kópfnicken *n* (7), Néigung des Kópfes

кидáть **1.** wérfen* *vt*; schméißen* *vt*, schléudern *vt* (*швырять*); bewérfen* *vt* (*забрасывать чем-л.*); **2.** *безл.*: меня́ кидáет то в жар, то в хóлод mich überläuft es heiß und kalt; ◇ ~ жрéбий das Los wérfen* [zíehen*], lósen *vi*; ~ дéньги на вéтер das Geld zum Fénster hináuswerfen*; ~ кáмешки в чей-л. огорóд Ánspielungen auf j-n máchen

кидáться **1.** sich wérfen* (на чтó-л. auf *A*); ánfallen* *vt*; sich hín- und hérwerfen* (*метаться*); sich stürzen (к чемý-л. auf *A*) (*устремиться*); собáка кидáется на прохóжих der Hund fällt die Passánten an; ~ со всех ног *разг.* fórtstürmen *vi* (s), fórtstürzen *vi* (s), wégstürmen *vi* (s), wégstürzen *vi* (s); **2.** (*бросать*) *см.* кидáть 1; **3.** (*кидать друг в друга*) einánder bewérfen* (чем-л. mit *D*); **4.** *страд.* gewórfen wérden; ◇ ~ в глазá in die Áugen spríngen*, áuffallen* *vi* (s); винó ки́нулось емý в гóлову der Wein stieg ihm zu Kopf [in den Kopf]; кровь ки́нулась ей в лицó das Blut schoß ihr ins Gesícht

кизельгýр *м* Infusóri¦enerde *f*, Kíeselgur *f*

кизи́л *м* **1.** (*ягода*) Kornélkirsche *f* (11); **2.** (*дерево*) Kornélkirschbaum *m* (1*); Kornélbaum *m*, Hérlitze *f* (11)

кизя́к *м* getróckneter Mist (*zu Heizzwecken*)

кий *м* Queue [*фр.* kø:] *n* -s, -s; Billardqueue ['biljart,kø:] *n*

кики́мора *ж* **1.** *фольк.* Phantóm *n* (2), Gespénst *n* (5), Schémen *m* (7); **2.** *бран.* Vógelscheuche *f* (11), Áffengesicht *n* (5), Pópanz *m* (1)

килев||áние *с мор.* Kíelholen *n* -s; **~áть** kíelholen *неотд.* *vt*

килев||óй Kiel-; ~áя кáчка Stámpfen *n* -s

килó *с разг.* Kílo *n* -s, = *u* -s (*после числ.* *pl* =)

киловáтт *м эл.* Kílowatt *n* -s, = (*сокр.* kW); **~-чáс** *м эл.* Kílowattstunde *f* (11) (*сокр.* kWh)

киловóльт *м эл.* Kílovolt [-'vɔlt] *n* = *u* -(e)s, *pl* = (*сокр.* kV); **~-ампéр** *м эл.* Kilovoltampere [-,vɔltam'pɛ:r] *n* = *u* -s, *pl* = (*сокр.* kVA)

килогéрц *м эл.* Kílohertz *n* =, = (*сокр.* kHz)

килогрáмм *м* Kílogramm *n* -s, *pl* = (*сокр.* kg)

килогрáмм-калóрия *ж* Kílogrammkalorie *f* (11), Kílokalorie *f* (*сокр.* kcal)

килограммомéтр *м физ.* Kílogrammmeter (*без переноса* Kilogrammeter) *n* (6) (*разг.* *m*) (*сокр.* kgm)

килокалóрия *ж* Kílokalorie *f* (11) (*сокр.* kcal)

килоли́тр *м* Kiloliter *n* (6) (*разг.* *m*) (*сокр.* kl)

киломéтр *м* Kilométer *n* (6) (*разг.* *m*) (*сокр.* km); квадрáтный ~ Quadrátkilometer *n* (*сокр.* qkm); мéрный ~ geméssenes Kilométer

километрáж *м* Länge *f* in Kilométern

киль *м мор.* Kiel *m* (1)

кильвáтер *м мор.* Kíelwasser *n* (6); в ~ in Kíellini¦e; **~ный:** ~ная колóнна Kíellini¦e *f* (11); выстрáиваться ~ной колóнной sich in Kíellini¦e áufreihen

ки́лька *ж* Strömling *m* (1); Sprótte *f* (11)

ки́льсон *м мор.* Kíelschwein *n* (2)

кимонó *с* Kímono *m* -s, -s

кингстóн *м мор.* Flútventil [-vɛn-] *n* (2)

кинемáт||ика *ж физ.* Kinemátik *f*, Bewégungslehre *f*; **~и́ческий** *физ.* kinemátisch

кинематóгр||аф *м* **1.** (*аппарат*) Kinematográph *m* (8); **2.** (*искусство*) Kinematographíe *f*; **3.** *уст.* (*кинотеатр*) Kinematográphentheater *n* (6); **~аф́ист** *м* Fílmschaffende *m* (14); Fílmmann *m* (4) (*pl тж.* -leute) (*разг.*); **~афи́ческий** kinematográphisch, fílmisch; fílmgerecht

кинематогр||áфия *ж* Fílmkunst *f*, Fílmwesen *n* -s, Kinematographíe *f*; рабóтники ~áфии Fílmschaffende *sub pl*; произведéния ~áфии fílmische Wérke; подвóдная ~áфия Únterwasserkinematographie *f*; спóсоб цветнóй ~áфии fárbkinematographisches Verfáhren

кинескóп *м* Bíldröhre *f* (11), Férnsehröhre *f*

кинéт||ика *ж физ.* Kinétik *f*; **~и́ческий** kinétisch; ~и́ческая энéргия kinétische Energíe, Bewégungsenergie *f*, Energíe der Bewégung

кинжáл *м* Dolch *m* (1); заколóть ~ом erdólchen *vt*

кинó *с* **1.** *разг. см.* кинотеáтр; **2.** (*кинематография*) Fílmkunst *f*, Fílmwesen *n* -s, Kinematographíe *f*; молоды́е актёры ~ Fílmnachwuchs *m* -es; люби́тели ~ Fílmfreunde *pl*; дéятели [твóрческие рабóтники] ~ Fílmschaffende *sub pl*; рабóтники ~ Fílmleute *pl*; искýсство ~ Fílmkunst *f*; немóе ~ Stúmmfilmzeit *f*; рабóтать на ~ beim Film sein; **3.** *разг. см.* кинофи́льм

кино||аппарáт *м* Fílmapparat *m* (1), Fílmkamera *f*, *pl* -s, Bíldkamera *f*, Kámera *f* (*съёмочный*); проекциóнный ~-

аппарáт Projektiónsapparat *m*, Projéktor *m* -s, -tóren, Vórführungsapparat *m*; портати́вный ~аппарáт Kófferkino *n* -s, -s; **~арти́ст** *м* Fílmschauspieler *m* (6); **~арти́стка** *ж* Fílmschauspielerin *f* (12)

киноательé *с* Fílmatelier [-,lĭe:] *n* -s, -s

ки́новарь *ж* Zinnóber *n* (6); Zinnóberrot *n* -s (*краска*)

кино||вéдение *с* Fílmwissenschaft *f*; **~грáмма** *ж* Réihenaufnahmen *pl*, Réihenbilder *pl*; **~журнáл** *м* Wóchenschau *f* (10) (*хроника*); **~звездá** *ж* Fílmstar *m* [-star] -s, -s; восходя́щая ~звездá Stárlet *n* -s, -s, ángehender Fílmstar; **~зри́тель** *м* Kínobesucher *m* (6); Fílmbesucher *m*; Fílmpublikum *n* -s (*собир.*); **~кáдр** *м* Fílmbild *n* (5), Éinzelbild *n*; **~кáмера** *ж* Fílmkamera *f*, *pl* -s; подвóдная ~кáмера Únterwasserfilmkamera *f*; **~карти́на** *ж* Film *m* (1); сегóдня идёт нóвая ~карти́на héute läuft ein néuer Film; **~комéдия** *ж* Lústspielfilm *m*, Fílmlustspiel *n* (2); музыкáльная ~комéдия Revuefilm [rə'vy:-] *m*; **~лéнта** *ж* Fílmstreifen *m* (7), Stréifen *m*, Film *m* (1); **~люби́тель** *м* Fílm|amateur [-,tø:r] *m* (1); Amatéur|filmer *m* (6); **~механик** *м* Vórführer *m* (6); **~монтáж** *м* Fílmschnitt *m* (1); **~обслу́живание** *с* fílmische Betréuung; **~оперáтор** *м* Kámeramann *m* (4) (*pl* *тж.* -leute); **~панорáма** *ж* Panorámakino *n* -s, -s; **~передви́жка** *ж* Wánderkino *n* -s, -s; Fílmwagen *m* (7); **~плёнка** *ж* Film *m* (1); Fílmstreifen *m* (7); у́зкая ~плёнка Schmálfilm *m*; снять на ~плёнку verfílmen *vt*; **~проекциóнная** *сущ.* *ж* Vórführraum *m* (1*); **~прокáт** *м* Fílmverleih *m* -(e)s; **~промы́шленность** *ж* Fílmindustrie *f*; **~рабóтник** *м* Fílmschaffende *m* (14); **~режиссёр** *м* Fílmregisseur [-ʒi,sø:r] *m* (1); **~режиссу́ра** *ж* Fílmregie [-,ʒi:] *f*; **~реклáма** *ж* Kínowerbung *f*; **~сеáнс** *м* Kínovorstellung *f* (10); **~сту́дия** *ж* Fílmstudio *n* -s, -s; **~сценáрий** *м* Dréhbuch *n* (5); **~съёмка** *ж* Fílmaufnahme *f* (11); натýрная ~съёмка Fréilichtaufnahme *f*; производи́ть ~съёмку éinen Film dréhen, fílmen *vt*; мультипликациóнная ~съёмка Trick(film)aufnahme *f*; замéдленная ~съёмка Zéitrafferaufnahme *f*; скоростнáя ~съёмка Zéitlupenaufnahme *f*; **~теáтр** *м* Kíno *n* -s, -s, Líchtspieltheater *n* (6), Líchtspielhaus *n* (5); Fílmtheater *n*; широкоэкрáнный ~теáтр Bréitwandkino *n*; панорáмный ~теáтр Panorámakino *n*; ~теáтр повтóрного фи́льма Reprísenkino *n*, Wíederaufführungskino *n*; дневнóй ~теáтр Tágeslichtkino *n*; первоэкрáнный ~теáтр Premiérenkino *n*, Érstaufführungskino *n*; **~тéка** *ж* Fílmarchiv *n* (2); **~тéхника** *ж* Fílmtechnik *f*, Kínotechnik *f*; **~трю́к** *м* Fílmtrick *m* (1); **~установка** *ж* Fílmvorführungsanlage *f* (11); **~фестивáль** *м* Fílmfestspiele *pl*

кинофикáция *ж* Versórgung *f* mit Kínos, Kínoeinrichtungen *pl*

кинофи́льм *м* Film *m* (1); цветнóй ~ Fárbfilm *m*; чёрно-бéлый ~ Schwarzwéißfilm *m*; худóжественный ~ Spíelfilm *m*; дубли́рованный ~ synchronisíerter [-kro-] Film; звуковóй ~ Tónfilm *m*; короткометрáжный ~ Kúrzfilm *m*; нау́чно-популя́рный ~ Kultúrfilm *m*; учéбный ~ Únterrichtsfilm *m*; широкоэкрáнный ~ Bréitwandfilm *m*; панорáмный ~ Panorámafilm *m*; кругово́й панорáмный ~ Cirkorámafilm *m*

кинохрóника *ж* Wóchenschau *f* (10)

ки́нуть *см.* кидáть; ~ взгляд на когó-л., на что-л. j-m, etw. (*D*) éinen Blick zúwerfen*; éinen Blick auf j-n, auf etw. (*A*) wérfen*; **~ся** *см.* кидáться 1

киóск *м* Kíosk *m* (1), Verkáufsstand *m* (1 *); газéтный ~ Zéitungskiosk *m*, Zéitungsstand *m*; **~ёр** *м* Verkäufer *m* am Stand [im Kíosk]

ки́па *ж* **1.** Pack *m* -(e)s, Pácken *m* (7); Stoß *m* (1*); ~ тетрáдей ein Stoß Héfte; **2.** *торг.* (*мера*) Bállen *m* (7); ~ хлóпка ein Bállen Báumwolle; ~ми bállenweise

кипари́с *м* Zyprésse *f* (11); **~ный, ~овый** Zypréssen-; ~овая рóща Zypréssenhain *m* (1)

кипéни||е *с* **1.** Kóchen *n* -s, Síeden *n* -s; тóчка ~я Síedepunkt *m* (1); довести́ до ~я zum Kóchen bríngen*; **2.** (*волнение, подъём*) Áufwallung *f*, Áufbrausen *n* -s

ки́пер *м* *текст.* Köper *m* (6); **~ный** *текст.* geköpert

кипéть **1.** kóchen *vi*, síeden* *vi*, bródeln *vi*; **2.** (*о реке, море*) schäumen *vi*, bráusen *vi*, wállen *vi*; **3.:** ~ гнéвом vor Wut kóchen [schäumen]; ~ нéнавистью vor Haß glühen; **4.** (*быть в разгаре*) in vóllem Gang sein; tóben *vi* (*о битве, споре и т. п.*); рабóта так и кипи́т die Árbeit geht flott von der Hand; die Árbeit geht mit Hóchdruck vorán, es wird mit Féuereifer geárbeitet; ◇ как в котлé ~ sich rástlos betätigen, vor Árbeit nicht wíssen, wo éinem der Kopf steht

киприóт *м* Zypriόte *m* (9)

ки́прский zypriótisch

кипу́ч||есть *ж* Geschäftigkeit *f*, Rástlosigkeit *f*; Lébhaftigkeit *f*, Féurigkeit *f*; **~ий** **1.** (*о волнах, о водопаде*) schäumend, bráusend, sprúdelnd; **2.** (*напряжённый*) rástlos, geschäftig; féurig, lebéndig, lébhaft; ~ая дéятельность rástlose Tätigkeit, Féuereifer *m* -s; ~ая рабóта Hóchbetrieb *m* -(e)s

кипяти́льник *м* Síedekessel *m* (6), Bóiler *m* (6); Gásdurchlauf|erhitzer *m* (6); *мед.* Sterilisátor *m* -s, -tóren; франкли́нов ~ *тех.* Franklínscher Röhrenkessel; электри́ческий ~ (*погружаемый*) Táuchsieder *m* (6)

кипяти́ть (áb)kóchen *vt*, síeden* *vt*; **~ся** **1.** kóchen *vi*; **2.** *разг.* (*горячиться*) áufbrausen *vi*, áuffahren* *vi*; sich eréifern; не кипяти́сь, говори́ спокóйно eréifere dich nicht, sprich rúhig

кипят||óк *м* **1.** kóchendes [síedendes] Wásser; обвари́ть ~кóм abbrühen *vt*; **2.** *разг.* (*о вспыльчивом человеке*) Hítzkopf *m* (1*), Bráusekopf *m*

кипяч||éние *с* Kóchen *n* -s, Síeden *n* -s; **~ёный** gekócht; ~ёная водá gekóchtes Wásser

кирáс||а *ж* *воен.* *ист.* Küraß *m* -sses, -sse; Brústharnisch *m* (1); **~и́р** *м* *воен.* *ист.* Kürassíer *m* (1)

кирги́з *м* Kirgíse *m* (9); **~ка** *ж* Kirgísin *f* (12); **~ский** kirgísisch; ~ский язы́к die kirgísische Spráche, das Kirgísische (*sub*)

кири́ллица *ж* *лингв.* kyrillische Schrift

ки́рка *ж* (evangélisch-lútherische [-vaŋ-]) Kírche *f* (11)

киркá *ж* Pícke *f* (11), Spítzhacke *f* (11)

киркопáта *ж* *воен.* *тех.* Kláppþhacke *f* (11)

киркомоты́га *ж* Kréuzhacke *f* (11), Krámpe *f* (11)

кирпи́ч *м* **1.** *собир.* Zíegel *m* -s; огнеупóрный ~ féuerfester Zíegel; обожжённый ~ Báckstein *m* -(e)s; пустотéлый Hóhlziegel *m*; лекáльный ~ Fórmstein *m*; **2.** (*штука*) Zíegelstein *m* (1); стенá в оди́н ~ [в два ~á] éine Máuer ein [zwei] Zíegel breit

кирпичеобжигáтельн||ый: ~ая печь *тех.* Zíegelofen *m* (7*)

кирпи́чник *м* Zíege|lbrenner *m* (6), Ziegeléiarbeiter *m* (6)

кирпи́чн||ый Zíegel-; Báckstein-; ~ый завóд Ziegeléi *f* (10), Zíegelbrennerei *f* (10), Zíegelwerk *n* (2); ~ого цвéта zíegelrot, zíegelfarben; ◇ ~ый чай Zíegeltee *m* -s

ки́са *ж* *ласк.* Kätzchen *n* (7)

кисá *ж* *уст.* Schnürbeutel *m* (6)

кисéйн||ый Mull-; ◇ ~ая бáрышня *ирон.* Zíerpuppe *f* (11)

кисéл||ь *м* **1.** Kissél *m* (6); Méhlbrei *m* (1); овся́ный ~ь Háferschleim *m* (1); **2.** (*вязкая масса*) bréiige Másse, Brei *m* (1); **3.** *разг.* (*о вялом человеке*) Schláppschwanz *m* (1*); ◇ седьмáя водá на ~é sehr entférnte Verwándtschaft

кисéльн||ый Kissél-; ◇ молóчные рéки, ~ые берегá Schlaráffenland *n* (5); Schlaráffenleben *n* (6)

кисéт *м* Béutel *m* (6), Tábaksbeutel *m*

кисея́ *ж* Mull *m* (1); Etamín *n*, *m* -s

кисли́нк||а: с ~ой *разг.* säuerlich, mit säuerlichem Béigeschmack; mit éinem Stich ins Säuerliche

кисли́ца *ж* *бот.* Sáuerklee *m* -s

кисловáтый säuerlich

кислорóд *м* Sáuerstoff *m* -(e)s (*хим. знак* O); лечéние ~ом Sáuerstofftherapie *f*, Sáuerstoffbehandlung *f* (10); **~ный** Sáuerstoff-; ~ный прибóр Sáuerstoffapparat *m* (1); Sáuerstoffschutzgerät *n* (2), Átemschutzgerät *n* (*пожарника*); ~ная устанóвка Sáuerstofferzeugungsanlage *f* (11); ~ная рéзка Gásbrennschneiden *n* -s

ки́сло-слáдкий süßsauer

кислотá *ж* *тж.* *хим.* Säure *f* (11); азóтная ~ Salpétersäure *f*; сéрная ~ Schwéfelsäure *f*; соля́ная ~ Sálzsäure *f*; у́ксусная ~ Éssigsäure *f*; лимóнная ~ Zitrónensäure *f*; щавéлевая ~ Oxálsäure *f*

кислóтн||ость *ж* *хим.* Säurehaltigkeit *f*; Säuregehalt *m* -(e)s; Azidität *f*; ~ость желу́дочного сóка Säurehaltigkeit des Mágensaftes; обмéнная ~ость Áustauschazidität *f*; **~ый** säurehaltig; Säure-; ~ая вáнна Säurebad *n* (5)

кислотомéр *м* Säuremesser *m* (6)

кислото||определи́тель *м* Säureprüfer *m* (6); **~прóвод** *м* Säureleitung *f* (10); **~раствори́мый** säurelöslich; **~упóрный** *тех.* säurefest; säurebeständig; **~упóры** *мн.* säurefeste [säurebeständige] Materiáli|en

ки́сл||ый **1.** sáuer; herb (*терпкий*); ~ое молокó Sáuermilch *f*; ángesäuerte Milch (*прокисшее*); ~ые щи Sáuerkohlsuppe *f* (11); ~ое тéсто Héfeteig *m* (1); **2.** *хим.* sáuer; **3.** *разг.* (*унылый*) sáuer; быть в ~ом настроéнии míßgestimmt [verdríeßlich] sein; Grílen fángen* (*хандрить*); сдéлать ~ое лицó éine sáure Míene [éine Léichenbittermiene] áufsetzen

кисля́тина *ж* *разг.* **1.** sáures Zeug; **2.** (*о человеке*) verdríeßlicher Mensch

ки́снуть **1.** sáuer wérden, säuern *vi* (h, s); **2.** *перен.* *разг.* míßmutig [míßgestimmt] sein; Grílen fángen* (*хандрить*); níchtstuerisch dahínleben *vi*, versáuern *vi*

кистá *ж* *мед.* Zýste *f* (11), Hóhlgeschwulst *f* (3)

кисте||ви́дный *бот.* (blüten)tráubenförmig; ~**но́сный** *бот.* tráubentragend, tráubenblütig

кистéнь *м ист.* Mórgenstern *m* (1)

ки́сточка *ж* **1.** (*для рисования и т. п.*) Pínsel *m* (6); барсуко́вая ~ (*для бритья*) Dáchshaarpinsel *m*; **2.** (*украшение*) Quáste *f* (11), Tróddel *f* (11)

кисть *ж* **1.** Pínsel *m* (6); маля́рная ~ Málerpinsel *m*, Ánstreichpinsel *m*; *перен.* der (persönliche) Stil (éines Málers); владе́ть ~ю den Pínsel zu führen wíssen*, zu málen verstéhen*; у него́ сме́лая ~ er malt mit kühnem Pínsel; **2.** *бот.* Tráube *f* (11); ~ виногра́да Wéintraube *f*; **3.** *см.* ки́сточка 2; **4.** (*руки́*) Hand *f* (3)

кит *м* **1.** Wal *m* (1); Wálfisch *m* (1) (*разг.*); **2.** *разг.* (*главное лицо*) Stütze *f* (11), Pféiler *m* (6)

кита́ец *м* Chinése *m* (9)

китаи́ст *м* Sinológe *m* (9); Spezialíst *m* für chinésische Literatúr (*литературове́д*)

кита́йск||ий chinésisch; ~ий язы́к die chinésische Spráche, das Chinésische (*sub*); ◇ э́то для меня́ ~ая гра́мота *разг.* ≅ das sind mir böhmische Dörfer

китая́нка *ж* Chinésin *f* (12)

ки́тель *м воен.* Unifórmjacke *f* (11)

кито||ба́за *ж* (китобо́йная ба́за) Wálfangmutterschiff *n* (2); ~**бо́ец** *м см.* китобо́й 2; ~**бо́й** *м* **1.** (*человек*) Wálfänger *m* (6); **2.** (*судно*) Wálfänger *m* (6), Wálfangschiff *n* (2)

китобо́йн||ый: ~ое су́дно Wálfänger *m* (6), Wálfangschiff *n* (2); ~ая флоти́лия Wálfangflotte *f* (11); ~ый про́мысел Wálfang *m* (1*)

кито́вый Wálfisch-; ~ ус Físchbein *n* -(e)s; ~ жир Wálfischtran *m* (1); ~ про́мысел Wálfischfang *m* (1*)

китоло́в *м см.* китобо́й 1; ~**ный** *см.* китобо́йный

китообра́зный *зоол.* wálartig

китч *м* Kitsch *m* -es

кичи́ться sich brüsten, gróßtun* *отд. vi* (чем-л. mit *D*), dícktun* *отд. vi*

кичли́в||ость *ж* Rúhmredigkeit *f* (*бахвальство*); Gróßtuerei *f* (*важничанье*); Áufgeblasenheit *f* (*надутость*); Hóchmut *m* -(e)s (*надменность*); ~**ый** rúhmredig (*хвастливый*); gróßtuerisch (*чванливый*); áufgeblasen (*надутый*); hóchmütig (*надменный*)

киш||е́ть wimmeln *vi* (чем-л. von *D*) (*б. ч. безл.*); пло́щадь ~е́ла людьми́ der Platz wímmelte von Ménschen

кише́чник *м анат.* Darm *m* (1*), Gedärm *n* (2), Gedärme *n* (6)

кишечно||ды́шащие *мн. зоол.* Bínnenatmer *pl*; ~**полостны́е** *мн. зоол.* Zölenteráten *pl*, Hóhltiere *pl*

кише́чн||ый Darm-, Gedärm-; ~ые заболева́ния Dármerkrankungen *pl*

киш||ка́ *ж* **1.** *анат.* Darm *m* (1*); то́нкие ~ки́ Dünndärme *pl*; двенадцатипе́рстная ~ка́ Zwölffingerdarm *m*; то́лстая ~ка́ Díckdarm *m*; слепа́я ~ка́ Blínddarm *m*; пряма́я ~ка́ Mástdarm *m*; воспале́ние ~о́к Dármkatarrh *m* (1), Dármentzündung *f* (10), Enterítis *f*; непроходи́мость ~ки́ Dármverschluß *m* -sses; **2.** (*шланг*) Schlauch *m* (1*); пожа́рная ~ка́ Féuerwehrschlauch *m*; ◇ у него́ ~ка́ тонка́ ≅ es fehlt ihm an Kraft; es fehlt ihm der Mumm (*разг.*); вы́пустить кому́-л. ~ки́ j-m den Garáus máchen; вы́мотать кому́-л. все ~ки́ j-n fértig máchen; надорва́ть ~ки́ со́ смеху vor Láchen plátzen, sich tótlachen *отд.*

кишла́к *м* Kischlák *m* -s, -s (*Dorf in Mittelasien*)

кишми́ш *м* kléine süße kérnfreie Wéintrauben [Rosínen]

кишмя́: ~ киши́т es wímmelt wie in éinem Ámeisenhaufen; es kríbbelt und krábbelt

кия́нка *ж спец.* Hólzhammer *m* (6)

клавеси́н *м* Cembalo ['tʃɛm-] *n* -s, -s; ~**и́ст** *м* Cembalíst [tʃɛm-] *m* (8)

клавиату́ра *ж* Klaviatúr [-vi-] *f* (10) (*на муз. инструментах*); Tastatúr *f* (10) (*напр. на пишущей машинке, наборной машине*)

клавико́рды *мн. муз.* Klavichord [-vi'kɔrd] *n* (2)

клави́р *м муз.* (*переложение для фортепиано*) Klavierauszug ['vi:r-] *m* (1*)

кла́виш *м*, **кла́више** *ж* Táste *f* (11); ~ обра́тного перемеще́ния (*на пишущей машинке*) Rücktaste *f*; ~ перево́да реги́стра Úmschalttaste *f*

клад *м* Schatz *m* (1*); *перен.* Góldgrube *f* (11); найти́ [откры́ть] ~ éinen Schatz hében*; э́то не рабо́тник, а про́сто ~ díeser Mensch ist éine wáhre Pérle [ein wáhres Juwél]

кла́дбище *с* Fríedhof *m* (1*), Kírchhof *m*; вое́нное ~ Soldátenfriedhof *m*

кладби́щенский Fríedhofs-

кла́дезь *м уст., поэт.* Bronn *m* (13), Brónnen *m* (7), Born *m* (1), Brúnnen *m* (7); ◇ ~ прему́дрости *шутл.* ein Áusbund von Wéisheit

кла́дк||а *ж* **1.** (*действие*) Légen *n* -s, Sétzen *n* -s (*печки*); Máuern *n* -s, Áufführung *f* (*стены*); ~а кирпича́ Máuern *n* -s; ~а труб Róhrlegen *n*; производи́ть ~у (*кирпича и т. п.*) máuern *vt*; производи́ть ~у (*дров*) stápeln *vt*; **2.** (*сооружение*): ка́менная ~а Máuerwerk *n* -(e)s, Gemäuer *n* (6); кирпи́чная ~а Zíegelmauerwerk *n*; **3.** (*носка яиц*) Légen *n* -s; вре́мя [пери́од] ~и яи́ц Légezeit *f* (10)

кладов||а́я *ж* Láger *n* (6), Níederlage *f* (11), Ábstellraum *m* (1*) (*для товаров*); Vórratskammer *f* (11), Spéisekammer *f* (*для провизии*); ~**ка** *ж разг.* kléine Kámmer; ~**щи́к** *м* Lágerarbeiter *m* (6); Gerätewart *m* (1) (*инструментального склада*)

кла́дчик *м* **1.** Áufstapler *m* (6); ~ дров Hólzstapler *m*; **2.** (*каменщик*) Máurer *m* (6)

кладь *ж* Ládung *f* (10); Fracht *f* (10); Kóllo *n* -s, -s *u* -lli; Gepäck *n* (2); ручна́я ~ Hándgepäck *n*

кла́ка *ж театр.* Claque [*фр.* 'klakə] *f*

клакёр *м театр.* Claqueur [*фр.* kla-'kø:r] *м* (1)

клан *м ист.* Clan [*англ.* kla:n] *m* (1) (*pl тж.* -s)

кла́няться **1.** sich vernéigen, sich verbéugen; grüßen *vt*, sich begrüßen (*здороваться*); ~ в по́яс, ни́зко ~ sich bis zur Érde néigen; **2.** (*передавать приветствие*) j-n grüßen lássen*, j-m éinen Gruß sénden*, grüßen *vt*; **3.** *разг.* (*просить*) úntertänigst [démütig] bítten*; ◇ не ~ с кем-л. (*быть в ссоре*) j-n nicht grüßen, mit j-m entzwéit sein; честь име́ю ~ *уст.* auf Wíedersehen!, hábe die Éhre!

кла́пан *м* **1.** *тех.* Ventíl [vɛn-] *n* (2); предохрани́тельный ~ Sícherheitsventil *n*; впускно́й ~ Éinlaßventil *n*; выпускно́й ~ Áuslaßventil *n*; выхлопно́й ~ Áuspuffventil *n*; ~ аэроста́та *ав.* Ballonventil ['lɔŋ-] *n*; **2.** (*у духовых инструментов*) Kláppe *f* (11); Gríffloch *n* (5) (*у флейты*); **3.** *анат.* Kláppe *f* (11); серде́чный ~ Hérzklappe *f*; **4.** (*на одежде и т. п.*) Kláppe *f* (11), Pátte *f* (11); Lásche *f* (11) (*кармана, обуви*)

кларне́т *м муз.* Klarinétte *f* (11); ~**и́ст** *м* Klarinettíst *m* (8)

класс I *м* (*социальная группа*) Klásse *f* (11); рабо́чий ~ Árbeiterklasse *f*; борьба́ ~ов Klássenkampf *m* -(e)s

класс II *м* **1.** (*группа, разряд; тж. биол.*) Klásse *f* (11); ~ расте́ний Pflánzenklasse *f*; ~ корабля́ Schíffsgattung *f* (10), Schíffstyp *m* (13); радиопереда́тчик пе́рвого ~а Sénder *m* der érsten Größe; *спорт.*: ~ А Óberliga *f*, *pl* -gen; ~ Б Líga B; **2.** (*в школе*) Klásse *f* (11); мла́дший ~ úntere Klásse; мла́дшие ~ы Únterstufe *f*; нача́льный ~ Ánfängerklasse *f*; нача́льные ~ы Únterklassen *pl*, Únterstufe *f*; сре́дние ~ы Míttelstufe *f*; ста́рший ~ höhere Klásse; ста́ршие ~ы höhere Klássen; Óberstufe *f*, Óberklassen *pl*; учи́ться в пя́том ~е in die fünfte Klásse géhen*, in der fünften Klásse sein, im fünften Schúljahr sein; эксперимента́льный ~ Versúchsklasse *f*; выпускно́й ~ Abitúrklasse *f*, Ábschlußklasse *f*, Ábgangsklasse *f*; учени́к 6-го ~а Schüler der séchsten Klásse; **3.** (*качество*) Klásse *f* (11); Rang *m* (1*); игра́ высо́кого ~а érstklassiges Spiel; спортсме́н миро́вого ~а ein Spórtler von Wéltklasse; **4.** (*помещение*) Klásse *f* (11), Klássenzimmer *n* (6)

кла́ссик *м* **1.** (*выдающийся деятель науки, искусства*) Klássiker *m* (6); ~и ру́сской литерату́ры die Klássiker der rússischen Literatúr; **2.** (*сторонник классицизма*) Ánhänger *m* des Klassizísmus; **3.** (*специалист по классической филологии*) Áltphilologe *m* (9)

кла́ссика *ж* Klássik *f*

классифика́тор *м тех.* Klassíerer *m* (6), Klassíerapparat *m* (1)

классифика́ция *ж* Klassifikatión *f* (10), Klassifizíerung *f* (10); Ábfachung *f* (10); десяти́чная ~ Dezimálklassifikation *f*

классифици́ровать klassifizíeren *vt*, klassíeren *vt*

классици́зм *м* Klassizísmus *m* =

класси́ческ||и *нареч.* klássisch, músterhaft; ~**ий** **1.** klássisch; ~ое образова́ние humanístische Bíldung; ~ая гимна́зия humanístisches Gymnásium; ~ая литерату́ра klássische Literatúr; **2.** (*лучший*) klássisch, vórbildlich, volléndet; **3.** (*характерный*) týpisch; ~ий приме́р Schúlbeispiel *n* (2)

кла́ссн||ый Klássen-; ~ый журна́л Klássenbuch *n* (5); ~ые заня́тия Schúlunterricht *m* -(e)s; ~ый руководи́тель Klássenlehrer *m* (6)

кла́ссов||ость *ж* Klássengebundenheit *f*, Klássencharakter [-ka-] *m* -s; ~**ый** klássengebunden, klássenbedingt, klássenmäßig, Klássen-; ~ое созна́ние Klássenbewußtsein *n* -s; ~ая борьба́ Klássenkampf *m* -(e)s

кла́ссы *мн.*: игра́ в ~ Hüpfspiel *n* (2)

класть **1.** légen *vt*, zúlegen *vt*; ~ са́хар в чай Zúcker in den Tee tun* [schütten (*песок*)]; ~ на ме́сто an [auf] den Platz légen; an Ort und Stélle légen; ~ но́гу на́ ногу die Béine übereinánderschlagen* [kréuzen]; **2.** (*возводить*) áufführen *vt*, (hóch)zíehen* *vt* (*стену*); sétzen *vt* (*печку*); ~ фунда́мент die Grúndmauer áufführen; den Grúndstein légen (чего́-л. zu *D*); **3.** *разг.* (*считать*) réchnen *vt*; кладём по

5 рублéй с человéка réchnen wir fünf Rúbel pro Persón; ◇ ~ яйца Éier légen; ~ на мýзыку vertónen *vt*; ~ себé в кармáн etw. mítgehen lássen*; ~ в оснóву zum Áusgangspunkt néhmen*; zugrúnde légen; ~ **в рот** комý-л. что-л. j-m etw. in den Mund légen; ~ под сукнó auf die lánge Bank schíeben*

клáузула *ж* **1.** *юр.* Kláusel *f* (11); **2.** *лит.* Schluß éines Gedíchts [éiner Réde]

клёв *м* Ánbeißen *n* -s; сегóдня хорóший ~ héute béißen die Físche gut an

клевáть 1. (*о птице*) pícken *vt*; ~ когó-л. hácken *vt* (mit dem Schnábel); ~ друг дрýга sich hácken; **2.** (*на что-л.— о рыбе*) ánbeißen* *vi* (*тж. перен.*); ◇ ~ нóсом *разг.* éinschlummern *vi*, (éin)nícken *vi*; dúseln *vi*, dösen *vi* (*дремать*); у негó дéнег кýры не клюют *погов.* ≅ er hat Geld wie Heu

клéвер *м бот.* Klee *m* (1); покóс ~а Kléeschnitt *m* (1)

клевет||á *ж* Verléumdung *f* (10); Ánschwärzung *f* (10); возводить ~ý на когó-л. j-n verléumden [verlästern]; j-m Übles náchreden; **~áть** (*на кого-л.*) verléumden *vt*; (ver)lästern *vt*, ánschwärzen *vt*; j-m Übles náchreden [náchsagen]; **~ník** *м* Verléumder *m* (6), Lästermaul *n* (5); **~ница** *ж* Verléumderin *f* (12); **~нический** verléumderisch; ~нúческая кампáния Verléumdungskampagne [-njə] *f* (11)

клевóк *м воен.* Áufschlag *m* (1 *)

клеврéт *м уст.* Hélfershelfer *m* (6)

клееварéние *с* Léimsieden *n* -s

клеев||óй Leim-; Klébe-; ~áя крáска Léimfarbe *f* (11); ~ая полóска Klébestreifen *m* (6)

клеёнк||а *ж* Wáchstuch *n* (2); **~чатый** Wáchstuch-

клеёный geléimt, geklébt

клеообрáзный léimartig

клéит||ь klében *vt*, léimen *vt*; **~ся 1.** *разг.*: разговóр не ~ся das Gespräch kommt nicht in Fluß; das Gespräch gerät ins Stócken; дéло не ~ся! es klappt nicht!, die Sáche hólpert! **2.** *страд.* geklébt [geléimt] wérden

клей *м* Leim *m* (1), Klébstoff *m* (1); растúтельный ~ Pflánzenleim *m*; рыбий ~ Físchleim *m*; живóтный ~ Tíerleim *m*; универсáльный ~ Álleskleber *m* (6); столя́рный ~ Tíschlerleim *m*; резúновый ~ Gúmmilösung *f* (10); садóвый ~ Báumwachs *n* (2); покры́ть клéем léimen *vt*

клéйк||а *ж* Léimen *n* -s; **~ий** klébrig, léimig; zäh, viskós [vɪs-]; ~ая бумáга (*для мух*) Fliégenpapier *n* (2); **~овúна** *ж* Kléber *m* (6), Glutén *n* -s; **~ость** *ж* Klébrigkeit *f*, Léimigkeit *f*

клейм||éние *с* Stémpelung *f*, Markíerung *f* (*металлов, товаров*); Éichung *f* (*мер и весов*); ~éние мя́са Fléischstempelung *f*; **~úть 1.** stémpeln *vt*, markíeren *vt* (*ставить клеймо на металле*); stémpeln *vt* (*товары*); éichen *vt* (*меры и весá*); **2.** *перен.* brándmarken *неотд. vt*; ~úть позóром ein Schándmal áufdrücken (когó-л. *D*); ~úть презрéнием mit Veráchtung stráfen

клеймó *с* Stémpel *m* (6); Zéichen *n* (7) (*знак*); Sígnum *n* -s, -na; Brándmal *n* (2, 5) (*тж. перен.*); фабрúчное ~ Fabríkmarke *f* (11), Fabríkzeichen *n*, Schútzmarke *f*, Wárenzeichen *n*; Gestützeichen *n* (*конного завода*); смыть позóрное ~ den Schándfleck (von séinem Námen) ábwaschen*

клéйстер *м* Kléister *m* (6)

клёкот *м* Ádlerruf *m* (1), Ádlerschrei *m* (1)

клекотáть schréien* *vi*, rúfen* *vi* (*von Raubvögeln*)

клéмм||а *ж тех.* Klémme *f* (11); **~ник** *м эл.* Klémmenleiste *f* (11); Klémmenbrett *n* (5)

клён *м* Áhorn *m* (1); полевóй ~ Máßholder *m* (6), Féldahorn *m*

кленóвый Áhorn-

клепáло *с тех.* Níethammer *m* (6*)

клепáль||ный *тех.* Níet-; ~ная машúна Níetmaschine *f* (11); Níeteneinsatzmaschine *f*; **~щик** *м* Níeter *m* (6)

клепáть I *тех.* níeten *vt*, vernieten *vt*

клепáть II *разг.* (*клеветать*) verléumden *vt*, verlästern *vt*, ánschwärzen *vt*

клёпк||а *ж* **1.** *тех.* (*процесс*) Níetung *f*, Verníeten *n* -s; **2.** (*бочарная*) Dáube *f* (11); Dáubenholz *n* (5); ◇ у негó какóй-то ~и не хватáет *разг.* ≅ in séinem Kopf ist éine Schráube los

клептомáн *м мед.* Kleptománe *m* (9), Stéhlsüchtige *m* (14); **~ия** *ж* Kleptomaníe *f*, Stéhlsucht *f*

клерикáл *м* Klerikále *m* (14); **~úзм** *м* Klerikalísmus *m* =

клерикáльный klérikál

клерк *м* Clerk [*англ.* kla:rk] *m* -s, -s

клеровáть *тех.* klären *vt*; raffiníeren *vt*

клёст *м зоол.* Kréuzschnabel *m* (6*)

клéтк||а *ж* **1.** Käfig *m* (1); Box *f* (10); Vógelkäfig *m*, Báuer *n*, *m* (6) (*для птиц*); **2.** (*на бумаге, материи и т. п.*) Kästchen *n* (7); в ~у kariert; **3.** *стр.*: лéстничная ~а Tréppenhaus *n* (5); **4.** *биол.* Zélle *f* (11); ~и растéний Pflánzenzellen *pl*; учéние о ~е Zéllenlehre *f*; ◇ грудная ~а *анат.* Brústkorb *m* (1*); ~а Фарадéя *физ.* Fáradayscher Käfig

клéточ||ка *ж биол.* Zélle *f* (11); **~ный** *биол.* Zéll(en)-, zellulár; ~ный сок Zéllsaft *m* (1*)

клетýшка *ж разг.* Kämmerchen *n* (7), Zímmerchen *n* (7)

клетчáтка *ж* **1.** (*соединительная ткань*) Zéllgewebe *n* -s; подкóжная ~ *анат.* Únterhautzellgewebe *n*; **2.** (*целлюлоза*) Zellulóse *f*

клéтчат||ый 1. (*в клетку*) gewürfelt, karíert; ~ая бумáга karíertes Papíer; зелёный ~ый шарф grüngewürfelter Schal; ~ый узóр *текст.* Stéinmuster *n* (6), Dámbrettmuster *n*; **2.** *биол.* Zél-l(en)-, zellulár

клеть *ж* **1.** *уст.* Vórratskammer *f* (11); **2.** *горн.* Förderkorb *m* (1*)

клёцка *ж кул.* Kloß *m* (1*), Knödel *m* (6)

клёш *м*: юбка ~ Glóckenrock *m* (1*); брюки ~ wéite Hose

клешня́ *ж* Krébsschere *f* (11)

клещ *м зоол.* Mílbe *f* (11); Zécke *f* (11) (*собачий*); чесóточный ~ Krätzmilbe *f*, Räudemilbe *f*

клещевúна *ж бот.* Rízinusstaude *f* (11)

клéщи *мн. тех.* Zánge *f* (11); комбинúрованные ~ Kómbizange *f*; зажáть в ~ *воен.* in die Zánge néhmen*; éinkesseln *vt*; ~ сжимáются *воен.* die Zánge schließt sich; ◇ из негó словá тащúть клещáми нáдо man muß ihm jédes Wort aus der Náse zíehen*

клúвер *м мор.* Klüver [-vər] *m* (6)

клиéнт *м* Kúnde *m* (9), Kliént *m* (8); постоя́нный ~ Dáuerkunde *m*, Stámmkunde *m*; обслýживание ~ов Kúndendienst *m* (1); **~ка** *ж* Kúndin *f* (12), Kliéntin *f* (12); **~ýра** *ж* **1.** *юр.* Klientél *f* (10); **2.** (*покупатели*) Kúndenkreis *m* -es, Kúndschaft *f*; постоя́нная ~ýра Dáuerkundschaft *f*

клúзм||а *ж мед.* **1.** Klistíer *n* (2), Éinlauf *m* (1*); Klýsma *n* -s, -men; стáвить ~у ein Klistíer gében*, éinen Éinlauf máchen; очистúтельная ~а Ábführklistier *n*; мы́льная ~а Séifenwasserklistier *n* **2.** (*прибор*) Klistíerspritze *f* (11)

клик *м* Ruf *m* (1); Schrei *m* (1); Áusruf *m* (*возглас*); рáдостные ~и Fréudenrufe *pl*, Fréudenschreie *pl*

клúка *ж* Clique [*фр.* 'kli:kə] *f* (11), Síppe *f* (11), Síppschaft *f* (10); Klüngel *m* (6); воéнная ~ Militärklüngel *m*, Militarístenklüngel *m*

клúк||ать *разг.* **1.** (*звать*) laut rúfen*, hérrufen* *vt*; **2.** (*кричать — о гусях, лебедях*) schréien* *vi*; **~нуть** *см.* клúкать 1; ◇ ~нуть клич éinen Áufruf erlássen*

кликýш||а *ж* (kréischende) Hystérikerin *f*; *перен.* Únke *f* (11); **~ество** *с* Hysteríe *f*; *перен.* únbeherrschtes, hystérisches Benéhmen

клúмакс, климактéрий *м физиол.* Wéchseljahre *pl*, Klimaktérium *n* -s

климактерúческий *физиол.* klimaktérisch; ~ перúод Klimaktérium *n* -s, Wéchseljahre *pl*

клúмат *м* Klíma *n* -s, *pl* -s *u* -máte; континентáльный ~ Lándklima *n*, Kontinentálklima *n*; морскóй ~ Séeklima *n*; умéренный ~ gemäßigtes Klíma; ~, благоприя́тный для здорóвья Schónungsklima *n*; изменéние ~а Lúftwechsel *m* (6); **~úческий** klimátisch; ~úческий курóрт Lúftkurort *m* (1); **~олóгия** *ж* Klimatologíe *f*

клин *м* **1.** Keil *m* (1); борóдка ~ом Spítzbärtchen *n* (7), Zwíckelbart *m* (1*); вбить ~ den Keil éinsetzen [hinéintreiben*]; *перен.* éine Kluft áufreißen*; закрепля́ть ~ьями verkéilen *vt*; **2.** (*платья и т. п.*) Zwíckel *m* (6); Bahn *f* (10); **3.** *с.-х.* Ácker *m* (6*); яровóй ~ Sómmeracker *m*; озúмый ~ Wínteracker *m*; ◇ ~ ~ом вышибáют *погов.* ein Keil treibt den ánderen; den Téufel mit Beélzebub áustreiben*; егó привы́чки и ~ом не вы́шибешь das wird man ihm nicht ábgewöhnen können; свет не ~ом сошёлся *погов.* на ком-л., на чём-л. j-d, etw. ist doch nicht éinzigdástehend, es gibt noch víele(s) ándere auf der Welt

клúн||ика *ж* Klínik *f* (10); **~ицúст** *м мед.* Klíniker *m* (6); **~úческий** *мед.* klínisch

клúнкер *м тех.* Klínker *m* (6)

клиновúдн||ый kéilförmig; ~ая кость *анат.* Kéilbein *n* (2), Grúndbein *n*; ~ый каблýк Kéilabsatz *m* (1*)

клиновóй Keil-; ~ затвóр *воен.* Kéilverschluß *m* -sses, -schlüsse

клинóк *м* Klínge *f* (11)

клинóметр *м* Klinométer *n* (6), Néigungsmesser *m* (6)

клинообрáзн||ый kéilförmig; ~ые письменá Kéilschrift *f* (10)

клинопúсный Kéilschrift-

клинóпись *ж* Kéilschrift *f* (10)

клинч *м* (*бокс*) Clinch [klɪntʃ] *m* -es, Umklámmerung *f* (10)

клúпер *м мор.* Klípper *m* (6)

клипс *м* Klipp *m* -s, -s, Óhrklipp *m*; Klips *m* (1) (*австр.*)

клир *м церк.* **1.** (*служители*) Klérus *m* =, Géistlichkeit *f*; **2.** (*хор*) Kírchenchor [-,ko:r] *m* (1*)

клúренс *м авто* Bódenfreiheit *f* (10)

клúринг *м фин.* Clearing ['kli:-] *n* -s, -s; Clearingverkehr *m* - (e)s, Verréchnung *f* (10)

клúрос *м церк.* **1.** Chor [ko:r] *m* (1, 1*) **2.** (*певчие*) Kírchenchor [-,ko:r] *m* (1*)

клирфáктор *м радио* Klírrfaktor *m* -s

клистúр *м уст. см.* клúзма

клистрóн *м эл.* Klystrón *n* (2), Tríftröhre *f* (11)

клúтор *м анат.* Klítoris *f*, *pl* = *u* -órides, Kítzler *m* (6)

клич *м* Ruf *m* (1), Zúruf *m*; боевóй ~ Kríegsruf *m*, Kámpfruf *m*

клúчка *ж* **1.** Náme *m* (15), Rúfname *m* (*животного*); Béiname *m*, Spítzname *m* (*человека*); **2.** (*конспиративная*) Déckname *m* (15); партúйная ~ Partéideckname *m*

клишé *с полигр.* Klischée *n* -s, -s, Bíldstock *m* (1*), Drúckstock *m*, Stock *m*; *перен. тж.* Ábklatsch *m* (1)

клоáка *ж* Kloáke *f* (11)

клоáчные *мн. зоол.* Kloákentiere *pl*

клобýк *м* Káppe *f* (11), Mönchskappe *f*

клозéт *м разг.* Klosétt *n* (2), Ábort *m* (1)

кло||к *м* **1.** (*волóс*) Büschel *n* (6), Strähne *f* (11); Zótte *f* (11) (*шерсти*) **2.** (*лоскут, обрывок*) Fétzen *m* (7); изорвáть в ~чья zerfétzen *vt*, in Fétzen [Stücke] réißen*

клокé *м текст.* Cloqué [klɔ'ke:] *m* -s; креп-~ Blásenkrepp *m* -s, -s; узóр ~ Blásenmuster *n* (6)

клокот||áние *с* Sprúdeln *n* -s, Bródeln *n* -s, Gebródel *n* -s; **~áть** sprúdeln *vi*; bródeln *vi*, wállen *vi*, síeden(*) *vi*; всё в нём ~áло от гнéва es kóchte in ihm vor Wut, er schäumte vor Wut

клонúть 1. néigen *vt*, béugen *vt*; он клóнит речь к томý, что... er zielt daráuf hin, daß...; er will zu verstéhen gében*, daß...; **2.** *безл.*: меня клóнит ко сну mich schläfert, ich bin schläfrig; жарá клóнит к лéни die Hítze macht éinen faul; ◇ ~ гóлову sich fügen; **~ся 1.** (*склоняться*) sich néigen, sich béugen; **2.** (*приближаться*) zúgehen* *vi* (s) (к чемý-л. *D*); führen *vi* (к чемý-л. zu *D*); дéло клóнится к концý díese Sáche geht íhrem Énde entgégen; к чемý э́то клóнится? woráuf geht das hináus?; день клóнится к вéчеру der Tag neigt sich dem Énde zu [geht zu Énde, geht zur Néige]

клоп *м* **1.** Wánze *f* (11); древéсный ~ Báumwanze *f*; постéльный ~ Béttwanze *f*; **2.** *шутл.* (*о ребёнке*) Kléinchen *n* (7), Knirps *m* (1); **~óвник** *м разг.* Wánzennest *n* (5); Wánzenloch *n* (5), verwánztes Zímmer

клóун *м* Clown [*англ.* klaọn] *m* -s, -s; der Dúmme Áugust (*разг.*); **~áда** *ж* Clowneríe [klaọ-] *f* (11)

клохтáнье *с* Glúcken *n* -s, Gáckern *n* -s, Gegácker *n* -s; Köllern *n* -s (*об индейке*)

клохтáть glúcken *vi*, gáckern *vi*; köllern *vi* (*об индейке*)

клочóк *м* Fétzen *m* (7); ~ бумáги ein Fétzen Papíer, Schníppel *m*, *n* (6); ~ землú ein Flécken Érde; Lándparzelle *f* (11)

клуб I *м* Klub *m* -s, -s; Klúbhaus *n* (5) (*здание*); ~ молодёжи Júgendklub *m*; спортúвный ~ Spórtklub *m*

клуб II *м* Ráuchschwaden *m* (7) (*дыма*); Nébelschwaden *m* (*тумана*); Stáubwolke *f* (11) (*пыли*)

клýбень *м бот.* Knólle *f* (11), Knóllen *m* (7)

клубú||ться (*о дыме, паре и т. п.*) sich bállen, áufsteigen* *vi* (s); облакá ~лись die Wólken bállten sich; дым ~лся der Rauch stieg auf

клубневúдный knóllenartig

клубневóй *бот.* Knóllen-, knóllig

клубнеплóд *м бот.* Knóllenfrucht *f* (3), Knóllengewächs *n* (2)

клубн||úка *ж* Gártenerdbeere *f* (11), Érdbeere *f*; **~úчный** Érdbeer-; ~úчное варéнье Éingemachtes aus Gártenerdbeeren, Érdbeerkonfitüre *f*; ~úчного цвéта érdbeerfarben, fraise [*фр.* 'frɛ:zə]

клýбн||ый Klub-; ~ая кóмната Kultúrraum *m* (1*), Klúbraum *m*

клуб||óк *м* Knäuel *m* (6), *n* (6); ~óк шéрсти Wóllknäuel *m*; свернýться ~кóм sich wie ein Knäuel zusámmenringeln, sich knäueln, sich zusámmenkauern; ◇ ~óк противорéчий ein Knäuel [Knóten] von Wídersprüchen; слёзы ~кóм подступúли к гóрлу die Tränen schnürten die Kéhle zu

клýмба *ж* Beet *n* (2), Blúmenbeet *n*, Blúmenrabatte *f* (11); Schmúckplatz *m* (1*)

клýша *ж разг.* Glúcke *f* (11), Klúcke *f* (11), Glúckhenne *f* (11), Brúthenne *f*

клык *м анат.* Éckzahn *m* (1*), Spítzzahn *m*; Stóßzahn *m* (*у животных*); Háuer *m* (6) (*бивень*); волк оскáлил ~ú der Wolf flétschte die Zähne; **~áстый** mit (hervórstehenden) Stóßzähnen

клюв *м* Schnábel *m* (6*); **~овúдный** schnábelartig, schnábelförmig

клюз *м мор.* Klüse *f* (11)

клюкá *ж* Stab *m* (1*), Krúmmstab *m*; Pílgerstab *m*, Krückstock *m* (1*)

клю́кв||а *ж* Móosbeere *f* (11); ◇ вот так ~а! ≅ ei verflúcht!, da háben wir die Bescherung [den Salát]!; **~енный** Móosbeer-; ~енный сок Móosbeersaft *m* - (e)s

клю́кнуть *разг.* éinen hében*, zu tief ins Glas gúcken

клю́нуть *см.* клевáть

ключ I *м* **1.** Schlüssel *m* (6); (раздвижнóй) гáечный ~ (verstéllbarer) Schráubenschlüssel *m*; торцóвый ~ Stéckschlüssel *m*; консéрвный ~ Büchsenöffner *m* (6); вы́нуть ~ den Schlüssel ábziehen*; запирáть на ~ zúschließen* *vt*, verschlíeßen* *vt*; кольцó для ~éй Schlüsselring *m* (1); **2.** *перен.* Schlüssel *m* (6); дать ~ к понимáнию den Schlüssel zum Verständnis líefern; **3.** (*к шифру*) Schlüssel *m* (6); **4.** *муз.* Schlüssel *m* (6); скрипúчный ~ Violínschlüssel [vi-] *m*, G-Schlüssel *m*; басóвый ~ Báßschlüssel *m*, C-Schlüssel *m*; ~ настрóйщика Stímmhammer *m* (6); **5.** *радио* Táste *f* (11); *эл.* Schálter *m* (6); ~ Мóрзе Mórsetaste *f*; передáча ~óм Tástfunk *m* (1); аварúйный ~ Nótschalter *m*

ключ II *м* (*источник*) Quélle *f* (11); Quell *m* (1) (*поэт.*); горя́чий ~ Thérme *f* (11); ◇ бить [кипéть] ~óм quéllen *vi*, hervórquellen* *vi*, (hervór)sprúdeln *vi*; bródeln *vi*, pulsíeren *vi*; жизнь в нём бьёт ~óм er ist von überquéllender [schäumender] Lébenskraft; здесь жизнь бьёт ~óм hier herrscht réges Lében

ключев||óй I: Schlüssel-, Grund-, entschéidend; ~áя позúция *тж. воен.* Schlüsselstellung *f* (10); ~ы́е óтрасли промы́шленности führende Industríezweige; ~óй вопрóс Grúndfrage *f*, entschéidende Fráge

ключев||óй II Quell-; ~áя водá Quéllwasser *n* -s

ключúца *ж анат.* Schlüsselbein *n* (2)

клю́чница *ж уст.* Háushälterin *f* (12), Beschlíeßerin *f* (12)

клю́шка *ж* **1.** *спорт.* Hockeyschläger ['hɔke:-] *m* (6), Schläger *m*; **2.** *см.* клюкá

кля́кс||а *ж* Klecks *m* (1), Tíntenklecks *m*; посадúть ~у éinen Klecks máchen

кля́нчить *разг.* áufdringlich bítten*, bétteln *vi* (что-л. um *A*)

кляп *м* Knébel *m* (6); засýнуть комý-л. в рот ~ j-n knébeln, j-m das Maul stópfen

кля́ссер *м* Éinsteckalbum *n* -s, -ben

клясть verwünschen *vt*; verflúchen *vt*, flúchen *vi*

кля́сться schwören* *vt*, *vi*; клянýсь чéстью! bei méiner Éhre!, auf Éhre!; mein Éhrenwort!; ~ в вéчной дрýжбе ewige Fréundschaft schwören

клятв||а *ж* Schwur *m* (1*), Eid *m* (1); дать ~у éinen Eid [Schwur] áblegen [léisten]; взять с когó-л. ~у j-m éinen Schwur ábnehmen*, j-n schwören lássen*; преступúть [нарýшить] ~у den Schwur bréchen*, éidbrüchig wérden; ~а вéрности Tréueid *m*; **~енно** an Éides Statt; ~енно уверя́ть an Éides Statt versíchern; **~енный** éidlich, éidesstattlich; ~енное обещáние éidesstattliche Versícherung

клятво||преступлéние *с* Méineid *m* (1); **~престýпник** *м* Méineidige *m* (14)

кля́уз||а *ж разг.* Ränke und Schlíche; Denunziatión *f* (10) (*донос*); Klatsch *m* (1) (*сплетня*); затевáть ~ы Ränke schmíeden; **~ник** *м разг.* Ränkeschmied *m* (1), Intrigánt *m* (8); Denunziánt *m* (8) (*доносчик*); **~ничать** *разг.* Ränke schmíeden; denunzíeren *vt* (*ябедничать*); **~ный** *разг.* ränkevoll; ~ное дéло éine schmútzige Geschíchte, ein únsauberes Geschäft

кля́ча *ж разг.* Mähre *f* (11), Schíndmähre *f*

кнель *ж кул.* Fléischknödel *n* (6), Físchknödel *n*

кнúг||а *ж* Buch *n* (5); контóрская ~а Geschäftsbuch; прихóдно-расхóдная ~а Áusgabe- und Éinnahmebuch *n*; кáссовая ~а Kássenbuch *n*; домóвая ~а Háusbuch *n*; жáлобная ~а Beschwérdebuch *n*; ~а жáлоб и предложéний Kúndenbuch *n*; ~а зáписей áктов граждáнского состоя́ния Zivílstandsregister [-'vi:l-] *n* (6); ~а óтзывов Gästebuch *n*; племеннáя ~а *с.-х.* Hérdbuch *n*; ~а по специáльной дисциплúне Fáchbuch *n*; дéтская ~а с картúнками Bílderbuch *n*; вы́дача книг Áusleihe *f* (11); оформлéние ~и Búchausstattung *f* (10), Búchgestaltung *f* (10); «~а пóчтой» Póstbuchhandel *m* (6); э́то сочинéние úздано в двух ~ах díeses Werk erschíen in zwei Bänden; отдéльной ~ой (*об издании*) in Búchform; вы́пустить в свет ~у ein Buch heráusgeben*; проводúть по ~ам *бухг.* zu Buch néhmen*; ◇ ~а за семью́ печáтями ein Buch mit síeben Síegeln; емý и ~и в рýки er ist Kénner, er muß das wíssen, sein Úrteil ist máßgebend

книговéдение *с* Bücherkunde *f*

книгоéд *м зоол.*, *тж. ирон.* Bücherwurm *m* (5)

книго||издáтель *м* Búchverleger *m* (6); **~издáтельство** *с* Búchverlag *m* (1); **~лю́б** *м* Bücherfreund *m*, Bibliophíle *m* (9); **~нóша** *м*, *ж* Bücherkolporteur [-,tø:r] *m*, Wánderbuchhändler *m* (6); **~печáтание** *с* Búchdrukkerkunst *f*, Búchdruck *m* - (e)s; **~торгóвля** *ж* Búchhandel *m* -s; **~хранúлище** *с* Bücheréi *f* (10), Bibliothék *f* (10) (*библиотека*); Magazín *n* (2) (*помещение в библиотеке*)

кни́жк||а *ж* **1.** *см.* кни́га; Büchlein *n* (7); записна́я ~а Notízbuch *n* (5), Mérkbuch *n*; сберега́тельная ~а Spárkassenbuch *n*; че́ковая ~а Schéckbuch *n*; биле́тная ~а Fáhrscheinheft *n* (2); квитанцио́нная ~а Quíttungsblock *m* -s, -s; купо́нная ~а *ж.-д.* Búchfahrkarte *f* (11); библиоте́чная ~а Léseheft *n* (2); трудова́я ~а Árbeitsbuch *n*, Árbeitspaß *m* -sses, -pässe; положи́ть де́ньги на ~у Geld auf die Spárkasse trágen*; ~а-карти́нка Bílderbuch *n*; ~а-малю́тка Mínibuch *n*; **2.** (*выпуск журнала*) Heft *n* (2); **3.** *анат.* (*у жвачных*) Blättermagen *m* (7)

кни́жник *м* **1.** (*знаток книг*) Geléhrte *m* (14), Búchgelehrte *m*; Bücherwurm *m* (4) (*шутл.*, *ирон.*); **2.** (*любитель книг*) Bücherliebhaber *m* (6); Bücherkenner *m* (6); **3.** *разг.* (*работник книжного магазина*) Búchhändler *m* (6)

кни́жн||ый 1. (*относящийся к книге*) Buch-; Bücher-; ~ый переплёт Búcheinband *m* (1*); ~ый шкаф Bücherschrank *m* (1*); ~ая по́лка Bücherbrett *n* (5); ~ая торго́вля Búchhandel *m* -s; ~ый магази́н Búchhandlung *f* (10); ~ый лото́к (*на улице*) ambulánter Bücherstand; ~ая автола́вка Bücherwagen *m* (7); fáhrbare Búchhandlung; ~ый фонд Bücherbestand *m* (1*); ~ое обозре́ние Bücherschau *f* (10); ~ый знак Búchzeichen *n* (7), Exlíbris *n* =, =; **2.** (*теоретический, отвлечённый*) búchgelehrt, stúbengelehrt; lébensfremd, wéltfremd (*далёкий от жизни*); ~ая учёность Búchgelehrsamkeit *f*; **3.** *лингв.* búchsprachlich, Buch-; ~ое сло́во búchsprachlicher Áusdruck, Búchwort *n* (5); ◇ Кни́жная пала́та Búchkammer *f* (11)

книжо́нка *ж* **1.** Büchlein *n* (7); **2.** *пренебр.* Schwárte *f* (11), Máchwerk *n* (2), Schmöker *m* (6)

кни́зу *нареч.* nach únten; hináb (*по направлению от говорящего*); heráb (*по направлению к говорящему*)

кни́ксен *м* Knicks *m* (1)

кни́ца *ж мор.* Kníeblech *n* (2), Knie *n* -s, = [ˈkni:(ə)]

кно́пк||а *ж* **1.** (*канцелярская*) Réißnagel *m* (6*), Réißzwecke *f* (11), Zwécke *f*; прикрепи́ть ~ой ánzwecken *vt*; **2.** (*для застёгивания*) Drúckknopf *m* (1*); **3.** *эл.* Knopf *m* (1*); Kontáktknopf *m*, Táster *m* (6), Táste *f* (11); испыта́тельная ~а Prüftaste *f*; ~а для за́писи (*на магнитофоне*) Áufnahmetaste *f*; ~а «стоп» Stóptaste *f*; нажа́ть на все ~и *перен.* álle Régister zíehen*, álle Hébel in Bewégung sétzen

кно́почный Drúck(tasten)-, Tásten-; ~ выключа́тель *эл.* Drúckschalter *m* (6), Táster *m* (6)

кнут *m* Knúte *f* (11), Péitsche *f* (11); бить ~о́м (áus)péitschen *vt*, mit der Knúte [Péitsche] schlágen*; погоня́ть кого́-л. ~о́м j-n mit der Péitsche vórwärtstreiben*; щёлкать ~о́м mit der Péitsche knállen; ◇ поли́тика ~а́ и пря́ника Politík von Zúckerbrot und Péitsche

кнутови́ще *с* Péitschenstiel *m* (1)

княги́ня *ж* Fürstin *f* (12)

княж||еский fürstlich; **~ество** *с* Fürstentum *n* (5); вели́кое ~ество *ист.* Gróßfürstentum *n*; **~ить** (als Fürst) regíeren *vi*; **~на́** *ж* Fürstentochter *f*, *pl* -töchter

князёк *м* Zwérgfürst *m* (8), Duodézfürst *m*

князь *м* Fürst *m* (8); вели́кий ~ *ист.* Gróßfürst *m*

ко *см.* к

коагуля́тор *м физ., хим.* Koagulánt *m* (8), Koagulatiónsmittel *n* (6), Gerínnungsmittel *n*

коагуля́ция *ж физ., хим.* Koagulatión *f*, Koagulíeren *n* -s

коалицио́нн||ый Koalitións-, koalíert; alliíert; ~ые держа́вы die alliíerten [koalíerten] Mächte; ~ое прави́тельство Koalitiónsregierung *f* (10)

коали́ция *ж* Koalitión *f* (10); Alliánz *f* (10)

ко́бальт *м* Kóbalt *n* -(e)s (*хим. знак Co*); **~овый 1.** Kóbalt-; **2.** (*о цвете*) kóbaltblau; ◇ ~овый блеск *мин.* Kóbaltglanz *m* -es, Kobaltín *m* -s; ~овая пу́шка *физ., мед.* Kóbaltkanone *f* (11)

кобе́ль *м* **1.** Rüde *m* (9); **2.** *груб.* géiler Bock (*о человеке*)

кобе́ниться *разг.* bócken *vi*, sich spérren

ко́бз||а *ж муз.* Kóbsa *f*, *pl* -s (*ukrainisches Saiteninstrument*); **~а́рь** *м* Kobsár *m* (1), Kóbsaspieler *m* (6) (*ukrainischer Volksliedersänger*)

ко́бра *ж зоол.* Kóbra *f*, *pl* -s

кобура́ *ж* Revolvertasche [-ˈvɔlvər-] *f* (11), Pistólentasche *f*

ко́бчик *м зоол.* Rótfußfalke *m* (8), Ábendfalke *m*

кобы́л||а *ж*, **~и́ца** *ж* Stúte *f* (11); **~ка** *ж* **1.** (júnge) Stúte *f* (11); **2.** *муз.* (*у струнного инструмента*) Steg *m* (1); **3.** *зоол.* Héuschrecke *f* (11), Wánderheuschrecke *f* (11)

ко́ван||ый 1. geschmíedet, Schmíede-; gehämmert; ~ый сунду́к éisenbeschlagene Trúhe; ~ая ло́шадь beschlágenes Pferd; **2.** (*чёткий — о стихе, языке*) klar, plástisch, áusdrucksvoll; ~ый стиль áusgefeilter Stil

кова́р||ный tückisch, héimtückisch; hínterlistig, árglistig; ~ный у́мысел böser Vórsatz, héimtückischer Ánschlag; árglistige Ábsicht; **~ство** *с* Tücke *f*, Héimtücke *f*, Hínterlist *f*, Árglist *f*; «Кова́рство и любо́вь» «Kabále und Líebe»

кова́ть 1. (*железо*) schmíeden *vt*; kalt hämmern, durch Kálthämmern härten (*холодный металл*); ~ вгоря́чую wármschmieden *vt*; **2.** (*подковывать*) beschlágen* *vt*; **3.** *перен.* schmíeden *vt*; ~ своё сча́стье sein Glück schmíeden; ~ побе́ду над кем-л., над чем-л. den Sieg über j-n, über etw. (*A*) schmíeden; ◇ куй желе́зо, пока́ горячо́ *погов.* schmíede das Éisen, solánge es heiß ist; ~ де́ньги viel Geld leicht erwérben*

ковбо́й *м* Cowboy [*англ.* ˈkaobɔø] *m* -s, -s; **~ка** *разг.* karíertes Spórthemd; **~ский** Cowboy- [ˈkaobɔø-]; ~ский фильм Wildwéstfilm *m* (1), Wéstern *m* =

ковёр *м* Téppich *m* (1); *спорт.* Mátte *f* (11); набивно́й ~ bedrückter Téppich; ~ ручно́й рабо́ты hándgeknüpfter [hándgewebter] Téppich; устла́ть ковра́ми mit Téppichen áuslegen [belégen]; ◇ ~-самолёт der flíegende Téppich; выступа́ть у ковра́ im Zírkus als Spáßmacher áuftreten*

кове́рк||анье *с* Verúnstaltung *f*, Entstéllung *f*, Verzérrung *f*, Verdréhung *f*; Rádebrechen *n* -s (*языка*); Verdérben *n* -s (*характера*); **~ать** verúnstalten *vt*, entstéllen *vt*, verzérren *vt*; verpfúschen *vt*, verhúnzen *vt* (*портить*); ~ать язы́к rádebrechen *неотд. vt*

коверко́т *м* Covercoat [*англ.* ˈkɔvərko:t] *m* = *u* -s, -s

ко́вк||а *ж* **1.** (*металла*) Schmíeden *n* -s; Hämmern *n* -s (*молотом*); свобо́дная ~а Fréiformschmieden *n*; **2.** (*лошадей*) Beschlägen *n* -s; Beschlág *m* -s, Húfbeschlag *m*; **~ий** schmíedbar; stréckbar; ~ий чугу́н Témperguß *m* -sses; ~ое желе́зо Schmíedeeisen *n* (7); **~ость** *ж* Schmíedbarkeit *f*

ко́вочн||ый Schmíede-; ~ая маши́на Schmíedemaschine *f* (11)

коври́га *ж* (*хлеба*) Laib *m* (1), Laib Brot

коври́жк||а *ж* Pféfferkuchen *m* (7), Lébkuchen *m*; ◇ ни за каки́е ~и *разг.* ≅ um nichts auf der Welt

ко́врик *м* kléiner Téppich, Brücke *f* (11); Béttvorleger *m* (6) (*у кровати*)

ковро́в||щик *м* Téppichweber *m* (6), Téppichwirker *m* (6); **~щица** *ж* Téppichweberin *f* (12); **~ый** Téppich-; ~ый про́мысел Téppichwirkerei *f* (10)

ковче́г *м* **1.** *церк.* Schrein *m* (1); **2.:** Но́ев ~ die Árche Nóahs

ковш *м* **1.** Kélle *f* (11); Schöpfkelle *f*; **2.** *тех.* Kübel *m* (6); лите́йный ~ Pfánne *f* (11), Gíeßpfanne *f*; ~ экскава́тора Bággereimer *m* (6), Löffel *m* (6)

ковы́ль *м бот.* Fédergras *n* -es, Stéppengras *n*, Réihergras *n*

ковыля́ть húmpeln *vi*, hínken *vi*, stáken *vi*

ковырну́ться *разг.* hinúnterfallen* *vi* (s), hinúnterpurzeln *vi* (s)

ковыря́ть *разг.* **1.** bóhren *vt* (в чём-л. in *D*); stóchern *vt* (*острым предметом*); wühlen *vt*, schárren *vt* (*копать*); ~ в зуба́х in den Zähnen (herúm)stóchern; **2.** *разг. см.* ковыря́ться **2**; **~ся** *разг.* **1.** wühlen *vi*, kláuben *vi*; **2.** (*мешкать*) lángsam [mühselig, péinlich genáu] árbeiten

когда́ 1. *нареч. вопр.* wann; **2.** *нареч. неопр.* (*иногда*) ~..., *разг.* mánchmal...; он рабо́тает ~ у́тром, ~ ве́чером er árbeitet mánchmal mórgens, mánchmal ábends; **3.** *союз* 1) *для однократного действия в прошедшем времени* als; ~ я его́ уви́дел, я испуга́лся ich erschrák, als ich ihn sah; 2) *для повторяющегося действия в прошедшем времени; для настоящего и будущего времени — всякий раз* wenn; ка́ждый раз, ~ он приходи́л jedes Mal, wenn er kam; ~ я прихожу́, тебя́ нет до́ма wenn ich kómme, bist du nicht zu Háuse; ◇ ~ бы то ни́ было wann es auch sei, wann es auch wäre; есть ~! wann hat man Zeit!; ~ ещё weiß der Hímmel wann; ~-никогда́ mánchmal, sélten éinmal; ре́дко ~ sehr sélten (mal)

когда́-либо, когда́-нибудь *нареч.* **1.** (*в будущем*) (später) éinmal, írgendwann (in der Zúkunft); nach Jahr und Tag; **2.** (*в прошлом*) je, jémals; слыха́ли ли вы ~ что́-либо подо́бное? háben Sie so was jé(mals) gehört?; бо́льше чем ~ mehr als je zuvór

когда́-то *нареч.* **1.** (*в прошлом*) einst, éinstmals, éhemals, éhedem, vor Zéiten; **2.** (*в будущем*) es fragt sich, wann..., es ist fráglich, wann...; ~ он ещё вернётся es fragt sich, wann er noch zurückkehrt

кого́ *род., вин. см.* кто

когорта *ж* Kohórte *f* (11)

ко́г||оть *м* **1.** Králle *f* (11) (*хищных зверей*); Kláue *f* (11) (*хищных зверей и птиц*); **2.** *мн.* ~ти (*монтёрские*) Stéigeisen *n* (7); ◇ попа́сть кому́-л. в ~ти j-m in [únter] die Kláuen gerâten*; показа́ть свои́ ~ти die Krállen zéigen; облома́ть ~ти кому́-л. j-n únschädlich máchen; пря́тать ~ти die Krállen éinziehen*

когти́стый krállig, mit Krállen verséhen

код *м* Kóde *m* -s, -s, Code [ko:t] *m* -s, -s, Schlüssel *m* (6); ~ вычисли́тельной маши́ны Réchnerkode *m*; телефо́нный ~ Vórwahlnummer *f* (11)

ко́дак *м фото* Kódak *m* -s, -s

кодеи́н *м фарм.* Kodeín *n* -s

ко́декс *м* **1.** *юр.* Gesétzbuch *n* (5); мора́льный ~ Síttenkodex *m*; гражда́нский ~ Bürgerliches Gesétzbuch (*сокр.* BGB); Zivilgesetzbuch [-'vi:l-] *n* (*сокр.* ZGB, *в ГДР*); уголо́вный ~ Stráfgesetzbuch *n* (*сокр.* StGB); ~ зако́нов о труде́ Árbeitsgesetzbuch *n*; торго́вый ~ Hándelsgesetzbuch *n* (*сокр.* HGB); **2.** (*старинная рукопись*) Kódex *m* =, -dizes

коди́рование *с* Kodíerung *f*, Verschlüsselung *f*; ~ да́нных Dátenverschlüsselung *f*

коди́ровать verschlüsseln *vt*, chiffríeren [ʃi-] *vt*

кодифи||кацио́нный Kodifikatións-; ~кацио́нная коми́ссия Kodifikatiónsausschuß *m* -sses, -schüsse; **~ка́ция** *ж юр.* Kodifikatión *f* (10), Kodifizíerung *f* (10); Zusámmenfassung *f* (10); **~ци́ровать** kodifizíeren *vt*

ко́дов||ый Kóde-, Tarn-; ~ые зна́ки Kódezeichen *pl*; ~ая табли́ца Tárntafel *f* (11)

кодогра́мма *ж* verschlüsselter [kodíerter] Fúnkspruch

ко́е-где́ *нареч.* hier und da, stéllenweise, mánchеrórts

ко́е-ка́к *нареч.* **1.** (*с трудом*) mit Mühe und Not, mit Ach und Krach; schlecht und recht; **2.** (*небрежно*) náchlässig, flüchtig

ко́е-како́й *мест.* gewíß; ко́е-каки́е вопро́сы gewísse Frágen; ко́е-каки́е све́дения éinige [wénige] Kénntnisse

ко́е-кто́ *мест.* dieser und jener, írgendwer, máncher; gewísse Léute; ~ э́то зна́ет máncher weiß das; ~ ещё здесь éinige sind noch da; я ко́е с ке́м говори́л ich hábe mit éinigen [díesem und jénem] gespróchen

ко́е-куда́ *нареч.* híerhin und dórthin; мне на́до ещё зайти́ ~ ich hábe noch éinen Gang vor

ко́ечн||ый: ~ый больно́й *разг.* ein béttlägeriger Kránker, Béttlägerige *m* (14); ~ое лече́ние stationäre [klínische] Behándlung

ко́е-что́ *мест.* étwas, éiniges, díeses und jénes, írgendwas; я ~ узна́л ich hábe éiniges erfáhren; мы ко́е о чём поговори́ли wir háben über díeses und jénes gespróchen

ко́ж||а *ж* **1.** Haut *f* (3); ухо́д за ~ей, гигие́на ~и Háutpflege *f*; **2.** (*животных*) Fell *n* (2); **3.** *разг.* (*кожура*) Schále *f* (11), Hülse *f* (11); **4.** (*материал*) Léder *n* (6); я́ловая ~а Rindleder *n*; свина́я ~а Schwéinsleder *n*; ла́ковая ~а Láckleder *n*; мя́тая [жа́тая] ~а Knáutschleder *n*; обива́ть ~ей mit Léder bezíehen*; замени́тель ~и Kúnstleder *n*; ◇ гуси́ная ~а Gänsehaut *f*; у него́ одна́ ~а да ко́сти er ist (nur) Haut und Knóchen; из ~и вон лезть sich (*D*) die größte Mühe gében*; sich selbst überbíeten*; sich ein Bein áusreißen* (*разг.*); влезть в чью-л. ~у sich an j-s Platz stéllen

ко́жанка *ж разг.* Léderjacke *f* (11)

ко́жан||ый lédern, Léder-; ~ая ку́ртка Léderjacke *f* (11)

кожгалантере́я *ж* Kléinlederwaren *pl*, Táschnerwaren *pl*

коже́венн||ый Leder-, Gérber-; ~ый заво́д Léderfabrik *f* (10), Gerberéi *f* (10); ~ая промы́шленность Léderindustrie *f*; ~ое сырьё Häute *pl*; Róhfelle *pl*; ~ый това́р Léderwaren *pl*

коже́вник *м* Léderarbeiter *m* (6) (*мастер, рабочий*); Gérber *m* (6) (*дубильщик*)

кожее́д *м зоол.* Spéckkäfer *m* (6)

кожими́т *м* Kúnstleder *n* (6)

ко́жистый häutig

ко́жица *ж* Häutchen *n* (7); ~ плода́ Schále *f* (11), Hülle *f* (11); Pélle *f* (11)

ко́жн||ик *м разг.* (*врач*) Háutarzt *m* (1*), Dermatológe *m* (9); **~ый** Haut-; ~ые боле́зни *мед.* Háutkrankheiten *pl*; ~ые покро́вы *анат.* Óberhaut *f* (3), Epidérmis *f*

кожур||а́ *ж* (*плода*) (dícke) Schále *f* (11), Hülse *f* (11); очища́ть от ~ы́ schälen *vt*, ábhäuten *vt*

кожу́х *м* **1.** (*одежда*) Scháfpelz *m* (1); **2.** *тех.* Mántel *m* (6*); Gehäuse *n* (6); защи́тный ~ Schútzmantel *m*, Schútzgehäuse *n*; охлажда́ющий ~ Kühlmantel *m*; ~ проже́ктора Schéinwerfergehäuse *n*

коза́ *ж* Zíege *f* (11)

козёл *м* **1.** Zíegenbock *m* (1 *); Bock *m* (*тж. перен.*); упря́мый как ~ störrisch, bóckig; **2.** (*игра в карты, домино*) Kártenspiel *n* (2); Dóminospiel *n*; **3.** *спорт.* Bock *m* (1*); **4.** *полигр. разг.* (*пропуск*) Léiche *f* (11); ◇ от него́ как от козла́ молока́ von ihm ist nichts zu hólen; er taugt zu nichts; драть козла́, козло́м петь schlecht [miserábel] síngen*, méckern *vi*; ~ отпуще́ния *разг.* Sündenbock *m*; Prügelknabe *m* (9); пусти́ть козла́ в огоро́д *погов.* den Bock zum Gärtner máchen; забива́ть козла́ *разг.* Dómino spíelen

козеро́г *м* Stéinbock *m* (1*); тро́пик Козеро́га *геогр.* Wéndekreis des Stéinbocks

ко́з||ий Zíegen-; ~ье молоко́ Zíegenmilch *f*; ~ий пух Zíegenflaum *m* -(e)s; ~ья шерсть Zíegenhaar *n* -(e)s; ◇ ~ья но́жка 1) *мед.* Géißfuß *m* (1*), Exkavator [-'va:-] *m* -s, -tóren; 2) (*папироса*) sélbstgedrehte Zigarétte

козлёнок *м* Zícklein *n* (7)

козлето́н *разг. ирон.* mißtönende Stimme (*певца*)

ко́злик *м* **1.** Zícklein *n* (7), júnger Zíegenbock; **2.** (*мех*) Zíckel *n* -s

козли́н||ый Zíegenbock-; ~ая борода́ Zíegenbart *m* (1*)

козли́ще: отдели́ть ове́ц от козли́щ die Scháfe von den Böcken schéiden*

козло́вый Zíegenleder-

козлоно́гий bócksfüßig

ко́злы *мн.* **1.** (*в экипаже*) Bock *m* (1*), Kútschbock *m*; **2.** (*подставка*) Gestéll *n* (2), Bock *m* (1*); Béttgestell *n* (*для кровати*); Sägebock *m* (*для пилки дров*); **3.** *воен.* Gewéhrpyramide *f* (11); соста́вить ру́жья в ~ die Gewéhre zusámmensetzen

козля́тина Zíegenfleisch *n* -es

ко́зни *мн.* Ränke *pl*; Intrígen *pl*; стро́ить ~ Ränke schmíeden; Intrígen spínnen*; расстро́ить чьи-л. ~ j-s Ränke durchkréuzen

козово́д *м* Zíegenzüchter *m* (6); **~ство** *с* Zíegenzucht *f*

козодо́й *м* (*птица*) Zíegenmelker *m* (6), Náchtschwalbe *f* (11)

ко́зочка *ж* Zícklein *n* (7), júnge Zíege

козу́ля *ж см.* косу́ля

козырёк *м* **1.** (*щиток фуражки*) Mützenschirm *m* (1); Áugenschutz *m* -es; **2.** (*навес над дверью, воротами*) Vórdach *n* (5); **3.** *воен.* (*навес над окопом*) Kópfdeckung *f* (10); ◇ брать под ~ die Éhrenbezeigung erwéisen*, grüßen *vt*, salutíeren *vi*

козырно́й Trumpf-; ~ туз Trúmpfas *n* (3*), Trúmpfdaus *n* (2, 5)

козырну́ть *см.* козыря́ть I

ко́зыр||ь *м* **1.** *карт.* Trumpf *m* (1*); ходи́ть с ~я éinen Trumpf áusspielen, trúmpfen *vi*; **2.** (*преимущество*) Trumpf *m* (1*), Überlégenheit *f*, Vórhand *f*; откры́ть свои́ ~и séine Kárten áufdekken, séine Trümpfe zéigen; дать (в ру́ки) но́вые ~и zu néuen Trümpfen verhélfen*; éine Trúmpfkarte in die Hand drükken; **3.** (*видный человек*) státtlicher Mensch; **4.** (*богатый человек*) Hai *m* (1); ◇ ходи́ть ~ем *разг.* einhérstolzieren *vi* (s), den Kopf hoch trágen*

козыря́ть I *разг.* **1.** *карт.* trúmpfen *vi*, séine Trümpfe áusspielen; **2.** (*хвастать*) áuftrumpfen *vi*, práhlen *vi*, sich brüsten, gróßtun* *отд.* *vi* (чем-л. mit *D*)

козыря́ть II *воен. разг.* die Éhrenbezeigung erwéisen*, grüßen *vt*, salutíeren *vi*

козя́вка *ж разг.* Käferchen *n* (7)

кой: ни в ко́ем слу́чае kéinesfálls, auf kéinen Fall, kéineswégs; из ко́их von wélchen; на ~ чёрт *бран.* warúm zum Téufel

ко́йка *ж* Schláfstelle *f* (11); Bett *n* (13); Kóje *f* (11) (*матросская*); Hängematte *f* (11) (*подвесная*); больни́чная ~ Kránken(haus)bett *n*; коли́чество ко́ек (*в больнице*) Béttenkapazität *f*

кок I *м мор.* Schíffskoch *m* (1*); Smútje *m* -s, -s (*разг.*)

кок II *м* (*вихор*) Tólle *f* (11)

кокаи́н *м фарм.* Kokaín *n* -s; **~и́зм** *м* Kokaịnísmus *m* =, Kokaínsucht *f*; **~и́ст** *м* Kokaịníst *m* (8); **~овый** Kokain-

ко́ка-ко́ла (*напиток*) Cóca-Cóla *n* = *u* -s

кока́рда *ж* Kokárde *f* (11), Mützenabzeichen *n* (7)

коке́тка *ж* **1.** Kokétte *f* (11); **2.** (*у платья*) Pässe *f* (11)

коке́т||ливый **1.** (*о человеке*) kokétt, gefállsüchtig; **2.** (*о наряде*) schmuck, fréundlich; **~ничать** kokettíeren *vi*; **~ство** *с* Koketteríe *f* (11)

коки́ль *м мет.* Kokílle *f* (11)

кокк *м бакт.* Kókkus *m* =, *pl* Kókken (*б. ч. pl*)

коклю́ш *м мед.* Kéuchhusten *m* -s

коклю́шечный Klöppel-

коклю́шка *ж* Klöppel *m* (6); Spítzenklöppel *m*

коклю́шный *мед.* Kéuchhusten-

ко́кнуть *разг.* **1.** (*разбить*) zerschlágen* *vt*; **2.** (*ударить*) j-m eins áuswischen

ко́кон *м* Kokon [*фр.* ko'kɔŋ] *m* -s, -s; Púppe *f* (11); сбор ~ов Séidenernte *f* (11)

коко́с *м бот.* **1.** (*плод*) Kókosnuß *f* (3); **2.** (*дерево*) Kókospalme *f* (11); **~овый** Kókos-; ~овое ма́сло Kókosöl *n* -(e)s; ~овая цино́вка éine Mátte aus Kókosbast

коко́тка *ж* Kokótte *f* (11)

коко́шник *м* **1.** *уст.* Kokóschnik *m* =, = (*nationaler Kopfputz russischer Frauen*); **2.** *стр.* Kokóschnik *m* =, = (*Fassadenverzierung*)

кокс *м тех.* Koks *m* (1)

кок-сагы́з *м бот.* Kok-saghys [-'gis] =, =

коксова́||льный *тех.* Koks-; ~льная печь Kóksofen *m* (7,*); **~ние** *с* Verkókung *f* (10); **~ть** verkóken *vt*; kóken *vt*

ко́ксов||ый Koks-; ~ая батаре́я Kóksbatterie *f* (11); ~ая печь Kóksofen *m* (7*)

коксохими́ческ||ий: ~ий заво́д Kokeréi *f* (10); ~ое произво́дство Kókserzeugung *f*; ~ая промы́шленность Kokeréiindustrie *f*

коксу́емость *ж* Verkókungsfähigkeit *f*

коксу́ющийся: ~ у́голь Kókskohle *f* (11)

кокте́йль *м* **1.** (*напиток*) Cocktail [ˈkɔkte:l] *m* -s, -s; **2.** (*приём*) Cocktailparty [ˈkɔkte:l,pɑ:ti] *f* =, *pl* -s *u* -ties [-,pa:ti:s], Cocktáil *m* -s, -s

кол I *м* Pfahl *m* (1*); ◇ сажа́ть на ~ pfählen *vt*; ему́ хоть ~ на голове́ теши́ nichts macht Éindruck áuf ihn, er bleibt hártnäckig; бельё (на моро́зе) стои́т ~о́м die (násse) Wäsche ist stéifgefroren; ~о́м стоя́ть в го́рле im Hálse stéckenbleiben* (*о еде*)

кол II *м*: ни ~а́ ни двора́ *разг.* wéder Haus noch Hof

кол III *м разг.* (*худшая оценка в школе*) Eins *f* (10) (*соответствует в немецких школах* Fünf *f* (10))

ко́ла *ж* **1.** (*плод*) Kólanuß *f* (3); **2.** (*дерево*) Kólabaum *m* (1*)

ко́лба *ж хим.* Kólben *m* (7), Gláskolben *m*; коническая ~ Érlenmeyerkolben *m*

колбаса́ *ж* Wurst *f* (3); кровяна́я ~ Blútwurst *f*; ли́верная ~ Léberwurst *f*; варёная ~ Kóchwurst *f*; копчёная ~ geräucherte Wurst, Knáckwurst *f*; твердокопчёная ~ Dáuerwurst *f*; жа́реная ~ Róstbratwurst *f*, Brátwurst *f*

колба́сн||ая *сущ. ж* Wúrsthandlung *f* (10); **~ик** *м* Wúrsthändler *m* (6); Wúrst(l)er *m* (6); Wúrstmacher *m* (6); **~ый** Wurst-; ~ый заво́д Wúrstfabrik *f* (10), Wurst(l)eréi *f* (10); ~ые изде́лия Wúrstwaren *pl*

колго́тки Strúmpfhose *f* (11)

колдов||а́ть záubern *vi*; héxen *vi*; **~ство́** *с* Zauberéi *f* (10), Hexeréi *f* (10); die Schwärze Kunst

колду́н *м* Záuberer *m* (6), Héxenmeister *m* (6); Schwárzkünstler *m* (6)

колду́нья *ж* Záuberin *f* (12), Héxe *f* (11)

колеба́н||ие *с* **1.** *физ.* Schwíngung *f* (10); Oszillatión *f* (10), Vibratión [vi-] *f* (10); Undulatión *f* (10) (*волнообразное*); ~ие ма́ятника Péndelschwingung *f*; **2.** (*изменение*) Schwánkung *f* (10); ~ие давле́ния Drúckschwankung *f*; ~ие цен Préisschwankung *f*; сезо́нные ~ия saisonbedingte [sɛˈzɔŋ-] Schwánkungen; **3.** (*сомнение*) Schwánken *n* -s, Únschlüssigkeit *f*, Bedénken *n* -s; по́сле до́лгих ~ий nach lángem Schwánken (und Wánken); без ~ий óhne zu zögern

колеба́тельн||ый *физ.* Schwíngungs-; ~ые движе́ния Schwíngungsbewegungen *pl*; Péndelbewegungen *pl* (*маятника*)

колеба́ть 1. bewégen *vt*, in Bewégung bríngen* [versétzen]; **2.** *перен.* erschüttern *vt*, rütteln *vi* (что-л. an *D*); schwánkend máchen; ins Wánken bríngen* (*возбуждать сомнение*); **~ся 1.** schwánken *vi*; schwíngen* *vi*; péndeln *vi* (*о маятнике*); oszillíeren *vi*, vibríeren [vi-] *vi* (*о струне*); **2.** (*не решаться*) schwánken *vi*, únschlüssig sein

коле́нка *ж разг.* Knie *n* -s, = [ˈkni:(ə)]

коленко́р *м* Káliko *m* -s, -s; Drúckperkal *m* (1) (*для переплётов*); ◇ э́то друго́й [ино́й] ~ *разг.* das ist éine ganz ándere Sáche

коленко́ровый Káliko-; ~ переплёт Kálikoeinband *m* (1*), Perkáleinband *m*

коле́нн||ый Knie-; ~ый суста́в *анат.* Kníegelenk *n* (2): ~ая ча́шка *анат.* Kníescheibe *f* (11); ~ый рефле́кс Kníesehnenreflex *m* (1)

коле́н||о *с* **1.** Knie *n* -s, = [ˈkni:(ə)]; стать на ~и níederknien *vi* (s); hínknien *vi*; упа́сть на ~и auf die Knie fállen*; éinen Kníefall tun*; стоя́ть **на ~ях** kníen *vi*; по ~и, по ~о bis an die Knie; knietíef (*о воде и т. п.*); kníehóch (*о траве и т. п.*); **2.** (*мн.* **коле́нья**) *бот.* Knóten *m* (7); **3.** *тех.* Knie *n* -s, = [ˈkni:(ə)], Gelénk *n* (2); Schénkel *m* (6), Kröpfung *f* (10), Krümmer *m* (6); Knick *m* (1) (*трубы*), **4.** (*реки*) Krümmung *f* (10); Bíegung *f* (10); **5.** (*в танцах*) Tánzfigur *f* (10); **6.** (*в пении птиц*) Tríller *m* (6); **7.** (*поколение*) Glied *n* (5), Geschlécht *n* (5); **8.** *мн.* ~и Schoß *m* -es; посади́ть ребёнка себе́ на ~и das Kind auf den Schoß néhmen*; ◇ поста́вить кого́-л. на ~и j-n auf die Knie zwíngen*; ему́ мо́ре по ~о *разг.* er ist übermütig

колено||преклоне́ние Fúßfall *m* -(e)s; **~преклонённый** fúßfällig

коле́н||це *с*: вы́кинуть ~це *разг.* etw. ángeben*, Jux máchen; **~чатый 1.** *тех.* Knie-; gekröpft, wínk(e)lig; ~чатый ры́ча́г Kníehebel *m* (6); **~чатый** вал Kúrbelwelle *f* (11), gekröpfte Wélle; **2.** *бот.* knótig

ко́лер I *м* (*цвет*) Fárbenton *m* (1*); Fárbenabstufung *f* (10)

ко́лер II *м вет.* Kóller *m* (6)

колёсик||о *с* Rädchen *n* (7); кре́сло на ~ах Róllstuhl *m* (1*), Fáhrstuhl *m*; стол на ~ах fáhrbarer Tisch; но́жка (*стола и т. п.*) на ~ах Róllfuß *m* (1*); ~о для нанесе́ния узо́ра Roulétt [ru-] *n* (2) (*pl тж.* -s), Rouléttrad *n* (5); Kopíerrad *n*

колеси́ть *разг.* **1.** (*ехать не прямиком*) kreuz und quer fáhren*; auf Úmwegen fáhren*; umhérirren *vi* (s); **2.** (*разъезжать*) viel réisen; viel unterwégs sein, umhérfahren* *vi* (s)

колесни́ц||а *ж* Wágen *m* (7); боева́я ~а *ист.* Kámpfwagen *m*; Stréitwagen *m*; погреба́льная ~а Léichenwagen *m*

колёсн||ый Rad-, Räder-; ~ая спи́ца Rádspeiche *f* (11); ~ая переда́ча Rädergetriebe *n* (6), Rädertrieb *m* (1); ~ая мазь Wágenschmiere *f* (11)

колесо́ *с* Rad *n* (5); махово́е ~ Schwúngrad *n*; зубча́тое ~ Záhnrad *n*; веду́щее ~ Tríebrad *n*, Ántriebsrad *n*; ведо́мое ~ ángetriebenes Rad; цилиндри́ческое (зубча́тое) ~ Stírnrad *n*; рулево́е [штурва́льное] ~ Stéuerrad *n*; Lénkrad *n*; гребно́е ~ Scháufelrad *n*; храпово́е [тормозно́е] ~ Spérrad (*при переносе* Sperr-rad) *n*; фрикцио́нное ~ Friktiónsrad *n*; червя́чное ~ Schnéckenrad *n*; направля́ющее ~ Léitrad; запасно́е ~ Ersátzrad *n*, Resérverad [-və-] *n*; ◇ обозре́ния, чёртово ~ Ríesenrad *n*; ◇ поверну́ть вспять ~ исто́рии das Rad der Geschíchte zurückdrehen; вставля́ть па́лки в колёса *разг.* j-m Knüppel zwíschen die Béine wérfen*, Híndernisse in den Weg légen; но́ги ~м Ó-Beine *pl*; (жить) на колёсах oft von Ort zu Ort fáhren*; верте́ться ~м álle Hände voll zu tun háben, hásten *vi*; ходи́ть ~м rádschlagen* *отд. vi* (*но*: ich schláge Rad); пя́тое ~ в теле́ге das fünfte Rad am Wágen; ~ сча́стья [форту́ны] Glücksrad *n*

колесова́||ние *с ист.* Rädern *n* -s; **~ть** *ист.* rädern *vt*, aufs Rad fléchten*

коле́чко *с* Ríngel *n* (6)

коле||я́ *ж* **1.** (*от колёс, полозьев*) Fáhrrinne *f* (11), Rádspur *f* (10), Láuf)spur *f*; Spur *f*; Schlíttenspur *f* (*саней*); **2.** *ж.-д.* Spur *f* (10); Gleis *n* (2); ширина́ ~и́ Spúrweite *f* (11); ~я́ норма́льной ширины́ Vóllspur *f*, Normálspur *f*; у́зкая ~я́ Schmálspur *f*; широ́кая ~я́ Bréitspur *f* (*1524 мм*); ◇ войти́ в ~ю́ (wíeder) ins Gleis kómmen*, den gewöhnlichen Gang géhen*; вы́йти из ~и́ aus dem Gleis geráten*; вы́бить из ~и́ aus dem Gleis wérfen*

ко́ли *союз уст. разг.* wenn, falls; im Fálle, wenn

коли́бри *м зоол.* Kólibri *m* -s, -s

колизе́й *м* Kolosséum *n* -s

ко́лики *мн. мед.* Kólik *f* (10), Enteralgíe *f*

коли́т *м мед.* Kolítis *f*, Díckdarmentzündung *f*

коли́чественн||ый quantitatív; záhlenmäßig; méngenmäßig; ~ые числи́тельные *грам.* Grúndzahlen *pl*, Kardinálzahlen *pl*; ~ый ана́лиз *хим.* quantitatíve [-və] Analýse; ~ое определе́ние Gehältsbestimmung *f*

коли́честв||о *с* Quantität *f* (10), Ánzahl *f*; Ménge *f* (11); о́бщее ~о Gesámtmenge *f*; перехо́д ~а в ка́чество *филос.* das Úmschlagen von Quantität in Qualität; минима́льное ~о Míndestmenge *f*; Mínimum *n* -s, -ma; ~о строк *тлв.* Zéilenzahl *f*; ~о оса́дков Níederschlagsmenge *f*, Níederschlagshöhe *f*; ра́вные ~а у́гля и золы́ gleich größe Méngen von Kóhle und Ásche

ко́лка *ж* Spálten *n* -s, Hácken *n* -s; ~ дров Hólzhacken *n*, Hólzspalten *n*

ко́лкий I (*легко раскалывающийся*) leicht spáltbar

ко́лк||ий II **1.** (*колючий*) stáchelig; spitz; **2.** (*язвительный*) spitz, bóshaft; béißend; ätzend (*едкий*); ~ое замеча́ние béißende Bemérkung; ~ие ре́чи Stíchelreden *pl*; **~ость** *ж* **1.** Spítzigkeit *f*, Stácheligkeit *f*; **2.** (*язвительное замечание*) Sticheléi *f* (10); Ánzüglichkeit *f* (10); говори́ть друг дру́гу ~ости einánder Bósheiten ságen, einánder stícheln

коллабораціони́ст *м* Kollaborateur [-ˈtø:r] *m* (1)

колла́пс *м мед.* Kóllaps *m* (1)

колле́га *m* Kollége *m* (9) (*мужчина*); Kollégin *f* (12) (*женщина*); ~ по профе́ссии Berúfskollege *m*

коллегиа́льн||ость *ж* Kollektivität [-vi-] *f*; **~ый** kollektív

колле́гия *ж* Kollégium *n* -s, -gi:en; ~ адвока́тов Réchtsanwaltskollegium *n*

колле́дж *м* College [*англ.* ˈkɔlɪdʒ] *n* = *u* -s, -s

колле́ж *м* Collège [*фр.* kɔˈlɛ:ʒ] *n* = *u* -s, -s

колле́жский *уст.* Kollégi:en-; ~ сове́тник Kollégi:enrat *m* (1*)

коллекти́в *м* Kollektív *n* (2); Árbeitsgemeinschaft *f*, Geméinschaft *f*; Betríebskollektiv *n*; Belégschaft *f* (10) (*рабочих и т. п.*); ~ преподава́телей Lehrkörper *m* (6); актёрский ~ Scháuspielerkollektiv *n*; а́вторский ~ Autórenkollektiv *n*; член ~а Belégschaftsangehörige *m* (14); ~ в 200 челове́к éine 200köpfige Belégschaft; ~ худо́жественной самоде́ятельности Kultúrgruppe *f* (11)

коллективиза́ция *ж* Kollektivíerung [-ˈvi:-] *f* (10); сплошна́я ~ се́льского хозя́йства die dúrchgängige Kollektivíerung der Lándwirtschaft

коллективизи́ровать kollektivieren [-'vi:-] *vt*

коллективи́зм *м* Kollektivismus ['vis-] *m* =; дух ~а Kollektívgeist *m* -es

коллекти́вн||о *нареч.* kollektív, mit veréinten Kräften; **~ость** *ж* Kollektivität [-vi-] *f*; ~ость руково́дства Kollektivität der Léitung; **~ый** Kollektív-, Geméinschafts-; geméinsam, geméinschaftlich, kollektív; ~ый догово́р Kollektívvertrag *m* (1*); ~ое хозя́йство Kollektívwirtschaft *f* (10); ~ая безопа́сность die kollektíve [-və] Sícherheit; ~ое посеще́ние (*спектакля и т. п.*) Geméinschaftsbesuch *m* (*einer Vorstellung u. d. ä.*); ~ая анте́нна Geméinschaftsantenne *f* (11)

колле́ктор *м* **1.** *эл.* Kolléktor *m* -s, -tóren, Strómsammler *m* (6); Strómwender *m* (6) (*динамомашины*); выхлопно́й ~ Áuspufftopf *m* (1*); **2.** *тех.* (*канализации*) Sámmelrohr *n* (2); Ábflußkanal *m* -s, -näle; **3.:** библиоте́чный ~ zentrále Vertéilerstelle für Bibliothéksbücher

коллекцион||е́р *м* Sámmler *m* (6); ~е́р почто́вых ма́рок Bríefmarkensammler *m*, Philatelíst *m* (8); стра́стный ~е́р léidenschaftlicher Sámmler; **~и́ровать** sámmeln *vt*

колле́кция *ж* Sámmlung *f* (10), Kollektión *f*; ~ почто́вых ма́рок Bríefmarkensammlung *f*; темати́ческая ~ (*марок*) Motívsammlung *f*; ~ карти́н Bíldersammlung *f*; ~ образцо́в Músterkollektion *f*

ко́лли (*шотландская овчарка*) Collie ['kɔli] *m* -s, -s

колли́зия *ж* Kollisión *f* (10), Zusámmenstoß *m* (1*)

колло́дий *м хим.* Kollódium *n* -s

колло́ид *м хим.* Kolloíd *n* (2); **~а́льный** *хим.* kolloidál

коллоквиали́зм *м лингв.* úmgangssprachliche Wéndung

коллокви́ум *м* Kollóquium *n* -s, -qui;-en; заключи́тельный ~ Ábschlußaussprache *f* (11)

колобо́к *м* kléines rúndes Brot

колобро́дить *разг.* **1.** (*возиться, шалить*) lärmen *vi*; áusgelassen sein; **2.** (*слоняться*) zíellos umhérirren, schléndern *vi* (s)

коловоро́т *м тех.* Brústbohrer *m* (6), Hándbohrer *m*, Bóhrwinde *f* (11)

коло́д||а I *ж* **1.** (*обрубок бревна*) Hólzklotz *m* (1*); Block *m* (1*); *перен.* (*о человеке*) Klotz *m*; **2.** (*для водопоя*) Tränktrog *m* (1*); ◊ че́рез пень ~у (вали́ть) (etw.) schlecht und recht (máchen)

коло́да II *ж карт.* Spiel *n* (2), ein Spiel Kárten

коло́дезн||ый Brúnnen-; ~ая вода́ Brúnnenwasser *n* -s

коло́дец *м* **1.** Brúnnen *m* (7); ~ с журавлём Schwéngelbrunnen *m*; **2.** (*шахта*) Schacht *m* (1*); поглоща́ющий ~ Síckerschacht *m*; вентиляцио́нный ~ Lúftschacht *m* (1*)

коло́дк||а *ж* **1.** Hóbelkasten *m* (7) (*рубанка*); Léisten *m* (7) (*сапожная*); поста́вить на ~у auf den Léisten spánnen [schlágen*]; снять с ~и áusleisten *vt*; находя́щийся на ~е éingeleistet; распра́вочная ~а Schúhspanner *m* (6); **2.** *полигр.*: ~а клише́ Klischéefuß *m* (1*); Klischéeholz *n* (5), Klischéeuntersatz *m* (1*); **3.** *тех.* (*в тормозном устройстве*) Brémsklotz *m* (1*), Hémmschuh *m* (1); тормозна́я ~а *авто* Brémsbacke *f* (11); **4.** (*ордена*) Órdensspange *f* (11), Órdensriegel *m* (6), Spánge mit Órdensbändern; **5.** *мн.* ~и *ист.* (*для арестантов*) Block *m* (1*); Fúßblock *m*; наби́ть кому́-л. ~и на́ ноги j-n an éinen Block schlíeßen*; ◊ они́ все на одну́ ~у *б. ч. неодобр.* sie sind álle gleich [von dersélben Sórte]

коло́дник *м уст.* Sträfling im Block

коло́дочник *м* Léistenschneider *m* (6)

коло́к *м* **1.** *муз.* (*у скрипки и т. п.*) Wírbel *m* (6); **2.** *обл.* (*деревянный гвоздь*) Hólznagel *m* (6*)

ко́локол *м* Glócke *f* (11); водола́зный ~ Táucherglocke *f*; ~ возду́шного насо́са Glócke der Lúftpumpe, Rezipiént *m* (8); уда́рить в ~ die Glócke ánschlagen*; уда́рил ~ die Glócke ertönte

колоко́ль||ный Glócken-; ~ный звон Glóckengeläut *n* (2); **~ня** *ж* Glóckenturm *m* (1*); ◊ смотре́ть на что-л. со свое́й ~ни ≅ etw. aus der Fróschperspektive séhen*; **~чик** *м* **1.** Glöckchen *n* (7), Glöcklein *n* (7); Schélle *f* (11) (*бубенчик*); Klíngel *f* (11) (*звонок*); **2.** *бот.* Glóckenblume *f* (11)

ко́ломазь *ж спец.* Wágenschmiere *f* (11)

коломби́на *ж* Kolombíne *f* (11)

коло́н *м ист.* Kolóne *m* (9)

колониали́зм *м* Kolonialísmus *m* =

колониа́льн||ый koloniál, Koloniál-; ~ые стра́ны Koloniálländer *pl*; ~ые войска́ Koloniáltruppen *pl*; ~ая поли́тика Koloniálpolitik *f*; ~ый вопро́с Koloniálfrage *f*; ~ые това́ры *уст.* Koloniálwaren *pl*, Lébens- und Genúßmittel (aus Übersee)

колониза́тор *м* Kolonisátor *m* -s, -tóren; Koloniálherr *m* (8); **~ский** kolonisatórisch, Kolonisatións-; ~ская поли́тика Kolonisatiónspolitik *f*

колониз||а́ция *ж* **1.** Kolonisatión *f*; **2.** (*заселение*) Besíed(e)lung *f*, Ánsied(e)lung *f*; **~ова́ть** **1.** kolonisíeren *vt*; **2.** (*заселить переселенцами*) besíedeln *vt*

колони́ст *м* Koloníst *m* (8), Ánsiedler *m* (6), Síedler *m*

коло́н||ия *ж* **1.** Koloníe *f* (11); **2.** (*поселение, общежитие лиц*) Koloníe *f* (11), Ánsied(e)lung *f* (10), Síed(e)lung *f*; Síedelland *n* -es (*место поселения*); трудова́я ~ия Árbeitskolonie *f*; де́тская ~ия Kínderkolonie *f*; исправи́тельно-трудова́я ~ия Árbeitserziehungslager *n* (7); **3.** *биол.* Koloníe *f* (11); ~ии кора́ллов Koloníen von Korállen

коло́нка *ж* **1.** (*столбец*) Spálte *f* (11) (*газетная*); Kolónne *f* (11) (*цифр*); **2.** (*водопроводная*) Hydránt *m* (8); **3.** (*в ванной*) Bádeofen *m* (7*); га́зовая ~ Gástherme *f* (11), Gásdurchlauferhitzer *n* (7); **4.:** рулева́я ~ *ав.* Stéuersäule *f* (11); *авто* Lénksäule *f*; **5.:** бензозапра́вочная ~ Zápfsäule *f* (11), Tánksäule *f*; **6.:** газоочисти́тельная ~ Gásreinigungssäule *f*; **7.** *бот.* Säulchen *n* (7), Gríffelsäule *f* (11)

коло́нн||а *ж* **1.** *стр.* Säule *f* (11), Kolónne *f* (11); триумфа́льная ~а Éhrensäule *f*; ростра́льная ~а Rostrálsäule *f*; **2.** (*людей*) Kolónne *f* (11); Márschsäule *f* (11); Márschblock *m* (1*) (*демонстрантов*); ~а рабо́чих Árbeiterkolonne *f*; похо́дная ремо́нтная ~а *с.-х.* flíegende Instándsetzungskolonne; похо́дная ~а *воен.* Márschkolonne *f*; со́мкнутая ~а *воен.* geschlóssene Kolónne; ~а по́ два *воен.* Dóppelreihe *f* (11); ~а по́ три [по четы́ре] *воен.* Kolónne zu Dréien [zu Víeren]; постро́иться в ~у sich zu Kolónnen réihen; ◊ пя́тая ~а fünfte Kolónne

колонна́да *ж стр.* Kolonnáde *f* (11), Säulenreihe *f* (11), Säulengang *m* (1*)

коло́нный Kolónnen-, Säulen-; ~ зал Kolónnensaal *m* -(e)s, -säle, Säulensaal *m*

колон||о́к *м* sibírischer Nerz; **~ко́вый** (*о мехе*) Kolínski-

колон||ти́тул *м полигр.* Kolúmnentitel *m* (6), Séitenüberschrift *f* (10); **~ци́фра** *ж полигр.* Kolúmnenziffer *f* (11)

колора́дский: ~ жук Kartóffelkäfer *m* (6)

колорату́р||а *ж муз.* Koloratúr *f* (10); **~ный:** ~ное сопра́но 1) (*голос*) Koloratúrsopran *m* -s; 2) (*певица*) Koloratúrsopran *m* -s, -e, Koloratúrsängerin *f* (12)

колори́метр *м* Koloriméter *n* (6), Fárbmeßgerät *n* (2)

колори́ст *м иск.* Koloríst *m* (8)

колори́т *м* Kolorít *n* (2) (*тж. перен.*); Färbung *f* (10), Fárbtönung *f* (10); ме́стный ~ Lokálkolorit *n*; **~ность** *ж* Fárbigkeit *f*, Fárbenreichtum *m* (5); **~ный** Kolorít-; fárbenreich, fárbenprächtig

ко́лос *м* Ähre *f* (11); пшени́чный ~ Wéizenähre *f*; **~и́стый** ährenreich; ährig; **~и́ться** Ähren tréiben*, in die Ähren schíeßen*

колосник||и́ *мн.* **1.** *тех.* Rost *m* (1), Róststab *m* (1*); **2.** *театр.* Schnúrboden *m* (6*); **~о́вый** Rost-; ~о́вая решётка Rost *m* (1)

колосовы́е *сущ. мн. с.-х.* Hálmfrüchte *pl*, Hálmgewächse *pl*, Ährengräser *pl*

коло́сс *м* Kolóß *m* -sses, -sse; ◊ ~ на гли́няных нога́х ein Kolóß auf tönernen Füßen; **~а́льный** kolossál, ríesig, úngeheuer groß; imméns

колоти́ть **1.** (*ударять*) schlágen* *vi*, klópfen *vi*, póltern *vi* (во что-л. an *A*, an *D*); ~ в дверь an der Tür klópfen; **2.** *разг.* (*избивать кого-л.*) éinschlagen* *vi* (auf *A*), schlágen* *vt*; (ver-)prügeln *vt*; **3.** *разг.* (*разбивать*) zerschlágen* *vt*; **4.** *разг.* (*трясти*): его́ колоти́ла лихора́дка er wúrde vom Fíeber geschüttelt; **~ся** *разг.* schlágen* *vi*, klópfen *vi*; hämmern *vi*; се́рдце колоти́тся das Herz klopft [hämmert]; ~ся голово́й об стéну mit dem Kopf gégen die Wand schlágen*

колото́вка *ж* Quirl *m* (1)

колоту́ш||ка *ж* **1.** (*деревянный молоток*) Hólzhammer *m* (6), Schlégel *m* (6), Stámpfe *f* (11); ~ка для мя́са Fléischklopfer *m* (6); **2.** (*ночного сторожа*) Klápper *f* (11); **3.** (*для выбивания пыли*) Klópfer *m* (6), Áusklopfer *m*; **4.** *мн.* ~ки *разг.* Schläge *pl*; Wíchse *f* (11), Kéile *pl*; надава́ть кому́-л. ~ек j-n verprügeln, j-n verwíchsen

ко́лот||ый I geháckt, gespálten, gespáltet; ~ые дрова́ gehácktes [gespáltenes, gespáltetes] Holz; ~ый са́хар Würfelzucker *m* -s

ко́лот||ый II: ~ая ра́на Stíchwunde *f* (11)

коло́ть I (*раскалывать*) spálten(*) *vt*; hácken *vt* (*дрова*); knácken *vt* (*орехи*)

коло́ть II **1.** (*иглой и т. п.*) stéchen* *vt* (чем-л. mit *D*); **2.** *безл.*: у меня́ ко́лет па́лец es sticht mich im Fínger; у меня́ ко́лет в боку́ ich hábe Séitenstechen; **3.** (*скот*) ábstechen* *vt*, schláchten *vt*; **4.** (*язвить*) stícheln *vt*; ◊ ~ глаза́ (*кому-л.*) 1) (*попрекать*) j-m

Vórwürfe máchen (чем-л. wégen *D*), j-m etw. únter die Náse réiben*; 2) (*быть неприятным*) j-n únangenehm berühren, j-m únangenehm sein; прáвда глазá кóлет *посл.* die Wáhrheit hört man úngern

кóлотье *с разг.* Stéchen *n* -s, Stíche *pl*; Séitenstechen *n* (*в боку*)

колóться I **1.** (*раскалываться*) sich spálten lássen*; sich hácken lássen* (*о дровах*); sich knácken lássen* (*об орехах*); **2.** *страд.* gespálten wérden (*ср.* колóть I)

колóться II **1.** stéchen* *vi*; иглá кóлется die Nádel sticht; ёж кóлется der Ígel stáchelt; **2.** *страд.* gestóchen wérden; geschláchtet wérden (*о скоте*)

колóша *ж тех.* Gicht *f* (10)

колошéние *с* Ährenschießen *n* -s

колошмáтить *разг.* schlágen* *vt*, prügeln *vt*

колошни́к *м тех.* Gicht *f* (10), Gíchtboden *m* (7); **~óвый** Gicht-; ~óвая площáдка Gíchtbühne *f* (11)

колпáк *м* **1.** (*головной убор*) Káppe *f* (11), Stúmpen *m* (7) (*фетровый*); ночнóй ~ Schláfmütze *f* (11); шутовскóй ~ Nárrenkappe *f*; **2.** (*навес, покрышка*) Déckel *m* (6), Glócke *f* (11); Lámpenschirm *m* (1) (*для лампы*); Ráuchfang *m* (1*) (*для отвода газов*); *авто* Rádkappe *f* (11); экрани́рующий ~ *эл.* Entstörkappe *f*; защи́тный ~ Schútzkappe *f*; **3.** *разг.* (*о простодушном человеке*) Schláfmütze *f* (11); Dúmmkopf *m* (1*); ◇ держáть когó-л. под стеклянным ~óм j-n in Wátte pácken

колпáчить *разг.* j-n zum bésten hálten*; j-n übers Ohr háuen

колпачóк *м* **1.** Käppchen *n* (7), Hütchen *n* (7); **2.** *тех.* Káppe *f* (11); Glühstrumpf *m* (1*) (*газокалильный*); бутылочный ~ Fláschenkapsel *f* (11); **3.** *бот.* éßbare Mórchel *f*

колтýн *м мед.* Wéichselzopf *m* (1*)

колумбáрий *м* Úrnenhalle *f* (11), Úrnenfriedhof *m* (1*)

колумби́й||ец *м* Kolumbiáner *m* (6); **~йка** *ж* Kolumbiánerin *f* (12); **~йский** kolumbiánisch

колýн *м* Axt *f* (3), Schrótaxt *f*, Háckbeil *n* (2); бондáрный ~ Dáubenreißer *m* (6)

колупáть *разг.* kláuben *vt*, ábkratzen *vt*

колхóз *м* Kólchos *m*, *n* =, -chóse, Kolchóse *f* (11), Kollektívwirtschaft *f* (10); укрупнённый ~ zusámmengelegte [größe] Kollektívwirtschaft; **~ник** *м* Kólchosbauer *m* (8); **~ница** *ж* Kólchosbäuerin *f* (12); **~ный** Kólchos-; kólchoseigen (*принадлежащий колхозу*); ~ный строй Kólchosordnung *f*; ~ное крестьянство Kólchosbauernschaft *f*; ~ное строи́тельство der Áufbau der Kolchóse(n)

колчáн *м ист.* Köcher *m* (6)

колчедáн *м мин.* Kies *m* (1); мéдный ~ Kúpferkies *m*

колченóгий *разг.* hínkend, lahm; ~ стул wáckliger Stuhl

колыбéль *ж тж. перен.* Wiege *f* (11); ◇ с [от] колыбéли von klein auf, von Kíndheit an; **~ный** Wíegen-; ~ная (пéсня) Wíegenlied *n* (5)

колымáга *ж* **1.** áltmodische Kalésche; **2.** *ирон.* (*неуклюжий экипаж*) Vehíkel [ve-] *n* (6), Rúmpelkasten *m* (7, 7*)

колыхáние *с* Schäukeln *n* -s, Wíegen *n* -s, Wógen *n* -s

колыхáть (*покачивать*) scháukeln *vt*, wíegen *vt*; léise [sanft] bewégen *n* (*листья и т. п.*); **~ся** sich wíegen, (sich) scháukeln, sich hében* und sénken; sich léise [sanft] bewégen (*о листьях*); wéhen *vi* (*о флаге*); грудь колы́шется die Brust [der Búsen] wogt

колыхнýть(ся) *см.* колыхáть(ся)

кóлыш||ек *м* Pflock *m* (1*); привязáть к ~ку ánpflocken *vt*

коль *см.* кóли; ~ скóро insoférn; da

кольдкрéм *м* Cold-Cream [*англ.* 'ko:lt'kri:m] *f*, *pl*, -s

кольé *с* Kollier [*фр.* kɔl'je] *n* -s, -s

кольнýть *см.* колóть II 1, 2

кольрáби *ж бот.* Kohlrábi *m* = *u* -s, = *u* -s

кольт *м* Colt [ko:lt] *m* -s, -s

кольцевáние *с* Beríngung *f* (10)

кольцевáть beríngen *vt*

кольцев||óй Ring-; ~áя желéзная дорóга Ríngbahn *f* (10); ~áя смáзка *тех.* Ríngschmierung *f*; движéние трáнспорта по ~óму маршрýту Kréisverkehr *m* -(e)s; ~áя автомагистрáль Áutobahnring *m* (1)

кольцеобрáзный ríngförmig

кольцó *с* Ring *m* (1); Reif *m* (1); обручáльное ~ Tráuring *m*, Éhering *m*; годи́чное ~ (*дерева*) Jáhresring *m*; вытяжнóе ~ (*парашюта*) Ábzugsring *m*; ~ для ключéй Schlüsselring *m*; гимнасти́ческие кóльца Ringe *pl*; надéть ~ (*на палец*) éinen Ring ánstekken; снять ~ (*с пальца*) den Ring ábstreifen [vom Fínger zíehen*]; трамвáй дéлает (на конéчной остановке) ~ die Stráßenbahn macht [hat] (an der Éndhaltestelle) éine Schléife; свернýться ~м sich zusámmenringeln; ◇ сгибáться ~м, гнуть спи́ну в ~ éinen krúmmen Búckel máchen, unterwürfig sein, kátzbuckeln *неотд. vi*

кóльчат||ый **1.** (*состоящий из колец*) aus Ríngen bestéhend, Ríngel-, geríngelt, beríngt; ~ые чéрви *зоол.* Ríngelwürmer *pl*; **2.** (*кольцеобразный*) ríngförmig; ~ое расположéние ли́стьев ríngförmige Ánordnung der Blätter

кольчýга *ж ист.* Ríngpanzer *m* (6), Kéttenpanzer *m*, Kéttenhemd *n* (13), Rínghemd *n*

колю́ч||ий **1.** stách(e)lig, Stáchel-; dórnig (*о растении*); ~ая прóволока Stácheldraht *m* (1*); **2.** (*язвительный*) spitz, gíftig, béißend

колю́чка *ж* Stáchel *m* (13); Dorn *m* (13) (*у растений*); Spítze *f* (11) (*остриё*); Zínke *f* (11), Zínken *m* (7) (*металлическая*)

колю́шка *ж зоол.* Stíchling *m* (1), Stáchelbarsch *m*

кóлющ||ий Stich-; stéchend; ~ее орýжие Stíchwaffen *pl*; ~ая боль stéchender Schmerz

коля́ска *ж* Wágen *m* (7), Kútsche *f* (11), Kalésche *f* (11); дéтская ~ Kínderwagen *m*; ~ мотоци́кла Béiwagen *m*, Séitenwagen *m*; ~ для инвали́дов Kránkenfahrstuhl *m* (1*); Sélbstfahrer *m* (6) (*передвигаемая самим инвалидом*)

ком I *м* Klúmpen *m* (7); ~ снéга Schnéeball *m* (1*) (*маленький*); Schnéeklumpen *m* (*большой*); ~ земли́ Érdklumpen *m*, Érdscholle *f* (11)

ком II *предл. см.* кто

кóма *ж мед.* Kóma *n* -s, -s *u* -ta

комáнд||а *ж* **1.** *воен.* (*приказ*) Kommándo *n* -s, -s; Beféhl *m* (1); по ~е auf Kommándo, auf Beféhl; под ~ой когó-л. únter dem Kommándo (von *D*); подáть ~ у éin Kommándo gében*; словá ~ы Kommándoworte *pl*; **2.** *выч. тех.* Beféhl *m* (1); **3.** *воен.* (*отряд*) Kommándo *n* -s, -s, Trupp *m* -s, -s; аэростáт с ~ой bemánnter Ballon [-'lɔŋ]; **4.** *мор.* (*экипаж*) Besátzung *f* (10), Mánnschaft *f* (10); **5.** *спорт.* Mánnschaft *f* (10); Team [*англ.* ti:m] *n* -s, -s; Partéi *f* (10); нападáющая ~а ángreifende Partéi; ~а проти́вника Gégenpartei *f*; сбóрная ~а Áuswahlmannschaft *f*; Áuswahl *f* (10); футбóльная ~а Fúßballmannschaft *f*, Fúßballelf *f* (10), Elf *f*; олимпи́йская ~а Olýmpiamannschaft *f*; ~а-победи́тельница Síegermannschaft *f*; **6.** (*группа лиц*): пожáрная ~а Féuerwehr *f* (10); Löschtrupp *m* -s, -s; спасáтельная ~а Réttungsmannschaft *f* (10); ~а водолáзов Táuchergruppe *f*; **7.** *разг. шутл.* (*компания*) Schar *f* (10), Rótte *f* (11); ◇ донести́ по ~е *воен.* auf vórschriftsmäßige Wéise [dem übergeordneten Kommandeur (-'dø:r)] mélden

командáрм *м воен. ист.* Arméebefehlshaber *m* (6)

команди́р *м воен.* Kommandeur [-'dø:r] *m* (1), Führer *m* (6); Chef [*фр.* ʃɛf] *m* -s, -s; ~ дивизиóна Ábteilungskommandeur *m*; ~ эскадрóна Schwadróns|chef *m*, Schwadrónskommandeur *m*; ~ батарéи Batteríe|chef *m*; ~ полкá Regiméntskommandeur *m*; ~ рóты Kompaníe|chef *m*; ~ корабля́ Schíffskommandant *m* (8); ~ кóрпуса Kórpskommandeur ['ko:r-] *m*; ~ тáнка Pánzerkommandant *m* (8); общевойсковóй ~ Trúppenführer *m*

командировáние *с* Ábkommandierung *f*

командирóванный *сущ. м* Ábkommandierte *m* (14); Díenstreisende *m* (14)

командировáть (áb)kommandíeren *vt*; beórdern *vt*; delegíeren *vt*

командирóвк||а *ж* **1.** *воен.* Ábkommandierung *f* (10), Kommandíerung *f*; **2.** (*служебная поездка*) Díenstreise *f* (11) (in speziéllem Áuftrag); наýчная ~а Díenstreise zu wíssenschaftlichen Zwécken, Stúdi|enreise *f*; быть в ~е sich auf éiner Díenstreise befínden*; **3.** *разг.* (*удостоверение*) Díenstreiseauftrag (1*)

командирóвочн||ые *сущ. мн. разг.* Díenstreisegeld *n* - (e)s; **~ый** *прил.* **1.** Díenstreise-; Ábkommandierungs-; ~ое удостоверéние Díenstreiseauftrag *m* (1*); **2.** *в знач. сущ. м см.* командирóванный

команди́р||ский *воен.* Führer-, Kommándo-; ~ский танк Kommandeurspanzer ['dø:rs-] *m* (6), Führungspanzer *m*; ~ский мóстик *мор.* Kommándobrücke *f* (11); ~ская гондóла *ав.* Führergondel *f* (11); **~ша** *ж разг.* **1.** Kommandeursfrau [-'dø:rs-] *f* (10); **2.** *перен.* hérrschsüchtiges Weib

комáнд||ный **1.** Kommándo-; ~ый состáв Kommándobestand *m* (1*), Kommandeure [-'dø:rə] *pl*; ~ая высотá *воен.* behérrschende Höhe; ~ые высóты *перен.* léitende Stéllung, Vórmachtstellung *f*; ~ый пост Kommándoposten *m* (7); ~ый пункт *воен.* Geféchtsstand *m* (1*); **2.** *спорт.* Mánnschafts-; ~ый зачёт Mánnschaftswertung *f* (10)

комáндов||ание *с* **1.** *собир.* Kommándo *n* -s, -s, Léitung *f*; глáвное ~ание Óberkommando *n*; **2.** (*действие*) Trúppenführung *f*, Kommándo *n* -s; под ~анием únter dem Beféhl [beféhligt] von (*D*); приня́ть ~ание den Óberbefehl übernéhmen* (над кем-л. über *A*); отказáться от ~ания den Beféhl níederlegen (кем-л. über *A*); **~ать** **1.** kommandíeren *vi* (*тж. перен.*); beféhligen *vt*; das Kommándo führen (над кем-л.

über *A*); **2.** (*господствовать по высоте*) behérrschen *vt*, überrágen *vt*

командо́р *м ист.* Komtúr *m* (1)

кома́ндующий *сущ. м* Beféhlshaber *m* (6); ~ а́рмией Arméе(ober)befehlshaber *m*, Arméeführer *m* (6)

кома́р *м* Mücke *f* (11), Stéchmücke *f*; маляри́йный ~ Fíebermücke *f*, Anóphelesmücke *f*; ◇ ~ но́са [но́су] не подто́чит *разг.* ≅ darán ist nichts áuszusetzen; da beißt die Maus kéinen Fáden ab; ~**и́ный** Mücken-; ~и́ный уку́с Mückenstich *m* (1); ~**ни́к** *м* Mückennetz *n* (5), Moskítonetz *n*

комато́зн||ый *мед.* komatös, kómaähnlich; ~ое состоя́ние komatöser Zústand

комба́йн *м* Kombine [*англ.* kɔm'baen] *f*, *pl* -s; Vóllerntemaschine *f* (11); зерново́й ~ Mähdrescher *m* (6); силосоубо́рочный ~ Mähhäcksler *m* (6); картофелеубо́рочный ~ Kartóffelkombine *f*; самохо́дный ~ sélbstfahrender Mähdrescher; у́гольный ~ Kóhlenkombine *f*; го́рный ~ Grúbenkombine *f*; ~**ер** *м с.-х.* Kombinefahrer [kɔm'baen-] *m* (6); Mähdrescherfahrer *m*

комбайни́рование *с с.-х.* Érnte *f* mit Kombine [kɔm'baen]

комбайнострое́ние *с* Mähdrescherbau *m* - (e)s

комба́т *м* **1.** (команди́р батальо́на) *воен.* Bataillonskommandeur [-tal'jo:nskɔman,dø:r] *m* (1); **2.** (команди́р батаре́и) Battеríekommandant *m* (8)

комбе́д *м* (коми́те́т дереве́нской бедноты́) *ист.* Komitée der Dórfarmut

ко́мби *м* (*автомобиль*) Kómbi *m* -s, -s

комбижи́р *м* kombiníertes Fett

комбико́рм *м с.-х.* Míschfutter *n* (6); брикети́рованный ~ Préßmischfutter *n*

комбико́рмовый: ~ заво́д Míschfutterwerk *n* (2)

комбина́т *м* Kombinát *n* (2); ~ бытово́го обслу́живания Díenstleistungskombinat *n*; домострои́тельный ~ Wóhnungsbaukombinat *n*; металлурги́ческий ~ Hüttenkombinat *n*; ~ по строи́тельству подзе́мных сооруже́ний Tíefbaukombinat *n*

комбина́тор *м разг. ирон.* Schláukopf *m* (1*); schláuer Fuchs; fíndiger [geríebener] Patrón

комбинацио́нный Kombinatións-; kombinatórisch

комбина́ция *ж* **1.** (*сочетание*) Kombinatión *f* (10), Kombiníerung *f* (10), Zusámmenstellung *f* (10); **2.** (*расчёт*) Beréchnung *f* (10); **3.** (*манёвр*) Manöver [-vər] *n* (6), Griff *m* (1); **4.** (*бельё*) Hémdrock *m* (1*), Únterkleid *n* (5); ◇ ~ из трёх па́льцев *шутл. см.* ку́киш

комбинезо́н *м* Árbeitsanzug *m* (1*), Kombination [-'tsĭo:n] *f* (10), Overall [*англ.* 'o:vərɔ:l] *m* -s, -s; де́тский ~ Spíelanzug *m*; ~ на брете́лях Látzhose *f* (11)

комбини́рованн||ый kombiníert; ~ый костю́м kombiníerter Ánzug; ~ая плита́ *стр.* Verbúndplatte *f* (11)

комбини́ровать **1.** kombiníeren *vt*; zusámmenstellen *vt*; veréinigen *vt*; **2.** (*строить комбинации*) beréchnen *vt*, kombiníeren *vt*

ком||бри́г *м* (команди́р брига́ды) Brigádekommandeur [-,dø:r] *m* (1); ~**ди́в** *м* (команди́р диви́зии) Divisionskommandeur [-vi'zĭo:nskɔman,dø:r] *m* (1)

комедиа́нт *м* **1.** *уст.* Komödiánt *m* (8), Scháuspieler *m* (6); **2.** *перен.* Héuchler *m* (6); ~**ский** Komödiánten-; komödiántenhaft; ~**ство** *с* Komödiántentum *n* -s

комеди́йный Komödi¦en-, Lústspiel-, komödi¦enhaft

комедио́граф *м* Komödi¦endichter *m* (6), Lústspieldichter *m*

коме́д||ия *ж* Komödi¦e *f* (11) (*тж. перен.*); Lústspiel *n* (2); ◇ разы́грывать [лома́ть] ~ию Komödi¦e spíelen, etw. vórmachen, etw. vórtäuschen; не устра́ивайте ~ии! máchen Sie kein Theáter!; ку́кольная ~ия álbernes Getúe; Áffentheater *n* (6) (*разг.*)

ко́мель *м* únteres Énde (*z. B. eines Baumes*)

коменда́нт *м* **1.** *воен.* Kommandánt *m* (8); ~ по́рта Háfenkommandant *m*; **2.** (*управляющий*) Háusverwalter *m* (6) (*в общежитии и т. п.*)

коменда́нтский Kommandánten-; ◇ ~ час Polizéistunde *f* (11); *воен.* Spérrstunde *f*; установи́ть ~ час *воен.* éine Áusgangssperre verhängen

комендату́ра *ж* Kommandantúr *f* (10)

коме́та *ж астр.* Komét *m* (8)

ко́ми (*народность*) Kómi *pl*

коми́зм *м* Kómik *f*, Kómische *sub n*

ко́мик *м* **1.** (*актёр*) Kómiker *m* (6); Humoríst *m* (8); **2.** *разг.* (*шутник*) Spáßvogel *m* (6*); Wítzbold *m* (1)

ко́микс *м лит.* Comics ['kɔmiks] *pl*, Cómic strips [-'strips] *pl*

Коминте́рн *м* (Коммунисти́ческий Интернациона́л) *ист.* Komintérn *f* (Kommunístische Internationále)

комисса́р *м* Kommissár *m* (1); наро́дный ~ *ист.* Vólkskommissar *m*; вое́нный ~ Kríegskommissar *m*; верхо́вный ~ Hóchkommissar *m*, Hóher Kommissár

комиссариа́т *м* Kommissariát *n* (2); наро́дный ~ *ист.* Vólkskommissariat *n*

комисса́рский kommissárisch, Kommissár(s)-

комиссионе́р *м* Kommissionär *m* (1), Geschäftsvermittler *m* (6)

комиссио́нн||ые *сущ. мн.* Provisión [-vi-] *f* (10), Kommissiónsgebühr *f* (10), Vermíttlergebühr *f*, Máklergebühr *f*; ~ые с оборо́та Úmsatzprovision [-vi-] *f*; ~**ый** Kommissións-; ~ый магази́н Kommissiónsgeschäft *n* (2), Gebráuchtwarengeschäft *n*; ~ый проце́нт Provisiónssatz [-vi-] *m* (1*)

коми́сси||я *ж* **1.** Kommissión *f* (10), Áusschuß *m* -sses, -schüsse; экономи́ческая ~я Wírtschaftskommission *f*; бюдже́тная ~я Háushaltsausschuß *m*; согласи́тельная ~я *юр.* Schlíchtungskommissión *f*; избира́тельная ~я Wáhlkommission *f*; ~я по разоруже́нию Ábrüstungskommission *f*; враче́бно-консультацио́нная ~я Ärzteberatungskommission *f*; ~я для подведе́ния ито́гов соревнова́ния Wéttbewerbskommission *f*; манда́тная ~я Mandátsprüfungskommission *f*; нормиро́вочная ~я Nórmenausschuß *m*; ~я по за́работной пла́те Lóhnkommission *f*; ~я по охра́не труда́ Árbeitsschutzkommission *f*; экзаменацио́нная ~я Prüfungskommission *f*; ~я по распреде-ле́нию молоды́х специали́стов Berúfslenkungskommission *f*; созда́ть ~ю éine Kommissión bílden [éinsetzen]; **2.:** брать [отда́ть] на ~ю in Kommissión néhmen* [gében*]; **3.** *уст.* (*поручение*) Áuftrag *m* (1*)

комите́нт *м торг.* Kommittént *m* (8), Áuftraggeber *m* (6)

комите́т *м* Komitée *n* -s, -s, Áusschuß *m* -sses, -schüsse; парти́йный ~ Partéikomitee *n*; Partéileitung *f* (10) (*ГДР*); Центра́льный Комите́т КПСС Zentrálkomitee der KPdSU; ~ де́йствия Aktiónskomitee *n*, Aktiónsausschuß *m*; же́нский ~ Fráuenausschuß *m*; забасто́вочный ~ Stréikleitung *f*, Stréikkomitee *n*; ~ по изобрете́ниям и пате́нтам Amt *n* für Erfíndungs- und Paténtwesen; ~ по стандартиза́ции Áusschuß *m* für Standardisíerung; цехово́й (профсою́зный) ~ Abtéilungsgewerkschaftsleitung *f* (10); ~ соде́йствия Förderungsausschuß *m*; фабри́чно-заводско́й ~ Betríebsgewerkschaftsleitung *f*; Полити́ческий консультати́вный ~ (*государств — участников Варшавского Договора*) (*сокр.* ПКК) der Polítische Berátende Áusschuß (*сокр.* PBA); Постоя́нный ~ Всеми́рного конгре́сса сторо́нников ми́ра das Ständige Komitée des Wéltfriedenskongresses; Комите́т по разоруже́нию Ábrüstungskomitee *n*; исполни́тельный ~ Vollzúgsausschuß *m*, Exekutívkomitee *n*; рабо́чий ~ Árbeitsausschuß *m*; ~ комсомо́ла Komsomólkomitee *n*; домо́вый ~ Háusgemeinschaftsleitung *f*

комите́тчик *м разг.* Komitéemitglied *n* (5)

коми́ческ||ий kómisch; ~ая о́пера kómische Óper

коми́чный kómisch; úlkig (*потешный*); dróllig (*забавный*)

ко́мкать **1.** kníttern *vt*, knüllen *vt*; zusámmenballen *vt*; knáutschen *vt* (*разг.*); **2.** *разг.* (*сокращать*) kürzen *vt*, (durch Kürzung) verstümmeln *vt*

комкова́тый klößig; úneben

коммент||а́рий *м* Kommentár *m* (1), Erläuterung *f* (10); Ánmerkungen *pl* (*примечания*); ~а́рии изли́шни Kommentár überflüssig; ~**а́тор** *м* Kommentátor *m* -s, -tóren; ~**и́ровать** kommentíeren *vt*, erläutern *vt*; áuslegen *vt*, déuten *vt* (*толковать*)

коммерса́нт *м* Káufmann *m* -(e)s, -leute, Hándelsmann *m*; кру́пный ~ Gróßkaufmann *m*; Gróßhändler *m* (6) (*оптовик*)

комме́р||ция *ж* Händel *m* -s; ~**ческий** Hándels-, kommerziéll; ~ческая корреспонде́нция Hándelskorrespondenz *f* (10); ~ческий дире́ктор káufmännischer Diréktor; ◇ ~ческая ско́рость *ж.-д.* Réisegeschwindigkeit *f* (10)

коммивояжёр *м* Hándlungsreisende *m* (14)

коммодо́р *м мор.* Kommodore [-'do:r] *m* (13) (*pl тж.* -s)

комму́на *ж* Kommúne *f* (11); Пари́жская комму́на *ист.* die Paríser Kommune [kɔ'my:n(ə)]

коммуна́льн||ый kommunál, Kommunál-, geméindlich, Geméinde-; ~ые учрежде́ния Geméindebehörden *pl*, Kommunálbehörden *pl*; ~ые сбо́ры Kommunálabgaben *pl*; ~ые услу́ги kommunále Díenstleistungen *pl*; пла́та за ~ые услу́ги Kommunálabgaben *pl*; ~ое хозя́йство Kommunálwirtschaft *f*, Geméindewirtschaft *f*; ~ые вы́боры Geméindewahlen *pl*; ~ая кварти́ра Wóhnung *f* mit méhreren Háuptmietern

коммуна́р *м ист.* Kommunárd(e) *m* (8, 9)

коммуни́зм *м* Kommunísmus *m* =; материа́льно-техни́ческая ба́за ~а die materiéll-téchnische Básis des Kommunísmus

коммуникацио́нн||ый Kommunikatións-, Verbíndungs-; Verkéhrs-; ~ая ли́ния Verbíndungslini¦e *f* (11), Kommunikatiónsweg *m* (1)

коммуника́ци||я *ж* **1.** *спец.* Kommunikatión *f* (10), Verbíndung *f* (10);

во́дные ~и Wásserwege *pl*, Wásserstraßen *pl*; **2.** *мн.* ~и *стр.* Versórgungsleitungen *pl* (*подземные*); *воен.* Zúfahrtsstraßen *pl*; **3.** *лингв.* Mítteilung *f* (10); Verkéhr *m* - (e)s; язы́к явля́ется сре́дством ~и die Spráche ist ein Verständigungsmittel [Kommunikatiónsmittel]

коммуни́ст *м* Kommuníst *m* (8)

коммунисти́ческ||ий kommunístisch; Коммунисти́ческая па́ртия Сове́тского Сою́за die Kommunístische Partéi der Sowjétunion; Коммунисти́ческий Сою́з Молодёжи Kommunístischer Júgendverband; бескла́ссовое ~ое о́бщество die klássenlose kommunístische Geséllschaft

коммуни́стка *ж* Kommunístin *f* (12)

коммута́||тор *м эл.* Kommutátor *m* -s, -tóren, Strómwender *m* (6); телефо́нный ~тор Vermíttlung *f* (10), Kláppenschrank *m* (1*); **~цио́нный** Kommutatións-, Schalt-; ~цио́нная доска́ Scháltbrett *n* (5); **~ция** *ж* Strómwendung *f*

коммути́ровать *эл.* (úm)schálten *vt*

коммюнике́ *с* Kommuniqué [-myni'ke:] *n* -s, -s, ámtliche Mítteilung

ко́мнат||а *ж* Zímmer *n* (6); Stúbe *f* (11); Búde *f* (11); о́бщая ~а Wóhnzimmer *n*; рабо́чая ~а Árbeitszimmer *n*, Studíerzimmer *n*; ва́нная ~а Bádezimmer *n*; ~а о́тдыха Rúheraum *m* (1*); ~а ма́тери и ребёнка Zímmer für Mútter und Kind; ~а-музе́й Gedénkzimmer *n*; убра́ть ~у das Zímmer áufräumen; **~ный** Zímmer-; Stúben-; ~ное расте́ние Zímmerpflanze *f* (11)

комо́д *м* Kommóde *f* (11)

комо́к *м* Klümpchen *n* (7), Klúmpen *m* (7), Knäuel *m*, *n* (6); ◇ ~ в го́рле ein Kloß in der Kéhle; сверну́ться в ~ sich zusámmenringeln; ~ не́рвов Nérvenbündel *n* (6)

комо́лый hórnlos

компа́ктн||ость *ж* Kompáktheit *f*, Díchte *f*, Díchtigkeit *f*; **~ый** kompákt, fest, dicht

компане́й||ский *разг.* geséllig; ~ский челове́к lústiger Geséllschafter; ◇ на ~ских нача́лах auf gléicher Grúndlage

компа́н||ия *ж* **1.** Geséllschaft *f* (10), Persónenkreis *m* (1); води́ть ~ию с кем-л. *разг.* mit j-m in (fréundschaftlichem) Verkéhr stéhen*, mit j-m verkéhren; за ~ию (*что-л. делать*) zur Geséllschaft (*etw. tun*); соста́вить кому́-л. ~ию j-m Geséllschaft léisten; расстро́ить ~ию ein Spíelverderber sein; он тебе́ не ~ия er ist nicht die ríchtige Geséllschaft für dich, er ist kein Verkéhr für dich; поддержа́ть ~ию an éinem geméinsamen Begínnen téilnehmen*; **2.** (*торговая и т. п.*) Kompanie *f* (11); Hándelsgesellschaft *f* (10); авиатра́нспортная ~ия Lúftverkehrsgesellschaft *f*; хо́лдинг-~ия Holdinggesellschaft ['ho:l-] *f*; доче́рняя ~ия Tóchtergesellschaft *f*; парохо́дная ~ия Reederéi *f* (10), Schíffahrtsgesellschaft (*при переносе* Schiff-fahrts...) *f*; ◇ N. и ~ия *презр.* N und Konsórten

компаньо́н *м* **1.** (*спутник*) Gefährte *m* (9); **2.** *ком.* Kómpagnon [-panjɔŋ] *m* -s, -s, Téilhaber *m* (6); негла́сный ~ stíller Téilhaber; **~ка** *ж* **1.** (*спутница*) Gefährtin *f* (12); **2.** *уст.* (*наёмная*) Geséllschafterin *f* (12), Geséllschaftsdame *f* (11)

компарати́визм *м лингв.* Komparativismus [-'vɪs-] *m* =, vergléichende Spráchwissenschaft

компа́ртия *ж* (коммунисти́ческая па́ртия) KP, die kommunístische Partéi

ко́мпас *м* Kómpaß *m* -sses, -sse; гироскопи́ческий ~ Kréiselkompaß *m*; гла́вный ~ *мор.* Régelkompaß *m*; тури́стский ~ Márschkompaß *m*; **~ный** Kómpaß-; ~ная стре́лка Kómpaßnadel *f* (11)

компа́унд *м*, **компа́унд-маши́на** *ж тех.* Verbúndmaschine *f*

компе́ндиум *м* Kompéndium *n* -s, -dien, Hándbuch *n* (5), Grúndriß *m* -sses, -sse

компенс||а́ция *ж* Kompensatión *f* (10), Kompensíerung *f* (10), Ábgeltung *f* (10), Áusgleichung *f* (10); Entschädigung *f* (10), Ábfindung *f* (10) (*возмещение*); *шахм.* Gégenwert *m* (1); ~а́ция за принесённый уще́рб Schádenersatz *m* -es; **~и́ровать** kompensíeren *vt*, ábgelten *vt* (durch *A*), áusgleichen* *vt*; entschädigen *vt* (*возмещать*); ~и́ровать поте́рю den Verlúst áufwiegen*

компете́нтность *ж* Zúständigkeit *f*, Kompeténz *f*, Kompeténzbereich *m*, *n* -(e)s

компете́нтн||ый **1.** (*о человеке*) kompetént, sáchverständig, sáchkundig; máßgebend (*авторитетный*); по ~ому свиде́тельству wie man máßgeblich bezéugt; **2.** (*об учреждении*) zúständig, befúgt; запроси́ть ~ое учрежде́ние an zúständiger Stélle ánfragen

компете́нц||ия *ж* **1.** (*круг знаний*) Kompeténz *f*, Kénntnisse *pl*, Wíssensbereich *m*, *n* -(e)s; **2.** (*круг полномочий*) Kompeténz *f*, Kompeténzbereich *m*, *n* (-e)s, Óbliegenheiten *pl*, Zúständigkeit *f*, Befúgnis *f* (3); э́то не в мое́й ~ии das liegt áußer méiner Befúgnis; dafür bin ich nicht zúständig

компил||и́ровать kompilíeren *vt*, (aus frémden Wérken) zusámmentragen* *vt*; **~яти́вный** kompilatív, Kompilatións-; **~я́тор** *м* Kompilátor *m* -s, -tóren; **~я́ция** *ж* Kompilatión *f* (10), Zusámmentragung *f* (10) (aus frémden Wérken)

ко́мплекс *м* Kompléx *m* (1) (*тж. мат.*); Gesámtheit *f* (10); строи́тельный ~ Báukomplex *m*; **~ный** kompléx, Kompléx-; ~ная механиза́ция dúrchgängige [kompléxe] Mechanisíerung; ~ная брига́да Kompléxbrigade *f* (11); ~ные чи́сла *мат.* kompléxe Záhlen; ~ные соедине́ния *хим.* Kompléxverbindungen *pl*

компле́кт *м* **1.** (*набор*) Satz *m* (1*) (*инструментов*); Garnitúr *f* (10) (*белья*); Jáhrgang *m* (1*) (*журналов*); ~ откры́ток Póstkartenserie *f* (11); ~ почто́вых ма́рок ein Satz Bríefmarken; ~ ламп *радио* Röhrenbestückung *f* (10) (*прибора*), Satz Röhren; ~ турби́н Túrbosatz *m*; ~ аппарату́ры Gerätesatz *m*; боево́й ~ *воен.* Kámpfsatz *m*; ~ами sátzweise; **2.** (*полное число чего-л., норма*) komplétte Ánzahl, vóllständige Zahl; сверх ~а zúsätzlich

компле́ктный komplétt

комплектов||а́ние *с* **1.** Komplettíerung *f*; Vervóllständigung *f*, Áuffüllung *f* (10), Ergänzung *f* (*пополнение*); **2.** *воен.* Ergänzung *f* (10), Ersatz *m* -es; **~а́ть** **1.** komplettíeren *vt*; vervóllständigen *vt*, áuffüllen *vt*, ergänzen *vt* (*пополнять*); **2.** *воен.* ergänzen *vt*

компле́кция *ж* Körperbau *m* (1), Gestált *f* (10)

комплиме́нт *м* Komplimént *n* (2); Schmeicheléi *f* (10); сде́лать ~ ein Komplimént máchen; рассыпа́ться в ~ах (*перед кем-л.*) j-n mit Kompliménten [mit Schmeicheléien] überschütten; Süßholz ráspeln (*разг.*); **~щик** *м разг.* Schméichler *m* (6)

компози́||тор *м* Komponíst *m* (8); **~ция** *ж* **1.** Kompositión *f* (10); Áufbau *m* - (e)s, Ánlage *f* (11) (*художественного произведения*); **2.** *муз.* Tóndichtung *f* (10) (*произведение*); Kompositiónslehre *f*, Tónsetzlehre *f* (*теория*); **3.** *уст.* (*сплав из металлов*) Zusámmensetzung *f* (10)

компон||е́нт *м* Komponénte *f* (11), Bestándteil *m* (1); **~ова́ть** zusámmenstellen *vt*, ánordnen *vt*; **~о́вка** *ж* Zusámmenstellung *f* (10), Ánordnung *f* (10)

компо́ст *м с.-х.* Kompóst *m* (1), Míschdünger *m* (6)

компо́стер *м ж.-д.* Lócher *m* (6); Lóchzange *f* (11), Kupíerzange *f* (*ручной*); **~ный** Loch-, Kupíer-

компости́ровать *ж.-д.* lóchen *vt*; ~ биле́ты Fáhrkarten lóchen [ábstempeln lássen*]

компо́стн||ый *с.-х.* Kompóst-; ~ая я́ма Kompóstgrube *f* (11)

компо́т *м* **1.** Kompótt *n* (2), gemíschte Früchte *pl*; **2.** *разг.* (*сухой*) Dörrobst *n* -es

компрадо́р *м эк.* Kompradór *m* (13)

компре́сс *м мед.* Komprésse *f* (11), Úmschlag *m* (1*), Wíckel *m* (6), Pákkung *f* (10); положи́ть ~ éinen Úmschlag máchen; ~ на грудну́ю кле́тку Brústwickel *m*

компре́ссия *ж тех.* Kompressión *f* (10)

компре́ссор *м тех.* Verdíchter *m* (6), Komprèssor *m* -s, -ssóren

компромети́ровать kompromittíeren *vt*, blóßstellen *отд. vt*; in Míßkredit bríngen*

компроми́сс *м* Kompromíß *m*, *n* -sses, -sse; Áusgleich *m* (1); идти́ на ~ sich zu éinem Áusgleich verstéhen*, éin(en) Kompromíß éingehen*; **~ный** Kompromíß-; ~ное реше́ние Kompromíßbeschluß *m* -sses, -schlüsse; Zwíschenlösung *f* (10)

компью́тер *м* Computer [kom'pju:-] *m* (6)

компьютериз||и́рованный computergestützt [kom'pju:-]; **~а́ция** *ж* Éinführung *f* von Computern [kom'pju:-]

комсомо́л *м* (Коммунисти́ческий Сою́з Молодёжи) Komsomól *m* =, Kommunístischer Júgendverband

комсомо́лец *м* Komsomólze *m* (9)

комсомо́лка *ж* Komsomólzin *f* (12)

комсомо́льск||ий Komsomól-; ~ая организа́ция Komsomólorganisation *f* (10); ~ий биле́т Komsomólmitgliedsbuch *n* (5)

комсо́рг *м* (комсомо́льский организа́тор) Komsomólorganisator *m* (13)

комсоста́в *м* (кома́ндный соста́в) *воен.* Kommandeure [-'dø:rə] *pl*

кому́ *дат. см.* кто

комфо́рт *м* Komfórt *m* -(e)s, Bequémlichkeit *f*, Behäglichkeit *f*; **~а́бельный** komfortábel, bequém, behäglich, mit állen Bequémlichkeiten áusgestattet; **~ный** *уст. см.* комфорта́бельный

кон *м* **1.** Spíelfeldlinie *f* (11) (*beim Knüttelspiel u. a.*); der von der Spíelfeldlinie umschlóssene Raum; **2.** Réihe áufgestellter Knöchel [*Knüttel u. a.*]; **3.** Platz, wo der Éinsatz (beim Hasárdspiel) liegt; **4.** (*партия игры*) Spiel *n* (2); ◇ поста́вить на́ ~ 1) séinen Éinsatz éintragen*; 2) (*подвергнуть риску*) etw. riskíeren; etw. gefährden;

стоя́ть [быть] на ~у́ riskíert [gefährdet] wérden

конве́йер *м тех.* láufendes Band, Flíeßband *n* (5), Flíeßreihe *f* (10); Förderband *n*, Förderer *m* (6); Táktstraße *f* (11); сбо́рочный ~ Montágeband [-ʒə-] *n*; рабо́та ~ом Flíeßarbeit *f*, Flíeßfertigung *f*; сойти́ с ~а vom Band [Flíeßband] róllen, das Band [Flíeßband] verlássen*

конвейериза́ция *ж* Úmstellung *f* auf Flíeßarbeit [Flíeßfertigung]

конве́йерный Flíeß-, Flíeßband-; Flíeßarbeits-

конве́кция *ж физ., гидр., метеор.* Konvektión [-vɛk-] *f* (10)

конве́нт *м ист.* Konvent [-'vɛnt] *m* (1)

конвенциона́льный Konventionál- [-vɛn-]

конвенцио́нный Konventións- [-vɛn-], vertráglich; ~ тари́ф Konventiónstarif *m* (1)

конве́нция *ж* Konventión [-vɛn-] *f* (10), Vertrág *m* (1*); тамо́женная ~ Zóllkonvention *f*, Zóllvertrag *m*; междунаро́дная ~ internationále Konventión; ко́нсульская ~ Konsulárabkommen *n* (7)

конверге́нци||я *ж* Konvergénz [-vɛr-] *f* (10), Ánnäherung *f* (10); тео́рия ~и *полит.* Konvergénztheorie *f*

конве́рсия *ж эк.* Konversión [-vɛr-] *f* (10), Konvertíerung [-vɛr-] *f* (10)

конве́рт *м* **1.** (*для писем*) Bríefumschlag *m* (1*), Úmschlag *m*; Kuvert [-'vɛr] *n* -s, -s; **2.** (*для грудных детей*) Stéckkissen *n* (7)

конве́ртер *м тех.* Konverter [-'vɛr-] *m* (6), Bírne *f* (11)

конверти́ровать *эк.* konvertíeren [-vɛr-] *vt*

конверти́руемый *эк.* konvertíerbar [-vɛr-]

конво́ир *м* **1.** Begléitsoldat *m* (8); Begléitposten *m* (7); **2.** *мор.* Geléitschiff (2); **~ова́ние** *с* Geléitschutz *m* -es; **~ова́ть** eskortíeren *vt*, begléiten *vt*; j-n als militärische Bewáchung begléiten

конво́й *м* Eskórte *f* (11); Schútzgeleit *n* (2), Geléit *n*, Bedéckung *f* (10); *мор.* Kónvoi [-vɔø] *m* -s, -s, Geléitzug *m* (1*); **~ный** *прил.* **1.** Geléit-, Bedéckungs-, Begléit-; ~ный отря́д Bedéckungsabteilung *f*; **2.** *в знач. сущ. м* Begléitsoldat *m* (8), Begléitposten *m* (7)

конвульси́вный *мед.* konvulsív [-vʊl-]; krámpfhaft

конву́льсия *ж мед.* Konvulsión [-vʊl-] *f* (10), Krampf *m* (1*), Zúckung *f* (10)

конгениа́льный kongeniál, géistig ébenbürtig

конгломера́т *м* **1.** Konglomerát *n* (2), Gemísch *n* (2), Geménge *n* (6); **2.** *геол.* Konglomerát *n* (2), Stéingemenge *n* (6)

конголе́з||ец *м* Kongolése *m* (9); **~ка** *ж* Kongolésin *f* (12); **~ский** kongolésisch

конгрега́ция *ж* Kongregatión *f* (10)

конгре́сс *м* Kongréß *m* -sses, -sse; Всеми́рный ~ сторо́нников ми́ра Fríedenskongreß *m*, Wéltkongreß der Fríedensanhänger; Всеми́рный конгре́сс миролюби́вых сил Wéltkongreß der Fríedenskräfte; Всеми́рный ~ же́нщин Wéltfrauenkongreß *m*

конгрессме́н *м* Kongréßmitglied *n* (5)

конгруэ́нция *ж мат.* Kongruénz *f*, Übereínstimmung *f* (10)

кондач||о́к: с ~ка́ *разг.* léichtfertig, únüberlegt

конденса́т *м* Kondensát *n* (2)

конденс||а́тор *м* **1.** *эл.* Kondensátor *m* -s, -tóren; **2.** (*холодильник в паровой машине и т. п.*) Kondensátor *m* -s, -tóren, Dámpfverdichter *m* (6); **~а́ция** *ж* Kondensatión *f*, Verdíchtung *f*; ~а́ция па́ра Kondensatión des Dámpfes; **~и́ровать** *тех.* kondensíeren *vt*; verdíchten *vt*

конде́нсор *м опт.* Kondénsor *m* -s, -sóren

конди́тер *м* Kondítor *m* -s, -tóren, Féinbäcker *m*; **~ская** *сущ. ж* Konditoréi *f* (10), Féinbäckerei *f* (10); **~ский** Kondítor-, Süßwaren-, Féinback-, Zúckerwaren-; ~ская фа́брика Zúckerwarenfabrik *f* (10); ~ские това́ры Kondítorwaren *pl*, Süßigkeiten *pl*, Süßwaren *pl*; ~ские щипцы́ Kúchenzange *f* (11); ~ский шприц Tórtenspritze *f* (11)

кондиционе́р *м* Klímagerät *n* (2), Klímaanlage *f* (11)

кондициони́ров||ание *с* Klimatisíerung *f*; ~ание во́здуха Klimatisíerung *f*; Klímaregelung *f*, Bewétterung *f*; устано́вка для ~ания во́здуха Klímaanlage *f* (11); **~ать** konditioníeren *vt*; klimatisíeren *vt* (*воздух*)

конди́ция *ж* **1.** *спец.* (*качество*) Beschäffenheit *f*; (gefórderte) Gütebestimmungen *pl*; **2.** *уст.* (*условие договора*) Konditión *f* (10)

ко́ндор *м зоол.* Kóndor *m* (1)

кондотье́р *м ист.* Kondottiére *m* -s, -ri, Söldnerhauptmann *m* (4) (*pl тж.* -leute)

кондра́шка: его́ ~ хвати́л [сту́кнул, приши́б] *разг.* er hätte éinen Schlágánfall

конду́ит *м ист.* Konduíte *f*, Führungsliste *f*

конду́ктор *м* Schäffner *m* (6); Kondukteur [-'tø:r] *m* (1) (*швейц.*); Zúgbegleiter *m* (6) (*поезда*); авто́бус без ~а schäffnerloser Áutobus

конду́кторша *ж разг.* Schäffnerin *f* (12)

конево́д *м* Pférdezüchter *m* (6); **~ство** *с* Pférdezucht *f*

конёк *м* **1.** *уменьш.* Pférdchen *n* (7); ~-горбуно́к *фольк.* das Záuberpferdchen; **2.** (*на крыше*) First *m* (1), Dáchgrat *m* (1); **3.** *см.* коньки́; **4.** *перен.* Stéckenpferd *n* (2), Hobby ['hɔbi] *n* -s, -s; сесть на [оседла́ть] своего́ конька́ sein Stéckenpferd réiten *; auf sein Líeblingsthema zu spréchen kómmen *; ◇ морско́й ~ Séepferdchen *n*

конесовхо́з *м* Pférdezuchtsowchos *m* (1)

кон||е́ц *м* **1.** (*окончание чего-л.*) Énde *n* (13), Schluß *m* -sses, *pl* Schlüsse, Ábschluß *m*, Finále *n* -s, -s; ~е́ц го́да Jáhresschluß *m*, Énde des Jáhres; в ~це́ го́да gégen Jáhresende; в ~це́ апре́ля Énde April; в ~це́ бу́дущего ме́сяца Énde (des) nächsten Mónats; доводи́ть до ~ца́ zu Énde führen [bríngen *], vollénden *vt*; ~е́ц рабо́чего дня Féierabend *m* (1), Árbeitsschluß *m*; ~е́ц де́ла Áusgang *m* éiner Sáche; **2.** (*у предметов*) Énde *n* (13); Spítze *f* (11) (*острый*); ~е́ц верёвки Énde der Schnur; тупо́й ~е́ц stúmpfes Énde; **3.** *мор.* Léine *f* (11); кормово́й ~е́ц Áchterleine *f*; отда́ть ~цы́ lósmachen *отд. vt*; **4.** *разг.* (*путь, расстояние*) Énde *n* (13), Strécke *f* (11); поря́дочный ~е́ц ein gútes Énde, éine zíemlich gróße Strécke, ein gútes Stück Wegs; биле́т в о́ба ~ца́ Rückfahrkarte *f*; Retourkarte [-'tur-] *f* (11) (*австр.*); **5.** (*смерть*) Énde *n* (13), Tod *m* (1); ◇ и де́ло с ~цо́м! *разг.* bástа!, damít ist die Sáche erlédigt!; на худо́й ~е́ц *разг.* schlímmstenfalls; wenn álle Strícke [Stränge] réißen; под ~е́ц zum Schluß, zulétzt, zuállerlétzt; без ~ца́ óhne Énde, unéndlich; из ~ца́ в ~е́ц in állen Ríchtungen; ему́ оди́н ~е́ц séine Láge ist hóffnungslos; во все ~цы́ überáll(hín), in állen Ríchtungen; на тот [э́тот] ~е́ц für den Fall, falls; хорони́ть [пря́тать] ~цы́ die Spúren (éines Vergéhens) verwíschen; ~цо́в не найти́ es ist nichts zu ermítteln; в ~е́ц *разг.* ganz und gar, völlig, vollkómmen; réstlos; в ~це́ ~цо́в zu güter Letzt, létzten Éndes, schlíeßlich (und éndlich); létztlich; im Éndeffekt; ~ца́ кра́ю нет *разг.* únabsehbar, éndlos; э́тому ~ца́ нет das will kein Énde néhmen; со всех ~цо́в von überáll her, von állen Écken und Énden; своди́ть ~цы́ с ~ца́ми *разг.* mit dem Géld [knapp] áuskommen*; von der Hand in den Mund lében; па́лка о двух ~ца́х ein zwéischneidiges Schwert; положи́ть чему́-л. ~е́ц éiner Sáche (*D*) ein Énde máchen [ein Ziel sétzen]; приходи́ть к ~цу́ (*кончаться*) zu Énde [zur Néige] géhen*; приближа́ться к ~цу́ séinem Énde zúgehen* [sich zúneigen]; нача́ть не с того́ ~ца́ die Sáche am verkéhrten Énde ánfassen; die Pférde hínter den Wágen spánnen; ... и ~цы́ в во́ду *разг...* und álle Spúren sind verwíscht; ~е́ц — всему́ де́лу вене́ц *погов.* Énde gut, álles gut

коне́чно **1.** *вводн. сл.* gewíß, natürlich; fréilich, állerdings; sélbstredend, sélbstverständlich (*разумеется*); э́то, ~, так, но... dem ist zwar so, doch... **2.** (*утвердительная частица*) natürlich; und ob! (*ещё бы!*); ~, что за вопро́с das ist doch klar

коне́чности *анат.* Glíedmaßen *pl*, Extremitäten *pl*; ве́рхние ~ óbere Extremitäten; ни́жние ~ úntere Extremitäten

коне́чность *ж филос.* Éndlichkeit *f* (*в пространстве*); Vergänglichkeit *f*, Zéitlichkeit *f* (*во времени*)

коне́чн||ый **1.** éndlich (*в пространстве*); vergänglich, zéitlich (*во времени*); **2.** (*последний, предельный*) End-; Schluß-; Finál-; Grenz-; ~ый проду́кт *эк.* Finálprodukt *n* (2); ~ая ста́нция Éndstation *f* (10); Éndhaltestelle *f* (11) (*городского транспорта*); ~ая цель Éndziel *n* (2), Éndzweck *m* (1); **3.** *мат.* éndlich; ~ая величина́ éndliche Größe; **4.** *лингв.* áuslautend, End-, Schluß-; ◇ в ~ом счёте létzten Éndes

кони́на *ж* Pférdefleisch *n* -es; Róßfleisch *n* (*диал.*)

кони́ческ||ий kónisch, kégelförmig, Kégel-; ~ое сече́ние Kégelschnitt *m* (1); ~ая фо́рма Kégelform *f*; ~ая верши́на горы́ Bérgkegel *m* (6)

ко́нка *ж уст.* Pférdebahn *f* (10)

конкистадо́ры **1.** *ист.* Konquistadóren [-kis-] *pl*, spánische Eróberer (Amérikas); **2.** *перен.* Eróberer *pl*, Okkupánten *pl*

конкла́в *м* Konkláve [-və] *n* (13)

конкорда́т *м* Konkordát *n* (2)

конкретиз||а́ция *ж* Konkretisíerung *f*; **~и́ровать** konkretisíeren *vt*

конкре́т||ность *ж* Konkrétheit *f*, Konkréte *sub n*; **~ный** konkrét; ~ный приме́р konkrétes Béispiel; ~ный результа́т gréifbares Resultát

конкуре́нт *м* Konkurrént *m* (8); победи́ть ~а níederkonkurrieren *vt*; **~ка** *ж* Konkurréntin *f* (12); **~ный** Konkurrénz-; ~ная борьба́ Konkurrénzkampf *m* (1*)

конкуренто||спосо́бность *ж эк.* Konkurrénzfähigkeit *f*; **~спосо́бный** konkurrénzfähig; ~способный на мировом рынке wéltmarktfähig

конкуре́нци||я *ж* Konkurrénz *f*; Wéttbewerb *m*; внутриотраслевая ~я Konkurrénz ínnerhalb éines Produktiónszweigs; межотраслевая ~я Konkurrénz zwíschen den Produktiónszweigen; нечестная ~я únlauterer Wéttbewerb; ◇ вне ~и áußer Konkurrénz; konkurrénzlos, únerreicht

конкури́ровать konkurríeren *vi*; wétteifern *vi*, rivalisíeren [-va-] *vi* (с кем-л. в чём-л. mit *D* in *D*)

ко́нкурс *м* **1.** Wéttbewerb *m* (1), Wéttstreit *m* (1); Préisausschreiben *n* (7); объявить ~ на должность éine Stélle áusschreiben*; объявить ~ на лучшие произведения живописи éinen Wéttbewerb für die bésten Wérke der Maleréi áusschreiben*; фильм демонстрировался на ~е [вне ~а] der Film lief im [áußer] Wéttbewerb; ~ на лучшего рассказчика Erzählerwettstreit *m*; **2.** *см.* ~ный экзамен; **3.** *ком.* Konkurs *m* (1); ◇ вне ~а 1) (*вне конкуренции*) konkurrénzlos, únerreicht; 2) *спорт.* áußer Wéttbewerb; **~ный** Wéttbewerb(s)-; ~ный экзамен Áufnahmeprüfung *f* in Form éines Wéttbewerbs

ко́нница *ж* Reiteréi *f* (10), Kavallerie [-val-] *f* (11)

конногварде́ец *м ист.* Gardíst *m* zu Pférde

коннозаво́дчик *м уст.* Gestütbesitzer *m* (6)

ко́нн||ый *прил. в разн. знач.* **1.** berítten, réitend; Pférde-; Réiter-; ~ая сбруя Pférdegeschirr *n* (2); ~ый завод Gestüt *n* (2); ~ая тяга Pférdezug *m* -(e)s; ~ая армия Réiterarmee *f* (11); ~ая разведка Réitererkundung *f*, Réiteraufklärung *f*; ~ый привод *тех.* Pférdeantrieb *m* (1), Göpel *m* (6), Göpelwerk *n* (2); ~ый транспорт Gespánntransport *m*, Pférdefahrzeuge *pl*; ~ый спорт Réitsport *m* -(e)s, Pférdesport *m*; ~ая статуя Réiterstandbild *n* (5), Réiterstatue *f* (11); **2.** *в знач. сущ.* Réiter *m* (6)

конова́л *м* **1.** Pférdedoktor *m* (13), **2.** *разг. презр.* (*несведущий врач*) Kúrpfuscher *m* (6); Pférdedoktor *m* (13), Dóktor Éisenbart (*лечащий сильными средствами*)

коново́д I *м воен.* Pférdehalter *m* (6)

коново́д II *м разг.* (*вожак*) Rädelsführer *m* (6), Ánführer *m*

ко́новязь *ж* **1.** (*кол*) Pikéttpfahl *m* (1*); **2.** (*верёвка*) Fúßstrick *m* (1) (für frei wéidende Pférde)

коного́н *м уст.* (*в шахте*) Pférdetreiber *m* (6)

конокра́д *м* Pférdedieb *m* (1); **~ство** *с* Pférdediebstahl *m* -(e)s

конопа́т||ить kalfátern *vt*, (Fúgen) ábdichten *vt*; **~ка** *ж* **1.** (*действие*) Kalfátern *n* -s, Kalfáterung *f*, Ábdichtung *f* (von Fúgen); **2.** (*инструмент*) Kalfátereisen *n* (7); **3.** (*материал*) Werg *n* [Hanf *m*] zum Ábdichten; **~чик** *м* Kalfáterer *m* (6)

конопа́тый *разг.* sómmersprossig; póckennarbig (*от оспы*)

конопа́чение *с* Kalfáterung *f*

конопле||во́дство *с* Hánf(an)bau *m* -(e)s; **~вя́зка** *ж* Hánfbinder *m* (6); **~коси́лка** *ж* Hánfmähmaschine *f* (11); **~тереби́лка** *ж* Hánfraufe *f* (11)

конопля́ *ж бот.* Hanf *m* -(e)s; **~ник** *м с.-х.* Hánffeld *n* (5), Hánfacker *m* (6*); **~нка** *ж зоол.* Hänfling *m* (1), Hánffink *m* (8); **~ный** hánfen, Hanf-; ~ное семя Hánfsamen *m* (7); ~ное масло Hánföl *n* -(e)s

коносаме́нт *м ком.* Konnossemént *n* (2), Séefrachtbrief *m* (1); сквозной ~ Dúrchgangskonnossement *n*

консерва́нт *м спец.* Konservierungsmittel [-'vi:-] *n* (7)

консервати́вн||ость *ж* Konservatísmus [-va-] *m* =, konservatíve Éinstellung; **~ый** konservatív

консервати́зм *м* Konservatísmus [-va-] *m* =, konservatíve Éinstellung

консерва́тор *м* Konservative [-va-'ti:və] *m* (14)

консервато́р||ец *м разг.* Musíkstudent *m* (8); **~ия** *ж* Konservatórium [-va-] *n* -s, -ri̯en; **~ка** *ж разг.* Musíkstudentin *f* (12)

консерва́торский konservatív- [-va-]

консервато́рский Konservatóriums- [-va-]; konservatoristisch

консерва́ция *ж спец.* Konservierung [-'vi:-] *f* (*напр. музейных экспонатов*); vorübergehende Stíllegung (*при переносе* Still-legung) (*предприятия*); ~ строительства vorübergehende Éinstellung der Báuarbeiten

консерви́ров||ание *с* Konservierung [-'vi:-] *f*; Éinmachen *n* -s, Éinwecken *n* -s; Háltbarmachen *n*; ~ание замораживанием Tíefkühlen *n* -s, Frósten *n* -s; **~ать 1.** (*пищевые продукты*) konservieren [-'vi:-] *vt*; éinmachen *vt*; háltbar máchen; ~ать замораживанием tíefkühlen *vt*, frósten *vt*; **2.** (*строительство*) vorübergehend stíllegen (*при переносе* still-legen)

консе́рвн||ый Konsérven- [-vən-]; ~ый ключ [нож] Büchsenöffner *m* (6); ~ая фабрика Konsérvenfabrik *f* (10)

консе́рвы *мн.* **1.** Konsérven [-vən] *pl*; мясные ~ Fléischkonserven *pl*; Büchsenfleisch *n* -es; овощные ~ Gemüsekonserven *pl*; рыбные ~ Físchkonserven *pl*; **2.** *спец.* (*очки*) Schútzbrille *f* (11)

конси́лиум *м мед.* Konsílium *n* -s, -li̯en, Ärztekonsilium *n*

консисте́нция *ж физ.* Konsisténz *f*

консисто́рия *ж ист.* Konsistórium *n* -s, -ri̯en

ко́нск||ий Pférde-, Roß-; ~ий волос Róßhaar *n* (2); ~ое мясо Pférdefleisch *n* -es

конскри́пция *ж воен.* Konskriptión *f*

консолид||а́ция *ж* Konsolidíerung *f*, Konsolidatión *f*, Féstigung *f*; Veréinigung *f* (*объединение*); **~и́ровать** konsolidíeren *vt*, féstigen *vt*, veréinigen *vt* (*объединять*)

консо́ль *м архит.* Konsóle *f* (11), Krágstein *m* (1); Trágstein *m*, Krágträger *m* (6); **~ный** Stand-; ~ный приёмник Ständempfänger *m* (6)

консоме́ *с кул.* Kráftbrühe *f* (11)

консона́нс *м муз., лит.* Konsonánz *f* (10), Gléichklang *m* (1*)

консо́рциум *м эк.* Konsórtium *n* -s, -ti̯en

конспе́кт *м* Konspekt *n* (2), Ínhaltsübersicht *f* (10)

конспекти́вн||ость *ж* zusámmenfassende [übersichtliche] Kürze; **~ый** kurz zusámmenfassend, lakónisch; in Form éines Konspéktes

конспекти́ровать konspektíeren *vt*, kurz zusámmenfassen; éinen Konspékt zusámmenstellen

конспирати́вн||ость *ж* konspiratíver [-vər] [gehéimer] Charákter [ka-], Gehéimhaltung *f*; **~ый** konspiratív, streng gehéim; ~ая квартира konspiratíver [-vər] [gehéimer] Tréffpunkt

конспир||а́тор *м* Verschwörer *m* (6); **~а́ция** *ж* Konspiratión *f*; **~и́ровать** konspiríeren *vi*

конста́нт||а *ж мат., физ.* Konstánte *f* (11); **~ный** konstánt, únveränderlich, beständig

констат||а́ция *ж* Konstatíerung *f* (10), Féststellung *f* (10); **~и́ровать** konstatíeren *vt*, féststellen *отд. vt*

конста́бль *м* Konstábler *m* (6)

констелля́ция *ж* **1.** *астр.* Konstellatión *f*, Stand der Gestírne; **2.** *перен.* (*стечение обстоятельств*) Situatión *f* (10), Zusámmentreffen *n* von Úmständen

конституи́ровать konstituíeren *vt*

конституи́вный konstitutív, gründlegend

конституционал||и́зм *м* Konstitutionalísmus *m* =; **~и́ст** *м* Konstitutionalíst *m* (8)

конституциона́льный *физиол., мед.* konstitutionéll

конституцио́нн||ый konstitutionéll, verfássungsmäßig; ~ый строй konstitutionélles Regime [-'ʒi:m], konstitutionélle Regíerungsform; ~ые права verfássungsmäßige Réchte

конститу́ция I *ж* Konstitutión *f* (10), Verfássung *f* (10); Grúndgesetz *n* (2) (*основной закон*); Советская Конституция die Sowjétische Verfássung; День Конституции Verfássungstag *m* -(e)s

конститу́ция II *ж физиол., мед.* Körperbau *m* -(e)s, Körperbeschaffenheit *f* (10), Konstitutión *f* (10); **крепкая** ~ stärker Körperbau

констри́ктор *м анат.* Konstríktor *m* -s, -tóren, Schließmuskel *m* (13)

конструи́ровать 1. konstruíeren *vt*; ~ новую машину éine néue Maschíne entwíckeln [konstruíeren]; **2.** (*учреждать*) erríchten *vt*, áufbauen *vt*

конструктив||и́зм *м иск.* Konstruktivísmus [-'vɪs]- *m* =; **~и́ст** *м иск.* Konstruktivist [-'vɪst] *m* (8)

конструкти́вн||ость *ж* konstruktíver Charákter; **~ый 1.** konstruktív, konstruktiónsmäßig; ~ое предложение konstruktíver [-vər] Vórschlag; **2.** *стр.* Bau-, báulich; ~ый элемент Báuelement *n* (2)

констру́ктор *м* **1.** Konstrukteur [-'tø:r] *m* (1); главный ~ Chefkonstrukteur ['ʃɛf-] *m*; **2.** (*игрушка*) Stéckstein-Báukasten *m* (7), Konstruktiónsbaukasten *m*; Stabílbaukasten *m*; **~ский** Konstruktións-; ~ское бюро Konstruktiónsbüro *n* -s, -s; Entwícklungsbüro *n*

констру́кция *ж* **1.** Konstruktión *f* (10); Áufbau *m* -(e)s; Báuart *f* (10); Báuweise *f* (11), Áusführung *f* (10); железобетонная ~ Stáhlbetonbau [-,tɔŋ-] *m*; облегчённая ~ Léichtbauweise *f*; каркасная ~ Skeléttbauweise *f*; сборная ~ Montágebauweise [-ʒə-] *f*; Konstruktión *f* aus Fértigteilen; защищённая ~ geschützte Áusführung; **2.** *грам.* Bau *m* -(e)s, Fügung *f* (10); ~ фразы Sátzbau *m*

ко́нсул *м* Kónsul *m* -s, -n; генеральный ~ Generálkonsul *m*

ко́нсуль||ский konsulár; konsulárisch, Konsulár-; ~ский суд Konsulárgericht *n* (2); **~ство** *с* Konsulát *n* (2); генеральное ~ство Generálkonsulat *n*

консульт||а́нт *м* Konsulént *m* (8), Konsultánt *m* (8), Beráter *m* (6); специальный ~ант по... Fáchberater in (*D*); **~ати́вный** Beráter-; beratend; ~ативный комитет berátender Áusschuß; ~ативные функции Beráterfunktionen; **~ацио́нный** Konsultatións-, Berátungs-, konsultatív berátend; **~áция** *ж* **1.** (*действие*) Konsultatión *f* (10), Konsultíerung *f* (10); Berátung *f* (10); пóсле ~áции с кем-л. nach Rücksprache mit (*D*); **2.** (*учреждение*) Konsultatiónsbüro *n* -s, -s; Berátungsstelle *f* (11); жéнская и дéтская ~áция Berátungsstelle für Mütter und Kind; **~и́ровать 1.** (*советоваться с кем-л.*) konsultíeren *vt*, um Rat frágen; **2.** (*давать консультацию*) Rat gében*

консьéрж *м* Concierge [kõ'sïɛrʒ] *m* =, -s, Háusmeister *m* (6), Pförtner *m* (6)

контáкт *м* **1.** *эл.* Kontákt *m* (1); неплóтный ~ Wáckelkontakt *m*; **2.** *перен.* Verbíndung *f* (10), Fühlung *f*; Kontákt *m* (1); войти́, вступи́ть в ~ Fühlung néhmen*, sich in Verbíndung sétzen (с кем-л. mit *D*); Bezíehungen [Kontákt] áufnehmen*; den Kontákt hérstellen; находи́ться в ~е с кем-л. mit j-m Fühlung háben, mit j-m in Verbíndung stéhen*; имéть тéсный ~ друг с дрýгом in Túchfühlung [in énger Berührung, in éngem Kontákt] miteinánder stéhen*; **~и́ровать 1.** (*вступать в контакт с кем-л.*) Kontákt áufnehmen* (mit j-m); **2.** (*быть в контакте с кем-л.*) Kontákt háben, im Kontákt stéhen (mit j-m); **3.** *эл.* Kontákt gében*; **~ный** *эл.* Kontákt-; ~ный штифт Kontáktstift *m* (1); ~ный прóвод Fáhrleitung *f* (10), Óberleitung *f*; ~ный замыкáтель Kontáktschließer *m* (6); **~ор** *м эл.* Kontáktgeber *m* (6); Schütz *n* (2)

контаминáция *ж лингв.* Kontaminatión *f* (10)

контéйнер *м* Container [kɔn'te:nər] *m* (6), transportábler Behälter; ~ большóй ёмкости Gróßbehälter *m* (6); холоди́льный ~ Kühlbehälter *m*; сбóрный ~ Sámmelbehälter *m*; **~изáция** *ж* die Éinführung des Containerverkehrs [kɔn'te:nər-] [des Behälterverkehrs]; **~ный** Container- [kɔn'te:nər-]; ~ные перевóзки Containerverkehr *n* -(e)s, Behälterverkehr *n*, Containertransport *m* -(e)s

контéкст *м* Kóntext *m* (1), Kontéxt *m*; э́то я́вствует из ~а dies geht aus dem Zusámmenhang hervór; вы́рвать из ~а aus dem Zusámmenhang réißen*

контекстуáльн||ый *лингв.* kontextuál; ~о обуслóвленный kóntextbedingt

контингéнт *м* **1.** (*группа людей*) Kontingént *n* (2); ~ новобрáнцев *воен.* Rekrútenkontingent *n*; **2.** *эк.* Quóte *f* (11); э́кспортный ~ ýгля Kóhlenexportquote *f*

континéнт *м* Kontinént *m* (1), Féstland *n* (5); **~áльный** kontinentál, Kontinentál-; Féstlands-; ~áльный клúмат kontinentáles Klíma, Féstlandsklima *n* -s; ~áльная блокáда *ист.* Kontinentálsperre *f*

контокоррéнт *м бухг.* Kontokorrént *n* (2), láufende Réchnung

контóр||а *ж* Kontór *n* (2), Bürό *n* -s, -s, Geschäftsraum *m* (1*); жили́щная ~а Wóhnungsverwaltung *f* (10); оптóвая ~а Gróßhandelskontor *n*; снабжéнческая ~а Versórgungskontor *n*; трáнспортная ~а Speditiónsfirma *f*, *pl* -men, Speditión *f* (10), Transpórtfirma *f*; банки́рская ~а Bánkkontor *n*, Bánkgeschäft *n* (2); завéдующий ~ой Bürόchef [-ʃɛf] *m* -s, -s

контóрка *ж* **1.** (*письменный стол*) Schréibpult *n* (2), Stéhpult *n*; **2.** *разг.* (*помещение*) kléiner Bürόraum

контóр||ский Kanzléi-, Kontór-; Bürό-; Geschäfts-; ~ская кни́га *бухг.* Geschäftsbuch *n* (5); **~щик** *м* Bürόangestellte *m* (14); Kontoríst *m* (8), Bürόkraft *f* (3)

кóнтра I: про и ~ das Pro und (das) Kóntra, das Für und (das) Wíder

кóнтра II *ж груб. см.* контрреволюционéр

контрабáнд||а *ж* **1.** (*занятие*) Schmúggel *m* (6), Schmuggeléi *f*, Schléichhandel *m* -s; ввози́ть ~ой éinschmuggeln *vt*; **2.** (*товар*) Schmúggelware *f*, Kónterbande *f* (11); **3.** *в знач. нареч.*: ~ой geheím, héimlich; **~и́ст** *м* Schmúggler *m* (6); **~и́стский** Schmúggler-; **~ный 1.** Schmúggel-; ~ный товáр Schmúggelware *f* (11); ~ная грýппа Schmúgglerring *m* (1); **2.** (*запретный*) gehéimgehalten, verbóten

контрабáс *м муз.* Kóntrabaß *m* -sses, -bässe, (gróße) Báßgeige *f* (11); щипкóвый ~ Schlágbaß *m*; **~и́ст** *м* Kóntrabaßspieler *m* (6)

контрагéнт *м юр.* Vertrágspartner *m* (6), Kontrahént *m* (8)

контр-адмирáл *м* Kónteradmiral *m* (1)

контрáкт *м* Vertrág *m* (1*), Kontrákt *m* (1); лицензиóнный ~ Lizénzvertrag *m*; ~ кýпли-продáжи Káufvertrag *m*; заключáть ~ éinen Kontrákt schlíeßen*; éinen Vertrág [Ábschluß] tätigen, sich verträglich verpflíchten; растóргнуть ~ éinen Vertrág kündigen [áuflösen]; в соответ́ствии с ~ом kontráktmäßig; **~áция** *ж* **1.** (*заключение контракта*) Kontrahíerung *f*; по ~áции vertráglich gebúnden; **2.** *с.-х.* Kontráktsystem *n* -s; ~áция урожáя Verkáuf der Érnte auf dem Halm; **~овáть** kontrahíeren *vt*

контрáльто *с, м муз.* Kóntra|alt *m* (1), tíefe Áltstimme

контрамáрка *ж театр.* Fréikarte *f* (11)

контрапýнкт *м муз.* Kóntrapunkt *m* -(e)s

контраргумéнт *м* Gégenbeweis *m* (1), Gégenargument *n* (2)

контрáст *м* Kontrást *m* (1), Gégensatz *m* (1*); по ~у с чем-л. im Gégensatz zu etw. (*D*); **~и́ровать** éinen Gégensatz [éinen Kontrást] bílden, kontrastíeren *vi* (с чем-л. zu *D*), ábstechen* *vi* (von *D*); **~ность** *ж* Kontrástwirkung *f* (10), Kontrástverhältnis *n* (3*); нóмер ~ности (*фотобумаги*) Härtestufe *f* (11); регулирóвка ~ности *тлв.* Kontrásteinstellung *f*; **~ный** gégensätzlich, Kontrást-, kontrástreich; ábstechend (*резко отличающийся*)

контратáка *ж воен.* Gégenangriff *m* (1); Gégenstoß *m* (1*)

контратаковáть zum Gégenangriff übergehen*; im Gégenstoß ángreifen*

контрафагóт *м муз.* Kóntrafagott *n* (2)

контрафáкция *ж* (*литературная подделка*) *юр.* Náchdruck *m* (1), Náchahmung *f* (10)

контргáйка *ж тех.* Gégenmutter *f* (11)

контрдáнс *м* Kóntertanz *m* (1*)

контрибýци||я *ж* Kontributión *f* (10), Kríegssteuer *f* (11); наложи́ть (*на кого-л.*) ~ю j-m éine Kontributión áuferlegen

контр||манёвр *м воен.* Gégenmanöver [-vər] *n* (6); **~мáрш** *м воен.* Gégenmarsch *m* (1*); **~мéра** *ж* Gégenmaßnahme *f* (11); **~ми́на** *ж воен.* Gégenmine *f* (11); **~наступлéние** *с* Gégenoffensive [-və] *f* (11), Gégenangriff *m* (1)

контровéрза *ж* Kontroverse [-'vɛr-] *f* (11), Stréitfrage *f* (11)

контролёр *м* Kontrolleur [-'lø:r] *m* (1), Kontróllbeamte *m* (14); ~ кáчества Gütekontrolleur *m*

контроли́ровать kontrollíeren *vt*, überwáchen *vt*, prüfen *vt*

контрóллер *м эл.* Fáhrschalter *m* (6); Kontróller *m* (6), Schältanlasser *m* (6)

контрóль *м* Kontrólle *f* (11), Überwáchung *f* (10); Áufsicht *f*; Prüfung *f* (10); Áusgabe *f* (11) (*в магазине*); общéственный ~ Geméinschaftskontrolle *f*; парти́йно-госудáрственный ~ Partéi- und Stáatskontrolle *f*; ~ кáчества продýкции Gütekontrolle *f*; ~ над разоружéнием Ábrüstungskontrolle *f*, die Kontrólle der Ábrüstung; ~ за выполнéнием плáна Plánkontrolle *f*; ~ над ввóзом и вы́возом Éin- und Áusfuhrkontrolle *f*; ~ над цéнами Préiskontrolle *f*; рабóчий ~ Árbeiterkontrolle *f*; **~ный** Kontróll-, Überwáchungs-; ~ные ци́фры Kontróllziffern *pl*; *эк.* Plánvorgabe *f* (11); ~ные прибóры *тех.* Kontróllapparatur *f*, Prüfeinrichtung *f* (10); ~ная (рабóта) Kontróllarbeit *f* (10); ~но-пропускнóй пункт Kontróllpunkt *m* (1); Grénzübergangsstelle *f* (11) (*на границе*)

контр||пáр *м тех.* Gégendampf *m* (1*); **~предложéние** *с* Gégenvorschlag *m* (1*), Gégenantrag *m* (1*); **~претéнзия** *ж* Gégenanspruch *m* (1*), Gégenforderung *f* (10); **~прикáз** *м воен.* Gégenbefehl *m* (1); **~проéкт** *м* Gégenprojekt *n* (2); Gégenentwurf *m* (1*); **~пропагáнда** *ж* Gégenpropaganda *f*; **~развéдка** *ж воен.* **1.** (*деятельность*) Spionágeabwehr [-ʒə-] *f*; Ábwehrdienst *m* -es; **2.** (*учреждение*) Ábwehrdienststelle *f* (11)

контр||революционéр *м* Kónterrevolutionär [-vo-] *m* (1), Gégenrevolutionär *m*; **~революциóнность** *ж* konterrevolutionärer [-vo-] Geist [Charákter (ka-)]; **~революциóнный** kónterrevolutionär [-vo-], gégenrevolutionär; **~революция** *ж* Kónterrevolution [-vo-] *f*

контр||рессóра *ж тех.* Gégenfeder *f* (11); **~удáр** *м воен.* Gégenschlag *m* (1*), Gégenangriff *m* (1), Gégenstoß *m* (1*)

контрфóрс *м архит.* Strébepfeiler *m* (6)

кóнтр||ы *мн. разг.* Händel *pl*, Zwístigkeit *f* (10), Stréitigkeit *f* (10); быть в ~ах с кем-л. mit j-m auf gespánntem Fuß stéhen*

контрэскáрп *м воен.* Gégenböschung *f* (10), Gégenwall *m* (1*), Áußenwand *f* (3); противотáнковый ~ Ábsturzwand *f*

контýз||ить quétschen *vt*; **~ия** *ж* Quétschung *f* (10), Kontusión *f* (10)

кóнтур *м* **1.** Kontúr *f* (10), Úmriß *m* -sses, -sse; Begrénzungslini|e *f* (11), Fórmenlini|e *f*; **2.** *эл.*, *радио* Kreis *m* (1); настрáиваемый ~ Ábstimmkreis *m*; колебáтельный ~ Schwíngungskreis *m*

конурá *ж*, **конýрка** *ж* **1.** Húndehütte *f* (11); **2.** *разг.* (*плохая комната*) (élendes) Loch *n* (5), Húndeloch *n*

кóнус *м* Kégel *m* (6)

конусообрáзный kégelförmig

конфедерáт *м ист.* (*участник конфедерации*) Konföderíerte *m* (14)

конфедерáция *ж* Konföderatión *f* (10), Stáatenbund *m* (1*)

конфекциóн *м* (*магазин*) Konfektiónsgeschäft *n* (2)

конферансьé *м театр.* Conférencier [*фр.* kɔnferaŋ'sïe:] *m* -s, -s, Ánsager *m* (6)

конферéнц-зáл *м* Konferénzsaal *m* -(e)s, -säle

конферéнция *ж* Konferénz *f* (10), Tágung *f* (10); парти́йная ~ Partéikonferenz *f*; Конферéнция по безопáсности и сотрýдничеству в Еврóпе Konferénz für Sícherheit und Zusámmenarbeit in Európa (*сокр.* KSZE)

конфе́т||а *ж* Konfékt *n* (2), Bonbon [*фр.* bɔŋ'bɔŋ] *m*, *n* -s, -s; шокола́дная ~а Pralíne *f* (11); **~ный 1.** Konfékt-; Bonbon- [bɔŋ'bɔŋ-], Süßwaren-; **2.** (*приторный*) süßlich, zúckersüß

конфетти́ *с* Konfétti *pl*

конфигура́ция *ж* Konfiguratión *f* (10); Gestált *f* (10); ~ ме́стности Geländegestaltung *f* (10)

конфиденциа́льный konfidentiéll, vertráulich

конфирма́ция *ж* Konfirmatión *f* (10); гражда́нская ~ Júgendweihe *f* (11)

конфиск||а́ция *ж* Konfiskatión *f* (10); Éinziehung *f*; Beschlágnahme *f* (11) (*наложение ареста на имущество*); ~а́ция иму́щества Éinziehung des Besítzes; **~ова́ть** konfiszíeren *vt*; éinziehen* *vt*; beschlágnahmen *неотд.* *vt*, mit Beschlág belégen (*налагать арест на имущество*)

конфли́кт *м* Konflíkt *m* (1); Stréitfall *m* (1*); пойти́ на ~ es auf éinen Konflíkt ánkommen lássen*; ула́дить ~ den Konflíkt schlíchten; **~ный** Konflíkt-; ~ная коми́ссия Konflíktkommission *f* (10)

конфо́рк||а *ж* **1.** (*на плите*) Hérdring *m* (1); плита́ с двумя́ ~ами Zwéiflammenherd *m* (1); га́зовая плита́ с четырьмя́ ~ами ein víerflammiger Gásherd; **2.** (*на самоваре*) Ríngaufsatz *m* (1*)

конфу́з *м* Verlégenheit *f*; Verwírrung *f*, Konfusión *f* (10); Blamáge [-ʒə] *f*; получи́лся ~ da hätten wir die Blamáge; испы́тывать ~ in Verlégenheit sein; **~ить** konfús [verlégen, verwírrt] máchen, in Verlégenheit bríngen*; **~иться** in Verlégenheit geráten*; verwírrt [betréten, konfús] sein; ~иться кого́-л. sich vor j-m geníeren [ʒə-]; **~ливость** *ж* Schüchternheit *f*, Verlégenheit *f*, Verwírrung *f*; **~ливый** schüchtern, (leicht) verlégen, verwírrt, konfús

конхо́ида *ж* *мат.* Konchoíde *f* (11), Múschellinie *f* (11)

концев||о́й 1. End-; ~а́я строка́ Éndzeile *f* (11); **2.** *тех.* Stirn-; ~о́й фре́зер, ~а́я шаро́шка Stírnfräser *m* (6), Plánfräser *m*

концентра́т *м* Konzentrát *n* (2); *с.-х.* Kráftfutter *n* (6); пищево́й ~ Lébensmittelkonzentrat *n*; бульо́нный ~ (*в кубике*) Súppenwürfel *m* (6)

концентрацио́нный Konzentratións-; ~ ла́герь Konzentratiónslager *n* (6) (*сокр.* KZ); ~ стол *горн.* Schüttelherd *m* (1)

концентра́ция *ж в разн. знач.* Konzentratión *f*, Konzentríerung *f*

концентри́ровать konzentríeren *vt*, *воен.* zusámmenziehen* *vt*; ~ кислоту́ *хим.* die Säure konzentríeren [sättigen]; ~ внима́ние séine Áufmerksamkeit konzentríeren (на чём-л. auf *A*); **~ся** sich konzentríeren

концентри́ческ||ий konzéntrisch; ~ие круги́ *мат.* konzéntrische Kréise

конце́нтры *мн.* konzéntrische Kréise

конце́пт *м филос.* Begríff *m* (1), Vórstellung *f* (10), Idée *f* (11)

конце́пция *ж* Konzeptión *f* (10); Áuffassung *f* (10)

конце́рн *м эк.* Konzérn *m* (1)

конце́рт *м* **1.** Konzért *n* (2), Musíkabend *m* (1); Klavierabend ['vi:r-] *m* (*пианиста*); ~ лёгкой му́зыки Unterháltungskonzert *n*; ~ орга́нной му́зыки Órgelkonzert *n*; ~ по зая́вкам (радиослу́шателей) Wúnschkonzert *n*; ~ грамза́писи Schállplattenkonzert *n*; ~-зага́дка musikálische Rätselsendung; вести́ ~ durch das Prográmm führen; die Ánsage háben; **2.** (*музыкальное произведение*) Konzért *n* (2); ◇ коша́чий ~ *разг.* Kátzenmusik *f*; **~а́нт** *м* Konzértgeber *m* (6); **~и́ровать** konzertíeren *vi*, Konzérte gében*

концерти́но *с муз.* Konzertína *f*, *pl* -s

концертме́йстер *м* Konzértmeister *m* (6)

конце́ртный Konzért-; Musík-; konzertánt; ~ зал Konzértsaal *m* -(e)s, -säle, Musíksaal *m*

концесси||оне́р *м* Konzessionär *m* (1); Konzessiónsinhaber *m* (6); **~о́нный** Konzessións-; ~о́нный догово́р Konzessiónsvertrag *m* (1*)

конце́ссия *ж* Konzessión *f* (10) (на что-л. zu *D*)

концла́герь *м см.* концентрацио́нный ла́герь

концо́вка *ж* **1.** *полигр.* Éndvignette [-vɪn,jetə] *f* (11), Schlúßvignette *f*; **2.** *перен.* Énde *n* (13), Schluß *m* -sses, -schlüsse, Ábschluß *m*

концы́ *мн. текст.* Fádenreste *pl*; Pútzwolle *f*

конча́ть *см.* ко́нчить; пора́ ~ es ist Zeit Schluß zu máchen!; я ско́ро конча́ю (*напр. работу*) ich bin bald fértig; **~ся 1.** *см.* ко́нчиться; всё хорошо́, что хорошо́ конча́ется *посл.* Énde gut, álles gut; **2.** *страд.* beéndigt wérden

ко́нчено *предик. безл.* **1.** zu Énde [ábgeschlossen] sein; **2.** (*довольно*) genúg, Schluß (mit etw. *D*); ◇ всё ~ 1) (*всё решено*) éndgültig beschlóssen; 2) (*всё потеряно*) únwiederbringlich verlóren; и ~ 1) (*всё потеряно*) álles (ist) verlóren [hin]; 2) (*довольно*) und dámit básta

ко́нченый: ~ челове́к *разг.* ein erlédigter Mensch

ко́нчик *м* Éndchen *n* (7); Spítze *f* (11) (*остриё*); Zípfel *m* (6), Zípfelchen *n* (7) (*платка, шали и т. п.*); ~ но́са Násenspitze *f*

конч́ина *ж* Énde *n* (13), Tod *m* (1); Ábleben *n* -s; безвре́менная ~ zu frühes [vórzeitiges] Énde

ко́нчить 1. énden *vt*, beéndigen *vt*; vollénden *vt* (*завершить*); schließen* *vt*; áufhören *vi* (+ *inf c* zu) (*закончить*); ~ с чем-л. mit etw. (*D*) Schluß máchen; ~ рабо́ту [сме́ну] (*на предприятии*) Féierabend máchen; **2.** (*учебное заведение*) absolvieren [-'vi:-] *vt*, beénden *vt*; ◇ пло́хо ~ schlecht énden, ein schlímmes Énde néhmen*

ко́нчи||ться 1. énden *vi*, ein Énde néhmen*; zu Énde géhen*, zur Néige géhen* (*о запасе*); áblaufen* *vi* (*о сроке*); ~ться чем-л. mit etw. (*D*) énden; ~ться ниче́м ergébnislos énden; im Sánd verláufen*; уда́чно **~ться** glücklich áblaufen*; **2.** (*умереть*) stérben* *vi* (s), verschéiden* *vi* (s); ◇ э́тим де́ло не ~лось damít war die Sáche nicht zu Énde [nicht ábgetan, nicht erlédigt]

конъекту́ра *ж лингв.* Vermútung *f* (10), Konjektúr *f* (10)

конъюнктиви́т *м мед.* Konjunktivitis [-'vi-] *f*, Bíndehautentzündung *f*

конъюнкту́р||а *ж* Konjunktúr *f* (10); полити́ческая ~а polítische Konjunktúr [Situatión]; спад ~ы *эк.* Konjunktúrrückgang *m* (1*), Baisse [*фр.* 'bɛ:sə] *f* (11); повыше́ние ~ы *эк.* Hausse [*фр.* 'ho:sə] *f* (11); **~ный** Konjunktúr-; ~ные це́ны Konjunktúrpreise *pl*; **~щик** *м разг.* Konjunktúrritter *m* (6)

кон||ь *м* **1.** Roß *n* (2); Pferd *n* (2); Gaul *m* (1*) (*разг. презр.*); **2.** *шахм.* Springer *m* (6), Rössel *n* (6); ход ~я́ Rösselsprung *m* (1*), Spríngerzug *m* (1*); **3.** *спорт.* Pferd *n* (2); ◇ дарёному ~ю в зу́бы не смо́трят *погов.* éinem geschénkten Gaul sieht man nicht ins Maul; **~ь** (ещё) не валя́лся *погов.* es ist (noch) nichts getán; ~ь о четырёх нога́х, да спотыка́ется *посл.* auch der Klügste kann éinen Féhler máchen; не в ~я́ корм das ist zu hoch für ihn [sie], das begréift er [sie] sowiesó nicht

коньк||и́ *мн.* Schlíttschuhe *pl*; бегово́ые ~и́ Rénnschlittschuhe *pl*, Schnéll(lauf)-schlittschuhe *pl*; фигу́рные ~и́ Kúnstlaufschlittschuhe *pl*; ро́ликовые ~и́ Róllschuhe *pl*; бег на ~а́х Éislauf *m* (1*), Éislaufen *n* -s; ката́ться на ~а́х Schlíttschuh láufen*; наде́ть ~и́ die Schlíttschuhe ánschnallen; снять ~и́ die Schlíttschuhe ábschnallen

конькобе́ж||ец *м* Éisläufer *m* (6), Schlíttschuhläufer *m*; Éisschnelläufer (*при переносе* Éisschnell-läufer) *m*; **~ный:** ~ный спорт Éislaufen *n* -s

конько́вый First-, Dáchgrat-

конья́к *м* Kognak [*фр.* 'kɔnjak] *m* (1) (*pl тж.* -s), Wéinbrand *m* (1)

ко́нюх *м* Stállknecht *m* (1), Réitknecht *m*, Pférdeknecht *m*, Pférdepfleger *m* (6)

коню́шенный Stall-, Márstall-

коню́шн||я *ж* Pférdestall *m* (1*); ~и Stállanlagen *pl*; ◇ а́вгиевы ~и Augíasstall *m* -(e)s

кооперати́в *м* **1.** (*организация*) Genóssenschaft *f* (10); потреби́тельский ~ Konsúmgenossenschaft *f*, Kónsum *m* -s, -s; земледе́льческий произво́дственный ~ (*в ГДР*) lándwirtschaftliche Produktiónsgenossenschaft (*сокр.* LPG); крестья́нский торго́вый ~ (*в ГДР*) Bäuerliche Hándelsgenossenschaft; жили́щно-строи́тельный ~ Wóhnungsbaugenossenschaft *f*; произво́дственный ~ реме́сленников (*в ГДР*) Produktiónsgenossenschaft des Hándwerks (*сокр.* PGH); член ~а Genóssenschaftler *m* (6); **2.** (*магазин*) Kónsum *m* -s, -s, Kónsumladen *m* (7*), Kónsumverkaufsstelle *f*; **~ный** genóssenschaftlich; genóssenschaftseigen (*принадлежащий кооперации*); ~ные организа́ции Genóssenschaften *pl*; ~ный пай Genóssenschaftsanteil *m* (1); ~ная торго́вля genóssenschaftlicher Hándel; ~ная кварти́ра Genóssenschaftswohnung *f* (10)

коопера́тор *м* Genóssenschaft(l)er *m* (6)

кооперацио́нный Kooperatións-

коопера́ция *ж* **1.** (*сотрудничество*) Koˈoperatión *f*, Zusámmenarbeit *f*, Zusámmenwirken *n* -s; Vergenóssenschaftung *f* (*процесс*); **2.** (*форма хозяйственной деятельности*) Genóssenschaftswesen *n* -s; **3.** (*организация*) Genóssenschaft *f* (10); потреби́тельская ~ Konsúmgenossenschaft *f*; произво́дственная ~ Produktiónsgenossenschaft *f*; промысло́вая ~ Hándwerkergenossenschaft *f*

коопери́рование *ж* Koˈoperatión *f*

коопер||и́ровать genóssenschaftlich organisíeren, zu Genóssenschaften zusámmenfassen, vergenóssenschaften *vt*; **~и́роваться** Koˈoperíeren *vi*; zusámmenwirken *vi*; ~и́рующееся предприя́тие Koˈoperatiónspartner *m* (6)

кооп́т||а́ция *ж* Koˈoptatión *f* (10); **~и́ровать** koˈoptíeren *vt*

координа́т||а *ж* **1.** *мат.* Koˈordináte *f* (11); **2.: ~ы** *мн. разг.* (*адрес*) Adrésse *f*; **~ный** Koˈordináten-; ~ная ось Koˈordinátenachse *f* (11); ~ная се́тка Gítternetz *n* (2)

координ||ацио́нный Koˈordinatións-; ~ацио́нно-вычисли́тельный центр Koˈordinatións- und Réchenzentrum *n* -s, -tren; **~а́ция** *ж* Koˈordinatión *f*; расстро́йство ~а́ции движе́ний *мед.* Störung der Bewégungsko|ordination; **~и́ровать** ko|ordiniéren *vt*

копа́л *м тех.* Kopál *n* (1), Kopálharz *n* (2)

копа́ние *с* **1.** Gráben *n* -s; **2.** *разг.* (*мешкание*) Trödeln *n* -s, Trödeléi *f*

копа́ть 1. gráben* *vt*; **2.** (*разрыхлять, вскапывать*) (úm)gráben* *vt*; **3.** (*выкапывать*) (áus)gráben* *vt*; ~ карто́фель Kartóffeln gráben* [róden]

копа́||ться *разг.* **1.** (*искать*) wühlen *vi*, krámen *vi*, fúmmeln *vi* (в чём-л. in *D*); ~ться в кни́гах in den Büchern stöbern; **2.** (*медлить*) trödeln *vi*, nicht vom Fleck kómmen*; ве́чно ты ~ешься, сно́ва опозда́ешь mit déinem éwigen Trödeln kommst du wíeder zu spät; ~ться в чьём-л. гря́зном белье́ klátschen *vi* (über *A*)

копе́еч||ка *ж уменьш. разг.* Kopéke *f* (11); ◇ стать [влете́ть] в ~ку téuer zu stéhen kómmen*, ins Geld réißen*; **~ник** *разг.* Krämerseele *f* (11); Pfénnigfuchser *m* (6), Filz *m* (1); **~ный 1.** Kopéken-; bíllig; níedrig bezáhlt; **2.** *перен.* (*ничтожный*) géringfügig, gering; kléinlich; ~ная душа́ Kléinigkeitskrämer *m* (6), Krämerseele *f* (11)

копе́йк||а *ж* Kopéke *f* (11); ◇ не име́ть ни ~и kéinen róten Héller besítzen*; ábgebrannt sein, blank sein (*разг.*); ~а в ~у *разг.* (es stimmt) auf Héller und Pfénnig; оста́ться без ~и kéinen Pfénnig mehr háben; отда́ть за ~у für éinen Spóttpreis [für ein Bútterbrot] wéggeben*; всё до ~и [как одну́ ~у] álles, bis auf den létzten Héller; на ~у wénig, für éinen Gróschen; ни на ~у (нет) überháupt nichts, kéinen Gróschen; (рубль) с ~ами étwas über (éinen Rúbel); после́днюю ~у поста́вить ребро́м aus Éitelkeit [éitlem Schámgefühl] das létzte Geld áusgeben; поги́бнуть ни за ~у für nichts und wíeder nichts [sínnlos] úmkommen*; дрожа́ть над ~ой géizig sein; jéden Pfénnig úmdrehen; ~а рубль бережёт *погов.* wer den Pfénnig nicht ehrt, ist des Tálers nicht wert

копёр *м тех.* Rámme *f* (11), Pfáhlramme *f*; *горн.* Förderturm *m* (1*)

ко́пи *мн. горн. уст.* Grúbe *f* (11), Bérgwerk *n* (2); каменноуго́льные ~ Kóhlengrube *f*; соляны́е ~ Sálzbergwerk *n*; мелови́е ~ Kréidebruch *m* (1*); разраба́тывать ~ ein Bérgwerk ábbauen

копи́ст *м* **1.** *уст.* (*переписчик*) Kopíst *m* (8), Ábschreiber *m* (6); **2.** (*художник*) Kopíst *m* (8), Náchbildner *m* (6)

копи́лка *ж* Spárbüchse *f* (11)

копи́рк||а *ж разг.* Kóhlepapier *n* (2); Carbón *n* -s, -s (*швейц.*); писа́ть под ~у mit Dúrchschlag schréiben*

копирова́льн||ый Kopíer-; Dúrchschreibe-; ~ые черни́ла Kopíertinte *f* (11); ~ый аппара́т Kopíerapparat *m* (1); ~ая бума́га Kóhlepapier *n* (2); ~ая кни́га Dúrchschreibebuch *n* (5)

копи́ров||ание *с* Kopíeren *n* -s, Ábschreiben *n* -s; **~ать 1.** (*снимать копию*) kopíeren *vt*, ábschreiben* *vt*; éine Kopíe máchen; **2.** (*подражать*) kopíeren *vt*; náchahmen *vi* (кого́-л. *D*)

копиро́в||ка *ж разг. см.* **копи́рование**; **~щик** *м* Kopíst *m* (8), Ábschreiber *m* (6); *кино* Fílmkopierer *m* (6); **~щица** *ж* Kopístin *f* (12), Ábschreiberin *f* (12)

копи́ть áufhäufen *vt*, spáren *vt*; ánsammeln *vt*; ~ де́ньги Geld spáren (на что-л. für *A*); ~ си́лы Kräfte sámmeln; **~ся 1.** sich ánsammeln, sich áufhäufen, sich áufspeichern; **2.** *страд.* gespárt [ángesammelt, áufgespeichert] wérden

ко́пи||я *ж* **1.** Kopíe *f* (11) (*картины и т. п.*); Ábzug *m* (1*) (*фотография*); Kopíe *f* (11), Ábschrift *f* (10), Zwéitschrift *f* (*текста, документа*); Dúrchschlag *m* (1*) (*машинописная*); то́чная ~я genáue Ábschrift; с ~ей mit Dúrchschlag; **2.** *перен.* Kopíe *f* (11), Ébenbild *n* (5); *пренебр.* Ábklatsch *m* (1)

ко́пка *ж* Gráben *n* -s; Róden *n* -s (*корнеплодов*)

копна́ *ж* Háufen *m* (7), Púppe *f* (11), Hócke *f* (11); ~ се́на Héumiete *f* (11); собира́ть хлеб в ко́пны Getréide búschen [in Púppen áufstellen, in Hócken sétzen]; ◇ ~ воло́с *разг.* Háarschopf *m* (1*), Háarwald *m* (4)

копни́ть *с.-х.* in Púppen áufstellen, in Hócken sétzen

копну́ть 1. gráben* *vt*; **2.** *разг.* (*добраться до чего-л.*) fórschen *vt*, áusforschen *vt*, auf den Busch klópfen

копотли́вый *разг.* **1.** (*о работнике*) lángsam, säumig, säumselig; **2.** (*о работе*) mühselig, zéitraubend

ко́поть *ж* Ruß *m* -es; покры́тый ~ю rúßbedeckt, rúßig

копоши́ться *разг.* **1.** wímmeln *vi*, kríbbeln *vi*; **2.** (*возиться*) hantíeren *vi*; umhérkramen *vi* (*копаться*)

ко́пра *ж* Kópra *f*

копте́ть I *см.* копти́ть 1

копте́ть II **1.** *разг.* (*прозябать*) vegetíeren [ve-] *vi*; **2.**: ~ над како́й-л. зада́чей *разг.* über einer Áufgabe sítzen* [schwítzen]

копти́лка *ж* Fúnsel *f* (11), Fúnzel *f* (11), Petróle|umfunzel *f*

копти́ль||ный Räucher-; zum Räuchern díenend; ~ный заво́д Räucheréi *f* (10), Räucherwarenfabrik *f* (10); **~ня** *ж* Räucheréi *f* (10), Räucherkammer *f* (11)

копт||и́ть 1. (*дымить*) rúßen *vi*; bláken *vi*, quálmen *vi*; ла́мпа ~и́т die Lámpe qualmt [blakt]; **2.** (*окорок, рыбу и т. п.*) räuchern *vt*; **3.** (*стекло и т. п.*) mit Ruß schwärzen, berúßen *vt*; ◇ ~и́ть не́бо *разг.* ≅ dem Hérrgott die Táge stéhlen*

копули́ровать *спец.* kopulíeren *vt*

копу́н *м разг.* Trödler *m* (6), Trödelfritz *m* (8); **~ья** *ж* Trödlerin *f* (12), Trödelsuse *f* (11)

копу́ша *м, ж см.* копу́н, копу́нья

копче́ние *с* Räuchern *n* -s

копчёности *мн.* Räucherwaren *pl*

копчён||ый 1. geräuchert, Räucher-; ~ая ры́ба Räucherfisch *m* (1); ~ая селёдка Räucherhering *m* (1), Bückling *m* (1); **2.** (*покрытый копотью*) verrúßt, verräuchert

ко́пчик *м анат.* Stéißbein *n* (2)

копчу́шка *ж разг.* kléiner geräucherter Fisch

копы́тные *сущ. мн. зоол.* Húftiere *pl*

копы́то *с* Huf *m* (1), Kláue *f* (11); лошади́ное ~ Pférdehuf *m*

копь *ж см.* ко́пи

копьё I *с* Speer *m* (1), Spieß *m* (1); мета́ние копья́ Spéerwerfen *n* -s; ◇ лома́ть ко́пья из-за кого́-л., из-за чего́-л. für j-n, für etw. (*A*) éine Lánze bréchen* [éinlegen]

копь||ё II (*копейка*); без ~я́ óhne einen Pfénnig; ни ~я́ (нет) keinen Pfénnig [kein Geld] háben

копье||ви́дный *бот.* lanzéttförmig; **~но́сец** *м ист.* Lánzenknecht *m* (1)

кор||а́ *ж* Rinde *f* (11); Krúste *f* (11); Bórke *f* (11) (*деревьев*); древе́сная ~а́ Báumrinde *f*; снима́ть ~у́ с де́рева éinen Stamm entrínden; ◇ земна́я ~а́ *геол.* Érdrinde *f*, Érdkruste *f*; ~а́ головно́го мо́зга *анат.* Gehírnrinde *f*, Gróßhirnrinde *f*

корабе́льный Schiff(s)-; ~ ма́стер Schíffbaumeister *m* (6); ~ лес Schíffbauholz *n* -es; Hóchwald *m* -(e)s

кораблевожде́ние *с* Navigatiónslehre [-vi-] *f*

кораблекруше́ние *с* Schíffbruch *m* (1*); потерпе́ть ~ Schíffbruch erléiden*, schéitern *vi* (s)

кораблестро||е́ние *с* Schíffbau *m* -(e)s; **~и́тель** *м* Schíffbauer *m* (6); инжене́р-~и́тель Schíffbauingenieur [inʒe,nĭø:r] *m* (1); **~и́тельный** Schíffbau-; ~и́тельное иску́сство Schíffbaukunst *f*

кора́блик *м* **1.** *уменьш.* Schíffchen *n* (7), Schífflein *n* (7); **2.** *зоол.* Schíffsboot *n* (2), Náutilus *m* =, = *u* -se

кора́бл||ь *м мор., ав., архит.* Schiff *n* (2); вое́нный ~ь Kríegsschiff *n*; конво́йный [эско́ртный] ~ь Geléitschiff *n*; лине́йный ~ь Schláchtschiff *n*, Líni|enschiff *n*; сторожево́й ~ь Küstenschutzschiff *n*; ~ь-цель Zíelschiff; косми́ческий ~ь Ráumschiff *n*; сади́ться на ~ь an Bord géhen*; ◇ большо́му ~ю большо́е пла́вание *погов.* gróße Schiffe máchen gróße Fahrt; сжечь свои́ ~и́ álle Brücken hínter sich ábbrechen*

кора́лл *м* Korálle *f* (11)

кораллови́дный korállenartig

кора́ллов||ый 1. Korállen-; ~ый о́стров Korálleninsel *f* (11), Atóll *m* (1); ~ые бу́сы Korállen *pl*, Korállenhalsband *n* (5); **2.** (*цвет*) korállenrot

кора́н *м рел.* Kóran *m* (1)

корве́т *м мор.* Korvette [-'vɛtə] *f* (11)

корд *м текст.* Kord *m* (1); Kórdfaden *m* (7*)

ко́рд||а *ж* Longe ['lɔ̃ʒə] *f* (11), Führleine *f* (11); гоня́ть ло́шадь на ~е das Pferd an der Führleine tréiben*

кордебале́т *м театр.* Ballettkorps [-ko:r] *n* = [-ko:rs], = [-ko:rs]

ко́рдовый *текст.* Kord-

кордо́н *м* Kordón *m* -s, -s; Ábsperrung *f* (10); вое́нный ~ Trúppenkette *f* (11), Trúppenkordon *m*, militärische Ábsperrung; полице́йский ~ Polizéikordon *m*, polizéiliche Ábsperrung; санита́рный ~ Sanitätskordon *m*; **~ный** Kordón-; kordónartig; ~ное построе́ние *воен.* kordónartige Áufstellung

корево́й *мед.* Másern-

коре́ец *м* Koreáner *m* (6)

корёж||ить *безл. разг.*: его́ ~ит от бо́ли er krümmt sich vor Schmérzen; его́ ~ит (от отвраще́ния) er schüttelt sich (vor Ábscheu); фане́ру ~ит от сы́рости das Furníer verzíeht sich von der Féuchtigkeit; **~иться** *разг.* zusámmenschrumpfen *vi* (s); sich krümmen, sich verzíehen*; ~иться от бо́ли sich vor Schmérzen krümmen

коре́йка *ж кул.* Brúststück *n* (2); копчёная ~ Kàßler *m* (6)

коре́йский koreánisch; ~ язы́к die koreánische Spráche, das Koreánische (*sub*)

корена́стый 1. (*о человеке*) stämmig, untersétzt; **2.** (*о дереве*) stárkwurzelig

корени́||ться wúrzeln *vi* (в чём-л. in *D*); суеве́рие ~тся в неве́жестве der Áberglaube hat séine Úrsache in (der) Únwissenheit

коренни́к *м* (*лошадь*) Gábelpferd *n* (2), Déichselpferd *n*, Míttelpferd *n*

коренн||о́й 1. (*основной*) Grund-; gründlegend, gründsätzlich; gründlich, dúrchgreifend, éinschneidend; radikál (*радикальный*); ~ы́е преобразова́ния gründliche [dúrchgreifende, radikále] Úmgestaltung; ~ы́м о́бразом gründlich, bis auf den Grund, erschöpfend; ~о́е сло́во *лингв.* Wúrzelwort *n* (5); **2.** (*исконный*) úrsprünglich, Ur-; Stamm-; ~о́е населе́ние Úrbevölkerung *f*; ~о́й жи́тель Úreinwohner *m* (6); **3.** *спец.* Haupt-,

Grund-; ~ой штрек Háuptstrecke *f*; ◇ ~ой зуб Báckenzahn *m* (1*); ~ая лошадь *см.* коренник

кóр||ень *м* **1.** Wúrzel *f* (11); ~ень зуба Záhnwurzel *f*; **2.** *мат.* Rádix *f*, *pl* -dizes, Wúrzel *f* (11); показатель ~ня Wúrzelexponent *m* (8); знак ~ня Wúrzelzeichen *n* (7); квадратный ~ень Quadrátwurzel *f*; извлекать ~ень die Wúrzel zíehen*, radizíeren *vt*; **3.** *грам.* Wúrzel *f* (11); ~ень слова Wúrzel des Wórtes; ◇ ~ень зла die Wúrzel des Übels; на ~ню auf dem Hálm; хлеб на ~ню die Érnte auf dem Hálme; в ~не von Grund aus, völlig; пресечь зло в ~не das Übel bei der Wúrzel pácken; в ~не отличаться sich grúndlegend unterschéiden*; в ~не противоречить чему-л. in diréktem Wíderspruch zu etw. (*D*) stéhen*; вырвать с ~нем mit der Wúrzel áusrotten, mit Stumpf und Stiel áusrotten; пустить ~ни Wúrzel fássen [schlágen*]; врасти ~нями sich éinwurzeln; уходить своими ~нями в глубокую древность tief im Áltertum wúrzeln; смотреть в ~ень (éiner Sáche) auf den Grund séhen* [géhen*, kómmen*]; краснеть до ~ней волос bis an die Háarwurzeln erröten; bis über die Óhren rot wérden; ~ень жизни (*женьшень*) Gínseng *m* -s, -s

корéнья *мн. кул.* Wúrzelgemüse *n* -s, Wúrzelwerk *n* -(e)s; Súppengrün *n* -s (*зелень*)

корешóк *м* **1.** *уменьш.* Würzelchen *n* (7), Wúrzel *f* (11); **2.** (*переплёта*) Búchrücken *m* (7), Rücken *m*; **3.** (*квитанционной книжки*) Stámmabschnitt *m* (1); **4.** *разг.* (*друг*) Freund *m* (1)

кореянка *ж* Koreánerin *f* (12)

кóржик *м* süßes Gebäck, Fláden *m* (7)

корзи́н||а *ж* Korb *m* (1*); ~а для бумаг [для мусора] Papíerkorb *m*; проволочная ~а Gítterkorb *m*, Dráhtkorb *m*; **~ка** *ж* Korb *m* (1*), Körbchen *n* (7); **~ный** Korb-; ~ное производство Kórbflechterei *f*

корзи́нщик *м* Kórbflechter *m* (6), Kórbmacher *m* (6)

кориáндр *м бот.* Koriánder *m* (6)

коридóр *м* Kórridor *m* (1), Gang *m* (1*), Dúrchgang *m*; воздушный ~ *ав.* Lúftkorridor *m*; **~ная** *сущ. ж* Zímmermädchen *n* (7); **~ный** *прил.* **1.** Kórridor-; **2.** *в знач. сущ. м* Zímmerkellner *m* (6)

кори́нка *ж* Korínthe *f* (11)

кори́нфск||ий *архит.* koríntisch; ~ая колонна koríntische Säule

кори́ть 1. (*порицать*) tádeln *vt* (за что-л. wégen *G*); éine Rüge ertéilen (за что-л. für *A*); **2.** (*попрекать чем-л.*) j-m etw. vórwerfen*, j-m éinen Vórwurf máchen

корифé||й *м* Koryphäe *m* (9), Prominénte *m* (14); ~и русской литературы die Koryphäen der rússischen Literatúr

кори́ца *ж бот.* Zimt *m* -(e)s

коричневáтый bräunlich

кори́чневый braun, zímtfarben

кори́чный Zimt-

кóрк||а *ж* **1.** Rínde *f* (11), Krúste *f* (11); ~а хлеба Brótrinde *f*, Brótkruste *f*; ~а льда Éisrinde *f*, Éiskruste *f*; **2.** (*апельсина и т. п.*) Schále *f* (11); **3.** *разг.* (*книги*) Búcheinband *m* (1*); ◇ ругать на все ~и *разг.* mächtig schímpfen; от ~и до ~и *разг.* von A bis Z

коркови́дный ríndenartig; *бот.* ríndig

кóрков||ый 1. Ríndén-, Krústen-; Schálen-; **2.** *анат.* Gehírnrinden-; ~ое вещество Gehírnrindensubstanz *f*

корм *м* **1.** (*пища*) Fútter *n* (6), Fúttermittel *n* (6); Fraß *m* (1), Fréssen *n* (7); грубый ~ Ráuhfutter *n*; силосный ~ Gärfutter *n*, Siláge [-ʒə] *f*, Sílofutter *n*; сочный ~ Sáftfutter *n*; зелёный ~ Grünfutter *n*; подножный ~ Wéidefutter *n*; Grünfutter *n*; птичий ~ Vógelfutter *n*; концентрированный ~ Kráftfutter *n*; запасаться ~ом Fútter áufbereiten [máchen, schnéiden*]; **2.** (*кормление*) Fütterung *f*; задавать скоту ~ dem Vieh Fútter schütten

корм||á *ж мор.* Heck *n* (2); на ~é áchtern

кормá II *мн. см.* корм 1

кормёжка *ж разг.* **1.** Füttern *n* -s, Fütterung *f*; **2.** (*еда*) Fraß *m* (1)

корми́лец *м* Ernährer *m* (6); *юр.* Únterhaltspflichtige *m* (14)

корми́лица *ж* **1.** Ámme *f* (11); **2.** (*добывающая пропитание семье*) Ernährerin *f* (12)

корми́л||о *уст. поэт.*, *тж. перен.* Stéuerruder *n* (6); быть у ~а правления das Rúder des Stáates führen; встать у ~а власти ans Rúder kómmen*

корми́ть 1. füttern *vt*; Fútter schütten, zu fréssen gében* (*скот*); Fútter stréuen (*птицу*); zu éssen gében* (*давать есть*); здесь кормят хорошо hier speist [ißt] man gut; **2.** (*грудью*) stíllen *vt*; säugen *vt* (*о животных*); **3.** (*содержать*) unterhálten* *vt*; сын кормит семью der Sohn unterhält die Famílie; ◇ ~ обещаниями j-n mit léeren Verspréchungen [Wórten] ábspeisen; соловья баснями не кормят *погов.* ≅ der Wórte sind genúg gewéchselt, laßt mich auch éndlich Táten séhen; **~ся 1.** (*питаться*) sich nähren, spéisen *vi*; äsen *vi* (*о дичи*); **2.** (*жить чем-л.*) sich ernähren; sein Dásein frísten; **3.** *страд.* ernährt [gefüttert] wérden

кормлéн||ие *с* **1.** (*животных*) Füttern *n* -s, Fütterung *f*; ~е зелёным кормом Grünfütterung *f*; **2.** (*грудью*) Stíllen *n* -s, Säugen *n* -s; комната для ~я грудных детей Stíllraum *m* (1*)

кормов||óй I (*относящийся к корму*) Fútter-; ~áя база Fútterbasis *f*, *pl* -sen; ~óй севооборот Fútterfruchtwechsel *m* (6); ~ые культуры Fútterkulturen *pl*, Fútterpflanzen *pl*

кормов||óй II *прил. мор.* **1.** Heck-; ~óе весло Héckruder *n* (6); ~óй ветер Rückenwind *m* (1); **2.** *в знач. сущ.* Stéuermann *m* (4) (*pl тж.* -leute)

кормо||запáрник *м с.-х.* Fútterdämpfer *m* (6); **~кухня** *ж* Fútterküche *f* (11); **~раздáтчик** *м* Fútterverteilungsanlage *f* (11); **~рéзка** *ж* Fútterschneider *m* (6); силосная ~резка Sílohäcksler *m* (6)

кормофи́ты *мн. бот.* Stámmpflanzen *pl*

кормушка *ж* Fútterkrippe *f* (11) (*тж. перен.*); Krippe *f*, Ráufe *f* (11) (*для скота*); Fúttertrog *m* (1*); Fútternäpfchen *n* (7), Vógelnäpfchen *n* (*в птичьей клетке*); автоматическая ~ Fütterautomat *m* (8)

кóрмчий *м уст.*, *тж. перен. высок.* Stéuermann *m* (4) (*pl тж.* -leute)

корнáть *разг. см.* обкорнáть

корневи́дный *бот.* wúrzelförmig

корнев||и́ще *с бот.* Wúrzelstock *m* (1*), Rhizóm *n* (2); **~óй 1.** Wúrzel-; die Wúrzeln betréffend; wúrzelständig; **2.** *лингв.* Wúrzel-; ~ые слова Wúrzelwörter *pl*; ~áя часть слова die Wúrzel des Wórtes; ~ые языки isolíerende Spráchen, Wúrzelsprachen *pl*; ~óй гласный Wúrzelvokal [-vo-] *m* (1)

корненожки *мн. зоол.* Wúrzelfüßler *pl*, Rhizopóden *pl*

корнеплóд *м бот.* Háckfrucht *f* (3); кормовые ~ы Fútterhackfrüchte *pl*, Fútterwurzelfrüchte *pl*

корнеподъёмник *м* Wúrzelheber *m* (6)

корнерéзка *ж с.-х.* Rübenschnitzelmaschine *f* (11)

корнéт I *м воен. уст.* Kornétt *m* (1) (*pl тж.* -s), Kavalleríefähnrich [-va-] *m* (1)

корнéт II *м*, **корнéт-а-пистóн** *м муз.* Kornétt *n* (2) (*pl тж.* -s), Ventílkornett [vɛn-] *n*, Klápphorn *n* (5)

корнети́ст *м муз.* Kornettíst *m* (8), Hórnbläser *m* (6)

корнишóн *м* (kléine) Éssiggurke *f* (11)

корноухий *разг.* mit verstümmelten [verschníttenen, gestútzten] Óhren

корóб *м* **1.** (größer) Korb *m* (1*); (große) Schachtel *f* (11); **2.** (*экипажа*) Karosseríe *f* (11); **3.** *в знач. нареч. разг.*: ~ом steif stéhend (*об одежде*); ◇ наговорить [наврать] кому-л. с три ~а *разг.* j-m die Húcke voll lügen*; целый ~ новостей ein Háufen Néuigkeiten

коробéйник *м* Hausíerer *m* (6); Kolporteur [-'tø:r] *m* (1) (*гл. обр. о книгоноше*)

корóб||ить *безл.* **1.:** мебель ~ит от сырости das Möbel wirft [verzíeht] sich vor Féuchtigkeit; **2.** *перен.* Ánstoß errégen, únangenehm [péinlich] berühren; всех ~ит его поведение sein Betrágen erregt allgeméinen Ánstoß; **~иться** sich verzíehen*, sich wérfen* (*о дереве, мебели и т. п.*); sich krümmen, sich wéllen, wéllig wérden (*о картоне и т. п.*); steif stéhen* (*об одежде*)

корóбка *ж* **1.** Schachtel *f* (11); картонная ~ Páppschachtel *f*; Karton [-'tɔŋ] *m* -s, -s; упаковать в коробку in Schachteln verpácken, éinschachteln *vt*; ~ спичек éine Schachtel Stréichhölzer, Stréichholzschachtel *f* (11); **2.** (*остов здания*) Gerüst *n* (2), Máuern *pl*; **3.** *спец.* Gehäuse *n* (6), Kápsel *f* (11); ~ передач, ~ скоростей Wéchselgetriebe *n* (6); магазинная ~ (*винтовки*) Kásten *m* (7*); ствольная ~ (*оружия*) Hülse *f* (11); дверная ~ Türzarge *f* (11), Türeinfassung *f* (10), Türgewände *n* (6); ◇ черепная ~ *анат.* Hírnschale *f* (11), Schädeldach *n* (5); дом-~ Kástenhaus *n* (5), Schachtelbau *m* -(e)s, -ten

корóбление *с* Wéllung *f*, Wérfen *n* -s, Krümmen *n* -s

коробóк *м* Körbchen *n* (7), Schächtelchen *n* (7); ~ спичек Stréichholzschachtel *f* (11)

корóбочка *ж* **1.** *уменьш.* Schächtelchen *n* (7); **2.** *бот.* Sámenkapsel *f* (11); ~ хлопка Báumwollkapsel *f*

корóбочный Korb-; Schachtel-; *бот.* kápselförmig; ~ звук *мед.* Schachtelton *m* (1*)

корóбчат||ый Kásten-; kórbförmig; ~ая балка *стр.* Kástenträger *m* (6); ~ая нервюра *ав.* Kástenrippe *f* (11)

корóв||а *ж* **1.** Kuh *f* (3); дойная ~а Mílchkuh *f*; *перен.* mélkende Kuh, áusgiebige Erwérbsquelle; Púmpstation *f* (10) (*разг.*); мясная ~а Mástkuh *f*; доить ~у éine Kuh mélken*; **2.** *груб.* (*о толстой женщине*) Kuh *f* (3), díckes [dúmmes] Weib; ◇ морская ~а *зоол.* Séekuh *f*; идёт как ~е седло *погов.* es paßt wie dem Óchsen ein Sáttel; das paßt wie die Faust aufs Áuge; бодливой ~е бог рог не даёт *посл.* ≅ Gott läßt der Zíege den Schwanz nicht zu lang wáchsen

корóв||ий Kuh-; ~ье масло Bútter *f*; ~ье молоко Kúhmilch *f*

корóвка: божья ~ Maríenkäfer *m* (6), Síebenpunkt *m* (1)

корóвн||ик *м с.-х.* (*хлев*) Kúhstall *m* (1*), Ríndersstall *m*; **~ица** *ж уст.* Kúhmagd *f* (3)

короéд *м зоол.* Bórkenkäfer *m* (6)

королёв||а *ж* Königin *f* (12); ~а красоты́ Schönheitskönigin *f*; **~ич** *м* Königssohn *m* (1*); **~на** *ж* Königstochter *f*, *pl* -töchter; **~ский** königlich; Königs-

короле́вство *с* **1.** Königreich *n* (2); **2.** (*правление короля*) Regíerung éines Königs

королёк *м* **1.** (*птица*) Góldhähnchen *n* (7); **2.** (*сорт апельсинов*) Blútapfelsine *f* (11)

коро́л||ь *м* König *m* (1) (*тж. шахм., карт.*); шах и мат ~ю́ *шахм.* Schach und matt dem König; бубно́вый ~ь Károkönig *m*; нефтяно́й ~ь Ölkönig *m*

коромы́сл||о *с* **1.** (*для вёдер*) Schúlterjoch *n* (2), Trág(e)joch *n*; на ~е am Trágejoch; **2.** *тех.* Wáagebalken *m* (7); Schwéngel *m* (6) (*насоса*); Wíppe *f* (11); ◇ дым ~ом ≅ es herrscht ein wáhres Tóhuwabóhu [ein Höllenlärm]; es geht hoch her

коро́на *ж тж. перен.* Króne *f* (11); со́лнечная ~ *астр.* Koróna *f*, *pl* -nen

корона́льный *лингв.* Koronál-; ~ звук Koronállaut *m* (1)

корона́рн||ый: ~ые сосу́ды *анат.* Koronárgefäße *pl*

коронацио́нный Krönungs-

корона́ция *ж* Krönung *f* (10)

коро́нк||а *ж* **1.** *уменьш.* Krönchen *n* (7); **2.** *анат.* (*зуба*) Záhnkrone *f* (11); иску́сственная ~а künstliche Záhnkrone; золота́я ~а Góldkrone *f*; наде́ть на зуб ~у éinen Zahn überkrónen

коро́нн||ый *уст.* Kron-, Krónen-; ~ые зе́мли Krónenländereien *pl*, Króngüter *pl*; ◇ ~ая роль *театр.* Glánzrolle *f* (11)

коронова́ние *с см.* корона́ция

короно́в||анный gekrönt; **~а́ть** krönen *vt*; **~а́ться** gekrönt wérden

коро́ста *ж* Schorf *m* (1), Grind *m* (1)

коросте́ль *м зоол.* Wáchtelkönig *m* (1), Wíesenknarre *f* (11)

корота́ть: ~ вре́мя *разг.* sich (*D*) die Zeit vertréiben*, die Zeit tótschlagen*

коро́тк||ий kurz; ~ий докла́д Kúrzreferat *n* (2); ~ие во́лны *радио* Kúrzwellen *pl*; ~ое замыка́ние *эл.* Kúrzschluß *m* -sses, -schlüsse; на ~ий срок auf kúrze Zeit, für kúrze Frist; пальто́ коротко́ der Mántel ist zu kurz; ◇ с ним у меня́ ~ая распра́ва mit ihm máche ich kúrzen Prozéß; ~ая па́мять kúrzes Gedächtnis, Vergéßlichkeit *f*; быть с кем-л. на ~ой ноге́ mit j-m auf vertráutem Fúße verkéhren [stéhen*]; ~ое знако́мство náhe [intíme] Bekánntschaft; у него́ ру́ки коротки́ so weit reicht séine Macht nicht; ум коро́ток nicht klug genúg; во́лос до́лог, да ум коро́ток *погов.* lánge Háare, kúrzer Verstánd

ко́ротко *нареч.* **1.** (*близко, интимно*) vertráut, náhe bekánnt, intím; я ~ знако́м с ним ich bin mit ihm gut bekánnt; **2.** (*вкратце*) kurz; lakónisch, in kúrzen [knáppen] Wórten; ◇ ~ говоря́ kurz und gut, kúrzerhánd; ~ и я́сно kurz und bündig; до́лго ли, ко́ротко ли über kurz óder lang

коротковолнови́к *м радио* Kúrzwellenamateur *m* (1) [-t,ø:r]

коротко||во́лновый *радио* Kúrzwellen-; ~во́лновый переда́тчик Kúrzwellensender *m* (6); ~во́лновый приёмник Kúrzwellenempfänger *m* (6); **~воло́сый** kúrzhaarig; **~за́мкнутый** *эл.* Kúrzschluß-, kúrzgeschlossen; **~метра́жный:** ~метра́жный фильм Kúrzfilm *m* (1); **~но́гий** kúrzbeinig; **~па́лый** kúrzfingrig; **~по́лый** mit kúrzem Róckschoß; **~ство́льный** *воен.* Kúrzrohr-; ~ство́льная артилле́рия Kúrzrohrartillerie *f*; **~фо́кусный** *опт.* kúrzbrennweitig; **~хво́стый** kúrzschwänzig; **~шёрст(н)ый** mit kúrzhaarigem Fell; kúrzhaarig (*о собаке*)

короты́ш *м*, **коро́ты́шка** *м, ж шутл.* (*о человеке*) Knirps *m* (1), Stöpsel *m* (6), Dréikäsehoch *m* -s, = *u*-s

коро́че *сравн. ст. см.* коро́ткий *и* ко́ротко 2

ко́рочка *ж см.* ко́рка; хле́бная ~ Brótkruste *f* (11)

корпе́ть *разг.*: ~ над чем-л. ángestrengt árbeiten (an *D*); über éiner Árbeit schwítzen; ~ над кни́гами über den Büchern hócken

ко́рпия *ж* Scharpíe *f* (11)

корпорати́вный korporatív, Korporatións-, Korps- [ko:r-]; ~ дух Kórpsgeist *m* -es

корпора́ция *ж* Korporatión *f* (10), Körperschaft *f* (10); Verbíndung *f* (10) (*студентов*)

корпуле́нтный korpulént, (wóhl)beléibt

ко́рпус *м* **1.** (*туловище*) Rumpf *m* (1*), Körper *m* (6); ~ ло́шади Rumpf des Pférdes; наклони́ться всем ~ом sich mit dem gánzen Körper [Óberkörper] vórbeugen; **2.** (*объединение лиц*) Korps [ko:r] *n* = [ko:rs], = [ko:rs]; дипломати́ческий ~ das diplomátische Korps; **3.** (*здание*) Gebäudeblock *m* (1*), Gebäude *n* (6); заводски́е ~á Wérkanlagen *pl*; **4.** *полигр.* Kórpus *f*; набра́ть ~ом in Kórpus sétzen; **5.** *тех.* Rumpf *m* (1*) (*судна*); Gehäuse *n* (6) (*часов и т. п.*); Schacht *m* (1*) (*доменной печи*); Mántel *m* (6*) (*счётчика*); **6.** *мор.*: про́чный ~ (*подводной лодки*) Drúckkörper *m* (6); **7.** *воен.* Korps [ko:r] *n* = [ko:rs], = [ko:rs]; офице́рский ~ Offizíerkorps *n*; та́нковый ~ Pánzerkorps *n*; **8.** *ист.*: каде́тский ~ Kadéttenkorps [,-ko:r] *n* = [,-ko:rs], = [,ko:rs]

корпу́скула *ж физ.* Korpúskel *n* (13)

корпусно́й *воен.* Korps- [ko:r-]; ~ команди́р Kommandíerender Generál (éines Arméekorps [-,ko:rs])

ко́рпусный *тех.* Gehäuse-; Rumpf-; Körper-; Mántel-; *стр.* Gebäude-

корректи́в *м* Berichtigung *f* (10); внести́ ~ berichtigen *vt*

корректи́ровать korrigíeren *vt*; beríchtigen *vt* (*тж. воен.*); verbéssern *vt* (*стрельбу*)

корректиро́вка *ж* Korrektúr *f* (10), Beríchtigung *f* (10); ~ норм Nórmenberichtigung *f*; ~ пла́на Plánkorrektur *f*

корре́ктн||ость *ж* Korréktheit *f*; Wóhlanständigkeit *f* (*приличие*); Zurückhaltung *f* (*сдержанность*); **~ый** korrékt; wóhlanständig; zurückhaltend (*сдержанный*); ~ое поведе́ние korréktes Verhálten

корре́ктор *м полигр.* Korréktor *m* -s, -tóren; **~ский** Korrektóren-

корректу́р||а *ж* **1.** *полигр.* (*действие*) Korrektúr *f* (10), Beríchtigung *f* (10); **2.** *полигр.* (*оттиск*) Korrektúr *f* (10); Korrektúrfahne *f* (11) (*гранка*); Korrektúrbogen *m* (7, 7*) (*лист*); подписна́я ~а Drúckfertigkorrektur *f*; держа́ть [чита́ть] ~у Korrektúr lésen*; **3.** *воен.* (*стрельбы*) Verbésserung *f*; **~ный** Korrektúr-; ~ный о́ттиск Korrektúrabzug *m* (1*); ~ные зна́ки Korrektúrzeichen *pl*

корре́кция *ж спец.* Korrektión *f*, Korrektúr *f*; ~ и́мпульса Impúlsentzerrung *f*

корреля́т *м филос.* Korrelát *n* (2), Wéchselbegriff *m* (1)

корреляти́вн||ость *ж* Korrelativität [-vi-] *f*; **~ый** korrelatív

корреля́ция *ж* Korrelatión *f* (10), Wéchselbeziehung *f* (10)

корреспонде́нт *м* Korrespondént *m* (8); Beríchterstatter *m* (6), Repórter *m* (6) (*газетный*); со́бственный ~ газе́ты éigener Beríchterstatter; специа́льный ~ Sónderbericht(erstatt)er *m*; **~ский** Korrespondénten-; ~ское удостовере́ние Préssekarte *f* (11)

корреспонд||е́нция *ж* **1.** (*в газету*) Korrespondénz *f* (10), Zéitungsbericht *m* (1); **2.** (*переписка*) Korrespondénz *f*, Bríefwechsel *m* -s; Bríefsendungen *pl* (*почтовые отправления*); комме́рческая ~е́нция Hándelskorrespondenz *f*; **~и́ровать 1.** *уст.* (*в газету*) Beŕicht erstátten, Zéitungsberichte schréiben* [ábfassen]; **2.** (*соответствовать*) korrespondíeren *vi*, übereínstimmen *vi*, entspréchen* *vi*

корроди́ровать korrodíeren *vt*, ángreifen* *vt*

корро́з||ия *ж хим., геол.* Korrosión *f* (10); атмосфе́рная ~ия Korrosión durch Wítterungseinflüsse; нестóйкий про́тив ~ии korrodíerbar, korrosiónsanfällig; усто́йчивый про́тив ~ии korrosiónsfest korrosiónsbeständig, róstbeständig

корру́пция *ж* Korruptión *f*, Bestéchung *f* (10)

корса́ж *м* **1.** Léibchen *n* (7); Míeder *n* (6); **2.** (*пояс юбки*) Bund *m* 1*

корса́р *м ист.* Korsár *m* (8), Séeräuber *m* (6)

корсе́т *м* Korsétt *n* (2) (*pl тж.* -s), Schnürleibchen *n* (7), Míeder *n* (6); **~ни́ца** *ж* Korséttmacherin *f* (12)

корсика́н||ец *м* Kórse *m* (9); **~ка** *ж* Kórsin *f* (12); **~ский** kórsisch

корт *м спорт.* Ténnisplatz *m* (1*)

корте́ж *м*: сва́дебный ~ Hóchzeitszug *m* (1*); ~ автомаши́н Wágenkolonne *f* (11)

корте́сы *мн.* Cortes [*исп.* 'kɔrtɛs] *pl*

ко́ртик *м* Dolch *m* (1), (kúrzer) Offizíersdolch

ко́рточк||и *разг.*: сиде́ть на ~ах káuern *vi*, hócken *vi*; in der Hócke sítzen*; присе́сть на ~и sich káuern, sich hínhocken; sich in die Hócke sétzen

кору́нд *м мин.* Korúnd *m* (1); **~о́вый** Korúnd-; ~овая игла́ Sáphirnadel *f* (11), Sáphir *m* (1)

корчев||а́льный Róde-; **~а́ние** *с* Róden *n* -s, Ródung *f*; **~а́тель** *м* Ródemaschine *f* (11); **~а́ть** róden *vt*

корче́вник *м* Ródeholz *n* (5)

ко́рчи *мн. разг.* Krämpfe *pl*

ко́рч||ить 1. *безл.* sich krámpfhaft zusámmenziehen*, sich krümmen; его́ ~ит от бо́ли er krümmt sich vor Schmérzen; **2.:** ~ить ро́жи [грима́сы] Gesíchter [Frátzen, Grimássen] schnéiden*; **3.** *разг.* (*разыгрывать из себя*) spíelen *vt*, markíeren *vt*; ~ить дурака́ den Dúmmen markíeren, sich dumm stéllen; он ~ит из себя́ учёного er spielt den Gelérhten; **4.** *см.* коро́бить 2

ко́рчиться sich krümmen

корчм||а́ *ж уст.* Schénke *f* (11); Krug *m* (1*); **~а́рь** *м уст.* Schánkwirt *m* (1)

ко́ршун *м* Géier *m* (6); ◇ ~ом бро́ситься на кого́-л. sich wie ein Géier auf j-n stürzen

коры́стный éigennützig; gewínnsüchtig, hábsüchtig (*корыстолюбивый*)

користо||люби́вый hábgierig, hábsüchtig, gewínnsüchtig, géldgierig; **~лю́бие** *с* Hábgier *f*, Hábsucht *f*, Gewínnsucht *f*, Géldgier *f*

коры́сть *ж* **1.** *см.* корыстолю́бие; **2.** (*выгода*) Vórteil *m* (1), Gewínn *m* (1)

коры́т||о *с* Trog *m* (1*); Wáschtrog (*для стирки*); Múlde *f* (11) (*деревянное*); Fúttertrog *m* (*кормушка*); ста́рое ~о (*о судне*) ein álter Pott; ◇ он оста́лся у разби́того ~а ≅ ihm sind álle séine Félle fórtgeschwommen

корь *ж мед.* Másern *pl*

корьё *с собир.* Rinde *f* (11); дуби́льное ~ Lóhe *f* (11), Gérberlohe *f*

ко́рюшка *ж зоол.* (geméiner) Stint *m* (1)

коря́вый *разг.* **1.** rauh, knórrig, knótig, ästig; **2.** (*о лице*) rauh, rúnzelig, verrúnzelt; póckennarbig (*рябое*); **3.**: ~ по́черк éine úngleichmäßige [schléchte] Schrift [Hándschrift]; ~ стиль schwérfälliger Stil

коря́га *ж* (im Wásser versúnkener) Báumknorren *m* (7)

коря́ки *мн.* Korjáken *pl*

коса́ I *ж* (*воло́с*) Zopf *m* (1*), Fléchte *f* (11)

коса́ II *ж с.-х.* Sénse *f* (11); ◇ нашла́ ~ на ка́мень *погов.* ≅ zwei hárte Schädel sind aneinándergeraten; Stahl auf Stein gibt Féuer; es geht hart auf hart

коса́ III *ж геогр.* Lándzunge *f* (11); ~ ле́са Wáldstreifen *m* (7)

коса́рь I *м* (*косец*) Schnítter *m* (6)

коса́рь II *м* (*нож*) Háckmesser *n* (6)

ко́свенн||ый índirekt, míttelbar; узна́ть что-л. ~ым путём etw. auf Úmwegen [híntenherum] erfáhren*; ~ая речь *грам.* índirekte Réde; ~ый паде́ж *грам.* der ábhängige Fall, der índirekte Kásus; ~ые нало́ги *фин.* índirekte Stéuern

косе́канс *м мат.* Kósekans *m* =

косе́ц *м см.* коса́рь I

коси́лка *ж с.-х.* Mähmaschine *f* (11); тра́кторная ~ Traktórengrasmäher *m* (6); ~-сноповяза́лка Mähbinder *m* (6); ~-погру́зчик Mählader *m* (6)

косина́ *ж разг. см.* косогла́зие

ко́синус *м мат.* Kósinus *m* =

косинусо́ида *ж мат.* Kósinuslini¦e *f* (11)

коси́ть I (*быть косым*) schíelen *vi*; ~ одни́м гла́зом mit éinem Áuge schíelen; ~ рот éinen schíefen Mund máchen

коси́ть II **1.** *с.-х.* mähen *vt*; schnéiden* *vt*; ~ се́но Heu máchen, héuen *vi*; ~ пе́рвым vórmähen *vt*; **2.** *перен.* (*уничтожать*) mähen *vt*; dahínraffen *vt* (*о болезни*)

коси́ться **1.** (*поглядывать искоса*) ánschielen *vt*, von der Séite ánsehen*; **2.** (*смотреть недружелюбно*) schief [scheel] ánsehen*; **3.** *см.* криви́ться 1

косі́ца *ж* **1.** *см.* коси́чка; **2.** (*прядь*) Háarsträhne *f* (11)

коси́чка *ж уменьш.* Zöpfchen *n* (7);Ráttenschwanz *m* -es, -schwänze (*разг.*)

косма́тить *разг.* (zer)záusen *vt*; ~**ся** zóttig [strúppig] wérden

косма́т||ый zóttig, strúppig, zerzáust; ~ые во́лосы *разг.* zerzáustes [zóttiges, wíldes] Haar; ~ый медве́дь Zóttelbär *m* (8)

косма́ч *м* Strúw(w)elkopf *m* (1*); Zóttelbär *m* (8) (*медведь*)

косме́т||ика *ж* Kosmétik *f*; ~**и́ческий** kosmétisch; ~и́ческое сре́дство kosmétisches Míttel, Schönheitsmittel *n* (6); ~и́ческие това́ры Kosmétika *pl*

космети́чка *ж разг.* **1.** Kosmétikerin *f* (12); **2.** (*сумочка*) Kosmétiktasche *f* (11)

косми́ческ||ий kósmisch; Raum-; Wéltraum-; ~ий рейс Wéltraumflug *m* (1*), Ráumflug *m*; ~ий кора́бль Ráumschiff *n*; ~ий полёт с челове́ком на борту́ корабля́ bemánnter Wéltraumflug; ~ие лучи́ kósmische Stráhlung, Höhenstrahlen *pl*; ~ая пыль kósmischer Staub; ~ие поме́хи kósmische Ráuscheinstrahlung; ~ая медици́на Ráumfahrtmedizin *f*

космо||биоло́гия *ж* Kósmobiologie *f*; ~**ви́дение** *с* Kosmovisión [-vi-] *f*; ~**гони́ческий** kosmogónisch; ~**го́ния** *ж* Kosmogoníe *f*; ~**гра́фия** *ж* Kosmographíe *f*, Wéltbeschreibung *f*; ~**дро́м** *м* Kosmodróm *m* (1); ~**логи́ческий** *филос.* kosmológisch; ~**ло́гия** *ж филос.* Kosmologíe *f*

космона́вт *м* Kosmonáut *m* (8), Ráumfahrer *m* (6), Ráum(schiff)pilot *m* (8); лётчик-~ Ráumpilot *m* (8), Ráumflieger *m* (6); же́нщина-~ Kosmonáutin *f* (12); ~-дублёр Kosmonáutendouble [-,du:bl] *n* -s, -s

космона́втика *ж* Kosmonáutik *f*

космополи́т *м* Kosmopolít *m* (8), Wéltbürger *m* (6); ~**и́зм** *м* Kosmopolitísmus *m* =, Wéltbürgertum *n* -s; ~**и́ческий** kosmopolítisch

ко́смос *м* Kósmos *m* =, Wéltall *n* -s; полёт в ~е Wéltraumflug *m* (1*), Ráumflug *m*; иссле́дователь ~а Wéltraumforscher *m* (6)

космотро́н *м физ.* Kosmotrón *n* -s, -tróne

ко́смы *мн. разг.* Zótte(l)n *pl*

косне́ть **1.** (*становиться неподвижным*) erstárren *vi* (s), steif wérden; говори́ть косне́ющим языко́м mit schwérer Zúnge spréchen*; **2.** (*погрязать*) versínken* *vi* (s), versáuern *vi* (s), versúmpfen *vi* (s); ~ в неве́жестве verdúmmen *vi* (s); ~ в поро́ках dem Láster verfállen*

ко́сность *ж* Konservatísmus [-va-] *m* =, Stárrheit *f*, Verknöcherung *f*; Stagnatión *f*; Trägheit *f* (*инертность*)

косноязы́ч||ие *с*, ~**ность** *ж* Spráchfehler *m* -s; Stámmeln *n* -s; ~**ный** **1.** stótternd, stámmelnd; **2.** *перен.* réde¦ungewandt

косну́ться *см.* каса́ться

ко́сный konservatív [-va-]; stur; am álten Schléndrian hängend; träge (*инертный*)

ко́со *нареч.* schräg, schief; ~ гляде́ть на кого́-л. j-n scheel ánsehen*

кособо́кий schief; zur Séite genéigt

косови́ца *ж с.-х.* Héuernte *f* (*сенокос*); Zeit des Héuens, Mähzeit *f* (*время косьбы*)

косови́ще *с* Sénsenbaum *m* (1*)

косоворо́тка *ж разг.* rússisches Hemd mit Stéhkragen und séitlichem Vórderverschluß

косогла́з||ие *с мед.* Schíeläugigkeit *f*; Schíelen *n* -s; ~**ый** **1.** *мед.* schíeläugig, schíelend; **2.** *разг.* mit schräg geschlítzten Áugen

косого́р *м* Ábhang *m* (1*), Hang *m*; Léhne *f* (11) (*ю.-нем.*)

кос||о́й *прил.* **1.** schräg, schief; wíndschief; ~о́й по́черк schräge Schrift [Hándschrift]; ~о́й луч schräger Strahl; ~а́я черта́ Schrägstrich *m* (1); **2.** (*косоглазый*) schíelend; **3.** (*о глазах*) scheel; schrägstehend, schräg geschlítzt (*с косым разрезом*); **4.** (*недружелюбный*): ~о́й взгляд schíefer Blick, Séitenblick *m* (1); броса́ть ~ы́е взгля́ды j-n schief [féindselig, scheel] ánsehen*; **5.** *в знач. сущ.* (*заяц*) Háse *m* (9); Méister Lámpe (*в сказке*); ◇ ~о́й во́рот Stéhkragen mit séitlichem Vórderverschluß; ~о́й па́рус dréieckiges Ségel; ~о́й треуго́льник *мат.* schíefwinkeliges Dréieck; ~о́й у́гол *мат.* schíefer Wínkel

косола́пый **1.** klúmpfüßig; **2.** (*неуклюжий*) plump, úngeschickt

косоприце́льный: ~ ого́нь *воен.* Schrägfeuer *n* -s, Quérfeuer *n*

кососло́й *ж лес.* Dréhwuchs *m* -es

косоуго́льный *мат.* schíefwink(e)lig

косоу́р *м стр.* Láufträger *m* (6); ~ ле́стницы Tréppenwange *f* (11)

костарика́н||ец *м* Kostarikáner *m* (6); ~**ский** kostarikánisch

костёл *м* pólnische (römisch-kathólische) Kírche

костене́ть verknöchern *vi* (s), erstárren *vi* (s), verstéinern *vi* (s)

костёр *м* **1.** Schéiterhaufen *m* (7) (*для сожжения*); Méiler *m* (6), Kóhlenmeiler *m* (*для выжигания угля*); Lágerfeuer *n* (6) (*бивачный*); разложи́ть ~ ein Lágerfeuer ánmachen; **2.** *обл.* (*поленница*) Hólzstoß *m* (1*); **3.** *горн.* Kástenpfeiler *m* (6)

кости́ст||ый knóchig; grätig (*о рыбе*); ~ые ры́бы *зоол.* Knóchenfische *pl*

кости́ть *разг.* tüchtig schímpfen

костля́в||ость *ж* Knóchigkeit *f*; ~**ый** knóchig; grätig (*о рыбе*)

ко́стный Knóchen-, knöchern; ~ мозг Knóchenmark *n* -(e)s

костое́да *ж мед.* Knóchenfraß *m* -es; Kári¦es *f*

костопра́в *м* **1.** Knócheneinrenker *m* (6); **2.** *ирон.* (*плохой хирург*) Kúrpfuscher *m* (6)

косторе́з *м* Béinschnitzer *m* (6); ~**ный** Béinschnitzer-; ~ное иску́сство Béinschnitzerei *f*

ко́сточк||а *ж* **1.** kléiner Knóchen, Knöchelchen *n* (7); kléine Gräte (*рыбья*); **2.** (*плода*) Kern *m* (1), Stein *m* (1); вы́нуть ~и entkérnen *vt*; **3.** (*из китового уса — в корсете и т. п.*) Físchbeinstäbchen *n* (7); ◇ перемыва́ть кому́-л. ~и *разг.* j-n dúrchhecheln; разобра́ть что-л. по ~ам etw. genáuest erörtern [besprèchen*]; ~**овые** *сущ. мн. бот.* Stéinobst *n* -es, Stéinfrüchte *pl*; ~**овый** *бот.* Stein-; ~овые плоды́ *см.* ко́сточковые

костра́ *ж спец.* Áchel *f* (11); Fláchsschäbe *f* (11) (*льна*); Hánfschäbe *f* (*конопли*)

костре́ц *м* **1.** *анат.* Kréuzbein *n* (2); **2.** (*часть туши*) Kéule *f* (11), Hínterkeule *f*; Schlégel *m* (6) (*диал.*)

костри́ка *ж см.* костра́

косты́л||ь *м* **1.** Krücke *f* (11); ходи́ть на ~я́х auf [an] Krücken géhen*; **2.** *тех.* (*большой загнутый гвоздь*) Hákennagel *m* (6*), Háken *m* (7); **3.** *ав.* Sporn *m* (1); хвостово́й ~ь Schwánzsporn *m*

кост||ь *ж* **1.** *анат.* Knóchen *m* (7); Gräte *f* (11) (*рыбья*); берцо́вая ~ь Schíenbein *n*; висо́чная ~ь Schläfenbein *n*; лучева́я ~ь Spéiche *f* (11), Ármspindel *f* (11); локтева́я ~ь Élle *f* (11); грудна́я ~ь Brústbein *n*; **2.** (*игральная*) Würfel *m* (6); игра́ть в ~и würfeln *vi*, knóbeln *vi*; ◇ слоно́вая ~ь Élfenbein *n* -(e)s; бе́лая ~ь *ирон.* ≅ bláues Blut; мозгова́я ~ь Márkknochen *m*; широ́к ~ью stämmig; лечь ~ьми́ 1) im Kampf fállen*; 2) *шутл. ирон.* sich die Béine áusreißen*; э́то постро́ено на ~я́х ≅ das hat gróße Ópfer gekóstet; промо́кнуть до ~е́й *разг.* bis auf die Knóchen naß wérden, bis auf die Haut durchnäßt wérden; пересчита́ть кому́-л. ~и *разг.* j-m éine Tracht Prügel verábreichen; ~е́й не собра́ть *разг.* ≅ da kannst du déine Knóchen numeríeren; ~ь от ~и Mark von Mark

костю́м *м* Kostüm *n* (2); Ánzug *m* (1*) (*мужской*); Tracht *f* (10), Vólkstracht *f* (*национальный*); да́мский ~ Kostüm *n*; ~ обяза́телен (*на маскараде*) es bestéht Kostümzwang; пла́тье-~ Jáckenkleid *n*; брю́чный ~ Hósenanzug *m*; да́мский ~ англи́йского покро́я, сши́тый на зака́з Schnéiderkostüm *n*; Tailleur [*фр.* ta'jø:r] *n* -s, -s (*швейц.*); мужско́й ~, сши́тый на зака́з Máßanzug *m*; ◇ в ~е Ада́ма *шутл.* in Ádamskostüm

костюме́р *м театр.* Gewándmeister *m* (6); худо́жник-~ Kostümbildner *m* (6); ~**ная** *сущ. ж* **1.** (*пункт проката* *костюмов*) Kostümverleih *m* (1); **2.** (*для хранения театральных костюмов*) Kostümlager *n* (7)

костюмиро́в||анный kostümíert, Kostüm-; ~анный бал Máskenball *m* (1*); **~а́ть** kostümíeren *vt*, verkléiden *vt*; **~а́ться** sich kostümíeren, sich verkléiden

костя́к *м* **1.** (*скелет*) Knóchengerüst *n* (2); Gerípре *n* (6), Skelétt *n* (2); **2.** (*основа*) Knóchengerüst *n* (2), Grúndstock *m* (1*), Stamm *m* (1*)

костяни́ка *ж бот.* Stéinbrombeere *f* (11)

костя́нка *ж бот.* Stéinfrucht *f* (10)

костян||о́й knöchern, Knóchen-; Élfenbein-; ~а́я мука́ Knóchenmehl *n* -(e)s

костя́шка *ж разг.* **1.** (*сустав пальца*) Knóbel *m* (6), Knöchel *m* (6), Fíngerknöchel *m*; **2.** (*изделие из кости*) kléines (élfen)béinernes Erzéugnis; **3.** (*на счётах*) Kúgel *f* (11)

косу́ля *ж зоол.* Reh *n* (2); Ricke *f* (11) (*самка*); Réhbock *m* (1*) (*самец*)

косы́нка *ж* Kópftuch *n* (5), Zípfeltuch *n* (*головная*); (dréieckiges) Hálstuch *n* (*шейная*); Dréiecktuch *n*, Trágband *m* (1*) (*повязка для руки*)

косьба́ *ж с.-х.* Mahd *f* (10), Mähen *n* -s

коса́к I *м* **1.** (*дверной, оконный*) Pfósten *m* (7); Pféiler *m* (6); колёсный ~ Rádfelge *f* (11); **2.** *с.-х.* (*участок*) schräg verláufende Parzélle, Ácker *m* (6)

коса́к II *м* Hérde *f* (11) (*стадо*); Zug *m* (1*) (*птиц*); Schwarm *m* (1*) (*птиц, рыб*)

косяко́м *нареч. разг.* schräg, in schräger Ríchtung

косячо́к *м* Stóßplatte *f* (11); Ábsatzeisen *n* (7) (*на обуви*)

кот *м* Káter *m* (6); ◇ ~ в сапога́х *фольк.* der Gestíefelte Káter; ~ напла́кал *разг.* sehr wenig, sovíel die Kátze auf dem Schwánz wégträgt; купи́ть ~а́ в мешке́ die Kátze im Sack káufen

кота́нгенс *м мат.* Kótangens *m* =

котёл *м тж. воен.* Késsel *m* (6); парово́й ~ Dámpfkessel *m*; тру́бчатый ~ Röhrenkessel *m*; водогре́йный ~ Wásserheizkessel *m*; ~-утилиза́тор Ábhitzekessel *m* (6); ◇ о́бщий ~ geméinschaftliche Küche, geméinschaftliche Ernährung; кипе́ть как в котле́ éine fíeberhafte Tätigkeit entfálten

котело́к *м* **1.** (*посуда*) Napf *m* (1*); Kóchgeschirr *n* (2) (*солдатский*); **2.** (*головной убор*) stéifer Hut; Glócke *f* (11), Melóne *f* (11) (*разг.*); **3.** *разг.* (*о голове*) Kopf *m* (1*); ◇ у него́ ~ ва́рит er hat Grips im Kopf

коте́ль||ная *сущ.* Késselraum *m* (1*); Késselhaus *n* (5); **~ный** Késsel-; ~ное желе́зо Késselblech *n* -(e)s; **~щик** *м* **1.** Késselschmied *m* (1); **2.** (*специалист по обслуживанию котлов*) Késselwärter *m* (6)

котёнок *м* (júnges) Kätzchen *n* (7)

ко́тик *м* **1.** *ласк.* Káterchen *n* (7); **2.** *зоол.*: морско́й ~ Séebär *m* (8), Bärenrobbe *f* (11); **3.** (*мех*) Seal(skin) [*англ.* ʹsi:l-] *m*, *n* -s, -s; **~овый** Seal(skin)- [*англ.* ʹsi:l-], aus Seal

котильо́н *м* Kótillon [-ljɔ̃:] *m* -s, -s

коти́ровать *фин.* kotíeren *vt*, bewérten *vt*; notíeren *vt*; **~ся** *фин.* kotíert wérden; hoch im Kúrse stéhen (*тж. перен.*)

котиро́вка *ж фин.* Kotíerung *f* (10), Bewértung *f*; Notíerung *f*

коти́ться Júnge wérfen*

котле́т||а *ж* Bulétte *f* (11) (*рубленая*); Brisolétt *n* (2), Brisolétte *f* (11) (*рубленая, б. ч. из телятины*); Kotelétt *n* (2) (*pl тж.* -s), Kotelétte *f* (11) (*отбивная с косточкой*); Schnítzel *n* (6) (*отбивная без косточки*); карто́фельная ~а Kartóffelpuffer *m* (6); ◇ мы сде́лаем ~у из тебя́! ≅ wir máchen Kléinholz [Háckfleisch] aus dir!

котлова́н *м тех.* Báugrube *f* (11); вы́емка ~а Áusschachten *n* (7)

котлови́на *ж* Tálkessel *m* (6), Gebírgskessel *m*

котлообра́зный késselförmig

котлостро||е́ние *с* Késselbau *m* -(e)s; **~и́тельный:** ~и́тельный заво́д Dámpfkesselfabrik *f* (10)

кото́мка *ж* Quérsack *m* (1*)

кото́р||ый *мест.* **1.** *вопр.* wélcher, welch ein; der wievíelte (*который по счёту*); ~ый раз? das wievíelte Mal?, wievíelmal?; ~ый каранда́ш вы хоти́те? wélchen Bléistift wünschen Sie?; ~ый ме́сяц в году́ ию́нь? der wievíelte Mónat des Jáhres ist der Júni?; ~ый час? wievíel Uhr ist es?, wie spät ist es?; в ~ом часу́? um wievíel Uhr?; ~ тебе́ год? wie alt bist du?; с ~ых пор? seit wann?; **2.** *относ.* der; wélcher; челове́к, ~ый приходи́л вчера́ der Mann, der géstern da war; ученики́, с ~ыми я говори́л вчера́ Schüler, mit dénen ich géstern sprach; стол, на ~ я положи́л кни́гу der Tisch, auf den ich das Buch gelégt hábe; челове́к, фами́лии ~ого я не зна́ю der Mann, déssen Námen ich nicht kénne

кото́рый-нибудь *мест. разг. см.* како́й-нибудь 1

котте́дж *м* Éinfamilienhaus *n* (5); Lándhaus *n* (*загородный*)

коту́рны *мн.* Kothúrne *pl*

ко́фе *м* Káffee *m* -s; жа́реный ~ Röstkaffee *m*; жи́дкий ~ dünner Káffee; Blümchenkaffee (*шутл.*); ~ с молоко́м Mílchkaffee *m*; wéißer Káffee; ~ в зёрнах Bóhnenkaffee *m*; мо́лотый ~ gemáhlener Káffee; свари́ть ~ Káffee kóchen

кофева́рка *ж* Káffeemaschine *f* (11)

кофеи́н *м фарм.* Koffeín *n* -s

кофе́йн||ик *м* Káffeekanne *f* (11); **~ица** *ж* **1.** (*банка*) Káffeebüchse *f* (11); **2.** (*мельница*) Káffeemühle *f* (11); **3.** *разг.* (*любительница кофе*) Káffeetante *f* (11); **~ый 1.** Káffee-; ~ое де́рево Káffeebaum *m* (1*); ~ый боб Káffeebohne *f* (11); ~ая ме́льница Káffeemühle *f* (11); **2.** (*о цвете*) káffeebraun; ◇ гада́ть на ~ой гу́ще aus dem Káffeesatz wáhrsagen

кофе́йня *ж уст. см.* кафе́

кофемо́лка *ж* Schlágmühle *f* (11), Káffeemühle *f*

ко́фта *ж*, **ко́фточка** *ж* Jácke *f* (11), Blúse *f* (11); вя́заная ~ Stríckjacke *f*; шерстяна́я ~ Wólljacke *f*

коча́н *м*: ~ капу́сты Kóhlkopf *m* (1*); **~ный** Kopf-; ~ная капу́ста Kópfkohl *m* -(e)s

кочева́ть nomadisíeren *vi*, ein Nomádenleben führen; umhérziehen* *vi* (s); umhérschweifen *vi* (s)

кочёвка *ж* **1.** (*лагерь*) Nomádenlager *n* (6); **2.** (*действие*) Nomadisíeren *n* -s, Nomádenleben *n* -s

кочёвник *м* Nomáde *m* (9)

кочев||о́й nomádenhaft, nomádisch, Nomáden-; Wánder-; ~о́й наро́д Nomádenvolk *n* (5); Hírtenvolk *n*; ~о́й о́браз жи́зни Nomádenleben *n* -s; ~а́я орда́ Nomádenhorde *f* (11); ~о́е ското-во́дство Wánderhirtentum *n* -s

коче́вье *с* **1.** (*лагерь*) Nomádenlager *n* (6); **2.** (*местность*) Nomádenterrain [-,rɛŋ] *n* -s, -s

кочега́р *м* Héizer *m* (6); **~ка** *ж тех.* Késselhaus *n* (5); Héizraum *m* (1*), Héizhaus *n*

коченéть erstárren *vi* (s), steif wérden

кочерга́ *ж* Féuerhaken *m* (7), Schüreisen *n* (7), Schürhaken *m* (7)

кочеры́жка *ж* (*капустная*) Strunk *m* (1*), Kráutstrunk *m*

ко́чка *ж* Érdhäufchen *n* (7), kléiner Érdhügel; Bülte *f* (11) (im Moor)

кочкова́тый úneben, höckerig, hümpelig

кочкоре́з *м* Hümpelpflug *m* (1*); Wíesenhobel *f* (11)

кочу́ющ||ий Wánder-; ~ее ору́дие Wándergeschütz *n*

коша́тник *м разг.* **1.** (*любитель кошек*) Kátzenliebhaber *m* (6), Kátzenfreund *m* (1); **2.** (*ловец*) Kátzenfänger *m* (6)

коша́ч||ий Kátzen-; kátzenähnlich, kátzenartig; ~ьи ухва́тки Kátzenart *f*, kátzenähnliche Maníeren; ◇ ~ий конце́рт Kátzenmusik *f*

кошево́й *сущ. м ист.* Kosákenführer *m* (6)

кошелёк *м* Béutel *m* (6) (*тж. перен.*); Börse *f* (11), Portemonnaie [*фр.* pɔrtmɔʹne:] *n* -s, -s

кошёлка *ж* geflóchtener Béutel [Korb]

коше́ль *м* **1.** *уст. см.* кошелёк; **2.** *мешок, сумка*) Béutel *m* (6), Sack *m* (1*), Tásche *f* (11)

кошени́ль *ж* **1.** (*насекомое*) Schíldlaus *f* (3), Koschenille [-ʹniljə] *f* (11); **2.** (*краска*) Cochenille [*исп.* kɔʃeʹnılje] *f*, Koscheníllе *f*

ко́шк||а *ж* **1.** Kátze *f* (11); ангóрская ~а Angórakatze *f*; сиби́рская ~а sibírische Kátze; **2.** (*мех*) Kátzenfell *n* (2); **3.** *мн.* ~и *ист.* (*плеть*) die néunschwänzige Kátze; **4.** *мн.* ~и (*для влезания на столбы и т. п.*) Stéigeisen *n* (7), Klettereisen *n*; ◇ жить как ~а с соба́кой wie Hund und Kátze lében [sich vertrágen*]; игра́ть в ~и-мы́шки Kátze und Maus spíelen; ~е игру́шки, а мы́шке слёзки *погов.* des éinen Tod, des ándern Brot; мета́ться как угоре́лая ~а wie verrückt umhérlaufen*; у меня́ ~и скребу́т на душе́ mir ist schwer ums Herz; чёрная ~а пробежа́ла ме́жду ни́ми ≅ sie háben sich verzánkt; зна́ет ~а, чьё мя́со съе́ла ≅ wen's juckt, der krátze sich

кошма́ *ж* dünner Filz

кошма́р *м* **1.** (*сновидение*) Alp *m* -(e)s; Álpdruck *m* (1*), Álpdrücken *n* -s; **2.** *разг.* étwas Drückendes [Schauderhaftes, Gräßliches]; **~ный** schäuderhaft, gräuenerregend; gräßlich, schrécklich (*ужасный*); ~ный сон Álptraum *m* (1*), Ángsttraum *m*

кощéй *м* **1.** *фольк.* ein ábgezehrter, lánglebiger, réicher und géiziger Greis; wándelndes Gerípре; **2.** *разг.* (*скряга*) Géizhals *m* (1*)

кощу́нств||енный lästerlich; **~о** *с* Lästerung *f* (10); Schändung *f* (10); **~овать** lästern *vt*, *vi*, schänden *vt*

коэффицие́нт *м мат., физ.* Koeffiziént *m* (8); Wert *m* (1); ~ поле́зного де́йствия (кпд) *тех.* Wírkungsgrad *m* (1), Nútzeffekt *m* (1); ~ запа́са про́чности Sícherheitsgrad *m*; ~ испо́льзования Áusnutzungsgrad *m*, Áuslastungskoeffiziient *m*; оцéночный ~ Bewértungsfaktor *m* (13); ~ насыщéния Sättigungsgrad *m*; ~ проводи́мости *эл.* Léitwert *m*

КПГ *ж* (Коммунисти́ческая па́ртия Герма́нии) *ист.* KPD (Kommunístische Partéi Déutschlands) (*запрещена в ФРГ в 1956 г.*)

КПСС (Коммунисти́ческая па́ртия Сове́тского Сою́за) KPdSU (Kommunístische Partéi der Sowjétunion)

краб *м зоол.* Krábbe *f* (11); **~оло́в** *м* **1.** (*ловец*) Krábbenfischer *m* (6); **2.** (*судно*) Krábbenfangmutterschiff *n* (2)

кра́вчий *м ист.* Múndschenk *m* (8)

кра́ги *мн.* **1.** (*голенища*) Stíefelgamaschen *pl*, hóhe Lédergamaschen; **2.**

Hándschuhstulpen *pl* (*раструбы у перчаток*); Stúlpenhandschuhe *pl* (*перчатки с раструбами*)

кра́ден||ое *сущ. с* gestóhlenes Gut, Díebsgut *n* -(e)s; **~ый** gestóhlen

кра́дучись: идти́ ~ schléichen* *vi* (s), sich schléichen*

краеве́д *м* Héimatforscher *m* (6), Héimatkundler *m* (6); **~ение** *с* Héimatkunde *f*; **~ческий** héimatkundlich, Héimatkunde *f*; ~ческий музе́й Héimat(kunde)museum *n* -s, -seen

краев||о́й 1. lokál; Orts-; **2.** (*об административно-территориальной единице*) Lándes-; Regións-; ~о́й комите́т па́ртии Regiónskomitee der Partéi; **3.** *тех.* Rand-; ~о́е по́ле Rándfeld *n* (5)

краеуго́льный áußerordentlich wíchtig; ◇ ~ ка́мень Éckpfeiler *m* (6), Éckstein *m* (1), Grúndstein *m*

кра́ешек *м уменьш.* Écke *f* (11), Énde *n* (13), Rand *m* (4), Éndchen *n* (7)

кра́ж||а *ж* Díebstahl *m* (1*); ~а со взло́мом Éinbruchsdiebstahl *m*; соверши́ть ~у éinen Díebstahl begéhen*; уличи́ть в ~е j-n des Díebstahls überführen

кра||й *м* **1.** (*конец*) Rand *m* (4), Kánte *f* (11), Énde *n* (13); на са́мом ~ю́ am äußersten Énde; по ~я́м an den Rändern, an den Énden; пере́дний ~й (оборо́ны) *воен.* Háuptkampflinie *f* (11); **2.** (*страна*) Land *n* (5); родно́й ~й Héimatland *n*, Váterland *n*; в чужи́х ~я́х in frémden Lánden (*поэт.*); **3.** (*административно-территориальная единица в СССР*) Región *f* (10); Краснода́рский ~й Región Krasnodár; **4.** Flügel *m* (6) (*футбол*); **5.** (*сорт говядины*): то́нкий ~й Rückenstück *n* (2); то́лстый ~й Míttelrippenstück *n*; ◇ на ~ю́ све́та *разг.* am Énde der Welt; слу́шать ~ем у́ха mit hálbem Ohr zúhören; на ~ю́ ги́бели am Ránde des Verdérbens; че́рез ~й im Überfluß; ли́ться че́рез ~й überfließen* *vi* (s), überquellen* *vi* (s); нали́ть до ~ёв rándvoll éinschenken; хвати́ть че́рез ~й über die Schnur háuen*; конца́-~ю нет es nimmt kein Énde; из ~я в ~й, от ~я (и) до ~я von éinem Énde (des Lándes) zum ánderen; моя́ ха́та с ~ю, ничего́ не зна́ю *погов.* ≅ mein Náme ist Háse, ich weiß von nichts

крайиспо́лко́м *м* (исполни́тельный комите́т краево́го Сове́та наро́дных депута́тов) Exekutívkomitee des Regiónssowjets (der Vólksdeputierten)

крайко́м *м* (краево́й комите́т) Regiónskomitee *n* -s, -s; ~ па́ртии Regiónskomitee der Partéi

кра́йне *нареч.* äußerst, sehr; ~ сожале́ю ich bedáuere sehr; ~ ва́жно äußerst wíchtig

кра́йн||ий *в разн. знач.* äußerst; ~яя цена́ äußerster Preis; ~ий срок äußerster Termín; в ~ем слу́чае im äußersten [schlímmsten] Fall; äußerstenfalls; wenn álle Strícke réißen, wenn es hoch kommt (*разг.*); на ~ий слу́чай für den Nótfall, für den schlímmsten Fall; по ~ей ме́ре wénigstens, zum míndesten; ~яя ле́вая (*о партии*) die äußerste Línke; ~ий спра́ва ganz rechts (*подпись под фото*); ~ий (*в колонне*) der línke [réchte] Áußenmann; **~ость** *ж* **1.** Extrém *n* (2); впада́ть в ~ость ins Extrém verfállen*, etw. auf die Spítze tréiben*; ~ости схо́дятся Gégensätze berühren sich; **2.** (*тяжёлое положение, нужда*) äußerste Not; доводи́ть кого́-л. до ~ости j-n bis zum Äußersten tréiben*; ◇ до ~ости *разг.* äußerst, im höchsten Gráde; довести́ кого́-л. до ~ости (*вывести кого-л. из себя*) j-n aus der Fássung bríngen*; в ~ости *разг.* im äußersten [schlímmsten] Fall

крайсове́т *м* (краево́й Сове́т наро́дных депута́тов) Regiónssowjet *m* -s, -s (der Vólksdeputierten)

краковя́к *м* (*танец*) Krakówiak *m* -s, -s

кра́ля *ж разг.* schmúcke Dirn

крам||о́ла *м уст.* Áufruhr *m* (1); **~о́льник** *м уст.* Áufrührer *m* (6); Úmstürzler *m* (6); **~о́льный** *уст.* áufrührerisch

кран I *м* Hahn *m* (1*); водопрово́дный ~ Wásserhahn *m*; ~ горе́лки Brénnerhahn *m*; запо́рный ~ Ábsperrhahn *m*; спускно́й [сливно́й] ~ Áblaßhahn *m*

кран II *м* (*подъёмный*) Kran *m* (1, 1*), Hébekran *m*; передвижно́й ~ fáhrbarer Kran; Fáhrkran *m*; погру́зочный ~ Verládekran *m*; ба́шенный ~ Túrmkran *m*; плаву́чий ~ Schwímmkran *m*; высо́тный строи́тельный ~ Hóchbaukran *m*, Hóchhauskran *m*; гу́сеничный ~ Ráupenkran *m*; гре́йферный ~ Gréiferkran *m*; мостово́й ~ Láufkran *m*, Brückenkran *m*; поворо́тный ~ Dréhkran *m*; самохо́дный ~ Fáhrzeugkran *m*, Kran mit éigenem Fáhrantrieb

кра́нец *м мор.* Fénder *m* (6), Wíeling *f*, *pl* -e

краниоло́гия *ж* Kraniologíe *f*, Schädellehre *f*

краниоме́трия *ж* Kraniometríe *f*, Schädelmessung *f*

крановщ||и́к *м* Kránführer *m* (6); **~и́ца** *ж* Kránführerin *f* (12)

краностро||е́ние *с* Kránbau *m* -(e)s; **~и́тель** *м* Kránbauer *m* (6)

крап *м* **1.** (*на игральных картах*) Sprénkel *pl*, Tüpfelung *f* (10); **2.** (*пятна*) Tüpfel *pl*

кра́пать 1. (*о дожде*) tröpfeln *vi*; **2.** (*покрывать крапинами*) sprénkeln *vt*, tüpfeln *vt*; zínken *vt* (*метить игральные карты — о шулерах*)

крапи́в||а *ж* Brénnessel (*при переносе* Brenn-nessel) *f* (11); глуха́я ~а Táubnessel *f*; **~ник** *м* **1.** Brénnesseldickicht (*при переносе* Brenn-nesseldickicht) *n* (2); **2.** *зоол.* Záunkönig *m* (1); **~ница** *ж мед.* Nésselfieber *n* -s, Nésselausschlag *m* (1*)

крапи́вный Néssel-; ~ная лихора́дка *мед.* Nésselfieber *n* -s; ◇ ~ное се́мя *уст. ирон.* bestéchliche [käufliche] Beámtenbrut

кра́пин||а *ж* Tüpfel *m* (6), Túpfen *m* (7); с жёлтыми ~ами mit gélben Túpfen, gélbgetupft, gélbgesprenkelt; **~ка** *ж* **1.** Tüpfelchen *n* (7); с ~ками getüpfelt, gesprénkelt; мате́рия в ~ку Pünktchenstoff *m* (1); **2.** *разг.* (*дождевая капля*) Trópfen *m* (7), Régentropfen *m*

краплёный (*об игральных картах*) gezéichnet; gezínkt

крапчатый gesprénkelt, gefléckt; getüpfelt

крас||а́ *ж* **1.** Schönheit *f*, Pracht *f*; показа́ть себя́ во всей ~е́ 1) sich in áller Pracht zéigen; 2) *ирон.* sein wáhres Gesícht zéigen; **2.** (*украшение*) Zierde *f* (11), Schmuck *m* (1)

краса́в||ец *м* schöner Mann; **~ица** *ж* Schönheit *f* (10), Schöne *f* (11), schöne Frau; schönes Mädchen (*о девушке*); **~ка** *бот.* Tóllkirsche *f* (11), Belladónna *f*, *pl* -nen; **~чик** *м* **1.** schöner Júnge; schönes Kind (*о ребёнке*); **2.** *ирон.* (*франт*) Geck *m* (8), Stútzer *m* (6)

краси́в||ость *ж* äußere Schönheit, ánziehendes Äußere; **~ый** schön; hübsch; нос ~ой фо́рмы éine fórmschöne Náse; ◇ ~ые слова́ schöne Wórte, schöne Rédensarten

краси́ль||ный Färbe-; Färberéi-; ~ный цех Färberéi *f* (10); **~ня** *ж* Färberéi *f* (10); **~щик** *м* Färber *m* (6); **~щица** *ж* Färberin *f* (12)

краси́тел||ь *м хим.* Fárbstoff *m* (1); фа́брика ~ей Fárbenfabrik *f* (10), Fárbenwerk *n* (2)

кра́сить 1. färben *vt* (*волосы, материю*); (mit Fárbe) ánstreichen* *vt* (*стены, мебель*); **2.** *уст.* (*украшать*) verzíeren *vt*, schmücken *vt*, verschöne(r)n *vt*; **3.** *см.* кра́ситься 2; **~ся 1.** sich schmínken (*красить щёки, губы*); sich (*D*) die Háare färben (*красить волосы*); **2.** *разг.* (*пачкать краской*) (áb)färben *vi*; мате́рия кра́сится der Stoff färbt ab; **3.** (*поддаваться крашению*) sich färben lássen*; **4.** *страд.* gefärbt wérden (*ср.* кра́сить)

кра́ск||а *ж* **1.** (*вещество*) Fárbe *f* (11), Fárbstoff *m* (1); акваре́льная ~а Aquaréllfarbe *f*; ма́сляная ~а Ölfarbe *f*; клеева́я ~а Léimfarbe *f*; типогра́фская ~а Drúckerschwärze *f* (11) (*чёрная*); Drúckfarbe *f*; покро́вная ~а Déckfarbe *f*; светя́щаяся ~а Léuchtfarbe *f*; писа́ть ~ами málen *vt*; **2.** (*процесс*) Färben *n* -s; отда́ть в ~у zum Färben gében*; **3.** (*румянец*) Fárbe *f* (11); lébhafte [gesúnde] Gesíchtsfarbe; **4.** *мн.* ~и (*тона, колорит*) Fárben *pl*; осе́нние ~и Hérbstfarben *pl*; ◇ не жале́ть кра́сок *разг.* mit Fárben nicht kárgen; etw. in lébhaften Fárben schíldern [dárstellen]; сгуща́ть ~и *разг.* dick áuftragen*, übertréiben* *vi*; вогна́ть кого́-л. в ~у *разг.* j-n zum Erröten bríngen*

краскопу́льт Fárbspritzpistole *f* (11)

красне́ть 1. sich röten, rot wérden; **2.** (*о человеке*) erröten *vi* (s), rot wérden; erglühen *vi* (s) (*вспыхнуть*); мне за тебя́ прихо́дится ~ ich muß mich für dich schämen; **3.** *см.* красне́ться; ◇ ~ до корне́й воло́с [до уше́й] sich in Grund und Bóden schämen; **~ся** rot léuchten [schímmern]

красно||арме́ец *м ист.* Rótarmist *m* (8); **~арме́йский 1.** (*относящийся к красноармейцу*) Rótarmisten-; **2.** (*относящийся к Красной Армии*) der Róten Armée

краснобáй *м разг.* Schönredner *m* (6), Schwätzer *m* (6), Phrásenheld *m* (8), Phrásendrescher *m* (6); **~ство** *с разг.* Schönrednerei *f*, Schwätzeréi *f*, Phrásendrescherei *f*

кра́сно-бу́рый rótbraun

красновáтый rötlich, ins Rötliche spíelend

красногварде́ец *м ист.* Rótgardist *m* (8)

краснодере́вец *м*, **краснодере́вщик** *м* Kúnsttischler *m* (6)

краснозвёздный mit dem Róten Stern

краснозём *м* Róterde *f* (11)

краснозна́мённый Rótbanner-; mit dem Rótbannerorden áusgezeichnet [geschmückt]; Балти́йский ~ флот die Báltische Rótbannerflotte; ~ анса́мбль Rótbannerensemble [-ã,sãbəl] *n* -s, -s

краснoко́жие *сущ. мн.* (*индейцы*) Róthäute *pl*

краснокры́лый 1. mit róten Flügeln; **2.** mit dem Róten Stern (*о самолёте*)

красноле́сье *с* Nádelwald *m* (4); Nádelholz *n* -es

красноли́цый mit éinem róten Gesícht, mit róter Gesíchtsfarbe

краснопёрый rótflossig (*о рыбах*)

красноречи́в||ость *ж* Berédsamkeit *f*, Rédegewandtheit *f*; **~ый 1.** beredt [-'re:t], rédegewandt; **2.** *перен.* beredt [-'re:t], áusdrucksvoll, spréchend; **~ый** взгляд ein berédter Blick; **~ый** приме́р áufschlußreiches [überzéugendes] Béispiel

красноре́ч||ие *с* **1.** Berédsamkeit *f*, Rédegewandtheit *f*; испо́льзовать всю си́лу ~ия séine gánze Berédsamkeit áufbieten*; **2.** (*ораторское искусство*) Rédekunst *f*

краснота́ *ж* Röte *f*; Rötung *f* (10)

краснофло́тец *м ист.* Matróse der Róten Flótte

краснощёкий rótwangig, rótbäckig

красну́ха *ж мед.* Röteln *pl*

кра́сн||ый *прил.* **1.** rot; ~ый цвет Rot *n* -(e)s, róte Fárbe; ~ый каранда́ш Rótstift *m* (1); ~ый свет (*у светофора*) Stópplicht *n* (5), rótes Líchtsignal; ~ое вино́ Rótwein *m* (1); **2.** (*революционный*) rot; **3.** *в знач. сущ. м* (*революционер*) Róte *m* (14); ◇ Кра́сная А́рмия die Róte Armée; Кра́сное зна́мя das Róte Bánner; о́рден Кра́сного Зна́мени Rótbannerorden *m* (7); Кра́сный флот die Róte Flótte; Кра́сная пло́щадь der Róte Platz; ~ый уголо́к Róte Écke; ~ая доска́ róte Táfel, Éhrentafel *f* (11); ~ая строка́ Alínea *n* -s, -s; néue Zéile mit Ábsatz; ~ая ры́ба Knórpelfische *pl*, Störe *pl*; ~ый зверь *уст.* Rótwild *n* -(e)s, Édelwild *n*; ~ое де́рево Rótholz *n* -es, Mahagóni *n* -s; ~ые дни *фольк.* schöne Táge, glückliche [glückselige] Zeit; ~ая де́вица 1) *фольк.* schöne [hólde] Júngfrau [Maid]; 2) *ирон.* schüchterner Mensch; ~ое со́лнышко *фольк.* die líebe Sónne, die stráhlende Sónne; Кра́сная Ша́почка *фольк.* Rótkäppchen *n* -s; ~ое крыльцо́ Parádetreppe *f* (11), Parádeaufgang *m* (1*) (*in altrussischen Häusern*); ~ая ли́ния *стр.* Báufluchtlinie *f* (11); ра́ди ~ого словца́ der schönen Wórte wégen; ~ая цена́ *разг.* gúter Preis, höchstmöglicher Preis; проходи́ть ~ой ни́тью sich wie ein róter Fáden hindúrchziehen*

красова́ться **1.** (*виднеться*) éinen schönen Ánblick bíeten*; **2.** (*выставлять напоказ*) prángen *vi*, prúnken *vi* (чем-л. mit *D*); zur Schau stéllen

красота́ *ж* Schönheit *f* (10)

красо́тка *ж разг.* Schöne *f* (11), Schönheit *f* (10)

кра́сочн||ость *ж* Fárbenreichtum *m* -(e)s, Fárbenpracht *f*; **~ый** **1.** Fárben-; ~ая промы́шленность Fárbenindustrie *f*; **2.** (*яркий*) fárbenreich, fárbenprächtig; málerisch (*живописный*); bíldhaft, bílderreich (*гл. обр. о языке*)

красть stéhlen* *vt*; kláuen *vt* (*разг.*)

кра́сться schléichen* *vi* (s), sich schléichen*

кра́сящ||ий Farb-, färbend; ~ее вещество́ Fárbstoff *m* (1)

крат: во́ сто ~ húndertmal, húndertfach

кра́тер *м* Kráter *m* (6); ~ поту́хшего вулка́на Maar *n* (2)

кра́т||кий **1.** kurz; ~кий гла́сный *лингв.* kúrzer Vokál [vo-]; ~кая фо́рма *грам.* Kúrzform *f* (10) (*прилагательного*); **2.** (*сжатый*) kurz; gedrängt, knapp; bündig, lakónisch (*лаконичный*); ~кая грамма́тика kúrzgefaßte Grammátik; в ~ких слова́х in kúrzen [knáppen] Wórten; я бу́ду ~ок ich wérde mich kurz fássen

кра́тко *нареч.* kurz, kúrzgefaßt, knapp; in áller Kürze; говори́ ~! faß dich kurz!

кратковре́менн||ость *ж* kúrze Dáuer; **~ый** kurz, von kúrzer Dáuer, kúrzzeitig; ~ые дожди́ (*в сводке погоды*) veréinzelte Régenschauer

краткосро́чн||ый kúrzfristig, auf kúrze Frist; ~ые ку́рсы kúrzfristige Kúrse; Schnéllkurse *pl*; ~ый ве́ксель *фин.* Wéchsel auf kúrze Sicht

кра́ткост||ь *ж* Kürze *f*, Knáppheit *f* (*о времени*); Knáppheit *f*, Gedrängtheit *f* (*о стиле*); знак ~и *лингв.* Kúrzezeichen *n* (7)

кра́тное *сущ. с мат.* Víelfache *sub n*; о́бщее наиме́ньшее ~ das kléinste geméinsame Víelfache

кра́тность *ж мат.* Víelfachheit *f*; Multiplizität *f*; ~ светофи́льтра *фото* Fílterfaktor *m* (13)

кра́тный téilbar (чему́-л. durch *A*)

крах *м* Zusámmenbruch *m* (1*); Bankrótt *m* (1); ~ ба́нка Bánkkrach *m*; ~ колониа́льной систе́мы der Zusámmenbruch des Koloniálsystems; потерпе́ть ~ (zusámmen)bréchen* *vi* (s); plátzen *vi* (s)

крахма́л *м* Stärke *f*; Stéife *f*, Wäschestärke *f* (*для белья*); бога́тый ~ом stärkereich; кукуру́зный ~ Máisstärkepuder *m* (6), Maizéna *n* -s; **~истость** *ж* Stärkegehalt *m* (1); **~истый** stärkehaltig, stärkeführend; **~ить** stärken *vt*, appretíeren *vt*, stéifen *vt*

крахма́льн||ый **1.** Stärke-; ~ый заво́д Stärkefabrik *f* (10); **2.** (*накрахмаленный*) gestärkt, gestéift; ~ая соро́чка gestéiftes Hemd

кра́ше *уст., поэт.* schöner, bésser; ◇ ~ в гроб кладу́т *погов.* er sieht sehr élend [wie ein Tóter] áus

кра́шен||ие *с* Färben *n* -s; ~ие распыле́нием Sprítzfärben *n*; **~ый** **1.** gefärbt; (án)gestríchen (*о доме и т. п.*); **2.** *разг.* (*о лице*) geschmínkt

краю́ха, краю́шка *ж* Ranft *m* (1*)

креати́н *м хим.* Kreatín *n* -s

креату́ра *ж* Kreatúr *f* (10)

креве́тка *ж зоол.* Garnéle *f* (11), Krevette [-'vɛtə] *f* (11)

кре́дит *м бух.* Krédit *n* -s, -s, Háben *n* -s; де́бет и ~ das Soll und (das) Háben

креди́т *м* **1.** Kredít *m* (1); долгосро́чный ~ lángfristiger Kredít; краткосро́чный ~ kúrzfristiger Kredít; Überbrückungskredit *m*; госуда́рственный ~ Stáatskredit *m*; междунаро́дный ~ Áuslandskredit *m*; беспроце́нтный ~ zínsloser Kredít; льго́тный ~ Vórzugskredit *m*; ~ под проце́нты verzínslicher Kredít; ~ с рассро́чкой платежа́ Téilzahlungskredit *m*; целево́й фина́нсовый ~ gebúndener Kredít; в ~ auf Kredít; купи́ть в ~ auf Ábzahlung káufen; поку́пка в ~ Rátenkauf *m* (1*); откры́ть ~ Kredít eröffnen [gewähren, éinräumen]; закры́ть ~ den Kredít kündigen; аннули́рование ~а Kredítzurückziehung *f* (10), Zurückziehung des Kredíts; **2.** *перен.* (*доверие, авторитет*) Kredít *m* (1), Vertráuenswürdigkeit *f*; Ruf *m* -(e)s, Ánsehen *n* -s

креди́т||ка *ж уст. разг.* Bánknote *f* (11); **~ный** Kredít-; ~ная поли́тика Kredítpolitik *f*, Finanzíerungspolitik *f*; ~ный биле́т Bánknote *f* (11)

кредитов||а́ние *с* Kreditíerung *f*, Gútschrift *f*; Kredítgewährung *f*, Kredíteinräumung *f*, Finanzíerung *f*; **~а́ть** kreditíeren *vt*, Kredít gewähren [éinräumen] (кого́-л. *D*), finanzíeren *vt*, gútschreiben* *отд. vt*; ~а́ть строи́тельство éinen Báukredit gewähren; **~а́ться** Kredít áufnehmen*; Kredít in Ánspruch néhmen*

кредито́р *м* Gläubiger *m* (6); Kréditor *m* -s, -tóren; Kredítgeber *m* (6), Géldgeber *m*

кредитоспосо́бн||ость *ж* Kredítfähigkeit *f*; Kredítwürdigkeit *f*; **~ый** kredítfähig, kredítwürdig

кре́до *с* **1.** *рел.* Krédo *n* -s, -s; Gláubensbekenntnis *n* (3*); **2.** *перен.* (*взгляды*) Überzéugung *f*, Wéltanschauung *f*; изложи́ть своё ~ sein Krédo [Bekénntnis] áblegen; Fárbe bekénnen* (*разг.*)

крез *м* Krösus *m* =, -se

крезо́л *м хим.* Kresól *n* (2)

кре́йсер *м мор.* Kréuzer *m* (6); бронено́сный ~ Pánzerkreuzer *m*; линейный ~ Schláchtkreuzer *m*; ~-авиано́сец Flúgdeckkreuzer *m*; **~ский:** ~ская ско́рость *ав.* Réisegeschwindigkeit *f*; ~ская высота́ *ав.* Réiseflughöhe *f*; **~ство** *с* Kréuzfahrt *f*; Kréuzen *n* -s

крейси́ровать verkéhren *vi* (*о гражданских судах*); kréuzen *vi* (*о военных кораблях*)

кре́кинг-бензи́н *м* Spáltbenzin *n* (2)

кре́кинг(-проце́сс) *м*, **креки́рование** *с тех.* Kráckprozeß *m* -sses; Kráckverfahren *n* -s; Spáltung *f*

крем *м* Creme [*фр.* krɛ:m] *f*, *pl* -s, Krem *f*, *pl* -s; Krem *m* (1) (*разг.*); Háutkrem *f* (*косметический*); *кул.* Schlágkrem *f*; ~ для о́буви Schúhkrem *f*; ~ для бритья́ Rasíerkrem *f*; ~ от зага́ра Sónnenschutzkrem *f*

кремато́рий *м* Krematórium *n* -s, -ri|en

кремацио́нн||ый Krematións-; ~ая печь Krematiónsofen *m* (7*), Verbrénnungsofen *m*

крема́ция *ж* Krematión *f*, Éinäscherung *f*, Féuerbestattung *f*

креме́нь *м мин.* Kíesel *m* (6), Kíeselstein *m* (1); Féuerstein *m*; Flint *m* (1); э́то ~ *разг.* (*о человеке*) er ist únbeugsam, er ist hart wie Stein

кремлёвск||ий Kreml-; ~ие воро́та Krémltor *n* (2); Большо́й Кремлёвский дворе́ц der Gróße Krémlpalast

кремль *м* Kreml *m* -s *u* =, *pl* =; Моско́вский Кремль der Móskauer Kreml

кремнёв||ый **1.** Kíesel-; ~ое ружьё *ист.* Stéinschloßflinte *f* (11); ~ая кислота́ *хим.* Kíeselsäure *f*; **2.** *перен.* (*непреклонный*) hart, únbeugsam

кремнезём *м мин., хим.* Kíeselerde *f*

кремнеки́сл||ый *хим.* kíeselsauer; ~ые со́ли kíeselsaure Sálze, Silikáte

кре́мний *м* Silízium *n* -s (*хим. знак* Si)

кремни́стый I **1.** (*каменистый*) kíeselreich, kíeselhaltig; kíeselhart; **2.** *см.* кремнёвый 2

кремни́стый II *мин., хим.* kíeselartig, Kíesel-, Féuerstein-; ~ сла́нец Kíeselschiefer *m* (6)

кре́мов||ый **1.** (*цвет*) cremefarben ['krɛ:m-]; **2.** (*сделанный из крема*) Krem-; ~ое пиро́жное Krémkuchen *m* (7)

крен *м* **1.** *ав.* Quérneigung *f*, Néigung *f*, Schräglage *f*; *мор.* Kränkung *f*, Schlágseite *f*; дать ~ Schlágseite háben, sich auf die Séite légen; **2.** *перен.* Änderung der Ríchtung [des Ziels]

кре́нгельс *м мор.* Légel *m* (6)

кре́ндел||ь *м* Kríngel *m* (6), Brézel *f* (11); ◇ сверну́ться ~ем *разг.* sich zusámmenringeln, sich zusámmenkringeln; выде́лывать (нога́ми) ~я́ *разг.* tórkelnd dahínwanken (*о пьяном*)

крени́ть *мор., ав.* krängen *vt*, kíelen *vt*, kíelholen *неотд. vt*, auf die Séite légen; **~ся** *мор., ав.* krängen *vi*, kréngen *vi*, sich auf die Séite légen, Schlágseite háben

креноме́р, крено́метр *ав.* Quérneigungsmesser *m* (6), Néigungsmesser *m*; *мор.* Krängungsmesser *m*

креозо́т *м хим.* Kreosót *n* -(e)s

креол *м* Kreóle *m* (9)

креоли́н *м хим.* Kreolín *n* -s

креолка *ж* Kreólin *f* (12)

креп *м* Krepp *m* -s, -s, Flor *m* (1)

крепдешин *м* Crêpe de Chine [*фр.* ˌkrɛ:pdə'ʃi:n] *m* =, *pl* Crêpes de Chine [ˌkrɛ:p-], Chinakrepp ['çi:-] *m* -s

крепёжный: ~ лес Grúben(bau)holz *n* -es

крепильщик *м горн.* Zímmerling *м* (1), Zímmerhäuer *m* (6)

крепительный *мед.* (ver)stópfend

крепи||ть 1. féstigen *vt*, stärken *vt*; ~ть оборону die Vertéidigung féstigen; **2.** *тех.* féstigen *vt*, beféstigen *vt*; ábspreizen *vt*; ábstreben *vt*, áusbauen *vt* (*в горных выработках*); **3.** *мор.* féstbinden* *отд. vt*; zúrren *vt*; **4.** *мед.*: eró ~т er léidet an Verstópfung, er ist verstópft; **~ться 1.** sich zusámmennehmen*, die Fássung bewáhren, den Mut nicht verlíeren*; **2.** *страд.* beféstigt wérden

крепк||ий 1. (*прочный*) fest, dáuerhaft; **2.** (*твёрдый*) fest, hart; **3.** (*сильный*) stark, kräftig; ~ое здоровье gúte Gesúndheit; ~ий мороз stärker [héftiger] Frost; ~ий ветер stéifer Wind; **4.** (*о напитках*) stark; ~ие спиртные напитки stark álkoholhaltige Getränke; ~ий чай [кофе] stärker Tee [Káffee]; ◇ ~ий сон féster Schlaf; ~ая дисциплина strénge Disziplín; ~ое словцо *разг.* Schímpfwort *n* (5), sáftiges [dérbes] Wort; он ещё крепок на ногах *разг.* er ist noch gut auf den Béinen; er ist noch gut zu Fuß; он крепок на ухо er ist schwérhörig

крепко *нареч.* **1.** fest; stark (*сильно*); ~ спать fest schláfen*; ~ целовать hérzhaft küssen; ~ держаться sich fest hálten*; ~ выругать órdentlich [gehörig] áusschimpfen; **2.** *разг.* (*очень*) sehr; ◇ ~-накрепко 1) (*очень крепко*) sehr fest; 2) (*очень строго*) sehr streng

крепко||головый *разг. см.* крепколобый 1; **~лобый 1.** (*упрямый*) díckköpfig, störrisch; **2.** (*тупой*) schwer von Begríff, stumpf

крепление *с* **1.** (*действие*) Beféstigung *f* (10); *мор.* Féstzurren *n* -s, Zúrrung *f* (10); **2.** *горн.* Hálterung *f*, Ábspreizung *f* (10); Verríppung *f* (10); Zímmerung *f* (10) (*деревянное*); ~ шахт Grúbenverzimmerung *f*; ~ лав das Ábstützen der Ábbaustollen; **3.** (*лыжное*) Bíndung *f* (10)

креплёный mit Spíritus verschnítten (*о вине*)

крепнуть erstárken *vi* (s), stark wérden, sich féstigen

крепов||ый Krepp-; ~ая повязка Kréppbinde *f* (11)

крепостн||ик *м ист.* der Ánhänger der Léibeigenschaft; **~ичество** *с ист.* Léibeigenschaft *f*

крепостн||ой I *прил. ист.* **1.** léibeigen, hörig; ~ое право Léibeigenschaft *f*, Hörigkeit *f*; ~ой труд Fron *f*, Frónarbeit *f*; **2.** *в знач. сущ. м* Léibeigene *m* (14), Hörige *m* (14)

крепостн||ой II *воен.* Féstungs-; ~ые укрепления Féstungswerke *pl*; ~ые ходы Wéhrgänge *pl*; ~ой ров Wállgraben *m* (7); ~ые стены Búrgmauern *pl*, Féstungsmauern *pl*

крепость I *ж воен.* Féstung *f* (10), Féste *f* (11); береговая ~ Küstenfestung *f*

крепость II *ж* **1.** (*прочность*) Féstigkeit *f*, Dáuerhaftigkeit *f*; ~ на разрыв Réißfestigkeit *f*; **2.** (*сила*) Stärke *f*; **3.** (*напитков, раствора*) Stärke *f*; Álkoholgehalt *m* (1) (*вина*)

крепость III *ж*: купчая ~ *ист.* Káufbrief *m* (1), Káufurkunde *f* (11)

крепча||ть *разг.* stärker wérden; fríscher wérden (*о ветре*); мороз ~ет der Frost nimmt zu

крепче *сравн. ст. см.* крепкий *и* крепко

крепыш *м разг.* kráftstrotzender [kérngesunder] Mensch

крепь *ж горн.* Áusbau *m* -(e)s, Zímmerung *f* (10)

кресло *с* **1.** Séssel *m* (6), Léhnstuhl *m* (1*); плетёное ~ Kórbsessel *m*; ~ на колёсах Róllstuhl *m*; ~-кровать Schláfsessel *m*; **2.** *мн.* кресла *уст.* Parkéttplatz *m* (1*) (*в театре*)

кресс-салат *м бот.* Gártenkresse *f*

крест *м в разн. знач.* Kreuz *n* (2); ~ на кольцах *спорт.* Kréuzhang *m* (1*); вышивка ~ом Kréuzstickerei *f* (10), Tapisseríe *f* (11); ◇ Красный Крест das Róte Kreuz; поставить ~ на чём-л. *разг.* ein Kreuz über etw. (*A*) máchen, jéde Hóffnung áufgeben*; целовать ~ *ист.* schwören*

крестец *м анат.* Kreuz *n* (2)

крестик *м* Kréuzchen *n* (7); отметить ~ом (*в списке и т. п.*) ánkreuzen *vt*

крестины *мн. рел.* Táufe *f* (11)

крестить 1. (*совершить религиозный обряд*) táufen *vt*; **2.** (*осенять крестом*) bekréuzigen *vt*; ◇ мне с ним детей не ~ *разг.* ≅ sonst geht er mich nichts an; **~ся 1.** sich táufen lássen*; **2.** (*осенять себя крестом*) sich bekréuzigen

крест-накрест *нареч.* kréuzweise; über Kreuz

крёстная *ж* Táufmutter *f*, *pl* -mütter, Pátin *f* (12)

крестник *м*, **крестница** *ж* Täufling *m* (1), Pátenkind *n* (5)

крестн||ый *церк.* Kreuz-; ◇ ~ый ход Kírchenprozession *f* (10); ~ое знамение Kréuzeszeichen *n* (7); с нами ~ая сила! Gott steh uns bei!

крёстный *м* Táufpate *m* (9), Páte *m*

крестовидный *см.* крестообразный

крестовик *м зоол.* Kréuzspinne *f* (11)

крестовина *ж ж.-д., стр.* Kréuzstück *n* (2); Vierwégestück *n* (*на трубопроводе*)

крестовый I Kreuz-; ~ свод *стр.* Kréuzgewölbe *n* (6); ~ ход *стр.* Kréuzgang *m* (1*); ◇ ~ поход *ист.*, *тж. перен.* Kréuzzug *m* (1*)

крестовый II *см.* трефовый

крестоносец *м ист.* Kréuzritter *m* (6), Kréuzfahrer *m* (6)

крестообразный kréuzförmig

крестоцветные *сущ. мн. бот.* Kréuzblütler *pl*, Kruziféren *pl*

крестцов||ый *анат.* Kreuz-; ~ая кость Kréuzbein *n* (2); ~ая вена Kréuzvene [-,ve:-] *f* (11)

крестьян||ин *м* Báuer *m* (8, 13); малоземельный ~ин lándarmer Báuer; безземельный ~ин lándloser Báuer; ~ин-единоличник Éinzelbauer *m*; ~ин-кооператор Genóssenschaftsbauer *m*; **~ка** *ж* Bäuerin *f* (12); **~ский** Báuern-; bäuerlich; ~ские войны *ист.* Báuernkriege *pl*; **~ство** *с собир.* Báuernschaft *f*, die Báuern; колхозное ~ство Kolchósbauernschaft *f*, die Kolchósbauern; трудовое ~ство die wérktätige Báuernschaft

кретин *м* **1.** Kretín *m* -s, -s; **2.** *бран.* Óberidiot *m* (8); **~изм** *м* **1.** *мед.* Kretinísmus *m* =; **2.** *бран.* (*тупоумие*) Blödsinn *m* - (e)s

кретон *м текст.* Kretónne *f*, *pl* -s

кречет *м зоол.* Jágdfalke *m* (9); Géierfalke *m*

крещендо *нареч. муз.* crescendo [*ит.* krɛ'ʃɛndo]

крещен||ие *с рел.* **1.** (*обряд*) Táufe *f* (11); **2.** (*праздник*) Dréikönigsfest *n* -es; ◇ боевое ~ие Féuertaufe *f*; **~ский** Dreikönigs-; ◇ ~ские морозы stárke Fröste (*Mitte und Ende Januar*)

крещёный *рел.* getáuft

крив||ая *сущ. ж* Kúrve [-və] *f* (11); ~ая температуры Temperatúrkurve *f*; *мед.* Fíeberkurve *f* (11); ◇ ~ая вывезет vielléicht hábe ich Glück!; куда ~ая не [ни] вывезет (ich) laß es drauf áńkommen*; на ~ой (его) не объедешь der ist nicht zu betrügen

кривда *ж фольк.* Únrecht *n* -(e)s, Lüge *f* (11)

кривизна *ж* Krümmung *f* (10), Bíegung *f* (10); Krümme *f* (11) (*искривлённое место*); ~ пути *ж.-д.* Gléiskrümmung *f* (10); ~ земной поверхности die Krümmung der Érdoberfläche, Érdkrümmung *f*; ~ крыла *ав.* Trágflächenwölbung *f*

кривить 1. (*делать кривым*) krümmen *vt*; **2.** (*перекашивать*) verzíehen* *vt*; ~ рот den Mund verzíehen*; ~ лицо ein Gesícht zíehen*, das Gesícht verzíehen* [verzérren]; ◇ ~ душой héucheln *vi*; sich verstéllen; **~ся 1.** (*становиться кривым*) krumm wérden, sich bíegen*; sich wérfen* (*коробиться*); **2.** *разг.* (*перекашиваться в гримасе*) sich verzíehen*, sich verzérren

кривля||ка *м, ж разг.* Zíerpuppe *f* (11), Zíeraffe *m* (9); Frátzenschneider *m* (6), Grimássenschneider *m* (6) (*гримасник*); **~нье** *с разг.* Ziereréi *f* (10); Fáxen *pl*; Frátzenschneiden *n* -s (*гримасничанье*); **~ться** sich zíeren; Fáxen máchen; Frátzen schnéiden* (*гримасничать*)

криво||бокий schief, krumm; **~глазый** éinäugig

криводуш||ие *с уст.* Heucheléi *f*; **~ный** *уст.* héuchlerisch, falsch, lügenhaft

крив||ой 1. schief, krumm; gebógen (*изогнутый*); verbógen (*искривлённый*); ~ая строка schíefe Zéile; ~ая линия krúmme Liníe, Kúrve [-və] *f* (11); **2.** *разг.* (*одноглазый*) éinäugig; **3.** *уст.* (*несправедливый*) úngerecht; falsch (*ложный*); ◇ ~ое зеркало Vexíerspiegel [vɛ-] *m* (6); *перен.* verzérrte Ábbildung, Zérrbild *n* - (e)s; видеть что-л. как в ~ом зеркале etw. verzérrt séhen*; ~ая улыбка schíefes Lächeln

криво||линейный *мат.* krúmmlinig; **~ногий** krúmmbeinig; он ~ногий er ist krúmmbeinig; er hat X-Béine [O-Béine] (*разг.*); **~носый** schíefnasig; **~ротый** schíefmäulig

кривотолки *мн.* (übles) Geréde *n* -s, Geschwätz *n* -es, Faseléien *pl*

кривошип *м тех.* Kúrbel *f* (11)

кризис *м в разн. знач.* Kríse f (11); жилищный ~ Wóhnraummangel *m* (6*), Wóhnungsnot *f*; мировой экономический ~ Wéltwirtschaftskrise *f*; скрытый ~ laténte Kríse; энергетический ~ Energíekrise *f*; ~ доверия Vertráuenskrise *f*; отсутствие ~ов Krísenfestigkeit *f*; переживать ~ von éiner Kríse befállen sein; éine Kríse dúrchmachen; не знать ~ов *эк.* krísenfest sein; **~ный** Krísen-; ~ная ситуация Krísensituation *f*; ~ное развитие krísenhafte Entwícklung

крик *м* Schrei *m* (1); Ruf *m* (1) (*призыв*); Áufschrei *m*, Áusruf *m* (*восклицание*); ~и Geschréi *n* - (e)s; Gekréisch *n* -es (*визг*); ~ возмущения Empörungsschrei *m*; ~ отчаяния Ver-

9*

zwéiflungsschrei *m*; ~ о по́мощи Hílferuf *m*, Nótschrei *m*; ◇ после́дний ~ мо́ды der létzte Módeschrei [Schrei]; die állerneueste Móde

кри́кет *м спорт.* Kricket *n* -s, -s

крикли́вый **1.** laut spréchend (*о человеке*); kréischend, géllend, dúrchdringend (*о голосе*); ~ челове́к Schréier *m* (6), vórlauter [gróßmäuliger] Mensch; **2.** (*бросающийся в глаза*) schréiend, áuffallend, áuffällig, márktschreierisch; ~ заголо́вок (*в газете*) ánreißerische Schlágzeile

кри́кнуть **1.** áufschreien* *vi*, éinen Schrei áusstoßen*; **2.** (*позвать*) zúrufen* *vt*, *vi*

крику́н *м* **1.** *разг.* Schréier *m* (6); Schréihals *m* (1*); Brüllaffe *m* (9); **2.** *перен.* Gróßmaul *n* (5); léerer Schwätzer (*об ораторе*)

крimина́л *м разг.* Kriminálfall *m* (1*), Verbréchen *n* (7)

криминали́ст *м* Kriminalíst *m* (8); **~ика** *ж* Kriminalístik *f*

кримина́льный kriminéll, Kriminál-; ~ слу́чай Kriminálfall *m* (1*)

криминоло́гия *ж* Kriminologíe *f*

кри́нка *ж* írdener Mílchtopf

кринoли́н *м* Krinolíne *f* (11), Réifrock *m* (1*)

криоли́т *м мин.* Kryolíth *m* (1, 8)

криотро́н *м эл.* Krýotron *n* -s, -s

крипто||гра́мма *ж* Kryptográmm *n* (2); **~гра́фия** *ж* Kryptographíe *f* (11)

крипто́н *м хим.* Krýpton *n* -s (*хим. знак* Kr)

криста́лл *м* Kristáll *m* (1); прозра́чный как ~ kristállklar, kristállen; затра́вочный ~ *хим.* Ímpfkristall *m*

кристаллиз||ацио́нный Kristallisatións-; **~а́ция** *ж* Kristallisatión *f*, Kristállbildung *f*; **~и́ровать** kristallisíeren *vt*; **~и́роваться** sich kristallisíeren; **~ова́ть(ся)** *см.* кристаллизи́ровать(ся); **~у́емость** *ж* Kristallisatiónsfähigkeit *f* (10)

кристалли́ческий kristallínisch, kristallín

кристалло||графи́ческий kristallográphisch; **~гра́фия** *ж* Kristallographíe *f*

кристалло́ид *м хим.* Kristalloíd *n* (2)

криста́льный **1.** (*прозрачный*) kristállklar, kristállen; **2.** (*непорочный*) rein, fléckenlos

крите́рий *м* Kritérium *n* -s, -ri̯en; Grádmesser *m* (6), Wértmesser *m*; Mérkmal *n* (2) (*признак*)

кри́тик *м* Krítiker *m* (6); литерату́рный ~ Literatúrkritiker *m*; ~-искусcтове́д Kúnstkritiker *m*

кри́тик||а *ж* Kritík (10); ~а снизу [све́рху] Kritík von únten [von óben]; наводи́ть ~у Kritík üben (an *D*); ниже вся́кой ~и únter áller Kritík; э́то не выде́рживает ~и das spóttet jéder Kritík; das hält kéiner Kritík stand; **~а́н** *м пренебр.* Kritikáster *m* (6), Krittler *m* (6); Méckerer *m* (6) (*разг.*); **~а́нство** *с пренебр.* Kritíksucht *f*, Kritteléi *f* (10); **~ова́ть** kritisíeren *vt*, Kritík üben (кого́-л., что-л. an *D*, за что-л. wégen *A*), éiner Kritík unterzíehen*

крити́цизм *м* Kritizísmus *m* = (*тж. филос.*); krítische Éinstellung

крити́ческ||ий I krítisch; ~ие статьи́ krítische Artíkel; ~ий ум krítischer [prüfender] Verstánd

крити́ческ||ий II (*переломный*) krítisch; ~ое положе́ние éine krítische Láge; ~ая ма́сса *физ.* krítische Másse

кри́ца *ж тех.* Deul *m* (1), Dáchel *m* (6); Fríschstück *n* (2), Lúppe *f* (11)

крича́ть **1.** schréien* *vi*, *vt*; **2.:** ~ на кого́-л. j-n ánschreien* [ánbrüllen]; **3.** (*звать*): ~ кого́-л. nach j-m schréien*, j-n laut rúfen*; ◇ кри́ком ~, на́ крик ~ láuthals [ánhaltend] schréien*

крича́щий **1.** *прич.* schréiend; rúfend (*зовущий*); **2.** *прил.* (*бросающийся в глаза*) schréiend, áuffallend; knállig (*о цвете*)

кри́чный *тех.* Frisch-, Lúppen-; ~ спо́соб Lúppenarbeit *f*, Lúppenfrischarbeit *f*; ~ горн Fríschherd *m* (1), Fríschfeuer *n* (6), Lúppenherd *m*

кров *м* **1.** (*крыша*) Dach *n* (5); **2.** *перен.* Óbdach *n* - (e)s, Schutz *m* -es; без ~а и прию́та óbdachlos; под ~ом únter Dach und Fach; под ~ом но́чи únter dem Schutz der Nacht

крова́в||ый **1.** blútig, Blut-; ~ый поно́с *мед.* Blútdurchfall *m* (1*); ~ая рво́та *мед.* Blút(er)brechen *n* -s; **2.** (*кровопролитный*) blútig; ~ый пригово́р Blúturteil *n* (2); ~ый бой blútiger Kampf; **3.** (*о цвете*) blútrot; ◇ до ~ого по́та bis zur äußersten Erschöpfung

крова́ть *ж* Bett *n* (13), Béttstelle *f* (11); похо́дная ~ Féldbett *n*; расклaдна́я ~ Kláppbett *n*; де́тская ~ (*с сеткой*) Kíndergitterbett *n*; откидна́я ~ Wándklappbett *n*; перено́сная ~ Trágbett *n*; ~ в два я́руса Dóppelstockbett [-ʒən-] *n*

кро́вель||ный Dach-; ~ное желе́зо Dáchblech *n* - (e)s; ~ный материа́л Bedáchungsmaterial *n* -s, -i̯en; **~щик** *m* Dáchdecker *m* (6)

кровене́ть blútig wérden

кровени́ть blútig máchen, mit Blut beflécken

кровено́сн||ый: ~ая систе́ма *анат.* Blútkreislauf *m* (-e)s; ~ые сосу́ды Blútgefäße *pl*

крови́нк||а: у него́ ни ~и в лице́ *разг.* er hat kéinen Blútstropfen im Gesícht; álles Blut ist aus séinem Gesícht gewíchen, er ist léichenblaß

кро́вл||я *ж* **1.** (*крыша*) Dach *n* (5); жить под одно́й ~ей с кем-л. mit j-m únter éinem Dach wóhnen; **2.** *тех.* (*настил*) Dáchhaut *f* (3), Déckung *f* (10); Bedáchung *f* (10); то́левая ~я Páppdach *n*; желе́зная ~я Bléchdach *n*; **3.** *горн.* Déckgebirge *n* (6), Hángende *sub n*

кро́вно *нареч.* **1.** (*близко*) nah (verwándt); *перен.* náhestehend; **2.** (*глубоко, сильно*) sehr, tief, mit állen Físern; я в э́том ~ заинтересо́ван ich bin darán äußerst [brénnend] interessíert

кро́вн||ый **1.** (*о родстве*) blútsverwandt; **2.** (*очень близкий*) náhestehend; ínnig; **3.** (*о животных*) (réin)rássig, Rásse-, Vóllblut-; ~ая ло́шадь Rássepferd *n* (2), Vóllblut *n* (2), Vóllblüter *m* (6); **4.** (*насущный*): ~ый интере́с lébenswichtiges [úreigenstes] Interésse; ◇ ~ый враг Tódfeind *m* (1); ~ая оби́да tödliche Beléidigung; ~ая месть Blútrache *f*; ~ые де́ньги *разг.* sáuer verdíentes Geld

кровожа́дн||ость *ж* Blútdurst *m* -es, Blútgier *f*; **~ый** blútdürstig, blútgierig

кровоизлия́ние *с мед.* Blúterguß *m* -sses, -güsse; ~ в мозг Gehírnblutung *f* (10), Gehírnschlag *m* (1*)

кровообраще́н||ие *с физиол.* Blútkreislauf *m* -(e)s, Blútzirkulation *f*; расстро́йство ~ия Kréislaufstockung *f* (10)

кровоостана́вливающ||ий *мед.* blútstillend; ~ее сре́дство blútstillendes Míttel

кровопи́йца *м*, *ж* Blútsauger *m* (6); Blúthund *m* (1)

кровоподтёк *м* blútunterlaufene Stélle, blútunterlaufener Fleck, Blúterguß *m* (1)

кровопроли́т||ие *с* Blútvergießen *n* -s; **~ный** blútig; ~ный бой blútiger Kampf

кровопуска́ние *с мед.* Áderlaß *m* -sses

кровосмеси́тель *м* Blútschänder *m* (6); **~ный** blútschänderisch

кровосмеше́ние *с* Blútschande *f*

кровосо́сный blútsaugend; Schröpf-; ~ые ба́нки *мед.* Schröpfköpfe *pl*

кровотече́ние *с мед.* Blútung *f* (10), Blúten *n* -s; ~ из но́са Násenbluten *n*; лёгочное ~ Lúngenblutung *f*

кровоточ||и́вость *ж мед.* **1.** Blútfluß *n* -sses; **2.** (*болезнь*) Blúterkrankheit *f*, Hämophilíe *f*; **~и́вый** blútend; **~и́ть** blúten *vi*

кровоха́рканье *с мед.* Blútspucken *n* -s; Blúthusten *m* -s

кров||ь *ж* Blut *n* -(e)s; прили́в ~и Blútandrang *m* - (e)s; отли́в ~и Blútleere *f*; консерви́рованная ~ь *мед.* Blútkonserven [-vən] *pl*; больша́я поте́ря ~и hóher Blútverlust; взять ~ь *мед.* éine Blútprobe néhmen*; истека́ть ~ью verblúten *vi*; пуска́ть ~ь zur Áder lássen*; глаза́, на́литые ~ью blútunterlaufene Áugen; он лежа́л весь в ~и́ er lag in séinem Blúte; ◇ изби́ть кого́-л. в ~ь [до́ ~и] j-n blútig schlágen*; э́то у него́ в ~и́ das liegt [steckt, sitzt] ihm im Blut; ~ь с молоко́м *разг.* (*о хорошем цвете лица*) wie Milch und Blut; ~ью се́рдце облива́ется (при э́той мы́сли) *разг.* das Herz blútet éinem (bei díesem Gedánken); войти́ в плоть и ~ь in Fleisch und Blut übergehen*; по́ртить кому́-л. ~ь *разг.* j-m die Láune verdérben*; ~ь уда́рила [бро́силась] ему́ в го́лову das Blut schoß ihm in den Kopf [zu Kopf]; ~ь сты́нет (*от ужаса*) das Blut stockt [erstárrt] in den Ádern; в нём ~ь кипи́т das Blut síedet ihm; у́зы ~и die Bánde des Blútes

кровян||и́стый blúthaltig; **~о́й** Blut-; ~ы́е ша́рики Blútkörperchen *pl*; ~о́е давле́ние Blútdruck *m* - (e)s; ◇ ~а́я колбаса́ Blútwurst *f* (3)

крои́ть zúschneiden* *vt*

крой *м* **1.** (*действие*) Zúschneiden *n* -s; **2.** (*фасон*) Schnitt *m* (1), Fasson [-ˈsoŋ] *f*, *pl* -s

кро́йк||а *ж* Zúschneiden *n* -s; ку́рсы ~и и шитья́ Schnéiderkurse *pl*

кроке́т *м* Krócket *n* -s, -s

кроки́ *с* **1.** (*план местности*) Krokí *n* -s, -s, Geländeskizze *f* (11); **2.** (*чертёж, набросок*) Riß *m* -sses, *pl* Risse, Skízze *f* (11)

кроки́ровать *спец.* krokieren *vt*

крокирова́ть *спорт.* krockíeren *vt*

крокоди́л *м* Krokodíl *n* -s, -e; **~ов:** ~овы слёзы *ирон.* Krokodílstränen *pl*; **~овый** Krokodíl(s)-; су́мка из ~овой ко́жи Krokodílledertasche *f*

кро́кус *м* **1.** *бот.* Krókus *m* =, = (*pl тж.* -se); **2.** (*порошок*) Políerrot *n* -s

кро́лик *м* Kanínchen *n* (7); ~ под ко́тик (*мех*) Sealkanin [ˈsi:l-] *n* (2); подо́пытный ~ *тж. перен.* Versúchskaninchen *n* (7); Versúchskarnickel *n* (6) (*разг.*)

кролиководо́д *м* Kanínchenzüchter *m* (6); **~ство** *с* Kanínchenzucht *f*

кро́личий Kanínchen-; ~ мех Kanínchenfell *n* (2), Kanín *n* (2)

крол||ь *м спорт.* Kráulschwimmen *n* -s, Kráulen *n* -s; пла́вать ~ем kráulen *vi*

крольча́тник *м* Kanínchenstall *m* (1*)

кро́ме *предлог* áußer (*D*), áusgenommen (*A*); ~ того́ áußerdem; überdíes, darüber hináus; ~ того́, что... ábgesehen davón, daß...; ◇ ~ шу́ток *разг.* Scherz beiséite; ~ как... nur

кроме́шн||ый *разг.*: ад ~ый éine wáhre Hölle; тьма ~ая ägýptische Fínsternis

кро́мка *ж* Rand *m* (4); Kánte *f* (11) (*доски́ и т. п.*); Wébkante *f*, Sálband *n* (5), Sálleiste *f* (11) (*материи*)

кро́млех *м археол.* Krómlech *m* (1) (*тж.*=, -s)

кромса́ть *разг.* zerstückeln, in Stücke schnéiden*; ~ матéрию Stoff (únnötig) verschnéiden*; ~ пьéсу ein Theáterstück durch Kürzung zuschánden ríchten

крон *м* (*краска*) Chromfarbe ['kro:m-] *f*; Chrómgelb *n* - (e)s

кро́на I *ж* (*монета*) Króne *f* (11)

кро́на II *ж* (*дерева*) Báumkrone *f* (11), Króne *f*

кронгла́с *м спец.* Krónglas *n* (5)

кронци́ркуль *м тех.* Táster *m* (6), Gréifzirkel *m* (6)

кронште́йн *м стр.* Konsóle *f* (11), Krágstein *m* (1), Trágstein *m*

кропа́ть *разг.*: ~ стишки́ Réime schmíeden, schléchte Vérse máchen

кропи́ло *с церк.* Wéihwasserwedel *n*, (6)

кропи́ть **1.** (*обрызгивать*) bespréngen *vt*, bespritzen *vt*; **2.** (*о дожде*) tröpfeln *vi*

кропотли́в||ый **1.** (*о деле*) mühsam, mühselig; zéitraubend (*требующий много времени*); ~ая рабо́та mühselige Kléinarbeit; **2.** (*о человеке*) (sehr, péinlich) genáu, (sehr) geschäftig

кросс *м спорт.* Geländelauf *m* (1*), Wáldlauf *m*

кроссво́рд *м* Kréuzworträtsel *n* (6); реша́ть ~ ein Kréuzworträtsel lösen

кроссо́вки *мн.* Spórtschuhe *pl*

крот *м зоол.* Máulwurf *m* (1*)

кро́ткий sánft(mütig), mild; ~ взгляд sánfter Blick; Blick aus Táubenaugen

кротов||ый Máulwurfs-; ~ая шку́рка Máulwurfsfell *n* (2); ~ый воротни́к Krágen aus Máulwurfsfell

кро́тость *ж* Sánftmut *f*, Mílde *f*

кро́ха *ж см.* кро́шка I 2

кроха́ *ж* **1.** Krúme *f* (11), Krümchen *n* (7), Bröcken *m* (7); **2.** *мн.* кро́хи (*незначительное количество*) Bröcken *pl*, ein ganz klein wénig

крохобо́р *м* **1.** Kléinigkeitskrämer *m* (6), Háarspalter *m* (6), Flóhknacker *m* (6); **2.** (*скупец*) Ráffke *m* -s, -s, Géizhals *m* (1*); **~ство** *с* **1.** Kléinkrämerei *f*, Háarspalterei *f*; **2.** (*скупость*) Ráffgier *f*

кро́хотный *разг.* (wínzig) klein

кро́шево *с разг.* Gemísch *n* -es, Míschmasch *m* -es

кро́шеч||ка *ж разг.* **1.** Krümchen *n* (7); **2.** *см.* кро́шка I 2; **3.** *в знач. нареч.*: ~ку ein wénig, ein bíßchen; **~ный** wínzig, verschwíndend klein

кроши́ть **1.** (zer)krümeln *vt*, zerbröckeln *vt*, zerstückeln *vt*, bröcken *vt*; **2.** *разг.* (*неприятеля*) kurz und klein schlágen*; **~ся** bröckeln *vi* (s), ábbröckeln *vi* (s), zerbröckeln *vi* (s)

кро́шк||а I *ж* **1.** (*мельчайшая часть*) Krümchen *n* (7), Brösel *m* (6), Krümel *n* (6); фарфо́ровая ~а Porzellánsplitt *m* (1); **2.** *ласк. разг.* Kléinchen *n* (7), kléiner Krümel; **3.** *в знач. нареч.*: он ~у поумне́л *разг.* er ist ein wénig klüger gewórden; ◇ ни ~и *разг.* nichts, kein Deut; kein bíßchen, nicht im míndesten (*нисколько*)

кро́шка II *ж* (*действие*) Zerkrümelung *f*

круг *м* **1.** Kreis *m* (1); начерти́ть ~ éinen Kreis zíehen*; описа́ть ~ éinen Kreis beschréiben*; по ~у im Kreis; **2.** (*круглый предмет*) Kreis *m* (1); Gürtel *m* (6), Ring *m* (1); (rúnde) Schéibe *f* (11) (*диск*); спаса́тельный ~ Réttungsring *m*; поворо́тный ~ *ж.-д.* Dréhscheibe *f*; рези́новый ~ (*для больных*) Gúmmiring *m*; ~ сы́ру Käsekugel *f*, Käselaib *m* (1); **3.** (*сфера, область*) Kreis *m* (1); ~ де́ятельности Wírkungskreis *m*; ~ (мои́х) зна́ний (mein) Wíssensschatz; **4.** *спорт.* Rúnde *f* (11); предвари́тельный ~ Vórrunde *f*; промежу́точный ~ Zwíschenrunde *f*; после́дний ~ Éndrunde *f*; **5.** *б. ч. мн.* ~и́ (*среда*) Kreis *m* (1), Kréise *pl*, Milieu [*фр.* mi'ljø:] *n* -s, -s; прави́тельственные ~и́ Regíerungskreise *pl*; пра́вящие ~и́ regíerende Kréise; артисти́ческие ~и́ Künstlerkreise *pl*; широ́кие ~и́ населе́ния bréite Kréise der Bevölkerung; в ~а́х специали́стов in Fáchkreisen; в те́сном ~у́ im éngsten Kréise; в ~у́ семьи́ im Kréise der Famílie, im Famílienkreise; в своём ~у́ únter sich; ◇ Поля́рный ~ Polárkreis *m* -es; на ~ *разг.* rund, úngefähr, im Dúrchschnitt; поро́чный [заколдо́ванный] ~ Círculus vitiósus [-vi-] *m* = =, *pl* Círculi vitiósi, Téufelskreis *m* -es; ~и́ под глаза́ми bláue Ringe um die Áugen; ~и́ пе́ред глаза́ми [в глаза́х] плыву́т es schwamm (j-m) vor den Áugen; сде́лать ~ éinen Úmweg máchen

кру́гленьк||ий rúndlich, hübsch rund; ◇ ~ая су́мма éine schöne Stánge (Geld)

кругл||е́ть *разг.* rund [voll] wérden, sich rúnden; **~и́ть** *разг.* rund máchen; **~ова́тый** rúndlich

круглогоди́чный, круглогодово́й gánzjährig, Jáhres-

кругло||голо́вый rúndköpfig; **~гу́бцы** *мн. тех.* Rúndzange *f* (11); **~ли́цый** mit rúndem [vóllem] Gesícht; **~ро́тые** *сущ. мн. зоол.* Rúndmäuler *pl*, Zyklostómen *pl*

круглосу́точн||ый Tag und Nacht (dáuernd); 24-Stunden-; ~ое дежу́рство Tág- und Náchtdienst *m* - (e)s

кру́гл||ый **1.** rund; kréisförmig; ~ый стол 1) rúnder Tisch; 2) (*беседа*) Rúndtischgespräch *n* (2); **2.** (*толстый*) voll, dick; ◇ ~ый дура́к ein áusgemachter [komplétter] Narr; ~ый сирота́ Vóllwaise *f* (11); ~ый год ein vólles Jahr; ~ые су́тки rund um die Uhr; для ~ого счёта rund geréchnet; сде́лать ~ые глаза́ große Áugen máchen

кругля́к *м лес.* Rúndholz *n* (5), Stángenholz *n*

кругов||о́й Rund-, Kreis-, kréisförmig; ~о́е движе́ние Kréisbewegung *f* (10); ~а́я панора́ма Rúndbild *n*; ◇ ~а́я пору́ка wéchselseitige Bürgschaft; пить ~у́ю ча́шу éinen Úmtrunk máchen; ~а́я доро́га Úmweg (1)

круговоро́т *м* Kréislauf *m* (1*), Wírbel *m* (6); ~ собы́тий Wírbel der Eréignisse

кругозо́р *м* Gesíchtskreis *m* (1), Horizónt *m* (1); Blíckfeld *n* (5)

кру́гом *нареч.*: у меня́ голова́ идёт ~ *разг.* mir geht ein Mühlrad im Kopf herúm; ich weiß nicht, wo mir der Kopf steht

круго́м **1.** *предлог* (*вокруг*) (ríngs-) úm (*A*)... herúm; ~ до́ма um das Haus herúm; **2.** *нареч.* (*со всех сторон*) rúndherúm, ríngsherúm, im Úmkreis; **3.** *нареч. разг.* (*полностью*) völlig; вы ~ винова́ты Sie sind an állem schuld; быть ~ в долга́х bis über die Óhren in Schúlden stécken; ◇ ~! *воен.* kehrt!; поверну́ться ~ sich (im Kréise) herúmdrehen, sich um séine Áchse dréhen

круго||оборо́т *м* Úmlauf *m* (1*); Kréislauf *m*; **~обра́зный** kréisförmig; **~све́тный** Welt-, um die Welt; ~све́тное пла́вание Wéltumschiffung *f* (10); Wéltumsegelung *f* (10) (*на парусах*); ~све́тное путеше́ствие Réise um die Welt, Wéltreise *f* (11)

кружа́ло *с стр.* Bógengerüst *n* (2) Gewölberüstung *f* (10), Léhrbogen *m* (7)

кружев||а́ *мн.* Spítzen *pl*; плетёные ~а́ Klöppelspitzen *pl*; отде́лать пла́тье ~а́ми ein Kleid mit Spítzen besétzen; **~ни́ца** *ж* Spítzenklöpplerin *f* (12); **~но́й** Spítzen-, aus Spítzen; ~но́й воротни́к Spítzenkragen *m* (7)

круже́ние *с* Dréhen *n* -s, Úmdrehen *n* -s (im Kréise)

кружи́ть **1.** dréhen *vt*, im Kréise dréhen; **2.** (*кругообразно двигаться*) Kréise zíehen*, kréisen *vi*; я́стреб кру́жит der Hábicht zieht Kréise; **3.** (*о метели, вьюге*) wírbeln *vi*; мете́ль кру́жит der Schnéesturm wírbelt; **4.** (*плутать*) umhérirren *vi* (s); ◇ э́то кру́жит ему́ го́лову das steigt ihm zu Kopf; **~ся** **1.** sich dréhen; **2.** (*описывать круги — о хищной птице*) Kréise zíehen*; **3.** (*виться в воздухе — о снеге, пыли*) wírbeln *vt*; **4.** (*плутать*) umhérirren *vi* (s); ◇ у меня́ кру́жится голова́ mich schwíndelt, mir wird schwínd(e)lig

кру́жка *ж* **1.** Krug *m* (1*); Schóppen *m* (7), Séidel *n* (6), Mólle *f* (11) (*пивная*); ~ молока́ (*как мера*) ein hálbes Líter Milch; **2.** (*для сбора денег*) Sámmelbüchse *f* (11), Büchse *f*; **3.** *мед.* Irrigátor *m* -s, -tóren; Spülkanne *f* (11)

кружк||о́вец *м* Zírkelmitglied *n* (5); **~ово́й** Zírkel-

кружковщи́на *ж неодобр.* Cliquenwirtschaft [-kən-] *f*

кру́жн||ый: ~ым путём auf Úmwegen

кружо́к *м* **1.** (*из дерева, металла и т. п.*) Schéibe *f* (11), rúnde Táfel; **2.** (*организация для совместных занятий*) Zírkel *m* (6); Kreis *m* (1); Árbeitsgemeinschaft *f* (10), Interéssengemeinschaft *f*; драмати́ческий ~ dramátischer Zírkel; литерату́рные кружки́ literárische Zírkel; ~ «уме́лые ру́ки» Bástelzirkel; **3.** (*группа людей*) Zírkel *m* (6); Ring *m* (1); Kränzchen *n* (7) (*небольшой, интимный*)

круи́з *м мор.* Kréuzfahrt *f* (10)

круп I *м мед.* Krupp *m* -s, Hálsbräune *f* (11); ло́жный ~ Pséudokrupp

круп II *м* (*лошади*) Krúppe *f* (11), Kreuz *n* (2) (des Pférdes)

крупа́ *ж* **1.** Grütze *f* (11); ма́нная ~ Grieß *m* (1); перло́вая ~ Gráupen *pl*, Pérlgraupen *pl*; я́чневая ~ Gérstengrütze *f*; гре́чневая ~ Búchweizengrütze *f*; овся́ная ~ Háfergrütze *f*; **2.** (*о снеге*) Gráupen *pl*, Gráupeln *pl*; идёт ~ es gráupelt

крупени́к *м* mit Quark und Éiern gebáckene Grütze

крупи́нк||а *ж* **1.** Körnchen *n* (7), Gräupchen *n* (7); **2.** *перен.* (*крупица*) Körnchen *n* (7) (чего́-л. von *D*), ein bíßchen; ни ~и пра́вды *разг.* kein Körnchen Wáhrheit

крупи́тчатый 1. (*мелкозернистый*) féinkörnig; **2.** (*из крупчатки*) aus féinstem Wéizenmehl

крупи́ца *ж* Körnchen *n* (7), Kléinigkeit *f* (10) (чего́-л. von *D*), ein bißchen

кру́пно *нареч.* groß; ~ наре́зать in gróße Stücke (áuf)schnéiden*; ~ писа́ть mit gróßen Búchstaben schréiben*; ◇ ~ поспо́рить (с кем-л.) éinen héftigen Streit (mit j-m) háben; ~ поговори́ть (с кем-л.) ein érnstes Wort (mit j-m) spréchen*, héftige Wórte wéchseln

крупно||бло́чный Gróßblock-; ~бло́чное строи́тельство Gróßblockbauweise *f*; **~ габари́тный** Gróßprofil-, Gróßraum-

крупнозём *м геол.* Gróberde *f*

крупнозерни́стый gróbkörnig

крупнокали́берный gróßkalibrig; ~ пулемёт überschweres Maschinengewehr *n*

крупнокапиталисти́ческий gróßkapitalistisch

крупномасшта́бный gróßräumig

крупномо́лотый gróbgemahlen

крупнопане́льн||ый Gróßplatten-; ~ое строи́тельство Gróßplattenbauweise *f*

крупнопо́ристый gróbporig, gróßporig

крупноразме́рный gróß(formatig)

крупносери́йн||ый Gróßseri¦en-; ~ое произво́дство Gróßseri¦enfertigung *f* (10)

крупнотонна́жный *мор.* Groß-; ~ та́нкер Gróßtanker *m* (6)

кру́пн||ый 1. groß, Groß-; ~ые разме́ры gróßer Máßstab; ~ый рога́тый скот Gróßvieh *n* - (e)s, Ríndvieh *n* - (e)s; ~ое землевладе́ние Gróßgrundbesitz *m* (1); ~ое хозя́йство Gróßraumwirtschaft *f* (10); ~ая промы́шленность Gróßindustrie *f*; ~ые си́лы *воен.* stärkere Kräfte; ~ая оши́бка ein schwérer [ärger] Féhler; **2.** (*о зёрнах, песке и т. п.*) grob; **3.** (*важный; видный*) bedéutend; ~ый вклад в де́ло ми́ра ein gewíchtiger Béitrag zur Sáche des Friedens; ~ые сдви́ги éinschneidende Wándlungen; ~ый учёный ein bedéutender Geléhrter; он ~ая величина́ в свое́й о́бласти er ist éine Kapazität auf séinem Gebíet; ◇ съёмка ~ым пла́ном *кино* Gróßaufnahme *f* (11); ~ый разгово́р ein érnstes Gespräch, éine schárfe Auseinándersetzung; ~ые де́ньги gróßes Geld; ~ая су́мма éine gróße [beträchtliche] Súmme; он дрожи́т ~ой дро́жью er zíttert am gánzen Léibe

крупо́зн||ый *мед.* kruppös; ~ое воспале́ние лёгких kruppöse Lúngenentzündung

крупору́шка *ж с.-х.* Gráupenmühle *f* (11)

крупча́т||ка *ж* féinstes Wéizenmehl, Áuszugsmehl *n* - (e)s; **~ый 1.** (*зернистый*) grießartig; **2.** (*испечённый из крупчатки*) aus féinem Wéizenmehl gebácken (*спуск*)

крупье́ *м* Croupier [*фр.* kru'pĭe:] *m* -s, -s, Spíelhalter *m* (6)

крутизна́ *ж* **1.** (*крутость*) Néigung *f* (10); ~ ска́та Hángneigung *f*; **2.** (*круча*) Stéile *f* (11), Stéilheit *f* (10), stéiler Ábhang (*спуск*)

крути́льн||ый Torsións-; ~ые весы́ *тех.* Torsiónswaage *f* (11); ~ая маши́на *текст.* Zwírnmaschine *f* (11)

крути́льщица *ж текст.* Zwírnerin *f* (12)

крути́ть 1. dréhen *vt*; zwírnen *vt* (*сучить*); ~ усы́ den Schnúrrbart dréhen [zwírbeln]; ~ шёлк Séide zwírnen; ~ папиро́су éine Zigarétte dréhen; **2.** (*пыль, снег — о ветре, буре*) wírbeln *vt*, áufwirbeln *vt*; **3.:** ~ кем-л. *разг.* j-n um den kléinen Fínger wíckeln; **4.:** ~ с кем-л. *разг.* mit j-m ein Líebesverhältnis háben; ◇ ~ го́лову кому́-л. j-n írre máchen, j-m den Kopf verdréhen; ~ любо́вь *см.* крути́ть **4**; ~ ру́ки кому́-л. j-m die Árme nach hínten dréhen; ~ но́сом nicht éinverstanden sein; как (там) ни крути́ ob du willst óder nicht; **~ся 1.** (*вращаться*) sich dréhen; **2.** (*о нитках*) sich zwírnen lássen*; **3.** (*о пыли*) wírbeln *vi*; **4.** *разг.* (*быть в хлопотах*) álle Hände voll zu tun háben

крут||о́й 1. (*о спуске*) steil; ábschüssig (*обрывистый*); ~о́й бе́рег stéiles Úfer, Stéilufer *n* (6); ~о́й подъём произво́дства stéiler Áufstieg (in) der Produktión; **2.** (*внезапный*) jäh, plötzlich; scharf; ~о́й поворо́т éine jähe [schárfe] Wéndung; кру́то поверну́ть де́ло éine schróffe [rásche] Wéndung herbéiführen (in *D*); **3.** (*строгий*) hart, streng, schroff; ~ы́е ме́ры strénge Máßnahmen; ~о́й нрав ein schróffer Charákter, ein schróffes Wésen; ◇ ~о́е яйцо́ hártes [hártgekochtes] Ei; ~о́й кипято́к *разг.* síedendes [síedend héißes] Wásser; ~а́я ка́ша dícker Brei; кру́то посоли́ть stark sálzen; ~о́е те́сто stéifer Teig; ~о́й моро́з stárker Frost

кру́тость *ж* **1.** (*насыпи и т. п.*) Néigung *f*; **2.** (*характера*) Härte *f*, Strénge *f*, Schróffheit *f*

кру́ча *ж* Stéile *f* (11), stéiler Ábhang, Stéilhang *m* (1*)

круче́ние *с тех.* Dréhung *f*, Torsión *f*; Zwírnen *n* -s, Zwírnung *f* (*верёвки, нитки*)

кручёный gedréht, gewúnden; Zwirn(s)-, gezwírnt (*о нитках*); ~ уда́р *спорт.* getríebener Schlag

кручи́н||а *ж поэт.* Hérzeleid *n* - (e)s, Gram *m* -es, Kúmmer *m* -s; **~иться** *поэт.* sich grämen, sich härmen

круше́ние *с* **1.** Schéitern *n* -s, Únfall *m* (1*); Katastróphe *f* (11), Éisenbahnunglück *n* (2) (*pl б. ч.* -unglücksfälle) (*поезда*); Schíffbruch *m* (1*) (*корабля*); потерпе́ть ~ éinen Únfall erléiden*; entgléisen *vi* (s) (*о поезде*); Schíffbruch (er)léiden*, stránden *vi* (s), schéitern *vi* (s) (*о корабле*); **2.** *перен.* Schéitern *n* -s, Zusámmenbruch *m* (1*), Zusámmensturz *m* (1*), Krach *m* (1); ~ всех наде́жд das Schéitern [der Zusámmenbruch] áller Hóffnungen

круши́на *ж бот.* Fáulbaum *m* (1*)

круши́ть 1. (*разрушать*) zerstören *vt*, zerschméttern *vt*; **2.** *уст.*, *поэт.* (*печалить*) bedrücken *vt*; **~ся** *уст.*, *поэт.* sich grämen, sich härmen

крыжо́венный Stáchelbeer-

крыжо́вник *м* **1.** (*куст*) Stáchelbeerstrauch *m* (4); **2.** (*ягода*) Stáchelbeere *f* (11)

крыла́тка *ж* **1.** *уст.* (*пальто*) Hávelock [-və-] *m* (1) (*pl тж.* -s); **2.** *бот.* Flügelfrucht *f* (3); **3.** (*рыба*) Rótfeuerfisch *m* (1)

крыла́т||ый geflügelt, Flügel-; ~ая ры́ба geflügeltes Fisch; ◇ ~ое сло́во geflügeltes Wort

крыло́ *с* **1.** Flügel *m* (6); Schwínge *f* (11); Fíttich *m* - (e)s (*поэт.*); расправи́ть кры́лья die Flügel (áus)breiten; *перен.* die Schwíngen entfálten; séine Kräfte zéigen; **2.** *спец.* Flügel *m* (6); ~ ветряно́й ме́льницы Wíndmühlenflügel *m*; ~ автомоби́ля Kótflügel *m*; **3.** *ав.* Trágflügel *m* (6), Flügel *m*, Trágfläche *f* (11); поворо́тное ~ Schwénkflügel *m*; констру́кция крыла́ Flügelaufbau *m* -s; нагру́зка на ~ Flügelbelastung *f*; ◇ подре́зать кры́лья кому́-л. j-m die Flügel stútzen [beschnéiden*]; опусти́ть кры́лья den Mut sínken lássen*; кры́лья но́са Násenflügel *pl*

крылоно́гие *сущ. мн. зоол.* Flügelfüßler *pl*; Pteropóden *pl*

кры́лышко *с* Flügelchen *n* (7); ◇ взять под своё ~ únter séine Fíttiche néhmen* [sámmeln]; in Schutz néhmen*

крыльцо́ *с* Vórbau *m* -s, -ten (*vorm Hauseingang*); Áufgang *m* (1*); Áußentreppe *f* (11); Fréitreppe *f* (*парадное*); за́днее ~ Küchenaufgang *m*

крымча́к *м* Éinwohner der Krim

кры́нка *ж см.* кри́нка

крыса *ж* Rátte *f* (11); водяна́я ~ Wásserratte *f*; ◇ канцеля́рская ~ Bürohengst *m* (1), Schréiberseele *f* (11)

крыси́ный Rátten-; ~ яд Ráttengift *n* - (e)s

крысоло́в *м* Ráttenfänger *m* (6); **~ка** *ж* **1.** (*приспособление для ловли крыс*) Ráttenfalle *f* (11) **2.** (*собака*) Ráttenfänger *m* (6); Rättler *m* (6)

кры́тый 1. *прич. см.* крыть 1, 2, 3; **2.** *прил.* bedéckt, gedéckt, überdácht; ~ перро́н überdáchter Perron [-'rɔŋ]

крыть 1. décken *vt*; únter Dach und Fach bríngen* (*крышей*); überzíehen* *vt*, bezíehen* *vt* (*шубу, мебель*); **2.** (*краской*) stréichen* *vt*; **3.** *груб.* (*ругать*) auf j-n lósschimpfen; mit dem Tádel nicht kárgen; ◇ ему́ не́чем ~ er kann nichts entgégnen; ~ ка́рту éine Kárte stéchen*

кры́ться 1. sich verbérgen*; здесь что́-то кро́ется dahínter steckt étwas; **2.** *страд.* gedéckt [bezógen, gestríchen] wérden

кры́ш||а *ж* Dach *n* (5); черепи́чная ~а Zíegeldach *n*; гонтова́я ~а Schíndeldach *n*; двуска́тная ~а Sátteldach *n*; пло́ская ~а Fláchdach *n*; шатро́вая ~а Túrmdach *n*; односка́тная ~а Púltdach *n*, Hálbdach *n*; со стекля́нной ~ей glásgedeckt; покрыва́ть дом ~ей ein Haus éindecken; жить под одно́й ~ей únter éinem Dáche wóhnen

кры́шка *ж* Déckel *m* (6); зави́нчивающаяся ~ Schráubdeckel *m*; ~ с пружи́ной Sprúngdeckel *m*; ~ переплёта *полигр.* Éinbanddecke *f* (11); ◇ тут ему́ и ~! nun ist es mit ihm aus

крюйс-пе́ленг *м радио* Kréuzpeilung *f* (10)

крюйт-ка́мера *ж мор.* Púlverkammer *f* (11)

крюк *м* **1.** Háken *m* (7); накидно́й ~ Éinfallhaken *m*; закры́ть кали́тку на ~ die Gártentür ánhaken; **2.** *разг.* (*окольный путь*) Úmweg *m* (1)

крю́ч||ить *безл.*: меня́ ~ит (от бо́ли) *разг.* ich krümme mich (vor Schmerz)

крючкова́тый Háken-; hákig, gekrümmt, gebógen; ~ нос Hákennase *f* (11)

крючкотво́р *м разг.* Réchtsverdreher *m* (6); **~ство** *с разг.* Réchtsverdrehung *f* (10), Réchtskniffe *pl*

крючо́к *м* **1.** Háken *m* (7); застегну́ть на ~ zúhaken *vt*; расстегну́ть крючки́ áufhaken *vt*; ветрово́й ~ (*на окне*) Fénstersteller *m* (6); рыболо́вный ~ Ángelhaken *m*; спусково́й ~ (*в оружии*) Ábzug *m* (1*); **2.** *разг. см.* крючкотво́р

крюшо́н *м* Bowle [*англ.* 'bo:lə] *f* (11)

кря́ду *нареч. разг.* nacheinánder, óhne Unterbréchung

кряж I *м* (*горный*) Gebírgskette *f* (11), Hügelkette *f*

кряж II *м* 1. (*обрубок дерева*) Háuklotz *m* (1*); Klotz *m*; Block *m* (1*); 2. *перен.* stämmiger, untersétzter Mensch

кряжистый dick, stämmig (*о дереве*); stämmig, untersétzt (*о человеке*)

кря́к||анье *с* 1. (*утки*) Schnáttern *n* -s, Geschnátter *n* -s; 2. *разг.* Räuspern *n* -s, Hüsteln *n* -s (*покашливание*); Ächzen *n* -s; **~ать** 1. (*об утке*) schnáttern *vi*; 2. *разг.* (*о человеке*) sich räuspern; hüsteln *vi*; ächzen *vi*

кря́ква *ж зоол.* Wíldente *f* (11)

кря́кнуть *см.* кря́кать

кряхте́ть ächzen *vi*; stöhnen *vi*

ксёндз *м* pólnischer [römisch-kathólischer] Géistlicher

ксено́н *м* Xénon *n* -s (*хим. знак* Xe)

ксероко́пи||я *ж* Áblichtung *f* (10), снима́ть ~ю с чего́-л. etw. áblichten

ксерофо́рм *м фарм.* Xerofórm *n* -s

ксило́гр||аф *м* Xylográph *m* (8), Hólzschneider *m* (6); **~афия** *ж* 1. (*гравирование*) Hólzschneidekunst *f*, Hólzschnitt *m* -es, Xylographíe *f*; 2. (*гравюра*) Xylographíe *f* (11), Hólzschnitt *m* (1)

ксило́за *ж хим.* Xylóse *f*, Hólzzucker *m* -s

ксилоли́т *м стр.* Xylolíth *n* (1), Stéinholz *n* -es

ксилоте́ка *ж* Hólzmustersammlung *f* (10)

ксилофо́н *м муз.* Xylophón *n* (2)

кста́ти 1. *нареч.* geráde [ében] recht, zur réchten Zeit [Stúnde] (*вовремя*); gelégen, ángebracht (*уместно*); э́то для меня́ о́чень ~ das kommt mir sehr gelégen; э́то ~ das ist hier gut [sehr] ángebracht; прийти́ ~ wie gerúfen kómmen*; 2. *нареч.* (*заодно*) bei díeser Gelégenheit; зайди́ ~ в библиоте́ку géhe bei díeser Gelégenheit in die Bücheréi; 3. *в знач. вводн. сл.* nebenbéi; béiläufig (geságt); apropos [-'po:]; ~, как он пожива́ет? apropós [béiläufig geságt], wie geht es ihm?

кти́тор *м* Kírchenvorsteher *m* (6)

кто *мест. вопр. и относ.* wer; ~ э́то (тако́й)? wer ist das? ~ **не рабо́тает, тот не ест** wer nicht árbeitet, soll auch nicht éssen; ~ там? wer (ist) da?; кем вы рабо́таете? *разг.* in wélcher Árbeit stéhen Sie?; ~..., ~... der éine [die éinen]..., der ándere [die ánderen]...; ~ пи́шет, ~ чита́ет der éine schreibt, der ándere liest; не ~ ино́й, как... níemand ánders, als...; ◇ ~ где der éine hier, der ándere dort; ~ куда́ der éine hierhér, der ándere dorthín; ~ что der éine dies, der ándere das; ~-~, а... alléin nur...; хоть кого́ jémanden; ~ бы то ни был, ~ ни на есть wer es auch sei, wer es auch (ímmer) sein mag; ~ бы ~ ein jéder; ~ в лес, ~ по дрова́ *погов.* ≅ der éine singt Dur, der ándere Moll

кто́-либо, кто́-нибудь írgendwer, írgend jémand; írgendeiner

кто́-то jémand

куб I *м* 1. *мат.* (*геометрическая фигура*) Kúbus *m* =, = (*pl тж.* -ben), Würfel *m* (6); 2. *мат.* (*третья степень*) drítte Poténz, Kúbus *m* =, -ben; возводи́ть в ~ zur drítten Poténz erhében*, kubíeren *vt*; два в ~е (2^3) zwei hoch drei, zwei in der drítten Poténz; 3. *разг.* (*мера объёма*) Kubíkmeter *n* (6)

куб II *м* (*котёл для кипячения*) Késsel *m* (6), Thérme *f* (11); Bóiler *m* (6)

куба́нка *ж разг.* 1. (*сорт пшеницы*) Kubánweizen *m* -s; 2. (*шапка*) fláche Pélzmütze

куба́нцы *мн.* (*казаки*) Kubánkosaken *pl*

ку́барем *нареч. разг.* скати́ться ~ с ле́стницы kopfüber die Tréppe hinúnterfliegen*

куба́рь *м обл.* Kréisel *m* (6)

кубату́ра *ж* (umbáuter) Raum *m* -(e)s; о́бщая ~ Gesámtraum *m*; поле́зная ~ Nútzraum *m*

кубизм *м иск.* Kubísmus *m* =

ку́бик *м* 1. *уменьш.* Würfelchen *n* (7); бульо́нные ~и Brühwürfel *pl*; 2. *мн.* ~и (*детская игрушка*) Würfelbaukasten *m* (7); 3. *разг.* (*мера объёма*) Kubíkzentimeter *n* (6)

куби́н||ец *м* Kubáner *m* (6); **~ка** *ж* Kubánerin *f* (12)

куби́нский kubánisch

куби́ст *м* Kubíst *m* (8)

куби́стский kubístisch

куби́ческ||ий *мат.* kúbisch; Kubík-; ~ая систе́ма мер Kubíkmaßsystem *n* -s; ~ий ко́рень Kubíkwurzel *f* (11)

ку́бков||ый *спорт.* Pokál-; ~ая игра́ Pokálspiel *n* (2)

кубови́дный würfelförmig

кубово́й Késsel-

ку́бовый: ~ цвет Índigofarbe *f*

ку́бок *м* Bécher *m* (6), Pokál *m* (1) (*тж. спорт.*); переходя́щий ~ Wánderpokal *m*; фина́л игр на ~ Pokál-Finále *n* -s, -s; ро́зыгрыш ку́бка Pokálrunde *f* (11); игра́ на ~ Pokálspiel *n* (2)

кубоме́тр *м* Kubíkmeter *n* (6) (*сокр.* cbm)

ку́брик *м мор.* Zwischendeck *n* (2), Wóhndeck *n*

кубы́шк||а *ж* 1. (*сосуд*) báuchiges Tóngefäß; 2. (*копилка*) Géldbüchse *f* (11), Spárbüchse *f*; наби́ть ~у sich (*D*) den Béutel füllen; Geld spáren; 3. *шутл.* (*толстушка*) Díckchen *n* (7); Tónne *f* (11)

кува́лда *м* 1. *тех.* Vórschlaghammer *m*; 2. *разг.* (*о грубой женщине*) úngelenke, gróbe Frau

куве́йт||ец *м* Kuwéiter [ku've:tər] *m* (6); **~ский** kuwéitisch

кувши́н *м* Krug *m* (1*); ~ для молока́ Mílchkrug *m*; ◇ повади́лся ~ по́ воду ходи́ть, тут ему́ и го́лову сломи́ть *посл.* der Krug geht so lánge zu Wásser, bis er bricht

кувши́нка *ж бот.* wéiße Séerose; Séelilie *f* (11); Wásserlilie *f*

кувырк||а́нье *с разг.* Púrzelbaum *m* (1*); **~а́ться** *разг.* Púrzelbäume máchen [schlágen*, schíeßen*], (éinen) Kobólz schíeßen*, sich überschlágen*; **~ну́ться** éinen Púrzelbaum schlágen*, kopfüber hínfallen*, **~о́м** *нареч. разг.*: полете́ть [скати́ться] ~о́м kopfüber fállen*, púrzeln *vi* (s); всё пошло́ ~о́м álles ging schief und krumm, álles ging drúnter und drúber

кугуа́р *м зоол.* Kúguar *m* (1), Púma *m* -s, -s, Sílberlöwe *m* (9)

куда́ *нареч.* 1. *вопр.* wohín?; ~ ты идёшь? wohín gehst du?; ~ тебе́ сто́лько де́нег? *разг.* wozú brauchst du das víele Geld?, 2. *относ.* wohín; in den (die; das), in wélchen (wélche; wélches); го́род, ~ они́ пришли́ die Stadt, in die [wélche] sie kámen; ~ ни wohín auch; ~ ни посмо́тришь wohín man auch séhen mag; 3. *в знач. частицы разг.* (*гораздо*) viel, bei wéitem, ~ лу́чше viel bésser; bei wéitem bésser; ◇ хоть ~! *разг.* sehr schön!; príma; äußerst ángenehm [sympáthisch]; ~ как *разг.* sehr, äußerst; ~ **тебе́!** (*выражение сомнения, отрицания*) ach wo!, das kannst du ja gar nicht; ~ тебе́ равня́ться с ним! du kannst dich doch nicht mit ihm vergléichen!; ~ там! ach wo!, das geht nicht!; ~ ни шло! mag sein!, méinetwégen!

куда́-либо, куда́-нибудь, куда́-то *нареч.* írgendwohín

кудахт||анье *с* Gáckern *n* -s, Gegácker *n* -s; **~ать** gáckern *vi*

куде́ль *ж* Héde *f* (11), Werg *n* -(e)s

куде́сник *м* Wáhrsager *m* (6); Záuberer *m* (6)

кудла́тый *разг.* zóttig, strúw(w)elig; strúppig

кудрева́тый *разг.* gekräuselt; gewéllt; ◇ ~ стиль kráuser [gezíerter, geschráubter] Stil

ку́дри *мн.* Lócken *pl*

кудря́в||иться sich lócken; **~ый** lóckig; gelóckt; kraus, kráusköpfig (*о человеке*); ◇ ~ый стиль [слог] gezíerter [blúmiger] Stil; ~ый по́черк schnörklige Schrift

кудря́шки *мн.* Löckchen *pl*

кузе́н *м* Vétter *m* (6), Cousin [*фр.* ku'zɛŋ] *m* =, -s

кузи́на *ж* Cousíne [ku-] *f* (11), Kusíne *f* (11), Báse *f* (11)

кузне́ц *м* Schmied *m* (1); ко́вочный ~ Beschlágschmied *m*

кузне́чик *м* Héuschrecke *f* (11); Gráshüpfer *m* (6) (*разг.*)

кузне́чный Schmíede-; ~ цех Schmíedehalle *f* (11), Schmíedewerkstatt *f*, *pl* -stätten; Schmíede *f* (11), Hámmerwerk *n* (2); ~ мо́лот Schmíedehammer *m* (6*)

ку́зница *ж* Schmíede *f* (11)

ку́зов *м* 1. (*корзинка*) Korb *m* (1*), Wéidenkorb *m*; 2. (*экипажа*) Wágenkasten *m* (7), Áufbau *m* -s, -ten; Karósse *f* (11); *авто* Karosseríe *f* (11); универса́льный ~ *авто* Kómbikarosserie *f* (11); опроки́дывающийся ~ Kíppkasten *m*; ◇ назва́лся гру́здем, полеза́й в ~ *посл.* ≅ wer A geságt hat, muß auch B ságen

кукаре́кать krähen *vi*; kikerikí schréien* [rúfen*]

ку́киш *м груб.* Féige *f* (11); показа́ть ~ die Féige zéigen; ◇ получи́ть ~ с ма́слом nichts bekómmen*; показа́ть ~ в карма́не j-m die Faust in der Tásche bállen

ку́кл||а *ж* 1. Púppe *f* (11); Glíederpuppe *f* (*в кукольном театре*); ~а с закрыва́ющимися глаза́ми éine Púppe mit Schláfaugen; игра́ть в ~ы mit Púppen spíelen; 2. *разг.* (*о бессодержательной женщине*) Púppe *f* (11), Püppchen *n* (7); 3. *перен.* Marionétte *f* (11); ◇ чёртова ~ *разг.* ein Téufel von Weib

ку-клукс-кла́н *м* Ku-Klux-Klán *m* -s

кукова́ть Kúckuck rúfen*; куку́шка куку́ет der Kúckuck ruft

ку́колк||а *ж* 1. Püppchen *n* (7); 2. *зоол.* Púppe *f* (11), Lárve [-və] *f* (11); преврати́ться в ~у sich verpúppen

ку́коль *бот.* Kórnrade *f* (11), Ráde *f*

ку́кольн||ый Púppen-; ~ый теа́тр Púppentheater *n* (6), Marionéttentheater *n*; ~ый мультипликацио́нный фильм Púppentrickfilm *m* (1); э́то ~ая коме́дия! *разг.* das ist ein wáhres Theáter [ein Áffentheater]!

ку́кситься *разг.* míßgestimmt [míßlaunig, verdríeßlich, verdróssen] sein

кукуру́з||а *ж* Mais *m* -es, Kúkuruz *m* = *u* -es; посе́в ~ы Máisanbau *m* -(e)s; поча́ток ~ы Máiskolben *m* (7); ~а на зерно́ Körnermais *m*; ~а на си́лос Sílomais *m*; возде́лывание ~ы Máisanbau *m* -(e)s; урожа́й ~ы Máisernte *f* (11); **~ный** Mais-; ~ный крахма́л Máisstärke *f*; ~ное ма́сло Máisöl *n* (2); ~ная мука́ Máismehl *n* - (e)s; ~ное по́ле Máisfeld *n* (5), Máisschlag *m* (1*)

куку́шк||а *ж* **1.** Kúckuck *m* (1); яйцо́ ~и Kúckucksei *n* (5); часы́ с ~ой Kúckucksuhr *f* (10); **2.** *разг.* (*паровоз*) kléine Manövrierlokomotive [-'vri:rlokomo,ti:və]; **3.** *разг.* (*поезд*) Lokálbähnchen *n* (7); **~ин:** ~ин лён *бот.* Góldhaar *n* (2), Háarmoos *n* (2); ~ины слёзки *бот.* Kúckucksblume *f* (11), Kúckucksnelke *f* (11)

кула́к I *м* **1.** Faust *f* (3); сжима́ть ~и́ die Fäuste bállen; пока́зывать ~ (j-m) die Faust zéigen, (j-m) éine Faust máchen; величино́й с ~ fáustgróß; **2.** *воен.* gebállte Kraft; **3.** *тех.* Nócken *m* (7); Kréuzkopf *m* (1*); Kláue *f* (11); ◇ смея́ться в ~ sich (*D*) ins Fäustchen láchen; отве́дать ~о́в Háue kríegen; дать во́лю ~а́м Schläge áusteilen; зажа́ть кого́-л. в ~ j-n sich únterordnen; не жале́ть ~о́в aus áller Kraft draufló̈shauen; держа́ть кого́-л. в ~е́ j-n in der Hand háben

кула́к II *м* (*богатый крестьянин, эксплуатировавший чужой труд*) Kulák *m* (8), Gróßbauer *m* (8, 13)

кула́цк||ий Kuláken-; Gróßbauern-; gróßbäuerlich; ~ое хозя́йство Kulákenwirtschaft *f* (10); Gróßbauernwirtschaft *f*

кула́честв||о *с собир.* Kulákentum *n* -s, Kulákenschaft *f*, Gróßbauerntum *n* -s, Kuláken *pl*, Gróßbauern *pl*

кулачко́вый *тех.* Nócken-; ~ вал Nóckenwelle *f* (11)

кула́чн||ый Faust-; ~ый бой Fáustkampf *m* (1*); ◇ ~ое пра́во Fáustrecht *n* -(e)s

кулачо́к *м* **1.** *уменьш.* Fäustchen *n* (7); **2.** *тех.* Nócke *f* (11), Nócken *m* (7)

кулебя́ка *ж кул.* Pastéte mit Fléisch-, Físch-, Réis- óder Kóhlfüllung

кулёк *м* kléiner Bástsack; Tüte *f* (11), Papíerbeutel *m* (6) (*бумажный*); ◇ попа́сть из кулька́ в рого́жку *разг.* vom Régen in die Tráufe kómmen*

ку́ли *м* Kúli *m* -s, -s

кули́к *м зоол.* Strándläufer *m* (6); ◇ всяк ~ своё боло́то хва́лит *погов.* jéder Vógel hat sein Nest lieb; ≅ jéden dünkt séine Éule ein Falk

кулина́р *м* Kóchkünstler *m* (6); **~ия** *ж* Kóchkunst *f*; **~ный** kulinárisch, Küchen-; ~ное иску́сство Kóchkunst *f*; ~ные полуфабрика́ты Hálbfertiggerichte *pl*; ~ный реце́пт Kóchrezept *n* (2)

кули́с||а *ж* **1.** *тех.* Kulísse *f* (11), Schléife *f* (11); **2.** *с.-х.* Kulísse *f* (11); поса́дка ~ами Kulíssenpflanzung *f* (10); **3.** *б. ч. мн. театр.* Kulísse *f* (11); за ~ами hínter den Kulíssen; *перен. тж.* im gehéimen

кули́ч *м* Kulítsch *m* =, =; Ósterkuchen *m* (7)

кули́чк||и: у чёрта на ~ах *разг.* ≅ wo Fuchs und Háse einánder gúte Nacht ságen; жить у чёрта на ~ах sehr weit wóhnen; in éinem ábgelegenen Nest wóhnen

куло́метр *м эл.* Coulométer [ku:-] *n* (6)

куло́н I *м физ.* Coulomb [*фр.* ku'lo͂] *n* -s, -s

куло́н II *м* (*украшение*) Hálsschmuck *m* (1); Ánhänger *m* (6)

кулуа́р||ный Couloir- [ku'loa:r-], ínoffiziell; **~ы** *мн.* Couloirs [*фр.* ku'loa:rs] *pl*, Wándelgänge *pl*; Lobbys [*англ.* 'lɔbɪz] *pl* (*парламента и т. п.*); в ~ах in den Couloirs, in den Lobbys; ◇ бесе́ды в ~ах ínoffiziélle Gespräche

куль *м* Bástsack *m* (1*); Sack *m*; ~ муки́ ein Sack Mehl

кульмин||ацио́нный Kulminatións-; ~ацио́нный пункт Kulminatiónspunkt *m* (1), Höhepunkt *m*, Gípfelpunkt *m*; **~а́ция** *ж астр.* Kulminatión *f* (10); *перен.* Erréichung der Höhe; **~и́ровать** *астр.* kulminíeren *vi*; *перен.* den Höhepunkt erréichen

культ *м* **1.** *рел.* Kult *m* (1), Kúltus *m* =, -te; служи́тели ~а Díener éines (religiösen) Kults, Géistliche *pl*; **2.** (*поклонение*) Kult *m* (1); ~ ли́чности Persónenkult *m*

культив||а́тор *м с.-х.* Kultivator [-'va-] *m* -s, -tóren, Grúbber *m* (6), Exstirpátor *m* -s; -tóren; **~а́ция** *ж* Kultivierung [-'vi:-] *f*, Beárbeitung *f*; **~и́рование** *с* Kultivieren [-'vi:-] *n* -s; Pflége *f*; **~и́ровать** kultivieren [-'vi:-] *vt*, beárbeiten *vt*; züchten *vt* (*разводить*); *перен.* pflégen *vt*

культкоми́ссия *ж* Kommissión *f* [Áusschuß *m*] für Kultúrarbeit

культма́ссов||ый: ~ая рабо́та kulturélle Mássenarbeit

культпохо́д *м* Geméinschaftsbesuch *m* (1) (*von Theatern, Kinos*)

культрабо́т||а *ж* Kultúrarbeit *f*; **~ник** *м* Kultúrfunktionär *m* (1)

культсе́ктор *м* Kultúrsektor *m* (13)

культтова́ры *мн.* Kultúrwaren *pl*

культу́р||а *ж* **1.** Kultúr *f* (10); исто́рия ~ы Kultúrgeschichte *f*; дом ~ы Kultúrhaus *n* (5); Дворе́ц ~ы Kultúrpalast *m* (1*); де́ятель ~ы Kultúrschaffende *m* (14); ~а ре́чи Spráchpflege *f*; ~а торго́вли Verkáufskultur *f*; **2.** (*растение*) Kultúr *f* (10); сельскохозя́йственные ~ы lándwirtschaftliche Kultúren; бобо́вая ~а Hülsenfrucht *f* (3), Leguminóse *f* (11); лека́рственная ~а Héilpflanze *f* (11); ма́сличная ~а Ölfrucht *f*; промежу́точная ~а Zwíschenfrucht *f*, Zwíschenkultur *f*; пропашна́я ~а Háckfrucht *f*; я́годные ~ы Béerenobst *n* -(e)s; техни́ческие ~ы téchnische Nútzpflanzen, Industríepflanzen *pl*; продви́нуть ~у на се́вер die Ánbaugrenze éiner Kultúr nach Nórden verlégen; **3.** (*разведение*) Zucht *f*

культури́зм *м* Kulturístik *f*

культу́рник *м разг.* Kultúrfunktionär *m* (1); Fréizeitgestalter *m* (6) (*массовик*)

культу́рно-бытов||о́й soziál-kulturéll; ~ы́е усло́вия soziále und kulturélle Lébensbedingungen; предме́ты ~ого обихо́да Güter des täglichen Bedárfs

культу́рно-воспита́тельн||ый: ~ая рабо́та kulturéll-erzíeherische Árbeit

культу́рно-просвети́тельный Kultúr-; Áufklärungs-; Bíldungs-

культу́рн||ость *ж* Kultúr *f*; kulturélles Niveau [-'vo:], Bíldung *f*; **~ый 1.** (*образованный*) kultiviert [-'vi:rt], gebíldet; ~ый челове́к ein gebíldeter Mensch, ein Mensch von Kultúr; ~о вести́ себя́ sich ánständig benéhmen* [betrágen*]; ~ое обще́ние kultivíerter Verkéhr; **2.** (*относящийся к культуре*) kulturéll, Kultúr-; ~ый у́ровень Kultúrniveau [-,vo:] *n* -s, -s; повыше́ние ~ого у́ровня kulturélle Bésserstellung; ~ый центр Kultúrzentrum *n* -s, -tren, Míttelpunkt der Kultúr; **~ный обме́н** Kultúraustausch *m* -es; ~ый рост kulturélles Wáchstum; ~ые учрежде́ния Kultúrstätten *pl*; хро́ника ~ой жи́зни (*в газете*) Kultúrnotizen *pl*; предме́ты ~ого обихо́да Gégenstände für den kulturéllen Bedárf; **3.** *с.-х.* ángebaut; ~ые расте́ния Kultúrpflanzen *pl*

культуртре́гер *м ирон.* Kultúrträger *m* (6)

культфо́нд *м* Kultúrfonds [-fo͂] *m* =, =

культя́ *ж*, **культя́пка** *ж разг.* Stumpf *m* (1*), Stúmmel *m* (6)

кум *м* Gevátter *m* (13, 8); **~а́** *ж* Gevátterin *f* (12)

кумане́к *м разг.* Gevätterchen *n* (7)

кума́ч *м* Kumátsch *m* =, róter Kattún

куме́кать *разг.* kapíeren *vt*; Grütze im Kopf háben

куми́р *м* Götzenbild *n* (5); *перен.* Ábgott *m* (4); **~ня** *ж* Götzentempel *m* (6)

кумовство́ *с* **1.** (*отношения между кумовьями*) Gevátterschaft *f*; **2.** (*поблажки по службе*) Vétternwirtschaft *f*

кумуляти́вный: ~ снаря́д *воен.* Höhlladungsgranate *f* (11)

кумуля́ция *ж мед.* Kumulatión *f*

ку́мушка *ж* (*сплетница*) Klátschbase *f* (11)

кумы́с *м* Kúmyß *m* = (*gegorene Stutenmilch*)

кумысо||лече́бный: ~лече́бное заведе́ние Kúmyßheilanstalt *f* (10); **~лече́ние** *с* Kúmyßkur *f*

куна́к *м* Freund *m* (1), Gástfreund *m* (*bei den kaukasischen Völkern*)

кунжу́т *м бот.* Sésam *m* -s, -s; **~ный** Sésam-; ~ное ма́сло Sésamöl *n* - (e)s

ку́ний Márder-

куни́ца *ж зоол.* Márder *m* (6)

кунстка́мера *ж уст.* Raritätenkabinett *n* (2), Raritätensammlung *f* (10), Kuriositätenmuseum *n* -s, -en, Kúnstkammer *f* (11)

ку́па *ж* dicht wáchsende Báumgruppe [Stráuchergruppe]

купа́в(к)а *ж бот. см.* кувши́нка

купа́ж *м*, **купажи́рование** *с спец.* Verschnítt *m* (1)

купа́льник *м* Bádeanzug *m* (1*); це́льный [закры́тый] ~ éinteiliger Bádeanzug; разде́льный ~ zwéiteiliger Bádeanzug, Bikíni *m* -s, -s

купа́льн||ый Báde-; ~ный костю́м Bádeanzug *m* (1*); Bikíni *m* -s, -s (*раздельный*); ~ный хала́т Bádemantel *m* (6*); ~ное полоте́нце (*махровое*) Bádetuch *n* (5); ~ный сезо́н Bádesaison [-se,zo͂] *f*; *pl* -s, Bádezeit *f*; ~ные принадле́жности Bádeartikel *pl*; **~ня** *ж* Bádeanstalt *f* (10); Flúßbad *n* (5) (*на реке*); **~щик** *м*, **~щица** *ж* Bádende *m*, *f* (14)

купа́н||ие *с* Báden *n* -s; лече́бное ~ие Bádekur *f* (10); люби́тель ~ия Wásserratte *f* (11) *разг.*

купа́ть báden *vt*; schwémmen *vt* (*лошадей*); **~ся** báden *vi*, sich báden, ein Bad néhmen*; ◇ ~ся в зо́лоте stéinreich sein

купе́ *с ж.-д.* Ábteil *n* (2), Coupé [*фр.* ku'pe:] *n* -s, -s, Kupée *n* -s, -s; **~йный** *ж.-д. см.* купи́рованный

купе́ль *ж церк.* Táufbecken *n* (7)

купе́ц *м* Káufmann *m* -(e)s, -leute

купе́ч||еский Káufmanns-, káufmännisch; ~еское сосло́вие Káufmannsstand *m* -(e)s; **~ество** *с собир.* Káufmannschaft *f*

купидо́н *м* **1.** *миф.* (*с прописной*) Kupído *m* -s; **2.** *уст.* (*красивый юноша*) Kupído *m* -s, -s

купи́рованный *ж.-д.* Coupé- [ku'pe:]

купи́ть **1.** káufen *vt*, ánkaufen *vt*; **2.** (*подкупать*) káufen *vt*, bestéchen* *vt*; ◇ за что купи́л, за то и продаю́ ≅ wie ich es gehört hábe, so erzähle ich es wíeder

купле́т *м* **1.** Couplet [ku'ple:] *n* -s, -s; Stróphe *f* (11); **2.** *мн.* ~ы Couplet [ku'ple:] *n* -s, -s, Spóttlied *n* (5), Schláger *m* (6); **~и́ст** *м* Coupletsänger [ku'ple:-] *m* (6)

ку́пля *ж* Kauf *m* (1*); ~-прода́жа Líefer- und Bezúgsvertrag; Kauf und Verkáuf, Káufgeschäft *n* (2)

ку́пол *м* Kúppel *f* (11); Káppe *f* (11) (*парашюта*); небе́сный ~ Hímmelszelt *n* -(e)s; шатро́вый ~ Zéltdachkuppel *f*

куполообра́зный kúppelförmig, kúppelartig

купо́н *м* **1.** *уст.* (*билет в ложу*) Theáterkarte *f* (11) (für éinen Lógenplatz [-ʒən-]); **2.** (*отрез материи*) Kupón *m* -s, -s, (ábgepaßter) Stóffabschnitt *m* (1); **3.** (*ценных бумаг*) Kupón *m* -s, -s, Zínsschein *m* (1); стричь ~ы *тж. перен.* Kupóns schnéiden*; контро́льный ~ Kontróllabschnitt *m* (1); **4.** (*почтовой марки*) Nébenfeld *n* (5)

купоро́с *м хим.* Vitriól [vi-] *n* (2), *m* (1); желе́зный ~ Éisenvitriol *n*; ме́дный ~ Kúpfervitriol *n*; **~ный** Vitriól- [vi-]; ~ное ма́сло Vitriólöl *n* -(e)s

купри́т *м мин.* Kuprít *n* (2), Rótkupfererz *n* (2)

ку́пчая *ж*, **ку́пчая кре́пость** *ж ист. юр.* Káufbrief *m* (1)

ку́пчик *м разг.* (júnger) Káufmann

купчи́ха *ж* Káufmannsfrau *f* (10)

купю́ра I *ж* (*сокращение*) Ábkürzung *f* (10), Kürzung *f*; Schnitt *m* (1), Stréichung *f* (10)

купю́ра II *ж фин.* Schein *m* (1)

кур: попа́сть как ~ во́ щи *разг.* ≅ únverschuldet in des Téufels Küche geráten*

курага́ *ж собир.* tróckene [gedörrte] Aprikósen

кура́ж *м разг.* Übermut *m* - (e)s; Úngezwungenheit *f*; ◇ быть в ~е ángetrunken sein

кура́житься *разг.* frech (überhéblich) sein; gróßtun* *отд. vi*, sich zíeren

кура́нты *мн.* Glóckenspiel *n* (2); Túrmuhr *f* (10) mit Glóckenspiel (*часы*)

кура́ре *м* (*растительный яд*) Kuráre *n* -s

кура́тор *м* (*студенческой группы*) Beráter *m* (6), Grúppenberater *m*

курбе́т **1.** *спорт.* Kurbétte *f* (11); **2.** (*выходка, каприз*) Sprünge *pl*, Fáxen *pl*

курга́н *м* **1.** *археол.* Húgelgrab *n* (5), Húnengrab *n*; **2.** (*холм*) Húgel *m* (6); ◇ Мама́ев ~ Mamáihügel *m*

кургу́зый *разг.* **1.** (*об одежде*) kurz, eng; **2.** (*о животных*) gestútzt, stútzschwänzig; **3.** klein, untersétzt (*о человеке*)

курд *м* Kúrde *m* (9); **~ский** kúrdisch; ~ский язы́к die kúrdische Spráche, das Kúrdische (*sub*)

курдю́к *м* Féttschwanz *m* (1*)

курдю́чн||ый Schwanz-, Féttschwanz-; ~ое са́ло Schwánzfett *n* - (e)s; ~ая овца́ Féttschwanzschaf *n* (2)

курдя́нка *ж* Kúrdin *f* (12)

ку́рево *с разг.* **1.** Ráuchtabak -(e)s; **2.** (*дым*) Tábakrauch *m* -(e)s; Rauch *m*; **3.** (*вещество для окуривания*) Räuchermittel *n* (6)

куре́ние *с* **1.** (*действие*) Ráuchen *n* -s; прекрати́ть [бро́сить] ~ zu ráuchen áufhören; sich (*D*) das Ráuchen ábgewöhnen; **2.** Räuchermittel *n* (6) (*вещество для окуривания*); Rauch *m* -(e)s (*дым*); **3.** *перен.* (*восхваление*) Wéihrauch *m* -(e)s

курза́л *м* Kúrsaal *m* -(e)s, -säle, Kúrhaus *n* (5)

куриа́льный *юр.* kuriál

ку́рий *см.* кури́ный; ◇ избу́шка на ку́рьих но́жках 1) *фольк.* Héxenhäuschen *n* (7); 2) (*о лёгком строении*) léichtes, únsolide gebáutes Haus

кури́лка **1.** *ж разг.* (*комната*) Ráuchzimmer *n* (6); **2.** *м, ж шутл.* Ráucher *m* (6); Ráucherin *f* (12); ◇ жив ~! dér ist únverwüstlich!

кури́льная *ж* Ráuchzimmer *n* (6)

кури́льница *ж* Räucherpfanne *f* (11)

кури́льня *ж* Ópiumrauchersalon [-,lɔŋ] *m* -s, -s

кури́льщ||ик *м* Ráucher *m* (6); заяды́лый ~ик Kéttenraucher *m*; **~ица** *ж* Ráucherin *f* (12)

кури́н||ые *сущ. мн. зоол.* Hühnervögel *pl*, Schárrvögel *pl*; **~ый** Hühner-; ~ые я́йца Hühnereier *pl*; ◇ ~ая грудь *мед.* Hühnerbrust *f* (3), Gänsebrust *f*; ~ая слепота́ 1) *мед.* Náchtblindheit *f*, Hemeralopíe *f*; 2) *бот.* Háhnenfuß *m* (1*), Ranúnkel *f* (11); ~ая па́мять schwáches Gedächtnis

кури́тельн||ый Rauch-; ~ая ко́мната Ráuchzimmer *n* (6); ~ая бума́га Zigaréttenpapier *n* -(e)s; ~ый таба́к Ráuchtabak *m* (1)

кури́ть **1.** ráuchen *vt, vi*; schmáuchen *vi*, dámpfen *vi*, quálmen *vi*, páffen *vt* (*разг.*); ~ воспреща́ется Ráuchen verbóten; **2.** (*добывать перегонкой*) brénnen* *vt*; schwélen *vt*; ~ смолу́ Teer destillíeren; ◇ ~ фимиа́м Wéihrauch stréuen; **~ся** **1.** sich ráuchen; таба́к пло́хо ку́рится der Tábak raucht sich schlecht; **2.** (*о тумане, дыме*) ráuchen *vi*, dámpfen *vi*; **3.** *страд.* (*о перегонке*) gebránnt [geschwélt] wérden

ку́рица *ж* Huhn *n* (5); несу́щаяся ~ Lég(e)henne *f* (11), Lég(e)huhn *n*; ◇ мо́края ~ Schláppschwanz *m* (1*); как мо́края ~ ≅ wie ein begóssener Púdel; слепа́я ~ ein blíndes Huhn; ку́рам на́ смех *разг.* da láchen ja die Hühner; das ist zum Láchen

ку́рицын *разг.* Hühner-; ◇ ~ы де́ти *бран.* Sátansbrut *f* (10)

ку́рия *ж* Kúrie *f* (11)

курлы́канье *с* Kránichschrei *m* (1)

курн||о́й: ~а́я изба́ éine Hütte óhne Ráuchfang

курно́сый stúmpfnasig, stúpsnasig

курну́ть (*немного покурить*) éinen Zug tun*; ein wénig ráuchen

курово́дство *с* Hühnerzucht *f*

куро́к *м* Hahn *m* (1*); Schlößchen *n* (7) (*у винтовки*); взвести́ ~ den Hahn spánnen; спусти́ть ~ den Hahn ábdrücken

куроле́сить *разг.* tólle Stréiche [Dúmmheiten] máchen

куропа́тка *ж* Rébhuhn *n* (5); Féldhuhn *n* (*полевая*); Wáldhuhn *n* (*лесная*)

куро́рт *м* Kúrort *m* (1); Bad *n* (5), Kúrbad *n*, Bádeort *m* (*воды*); климати́ческий ~ Lúftkurort *m*; морско́й ~ Séebad *n*; е́здить на ~ ins Bad réisen; **~ник** *м разг.* Kúrgast *m* (1*), Bádegast *m*; **~ный** Kur-, Báde-; ~ное управле́ние Kúrverwaltung *f* (10), Bádeverwaltung *f*; ~ная коми́ссия Kúrenkommission *f* (10); ~ное лече́ние Kur *f* (10); **~оло́гия** *ж* Balneologíe *f*, Bäderkunde *f*

курослёп *м бот.* Háhnenfuß *m* (1*), Ranúnkel *f* (11)

курс *м* **1.** Kurs *m* (1), Ríchtung *f* (10); Lauf *m*, Fahrt *f*; меня́ть ~ корабля́ den Kurs des Schíffes ändern [wéchseln]; **2.** *перен.* Kurs *m* (1); взять ~ на что́-либо Kurs auf étwas (*A*) néhmen*, éinen Kurs éinschlagen*; держа́ть ~ на что́-либо Kurs auf étwas (*A*) hálten*; проводи́ть но́вый ~ éinen néuen Kurs stéuern; измене́ние полити́ческого ~а der polítische Kúrswechsel; **3.** (*учебный*) Léhrgang *m* (1*); Kúrsus *m* =, *pl* Kúrse; Stúdienjahr *n* (2); ~ ле́кций Vórlesungsreihe *f* (11), Vórlesungszyklus *m* =, -len; учи́ться на пе́рвом ~е im érsten Stúdienjahr sein; студе́нты ста́рших ~ов Studénten der höheren Stúdienjahre; шофёрские ~ы Fáhrschullehrgang *m*, Fáhrschule *f* (11); **4.** *мед.*: ~ лече́ния Kur *f* (10); проходи́ть ~ лече́ния éine Kur máchen; **5.** *фин.* Kurs *m* (1) (*чаще pl*); перерасчётный ~ Úmrechnungskurs *m*; понижа́ть ~ die Kúrse drücken [fállen lássen*]; ~ понижа́ется die Kúrse fállen; ~ повыша́ется die Kúrse stéigen; ра́зница в ~е Kúrsdifferenz *f* (10); ◇ быть в ~е auf dem láufenden sein, im Bílde sein; держа́ть кого́-л. в ~е j-n auf dem láufenden hálten*

курса́нт *м* **1.** Kúrsusbesucher *m* (6); Léhrgangsteilnehmer *m* (6); Kursánt *m* (8); **2.** (*военного училища*) Offizíersschüler *m* (6); ~-лётчик Flúgschüler *m*

курси́в *м полигр.* Kursív *f*, Kursívschrift *f* (10)

курси́вом *нареч.* kursív, in Kursívschrift

курси́ровать verkéhren *vi*

курси́стка *ж уст.* Hóchschülerin *f* (12), Studéntin *f* (12)

курсо́вка *ж* Kúrkarte *f* (11) (*für Báderbenutzung und Verpflegung*)

курсов||о́й Kurs-; ~о́й экза́мен Zwíschenprüfung *f* (10); ~а́я рабо́та Jáhresarbeit *f* (10); ~о́й бюллете́нь *фин.* Kúrszettel *m* (6)

ку́рсы *мн.* Kúrs *m* (1); краткосро́чные ~ Kúrzlehrgang *m* (1*); ~ для взро́слых Kúrs für Erwáchsene; ~ иностра́нных языко́в Spráchkurs *pl*; вече́рние ~ Ábendlehrgang *m*; специа́льные вече́рние ~ fáchlicher Ábendkurs; ~ повыше́ния квалифика́ции Fórtbildungskurs *pl*, Áusbildungslehrgang *m*; ~ при заво́де Betríebslehrgang *m*

курта́ж *м уст.* Courtage [*фр.* kur'ta:ʒə] *f* (11); Máklergebühr *f* (10)

куртиза́нка *ж* Kurtisáne *f* (11)

курти́на *ж уст.* **1.** *воен.* Kurtíne *f* (11), Míttelwall *m* (1*); **2.** (*клумба*) Blúmenbeet *n* (2)

ку́ртка *ж*, **ку́рточка** *ж* Jóppe *f* (11), Jácke *f* (11); Windjacke (*непромокаемая спортивная*); лы́жная ~ Ánorak *m* -s, -s

куртуа́зн||ый: ~ая литерату́ра *ист.* höfische Literatúr

курфю́рст *м ист.* Kúrfürst *m* (8)

курча́в||ость *ж* Kräuselung *f*; **~ый** kráushaarig (*о человеке*); lóckig, gekräuselt (*о волосах*)

ку́ры I *мн. см.* ку́рица

ку́ры II: стро́ить ~ *разг.* den Hof máchen, j-m die Cour [ku:r] schnéiden* [máchen] (*уст.*)

курьёз *м* Kuriósum *n* -s, -sa, séltsame Begébenheit; для ~а spáßeshalber, zum Spaß; **~ный** kuriós, séltsam, sónderlich; schnúrrig (*забавный*)

курье́р *м* **1.** (*в учреждении*) Bóte *m* (9), Éilbote *m*; Kuríer *m* (6); **2.:** дипломати́ческий ~ diplomátischer Kuríer; **~ский** (*относящийся к курьеру*) Bóten-; Kuríer-; ◇ ~ский по́езд D-Zug

(Dúrchgangszug) *m* (1*); на ~ских *разг.* im Stúrmschritt, im Éiltempo

курят||ина *ж* Hühnerfleisch *n* -es; Hühnerbraten *m* -s (*жареная*); **~ник 1.** (*помещение*) Hühnerstall *m* (1*); **2.** (*о хищной птице, звере*) Hühnerdieb *m* (1)

курящ||ий *прич.* **1.** ráuchend; **2.** *в знач. сущ. м* Ráucher *m* (6); вагóн для ~их Wágen für Ráucher

кус *м разг.* Bíssen *m* (7)

кусáка *м разг.* Béißer *m* (6); bíssiger Hund

кусá||ть béißen* *vt*; stéchen* *vt* (*о насекомых*); ◇ ~ть себé лóкти etw. nicht Wíedergutzumachendes beréuen; **~ться 1.** béißen* *vi*, bíssig sein, stéchen* *vi* (*о насекомых*); **2.** *разг.* (*раздражать кожу*): перчáтки ~ются die Hándschuhe krátzen; **3.** *разг.* (*о дорогих товарах*) téures [schwéres] Geld kósten, ins Geld réißen*; цéны ~ются die Préise sind gesálzen

кусáчий *разг.* bíssig

кусáчки *мн. тех.* Béißzange *f* (11), Knéifzange *f*

кусковóй Stück-, zerstückelt: ~ сáхар Stückzucker *m* -s, Würfelzucker *m* -s

куснýть éinmal (áb)beißen*

кус||óк *м* Stück *n* (2) (*после числ. pl* =); Bíssen *m* (7), Háppen *m* (7) (*чего-л. съедобного*); (отрéзанный) ~óк хлéба éine Schnítte [Schéibe] Brot; ~óк мы́ла ein Stück Séife; пять ~кóв сáхару fünf Stück Zúcker; три ~кá сукнá drei Stück Tuch; разби́ть на ~кú zerstückeln *vt*, in Stücke zerschlágen*; разрывáть на ~кú zerfétzen *vt*; ◇ ~óк в гóрло не идёт der Bíssen bleibt éinem im Hálse stécken; не имéть ~кá хлéба nichts zu béißen noch zu bréchen háben; зарабáтывать свой ~óк хлéба sein Stück Brot verdíenen; имéть вéрный ~óк хлéба sein sícheres Áuskommen háben; собирáть ~кú bétteln *vi*; урвáть ~óк éinen Teil an sich réißen*

кусóчек *м* Stückchen *n* (7); Häppchen *n* (7); лáкомый ~ Léckerbissen *m* (7); *перен.* ein léckerer Bíssen

куст I *м* (*растение*) Strauch *m* (4), Busch *m* (1*); Stáude *f* (11); ~ мали́ны Hímbeerstrauch *m*; ◇ спря́таться [уйти́] в ~ы́ *ирон.* sich (séitwärts) in die Büsche schlágen*

куст II *м эк.* (*объединение*) Veréinigung *f* (10), Verbánd *m* (1*)

кустáрник *м* Gebüsch *n* (2), Gesträuch *n* (2), Búschwerk *n* (2); декорати́вный ~ Zíersträucher *pl*

кустáрн||ичать 1. Héimindustrie tréiben*; **2.** (*работать неорганизованно*) mit primitíven [-vən] Produktiónsmitteln árbeiten; stümpern *vi*; **~ичество** *с* **1.** Héimindustrie *f*, Háusindustrie *f*; **2.** (*неорганизованная работа*) primitíve [-və] [mínderwertige] Árbeit; Basteléi *f*; **~ый 1.** Héimindustrie-, Heim-; ~ая промы́шленность Héimindustrie *f*, Háusindustrie *f*; ~ые издéлия Héimindustrieartikel *pl*; Kúnstgewerbeerzeugnisse *pl*; hándwerkliche Erzéugnisse; магази́н ~ых издéлий Vólkskunstgeschäft *n* (2); **2.** *перен.* (*о работе*) primitív, mínderwertig

кустáрщина *ж разг.* primitíve [-və] [mínderwertige] Árbeit; Basteléi *f*, Handwerkeléi *f*

кустáрь *м* Héimarbeiter *m* (6); Hándwerker *m* (6), Gewérbetreibende *m* (14); ~-одинóчка alléin árbeitender Héimarbeiter, Éinzelhandwerker *m*

кусти́ст||ый 1. (*растущий кустиками, пучками*) in Stáuden [Büschen] wáchsend; *перен.* búschig; ~ые брóви búschige Áugenbrauen; **2.** (*покрытый кустами*) von Búschwerk bedéckt [bewáchsen]

кýтать 1. éinmummen *vt*, éinhülle *vt*, éinwickeln *vt*; **2.** (*слишком тепло одевать*) zu warm kléiden; **~ся 1.** sich éinmummen, sich éinhüllen, sich éinwickeln; ~ся в платóк sich in ein Tuch hüllen; **2.** (*слишком тепло одеваться*) sich zu warm kléiden

кутёж *м* Geláge *n* (6), Zecheréi *f* (10), Prasseréi *f* (10)

кутерьмá *ж разг.* Durcheinánder *n* -s, Wírrwarr *m* -s; das Drúnter und Drüber; что здесь за ~! hier geht es bunt her!

кути́ла *м разг.* Zécher *m* (6), Zéchbruder *m* (6*), Sáufkumpan *m* (1)

кути́ть zéchen *vi*

кутýзка *ж уст.* Kíttchen *n* (7), Living Arréstlokal *n* (2)

кутья́ *ж* éine Réisspeise zur Gedächtnisfeier éines Verstórbenen

кухáрка *ж* Köchin *f* (12)

кухми́стерская *ж уст.* Spéisewirtschaft *f*

кýхня *ж* Küche *f* (11); похóдная ~ Féldküche *f*; молóчная ~ Mílchküche *f*; диети́ческая ~ Diätküche *f*; ~-столóвая Éßküche *f*, Wóhnküche *f*; ~-ни́ша Kóchnische [-ni:-] *f* (11)

кýхонн||ый Küchen-; ~ая посýда Küchengeschirr *n* -(e)s; ~ое полотéнце Wíschtuch *n* (5), Geschírrtuch *n*

кýцый *разг.* **1.** (*с коротким хвостом*) gestútzt, stútzschwänzig, stúmmelschwänzig; **2.** *перен.* verstümmelt; kurz, eng (*об одежде*); únzulänglich (*недостаточный*)

кýч||а *ж* **1.** Háufen *m* (7, 15); ~а снéга Schnéehaufen *m*; муравьи́ная ~а Ámeisenhaufen *m*; собирáть в ~у áufhäufen *vt*; **2.** *разг.* (*множество*) Háufe(n) *m* (7), Másse *f* (11), Ménge *f* (11); ~а новостéй ein Schock Néuigkeiten; ◇ вали́ть всё в однý ~у *разг.* álles in éinen Topf [auf éinen Háufen] wérfen*

кýчами *в знач. нареч. разг.* háufenweise

кучев||óй: ~ы́е облакá Háufenwolken *pl*, Kúmuluswolken *pl*

кýчер *м* Kútscher *m* (6)

кýчка *ж* Häufchen *n* (7), Häuflein *n* (7)

кýчность *ж* (*стрельбы*) Tréfferdichte *f*, Stréuungsverhältnisse *pl*

куш *м* **1.** *карт.* Satz *m* (1*); **2.** *разг.* (*большая сумма денег*) rúndes Sümmchen; Bátzen *m* (7); изря́дный ~ ein gehöriger Bátzen; жи́рный ~ ein fétter Bráten

кушáк *м* Gurt *m* (1), Gürtel *m* (6)

кýшанье *с* Spéise *f* (11); Gerícht *n* (2)

кýшать éssen* *vt*, spéisen *vi*; ~ пóдано! das Éssen ist áufgetragen!

кушéтка *ж* Couch [*англ.* kaʊtʃ] *f*, *pl* -es, Líege *f* (11)

кхмер *м* Khmer *m* (6); **~ский:** ~ский язы́к das Khmer

кэтч *м спорт.* Catch-as-catch-can [kɛtʃ ɛzkɛtʃ'kɛn] *n* =, Catch [kɛtʃ] *m* -s; **~и́ст** *м* Catcher ['kɛtʃər] *m* (6)

кювéт *м* Stráßengraben *m* (7*)

кювéтка *ж* Küvette [-'vɛ-] *f* (11); Schále *f* (11)

кюри́ *с физ.* Curie [ky'ri:] *n* =, = (*сокр.* Ci *и* C) (*единица радиоактивности*)

кю́рий *м* Cúrium *n* -s (*хим. знак* Cm)

Л

лабáз *м уст.* Getréidehandlung *f* (10), Méhlhandlung *f*; Kórnspeicher *m* (6); **~ник** *м уст.* Getréidehändler *m* (6), Méhlhändler *m*; Besítzer *m* éines Kórnspeichers

лабиализ||áция *ж лингв.* Labialisíerung *f*; **~овáть** *лингв.* labialisíeren *vt*

лабиáльный *лингв.* labiál, Labiál-, Líppen-; ~ звук Labiállaut *m* (1), Labiál *m* (1), Líppenlaut *m*

лáбио-веля́рный *лингв.* labiovelár [-ve-]; ~ звук Labiovelár *m* (1), Labiovelárlaut *m* (1), Líppengaumenlaut *m*

лáбио-дентáльный *лингв.* labiodentál; ~ звук Labiodentál *m* (1), Labiodentállaut *m* (1), Líppenzahnlaut *m*

лабири́нт *м* **1.** Labyrínth *n* (2) (*тж. перен.*); Írrgarten *m* (7*); **2.** *анат.* Labyrínth *n* (2)

лаборáнт *м* Laboránt *m* (8); **~ка** *ж* Laborántin *f* (12)

лаборатóр||ия *ж* Labór *n* -s, -s, Laboratórium *n* -s, -ri!en; нау́чно-исслéдовательская ~ия Fórschungslabor *n*; полевáя ~ия Féldlabor *n*; завéдующий ~ией Labórleiter *m* (6); **~ный** labórmäßig, Labór-; ~ное обору́дование Labórausrüstung *f*, Labórartikel *pl*; ~ное наблюдéние labórmäßige Überwáchung

лабрадóр *м мин.* Labradór *m* (1), Labradórstein *m* (1)

лáв||а I *ж* Láva [-va] *f*, *pl* -ven; **~ой** *перен.* in únaufhaltsamem Strom

лáва II *ж воен.* Láva [-va] *f*

лáва III *ж горн.* Streb *m* (1); горизонтáльная ~ liegender Streb; креплéние лáвы Strébausbau *m* -(e)s

лавáнда *ж бот.* Lavendel [-'vɛn-] *m* (6)

лави́н||а *ж* Lawíne *f* (11); Schnéelawine *f* (*снежная*); ~ой, как ~а únaufhaltsam (vórdringend); подóбный ~е lawínenartig

лави́ров||ание *с мор.* Lavieren [-'vi:-] *n* -s; **~ать 1.** lavieren [-'vi:-] *vi*; **2.** *перен.* Áusflüchte máchen [súchen]; sich dréhen und wénden

лáвка I *ж* (*скамейка*) Bank *f* (3)

лáвка II *ж* (*магазин*) Láden *m* (7*), Káufladen *m*, Verkáufsstelle *f* (11); ~-автоприцéп Verkáufsanhänger *m* (6)

лáвочка I *ж* (*скамейка*) Bänkchen *n* (7)

лáвочк||а II *ж* **1.** (*магазин, ларёк*) kléiner Láden, kléine Búde; **2.** *перен. разг.* únlauteres Unternéhmen (*сомнительное, тёмное дело*); sáubere Geséllschaft, Síppe *f* (11) (*шайка*); ◇ закры́ть ~у die Búde zúmachen; dem Tréiben ein Ziel sétzen [ein Énde máchen]; э́то однá ~а! ≅ die stécken álle únter éiner Décke!

лáвочн||ик *м уст.* Krämer *m* (6), Ládeninhaber *m* (6); **~ица** *ж уст.* **1.** (*хозяйка лавки*) Krämerin *f* (12), Ládeninhaberin *f* (12); **2.** (*жена лавочника*) Krämersfrau *f* (10); **~ый** Láden-, Búden-; Verkáufsstellen-

лавр *м* **1.** *бот.* Lórbeer *m* (13), Lórbeerbaum *m* (1*); **2.** *мин.* ~ы *перен.* Lórbeeren *pl*, Lórbeerkranz *m* (1*); побéдные ~ы Síegeslorbeer *m* (13); почи́ть на ~ах auf séinen Lórbeeren áusruhen; пожинáть ~ы Lórbeeren érnten [pflücken], sich (*D*) Lórbeeren hólen. Ruhm erríngen* [érnten, davóntragen*]; пожинáть чужи́е ~ы frémde Lórbeere érnten; увенчáть ~ами den Lórbeer(kranz) réichen; э́то емý не прибáвит

~ов das wird ihm kéine Lórbeeren éinbringen

ла́вра *ж церк.* Láwra *f* (*ein größeres Kloster der russisch-orthodoxen Kirche*)

лаврови́шн||евый: ~евые ка́пли *мед.* Bittermandelwasser *n* -s; **~я** *ж бот.* Kírschlorbeerbaum *m* (1*)

ла́вровые *сущ. мн. бот.* Lórbeergewächse *pl*

лавро́в||ый *бот.* Lórbeer-; ~ое де́рево Lórbeerbaum *m* (1*); ~ый лист *кул.* Lórbeerblatt *n* (5); ◊ ~ый вено́к Lórbeerkranz *m* (1*)

лавса́н *текст. м* Lawsán *n* -s

лаг *м мор.* Log *n* (2), Lógge *f* (11)

ла́герн||ый Láger-; ~ая слу́жба Lágerdienst *m* -es

ла́гер||ь *м* **1.** *воен.* (*мн.* лагеря́) Láger *n* (6); полево́й ~ь Féldlager *n*; уче́бный ~ь Übungslager *n*; ле́тний ~ь Sómmerlager *n*; снима́ть ~ь das Láger ábbrechen*; стоя́ть ~ем im Láger wóhnen, kampíeren *vt*; **2.** (*мн.* лагеря́) (*временное поселение, стоянка*) Láger *n* (6); пионе́рский ~ь Pioníerlager *n*; ле́тний ~ь Féri|enlager *n*, Sómmerzeltlager *n*; де́тский оздорови́тельный ~ь Kíndererholungslager *n*; тури́стский [бива́чный] ~ь (*в палатках или автомашинах*) Camping ['kæm-] *n* -s, Zéltplatz *m* (1*); альпини́стский ~ь Bérgsteigerlager *n*; разби́ть ~ь, расположи́ться ~ем ein Láger áufschlagen* [bezíehen*]; **3.** (*мн.* ла́гери и лагеря́) (*для заключённых, военнопленных*) Láger *n* (6); Kríegsgefangenenlager *n* (*для военнопленных*); исправи́тельно-трудово́й ~ь Árbeitserziehungslager *n*; концентрацио́нный ~ь Konzentratiónslager *n*; трудово́й ~ь Árbeitslager *n*; ~ь уничтоже́ния Verníchtungslager *n* (*в фашистской Германии*); ~ь ссыльнопоселе́нцев *ист.* Verbánnungslager *n*; пребыва́ние в ~е Lágerhaft *f*; **4.** (*мн.* ла́гери) *перен.* Láger *n* (6); Grúppe *f* (11); междунаро́дный ~ь ми́ра, демокра́тии и социали́зма das internationále Láger des Fríedens, der Demokratíe und des Sozialísmus

лагли́нь *м мор.* Lógleine *f* (11)

лагу́на *ж* Lagúne *f* (11)

лад I *м разг.* (*согласие, мир*) Éintracht *f*; жить в ~у́ éinträchtig [in Éintracht] lében; жить не в ~у́ с кем-л. mit j-m in Únfrieden lében; быть не в ~а́х с кем-л. mit j-m auf dem Kríegsfuß [schlecht] stéhen*

лад II *м* **1.** *муз.* Tónart *f* (10); **2.** *б. ч. мн.* лады́ (*на гитаре, балалайке и т. п.*) Bund *m* (1*); **3.** *разг.* (*способ, образ*) Wéise *f* (11), Art und Wéise; Maníer *f* (10); на но́вый ~ auf néue Wéise, auf néue Art (und Wéise); на ра́зные ~ы auf verschíedene Art und Wéise; перестро́иться на вое́нный ~ sich auf den Krieg úmstellen; настро́иться на друго́й ~ sich úmstellen, sich ánders éinstellen; ◊ де́ло идёт на ~ *разг.* die Sáche klappt, die Sáche geht gut, die Sáche kommt in Schwung [Fluß]; всё пойдёт на ~ álles wird ins Lot kómmen; де́ло не идёт на ~ es ist kein Zug in der Sáche

«Ла́да» *ж* (*марка легкового автомобиля*) Láda *m* -s, -s

ла́дан *м* Wéihrauch *m* - (e)s; ро́сный ~ Bénzo|eharz *n* -es; ◊ дыша́ть на ~ *разг.* ≅ am Ránde des Gràbes stéhen*; боя́ться как чёрт ~а wie der Téufel das Wéihwasser schéuen [fürchten]

ла́данка *ж уст.* Amulétt *n* (2)

ладе́йн||ый *шахм.* Turm-; ~ое оконча́ние Túrm|endspiel *n* (2); ~ая ли́ния Túrmlini|e *f* (11)

ла́дить I *разг.* (*не ссориться*) sich (gut) vertrágen*

ла́ди||ть II *разг.* (*налаживать*) in Órdnung bríngen*, zuréchtmachen *отд. vt*; stímmen *vt* (*о музыкальных инструментах*); ◊ ~ть одно́ и то́ же ímmer ein und dassélbe wiederhólen, ein und dassélbe wíederkäuen; **~ться** *разг.* glatt vonstátten géhen*, klàppen *vi*; де́ло не ~тся die Sáche klappt nicht, die Sáche kommt nicht in Gang, die Sáche will nicht recht vom Fleck

ла́дно *разг.* **1.** *нареч.* (*хорошо*) gut, pássend; **2.** *нареч.* (*мирно*) éinträchtig; **3.** (*частица*) (*хорошо, согласен*) gut!, schön!, schon gut!, méinetwegen!, éinverstanden!

ладо́н||ный Hóhlhand-; ~ный му́скул *анат.* Hóhlhandmuskel *m* (13); **~ь** *ж* Hándfläche *f* (11), Hándteller *m* (6), fláche [hóhle] Hand; в разме́р ~и hánd(teller)groß; ◊ э́то ви́дно как на ~и *разг.* das liegt klar auf der Hand

ладо́ши: бить [хло́пать] в ~ in die Hände klátschen; applaudíeren *vi*, Béifall klátschen

ладьеви́дн||ый káhnförmig; **~ая** кость *анат.* Káhnbein *n* (2)

ладья́ *ж* **1.** *уст. поэт.* (*лодка*) Náchen *m* (7), Kahn *m* (1*); **2.** *шахм.* Turm *m* (1*)

лаж *м ком.* Agio [*ит.* 'a:dʒo] *n* -s, Áufgeld *n* (5)

лаз *м тех.* Männloch *n* (5), Éinsteigloch *n*, Éinstieg *m* (1); ремо́нтный ~ Reparatúreinstieg *m*; смотрово́й ~ Revisiónseinstieg [-vi-] *m*; авари́йный ~ Nótausstieg *m*

ла́занье *с* Kléttern *n* -s, Klímmen *n* -s; Kráxeln *n* -s (*разг.*)

лазаре́т *м* Lazarétt *n* (2); Kránkenstube *f* (11) (*небольшой*); полево́й ~ Féldlazarett *n*; корабе́льный ~ Schíffslazarett *n*; отпра́вка в ~ Éinweisung ins Lazarétt

ла́зать *см.* лезть 1, 2, 3

лазе́йк||а *ж* **1.** Schlúpfloch *n* (5); **2.** *перен.* Híntertür *f* (10); оста́вить себе́ ~у sich (*D*) éine Híntertür óffen lássen*

ла́зер *м* Laser ['le:zər *u* 'la:zər] *m* (6); руби́новый ~ Rubínlaser *m*; **~ный** Laser- ['le:- *u* 'la:-]; ~ный луч Láserstrahl *m* (13)

ла́зить *см.* лезть 1, 2, 3

лазо́ревый *поэт. см.* лазу́рный; ◊ ~ ка́мень Lasúr *m* (1), Lasúrstein *m* (1), Bláustein *m* (1)

лазу́ревый *уст. поэт. см.* лазу́рный; ◊ ~ ка́мень *см.* лазо́ревый ка́мень

лазури́т *м мин.* Lasurít *m* (1), Lasúrstein *m* (1), Lapislázuli *m* =, =

лазу́рный lasúrfarben, hímmelblau

лазу́рь *ж* **1.** Lasúrblau *n* -s, Hímmelblau *n*; **2.** (*краска*): берли́нская ~ Berlíner Blau; ме́дная ~ Kúpferblau *n* -s

лазу́тчик *м воен. уст.* Kúndschafter *m* (6), Spión *m* (1)

ла́зящие *сущ. мн. зоол.* Kléttertiere *pl*

лай *м* Gebéll *n* - (e)s, Béllen *n* -s

ла́йка I *ж* (*собака*) Éskimohund *m* (1), Polárhund *m*

ла́йка II *ж* (*кожа*) Glacéleder [-'se:-] *n* -s

ла́йков||ый Glacé- [-'se:]; ~ые перча́тки Glacéhandschuhe *pl*

ла́йнер *м* Überseefahrgastschiff *n* (2) (*судно*); (возду́шный) ~ Verkéhrsflugzeug *n* (2)

лак *м* Lack *m* (1), Fírnis *m* (3*); ~ возду́шной су́шки lúfttrocknender Lack; ~ горя́чей су́шки ófentrocknender Lack; ~ для воло́с Háarlack *m*; Frisúrverfestiger *m* (6); ~ для ногте́й Nágellack *m*

лака́ть lécken *vt*, áuflecken *vt*, schlábbern *vt*

лаке́й *м тж. перен.* Lakái *m* (8), Díener *m* (6); **~ский 1.** Lakái|en-; **2.** *перен.* lakái|enhaft, knéchtisch, kríecherisch; **~ство** *с презр.* Lakái|entum *n* -s; Kriecheréi *f*, knéchtisches Wésen; Servilísmus [-vi-] *m* =

лаке́йствовать Lakái|endienste léisten, kríechen* *vi* (s)

лакиро́в||анный lackíert, Lack-, Láckleder-; ~анные боти́нки Láckschuhe *pl*; **~а́ть** lackíeren *vt*; mit Lack bedécken, mit Fírnis überzíehen*; fírnissen *vt*; *перен.* schönfärben *отд. vt*; **~ка** *ж* **1.** (*действие*) Lackíerung *f*; *перен.* Schönfärberei *f*; **2.** (*слой лака*) Lácküberzug *m* (1*); **~щик** *м* Lackíerer *m* (6); *перен.* Schönfärber *m* (6)

ла́кмус *м хим.* Láckmus *n* =; **~овый** Láckmus-; ~овая бума́га Láckmuspapier *n* -s

ла́ков||ый 1. Lack-; ~ые кра́ски Láckfarben *pl*; **2.** (*покрытый лаком*) lackíert; ~ая жи́вопись Láckmalerei *f*; ~ые изде́лия Láckwaren *pl*, Láckerzeugnisse *pl*

лакокра́сочн||ый Lack- und Färben-; ~ая промы́шленность Lack- und Fárbenindustrie *f*

ла́ком||иться (*чем-л.*) náschen *vt*, *vi* (an *D*, von *D*), sich gütlich tun* (an *D*); **~ка** *м, ж* Léckermaul *n* (5), Näscher *m* (6), Näscherin *f* (12), Näschkatze *f* (11), Süßschnabel *m* (6); **~ство** *с* Näschwerk *n* - (e)s, Léckerbissen *m* (7); **~ый 1.** lécker; wóhlschmeckend, schmáckhaft (*вкусный*); ~ое блю́до Léckerbissen *m* (7), Delikatésse *f* (11); **2.:** быть ~ым до чего́-л. nach etw. (*D*) lüstern sein; ◊ ~ый кусо́к ein léckerer [fétter] Bíssen; лиши́ть кого́-л. ~ого кусо́чка j-m die Bútter vom Brót néhmen*; ~ая добы́ча verlóckende Béute

лакони́зм *м* Lakonísmus *m* =, -men

лакон||и́ческий lakónisch; **~и́чность** *ж* Lakonísmus *m* =; **~и́чный** *см.* лакони́ческий

лакотка́нь *ж* lackíertes Gewébe, Láckgewebe *n* (6), Lácktuch *n* (5)

лакрима́тор *м воен. хим.* Áugenreizstoff *m* (1), Tränengas *n* (2)

лакри́ца *ж*, **лакри́чник** *м бот.* Süßholz *n* -es

лакта́ты *мн. хим.* Laktáte *pl*, mílchsaure Sálze

лакта́ция *ж физиол.* **1.** (*выделение молока*) Laktatión *f*, Mílchabsonderung *f*; **2.** (*период выделения молока*) Laktatiónsperiode *f*

лактобацилли́н *м* Láktobazillin *n* -s

лакто́за *ж хим.* Laktóse *f*, Mílchzucker *m* -s

лакто́метр *м* Laktométer *n* (6)

ла́ма I *м* (*духовное лицо*) Láma *m* = *u* -s, -s

ла́ма II *ж зоол.* Láma *n* -s, -s

ламаи́зм *м* Lamaísmus *m* =

ламаи́стский lamaístisch

ламбреке́н *м* Lambrequin [*фр.* lãbr(e)'kɛ̃:] *n* -s, -s; Fénsterbehang *m* (1*), Bógenbehang *m*, Bléndleiste *f* (11), Übergardine *f* (11)

ла́мпа *ж* **1.** Lámpe *f* (11); Léuchte *f* (11) (*светильник*); вися́чая ~ Hängelampe *f*, Péndelleuchte *f*; насто́льная ~ Tíschlampe *f*, Schréiblampe *f*, Schréibtischleuchte *f*; кероси́новая ~

Petróle¦umlampe *f*; шарни́рная ~ Kípplampe *f*; ~ дневно́го све́та Tágeslichtlampe *f*; ~ с ги́бким рукаво́м Schwánenhalslampe *f*; **2.** (*спец. назначения*) Lámpe *f* (11); ~-вспы́шка Blítzlichtlampe *f* (11); Blítzlampe *f*; Kólbenblitz *m* (1); индика́торная ~ Signállampe *f*; ква́рцевая ~ Quárzlampe *f*; операцио́нная [бестенева́я] ~ *мед.* (schattenlose) Operatiónslampe *f* [Operatiónsleuchte *f*]; пая́льная ~ Lötlampe *f*; перено́сная ~ Hándlampe *f*, trágbare Lámpe; рудни́чная ~ Grúbenlampe *f*, Grúbenlicht *n* (2); Kópflampe *f* (*головная*); электро́нная ~ Elektrónenröhre *f* (11), Röhre *f*; ~-фа́ра Schéinwerferlampe *f*; ~ за́днего хо́да *авто* Rückscheinwerfer *m* (6)

лампа́д(ка) *ж церк.* Lämpchen *n* (7) (*vor einem Heiligenbilde*)

лампа́сы *мн.* Hósenstreifen *pl*, Bíesen *pl*

ла́мповый Lámpen-; *радио* Röhren-; ~ приёмник *радио* Röhrenempfänger *m* (6)

ла́мпочка *ж* **1.** *уменьш.* Lämpchen *n* (7); **2.** (*спец. назначения*): безопа́сная ~ *горн.* Sícherheitslampe *f* (11); дежу́рная ~ (*напр. на лестнице*) Nótlicht *n* -(e)s; ночна́я ~ Náchtlampe *f*; сигна́льная ~ Wárnlampe *f*; Signállämpchen *n*; **3.** (*электрическая*) elektrísche Lámpe [Glühlampe], Bírne *f* (11); ~ в 40 свече́й éine Vierzig-Wátt-Birne *f*; ~ для карма́нного фонаря́ Táschenlampenbirne *f*; ~ нака́ливания Glühbirne *f*, Glühlampe *f*

лангу́ст *м*, **лангу́ста** *ж зоол.* Langúste *f* (11)

ландо́ *с уст.* Lándauer *m* (6)

ландскне́хт *м ист.* Lándsknecht *m* (1)

ландта́г *м* Lándtag *m* (1)

ландша́фт *м* Lándschaft *f* (10); Lándschaftsdarstellung *f* (10) (*картина*)

ландшту́рм *м* **1.** *ист.* Lándsturm *m* -(e)s; **2.** (*военнообязанные в возрасте старше 45 лет в фашистской Германии до 1945 г.*) Lándsturm *m* -(e)s

ла́ндыш *м* Máiglöckchen *n* (7), Máiblume *f* (11)

ланки́¦йский srilánkisch, von Sri Lánka; ~ец *м* Srilánker *m* (6)

ланоли́н *м фарм.* Lanolín *n* -s, Wóllfett *n* -(e)s; содержа́щий ~ lanolínhaltig

ланце́т *м мед.* Lanzétte *f* (11); Rítzmesser *n* (6), Schlítzmesser *n*; **~ный** **1.** Lanzétten-; ~ный футля́р Lanzéttenfutteral *n* (2); **2.** *бот.* lanzéttförmig

ланцетови́д¦ный *бот.* lanzéttförmig; ~ные ли́стья lanzéttförmige Blätter

лань *ж зоол.* Dámhirsch *m* (1)

лао́с¦ец *м* Laóte *m* (9); **~ка** *ж* Laótin *f* (12); **~ский** laótisch

ла́п¦а *ж* **1.** Pfóte *f* (11), Tátze *f* (11), Prátze *f* (11); **2.** *тех.* (*якоря*) Ánkerpflug *m* (1*); **3.** (*ветвь хвойного дерева*) Ast *m* (1*); **4.** (*шип*) Zápfen *m* (7); **5.** *с.-х.* Zínken *m* (7); ◇ попа́сть в ~ы к кому́-л. *разг.* j-m in die Kláuen fállen*; in j-s Kláuen gerâten*; быть в ~ах у кого́-л. in j-s Kláuen [in j-s Gewált] sein

лапида́рн¦ость *ж* Lapidarität *f*, Knáppheit *f*; **~ый** lapidár, kurz und bündig; **~ый стиль** Lapidárstil *m* -(e)s

ла́пка *ж* Pfötchen *n* (7), Tätzchen *n* (7); *охот.* Ständer *m* (6) (*у диких птиц*); Händchen *n* (7) (*ласк. — о руке*); ◇ стоя́ть на за́дних ~х пе́ред кем-л. vor j-m líebedienern; vor j-m Männchen máchen

лапла́нд¦ский láppländisch, láppisch; **~цы** *мн.* Láppen *pl*, Láppländer *pl*

ла́поть *м* Bástschuh *m* (1)

лапта́ *ж* **1.** (*игра*) Schlágballspiel *n* -(e)s; **2.** (*палка*) Schlágholz *n* (5)

лапча́тка *ж бот.* Fíngerkraut *n* -(e)s

ла́пчатый *бот.* físngerförmig, gefíngert; gezáckt; ~ лист gefíngertes [gezácktes] Blatt; ~ ка́ктус fíngerförmiger Káktus; ~ сучо́к Flügelast *m* -es; ~ культива́тор *с.-х.* Fúrchenigel *m* (6); ◇ гусь ~ *разг.* geríebener [schláuer] Kúnde, durchtríebener Kerl

лапша́ *ж* **1.** Núdeln *pl*; Bándnudeln *pl*; **2.** (*суп*) Núdelsuppe *f* (11); **3.** *разг.* (*обрезки кожаной ткани*) Stóffabfall *m* (1*); Schnípppeln *pl*

лапше́вник *м* Núdelauflauf *m* (1*)

ларёк *м* Búde *f* (11), Verkáufsstand *m* (1*), Verkáufsbude *f*; овощно́й ~ Gemüsebude *f*; фрукто́вый ~ Óbstbude *f*

ларе́ц *м* Kästchen *n* (7), Scháchtel *f* (11)

ларинга́льный *лингв.* laryngál, Kéhllaut-

ларинги́т *м мед.* Laryngítis *f*, Kéhlkopfentzündung *f* (10)

ларинго́¦лог *м* Laryngológe *m* (9), Hálsarzt *m* (1*); **~ло́гия** *ж* Laryngologíe *f*; **~ско́п** *м* Laryngoskóp *n* (2), Kéhlkopfspiegel *m* (6); **~фо́н** *м спец.* Kéhlkopfmikrofon *n* (2)

ла́рчик *м* kléine Láde, kléine Trúhe, Kästchen *n* (7), Scháchtel *f* (11); ◇ а ~ про́сто открыва́лся *погов.* ≅ des Rätsels Lösung war ganz éinfach

ла́ры *мн. миф.* Láren *pl*

ларь *м* (*ящик*) Láde *f* (11), Trúhe *f* (11)

ла́ска I *ж* **1.** Líebkosung *f* (10); Zärtlichkeit *f* (10) (*нежность*); **2.** *тк. ед. уст.* (*доброта*) Güte *f*

ла́ска II *ж зоол.* Wíesel *n* (6)

ласка́тельн¦ый líebkosend; zärtlich (*нежный*); ~ое и́мя Kósename *m* -ns, -n, Kósewort *n* (5)

ласка́ть **1.** líebkosen *неотд. vt*; mit Zärtlichkeiten überschütten (*осыпать ласками*); **2.** *перен.* (*слух, взор и т. п.*) ergötzen *vt*, erquícken *vt*; ◇ ~ себя́ наде́ждой *уст.* sich in éiner Hóffnung wíegen*; **~ся** **1.** *разг.* einánder líebkosen; **2.** *уст.* (*заискивать*) (*к кому-л.*) umschméicheln *vt*, j-m um den Bart géhen*

ла́сков¦ость *ж* Zärtlichkeit *f* (10) (*нежность*); Fréundlichkeit *f* (10) (*приветливость*); **~ый** zärtlich (*нежный*); fréundlich (*приветливый*); schméichelnd, líebkosend (*ласкающий*); ◇ ~ый ветеро́к ein líebkosender Wind

лассо́ *с* Lásso *m*, *n* -s, -s, Wúrfschlinge *f* (11)

ла́стик I *м* (*резинка для стирания*) Gúmmi *m* -s, = *и* -s Radíergummi *m*

ла́стик II *м* (*материя*) Lásting *m* -s, -s

ла́ститься *разг.* (*к кому-л.*) sich ánschmiegen (an *A*); líebkosen *неотд. vt*; umschméicheln *vt*, sich éinschmeicheln (bei *D*) (*подлизываться*)

ла́стовица *ж* Áchselzwickel *m* (6)

ластоно́гие *сущ. мн. зоол.* Flóssenfüßler *pl*

ла́сточк¦а *ж* Schwálbe *f* (11); враще́ние в ~е Libélle *f* (11) (*фигурное катание*); ◇ пе́рвая ~а die érste Schwálbe; Vórbote *m* (9) (*предвестник*); одна́ ~а весны́ не де́лает éine Schwálbe macht noch kéinen Sómmer; **~ин** Schwálben-; ~ино гнездо́ Schwálbennest *n* (5); ~ин хвост (*архитектурный орнамент*) Schwálbenschwanzornament *n* (2)

ла́сты *мн.* **1.** (*конечности у ластоногих*) Flóssen *pl*; **2.** *спорт.* Schwímmflossen *pl*

лата́ния *ж бот.* Fächerpalme *f* (11), Látanbaum *m* (1*), Latáni¦e *f* (11)

лата́ть *разг.* flícken *vt*, Flícken áufsetzen

латви́йский léttisch

ла́текс *м хим.* Látex *m* =, Káutschuksaft *m* (1*)

lateнтн¦ый latént, verbórgen, gebúnden; ~ая теплота́ *физ.* laténte [gebúndene] Wärme

латера́льный *лингв.* laterál; ~ согла́сный Laterállaut *m* (1), Séitenlaut *m*

лате́рна ма́гика *ж* Latérna mágica [-ka] *f* = =, *pl* -nae [-nɛ] -cae [-tsɛ], Záuberlaterne *f* (11)

латиниз¦а́ция *ж* Latinisíerung *f*; **~и́ровать** latinisíeren *vt*

латини́зм *м лингв.*, *лит.* Latinísmus *m* =, -men

латини́ст *м* Latiníst *m* (8)

лати́ница *ж лингв.* das latéinische Alphabét

латиноамерика́н¦ец *м* Latéinamerikaner *m* (6); **~ский:** ~ские стра́ны die latéinamerikanischen Länder

лати́нский latéinisch; ~ язы́к die latéinische Spráche, Latéin *n* -s

латифу́ндия *ж* Latifúndium *n* -s, -di¦en; Gróßgrundbesitz *m* -es

ла́тник *м ист.* Pánzerträger *m* (6), Gehárnischte *m* (14)

лату́к *м бот.* Láttich *m* (1)

лату́нн¦ый méssingen, Méssing-; ~ая про́волока Méssingdraht *m* (1*), ~ого цве́та méssingfarben, méssinggelb

лату́нь *ж* Méssing *n* -s; листова́я ~ Méssingblech *n* -(e)s

ла́т¦ы *мн. ист.* Hárnisch *m* (1), Pánzer *m* (6); в ~ах in Hárnisch; gepánzert, in Erz gepánzert, gehárnischt

латы́нь *ж разг.* Latéin *n* -s, die latéinische Spráche; вульга́рная ~ Vulgärlatein [vʊl-] *n*; ку́хонная ~ Küchenlatein *n*

латы́ш *м* Létte *m* (9); **~ка** *ж* Léttin *f* (12); **~ский** léttisch; ~ский язы́к die léttische Spráche, das Léttische (*sub*)

ла́ун-те́ннис Lawn-Ténnis [ˈlɔːn-] *n* =; *см. тж.* те́ннис

лауреа́т *м* Préisträger *m* (6); ~ Ле́нинской пре́мии Léninpreisträger *m*; ~ Междунаро́дной Ле́нинской пре́мии «За укрепле́ние ми́ра ме́жду наро́дами» Léninfriedenspreisträger *m*; ~ Госуда́рственной пре́мии Stáatspreisträger *m*; ~ Национа́льной пре́мии (*в ГДР*) Nationálpreisträger *m*

лафа́ *разг.*: тебе́ ~! dir geht's gut!, du hast Glück!

лафе́т *м воен.* Lafétte *f* (11); **~ный** Lafétten-; ~ный ход Laféttengestell *n* (2)

ла́цкан *м* Áufschlag *m* (1*), Revers [*фр.* reˈvɛr] *n* = [-vɛrs], = [-vɛrs]

лачу́га *ж* (ármselige) Hütte; Káte *f* (11)

ла́ять béllen *vi*; ~ на кого́-л. j-n ánbellen; **~ся** *груб.* (*браниться*) ánbellen *vt*, ánschnauzen *vt*; schímpfen *vi* (на кого́-л. auf *A*)

лгаиьё *с разг.* Lügen *n* -s; Lügengewebe *n* -s, Lügengespinst *n* (2)

лгать lügen* *vi*; áufschneiden* *vi* (*преувеличивать*); ◇ лжёт как по пи́саному er lügt wie gedrúckt

лгун *м* Lügner *m* (6); Lügenmaul *n* (5) (*груб.*); Lügenpeter *m* (6) (*разг.*); Schwíndler *m* (6) (*обманщик*); Áufschneider *m* (6) (*хвастун*)

лгу́нья *ж* Lügnerin *f* (12); Áufschneiderin *f* (12) (*хвастунья*)

лебеда́ *ж бот.* Mélde *f* (11)

лебеди́н||ый Schwánen-; ◇ ~ая пе́сня Schwánengesang *m* (1*), Schwánenlied *n* (5)

лебёдка I *ж тех.* Winde *f* (11), Séilwinde *f*

лебёдка II *ж зоол.* Schwánenweibchen *n* (7)

ле́бедь *м* Schwan *m* (1*); чёрный ~ Tráuerschwan *m*

лебези́ть *разг.* (*перед кем-л.*) sich um j-s Gunst bemühen; vor j-m kríechen*; scharwénzeln *vi* (vor *D*, um *A*); um j-s Gunst wérben*

лебя́жий Schwánen-; ~ пух Schwánenflaum *m* -s

лев I *м* Löwe *m* (9); Leu *m* (8) (*поэт.*); ◇ морско́й ~ Séelöwe *m*; муравьи́ный ~ Ámeisenlöwe *m*; сало́нный [све́тский] ~ Salonlöwe [-'lɔŋ-] *m*

лев II *м* (*мн.* ле́вы) (*болгарская денежная единица*) Lew *m* = *u* -s, -a

лева́||к *м разг. пренебр.* Radikalínski *m* =, -s; **~цкий** *разг. пренебр.* línksradikal, pséudoradikal; **~чество** *с разг. пренебр.* Línksradikalismus *m* =

леве́ть *полит.* nach links ábschwenken, sich nach links ori¦entíeren, sich radikalisíeren, sich den línken Partéien nähern

левиафа́н *м библ., перен.* Leviathan [-'vīa:-] *m* -s

левизна́ *ж полит.* línksradikale Éinstellung, Línksradikalismus *m* =

левко́й *м бот.* Levkóje *f* (11)

левобере́жный am línken Úfer gelégen, línksuferig

левосторо́нн||ий línksseitig; ~ее движе́ние Línksverkehr *m* -(e)s; у него́ ~ий парали́ч er ist línksseitig gelähmt

левофланго́вый *воен. прил.* **1.** an der línken Flánke befíndlich; **2.** *в знач. сущ. м* línker Flügelmann

левре́тка *ж* (*собачка*) Windspiel *n* (2), Windhund *m* (1)

левша́ *м, ж* Línkshänder *m* (6); Línkser *m* (6) (*разг.*)

ле́в||ый **1.** link; **~ый** кра́йний напада́ющий *спорт.* Linksáußen *m* (7); **2.** *полит.* link; línksgerichtet, línksstehend; línksori¦entíert; radikál; ~ое крыло́ der línke [radikále] Flügel; ~ые па́ртии Línksparteien *pl*; ~ое большинство́ Línksmehrheit *f*; **3.** *в знач. сущ. м* Línke *m* (14); **4.** *разг.* (*побочный, незаконный*) schwarz; ~ый рейс Schwárzfahrt *f* (10); ~ые де́ньги íllegaler Nébenverdienst; ◇ ~ая сторона́ (*изнанка*) die línke Séite, die Rückseite

лега́в||ый: ~ая (соба́ка) Hühnerhund *m* (1), Vórstehhund *m*

легализ||а́ция *ж* Legalisatión *f*, Legalisíerung *f*; **~и́ровать** legalisíeren *vt*; ámtlich bestätigen; für gesétzlich erklären

легализи́роваться legál wérden, legalisíert wérden, Legalität erlángen

легализова́ть(ся) *см.* легализи́ровать(ся)

лега́льн||ость *ж* Legalität *f*; Gesétzlichkeit *f*, Gesétzmäßigkeit *f*; **~ый** legál; gesétzlich, gesétzmäßig

лега́т *м* Legát *m* (8); па́пский ~ päpstlicher Legát [Gesándter]

лега́то *нареч. муз.* legáto

леге́нд||а *ж* **1.** (*сказание*) Legénde *f* (11), Ságe *f* (11); Erdíchtung *f* (10), Märchen *n* (7) (*вымысел*); создава́ть ~у éine Legénde wében*; **2.** (*пояснительный текст на картах и т. п.*) Legénde *f* (11); Zéichenerklärung *f* (10); **~а́рный** legendär, legendár, legéndenhaft, ságenhaft; fábelhaft (*невероятный*); ~а́рная ли́чность éine ságenhafte [legendäre] Persönlichkeit; éine von Ságen umwóbene Persönlichkeit

легио́н *м* Legión *f* (10); иностра́нный ~ Frémdenlegion *f*; ◇ о́рден почётного ~а Órden der Éhrenlegion; и́мя им ~ íhre Zahl ist [war] Legión; **~е́р** *м* Legionär *m* (1)

леги́рован||ие *с* Legíeren *n* -s; **~ный** legíert; ~ная сталь legíerter Stahl

легислату́ра *ж юр.* Legislatúr *f* (10)

легитим||а́ция *ж юр.* Legitimatión *f*; Legitimíerung *f*; **~и́зм** *м ист.* Legitimísmus *m* =; **~и́ст** *м ист.* Legitimíst *m* (8)

лёгк||ий **1.** *в разн. знач.* leicht, Leicht-; ~ая рабо́та léichte Árbeit; ~ая пи́ща léichtverdauliche Kost; ~ий ве́тер léiser [línder] Wind; *мор.* fláue Bríse; ~ий тума́н dünner Nébel; ~ий мета́лл Léichtmetall *n* (2); ~ий вес *бокс* Léichtgewicht *n* - (e)s; **2.** (*покладистый, уживчивый*) verträglich, úmgänglich; ~ий хара́ктер verträglicher Charákter; **3.** (*легкомысленный, несерьёзный*) léichtsinnig, léichtfertig; ~ое поведе́ние léichtfertiges Verhálten; вести́ ~ий о́браз жи́зни ein léichtsinniges Lében führen; ◇ ~ая промы́шленность Léichtindustrie *f*; ~ая атле́тика Léichtathletik *f*; ~ая му́зыка Unterháltungsmusik *f*; ~ий слог flüssiger [lebéndiger] Stil; ~ий сон léiser Schlaf; ~ая похо́дка léichter Gang; ~ая рука́ éine glückliche Hand; éine léichte [geschíckte] Hand (*о хирурге*); с мое́й ~ой руки́ ≅ ich hábe den Ánfang gemácht; с ~им се́рдцем léichten Hérzens; лёгок на поми́не *разг.* ≅ der kommt wie der Wolf in der Fábel

легко́ **1.** *нареч.* leicht; ему́ даётся всё ~ es fällt ihm álles leicht; **2.** *предик. безл.:* у меня́ ~ на душе́ [на се́рдце] mir ist leicht ums Herz; ~ сказа́ть! das ist leicht gesägt!; das ist kein Spaß [kein Páppenstiel]!; вам легко́ говори́ть! Sie háben gut réden!

легкоатле́т *м спорт.* Léichtathlet *m* (8); **~ка** *ж* Léichtathletin *f* (12)

легкоатлети́ческ||ий *спорт.* Léichtathletik-; ~ие соревнова́ния Léichtathletikwettkämpfe *pl*

легкове́р||ие *с* Léichtgläubigkeit *f*; **~ный** léichtgläubig

легкове́с *м спорт.* Léichtgewichtler *m* (6); **~ный** **1.** leicht; **2.** (*легкомысленный*) únwesentlich, geríngfügig; óberflächlich (*поверхностный*); ~ный аргуме́нт ein nicht ernst zu néhmendes Argumént

легково́й: ~ автомоби́ль Persónenauto *n* -s, -s; Personenkraftwagen *m* (7) (*сокр.* Pkw); ~ изво́зчик Dróschke *f* (11) (*экипаж*); Dróschkenkutscher *m* (6) (*кучер*)

легковоспламеня́ющ||ийся léichtentzündlich, léichtentflammbar; ~ееся горю́чее Léichtbrennstoff *m* (1)

лёгк||ое *с* (*б. ч. мн.* лёгкие) *анат.* Lúnge *f* (11); иску́сственное ~ое künstliche Lúnge; воспале́ние ~их *мед.* Lúngenentzündung *f* (10); туберкулёз ~их Lúngentuberkulose *f*

легкокры́лый léichtbeschwingt

легкомы́сл||енно *нареч.* léichtfertigerweise, léichtsinnigerweise; **~енный** léichtsinnig, léichtfertig; seicht, óberflächlich (*пустой*); **~ие** *с* Léichtsinn *m* -(e)s, Léichtfertigkeit *f*

легкопла́вкий léichtschmelzend, níedrigschmelzend

легкораствори́мый léichtlöslich

лёгкость *ж* **1.** *физ.* geringes Gewícht, Léichtheit *f*; **2.** (*нетрудность*) Léichtigkeit *f* (10); **3.** (*проворство*) Gewándtheit *f*; ~ похо́дки Léichtfüßigkeit *f*; ~ ре́чи Rédegewandtheit *f*, Zúngenfertigkeit *f*; сде́лать что-л. с ~ю etw. léichter Hand máchen

легко||управля́емый leicht zu bedíenend; **~усво́яемый** léichtverdaulich

лего́нько *нареч. разг.* ganz leicht; sácht(e); kaum bemérkbar; vórsichtig (*бережно*); ~ прикосну́ться к чему́-л. etw. leicht [mit den Fíngerspitzen sáchte] berühren

лёгочный Lúngen-; ~ больно́й Lúngenkranke *m* (14)

легча́ть *разг.* (*о морозе и т. п.*) léichter [línder, mílder] wérden; sich míldern

ле́гче **1.** *сравнит. ст. см.* лёгкий; **2.** *предик. безл.:* больно́му ~ dem Kránken geht es bésser

лёд *м* Eis *n* -es; *геол. мн.* льды Éismassen *pl*; ве́чные льды éwiges Eis; берегово́й ~ Rándeis *n*; до́нный ~ Grúndeis *n*; дрейфу́ющий ~ Tréibeis *n*, Drífteis *n*; иску́сственный ~ Kúnsteis *n*; Maschíneneis *n*; материко́вый ~ Féstlandeis *n*, Ínlandeis *n*; натура́льный ~ Róheis *n*, Natúreis *n*; пищево́й ~ Spéiseeis *n*; сухо́й ~ Tróckeneis *n*, Kóhlensäureschnee *m* -s; торо́систый ~ Páckeis *n*; фи́рновый ~ Schnée-Eis *n*, Fírneis *n*; ~ идёт es ist Éisgang; ~ выде́рживает das Eis trägt; свобо́дный ото льда́ éisfrei; холо́дный как ~ éiskalt; ~ тро́нулся *тж. перен.* das Eis ist gebróchen [gebórsten]; освобожда́ть ото льда́ entéisen *vt*; поста́вить на ~ (*кушанье и т. п.*) kalt stéllen *vt*; ◇ слома́ть [разби́ть] ~ das Eis bréchen*; на языке́ мёд, а в се́рдце ~ *посл.* ≅ süße Réden, fálsches Herz; Hónig im Múnde, Gálle im Hérzen

леден||е́ть veréisen *vi* (s), zu Eis wérden; *перен.* erstárren *vi* (s); ◇ кровь ~е́ет (от у́жаса) das Blut erstárrt [gerínnt, stockt] (vor Gráuen)

ледене́ц *м* Frúchtbonbon [-bɔŋ,bɔŋ] *n* -s, -s

ледени́ть starr [steif] máchen; in Eis verwándeln; éiskalt máchen; *перен.* stócken lássen*; у́жас ледени́т се́рдце Entsétzen läßt das Herz erstárren

леденя́щий éisig

ледери́н *м* Lederín *n* -s, -e

ле́ди *ж* Lady [*англ.* 'le:di] *f*, *pl* -s

ле́дник *м* Éiskeller *m* (6) (*погреб*); Éisschrank *m* (1*) (*шкаф*)

ледни́к *м геол.* Glétscher *m* (6); покрыва́ться ~а́ми verglétschern *vi* (s); **~о́вый** *геол.* glaziál, Glétscher-; ~о́вый руче́й Glétscherbach *m* (1*); ~о́вый пери́од Éiszeit *f*, Glaziálzeit *f*; ~о́вая пеще́ра Éishöhle *f* (11)

ледо́в||ый Eis-; ~ый покро́в Éisdecke *f* (11), Éisschicht *f* (10); ~ая разве́дка *мор.* Éiserkundung *f*; ~ый режи́м *геофиз.* Éisverhalten *n* -s, Éisverhältnisse *pl*; ◇ Ледо́вое побо́ище *ист.* die Éisschlacht (*Schlacht auf dem Eise des Peipussees im Jahre 1242*)

ледозащи́та *ж* Éisabwehr *f*

ледоко́л *м* Éisbrecher *m* (6); а́томный ~ Atómeisbrecher *m*, atómgetriebener Éisbrecher

ледо||ре́з *м* **1.** (*судно*) Éisbrecher *m* (6); **2.** (*сооружение на реках*) Éisbock *m* (1*), Éisbrecher *m* (6); **~ру́б** *м* (*топорик альпиниста*) Éispickel *m* (6); **~сбро́с** *м гидр.* Éisablaß *m* -sses, -lässe, Éisrutsche *f* (11); **~ста́в** *м* Éisstand *m* - (e)s, Zúfrieren *n* von Flüssen; у нас в э́том году́ по́здний ~ста́в in díesem Jahr ist der Fluß spät zúgefroren; ~хóд *м* Éisgang *m* -(e)s; на Вóлге ~хóд die Wólga führt Tréibeis

леды́шка *ж разг.* Éisklumpen *m* (7), Éisstückchen *n* (7)

ледян||óй 1. (*изо льда*) Eis-; ~óй затóр Éisstau *m* (1), Éisstauung *f* (10); ~óй покрóв Éisdecke *f* (11); ~áя дорóжка *спорт.* Éisbahn *f* (10); **2.** (*покрытый льдом*) éisbedeckt; **3.** (*застывший*) éiskalt, steif; ~ые пáльцы stéife Fínger; **4.** *тж. перен.* (*леденящий*) éisig; ~óй вéтер ein éisiger Wind; ~óе молчáние éisiges Schwéigen

лéер *м мор.* Strécktau *n* (2)

лежáк *м* Líege *f* (11)

лежáлый ábgelagert

лежáние *с* Líegen *n* -s

лежáнка *ж* Ófenbank *f* (3)

леж||áть 1. líegen* *vi*; ~áть в постéли (*болеть*) béttlägerig sein, das Bett hüten; ~áть в больнúце im Kránkenhaus líegen*; **2.** (*находиться, быть расположенным*) líegen* *vi*, gelégen sein; áusliegen* *vi*; газéты ~áт в читáльном зáле die Zéitungen líegen im Lésesaal aus; гóрод ~úт на берегý мóря die Stadt liegt am Úfer des Méeres, die Stadt ist am Úfer des Méeres gelégen; **3.** (*об обязанностях, заботах и т. п.*) óbliegen* *vi* (на ком-л. *D*); на мне ~úт забóта mir liegt es ob zu sórgen, es óbliegt mir zu sórgen; ответственность ~úт на мне ich tráge die Verántwortung; **4.** (*иметь направление в какую-л. сторону*) führen *vi*; путь мой ~úт на Москвý mein Weg führt nach Móskau; ◇ ~áть в оснóве zugrúnde líegen*; ~áть в дрéйфе *мор.* dríften *vi*; у меня́ душá [сéрдце] не ~úт (к чемý-л.) das liegt mir nicht; ich empfínde kéine Zúneigung (к комý-л., к чемý-л. für *A*); ich empfínde kéine Sympathíe (für *A*); ~áть под пáром *с.-х.* bráchliegen* *отд. vi*; **~áться:** мне не лежúтся *безл. разг.* ich hábe kéine Lust zu líegen

лежáч||ий líegend; ~ее положéние líegende Stéllung; в ~ем положéнии líegend, áusgestreckt; он ~ий больнóй *разг.* er ist béttlägerig; ◇ под ~ий кáмень водá не течёт *посл.* ≅ ein líegender Stein setzt Moos an; rast' ich, so rost' ich; ~его не бьют *посл.* éinen Gefállenen schlägt man nicht, wer am Bóden liegt, den schlägt man nicht

лéжбище *с* Lágerplatz *m*

лежебó||ка *м, ж разг.* Fáulenzer *m* (6), Tágedieb *m* (1); Fáulenzerin *f* (12) (*о женщине*); **~чничать** *разг.* fáulenzen *vi*, auf der Bärenhaut [fáulen Haut] líegen*

лéжень *м стр.* Schwélle *f* (11), Sóhlbalken *m* (7); береговóй ~ Úferbalken *m*

лёжк||а *ж*; лежáть в ~у *разг.* álle víere von sich strécken

лежмя́ *нареч.*: ~ лежáть *разг.* hílflos dáliegen*; béttlägerig sein (*о больном*)

лéзвие *с* Schnéide *f* (11), Klínge *f* (11); Rasíerklinge *f* (*для безопасной бритвы*); ~ конькá Láufschiene *f* (11); ~ лéмеха *с.-х.* Schárschneide *f*, Schárbrust *f* (3); ~ ножá Mésserschneide *f*, Mésserklinge *f*; ~ нóжниц Schérbacke *f* (11); ~ топорá Áxtblatt *n* (5)

лезгúн *м* Lésghiler *m* (6), Lesgíner *m* (6)

лезгúнка I *ж* (*народность*) Lésghi|erin *f* (12), Lesgínerin *f* (12)

лезгúнка II *ж* (*танец*) Lesgínka *f*, lésghischer Tanz

лезгúнский lésghisch, lesgínisch

лезть 1. (*наверх*) kléttern *vi* (s, h); stéigen* *vi* (s); **2.** (*влезать*) kríechen* *vi* (s) (*ползком*); sich hinéindrängen, (*в узкое место*); ~ в вóду *разг.* ins Wásser stéigen*; **3.** *разг.* (*забираться рукой*) gréifen* *vi*, fáhren* *vi* (s); ~ в кармáн in die Tásche gréifen* [fáhren*]; **4.** *разг.* (*вмешиваться*) sich éinmischen; ~ в дрáку Händel [Streit] súchen; ~ не в своё дéло sich in frémde Ángelegenheiten míschen; **5.** *разг.* (*надоедать*) sich áufdrängen, zúdringlich sein; **6.** (*выпадать — о волосах*) áusfallen* *vi* (s); fádenscheinig wérden (*о шерсти*); **7.** *разг.* (*быть впору*) pássen *vi*; сапогú не лéзут (нá ноги) die Stíefel pássen nicht [sind zu klein]; **8.** (*проникать*) éindringen* *vi*, dríngen* *vi*; пыль лéзла в глазá der Staub drang in die Áugen; **9.** *разг.* (*сползать, налезать*) rútschen *vi*; капюшóн лéзет на глазá die Kapúze rutscht über die Áugen; ◇ от э́того мóжно нá стену ~ das ist ja, um die Wände [an den Wänden] hóchzugehen [hóchzulaufen]!; das kann éinen (ja) auf die Pálme bríngen!; хоть в пéтлю лезь es ist, um sich áufzuhängen; die Láge ist áussichtslos; ~ комý-л. на глазá j-m únter die Áugen kómmen*; sich bei j-m bemérkbar máchen; не ~ за слóвом в кармáн schlágfertig sein, stets éine Ántwort bei der Hand háben, nie um éine Ántwort verlégen sein, nicht auf den Mund gefállen sein

лей *м см.* лéя

лейб-||гвáрдия *ж ист.* Léibgarde *f* (11); **~мéдик** *м ист.* Léibarzt *m* (1*)

лейбори́ст *м полит.* Mítglied *n* der Labour Party [*англ.* 'le:bər 'pa:(r)ti]; **~ский** Labour- ['le:bər-]; ~ская пáртия Labourpartei *f*; ~ское правúтельство Labour-Regierung *f*

лéйденск||ий: ~ая бáнка *физ.* die Léidener Flásche

лéйка I *ж* **1.** (*для поливки*) Gíeßkanne *f* (11); **2.** *разг.* (*воронка*) Tríchter *m* (6)

лéйка II *ж* (*фотоаппарат*) Léica *f pl* -s, Kléinbildkamera *f* Márke «Léica»

лейкемúя *ж мед.* Leukämíe *f*, Wéißblütigkeit *f*

лейкóма *ж мед.* Leukóm *n* (2)

лейкоплáстырь *м мед.* Leukoplást *n* (2), Héftpflaster *n* (6), Róllenpflaster *n*

лейкоцúт *м* (*б. ч. мн.* лейкоцúты) *физиол.* Leukozýte *f* (11)

лейкоцитóз *м мед.* Leukozytóse *f*

лейтенáнт *м* Léutnant *m* (1) (*pl тж.* -s); млáдший ~ Únterleutnant *m*; стáрший ~ Óberleutnant *m*

лейтмотúв *м* **1.** *муз.* Léitmotiv *n* (2); **2.** *перен.* Grúndgedanke *m* (15), Háuptgedanke *m*

лек *м* (*денежная единица Албании*) Lek *m* =, = (= *100 киндаркам*)

лекáло *с* **1.** (*чертёжное*) Kúrvenlineal [-vən-] *n* (2); **2.** (*шаблон, модель*) Schablóne *f* (11), Léhre *f* (11), Léhrbrett *n* (5)

лекáльщик *м* Schablónenmacher *m* (6), Léhrenmacher *m*

лéкарский *уст. разг.* ärztlich, Arzt-, Heil-; ~ помóщник Héilgehilfe *m* (9)

лекáрственн||ый Arznéi-, Heil-, offizinál, offizinéll, medikamentös; ~ые растéния Arznéipflanzen *pl*; ~ое сырьё Dróge *f* (11); ~ая терапúя medikamentöse Therapíe

лекáрство *с* Arznéimittel *n* (6), Medikamént *n* (2), Héilmittel *n*; Arznéi *f* (10), Medizín *f* (10); ~ от простýды éine Arznéi gégen Erkältung; приня́ть ~éine Arznéi éinnehmen*; ~ по рецéпту Rezéptarznei *f*, rezéptpflichtige Arznéi *f*; готóвое [патентóванное] ~ fértige Arznéi

лéкарь *м уст. разг.* Arzt *m* (1*); ◇ врéмя — лýчший ~ *посл.* die Zeit heilt álle Wúnden

лексéма *ж лингв.* Lexém *n* -s

лéксика *ж* Léxik *f*, Wórtschatz *m* -es, Wórtbestand *m* -es; специáльная ~ Sónderwortschatz *m*, Fáchwortschatz *m*; литератýрная ~ literatúrsprachlicher Wórtschatz

лéксико-грамматúческий *лингв.* lexikálisch-grammátisch

лексикó||граф *м* Lexikográph *m* (8); **~графúческий** lexikográphisch

лексикогрáфия *ж* Lexikographíe *f*

лексикó||лог *м* Lexikológ(e) *m* (8, 9); **~логúческий** lexikológisch; **~лóгия** *ж* Lexikologíe *f*, Wórtkunde *f*

лексикóн *м* **1.** *уст.* (*словарь*) Léxikon *n* -s, -ka *u* -ken; Wörterbuch *n* (5); **2.** (*запас слов*) Wórtschatz *m* -es, Spráchschatz *m*; у негó бéдный ~ er hat [verfügt über] éinen geríngen Wórtschatz

лексúческий lexikálisch

лéктор *м* Vórtragende *m* (14), Referént *m* (8); Léktor *m* -s, -tóren (*в системе партучёбы*)

лектóрий *м* **1.** (*учреждение*) Lektórenbüro *n* -s, -s; **2.** (*помещение*) Vórtragssaal *m* -(e)s, -säle, Vórtragsraum *m* (1*)

лектýра *ж* Lektorát *n* (2), Stélle éines Léktors

лекциóнн||ый Vórlesungs-; ~ый мéтод преподавáния Lektiónsmethode des Únterrichts; ~ые часы́ Vórlesungsstunden *pl*; ~ый зал Hörsaal *m* -(e)s, -säle

лéкц||ия *ж* Vórlesung *f* (10); Vórtrag *m* (1*); обзóрная ~ия Überblicksvorlesung *f*; курс ~ий (*в вузе*) Vórlesungszyklus *m* =, -klen; посещáть ~ии die Vórlesungen besúchen; читáть ~ии Vórlesungen hálten*; ~ия по... (*истории и т. п.*) Vórlesung in... (*Geschichte usw.*)

лелéять 1. hégen, hégen und pflégen; ~ мечтý éinen Traum hégen, sich in éinem Traum wíegen; ~ ребёнка ein Kind verhätscheln; **2.** (*услаждать*) erfréuen *vt*, ergötzen *vt*; мýзыка лелéет слух die Musík erfréut das Ohr

лéмех *м с.-х.* Pflúgschar *f* (10), Pflúgeisen *n* (7), Schar *f*

лéмма *ж мат.* Lémma *n* -s, -ta, Ánnahme *f* (11), Hílfssatz *m* (1*)

лéмминг *м зоол.* Lémming *m* (1); кóльский ~ Gebírgslemming der Kólahalbinsel; óбский ~ Ob-Lemming *m*

лемпúра *ж* (*денежная единица Гондураса*) Lempíra *f* =, -s (= *100 сентаво*)

лемýр *м* **1.** *тк. мн.* ~ы *миф.* Lemúren *pl*; **2.** *зоол.* Lemúr(e) *m* (8, 9); Máki *m* -s, -s

лен *м ист.* **1.** Léhen *n* (7), Lehn *n* (2); **2.** (*пóдать*) Léhensabgabe *f* (11); обложúть ~ом beléhnen *vt*

лён *м бот.* Lein *m* -(e)s (*на поле*); Flachs *m* -es (*тж. волокно*); ~-долгунéц geméiner Flachs; Fáserlein *m*; ~-кудря́ш Kräuselflachs *m*; дёргать ~ Flachs rúpfen; выращивание льна Fláchsbau *m* -(e)s; дúкий ~ Fráuenflachs *m*; ◇ гóрный ~ *мин.* Bérgflachs *m*, Asbést *m* (1)

ленúв||ец *м* **1.** Fáulenzer *m* (6), Fáulpelz *m* (1); Bärenhäuter *m* (6), Tágedieb *m* (1); **2.** *зоол.* Fáultier *n* (2); **~ый 1.** faul, träge, árbeitsscheu; **2.** (*вялый*) schlaff, índolent; lässig (*медлительный*); ~ая похóдка lässiger Gang; ◇ ~ые щи Súppe aus fríschem Kohl

ленингрáд||ец *м* Léningrader *m* (6); **~ский** Léningrader *inv*; ~ская óбласть Léningrader Gebíet, Gebíet Léningrad

ле́нинец *м* Leníníst *m* (8)

Ленинна́на *ж лит., иск.* Leniniána *f*, Gestáltung *f* Lénins in der Kunst

ленини́зм *м* Leninísmus *m* =

ле́нинск||ий Lénin-, Lénins, Léninsch; ~ая па́ртия die Partéi Lénins; Ле́нинский комсомо́л der Léninsche Komsomól, der Léninsche Kommunístische Júgendverband; ~ие заве́ты das Vermächtnis Lénins; Ле́нинская пре́мия Léninpreis *m* -es

лени́ться fáulenzen *vi*, faul sein, träge sein; он ле́нится чита́ть er ist zu faul zum Lésen

ле́н||ник *м ист.* Léh(e)nsmann *m* -(e)s, -leute; Vasáll [va-] *m* (8); **~ный** *ист.* Léh(e)ns-; ~ная зави́симость Léh(e)nsdienst *m* (1); ~ное пра́во Léhnsrecht *n* (2)

ле́ность *ж* Fáulheit *f*, Trägheit *f*; Faulenzeréi *f*

ле́нский Léna-, an der Léna; Ле́нский (у́гольный) бассе́йн das Lénabecken; Ле́нский расстре́л, Ле́нские собы́тия *ист.* Eréignisse an der Léna

ле́нт||а *ж* **1.** Band *n* (5); Stréifen *m* (7) (*полоса*); пулемётная [патро́нная] ~а *воен.* Patrónengurt *m* (1); изоляцио́нная ~а *эл.* Isolíerband *n*; телегра́фная ~a Telegrámmstreifen; конве́йерная ~а Förderband *n*; Fördergurt *m*; Verládeband *n*; перфорацио́нная ~а Lóchstreifen *m* (7); магнитофо́нная ~а Tónband *n*; Únterrichtsband *n* (*уче́бная*); ме́рная ~а (*руле́тка*) Méßband *n*; ко́жаная ~а (*внутри́ шля́пы*) Schwéißband *n*, Schwéißleder *n* (6); гу́сеничная ~а Gléiskette *f* (11); Ráupenkette *f*; о́рденская ~а Órdensband *n*; ~а для пи́шущей маши́нки Fárbband *n*, Schréibmaschinenband *n*; ви́ться ~ой sich schlängeln; **2.** (*фильм*) Stréifen *m* (7), Film *m* -s, -s

лентови́дный, лентообра́зный bándartig; bándförmig; ~ орна́мент *стр.* Bándornament *n* (2)

ле́нточка *ж* Schmálband *n* (5); Bändchen *n* (7); ~-закла́дка (*в кни́ге*) Éinlegeband *n*; фи́нишная ~ *спорт.* Zíelband *n*

ле́нточн||ый Band-; Stréifen-; ~ый тка́цкий стано́к Bándstuhl *m* (1*), Bándwebstuhl *m*; ~ая пила́ *тех.* Bándsäge *f* (11); ~ый конве́йер *тех.* Förderband *n*, Bándförderer *m* (6); ~ый перфора́тор *выч. тех.* Bándlocher *m* (6); ~ый червь *зоол.* Bándwurm *m* (4); ~ые посе́вы *с.-х.* Stréifensaat *f* (10)

лентя́й *м разг.* Fáulenzer *m* (6), Fáulpelz *m* (1); Bärenhäuter *m* (6), Tágedieb *m* (1); **~ка** *ж разг.* Fáulenzerin *f* (12); **~ничанье** *с разг.* Fáulenzen *n* -s, Faulenzeréi *f*; **~ничать** *разг.* fáulenzen *vi*, auf der fáulen Haut [Bärenhaut] líegen*

ленц||а́ *ж разг.*: рабо́тать с ~о́й sich (*D*) kein Bein áusreißen*; gemächlich árbeiten, sich nicht ánstrengen; он с ~о́й er ist zíemlich faul

ле́нчик *м спец.* (*седла́*) Sáttelbock *m* (1*), Sáttelbaum *m* (1*), Sáttelbogen *m* (7)

лень *ж* **1.** Fáulheit *f*, Trägheit *f* (*вя́лость, медли́тельность*); Faulenzeréi *f*; Fauléntia *f* (*разг. шутл.*); у́мственная ~ Dénkträgheit *f*; ~ напа́ла (на меня́) die Fáulheit hat mich übermánnt; **2.** *предик. безл.*: мне ~ (+ *инф.*) ich bin zu faul (um + *inf*); ◇ все, кому́ не ~ *разг.* jéder x-beliebige; ein jéder, wem es geráde éinfallen söllte

леопа́рд *м зоол.* Leopárd *m* (8)

лепесто́к *м бот.* Blütenblatt *n* (5), Blúmenblatt *n*, Krónenblatt *n*

ле́пет *м* **1.** Lállen *n* -s, Gelálle *n* -s; де́тский [младе́нческий] ~ Kínderlallen *n*; **2.** *поэт.* (*о воде́*) Gemúrmel *n* -s, Múrmeln *n* -s; **~а́ть 1.** lállen *vi* (*о детях*); stámmeln *vt* (*бормота́ть*); **2.** *поэт.* (*о воде́*) múrmeln *vi*

лепёшк||а *ж* **1.** (*из те́ста*) Fláden *m* (7); **2.** (*лека́рственная*) Plätzchen *n* (7); Pastílle *f* (11), Tablétte *f* (11); мя́тная ~а Pféfferminzplätzchen *n*; Pféfferminzdrops *pl*; ◇ расшиби́ться в ~у *разг.* ≅ sich (*A*) vor Éifer fast úmbringen*, sich (*D*) die Béine áusreißen*

лепи́ть 1. (*о скульпту́ре*) fórmen *vt*, modellíeren *vt*; knéten *vt*, bósseln *vt*; ~ фигу́рки из во́ска kléine Figürchen in Wachs knéten [bósseln]; **2.** (*о гнёздах, сота́х и т. п.*) báuen *vt*; **3.** *разг.* (*прикле́ивать*) ánkleben *vt*, ánleimen *vt*; ◇ ~ сне́жную ба́бу éinen Schnéemann báuen; **~ся** sich ánklammern, sich ánschmiegen

ле́пка *ж* Modellíeren *n* -s, Fórmen *n* -s

лепн||о́й modellíert, Stuck-; ~ы́е укра́шения Stúckverzierungen *pl*; ~о́й фаса́д Stúckfassade *f* (11)

ле́пт||а *ж* **1.** (*разме́нная моне́та в Гре́ции*) Leptón *n* -s, *pl* Leptá (=*1/100 дра́хмы*); **2.** *перен.* Schérflein *n* (7), Óbolus *m* =, *pl* = *u* -se; внести́ свою́ ~у sein Schérflein béitragen* [béisteuern, spénden], séinen Dréier dazúgeben*, séinen Óbolus entríchten

ле́пщик *м* Fórmer *m* (6), Bíldformer *m*

лес *м* **1.** Wald *m* (4); Forst *m* (1); Wáldung *f* (10) (*лесно́й масси́в*); хво́йный ~ Nádelwald *m*; ли́ственный ~ Láubwald *m*; сме́шанный ~ Míschwald *m*; де́вственный ~ Úrwald *m*; небольшо́й ~ Gehölz *n* (2); по́йменный ~ Áuenwald *m*; защи́тный ~ Schútzwald *m*; запове́дный ~ Hégeholz *n* -es, Hégewald *m*, Schónung *f* (11); Schútzforst *m*, Bánnwald *m*; сру́бленный ~ Ábschlag *m* -(e)s, geschlágenes Holz; ~ на корню́ ánstehendes Holz; обновле́ние ~а (*путём но́вых поса́док*) Wálderneuerung *f*; посе́вы и поса́дки ~о́в Bestándsgründungen *pl*; пра́во по́льзования ~ом *юр.* Hólzrecht *n* (2); насажда́ть ~а́ bewálden *vt*; **2.** *тк. ед.* (*материа́л*) Holz *n* -es; строево́й ~ Báuholz *n*; Zímmerholz *n*; поде́лочный ~ Nútzholz *n*; ~ возду́шной су́шки lúfttrocknendes Holz; ма́чтовый ~ Mástholz *n*; кора́бельный ~ Schíffsholz *n*, Schíffbauholz *n*; кру́глый ~ Rúndholz *n*; Vóllholz *n* (*неокорённый*); крепёжный ~ Grúbenholz *n*, Stémpelholz *n*; молево́й ~ Tréibholz *n*; ◇ быть как в ~у́ *разг.* ≅ im dúnkeln táppen; von étwas nichts verstéhen*; кто в ~, кто по дрова́ der éine sagt hü, der ándere hott; ~ ру́бят — ще́пки летя́т *посл.* wo gehóbelt wird, da fállen Späne; из-за дере́вьев не ви́деть ~а *погов.* den Wald vor (láuter) Bäumen nicht séhen

леса́ I *мн. см.* лес 1

леса́ II *мн. стр.* Gerüst *n* (2), Báugerüst *n*; Pútzgerüst *n* (*для штукату́рных рабо́т*); в ~х éingerüstet

леса́ III *ж* (*рыболо́вная*) Ángelschnur *f* (3), Léine *f* (11)

ле́сенк||а *ж* kléine Léiter; Tréppchen *n* (7); подъём ~ой Tréppenschritt *m* -(e)s (*лы́жи*)

леси́ст||ый wáldig, wáldreich, bewáldet; ~ая ме́стность Wáldgelände *n* (6)

ле́ска *ж см.* леса́ III

лесни́к *м* Wáldwärter *m* (6), Fórstwart *m* (1), Héger *m* (6); Fórstaufseher *m* (6)

лесни́ч||ество *с* Försteréi *f*, Fórstamt *n* -(e)s; **~ий** *м* Förster *m* (6); гла́вный ~ий Fórstmeister *m*; ста́рший ~ий Óberförster *m*; участко́вый ~ий Revíerförster [-'vi:r-] *m*

лесн||о́й 1. (*относя́щийся к ле́су*) Wald-, Forst-; wáldbewohnend; ~ы́е бога́тства Wáldreichtum *m* (5); ~о́й засло́н Wáldbarriere *f* (11); ~о́й пито́мник Fórstgarten *m* (7*); ~о́е де́ло Fórstfach *n* -(e)s, Fórstwesen *n* -s; ~о́й пожа́р Wáldbrand *m* (1*); ~о́е хозя́йство Fórstwirtschaft *f*; ~о́й вреди́тель Fórstschädling *m* (1); ~а́я по́чва *с.-х.* Wáldboden *m* (6*); ~а́я полоса́ Wáldgürtel *m* (6); ~о́й масси́в Wáldkomplex *m* (1); ~о́й ко́декс Fórstgesetze *pl*; ~о́й царь *фольк.* Érlkönig *m* -s; **2.** (*относя́щийся к материа́лу*) Holz-; ~о́й склад Hólzlager *n* (6); ~а́я промы́шленность Hólzindustrie *f*

лесове́дение *с* Fórstkunde *f*, Fórstwissenschaft *f*

лесово́д *м* Fórst(fach)mann *m* (4), Fórstwissenschaftler *m* (6)

лесово́дство *с* **1.** (*нау́ка*) Fórstwissenschaft *f*; **2.** (*о́трасль хозя́йства*) Fórstwirtschaft *f* (10)

лесово́з *м* Lángholztransporter *m* (6), Lángholzwagen *m* (7) (*автомоби́ль*); Hólzfrachter *m* (6) (*су́дно*)

лесово́зн||ый: ~ая доро́га Hólzabfuhrweg *m* (1)

лесозаво́д *м* Sägewerk *n* (2)

лесозагото́в||ки *мн.* Hólzbeschaffung *f*, Hólzeinschlag *m* (1*), Hólzaufbereitung *f* (10), Hólzgewinnung *f* (10); сезо́н ~ок Fällzeit *f* (10)

лесозащи́тн||ый Schútzwald-; ~ая полоса́ Schútzwaldstreifen *m* (7), Wáldschutzstreifen *m*

лесоистребле́ние *с* das Ábholzen der Wälder, Ráubbau an den Wäldern

лесоматериа́лы *мн.* Nútzholz *n* -es

лесомелиора́тор *м* Fórstmeliorator *m* (13)

лесомелиора́ция *ж* Fórstmelioration *f*

лесонасажде́н||ие *с* **1.** (*лесоразведе́ние*) Wáldanpflanzung *f* (10), Hólzanbau *m* -(e)s; Áufforstung *f* (10); план ~ий Áufforstungsplan *m* (1*); полезащи́тные ~ия Schútzwaldstreifen *pl*, Schútzwald(an)pflanzungen *pl*, Schútzforst *m* (1); **2.** *б. ч. мн.* ~ия (*лес*) Wáldbestand *m* (1*), Hólzbestand *m*

лесоохране́ние *с* Fórstschutz *m* -es, Wáldschutz *m*

лесопа́рк *м* Wáldpark *m* (1) (*pl тж.* -s)

лесопи́лка *ж* **1.** *разг.* (*заво́д*) Ságemühle *f* (11), Sägewerk *n* (2); **2.** (*маши́на*) Sägemaschine *f* (11), Gátter *n* (6)

лесо||пи́льный Säge-; Holzsäge-; ~пи́льный заво́д Sägewerk *n* (2); ~пи́льная промы́шленность Säge(werks)industrie *f*; ~пи́льная ра́ма Gáttersäge *f* (11), Sägegatter *n* (6); **~пи́льня** *ж см.* лесопи́лка 1; **~пито́мник** *м* Schónung *f* (10); **~по́льзование** *с* Fórstnutzung *f*

лесо||по́льный: ~по́льное хозя́йство Báumfeldwirtschaft *f* (10); **~поса́дки** *мн.* Wáldanpflanzungen *pl*, Áufforstungen *pl*

лесопромы́шленн||ик *м* Hólzindustriielle *m* (9); **~ость** *ж* Hólzindustrie *f*

лесопу́нкт *м* Hólzeinschlagstelle *f* (11), (örtliche) Hólzaufbereitungsstelle *f*

лесоразведе́н||ие *с* Áufforstung *f*; план ~ия Áufforstungsplan *n* (1*)

лесо||разрабо́тки *мн.* Hólz(ein)schlag *m* (1*); **~ру́б** *м* Wáldarbeiter *m* (6), Hólzfäller *m* (6); **~ру́бный, ~ру́бочный:** ~ру́бочный сезо́н Fällzeit *f*; **~се́ка** *ж* Hólzeinschlagfläche *f* (11), Ábtriebfläche *f*, Híebsfläche *f*; Hólzschlag *m* (1*); **~спла́в** *м* Flößeréi *f* (10), Hólzflößen *n* -s (*в плотах*); Tríftflößerei *f* (*молевой*); **~спу́ск** *м* Hólzriese *f* (11), Ríese *f*; **~сте́пь** *ж* Wáldsteppe *f* (11); **~такса́ция** *ж* *лес.* Fórstabschätzung *f*

лесотехни́ческий fórsttechnisch

лесо́т||ец *м* Lesóther *m* (6); **~ский** lesóthisch

лесо||ту́ндра *ж* Wáldtundra *f*, *pl* -dren; **~устро́йство** *с* Fórsteinrichtung *f*; Wáldertragsregelung *f*; **~уча́сток** *м* Fórstrevier [-,vi:r] *n* (2), Wáldparzelle *f* (11); **~хими́ческий** fórstchemisch; hólzchemisch; **~хи́мия** *ж* Fórstchemie *f*; Hólzchemie *f*; **~хозя́йственный** fórstwirtschaftlich; Fórstwirtschafts-; **~э́кспорт** *м* Hólzausfuhr *f*, Hólzexport *m* (1)

леспромхо́з *м* Fórstwirtschaftsbetrieb *m* (1), Fórstindustriebetrieb *m*, industriéller Fórstbetrieb

лёсс *м* *геол.* Löß *m* (1); **~овый** Löß-; ~овая почва *геол.* Lößboden *m* (7, 7*)

ле́стница *ж* **1.** Tréppe *f* (11), Tréppenaufgang *m* (1*); Stíege *f* (11) (*узкая, крутая*); Léiter *f* (11), Ánlegeleiter *f* (*приставная*; *гимнастическая*); Áufstiegleiter *f* (*напр. на фабричной трубе*); верёвочная ~ Stríckleiter *f*; винтова́я ~ Wéndeltreppe *f*; пожа́рная ~ Féuerleiter *f*, Nótleiter *f*; чёрная ~ Híntertreppe *f*, Küchenaufgang *m* (1*); многоэта́жные дома́ ~ми Tréppenhäuser *pl*; **2.** *перен.* Ábstufung *f*, Rángordnung *f*; обще́ственная ~ die Ábstufung der geséllschaftlichen Stéllungen; иерархи́ческая ~ die hi¦erárchische Rángordnung [Stúfenleiter]; **3.** *горн.* Fahrt *f*

ле́стничн||ый Tréppen-; Léiter-; ~ая кле́тка Tréppenhaus *n* (5); ~ая ступе́нька Tréppenstufe *f* (10); Léitersprosse *f* (10) (*у приставной лестницы*); ~ая площа́дка Tréppenabsatz *m* (1*), Tréppenpodest *n* (2); ~ый марш Tréppenlauf *m* (1*)

ле́стн||ый schméichelhaft; béifällig; ~о отзыва́ться sich béifällig äußern (*о ком-л., о чём-л.* über *A*)

лесть *ж* Schmeicheléi *f* (10); Scharwenzeléi *f* (*разг.*)

лесхо́з *м* (лесно́е хозя́йство) Fórstwirtschaftsbetrieb *m* (1)

лёт *м* Flug *m* (1*); пять часо́в ~а fünf Flúgstunden; ◇ на лету́ im Flúge; mühelos; хвата́ть на лету́ *разг.* im Flúge erfássen [begréifen*, áufgreifen*], leicht [schnell] áuffassen

Ле́т||а *ж* *миф.* Léthe *f*, Létheflu ß *m* (1*); *перен.* Vergéssenheit *f*; ◇ ка́нуть в ~у in Vergéssenheit geráten*, der Vergéssenheit anhéim¦fallen* *отд.*

лета́ *мн.* Jáhre *pl*; Álter *n* (6) (*возраст*); пять лет fünf Jáhre; ско́лько вам лет? wie alt sind Sie?; Íhr Álter, bítte?; как вы ду́маете, ско́лько ему́ лет? wie alt schätzen Sie ihn?, für wie alt hálten Sie ihn?, wie alt gláuben Sie, daß er ist?, wie alt mag er sein?; ей 60 лет sie ist séchzig (*разг.*), sie hat 60 auf dem Búckel (*разг.*); мне 30 лет ich bin 30 (Jáhre alt); ему́ приме́рно 70 лет ich schätze ihn auf éinige 70; nach méiner Schätzung ist er étwa 70; er ist so um die 70 herúm; в ~х *разг.* (*пожилой*) schon bei Jáhren; bejáhrt; сре́дних лет in míttleren Jáhren; на ста́рости лет auf séine álten Táge; мы одни́х с ним лет wir sind Álters-genossen; на мно́го лет вперёд auf víele Jáhre hináus

лета́льность *ж* *мед.* Letalitätsziffer *f*, Letalität *f*

лета́льн||ый *мед.* letál, tödlich; ~ая до́за letále Dósis, Letáldosis *f*, *pl* -sen; ~ый исхо́д letáler [tödlicher] Áusgang

летарг||и́ческий *мед.* lethárgisch; ~и́я *ж* *мед.* Lethargíe *f*

лета́тельн||ый Flug-; ~ый аппара́т Flúgapparat *m* (1), Flúgkörper *m* (6); ~ая перепо́нка *зоол.* Flúghaut *f* (3); ~ая спосо́бность *зоол.* Flúgfähigkeit *f*, Flúgvermögen *n* -s

лета́ть *см.* лете́ть

лета́ющ||ий flíegend; ~ая лягу́шка *зоол.* Flúgfrosch *m* (1*); ~ая кре́пость *ав.* flíegende Féstung

лете́ть flíegen* *vi* (s) (*тж. перен.*); vergéhen* *vi* (s), flíehen* *vi* (s) (*о времени и т. п.*); überflíegen* *vt* (*над чьей-л. территорией*); (dahín)jágen *vi* (*мчаться*); журавли́ летя́т die Kránіche zíehen; ~ по прибо́рам *ав.* blíndfliegen* *отд.* *vi* (s); а́кции летя́т вверх die Ákti¦en schnéllen in die Höhe; ◇ ~ стрело́й flíegen* wie ein Pfeil, pféilgeschwind [pféilschnell] flíegen* [láufen*]; dahínfliegen* *vi* (s), stürzen *vi* (s); ~ сломя́ го́лову ≅ Hals über Kopf (hín)láufen*, Hals über Kopf (hín)stürzen

лётка *ж* *тех.* Ábstichloch *n* (5), Stíchloch *n*, Ábstichöffnung *f* (10), Ábflußöffnung *f*

ле́тн||ий Sómmer-; sómmerlich; ~ее пла́тье Sómmerkleid *n* (5); ~ий пери́од Sómmerabschnitt *m* -(e)s, Sómmerzeit *f*

ле́тник *м* *бот.* Sómmerpflanze *f* (11), Sómmerblume *f* (11)

лётно-такти́ческ||ий flúgtaktisch; ~ие да́нные самолёта flúgtaktische Dáten des Flúgzeugs

лётно-техни́ческ||ий flúgtechnisch; ~ие да́нные flúgtechnische Éigenschaften, Flúgeigenschaften *pl*

лётн||ый *ав.* Flíeger-, Flug-; ~ый соста́в Flúgpersonal *n* -s, flíegendes Personál; ~ый строй Flúgform *f* (10), Flúgordnung *f* (10); ~ая пого́да Flúgwetter *n* -s; ~ое по́ле Róllfeld *n* (5); ~ое де́ло Flúgwesen *n* -s; ~ая шко́ла Flíegerschule *f* (11); ~ое мастерство́ flíegerisches Können; ~ый день Flúgtag *m* (1); ~ое вре́мя (*насекомых*) Schwärmzeit *f*

ле́т||о *с* Sómmer *m* (6); жа́ркое ~о ein héißer Sómmer; холо́дное ~о ein kühler Sómmer; дождли́вое ~о ein násser Sómmer; сухо́е ~о ein tróckener Sómmer; ~ом im Sómmer; про́шлым ~ом (im) vórigen Sómmer; бу́дущим ~ом (im) nächsten Sómmer; нача́ло ~а Frühsommer *m*; в нача́ле ~а zu Sómmersanfang; середи́на [разга́р] ~а Hóchsommer *m*; в середи́не [в разга́ре] ~а im Hóchsommer; в тече́ние ~а im Lauf des Sómmers, den Sómmer über; коне́ц ~а Spätsommer *m*, Náchsommer *m*; в конце́ ~а im Spätsommer; всё ~о den gánzen Sómmer, den Sómmer über; éinen Sómmer lang; наступа́ет ~о es wird Sómmer; ~о уже́ наступи́ло der Sómmer ist schon da; ~о прошло́ der Sómmer ist vorbéi [vorüber]; ◇ ба́бье ~о Altwéibersommer *m*

лето́к *м* (*в улье*) Flúgloch *n* (5)

ле́том *нареч.* im Sómmer

летопи́с||ец *м* Chroníst [kro-] *m* (8), Annalíst *m* (8), Annálenschreiber *m* (6); **~ный** Chronik- [ˈkro:-]; Annálen-; ~ный свод Annálensammlung *f* (10)

ле́топись *ж* *ист., лит.* Chronik [ˈkro:-] *f* (10), Annálen *pl*

летосчисле́ние *с* Zéitrechnung *f* (10)

лету́н *м* *перен.* *разг.* Árbeiter [Ángestellter], der häufig die Árbeitsstelle wéchselt; Zúgvogel *m* (6*)

летуч||есть *ж* *хим.* Flüchtigkeit *f*; **~ий** **1.** (*летающий*) flíegend; ~ие пески́ *геогр.* Flúgsand *m* (1); **2.** *хим.* flüchtig; ~ие соедине́ния flüchtige Verbíndungen; ◇ ~ая мышь Flédermaus *f* (3); ~ая ры́ба Flúgfisch *m* (1), flíegender Fisch; ~ий ревмати́зм *мед.* flíegendes Rhéuma

летучка *ж* **1.** *разг.* (*печатный листок*) Flúgblatt *n* (5); Flúgschrift *f* (10); **2.** *разг.* (*собрание*) Kúrzversammlung *f* (10); Kúrzbesprechung *f* (10); **3.:** ремо́нтная ~ Reparatúrwagen *m* (7); **4.** *бот.* Féderkrone *f* (11), Sámenkrone *f*

лётчик *м* Flíeger *m* (6), Pilót *m* (8), Flúgzeugführer *m* (6); ~-истреби́тель Jágdflieger *m*; ~-наблюда́тель Beóbachtungsflieger *m*; ~ разве́дывательной авиа́ции Áufklärungsflieger *m*; ~-испыта́тель Versúchsflieger *m*; Téstpilot *m*, Téstflieger *m*, Éinflieger *m*; ~-космона́вт Flíegerkosmonaut *m* (8)

лече́бница *ж* Klínik *f* (10), Héilstätte *f* (11), Héilanstalt *f* (10); ~ по не́рвным боле́зням Nérvenheilanstalt *f*

лече́бно-профилакти́ческий therapéutisch und prophyláktisch

лече́бн||ый Behándlungs-; Heil-; Kur-, kuratív, Therapíe-, therapéutisch; ~ые препара́ты Arznéimittel *pl*; ~ые тра́вы Héilkräuter *pl*; ~ое заведе́ние Héilanstalt *f* (10), Gesúndheitseinrichtung *f* (10), Éinrichtung des Gesúndheitswesens; ~ая гимна́стика Héilgymnastik *f*

лече́ни||е Behándlung *f* (10), Héilbehandlung *f*; стациона́рное ~е stationäre Behándlung, Kránkenhausbehandlung *f*; амбулато́рное ~е ambulánte Behándlung; обяза́тельное ~е Behándlungszwang *m* -(e)s; режи́м ~я Behándlungsart *f*; ме́тод ~я Héilverfahren *n* -s; проде́лать курс ~я éine Kur máchen; нужда́ться в ~и behándlungsbedürftig sein; ~е во́здухом Lúftkur *f*, Aerotherapíe *f*; ~е сном Schláftherapie *f*

лечи́ть **1.** behándeln *vt*, kuríeren *vt* (чем-л. mit *D*); ~ гря́зями mit Móorbädern [Schlámmbädern] behándeln; **2.** (*что-л.*) behándeln, lássen*; ~ зу́бы sich (*D*) die Zähne behándeln lássen*; **~ся** sich kuríeren, in (ärztlicher) Behándlung sein; sich ärztlich behándeln lássen* (от чего́-л. gégen *A*); ~ся у кого́-л. von j-m behándelt wérden, bei j-m in Behándlung sein

лечь **1.** sich légen, sich hínlegen; **2.** (*лечь спать*) sich schláfen légen, zu Bett géhen*, schláfen géhen*; sich zur Rúhe begében* (*высок.*); **3.** *перен.* sich légen, sich sénken, fállen* *vi* (s); тума́н лёг на по́ле der Nébel sénkte sich auf das Feld; ◇ ~ в дрейф *мор.* béidrehen *vi*; ~ в осно́ву zugrúnde gelégt wérden (чего́-л. *D*)

ле́ш||ий *м* *фольк.* Wáldgeist *m* (4), Wáldteufel *m* (6), Schrat *m* (1), Schrät(t)el *m* (6); ◇ ну тебя́ к ~ему! *бран.* ≅ scher dich zum Téufel!, geh zum Kúckuck!

лещ *м* Brásse *f* (11), Brássen *m* (7), Bráchsen *m* (7), Bráchse *f* (11); Blei *m* (1)

лещи́на *ж* *бот.* Hásel *f* (11), Háselbusch *m* (1*); Háselnuß *f* (3)

ле́я *ж* (*румынская денежная единица*) Léu *m* =, *pl* Léi (= *100 банам*)

лжедемократи́ческий schéindemokratisch

лжедемокра́тия *ж* Pséudodemokratie *f*, Schéindemokratie *f*

лженау́чный 'pséudowissenschaftlich, únwissenschaftlich

лжеприся́га *ж юр.* Méineid *m* (1)

лжесвиде́тель *м* fálscher Zéuge; **~ство** *с* fálsche Áussage; **~ствовать** falsch áussagen

лжец *м* Lügner *m* (6)

лжи́вость *ж* Verlógenheit *f*, Lügenhaftigkeit *f*

лжи́в||ый verlógen; lügenhaft, lügnerisch (*обманчивый*); ~ая улы́бка trügerisches Lächeln

ли 1. *вопр. частица, не переводится* уча́ствовал ли ты в демонстра́ции Пе́рвого ма́я? hast du an der Máidemonstration téilgenommen?; **2.** *союз* (*при косвенном вопросе*) ob; не зна́ю, успе́ю ли я зайти́ к вам ich weiß nicht, ob ich Zeit fínde, zu Íhnen zu kómmen; не уйти́ ли нам? söllen wir nicht líeber fórtgehen?; **3.** *разделительный союз:* ли... ли (*или*) óder; зимо́й ли, ле́том ли im Sómmer óder im Wínter; **4.:** едва́ ли, вряд ли kaum, wohl nicht; шу́тка ли das ist kéine Kléinigkeit; то ли де́ло étwas ánderes wäre; es wäre bésser

лиа́на *ж бот.* Liáne *f* (11)

либера́л *м* **1.** (*член либеральной партии*) Liberále *m* (14); **2.** *уст.* (*вольнодумец*) Fréisinnige *m* (14); **3.** *разг. неодобр.* állzu náchsichtiger Mensch

либера́л-демокра́т *м* Liberáldemokrat *m* (8)

либерали́зм *м* **1.** *полит.* Liberalísmus *m* =; **2.** *уст.* (*вольнодумство*) Fréisinnigkeit *f*; **3.** *разг.* (*вредное попустительство*) állzu große Náchsicht, schädliche Toleránz

либера́льничать 1. *уст.* (*проявлять свободомыслие*) sich als liberáler [fréisinniger] Mensch áufspielen [áufwerfen*]; **2.** *разг.* (*попустительствовать*) állzu náchsichtig sein

либера́льно-буржуа́зный bürgerlich-liberál

либера́льно-демократи́ческий liberál-demokrátisch

либера́льн||ость *ж см.* либерали́зм 2, 3; **~ый 1.** *полит.* liberál; **2.** *уст.* (*вольнодумный*) liberál, fréisinnig; **3.** *разг. неодобр.* állzu náchsichtig; ~ая оце́нка зна́ний eine állzu náchsichtige Éinschätzung der Kénntnisse

либе́риец *м* Liberiáner *m* (6)

либери́йский liberiánisch

ли́бо *союз* óder; ~..., ~..., entwéder..., óder...; ~ сего́дня, ~ за́втра entwéder héute óder mórgen

либретти́ст *м* Librettíst *m* (8); Óperntextdichter *m* (6) (*оперы*)

либре́тто *с* Librétto *n* -s, *pl* -s *u* -tti; Téxtbuch *n*; Óperntext *m* (1) (*оперы*)

лива́н||ец *м* Libanése *m* (9); **~ка** *ж* Libanésin *f* (12)

лива́нский libanésisch

ли́вень *м* Régenguß *m* -sses, -güsse, Régenschauer *m* (6), Plátzregen *m* (7), Wólkenbruch *m* (1*), wólkenbruchartiger Plátzregen, Stúrzregen *m*, strömender Régen; ~ пуль Kúgelregen *m*

ли́вер I *м кул.* Geschlínge *n* (6)

ли́вер II *м тех.* Héber *m* (6), Stéchheber *m*, Sáugheber *m*

ли́верн||ый Léber-; ~ая колбаса́ Léberwurst *f* (3); ~ый паште́т Léberkäse *m* (6), Léberpastete *f*

ливи́||ец *м* Líbyer *m* (6); **~йка** *ж* Líbyerin *f* (12)

ливи́йский líbysch

ливмя́ *нареч. разг.:* дождь ~ льёт es régnet in Strömen; es régnet Bíndfäden; es gießt; es gießt wie aus Éimern

ливневы́пуск *м стр.* Régenauslaß *m* -sses, -lässe

ливре́йный Livree- [*фр.* liv're:]; ~ слуга́ livríerter Díener, Díener *m* in Livrée

ливре́я *ж* Livree [*фр.* liv're:] *f* (11)

ли́га *ж* (*объединение*) Líga *f* =, -gen, Bund *m* (1*), Bündnis *n* (3*); Ли́га На́ций *ист.* Völkerbund *m* -(e)s; Ли́га ара́бских госуда́рств die Arábische Líga

лигату́р||а I *ж спец.* Legíerung *f* (10), Metállmischung *f* (10); Münzzusatz *m* (1*) (*в монетах*); серебро́ без ~ы únlegiertes Sílber, Sílber óhne Legíerung

лигату́р||а II *ж мед.* Ligatúr *f* (10), Unterbíndung *f* (10); наложи́ть на кровено́сный сосу́д ~у ein Blútgefäß unterbínden*, éine Ligatúr áuflegen

лигату́ра III *ж полигр.* Ligatúr *f* (10), Búchstabenverbindung *f* (10)

лигни́н *м* **1.** *биол.* Lignín *n* -s; **2.** *спец.* Hólzstoff *m* -(e)s

лигни́т *м горн.* Lignít *m* (1)

ли́дер *м* **1.** Führer *m* (6); führender Funktionär; ~ы führende Männer; профсою́зные ~ы Gewérkschaftsführer *pl*; **2.** *спорт.* Spítzenreiter *m* (6); Tabéllenführer *m* (6) (*турнира и т. п.*); Schríttmacher *m* (6) (*велоспорт*); (вело)го́нка за ~ом Stéherrennen *n* -s; ~ы *собир.* Spítzengruppe *f* (11); остава́ться ~ом in der Tabéllenspitze bléiben*; **~ство** *с спорт., полит.* Führung *f*; захвати́ть ~ство in Führung géhen*, die Führung übernéhmen*

лиди́ров||ание *с* Führung *f*; переме́нное ~ *спорт.* Wéchselführung *f*; **~ать** *спорт.* führen *vi*, in Führung líegen*, an der Spítze líegen* (*быть лидером*); in Führung gehen*, die Führung übernéhmen* (*стать лидером*)

лиза́ть lécken *vt*, belécken *vt*; ◇ ~ пя́тки кому́-л. *презр.* ≅ sich bei j-m éinschmeicheln; hündisch únterwürfig sein; vor j-m kríechen*

ли́зис *м мед.* Lýsis *f*, *pl* Lýsen

лизну́ть lécken *vt*

лизоблю́д *м презр.* Spéichellecker *m* (6), Kríecher *m* (6)

лизо́л *м фарм.* Lysól *n* -s

лик *м уст. поэт.* Ántlitz *n* (2), Ángesicht *n* (2, 5)

ликвида́тор *м* Liquidátor *m* -s, -tóren; **~ский** liquidatórisch, Liquidatións-; ~ские настрое́ния Liquidatiónsstimmung *f*, Ábbaustimmung *f*; **~ство** *с* Liquidatórentum *n* -s

ликвид||ацио́нный Ábbruch-, Áuflösungs-; Liquidatións-, Liquidíerungs-; Ábschaffungs-; ~ацио́нная коми́ссия Liquidatiónskommission *f* (10); **~а́ция** *ж* Liquidatión *f* (10), Áuflösung *f* (10), Áufhebung *f* (10) (*напр. договора*); Ábwicklung *f* (10) (*напр. предприятия*); Liquidíerung *f*, Begléichung *f* (*долгов*); Räumung *f* (10) (*лагеря*); Beséitigung *f*, Ábschaffung *f* (*напр. неполадок*); ~а́ция негра́мотности Beséitigung *f* des Analphabétentums, Alphabetisíerung *f*

ликвиди́ровать 1. beséitigen *vt*, ábschaffen *vt* (*устранить, напр. неполадки*); liquidíeren *vt*; áuflösen *vt*, ábwickeln *vt* (*напр. предприятие*); ábstellen *vt* (*отменить*); **begléichen*** *vt*, tílgen *vt* (*напр. долги*); räumen *vt* (*лагерь*); **2.** (*убить*) liquidíeren *vt*; erlédigen *vt* (*разг.*)

ликви́дн||ость *ж фин.* Liquidität *f*; Záhlungsfähigkeit *f*; **~ый** liquíd; flüssig; ~ые сре́дства flüssige Míttel (*pl*), Liquída *pl*

ликёр *м* Likör *m* (1); **~ный** Likör-, likörhaltig; **~ная** рю́мка Likörglas *n* (5); ~ные конфе́ты likörgefüllte Bonbons [bɔŋ'bɔŋs]

ликов||а́ние *с* Júbel *m* -s, Júbelgeschrei *n* -(e)s, Jáuchzen *n* -s, Frohlócken *n* -s; встреча́ть с ~а́нием (*кого-л.*) umjúbeln *vt*; **~а́ть** júbeln *vi*, jubilíeren *vi*, jáuchzen *vi*, frohlócken *неотд. vi*; ~а́ть по по́воду чего́-л. etw. bejúbeln

ликопо́дий *м* **1.** *бот.* Lykopodiazée *f* (11), Bärlapp *m* (1), Schlángenmoos *n* (2); **2.** *фарм.* Bärlappsamen *m* (7), Héxenmehl *n* -(e)s; Móospulver *n* -s

ли́ктор *м ист.* Líktor *m* -s, -tóren

лиле́йн||ый *уст. поэт.* (*о цвете*) líli|enweiß; ~ые *сущ. мн. бот.* Líli|engewächse *pl*, Liliazé|en *pl*

лилипу́т *м* Liliputáner *m* (6); **~ский** liliputánisch

ли́лия *ж* Líli|e *f* (11); водяна́я ~ Wásserlili|e *f*

лилова́тый mit éinem líla [violétten (vi-)] Schímmer, leicht violétt

лилове́ть 1. (*становиться лиловым*) líla [violétt (vi-)] wérden; **2.** (*виднеться*) líla schímmern

лило́вый líla(farbig), violétt [vi-]

лима́н *м геогр.* Limán *m* (1), Mündungssee *m* -s, -n [-,seən]

лимб *м тех.* Límbus *m* =, -bi (*тж. астр.*); Grádbogen *m* (7, 7*)

лими́т *м* Límit *n* -(e)s; валю́тный ~ Devisenkontingent [-'vi:-] *n* (1), Valútaanrecht [va-] *n* (2); превы́сить ~ das Límit überschréiten*; **~и́ровать** limitíeren *vt*, begrénzen *vt*

лимо́н *м* **1.** (*плод*) Zitróne *f* (11); ло́мтик ~а Zitrónenscheibe *f* (11); вы́жатый ~ (*тж. перен.*) éine áusgepreßte Zitróne; **2.** (*дерево*) Zitrónenbaum *m* (1*); **~а́д** *м* Limonáde *f* (11), Zitrónenwasser *n* -s, -wässer, Frúchtsaftlimonade *f*

лимо́нница *ж зоол.* Zitrónenfalter *m* (6)

лимоннoки́сл||ый *хим.* zitrónensauer; ~ая соль zitrónensaures Salz, Zitrát *n* (2)

лимо́нн||ый Zitrónen-; mit Zitrónengeschmack (*на вкус*); zitrónenfarben, zitrónenfarbig, zitrónengelb (*цвет*); ~ое де́рево *см.* лимо́н 2; ~ая кислота́ *хим.* Zitrónensäure *f*; ~ое ма́сло, ~ая эссе́нция Zitrónenöl *n* -(e)s; ~ый сок Zitrónensaft *m* -(e)s; ~ая ко́рка Zitrónenschale *f* (11)

лимузи́н *м* Limousíne [-mu-] *f* (11)

ли́мфа *ж физиол.* Lýmphe *f* (11); **~ти́ческий** *физиол.* lymphátisch, Lymph-; ~ти́ческие сосу́ды lymphátische Gefäße; ~ти́ческая железа́ Lýmphdrüse *f* (11); **~ти́ческий** у́зел Lýmphknoten *m* (7); ~ти́ческая систе́ма Lymphgefäßsystem *n* (2)

лимфоци́т *м физиол.* Lymphozýt *m* (8), Lýmphzelle *f* (11)

лингафо́нный: ~ кабине́т Spráchkabinett *n* (2)

лингви́ст *м* Linguíst *m* (8), Spráchforscher *m* (6); Spráchwissenschaftler *m* (6); **~ика** *ж* Linguístik *f*, Spráchforschung *f*, Spráchwissenschaft *f*; **~и́ческий** linguístisch, spráchwissenschaftlich; ~и́ческая геогра́фия Spráchgeographie *f*; ~и́ческая ка́рта Spráchenkarte *f*; **~ка** *ж* Spráchforscherin *f* (12), Spráchwissenschaftlerin *f* (12)

лингво||геогра́фия *ж* Spráchgeographie *f*; **~дида́ктика** *ж* Spráchdidaktik *f*; **~психоло́гия** *ж* Spráchpsychologie *f*; **~социологи́ческий** spráchsoziologisch; **~странове́дение** *с* Linguolandeskunde *f*;

~страноведческий linguolandeskundisch; **~философия** *ж* Sprachphilosophie *f*

линейк||а I *ж* **1.** (*линия*) Lini¦e *f* (11); без линеек únliniert, óhne Lini¦en; тетрадь в косую линейку ein schräg karíertes Heft; **2.** (*для черчения*) Lineál *n* (2); конторская ~а Bürólineal *n*; счётная [логарифмическая] ~а Réchenschieber *m* (6), Réchenstab *m* (1*); масштабная ~а Ánlegemaßstab *m* (1*); **3.**: наборная ~а *полигр.* Sétzlini¦e *f* (11); **4.** (*в пионерлагере*) Appéll *m* (1); утренняя ~а Mórgenappell *m*; вечерняя ~а Ábendappell *m*; на ~у! zum Appéll!; построиться в ~у in éiner Lini¦e ántreten*, sich in éiner Lini¦e áufstellen

линейка II *ж уст.* (*вид экипажа*) Krémser *m* (6)

линейн||ый I *прил.* **1.** Lini¦en-, Linear-, lineár; ~ый орнамент Bándornament *n* (2); ~ая молния Lini¦enblitz *m* (1); ~ая мера Längenmaß *n* (2); ~ое уравнение *мат.* lineáre Gléichung; ~ый масштаб Lineármaßstab *m* (1*); **2.** *воен.* Lini¦en; ~ые войска Kámpftruppen *pl*; *ист.* Lini¦entruppen *pl*; ~ый корабль Schláchtschiff *n* (2); *ист.* Lini¦enschiff *n*; **3.**: ~ая служба Lini¦endienst *m* (1)

линейный II *в знач. сущ. м воен.* Lini¦enposten *m* (7)

линёк *м мор.* Táuende *n* (13)

линза *ж* Linse *f* (11); собирательная ~ Sámmellinse *f*; рассеивающая ~ Dispersiónslinse *f*; вставные [глазные] линзы Háftschalen *pl*, Kontáktlinsen *pl*

лини||я *ж* **1.** Lini¦e *f* (11) (*тж. мат.*); Hándlini¦e *f* (11) (*на руке*); прямая ~я geráde Lini¦e, Geráde *f* (11); кривая ~я gekrümmte Lini¦e; Kúrve [-və] *f* (11); ломаная ~я gebróchene [gestrichelte] Lini¦e; параллельные ~и Parallélllini¦en *pl*; Gléichlaufende *pl*; ~я (платья) Lini¦enführung *f* (10); **2.** (*путь*): железнодорожная ~я Éisen(bahn)lini¦e *f* (11); воздушная ~я Flúglini¦e *f*; воздушная ~я Москва — Ленинград Flúglini¦e Móskau — Léningrad; **3.** *тех.* (*устройство*) Léitung *f* (10), Nótleitung *f*; воздушная ~я *эл.* Fréileitung *f*; высоковольтная ~я Hóchspannungsleitung *f*; ~и дальней связи Férnleitungen *pl*, Fernverbindungen *pl*; ретрансляционная ~я Relaisstrecke [-'lɛ:-] *f* (11); поточная ~я Flíeßreihe *f* (11), Flíeßstraße *f* (11), Táktstraße *f*; Maschínenfließreihe *f*; конвейерная ~я Bándstraße *f*, Flíeßband *n* (1*); телефонная ~я Telefónleitung *f*, Férnsprechleitung *f*; ◇ предки по мужской ~и die Vórfahren in männlicher Lini¦e; ~я родства Verwándtschaftslini¦e *f*; демаркационная ~я Demarkatiónslini¦e *f*; оборонительная ~я *воен.* Vertéidigungslini¦e *f*; ~я уровня воды Wásserstandlini¦e *f*; ~я прицеливания *воен.* Visíerlini¦e [vi-] *f*, Zíellini¦e *f*; снеговая ~я Schnéegrenze *f* (11); лежать на одной ~и auf éiner geméinsamen Lini¦e líegen*; идти по восходящей ~и sich in áufsteigender Lini¦e bewégen; происходить по прямой ~и от кого-л. in geráder Lini¦e von j-m ábstammen; проводить свою ~ю séine Lini¦e dúrchführen [dúrchsetzen]; séinen Stándpunkt dúrchsetzen; ~я поведения Hándlungsweise *f*; ~я развития Entwícklungslini¦e; в одну ~ю schnúrgerade, in éiner Lini¦e; по всем ~ям auf állen Lini¦en; по ~и чего-л. im Ráhmen (*G*); **по всей ~и** auf der gánzen Lini¦e; vóllständig, völlig; действовать [идти] по ~и наименьшего сопротивления auf der Lini¦e des geríngsten Wíderstandes vórgehen*; den léichtesten Weg géhen* [wählen]; работать по профсоюзной ~и auf gewérkschaftlichem Gebíet árbeiten

линкор *м* (*линейный корабль*) *воен.* Schláchtschiff *n* (2); *ист.* Lini¦enschiff *n*

линкруст *м* Linkrústa *f*; Schichtpreßstoff *m* -(e)s; **~овый**: ~овые обои Linkrústatapete *f* (11)

линов||анный lin(i)íert; ~анная бумага lin(i)íertes Papíer, Lini¦enpapier *n* -es; ~анная тетрадь lin(i)íertes Heft; **~ать** lin(i)íeren *vt*, Lini¦en ziehen*; rastríeren *vt* (*нотную бумагу*)

линовка *ж* Lineatúr *f*

линогравюра *ж иск.* Linólschnitt *m* (1)

линолеум *м* Linóle¦um *n* -s; настил из ~а (*на полу*) Linóle¦umbelag *m* (1*); покрытый ~ом mit Linóle¦um belégt [áusgelegt]

линотип *м полигр.* Linotype [*англ.* 'laenotaep] *f*, *pl* -s; Linotype-Sétzmaschine *f* (11); **~ист** *м* Linotype¦setzer ['laenotaep-] *m* (6); **~ный**: ~ный набор Linotype¦satz ['laenotaep-] *m* -es

Линч: суд ~а Lýnchgericht *n* -es, Lýnchjustiz *f*; закон ~а Lýnchgesetz *n* -es

линчевать lýnchen *vt*

линь I *м зоол.* Schléie *f* (11), Schlei *m* (1)

линь II *м мор.* Léine *f* (11), Schiffsleine *f*

линьк||а *ж* Háaren *n* -s (*животных*); Fédern *n* -s, Máusern *n* -s (*птиц*); Häuten *n* -s (*пресмыкающихся*); время ~и Ráuhzeit *f* (*у птиц*)

линючий **1.** (*о материи*) leicht verschíeßend, ábfärbend; nicht wásch- und líchtecht; **2.** *зоол.* in der Máuser stéhend (*о птицах*)

линялый verschóssen, verblаßt, verblíchen

линяние *с см.* линька

линять **1.** (*о материи*) verschíeßen* *vi* (s), verblássen *vi* (s), áusbleichen* *vi* (s), verbléichen* *vi* (s), die Fárbe verlíeren*; ábfärben *vi* (*красить, пачкать*); не ~ färbecht [wáschecht] sein (*не красить, не пачкать*); **2.** háaren *vi* (*о животных*); fédern *vi*, máusern *vi*, sich máusern (*о птицах*); sich häuten, die Haut ábwerfen* [ábstreifen] (*о пресмыкающихся*)

липа I *ж бот.* Línde (11), Líndenbaum *m* (1*)

липа II *ж разг.* (*фальшивка, подделка*) Fälschung *f* (10), Blüte *f* (11)

липк||а: ободрать кого-л. как ~у *разг.* ≅ j-m die Haut [das Fell] über die Óhren zíehen*

липк||ий **1.** klébrig; *хим.* glutinös; zäh(e) (*вязкий*); ~ая бумага (*от мух*) Flíegenpapier *n* (2), Flíegenleimpapier *n*, Flíegenfängerpapier *n*; **2.** (*навязчивый*) áufdringlich

липкость *ж* Klébrigkeit *f*; Zähigkeit *f* (*вязкость*)

липнуть klében *vi*, klébenbleiben* *отд.* *vi* (s), háften *vi*, háftenbleiben* *отд.* (к чему-л. an *D*); *перен.* *разг.* sich an j-s Férsen [Sóhlen] héften; nicht von j-s Séite wéichen*; дети липли к нему die Kínder wíchen ihm nicht von der Séite

липняк *м* Líndenwald *m* (4), Líndengehölz *n* (2)

липовый I Línden-; ~ цвет Líndenblüte *f* (11); ~ чай Líndenblütentee *m* -s; ~ мёд Líndenblütenhonig *m* -s

липовый II *разг.* **1.** (*поддельный*) gefälscht; **2.** (*ненастоящий*) nicht echt; он ~ писатель er ist kein wírklicher [ríchtiger] Schríftsteller

липома *ж мед.* Lipóm *n* (2), Lipóma *n* -s, *pl* Lipómata, Féttgeschwulst *f* (3)

лира I *ж муз.* **1.** Lýra *f*, *pl* -ren; Léier *f* (11); **2.** (*украинский муз. инструмент*) Léier *f* (11); Béttlerleier *f*

лира II *ж* (*денежная единица Италии*) (Italiénische) Líra *f*, *pl* -re (= 100 *чентезимо*)

лиризм *м* **1.** (*характер*) lýrischer Charákter [ka-]; **2.** (*настроение*) lýrische [gefühlvolle] Stímmung

лир||ик *м лит.* Lýriker *m* (6); **~ика** *ж* **1.** *лит.* Lýrik *f*, lýrische Díchtung; любовная ~ика Liebeslyrik *f*; рыцарская ~ика Mínnesang *m* (1); **2.** *разг.* (*настроение*) sentimentále Stímmung, Gefühlsduselei *f*; оставь ~ику! laß die Gefühlsduselei!

лирико-эпический *лит.* lýrisch-épisch

лирическ||ий lýrisch; ◇ ~ое отступление lýrisches Intermézzo; *перен.* *шутл.* Ábweichung vom Théma

лирохвост *м зоол.* Léierschwanz *m* (1*)

лис||а *ж* **1.** Fuchs *m* (1*); черно-бурая ~а Sílberfuchs *m*; **2.** *перен.* schláuer Fuchs; ◇ старая ~а schláuer Fuchs; Лиса Патрикеевна *фольк.* ≅ Réineke Fuchs, Méister Réineke; ~ой вертеться [прикидываться] *разг.* ≅ den Fúchspelz ánziehen*, fúchsscnwänze(l)n *неотд. vi*; **~ёнок** *м* Füchslein *n* (7); júnger Fuchs

лис||ий Fuchs-; ~ий мех Fuchs *m* (1*), Fúchsfell *n* (2); ~ья шкура Fúchsbalg *m* (1*); ~ья нора Fúchsbau *m* (1); ~ья шуба Fúchspelz (1); ~ий хвост Fúchsschwanz *m* (1*)

лисиц||а *ж* **1.** Fuchs *m* (1*); Füchsin *f* (12) (*самка*); **2.** (*мех*) Fuchs *m* (1*), Fúchsfell *n* (2); красная ~ Rótfuchs *m*; платиновая ~ Plátinfuchs *m*; черно-бурая ~ Sílberfuchs *m*

лисичка *ж* **1.** Füchslein *n* (7), júnger Fuchs; **2.** (*гриб*) Pfífferling *m* (1), Éierschwamm *m* (1*), Éierpilz *m* (1), Gélbling *m* (1)

лисохвост *м бот.* Fúchsschwanz *m* (1*)

лист I *м* (*дерева и т. п.*) Blatt *n* (5); однолетний ~ sómmergrünes [hínfälliges] Blatt; многолетний ~ wíntergrünes [ímmergrünes] Blatt; александрийский ~ *фарм.* Sénnesblätter *pl*; ◇ дрожать как осиновый ~ *погов.* wie Éspenlaub zíttern

лист II *м* **1.** Bógen *m* (7, 7*) (*бумаги*); Blech *n* (2), Plátte *f* (11) (*металла*); **2.** (*документ*) Líste *m* (11); Schein *m* (1); больничный ~ Árbeitsbefreiungsschein *m*; Kránkenschein *m* (*разг.*); подписной ~ Subskriptiónsliste *f*, Zéichnungsliste *f*; анкетный ~ Frágebogen *m* (7, 7*); исполнительный ~ *юр.* Vollstréckungsbefehl *m* (1); Pfändungsbefehl *m*; обходной ~ Láufzettel *m* (6); похвальный ~ (schríftliche) Belóbigung; расчётный ~ Verréchnungsliste *f*; **3.** *полигр.* Bógen *m* (7, 7*); авторский ~ Autórenbogen *m*; печатный ~ Drúckbogen *m*; титульный ~ Títelblatt *n* (5), Títelbogen *m*, Títellagen *pl*; учётно-издательский ~ Verlágsbogen *m*; ◇ играть с ~а *муз.* vom Blatt spíelen; перевод с ~а Vom-Blátt-Übersetzung *f* (10)

листаж *м полигр.* Bógenzahl *f* (10)

листать *разг.* blättern *vi*, dúrchblättern *vt*; ~ книгу in éinem Buch blättern; ein Buch dúrchblättern

листв||а *ж собир.* Laub *n* -(e)s,

Láubwerk *n* -(e)s, Blätterwerk *n*; покрываться ~ой sich beláuben

ли́ственн||ица *ж бот.* Lärche *f* (11); **~ый** Laub-; ~ый лес Láubwald *m* (4); ~ые растения Bláttpflanzen *pl*

листо́вка *ж* Flúgblatt *n* (5); агитационная ~ Agitatiónsflugblatt *n*

листов||о́й Blatt-, Blätter-; Bógen-; in Bógen (*в листах*); ~ой табак Blättertabak *m* (1); ~ая рессора Blättfeder *f* (11); ~ой металл Blech *n* (2); ~ое железо Éisenblech *n* (2); ~ой алюминий Alumíniumblech *n*, Álublech *n*; ~ая бумага *полигр.* Bógenpapier *n* (2)

листо́к *м* **1.** *уменьш.* Blättchen *n* (7); **2.** (*бланк*) Schein *m* (1), Zéttel *m* (6); ~-требование Bestéllzettel *m*, Bestéllschein *m*; температурный ~ *мед.* Fíeberkurve [-və] *f* (11); ~ нетрудоспособности Árbeitsbefreiungsschein *m*; Kránkenschein *m* (*разг.*); учётный ~ Ánwesenheitsliste *f* (11); **3.** *уст.* (*маленькая газета*) Blatt *n* (5); Käseblatt *n*, Käseblättchen *n* (7) (*ирон.*); бульварный ~ Revolverblatt [′vɔlvər-] *n*

листопа́д *м* Láubfall *m* (1*), Blätterfall *m*, Entláubung *f* (10)

листопрока́тный: ~ стан Bléchwalzwerk *n* (2), Bléchstraße *f* (11)

лита́вры *мн. муз.* Páuke *f* (11), Késselpauke *f*; *воен.* Héerpauke *f*

литви́нка *ж уст. см.* литовка

литей́||ная *сущ. ж тех.* Gießeréi *f* (10), Gíeßhütte *f* (11); **~ный** *тех.* Gieß-, Guß-; ~ный завод Gießeréi *f* (10); ~ный чугун Gießeréiroheisen *n* (7); ~ная форма Gúßform *f* (10); **~щик** *м* Gíeßer *m* (6), Metállgießer *m*

ли́тер *м разг.* Fréifahrschein *m* (1)

ли́тера *ж полигр.* Létter *f* (11), Búchstabe *m* (15), Drúcktype *f* (11), Drúckbuchstabe *m*; ◇ отличительная ~ *спец.* Kénnbuchstabe *m* (*напр.* *АТС*)

литера́тор *м* Literát *m* (8); Schríftsteller *m* (6); Literatúrschaffende *m* (14)

литерату́р||а *ж* **1.** Literatúr *f* (10); Schrífttum *n* -s (*по опр. теме*); советская ~а Sowjétliteratur *f*; теория ~ы Literatúrtheorie *f*; обязательная (учебная) ~а Pflíchtliteratur *f*; справочная ~а Náchschlagewerke *pl*; художественная ~а schön(geistig)e Literatúr; специальная ~а Fáchliteratur *f*; Fáchpresse *f* (*периодическая*); **2.** (*библиография*) Literatúr *f* (10), Quéllen *pl*; указатель ~ы Literatúrnachweis *m* (1), Quéllennachweis *m*; **~ный 1.** literárisch, Literatúr-; ~ное произведение literárisches Werk; ~ное течение literárische Strömung; ~ный образ literárische Gestált; ~ный памятник Literatúrdenkmal *n* (2, 5); ~ная дискуссия Literatúrdiskussion *f* (10); ~ные круги literárische Kréise; ~ное наследие literárischer Náchlaß; список ~ных источников Literatúrangaben *pl*; заведующий ~ной частью (*театра*) Dramatúrg *m* (8); **2.** (*соответствующий нормам литературного языка*) literatúrsprachlich, schríftsprachlich, hóchsprachlich; ~ный язык Literatúrsprache *f*, Hóchsprache *f*; ~ный немецкий язык das Hóchdeutsche, das Schríftdeutsche; войти в ~ный язык (*о слове*) literatúrfähig wérden

литературове́д *м* Literatúrwissenschaftler *m* (6), Literatúrhistoriker *m* (6); **~ение** *с* Literatúrwissenschaft *f*; **~ческий** literatúrwissenschaftlich

ли́тий *м хим.* Líthium *n* -s (*хим. знак* Li)

лито́в||ец *м* Lítauer *m* (6); **~ка** *ж* Lítauerin *f* (12); **~ский** lítauisch; ~ский язык die lítauische Spráche, das Lítauische (*sub*)

лито́граф *м* Lithográph *m* (8), Stéindrucker *m* (6); **~и́ровать** lithographíeren *vt*

литогра́ф||ия *ж* **1.** (*печатание с камня*) Lithographíe *f*, Stéindruck *m* -(e)s; **2.** (*мастерская*) Stéindruckerei *f* (10), lithográphische Wérkstätte; **3.** (*рисунок*) Lithographíe *f* (11), Stéingravur [-,vu:r] *f* (10), Stéinzeichnung *f* (10); Lítho *n* -s (*разг.*); цветная ~ия Fárblithographie *f*; **~ский** lithográphisch; ~ские чернила lithográphische Tínte, Lithográphentinte *f* (11); ~ская краска Drúckfarbe *f* (11); Drúckerschwärze *f* (*чёрная*); ~ский карандаш Féttkreide *f* (11)

лит||о́й gegóssen, Guß-; **~а́я** сталь Gúßstahl *m* -(e)s, Blóckstahl *m*

литоло́гия *ж* Lithologíe *f*, Gestéinskunde *f*, Petrographíe *f*

литосфе́ра *ж геол.* Lithosphäre *f*, Érdrinde *f*

лито́та *ж*, **лито́тес** *м лит.* Litótes *f*

литр *м* Líter *n* (6) (*разг. m*) (*сокр.* 1)

литра́ж *м* Fássungsvermögen *n* -s; ~ двигателя Mótorhubraum *m* (1*), Húbraum des Mótos

литро́в||ый Líter-, ein Líter enthältend; ~ая бутылка Líterflasche *f* (11)

литурги́я *ж церк.* Liturgíe *f* (11)

лить 1. *тж. тех.* gíeßen* *vt*; **2.** (*сильно течь*) flíeßen* *vi* (s), strömen *vi* (h, s); с него пот лил градом der Schweiß brach ihm aus állen Póren, er war wie in Schweiß gebádet; ◇ ~ слёзы Tränen vergíeßen*; Tränen wéinen; ~ масло в огонь *разг.* Öl ins Féuer gíeßen* [schütten]; ~ воду на чью-л. мельницу *погов.* Wásser auf j-s Mühle gíeßen*

литьё *с тех.* **1.** (*действие*) Gíeßen *n* -s; **2.** *собир.* (*литые изделия*) Guß *m* -sses, *pl* Güsse, Gúßstücke *pl*, Gúßerzeugnisse *pl*; железное ~ Éisenguß *m*; стальное ~ Stáhlguß *m*

ли́ться flíeßen* *vi* (s), strömen *vi* (h, s); flúten *vi* (s), sich ergíeßen*

лиф *м* Léibchen *n* (7); Míeder *n* (6); Úntertaille [-,talјə] *f* (11); Óberteil *m* (1) (*у платья*); удлинённый ~ verlängerte Taille

лифт *м* Áufzug *m* (1*), Fáhrstuhl *m* (1*), Lift *m* (1); грузовой ~ Lástenaufzug *m*; пассажирский ~ Persónenaufzug *m*; многокабинный ~ Paternóster *m* (6); скоростной ~ Schnéllaufzug *m*

лифтёр *м* Áufzugsführer *m* (6); Liftboy [,bɔø] *m* -s, -s

ли́фчик *м* Léibchen *n* (7); Míeder *n* (6)

лиха́ч *м* **1.** *уст.* (*извозчик*) Lúxusdroschke *f* (11); **2.** *разг.* (*удалец*) Tóllkopf *m* (1*), Wág(e)hals *m* (1*); шофёр ~ rücksichtsloser Fáhrer [Áutofahrer, Kráftfahrer]; **~ество** *с разг.* Tóllkühnheit *f* (10), Wág(e)halsigkeit *f* (10); *авто* léichtsinnige Fáhrweise

лихв||а́: с ~ой vollául; im Überfluß; воздать с ~ой mit Zínsen [réichlich] zurückerstatten

ли́хо I *сущ. с уст. разг.* Böse *sub n*; ◇ не поминай меня ~м gedénke méiner nicht im Bösen; behálte mich in gútem Ándenken

ли́хо II *нареч. разг.* flott, keck; ~ заломить шапку die Mütze keck auf ein Ohr sétzen

лихои́мец *м уст.* Wúcherer *m* (6) (*ростовщик*); bestéchlicher Mensch (*взяточник*)

лихои́мство *с уст.* (*взяточничество*) Bestéchlichkeit *f*

лих||о́й I *уст. разг.* (*злой, недобрый*) böse, übel; ~ой недуг böses Síechtum; schwére [bösartige] Kránkheit; ◇ ~á беда начало *погов.* ≅ áller Ánfang ist schwer

лихо́й II *разг.* (*удалой*) forsch, flott, keck; verwégen, kühn (*смелый*); ~ малый Téufelskerl *m* (1), Wág(e)hals *m* (1*); ~ танцор flótter Tänzer

лихора́д||ить *безл.*: меня ~ит ich fíeb(e)re, es fíebert mich, ich hábe Fíeber, ich hábe Schüttelfrost; его стало ~ить ihn befíel das Fíeber; ~ящий больной Fíeberkranke *m* (14); **~ка** *ж* **1.** Fíeber *n* (6); крапивная ~ка Nésselfieber *n*; болотная ~ка Súmpffieber *n*; возвратная ~ка Rückfallfieber *n*; жёлтая ~ка gélbes Fíeber; перемежающаяся ~ка Wéchselfieber *n*; приступ ~ки Fíeberanfall *m* (1*); Fíeberschauer *m* (6); меня трясла ~ка ich würde von Fíeber(schauern) geschüttelt; **2.** (*волнение*) Lámpenfieber *n* (6) (*перед публичным выступлением*); Prüfungsfieber *n* (*перед экзаменом*)

лихора́дочн||о *нареч.* in fíeberhaftem Témpo; **~ость** *ж* Fíeberhaftigkeit *f*; **~ый** Fíeber-, fíeberig, fíebrig, fíeberhaft (*тж. перен.*); fíeberheiß, fíeberartig; fíeberkrank; ~ое состояние Fíeberzustand *m* -es; ~ый бред Fíeberwahn *m* -(e)s, Fíeberphantasien *pl*; ~ый пульс Fíeberpuls *m* (1); ~ая деятельность fíeberhafte Tätigkeit; ~ая спешка héktische Éile

ли́хость *ж разг.* (*удаль*) Fórschheit *f*, Flóttheit *f*, Kéckheit *f*; Verwégenheit *f*, Kühnheit *f* (*смелость*)

ли́хтер *м мор.* Léichter *m* (6)

лихтерово́з *м мор.* Léichterschiff *n* (2)

лицева́ть wénden *vt*; wénden lássen* (*отдать в лицовку*)

лицев||о́й 1. Gesíchts-; ~ые мускулы *анат.* Gesíchtsmuskeln *pl*; **2.** (*наружный, верхний*) Vórder-, Áußen-; ~ая сторона die réchte Séite, Áußenseite *f* (11) (*материи*); Vórderseite *f*, Fassáde *f* (11), Vórderfront *f* (10) (*здания*); Avers [a′vɛrs] *m* (1), Bíldseite *f* (*монеты*); ◇ ~ой счёт *бухг.* persönliches Kónto *n* -s, *pl* -s, -ten *u* -ti

лицеде́й *м* **1.** (*актёр*) Míme *m* (9); **2.** *перен.* (*притворщик*) Héuchler *m* (6)

лицезре́ть *ирон.* ánschauen *vt*, ánblikken *vt*; ~ кого-л. j-s Ánblick geníeßen*

лицеи́ст *м* Lyzeálschüler *m* (6)

лице́й *м* Lyzé¦um *n* -s, -zé¦en; **~ский** Lyzé¦ums-; ~ские стихи Пушкина Púschkins im Lyzéum geschríebene Gedíchte

лицеме́р *м* Héuchler *m* (6); **~ие** *с* Heuchelé̈i *f*; **~ить** héucheln *vi*, sich verstéllen; **~ка** *ж* Héuchlerin *f* (12); **~ность** *ж* héuchlerisches Wésen, héuchlerischer Charákter; **~ный** héuchlerisch

лице́нзия *ж эк.* Lizénz *f* (10); Genéhmigung *f* (10), Bewílligung *f* (10)

лицеприя́ти||е *с уст.* Vóreingenommenheit *f*, Partéilichkeit *f*; без ~я únparte¦isch, óhne Ánsehen der Persón

лиц||о́ *с* **1.** Gesícht *n* (5); Ángesicht *n* (5); Ántlitz *n* (2) (*поэт.*); **2.** (*индивидуальный облик*) Individualität [-vi-] *f* (10); показать своё (настоящее) ~о́ sein wáhres [échtes] Gesícht zéigen; die Máske von sich wérfen* [fállen lássen*]; das Visíer [vi-] öffnen; **3.** (*лицевая сторона*) Vórderseite *f* (11), Fróntseite *f*, Scháuseite *f*, Äußere *sub n*; die réchte Séite (*материи*); *тех.* Fläche *f* (11), Ánsichtsfläche *f*; **4.** (*человек*) Persón *f* (10); Persönlichkeit *f* (10) (*личность*); действующее ~ó *театр.* händelnde Persón; юридическое ~ó jurístische Persón; физическое ~ó *юр.* natürliche Persón; ~ó свобóдной профéссии fréiberuflich Tätiger, Fréischaffende *m* (14); довéренное ~ó Vertráuensmann *m* (4) (*pl тж.* -leute) Bevóllmächtigte *m* (14); официáльное ~ó Ámtsperson *f*; подставнóе ~ó Míttelsmann *m*, Stróhmann *m*; трéтье ~ó *юр.* drítte Persón; должностнóе ~ Díenstperson *f*, Ámtsperson *f*, ámtliche Persönlichkeit; чáстное ~ó Privatperson ['-va:t-] *f*; в вáшем ~é in Íhrer Persón; **5.** *грам.* Persón *f* (10); от пéрвого ~á in der Íchform; от пéрвого ~á мнóжественного числá in der Wírform; ◇ на нём ~á нет er sieht ganz verstört aus; сказáть прáвду в ~ó j-m die Wáhrheit ins Gesícht ságen; знать когó-л. в ~ó j-n dem Ánsehen nach [von Ángesicht] kénnen*; э́то вам к ~ý das steht Íhnen (gut), das kléidet Sie; показáть товáр ~óм etw. von der bésten Séite [im günstigsten Líchte] zéigen; не удáрить в грязь ~óм *разг.* ≅ sich nicht blamíeren [blóßstellen], mit etw. (*D*) Éhre éinlegen; die Próbe bestéhen*; ~óм к ~ý von Ángesicht zu Ángesicht; Áuge in Áuge; от ~á im Námen; пéред ~óм ángesichts (*когó-л., чегó-л. G*); пéред ~óм врагá im Ángesicht des Féindes; измени́ться в ~é sich verfärben, sich im Gesícht verändern, дéти у них на однó ~ó *разг.* íhre Kínder gléichen einánder wie zwei Trópfen Wásser; íhre Kínder sind einánder zum Verwéchseln ähnlich; стерéть с ~á земли́ áusrotten *vt*, vertílgen *vt*; исчéзнуть с ~á земли́ spúrlos vom Érdboden verschwínden*; измени́ть ~ó ми́ра das Ántlitz der Welt verändern; сохрани́ть [спасти́] своё ~ó sein Gesícht wáhren

ли́чико *с* Gesíchtchen *n* (7); хорошéнькое ~ éine hübsche Lárve [-və] (*разг.*)

личи́н||а *ж* **1.** *уст.* (*маска*) Lárve [-və] *f* (11), Máske *f* (11); **2.** (*притворная внешность*) Máske *f* (11), Schein *m* -(e)s; под ~ой únter der Máske, únter dem Déckmantel; надéть ~у éine Máske áufsetzen; сбрóсить ~у die Máske fállen lássen*, sein wáhres Gesícht zéigen

личи́нка I *ж зоол.* Máde *f* (11), Lárve [-və] *f* (11)

личи́нка II *ж воен.*: боевáя ~ (*в оружии*) Schlóßkopf *m* (1*)

ли́чно *нареч.* persönlich, in (éigener) Persón, selbst; я ~ прóтив ich für méine Persón bin dagégen

личн||óй Gesíchts-; ~óе полотéнце Gesíchtshandtuch *n* (5)

ли́чност||ь *ж* Persönlichkeit *f* (10); Persón *f* (10) (*тж. презр.*); удостовéрить своЮ ~ь sich (durch ein Dokumént) áusweisen*; ◇ свéтлая ~ь éine schöne Séele, ein édler Mensch; тёмная ~ь verdächtige [zwéifelhafte] Persón; не касáться ~ей nicht persönlich wérden

ли́чн||ый *в разн. знач.* persönlich; personéll (*грам.*); ~ая отвéтственность persönliche Verántwortung; ~ый секретáрь Privatsekretär ['va:t-] *m* (1); по ~ому указáнию auf persönliche Wéisung; по ~ому дéлу in persönlicher Ángelegenheit; ~ое местоимéние *грам.* persönliches Fürwort, Personálpronomen *n* (7) (*pl тж.* -mina); ~ые глагóлы *грам.* persönliche Verben ['vεr-] [Zéitwörter]; ~ое окончáние *грам.* personélle Éndung; ~ая фóрма *грам.* Personálform *f* (10); предмéты ~ого потреблéния Bedárfsartikel *pl*, Bedárfsgegenstände *pl*; ~ый состáв Personál *n* -s, Personálbestand *m* (1*); ~ое орýжие persönliche Wáffe; ~ое дéло *офиц.* Personálakte *f* (11); ~ая неприкосновéнность Unantástbarkeit der Persón

лишáй *м* **1.** *бот.* Fléchte *f* (11); **2.** *мед.* Fléchte *f* (11), Grind *m* (1); стригýщий ~ Schérpilzflechte *f*, Trichophytíe *f* (11); опоя́сывающий ~ Gürtelrose; **~ник** *м бот.* Fléchte *f* (11)

лишáть(ся) *см.* лиши́ть(ся)

ли́шек *м разг.* Überschuß *m* -sses, -schüsse

лишéни||е *с* **1.** Entzúg *m* (1*), Entzíehung *f* (10); Verlúst *m* (1) (*потеря*); *юр.* Áberkennung *f* (10); ~е наслéдства Entérbung *f* (10); ~е прéмии Prämienentzug *m*; ~е избирáтельных прав Áberkennung [Entzúg] des Wáhlrechts; ~е граждáнства Áberkennung [Entzúg] der Stáatsbürgerschaft; ~е граждáнских прав Áberkennung [Verlúst] der bürgerlichen Réchte [Éhrenrechte]; ~е прав Entréchtung *f* (10); ~е роди́тельских прав Entzúg des (élterlichen) Sórgerechtes [der Elternrechte]; ~е свобóды Fréiheitsentzug *m*; Fréiheitsstrafe *f* (11) (*как наказание*); **2.** *мн.* ~я (*нужда*) Entbéhrungen *pl*, Not *f* (3); терпéть ~я Not léiden*; пóлный ~й entbéhrungsreich

лишённый bar (чегó-л. *G*); beráubt (чегó-л. *G*); entbéhrend (чегó-л. *G*); ~ зрéния gebléndet, des Áugenlichtes beráubt; ~ наслéдства entérbt; ~ прав entréchtet; обвинéние лишенó вся́кого оснoвáния die Beschúldigung [Ánklage] entbéhrt jéder Grúndlage; ~ вся́кого достóинства jéglicher Würde bar; не ~ остроýмия nicht óhne Witz

лиши́ть (*чегó-л.*) entzíehen* *vt*, ábnehmen* *vt* (когó-л. *D*); beráuben *vt* (когó-л. чегó-л. j-n éiner Sáche (*G*); um etw. (*A*) bríngen*; verwéigern *vt* (когó-л. *D*) (*отказать в чём-л.*); ~ наслéдства entérben *vt*; ~ когó-л. прав j-m die bürgerlichen Réchte entzíehen*; ~ когó-л. слóва j-m das Wort entzíehen*; ~ прáва гóлоса j-m das Stímmrecht entzíehen*; j-n des Stímmrechts beráuben; ~ закóнной си́лы áußer Kraft sétzen; ~ когó-л. довéрия j-m das Vertráuen entzíehen*; ~ когó-л. срéдств к существовáнию j-n um sein Stück Brot bríngen*; ~ когó-л. послéдней надéжды j-m séine létzte Hóffnung ráuben; ~ когó-л. свобóды j-n der Fréiheit beráuben; ~ себя́ жи́зни sich (*D*) das Lében néhmen*; **~ся** verlíeren* *vt*, éinbüßen *vt*; verlústig géhen* (*G*), um etw. (*A*) kómmen*; ~ся чувств die Besínnung verlíeren*, óhnmächtig wérden; ~ся рéчи kéines Wórtes mächtig sein

ли́шн||ий **1.** überflüssig, únnötig; nútzlos (*бесполезный*); ~ие старáния nútzlose Bemühungen; **2.** (*сверх необходимого, полагающегося*) überschüssig, überzählig; übrig (*запасной*); ~ий вес Übergewicht *n* (2); ~ий раз ein übriges [wéiteres] Mal; **3.** (*добавочный, дополнительный*) zuvíel; в лóже два ~их человéка in der Lóge sind zwei Persónen zuvíel; ~ий раз noch éinmal, ein übriges Mal; ◇ ~ие лю́ди *лит.* lébensuntüchtige Ménschen; пять ты́сяч с ~им über fünftáusend; за пять с ~им лет *разг.* in gut fünf Jáhren; мóжет быть, бýдет не ли́шне (+ *инф.*) vielléicht wird es von Nútzen sein, vielléicht ist es nützlich [nötig] (+ *inf* с zu)

лишь **1.** *нареч.* (*тóлько*) nur, bloß, alléin; erst (*о времени*); у меня́ ~ однá забóта ich hábe nur éine Sórge; ~ ты du alléin; ~ в три часá erst um drei Uhr; **2.** *союз* (*едва*) kaum; sobáld; ~ (тóлько) он вошёл kaum war er éingetreten; ~ тóлько он придёт sobáld er kommt; **3.:** ~ бы (тóлько) wenn nur (+ *conj*); ~ бы он пришёл wenn er nur käme

лоб *м* Stirn *f* (10); Stírne *f* (11) (*уст., поэт.*); ◇ у негó на лбу напи́сано es steht ihm auf [an] der Stirn geschríeben; что в ~, что пó лбу *погов.* ≅ es ist éinerlei; es ist Jácke wie Hóse; семи́ пя́дей во лбу *погов.* ≅ klug und wéise, súperklug, sehr [verdámmt] gescheít

лобéлия *ж бот.* Lobélie *f* (11)

лоб||зáние *с уст., поэт.* Kuß *m* -sses, *pl* Küsse; **~áть** *уст., поэт.* küssen *vt*

лóбзик *м тех.* Láubsäge *f* (11)

лобкóв||ый *анат.*: ~ая кость Schámbein *n* (2)

лóбн||ый *анат.* Stirn-; ~ая кость Stírnbein *n* (2); ~ые пáзухи Stírnhöhlen *pl*; ◇ ~ое мéсто *ист.* Ríchtplatz *m* (1*), Hínrichtungsplatz *m*

лобов||óй frontál, Frontál-; stírnseitig; ~óй вéтер Gégenwind *m* (1); ~óе столкновéние *авто* Frontálzusammenstoß *m* (1*); ~áя атáка *воен.* Frontálangriff *m* (1)

логогрéйка *ж с.-х.* éinfache Getréidemähmaschine

лобóк *м анат.* Schámhügel *m* (6), Venusberg ['ve:-] *m* (1)

лоботря́с *м разг.* Tágedieb *m* (1), Níchtstuer *m* (6)

лов *м* Fang *m* -(e)s

ловелáс *м* Verführer *m* (6); Schürzenjäger *m* (6)

ловéц *м* Fänger *m* (6); Físcher *m* (6) (*рыбак*); Jäger *m* (6) (*охотник*); ◇ на ловцá и зверь бежи́т *погов.* ≅ Kunst bringt Gunst

лови́тель *м горн.* Fángvorrichtung *f* (10), Fänger *m* (6)

лови́ть **1.** fángen* *vt*; áuffangen* *vt*, éinfangen* *vt* (*поймать*); gréifen* *vt*, erháschen *vt* (*хватать*); ~ ры́бу físchen *vt*, *vi*; ángeln *vi* (*на удочку*); ~ щук Héchte [nach Héchten] físchen; ~ кáждое слóво jédes Wort áuffangen*; **2.** (*воспользоваться чем-л.*) áusnützen *vt*; ~ слýчай éine pássende Gelégenheit áusnützen; ◇ ~ когó-л. на слóве *разг.* j-n beim Wort néhmen*; ~ волнý [стáнцию] das Rádio auf éine Wélle [éinen Sénder] éinstellen; ~ чей-л. взгляд [взор] j-s Blick áuffangen*; **3.** (*уличать*) ertáppen *vt*; ~ на лжи bei éiner Lüge ertáppen; ~ себя́ на чём-л. sich bei etw. (*D*) ertáppen

ловкáч *м разг.* gewándter [gelénkiger] Mensch; geríssener [geríebener] Kúnde [Patrón]

лóвкий **1.** gewándt, geschíckt; fíndig (*находчивый*); geríeben, pfíffig (*изворотливый*); ~ плут ein geríebener Schelm; **2.** *разг.* (*удобный для пользования*) bequém

лóвко *нареч. разг.* (*хорошо*) gut, fein; ~ задýмано [подстрóено] gut [fein] éingefädelt

лóвкость *ж* Fértigkeit *f*, Gewándtheit *f*, Geschícklichkeit *f*, Geschíck *n* -(e)s; Fíndigkeit *f* (*находчивость*); Gerïebenheit *f* (*изворотливость*); ◇ ~ рук Fíngerfertigkeit *f*

ло́вля *ж* Fang *m* -(e)s; ры́бная ~ Físchfang *m*; Físchzug *m* -(e)s (*сетью*); ночна́я ~ ры́бы Náchtfischen *n* -s; ~ птиц Vógelstellerei *f*, Vógelfang *m*

лову́шк||а *ж* Fang *m* (1*); Fálle *f* (11); Garn *n* (2) (*для птиц*); ми́нная ~а *воен.* Mínenfalle *f*; противота́нковая ~а *воен.* Pánzerfalle *f*; радиолокацио́нная ~а *воен.* Fúnkmeßköder *m* (6); попа́сть в ~у *перен.* in die Fálle [ins Garn] géhen* [geráten*], auf den Leim géhen*

ло́вчий *сущ. м уст.* Hétzjäger *m* (6)

лог *м* Hóhlweg *m* (1), Schlucht *f* (10); сухо́й ~ Tróckental *n* (5)

логари́фм *м мат.* Logaríthmus *m* =, -men; табли́ца ~ов Logaríthmentafel *f* (11); **~и́ровать** logarithmíeren *vt*; **~и́ческий** logaríthmisch; ~и́ческая лине́йка Réchenschieber *m* (6), Réchenstab *m* (1*)

ло́ггер *м мор.* Lógger *m* (6)

ло́гика *ж* Lógik *f*; математи́ческая ~ mathemátische Lógik

логи́стика *ж* Logístik *f*

логи́ческ||и *нареч.* lógischerweise, lógisch; **~ий** lógisch, fólgerichtig; ~ий вы́вод lógischer Schluß

логи́чн||ость *ж* Fólgerichtigkeit *f*; **~ый** lógisch, fólgerichtig, fólgerecht

ло́говище *с*, **ло́гово** *с* Láger *n* (6), Höhle *f* (11)

логогри́ф *м* Logogríph *m* (1, 8), Búchstabenrätsel *n* (6), Wórträtsel *n*

логоме́тр *м эл.* Quotiéntenmesser *m* (6), Verhältnismesser *m*

логопе́д *м* Spráchheilpädagoge *m* (9), Logopäde *m* (9); **~и́ческий** Spráchheil-; ~и́ческая шко́ла Spráchheilschule *f* (11); **~ия** *ж* Logopädíe *f*, Spráchheilkunde *f*

ло́джия *ж стр.* Loggia [ˈlɔdʒa] *f*, *pl* Loggien [ˈlɔdʒən]

ло́дк||а *ж* Boot *n* (2), Kahn *m* (1*); мото́рная ~а Mótorboot *n*; спаса́тельная ~а Réttungsboot *n*, го́ночная ~а *спорт.* Rénnboot *n*; надувна́я ~а Schláuchboot *n*, Flóßsack *m* (1*); складна́я ~а Fáltboot *n*; подво́дная ~а Únterseeboot *n* (*сокр.* U-Boot); каноне́рская ~а Kanónenboot *n*; ката́ться на ~е Boot fáhren*

ло́дочки *мн.* (*ед.* ло́дочка) (*туфли*) Pumps [pœmps] *pl*; ~ на ни́зком каблуке́ Slípper *pl*; ~ на широ́ком ни́зком каблуке́ Trotteurpumps [-ˈtø:rpœmps] *pl*

ло́дочн||ик *м* Bóotsführer *m* (6), Schíffer *m* (6), Bóotsmann *m* -(e)s, -leute; **~ый** Boots-, Kahn-; ~ая при́стань Bóot(s)anlegestelle *f* (11); ~ая ста́нция Bóotsverleih *m* -(e)s

лоды́жка *ж анат.* Knöchel *m* (6) (*am Fußgelenk*)

ло́дырничать *разг.* fáulenzen *vi*, auf der Bärenhaut líegen*, herúmlungern *vi*

ло́дыр||ь *м разг.* Fáulenzer *m* (6), Tágedieb *m* (1), Níchtstuer *m* (6); Drückeberger *m* (6); гоня́ть ~я nichts tun*, fáulenzen *vi*; óhne Árbeit herúmlungern

ло́жа I *ж* 1. Lóge [-ʒə] *f* (11); ~ бенуа́ра Parkéttloge *f*; 2.: масо́нская ~ Fréimaurerloge *f*

ло́жа II *ж* (*винтовки*) Schaft *m* (1*), Gewéhrschaft *m*

ложби́на *ж* flácher Tálkessel, Vertíefung *f* (10)

ло́же *с* 1. *уст., поэт.* (*постель*) Bett *n* (13), Láger *n* (6), Rúhelager *n*; бра́чное ~ Éhebett *n*; 2. (*русло реки, водохранилища*) Bett *n* (13); Flúßbett *n*, Strómbett *n*; Grúndbett *n* (*русла*); бето́нное ~ *гидр., стр.* Betonbett [-ˈtɔŋ-] *n*; 3. *бот.* Bóden *m* (7, 7*); Grúbe *f* (11); семенно́е ~ Sámenboden *m*; пыльниковое ~ Anthérengrube *f*; цвето́чное ~ Blütenbett *n* (13); ◇ проку́стово ~ Prokrústesbett *n*

ложеме́нт *м* (*рабочее кресло*) Kosmonáutensessel *m* (6), Kontúrensessel *m* (*космонавта*)

ло́жечк||а *ж* Löffelchen *n* (7); ~а для зава́рки ча́я Téeɛiei *n* (5); ◇ под ~ой in der Hérzgrube

ложи́ться *см.* лечь; ~ с ку́рами mit den Hühnern zu Bett géhen* [schláfen géhen*]

ло́жк||а *ж* Löffel *m* (6); ча́йная ~а Téelöffel *m*; десе́ртная ~а Dessértlöffel *m*; столо́вая ~а Súppenlöffel *m*, Éßlöffel *m*; развива́тельная ~а Schöpflöffel *m*, Schöpfkelle *f* (11), Súppenkelle *f*; три ра́за в день по столо́вой ~е dréimal täglich éinen Éßlöffel; ~ами, по ~е löffelweise; ◇ ~а дёгтя в бо́чке мёда *погов.* ≅ ein Trópfen Wérmut im Fréudenbecher; че́рез час по ча́йной ~е sehr lángsam, zögernd

ложнокласс||ици́зм *м лит.* Pséudoklassizismus *m* =; **~и́ческий** *лит.* pséudoklassizistisch

ло́жн||ость *ж* Fálschheit *f*, Únrichtigkeit *f*; **~ый** falsch, únwahr, únrichtig; Schein-, Trug- (*обманчивый*); ~ая скро́мность fálsche [gespíelte] Beschéidenheit; ~ая трево́га blínder Alárm [Lärm]; ~ый шаг Féhltritt *m* (1), Fauxpas [*фр.* foˈpa] *m* =, =; ~ый слух únwahres Gerücht; ~ая анало́гия fálsche Analogíe; ~ое самолю́бие übertríebener [úngesunder] Éhrgeiz; ~ый вы́вод Trúgschluß *m* -sses, -schlüsse; ~ое показа́ние fálsche Áussage; ~ая пози́ция *воен.* Schéinstellung *f* (10); быть на ~ом пути́ auf dem Hólzweg sein; sich auf éinem Írrweg befínden*; попа́сть в ~ое положе́ние in éine schíefe Láge geráten *

ложь Lüge *f* (11), Únwahrheit *f* (10); я́вная ~ óffensichtliche [gróbe, hándgreifliche] Lüge; преднаме́ренная ~ Zwécklüge *f*; запу́таться во лжи sich in Lügen verstrícken; уличи́ть кого́-л. во лжи j-n der Lüge [Únwahrheit] überführen, j-n Lügen stráfen; ◇ ~ на тарака́ньих но́жках хо́дит, у лжи коро́ткие но́ги Lügen háben kúrze Béine

лоза́ *ж* 1. (*виноградная*) Rébe *f* (11), Wéinrebe *f*, Rébstock *m* (1*), Wéinstock *m*; 2. (*ива*) Wéide *f* (11); 3. *уст.* (*розга*) Rúte *f* (11)

лозня́к *м* Wéidengebüsch *n* (2), Wéidengehölz *n* (2), Wéidicht *n* (2)

ло́зунг *м* 1. Lósung *f* (10); Léitsatz *m* (1*) (*тезис*); Wáhlspruch *m* (1*), Paróle *f* (11), Devíse [-ˈvi:-] *f* (*девиз*); Áufruf *m* (1) (*призыв*); Sprúchband *n*, (5) (*транспарант*); под ~ом únter der Lósung [Devíse]; вы́двинуть ~ éine Lósung áufstellen; 2. *воен. уст.* (*пароль*) Kénnwort *n* (2), Lósungswort *n*, Lósung *f*, Paróle *f* (11)

локализ||а́ция *ж* Lokalisatión *f*, Lokalisíerung *f*, örtliche Beschränkung; **~и́ровать, ~ова́ть** lokalisíeren *vt*

лока́льн||ый lokál, örtlich; ~ая война́ lokáler Krieg

лока́тив *м грам.* Lókativ *m* -s, -e

лока́тор *м* Órtungsgerät *n* (2); звуково́й ~ Schállortungsgerät *n*

лока́ут *м* Áussperrung *f* (10); **~и́ровать** áussperren *vt*

лока́ция *ж* Órtung *f* (10); ультразвукова́я ~ Últraschallortung *f*

локомоби́ль *м тех.* Lokomobíle *f* (11)

локомоти́в *м тех.* Lokomotíve [-və] *f* (11); Lok *f* =, -s (*разг.*); ди́зельный ~ Díesellokomotive *f*; **~ный** Lokomotív-; **~ная** брига́да Lokomotívbrigade *f* (11)

ло́кон *м* Lócke *f* (11)

ло́к||оть *м* 1. Éll(en)bogen *m* (7); до ~те́й (*напр. перчатки*) éllenbogenlang; рабо́тать ~тя́ми *разг.* ≅ séine Éll(en)bogen gebráuchen; sich rücksichtslos dúrchdrängen; 2. *уст.* (*мера длины*) Élle *f* (11); ◇ чу́вство ~тя Túchfühlung *f*; бли́зок ~оть, да не уку́сишь *посл.* ≅ das Nächste steht oft únerreichbar fern

локтев||о́й *анат.* Éll(en)bogen-; kubitál; ulnár; ~а́я кость Élle *f* (11), Kubitálknochen *m* (7); ~о́й суста́в Éllbogengelenk *n* (2)

лом *м* 1. (*инструмент*) Brécheisen *n* (7), Bréchstange *f* (11); Hébestange *f*; 2. *собир.* (*ломаные предметы*) Bruch *m* -(e)s, Brúchstücke *pl*, Schrott *m* (1); металли́ческий ~ Áltmetall *n* (2), Schrott *m*; испо́льзование ~а Áltgutverwertung *f*; желе́зный ~ Éisenschrott *m*, Álteisen *n*; ~ цветны́х мета́ллов Búntmetallschrott *m*; пуска́ть в ~ verschrótten *vt*; шокола́дный ~ Brúchschokolade *f* (11)

лома́ка *м, ж разг.* Zíeraffe *m* (9), Zíerpuppe *f* (11)

ло́ман||ый gebróchen, zerbróchen; zerschlágen (*разбитый*); ~ые ве́щи zerbróchene Sáchen; ~ый челове́к ein gebróchener Mensch; ◇ ~ая ли́ния *мат.* gebróchene [gekníckte] Líníe; э́то гроша́ ~ого не сто́ит *разг.* das ist kéinen (róten) Héller wert; das ist kéinen Schuß Púlver wert; ~ый неме́цкий язы́к gebróchenes Deutsch; говори́ть на ~ом языке́ rádebrechen *неотд. vi*

лома́нье *с* 1. Bréchen *n* -s, Zerbréchen *n* -s; 2. *разг.* (*кривлянье, жеманство*) Ziereréi *f*, das Gezíere (*sub*), Affektatión *f*

лома́ть 1. bréchen* *vt*, ábbrechen* (*сук*); zerbréchen* *vt*, zerschlágen* *vt* (*разбивать*); kapútt máchen (*испортить*); níederreißen* *vt*, ábbrechen* *vt* (*дом, стену*); 2. *перен.* brechen* *vt*, zerstören *vt*; úmändern *vt*; ~ свою́ жизнь sein Lében úmkrempeln; ~ свой хара́ктер séinen Charákter von Grund auf ändern; ~ ста́рые поря́дки das Álte zerstören [vernichten]; 3. *перен. разг. безл.*: меня́ лома́ет ich hábe Glíederreißen [Glíederschmerzen]; ◇ ~ дурака́ *разг.* sich dumm stéllen; den Dúmmen máchen [spíelen]; ~ себе́ го́лову над чем-л. sich (*D*) den Kopf über etw. (*A*) zerbréchen* [zergrübeln]; не лома́й себе́ го́лову над... das soll dir wénig Köpfschmerzen beréiten; ~ ру́ки die Hände ríngen*; ~ пе́ред ке́м-л. ша́пку *разг.* j-n úntertänig [kríecherisch] grüßen, vor j-m Bücklinge máchen; **~ся** 1. zerbréchen* *vi* (s), bréchen* *vi* (s), in Stücke géhen*; zu Bruch géhen*; 2. (*быть хрупким*) zerbréchlich sein; leicht bréchen*; 3. *разг.* (*кривляться*) sich zíeren; affektíeren *vi* (s); 4. (*о голосе*) bréchen* *vi* (s); у него́ лома́ется го́лос er hat Stímmwechsel [Stímmbruch], er steht im Stímmwechsel; 5. (*упрямиться*) sich zíeren, áblehnen *vt*; 6. *страд.* zerbróchen wérden

ломба́рд *м* Pfándleihe *f*, Léihhaus *n* (5); Versátzamt *n* (5) (*австр.*); **~ный** Leih-, Pfand-; **~ная квита́нция** Pfándschein *m* (1), Versátzschein *m*

ло́мберный: ~ стол Kártentisch *m* (1)

лома́ть 1. bréchen* *vt*, bíegen* *vt*, knícken *vt*; **2.** *разг.* (*напирать, лезть напролом*) rücksichtslos [mit Gewált] vórwärtsdrängen; **3.** *безл.*: у него́ ло́мит ру́ку er fühlt ein Zíehen [Réißen] in der Hand; у меня́ ло́мит спи́ну ich hábe (zíehende) Rückenschmerzen; у меня́ ло́мит го́лову ich hábe Kópfschmerzen, mein Kopf brummt; **~ся 1.** (*гнуться*) sich bíegen*, sich níederbeugen; **2.** *перен.* vóllgestopft [vóllgepfropft] sein (*о шкафах, сундуках и т. п.*); bréchend [zum Plátzen] voll sein (от чего́-л. mit *D*); strótzen *vi* (von *D*); стол ломи́лся от яств der Tisch bog sich únter der Last der Spéisen und Getränke; **3.** *разг.* (*стремиться проникнуть*) stürmen *vt*; mit Gewált éinzudringen súchen; sich (*D*) mit Gewált Éintritt verscháffen wóllen*; ◇ ~ся в откры́тую дверь óffene Türen éinrennen*

ло́мка *ж* **1.** Bréchen *n* -s, Zerbréchen *n* -s; Níederreißen *n* -s, Ábbrechen *n* -s, Ábbruch *m* (1*) (*до́ма, стены́*); **2.** *перен.* Bréchung *f*, Úmbruch *m* (1*); Níederbruch *m*, Úmänderung *f* (10), Zerstörung *f* (10), Níederreißen *n* -s, Úmbildung *f* (10), Úmwälzung *f* (10); ~ ста́рого Níederbruch des Álten; ~ ста́рого бы́та Zerstörung der álten Lébensformen; ~ ста́рых произво́дственных норм Bréchung der álten Léistungsnormen

ло́мк||ий brüchig, zerbréchlich; spröde (*хрупкий*); **~ий** лёд brüchiges Eis; **~ий** го́лос éine brüchige Stímme; **~ость** *ж* Brüchigkeit, Zerbréchlichkeit *f*; Sprödigkeit *f* (*хрупкость*); ~ость косте́й *мед.* Knóchenbrüchigkeit *f*

ломов||и́к *разг. см.* ломово́й 2; **~о́й** *прил.* **1.** Last-; ~а́я ло́шадь Lástpferd *n* (2); **2.** *в знач. сущ. м* (*извозчик*) Lástfuhrmann *m* (4) (*pl тж.* -leute)

ломоно́с *м бот.* Wáldrebe *f* (11), Klemátis *f*

ломо́та *ж* Glíederschmerzen *pl*, Glíederreißen *n* -s, rheumátische Schmérzen

ломо́ть *м* Schnítte *f* (11), Schéibe *f* (11); ~ хле́ба Brótscheibe *f*; ◇ отре́занный ~ auf éigenen Füßen stéhender Mensch

ло́мтик *м* Schéibchen *n* (7); Schéibe *f* (11); ~ лимо́на Zitrónenscheibchen *n*, ein Schéibchen Zitróne

лонжеро́н *м ав.* Holm *m* (1), Längsholm *m*; *авто* Längsträger *m* (6)

ло́н||о *с уст.* Schoß *m* -es; ◇ на ~е приро́ды im Grünen, in der fréien Natúr; im Schóße der Natúr (*поэт.*)

ло́пастн||ый 1. *тех.* Scháufel-; ~ое колесо́ Scháufelrad *n* (5); **2.** *бот.* láppig, geláppt

ло́пасть *ж* **1.** Scháufel *f* (11) (*мельничного, пароходного колеса*); Blatt *n* (5); ~ весла́ Rúderblatt *n*, Ríemenblatt *n*; ~ **вентиля́тора** Lüfterflügel *m* (6), Ventilátorflügel [-ven-] *m*; ~ винта́ Schráubenblatt *n*, Schráubenflügel *m*; **2.** *бот.* Láppe *f* (11)

лопа́т||а *ж* Spáten *m* (7), Schíppe *f* (11) (*заступ*); Scháufel *f* (11) (*совковая*); *мех.* Löffelbagger *m* (6), Löffel *m* (6); ◇ борода́ ~ой bréiter, länger Bart; загреба́ть де́ньги ~ой das Geld schéffelweise [in Schéffeln] éinheimsen; **~ка** *ж* **1.** Scháufel *f* (11); направля́ющая ~ка *тех.* Léitschaufel *f*; поворо́тная ~ка Dréhschaufel *f*, Verstéllschaufel *f*, Úmlenkschaufel *f*; **2.** (*каменщика, штукатура*) Máurerkelle *f* (11), Kélle *f*; **3.** *анат.* Schúlterblatt *n* (5); ◇ положи́ть кого́-л. на о́бе ~ки j-n auf die Schúltern légen; бежа́ть во все ~ки láufen* [rénnen*] was das Zeug hält; aus Léibeskräften rénnen* [láufen*]; **~очка** *ж* **1.** *уменьш. см.* лопа́та, лопа́тка; **2.** (*для растирания краски, лекарств*) Spátel *m* (6), *f* (11), Spáchtel *f* (11)

ло́пать *груб.* fréssen* *vt*; réinhauen* *vi*

ло́паться 1. plátzen *vi* (s), bérsten* *vi* (s); (zer)réißen* *vi* (s) (*о канате, материи*); **2.** *перен. разг.* in die Luft flíegen*; zu Wásser wérden; kráchen *vi* (*о предприятии и т. п.*); ◇ у него́ ло́пается терпе́ние ihm reißt die Gedúld

ло́пну||ть *см.* ло́паться; ◇ банк ~л die Bank hat Bankrótt gemácht; у него́ терпе́ние ~ло mit séiner Gedúld war es zu Énde; ~ть со зло́сти *груб.* vor Wut (beináhe) (zer)plátzen [bérsten*]; vor Wut kóchen, vor Wut bald [béinahe] aus der Haut fáhren*; ~ть со́ смеху vor Láchen plátzen [bérsten*]

лопота́ть *разг.* schnell [úndeutlich] réden

лопоу́хий mit lángen [ábstehenden, hängenden] Óhren

лопу́х *м бот.* Klétte *f* (11)

лорд *м* Lord *m* -s, -s; пала́та ~ов Óberhaus *n* -es; ~-мэ́р Lórd-Mayór [-ˈmeːər] *m* -s, -s; ~-ка́нцлер Lórd-Känzler *m* (6)

лорне́т *м* Lorgnon [lɔrnˈjɔ̃] *n* -s, -s; Lorgnette [lɔrnˈjɛtə] *f* (11)

лорни́ровать *уст.* lorgnettíeren [lɔrnjɛ-] *vt*, durch die Lorgnette [lɔrnˈjɛtə] betráchten

лоси́н||а *ж* **1.** (*кожа*) Élchleder *n* -s; **2.** (*мясо*) Élenfleisch *n* -es; **3.** *мн.* **~ы** (*штаны из лосины*) sämischlederne Hósen, Wíldlederhosen *pl*; **~ый** Élen-; из ~ой ко́жи sämischledern, aus Élchleder; ~ые подмётки élchlederne Sóhlen; ~ый жир Élenfett *n* -es, Élchfett *n*

лоск *м* Glanz *m* -es; вне́шний ~ äußerer [äußerlicher] Glanz, äußerer Schein, Schliff *m* (1); навести́ ~ на что-л. etw. políeren, auf etw. (*A*) Glanz áuftragen*; *перен.* den létzten Schliff gében*, die létzte Féile ánlegen; ◇ износи́ть что-л. в ~ *разг.* etw. vollkómmen [zu Fétzen] ábtragen*

ло́скут *м собир. спец.* Ábschnitte *pl*

лоску́т *м* Flícken *m* (7); Láppen *m* (7) (*тряпка*); Fétzen *m* (7) (*рваный*)

лоску́тн||ый Flícken-; ~ое изде́лие Flíckenwerk *n* (1)

лосни́ться glänzen *vi*

лососёвые *сущ. мн. зоол.* Láchse *pl*, Láchsfische *pl*

лососи́на *ж* Láchsfleisch *n* -es

ло́сось *м* Lachs *m* (1)

лось *м зоол.* Elch *m* (1)

лосьо́н *м* Gesíchtswasser *n* (6)

лот I *м мор.* Lot *n* (2), Sénkblei *n* (2); броса́ть ~ áusloten *vi*, lóten *vi*; акусти́ческий ~ Écholot *n*; механи́ческий ~ Lótmaschine *f* (11)

лот II *м уст.* (*мера*) Lot *n* (2)

лотере́йный Lotteríe-; ~ биле́т Lotteríelos *n* (2), Los *n*; ~ бараба́н Lósstrommel *f* (11); Gewínnrad *n* (5), Glücksrad *n* (*колесо счастья*)

лотере́||я *ж* Lotteríe *f* (11), Lósspiel *n* (2), Glücksspiel *n*; Lótto *n* -s, -s; Tóto *m*, *n* -s, -s; Tómbola *f* =, *pl* -s *u* -len; спорти́вная **~я** Spórttoto *m*, *n*; де́нежно-вещева́я ~я Géld- und Sáchwertlotterie *f*; беспро́игрышная ~я Lotteríe óhne Níeten; разы́грывать что-л. в ~е etw. verlósen

ло́тлинь *м мор.* Lótleine *f* (11)

лото́ *с* (*игра*) Lótto *n* -s, -s

лот||о́к *м* **1.** (*разносчика*) Trágbrett *n* (5); Báuchladen *m* (7*) (*разг.*); **2.** (*открытый прилавок*) óffener Verkáufsstand, Stráßenverkaufsstand *m* (1*); прода́жа с ~ко́в Stráßenverkauf *m* (1*); **3.** (*жёлоб*) Rínne *f* (11), Ábflußrinne *f*; *тех.* Múlde *f* (11), Trog *m* (1*), Schúrre *f* (10); ме́льничный ~о́к Mühlengerinne *n* (6); заря́дный ~о́к *воен.* Ládeschale *f* (11)

ло́тос *м бот.* Lótos *m* =, =, Lótosblume *f* (11)

лото́чник *м разг.* Báuchladenverkäufer *m* (6), Stráßenhändler *m* (6), Trágbrettverkäufer *m*

лото́чн||ый: ~ая торго́вля Stráßenhandel *m* -s

лоха́нка *ж см.* лоха́нь; ◇ по́чечная ~ *анат.* Níerenbecken *n* (7)

лоха́нь *ж* Kübel *m* (6), Wáschbecken *n* (7)

лохма́т||ить *разг.* (zer)záusen *vt*; **~иться** sich sträuben, zerzáust sein; **~ый** zóttig, zerzáust; zóttelhaarig; ~ый пёс zóttiger Hund; ~ая голова́ Strúbbelkopf *m* (1*), Strúw(w)elkopf *m*

лохмо́тья *мн.* Lúmpen *pl*; в ~х zerlúmpt, verlúmpt

ло́хмы *мн. разг.* Strähnen *pl*, Zótteln *pl*

ло́ция *ж мор.* **1.** (*наука*) Lótsen *n* -s, Stéuermannskunst *f*; **2.** (*справочник*) Lótsenhandbuch *n* (5); Séehandbuch *n*

ло́цман *м* **1.** *мор.* Lótse *m* (9), Pilót *m* (8); **2.** *зоол.* Lótsenfisch *m* (1), Léitfisch *m*; **~ский** *мор.* Lótsen-; ~ское управле́ние Lótsenamt *n* (5)

лошад||ёнка *ж* Mähre *f* (11), Schíndmähre *f*; **~и́ный** Pférde-; **~и́ная си́ла** *тех.* Pférdekraft *f* (3), Pférdestärke *f* (11) (*сокр.* PS); ◇ **~и́ная** до́за sehr stárke Dósis; лече́ние ~и́ными до́зами Pférdekur *f* (10)

лоша́дк||а *ж* Pférdchen *n* (7), Rößchen *n* (7); Hottehü *n* -s, -s, Hótto *n* -s, -s (*детск.*); игра́ть в ~и Pférdchen spíelen

лоша́дник *м разг.* **1.** (*любитель лошадей*) Pférdeliebhaber *m* (6); **2.** (*торговец лошадьми*) Pférdehändler *m* (6)

ло́шад||ь *ж* Pferd *n* (2); Gaul *m* (1*) (*разг.*; *тж. рабочая лошадь*); Roß *n* -sses, -sse; рыси́стая ~ь Tráber *m* (6), Trábgänger *m* (6); бегова́я ~ь Rénnpferd *n*; верхова́я ~ь Réitpferd *n*; вью́чная ~ь Páckpferd *n*, Sáumpferd *n*; ломова́я ~ь Lástpferd *n*; заводска́я ~ь Zúchtpferd *n*; подсе́дельная ~ь Sáttelpferd *n*; упря́жная ~ь Wágenpferd *n*; Zúgpferd *n*; чистокро́вная ~ь Vóllblut *n* (2), Vóllblüter *m* (6); полукро́вная ~ь Hálbblut *n*, Hálbblüter *m*; ~ь-кача́лка (*игрушка*) Scháukelpferd *n*; сади́ться на ~ь das Pferd bestéigen*, aufs Pferd stéigen*; вска́кивать на ~ь sich aufs Pferd schwíngen*, aufs Pferd spríngen*; загна́ть (верхову́ю) ~ь ein Pferd zuschánden réiten*; меня́ть ~е́й neuen Vórspann néhmen*; верхо́м на ~и zu Pférde

лоша́к *м* Máulesel *m* (6)

лоще́ние *с* Políeren *n* -s, Glätten *n* -s

лощён||ый 1. glatt, políert; Glanz-; ~ая пря́жа Glánzzwirn *m* (1); **2.** *перен.* geschníegelt (und gebügelt)

лощи́льн||ый Glätt-, Políer-, Satiníer-; ~ый вал *тех.* Glättwalze *f* (11),

Políerwalze *f*; ~ый пресс Kalánderpresse *f* (11), Kalánder *m* (6), Glättmaschine *f* (11)

лощи́на *ж* Grund *m* (1*), Tálweg *m* (1), Bódensenkung *f* (10)

лощи́ть *тех.* políeren *vt*, glätten *vt*; satiníeren *vt*, Glanz gében*

лоя́льн||ость *ж* Loyalität [loajali-] *f*; ~ый loyal [loa'ja:l]

луб *м бот.* Bast *m* (1); Fáserbast *m*; Líndenbast *m* (*липовый*)

лубое́д *м* (*жук*) *зоол.* Bástkäfer *m* (6)

лубо́к *м* **1.** *бот.* Báumrinde *f* (11), Bástschicht *f* (10); **2.** *мед.* Schíene *f* (11), Brúchschiene *f*; наложи́ть ~ schíenen *vt*; **3.** (*лубочная картинка*) búntes, primitíves Bild

лубо́чн||ый **1.** *см.* лубяно́й; **2.** (*примитивный*) primitív; plump, geschmácklos; pséudovolkstümlich; ~ая литерату́ра primitíve [-və] Literatúr; ~ые карти́нки primitíve Hólzschnitte

лубрика́тор *м* Schmíerapparat *m* (1)

лубян||о́й Bast-; aus Bast; ~о́й покро́в де́рева Básthülle *f* (11); ~о́е волокно́ Bástfaser *f* (11)

луг *м* Wíese *f* (11); Wíesengrund *m* (1*); заливно́й ~ Überschwémmungswiese *f*

лугово́дство *с* Wíesenkultur *f*, Wíesenwirtschaft *f*, Grünlandwirtschaft *f*

лугово́й Wíesen-; ~ бе́рег Wíesenufer *n* (6); ~ масси́в Grünland *n* (5), Grásland *n*, Grásfläche *f* (11); ~ цвето́к Wíesenblume *f* (11); серде́чник ~ *бот.* Wíesenschaumkraut *n* -(e)s

лугомелиорати́вн||ый: ~ая ста́нция Wíesenmeliorationsstation *f* (10)

лугопа́стбищ||ый: ~ые уго́дья Wíesen- und Wéideflächen

луди́льщик *м* Verzínner *m* (6)

луди́ть verzínnen *vt*

лу́ж||а *ж* Pfütze *f* (11); Láche *f* (11); ◇ сесть в ~у *разг.* in éine míßliche Láge geráten*; in der Pátsche [in der Tínte] sítzen*

лужа́йка *ж* kléine Wíese; Wáldlichtung *f* (10), Wáldwiese *f* (11) (*поляна*)

луже́ние *с* Verzínnen *n* -s

лужён||ый verzínnt, gezínnt; ◇ ~ая гло́тка *разг.* Schréihals *m* (1*), Sténtorstimme *f* (11); име́ть ~ую гло́тку éine áusgepichte Kéhle háben; име́ть ~ый желу́док *разг.* ≅ éinen gúten Mágen háben; álles verdáuen können*; éinen Stráußenmagen háben

лу́жицкий sórbisch

лужича́н||ин *м* Sórbe *m* (9); ~ка *ж* Sórbin *f* (12)

лужо́к *м* kléine Wíese

лу́за *ж* Bíllardbeutel ['bɪljart-] *m* (6), Bíllardloch *n* (5)

лук I *м бот.* Zwíebel *f* (11); ~-поре́й Porree ['pɔ-] *m* -s, -s, Lauch *m* (1); зелёный ~ Schníttlauch *m*; са́женцевый ~ Stéckzwiebel *f*; столо́вый ~ Spéisezwiebel *f*; ре́пчатый ~ Küchenzwiebel *f*; медве́жий ~ Bärenlauch *m* -(e)s; ~-ре́занец Schníttlauch *m* -(e)s

лук II *м* (*оружие*) Bógen *m* (7, 7*); стреля́ть из ~а mit dem Bógen schíeßen*; стрельба́ из ~а Bógenschießen *n* -s

лука́ *ж* **1.** (*реки, дороги*) Bíegung *f* (10), Krümmung *f* (10), Knie *n* -s, *pl* Knie; **2.** (*седла*) Sáttelbogen *m* (7, 7*), Sáttelbug *m* (1*), Knopf *m* (1*)

лука́в||ец *м разг.* Schláukopf *m* (1*), hínterlistiger [verschmítzter] Mensch, pfíffiger Kerl; ~ить sich verstéllen; schlau [hínterlistig] sein; Wínkelzüge máchen; ~ство *с* Schláuheit *f*, Verschmítztheit *f*; Hínterlist *f*, Árglist *f* (*коварство*); ~ый **1.** *прил.* schlau, verschmítzt; hínterlistig, árglistig (*коварный*); **2.** *в знач. сущ. м фольк.* Téufel *m* (6), Böse *m* (14); э́то от ~ого das ist vom Übel

лу́ков||ица *ж* **1.** *бот.* Bólle *f* (11), Knólle *f* (11); Zwíebel *f* (11), Zwíebelwurzel *f* (11); ~ица тюльпа́на Túlpenzwiebel *f*; цвето́чная ~ица Blúmenzwiebel *f*; **2.** *анат.* Zwíebel *f* (11), Wulst *m* (1*), *f* (3); волосяна́я ~ица Háarzwiebel *f*, Háarbalgkapsel *f* (11); **3.** *разг.* (*часы*) Zwíebel *f* (11), Kartóffel *f* (11), Bólle *f* (11); **4.** (*церковный купол*) Zwíebelturm *m* (1*); zwíebelförmige Kúppel, Zwíebelkuppel *f* (11), Zwíebeldach *n* (5); ~и́чный **1.** Zwíebel-; ~и́чные расте́ния Zwíebelgewächse *pl*; **2.** (*по форме*) zwíebelförmig, zwíebelartig

лукомо́рье *с поэт. уст.* Méeresbucht *f* (10)

луко́шко *с разг.* Bástkorb *m* (1*), geflóchtener Hándkorb

луку́ллов(ский) lukúllisch; луку́ллов пир ein lukúllisches Mahl

лун||а́ *ж* **1.** Mond *m* -(e)s; по́лная ~а́ Vóllmond *m*; убыва́ющая ~а́ ábnehmender Mond; молода́я ~а́ zúnehmender Mond; серп ~ы́ Móndsichel *f*; фа́зы ~ы́ Móndphasen *pl*, Móndwechsel *m*; обра́тная сторона́ Луны́ Móndrückseite *f*; находя́щийся на обра́тной стороне́ Луны́ translunárisch; поса́дка на Луне́ Móndlandung *f*; облёт Луны́ Móndumkreisung *f* (10); оборо́т Луны́ вокру́г Земли́ Móndumlauf *m*; пове́рхность Луны́ Móndoberfläche *f*; полёт на Луну́ Móndflug *m* (1*); фотогра́фия Луны́ Móndbild *n* (5); сигна́л, отражённый от Луны́ Móndecho *n* -s, -s; орби́та Луны́ Móndbahn *f*; ◇ под ~о́й auf Érden; **2.** *астр.* (*спутник*) Mond *m* (1)

лу́на-па́рк *м* Vergnügungspark *m* -s, -s, Lúnapark *m* -s, -s

луна́-ры́ба *ж* Móndfisch *m* (1)

лунати́зм *м мед.* Móndsucht *f* (*разг.*), Somnambulísmus *m* =; Náchtwandeln *n* -s

луна́т||ик *м мед.* Móndsüchtige *m* (14), Somnambúle *m* (14); Náchtwandler *m* (6) (*разг.*); ~и́ческий móndsüchtig (*разг.*), somnambúl; náchtwandelnd

лу́нка *ж* **1.** kléine rúnde Áushöhlung; Éindruck *m* (1*) (*углубление*); Éisloch *n* (5), Wúhnenloch *n* (*во льду для подлёдного лова рыбы*); **2.** *бот.* Pflánzloch *n* (5); **3.** *анат.* Záhnhöhle *f* (11), Alveóle [-ve-] *f* (11)

лункокопа́тель *м с.-х.* Pflánzlochgerät *n* (2)

лу́нник I *м* Lúnik *m* -s, -s *u* -i, Móndrakete *f* (11)

лу́нник II *м бот.* Móndviole [-vi-] *f* (11)

лу́нн||ый Mónd(es)-; lunár; ~ая ночь móndhelle [mónderhellte] Nacht; ~ый пейза́ж Móndlandschaft *f* (10); ~ый свет Móndschein *m* -(e)s; Mónd(es)licht *n* -es (*поэт.*); ~ое затме́ние Móndfinsternis *f* (3); ~ое мо́ре *астр.* Móndmeer *n* (2), Máre *n* =, *pl* = *u* Mária; ~ая каби́на, ~ый отсе́к Móndlandegerät *n* (2), Móndfähre *f* (11); ~ый кра́тер Móndkrater *m* (6); ~ое расстоя́ние Mónddistanz *f*; ~ое притяже́ние Móndanziehung *f*; ~ый диск Móndscheibe *f*; ~ое вре́мя Móndzeit *f*; ~ый гло́бус Móndglobus *m* -ses, -se (*тж.* *m* =, -ben); ~ый пери́од [круг] Móndzirkel *m* (6); ~ая че́тверть Móndviertel *n* (6); ~ые су́тки Móndtag *m* (1); ~ый год Móndjahr *n* (2); ~ый зонд Lúnasonde *f* (11); забо́р ~ого гру́нта die Entnáhme von Móndgestein; ◇ ~ый ка́мень *мин.* Móndstein *m* (1)

лунообра́зный móndförmig

лунохо́д *м* Móndfahrzeug *n* (2), Móndmobil *n* (2), Lunochód *m* -es

лунь *м зоол.* (blässe) Wéihe *f*; ◇ седо́й [бе́лый] как ~ schnéeweiß, sílberweiß, schlóhweiß

лу́па *ж* Lúpe *f* (11), Vergrößerungsglas *n* (5); ◇ ~ вре́мени Zéitlupe *f*, Zéitlupentempo *n* -s

лупи́н *м бот. см.* люпи́н

лупи́ть I **1.** (*обдирать*) (áb)schälen *vt*, (die Rínde) ábreißen* *vt*, ábrinden *vt*; **2.** *перен. разг.* übertéuern *vt* (*завышать цену*)

лупи́ть II *разг.* (*колотить*) prügeln *vt*, verháuen* *vt*, dréschen* *vt*; дождь лу́пит во всю мочь es gießt in Strömen

лупи́ться **1.** *разг.* (*шелушиться*) sich häuten; sich ábschelfern, schélfern *vi* (s), sich (áb)schälen; у него́ лу́пится ко́жа séine Haut schält sich [schélfert, schélfert sich ab]; **2.** (*отваливаться — о штукатурке и т. п.*) ábbröckeln *vi* (s); ábblättern *vi* (s) (*о краске*)

лупогла́зый *разг.* glótzäugig

лутц *м* Lutz *m* = (*фигурное катание*)

луч *м* Strahl *m* (13); косми́ческие ~и́ Höhenstrahlen *pl*; рентге́новские ~и́ Röntgenstrahlen *pl*; испуска́ть ~и́ stráhlen *vi*, Stráhlen áussenden*; ~ево́й Stráhlen-, stráhlenförmig, radiál; ~евы́е у́лицы radiále Stráßen; ~ева́я жи́ла *горн.* Stráhlengang *m* (1*); ~ева́я кость *анат.* Spéiche *f* (11); ~ева́я боле́знь Stráhlenkrankheit *f*; ~ева́я терапи́я Stráhlentherapie *f*, Stráhlenbehandlung *f*; заболе́ть ~ево́й боле́знью stráhlenkrank wérden

лучеза́рн||ость *ж* Stráhlenglanz *m* -es; ~ый stráhlend, léuchtend

лучеиспуска́ние *с физ.* Stráhlung *f*, Stráhlungsemission *f*, Ausstráhlung *f*, Radiatión *f*; поте́ри че́рез ~ Stráhlungsverlust *m* (1)

лучепреломле́ние *с физ.* Stráhlenbrechung *f*, Refraktión *f*

лучи́н||а *ж* Span *m* (1*); щепа́ть ~у Späne schnéiden*; сосно́вая ~а Kien *m* -(e)s, Kíenspan *m*

лучи́ст||ый **1.** stráhlend (*светящийся*); **2.** stráhlig (*расходящийся лучами*); **3.** Stráhlungs- (*возникающий вследствие лучеиспускания*); ~ая теплота́ Stráhlungswärme *f*; ~ая эне́ргия Stráhlungsenergie *f*

лучко́в||ый: ~ая пила́ *тех.* Bógensäge *f* (11), Bügelsäge *f*

лу́чн||ик *м* Bógenschütze *m* (8); ~ица *ж* Bógenschützin *f* (12)

лу́чше **1.** (*сравн. ст. от* хоро́ший *и* хорошо́) bésser; тем ~ désto bésser, um so bésser; как мо́жно ~, возмо́жно ~ béstmöglich; möglichst gut, so gut wie [als] möglich; **2.** *предик.* líeber; ~ оста́ться здесь líeber hier bléiben; ~ всего́ am bésten; мне ~ ich fühle mich bésser; ◇ ~ не спра́шивай frag líeber nicht; ум хорошо́, а два ~ *погов.* vier Áugen séhen mehr als zwei; zwei Köpfe sind bésser als éiner; ста́рый друг ~ но́вых двух *погов.* ein álter Freund ist zwei néue wert; ~ не на́до! а) (*не советую*) líeber nicht!; б) *разг.* (*великолепно*) es geht nichts darüber!; ~ по́здно, чем никогда́ bésser spät als nie

лу́чш||ий bésser (*сравн. ст.*); best (*превосх. ст.*); в ~ем слу́чае béstenfalls, im bésten Fálle; **~ее** *сущ. с* das Béste (*sub*); за неиме́нием ~его in Ermángelung éines Béssern; всё к ~ему es ist álles zum Bésten; измени́ться к ~ему sich zu séinem Vórteil verändern; не оставля́ть жела́ть ~его kaum éinen Wunsch óffen lássen*; ~его я и не жела́ю mehr begéhre ich nicht

луще́ние *с* **1.** Schälen *n* -s, Enthülsen *n* -s, Áushülsen *n*, Áusschoten *n* -s; **2.** (*семечек и т. п.*) Knábbern *n* -s

лущи́льник *м с.-х.* Schälpflug *m* (1*), Schäler *m* (6)

лущи́льный: ~ стано́к Schälmaschine *f* (11)

лущи́ть 1. schälen *vt*, enthülsen *vt*, áushülsen *vt*, áusschoten *vt*; ~ горо́х Érbsen áushülsen **2.** (*есть семечки и т. п.*) knábbern *vt*, knácken *vt*

лы́ж||а *ж* Ski [ʃi:-] *m* (4), Schi *m* (4), Schnéeschuh *m* (1); Bréttel *n* = *u* -*n*; Brétter *pl* (*лыжи*); Kúfe *f* (11) (*аэросаней и т. п.*); го́рные ~и Bérgski *pl*; во́дные ~и Wásserski *pl*; Wásserschi *pl*; ~и для скоростно́го спу́ска Ábfahrtski *pl*; ~и для прыжко́в с трампли́на Sprúnglaufski; го́ночные ~и Lánglaufski *pl*; кана́дские ~и Schnéereifen *pl*; шага́ющая ~а *тех.* Láufschuh *m*, Schréitkufe *f*; ходи́ть на ~ах Schi láufen*, Schi fáhren* *vi* (s); ◇ навостри́ть ~и *разг.* ≅ die Flucht [das Hásenpanier] ergréifen*; sich auf die Béine máchen

лы́жн||ик *м* Skiläufer [ˈʃi:-] *m* (6), Schíläufer *m*; Schnéeschuhläufer *m*; Schífahrer *m*; **~ица** *ж* Skiläuferin [ˈʃi:-] *f* (12), Schíläuferin *f*; Schnéeschuhläuferin *f*; Schífahrerin *f*; **~ый** Ski [ʃi:-], Schi-; Schnéeschuh-; ~ая ста́нция Schístation *f* (10), Skístation *f*; ~ый спорт Skílaufen *n* -s; ~ый костю́м Skíanzug *m* (1*); ~ая па́лка Skístock *m* (1*); ~ая вы́лазка [прогу́лка] Skíwanderung *f* (10); ~ые го́нки Lánglauf *m* (1*); ~ое крепле́ние Skíbindung *f* (10); ~ая мазь Skíwachs *n* (2)

лыжн||я́ *ж спорт.* Skispur [ˈʃi:-] *f* (10); прокла́дывание ~и́ Vórspur *f*; уступи́ть ~ю́ passíeren lássen* (кому́-л. *A*)

лы́ко *с* Bast *m* (1); Líndenbast *m* (*липовое*); драть ~ ábbasten *vt*; ◇ не ста́вить вся́кое ~ в стро́ку *погов.* ≅ nicht álles so genáu néhmen*; он не ~м шит *погов.* ≅ er ist nicht von géstern

лысе́ть éine Glátze bekómmen*; káhlköpfig [kahl] wérden

лы́сина *ж* **1.** Glátze *f* (11); Káhlkopf *m* (1*); Plätte *f* (11); **2.** (*у лошади*) dúrchlaufende Blésse

лы́сый kahl (*о голове*); káhlköpfig (*о человеке*); kahl, únbewachsen (*лишённый растительности*)

ль *см.* ли

львёнок *м* Löwenjunge *sub n*

льви́н||ый Löwen-; ◇ ~ый зев, ~ая пасть *бот.* Löwenmaul *n* (5); ~ая до́ля Löwenanteil *m* (1)

льви́ца *ж* Löwin *f* (12)

льго́т||а *ж* Privilég [-vi-] *n* -s, -gi|en; Vergünstigung *f* (10), Ermäßigung *f* (10) (*уступка, льгота*); Vórrecht *n* (2), Vórzugsrecht *n*, Sónderrecht *n* (*привилегия*); предоставля́ть кому́-л. ~ы j-m Vergünstigungen [Vórzugsrechte] éinräumen [gewähren]; **~ный** privilegíert [-vi-]; Vórzugs-, Sónder-, bevórrechtet (*привилегированный*); préisbegünstigt; verbílligt; vergünstigt, ermäßigt (*по льготной цене*); ~ные це́ны ermäßigte Préise; ~ные усло́вия Vórzugsbedingungen *pl*; ~ный биле́т ermäßigte Fáhrkarte; ~ная по́шлина Präferénzzoll *m* (1*); ~ный тари́ф Áusnahmetarif *m* (1)

льди́на *ж* Éisscholle *f* (11)

льдогенера́тор *м* Éiserzeugungsanlage *f* (11), Éiserzeuger *m* (6), Éisgenerator *m* (13), Wássereiserzeuger *m*

льдозаво́д *м* Kúnsteisfabrik *f* (10), Éisfabrik *f*

льдохрани́лище *с* Éislager *n* (6), Éislagerraum *m* (1*)

льды *мн. см.* лёд

льново́д *м* Fláchsanbauer *m* (6), Fláchszüchter *m* (6), Léinbauer *m*, Léinzüchter *m*; **~ство** *с с.-х.* Léin(an)bau *m* -(e)s, Fláchsbau *m*; **~ческий** Léin(an)bau-, Fláchs(an)bau-; ~ческий райо́н Fláchsanbaugebiet *n* (2)

льноволокно́ *с* Fláchsfaser *f* (11)

льнозаво́д *м* Fláchs(aufbereitungs-)fabrik *f* (10)

льнокомба́йн *м* Fláchskombine [-kɔm,baen] *f*, *pl* -s, Fláchsvollerntemaschine *f* (10)

льномя́лка *ж* Fláchsbreche *f* (11)

льнообраба́тывающий léinverarbeitend, fláchsverarbeitend

льноотхо́ды *мн.* Fláchsabfälle *pl*

льнопряди́льн||ый Fláchsspinn-; ~ая промы́шленность Fláchsspinnindustrie *f*; ~ая фа́брика Fláchsspinnerei *f* (10)

льнопряди́льня *ж* Fláchsspinnerei *f*

льно||тереби́лка *ж с.-х.* Fláchsraufmaschine *f* (11), Fláchsrupfer *m* (6); **~трепа́лка** *ж* Fláchsschwinge *f* (11); **~чеса́лка** *ж* Fláchshechel *f* (11)

льнуть 1. sich ánschmiegen (к кому́-л. an *A*); **2.** *разг.* (*испытывать влечение*) éine Vórliebe háben (к кому́-л. für *A*); **3.** *разг.* (*подыгрываться*) sich éinschmeicheln (к кому́-л. bei *D*)

льня́нка *ж бот.* Léinkraut *n* (5)

льнян||о́й fláchse(r)n, Flachs-; léinen, Lein-; ~о́е волокно́ Fláchsfaser *f* (11); ~а́я пря́жа Léinengarn *n* (2); ~о́е се́мя Léinsaat *f*; Léinsamen *m* (15, 7); ~о́е ма́сло Léinöl *n* -(e)s; ~ые жмыхи́ Léinkuchen *m* (7); ~а́я промы́шленность Léinenindustrie *f*; ~о́е полотно́ Léinwand *f*, Léinen *n* (7); ~о́го цве́та (*о волосах*) fláchsblond, héllblond, stróhblond; с ~ы́ми волоса́ми fláchsköpfig

льстец *м* Schméichler *m* (6), Líebediener *m* (6)

льсти́в||ый schméichlerisch, Schméichel-; líebedienerisch (*угодливый*); ~ая речь Schméichelrede *f* (11), schméichlerische Réde; Schméichelworte *pl*

льстить 1. schméicheln *vi*; ~ кому́-л. j-m nach dem Múnde réden; j-m Hónig ums Maul schmíeren (*разг.*); **2.:** ~ себя́ наде́ждой sich in schönen Hóffnungen wíegen; sich (*D*) schméicheln

льсти́ться strében *vi*, tráchten *vi* (на что-л. nach *D*), áusgehen* *vi* (s) (auf *A*)

любвеоби́льный líebreich, líebevoll

любе́зн||ичать líebenswürdig sein [tun*]; sich in Líebenswürdigkeiten ergéhen*; Süßholz ráspeln (*разг.*); líebeln *vi* (*ухаживать*); **~о** *нареч.* líebenswürdig; líebenswürdigerweise; **~ость** *ж* **1.** Líebenswürdigkeit *f*; Fréundlichkeit *f* (*приветливость*); **2.** (*одолжение*) Líebenswürdigkeit *f* (10); Gefälligkeit *f* (10); Fréundlichkeit *f* (10); оказа́ть кому́-л. ~ость j-m éine Líebenswürdigkeit erwéisen*; **3.** (*комплимент*) Líebenswürdigkeit *f* (10); Schmeicheléien *pl*, Komplimént *n* (2); говори́ть ~ости sich in Líebenswürdigkeiten [Komplimenten] ergéhen*; Komplimente máchen; Süßholz ráspeln (*разг.*); **~ый** *прил.* **1.** líebenswürdig; fréundlich (*приветливый*); бу́дьте ~ы séien Sie so líebenswürdig [gut]; háben Sie die Güte; tun Sie mir die Líebe [den Gefállen]; **2.** *уст.* (*в обращении, в письме*) lieb; ~ый друг líeber Freund; **3.** *в знач. сущ. м уст.* Gelíebte *m* (14)

люби́м||ец *м*, **~ица** *ж* Líebling *m* (1); **~чик** *м* **1.** *презр.* Günstling *m* (1); Vórzugskind *n* (5); **2.** (*в семье*) Schóßkind *n* (5), Líeblingskind *n*; Verzúg *m* -(e)s (*баловень*); **~ый** gelíebt; belíebt (*популярный*); Líeblings- (*предпочитаемый*); моя́ ~ая кни́га mein Líeblingsbuch; ~ое блю́до Léibgericht *n* (2); ◇ наступи́ть на ~ую мозо́ль *разг.* j-m auf die Hühneraugen tréten*; j-s wúnden Punkt tréffen* [berühren]

люби́тель *м* **1.** Líebhaber *m* (6); Freund *m* (1); ~ му́зыки Musíkliebhaber *m*; он ~ поговори́ть er rédet gern; он не ~ писа́ть er ist schréibfaul; **2.** (*не профессионал*) Amateur [-ˈtø:r] *m* (1); Bástler *m* (6) (*самостоятельно изготовляющий аппаратуру и принадлежности для фотоаппарата, киноаппарата и т. п.*); боксёр-~ Amateurboxer *m* (6); актёр-~ Láienspieler *m* (6); фото́граф-~ Amateurfotograf *m* (8); **~ский 1.** líebhaberisch, Líebhaber-; **2.** Amateur- [-ˈtø:r-], Líebhaber-; ~ский теа́тр Líebhaberbühne *f* (11); ~ский спекта́кль Amateurvorstellung *f* (10), Líebhaberaufführung *f* (10); ~ское пе́ние Láiensingen *n* -s; ~ский фильм Amateurfilm *m* (1); ~ская фотогра́фия Amateurfotografie *f* (11), Líebhaberfotografie *f*; **~ство** *с* **1.** Líebhaberei *f*; **2.** (*дилетантство*) Dilettántentum *n* -s, Dilettantísmus *m* =

люби́ть 1. líeben *vt*, líebhaben *vt*; **2.** (*питать склонность к чему-л., к кому-л.*) gern háben, mögen* *vt*; я не люблю́ зимы́ ich mag den Wínter nicht; я его́ не люблю́ ich mag ihn nicht; ich hábe ihn nicht gern; я люблю́, когда́... ich hábe es gern, wenn...; **3.** (*нуждаться в чём-л.*) цветы́ лю́бят во́ду и во́здух Blúmen verlángen Wásser und Luft; **4.:** я люблю́ чита́ть ich lése gern; я люблю́ я́блоки ich ésse gern Äpfel; ~ пи́во gern Bier trínken*; ◇ лю́бишь ката́ться, люби́ и са́ночки вози́ть *посл.* ≅ wer will mítessen, muß auch mítdreschen; willst du Genúß, so nimm auch den Verdrúß

лю́бо *предик.* (+ *инф.*) *разг.* es ist éine Fréude, es ist köstlich [ergötzend] (+ *inf c* zu); ~-до́рого смотре́ть es ist éine wáhre Fréude ánzusehen, es ist ein Áugenschmaus

любова́ться líebäugeln *неотд.* *vi* (чем-л., кем-л. mit *D*); séine Áugen [Blícke] an etw. (*D*) wéiden, sich ergötzen *разг.* (на кого́-л., на что-л. an *D*)

любо́вн||ик *м* **1.** Líebhaber *m* (6); Gelíebte *m* (14); **2.** *театр.* Líebhaber *m* (6); **~ица** *ж* Gelíebte *f* (14); Líebhaberin *f* (12); **~ый** Líebes-; líebend, líebevoll (*любящий*); ~ая запи́ска Líebesbriefchen *n* (7); ~ая связь Líebschaft *f* (10), Verhältnis *n* (3*); ~ая ли́рика *лит.* Líebeslyrik *f*; ~ый взгляд zärtlicher [líebender, líebevoller] Blick; у него́ ~ое отноше́ние к де́лу er liebt séine Árbeit; er árbeitet mit Líebe

любо́вь *ж* Líebe *f*; матери́нская ~ Mútterliebe *f*; ~ к ро́дине die Líebe zum Váterland; из любви́ aus Líebe; э́то его́ ста́рая ~ das ist éine álte Líebe von ihm; das ist séine álte Flámme; де́лать [выполня́ть] что-л. с ~ю etw.

mit [Lust und] Líebe tun*; ста́рая ~ не ржа́веет álte Líebe róstet nicht

любозна́тельн||ость *ж* Wíßbegier(de) *f*; Wíssensdrang *m* -es; Wíssensdurst *m* -es; **~ый** wíßbegierig; bíldungshungrig

любо́й jéder, jedwéder; belíebig, x-belíebig; jéder belíebige; в ~ час zu jéder (belíebigen) Stúnde; ~ ценой um jéden Preis; es kóste, was es wólle

любопы́тный 1. néugierig; náseweis, scháulustig (*о зрителе*); vórwitzig (*в дурном смысле*); **2.** (*занимательный*) interessánt; ~ слу́чай ein interessánter Fall

любопы́тство *с* Néugierde *f*, Néugier *f*; Scháulust *f* (*о зрителе*); удовлетвори́ть чьё-л. ~ j-s Néugier befríedigen; пра́здное ~ müßige Néugier; возбуди́ть ~ Interésse erwécken; **~вать** néugierig sein

любя́щий líebevoll; líebend (*тж. в письме*)

лю́гер *м мор.* Lúgger *m* (6)

люд *м собир. разг.* Volk *n* -(e)s, Ménschen *pl*, Léute *pl*; рабо́чий ~ Árbeiter *pl*

лю́ди *мн.* **1.** Ménschen *pl*, Léute *pl*; Persónen *pl* (*лица*); молоды́е ~ (*тж. о мужчинах*) júnges Volk; ~ у́мственного труда́ Géistesschaffende *sub pl*; Ménschen der géistigen Árbeit; ~ физи́ческого труда́ die körperlich Árbeitenden (*sub pl*); ~ свобо́дной профе́ссии Fréischaffende *sub pl*, fréiberuflich Tätige (*sub pl*); ~ говоря́т die Léute ságen, man sagt; **2.** *уст.* (*прислуга*) Gesínde *n* (6), Díenerschaft *f* (10); ◇ **вы́йти** в ~ *разг.* éine gúte Lébensstellung erréichen; в лю́дях únter frémden Ménschen; на лю́дях vor áller Áugen, öffentlich; быва́ть на лю́дях *разг.* únter Ménschen géhen*; свои́ ~ — сочтёмся *погов.* ≅ únter Brüdern wird nicht gehándelt; Pack schlägt sich, Pack verträgt sich

лю́дн||ый 1. dicht bevölkert; belébt (*оживлённый*); ~ая у́лица belébte [verkéhrsreiche] Stráße; ~ый кварта́л dicht bevölkerter [belébter] Stádtteil; **2.:** ~ое собра́ние stark besúchte Versámmlung

людое́д *м* Kannibále *m* (9); Anthropophág(e) *m* (8, 9), Ménschenfresser *m* (6) (*в сказках*); **~ский** kannibálisch; **~ство** *с* Kannibalísmus *m* =, Kannibálentum *n* -s; Anthropophagíe *f*; Ménschenfresserei *f*

людска́я *сущ. ж уст.* Bedíentenzimmer *n* (6), Gesíndestube *f* (11)

людск||о́й ménschlich, Ménschen-; род ~о́й Ménschengeschlecht *n* (5); ~о́й пото́к Ménschenstrom *m* (1*); Ménschenschwarm *m* (1*); ~и́е резе́рвы Ménschenreserven [-vən] *pl*

люизи́т *м воен.* Lewisít [lui-] *n* (*хим. знак* Le)

люк *м* **1.** Lúke *f* (11); Luk *n* (2) (*мор.*); Mánnloch *n* (5); бу́нкерный ~ Búnkereinstieg *m* (1), Búnkerluke *f*; вентиляцио́нный ~ Lüftungsklappe *f* (11); грузово́й ~ Ládeluke *f*, Ládetür *f* (10); смотрово́й ~ Scháuloch *n*, Scháuluke *f*; черда́чный ~ *стр.* Bódenluke *f*, Bódenfenster *n* (6); **2.** *театр.* Versénkung *f* (11)

люкс I *м физ.* Lux *n* =, = (*единица измерения*)

люкс II *м* Lúxus-; гости́ница-~ Lúxushotel *n* -s, -s; каю́та-~ Lúxuskajüte *f* (11)

лю́лька I *ж* (*колыбель*) Wíege *f* (11)

лю́лька II *ж обл.* (*трубка*) Pféife *f* (11)

лю́лька III *ж* **1.** *воен.* Wíege *f* (11), Róhrwiege *f*; **2.** (*висячий помост*) Hängesitz *m* (1); (*подъёмный механизм*) Förderschale *f* (11)

люмба́го *с мед.* Lumbágo *f*; Léndenschmerz *m* -(e)s, Héxenschuß *m* -sses

лю́мен *м эл.* Lúmen *n* -s, (*сокр.* lm)

люминесце́нтн||ый *физ.* Lumineszénz-, Léuchtstoff-; ~ая ла́мпа Léuchtstofflampe *f* (11); Léuchtstoffröhre *f* (11); ~ое освеще́ние Léuchtröhrenbeleuchtung *f* (10)

люминесце́нция *ж физ.* Lumineszénz *f*

лю́мпен-пролетариа́т *м* Lúmpenproletariat *n* -s

люне́т *м стр.* Bógenfeld *n* (5), Lünétte *f* (11); *тех.* Brílle *f* (11), Sétzstock *m* (1*)

люпи́н *м бот.* Lupíne *f* (11)

лю́стра *ж* Krónleuchter *m* (6), Lüster *m* (6), Króne *f* (11); хруста́льная ~ Kristállkrone *f*, Gláskrone *f*

люстри́н *м* Lüster *m* (6); **~овый** Lüster-; aus Lüster; ~овый пиджа́к Lüsterjackett [-ʒa-] *n* (2)

лютера́н||ин *м* Lutheráner *m* (6); **~ка** *ж* Lutheránerin *f* (12); **~ский** lútherisch, lutheránisch; **~ство** *с* Lúthertum *n* -s, lútherische Konfessión

люте́ций *м хим.* Lutétium *n* -s (*хим. знак* Lu)

лю́тик *м бот.* Háhnenfuß *m* -es, Ranúnkel *f* (11); **~овые** *в знач. сущ. мн. бот.* Ranunkulazé¦en *pl*, Ranúnkelgewächse *pl*, Háhnenfußgewächse *pl*

лю́тн||я *ж муз.* Láute *f* (11); игро́к на ~е Láutenspieler *m* (6), Lautenist *m* (8)

лю́т||ость *ж* Gráusamkeit *f*, Grímmigkeit *f*; Íngrimm *m* -(e)s; **~ый** gráusam, grímmig; íngrimmig; wild (*хищный*); ~ый зверь wíldes Tier; ~ый моро́з grímmige Kälte

лю́фа *ж* **1.** *бот.* Lúffa *f*, *pl* -s; Lúffagurke *f* (11); **2.** (*мочалка*) Lúffaschwamm *m* (1*)

люфт *м тех.* Spiel *n* -(e)s, Luft *f*

люце́рна *ж бот.* Luzérne *f* (11)

ля *сущ. с муз.* A *n* =, =; ля-дие́з Ais *n* =; ля-бемо́ль As *n* =; ля мажо́р A-Dur *n* =; в ля мажо́ре in A-Dur, ля мино́р a-Moll *n* =; в ля мино́ре in a-Moll

ляга́ть, лягну́ть (hínten) áusschlagen* *vi*, mit den Hínterbeinen [Húfen] schlágen*; лягну́ть кого́-л. *перен. разг.* j-m éinen Séitenhieb versétzen

ляга́ться *см.* ляга́ть

лягуша́тник *м разг.* (*бассейн для детей*) Plánschbecken *n* (7)

лягуша́чий, лягу́шечий Frosch-; лягу́шечья ла́пка Fróschschenkel *m* (6); «лягуша́чья перспекти́ва» *фото, кино* Fróschperspektive [-və] *f*

лягу́шка *ж* **1.** Frosch *m* (1*); зелёная ~, древе́сная ~ Láubfrosch *m*, Báumfrosch *m*; травяна́я ~, лугова́я ~ Grásfrosch *m*; **2.** *тех.* (*для натягивания проводов*) Fróschklemme *f* (11), Kníehebelklemme *f*

лягушо́нок *м* Fröschchen *n* (7), Fröschlein *n* (7)

ля́да *ж горн.* Kláppe *f* (11)

ля́жка *ж* Lénde *f* (11), Schénkel *m* (6); Kéule *f* (11), Schlégel *m* (6) (*у животных*)

лязг *м* Klírren *n* -s, Geklírr(e) *n* -(e)s; Rásseln *n* -s, Gerássel *n* -s (*металлических предметов*); Kláppern *n* -s (*зубов*); **~ать** klírren *vi*; rásseln *vi* (*металлическими предметами*); ~ать зуба́ми mit den Zähnen kláppern

ля́мк||а *ж* Schléppseil *n* (2) (*верёвка*); Trágriemen *m* (7), Trággurt *m* (1); Zúggurt *m* (*ремень*); ◇ **тяну́ть** ~у sich ábrackern, sich ábstrampeln

ляп *м разг.* Schnítzer *m* (6), Féhler *m* (6)

ля́пать *разг.* **1.** (*делать кое-как*) pfúschen *vi*, *vt*; náchlässig [schlecht] árbeiten; **2.** *см.* ля́пнуть

ля́пис *м фарм.* Höllenstein *m* -(e)s, Sílbernitrat *n* (2), **~-лазу́рь** *ж* Lasúrstein *m* (1), Lapislázuli *m* =, =

ля́пну||ть *разг.* (*сболтнуть*) heráusplatzen *vi* (s); aus der Schúle schwátzen (*выболтать*); он ~л глу́пость ihm ist éine Dúmmheit [ein dúmmes Wort] entschlüpft

ля́псус *м* Lápsus *m* =, =, Schnítzer *m* (6); Féhler *m* (6); Verséhen *n* (7) (*упущение*)

лярд *м* Schmalz *n* (2), geschmólzenes Schwéinefett

ля́сы: точи́ть ~ *разг.* das Maul áufreißen*; schwátzen *vi*, klátschen *vi*

М

мавзоле́й *м* Mausolé¦um *n* -s, -lé¦en; ~ Ле́нина das Lénin-Mausolé¦um

мавр *м* Máure *m* (9); Mohr *m* (8) (*уст.*); ◇ ~ сде́лал своё де́ло (, ~ мо́жет уйти́ [уходи́ть]) der Mohr hat séine Schúldigkeit getán (, der Mohr kann géhen)

маври́ки||ец *м* Mauríti¦er *m* (6); **~йский** maurítisch

маврита́н||ец *м* Mauretáni¦er *m* (6); **~ка** *ж* Mauretáni¦erin *f* (12); **~ский** **1.** mauretánisch (*относящийся к государству Мавритания*); **2.** *ист.* máurisch; ~ стиль máurischer Stil

маг *м* Mágí¦er *m* (6), Mágiker *m* (6), Záuberer *m* (6), Záuberkünstler *m* (6); ◇ ~ и волше́бник *шутл.* Táusendkünstler *m* (6); Héxenmeister *m* (6)

магази́н *м* **1.** Láden *m* (7*), Geschäft *n* (2), Hándlung *f* (10); Verkáufsstelle *f* (11) (*книжн.*); универса́льный ~ Wárenhaus *n* (5), Káufhaus *n*; промтова́рный ~ Industríewarengeschäft *n*, Industríewarenladen *m*; продукто́вый [продово́льственный] ~ Lébensmittelgeschäft *n*; кни́жный ~ Búchhandlung *f*; ~ для новобра́чных Hóchzeitsausstatter *m* (6); фи́рменный ~ Industríeladen *m*; ~ гото́вого пла́тья Konfektiónshaus *n*, Konfektiónsgeschäft *n*, Bekléidungshaus *n*; ~ мужско́го гото́вого пла́тья Hérrenausstatter *m*; ме́бельный ~ Möbelhaus *n* Éinrichtungshaus *n*; писчебума́жный ~ Papíer- und Schréibwarenhandlung *f*, Schréibwarenladen *m*; но́тный ~ Musikáli¦enhandlung *f*; парфюме́рный ~ Parfümeríe *f* (11); овощно́й ~ Gemüsehandlung *f*; Gemüseverkaufsstelle *f*; дежу́рный ~ Spätverkaufsstelle *f*; специализи́рованный ~ Fáchgeschäft *n*; ~ самообслу́живания Sélbstbedienungsgeschäft *n*; **2.** *спец.* (*у огнестрельного оружия*) Magazín *n* (2); **3.** *эл.* Magazín *n* (2), Kásten *m* (7, 7*), Satz *m* (1*); ~ сопротивле́ний Wíderstandssatz *m*; **~ный 1.** Láden-, Geschäfts-, Verkáufsstellen-; **2.** *воен.* Magazín-; ~ное ружьё Magazíngewehr *n* (2), Méhrlader *m* (6); **~ная** коро́бка Kásten *m* (7, 7*), Magazínkasten *m*

магара́джа *м* Ma¦harádsha *m* -s, -s

магары́ч *м разг.* Bewírtung *f*, Geschénk *n* (2) (*bei Abschluß eines Geschäftes*); Éinstand *m* -(e)s (*угощение по поводу поступления на работу*); поста́вить ~ séinen Éinstand gében*

МАГАТЭ́ *с* (Междунаро́дное аге́нтство по а́томной эне́ргии) IAEA (Internationále Atómenergie-Agentur)

маги́стерский I *ист.* Méister-, Gróßmeister-, Hóchmeister-

маги́стерский II Magíster-

маги́стр *м* **1.** (*учёная степень*) Magíster *m* (6) (*сокр. Mag.*); ~ пра́ва Magíster der Jurisprudénz; **2.** *ист.* (*ордена*) Méister *m* (6), Gróßmeister *m*, Hóchmeister *m*

магистра́ль *ж* **1.** Verkéhrsader *f* (11); железнодоро́жная ~ Háupt(eisen-) bahnlini¦e *f* (10), Háuptstrecke *f* (11); автомоби́льная ~ Férnverkehrsstraße *f* (11); во́дная ~ Háuptwasserweg *m* (1); **2.** *тех.* Háuptleitung *f* (10); Háuptwasserleitung *f* (*водопроводной сети*); теплова́я ~ Héiztrasse *f* (11); **~ный** Háuptleitungs-; Lángstrecken-; ~ный трубопрово́д Háuptleitungsrohr *n* (2); ~ный локомоти́в Lángstreckenlokomotive [-və] *f* (11)

магистра́т *м* Magistrát *m* (1), Stádtverwaltung *f* (10)

магистрату́ра *ж собир.* Gerícht *n* (2); Gerichtsbehörde *f* (11)

маги́ческий mágisch, záuberhaft

ма́гия *ж* Magíe *f*, Zauberéi *f*; чёрная ~ die Schwärze Kunst, Záuberkunst *f*

ма́гма *м геол.* Mágma *n* -s, -men

магна́лий *м спец.* Magnálium *n* -s

магна́т *м* Magnát *m* (8); Gewáltige *m* (14); промы́шленные ~ы Industriekapitäne *pl*

магнезиа́льный *геол.* Magnésium-

магнези́т *м мин.* Magnesít *m* -(e)s, Tálkspat *m* -(e)s

магне́зия *ж хим.* Magnésia *f*, Tálkerde *f*, Bíttererde *f*

магнетизёр *м уст.* Magnetiseur [-'zo:r] *m* (1)

магнети́зм *м тж. перен.* Magnetísmus *m* =; земно́й ~ Érdmagnetismus *m*

магнети́т *м мин.* Magnetít *m* (1), Magnéteisenstein *m* -(e)s

магнети́ческий magnétisch

магне́то *с тех.* Magnétzünder *m* (6), Zündmagnet *m* (1, 8)

магнетро́н *м эл.* Magnetrón *n* (2)

ма́гниевый *хим.* Magnésium-; magnésiumhaltig (*содержащий магний*)

ма́гний *м* Magnésium *n* -s (*хим. знак* Mg)

магни́т *м* Magnét *m* (1); *перен. тж.* Ánziehungspunkt *m* (1); **~ить** magnetisíeren *vt*

Магни́тка *ж разг.* (Магнитого́рский металлурги́ческий комбина́т им. В. И. Ле́нина) die «Magnítka», das Magnitogórsker Hüttenwerk

магни́тн||ый Magnét-, magnétisch; ~ая анома́лия Magnétanomalie *f*; ~ая стре́лка Magnétnadel *f* (11); ~ое по́ле *физ.* magnétisches Feld, Magnétfeld *n* (5); ~ый по́люс Magnétpol *m* -s; ~ый железня́к *мин.* Magnéteisenstein *m* (1); ~ая сталь Magnétstahl *m* -(e)s; ~ое возмуще́ние *физ.* magnétische Störung; с ~ым управле́нием magnétgesteuert

магнито́||граф *м* Magnetográph *m* (8); **~ла** *ж* Rádioapparat *m* [Rádio *n*] mit éingebautem Tónbandgerät; Musíkschrank *m* (1*) mit éingebautem Tónbandgerät (*консольная*); **~метр** *м* Magnetométer *n* (6); **~метри́ческий** magnetométrisch; **~фо́н** *м* Tónbandgerät *n* (2), Bándgerät *n*; Magnét¦tongerät *n*; ~фо́н с четырёхдоро́жечной за́писью víerspuriges Tónbandgerät, Víerspurgerät *n*; репорта́жный ~ Repórtermagnet¦tongerät *n*; **~фо́нный** Tón(band)-; **~фо́нная ле́нта** Tónband *n* (5); **~фо́нная за́пись** Tónbandaufnahme *f* (11); **~электри́ческий** magnetoeléktrisch; ~электри́ческие измери́тельные прибо́ры magnetoeléktrische Meßgeräte

магно́лия *ж бот.* Magnóli¦e *f* (11); Magnóli¦enbaum *m* (1*) (*дерево*)

магомета́н||ин *м* Mo¦hammedáner *m* (6); Móslem *m* -s, -s; **~ка** *ж* Mo¦hammedánerin *f* (12); Moslíme *f* (11); **~ский** mo¦hammedánisch; moslemínisch; **~ство** *с* mo¦hammedánische Religión, Islám *m* -s *u* =

мада́м *ж* Madame [ma'dam] *f*, *pl* Mesdames [me'dam] (*сокр.* Mme., *pl* Mmes.)

мадапола́м *м* (*ткань*) Madapolám *m* -s, *n* -s

мадемуазе́ль *ж* Mademoiselle [mad(ə)moa'zel] *f* (11)

маде́ра *ж* (*вино*) Madeira [ma'de:ra] *m* =, Madéra *m* =

мадо́нна *ж* Madónna *f*, *pl* -nnen

мадрига́л *м лит.* Madrigál *n* (2)

мадья́р *м* Madjár *m* (8), Magyar [-'dja:r] *m* (8); Úngar *m* (8); **~ка** *ж* Madjárin *f* (12), Magyarin [-'dja:-] *f* (12); Úngarin *f* (12); **~ский** madjárisch, magyarisch [-'dja:-]; úngarisch; ~ский язы́к die madjárische Spráche, das Madjárische (*sub*)

маёвка *ж* **1.** *ист.* íllegale Árbeiterversammlung am 1. Mai (*in Rußland*); **2.** *уст.* (*весенняя прогулка*) Áusflug *m* (1*) im Frühling

мажо́р *м* **1.** *муз.* Dur *n* =; в ~е in Dur; **2.** *разг.* (*весёлое настроение*) héitere Stimmung; в ~е héiter, lústig

мажордо́м *м ист.* Majordómus *m* =, =, Háusmeier *m* (6)

мажорита́рн||ый: ~ая систе́ма Méhrheitssystem *n* -s

мажо́рный **1.** *муз.* Dur-; ~ тон Dúrton *m* -(e)s; **2.** *разг.* (*весёлый*) héiter, lústig; gehóben; ~ тон héiterer [lébensfreudiger] Ton

ма́зан||ка *ж* Léhmhütte *f* (11); **~ый** **1.** (*глинобитный*) Lehm-; mit Lehm bestríchen (*обмазанный глиной*); **2.** *разг.* (*грязный*) schmútzig, beschmútzt, beschmíert

ма́зать **1.** (*смазывать колёса и т. п.*) schmíeren *vt*; **2.** (*лекарством*) éinschmíeren *vt*, éinsalben *vt*; pínseln *vt* (*горло и т. п.*); **3.** (*намазывать*) stréichen* *vt*, bestréichen* *vt* (чем-л. mit *D*); ~ хлеб ма́слом Bútter aufs Brot stréichen*; **4.** *разг.* (*плохо рисовать*) klécksen *vt*, schmíeren *vt*, stümpern *vt*; **5.** *разг.* (*пачкать*) beschmútzen *vt*, beschmíeren *vt*, besúdeln *vt*; **6.:** ~ гу́бы *разг.* die Líppen schmínken; **7.** *разг.* (*в игре*) vorbéigreifen* *vi*, danébengreifen* *отд. vi*; vorbéischießen* *vi* (*в стрельбе*); **~ся** **1.** (*лекарством*) sich éinschmieren; **2.** *разг.* (*пачкать*) schmíeren *vi*; ábfärben *vi*; **3.** *разг.* (*пачкаться*) sich beschmútzen, sich beschmíeren; **4.** *разг.* (*красить лицо, губы*) sich schmínken, sich ánmalen; **5.** *страд.* bestríchen wérden

ма́зер *м тех.* Máser *m* (6), Molekulárverstärker *m* (6)

мази́ла *м, ж разг.* **1.** (*неряха*) Schmíerfink *m* (8); **2.** (*тот, кто плохо рисует, пишет*) Kleckser *m* (6), Fárbenkleckser *m*, Schmíerer *m* (6); **3.** (*тот, кто делает промахи в стрельбе*) Schlúmpschütze *m* (9)

мази́лка *разг.* **1.** *ж* (*кисть*) Pínsel *m* (6); **2.** *м, ж уменьш. см.* мази́ла

мазну́ть **1.** *см.* ма́зать 1, 5, 7; **2.** *разг.* (*ударить кого-л.*) j-m éinen rúnterhauen

мазня́ *ж разг.* **1.** Gekléckse *n* -s, Kleckseréi *f*; stümperhaftes Gemälde (*о картине*); **2.** (*о почерке*) Geschmíere *n* -s, Schmiereréi *f*; **3.** (*о плохой работе*) Stümperéi *f*, stümperhafte Árbeit

мазо́к *м* **1.** Pínselstrich *m* (1); **2.** *мед.* Ábstrich *m* (1); взять ~ éinen Ábstrich néhmen*

мазу́рик *м бран.* Dieb *m* (1), Gáuner *m* (6), Schúrke *m* (9)

мазу́рка *ж* Masúrka *f*, *pl* -s, Mazúrka *f*, *pl* -s

мазу́т *м тех.* Masút *n* -(e)s; Héizöl *n* -(e)s; **~ный** Masút-; ~ное ма́сло Masútöl *n* -(e)s

ма́з||ь *ж* **1.** Schmíere *f* (11); колёсная ~ь Wágenschmiere *f*; сапо́жная ~ь Schúhkrem *f*, *pl* -s, Schúhpasta *f*, *pl* -ten, Stíefelwichse *f* (11); **2.** *мед.* Sálbe *f* (11); натира́ть ~ью éinsalben *vt*, éinschmieren *vt*; ◇ де́ло на ~и́ *разг.* die Sáche macht sich, die Sáche geht wie geschmíert

маи́с *м* Mais *m* (1); **~овый** Mais-; ~овый хлеб Máisbrot *n* -(e)s

май *м* Mai *m* -(e)s *u* =, *pl* -e; в ма́е ме́сяце im Mónat Mai; в нача́ле ма́я Ánfang Mai; в середи́не ма́я Mítte Mai; в конце́ ма́я Énde Mai; в ма́е про́шлого го́да im Mai vórigen Jáhres, vórigen Mai; в ма́е э́того го́да im Mai díeses Jáhres; в ма́е бу́дущего го́да im Mai nächsten Jáhres, nächsten Mai; Пе́рвое ма́я der Érste Mai, der 1. Mai

ма́йка *ж* (ärmelloses) Spórthemd *n* (13); Rúderleibchen *n* (7); Únterhemd *n*, Hérrenunterhemd *n*; жёлтая ~ (*напр. спортсмена*) gélbes [gélber] Trikot [-'ko:]

майо́лика *ж иск.* Majólika *f*, *pl* -ken

майоне́з *м* Mayonnaise [majɔ'nɛ:zə] *f* (11)

майо́р *м* Majór *m* (1)

майора́н *м бот.* Májoran *m* (1), Méiran *m* (1)

майора́т *м юр.* Majorát *n* (2)

ма́йск||ий Mai-; ~ая демонстра́ция Máiaufmarsch *m* (1*); ~ие торжества́ Máifeier *f* (11); Máifeierlichkeiten *pl*; ◇ ~ий жук Máikäfer *m* (6)

мак *м* **1.** (*цветок*) Mohn *m* (1), Móhnblume *f* (10); ~-самосе́йка Klátschmohn *m*; **2.** (*семена*) Mohn *m* (1); Móhnsame(n) *m* (7, 15); бу́лочка с ~ом Móhnbrötchen *n* (7), Móhnsemmel *f* (11)

мака́ка *ж зоол.* Makák *m* -s, -s, Makáko *m* -s, -s

мака́о *м карт.* Makáo *n* -s

макарони́ческий *лит.* makkarónisch

макаро́н||ник *м кул.* Makkarónipudding *m* -s; **~ный** Téigwaren-; Makkaróni-; ~ные изде́лия Téigwaren *pl*; **~ы** *мн.* Makkaróni *pl*, Röhrennudeln *pl*, Bándnudeln *pl*

мака́ть táuchen *vt*, éintauchen *vt*; túnken *vt*, éintunken *vt*; stíppen *vt* (*напр. хлеб в молоко и т. п.*)

македо́н||ец *м* Makedóni¦er *m* (6), Mazedóni¦er *m* (6); **~ка** *ж* Makedóni¦erin *f* (12), Mazedóni¦erin *f* (12); ~ский makedónisch, mazedónisch

маке́т *м* Modéll *n* (2); Entwúrf *m* (1*); Attráppe *f* (11); Nachbildung *f*

(10); ~ учебника Entwúrf éines Léhrbuches; ~ кни́ги Blíndband m (1*); ~ декора́ции Bühnenbildmodell n; де́йствующий ~ Funktiónsmodell n; типогра́фский ~ Sátzentwurf m; уче́бный ~ Únterrichtsmodell n

макиавелли́зм м Machiavellismus [-kiavɛˈlıs-] m =

макинто́ш м Régenmantel m (6*); wásserdichter Mántel, Trenchcoat [ˈtrɛntʃkoːt] m = u -s, -s

макия́ж м Make-up [meːkˈap] n -s, -s

макла́||к м уст. Zwíschenhändler m (6), Áufkäufer m (6) (*маклер*); Trödler m (6) (*торговец подержанными вещами*); ~**чество** с уст. Zwíschenhandel m -s, Áufkauf m -(e)s

ма́клер м Mákler m (6), Geschäftsvermittler m (6), биржево́й ~ Börsenmakler m

ма́клерство с Geschäftsvermittlung f

макну́ть см. мака́ть

ма́ков: как ~ цвет púrpurrót, féuerrót, blútrót

ма́ковка ж **1.** (*плод мака*) Móhnkopf m (1*); **2.** (*купол церкви*) Kúppel f (11), Zwíebelkuppel f, Zwíebelhaube f (11); **3.** *разг.* (*часть головы*) Wírbel m (6), Schéitel m (6)

ма́ковые *сущ. мн. бот.* Papaverazé|en [-ve-] pl, Móhngewächse pl

ма́ков||ый Mohn-; ~ое ма́сло Móhnöl n -(e)s; ◇ у меня́ ~ой роси́нки во рту не́ было *разг.* ich hábe noch kéinen Bíssen im Múnde gehábt

макре́ль ж (*рыба*) Makréle f (11)

макробио́тика ж Makrobiótik f

макрокли́мат м Mákroklima n -s

макроко́см м Makrokósmos m =,

макроми́р м см. макроко́см

макроре́льеф м Mákrorelief [-,liɛf] n -s

макроскопи́ческий *спец.* makroskópisch

макроспо́ра ж *бот.* Makrospóre f (11)

макрострукту́ра ж *спец.* Mákrostruktur f

макру́рус м (*рыба*) Grenadíerfisch m (1)

ма́ксвелл м *физ.* Máxwell n =, =

максимиза́ция ж *мат.* Maximíerung f (10)

максимал||и́зм м Maximalísmus m =; ~**и́ст** м Maximalíst m (8); ~**и́стский** maximalístisch

максима́льн||о *нареч.* maximál, höchstens, größtmöglich, höchstmöglich; ~**ый** maximál, Höchst-; größtmöglich; Spítzen-; ~ая мо́щность Spítzenleistung f (10); ~ое коли́чество Máximum n -s, -ma; ~ая при́быль Maximálprofit m (1); ~ый срок Höchstdauer f (*продолжительность*); ~ые уси́лия größte Ánstrengungen; ◇ ~ый термо́метр Máximum-Thermometer n (6)

ма́кси-мо́да ж Máximode f

ма́ксимум м **1.** Máximum n -s, -ma; Höchstmaß n (2); Höhepunkt m -es, Schéitelpunkt m (*высшая точка*); ~ нагру́зки Belástungsspitze f, Spítzenbelastung f, Höchstbelastung f; **2.** *в знач. нареч. см.* максима́льно; **3.** *в знач. прил. см.* максима́льный; програ́мма-~ Maximálprogramm n -s

ма́кси-ю́бка ж Máxirock m (1*)

макулату́р||а ж **1.** Áltpapier n -s, Papíerabfälle pl; *полигр. тж.* Makulatúr f (10), Áusschuß m -sses; **2.** *перен.* Schúndliteratur f; Kolportágeliteratur [-ʒə-] f; ~**ный 1.** *полигр.* Makulatúr-, Áusschuß-; **2.** *перен.* Schund-; Kolportáge- [-ʒə-]; ~ный рома́н Schúndroman m (1)

маку́шк||а ж **1.** Wípfel m (6) (*дерева*); Gípfel m (6) (*горы*); **2.** (*головы*) Wírbel m (6), Schéitel m (6); ◇ у него́ у́шки на ~е *разг.* er spitzt die Óhren, er lauscht mit gespánnter Áufmerksamkeit

малави́||ец м Maláwi|er m (6); ~**йка** ж Maláwi|erin f (12); ~**йский** maláwisch

мала́га ж (*вино*) Málaga m -s, pl Málagaweine, Málagawein m (1)

малагаси́||ец м Madagásse m (8); ~**йка** ж Madagássin f (12); ~**йский** madagássisch

мала́ец м Malái|e m (9)

малайзи́||ец м Maláysi|er m (6); ~**йский** maláysisch

мала́й||ка ж Malái|in f (12); ~**ский** malái|isch

малахи́т м *мин.* Malachít m -(e)s; ~**овый** Malachít-, aus Malachít

малева́ть 1. *разг.* (*раскрашивать, разрисовывать*) bemálen vt, ánstreichen* vt; **2.** *пренебр.* (*плохо рисовать*) pínseln vi, súdeln vi, kléckseln vi; stümperhaft málen; ◇ не так стра́шен чёрт, как его́ малю́ют *погов.* ≅ es wird nichts so heiß gegéssen, wie es gekócht wird

мале́йш||ий kleinst, míndest, geríngst; не име́ть ни ~его поня́тия о чём-л. kéine blásse Áhnung von etw. (D) háben

малёк м Júngfisch m (1); kléiner [júnger] Fisch; *мн. тж.* Físchbrut f

ма́леньк||ий 1. klein; wínzig (*крошечный*); **2.** (*ничтожный, незначительный*) únbedeutend, níchtssagend, bedéutungslos, geríngfügig; моё де́ло ~ое ich hábe hier nicht viel zu ságen [zu bestímmen]; **3.** (*малолетний*) klein, mínderjährig; он ведёт себя́ как ~ий er beträgt sich kíndisch; ◇ игра́ть по ~ой *карт.* níedrig spíelen

мале́нько *нареч. разг.* ein bíßchen, ein wénig, ein klein wénig, étwas; я ~ уста́л ich bin étwas müde

мале́ц м *разг.* Búrsche m (9), Júnge m (9)

мали́||ец м Malí|er m (6); ~**йка** ж Malí|erin f (12); ~**йский** málisch

мали́н||а ж **1.** (*куст*) Hímbeerstrauch m (4); **2.** *собир.* (*ягода*) Hímbeeren pl; ◇ не житьё, а ~а *разг.* ein schönes Lében; ~**ник** м Hímbeergebüsch n; Hímbeergesträuch n -(e)s; Hímbeerschlag m (1*); ~**ный** Hímbeer-

мали́нов||ка ж **1.** (*птица*) Rótkehlchen n (7); **2.** (*наливка*) Hímbeerlikör m -s; ~**ый 1.** Hímbeer-; ~ое варе́нье Hímbeerkonfitüre f; **2.** (*о цвете*) hímbeerfarben, karmesínrot; ◇ ~ый звон ángenehmer wéicher Glóckenklang

ма́ло *нареч.* wénig; nicht genügend, nicht genúg, nicht áusreichend (*недостаточно*); сли́шком ~ zu wénig; у меня́ ~ свобо́дного вре́мени ich hábe wénig fréie Zeit; ~ кто зна́ет э́то nur wénige wíssen das; das weiß kaum jémand; ~ что kaum étwas; ◇ ~ того́, что... nicht genúg, daß...; ~ того́ *вводн. сл.* áußerdem; nicht nur, nicht alléin (*не только*); ~ ли что мо́жет случи́ться wer weiß, was álles geschéhen kann; ~ ли где [куда́] wer weiß, wo [wohín]; ни мно́го ни ~ nicht mehr und nicht wéniger [mínder]

малоазиа́тский kléinasiatisch

малоазо́тистый *хим.* stíckstoffarm

малоакти́вный *хим.* reaktiónsschwach

малоалкого́льный álko|holarm

малова́жный geríngfügig, únbedeutend, belánglos

малова́т *разг.* (étwas) zu klein; ~ ро́стом zu klein von Wuchs

малова́то *нареч. разг.* étwas zu wénig; nicht genügend, nicht ganz áusreichend (*недостаточно*)

малове́р м Kléingläubige m (14); ~**ие** с Kléingläubigkeit f; ~**ный** kléingläubig

маловероя́тный wénig [kaum] wahrschéinlich

малове́сный von (zu) léichtem Gewícht

малове́треный wíndarm

маловирuléнтный *мед.* úntervirulent [-vi-]

маловóдный wásserarm

маловóдье с **1.** Wásserarmut f; **2.** (*мелководье*) níedriger Wásserstand

маловразуми́тельн||ый 1. (*малопонятный*) schwer verständlich; **2.** (*неубедительный*) nicht überzéugend; nicht éinleuchtend; ~ые до́воды schwáche Arguménte

маловы́годный wénig vórteilhaft

маловырази́тельный wénig áusdrucksvoll

малогабари́тн||ый Klein-; ráumsparend; hándlich (*портативный*); ~ая ме́бель Kléinmöbel pl

малоговоря́щий níchtssagend, geháltlos

малогра́мотн||ость ж **1.** Hálbanalphabetentum n -s, Ánfangskenntnisse pl im Lésen und Schréiben; **2.** (*невежество*) Únwissenheit f, Únkenntnis f; ~**ый** *прил.* **1.** (*о человеке*) úngebildet; jémand, der nicht geläufig lésen und schréiben kann; **2.** (*о работе*) vóller Féhler, voll von Féhlern, féhlerhaft; stümperhaft (*о рисунке и т. п.*); **3.** *в знач. сущ.* Hálbanalphabet m (8)

малодарови́тый wénig begábt, taléntlos

малоде́йственный, малодейственный schwach wírkend, von [mit] schwácher Wírkung; wénig wírkungsvoll

малодо́йный wénig Milch gébend

малодока́зательный wénig überzéugend

малодостове́рный kaum wahrschéinlich (*о сообщении*); wénig zúverlässig (*об источнике*)

малодосту́пный 1. (*такой, до которого трудно добраться*) schwer zúgänglich; **2.** kaum erschwínglich (*о цене*); schwerverständlich (*о книге и т. п.*)

малодохо́дный wénig profitábel, wénig einträglich

малоду́ш||ествовать kléinmütig [mútlos] sein, den Mut sínken lássen*, den Mut verlíeren*; verságen vi, klein béigeben*; ~**ие** с Kléinmut m -(e)s, Mútlosigkeit f; ~**ничать** *разг. см.* малоду́шествовать; ~**ный** kléinmütig, mútlos

ма́л||ое: без ~ого fast, beináhe; es féhlte ein wéniges; са́мое ~ое das Állerwenigste; дово́льствоваться ~ым sich mit wénigem begnügen; genügsam sein; в ~ом im Kléinen

малоезженный 1. (*о дороге*) wénig áusgefahren, wénig benútzt; **2.** (*о лошади*) wénig zúgeritten, wénig éingefahren

малозаме́тный 1. kaum bemérkbar; fast únbemerkbar; **2.** *перен.* únauffällig

малоземе́ль||е с, ~**ность** ж Lándarmut f; ~**ный** lándarm

малознако́мый wénig [kaum] bekánnt

малозна́чащий, малозначи́тельный von geringer Bedéutung, únwichtig

малозо́льный *спец.* áschenarm

малоизве́стный wénig bekánnt

малоизу́ченный wénig erfórscht

малоиму́щий únvermögend; arm

малоинтере́сный wénig interessánt

малоиссле́дованный wénig erfórscht

малокали́берный *см.* мелкокали́берный

малокалори́йный kalóri|enarm
малоквалифици́рованный wénig qualifiziert; schwach áusgebildet, úngelernt (*о работнике*); stümperhaft (*о работе*)
малокварти́рный: ~ дом Haus *n* (5) mit wénigen [éinigen] Wóhnungen
малокомпете́нтный wénig kompetént; kaum máßgebend (*о мнении*); kaum sáchverständig (*о специалисте*); kaum befúgt, kaum zúständig (*об организации*)
малоконтра́стный kontrástarm
малокро́в||ие *с мед.* Blútarmut *f*, Anämíe *f*; **~ный** blútarm, anämisch
малоле́т||ний *прил.* **1.** mínderjährig; **2.** *в знач. сущ. м* Mínderjährige *m* (14); **~ство** *с разг.* Kíndesalter *n* -s, Kíndheit *f*; с **~**ства von Kíndheit auf [an]
малолитра́жный mit geríngem Fássungsvermögen (*о ёмкостях*); *авто* mit geríngem Tréibstoffverbrauch [Benzínverbrauch]; ~ автомоби́ль Kléinwagen *m* (7), Kléinauto *n* -s, -s
малолю́д||ность *ж* geríngе [spärliche] Bevölkerung (*местности*); Únbelebtheit *f* (*улиц*); **~ный** wénig [spärlich] bevölkert (*о местности*); schwach besúcht (*о собрании*); wénig belébt, mít geríngem Verkéhr (*об улице и т. п.*)
мало-ма́льски *нареч.* éinigermaßen, léidlich
маломе́рка *ж* Schúhe *pl* nícht vóller [nicht normáler] Größe (*об обуви*); Úntergröße *f* (*об одежде*)
маломе́стный: ~ авто́бус Kléinbus *m* -ses, -se
малометра́жн||ый: ~ая кварти́ра Kléinwohnung *f* (10)
маломо́щный **1.** (*слабый*) schwach; kráftlos; **2.** (*бедный*) arm; **3.** *тех.* Klein-, mit geríngеr Léistung; ~ дви́гатель Kléinmotor *m* (13)
малонадёжный wénig verläßlich
малонаселённый wénig [spärlich] bevölkert; dünnbesiedelt; ménschenarm (*безлюдный*)
малоно́шеный wénig [fast nicht] (áb)getrágen, fast néu
малообеспе́ченный mínderbemittelt
малоо́блачный wénig bewölkt, mit geríngеr Bewölkung
малообразо́ванный wénig gebíldet, hálbgebildet, úngebildet; mit geríngen Kénntnissen
малообщи́тельный úngesellig; kontáktarm; verschlóssen (*замкнутый*)
малоо́пытный mit geríngеr Erfáhrung, únerfahren
малоотхо́дный ábfallarm (*о производстве*)
малоперспекти́вный wénig áussichtsreich
малопита́тельный nährwertarm; ~ корм nährwertarmes Fútter
малоплодоро́дный wénig frúchtbar
малоподви́жный schwer zu bewégen; schwérfällig (*о человеке*)
ма́ло-пома́лу *нареч.* nach und nach, allmählich
малопоня́тный schwerverständlich
малопри́быльный wénig éinbringend, wénig gewínnbringend
малоприго́дный wénig táuglich
малоприспосо́бленный kaum verwéndbar (*о чём-л.*); ~ к жи́зни челове́к ein wénig lébenstüchtiger Mensch
малопродукти́вный wénig produktív
малопроизводи́тельный wénig produktív, mit geríngеr Léistung
малора́звитый **1.** (in der Entwícklung) zurückgeblieben, únterentwickelt, **2.** (*ограниченный*) beschränkt; ~ челове́к ein beschränkter Mensch
малоразгово́рчивый nicht gesprächig, schwéigsam
малораспространённый wénig verbréitet, sélten
малорента́бельный wénig rentábel
малоречи́вый *уст.* nicht gesprächig, schwéigsam
малоро́слый klein (von Wuchs) (*о людях*); níedrig, kléinwüchsig (*о растениях*)
малосве́дущий mit geríngen Kénntnissen; únkundig, únwissend
малосеме́йный: он ~ er hat éine kléine Famíli|e
малоси́льный **1.** (*о человеке*) schwach, kráftlos; **2.** *тех.* Kléin(kraft)-; ~ дви́гатель Kléinkraftmaschine *f* (11)
малосмина́емый *текст.* knítterarm
малосне́жный schnéearm
малосодержа́тельный inhaltsarm; óberflächlich (*поверхностный*); leer (*пустой*)
малосо́льный leicht gesálzen; frisch gesálzen (*недавно посоленный*)
малосостоя́тельный **1.** (*небогатый*) únvermögend, arm; **2.** (*неубедительный*) wénig stíchhaltig, wénig überzéugend
малоспосо́бный únfähig, únbegabt
ма́лост||ь *ж разг.* **1.** Kléinigkeit *f*, Wénigkeit *f*; из-за вся́кой ~и éiner jéden Kléinigkeit wégen; са́мая ~ь оста́лась es ist nur éine Kléinigkeit [fast nichts] übriggeblieben; на са́мую ~ь ко́ротко [у́зко *и т. п.*] éine Idée zu kurz [zu eng *u. ä.*]; **2.** *в знач. нареч.* étwas, ein wénig, ein klein bíßchen; мне ~ь нездоро́вится ich fühle mich nicht ganz wohl
малотира́жный *полигр.* mit éiner kléinen Áuflage
малотре́бовательный ánspruchslos
малоубеди́тельный wénig überzéugend
малоуглеро́дистый *спец.* kóhlenstoffarm
малоудо́йный mit geríngеr Mílchleistung
малоупотреби́тельный sélten gebráucht, wénig gebräuchlich
малоурожа́йный wénig ertrágreich, ertrágsarm
малоуспева́ющий mit mángelhaften Léistungen, léistungsschwach
малоуспе́шный mit wénig Erfólg, fast erfólglos
малоутеши́тельный wénig erfréulich
малоце́нный mínderwertig, von geríngem Wert
малочи́сленн||ость *ж* geríngе [kléine] Ánzahl; **~ый** klein (an der Zahl), nicht záhlreich
малочувстви́тельный wénig empfíndlich
малошу́мный, малошумя́щий geräuscharm
малоэффекти́вный wénig effektív, wénig wírksam
ма́л||ый I *прил.* klein, geríng; únbedeutend (*незначительный*); пальто́ ~о́ der Mántel ist zu klein; мал ро́стом klein von Wuchs; его́ зна́ния сли́шком ~ы séine Kénntnisse sind zu geríng; бесконе́чно ~ый *мат.* únendlich klein, infinitesimál; исчисле́ние бесконе́чно ~ых *мат.* Infinitesimálrechnung *f*; бага́ж ~ой ско́рости *ж. д.* Fráchtgut *n* (5); ◇ ~ый ход вперёд! *мор.* hálbe Kraft voráus!; мал золотни́к, да до́рог *погов.* klein, áber fein; от ~а до вели́ка groß und klein, alt und jung, álle óhne Áusnahme; мал ~а́ ме́ньше *разг.* (*о детях*) der éine kléiner als der ándere; ≅ wie die Órgelpfeifen; с ~ых лет von Kíndheit an [auf], von klein auf
ма́лый II *м разг.* Búrsche *m* (9), Júnge *m* (9); сла́вный ~ ein nétter Júnge, ein gúter Búrsche; ein Práchtkerl; ~ хоть куда́ ein gánzer Kerl
малы́ш *м разг.* Knirps *m* (1), Kléine *m* (14); Kléinstkind *n* (5), Hósenmatz *m* (1*)
ма́льва *ж бот.* Málve [-və] *f* (11)
мальва́зия *ж уст.* (*вино*) Malvasíer [-va-] *m* -s, Malvasíerwein *m* (1)
ма́львовые *сущ. мн. бот.* Malvazé|en [-va-] *pl*
мальди́в||ец *м* Maledíver [-vər] *m* (6); **~ский** maledívisch [-viʃ]
мальти́||ец *м* Maltéser *m* (6); **~йка** *ж* Maltéserin *f* (12); **~йский** **1.** maltésisch; **2.** *ист.* Maltéser-
мальто́за *ж хим.* Maltóse *f*, Málzzucker *m* -s
мальтузиа́н||ец *м эк.* Malthusiáner *m* (6); **~ский** *эк.* malthusiánisch; **~ство** *с эк.* Malthusianísmus *m* =
ма́льчик *м* **1.** Júnge *m* (9); Knábe *m* (9) (*книжн.*); Bub *m* (8); **2.** *уст.* (*ученик в торговом предприятии*) Léhrjunge *m* (9), Léhrling *m* (1); Láufbursche *m* (9); ◇ ~ с па́льчик (*в сказке*) Däumling *m* (1); **~о́вый** (*об одежде*) Knáben-
мальчи́ше||ский júngenhaft, knábenhaft; Knáben-, Júngen-; **~ство** *с* léichtfertige, únbedachte Hándlung; der Dummejúngenstreich (*с неопр. артиклем*; ein Dummerjúngenstreich), *G* des Dumme(n)júngenstreich(e)s; Búbensteich *m*
мальчи́шка *м см.* ма́льчик
мальчи́шник *м* Ábschiedsabend *m* (1*) im Háuse des Bräutigams im Kréise séiner Kameráden am Vórabend der Hóchzeit
мальчо́нка, мальчо́нок *м уменьш. разг.* Júngchen *n* (7), Bürschchen *n* (7), Bub *m* (8), Búbi *m* -s, -s
мальчуга́н *м уменьш. разг.* Júnge *m* (9); kléiner Búbe; Búbi *m* -s, -s
малю́сенький *разг.* wínzig klein, dáumengróß, verschwíndend klein
малю́тка *м, ж* **1.** Kléine *m, f, n* (14), Kindchen *n* (7); **2.** (*о предмете*) Míni-; ло́дка-~ Miniboot *n* (2)
маля́р *м* **1.** Máler *m* (6), Málermeister *m* (6), Zímmermaler *m*, Ánstreicher *m* (6); Tüncher *m* (6); **2.** *пренебр.* (*о художнике*) Fárbenkleckser *m* (6)
маляри́йный Malária-; ~ кома́р Máláriamücke *f* (11), Anópheles *f*, *pl* =
маля́рик *м* Maláriakranke *m* (14)
маляри́я *ж* Malária *f*, Wéchselfieber *n* -s
маля́рничать *разг.* málern *vi*
маля́рн||ый Máler-; ~ая кисть Málerpinsel *m* (6)
ма́ма *ж* Mamá *f*, Máma *f*, *pl* -s
мамалы́га *ж* Máisbrei *m* -(e)s; Poléntа *f*, *pl* -ten *u* -s (*в Италии*)
мама́ша *ж разг.* Mamá *f*, *pl* -s; Mútter *f*, *pl* Mütterchen *n* (7)
ма́меньк||а *ж разг. уст.* Mamá *f*, *pl* -s; Mútti *f*, *pl* -s; **~ин** *уст. и разг.* der Mútter (gehörig); ◇ ~ин сыно́к *ирон.* Müttersöhnchen *n* (7)
ма́мин der Mútter (gehörig)
ма́мка *ж* **1.** *уст.* (*кормилица*) Ámme *f* (11); **2.** *обл.* Mútter *f*, *pl* Mütter
мамо́н *м*, **мамо́на** *ж* Mámmon *m* -s
ма́монт *м* Mámmut *n* (2) (*pl тж.* -s); **~овый** Mámmut-; ◇ ~овое де́рево Mámmutbaum *m* (1*)
ма́мочк||а *ж ласк.* Mútti *f*, *pl* -s, Mamáchen *n* (7); ◇ ~и! *в знач. межд. разг.* mein Hímmel!

мана́тки *мн. разг.* Hábseligkeiten *pl*, Kram *m* -(e)s

манга́л *м* (*жаровня*) Kóhlenbecken *n* (6)

манганит *м мин.* Manganít *m*, Gráubraunstein *m*, Gráumanganerz *n* (2)

ма́нго *с* **1.** (*плод*) Mángo *f*, Mángofrucht *f pl* -früchte **2.** (*дерево*) Mángobaum *m* (1*)

мангу́ста *ж зоол.* Mangúste *f* (11), Múngo *m* -s, -s

мандари́н I *м* **1.** (*плод*) Mandaríne *f* (11); **2.** (*дерево*) Mandarínenbaum *m* (1*)

мандари́н II *м ист.* (*китайский сановник*) Mandarín *m* (1)

мандари́нный, мандари́новый Mandarínen-; мандари́новое де́рево Mandarínenbaum *m* (1*)

манда́т *м* **1.** Mandát *n* (2), Vóllmacht *f* (10); депута́тский ~ Ábgeordnetenmandat *n*; **2.** *ист.*: страна́, имею́щая ~ (*на управление какой-л. территорией*) Mandatárstaat *m* (13); получи́ть ~ на управление чем-л. das Mandát über etw. (*A*) bekómmen*; **~ный 1.** Mandáts-; ~ная коми́ссия Mandátsprüfungkommission *f* (10); **2.** *ист.* ~ные стра́ны Mandátsgebiete *pl*

мандоли́н||а *ж* Mandolíne *f* (11); **~и́ст** *м* Mandolínenspieler *m* (6)

мандраго́ра *ж бот.* Mandragóra *f*, Mandragóre *f* (11), Alráun *m* (1)

мандри́л *м зоол.* Mandríll *m* (1)

манёвр *м* **1.** *воен.* (*передвижение и группировка*) Manöver [-vər] *n* (6); аэродро́мный ~ *ав.* Flúgplatzmanöver *n*, Flúgplatzverlegung *f* (10); **2.** *перен.* Manöver [-vər] *n* (6), Schácbzug *m* (1*); Máchenschaften *pl* (*махинации*); сме́лый ~ ein kühnes Unternéhmen; ein kühnes Husárenstück (*разг.*); **3.** *мн.* ~ы *ж.-д.* Rangieren [raŋ'ʒi:rən] *n* -s, Verschíeben *n* -s; *см. тж.* манёвры

манёвренн||ость *ж* Manövrierfähigkeit [-'vri:r-] *f*; Wéndigkeit *f* (*подвижность*); **~ый** Manöver- [-vər], Manövrier- [-'vri:r-]; ~ая гру́ппа *воен.* Manövergruppe *f* (11); ~ая война́ Bewégungskrieg *m* -(e)s

маневри́ров||ание *с* **1.** *воен.* Manövrieren [-'vri:-] *n* -s; **2.** *ж.-д.* Rangieren [raŋ'ʒi:-] *n* -s, Verschíeben *n* -s; **3.** *перен.* (*чем-л.*) Disponíeren *n* -s; ~ание сре́дствами beweglicher [elástischer] Éinsatz der Míttel; **~ать 1.** *воен.* manövrieren [-'vri:-] *vi*; Manöver [-vər] ábhalten*; *перен.* lavieren [-'vi:-] *vi*; **2.** *ж.-д.* rangieren [raŋ'ʒi:-] *vt*, verschíeben* *vt*; **3.** *перен.* (*чем-л.*) disponíeren *vt*

маневро́вый *ж.-д.* Rangier- [raŋ-'ʒi:r-]; ~ парово́з Rangíerlokomotive [-və] *f* (11)

манёвры *мн. воен.* (*тактические занятия*) Manöver [-vər] *pl*, Kriegsübungen *pl*; *см. тж.* манёвр 1

мане́ж *м* **1.** (*для верховой езды*) Manége [-ʒə] *f* (11), Réitbahn *f* (10); Réithalle *f* (11) (*крытый*); **2.** (*арена цирка*) Manége [-ʒə] *f* (11); **3.** (*детский*) Láufgitter *n* (6); **~ить 1.** (*лошадь*) éinreiten* *vt*; **2.** *перен. разг.* quälen *vt*; lánge wárten lássen*

мане́житься *разг.* sich zíeren

мане́жный Manége- [-ʒə-], Réitbahn-, ~ шаг Manégeschritt *m* (1)

манеке́н *м* **1.** (*кукла*) Mannequin [-'kɛ̃] *n* -s, -s; Modéllpuppe *f* (11), Kléiderpuppe *f*; глади́льный ~ Bügelpuppe *f*; **2.** (*живой*) Mannequin [-'kɛ̃] *n* -s, -s; Vórführdame *f* (11) (*тк. о женщине*); **~щица** *см.* манеке́н 2

мане́р *м разг.*: таки́м ~ом auf solch éine Maníer [Art, Art und Wéise]; на ~... wie...; на свой ~ auf séine éigene Art (und Wéise)

мане́р||а *ж* **1.** Maníer *f* (10); Art *f* (10), Wéise *f* (11), Art und Wéise; ~а говори́ть Rédeweise *f*, Sprechweise *f*, die Art zu sprechen; ~а держа́ть себя́ die Art sich zu benéhmen; **2.** *мн.* ~ы (*формы поведения*) Maníeren *pl*, Úmgangsformen *pl*

мане́рка *ж воен.* Féldflasche *f* (11)

мане́рн||ичать *разг.* sich zíeren, affektíeren *vi*; **~ость** *ж* Ziereréi *f*, gekünsteltes Benéhmen, Affektatión *f*; **~ый** gezíert, affektíert, gekünstelt, maniert; ~ый стиль maniert́erter [gekünstelter, gezíerter] Stil

манже́т *м см.* манже́та 1; **~а 1.** Manschétte *f* (11); Úmschlag *m* (1*) (*на брюках*); **2.** *тех.* Manschétte *f* (11); уплотни́тельная ~ Díchtstulp *m* (1), Díchtmanschette *f*; **~ный** Manschétten-; ~ная за́понка Manschéttenknopf *m* (1*)

маниака́льный *мед.* maniakálisch; ~ психо́з maniakálische Psychóse

маникю́р *м* Maniküre *f*, Hándpflege *f*, Nágelpflege *f*; но́гти с ~ом manikürte Nägel; **~ный** Maniküre-; ~ные но́жницы Nágelschere *f* (11); **~ша** *ж* Maniküre *f* (11)

мани́ловщина *ж* Manílowtum *n* -s (*müßige Gefühlsduselei und leere Träumerei*), frúchtlose, ínhaltslose Phantasteréi, Träumeréi *f*

мани́льск||ий: ~ая пенька́ Manílahanf *m* -(e)s, Abákafaser *f* (11)

манипул||и́ровать manipulíeren *vt*, *vi* (чем-л. an *D*, mit *D*); hándhaben *неотд. vt*, hantíeren *vt*; **~я́тор** *м* **1.** Manipulátor *m* -s, -tóren; **2.** (*прибор в телеграфе*) Hándtaste *f* (11); **~я́ция** *ж* **1.** Manipulíerung *f* (10); Hándgriff *m* (1); **2.** (*проделка*) Máchenschaften *pl*, Kniff *m* (1)

мани́ть 1. (*звать*) wínken *vi* (кого́-л. *D*); **2.** (*привлекать*) (án)lócken *vt*, ánziehen* *vt*

мани́фест *м* Manifést *n* (2); Мани́фест Коммунисти́ческой па́ртии Manifést der Kommunístischen Partéi

манифест||а́нт *м* Manifestánt *m* (8), Kúndgebungsteilnehmer *m* (6); **~а́ция** *ж* Demonstratión *f* (10), Kúndgebung *f* (10); **~и́ровать 1.** an éiner Demonstratión [Kúndgebung] téilnehmen*; **2.** *уст.* (*выражать*) manifestíeren *vt*, äusdrücken *vt*, offenbáren *неотд. vt*

мани́шка *ж* Hémdbrust *f*, Vórhemd *n* (13), Chemisétt [ʃə-] *n* (2) (*pl тж.* -s)

ма́ни||я *ж мед.* Maníe *f* (11), Wahn *m* -(e)s; *перен.* (léidenschaftliche) Sucht *f* (3); ~я вели́чия Größenwahn *m*, Gróßmannssucht *f*; страда́ть ~ей вели́чия größenwahnsinnig wérden [sein]; ~я пресле́дования Verfólgungswahn *m*

ма́нка *ж разг.* Grieß *m* -es

манки́ровать 1. (*пропускать, не посещать*) versäumen *vt*; féhlen *vi*; die Schúle schwänzen; **2.** (*пренебрегать*) unterlássen* *vt*, vernáchlässigen *vt*, verlétzen *vt*

ма́нн||а *ж* Mánna *n* = *u* -s, *f*; ◇ ~а небе́сная Hímmelsmanna *n*, *f*; пита́ться ~ой небе́сной *шутл.* húngern *vt*, am Húngertuch nágen

ма́нн||ый Grieß-; ~ая ка́ша Gríeßbrei *m* -(e)s; ~ая крупа́ Grieß *m* -es

манове́н||ие *с уст.* Wink *m* (1), Zéichen *n* (7); ◇ как по ~ию волше́бной па́лочки im Hándumdrehen; wie (hín-) gezáubert

мано́метр *м физ.* Manométer *n* (6); **~и́ческий** Manométer-; manométrisch; ~и́ческая тру́бка Manométerröhre *f* (11)

манса́рда *ж* Mansárde *f* (11), Dáchstube *f* (11), Dáchkammer *f* (11)

манти́лья *ж* Mantille [-'tɪljə] *f* (11)

манти́сса *ж мат.* Mantísse *f* (11)

ма́нтия *ж* **1.** Mántel *m* (6*); **2.**: ~ Земли́ Érdmantel *m*

манто́ *с* (wéiter) Pélzmantel *m* (6*) (*für Damen*), Dámenpelz *m* (1); ~ из но́рки Nérzmantel *m*

манускри́пт *м* Manuskrípt *n* (2), Hándschrift *f* (10); Schríftstück *n* (2)

мануфакту́р||а *ж* **1.** *эк.* Manufaktúr *f* (10); **2.** *уст.* (*ткани*) Textíli|en *pl*, Stóffe *pl*; **~и́ст** *м уст.* Manufakturíst *m* (8); Manufaktúrherr *m* (8); **~ный 1.** *эк.* Manufaktúr-; ~ный пери́од капитали́зма die Manufaktúrperiode des Kapitalísmus; **2.** (*текстильный*) Manufaktúr-, Textíl-

маньчжу́р *м* Mandschúre *m* (9); **~ка** *ж* Mandschúrin *f* (12); **~ский** mandschúrisch

манья́к *м* Géisteskranke *m* (14), Wáhnsinnige *m* (14)

ма́ори *м* Máori *m* = *u* -s, -s

марабу́ *м зоол.* Márabu *m* -s, -s, Krópfstorch *m* (1*)

мара́зм *м* **1.** *мед.* Marásmus *m* =, Entkräftung *f*; ста́рческий ~ Álterschwäche *f*, Áltersschwachsinn *m* -(e)s; **2.** *перен.* Verfáll *m* -(e)s

мара́л *м зоол.* Máral *m* (1), sibírischer Édelhirsch

мара́нье *с разг.* **1.** Schmiereréi *f* (10); **2.** (*плохая картина*) Stümperéi *f* (10), Pfuscheréi *f* (10)

мараски́н *м* (*ликёр*) Maraschino [maras'ki:no] *m* -s, -s

мара́ть *разг.* **1.** (*пачкать*) (be-) schmíeren *vt*, beschmútzen *vt*; besúdeln *vt*; ~ ру́ки обо что́-л. séine Hände mit etw. (*D*) beschmútzen; **2.** (*неряшливо, наспех писать, рисовать*) schmíeren *vt*, súdeln *vt*, pfúschen *vt*; schlecht schréiben*; schlecht málen; **3.** (*вычёркивать*) stréichen*; **4.** *перен.* (*кого-л.*) ánschwärzen *vt*; **~ся** *разг.* **1.** sich beschmútzen, schmútzig wérden; **2.** *страд.* beschmútzt [beschmíert] wérden; ◇ не сто́ит ~ся из-за э́того lohnt es (sich) nicht der Mühe; es lohnt nicht, sich damít zu befássen

марафо́нец *м спорт.* Márathonläufer *m* (6)

марафо́нск||ий: ~ий бег *спорт.* Márathonlauf *m* -(e)s; ~ая диста́нция Márathonstrecke *f* (11)

мара́шка *ж полигр.* Flíegenkopf *m* (1*), Blockade *f* (11)

ма́рганец *м* Mangán *n* -s (*хим. знак* Mn)

ма́рганц||евый Mangán-; ~евая руда́ Mangánerz *n* (2); **~о́вистый** *хим.* Mangán-; ~о́вистая сталь Mangánstahl *m* (1*); **~о́вка** *ж разг. см.* марганцовоки́слый ка́лий; **~овоки́слый**: ~овоки́слый ка́лий Káliumpermanganat *n* -(e)s; **~о́вый** *хим.* Mangán-, Permangán-, Übermangán-; ~о́вая кислота́ Permangánsäure *f*, Übermangánsäure *f*

маргари́н *м* Margaríne *f* (11); **~овый** Margaríne-

маргари́тка *ж бот.* Gänseblümchen *n* (7), Táusendschönchen *n* (7)

ма́рево *с* **1.** (*дымка*) Höhenrauch *m* -(e)s, Dunst *m* -es, Móorrauch *m*; **2.** (*мираж*) Lúftspiegelung *f* (10); Trúgbild *n* (5); Fáta Morgána *f*, *pl* Fáta Morgánen *u* Fáta Morgánas

маре́на ж *бот.* Färberröte f, Färberwurzel f (11), Krapp m -(e)s

маре́нго с *текст.* Maréngo m -s, -s

мареóграф м Flútmesser m (6)

марза́н м *полигр.* Steg m (1), Fórmsteg m

ма́ри м, ж *см.* мари́ец, мари́йка

мари́||ец м Mári m =, =; **~йка** ж Mári f =, =

мари́йский maríjisch; ~ язы́к die maríjische Spráche, das Maríjische (*sub*)

мари́на ж *жив.* Séegemälde n (6), Séestück n (2)

марина́д м Marináde f (11), Éssig- und Gewürzsoße f, Essig- und Gewürztunke f

марини́ст м *жив.* Séemaler m (6), Marínemaler m

марино́ванный mariníert; éingemacht; éingelegt (*об овощах, грибах*)

маринова́ть 1. mariníeren vt; éinmachen vt; éinlegen vt; **2.** *перен. разг.* áufschieben* vt, auf die lánge Bank schíeben*

марионе́тка ж **1.** *театр.* Gliederpuppe f (11), Dráhtpuppe f, Marionétte f (11); Hámpelmann m (4) (*Петрушка*); **2.** *перен.* Stróhmann m (4), Marionétte f (11)

марионе́т||очный Marionétten-; ~очное госуда́рство Marionéttenstaat m (13); ~очное прави́тельство Marionéttenregierung f (10)

марихуа́на ж Marihuána n -s

ма́рк||а I ж **1.** Márke f (11); почто́вая ~а Bríefmarke f; Póstwertzeichen n (7); ге́рбовая ~а Stémpelmarke f; конве́рт без ~и únfrankierter Úmschlag; **2.** (*клеймо*) Zéichen n (7), Wárenzeichen n, Márke f (11), Stémpel m (6); фабри́чная ~а Fabríkmarke f; Schútzmarke f; Fabríkstempel m; **3.** (*денежная единица*) Mark f, pl Márkstücke (*об отдельных монетах*) (*после числ.* =); ~ Герма́нской Демократи́ческой Респу́блики Mark der Déutschen Demokrátischen Repubílk (*сокр.* Mark *u* M); неме́цкая ~а Déutsche Mark (*сокр.* DM) (*денежная единица ФРГ*); фи́нская ~а Fínnmark f; **4.** (*сорт, качество*) Márke f (11), Sórte f (11), Qualität f (10); ~а ста́ли Stáhlsorte f; вино́ лу́чшей ~и Wein béster Márke [Qualität]; проду́кция вы́сшей ~и Spítzenerzeugnisse pl; ◇ плут вы́сшей ~и ein ábgebrühter Gáuner; держа́ть ~у sein Ánsehen hóchhalten*; auf séinen Ruf hálten*

ма́рка II ж *ист.* Mark f (10)

маркгра́ф м *ист.* Márkgraf m (8)

маркёр I м (*обслуживающий игроков в бильярд*) Markör m (1)

маркёр II м **1.** *с.-х.* Markeur [-'kø:r] m (2), Réihenzieher m (6); **2.** *выч. тех.* Markíerungszeichen n (7), Markíerungsbit n = u -s, pl = u -s

ма́ркетинг м *эк.* Márketing n = u -s

марки́з м Marquis [-'ki:] m = [-'ki:(s)], pl = [-'ki:s]

марки́за I ж Marquise [-'ki:zə] f (11)

марки́за II ж (*навес*) Markíse f (11), Sónnendach n (5)

маркизе́т м *текст.* Voilestoff [vo'al-] m (1), Markisette [-'zɛt] m -s, -s, f, pl -s

ма́ркий *разг.* leicht schmútzend

маркир||ова́ть markíeren vt; **~о́вка** ж Markíerung f; ~о́вка това́ров Wárenmarkierung f; **~о́вщик** м Markíerer m (6), Wárenauszeichner m (6)

маркита́нт м *ист.* Marketénder m (6); **~ка** ж *ист.* Marketénderin f (12)

маркси́зм м Marxísmus m =

маркси́зм-ленини́зм м Marxísmus-Leninísmus m =

маркси́ст м Marxíst m (8); **~ка** ж Marxístin f (12); **~ский** marxístisch

маркси́стско-ле́нинск||ий marxístisch-leninístisch; ~ая тео́рия die marxístisch-leninístische Theoríe

маркше́йдер м *горн.* Márkscheider m (6); **~ский:** ~ское де́ло Márkscheidewesen n -s; Márkscheidekunde f, Márkscheidekunst f

ма́рлевый Mull-, Gaze- ['ga:zə-]

ма́рля ж Mull m (1), Gaze ['ga:zə] f (11)

мармела́д м Geleekonfekt [ʒe'le:-] n (2), Geleefrüchte pl; **~ка** ж *разг.* Geleefrucht [ʒe'le:-] f (3)

мармор||а́ция ж *спец.* Marmoríeren n -s, Marmoríerung f; **~и́ровать** *спец.* marmoríeren vt

маро́дёр м Marodeur [-'dø:r] m (1), plündernder Náchzügler, Plünderer m (6); Flédderer m (6) (*грабящий мёртвых*); **~ский** Marodeur- [-'dø:r]; ~ские це́ны *разг.* únverschämt hóhe Préise; **~ство** с Marodíeren n -s; э́то ~ство! *разг.* das ist Raub!, das ist Räuberéi; **~ствовать** marodíeren vi, plündern vt, ráuben und brénnen*; fléddern vt (*грабить мёртвых*)

мароке́н м *текст.* Marocain [-'kɛ̃] m -s

марокка́н||ец м Marokkáner m (6); **~ка** ж Marokkánerin f (12); **~ский** marokkánisch

ма́рочн||ый 1. Márken-; Spíelmarken-; ~ая систе́ма опла́ты Márkenzahlsystem n -s; **2.** (*сортовой*) Qualitäts-, Márken-

марс м *мор.* Mars m (1), Mástkorb m (1*)

Марс м *астр., миф.* Mars m =

марсала́ ж (*вино*) Marsála m -s; Marsálawein m -(e)s

ма́рсель м *мор.* Márssegel n (6)

марселье́за ж Marseillaise [marsɛ'jɛ:zə] f

марсиа́нин м Mársbewohner m (6); Mársmensch m (8) (*в фантастике*)

марсово́й *мор.* Mars-

март м März m -(e)s, -e; в ~е ме́сяце im Mónat März; в нача́ле ~а Ánfang März; в середи́не ~а Mítte März; в конце́ ~а Énde März; в ~е про́шлого го́да im März vórigen Jáhres, vórigen März; в ~е э́того го́да im März díeses Jáhres; в ~е бу́дущего го́да im März nächsten Jáhres, nächsten März

марте́н м *тех.* **1.** (*сталь*) Mártinstahl m -(e)s, Siemens-Mártin-Stahl m (*сокр.* SM-Stahl); **2.** (*печь*) Mártinofen m (7*), Siemens-Mártin-Ofen m (*сокр.* SM-Ofen); **~овский** *тех.* Mártin-; ~овская печь Mártinofen m (7*), Siemens-Mártin-Ofen m (*сокр.* SM-Ofen); **~щик** м Árbeiter m (6) am Mártinofen

мартироло́г м *церк., тж. перен.* Martyrológium n -s, -gilen

ма́ртовский März-

марты́шка ж *зоол.* Méerkatze f (11)

марты́шкин: ~ труд únnützes Bemühen

марципа́н м Marzipán n (2)

марш I м **1.** Marsch m (1*); торже́ственный ~ Parádemarsch m; церемониа́льный ~ Zeremoniálmarsch m; ~ проте́ста Protéstmarsch m; **2.** *воен.* (*походное движение*) Marsch m (1*); форси́рованный ~ Éilmarsch m, Gewáltmarsch m; гото́вый к ~у márschbereit; **3.** *муз.* Marsch m (1*); тра́урный [похоро́нный] ~ Tráuermarsch m

марш II *межд.* (*команда*) marsch!; ша́гом ~! im Gléichschritt marsch!; бего́м ~! im Láufschritt marsch!

марш III м (*лестницы*) Tréppenlauf m (1*), Tréppenarm m (1)

ма́ршал м Márschall m -s, -schälle; ~ Сове́тского Сою́за Márschall der Sowjétunion; ~ авиа́ции Lúftmarschall m; гла́вный ~ авиа́ции Háuptmarschall der Lúftstreitkräfte; ~ бронета́нковых войск Márschall der Pánzertruppen

ма́ршальский Márschall-; ~ жезл Márschallstab m (1*)

ма́ршев||ый 1. *воен.* Marsch-; ~ый батальо́н Márschbataillon [-ta,ljo:n] n (2); ~ый эшело́н Márschgruppe f (11); ~ая дисципли́на Márschdisziplin f; **2.:** ~ый дви́гатель Márschmotor m (13), Márschtriebwerk n (2)

ма́рши мн. *геогр.* Márschen pl, Márschland n -(e)s

маршир||ова́ть marschíeren vi (s); **~о́вка** ж Marschíeren n -s

маршру́т м Márschweg m (1), Márschrichtung f (10), Márschroute [-,ru:tə] f (11); Réiseroute f (*путешествия*); Líni|e f (11), Strécke f (11) (*трамвая u m. n.*); ~ перелёта Flúgstrecke f; тури́стский ~ Wánderroute f

маршрутиза́ция ж *ж.-д.* Dúrchgangsgüterzugbildung f

маршру́тн||ый: ~ый по́езд dirékter Güterzug; ~ый авто́бус Líni|enbus m -ses, -se; ~ое такси́ Líni|entaxi n = u -s, pl = u -s

ма́ск||а ж **1.** Máske f (11); Lárve f (11); ~а противога́за Gásmaske f; кислоро́дная ~а Sáuerstoffmaske f; космети́ческая ~а (*для лица*) Teintmaske ['tɛ̃-] f; **2.** (*гипсовый слепок с лица умершего*) Tótenmaske f (11); ◇ сбро́сить (с себя́) ~у die Máske ábwerfen* [fállen lássen*]; Fárbe bekénnen*; sein wáhres Gesícht zéigen; сорва́ть ~у с кого́-л. j-m die Máske [die Lárve] vom Gesícht réißen*; j-n entlárven

маскара́д м **1.** Máskenball m (1*); Kostümfest n (2) **2.** *перен.* Heucheléi f, Verstéllung f, Maskíerung f; **~ный** Másken(ball)-; ~ный костю́м Máskenkostüm n (2)

маскиро́ванный *сущ.* м Máske f (11), Maskíerte m (14)

маскирова́ть 1. maskíeren vt; verkléiden vt; **2.** *перен.* verbérgen* vt; verschléiern vt; vermúmmen vt, verstéllen vt; **3.** *воен.* tárnen vt; **~ся 1.** sich maskíeren, sich verkléiden; **2.** *перен.* sich vermúmmen, sich verstéllen; **3.** *воен.* sich tárnen; **4.** *страд.* maskíert wérden (*ср.* маскирова́ть)

маскиро́в||ка ж **1.** Maskíerung f (10); **2.** *перен.* Verstéllung f (10), Heucheléi f (10); verhüllend Éinkleidung; **3.** *воен.* Tárnung f (10); дымова́я ~ка Nébeltarnung f; **~очный** *воен.* Tárn(-ungs)-; ~очный хала́т Tárnhemd n (13); Schnéehemd n (*белый*); ~очная кома́нда Tárntrupp m -s, -s

маскиру́ющ||ий: ~ая дымова́я заве́са *воен.* Tárnnebelvorhang m (1*)

ма́слен||ица ж Fástnachtswoche f, Fásching m (1) (pl *тж.* -s); ◇ ему́ не житьё, а ~ица *разг.* ≅ er lebt wie die Máde im Käse [Speck]; не всё коту́ ~ица (, придёт и вели́кий пост) *посл.* es ist nicht álle Táge Sónntag [Kirmes, Wéihnachten]; álle Táge ist kein Sónntag; **~ичный** Fástnachts-; Fáschings-; ~ичное катáние Fáschingsschlittenfahrt *f* (10)

маслёнка *ж* **1.** Bútterdose *f* (11); **2.** *тех.* Ölkanne *f* (11), Öler *m* (6)

маслёнок *м* (*гриб*) Bútterpilz *m* (1)

маслен||ый bútt(e)rig, fett, geölt; mit Bútter (*о каше и т. п.*); féttig (*о волосах*); ◇ ~ый гóлос schméichlerische Stímme; ~ые глазá schwímmender Blick; schmáchtende Áugen; ~ая недéля *см.* мáсленица

маслúна *ж* **1.** (*плод*) Olíve [-və] *f* (11); **2.** (*дерево*) Ölbaum *m* (1*), Olívenbaum [-vən-] *m*

маслúновый Olíven- [-vən-]

мáслить büttern *vt*; mit Bútter bestréichen*; Bútter dazútun* [zúlegen]; **~ся 1.** (*оставлять масляные следы*) Féttflecke [Ölflecke] máchen [hinterlássen*]; **2.** (*лосниться*) glänzen *vi*

мáсличн||ый *бот.* Öl-; ~ые растéния Ölpflanzen *pl*; ~ые культýры Ölfrüchte *pl*, ölhaltige Pflánzen, Ölpflanzen *pl*

маслúчн||ый *бот.* (*маслиновый*) Öl-, Ölbaum-, Olíven- [-vən]; ~ая ветвь Ölzweig *m* (1)

масл||о *с* **1.** Öl *n* (2); растúтельное ~о Pflánzenöl *n*; Spéiseöl *n*; провáнское ~о Olívenöl [-vən-] *n*; льнянóе ~о Léinöl *n*; подсóлнечное ~о Sónnenblumenöl *n*; машúнное ~о Maschínenöl *n*; смáзочное ~о Schmíeröl *n*; рóзовое ~о Rósenöl *n*; купорóсное ~о Vitriólöl [vi-] *n*, Vitriólsäure *f*; отрабóтанное ~о Áltöl *n*; универсáльное ~о *тех.* Éinheitsöl *n*; **2.** (*коровье*) Bútter *f*; слúвочное ~о Táfelbutter *f*; топлёное ~о Schmélzbutter *f*; zerlássene Bútter; бить ~о büttern *vi*; **3.** *жив.* Öl *n* -(e)s; писáть ~ом in Öl málen; ◇ подлúть ~а в огóнь Öl ins Féuer gíeßen* [schütten]; катáться как сыр в ~е ≅ (wie éine Máde) im Speck sítzen*; идёт как по ~у es geht wie geschmíert [wie geölt, wie am Schnürchen]; как ~ом пó сердцу áußerordentlich ángenehm; ерундá на пóстном ~е *разг.* absolúter Unsinn; кáшу ~ом не испóртишь *погов.* des Gúten ist nie zuvíel

маслобáк *м* Ölbehälter *m* (6)

маслобóй||ка *ж* **1.** Búttermaschine *f* (11); **2.** *разг.* (*предприятие*) Ölmühle *f* (11); **~ный:** ~ный завóд Ölmühle *f* (11); ~ный пресс Ölpresse *f* (11); **~ня** *ж* **1.** (*помещение*) Ölkammer *f* (11); **2.** (*предприятие*) Ölmühle *f* (11)

маслодéл *м* Búttermacher *m* (6); Fáchmann für Büttererzeugung; **~ие** *с* Büttererzeugung *f*, Bútterfabrikation *f*

маслозавóд *м* Molkeréi *f* (10)

маслозаправóчн||ый: ~ая установка Ölbar *f* (10)

масло||мéр *м* Ölmesser *m* (6); **~насóс** *м* Ölpumpe *f* (11); **~отделúтель** *м* Ölabscheider *m* (6), Entöler *m* (6) **~подогревáтель** *м* Ölerhitzer *m* (6); **~радиáтор** *м* Ölkühler *m* (6); **~сбóрник** *м* Ölfänger *m* (6); **~семенá** *мн.* Ölsamen *pl*; **~указáтель** *м* Ölstandsanzeiger *m* (6), Ölstandsmesser *m* (6)

маслянúст||ость *ж* Féttigkeit *f*; Öligkeit *f*; Schmíerfähigkeit *f*; **~ый** fett; ölig

мáслян||ый 1. Fett-, fett (*жирный*); féttig (*сальный*); ~ое пятнó Féttfleck *m* (1); **2.** *жив.* Öl-; ~ые крáски Ölfarben *pl*; писáть ~ыми крáсками in Öl málen; **3.:** ~ый выключáтель *тех.* Ölschalter *m* (6); ~ая кислотá *хим.* Büttersäure *f*

масóн *м* Fréimaurer *m* (6); **~ский** Fréimaurer-; fréimaurerisch; ~ская лóжа Fréimaurerloge [-ʒə] *f* (11); **~ство** *с* Fréimaurerei *f*

мáсс||а *ж* **1.** Másse *f* (11); Ménge *f* (11); **2.** (*тестообразное вещество*) Másse *f* (11); *тех. тж.* Brei *m* -(e)s; густáя ~а Díckstoff *m* (1); бумáжная ~а Papíerbrei *m*; древéсная ~а Hólzmasse *f*; Hólzschliff *m* (1); **3.** *разг.* (*множество*) Másse *f* (11), Ménge *f* (11); ~а впечатлéний Másse [Ménge] von Éindrücken; у менá ~а рабóты ich hábe éinen Háufen zu tun; **4.** *б. ч. мн.* ~ы (*народ*) Mássen *pl*, Másse *f* (11); ширóкие ~ы трудя́щихся die bréiten wérktätigen Mássen, die bréiten Mássen der Wérktätigen; ◇ в (óбщей) ~е größtenteils, vórwiegend

массáж *м* Masságe [-ʒə] *f* (11); Knéten *n* -s; Frottíerung *f* (10); **~úст** *м* Masséur [-'sø:r] *m* (1); **~úстка** *ж* Masséuse [-'sø:zə] *f* (11), Masséurin [-'sø:rın] *f* (12)

массúв *м* Massív *n* (2); гóрный ~ Gebírgsstock *m* (1*); леснúе ~ы gróße Wáldflächen; ◇ жилóй ~ Néubaugebiet *n* (2); ~ дáнных *выч. тех.* Dátenfeld *n* (5)

массúвн||ость Mássigkeit *f*, Schwére *f*; Solidität *f*; **~ый** Massív-, massív, schwer; mássig; solíde; ~ая постройка Massívbau *m* -(e)s, -ten

массúрованный: ~ налёт *ав.* massíerter Überfall; ~ огóнь *воен.* massíertes Feuer *n* -s

массúровать I (*делать массаж*) massíeren *vt*; knéten *vt*; frottíeren *vt*

массúровать II *воен.* massíeren *vt*, massíert éinsetzen *vt*

массовúк *м разг.* **1.** Mássenorganisator *m* (13), Mássenagitator *m* (13); **2.** (*организатор игр*) Léiter *m* (6) kultúreller Mássenveranstaltungen; Fréizeitgestalter *m* (6); Unterhálter *m* (6)

массóвка *ж разг.* **1.** (*сходка в дореволюционной России*) Versámmlung *f* (10), Zusámmenkunft *f* (3), Meeting ['mi:-] *n* -s, -s; Mássenveranstaltung *f* (10); **2.** (*массовая экскурсия*) Mássenausflug *m* (1*); **3.** *театр.*, *кино* Mássenszene *f* (11)

мáссов||ость *ж* Mássencharakter [-ka-] *m* -s; **~ый** Mássen-; ~ая организáция Mássenorganisation *f* (10); ~ое движéние Mássenbewegung *f* (10); ~ая литератýра Mássenliteratur *f*; ~ая рабóта Mássenarbeit *f*; ~ый читáтель Dúrchschnittsleser *m* (6); ~ое произвóдство Mássenerzeugung *f* (10), Mássenproduktion *f*, Mássenfabrikation *f*; ~ый мúтинг Gróßkundgebung *f* (10); товáры ~ого потреблéния Mássenbedarfsartikel *pl*; орýжие ~ого уничтожéния Mássenvernichtungswaffen *pl*; срéдства ~ой информáции Mássenmedi¦en *pl*, Médi¦en *pl*

массообмéн *м яд. физ.* Stóffaustausch *m* -es

масс-спектрóметр *м яд. физ.* Mássenspektrometer *n* (6)

масс-спектроскопúя *ж яд. физ.* Mássenspektroskopie *f*

мастáк *м разг.* Méister *m* (6), Könner *m* (6)

мáстер *м* **1.** (*на заводе*) Wérkmeister *m* (6), Méister *m*; стáрший ~ Obermeister *m*; помóщник ~а Hílfsmeister *m*; ~-настáвник Léhrausbilder *m* (6); **2.** (*квалифицированный работник, занимающийся каким-л. ремеслом*); органный ~ Órgelbauer *m* (6); оружéйный ~ Wáffenschmied *m* (1); скрипúчный ~ Géigenbauer *m*; часовóй ~ Uhrmacher *m* (6); золотых дел ~ *уст.* Góldschmied *m*; Juwelíer *m* (1); вызвать ~а (нá дом) éinen Hándwerker bestéllen; **3.** (*человек, достигший большого мастерства в своём деле*) Méister *m* (6); Könner *m* (6) (*знаток*); ~ жúвописи [кúсти] Méister der Maleréi [des Pínsels]; ~á высóких урожáев Méister hóher Érnten; он ~ своегó дéла er ist ein Méister séines Fachs [in séinem Fach]; er verstéht [kann] séine Sáche aus dem Éffeff (*разг.*); в э́том виднá рукá ~а das verrät die Hand des Könners; стáрые ~á *иск.* die álten Méister; **4.** *спорт.* (*титул*): ~ спóрта Méister des Sports; заслýженный ~ спóрта Verdíenter Méister des Sports; почётный ~ спóрта Éhrenhafter Méister des Sports; ~ спóрта междунарóдного клáсса Méister des Sports internationáler Klásse; ~ спóрта по плáванию Méister des Sports im Schwímmen; ◇ он ~ на все рýки *разг.* jéde Árbeit geht ihm glatt von der Hand; er ist ein Táusendkünstler; он ~ расскáзывать er ist ein Méister im Erzählen; дéло ~а бóится *погов.* am Wérke erkénnt man den Méister, das Werk lobt den Méister

мастер||úть *разг.* básteln *vt*, selbst ánfertigen *vt*, máchen *vt*; **~úца** *ж* Méisterin *f* (12); **~овóй** *м уст.* Hándwerker *m* (6), Árbeiter *m* (6); Árbeitsmann *m* (4) (*pl тж.* -leute); **~óк** *м* (*инструмент*) Máurerkelle *f* (11); **~скáя** *ж* **1.** Wérkstatt *f*, *pl* -stätten, Wérkstätte *f* (11); Wérkraum *m* (1*) (*в школе*); ремéсленная ~скáя Gewérbebetrieb *m* (1); пошúвочная ~скáя Schneideréi *f* (10); переплётная ~скáя Búchbinderei *f* (10); ремóнтная ~скáя Reparatúrwerkstatt *f*; учéбная ~скáя Léhrwerkstatt *f*; **2.** (*художника, скульптора*) Wérkstatt *f*, *pl* -stätten, Atelier [-'lĭe:] *n* -s, -s; **~скú** *нареч.* in méisterhafter Wéise; **~скóй** méisterhaft, méisterlich, Méister-; **~ствó** *с* **1.** (*ремесло*) Hándwerk *n* (2), Gewérbe *n* (6); **2.** (*умение*) Méisterschaft *f*; Können *n* -s; высóкое ~ствó Glánzleistung *f*; лётное ~ствó fliegerisches Können

мастúк||а *ж* **1.** (*замазка*) Mástixkitt *m* (1); **2.** (*для натирания полов*) Bóhnerwachs *n* (2); **3.** (*смола*) Mástix *m* -es *u* =; **~овый** Mástix-

мастúт *м мед.* Mastítis *f*, Brústdrüsenentzündung *f*

мастúтый éhrwürdig, éhrbar; ánerkannt

мастодóнт *м палеонт.*, *перен.* Mástodon *n* -s, *pl* -s *u* -dónten

маст||ь *ж* **1.** (*животных*) Färbe *f* (11); Háarfarbe *f*, Háutfarbe *f*; лóшадь гнедóй ~и Bráune *m* (14); **2.** *карт.* Färbe *f* (11); ходúть в ~ь Fárbe bedíenen; ◇ всех ~éй áller Spíelarten [Schattíerungen]

масштáб *м* Máßstab *m* (1*); *перен. тж.* Maß *n* (2), Áusmaß *n*, Formát *n* (2), Dimensiónen *pl*; в мáленьком ~е im Kléinen, im kléinen Máßstab; в большóм ~е im Gróßen, im gróßen Máßstab; в грандиóзных ~ах in ríesigen Áusmaßen; в междунарóдном ~е auf internationáler Ébene; в мировóм ~е im Wéltmaßstab; во всесою́зном ~е im Uniónsmaßstab; в городскóм ~е im Máßstab der Stadt; учёный мировóго ~а ein Geléhrter [Wíssenschaftler] von Wéltruf, ein wéltberühmter Geléhrter [Wíssenschaftler]; принять ширóкие ~ы wéiten Úmfang ánnehmen*

масштáбн||ость *ж* Größe *f*, Weite *f*, Bedéutung *f*; **~ый 1.** Máßstab-; máßstabgerecht, máßstabgetreu; **2.** *перен.* gróßangelegt

мат I *м спец.*: нанестú ~ на что-л.

etw. mattíeren, etw. matt [glánzlos] máchen

мат II *м шахм.* matt; шах и ~! Schach und matt!; сделать ~ кому-л. j-n matt sétzen; ~ в два хода matt in zwei Zügen

мат III *м* **1.** (*подстилка*) Mátte *f* (11); Bódenbelag *m* (1*); **2.** (*гимнастический*) Mátte *f* (11)

мат IV: кричать благим ~ом *разг.* aus Léibeskräften schréien*; wie am Spieß brüllen

мат V *м* (*неприличная брань*) únflätiges Flúchen

матадо́р *м* Matadór *m* (1, 8)

математиза́ция *ж* Matematisíerung *f*

матема́т||ик *м* Mathemátiker *m* (6); **~ика** *ж* Mathematík *f*; **~и́ческий** mathemátisch; ~и́ческая лингвистика mathemátische Linguístik; ~и́чески то́чно mathemátisch genáu

материа́л *м* **1.** (*вещество, сырьё*) Materiál *n* -s, -i¦en, Stoff *m* (1); Wérkstoff *m*; строительный ~ Báustoff *m*, Báumaterial *n*; горючий ~ Brénnstoff *m*; подручный ~ Behélfs(bau)stoff *m*; вяжущий ~ Bíndemittel *n* (6); исходный ~ Áusgangsstoff *m*, Áusgangsmaterial *n*; посадочный ~ *с.-х.* Pflánzgut *n* -(e)s, Sétzgut *n*; посевной ~ *с.-х.* Sáatgut *n*; смазочный ~ Schmíerstoff *m*, Schmíermittel *n*; расщепляющийся ~ *яд. физ.* Spáltmaterial *n*, spáltbares Materiál; перевязочный ~ Verbándzeug *n* -(e)s, Verbándstoff *m*, Verbándmaterial *n*; испытание ~ов *тех.* Wérkstoffprüfung *f* (10), Materiálprüfung *f*; сопротивление ~ов *тех.* Féstigkeit *f* (10); Féstigkeitslehre *f* (*учебный предмет*); **2.** (*материя*) Stoff *m* (1); подкладочный ~ Fútterstoff *m*; **3.** (*данные, сведения*) Materiál *n* -s, -i¦en, Stoff *m* (1); цифровой ~ Záhlenmaterial *n*; биографический ~ biográphisches Materiál; учебный ~ Léhrstoff *m*, Únterrichtsstoff *m*; собрание ~ов Materiálsammlung *f* (10); **4.** (*собрание сведений, документов*) Belége *pl*; Únterlagen *pl*, Dokumentatión *f* (10)

материали́зм *м* **1.** *филос.* Materialísmus *m* =; диалектический ~ dialéktischer Materialísmus; исторический ~ histórischer Materialísmus; **2.** (*практицизм*) práktische, gewínnsüchtige Éinstellung, Materialísmus *m* =

материализова́ть vergégenständlichen *vt*, objektivieren [-'vi:-] *vt*, materialisíeren *vt*; verkörpern *vt*; verwírklichen *vt* (*осуществлять*); **~ся** sich verkörpern, Gestált gewínnen*; sich verwírklichen (*осуществляться*)

материали́ст *м* **1.** *филос.* Materialíst *m* (8); **2.** (*человек, заботящийся о материальных выгодах*) práktischer, gewínnsüchtiger Mensch, Materialíst *m* (8); **~и́ческий** *филос.* materialístisch; **~и́чный 1.** *см.* материалистический; **2.** (*узко практический*) práktisch, gewínnsüchtig

материалове́дение *с* Wérkstoffkunde *f*

материалоёмк||ий materiálintensiv, materiálaufwendig; **~ость** *ж* Materiálintensität *f*, Materiálaufwendigkeit *f*, hóher Materiálanteil

материа́льность *ж филос.* Materialität *f*, Stófflichkeit *f*

материа́льно-техни́ческий materiéll-téchnisch

материа́льн||ый 1. *в разн. знач.* Materiál-, materi¦éll; ~ый склад Materiállager *n* (6); ~ая це́нность Materiálwert *m* (1); ~ое положе́ние materi¦élle Láge; ~о ответственные лица für materi¦élle Wérte háftende Persónen; **2.** *филос.* stófflich, materi¦éll

матери́к *м геогр.* Féstland *n* (5), Kontinént *m* (1); **~о́вый** Féstlands-, kontinentál, féstländisch

матери́н||ский mütterlich, Mútter-; ~ская любовь Mútterliebe *f*; ~ское растение *бот.* Mútterpflanze *f* (11); **~ство** *с* Mútterschaft *f*; охрана ~ства Mútterschutz *m* -es

мате́рия I *ж филос.* Matéri¦e *f*, Grúndstoff *m* -(e)s; Úrstoff *m*; ◇ говорить о высоких ~х *разг.* über geléhrte [abstrákte] Dínge réden

мате́рия II *ж* (*ткань*) Stoff *m* (1), Textílware *f* (11)

матеро́й groß, erwáchsen; stark; ~ волк áusgewachsener Wolf

мате́рчатый Stoff-; ~ переплёт Stóffeinband *m* (1*)

матёрый 1. *см.* матерой; **2.** *разг.* (*опытный*) erfáhren; **3.** *разг.* (*закоренелый*) éingefleischt, áusgekocht, Erz-; durch und durch; ~ враг Érzfeind *m* (1)

ма́терь *ж уст.* Mútter *f*, *pl* Mütter; ◇ ~ божия! Jésus María!

матиров||а́ние *с спец.* Mattíerung *f*; **~а́ть** *спец.* mattíeren

ма́тка *ж* **1.** *анат.* Gebärmutter *f*, *pl* -mütter, Úterus *m* =, -ri; **2.** (*самка животных*) Müttertier *n* (2), Wéibchen *n* (7); Königin *f* (12), Wéisel *m* (6), Bíenenmutter *f*, *pl* -mütter (*у пчёл*)

матло́т *м* (*танец*) Matrósentanz *m* (1*)

ма́тов||ый matt, mattíert; glánzlos; stumpf; из ~ого стекла́ máttglásern

ма́точник *м* **1.** (*ячейка пчелиной матки*) Wéiselzelle *f* (11); **2.** *бот.* Frúchtknoten *m* (7); **3.** (*растение*) Mútterpflanze *f* (11); **4.** *тех.* Gewíndebohrer *m* (6)

ма́точн||ый 1. *анат.* Gebärmutter-, Úterus-, uterín; **2.:** ~ое поголовье скота́ Múttertiere *pl*

матра́с, матра́ц *м* **1.** Matrátze *f* (11); волосяной ~ Róßhaarmatratze *f*; соломенный ~ Stróhsack *m* (1*); пружинный ~ Sprúngfedermatratze *f*; надувной ~ Lúftmatratze *f*; **2.** *стр.* Mátte *f* (11); изоляционный ~ Isolíermatte *f*

матрёшка *ж* (*кукла*) Bábuschka *f* *pl* -s (*разг.*); Matrjóschka *f*, *pl* -s

матриарх||а́льный matriarchálisch; **~а́т** *м* Matriarchát *n* -(e)s

матри́кул *м уст.* Matríkel *f* (11)

ма́трица *ж* **1.** *полигр.* Matríze *f* (11), Máter *f* (11); **2.** *мат.* Mátrix *f*, *pl* -trízen; **3.** *тех.* Stánzform *f* (10), Úntergesenk *n* (2)

матрици́ров||ание *с полигр.* Mátern *n* -s, Matrizíeren *n* -s, Matrízenprägung *f*, Máternprägung *f*; **~ать** *полигр.* mátern *vt*, matrizíeren *vt*

ма́тричный *полигр.* Mátern-, Matrízen-; ~ пресс Mátern(präge)presse *f* (11), Matrízenpresse *f*

матро́на *ж уст.* Matróne *f* (11)

матро́с *м* Matróse *m* (9); ~ 1 статьи́ Vóllmatrose *m*; ~ 2 статьи́ Léichtmatrose *m*; **~ка** *ж* Matrósenbluse *f* (11); **~ский** Matrósen-; ~ский та́нец Matrósentanz *m* (1*)

ма́тушк||а *ж* **1.** *уст.* Mútter *f*, *pl* Mütter; **2.** *разг. уст.* (*в обращении к пожилой женщине*) Mütterchen *n* (7); ◇ ~и (мои)! *уст.* ≅ gütiger Hímmel!

матч *м спорт.* Spiel *n* (2); футбольный ~ Fúßballspiel *n*; ~ на первенство мира по футболу Fúßball-Weltmeisterschaftsspiel *n*; ~-турнир *шахм.* Turníer *n* (2), Scháchturnier *n*

матч-рева́нш *м* Rückspiel *n* (2)

мать *ж* Mútter *f*, *pl* Mütter; многоде́тная ~ kínderreiche Mútter; ~-одиночка alléinstehende Mútter; ~-героиня Mútter, die zehn óder mehr Kínder áufgezogen hat (*Ehrentitel für kinderreiche Mütter*)

мать-и-ма́чеха *ж бот.* Húflattich *m* (1)

ма́узер *м* Máuserpistole *f* (11) (*пистолет*); Máusergewehr *n* (2) (*винтовка*)

ма́фия *ж* Máfia *f*, *pl* -s, Máffia *f*, *pl* -s

мах *м* **1.** Schwung *m* (1*); Schwíngung *f* (10); **2.** (*лошади и т. п.*) Schritt *m* (1); ◇ одним ~ом mit [in] éinem Zúge; mit éinem Schláge; auf Ánhieb; сложные вопросы нельзя решить одним ~ом komplizíerte Frágen kann man nicht auf Ánhieb lösen; дать ~у féhlschlagen* *отд. vi*, éinen Bock schíeßen*; он ~у не даст er läßt sich nicht die Bútter vom Brot néhmen; с ~у 1) (*быстро*) Hals über Kopf, únbedacht, blíndlings, auf Ánhieb; 2) (*размахнувшись*) mit vóller Kraft áusholend (zum Schlag)

махао́н *м зоол.* Schwálbenschwanz *m* (1*)

маха́ть 1. schwíngen* *vt*, schwénken *vt*; ~ крыльями mit den Flügeln schlágen*; ~ хвостом mit dem Schwanz wédeln; ~ рукой (*прощаясь*) mit der Hand wínken; **2.** *разг.* (*проходить большое расстояние*) éine längere Strécke zurücklegen

махи́зм *м филос.* Machísmus *m* =

махи́на *ж разг.* gróßer schwérer Gégenstand; Kolóß *m* -sses, -sse; Úngeheuer *n* (6), Úngetüm *n* (2)

махина́ци||я *ж разг.* Máchenschaften *pl*, Machinatión *f* (10); Ränke *pl* (*интриги*); ~ с векселями Wéchselreiterei *f* (10); налоговые ~и Stéuermanipulationen *pl*

махи́ст *м филос.* Machíst *m* (8)

махну́||ть 1. *см.* махать; **2.** *разг.* (*ринуться*) sich stürzen (auf *A*); sétzen *vi* (h, s) (über *A*) springen* *vi* (s) (*прыгнуть*); ~ть через забор über den Zaun sétzen; **3.** *разг.* (*отправиться куда-л.*) sich áufmachen, lósziehen* *отд. vi* (s), auf und davón géhen*; он ~л в Москву er ist nach Móskau auf und davón; ◇ ~ть рукой на кого-л., на что-л. j-n, etw. áufgeben*

махов||и́к *м тех.* Schwúngrad *n* (5); Hándrad *n*, Kúrbelrad *n* (*управления*); **~ичо́к** *м тех.* Hándrad *n* (5); Kúrbelrad *n*; **~о́й** Schwung-; ~о́е колесо́ *тех.* Schwúngrad *n* (5); ~ы́е перья *зоол.* Schwúngfedern *pl*

махо́рка *ж* Machórka *f*, Knáster *m* (6)

махро́в||ый 1. *бот.* gefüllt; ~ый цветок gefüllte Blüte; **2.** *разг.* (*отъявленный*) Erz-; éingefleischt, erbíttert; ~ реакционер Érzreaktionär *m* (1); **3.:** ~ое полотенце Frottíerhandtuch *n* (5); ~ая ткань Fróttee *n*, *m* = *u* -s, *pl* -s

маца́ *ж церк.* Mátze *f* (11), Mátzen *m* (7)

мацер||а́ция *ж хим.* Mazeratión *f*; **~и́ровать** *хим.* mazeríeren *vt*

ма́чех||а *ж* Stíefmutter *f*, *pl* -mütter; быть для кого-л. ~ой j-n stíefmütterlich behándeln

ма́чта *ж* Mast *m* (13), Mástbaum *m* (1*); причальная ~ *ав.* Ánkermast *m*, Ánkerturm *m* (1*)

ма́чтовый Mast-; ~ лес Mástholz *n* -es

машбюро́ *с разг.* (машинописное бюро) Schréibbüro *n* -s, -s

маши́на *ж* **1.** Maschíne *f* (11); высокопроизводи́тельная ~ Hóchleistungsmaschine *f*; парова́я ~ Dámpfmaschine *f*; шве́йная ~ Nähmaschine *f*; убо́рочная ~ *с.-х.* Érntemaschine *f*; сельскохозя́йственная ~ Lándmaschine *f*; стира́льная ~ Wáschmaschine *f*; электри́ческая ~ eléktrische Maschíne, Eléktromaschine *f*; электро́нно-вычисли́тельная ~ (*сокр.* ЭВМ) elektrónische Réchenmaschine, Elektrónenrechner *m* (6), Computer [kɔm'pju:tər] *m* (6); ~ с програ́ммным управле́нием prográmmgesteuerte Maschíne; письмосортиро́вочная ~ Bríefverteilanlage *f* (11); ро́вничная ~ *текст.* Spíndelbank *f* (3), Vórspinnmaschine *f*, Fléier *m* (6); копирова́льная ~ Kopíermaschine *f*; **2.** (*автомобиль*) Wagen *m* (7), Áuto *n* -s, -s; грузова́я ~ LKW [ɛlka've:] *m* -s, -s, Lástkraftwagen *m*; легкова́я ~ PKW [peka've:] *m* -s, -s, Persónenwagen *m*; санита́рная ~ Kránkenwagen *m*; пожа́рная ~ Löschfahrzeug *n* (2); ◇ вое́нная ~ Kríegsmaschinerie *f*; госуда́рственная ~ Stáatsmaschinerie *f*; ~ голосова́ния Ábstimmungsmaschine *f*

машина́льн||ый mechánisch, maschinéll; ~ые движе́ния mechánische Bewégungen

машиниз||а́ция *ж* Mechanisíerung *f*, Áusstattung *f* mit Maschínen; **~и́ровать** mechanisíeren *vt*, mit Maschínen áusstatten

машини́ст *м* **1.** (*поезда*) Lokomotívführer *m* (6), Lókführer *m*; **2.** (*механик*) Maschiníst *m* (8); ~ кра́на Kránführer *m* (6); ~ экскава́тора Bäggerführer *m*

машини́стка *ж* Maschíne(n)schreiberin *f* (12), Stenotypístin *f* (12); Típpfräulein *n* (7) (*разг.*); ~, рабо́тающая с диктофо́ном Phonotypístin *f* (12)

маши́нк||а *ж* **1.** *разг.* (*сокр. от* пи́шущая маши́нка) Schréibmaschine *f* (11); писа́ть на ~е maschíneschreiben* *отд. vi*, típpen *vt*; она́ пи́шет на ~е sie schreibt Maschíne; **2.** (*шве́йная*) Nähmaschine *f* (11); **3.**: ~ для стри́жки воло́с Háarschneidemaschine *f* (11); ~ для то́чки карандаше́й Bléistiftspitzmaschine *f*, Spítzmaschine *f*; стрига́льная ~ *с.-х.* Schérgerät *n* (2); **4.**: взрывна́я ~ *горн.* Zündmaschine *f* (11); подрывна́я ~ *воен.* Zündmaschine *f*

маши́нно-животново́дческ||ий: ~ая ста́нция Maschínenstation für Víehwirtschaft

маши́нно-тра́кторн||ый: ~ая ста́нция (*сокр.* МТС) *ист.* Maschínen-und-Traktóren-Station *f* (10), Maschínen-Traktóren-Station *f* (*сокр.* MTS)

маши́нн||ый **1.** mechánisch; maschinéll; ~ая обрабо́тка mechánische Beárbeitung; **2.** (*относящийся к машинам*) Maschínen-; maschínenmäßig, maschinéll; ~ое обору́дование maschinélle Éinrichtungen; ~ое отделе́ние Maschínenabteilung *f* (10)

машино||веде́ние *с* Maschínenkunde *f*; **~вооружённость** *ж* Maschínenausstattung *f*; **~-де́нь** *м с.-х.*, *горн.* Maschínentag *m* (1)

машинопи́сн||ый in Maschínenschrift, maschínegeschrieben (*о тексте*); ~ое бюро́ Schréibbüro *n* -s, -s; ~ая ко́пия Dúrchschlag *m* (1*)

маши́нопись *ж* **1.** Maschíne(n)schreiben *n* -s; **2.** (*текст*) maschíne(n)geschriebenes Manuskrípt, Manuskrípt in Maschínenschrift

машинопрока́тн||ый: ~ая ста́нция (*сокр.* МПС) Maschínenausleihstation *f* (10) (*сокр.* MAS)

маши́но-сме́на *ж горн.* Maschínenschicht *f* (10)

машиностро||е́ние *с* Maschínenbau *m* -(e)s; тяжёлое ~е́ние Schwérmaschinenbau *m*; заво́д тяжёлого ~е́ния Schwérmaschinenbaubetrieb *m* (1); хими́ческое ~е́ние Chemíeanlagenbau *m*; сельскохозя́йственное ~е́ние Lándmaschinenbau *m*; **~и́тельный** Maschínenbau-; ~и́тельный заво́д Maschínenfabrik *f* (10)

маши́но-ча́с *м горн.* Maschínenstunde *f* (11)

ма́эстро *м* Maéstro *m* -s, -s, Méister *m* (6)

мая́к *м* **1.** Léuchtturm *m* (1*); Léuchtfeuer *n* (6); Háfenfeuer *n* (6); плаву́чий ~ Féuerschiff *n* (2); порто́вый ~ Háfenfeuer *n*; аэродро́мный ~ Flúgplatzfeuer *n*; **2.** *перен.* (léuchtendes) Vórbild *n* (5); Schríttmacher *m* (6) (*напр. о передовике производства*)

ма́ятник *м* **1.** Péndel *n* (6); Úhrpendel *n*, Perpendíkel *m*, *n* (6) (*часов*); **2.** (*колесо в часах*) Únruh *f* (10)

ма́яться *разг.* sich quälen; sich ábplagen; sich ábrackern

мая́чить *разг.* (in der Férne) schímmern *vi*

мгла *ж* **1.** dícker Nébel; Höhenrauch *m* -(e)s; Mist *m* -es (*на море*); **2.** *поэт.* (*сумрак*) Fínsternis *f*, Dúnkel *n* -s

мгли́стый nébelig; düster, dúnstig

мгнове́н||ие *с* Áugenblick *m* (1), Momént *m* (1); на ~ие auf [für] éinen Áugenblick; áugenblicks; ◇ в ~ие о́ка, в одно́ ~ие im Áugenblick, im Hándumdrehen, im Nu; **~но** *нареч.* momentán, áugenblicklich; blítzschnéll; **~ный** Momént-, áugenblicklich; blítzschnéll; ~ная смерть plötzlicher [jäher] Tod

меа́ндр *м геол.*, *иск.* Mäánder *m* (6)

ме́бель *ж* Möbel *pl*; Háusrat *m* -(e)s, Mobiliár *n* (2) (*домашняя обстановка*); малогабари́тная ~ Kléinmöbel *pl*; мя́гкая ~ Pólstermöbel *pl*; секцио́нная ~ Ánbaumöbel *pl*; Víelzweckmöbel *pl* (*универсальная*); встро́енная ~ Éinbaumöbel *pl*; конто́рская ~ Büromöbel *pl*; **~ный** Möbel-; ~ный магази́н Möbelgeschäft *n* (2); Éinrichtungshaus *n* (5); **~щик** *м* Möbeltischler *m* (6)

меблиро́в||анный möblíert; ~анные ко́мнаты möblíerte Zímmer; **~а́ть** möblíeren *vt*, éinrichten *vt*; **~ка** *ж* **1.** (*действие*) Möblíerung *f*; **2.** (*мебель*) Möbel *pl*; Mobiliár *n* (2), Éinrichtung *f* (10)

мегава́тт *м эл.* Mégawatt *n* (6)

мегаге́рц *м физ.* Mégahertz *n* =, =

мегато́нн||а *ж* Mégatonne *f* (11); **~ый** éine Mégatonne schwer

мегафо́н *м* Megaphón *n* (2), Schállverstärker *m* (6); Spráchrohr *n* (2), Schálltrichter *m* (6)

мегéра *ж* Megäre *f* (11)

мего́м *м эл.* Mégaohm *n* = *u* -s, *pl* =

мегре́л *м* Megréli|er *m* (6)

мегре́льский megrélisch

мёд *м* **1.** Hónig *m* -s; со́товый ~ Schéibenhonig *m*; иску́сственный ~ Kúnsthonig *m*; очи́щенный ~ Schléuderhonig *m*; сла́дкий как ~ hónigsüß; **2.** (*напиток*) Met *m* -(e)s, Hónigwein *m* -(e)s

медали́ст *м* **1.** Träger *m* (6) der Medaille [me'daljə]; *спорт.* Medaillengewinner *m* (6); **2.** (*животное*) préisgekröntes Tier

меда́л||ь *ж* Medaille [*фр.* me'daljə] *f* (11); па́мятная ~ь Dénkmünze *f* (11), Scháumünze *f*; Gedénkplakette *f* (11); награди́ть ~ью mit éiner Medaille áuszeichnen; оборо́тная сторона́ ~и die Kéhrseite der Medaille; *перен.* *тж.* Schåttenseite *f* (11)

медалье́р *м* Medailleur [*фр.* medal'jøːr] *m* (1), Stémpelschneider *m* (6)

медальо́н *м* Medaillon [medal'jɔ̃ː] *n* -s, -s

медве́дица *ж* Bärin *f* (12); ◇ Больша́я Медве́дица *астр.* der Gróße Bär, der Gróße Hímmelswagen; Ма́лая Медве́дица *астр.* der Kléine Bär, der Kléine Hímmelswagen

медве́д||ь *м* **1.** Bär *m* (8); бе́лый ~ь Éisbär *m*; бу́рый ~ь Bráunbär *m*, Hónigbär *m*; бамбу́ковый ~ь Bámbusbär *m*; гимала́йский ~ь Krágenbär *m*; дрессиро́ванный ~ь Tánzbär *m*; **2.** *разг.* (*о человеке*) Bär *m* (8), únbeholfener [gróber, únerzogener] Mensch; ◇ смотре́ть ~ем böse [düster] dréinschauen

медвежа́т||ина *ж* Bärenfleisch *n* -es; **~ник** *м* **1.** (*вожак*) Bärenführer *m* (6); **2.** (*охотник*) Bärenjäger *m* (6); **3.** (*помещение для медведя*) Bärenzwinger *m* (6)

медвежева́тый *разг.* bärenähnlich

медве́ж||ий Bären-; ~ья охо́та Bärenjagd *f*; ~ья берло́га Bärenhöhle *f* (11), Bärenlager *n* (6); ◇ ~ья ла́па *бот.* Bärenklaue *f* (11); ~ье у́шко *фарм.* Bärentraubenblätter *pl*; ~ий у́гол *разг.* Krähwinkel *m* (6); оказа́ть ~ью услу́гу j-m éinen Bärendienst erwéisen*

медвежо́нок *м* **1.** Bärenjunge *sub n*; júnger [kléiner] Bär; Téddy(bär) *m* (*детская игрушка*); **2.** *разг.* (*о человеке*) kléiner Bär, únbeholfener (júnger) Mensch

медвытрезви́тель *м* Áusnüchterungsanstalt *f* (10), Áusnüchterungsstelle *f* (11)

медвя́н||ый Hónig-; ◇ ~ая роса́ *бот.* Hónigtau *m* -(e)s, Blátthonig *m* -s

медеплави́льный Kúpferschmelz-; ~ заво́д Kúpferhütte *f* (11)

медж(и)ли́с *м* Médschlis *m* =

медиа́на *ж мат.* Mediáne *f* (11), Míttellini|e *f* (11), Séitenhalbierende *sub f*

ме́дик *м* **1.** (*врач*) Arzt *m* (1*), Medizíner *m* (6); **2.** (*студент*) Medizíner *m* (6), Medizínstudent *m* (8)

медикаме́нт *м* Medikamént *n* (2), Arznéi *f* (10), Arznéimittel *n* (6)

медикаменто́зн||ый medikamentös; ~ое лече́ние medikamentöse Behándlung [Therapíe]

ме́дико-биологи́ческий medizínisch-biológisch

ме́дико-санита́рный Sanitäts-

мединститу́т *м* (меди́цинский институ́т) medizínische Hóchschule

ме́диум *м* Médium *n* -s, -di|en

медици́н||а *ж* Medizín *f*, Héilkunde *f*; суде́бная ~а gerichtliche Medizín; **~ский** medizínisch; ärztlich; ~ские сре́дства (*лекарства*) medizínische Míttel, Arznéien *pl*, Héilmittel *pl*; ~ское свиде́тельство ärztliche Beschéinigung; ~ская по́мощь ärztliche Hilfe; ско́рая ~ская по́мощь (*учреждение*) Schnélle Medizínische Hilfe (*сокр.* SMH); ~ское обслу́живание gesúndheitliche [ärztliche] Betréuung; ~ское освиде́тельствование призывнико́в Músterung *f* (10); ~ский пункт Sanitätsstelle *f* (11); до́ктор ~ских на́ук Dóktor der medizínischen Wíssenschaften (*сокр.* Dr. sc. med.); ~ский рабо́тник *см.* медрабо́тник; ~ская сестра́ Kránkenschwester *f* (11); Spréchstundenhilfe *f* (*помогающая врачу во время приёма больных*); ~ский персона́л medizínisches Personál

меди́чка *ж разг.* Medizínerin *f* (12); Medizínstudentin *f* (12) (*студентка*)

ме́дленн||ость *ж* Lángsamkeit *f*; ~**ый** lángsam; schléichend (*замедленный*); на ~ом огне́ auf schwáchem Féuer

медли́тельн||ость *ж* Lángsamkeit *f*; Zögern *n* -s, Záudern *n* -s, Zauderéi *f* (10) (*нерешительность*); ~**ый** lángsam; zögernd, záudernd (*нерешительный*); ~**ый** челове́к schwérfälliger Mensch

ме́дл||ить zögern *vi*, záudern *vi*; не ~я ни мину́ты óhne éinen Áugenblick zu zögern [zu verlíeren]

медне́ние *с спец.* Verkúpfern *n* -s

ме́дник *м* Kúpferschmied *m* (1)

ме́дницкий Kúpferschmiede-

ме́дно-кра́сный kúpferrót

меднолите́й||ный Kúpfergieß-; ~ный цех Kúpfergießerei *f* (10); ~ный заво́д Kúpferhütte *f* (11); ~-щик *м* Kúpfergießer *m* (6)

меднопрока́тный Kúpferwalz-; ~ стан Kúpferwalzstraße *f* (11)

медноруд́ный Kúpfererz-

ме́дн||ый kúpfern, Kúpfer-; ~ые де́ньги Kúpfergeld *n* -(e)s; ~ый духово́й инструме́нт Bléchblasinstrument *n* (2); ~ый колчеда́н *мин.* Kúpferkies *m* (1); ~ый рудни́к Kúpferbergwerk *n* (2); ~ый купоро́с *хим.* Kúpfervitriol [-vi-] *m* (1), *n* (2); ~ое клише́ *полигр.* Kúpferätzung *f* (10), Kúpferklischee *n* -s, -s; ◇ ~ый век *археол.* Kúpferzeit *f*; ~ый лоб *разг.* éherne Stirn; éngstirniger [beschränkter] Mensch; э́то ~ого гроша́ не сто́ит *разг.* das ist kéinen róten Héller wert; ≅ das ist kéinen Schuß Púlver wert; «Ме́дный вса́дник» »Der Éherne Réiter«

медова́р *м* Métbrauer *m* (6)

медо́в||ый Hónig-; hónigartig; ~ый пря́ник Hónigkuchen *m* (7); ◇ ~ые ре́чи hónigsüße Réden; ~ый ме́сяц Flítterwochen *pl*

медоно́сный hónighaltig, hónigtragend

медосбо́р *м* Hónigertrag *m* -(e)s, Hónigausbeute *f*

медосмо́тр *м* (медици́нский осмо́тр) ärztliche Untersúchung

медоточи́вый *уст.* hónigsüß, zúckersüß; ~ го́лос zúckersüße Stímme

медперсона́л *м* (медици́нский персона́л) medizínisches Personál

медпо́мощь *ж* (медици́нская по́мощь) ärztliche Hílfe

медпу́нкт *м* (медици́нский пункт) Sanitätsstelle *f* (11)

медрабо́тник *м* (медици́нский рабо́тник) Mítarbeiter *m* (6) des Gesúndheitswesens

медсанба́т *м* (ме́дико-санита́рный батальо́н) Sanitätsbataillon [-ta,ljo:n] *n* (2), Sanitätsstelle *f* (11)

медсестра́ *ж* (медици́нская сестра́) Kránkenschwester *f* (11); Spréchstundenhilfe *f* (*помогающая врачу во время приёма больных*)

меду́за *ж зоол.* Medúse *f* (11), Quálle *f* (11)

медуни́ца *ж бот.* Lúngenkraut *n* -(e)s

медфа́к *м* (медици́нский факульте́т) medizínische Fakultät

медь *ж* **1.** Kúpfer *n* -s (*хим. знак* Cu); жёлтая ~ Méssing *n* -s; листова́я ~ Kúpferblech *n* (2); электроли́тная ~ Elektrolýtkupfer *n*, Katódenkupfer *n*; гравю́ра на ме́ди Kúpferstich *m* (1); покрыва́ть ~ю verkúpfern *vt*; **2.** *собир. разг.* (*медные деньги*) Kúpfer *n* -s, Kúpfergeld *n* -(e)s; Kléingeld *n*

медя́к *м разг.* Kúpfermünze *f* (11)

медяни́ца *ж зоол.* Blíndschleiche *f*

медя́нка *ж* **1.** (*змея*) Schlíngnatter *f* (11), glätte Nátter, Háselotter *f* (11); **2.** (*краска*) Grünspan *m* -(e)s, éssigsaures Kúpfer, básisches Kúpferazetat

медя́шка *ж разг.* **1.** (*монета*) Kúpfermünze *f* (11); **2.** (*пластинка*) Kúpferplatte *f* (11)

меж *см.* ме́жду

межа́ *ж* Rain *m* (1) (*по́ля*); Grénzfurche *f* (11), Grénze *f* (11) (*граница*); *перен. тж.* Trénnungsstrich *m* (1)

межамерика́нский interamerikánisch

межа́томный *физ.* interatomár

межбиблиоте́чный: ~ абонеме́нт Férnleihverkehr *m* -s, Férnleihe *f*

межве́домственный zwischenbehördlich

межвидово́й *биол.* zwíschen den Árten

межву́зовский zwíschen den Hóchschulen

межгосуда́рственный zwíschenstaatlich

междоме́тие *с грам.* Interjektión *f* (10), Áusrufewort *n* (6), Áusrufungswort *n*, Empfíndungswort *n*

междоусо́б||ие *с*, ~**ица** *ж ист.* ínnere Únruhen; ínnere Féhde; ~**ный**; ~ная война́ *ист.* Féhde *f* (11)

ме́жду *предлог* **1.** zwíschen (*на вопрос «куда?» A; на вопрос «где?» D*); поста́вить что-л. ~ о́кнами etw. zwíschen die Fénster stéllen; стоя́ть ~ о́кнами zwíschen den Fénstern stéhen*; ~ ле́кциями (in der Zéitspanne) zwíschen den Vórlesungen, im Zéitraum [in der Zéitspanne] von éiner Vórlesung zur ánderen; **2.** (*среди*) únter (*D*); дру́жба ~ детьми́ Fréundschaft únter Kíndern; раздели́ть что-л. ~ собо́й etw. untereinánder téilen; ◇ ~ не́бом и землёй zwíschen Hímmel und Érde; ~ на́ми говоря́ únter uns geságt, im Vertráuen geságt; ~ про́чим *нареч.* 1) únter ánderem, béiläufig, nebenbéi; 2) *в знач. вводн. сл.* übrigens, apropos [-'po:]; ~ тем unterdéssen, inzwíschen, indéssen; ~ тем как,.. während..., indéssen...; wohingégen...; ~ двух огне́й zwíschen zwei Féuern; чита́ть ~ строк zwíschen den Zéilen lésen*; сесть ~ двух сту́льев sich zwíschen zwei Stühle sétzen

междуве́домственный zwíschenbehördlich

междугоро́дн||ый Fern-; Überland-; ~ая телефо́нная ста́нция Férnamt *n* (5); ~ый разгово́р Férngespräch *n* (2); ~ый авто́бус Überlandbus *m* -ses, -se

междунаро́дник *м разг.* Völkerrechtler *m* (6); журнали́ст-~ áußenpolitischer Beóbachter; Redakteur [-'tør] *m* (1) für Áußenpolitik

междунаро́дно-правов||о́й völkerrechtlich; име́ть ~у́ю си́лу völkerrechtliche Kraft besítzen*

междунаро́дн||ый internationál; Междунаро́дный же́нский день der Internationále Fráuentag; Междунаро́дный день студе́нтов der Internationále Studéntentag; Междунаро́дный день защи́ты дете́й der Internationále Kíndertag; ~ая солида́рность die internationále Solidarität; Междунаро́дная демократи́ческая федера́ция же́нщин (*сокр.* МДФЖ) Internationále Demokrátische Fráuenföderation (*сокр.* IDFF); Междунаро́дное аге́нтство по а́томной эне́ргии (*сокр.* МАГАТЭ) Internationále Atómenergie-Agentur (*сокр.* IAEA); ~ые свя́зи internationále Bezíehungen; ~ая обстано́вка internationále Láge; ~ое пра́во Völkerrecht *n*, internationáles Recht; ~ые собы́тия Wéltgeschehen *n* -s; ~ый обзо́р internationále [wéltpolitische] Úmschau

междупу́тье *с ж.-д.* Zwíschenraum *m* (1*)

междуре́чье *с геогр.* Zwíschenstromland *n* -(e)s; Gebíet *n* zwíschen zwei Flüssen; ~ Оки́ и Во́лги das Gebíet zwíschen Oká und Wólga

междуря́дн||ый: ~ая обрабо́тка *с.-х.* Zwíschenreihenbearbeitung *f*

междуря́дье *с с.-х.* Réihenentfernung *f* (10); Zwíschenfurche *f* (11)

междуца́рствие *с ист.* Zwíschenherrschaft *f* (10), Interrégnum *n* -s, *pl* -gnen *u* -gna

междуэта́жн||ый: ~ое перекры́тие Zwíschendecke *f* (11), Geschóßdecke *f*

межев||а́ние *с* Lándvermessung *f*, Féldmessung *f*; ~**а́ть** vermessen* *vt*, áusmessen* *vt*; ~**и́к** *м* Lándmesser *m* (6); ~**о́й** Meß-, Féldmeß-; Grenz-; ~о́й знак Méßfähnchen *n* (7); ~о́й ка́мень Gemárkungsstein *m* (1), Márkstein *m*; ~о́й столб Grénzpfahl *m* (1*); ~а́я цепь Méßkette *f* (11); ~а́я кни́га Flúrbuch *n* (5)

меже́нь *ж* normáler Wásserstand, Míttelwasser *n* -s

межзаво́дский, межзаводско́й zwíschenbetrieblich

межзвёздн||ый interstellár; ~ое простра́нство interstellárer Raum

межзона́льн||ый interzonál, Interzónen-; ~ая торго́вля interzonáler Hándel, Interzónenhandel *m* -s

межзу́бный *фон.* interdentál

межкле́точный *биол.* interzellulár, Interzellulár-

межколхо́зный zwíschen Kolchósen [Kollektívwirtschaften]; Geméinschafts-

межконтинента́льн||ый interkontinentál, transkontinentál; ~ая раке́та interkontinentáler Flúgkörper; ~ый рейс самолёта transkontinentáler Flug

межледнико́вый *геол.* Interglaziál-

межминисте́рский interministeriéll

межотраслево́й méhrere Wírtschaftszweige betréffend; Verfléchtungs-; ~ бала́нс Verfléchtungsbilanz *f* (10)

межпарла́ментский interparlamentárisch; Межпарла́ментский сою́з Interparlamentárische Unión (*сокр.* IPU)

межплане́тный interplanetár, interplanetárisch; Raum-, Wéltraum-

межправи́тельственн||ый auf Regíerungsebene; zwíschenstaatlich; ~ое соглаше́ние Regíerungsabkommen *n* (7); ~ая коми́ссия paritätische Regíerungskommission

межрайо́нный méhrere Bezírke [Rayóns] betréffend; überregional

межрёберный *анат.* interkostál

межрегиона́льный interregionál, zwíschen den Regiónen

межреспублика́нский zwíschen Repúbliken

межсессио́нный zwíschen den Tágungen; ~ комите́т zwíschen den Tágungen tätiges Komitée

межсою́знический interalliíert

межсъе́здовский zwíschen den Partéitagen

мезалья́нс *м* Míßheirat *f* (10), Mesalliance [*фр.* meza'ljãs] *f* (11)

мездра́ *ж* Áasseite *f*, Fléischseite *f* (der Félle)

мездри́ть *кож.* entfléischen *vt*

мезоде́рма *ж анат.* Mesodérm *n* (2)

мезозо́й *м геол.* Mesozóikum *n* -s; **~ский** *геол.* mesozóisch; **~ская** э́ра die Mesozóische Ära

мезоли́т *м археол.* Mesolíthikum *n* -s; **~и́ческий** *археол.* mesolíthisch

мезо́н *м физ.* Méson *n* -s, -sónen

мезони́н *м* **1.** (*надстройка над серединой дома*) Überbau *m* -(e)s, Áufbau *m*; **2.** (*верхний полуэтаж*) Zwíschengeschoß *n* -sses, -sse; Mezzanín *n* (2)

мезотро́н *м физ.* Mésotron *n* -s, -trónen

мейстерзи́нгеры *мн. ист. лит.* Méistersinger *pl*

мексика́н||ец *м* Mexikáner *m* (6); **~ка** *ж* Mexikánerin *f* (12); **~ский** mexikánisch

мел *м* Kréide *f* (11); **бели́ть** ~ом kréiden *vt*

мела́нж *м спец.* Melange [*фр.* me'lãʒ(ə)] *f* (11)

мела́нжев||ый *спец.*: ~ые тка́ни Míschgewebe *pl*

меланхо́л||ик *м* Melancholiker [-laŋ'ko:-] *m* (6); **~и́ческий** melancholisch [-laŋ'ko:-], schwérmütig; **~ия** *ж* Melancholíe [-laŋko-] *f*, Schwérmut *f*; ◇ чёрная ~ия schwárze Stímmung; Depressión *f*

мела́сса *ж с.-х.* Melásse *f* (11)

меле́ть (*о реке*) seicht wérden; versánden *vi* (s) (*заноситься песком*)

мелини́т *м хим., воен.* Melinít *m* (1); **~овый** *хим., воен.* Melinít-; ~овый снаря́д Melinítgeschoß *n* -sses, -sse

мелиорати́вный *с.-х.* Melioratións-

мелиора́тор *м* Meliorátor *m* -s, -tóren, Melioratiónsfachmann *m* -(e)s, *pl* -leute

мелиораци́онный *с.-х.* Melioratións-

мелиора́ция *ж с.-х.* Melioratión *f*

мелиори́ровать *с.-х.* melioríeren *vt*

мели́сса *ж бот.* Melísse *f* (11), Gártenmelisse *f*, Zitrónenmelisse *f*

ме́лк||ий **1.** (*неглубокий*) seicht, nicht tief; flach (*о посуде*); ~ая река́ ein séichter Fluß; ~ая таре́лка ein flácher Téller; **2.** (*небольшой*) klein, Klein-; ~ий скот Kléinvieh *n* -(e)s; ~ие де́ньги Kléingeld *n* -(e)s; ~ое хозя́йство Kléinwirtschaft *f* (10); ~ий со́бственник Kléineigentümer *m* (6); ~ая буржуази́я Kléinbürgertum *n* -s; разорва́ть на ~ие кусо́чки in kléine Stücke réißen*; **3.** (*незначительный*) únwichtig, únbedeutend, von geríngem Beláng, belánglos; ~ий вопро́с únbedeutende [únwichtige] Fráge; **4.** (*некрупный*) fein, kléinkörnig; gestóßen (*порошкообразный*); ~ий песо́к féiner Sand; ~ий дождь féiner Régen, Sprühregen *m* -s; **5.** (*ничтожный*) kléinlich; níedrig (dénkend); éngherzig; ~ая душа́ kléinliche Séele, Krämerseele *f* (11); ~ие интере́сы kléinliche Interéssen; ◇ ~ая со́шка *разг.* ein kléiner Mann; kein gróßes Licht

мелкобуржуа́зный kléinbürgerlich

мелко||во́дный seicht, mit níedrigem Wásserstand; wásserarm; **~во́дье** *с* níedriger Wásserstand; séichte Stélle (*мелкое место*)

мелкозерни́ст||ый féinkörnig; ~ая плёнка Féinkornfilm *m* (1)

мелкозу́бчатый kléingezähnt

мелкокали́берн||ый kléinkalib(e)rig; ~ая винто́вка Kléinkalibergewehr *n* (2), Kléinkaliberbüchse *f* (11)

мелкокрестья́нский kléinbäuerlich, Kléinbauern-

мелколе́сье *с* Kléingehölz *n* -es, Júngwald *m* (4)

мелколи́ственный kléinblättrig

мелкомасшта́бный in kléinem Máßstab, máßstäblich klein

мелкопоме́стн||ый: ~ое дворя́нство *ист.* Kléinadel *m* -s, kléiner Ádel

мелкосери́йн||ый in kléinen Séri¦en, Kléinseri¦en-; ~ое произво́дство Kléinseri¦enfertigung *f*

мелкосидя́щий *мор.* mit geríngem Tíefgang, fláchgängig

мелкосо́бственническ||ий der Kléineigentümer; ~ие интере́сы Interessen *f* der Kléineigentümer

мелкота́ *ж* **1.** Kléinheit *f*; Féinheit *f*; Wínzigkeit *f*; **2.** (*ничтожность*) Kléinlichkeit *f*; **3.** *собир. разг.* (*дети*) die Kléinen, Króppzeug *n* -(e)s

мелкотова́рн||ый: ~ое хозя́йство *эк.* kléine Wárenwirtschaft

мелов||о́й Kréide-; kréidehaltig (*о почве и т. п.*); ◇ ~а́я бума́га Kúnstdruckpapier *n*; ~о́й пери́од *геол.* Kréidezeit *f*

мелодекламá тор *м* Sprécher *m* im Melodráma

мелодеклама́ция *ж* Melodeklamatión *f* (10), Melorezitatión *f* (10)

мело́дика *ж муз., лит.* Melódik *f*

мелоди́ч||еский **1.** *муз.* melódisch; **2.** *см.* мелоди́чный; **~ность** *ж* Wóhlklang *m* -(e)s, Wóhllaut *m* -(e)s; **~ный** melódisch, wóhlklingend, wóhllautend, wóhltönend

мело́дия *ж* Melodíe *f* (11); Wóhlklang *m* -(e)s (*благозвучие*)

мелодра́ма *ж* Melodráma *n* -s, -men; **~ти́ческий** melodramátisch

мело́к *м* Kréidestift *m* (1), ein Stück Kréide

мелома́н *м* Melománe *m* (9), léidenschaftlicher Musíkliebhaber

мелочн||о́й **1.** *уст.* Klein-; ~а́я торго́вля Kléinhandel *m* -s; ~а́я ла́вка Krämerladen *m* (7*); ~о́й торго́вец Kléinhändler *m* (6), Höker *m* (6), Krämer *m* (6); **2.** *разг. см.* ме́лочный

ме́лочн||ость *ж* Kléinlichkeit *f*; Háarspalterei *f*; Kléinkrämerei *f* (10); **~ый** kléinlich, klein; ~ый челове́к kléinlicher Mensch; Háarspalter *m* (6)

ме́лоч||ь *ж* **1.** *собир.* (*мелкие вещи*) kléines Zeug; Krímskrams *m* =; **2.** *собир.* (*деньги*) Kléingeld *n* -(e)s; **3.** (*пустяк*) Kléinigkeit *f* (10); Bagatélle *f* (11), Belánglosigkeit *f* (10); жите́йские ~и die Kléinigkeiten des Álltags; **4.** *собир. разг.* (*дети*) kléine Kínder, Króppzeug *n* -(e)s; **5.** *собир. пренебр.* (*люди*) kléine Léute; **6.** *собир.*: уго́льная ~ь Kóhlengrus *m* -es, Grus *m*; ◇ разме́ниваться на ~и [по ~а́м] sich [séine Árbeitskraft] verzétteln

мель *ж* Sándbank *f* (3); Úntiefe *f* (11) (*мелкое место*); сесть на ~ stránden *vi* (s); auf éine Sándbank áuffahren* [geráten*]; auf Grund láufen*; *перен. разг.* in éine schwíerige Láge geráten* [kómmen*]; снять су́дно с ме́ли ein (gestrándetes) Schiff flóttmachen [ábbringen*]; сиде́ть на мели́ *перен. разг.* auf dem tróсknen sítzen*

мельзаво́д *м* Gróßmühle *f* (11)

мельк||а́ние *с* Schímmern *n* -s; Flímmern *n* -s (*огней*); **~а́ть** schímmern *vi*; flímmern *vi* (*об огнях*); *перен.* vorbéihuschen *vi*; flíegen* *vi* (*о времени*); в глаза́х ~а́ет es flímmert (mir) vor den Áugen; ~а́ет мысль ein Gedánke blitzt auf [schießt durch den Kopf]; **~ну́ть** erschéinen* *vi* (s); áuftauchen *vi* (s); vorbéihuschen *vi* (s) (*промелькнуть*); áufblitzen *vi*, áufleuchten *vi* (*об огнях*); ~ну́ла наде́жда ein Hóffnungsstrahl léuchtete auf

мелько́м *нареч.* flüchtig; взгляну́ть ~ flüchtig ánsehen*; слы́шать ~ mit hálbem Ohr hören

ме́льник *м* Müller *m* (6)

ме́льниц||а *ж* Mühle *f* (11); **ручна́я** ~а Hándmühle *f*; ветряна́я ~а Wíndmühle *f*; водяна́я ~а Wássermühle *f*; парова́я ~а Dámpfmühle; **кофе́йная** ~а Káffeemühle *f*; вальцо́вая ~а Wálzenmühle *f*; шарова́я ~а Kúgelmühle *f*; ◇ лить во́ду на чью-л. ~у Wásser auf j-s Mühle gíeßen*; сража́ться с ветряны́ми ~ами éinen Kampf gégen Wíndmühlen führen

ме́льничиха *ж разг.* Müllerin *f* (12)

ме́льничн||ый Mühl(en)-; ~ый жёрнов Mühlstein *m* (1); ~ое колесо́ Mühlrad *n* (5)

Мельпоме́на *ж* (*муза*) Melpoméne *f*

мельхио́р *м* (*сплав*) Néusilber *n* -s, Argentán *n* -s; **~овый** néusilbern

мельч||а́йший kleinst, wínzig; до ~а́йших подро́бностей bis ins kléinste; **~а́ть** **1.** klein wérden; **2.** (*о реке, и т. п.*) seicht wérden; **3.** *перен.* verfláchen *vi* (s)

ме́льче *сравн. ст. см.* ме́лкий

мельчи́ть **1.** zerkléinern *vt*; **2.** *перен.* verfláchen *vt*

мелюзга́ *ж собир. разг.* **1.** (*маленькие живые существа*) Kléinzeug *n* -(e)s, kléine Tíere (*pl*), kléines Zeug; **2.** (*мелкие вещи*) kléine Gégenstände (*pl*), Kléinzeug *n* -(e)s, kléines Zeug; Krímskrams *m* -es; **3.** (*дети*) das kléine Volk; Króppzeug *n* -(e)s; **4.** *пренебр.* (*люди*) kléine Léute

мембра́на *ж* Membrán *f* (10), Membráne *f* (11)

мембра́нн||ый: ~ая коро́бка Schálldose *f* (11)

мемора́ндум *м* Memorándum *n* -s, *pl* -den *u* -da, Dénkschrift *f* (10)

мемориа́л *м* **1.** Gedénkstätte *f* (11); Dénkmal *n* (5, 2) (*памятник*); Máhnmal *n* (2, 5) (*памятник жертвам трагических событий*); **2.** (*спортивное соревнование*) Memoriál *n* -s, -s

мемориа́льн||ый Denk-; Gedächtnis-; ~ая доска́ Dénktafel *f* (11), Gedénktafel *f*

мемуари́ст *м* Memoirenschreiber [-mo'a:rən-] *m* (6)

мемуа́р||ный *лит.* Memoiren- [memo'a:rən-]; ~ная литерату́ра Memoirenliteratur *f*; **~ы** *мн.* Memoiren [memo'a:rən] *pl*, Erinnerungen *pl*

ме́на *ж* Tausch *m* (1)

менделе́вий *м* Mendelévium [-vi-] *n* -s (*хим. знак* Md)

ме́неджер *м* Manager ['mɛnedʒər] *m* (6)

ме́нее (*сравн. ст. от нареч.* ма́ло) wéniger, mínder; тем ~ um so wéniger; ~ всего́ am (áller)wénigsten; ~ чем в два дня wéniger als in zwei Tágen; ~ чем когда́-либо wéniger denn je; ~ чем за два го́да in knapp zwei Jáhren; оста́лось ~ трёх ме́сяцев до... bis zu... (*D*) sind es nicht éinmal drei Mónate; ◇ тем не ~ nichtsdestowéniger, trótzdem; бо́лее и́ли ~ mehr óder wéniger; не бо́лее не ~ как... nicht mehr und nicht mínder [wéniger] als...

менестре́ль *м ист.* Mínstrel *m* -s, -s

мензу́ла *ж геод.* Ménsel *f* (11), Ménsul *f* (11); Méßtisch *m* (1)

мензу́рка *ж* Mensúr *f* (10)

менинги́т *м мед.* Meningítis *f*, Gehírnhautentzündung *f*

мени́ск *м физ., анат.* Menískus *m* =, -ken

менов||о́й Tausch-; **~а́я сто́имость** *эк.* Táuschwert *m* (1)

менстру||а́льный menstruál, Menstruál-; **~а́ция** *ж* Menstruatión *f* (10), Régel *f* (11); **~и́ровать** menstruíeren *vi*, die Régel háben

ме́нтик *м* (*гусарский мундир*) verbrämte Husárenjacke

ментол *м* Menthól *n* -s; **~овый** Menthól-

ме́нтор *м уст., теперь ирон.* Méntor *m* -s, -tóren; **~ский** Méntor-, Schúlmeister-; ~ский тон Schúlmeisterton *m* -s

менуэ́т *м муз.* Menuétt *n* (2)

ме́ньше **1.** (*сравн. ст. от* ма́ленький, ма́лый) kléiner; ~ всех am (áller-) kléinsten; der állerkléinste, der kléinste von állen; **2.** (*сравн. ст. от* ма́ло) wéniger, mínder; ~ всего́ am (áller-) wénigsten; ◊ не бо́льше не ~ как... nicht mehr und nicht wéniger [mínder] als...

меньшев||и́зм *м* Menschewísmus *m* =; **~и́к** *м* Menschewík *m* (8) (*pl тж.* -i); **~и́стский** menschewístisch

ме́ньш||ий (*сравн. ст. от* ма́ленький, ма́лый) der kléinere; der kléinste (*превосх. ст.*); jünger (*младший*); **~ая** часть der kléinere Teil; ~ее зло das kléinere Übel; ~ий брат *разг.* der jüngere Brúder; ◊ са́мое ~ее, по ~ей ме́ре wénigstens, míndestens, zum míndesten

меньшинство́ *с* Mínderheit *f* (10); Minorität *f*; ничто́жное ~ verschwíndende [verschwíndend kléine] Mínderheit; ~ голосо́в Stímmenminderheit *f*; получи́ть ~ голосо́в (bei der Ábstimmung) in der Mínderheit sein [bléiben*]; ◊ национа́льное ~ nationále Mínderheit

меньшо́й *разг.* (*младший*) jüngste; jüngere

меню́ *с* **1.** (*подбор блюд*) Spéisenfolge *f* (11); **2.** (*листок с перечнем блюд*) Spéisekarte *f* (11)

меня́ *род., вин. см.* я

меня́ла *м уст.* Géldwechsler *m* (6), Wéchsler *m*

меня́льн||ый *уст.* Wéchsel-; ~ая конто́ра Wéchselstube *f* (11), Wéchselstelle *f* (11)

меня́ть **1.** táuschen *vt*; úmtauschen *vt*, éintauschen *vt* (*обменять*); wéchseln *vt*, áuswechseln *vt* (*переменить*); ~ де́ньги Geld wéchseln; ~ бельё Wäsche wéchseln; **2.** (*изменять*) ändern *vt*, verändern *vt*; wéchseln *vt*; ~ мне́ние séine Méinung ändern; ~ вне́шность sein Äußeres verändern; ~ курс den Kurs wéchseln; **~ся** **1.** (*обмениваться чем-л.*) (úm)táuschen *vt*, wéchseln *vt*; ~ся ко́мнатами die Zímmer táuschen; ~ся роля́ми die Róllen táuschen; **2.** (*изменяться*) sich (ver)ändern; обстоя́тельства меня́ются die Úmstände ändern sich; das Blatt wéndet sich; **3.** *страд.* getáuscht wérden (*ср.* меня́ть); ◊ ~ся в лице́ sich im Gesícht verändern

ме́р||а *ж* **1.** Maß *n* (2); Máßeinheit *f* (10) (*единица измерения*); ~а длины́ Längenmaß *n*; ~а жи́дких тел Flüssigkeitsmaß *n*; ~а ёмкости Hóhlmaß *n*; ~а объёма Ráummaß *n*, Hóhlmaß *n*; **2.**: ~а овса́ ein Maß Háfer; **3.** (*размер, предел*) Maß *n* (2), Áusmaß *n*; в по́лной ~е in vóllem Máße, vollkómmen; в значи́тельной ~е in bedéutendem Áusmaß [Máße]; вы́сшая ~а чего́-л. Höchstmaß *n* (an *D*); вы́сшая ~а наказа́ния höchstes Stráfmaß, höchstes Stráfausmaß, höchstes Áusmaß der Stráfe; знать ~у Maß hálten*; потеря́ть чу́вство ~ы álles Maß vergéssen*; всему́ есть ~а álles hat séine Grénzen; **4.** (*мероприятие*) Máßnahme *f* (11), Máßregel *f* (11); Schritt *m* (1); сро́чные ~ы Sofórtmaßnahmen *pl*; отве́тная ~а Gégenmaßnahme *f*; ~ы предосторо́жности Sícherheitsmaßnahmen *pl*, Vórsichtsmaßregeln *pl*; ~ы по улучше́нию дисципли́ны Máßnahmen zur Verbésserung der Disziplín; приня́ть ~ы Máßnahmen ergréifen*, Máßregeln [Vórkehrungen] tréffen*; ◊ по ~е того́, как... je nach..., während...; по ~е возмо́жности nach Möglichkeit, sowéit möglich; по ~е сил nach Máßgabe der Kräfte; по кра́йней [ме́ньшей] ~е wénigstens, zum míndesten, zumíndest; ни в како́й ~е in kéiner Hínsicht, in kéiner Wéise; без ~ы máßlos, únmäßig; в ~у mit Maß (*при гл.*); mäßig, nicht zu (*при прил.*); не в ~у máßlos, (zu) únmäßig, übermäßig; сверх ~ы übermäßig, über Gebühr, über die Máßen

ме́ргель *м геол.* Mérgel *m* (6)

мере́жка *ж* Hóhlsaum *m* (1 *)

мере́щиться schéinen * *vi*

мерза́вец *м разг.* Schúrke *m* (9), Schuft *m* (1)

мерза́вчик *м разг.* ¹/₈-Liter-Schnapsflasche *f* (11), Táschenfläschchen *n* (7)

ме́рзк||ий *разг.* abschéulich, gräßlich; ékelerregend; ~ая пого́да schéußliches Wétter

мерзлота́ *ж* Verfróstung *f*; ве́чная ~ éwiger Bódenfrost, Dáuerfrostboden *m* (7*)

мёрз||лый gefróren; durchfróren, hártgefroren; **~нуть** **1.** fríeren* *vi*; **2.** (*гибнуть от холода*) erfríeren* *vi* (s)

мерзостный schéußlich, abschéulich; níchtswürdig

ме́рзость *ж* Abschéulichkeit *f* (10), Schéußlichkeit *f* (10); ◊ ~ запусте́ния völlige Verödung; Verwüstung *f*

меридиа́н *м геогр.* Meridián *m* (1), Míttagskreis *m* (1), Längenkreis *m*

меридиона́льн||ый *геогр., астр.* Meridián(s)-; ~ая го́рная цепь Meridiángebirge *n* (6)

мери́ло *с* Máßstab *m* (1*); Kritérium *n* -s, -ri¦en

ме́рин *м* Wállach *m* (1)

мерино́с *м* **1.** (*овца*) Meríno *m* -s, -s, Merínoschaf *n* (2); **2.** (*шерсть*) Merínowolle *f*; **~овый** Meríno-

ме́рить **1.** méssen* *vt*; ~ ме́тром nach dem Méter méssen*; ~ на глаз nach dem Áugenmaß bestímmen; **2.** (*примерять*) ánprobieren *vt*; ◊ ~ на свой арши́н *разг.* mit éigenem Maß méssen*, den éigenen Máßstab ánlegen; ~ вёрсты *разг.* gróße Strécken (zu Fuß) zurücklegen; ~ кого́-л. глаза́ми j-n (prüfend, hóchmütig) von óben bis únten méssen*; **~ся** sich méssen*; ~ся си́лами с кем-л. seine Kräfte mit j-m méssen*

ме́рк||а *ж* Maß *n* (2); снять ~у Maß néhmen*; по ~е nach Maß, máßgerecht; ◊ подходи́ть ко всему́ с одно́й ~ой ≅ álles über éinen Kamm schéren*

меркантили́зм *м* Merkantilísmus *m* =

меркanти́льн||ость *ж* Kléinkrämerei *f*, Pfénnigfuchserei *f*; **~ый** kléinlich, beréchnend; ~ый дух Krämergeist *m* -es

ме́ркн||уть verblássen *vi* (s); erlöschen *vi* (s); trübe [fahl] wérden; звёзды ~ут die Stérne verblássen; ~ет созна́ние das Bewúßtsein schwíndet

Мерку́рий *м миф., астр.* Merkúr *m* -s

мерла́н *м* (*рыба*) Wíttling *m* (1)

мерлу́шк||а *ж* Lámmfell *n* (2); Tréibel *m* (6); **~овый** Lámmfell-

ме́рн||о *нареч.* gemessen, in geméssenem Témpo; rhýthmisch, im Takt (*ритмично*); **~ый** **1.** geméssen (*размеренный*); rhýthmisch, táktmäßig (*ритмичный*); ~ым ша́гом geméssenen Schríttes; **2.** *спец.* (*служащий мерой*) Maß-; Meß-; ~ая ле́нта Métermaß *n* (2)

мероприя́т||ие *с* **1.** (*мера*) Máßnahme *f* (11), Máßregel *f* (11); сро́чное ~ие Sofórtmaßnahme *f*; ~ия по охра́не труда́ Árbeitsschutzmaßnahmen *pl*; план ~ий Máßnahmeplan *m* (1*); **2.** (*предприятое дело*) Veránstaltung *f* (10), Aktión *f* (10); кру́пное ~ие Gróßveranstaltung *f*, gróßangelegte Máßnahme; культу́рное ~ие Kultúrveranstaltung *f*; спорти́вное ~ие Spórtveranstaltung *f*; план ~ий Veránstaltungsplan *m* (1*)

мерсериз||а́ция *ж текст.* Merzerisatión *f* (10); **~ова́ть** *текст.* merzerisíeren *vt*

ме́ртвенно-бле́дный tótenblaß

ме́ртвенн||ость *ж* Léblosigkeit *f*; **~ый** léblos, tótenähnlich; ~ая бле́дность Tótenblässe *f*

мертве́ть ábsterben* *vi* (s); erstárren *vi* (s); starr [gefühllos] wérden

мертве́ц *м* Tóte *m* (14); Léichnam *m* (1), Léiche *f* (11) (*труп*); **~кая** *ж* Tótenzimmer *n* (6), Tótenkammer *f* (11); **~ки:** ~ки пьян *разг.* völlig betrúnken, stérnhagelvóll

мертвечи́на *ж* **1.** *собир.* Aas *n* (2); **2.** *перен. разг.* géistige [morálische] Versúmpfung; Trägheit *f* (*инертность*)

мертви́ть **1.** verníchten *vt*, verdérben* *vt*; **2.** *перен.* träge máchen, j-s Lébenskraft néhmen*

мертворождённый *тж. перен.* tótgeboren

мёртв||ый tot; ◊ ~ая то́чка *тех.* Tótpunkt *m* (1); tóter Punkt (*тж. перен.*); ~ый штиль *мор.* völlige Wíndstille; ~ая пе́тля *ав.* Looping ['lu:-] *n* -s, -s; ~ая голова́ *тж. зоол.* Tótenkopf *m* (1*); ~ый груз Tótlast *f*; ~ое простра́нство *воен.* tóter [schúßtoter Raum; ~ая хва́тка Würgegriff *m* (1); спать ~ым сном fest [tráumlos] schláfen*; wie ein Ratz schláfen*; ~ая приро́да léblose [ánorganische] Natúr; ~ая тишина́ Tótenstille *f*; ~ый язы́к tóte Spráche; ~ый сезо́н Geschäftsstillstand *m*; Fláute *f*; Sauregúrkenzeit *f* (*шутл.*); ~ый час Rúhestunde *f* (11), Míttagsruhe *f*

мерца́ние *с* Blínken *n* -s, Flímmern *n* -s, Geflímmer *n* -s; ~ звёзд Stérnengeflimmer *n*; ~ изображе́ния *тлв.* Bíldflimmern *n*

мерца́тельн||ый *биол.* Flímmer-; ~ые кле́тки Flímmerzellen

мерца́ть blínken *vi*; flímmern *vi* (*тж. биол.*); flάckern *vi*

меси́во *с разг.* **1.** (*для скота*) Méngfutter *n* -s; *перен. разг.* Fraß *m* (1); **2.** (*жидкая смесь*) Gemísch *n* -es; Schlamm *m* -(e)s (*грязь*)

меси́ть knéten *vt*; ◊ ~ грязь *разг.* durch den Schmutz [Schlamm] stámpfen [wáten]

ме́сса *ж церк.* Mésse *f* (11)

мессия *м рел.* Messías *m* =

места́ми *нареч.* stéllenweise; an éinigen Stéllen; stríchweise, gebíetsweise (*в сводке погоды*)

местéчко I *с* Plätzchen *n* (7); ◇ тёплое ~ vórteilhafter [gewínnbringender] Pósten; он подыска́л себе́ тёплое ~ er hat éine éinträgliche Stéllung gefúnden

местéчко II *с* (*селение*) Flécken *m* (7), Márktflecken *m*

мести́ 1. (*подметать*) kéhren *vt*, fégen *vt*; **2.** *безл.*: метёт (*о метели*) es stöbert

местко́м *м* (мéстный комитéт профсою́зной организáции) Gewérkschaftsleitung *f* (10), Betríebsgewerkschaftsleitung *f*

мéстничество *с* **1.** *ист.* Ámtsbesetzung *f* nach Gebúrtsrecht; **2.** (*соблюдение лишь узкоместных интересов*) Lokálpatriotismus *m* =, lokále Éngstirnigkeit, Kírchturmpolitik *f*

мéстност||ь *ж* Gégend *f* (10); Ort *m* (1), Órtschaft *f* (10); Gelände *n* (6); Lándstrich *m* (1); гори́стая ~ь bérgiges Gelände; болóтистая ~ь Súmpfgegend *f*, Súmpfgelände *n*; затопля́емая ~ь Überschwémmungsgebiet *n* (2); леси́стая ~ь Wáldgelände *n*, Wáldgegend *f*; холми́стая ~ь hügeliges Gelände, Hügelland *n* (5); да́чная ~ь Sómmerfrische *f*; в нáшей ~и bei uns zulánde; услóвия ~и *воен.* Geländeverhältnisse *pl*; учéние на ~и *воен.* Geländeübung *f* (10); испóльзование ~и *воен.* Geländeausnutzung *f*; знать ~ь órtskundig sein

мéстн||ый 1. lokál, Lokál-; örtlich, Orts-; órtsgebunden; ~ый комитéт Gewérkschaftsleitung *f* (10); Betríebsgewerkschaftsleitung *f*; ~ый гóвор lokále Áussprache, Dialékt *m* (1); ~ое врéмя Órtszeit *f*; ~ый падéж *грам.* Lokativ *m* (1), Órtsfall *m* (1*); ~ая промы́шленность örtliche Industríe; ~ый наркóз *мед.* örtliche Betäubung, Lokálanästhesie *f* (11); ~ый кли́мат Kléinklima *n* -s; **2.** (*здешний*) híesig; ortsansässig; von hier (*предик.*); ~ый урожéнец Híesige *m* (14)

мéст||о *с* **1.** Platz *m* (1*); Ort *m* (1); Stélle *f* (11); Sitz *m* (1), Sítzplatz *m* (*для сидения*); ~о назначéния Bestímmungsort *m*; прибы́ть к ~у назначéния an Ort und Stélle ánlangen; ~о рождéния Gebúrtsort *m*; рабóчее ~о Árbeitsplatz *m*; ~о рабóты Árbeitsstelle *f*; ~о нахождéния (*самолёта, судна и т. п.*) Stándort *m*, Positión *f* (10); ~о присоединéния *тех.* Ánschlußstelle *f*; гости́ница на три́ста [пятьсóт] мест ein Hotél mit dréihundert [fünfhundert] Bétten; зал на сто мест ein Saal mit húndert Plätzen; по ~у жи́тельства am Wóhnort; во мнóгих ~áх víelerorts; в нéкоторых ~áх máncherorts; по ~áм! auf die Plätze!; ни с ~а! nicht von der Stélle!; расстреля́ть на ~е stándrechtlich erschíeßen*; уступи́ть [дать] ~о Platz máchen; заня́ть ~о 1) (*для кого-л.*) éinen Platz belégen, reservieren [-'viː-]; 2) (*сесть*) Platz néhmen*; заня́ть пéрвое ~о an die érste Stélle rücken; die Spítze hálten*; *спорт.* den érsten Platz belégen; заня́ть призовы́е ~á *спорт.* Medaillenplätze [me'daljən-] [die érsten drei Plätze] erríngen*; ~о заключéния Gefängnis *n* (3*); ~о происшéствия Tátort *m*; поймáть на ~е преступлéния auf fríscher Tat ertáppen; ~о свидáния Tréffpunkt *m* (1); выдвигáть на пéрвое ~о an die érste Stélle rücken; на ви́дном ~е an áuffallender Stélle; **2.** (*служба*) Stéllung *f* (10), Ánstellung *f*; Pósten *m* (7), Stélle *f* (11); вакáнтное ~о fréie [únbesetzte] Stélle; получи́ть ~о éine Stélle bekómmen*; Árbeit bekómmen*; занимáть ~о ein Amt bekléiden; éinen Pósten éinnehmen* [bekléiden]; **3.** (*часть текста, отрывок*) Stélle *f* (11), Pássus *m* =, =; прочти́те э́то ~о ещё раз lésen Sie díese Stélle noch einmál; **4.** (*багажное и т. п.*) Gepäckstück *n* (2), Stück *n*; Sáche *f* (11); Kóllo *n* -s, *pl* -s *u* -li; грузовóе ~о Páckstück *n*, Fráchtstück *n*; в багáж сданó пять мест fünf Stück wúrden als Gepäck áufgegeben; **5.** *мн.* ~á (*в противоположность центру*) Provinz [-'vɪnts] *f* (10); на ~áх in den örtlichen Organisatiónen; in den örtlichen Stéllen; an der Básis; auf der únteren Ébene; инспéкция на ~áх Kontrólle *f* vor Ort; ◇ дéтское ~о *анат.* Náchgeburt *f* (10); óбщее ~о Geméinplatz *m* (1*); ýзкое ~о schwáche Séite; krítischer Punkt; Éngpaß *m* -sses, -pässe (*в промышленности и т. п.*); на пустóм ~е (*создать что-л.*) aus dem Nichts heráus; не к ~у nicht am Platz, únangebracht; на егó ~е an séiner Stélle, an séiner Statt; у негó сéрдце [душá] не на ~е, он не нахóдит себé ~а er kann kéine Rúhe fínden; er weiß sich vor Únruhe nicht zu fássen; с ~а 1) (*без разбега*) aus dem Stand; 2) (*сразу, с ходу*) auf Ánhieb; имéть ~о státtfinden* *отд. vi*; постáвить когó-л. на ~о j-n zuréchtweisen* *отд.*, j-n in die Schránken wéisen*; j-m auf die Náse gében* (*разг.*); знать своё ~о sich beschéiden [táktvoll] betrágen*; sich nicht vórdrängen; найти́ своё ~о в жи́зни an der ríchtigen Stélle mit béiden Füßen stéhen*; ~о в парлáменте Parlaméntssitz *m* (1); больнóе ~о wúnder Punkt

местожи́тельство *с* Wóhnort *m* (1) Wóhnsitz *m* (1), Áufenthaltsort *m*

местоимéние *с грам.* Pronómen *n* (7) (*pl тж.* -mina), Fürwort *n* (5); ли́чное ~ Personálpronomen *n*, persönliches Fürwort; вопроси́тельное ~ Interrogatívpronomen *n*, Frágefürwort *n*; возврáтное ~ Reflexívpronomen *n*, rückbezügliches Fürwort; укáзательное ~ Demonstratívpronomen *n*, hinweisendes Fürwort

местоимéнн||ый *грам.* pronominál; ~ое склонéние pronominále Deklinatión; ~ое нарéчие Pronomináladverb *n* -s, -ien

местонахождéние *с* Wóhnort *m* (1), Áufenthalt *m* (1), Áufenthaltsort *m* (*лиц*); Láge *f* (*вещей*); Fúndort *m* (1), Vórkommen *n* (7) (*полезных ископаемых*); Stándort *m* (1) (*самолёта, судна и т. п.*); определи́ть ~ órten *vt* (*самолёта, судна и т. п.*)

местоположéние *с* Láge *f* (11)

местопребывáние *с* Áufenthalt *m* (1), Áufenthaltsort *m* (1); Verbléib *m* -(e)s

месторасположéние *см.* местонахождéние

месторождéние *с* **1.** *офиц.* Gebúrtsort *m* (1); **2.** *геол.* Láger *n* (6), Vórkommen *n* (7), Fúndort *m* (1), Lágerstätte *f* (11); гидротермáльное ~ hydrothermáles Vórkommen; железорýдное ~ Éisenerzlager *n*, Éisenerzvorkommen *n*; ~ прирóдного гáза Érdgasvorkommen *n*, Érdgasfeld *n* (5); промы́шленное ~ ábbauwürdige Lágerstätte, ábbauwürdiges Vórkommen

месть *ж* Ráche *f*; Vergéltung *f* (*возмездие*); крóвная ~ *ист.* Blútrache *f*

мéсяц *м* **1.** Mónat *m* (1); тeкýщий ~ láufender Mónat; прóшлый ~ vóriger Mónat, Vórmonat *m*; бýдущий ~ kómmender [kúnftiger, nächster] Mónat; в начáле ~а zu Mónatsbeginn, am Mónatsanfang; в середи́не ~а Mítte des Mónats; в концé ~а Énde des Mónats; ~ томý назáд (héute) vor éinem Mónat; не прошлó и ~а noch ist kein Mónat vorbéi; ~áми mónatelang; **2.** (*луна*) Mond *m* (1); пóлный ~ Vóllmond *m*; молодóй ~ júnger [zúnehmender] Mond, Néumond *m*; ◇ медóвый ~ Flítterwochen *pl*; Hónigmond *m*, Hónigmonat *m*; появля́ться как молодóй ~ *разг.* ≅ álle Júbeljahre éinmal erschéinen*

мéсячник *м*: ~ дрýжбы ein Mónat der Fréundschaft, Fréundschaftsmonat *m* (1)

мéсячный 1. mónatig; mónatlich (*ежемесячный*); ~ срок Mónatsfrist *f*; **2.** (*лунный*) Mond-

мéта *ж см.* мéтка 2

метагалáктика *ж астр.* Metagaláxis *f*

метагенéз *м биол.* Metagenése *f*

метáлл *м* Metáll *n* (2); благорóдный ~ Édelmetall *n*, édles Metáll; цветнóй ~ Búntmetall *n*, Níchteisenmetall *n* (*сокр.* NE-Metall); чёрный ~ Éisenmetall *n*, Fé-Metall *n*; рéдкие ~ы séltene Metálle; антифрикциóнный ~ Lágermetall *n*; листовóй ~ Blech *n* (2); порошкóвый ~ Síntermetall *n*; прокáтываемый ~ Wálzgut *n* -(e)s; ◇ презрéнный ~ *ирон.* schnödes Geld, der schnöde Mámmon

металлиз||áция *ж тех.* Metallisatión *f*; ~и́ровать *тех.* metallisíeren *vt*

металли́ст *м* Metállarbeiter *m* (6)

металли́ческ||ий metállisch, metállen, Metáll-; ~ий гóлос metállische Stímme; ~ие дéньги Metállgeld *n* -(e)s, Hártgeld *n*

металло||вéдение *с* Metállkunde *f*; ~**грáфия** *ж* Metallographíe *f*; ~**ёмкость** *ж* Metálleinsatz *m* -es, Metállintensität *f*

металлóид *м хим.* Metalloíd *n* (2)

металло||искáтель *м* Metállsuchgerät *n* (2); ~**керáмика** *ж* Metállkeramik *f* (10), Púlvermetallurgie *f*; ~**констрýкция** *ж* Metállkonstruktion *f* (10); сооружéние ~констрýкций Metállbau *m* -(e)s; ~**лóм** *м* Schrott *m* -(e)s, Áltmetall *n* -s; ~**нóсный** metállhaltig; ~**обрабáтывающий** metállverarbeitend, Metáll-; Metállbearbeitungs-; ~обрабáтывающая промы́шленность Metállindustrie *f*; ~обрабáтывающий станóк Metállbearbeitungsmaschine *f* (11); ~**плави́льный** Metállschmelz-; ~плави́льная печь Metállschmelzofen *m* (7*); ~плави́льный завóд Hütte *f* (11)

металло||покры́тие *с* Metállüberzug *m* (1*); ~**прокáтный**: ~прокáтный стан Wálzstraße *f* (11); ~**промы́шленность** *ж* Metállindustrie *f*; ~**рéжущий** metállabhebend; spánabhebend; Zerspánungs-; metállzerspanend; ~рéжущий станóк Metállbearbeitungsmaschine *f* (11), spánabhebende Wérkzeugmaschine; ~**сплáвы** *мн.* Legíerungsmetalle *pl*

металлýрг *м* Metallúrg *m* (8); Hüttenwerker *m* (6), Hüttenarbeiter *m* (6); инженéр-~ Hütteningenieur [-,nɪ̈øːr] *m* (1); ~**и́ческий** metallúrgisch, Hütten-; ~и́ческий завóд Hüttenwerk *n* (2), Hütte *f* (11); ~и́ческая промы́шленность Hüttenindustrie *f*; ~**и́я** *ж* Metallurgíe *f*; Hüttenkunde *f*; чёрная ~и́я Éisen- und Stáhlindustrie *f*; цветнáя ~и́я Búntmetallurgie *f*, Nichteisenmetallurgie *f*; порошкóвая ~и́я Púlvermetallurgie *f*, Síntermetallurgie *f*

метаморфи́зм *м геол.* Metamorphísmus *m* =

метаморфóза *ж* Metamorphóse *f* (11), Verwándlung *f* (10); *биол.* Úmbildung *f* (10); с ним произошла́ ~ er ist wie úmgewandelt

мета́н *м хим.* Methán *n* -s, Methýlwasserstoff *m* -(e)s, Súmpfgas *n* -es, Grúbengas *n*

мета́ние *с* **1.** *спорт.* Wérfen *n* -s; ~ копья́ Spéerwerfen *n*; ~ ди́ска Dískuswerfen *n*; ~ мо́лота Hámmerwerfen *n*; **2.:** ~ икры́ Láichen *n* -s

метаста́з *м мед.* Metastáse *f* (11)

метате́за *ж лингв.* Metathése *f* 11), Metathésis *f*, *pl* -sen

мета́тель *м спорт.* Wérfer *m* (6); ~ копья́ Spéerwerfer *m*; ~ ди́ска Dískuswerfer *m*; ~ мо́лота Hámmerwerfer *m*; **~ный** Schléuder-; Wurf-; **~ное** ору́жие Wúrfwaffe *f* (11)

мета́ть I **1.** wérfen* *vt*, schléudern *vt*; ~ копьё *спорт.* den Speer wérfen*; ~ диск *спорт.* den Dískus wérfen*; ~ мо́лот *спорт.* den Hámmer wérfen*; ~ грана́ту *воен.* éine Granáte wérfen* [schléudern]; **2.:** ~ икру́ láichen *vi*; ~ детёнышей (*о животных*) Júnge wérfen*; ◇ ~ стог schóbern *vt*; ~ банк *карт.* die Kárten gében* (*vom Bankhalter*); ~ взо́ры Blícke schíeßen* [schléudern, zúwerfen*]; ~ **жре́бий** lósen *vi*, das Los wérfen*; ~ гро́мы и мо́лнии Blitz und Dónner schléudern; рвать и ~ Gift und Gálle spéien*, vor Wut kóchen; ~ би́сер пе́ред сви́ньями (séine) Pérlen vor die Säue wérfen*

мета́ть II (*прошивать стежками*) dúrchnähen *vt*, mit großen Stíchen nähen, héften *vt*; (áus)nähen *vt* (*обмётывать*); ~ пе́тли Knópflöcher (áus-) nähen

мета́ться umhér¦rennen* *vi* (*беспорядочно двигаться*); sich hin und her werfen*, sich wälzen (*о больном и т. п.*); *перен.* verwírrt [bestürzt] sein

метафи́з||ик *м* Metaphýsiker *m* (6); **~ика** *ж* Metaphysík *f*; **~и́ческий** metaphýsisch

мета́фор||а *ж лит.* Metápher *f* (11); **~и́ческий** *лит.* metaphórisch, bíldlich; ~и́ческий смысл überträgener Sinn

метаязы́к *м лингв.* Métasprache *f* (11)

мете́листый *разг.* reich an Schnéestürmen

мете́лица *ж см.* мете́ль

метёлк||а *ж* **1.** Bésen *m* (7) (*для подметания*); Wédel *m* (6) (*для смахивания пыли*); Féderwisch *m* (1) (*из перьев*); **2.** *бот.* Ríspe *f* (11); ◇ под ~у *разг.* álles, réstlos

мете́ль *ж* Schnéesturm *m* (1*), Schnéegestöber *n* (6); Schnéetreiben *n* (7)

мете́льн||ый I Bésen-; ~ая па́лка Bésenstiel *m* (1)

мете́льн||ый II Schnéesturm-; ~ая зима́ ein Wínter mit víelen Schnéestürmen

метемпсихо́з *м* Metempsychóse *f*, Séelenwanderung *f*

метео||бу́дка *ж* (метеорологи́ческая бу́дка) Wétterhäus¦chen *n* (7), Wétterhütte *f* (11); **~зо́нд** *м* (метеорологи́ческий зонд) Wéttersonde *f* (11); **~ка́рта** *ж* (метеорологи́ческая ка́рта) Wétterkarte *f* (11); **~наблюде́ние** *с* (метеорологи́ческое наблюде́ние) Wétterbeobachtung *f* (10); **~прогно́з** *м* (метеорологи́ческий прогно́з) Wéttervorhersage *f* (11)

метео́р *м* **1.** Meteór *n* (2), *m* (1), Stérnschnuppe *f* (11); мелькну́ть как ~ wie ein Meteór áufleuchten; **2.** (*судно*) Trágflächenschiff *n* (2) des Typs »Meteór«

метеори́т *м* Meteorít *m* (1)

метеори́тный, метеори́ческий, метео́рный meteórisch, Meteór-

метеоро́граф *м* Meteorográph *m* (8)

метеоро́лог *м* Wéttersachverständige *m* (14), Meteorológ *m* (8)

метеорологи́ческ||ий meteorológisch, Wítterungs-, Wétter-; ~ая слу́жба Wétterdienst *m* -es; ~ая ста́нция Wétterwarte *f* (11), meteorológische Statión; ~ая сво́дка Wétterbericht *m* (1); ~ие усло́вия Wítterungsverhältnisse *pl*; ~ая обстано́вка Wétterlage *f* (11)

метеороло́гия *ж* Meteorologíe *f*, Wétterkunde *f*

метео||сво́дка *ж* (метеорологи́ческая сво́дка) Wétterbericht *m* (1); **~слу́жба** *ж* (метеорологи́ческая слу́жба) Wétterdienst *m* -es; **~спу́тник** *м* (метеорологи́ческий спу́тник) Wéttersatellit *m* (8); **~ста́нция** *ж* (метеорологи́ческая ста́нция) Wétterwarte *f* (11), meteorológische Statión; **~усло́вия** *мн.* (метеорологи́ческие усло́вия) Wítterungsverhältnisse *pl*

метиза́ция *ж биол.* Kréuzung *f* (10)

мети́зный: ~ заво́д Metállwarenfabrik *f* (10)

мети́зы *мн. тех.* Éisenwaren *pl*, Metállwaren *pl*

мети́л *м хим.* Methýl *n* -s

метилами́н *м хим.* Methylamín *n* -s

метиле́н *м хим.* Methylén *n* -s; **~овый** *хим.* Methylén-; ~овая си́нька Methylénblau *n* -s

мети́ловый *хим.* Methýl-; ~ спирт Methýlalko¦hol *m* -s, Hólzgeist *m* -es, Hólzalko¦hol *m*

мети́с *м* **1.** *биол.* Míschling *m* (1); **2.** *антр.* Mestíze *m* (9)

ме́тить I (*помечать*) markíeren *vt*; bezéichnen *vt*, zéichnen *vt*; ~ бельё Wäsche zéichnen

ме́ти||ть II **1.** (*целить*) zíelen *vi* (в кого́-л., во что-л. auf *A*); охо́тник ~л в за́йца der Jäger zíelte auf den Hásen; **2.** *разг.* (*намекать*) ánspielen *vi* (на кого́-л., на что-л., в кого́-л. auf *A*); **3.** *разг.* (*стремиться к чему-л.*) erzíelen *vt*, erstrében *vt*; ~ть высоко́ hoch hináus wóllen*; куда́ он ~т? wo will er hináus?

ме́титься *разг. см.* ме́тить II 1

ме́тка *ж* **1.** (*действие*) Zéichnen *n* -s; **2.** (*знак*) Zéichen *n* (7), Markíerung *f* (10); Mérkzeichen *n*, Kénnzeichen *n*; ~ на бельё Wäschezeichen *n*

ме́тк||ий **1.** tréffsicher; sícher, scharf, tréffend; wóhlgezielt; ~ая пу́ля, ~ий вы́стрел wóhlgezielter Schuß; ~ий стрело́к sícherer Schütze, Schárfschütze *m* (9); ~ий глаз ein schárfes Áuge; **2.** *перен.* tréffend, schlágend; ~ое сравне́ние tréffender [schlágender] Vergléich

ме́ткость *ж* **1.** Sícherheit *f*, Tréffsicherheit *f*; ~ ору́жия Tréffsicherheit der Wáffen; **2.** *перен.* Schlágfertigkeit *f*, Schlágkraft *f*

метла́ *ж* Bésen *m* (7); ◇ но́вая ~ чи́сто метёт *посл.* néue Bésen kéhren gut

метну́ть *см.* мета́ть I 1

метну́ться: ~ к две́ри zur Tür stürzen; ~ вверх die Trépe ráufrennen*

ме́тод *м* Methóde *f* (11); Verfáhren *n* (7); диалекти́ческий ~ dialéktische Methóde; ~ рабо́ты Árbeitsweise *f*; ~ испыта́ния Prüfverfahren *n*; ~ измере́ния Méßverfahren *n*; ~ нова́торов Néuerermethode *f*; ~ подстано́вки *мат.* Éinsetzungsverfahren *n*; пото́чный ~ Fließfertigung *f*, Fließverfahren *n*, Táktverfahren *n*; (индустриа́льный) ~ строи́тельства (industriélle) Báuweise *f*; ~ контро́ля Kontróllverfahren *n*, Prüfverfahren *n*; скоростны́м ~ом im Schnéllverfahren

мето́дика *ж* Methódik *f* (10)

методи́ст *м* Methódiker *m* (6); ~ по лече́бной гимна́стике Héilgymnast *m* (8), Kránkengymnast *m*

методи́ч||еский **1.** (*последовательный*) methódisch, plánmäßig; systemátisch; **2.** (*относящийся к методике*) methódisch; ~еские указа́ния methódische Ánleitungen; **~ность** *ж* Plánmäßigkeit *f*; **~ный** methódisch

методкабине́т *м* (методи́ческий кабине́т) methódisches Kabinétt

методо||логи́ческий methodológisch; **~ло́гия** *ж* Methodologíe *f* (11)

метоними́ческий *лит.* metonýmisch

метони́мия *ж лит.* Metonymíe *f* (11)

метр I *м* **1.** (*единица длины*) Méter *n* (*разг.* *m*) (6); куби́ческий ~ Kubíkmeter *n*; квадра́тный ~ Quadrátmeter *n*; пого́нный ~ láufendes Méter; этало́нный ~ Úrmeter *n*; **2.** (*линейка, лента*) Métermaß *n* (2); складно́й ~ Zóllstock *m* (1*), Schmíege *f* (11)

метр II *м* **1.** *лит.* Vérsmaß *n* (2), ямби́ческий ~ Jámbus *m* =, *pl* -ben, jámbisches Vérsmaß; **2.** *муз.* Táktmaß *n* (2)

метра́ж *м* **1.** (*длина*) Méterzahl *f*, Länge *f* in Métern; **2.** (*площадь*) Größe *f* (11) in Quadrátmetern; ~ ко́мнаты Größe [Fläche] des Zímmers in Quadrátmetern

метранпа́ж *м полигр.* Metteur [-'tø:r] *m* (1)

метрдоте́ль *м* **1.** (*в ресторане*) Óberkellner *m* (6); **2.** (*слуга*) Háushofmeister *m* (6)

ме́трика I *ж лит.* Métrik *f* (10)

ме́трика II *ж* (*документ*) Gebúrtsschein *m* (1), Gebúrtsurkunde *f* (11)

метри́ческ||ий I (*о мерах*) métrisch; ~ая систе́ма мер métrisches Máßsystem

метри́ческий II *лит.* métrisch

метри́ческ||ий III: ~ое свиде́тельство Gebúrtsschein *m* (1), Gebúrtsurkunde *f* (11); ~ая кни́га Gebúrtsregister *n* (6)

метро́ *с* Ú-Bahn *f*; Métro *f*, *pl* -s (*в СССР*); *см. тж.* метрополите́н

метро||логи́ческий metrológisch; **~ло́гия** *ж* Metrologíe *f*

метромо́ст *м* Ú-Bahn-Brücke *f* (11)

метроно́м *м муз.* Metronóm *n* (2), Táktmesser *m* (6)

метрополите́н *м* Úntergrundbahn *f* (10), Ú-Bahn *f*

метропо́лия *ж* Metropólland *n* (5)

метростро́евец *м* Báuarbeiter *m* (6) der Ú-Bahn, Ú-Bahn-Bauer *m* (6)

метротра́сса *ж* Ú-Bahn-Lini¦e *f* (11)

ме́тчик *м* **1.** Markíerer *m* (6), Stémpler *m* (6), Wárenstempler *m*, Zéichner *m* (6), Áuszeichner *m*; **2.** (*инструмент*) Gewíndebohrer *m* (6), Schnéidbohrer *m*

мефисто́фельский mephistophélisch

мех I *м* (*животного*) Fell *n* (2), Pelz *m* (1); ~а́ *собир.* Pélzwerk *n* -(e)s; Ráuchwaren *pl*, Pélzwaren *pl* (*пушной товар*); иску́сственный ~ Wébpelz *m*; пальто́ на ~у́ mit Pelz gefütterter [pélzgefütterter] Mántel; ◇ пальто́ на ры́бьем ~у́ *шутл.* ein sehr léichter [leicht gefütterter] Mántel

мех II *м* **1.** *спец.* (*приспособление для нагнетания воздуха*) Blásebalg *m* (1*); кузне́чный ~ Blásebalg *m*; **2.** (*для вина*) Schlauch *m* (1*)

механиз||а́тор *м* Mechanisátor *m* -s, -tóren; **~а́ция** *ж* Mecha¦nisíerung *f*; по́лная ~а́ция Dúrchmechanisierung *f*; ко́мплексная ~а́ция Kompléxmechanisierung *f*; ма́лая ~а́ция Kléinmechanisierung *f*; части́чная ~а́ция Téilmechanisierung *f*; сре́дства ~а́ции Mechanisíerungsmittel *pl*; у́ровень ~а́ции Mechanisíerungsgrad *m* -(e)s; **~и́рованный** mechanisíert; ~и́рованная убо́рка урожа́я maschinélle Érnte|einbringung; ~и́рованные войска́ motorisíerte Trúppen; **~и́ровать** mechanisíeren *vt*; **~и́роваться** mechanisíert wérden

механи́зм *м* **1.** Mechanísmus *m* =, *pl* -men; Tríebwerk *n* (2), Vórrichtung *f* (10); ~ часо́в Úhrwerk *n*; передáточный ~ Getríebe *n* (6), Kráftübertragung *f*; подаю́щий ~ Vórschubwerk *n*; подъёмный ~ Hébezeug *n* (2), Húbwerk *n*; измери́тельный ~ Méßwerk *n*; зажимно́й ~ Spánnvorrichtung *f*; кривоши́пный ~ Kúrbeltrieb *m* (1); рулево́й ~ Lénkung *f* (10); ходово́й ~ Láufwerk *n*; *авто* Fáhrwerk *n*; пусково́й ~ (*раке́ты*) Stárteinrichtung *f* (10); **2.** *перен.* Mechanísmus *m* =, -men; ~ цен Préismechanismus *m*; госуда́рственный ~ Stáatsapparat *m* (1)

меха́ник *м* Mechániker *m* (6); *театр.* Maschínenmeister *m* (6); *мор.* Ingenieur [-'nĭø:r] *m* (1); инжене́р-~ Maschíneningenieur *m*

меха́ника *ж* **1.** Mechánik *f*; теорети́ческая ~ theorétische Mechánik; прикладна́я ~ práktische [ángewandte] Mechánik; то́чная ~ Féinmechanik *f*; **2.** *перен.* Zusámmenhang *m* (1*) (*взаимосвя́зь*); Sinn *m* (1) (*смысл*); *разг.* Máchwerk *n* (2) (*махина́ция*); хи́трая ~ schláues Máchwerk

механи́ст *м* *филос.* Mechaníst (8); **~и́ческий** *филос.* mechanístisch, mechánisch; ~и́ческий материали́зм mechánischer Materialísmus

механи́ческ||ий **1.** *физ., тех.* mechánisch, sélbsttätig, Maschínen-, maschínenmäßig, maschinéll; ~ий приво́д mechánischer Ántrieb, Maschínenantrieb *m* (1); **2.** (*машина́льный*) mechánisch, gewóhnheitsmäßig; gedánkenlos; únwillkürlich (*непроизво́льный*); ~ие движе́ния mechánische [gewóhnheitsmäßige, únwillkürliche] Bewégungen

механосбо́рочный Montáge- [-ʒə-], Montíerungs-; ~ цех Montágeabteilung *f* (10)

мехи́ *мн. см.* мех II 1

мехов||о́й Pelz-, Fell-; ~а́я шу́ба, ~о́е пальто́ Pélzmantel *m* (6*); ~о́й воротни́к Pélzkragen *m* (7); ~ы́е сапо́жки pélzgefütterte Stíefel; ~о́е произво́дство Ráuchwarenzurichterei *f* (10); ~о́й това́р Ráuchwaren *pl*, Pélzwaren *pl*, Pélzwerk *n* -(e)s; ~а́я торго́вля Ráuchwarenhandel *m* -s

мехови́к *м* **1.** (*торго́вец*) Ráuchwarenhändler *m* (6), Pélzhändler *m*; **2.** (*скорня́к*) Kürschner *m* (6)

мецена́т *м* Mäzén *m* (1); **~ка** *ж* Mäzenátin *f* (12); **~ство** *с* Mäzenátentum *n* -s

ме́ццо-сопра́но **1.** *с* (*го́лос*) Mézzosopran *m* (1); **2.** *ж* (*певи́ца*) Mézzosopranistin *f* (12)

меч *м* Schwert *n* (5); обнажи́ть ~ das Schwert zíehen* [zücken]; обнажённый ~ blóßes [blánkes] Schwert; вложи́ть ~ в но́жны das Schwert in die Schéide stécken; ◇ дамо́клов ~ Dámoklesschwert *n*; точи́ть ~ zum Kríeg(e) rüsten; преда́ть огню́ и ~у́ mit Féuer und Schwert áusrotten

мечено́сец *м ист.* **1.** (*ры́царь о́рдена мечено́сцев*) Schwértbruder *m* (6*), Rítter *m* (6) des Schwértordens; **2.** (*оруженосец*) Knáppe *m* (9), Schíldträger *m* (6)

ме́чен||ый gezéichnet; markíert; ~ое бельё gezéichnete Wäsche; ◇ ~ые а́томы markíerte Atóme

мече́ть *ж* Moschée *f* (11)

меч-ры́ба *ж зоол.* Schwértfisch *m* (1)

мечта́ *ж* Traum *m* (1*), Wúnschtraum *m*; Tráumbild *n* (5), Phantasíe *f* (11); Trúgbild *n* (*обма́нчивая*); Hírngespinst *n* (2) (*при́зрачная*); **~ние** *с* **1.** (*де́йствие*) Träumeréi *f*; Schwärmeréi *f*; Phantastéréi *f* (*беспло́дное*); **2.** (*мечта́*) Tráumbild *n* (5); Phantasíe *f* (11); страна́ ~ний Tráumland *n* -(e)s

мечта́тель *м* Träumer *m* (6), Schwärmer *m* (6); Phantást *m* (8) (*фантазёр*); **~ница** *ж* Träumerin *f* (12), Schwärmerin *f* (12); **~ность** *ж* (Veránlagung *f* zur) Schwärmeréi *f*; Verträumtheit *f*; **~ный** träumerisch, schwärmerisch; verträumt, tráumverloren (*погружённый в мечты́*)

мечта́ть träumen *vi* (о ком-л., о чём-л. von *D*), schwärmen *vi* (für *A*), sich séhnen (nach *D*)

мешáлка *ж* Rührer *m* (6), Rührstange *f* (11); Míscher *m* (6); Rührwerk *n* (2)

мешани́на *ж разг.* Míschmasch *m* -(e)s, Kraut und Rüben (*sg*)

меша́||ть I (*кому́-л.*) stören *vt*; j-m im Wége sein (*стоя́ть на пути́*); belästigen *vt* (*стесня́ть*); híndern *vt* (*препя́тствовать*); он мне (не) ~ет er stört mich (nicht); он мне ~ет рабо́тать [чита́ть] er stört mich bei der Árbeit [beim Lésen]; ◇ не ~ло бы..., не ~ет..., es wäre gut..., es wäre nötig...

меша́ть II **1.** (*разме́шивать*) (úm)rühren *vt*; míschen *vt*; **2.** (*сме́шивать*) (ver)míschen *vt*; **3.** *разг.* (*пу́тать*) verwéchseln *vt* (с кем-л., с чем-л. mit *D*)

меша́ться **1.** (*вме́шиваться*) sich éinmischen, sich éinmengen; ~ в чужи́е дела́ sich in frémde Ángelegenheiten míschen; **2.** *страд.* gemíscht wérden

ме́шкать *разг.* säumen *vi*, zögern *vi*, trödeln *vi*

мешкова́т||ость *ж разг.* **1.** (*об оде́жде*) Sáckartigkeit *f*; **2.** (*о челове́ке*) Plúmpheit *f*; **~ый** *разг.* **1.** (*об оде́жде*) sáckartig; zu weit, áusgebeutelt; **2.** (*о челове́ке*) plump, únbeholfen

мешкови́на *ж* Sáckleinen *n* -s, Sáckleinwand *f*

ме́шкотн||ость *ж разг.* (*медли́тельность*) Sáumseligkeit *f*, Trägheit *f*; **~ый** *разг.* **1.** (*медли́тельный*) sáumselig, träge; **2.** (*кропотли́вый — о рабо́те, де́ле*) mühselig; zéitraubend

мешо́к *м* **1.** Sack *m* (1*); Béutel *m* (6); похо́дный [вещево́й] ~ Rúcksack *m*; тури́стский [доро́жный] ~ Cámpingbeutel ['kεm-] *m*; (покупа́ть) мешка́ми sáckweise (káufen); **2.** *разг.* (*о челове́ке*) Tölpel *m* (6), Tólpatsch *m* (1); ◇ мешки́ под глаза́ми Ríngе únter den Áugen; золото́й [де́нежный] ~ Géldsack *m*

мешо́чек *м* kléiner Sack [Béutel]; ◇ яйцо́ (сва́ренное) в ~ fláumweiches Ei

мешо́чник *м уст.* Schíeber *m* (6)

мешо́чный Sack-, Sáckleinen-; Béutel-; ~ холст Sáckleinwand *f*

мещани́н *м* **1.** *ист.* Kléinbürger *m* (6); **2.** *перен.* Spíeßbürger *m* (6), Spíeßer *m* (6), Philíster *m* (6)

меща́н||ский **1.** *ист.* kléinbürgerlich; ~ское сосло́вие Kléinbürgerstand *m* -(e)s; **2.** *перен.* spíeßbürgerlich, spíeßerisch, philísterhaft, philiströs; **~ство** *с* **1.** *ист.* Kléinbürgertum *n* -s; **2.** *перен.* Spíeßbürgertum *n* -s, Spíeßertum *n* -s, Philístertum *n* -s

мзда *ж* **1.** *уст.* Lohn *m* (1*), Bezáhlung *f* (10), Belóhnung *f* (10); **2.** *шутл.* (*взя́тка*) Schmíergeld *n* (5), Bestéchung *f*

ми *с муз.* E *n* =, =; ми-дие́з Éis *n* =; ми-бемо́ль Es *n* =; ми мажо́р É-Dur *n* =; в ми мажо́ре in É-Dur; ми мино́р é-Moll *n* =; в ми мино́ре in é-Moll

миа́змы *мн.* Miásmen *pl*

миг *м* Áugenblick *m* (1); Momént *m* (1); на ~ für [auf] éinen Áugenblick; в оди́н ~ im Áugenblick, im Nu, im Hándumdrehen

мига́ние *с* **1.** Blínzeln *n* -s, Zwínkern *n* -s; **2.** (*мерца́ние*) Flímmern *n* -s (*звёзд*); Flackern *n* -s (*свечи́, ла́мпы*)

мига́тельн||ый: ~ая перепо́нка *анат.* Níckhaut *f* (3), Blínzelhaut *f*

мига́ть, мигну́ть **1.** blínzeln *vi*, zwínkern *vi*; blínken *vi*; áufblinken *vi*; **2.** (*дава́ть знак*) zúblinzeln *vi*; (mit den Áugen) wínken *vi*; **3.** (*мерца́ть*) flímmern *vi* (*о звёздах*); flackern *vi* (*о свече́, ла́мпе*); ◇ мигну́ть не успе́л, как... eh' ich mich versáh...; сто́ит то́лько мигну́ть... ein Wink genügt...

ми́гом *нареч. разг.* blítzschnell; in éinem Áugenblick, im Nu, im Hándumdrehen; mit Wíndeseile

миграцио́нн||ый Migratións-; **~ая** тео́рия *биол.* Migratiónstheorie *f*

мигра́ция *ж* Migratión *f* (10); Wánderung *f* (10)

мигре́нь *ж* Migräne *f*

мигри́ровать migríeren *vi*, wándern *vi*

мид||я́нец *м ист.* Méder *m* (6); **~и́йский** *ист.* médisch

ми́дия *ж зоол.* Míesmuschel *f* (10)

миели́т *м мед.* Myelítis *f*, Rückenmarkentzündung *f*

мизансце́на *ж театр.* Inszeníerung *f* (10); *кино* Áufnahmeposition *f* (10)

мизантро́п *м* Misanthróp *m* (8), Ménschenfeind *m* (1), Ménschenhasser *m* (6); **~и́ческий** misanthrópisch, ménschenscheu, ménschenfeindlich; **~ия** *ж* Misanthropíe *f*, Ménschenscheu *f*, Ménschenfeindlichkeit *f*, Ménschenhaß *m* -sses

мизе́рн||ость *ж* Misére *f*; Ärmseligkeit *f*, Erbärmlichkeit *f*; **~ый** miserábel, ármselig, erbärmlich; ~ый кусо́чек wínziges Stückchen

мизи́нец *м* kléiner Fínger (*на руке́*); kléine Zéhe (*на ноге́*); отста́вить ~ den kléinen Fínger ábspreizen; ◇ с ~ sehr wénig; sehr klein

миколо́гия *ж* Mykologíe *f*, Pílzkunde *f*

микроавто́бус *м* Kléinbus *m* -ses, -se

микроавтомоби́ль *м* Kléinstauto *n* -s, -s

микроампе́р *м эл.* Míkroampere [-am,pε:r] *n* -s *u* =, =

микроана́лиз *м* Mikroanalýse *f* (11)

микро́б *м* Mikróbe *f* (11)

микробио||логи́ческий mikrobiológisch; **~ло́гия** *ж* Míkrobiologie *f*

микро́бный Mikróben-

микровесы́ *мн.* Míkrowaage *f* (11), Präzisiónswaage *f*

микрово́льт *м эл.* Míkrovolt *n* (6) (*G тж.* =)

микрогэ́с *ж* Kléinwasserkraftwerk *n* (2)

микродви́гатель *м* Kléinstmotor *m* (13)

микрокалькуля́тор *м* Táschenrechner *m* (6)

микрокли́мат *м* Míkroklima *n* -s, Lokálklima *n*

микроко́кк *м бакт.* Mikrokókkus *m* =, -kken

микроко́см *м* Míkrokosmos *m* =

микролингви́стика *ж* Mikrolinguistik *f*

микролитра́жка *ж разг.* (*автомобиль*) Kléinstwagen *m* (7)

микроме́р *м* Féinmeßgerät *n* (2)

микро́метр *м тех.* Mikrométer *n* (6); **~и́ческий** Mikrométer-

микроми́р *м* Míkrowelt *f*

микромо́дуль *м* Míkromodul *m* (1)

микро́н *м* Mikrométer *n* (6), Míkron *n* (6)

микронези́йский mikronésisch

микрооргани́зм *м биол.* Míkro¦organismus *m* =, -men

микроплёнка *ж* Míkrofilm *m* (1)

микропо́рист||ый: ~ая рези́на Pórokrepp *m* -s; ~ая подо́шва Pórokreppsohle *f* (11)

микроприёмник *м*, **микрорадиоприёмник** *м* Kléinst¦super *m* (6)

микропроце́ссор *м* Míkroprozessor *m* (13)

микрорайо́н *м* Wóhnkomplex *m* (1); ~ шко́лы Schúlbezirk *m* (1)

микроско́п *м* Mikroskóp *n* (2); электро́нный ~ Elektrónenmikroskop *n*; **~и́ческий** mikroskópisch; **~и́ческие** по́рции *шутл.* mikroskópisch kléine Portiónen, wínzige Portiónen; **~и́чный** mikroskópisch [wínzig] klein; **~и́я** *ж* Mikroskopíe *f*

микроспо́ра *ж бот.* Míkrospore *f* (11)

микрострукту́ра *ж* Míkrostruktur *f* (10)

микросхе́ма *ж радио* Miniatúrschaltung *f* (10), Míkroschaltung *f*

микротелеви́зор *м* Kófferfernsehgerät *n* (2); Kófferfernseher *m* (6) (*разг.*)

микротелефо́н *м* Hándapparat *m* (1), Spréchhörer *m* (6)

микрото́м *м* Mikrotóm *n* (2)

микрофара́да *ж эл.* Míkrofarad *n* = *u* -s, =

микрофи́льм *м* Míkrofilm *m* (1)

микрофильми́ровать auf Míkrofilm áufnehmen* *vt*, míkroverfilmen *vt*

микрофо́н *м* Mikrofón *n* (2); подвесно́й ~ Schwébemikrofon *n*; нагру́дный ~ Brústmikrofon *n*; ~ со штати́вом Ständermikrofon *n*; ру́пор ~а Spréchtrichter *m* (6); за́пись с ~а Mikrofónaufnahme *f* (11); **~ный** Mikrofón-

микрофотоко́пия *ж* Míkrokopie *f* (11), Míkrofotokopie *f*

микро||хими́ческий míkrochemisch; **~хи́мия** *ж* Míkrochemie *f*

микроцефа́л *м антр.* Mikrozephále *m* (9); **~ия** *ж антр.* Mikrozephalíe *f*

микроэлектро́ника *ж* Míkroelektronik *f*

микроэлеме́нт *м* Míkroelement *n* (2), Spúrenelement *n*

ми́ксер *м* Míxer *m* (6)

микст *ж.-д.* gemíscht; по́езд-~ gemíschter Zug

миксту́ра *ж* Mixtúr *f* (10)

миле́ди *ж* Mylady [mi'le:di] *f*, *pl* -s

ми́леньк||ий *разг.* **1.** nett (*симпатичный*); níedlich (*хорошенький*); **2.** lieb, geliebt; (*в обращении*) mein Herz; Líebling *m* (1); ◇ ~ое де́ло *разг. ирон.* éine schöne Beschérung!; как ~ий *разг.* 1) (*беспрекословно*) óhne zu widerspréchen; 2) (*легко*) úngehindert, leicht

милитариз||а́ция *ж* Militarisíerung *f*; **~и́ровать** militarisíeren *vt*

милитар||и́зм *м* Militarísmus *m* =; **~и́ст** *м* Militaríst *m* (8); **~исти́ческий, ~и́стский** militarístisch

милице́йский Milíz-

милиционе́р *м* Milizionär *m* (1)

милицио́нный *воен.* Milíz-

мили́ция *ж* Milíz *f* (10)

миллиампе́р *м эл.* Mílliampere [-am,pɛ:r] *n* = *u* -s, =

миллиа́рд *м* Milliárde *f* (11) (*сокр.* Md.); **~е́р** *м* Milliardär *m* (1); **~ный** Milliárden-

милли||во́льт *м эл.* Míllivolt [-,vɔlt] *n* (6) (*G тж.* =); **~гра́мм** *м* Milligramm *n* (2) (*после числ. неизм.*); **~ме́тр** *м* Milliméter *n* (6); **~метро́вый**: ~метро́вая бума́га Milliméterpapier *n* -s; **~микро́н** *м* Nanométer *n* (6) (*сокр.* nm)

миллио́н *м* Millión *f* (10) (*сокр.* Mill., Mio.); **~е́р** *м* **1.** Millionär *m* (1); **2.**: лётчик-миллионе́р Flíeger, der über éine Millión Kilométer geflógen ist; колхо́з-миллионе́р Kolchós *m* mit über éiner Millión Rúbel Jáhreseinnahmen; **~е́рша** *ж* Millionärin *f* (12); **~ный 1.** Milliónen-; Milliónen zählend; **2.** *числ.* der millión(s)te; ~ная до́ля Millión(s)tel *n* (6)

ми́ловать *уст.* (*кого-л.*) begnádigen *vt*, j-m éine Stráfe erlássen*

милова́ть *фольк.* (*ласкать*) líebkosen *неотд. vt*; **~ся** *фольк.* sich [einánder] líebkosen *неотд.*

милови́дн||ость *ж* Líeblichkeit *f*, Ánmut *f*; **~ый** líeblich, nett, ánmutig

мило́к *м разг.* (*обращение*) (mein) Líeber

мило́рд *м* Mylórd [mi-] *m* -s, -s

милосе́рд||ие *с* Barmhérzigkeit *f*, Míldtätigkeit *f*; ◇ без ~ия unbarmhérzig, hart; сестра́ ~ия *уст.* Kránkenschwester *f* (11); barmhérzige Schwéster; **~ный** barmhérzig, míldtätig

ми́лостив||ый *уст.* gnädig; (wóhl-) genéigt, wóhlwollend (*благосклонный*); ◇ ~ый госуда́рь gnädiger Herr; (sehr) geéhrter Herr; ~ая госуда́рыня gnädige Frau

ми́лостын||я *ж* Álmosen *n* (7); проси́ть ~ю um Álmosen bítten*; bétteln *vi*

ми́лост||ь *ж* **1.** *разг.* (*доверие, расположение*) Gunst *f*, Gewógenheit *f*; Gnáde *f*; втере́ться в ~ь к кому́-л. sich in j-s Gunst éinschleichen*; sich (*D*) j-s Gunst erschléichen*; быть в ~и у кого́-л. bei j-m in Gnáde stéhen*, vor j-m Gnáde fínden*; **2.** (*доброе дело, благодеяние*) Gnáde *f* (11); Gnádenbezeigung *f* (10), Gnádenbezeugung *f* (10); **3.** (*великодушное отношение*) Gnáde *f*; из ~и aus Gnáde und Barmhérzigkeit; смени́ть гнев на ~ь Gnáde für Recht ergéhen lássen*; сда́ться на ~ь победи́теля sich dem Síeger auf Gnáde und Úngnade ergében*; ◇ ~и про́сим! *разг.* (séien Sie) willkómmen!; по ва́шей ~и 1) (*благодаря вам*) dank Íhnen; 2) (*по вашей вине*) durch Sie, durch Íhre Schuld; скажи́те на ~ь! da sieh mal éiner an!; nein, so was!; häste Wórte!; сде́лайте ~ь! 1) (*просьба*) séien Sie so gut; háben Sie die Güte; 2) (*согласие*) áber bítte sehr!, mit dem größten Vergnügen!; Ва́ша ~ь! *уст.* (*обращение*) Éuer Gnáden!

ми́лочка *ж* (*обращение*) Líebchen *n* (7), Kíndchen *n* (7)

ми́л||ый *прил.* **1.** lieb; ~ое дитя́ líebes Kind; **2.** (*хорошенький*) líeblich, nett; **3.** (*в обращении*) lieb, téuer, wert; ~ый друг líeber [téurer] Freund; **4.** *в знач. сущ. м* Gelíebte *m* (14); ◇ ~ое де́ло! *разг.* 1) (*о чём-л. удачном, подходящем*) das béste, das günstigste; 2) (*при выражении удивления, возмущения*) éine schöne Beschérung!; вот э́то ми́ло! nein, so was!; наси́льно мил не бу́дешь *погов.* Líebe läßt sich nicht erzwíngen; Líebe dúldet kéinen Zwang

ми́ля *ж* Méile *f* (11); морска́я ~ Séemeile *f*

мим *м* (*актёр*) Míme *m* (9)

ми́мика *ж* Mímik *f*, Gebärdenspiel *n* -(e)s

мимикри́я *ж биол.* Mímikry [-kri] *f*

мими́ст *м* (*актёр*) Pantomíme *m* (9)

мими́ческий mímisch

ми́мо *нареч. и предлог* vorbéi, vorüber; прое́хать ~ vorbéifahren* *vi* (s), vorüberfahren* *vi* (s); пройти́ ~ vorbéigehen* *vi* (s); vorübergehen* *vi* (s); *перен.* vorübergehen* *vi* (s); nicht erwähnen *vt*, nicht éingehen* *vi* (s) (auf *A*); бить ~ danébenschlagen* *vi*; ~! geféhlt!, verféhlt!; féhlgeschossen! (*при выстреле*); danébengeschlagen! (*при ударе*); попада́ть ~ це́ли danébenschießen* *vi*, das Ziel verféhlen, éinen Féhlwurf máchen; féhlschießen* *отд. vi* (*при стрельбе*); ◇ пропусти́ть что-л. ~ уше́й auf etw. (*A*) nicht áchten; etw. überhören

мимое́здом *нареч. разг.* im Vorbéifahren, im Vorüberfahren

мимо́з||а *ж бот.* Mimóse *f* (11); **~овые** *сущ. мн. бот.* Mimosoidé¦en *pl*, Mimosazé¦en *pl*

мимолётн||ость *ж* Flüchtigkeit *f*, Vergänglichkeit *f*; **~ый** flüchtig; vergänglich, vorübergehend (*преходящий*); ~ый взгляд flüchtiger Blick

мимолётом 1. (*пролетая мимо*) vorbéifliegend; **2.** (*бегло*) flüchtig

мимохо́дом *нареч.* **1.** (*по пути*) im Vorübergehen; **2.** (*между прочим*) nebenbéi, béiläufig; отме́тить что-л. ~ etw. am Ránde bemérken

ми́н||а I *ж воен. мор.* Míne *f* (11); миномётная ~а Wúrfgranate *f* (11); плаву́чая ~а Tréibmine *f*; дрейфу́ющая ~а Tréibmine *f*; ~а заме́дленного де́йствия Verzögerungsmine *f*; закла́дывать ~у éine Míne légen; взрыва́ть ~у éine Míne spréngen [spíelen lássen *]; ста́вить ~ы *мор.* Mínen légen

ми́н||а II *ж* (*выражение лица*) Míene *f* (11); сде́лать ки́слую ~у *разг.* éine sáure Míene [ein Gesícht] zíehen*; ◇ де́лать хоро́шую ~у при плохо́й игре́ gúte Míene zum bösen Spiel máchen

минаре́т *м* Minarétt *n* (2)

миндалеви́дн||ый mándelförmig; ~ая железа́ *анат.* Mándel *f* (11)

минда́лин||а *ж* **1.** Mándelkern *m* (1); **2.** *анат.* Mándel *f* (11); удали́ть ~ы die Mándeln heráusnehmen*

минда́ль *м* **1.** *собир.* (*плоды*) Mándeln *pl*; сла́дкий [го́рький] ~ süße [bíttere] Mándeln; **2.** (*дерево*) Mándelbaum *m* (1*)

минда́льнич||анье *с разг.* **1.** (*сентиментальность*) Gefühlsduselei *f*; **2.** (*снисходительность*) úngebrachte Nachsicht (*с кем-л.* mit *D*); **~ать** *разг.* **1.** (*быть приторно ласковым*) den Gefühlvollen spíelen; Süßholz ráspeln; **2.** (*проявлять снисходительность*) úngebrachte Nachsicht üben (*с кем-л.* mit *D*)

минда́льн||ый Mándel-; ~ое молоко́ Mándelmilch *f*; ~ое ма́сло Mándelöl *n* -(e)s; ~ое пече́нье Mándelgebäck *n* -(e)s; Makróne *f* (11)

минёр *м воен.* Spréngmeister *m* (6) (*подрывник*); *воен. мор.* Spérroffizier *m* (1)

минера́л *м* Minerál *n* (2) (*pl тж.* -i¦en); колле́кция ~ов Minerálі¦ensammlung *f* (10)

минерализа́ция *ж* Mineralisatión *f*, Mineralisíerung *f*

минерало́г *м* Mineralóg *m* (8); **~и́ческий** mineralógisch; **~ия** *ж* Mineralogíe *f*, Gestéinskunde *f*

минера́льн‖ый Minerál-, minerálisch; ~ое ма́сло Minerálöl *n* (2); ~ые удобре́ния *с.-х.* Minerálldünger *pl*, minerálische Düngemittel; ~ые во́ды Minerálwässer *pl*; ~ые исто́чники Minerálquellen *pl*; ~ая соль Minerálsalz *n* (2); разрабо́тка ~ых бога́тств Minerá-lienge winnung *f*

минёрный *воен.* Mineur- [-'nø:r]

ми́ни *разг. см.* ми́ни-ю́бка

миниатю́р‖а *ж иск.* Miniatúr *f* (10); ◇ в ~е in Miniatúr; im Kléinen

миниатюриза́ция *ж тех.* Miniaturisíerung *f*

миниатюри́ст *м* (*художник*) Miniatúrmaler *m* (6); **~ка** *ж* (*художница*) Miniatúrmalerin *f* (12)

миниатю́рн‖ость *ж* Zíerlichkeit *f*, Wínzigkeit *f*; **~ый** **1.** zíerlich, wínzig; Klein-, Kleinst-; Zwerg-; **2.** *иск.* Miniatúr-; ~ая жи́вопись Miniatúrmalerei *f*

ми́ни-компью́тер *м* Mínicomputer [-pju:-] *m* (6)

минима́льн‖о *нареч.* minimál; zum wénigsten, wénigstens (*по меньшей мере*); **~ый** minimál, Minimál-, Míndest-; Kleinst-; ~ый разме́р Míndestmaß *n*; в ~ый срок in der állerkürzesten Zeit; ~ый дохо́д Míndesteinkommen *n*; Míndestertrag *m* (1*) (*прибыль*); ~ое тре́бование Míndestforderung *f* (10), Minimálforderung *f*; ~ая нагру́зка *тех.* Míndestbelastung *f* (10), Míndestlast *f* (10), Níedrigstbelastung *f*; ~ый термо́метр Mínimumthermometer *n* (6)

миниме́тр *м* Miniméter *n* (6), Fühlhebel *m* (6)

минимиза́ция *ж мат.* Minimíerung *f*

ми́ни-мо́да *ж* Mínimode *f*

ми́нимум **1.** *м* Mínimum *n* -s; -ma; Tíefstwert *m* - (e)s; ~ зна́ний Míndestwissen *n* -s; ~ за́работной пла́ты Míndestlohn *m* (1*); слова́рный ~ Wórtminimum *n*, Míndestwortschatz *m* (1*); прожи́точный ~ Existénzminimum *n*; свести́ до ~а [к ~у] auf ein Míndestmaß herábdrücken [herábsetzen, reduzíeren, beschränken]; **2.** *в знач. нареч.* míndestens

мини́ров‖ание *с воен.* Miníeren *n* -s, Vermínen *n* -s; **~анный** Mínen-, vermínt; ~анный уча́сток Mínenfeld *n* (5); **~ать** miníeren *vt*, vermínen *vt*

министе́рский ministeriéll, Miníster-, Ministeriál-

министе́рств‖о *с* Ministérium *n* -s, -rien; Министе́рство иностра́нных дел Ministérium für Áuswärtige Ángelegenheiten, Áußenministerium *n*; Министе́рство вну́тренних дел Ministérium des Ínnern, Ministérium für Ínneres, Ínnenministerium *n*; Министе́рство оборо́ны Ministérium für Vertéidigung, Vertéidigungsministerium *n*; Министе́рство фина́нсов Ministérium der Finánzen, Finánzministerium *n*; Министе́рство тра́нспорта Ministérium für Verkéhrswesen; Министе́рство торго́вли Ministérium für Hándel, Hándelsministerium *n*; Министе́рство вне́шней торго́вли Ministérium für Áußenhandel; Министе́рство юсти́ции Ministérium der Justíz, Justízministerium *n*; Министе́рство просвеще́ния Ministérium für Vólksbildung; Министе́рство культу́ры Ministérium für Kultúr, Kultúrministerium *n*; Министе́рство здравоохране́ния Ministérium für Gesúndheitswesen; Министе́рство социа́льного обеспе́чения Ministérium für soziále Fürsorge; Министе́рство свя́зи Ministérium für Póst- und Férnmeldewesen; Министе́рство се́льского хозя́йства Ministérium für Lándwirtschaft; зда́ние ~а Gebäude *n* (6) des [éines] Ministériums

мини́стр *м* Minister *m* (6); Сове́т ~ов Minísterrat *m* (1*); ~ иностра́нных дел Áußenminister *m*, Miníster für Áuswärtige Ángelegenheiten, Miníster des Äußern; ~ вну́тренних дел Ínnenminister *m*, Miníster des Ínnern; ~ оборо́ны Vertéidigungsminister *m*; ~ фина́нсов Finánzminister *m*, Miníster der Finánzen; ~ торго́вли Hándelsminister *m*; ~ юсти́ции Justízminister *m*; ~ просвеще́ния Vólksbildungsminister *m*; ~ культу́ры Kultúrminister *m*; замести́тель ~а stéllvertretender Miníster

ми́ни-ю́бка *ж* Mínirock *m* (1*)

миннеза́йнгер *м ист. лит.* Mínnesänger *m* (6), Mínnesinger *m* (6)

ми́нн‖ый *воен. мор.* Mínen-; ~ое загражде́ние Mínensperre *f* (10); ~ый загради́тель Mínenlegeboot *n* (2), Mínenleger *m* (6); ~ая лову́шка Mínenfalle *f* (11); ~ое по́ле Mínenfeld *n* (5); ~ая галере́я miníerter Stóllen, Mínengang *m* (1*)

минова́ть **1.** (*проехать, пройти*) vorübergehen* *vi* (s), vorüberfahren* *vi* (s) (что-л., кого́-л. an *D*); **2.** (*избежать*) verméiden* *vt*; áusweichen* *vi* (s), entgéhen* *vi* (s), entrínnen* *vi* (s) (чего́-л. *D*); **3.** (*окончиться*) vergéhen* *vi* (s), verstréichen* *vi* (s), verflíeßen* *vi* (s), vorbéi sein, vorüber sein

мино́га *ж зоол.* Néunauge *n* (13), Lampréte *f* (11)

миноиска́тель *м воен.* Mínensucher *m* (6), Mínensuchgerät *n* (2)

миномёт *м воен.* Granátwerfer *m* (6); реакти́вный ~ Rakétenwerfer *m*; **~ный** Granátwerfer-; Wérfer-; **~чик** *м* Granátwerferschütze *m* (9)

миноно́сец *м*: эска́дренный ~ Zerstörer *m*

мино́р *м* **1.** *муз.* Moll *n* =; в ~е in Moll; **2.** *разг.* (*печальное настроение*) tráurige [melancholische (-laŋ'ko:-)] Stímmung; в ~е tráurig, bedrückt; **~ный** **1.** *муз.* Moll-; ~ная га́мма Mólltonleiter *f* (11); ~ный тон Mólltton *m* -(e)s; **2.** *разг.* (*печальный*) tráurig, melancholisch [-laŋ'ko:-], bedrückt

минре́п *м мор.* Ánkertau *n* (2)

мину́вш‖ее *сущ. с* Vergángenheit *f*, das Vergángene (*sub*), das Verflóssene (*sub*); **~ий** vórig, vergángen, verflóssen; ábgelaufen; ~ей зимо́й im vórigen [verflóssenen] Winter

ми́нус *м* **1.** *мат.* Mínus *n* =, =; Mínuszeichen *n* (7) (*знак*); ~ на ~ даёт плюс Mínus mal Mínus ergíbt Plus; **2.** (*вычтя*) mínus, wéniger; пять ~ три fünf mínus drei, fünf wéniger drei; **3.** *перен. разг.* (*недостаток*) Mángel *m* (6*); Schåttenseite *f* (11); име́ть ~ы négative [-və] Séiten háben; поста́вить что́-л. кому́-л. в ~ j-m etw. (auf der Féhlseite) ánkreiden; **~овый** Mínus-; ~овое число́ négative [-və] Zahl

мину́т‖а *ж* **1.** Minúte *f* (11); без пяти́ мину́т во́семь fünf Minúten vor acht; пять мину́т восьмо́го fünf Minúten nach síeben; **2.** (*мгновение*) Áugenblick *m* (1); сию́ ~у! sofórt!, sogléich!; в да́нную ~у áugenblicklich, jetzt; ◇ ~а молча́ния Gedénkminute *f*; с ~ы на ~у jéden Áugenblick; ~а в ~у pünktlich, auf die Minúte (genáu), mit dem Glókkenschlag; (одну́) ~у! (bítte) éinen Áugenblick!; Momént mal!; в одну́ ~у in éinem Áugenblick, im Nu, im Hándumdrehen; в са́мую после́днюю ~у im létzten Áugenblick, in élfter [létzter] Stúnde; не спать ни ~ы kein Áuge zúmachen [zútun*]; **~ный** **1.** Minúten-; ~ная стре́лка Minútenzeiger *m* (6); **2.** (*кратковременный*) flüchtig, kurz; ~ная встре́ча flüchtiges Zusámmentreffen; ~ный успе́х Áugenblickserfolg *m* (1); **3.** (*в продолжение минуты*) minútenlang; ~ное молча́ние minútenlanges Schwéigen; ◇ э́то ~ное де́ло das ist gleich getán; das geht schnell

мину́ть **1.** *см.* минова́ть 1, 3; **2.** (*исполниться*): ей ми́нуло три́дцать лет sie ist dréißig Jáhre alt gewórden

миокарди́т *м мед.* Myokardítis *f*, Myokárdleiden *n* -s, Hérzmuskelentzündung *f*

мио́ма *ж мед.* Myóm *n* (2), Fibroíd *m* (1), Múskelfaserschwulst *f* (3), Múskelgeschwulst *f* (3)

миоце́н *м геол.* Miozän *n* -s

мир I *м* **1.** Fríeden *m* -s; Éintracht *f* (*согласие*); жить в ~е с кем-л. mit j-m in Fríeden [in Éintracht] lében; ~ во всём ~е Wéltfrieden *m*; борьба́ за ~ Fríedenskampf *m* -(e)s, der Kampf für den Fríeden; движе́ние сторо́нников ~а, движе́ние за ~ Fríedensbewegung *f*; марш в защи́ту ~а Fríedensmarsch *m* (1*); вклад в де́ло ~а Béitrag *m* zur Sáche des Fríedens; опло́т ~а das Bóllwerk des Fríedens; служа́щий де́лу ~а fríedensdienlich; друзья́ ~а Fríedensfreunde *pl*; враги́ ~а Fríedensbrecher *pl*, Fríedensfeinde *pl*; вражде́бный де́лу ~а fríedensfeindlich; Всеми́рный конгре́сс сторо́нников ~а Wéltfriedenskongreß *m* -sses, -sse, Wéltkongreß der Fríedensanhänger; Всеми́рный Сове́т Ми́ра Wéltfriedensrat *m* -(e)s; заключи́ть ~ Fríeden schlíeßen*; установи́ть ~ den Fríeden hérstellen; сохрани́ть ~ den Fríeden erhálten*; нару́шить ~ den Fríeden stören [verlétzen]; укрепле́ние [упро́чение] ~а Féstigung *f* des Fríedens; стоя́ть за ~ für den Fríeden éinstehen*; стремле́ние к ~у Fríedensstreben *n* -s; сохране́ние ~а Erháltung *f* des Fríedens; **2.** (*тишина, спокойствие*) Fríede *m* -ns

мир II *м* **1.** Welt *f* (10); All *n* -s, Wéltall *n*, Univérsum [-'vɛr] *n* -s (*вселенная*); Érde *f* (*земля*); объе́здить весь ~ die gánze Welt beréisen; во всём ~е in der gánzen Welt; пе́рвый в ~е der érste in der (gánzen) Welt; пе́рвый в ~е о́пыт der érste Versúch [in der (gánzen) Welt]; дре́вний [анти́чный] ~ Áltertum *n* -(e)s, Antíke *f*; **2.** (*сфера, область, группа*) Welt *f* (10), Reich *n* (2); ~ расте́ний, расти́тельный ~ Pflánzenwelt *f*, Flóra *f*, *pl* -ren; ~ живо́тных, живо́тный ~ Tíerwelt *f*, Tíerreich *n*, Fáuna *f*, *pl* -nen; ~ зву́ков Welt der Töne, Reich der Töne; ~ учёных, ~ нау́ки Wélt [Reich] der Wíssenschaft; артисти́ческий ~ Künstlerkreise *pl*; торго́вый ~ Hándelskreise *pl*, Geschäftswelt *f*; окружа́ющий ~ Úmwelt *f*; ◇ пойти́ по́ ~у *разг.* an den Béttelstab kómmen*, zum Béttler wérden, bétteln géhen*; пусти́ть по́ ~у *разг.* an den Béttelstab bríngen*; ins Élend stürzen; не от ~а сего́ nicht von díeser Welt; lébensfremd, wéltentrückt; переверну́ть весь ~ die Welt aus den Ángeln hében*

мир III *м ист.* **1.** (*сельская община*) Mir *m* -s, Dórfgemeinde *f* (11) **2.** (*сельская сходка*) Báuernversammlung *f* (10);

◇ (всем) ~ом geméinschaftlich, mit veréinten Kräften, zusámmen

мирабе́ль *ж* **1.** (*плод*) Mirabélle *f* (11); **2.** (*дерево*) Mirabéllenbaum *m* (1*)

мира́ж *м* Lúftspiegelung *f* (10); Trúgbild *n* (5), Fáta Morgána *f*, *pl* Fáta Morgánen *u* Fáta Morgánas; *перен.* Trúgbild *n* (5)

мириа́ды *мн.* Myriáde *f* (11), Myriáden *pl*; ~ звёзд Myriáden von Stérnen

мири́ть versöhnen *vt*, áussöhnen *vt*; Fríeden stíften (кого́-л. с кем-л. zwíschen *D*); **~ся 1.** (*с кем-л.*) sich versöhnen, sich áussöhnen, Fríeden schlíeßen*; **2.** (*с чем-л.*) sich zufríeden gében*, sich ábfinden* (mit *D*); sich fügen (in *A*)

ми́рн||ый 1. Fríedens-; ~ый догово́р Fríedensvertrag *m* (1*); ~ая конфере́нция Fríedenskonferenz *f* (10); ~ые перегово́ры Fríedensverhandlungen *pl*; ~ая поли́тика Fríedenspolitik *f*; ~ое урегули́рование fríedensvertragliche Régelung; ~ое вре́мя Fríedenszeiten *pl*; **2.** (*не военный*) fríedlich; ~ое строи́тельство fríedlicher Áufbau; ~ое разви́тие fríedliche Entwícklung; ~ый труд fríedliche Árbeit; ~ым путём auf fríedlichem Wége; ~ые жи́тели, ~ое населе́ние Zivílbevölkerung [-'vi:l-] *f*; **3.** (*спокойный*) fríedlich; fríedvoll; ~ый хара́ктер fríedlicher Charákter [ka-]; име́ть ~ый хара́ктер, облада́ть ~ым хара́ктером fríedfertiger Natúr sein

ми́ро *с церк.* Sálböl *n* -(e)s; ◇ они́ одни́м ~м ма́заны sie sind álle gleich, sie háben álle die gléichen Féhler

миров||а́я *сущ. ж* gütliche Éinigung, Vergléich *m* (1), Áusgleich *m* (1); пойти́ на ~у́ю auf éinen Vergléich éingehen*

мировоззре́н||ие *с* Wéltanschauung *f* (10); **~ческий** wéltanschaulich, Wéltanschauungs-

миров||о́й I **1.** (*всемирный*) Welt-, wéltumspannend, wéltumfassend; wéltweit, der gánzen Welt; ~а́я война́ Wéltkrieg *m* (1); ~о́е хозя́йство Wéltwirtschaft *f*; ~а́я обще́ственность Wéltöffentlichkeit *f*; ~о́й у́ровень Wéltniveau [-ni,vo:] *n* -s, Wéltstand *m* -(e)s; ~а́я пробле́ма wéltbewegendes Problém; ~о́е революцио́нное движе́ние revolutionäre [-vo-] Wéltbewegung; ~а́я социалисти́ческая систе́ма sozialístisches Wéltsystem; собы́тие ~о́го значе́ния Eréignis von Wéltbedeutung [Wéltgeltung]; с ~ым и́менем mit Wéltruf; von Wéltrang; **2.** *разг.* (*замечательный*) príma, fein; Klásse; он ~о́й па́рень er ist ein Mórdskerl; díeser Búrsche ist Klásse; ◇ ~а́я скорбь *ист. лит.* Wéltschmerz *m* -es

миров||о́й II (*примирительный*) Fríedens-; ~а́я сде́лка gütlicher Vergléich; ~о́й судья́ *ист.* Fríedensrichter *m* (6)

миро́ед *м разг. уст.* Áusbeuter *m* (6); Kulák *m* (8)

мироздáние *с* (*вселенная*) Wéltall *n* -s

миро́к *м* **1.** énger Kreis (Gléichgesinnter); **2.** *перен.* (*узкая сфера каких-л. интересов*) begrénzte Interéssensphäre

миролюби́в||ость *ж* Fríedfertigkeit *f*, Fríedlichkeit *f*; **~ый** fríedliebend, fríedfertig, fríedlich, Fríedens-

миролю́бие *с* Fríedfertigkeit *f*, Fríedlichkeit *f*; Fríedensliebe *f*

миропома́зание *с церк.* Ölung *f*, Sálbung *f*, Wéihe *f*

миропонима́ние, миросозерца́ние *с* Wéltanschauung *f* (10)

миротво́р||ец *м* Fríedensstifter *m* (6); **~ческий** *уст.* fríedensstiftend

ми́рра *ж* (*смола*) Mýrrhe *f* (11), Mýrrhenharz *n* (2)

мирско́й I (*связанный с обыденной, «земной» жизнью, в противоп. «духовной»*) wéltlich

мирск||о́й II *ист.* (*общинный*) Geméinde-; ~а́я схо́дка Geméindeversammlung *f* (10)

мирт *м бот.* Mýrte *f* (11)

ми́ртов||ые *сущ. мн. бот.* Myrtazé¦en *pl*; **~ый** Mýrten-

ми́ска *ж* Schüssel *f* (11); Súppenschüssel *f*, Terríne *f* (11) (*для супа*); гли́няная ~ írdene Schüssel

миссионе́р *м* Missionár *m* (1); Missionär *m* (1) (*австр., швейц.*); **~ский** Missións-; ~ская шко́ла Missiónsschule *f* (11)

ми́сси||я *ж* **1.** Missión *f* (10), Séndung *f* (10); Bestímmung *f* (10) (*предназначение*); вы́полнить свою́ ~ю séine Missión erfüllen; **2.** (*дипломатическая*) Missión *f* (10), Legatión *f* (10); Gesándtschaft *f* (10); торго́вая ~я Hándelsmission *f*

мисте́рия *ж* **1.** (*жанр религиозного театра*) Mystéri¦enspiel *n* (2); **2.** (*религиозный обряд*) Mystérium *n* -s, -ri¦en

ми́стик *м* Mýstiker *m* (6)

ми́стика *ж* Mýstik *f*

мистифи||ка́тор *м* Mystifizíerer *m* (6), Fópper *m* (6), Betrüger *m* (6); Áufzieher *m* (6) (*разыгрывающий кого-л.*); **~ка́ция** *ж* Mystifikatión *f* (10), Täuschung *f* (10); **~ци́ровать** mystifizíeren *vt*, täuschen *vt*; áufziehen* *vt* (*разыгрывать кого-л.*)

мистици́зм *м* Mystizísmus *m* =

мисти́ческий mýstisch

мистра́ль *м геогр.* Mistrál *m* (1)

ми́тинг *м* Kúndgebung *f* (10), Gróßkundgebung *f*; Versámmlung *f* (10) (*собрание*); Meeting [*англ.* 'mi:tiŋ] *n* -s, -s; ~ проте́ста Protéstkundgebung *f*; тра́урный ~ Tráuerkundgebung *f*; **~ова́ть** *разг.* ein Meeting [éine Versámmlung] ábhalten*; *перен.* gróße Réden führen

митка́ль *м* (*ткань*) Nésseltuch *n* -(e)s

ми́тра *ж* Mítra *f*, *pl* -ren, Bíschofsmütze *f* (11)

митрополи́т *м* Metropolít *m* (8)

митропо́лия *ж церк.* Sitz *m* (1) éines Metropolíten

миф *м* **1.** Mýthe *f* (11), Mýthus *m* =, -then, Ságe *f* (11); ~ о Промете́е Prométheussage *f*; **2.** *перен.* Erfíndung (10), Erdíchtung *f* (10); Hírngespinst *n* (2); э́ти све́дения оказа́лись ~ом díese Náchrichten wáren glátte Erfíndung; **~и́ческий 1.** mýthisch; **2.** *перен.* (*сказочный*) mýthenhaft, legendär; ~и́ческая ли́чность éine legendäre Persönlichkeit; ~и́ческое живо́тное Fábeltier *n* (2); **3.** *разг.* (*выдуманный*) erfúnden, áusgedacht

мифо||логи́ческий mythológisch; Ságen-; **~ло́гия** *ж* Mythologíe *f* (11)

ми́чман *м* **1.** (*воинское звание лиц, добровольно проходящих службу сверх установленного срока*) Fähnrich *m* (1) zur See; **2.** (*в старом русском флоте и некоторых иностранных флотах: первый офицерский чин*) Únterleutnant *m* (8) zur See; Maríneoberfeldwebel *m* (6); *ист.* Léutnant zur See

мичу́рин||ец *м* Mitschúrin-Anhänger *m* (6); учёный-~ец Mitschúrinwissenschaftler *m* (6); **~ский** Mitschúrinsch, Mitschúrin-

мише́нь *ж тж. перен.* Zíelscheibe *f* (11); ~-щит Zíelwand *f* (3); сде́лать кого́-л. ~ю для насме́шек j-n zur Zíelscheibe des Spóttes máchen; служи́ть ~ю для насме́шек die Zíelscheibe des Spóttes sein

ми́шка *м разг.* **1.** (*медведь*) Méister Petz; **2.** (*игрушка*) Teddybär ['tedi-] *m* (8), Téddy *m* -s, -s

мишура́ *ж* **1.** Flítter *m* (6), Flíttergold *n* -(e)s; **2.** *перен.* Flítterkram *m* -(e)s; Tand *m* -(e)s; Tálmi *n* -s

мишу́рн||ый 1. Flítter-; ~ое зо́лото Flíttergold *n* -(e)s; **2.** *перен.* únecht, Schein-; ~ый блеск Schéinglanz *m* -es

младе́н||ец *м* kléines Kind; Wíckelkind *n* (5); Säugling *m* (1) (*грудной*); **~ческий** Kínder-, Kíndes-; kíndlich; ~ческий ле́пет *тж. перен.* Kínderlallen *n* -s, kíndisches Lállen; **~чество** *с* Säuglingsalter *n* -s; охра́на матери́нства и ~чества Mútter- und Säuglingsschutz *m* -es

младограммáтик *м лингв. ист.* Júnggrammatiker *m* (6)

младо́й *поэт см.* молодо́й 1; ◇ и стар и млад alt und jung; groß und klein

мла́дость *ж поэт. см.* мо́лодость

мла́дш||ий 1. jünger (*более молодой*); der jüngste (*самый молодой*); júnior (*сокр.* jun.) (*после фамилии*); ~ее поколе́ние die jüngere Generatión; ~ий в семье́ der jüngste in der Famíli¦e; ~ий партнёр Júniorpartner *m* (6); **2.** (*по служебному положению*) Únter-; ~ий нау́чный сотру́дник wíssenschaftlicher Assistént; ~ий вое́нный юри́ст Úntermilitärjurist *m* (8); ~ий в зва́нии [в чи́не] Rángniedere *m* (14)

млекопита́ющие *мн. зоол.* Säugetiere *pl*, Säuger *pl*

млеть 1. (*от восторга*) vergéhen* *vi* (s), zerflíeßen* *vi* (s) (vor *D*); **2.** *разг.* (*о ногах, руках*) ábsterben* *vi* (s)

мле́чн||ый Milch-; ~ый сок *бот.* Mílchsaft *m* -(e)s; ~ые сосу́ды *бот.* Mílchsaftgefäße *pl*, Mílchröhren *pl*; ◇ Мле́чный Путь *астр.* Mílchstraße *f*

мне *дат., пр. см.* я

мнемо́н||ика *ж* Mnemónik *f*, Mnemotéchnik *f*, Gedächtniskunst *f*; **~и́ческий** mnémotechnisch

мнемосхе́ма *ж тех.* Übersichtsschaltbild *n* (5)

мнемоте́хника *ж см.* мнемо́ника

мне́н||ие *с* Méinung *f* (10), Ánsicht *f* (10), Áuffassung *f* (10); Äußerung *f* (10) (*высказанное*); обще́ственное ~ие öffentliche Méinung; изуче́ние обще́ственного ~ия Méinungsforschung *f* (10); ло́жное ~ие fálsche [ábwegige] Méinung; обме́н ~иями Méinungsaustausch *m* -es; расхожде́ние во ~иях Méinungsverschiedenheit *f* (10); быть хоро́шего ~ия о ком-л. von j-m éine gúte Méinung háben; gut von j-m dénken*; быть плохо́го ~ия о ком-л. schlecht auf j-n zu spréchen sein; быть высо́кого ~ия о ком-л. von j-m éine hóhe Méinung háben; gróße Stücke auf j-n hálten* (*разг.*); по моему́ ~ию méiner Ánsicht [Méinung] nach; nach méiner Áuffassung; méines Eráchtens; nach méinem Dafürhalten; я того́ ~ия, что... ich bin der Méinung [Ánsicht, Áuffassung], daß...; оста́ться при осо́бом [своём] ~ии bei séiner Méinung bléiben*; auf séiner Méinung behárren [bestéhen*]; прийти́ к единоду́шному ~ию éinmütig zum Schluß kómmen*; überéinkommen* *vi* (s); быть о себе́ сли́шком высо́кого ~ия sich (*D*) zu viel éinbilden; мы одного́ ~ия wir sind gléicher Méinung

мнимоуме́рший schéintot

мни́м||ый éingebildet; vórgetäuscht; schéinbar, Schein-; ~ый больнóй Schéinkranke *m* (14); ◇ ~ые чи́сла *мат.* imaginäre Zählen

мни́тельн||ость *ж* Ängstlichkeit *f*; Wéhleidigkeit *f*; Árgwohn *m* -(e)s; Míßtrauen *n* -s (*подозрительность*); ~ый ängstlich; wéhleidig; árgwöhnisch, míßtrauisch (*подозрительный*)

мнить *уст.* méinen *vt*; gláuben *vt*, dünken *vt*; он мнит себя́ учёным er dünkt sich ein Geléhrter (zu sein); он сли́шком мно́го мнит о себé er ist sehr éingebildet, er bíldet sich (*D*) zu viel ein

мно́г||ие *прил.* **1.** víele; во ~их отношéниях in víeler Hínsicht, in máncher Bezíehung; **2.** *в знач. сущ. мн.* víele, víele Ménschen [Léute]; оди́н из ~их éiner von víelen

мно́го *нареч.* viel; ~ лет víele [lánge] Jáhre; ~ раз víele Mále, víelmals; ~ разгова́ривать viel spréchen*; э́то сли́шком ~ das ist zu viel; о́чень ~ sehr viel, éine gánze Ménge; éine gánze Wucht (*разг.*); ~ ты́сяч víele Tausénde, Táusende und áber Táusende; ~ вы́ше срéднего у́ровня weit über den Dúrchschnitt; по мно́гу viel, in gróßer Ánzahl; ◇ ~ слов, а ма́ло дéла viel Geschréi und wénig Wólle; gróße Wórte und nichts dahínter; ~ шу́му из ничегó viel Lärm um nichts; ни ~ ни ма́ло nicht mehr und nicht wéniger

многоа́ктн||ый: ~ая пьéса Méhrakter *m* (6)

многоа́томный méhratomig

многобóжие *с* Víelgötterei *f*, Polytheísmus *m* =

многобóрец *м спорт.* Méhrkämpfer *m* (6)

многобóрье *с спорт.* Méhrkampf *m* -(e)s

многобра́ч||ие *с* Víelweiberei *f*, Polygamíe *f*; ~ный polygám

многовалéнтный *хим.* méhrwertig, polyvalént [-va-]

многова́то *нареч. разг.* étwas [ein bíßchen] viel

многовековóй jahrhúnderteаlt

многовла́стие *с* Polyarchíe *f* (11)

много||вóдный wásserreich; **~вóдье** *с* **1.** hóher Wásserstand; **2.** (*излишек воды*) Wásserreichtum *m* -s

многоговоря́щий víelsagend

многоголóвый víelköpfig

многоголóсие *с* **1.** *муз.* Méhrstimmigkeit *f*; **2.** *разг.* (*шум*) Stímmengewirr *n* -(e)s

многоголóсый víelstimmig, méhrstimmig

многогра́нн||ик *м мат.* Víelflach *n* (2), Polyéder *n* (6); **~ость** *ж* **1.** Víelflächigkeit *f*; **2.** *перен.* Víelseitigkeit *f*; **~ый 1.** víelflächig; **2.** *перен.* víelseitig; ~ый тала́нт víelseitiges Talént; víelseitig begábter Mensch

многодéтн||ый kínderreich; ~ая мать kínderreiche Mútter

многодиапазóнный *радио* mit méhreren Wéllenbereichen; mit méhreren Méßbereichen (*об измерительном приборе*)

многоднéвный méhrtägig

многодорóжечн||ый: ~ая (*магнитная*) звукоза́пись Méhrspurtonbandaufzeichnung *f*

мно́г||ое *сущ. с* víeles; во ~ом вы пра́вы in víelem háben Sie recht; э́то говори́т о ~ом das sagt (mir) viel, das hat (mir) viel zu ságen; das spricht Bände

многожéн||ец *м* Polygamíst *m* (8); **~жéнство** *с* Víelweiberei *f*, Polygamíe *f*

многожи́льный: ~ кáбель méhradriges Kábel, Méhrleiterkabel *n* (6)

многозаря́дн||ый *воен.* Méhrlade-; ~ая винтóвка Méhrlader *m* (6), Repetíergewehr *n* (2)

многоземéль||е *с* Länderreichtum *m* -s; ~ный länderreich

многозначи́тельн||ость *ж* **1.** (*выразительность*) Bedéutsamkeit *f*; **2.** (*важность*) Wíchtigkeit *f*, Bedéutung *f*; **~ый 1.** (*выразительный*) víelsagend, bedéutsam; **2.** (*важный*) wíchtig, bedéutend, bedéutungsschwer, bedéutungsvoll

многозна́чность *ж лингв.* Méhrdeutigkeit *f*, Polysemíe *f*

многозна́чный 1. *мат.* méhrstellig; **2.** *лингв.* polysém, méhrdeutig

многокана́льн||ый *свз.* Méhrkanal-, Víelkanal-; ~ая систéма Víelkanalsystem *n* -s; ~ая передáча Méhrkanalübertragung *f* (10), Víelkanalübertragung *f* (10)

многокварти́рный: ~ дом Méhrfamilienhaus *n* (5)

многоклéточн||ый *биол.* víelzellig; méhrzellig; ~ое строéние тéла víelzellige Körperstruktur

многоколéйный méhrgleisig

многокра́сочн||ый 1. *полигр.* méhrfarbig, Méhrfarben-; polychrom [-'kro:m]; ~ая печа́ть Méhrfarbendruck *m* -(e)s; **2.** *перен.* (*многообразный*) víelseitig

многокра́тн||ый 1. víelfach, méhrfach, víelmalig; méhrmalig; wiederhólt (*повторный*); ~ый вид *лингв.* iteratíve [-vә] Aktiónsart; **2.** *мат.*: ~ое числó Víelfache *n sub*

многола́мповый *радио* Méhrröhren-; ~ приёмник Méhrröhrenempfänger *m* (6)

многолемéшный *с.-х.* víelscharig

многолепесткóвый *бот.* víelblättrig

многолéсный wáldreich

многолéтн||ий 1. víeljährig; ~ий труд lángjährige Árbeit; **2.** *бот.* víeljährig, méhrjährig; lángjährig; perenníerend; ~ее растéние méhrjährige [überwínternde] Pflánze; **~ик** *м бот.* Dáuergewächs *n* (2), Dáuerpflanze *f* (11), Dáuerkultur *f* (10)

многолю́д||ность *ж* Belébtheit *f* (*улицы и т. п.*); stárker Zúlauf, gróße Besúcherzahl (*собрания*); **~ный** vólkreich; díchtbevölkert (*о городе, стране и т. п.*); belébt, verkéhrsreich (*об улице и т. п.*); mit stárkem Zúlauf, stárkbesucht, gútbesucht (*о собрании*); **~ье** *с см.* многолю́дность

многомéрный méhrdimensional

многомéстный víelsitzig; méhrsitzig; ~ самолёт [автомоби́ль] Víelsitzer *m* (6)

многомиллиóнн||ый Milliónen-; milliónenstark; milliónenköpfig, víele Milliónen (Ménschen) zählend [umfássend]; ~ые ма́ссы трудя́щихся Milliónenarmee *f* der Wérktätigen

многомотóрный méhrmotorig

многому́жие *с* Víelmännerei *f*, Polyandríe *f*

многонациона́льн||ый multinationál, víele Natiónen umfássend, aus víelen Nationalitäten zusámmengesetzt [bestéhend]; ~ое госуда́рство Nationalitätenstaat *m*; ~ая совéтская литерату́ра multinationále Sowjétliteratur

многонóжка *ж зоол.* Táusendfüß(l)er *m* (6)

многообеща́ющий víelversprechend, verhéißungsvoll; áussichtsreich

многообра́з||ие *с*, **~ность** *ж* Mánnigfaltigkeit *f*, Víelfältigkeit *f*, Víelfalt *f*; Víelgestaltigkeit *f*; **~ный** mánnigfaltig, víelfältig; víelgestaltig

многоóпытный sehr erfáhren

многоотраслев||óй víelverzweigt, réichgegliedert; mit víelen Wírtschaftszweigen; ~óе сéльское хозя́йство víelseitige Agrikultúr

многопла́новый víelschichtig; *лит.* mit méhreren Hándlungsebenen

многопóль||е *с с.-х.* Víelfelderwirtschaft *f*; ~ный Víelfelder-; ~ная систéма Víelfeldersystem *n* (2)

многопóлюсный *эл.* víelpolig, méhrpolig, Víelpol-; multipolár

многопрогра́ммн||ый Méhrprogramm-; ~ое веща́ние Méhrprogramm--Emission *f*

многопрóфильн||ый: ~ая больни́ца allgeméines Kránkenhaus

многоречи́в||ость *ж* Rédseligkeit *f*; ~ый rédselig

многосемéйный kínderreich; mit éiner gróßen Famílie

многосери́йный: ~ фильм méhrteiliger Film

многоси́льный *тех.* stark, Groß-, von gróßer Léistungsfähigkeit

многословн||ие *с*, **~ность** *ж* Wéitschweifigkeit *f*; Wórtschwall *m* -(e)s; Rédseligkeit *f*, Víelrederei *f*; **~ный** wórtreich; rédselig

многослóжн||ый méhrsilbig; ~ое слóво méhrsilbiges Wort

многослóйн||ый méhrschichtig, méhrlagig, Méhrschichten-; ~ая плёнка Méhrschichtenfilm *m* (1)

многостанóчн||ик *м* Árbeiter, der méhrere Maschínen gléichzeitig bedíent; **~ица** *ж* Árbeiterin, die méhrere Maschínen gléichzeitig bedíent; **~ый** Méhrstuhl-; ~ая рабóта Méhrmaschinenbedienung *f*

многоствóльный (*об оружии*) méhrläufig

многостепéнн||ый méhrstufig; ~ая систéма вы́боров índirektes Wáhlsystem

многостóпный *лит.* víelfüßig; ~ ямб víelfüßiger Jámbus

многосторóнн||ий 1. *мат.* víelflächig, víelkantig; **2.** *перен.* víelseitig; ~ий человéк víelseitiger Mensch; **3.:** ~яя торгóвля multilateráler Hándel; ~ий договóр multilaterales Ábkommen

многострада́льный schmérzensreich, schwérgeprüft, léidgeprüft

многоступéнчат||ый *тех.* méhrstufig, Méhrstufen-; ~ая ракéта Méhrstufenrakete *f* (11), méhrstufige Rakéte

многотира́ж||ка *ж разг.* Wérkzeitung *f* (10), Betríebszeitung *f*; **~ный** *полигр.* mit gróßer Áuflage

многотóмный méhrbändig

многотóнный víele [méhrere] Tónnen schwer

многотóчие *с* Gedánkenpunkte *pl*

многоты́сячн||ый táusendfach; (víel-) táusendköpfig; ~ая толпá táusendköpfige Ménge

многоуважа́емый sehr geéhrt

многоугóльн||ик *м мат.* Víeleck *n* (2), Polygón *n* (2); **~ый** *мат.* víeleckig, polygonál

многофа́зный *эл.* Méhrphasen-; ~ асинхрóнный дви́гатель Méhrphasenasynchronmotor [-,kro:n-] *m* -s, -en, Méhrphaseninduktionsmotor *m*

многоцветкóвый *см.* многоцвéтный II

многоцвéтный I *полигр. см.* многокра́сочный 1

многоцвéтный II *бот.* víelblumig, blütenreich

многоцелевóй Méhrzweck-

многоцили́ндровый Méhrzylinder-, méhrzylindrig

многочи́сленн||ость *ж* Víelheit *f*, Víelzahl *f*, gróße Ánzahl (*чего-л.*); gróße Ménge, Víelköpfigkeit *f* (*собрания, толпы*); **~ый** záhlreich (*о чём-л.*); (záhlenmäßig) stark; víelköpfig (*о собрании и т. п.*); ~ые фа́кты záhlreiche Tátsachen; ~ая делега́ция éine stárke Delegatión

многочле́н *м мат.* Polynóm *n* (2), víelgliedrige Größe; **~ный** víelgliedrig; méhrgliedrig; *бот.* víelteilig; ~ная фо́рмула víelgliedrige Fórmel

многоэта́жный méhrstöckig, méhrgeschossig

многоязы́чный víelsprachig, polyglótt

многоя́русный méhrstufig, víelstufig; ~ теа́тр Méhrrangtheater *n* (6), Theáter *n* mit méhreren Rängen; ~ гара́ж Hóchgarage [-ʒə] *f* (11)

мно́жественн||ость *ж* Víelheit *f*, Víelfalt *f*; **~ый:** ~ое число́ *грам.* Plúral *m* (1), Méhrzahl *f*

мно́жеств||о *с* **1.** gróße Ánzahl, Ménge *f* (11); бесчи́сленное ~о Únzahl *f*, Únmenge *f*; вели́кое ~о *разг.* Víelzahl *f*; во ~е in Ménge; mássenhaft; in Mássen; **2.** ~а *мн. мат.* Méngen *pl*

мно́жимое *с мат.* Multiplikánd *m* (8)

мно́житель *м мат.* Multiplikátor *m* -s, -tóren, Fáktor *m* -s, -tóren; **~ный** *тех.* vervíelfältigend, Vervíelfältigungs-; ~ный аппара́т *полигр.* Vervíelfältigungsapparat *m* (1)

мно́жить 1. *мат.* multiplizíeren *vt*, málnehmen* *отд. vt*, vervíelfachen *vt*; **2.** (*увеличивать*) vervíelfältigen *vt*; (ver)méhren *vt*; ~ ряды́ die Réihen méhren; **~ся 1.** sich häufen, sich méhren; **2.** *страд. мат.* multipliziért [vervíelfacht] wérden

мной, мно́ю *тв. см.* я

мобилизацио́нный *воен.* Mobílmachungs-, Mobilisatións-; ~ пери́од Mobílmachungsdauer *f*; ~ спи́сок Kríegsstammrolle *f* (11); ~ план Mobílmachungsplan *m* (1*)

мобилиза́ци||я *ж* **1.** *воен.* Mobílmachung *f* (10) (на что-л. für *A*); всео́бщая ~я allgeméine Mobílmachung; прика́з о ~и Mobílmachungsbefehl *m* (1); объявле́ние ~и die Bekánntgabe der Mobílmachung; **2.** *перен.* Mobilisíerung *f* (10); Áufbietung *f*; ~я вну́тренних ресу́рсов Mobilisíerung [Erschlíeßung] *f* ínnerer Resérven [-vən]

мобилизо́в||анный *прич.* **1.** mobilisíert; mobíl; **2.** *в знач. сущ. м воен.* Éinberufene *m* (14); **~а́ть** mobíl máchen; mobilisíeren *vt* (*тж. перен.*)

моби́льный mobíl, bewéglich, bewégungsfähig

мови́ола *ж фото* Fílmbetrachter *m* (6) (*для узкой плёнки*)

могика́||не *мн.* Mohikáner *pl*; ◇ после́дний из ~н der létzte der Mohikáner

моги́л||а *ж* Grab *n* (5); бра́тская ~а Mássengrab *n*; моги́ла Неизве́стного солда́та das Grábmal des Únbekannten Soldáten; ◇ до (са́мой) ~ы bis über das Grab; рыть кому́-л. ~у gégen j-n Ränke schmíeden, j-s Úntergang vórbereiten; унести́ (та́йну) с собо́й в ~у (ein Gehéimnis) mit ins Grab néhmen*; стоя́ть одно́й ного́й в ~е, смотре́ть в ~у, быть на краю́ ~ы mit éinem Fuß [Bein] im Grábe stéhen*; свести́ кого́-л. в ~у j-n ins Grab [an den Rand des Grábes] bríngen*; сойти́ в ~у, найти́ (себе́) ~у stérben* *vi* (s)

моги́льн||ик *м археол.* Grábstätte *f* (11); **~ный 1.** Grab-; ~ная плита́ Grábplatte *f* (11); **2.** *разг.*: ~ный го́лос Grábesstimme *f* (11); **~щик** *м* **1.** *тж. перен.* Tótengräber *m* (6); **2.** (*жук*) Tótengräber *m* (6)

могу́ *1 л. ед. см.* мочь I

могу́ч||ий 1. (*физически сильный*) kräftig, kráftvoll; **2.** (*мощный*) gewáltig; mächtig (*могущественный*); ~ая а́рмия mächtige Armée; ~ая си́ла áchtunggebietende Kraft

могу́щественный mächtig, máchtvoll

могу́щество *с* Macht *f*

мо́д||а *ж* Móde *f* (11); по после́дней ~е nach der néuesten Móde; быть в ~е modérn sein, Móde sein; войти́ в ~у modérn wérden, áufkommen* *vi* (s), in Móde kómmen *; ввести́ в ~у in Móde bríngen*, áufbringen* *vt*; выходи́ть из ~ы aus der Móde kómmen*; диктова́ть но́вые ~ы néue Móden vórschreiben*; сле́довать ~е, следи́ть за ~ой die Móde mítmachen

модальн||ость *ж филос., лингв.* Modalität *f* (10); **~ый** *лингв.* Modál-; ~ое сло́во Modálwort *n* (5); Schältwort *n* (*в функции вводного слова*)

моделирование *с* Modellíerung *f*

модели́ровать modellíeren *vt*; **~ся** modellíert wérden

модели́стка *ж* Modéllschneiderin *f* (12)

моде́ль *ж* Modéll *n* (2); де́йствующая ~ Funktiónsmodell *n*; речева́я ~ *лингв.* Spréchmodell *n*; сетева́я ~ *эк.* Nétzwerkmodell *n*; **~е́р** *м* Modelleur [-'lø:r] *m* (1), Modellíerer *m* (6); **~ный** Modéll-; ~ный цех Modélltischlerei *f* (10); ~ная о́бувь Schúhe (*pl*) auf Sónderanfertigung; **~щик** *м* Modellíerer *m* (6), Modéllmacher *m* (6)

модера́то *муз.* **1.** *нареч.* moderáto (*сокр.* mod.); **2.** *сущ. с* Moderáto *n* =, -s

модера́тор *м* **1.** *тех.* Moderátor *m* -s, -tóren; **2.** *муз.* Dämpfer *m* (6)

моде́рн *м иск., архит.* (*стиль*) Júgendstil *m* -(e)s; Sezessión *f*, Sezessiónsstil *m* (*австр.*)

модерниза́||ция *ж* Modernisíerung *f*; **~и́ровать** modernisíeren *vt*

модерн||и́зм *м иск.* Modernísmus *m* =; **~изи́рованный** modernisíert, néuartig; **~и́ст** *м иск.* Moderníst *m* (8); **~и́стский** *иск.* modernístisch

моди́стка *ж* Modístin *f* (12), Pútzmacherin *f* (12)

модифи||ка́ция *ж* Modifikatión *f* (10), Modifizíerung *f* (10), Ábänderung *f* (10); **~ци́ровать** modifizíeren *vt*, ábändern *vt*

мо́дн||ик *м разг.* Módenarr *m* (8); Módeaffe *m* (9) (*презр.*); **~ица** *ж разг.* Módedame *f* (11); Módepuppe *f* (11) (*презр.*); **~ичать** *разг.* **1.** der Móde gehórchen [fólgen]; álle Móden mítmachen; **2.** (*ломаться*) sich zíeren; **~ый** modérn, módisch, Móde-; ~ое пла́тье modérnes Kleid, Módekleid *n* (5); ~ый журна́л Módenzeitung *f* (10), Módeheft *n* (2); ~ая пе́сенка Schláger *m* (6)

модули́ров||ание *с муз. физ.* Modulíeren *n* -s; **~ать** *муз., физ.* modulíeren *vt*; ~ать ток den Strom modulíeren [áussteuern]

мо́дуль *м* **1.** *мат., тех.* Módul *m* -s, -n, Zahl *f* (10), Zíffer *f* (11); **2.** *архит.* Módel *m* (6)

модуля́тор *м тех.* Modulátor *m* -s, -tóren

модуля́торн||ый *физ.* Modulatións-; ~ая ла́мпа Modulatiónsröhre *f* (11)

модуля́ция *ж* **1.** *муз.* Modulatión *f* (10); **2.** *физ.* Modulatión *f* (10), Áussteuerung *f* (10)

мо́дус *м* Módus *m* =, -di

моё *с см.* мой

мо́ечн||ый: ~ая маши́на Wáschanlage *f* (11); *ж.-д.* Spülmaschine *f* (11)

мо́жет *3 л. ед. см.* мочь I

мо́жет быть *см.* мочь I

можжевёловый *бот.* Wachólder-; ~ куст Wachólderstrauch *m* (4)

можжеве́льник *м бот.* Wachólder *m* (6)

мо́жно *предик. безл.* **1.** (*возможно*) man kann; es bestéht die Möglichkeit; е́сли ~ wenn möglich, wenn es geht; wenn es erláubt ist (*если разрешено*); **2.** (*позволительно*) *переводится глаголом* dürfen*; мне ~ ich darf; мо́жно? darf ich?, ist es erláubt?; е́сли ~ так вы́разиться wenn man sich so áusdrücken darf; ◇ как ~ скоре́е möglichst schnell, so schnell wie möglich; как ~!, ра́зве ~! *разг.* wie ist das möglich!, darán ist nicht zu dénken!, es ist nicht dénkbar!

моза́ика *ж иск.* Mosaík *n* (2); Mosaíkwerk *n* (2)

мозаи́чн||ый Mosaík-; mosaíkartig; ~ая рабо́та Mosaíkarbeit *f*

мозамби́к||ец *м* Moçambiquer [mosam'bi:kər] *m* (6); **~ский** moçambiquisch [mosam'bi:kiʃ]

мозг *м* **1.** Gehírn *n* (2) (*тж. перен.* — *ум*); Hirn *n* (2); головно́й ~ Gehírn *n*, Hirn *n*; спинно́й ~ Rückenmark *n* -(e)s; продолгова́тый ~ verlängertes Mark; **2.** (*костный*) Mark *n* -(e)s, Knóchenmark *n*; **3.** *мн.* мозги́ (*кушанье*) Gehírn *n* (2), Brégen *m* (7), Brägen *m* (7); ◇ электро́нный ~ Elektrónenhirn *n*; до ~а косте́й bis ins Mark, bis in die Knóchen; durch und durch; шевели́ть ~а́ми *разг.* séinen Verstánd ánstrengen; впра́вить кому́-л. ~и́ *разг.* j-m den Kopf zuréchtrücken [wáschen*]

мозгов||и́тый *разг.* gescheit, klug; schárfsichtig; **~о́й 1.** *анат.* Gehírn-, Hirn-; ~а́я оболо́чка Hírnhaut *f* (3); ~о́е заболева́ние Gehírnkrankheit *f* (10); **2.** (*содержащий в себе костный мозг*) Mark-; ~а́я кость Márkknochen *m* (7)

мозжечо́к *м анат.* Kléinhirn *n* (2)

мозо́лист||ый schwíelig; ~ая рука́ schwíelige [árbeitsgewohnte] Hand

мозо́лить: ~ глаза́ кому́-л. *разг.* j-m ein Dorn im Áuge sein

мозо́ль *ж* Schwíele *f* (11); Hühnerauge *n* (13) (*на ноге*); ко́стная ~ Knóchennarbe *f* (11); ◇ наступи́ть кому́-л. на люби́мую ~ *разг.* j-m auf die Hühneraugen tréten*; j-s wúnden Punkt berühren

мозо́льный: ~ пла́стырь Hühneraugenpflaster *n* (6)

мои́ *мн. см.* мой 1, 3

мой *мест.* **1.** mein (*f* méine, *n* mein, *pl* méine); der (die, das) méine, der (die, das) méinige (*без сущ.*); э́то твоя́ кни́га, а э́то моя́ das ist dein Buch, und dies ist das méinige [meins]; э́то моё das ist mein; **2.** *в знач. сущ. с* моё (*собственность*) das Méine, das Méinige; не тронь моего́ laß mir das Méine; **3.** *в знач. сущ. мн.* мои́ (*родные*) die Méinigen, die Méinen; мои́ живу́т на да́че die Méinigen wóhnen auf dem Lánde; ◇ э́то моё де́ло das ist méine Sáche; лу́чше моего́ (*чем я*) bésser als ich; э́то не по мое́й ча́сти das geht mich nichts an; поживи́ с моё, тогда́ поймёшь wenn du erst so víele Jáhre auf dem Búckel hast wie ich, dann wirst du es begréifen; с моéй стороны́ méinerseits

мóйка *ж* **1.** (*действие*) Wáschen *n* -s; **2.** (*приспособление*) Wáschanlage *f* (11) (*машина*); Spüle *f* (11), Spǘlbecken *n* (7) (*на кухне*)

мóйщик *м* Wäscher *m* (6); ~ óкон Fénsterputzer *m* (6), Glásreiniger *m* (6)

мокаси́ны *мн.* Mokassíns *pl*

мóкко *м* Mókka *m* -s, -s; кóфе ~ Mókkakaffee *m* -s

мóкнуть **1.** naß wérden; **2.** (*быть погружённым в жидкость*) wéichen *vi*; **3.** (*о ране*) éitern *vi*, nässen *vi*

мокри́ца *ж* **1.** *зоол.* Ássel *f* (11); стенна́я ~ Máuerassel *f*; **2.** *бот.* Vógelmiere *f* (11), Vógelmeierich *m* (1), Hǘhnerdarm *m* (1*)

мокрóт||а *ж мед.* Áuswurf *m* (1*), Spútum *n* -s, -ta; Schléimauswurf *m* (*слизистая*); исслéдовать ~у den Áuswurf untersúchen

мокрота́ *ж* Nässe *f*; Féuchtigkeit *f* (*влажность*)

мóкр||ый naß; feucht (*влажный*); насквóзь ~ый pítschnaß, trópfnaß, tríefnaß; ◇ ~ая кýрица *разг.* ≅ ein begóssener Púdel; Wáschlappen *m* (7); у неё глаза́ на ~ом мéсте *разг.* sie hat dicht [nah] am Wásser gebáut

мол I *м* (*дамба*) Móle *f* (11)

мол II *частица разг.* sagt er [sie] (*или не переводится*); он, ~, э́того не знал er hat es nicht gewúßt, sagt er

молва́ *ж* Gerǘcht *n* (2); Geréde *n* -s, Fáma *f*; Gemúnkel *n* -s; Ruf *m* (1) (*репутация*); о нём идёт дурна́я ~ er hat éinen üblen [schléchten] Ruf, er steht in üblem Ruf

мóлвить *разг.* ságen *vt*; (áus)spréchen* *vt*

молдава́н||ин *м* Móldauer *m* (6); ~**ка** *ж* Móldauerin *f* (12); ~**ский** móldauisch

молда́вский móldauisch; ~ язы́к die móldauische Spráche, das Móldauische (*sub*)

молéбен *м церк.* kúrzer Góttesdienst; благода́рственный ~ Dánkgebet *n* (2)

молéкул||а *ж* Molekǘl *n* (2), Moléķel *f* (11); ~**я́рный**; molekulár, Molekulár-; ~я́рная теóрия Molekulártheorie *f*

молéль||ня *ж* Bétzimmer *n* (6); Béthaus *n* (5); ~**щик** *м уст.* Béter *m* (6)

молески́н *м текст.* Moleskin ['mo:lskın] *m*, *n* -s, -s, énglisches Léder

молибдéн *м* Molybdän *n* -s (*хим. знак* Mo); ~**овый** Molybdän-; ~овая обма́нка *мин.* Molybdänkies *m* -es, Molybdänglanz *m* -es

моли́тв||а *ж* Gebét *n* (2); ~**енник** *м* Gebétbuch *n* (5); ~**енный** Gebét-

моли́ть fléhen *vi* (когó-л. zu *D*, о чём-л. um *A*); ánflehen *vt* (когó-л. j-n), fléhentlich [ínständig] bítten*; ~ о поща́де um Gnáde fléhen

моли́ться **1.** béten *vi*; **2.** *разг.* (*боготворить*) ánbeten *vt* (на когó-л. j-n)

мóлкнуть verstúmmen *vi*; stíllschweigen *отд. vi*

моллю́ск *м зоол.* Mollúske *f* (11), Wéichtier *n* (2)

моллюскообра́зный mollúskenartig

молниеви́дный blítzähnlich

мóлниевый Blitz-

молниезащи́та *ж* Blítzschutz *m* -es

молниенóсн||ый blítzschnell; blítzartig, schlágartig; с ~ой быстротóй mit Blítzesschnelle; schnell wie der Blitz; ~ая войнá Blítzkrieg *m* (1)

молниеотвóд *м* Blítzableiter *m* (6)

мóлни||я *ж* **1.** Blitz *m* (1); шарови́дная ~я Kúgelblitz *m*; зигзагообра́зная ~я Zíckzackblitz *m*; ~и сверка́ют es blitzt, Blítze zúcken; ~я уда́рила der Blitz hat éingeschlagen; **2.** (*застёжка*) Réißverschluß *m* -sses, -schlǘsse; на ~и mit Réißverschluß; ◇ телегра́мма-~я Blítztelegramm *n* (2); распространя́ться с быстротóй ~и ≅ sich wie ein Láuffeuer verbréiten, sich mit Wíndesschnelle verbréiten

молода́я *сущ. ж* Júngverheiratete *f* (14), Néuvermählte *f* (14)

молодёжн||ый Júgend-; ~ая брига́да Júgendbrigade *f* (11); ~ая организа́ция Júgendorganisation *f* (10)

молодёжь *ж* Júgend *f*, die Júgendlichen; júnges Volk; зелёная ~ únreife Júgend; уча́щаяся ~ lérnende [studíerende] Júgend; совремéнная ~ die Júgend von héute

молóденьк||ий *разг.* ganz jung; ~ая дéвушка blútjunges Mädchen [Ding]

молодéть jünger wérden

мóлодец *м фольк.* (*удалец*) Búrsch(e) *m* (8, 9)

молодéц *м* **1.** (*статный, сильный молодой человек*) strámmer, kräftiger júnger Mann; **2.** *предик. разг.* (*молодчина*) Práchtkerl *m* (1) (*разг. pl тж.* -s), Mórdskerl *m*, Bómbenkerl *m*; Práchtmädel *n* (6), Blítzmädel *n* (*о девушке*); Práchtweib *n* (5), prächtige Frau (*о женщине*); вести́ себя́ молодцóм sich tápfer hálten*; ~! brávo [-vo]!, álle Áchtung!; он [она́] ~ er [sie] ist ein gánzer Mann [Kerl]; **3.** *см.* молóдчик; ◇ ~ к молодцý láuter Práchtkerle

молодéцк||ий keck, fesch, flott; burschikós; behérzt (*смелый*); ~ая отва́га [ýдаль] kécke Verwégenheit, fríscher Mut

молодéчество *с* Behérztheit *f*, Kǘhnheit *f*; Mut *m* - (e)s; Bravade [-'va:-] *f* (11), Bravourstück [-'vu:r-] *n* (2) (*показное*)

молоди́ть verjǘngen *vt*, jung máchen; ~**ся** sich jung máchen, sich (zu) júgendlich gében* [benéhmen*, kléiden]

молóдка *ж* **1.** *обл.* (*молодая женщина*) júnge Báuernfrau; **2.** (*молодая курица*) júnge Hénne

молодня́к *м* **1.** *собир.* Júngtiere *pl* (*животные*); Júngvieh *n* - (e)s (*скот*); Júngvögel *pl* (*птицы*); Júngwild *n* -es (*дичь*); сýточный ~ (*цыплята*) Éintagsküken *pl*; площа́дка ~á (*в зоопарке*) Tíerkindergarten *m* (7*); **2.** (*лес*) Júngholz *n* -es, Júngwald *m* (4); Júngwuchs *m* -es; **3.** *собир. разг.* (*молодёжь*) júnge Léute, Júgend *f*

молодогвардéйцы *мн.* Júnggardisten *pl*

молодожёны *мн.* das júnge Paar; Júngverheiratete *sub pl*, Néuvermählte *sub pl* (*книжн.*)

молод||óй *прил.* **1.** jung; ~óе поколéние júnge Generatión; ~óй рабóчий Júngarbeiter *m* (6); ~óй спортсмéн Náchwuchssportler *m* (6); ~ы́е ка́дры Náchwuchskräfte *pl*; ~óе винó júnger Wein, Most *m* (1); ~óй мéсяц Néumond *m* -(e)s, der zúnehmende Mond; ~óй картóфель néue Kartóffeln; мóлод, чтóбы... zu jung, um...; ~óй человéк! (*обращение*) júnger Mann!; **2.** *в знач. сущ. м* Júngverheiratete *m* (14), Néuvermählte *m* (14)

мóлодост||ь *ж* Júgend *f*; Júngsein *n* -s (*состояние*); ра́нняя ~ь frühe Júgend; ◇ истóчник ~и Júngbrunnen *m* (7); быть не пéрвой ~и über die érste Júgend hináus sein; nicht mehr der [die] Júngste sein

молодýха *ж разг.* **1.** júnge Báuernfrau; **2.** (*невестка, сноха*) Schwíegertochter *f*, *pl* -töchter

молодцева́т||ость *ж* Flóttheit *f*; Schneid *m* - (e)s (*разг.*); ~**ый** flott, schnéidig; ~ая вы́правка schnéidiges Áuftreten

молóдчик *м разг.* Bǘrschchen *n* (7); Achtgróschenjunge *m* (9); Gáuner *m* (6) (*плут*); хорóш ~! das ist ein sáuberes Frǘchtchen!

молодчи́на *м разг.* Mórdskerl *m* (1); ein paténter Mensch; ~! brávo [-vo]!

молоды́е *сущ. мн. см.* молодожёны

мóлодь *ж собир.* (*рыба*) Físchbrut *f*, Júngfische *pl*

моложа́в||ость *ж* Júgendlichkeit *f*, júgendliches Áussehen; ~**ый** júgendlich (áussehend)

молóже *сравн. ст. от* молодóй jünger; он ~ меня́ на два гóда er ist zwei Jáhre jünger als ich

молóзиво *с* Kolóstrum *n* -s, Érstmilch *f*; Bíestmilch *f* (*у животных*)

молóки *мн.* (*у рыб*) Milch *f*

молок||ó *с* Milch *f*; ки́слое ~ó Sáuermilch *f*, dícke Milch; сгущённое ~ó kondensíerte Milch, Kondénsmilch *f*, Bǘchsenmilch *f*; сухóе ~ó Tróckenmilch *f*; Mílchpulver *n* -s; сня́тое ~ó Mágermilch *f*; цéльное ~ó Vóllmilch *f*; парнóе ~ó kúhwarme Milch; разливнóе ~ó lóse Milch; буты́лочное ~ó Fláschenmilch *f*; корóвье ~ó Kúhmilch *f*; кóзье ~ó Zíegenmilch *f*; ~ó вы́сшего ка́чества Vórzugsmilch *f*; пакéт ~á éine Tüte [ein Béutel] Milch; ◇ космети́ческое ~ó Gesíchtsmilch *f*; известкóвое ~ó *стр.* Kálkmilch *f*; впита́ть что-л. с ~óм ма́тери etw. mit der Múttermilch éinsaugen*; у негó ещё ~ó на губа́х не обсóхло ≅ er ist noch nicht trócken hínter den Óhren; er ist ein Grǘnschnabel; обжёгшись на ~é, бýдешь дуть и нá воду *посл.* ≅ (ein) gebränntes Kind scheut das Féuer

молоковóз *м* (*автомобиль*) Mílchauto *n* -s, -s

молокогóнный mílchtreibend

молокоперераба́тывающий mílchverarbeitend

молокосóс *м разг. ирон.* Mílchbart *m* (1*), Grǘnschnabel *m* (6*)

мóлот *м* Hámmer *m* (6*); серп и ~ Hámmer und Síchel; паровóй ~ *тех.* Dámpfhammer *m*; ◇ мéжду ~ом и наковáльней zwíschen Hámmer und Ámboß

молот||и́лка *ж с.-х.* Dréschmaschine *f* (11); ~**и́ло** *с с.-х.* Dréschflegel *m* (6); ~**и́льный** Dresch-; ~**и́льщик** *м* Drécher *m* (6); ~**и́ть** **1.** dreschen* *vt*; **2.** *разг.* (*ударять*) schlágen* *vt*, klópfen *vi*; dréschen* *vt*, prǘgeln *vt* (*избивать*)

молотови́ще *с* Hámmerstiel *m* (1)

молот||óк *м* Hámmer *m* (6*); Fäustel *m* (6) (*горн.*); ◇ продава́ться с ~ка́ únter den Hámmer kómmen*, verstéigert wérden; ~**óчек** *м* **1.** Hämmerchen *n* (7); **2.** *анат.* Hámmer *m* (6*)

мóлот-ры́ба *ж зоол.* Hámmerfisch *m* (1), Hámmerhai *m* (1)

мóлотый gemáhlen

молóть máhlen (*part* II gemáhlen) *vt*; ~ кóфе Káffee máhlen; ◇ ~ вздор *разг.* Blech réden, fáseln *vi*

молотьба́ *ж* Dréschen *n* -s, Drusch *m* -es

Молóх *м* Móloch *m* (1)

молоча́й *м*, **~ник** *м бот.* Wólfsmilch *f*, Euphórbia *f*

моло́чн||ая *сущ. ж.* Mílchhandlung *f* (10), Mílchladen *m* (7*); Molkeréi *f* (10); **~ик 1.** Mílchkrug *m* (1*), Mílchkännchen *n* (7); **2.** (*продавец*) Mílchhändler *m* (6), Mílchmann *m* (4)

моло́чница I *ж* (*продавщица*) Mílchfrau *f* (10), Mílchhändlerin *f* (12)

моло́чница II *ж мед.* Múndschwämmchen *pl*

моло́чно-восково́й: зерно́ ~ спе́лости das Korn steht in der Mílchwachsreife

молочноки́слый *хим.* Mílchsäure-

молочноконсе́рвный: ~ заво́д Mílchkonservenfabrik [-vən-] *f* (10)

моло́чность *ж* Mílchertrag *m* - (e)s, Mílchleistung *f*

молочнотова́рн||ый: ~ая фе́рма Mílchfarm *f* (10) mit Márktproduktion

моло́чн||ый Mílch-, mílchig; ~ая дие́та Mílchdiät *f*, Mílchkur *f*; ~ые проду́кты Molkeréiwaren *pl*; ~ая ку́хня Mílchküche *f* (11); ~ое хозя́йство Molkeréi *f* (10), Mílchwirtschaft *f* (10); ~ый скот Mílchvieh *n* - (e)s; ~ая промы́шленность Molkeréiindustrie *f*; ~ый заво́д Molkeréi *f* (10), Mílchhof *m* (1*); ~ый са́хар *хим.* Mílchzucker *m* -s, Laktóse *f*; ~ая кислота́ *хим.* Mílchsäure *f*, Gärungsmilchsäure *f*; ~ого цве́та mílchfarben, mílchfarbig; ◇ ~ое стекло́ Mílchglas *n* -es, máttes Glas; ~ый зуб Mílchzahn *m* (1*); ~ый брат *уст.* Mílchbruder *m* (6*); ~ая спе́лость *с.-х.* Mílchreife *f*; страна́ ~ых рек и кисе́льных берего́в (*в сказке*) Schlaráffenland *n* - (e)s

мо́лча *нареч.* (stíll)schwéigend, wórtlos, stumm; im stíllen (*втихомолку*)

молчали́в||ость *ж* Schwéigsamkeit *f*, Verschwíegenheit *f*, Wórtkargheit *f*; **~ый** schwéigsam, wórtkarg, verschwíegen; ~ое согла́сие stíllschweigendes Éinverständnis

молча́льник *м разг.* schwéigsamer Mensch

молча́н||ие *с* Schwéigen *n* -s, Stíllschweigen *n*; глубо́кое ~ие tíefes Schwéigen; обойти́ что-л. ~ием etw. mit Schwéigen übergéhen*; über etw. (*A*) mit Stíllschweigen [Schwéigen] hinwéggehen*; храни́ть ~ие Schwéigen (be)wáhren; нару́шить ~ие das Schwéigen bréchen*; обе́т ~ия Schwéigegebot *n* (2); ◇ ~ие — знак согла́сия *погов.* wer schweigt, stimmt zu; schweigst du still, so ist's dein Will; за́говор ~ия Schwéigekomplo *n* (2)

молча́ть schwéigen* *vi*, stíllschwéigen* *отд. vi*; упо́рно ~ hártnäckig schwéigen*, in síeben Sprá́chen schwéigen*; ~! still!, stíllgeschwiegen!; halt's Maul! (*груб.*); заста́вить кого́-л. ~ j-n múndtot máchen

молчко́м *нареч. разг.* schwéigend, stíllschweigend; im stíllen (*втихомолку*)

моль I *ж зоол.* Mótte *f* (11); изъе́денный ~ю móttenzerfressen

моль II *м хим.* Mol *n* (2), Grámmolekül *n* (2)

мольба́ *ж* Fléhen *n* -s, ínständige [fléhende] Bítte

мольбе́рт *м* Staffeléi *f* (10)

моля́рность *ж хим.* Molarität *f*, Lítermolarität *f*

моме́нт *м* **1.** Momént *m* (1), Áugenblick *m* (1); в ~ отъе́зда beim Ábfahren, im Ábfahren; в оди́н ~ in éinem Áugenblick, im Nu, im Hándumdrehen; в да́нный ~ im Momént; gégenwärtig; в любо́й ~ zu jéder Zeit, ímmer; в подходя́щий ~ im geéigneten Áugenblick; улучи́ть благоприя́тный ~ éinen günstigen Áugenblick fínden*; **2.** (*обстоятельство, причина, довод*) Momént *n* (2), Élement *n* (2); положи́тельный ~ в рабо́те das pósitive [-və] Momént [das Pósitive] der Árbeit; гла́вный ~ Háuptgesichtspunkt *m* (1); **3.** *физ.* Momént *n* (2); ~ ине́рции Trägheitsmoment *n*; ~ враще́ния Dréhmoment *n*

момента́льн||о *нареч.* momentán, áugenblicklich, áugenblicks; **~ый** Momént-, Áugenblicks-; ~ый сни́мок *фото* Moméntaufnahme *f* (11)

мона́кский monegássisch, von Monáco

мона́рх *м* Monárch *m* (8); **~и́зм** *м* Monarchísmus *m* =; **~и́ст** *м* Monarchíst *m* (8); **~и́ческий** monarchístisch; **~и́я** *ж* Monarchíe *f* (11); абсолю́тная ~ия absolúte Monarchíe; конституцио́нная ~ия konstitutionélle Monarchíe

мона́рший *уст.* Monárchen-

монасты́рский Klóster-, klösterlich

монасты́рь *м* Klóster *n* (6*); же́нский ~ Nónnenkloster *n*; мужско́й ~ Mönchskloster *n*; уйти́ в ~ ins Klóster géhen*; заключи́ть в ~ ins Klóster stécken [éinsperren]; ◇ подвести́ кого́-л. под ~ *разг.* j-n in Téufels Küche bríngen*

мона́х *м* Mönch *m* (1); постри́чься в ~и Mönch wérden; **~и́ня** *ж* Nónne *f* (11); постри́чься в ~ини ins Klóster géhen*, Nónne wérden*

мона́ш||енка *ж* **1.** *разг.* Nónne *f* (11); **2.** *зоол.* Nónne *f* (11), Fíchtenspinner *m* (6); **~еский** Mönchs-; Nónnen-; mönchisch; ~еский о́рден Mönchsorden *m* (7) (*мужской*); Nónnenorden *m* (*женский*); ~еская ря́са Mönchskutte *f* (11), Kútte *f*; **~ество** *с* **1.** Mönchswesen *n* -s, Klósterleben *n* -s; **2.** *собир.* Mönche *pl*; **~ка** *ж разг.* Nónne *f* (11)

монго́л *м* Mongóle *m* (9); **~ка** *ж* Mongólin *f* (12); **~ове́дение** *с* Mongolístik *f*

монго́льский mongólisch; ~ язы́к die mongólische Spráche, das Mongólische (*sub*)

монега́ск *м* Monegásse *m* (9)

моне́т||а *ж* Münze *f* (11), Géldstück *n* (2); зво́нкая ~а klíngende Münze; юбиле́йная ~а Scháumünze *f*; ходя́чая ~а gángbare [im Úmlauf befíndliche] Münze; фальши́вая ~а fálsche Münze; ◇ приня́ть что-л. за чи́стую ~у etw. für báre Münze néhmen*; плати́ть кому́-л. той же ~ой j-m mit gléicher Münze héimzahlen [vergélten*]; Cléiches mit Gléichem vergélten*; **~ный** Münz-; ~ный двор Münze *f* (11), Münzamt *n* (5)

монетора́зменн||ик *м* Wéchselautomat *m* (8), Münzwechsler *m* (6); **~ый:** ~ый автома́т Wéchselautomat *m* (8), Münzwechsler *m* (6)

моне́тчик *м* Münzer *m* (6), Münzpräger *m* (6)

мон||и́зм *м филос.* Monísmus *m* =; **~исти́ческий** *филос.* monístisch

мони́сто *с* Hálskette *f* (11); Münzkette *f* (*из монет*)

монито́р *м* **1.** *мор.* Mónitor *m* -s, -tóren; **2.** (*гидромонитор*) Hydromónitor *m* -s, -tóren, Spülstrahlrohr *n* (2); **3.** (*контрольный прибор*) Mónitor *m* -s, -tóren; **4.** *тлв.* Mónitor *m* -s, -tóren

монога́м||ия *ж* Monogamíe *f*, Éinehe *f*; **~ный** monogámisch

моногра́мма *ж* Monográmm *n* (2), Námenszug *m* (1*)

монографи́ческий monográphisch

моногра́фия *ж* Monographíe *f* (11), Éinzeldarstellung *f* (10)

моно́кль *м* Monókel *n* (6)

монокульту́ра *ж с.-х.* Mónokultur *f* (10)

моноли́т *м* Monolíth *m* (1); **~ность** *ж* Éinheitlichkeit *f*, Éinigkeit *f*; éherne Geschlóssenheit; **~ный 1.** Monolíth-; **2.** *перен.* éinheitlich, ganz, éinig; aus éinem Guß, éhern

моноло́г *м* Monológ *m* (1), Sélbstgespräch *n* (2); произноси́ть ~ éinen Monológ sprécheen* [hálten*]

монома́н *м мед.* Monomán *m* (8); **~ия** *ж мед.* Monomaníe *f*

монометалли́зм *м фин.* Monometallísmus *m* =

монопла́н *м ав.* Éindecker *m* (6)

монополиз||а́ция *ж* Monopolisíerung *f*; **~и́ровать** monopolisíeren *vt*, zum Monopól máchen

монополи́ст *м* **1.** Monopolíst *m* (8), Monopólherr *m* (8); **2.** (*пользующийся монополией на продажу*) Alléinhändler *m* (6); **~и́ческий** *эк.* monopolístisch, Monopól-; ~и́ческий капита́л Monopólkapital *n* -s; **~ский** Monopolísten-

монопо́лия *ж в разн. знач.* Monopól *n* (2); госуда́рственная ~ вне́шней торго́вли stáatliches Áußenhandelsmonopol

монопо́льный Monopól-

моноре́льс *м* Éinschienenbahn *f* (10); **~овый:** ~овая доро́га Éinschienenbahn *f* (10)

моноспекта́кль *м* Éinpersonenstück *n* (2)

монотеи́зм *м филос.* Monotheísmus *m* =

монoти́п *м полигр.* Mónotype [-taep] *f*, *pl* -s; **~и́ст** *м* Mónosetzer *m* (6); **~ный** Mónotype [-taep-]; ~ный набо́р Mónotypesatz *m* -es

моното́нн||ость *ж* (*тж. перен.*) Monotoníe *f*, Éintönigkeit *f*; **~ый** (*тж. перен.*) monotón, éintönig

монофто́нг *м фон.* Monophthóng *m* (1)

монохо́рд *м муз.* Monochord [-'kɔrt] *n* (2)

монохромати́ческий *физ.* monochromátisch [-kro-], éinfarbig, spektrálrein

монпансье́ *с* Frúchtbonbon [-bɔŋ,bɔŋ] *n* -s, -s

монстр *м уст.* Mónstrum *n* -s, *pl* -ren *u* -ra

монта́ж *м* **1.** Montáge [-ʒə] *f* (11); Zusámmenstellung *f* (10), Zusámmenbau *m* - (e)s; Áufstellung *f* (*машин*); ~ на строи́тельной площа́дке Báustellenmontage *f*; предвари́тельный ~ Vórmontage *f*; **2.** *иск.* Komposition *f*, Montáge [-ʒə] *f*; **3.** *кино* Schnitt *m* (1); **~ёр** *м*, **~и́ст** *м кино* Schníttmeister *m* (6); **~ник** *м* Montágefachmann [-ʒə-] *m* -s, *pl* -leute; Installateur [-'tø:r] *m* (1); Montágearbeiter *m* (6) (*рабочий*); **~ный** Montáge- [-ʒə-]; ~ная мастерска́я Montágewerkstatt *f*, *pl* -stätten

монтёр *м* **1.** (*монтажник*) Monteur- [-'tø:r] *m* (1); **2.** (*электрик*) Installateur [-'tø:r] *m* (1)

монти́ровать montíeren *vt*, áufstellen *vt*; áufbauen *vt*; zusámmenbauen *vt*; ~ маши́ну éine Maschíne áufstellen; ~ фильм éinen Film schnéiden*

монтиро́вщик *м* Montágearbeiter [-ʒə-] *m* (6)

монуме́нт *м* Monumént *n* (2), Dénkmal *n* (5); **~а́льность** *ж* Monumentalität *f*; **~а́льный** monumentál; gewáltig, gróßartig

мопе́д *м* Móped *n* -s, -s
мопс *м* Mops *m* (1*)
мор *м уст., теперь разг.* Séuche *f* (11); Mássensterben *n* -s
морализи́ровать moralisíeren *vi*, Morál prédigen; den Síttenprediger spíelen (*ирон.*)
морали́ст *м* Moralíst *m* (8), Morálprediger *m* (6), Síttenprediger *m*, Síttenrichter *m* (6)
мора́ль *ж* Morál *f*, Síttenlehre *f*; Síttlichkeit *f*, Moralität *f* (*нравственность*); читáть комý-л. ~ *ирон.* j-m Morál prédigen
мора́льно-полити́ческий morálisch-polítisch
мора́льн||ый morálisch; síttlich (*нравственный*); ~ая отвéтственность morálische Verántwortung; ◇ ~ый изнóс (*машины*) *эк.* morálischer Verschléiß
морато́рий *м* Moratórium *n* -s, -ri|en; ~ на я́дерные взры́вы Moratórium für nukleáre Explosiónen; объяви́ть ~ ein Moratórium erklären
морг *м* Léichen(schau)haus *n* (5); Léichenhalle *f* (11)
морг||а́ние *с* Zwínkern *n* -s, Blínzeln *n* -s; Áugenklimpern *n* -s (*разг.*); ~**а́ть**, ~**ну́ть 1.** zwínkern *vi*, blínzeln *vi*; mit den Áugen klímpern (*разг.*); **2.** (*делать знаки*) zúblinzeln *vi* (комý-л. *D*); ◇ он дáже глáзом не ~нýл er hat mit kéiner Wímper gezúckt
мо́рда *ж* **1.** Schnáuze *f* (11), Maul *n* (5); **2.** *груб.* (*лицо*) Frésse *f* (11), Frátze *f* (11)
морда́стый *разг., тж. перен. груб.* gróßschnäuzig
морда́шка *ж разг.* Gesíchtchen *n* (7), Lärvchen *n* (7), Frätzchen *n* (7)
мордва́ *ж собир.* Mordwínen *pl*
мордви́н *м* Mordwíne *m* (9)
мордоби́тие *с*, **мордобо́й** *м груб.* Schläge *pl* ins Gesícht [in die Frésse]
мордова́ть *груб.* schlágen* *vt*, quälen *vt*
мордо́в||ка *ж* Mordwínin *f* (12); ~**ский** mordwínisch; ~ский язы́к die mordwínische Spráche, das Mordwínische (*sub*)
мо́ре *с* **1.** Meer *n* (2), See *f*; внýтреннее ~ Bínnenmeer *n*; в откры́том ~ auf hóher [óffener] See; вы́йти в ~ in See stéchen* [géhen*]; éхать на ~ an die See fáhren*; éхать ~м mit dem Schiff [per Schiff] fáhren*, zur See fáhren*; отпрáвить ~м verschíffen *vt*; зá ~м in Übersee; jénseits des (gróßen) Wássers [des Ózeans]; из-за мóря aus Übersee; ни́же ýровня мóря únter dem Méeresspiegel (gelégen); **2.** *перен.* Meer *n* (2); ~ крóви ein Meer von Blut; ◇ кáпля в ~ ein Trópfen auf den héißen Stein; сидéть у мóря и ждать погóды *погов.* ≅ die Hände in den Schoß légen; etw. úntätig ábwarten
море́на *ж геол.* Moräne *f* (11)
морёный (*о дереве*) gebéizt
мореплáвание *с* Schíffahrt (*при переносе* Schiff-fahrt) *f*, Séeschiffahrt *f*
мореплáватель *м* Séefahrer *m* (6); ~**ный** Séefahrts-, Schíffahrts- (*при переносе* Schiff-fahrts-)
мореход(ец) *м см.* мореплáватель
мореходн||ость *ж* Séetüchtigkeit *f*; ~**ый** séetüchtig (*о судне*); ~ое учи́лище Séefahrerschule *f* (11)
мореходство *с см.* мореплáвание
морж *м* **1.** *зоол.* Wálroß *n* -sses, -sse; **2.** (*любитель зимнего плавания*) Éisbader *m* (6), Wínterbader *m*
Мо́рзе: áзбука ~ Mórsealphabet *n* -(e)s; аппарáт ~ Mórseapparat *m* (1)
морзи́ст *м* Mórsetelegraphist *m* (8)
морзя́нка *ж разг.* Mórsealphabet *n* -(e)s
мори́лка *ж спец.* Hólzbeize *f*
мори́ть I **1.** (*уничтожать*) vertílgen *vt*; vergíften *vt* (*травить*); ~ крыс Rátten vergíften [vertílgen]; **2.** *разг.* (*мучить*) quälen *vt*; ~ когó-л. гóлодом j-n húngern lássen*
мори́ть II *спец.* (*дерево*) béizen *vt*
морко́вка *ж разг.* Möhre *f* (11), Móhrrübe *f* (11)
морко́вный Móhrrüben-, Möhren-; ~ сок Móhrrübensaft *m*, Möhrensaft *m*
морко́вь *ж* Möhren *pl*, Móhrrüben *pl*; Karótten *pl* (*каротель*)
морови||о́й: ~áя я́зва *уст.* Pest *f*, Séuche *f*
моро́жен||ица *ж* Éismaschine *f* (11); ~**ое** *с* Spéise|eis *n* -es, Eis *n*; Gefrórene *sub n*; фруктóвое ~ое Frúchteis *n*; ~**щик** *м* Spéise|eisverkäufer *m* (6), Éisverkäufer *m*, Éishändler *m* (6); Éismann *m* (4) (*разг.*); ~**щица** *ж* Spéise|eisverkäuferin *f* (12), Éisverkäuferin *f*
моро́жен||ый gefróren, Gefríer-; ~ое мя́со Gefríerfleisch *n* -es
моро́з *м* Frost *m* (1*); двáдцать грáдусов ~а zwánzig Grad Kälte; уменьшéние ~а Fróstmilderung *f*; крáсный от ~а rótgefroren, fróstrot; без ~а fróstfrei; чувстви́тельный к ~у fróstempfindlich; стоя́т ~ы es ist ánhaltendes Fróstwetter; на дворé трескýчий ~ dráußen ist klírrender Frost; es friert Stein und Bein; ◇ ~ по кóже подирáет *разг.* es überläuft éinen kalt; es läuft éinem kalt über den Rücken; ~**ец** *м* léichter Frost; ~**и́лка** *ж* Gefríerfach *n* (5), Tíefkühlfach *n*, Fróster *m* (6); ~**ить 1.** (*замораживать*) gefríeren lássen*; **2.** *безл.*: ~ит es friert; ~**но** *предик. безл.* es friert, es ist Frost; ~**ный** fróstig, éiskalt; Frost-; ~ная погóда Fróstwetter *n* -s; я́сная ~ная погóда fróstklares Wétter
морозосто́йкий kältebeständig, fróstbeständig
морозо||сто́йкость *ж см.* морозоустóйчивость; ~**упо́рный** *см.* морозостóйкий; ~**усто́йчивость** *ж* Fróstresistenz *f*; Frósthärte *f*, Wínterhärte *f*, Wínterfestigkeit *f*; ~**усто́йчивый** *см.* морозостóйкий
моро́ка *ж разг.* Schereréi *f*, Plackeréi *f*
морос||и́ть: (*дождь*) ~и́т es níeselt, es tröpfelt, es spritzt
мо́рось *ж* Níeseln *n* -s, Sprühregen *m* -s, Stáubregen *m*
моро́чить *разг.* täuschen *vt*, fóppen *vt*, násführen *неотд. vt*; j-m bláuen Dunst [ein X für ein U] vórmachen
моро́шка *ж бот.* Súmpfbrombeere *f* (11), Tórfbeere *f*
морс *м* Frúchtsaftgetränk *n* (2)
морск||о́й Meer-, Méeres-, See-; Maríne-; maritím; ~óй вóздух Séeluft *f*; ~óе течéние Méeresströmung *f* (10); Trift *f* (10) (*мор.*); ~óе дно Méeresgrund *m* -(e)s, Méeresboden *m* -s; ~áя ми́ля Séemeile *f* (11); ~óе путешéствие Séereise *f* (11); ~óе плáвание Hóchseefahrt *f*; ~и́м путём auf dem Séeweg; ~óй курóрт Stándbad *n* (5); ~óй разбóйник Pirát *m* (8), Séeräuber *m* (6); ~и́е прибóры Séeschifffahrtsgeräte *pl*; ~áя кáрта Séekarte *f* (11); ~óй бой Séeschlacht *f* (10); ~и́е си́лы Séestreitkräfte *pl*, Maríne *f* (11); ~óй флот Hóchseeflotte *f* (11); ~óй офицéр Maríneoffizier *m* (1); ~áя авиáция Maríneflugwesen *n* -s; ~áя держáва Séemacht *f* (3); ~áя пехóта Maríneinfanterie *f*; ~óе сообщéние Séeverkehr *m* -(e)s; ~áя водá Séewasser *n* -s; ~óе дéло Séewesen *n* -s; ~áя фáуна Méeresfauna *f*; ~áя сви́нка Méerschweinchen *n* (7); ~óе живóтное Méerestier *n* (2); ~óй слон Sée-Elefant *m* (8); ~áя ры́ба Séefisch *m* (1); ~áя иглá *зоол.* Séenadel *f* (11), Nádelfisch *m* (1); ~óй лев Séelöwe *m* (9), Séerobbe *f* (11); ~óй ёж Sée|igel *m* (6); ~áя звездá *зоол.* Séestern *m* (1); ~óй конёк *зоол.* Séepferdchen *n* (7); ~óй кот Séekatze *f* (11); ~áя капýста *бот.* Strándkohl *m* (1), Méerkohl *m*, Séekohl *m*; ~áя травá *бот.* Méergras *n* (5), Séegras *n*, Strándgras *n*, Wásserriemen *m* (7); ◇ ~óй волк Séebär *m* (8); ~áя болéзнь Séekrankheit *f*; страдáть ~óй болéзнью séekrank [(*на самолёте*) lúftkrank] sein; не страдáть ~óй болéзнью séefest sein
морти́ра *ж воен. уст.* Mörser *m* (6)
Морфе́||й *м миф.* Mórpheus *m* -'; ◇ в объя́тиях ~я in Mórpheus' Ármen (rúhen)
морфе́ма *ж лингв.* Morphém *n* (2)
мо́рфий *м фарм.* Mórphium *n* -s; впры́снуть ~ Mórphium éinspritzen, éine Mórphiumeinspritzung máchen, éine Mórphiumspritze gében*
морфин||и́зм *м мед.* Morphinísmus *m* =, Mórphiumsucht *f*; ~**и́ст** *м* Morphiníst *m* (8); быть ~и́стом Mórphium sprítzen, mórphiumsüchtig sein; ~**и́стка** *ж* Morphinístin *f* (12)
морфо||логи́ческий morphológisch; ~**ло́гия** *ж* Morphologíe *f*
морщи́на *ж* Rúnzel *f* (11), Fálte *f* (11), Fúrche *f* (11); Krähenfüße *pl* (*у глаз*); покры́тый ~ми rúnz(e)lig fáltig; von Rúnzeln durchzógen [durchfúrcht]
морщи́нист||ость *ж* Rúnz(e)ligkeit *f*, Fáltigkeit *f*; ~**ый** rúnz(e)lig, fáltig
мо́рщить 1. (*лоб*) rúnzeln *vt*, fálten *vt*; Fálten zíehen*; **2.**: ~ гýбы die Líppen schürzen
морщи́ть (*об одежде*) Fálten máchen [zíehen*]
мо́рщиться 1. (*о лице*) sich in Fálten légen; **2.** (*морщить лицо, делать гримасы*) das Gesícht verzíehen*; ~ от бóли sein Gesícht vor Schmerz verzíehen*; **3.** (*об одежде*) Fálten zíehen*
моря́к *м* Séemann *m* (4) (*pl тж.* -leute); воéнный ~ Marínesoldat *m* (8), Maríner *m* (6); ~-пограни́чник Matróse der Küstenwache
моря́цкий *разг.* Séemanns-
москате́ль||ный: ~ая лáвка Drogeríe *f* (11), Drógenhandlung *f*, Fárbenhandlung *f*
москви́ч *м* **1.** Móskauer *m* (6); **2.** «Москви́ч» (*автомобиль*) Moskwítsch *m* (1); ~**ка** *ж* Móskauerin *f* (12)
моски́т *м зоол.* Moskíto *m* -s, -s, Stéchmücke *f* (11); ~**ный** Moskíto-; ~ная сéтка Moskítonetz *n* (2)
моско́вский Móskauer *inv*; Москóвская óбласть Móskauer Gebíet
Мособлисполко́м *м* (исполни́тельный комитéт Москóвского областнóго Совéта нарóдных депутáтов) Exekutívkomitee des Móskauer Gebíetssowjets (der Vólksdeputierten)
Мособлсове́т *м* (Москóвский областнóй Совéт нарóдных депутáтов) der Móskauer Gebíetssowjet (der Vólksdeputierten)
Моссове́т *м* (Москóвский городскóй Совéт нарóдных депутáтов) der Móskauer Stádtsowjet (der Vólksdeputierten)

мост *м* **1.** Brücke *f* (11); понтóнный ~ Pontonbrücke ['pɔntɔ̃-] *f*; áрочный ~ Bógenbrücke *f*; висячий ~ Hängebrücke *f*; подъёмный ~ Zúgbrücke *f*; однопролётный ~ Úferbrücke *f*; разводнóй ~ Dréhbrücke *f*; двухъярусный ~ Dóppelstockbrücke *f*; врéменный ~ Nótbrücke *f*; *воен.* Behélfsbrücke *f*; навести́ ~, перебрóсить ~ *тж. перен.* éine Brücke schlägen*; навóдка ~а Brückenschlag *m* (1*), Brückenbau *m* -(e)s; развести́ ~ éine Brücke ábbrechen*; **2.** *авто* Áchse *f* (11); ведýщий ~ Ántriebsachse *f*; перéдний ~ Vórderachse *f*; **3.** *спорт.* (*борьба*) Brücke *f* (11); **4.** (*зубной*) Záhnbrücke *f* (11), Brücke *f*; ◇ воздýшный ~ Lúftbrücke *f*; сжечь (за собóй) все ~ы́ álle Brücken (hínter sich) ábbrechen*

мóстик *м* **1.** kléine Brücke; Steg *m* (1) (*пешеходный*); **2.** (*на судне*) Brükke *f* (11); капитáнский ~ Kommándobrücke *f* **3.** *спорт.* (*гимнастика*) Brükke *f* (11); **4.** (*зубной*) Brücke *f* (11)

мости́ть pflästern *vt*

мостки́ *мн.* Steg *m* (1), Bréttersteg *m*, Láufsteg *m*, Láufbrücke *f* (11); погрýзочные ~ Ládebühne *f* (11), Láderampe *f* (11)

мостовáя *ж* Pfláster *n* (6), Stráßenpflaster *n*; Fáhrdamm *m* (1*), Fáhrbahn *f* (10) (*проезжая часть*); торцóвая ~ Klótzpflaster *n*; асфáльтовая ~ Asphältfahrdamm *m*, asphaltíerte Fáhrbahn; булы́жная ~ Kópfsteinpflaster *n*; Kátzenkopfpflaster *n* (*разг.*)

мостови́к *м* Brückenbauer *m* (6)

мостовóй Brücken-; ~ бык Brückenpfeiler *m* (6); ~ кран Brückenkran *m* (1, 1*), Láufkran *m*

мостовщи́к *м* Pflásterer *m* (6), Stéinsetzer *m* (6)

мосто||строéние *с* Brückenbau *m* -(e)s; **~стрóитель** *м* Brückenbauer *m* (6)

мóська *ж разг.* Mops *m* (1*)

мот *м разг.* Verschwénder *m* (6), Vergéuder *m* (6); Prásser *m* (6) (*кутила*)

мотáльн||ый *текст.* Háspel-; Spul-; ~ая маши́на Háspelmaschine *f* (11)

мотáльщик *м текст.* Spúler *m* (6)

мотáть I **1.** háspeln *vt*, spúlen *vt* (*в мотки*); áufwickeln *vt*, wíckeln *vt* (*на клубок*); **2.** *разг.*: ~ головóй den Kopf schütteln; ◇ ~ себé на ус *разг.* ≅ sich (*D*) etw. hínter die Óhren schréiben*

мотáть II *разг.* (*деньги*) verschwénden *vt*, vergéuden *vt*; verprássen *vt*

мотáться I *разг.* (*болтаться*) bámmeln *vi*, hin und her scháukeln *vi*, hin und her péndeln *vi*

мотáться II *разг.* **1.** (*бегать, хлопотать*) umhérlaufen* *vi* (s); ~ без дéла herúmlungern *vi*; **2.** (*скитаться*) umhérwandern *vi* (s), umhérirren *vi* (s)

мотéль *м* Motél *n* -s, -s

моти́в *м* **1.** *муз.* Motív *n* (2), Melodíe *f* (11), Wéise *f* (11); **2.** (*побуждение*) Motív *n* (2), Bewéggrund *m* (1*); **3.** (*часть сюжета и т. п.*) Motív *n* (2)

мотивáция *ж* Motivatión [-va-] *f* (10)

мотиви́р||овать motivieren [-'vi:-] *vt*, begründen *vt*; **~óвка** *ж* Motivierung [-'vi:-] *f* (10), Begründung *f* (10)

мотнýть: ~ головóй *разг.* den Kopf [mit dem Kopf] schütteln

мотовáтый *разг.* verschwéndungssüchtig

мотови́ло *с* **1.** *текст.* Háspelmaschine *f* (11); **2.** *с.-х.* Háspel *f* (11), Gárnwinde *f* (11)

мотóвка *ж разг.* Verschwénderin *f* (12), Vergéuderin *f* (12)

мотовóз *м* kléine Díesellok *f*, *pl* -s

мотов||скóй *разг.* verschwénderisch; prásserisch; **~ствó** *с разг.* Verschwéndung *f*, Vergéudung *f*; Prasseréi *f* (*кутежи*)

мотогóн||ки *мн.* Motórradrennen *n* (7); **~щик** *м* Motórradrennfahrer *m* (6)

мотодрези́на *ж* Motórdraisine *f* (11)

мотодрóм *м* Motórradrennbahn *f* (10)

мотóк *м* Dócke *f* (11); Strähne *f* (11), Wíckel *m* (6); ~ пряжи Gárndocke *f*

мотоклýб *м* Motórradklub *m* -s, -s

мотоколóнна *ж* motorisíerte Kolónne

мотокрóсс *м* Motórradgeländefahrt *f* (10), Geländefahrt, Móto-Cross *n*, *m* =

мотомеханизи́рованный *воен. уст.* motorisíert

мотопехóта *ж* motorisíerte Ínfanterie

мотопилá *ж* Motórsäge *f* (11)

мотопланёр *м ав.* Motórsegler *m* (6)

мотопóмпа *ж спец.* Motórpumpe *f* (11)

мотопробéг *м см.* мотокрóсс

мотóр *м* Motór *m* -s, -en, Mótor *m* -s, -tóren; подвеснóй ~ Áußenbordmotor *m*

моторáлли *с* Motórradrallye [-,rali *u* -,rɛli] *f*, *pl* -s

моториз||áция *ж* Motorisíerung *f*; пóлная ~áция Vóllmotorisierung *f*; ~áция áрмии Héeresmotorisierung *f*; **~óванный** motorisíert; Motór-, Kraft-; ~óванная диви́зия motorisíerte División [-vi-]; ~óванная артиллéрия motorisíerte Artilleríe; **~овáть** motorisíeren *vt*

motори́ст *м* **1.** *мор.* Eléktromaschinist *m* (8), É-Maschinist *m*; **2.** *ав.* Tríebwerktechniker *m*; **3.** (*на моторной лодке*) Motórbootfahrer *m* (6)

motóрка *ж разг.* Motórboot *n* (2)

мотóрн||ый I *тех.* Motór-; ~ый вагóн Tríebwagen *m* (7); ~ая лóдка Motórboot *n* (2)

мотóрн||ый II *физиол.* motórisch; ~ые рефлéксы motórische Refléxe

моторóллер *м* Motórroller *m* (6)

мотосáни *мн.* Motórschlitten *m* (7)

мотоспóрт *м* Motórsport *m* - (e)s

мотостроéние *с* Motórenbau *m* - (e)s

мотоци́кл *м* Motórrad *n*, Kráftrad *n* (5); Krad *n* (5) (*воен.*); ~ с коля́ской Motórrad mit Béiwagen; Gespánn *n* (2) (*разг.*); **~éт** *м см.* мотоци́кл; **~éтный** Motórrad-, Kráftrad-; Krad-; ~éтная коля́ска Béiwagen *m* (7); **~и́ст** *м* Motórradfahrer *m* (6), Kráftradfahrer *m*, Krádfahrer *m*

моты́га *ж тех., с.-х.* Hácke *f* (11), Háue *f* (11), Karst *m* (1)

моты́жить *с.-х.* mit der Hácke beárbeiten

мотылёк *м* Fálter *m* (6), Schméttterling *m* (1); ночнóй ~ Náchtfalter *m*

мотылькóвые *сущ. мн. бот.* Schméttterlingsblütler *pl*, Papilionazéen *pl*

мох *м* Moos *n* (2); исланский ~ isländisches Moos; олéний ~ Réntierflechte *f*, Réntiermoos *n*; порóсший мхом bemóost; ◇ ~ом обрасти́ (*о человеке*) verwíldern *vi* (s), herúnterkommen* *vi* (s)

мохéр *м* Mohär *m* -s

мохнáт||ый zóttig (*о зверях*); fláuschig, rauh, wóllig (*о материи*); ~ое полотéнце Frottíerhandtuch *n* (5)

мохови́к *м бот.* Röhrenpilz *m* (1); Zíegenlippe *f* (11)

моцион *м* Spazíergang *m* (1*); для ~а um sich (*D*) Bewégung zu máchen; дéлать ~ sich (*D*) Bewégung máchen

моч||á *ж* Harn *m* - (e)s, Urín *m* (1); недержáние ~и́ *мед.* Hárnträufeln *n* -s; Enurésis *f*; Béttnässen *n* -s (*во время сна*)

мочáлистый fáserig

мочáл||ить **1.** zerfásern *vt*; ~ить лы́ко Bast zerfásern; **2.** *перен. разг.* quälen *vt*, péinigen *vt*; **~ка** *ж* Bástwisch *m* (1); **~о** *с* Bast *m* (1); Bástfaden *m* (1*)

мочев||и́на *ж хим.* Hárnstoff *m* - (e)s; **~óй** Harn-; ~óй пузы́рь *анат.* Hárnblase *f* (11); ~ы́е кáмни *мед.* Hárnsteine *pl*, Blásensteine *pl*; ~óй песóк *мед.* Hárngrieß *m* -es; ~áя кислотá *хим.* Hárnsäure *f*

моче||гóнный hárntreibend; ~гóнное срéдство hárntreibendes Míttel; **~испускáние** *с* Hárnen *n* -s, Hárnentleerung *f* (10); задéржка ~испускáния Hárnverhaltung *f* (10); **~испускáтельный**: ~испускáтельный канáл *анат.* Hárnröhre *f* (11); **~ки́слый** *хим.* hárnsauer

мочéние *с* Éinweichen *n* -s, Wässern *n* -s

мочён||ый: ~ые я́блоки éingelegte [éingesäuerte] Äpfel

моче||отделéние *с физиол.* Hárnabsonderung *f*, Hárnabscheidung *f*; Hárnabgang *m* -(e)s; **~половóй** Urogenitál-; ~половы́е болéзни Urogenitálkrankheiten *pl*; **~тóчник** *м анат.* Hárnleiter *m* (6)

мочи́ть **1.** (*смачивать*) nétzen *vt*, ánfeuchten *vt*, wässern *vt*; naß máchen; **2.** (*вымачивать*) éinweichen *vt* (*бельё*); rösten *vt* (*лён*)

мочи́ться **1.** (*испускать мочу*) hárnen *vi*, uriníeren *vi*; **2.** *страд.* genétzt wérden (*ср.* мочи́ть)

мóчка I *ж* Éinweichen *n* -s, Wässerung *f*; Röste *f*, Rösten *n* -s (*льна*)

мóчк||а II *ж* **1.** *анат.* Óhrläppchen *n* (7); **2.**: корневы́е ~и *бот.* Wúrzelfasern *pl*

мочковáтый *бот.* fáserig

мочь I *гл.* **1.** können* *vi*, imstánde sein; vermögen* *vi*; я сдéлаю всё, что могý ich wérde álles tun, was in méinen Kräften steht; **2.** (*иметь право*) dürfen* *vi*; могý ли я спроси́ть вас? darf ich Sie frágen?; **3.**: ~ не (+ *инф. несов. вида*) nicht bráuchen; он мóжет не приходи́ть er braucht nicht zu kómmen; **4.**: ~ не (+ *инф. сов. вида*) es kann sein, daß... nicht; vielléicht nicht; он мóжет не прийти́ es kann sein, daß er nicht kommt, vielléicht kommt er nicht; ◇ мóжет быть, быть мóжет, мóжет *вводн. сл.* vielléicht, möglich, mag sein; мóжет быть, он уéхал vielléicht ist er fórtgefahren; не мóжет быть! (das ist) unmöglich!, undénkbar!; как живёте-мóжете? wie geht's, wie steht's?

моч||ь II *сущ. ж разг.*: изо всéй ~и, что есть ~и aus Léibeskräften; кричáть во всю ~ь aus vóllem Hálse schréien*; бежáть из всéй ~и mit Ánspannung áller Kräfte láufen*; láufen*, was das Zeug [das Léder] hält; ~и нет ich hábe kéine Kraft [kéine Gedúld] mehr

мошéнник *м* Gáuner *m* (6), Spítzbube *m* (9), Schúrke *m* (9); Schelm *m* (1) (*шутл.*)

мошéннич||ать betrügen* *vt*, beschwíndeln *vt*, préllen *vt*; gáunern *vi*; **~еский** spítzbübisch, schúrkisch; gáunerhaft; **~ество** *с* Schurkeréi *f* (10),

Gaunereí f (10), Prellereí f (10); Schwíndel m (6) (*обман*)

мо́шка ж kléine Flíege; Schnáke f (11); ~**ра́** ж *собир.* Schnáken pl

мошна́ ж *уст. разг.* Börse f (11); *перен.* Géldsack m (1*)

мошо́н||ка ж *анат.* Hódensack m (1*); ~**очный** *анат.* Hódensack-; ~очная гры́жа *мед.* Hódenbruch m (1*)

моще́ние с Pflästern n -s

мощёный gepflästert

мо́щи *мн. рел.* Relíqui|en pl; ◇ живы́е [ходя́чие] ~ *разг.* ein wándelndes Skelétt

мо́щн||ость ж **1.** Macht f; Gewáltigkeit f; **2.** *тех.* Léistung f (10), Kapazität f (10); максима́льная ~ость Höchstleistung f; поле́зная ~ость Nútzleistung f; по́лная ~ость Vóllastleistung f; Gesámtleistung f; в по́лную ~ость (*о звуке*) mit höchster Láutstärke; сре́дней ~ости (*о моторе*) míttelstark; ~ость переда́чи *радио* Séndeleistung f; произво́дственные ~ости Produktiónskapazitäten pl; испо́льзование произво́дственных ~осте́й Áuslastung f der Produktiónskapazitäten; рабо́тать на по́лную ~ость mit Hóchdruck árbeiten; **3.** *геол.* Mächtigkeit f, Dícke f; ~**ый** **1.** mächtig; gewáltig; wúchtig; Groß-; ~ое госуда́рство ein mächtiger Staat; **2.** *тех.* von größer Léistungsfähigkeit, léistungsstark, Hóchleistungs-; láutstark (*о звуке*); ~ый электроприбо́р strómintensives [-vəs] Gerät; ~ый переда́тчик *радио* Gróßsender m (6); **3.** *геол.* mächtig

мощь ж Macht f; вое́нная ~ militärische Stärke

мо́ющ||ий Wasch-; ~ее сре́дство Wáschmittel n (6); ~**ийся** ábwaschbar

моя́ ж *см.* мой

мразь ж *груб.* Dréckskerl m (1); Míststück n (2)

мрак м Fínsternis f, Dúnkel n -s; ◇ э́то покры́то ~ом неизве́стности das ist in Dúnkel [Nébel] gehüllt

мракобе́с м Obskuránt m (8), Dúnkelmann m (4), Fínsterling m (1); ~**не** с Obskurantísmus m =, Dúnkelmännertum n -es

мра́мор м Mármor m (1); отде́лывать под ~ marmoríeren vt

мра́морн||ый **1.** mármorn; Mármor-; ~ая коло́нна Mármorsäule f (11); **2.** *поэт.* (*гладкий*) mármorglatt

мрачне́ть sich verfínstern, sich verdüstern, sich verdúnkeln

мра́чн||ость ж **1.** Fínsterkeit f; Düsterheit f, Düsterkeit f (*тонов, красок и т. п.*); Düster n -s, Dúnkel n -s (*помещения и т. п.*); **2.** (*характера*) Fínsterkeit f, Schwérmut f, Übellaunigkeit f, Míßmut m -(e)s; ~**ый** **1.** dúnkel, fínster; trist (*о местности, погоде*); düster; trübe (*о погоде*); **2.** *перен.* fínster, düster; schwérmütig, míßmutig; ~ое настрое́ние düstere Stímmung; ~ые мы́сли trübe Gedánken; ~ый ю́мор grimmiger Humór; в ~ых тона́х grau in grau, schwarz; ви́деть всё в ~ом све́те álles schwarz [grau in grau] séhen*

мсти́тель м Rächer m (6); ~**ница** ж Rächerin f (12); ~**ность** ж Ráchsucht f, Ráchedurst m -es, Ráchgier f; ~**ный** ráchsüchtig, ráchgierig, ráchedürstend

мстить rächen vt (*за кого-л., что-л.*) sich rächen, Ráche néhmen* [üben] (*кому-л. за что-л.* an j-m für A)

МТС ж (маши́нно-тра́кторная ста́нция) *ист.* MTS (Maschínen-und-Traktóren-Station, Maschínen-Traktóren-Station)

муа́р м Moiré [*фр.* moa're:] m -s, -s; ~**овый** **1.** Moire- [*фр.* moa're:-]; **2.** (*с отливом*) moiríert [moa-], geflámmt

мудрено́ *предик. безл.*; не ~, что ... (es ist) kein Wúnder, daß...; es ist nicht zu verwúndern, daß...; на него́ ~ угоди́ть ihm kann man nichts recht máchen

мудрён||ый **1.** (*о человеке*) wúnderlich; kompliziert (*сложный*); **2.** (*о задаче, вопросе и т. п.*) schwíerig (*трудный*); kompliziert, verwíckelt (*сложный*); wúnderlich, sónderbar (*странный*); áusgeklügelt (*замысловатый*); ~ое объясне́ние éine komplizíerte Erklärung; ◇ у́тро ве́чера мудрене́е *посл.* gúter Rat kommt über Nacht

мудре́ц м **1.** Wéise m (14); **2.** *ирон.* Bésserwisser m (6)

мудри́ть *разг.* **1.** klügeln vi; herúmmodeln vi (над чем-л. an D); **2.** (*издеваться над кем-л.*) verspótten vt

му́др||ость ж Wéisheit f; жи́зненная ~ость Lébensklugheit f; ◇ зуб ~ости Wéisheitszahn m (1*); ~**ствовать** *разг.* klügeln vi, tüfteln vi, philosophíeren vi; ◇ не ~ствуя лука́во éinfach, óhne Úmschweife; ~**ый** wéise, klug

муж м **1.** (*мн.* мужья́) Mann m (4), Éhemann m; Gemáhl m (1), Gátte m (9) (*супруг*); идеа́льный ~ *ирон.* Mústergatte m; **2.** (*мн.* мужи́) *уст.* (*мужчина в зрелом возрасте*) Mann m (4); **3.** (*мн.* мужи́) *высок.* (*деятель на каком-л. общественном поприще*); учёный ~ Geléhrte m (14); госуда́рственный ~ Stáatsmann m (4)

мужа́ть mánnbar wérden, sich entwíckeln; *перен.* wáchsen* vi (s)

мужа́ться Mut fássen, sich ermánnen

мужеподо́бн||ый wie ein Mann áussehend; ~ая же́нщина Mánnweib n (5)

му́жественный mútig, mánnhaft; tápfer; ~ посту́пок tápfere [mútige] Tat

му́жество с Mut m -(e)s, Mánnhaftigkeit f; Tápferkeit f; гражда́нское ~ Zivilcourage [tsi'vi:lku,ra:ʒə] f

мужеуби́йца ж Gáttenmörderin f (12)

мужи́к м **1.** *уст.* (*крестьянин*) Báuer m (8, 13); Mushik [mu'ʒik] m -s, -s, Muschík m -s, -s (*б. ч. презр.*); **2.** *разг.* (*мужчина*) Mann m (4), Kerl m (1) (*pl.* тж. -s), Mánnsbild n (5); **3.** *разг.* (*муж*) Mann m (4)

мужикова́тый *уст.* báuernhaft plump, roh, úngeschliffen

мужи́цкий *уст.* Báuern-; bäuerlich, bäuerisch

мужи́чка ж *уст. б. ч. презр.* gróbes Fráuenzimmer

мужичьё с *собир. разг. уст. б. ч. презр.* Pöbel m -s

мужла́н м *разг. уст.* gróbes Mánnsbild

му́жний, му́жнин *разг.* des Mánnes

мужск||о́й Männer-, Mánnes-, Hérren-, männlich; ~о́й хор Männerchor [-,ko:r] m (1, 1*); ~о́й портно́й Hérrenschneider m (6); ~о́й род *грам.* männliches Geschlécht, Maskulínum n -s, pl -na; ~а́я шко́ла Knábenschule f (11)

мужчи́на м Mann m (4); Mánnsperson f (10) (*разг.*); Mánnsbild n (5) (*разг., б. ч. пренебр.*)

му́за ж Múse f (11)

музееве́дение с Museologíe f, Muséumswissenschaft f

музе́й м Muséum n -s, -séen; ~-кварти́ра Gedénkstätte f (11); краеве́дческий ~ Héimatmuseum n; ~ изобрази́тельных иску́сств Muséum der bíldenden Künste; ~ В. И. Ле́нина Léninmuseum n; ~**ный** Muséum(s)-; ~ная ре́дкость éine museále Séltenheit

музици́ровать *уст.* musizíeren vi

му́зык||а ж Musík f; Tónkunst f (*музыкальное искусство*); лёгкая ~а Unterháltungsmusik f; фо́новая ~а (*фильма*) Untermálungsmusik f, Begléitmusik f; занима́ться ~ой Musík tréiben *; положи́ть на ~у in Musík sétzen, vertónen vt; с ~ой и бараба́нным бо́ем (*о войсках*) mit klíngendem Spiel; ◇ ~ не та *шутл.* éine ganz ándere Sáche; надое́ла мне вся э́та ~а *разг.* ich hábe díese Geschíchte satt; ich hábe die Náse voll von díeser Sáche

музыка́льн||ость ж **1.** (*стихов и т. п.*) Wóhllaut m -es, Harmoníe f; **2.** (*человека*) Musíkbegabung f; ~ость э́того ребёнка порази́тельна díeses Kind ist áußerordentlich musikálisch; ~**ый** **1.** Musík-; ~ый инструме́нт Musíkinstrument n (2); ~ый кружо́к Zírkel m für Musíkdarbietungen; ~ое сопровожде́ние Begléitmusik f; Untermálungsmusik f; ~ое оформле́ние Musíkbearbeitung f; ~ое произведе́ние Musíkwerk n (2); ~ая коме́дия Musical [*англ.* 'mju:zikl] n -s, -s; ~о-драмати́ческий теа́тр Musíktheater n (6); **2.**: ~ный челове́к musikálischer [musíkbegabter] Mensch; ~ый слух musikálisches Gehör; **3.** (*благозвучный*) harmónisch, wóhlklingend

музыка́нт м Músiker m (6); Musikánt m (8); ~**ша** ж *разг.* Musikerin f (12)

музыкове́д м Musíkwissenschaftler m (6); ~**ение** с Musíkwissenschaft f; ~**ческий** musíkwissenschaftlich

му́к||а ж Qual f (10), Pláge f (11); Pein f; Tortúr f (10); ◇ танта́ловы ~и, ~и Танта́ла Tántalusqualen pl; ~а мне с тобо́й ich hábe méine líebe Not mit dir; хожде́ние по ~ам Léidensweg m

мука́ ж Mehl n (2); пшени́чная ~ Wéizenmehl n; ржана́я ~ Róggenmehl n; крупномо́лотая ~ Schrót(mehl) n; ~ ме́лкого размо́ла féines Mehl; древе́сная ~ *тех.* Hólzmehl n; бурова́я ~ *горн.* Bóhrklein n -s

муко||мо́л м Müller m (6); ~**мо́льный** Mahl-, Mühl-, Mühlen-; ~мо́льная промы́шленность Mühlenindustrie f, Mülleréi f

мул м Máultier n (2)

мула́т м Mulátte m (9); ~**ка** ж Muláttin f (12)

мулине́ с Mouliné [muli'ne:] m -s, -s, Mulinée m -s, -s

мулла́ м Múlla m -s, -s, Mólla m -s, -s

му́льда ж *мет.* Éinsatzmulde f (11)

мультипли́к||а́тор м **1.** *фото, кино* (*камера*) Multiplikátor m -s, -tóren; **2.** (*специалист по мультипликации*) Filmzeichner m (6); ~**ацио́нный** Tríckfilm-; ~ацио́нный ме́тод Tríckfilmverfahren n -s; ~ацио́нный фильм Tríckfilm m (1), Animatiónsfilm m, Zéichentrickfilm m (*рисованный*); ку́кольный ~ацио́нный фильм Púppentrickfilm m; ~**а́ция** ж Tríckfilmaufnahme f (11)

мультицикло́н м *тех.* Víelzellenentstauber m (6)

мультфи́льм м (мультипликацио́нный фильм) Tríckfilm m (1); рисо́ванный ~ Zéichentrickfilm m; объёмный [ку́кольный] ~ Púppentrickfilm m

муля́ж м Náchbildung f (10), Modéll n (2)

мумифика́ция ж Mumifikatión f (10), Mumíenbildung f (10)

мумифици́ровать mumifizíeren vt; ~**ся** sich mumifizíeren

му́мия I ж Múmie f (11)

му́мия II *ж* (*краска*) Rötelfarbe *f*, Éisenmennige *f*, Éisenminium *n* -s

мунди́р *м* Unifórm *f* (10), Díenstkleidung *f* (10) (*форменная одежда*), Wáffenrock *m* (*военный*); ◇ карто́фель [карто́шка] в ~е Péllkartoffeln *pl*

мундшту́к *м* **1.** Múndstück *n* (2); Zigaréttenspitze *f* (11) (*курительный*); **2.** (*для лошади*) Kandáre *f* (11)

муниципализ||а́ция *ж* Munizipalisíerung *f*, Überführung *f* in Geméinde¦eigentum [in kommunáles Éigentum]; **~и́ровать** munizipalisíeren *vt*, in Geméinde¦eigentum überführen

муниципалите́т *м* Munizipalität *f* (10), Stádtverwaltung *f* (10); Geméinderat *m* (1*)

муниципа́льн||ый munizipál, Munizipál-, Geméinde-; ~ый слу́жащий Munizipálbeamte *m* (14); ~ые дома́ Geméindebauten *pl*; ~ые вы́боры Geméindewahlen *pl*

мура́ *ж разг.* Únsinn *m* -(e)s, Blech *n* -(e)s, Quatsch *m* -es

мурава́ I *ж поэт.* (*трава*) (júnges) Gras *n* (5), Wíesengras *n*

мурава́ II *ж спец.* (*эмаль*) Glasúr *f* (10), Schmelz *m* (1)

мураве́й *м* Ámeise *f* (11); **~ни́к** *м* Ámeisenhaufen *m* (7)

мура́вить *спец.* glasíeren *vt*

мура́вленый *спец.* glasíert; ~ изразе́ц glasíerte Káchel

муравье́д *м зоол.* Ámeisenbär *m* (8), Ámeisenfresser *m* (6)

муравьи́н||ый Ámeisen-; ~ая ку́ча Ámeisenhaufen *m* (7); ~ые я́йца Ámeiseneier *pl*; ~ая кислота́ *хим.* Ámeisensäure *f*; ~ый спирт *фарм.* Ámeisenspiritus *m* =, Ámeisengeist *m* -es; ◇ ~ый лев *зоол.* Ámeisenlöwe *m* (9)

мура́шк||и: у меня́ ~и по спине́ бе́гают *разг.* mir läuft es kalt den Rücken hinúnter; ein Scháuler läuft mir über den Rücken; покры́ться ~ами éine Gänsehaut bekómmen*

мурлы́к||анье *с* Schnúrren *n* -s, Spínnen *n* -s; **~ать 1.** schnúrren *vi*, spínnen* *vi* **2.**: ~ать что-л. (себе́ под нос) *разг.* vor sich hin súmmen; etw. léise síngen*

мурова́ть máuern *vt*

муска́т *м* **1.** (*орех*) Muskátnuß *f* (3); **2.** (*виноград*) Muskáttraube *f* (11); **3.** (*вино*) Muskatéller *m* (6), Muskatéllerwein *m* (1), Muskátwein *m*; **~ный** Muskát-; ~ное де́рево Muskátnußbaum *m* (1*); ~ный оре́х Muskáte *f* (11), Muskátnuß *f* (3); ◇ ~ный цвет Mázis *f*, Muskátblüte *f*

му́скул *м* Múskel *m* (13); **~ату́ра** *ж* Muskulatúr *f* (10); **~и́стый** muskulös, múskelstark

му́скульн||ый Múskel-; ~ая си́ла Múskelkraft *f*

му́скус *м* Móschus *m* =; Bísam *m* -s; **~ный** Móschus-; Bísam-; ~ный за́пах Móschusgeruch *m* -(e)s

мусли́н *м* (*ткань*) Musselín *m* (1); **~овый** musselínen, Musselín-

мусо́лить *разг.* **1.** (mit Spéichel) benétzen *vt*; **2.**: ~ како́й-л. вопро́с éine Fráge wíederkäuen

му́сор *м* **1.** (*строительный*) Schutt *m* -(e)s, Ábraum *m* -(e)s; **2.** (*сор*) Kéhricht *n*, *m* -(e)s, Müll *m* -(e)s; Ábfall *m* (1*) (*отбросы*); вы́возка ~а Müllabfuhr *f*; **~ить** beschmútzen *vt*; Schmutz máchen; **~ный** Schutt-; Kéhricht-, Müll-; Ábfall-; ~ный я́щик Müllkasten *m* (7*); ~ная я́ма Müllgrube *f* (11); ~ная ку́ча Schútthaufen *m* (7)

мусорово́з *м* Müllwagen *m* (7)

мусоропрово́д *м* Müllschlucker *m* (6); Müllschacht *m* (1*)

мусоросжига́тель *м* Müllverbrennungsanlage *f* (11); **~ный**: ~ная печь Müllverbrennungsanlage *f* (11)

мусороубо́рочн||ый: ~ая маши́на Müllwagen *m* (7)

му́сорщик *м* Müllfahrer *m* (6) (*водитель мусоровоза*); Müllkutscher *m* (6) (*на лошадях*)

мусс *м кул.* Scháumspeise *f* (aus Früchten)

мусси́ровать 1. *спец.* (*о напитках*) moussíeren [mu-] *vi*, pérlen *vi*, schäumen *vi*; **2.** *книжн.*: ~ вопро́с éine Fráge áufbauschen [hóchspielen]; ~ слу́хи Gerüchte bréittreten*, Gerüchte an die gróße Glócke hängen

муссо́н *м геогр.* Monsún *m* (1)

муста́нг *м зоол.* Mústang *m* -s, -s

мусульма́н||ин *м* Móslem *m* -s, -s, Mo¦hammedáner *m* (6); **~ка** *ж* Moslíme *f* (11), Mo¦hammedánerin *f*; **~ский** moslemínisch, mo¦hammedánisch, islámisch; Móslem-; **~ство** *с* Islám *m* -s *u* =

мута́ция *ж* **1.** *биол.* Mutatión *f* (10); **2.** (*перелом голоса*) Stímmbruch *m* -(e)s, Stímmwechsel *m* -s

мути́ть 1. trüben *vt*, trübe máchen; ~ во́ду das Wásser trüben; **2.** *перен.* (*затуманивать*) trüben *vt*, verschléiern *vt*, benébeln *vt*; **3.** *разг.* (*подстрекать*) hétzen *vt*, áufhetzen *vt*; **4.** *безл.* (*тошнить*): меня́ мути́т mir ist übel; **~ся 1.** sich trüben, trübe wérden; **2.** *перен.* (*помрачаться*) sich trüben, sich verschléiern; ◇ у меня́ в глаза́х [в голове́] мути́тся mir schwíndelt; es schwimmt mir vor den Áugen

мутне́ть sich trüben, trübe wérden

мутнова́тый ein wénig [étwas] trübe, getrübt

му́тн||ость *ж* **1.** Trübheit *f*; **2.** (*тусклость*) Máttheit *f*, Glánzlosigkeit *f*; **~ый 1.** (*о жидкости*) trübe, getrübt; **2.** (*тусклый*) matt, glánzlos; **3.** *перен.* getrübt, verschléiert; ◇ в ~ой воде́ ры́бу лови́ть *погов.* im trüben físchen

муто́вка *ж* **1.** Quirl *m* (1); **2.** *бот.* Dólde *f* (11)

муто́н *м* Mouton [*фр.* muˈtɔ̃] *m* -s, -s, speziéll beárbeitetes Schäffell

му́торн||ый *разг.* únangenehm, lángweilig; ~о на душе́ es ist (mir) beklómmen

муть *ж* **1.** Trübe *f*; Bódensatz *m* (1*), Satz *m*, Níederschlag *m* (1*) (*осадок*); **2.** *перен.* Nébelschleier *m* -s

му́фель *м тех.* Múffel *f* (11); **~ный** *тех.* Múffel-; ~ная печь Múffel *f* (11), Múffelofen *m* (7*)

муфло́н *м зоол.* Mufflón *m* -s, -s; *мн. собир.* Múffelwild *n* -(e)s

му́фта *ж* **1.** Muff *m* (1); **2.** *тех.* Múffe *f* (11); Kúpplung *f* (10)

му́фтий *м* Múfti *m* -s, -s

му́фтов||ый *тех.* Múffen-; ~ое соедине́ние Múffenverbindung *f* (10)

му́х||а *ж* Flíege *f* (11); бума́га от мух Inséktenpapier *n* -s; ◇ он и ~и не оби́дит er tut kéiner Flíege étwas zuléide; де́лать из ~и слона́ aus éiner Mücke éinen Elefánten máchen; кака́я ~а тебя́ укуси́ла? *разг.* ≅ was ist dir in die Króne gefáhren?; ~и до́хнут *разг.* es ist stérbenslangweilig; ~у раздави́ть *разг.* eins hében*; счита́ть мух *разг.* Däumchen dréhen; быть под ~ой *разг.* éinen Schwips háben; ángeheitert sein; мрут как ~и sie stérben wie die Flíegen; он (то́чно) ~у проглоти́л er hat éine sáure Míene; слы́шно, как ~а пролети́т ≅ man hätte éine Nádel fállen hören

мухоло́вка *ж* **1.** (*ловушка*) Flíegenfalle *f* (11); **2.** *бот.* Flíegenklappe *f* (11), Venusfliegenfalle [ˈve:-] *f* (11); **3.** *зоол.* Flíegenschnäpper *m* (6)

мухомо́р *м бот.* Flíegenpilz *m* (1)

мухо́ртый (*о масти*) braun mit gélben Flécken

муче́ние *с* Qual *f* (10); Quäleréi *f* (10), Pein *f*, Márter *f* (11); э́то и́стинное ~ das ist die réinste Pláge; одно́ ~ мне с ним ich hábe méine líebe Not mit ihm

му́чен||ик *м* Märtyrer *m* (6); **~ица** *ж* Märtyrerin *f* (12)

му́ченичe||ский Märtyrer-; ◇ му́ка ~ская ≅ höllische Qual; **~ство** *с* Märtyrertum *n* -s, Martýrium *n* -s

мучи́тель *м* Quäler *m* (6), Péiniger *m* (6); ты насто́ящий ~! du bist ein wáhrer Quälgeist!; **~ный** quálvoll, quälend, péinigend; péinlich (*тягостный*)

му́чить quälen *vt*, péinigen *vt*; drangsalíeren *vt*; plágen *vt*; mártern *vt*, fóltern *vt* (*пытать*); **~ся 1.** (*страдать*) sich quälen, sich ábquälen (чем-л., из-за чего́-л. mit *D*); Quálen léiden*; léiden* *vi* (чем-л. an *D*, únter *D*); ~ся угрызе́ниями со́вести von Gewíssensbissen gepéinigt wérden; **2.** (*испытывать затруднения, изводиться*) sich ánstrengen, sich ábquälen, sich ábplagen (над чем-л. mit *D*); ~ся над како́й-л. рабо́той sich mit éiner Árbeit ábquälen; ~ся над разреше́нием зада́чи sich (*D*) über éiner Áufgabe den Kopf zermártern [zerbréchen*]

мучни́к *м уст.* **1.** (*торговец мукой*) Méhlhändler *m* (6); **2.** (*специалист по мукомольному делу*) Mülleréifachmann *m* (4) (*pl тж.* -leute)

мучни́стый méhlig, méhlartig; méhlhaltig (*содержащий муку*); téigig (*об овощах*)

мучно́е *сущ. с кул.* Méhlspeise *f* (11)

мучн||о́й Mehl-; ~ы́е изде́лия Téigwaren *pl*

муши́н||ый Flíegen-; ~ые следы́ Flíegenschmutz *m* -es, Flíegenspuren *pl*

му́шка I *ж* **1.** kléine Flíege; **2.** (*на лице*) Schönheitspflästerchen *n* (7); Schmínkpflästerchen *n*; **3.** (*на материи*) Túpfen *m* (7), Tüpfel *m*, *n* (6), Tüpfchen *n* (7); в чёрных ~х schwárzpunktiert; ◇ шпа́нская ~ *тж. мед.* spánische Flíege

му́шк||а II *ж* (*на стволе огнестрельного оружия*) Korn *n* (5); взять на ~у кого́-л. *тж. перен.* j-n aufs Korn néhmen*

мушке́т *м ист.* Muskéte *f* (11); **~ёр** *м* Musketíer *m* (1)

мушмула́ *ж бот.* Míspel *f* (11)

мушта́бель *м иск.* Málerstock *m* (1*)

муштр||а́ *ж* Drill *m* -(e)s; **~ова́ть** dríllen *vt*; **~о́вка** *ж* Drill *m* -(e)s, Dressúr *f* (10)

муэдзи́н *м* Muézzin *m* -s, -s

МХАТ *м* (Моско́вский Худо́жественный академи́ческий теа́тр СССР и́мени М. Го́рького) Móskauer Künstlertheater (Móskauer Akadémisches Górki-Künstlertheater)

мчать 1. (schnell, mit Wíndeseile) fáhren* *vt*; mit sich réißen*, tréiben* *vt*, jágen *vt* (*гнать — о ветре и т. п.*); **2.** *см.* мча́ться; **~ся** dahíneilen *vi* (s) (*тж. о времени*); dahínjagen *vi* (s); dahínstürmen *vi* (s); rénnen* *vi* (s) (*бежать*); ~ся во весь опо́р in rásender Éile dahínstürmen

мши́стый móosig, bemoost

мще́ние *с* Ráche *f*

мы *мест.* wir (*G* únser, *D* uns, *A* uns); мы с сестро́й méine Schwéster und ich; мы с ва́ми Sie und ich; у нас есть wir háben; вме́сто нас statt únser; нам сообщи́ли man hat uns mítgeteilt; нам необходи́мо wir háben es nötig; нас встре́тили приве́тливо man hat uns fréundlich empfángen; он на́ми дово́лен er ist mit uns zufrieden; он говори́т о нас er spricht von uns

мы́за *ж* Lándhaus *n* (5), Hof *m* (1*), Gehöft *n* (2)

мы́кать: го́ре ~ Not léiden*; ~ век [жизнь] ein kümmerliches Dásein frísten; **~ся** *разг.* umhérirren *vi*; sich kümmerlich dúrchschlagen*; ~ся по све́ту in der wéiten Welt herúmgestoßen wérden

мы́лить séifen *vt*, éinseifen *vt*; ~ся (*о мыле*) Schaum gében* [bílden], schäumen *vi*

мы́лкий gut schäumend, schäumgebend, schäumbildend

мы́л||о *с* **1.** Séife *f* (11); туале́тное ~о Féinseife *f*; хозя́йственное ~о Wäschseife *f*; ядро́вое ~о Kérnseife *f*; жи́дкое ~о flüssige Séife; зелёное ~о Schmíerseife *f*; **2.** (*пена*) Schaum *m* (1*); ло́шадь вся в ~е das Pferd ist schäumbedeckt

мылова́р *м* Séifensieder *m* (6); **~е́ние** *с* Séifensiederei *f*, Séifensieden *n* -s; **~енный:** ~енный заво́д Séifensiederei *f* (10)

мы́льница *ж* Séifenschale *f* (11), Séifenbehälter *m* (6)

мы́льн||ый Séifen-, séifig; ~ые хло́пья Séifenflocken *pl*; ~ые пузыри́ Séifenblasen *pl*; ~ый порошо́к Séifenpulver *n* (6); ~ая пе́на Séifenschaum *m* -(e)s; ◇ ~ый ко́рень *бот.* Séifenwurzel *f* (11); ~ый пузы́рь Séifenblase *f* (11); ло́пнуть как ~ый пузы́рь wie éine Séifenblase (zer)plátzen

мыльня́нка *ж бот.* Séifenkraut *n* (5), Séifenwurz *f* (10)

мыс **1.** *геогр.* Lándzunge *f* (11), Kap *n* -s, -s, Vórgebirge *n* (6); **2.** (*выдающаяся часть чего-л.*) Spítze *f* (11), spitz zúlaufendes Stück

мы́сленн||о in Gedánken, im Sínne; im Hérzen; ~ый ínnerlich

мы́слим||ый dénkbar; möglich (*возможный*); ~ое ли э́то де́ло? *разг.* ist denn das möglich?

мысли́тель *м* Dénker *m* (6); **~ный** Denk-; ~ная спосо́бность Dénkfähigkeit *f*, Dénkvermögen *n* -s

мы́слит||ь **1.** dénken* *vi*; sinnen* *vi*; **2.** (*представлять себе что-л.*) sich (*D*) etw. vórstellen; как вы ~е себе́ э́то? wie stéllen Sie sich das vor?

мысл||ь *ж* **1.** Gedánke *m* (15); Idée *f* (11) (*идея*); внеза́пная ~ь Éinfall *m* (1*); Gedánkenblitz *m* (1); блестя́щая ~ь glänzender Gedánke [Éinfall]; глубо́кая ~ь tíefer Gedánke; tíefsinnige Idée; мелькну́ла ~ь ein Gedánke fuhr [schoß] durch den Kopf [Sinn]; ein Gedánke blítzte auf; основна́я ~ь Háuptgedanke *m*, Háuptidee *f*; э́то хоро́шая ~ь das ist ein gúter Éinfall [éine gúte Idée]; пода́ть кому́-л. ~ь j-m éinen Gedánken éingeben*, j-n auf den Gedánken bríngen*; мне пришла́ в го́лову ~ь ich kam auf den Gedánken [Éinfall]; э́то навело́ меня́ на ~ь das bráchte mich auf den Gedánken; носи́ться с ~ью mit dem Gedánken úmgehen*; собра́ться с ~ями séine Gedánken sámmeln; быть поглощённым ~ями in Gedánken vertíeft [versúnken] sein; ganz in Gedánken sein; мы далеки́ от ~и, что... wir sind weit davón entférnt zu gláuben, daß...; **2.** (*мышление*) Dénken *n* -s; филосо́фская ~ь philosóphisches Dénken; о́браз ~ей Dénk(ungs)art *f*, Dénkweise *f*, Gesínnungsart *f*; рабо́та ~и Gedánkenarbeit *f*; ход ~ей Gedánkengang *m* (1*); **3.** (*взгляды*) Léhrmeinung *f*; ◇ за́дняя ~ь Híntergedanke *m*

мы́слящий dénkend

мыта́рить *разг.* (*кого-л.*) plágen *vt*, strapazíeren *vt*, ermüden *vt*; **~ся** *разг.* sich ábquälen, sich plágen, sich ábplagen

мыта́рств||о *с* Pláge *f* (11), Strapáze *f* (11), Plackeréi *f* (10); пройти́ че́рез все ~а viel dúrchmachen, álle Wíderwärtigkeiten áuskosten müssen*

мыть wáschen* *vt*; schéuern *vt* (*полы и т. п.*); ábwaschen* *vt* (*посуду*); pútzen *vt* (*окна*)

мыть||ё *с* Wäschen *n* -s; Schéuern *n* -s (*полов*); Ábwasch *m* -es (*посуды*); ~ё головы́ Kópfwäsche *f*; вода́ для ~я́ посу́ды Spülwasser *n* -s; устано́вка для ~я́ автомоби́лей Wágenwaschanlage *f*; ◇ не ~ём, так ка́таньем ≅ kein Míttel schéuen, zu jédem belíebigen Míttel gréifen*; es kóste, was es wólle (*во что бы то ни стало*)

мы́ться **1.** sich wáschen*; **2.** *страд.* gewáschen wérden (*ср.* мыть)

мыча́ние *с* **1.** Brüllen *n* -s, Gebrüll *n* -(e)s; **2.** *перен. разг.* únartikulierte Láute

мыча́ть **1.** brüllen *vi*, múhen *vi*; **2.** *перен. разг.* únartikulierte Láute von sich gében*

мыша́стый (*о масти животных*) máusgrau

мышело́вка *ж* **1.** Máusefalle *f* (11); **2.** *перен.* Fálle *f* (11)

мы́шечн||ый Múskel-; ~ая ткань *анат.* Múskelgewebe *n* (6); ~ая боль Múskelschmerz *m* (13); Múskelkater *m* -s (*разг.*)

мыши́н||ый Maus-, Máuse-; **~ая** но́рка Máuseloch *n* (5); ~ого цве́та máusfarben, máusgrau; ◇ ~ый хво́стик (*о косичке*) Ráttenschwanz *m* (1*)

мы́шк||а I *ж* Mäus¦chen *n* (7), kléine Maus; ◇ игра́ть в ко́шки-~и Katz und Maus spíelen

мы́шк||а II: держа́ть кни́гу под ~ой das Buch únter dem Arm hálten*

мышле́ние *с* Dénken *n* -s, Mentalität *f*; Dénkweise *f* (*образ мышления*)

мышо́нок *м* Mäus¦chen *n* (7), kléine Maus

мы́шца *ж* Múskel *m* (13); боль в ~х Múskelschmerz *m* (13); Múskelkater *m* -s (*разг.*)

мышь *ж* Maus *f* (3); летя́чая ~ Flédermaus *f*; полева́я ~ Féldmaus *f*; ◇ он как ~ на крупу́ наду́лся *разг.* er spielt den Beléidigten

мышья́к *м* **1.** Arsén *n* -s (*хим. знак* As); **2.** (*препарат*) Arsénik *n* -s

мышьяко́вист||ый *хим.* arsénig, Arsénik-, arsénikhaltig; ~ая сурьма́ Arsénikantimon *n* -s; ~ый ангидри́д arsénige Säure, wéißes Arsén

мышьяко́вый arsenikálisch, Arsén-; Arsénik-; ~ колчеда́н *мин.* Arsénkies *m* (1), Arsénikkies *m*

мэр *м* Bürgermeister *m* (6)

мэ́рия *ж* Bürgermeisterei *f* (10)

мю́зикл *м* Musical ['mju:zikəl] *n* -s, -s

мю́зик-холл *м* Revuetheater [*фр.* re'vy:-] *n* (6), Revue *f* (11)

мя́гк||ий **1.** weich; geschméidig (*о коже*); mürbe (*размягчённый*); ~ое желе́зо Wéicheisen *n* -s; ~ое кре́сло wéicher Séssel, Pólstersessel *m* (6); ~ие игру́шки Stóffspielwaren *pl*; ~ое приземле́ние wéiche Lándung; ~ий согла́сный wéicher [palatáler] Konsonánt; **2.** *перен.* sanft, weich; náchgiebig (*о человеке, характере*); ~ий кли́мат míldes Klíma; ~ий свет gedämpftes Licht; ◇ ~о выража́ясь gelínde [mílde] geságt

мягкосерде́ч||ие *с* Wéichherzigkeit *f*; **~ный** wéichherzig

мя́гкость *ж* **1.** Wéichheit *f*; Geschméidigkeit *f* (*кожи*); **2.** *перен.* Wéichheit *f*, Mílde *f*, Sánftmut *f*; **3.** *фон.* Palatalität *f*

мягкоте́л||ость *ж* Charákterschwäche [ka-] *f*, Energíelosigkeit *f*, Schláppheit *f*; **~ый** charákterlos [ka-], energíelos, schlapp; ~ый челове́к ein charákterloser [energíeloser, schlápper] Mensch; Schláppschwanz *m* (1*) (*разг.*)

мягкошёрст(н)ый wéichwollig, wéichhaarig

мягчи́тельн||ый *мед.* Línderungs-; ~ые сре́дства Línderungsmittel *pl*

мягчи́ть weich máchen, wéichen *vt*

мяки́н||а *ж с.-х.* Spreu *f*; ◇ ста́рого воробья́ на ~е не проведёшь *посл.* álte Spérlinge sind schwer zu fángen; ≅ ein álter Fuchs geht nicht zum zwéiten Mal ins Garn; его́ на ~е не проведёшь er läßt sich nicht so leicht hínters Licht führen

мя́киш *м* Krúme *f* (11), das Wéiche (*sub*) (des Brótes)

мя́кнуть *разг.* weich wérden; *перен.* sich erwéichen lássen*

мя́коть *ж* **1.** wéiches Fleisch (óhne Knóchen); **2.** (*плодов*) Frúchtfleisch *n* -es, Frúchtmark *n* -(e)s

мя́лка *ж* **1.** (*для льна*) Fláchsbreche *f* (11); **2.** *тех.* Wálke *f* (11); Stámpfe *f* (11)

мя́млить *разг.* **1.** úndeutlich [mit schwérer Zúnge] spréchen*, die Wórte káuen; **2.** (*тянуть*) trödeln *vi*

мя́мля *м, ж разг.* Wáschlappen *m* (7); Schláppschwanz *m* (1*), pomádiger Mensch; Stíesel *m* (6)

мяси́стый fléischig

мясна́я *сущ. ж разг.* Fleischeréi *f* (10), Fléischerladen *m* (7*)

мясни́к *м* Fléischer *m* (6)

мясн||о́е *сущ. с* Fléischspeise *f* (11), Fléischgericht *n* (2); **~о́й** Fleisch-; ~о́й нава́р Fléischbrühe *f*; ~ы́е изде́лия Fléischwaren *pl*, Fléischfabrikate *pl*; ~а́я коро́ва *с.-х.* Mástkuh *f* (3); ~ы́е консе́рвы Büchsenfleisch *n* -es, Fléischkonserven [-vən] *pl*, Dósenfleisch *n*; ~о́й стол Fléischkost *f*

мя́со *с* Fleisch *n* -es; сыро́е ~ Fríschfleisch *n*; ру́бленое ~ gehácktes Fleisch, Háckfleisch *n*; ◇ ди́кое ~ wíldes Fleisch; пу́шечное ~ Kanónenfutter *n* -s; ни ры́ба ни ~ *разг.* wéder Fisch noch Fleisch

мясозагото́вки *мн.* Fléischbeschaffung *f*, Fléischversorgung *f*

мясокомбина́т *м* Fléischkombinat *n* (2)

мя́со-моло́чный Fleisch- und Milch-

мясопоста́вки *мн.* Fléischablieferung *f* (10)

мясопроду́кты *мн.* Fléischwaren *pl*

мясору́бк||а *ж* **1.** Fléischwolf *m* (1*), Fléischhackmaschine *f* (11); провернýть че́рез ~у durch den Wolf dréhen; **2.** *перен.* Gemétzel *n* (6)

мясосовхо́з *м* Sowchós *m* (1) für Mástviehzucht

мясохладобо́йня *ж* Schláchthof *m* (1*) mit Kühlhaus [mit Kühlanlage]

мя́та *ж* Mínze *f* (11); Pféfferminze *f* (*перечная*)

мяте́ж *м* Meuteréi *f* (10), Áufruhr *m* (1), Rebellión *f* (10); Insurrektión *f* (10); **~ник** *м* Méuterer *m* (6), Áufrührer *m* (6), Rebéll *m* (8); **~ный 1.** méuterisch, áufrührerisch, rebéllisch; **2.** *перен.* stürmisch, rástlos; ~ная жизнь stürmisches [bewégtes] Lében; ~ная душá únruhiger Charákter [ka-]

мя́тлик *м бот.* Ríspengras *n* -es

мя́тн||ый Minz-; ~ые лепёшки Pféfferminzplätzchen *pl*; ~ый пря́ник Pféfferminzkuchen *m* (7)

мя́тый zerdrückt, zerknüllt, zerknít-tert; ◇ ~ пар *тех.* Ábdampf *m* (1*)

мять 1. zerknittern *vt*, zerknüllen *vt*; ~ плáтье das Kleid zerknüllen; **2.** (*месить*) knéten *vt*, (áus)quétschen *vt*; ~ глúну Ton knéten; **3.** (*лён, пеньку*) bréchen* *vt*

мя́ться 1. knittern *vi* (*о платье и т. п.*); э́та матéрия не мнётся díeses Stoff knittert nicht, díeser Stoff ist knítterfrei [knítterarm]; **2.** *разг.* (*колебаться*) únschlüssig sein, nicht mit der Spráche heráus wóllen*; **3.** *страд.* geknétet wérden (*ср.* мять)

мяу́к||анье *с* Miáuen *n* -s; **~ать, ~нуть** miáuen *vi*

мяч *м* Ball *m* (1*); футбóльный ~ Fúßball *m*; Léder *n* (6) (*разг. — употр. в репортажах*); тéннисный ~ Ténnisball *m*; набивнóй ~ Vóllball *m*, Medizínball *m*; игрáть в ~ Ball spíelen; ~ вне игры́ (*в футболе*) Áusball *m*

мя́чик *м* kléiner Ball; Spíelball *m* (1*)

Н

на I *предлог* **1.** (*сверху; на поверхности чего-л.*) auf, an (*A на вопрос «куда?», D на вопрос «где?»*); я кладу́ кни́гу на стол ich lége das Buch auf den Tisch; кни́га лежи́т на столé das Buch liegt auf dem Tisch; на чём?, на что? woráuf?; на нём (*на столе и т. п.*) daráuf; мы вéшаем кáрту нá стену wir hängen die Kárte an die Wand; кáрта виси́т на стенé die Kárte hängt an der Wand; **2.** (*при обозначении направления; на вопрос «куда?»*) auf (*A*), in (*A*), nach (*D*); на у́лицу auf die Stráße; на востóк nach Ósten; пóезд на Ки́ев der Zug nach Kíew; пойти́ на лéкцию in die Vórlesung géhen*; **3.** (*при обозначении цели*) zu (*D*); я иду́ на собрáние ich géhe zur Versámmlung; **4.** (*при указании определённого места; на вопрос «где?»*) in (*D*), auf (*D*), an (*D*); на у́лице auf der Stráße; мы живём на у́лице Ки́рова wir wóhnen in der Kírowstraße; на берегу́ am Úfer; an der Küste (*на морском*); на горé auf dem Bérge; дерéвня располóжена на рекé das Dorf liegt am Fluß; он на собрáнии er ist in der Versámmlung; на вéчере auf dem Ábend; на Зáпаде im Wésten; на Кавкáзе im Káukasus; **5.** (*при обозначении времени, срока и т. п.*); 1) (*на вопрос «когда?»*) an (*D*), in (*D*); на слéдующий день am nächsten Táge, den nächsten Tag; на слéдующий год im nächsten Jahr, nächstes Jahr; на десятóй мину́те in der zéhnten Minúte; на кани́кулах in den Féri|en; 2) (*на вопрос «на какое время?»*) für (*A*), auf (*A*); он взял кни́гу на три дня er nahm das Buch für [auf] drei Táge; недéли нá две auf ein paar Wóchen; останови́ться (где-л.) на час Áufenthalt für éine Stúnde háben; **6.** (*для*) zu (*D*), für (*A*); на что тебé э́то? wozú brauchst du das?; на пáмять zum Ándenken; раздаётся звонóк на урóк es läutet zur Stúnde; на всех ученикóв имéются тетрáди es gibt Héfte für álle Schüler; **7.** (*на сумму*) für (*A*); он купи́л книг на двáдцать рублéй er hat für zwánzig Rúbel Bücher gekáuft; на э́ти срéдства für díese Míttel; **8.** (*при обмене*) gégen (*A*); я вы́менял испáнскую почтóвую мáрку на францу́зскую ich hábe éine spánische Bríefmarke gégen éine französische éingetauscht; **9.** (*при указании распределения*): на ду́шу населéния pro Kopf der Bevölkerung; на брáта *разг.* pro Persón; **10.** (*при обозначении множителя или делителя*): мнóжить на три mit drei multiplizíeren; пять мéтров (в длину́) на три (в ширину́) fünf mal drei Méter; дели́ть на три durch drei téilen; рéзать на куски́ in Stücke schnéiden*; рвать на чáсти in Stücke zerréißen*; **11.** (*при количественном сравнении*): на пять лет молóже fünf Jáhre jünger; **12.:** éхать на парохóде mit dem Dámpfer fáhren*; катáться на лóдке Boot fáhren*; грéться на сóлнце sich sónnen; я лежу́ на сóлнце ich líege in der Sónne; на пéрвое января́ nach dem Stand vom érsten Jánuar; ◇ оши́бка на оши́бке Féhler auf Féhler; на (вся́кий) слу́чай auf jéden Fall

на II *частица* (*возьми*) da!, nimm!; da hast du!; ◇ вот тебé и нá! da hast du's!, da háben wir's!, da hast du den Salát!

набáв||ить zúgeben* *vt*, zúlegen *vt*, zúschlagen* *vt* (*прибавить*); áufschlagen* *vt* (*увеличить цену и т. п.*); erhöhen *vt*, stéigern *vt*, hében* *vt* (*повысить*); ~ить плáту за помещéние die Wóhnungsmiete [Míete] erhöhen; **~ка** *ж* Zúschlag *m* (1*), Zúlage *f* (11); Áufschlag *m*, Áufpreis *m* (1) (*в цене*); ~ка к зáработной плáте Lóhnzuschlag *m*, Gehältszuschlag *m*, Lóhnausgleichszahlung *f*; ~ка за вы́слугу лет Tréueprämie *f* (11), Lóhnzuschlag für lángjährige Betríebszugehörigkeit; Díenstalterszulage *f*; ~ка за скóрость *ж.-д.* D-Zug-Zuschlag ['de:-] *m*; **~ля́ть** *см.* набáвить

набалдáшник *м* Knauf *m* (1*), Stóckknauf *m*

набаловáть *разг.* verwöhnen *vt*; **~ся** sich áustoben

набальзами́ровать éinbalsamieren *vt*

набáт *м* Stúrmläuten *n* -s; бить в ~ *тж. перен.* Sturm läuten, Alárm schlágen*

набáтный Sturm-; ~ кóлокол Stúrmglocke *f* (11)

набéг *м* Éinfall *m* (1*); Überfall *m* (*внезапный*); Stréifzug *m* (1*) (*кратковременный*); разбóйничий ~ Ráubzug *m*

набегáть *см.* набежáть

набéгаться *разг.* sich müde láufen*, sich die Béine áblaufen* (*в поисках чего-л.*)

набедоку́рить *разг.* Únheil ánrichten; Únfug ánstiften, dúmme Stréiche máchen

набéдренн||ый Lénden-; ~ая повя́зка Léndentuch *n* (5), Léndenschurz (1*)

набежáть 1. (*на что-л.*) gégen etw. (*A*) rénnen* [láufen*]; ánrennen* *vt*, ánlaufen* *vt*; ans Úfer schlágen* (*о волне*); heráufziehen* *vi* (s) (*о тучах*); **2.** (*сбежаться*) zusámmenlaufen* *vi* (s), zusámmenströmen *vi* (s); in Méngen herbéigelaufen kómmen*; **3.** (*скопиться*) sich ánsammeln; sich ánhäufen; áuflaufen* *vi* (*о долгах*)

набекрéнь: он надéл шáпку ~ er hat die Mütze schief [aufs Ohr] áufgesetzt

набели́ться sich weiß schmínken

нáбело *нареч.* ins réine; переписáть ~ ins réine schréiben*; éine Réinschrift ánfertigen

нáбережная *ж* **1.** Úfermauer *f* (11), Kai *m* (1) (*pl тж.* -s); портовáя ~ Háfenkai *m*; **2.** (*улица*) Úferstraße *f* (11); Strándpromenade (11) (*на курорте*)

набесéдоваться *разг.* sich viel erzählen

набивáть *см.* наби́ть

набивáться 1. *см.* наби́ться; **2.** *страд.* gefüllt wérden (*ср.* наби́ть)

наби́вка *ж* **1.** (*действие*) Pólstern *n* -s (*матраца, дивана*); Áusstopfen *n* -s (*чучел*); *текст.* Bedrúcken *n* -s; **2.:** ~ обруче́й Réifenaufziehen *n* -s, Fáßbinden *n* -s; **3.** *спец.* (*материал, которым набито что-л.*) Füllung *f* (10), Fútter *n* -s, Pólsterung *f* (10); *гидр.* Páckung *f*, Füllung *f*, Díchtung *f*

набивнóй 1. gestópft, gefüllt; **2.** *текст.* Druck-; bedrúckt; ~ си́тец bedrúckter Kattún; ~ узóр Drúckmuster *m* (6)

наби́вочный Stopf-, Füll-, Pólster-

набирáть *см.* набрáть

набирáться 1. *см.* набрáться; **2.** *страд.* zusámmengenommen wérden (*ср.* набрáть)

наби́тый vóllgestopft, gefüllt; überfüllt, vóllgepfropft; gepólstert (*о матраце и т. п.*); voll, prall (*полный*); übervoll, zum Plátzen voll (*переполненный*); зал наби́т биткóм der Saal ist zum Bréchen voll; ◇ ~ дурáк áusgemachter Narr

наби́ть 1. füllen *vt*, stópfen *vt*; áusstopfen *vt* (*чучело*); (áus)pólstern *vt* (*матрацы, диваны и т. п.*); überfüllen *vt* (*переполнить*); ~ до откáза vóllstopfen *vi*, vóllpfropfen *vt*; **2.:** ~ óбручи на бóчку Réifen áufziehen*, ein Faß bínden*; **3.** (*вбить*) (hin)éinschlagen* *vt*, hinéinjagen *vt*; ~ гвоздéй Nägel éinschlagen*; **4.** *текст.* bedrúcken *vt*; **5.** (*надеть ударом*) beféstigen *vt*, féstnageln *отд. vt*; **6.** (*настрелять птиц, зверей*) schíeßen* *vt*, erlégen *vt*; **7.** ~ (себé) лоб sich die Stirn ánschlagen*; ~ (себé) мозóли Blásen bekómmen*; **8.** (*разбить*) viel zerschlágen*; ◇ ~ ру́ку Fértigkeit erlángen; etw. im Griff háben, etw. heráushaben; ~ цéну на что-л. den Preis in die Höhe tréiben* [schráuben], den Preis hóchtreiben*; ~ себé цéну sich in den Áugen ánderer höher stéllen

наб||и́ться *разг.* **1.** (*собраться*) sich ánsammeln; в кóмнату ~и́лось мнóго нарóду das Zímmer war voll [überfüllt] von Ménschen; **2.** *разг.* (*навязаться*) sich áufdrängen; ~и́ться на знакóмство j-m séine Bekánntschaft áufdrängen; ~и́ться к комý-л. в гóсти sich selbst bei j-m éinladen*

наблюдáтель *м* Beóbachter *m* (6); **~ность** *ж* Beóbachtungsgabe *f*; Áufmerksamkeit *f* (*внимание*); **~ный 1.** (*для наблюдения*) Beóbachtungs-; ~ный пункт Beóbachtungsstand *m* (1*), Beóbachtungsposten *m* (7); Überwáchungsplatz *m* (1*), Áufsichtspult *n* (2); ~ный совéт Áufsichtsrat *m* (1*); **2.** (*о человеке*) schárfsichtig, áufmerksam (*внимательный*)

наблюд||áть 1. beóbachten *vt*; im Áuge behálten*; **2.** (*присматривать*) beáufsichtigen *vt*, überwáchen *vt*; áufpassen (auf *A*); **~áться 1.** (*отмечаться*) zu vermérken sein; ~áется колебáние температу́ры éine Temperatúrschwankung ist zu vermérken; **2.** *страд.*

beóbachtet wérden, vermérkt wérden, féstgestellt wérden

наблюде́ние *с* **1.** Beóbachtung *f* (10); *метеор.* Observatión [-va-] *f* (10); Wáhrnehmung *f* (10) (*результат*); ли́чное ~ persönliche Beóbachtung; *воен.* Sélbstsehen *n* -s; **2.** (*надзор*) Überwáchung *f*; Áufsicht *f*; Kontrólle *f* (*контроль*); взять под ~ únter Áufsicht néhmen*; überwáchen *vt*

набо́б *м тж. перен.* Nábob *m* -s, -s

на́божн||ость *ж* Frömmigkeit *f*; **~ый** fromm

набо́й||ка *ж* **1.** *текст.* bedrúckter Stoff; Drúckkattun *m* (1); **2.** (*на каблуке*) Ábsatzfleck *m* (1); Ábsatzblatt *n* (5); **~щик** *м текст.* Stóffdrucker *m* (6)

на́бок *нареч.* séitlich; schief; zur Séite

наболе́вш||ий schmérzlich; empfíndlich, wund; ~ее ме́сто *тж. перен.* der wúnde Punkt; ~ий вопро́с éine brénnende Fráge

наболта́ть I *разг.* (*наговорить чего-нибудь лишнего*) zusámmenschwatzen *vt*; zusámmenquatschen *vt*; Únsinn zusámmenreden

наболта́ть II *разг.* (*намешать*) éinrühren *vt*

наболта́ться *разг.* sich áusschwatzen

набо́р *м* **1.** (*приём*) Áufnahme *f* (11) (*учащихся*); Éinstellung *f* (10) (*рабочих и служащих*); **2.** *воен.* Áushebung *f* (10); Ánwerbung *f* (*вербовка*); ~ в а́рмию Trúppenaushebungen *pl*; **3.** *полигр.* Sétzen *n* -s (*действие*); Satz *m* (1*) (*набранный текст*); гото́вый к ~у sátzreif, drúckfertig; сдать в ~ in Satz gében*; **4.** (*комплект*) Satz *m* (1*) (*после числ. pl =*); Garnitúr *f* (10), Sortimént *n* (2); *мед.* Bestéck *n* (2); пода́рочный ~ Geschénkpackung *f* (10); ~ инструме́нтов Wérkzeugsatz *m*; четы́ре ~а свёрл vier Satz Bóhrer; шокола́дный ~ Scháchtel Pralínen; ~ духо́в Geschénkpackung mit Parfüm; черте́жный ~ Réißzeug *n* (2); ◊ ~ слов léere Wórte; Wórtgeklingel *n* (6); **~ная** *сущ. ж полигр.* Setzeréi *f* (10); **~ный:** ~ная маши́на Sétzmaschine *f* (11); ~ная лине́йка Sétzlinie *f* (11); ~ная ка́сса Sétzkasten *m* (7, 7*), Schríftkasten *m*; **~щик** *м* Sétzer *m* (6); **~щица** *ж* Sétzerin *f* (12)

набра́сывать 1. *см.* наброса́ть; **2.** *см.* набро́сить; **~ся 1.** *см.* набро́ситься; **2.** *страд.* gewórfen wérden (*ср.* наброса́ть, набро́сить)

набра́ть 1.: ~ корзи́ну грибо́в éinen Korb Pílze sámmeln; ~ цвето́в Blúmen pflücken; ~ воды́ etw. mit Wásser füllen; Wásser áufnehmen* (*о паровозе*); ~ жи́дкость в шприц éine Flüssigkeit mit der Sprítze áufziehen*; **2.** *воен.* (*навербовать*) áusheben* *vt*; wérben* *vt*; ánwerben* *vt*; **3.** (*произвести набор*) ánwerben* *vt*; díngen *vt*; éinstellen *vt* (*служащих*); ánheuern *vt* (*моряков*); áufnehmen* *vt* (*учащихся*); **4.** *полигр.* sétzen *vt*; **5.** (*составить*) zusámmenstellen *vt*; ~ кома́нду *спорт.* éine Mánnschaft áufstellen [zusámmenstellen]; ◊ ~ но́мер (*по телефону*) éine Númmer wählen; ~ высоту́ *ав.* (áuf)steigen* *vi* (s); Höhe gewínnen*; ~ ско́рость gróße Geschwíndigkeit erréichen; rasch an Fahrt gewínnen*; сло́вно воды́ в рот ~ den Mund nicht áuftun*; kéinen Laut von sich gében*

набра́||ться 1. (*собраться, скопиться*) sich ánsammeln; sich ánhäufen; ~ло́сь мно́го рабо́ты es hat sich viel Árbeit ángehäuft; ~ло́сь челове́к де́сять es háben sich an die zehn Mann éingefunden; ~ло́сь сто рубле́й es sind húndert Rúbel zusámmengekommen; **2.** (*запастись*); ~ться сме́лости [хра́брости] *разг.* Mut fássen; all séinen Mut zusámmennehmen*, sich (*D*) ein Herz fássen; ~ться све́жих сил néue Kräfte sámmeln; ~ться ума́ klüger wérden; ~ться ду́ху sich entschlíeßen* (*etw. zu tun*); ~ться ра́зных у́мных слов sich (*D*) klúge Wórte áneignen; ein paar klúge Áusdrücke übernéhmen*

набрести́ 1. (*на кого-л., на что-л.*) (zúfällig) auf j-n, auf etw. (*A*) stóßen*; ~ на след кого́-л. auf j-s Spur geráten* [stóßen*]; я набрёл на интере́сную мысль mir kam ein interessánter Gedánke; **2.** *б. ч. безл.* (*собраться*) zusámmenströmen *vi* (h, s), zusámmenlaufen* *vi* (s)

набреха́ть *разг. см.* навра́ть 1, 3

наброса́ть 1. wérfen* *vt*; etw. vóllwerfen* (*наполнить что-л.*); **2.** (*разбросать*) überáll hínwerfen*; **3.** (*сделать набросок*) entwérfen* *vt*; skizzíeren *vt* (*рисунок и т. п.*); **4.** (*бегло написать*) schríftlich entwérfen*, aufs Papíer wérfen*

набро́сить úmwerfen* *vt*, wérfen* *vt*, überwerfen* *vt*, úmlegen *vt*; ~ плато́к на пле́чи ein Tuch um die Schúltern néhmen* [légen]

набро́ситься sich wérfen*, sich stürzen (на кого́-л., на что-л. auf *A*.); hérfallen* *vi* (s) (über *A*); что ты на меня́ набро́сился? warúm bist du so über mich hérgefallen?; ~ с вопро́сами mit Frágen überschütten

набро́сок *м* Entwúrf *m* (1*), Konzépt *n* (2); Skízze *f* (11) (*эскиз*)

набры́згать besprítzen *vt*, vóllspritzen *vt*

набрю́шник *м* Báuchbinde *f* (11), Léibbinde *f*

набуха́ние *с* Ánschwellen *n* -s, Schwéllen *n*; Quéllen *n* -s (*почек*)

набуха́ть, набу́хнуть (án)schwéllen* *vi*; quéllen* *vi* (*о почках*)

набу́хш||ий geschwóllen; ~ие ве́ки geschwóllene Áugenlider

нава́га *ж* Nawága *f*, *pl* -s, Dorsch *m* (1)

наважде́ние *с* Sínnestäuschung *f* (10) (*обман чувств*); Versúchung *f* (10) (*соблазн*)

нава́л *м* gróßer áufgeworfener Háufen

нава́ливать *см.* навали́ть 1, 2; **~ся 1.** *см.* навали́ться; **2.** *страд.* áufgehäuft wérden (*ср.* навали́ть)

навал||и́ть 1. áufhäufen *vt*; áuftürmen *vt* (*нагромоздить*); áufschichten *vt* (*пластами; штабелями*); zusámmenschmeißen* *vt разг.* (*нашвырять*); zusámmenwerfen* *vt* (*набросать*); **2.** (*обременить*) áufbürden *vt*, áufladen* *vt* (на кого́-л. *D*); **3.** *безл.:* ~и́ло мно́го сне́га es ist viel Schnee gefállen; ну и наро́ду ~и́ло! ist da áber éine Únmenge Ménschen zusámmengekommen!

навали́ться 1. (*налечь всей тяжестью*) sich mit dem gánzen Gewícht légen (на что-л. auf *A*); álle Kräfte ánspannen (*напрячь все силы*); ~ на вёсла sich in die Ríemen légen, aus állen Kräften rúdern; **2.** (*опереться, прислониться*) sich stützen (на кого́-л., на что-л. auf *A*); **3.** (*наброситься на кого-л., на что-л.*) sich auf j-n, auf etw. (*A*) wérfen*; über j-n, über etw. (*A*) hérfallen*; ~ на еду́ *разг.* über das Éssen hérfallen*, sich über das Éssen hérmachen; **4.** (*обременить*) sich áufhäufen; über j-m zusámmenschlagen* (*о заботах и т. п.*)

нава́лк||а *ж* Áufladen *n* -s (von Mássengütern); *горн.* Láden *n*, Wégfüllen *n* -s; в ~у únverpackt, híngeschüttet

нава́лом *нареч.* únverpackt; това́р ~ lóse Wáre

навалоотбо́йщик *м* Häuer *m* (6), Ládehauer *m* (6); брига́да ~ов Häuerbrigade *f* (11)

наваля́ть 1. wálken *vt*; **2.** zusámmenwerfen* *vt*; fällen *vt* (*лес*); **3.** *разг.* (*небрежно сделать*) schnell zusámmenpfuschen, hínschludern *vt*

нава́р *м кул.* **1.** (*жир*) Féttaugen *pl*, Féttschicht *f* (10); **2.** (*настой*) Sud *m* (1), Brühe *f* (11)

нава́ривать *см.* навари́ть 2; **~ся** *тех.* ángeschweißt wérden

нава́ристый *разг.* kräftig; mit Féttaugen

навари́ть 1. (*много*) in Ménge [viel] kóchen; **2.** *тех.* ánschweißen *vt*, áufschweißen *vt*

наварно́й *тех.* ángeschweißt

нава́рный *см.* нава́ристый

навева́ть *см.* наве́ять I

наве́даться *разг.* besúchen *vt*; vórsprechen* *vi* (к кому́-л. bei *D*)

наведе́ние *с* **1.** (*красок*) Áuftragen *n* -s; ~ ло́ска [гля́нца] Políeren *n* -s; Áuftragen der Politúr; Glasíeren *n* -s; **2.** (*орудия*) Ríchten *n* -s; **3.** *геод.* Ríchten *n* -s, Zíelen *n* -s; **4.** (*ракеты*) Lénkung *f*, Áussteuerung *f*, Stéuerung *f*; програ́ммное ~ Prográmmlenkung *f*; ◊ ~ спра́вок Náchfragen *n* -s, Éinziehen von Erkúndigungen

наве́дываться *см.* наве́даться

навезти́ in Ménge zúführen, mássenweis(e) heránschaffen

наве́к, наве́ки *нареч.* auf éwig, auf [für] ímmer

навербова́ть *см.* вербова́ть

наве́рно, наве́рное *нареч.* **1.** (*вероятно*) wahrschéinlich; **2.** (*несомненно*) sícher, gewíß, bestímmt

наверну́ть 1. (*навинтить*) áufschrauben *vt*, ánschrauben *vt*; **2.** (*намотать*) áufwickeln *vt*; umwíckeln *vt*, umwínden* *vt*

наверну́||ться *разг.* sich éinfinden*, sich éinstellen, zúfällig kómmen*; ◊ слёзы ~лись ему́ на глаза́ die Tränen tráten ihm in die Áugen

наверняка́ *нареч. разг.* ganz bestímmt, ganz gewíß; sícher, sícherlich; де́йствовать ~ síchergehen* *отд. vi* (s)

наверста́ть I éinholen *vt*; áufholen *vt*; ~ упу́щенное Versäumtes náchholen

наверста́ть II *полигр. см.* верста́ть

навёрстывать *см.* наверста́ть I

наверте́ть 1. (*намотать*) áufwickeln *vt*; **2.:** ~ отве́рстий Löcher bóhren

навёртка *ж* Áufrollen *n* -s, Ánziehen *n* -s; ~ га́ек Ánziehen der Schráuben

навёртывать *см.* наверну́ть *и* наверте́ть 1; **~ся 1.** *см.* наверну́ться; **2.** *страд.* áufgeschraubt wérden (*ср.* наверну́ть)

наве́рх *нареч.* áufwärts; nach óben; heráuf (*по направлению к говорящему*); hináuf (*по направлению от говорящего*)

наверху́ *нареч.* óben

наве́с *м* **1.** Schírmdach *n* (5); Vórdach *n* (*крыши*); Sónnendach *n* (*от солнца*); Wétterdach *n*, Schútzdach *n* (*над окном, дверью*); óffener Schúppen (*открытый сарай*); Überdáchung *f* (10) (*над платформой и т. п.*); **2.** (*выступающая часть чего-л.*) Vórsprung *m* (1*), überhängender Teil (*напр. скалы*)

навеселе́ *нареч. разг.:* быть ~ ángeheitert [beschwípst] sein; éinen Áffen háben (*шутл.*)

навéсить ánhängen *vt*; ~ дверь die Tür in die Ángeln hängen, die Tür éinhängen; ~ замóк ein Schloß vórhängen

навéска *ж тех.* **1.** Áufhängen *n* -s, Ánhängen *n*, Éinhängen *n*; **2.** Türband *n* (2) (*дверная*); Fénsterband *n* (*оконная*); **3.** *хим.* Ábwägung *f* (10), Éinwaage *f* (11)

навесн||óй: ~óе орýдие *с.-х.* Ánbaugerät *n* (2); ~óй замóк Vórhängeschloß *n* (5); ~áя дверь Éinhängetür *f* (10); ~áя дорóга Ábwegbahn *f* (10)

навéсн||ый 1. *воен.* Steil-; ~ый вы́стрел Stéilschuß *m* -sses, -schüsse, Bógenschuß *m*; ~ый огóнь Stéilfeuer *n* -s; **2.:** ~ая кры́ша Schútzdach *n*

навести́ 1. (*направить*) ríchten *vt*, hínführen *vt*, léiten *vt* (на что-л. auf *A*); ~ орýдие das Geschütz ríchten; **2.** (*покрыть*) überzíehen* *pl*, áuftragen* *vt*; ~ глянец [лоск] políeren *vt*, glasíeren *vt*, auf Hóchglanz bríngen*; ~ зéркало *тех.* (mit Fóli|e) belégen *vt*; **3.** *разг.* (*привести*) bríngen* *vt* (*напр. гостей*); ◇ ~ красотý *разг.* sich schönmáchen; sich pútzen; ~ скýку на когó-л. j-n lángweilen, j-n ánöden; ~ страх на когó-л. j-m Furcht éinflößen [éinjagen]; ~ на след auf die Spur bríngen*; ~ когó-л. на мысль j-n auf einen Gedánken bríngen*; э́то навóдит на размышлéния das läßt tief blícken; ~ спрáвку о ком-л., о чём-л. Erkúndigungen éinziehen* [éinholen] über j-n, über etw. (*A*); ~ мост éine Brücke schlágen*; éine Dréhbrücke schlíeßen* (*о разведённом мосте*); ~ порядок Órdnung scháffen; ~ крити́ку Kritík üben (на когó-л. an *D*)

навести́ть besúchen *vt*; áufsuchen *vt*; vórsprechen* *vi*, éinen Besúch máchen (когó-л. bei *D*)

на весý *нареч.* im Hängen; hängend; in der Schwébe; держáться ~ sich in der Schwébe hálten*

навéт *м уст.* Verléumdung *f* (10)

навéтренн||ый Wind-, Luv-; Wétter-; ~ая сторонá Windseite *f*; *мор.* Luv *f*; Lúvseite *f*

навéчно *нареч.* auf éwig; auf [für] ímmer

навéшать I (*повесить*) áufhängen *vt*; ~ портрéтов víele Porträts áufhängen

навéшать II (*взвесив, наготовить*) ábwiegen* *vt*

навéшивать *см.* навéшать I

навещáть *см.* навести́ть

навé||ять I **1.** (*о ветре*) zusámmenwehen *vt*, zúwehen *vt*, zúfächeln *vt*; ветерóк ~ял прохлáду ein sánfter Wind wéhte Kühle zu; **2.** (*вызвать настроение, мысли*) éinflößen *vt*; wáchrufen* *отд. vt*, heráufbeschwören* *vt*; ~ять грусть на когó-л. j-n wéhmütig [tráurig] stímmen

навéять II *с.-х.* (zusámmen) wórfeln *vt*, éine Ménge wórfeln

нáвзничь *нареч.* rücklings; auf dem [den] Rücken; он упáл ~ er fiel rücklings níeder; лежáть ~ auf dem Rükken líegen*

навзры́д *нареч.:* плáкать ~ laut [láuthals] schlúchzen

навивáть *см.* нави́ть 1, 3

навиг||áтор *м* Navigátor [-vi-] *m* -s, -tóren, Navigatiónsoffizier *m* (1); Spezialíst *m* (8) für Navigatión; **~ациóнный** Navigatións- [-vi-], Schiffahrts- (*при переносе* Schiff-fahrts-), náutisch, navigatórisch; **~ациóнные прибóры** Navigatiónsgeräte *pl*; *мор.* Schíffahrtsinstrumente *pl*; *ав.* Lúftfahrtgeräte *pl*; **~áция** *ж* **1.** (*судоходство*) Schíffführung *f* (*при переносе* Schiff-führung), Schíffahrt (*перенос:* Schiff-fahrt) *f*; Navigatión [-vi-]; **2.** (*период*) Schíffahrtsperiode (*при переносе* Schiff-fahrts-) *f*; Schíffahrtssaison [-zɛ'zɔŋ] *f*; маршрýтная ~ Stréckennavigation *f*; **3.** (*наука*) Navigatión [-vi-] *f*

навидáться: ~ всякого, ~ ви́дов *разг.* állerhand [álles mögliche] dúrchmachen [erlében, ertrágen*], viel séhen*

навинти́ть, нави́нчивать áufschrauben *vt*, ánschrauben *vt*

нависáть, нави́снуть 1. (*выступать*) überhängen* *vi*; vórspringen* *vi* **2.** (*угрожать*) dróhen *vt*, sich dróhend zusámmenballen; над нáми нави́сла угрóза uns droht Gefáhr, wir schwében in Gefáhr

нави́сш||ий 1. *прич. см.* нависáть; **2.** *прил.:* ~ие брóви búschige Áugenbrauen; ~ие скáлы überhängende Félsen

нави́ть 1. (*намотать*) áufwickeln *vt*, áufwinden* *vt*; **2.** (*верёвок и т. п.*) (in Ménge) fléchten* *vt*, wínden* *vt*; **3.** (*нагрузить вилами*) mit der Gábel áufladen*

навлекáть, навлéчь sich (*D*) zúziehen*; навлéчь на себя́ всеóбщее неудовóльствие sich (*D*) die allgeméine Únzufriedenheit zúziehen*; ~ подозрéние на когó-л. den Verdácht auf j-n lénken

наводи́ть *см.* навести́

навóдк||а *ж* **1.** (*орудия*) Ríchten *n* -s, Zíelen *n* -s; прямáя ~а diréktes Ríchten; прямóй ~ой in diréktem Beschúß, mit diréktem Zíelen; боковáя ~а Séitenrichten *n*; вертикáльная ~а Höhenrichten *n*; **2.:** ~а мóста Brückenschlag *m* (1*), Brückenbau *m* -(e)s; **3.** (*фото*) Éinstellung *f*; ~а на рéзкость Schárfeinstellung *f*

наводн||éние *с* Überschwémmung *f* (10); Hóchwasser *n* (6); **~и́ть** überschwémmen *vt*; überflúten *vt* (*тж. перен.*)

наводнóй: ~ мост Pontónbrücke *f* (11)

наводня́ть *см.* наводни́ть

навóдчик *м* **1.** *воен.* Ríchtschütze *m* (9), Ríchtkanonier *m* (1); ~ орýдия Ríchtkanonier *m* (1); ~ пулемёта Ríchtschütze *m* (9) **2.** *тех.* (*зеркал*) Spíegelbeleger *m* (6); **3.** (*вор*) Komplíce [-sə] *m* éiner Díebsbande

наводя́щий: ~ вопрóс éine ándeutende Fráge, Suggestívfrage *f* (11)

навóз *м* Mist *m* (1); Dünger *m* (6), Dung *m* -(e)s, Stálldung *m* (*удобрение*); убóрка ~а Áusmisten *n* -s; **~ить** *с.-х.* düngen *vt*, místen *vt*

навози́ть *см.* навезти́

навóзн||ик *м* (*жук*) Místkäfer *m* (6); **~ый** Dünger-; Mist-; ~ая жи́жа Jáuche *f* (11); ~ый жук Místkäfer *m* (6)

навозо||разбрáсыватель *м с.-х.* Düngerstreumaschine *f* (11), Düngerstreuer *m* (6); **~храни́лище** *с с.-х.* Düngerstätte *f* (11)

навóй *м текст.* Kéttbaum *m* (1*); Wéberbaum *m* (*задний*); Brústbaum *m* (*передний*)

нáволочка *ж* Kíssenüberzug *m* (1*), Kíssenbezug *m*

наворáчивать *разг.* **1.** *см.* наворoти́ть; **2.** (*накручивать*) áufwickeln *vt*; **3.** (*есть с аппетитом*) mit Appetít éssen*

наворовáть *см.* воровáть

наворожи́ть wáhrsagen *неотд. vt* (*нагадать*); záubern *vt* (*наколдовать*)

наворoти́ть *разг.* (*нагромоздить*) áufhäufen *vt*, áufschichten *vt*, áufstapeln *vt*

навостри́ть *разг.:* ~ ýши die Óhren spítzen; ~ лы́жи sich auf die Sócken [Béine] máchen; Férsengeld gében*; áusreißen* *vi* (s), sich aus dem Stáube máchen

навостри́ться *разг.* Fértigkeit [Geschícklichkeit] erlángen (в чём-л. in *D*)

навощи́ть wáchsen *vt*; böhnern *vt* (*пол*)

наврáть *разг.* **1.** lügen* *vi*; **2.** (*допустить ошибку*) (éinen) Féhler máchen; ~ в перевóде falsch übersétzen; **3.** (*наклеветать*) verléumden *vt*

навреди́ть *разг. см.* вреди́ть

навря́д ли *нареч. разг.* (wohl) kaum, schwérlich

навсегдá *нареч.* auf [für] ímmer; ◇ раз ~ ein für állemal

навстрéчу *нареч.* entgégen; идти́ ~ комý-л. *тж. перен.* j-m entgégengehen* [entgégenkommen*]

навы́ворот *нареч. разг.* **1.** mit der Ínnenseite nach áußen (*об одежде*); **2.** (*наоборот*) verkéhrt, úmgekehrt; verdréht

нáвык *м* Fértigkeit *f* (10); Geübtheit *f*; Gewóhnheit *f* (*привычка*); у негó большóй ~ в перевóдах er ist im Übersétzen sehr geübt; ~и Routíne [ru-] *f*, Übung *f*; ~и ýстной рéчи Spréchfertigkeiten *pl*; трудовы́е ~и Árbeitserfahrung *f* (10)

навы́кат *нареч.:* глазá ~ hervórstehende [hervórquellende] Áugen, Glótzaugen *pl*

навы́лет *нареч.:* ранéние ~ Dúrchschuß *m* -sses, -schüsse; он рáнен ~ er hat éinen Dúrchschuß

навы́нос *нареч. разг.:* продавáть что-л. ~ (*б. ч. о вине*) etw. über die Stráße [áußer dem Háuse] verkáufen

навы́пуск *нареч.:* nicht in die Stíefelschäfte gestéckt (*о брюках*); nicht in die Hóse [in den Rock] gestéckt (*о рубашке, кофте*); кóфта ~ éine überhängende Jácke

навытя́жку *нареч.:* стоя́ть ~ militärische Háltung ánnehmen*; strámmstehen* *отд. vi*

навью́чивать, навью́чить áufladen* *vt*, áufpacken *vt*; schwer bepácken

навязáть I **1.** (*прикрепить*) anbinden* *vt*; **2.** (*заставить принять*) áufzwingen* *vt*, áufdrängen *vt*; áufbinden* *vt*; áufhalsen *vt*, ánschmieren *vt* (*разг.*); ~ решéние éinen Beschlúß dúrchdrücken; ~ бой *воен.* das Gefécht áufzwingen*

навязáть II **1.** (*много связать*) viel [in Ménge] fértigstricken; **2.** (*снопов*) viel bínden*

навязáться *разг.* sich áufdrängen; áufdringlich sein

навя́з||нуть hängenbleiben* *отд. vi* (s); stéckenbleiben* *отд. vi* (s); гли́на ~ла на колёсах der Lehm blieb an den Rädern klében; ◇ ~нуть в зубáх (*опротиветь, опостылеть, осточертеть*) zum Hálse heráushängen*

навя́зчив||ость *ж* Zúdringlichkeit *f*, Áufdringlichkeit *f*; **~ый** zúdringlich, áufdringlich; ~ая идéя éine fíxe Idée, éine Zwángsvorstellung *f*

навя́зывать *см.* навязáть I

навя́зываться I *см.* навязáться

навя́зываться II *страд.* ángebunden wérden (*ср.* навязáть I)

нагадáть *разг.* wáhrsagen *неотд. vt*, wéissagen *неотд. vt*

нагáдить *см.* гáдить

нагáйка *ж* Nagáika *f*, *pl* -s, Ríemenpeitsche *f* (11)

нагáн *м* Revolver [-'vɔlvər] *m* (6)

нагáр *м* Rúßansatz *m* (1*); Verbrénnungsrückstände *pl*; ábgebrannter Docht,

Líchtschnuppe *f* (11) (*на свече*); Ölkohle *f* (*в двигателях внутреннего сгорания*)
нагиба́ть *см.* нагну́ть; ~**ся 1.** *см.* нагну́ться; **2.** *страд.* gebéugt [níedergebogen] wérden
нагишóм *нареч. разг.* (ganz) nackt, splítternackt
нагла́дить plätten *vt*, bügeln *vt*, glätten *vt*
нагла́зник *м* **1.** (*у лошадей*) Schéuklappe *f* (11); **2.** (*щиток, повязка*) Áugenklappe *f* (11), Áugenbinde *f* (11); **3.** (*оптического прибора*) Áugenmuschel *f* (11)
нагле́ть frech wérden, únverschämt wérden
нагле́ц *м* Fréchling *m* (1), Únverschämte *m* (14); Fréchdachs *m* (1) (*разг.*)
на́глость *ж* Fréchheit *f* (10), Únverschämtheit *f* (10), Únverfrorenheit *f*; Impertinénz *f* (*книжн.*); э́то верх ~и! das ist die Höhe!, das ist ein stárkes Stück!; имéть ~ь (*сказать, сделать и т. п.*) die Stirn háben (zu + *inf*)
наглота́ться *разг.* übermäßig viel schlúcken
наглупи́ть Dúmmheiten máchen
на́глухо *нареч.* dicht, fest; hermétisch (*герметически*); ~ закры́ть [заде́лать] дверь die Tür ábdichten; ~ застегну́ть (*одежду*) álle Knöpfe zúknöpfen
на́глый frech, únverschämt, únverfroren
нагляде́ться sich satt séhen* (на кого́-л., на что-л. an *D*); sich (*D*) zur Genüge ánsehen*; genúg geséhen háben (*достаточно видеть*); я не мог ~ на карти́ну ich kónnte mich am Bílde nicht satt séhen
нагля́дн||ость *ж* Ánschaulichkeit *f*; ~**ый** ánschaulich; ~ое обуче́ние Ánschauungsunterricht *m* -(e)s; ~ые посо́бия ánschauliche Léhrmittel; Ánschauungsmaterial *n* -s, -ílen; препода́ть ~ый уро́к *перен.* Ánschauungsunterricht ertéilen
нагна́ть 1. (*догнать*) éinholen *vt*; **2.** (*вызвать, причинить*) éinjagen *vt*, éinflößen *vt*; ~ сон на кого́-л. j-n éinschläfern, j-n schläfrig máchen; ~ стра́ху на кого́-л. j-m Schrécken [Ángst] éinjagen; j-m Furcht éinflößen; **3.** (*согнать вместе*) zusámmentreiben* *vt*, zusámmenbringen* *vt*; **4.** (*спирту и т. п.*) brénnen* *vt*; **5.** (*наверстать упущенное*) áufholen *vt*, náchholen *vt*; ◊ ~ це́ну den Preis hóchtreiben*
нагнести́ *см.* нагнета́ть
нагнета́тель *м тех.* Láder *m* (6); Gebläse *n* (6), Verdíchter *m* (6); ~**ный** *тех.* Druck-; ~ный по́ршень Drúckkolben *m* (7); ~ный насо́с Drúckpumpe *f* (11)
нагнета́ть *тех.* drücken *vt*, éinpressen *vt*, (zusámmen)préssen *vt*, únter Druck komprimíeren
нагное́ние *с мед.* **1.** Éiterung *f* (10), Veréiterung *f*; **2.** (*нарыв*) veréiterte Stélle; Éiterbeule *f* (11)
нагнои́ться éitrig wérden, éitern *vi*
нагну́ть béugen *vt*, níederbiegen* *vt*; ~**ся** sich béugen; sich dúcken (*пригнуться*); sich bücken (*тк. о человеке*)
нагова́ривать *см.* наговори́ть
наговóр *м* **1.** *разг.* (*клевета*) Verléumdung *f* (10); **2.** (*заклинание*) Záuberspruch *m* (1*); Bespréchung mit Záuberformeln
наговори́ть 1. (*много говорить*) zusámmenreden *vt*; viel dahérreden; ~ с три ко́роба *разг.* j-m die Húcke voll réden; **2.** (*наклеветать на кого-л.*) verléumden *vt*; **3.** (*пластинку*) bespréchen* *vt*; ~ текст на плёнку éinen Text auf Band spréchen*; **4.** (*заклинания*) bespréchen* *vt*, durch Záubersprüche bánnen; ~**ся** (*вдоволь*) sich áussprechen*, sich satt réden; sich áusschwatzen (*наболтаться*)
наговóрн||ый *разг.* Záuberkräfte besítzend; ~ая вода́ Záuberwasser *n* -s
наг||óй 1. nackt, bloß; entkléidet, entblößt; **2.** (*о деревьях, местности*) kahl, óhne Blättwerk [Pflánzenwuchs]; ~а́я степь die káhle Stéppe
на́голо *нареч.* **1.** kahl; стричь ~ kahl schéren*; **2.** (наголо́) *воен.* blank; ша́шки ~! Säbel blank!; с ша́шкой ~ mit blánkem Säbel
на́голову *нареч.:* разби́ть ~ aufs Haupt schlágen*
наголода́ться lánge húngern, áusgehungert sein
нагóльный: ~ тулу́п Pelz óhne Stóffüberzug, Pelz mit der Haut nach áußen
нагоня́й *м разг.* Ánschnauzer *m* (6); Rüffel *m* (6), Rüge *f* (10); получи́ть ~ éinen Rüffel bekómmen*; дать ~ éinen Rüffel gében*
нагоня́ть *см.* нагна́ть 1, 2
на-гора́ *нареч. горн.* über Táge, zutáge, an die Érdoberfläche; вы́дать у́голь ~ Kóhle fördern; подня́ться ~ áusfahren* *vi* (s)
нагора́живать *см.* нагороди́ть
нагора́ть, нагоре́ть 1. (*дать нагар*) Ruß ánsetzen; **2.** *безл. разг.* verbránnt [verbráucht] wérden (*о горючем*); **3.** *безл. разг.:* мне нагоре́ло ich hábe éinen Rüffel bekómmen
нагóрный Berg-, hóchgelegen; ~ бе́рег реки́ das hóhe Úfer des Flússes
нагороди́ть *разг.* **1.** (*нагромоздить*) áufhäufen *vt*, áuftürmen *vt*; **2.** (*комнат, клетушек и т. п.*) durch Schéidewände téilen; ◊ ~ вздо́ра [чепухи́] Únsinn réden [zusámmenschwatzen]; sínnloses Zeug (zusámmen)schréiben* (*написать*)
нагóрье *с* Hóchland *n* (5), Hóchebene *f* (11)
нагости́ться *разг.* lánge zu Gast sein
нагота́ *ж* Nácktheit *f*, Blöße *f*
наготóве *нареч.* beréit, parát, in Beréitschaft; auf dem Sprung; *воен.* schúßbereit, gefechtsbereit; быть ~ in Beréitschaft sein [stehen*]; *воен.* sich éinsatzbereit hálten*
наготóвить (in Ménge) vórbereiten *vt*, (zú)beréiten *vt*, auf Vórrat ánschaffen
награба́стать *разг.* (in Ménge) erráffen *vt*, erhámstern *vt*
награ́бить (viel) zusámmenrauben *vt*
награ́д||а *ж* Belóhnung *f* (10), Lohn *m* (1*); Áuszeichnung *f* (10) (*отличие за заслуги*); высо́кая прави́тельственная ~а hóhe Regíerungsauszeichnung; в ~у zur Belóhnung, zum Lohn; ~**и́ть 1.** belóhnen *vt*; áuszeichnen *vt* (*орденом и т. п.*); ~и́ть о́рденом Кра́сного Зна́мени mit dem Rótbannerorden áuszeichnen, den Rótbannerorden verléihen*; **2.** (*наделить*) bedénken* *vt*; beschénken *vt*; áusstatten *vt* (mit *D*); gében* *vt*; приро́да ~и́ла его́ отли́чными спосо́бностями die Natúr hat ihn mit áusgezeichneten Gáben bedácht; die Natúr gab ihm áusgezeichnete Fähigkeiten; **3.** *разг. шутл.* (*пинком, оплеухой*) bedénken* *vt*; ~**нóй** Prämi|en-, Belóhnungs-; ~**ны́е** *сущ. мн.* Prämi|e *f* (11); Prämi|engeld *n* -(e)s
награжда́ть *см.* награди́ть
награжде́ние *с* Belóhnung *f* (10), Prämíerung *f* (10), Prämi|íerung *f*; Áuszeichnung *f* (10) (*орденом и т. п.*)
нагре́в *м тех.* **1.** Erwärmung *f*, Áufheizung *f*, Erhítzung *f*, Hítze *f*; повéрхность ~а Héizfläche *f* (11); **2.** Héißlaufen *n* -s (*машины*)
нагрева́ние *с* Erwärmung *f* (10), Erwärmen *n* -s, Erhítzung *f* (10), Behéizung *f* (10), Héizung *f*
нагрева́тель *м тех.* Erhítzer *m* (6); Héizkörper *m* (6); погружнóй ~ Táuchsieder *m* (6); ~**ный** Wärm(e)-, Erwärmungs-, Héiz-
нагрева́ть *см.* нагре́ть; ~**ся 1.** sich (er)wärmen, sich erhítzen; **2.** *страд.* gewärmt wérden
нагреме́ть viel Lärm máchen; (*вызвать много толков*) gróßes Áufsehen errégen
нагрести́ zusámmenschaufeln *vt*; zusámmenharken *vt*
нагре́ть 1. (er)wärmen *vt*; erhítzen *vt*; **2.** *разг.* (*одурачить кого-л.*) betrügen* *vt*, hintergéhen* *vt*, ánführen *vt*; ◊ ~ ру́ки sein Schäfchen ins Tróckne bríngen*; sich beréichern; ~**ся** sich (er)wärmen, sich erhítzen; warm [heiß] wérden
нагреши́ть viel sündigen
нагроможд||а́ть *см.* нагромозди́ть; ~**е́ние** *с* **1.** (*действие*) Áuftürmen *n* -s, Áufhäufen *n* -s; **2.** (*груда*) Áufhäufung *f*
нагромозди́ть áuftürmen *vt*, ánhäufen *vt*, aufeinánderwälzen *vt*; überláden *vt* (mit *D*)
нагруби́ть Gróbheiten ságen; grob sein
нагру́дн||ик *м* **1.** Brústtuch *n* (5), Brústlatz *m* (1*); Lätzchen *n* (7) (*детский*); **2.** (*для защиты*) Brústharnisch *m* (1) (*в латах*); Brústschutzpolster *n* (6), Plastron [-'trɔ̃] *m* -s, -s (*у фехтовальщиков*); ~**ый** Brust-; ~ый телефóн *воен.* Brústfernsprecher *m* (6); ~ый знак [значóк] Ábzeichen *n*; ~ые плавники́ Brústflossen *pl*
нагружа́ть *см.* нагрузи́ть; ~**ся 1.** *см.* нагрузи́ться; **2.** *страд.* beláden wérden (*ср.* нагрузи́ть)
нагрузи́ть 1. beláden* *vt* (чем-л. mit *D*); belásten *vt*; áuslasten *vt* (*о транспорте*); befráchten *vt* (*корабль*); verláden* *vt* (*товары*); **2.** *разг.* (*возложить обязанность*) belásten *vt*; ~**ся 1.** sich beláden*, sich (*D*) éine Last áufladen*; **2.** *груб.* (*напиться пьяным*) sich vólladen* (*при переносе* voll-laden), sich betrínken*; sich besáufen*
нагру́зк||а *ж* **1.** (*действие*) Beláden *n* -s, Verláden *n* -s; Belástung *f*; **2.** (*то, что нагружено*) Ládung *f* (10); Last *f* (10); Belástung *f* (10); **3.** *тех.* Belástung *f* (10), Beánspruchung *f* (10); пóлная ~а маши́ны vólle Árbeitsauslastung éiner Maschíne; рабóтать с (не)пóлной ~ой (nicht) voll áusgelastet sein; **4.** (*выполняемая работа*) Belástung *f* (10); Stúndensoll *n* = *u* -s (*учителя*); обще́ственная ~а geséllschaftliche Árbeit
нагру́зчик *м тех.* Áuflader *m* (6), Áufladevorrichtung *f* (10)
нагрязни́ть beschmútzen *vt*, Schmutz heréinschleppen
нагря́нуть *разг.* únverhofft kómmen*; überfállen* *vt*; überráschen *vt*; überrúmpeln *vt* (*застать врасплох*)
нагу́л *м с.-х.* **1.** (*откорм скота*) Mast *f*; Wéidemast *f*; **2.** (*степень откормленности*) erréichter Grad der Mast; ángesetzte Féttmenge, Gewíchtszunahme *f*
нагу́ливать, нагуля́ть 1. (*о скоте*) Fett ánsetzen, fett wérden; im Gewícht zúnehmen*; **2.** *разг.* де́ти нагуля́ли хорóший аппети́т die Kínder háben (vom Spazíergang) gúten Appetít nach Háuse gebrácht

нагуля́ться *разг.* zur Genüge an der frischen Luft gewésen sein; éinen lángen Spazíergang máchen

над *предлог* **1.** über (*A на вопрос «куда?»; D на вопрос «где?»*); ка́рту пове́сили над столо́м man hat die Kárte über den Tisch gehängt; ка́рта виси́т над столо́м die Kárte hängt über dem Tisch; над чем? worüber?; над э́тим darüber; **2.** (*в некоторых глагольных конструкциях*) über (*A*); an (*D*); не сме́йся надо мно́й lách(e) nicht über mich; рабо́тать над уче́бником an éinem Léhrbuch árbeiten

надава́ть (in Ménge) gében* *vt*; ~ кому́-л. поруче́ний j-m víele Áufträge ertéilen [gében*]; ◇ ~ шлепко́в *разг.* Klápse versétzen

надави́ть, нада́вливать *см.* нажа́ть I 1

нада́ивать *см.* надои́ть

надари́ть (in Ménge) schénken *vt*, víele Geschénke máchen

надба́в||ить *см.* наба́вить; **~ка** *ж см.* наба́вка

надби́тый ángeschlagen

надбро́вн||ый: ~ые ду́ги Áugenbrauenbogen *pl*

надвига́ть(ся) *см.* надви́нуть(ся)

надви́нуть schíeben* *vt*, rücken *vt*; ~ шля́пу на лоб den Hut ins Gesícht drücken; **~ся** (*приблизиться*) heránrücken *vi* (s); надвига́ется гроза́ ein Gewítter ist im Ánzug, ein Gewítter rückt herán

надво́дный Überwasser-, über dem Wásserspiegel líegend, óberhalb der Wásserfläche

на́двое *нареч.* entzwéi; in zwei Téile

надво́рн||ый Hof-, Gehöfts-; ~ые постро́йки Hófgebäude *pl*; Nébengebäude

надвяза́ть, надвя́зывать 1. (*чулки, носки*) ánstricken *vt*; ánhäkeln *vt* (*крючком*); **2.** (*удлинить верёвку и т. п.*) dazúbinden* *vt*, ánbinden* *vt*, ánknüpfen *vt*, ánstücken *vt*

надгорта́нник *м анат.* Kéhldeckel *m* (6)

надгосуда́рственный überstaatlich

надгро́б||ие *с уст.* **1.** (*памятник*) Grábstein *m* (1); **2.** (*надпись*) Grábinschrift *f* (10); **~ный** Grab-; ~ная речь Grábrede *f* (11); ~ный ка́мень Grábmal *n* (2, 5), Grábstein *m* (1)

надгрыза́ть, надгры́зть ánnagen *vt*; ánknabbern *vt*, von óben benágen

наддава́ть, надда́ть *разг.* **1.** (*прибавить*) zúsetzen *vt*, (hin)zúfügen *vt*, dráufgeben* *vt*, mehr bíeten*; ~ жа́ру tüchtig éinheizen; ánfeuern *vt*; Féuer zúsetzen; **2.** (*увеличить скорость движения*) schnéller géhen* [láufen*, flíegen*]

надда́ча *ж разг.* Zúgabe *f* (11)

надду́в *м авто, ав.* Áufladung *f*; дви́гатель с ~ом Ládermotor *m* (13)

надева́ть *см.* наде́ть

наде́жд||а *ж* Hóffnung *f* (10); подава́ть больши́е ~ы große Hóffnungen erwécken, zu den bésten Hóffnungen beréchtigen; обма́нутые ~ы getäuschte Hóffnungen; пита́ть ~у éine [die] Hóffnung háben [hégen, nähren]; ~а ещё есть noch bestéht Hóffnung; обольща́ться ~ой sich in der Hóffnung wíegen; те́шить себя́ ~ой sich (*D*) Illusiónen máchen; оста́вить ~у die Hóffnung áufgeben*; он потеря́л после́днюю ~у séine Hóffnungen wúrden zu Wásser [zuníchte]; вы́разить ~у séiner Hóffnung Áusdruck gében*; возлага́ть ~ы Hóffnungen sétzen (*на кого-л., на что-л.* auf *A*); тепе́рь вся ~а на вас! auf euch kommt's jetzt an!

надёжн||ость *ж* Zúverlässigkeit *f*, Sícherheit *f*; Verläßlichkeit *f* (*человека*); **~ый** zúverlässig; sícher; verläßlich (*о человеке*); ~ое сре́дство ein zúverlässiges [sícheres] Míttel

наде́л *м ист.* Ánteil *m* (1), Bódenparzelle *f* (11)

наде́лать 1. (*сделать*) (viel) máchen *vt*, (in Ménge) ánfertigen *vt*; **2.** (*натворить*) ánrichten *vt*, ánstellen *vt*, ánstiften *vt*; verúrsachen *vt* (*причинить*); ~ глу́постей Dúmmheiten máchen [begéhen*]; ~ мно́го хлопо́т viel zu scháffen máchen; ~ мно́го шу́му viel Staub áufwirbeln

надел||е́ние *с* Zúteilung *f*, Verléihung *f*; Verséhen *n* -s, Áusstattung *f* (чем-л. mit *D*); **~и́ть, ~я́ть** verléihen* *vt*, zúteilen *vt*; verséhen* *vt*, áusstatten *vt* (чем-л. mit *D*); он ~ён спосо́бностями er ist begábt

надёргать 1. mássenhaft áusreißen* [áuszupfen, rúpfen] *vt*; **2.** *разг.*: ~ цита́т wáhllos Zitáte heráusgreifen*

надерзи́ть *разг.* víele Gróbheiten [Fréchheiten] ságen, fréch wérden

наде́ть ánziehen* *vt*; áufsetzen *vt* (*шапку, очки*); úmlegen *vt* (*плащ, пояс и т. п.*); ~ шу́бу den Pelz überziehen*; ~ национа́льный костю́м Natiónaltracht ánlegen; ~ коньки́ Schlíttschuhe ánschnallen; ~ кольцо́ (на па́лец) den Ring ánstecken; что бы́ло на ней наде́то? was hätte sie an?; ~ чехлы́ на ме́бель die Möbel mit Überzügen bedécken; ~ на кого́-л. кандалы́ j-m Fésseln ánlegen; j-n in Fésseln schlágen*

наде́||яться (на кого́-л., на что-л. auf *A*) hóffen *vi*, Hóffnung háben; báuen *vi*, sich verlássen* (*полагаться*); я ~юсь, что... ich hóffe [bin der Hóffnung], daß...; я на тебя́ ~юсь ich verlásse mich auf dich; ты мо́жешь на меня́ ~яться du kannst auf mich báuen; ~яться на кого́-л. как на ка́менную го́ру j-m félsenfest vertráuen

надзвёздный *поэт.* über den Stérnen befíndlich, Hímmels-; ~ мир Hímmelsraum *m* -(e)s

надзе́мн||ый über der Érde befíndlich, Hoch-; ~ая желе́зная доро́га Hóchbahn *f* (10); ~ая электропрово́дка Óberleitung *f* (10)

надзира́тель *м* Áufseher *m* (6); **~ница** *ж* Áufseherin *f* (12)

надзира́ть überwáchen *vt*, beáufsichtigen *vt*; ein wáchsames Áuge háben (за кем-л., за чем-л. auf *A*)

надзо́р *м* Áufsicht *f* (за кем-л., за чем-л. über *A*); Überwáchung *f*, Beáufsichtigung *f* (*G*); Überwáchungsdienst *m* -es; санита́рный ~ Sanitätsinspektion *f* (10); быть под чьим-л. ~ом únter j-s Áufsicht stéhen*

надзо́рн||ый *юр.* Áufsichts-, Überwáchungs-; ~ые о́рганы суда́ Áufsichtsorgane *pl*

надиви́ться: я не могу́ ~ *разг.* ich kann nicht genúg bewúndern (кому́-л., чему́-л., на кого́-л., на что-л. *A*), ich kann mich nicht genúg wúndern (über *A*)

нади́р *м астр.* Nádir *m* -s, Fúßpunkt *m* (-e)s

надка́лывать *см.* надколо́ть

надкислота́ *ж хим.* Pérsäure *f*, Übersäure *f*

надкла́ссовый über den Klássen, áußerhalb der Klássen (stéhend)

надкле́ить hinzúkleben *vt*; durch Ánkleben verlängern

надко́жица *ж анат.* Óberhaut *f*, Epidérmis *f*

надко́л *м* **1.** (*действие*) Spálten *n* -s (*топором*); Ánstechen *n* -s (*булавкой*); **2.** (*щель*) Spálte *f* (11)

надколо́ть 1. (*топором и т. п.*) áufspalten *vt*, ein wénig spálten, éinen kléinen Spalt máchen; **2.** (*булавкой и т. п.*) ánstechen* *vt*

надко́стница *ж анат.* Knóchenhaut *f*, Béinhaut *f*

надкры́лья *мн. зоол.* Flügeldecken *pl*

надкуси́ть, надку́сывать ánbeißen* *vt*

надла́мывать *см.* надломи́ть

надлеж||а́ть *безл.*: ~и́т man muß; es gehört sich; вам ~и́т яви́ться Sie müssen erschéinen, Sie háben zu erschéinen; **~а́щий** gehörig, gebührend; entspréchend (*соответствующий*); в ~а́щий срок termíngemäß, frístgemäß; zur réchten Zeit, réchtzeitig; ~а́щие ме́ры die entspréchenden Máßnahmen; ~а́щим о́бразом wie es sich gebührt [gehört], sáchgemäß

надло́бный über der Stirn (befíndlich)

надло́м *м* **1.** Ánbruch *m* (1*), Knick *m* (1); Bruch *m*, gebróchene Stélle (*надломленное место*); **2.** (*угнетённое состояние*) Bedrücktheit *f*, Níedergeschlagenheit *f*; душе́вный ~ séelische Depressión; Knacks *m* -es; **~и́ть 1.** ánbrechen* *vt*, (éin)knícken *vt*; **2.** (*ослабить, подорвать*) bréchen* *vt*, knícken *vt*; **~и́ться 1.** éinknicken *vi* (s), éinen Knick bekómmen*; **2.** (*ослабиться, подорваться*) zusámmenbrechen* *vi* (s); erschüttert wérden (*о здоровье и т. п.*); éinen Knacks wéghaben (*разг.*)

надме́нн||ость *ж* Hóchmut *m* -(e)s; Hóchnäsigkeit *f* (*чванливость*); Ánmaßung *f*, Arrogánz *f* (*заносчивость*); **~ый** hóchmütig; hóchnäsig (*чванливый*); arrogánt (*заносчивый*)

надмоги́льный Grab-, auf dem Grab befíndlich; ~ холм Grábhügel *m* (6)

наднациона́льный übernational

на дня́х *нареч.* **1.** (*о предстоящем*) in díesen Tágen, nächstens, bald; **2.** (*о прошлом*) díeser Tage, únlängst, néulich, vor kúrzem

на́до I *предик. безл. см.* ну́жно; ◇ он па́рень что ~! *разг.* er ist ein gánzer [tüchtiger] Kerl!; er ist ríchtig!; так ему́ и ~! *разг.* das [es] geschíeht ihm ganz recht!, so hat er's verdíent!; о́чень ему́ ~! *ирон.* er fragt viel danách!; (ведь) ~ же! war das denn nótwendig!; ~ быть wahrschéinlich, ánscheinend, wohl

надо II *предлог см.* над

надо́блачный hoch über den Wólken, über den Wólken befíndlich

на́добн||о *уст. см.* ну́жно; **~ость** *ж* Bedürfnis *n* (3*), Bedárf *m* (1) (*потребность*); Nótwendigkeit *f* (10) (*необходимость*); в слу́чае ~ости nötigenfalls, wenn nötig; wenn es daráuf ánkommt; име́ть ~ость в чём-л. etw. nötig háben, etw. benötigen, éiner Sáche (*G*) bedürfen; по ме́ре ~ости (je) nach Bedürfnis; nach Bedárf; (в э́том) нет никако́й ~ости es ist gar nicht nötig, es ist ganz únnötig [überflüssig]

надоеда́ть 1. lángweilen *vt*, überdrüssig wérden; мне э́то надое́ло ich bin der Sáche überdrüssig; ich hábe es über [satt]; ich hábe die Náse voll davón (*разг.*); **2.** (*докучать*) belästigen *vt* (чем-л. mit *D*); lästig fállen* (кому́-л. *D*); j-m in den Óhren líegen* (*просьбами, разговорами*)

надоéдливый lángweilig; lästig, zúdringlich (*назойливый*)

надоéсть *см.* надоедáть; боюсь вам ~ ich fürchte Íhnen lästig zu wérden

надои́ть durch Mélken éine bestímmte Ménge Milch gewínnen*, mélken* *vt*

надóй *м* Mílchertrag *m* (1*)

нáдолб||а *ж воен.* Höcker *m* (6); Betonhöcker [-'tɔŋ-] *m* (*бетонная*); ~ы из брёвен Bálkensperre *f* (11); ~ы из рéльсов Schínensperre *f*

надóлго *нареч.* auf lánge (Zeit)

надóмн||ик *м* Héimarbeiter *m* (6); **~ица** *ж* Héimarbeiterin *f* (12); **~ый:** ~ая рабóта Héimarbeit *f*

надорвáть 1. (*слегка разорвать*) ánreißen* *vt*; **2.** *перен.* (*повредить*) sich (*D*) éinen Schaden durch Überánstrengung hólen; überánstrengen *vt*; ~ си́лы sich überánstrengen, sich durch Überánstrengung ruiníeren; ~ гóлос séine Stímme überánstrengen, sich überschréien*; ◇ ~ живóтики (*со смеху*) *разг.* sich (*D*) den Bauch vor Láchen hálten*, vor Láchen bérsten wóllen*, sich krank láchen; **~ся 1.** (*слегка разорваться*) ein wénig zerréißen*; **2.** (*повредить себе что-л.*) sich überánstrengen; sich überhében* (*от тяжести*); *мед.* sich verhében*; **3.** (*измучиться нравственно*) sich ábquälen; онá внýтренне надорвалáсь sie ist ínnerlich zerbróchen

надоу́мить (*кого-л.*) *разг.* j-m etw. ánraten*, j-n auf éinen Gedánken bríngen*; beléhren *vt*

надпарти́йный überparteilich

надпáрывать *см.* надпорóть

надпи́ливать, надпили́ть ánsägen *vt*; ánfeilen *vt* (*напильником*)

надписáть, надпи́сывать daráufschreiben* *vt*, mit éiner Áufschrift versehen*; beschríften *vt*; ~ вéксель *фин.* éinen Wéchsel indossíeren

нáдпись *ж* **1.** Áufschrift *f* (10); Überschrift *f*; Títel *m* (6) (*над чем-л.*); Fúßtitel *m* (*под чем-л.*); Beschríftung *f* (10) (*под рисунком, чертежом*); снабжáть ~ю beschríften *vt*; кни́га с ~ю ein Buch mit Wídmung; **2.** (*на камне, монете и т. п.*) Ínschrift *f* (10); ◇ передáточная ~ (на вéкселе) *фин.* Indossamént *n* (2), Indossemént *n* (2), Indósso *n* -s, -s *u* -ssi; Giro ['ʒi:-] *n* -s, -s

надпорóть ein wénig áuftrennen

надпóчечники *мн. анат.* Nébennieren *pl*

надрáить *мор.* blank pútzen *vt*, blank schéuern *vt*

надрáть (*коры и т. п.*) ábreißen* *vt*, lósreißen* *vt*, ábrupfen *vt*; ◇ ~ у́ши комý-л. *разг.* j-n (únsanft) am Ohr [an den Óhren, bei den Óhren] zíehen* [néhmen*]

надрéз *м* Ánschnitt *m* (1), Éinschnitt *m*; Schnitt *m*; Kérbe *f* (11) (*насечка*); **~ать, ~áть** ánschneiden*, éinschneiden* *vt*, éinen Éinschnitt máchen (что-л. in *A*); schlítzen *vt*; éinritzen *vt*; kérben *vt* (*делать насечку*); ~áть корý на дéреве (*для добывания смолы*) láchen *vt*

надрубáть, надруби́ть ánkerben *vt*

надругáтельство *с* Beschímpfung *f* (10), Schmähung *f* (10), Verúnglimpfung *f* (10), Verhöhnung *f* (10); Schändung *f* (10) (*осквернение*); Beléidigung *f* (10) (*оскорбление*)

надругáться beschímpfen *vt*, schmähen *vt*, verúnglimpfen *vt*, verhöhnen *vt*; schänden *vt* (*осквернить*); beléidigen *vt* (*оскорбить*)

надры́в *м* **1.** (*надорванное место*) Éinriß *m* -sses, -sse, Riß *m*; **2.:** душéвный ~ éine psýchische Überréizung; überréizter Áusdruck (éines Gefühls); **3.** (*чрезмерное усилие*) Überánstrengung *f*; Schädigung *f* durch Überánstrengung; **~áть** *см.* надорвáть; ◇ ~áть глóтку überlaut sprechen* [schréien*], sich überschréien*; **~áться 1.** *см.* надорвáться 1; **2.** (*переутомляться, стараться*) sich überánstrengen; ~áться на рабóте sich bei der Árbeit übernéhmen*; ◇ сéрдце ~áется das Herz blútet

надры́вный hystérisch, überspánnt; krámpfhaft (*о кашле*)

надсáда *разг.* äußerste Ánstrengung, Ánspannung *f* (10)

надсади́ть *разг.* überspánnen *vt*; ~ гóлос die Stímme überspánnen; ~ дýшу séelische Quálen verúrsachen

надсáдный *разг.* ánstrengend, schwer, quälend; ~ кáшель quälender Hústen

надсáживать *см.* надсади́ть; **~ся** *разг.* sich überánstrengen, sich überhében*

надсмáтривать *см.* надзирáть

надсмóтр *м* Áufsicht *f*; Beáufsichtigung *f*, Überwáchung *f*; **~щик** *м* Áufseher *m* (6), Áufsicht *f*

надстáв||ить ánsetzen *vt*; länger máchen (*удлинить*); **~ка** *ж* Ánsatz *m* (1*), Áufsatz *m*, Ánsatzstück *n* (2), Verlängerungsstück *n*; **~ля́ть** *см.* надстáвить

надставнóй Ánsatz-; ángesetzt, ángefügt

надстрáивать *см.* надстрóить

надстрóечный *филос.* dem Überbau éigen

надстрóить (*дом и т. п.*) daráufbauen *vt*; ~ этáж áufstocken *vt*, ein Stóckwerk áufsetzen

надстрóйка I *ж* **1.** (*действие*) Áufstockung *f*; **2.** (*то, что надстроено*) Áufbau *m* (1) (*pl тж.* -ten), Óberbau *m*, Überbau *m*

надстрóйка II *ж филос.* Überbau *m* -(e)s, -ten (*pl тж.* -e); бáзис и ~ Básis und Überbau

надстрóчный über der Zéile (befíndlich); *полигр.* hóchstehend; ~ знак diakrítisches Zéichen

надсы́пать dráufschütten *vt*, hinzúschütten *vt*

надтесáть grob beháuen *vt*

надтрéснутый mit éinem kléinen Riß [Sprung]; ~ гóлос brüchige Stímme

надýв *м* **1.** (*действие*) Áufblasen *n* -s; **2.** (*то, что нанесено ветром*) Ánwehung *f* (10)

надувáтельство *с разг.* Prelleréi *f* (10), Betrúg *m* -(e)s, Schwíndel *m* -s, Betrügeréi *f*

надувáть *см.* надýть I, II

надувáться 1. *см.* надýться; **2.** *страд.* áufgeblasen wérden

надувн||óй áufblasbar; Pneu-, Préßluft-; ~áя подýшка Lúftkissen *n* (7); ~áя лóдка Schláuchboot *n* (2); ~óй матрáц Lúftmatratze *f* (11)

надýльник *м воен.* Mündungsschoner *m* (6), Mündungskappe *f* (11); Mündungsfeuerdämpfer *m* (6) (*пламегаситель*)

надýманный erdácht, ersónnen; áusgeklügelt (*мудрёный*); gekünstelt (*искусственный*); únnatürlich, konstruíert

надýмать 1. (*придумать что-л.*) erdénken* *vt*, áusdenken* *vt*; **2.** (*решить*) beschlíeßen* *vt*; sich (*D*) etw. vórnehmen*, nach éinigem Bedénken sich entschlíeßen*

надýтый 1. áufgeblasen; **2.** *разг.* (*чванливый*) áufgeblasen; hóchnäsig; **3.** (*о стиле*) schwülstig; **4.** (*обиженный*) únzufrieden, schmóllend, böse

надýть I **1.** áufblasen* *vt*; áufpumpen *vt* (*насосом*); вéтер надýл пáрус der Wind blähte das Ségel auf; **2.** (*нанести — о ветре и т. п.*) heránwehen *vt*; надýло снéгу в сéни es ist Schnee in den Flur herángeweht wórden; в кóмнату надýло ins Zímmer zog es kalt heréin; ◇ ~ гýбы *разг.* schmóllen *vi*, beléidigt tun*

надýть II *разг.* betrügen* *vt*, blúffen *vt*; ánschmieren *vt* (*обмануть*); ánführen *vt*, réinlegen *vt* (*подвести*); j-m éinen Bären áufbinden* (*рассказать небылицу*); j-n übers Ohr háuen* (*подстроить кому-л. штуку*)

надýться 1. sich áufblähen, sich áufblasen*; ánschwellen* *vt* (s); **2.** (*обидеться*) schmóllen *vi*, gekränkt [beléidigt] tun*; **3.** *разг.* (*напиться*) sich vólltrinken*

надуши́ть I parfümíeren *vt*

надуши́ть II *разг. см.* задуши́ть 1

надуши́ться sich parfümíeren

надшáхтный über dem Schacht befíndlich

надши́ть ánnähen *vt*, verlängern *vt*

надыми́ть vóllrauchen *vt*, vóllqualmen *vt*

надышáть 1. die Luft durch Átmen erwärmen; **2.** (*на стекло*) ánhauchen *vt*; **~ся** éinatmen *vt*; sich satt átmen (чем-л. an *D*); ◇ он на неё не нады́шится er kann sich an ihr nicht satt séhen

наедáться *см.* наéсться

наединé *нареч.* alléin, zu zweit, zu zwéien; únter vier Áugen (*с глазу на глаз*)

наéзд *м* **1.** (*приезд*) (kúrzer) Besúch *m* (1); бывáть где-л. ~ом ab und zu [ángereist, zu Besúch] kómmen*; **2.** *уст.* (*набег*) beríttener Überfall, Éinfall *m* (1*); **3.** (*автомашины*) Áuffahren *n* -s; Áuffahrunfall *m* (1*)

наéздить 1. (*дорогу*) fáhrbar máchen; éinfahren* *vt*; **2.** (*лошадь*) zúreiten*; **3.** (*проездить какое-л. время, расстояние*) éine bestímmte Zeit [Strécke] fáhren*; **4.** *разг.* (*нажить ездой*) durch Fáhren etw. verdíenen

наéздн||ик *м* **1.** Réiter *m* (6); Kúnstreiter *m* (*цирковой*); **2.** (*насекомое*) Schlúpfwespe *f* (11), Schmarótzerwespe *f*; **~ица** *ж* Réiterin *f* (12); Kúnstreiterin *f* (*цирковая*); **~ичество** *с* Réitkunst *f*; Kúnstreiten *n* -s (*в цирке*)

наезжáть 1. *см.* наéхать 1,2; **2.** (*посещать время от времени*) ab und zu [mitúnter] kómmen* [besúchen]

наéзженн||ый: ~ая дорóга befáhrene [éingefahrene] Stráße

наём *м* **1.** (*квартиры, помещения и т. п.*) Míeten *n* -s; плáта за ~ Míete *f* (11); отдáть в ~ vermíeten *vt*; **2.** (*рабочей силы*) Ánwerben *n* -s (*вербовка*); Ánheuern *n* -s (*матросов*); бюрó нáйма Stéllenvermittlung *f* (10); рабóтать по нáйму als Tágelöhner árbeiten; **3.** (*судна*) Befráchtung *f*

наёмн||ик *м* **1.** *уст.* (*наёмный работник*) Tágelöhner *m* (6); **2.** *ист.* Söldner *m* (6); **~ый 1.** (*взятый внаём*) gemíetet, Miet-; **2.** (*работающий по найму*) Lohn-; ~ый труд *эк.* Lóhnarbeit *f*; ~ая рабóчая си́ла Lóhnarbeiter *pl*; пóльзоваться ~ым трудóм Lóhnarbeiter beschäftigen; ~ая áрмия Söldnerheer *n* (2); **3.** *перен.* (*продажный*) gedúngen, erkáuft; käuflich; ~ый уби́йца gedúngener Mörder

наёмщик *м уст.* **1.** (*съёмщик*) Míeter *m* (6); **2.** (*наёмный работник*) Lóhnarbeiter *m* (6); **3.** (*нанимающий рабочую силу*) Ánwerber *m* (6)

нае́сться sich satt éssen* (чего́-л. an *D*); ~ до отва́ла *разг.* sich zum Bérsten satt éssen*

нае́хать 1. (*на кого-л., на что-л.*) ánfahren* *vi* (s), ánprallen *vi* (an, gégen *A*), fáhren* *vi* (s) (gégen *A*); im Fáhren an etw. (*A*) [auf j-n] stóßen*; **2.** (*съехаться*) (in Ménge) zusámmenkommen* *vi* (s); **3.** *разг.* (*неожиданно приехать*) únerwartet ánkommen*

нажа́ловаться sich (bítter) beklágen (на кого́-л., на что-л. über *A*); álle séine Klágen vórbringen*

нажа́ривать 1. *см.* нажа́рить; **2.** *разг.* (*азартно делать что-л.*) etw. mit Begéisterung tun*

нажа́рить 1. (in Ménge) bráten* *vt* [rösten *vt*]; **2.** *разг.* (*натопить*) tüchtig éinheizen; ~ся lánge Zeit in der Hítze [in der Sónne] verbríngen*

нажа́тие *с* Druck *m* (1*); Ánpressen *n* -s

нажа́ть I **1.** (*надавить*) áufdrücken *vt*; drücken *vt*, *vi* (на что-л. auf *A*); préssen *vt* (auf *A*) (*сильно*); ~ (на) кно́пку (auf) den Knopf drücken; ~ на спусково́й крючо́к *воен.* ábdrücken *vt*; **2.** *разг.* (*оказать воздействие*) éinen Druck áusüben (на кого́-л. auf *A*); in j-n dríngen*; ~ все пружи́ны, ~ на все рычаги́ álle Regíster zíehen*, álle Hébel in Bewégung sétzen; **3.** *разг.* (*выжать сок*) áusdrücken *vt*, áuspressen *vt*; **4.** (*энергично взяться*) vorántreiben* *vt*; forcieren [-'si:-] *vt*

нажа́ть II *см.* жать II

нажда́к *м* Schmírgel *m* -s; чи́стить ~о́м (áb)schmírgeln *vt*

нажда́чн||ый Schmírgel-; ~ая бума́га Schmírgelpapier *n* -s, Sándpapier *n*

наже́чь 1. *разг.* (*в каком-л. количестве*) (in Ménge) brénnen* *vt*; **2.** *разг.* (*накалить*) erhítzen *vt*; **3.** *спец.* (*выжечь метку*) áufbrennen* *vt*; ~ся *разг.* **1.** (*накалиться*) sich (stark) erhítzen; **2.** (*потерпеть ущерб*) durch Betrúg materiéllen Schäden erléiden*

нажи́в||а *ж* Gewínn *m* (1); Profít *m* (1); стремле́ние к ~е Profítsucht *f*

нажива́ть *см.* нажи́ть; ~ся **1.** *см.* нажи́ться; **2.** *страд.* erwórben wérden

наживи́ть mit éinem Köder versé-hen*; ~ крючо́к éinen Köder an den Háken ánbringen*

нажи́вка *ж* Köder *m* (6)

наживн||о́й I: э́то де́ло ~о́е *разг.* das läßt sich erwérben [erlérnen (*о знаниях и т. п.*)]; das [díeser Verlúst] läßt sich ersétzen

наживно́й II Köder-

нажи́м *м* **1.** Druck *m* (1*); Ándruck *m*, Préssen *n* -s; **2.** (*воздействие*) Druck *m* -(e)s; Erpréssung *f*, Nötigung *f*, Drúckausübung *f*; уси́лить ~ на... etw. únter verstärktem Druck sétzen; **3.** (*подчёркивание*) Náchdruck *m* -(e)s, Hervórheben *n* -s; **~а́ть** *см.* нажа́ть I; **~но́й** Druck-; ~но́й винт *тех.* Drúckschraube *f* (11)

нажи́ть 1. (*заработать*) erwérben* *vt*; verdíenen *vt*; ~ состоя́ние ein Vermögen erwérben*; **2.** *перен.* sich (*D*) zúziehen*; sich (*D*) hólen; ~ неприя́тности sich (*D*) Únannehmlichkeiten zúziehen*; ~ себе́ враго́в sich (*D*) Féinde máchen [scháffen]

нажи́ться reich wérden, sich beréichern, profitíeren *vi* (на чём-л. an *D*); он на э́том ~и́лся er hat sich dabéi beréichert; er hat dabéi dick verdíent (*разг.*)

нажра́ться *груб.* **1.** sich satt fréssen* (*о животных*); sich voll fréssen* (*о человеке*); **2.** (*напиться пьяным*) sich betrínken*

нажужжа́ть *разг.* (*наболтать что-л.*) éinreden *vt*, trátschen *vt*, *vi*, Gerüchte [Klatsch] verbréiten (über *A*)

наза́втра *нареч.* (auf) mórgen; am nächsten [am ánderen] Táge

наза́д *нареч.* **1.** rückwärts, zurück; напра́вленный ~ rückwärtsgerichtet; **2.** (*обратно*) (zu)rück-, wíeder-; отда́ть ~ rückerstatten *vt*, wíedergeben* *vt*, zurückgeben* *vt*; взять ~ обеща́ние ein Verspréchen zurücknehmen*; **3.** (*раньше, прежде*) vor, zurück; два го́да (тому́) ~ vor zwei Jáhren; ро́вно год (тому́) ~ héute vor éinem Jahr; ◇ перевести́ часы́ ~ die Uhr náchstellen; ~! zurück!

нази́д ...

назади́ *нареч. разг.* hínten

назализа́ция *ж лингв.* Nasalíerung *f*

назва́нивать *разг.* wiederhólt läuten

назва́ни||е *с* Náme *m* (15) (*тж. географическое*); Títel *m* (6) (*книги и т. п.*); Bezéichnung *f* (10) (*обозначение*); ~я у́лиц Stráßennamen *pl*

назв||а́ть I **1.** (*дать имя*) (be)nénnen* *vt*, éinen Námen gében*; **2.** (*охарактеризовать*) nénnen* *vt*, bezéichnen *vt*; де́вочку нельзя́ ~а́ть краси́вой das Mädchen kann man nicht hübsch nénnen; **3.** (*произносить название*) nénnen* *vt*, áufzählen *vt*; ~а́ть по и́мени beim Námen nénnen*; он ~а́л себя́ er stéllte sich vor

назва́ть II (*пригласить многих*) (in Ménge) éinladen* *vt*, zusámmenrufen* *vt*

назв||а́ться I sich nénnen*; sich zu erkénnen gében*; sich áusgeben* (кем-л. für *A*) (*выдавать себя за кого-л.*); ◇ ~а́лся груздём — поле́зай в ку́зов *посл.* ≅ gibst du dich für étwas aus, so sei es auch!; wer A sagt, muß auch B ságen

назва́ться II *разг.* (*напроситься*); ~ в го́сти sich éinladen* (lássen*); sich als Gast áufdrängen

назе́мн||ый Erd-; Bóden-, über der Érde befíndlich, auf der Érdoberfläche; ~ая оборо́на Érdabwehr *f*; ~ые си́лы *воен.* Bódenstreitkräfte *pl*; ~ая цель *воен.* Érdziel *n* (2); ~ое наблюде́ние Érdbeobachtung *f*; ~ый персона́л *ав.* Bódenpersonal *n* (2); ~ая ста́нция метро́ Métrostation über der Érde; ориентиро́вка по ~ым предме́там Órtung nach Érdsicht

на́земь *нареч. разг.* zu Bóden; auf die Érde; auf den Bóden (*падать и т. п.*)

назида́ние *с* Máhnung *f*, Beléhrung *f*; Erbáuung *f*; в ~ кому́-л. j-m zur Beléhrung; мёртвым во сла́ву, живы́м в ~ den Tóten zu Éhren, den Lébenden zur Máhnung

назида́тельн||ый beléhrend; erbáulich; ~ым то́ном in schúlmeisterlichem Ton

назло́ *нареч.* zum Trotz; zum Ärger

назнач||а́ть *см.* назна́чить; **~е́ние** *с* **1.** (*установление*) Bestímmung *f* (10), Féstsetzung *f* (10), Fixíerung *f* (10); ~е́ние сро́ка die Féstsetzung des Termíns; ~е́ние вы́боров die Ánsetzung [die Áusschreibung] der Wáhlen; **2.** (*на должность*) Ernénnung *f* (10), Bestímmung *f* (10), Nominíerung *f* (10), Éinsetzung *f* (10); Berúfung *f*; ~е́ние на рабо́ту в университе́т Berúfung an éine Universität; **3.** (*лечебное*) Vórschrift *f* (10); по ~е́нию врача́ nach [laut (*канц.*)] ärztlicher Vórschrift; auf (ärztliche) Verórdnung; **4.** (*цель*) Bestímmung *f* (10), Zweck *m* (1); Zwéckbestimmung *f*; переда́ть по ~е́нию séiner Bestímmung [bestímmungsgemäß] übergében*; испо́льзовать что-л. по прямо́му ~е́нию etw. zwéckgemäß [zwéckentsprechend, sáchgemäß] benútzen; (для) осо́бого ~е́ния zur besónderen Verwéndung (*сокр.* z. b. V.); не по ~е́нию bestímmungswidrig; zwéckentfremdet; ме́сто ~е́ния Bestímmungsort *m* (1); Fáhrziel *n* (2)

назна́чить 1. (*установить*) bestímmen *vt*, féstsetzen *отд. vt*; áussetzen *vt* (*награду, срок*); ~ штраф j-m éine Stráfe zúdiktieren; über j-n éine Stráfe verhängen; ~ заседа́ние éine Sítzung ánberaumen [ánsetzen]; ~ вы́боры die Wáhlen áusschreiben*; ~ собра́ние на ве́чер die Versámmlung auf den Ábend légen; **2.** (*на должность*) ernénnen* *vt*, éinsetzen *vt*, bestímmen *vt*; benénnen* *vt*, berúfen* *vt*; **3.** (*лекарство, лечение*) vórschreiben* *vt*, ánordnen *vt* (*предписать*); verschréiben* *vt* (*прописать*)

назо́йлив||ость *ж* Áufdringlichkeit *f*, Zúdringlichkeit *f*; **~ый** áufdringlich, zúdringlich

назрева́ть, назре́ть 1. réifen *vi* (s), reif wérden; **2.** *перен.* (*о событиях*) heránreifen *vi* (s); akút wérden (*становиться неотложным*); sprúchreif wérden (*требовать обсуждения*); lösungsreif wérden (*требовать разрешения*); вопро́с назре́л die Fráge wúrde aktuéll [akút]; назре́вший вопро́с herángereifte Fráge

назубо́к *нареч. разг.*: знать ~ etw. aus dem Éffeff kénnen*; etw. im kléinen Fínger háben

называ́ть *см.* назва́ть I; ◇ ~ ве́щи свои́ми имена́ми die Dínge beim réchten [ríchtigen] Námen nénnen*, das Kind beim réchten Námen nénnen*; так называ́емый sógenannt (*сокр.* sog.); ~ся **1.** héißen* *vi*; sich nénnen* (*тк. о человеке*); **2.** *страд.* genánnt [benánnt] wérden; ◇ что называ́ется *разг.* wahrháftig; в са́мое, что называ́ется, вре́мя поспе́л er ist geráde zur réchten Zeit gekómmen

назывн||о́й: ~о́е предложе́ние *грам.* Nominálsatz *m* (1*)

наибо́лее *нареч.* höchst-; ~ уда́чный der (áller)günstigste; ~ развиты́е стра́ны die höchstentwickelten Länder

наибо́льший der (áller)größte; der méiste; Meist-; о́бщий ~ дели́тель *мат.* der größte geméinsame Téiler

наиважне́йший der (áller)wíchtigste

наи́вн||ичать *разг.* den Naíven [-vən] spíelen; **~ость** *ж* Naivität [-vi-] *f*; по ~ости naíverweise; **~ый** naív, éinfältig; ~ый челове́к *ирон.* naíver [-vər] Mensch, Éinfaltspinsel *m* (6)

наивы́сш||ий der (áller)höchste; в ~ей сте́пени im (áller)höchsten Gráde

наи́гранн||ый 1. éingespielt; ~ая скри́пка éine éingespielte Violíne [vi-]; **2.** *перен.* (*напускной*) gespíelt; gekünstelt, gemácht (*деланный*)

наигра́ть 1. (*исполнить много музыкальных пьес*) viel spíelen; **2.** (*сыграть основной мотив*) geläufig die Háuptmelodie spíelen; **3.**: ~ пласти́нку éine Plátte bespíelen

наигра́ться *разг.* sich satt spíelen

наи́грывать 1. (*играть тихо*) léise (vor sich hin) spíelen (*мелодию*); **2.** *см.* наигра́ть

на́игрыш *м* **1.** Melodíe *f* aus der instrumentálen Vólksmusik; Vólkstanzmelodie *f* (11); **2.** (*неестественность*) unnatürliches [gekünsteltes] Spiel (éines Scháuspielers)

наизна́нку *нареч.* verkéhrt (*тж. перен.*); links, mit der Ínnenseite nach áußen (*об одежде*), auf die línke Séite; наде́ть ~ verkéhrt ánziehen*; вы́вернуть ~ auf die línke Séite kéhren

наизу́сть *нареч.* áuswendig; aus dem Kopf

наилу́чш||ий der (áller)béste; béstmöglich; ~им о́бразом aufs béste; auf die gelúngenste Art; (всего́) наилу́чшего! álles Gúte! (*пожелание при расставании*)

наиме́нее *нареч.* am (áller)wénigsten

наименов||а́ние *с* Benénnung *f* (10), Náme(n) *m* (15, 7); Bezéichnung *f* (10); ~**а́ть** benénnen* *vt*, éinen Námen gében*; bezéichnen *vt*

наиме́ньш||ий der (áller)kléinste; der geríngste, der míndeste, Míndest-; о́бщее ~ее кра́тное *мат.* das kléinste geméinsame Víelfache; путь ~его сопротивле́ния der Weg des geríngsten Wíderstandes

наискосо́к, на́искось *нареч.* schräg gegenüber

наи́т||ие: по ~ию *разг.* intuitív; instinktív

наиху́дший der (áller)schlímmste, der schléchteste, der übelste

найдёныш *м* Fíndelkind *n* (5), Fíndling *m* (1)

наймит *м* **1.** *обл.* (*наёмный работник*) Tágelöhner *m* (6), Knecht *m* (1); **2.** *презр.* Knecht *m* (1), Söldling *m* (1)

найти́ I **1.** (*разыскать*) (áuf)fínden* *vt*; áusfindig máchen; его́ нигде́ нельзя́ ~ er ist nírgends zu fínden; ~ вре́мя Zeit fínden*; **2.** (*открыть*) entdékken *vt*; erfínden* *vt* (*изобрести*); **3.** (*застать*) vórfinden* *vt*

найти́ II **1.**: ~ на мель auf éine Sándbank [auf éine Úntiefe] áuflaufen*; ту́ча нашла́ на со́лнце éine Wólke verdéckte die Sónne; **2.**: на него́ нашла́ весёлость Lústigkeit überkám ihn; что э́то на тебя́ нашло́? was ist in dich gefáhren?, was ist denn mit dir los? **3.** (*собраться*) zusámmenkommen* *vi* (s); нашло́ мно́го наро́ду es ist viel Volk zusámmengekommen; **4.** (*проникнуть*) éindringen* *vi* (s); дым нашёл в ко́мнату der Rauch ist ins Zímmer éingedrungen; ◇ нашла́ коса́ на ка́мень *погов.* es ging hart auf hart

найти́сь **1.** sich fínden*; не найдётся ли у вас карандаша́? háben Sie viellélcht éinen Bléistift?; найдётся, что де́лать Árbeit wird sich fínden; **2.** *перен.* (*не растеряться*) sich zuréchtfinden* *отд.*; die Géistesgegenwart nicht verlíeren*; он сра́зу нашёлся er fand sich sofórt zurécht; он не нашёлся, что мне отве́тить er blieb mir die Ántwort schúldig

найто́в *м мор.* Zúrring (*при переносе* Zurr-ring) *m* -s, -s, Láschung *f* (10); ~**ить** *мор.* láschen *vi*, séisen *vi*

нака́з *м* Áuftrag *m* (1*), Ánweisung *f* (10); Instruktión *f* (10) (*инструкция*); ~ избира́телей Wählerauftrag *m*

наказа́н||ие *с* Stráfe *f* (11), Bestráfung *f* (10); Máßregelung *f* (10); Züchtigung *f*; дисциплина́рное ~ие Órdnungsstrafe *f*; теле́сное ~ие Körperstrafe *f*; запрети́ть что-л. под стра́хом ~ия etw. bei Stráfe verbíeten*, etw. únter Stráfe stéllen; срок [ме́ра] ~ия *юр.* Stráfmaß *n* (2); отбы́тие ~ия Stráfverbüßung *f*; установле́ние ~ия Stráfzumessung *f* (10); ◇ э́то су́щее ~ие das ist éine wáhre Pláge

наказ||а́ть I stráfen *vt*, bestráfen *vt*; máßregeln *vt*; züchtigen *vt*, áhnden *vt*; он сам себя́ ~а́л er hat sich selbst bestráft, er hat sich ins éigne Fleisch geschnítten

наказа́ть II *уст.* (*дать наказ, поручение*) beáuftragen *vt*, éinen Áuftrag gében*; éinschärfen *vt*

наказу́ем||ость *ж юр.* Stráfbarkeit *f*; ~**ый** *юр.* stráfbar, sträflich

нака́зывать *см.* наказа́ть I, II

нака́л *м* **1.** *тех.* Glühen *n* -s; Glut *f*; *эл.* Héizung *f*; нить ~а *эл.* Glühfaden *m* (7*), Glühdraht *m* (1*); температу́ра ~а Glühhitze *f*; бе́лый ~ Wéißglut *f*; кра́сный ~ Rótglut *f*; **2.** *перен.* (*напряжение*) höchste Spánnung [Erhítzung]

накалённый **1.** glühend; **2.** (*напряжённый*) gespánnt; geláden; schwül; атмосфе́ра накалена́ die Atmosphäre ist geláden; die Láge ist gespánnt

нака́лив||ание *с* Glühen *n* -s, Glühendmachen *n* -s; ла́мпа ~ания *эл.* Glühlampe *f* (11); ~**ать** *см.* накали́ть; ~**аться** **1.** *см.* накали́ться; **2.** *страд.* glühend wérden; zum Glühen gebrácht wérden

накали́ть **1.** glühend máchen, zum Glühen bríngen*; erhítzen *vt*; **2.** (*сделать напряжённым*) äußerst gespánnt [únruhig] machen; ~**ся** **1.** erglühen *vi* (s), sich erhítzen; glühend wérden; ~ся добела́ weiß glühen; ~ся докрасна́ rot glühen; **2.** (*стать напряжённым*) äußerst gespánnt [únruhig] wérden

нака́лывать *см.* наколо́ть I, II; ~**ся** **1.** *см.* наколо́ться; **2.** *страд.* áufgesteckt [ángesteckt] wérden

накаля́ть(ся) *см.* накали́ть(ся)

наканифо́лить mit Kolophónium (den Géigenbogen) éinreiben*

накану́не **1.** *нареч.* (*в предыдущий день*) tags zuvór; am Vórtage; **2.** *предлог* (*перед чем-л.*) kurz vor (*D*), am Vórabend, am Tag vor (*D*)

нака́пать **1.** (*лекарство и т. п.*) éintröpfeln *vt*, éintropfen *vt*, éinträufeln *vt*; áuftropfen *vt*; **2.** (*капая, запачкать*) betrópfen *vt*

нака́пливать(ся) *см.* накопи́ть(ся)

нака́ркать *разг.* únken *vi*, den Téufel an die Wand málen

нака́т *м* **1.** (*ряд брёвен, настил*) Bóhlenbelag *m* (1*), Brétterbelag *m*; *стр.* Bléndboden *m* -s; Éinschubdecke *f* (11); **2.** *воен.* Vórlauf *m* (1*), Vórholen *n* -s; **3.** (*прибой волн*) Heránwälzen *n* -s, Heránrollen *n* -s; **4.** (*красок*) Áuftragen *n* -s, Éinwalzen *n* -s; **5.** (*механизм*) Róllapparat *m* (1)

наката́ть **1.** (*прикатить*) heránwälzen *vt*, heránrollen *vt*, zusámmenrollen *vt*; **2.** (*скатать что-л.*) (éine Ménge) dréhen *vt*; ~ пилю́ль Píllen dréhen; **3.** (*дорогу*) glättwalzen *отд. vt*; **4.** *разг.* (*наспех написать*) hínschmieren *vt*; **5.** (*покрыть краской и т. п.*) áuftragen* *vt*; **6.** (*намотать*) áufrollen *vt*; **7.** *тех.* rändeln *vt*; kórdeln *vt*; wálzen *vt* (*резьбу*)

наката́ться zur Genüge umhérfahren* [spazíerenfahren*], sich satt fáhren*

накати́ть **1.** *см.* наката́ть 1; **2.** (*катя, поместить на что-л.*) hináufwälzen *vt*; **3.** *разг.* plötzlich entstéhen* (*о беде и т. п.*); **4.** *см.* накати́ться 3

накати́ться **1.** (*катясь натолкнуться*) im Róllen auf etw. (*A*) stóßen*; **2.** *см.* накати́ть 2; **3.** sich heránwälzen (*о волнах*)

нака́тник *м* **1.** *стр.* Rúndhölzer *pl*; **2.** *воен.* Vórholer *m* (6)

нака́тный Áuftrag-; ~ ва́лик *полигр.* Áuftragwalze *f* (11)

нака́тывание *с тех.* Kordíerung *f*; Rändelung *f*; Wálzen *n* -s (*резьбы*)

нака́тывать I *см.* наката́ть 1, 2, 3, 5, 6, 7

нака́тывать II *см.* накати́ть

накача́ть **1.** púmpen *vt*, áufpumpen *vt*; hóchpumpen *vt*; vóllpumpen *vt*; ~ ши́ну éinen Réifen áufpumpen; **2.** *разг.* (*напоить*) j-n betrúnken máchen; **3.** *разг.* j-m éinpauken (*знаниями*)

накача́ться I (*на качелях*) sich nach Hérzenslust schäukeln; sich müde [satt] scháukeln

накача́ться II *разг.* (*напиться*) sich vóllpumpen; sich besáufen *, sich betrínken*

нака́чивать *см.* накача́ть; ~**ся** vóllgepumpt wérden

нака́чка *ж* Púmpen *n* -s, Áufpumpen *n*

наква́сить sáuer éinlegen, (éine Ménge) éinsäuern *vt*

накида́ть *разг.* vóllwerfen* *vt*; in Ménge hínschleudern

наки́дка *ж* **1.** (*одежда*) Überhang *m* (1*), Überwurf *m*, Peleríne *f* (11), Úmhang *m* (1*); **2.** (*на подушку*) Zíerdeckchen *n* (7); **3.** *разг.* (*набавка*) Zúschlag *m* (1*), Áufschlag *m*

наки́дывать(ся) *см.* наки́нуть(ся)

наки́нуть **1.** (*набросить*) überwerfen* *vt*, überhängen *vt*, úmlegen *vt*; **2.** *разг.* (*набавить*) áufschlagen* *vt*, dráufschlagen* *vt*; ~ це́ну éinen Préiszuschlag máchen, den Preis erhöhen

наки́нуться **1.** (*на кого-л.*) über j-n hérfallen*, sich über j-n hérmachen, auf j-n lósstürzen, sich auf j-n stürzen; j-n (scharf) ánfahren*; **2.** *разг.* (*на еду и т. п.*) sich über etw. (*A*) hérmachen

накипа́ть, накипе́ть **1.** Schaum bílden; Késselstein ánsetzen; **2.** *перен.* (*о злобе и т. п.*) sich ánsammeln, sich häufen

на́кип||ь *ж* **1.** (*пена*) Schaum *m* (1*), снять ~ь с чего́-л. den Schaum ábnehmen*; **2.** (*осадок*) Ánsatz *m* (1*); Késselstein *m* -(e)s (*на стенках котла*); Wásserstein *m* (*в чайнике*); образова́ние ~и Késselsteinbildung *f* (*на стенках котла*); Wássersteinbildung *f* (*в чайнике*)

накла́дка *ж* **1.** *тех.* Áuflage *f* (11), Überwurf *m* (1*), Lásche *f* (11); Schlíeßband *n* (5), Schlíeßdeckel *m* (6) (*замка́*); **2.** (*из чужих волос*) künstliches Háarteil, kléiner fálscher Zopf, fálsche Háarsträhne

накладна́я *сущ. ж ком.* Fráchtbrief *m* (1), Fráchtschein *m* (1); Líeferschein *m*, Begléitschein *m*

накла́дно *нареч.*: э́то ~ *разг.* das geht ins Geld, das ist kóstspielig

накладн||о́й áufgelegt, Áuflage-; überlágert; ~о́е серебро́ plattíertes Sílber; ~о́й карма́н áufgesetzte Tásche; ◇ ~ы́е расхо́ды Spésen *pl*

накла́дывать *см.* наложи́ть

накла́няться *разг.* sich viel [häufig] verbéugen

наклевета́ть *см.* клевета́ть

наклёвыва||ться *разг.*: ничего́ у меня́ не ~ется ich hábe kéinerléi Áussichten; как бу́дто ~ется die Sáche hat Áussichten [Chancen ('ʃaŋsən)]

накле́ивать, накле́ить ánleimen *vt* (на что-л. an *A*); áufkleben *vt* (auf *A*); ~ почто́вые ма́рки Bríefmarken áufkleben

накле́йка *ж* **1.** (*действие*) Ánleimen *n* -s, Áufkleben *n* -s; **2.** (*ярлык*) Etikétt *n* (2), Etikétte *f* (11), Áufkleber *m* (6), Klébezettel *m* (6)

наклепа́ть I *тех.* áufnieten *vt*; kálthärten *vt*

наклепа́ть II *разг.* (*на кого-л.*) j-m etw. ándichten; verléumden *vt*, fälschlich beschúldigen, verúnglimpfen *vt*

накли́кать, наклика́ть *разг.* heráufbeschwören* *vt*

накло́н *м* Néigung *f* (10) (*движение головы*); Schrägung *f* (10) (*косое направление*); Ábhang *m* (1*) (*скат*); Gefälle *n* (6) (*склон*); *спорт.* Béugen *n* -s

наклоне́ние I *с* (*действие*) Néigen *n*

наклоне́ние II *с грам.* Módus *m* =, -di, Áussageform *f* (10), Áussageweise *f* (11); изъяви́тельное ~ Índikativ *m* (1), Wírklichkeitsform *f*; повели́тельное ~ Ímperativ *m* (1), Beféhlsform *f*; сослага́тельное ~ Kónjunktiv *m* (1), Möglichkeitsform *f*; жела́тельное ~ Óptativ *m* (1), Wúnschform *f*; усло́вное ~ Konditionál *m* (1), Konditionális *m* =, -les, Bedíngungsform *f*

наклоне́ние III *с*: магни́тное ~ Inklinatión *f*

наклони́ть néigen *vt*; (níeder)béugen *vt*; **~ся** sich néigen, sich (níeder)béugen; sich bücken (*тк. о людях*); **~ся** над кем-л., над чем-л. sich über j-n, über etw. (*A*) (níeder)béugen; sich vórlegen (*о лыжнике*)

накло́нность *ж* Néigung *f* (10); Veránlagung *f* (10) (*предрасположение*); име́ть к чему́-л. ~ zu etw. (*D*) veránlagt sein; zu etw. (*D*) Néigung háben; an etw. (*D*) Geschmáck fínden*

накло́нн||ый genéigt; schräggestellt, schief (*косой*); sich sénkend, ábfällig, ábhängig, ábschüssig (*покатый*; *крутой*); **~ая** пло́скость *физ.* genéigte [schíefe] Ébene; ◊ кати́ться по **~ой** пло́скости auf die schíefe Ébene [ábschüssige Bahn] geráten*

наклоня́ть(ся) *см.* наклони́ть(ся)

накло́каться *разг.* éinen hében*, éinen hínter die Bínde gíeßen*

накля́узничать verléumden *vt*, ánschwärzen *vt*

накова́льн||я *ж* Ámboß *m* -sses, -sse; ◊ ме́жду мо́лотом и **~ей** zwíschen Hámmer und Ámboß

нако́жн||ый *мед.* Haut-, dermátisch; **~ые** боле́зни Háutkrankheiten *pl*

нако́лачивать *см.* наколоти́ть

наколе́нник *м* **1.** Kníestück *n* (2), Kníeschützer *m* (6); Kníewärmer *m* (6); **2.** *спорт.* Kníeleder *n* (6)

наколе́нн||ый Knie-; **~ая** повя́зка Kníebinde *f* (11)

нако́лка *ж* Häubchen *n* (7), Kópfputz *m* (1)

наколоти́ть **1.** áufschlagen* *vt*; áufnageln *vt*, ánnageln *vt* (*гвоздями*); **2.** *разг.* (in Ménge) zerschlágen* *vt*; **3.** *разг.* (*побить кого-л.*) gründlich verdréschen*

наколо́ть I **1.** (*приколоть*) ánstecken *vt*, beféstigen *vt*; ~ ба́бочку на була́вку éinen Schmétterling áufspießen [auf éine Nádel spíeßen, áufstechen*]; **2.** (*фрукты перед варкой*) ánstechen* *vt*; **3.** (*уколоть*) stéchen* *vt*; ~ ру́ку sich in die Hand stéchen*; **4.:** ~ пла́тье ein Kleid ábstecken (*при примерке*); **5.** (*заколоть — о скоте*) ábstechen* *vt*, schláchten *vi*

наколо́ть II (*нарубить, расколоть*) (in Ménge; viel) (zer)hácken *vt* [(zer-)spálten *vt*]

наколо́ться sich stéchen* (на что-л. an *D*)

накома́рник *м* Moskítonetz *n* (2), Mückennetz *n*

наконе́ц *нареч.* **1.** éndlich; schlíeßlich; zu gúter Letzt; létzten Éndes (*в конце концов*); **2.** (*в заключение*) zum Ábschluß; zum Schluß; **3.** *в знач. вводн. сл.* schlíeßlich; ◊ ~-то! na éndlich!

наконе́чник *м* Spítze *f* (11), Éndstück *n* (2); Zwínge *f* (11) (*у трости, зонтика*); *тех., воен.* Háube *f* (11), Káppe *f* (11); ка́бельный ~ *эл.* Kábelschuh *m* (1)

накопа́ть *см.* копа́ть 1, 3

накопи́тель *м выч. тех.* Spéicher *m* (6), Spéicherwerk *n* (2); ~ кома́нд Beféhlsspeicher *m*

накопи́ть ánsammeln *vt*, (áuf)spéichern *vt*, akkumulíeren *vt*; éinsparen *vt* (*сэкономить*); **~ся** sich ánsammeln, sich áufhäufen; sich áufspeichern (*на складе*)

накопле́н||ие *с* Ánsammlung *f*, Ánhäufung *f*; Erspárnisse *pl*, Éinsparung *f* (10) (*сбережение*); Ánlegen *n* -s (*запасов*); Hórtung *f* (*продовольствия*); *выч. тех.* Spéicherung *f*; *эк.* Akkumulatión *f* (10); исто́чник **~ия** Akkumulatiónsquelle *f* (11); внутрихозя́йственные **~ия** ínnerwirtschaftliche Akkumulatiónen; **~ие** запа́сов Ánlegung von Vórräten; первонача́льное **~ие** капита́ла *эк.* die úrsprüngliche Akkumulatión des Kapitáls

накопля́ть *см.* накопи́ть; **~ся** **1.** *см.* накопи́ться; **2.** *страд.* ángesammelt wérden (*ср.* накопи́ть)

накопти́ть **1.** (*окороков и т. п.*) (in Ménge) räuchern *vt*; **2.** (*о лампе, керосинке*) bláken *vi*, quálmen *vi*

накорми́ть *см.* корми́ть 1, 2; zu éssen gében*, füttern *vt* (*много людей*)

накоротке́ *нареч. разг.* **1.** in [aus] geríngen Entférnung; **2.** (*ненадолго*) für kúrze Zeit; ◊ быть ~ с кем-л. mit j-m in éngem [fréundschaftlichem] Verhältnis stéhen*

нако́с *м с.-х.* Mahd *f*

накоси́ть (in Ménge) ábmähen *vt*; viel mähen *vt*

накостыля́ть *груб.* verprügeln *vt*

на́кось *разг.* schräg

накра́пыва||ть (*о дожде*) tröpfeln *vi*; ánfangen* zu régnen; **~ет** *безл.* es tröpfelt

накра́сить *см.* кра́сить 1; **~ся** sich schmínken

накрахма́л||енный gestärkt; **~и(вать)** *см.* крахма́лить

накрени́ть krängen *vt* (*мор.*); überneigen *vt*; auf die Séite légen; **~ся** sich béugen, sich (über)néigen; krängen *vi* (*мор.*); sich auf die Séite légen

накреня́ть(ся) *см.* накрени́ть(ся)

на́крепко *нареч.* **1.** (*прочно*) níet- und nágelfest; (sehr) fest; **2.** *разг.* (*решительно*) náchdrücklichst; ◊ кре́пко-~ 1) (*прочно*) sehr fest; 2) (*строго*) aufs stréngste

на́крест *нареч.* übers Kreuz, kréuzweise; kréuzförmig; сложи́ть ~ kréuzweise zusámmenlegen; ~ лежа́щие углы́ *мат.* Wéchselwinkel *pl*

накрича́ть (*на кого-л.*) ánschreien* *vt*; ánbrüllen *vt*; **~ся** *разг.* sich satt schréien*, sich áusschreien*; **~ся** до хрипоты́ sich héiser schréien*

накрои́ть (in Ménge) zúschneiden* *vt*

накроши́ть *см.* кроши́ть 1

накрути́ть, накру́чивать **1.** (*что-л. на что-л.*) áufwinden* *vt*, áufwickeln *vt*; umwíckeln *vt*, umwínden* *vt* (mit *D*), **2.** (in Ménge) zusámmendrehen *vt*, viel durch Dréhen [Fléchten] hérstellen; **3.** *разг.* (*надеть излишне много*) übermäßig viel ánziehen*; **4.** *разг.* (*придумать, сделать что-л. замысловатое*) etw. sehr Kompliziertes [Úngewöhnliches] áusdenken* [máchen]; ◊ накрути́ть хвост (*кому-л.*) j-n áusschimpfen

накру́чиваться **1.** sich umwínden*, sich umwíckeln; **2.** *страд.* áufgewickelt [umwíckelt] wérden (*ср.* накрути́ть)

накрыва́ть *см.* накры́ть; **~ся** **1.** *см.* накры́ться; **2.** *страд.* bedéckt wérden (*ср.* накры́ть)

накры́ть **1.** (be)décken *vt*; zúdecken *vt* (*прикрыть*); ~ стол ска́тертью den Tisch mit éinem Tíschtuch bedécken; **2.** *разг.* (*поймать*) ertáppen *vt*, überráschen *vt*; ~ на ме́сте преступле́ния auf frischer Tat ertáppen; **3.:** ~ огнём *воен.* éindecken *vt*; ◊ ~ (на) стол den Tisch décken; **~ся** sich zúdecken; sich bedécken

нактóуз *м мор.* Kómpaßgehäuse *n* (6)

накукова́ть *разг.* j-m prophezéien, wie lánge er lében wird; Únheil voráussagen

накупа́ть, накупи́ть (viel) káufen *vt*, (viel) zusámmenkaufen *vt*; я накупи́л книг ich hábe víel(e) Bücher gekáuft

накури́ть **1.** verquálmen *vt*; vóllrauchen *vt*; в ко́мнате наку́рено das Zímmer ist voll Rauch [ist vóllgeraucht]; **2.** (*добыть перегонкой*) (in Ménge) Wein ábziehen*

накури́ться *разг.* sich satt [voll] ráuchen; zuvíel ráuchen

налага́ть *см.* наложи́ть 3; ~ обяза́тельства на кого́-л. j-m Verpflíchtungen áuferlegen

нала́дить **1.** in Gang [Órdnung, Fluß] bríngen*; éinrichten *vt*; in die Wége léiten; instánd sétzen (*машину и т. п.*); *муз.* stímmen *vt*; **2.:** ~ конта́кты Kontákte ánbahnen; ~ отноше́ния Bezíehungen áufnehmen*; **~ся** in Órdnung [Gang, Fluß] kómmen*; де́ло нала́дилось die Sáche kam in Fluß

нала́дка *ж тех.* Éinrichten *n* -s, Instándsetzung *f*; Ábgleichen *n* -s

нала́дчик *м тех.* Éinrichter *m* (6)

нала́живать *см.* нала́дить; **~ся** **1.** *см.* нала́диться; **2.** *страд.* in Órdnung [Gang, Fluß] gebrácht wérden (*ср.* нала́дить)

налга́ть **1.** vórlügen* *vt*, zusámmenlügen* *vt*; áufschneiden* *vt*; **2.** (*наклеветать на кого-л.*) verléumden *vt*, verlästern *vt*

нале́во *нареч.* **1.** nach links (*на вопрос «куда?»*); links, línkerseits, zur Línken, línker Hand (*на вопрос «где?»*); он пошёл ~ er ging nach links; ~ от меня́ links von mir, zu méiner Línken; ~! *воен.* linksúm!; **2.** *разг.* (*на́ сторону*) schwarz, úngesetzlich; продава́ть това́ры ~ hintenherúm [schwarz] Wáren verkáufen; рабо́тать ~ schwárzarbeiten *отд. vi*

налега́ть *см.* нале́чь

налегке́ *нареч.* **1.** (*без багажа*) óhne Gepäck; únbeschwert; **2.** (*в лёгком костюме*) leicht gekléidet

на́ледь *ж* (*напр. на воде, земле*) Óberflächeneis *n*

нале́зать *см.* нале́зть

нале́зть *разг.* **1.** (*об обуви, одежде*); сапо́г не нале́зает der Stíefel läßt sich nicht ánziehen [paßt nicht]; **2.** (*наползти куда-л.*) zusámmenkriechen* *vi* (s)

налепи́ть **1.** *разг.* áufkleben *vt*; ánkleben *vt*; **2.** *(много слепить)* viel [in Ménge] modellíeren

налеплять *см.* налепить 1

налёт I *м* **1.** *воен.* Überfall *m* (1*), überráschender Ángriff; воздушный ~, ~ авиации Lúftangriff *m* (1), Ánflug *m* (1*); **2.** *(грабёж)* Überfall *m* (1*); Éinbruch *m* (1*) *(вторжение)*; бандитский ~ Ráubüberfall *m*; ◇ с ~а im Flúge; óhne lánges Záudern; frisch dráuflós

налёт II *м* **1.** *(слой)* Ánflug *m* (1*), Beschlág *m* (1*); ~ пыли на стекле́ éine dünne Stáubschicht auf dem Glas; **2.** *перен.* *(оттенок)* Ánflug *m* (1*), Hauch *m* (1), Ánstrich *m* (1); с ~ом сентиментальности mit éinem Ánflug von Sentimentalität; **3.** *мед.* Belág *m* (1*)

налетать I *см.* налететь

налетать II éine bestímmte Zeit [Strécke] fliegend [mit dem Flúgzeug] zurücklegen

налететь **1.** ángeflogen kómmen*, пыль налетела Staub hat sich ángesetzt; налетели мухи víele Flíegen sind herbéigeflogen; **2.** *(напасть)* sich stürzen (на кого-л., на что-л. auf *A*), hérfallen* *vi* (über *A*), überfállen* *vt*; **3.** *(наскочить)* stóßen* *vi* (s) (на что-л. gégen *A*, an *A*); zusámmenstoßen* *vi* (s) *(столкнуться)*; автомобиль налетел на столб das Áuto sáuste gégen éinen Pfósten; **4.** *(об урагане)* sich plötzlich erhében*, heránstürmen *vi* (s)

налётчик *м* Éinbrecher *m* (6), Räuber *m* (6), Bandít *m* (8)

налечь **1.** sich (án)stémmen; sich stützen (на кого-л., что-л. auf *A*); ~ на вёсла sich in die Rúder [Ríemen] légen; **2.** *перен.* *(сделать усилие)* sich ánstrengen; sich ins Zeug légen; sich auf etw. (*A*) légen; ~ на учёбу das Lérnen éifrig betréiben*, sich aufs Lérnen wérfen*; **3.** *перен.* *(оказать давление на кого-л.)* j-n zu rascherer Árbeit ántreiben* [drängen]

налив *м* **1.** Éingießen *n* -s; Tánken *n* -s *(цистерны и т. п.)*; **2.** *(созревание)* Réife *f*; Réifezeit *f* *(время созревания)*; ~ зерна Körnerbildung *f*; ◇ бе́лый ~ *(сорт яблок)* wéißer Klárapfel

наливать *см.* налить; **~ся 1.** *см.* налиться; **2.** *страд.* éingegossen wérden (*ср.* налить)

наливка *ж* Flúchtlikör *m* (1)

наливн||ой **1.** *тех.* *(для перевозки жидких грузов)* Tank-; ~óе су́дно Tánkschiff *n* (2), Tánker *m* (6); **2.** *(о фруктах)* reif; pflückreif; ~óе яблоко Glásapfel *m* (1*); **3.:** ~óй като́к Sprítzeisbahn *f* (10); **4.** voll; ~ые плечи vólle [rúnde] Schúltern

нализаться *разг.* **1.** *(вдоволь полизать)* sich satt lécken (an *A*); **2.** *(напиться пьяным)* über den Durst trínken*, sich besáufen*; sich (*D*) éinen Schwips ántrinken*

налим *м зоол.* Quáppe *f* (11), Áalquappe *f*

налипать, налипнуть **1.** klébenbleiben* *vi* (s) (на что-л. an *D*); sich ánsetzen; **2.** *разг.* *(о людях — скопиться)* sich ánschließen* (*D*)

налитой **1.** *см.* наливной 2, 4; **2.:** как ~ *разг.* gedrúngen, rund *(о теле)*; как свинцом ~ bléiern *(о голове, ногах и т. п.)*

налить **1.** éingießen* *vt*, éinschenken *vt*; náchschenken *vt* *(повторно)*; füllen *vt* *(наполнить)*; **2.** *(пролить что-л.)* vergíeßen* *vt*, verschütten *vt*; **~ся 1.** *(о жидкости — натечь, проникнуть внутрь)* (her)éinfließen* *vi* (s), éindringen* *vi* (s) (во что-л. in *A*); **2.** *(созреть, наполниться соком)* réifen *vi* (s), sáftig wérden; quéllen* *vi* (s), schwéllen* *vi* (s) *(о почках и т. п.)*; зерно наливается das Getréide körnt; **3.** *(наполниться)* sich füllen; ◇ налившиеся кровью глаза blútunterlaufene Áugen

налицо *нареч.* zur Stélle, ánwesend *(о людях)*; vorhánden *(о вещах)*; быть ~ vórliegen* *vt*; преступление ~ ein Verbréchen liegt vor

наличествовать vorhánden sein

налич||ие *с* Vorhándensein *n* -s *(вещей)*; Bestánd *m* -(e)s *(товаров)*; Ánwesenheit *f* *(людей)*; при ~ии bei Vorhándensein (von *D*); быть [оказаться] в ~ии vorhánden sein, vórliegen* *vi*

наличник *м стр.* Verkléidungsbrett *n* (5), Verkléidungsleiste *f* (11), Éinfassung *f* (10), Verkléidung *f* (10); Fénsterverkleidung *f* *(оконный)*; metállene Verkléidung des Schlüsselloches

налични||ость *ж* **1.** Bestánd *m* (1*) *(товаров)*; Kássenbestand *m*, Bárbestand *m* *(денежная)*; **2.** *(наличие)* Vorhándensein *n* -s; **~ый 1.** disponíbel, verfügbar, zur Verfügung stéhend; **2.** ~ый состав Personálbestand *m* -(e)s; Effektívbestand *m*, Íst-Bestand *m* *(армии)*; **3.** *ком.* bar; за ~ый расчёт gégen Bárzahlung, gégen bar; **~ые** *сущ. мн.* Bárgeld *n* -(e)s, Bárschaft *f* (10), báres Geld; платить ~ыми in bar (be-) záhlen; сто рублей ~ыми húndert Rúbel bar; покупать за ~ые (sofórt) gégen Kásse káufen; платящий ~ыми Bárkäufer *m* (6)

налобник *м* *(уздечки)* Stírnriemen *m* (7), Stírnband *n* (5)

налобный Stirn-; ~ ремень Stírnriemen *m* (7)

наловить (in Ménge) fángen* *vt*, éinfangen* *vt*, gréifen* *vt*, erháschen *vt*

наловчиться *разг.* Fértigkeit [Gewándtheit, Geschícklichkeit, Kunst] in etw. (*D*) erréichen

налог *м* Stéuer *f* (11); прямой ~ dirékte Stéuer; косвенный ~ índirekte Stéuer; ~ оборота Úmsatzsteuer *f*; подоходный ~ Éinkommensteuer *f*; Löhnsteuer *f* *(с зарплаты)*; военный ~ Kríegssteuer *f*; ~ на бездетность Kínderlosensteuer *f*; обложить ~ом mit Stéuer belégen; обложение ~ом Bestéuerung *f* (10); платить ~ éine Stéuer entríchten; взимать ~ Stéuer erhében*; неплатёж ~а Stéuerhinterziehung *f* (10); уклонение от уплаты ~а Stéuerflucht *f*; не облагаемый ~ом stéuerfrei; **~овый** Stéuer-; ~овый сбор Bestéuerung *f* (10); ~овый разряд *(автомашины)* Stéuerklasse *f* (11); ◇ ~овый пресс Stéuerschraube *f*; **~обложение** *с* Bestéuerung *f* (10)

налогоплательщик *м* Stéuerzahler *m* (6)

наложение *с* **1.** Áuflegen *n* -s; Ánlegen *n* *(повязки)*; ~ колебаний *физ.* Schwíngungsüberlagerung *f*; **2.** *перен.* Áuferlegung *f* (10); Áuferlegen *n* -s; ~ ареста на имущество *юр.* die Beschlágnahme des Vermögens; ~ печати das Áufdrücken des Síegels [Stémpels]

наложенн||ый: ~ым платежом mit [als, durch, únter, gégen] Náchnahme; per Náchnahme *(книжн.)*; посылка ~ым платежом Náchnahme *f*, Náchnahmesendung *f*

наложить **1.** *(сверху)* áuflegen *vt*; ~ повязку éinen Verbánd ánlegen; **2.** *(наполнить)* füllen *vt*; láden* *vt* *(нагрузить)*; **3.** *перен.* áuferlegen *vt*; ~ штраф [взыскание] éine Stráfe áuferlegen [verhängen]; ~ арест на имущество *юр.* ein Vermögen beschlágnahmen, ein Vermögen mit Beschlág belégen; ~ визу mit éinem Síchtvermerk verséhen*; ~ налог bestéuern *vt*; ~ печать mit éinem Stémpel verséhen*; ~ резолюцию éine Ánordnung tréffen*; ◇ ~ на себя руки Hand an sich légen; sich (*D*) das Lében néhmen*; ~ отпечаток éinen Stémpel áufdrücken

наложница *ж уст.* Konkubíne *f* (11), Béischläferin *f* (12)

налокотник *м спорт.* Éllenbogenschützer *m* (6)

наломать (in Ménge) bréchen* *vt*, ábbrechen* *vt*; ◇ ~ бока кому-л. *разг.* verprügeln *vt*, j-m das Fell gérben; ~ дров Dúmmheiten máchen

налопаться *разг.* **1.** sich satt éssen*; **2.** *(напиться пьяным)* sich vóllsaufen

налощить blank réiben*; glätten *vt*

налюбоваться sich satt séhen*, séine Áugen wéiden, sich ergötzen (кем-л., чем-л., на кого-л., на что-л. an *D*)

налопать *разг.* (hín)schlúdern *vt*

нам *дат. см.* мы

намагнитить magnetisíeren *vt*, magnétisch máchen

намагничив||ание *с* Magnetisíeren *n* -s; **~ать** *см.* намагнитить; **~аться** magnétisch wérden

намазать **1.** beschmíeren *vt*; bestréichen* *vt*; áufstreichen* *vt*; éinreiben* *vt* *(натереть)*; **2.** *разг.:* ~ губы die Líppen schmínken; **3.** *разг.* *(небрежно написать, нарисовать)* schmíeren *vt*; **~ся 1.** sich beschmíeren; sich éinreiben* *(натереться)*; **2.** *разг.* *(накраситься)* sich schmínken

намазывать *см.* намазать; **~ся 1.** *см.* намазаться 1; **2.** *страд.* beschmíert [bestríchen] wérden

намалевать *разг. см.* малевать

намарать *см.* марать

намаслить *см.* маслить

наматрасник *м* Áuflegematratze *f* (11)

наматыв||ание *с* Áufwickeln *n* -s, Áufrollen *n* -s; *тех.* Áuftrommeln *n* -s *(на барабан)*; *текст.* Áufwinden *n* -s; Áufspulen *n* -s *(на катушку)*; Knáulwickeln *n*, Knäuelwickeln *n* *(на клубок)*; **~ать** *см.* намотать

намачивать *см.* намочить

намаяться *разг.* tódmüde wérden, ermüden *vi* (s)

намедни *нареч. разг.* néulich; vor kúrzem; jüngst

намёк *м* Ándeutung *f* (10), Ánspielung *f* (10), Wink *m* (1); тонкий ~ éine féine Ánspielung; прозрачный ~ ein déutlicher Wink; грубый ~ ein Wink mit dem Záunpfahl; говорить ~ами in Ándeutungen réden; sich durch die Blúme áusdrücken; даже ~а нет kéine Spur; nicht éinmal ándeutungsweise vorhánden

намекать, намекнуть ándeuten *vt*; híndeuten *vi*, ánspielen *vi* (на что-л. auf *A*); éinen Wink gében*, éine Ándeutung [Ánspielung] máchen; sich durch die Blúme áusdrücken *(выражаться иносказательно)*; zu verstéhen gében* *(дать понять)*; прозрачно ~ déutlich dúrchblicken lássen*; недвусмысленно намекнуть кому-л. j-m éinen Wink mit dem Záunpfahl gében*; на что вы намекаете woráuf spíelen Sie an?

намерева||ться beábsichtigen *vt*, vórhaben *vt*, die Ábsicht háben; im Sínne háben

намéрен *предик.*; что вы ~ы дéлать? was beábsichtigen Sie zu tun?; я ~ ich hábe die Ábsicht, ich hábe vor; я совершéнно не ~ (что-л. дéлать) ich bin weit entférnt davón (etw. zu tun)

намéрен||ие *с* Ábsicht *f* (10); Vórhaben *n* (7), Vórsatz *m* (1*); твёрдое ~ие der féster Vórsatz; дóбрые ~ия gúte Vórsätze; без (вся́кого) ~ия únabsichtlich; únvorsätzlich, ábsichtslos; с ~ием ábsichtlich, vórsätzlich, mit Ábsicht; с зарáнее обдýманным ~ием mit Vórbedacht; **~ный** beábsichtigt, ábsichtlich, vórsätzlich

намерзáть, намёрзнуть **1.** sich mit Eis bedécken [überzíehen*]; лёд намёрз на óкнах Eis bedéckte die Schéiben; **2.** *разг.* (*озябнуть*) vor Kälte erstárren, sehr fríeren*; руки намёрзли дáже в перчáтках selbst in den Hándschuhen sind die Hände éiskalt

намёрзнуться *разг.* stark fríeren*, vor Kälte erstárren

нáмертво *нареч. разг.* **1.** (*насмерть*) tödlich, zu Tóde; **2.** (*накрепко*) sehr fest; закрепи́ть ~ ganz fest beféstigen

намести́ (*снег и т. п.*) zusámmenwehen *vt*; zusámmenfegen *vt*

намéстник *м ист.* Státthalter *m* (6)

намéстничество *с ист.* Státthalterschaft *f* (10)

намётанный: ~ глаз ein geschärftes [geübtes] Áuge

наметáть I (*сшить*) (án)héften *vt*, pikíeren *vt*

наметáть II **1.** (in Ménge) zusámmenwerfen* *vt*, áufschütten *vt*, áufhäufe(l)n *vt*; **2.:** ~ икры́ láichen *vi*; **3.** *разг.*: ~ рýку Fértigkeit gewínnen*; ~ глаз das Áuge schärfen [schúlen]

наметáть III *см.* намести́

намéтить **1.** (*план, линию поведения и т. п.*) áufzeichnen *vt*, vórmerken *vt*; in Áussicht néhmen*; féstsetzen *vt* (*срок*); **2.** (*набросать в общих чертах*) entwérfen* *vt*, skizzíeren *vt*; umréißen* *vt*; ándeuten *vt* (*указать*); **3.** (*кандидата и т. п.*) áufstellen *vt*, áusersehen* *vt*; **4.** (*разметить*) ábstecken *vt*; mit Mérkzeichen versében*; kérben *vt* (*сделать надрезы*); **5.** (*бельё*) zéichnen *vt*

намéтиться sich ábzeichnen; sich ánbahnen

намётка I *ж* **1.** (*действие*) Héften *n* -s; **2.** (*нитка*) Héftfaden *m* (7*); Héftnaht *f* (3) (*шов*)

намётка II *ж* (*первоначальный план*) Entwúrf *m* (1*), Vóranschlag *m* (1*); Ánsatz *m* (1*)

намётывать *см.* наметáть I

намечáть *см.* намéтить; **~ся** **1.** (*вырисовываться*) hervórtreten* *vi* (s), síchtbar wérden; **2.** *страд.* vórgemerkt wérden (*ср.* намéтить)

намешáть hinéinmischen *vt*, zusámmenmischen *vt*, béimengen *vt*

нáми *тв. см.* мы

намиби́||ец *м* Namíbi¦er *m* (6); **~йский** namíbisch

намнóго um víeles; bedéutend

намозóлить schwíelig máchen, sich (*D*) Schwíelen hólen; ◇ ~ комý-л. глазá *разг.* j-m zum Überdruß [überdrüssig, lángweilig] wérden

намокáть, намóкнуть dúrchweichen *vi* (s), naß wérden

намóл *м с.-х.* gemáhlenes Méhlquantum

намолáчивать *см.* намолоти́ть

намолóт *м с.-х.* Drusch *m* -es, Dréschertrag *m* (1*)

намолоти́ть (in Ménge) áusdreschen* *vt*

намолóть (fértig)máhlen (*Part* II gemáhlen) *vt*

намолчáться *разг.* sich áusschweigen*

наморáживание *с* Áuffrieren *n* -s

намóрдник *м* Máulkorb *m* (1*); надéть ~ den Máulkorb ánlegen

намóрщить *см.* мóрщить 1

намот||áть áufwickeln *vt*; áufrollen *vt*; *текст.* áufwinden* *vt*; áufspulen *vt* (*на катушку*); ◇ **~áй** э́то себé на ус *разг.* schreib dir das hínter die Óhren

намóтка *ж* **1.** (*действие*) Áufwickeln *n* -s, Áufwinden *n* -s; Áufspulen *n* -s (*на катушку*); **2.** (*моток*) Wícklung *f* (10)

намочи́ть benétzen *vt*; naß máchen; wässern *vt* (*вымачивать*); éinweichen *vt* (*бельё*)

намудри́ть *разг.* áusklügeln *vt*

намути́ть *см.* мути́ть 1, 2, 3

намýчиться sich ábquälen, sich ábplagen; séine líebe Mühe háben (*нахлопотаться, натрудиться*)

намýшник *м воен.* Kórnschützer *m* (6)

намы́в *м геол., стр.* Ánschwemmung *f* (10); Ánspülen *n* -s; Alluvión [-vi-] *f* (10), Áuswaschen *n* -s; **~нóй** *геол., стр.* ángeschwemmt, Schwemm-; ángespült; **~ны́е** отложéния Schwémmablagerungen *pl*

намы́ливать, намы́лить éinseifen *vt*; ◇ намы́лить комý-л. гóлову *разг.* j-m den Kopf wáschen*

намы́ть **1.** (*нанести течением воды*) (án)schwémmen *vt*; ánspülen *vt*; **2.** (*добыть промывкой*) durch Áuswaschen gewínnen*

намя́ть *см.* мять; ◇ ~ комý-л. бокá *разг.* j-n sich (*D*) tüchtig vórnehmen*; j-n órdentlich dúrchwalken

нанáй||ский nanáịisch; **~ский** язы́к die nanáịische Spráche, das Nanáịische (*sub*); **~цы** *мн.* Nanáị¦er *pl*

нандý *м зоол.* Nándu *m* -s, -s

нанесéние *с* **1.** Áuftragen *n* -s (*краски*); Éintragen *n* -s (*на карту*); **2.** (*причинение*) Zúfügen *n* -s

нанести́ **1.** (*в большом количестве*) zusámmenbringen* *vt*, zusámmentragen* *vt*; heránschwemmen *vt*, heránspülen *vt*, ánschwemmen *vt* (*о воде*); zusámmenwehen *vt*, zusámmenfegen *vt* (*о ветре*); вéтер нанёс сугрóбы der Wind hat Schnéewehen zusámmengefegt; **2.** (*причинить*) zúfügen *vt*, antun* *vt*, béibringen* *vt*; ~ потéри Verlúste zúfügen; ~ оскорблéние éine Beléidigung zúfügen, beléidigen *vt*; ~ поражéние éine Níederlage béibringen*; ~ удáр éinen Schlag versétzen; **3.** (*покрыть слоем*) áuftragen* *vt*; ~ лак Lack áuftragen*; **4.** (*отметить*) verzéichnen *vt*; éintragen* *vt* (*вписать*); ~ на кáрту in die Kárte éintragen*; auf der Kárte éinzeichnen; **5.:** ~ яи́ц (éine Ménge) Éier légen; ◇ ~ визи́т éinen Besúch ábstatten

нанизáть, нани́зывать áufreihen *vt*, áuffädeln *vt*

нанимáтель *м* **1.** (*квартиры и т. п.*) Míeter *m* (6); **2.** *уст.* (*рабочей силы*) Árbeitgeber *m* (6)

нанимáть *см.* наня́ть; **~ся** **1.** *см.* наня́ться; **2.** *страд.* éingestellt wérden (*ср.* наня́ть)

нáнк||а *ж* (*ткань*) Nánkingtuch *n* (5), Nánking *m* (1) (*pl тж* -s); **~овый** Nánking-, aus Nánking; **~овые** брю́ки Nánkinghosen *pl*

нáново *нареч. разг.* von néuem, aufs néue

нанóс *м* Áufschüttung *f* (10); Ánschwemmung *f* (10), Schwémmland *n* -(e)s (*образованный водой*); das Áufgewehte (*sub*), das Áufgefegte (*sub*) (*образованный ветром*); дóнные ~ы Geschíebe *n* (6)

наноси́ть *см.* нанести́

нанóсн||ый **1.** (*о почве*) Schwemm-, alluvial [-vi'a:l], angeschwemmt; ángeweht; áufgeschüttet (*искусственно нанесённый*); ~ый песóк Schwémmsand *m* -(e)s; ángewehter Sand; **2.** *перен.* (*чуждый*); fremd; übernómmen, entléhnt (*заимствованный*); ~ое влия́ние frémder Éinfluß

нáнсук *м* (*ткань*) Nánsouk *m* =, =

наня́ть **1.** (*арендовать*) míeten *vt*; ~ у когó-л. кварти́ру sich (bei j-m) éinquartieren; sich éinmieten; zur Míete wóhnen; **2.** *уст.* (*работника и т. п.*) éinstellen *vt*, in Dienst néhmen*, díngen* *vt*; **~ся** sich verdíngen*

наобещáть (viel) verspréchen* *vt*

наоборóт **1.** *нареч.* (*другой стороной*) verkéhrt; **2.** *нареч.* (*совершенно иначе*) úmgekehrt; verkéhrt; ты всё дéлаешь ~ du machst álles verkéhrt; как раз ~ geráde úmgekehrt, geráde das Gégenteil; úmgekehrt wird ein Schuh d(a)ráus! (*шутл.*); **3.** *вводн. сл.* vielméhr, dagégen; im Gégenteil

наобýм *нареч.* aufs Gerátewohl, auf gut Glück; írgendwie, wie's geráde kommt; говори́ть ~ ins Bláue hinéin réden

наорáть(ся) *разг. см.* накричáть(ся)

наóтмашь *нареч.*; удáрить ~ éinen weit áusholenden Schlag versétzen; mit áller Wucht zúschlagen*; держáть рýки ~ die Árme weit von sich gestréckt hálten*

наотрéз *нареч.*: отказáться ~ entschíeden áblehnen [ábsagen], rund [rúndweg, glättweg] ábschlagen*, glatt ábweisen*

напáдать (in gróßen Méngen) herábfallen* *vi* (s); sich ánhäufen

нападáть *см.* напáсть 1

нападáющий *прич.* **1.** *см.* напáсть; **2.** *в знач. сущ. м спорт.* Stürmer *m* (6); крáйний ~ Áußenstürmer *m*, Flügelstürmer *m*; лéвый крáйний ~ Línksaußen *m* (7), der línke Áußenstürmer; прáвый крáйний ~ Réchtsaußen *m* (7), der réchte Áußenstürmer; полусрéдний ~ Hálbstürmer *m*, Ínnenstürmer *m*; лéвый полусрéдний ~ Hálblinke *m* (14), der línke Ínnenstürmer; прáвый полусрéдний ~ Hálbrechte *m* (14), der réchte Ínnenstürmer

нападéн||ие *с* **1.** Überfall *m* (1*), Ángriff *m* (1); внезáпное ~ие überráschender Ángriff; Überráschungsangriff *m*; воздýшное ~ие *воен.* Lúftangriff *m*, Flíegerangriff *m*; огневóе ~ие *воен.* Féuerüberfall *m*; **2.** *спорт.* Sturm *m* -(e)s; Stürmer *pl* (*игроки нападения*); игрáть в ~ии im Sturm [als Stürmer] spíelen; центр ~ия (*в футболе*) Míttelstürmer *m* (6)

напáдки *мн.* Ángriffe *pl*; Áusfälle *pl*; Beschúldigungen *pl* (*обвинения*)

напáивать I *см.* напои́ть

напáивать II *см.* напая́ть

напакóстить *см.* пакóстить

напáлм *м* Nápalm *n* -s; **~овый** Nápalm-

напáриться *разг.* zur Genüge im Dámpfbad schwítzen

напáрник *м* Pártner *m* (6) (in éiner

Zwéimannbrigade); шофёр-~ Béifahrer *m* (6)

напасти́, напасти́сь I viel Vórrat ánschaffen

напасти́сь II genügend wéiden (*о домашних животных*)

напа́сть I *глаг.* **1.** ángreifen* *vt*, ánfallen* *vt*, überfállen* *vt*; hérfallen* *vi* (s) (на кого́-л., на что-л. über *A*); **2.** (*натолкнуться*) stóßen* *vi* (h, s) (на кого́-л., на что-л. auf *A*); tréffen* *vt* (*встретить*); он напа́л на хоро́шую мысль er kam auf éinen gúten Gedánken; ~ на след кого́-л., чего́-л. j-m, éiner Sáche auf die Spur kómmen*; **3.** (*о тоске, беспокойстве и т. п.*) ergréifen* *vt*, (er)fássen *vt*, befállen* *vt*, pácken *vt*, überkómmen* *vt*; на меня́ напа́л страх Ángst befíel mich; ◇ не на того́ напа́л! da bist du [ist er] an die fálsche Adrésse gekómmen!

напа́сть II *сущ. ж разг.* Míßgeschick *n* (2), Pláge *f* (11), Kreuz *n* (2)

напа́чкать *см.* па́чкать

напая́ть ánlöten *vt*

напе́в *м* Melodíe *f* (11); Motív *n* (2); Wéise *f* (11); **~а́ть** vor sich hin síngen*; hálblaut síngen*; **~ный** melódisch

наперебо́й *нареч.* durcheinánder, um die Wétte

наперевé́с *нареч. воен.*; держа́ть ружьё ~ das Bajonétt fällen; ру́жья ~! fällt's Gewéhr!; с ру́жьями ~ mit gefälltem Bajonétt

наперегонки́ *нареч.* um die Wétte

наперёд *нареч.* **1.** *разг.* (*сначала, заранее*) im voráus, von vórnherein; **2.** (*вперёд*) vórwärts, vorán

наперекóр *нареч.* zum Trotz, zuwíder; мне ~ mir zum Trotz, mir zuwíder; де́йствовать ~ кому́-л. j-m zuwíderhandeln

наперекрёст *нареч. разг.* kréuzweise

наперере́з *нареч.*: бежа́ть ~ den Weg ábschneiden*: j-m in den Weg láufen*, j-s Weg kréuzen, j-m in die Quére láufen* (*кому-л.*)

наперебы́в *нареч. разг.* um die Wétte; durcheinánder, éiner ímmer láuter als der ándere (*говорить*)

наперечёт *нареч.*: я зна́ю их всех ~ ich kann sie álle hérzählen, ich kénne sie álle óhne Áusnahme [bis auf den létzten]

напе́рсн||ик *м уст.* Vertráute *m* (14), Búsenfreund *m* (1); Líebling *m* (1) (*любимец*); **~ица** *ж уст.* Vertráute *f* (14), Búsenfreundin *f* (12); Líebling *m* (1) (*любимица*)

напёрсток *м* **1.** Fíngerhut *m* (1*); ◇ с ~ wínzig klein; **2.** *тех.* Hülse *f* (11), Röhrchen *n* (7)

наперстя́нка *ж бот.* Fíngerhut *m* (1*)

напе́рчить pféffern *vt*, mit genügend Pféffer würzen

напе́ть **1.** viel síngen*; (ein Lied) vor sich hin síngen*; **2.**: ~ пласти́нку éine Plátte besíngen*

напеча́тать *см.* печа́тать

напе́чь **1.** etw. (in Ménge) bácken*, fértigbacken* *отд. vt*; **2.** *безл. разг.* in der Sónne überhítzen

напива́ться *см.* напи́ться

напили́ть fértigsägen *отд. vt*; ~ дров на́ зиму éine Ménge Holz ságen für den Wínter

напи́лок, напи́льник *м тех.* Féile *f* (11)

напира́ть **1.** (*теснить*) (be)drängen *vt*; ándrängen *vi* (на кого́-л. gégen *A*); ~ сза́ди náchdrängen *vi*; **2.** (*добиваться*) éindringen* *vi* (на кого́-л. auf *A*), j-m scharf zúsetzen; **3.** (*подчёркивать*) besónderen Náchdruck légen (на что-л. auf *A*), hervórheben* *vt*; akzentuíeren *vt*, betónen *vt*

написа́ние *с* **1.** (*действие*) Schréiben *n* -s; **2.** (*изображение*) Schréibweise *f* (11), Schréibung *f* (10)

написа́ть (áuf)schreiben* *vt*, níederschreiben* *vt*; ◇ у него́ на лбу напи́сано *разг.* es steht ihm auf der Stirn geschríeben; на его́ лице́ напи́сана доброта́ sein Gesícht trägt den Stémpel der Güte; что напи́сано перóм, того́ не вы́рубишь топоро́м *погов.* das geschríebene Wort háftet; ≅ Schréiben tut bléiben

напита́ть **1.** *уст. разг.* (*накормить*) sättigen *vt*, ernähren *vt*, verpflégen *vt*, satt máchen; **2.** (*пропитать*) sättigen *vt*, durchféuchten *vt*, durchnässen *vt*, durchwéichen *vt*, tränken *vt*; **~ся** **1.** *разг.* (*наесться*) sich sättigen; **2.** (*пропитаться*) éinziehen* *vt*, éinsaugen *vt*, sich vóllsaugen, durchtränkt wérden

напи́т||ок *м* Getränk *n* (2); спиртны́е ~ки alkohólische Getränke, Spirituósen *pl*; прохлади́тельные **~ки** Erfríschungsgetränke *pl*

напи́тывать *см.* напита́ть 2; **~ся** *см.* напита́ться 2

напи́ться **1.** (*выпить чего-л.*) trínken* *vt*, sich satt trínken*; den Durst löschen (*утолить жажду*); **2.** (*стать пьяным*) sich betrínken*, über den Durst trínken*; zu tief ins Glas gúkken, sich éinen ánsaufen* (*груб.*)

напиха́ть, напи́хивать *разг.* **1.** (*что-л. во что-л.*) hinéinstopfen *vt*, hinéinquetschen *vt*, hinéinpacken *vt*, hinéinzwängen *vt*; **2.** (*что-л. чем-л.*) vóllstopfen *vt*, vóllpacken *vt*, vóllpfropfen *vt*

напи́чкать *см.* пи́чкать; **~ся** *разг.* sich (*D*) den Mágen vóllstopfen

напла́вка *ж* Áuftragschweißen *n* -s

напла́ка||ть sich die Áugen rótweinen; ~нные глаза́ rótgeweinte Áugen; ◇ кот ~л *разг.* ≅ sovíel die Kátze auf dem Schwánz(e) wégträgt, sovíel wie nichts, **~ться** **1.** sich áusweinen; **2.** *разг.* viel Kúmmer áusstehen müssen*; она́ ещё напла́чется с ним sie wird íhre líebe Not mit ihm háben; он ещё напла́чется das wird ihm noch Tränen kósten

напластова́ние *с геол.* Áufschichtung *f* (10), Lágerung *f* (10); Schíchtenbildung *f* (10)

наплева́тельск||ий *разг.* fáhrlässig, géringschätzig; ~ое отноше́ние *разг.* náchlässiges Verhálten

наплева́ть **1.** vóllspucken *vt*, vóllspeien* *vt*, bespúcken *vt*, spúcken *vi* (на что-л. auf *A*); **2.**: ему́ ~ на э́то *разг.* er pfeift daráuf, das ist ihm schnúppe, er fragt den Téufel danách, es ist ihm (álles) Wurst

наплести́ **1.** (*в большом количестве*) (in Ménge) fléchten* *vt*, klöppeln *vt*; **2.** *разг.* (*вздор*) viel (zusámmen) fáseln, viel álbernes Zeug zusámmenreden, Únsinn schwätzen; ~ на кого́-л. j-n verléumden

наплéчник *м уст.* Schúlterstück *n* (2)

наплоди́ть viel gebären*; **~ся** sich stark verméhren

наплы́в *м* **1.** (*посетителей и т. п.*) Ándrang *m* -(e)s, Zústrom *m* -(e)s; Áuflauf *m* -(e)s (*стечение*); **2.** (*на дереве*) Áuswuchs *m* (1*), Béule *f* (11); Máserknollen *m* (7); **3.** *кино* Überblendung *f* (10)

наплывно́й ángeschwemmt

напова́л *нареч.* mit éinem Hieb [Schlag]; auf der Stélle (*на месте*); уби́ть ~ mit éinem Hieb töten (*одним ударом*); mit éinem Schuß töten (*с одного выстрела*); он был уби́т ~ er war auf der Stélle tot

наподо́бие *предлог* (*чего-л.*) ähnlich (*D*); in der Wéise [Art], nach Art von (*D*)

напои́ть **1.** zu trínken gében*; tränken *vt* (*животных*); **2.** (*вином*) (betrúnken máchen; **3.** *перен.* (*насытить*) sättigen *vt*, ánfüllen *vt*; во́здух напоён за́пахом ла́ндышей die Luft ist vom Gerúch [Duft] der Máiglöckchen geschwängert

напока́з *нареч.* zur Schau; выставля́ть ~ zur Schau trágen* [stéllen]

наполза́ть, наползти́ **1.** (*ползя, продвинуться к чему-л.*) gégen etw. (*A*) kríechen*, kríechend ánstoßen*; **2.** (*заползти*) hinéinkriechen* *vi* (s) (*по направл. от говорящего*); heréinkriechen* *vi* (s) (*по направл. к говорящему*)

наполне́н||ие *с* Ánfüllung *f*, Füllung *f*; ◇ пульс хоро́шего ~ия *мед.* vóller [normáler] Puls; **~ный** voll, gefüllt

наполни́тель *м спец.* **1.** (*вещество*) Füllstoff *m* (1), Füllmittel *n* (6), Zúschlagstoff *m* (1); **2.** (*машина*) Füllmaschine *f* (11)

напóлнить **1.** (án)füllen *vt*; **2.** *перен.* erfüllen *vt*; ~ я́ростью сердца́ die Hérzen mit Zorn erfüllen; **~ся** sich (án-)füllen (чем-л. mit *D*), voll wérden

наполня́ть *см.* напóлнить; **~ся** **1.** *см.* напóлниться; **2.** *страд.* (án)gefüllt wérden

наполови́ну *нареч.* **1.** (*в половинном размере*) zur Hälfte, halb; рабо́та сде́лана ~ die Árbeit ist halb gemácht; **2.** (*от части*) teils, fast

напо́льный I (*устанавливаемый на полу*) Fúßboden-; Steh-; Stand-

напо́льный II *с.-х.* Feld-

напома́дить mit Pomáde éinsalben [éinreiben*], pomadisíeren *vt*

напомина́ние *с* **1.** Erínnerung *f* (10); Benáchrichtigung *f* (10) (*извещение*); **2.** (*предостережение*) Máhnung *f* (10); Zéichen *n* (7)

напомина́ть, напо́мнить **1.** erínnern *vt* (что-л., о чём-л. an *A*), ins Gedächtnis rúfen*; máhnen *vt* (*предостеречь*); **2.** (*казаться похожим*) an j-n, an etw. erínnern; j-n, etw. im Gedächtnis wáchrufen*, an etw. (*A*) ánklingen*

напо́р *м* **1.** (*давление*) Druck *m* -(e)s; Ándrang *m* -(e)s; *тех.* Drúckhöhe *f*, Fállhöhe *f*; Gefälle *n* (6); скоростно́й ~ *ав.* Stáudruck *m*; **2.** (*настойчивость*) Elán *m* -s, úngestümer Ándrang; **~истый** energísch; **~ный** *тех.* Druck-; ~ный котёл Drúckkessel *m* (6)

напоро́ться *разг.* **1.** (án)stoßen* *vi* (s) (на что-л. an *A*), rénnen* *vi* (s) (gégen *A*); **2.** *перен. см.* нарва́ться

напосле́док *нареч.* zu gúter Letzt; zum Schluß

напра́вить **1.** ríchten *vt*; áusrichten *vt*; léiten *vt*; orientíeren *vt*; lénken *vt* (на что-л. auf *A*); stéuern *vt*; ~ ору́жие на врага́ die Wáffe gégen [wíder] den Feind ríchten; ~ к о́бщей це́ли (*усилия и т. п.*) auf ein Ziel konzentríeren; ~ по друго́му ру́слу (*разговор*) in ándere Báhnen lénken; **2.** (*послать*) schícken *vt*, (ent)sénden* *vt*; verwéisen* *vt* (к кому́-л. an *A*); delegíeren *vt*; éinweisen* *vt* (*в санаторий и т. п.*); ~ на учёбу (*в вуз*) zum Stúdium delegíeren; ~ к врачу́-специали́сту (*пациента*) an éinen Fácharzt überwéisen*; его́ напра́вили на заво́д er wúrde in éinem Betríeb éingesetzt (*о выпускни-*

ке вуза); меня́ напра́вили к друго́му сотру́днику man verwíes mich an éinen ánderen Mítarbeiter; **3.** (*адресовать*) ríchten *vt* (к кому́-л. an *A*); ~ кому́-л. но́ту an j-n éine Nóte ríchten, j-m éine Nóte zúgehen lássen*; напра́вьте ва́шу про́сьбу к нему́ ríchten Sie Íhre Bítte an ihn; **4.** (*бритву, нож*) ábziehen* *vt*; déngeln *vt* (*косу*); **~ся** sich begében*, séine Schrítte lénken (куда́-л. nach *D*, zu *D*)

напра́вка *ж тех.* Éinstellung *f*; Ríchten *n* -s; Ábziehen *n* -s (*бритвы*); Déngeln *n* -s (*косы*)

направле́н||ие *с* **1.** Ríchtung *f* (10); Áusrichtung *f*; во всех ~иях nach állen Ríchtungen; по ~ию к чему́-л. in der Ríchtung nach (*D*); **2.** (*документ*) Überwéisungsschein *m* (1); Éinweisung *f* (10) (*в санаторий и т. п.*); ~ие к врачу́-специали́сту Überwéisung zum Fácharzt; получи́ть ~ие на заво́д in éinem Betríeb éingesetzt wérden (*о выпускнике вуза*); **3.** *перен.* Ríchtung *f* (10); гла́вное ~ие Háuptrichtung *f*; в э́том ~ии in díeser Ríchtung [Bezíehung]; ~ие гла́вного уда́ра *воен.* Háuptstoßrichtung *f*; **4.** (*тенденция, течение*) Ríchtung *f* (10), Strömung *f* (10); ~ие ума́ Géistesrichtung *f*, Éinstellung *f* (10); литерату́рные ~ия Literatúrströmungen *pl*; **5.** *воен.* Fróntabschnitt *m* (1); на ю́жном ~ии an der Südfront

напра́вленность *ж* **1.** Tendénz *f*; Zíelsetzung *f*; Áusrichtung *f*; ми́рная ~ сове́тской поли́тики die fríedliche Áusrichtung [Zíelsetzung] der sowjétischen Politík; социа́льная [иде́йная] ~ рома́на soziále [ideológische] Tendénz des Románs; **2.** *тех.* Ríchtfähigkeit *f*

направля́ть *см.* напра́вить; **~ся 1.** *см.* напра́виться; **2.** *страд.* geríchtet wérden (*ср.* напра́вить)

направля́ющая *ж* **1.** *сущ. мат.* Léitkurve [-vǝ] *f* (11); Léitlini¦e *f* (11); Diréktrix *f* **2.** *тех.* Führung *f*, Führungsschiene *f* (11)

направля́ющ||ий *прил.* **1.** *тех.* Leit-, Lenk-; Führungs-; *воен.* Ríchtungs-, Ánschluß-; ~ий ва́лик Führungswalze *f* (11); ~ее колесо́ Léitrad *n* (5); ~ая сва́я Ríchtpfahl *m* (1*); **2.** (*руководящий*) ríchtunggebend; ~ая си́ла ríchtunggebende Kraft; **3.** *в знач. сущ. м воен.* Ríchtungsmann *m* (4) (*pl тж.* -leute), Ánschlußmann *m*

напра́во *нареч.* nach rechts (*на вопрос «куда?»*); rechts, réchterhand (*на вопрос «где?»*); ~ от меня́ rechts von mir, zu méiner Réchten; идти́ ~ nach rechts géhen*; ~! *воен.* rechtsúm!; ◊ помога́ть ~ и нале́во állen hélfen*

напрактикова́ться *разг.* sich éinüben; geübt sein (*в чём-л.* in *D*); Fértigkeit erlángen

напра́слина *ж разг.* fálsche Beschúldigung, grúndlose Verdächtigung

напра́сн||о *нареч.* **1.** (*тщетно*) vergébens; umsónst; únnütz(erweise); **2.** (*без оснований*) óhne Grund; вы ~о так ду́маете Sie írren sich; ~о его́ обвини́ли er war úngerecht ángeklagt; соверше́нно ~о! sehr zu Únrecht!; **~ый 1.** (*бесполезный*) vergéblich, únnütz; ~ый труд vergébliches Bemühen, verlórene Líebesmühe; э́то ~ый труд da ist Hópfen und Malz verlóren (*разг.*); **2.** (*неосновательный*) grúndlos

напра́шив||аться 1. *см.* напроси́ться; **2.** *перен.* (*приходить на ум*) náheliegen* *vi*; ~ается мысль der Gedánke liegt náhe [drängt sich auf]

наприме́р *вводн. сл.* (*сокр.* напр.) zum Béispiel (*сокр.* z. B.); béispielsweise; как ~ béispielshalber; ságen wir

напрока́зить, напрока́зничать *разг.* mútwillige [dúmme] Stréiche máchen; sich (*D*) éine Úngezogenheit erláuben

напрока́т *нареч.* léihweise, míetweise; взять ~ áusleihen* *vt*, míeten *vt*; отдава́ть ~ vermíeten *vt*

напролёт *нареч.*: всю ночь ~ die gánze Nácht hindúrch

напроло́м *нареч. разг.* rücksichtslos, mit dem Kopf durch die Wand; ◊ идти́ ~ dráuflósgehen* *vi* (s); durch dick und dünn géhen*

напропалу́ю *нареч. разг.* aufs Gerátewohl; tóllkühn; весели́ться ~ sich únbändig amüsíeren; ◊ идти́ ~ dráuflósgehen* *vi* (s)

напроро́чить *см.* проро́чить

напроси́ться 1. mit Mühe etw. erbítten*; **2.:** ~ на комплиме́нт Kompliménte ángeln; ~ в го́сти sich éinladen lássen*; sich als Gast áufdrängen

напро́тив 1. *нареч.* (*наоборот*) im Gégenteil; hingégen; dagégen; **2.** *нареч.* (*на противоположной стороне*) gegenüber; vis-à-vis [*фр.* viza'vi:]; auf der ándern Séite; он живёт ~ er wohnt gegenüber [vis-à-vis]; **3.** *предлог* gegenüber (*D*); ~ на́шего до́ма gegenüber úns(e)rem Háus(e)

напру́живаться, напру́житься sich (án)spannen, sich ánstrengen, álle Kräfte ánspannen

напры́гаться *разг.* viel herúmspringen*, zur Genüge herúmtollen

напряга́ть *см.* напря́чь; **~ся 1.** *см.* напря́чься; **2.** *страд.* (án)gespánnt [ángestrengt] wérden

напряже́н||ие *с* **1.** (*усилие*) Ánstrengung *f* (10); Bemühung *f* (10); с ~ием всех сил únter Éinsatz [Ánspannung] áller Kräfte, mit Hóchdruck; слу́шать с ~ием konzentríert zúhören (кого́-л. *D*); **2.** *физ.* Spánnung *f* (10); высо́кое ~ие Hóchspannung *f*; **3.** *тех.* Belástung *f*; Beánspruchung *f*; **4.** (*затруднённое положение*) Spánnung *f*; держа́ть кого́-л. в ~ии j-n in Spánnung hálten*

напряжённ||ость *ж* **1.** Gespánntheit *f*; разря́дка ~ости Entspánnung *f*; ослабле́ние ~ости в междунаро́дных отноше́ниях Entspánnung der internationálen Láge, internationále Entspánnung; **2.** *физ.* Stärke *f*, Intensität *f*; **~ый 1.** (án)gespánnt; spánnungsgeladen (*о времени*); ~ая обстано́вка gespánnte Láge; ~ое внима́ние gespannte Áufmerksamkeit; **2.** (*усиленный*) ángestrengt; ánstrengend, intensív; ~о рабо́тать над чем-л. mit Hóchdruck an etw. (*D*) árbeiten; **3.** *тех.* Spann-; предвари́тельно ~ый бето́н Spánnbeton [-,tɔŋ] *m* -s, -s, vórgespannter Betón; **4.** gepréßt, gezwúngen (*о позе, жестах, смехе*); ~ая улы́бка ein gezwúngenes Lächeln

напрями́к *нареч. разг.* **1.** geradeáus; **2.** *перен.* (*без утайки*) geradeheráus, freiheráus, óffen; frisch [frei] von der Léber (weg); óhne Úmschweife, óhne Wínkelzüge (*без увёрток*)

напря́чь (án)spánnen *vt*; ánstrengen *vt* (*силы*); **~ся** sich ánspannen, sich ánstrengen; sich (*D*) Mühe gében*

напу́ганный erschréckt, éingeschüchtert

напуга́ть erschrécken *vt*; in Schrécken versétzen, j-m Furcht éinjagen; éinschüchtern *vt*; **~ся** erschrécken* *vi* (s); éinen Schreck bekómmen*

напу́дрить púdern *vt*; éinpudern *vt*, bepúdern *vt*; **~ся** sich púdern

напу́льсник *м* Púlswärmer *m* (6)

на́пуск *м* Éinschlag *m* (1*), áufgeschürzter [frei herúnterhängender] Teil der Kléidung (*у платья*); сапоги́ с ~ом Schäftstiefel mit Fálten

напуска́ть *см.* напусти́ть; **~ся 1.** *см.* напусти́ться; **2.** *страд.* éingelassen wérden (*ср.* напусти́ть)

напускн||о́й gekünstelt, gespíelt, gemácht; Schein-; zur Schau getrágen; ~а́я весёлость gekünstelte Fröhlichkeit; ~о́й интере́с gespíeltes Interésse

напусти́ть 1. (in Ménge) (her)éinlassen* *vt*; ~ воды́ в ва́нну Wásser in die Bádewanne éinlassen*; **2.** (*направить*) (áuf)hétzen *vt*, lóslassen* *vt* (на кого́-л. auf *A*); **3.** *разг.:* ~ на себя́ учёный вид den Geléhrten spíelen, éine geléhrte Míene áufsetzen; ~ на себя́ ва́жность sich wíchtig máchen; ~ стра́х(у) (*на кого-л.*) j-m Angst [éinen Schreck] éinjagen; ~ся *разг.* hérfallen* *vi* (s) (на кого́-л. über *A*); hart ánfahren*

напу́т||ать 1. verwírren *vt*; Verwírrung ánrichten; **2.** *разг.* (*ошибиться*) sich írren; я ~ал в вычисле́ниях ich hábe mich verréchnet

напу́тств||енный Geléit-, Ábschieds-; zum Geléit; auf den Weg; ~енная речь, ~енное сло́во Ábschiedsworte (an den Schéidenden); **~ие** *с* Geléitwort *n* (2), Ábschiedsrede *f* (11); **~овать** etw. auf den Weg wünschen; нас ~овали до́брыми пожела́ниями wir náhmen gúte Wünsche auf den Weg mit

напуха́ние *с* Ánschwellen *n* -s, Ánlaufen *n* -s

напуха́ть, напу́хнуть ánschwellen* *vi* (s), ánlaufen* *vi* (s)

напы́житься *разг.* **1.** (*принять важный вид*) sich áufblasen*; sich dícke tun*, wíchtig tun*; **2.** (*сделать усилие*) sich ánstrengen

напыле́ние *с мет., хим.* Áufstäuben *n* -s; Bedámpfung *f*; Áusdampfen *n* -s; пла́зменное ~ Plásmaspritzen *n* -s (*металлизация*)

напыли́ть (vóll)stäuben *vi*; Staub áufwirbeln

напы́щенн||ость *ж* **1.** (*надменность*) Áufgeblasenheit *f*; **2.** (*речи*) Schwülstigkeit *f*; ~ость ре́чи Schwülstigkeit der Spráche [Réde]; **~ый 1.** (*надменный*) áufgeblasen; **2.** (*о речи*) schwülstig

напя́ли(ва)ть *разг.* áufstülpen *vt*, áufsetzen *vt* (*шляпу и т. п.*); sich etw. drüberziehen* (*одежду*); sich únpassend kléiden, ánwamsen *vt*; auf sich zwängen, mit Mühe ánziehen* (*с трудом*)

нарабо́тать 1. éine bestímmte Ménge hérstellen, verfértigen *vt*, ánfertigen *vt*; ein gut Stück Árbeit schäffen; **2.** (*заработать*) erárbeiten *vt*

нарабо́таться viel árbeiten; sich ábreckern (*разг.*)

наравне́ *нареч.* **1.** (*с кем-л.*) gleich; ébenso wie, gléichwie; auf gléichem Fuß (*на одинаковых условиях*); **2.** (*с чем-л.*) in gléicher Höhe; auf gléichem Niveau [-'vo:]; auf gléicher Básis

нара́доваться: не ~ sich sehr fréuen; áußer sich vor Fréude sein (на кого́-л., на что-л., чему́-л. über *A*), sich nicht genúg (über j-n, über etw.) fréuen können*

нараспа́шку *нареч. разг.* áufgeknöpft; óffen; он но́сит шу́бу ~ er trägt den Pelz nicht zúgeknöpft; ◇ у негó душá ~ er ist ein geráder [óffener, áufgeschlossener] Mensch; жить ~ auf großem Fuß lében

нараспéв *нареч.* lánggezogen, die Sílben auseinánderziehend; читáть ~ in síngendem Tónfall lésen*; повторя́ть ~ im Síngsang wiederhólen

нараст||áние *с* **1.** Ánwachsen *n* -s; Stéigerung *f*; Zúnehmen *n* -s (*увеличение*); ~áние кри́зиса das Ánwachsen der Kríse; **2.** *геол.* Ánlagerung *f* (10); **~áть, ~и́** **1.** ánwachsen* *vi* (s); sich stéigern; zúnehmen* *vt*, ánschwellen* *vi* (s) (*увеличиваться*); heránreifen *vi* (s) (*назревать — о событиях*); **2.** (*вырасти в каком-л. количестве*) in bestímmter Ménge wáchsen*; нарослó мнóго дерéвьев es sind víele Bäume gewáchsen; **~и́ть** **1.** *тех.* (*удлинить*) ánsetzen *vt*, ánstücken *vt*; **2.** (*увеличить*) méhren *vt*, ánhäufen *vt*, vergrößern *vt*

нарасхвáт *нареч. разг.*: товáр раскупáлся ~ die Wáre fand réißenden Ábsatz, die Wáre ging réißend [wie wárme Sémmeln] ab; брать что-л. ~ sich um etw. (*A*) réißen*

наращéние *с лингв.* Stámmerweiterung *f* (10)

наráщив||ание *с тех.* Ánsetzen *n* -s, Ánstücken *n* -s; Verlängern *n* -s, Vergrößerung *f*; ~ание мóщностей *тех.* Léistungssteigerung *f*; ~ание произвoди́тельности Produktivitätssteigerung *f*; **~ать** **1.** *см.* нарасти́ть; **2.** (*усиливать*) stéigern *vt*; (ver)stärken *vt*; ~ать я́дерные вооружéния die nukleáren Rüstungen vergrößern [áufstocken]

нарвáл *м зоол.* Nárwal *m* (1), Záhnwal *m*

нарвáть I **1.** (*цветов и т. п.*) pflücken *vt*; sámmeln *vt*, lésen* *vt* (*собрать*); **2.** (*бумаги и т. п.*) zerréißen *vt**, zerfétzen *vt*

нарв||áть II (*о нарыве*) éitern *vi*, schwären *vi*; рукá ~алá die Hand éitert

нарвáться *разг.* unverséhens stóßen* (на когó-л. auf *A*); ~ на неприя́тность in éine peínliche Láge gerâten*; ~ на засáду in éinen Hínterhalt geráten*

наргилé *м, с* Nargiléh *f*, *pl* -s, *n* -s, -s, Wásserpfeife *f* (11)

наревéться *разг.* viel héulen, viel wéinen

нарéз *м* **1.** *ист.* zúgeteilter Bóden; **2.** *тех.* Éinschnitt *m* (1); Zug *m* (1*), Drall *m* (1), Drállzug *m* (*в оружии*); **~ать, ~áть** **1.** (vór)schnéiden* *vt*; áufschneiden* *vt*; **2.** *тех.* (éin)schnéiden* *vt*, (éin)kérben *vt*; ~ать зу́бья verzáhnen *vt*, záhnen *vt*; **3.**: ~áть зéмлю *ист.* Bóden [Land] zúteilen [zúweisen*]; **4.** (*зарезать*) (in Ménge) schláchten *vt*; **~ка** *ж* **1.** (*действие*) Schnéiden *n* -s, Verschnéiden *n*, Éinschneiden *n*; Schráubenschneiden *n*, Mútternschneiden *n* (*винтов*); ~ка мéтчиком das Schnéiden mit dem Gewíndebohrer; **2.** (*резьба*) Gewínde *n* (6), Gang *m* (1*); Züge *pl* (*в оружии*); болт с винтовóй ~кой Gewíndebolzen *m* (7); винт с лéвой [прáвой] ~кой línke [réchte] Schráube; **~нóй** gezógen; ~нóе ору́жие gezógene Wáffe(n)

нарекáн||ие *с* Vórwurf *m* (1*); Kláge *f* (11); вы́звать ~ия Ánstoß errégen

нарекáть *см.* нарéчь

наречённая *сущ. ж* Verlóbte *f* (14), Braut *f* (3)

наречённый *уст. прил.* **1.** (án)verlóbt; **2.** *в знач. сущ. м* Verlóbte *m* (14); Bräutigam *m* (1)

нарéчие I *с* (*диалект*) Múndart *f* (10), Dialékt *m* (1)

нарéч||ие II *с грам.* Adverb [-ˈvɛrp] *n* -s, -i¦en, Úmstandswort *n* (5); употребля́емый как ~ие adverbiál; ~ие мéста Órtsadverb *n*; ~ие óбраза дéйствия Advérb der Art und Wéise, Modáladverb *n*; ~ие стéпени Grádadverb *n*; **~ный** *грам.* adverbiál [-ver-]

нарéчь *уст.* (be)nénnen* *vt*; éinen Námen gében* (когó-л. *D*)

нарзáн *м* Narsán *m* -s (*Mineralwasser*)

нарисов||áть **1.** (áuf)zéichnen *vt*; **2.** *перен.* áusmalen *vt*; schíldern *vt* (*изобразить*); entwérfen* *vt* (*набросать*)

нарицáтельн||ый **1.** *эк.*: ~ая стóимость Nominálwert *m* -(e)s, Nénnwert *m*; **2.** *грам.*: и́мя ~ое Gáttungsname(n) *m* (15, 7), Appellatívum [-vʊm] *n* -s, -va, Sáchwort *n* (5)

наркóз *м* Narkóse *f* (11), Betäubung *f* (10); óбщий ~ Vóllnarkose *f*; мéстный ~ örtliche Betäubung; под ~ом únter Narkóse

наркологи́я *ж* Narkologíe *f*

наркóм *м* (нарóдный комиссáр) *ист.* Vólkskommissar *m* (1)

наркомáн *м* Ráuschgiftsüchtige *m* (14); быть ~ом süchtig sein

наркомáния *ж* Ráuschgiftsucht *f*, Drógenabhängigkeit *f*

наркомáт *м* (нарóдный комиссариáт) *ист.* Vólkskommissariat *n* (2)

наркóт||ик *м* **1.** Narkótikum *n* -s, -ka, Betäubungsmittel *n* (6); **2.** *разг. см.* наркомáн; **~и́ческий** narkótisch, betäubend; Betäubungs-; ~и́ческое срéдство Betäubungsmittel *n* (6)

нарóд *м* **1.** Volk *n* (5); брáтский ~ Brúdervolk *n*; **2.** *разг.* (*люди*) Léute *pl*, Ménschen *pl*; мнóго ~у éine Ménge Ménschen; víele Léute; так говори́тся в ~е so sagt der Vólksmund

народи́ть (in Ménge) gebären* *vt*; **~ся** **1.** zur Welt kómmen*; gebóren wérden; **2.** *перен.* (*возникнуть*) entstéhen* *vi* (s)

нарóдн||ик *м ист.* Naródnik *m* -s, -i, Vólkstümler *m* (6); **~и́ческий** *ист.* Naródniki-, Vólkstümler-; **~и́чество** *с ист.* Naródnikibewegung *f*, Bewégung der Naródniki [der Vólkstümler]

нарóдно-демократи́ческий vólksdemokratisch; ~ строй vólksdemokratische Órdnung

нарóдно-освободи́тельный Vólksbefreiungs-

нарóдность *ж* **1.** (*народ*) Völkerschaft *f* (10), Nationalität *f* (10); **2.** (*близость к народу*) Vólkstümlichkeit *f*, Vólksverbundenheit *f*

народнохозя́йственный *эк.* vólkswirtschaftlich, Vólkswirtschafts-; госудáрственный ~ план stáatlicher Vólkswirtschaftsplan

нарóдн||ый **1.** Volks-; vólkseigen (*принадлежащий народу*); ~ое хозя́йство Vólkswirtschaft *f*; ~ое достоя́ние Vólkseigentum *n* -s; ~ый суд Vólksgericht *n* (2); стать ~ой сóбственностью vólkseigen wérden; ~ое твóрчество Vólksschaffen *n* -s; ~ое искýсство Vólkskunst *f*; ~ый депутáт Vólksdeputierte *m* (14); ~ая пéсня Vólkslied *n* (5); ~ое предприя́тие vólkseigener Betríeb *m* (1); ~ое образовáние Vólksbildung *f*; ~ое гуля́нье Vólksfest *n* (2); ~ый арти́ст СССР Vólkskünstler der UdSSR; ~ая демокрáтия Vólksdemokratie *f*; стрáны ~ой демокрáтии die Länder der Vólksdemokratie, die Vólksdemokrati¦en *pl*; Нарóдная палáта Vólkskammer *f*; Нарóдный фронт *полит.* Vólksfront *f*; пáртия «Нарóдная вóля» *ист.* die Partéi «Naródnaja Wólja»; **2.** (*близкий народу, связанный с народом*) vólkstümlich; vólksecht; ~ое искýсство vólksnahe Kunst; и́стинно ~ое искýсство vólksechte Kunst

народовлáстие *с* Vólksherrschaft

народовóлец *м ист.* Mítglied der Partéi «Naródnaja Wólja»

народонаселéние *с* Bevölkerung *f* (10)

нарождáться *см.* народи́ться

нарóст *м* **1.** (*опухоль*) Áuswuchs *m* (1*), Béule *f* (11); kránkhafte Geschwúlst; **2.** (*наслоение*) Ánsatz *m* (1*); féster Rückstand, Áblagerung *f* (10)

нарочи́т||о *нареч.* ábsichtlich, vórsätzlich, mit Ábsicht, mit Vórsatz; **~ый** ábsichtlich, vórsätzlich

нарóчно *нареч.* **1.** (*с намерением*) ábsichtlich, mit Ábsicht; **2.** (*специально*) éigens, éxtra, speziéll; я ~ для э́того пришёл ich bin éigens [speziéll] déswegen gekómmen; **3.** (*в шутку*) zum Spaß; ◇ как ~ *разг.* wie áusgerechnet

нáрочн||ый *сущ. м* Éilbote *m* (9), Kuríer *m* (1); с ~ым durch éinen Éilboten

нарсу́д *м* (нарóдный суд) Vólksgericht *n* (2)

нáрты *мн.* Polárschlitten *m* (7); Réntierschlitten *m* (*с оленьей упряжкой*); Húndeschlitten *m* (*с собачьей упряжкой*)

нарубáть, наруби́ть fértighäuen* *vt*, fértighácken *vt*; (in Ménge) hácken *vt*, fällen *vt*, (áb)háuen* *vt*, klein máchen

нару́бка *ж* **1.** *тех.* Éinschnitt *m* (1), Kérbe *f* (11); **2.** (*действие*) Hácken *n* -s, Háuen *n* -s, Fällen *n* -s

наругáться sich (gründlich) áusschimpfen

нару́жное *сущ. с мед.* Arznéi *f* für äußerlichen Gebráuch

нару́жн||ость *ж* Äußere *n* (*sub*), Áussehen *n* -s, äußere Erschéinung; ~ость обмáнчива der Schein trügt; **~ый** **1.** Äußen-; äußer; ~ая стенá Äußenwand *f* (3), Äußenmauer *f* (11); **2.** (*показной*) äußerlich; vórgetäuscht

нару́жу *нареч.* nach äußen (hin); вы́вести что-л. ~ etw. an den Tag [an die Sónne, ans Tágeslicht] bríngen*; дéло вы́шло ~ *разг.* die Sáche kam ans Tágeslicht; прорвáться ~ zum Dúrchbruch kómmen*; ◇ у негó всё ~, он весь ~ er ist ganz óffen

нарукáвн||ик *м* Schútzärmel *m* (6); Über(zieh)ärmel *m*; **~ый**: ~ая повя́зка Ármbinde *f* (11)

нá руку *нареч. разг.* gelégen, vórteilhaft; быть ~ zupáß [zustátten] kómmen*; von Vórteil sein, gelégen sein

нарумя́н||енный geschmínkt; **~ить** schmínken *vt*; röten *vt*; **~иться** sich schmínken

нару́чники *мн.* Hándschellen *pl*, Hándfesseln *pl*

нару́чн||ый: ~ые часы́ Ármbanduhr *f* (10)

наруш||áть *см.* нару́шить; **~áться** **1.** *см.* нару́шиться; **2.** *страд.* verlétzt [übertréten] wérden (*ср.* нару́шить); **~éние** *с* Verlétzung *f* (10); Übertrétung *f* (10); Überschréitung *f* (10); Verstóß *m* (1*) (чегó-л. gégen *A*); ~éние закóна Verlétzung des Gesétzes, Verstóß gégen das Gesétz; **~éние** ми́ра Fríedensbruch *m* -(e)s; **~éние** тишины́ Rúhestörung *f* (10); **~éние** общéственного поря́дка и спокóйствия öffentliches Ärgernis, Lándfriedensbruch *m*; ~éние прáвил у́личного дви-

жéния Verkéhrsübertretung *f*; Verstóß gégen die Stráßenverkehrsordnung; ~**éние** сро́ка Termínüberschreitung *f*; ~**éние** сти́ля Stílbruch *m*; с ~**éнием** пра́вил *спорт.* régelwidrig; ~**и́тель** Verlétzer *m* (6); ~**и́тель** ми́ра Fríedensstörer *m* (6), Fríedensbrecher *m* (6); ~**и́тель** грани́цы Grénzverletzer *m*; ~**и́тель** споко́йствия Rúhestörer *m*, Störenfried *m* (1); ~**и́тель** пра́вил у́личного движе́ния Verkéhrssünder *m* (6)

нару́шить verlétzen *vt*; bréchen* *vt*; übertréten* *vt*, überschréiten* *vt*; ~ зако́н das Gesétz verlétzen, sich gégen das Gesétz vergéhen*; ~ соглаше́ние das Ábkommen verlétzen; ~ мир den Fríeden bréchen*; ~ молча́ние das Schwéigen bréchen*; ~ сло́во das Wort bréchen*; ~ поко́й die Rúhe stören; ~ пра́вила у́личного движе́ния sich verkéhrswidrig verhálten*; ~ дисципли́ну gégen die Disziplín verstóßen*, die Disziplín verlétzen; ~ грани́цу [грани́цы возду́шного простра́нства] die Grénze [den Lúftraum] verlétzen; ~ поря́док gégen die Órdnung verstóßen*; ~ прися́гу den Eid bréchen*; ~**ся** verlétzt wérden

нарцеи́н *м хим.* Narzeïn *n* -s

нарци́сс *м* **1.** Narzísse *f* (11); **2.** (*самовлюблённый*) Narzíß *m* -sses, -sse

на́ры *мн.* Prítsche *f* (11), Líegepritsche *f*; Schláfbank *f* (3); Box *f* (10)

нары́в *м* Geschwür *n* (2); Éiterbeule *f* (11), Abszéß *m* -sses, -sse

нарыва́ть *см.* нарва́ть II

нарыва́ться *см.* нарва́ться

нарывно́й *мед.*: ~ пла́стырь Zúgpflaster *n* (6)

нары́ть *см.* рыть

наря́д I *м* (*одежда*) Gewánd *n* (5) (*поэт. pl тж.* -e), Féstkleid *n* (5), Kléidung *f* (10); Tracht *f* (10); наде́ть пра́здничный ~ die Fésttracht [das Féstgewand] ánlegen

наря́д II *м* **1.** (*поручение*) Ánordnung *f* (10), Órder *f* (11); Árbeitsanweisung *f* (10); **2.** (*документ*) Órder *f* (11); ~ на погру́зку Verládeauftrag *m* (1*); ~ на вы́дачу Áusliefer(ungs)schein *m* (1); ~-зака́з Bestéllschein *m*; **3.** *воен.* Dienst *m* (1); Éxtradienst *m*; Kommándo im Díenst; díensthabende Abtéilung; сторожево́й ~ Wáchabteilung *f* (10), Wáchdienst *m*; быть в ~е Dienst háben; **4.** (*отряд*) Abtéilung *f* (10); Stréife *f* (11)

наряди́ть I **1.** (schön) kléiden *vt*, heráusputzen *vt*; **2.** (*кем-л., во что-л.*) verkléiden *vt*, maskíeren *vt*

наряди́ть II (*назначить*) beórdern *vt*; entsénden* *vt* (*послать*); *воен.* ábkommandieren *vt*, zum Dienst kommandíeren

наряди́ться **1.** sich féstlich kléiden, sich schmücken, sich schmuck [schön] máchen; **2.** (*кем-л., во что-л.*) sich verkléiden

наря́дная *сущ. ж горн. разг.* Káue *f* (11)

наря́дный I elegánt, schmuck

наря́дный II laut Órder

наряду́ *нареч.* geméinsam mit, gléichberechtigt, nében (*D*); gleich (*D*); ~ с э́тим zugléich, danében

наряжа́ть *см.* наряди́ть I, II

наряжа́ться I **1.** *см.* наряди́ться; **2.** *страд.* (schön) ángekleidet wérden (*ср.* наряди́ть I)

наряжа́ться II *страд.* beórdert wérden (*ср.* наряди́ть II)

нас *род.*, *вин. см.* мы

насади́ть I **1.** (*деревья и т. п.*) (án)pflánzen *vt*; **2.** (*прикрепить*) áufsetzen *vt*; beféstigen *vt*; ~ топо́р на топори́ще das Beil mit éinem Stiel verséhen*; ~ ши́ну на колесо́ den Réifen auf die Félge áufziehen*; ~ червяка́ на крючо́к den Wurm am Ángelhaken beféstigen

насади́ть II (*внедрить*) éinführen *vt*, éinbürgern *vt*, fördern *vt*

наса́дка *ж* **1.** *тех.* (*действие*) Áufsetzen *n* -s; Bestíelen *n* -s (*топора и т. п.*); **2.** *тех.* (*предмет*) Kópfbalken *m* (7); Áufsatz *m* (1*); Káppe *f* (11); Verlängerer *m* (6), Düse *f*; **3.** (*рыболовная*) Köder *m* (6); **4.** *муз.* Múndstück *n* (2)

насажа́ть *см.* насади́ть I

насажд||а́ть *см.* насади́ть II; ~**а́ть** нау́ки die Wíssenschaften pflégen(*); ~**е́ние** *с* **1.** (*действие*) Pflánzen *n* -s; **2.** (*группа деревьев*) Ánpflanzung *f* (10); зелёные ~**е́ния** Grünanlagen *pl*; полезащи́тные ~**е́ния** Schútzwaldstreifen *pl*; **3.** *перен.* (*введение*) Éinführung *f*, Éinbürgerung *f*, Förderung *f*; Verbréitung *f* (*распространение*); Áufbringen *n* -s (*моды и т. п.*)

наса́живать *см.* насади́ть I

наса́харить *разг.* zúckern *vt*, mit Zúcker bestréuen, süßen *vi*

насви́стывать (vor sich hin) pféifen* *vi*

наседа́ть *см.* насе́сть

насе́дка *ж* Brúthenne *f* (11), Glúckhenne *f*, Glúcke *f* (11); *перен.* Háusglucke *f*

насека́ть *см.* насе́чь

насеко́мое *сущ. с* Insékt *n* (13); ~-вреди́тель schädliches Insékt

насекомоя́дный inséktenfressend

населе́н||ие *с* **1.** Bevölkerung *f* (10); Bewóhnerschaft *f*, Éinwohnerschaft *f* (*го́рода, до́ма*); гражда́нское ~**ие** Zivilbevölkerung [-'vi:l-] *f*; коли́чество ~**ия** Bevölkerungszahl *f* (10); пе́репись ~**ия** Vólkszählung *f* (10); **2.** (*действие*) Besíedelung *f*

населённость *ж* Bevölkerungsdichte *f* (11)

населённый **1.** bevölkert; bewóhnt (*обитаемый*); **2.** (*густо заселённый*) dicht bevölkert; ◇ ~ пункт Ort *m* (1), Órtschaft *f* (10)

насели́ть besíedeln *vt*; bevölkern *vt*

населя́ть **1.** *см.* насели́ть; **2.** (*быть жителями*) wóhnen *vi*; bewóhnen *vt*

насе́ст *м* Hühnerstange *f* (11), Hühnersteige *f* (11), Hühnerleiter *f* (11)

насе́сть **1.** *разг.* (*с требованиями*) (be)drängen *vt*; **2.** (*о пыли и т. п.*) sich (án)sétzen, níederschlagen* *vi* (s)

насе́чка *ж* **1.** (*действие*) Kérben *n* -s, Éinkerben *n*; Ríffelung *f*; Áufhauen *n* -s; **2.** (*бороздка*) Kérbe *f* (11), Éinschnitt *m* (1); Hieb *m* (1); Schárte *f* (11)

насе́чь **1.** (*сделать насечки*) éinkerben *vt*, éinschneiden* *vt*; áufhauen* *vt*; **2.** (*мелко нарубить*) kléinhacken *vt*, zerkléinern *vt*, kléinschneiden* *отд. vt*; wíegen *vt*

насе́ять *см.* се́ять

насиде́ться lánge genúg sítzen*; des Sítzens überdrüssig wérden; ~ до́ма die Stúbenhockerei satt háben

наси́женн||ый: ~**ое** яйцо́ ángebrütetes Ei; ~**ое** ме́сто Stámmplatz *m* (1*); áltgewohnte Héimstätte; Ort, an den man sich gewöhnt hat

наси́лие *с* **1.** (*принуждение*) Gewált *f* (над кем-л. an *D*); Zwang *m* -(e)s (*принуждение*); Gewálttat *f* (10), Gewálttätigkeit *f* (*акт насилия*); Unterdrückung *f* (*угнетение*); примени́ть ~ Gewált ánwenden* [gebráuchen]; **2.** (*изнасилование*) Vergewáltigung *f* (10), Nótzucht *f*

наси́ловать **1.** (*принуждать*) zwíngen* *vt*; j-m Gewált ántun*; **2.** (*изнасиловать*) vergewáltigen *vt*, nótzüchtigen *vt*

наси́лу *нареч. разг.* mit knápper Not, mit Müh und Not, mit Ach und Krach

наси́льник *м* Gewálttäter *m* (6); Sexuálstraftäter *m* (6)

наси́льно *нареч.* gewáltsam; mit (Ánwendung von) Gewált; ◇ ~ мил не бу́дешь *погов.* Líebe läßt sich nicht erzwíngen

наси́льственн||ый gewáltsam, gewálttätig; Gewált-; ◇ ~**ая** смерть gewáltsamer Tod

насказа́ть *разг.* **1.** (*что-л.*) víeles erzählen; **2.** (*на кого-л.*) verléumden *vt*

наска́кивать *см.* наскочи́ть

наска́льн||ый **1.** *археол.*: ~**ая** жи́вопись Félszeichnungen *pl*, Félsmalereien *pl*; Höhlenmalerei *f* (*в пещере*); **2.** *бот.* félsenliebend

насканда́лить *см.* сканда́лить

насквозь *нареч.* durch und durch; gänzlich, völlig (*совершенно*); промо́кнуть ~ durch und durch naß wérden; bis auf die Haut durchnäßt wérden; ◇ знать кого́-л. ~ *разг.* j-n durch und durch kénnen*; ви́деть кого́-л. ~ j-n durchscháuen

наскита́ться *разг.* sich víel herúmtreiben*

наскобли́ть (in Ménge) schában *vt*

наско́к *м* Áusfall *m* (1*); plötzlicher Überfall; ◇ с ~а *разг.* 1) (*с разгону*) in vóllem Lauf, in vóller Fahrt; 2) (*необдуманно*) kúrzerhand, óhne lánges Záudern, óhne zu überlégen

наско́лько *нареч.* **1.** (*вопр.*) um wievíel?; inwieférn?, inwieweít?; **2.** (*относ.*) soweít, soférn, sovíel, insoweít, insoférn, wie sehr; ~ мне изве́стно sovíel ich weiß; soweít mir bekánnt ist

на́скоро *нареч.* éilig, hástig, in áller Éile [Hast]; flüchtig (*бегло*)

наскочи́ть **1.** ánrennen* *vt*, *vi* (s) (на что-л. gégen *A*); ánspringen* *vt* sich wérfen* (auf *A*); ánstoßen* *vi* (s) (an *A*); ~ на мель auf éine Sándbank [Úntiefe] láufen*; ~ на ми́ну auf éine Míne áuflaufen*; **2.** *разг.* (*неожиданно встретиться с кем-л.*) stóßen* *vi* (s) (на кого́-л. auf *A*); **3.** *разг.* (*накинуться*) hérziehen* *vt*; hérfallen* (über *A*); ~ на кого́-л. с упрёками j-n mit Vórwürfen überschütten

наскрести́ zusámmenkratzen *vt*, zusámmenscharren *vt*

наску́ч||ить lángweilig [zuwíder] wérden; lángweilen *vt*; Láng(e)weile verúrsachen; мне э́то ~**ило** ich bin der Sáche überdrüssig

наслади́ться, наслажда́ться geníeßen* *vt*; sich wéiden, sich ergötzen (чем-л. an *D*); ~ сча́стьем das Glück geníeßen*

наслажде́ние *с* Genúß *m* -sses, -nüsse, Ergötzen *n* -s; Wónne *f* (11); Vergnügen *n* (7) (*удовольствие*)

насла́ивать(ся) *см.* наслои́ть(ся)

насла́ть *разг.* **1.** etw. in Ménge zúschicken [sénden(*)]; **2.** (*болезни, бедствия — о сверхъестественной силе*) (vom Hímmel) herábschicken *vt*, etw. über j-n ergéhen lássen*

насле́дие *с* géistiges Érbe, Náchlaß *m* -sses, *pl* -sse *u* -lässe, Vermächtnis *n* -sses, -sse; класси́ческое ~ das klássische Érbe; культу́рное ~ Kultúrerbe *n* -s; литерату́рное ~ literárischer Náchlaß; ~ про́шлого das Érbe der Vergángenheit

наследи́ть *разг.* Schmútzspuren hinterlassen*
насле́дн||ик *м* Érbe *m* (9); Stámmhalter *m* (6) (*рода, имени*); Náchfolger *m* (6) (*преемник*); Thrónfolger *m* (*престола*); **~ица** *ж* Érbin *f* (12); Náchfolgerin *f* (12) (*преемница*); **~ый:** ~ый принц Thrónfolger *m* (6); Krónprinz *m* (8)
насле́дов||ание *с* Érbfolge *f*; Náchfolge *f*; **~ать 1.** (*что-л.*) érben *vt*; **2.** (*кому-л.*) j-m náchfolgen; beérben *vt*; ein Érbe übernéhmen*
насле́дственн||ость *ж* Érblichkeit *f*; Verérbung *f*; с дурно́й ~остью érblich belástet; **~ый** érblich; verérbt, Érb-
насле́дств||о *с* Érbschaft *f* (10), Érbe *n* -s, Hinterlássenschaft *f* (10); оста́вить кому́-л. ~о j-m etw. hinterlássen* [vermáchen]; полу́ченный в ~о geerbt, erérbt; передава́емый по ~у verérbbar, érblich; лиши́ть ~а entérben *vt*; пра́во ~а *юр.* Érbrecht *n* (2)
наслое́ние *с* **1.** *геол.* Schíchtung *f* (10); Áblagerung *f* (10) (*отложение*); **2.** *перен.* Überlágerung *f* (10), Schicht *f* (10)
наслои́ть áufschichten *vt*; **~ся** sich áufschichten; *геол.* sich áblagern
наслу́шаться ánhören *vt*; víeles hören; sich (an etw. *D*) satt hören (*вдоволь*); durch Zúhören lérnen (*узнать*)
наслы́шаться *разг.* allerhánd [viel] zu hören bekómmen*; я всего́ наслы́шался es ist mir allerhánd zu Óhren gekómmen
насма́рку *нареч.*: идти́ ~ *разг.* futsch [zum Téufel] géhen*; всё пошло́ ~ es war álles verlórene Líebesmüh(e); es war álles umsónst
на́смерть *нареч.* zu Tóde, tödlich; bis auf den Tod
насмеха́ться spótten *vi* (над кем-л., чем-л. über *A*), verspótten *vt*; áuslachen *vt*
насмеши́ть láchen máchen; zum Láchen bríngen*
насме́ш||ка *ж* Spott *m* -(e)s; Spötteréi *f* (10); Hohn *m* -(e)s; Spotteléi *f* (10) (*издёвка*); в ~ку zum Spott; подверга́ться ~кам als Zíelscheibe des Spóttes díenen; **~ливый** spöttend, spöttisch; höhnisch (*иронический*); spóttsüchtig, spóttlustig (*о человеке*); **~ник** *м разг.* Spötter *m* (6); **~ница** *ж разг.* Spötterin *f* (12); **~ничать** *разг.* verspótten *vt*, verhöhnen *vt*
насме́яться 1. *разг.* (*вдоволь*) sich tótlachen, sich krank láchen, sich schief láchen; **2.** (*над кем-л., чем-л.*) áuslachen *vt*; verspótten *vt*; verhöhnen *vt*; zur Zíelscheibe des Spóttes máchen; spötteln *vi* (über *A*) (*издеваться*)
на́сморк *м* Schnúpfen *m* -s; хрони́ческий ~ Stóckschnupfen *m*; аллерги́ческий ~ Réizschnupfen *m*; схвати́ть ~ *разг.* den Schnúpfen kríegen; sich (*D*) den Schnúpfen hólen; у него́ ~ er hat (den) Schnúpfen, er ist verschnúpft
насмотре́ться sich satt séhen* (на кого́-л., что-л. an *D*)
наснима́ть 1. viel herúnternehmen*; schöpfen *vt* (*пенок с варенья*); **2.** (*наделать фотоснимков*) éine bestímmte Ménge Fótoaufnahmen máchen
насоба́читься *разг.* etw. flott zu tun lérnen
насова́ть vóllstopfen *vt*, vóllegen (*при переносе* voll-legen) *vt*
насовсе́м *нареч. разг.* für ímmer
насоли́ть 1. sálzen *vt*; **2.** (*огурцов и т. п.*) éinsalzen *vt*; **3.** *разг.* (*кому-л.*) j-m etw. éinbrocken, j-m éine Unannehmlichkeit beréiten, j-m éinen Scháden zúfügen
насори́ть *см.* сори́ть
насо́с *м* Púmpe *f* (11); возду́шный ~ Lúftpumpe *f*; ~ для мяча́ Bállpumpe *f*; кача́ть ~ом púmpen *vt*
насоса́ть 1. (in Ménge) sáugen(*) *vt*, éinsaugen(*) *vt*; **2.** (*напр. бензина*) vóllpumpen *vt*; **~ся 1.** sich satt sáugen(*) (*о ребёнке*); sich voll sáugen(*) (*о комаре и т. п.*); **2.** *груб.* (*напиться пьяным*) sich vóllpumpen, sich betrínken*
насо́сная *сущ. ж* Púmpenhaus *n* (5)
насо́сн||ый Pump-; ~ая ста́нция Púmpstation *f* (10)
насо́хнуть 1. ánhaften und áustrocknen; на колесе́ насо́хла грязь der Schmutz ist am Rad féstgebacken; **2.** (*высохнуть в каком-л. количестве*) (in Ménge) verdórren *vi* (s)
на́спех *нареч.* in áller Éile, hástig; flüchtig (*кое-как*)
наст *м* Schnéekruste *f* (11), Harsch *m* -es, Hárschschnee *m* -s, Krústenschnee *m*; твёрдый ~ Hártschnee *m*
настава́ть *см.* наста́ть
наставле́льный beléhrend, schúlmeisterlich; doktorál
наста́вить I **1.** (in Ménge) áufstellen *vt*; (hín)stéllen *vt*; **2.** (*удлинить*) ánsetzen *vt*, ánstücken *vt*; **3.** *разг.* (*нацелить*) ríchten *vt*; ◇ ~ рога́ кому́-л. (*сделать кого-л. рогоносцем*) *разг.* j-m Hörner áufsetzen,; ~ у́ши lánge Óhren máchen, die Óhren spítzen
наста́вить II *см.* наставля́ть II; ◇ ~ кого́-л. на путь и́стинный j-n auf die réchte Bahn führen
наста́вка *ж* Ánsatz *m* (1*), Ánsatzstück *n* (2)
наставле́ние *с* **1.** (*поучение*) Beléhrung *f* (10); чита́ть кому́-л. ~ j-m die Leviten [-ˈviː] lésen*; j-m éine Morálpredigt hálten* (*ирон.*); **2.** (*инструкция*) Vórschrift *f* (10); Ánweisung *f* (10), Ánleitung *f* (10), Instruktión *f* (10)
наставля́ть I *см.* наста́вить I
наставля́ть II (*поучать*) beléhren *vt*; unterwéisen* *vt*; *ирон.* schúlmeistern *vt*
наста́вн||ик *м* Léhrer *m* (6), Erzíeher *m* (6); Léhrausbilder *m* (6), Betréuer *m* (6); Méntor *m* -s, -tóren, Léhrmeister *m* (6); Rátgeber *m* (6), Beráter *m* (6) (*руководитель*); **~ический** schúlmeisterhaft; ~ический тон Schúlmeisterton *m* -(e)s
наставно́й Ánsatz-, Vórstoß-
наста́ивать I (*стоять на своём*) bestéhen* *vi*, behárren *vi* (на чём-л. auf *D*); упо́рно ~ на чём-л. etw. steif und fest beháupten
наста́ивать II *см.* настоя́ть II
наста́иваться *см.* настоя́ться I
наст||а́ть ánbrechen* *vi* (s), heréinbrechen* *vi* (s), kómmen* *vi* (s), éintreten* *vi* (s); begínnen* *vi* (*начаться*); ~а́л день es wúrde Tag, der Tag brach an; ~а́ло ле́то es wúrde Sómmer, der Sómmer kam [begánn]; ~а́ла тишина́ Rúhe trat ein; ~а́ло вре́мя (для чего́-л.) es ist an der Zeit (zu + *inf*)
на́стежь *нареч.* (spérrangel)weit áufstehen* [óffenstehen*]
насте́нн||ый Wand-; ~ое зе́ркало Wándspiegel *m* (6); ~ая жи́вопись Wándmalerei *f*
настига́ть, насти́гнуть éinholen *vt*, eréilen *vt*; fássen *vt* (*схватить*)
насти́л *м* Belág *m* (1*), Áuflage *f* (11); Fúßbodenbelag *m*; Décke *f* (11); Díele *f* (11); Bett *n* (13); ~ мо́ста Brückenbelag *m*; **~а́ть** *см.* настла́ть; **~ка** *ж* **1.** (*действие*) Belégen *n* -s; Díelen *n* -s (*пола*); Pflästern *n* -s (*мостовой*); **2.** (*настил*) Belág *m* (1*), Beplánkung *f* (10)
насти́лочный Belág-, Áuflage-
насти́льный *воен., спорт.* flach; ~ ого́нь Fláchfeuer *n* -s, Stréichfeuer *n*
насти́чь *см.* настига́ть
настла́ть (be)légen *vt*, (be)décken *vt*; áusbreiten *vt* (*разостлать*); ~ пол den Fúßboden díelen; ~ мостову́ю pflästern *vt*
насто́й *м* Áufguß *m* -sses, -güsse; ~ рома́шки Kamíllentee *m* -s; **~ка** *ж* **1.** Likör *m* (1); вишнёвая ~ка Kírschbranntwein *m* (1), Kírschbrand *m* -es; **2.** *фарм.* Tinktúr *f* (10); ~ка йо́да Jódtinktur *f*
насто́йчив||ость *ж* Behárrlichkeit *f*; Hártnäckigkeit *f* (*упорство*); Áusdauer *f* (*выдержка*); **~ый** behárrlich; hártnäckig (*упорный*); éigensinnig (*упрямый*); náchdrücklich, dríngend, ínständig (*о просьбе и т. п.*); ~о проводи́ть что-л. etw. mit Náchdruck betréiben*
насто́лько *нареч.* so, sovíel, sowéit, soséhr
насто́льн||ый 1. Tisch-; ~ая ла́мпа Tíschlampe *f* (11); **2.** (*необходимый*) unentbéhrlich; ~ая кни́га Hándbuch *n* (5)
насторáживаться *см.* насторожи́ться
насторожé *нареч.*: быть ~ auf der Hut sein
насторожённость *ж* Besórgnis *f*, Beúnruhigung *f*
насторожи́ть zur Vórsicht máhnen; ◇ ~ у́ши die Óhren spítzen; **~ся** áufmerksam wérden, áufmerken *vi*; auf der Hut sein (*быть настороже*); die Óhren spítzen (*навострить уши*)
настоя́н||ие *с* Behárren *n* -s, Drängen *n* -s; по чьему́-л. ~ию auf j-s Drängen [dríngende Bítte] hin
настоя́тель *м* **1.** (*монастыря*) Abt *m* (1*), Klóstervorsteher *m* (6); **2.** (*собора*) Dekán *m* (1); **~ница** *ж* Äbtíssin *f* (12), Klóstervorsteherin *f* (12)
настоя́тельн||ость *ж* Drínglichkeit *f*; Ínständigkeit *f* (*о просьбе*); **~ый** dríngend; ínständig, náchdrücklich (*о просьбе*); behárrlich (*упорный*); ~о тре́бовать gebíeterisch fórdern; ~о необходи́мый dríngend nótwendig
настоя́ть I (*добиться чего-л.*) behárren *vi*, bestéhen* *vi* (на чём-л. auf *D*); dúrchsetzen *vt*; ~ на своём séinen Wíllen dúrchsetzen; auf séiner Méinung bestéhen* [behárren]
настоя́ть II (*сделать настойку на чём-л.*) zíehen lássen*; éinen Áufguß máchen; ánsetzen *vt*; ~ во́дку на ви́шне éinen Schnaps mit Kírschen ánsetzen
настоя́||ться I (*о чае и т. п.*) zíehen* *vi*; чай ~лся der Tee hat gezógen
настоя́ться II *разг.* (*много стоять*) lánge stéhen*
настоя́щ||ее *сущ. с* Gégenwart *f*; **~ий 1.** gégenwärtig, jétzig, dérzeitig; в ~ее вре́мя gégenwärtig, héutzutage, zur Zeit, in der jétzigen Zeit; в ~ую мину́ту momentán, im gegébenen Áugenblick; ~ее вре́мя *грам.* Gégenwart *f*; Präsens *n* =, -séntia; **2.** (*истинный*) echt; wahr, wáhrhaft; wírklich, ríchtig, régelrecht; ~ий геро́й ein wáhrer [ríchtiger] Held; ~ий челове́к ein wáhrer Mensch; ~ий друг ein échter Freund; ~ий шёлк échte [réine] Séide; э́то ~ее чу́до das ist das réinste Wúnder;

3. (*этот, данный*) díeser, gegében; vórliegend; ~ий слу́чай der vórliegende Fall

настрада́ться viel léiden*

настра́ивать *см.* настро́ить I, II

настраща́ть *разг.* j-n ins Bóckshorn jágen

настреля́ть (in Ménge) erlégen *vt*, zusámmenschießen* *vt*

на́стриг *м* Schúrertrag *m* (1*), Wóll¦ertrag *m*

настри́г *м* Schur *f* (10), Schéren *n* -s, Ábschneiden *n* -s der Wólle

настри́чь (in Ménge) schéren* *vt*, fértigscheren* *отд. vt*

на́строго *нареч.* stréngstens; aufs stréngste; ◇ стро́го-~ *разг.* aufs állerstrengste

настрое́н||ие *с* Stímmung *f* (10), Láune *f* (11); Verfássung *f* (10) (*расположение духа*); быть в ~ии in Stímmung sein; Láune háben zu etw. (*D*); быть в хоро́шем ~ии gut gestímmt [gut geláunt, gut áufgelegt] sein; gúter Láune [Dínge] sein, быть в плохо́м ~ии, быть не в ~ии verstímmt [míßgestimmt] sein; переме́на ~ия Stímmungsumschlag *m* (1*); Stímmungswechsel *m* (6); у меня́ нет ~ия петь ich habe kéine Lust zum Síngen [zu síngen]; созда́ть, подде́рживать ~ие Stímmung kultivieren [-'vi:-]; ~ие умо́в Géistesverfassung *f*; ◇ челове́к ~ия Stímmungsmensch *m* (8)

настро́енность *ж* (*ума, мыслей*) Ríchtung *f*, Éinstellung *f*, Gesínnung *f*

настро́||ить I 1. (*привести в какое-л. настроение*) stímmen *vt*; э́то меня́ ~ило на весёлый лад das hat mich fröhlich gestímmt; 2. (*внушать какие-л. чувства к кому-л., чему-л.*) stímmen *vt*; éinnehmen* *vt* (*расположить в чью-л. пользу*); ~ить про́тив кого́-л., чего́-л. gégen j-n, gégen etw. (*A*) stímmen [áufbringen*]; ~ить кого́-л. в по́льзу чего́-л. j-n günstig für etw. (*A*) stímmen, j-n für etw. (*A*) gewínnen*; консервати́вно ~енный konservatív [-va-] éingestellt; 3. *муз.* stímmen *vt*; 4. *радио* éinstellen *vt*; 5. (*машину, прибор*) éinrichten *vt*, ábgleichen* *vt*, éinregulieren *vt*

настро́ить II (viel) báuen *vt*, áufbauen *vt*, zusámmenbauen *vt*

настро́иться sich éinstellen; gestímmt sein

настро́й||ка *ж* 1. *муз.* Stímmen *n* -s; Ábstimmung *f*; 2. *тех.* Éinrichten *n* -s, Ábgleichung *f*, Éinregulierung *f*; дистанцио́нная ~ка Férnabstimmung *f*; **~щик** *м* 1. *муз.* Stímmer *m* (6), Klavierstimmer [-'vi:r-] *m*; 2. *тех.* Éinrichter *m* (6)

настропали́ть *разг.* j-n bewégen* etw. zu tun

настрочи́ть *см.* строчи́ть 1, 2

настря́пать 1. (viel) kóchen *vt*, (víele Spéisen) zúbereiten *vt*, fértigkochen *vt*; 2. (*сделать что-л. наспех*) etw. zusámmenbasteln

настуди́ть *разг.* kalt máchen; ~ся *разг.* kalt wérden, áuskühlen *vi* (s) (*о помещении, предметах*)

насту́кать *разг.* 1. (*обнаружить*) durch Beklopfen etw. áusfindig máchen; 2. (*передать*) durch Klópfzeichen wéitergeben*; 3. (*напечатать*) típpen *vi*

наступа́тельн||ый Ángriff(s)-, Offensív-, offensív; ~ая война́ Ángriffskrieg *m* (1), Offensívkrieg *m*; ~ая поли́тика Ángriffspolitik *f*; aggressíve [-və] Polítik

наступа́ть I *см.* наступи́ть I

наступа́ть II *см.* наста́ть

наступа́ть III *воен.* ángreifen* *vt*, vórgehen* *vi* (s), vórrücken *vi* (s), vórstoßen* *vi* (s); vórmarschieren *vi* (s), im Ánmarsch [Vórmarsch] sein; die Offensíve ergréifen*; ~ с фро́нта [с фла́нга] frontál [aus der Flánke] ángreifen*

наступа́ющий I (*о времени, событии*) kómmend; ~ день der kómmende Tag; ~ но́вый год das ánbrechende néue Jahr; ◇ с наступа́ющим! Prósit Néujahr!

наступа́ющ||ий II *прил. воен.* 1. Ángriffs-; ~ая часть Ángriffstruppe *f* (11); 2. *в знач. сущ. м* Ángreifer *m* (6)

наступи́||ть I (*придавить ногой*) tréten* *vi* (на что-л. auf *A*); ~ кому́-л. на́ ногу j-m auf den Fuß tréten*; ◇ ему́ медве́дь [слон] на́ ухо ~л ihm fehlt jédes musikálische Gehör

наступи́ть II *см.* наста́ть

наступле́ние I *с* (*о времени, событии*) Ánbruch *m* -(e)s, Éinbruch *m*, Éintritt *m* -s; с ~м но́чи bei Éinbruch der Nacht; с ~м дня bei Tágesanbruch; с ~м темноты́ bei Éinbruch der Dúnkelheit

наступле́ние II *с воен.* Ángriff *m* (1), Offensíve [-və] *f* (11); Vórmarsch *m* (1*); Vórstoß *m* (1*) (*тж. перен.*); перейти́ в ~ zur Offensíve [zum Ángriff] übergehen*

насту́рция *ж бот.* Kapuzínerkresse *f* (11), Blúmenkresse *f*

насты́ть 1. *разг.* kalt wérden, fríeren* *vi* (s); 2. (*о льде*) féstfrieren* *vi* (s)

насу́пить: ~ бро́ви die Áugenbrauen zusámmenziehen*; ~ся mürrisch dréinsehen*, fínster dréinschauen

на́сухо *нареч.* (ganz) trócken; вы́тереть ~ tróckenreiben* *отд. vt*, ábtrocknen *vt*

насуши́ть (in Ménge) trócknen *vt*, (in Ménge) dörren *vt* (*фруктов, овощей*); (in Ménge) rösten *vt* (*сухарей и т. п.*); dárren *vt* (*в печи*)

насу́щн||ый lébensnotwendig; dríngend, (vór)dringlich (*неотложный*); únerläßlich (*необходимый*); brénnend, wíchtig (*важный*); ~ый вопро́с dríngliche [brénnende] Fráge; ~ая потре́бность únerläßliche Förderung; ~ые интере́сы Tágesinteressen *pl*; ◇ хлеб ~ый das tägliche Brot

насчёт *предлог разг.* betréffs, hínsichtlich (*G*); über (*A*), wégen (*G*); как ~ биле́тов? wie steht es mit den Kárten?; ~ вы́пить... was das Trínken ánbelangt...

насчита́ть, насчи́тывать zählen *vt*, áufzählen *vt*; я насчита́л ему́ два́дцать челове́к ich zählte ihm zwánzig Ménschen auf; го́род насчи́тывает сто ты́сяч жи́телей die Stadt zählt húnderttausend Éinwohner

насчи́тыв||аться *безл.*: ~ается es gibt; в э́той шко́ле ~ается сто ученико́в díese Schúle zählt húndert Schüler

насыла́ть *см.* насла́ть

насы́п||ать, насыпа́ть 1. schütten *vt*; éinschütten *vt* (*во что-л.*); áufschütten *vt* (*набросать*); stréuen *vt* (*песок на дорогу*); 2. (*наполнить*) vóllschütten *vt*, füllen *vt*; **~ка** *ж разг.* 1. Éinschütten *n* -s; Áufschütten *n*; 2. (*наполнение*) Vóllschütten *n* -s, Füllen *n* -s; **~но́й** áufgeschüttet; Damm-

на́сыпь *ж* Damm *m* (1*), Wall *m* (1*); Áufschüttung *f* (10); железнодоро́жная ~ Éisenbahndamm *m*; грузи́ть зерно́ ~ю das Getréide durch Schütten áufladen*

насы́тить 1. (*кого-л.*) satt máchen; sättigen *vt*; 2. *хим.* sättigen *vt*, saturíeren *vt*; 3. *перен.* (*снабдить в изобилии*) réichlich verséhen*, in áusreichendem Máße versórgen; строи́тельство насы́щено нове́йшей те́хникой die Báustelle ist áusreichend mit néuester Téchnik áusgestattet; **~ся** 1. sich satt éssen*, sich sättigen; satt wérden; 2. (*пропитаться чем-л.*) sich sättigen, éinsaugen(*) *vt*; 3. *хим.* gesättigt [saturíert] sein

насыща́ть(ся) *см.* насы́тить(ся)

насыще́н||ие *с* 1. Sättigung *f*; Stíllung des Húngers; 2. *хим.* Sättigung *f* (10), Saturíerung *f* (10)

насы́щенн||ость *ж хим.* Sättigung *f*, Sättigungsgrad *m* (1); Saturatión *f*; **~ый** 1. *хим.* gesättigt, saturíert; 2. *перен.* (*содержательный*) ínhaltsvoll, gehältvoll; reich (an etw. *D*); ~ая му́зыка éine ínhaltsvolle Musík; 3. (*о цвете*) satt; ~ые кра́ски sátte Fárben

ната́лкивать *см.* натолкну́ть; **~ся** 1. *см.* наткну́ться; 2. *страд.* gestóßen wérden

натанцева́ться *разг.* sich sáttanzen (*при переносе* satt-tanzen)

натаска́ть I *см.* натащи́ть

натаска́ть II *разг.* (*научить*) éinpauken *vt*, éindrillen *vt*

ната́скивать I *см.* натащи́ть

ната́скивать II *см.* натаска́ть II

натащи́ть 1. zusámmenschleppen *vt*; 2. *разг.* (*натянуть на себя*) überziehen* *vt*

ната́ять 1. (*воды из снега, льда*) áuftauen *vt*, durch lánges Táuen gewínnen*; 2. (*растаять*) (in Ménge) táuen *vi*

натвор||и́ть ánstellen *vt*, ánrichten *vt*; ну и ~и́л же ты! da hast du was Schönes ángerichtet!; что он ~и́л? was hat er áusgefressen?

на́те *частица разг.* da nimm!; nehmt!

натёк *м* 1. *геол.* Kálksinter *m* -s; Inkrustatión *f* (10); 2.: ~ на свече́ Trópfbart *m* (1*)

натека́ть *см.* натéчь

на́тельн||ый Leib-; ~ое бельё Léibwäsche *f*

натере́ть 1. (*мазью и т. п.*) (éin)réiben* *vt*; 2. (*на тёрке*) réiben* *vt*; 3. (*ногу и т. п.*) sich (*D*) etw. wund réiben*; ~ себе́ мозо́ли на рука́х Schwíelen bekómmen*; ~ себе́ мозо́ли на нога́х Hühneraugen bekómmen*; ~ себе́ но́ги до́ кро́ви sich (*D*) die Füße wund [blútig] láufen*; я натёр себе́ глаза́ докрасна́ ich hábe mir die Áugen rot geríeben; 4. (*пол*) böhnern *vt*; ~ до бле́ска blánkbohnern *отд. vt*; **~ся** (*мазью и т. п.*) sich éinreiben* (чем-л. mit *D*)

натерпе́ться (*чего-л.*) *разг.* viel áusstehen* [ertrágen*, erléiden*, dúrchmachen]; ~ стра́ху gróße Angst áusstehen*

натёчный *геол.* Trópfstein-, Kálkstein-

нате́чь 1. (*о воде и т. п.*) (hin)éinfließen* *vi* (s); sich ánsammeln (*собраться*); 2. (*наполниться*) vóllaufen* (*при переносе* voll-laufen) *vi* (s); ведро́ уже́ натекло́ der Éimer ist schon vóllgelaufen

натёшиться *разг.* viel Vergnügen háben (чем-л. an *D*); (*над кем-л.*) zur Genüge láchen (über *A*), verláchen *vt*

натира́ть *см.* натере́ть; **~ся** 1. *см.* натере́ться; 2. *страд.* geríeben wérden (*ср.* натере́ть)

нати́рка *ж* 1. (*мазью и т. п.*) Éinreiben *n* -s; **2.** *(пола)* Bóhnern *n* -s; **3.** *(на тёрке)* Réiben *n* -s

натиск *м* Druck *m* -(e)s, Ándrang *m* -(e)s; Ánsturm *m* -(e)s, Vórstoß *m* (1*) *(атака)*; Ánprall *m* (1) *(сильный)*

натаскать 1. *полигр.* (in Ménge) ábziehen* *vt*, drúcken *vt*; **2.** *(поместить)* hinéinpressen *vt*, vóllstopfen *отд. vt*, hinéinzwängen *vt*

наткать (in Ménge) wében *vt*, fértigweben *vt*

наткнуть áufstecken *vt*, áufspießen *vt*; ~ на булáвку auf éine Nádel áufstecken; **~ся 1.** *(наскочить)* stóßen* *vi* (s) (на когó-л., на что-л. auf *A*, an *A*); sich áufspießen *(на гвоздь)*; **2.** *(неожиданно встретить)* plötzlich fínden*, únerwartet begégnen (на когó-л. *D*); zusámmentreffen* *vi* (s) (на когó-л. mit *D*)

натолкну||ть 1. stóßen* *vt*, ánprallen *vt* (на что-л. gégen *A*); **2.** *(навести на мысль)* auf etw. (*A*) bríngen*; veránlassen* *vt* (на что-л. zu *D*); éingeben* *vt* *(внушить что-л.)*; ты ~л меня́ на э́ту мысль du hast mich auf díesen Gedánken gebrácht; **~ться** *см.* наткну́ться

натоло́чь (in Ménge) (zer)stóßen* *vt*, stámpfen *vt*; ~ cáхару éine Ménge Zúcker zerkléinern

натопи́ть I *(комнату, печь)* (túchtig) (éin)héizen *vt*

натопи́ть II **1.** *(воск и т. п.)* schmélzen *vt*; **2.:** ~ молокá Milch im Ófen dämpfen

натопта́ть Fúßtapfen [Fúßspuren] hinterlássen*; ~ на полу́ den Fúßboden beschmútzen

наторговáть 1. erhándeln *vt*; durch Hándeln erwérben* [erlángen]; **2.** *(на какую-л. сумму)* Wáre úmsetzen [verkáufen]

натосковáться vor Séhnsucht vergéhen*

натoчи́ть *см.* точи́ть I 1

натощáк *нареч.* nüchtern; auf nüchternen [léeren] Mágen

натр *м хим.* Nátron *n* -s, Nátriumoxyd *n* -(e)s; éдкий ~ Ätznatron *n*, Nátriumhydroxyd *n*; фтóристый ~ Nátriumfluorid *n* -(e)s, Flúornatrium *n* -s

натрави́ть, натрáвливать 1. *(собак и т. п.)* hétzen *vt* (на когó-л. auf *A*, gégen *A*); **2.** *(подстрекать)* áufhetzen *vt*, áufstacheln *vt*, áufwiegeln *vt*; **3.** *(отравить)* (in Ménge) vergíften *vt*; **4.** *спец.* áufätzen *vt*, éinätzen *vt*; ätzende Säure áuftragen*

натрениpовáть *см.* тренировáть

нáтриев||ый *хим.* Nátrium-; Nátron-; ~ая амальгáма Nátriumamalgam *n* -s; ~ые квасцы́ Nátronalaun *m* -(e)s

нáтрий *м* Nátrium *n* -s *(хим. знак* Na)

нáтрое *нареч.* in drei Téile

натруби́ть 1. lánge die Trompéte blásen*; **2.** *разг.* *(распространить весть)* viel Lärm máchen (wégen *G*); (áus)posáunen *vt*; ◇ ~ в у́ши *(кому-л.)* j-m die Óhren vóllblasen*

натруди́ть ermüden *vt*, überánstrengen *vt*

натýг||а *ж* Ánstrengung *f* (10); Überánstrengung *f* (10)

нáтуго *нареч. разг.* fest; straff, stramm

натýжиться *разг.* sich ánstrengen

натужи́ться *разг.* sich ábhärmen

натýжный 1. ánstrengend; **2.** *(неестественный)* gekünstelt, gezwúngen; ~ смех únnatürliches [erzwúngenes] Láchen

натýр||а *ж* **1.** Natúr *f* (10), Wésensart *f* (10), Charákter [ka-] *m* -s, -tére; он по ~е óчень скрóмный человéк er ist von Natúr sehr beschéiden; э́то стáло у негó вторóй ~ой das ist ihm zur zwéiten Natúr gewórden; **2.** *иск.* *(модель)* Modéll *n* (2); онá служи́ла ~ой для э́той стáтуи sie stand zu díeser Státue Modéll; рисовáть с ~ы nach der Natúr zéichnen; на ~е *кино* im Fréien; ◇ в ~е *шутл.* *(без одежды)* nackt, in Ádamskostüm; ~ой *(продуктами)* in Naturáli¦en; in natúra *(лат.)*

натурализáция *ж* Éinbürgerung *f*, Naturalisíerung *f*

натурали́зм *м* Naturalísmus *m* =

натурализовáть éinbürgern, naturalisíeren *vt*; **~ся** sich naturalisíeren lássen*; die Stáatsbürgerschaft éines frémden Lándes ánnehmen*

натурали́ст *м* **1.** *(естествоиспытатель)* Natúrforscher *m* (6); ю́ный ~ Mítglied éines natúrkundlichen Schülerzirkels; **2.** *(последователь натурализма)* Naturalíst *m* (8); **~и́ческий** naturalístisch

натурáльн||ый 1. *(природный)* natürlich, natúrgemäß, der Natúr entspréchend; в ~ую величину́ in Lébensgröße; ~ого цвéта natúrfarben; **2.** *(настоящий)* echt, natúrrein, Natúr-; roh *(не обработанный)*; ~ый шёлк réine Séide, Natúrseide *f* (11); ~ый кóфе Bóhnenkaffee *m* -s; ~ый воск Bíenenwachs *n* -es; ~ый каучу́к Natúrkautschuk *m* (1); **3.** *(о жесте, смехе)* natürlich, úngezwungen; **4.** *эк.* Naturál-; ~ое хозя́йство Naturálwirtschaft *f* (10); ~ая оплáта Bezáhlung in Naturáli¦en; ~ая рéнта Prodúktenrente *f* (11); **5.** *уст.* *(связанный с изучением природы)* natúrkundlich, Natúr-; ~ая истóрия Natúrgeschichte *f* (11); ◇ ~ый ряд чи́сел Réihe der natürlichen Záhlen

натýрн||ый *кино*: ~ые съёмки Áußenaufnahmen *pl*; ~ая площáдка Fílmgelände *n* (6)

натуроплáта *ж* Naturállohn *m* -(e)s, Bezáhlung in Naturáli¦en

натурфилосóфия *ж* Natúrphilosophie *f*

натýрщик *м*, **натýрщица** *ж* (lébendes) Modéll *n* (2)

нaты́кать 1. *(гвоздей и т. п.)* (in Ménge) éinschlagen* *vt*, hinéinstecken *vt*; **2.** *(наколоть)* (an víelen Stéllen) dúrchstechen* *vt*

натыкáть *см.* наткну́ть

натыкáться *см.* наткну́ться

натюрмóрт *м иск.* Stílleben *n* (7) *(при переносе* Still-leben)

натя́гивать *см.* натяну́ть

натяжéние *с* **1.** Spánnung *f*, Spánnen *n* -s, Zug *m* -(e)s; **2.** *мед.* Zusámmenwachsen der Háutenden bei Wúnden; Verhéilen *n* -s; перви́чное ~ primäre Héilung; **3.** *физ.*: повéрхностное ~ Óberflächenspannung *f* (10)

натя́жк||а *ж* **1.** Spánnen *n* -s; **2.** *перен.*: э́то ~а das ist übertríeben; das ist an den Háaren herbéigezogen; с ~ой mit Ach und Krach; mit knápper Not, mit Müh und Not

натяжнóй *спец.* spánnend, Spann-

натя́нут||ость *ж перен.* Gezwúngenheit *f*, Gespánntheit *f*; **~ый 1.** *тж. перен.* gespánnt; слáбо ~ый канáт ein schláffhängendes Seil; быть в ~ых отношéниях с кем-л. mit j-m auf gespánntem Fúße stéhen*; **2.** *(неестественный)* gezwúngen, únnatürlich; ~ая улы́бка gezwúngenes Lächeln

натяну́ть 1. (án)spánnen *vt*; (án-)zíehen* *vt*; stráffziehen* *отд. vt*; ~ пóводья die Zügel (straff) ánziehen*; **2.** *(растягивая, закрепить)* áufspannen *vt*, áufziehen* *vt*; **3.** *разг.* *(надеть что-л. тесное)* (mit Mühe) ánziehen* *vt*; **4.:** ~ одея́ло нá голову sich die Décke über den Kopf zíehen*; **5.:** ~ оцéнку éine höhere [kaum verdíente] Nóte gében*

наугáд *нареч.* aufs Gerátewohl, auf gut Glück, wáhllos

наугóльник *м* **1.** *(для черчения)* Wínkelmaß *n* (2), Wínkelmesser *m* (6); Ríchtscheit *n* (2); **2.** *(накладка)* Wínkelband *n* (5), Éckenbeschlag *m* (1*), Stóßwinkel *m* (6)

наудáчу *нареч.* auf gut Glück, aufs Gerátewohl; взять ~ wáhllos heráusgreifen*

наýк||а *ж* **1.** Wíssenschaft *f* (10); дéятель ~и Wíssenschaftler *m* (6); óбласть ~и Wíssenschaftsgebiet *n* (2); гуманитáрные ~и Geséllschaftswissenschaften *pl*; естéственные ~и Natúrwissenschaften *pl*; тóчная ~а exákte Wíssenschaft; занимáться какóй-л. ~ой éine Wíssenschaft tréiben*; посвяти́ть себя́ ~е sich der Wíssenschaft wéihen; спосóбствовать разви́тию наýк die Wíssenschaften fördern [pflégen]; **2.** *разг.* *(урок, поучение)* Léhre *f* (11); э́то тебé ~а! das soll dir éine Léhre sein!, laß dir das éine Léhre sein!

науковéдение *с* Wíssenschaftswissenschaft *f*

наýськать, наýськивать *разг. см.* натрави́ть 1, 2

наутёк *нареч. разг.*: пусти́ться ~ die Béine únter die Árme néhmen*, áusreißen* *vi* (s), Férsengeld gében*, Réißaus néhmen*

наýтро *нареч.* am (nächsten) Mórgen

наутю́жить *разг.* gut bügeln

научи́ть léhren *vt*; j-m etw. béibringen*; **~ся** (er)lérnen *vt*

наýчно-исслéдовательский Fórschungs-; ~ инститýт wíssenschaftliches Fórschungsinstitut

наýчно-медици́нский medizínisch-wíssenschaftlich

наýчно-педагоги́ческ||ий: ~ие кáдры pädagógische Fáchkader

наýчно-популя́рный populärwissenschaftlich

наýчность *ж* Wíssenschaftlichkeit *f*

наýчно-техни́ческий wíssenschaftlich-téchnisch

наýчно-фантасти́ческ||ий: ~ая литератýра wíssenschaftlich-utópische Literatúr

наýчн||ый wíssenschaftlich; ~ый социали́зм der wíssenschaftliche Soziaĺísmus; ~ый рабóтник Wíssenschaftler *m* (6), Gelе́hrte *m* (14); ~ая органи́зáция труда́ die wíssenschaftliche Árbeitsorganisatión *f*; ~о доказáть éinen wíssenschaftlichen Náchweis erbríngen*; ~о обоснóванный wíssenschaftlich fundíert; с ~ой тóчки зрéния vom wíssenschaftlichen Stándpunkt aus; занимáться ~ым трудóм sich wíssenschaftlich betätigen

наýшник *м разг. презр.* Verléumder *m* (6)

наýшник||и *мн.* **1.** Óhrenklappen *pl*; Óhrenschützer *pl*; шáпка с ~ами éine Mütze mit Óhrenklappen; **2.** *свз.* Kópfhörer *pl*; *мед.* Óhrhörer *pl*

наýшничать *разг. презр.* *(кому-л. на когó-л.)* j-n bei j-m verléumden; üble Náchrede führen (über *A*)

наущ||áть *уст.* zu étwas Bösem ánstiften, áufhetzen *vt*; **~éние** *с уст.* Ánstiftung *f* (10), Áufhetzung *f* (10);

по ~е́нию (кого-л.) auf (das) Betréiben, auf Éinflüsterung (G)

нафа́брить *см.* фа́брить

нафтали́н *м* Naphthalín *n* -s, Móttenpulver *n* -s; пересыпа́ть (вещи) ~ом éinmotten *vt*

нафте́н *м хим.* Naphthén *n* (2)

нафто́л *м хим.* Naphthól *n* (2)

наха́л *м* Únverschämte *m* (14), Fréchling *m* (1); Fréchdachs *m* (1); Rüpel *m* (6), Flégel *m* (6) (хулиган); **~ка** *ж* Únverschämte *f* (14)

наха́льн||ичать *разг.* frech [únverschämt] sein; sich frech benéhmen*, sich rüpelhaft [flégelhaft] betrágen* (хулиганить); **~ый** frech, únverschämt; rüpelhaft, flégelhaft (хулиганский)

наха́льство *с* Fréchheit *f*, Únverschämtheit *f*; Dréistigkeit *f*, Impertinénz *f*; Rüpeléi *f*, Flegeléi *f* (хулиганство); име́ть ~ *разг.* die Únverschämtheit háben [besítzen*]

нахами́ть geméin hándeln (кому́-л. an *D*), áusfällig wérden (кому́-л. gégen *A*)

нахвали́ться **1.** sich selbst sehr lóben; prählen *vi*; **2.** (с отрицанием) genúg lóben; он не мог ~ er kónnte (gar) nicht genúg lóben (кем-л., чем-л. j-n, etw.); он не нахва́лится er ist voll des Lóbes (über *A*)

нахвата́ть(ся) **1.** *разг.* zusámmenraffen *vt*; **2.** *перен.* (поверхностно усвоить) áufschnappen *vt*; sich óberflächlich áneignen; ~ зна́ний sich (*D*) Kénntnisse óberflächlich áneignen

нахи́мовец *м* Zögling *m* (1) der Nachímow-Kríegsmarineschule

нахле́бник *м* **1.** *уст.* Kóstgänger *m* (6); Bekö́stigte *m* (14); **2.** *пренебр.* (приживальщик) Gnádenbrotempfänger *m* (6)

нахлеста́ться *разг.* **1.** sich zur Genüge schlágen* [péitschen]; ~ ве́ником в ба́не sich tüchtig mit dem Bádebesen in der Sáuna beárbeiten; **2.** (напиться пьяным) besóffen sein

нахлобу́чивать, нахлобу́чить *разг.* áufstülpen *vt*; ~ шля́пу den Hut tíef(er) ins Gesícht drücken

нахлобу́чк||а *ж разг.* Ánschnauzer *m* (6), Rüffel *m* (6); зада́ть ~у den Kopf wáschen*; ánschnauzen *vt*; получи́ть ~у éinen Rüffel bekómmen*

нахлы́ну||ть herbéiströmen *vi* (s); zusámmenströmen *vi* (s) (*тж. перен.*); воспомина́ния ~ли на него́ Erínnerungen überfíelen ihn

нахму́рить(ся) *см.* хму́рить(ся)

находи́ть I **1.** *см.* найти́ I; **2.** (полагать) fínden* *vt*, der Ánsicht sein; hálten* *vt* (für *A*) (считать); я нахожу́ э́то возмо́жным ich hálte das für möglich

находи́ть II *см.* найти́ II

находи́ться I (пребывать) sein* *vi* (s), sich befínden*; sich áufhalten* (о человеке)

находи́ться II (много ходить) sich müde láufen*; vom víelen Géhen müde wérden

нахо́д||ка *ж* Fund *m* (1); gefúndener Gégenstand, Fúndsache *f* (11); бюро́ ~ок Fúndbüro *n* -s, -s, Fúndstelle *f* (11); для меня́ э́то настоя́щая ~ка das ist für mich ein glücklicher Fund [ein gefúndenes Fréssen (*разг.*)]

нахо́дчив||ость *ж* Findigkeit *f*, Schlágfertigkeit *f*; **~ый** fíndig, schlágfertig; быть ~ым sich (*D*) zu hélfen wíssen*

нахожде́н||ие *с* **1.** (действие) Áuffinden *n* -s; **2.** (пребывание) Verbléib *m* -(e)s; ме́сто ~ия (руды) Fúndstätte *f* (11)

нахо́хлиться **1.** (о птицах) sich áufplustern; die Fédern áufsträuben; **2.** *перен.* düster dréinschauen

нахохота́ться sich satt láchen, sich müde láchen

нахра́пистый dreist, frech, rücksichtslos

нахра́пом *нареч. разг.* dreist; mit únverschämter Dréistigkeit; rücksichtslos; gewáltsam, mit gróber Gewált

нацара́пать (hín)krítzeln *vt*

нацеди́ть (in éiner bestímmten Ménge) dúrchseihen; durch éinen Fílter gíeßen*; trópfenweise éingießen*

наце́ливать(ся) *см.* наце́лить(ся)

наце́лить **1.** zíelen *vi*; *воен.* ánsetzen *vt*; **2.** *перен.* auf ein Ziel ríchten; **~ся** **1.** zíelen *vi* (в кого́-л., во что-либо nach *D*); **2.** *перен.* sich (*D*) ein Ziel stécken; lóssteuern *vi* (на что-л. auf *A*)

на́цело *нареч. разг.* réstlos, óhne Rest; число́ де́лится ~ die Zahl läßt sich óhne Rest téilen

нацени́ть *ком.* áufschlagen* *vt*; éinen Préisaufschlag máchen

наце́нка *ж ком.* Áufschlag *m* (1*); Áufzahlung *f* (10); Zúschlag *m*

нацепи́ть, нацепля́ть áufhängen *vt*, ánhängen *vt*; áufhaken *vt* (на крючок, гвоздь); ~ бант *разг.* éine Schléife ánstecken

нацИ́зм *м* Nazísmus *m* =

национализа́ция *ж* Nationalisíerung *f* (10); Verstáatlichung *f* (10), Überführung in Stáatseigentum [Vólkseigentum]

национализи́ровать nationalisíeren *vt*; verstáatlichen *vt*, vólkseigen [zum Vólkseigentum] máchen

национали́зм *м* Nationalísmus *m* =

национал||и́ст *м* Nationalíst *m* (8); **~исти́ческий** nationalístisch

национа́льно-освободи́тельн||ый: ~ое движе́ние nationále Befréiungsbewegung

национа́льно-патриоти́ческий nationálpatriotisch

национа́льн||ость *ж* **1.** (принадлежность к нации) Nationalität *f* (10); **2.** (нация) Nationalität *f* (10), Natión *f* (10); **~ый** nationál, Nationál-; ~ое меньшинство́ (*разг.* нацменьшинство́) die nationále Mínderheit; ~ый костю́м Nationáltracht *f* (10); ~ый вопро́с Nationalitätenfrage *f*

наци́ст *м* Názi *m* -s, -s; **~ский** Názi-, nazístisch

на́ция *ж* Natión *f* (10)

начади́ть vóllräuchern *vt*, vóllqualmen *vt*

нача́л||о *с* **1.** Ánfang *m* -(e)s, Beginn *m* -(e)s; Start *m* -(e)s; Ánlauf *m* -(e)s, Ánlaufen *n* -s (производства); Áuftakt *m* -(e)s (кампании, переговоров); Áusbruch *m* -(e)s (внезапное); в ~е ма́я Ánfang Mai; в ~е го́да (zu) Ánfang des Jahres; с са́мого ~а von Ánfang an, von vórnherein; с ~а до конца́ von A bis Z; ~о но́вого пери́ода der Begínn éiner néuen Periode; ~о уче́бного го́да (первый день) Schúlanfang *m*; **2.** (основная причина) Úrsache *f* (11); Quélle *f* (11); **3.** *б. ч. мн.* ~а (основные принципы, методы) Grúndlage *f* (11), Grúndsatz *m* (1*); на социалисти́ческих ~ах auf sozialístischer Grúndlage [Básis]; на обще́ственных ~ах geséllschaftlich; éhrenamtlich; ◇ положи́ть ~о чему́-л. den Grúndstein légen (zu *D*); éinleiten *vt*; брать ~о séinen Ánfang néhmen*; entspríngen* *vi* (s) (о реке); быть под ~ом у кого́-л. *разг.* j-m unterstéllt [úntergeordnet] sein; до́брое ~о — полови́на де́ла ≅ frisch gewágt ist halb gewónnen

нача́льник *м* **1.** Vórgesetzte *m* (14), Chef [*фр.* ʃɛf] *m* -s, -s; Léiter *m* (6), Führer *m* (6) (руководитель); ~ отде́ла ка́дров Personálleiter *m*; Káderleiter *m*; ~ пла́нового отде́ла Plánungsleiter *m*; ~ ста́нции *ж.-д.* Statiónsvorsteher *m*; ~ по́езда Zúgführer *m*; ~ отде́ла Abtéilungsleiter *m*; ~ произво́дства Produktiónsleiter *m*; ~ сме́ны Schíchtleiter *m*; ~ це́ха Abtéilungsleiter *m*; ~ генера́льного шта́ба Generálstabs¦chef *m*; **2.** *воен.* Beféhlshaber *m* (6); ~ шта́ба Stábs¦chef [*фр.* -ʃɛf] *m* -s, -s, Chef des Stábes

нача́льнический beféhlshaberisch, hérrisch

нача́льн||ый **1.** (первоначальный, низший) Ánfangs-; Elementár-; ~ая шко́ла Grúndschule *f* (11); ~ое обуче́ние Elementárunterricht *m* -(e)s; ~ая ста́дия (обучения) Ánfängerstufe *f* (11); **2.** (находящийся в начале) Ánfangs-; ~ая бу́ква алфави́та der Ánfangsbuchstabe des Alphabéts; ~ая ско́рость Initiálgeschwindigkeit *f* (10)

нача́льственный beféhlshaberisch, gebíeterisch

нача́льств||о *с* **1.** *собир.* (начальники) die Vórgesetzten; Óbrigkeit *f* (10); **2.** *разг.* (начальник) Vórgesetzte *m* (14); Chef [*фр.* ʃɛf] *m* -s, -s; **3.** (власть) Léitung *f* (10); Beféhlsgewalt *f* (10); служи́ть под чьим-л. ~ом j-m unterstéllt [úntergeordnet] sein; ◇ доноси́ть по ~у etw. gehörigen Ort(e)s mélden; **~ова́ть** (над кем-л., чем-л.) beféhligen *vt*

нача́льствующий Kommándo-, léitend; ~ соста́в Kommandeure [-'døːrə] *pl*, die Vórgesetzten

нача́тки *мн.* Ánfangsgründe *pl*; elementáre Kénntnisse

нача́ть **1.** ánfangen* *vt*, begínnen* *vt*; ánheben* *vt*; éinleiten *vt*; stárten *vt*; an den Start géhen*; ~ рабо́тать ánfangen* zu árbeiten, mit der Árbeit ánfangen*, éine Árbeit begínnen*; ~ проце́сс про́тив кого́-л. gégen j-n éinen Prozéß ánstrengen [eröffnen]; ~ всё снача́ла álles von vorn ánfangen*; ~ издалека́ weit áusholen; ~ с того́, что... *разг.* zunächst éinmal...; **2.** (пачку папирос и т. п.) ánbrechen* *vt*; ánreißen* *vt*; **~ся** ánfangen* *vi*, begínnen* *vi*; ánheben* *vi*; éinsetzen *vi*; séinen Ánfang néhmen*, ángehen* *vi* (s); éintreten* *vi* (s), ánlaufen* *vi* (s), ánbrechen* *vi* (s) (наступить); ánfallen* *vi* (s) (о болезни и т. п.); день начался́ der Tag brach an; выполне́ние зада́чи то́лько начало́сь die Lösung der Áufgabe steckt noch in den Ánfängen; начала́сь мете́ль der Schnéesturm sétzte ein

начека́нить *см.* чека́нить

начеку́ *нареч.*: быть ~ auf der Hut sein

на́черно *нареч.*: написа́ть ~ ins únreine schréiben*

начерт||а́ние *с* **1.** (действие) Áufzeichnen *n* -s; **2.** (форма изображения) Gestált *f* (10); Form *f* (10); Schríftbild *n* (5); ~ букв Búchstabenbild *n*, gráphische Form der Búchstaben; **~а́тельный:** ~а́тельная геоме́трия *мат.* dárstellende [deskriptíve (-və)] Geometríe; **~а́ть** *уст.* **1.** schréiben* *vt*; zéichnen *vt*; **2.** (предсказать) vorhérsagen *vt*; vórzeichnen *vi* (*определить*); ~áть путь den Weg vórzeichnen

начертáть (áuf)zéichnen *vt*

начёс *м* **1.** *текст.* Áufrauhung *f* (10), Ánrauhung *f*; с ~ом geráuht; **2.** (*начёсывание волос*) Toupíeren [tu-] *n* -s; **3.** (*расчёсанное место*) wúndgekratzte Stélle

начесáть 1. *текст.* áufrauhen *vt*, ánrauhen *vt*; **2.** (*волосы*) toupíeren [tu-] *vt*; **3.** (*кожу*) wúndkratzen *отд. vt*

начéсть *бухг.* ánrechnen *vt*

начёсывать *см.* начесáть

начёт *м бухг.* Ánrechnung *f* (10), zu ersétzende Áuslagen

начётнический scholástisch

начётничество *с* Búchstabengelehrsamkeit *f*, Búchstabengelehrtheit *f*

начётчик *м* Búchstabengelehrte *m* (14), Scholást *m* (8)

начинáн||ие *с* Vórhaben *n* (7), Unternéhmen *n* (7); велúкие ~ия нáшей эпóхи die gróßen Táten únserer Epóche

начинáть *см.* начáть; начинáя с seit (*D*), von (*D*); ab, von... an (*о времени*); ~ся **1.** *см.* начáться; **2.** *страд.* ángefangen [begónnen] wérden (*ср.* начáть)

начинáющий *прил.* **1.** ángehend; Ánfänger-; ~ педагóг ein ángehender Léhrer; **2.** *в знач. сущ. м* Ánfänger *m* (6)

начинúть I **1.** *кул.* füllen *vt*, (vóll-)stópfen *vt*; **2.** *разг.* (*знаниями и т. п.*) vóllstopfen *vt*, vóllpfropfen *vt* (чем-л. mit *D*); éintrichtern *vt* (когó-л. *D*) (*вдолбить*)

начинúть II *см.* чинúть I

начúнк||а *ж кул.* Füllung *f* (10), Füllsel *n* (6); с ~ой gefüllt; конфéты с ~ой gefüllte Bonbóns; Bonbóns mit...

начинять *см.* начинúть I

начúркать *разг.* in Ménge nútzlos verbráuchen [ánstreichen*] (*спички*)

начислéние *с* **1.** (*действие*) Ánrechnen *n* -s; **2.** (*начисляемое*) Ánrechnung *f* (10), Zúschlag *m* (1*), ángerechnete Súmme

начúслить, начислять *бухг.* zúschlagen* *vt*, dazúrechnen *vt*; ~ процéнты на капитáл die Zínsen zum Kapitál schlágen*

начúстить *см.* чúстить

начúсто *нареч. разг.* **1.** ganz rein, blank; переписáть ~ (*набело*) ins réine schréiben*; **2.** (*полностью*) rúndweg, gänzlich, ganz; **3.** (*откровенно*) óffen(herzig), fréimütig

начистотý *нареч. см.* начúсто 3

начитáнн||ость *ж* Belésenheit *f*; ~ый belésen

начитáться viel lésen*; sich satt lésen*

начúтывать *см.* начéсть

начихáть 1. ánniesen *vt*; **2.** *разг.* (*пренебречь*) sich nichts (aus j-m, aus etw. *D*) máchen; ~! ich pfeif drauf!

начищáть *см.* чúстить 1, 2

начсостáв *м* (начáльствующий состáв) *воен.* Kommandeure [-'dø:rə] *pl*, die Vórgesetzten

наш *мест.* **1.** únser (*f* únsere, *n* únser, *pl* únsere); der (die, das) únsere, der (die, das) úns(e)rige (*без сущ.*); э́то твоя́ кнúга, а э́то нáша das ist dein Buch, und das ist das úns(e)rige; э́то нáше das ist únser; **2.** *в знач. сущ. с* ~е (*собственность*) das Únsere (*sub*), das Úns(e)rige (*sub*); únser Éigentum; нáшего не отдадúм das Únsere lássen wir uns nicht néhmen; **3.** *в знач. сущ. мн.* ~и (*родные*) die Úns(e)rigen, die Únseren; únsere Ángehörigen; únsere Léute; нáши живýт на дáче die Úns(e)rigen [Únseren] wóhnen auf dem Land; ◇ э́то нáше дéло das ist únsere Sáche; э́то не нáше дéло das geht uns nichts an; по-нáшему únserer Ánsicht nach; нáше вам! *шутл.* Sérvus [-vʊs]!; с нáшей стороны́ únsererseits; лýчше нáшего bésser als wir; наш брат únsereiner, únsereins; нáша взялá! *разг.* wir háben gesíegt!, wir háben gewónnen!; и нáшим и вáшим *разг.* auf béiden Áchseln trágen*

нашалúть *см.* шалúть 1

нашармакá *нареч. груб.* óhne zu bezáhlen; auf frémde Réchnung

нашаты́рный: ~ спирт Sálmiakgeist *m* -es

нашаты́рь *м хим.* Sálmiak *m* -s, Chlorammónium [klor-] *n* -s, Ammóniumchlorid [-klo-] *n* -(e)s

нашептáть 1. ins Ohr flüstern, zúraunen *vt*; zíscheln *vt*; túscheln *vi* (*шушукаться*); **2.** *перен.* (*насплетничать*) zúflüstern *vt*, éinflüstern *vt*; héimlich zútragen*; suggeríeren *vt*

нашёптыв||ание *с* **1.** Flüstern *n* -s; Zíscheln *n* -s; **2.** (*сплетни, наговор*) Éinflüsterung *f*; Óhrenbläserei *f* (10), Zúträgerei *f* (10); ~ать *см.* нашептáть

нашéствие *с* Éinfall *m* (1*); Invasión [-va-] *f* (10) (*тж. перен.*); татáрское ~ Tatáreneinfall *m*; ~ саранчú Héuschreckenplage *f* (11); Héuschreckeninvasion *f*

нашивáть *см.* нашúть

нашúвка *ж воен.* Lítze *f* (11), Trésse *f* (11)

нашúть 1. áufnähen *vt*; áufsetzen *vt*; **2.** (*наготовить шитьём*) éine Ménge (zurécht)nähen

нашлёпать *см.* шлёпать 2

нашпигóванный gespíckt

нашпúлить áufstecken *vt* (auf *A*); ánstecken *vt*

нашумéть 1. *см.* шумéть; **2.** (*вызвать много толков*) Áufsehen errégen; viel Staub áufwirbeln; éine Sensatión hervórrufen*

нащипáть *см.* щипáть

нащýп||ать 1. betásten *vt*; befühlen *vt*, durch Befühlen [Betásten] fínden*; ~ать пульс den Puls fühlen; **2.** (*обнаружить*) (heráus)fínden* *vt*; éine Spur [Fährte] fínden*, auf die Spur kómmen* (*напасть на след*); ~ать расположéние протúвника die féindliche Stéllung erkénnen*; ~ать пóчву для переговóров den Bóden für Verhándlungen sondíeren [ábtasten]; ~ывать *см.* нащýпать

наэконóмить durch Wírtschaftlichkeit viel éinsparen, (in Ménge) erwírtschaften *vt*

наэлектризовáть *тж. перен.* elektrisíeren *vt*

наябéдничать *см.* я́бедничать

наявý *нареч.* wáchend, in wáchem Zústand; in Wírklichkeit (*в действительности*); грéзить ~ mit óffenen Áugen träumen; сон ~ Wáchtraum *m* (1*); éine märchenhafte Sáche

ная́да *ж* **1.** *миф.* Najáde *f* (11); **2.** *бот.* Níxkraut *n* (5)

не *частица* **1.** nicht; kein (*перед сущ.*); я не поéду домóй ich fáhre nicht nach Háuse; я бóльше не стáну э́тим занимáться ich wérde mich nicht mehr damít befássen; вóвсе не durcháus nicht; gar nicht, kéineswégs; я вóвсе егó не искáл ich hábe ihn gar nicht gesúcht; не сегóдня nicht héute; не он, а ты nicht er, sóndern du; не без nicht óhne; не тóлько..., но и... nicht nur..., sóndern auch...; егó не узнáть er ist nicht zu erkénnen; не бедá nicht so schlimm; macht [tut] nichts; kein Únglück; э́то не немéцкая, а рýсская кнúга das ist kein déutsches, sóndern ein rússisches Buch; я не вúжу никакóй пóльзы в э́том ich séhe daŕin (gar) kéinen Nútzen; **2.** *в сочетании с деепричастием передаётся инфинитивом с* óhne zu; не говоря́ ни слóва óhne ein Wort zu ságen; **3.** *в сказуемом с инфинитивом и дат. падежом* не быть войнé es darf kéinen Krieg gében; тебé не поня́ть э́того du kannst das nicht verstéhen; **4.** *между повторяющимися глаголами или существительными* горúт — не горúт es brennt schlecht [kaum]; es will nicht ríchtig brénnen; **5.** *двойное отрицание — утвердительное значение* я не мог не засмея́ться ich kónnte nicht umhín zu láchen, ich múßte láchen; нельзя́ не согласúться man muß éinwilligen [zúgeben*]; ◇ не говоря́ ужé о том, что... geschwéige denn, daß...; нé за что (*в ответ на благодарность*) kéinen Dank wert; kéine Úrsache!

неавтоматúческий hándbedient

неадеквáтный níchtadäquat

неаккурáтн||ость *ж* **1.** (*неточность*) Únpünktlichkeit *f*; **2.** (*небрежность*) Náchlässigkeit *f*; **3.** (*неряшливость*) Líederlichkeit *f*, Schlámpigkeit *f*; ~ый **1.** (*неточный*) únpünktlich; **2.** (*небрежный*) náchlässig; únordentlich (*беспорядочный*); **3.** (*неряшливый*) líederlich, schlámpig

неактúвный ínaktiv

неактуáльный nicht aktuéll

неандертáлец *м антр.* Néandertaler *m* (6)

неаполитáнский neapolitánisch

неаппетúтный únappetitlich

небезврéдный nicht únschädlich

небезопáсно *предик.* nicht úngefährlich

небезорýжный nicht óhne Wáffen, bewáffnet

небезразлúчный nicht gléichgültig, nicht óhne Téilnahme; interessánt

небезупрéчный nicht éinwandfrei, nicht tádellos, nicht mákellos

небезуспéшно *предик.* nicht óhne Erfólg

небезызвéстн||о *предик. безл.*: ~о, что... es ist bekánnt, daß...; es dürfte nicht únbekannt sein, daß...; ~ый (*б. ч. ирон.*) állgeméin bekánnt, nicht únbekannt; sáttsam bekánnt; berüchtigt (*пресловутый*)

небезынтерéсно *предик.* es ist von Interésse [nicht úninteressant]

небелёный úngebleicht

небесá *мн. см.* нéбо

небéсно-голубóй hímmelblau

небéсн||ый hímmlisch; Hímmels-; ~ый свод Firmamént *n* -(e)s, Hímmelsgewölbe *n* -s, Hímmelszelt *n* -(e)s (*поэт.*); ◇ ~ый цвет Hímmelblau *n* -s; цар́ица ~ая Mútter Góttes; цáрство ~ое Hímmelreich *n* -(e)s; жить как птúца ~ая sórglos in den Tag hinéinleben

небесполéзный nicht (geráde) únnütz(lich); von gewíssem Nútzen

неблаговúдный 1. *уст.* gárstig, häßlich; **2.** (*предосудительный*) ánstößig; verúrteilungswürdig, verwérflich; ~ постýпок éine verwérfliche Tat

неблагодáрн||ость *ж* Úndankbarkeit *f*; Úndank *m* -(e)s; ~ый úndankbar

неблагожелáтельный nicht wóhlwollend, míßgünstig

неблагозвýч||ие *с* Míßklang *m* -(e)s; Kakophoníe *f*; ~ный míßklingend; míßtönig

неблагонадёжный *уст.* **1.** (*ненадёжный*) únzuverlässig; kein Vertráuen éinflößend; únsicher; **2.** (*политически*) verdächtig

неблагополу́чн||о *предик. безл.*: у них ~о bei íhnen ist nicht álles in Órdnung; ~о с... es steht úngünstig mit... (*D*); **~ый** úngünstig, únglücklich; mißglückt; ~ые усло́вия úngünstige Bedíngungen

неблагоприя́тный úngünstig; ~ о́тзыв ábfälliges Úrteil; négatives Gútachten (*книжн.*)

неблагоразу́м||ие *с* Únvernunft *f*; **~ный** únvernünftig; únklug (*неумный*)

неблагоро́дн||ый únedel; únfein; unfair [*англ.* 'ʊnfɛ:r]; ◇ ~ые мета́ллы die únedlen Metálle

неблагосклóнн||ый nicht wóhlwollend, übelwollend

неблагоустро́енн||ый únkomfortabel, óhne jéden Komfórt, schlecht éingerichtet; ~ые доро́ги schléchte Stráßen

нёбн||ый 1. *анат.* Gáumen-; ~ая занаве́ска Gáumenvorhang *m* -(e)s, Gáumensegel *n* -s; **2.** *лингв.*: ~ый звук Gáumenlaut *m* (1), Palatál *m* (1)

нéб||о *с* Hímmel *m* -s; Firmamént *n* -(e)s (*небесный свод*); на ~е, по ~у am Hímmel; ◇ быть на седьмо́м ~е *разг.* im síebenten Hímmel sein; ме́жду ~ом и землёй *разг.* zwíschen Hímmel und Érde; превозноси́ть кого́-л. до ~éс j-n in den Hímmel hében*; под откры́тым ~ом únter fréiem Hímmel; теáтр под откры́тым ~ом Fréilichtbühne *f* (11); музéй под откры́тым ~ом Fréilichtmuseum *n* -s, -se¦en, Fréiluftmuseum *n*; как с ~а свали́лся wie vom Hímmel [aus den Wólken] gefállen; упа́сть с ~а на зéмлю aus állen Wólken fállen*; как ~о от земли́ *разг.* hímmelwéit verschíeden [entférnt], wie Tag und Nacht; копти́ть ~о die Zeit tótschlagen*; емý ~о с овчи́нку показáлось es würde ihm schwarz vor den Áugen; er hörte die Éngel síngen*; попáсть пáльцем в ~о danébenhauen(*) *vi*; danébengreifen* *vi*

нёбо *с анат.* Gáumen *m* (7); твёрдое ~ der hárte Gáumen; мя́гкое ~ der wéiche Gáumen

небогáтый 1. únbemittelt; beschéiden (*скромный*); ~ чем-л. nicht reich an etw. (*D*); **2.** (*скудный*) dürftig; ärmlich; beschränkt (*ограниченный*); ~ запáс свéдений [знáний] ein dürftiger Wíssenschatz; ~ вы́бор éine beschränkte Áuswahl

небоеспосóбный kámpfunfähig

неболь||шóй nicht groß; klein; gering; у меня́ к вам ~áя прóсьба ich hábe éine kléine Bítte an Sie; ◇ с ~и́м étwas über (*A*); кило́ с ~и́м étwas über ein Kílo; емý сóрок с ~и́м er ist Ánfang víerzig, er ist ein ángehender Víerziger

небосво́д *м см.* небéсный свод

небосклóн *м* Horizónt *m* -(e)s

небоскрёб *м* Wólkenkratzer *m* (6)

небóсь *вводн. сл. разг.* **1.** (*пожалуй*) wohl; **2.** (*ведь, конечно*) (doch) sícher; **3.** (*не правда ли?*) nicht?, nicht wahr ?

небрéжн||ость *ж* **1.** Náchlässigkeit *f*; Fáhrlässigkeit *f*; Schlamperéi *f* (*неряшливость*); по ~ости áus Náchlässigkeit; **2.** (*пренебрежение*) Géringschätzung *f*, Veráchtung *f*; **~ый 1.** náchlässig; fáhrlässig; salópp; schlámpig (*неряшливый*); ~ая рабóта Schlúderarbeit *f* (10); **2.** (*пренебрежительный*) géringschätzig; ~ый киво́к головóй lássige Kópfbewegung

небри́тый únrasiert

небывáлый (noch) nie dágewesen, nie geséhen; béispiellos; únerhört (*неслыханный*); ~ слу́чай úngewöhnlicher Fall

небыли́ц||а *ж* erfúndene Geschíchte, Märchen *n* (7); расскáзывать комý-л. ~ы j-m éinen Bären áufbinden*; ◇ ~ы в ли́цах *разг.* ungláubliche Geschíchten

небытиé *с* Níchtsein *n* -s, Nichts *n* =

небью́щийся únzerbrechlich; brúchfest

невáжн||о 1. *предик.*: э́то ~о das hat kéine Bedéutung; das spielt kéine Rólle; das hat nichts zu ságen; **2.** *нареч.* nicht besónders (gut), nicht glänzend; mies (*разг.*); **~ый 1.** (*несущественный*) únbedeutend, geríngfügig, nicht von Beláng, bedéutungslos, belánglos; **2.** (*посредственный*) nicht hervórragend, nicht glänzend, nicht besónders gut, míttelmäßig; э́то ~ый товáр das ist kéine Qualitätsware

невдалекé, невдали́ *нареч.* únweit; in der Nähe (от чегó-л. *G*); nicht weit (von *D*)

невдомёк *предик. безл. разг.*: мне ~ das kann ich nicht begréifen; мне бы́ло ~ es fiel mir nicht ein; es kam mir nicht in den Sinn

невéден||ие *с* Únkenntnis *f*, Únwissenheit *f*; Áhnungslosigkeit *f*; по ~ию aus Únwissenheit; быть в ~ии kéine Áhnung háben (*о чём-л.* von *D*)

невéдомо *нареч.* man weiß nicht; weiß Gott, weiß der Téufel [Kúckuck] (*разг.*); ~ где, когдá, кудá, как *и т. п.* man weiß nicht wo, wann, wohín, wie *usw.*

невéдом||ый 1. únbekannt; **2.** (*таинственный*) geheímnisvoll, únerklärlich; ~ая си́ла éine geheíme Kraft

невéжа *м, ж* Flégel *m* (6), Gróbian *m* (1); únhöflicher Mensch

невéжда *м* Únwissende *m* (14), Ignoránt *m* (8); он кру́глый ~ er kann nicht bis drei zählen

невéжественный únwissend; úngebildet (*необразованный*)

невéжество *с* **1.** Únwissenheit *f*, Ignoránz *f*; Kénntnislosigkeit *f*; **2.** *разг.* (*невоспитанность*) Únerzogenheit *f*; Únhöflichkeit *f* (*невежливость*)

невéжлив||ость *ж* Únhöflichkeit *f*; **~ый** únhöflich; grob (*грубый*)

невезéн||ие *с разг.* (dáuerndes) Míßgeschick *n* -(e)s; Pech *n* -(e)s; полосá ~ия Péchsträhne *f* (11)

невезу́чий vom Pech verfólgt; ~ человéк Péchvogel *m* (6*)

невели́к||ий nicht groß; zíemlich [recht] klein; он невели́к рóстом er ist recht klein von Wuchs; ◇ ~á бедá! *разг.* das ist kein Béinbruch [kein größes Malheur [-'lœr]!, tut nichts!

невели́чка von kléinem Wuchs; пти́чка-~ kléines Vögelchen (*в сказке*)

невéрие *с* Únglaube *m* (15)

невéрно *предик.* falsch; э́то (совершéнно) ~ das ist (ganz) falsch, das stimmt (ganz und gar) nicht

невéрн||ость *ж* **1.** (*неправильность*) Únrichtigkeit *f*; **2.** (*ненадёжность*) Únzuverlässigkeit *f*; **3.** (*вероломство*) Úntreue *f*; супру́жеская ~ость Éhebruch *m* -s, Tréulosigkeit in der Éhe; **~ый 1.** (*ложный*) únrichtig; falsch; **2.** (*неуверенный, нетвёрдый*) únsicher; úngenau (*неточный*); ~ый глаз schléchtes Áugenmaß; ~ая рукá únsichere Hand; ~ый свет matt fláckerndes Licht; **3.** (*ненадёжный*) únzuverlässig; **4.** (*вероломный*) úntreu, tréulos; ◇ Фомá ~ый der úngläubige Thómas

невероя́тн||ость *ж* Únwahrscheinlichkeit *f*; Ungláublichkeit *f*; **~ый** únwahrscheinlich, nicht gláubhaft, ungláublich; ~о, но (э́то) факт ungláublich, áber [und doch] wahr

невéрующий *прил.* **1.** úngläubig; **2.** *в знач. сущ.* Úngläubige *m* (14), Atheíst *m* (8)

невесёлый únlustig, únfroh; trübselig; míßmutig, tráurig, betrübt (*опечаленный*); егó гóлос звучáл невéсело séine Stímme klang betrübt

невесóм||ость *ж* **1.** *физ.* Schwérelosigkeit *f*; **2.** *перен.* Unwägbarkeit *f*; Imponderabilität *f*; **3.** (*незначительность*) Bedéutungslosigkeit *f*; **~ый 1.** *физ.* schwérelos, mässelos, unwägbar; imponderábel; **2.** (*незначительный*) únbedeutend

невéст||а *ж* **1.** Braut *f* (3); искáть ~у auf Fréiersfüßen géhen*; **2.** *разг.* (*девушка брачного возраста*) héiratsfähiges Mädchen

невéстка *ж* Schwíegertochter *f*, *pl* -töchter (*жена сына*); Schwägerin *f* (12) (*жена брата*)

невéсть *разг.*: ~ что, где, кудá, какóй, кто, скóлько *и т. п.* wer weiß [weiß der Téufel, weiß der Kúckuck] was, wo, wohín, welch, wer, wievíel *usw.*; наговори́л ~ чегó er hat weiß der Téufel was zusámmengeschwatzt

невещéственный únkörperlich; nicht stófflich, ímmateri¦ell (*нематериальный*)

невзгóд||а *ж* Míßgeschick *n* (2), Únglück *n* (2), Únbilden *pl*; жи́зненные ~ы die Mühsal [die Únbilden] des Lébens

невзирáя: ~ на что-л. úngeachtet (*G*); trotz (*G* и *D*), óhne Rücksicht auf (*A*) (*вопреки, наперекор*); ~ ни на что trotz alledém; ~ на ли́ца óhne Ánsehen der Persón

невзлюби́ть (*кого-л.*) Ábneigung gégen j-n empfínden*, j-n nicht mögen*, j-n nicht léiden können*; j-m nicht grün sein (*разг.*)

невзначáй *нареч. разг.* zúfällig, únversehens; únvermutet, únerwarteterweise (*неожиданно*)

невзнóс *м* (*платы, налога*) Níchtbezahlung *f* (fälliger Gélder); Záhlungsverzug *m* (1*)

невзрáчн||ость *ж* Únansehnlichkeit *f*; **~ый** únansehnlich

невзыскáтельн||ость *ж* Ánspruchslosigkeit *f*; Beschéidenheit *f* (*скромность*); Schlíchtheit *f* (*простота*); **~ый** ánspruchslos; beschéiden (*скромный*); schlicht (*простой*)

нéвидаль *разг.* Wúnderding *n* (5); что за ~!, э́ка ~! was ist darán schon wúnderbar! und das soll éinen stáunen máchen!

неви́данный (noch) nie geséhen; éinmalig; úngeahnt; ohnegléichen (*бесподобный*); nie dágewesen (*небывалый*); wúnderbar (*чудесный*); erstáunlich (*удивительный*); ~ в истóрии in der Geschíchte éinzig dástehend

невиди́мка *м, ж* **1.** *фольк.* únsichtbares Wésen; **2.** (*заколка*) féine Háarnadel; ◇ шáпка-~ Tárnkappe *f* (11)

невиди́мый únsichtbar; unmérkbar, unmérklich, nicht wáhrnehmbar (*незаметный*)

неви́дный 1. *см.* невиди́мый; **2.** *разг.* únansehnlich (*о человеке*); únbedeutend (*о должности и т. п.*)

неви́дящ||ий 1. (*слепой*) blind; **2.:** смотрéть ~ими глазáми [~им взглядом] mit ábwesendem Blick scháuen, vor sich hin stárren

неви́нн||ость *ж* **1.** (*невиновность*) Únschuld *f*, Schúldlosigkeit *f*; с ви́дом оскорблённой ~ости die gekränkte Únschuld spíelend; **2.** (*девственность*) Únschuld *f*, Júngfräulichkeit *f*; Únberührtheit *f*; Kéuschheit *f*; **3.** (*наивность*) Únschuld *f*, Naïivität [-vi-] *f*; Éinfalt *f* (*простодушие*); свята́я ~ость héilige Éinfalt; **~ый 1.** (*невиновный*) únschuldig, schúldlos; **2.** (*девственный*) únschuldig, júngfräulich; únberührt; keusch; **3.** (*наивный*) únschuldig, naív; éinfältig (*простодушный*); ~ая шу́тка hármloser Scherz [Spaß]

невино́в||ность *ж* Schúldlosigkeit *f*, Únschuld *f*; **~ный** schúldlos, únschuldig; он в э́том ~ен er ist nicht schuld darán

невку́сн||ый: суп ~ый die Súppe schmeckt nicht; э́то о́чень ~о das schmeckt sehr schlecht

невла́стн||ый máchtlos; быть ~ым над кем-л., над чем-л. kéine Macht über j-n, über etw. (*A*) háben

невменя́ем||ость *ж юр.* Únzurechnungsfähigkeit *f*; **~ый 1.** *юр.* únzurechnungsfähig; **2.** *разг.* (*не владеющий собой*) von Sínnen, nicht bei Sínnen

невмеша́тельств||о *с* Níchteinmischung *f*; поли́тика ~а Níchteinmischungspolitik *f*; ~о во вну́тренние дела́ Níchteinmischung in ínnere Ángelegenheiten

невмоготу́, невмо́чь *предик. безл. разг.* únerträglich; nicht zum Áushalten; мне бо́льше ~ ich kann es nicht mehr [länger] áushalten*; э́то стано́вится ~ das wird únerträglich; das geht éinem doch über die Hútschnur (*разг.*)

невнима́ние *с* **1.** (*рассеянность*) Únaufmerksamkeit *f*, Únachtsamkeit *f*; Áchtlosigkeit *f*; Zerstréutheit *f*; **2.** (*неуважение*) Únaufmerksamkeit *f*, Rücksichtslosigkeit *f*; Níchtachtung *f*; Geríngschätzung *f* (*пренебрежение*); **3.** (*незаботливость*) Gléichgültigkeit *f* (к кому́-л., к чему́-л. gegenüber *D*)

невнима́тельн||ость *ж* **1.** (*рассеянность*) Únaufmerksamkeit *f*, Únachtsamkeit *f*; Zerstréutheit *f*; **2.** (*неучтивость*) Únhöflichkeit *f*; **~ый 1.** (*рассеянный*) únaufmerksam, únachtsam; zerstréut; **2.** (*неучтивый*) únhöflich; **3.** (*незаботливый*) únaufmerksam, gléichgültig

невнуши́тельный nicht éindrucksvoll; nicht sehr imposánt

невня́тн||ый úndeutlich; únverständlich (*непонятный*); ~ое произноше́ние úndeutliche Áussprache

нёвод *м* Físch(er)netz *n* (2), Schléppnetz *n*

невозбра́нно *нареч. уст.* úngehindert; gestáttet, erláubt

невозбуждённый *эл.* únangeregt

невозврати́м||ый unwiederbrínglich, unersétzlich; ~ая поте́ря ein unersétzlicher Verlúst

невозвра́тный 1. nicht wíederkehrend; unwiederbrínglich, unwiderrúflich; **2.** Éinweg- (*о стеклянной таре*)

невозвраще́ние *с* **1.** (*кого-л.*) Níchtwiederkehren *n* -s; Níchtzurückkehren *n*; **2.** (*чего-л.*) Níchtrückerstattung *f*

невозде́ланный únbebaut; bráchliegend

невозде́ржанность *ж* Únmäßigkeit *f* (*неумеренность*); Exzéß *m* -sses, -sse (*необузданность*); ~ в пи́ще Únmäßigkeit im Éssen; Völlerei *f* (*обжорство*)

невозде́ржанный únmäßig; áusschweifend; exzessív; nicht zurückhaltend, háltlos; он невозде́ржан на язы́к er hat éine lóse Zúnge

невозмо́жно *нареч.* únmöglich; э́то ~ das ist únmöglich; das ist ein Ding der Únmöglichkeit

невозмо́жное *сущ. с* das Únmögliche (*sub*); ~ ста́ло возмо́жным das Únmögliche wúrde möglich

невозмо́жн||ость *ж* Únmöglichkeit *f*; в слу́чае ~ости falls únmöglich; ◇ до ~ости über álle Máßen; bis zum Géht-nicht-mehr (*разг.*); **~ый 1.** únmöglich; **2.** (*невыносимый*) unausstéhlich, unerträglich; ~ая жара́ unerträgliche Hítze

невозмути́м||ость *ж* Gelássenheit *f*, unerschütterliche Rúhe; Káltblütigkeit *f* (*хладнокровие*); Gefáßtheit *f* (*самообладание*); Díckfelligkeit *f* (*толстокожесть*); **~ый** gelássen, unerschütterlich; úngerührt; únbeeindruckt; káltblütig (*хладнокровный*); ~ое споко́йствие unerschütterliche Séelenruhe; ~ая тишина́ tíefste Stílle; оста́ться ~ым sich nicht aus der Rúhe bríngen lássen*

невознагради́мый unersétzlich, unersétzbar; unwiederbrínglich

невозобнови́м||ый: ~ые ресу́рсы nicht reproduzíerbare Ressourcen [rɛˈsursən] (*напр. нефти*)

невозобновле́ние *с* Níchtwiederaufnahme *f*

невозобновля́емость *ж* Níchtreproduzierbarkeit *f*

нево́лить nötigen *vt*, zwíngen* *vt* (zu *D*); не нево́ль ребёнка! tu dem Kind kéinen Zwang an!

нево́льн||ик *м* Skláve [-və] *m* (9) (*тж. перен.*); Únfreie *m* (14); Gefángene *m* (14) (*пленник*); **~ица** *ж* Sklávin [-vin] *f* (12) (*тж. перен.*); Únfreie *f* (14); Gefángene *f* (14) (*пленница*); **~ичество** *с* Sklaverέi [-və-] *f*; **~ичий** Skláven- [-vən]; ~ичий труд Sklávenarbeit *f*

нево́льн||о *нареч.* únwillkürlich; únfreiwillig(erweise); úngewollt; **~ый 1.** (*вынужденный*) erzwúngen; gezwúngen; **2.** (*непроизвольный*) únwillkürlich, únfreiwillig, úngewollt

нево́л||я *ж* **1.** Únfreiheit *f*; Sklaveréi [-və-] *f* (*рабство*); Gefángenschaft *f* (*плен, заключение*); **2.** (*необходимость*) Nötigung *f*, Zwang *m* -(e)s; ◇ охо́та пу́ще ~и *погов.* ≅ des Ménschen Wílle ist sein Hímmelreich

невообрази́мый unfáßbar, undénkbar; unvorstéllbar, ungláublich

невооружённ||ый únbewaffnet, wáffenlos; ◇ ~ым гла́зом mit únbewaffnetem [blóßem] Áuge

невоспи́танн||ость *ж* Únerzogenheit *f*, Úngezogenheit *f*; **~ый** únerzogen, úngezogen

невоспламеня́ем||ость *ж* Unentzündbarkeit *f*; **~ый** unentzündbar

невосприи́мчив||ость *ж* **1.** Únempfänglichkeit *f*; **2.** *мед.* Immunität *f*; **~ый 1.** únempfänglich; **2.** *мед.* immún

невостре́бованный úneingelöst; nicht ábgeholt (*о купленном товаре*); nicht ábgeholt (*о грузе, письме*)

невпопа́д *нареч. разг.* únpassend (*неуместно*); úngelegen, zur Únzeit (*не вовремя*)

неврозуми́тельный únverständlich, nicht éinleuchtend; úngereimt (*нескладный*); ~ отве́т únklare Ántwort

невралг||и́ческий *мед.* neurálgisch; **~и́я** *ж мед.* Neuralgíe *f* (11), Nérvenschmerz [-f- *u* -v-] *m* (13)

неврасте́н||ик *м мед.* Neurasthéniker *m* (6); **~и́ческий** neurasthénisch; **~и́я** *ж* Neurasthenie *f*, Nérvenschwäche [-f- *u* -v-] *f*

невреди́мый unversehrt; цел и невреди́м heil und unversehrt [gesúnd]

неври́т *м мед.* Neurítis *f*, Nérvenentzündung [-f- *u* -v-] *f* (10)

невро́з *м мед.* Neuróse *f* (11); ~ се́рдца Hérzneurose *f*

невроло́гия *ж мед.* Neurologíe *f*

невропа́тия *ж мед.* Neuropathíe *f*, Nérvenleiden [-f- *u* -v-] *n* -s

невропато́||лог *м мед.* Neuropathológ(e) *m* (8, 9), Nérvenarzt [-f- *u* -v-] *m* (1*); **~логи́ческий** neuropathológisch; **~ло́гия** *ж* Neuropathologíe *f*

невруче́ние *с* Níchtaushändigen *n* -s

невтерпёж *предик. безл. разг.* unerträglich, unausstéhlich; es ist nicht zum Áushalten; э́то ста́ло ~ da reißt éinem die Gedúld

невы́год||а *ж* Náchteil *m* (1); **~ность** *ж* Náchteiligkeit *f*, Únvorteilhaftigkeit *f*; **~ный 1.** (*убыточный*) únvorteilhaft; náchteilig; **2.** (*неудобный*) únvorteilhaft, únbequem; ста́вить в ~ное положе́ние in éine schlímme Láge versétzen; **3.** (*непривлекательный*) únschön; úngünstig; показа́ть себя́ с ~ной стороны́ sich in úngünstigem Licht [sich von éiner úngünstigen Séite] zéigen

невы́деланный (*о коже, мехе*) roh, únbearbeitet; úngegerbt

невы́держанн||ость *ж* **1.** (*о человеке*) Únbeherrschtheit *f*; Úndiszipliniertheit *f*; Mángel an Zurückhaltung; **2.** (*о стиле*) Únebenheit *f*; **~ый 1.** (*о человеке*) únbeherrscht, úndiszipliniert; **2.** (*о стиле и т. п.*) úneben; úneinheitlich; **3.** (*о вине, сыре и т. п.*) jung, frisch

невы́езд *м*: подпи́ска о ~е schríftliche Verpflíchtung, séinen Wóhnort (óhne ámtliche Genéhmigung) nicht zu verlássen

невы́езженн||ый: ~ая ло́шадь nicht éingefahrenes [nicht zúgerittenes] Pferd

невылазн||ый *разг.* **1.** únpassierbar; ~ая грязь fúrchtbarer [únpassierbarer] Schmutz [Schlamm]; **2.** *перен.* áuswеglos; ~ые долги́ drückende Schúlden

невыноси́м||ый unerträglich; unausstéhlich (*о человеке*); ~ое положе́ние únhaltbarer Zústand

невыно́сливый nicht wíderstandsfähig, nicht áusdauernd, schwächlich

невы́плаканн||ый: ~ые слёзы úngeweinte Tränen

невыполн||е́ние *с* Níchterfüllung *f*; Níchtbefolgung *f*; ~е́ние прика́за Beféhlsverweigerung *f*; ~е́ние пла́на Plánrückstand *m* (1*); **~и́мый** unerfüllbar; unausführbar, undurchführbar, unlösbar

невы́работанный (*о шахте, торфянике*) nicht áusgebaut

невырази́м||ый unaussprechlich, unságbar, unsäglich, unbeschréiblich; мне его́ ~о жаль er tut mir unsäglich leid; **~ые** *мн. шутл. разг.* Únterhosen *pl*

невырази́тельный áusdruckslos

невы́сказанный únausgesprochen

невысо́к||ий 1. nicht hoch; míttelhoch (*о возвышенностях*); nicht groß, míttelgroß, untersétzt, klein, kléingewachsen (*о росте*); **2.** (*посредственный*) nicht hoch, nicht gut; mínderwertig; това́р ~ого ка́чества éine Wáre geríngér Qualität; **3.** (*о цене*) erträglich, erschwínglich; nicht hoch, mäßig

невыспа́вшийся únausgeschlafen; verschlâfen (*заспанный*)

невысыха́ющий unversíegbar, nicht versíegend (*неистощимый — об источнике и т. п.*)

невы́ход *м* **1.** (*на работу*) Árbeitsversäumnis *n* (3*) (*книжн.*), Árbeitsbummelei *f*; Férnbleiben *n* -s; Búmmelschicht *f* (10) (*разг.*); **2.** (*книги, журнала*) Níchterscheinen *n* -s

невыясне́нн||ость *ж* Úngeklärtheit *f*, Únklarheit *f*; **~ый** úngeklärt

не́га *ж* **1.** (*ласка*) Zärtlichkeit *f*; zärtlicher Úmgang; **2.** (*довольство*) Wóhlleben *n* -s; **3.** *поэт.* (*блаженство*) Wónne *f*, Séligkeit *f*

негабари́т *м* Übergröße *f*

негармони́чный unharmónisch

негати́в *м фото* Négativ *n* (2); цветно́й ~ Colórnegativ *n*, Fárbnegativ *n*

негати́вн||ый **1.** *фото* Négativ-; ~ое изображе́ние Négativbild *n* (5); **2.** (*отрицательный*) négativ, vernéinend, áblehnend

негашён||ый: ~ая и́звесть úngelöschter Kalk; ~ая почто́вая ма́рка úngestempelte [póstfrische] Bríefmarke

не́где *нареч.* es ist kein Platz da, es ist nírgends Platz; мне э́то не́где взять ich weiß nicht, wohér ich das néhmen soll

неги́бкий únbiegsam, úngelenk; steif; starr

негигиени́ческий, негигиени́чный únhygi¦enisch

негла́дк||ий nicht glatt, úneben; rauh, hólp(e)rig; ~ая речь éine hólprige Réde

негла́сн||ый héimlich; gehéim, nicht öffentlich, ínoffizi¦ell; verbórgen; **~ый** сгово́р nicht verláutbarte Übeŕeinkunft; ~о договори́ться héimlich verábreden; ~ым о́бразом héimlicherweise; под ~ым надзо́ром *уст.* únter gehéimer Polizéiaufsicht

неглиже́ *с* Neglige [-'ʒɛ:] *n* -s, -s

неглубо́кий **1.** nicht tief, úntief, seicht; **2.** (*поверхностный*) óberflächlich, seicht

неглу́пый *разг.* nicht dumm, ganz geschéit; он неглу́п er ist nicht auf den Kopf gefállen

него́ *род., вин. см.* он, оно́

него́дн||ик *м*, **~ица** *ж разг.* Táugenichts *m* (1) (*G тж.* =); Níchtsnutz *m* (1); Túnichtgut *m* (1); Béngel *m* (6), Láusbub *m* (8) (*о мальчике*); **~ость** *ж* Úntauglichkeit *f*, Únbrauchbarkeit *f*; прийти́ в ~ость úntauglich wérden; привести́ что-л. в ~ость úntauglich máchen; betríebsunfähig máchen (*об оборудовании, машине и т. п.*); **~ый** **1.** úntauglich; ~ый к употребле́нию únbenutzbar; únbrauchbar; úngenießbar (*о еде*); ~ый для питья́ nicht trínkbar; ~ый к вое́нной слу́жбе díenstuntauglich; покуше́ние с ~ыми сре́дствами ein Versúch mit úntauglichen Mítteln; **2.** (*плохой — о человеке*) níchtswürdig, geméin

негодов||а́ние *с* Entrüstung *f*, Empörung *f*; привести́ в ~а́ние entrüsten *vt*; **~а́ть** entrüstet [empört] sein, sich entrüsten (на кого́-л., что-л. über *A*)

негоду́ющий empört, entrüstet

негодя́й *м* Halúnke *m* (9), Lump *m* (8), Schuft *m* (1); Schúrke *m* (9); **~ка** *ж разг.* Níchtswürdige *f* (14), schúftiges Weib

негостеприи́мный úngastlich

негото́вый únfertig; roh; únvollendet, únbeendet (*незаконченный*)

негоциа́нт *м уст.* Gróßkaufmann *m* -(e)s, -leute; Hándelsherr *m* (8)

негр *м* Néger *m* (6)

негра́мотн||ость *ж* **1.** Analphabétentum *n* -s; Analphabetísmus *m* =; **2.** (*неосведомлённость в чём-л.*) Únbildung *f*; Únwissenheit *f*, Únkenntnis *f*; **~ый** *прил.* **1.** des Lésens und Schréibens únkundig; únwissend, únkundig, úngebildet (*невежественный*); **2.** (*написанный с ошибками*) Réchtschreibfehler enthâltend, féhlerhaft; **3.** (*неискусный*) úngeschickt; stümperhaft; **4.** *в знач. сущ. м* Analphabét *m* (8)

негрит||ёнок *м* Négerkind *n* (5), Négerbaby [-,be:bi:] *n* -s, -s; Négerjunge *m* (9); **~я́нка** *ж* Négerin *f* (12); **~я́нский** Néger-

негро́мк||ий nicht laut, hálblaut; léise (*тихий*); ~им го́лосом mit hálblauter [gedämpfter] Stímme

не́гус *м* Négus *m* =, *pl* = *u* -se (*титул бывшего императора Эфиопии*)

негусто́й **1.** (*жидкий*) dünn, dünnflüssig; **2.** (*о волосах, траве и т. п.*) nicht dicht, spärlich; schütter

неда́вн||ий jüngst; néulich, vor kúrzem geschéhen (*недавно случившийся*); ~ее про́шлое jüngste Vergángenheit; до ~его вре́мени bis vor kúrzem; из ~его про́шлого aus jüngster Vergángenheit; в ~ем про́шлом vor kúrzer Zeit, vor kúrzem; с ~их пор seit kúrzem; seit kúrzer Zeit; **~о** *нареч.* únlängst, néuerdings; vor kúrzem, néulich, kürzlich; он ~о верну́лся er ist vor kúrzem zurückgekehrt

недалёк||ий **1.** únweit; nicht weit (gelégen); náhe (*близкий*); ~ое путеше́ствие éine kléine Réise; на ~ом расстоя́нии от in gerínger Entférnung von, nicht weit von; **2.** (*близкий по времени*): в ~ом про́шлом in der jüngsten Vergángenheit, vor kúrzem, kürzlich; в ~ом бу́дущем in nächster [ábsehbarer] Zeit, in náher Zúkunft, nächstens; **3.** (*ограниченный, глуповатый*) beschränkt; borníert, nicht klug, nicht geschéit; он недалёк er ist ein beschränkter Mensch

недалеко́ *нареч.* nicht weit; únweit; тепе́рь уже́ ~ es ist schon nicht mehr weit; ~ то вре́мя, когда́ die Zeit ist nicht mehr fern, wo; ◊ за приме́ром идти́ ~ das Béispiel liegt auf der Hand

недалёкость *ж* (*ограниченность*) Beschränktheit *f*, Borníertheit *f*

неда́льний *см.* недалёкий 1

недальнови́дн||ость *ж* Kúrzsichtigkeit *f*, Mángel an Voráussicht; **~ый** kúrzsichtig, óhne Voráussicht

неда́ром *нареч.* nicht óhne Grund, nicht óhne Úrsache, nicht umsónst; nicht von úngefähr (*неспроста*); ~ говоря́т, что... nicht óhne Grund wird gesägt, daß..., nicht umsónst heißt es ja, daß...

недви́жимость *ж* Immobíli¦en *pl*, Líegenschaften *pl*

недви́жим||ый I (*об имуществе*) ímmobil, únbeweglich; ~ое иму́щество *см.* недви́жимость

недви́жимый II, **недвижи́мый, недви́жный** (*неподвижный*) únbeweglich, régungslos; starr

недвусмы́сленный únzweideutig, éindeutig, únmißverständlich

недееспосо́бн||ость *ж юр.* Geschäftsunfähigkeit *f*, Hándlungsunfähigkeit *f*, Úntüchtigkeit *f*; Úntauglichkeit *f*; **~ый** *юр.* geschäftsunfähig, hándlungsunfähig, úntüchtig; úntauglich

недействи́тельн||ость *ж* **1.** *юр.* Úngültigkeit *f*; **2.** (*недейственность*) Únwirksamkeit *f*, Wírkungslosigkeit *f*; **~ый** **1.** *юр.* nicht géltend, úngültig níchtig, áußer Kraft; призна́ть ~ым für úngültig [níchtig] erklären; **2.** (*не действующий*) únwirksam, wírkungslos

неделика́тн||ость *ж* Táktlosigkeit *f*; Únbescheidenheit *f* (*нескромность*); Rücksichtslosigkeit *f* (*невнимание*); **~ый** táktlos; únbescheiden (*нескромный*); rücksichtslos (*невнимательный*)

недели́м||ость *ж* Untéilbarkeit *f*; **~ый** **1.** untéilbar; **2.** *мат.* untéilbar, úndividierbar [-vi-]; ~ые чи́сла die untéilbaren Záhlen

неделово́й únsachlich; únpraktisch

неде́льный wöchentlich, éinwöchig, Wóchen-; в ~ срок ínnerhalb éiner Wóche, in Wóchenfrist; ~ за́работок Wóchenlohn *m* (1*); ~ о́тпуск éinwöchiger Úrlaub

неде́л||я *ж* Wóche *f* (11); в нача́ле ~и Ánfang der Wóche; в середи́не ~и Mítte der Wóche; в конце́ ~и Énde der Wóche, am Wóchenende; на э́той ~е in díeser Wóche; на про́шлой ~е in der vergángenen Wóche; на бу́дущей ~е nächste Wóche; че́рез ~ю in acht Tágen, in éiner Wóche, héute über acht Táge; ка́ждую ~ю állwöchentlich, álle acht Táge; ка́ждые две ~и álle víerzehn Táge, álle zwei Wóchen; три ра́за в ~ю dréimal die Wóche [in der Wóche], wöchentlich dréimal; по (це́лым) ~ям wóchenlang, gánze Wóchen lang; с ~ю étwa éine Wóche; ~я де́тской кни́ги die Wóche des Kínderbuches; тому́ ~я, как... es ist éine Wóche her, daß...; за ~ю до éine Wóche vor; продолжи́тельностью в не́сколько ~ь méhrwöchig; wóchenlang; ◊ бéз году ~я ganz vor kúrzem; ganz kúrze Zéit, wénig; семь пя́тниц на ~е (*у кого-л.*) únberechenbar; néuer Tag, néuer Sinn; рабо́чая ~я Árbeitswoche *f* (11); ~я де́йствий за разоруже́ние Aktiónswoche für Ábrüstung

неде́лями *нареч.* wóchenlang

недержа́ние *с*: ~ мочи́ *мед.* Hárnträufeln *n* -s, Enurésis *f*; ночно́е ~ мочи́ Béttnässen *n* -s

неде́тский únkindlich, erwáchsen

недёшево *нареч.* **1.** zíemlich téuer, ein schönes Stück Geld; **2.** *перен.*: э́то ему́ ~ доста́лось das hat ihm nicht wénig Mühe gekóstet

недисциплини́рованн||ость *ж* Úndiszipliniertheit *f*; **~ый** úndiszipliniert

недобо́р *м* Áusfall *m* (1*); ~ урожа́я Áusfall bei [in] der Érnte; ~ нало́гов der Rückstand an Ábgaben

недобра́ть wéniger, als vórgesehen war, érnten [éinnehmen*]

недоброжела́тель *м* Míßgünstige *m* (14); Míßgönner *m* (6); **~ница** *ж* Míßgünstige *f* (14), Míßgönnerin *f* (12); **~ный** nicht wóhlwollend, míßgünstig, ábgeneigt; übelwollend (*враждебный*); быть ~ным к кому́-л. j-m übelwollen*; **~ство** *с* Míßgunst *f*, Ábgeneigtheit *f*; féindliche Gesínnung (*враждебность*)

недоброка́чественн||ость *ж* schléchte Qualität; Mínderwertigkeit *f*; **~ый** mínderwertig, féhlerhaft, von schléchter Qualität, schlecht

недобросо́вестн||ость *ж* **1.** Pflíchtvergessenheit *f*; Únzuverlässigkeit *f* (*ненадёжность*); Fáhrlässigkeit *f* (*халатность*); **2.** (*нечестность*) Únlauterkeit *f*; Gewíssenlosigkeit *f*; **~ый** **1.** úngewissenhaft, pflíchtvergessen; säumselig; únzuverlässig (*ненадёжный*); fáhrlässig (*халатный*); **2.** (*нечестный*) únlauter, gewíssenlos

недо́бр||ый 1. böse; féindselig (*враждебный*); ~ое чу́вство Groll *m* -(e)s; пита́ть ~ые чу́вства к кому́-л. (mit) j-m gróllen, j-m übelwollen*; **2.** (*плохой*) schlimm, schlecht, übel; ~ая весть éine schlímme [schléchte, böse] Náchricht

недовари́ть nicht gárkochen; nicht ganz weich kóchen

недове́р||ие *с* Míßtrauen *n* -s; Árgwohn *m* -(e)s (*подозрительность*); пита́ть ~ие к кому́-л. gégen j-n Míßtrauen háben [hégen], j-m míßtrauen; во́тум ~ия Míßtrauensvotum *n* -s, *pl* -ten *u* -ta

недове́рчив||ость *ж* Míßtrauen *n* -s, míßtrauisches Wésen; Árgwohn *m* -(e)s, árgwöhnisches Wésen (*подозрительность*); **~ый** míßtrauisch; árgwöhnisch (*подозрительный*)

недове́с *м* Féhlgewicht *n* -(e)s, Úntergewicht *n*, Míndergewicht *n*; **~ить, недове́шивать** zu wénig [zu knapp] wíegen*, falsch wíegen*; ~ить сто гра́ммов húndert Gramm zu wénig wíegen*

недово́ль||ный únzufrieden; verärgert; **~ство** *с* Únzufriedenheit *f*; Míßfallen *n* -s; Únmut *m* -(e)s; Únwillen *m* -s; Ärgernis *n* (3*)

недовыполне́ние *с* únvollständige Erfüllung, Áusfall *m* (1*); Produktiónsausfall *m*; ~ пла́на Plánrückstand *m* (1*)

недовы́работка *ж* únzureichende Árbeitsleistung, Níchterfüllung des Pénsums; Produktiónsausfall *m* (1*), Produktiónsrückstand *m* (1*)

недога́длив||ость *ж* Mángel *m* an Schárfsinn; **~ый** nicht schárfsinnig, begríffsstutzig, schwer [lángsam] von Begríff, éinfältig (*наивный*); како́й ты ~ый! hast du áber éine lánge Léitung! (*разг.*)

недогляде́ть *разг. см.* недосмотре́ть

недогова́ривать téilweise verschwéigen*

недоговорённость *ж* **1.** (*умолчание*) ábsichtliches Übergéhen, Verschwéigen *n* -s; **2.** (*неопределённость*) Únklarheit *f*, Únentschiedenheit *f*; **3.** (*отсутствие договорённости*) Féhlen éiner Veréinbarung

недогру́з *м* nicht vólle Ládung; **~ка** *ж разг.* Únterbelastung *f*, nicht vólle Belástung; ~ка предприя́тий Níchtauslastung der Betríebe

недодава́ть, недода́ть zu wénig gében*

недода́ча *ж* **1.** (*денег*) nicht vólle Áuszahlung; Féhlbetrag *m* (1*); **2.** (*продукции*) Rückstand in der Plánerfüllung; ~ автомоби́лей Rückstand in der Áutoproduktion

недоде́ланный 1. nicht zu Énde geführt [gebáut]; unbeéndigt, unvolléndet; **2.** *разг. груб.* (*о человеке*) blöd, idiótisch

недоде́лк||а *ж разг.* **1.** nicht zu Énde geführte Árbeit; **2.** *мн.* ~и Mängel *pl* (*в строительстве*)

недодержа́ть *фото* **1.** (*сделать недостаточную выдержку*) únterbelichten *vt*; **2.** (*недопроявить*) únterentwickeln *vt*, zu schwach entwíckeln

недоде́ржка *ж фото* **1.** (*при съёмке*) Únterbelichtung *f* (10); **2.** (*при проявлении*) Úntereentwicklung *f* (10), zu schwáche Entwícklung

недоед||а́ние *с* Únterernährung *f*; **~а́ть** sich schlecht ernähren; Húnger léiden*, an Únterernährung léiden* (*голодать*)

недое́денный nicht ganz áufgegessen, nur halb verzéhrt

недое́сть nicht zu Énde éssen, sich nicht satt éssen

недожа́рить nicht zu Énde [fértig] bráten, nicht richtig dúrchbraten

недозво́ленный únerlaubt; unterságt, verbóten (*запрещённый*)

недозре́лый nicht ganz reif, nicht vóllständig áusgereift, noch grün; *перен.* únreif

недои́м||ка *ж* Rückstand *m* (1*), áusstehende Gélder; взы́скивать ~ки Rückstände éintreiben*

недока́занн||ость *ж* Únerwiesenheit *f*, Únbewiesenheit *f*; **~ый** únerwiesen únbewiesen, nicht náchgewiesen

недоказу́емый únbeweisbar

недо́кись *ж* Suboxýd *n* (2)

недоко́нченный nicht zu Énde geführt, unbeéndigt, unvolléndet, fragmentárisch, fragménthaft

недо́лг||ий nicht lánge dáuernd, kurz; **~о** *нареч.* **1.** nicht lánge, kurz; ~о ду́мая óhne viel zu überlégen, kurz entschlóssen; **2.** *разг.* (*нетрудно*) leicht; ~о и простуди́ться da kann man sich leicht erkälten; ◊ **~о и** до греха́ [до беды́] da könnte leicht ein Únglück geschéhen*

недолгове́чн||ость *ж* Kúrzlebigkeit *f* (*о живых существах*); Níchtdauerhaftigkeit *f* (*о явлениях и вещах*); **~ый** kúrzlebig (*о живых существах*); von kúrzer Dáuer (*о явлениях*); nicht dáuerhaft, nicht von Dáuer (*о вещах*)

недолёт *м воен.* Kúrzschuß *m* -sses, -schüsse, Tíefschuß *m*

недоли́ть zu wénig (éin)gíeßen*

недолю́бливать *разг.* nicht mögen*, nicht gern háben; éine Ábneigung empfínden* (кого́-л. gégen *A*); j-m nicht grün sein (*разг.*)

недоме́р *м* Úntermaß *n* (2)

недоме́рок *м* Úntergröße *f* (11); о́бувь-~ Schúhwerk von kléinerem Maß

недомог||а́ние *с* Únwohlsein *n* -s, Únpäßlichkeit *f* (10); о́бщее ~а́ние allgeméine Erschöpfung; **~а́ть** *разг.* únwohl sein, sich nicht wohl fühlen

недомо́лвка *ж* nicht bis zu Énde áusgesprochener [nur ángedeuteter] Gedánke, das Únausgesprochene (*sub*)

недомы́слие *с* Únüberlegtheit *f*; Míßverständnis *n* -ses; Únverstand *m* -(e)s, Dúmmheit *f* (*глупость*); э́то ~ das ist ein Dénkfehler

недоно́сок *м* Frühgeburt *f* (10)

недооце́н||ивать, ~и́ть unterschätzen *vt*; únterbewerten *vt*; verhármlosen *vt*, bagatellisíeren *vt*; **~ка** *ж* Unterschätzung *f*, Únterbewertung *f*; Verhármlosung *f*

недопечённый nicht ganz áusgebakken

недописа́ть nicht zu Énde schréiben*

недопи́тый halb [nicht ganz] áusgetrunken

недоплати́ть nicht álles záhlen, schúldig bléiben*

недополуча́ть, недополучи́ть nicht álles [nicht vóllständig] erhálten*

недопонима́ние *с* nicht vólles Verständnis [Verstéhen]

недопоста́в||ить zu wénig líefern; **~ка** *ж* úngenügende Líeferung

недопусти́м||ость *ж* Únzulässigkeit *f*; **~ый** únzulässig; ~ая недооце́нка sträfliche Unterschätzung; э́то ~о das ist únzulässig

недопуще́ние *с* Níchtzulassung *f*; Verhínderung *f*

недорабо́тать (éine Árbeit) nicht beénden, nicht vollénden

недора́звит||ость *ж* Únterentwicklung *f*; únvollkommene Áusbildung; **~ый 1.** únvollkommen entwíckelt, únterentwickelt; **2.** *бот.* verkümmert

недоразуме́н||ие *с* Míßverständnis *n* (3*); здесь како́е-то ~ие da liegt ein Míßverständnis vor; во избежа́ние ~ий um Míßverständnisse zu verméiden, um Míßverständnissen vórzubeugen

недорого́й nicht téuer; préiswert, erschwínglich

недоро́д *м* Míßernte *f* (11)

не́доросль *м* **1.** *ист.* mínderjähriger Lándjunker; **2.** (*недоучка*) géistig únentwickelter júnger Mann

недосе́в *м* Rückstände in der Áussaatfläche

недоскаа́ть nicht álles ságen, téilweise verhéimlichen

недослы́шать überhö́ren *vt*, nicht recht hören, nur halb hören; mit hálbem Ohr hören

недосмо́тр *м* Übersehen *n* -s, Únachtsamkeit *f*; по ~у aus Versehen

недосмотре́ть 1. (*упустить*) überséhen* *vt*, nicht bemérken, áußer acht lássen*; **2.** (*не присмотреть*) óhne Áufsicht lássen*

недосо́л *м* Mángel *m* (6*) an Salz (in Spéisen)

недоспа́ть sich nicht áusschlafen*, nicht genúg schláfen*

недоспе́лый hálbreif, únausgereift

недостава́||ть *безл.* **1.** (*отсутствовать*): недостаёт кого́-л., чего́-л. es fehlt an (*D*), es mángelt an (*D*); недостаёт слов, что́бы... es fehlt (éinem) an Wórten, um...; **2.** (*быть нужным*) féhlen *vi*; мне о́чень тебя́ ~ло ich hábe dich sehr vermíßt, du hast mir sehr gefehlt; немно́го ~ло, что́бы... es féhlte nicht viel, so wäre...; ◊ э́того ещё ~ло! das féhlte noch!, das hat noch gefehlt!

недоста́вленн||ый nicht zúgestellt; nicht gelíefert (*о товаре*); ~ое письмо́ nicht zúgestellter Brief

недоста́т||ок *м* **1.** (*нехватка чего-л.* an *D*) Mángel *m* (6*), drίngender Bedárf; Knáppheit *f* (*в снабжении и т. п.*); ~ок рабо́чей си́лы Árbeitskräftemangel *m*; испы́тывать ~ок в чём-л. Mángel an etw. (*D*) léiden*; за ~ком чего́-л. aus Mángel an (*D*); **2.** (*дефект*) Féhler *m* (6), Mángel *m* (6); Náchteil *m* (1); Defékt *m* (1); физи́ческий ~ок Gebréchen *n* (7), körperlicher Féhler; находи́ть ~ки étwas áuszusetzen háben (в чём-л. an *D*); устрани́ть ~ки в рабо́те die Mängel in der Árbeit behében* [ábstellen]; у него́ мно́го ~ков er hat víele Mängel [Féhler]; **3.** *б. ч. мн.* ~ки (*бедность*) Not *f*

недоста́точн||о 1. *нареч.* nicht genúg, nicht genügend, úngenügend; mángelhaft; **2.** *предик. безл.* es genügt nicht; э́того ~о das ist zu wénig; das reicht nicht aus; **~ость** *ж* **1.** Mángelhaftigkeit *f*, Únzulänglichkeit *f*; **2.** *мед.* Insuffizi¦enz *f*, Insuffiziénz *f*; кислоро́дная ~ость Sáuerstoffmangel *m* -s, Sáuerstoffinsuffizi¦enz *f*; серде́чная ~ость Hérzinsuffizi¦enz *f*, Hérz(muskel-)schwäche *f*; **~ый** úngenügend, únzureichend, nicht áusreichend, mángelhaft

недоста́ча *ж разг.* Féhlen *n* -s; Mánko *n* -s, -s, Féhlbetrag *m* (1*); Féhlmenge *f* (11); Ábgang *m* (1*) (*убыль*); ~ в ве́се Gewíchtsausfall *m* (1*)

недостаю́щий 1. (*отсутствующий*) féhlend; **2.** (*нужный*) vermíßt

недостижи́мый unerréichbar

недостове́рн||ость *ж* Únglaubwürdigkeit *f*; Únzuverlässigkeit *f* (*ненадёжность*); **~ый** únglaubwürdig; únrichtig, falsch; únzuverlässig, nicht zúverlässig (*ненадёжный*); zwéifelhaft (*сомнительный*)

недосто́йный únwürdig

недостро́енный nicht zu Énde gebáut; im Bau nicht vollé ndet

недосту́пн||ость *ж* Únzugänglichkeit *f*; Unerschwínglichkeit *f* (*цены*); **~ый** únzugänglich; unerschwínglich (*о цене*); únverständlich (*трудный для усвоения*); unnáhbar, uneinnéhmbar (*неприступный*); э́та кни́га ~а де́тям díeses Buch ist für Kínder únverständlich; э́та кни́га ~а по цене́ díeses Buch ist unerschwínglich téuer

недосу́г *м разг.* Zéitmangel *m* (6*); Mángel an fréier Zeit; мне ~ ich hábe kéine Zeit, mir fehlt die Zeit; за ~ом aus Zéitmangel

недосчита́ться, недосчи́тываться (*кого-л., чего-л.*) vermíssen *vt*

недосыпа́ние *с* Mángel *m* an Schlaf

недосы́пать zu wénig (éin)schütten

недосыпа́ть zu wénig schláfen*, sich nicht áusschlafen*

недосяга́емый unerréichbar

недотёпа *м, ж разг.* Tölpel *m* (6), Tólpatsch *m* (1)

недотро́га 1. *м, ж разг.* überempfíndlicher Mensch, (empfíndliche) Mimóse *f* (11); Zímperliese *f* (11) (*жеманница*); 2. *ж бот.* Spríngkraut *n* -(e)s

недотяну́ть 1. zu wénig zíehen* [spánnen]; 2. *перен.* das Vórgesehene nicht bis zu Énde dúrchführen

недоу́здок *м* Hálfter *f* (11) *m, n* (6); снима́ть ~ ábhalftern *vt*

недоумева́ть stáunen *vi*, verdútzt [erstáunt] sein, etw. nicht fássen können*; in Verlégenheit sein (*быть в затруднении*)

недоуме́н||ие *с* Befrémden *n* -s; Únschlüssigkeit *f*; Erstáunen *n* -s (*удивление*); Verlégenheit *f* (*смущение*); Zwéifel *m* (6) (*сомнение*); быть в ~ии Bedénken trágen*, im Zwéifel sein; э́то вызыва́ет у меня́ ~ие das befrémdet mich; **~ный** befrémdet; erstáunt (*выражающий удивление*); verlégen, verdútzt (*озадаченный*); ~ный вопро́с Verlégenheitsfrage *f* (11)

недоуче́сть nicht voll berücksichtigen [in Betrácht zíehen*]

недоу́чка *м, ж разг.* 1. vórzeitiger Schúlabgänger; 2. (*малосведущий человек*) Hálbgebildete *m* (14)

недохва́тка *ж разг.* Féhlen *n* -s, Mángel *m* (6*)

недохо́дный nicht gewínnbringend, nicht rentábel

недохо́дчивый schwérverständlich, únverständlich

недочёт *м* 1. (*нехватка*) Féhlbetrag *m* (1*), Mánko *n* -s, -s; 2. (*дефект*) Mángel *m* (6*), Féhler *m* (6); испра́вить ~ы в рабо́те die Mängel in der Árbeit beséitigen

не́дра *мн.* 1. das Ínnere (*sub*), Schoß *m* -es; ~ земли́ Érdinnere *n*; разрабо́тка недр Áusbeutung der Bódenschätze; в ~х земли́ im Schóße der Érde; 2. *перен.* das Ínnere (*sub*); в ~х души́ in den Tíefen der Séele; он вы́шел из недр наро́да er kam aus dem Vólke

недре́млющий wáchsam

не́друг *м* Wídersacher *m* (6), Feind *m* (1), Gégner *m* (6)

недружелю́б||ие *с* Únfreundlichkeit *f*; Féindseligkeit *f* (*враждебность*); **~ный** únfreundlich; féindselig (*враждебный*)

неду́г *м* Léiden *n* (7), Kránkheit *f* (10), Gebréchen *n* (7); любо́вный ~ Líebesleid *n* -(e)s

неду́рно *нареч.* 1. (*сносно*) nicht schlecht, ertráglich; ~, пра́вда? állerhánd, wie?; 2. (*следовало бы*): ~ бы́ло бы... man müßte..., es wäre nicht schlecht...

недурно́й 1. nicht übel, nicht schlecht; passábel (*сносный*); 2. (*о наружности*) nicht übel, ganz hübsch; ganz nett; он недурён (собо́й) er sieht nicht übel [ganz nett] aus

недю́жинный áußergewöhnlich, hervórragend; überdurchschnittlich; он ~ челове́к er ist kein Dútzendmensch [ein Mensch von Formát, éine profilíerte Persönlichkeit]

неё *род., вин. см.* она́

нее́зженный 1. (*о коне*) nicht éingefahren; 2. (*о дороге*) nicht fáhrbar

неесте́ственн||ость *ж* Únnatürlichkeit *f*; Gekünsteltheit *f* (*искусственность*); **~ый** únnatürlich; gezwúngen (*принуждённый*); gemácht, gekünstelt (*искусственный*)

нежа́ркий nicht heiß; kühl

нежда́нн||о *нареч.* únerwartet; ~о-нега́данно *разг.* únerwarteterweise; völlig únvermutet; **~ый** únerwartet, únvermutet, únverhofft

нежела́ние *с* Únlust *f*, Wíderwille *m* -ns, Ábneigung *f*

нежела́тельн||ый únerwünscht; únliebsam; ~ое лицо́ *дип.* persóna non gráta (*лат.*)

не́жели *союз. уст.* denn, als

нежена́т||ый únverheiratet; lédig (*холостой*); ~ая жизнь Júnggesellenleben *n* -s

не́женка *м, ж разг.* verzärtelter [zímperlicher] Mensch; Wéichling *m* (1)

неже́нственный nicht feminín, nicht fráulich; maskulín

нежив||о́й 1. nicht lébend, tot; 2. (*неорганический*) ánorganisch; 3. (*вялый*) schlaff; 4. (*тусклый — о цвете и т. п.*) matt

нежи́зненный 1. lébensfern, lébensfremd, únaktuell; únrealisierbar, unanwéndbar (*неприменимый*); 2. (*неправдоподобный*) únwirklich, phantástisch

нежизнеспосо́бный lébensunfähig

нежил||о́й 1. (*необитаемый*) únbewohnt; 2. (*непригодный для жилья*) unbewóhnbar; unbezíehbar, zum Wóhnen úngeeignet [nicht bestímmt]; ~о́е помеще́ние unbewóhnbarer Raum

не́жить 1. (*ребёнка*) verhätscheln *vt*, verzärteln *vt*; 2. *поэт.* (*слух, взор*) erfréuen *vt*, ergötzen *vt*, ángenehm berühren; **~ся** die Rúhe [das Níchtstun] genießen; sich áalen

не́жн||ичать *разг.* 1. zärtlich sein; zärtlich tun*; 2. (*церемониться с кем-л.*) zart [mit Sámthandschuhen] ánlassen, schónend [schónungsvoll] behándeln; **~ости** *мн.* 1. (*ласки*) Líebkosungen *pl*, Zärtlichkeiten *pl*; 2. *разг.* (*изнеженность*) Verwéichlichung *f*; ◇ теля́чьи ~ости Áffenliebe *f*; **~ость** *ж* 1. Zártheit *f*, Féinheit *f*; 2. (*нежное отношение*) Zärtlichkeit *f*; **~ый** 1. zart, fein, sanft; 2. (*ласковый*) zärtlich, líebreich, líebevoll; 3. (*деликатный*) zart, behútsam, rücksichtsvoll, delikát; 4. (*изнеженный*) verzärtelt; ◇ ~ый во́зраст Kíndesalter *n* -s; ~ый пол das zárte [schwáche] Geschlécht; в ~ых тона́х (*о цвете*) zártgetönt

незабве́нный unvergéßlich

незабу́дка *ж бот.* Vergíßmeinnicht *n* (2)

незабыва́ем||ый unvergéßlich (*о ком-л., чём-л.*); unauslöschlich, únvergänglich (*о чём-л.*); ~ые впечатле́ния tíefe (únvergeßliche) Éindrücke

незавершённый únvollendet

незави́дн||ый *разг.* nicht benéidenswert; nicht zu benéiden (*предик.*); nicht hervórragend, nicht glänzend (*посредственный*); ~ое положе́ние éine míßliche [klägliche] Láge

незави́сим||ость *ж* 1. Únabhängigkeit *f*; Souveränität [suvə-] *f*; Sélbständigkeit *f* (*самостоятельность*); 2. (*уверенность в себе*) Sélbstbewußtheit *f*, Sícherheit *f*; ~ость поведе́ния sélbstsicheres Áuftreten; **~ый** 1. únabhängig; sélbständig (*самостоятельный*); ~ое госуда́рство únabhängiger Staat; 2. (*уверенный в себе*) sélbstbewußt, sícher; ~ый хара́ктер sélbständiger Charákter; ◇ ~о от (*чего-л.*) trotz (*G*, *D*), úngeachtet (*G*); ~о (где, как) ganz gleich (wo, wie)

незави́сящ||ий: по ~им обстоя́тельствам durch Úmstände, die nicht in j-s Gewált stéhen; durch Úmstände, die von j-m, von etw. (*D*) nicht ábhängen

незада́чливый *разг.* 1. (*несчастливый*) únglücklich, únglückselig; 2. (*неудачливый*) úngeschickt, vom Pech verfólgt, únbeholfen; ~ челове́к Péchvogel *m* (6*)

незадо́лго *нареч.*: ~ до kurz vor (*D*); ~ до э́того kurz vórher

незажива́ющий nicht (ver)héilend

незаинтересо́ванн||ость *ж* féhlendes Interésse, Désinteresse *n* -s; **~ый** únintere ssiert; nicht darán interessíert

незакле́енный nicht zúgeklebt

незаконнорождённый *уст.* únehelich

незако́нн||ость *ж* Úngesetzlichkeit *f*; **~ый** úngesetzlich; wíderrechtlich; íllegitim, íllegal

незакономе́рный úngesetzmäßig

незако́нченн||ый únvollendet, nicht beéndet, nicht zu Énde geführt; únfertig; ~ое образова́ние nicht ábgeschlossene Bíldung

незамедли́тельно *нареч.* unverzüglich, óhne Verzúg

незамени́мый unersétzlich, unersétzbar; unentbéhrlich (*необходимый*); únabkömmlich (*о человеке*)

незамерза́ющий 1. éisfrei, nicht zúfrierend; 2. *тех.* kältebeständig; fróstsicher

незаме́тн||ый 1. nicht wáhrnehmbar, unmérklich, un(be)mérkbar; únauffällig; вре́мя прошло́ ~о die Zeit ist wie im Flúge vergángen; 2. (*незначительный*) únbedeutend, únansehnlich

незаме́ченный únbemerkt

незаму́жняя únverheiratet; lédig

незамыслова́т||ость *ж* Éinfachheit *f*; **~ый** éinfach, primitív, símpel

neза́нятый frei, nicht besétzt, únbesetzt, únbelegt, fréistehend

незапа́мятн||ый úralt; с ~ых времён seit únvordenklichen Zéiten, seit Ménschengedenken

неза́пертый únverschlossen, únverriegelt

незапеча́танный únverschlossen, óffen; ~ конве́рт óffener Bríefumschlag, noch nicht zúgeklebter Brief

незаплани́рованный úngeplant, nicht vórgesehen

незапя́тнанн||ый únbefleckt; fléckenlos; mákellos, íntegre, tádellos (*безупречный*); ~ое и́мя sáuberer Náme

незарабо́танный nicht erárbeitet

незара́зный nicht ánsteckend

незаря́женный, незаряжённый úngeladen, nicht geláden; ~ фотоаппара́т Fótoapparat óhne (éingelegten) Film

незаселённ||ый únbewohnt, noch nicht bewóhnt; ~ые домá noch nicht bezógene Häuser

незаслу́женн||о *нареч.* únverdient (-erweise); únverschuldet(erweise); ~о забы́тый zu Únrecht vergéssen; **~ый** únverdient; únverschuldet

незастрахо́ванный nicht versíchert, únversichert

незате́йливый *разг.* éinfach, únkompliziert, primitív

незатуха́ющ||ий *физ.* úngedämpft, kontinuíerlich; ~ие колебáния kontinuíerliche Schwíngungen

незауря́дн||ый áußergewöhnlich; hervórragend (*выдающийся*); э́то ~ая ли́чность das ist ein Mensch von Formát; ~ые спосо́бности áußerordentliche Fähigkeiten

не́зачем *нареч.* únnütz, nútzlos; es lohnt sich nicht

незашифро́ванный nicht verschlüsselt (*о тексте*)

незащищённый schútzlos, úngeschützt; ~ от ве́тра dem Wind áusgesetzt

незва́ный úngeladen, úngerufen, úngebeten; ~ гость úngebetener Gast

незде́шний 1. fremd, nicht von hier; nicht hier ánsässig (*канц.*); 2. *поэт.* (*неземной*) nicht von díeser Welt

нездоро́в||иться *безл.*: мне ~ится ich fühle mich únwohl [nicht wohl]; **~ый** 1. (*болезненный*) úngesund, kränklich, kránkhaft; únpäßlich; krank (*больной*); 2. (*вредный*) úngesund, gesúndheitsschädlich; 3. *перен.* (*неправильный, ненормальный*) únnormal, falsch, schädlich

нездоро́вь||е *с* (*недомогание*) Únwohlsein *n* -s, Únpäßlichkeit *f*; по ~ю kránkheitshalber

неземно́й 1. áußerhalb des Érdballs; kósmisch; 2. *уст.* (*небесный*) hímmlisch; überirdisch; 3. *перен.* (*возвышенный*) ideál

незлоби́вый, незло́й gútherzig, gút(-mütig); sánftmütig

незлопа́мятный nicht náchtragend

незнако́м||ец *м*, **~ка** *ж* Únbekannte *m, f* (14); **~ство** *с* (*незнание*) Únkenntnis *f*; **~ый** únbekannt; fremd

незна́н||ие *с* Únkenntnis *f*, Únwissenheit *f*; Níchtwissen *n* -s; по ~ию aus Únwissenheit; únwissentlich

незна́чащий únwichtig; bedéutungslos; leer, hohl (*о словах*)

незначи́тельн||о *нареч.* únbedeutend, um ein geringes; **~ость** *ж* geringe Bedéutung; Bedéutungslosigkeit *f*, Geríngfügigkeit *f*; **~ый** 1. (*маловажный*) únbedeutend, bedéutungslos, geríngfügig; únerheblich; 2. (*маленький*) geríng, únbedeutend; ~ое большинствó голосóв éine knáppe Stímmenmehrheit

незна́ющий únwissend

незре́л||ость *ж тж. перен.* Únreife *f*; **~ый** únreif; únausgereift; ~ый человéк ein únfertiger [únreifer] Mensch

незри́мый únsichtbar

незря́чий blind

незы́блем||ость *ж* Unerschütterlichkeit *f*; Unveränderlichkeit *f*, Unwándelbarkeit *f* (*неизменяемость*); **~ый** unerschütterlich; unveränderlich, unwándelbar, unverrückbar (*неизменяемый*); unverbrüchlich (*нерушимый*)

неиденти́чный nicht idéntisch, auseinándergehend

неизбало́ванный nicht verzógen, nicht verhätschelt

неизбе́жн||ость *ж* Unverméidlichkeit *f*, Unausbléiblichkeit *f*; **~ый** unverméidlich; unausbléiblich, únumgänglich, unwéigerlich, zwángsläufig, unausweíchlich (*неминуемый*)

неизби́тый nicht ábgedroschen, nicht banál

неизве́данный únerforscht; únbekannt

неизве́стн||о *предик. безл.* es ist únbekannt, es ist úngewiß; мне ~о ich weiß nicht; никомý ~о níemand [kein Mensch] weiß; ~о где [откýда, кудá *и т. п.*] man weiß nicht wo [wohér, wohín *usw.*]; **~ое** *сущ. с мат.* Únbekannte *f* (14), die únbekannte Größe; уравнéние с двумя́ ~ыми éine Gléichung mit zwei Únbekannten; **~ость** *ж* 1. (*отсутствие сведений*) Úngewißheit *f*; находи́ться в ~ости im úngewissen sein (über *A*); 2. (*отсутствие известности*) Únbekanntheit *f*; жить в ~ости zurückgezogen lében; **~ый** *прил.* 1. nicht bekánnt, únbekannt; fremd (*чужой*); ~ая величинá *мат.* éine únbekannte Größe; 2. *в знач. сущ. м* Únbekannte *m* (14)

неизглади́мый unauslöschbar, unauslöschlich

неи́зданный únveröffentlicht, nicht edíert

неизлечи́м||ость *ж* Unhéilbarkeit *f*; **~ый** únheilbar

неизме́нная *сущ. ж мат.* Unveränderliche *f* (14)

неизме́нн||ость *ж* Únveränderlichkeit *f*, Unabänderlichkeit *f*; Stabilität *f* (*стабильность*); Stétigkeit *f* (*постоянство*); **~ый** unveränderlich, unverändert; unabänderlich, unwándelbar; gléichbleibend; stabíl (*стабильный*); (be)ständig, stet (*постоянный*)

неизменя́емый unveränderlich; béugungslos (*грам.*)

неизмери́м||ость *ж* Unerméßlichkeit *f*; **~ый** unerméßlich

неизрасхо́дованный únverbraucht

неизу́ченный únerforscht

неизъясни́м||ый unausspréchlich, unságbar, unsäglich; ~ое блажéнство éine nicht wíederzugebende Séligkeit, éine unságbare Wónne; ~ый страх únbegreifliche [únerklärliche] Angst; ~ая прéлесть áußerordentlicher Reiz

неиме́ние *с* Mángel *m* (6*) (чегó-л. an *D*); за ~м in Ermángelung; за ~м врéмени aus Mángel an Zeit; за ~м ýгля wégen Kóhlenmangel

неимове́рн||ый ungláublich; únerhört (*неслыханный*); úngeheuer (*чудовищный*); ~ая глýпость Érzdummheit *f*

неиму́щ||ий *прил.* 1. únbemittelt; míttellos; besítzlos; 2. *в знач. сущ. б. ч. мн.* ~ие (die) Besítzlose(n); (die) Unbemíttelte(n); (die) Míttellose(n); (die) Árme(n) (*бедные*)

неинтеллиге́нтный nicht intelligént; úngebildet; nicht kultiviert [-'vi:rt]

неинтере́сный 1. úninteressant; 2. *разг.* (*непривлекательный*) únschön

неискажённый *тлв.* verzérrungsfrei

неискорени́м||ость *ж* Unausróttbarkeit *f*; **~ый** unvertílgbar, unausróttbar; ~ые порóки fest éingewurzelte Láster

нейскренн||ий únaufrichtig, nicht óffen; héuchlerisch (*лицемерный*); **~ость** *ж* Únaufrichtigkeit *f*; Heuchelei *f* (*лицемерие*)

неиску́сный úngeschickt, úngewandt; primitív

неискушённ||ость *ж* mángelnde Erfáhrung; **~ый** únerfahren

неисповеди́мый únerforschlich, únergründlich

неисполне́ние *с* Níchterfüllung *f*; Níchtausführung *f* (*приказа*); вы́говор за ~ распоряжéния Rüge wégen Níchtbefolgung der Ánweisung

неиспо́лненный únerfüllt, únausgeführt; unterlássen (*о правиле и т. п.*)

неисполни́мый unausführbar, unerfüllbar

неисполни́тельн||ость *ж* Náchlässigkeit *f*, Fáhrlässigkeit *f*; **~ый** náchlässig, nicht díensteifrig

неиспо́льзованный únausgenutzt, úngenutzt; nicht verwértet

неиспо́рченн||ость *ж* Únverdorbenheit *f*; Réinheit *f*, Láuterkeit *f* (*чистота*); **~ый** únverdorben; rein (*чистый*); únbefleckt (*незапятнанный*); ~ый ребёнок ein únverdorbenes Kind

неисправи́мый unverbésserlich

неиспра́вн||ость *ж* 1. (*механизма и т. п.*) Defékt *m* (1), Störung *f* (10); Verságen *n* -s; устрани́ть ~ость entstören *vt*; никаки́х ~остей не обнарýжено kéinerléi Schäden könnten féstgestellt wérden; в ~ости nicht in Órdnung; 2. (*неаккуратность*) Únpünktlichkeit *f*; Náchlässigkeit *f* (*небрежность*)

неиспра́вный 1. féhlerhaft, schádhaft, nicht intákt; ~ механи́зм nicht intákter [schlécht funktioníerender] Mechanísmus; 2. (*неаккуратный*) únpünktlich; náchlässig (*небрежный*)

неиспы́танный únerprobt

неиссле́дованный únerforscht

неисякáем||ый unversíegbar; unerschöpflich (*неисчерпаемый*); **~ый** истóчник unversíegbare Quélle

неи́стов||ство *с* 1. (*ярость*) Raseréi *f* (10), máßlose Wut; прийти́ в ~ство rásend wérden; 2. (*жестокость*) gráusames Vórgehen [Wüten]; **~ствовать** rásen *vi*, wüten *vi*, tóben *vi* (*тж. о непогоде*); vor Wut schnáuben; **~ый** rásend, wütend, úngestüm; blíndwütig

неистощи́м||ый unerschöpflich, unversíegbar; ~ое остроýмие sprúdelnder [unerschöpflicher, unversíegbarer] Witz

неистреби́мый unausróttbar

неисцели́мый únheilbar

неисчерпáем||ость *ж* Unerschöpflichkeit *f*; ~ость прирóдных богáтств die Unerschöpflichkeit der Natúrschätze; **~ый** unerschöpflich; unversíegbar (*неиссякаемый*)

неисчисли́м||ый unzählbar, unzählig, úngezählt; ~ые бéдствия úngezählte Léiden

ней *дат., пр. см.* онá

нейло́н *м* Nylon ['naelɔn] *n* -s

нейло́нов||ый Nylon- ['naelɔn-]; ~ые чулки́ Nylonstrümpfe *pl*

неймётся *разг. безл.*: емý ~ *разг.* er hat ein únbändiges Verlángen (чтó-л. сдéлать nach *D*); емý ~ поскорéе уéхать er kann es kaum erwárten wégzufahren

нейрокиберне́тика *ж* Neurokybernétik *f*

нейро́н *м анат.* Néuron *n* -s, *pl* -ren *и* -rónen, Nérvenzelle [-f- *и* -v-] *f* (11)

нейрохирурги́я *ж* Néurochirurgie *f*

нейтрализ||а́ция *ж* Neutralisíerung *f*; *хим. тж.* Neutralisatión *f*; **~ова́ть** neutralisíeren *vt*

нейтралите́т *м* Neutralität *f* (10); полíтика ~а Neutralitätspolitik *f*

нейтра́льн||ость *ж* Neutralität *f*; **~ый** neutrál; Neutrál-; ~ое госуда́рство ein neutráler Staat; **~ая** вáнна *хим.* neutráles Bad

нейтри́но *с физ.* Neutríno *n* -s, -s

нейтро́н *м физ.* Néutron *n* -s, -trónen

некази́стый *разг.* únansehnlich; únschön

некапиталисти́ческий: ~ путь разви́тия níchtkapitalistischer Entwícklungsweg

неквалифици́рованный únqualifiziert, úngelernt; ~ рабо́чий úngelernter Árbeiter

не́кем *мест. отриц.* (+ *инф.*): ~ замени́ть его́ es ist níemand da, der ihn vertréten könnte

не́кий *мест.* ein gewísser

неко́вкий *тех.* nicht schmíedbar

не́когда I *нареч.* (*нет времени*); мне ~ ich hábe kéine Zeit; мне бы́ло ~ ich hátte kéine Zeit, ich bin nicht dazú gekómmen

не́когда II *нареч.* (*когда-то*) einst, éhemals, éinmal, vor zéiten

не́кого *мест. отриц.* (+ *инф.*): ~ посла́ть es ist níemand da, den man schíkken könnte

неколеби́мый unerschütterlich, unbeírrbar, fest

некоммуника́бельный nicht kontáktfreudig

некомпенси́рованный níchtkompensiert; ~ поро́к се́рдца *мед.* níchtkompensierter Hérzfehler

некомпете́нтн||ость *ж* Ínkompetenz *f*, Níchtzuständigkeit *f*; **~ый** nicht kompetént, nicht zúständig, únzuständig

некомпле́ктный únvollständig, nicht komplétt

не́кому *мест. отриц.* (+ *инф.*): ~ поручи́ть es ist níemand da [es gibt níemanden], den man damít beáuftragen könnte; ~ взя́ться за э́то es ist níemand da [es gibt kéinen], der das máchen könnte

неконцицио́нный den Bedíngungen [Bestímmungen] nicht entspréchend

неконкре́тн||ость *ж* Únkonkretheit *f*; **~ый** únkonkret

неконституцио́нный nicht verfássungsmäßig, verfássungswidrig

неконструкти́вность *ж* (*напр. политики*) Féhlen *n* -s konstruktíver [-vər] Elemente

некорре́ктн||ость *ж* **1.** Ínkorrektheit *f*, Únkorrektheit *f*; Únrichtigkeit *f* (*неправильность*); **2.** (*грубость*) Verstóß gégen die Form; Ánstößigkeit *f*; **~ый 1.** ínkorrekt, únkorrekt; únrichtig (*неправильный*); соверши́ть ~ый посту́пок éine Ínkorrektheit begéhen*; **2.** (*грубый*) ánstößig, gégen die Form verstóßend

не́котор||ый *мест.* **1.** ein gewísser; ~ое вре́мя éinige Zeit, éine Zéitlang, éine Wéile; с ~ых пор seit éiniger Zeit; в ~ых (определённых) слу́чаях in gewíssen Fällen; в ~ой сте́пени in gewíssem Grád(e); ~ым о́бразом gewíssermaßen; **2.** *в знач. сущ. мн.* ~ые éinige; ~ые из них éinige darúnter

некраси́вый únschön, nicht schön; häßlich (*безобразный*)

некредитоспосо́бн||ость *ж* Kredítunfähigkeit *f*; **~ый** kredítunfähig

некре́пкий schwach; ~ чай dünner Tee

некрещёный *прил.* **1.** úngetauft; **2.** *в знач. сущ.* Úngetaufte *m* (14), Úngläubige *m* (14); Héide *m* (9)

некрити́ческий kritíklos

некрити́чн||ость *ж* Kritíklosigkeit *f*; **~ый** kritíklos

некроло́г *м* Náchruf *m* (1), Nekrológ *m* (1) (*о ком-л.* auf *A*)

некро́поль *м ист.* Nekropóle *f* (11), Nekrópolis *f*, *pl* -pólen

некста́ти *нареч.* úngelegen; zu únpassender [úngelegener] Zeit, im únangebrachten Áugenblick (*не вовремя*); сказа́ть что-л. ~ etw. zu úngelegener Zeit ságen; прийти́ ~ úngelegen kómmen*; э́то замеча́ние соверше́нно ~ díese Bemérkung ist hier völlig fehl am Platz [únangebracht]; э́то так ~! das kommt so úngelegen

нект́ар *м* Néktar *m* -s; **~ник** *м бот.* Nektárium *n* -s, -ri|en, Hónigdrüse *f* (11)

не́кто *мест.* jémand; ~ Ивано́в ein gewísser Iwanów

не́куда *нареч.*: мне ~ положи́ть кни́гу ich fínde kéinen Platz für das Buch; мне торопи́ться ~ ich hábe kéine Éile

некульту́рн||ость *ж* Únkultur *f*, Mángel an Kultúr; **~ый 1.** únkultiviert [-,vi:rt]; úngebildet, roh; ~о вести́ себя́ sich schlecht benéhmen*; **2.** *бот.* wíldwachsend

некуря́щ||ий *прич.* **1.** níchtrauchend; **2.** *в знач. сущ. м* Níchtraucher *m* (6); ваго́н для ~их Níchtraucherwagen *m* (7)

нела́дн||о *нареч. разг.* nicht in Órdnung; nicht glatt, schlecht; úngereimt, úngeschickt (*нескладно*); у него́ ~о с лёгкими es steht schlimm um séine Lúngen; тут что́-то ~о! da stimmt étwas nicht!; da geht étwas nicht mit réchten Díngen zu!; **~ый** *разг.* **1.** (*нехороший*) schlecht, úngehörig; **2.** (*неуклюжий*) úngeschickt, úngewandt, plump

нелады́ *мн. разг.* Zerwürfnis *n* (3*), Zwístigkeiten *pl*, Reiberéien *pl*

нела́сковый únfreundlich; wénig zärtlich

нелега́льн||ость *ж* Illegalität *f*; **~ый** íllegal

нелега́льщина *ж разг.* illegale Tätigkeit (*о деятельности*); íllegale Literatúr (*о литературе*)

нелёгкая: заче́м тебя́ ~ принесла́? *разг.* was zum Téufel treibt dich nur hierhér?

нелёгк||ий nicht leicht; schwíerig (*трудный*); ~ая зада́ча kéine léichte Áufgabe; э́то де́ло ~ое das ist kéine léichte Sáche, das läßt sich nicht aus dem Ármel schütteln

неле́п||ость *ж* Únsinn *m* -(e)s, Úngereimtheit *f*; úngereimtes Zeug, Quatsch *m* -es (*о высказывании и т. п.*); **~ый 1.** (*бессмысленный*) únsinnig, sínnlos, absúrd; всё получи́лось так ~о álles ist so dumm gekómmen **2.** (*неуклюжий*) plump, úngeschickt

нele´стный nicht [wénig] schméichelhaft; míßbilligend (*неодобрительный*)

нелётн||ый úngünstig zum Flug; ~ая пого́да kein Flúgwetter

нелету́чий *хим.* nicht flüchtig

неликви́дный *эк.* nicht liquíd(e), nicht flüssig, nicht verfügbar

нелине́йный *тех.* níchtlinear

нелиня́ющий wáschecht

нелитерату́рн||ый: ~ое сло́во nicht schríftsprachliches Wort

нелицеприя́тн||ый objektív, gerécht; ~ая оце́нка Beúrteilung *f* óhne Ánsehen der Persón

нели́шн||ий nicht überflüssig, ángebracht; счита́ю ~им сказа́ть ich kann nicht umhín zu ságen; ~е вспо́мнить, что... man tut gut darán sich zu erínnern, daß...

нело́вк||ий 1. (*неуклюжий*) úngeschickt, línkisch; úngeschlacht; **2.** (*затруднительный*) péinlich; únbequem (*неудобный*); únangenehm (*неприятный*); ~ое положе́ние prekäre Láge; попа́сть в ~ое положе́ние in éine péinliche Láge geráten*; ~ое молча́ние betrétenes [péinliches] Schwéigen; мне ~о es ist mir péinlich; **3.** (*неудачный*) úngeschickt; únpassend, úngehörig (*неуместный*); ~ий отве́т éine úngehörige [únpassende] Ántwort; **~ость** *ж* **1.** Úngeschicklichkeit *f*; **2.** (*смущение*) Verlégenheit *f*, Betrétenheit *f*; Únannehmlichkeit *f*, Péinlichkeit *f* (*неприятное чувство*); **3.** (*неловкий поступок*) Únschicklichkeit *f* (10); соверши́ть ~ость éine Únschicklichkeit begéhen*

нелоги́чн||ость *ж* das Únlogische (*sub*), Ínkonsequenz *f*; **~ый** únlogisch, ínkonsequent

нелоя́льн||ость *ж* Illoyalität *f*; **~ый** ílloyal, únloyal

нелужёный únverzinnt

нельзя́ *нареч. предик. безл.* man darf nicht, man soll nicht; es ist verbóten (*запрещено*); man kann nicht, es ist únmöglich (*невозможно*); э́того де́лать ~ das darf man nicht máchen, das geht nicht; ~ теря́ть ни мину́ты man darf kéine Minúte verlíeren; ему́ ~ пла́вать er darf nicht schwímmen; ~ ли откры́ть окно́? können wir nicht mal [darf ich] das Fénster áufmachen?; ◇ ~ не... man muß..., man kann nicht umhín...; ~ не напо́мнить... es soll nicht únerwähnt bléiben...; ~ не отме́тить man muß féststellen, man kann nicht umhín féstzustellen; с э́тим ~ не согласи́ться dagégen läßt sich nichts éinwenden; как ~ бо́лее кста́ти das kommt höchst willkómmen; как ~ ху́же schléchter geht es wírklich nicht; как ~ лу́чше aufs béste, aufs schönste; ~ ли... dürfte man...

не́льма *ж* (*рыба*) sibírischer Wéißlachs

нелюбе́зн||ость *ж* Únfreundlichkeit *f*, Únliebenswürdigkeit *f*; **~ый** únfreundlich, únliebenswürdig; он нелюбе́зен er ist kurz ángebunden

нелюби́мый úngeliebt, nicht gelíebt; verháßt (*ненавистный*)

нелюбо́вь *ж* Ábneigung *f*; Wíderwille(n) *m* (15, 7); Ábscheu *m* -(e)s, *f* (*отвращение*)

нелюбопы́тный 1. nicht néugierig; **2.** (*неинтересный*) nicht von Interésse

нелюди́м *м*, **~ка** *ж* Ménschenscheue *m*, *f* (14), Úngesellige *m*, *f* (14), úngeselliger Mensch, Griesgram *m* (1) (*угрюмый человек*); **~ость** *ж* Ménschenscheu *f*, Úngeselligkeit *f*; **~ый 1.** ménschenscheu, úngesellig; **2.** (*безлюдный*) ménschenleer

немагни́тный nicht magnétisch, ámagnetisch

нема́ленький zíemlich groß; bedéutend

нема́ло *нареч.* **1.** (*при сущ.*) nicht wénige, víele, so mánche; он перечита́л ~ книг er hat víele [nicht wénige, so mánche] Bücher gelésen; **2.** (*при глаг.*) nicht wénig; recht viel; он ~ чита́л er hat viel [nicht wénig] gelésen; ~ продви́нуться gehörig vórwärts kómmen*

немалова́жный nicht únbedeutend, nicht geríng(fügig), von nicht geringer Bedéutung; nicht unwichtig, von nicht geringer Trágweite; ~ вопро́с éine wésentliche Fráge

нема́л||ый nicht geríng, nicht únbedeutend, erhéblich; ~ые де́ньги nicht wénig Geld; kéine kléine Súmme; пройти́ ~ый путь ein bedéutendes Stück Wéges zurücklegen

нематериа́льный *филос.* nicht stófflich, nicht materiéll

неме́длен||о *нареч.* sofórt, unverzüglich; óhne Verzúg, óhne Áufschub (*без задержки*); auf der Stélle, stéhenden Fúßes (*тут же, на месте*); прошу́ отве́тить ~о ich bítte unverzüglich [úmgehend] zu ántworten; ich bítte um úmgehende Ántwort; **~ый** sofórtig; unverzüglich; prompt (*быстрый*)

неме́для *нареч.* óhne zu záudern, óhne zu zögern

немéркнущ||ий: ~ая слáва únvergänglicher Ruhm; ~ий свет éwiges Licht

неметáлл *м хим.* Metalloíd *n* (2), Níchtmetall *n* (2)

немéть 1. stumm wérden, verstúmmen *vi* (s); die Spráche verlíeren* (*терять способность речи*); **2.** (*о членах тела*) erstárren *vi* (s), starr [fühllos] wérden, ábsterben* *vi* (s)

нéмец *м* Déutsche *m* (14)

немéцк||ий deutsch; ~ий язы́к die déutsche Spráche, das Déutsche (*sub*); преподавáтель ~ого языкá Déutschlehrer *m* (6)

немецкоговоря́щий déutschsprachig

немецкоязы́чный déutschsprachig

немигáющий 1. únbeweglich; ~ взор stárrer Blick; **2.** (*о свете*) nicht flákkernd, rúhig

немилосéрдн||ый 1. únbarmherzig; **2.** *разг.* (*чрезмерный*) schrécklich, fürchterlich; ~ая ценá gepféfferter Preis

неми́лость *ж* Úngnade *f*; впасть в ~ in Úngnade (ver)fállen*

неми́лый úngeliebt, verháßt

неминýемый unverméidlich, unverméidbar, únumgänglich; unausbléiblich

нéмка *ж* Deutsche *f* (14)

немнóг||ие *прил.* **1.:** в ~их словáх mit wénigen Wórten, in kúrzen Wórten; **2.** *в знач. сущ. мн.* Wénige *pl*

немнóго *нареч.* ein wénig, étwas, ein bíßchen; э́то совсéм ~ das ist gar nicht viel

немноговóдный wásserarm, seicht

немнóгое *сущ. с* das Wénige (*sub*)

немногослóвный 1. (*о человеке*) wórtkarg; nicht rédselig; **2.** kurz, lakónisch

немногослóжный nicht kompliziert, éinfach; lakónisch (*о речи*)

немногочи́сленный nicht záhlreich

немнóжко *нареч. разг.* ein klein wénig, ein bíßchen; ~ сáхару ein wénig [éine Idée] Zúcker

немнýщийся knítterfrei

нем||óй *прил.* **1.** stumm; ~áя ночь stílle Nacht; ~áя тишинá Tótenstille *f*; ~ы́е страдáния stúmmer Schmerz; ◇ ~áя áзбука Táubstummenalphabet *n* (2); ~áя кáрта Lándkarte óhne Orts-, Fluß- und Gebírgsnamen; ~óй фильм Stúmmfilm *m* (1); **2.** *в знач. сущ. м* Stúmme *m* (14)

немолодóй nicht mehr jung; bejáhrt, betágt (*в годах*)

немóлчный *поэт.* nicht verstúmmend, nicht verhállend; unaufhörlich (tönend); éwig ráuschend; ~ гóвор волн das nie verstúmmende Ráuschen der Wéllen

немотá *ж* Stúmmheit *f*

немотиви́рованный únmotiviert [-vi:rt], únbegründet

нéмочь *ж разг.* Kránkheit *f* (10), Schwäche *f* (11); ◇ блéдная ~ *мед. уст.* Bléichsucht *f*, Chloróse [klo-] *f*

нéмощный kráftlos; schwach (*слабый*); krank, siech (*болезненный*)

нéмощь *ж* Kráftlosigkeit *f*; Schwäche *f*, Kräfteverfall *m* -(e)s (*слабость*); Kránkheit *f* (*болезнь*)

немý *дат. см.* он, онó

немудрёный *разг.* éinfach, schlicht, únkompliziert

немýдрый 1. nicht sehr wéise; naív, hármlos; **2.** *см.* немудрёный

немудря́щий *разг.* éinfach

немузыкáльный únmusikalisch

немы́слимый 1. undénkbar, únvorstellbar; **2.** (*невозможный*) únmöglich

немы́тый úngewaschen, schmútzig

ненаблюдáтельный: ~ человéк ein schléchter Beóbachter; ein Mensch óhne Beóbachtungsgabe

ненави́деть hássen *vt*

ненави́стн||ик *м* Hásser *m* (6); **~ый 1.** verháßt; сáмый ~ый méistgehaßt, béstgehaßt; **2.** (*исполненный ненависти*) háßerfüllt

нéнавист||ь *ж* Haß *m* -sses (к комý-л., чемý-л. gégen, auf *A*); **из** ~и aus Haß; с ~ью voll Haß

ненавя́зчивый únaufdringlich

ненагля́дный *разг.* **1.** (hérz)liebst; **2.** *в знач. сущ. м* Hérzallerliebste *m* (14); мой ~! mein Hérzensjunge!

ненадёванный *разг.* nicht getrágen, úngetragen; ganz neu (*об одежде*)

ненадёжн||ость *ж* **1.** Mángel *m* (6*) an Féstigkeit (*непрочность*); Zerbréchlichkeit *f* (*хрупкость*); **2.** (*о человеке*) Únzuverlässigkeit *f*, Únverläßlichkeit *f*; **3.** *тех.* Störanfälligkeit *f*; **~ый 1.** únsicher; nicht fest (*непрочный*); **2.** (*о человеке*) únzuverlässig, únverläßlich, únsicher

ненадлежáщий únpassend; úngehörig (*неуместный*)

ненáдобность *ж* Únnötigkeit *f*; Nútzlosigkeit *f* (*бесполезность*); он прóдал э́ти кни́ги за ~ю er verkáufte díese Bücher, da er sie nicht mehr bráuchte

ненадóлго *нареч.* nicht für lánge; nicht auf die Dáuer; auf kúrze Zeit

ненаказýем||ость *ж юр.* Stráflosigkeit *f*; Níchtsträflichkeit *f*; **~ый** *юр.* nicht stráfbar; únsträflich

ненамéренный ábsichtslos, únabsichtlich, únbeabsichtigt; unwillkürlich (*невольный*)

ненамнóго *нареч.* nicht viel; ~ лýчше nicht viel bésser; ~ опоздáть ein bíßchen zu spät kómmen*

ненападéн||ие *с* gégenseitiger Verzícht auf Ángriffshandlungen; договóр о ~ии Níchtangriffspakt *m* (1)

ненарóком *нареч. разг.* óhne Ábsicht, únabsichtlich, zúfällig

ненарýшенный úngestört, únverletzt; únverritzt (*горными работами*)

ненаруши́м||ость *ж* Unverlétzbarkeit *f*, Unverbrüchlichkeit *f*; **~ый** unverlétzlich, unverbrüchlich

ненáстный trübe, schlecht; régnerisch (*дождливый*)

ненастоя́щ||ий 1. (*поддельный*) únecht; tálmin (*о золоте*); künstlich, imitíert (*о мехе и т. п.*); **2.:** ~ая дрýжба kéine wáhre Fréundschaft

ненáстье *с* Únwetter *n* -s, Únbilden der Wítterung

ненасы́тн||ость *ж* Unersättlichkeit *f*; **~ый** *тж перен.* unersättlich; ~ый человéк Nímmersatt *m* (1) (*G тж.* =)

ненасы́щенный úngesättigt; ~ раствóр *хим.* úngesättigte Lösung

ненатурáльный 1. künstlich, únecht, imitíert; **2.** (*притворный*) únnatürlich, nicht natürlich; gemácht, gekünstelt (*деланный*)

ненаýчн||ость *ж* Únwissenschaftlichkeit *f*; **~ый** únwissenschaftlich

ненахóдчивый óhne Erfíndungsgabe, nicht erfínderisch

нéнец *м* Nénze *m* (9); **~кий** nénzisch, Nénzen-

ненормáльность *ж* **1.** Ábnormität *f*; Úngewöhnlichkeit *f* (*необычность*); **2.** (*аномалия*) Anomalíe *f* (11); Régelwidrigkeit *f* (10); Verrücktheit *f* (*сумасшествие*)

ненормáльный 1. ánomal, abnórm, ánormal; régelwidrig; úngewöhnlich (*необычный*); **2.** *разг.* (*сумасшедший*) nicht normál, nicht ríchtig (im Kopf); verrückt, wáhnsinnig (*безумный*)

ненорми́рованный nicht genórmt, nicht normíert

ненýжн||ость *ж* Únnötigkeit *f*; Nútzlosigkeit *f* (*бесполезность*); **~ый** únnötig, únnütz, nútzlos (*бесполезный*)

ненумерóванный únnumeriert, nicht numeríert, nicht mit Númmern versében

необдéланный únbearbeitet

необдýманн||ость *ж* Únbedachtsamkeit *f*; Únüberlegtheit *f*; **~ый** únbedacht, únüberlegt

необеспéченн||ость *ж* **1.** (*человека*) Únbemitteltheit *f*; **2.** (*недостаток средств*) Úngesichertheit *f*; **~ый 1.** (*о человеке*) únbemittelt; **2.** (*не имеющий обеспечения*) nicht gesíchert, úngesichert, nicht síchergestellt

необжитóй, необжи́тый nicht wóhnbar gemácht, nicht besíedelt

необитáемый únbewohnt; únbevölkert (*ненаселённый*)

необлагáемый únbesteuert; stéuerfrei; ~ пóшлиной zóllfrei

необознáченный nicht vermérkt, nicht verzéichnet

необозри́м||ость *ж* Unüberséhbarkeit *f*; **~ый** unüberséhbar

необоснóванн||ость *ж* Háltlosigkeit *f*; **~ый** únbegründet; háltlos; úngerechtfertigt

необрабóтанный 1. únbearbeitet; únbebaut, bráchliegend (*о земле*); nicht verárbeitet, únbehandelt (*о материале, веществе*); ~ предмéт Róhling *m* (1); **2.** (*о стиле*) nicht áusgefeilt

необразóванн||ость *ж* Mángel *m* (6*) an Bíldung, Bíldungsmangel *m*; **~ый** úngebildet

необрати́мый 1. *спец.* nicht úmkehrbar, írreversibel [-vɛr-]; **2.** (*о валюте*) nicht konvertíerbar [-vɛr-]; **3.** (*неповторимый*) unwiederbrínglich

необремени́тельный nicht beschwérlich

необстоя́тельный nicht áusführlich

необстрéливаем||ый *воен.* féuerfrei; únbestrichen; ~ое прострáнство tóter Raum

необýзданн||ость *ж* Únbändigkeit *f*, Úngezügeltheit *f*; Zügellosigkeit *f*; **~ый** únbändig, úngezügelt; zügellos; schránkenlos

необуслóвленный nicht veréinbart, nicht áusbedungen, nicht verábredet; ~ договóром пункт ein kontráktlich [vertráglich] nicht veréinbarter Punkt

необýченный úngelernt, úngeschult, únausgebildet

необходи́м||о *предик.* es ist nötig [nótwendig]; безуслóвно ~о es ist unerläßlich; **~ость** *ж* Nótwendigkeit *f*; Unentbéhrlichkeit *f*; пóзнанная ~ость *филос.* Éinsicht in die Nótwendigkeit; крáйняя ~ость die äußerste Nótwendigkeit [Not]; по ~ости nótwendigerweise; nótgedrungen; в слýчае ~ости im Nótfall; nötigenfalls; falls nótwendig, im Bedárfsfall; покори́ться неприя́тной ~ости sich in die bíttere Nótwendigkeit fügen; признáть ~ость sich vor die Nótwendigkeit gestéllt séhen*; считáясь с ~остью mit Rücksicht auf die Nótwendigkeit; **~ый** nótwendig, nötig, unentbéhrlich; безуслóвно ~ый unerläßlich; крáйне ~ый dríngend benötigt; мне ~а пóмощь ich bráuche (dríngend) Hílfe; я считáю э́то

~ым ich hálte [erächte] es für nótwendig; считáть ~ым что-л. cдéлать sich bemüßigt fühlen etw. zu máchen; быть ~ым vonnöten sein

необщéственный únsozial

необщи́тельный úngesellig

необъéзженный (*о лошади*) nicht zúgeritten

необъекти́вный nicht objektív

необъя́вленн||ый: ~ая войнá únerklärter Krieg

необъясни́мый únerklärlich, únerklärbar

необъя́тный unerméßlich

необыкновéнн||ый úngewöhnlich, áußergewöhnlich; äußerordentlich (*чрезвычайный*); séltsam (*странный*); ~ое легкомы́слие ungláublicher Léichtsinn

необычáйный úngewöhnlich; erstáunlich (*поразительный*)

необы́чн||ый úngewöhnlich; úngewohnt (*непривычный*); в ~ый час, в ~ое врéмя zur úngewohnten Stúnde

необязáтельный nicht únbedingt [nótwendig], únverbindlich; nicht obligatórisch

неогегельяни́||ец *м* Neuhegeliáner *m* (6); ~**ство** *с* Neuhegelianísmus *m* =

неогéновый *геол.* júngtertiär

неогля́дный unübersèhbar

неоглобали́зм *м полит.* Néoglobalismus *m* =

неограни́ченн||ость *ж* Únbeschränktheit *f*, Únbegrenztheit *f*; ~ость влáсти die Únbeschränktheit der Gewált; ~**ый** únbeschränkt; únbegrenzt, únumschränkt, úneingeschränkt; ~ые полномóчия únbeschränkte Vóllmachten; ~ые возмóжности únbegrenzte Möglichkeiten; ~ая свобóда schránkenlose Fréiheit

неоди́м *м* Neodým *n* -s (*хим. знак* Nd)

неодинáковый verschíeden; únähnlich (*непохожий*)

неоднознáчность *ж* Méhrdeutigkeit *f*, Úneindeutigkeit *f*

неоднокрáтн||о *нареч.* méhrmals, méhrfach; wiederhólt; so mánches mal; ~**ый** méhrmalig, méhrfach; wiederhólt

неоднорóдн||ость *ж* Úngleichartigkeit *f*, Verschíedenheit *f*; Heterogenität *f*; ~**ый** úngleichartig, verschíedenartig; heterogén

неодобр||éние *с* Míßbilligung *f*; ~**и́тельный** míßbilligend

неодоли́мый unüberwíndlich, unüberwíndbar; unbezwíngbar

неодушевлённый 1. únbelebt, léblos, únbeseelt; **2.:** ~ предмéт *грам.* Ding *n* (2), Sáche *f* (11)

неожи́данн||о *нареч.* únerwartet(erweise), únvermutet; únversehens; совершéнно ~о úrplötzlich; ~**ость** das Únerwartete (*sub*), das Únvermutete (*sub*); Überráschung *f* (10) (*внезапность*); от ~ости vor Überráschung; от негó мóжно ждать вся́ких ~остей er ist únberechenbar; ~**ый** únerwartet, únvermutet; únverhofft; überráschend, únvermittelt (*внезапный*)

неозву́ченный *кино* óhne Ton

неозóйский *геол.* neozóïsch, känozóïsch

неокантиáн||ец *м филос.* Neukantiáner *m* (6); ~**ство** *с филос.* Neukantianísmus *m* =

неокладнóй: ~ сбор *уст.* Verbráuchssteuer *f* (11)

неоклассици́зм *м* Néoklassizismus *m* =

неоколониали́||зм *м* Néokolonialismus *m* =; ~**стский** néokolonialistisch

неокончáтельный nicht éndgültig

неокóнченный únbeendet, unvolléndet, nicht ábgeschlossen, únabgemacht

неокрéпший schwach, noch nicht geféstigt

неоли́т *м археол.* Neolíthikum *n* -s, neolíthisches Zéitalter; die jüngere Stéinzeit; ~**и́ческий** neolíthisch

неологи́зм *м лингв.* Neologísmus *m* =, -men

неомальтузиáн||ский néomalthuisianisch; ~**ство** *с* Néomalthuisianismus *m* =

неóн *м* Néon *n* -s (*хим. знак* Ne)

неонаци́||зм *м* Néonazismus *m* =; ~**ст** *м* Néonazi *m* -s, -s

неóнов||ый Néon-; ~ая тру́бка Néonröhre *f* (11); ~ый свет Néonlicht *n* -(e)s; ~ая реклáма Néonreklame *f* (11), Néonlichter *pl*; ~ые бу́квы (реклáм) Léuchtbuchstaben *pl*, Léuchtschrift *f* (10)

неопáсный úngefährlich

неоперáбельный *мед.* inoperábel, nicht operíerbar

неопери́вшийся 1. noch únbefiedert; noch nicht flügge; **2.** *перен.* noch nicht flügge; únerfahren, úngeübt (*неопытный*)

неопи́санный 1. nicht beschríeben, nicht inventarisíert [-vən-]; **2.** *уст. см.* неопису́емый

неопису́емый unbeschréiblich, unaussprèchlich, unsäglich; unságbar, námenlos (*невыразимый*)

неоплáтный unbezáhlbar; ~ должни́к záhlungsunfähiger Schúldner

неоплáченный únbezahlt, únbeglichen

неопóзнанный únerkannt, noch nicht erkánnt

неопорóченный únbescholten (*об имени и т. п.*); únbestritten (*об аргументе и т. п.*)

неопрáвданн||ый 1. úngerechtfertigt; únbegründet (*необоснованный*); ~ый посту́пок éine úngerechtfertigte Hándlung; ~ое подозрéние ein únbegründeter Verdácht; **2.** (*о преступнике*) nicht fréigesprochen

неопределённ||ость *ж* Únbestimmtheit *f*, Úngewißheit *f*; ~**ый** únbestimmt; úngewiß; indefinít; únklar (*неясный*); únbestimmbar (*не поддающийся определению*); ~ый член *грам.* der únbestimmte Artíkel; ~ая фóрма *грам.* Ínfinitiv *m* (1), Nénnform *f* (10); ~ое местоимéние Indefinítpronomen *n* (7) (*pl тж* -mina), únbestimmtes Fürwort

неопределённо-ли́чный *грам.* únbestimmt-persönlich

неопредели́мый undefiníerbar, únbestimmbar; únwägbar

неопровержи́м||ость *ж* Únumstößlichkeit *f*, Unwiderlégbarkeit *f*; ~**ый** unwiderlégbar, unumstößlich

неопроки́дывающийся *мор.* unkénterbar

неопря́тн||ость *ж* Únsauberkeit *f*, Únreinlichkeit *f*; ~**ый** únsauber, únordentlich, náchlässig

неопубликóванный únveröffentlicht

неóпытн||ость *ж* Únerfahrenheit *f*, mángelnde Erfáhrung; ~**ый** únerfahren; óhne Erfáhrung (*предик.*)

неорганизóванн||ость *ж* Únorganisiertheit *f*; ~**ый** únorganisiert, nicht organisíert; ~ый рабóчий (*не вовлечённый в профсоюз*) (gewérkschaftlich) nicht organisíerter Árbeiter

неоргани́ческий únorganisch; ~ая хи́мия die ánorganische Chemíe

неординáрн||ость *ж* Originalität *f*, Úngewöhnlichkeit *f*; ~**ый** originéll, úngewöhnlich

неореали́зм *м кино* Néorealismus *m* =

неороманти́зм *м* Néoromantik *f*

неосведомлённый nicht unterríchtet; nicht informíert; nicht kompetént

неосёдланный úngesattelt, nicht gesáttelt

неосéдлый nicht séßhaft, nomádisch

неослабевáющ||ий nicht náchlassend; с ~им интерéсом mit únvermindertem Interésse

неослáбн||ый únablässig, úngeschwächt; unentwégt (*неуклонный*); fórtwährend (*постоянный*); ~ая бди́тельность nicht náchlassende Wáchsamkeit; ~ая оборóна *воен.* úngebrochene Ábwehr; с ~ым внимáнием mit únverminderter [ánhaltender] Áufmerksamkeit; ~о следи́ть за кем-л. j-n únablässig beóbachten

неосмотри́тельн||ость *ж* Únbedachtsamkeit *f*; Únvorsichtigkeit *f* (*неосторожность*); допусти́ть ~ость éinen únbedachten Schritt tun*; ~**ый** únbedacht(sam); únvorsichtig (*неосторожный*)

неосмы́сленный únverständig

неосновáтельный 1. (*малообоснованный*) únbegründet, háltlos; óhne Grund (*предик.*); **2.** *разг.* (*легкомысленный*) léichtfertig, nicht gründlich

неосóзнанный unbegréiflich; únbewußt

неоспори́м||ость *ж* Unbestréitbarkeit *f*; ~**ый** unbestréitbar, únstreitig, unangréifbar, unanféchtbar; unwiderléglich, unumstößlich (*неопровержимый*); ~ое доказáтельство schlágender Beweís

неосторóжн||о *нареч.* únvorsichtig (-erweise); ~**ость** *ж* Únvorsichtigkeit *f*; Fáhrlässigkeit *f*; по ~ости fáhrlässig; ~**ый** únvorsichtig; fáhrlässig; únachtsam

неосуществи́мый nicht realisíerbar; unerfüllbar, úndurchführbar (*невыполнимый*)

неосязáемый 1. nicht fühlbar, nicht tástbar; **2.** (*почти незаметный*) kaum wáhrnehmbar, únmerklich

неотáпливаемый nicht (be)héizbar

неотврати́м||ость *ж* Unabwéndbarkeit *f*; Unverméidlichkeit *f* (*неизбежность*); ~**ый** unabwéndbar; unverméidlich (*неизбежный*)

неотвя́зный, неотвя́зчивый 1. (*о мысли и т. п.*) ständig, belästigend; **2.** (*докучливый, назойливый*) áufdringlich, zúdringlich

неотдéланный (*о помещениях*) únfertig, nicht vóllständig hérgerichtet

неотдели́мый un(ab)trénnbar; untéilbar; unzertrénnlich

неотделя́ем||ый: ~ая пристáвка *грам.* úntrennbare Vórsilbe

неотёсанный 1. únbehauen, úngehobelt; **2.** *разг.* (*о человеке*) úngehobelt, úngeschlacht, úngeschliffen

неотзы́вчивый nicht mítfühlend, nicht entgégenkommend, téilnahmslos

неóткуда *нареч.* nírgend(s)wo, nírgend(s)her; мне ~ взять э́то ich weiß nicht, wo ich es hérnehmen soll

неотлóжка *ж разг. мед. см.* неотлóжная медици́нская пóмощь

неотлóжн||ость *ж* Unaufschíebbarkeit *f*, Drínglichkeit *f*; ~**ый** unaufschíebbar, kéinen Áufschub léidend [dúldend], dríngend, drínglich; akút (*о вопросе, деле*); ~ая медици́нская пóмощь Schnélle Medizínische Hílfe (*сокр.* SMH)

неотлу́чн||ый 1. (*неразлучный*) unzertrénnlich, stets ánwesend; ~ ый товáрищ unzertrénnlicher Freund; **2.** (*постоянный*) ständig, ùnunterbrochen; ~ое дежу́рство ständiger Wáchdienst

неотрази́мый 1. (*об ударе*) nicht parierbar; **2.** (*о доводе и т. п.*) unumstößlich, unwiderlégbar; **3.** (*обаятельный*) unwiderstéhlich, bezáubernd, berückend

неотры́вный unablässig, ùnunterbrochen

неотсту́пный (be)ständig, unablässig; unentwégt (*настойчивый*); zúdringlich (*назойливый*)

неотчётливый úndeutlich, únklar; únbestimmt (*неопределённый*)

неотчужда́ем||ость *ж юр.* Unveräußerlichkeit *f*; **~ый** *юр.* unveräußerlich

неотъе́млем||ый unverrückbar, unbenéhmbar; unveräußerlich; unabdíngbar; integrierend; ~ая составна́я часть ein integrierender [nicht wégzudenkender] Beständteil; ~ое пра́во verbrieftes Recht

неофаш||и́зм *м* Neofaschísmus *m* =; **~и́ст** *м* Neofaschist *m* (8); **~и́стский** neofaschístisch

неофи́т *м* Neophýt *m* (8), Néubekehrte *m* (14)

неофициа́льный ínoffiziell, nicht ámtlich

неофо́рмленный 1. verschwómmen; nicht éndgültig áusgestaltet; организацио́нно ~ organisatórisch verschwómmen; **2.** (*не имеющий законной силы*) nicht réchtskräftig

неохва́тный 1. sehr dick, mit großem Úmfang (*о деревьях*); **2.** (*огромный*) groß, unüberséhbar

неохо́т||а *ж* **1.** (*нежелание*) Únlust *f*; с ~ой mit Únlust, úngern; **2.** *предик. безл. разг.*: мне ~а ich hábe kéine Lust, ich bin dazú nicht áufgelegt; **~но** *нареч.* úngern, mit Únlust, lústlos

неоцени́м||ый únschätzbar, nicht hoch genúg éinzuschätzen (*предик.*); ~ое бога́тство únschätzbarer Réichtum; ~ые ка́чества äußerst wértvolle Éigenschaften

неочи́щенный *хим.* únrein; úngereinigt, roh

неощути́мый, неощути́тельный nicht fühlbar, nicht wáhrnehmbar; unmérklich (*незаметный*)

непа́л||ец *м* Nepalése *m* (9); **~и** *м* (*язык*) Nepáli *n* -s; **~ьский** nepalésisch

непарнокопы́тные *сущ. мн. зоол.* Únpaarzeher *pl*, Úngleichzeher *pl*

непа́рный únpaar(ig); *бот.* fálschgepaart

непарти́йный 1. partéilos; nicht partéigebunden; **2.** (*антипартийный*) partéiwidrig

непедагоги́чный pädagógisch falsch, únpädagogisch

не́пер *м физ.* Néper *n* (6)

непереводи́м||ый unübersétzbar; ~ая игра́ слов ein unübersétzbares [nicht wiederzugebendes] Wórtspiel

непередава́ем||ый nicht wiederzugebend; únbeschreiblich; unaussprechlich (*невыразимый*); ~ое впечатле́ние äußerst tiefer Éindruck

непереноси́мый unerträglich

непереходн||ость *ж грам.* Intransität *f*; **~ый:** ~ый глаго́л íntransitives Verb [Zeitwort]

неперме́тр *м физ.* Neperméter *n* (6)

неперспекти́вн||ость *ж* Perspektívlosigkeit *f*; **~ый** perspektívlos, óhne Perspektíve [-və]

непеча́т||ный *разг.* nicht zensúrfähig; únflätig; ~ая ру́гань únflätige Schímpfreden

непилоти́руемый *косм.* únbemannt

непи́саный úngeschrieben; **~** зако́н úngeschriebenes Gesétz

непита́тельный nicht náhrhaft

непла́вкий *тех.* unschmélzbar

неплатёж *м* Níchtzahlung *f*, Níchtbezahlung *f* (fälliger Gélder)

неплатёжеспосо́бн||ость *ж* Záhlungsunfähigkeit *f*, Ínsolvenz [-vɛnts] *f*; **~ый** záhlungsunfähig, ínsolvent [-vɛnt]

неплате́льщик *м юр.* Níchtzahler *m* (6), Ínsolvent [-vɛnt] *m* (8)

неплодоро́дн||ость *ж* Únfruchtbarkeit *f*; **~ый** únergiebig, únfruchtbar

неплодотво́рн||ый únfruchtbar, frúchtlos; ergébnislos, unerspríeßlich (*безрезультатный*); ~ая рабо́та éine únfruchtbare [ergébnislose] Árbeit

непло́тный úndicht; nicht fest

неплохо́й nicht schlecht, ganz gut, befríedigend

непобеди́м||ость *ж* Unbesíegbarkeit *f*; **~ый 1.** unbesíegbar; **2.** (*очень сильный*) unüberwíndlich, unwiderstéhlich, sehr stark; ~ое жела́ние unwiderstéhlicher Wunsch

непобори́мый unüberwíndlich, nicht zu bekämpfend, nicht unterdrückbar

непова́дно *предик. разг.*: что́бы ~ бы́ло damít éinem [j-m] (nächstes Mal) die Lust vergéht

невинный únschuldig (в чём-л. an *D*)

неповинове́ние *с* Úngehorsam *m* -(e)s; Widersétzlichkeit *f*

неповоро́тлив||ость *ж* Schwérfälligkeit *f*; Plúmpheit *f* (*неуклюжесть*); Úngeschicktheit *f* (*неловкость*); **~ый** schwérfällig; plump (*неуклюжий*); línkisch, úngeschickt (*неловкий*)

неповреждённый únbeschädigt

неповтори́м||ость *ж* Éinmaligkeit *f*, Éinzigartigkeit *f*; **~ый** éinmalig, éigenartig, éinzigartig; с ~ой иро́нией mit nicht wiederzugebender Ironíe

непого́да *ж* Únwetter *n* -s, Schléchtwetter *n*

непого́жий *разг.* trüb, régnerisch, kalt

непогреши́м||ость *ж* Unféhlbarkeit *f*; **~ый** unféhlbar, únbedingt ríchtig

неподалёку *нареч. разг.* únweit (от чего́-л. *G*, von *D*), nicht weit (von *D*)

непода́тливый únnachgiebig

неподве́домственный ámtlich nicht úntergeordnet

неподви́жн||ость *ж* Únbeweglichkeit *f*; Régungslosigkeit *f*; Stárrheit *f* (*оцепенение*); **~ый** únbeweglich; régungslos; starr (*оцепеневший*); *тех.* (órts-) fest, stationär; ~ая звезда́ *астр.* Fíxstern *m* (1); ~ый взгляд ein stárrer Blick; де́лать ~ым bewégungsunfähig máchen

неподгото́вленн||ость féhlende Vórbereitung; **~ый** schlecht vórbereitet

неподдаю́щийся únnachgiebig

неподде́льный 1. echt, únverfälscht; **2.** (*искренний*) áufrichtig, natürlich

неподку́пн||ость *ж* Únkäuflichkeit *f*; Unbestéchlichkeit *f*; **~ый** únkäuflich; unbestéchlich

неподоба́ющий úngehörig, úngebührlich, únschicklich, únziemend

неподража́емый únnachahmbar; éinzigartig; unvergléichlich (*несравненный*)

неподсу́дный *юр.* nicht zúständig

неподходя́щий únpassend, únangemessen

неподчине́ние *с* Úngehorsam *m* -(e)s

непозволи́тельн||ый únerlaubt, nicht gestáttet; únzulässig (*недопустимый*); э́то ~о das ist únzulässig

непознава́ем||ое *сущ. с филос.* das Únerkennbare (*sub*); **~ый** unerkénnbar

непо́знанн||ое *сущ. с филос.* das Únerkannte (*sub*); **~ый** únerkannt

непокла́дистый únnachgiebig, wíderspenstig, únverträglich

непоколеби́м||ость *ж* Unerschütterlichkeit *f*; Stándhaftigkeit *f* (*стойкость*); **~ый** únerschütterlich; stándhaft (*стойкий*); únbeirrt (*уверенный*); félsenfest (*непреклонный*); остава́ться ~ым fest bléiben*, nicht wánken, nicht schwánken

непоко́рн||ость *ж* Úngehorsam *m* -(e)s; Áufsässigkeit *f*, Wíderspenstigkeit *f* (*строптивость*); **~ый** úngehorsam; áufsässig, wíderspenstig (*строптивый*)

непокры́т||ый únbedeckt; с ~ой голово́й bárhaupt, bárhäuptig, óhne Kópfbedeckung; entblößten Háuptes (*высок.*)

непола́дки *мн. разг.* **1.** Störungen *pl*, Defékte *pl*; произво́дственные ~ Betríebsstörungen *pl*; **2.** (*нелады*) Míßstände *pl*, Stréitigkeiten *pl*

неполивн||о́й: ~ы́е зе́мли *с.-х.* nicht bewässerte Länderéien

неполити́чный *разг.* táktlos, úndiplomatisch

неполнозу́бые *сущ. мн. зоол.* Záhnarme *pl*

неполнопра́вный nicht vóllberechtigt

неполнота́ *ж* Únvollständigkeit *f*, Lückenhaftigkeit *f*, Únvollkommenheit *f*

неполноце́нный mínderwertig; nicht vóllwertig, funktiónsuntüchtig; физи́чески ~ körperlich behíndert

непо́лн||ый únvollständig; nicht voll; únvollzählig (*по числу*); ~ый вес kein vólles Gewícht; ~ый рабо́чий день Kúrzarbeit *f* (12), verkürzter Árbeitstag; ~ая рабо́чая неде́ля Kúrzwoche *f* (11); рабо́тать ~ый рабо́чий день Kúrzarbeit léisten, verkürzt árbeiten; ◇ ~ое предложе́ние *грам.* únvollständiger Satz; ~ая сре́дняя шко́ла Áchtklassenschule *f*

неполо́женный nicht féstgelegt; únpassend

непоме́рн||ый únmäßig, máßlos; schránkenlos; únermeßlich; ~ые тре́бования únmäßig hóhe Fórderungen; ~ые прете́нзии máßlose Ánsprüche

непонима́ние *с* Únverständnis *n*, Mángel *m* an Verständnis; взаи́мное ~ Míßverständnis *n*, Míßhelligkeit *f*

непоня́тлив||ость *ж* Verständnislosigkeit *f*; **~ый** verständnislos, begríffsstutzig; schwer von Begríff; stumpf (*тупой*); ~ый учени́к Schüler mit schléchtem Áuffassungsvermögen

непоня́т||ность *ж* Únverständlichkeit *f*, Unbegréiflichkeit *f*, Unerklärlichkeit *f*, Séltsamkeit *f*; **~ый** únverständlich, unbegréiflich, unerklärlich; mérkwürdig, séltsam; э́то мне соверше́нно ~о das ist mir unbegréiflich; das sind mir böhmische [spánische] Dörfer (*разг.*); ~о, почему́ es ist nicht recht zu verstéhen, warúm

непопада́ние *с* Féhlschuß *m* -sses, -schüsse

непоправи́м||ый unverbésserlich; э́то ~ая оши́бка das ist ein nicht wiedergútzumachender Féhler

непопуля́рный únpopulär, únbeliebt; nicht vólkstümlich

непоро́чн||ость *ж* Réinheit *f* (*чистота*); Kéuschheit *f* (*целомудренность*); Mákellosigkeit *f* (*безупречность*); **~ый** únbefleckt; rein (*чистый*); keusch (*целомудренный*); mákellos (*безупречный*)

непоря́док *м* Únordnung *f*

непоря́дочн||ость *ж* Únehrenhaftigkeit *f*, Únanständigkeit *f*; **~ый** únehrenhaft, únanständig; unfair ['ʊnfe:r]

непосвящённый úneingeweiht; nicht éingeweiht

непосе́д||а *м*, *ж* *разг.* únruhiger Mensch, rástlose Natúr; Quécksilber *n* -s (*разг.*); быть ~ой únruhig [rástlos] sein; kein Sítzfleisch háben (*разг.*)

непосе́длив||ость *ж* Únruhe *f*, Rástlosigkeit *f*; állzugroße Lébhaftigkeit; **~ый** únruhig; in stéter Bewégung; stets auf dem Sprung (*предик.*); он ~ый er hat kein Sítzfleisch (*разг.*)

непосеще́ние *с* Versäumnis *f* (3) *n* (3*); ~ уро́ков Schwänzen *n* -s

непоси́льн||ый die Kräfte übersteigend; ~ые нало́ги untrágbare Stéuern; э́то зада́ние для меня́ ~о díeser Áuftrag geht über méine Kräfte

непосле́довательн||ость *ж* Ínkonsequenz *f*, mángelnde Fólgerichtigkeit; **~ый** nicht fólgerichtig, ínkonsequent

непослуша́ние *с* Úngehorsam *m* -(e)s, Únfolgsamkeit *f*

непослу́шный úngehorsam, únfolgsam

непосре́дственн||ость *ж* Únmittelbarkeit *f*; Únbefangenheit *f*; Natürlichkeit *f* (*естественность*); **~ый 1.** únmittelbar; únvermittelt; dirékt (*прямой*); ~ая угро́за войны́ die únmittelbare Kríegsgefahr; ~ое руково́дство nächsthöhere Léitung; **2.** (*естественный*) únbefangen, natürlich

непостижи́||мый unbegréiflich, unfáßbar; ◇ уму́ ~о ganz unbegréiflich [unfáßbar]; das Begriffsvermögen [álle Begríffe] überstéigend

непостоя́н||ный únbeständig; únstet, veränderlich; *тех.* ínkonstant; ~ная пого́да únbeständiges Wétter; ~ные чле́ны (*организации и т. п.*) níchtständige Mítglieder; он о́чень ~ен er ist wétterwendisch; **~ство** *с* Únbeständigkeit *f*; Veränderlichkeit *f*; Flätterhaftigkeit *f* (*легкомыслие, ветреность*)

непоти́зм *м* Nepotísmus *m* =, Vétternwirtschaft *f*

непотопля́емость *ж* *мор.* Lécksicherheit *f*, Schwímmsicherheit *f*

непотре́бн||ый *уст. разг.* geméin, únzüchtig; ~ые слова́ únflätige Rédensarten, sáftige Áusdrücke

непохва́льный únlöblich

непохо́жий únähnlich, nicht ähnlich

непоча́тый nicht ángefangen, nicht ángerissen; nicht ángeschnitten (*о хлебе*); nicht ángestochen (*о бочке*); nicht ángebrochen (*о бутылке*); ◇ ~ край (*чего-л.*) unéndlich viel

непочти́тельн||ость *ж* Respéktlosigkeit *f*, Únehrerbietigkeit *f*; **~ый** únehrerbietig, respéktlos

непра́вда *ж* Únwahrheit *f*; э́то ~ das ist nicht wahr, das stimmt nicht; ◇ все́ми пра́вдами и ~ми auf jéde Art und Wéise; kein Míttel únversucht lássend

неправди́вый lügenhaft, lügnerisch

неправдоподо́б||ие *с* Únwahrscheinlichkeit *f*; **~ный** únwahrscheinlich

непра́вильн||ость *ж* Únrichtigkeit *f*; Írrtümlichkeit *f* (*ошибочность*); Írrtum *m* (5) (*ошибка*); Verstóß *m* (1*); Féhler *m* (6) (*погрешность*); **~ый** únrichtig, falsch; únregelmäßig, ábweichend; Fehl- (*ошибочный*); ~ое реше́ние Féhlentscheidung *f* (10); ~ый пригово́р Féhlurteil *n* (2); ~ые черты́ лица́ úngleichmäßige [únregelmäßige] Gesíchtszüge; ~ый глаго́л *грам.* únregelmäßiges Verb; ~ая дробь *мат.* únechter Bruch; поступа́ть ~о falsch hándeln; ~о цити́ровать falsch zitíeren

неправоме́рный únrechtmäßig, únstatthaft

неправомо́чн||ость *ж* Níchtberechtigung *f*; **~ый** únberechtigt, nicht bevóllmächtigt, únbefugt

неправоспосо́бность *ж* *юр.* Réchtsunfähigkeit *f*

неправоспосо́бный *юр.* réchtsunfähig, nicht réchtsfähig

неправосу́дный *юр.* gesétzwidrig

неправота́ *ж* Únrecht *n* -(e)s

непра́в||ый únrecht; úngerecht (*несправедливый*); ~ое де́ло éine wíderrechtliche Sáche; быть ~ым im Únrecht sein, únrecht háben

непракти́чный únpraktisch

непревзойдённ||ый 1. unübertróffen, unübertréfflich, unüberbíetbar; **2.** (*крайний*) ungláublich, äußerst; ~ая жесто́кость äußerste Gráusamkeit

непредви́денный únvorhergesehen, úngeahnt

непреде́льный *хим.* úngesättigt

непреднаме́ренный únvorsätzlich; únabsichtlich (*неумышленный*)

непредотврати́мый unabwéndbar, unverméidlich

непредубеждённый únvoreingenommen

непредумы́шленный nicht vórbedacht, únvorsätzlich

непредусмо́тренный únvorhergesehen; nicht vórgesehen

непредусмотри́тельн||ость *ж* Únbedachtheit *f*, Mángel an Vorâussicht; Náchlässigkeit *f* (*небрежность*); **~ый** nicht vórsorglich, únbedacht

непрезента́бельный nicht repräsentábel, únansehnlich

непрекло́нн||ость *ж* Unbéugsamkeit *f*; **~ый** unbéugsam; unerschütterlich (*непоколебимый*); ~ая во́ля unbéugsamer [unbeírrbarer] Wílle

непрекраща́ющийся ándauernd, ununterbrochen

непрело́жн||ость *ж* **1.** Unverbrüchlichkeit *f*; **2.** (*неоспоримость*) Unbestréitbarkeit *f*; Unanféchtbarkeit *f*; **~ый 1.** unverbrüchlich; únumstößlich; ~ый зако́н unverbrüchliches Recht; **2.** (*неоспоримый*) unbestréitbar; unanféchtbar; untrügbar; ~ый факт unbestréitbare Tátsache

непреме́нн||о *нареч.* únbedingt, ganz gewíß, bestímmt; **~ый** únbedingt; unerläßlich; beständig; ~ое усло́вие unerläßliche Bedíngung [Voráussetzung]; ~ый уча́стник únabkömmliches Mítglied; ◇ ~ый секрета́рь der ständige Sekretär

непреобори́мый unüberwíndlich

непреодоли́м||ость *ж* Unüberwíndlichkeit *f*; Unbezwíngbarkeit *f*; **~ый** unüberwíndlich; unbezwíngbar; ~ая си́ла höhere Gewált; ~ые тру́дности unüberbrückbare Schwíerigkeiten

непререка́ем||ый unbestréitbar, unanféchtbar; ~ая и́стина únangefochtene Wáhrheit; ~ый тон kategórischer Ton; ~ый авторите́т allgeméin ánerkannte Autorität

непреры́вн||о *нареч.* ununterbróchen, láufend, unablässig, óhne Únterlaß, in éinem fort; stétig (*постоянно*); ~о шли дожди́ es goß ununterbróchen [in éinem fort]; **~ость** *ж* Kontinuität *f*, Stétigkeit *f*, Páusenlosigkeit *f*; **~ый** ununterbróchen; dúrchlaufend; fórtlaufend, dúrchgehend; stétig, kontinuíerlich; (*о работе и т. п.*); ◇ ~ые дро́би *мат.* Kéttenbrüche *pl*

непреста́нн||ый fórtwährend, unaufhörlich, unablässig, beständig (*постоянный*); ~ые забо́ты ständige Sórgen

неприбранный únordentlich; nicht áufgeräumt (*о комнате*)

неприве́тливый 1. únfreundlich; kühl; **2.** (*мрачный*) düster

непривлека́тельный nicht ánziehend, réizlos, nicht attraktív

непривы́ч||ка *ж* Úngewohntheit *f*, Mángel an Gewóhnheit *f*; с ~ки мне бы́ло тру́дно es fiel mir schwer, weil ich es nicht gewóhnt bin; **~ный 1.** (*непривыкший*) úngewohnt (к чему́-л. *G*); nicht gewóhnt (an *A*); **2.** (*необычный*) úngewöhnlich; ~ная тишина́ úngewöhnliche Stílle

непригля́дн||ый únansehnlich; ~ая роль éine schmähliche Rólle

неприго́дный úntauglich, únbrauchbar; ábgestellt (*о старых вещах*); ungeníeßbar (*для еды*)

неприе́млем||ость *ж* Unannéhmbarkeit *f*; Únzulässigkeit *f*; **~ый** unannéhmbar; únzulässig (*недопустимый*)

неприёмный: ~ день Spérrtag *m* (1)

непри́знанный nicht ánerkannt; verkánnt (*тж. ирон.*); ~ ге́ний ein verkánntes Geníe

неприка́янный *разг.* rúhelos; хо́дит как ~ er geht rúhelos umhér

неприкоснове́нн||ость *ж* Unverlétzlichkeit *f*; Unantástbarkeit *f*; Integrität *f* (*территории*); лиши́ть кого́-л. парла́ментской ~ости j-m die parlamentárische Immunität entzíehen*; наруше́ние ~ости жили́ща Háusfriedensbruch *m* (1*); **~ый** unverlétzlich, unangréifbar; unantástbar; ~ый запа́с éiserne Ratión

неприкра́шенн||ый unverblümt; úngeschminkt; ~ая и́стина die unverblümte [úngeschminkte] Wáhrheit; **в ~ом ви́де** úngeschminkt

неприкры́т||ый 1. nicht fest verschlóssen (*о двери*); **2.** (*без покрова*) nicht zúgedeckt; ~ая земля́ únbedecktes Land; **3.** *воен.* nicht gedéckt, óhne Déckung; **4.** (*очевидный*) óffen; óffenkundig, únverhohlen; ~ая ложь únverhohlene Lüge

неприли́ч||ие *с* Únanständigkeit *f*, Únschicklichkeit *f*; Únart *f*; **~ный** únanständig, únschicklich, ánstößig; úngehörig; ~но вести́ себя́ sich ánstößig [únanständig] benéhmen*

неприменéние *с:* ~ си́лы *полит.* Gewáltverzicht *m* -(e)s

непримени́м||ый nicht ánwendbar; nicht verwéndbar; быть ~ым kéine Ánwendung fínden*

неприме́тный 1. (*незаметный*) unmérklich; kaum zu bemérken; **2.** (*ничем не замечательный*) nicht bemérkenswert; únansehnlich; ~ челове́к ein Mensch, der nicht áuffällt

непримири́м||ость *ж* Únversöhnlichkeit *f*; Únnachgiebigkeit *f*; **~ый** únversöhnlich; únnachgiebig; stur; ~ое отноше́ние, ~ая пози́ция únversöhnliche Éinstellung (к чему́-л. zu *D*); ~ые противоре́чия unüberbrückbare Gegensätze, únversöhnliche Wídersprüche

непринуждённ||ость *ж* Úngezwungenheit *f*; **~ый** úngezwungen, zwánglos; ~ая по́за úngezwungene [ganz natürliche] Póse

непринятие *с* **1.** (*отказ*) Áblehnung *f*; **2.:** ~ мер Níchteingreifen *n* -s, das Níchtergreifen von Máßnahmen

неприсоедине́н||ие *с* *полит.* Níchtpaktgebundenheit *f*, Blóckfreiheit *f*; движе́ние неприсоедине́ния die Bewégung der Níchtpaktgebundenheit, die Bewégung der Níchtpaktgebundenen

неприсоединивш||ийся: ~иеся государства nichtpaktgebundene Stáaten

неприспосо́бленн||ость *ж* Úngeschicklichkeit *f*; ~ый úngeeignet; nicht geschäffen (к чему́-л. für *A*); únpraktisch (*непрактичный*)

непристо́йн||ость *ж* Únanständigkeit *f*; Obszönität *f*; Únzüchtigkeit *f*; Únflätigkeit *f* (*о высказывании*); **~ый** únanständig; obszön; únflätig (*о высказывании*); ~ые анекдо́ты schmíerige Anekdóten; dréckige Wítze; ~ые выраже́ния únanständige Wórte, obszöne Áusdrücke

непристу́пн||ость *ж* Únzugänglichkeit *f*, Unnáhbarkeit *f*; Uneinnéhmbarkeit *f*, Unbezwíngbarkeit *f* (*о крепости*); **~ый 1.** únzugänglich, uneinnéhmbar, unbezwíngbar; ~ая кре́пость uneinnéhmbare [unbezwíngbare] Féstung; ~ая скала́ únzugänglicher Fels; **2.** (*надменный*) unnáhbar, únzugänglich, distanzíert

непрису́тственный: ~ день *уст.* (árbeits)fréier Tag

непритво́рный ungehéuchelt; únverstellt; áufrichtig (*искренний*)

непритяза́тельный ánspruchslos, bedürfnislos

неприхотли́в||ость *ж* Ánspruchslosigkeit *f*; Beschéidenheit *f* (*скромность*); **~ый** ánspruchslos; beschéiden (*скромный*)

неприча́стн||ость *ж* Níchtteilnahme *f*, Níchtbeteiligung *f* (к чему́-л. an *D*); **~ый** únbeteiligt (an *D*)

неприя́зненный mißgünstig, übelwollend; féindselig (*враждебный*)

неприя́знь *ж* Mißgunst *f*; Féindseligkeit *f*, féindselige Gesínnung (*враждебность*)

неприя́тель *м* Feind *m* (1); **~ский** féindlich, gégnerisch; ~ские войска́ die féindlichen Trúppen

неприя́тн||ость *ж* Únannehmlichkeit *f* (10); Úngelegenheit *f* (10); Ärger *m* -s; **~ый** únangenehm, únbehaglich, únliebsam; péinlich (*мучительный*); ärgerlich (*досадный*); пережи́ть ~ую мину́ту éinen únerquicklichen Áugenblick erlében; попа́сть в ~ое положе́ние in éine mißliche Láge geráten*

непробу́дн||ый: ~ый сон tíefer [féster] Schlaf; *перен.* éwiger Schlaf, Tod *m* -(e)s; ~ое пья́нство notórisches Sáufen

непроводни́к *м физ., эл.* Níchtleiter *m* (6); Diļeléktrikum *n* -s, *pl* -ken *u* -ka

непроводя́щий níchtleitend; diļeléktrisch

непрогля́дн||ый undurchdrínglich, stóckfinster; tróstlos (*безотрадный*); ~ая ночь stóckfinstere Nacht; ~ый мрак undurchdríngliche Fínsternis

непродолжи́тельн||ость *ж* kúrze Dáuer; ~ый kurz; von kúrzer Dáuer; nicht ánhaltend; в (са́мом) ~ом вре́мени in (áller)nächster [ábsehbarer] Zeit, in Bälde, in Kürze

непродукти́вный únproduktiv, nicht produktív; únfruchtbar; unersprießlich (*бесполезный*)

непроду́манный nicht (genügend) durchdácht; únbedacht

непрое́зжий un(be)fáhrbar, únwegsam

непрозра́чный úndurchsichtig

непроизводи́тельн||ость *ж* Únproduktivität [-vi-] *f*; Únergiebigkeit *f*; **~ый** únproduktiv, únergiebig; únnütz (*бесполезный*); ~ая тра́та сил nútzlose Kráftvergeudung

непроизво́льный unwillkürlich

непрола́зный *разг.* undurchdrínglich, nicht zu durchschréiten, nicht zu durchwáten

непролета́рский nicht proletárisch

непромока́ем||ый wásserdicht, wásserundurchlässig; ~ое пальто́ Régenmantel *m* (6*); ~ые сапоги́ Wásserstiefel *pl*

непроница́ем||ость *ж* Úndurchlässigkeit *f*; Impermeabilität *f*; **~ый 1.** undurchdrínglich; impermeábel; dicht; ~ый для воды́ wásserdicht; ~ый для во́здуха lúftdicht; де́лать ~ым dicht máchen; **2.** (*скрытный*) verschlóssen

непроница́тельный nicht schárfsinnig

непропорциона́льн||ость *ж* Disproportionalität *f*; **~ый** disproportionál, únproportioniert

непросвещённ||ость *ж* Níchtaufgeklärtheit *f*; Únwissenheit *f* (*невежество*); **~ый** nicht áufgeklärt; úngebildet (*необразованный*); únwissend (*невежественный*)

непросе́янный úngesiebt

непрости́тельн||ый unverzéihlich, unentschúldbar; э́то ~о das ist nicht zu verzéihen

непросто́й úngewöhnlich, besónderer

непротивле́ние *с* Níchtwidersetzung *f*; ~ злу Ábkehr von der Gewált

непроходи́м||ость *ж* Únwegsamkeit *f*; Undurchdrínglichkeit *f* (*о лесе*); *мед.* (*закупорка, обтурация*) Verschlúß *m* -sses, -schlüsse; **~ый** únpassierbar, un(be)fáhrbar, únwegsam (*о дороге*); undurchdrínglich (*о лесе*); *мед.* undurchgängig; ◊ ~ая глу́пость *разг.* unergründlicher Blödsinn, Érzdummheit *f*

непро́чн||ость *ж* Labilität *f* (*неустойчивость*); Brüchigkeit *f*, Zerbréchlichkeit *f* (*хрупкость*); **~ый** nicht háltbar; nicht (stánd)fest, nicht dáuerhaft; labíl (*неустойчивый*); brüchig, zerbréchlich (*ломкий*); ~ые отноше́ния kéine fésten Bezíehungen

непро́шеный *разг.* úngebeten, únaufgefordert, úngeladen; ~ гость ein úngebetener Gast

непрям||о́й úngerade; índirekt, míttelbar; ~о́й челове́к *разг.* únaufrichtiger Mensch; ~а́я наво́дка *воен.* índirektes Zíelen, índirektes Ríchten; ~о́е деле́ние *биол.* índirekte [mitótische] Kérnteilung, Mitóse *f*, Karyokinése *f*

Непту́н *м* **1.** *миф.* Neptún *m* -s; **2.** *астр.* Neptún *m* -s

непту́ний *м* Neptúnium *n* -s (*хим. знак* Np)

непутёвый *разг.* lócker, únsolide, níchtsnutzig; ~ челове́к lóckerer Vógel, Léichtfuß *m* (1*)

непью́щий: он ~ er trinkt nicht

нерабо́тающий nicht árbeitend; nicht berúfstätig

неработоспосо́бн||ость *ж* Árbeitsunfähigkeit *f*; **~ый** árbeitsunfähig

нерабо́чий: ~ день Rúhetag *m* (1); árbeitsfreier Tag

нера́венство *с* **1.** Úngleichheit *f*; **2.** *мат.* Úngleichung *f*

неравно́ *частица разг.* (*а вдруг*) sonst noch, gar noch; bewáhre, daß; im Fálle, daß

неравноду́шн||ый: быть ~ым к кому́-л. j-m gegenüber nicht gléichgültig sein; étwas für j-n übrig háben; gewísse Gefühle für j-n háben; он к ней неравноду́шен er hegt éine Néigung für sie; er ist verlíebt in sie

неравноме́рн||ость *ж* Úngleichmäßigkeit *f*; **~ый** úngleichmäßig; зако́н ~ого разви́тия капитали́зма das Gesétz der úngleichmäßigen Entwícklung des Kapitalísmus

неравнопра́в||ие *с* féhlende Gléichberechtigung; **~ный** nicht gléichberechtigt; réchtsungleich

нера́вн||ый úngleich; ~ые си́лы úngleiche Kräfte

нерад||е́ние *с*, **~и́вость** *ж* Náchlässigkeit *f*; Únachtsamkeit *f*; Sórglosigkeit *f* (*беспечность*); **~и́вый** náchlässig; únachtsam; sórglos (*беспечный*)

неразбери́ха *ж разг.* Durcheinánder *n* -s, Wírrwarr *m* -s, Únordnung *f*, Tohuwabóhu *n* -s; по́лная ~ únentwirrbares Durcheinánder

неразбо́рчив||ость *ж* **1.** (*о почерке*) Únleserlichkeit *f*; Úndeutlichkeit *f*; **2.** (*в средствах*) Skrúpellosigkeit *f*; **3.** (*неприхотливость*) Ánspruchslosigkeit *f*, Gléichgültigkeit in der Wahl; **~ый 1.** (*о почерке*) únleserlich, nicht lésbar, únlesbar; úndeutlich; **2.** (*беспринципный*) skrúpellos, gewíssenlos; **3.** (*неприхотливый*) leicht befríedigt, ánspruchslos; nicht wählerisch

неразвито́й 1. (*физически*) únentwickelt; **2.** (*духовно*) (in der Entwícklung) zurückgeblieben; beschränkt

нера́звитость *ж* Únentwickeltheit *f*; у́мственная ~ géistige Rückständigkeit

неразга́данный úngelöst, únaufgeklärt

неразгово́рчивый wórtkarg, nicht rédselig; múndfaul (*разг.*)

неразделённый 1. nicht getéilt, úngeteilt; **2.** (*о чувствах*) nicht erwídert

неразделимый untéilbar

неразде́льн||ость *ж* Untéilbarkeit *f*, Unzertrénnbarkeit *f*; **~ый** untéilbar, un(zer)trénnbar, unzertrénnlich; ~ое це́лое ein untrénnbares Gánzes

неразличи́мый nicht zu unterschéiden

неразложи́мый *хим.* unzerlégbar, unzersétzbar

неразлу́чн||ики *мн. зоол.* Unzertrénnliche *pl*; **~ый** unzertrénnlich, untrénnbar; они́ ~ы sie sind unzertrénnlich; sie hálten zusámmen wie Pech und Schwéfel (*разг.*)

неразме́нный (*о деньгах*) nicht wéchselbar; ~ рубль *фольк.* Héckmünze *f* (11)

неразреш||ённый 1. (*нерешённый*) úngelöst, úngeklärt, únentschieden; **2.** (*запрещённый*) verbóten, unterságt, nicht gestáttet, nicht erláubt; **~и́мый** unlösbar

неразруши́мый unzerstörbar

неразры́вн||ость *ж* Unzertrénnlichkeit *f*, Unzerréißbarkeit *f*; *тех.* Kontinuität *f*; **~ый** unzertrénnlich, unzerréißbar, untrénnbar; ~ая связь unlösbarer Zusámmenhang

неразу́мн||ый únvernünftig, únverständig; ~ое тре́бование éine únvernünftige Fórderung; бы́ло бы ~о es wäre únvernünftig; es wäre nicht rátsam

неразъёмный *стр.* nichtdemontíerbar, unzerlégbar

нераска́янный *уст.* verstóckt, réuelos

нераспеча́танный úngeöffnet (*о письме, бутылке*)

нерасположе́ние *с* Antipathíe *f*, Ábneigung *f*, Ábgeneigtheit *f* (к кому́-л., к чему́-л. gégen *A*)

нерасполо́женный (*к кому-л., к чему-л.*) nicht gewógen; ábgeneigt (*не склонный*)

нераспоряди́тельн||ость *ж* Mángel *m* (6*) an Organisatiónstalent; organisatórische Únfähigkeit; **~ый:** ~ый администра́тор ein schléchter Organisátor [Léiter]

нераспространéние *с* Níchtweitergabe *f*, Níchtweiterverbreitung *f*

нераспространённ||ый *грам.:* ~ое предложéние éinfacher [níchterweiterter] Satz

нерассуди́тельн||ость *ж* Únvernunft *f*, Únverstand *m* -(e)s; Únbesonnenheit *f*; **~ый** únvernünftig, únverständig, únbesonnen

нерастворúм||ость *ж хим.* Únlöslichkeit *f*; **~ый** únlöslich

нерасторжи́м||ость *ж* Únauflöslichkeit *f*, Unzerréißbarkeit *f*; **~ый** únauflöslich, ún(auf)lösbar, unzerréißbar; ~ый сою́з unzerréißbarer Bund; ~ые ýзы дрýжбы unzerstörbare Fréundesbande

нерастороп||ость *ж* Úngewandtheit *f*; Lángsamkeit *f*; **~ый** únbehend(e), úngewandt, lángsam

нерасфасóванный lóse, nicht verpáckt, nicht ábgepackt

нерасчётлив||ость *ж* **1.** Mángel *m* (6*) an Beréchnung; **2.** (*непредусмотрительность*) Mángel *m* -s an Vorάussicht; **~ый 1.** nicht beréchnend, únwirtschaftlich, únökonomisch; **2.** (*непредусмотрительный*) nicht vórsorglich

нерационáльный únrationell, irrationál; únzweckmäßig

нерв *м анат.* Nerv *m* (13); двигáтельный ~ motórischer Nerv, Bewégungsnerv *m*; зри́тельный ~ Séhnerv *m*; воспалéние ~ов *мед.* Nérvenentzündung [-f- *u* -v-] *f*; умертви́ть ~ (в зýбе) den Nerv (im Zahn) töten; страдáть ~ами *разг.* nérvenkrank sein, schwáche Nérven háben; ◇ дéйствовать на ~ы *разг.* auf die Nérven fállen* [géhen*]; игрáть на чьих-л. ~ах j-s Nérven beánspruchen; у негó ~ы сдáли *разг.* séine Nérven verságen [máchen nicht mehr mit], er verlíert séine Nérven

нервáция *ж бот.* Nérvengerüst [-f- *u* -v-] *n* (2)

нерви́ровать nervös [-'vø:s] máchen

нéрвничать nervös [-'vø:s] sein, nervös wérden, áufgeregt sein; die Nérven [-f- *u* -v-] verlíeren*

нервнобольнóй *прил.* **1.** neuropáthisch, nérvenkrank [-f- *u* -v-]; **2.** *в знач. сущ. м* Nérvenkranke *m* (14)

нéрвн||ость *ж* Nervosität [-vo-] *f*; **~ый** nervös [-'vø:s]; Nérven- [-f- *u* -v-]; ~ая клéтка *анат.* Nérvenzelle *f* (11); ~ое заболевáние Nérvenkrankheit *f* (10); вегетати́вная ~ая систéма das vegetatíve Nérvensystem; вы́сшая ~ая дéятельность höhere Nérventätigkeit; ~ые жéсты nervöse (krámpfhafte) Bewégungen; ~ое напряжéние nérvliche Ánspannung

нервóзн||ость *ж* Nervosität [-v-] *f*; Geréiztheit *f*; **~ый** nervös [-'vø:s]; kríbb(e)lig (*раздражительный, беспокойный*)

нервю́ра *ж* Ríppe *f* (11); фéрменная ~ Gítterrippe *f*, Fáchwerkrippe *f*; *стр.* ~ свóда Gewölberippe *f*

нереáльн||ость *ж* Únwirklichkeit *f*; Irrealität *f*; Unerfüllbarkeit *f* (*невыполнимость*); **~ый** únwirklich; nicht reál, írreal; unerfüllbar (*невыполнимый*); ~ый проéкт nicht zu verwírklichendes Projékt

нерегуля́рн||о *нареч.* únregelmäßig; irregulär; von Fall zu Fall; **~ость** *ж* Únregelmäßigkeit *f*; **~ый** únregelmäßig; irregulär

нерéдко *нареч.* nicht sélten; mitúnter (*иногда*); öfters (*часто*)

нерентáбельн||ость *ж* mángelnde Rentabilität; **~ый** únrentabel, nicht éinträglich

нéрест *м* Láichen *n* -s

нерести́ться láichen *vi*, Laich áblegen

нéрестов||ый Laich-; ~ые мигрáции Láichwanderungen *pl*

нереши́мост||ь *ж* Únentschlossenheit *f*; быть в ~и únentschlossen [únschlüssig] sein; in Únentschlossenheit verhárren

нереши́тельн||ость *ж* Únentschlossenheit *f*, Únschlüssigkeit *f*, Únentschiedenheit *f*; Wánkelmut *m* - (e)s, Záudern *n* -s; **~ый** únentschlossen, únschlüssig, únentschieden; wánkelmütig, záudernd; ~ый тон únsicherer Ton

нержавéющ||ий róstfrei, róstsicher, níchtrostend, róstbeständig; korrosiónsfrei; ~ая стáль róstfreier Stahl, níchtrostender Stahl (*сокр.* Nirósta *n* -s)

нерóбк||ий nicht zághaft; nicht fúrchtsam; ◇ он ~ого деся́тка *разг.* er ist behérzt; er ist kein Hásenfuß

нерóвн||ость *ж* Únebenheit *f*, Úngleichmäßigkeit *f*; **~ый** úneben, úngleichmäßig; nicht glatt (*шероховатый*); schief, krumm, nicht geráde (*о линии*); únregelmäßig, stóßend (*прерывистый — о дыхании, движении*); ~ая дорóга hólp(e)riger Weg; ~ый пýльс únregelmäßiger Puls

нерóвня *м, ж* nicht ebenbürtig; nicht gleich; nicht stándesgleich; kein Paar; он ей ~ er paßt nicht zu ihr

нéрпа *ж зоол.* Ríngelrobbe *f* (11), Séehund *m* (1)

нерýдный níchterzhaltig

нерукотвóрный *высок.* nicht von Ménschenhand geschäffen

неруши́м||ость *ж* Unverbrüchlichkeit *f*; **~ый** unverbrüchlich; unzerstörbar; unlösbar; ~ая дрýжба unerschütterliche Fréundschaft, unzerstörbare Fréundschaft

неря́ха *м, ж разг.* únsauberer [líederlicher] Mensch; Schlámpe *f* (11), Schmútzfink *m* (8), Líederjan *m* (1)

неря́ш||ество *с*, **~ливость** *ж* Únordentlichkeit *f*; Únsauberkeit *f*, Schlámpigkeit *f*, Schluderéi *f*; **~ливый** schlámpig, únordentlich, schlúdrig, náchlässig

нёс *ед. прош. см.* нести́

несамостоя́тельн||ость *ж* Únselbständigkeit *f*; **~ый** únselbständig

несамоуправля́ющ||ийся: ~иеся террито́рии Gebíete óhne Sélbstverwaltung

несбалансирóванн||ость *ж эк.* Únausgeglichenheit *f*; **~ый** únausgeglichen

несбы́точн||ый unerfüllbar; ~ые мечты́ unerfüllbare Träume

несварéние: ~ желýдка *мед.* Verdáuungsstörung *f*

несвéдущий únkundig, únbewandert, úninformiert

несвéж||ий 1. (*утомлённый*) nicht frisch; ~ий вид ein ábgespanntes Áussehen; **2.** (*заношенный*) ábgetragen, únsauber; ~ий носовóй платóк schmútziges Táschentuch; **3.** (*испорченный*) verdórben; ~ие продýкты verdórbene Lébensmittel, nicht mehr frísche Éßwaren

несвоеврéменный nicht zur ríchtigen Zeit; nicht réchtzeitig

несвóйственн||ый nicht charakterístisch, nicht týpisch, nicht éigen(tümlich); fremd (*чуждый*); ~ое емý поведéние ein ihm frémdes [nicht éigenes] Benéhmen

несвя́зн||ость *ж* Zusámmenhangslosigkeit *f*; Únzusammenhängendes *sub n*; **~ый** únzusammenhängend; zusámmenhangslos

несгибáем||ый 1. únbiegsam; starr; steif; **2.** (*стойкий*) unbéugsam; ~ая вóля unerschütterlicher Wílle

несговóрчив||ость *ж* Únfügsamkeit *f*; Wíderspenstigkeit *f* (*строптивость*); Hálsstarrigkeit *f*, Stárrköpfigkeit *f* (*упрямство*); **~ый** nicht gefügig, únfügsam; wíderspenstig (*строптивый*); hálsstarrig, stárrköpfig (*упрямый*)

несгорáемый féuerfest, un(ver)brénnbar; ~ шкаф féuerfester Schrank, Pánzerschrank *m* (1*), Safe [*англ.* se:f] *m* -s, -s

несдéржанн||ость *ж* Úngehaltenheit *f*, Únbeherrschtheit *f*; Héftigkeit *f*, Hítzigkeit *f* (*вспыльчивость*); **~ый 1.** (*об обещании и т. п.*) nicht éingehalten; **2.** (*о характере*) úngehalten, únbeherrscht; héftig, hítzig, áufbrausend (*вспыльчивый*)

несдобровáть: тебé ~ *разг.* mit dir wird es nicht gut énden; mit dir nimmt das kein gútes Énde; du wirst noch éinmal heréinfallen*

несéние *с* Áusübung *f*, Erfüllung *f*; ~ обя́занностей Pflíchterfüllung *f*, Díensterfüllung; ~ караýльной слýжбы Áusübung des Wáchdienstes

несери́йный nicht séri¦enmäßig hérgestellt, éinzelgefertigt

несерьёзн||ость *ж* **1.** (*человека*) Léichtsinn *m* -(e)s; **2.** (*дéла, вопроса*) Únwichtigkeit *f*; Bedéutungslosigkeit *f*; **~ый 1.** (*о человеке*) léichtsinnig, nicht ernst, óhne Ernst; относи́ться к чемý-л. ~о etw. leicht néhmen*, etw. auf die léichte Schúlter [Áchsel] néhmen*; **2.** (*о деле, вопросе*) únwichtig; bedéutungslos, únbedeutend

несессéр *м* Necessaire [-'sɛ:r] *n* -s, -s, Toiléttentäschchen [toa-] *n* (7); Nähetui [-ɛt‚vi:] *n* -s, -s (*для шитья*); дорóжный ~ Réisenecessaire *n*

несжимáемый inkompressíbel, nicht zusámmenpreßbar; nicht zusámmendrückbar

несимметри́чн||ость *ж* Únsymmetrie; **~ый** únsymmetrisch

несимпати́чный únsympathisch

несказáнный *поэт.* unausspréchlich, unságbar, unsäglich

несклáд||ица *ж разг.* Únsinn *m* -(e)s, Úngereimtheit *f*; **~ный 1.** (*о рассказе и т. п.*) úngereimt; únzusammenhängend; hínkend (*о фразе, стихе*); **2.** *разг.* (*о человеке*) úngefüge, plump, úngeschickt; ~ная фигýра úngefüge [únförmige] Gestált

несклоня́ем||ость *ж грам.* Undeklinierbarkeit *f*; **~ый** *грам.* undeklinierbar; indeklinábel

нéскольк||о 1. *нареч.* (*слегка, немного*) étwas, ein wénig; ~о бóльше ста рублéй étwas über húndert Rúbel; **2.** *числит.* éinige, étliche, méhrere, ein paar; в ~их словáх in wénigen Wórten, in ein paar Wórten; ~о сот человéк ein paar húndert Ménschen; ~о раз étliche Mále

нескончáемый éndlos; óhne Énde

нескрóмн||ость *ж* **1.** Únbescheidenheit *f*; Indiskretión *f*; **2.** (*бесстыдство*) Únanständigkeit *f*, Únsittlichkeit *f*; Schámlosigkeit *f*; **~ый 1.** únbescheiden; índiskret; vórlaut (*бесцеремонный*); **2.** (*бесстыдный*) únanständig, únsittlich, schámlos

нескрывáемый unverhüllt, únverhohlen

несла́дкий 1. nicht süß, óhne Zúcker; **2.** (*безрадостный*) fréudlos

несло́жн||ость *ж* Únkompliziertheit *f*, Éinfachheit *f*; **~ый** únkompliziert, éinfach

неслы́ханный únerhört, béispiellos

неслы́шн||ый unhörbar; **~ыми** шага́ми mit unhörbaren Schrítten

несменя́ем||ость *ж юр.* Unabsétzbarkeit *f*; **~ый 1.** nicht áuswechselbar, nicht áustauschbar; **2.** *юр.* unabsétzbar

несме́тный unerméßlich, unzählig, záhllos; unschätzbar

несмина́ем||ость *ж* Knítterfreiheit *f*; **~ый** knítterfrei

несмолка́ем||ый ánhaltend, lang ándauernd; ~ые аплодисме́нты lang ánhaltender Béifall

несмотря́: ~ на úngeachtet (на что-л. *G*), trotz (*G или D*); ~ ни на что trotz álledém; ~ на э́то trotzdém; ~ на то, что... obgléich [obwóhl, úngeachtet déssen daß...]

несмыва́емый 1. nicht wégzuwischend; **2.:** ~ позо́р éwige Schánde

несмышлёный begríffsstutzig

несно́сный unerträglich, unausstéhlich; ~ челове́к ein úngenießbarer Mensch

несоблюде́ние *с* Níchtbefolgung *f*, Níchtbeachtung *f*, Níchteinhaltung *f*; ~ обяза́тельств Níchteinhaltung der Verpflíchtungen; ~ сро́ка Níchteinhaltung der Frist

несовершеннолéт||ие *с юр.* Únmündigkeit *f*, Mínderjährigkeit *f*; **~ний** *прил.* **1.** únmündig, mínderjährig; **2.** *в знач. сущ. м* Únmündige *m* (14), Mínderjährige *m* (14); суд по дела́м ~них Júgendgericht *n* (2)

несоверше́н||ный 1. únvollkommen; ~ная рабо́та féhlerhafte Árbeit; **2.** *грам.:* ~ный вид ímperfektiver [-vər] Aspékt; únvollendeter Aspékt; **~ство** *с* Únvollkommenheit *f*

несовмести́м||ость *ж* **1.** Unveréinbarkeit *f*, Únverträglichkeit *f*; тка́невая ~ость *мед.* Únverträglichkeit der Gewébe; **2.** *лингв.* Inkompatibilität *f*; **~ый** unveréinbar; ~ые поня́тия unveréinbare [einánder áusschließende] Begríffe

несовпаде́ние *с* Níchtübereinstimmung *f*, Ínkongruenz *f*

несовреме́нный únzeitgemäß, nicht zéitgemäß, der héutigen Zeit nicht entsprẽchend

несогла́с||ие *с* **1.** Úneinigkeit *f*; Míßhelligkeit *f*; Míßklang *m* -(e)s, Únstimmigkeit *f*; ~ие во мне́ниях Méinungsverschiedenheit *f*; **2.** (*разлад*) Zerwürfnis *n* -ses, Zwist *m* -es; **3.** (*отказ*) Ábsage *f* (11), Áblehnung *f* (10), Wéigerung *f* (10); **~ный 1.** nicht éinverstanden (с кем-л., с чем-л. mit *D*); **2.** (*недружный*) úneinig

несогласова́ние *с лингв.* Ínkongruenz *f*

несогласо́ванн||ость *ж* Níchtübereinstimmung *f*; mángelnde Koordiníerung; *физ.* Féhlanpassung *f*; **~ый** nicht übereínstimmend, nicht veréinbart

несозву́чный nicht im Éinklang (чему́-л. mit *D*)

несозна́тельн||ость *ж* Mángel *m* (6*) an Éinsicht; проявля́ть ~ость Mángel an Bewúßtsein zéigen; **~ый 1.** (*политически отсталый*) nicht (klássen)bewúßt; **2.** (*о ребёнке и т. п.*) únbewußt

несозы́в *м* Níchteinberufung *f*

несоизмери́м||ость *ж* Unvergléichbarkeit *f*; Inkommensurabilität *f*; **~ый** unvergléichlich; inkommensurábel

несократи́мый *мат.* únkürzbar, únauflösbar

несокруши́м||ость *ж* Unumstößlichkeit *f*, Únerschütterlichkeit *f*; Unzerstörbarkeit *f*; Unbesíegbarkeit *f* (*непобедимость*); **~ый** unumstößlich; unzerstörbar; unüberwíndlich, unbesíegbar (*непобедимый*); ~ая во́ля der unerschütterliche Wílle

несолида́рно *нареч.* nicht solidárisch, nicht geméinsam; де́йствовать ~ nicht solidárisch hándeln

несоли́дный nicht solíde, únsolide

несо́лоно: уйти́ ~ хлеба́вши *разг.* leer áusgehen*

несомне́нн||о *вводн. сл.* gewíß; zwéifellos, zwéifelsohne; óhne Zwéifel; unverkénnbar; **~ость** *ж* Gewíßheit *f*; с ~остью éindeutig; подтвержда́ть с ~остью éindeutig bekräftigen; **~ый** zwéifellos; óffensichtlich (*очевидный*); ~ая и́стина éine nicht ánzuzweifelnde Wáhrheit

несообрази́тельный wénig áuffassungsfähig, schwer von Begríff, begríffsstutzig

несообра́зн||ость *ж* Úngereimtheit *f* (10); Únsinnigkeit *f* (10); Wídersinnigkeit *f* (10); Únangemessenheit *f*; **~ый** úngereimt, únsinnig, wídersinnig, únangemessen

несоотве́тств||енный nicht entspréchend, nicht übereínstimmend; **~ие** *с* Míßverhältnis *n* (3*), Níchtübereinstimmung *f* (10), Níchtentsprechen *n* -s; Únstimmigkeit *f* (10); ~ие хара́ктеров das Níchtübereinstimmen der Charaktére

несоразме́рн||ость *ж* Míßverhältnis *n* -ses, Disproportión *f*; **~ый** únverhältnismäßig

несостоя́тельн||ость *ж* **1.** *ком.* Ínsolvenz [-vɛnts] *f*, Záhlungsunfähigkeit *f*; **2.** (*необоснованность*) Háltlosigkeit *f*; Schwäche *f*; **~ый 1.** *ком.* ínsolvent [-vɛnt], záhlungsunfähig; объяви́ть себя́ ~ым sich ínsolvent [záhlungsunfähig] erklären; **2.** (*бедный*) únbemittelt, míttellos; **3.** (*необоснованный*) háltlos, nicht stíchhaltig; schwach; ~ое доказа́тельство nicht überzéugender Bewéis

неспе́лый únreif

неспе́шный lángsam

неспоко́йный únruhig, rúhelos; rástlos

неспо́рый lángsam, únbeweglich

неспосо́бн||ость *ж* Únfähigkeit *f*; Únvermögen *n* -s; **~ый 1.** (*к чему-л.*) únfähig; óhne Fähigkeiten, únbegabt; ма́льчик неспосо́бен к рисова́нию der Júnge hat kein Talént zum Zéichnen; **2.** (*на что-л.*) únfähig, nicht fähig; он неспосо́бен на таку́ю ни́зость er ist zu éiner sólchen Níederträchtigkeit nicht fähig

несправедли́в||ость *ж* Úngerechtigkeit *f* (10); Únrecht *n* -(e)s; **~о** *нареч.* úngerechterweise, zu Únrecht; **~ый** úngerecht; únbillig; быть ~ым к кому́-л. j-m Únrecht tun*; ~ые во́йны úngerechte Kríege

неспроста́ *нареч. разг.* nicht umsónst, nicht óhne Grund; nicht von ungefähr (*недаром*); э́то ~ das hat étwas zu bedéuten, da steckt étwas dahínter

неспряга́емый *грам.* únkonjugierbar, nicht konjugíerbar

несравне́нн||о *нареч.* **1.** (*очень хорошо*) unvergléichlich; **2.** (*перед сравн. ст.*) bei wéitem, bedéutend; ~о лу́чше bedéutend [bei wéitem] bésser; **~ый** unvergléichlich; éinzigartig, éinzig (*единственный*); э́то ~о das sucht séinesgleichen (*разг.*)

несравни́мый unvergléichbar; nicht zu vergléichen (*предик.*); *мат.* ínkongruent

нестаби́льн||ость *ж* Ínstabilität *f*; **~ый** ínstabil

нестанда́ртный 1. níchtstandardisiert; **2.** *перен.* aus dem Ráhmen fállend, nicht állgemein üblich

нестáрый nicht alt, verhältnismäßig jung

нестерпи́мый unerträglich; unausstéhlich

нести́ I **1.** trágen* *vt*; bríngen* *vt* (*приносить*); **2.** (*выполнять обязанности*); ~ отве́тственность die Verántwortung trágen*; ~ карау́л Wáche háben [hálten*]; ~ дежу́рство *воен.* Tágesdienst [Dienst] háben; ~ вое́нную слу́жбу den Militärdienst ábleisten; **3.** (*подвергаться чему-л.*): ~ наказа́ние die Stráfe ábbüßen [verbüßen], bestráft wérden; ~ расхо́ды die Kósten trágen* [bestréiten*]; ~ убы́тки Schäden [Verlúste] erléiden*; **4.** (*мчать*) jágen *vt*, tréiben* *vt*; ве́тер несёт ту́чи der Wind jagt [treibt] die Wólken; **5.** *безл. разг.* (*пахнуть*): от него́ несёт табако́м er riecht nach Tábak; **6.** *безл.* (*дуть*): из-под по́лу несёт es zieht von únten; es zieht aus dem Kéller; **7.** (*влечь за собой*) mit sich bríngen*, verúrsachen *vt*; о́сень несёт непого́ду der Herbst bringt Únwetter mit; **8.** *безл. разг.* (*сильно слабить*) stárken Dúrchfall háben; ребёнка несёт das Kind hat stárken Dúrchfall; **9.** *разг.:* ~ вздор Únsinn réden, fáseln *vi*

нести́ II: ~ я́йца Éier légen

нести́сь I **1.** (*быстро двигаться*) jágen *vi* (h, s); rénnen* *vi* (s), rásen *vi* (s); ми́мо несли́сь ста́и птиц Vógelschwärme zógen vorbéi; маши́на несла́сь со стра́шной ско́ростью das Áuto sáuste mit rásender Geschwíndigkeit dahín; несу́тся во́лны die Wógen róllen; **2.** (*о звуках*) erschállen(*) *vi* (s), ertönen *vi* (s); **3.** *страд.* getrágen [getríeben] wérden

нести́сь II (*класть яйца — о птицах*) Éier légen

несто́йк||ий *хим.* únbeständig, flüchtig; labíl; ~ое ОВ *воен.* flüchtiger Kámpfstoff

несто́ящий *разг.* nicht lóhnend

нестроево́й I *воен. прил.* **1.** kéinen Fróntdienst léistend; nicht an der Front [in den regulären Trúppen] díenend; Hilfs-; **2.** *в знач. сущ. м* Hílfssoldat *m* (8); Ángehöriger der Hílfstruppe

нестроево́й II: ~ лес Holz, das nicht zum Báuen bestímmt ist

нестро́йн||ый 1. (*о звуках, речи*) úngeordnet; disharmónisch; **2.** (*некрасиво сложённый*) nicht wóhlgestaltet; **3.** (*неправильно расположенный*): ~ые ряды́ úngeordnete Réihen

несудохо́дный únschiffbar

несура́зица *разг.* Únsinn *m* -(e)s, úngereimtes Zeug

несура́зн||ость *ж разг.* Úngereimtheit *f*; Sínnlosigkeit *f*; Únsinn *m* -(e)s, Blödsinn *m* (*глупость*), **~ый** *разг.* únsinnig, úngereimt; úngefüge (*нескладный*)

несусве́тн||ый *разг.* unerhört, ungláublich; entsétzlich; ~ая чепуха́ blühender Únsinn

несу́шка *ж* Légehenne *f* (11)

несу́щая *сущ. ж физ.* Träger *m* (6), Trägerfrequenz *f* (10)

несуще́ственный únwesentlich, nicht wésentlich, nicht von Belánǵ, belánglos

несу́щ||ий: ~ая пове́рхность *ав.* Trágfläche *f* (11)

несхо́д||ный 1. (*непохожий*) únähnlich; **2.** *разг.*: ~ная цена́ unannéhmbarer Preis; **~ство** *с* Únähnlichkeit *f*

несцени́чн||ость *ж* mángelnde Bühnenwirksamkeit *f*; **~ый** nicht bühnenwirksam

несчастли́в||ый Únglücks-, nicht vom Glück begünstigt; быть ~ым kein Glück háben; Pech háben, ein Péchvogel sein (*разг.*)

несча́стн||ый 1. *прил.* únglücklich, únglückselig, Únglücks-; ~ый слу́чай Únglücksfall *m* (1*), Únfall *m*; пострада́вший от ~ого слу́чая Únfallverletzte *m* (14); **2.** *прил.* (*злополучный*) únselig, verdámmt; всё э́то произошло́ из-за э́того ~ого письма́ álles das kam wégen díeses únseligen [verdámmten] Bríefes; **3.** *в знач. сущ. м* Únglückliche *m* (14); Péchvogel *m* (6*) (*неудачник*); Únglücksmensch!, Únseliger! (*в обращении*)

несча́сть||е *с* Únglück *n* (12); Míßgeschick *n* (2), Pech *n* (2) (*неудача*); ◊ к ~ю zum Únglück, únglücklicherweise; това́рищ по ~ю Léidensgefährte *m* (9); вот ещё ~е! *разг.* das féhlte noch!; ~е мне с тобо́й ich hábe méine líebe Not mit dir

несчё́тн||о *нареч.* únermeßlich; ~о бога́т únermeßlich reich; **~ый** unzählbar; unzählig; ~ое коли́чество éine ríesige Ménge

несъедо́бный ungeníeßbar, nicht éßbar; nicht zu genießen (*предик.*)

несъё́мный níchtabnehmbar

нет 1. *частица* nein; ~ ещё noch nicht; почему́ ~? warúm nicht?; ~ и ещё раз ~! nein und ábermals nein!; да ~ же! áber nein!, nicht doch!; во́все ~ ganz und gar nicht; **2.** *безл.* (*не имеется*) es gibt nicht, es ist nicht da; es ist nicht vorhánden; es fehlt; для вас ~ пи́сем es sind kéine Bríefe für Sie da; у меня́ ~ вре́мени ich hábe kéine Zeit; часово́го ~ на своём посту́ die Wáche ist nicht auf dem Pósten; никого́ ~ níemand ist da; его́ ~ er ist nicht da; ◊ нет-нет ímmer wíeder, ab und zu; нет-нет да и напи́шет письмо́ ab und zu schreibt er doch éinen Brief; сходи́ть на ~ jégliche Bedéutung verlíeren*; свести́ на ~ zuníchte máchen, auf ein Nichts reduzíeren; на ~ и суда́ ~ *погов.* ≅ wo nichts ist, hat (auch) der Káiser sein Recht verlóren; wo nichts ist, ist (halt) nichts zu máchen; чего́ там то́лько ~! was es da nicht álles gibt!

нетакти́чн||ость *ж* Táktlosigkeit *f*; **~ый** táktlos

neтала́нтливый taléntlos, únbegabt

нетвё́рд||о *нареч.* nicht sícher, nicht fest; nicht ganz, nicht vollkómmen; он ~о в э́том уве́рен er ist nicht ganz davón überzéugt, er ist darín nicht ganz sícher; **~ый 1.** (*мягкий*) nicht hart; nicht hart ánzufühlen (*предик.*); **2.** (*неустойчивый*) nicht fest; schwánkend, wánkend; wánkelmütig (*о человеке*); он нетвё́рд на нога́х er steht kaum auf den Füßen, er wankt [schwankt]; **3.** *разг.* (*в науках*); он нетвё́рд в матема́тике er ist in der Mathematík nicht sáttelfest [stark]; **4.** (*нерешительный*) únentschlossen; weich

нетерпели́вый úngeduldig

нетерпе́ние *с* Úngeduld *f*

нетерпи́м||ость *ж* Únduldsamkeit *f*, Íntoleranz *f*; **~ый 1.** (*о человеке*) únduldsam, íntolerant; **2.** (*о поступке и т. п.*) únzulässig; unhaltbar

нетипи́чный úntypisch, nicht týpisch

нетка́н||ый níchtgewebt; ~ые материа́лы níchtgewebte Textílien

нетле́нн||ый 1. *уст.* únverweslich; ~ые мо́щи Relíquien *pl*; **2.** *перен.* (*вечный*) éwig, únvergänglich; ~ая сла́ва éwiger Ruhm

нетова́рищеский únkollegial; únkameradschaftlich

нетокси́чный úngiftig, níchttoxisch

неторопли́в||о *нареч.* lángsam; óhne zu éilen; in áller Rúhe; **~ый** lángsam; rúhig; nicht überstürzt

нето́чн||ость *ж* **1.** Úngenauigkeit *f*, Únexaktheit *f*; **2.** (*ошибка*) Féhler *m* (6); **~ый 1.** úngenau, únexakt; **2.** (*ошибочный*) féhlerhaft

нетрадицио́нный nicht traditionéll

нетранспорта́бельный (*о больном*) transpórtunfähig

нетре́бовательный 1. (*неприхотливый*) ánspruchslos; genügsam; **2.** nicht streng, nicht viel fórdernd

нетре́зв||ый betrúnken; ángeheitert, ángetrunken (*подвыпивший*); в ~ом ви́де in ángetrunkenem Zústand

нетро́нут||ый 1. únberührt; heil, únbeschädigt; ~ая земля́ Néuland *n* - (e)s; ~ые си́лы únberührte Kräfte; **2.** (*безупречный*) únberührt; keusch

нетру́дный nicht schwer; leicht

нетрудов||о́й 1. (*нетрудящийся*) nicht wérktätig; nicht árbeitend; ~ы́е слои́ nicht árbeitende Schíchten; ~о́й элеме́нт Schmarótzer *m* (6); **2.** (*незаработанный*) nicht erárbeitet; ~о́й дохо́д nicht erárbeitetes Éinkommen

нетрудоспосо́бн||ость *ж* Árbeitsunfähigkeit *f*, Erwérbsunfähigkeit *f*; вре́менная ~ость zéitweilige Árbeitsunfähigkeit; **~ый** árbeitsunfähig, erwérbsunfähig

не́тто *ком.* nétto; вес ~ Néttogewicht *n* (2), Réingewicht *n*

не́ту *разг. см.* нет 2

неубеди́тельный nicht überzéugend; lahm (*разг.*)

неу́бранный 1. (*о комнате*) nicht áufgeräumt; **2.** (*об урожае*): ~ хлеб nicht éingefahrenes [nicht éingebrachtes] Getréide

неуваже́ние *с* Níchtachtung *f*, Míßachtung *f*, Mángel an Áchtung; Geríngschätzung *f*; Respéktlosigkeit *f* (*непочтительность*)

неуважи́тельн||ый 1. nicht tríftig, nicht stíchhaltig, э́то ~ая причи́на das ist kein tríftiger Grund; отсу́тствовать по ~ой причи́не (*об ученике*) únentschuldigt féhlen; **2.** *уст.* (*непочтительный*) únehrerbietig, kéine Áchtung erwéisend

неуве́ренн||ость *ж* Únsicherheit *f*; Úngewißheit *f* (*неопределённость*); ~ость в себе́ Mángel an Sélbstbewußtsein; ~ость в за́втрашнем дне Existénzunsicherheit *f*, Existénzangst *f*; **~ый** únsicher; быть ~ым в себе́ séiner selbst nicht sícher sein; nicht sélbstbewußt sein, an sich selbst zwéifeln; быть ~ым в чём-л. nicht sícher sein (G)

неувяда́||емый, ~ющий únvergänglich; ~емая сла́ва únvergänglicher [únsterblicher] Ruhm

неувя́зка *ж* (*несогласованность*) Únstimmigkeit *f*, Mángel an Übereínstimmung; schléchte [féhlende] Koordiníerung; ~ в рабо́те féhlende gégenseitige Ábgestimmtheit in der Árbeit

неугаси́м||ый unauslöschlich; nie verlöschend; ~ый мая́к der nie verlöschende Léuchtturm; ~ое жела́ние der séhnlichste Wunsch

неуго́дный únangenehm, nicht genéhm; míßliebig; nicht wünschenswert (*нежелательный*)

неугомо́нн||ость *ж* Rástlosigkeit *f*, Rúhelosigkeit *f*; **~ый** rástlos, únruhig; kéine Rúhe kénnend (*не знающий покоя*); únermüdlich (*неутомимый*); úngestüm (*неистовый*); áusgelassen (*шумливый*)

не́уд *м разг. см.* неудовлетвори́тельно 2

неуда́ч||а *ж* Míßerfolg *m* (1), Míßlingen *n* -s; Féhlschlag *m* (1*) (*промах*); Rückschlag *m* (*тж. воен.*); Pech *n* - (e)s, Schláppe *f* (11) (*разг.*); потерпе́ть ~у éinen Míßerfolg háben; éine Schláppe davóntragen* (*разг.*); привести́ к ~е schéitern lássen*; zu Fall bríngen*; око́нчиться ~ей in die Brüche géhen*, mißlíngen* *vi*; вот ~а! das nennt man Pech háben!; **~ливый** Únglücks-, Pech-; **~ник** *м* Únglücksrabe *m* (9), Péchvogel *m* (6*); **~ный** mißlúngen, mißglückt; úngünstig; féhlgeschlagen, schíefgegangen (*неудавшийся*); erfólglos (*безуспешный*); mißráten (*плохой*)

неудержи́мый, неуде́ржный unaufháltsam; unwiderstéhlich (*непреодолимый*); únbändig (*неукротимый*)

неудиви́тельн||о *предик.* nicht zu verwúndern; ganz natürlich

неудо́бн||ый 1. únbequem; únhandlich (*для рук*); úngeeignet (*неподходящий*); **2.** (*неприятный*) únangenehm, héikel, péinlich; ~ое положе́ние éine péinliche Láge; ~ое вре́мя úngeeignete Zeit; **3.** (*неуместный*) únpassend, únangebracht

неудобовари́мый 1. únverdaulich, schwer verdáulich; **2** (*трудно понимаемый*) schwérverständlich, nicht éinleuchtend

неудобопоня́тный schwer verständlich, únverständlich

неудобопроизноси́мый 1. schwer áuszusprechen; **2.** *шутл.* (*неприличный*) únanständig

неудобочита́емый schwer lésbar, únlesbar, únleserlich

неудо́бство *с* **1.** Únbequemlichkeit *f*, Mángel *m* (6*); **2.** *перен.* Péinlichkeit *f*, das Héikle (*sub*); чу́вствовать ~ пе́ред кем-л. ein únangenehmes [péinliches] Gefühl vor j-m háben

неудовлетворё́нн||ость *ж* **1.** (*желания и т. п.*) Níchtbefriedigtsein *n* -s, Únbefriedigtsein; **2.** (*настроение*) Únzufriedenheit *f*, Míßvergnügen *n* -s; **~ый** únbefriedigt, nicht befríedigt

неудовлетвори́тельн||о *нареч.* **1.** úngenügend, únbefriedigend; **2.** *в знач. сущ. с* (*оценка в школе*) úngenügend; **~ый** únbefriedigend, úngenügend; únzulänglich (*недостаточный*)

неудово́льствие *с* Únzufriedenheit *f*, Míßvergnügen *n* -s

неуё́мн||ый únbändig, un(be)zähmbar, nicht zu stíllen; ~ый дождь únaufhaltsamer Régen; ~ая боль nicht zu stíllender Schmerz

неуже́ли *частица вопр.* wírklich?, ist es [wäre es] möglich?, ist es (wírklich) so?; ~ э́то пра́вда? sóllte das wírklich wahr sein?, kann denn das stímmen?; ~ он придё́т сего́дня ве́чером? kommt er wírklich héute ábend?

неужи́вчив||ость *ж* Únverträglichkeit *f*; Úngeselligkeit *f* (*необщительность*); **~ый** únverträglich; úngesellig (*необщительный*); zänkisch (*сварливый*)

неу́жто *уст. см.* неуже́ли

неузнава́ем||ость *ж*: до ~ости bis zur Únkenntlichkeit; го́род измени́лся до ~ости die Stadt ist nicht wíederzuerkennen; **~ый** nicht wíederzuerkennen, nicht erkénnbar; únkenntlich; он стал неузнава́ем er ist nicht wíederzuerkennen

неукло́нн||ый unentwégt; únbeirrt; nicht ábweichend; strikt (*точный*); stétig, unablässig (*беспрестанный*); **~ый** рост проду́кции das stéte Wáchstum der Produktión; к **~ому** исполне́нию zur stríkten Áusführung

неуклю́ж||есть *ж* Plúmpheit *f*, línkisches Wésen; Úngeschicklichkeit *f*, úngeschicktes Benéhmen (*неловкость*); **~ий** plump, línkisch; úngeschickt (*неловкий*); úngefüge (*нескладный*); únbeholfen (*беспомощный*); **~ий** дива́н únförmiges Sófa

неукосни́тельный *уст.* pünktlich, strikt, únbedingt

неукреплённый *воен.* únbefestigt; óffen

неукроти́мый únbändig, un(be)zähmbar

неукрощённый úngebändigt, úngezähmt

неулови́мый **1.** nicht áufgreifbar, nicht zu fássen, nicht erréichbar; ~ челове́к *разг. шутл.* unerréichbarer Mensch; **2.** (*неощутимый*) kaum mérklich; ~ отте́нок kaum noch erfáßbare Nuance [ny'ãsə]; ~ для глаза únsichtbar; ~ для слу́ха unhörbar

неулы́бчивый sélten lächelnd

неуме́л||ый úngeschickt, úngewandt, nicht sáchmäßig; **~о** úngekonnt

уме́ние *с* Únfähigkeit *f* (*неспособность*); ~ нала́дить рабо́ту die Únfähigkeit, die Árbeit in Gang zu bríngen*

неуме́ренн||ость *ж* Únmäßigkeit *f*, Übermaß *n* -es; **~ость** в еде́ die Únmäßigkeit im Éssen; Gefräßigkeit *f*; **~ый** **1.** (*чрезмерный*) únmäßig, übermäßig; **2.** (*о человеке*) únmäßig, áusschweifend

неуме́стн||ый úngehörig; únpassend, únangebracht; deplacíert; здесь э́то **~о** das ist hier nicht am Plátze; **~ое** замеча́ние éine únpassende Bemérkung; danébengeratene Wórte

неу́мный únklug, nicht klug, nicht geschéit

неумоли́м||ость *ж* Unerbíttlichkeit *f*; **~ый** unerbíttlich, únnachgiebig, hart

неумолка́емый, неумо́лчный *поэт.* unaufhörlich (tönend); nicht verstúmmend

неумы́тый nicht gewáschen, úngewaschen, schmútzig

неумы́шленн||ость *ж* Únvorsätzlichkeit *f*; **~ый** únvorsätzlich, únabsichtlich, ábsichtslos, óhne Ábsicht

неуныва́ющий únverzagt, múnter, frisch

неупла́т||а *ж* Nícht(be)zahlung *f*; в слу́чае **~ы** im Fálle der Níchtzahlung

неупоря́доченный systémlos, únordentlich

неупотреби́тельн||ость *ж* Úngebräuchlichkeit *f*; **~ый** úngebräuchlich

неупотребле́ние *с* Níchtgebrauch *m* -(e)s

неуправля́емый *тех.* úngesteuert, nicht stéuerbar; spontán

неуравнове́шенн||ость *ж* **1.** Únausgeglichenheit *f*; Mángel an séelischem Gléichgewicht; **2.** *тех.* Únwucht *f*, Úngleiche *f*, Únbalance [-laŋ-] *f*; **~ый** únausgeglichen, nicht áusbalanciert

неурожа́й *м* Míßernte *f* (11); **~ный** únfruchtbar; **~ный** год ein Jahr mit éiner schléchten Érnte

неуро́чн||ый áußer der féstgesetzten Zeit, nicht veréinbart; в **~ое** вре́мя zur úngewohnten Zeit; zur úngelegenen Zeit, zu únpassender Stúnde

неуря́дица *ж разг.* **1.** (*беспорядок*) Únordnung *f*, Verwírrung *f*, Wírrwarr *m* -s; **2.** (*неполадки*) Míßstand *m* (1*); Stréitigkeiten *pl*, Zwístigkeiten *pl*

неуси́дчив||ость *ж* féhlende Áusdauer; únstetes [únruhiges] Wésen; **~ый** óhne Áusdauer; únstet, únruhig; quécksilb(e)rig (*разг.*); он неуси́дчив er hat kein Sítzfleisch (*разг.*)

неуслу́жливый nicht díenstfertig; nicht líebenswürdig (*нелюбезный*)

неусоверше́нствованный nicht verbéssert, nicht vervóllkommnet

неуспева́||емость *ж* úngenügende [mángelhafte] Léistungen, Zurückbleiben im Lérnen; Léistungsschwäche *f*; исключённый за **~емость** wégen mángelhafter Léistungen áusgeschlossen; **~ющий** *м* zurückgebliebener Schüler [Studént]

неуспе́х *м* Míßerfolg *m* (1), Mißlíngen *n* -s; Erfólglosigkeit *f* (*безуспешность*)

неуспе́шный mißglückt, mißlúngen, erfólglos

неуста́нн||ый únermüdlich; unablässig; (be)ständig (*постоянный*); **~о** рабо́тать únermüdlich árbeiten

неустано́вленный **1.** (*не констатированный*) únerwiesen, nicht féstgestellt, nicht náchgewiesen; **2.** (*не назначенный*) nicht ángeordnet

неусто́йка *ж* **1.** *юр.* Konventionálstrafe [-vεn-] *f* (11); Verzúgszinsen *pl*; Vertrágsstrafe *f*; **2.** *разг.* (*промах*) Féhlschlag *m* (1*); Míßerfolg *m* (1), Pech *n* -s

неусто́йчив||ость *ж* **1.** *тех.* Ínstabilität *f*; **2.** *перен.* Labilität *f*, Únbeständigkeit *f*; Wánkelmütigkeit *f* (*человека*); **~ый** labíl; únsicher, ínstabil; nicht ständhaft; schwánkend (*колеблющийся*); únbeständig, wándelbar (*непостоянный*); **~ое** равнове́сие *физ.* labíles Gléichgewicht; быть в **~ом** положе́нии *перен.* in éiner únsicheren Láge sein; auf der Kíppe stéhen* [sein] (*разг.*)

неустрани́мый nicht zu beséitigen, unüberwíndlich

неустраши́м||ость *ж* Únerschrockenheit *f*, Fúrchtlosigkeit *f*; **~ый** únerschrocken, fúrchtlos

неустро́енн||ость *ж* Úngewißheit *f*, Únsicherheit *f*; Zústand des Níchtversorgtseins [Níchtgeborgenseins]; **~ый** nicht éingerichtet; úngeregelt; úngeordnet; verwáhrlost (*запущенный*); **~ые** дела́ úngeordnete Ángelegenheiten; úngeregelte Geschäfte

неустро́йство *с* Únordnung *f*, Wírrnis *f*

неусту́пчив||ость *ж* Únnachgiebigkeit *f*; Stárrsinn *m* -s, Stárrsinnigkeit *f* (*упрямство*); **~ый** únnachgiebig; stárrsinnig, stárrköpfig, stur (*упрямый*)

неусы́пный wáchsam; únermüdlich, rástlos (*неустанный*); ~ надзо́р nicht ermüdende Áufsicht

неутеши́тельный únerfreulich

неуте́шн||ый úntröstlich, tief betrübt; **~ое** го́ре úntröstliches Leid

неутолённый úngelöscht (*о жажде*); úngestillt (*о голоде*); únbefriedigt (*о чувствах*)

неутоли́м||ый unstíllbar; nie náchlassend; unersättlich (*ненасытный*); **~ая** жа́жда brénnender Durst

неутоми́м||ость *ж* Únermüdlichkeit *f*, Rástlosigkeit *f*; с **~остью** únermüdlich; **~ый** únermüdlich, rástlos; **~ый** рабо́тник únermüdlicher [behárrlicher] Árbeiter

не́уч *м разг.* Ignoránt *m* (8), Únwissende *m* (14)

неуча́стие *с* Níchtteilnahme *f* (в чём-л. an *D*)

неучёный *разг.* úngebildet; únwissend

неучти́в||ость *ж* Únhöflichkeit *f*, Únehrerbietigkeit *f*; Únbescheidenheit *f* (*нескромность*); **~ый** únhöflich, únehrerbietig; únbescheiden (*нескромный*)

неую́тный úngemütlich, únwohnlich (*о жилище*)

неуязви́м||ость *ж* Unverwúndbarkeit *f*, Unverlétzbarkeit *f*, Únanfechtbarkeit *f*; **~ый** unverwúndbar, unverlétzbar; geféit (для чего́-л. gégen *A*); соверше́нно **~ый** híeb- und stíchfest

неф *м архит.* Schiff *n* (2); продо́льный ~ Lánghaus *n* (5); попере́чный ~ Quérschiff *n*, Quérhaus *n*

нефели́н *м мин.* Nephelín *m* (1), Féttstein *m* (1)

нефело́метр *м физ.* Nephelométer *n* (6)

нефотогени́чный nicht fotogén

нефри́т I *м мин.* Nephrít *m* (1), Níerenstein *m* (1)

нефри́т II *м мед.* Nephrítis *f*, Níerenentzündung *f*

нефте||ба́за *ж* Tréibstofflager *n* (2); **~во́з** *м* Tánker *m* (6), Tánkschiff *n* (2); **~га́вань** *ж* Ölhafen *m* (7*); **~га́з** *м* Érdgas *n* (2), Söndengas *n*; **~га́зовый** Érdöl- und Érdgas-; **~газоно́сный** érdöl- und gásführend; **~газопрово́д** *м* Érdöl- und Érdgasleitung *f* (10); **~грязь** *ж* Érdölschlamm *m* -(e)s; **~добыва́ющий** Érdölgewinnungs-; **~добыва́ющая** промы́шленность Érdölindustrie *f*, érdölfördernde Industríe; **~добыва́ющие** стра́ны Érdölförderländer *pl*; **~добы́ча** *ж* Érdölförderung *f*; **~лову́шка** *ж* Érdölfänger *m* (6), Érdölabscheider *m* (6); **~наливно́й**: **~наливно́е** су́дно Tánker *m* (6), Érdöltanker *m*, Öltanker *m*, Tánkschiff *n* (2); **~но́сный** érdölhaltig, ölführend; **~но́сные** райо́ны Érdölfundstätten *pl*; **~очи́стка** *ж* Érdölraffinierung *f*; **~перераба́тывающий** Érdölverarbeitungs-; **~перераба́тывающая** промы́шленность érdölverarbeitende Industríe, Érdölindustrie *f*, **~перераба́тывающий** заво́д Érdölraffinerie *f*, *pl* -i;en; **~перерабо́тка** *ж* Érdölverarbeitung *f*; **~перерабо́тчик** *м* Árbeiter *m* (6) der érdölverarbeitenden Industríe; **~прово́д** *м* Érdölleitung *f* (10)

нефтепроду́кт *м* Érdölprodukt *n* (2), **~проду́кты** Érdölerzeugnisse *pl*; **~про́мысел** *м* Érdölfeld *n* (5)

нефтепромы́шленность *ж* Érdölindustrie *f*

нефтепромы́шленный Érdölindustrie-; ~ райо́н Érdölindustriegebiet *n* (2)

нефте||разве́дка *ж* Érdölerkundung *f*; **~рудово́з** *м* Öl-Érz-Frachter *m* (6); **~сква́жина** *ж* Érdölbohrung *f* (10), Érdölsonde *f* (11); **~хи́мия** *ж* Petrólchemie *f*, Érdölchemie *f*; **~храни́лище** *с* Érdölbehälter *m* (6), Öltank *m* -s, -s

нефть *ж* Érdöl *n* -s, Róhöl *n*; бога́тый **~ю** reich an Érdöl; разве́дка и добы́ча не́фти Érdölschürfung und Gewínnung

нефтя́ник *м* **1.** Érdölarbeiter *m* (6); Spezialíst *m* (8) in der Érdölindustrie; **2.** *уст.* (*нефтепромышленник*) Besítzer *m* (6) von Érdölbetrieben

нефтян||о́й **1.** Érdöl-, Róhöl-; **~о́й** райо́н Érdölrevier [-vi:r] *n* (2); **~о́й** фонта́н Érdölfontäne *f* (11); **~ы́е** про́мыслы

Ölfelder *pl*; ~ая промы́шленность Érdölindustrie *f*; **2.** (*работающий на нефти*) Öl-; ölbeheizt; ~óй дви́гатель Ölmotor *m* (13)

нехва́тка *ж разг.* Mángel *m* -s (в чём-л. an *D*); Féhlbetrag *m* (1*); Féhlen *n* -s; Knáppheit *f* (*скудость*); ~ рабо́чей си́лы Árbeitskräftemangel *m*

нехи́трый 1. (*о человеке*) tréuherzig; **2.** (*несложный, немудрёный*) éinfach

нехо́довой 1. (*о тракторе и т. п.*) stíllstehend; **2.** (*о товаре*) nicht gefrágt

нехозя́йственный únwirtschaftlich

нехорóш||ий nicht gut, schlecht; nicht schön; böse (*дурной*); э́то ~ó das ist nicht gut [nicht schön]; чу́вствовать себя́ ~ó sich nicht ganz wohl fühlen

не́хотя *нареч. разг.* úngern, únwillig, widerstrébend, wíderwillig; есть ~ mit Únlust éssen*; отвеча́ть ~ wíderwillig ántworten

нехрестомати́йный nicht állgemein bekánnt, nicht ábgedroschen

нецелесообра́зн||ость *ж* Únzweckmäßigkeit *f*; **~ый** únzweckmäßig, nicht zwéckgemäß

нецензу́рн||ый 1. zensúrwidrig; **2.** (*неприличный*) únanständig; ~ое сло́во ein geméiner [obszöner] Áusdruck; ein dérbes Wort; ~о руга́ться flúchen wie ein Lándsknecht

нецеремо́нный 1. (*лишённый официальности*) nicht zeremoniéll; éinfach; **2.** (*грубый*) rücksichtslos, únverfroren

нечáянн||о *нареч.* únabsichtlich; aus Verséhen, verséhentlich (*по недосмотру*); zúfällig (*случайно*); **~ость** *ж* Verséhen *n* -s; Únabsichtlichkeit *f* (*ненамеренность*); Únverhofftheit *f* (*неожиданность*); **~ый** verséhentlich; únabsichtlich (*ненамеренный*); únvermutet, únverhofft, únerwartet (*неожиданный*); ~ая встре́ча únverhofftes Wíedersehen

не́чего I *мест. отриц.* (+ *инф.*) nichts; мне ~ тебе́ сказа́ть ich hábe dir nichts zu ságen; ~ удивля́ться, что... es ist nicht zu verwúndern, daß...; ◇ им ~ теря́ть sie háben nichts zu verlíeren; ~ де́лать (da ist) nichts zu máchen; ~ сказа́ть na, áber!, na, das ist áber!; na, ich dánke!; и говори́ть ~! áusgeschlossen!; от ~ де́лать vor Láng(er)weile, zum Zéitvertreib; ~ греха́ таи́ть man [ich] muß óffen gestéhen*

не́чего II *предик. безл. разг.* (*не следует*) es ist nicht nötig, es ist únnütz, es hat kéinen Zweck (+ *inf. c* zu); es lohnt (sich) nicht (+ *inf. c* zu) (*не стоит*); ~ и говори́ть, что... es steht áußer Fráge, daß...; тебе́ ~ боя́ться du brauchst dich nicht zu fürchten; ~ спеши́ть es liegt kein Grund zur Éile vor; ~ спра́шивать es hat kéinen Zweck, zu frágen

нечелове́ческ||ий nicht ménschlich; übermenschlich (*сверхчеловеческий*); ~ие уси́лия übermenschliche Ánstrengungen; ~ие усло́вия menschenunwürdige Verhältnisse

не́чем *мест. отриц.* (+ *инф.*): нам ~ писа́ть wir háben nichts, womít wir schréiben könnten; здесь ~ дыша́ть hier ist es nicht zum Átmen; нам ~ похва́статься wir háben kéinen Grund, uns zu rühmen

не́чему *мест. отриц.* (+ *инф.*): тут и удивля́ться ~ das ist kein Wúnder; ~ ра́доваться es liegt kein Grund zur Fréude vor

нечернозёмный: Нечернозёмная зо́на (РСФСР) *см.* Нечернозе́мье

Нечернозе́мье *с* Níchtschwarzerdezone *f* (der RSFSR)

нечёсаный úngekämmt; zerzáust

нечести́вец *м ирон. шутл.* Rúchlose *m* (14)

нече́стность *ж* Únehrlichkeit *f*, Únredlichkeit *f*

нече́стный únehrlich, únredlich

нечет *м* úngerade Zahl

нечётк||ий 1. (*о работе, мысли и т. п.*) úngenau; úndeutlich **2.** (*о шрифте, почерке*) únleserlich, schwer zu lésen; **3.** (*о произношении*) úndeutlich, únklar; **~ость** *ж* **1.** (*в работе и т. п.*) Úngenauigkeit *f*; **2.** (*шрифта, почерка*) Únleserlichkeit *f*; **3.** (*произношения*) Úndeutlichkeit *f*, Únklarheit *f*

нечётн||ый úngerade; ~ые чи́сла úngerade Záhlen

нечистопло́тн||ость 1. Únsauberkeit *f*, Únreinlichkeit *f*; **2.** (*непорядочность*) Únehrlichkeit *f*; Gewíssenlosigkeit *f*; **~ый 1.** únsauber, únrein(lich); ~ый челове́к Schmútzfink *m* (1); **2.** (*непорядочный*) únehrlich, gewíssenlos, skrúpellos, schmútzig

нечистота́ *ж* **1.** Schmútzigkeit *f*; Únreinlichkeit *f*; Schmutz *m* -es (*тж. перен.*); **2.** *мн.* (нечисто́ты) Únrat *m* -(e)s, Kot *m* -(e)s, Únflat *m* -(e)s; Kéhricht *n*, *m* -(e)s, Müll *m* -(e)s (*мусор*); Abfälle *pl*, Spülicht *n* (2); вы́возка нечисто́т Müllabfuhr *f*

нечи́ст||ый *прил.* **1.** únrein, nicht rein, únsauber, únreinlich; schmútzig (*грязный*); **2.** (*с примесью чего-л.*) verúnreinigt, verschmútzt; verfälscht (*фальсифицированный*); **3.** (*нечестный*): ~ое де́ло éine únsaubere Geschíchte; ~ая со́весть únreines [schléchtes] Gewíssen; здесь де́ло ~о hier geht es nicht mit réchten Díngen zu; **4.** (*не совсем правильный*) únrein; ~ое произноше́ние únreine Áussprache; **5.** *в знач. сущ. м фольк.* (*тж.* ~ая си́ла) Böse *m* (14), Téufel *m* (6) ◇ быть ~ым на́ руку lánge Fínger háben

нечленоразде́льный únartikuliert; únzusammenhängend

не́что *мест.* étwas; во всём э́том есть ~ стра́нное an álledém ist étwas Sónderbares; ~ вро́де (so) étwas wie, éine Art (von); он смастери́л ~ вро́де пала́тки er hat éine Art (von) Zelt gebáut

нечувстви́тельн||ость *ж* Únempfindlichkeit *f*; *перен.* Gefühllosigkeit *f*, Hártherzigkeit *f*; ~ к моро́зу Fróstverträglichkeit *f*; **~ый 1.** únempfindlich (к чему́-л. gégen *A*); *перен.* hártherzig; díckhäutig; **2.** *уст.* (*незаметный*) unmérklich, un(be)mérkbar, nicht wáhrnehmbar; ~ым о́бразом auf éine unmérkliche Wéise, óhne daß man es merkt

нечу́ткий 1. únempfindlich; **2.** (*неотзывчивый*) téilnahmslos, únaufmerksam

неширо́кий nicht breit, zíemlich schmal

неишта́тный nébenamtlich, nébenberuflich, nicht féstangestellt, óhne Plánstelle; außerórdentlich (*о профессоре*)

нешу́точн||ый *разг.* nicht zum Spáßen, érnst(haft); де́ло ~ое damít ist nicht zu spáßen; das ist kéine Kléinigkeit!

неща́дн||о *нареч.* únbarmherzig; óhne Gnáde; schónungslos; **~ый** únbarmherzig; schónungslos

неэквивале́нтный nicht gléichwertig, níchtäquivalent [-va-]

неэкономи́чн||ость *ж* Únwirtschaftlichkeit *f*; **~ый** únwirtschaftlich

неэконо́мный nicht spársam

неэти́чный nicht éthisch

нея́вк||а *ж* Níchterscheinen *n* -s; Férnbleiben *n* -s, Ábwesenheit *f* (*отсутствие*); ~а без уважи́тельных причи́н únentschuldigtes Férnbleiben; ~а в суд *юр.* Níchterscheinen vor Gerícht; за ~ою wégen Ábwesenheit, wégen Níchterscheinen

нея́вственный úndeutlich, verwíscht

нея́дерн||ый: ~ые госуда́рства kéine Kérnwaffen besítzende Stáaten

неязыков||о́й: ~ы́е ву́зы níchtphilologische Hóchschulen

нея́ркий nicht grell; bleich, blaß (*бледный*); matt, trübe (*тусклый*); glánzlos (*лишённый блеска*)

нея́сн||ость *ж* Únklarheit *f*, Úndeutlichkeit *f*; Únschärfe *f*; **~ый** únklar, úndeutlich; míßverständlich; смысл ре́чи был нея́сен dúnkel war der Réde Sinn

ни 1. *частица* nicht; kein (*перед сущ.*) ни оди́н nicht ein, kein éinziger; он не пропусти́л ни одного́ заседа́ния er hat kéine éinzige Sítzung versäumt; ни в ко́ем слу́чае auf kéinen Fall, in kéinem Fall; kéinesfálls, kéineswégs; ни в мале́йшей ме́ре nicht im geríngsten; ни мале́йшего поня́тия kéine blásse Áhnung; nicht die geríngste Áhnung; не зави́сеть ни от каки́х обстоя́тельств von kéinerléi Úmständen ábhängen*; ни на кого́ не полага́ться sich auf níemand(en) verlássen*; ни на что не наде́яться álle Hóffnung áufgeben*; ни в чём не сомнева́ться an nichts zwéifeln; ни к чему́ не годи́ться zu nichts nütze sein; он тут ни при чём er kann nichts dafür; er hat damít nichts zu tun; ни за что 1) (*никоим образом*) auf kéinen Fall; 2) (*напрасно*) für nichts und wíeder nichts; **2.** *союз*: ни... ни wéder... noch; ни ты ни я wéder du noch ich; ни тот ни друго́й kéiner von béiden; ни так ни сяк wéder so noch so; ни за что ни про что für nichts und wíeder nichts; ни то ни сё nicht halb, nicht ganz; ни ры́ба ни мя́со wéder Fisch noch Fleisch; ни с того́ ни с сего́ mir nichts, dir nichts; **3.** *частица* (*после местоимений и наречий*) auch, ímmer; как я ни крича́л so viel ich auch schrie; что бы он ни говори́л was er auch ságen mag; кто что ни говори́ was auch gerédet wérden mag; как бы то ни́ было wie dem auch sei; во что бы то ни ста́ло kóste es, was es wólle; um jéden Preis; кто бы то ни был wer es auch sei(n mag); ◇ ни гу-гу́! *разг.* kein Stérbenswörtchen!, réinen Mund (hálten)!

ни́ва *ж* **1.** Feld *n* (5), Getréidefeld *n*; Flur *f* (10); **2.** *уст.* (*область деятельности*) Wírkungsfeld *n* (5)

нивели́р *м геод.* Nivellíer [-vɛ-] *m* (6), Nivellíerinstrument *n* (2); **~овать** *геод.* nivellíeren [-vɛ-] *vt*, verméssen* *vt*, éinwägen(*) *vt*; ébnen *vt*; gléichmachen *отд. vt* (*тж. перен.*); **~о́вка** *ж геод.* Nivellíeren [-vɛ-] *n* -s, Nivellíerung *f*, Höhenaufnahme *f*; Ébnung *f*; Gléichmachen *n* -s, Áusgleich *m* -(e)s (*тж. перен.*); **~о́вщик** *м* Spezialíst *m* (8) für Nivellíeren [-vɛ-]

нигде́ *нареч.* nírgends; его́ ~ нельзя́ найти́ er ist nírgends zu fínden; ~ кро́ме nírgends als; как ~ в ми́ре wie sonst kaum ánderswo in der Welt

ниге́рец *м* Nígrer *m* (6)

нигери́||ец *м* Nigeriáner *m* (6); **~йский** nigeriánisch

ни́герский nígrisch

нигил||и́зм *м* Nihilísmus *m* =; **~и́ст**

м Nihilíst *m* (8); **~исти́ческий** nihilístisch; **~и́стка** *ж* Nihilístin *f* (12)

нидерла́ндский níederländisch

нижа́йший *превосх. ст. см.* ни́зкий 1

ни́же 1. *сравн. ст. прил.* níedriger; kléiner (*о росте*); tíefer (*глубже*); **2.** *сравн. ст. нареч.* níedriger, (nach) únten, ábwärts; этажо́м ~ éinen Stock tíefer; смотри́ ~ síeh(e) únten (*сокр.* s. u.); ~ по тече́нию stromábwärts, flußábwärts; **3.** *в значении предлога с род.*: ~ чего́-л. únter étwas (*D*); три гра́дуса ~ нуля́ drei Grad únter Null; ◇ ~ вся́кой кри́тики únter áller Kritík; únter áller Kanóne (*разг.*); ~ сре́днего únter dem Dúrchschnitt

ниже||изло́женный únten dárgelegt [behándelt, áusgeführt]; náchstehend; **~подписа́вшийся** unterzéichnet; **~поимено́ванный** úntengenannt; **~приведё́нный** úntenangeführt; **~сле́дующий** (wéiter) únten fólgend; **~стоя́щий** úntenstehend; úntergeordnet, únter; **~упомя́нутый** úntenerwähnt

нижнево́лжский am Únterlauf der Wólga

нижнелу́жицкий *лингв.* níedersorbisch

нижненеме́ц||кий: ~ие диале́кты Níederdeutsch *n*= *u* -s, das Níederdeutsche (*sub*), Plắttdeutsch *n* =*u* -s, das Plắttdeutsche (*sub*)

ни́жн||ий únter, Únter-; únterst (*низший*); únterständig (*о завязи*); ~ий ряд die únter(st)e Réihe; ~ий эта́ж Érdgeschoß *n* -sses, -sse; ~яя че́люсть Únterkiefer *m* (6); ~ее бельё Únterwäsche *f*; ~ий тон *муз.* der tíefste Ton; ◇ ~яя пала́та (*парламента*) Únterhaus *n* -es

низ *м* **1.** das Úntere (*sub*), Únterteil *m* (1); в са́мом ~ý zuúnterst, ganz únten; **2.** *см.* низо́вье; **3.** *мн.* ~ы́ *уст.* die únteren Vólksschichten; **4.** *мн.* ~ы́ *муз.* (*нижние ноты*) tíefe Töne

низа́ть 1. áufreihen *vt*, áuffädeln *vt*; ~ же́мчуг Pérlen áufreihen [áuffädeln]; **2.** (*рифмы, слова*) leicht aneinánderreihen

низведе́ние *с* Herábwürdigung *f*

низверга́ть(ся) *см.* низве́ргнуть(ся)

низве́ргнуть (hináb)stürzen *vt*; entthrónen *vt* (*тж. перен.*); **~ся** (áb)stürzen *vi* (s), níederstürzen *vi* (s)

низверже́ние *с* Sturz *m* (1*); Entthrónung *f*; ~ самодержа́вия der Sturz des Absolutísmus

низвести́, низводи́ть herábsetzen *vt*, erníedrigen *vt*, herúntersetzen *vt*; herábwürdigen *vt* (до чего́-л. zu *D*)

ни́зенький níedrig; klein (*ростом*)

низи́на *ж* Tálniederung *f* (10); Sénke *f* (11); Múlde *f* (11) (*котловина*)

ни́зк||ий 1. níedrig; tief (*глубокий*); klein (*о росте*); ~ий покло́н tíefe Verbéugung; ~ий рост kléiner Wuchs; ~ие це́ны níedrige [bíllige] Préise; ~ий звук tíefer Ton; ~ая вода́ Níedrigwasserstand; ~ие облака́ tíefhängende Wólken; ~ое давле́ние Únterdruck *m* -(e)s; баро́метр стои́т ~о das Barométer steht tief; **2.** (*подлый*) níederträchtig, níedrig; geméin; **3.** (*плохой*) níedrig, schlecht; ~ое ка́чество schléchte Qualitä́t; ~ий сорт schléchte Sórte; **4.** *уст.* (*неродовитый*) nicht ádelig, aus den únteren [níederen] Vólksschichten stámmend; он ~ого происхожде́ния er ist níederer Ábkunft; **5.** *уст.* (*простонародный*): ~ стиль úntere Stílschicht, níederer Stil

низково́льтный *эл.* Níederspannungs-

низкокалори́йный *тех.* héizschwach

низкока́чественный von gerínger Güte

низколеги́рованный *тех.* níedriglegiert

низколетя́щий tíeffliegend; *ав.* tíefstreichend

низкоопла́чиваемый níedrigbezahlt, mit níedrigem Éinkommen

низкопокло́н||ник *м* Kríecher *m* (6), Schméichler *m* (6); **~ничать** kríechen* *vi*, líebedienern *неотд. vi*, kä́tzbuckeln *неотд. vi*; **~ство** *с* Kriecheréi *f*, Spéichelleckerei *f*, Servilísmus [-vi-] *m* =, Servilitä́t *f*

низкопро́бн||ый 1. (*о металле*) geríngһaltig; **2.** *разг.* (*плохой*) mínderwertig; von schléchter Qualitä́t (*о товаре*); ~ая литерату́ра Schúndliteratur *f*; ~ая кни́жонка Schmöker *m* (6)

низкоро́слый klein von Wuchs, kléinwüchsig, untersétzt (*о людях*); Zwerg- (*гл. обр. о деревьях*)

низкосо́ртный von schléchter Qualitä́t

низкоство́льный: ~ лес Níederwald *m* (5)

низкотемперату́рн||ый Tíefkühl-; tíefgekühlt

низкочасто́тный Níederfrequenz-

низлага́ть *см.* низложи́ть

низлож||е́ние *с* Sturz *m* -es; Entthrónung *f*; **~и́ть** stürzen *vi*; entthrónen *vt* (*тж. перен.*)

ни́зменн||ость *ж* **1.** *геогр.* Níederung *f* (10), Tíefland *n* (5); Tíefebene *f* (11); Únterland *n*; **2.** (*подлость*) Níederträchtigkeit *f*; **~ый 1.** *геогр.* tíefliegend, níedrig gelégen; **2.** (*подлый*) níedrig, níederträchtig

низов||о́й 1. (*относящийся к низовью*) Tief-, Flach-; Níederungs-; ~ы́е города́ Städte am Únterlauf des Flússes; **2.** *бот.* grúndständig (*о листе*); **3.** (*об организации и т. п.*) únter; ~а́я организа́ция Grúndorganisation *f* (10); ~о́й рабо́тник únterer Funktionä́r

низо́вье *с* Únterlauf *m* -(e)s, únterer Lauf (éines Flússes); Mündungsgebiet *n* (2)

ни́зость *ж* Níedrigkeit *f*; Geméinheit *f* (10), Níederträchtigkeit *f* (10), Níedertracht *f*

низри́нуть hinábstürzen *vt*

ни́зш||ий 1. *превосх. ст. от* ни́зкий tíefst, níedrigst; ~ий сорт níedrigste Sórte; ~ая то́чка Tíefpunkt *m* (1); **2.** *уст.* (*непривилегированный*) níchtprivilegiert, únterst; ~ие сло́и únterste Vólksschichten; ~ие кла́ссы únterste Klássen; **3.** (*простейший*) éinfachst, primitívst; ~ие органи́змы primitívste [níedere] Organísmen; **4.** (*начальный*) Grund-, Elementár-; ~ее образова́ние Elementárbildung *f*; **5.** (*подчинённый*) an létzter Stélle im Díenstrang, únterst; ~ая до́лжность únterster Díenstrang

ника́к I *нареч.* auf kéine(rléi) Wéise; kéinesfalls; auf kéinen Fall; durcháus [ganz und gar] nicht; он ~ не мог откры́ть auf kéine Wéise kónnte er öffnen; он ~ не мог успе́ть на по́езд auf kéinen Fall kónnte er zum Zug zurécht-kommen*; ~ не понима́ю ich verstéhe es überháupt nicht; ~ нельзя́ ganz áusgeschlossen

ника́к II *частица разг.* (*как будто*) schéinbar, ánscheinend, wie es scheint; он, ника́к, опя́ть уезжа́ет? ánscheinend fährt er schon wíeder fort?

никак||о́й *мест.* kéinerlei, (gar) kein; нет ~о́го сомне́ния es ist [bestéht] kein Zwéifel; не име́ть ~о́го представле́ния kéine blásse Áhnung háben; nicht die geríngste [blásse] Áhnung háben; ~и́х следо́в боле́зни нет die Kránkheit ist spúrlos vergángen; ◇ без ~и́х!, и бо́льше ~и́х! *разг.* óhne Wíderrede!

никарагуа́н||ец *м* Nikaraguáner *m* (6); **~ский** nikaraguánisch

ни́келев||ый Níckel-; ~ые спла́вы Níckellegierungen *pl*; ◇ ~ый блеск *мин.* Níckelglanz *m* -es

никели́н *м* (*сплав*) Nickelín *n* -s

никелиро́в||анный verníckelt; **~а́ть** mit éiner Níckelschicht überzíehen *, verníckeln *vt*; **~ка** *ж* Verníckeln *n* -s, Verníck(e)lung *f*; **~щик** *м* Verníck(e)ler *m* (6)

ни́кель *м* Níckel *m* -s (*хим. знак* Ni)

нике́м *тв. см.* никто́

ни́кнуть (*о цветах*) wélken *vi* (s); sich néigen, níedersinken* *vi* (s); den Kopf hä́ngen lássen* (*тж. перен.*)

никогда́ *нареч.* níemals, nie; он ~ не был там er war níemals dort; никто́ ~ не был там níemand war jémals dort; ◇ ~ в жи́зни nie im Lében, nie und nímmer; как ~ wie noch nie

никого́ *род., вин. см.* никто́

нико́й: нико́им о́бразом auf kéinen Fall, kéinesfalls; auf kéine(rléi) Wéise, kéineswégs

никому́ *дат. см.* никто́

никоти́н *м* Nikotín *n* -s; содержа́щий ~ nikotínhaltig; **~овый** Nikotín-; **~овая кислота́** Nikotínsäure *f*

никто́ *мест. отриц.* níemand, kéiner; ~ из них níemand únter íhnen, kéiner von íhnen; ~ друго́й [ино́й] kein ánderer, níemand ánders; там никого́ не́ было níemand war dort; он никого́ там не ви́дел er hat níemand(en) dort geséhen; он никому́ не говори́л er hat (es) níemand(em) geságt; ~ как он kein ánderer als er

никуда́ *нареч.* **1.** nírgend(s)wohín, nírgends; я ~ уже́ не попаду́ ich kómme nírgends mehr hin; **2.** (*ни на что, совсем*) (zu) nichts; э́то ~ не годи́тся das taugt ganz und gar nicht

никуды́шн||ый *разг.* níchtsnutzig; zu nichts táuglich, zu nichts zu gebráuchen (*предик.*); ~ая вещь miserábles Ding

никчё́мн||ость *ж разг.* Níchtsnutzigkeit *f*, Úntauglichkeit *f*; **~ый** *разг.* níchtsnutzig; únnütz, zwécklos (*бесполезный*); zu nichts táuglich (*предик.*)

нима́ло *нареч.* nicht im geríngsten, gar nicht; kéineswégs; я ~ не сержу́сь на вас ich bin Íhnen nicht im geríngsten böse

нимб *м* Héiligenschein *m* -(e)s; Nímbus *m* = (*тж. перен.*)

ни́мфа *ж миф.* Nýmphe *f* (11)

нимфома́ния *ж мед.* Nymphomaníe *f*, Mánnstollheit *f*

нио́бий *м* Nióbium *n* -s (*хим. знак* Nb)

ниотку́да *нареч.* nírgend(s)wohér; ~ не сле́дует, что... nírgends ist geságt, daß...

нипочё́м *разг.* **1.** *нареч.* (*очень дёшево*) umsónst; spóttbillig; **2.** *предик.*: ему́ ~ подня́ть 20 килогра́ммов es macht ihm nichts aus, 20 Kilográmm zu hében; ему́ э́то ~ für ihn hat das nichts zu ságen, ihm macht das nichts aus; **3.** *нареч.* (*ни за что*) um kéinen Preis; auf kéinen Fall, nie und nímmer

ни́ппель *м тех.* Níppel *m* (6)

нирва́на *ж* Nirwána *n* -s *u* =

нисколько *нареч.* (ganz und) gar nicht, nicht im geríngsten [entférntesten], kéinesfalls; ~ **не** **боли́т** es tut überháupt nicht weh

ниспада́||ть *уст., поэт.* herábfallen* *vi* (s); во́лосы ~ют на пле́чи die Háare fállen auf die Schúltern heráb

ниспосла́ть, ниспосыла́ть *уст.* beschéren *vt*

ниспроверга́ть, ниспрове́ргнуть zu Fall bríngen*, stürzen *vt*; zertrümmern *vt* (*разру́шить*)

ниспроверже́ние *с* Sturz *m* -es

нисходя́щ||ий **1.** ábsteigend; (áb)fallend; ро́дственники по ~ей ли́нии Verwándte ábsteigender Línie; **2.** *лингв.* fállend; ~ая интона́ция fállende Intonatión

нитеви́дный fádenförmig, fádenartig; fádenähnlich; ~ червь Fádenwurm *m* (4)

ните||води́тель *м текст.* Fádenführer *m* (6), Fádenleiter *m* (6); **~направи́тель** *м текст.* Fádenbrett *n* (5)

нитеобра́зный *см.* нитеви́дный

ни́тк||а *ж* Fáden *m* (7*); ~и Zwirn *m* -s; Garn *n* (2) (*для выши́вания, вяза́ния*); ~и для выши́вания Stíckgarn *n*; ~и для што́пки Stópfgarn *n*; ~а же́мчуга Pérlenschnur *f* (3); ожере́лье в не́сколько ни́ток éine víelsträhnige Kétte; вдева́ть ~у в иго́лку die Nádel [den Fáden] éinfädeln; кату́шка ни́ток Gárnrolle *f* (11), Zwírnrolle *f*; ◇ промо́кнуть до ~и *разг.* bis auf die Haut naß wérden, kéinen tróckenen Fáden am Léibe háben; klítschnaß sein; э́то ши́то бе́лыми ~ами das fällt sogléich auf; как по ~е schnúrgeráde; ши́то на живу́ю ~у (*ко́е-как*) náchlässig genäht

нито́н *м* Níton *n* -s (*хим. знак* Nt)

ни́точ||ка *ж* Fädchen *n* (7); Schnürchen *n* (7); ◇ ходи́ть по ~ке aufs Wort gehórchen; по ~ке разобра́ть nach Strich und Fáden auseinándernehmen*; **~ный** Zwirn-; Fáden-

нитра́т *м хим.* Nitrát *n* (2)

нитри́т *м хим.* Nitrít *n* (2)

нитрифика́ция *ж хим., бот.* Nitrifikatión *f*, Nitrátbildung *f*

нитробензо́л *м хим.* Nítrobenzol *n* -s

нитрова́ние *с хим.* Nitríeren *n* -s, Nitríerung *f*

нитроглицери́н *м хим.* Nítroglyzerin *n* -s

нитро||клетча́тка *ж* Nítrozellulose *f*; **~ла́к** *м* Nítrolack *m* (1); **~соедине́ния** *мн.* Nítroverbindungen *pl*

нить *ж* **1.** Fáden *m* (7*); **2.:** ~ трубопрово́да Strang *m* (1*); ◇ проходи́ть кра́сной ~ю sich wie ein róter Fáden zíehen*; он потеря́л ~ (разгово́ра) er hat den Fáden verlóren; здесь схо́дятся все ни́ти hier láufen álle Fäden zusámmen; ~ воспомина́ний Kétte von Erínnerungen; ариа́днина ~ Ariádnefaden *m*

ни́тян||ый Fáden-; zwírnen, Zwirn-; ~ые перча́тки Zwírnhandschuhe *pl*

ниц: пасть ~ *уст.* níederfallen* *vi* (s); па́дать ~ пе́ред кем-л. (vor) j-m. zu Füßen fállen*

ницшеа́нец *м* Nítzsche-Änhänger *m* (6)

ничего́ I *мест. род. см.* ничто́

ничего́ II *нареч.* **1.** *предик.* (*несуще́ственно*) tut [schádet] nichts; прости́те, я вас побеспоко́ил! — Ничего́! Verzéihung, ich hábe Sie gestört! — Tut nichts!; де́ньги все вы́шли, а ему́ ~ das Geld ist álle, áber ihm macht es nichts aus; **2.** *разг.* (*сно́сно*) passábel, erträglich, ganz [zíemlich] gut; éinigermáßen; so lalá (*разг.*) (*в отве́те на вопро́с: как пожива́ете?*); он живёт ~ себе́ er lebt éinigermáßen gut; ◇ ~ подо́бного *разг.* das stimmt gar nicht! kéine Spur (davón)

ничегонеде́лание *с разг.* Níchtstun *n* -s, Faulenzeréi *f*

ниче́й *мест.* **1.** níemandem gehörig, hérrenlos; ничья́ земля́ Níemandsland *n* -(e)s; **2.** (*любо́й*) kéinerléi

ниче́йный **1.** *см.* ниче́й 1; **2.** *спорт.* únentschieden

ниче́м *тв.*, **ничему́** *дат. см.* ничто́

ничко́м *нареч. разг.* mit dem Gesícht nach únten

ничто́ *мест. отриц.* **1.** nichts; ~ не помо́жет (gar) nichts kann hélfen; ничего́ не поде́лаешь [не попи́шешь]! nichts zu máchen!; ничего́ не получи́ть nichts bekómmen*, leer áusgehen*; я ничего́ не ви́жу ich séhe nichts; ро́вно ничего́ rein nichts; ничего́ осо́бенного nichts besónderes; э́то ниче́м не ко́нчилось es führte zu nichts, es ist nichts daráus gewórden; э́то почти́ ниче́м не отлича́ется от es unterschéidet sich fast in nichts von; ничего́ подо́бного он не ви́дел er hat so was nie geséhen; ничему́ не научи́ться nichts lérnen; ничему́ не удивля́ться sich über nichts wúndern; **2.** *в знач. сущ.* ein Nichts

ничто́жество *с* **1.** (*о челове́ке*) Níchtigkeit *f*; он соверше́нное ~ er ist éine Null [ein Nichts]; **2.** (*убо́гое состоя́ние*) Ármseligkeit *f*

ничто́жн||ость *ж* **1.** Geríngfügigkeit *f*, Wínzigkeit *f*; ~ость су́ммы die Geríngfügigkeit der Súmme; **2.** *см.* ничто́жество 1; **~ый** **1.** wínzig, geríngfügig; nicht der Réde wert, nicht beáchtenswert (*пустяко́вый*); **2.:** ~ый челове́к éine Null; ein Jámmerlappen

ничу́ть *нареч. разг.* gar nicht, durcháus nicht; kéineswégs; kéine Spur, nicht die Spur; ◇ ~ не быва́ло nicht im geríngsten; überháupt nicht

ничья́ *сущ. ж спорт.* Únentschieden *n* -s, únentschiedenes Spiel; *шахм.* Remis [rə'mi:] *n* =, = *u* -en; игроки́ согласи́лись на ничью́ die Spíeler éinigten sich auf ein Remis [Únentschieden]

ни́ша *ж* Nísche *f* (11); Alkóven [-vən] *m* (7)

нища́ть verármen *vi* (s)

ни́щен||ка *ж* Béttlerin *f* (12); **~ский** **1.** Béttler-, béttlerhaft; béttelarm; **2.** (*ску́дный*) ármselig, élend, miserábel; **~ство** **1.** Betteléi *f*; **2.** (*нищета́*) äußerste Ármut; Élend *n* -(e)s; **~ствовать** **1.** (*собира́ть подая́ние*) bétteln *vi*; um Álmosen bítten*; **2.** (*жить в нищете́*) in äußerster Ármut lében; ein Húndeleben führen

нищета́ *ж* **1.** Élend *n* -s, äußerste Ármut; **2.** *собир.* die Ármen; Ármut *f*

ни́щий *прил.* **1.** béttelarm, blútarm; élend; ~ ду́хом géistig arm; **2.** *в знач. сущ. м* Béttler *m* (6); Hábenichts *m* (1) (*G тж.* =) (*бедня́к*)

но *союз* **1.** áber; sóndern (*по́сле отрица́ния*): не то́лько..., но и nicht nur... sóndern auch; **2.** *в знач. сущ. с* Áber *n* (6); тут есть одно́ «но» es ist ein Áber dabéi; без вся́ких «но»! kein Áber!, kéine Wíderrede!, óhne Éinwände!

но *межд.* 1) но-о! (*при понука́нии*) hü!; 2) но-но! (*с угро́зой*) na, wárte!

нова́тор *м* Néuerer *m* (6); ~ы произво́дства Néuerer der [in der] Produktión; **~ский** Néuerer-; Néuerungs-; ~ские ме́тоды Néuerermethoden *pl*; ~ские предложе́ния Néuerervorschläge *pl*

нова́торство *с* Néuerertum *n* -s

нова́ция *ж книжн.* Néuerung *f* (10)

нове́йший neust; modérn (*совреме́нный*)

нове́лл||а *ж* **1.** *лит.* Novélle [-'vɛ-] *f* (11); **2.** *юр.* Novélle [-'vɛ-] *f* (11), Zúsatzgesetz *n* (2), Ergänzungsgesetz *n*; **~и́ст** *м лит.* Novellíst [-vɛ-] *m* (8)

но́венький *прил.* **1.** neu, (fúnkel)nagelnéu; **2.** *в знач. сущ. м* (*новичо́к*) Néuling *m* (1)

новизна́ *ж* Néuheit *f*; das Néue (*sub*), Néuartigkeit *f*

нови́на *ж обл.* **1.** (*цели́на*) Néuland *n* -(e)s; **2.** (*хлеб*) Getréide der néuen Érnte; **3.** (*небелёный холст*) úngebleichte Léinwand

нови́нк||а *ж* Néuheit *f* (10); Novität [-vi-] *f* (10); Néuaufführung *f* (10), Néueinstudierung *f* (10) (*о постано́вке*); Néuerscheinung *f* (10) (*о кни́ге*); ◇ э́то мне в ~у das ist mir neu

новичо́к *м* **1.** (*о шко́льнике*) Néuling *m* (1), Néue *m* (14); Néueingeschulte *m* (14); **2.** (*в како́м-л. де́ле*) Néuling *m* (1), Ánfänger *m* (6); Únerfahrene *m* (14); Úngeübte *m* (14)

новобра́нец *м* Rekrút *m* (8); Éinberufene *m* (14) (*призывни́к*)

новобра́чн||ая *сущ. ж* Júngverheiratete *f* (14), Néuvermählte *f* (14), júnge Frau; **~ый** *сущ. м* Júngverheiratete *m* (14), Néuvermählte *m* (14), júnger Éhemann

нововвед||е́ние *с* Néuerung *f* (10); **~ённый** néueingeführt

нововерхненеме́цкий *лингв.* néuhochdeutsch (*сокр.* nhd.); ~ язы́к Néuhochdeutsch *n* = *u* -s, das Néuhochdeutsche (*sub*) (*сокр.* Nhd.)

нового́дн||ий Néujahrs-; **~ий ве́чер** Silvesterabend [-'vɛs-] *m* (1); ~яя ёлка Néujahrstanne *f* (11); ~ие поздравле́ния Néujahrswünsche *pl*

новогре́ческий: ~ язы́к die néugriechische Spráche, das Néugriechische (*sub*)

новозаве́тный *рел.* néutestamentlich

новозела́нд||ец *м* Neuséeländer *m* (6); **~ский** neuséeländisch

нови́збранный néugewählt

новоиспечённый *разг. шутл.* fríschgebacken, néugebacken

новокаи́н *м фарм.* Novokaín [-vo-] *n* -s

новокаледо́нский neukaledónisch

новолу́ние *с* Néumond *m* -(e)s; Zeit des Néumonds (*вре́мя появле́ния но́вого полуме́сяца*)

новомо́дный néumodisch

новонаселённый néubesiedelt

новообразова́ние *с* **1.** Néubildung *f* (10); **2.** *мед.* (geschwúlstartige) Néubildung *f* (10); Néugebilde *n* (6), Neoplásma *n* -s, -s; **3.** *лингв.* Neologísmus *m* =, -men

новообразо́ванный néugebildet, néugeschaffen

новообращённый *прил.* **1.** néubekehrt; **2.** *в знач. сущ. м* Néubekehrte *m* (14), Proselýt *m* (8)

новооткры́тыйében eröffnet, néuentdeckt

новопоселе́нцы *мн.* Néusiedler *pl*

новопреста́вленный *церк.* únlängst verschíeden, kürzlich verstórben

новоприбы́вший *прил.* **1.** néuangekommen; **2.** *в знач. сущ. м* Néuankömmling *m* (1)

новорождённый *прил.* **1.** néugeboren; **2.** *в знач. сущ. м* Néugeborene *m* (14); **3.** *в знач. сущ. м* (*пра́зднующий день рожде́ния*) Gebúrtstagskind *n* (5)

новосёл *м* Néusiedler *m* (6)

новосе́лье *с* **1.** (*но́вое жили́ще*) néue Wóhnung; **2.** (*пра́зднество*) Éinzugsfeier *f* (11); справля́ть ~ den Éinzug féiern

новостро́йка *ж* **1.** Néubau *m* -(e)s, -ten, néugebautes Haus; **2.** (*строительство*) Néubau *m* -(e)s

но́вост||ь *ж* **1.** (*новинка*) Néuheit *f*, das Néue (*sub*), Novität [-vi-] *f*; ~ь в нау́ке das Néue in der Wíssenschaft; э́то не ~ь das ist kéine Néuheit; **2.** (*известие*) Néuigkeit *f* (10); ◇ вот ещё ~и! *разг.* noch was Néues!

новоя́вленный *ирон.* néuerschienen; néugebacken (*новоиспечённый*)

но́вшество *с* Néuerung *f* (10)

но́в||ый neu, Neu-; néuartig; der néuen Érnte; ~ая карто́шка néue Kartóffeln; ~ый костю́м néuer Ánzug; ~ая жизнь néues Lében; соверше́нно ~ый (fúnkel)nágelnéu; fabríkneu (*прямо с фабрики*); что ~ого? was gibt es Néues?; э́то что́-то ~ое das ist neu, das ist was Néues; ~ое в те́хнике (*раздел в журнале и т. п.*) Néues aus der Téchnik; чу́вство ~ого Gefühl für das Néue; ~ый набо́р (*напр. в учебное заведение*) Néuaufnahme *f* (11); ◇ Но́вый год Néujahr *n* -(e)s; с Но́вым го́дом! viel Glück im Néuen Jahr!; ~ый стиль néuer Stil; ~ые языки́ die néueren [modérnen] Sprácher; ~ая исто́рия die néue Geschíchte, die Geschíchte der Néuzeit; Но́вый заве́т *рел.* Néues Testamént; Но́вый Свет die Néue Welt

новь *ж* **1.** (*целина*) Néuland *n* -(es); **2.** (*новизна*) das Néue (*sub*)

ног||а́ *ж* **1.** *анат.* Fuß *m* (1*) (*ступня*); Bein *n* (2) (*нога выше ступни*); **2.** (*мебели, механизма*) Fuß *m* (1*), Stütze *f* (11), Bein *n* (2); ◇ деревя́нная ~а́ Hólzbein *n*; шага́ть [идти́] в но́гу с кем-л. mit j-m Schritt hálten*, mit j-m in gléichem Schritt géhen*; идти́ в но́гу Gléichschritt hálten*; сби́ться с ~и aus dem Schritt fállen*; nicht im Schritt géhen*; сби́ться с ног sich (*D*) die Füße [die Hácken] áblaufen*; vor Müdigkeit úmfallen* (*от хлопот, работы*); сбить с ног zu Bóden wérfen*, umstóßen* *vt*; über den Háufen rénnen*; поста́вить кого́-л. на́ ~и *разг.* 1) (*вылечить*) j-n auf die Béine bríngen*, j-n von éiner Kránkheit héilen; 2) (*сделать самостоятельным*) j-n sélbständig máchen, j-m materiéll auf die Béine hélfen*; стать на́ ~и *разг.* 1) (*выздороветь*) wieder auf die Béine [zu Kräften] kómmen*; 2) (*стать самостоятельным*) Fuß fássen, sélbständig wérden; hóchkommen* *vi* (s); стоя́ть на ~а́х auf éigenen Füßen stéhen*; быть без ног (*от усталости*) die Füße nicht mehr régen können*, vor Müdigkeit úmfallen*; подня́ть всех на́ ~и *разг.* álle auf die Béine bríngen*; поста́вить всё на́ ~и álle Hébel in Bewégung sétzen; быть на коро́ткой ~е́ с кем-л. *разг.* auf vertráutem Fuß mit j-m verkéhren [stéhen*]; быть на ра́вной ~е́ с кем-л. auf der gléichen Stúfe mit j-m sein; ни ~о́й к кому́-л. *разг.* mit kéinem Fuß mehr j-s Haus betréten*, kéinen Fuß mehr über j-s Schwélle sétzen; жить на широ́кую но́гу auf gróßem Fúß(e) lében; встать с ле́вой ~и́ *разг.* mit dem línken Fuß zuérst áufgestanden sein; mit dem línken Bein aus dem Bett spríngen*; mit dem línken Bein áufstehen*; положи́ть но́гу на́ ~у die Béine übereinánderschlagen*; стоя́ть одно́й ~о́й в моги́ле *разг.* mit éinem Fuß [Bein] im Grábe stéhen*; протяну́ть но́ги álle víere von sich strécken; быть свя́занным по рука́м и ~а́м *разг.* (an Händen und Füßen) gebunden sein; kéine fréie Hand háben; с головы́ до ног von Kopf bis Fuß [bis zu den Füßen], vom Schéitel bis zur Sóhle; со всех ног *разг.* so rasch die Füße éinen trágen; дава́й бог но́ги ≅ die Béine únter die Árme néhmen*; у ног zu Füßen; валя́ться в ~а́х у кого́-л. kníefällig j-n bítten*; в ~а́х посте́ли am Fúßende des Béttes; к ~е́! (*команда*) *воен.* Gewéhr ab!; взять но́гу Gléichschritt áufnehmen*; спать без за́дних ног wie erschlágen schláfen*; верте́ться под ~а́ми beim Géhen im Wége sein; хрома́ть на о́бе ~и́ 1) auf béiden Béinen hínken; 2) (*идти с перебоями — о деле*) nur schlecht und stóckend vórwärtsgehen*; сади́сь! В ~а́х пра́вды нет setz dich! Stéhen macht nicht klüger!; он лёгок [скор] на́ ~у er ist gut zu Fuß; вали́ться с ног sich kaum noch auf den Béinen hálten können*

ноготки́ *мн. бот.* Ríngelrose *f* (11), Ríngelblume *f* (11)

ногото́к *м* Nägelchen *n* (7); ◇ с ~ sehr klein; wínzig; мужичо́к с ~ Däumling *m* (1)

но́готь *м* Nágel *m* (6*); Fíngernagel *m* (*на руке*); Zéhennagel *m* (*на ноге*); ◇ до конца́ ногте́й durch und durch

ногтево́й Nágel-

ногтое́да *ж мед.* Nágelgeschwür *n* (2), Nágelbetteiterung *f* (10)

Но́ев: ~ ковче́г *библ.* die Árche Nóah

нож *м* Mésser *n* (6); Schnéide *f* (11); перочи́нный ~ Fédermesser *n*, Táschenmesser *n*; ку́хонный ~ Küchenmesser *n*; ~ с рукоя́ткой Stíelmesser *n*; консе́рвный ~ Büchsenöffner *m* (6); ди́сковый ~ *с.-х.* Schéibenmesser *n*; ◇ ~ в се́рдце ein Stich [ein Stoß] ins Herz; пристава́ть к кому́-л. с ~о́м к го́рлу *разг.* j-m das Mésser an die Kéhle sétzen; быть с кем-л. на ~а́х *разг.* bis aufs Mésser j-m feind sein, j-m spínnefeind sein; ~ в спи́ну ein Dólchstoß in den Rücken; умере́ть под ~о́м während der Operatión stérben*; без ~а́ заре́зать ≅ das ist der réinste Mord; ~ о́стрый (*кому-л.*) ein Stich ins Herz

ножев||о́й Mésser-; ~о́й черено́к Mésserheft *n* (2), Mésserstiel *m* (1), ~а́я ра́на Schníttwunde *f* (11)

но́жик *м* (kléines) Mésser *n* (6)

но́жк||а *ж* **1.** Füßchen *n* (7), Fuß *m* (1*) (*ступня*); Béinchen *n* (7) (*нога выше ступни*); пры́гать на одно́й ~е auf éinem Bein hüpfen; подста́вить кому́-л. ~у (*тж. перен.*) j-m ein Bein stéllen; j-n zu Fall bríngen*; **2.** (*мебели, утвари*) Fuß *m* (1*), Bein *n* (2); ва́за на ~е éine Schále mit Fuß; **3.** (*растения*) Stiel *m* (1); **4.** *спец.*: ~а ци́ркуля Schénkel des Zírkels

но́жницы *мн.* **1.** Schére *f* (11); садо́вые ~ Gártenschere *f*; Héckenschere *f* (*для живой изгороди*); **2.** *эк.* (*расхождение*) Divergénz [-vɛr-] *f* (10), Auseinánderlaufen *n* -s; ~цен Préisschere *f* (11)

ножн||о́й Fuß-; Bein- (*ср.* нога́); fúßbetrieben; ~а́я ва́нна Fúßbad *n* (5); ~ы́е канда́лы Fúßfesseln *pl*; ~а́я шве́йная маши́на Nähmaschine *f* (11) mit Fúßanlasser

но́жны *мн.* Schéide *f* (11)

ножо́вка *ж* (*пила*) Hándsäge *f* (11), Fúchsschwanz *m* (1*) (*по дереву*); Metállsäge *f* (*по металлу*)

ноздрева́т||ость *ж* Porosität *f*, Pórigkeit *f*; **~ый** pórig, porös, schwámmig; *мет.* blásig; ~ый сыр löchriger Käse

ноздря́ *ж* Násenloch *n* (5); Nüster *f* (11); Násenflügel *m* (6)

нока́ут *м спорт.* Knockout [*англ.* nɔk'aʊt] *m* = *u* -s, -s (*сокр.* K. o.), Knockoutschlag *m* (1*) (*сокр.* K.-o.-Schlag); **~и́ровать 1.** (*в боксе*) k. o. [ka:'o:] schlágen* *vt*; **2.** *перен.* überlégen besíegen *vt*

нокда́ун *м спорт.* Knockdown [*англ.* nɔk'daʊn] *m* = *u* -s, -s

ноктю́рн *м муз.* Nottúrno *n* -s, -s *u* -ni, Nocturne [-'tyrn] *n* -s, -s

нолево́й Null-

ноль *м* Null *f* (10); температу́ра ~ гра́дусов es ist Null Grad; ◇ ~-~ 1) (*при указании времени*) де́сять ~-~ Punkt zehn (Uhr); 2) *спорт.* (*исход игры*) únentschieden; ~ внима́ния *разг.* kéinerléi Áufmerksamkeit (schénken); он ~ без па́лочки *разг.* er ist éine absolúte Null; стричь под ~ ganz kahl schéren

нома́ды *мн.* Nomáden *pl*

номенклату́р||а *ж* Nomenklatúr *f* (10); **~ный** Nomenklatúr-

но́мер *м* **1.** Númmer *f* (11); вчера́шний ~ газе́ты die géstrige Zéitung; **2.** (*помещение*) Hotélzimmer *n* (6) (*в гостинице*); ~ на одного́ Éinbettzimmer *n*; ~ на двои́х Zwéibettzimmer *n*; Bádekabine *f* (11) (*в бане*); **3.** (*размер*) Númmer *f* (11), Größe *f* (11); Kalíber *n* (6); ~ ни́ток Fádenstärke *f* (11); ~ боти́нок Schúhgröße; **4.** (*часть концерта и т. п.*) Prográmmnummer *f* (11); Númmer *f*; Dárbietung *f* (11); **5.** *воен.* (*боец орудийного расчёта*) Kanoníer *m* (6); ◇ пробле́ма ~ оди́н Problém Númmer eins; э́тот ~ не пройдёт dámit kommt man nicht durch; gebt euch kéine Mühe; **~но́й** *прил.* **1.** Númmer-; numeríert; ~но́й знак Númmernschild *n* (5); **2.** *в знач. сущ. м уст.* Hotéldiener *m* (6), Zímmerkellner *m* (6); **~о́к** *м* Márke *f* (11); гардеро́бный ~о́к Garderóbe(n-)nummer *f* (11), Garderóbenmarke *f*

номеронабира́тель *свз.* Númmernschalter *m* (6); Númmernscheibe *f* (11) (*диск*)

номина́л *м фин.* Nominálwert *m* -(e)s, Nénnwert *m*; по ~у nach dem Nominálwert [Nénnwert]

номинал||и́зм *м филос.* Nominalísmus *m* =; **~и́ст** *м* Nominalíst *m* (8)

номина́льн||ый Nominál-, nominéll; Nenn-; ~ая сто́имость Nominálwert *m* -(e)s, Nénnwert *m*

номогра́мма *ж мат.* Nomográmm *n* (2); nomográphische Réchentafel

номогра́фия *ж мат.* Nomographíe *f*

нонпаре́ль *ж полигр.* Nonpareille [nɔ̃pa'rɛ:jə] *f*

но́нсенс *м* Nónsens *m* -es *u* =, Únsinn *m* -(e)s

нора́ *ж* Höhle *f* (11), Loch *n* (5); Bau *m* (1); ли́сья ~ Fúchsbau *m*

норве́ж||ец *м* Nórweger *m* (6); **~ка** *ж* Nórwegerin *f* (12); **~ский** nórwegisch; ~ский язы́к die nórwegische Spráche, das Nórwegische (*sub*)

норд *м мор.* **1.** (*направление*) Nord *m* -(e)s, Nórden *m* -s (*сокр.* N); **2.** (*ветер*) Nord *m* (1), Nórdwind *m* (1)

норд-ве́ст *м мор.* **1.** (*направление*) Nordwést *m* -es, Nordwésten *m* -s (*сокр.* NW); **2.** (*ветер*) Nordwést *m* (1), Nordwéstwind *m* (1)

норд-о́ст *м мор.* **1.** (*направление*) Nordóst *m* -es, Nordósten *m* -s (*сокр.* NO); **2.** (*ветер*) Nordóst *m* (1); Nordóstwind *m* (1)

но́рия *ж тех.* Schöpfwerk *n* (2), Bécherförderer *m* (6); Paternósterwerk *n*

но́рка I *ж см.* нора́

но́рк||а II *ж зоол.* Nerz *m* (1); **~о-вый** Nerz-

но́рм||а *ж* **1.** (*мера*) Norm *f* (10); Satz *m* (1*), Ráte *f* (11); о́пытно-статисти́ческие ~ы statístische Experimentálnormen; ~а вы́работки Léistungsnorm *f*, Soll *n* -s *u* =; дневна́я ~а вы́работки Tágessoll *n*; ~а поста́вок хле́ба das Áblieferungssoll von Getréide; ~а забо́йщика Häuerausschlag *m* (1*); измене́ние норм Veränderung der Nórmen; перевыполне́ние ~ы Übererfüllung *f* der Norm; сверх ~ы über das Soll hináus; ни́же ~ы únter der Norm, únter dem Soll; сни́женные ~ы herábgeminderte Nórmen; сниже́ние ~ы поста́вок Ermäßigung [Herábsetzung] des Áblieferungssolls; ~а пита́ния Verpflégungssatz *m* (1*); вводи́ть но́вые ~ы néue Nórmen éinführen; ~а приба́вочной сто́имости *эк.* Méhrwertrate *f*, die Ráte des Méhrwerts; ~а при́были *эк.* Profítrate *f*; ~а представи́тельства (*на съезде и т. п.*) Vertrétungsquote *f* (11); ~а произноше́ния Áussprachenorm *f*; ~а расхо́да Verbráuchsnorm *f*; **2.** (*порядок, правило*) Vórschrift *f* (10), Bestímmung *f* (10), Norm *f* (10); противопожа́рные ~ы Brándschutzbestimmungen *pl*; ◇ войти́ в ~у zur Régel wérden; в ~е normál

нормализ||а́ция *ж* Normalisíerung *f*; **~и́ровать** normalisíeren *vt*, veréinheitlichen *vt*; **~о́ванный** *тех.* Éinheits-; **~ова́ть** *см.* нормализи́ровать

норма́ль *ж* **1.** *мат.* Normále *f* (11), Sénkrechte *f* (11); **2.** *тех.* Nórmenblatt *n* (5)

норма́льн||ость *ж* Normalität *f*, **~ый** normál, Normál-; Régel-; üblich (*обычный*); ~ые усло́вия übliche Bedíngungen; ~ая температу́ра Normáltemperatur *f* (10)

норма́нд||ец *м* Bewóhner *m* (6) der Normandíe; **~ка** *ж* Bewóhnerin *f* (12) der Normandíe

норма́ны *мн.* Normánnen *pl*

нормати́в *м эк.*, *тех.* Ríchtsatz *m* (1*), Normatív *n* (2); **~ный** *эк.*, *тех.* normatív, Normatív-; ríchtsatzgebunden; ~ная характери́стика Nórmkennziffer *f* (11)

нормирова́ние *с* Nórmung *f*; ~ труда́ Árbeitsnormung *f*

нормиро́в||анный genórmt; rationíert, márkenpflichtig (*о продуктах, товарах*); ~анный рабо́чий день genórmter Árbeitstag; **~а́ть** nórmen *vt*; Nórmen féstsetzen [féstlegen]; **~ка** *ж разг.* Nórmung *f*

нормиро́вщик *м* Nórmer *m* (6)

но́ров *м разг.* **1.** (*нрав, обычай*) Sítte *f* (11), Gewóhnheit *f* (10); что го́род, то ~ ándere Länder, ándere Sítten; **2.** (*капризный характер*) Láune *f* (11), láunenhafter Éigensinn; Hálsstarrigkeit *f*; Wíderspenstigkeit *f*, Múcken *pl*; ло́шадь с ~ом ein Pferd mit Múkken; **~и́стый** *разг.* störrisch, láunisch, hálsstarrig

норови́ть *разг.* erpícht sein (+ *инф.*) (*стремиться*); es auf etw. (*A*) ábsehen* (*метить на должность и т. п.*)

нос I *м* **1.** Náse *f* (11); Ríecher *m* (6) (*разг.*); орли́ный ~ Ádlernase *f*; вздёрнутый ~ Stúpsnase *f*; говори́ть в ~ durch die Náse spréchen*; näseln *vi*; у него́ идёт кровь ~ом er hat Násenbluten; die Náse blútet ihm; **2.** (*клюв*) Schnábel *m* (6*); ◇ показа́ть ~ кому́-л. *разг.* j-m éine lánge Náse máchen [zíehen*]; оста́вить кого́-л. с ~ом *разг.* j-n übertölpeln, préllen *vt*, zum Nárren hálten*; оста́ться с ~ом *разг.* das Náchsehen háben, leer áusgehen*, mit lánger Náse [únverrichteterdinge] ábziehen*; пове́сить ~ *разг.* die Náse hängen lássen*; води́ть за́ ~ кого́-л. *разг.* násführen *неотд. vt*; j-n an der Náse herúmführen; води́ть ~ом (*о собаке*) schnóbern *vi*, schnúppern *vi*; задира́ть [поднима́ть] ~ *разг.* die Náse hoch trágen*; hóchnäsig sein; не ви́деть да́льше своего́ ~а *разг.* nichts áußer der éigenen Násenspitze séhen*; nicht über die éigene Násenspitze hináussehen*; ткнуть ~ом кого́-л. во что-л. *разг.* j-n mit der Náse auf etw. (*A*) stóßen* [drücken]; быть на ~у́ *разг.* (*о событии*) nicht mehr fern sein; держа́ть ~ по ве́тру ≅ den Mántel nach dem Wínde hängen; из-под са́мого ~а vor der Náse weg; пе́ред ~ом, под са́мым ~ом *разг.* vor der Náse; с ~а pro Náse, pro Persón; заруби́ть себе́ на ~у́ *разг.* sich hínter die Óhren schréiben*; э́то ему́ не по́ ~у das ist nicht nach séinem Sinn, das paßt ihm nicht; ~у не каза́ть sich nicht séhen lássen*; клева́ть ~ом éinnicken *vi*; сова́ть ~ во что-л. séine Náse in étwas stécken, sich in étwas éinmischen; утере́ть ~ кому́-л. j-n übertrúmpfen, j-n áusstechen*

нос II *м мор.*, *ав.* Bug *m* (1*); Kap *n* -s, -s (*мыс*)

носа́тый *разг.* mit gróßer Náse, lángnasig

но́сик *м* **1.** Näsichen *n* (7); **2.** (*чайника и т. п.*) Tülle *f* (11); Schnáuze *f* (11)

носи́лки *мн.* **1.** Trágbahre *f* (11), Báhre *f*, Tráge *f* (11); санита́рные ~ Kránkentrage *f*; **2.** (*паланкин*) Sänfte *f* (11)

носи́льн||ый: ~ное бельё Léibwäsche *f*; **~щик** *м* Gepäckträger *m* (6); Träger *m*

носи́тель *м* Träger *m* (6); Vertréter *m* (6) (*представитель*); Bazíllenträger *m* (*мед.*); ~ заря́да *эл.* Ládungsträger *m*; ~ информа́ции *выч. тех.* Dátenträger *m*; ~ раке́тного ору́жия Rakétenträger *m*; ~ языка́ Spráchträger *m*, Múttersprachler *m* (6)

носи́ть **1.** trágen* *vt*; ~ ребёнка на рука́х ein Kind auf dem Arm trágen*; **2.** (*одежду, украшения и т. п.*) trágen* *vt*, ánhaben* *vt*; **3.:** ~ и́мя [зва́ние] éinen Námen [Títel] führen; **4.:** ~ хара́ктер den Charákter háben (*G или* von *D*); ◇ ~ на рука́х кого́-л. j-n auf (den) Händen trágen*; едва́ [е́ле, наси́лу] но́ги но́сят sich kaum auf den Füßen hálten*; **~ся** **1.** (*быстро двигаться*) (umhér)láufen* *vi* (s), rénnen* *vi* (s); zíehen* *vi* (s), (dahín)éilen *vi* (s) (*об облаках*); (herúm)flíegen* *vi* (s), (herúm)fláttern *vi* (s) (*летать, порхать*); *перен.* úmgehen* *vi* (s), úmlaufen* *vi* (s); в во́здухе носи́лись шмели́ Húmmeln schwírrten in der Luft; но́сятся слу́хи es géhen Gerüchte um; ~ся в во́здухе (*чувствоваться*) in der Luft líegen*; **2.** (*с кем-л., с чем-л.*); ~ся с мы́слью sich mit dem Gedánken trágen*; с ним сли́шком мно́го носи́лись man gab sich mit ihm állzuviel ab; **3.** (*об одежде*) sich trágen*; **4.** *страд.* getrágen wérden

но́ск||а I *ж* (*действие*) Trágen *n* -s; продолжи́тельность ~и Trágdauer *f*

но́ска II *ж*: ~ яи́ц Éierlegen *n* -s

но́ский I *разг.* (*о материи и т. п.*) háltbar, dáuerhaft, trágbar, trágfest, strapazíerfähig

но́ск||ий II: **~ая ку́рица** gúte Légehenne

но́скость I *ж* (*прочность*) Trágbarkeit *f*

но́скость II *ж* (*птиц*) Légeleistung *f*

носово́й I **1.** Násen-; ~ плато́к Táschentuch *n* (5), Schnúpftuch *n*; **2.** *лингв.* Nasál-, nasál; ~ звук Nasállaut *m* (1), Nasál *m* (1)

носово́й II *мор.* Bug-; ~ ого́нь Búglicht *n* (5), Búgfeuer *n* (6)

носогло́тка *ж* Násenrachenraum *m* (1*)

носогре́йка *ж разг.* kúrze Pféife, Stúmmelpfeife *f* (11)

нос||о́к I **1.** (*обуви, чулка*) Spítze *f* (11); **2.** (*ноги*) Fúßspitze *f* (11), Zéhenspitze *f*; на ~ка́х auf den Zéhenspitzen; подня́ться на ~ки́ sich auf die Zéhen stéllen; *спорт.* áufzehen *vi*; **3.** (*чайника и т. п.*) Schnáuze *f* (11); **4.** *спец.* Spítze *f* (11)

носо́к II *м* (*короткий чулок*) Sócke *f* (11); Sócken *m* (7) (*разг.*)

носоро́г *м зоол.* **1.** Náshorn *n* (5); **2.** (*жук*) Náshornkäfer *m* (6)

ностальги́я *ж* Nostalgíe *f*

носу́ха *ж зоол.* Násenbär *m* (8), Rüsselbär *m*

но́т||а I *ж муз.* **1.** (*знак, звук*) Nóte *f* (11); **2.** *мн.* (*нотный текст*): ~ы Nóten *pl*; Nótenheft *n* (2), Musikálien *pl*; положи́ть на ~ы vertónen *vt*; ◇ как по ~ам wie nach Nóten, wie am Schnürchen

но́та II *ж дип.* Nóte *f* (11); обме́н ~ми Nótenwechsel *m* (6)

нотариа́льн||ый notariéll, notárisch, Notariáts-; ~ая контора Notariát *n* (2)

нота́риус *м* Notár *m* (1)

нота́ци||я I *ж разг.* (*нравоучение*) Verwéis *m* (1), Stráfpredigt *f* (10); Páuke *f* (11); чита́ть кому́-л. ~и j-m die Levíten [-'vi:-] lésen*; éine Stráfpredigt hálten*

нота́ция II *ж* (*система условных знаков*) Notíerung *f* (10)

нотифика́ция *ж юр.* Notifikatión *f* (*официальное извещение*)

но́тк||а *ж*: с ~ой сомне́ния [недове́рия] mit éinem Ánflug von Zwéifel [Míßtráuen]

но́тный *муз.* Nóten-, Musíknoten-; ~ знак Nótenzeichen *n* (7); ~ магази́н Musikáli|enhandlung *f*; ~ лист Nótenblatt *n* (5)

ночева́ть übernáchten *vi*; nächtigen *vi*; не ~ до́ма die Nacht fórtbleiben*

ночёвк||а *ж разг.* Übernáchten *n* -s, Übernáchtung *f*; гость с ~ой Logíergast [-'ʒi:r-] *m* (1*)

ночле́г *м* **1.** (*место ночёвки*) Náchtlager *n* (6); Náchtquartier *n* (2), Únterkunft für die Nacht; иска́ть ~а ein Óbdach für die Nacht súchen; **2.** (*ночёвка*) Übernáchten *n* -s; останови́ться на ~ über Nacht bléiben*; übernáchten *vi*; пла́та за ~ Übernáchtungskosten *pl*, Kósten éiner Übernáchtung

ночле́ж||ка *ж* Náchtasyl *n* (2); **~ник** *м* **1.** *разг.* (*пользующийся временным ночлегом*) Schláfgast *m* (1*), Logíergast [-'ʒi:r-] *m*; **2.** (*ночующий в ночлежке*) Óbdachlose *m* (14), der in éinem Náchtasyl übernáchtet; **~ный:** ~ный дом Náchtasyl *n* (2)

ночн||и́к *м* **1.** (*лампа*) Náchtlampe *f* (11), Náchtleuchte *f* (11); Náchtlicht *n* (5), Náchtleuchter *m* (6); **2.** *разг.* (*работающий ночью*) Náchtarbeiter *m* (6), éiner der Náchtdienst hat; **~о́е** *в знач. сущ. с* nächtliches Wéiden der Pférde

ночн||о́й nächtlich; Nacht-; ~*а́я* соро́чка Náchthemd *n* (13); ~*о́е* дежу́рство Náchtwache *f* (11), Náchtdienst *m* (1); в ~*о́е* вре́мя zur Náchtzeit, nachts; ~*о́й* вы́пуск после́дних изве́стий (*по радио*) Spätnachrichten *pl*; ~*ы́е* пти́цы Náchtvögel *pl*; ~*ы́е* ба́бочки Náchtfalter *pl*

ноч||ь *ж* Nacht *f* (3); лу́нная ~ь Móndnacht *f*; глуха́я ~ь stóckfínstere [péchschwärze] Nacht; уже́ ~ь на дворе́ es ist schon Nacht; es ist schon fínster dráußen; по ~*а́м* nachts, nächtlicherweise; за́ ~ь (*быстро*) über Nacht; von héute auf mórgen; до (наступле́ния) ~и bis in die sínkende Nacht; це́лыми ~*а́ми* nächtelang; на́ ~ь vor dem Schláfengehen; с наступле́нием ~и bei Éinbruch der Nacht; под покро́вом ~и únter dem Schútze der Nacht; в ~ь на in der Nacht zu(m); всю ~ь напролёт die Nacht über, náchtsüber, die gánze Nacht hindúrch; споко́йной [до́брой] ~и! gúte Nacht!; пожела́ть споко́йной ~и gúte Nacht ságen, ángenehme Náchtruhe wünschen; ◇ поля́рная ~ь Polárnacht *f*; бе́лые но́чи wéiße Nächte

но́чью *нареч.* nachts, in der Nacht, zur Náchtzeit, bei Nacht; днём и ~ Tag und Nacht; ◇ ~ все ко́шки се́ры bei Nacht sind álle Kátzen grau

но́ша *ж* Bürde *f* (11), Last *f* (10); ◇ своя́ ~ не тя́нет *посл.* éigene Last ist nicht schwer

ноше́ние *с* Trágen *n* -s

но́шеный (*об. одежде*) gebráucht, getrágen

но́щно: де́нно и ~ Tag und Nacht

но́ющий nágend, quälend (*о боли*)

ноя́бр||ь *м* November [-'vɛm-] *m* -s =; в ~*е́* ме́сяце im Mónat Novémber; в нача́ле ~*я́* Ánfang Novémber; в середи́не ~*я́* Mítte Novémber; в конце́ ~я Énde Novémber; в ~*е́* про́шлого го́да im Novémber vórigen Jáhres, vórigen Novémber; в ~*е́* э́того го́да im Novémber díeses Jáhres; в ~*е́* бу́дущего го́да im Novémber nächsten Jáhres, nächsten Novémber

ноя́брьск||ий November- [-'vɛm-]; ~ие пра́здники *разг.* Jáhrestag der Októberrevolution

нрав *м* **1.** Gemüt *n* (5), Wésen *n* (7), Charákter [ka-] *m* -s, -tére; Gemütsart *f* (10); весёлый ~ fröhliches Gemüt; **2.** *мн.*: ~ы (*обычаи*) Sítten *pl*, Gebräuche *pl*; жесто́кие ~ы ráuhe Sítten *pl*; стро́гих нра́вов síttenstreng; ◇ э́то ему́ не по ~у *разг.* das geht ihm gégen den Strich; das ist ihm nicht recht

нра́виться gefállen* *vi*, zúsagen *vi*; его́ поведе́ние мне не нра́вится sein Benéhmen mißfällt mir

нравоуче́н||ие *с* Morál *f*, Morálpredigt *f* (10); чита́ть ~ия кому́-л. *разг.* j-m Morál prédigen [éine Morálpredigt hálten*]

нравоучи́тельный erbáulich, beléhrend

нра́вствен||ность *ж* Morál *f*, Síttlichkeit *f*; Éthik *f* (*этика*); **~ый** morálisch, síttlich; Morál-, Sítten-; ~ый при́нцип Morálprinzip *n*

ну 1. *межд. разг.* na, nun; los! fix! (*побудительное*); ну скоре́й! na, schnéller!, nun áber rascher!; ну тебя́! *разг.* geh doch!, bleib mir vom Léibe!; laß mich in Rúh(e)!; ну его́! hol ihn der Kúckuck!; ну и пого́да! ist das áber ein Wétter!; **2.** *частица* nun; ну хорошо́! nun gut! na, schön!; ну так что ж? na, und?; вошли́ к нему́ — и ну руга́ть sie gíngen zu ihm hinéin und fíngen gleich an zu schímpfen; (да) ну? nanú?, ist das möglich?; ◇ ну, ну, не бу́ду schon gut, schon gut, ich tue es nicht mehr; ну и ну! nanú!

нувори́ш *м* Néureiche *m* (14)

нуга́ *ж* Nougat [nu'ga:, *чаще* 'nu:gat] *m* -s, -s, Núgat *m* -s, -s

зуда́ *м, ж разг.* lángweiliger Mensch

ну́дный (unerträglich) lángweilig; fáde; ~ челове́к lángweiliger Mensch

нужд||а́ *ж* **1.** (*надобность*) Bedürfnis *n* (3*), Bedárf *m* -(e)s; социа́льные ну́жды die soziálen Belánge; име́ть [испы́тывать] ~*у́* в чём-л. bedürfen* *vt, vi* (*G*); Bedürfnis nach etw. (*D*) empfínden*, в слу́чае ~*ы́* im Nótfall, nótfalls, nötigenfalls; без ~*ы́* únnötigerweise; нет ~*ы́* говори́ть es erübrigt sich zu ságen; **2.** (*бедность*) Not *f*; Élend *n* -s, Ármut *f*; он вы́рос в ~*е́* er wuchs im Élend auf; материа́льная ~*а́* Nótlage *f*; терпе́ть ~*у́* Not léiden*; по ~*е́* nótgedrungen; **3.** *разг.* (*естественная потребность*) natürliches Bedürfnis; Nótdurft *f*; ◇ ~*ы́* нет! *разг.* macht nichts!, schádet nichts!

нужда́ться 1. bedürfen* *vt, vi* (в ком-л., в чём-л. *G*); benötigen *vt*, bráuchen *vt*; **2.** (*жить в бедности*) Not léiden*; bedürftig sein

нужда́ющийся *сущ. м* Bedürftige *m* (14), Árme *m* (14)

ну́жник *м разг.* Bedürfnisanstalt *f* (10)

ну́жно *предик. безл.* **1.** (*об обязанностях*): мне ~ идти́ на рабо́ту ich muß [ich soll] zur Árbeit (géhen*); **2.** (*требуется*): ему́ ~ для э́того сто рубле́й er braucht [benötigt] dazú húndert Rúbel; что вам ~? was wünschen Sie?, womít ist Íhnen gedíent?; ничего́ не ~ es ist nichts nötig; не ~ боя́ться man braucht sich nicht zu fürchten; не ~ серди́ться man muß sich nicht ärgern; ~ бы́ло ви́деть, как man müßte séhen, wie; ~ же бы́ло, что́бы... múßte es áusgerechnet sein, daß...

ну́жн||ый 1. nötig; nótwendig (*необходимый*); erfórderlich (*требуемый*); счита́ть ~ым (es) für ángezeigt hálten*; не нахожу́ ~ым ich hálte es nicht für nötig; **2.** (*полезный*) nótwendig, únentbehrlich, dríngend gebráucht; ~ый челове́к ein dríngend gebráuchter Mensch

нуклеи́н *м хим.* Nuklein *n* -s

нуклеи́нов||ый Nuklein-; ~ая кислота́ Nukleínsäure *f* (11)

нукло́н *м физ.* Núkleon *n* -s, -leónen, Kérnbaustein *m* (1)

нулево́й Null-; ◇ ~ цикл *стр.* Núllzyklus *m* =, Vórbereitungs- und Áusschachtarbeiten *pl*

нул||ь *м* Null *f* (10); Núllpunkt *m* (1); ни́же ~*я́* únter Null, mínus; равня́ться ~ю gleich Null sein; результа́т ра́вен ~ю *перен.* das Ergébnis ist gleich Null; ◇ свести́ к ~ю null und níchtig máchen; абсолю́тный ~ь éine absolúte Null, Niete *f* (11) (*разг.*); *см. тж.* ноль

нумер||а́тор *м* Numerátor *m* -s, -tóren, Numeríerwerk *n* (2); **~а́ция** *ж* Numeríerung *f*; Bezífferung *f*; ~а́ция страни́ц Paginíerung *f*; **~ова́ть** numeríeren *vt*; beziffern *vt*; ~ова́ть страни́цы paginíeren *vt*, mit Séitenzahlen versehen*

нумизма́тика *ж* Numismátik *f*, Münz(en)kunde *f*

нумизмати́ческий numismátisch, münzkundlich

ну́нций *м* Núntius [-tsiʊs] *m* =, -tien

нута́ция *ж астр.* Nutatión *f* (10)

ну́трия *ж зоол.* Súmpfbiber *m* (6), Nútria *f*, *pl* -s

нутр||о́ *с разг.* **1.** das Ínnere (*sub*); Éingeweide *pl*; Inneréien *pl*; ~*о́* живо́тного die Éingeweide des Tíeres; **2.** *перен.* Séele *f* (11); das Ínnerste (*sub*); э́то мне не по ~*у́* das ist nicht nach méinem Sinn; das ist mir zuwíder; чу́вствовать что-л. всем ~*о́м* etw. mit állen Físbern empfínden*

нутроме́р *тех.* Ínnentaster *m* (6)

нутряно́й *разг.* ínnere; von ínnen kómmend

ны́не *нареч. уст. и высок.* (*теперь*) jetzt, héutzutáge

ны́нешн||ий *разг.* jétzig, héutig; gégenwärtig, dérzeitig (*современный*); в ~ем году́ díeses Jahr, héuer; ~ее положе́ние die dérzeitige Láge

ны́нче *нареч. разг.* **1.** (*теперь*) jetzt, héutzutáge; héuer (*в нынешнем году*); **2.** (*сегодня*) héute; ~ у́тром héute mórgen; ◇ не ~-за́втра héute óder mórgen, sehr bald, in állernächster Zeit

нырну́ть *см.* ныря́ть

ныро́к *м* **1.** *зоол.* Táuchente *f* (11); **2.** *спорт.* Kópfsprung *m* (1*) (*плавание*); Hinéinbeugen *n* -s (*бокс*); ни́зкий ~ Tíefbeugung *f* (10)

ныря́льщик *м* Táucher *m* (6), Táuchsportler *m* (6)

ныря́ние *с* Táuchen *n* -s; Táuchsport *m* -(e)s

ныря́ть (únter)táuchen *vi* (s)

ны́тик *м разг.* Méckerer *m* (6); Nörgler *m* (6)

ныть 1. (*болеть*) schmérzen *vi*, weh tun*; у меня́ се́рдце но́ет mir tut das Herz weh; **2.** *разг.* (*жаловаться, охать*) klágen *vi*, jámmern *vi*, nörgeln *vi*

нытьё *с разг.* Jámmern *n* -s; Nörgeln *n* -s

ньюто́н *м физ.* (*единица силы*) Newton ['nju:tən] *n* -s, *u* =, =

ньюфа́ундленд *м* (*собака*) Neufúndländer *m* (6)

нэп *м* (*но́вая экономи́ческая поли́тика*) *ист.* NÖP (Néue Ökonómische Polítik)

нюа́нс *м* Nuance [*фр.* ny'ãsə] *f* (11), Ábstufung *f* (10), Schattíerung *f* (10)

нюансиро́вка *ж муз.* Nuancíerung [nyã'si:-] *f*, Ábschattieren *n* -s, Ábstufung *f*

ню́ни: распусти́ть ~ *разг.* jámmern und klágen, die Náse hängen lássen*; flénnen *vi*

ню́ня *м, ж* Tráuerkloß *m* (1*); Héulliese *f* (*о девочке, женщине*)

нюх *м* Spürsinn *m* -(e)s, Wítterung *f*; у него́ хоро́ший ~ *перен.* er hat éine féine Náse

ню́хальщик *м разг.* Schnúpfer *m* (6) (*табака*); Ráuschgiftsüchtige *m* (14) (*наркотиков*)

ню́хательный: ~ таба́к Schnúpftabak *m* -(e)s

ню́хать 1. ríechen* *vt*; ~ таба́к Tábak schnúpfen; schnóbern *vi* (*о собаке*); **2.** (*испытывать*) spüren *vt*; erfáhren* *vt*; **3.** (*разузнавать, выведывать*) spítzeln *vi*

ня́нчить pflégen *vt*, wárten *vt*; **~ся** *разг.* **1.** (*с детьми*) pflégen *vt*, wárten *vt*; **2.** (*возиться*) sich ábgeben* (с кем-л., с чем-л. mit *D*)

ня́нька *ж разг. см.* ня́ня; ◇ у семи́ ня́нек дитя́ без гла́зу *посл.* ≅ viele Köche verdérben den Brei

няня *ж* **1.** Kínderwärterin *f* (12), Kínderfrau *f* (10); **2.** (*в больнице*) Kránkenwärterin *f* (12), Kránkenpflegerin *f* (12); **3.** (*в яслях*) Kríppenerzieherin *f*

О

о I *предлог* **1.** *вин.* (*при обозначении сближения, соприкосновения и т. п. одного предмета с другим*) an (*A*; gégen (*A*); удáриться о кáмень an éinen Stein [gégen éinen Stein] stóßen*; **2.** *предл.* 1) (*относительно*) über (*A*), von (*D*), bezüglich (*G*), in bezúg auf (*A*); für (*A*), an (*A*), um (*A*); кни́га о жи́вописи ein Buch über Maleréi; напоминáть о чём-л. an etw. erínnern; сожалéть о чём-л. etw. bedáuern; говори́ть о чём-л. von [über] etw. spréchen*; заботиться о ком-л. für j-n sórgen; дýмать о ком-л. an j-n dénken*; 2) (*при обозначении числа однородных частей*) mit (*D*); о двух головáх mit zwei Köpfen; zwéiköpfig; ◇ бок о бок Séite an Séite, nebeneinánder; рукá óб руку Hand in Hand; пáлка о двух концáх ein zwéischneidiges Schwert; об э́ту пóру *разг.* um díese Zeit

о II *межд.* **1.:** о позóр! o Schmach!, o Schánde!; **2.** (*при выражении удивления*) oh!, ojémine!; **3.** (*при выражении сожаления, огорчения и т. п.*) o weh!; au!; ojémine!

оáзис *м* Oáse *f* (11); **~ный** Oásen-

об *см.* о I

óба *числ.* béide, die béiden; ◇ обéими рукáми *разг.* mit béiden Händen; смотрéть [глядéть] в ~ auf der Hut sein; scharf áufpassen, áchtgeben* *отд.* *vi*

обагри́ть röten *vt*, púrpurrót färben; ~ рýки в крови́ die Hände mit Blut besúdeln; éine Blúttat begéhen*; обагрённый крóвью *перен.* mit Blut beflèckt; **~ся** sich blútig [púrpurrót] färben; ~ся крóвью sich mit Blut beflécken

обагря́ть(ся) *см.* обагри́ть(ся)

обалдéлый *разг.* blöde, wirr im Kopf; stútzig, verblüfft, spráchlos (*от удивления*)

обалдéть *разг.* benómmen [verwírrt, stútzig] sein; verdáttert sein (*тж. от усталости и т. п.*)

обанкрóт||ившийся bankrótt; pléite gegangen, verkrácht (*разг.*); **~иться** Bankrótt máchen, bankrótt géhen* [wérden]; zusámmenbrechen* *vi*; Pléite máchen, pléite géhen* (*разг.*)

обая́ние *с*, **обая́тельность** *ж* Reiz *m* -es, Záuber *m* -s, Ánmut *f*, Líebreiz *m*; Scharm *m* -(e)s

обая́тельный bezáubernd, berückend

обвáл *м* Éinsturz *m* (1*); Bérgsturz *m*, Érdrutsch *m* (1) (*в горах*); снéжный ~ Lawíne *f* (11), Schnéelawine *f*; стенá грози́т ~ом die Máuer droht éinzustürzen

обвáливать I *см.* обвали́ть

обвáливать II *см.* обваля́ть

обвáливаться *см.* обвали́ться

обвали́||ть úmwerfen* *vt*; úmstoßen* *vt*, úmstürzen *vt*; **~ться 1.** (*отвалиться*) ábfallen* *vi* (s), ábbröckeln *vi* (s); штукатýрка ~лась der Verpútz ist ábgebröckelt; **2.** (*развалиться*) zusámmenfallen* *vi* (s); éinstürzen *vi* (s), éinfallen* *vi* (s); éinsinken* *vi* (s); *горн.* níedergehen* *vi* (s)

обваля́ть éinrollen *vt*; wénden(*) *vt* (*в муке*); ~ в сухаря́х paníeren *vt*

обвáривать(ся) *см.* обвари́ть(ся)

обвари́ть 1. (*обдать кипятком*) ábbrühen *vt*, bebrühen *vt*; **2.** (*обжечь кипятком*) verbrühen *vt*; ~ рýку die Hand verbrühen

обвари́ться sich verbrühen

обвевáть *см.* обвéять

обвенчáть kírchlich tráuen; **~ся** sich kírchlich tráuen lássen*

оберну́ть, обвёртывать éinschlagen* *vt*; éinwickeln *vt*, éinhüllen *vt*

обвéс *м* Fálschwiegen *n* -s

обвéсить (*обмануть в весе*) (betrügerisch) zu knapp wíegen, beim Wíegen betrügen

обвести́ 1. (*кого-л. вокруг чего-л.*) j-n um etw. (*A*) herúmführen; **2.** (*что-л. чем-л.*) umgében* *vt*; umránden *vt* (*напр., часть текста*); **3.** (*контур чего-л.*) umréißen* *vt*; **4.** *спорт.* umspíelen *vt* (*противника*); **5.** *разг.* (*обмануть*) ánführen *vt*, betrügen *vt*; ◇ ~ глазáми mit éinem Blick überflíegen* [stréifen]; ~ когó-л. вокрýг пáльца *разг.* j-n um den Fínger wíckeln, mit j-m léichtes Spiel háben

обвéтр||енный wétterhart, wéttergebräunt; rauh; verwíttert; **~иться** wétterhart [wéttergebräunt] wérden; rauh wérden; verwíttern

обветшá||лость *ж* Báufälligkeit *f*; Hínfälligkeit *f* (*тж. перен.*); **~лый** báufällig; verfállen; hínfällig (*тж. перен.*)

обветшáть báufällig wérden; hínfällig wérden; verfállen* *vi* (s)

обвéшать (*навешать вокруг*) behängen *vt*, umhängen *vt*

обвéшивать *см.* обвéсить, обвéшать

обвéять 1. *тж. перен.* umwéhen *vt*, umwédeln *vt*, umfächeln *vt*; **2.** *с.-х.* wórfeln *vt*

обвивáть(ся) *см.* обви́ть(ся)

обвин||éние *с* Beschúldigung *f* (10), Ánschuldigung *f*; *юр.* Ánklage *f* (11) (в чём-л. *G*); предъяви́ть комý-л. ~éние éine Ánklage gégen j-n erhében*; ~éние предъя́влено в... die Ánklage láutet auf...; уйти́ от ~éния sich der Beschúldigung entzíehen*; свидéтели ~éния Belástungszeugen *pl*; по лóжному ~éнию únter fálscher Ánschuldigung; **~и́тель** *м* Ánkläger *m* (6), Kläger *m*; общéственный ~и́тель der öffentliche Ánkläger; **~и́тельный** Ánklage-; ~и́тельное заключéние Ánklageformel *f* (11), Ánklage *f* (11); ~и́тельный акт Ánklageakt *m* (1), Ánklageschrift *f* (10); ~и́тельная речь (*на суде*) Ánklagerede *f* (11); **~и́ть** beschúldigen *vt*, bezíchtigen *vt*, zéihen* *vt* (в чём-л. *G*); *юр.* ánklagen *vt* (в чём-л. *G или* wégen *G*); ~и́ть когó-л. в чём-л. j-m etw. zur Last légen; j-m etw. ánlasten; j-m die Schuld gében*; j-n für schúldig hálten*; ~и́ть когó-л. в воровствé j-n des Díebstahls [wégen Díebstahls] ánklagen; лóжно ~и́ть когó-л. в чём-л. j-m etw. fälschlich zur Last légen; **~я́емый** *сущ. м.* Ángeklagte *m* (14) (*преданный суду*); Beschúldigte *m* (14) (*под следствием*); **~я́ть** *см.* обвини́ть

обвин||я́ться beschúldigt [ángeklagt] wérden; он ~я́лся в госудáрственной измéне die Ánklage láutete auf Hóchverrat

обвисáть *см.* обви́снуть

обви́с||лый *разг.* (heráb)hängend; schlaff (*дряблый*); **~нуть** herábhängen* *vi* (h, s), schlaff herúnterhängen*

обви́ть umwíckeln *vt* (чем-л. mit *D*); umschlíngen* *vt*; umwínden* *vt*, umspínnen* *vt*; bespínnen* *vt* (*нитью*); umránken *vt* (*о растениях*); ~ рукáми umfángen* *vt*, umármen *vt*; umhálsen *vt* (*шею*); **~ся** sich schlíngen*; sich wínden* (вокрýг чегó-л. um *A*); sich ránken (*о растениях*)

обвóд *м* **1.** Úmleitung *f*; Úmführung *f*; **2.** *б. ч. мн.* ~ы *мор.* Umriß *m* -sses, -sse, Líni¦enführung *f*

обводи́ть *см.* обвести́

обводнéние *с* Bewässerung *f*, Beríeselung *f*, Irrigatión *f*; Wásserzufuhr *f*; ~ пáстбищ die Wásserzufuhr für Wéideland

обводни́тель||ный Bewässerungs-; ~ная систéма Bewässerungssystem *n* (2)

обводни́ть (be)wässern *vt*; beríeseln *vt*

обвóдный: ~ канáл Úmführungskanal *m* -(e)s, -näle, Úmleitungskanal *m*

обводня́ть *см.* обводни́ть

обволáкивать, обволóчь bezíehen* *vt*, verhüllen *vt*, éinhüllen *vt*, umhüllen *vt*; verdécken *vt*, bedécken *vt*; bewölken *vt* (*о небе*); **~ся** sich verhüllen, sich bedécken; нéбо обволáкивается тýчами der Hímmel bedéckt sich mit Wólken, der Hímmel bewölkt sich

обворовáть, обворóвывать *разг.* bestéhlen* *vt*

обворож||и́тельный bezáubernd, berückend; entzückend (*восхитительный*); **~и́ть** berücken *vt*, bezáubern *vt*; entzücken *vt*

обвы́кнуть *разг. см.* привы́кнуть

обвязáть 1. úmbinden* *vt*, umwíckeln *vt* (чем-л. mit *D*); um etw. (*A*) bínden*; **2.** (*кружевом и т. п.*) bestrícken *vt*, behäkeln *vt*; éinsäumen *vt* (*оторочить*); **3.** *разг.* (*кого-л.*): онá обвязáла детéй sie hat für die Kínder álles gestríckt; sie hat die Kínder bestríckt (*разг.*)

обвя́зка *ж* **1.** (*деревьев*) Umwíckeln *n* -s; **2.** (*края материи*) Éinsäumen *n* -s; ~ носовы́х платкóв das Éinsäumen der Táschentücher; **3.** *стр.* Fries *m* (1); Bíndung *f* (10)

обвя́зывать *см.* обвязáть

обглáдывать *см.* обглодáть

обглóд||анный ábgenagt, benágt; **~áть** ábnagen *vt*, benágen *vt*

обгóн *м* Überhólen *n* -s

обгоня́ть *см.* обогнáть

обгорáть, обгорéть ábbrennen* *vi*; an der Óberfläche verbrénnen*; vom Féuer beschädigt wérden

обгрызáть, обгры́зть benágen *vt*, ábnagen *vt*, beknábbern *vt*; *охот.* ábäsen *vt*

обдавáть, обдáть 1. (*облить*) übergíeßen* *vt*, überschütten *vt*, begíeßen* *vt*; ~ гря́зью mit Schmutz überschütten; mit Kot bespritzen; ~ кипяткóм ábbrühen *vt*; **2.** (*обвеять*) éinhüllen *vt*, umströmen *vt*, umgében* *vt*; си́льный зáпах обдáл eró stárker Duft umgáb ihn; **3.** *безл. разг.* befállen* *vt*, überríeseln *vt*, überláufen* *vt*; егó вдруг óбдало недóбрым предчýвствием ihn befíel plötzlich éine schlímme Vórahnung, егó óбдало хóлодом es überlíef ihn kalt, Kälte schlug ihm entgégen; ◇ ~ презрéнием когó-л. j-m séine tíefste Verāchtung zéigen

обдéлать 1. *уст.* (*драгоценный камень и т. п.*) éinfassen *vt*, fássen *vt*; **2.** *спец.* (*подвергнуть обработке*) beárbeiten *vt*; **3.** *разг.* (*ловко устроить*) arrangíeren [araŋ'ʒi:-] *vt*; ~ дéло éine Sáche déichseln [hínkriegen, schäukeln]

обдели́ть benáchteiligen *vt*; übervórteilen *vt*

обде́лка *ж* **1.** Beárbeitung *f* (10); **2.** *спец.* Verschálung *f* (10), Verkléidung *f* (10)

обде́лочный Verschálungs-, Verkléidungs-

обде́лывать *см.* обде́лать

обделя́ть *см.* обдели́ть

обдёргивать, обдёрнуть (*платье и т. п.*) zuréchtziehen* *отд. vt*, zuréchtzupfen *отд. vt*

обдира́ла *м разг.* Léuteschinder *m* (6), Schínder *m*; Béutelschneider *m* (6) (*жулик*)

обдир||а́ние *с* Schrúppen *n* -s; Ábschälen *n* -s; Entrínden *n* -s (*коры*); Féllabziehen *n* -s (*шкуры*); **~а́ть** *см.* ободра́ть

обди́рный (*о крупе*) enthülst; ~ хлеб Míschbrot *n* (2)

обдува́ть *см.* обду́ть I, II

обду́м||анный vórbedacht, bedácht; (wóhl)überlégt; с зара́нее ~анным наме́рением mit Vórbedacht; **~ать** bedénken* *vt*, überlégen *vt*; zuréchtlegen *отд. vt*; э́то на́до ~ать das muß man sich überlégen; **~айте** своё реше́ние überlégen Sie sich Íhren Entschlúß; **~ывание** *с* Überlégung *f* (10); вре́мя на ~ывание Bedénkzeit *f*

обдури́ть *разг.* betrügen *vt*, beschúmmeln *vt*

обду́ть I (*обвеять*) ánblasen* *vt*, umwéhen *vt*; ~ пыль ábstauben *vt*

обду́ть II *разг.* (*обмануть*) ánführen *vt*, hintergéhen* *vt*, préllen *vt*

о́бе *ж см.* о́ба

обе́г||ать ábIaufen* *vi* (s); он ~ал весь го́род за э́тим *разг.* er hat die gánze Stadt danách ábgelaufen

обега́ть *разг. см.* обе́гать, обежа́ть

обе́д *м* Míttagessen *n* (7), Míttagsmahl *n* (5, 2); Diner ['ne:] *n* -s, -s; зва́ный ~ Féstessen *n*, Gástmahl *n*; ~ по́дан das Éssen ist áufgetragen; обе́д гото́в das Éssen ist fértig [ángerichtet]; звать к ~у zu Tísch bítten*; zum Míttagessen éinladen*; го́сти, приглашённые к ~у Tíschgäste *pl*; пе́ред ~ом 1) vor dem Míttagessen, vor Tisch; 2) (*до полудня*) vórmittags, am Vórmittag; по́сле ~а 1) nach Tisch; 2) (*после полудня*) náchmittags, am Náchmittag; дать ~ в честь кого́-л. ein Diner (-'ne:) [ein Éssen] zu j-s Éhren gében*; **~ать** zu Míttag éssen* [spéisen]; оста́ться у кого́-л. ~ать bei j-m zu Míttag [zu Tisch] bléiben*; **~енный** Míttags-; míttäglich; ~енный стол Míttagstisch *m* (1), Éßtisch *m*; ~енное вре́мя Míttag *m* -(e)s; Míttagszeit *f*, Tíschzeit *f*, Éssenszeit *f*; ~енный переры́в Míttagspause *f* (11); дать звоно́к на ~енный переры́в zu Míttag klíngeln [läuten]

обедн||е́вший verármt; **~е́ние** *с* **1.** Verármung *f*, Verélendung *f*; Pauperisíerung *f*; **2.** *горн.* Vertáubung *f*

обедне́лый *разг.* verármt

обедне́ть verármen *vi* (s), verélenden *vi* (s)

обедни́ть arm máchen

обе́дня *ж рел.* Mésse *f* (11); Góttesdienst *m* (1)

обежа́ть 1. (*вокруг*) umláufen* *vt*; im Láufen umkréisen; um etw. (*A*) herúmlaufen*; **2.** (*бегая, посетить*) áblaufen* *vi* (s); ◇ ~ глаза́ми mit den Áugen überflíegen*

обезбо́лив||ание *с мед.* Betäubung *f*, Anästhesíerung *f*; **~ать** *мед.* betäuben *vt*, anästhesíeren *vt*; **~ающий** *мед.* Anästhesíe-; Betäubungs-; ~ающее сре́дство Betäubungsmittel *n* (6), Anästhétikum *n* -s, -ka

обезво́деть wásserarm wérden

обезво́дить, обезво́живать entwässern *vt*; entféuchten *vt*

обезво́лить wíllenlos máchen

обезвре́дить, обезвре́живать 1. únschädlich máchen *vt*; **2.** *биол.* entséuchen *vt*, desinfizíeren *vt*; **3.** (*бомбу*) entschärfen *vt*

обезга́зить *спец.* Gas entférnen; entgásen *vt*

обезгла́в||ить 1. entháupten *vt*; köpfen *vt*, guillotiníeren [gıljo-] *vt*; **2.** (*лишить руководства*) der Führung beráuben, führerlos máchen; **~ливание** *с* Entháuptung *f*; Köpfung *f*, Guillotiníerung [gıljo-] *f*; **~ливать** *см.* обезгла́вить

обездо́ленный élend, únglücklich

обездо́лить élend máchen, únglücklich máchen

обезду́шить des ínneren Gehálts beráuben

обезжи́р||енный entféttet; féttfrei; máger; ~енное молоко́ Mágermilch *f*

обезжи́ривать, обезжи́рить entfétten *vt*

обеззара́жив||ание *с* **1.** Desinfektion *f*, Desinfizíerung *f*; Entséuchung *f*; Entkéimung *f* (*стерилизация*); **2.** *физ.* Entaktivierung [-'vi:-] *f*; **3.** *воен.* Entgíftung *f*; **~ать, обеззара́зить 1.** desinfizíeren *vt*; entséuchen *vt*; entkéimen *vt* (*стерилизовать*); **2.** *яд. физ.* entaktivieren [-'vi:-] *vt*

обезземе́ление *с* der Verlúst [die Entéignung] von Grund und Bóden; die Verdrängung von Grund und Bóden

обеззу́беть *разг.* die Zähne verlíeren*

обезле́с||ение *с* das Ábholzen des Wáldes; **~ить** entwálden *vt*, ábholzen *vt*

обезли́ч||ение *с* Verlúst der Individualität [-vi-]; **~енный** entpersönlicht; über éinen Kamm geschóren (*разг.*); **~ивание** *с см.* обезли́чение; **~ивать** *см.* обезли́чить; **~иваться 1.** die Individualität [-vi-] verlíeren*; séine Individualität éinbüßen; **2.** *страд.* entpersönlicht wérden; **~ить** entpersönlichen *vt*, das Individuélle [-vi-] verwíschen, des persönlichen Charákters beráuben; **~ка** *ж* Féhlen persönlicher Verántwortung (*in der Arbeit*); ликвиди́ровать ~ку die persönliche Verántwortung hérstellen [síchern]

обезлю́д||еть ménschenleer [ménschenarm, entvölkert] wérden; entvölkert sein; **~ить** entvölkern *vt*

обезобра́жив||ание *с* Verúnstaltung *f*; Entstéllung *f*, Verzérrung *f* (*искажение*); Verstümmelung *f* (*изуродование*); **~ать, обезобра́зить** verúnstalten *vt*; entstéllen *vt*; verzérren *vt* (*исказить*); verstümmeln *vt* (*изуродовать*)

обезопа́сить síchern *vt*, sícherstellen *отд. vt*; áußer Gefáhr bríngen* [sétzen]

обезору́ж||ивание *с* Entwáffnung *f*; **~ивать, ~ить** entwáffnen *vt*; j-m die Wáffe aus der Hand schlágen*; *перен.* entmútigen *vt*, entwáffnen *vt*

обезу́меть toll [wáhnsinnig, verrückt] wérden; den Verstánd [den Kopf] verlíeren*; írr(e) wérden; in Írrsinn verfállen*, írrsinnig wérden; (wie) von Sínnen sein

обезья́н||а *ж* **1.** Áffe *m* (9); Áffenweibchen *n* (7) (*самка*); с ловко́стью ~ы mit áffenartiger Geschícklichkeit; **2.** *разг. пренебр.* (*о человеке*) Náchäffer *m* (6); **~ий** Áffen-, áffenhaft; äffisch; ~ьи пова́дки Áffenwesen *n* -s; **~ник** *м* Áffenkäfig *m* (1); **~ничать** *разг.* náchäffen *vt*, *vi*

обели́ск *м* Obelísk *m* (8)

обели́ть, обеля́ть *разг.* (*оправдать*) réchtfertigen *неотд. vt*; entschúldigen *vt*; réinwaschen *отд. vt*; wéißwaschen *отд. vt*

оберега́тель *м* Hüter *m* (6), Bewáhrer *m* (6)

оберега́ть (be)hüten *vt*; bewáhren *vt*; (be)schützen *vt* (*защищать*); **~ся 1.** sich hüten, sich in acht néhmen* (от чего́-л. vor *D*); **2.** *страд.* behütet wérden (*ср.* оберега́ть)

обере́чь *см.* оберега́ть; **~ся** *см.* оберега́ться 1

оберну́ть 1. éinhüllen *vt*, éinpacken *vt*; ~ шарф вокру́г ше́и éinen Schal um den Hals wíckeln; **2.** (*завернуть*) éinwickeln *vt*, éinschlagen* *vt*; ~ кни́гу в газе́ту ein Buch in éine Zéitung éinschlagen*; ◇ ~ кого́-л. вокру́г па́льца j-n um den Fínger wíckeln, mit j-m léichtes Spiel háben; **~ся 1.** (*повернуться*) sich (úm)wénden(*); sich úmdrehen, sich úmkehren; **2.** *разг.* (*вернуться*); ра́ньше ча́су он не обернётся vor éiner Stúnde kann er nicht zurück sein; **3.** *разг.* (*справиться*) sich heráuswinden*, éinen Áusweg fínden*; **4.** éine *best.* Wéndung néhmen*; ~ся катастро́фой éine katastrophále Wéndung néhmen*; смотря́ как обернётся де́ло je nachdém, wie die Sáche áblaufen wird; **5.** *фольк.* (*превратиться в кого́-л., во что-л.*) sich verwándeln (кем-л., чем-л., in *A*); ~ся медве́дем sich in éinen Bären verwándeln

обёртка *ж* **1.** Úmschlag *m* (1*), Hülle *f* (11), Éinschlagpapier *n* (2), Úmwick(e)lung *f* (10); **2.** (*книги*) Schútzumschlag *m* (1*)

оберто́н *м муз., физ.* Óberton *m* (1*); Téilton *m*

обёрточн||ый Éinschlag-, Úmschlag-; Pack-; ~ая бума́га Páckpapier *n* (2)

обёртывание *с* **1.** Éinwickeln *n* -s, Éinhüllen *n* -s; Éinschlagen *n* -s, Éinpacken *n* -s; **2.** *мед.* Úmschlag *m* (1*), Páckung *f* (10)

обёртывать *см.* оберну́ть; **~ся 1.** *см.* оберну́ться 1; **2.** *страд.* éingewickelt wérden (*ср.* оберну́ть)

обескро́в||ить blútlos máchen; das Blut entzíehen*; áusbluten lássen*; *перен.* entkräften; ~ить врага́ dem Feind schwére Verlúste béibringen*; **~ленный** blútlos, blútleer; *перен.* entkräftet, áusgemergelt; **~ливание** *с мед.* Blútabziehung *f*; Áderlaß *m* -sses, -lässe; *перен.* Áusblutung *f*; **~ливать** *см.* обескро́вить

обескры́лить *тж. перен.* j-m die Flügel beschnéiden*

обескура́живать, обескура́жить entmútigen, mútlos máchen

обеспа́мятеть 1. (*потерять память*) das Gedächtnis verlíeren*, vergéßlich wérden; **2.** (*потерять сознание*) das Bewúßtsein verlíeren*, óhnmächtig wérden; wie von Sínnen sein (*перестать соображать*)

обеспе́чение *с* **1.** (*действие*) Sícherstellung *f*; Versórgung *f* (*снабжение*); Betréuung *f* (*попечение*); ~ войск Héeresversorgung *f*; ~ ты́ла Rückendeckung *f*, Rückensicherung *f*; ~ всео́бщего ми́ра die Sícherung des allgeméinen Fríedens; социа́льное ~ Soziálfürsorge *f*; ~ ста́рости Áltersfürsorge *f*; **2.** (*средства к жизни*) Existénzgrundlage *f*; **3.** (*гарантия*) Garantíe *f* (11), Sícherstellung *f*, Sícherung *f*; *ком.* Déckung *f*, Kautión *f* (10)

обеспе́ч||енность *ж* **1.** (*чем-л.*) hínreichende Versórgung [Áusstattung]; **2.**

(*зажиточность*) Wóhlhabenheit *f*, Wóhlstand *m* -(e)s; **~енный 1.** (*чем-л.*) versórgt; **2.** (*зажиточный*) wóhlhabend, bemíttelt, **~ивать, ~ить 1.** (*снабдить*) versórgen *vt*, versehen* *vt* (чем-л. mit *D*); **2.** (*гарантировать*) sícherstellen *отд. vt*; sichern *vt* (от чего́-л. vor *D*); gewährleisten *неотд. vt*, garantíeren *vt*; décken *vt* (*денежной суммой*); ~ить мир den Fríeden síchern; **3.** (*материально*) versórgen *vt*

обеспло́деть únfruchtbar wérden

обеспло́дить únfruchtbar [kéimfrei, steríl] máchen; entkéimen *vt*; *перен.* frúchtlos máchen

обеспоко́ить beúnruhigen *vt*; belästigen *vt*, stören *vt* (*помешать*); **~ся** sich beúnruhigen (чем-л. über *A*, wégen *G*)

обеспы́лить *спец.* entstáuben, stáubfrei máchen

обесси́л||еть kráftlos [entkräftet, schwach, hínfällig] wérden, von Kräften kómmen*; **~и(ва)ть** entkräften *vt*, schwächen *vt*; erschöpfen *vt* (*изнурить*)

обессла́вить mit Schánde bedécken, in Míßkredit [in üblen Ruf, in bösen Léumund] bríngen*; entéhren *vt* (*обесчестить*)

обессме́ртить únsterblich máchen, verewígen *vt*

обессмы́слить des Sínnes beráuben; sínnlos máchen

обессо́лить entsálzen *vt*

обессу́дить: не обессу́дьте! néhmen Sie es nicht übel!; néhmen Sie es nicht krumm! (*разг.*)

обесто́чить *эл.* strómlos máchen; die Strómzufuhr spérren; ~ прово́дку kéinen Strom in die Léitung gében*

обесцве́тить fárblos máchen; entfärben *vt*; bléichen *vt*; dekoloríeren *vt*; *перен.* állen Réizes beráuben

обесцве́чивание *с* Entfärbung *f*, Entfärben *n* -s

обесцве́чивать *см.* обесцве́тить

обесце́н||ение *с* Entwértung *f*, Entwérten *n* -s; ~ение де́нег Géldentwertung *f*; Ábwertung der Währungen; **~ивать, ~ить** entwérten *vt*, wértlos máchen; ábwerten *vt*

обесче́стить entéhren *vt*

обе́т *м* Gelübde *n* (6), Gelöbnis *n* (3*); дать ~ ein Gelübde áblegen

обетова́нн||ый: земля́ ~ая *библ.* das gelóbte Land

обеща́ние *с* Verspréchen *n* (7); Zúsicherung *f* (10); торже́ственное [кля́твенное] ~ Gelöbnis *n* (3*); дава́ть ~ verspréchen* *vt*, ein Verspréchen gében*; испо́лнить [сдержа́ть] своё ~ sein Verspréchen éinlösen [hálten*, erfüllen]

обеща́ть verspréchen* *vt*, verhéißen* *vt*; gelóben *vt* (*торжественно*)

обжа́лов||ание *с юр.* Beschwérde *f* (11), Berúfung *f* (10), Appellatión *f* (10); пригово́р ~анию не подлежи́т gégen das Úrteil kann kéine Berúfung éingelegt wérden; **~ать** *юр.* Beschwérde [Berúfung] éinlegen, appellíeren *vi*; ánfechten* *vt*; ~ать пригово́р gégen ein Úrteil Berúfung éinlegen

обжа́ривание *с* Bráten *n* -s; Rösten *n* -s

обжа́ривать, обжа́рить ánbraten *vt*; rösten *vt*

обже́чь 1. (*руку и т. п.*) verbrénnen* *vt*, verbrühen *vt* (*кипятком, паром*); **2.** *тех.* glühen *vt*; brénnen* *vt* (*напр. кирпичи*); rösten *vt*, kalziníeren *vt* (*металлы*); **~ся 1.** sich verbrénnen* (чем-л. an *D*); sich verbrühen (mit *D*) (*кипятком*); **2.** *разг.* (*потерпеть неудачу*) sich verbrénnen* (на чём-л. an *D*), Míßerfolg háben; ◇ обжёгшись на молоке́, бу́дешь дуть и на́ воду *посл.* ≅ ein gebránntes Kind scheut das Féuer

обжива́ться *см.* обжи́ться

о́бжиг *м тех.* Glühen *n* -s; Brénnen *n* -s (*напр. кирпича*); Rösten *n* -s; Kalzinieren *n* -s (*металла*); **~а́ние** *с см.* о́бжиг; **~а́тельный** *тех.* Brenn-; Röst-, Kalziníer-; ~а́тельная печь Brénnofen *m* (7*); **~а́ть** *см.* обже́чь; **~а́ться 1.** *см.* обже́чься; **2.** *страд.* verbránnt wérden (*ср.* обже́чь)

обжира́ться *груб.* sich überfréssen* (чем-л. an *D*), sich den Bauch vóllschlagen*

обжи́ть wóhnlich [bewóhnbar] máchen, sich éinleben; **~ся** *разг.* sich éinleben; warm wérden (*разг.*)

обжо́р||а *м, ж разг.* Víelfraß *m* (1), Frésser *m* (6), Fréßsack *m* (1*); **~ливый** *разг.* gefräßig; **~ство** *с разг.* Gefräßigkeit *f*, Fréßsucht *f*, Völleréi *f*

обжу́ливать, обжу́лить *разг.* j-n übers Ohr háuen*

обзаведе́ние *с* **1.** (*действие*) Ánschaffung *f*; **2.** *разг.* (*обстановка*) Éinrichtung *f* (10), Áusstattung *f*

обзавести́сь, обзаводи́ться sich (*D*) ánschaffen (чем-л. *A*); ~ семьёй éine Famílie gründen

обзо́р *м* **1.** Besíchtigung *f*; Übersicht *f* (*наблюдение*); **2.** (*очерк, статья*) Übersicht *f*; Rúndschau *f*; Úmschau *f*; Rückschau *f*; кра́ткий ~ ein geráffter Überblick; междунаро́дный ~ internationále Rúndschau; ~ иностра́нной пре́ссы internationále Presseschau *f*; ~ газе́т Zéitungsschau *f*; ~ собы́тий исте́кшего ме́сяца éine Rückschau auf die Eréignisse des verflóssenen Mónats; **3.** *воен.* (*поле зрения*) Sicht *f*, Übersicht *f*, Überblick *m* -(e)s; Blíckfeld *n* -(e)s; ста́нция кругово́го ~а Rúndblickstation *f* (10); **~ность** *ж* Übersichtlichkeit *f*; Sichtverhältnisse *pl*; Sicht *f*; **~ный** Überblicks-; ~ная статья́ Überblicksartikel *m* (6)

обзыва́ть *см.* обозва́ть

обива́ть *см.* оби́ть; ◇ ~ поро́ги у кого́-л. *разг.* j-n mit Bítten bestürmen [belästigen]

оби́вка *ж* **1.** (*действие*) Beschlágen *n* -s, Bezíehen *n* -s; Tapezíeren *n* -s (*обоями*); **2.** (*материя*) Bezúg *m* (1*), Überzug *m*, Möbelstoff *m* (1); Bespánnung *f* (10); мя́гкая ~ Pólsterung *f* (10); ко́жаная ~ Léderbezug *m*

оби́вочн||ый Bezúgs-, Überzugs-; ~ые тка́ни Bezúgsstoffe *pl*

оби́д||а *ж* Kränkung *f* (10), Beléidigung *f* (10); Beschímpfung *f* (10) (*грубое оскорбление*); нанести́ ~у beléidigen *vt*; ◇ проглоти́ть [снести́] ~у éine Beléidigung éinstecken; не в ~у будь ска́зано ≅ nichts für úngut, mit Verláub zu ságen; не дава́ть себя́ в ~у sich nicht beléidigen lássen*; sich (*D*) nichts gefállen lássen*; быть в ~е на кого́-л. böse sein auf j-n

оби́деть 1. kränken *vt*, beléidigen *vt*; **2.** *разг.* (*нанести ущерб*) übervórteilen *vt*, benáchteiligen *vt*; **~ся** übelnehmen* *отд. vt*, beléidigt sein, sich beléidigt fühlen; Ánstoß néhmen* (на кого́-л., на что-л. an *D*); krumm néhmen* (на что-л. *A*); не обижа́йтесь на меня́! néhmen Sie es mir nicht übel!

оби́д||ный kränkend, beléidigend; schímpflich, Schimpf- (*оскорбительный*); ~но, что (es ist) ärgerlich, daß..., (es ist) bedáuerlich, daß..., (es ist) scháde, daß...; мне ~но es kränkt mich, es ärgert mich, es tut mir leid

оби́дч||ивость *ж* Empfíndlichkeit *f*; **~ивый** empfíndlich, leicht beléidigt; **~ик** *м* Beléidiger *m* (6)

обижа́ть(ся) *см.* оби́деть(ся)

оби́женный beléidigt, gekränkt; он оби́жен (*на кого-л.*) er fühlte sich beléidigt (von *D*)

оби́лие *с* Überfluß *m* -sses; Fülle *f*; Ergíebigkeit *f*; Réichtum *m* -(e)s (чего́-л. an *D*)

оби́ловать *уст.* reich sein (чем-л. an *D*)

оби́льн||о *нареч.* in Ménge, im Überfluß; réichlich, áusgiebig; ergíebig; **~ый** réichlich, áusgiebig; ergíebig; reich (чем-л. an *D*); сли́шком ~ый überreichlich; ~ый урожа́й éine réiche Érnte; ~ые снегопа́ды stárke Schnéefälle; река́ ~а ры́бой der Fluß ist físchreich

обину́ясь: не ~ *уст.* únumwunden; óhne Rückhalt; frei heráus

обиня́к: без ~о́в óhne Úmschweife, únumwunden, únverblümt; gerádeheráus, klipp und klar; говори́ть без ~о́в frisch [frei] von der Léber weg spréchen*; (sich) kein Blatt vor den Mund néhmen*; говори́ть ~а́ми Áusflüchte máchen; ≅ wie die Kátze um den héißen Brei herúmgehen*

обира́ла *м, ж разг.* Béutelschneider *m* (6), Plünderer *m* (6)

обира́ть *см.* обобра́ть

обита́ем||ость *ж* Bewóhnbarkeit *f*; **~ый** bewóhnt; (be)wóhnbar (*годный для жилья*)

обита́тель *м* Bewóhner *m* (6); **~ница** *ж* Bewóhnerin *f* (12)

обита́ть bewóhnen *vt*; wóhnen *vi*; háusen *vi*

оби́тель *ж уст.* **1.** (*монастырь*) Klóster *n* (6*); Kartáuse *f* (11); **2.** (*жилище*) Wóhnsitz *m* (1), Heim *n* (2), Héimstatt *f*; ра́йская ~ *шутл.* Gefílde des Paradíeses

оби́ть 1. bezíehen* *vt* (*мебель*); tapezíeren *vt* (*стены*); beschlágen* *vt* (*двери*); áusschlagen* *vt* (*внутри*); bínden* *vt* (*бочку*); ~ желе́зом mit Éisen(blech) beschlágen*; ~ до́сками mit Bréttern verschlágen* [verkléiden, vertäfeln]; **2.** (*отряхнуть*) herúnterschlagen* *vt*, ábschütteln *vt*; ~ снег с о́буви Schnee von den Schúhen ábschütteln; **3.** *разг.* (*истрепать*) ábstoßen* *vt* (*края рукава, брюк*); ◇ ~ (все) поро́ги j-m durch häufige Besúche lästig fállen*, j-n mit Bítten bestürmen

обихо́д *м* **1.** (*повседневный образ жизни*) Álltag *m* -(e)s; **2.** (*пользование в быту*) Gebráuch *m* (1*); дома́шний ~ Háusgebrauch *m*; предме́ты ~а Gebráuchsgegenstände *pl*; пусти́ть что-л. в ~ etw. in Úmlauf bríngen*; etw. únter die Léute bríngen*; устрани́ть из ~а ábschaffen *vt*; войти́ в ~ in den Álltagsgebrauch [in den Gebráuch] éingehen*; вы́йти из ~а áußer Gebráuch kómmen*; войти́ в языково́й ~ in den allgeméinen Spráchgebrauch éingehen*; **~ный** Álltags-; álltäglich, gewöhnlich; Bedárfs-; gebräuchlich; ~ный язы́к, ~ная речь Álltagssprache *f*; ~ная ле́ксика Álltagswortschatz *m* -es

обка́пать *разг.* bespritzen *vt*; bekléckern *vt*

обка́пывать *см.* окопа́ть 1

обка́рмливать *см.* обкорми́ть

обката́ть, обка́тывать *разг.* **1.** (*выровнять*) ábwalzen *vt*; glätten *vt*; **2.** (*вагоны и т. п.*) éinfahren* *vt*

обка́тка *ж спец.* **1.** (*дороги*) Wälzen *n* -s; **2.** (*испытание в работе*) Próbelauf *m* (1*) (*двигателя*); Éinfahren *n* -s; пробная ~ поезда die Próbefahrt des Züges

обклад||ка *ж* **1.** (*действие*) Besétzen *n* -s, Úmlegen *n* -s; Belégung *f*; Áuskleidung *f*; **2.** *стр.* Verkléidung *f* (10); Belág *m* (1*); Éinfassung *f* (10); Máuermantel *m* (6*), Fútter *n* -s; **~ывать** *см.* обложить 1, 2; **~ываться 1.** *см.* обложиться; **2.** *страд.* bedéckt wérden (*ср.* обложить)

обклевать zerhácken *vt* (*mit dem Schnabel*)

обклéивать, обклéить *см.* оклéить

обколóть 1. (*лёд*) beháuen* *vt*; **2.** *мед.* umstéchen* *vt*; **3.** (*поранить уколами*) zerstéchen* *vt*

обкóм *м* (областнóй комитéт) Gebíetskomitee *n* -s, -s; ~ пáртии Gebíetskomitee der Partéi

обковáть *разг. см.* окопáть 1

обкормить überfüttern *vt*

обкорнáть *разг.* **1.** (*волосы*) (áb)stútzen *vt*; **2.** (*исказить, исковеркать*) ábkürzen *vt*, beschnéiden* *vt*; entstéllen *vt*, verstümmeln *vt*

обкосить (rúndherúm) ábmähen *vt*; ~ куст (das Gras) rund um den Strauch ábmähen

обкрáдывать *см.* обокрáсть

обкýривать, обкурить 1. (*трубку*) ánrauchen *vt*; **2.** (*улей и т. п.*) áusräuchern *vt*; beräuchern *vt*

обкусáть, обкýсывать benágen *vt*

облáва *ж* **1.** *охот.* Tréibjagd *f* (10), Késseljagd *f*, Késseltreiben *n* (7); **2.** (*полицейская*) Stréife *f* (11), Rázzia *f*, *pl* -s *u* -zzi¦en

облаг||áемый bestéuerbar; stéuerpflichtig; **~áть** *см.* обложить 3; **~áться 1.**: ~áться налóгом stéuerpflichtig sein; **2.** *страд.* bestéuert wérden

облагодéтельствовать *уст. ирон.* eine Wóhltat erwéisen*

облагорáживать, облагорóдить veredeln *vt*

облад||áние *с* Besítz *m* -es; Besítzen *n* -s; Behérrschung *f* (*владение*); **~áтель** *м* Besítzer *m* (6); ~áтель кýбка *спорт.* Pokálsieger *m* (6); Pokálinhaber *m* (6); **~áть** besítzen* *vt*, háben* *vt*; genießen* *vt*, sich erfréuen (чем-л. *G*); ~áть хорóшим здорóвьем sich éiner gúten Gesúndheit erfréuen; ~áть талáнтом Talént besítzen*; talentíert [begábt] sein

облáзить überáll herúmklettern

óблак||о *с* Wólke *f* (11); пéристые ~á Féderwolken *pl*; Zírruswolken *pl*; кучевые ~á Háufenwolken *pl*, Kúmuluswolken *pl*; слоистые ~á Schíchtwolken *pl*, Strátuswolken *pl*; ливневое ~о Schäuerwolke *f*; подниматься ~ом áufwirbeln *vi*, sich als Wólke erhében*; низкие ~á tiefe Wólken; ◇ под ~áми hoch in den Wólken; носиться в ~áх in den Wólken schwében

облáмывать *см.* обломáть; **~ся 1.** *см.* обломиться; **2.** *страд.* ábgebrochen wérden

облáпить *разг.* **1.** (*обхватить лапами*) (mit den Pfóten) umfássen *vt*; **2.** (*обнять*) täppisch umármen

облапóшить *разг.* betölpeln *vt*, hínters Licht führen; schröpfen *vt* (*обобрать*)

обласкáть gütig [fréundlich] behándeln

областн||óй 1. Gebíets-; Regionál-; гóрод ~óго подчинéния gebíetsunmittelbare Stadt; **~óй** исполнительный комитéт Exekutívkomitee des Gebíetssowjets; **2.** (*местный*) territoriál begrénzt, lokál; múndartlich, dialektál (*диалектный*); ~óе выражéние múndartlicher Áusdruck

óбласт||ь *ж* **1.** (*территория*) Gebíet *n* (2); Киевская ~ь Gebíet Ki¦ew; **2.** (*сфера деятельности*) Gebíet *n* (2); Beréich *m* (1), Región *f* (10); Fach *n* (5), Sphäre *f* (11), Domäne *f* (11); в ~и филосóфии auf dem Gebíet der Philosophíe; в ~и естествознáния im Beréich der Natúrwissenschaften; ~ь знáний Wíssensgebiet *n* (2); **3.** (*участок тела*) Gégend *f* (10)

облáтка *ж* **1.** *мед.* Kápsel *f* (11); **2.** *церк.* Hósti¦e *f* (11), Obláte *f* (11)

облач||áть(ся) *см.* облачить(ся); **~éние** *с* **1.** (*действие*) Bekléiden *n* -s; **2.** *церк.* Méßgewand *n* (5), Ornát *m* (2); *перен.* Tracht *f* (10); Gewánd *n*; **~ить** bekléiden *vt* (во что-л. mit *D*); **~иться** ein Gewánd ánlegen [ánziehen*]; sich kléiden, sich hüllen (во что-л. in *A*)

óблачн||ость *ж* Bewölktheit *f*, Bewölkung *f* (10); Wólkenschicht *f* (10); уменьшéние ~ости Bewölkungsauflockerung *f*; **~ый** wólkig, bewölkt, Wólken-, trübe, mit Wólken überzógen [bedéckt]; ~ый покрóв Wólkendecke *f* (11)

облáять 1. *разг.* (*о собаке*) ánbellen *vt*; **2.** *груб.* (*обругать*) áusschimpfen *vt*, ánschreien* *vt*; herúntermachen *vt*, ánschnauzen *vt*

облегá||ть 1. (*о тучах*) bedécken *vt*; **2.** (*об одежде*) ánliegen* *vi*, ánschließen* *vi*, umschlíeßen* *vt*; **~ющий** (*о платье и т. п.*) ánliegend

облегч||áть(ся) *см.* облегчить(ся); **~éние** *с* **1.** Erléichterung *f*; он вздохнýл с ~éнием er átmete erléichtert auf; **2.** (*смягчение боли и т. п.*) Mílderung *f*, Línderung *f*; **3.** (*уменьшение веса*) Gewíchtsverminderung *f* (10); **~ить 1.** erléichtern *vt*; ~ить дýшу sein Herz in Wórten [Tränen] erléichtern; ~ить труд die Árbeit erléichtern; **2.** (*смягчить боль и т. п.*) míldern *vt*, líndern *vt*; ~ить положéние die Láge míldern; **~иться** léichter wérden, sich erléichtern

обледенéлый veréist, éisbedeckt

обледенéние *с* Veréisung *f* (10); Bíldung éiner Éisschicht

обледенéть veréisen *vi* (s), sich mit Eis bedécken

обледенить veréisen *vt*

облезá||ть *разг.* **1.** (*о мехе и т. п.*) kahl wérden; sich ábreiben* (*изнашиваться*); воротник ~ет der Pélzkragen wird kahl [reibt sich ab]; **2.** (*линять*) háaren *vi* (*о животных*); ábhäuten *vi* (*напр. о змее*); sich máusern, máusern *vi* (*о птицах*); **3.** (*о лаке, краске и т. п.*) ábbröckeln *vi* (s), ábgehen* *vi* (s); die Fárbe verlíeren* (*полинять*)

облéзлый *разг.* **1.** (*о мехе, об оперении*) spärlich behäart, mit káhlen Stéllen, kahl; **2.** (*потёртый*) ábgeschabt, ábgenutzt, ábgewetzt; schäbig, mit schádhaftem Putz [Ánstrich]

облéзть *см.* облезáть

облекáть *см.* облéчь II; **~ся** *см.* облéчься

облéниваться, облениться *разг.* faul wérden; träge wérden

облепить, облеплять 1. (*прилипнуть*) háften (что-л. an *D*); **2.** (*обклеить*) beklében *vt*; **3.** *разг.* (*окружить*) umríngen *vt*, dicht umdrängen; umschwärmen *vt* (*роем*)

облепиха *ж бот.* Sánddorn *m* -s

облес||éние *с* Bewáldung *f*; Áufforstung *f*; ~éние пескóв Bewáldung von Sándböden; **~ить** mit Wald bepflánzen, áufforsten *vt*

облёт *м* **1.** (*испытание*) Éinfliegen *n* -s, Próbeflug *m* (1*); **2.** (*местности*) Ábfliegen *n* -s; **3.** (*вокруг чего-л.*) Umfliegen *n* -s, Umkréisen *n* -s

облетáть, облетéть 1. (*вокруг чего-л.*) umflíegen* *vt*; beflíegen* *vt*; облетéть вокрýг Москвы éinen Rúndflug um Móskau máchen; облетéть всю Еврóпу ganz Európa beflíegen*; **2.** (*осыпаться — о листве, лепестках цветов*) ábfallen* *vi* (s), herábfallen* *vi* (s); **3.** (*быстро распространяться*) durchflíegen* *vt*, durchláufen* *vt*; von Mund zu Mund géhen*, sich wie ein Láuffeuer verbréiten (*о слухах, известиях*); ~ прéссу durch die Présse géhen*

облетéлый *разг.* entláubt, óhne Blätter [Blüten]

облеч||éние *с* Betráuung *f*, Áusstattung *f*; **~ённый 1.** (*наделённый*) betráut, áusgestattet; ausgerüstet; ~ённый влáстью mit Macht áusgestattet; **2.**: ~ённое ударéние *лингв.* Déhnungszeichen *n* (7); Zirkumfléx *m* (1)

облéчь I **1.** (*окружить*) umríngen *vt*; **2.** (*о тучах*) bedécken *vt*

облéчь II *поэт., шутл.* **1.** (*одеть*) bekléiden *vt* (во что-л. mit *D*); éinkleiden *vt* (во что-л. in *A*); **2.** (*воплотить*) verkörpern *vt*, hüllen *vt*; ~ мысли в словéсную фóрму die Gedánken in éine spráchliche Form kléiden; **3.** (*наделить*) betráuen *vt*, áusstatten *vt*, beléhnen *vt* (чем-л. mit *D*); ~ полномóчиями mit Vóllmachten áusstatten; ~ довéрием Vertráuen schénken

облéчься 1. *поэт. уст. и шутл.* (*одеться*) sich kléiden (во что-л. in *A*); **2.** (*окутаться*) gehüllt wérden (во что-л. in *A*), umgében wérden (von *D*); **3.** (*воплотиться*) sich verkörpern; (éine) Gestált [Form] ánnehmen*

облив||áние *с* Begíeßen *n* -s; Übergíeßen *n*; *мед.* Ánguß *m* -sses; **~áть** *см.* облить; **~áться 1.** *см.* облиться; **2.** *страд.* begóssen wérden; ◇ ~áться слезáми bíttere Tränen vergíeßen*; in Tränen schwímmen* [zerflíeßen*], sich in Tränen áuflösen; ~áться пóтом von Schweiß tríefen*; in Schweiß gebádet sein; у негó сéрдце ~áется крóвью das Herz blútet ihm

облив||ка *ж спец.* **1.** (*действие*) Glasíeren *n* -s, Überzíehen *n* mit Glasúr; **2.** (*глазурь*) Glasúr *f*; **~нóй** glasíert, Glasúr-; ~ные гончáрные издéлия glasíerte Töpferwaren

облигáция *ж* Obligatión *f* (10); Ánleiheschein *m* (1)

облизáть (be)lécken *vt*; ◇ пáльчики оближешь *разг.* dúfte!; danách möchte man sich die Fínger lecken; **~ся** sich (*D*) die Líppen belécken

облизнýть(ся) *см.* облизáть(ся)

облизывать *см.* облизáть

облизываться 1. *см.* облизáться; **2.** *перен.* léchzen (на когó-л., на что-л. nach *D*)

óблик *м* **1.** Äußere *sub n*; Áussehen *n* -s; Gesícht *n* (5), Gestált *f* (10), Erschéinung *f* (10); принять ~ когó-л., чегó-л. Gestált von j-m, von etw. (*D*) ánnehmen*; потерявший ~ человéка entménscht; **2.** (*душевный склад*) Charákter [ka-] *m* -s, -tére, Züge *pl*; морáльный ~ morálische Háltung

облинять 1. verblássen *vi*; verbléichen *vi*; **2.** (*о птицах, животных*) máusern *vi*

облипáть, облипнуть 1. (*покрыться чем-л. липким*) sich bedécken (mit étwas Klébrigem); **2.** (*прилипнуть*) ánkleben *vi*

облисполко́м *м* (исполни́тельный комите́т областно́го Сове́та наро́дных депута́тов) Exekutívkomitee des Gebíetssowjets (der Vólksdeputierten)

облистве́ть *бот.* beláuben *vi*, sich mit Laub bedécken

облитера́ция *ж мед.* Obliteratión *f* (10)

обли́ть begíeßen* *vt*, übergíeßen* *vt*; überschǘtten *vt*; ~ гря́зью [помо́ями] *перен.* verléumden *vt*; j-m étwas Schléchtes ánhängen; **~ся** **1.** (*сделать обливание*) sich übergíeßen*; sich begíeßen* (чем-л. mit *D*), sich dúschen; **2.** (*опрокинуть на себя что-л.*) sich begíeßen* (чем-л. mit *D*); etw. auf sich verschǘtten

облиц||ева́ть *стр.* verkléiden *vt*, verpútzen *vt*; verblénden *vt*; **~о́вка** *ж* Verkléidung *f* (10), Verbléndung *f* (10); Éinfassung *f* (10); Verpútz *m* -es; **~о́вочный** Verkléidungs-; Verpútz(ungs)-; Zier-; Blend-; ~о́вочный кирпи́ч Zíerkacheln *pl*; ~о́вочный строи́тельный материа́л Verkléidungsbaustoff *m* (1); Verbléndplatten *pl*

облицо́вывать *см.* облицева́ть

облич||а́ть *см.* обличи́ть; **~е́ние** *с* (в чём-л.) Beschúldigung *f* (10); Überfǘhrung *f* (10), Entlárvung [vʊŋ] *f* (10) (*разоблачение*); **~и́тель** *м* Ánkläger *m* (6); **~и́тельница** *ж* Ánklägerin *f* (12); **~и́тельный** beschúldigend, bezíchtigend; überfǘhrend; ~и́тельная речь Ánklagerede *f* (11); **~и́ть** **1.** (*обвинить*) ánklagen *vt*; beschúldigen *vt*, bezíchtigen *vt* (в чём-л. *G*); **2.** (*разоблачить*) überfǘhren *vt*; entlárven [-vən] *vt* (*кого-л.*); áufdecken *vt* (*что-л.*); ánprangern *vt* (*заклеймить*)

обли́чье *с разг.* Äußere *sub n*

обло́в *м охот., рыб.*: ~ прудо́в Befíschen *n* der Téiche

облови́ть *охот., рыб.*: ~ лес den Wald nach Wild dúrchkämmen; ~ пруд den Teich ábfischen

обложе́ние *с* **1.** (*налоговое*) Bestéuerung *f*; **2.** *воен.* Éinschließung *f* (10); Belágerung *f* (10)

обло́женный: ~ язы́к *мед.* belégte Zúnge

облож||и́ть **1.** (*окружить чем-л.*) umlégen *vt*; **2.** (*покрыть*) bedécken *vt*, zúdecken *vt*; круго́м ~и́ло (*о небе*) der Hímmel ist rúndherúm bedéckt [bewölkt]; **3.**: ~и́ть нало́гом bestéuern *vt*; **4.** *воен.* éinschließen* *vt*; belágern *vt*; **~и́ться** sich umgében* (чем-л. mit *D*)

обло́жка *ж* Úmschlag *m* (1*); Éinband *m* (1*); Déckel *m* (6); Hülle *f* (11); Úmschlagblatt *n* (5) (*журнала*); Búchumschlag *m* (*книги*)

обложно́й: ~ дождь ánhaltender Régen; Lándregen *m* (7)

облока́чиваться, облокоти́ться sich auf die (den) Éll(en)bogen stützen

обло́м *м* **1.** (*место слома*) Bruch *m* (1*); **2.** *архит.* Ký́ma *n*, -s, -s

облом||а́ть ábbrechen* *vt*; **~а́ться** ábbrechen* *vi* (s); **~и́ть(ся)** *см.* облома́ть(ся)

обло́мовщина *ж* Oblómowschtschina *f* (*nach dem Hauptshelden Oblómow des gleichnamigen Romans von Gontscharow*), Trägheit *f*, Wíllenlosigkeit *f*, Úntätigkeit *f*

обло́м||ок *м* **1.** Brúchstück *n* (2); ~ок коло́нны Säulenstumpf *m* (1*); **2.** *мн.* ~ки Trümmer *pl*, Schutt *m* (1); Wrack *n* (2) (*pl тж.* -s), Stráṇdgut *n* -(e)s (*выбрасываемые морем*); **~ки** старины́ *перен.* Überbleibsel [Überreste] des Áltertums; удале́ние ~ков Enttrümmerung *f*; **~очный**: ~очные поро́ды *геол.* Verwítterungsgesteine *pl*

облоно́ *м* (областно́й отде́л наро́дного образова́ния) Abtéilung für Vólksbildung beim Gebíetssowjet

облсове́т *м* (областно́й Сове́т наро́дных депута́тов) Gebíetssowjet *m* -s, -s (der Vólksdeputierten)

облупи́ть **1.** *разг.* (*очистить*) ábschälen *vt*; (áb)péllen *vt*; ~ яйцо́ ein Ei schälen; **2.** *см.* обобра́ть 2

облупи́ться **1.** (*о коже и т. п.*) ábgehen* *vi* (s), sich schälen; **2.** (*о лаке, краске и т. п.*) ábbröckeln *vi* (s), ábblättern *vi* (s)

облу́пленн||ый ábgebröckelt; ábgeblättert, ábgestoßen; ábgewetzt; ◇ знать (*кого-л.*) как ~ого j-n ín- und áuswendig kénnen*

облуч||а́ть bestráhlen *vt*; **~е́ние** *с* Bestráhlung *f* (10); каби́на для ~е́ния Líchtkasten *m* (7); **~ённость** *ж физ.* Bestráhlungsstärke *f*; **~и́ть** *см.* облуча́ть

облучо́к *м* Bock *m* (1*), Kútschersitz *m* (1)

облущи́ть enthülsen *vt* (*горох, бобы*)

облы́жный *разг. уст.* verléumderisch, falsch, lügenhaft

облысе́ть éine Glátze bekómmen*; káhl(köpfig) wérden; die Háare verlíeren*

облюбова́ть *разг.* (áus)erwählen *vt*; an etw. (*D*) Gefállen fínden*

обма́з||ать **1.** éinschmieren *vt*; éinfetten *vt* (*жиром, маслом*); éinsalben *vt* (*мазью*); bestréichen* *vt*, tünchen *vt* (*штукатуркой, краской*); **2.** (*запачкать*) beschmíeren *vt*; **~аться** sich beschmíeren; **~ка** *ж* **1.** *см.* обма́зывание; **2.** (*вещество*) Tünche *f* (11); Ánstrich *m*, Ánstrichmasse *f* (*для стен*); **~ывание** *с* **1.** Tünchen *n* -s, Bestréichen *n* -s; Kálken *n* -s (*известью*); ~ывание я́блонь произво́дится весно́й man kalkt die Äpfelbäume im Frühling; **~ывать(ся)** *см.* обма́зать(ся)

обма́кивать, обмакну́ть éintauchen *vt*

обма́н *м* **1.** Betrúg *m* - (e)s; Trug *m* -(e)s; Lug und Trug (*сплошной обман*); Spiegelfechteréi *f* (10), Hintergéhung *f* (10), Írreführung *f* (10) (*введение в заблуждение*); впасть в ~ *разг.* sich ánführen [násführen] lássen*; sich hínters Licht führen lássen*; ввести́ в ~ ánführen *vt*; hínters Licht führen; **2.** (*ложное представление*) Täuschung *f* (10); Wahn *m* -(e)s; Írrtum *m* (5) (*заблуждение*); ~ зре́ния óptische Täuschung; ~ чувств Sínnestäuschung *f*

обма́нка *ж мин.* Blénde *f* (11); рогова́я ~ Hórnblende *f*; ци́нковая ~ Zínkblende *f*

обма́н||ный: ~ным путём betrügerísch, durch Betrúg; **~у́ть** betrügen* *vt*; ánführen *vt* (*подвести*); hintergéhen* *vt* (*ввести в заблуждение*); hínters Licht führen, übers Ohr háuen (*надуть*); **2.** (*нарушить обещание*) sein Verspréchen nicht hálten*; **3.** (*не оправдать*): ~у́ть ожида́ния [дове́рие] die Erwártungen [das Vertráuen] enttäuschen; **4.** (*соблазнить*): ~у́ть де́вушку ein Mädchen verführen; **~у́ться** sich täuschen; sich getäuscht séhen*, getäuscht wérden; **~чивость** *ж* Trúghaftigkeit *f*; **~чивый** trügerisch; trúghaft; täuschend; вне́шность ~чива der Schein trügt; **~щик** *м* Betrüger *m* (6); **~щица** *ж* Betrügerin *f* (12); **~ывать(ся)** *см.* обману́ть(ся)

обмара́ть beschmíeren *vt*, beschmútzen *vt*; **~ся** *разг.* **1.** (*запачкаться*) sich beschmíeren, sich beschmútzen; **2.** (*о грудном ребёнке*) sich vóllmachen *vt*; in die Hósen máchen

обма́тывать(ся) *см.* обмота́ть(ся)

обма́х||ивать **1.** (*веером и т. п.*) fächeln *vt*; **2.** (*сметать с чего-л.*) ábfegen *vt*; ábstauben *vt* (*пыль*); **~иваться** sich Luft zúfächeln; **~ну́ть** *см.* обма́хивать

обмежева́ть *с.-х.* ábgrenzen *vt*; vermessen *vt*

обмеле́||ние *с* Séichtwerden *n* -s; Versánden *n* -s, Versándung *f* (*занесение песком*); **~ть** seicht wérden; versánden *vi* (s) (*заноситься песком*)

обме́н *м* Áustausch *m* -es; Éintausch *m*; Úmtausch *m*; Tausch *m*; Wéchsel *m* -s; в ~ на что-л. im Áustausch [im Tausch] gégen (*A*); сре́дство ~а *эк.* Táuschmittel *n* (6); ~ мне́ниями Gedánkenaustausch *m*; Méinungsaustausch *m*, Áussprache *f* (11); ~ информа́цией Informatiónsaustausch *m*; ~ о́пытом Erfáhrungsaustausch *m*; ~ телегра́ммами Telegrámmwechsel *m*; ~ но́тами *дип.* Nótenwechsel *m*; ~ посла́ми *дип.* Bótschafteraustausch *m*; ~ партбиле́тов Úmtausch *m* der Partéidokumente; ◇ ~ веще́ств Stóffwechsel *m* -s; **~ивать(ся)** *см.* обменя́ть(ся); **~ный** Tausch-; Áustausch-; Wéchsel-; ~ный пункт (*валюты*) Wéchselstelle *f* (11); ~ный фонд Áustauschfonds [-,fɔŋ] *m* =, =; ~ный курс *эк.* Wéchselkurs *m* (1); **~я́ть** **1.** (áus)táuschen, éintauschen *vt* (на что-л. gégen *A*); úmtauschen *vt*; wéchseln *vt*; **2.** (*перепутать*) (zúfällig) vertáuschen *vt*; **~я́ться** áustauschen *vt*; wéchseln *vt*; ~я́ться мне́ниями Méinungen áustauschen; ~я́ться взгля́дами Blícke wéchseln; ~я́ться не́сколькими слова́ми éinige Wórte wéchseln; ~я́ться о́пытом Erfáhrungen áustauschen; ~я́ться посла́ми *дип.* Bótschafter áustauschen

обме́р I *м* Méssung *f* (10), Vermessung *f*; Áusmessen *n* -s

обме́р II *м* (*обман*) Fálschmessen *n* -s, Übervórteilung *f* (beim Méssen)

обмере́ть *разг.* erstárren *vi* (s); ~ от стра́ха [у́жаса] vor Schreck [Furcht] erstárren

обмерза́ть *см.* обмёрзнуть

обмёрзлый *разг.* veréist; mit Eis bedéckt

обмёрзнуть *разг.* **1.** (*покрыться льдом*) überfríeren* *vi* (s), sich mit éiner Éisschicht bedécken; **2.** (*озябнуть*) fríeren* *vi* (s)

обме́ривать *см.* обме́рить I, II

обме́рить I áusmessen* *vt*; ábmessen* *vt*, vermessen* *vt*; méssen* *vt*; ~ земе́льный уча́сток ein Grúndstück méssen*

обме́рить II (*обмануть*) beim Méssen betrügen*

обмеря́ть *см.* обме́рить I, II

обмести́ (*пыль*) ábfegen *vt*

обмета́ть I *см.* обмести́

обмета́||ть II **1.** (*петли*) benähen *vt*, überwendlich besäumen; umnähen *vt*; **2.** *безл. разг.*: гу́бы ~ло die Líppen sind entzündet

обмётка *ж* Besäumen *n* -s, Umsäumen *n* (*петель*)

обмётывать *см.* обмета́ть II 1

обмина́ть *см.* обмя́ть

обмира́ть *см.* обмере́ть

обмишу́лить, обмишу́рить *разг. см.* обману́ть

обмозгова́ть, обмозго́вывать *разг.* bedénken* *vt*, überlégen *vt*, erwägen* vt; sich (D) durch den Kopf géhen lássen*

обмола́чивать *см.* обмолоти́ть

обмо́лв||иться 1. (*ошибиться*) sich verspréchen*; **2.** (*проболтаться*) sich verpláppern; verráten* *vt*; **3.** (*упомянуть о чём-л.*) nebenbéi erwähnen *vt*; ◇ не ~иться (ни еди́ным) сло́вом kein Wort ságen; **~ка** *ж* Spráchfehler *m* (6); Schnítzer *m* (6) (*разг.*); Lápsus línguae (*лат.*)

обмоло́т *м с.-х.* **1.** Drusch *m* - (e)s; Dréschen *n* -s; **2.** (*количество обмолотого зерна*) Dréschgut *n* - (e)s; **~и́ть** *с.-х.* dréschen* *vt*

обмора́живать, обморо́зить ábfrieren *vt*, erfríeren* *vi*; ~ (себе́) у́ши sich die Óhren erfríeren*

о́бмор||ок *м* Óhnmacht *f* (10); Óhnmachtsanfall *m* (1*), Besínnungslosigkeit *f*; упа́сть в ~ок in Óhnmacht fállen*, óhnmächtig wérden; в ~оке óhnmächtig; **~очный** óhnmächtig; besínnungslos; ~очное состоя́ние Óhnmachtszustand *m* (1*)

обмота́ть 1. (*чем-л.*) umwíckeln *vt*; umschnüren *vt*, umwínden* *vt*, umspínnen* *vt*; **2.** (*вокруг чего-л.*) wíckeln *vt*, schlíngen* *vt* (um A); **~ся 1.** (*чем-л.*): ~ся полоте́нцем sich (D) ein Hándtuch úmwickeln; **2.** (*вокруг чего-л.*) sich umwíckeln, sich schlíngen* (um A)

обмо́тк||а *ж* **1.** (*действие*) Wíckeln *n* -s; Spúlen *n* -s; ~а кату́шек Wíckeln *n* der Gárnrollen; Spúlen *n* des Garns; **2.** *тех.* Wícklung *f* (10), Wíndung *f* (10); Umspínnung *f* (10), Umwíndung *f*; шаг ~и Wíckelschritt *m* (1); **3.** *мн.* ~и (*для ног*) Wíckelgamaschen *pl*

обмочи́ть naß máchen, nässen *vt*; **~ся 1.** (*чем-л.*) etw. über sich gíeßen*; sich mit etw. begíeßen*; **2.** (*под себя*) *разг.* sich naß máchen; ins Bett nässen (*в кровати*)

обмундиров||а́ние *с* **1.** Bekléidung *f*, Unifórm *f* (10); получи́ть но́вое ~а́ние neu éingekleidet wérden; **2.** (*действие*) Éinkleidung *f*; **~а́ть** in Unifórm kléiden; éinkleiden *vt*; **~а́ться** sich (D) éine Unifórm ánschaffen; sich éinkleiden

обмундиро́вка *ж разг.* Unifórm *f* (10); Éinkleidung *f*

обмурова́ть *тех.* áusmauern *vt*

обмуро́вка *ж тех.* **1.** (*действие*) Áusmauern *n* -s; **2.** (*облицовка*) Máuerwerk *n* (2), féuerfeste Ínnenverkleidung von Öfen

обмыв||а́ние *с* Wáschen *n* -s, Ábwaschen *n* -s; Wáschung *f* (10); Spülung *f* (10); **~а́ть** *см.* обмы́ть; **~а́ться 1.** *см.* обмы́ться; **2.** *страд.* gewáschen [gespült, ábgespült] wérden

обмы́лок *м разг.* Séifenrest *m* (1)

обмы́ть wáschen* *vt*; ábwaschen* *vt*; **~ся** sich ábwaschen*

обмяка́ть, обмя́кнуть *разг.* **1.** durchwéichen *vi*, weich wérden; **2.** (*стать вялым*) schlaff [mürbe] wérden; **3.** *перен.* (*смягчиться*) weich [zúgänglicher, úmgänglicher] wérden

обмя́ть zusámmenpressen *vt*, féstdrücken *vt*; **~ся 1.** zusámmengedrückt wérden; **2.** (*об одежде*) wéicher wérden, die Form des Körpers ánnehmen*

обнагле́ть frech [dreist] wérden

обнадёживать, обнадёжить Hóffnung máchen, vertrösten *vt* (чем-л. auf A); etw. in Áussicht stéllen (кого́-л. D)

обнаж||а́ть *см.* обнажи́ть; **~а́ться 1.** *см.* обнажи́ться; **2.** *страд.* entblößt wérden (*ср.* обнажи́ть); **~е́ние** *с* **1.** Entblößung *f*; Fréilegung *f*; Blóßlegung *f*; **2.** *геол.* Áuslaufen *n* -s, Zutágestreichen *n* -s; **3.** (*раскрытие, разоблачение*) Áufdeckung *f* (10); Enthüllung *f* (10); **~ённый 1.** bloß, nackt, kahl; únbedeckt, únverhüllt (*тж. перен.*); entblößt (*непокрытый*); с ~ённой голово́й óhne Kópfbedeckung, bárhaupt; ~ённая нату́ра (*натурщик*) Áktmodell *n* (2); **2.** (*о сабле и т. п.*) blank; entblößt; gezückt; **~и́ть 1.** entblößen *vt*; entkléiden *vt* (*снять одежду*); ~и́ть го́лову das Haupt entblößen; **2.** *воен.* (*фланг и т. п.*) entblößen *vt*; **3.** (*саблю и т. п.*) zíehen* *vt*, zücken *vt*; entblößen *vt*; **4.** (*раскрыть*) enthüllen *vt*; áufdecken *vt*; blóßlegen *отд. vt*; fréilegen *отд. vt*; **~и́ться 1.** sich entblößen; sich entkléiden (*снять одежду*); **2.** (*о чём-л.*) bloß [nackt, kahl] wérden; zutáge stréichen* (*о горных породах*); **3.** (*открыться, обнаружиться*) enthüllt wérden, zutáge kómmen* [tréten*]

обнаро́дов||ание *с* Veröffentlichung *f*, Kúndgebung *f*, Bekánntmachung *f*; **~ать** veröffentlichen *vt*, kúndmachen *отд. vt*, kúndgeben* *отд. vt*, bekánntmachen *отд. vt*

обнару́ж||е́ние *с* **1.** (*открытие*) Entdécken *n* -s; Áuffinden *n* -s (*нахождение*); Erkénnen *n* -s (*распознание*); *воен.* Órtung *f*; да́льнее ~ение возду́шных це́лей Férnortung von Lúftzielen; **2.** (*разоблачение*) Áufdeckung *f*, Entlárvung *f*, Blóßlegung *f*, Blóßstellung *f*; **3.** (*проявление*) Hervórtreten *n* -s, Zutágetreten *n*; **~ивать** *см.* обнару́жить; **~иваться 1.** *см.* обнару́житься; **2.** *страд.* entdéckt wérden (*ср.* обнару́жить); **~ить 1.** entdécken *vt*; áuffinden* *vt* (*найти*); erkénnen* *vt* (*распознать*); ~ить проти́вника den Gégner áusmachen; **2.** (*раскрыть*) áufdecken *vt*; dahínterkommen* *vt* (s); áufspüren *vt*; féststellen *отд. vt* (*установить*); an den Tag bríngen*, entlárven *vt* (*разоблачить*); **3.** (*проявить, выказать*) zéigen *vt*, bewéisen* *vt*, an den Tag légen; ~ить жела́ние den Wunsch erkénnen lássen*; **~иться** sich zéigen; sich heráusstellen, sich fínden (*оказаться*); an den Tag kómmen*; zutáge kómmen* [tréten*] (*проявиться*); in Erschéinung tréten* (*выявиться*)

обнести́ 1. (*вокруг чего-л.*) um etw. (A) trágen*, herúmtragen* *vt*; **2.** (*окружить*) umgében* *vt*; umzäunen *vt* (*забором*); mit éinem Gítter umgében* (*решёткой*); **3.** (*кушаньем и т. п.*) herúmreichen *vt*; ~ госте́й вино́м állen Gästen Wein ánbieten*; **4.** (*пропустить, обойти при угощении*) übergéhen* *vt*

обниза́ть *разг.* álles besétzen (чем-л. mit D)

обнима́ться *см.* обня́ть(ся)

обни́мк||а: в ~у *разг.* umschlúngen, umármt

обнищ||а́лый verármt, verélendet; pauperisíert; **~а́ние** *с* **1.** (*процесс*) Verármung *f*, Verélendung *f*, Ábsinken *n* ins Élend; Pauperisíerung *f*; **2.** (*бедность*) Ármut *f*, Élend *n* - (e)s; Pauperísmus *m* =; **~а́ть** verármen *vi* (s), verélenden *vi* (s); arm [élend, béttelarm] wérden; auf den Hund kómmen* (*разг.*)

обно́в||а *ж разг.* Néuanschaffung *f* (10); **~и́тель** *м* Ernéuerer *m* (6); **~и́тельный** Ernéuerungs-; ernéuernd; **~и́ть 1.** ernéuern, restauríeren *vt*; wiederhérstellen *vt* (*здание и т. п.*); áuffrischen *vt* (*знания*); **2.** *разг.* (*употребить в первый раз*) éinweihen *vt*; zum érstenmal benútzen; zum érstenmal ánziehen* (*об одежде*); **~и́ться** sich wiederhérstellen, sich ergänzen, ergänzt wérden; о́бщество ~и́лось но́выми чле́нами die Geséllschaft würde durch néue Mítglieder ergänzt

обно́в||ка *ж разг.* Néuanschaffung *f* (10); **~ле́ние** *с* Ernéuerung *f*; Áuffrischung *f*; Wiederhérstellung *f* (*восстановление*); **~лённый** ernéut; áufgefrischt; **~ля́ть** *см.* обнови́ть; **~ля́ться 1.** *см.* обнови́ться; **2.** *страд.* ernéuert wérden (*ср.* обнови́ть 1)

обноси́ть *см.* обнести́

обноси́ться I *разг.* **1.** (*износить свою одежду*) nichts ánzuziehen háben; ganz ábgerissen sein; **2.** (*износиться — об одежде*) schäbig wérden, sich ábnutzen; **3.** (*стать удобным — об одежде, обуви*) bequém wérden; *об обуви тж.* sich éintragen*

обноси́ться II *страд.* umgében wérden (*ср.* обнести́)

обно́ски *мн. разг.* ábgetragene Kléidung

обню́хать, обню́хивать beríechen* *vt*; beschnüffeln *vt*, beschnúppern *vt* (*о животных*)

обня́ть 1. umármen *vt*; in die Árme schlíeßen*; umhálsen *vt* (*за шею*); **2.** *перен.* ergréifen *vt*, umfássen *vt* (*о пламени*); erfássen *vt* (*о чувствах*); ~ гла́зом überblícken *vt*; **~ся** sich [einánder] umármen [umhálsen]

обо *см.* о I

обобра́ть 1. (*собрать*) pflücken *vt*; rúpfen *vt*, ábsammeln *vt*; ~ я́годы álle Béeren ábsammeln; **2.** (*ограбить кого-л.*) plündern *vt*, áusplündern *vt*, bestéhlen* *vt*

обобра́ться: не ~ (*чего-л.*) *разг.* sich nicht rétten können (vor D); nicht fértig wérden (mit D); беды́ не оберёмся das Únheil können wir nicht lóswerden

обобщ||а́ть *см.* обобщи́ть; **~е́ние** *с* Verállgeméinerung *f* (10)

обобществ||и́ть *эк.* vergeséllschaften *vt*, vergeséllschaftlichen *vt*; **~ле́ние** *с* *эк.* Vergeséllschaftung *f*, Vergeséllschaftlichung *f*; ~ле́ние средств произво́дства Vergeséllschaftung der Produktiónsmittel; **~лённый** *эк.* vergeséllschaftet; **~ля́ть** *см.* обобществи́ть

обобщи́ть verallgeméinern *vt*; zusámmenfassen *vt*; állgeméingültige Schlüsse aus etw. (D) zíehen*; ~ о́пыт die Erfáhrungen verallgeméinern

обовши́веть *разг.* verläusen *vi* (s); Läuse bekómmen*

обогати́тель||ный *горн.* Áufbereitungs-; ~ная фа́брика Áufbereitungsanlage *f* (11)

обогати́ть 1. beréichern *vt*; reich máchen (*сделать богатым*); ~ свой о́пыт séine Erfáhrung beréichern (чем-л. mit D); **2.** *горн.*, *тех.* áufbereiten *vt*, ánreichern *vt*; ~ руду́ das Erz áufbereiten; **~ся** sich beréichern

обогащ||а́ть *см.* обогати́ть; **~а́ться 1.** *см.* обогати́ться; **2.** *страд.* beréichert wérden; *горн.* áufbereitet wérden (*ср.* обогати́ть); **~е́ние** *с* **1.** Beréicherung *f* (чем-л. mit D, um A); **2.** *горн.*, *тех.* Áufbereitung *f*, Ánreicherung *f*, Konzentratión *f*; Verédelung *f*; ~е́ние руд Érzaufbereitung *f*

обогна́ть überhólen *vt*, überflügeln *vt*; zuvórkommen* *vi* (s) (кого́-л. D), hínter sich lássen* (*опередить*); überrúnden *vt* (*по кругу*)

обогну́ть 1. bíegen* *vi* (s) (что-л. um A); **2.** *мор.* umfáhren* *vt*; umschíffen *vt*; ~ мыс ein Kap umfáhren*

обоготвор||е́ние *с* Vergötterung *f*; **~и́ть, ~я́ть** vergöttern *vt*

обогре́в *м тех.* Héizung *f* (10); электри́ческий ~ eléktrische Behéizung; паровóй ~ Dámpfheizung *f*; водянóй ~ Wásserheizung *f*; **~áние** *с* Erwärmung *f*; Behéizung *f* (*отопление*); **~áтель** *м тех.* Héizgerät *n* (2); **~áть** *см.* обогрéть; **~áться 1.** *см.* обогрéться; **2.** *страд.* erwärmt [behéizt] wérden

обогрéть (er)wärmen *vt*; behéizen *vt* (*отопить*); **~ся** sich (er)wärmen; warm wérden

óбод *м* **1.** (*колеса*) Réifen *m* (7), Rádreifen *m*, Félge *f* (11); **2.:** ~ тéннисной ракéтки Rand des Ténnisschlägers; **~óк** *м* **1.** *уменьш.* Reif *m* (1), Réifen *m* (7); **2.** (*каёмка*) Saum *m* (1*), Rand *m* (4)

ободóчн||ый 1. Réif(en)-; Rand-, Saum-; **2.:** ~ая кишкá *анат.* Grímmdarm *m* (1*), Kólon *n* -s, -s (*pl тж.* Kóla)

обóдр||анный *разг.* **1.** (*в лохмотьях*) zerlúmpt; ábgerissen; schäbig; **2.** (*оцарапанный*) zerkrátzt; zerschúnden; **~áть 1.** (*кору*) ábrinden *vt*, ábborken *vt*; **2.** (*шкуру*) (das Fell) ábziehen*; ~áть крóлика éinem Kanínchen das Fell ábziehen*; **3.** *разг.* (*оцарапать*) zerkrátzen *vt*, zerschínden* *vt*; **4.** *разг.* (*обобрать когó-л.*) áusplündern *vt*; ◇ ~áть как ли́пку das Fell über die Óhren zíehen*; **~áться 1.** ábgerissen [zerfétzt] wérden; **2.** *разг.* (*оцарапаться*) sich rítzen; **3.** *разг.* (*обноситься*) ábgerissen [zerlúmpt] sein; zerréißen* *vi* (s); in Fétzen géhen*; **4.** (*о краске*) ábbröckeln *vi* (s)

ободр||éние *с* Ermútigung *f*, Ermúnterung *f*, Áufmunterung *f*; **~и́тельный** ermútigend, ermúnternd

ободр||и́ть ermúntern *vt*, áufmuntern *vt*, ermútigen *vt*; j-m Mut máchen [éinflößen, zúsprechen*]; **~и́ться** Mut fássen, Mut schöpfen; **~я́ть** *см.* ободри́ть; **~я́ться 1.** *см.* ободри́ться; **2.** *страд.* ermútigt [áufgemuntert] wérden

обóего: ~ пóла béiderlei Geschléchts

обоепóлый *биол.* dóppelgeschlechtlich, zwéigeschlechtlich, zwítterhaft, zwítterartig

обож||áние *с* Ánbetung *f*; Verhímm(e)lung *f*, Vergötterung *f* (*обоготворение*); **~áтель** *м разг.* Veréhrer *m* (6); Ánbeter *m* (6); **~áть** sehr gern háben; schwärmen *vi* (что-л., когó-л. für *A*); ánbeten *vt*, vergöttern *vt* (*когó-л.*) (*обоготворять*)

обождáть *разг.* ábwarten *vt*; étwas wárten

обожеств||и́ть vergöttlichen *vt*; als Góttheit ánerkennen*; **~лéние** *с* Vergöttlichung *f*, Vergötterung *f*; **~ля́ть 1.** *см.* обожестви́ть; **2.** (*почитать*) vergöttern *vt*, wie éinen Gott [göttlich] veréhren

обожрáться *см.* обжирáться

обóз *м* **1.** Wágenzug *m* (1*); **2.** *воен.* Troß *m* -sses, -sse; Train [*фр.* trɛ̃] *m* -s, -s; Náchschubkolonne *f* (11); боевóй ~ Geféchtstroß *m*; вещевóй ~ Gepäcktroß *m*, Gepäckstaffel *f* (11); продовóльственный ~ Verpflégungstroß *m*; пожáрный ~ Löschzug *m* (1*); ◇ тянýться [плести́сь, быть] в ~е den Schwanz bílden

обозвáть (be)nénnen* *vt*; (be)schímpfen *vt*; éinen Spítznamen gében* (когó-л. *D*); ~ когó-л. дуракóм j-n éinen Dúmmkopf nénnen*

обозли́ть erbósen *vt*, erzürnen *vt*, wütend [zórnig] máchen; in Zorn (Hárnisch] bríngen*; **~ся** erbóst sein, sich erbósen, erzürnen *vi* (s), sich erzürnen, zórnig wérden; in Zorn [Hárnisch] geráten*

обознавáться, обознáться *разг.* sich in der Persón írren; sich täuschen; j-n für éinen ánderen [etw. für étwas ánderes] hálten*

обознач||áть 1. (*отмечать*) bezéichnen *vt*; kénnzeichnen *неотд. vt*; markíeren *vt*; kénntlich máchen (чем-л. durch *A*); **2.** (*значить*) bedéuten *vt*; beságen *vt*, héißen* *vi*; **3.** *мат.* benénnen* *vt*; **~áться 1.** hervórtreten* *vi* (s) (*обнаруживаться*); sich ábzeichnen (*намечаться*); **2.** *страд.* bezéichnet wérden (*ср.* обозначáть); **~éние** *с* **1.** (*действие*) Bezéichnen *n* -s; Kénnzeichnen *n* -s; Markíerung *f*; Kénntlichmachung *f* (*знаками*); **2.** (*знак*) Zéichen *n* (7); Bezéichnung *f* (10)

обозначить *см.* обозначáть 1, 3; **~ся** *см.* обозначáться 1

обóзн||ый *прил.* **1.** Troß-; ~ая лóшадь Tróßpferd *n* (2); **2.** *в знач. сущ. м воен.* Tróßfahrer *m* (6), Tróßsoldat *m* (8)

обозрев||áтель *м* Kommentátor *m* -s, -tóren; междунарóдный ~áтель áußenpolitischer Kommentátor; спорти́вный ~áтель Spórtreporter *m* (6); **~áть** *см.* обозрéть

обозрéние *с* **1.** (*действие*) Bescháuen *n* -s, Betráchten *n* -s; **2.** (*очерк, статья*) Kommentár *n* (2); Übersicht *f* (10); Rúndschau *f* (10); междунарóдное ~ internationále Rúndschau; **3.** *театр.* Revue [*фр.* rəˈvy:] *f* (11)

обозрéть 1. (*осмотреть*) besíchtigen *vt*, bescháuen *vt*; überschäuen *vt*; **2.** (*в печати*) éinen Kommentár gében*; Rúndschau [Úmschau] hálten*, éinen Überblick gében*

обозри́мый überschäubar

обóи *мн.* Tapéte *f* (11), Tapéten *pl*; оклéить обóями tapezíeren *vt*

обойдённ||ый: быть ~ым в чём-л. übergángen wérden; bei etw. (*D*) zu kurz kómmen*

обóйка *ж спец.* (*действие*) Tapezíeren *n* -s; Überzíehen *n* -s (*мебели*)

обóйма *ж* **1.** *воен.* Ládestreifen *m* (7), Patrónenstreifen *m*; Patrónenrahmen *m* (7) (*пачечная*); **2.** *тех.* Zwínge *f* (11); Bügel *m* (6), Schélle *f* (11), Káppe *f* (11)

обóйн||ый Tapezíer-; Tapéten-; ~ый гвоздь Tapezíerstift *m* (1); ~ая фáбрика Tapétenfabrík *f* (10)

обойти́ 1. (*вокруг чего-л.*) um etw. (*A*) herúmgehen* *vi* (s); umgéhen* *vt*; **2.** (*распространиться*) sich verbréiten; ~ всю прéссу durch die Présse géhen*; **3.** (*побывать в разных местах*) éinen Rúndgang [éine Rúnde] máchen; durchwándeln *vt*; ~ всех друзéй von éinem Freund zum ánderen géhen*, álle Fréunde áufsuchen; ~ (все) магази́ны *разг.* die Läden ábklappern; **4.** (*избежать*) umgéhen* *vt*, verméiden* *vt*; áusweichen* (s) (что-л. *D*); ~ затруднéние éine Schwíerigkeit verméiden* [umgéhen*]; мы не мóжем ~ э́тот вопрóс wir können díese Fráge nicht umgéhen, wir können díeser Fráge nicht áusweichen; несчáстье егó обошлó von díesem Únglück blieb er verschónt; **5.** *воен.* umgéhen* *vt*; **6.** *разг.* (*обмануть*) hintergéhen* *vt*, hínters Licht führen; **7.** (*пропустить, пренебречь*) áußer acht lássen*; benáchteiligen *vt*, übergéhen* *vt*; ~ молчáнием mit Schwéigen übergéhen*; **8.** (*перегнать*) überhólen *vt*, zuvórkommen* *vi* (s) (когó-л. *D*)

обойти́сь 1. (*стоить*) kósten *vt*; zu stéhen kómmen*; дóрого ~ téuer zu stéhen kómmen*; э́то мне дóрого обошлóсь das hat mich schwéres Geld gekóstet; ремóнт обошёлся дёшево die Reparatúr war bíllig; э́то емý дóрого обойдётся *перен.* das soll ihm téuer zu stéhen kómmen; **2.** (*обращаться с кем-л., с чем-л.*) verfáhren* *vi* (s) (mit *D*); úmgehen* *vi* (mit *D*); behándeln *vt*; бéрежно ~ с кем-л. j-n schónen, j-n schónend behándeln, mit j-m schónend verfáhren*; с ним обошли́сь как с мáльчишкой er wúrde wie ein dúmmer Júnge behándelt; **3.** (*без чего-л.*) áuskommen können* (óhne *A*); etw. entbéhren können*; ~ без посторóнней пóмощи óhne frémde Hílfe áuskommen*, frémde Hílfe entbéhren können*; без жертв не обойдётся es wird óhne Ópfer nicht ábgehen; **4.** (*довольствоваться чем-л.*) áuskommen* *vi* (s); я дóлжен ~ э́той сýммой ich bin auf díese Súmme ángewíesen; **5.** (*уладиться*) glatt áblaufen* [verláufen*]; без неприя́тностей дéло не обойдётся das wird nicht óhne Únannehmlichkeiten ábgehen; на э́тот раз дéло обошлóсь (*об опасности*) das war noch éinmal gut gegángen; ◇ обойдётся (кáк-нибудь) *разг.* es wird schon géhen

обóйщик *м* Tapezíerer *m* (6)

обóк *разг.* **1.** *нареч.* danében, nebeneinánder; **2.** *предлог* nében

обокрáсть bestéhlen* *vt*

оболвáнить *разг.* **1.** j-m das Haar zu kurz schéren; **2.** (*одурачить*) fóppen *vt*, verálbern *vt*

оболгáть *разг.* belügen* *vt*; verléumden *vt* (*оклеветать*)

оболóчка *ж* **1.** Hülle *f* (11); Schále *f* (11); Überzug *m* (1*); **2.** *анат.* Haut *f* (3); рáдужная ~ Régenbogenhaut *f*; роговáя ~ Hórnhaut *f*; сéтчатая ~ Nétzhaut *f*; сли́зистая ~ Schléimhaut *f*; **3.** *тех.* Mántel *m* (6*); **4.** *перен.* (*внешний вид*) Äußere *sub n*, äußere Form

обóлтус *м разг.* Scháfskopf *m* (1*), Blödian *m* (1), Dümmerjan *m* (1)

обольсти́тель *м* Verführer *m* (6); **~ница** *ж* Verführerin *f* (12); **~ный** verführerisch; bezáubernd (*очаровательный*)

обольсти́ть verführen *vt*, verléiten *vt*; **~ся** verführt wérden; sich verführen [verléiten] lássen* (чем-л. durch *A*, von *D*)

обольщ||áть *см.* обольсти́ть; не ~áй себя́ надéждами gib dich kéinen Hóffnungen hin; bílde dir kéine Schwáchheiten ein; **~áться** *см.* обольсти́ться; ~áться надéждами sich in (schönen) Hóffnungen wíegen; ~áться успéхами sich an Erfólgen beráuschen; **~éние** *с* **1.** Verführung *f*, Verlóckung *f*; **2.** (*иллюзия*) Wahn *m* - (e)s

обомлéть *разг.* erstárren *vi* (s); ~ от ýжаса vor Schreck starr sein [erstárren]

обомшéлый bemóost, mit Moos bewáchsen

обомшéть mit Moos bewáchsen*, bemóosen *vi* (s), sich bemóosen

обоня́||ние *с* Gerúch *m* -(e)s, Gerúch(s)sinn *m* -(e)s; имéть тóнкое [óстрое] ~ние éinen féinen [schárfen] Gerúch háben; **~тельный** Riech-; Gerúchs-; ~тельный нерв *анат.* Ríechnerv *m* (13)

обоня́ть ríechen* *vt*

оборáчиваемость *ж эк.* Úmschlagsfähigkeit *f*; Úmlaufsfähigkeit *f*, Úmschlagsgeschwindigkeit *f*; ~ оборóтных срéдств Úmlaufzeit der Betríebsmittel

оборáчиваться 1. *см.* оберну́ться; **2.**

эк. úmschlagen* *vi* (s), úmlaufen* *vi* (s)

оборва́нец *м* **1.** Zerlúmpte *m* (14); **2.** (*бродяга*) Vagabúnd [va-] *m* (8); Lándstreicher *m* (6)

obóрванный zerlúmpt; ábgerissen

оборва́ть 1. ábreißen* *vt*; zerréißen* *vt* (*разорвать*); **2.** (*сорвать*) ábreißen* *vt*, (áb)pflücken *vt*; ~ ли́стья Blätter ábreißen*; ~ я́блоки Äpfel pflücken; **3.** (*прекратить*) ábbrechen* *vt*; ~ разгово́р das Gespräch ábbrechen*; **4.** *разг.* (*заставить кого-л. замолчать*) j-n unterbréchen*; j-m über den Mund fáhren*; ◇ у́ши ~ (кому́-л.) j-n bei [an] den Óhren zíehen*; **~ся 1.** (*о верёвке и т. п.*) (áb)reißen* *vi* (s); sprı́ngen* *vi* (s) (*тк. о струне*); у пальто́ оборвала́сь ве́шалка der Mántelaufhänger ist ábgerissen [ábgegangen]; **2.** (*сорваться, упасть*) herúnterfallen* *vi* (s), herábstürzen *vi* (s); **3.** (*внезапно прекратиться*) ábbrechen* *vi* (s); plötzlich áufhören; stócken *vi*; **4.** (*обноситься*) zerlúmpen *vi*; ◇ у меня́ се́рдце оборвало́сь mir schien das Herz stíllzustehen

obóрвыш *м разг.* **1.** in Lúmpen gehülltes Kind; Láusejunge *m* (9); **2.** *разг.* (*обрывок*) Fétzen *m* (7)

obóрка *ж* Volant [*фр.* vo'laŋ] *m* -s, -s, Rüsche *f* (11)

оборо́н||а *ж* **1.** Vertéidigung *f*; Ábwehr *f*; Wehr *f*; Defensíve [-və] *f*; Vertéidigungsmacht *f* (*обороноспособность*); акти́вная ~а offensíve [-və] Vertéidigung; противораке́тная ~а (*сокр.* ПРО) Rakétenabwehr *f*; гражда́нская ~а Zivilverteidigung [-'vi:l-] *f* (*сокр.* ZV); берегова́я ~а Küstenverteidigung *f*; противовозду́шная ~а (*сокр.* ПВО) Lúftschutz *m* -es, Lúftabwehr *f*; Fliegerabwehr *f*; противохими́ческая ~а chémische Ábwehr; противота́нковая ~а Pánzerabwehr *f*; кругова́я ~а Rundúmverteidigung *f*; umfássende Vertéidigung; крепи́ть ~у die Wéhrkraft stählen; **2.** *воен.* (*позиции*) Vertéidigungsstellung *f* (10); Vertéidigungsanlagen *pl*; держа́ть ~у Vertéidigungsstellung besétzt hálten*; заня́ть ~у die Vertéidigungsstellung bezíehen*

оборони́тельн||ый Vertéidigungs-, Ábwehr-; defensív; ~ая полоса́ Vertéidigungszone *f* (11); ~ое ору́жие Ábwehrwaffe *f* (11); ~ое сооруже́ние Vertéidigungsanlage *f* (11); приде́рживаться ~ой та́ктики sich defensív verhálten*; заня́ть ~ую пози́цию zur Vertéidigung übergehen*; ~ые бои́ Ábwehrkämpfe *pl*

оборони́ть(ся) *см.* обороня́ть(ся)

оборо́нн||ый Wehr-; Vertéidigungs-; defensív; ~ая промы́шленность Vertéidigungsindustrie *f*

обороноспосо́бн||ость *ж* Vertéidigungsfähigkeit *f*, Vertéidigungsbereitschaft *f*, Vertéidigungskraft *f*, Wéhrfähigkeit *f*; **~ый** vertéidigungsfähig, wéhrhaft

обороня́ть vertéidigen *vt*; schützen *vt* (*защищать*); **~ся** sich vertéidigen, sich wéhren

оборо́т *м* **1.** (*круговой поворот*) Umdréhung *f* (10); Wéndung *f* (10); ~ вокру́г Земли́ Érdumkreisung *f* (10); по́лный ~ *спорт.* Kéhrtwendung *f*; **2.** *эк.* Zirkulatión *f* (10), Úmlauf *m* (1*) (*денег*); Úmschlag *m* (1*), Úmsatz *m* (1*) (*товара*); ~ капита́ла Úmschlag des Kapitáls, Kapitálumsatz *m*; пуска́ть в ~ in Úmlauf bríngen* [sétzen]; ~ това́ров Wárenumsatz *m*; увеличе́ние ~а Úmsatzsteigerung *f*; **3.** (*перемена направления*) Schwénkung *f* (10); **4.** (*обратная сторона чего-л.*) Rückseite *f* (11), Kéhrseite *f*; смотри́ на ~! síeh(e) úmstehend!; bítte wénden! (*сокр.* b. w.); **5.** (*изменение в развитии чего-л.*) Wéndung *f* (10); принима́ть опа́сный ~ éine gefährliche Wéndung néhmen*; **6.** (*в языке*) Wéndung *f* (10); фразеологи́ческий ~ phraseológische Wéndung; деепричáстный ~ Gerundiálkonstruktion *f* (10); ~ ре́чи Rédewendung *f*; **7.** *спец.* Úmlauf *m* (1*); ~ ваго́нов Wágenumlauf *m*; **8.** Úmdrehung *f* (10); число́ ~ов Dréhzahl *f* (10), Tourenzahl ['tu:ren-] *f* (10); сто ~ов в мину́ту húndert Umdréhungen in der Minúte; ~ колеса́ Úmschwung *m* (1*); **9.** *тех.* (*изгиб*) Wíndung *f* (10); в трубе́ четы́ре ~а das Rohr hat vier Wíndungen; ◇ взять кого́-л. в ~ j-n ins Gebét néhmen*; sich (*D*) j-n tüchtig vórnehmen*

оборотень *м фольк.* Wérwolf *m* (1*)

оборо́т||истый *разг. см.* оборо́тливый; **~и́ть 1.** úmwenden* *vt*, úmdrehen *vt*; **2.** *фольк.* verwándeln *vt*, éine ándere Gestált gében*; **~и́ться 1.** sich úmwenden*, sich úmdrehen; **2.** *фольк.* sich verwándeln, éine ándere Gestált ánnehmen*; **3.** *эк.* úmlaufen* *vi*; **~ливость** *ж разг.* Geschäftstüchtigkeit *f*; Gewándtheit *f* (*ловкость*); **~ливый** *разг.* geschäftstüchtig; gewíegt, gewándt, fíndig, ímmer éinen Áusweg fíndend (*ловкий*); nicht auf den Kopf gefállen (*неглупый*)

оборо́тн||ый 1. *эк.* Úmsatz-; ~ый капита́л zirkulíerendes Kapitál; Úmsatzkapital *n* (2); Betríebskapital *n*; ~ые сре́дства Úmlaufmittel *pl*, Betríebsmittel *pl*; **2.:** ~ая сторона́ 1) (*изнанка*) línke Séite; 2) die ándere [négative] Séite; ~ая сторона́ меда́ли die Kéhrseite der Medáille [-'daljə] (*тж. перен.*)

обору́дов||ание *с* **1.** (*действие*) Áusstattung *f*, Áusrüstung *f*, Éinrichtung *f*; Installíerung *f* (*напр. водопроводной сети*); ~ание ме́стности *воен.* Áusbau *m* des Geländes; **2.** (*предметы*) Áusrüstung *f* (10), Éinrichtung *f* (10), Áusstattung *f* (10); Betríebsanlagen *pl*; маши́нное ~ание maschinélle Áusrüstung; Maschineríe *f*; радиолокацио́нное ~ание Radáreinrichtung *f*; *воен.* Fúnkmeßeinrichtung *f*; мо́щное ~ание Hóchleistungsanlagen *pl*; **~ать** áusstatten *vt*, áusrüsten *vt*; installíeren *vt*; éinrichten *vt* (*устроить*)

обо́рчатый *разг.* mit Rüschen besétzt

обоснова́ние *с* **1.** (*действие*) Begründung *f*, Fundíerung *f*; Motivíerung ['vi:-] *f*; Dárlegung *f* der Motíve [-və] (*изложение мотивов*); **2.** (*довод*) Beweísgrund *m* (1*), Argumént *n* (2); zúreichende Begründung

обосно́в||анность *ж* Begründetheit *f*; Motiviertheit [-'vi:rt-] *f*; Stíchhaltigkeit *f*, Tríftigkeit *f*; **~анный** begründet; motiviert [-'vi:rt]; stíchhaltig, tríftig; geréchtfertigt (*справедливый, оправданный*); нау́чно ~анный wíssenschaftlich fundíert; вполне́ ~анный wóhlbegründet; **~а́ть** begründen *vt*, fundíeren *vt*; motivíeren [-'vi:-] *vt*; **~а́ться** *разг.* sich níederlassen*, sich ánsiedeln; sich éinrichten (*устроиться*); séine Zélte áufschlagen* (*шутл.*); **~ывать** *см.* обоснова́ть; **~ываться 1.** *см.* обоснова́ться; **2.** *страд.* begründet wérden (*ср.* обоснова́ть)

обосо́б||ить ábsondern *vt*, isolíeren *vt*; **~иться** sich ábsondern, sich isolíeren; **~ле́ние** *с* **1.** (*действие*) Ábsonderung *f*, Isolíerung *f*, Sónderung *f*; Trénnung *f*; **2.** (*состояние*) Ábsonderung *f*, Isolíerung *f*; **~ленность** *ж* Ábgetrenntheit *f*, Isolíertheit *f*; **~ленный** (áb)gesóndert, isolíert; apárt; ~ое определе́ние *грам.* isolíertes Attribút; **~ля́ть** *см.* обосо́бить; **~ля́ться 1.** *см.* обосо́биться; **2.** *страд.* (áb)gesóndert wérden (*ср.* обосо́бить)

обостр||е́ние *с* Verschärfung *f*, Zúspitzung *f*; Verschlímmerung *f* (*ухудшение*); ~е́ние кла́ссовой борьбы́ die Verschärfung des Klássenkampfes; ~е́ние кла́ссовых противоре́чий die Verschärfung [Zúspitzung] der Klássengegensätze; ~е́ние боле́зни die Verschlímmerung der Kránkheit; **~ённость** *ж* Zúgespitztheit *f*; Schärfe *f*; **~ённый 1.** zúgespitzt, verschärft; ~ённые отноше́ния zúgespitzte Bezíehungen; ~ённое чутьё verschärfte Empfíndlichkeit; erhöhte Sensibilität; **2.** (*о чертах лица*): ~ённые ску́лы scharf hervórtretende Báckenknochen; **~и́ть** verschärfen *vt*, zúspitzen *vt* (*отношения и т. п.*); verschléchtern *vt*, verschlímmern *vt* (*ухудшить*); э́то обостри́ло его́ жела́ние das verstärkte séinen Wunsch; **~и́ться** sich verschärfen, sich zúspitzen, gespánnt wérden (*об отношениях и т. п.*); sich verschlímmern, sich verschléchtern (*ухудшиться*); **~я́ть** *см.* обостри́ть; **~я́ться 1.** *см.* обостри́ться; **2.** *страд.* zúgespitzt [gespánnt] wérden (*ср.* обостри́ть)

обо́чина *ж* Stráßenrand *m* (4), Rándstreifen *m* (7), Bankétte *f* (11)

обою́дн||о *нареч.* gégenseitig, wéchselseitig, béiderseitig, béiderseits; **~ость** *ж* Gégenseitigkeit *f*, Wéchselseitigkeit *f*, Béiderseitigkeit *f*; **~ый** gégenseitig, wéchselseitig, béiderseitig; reziprók; по ~ому согла́сию mit béiderseitigem Éinverständnis

обоюдово́гнутый bikonkáv, béiderseits vertíeft

обоюдовы́годный für béide Séiten vórteilhaft

обоюдовы́пуклый bikonvex [-'vɛks], béiderseits gewölbt

обоюдоо́стр||ый béiderseits scharf; zwéischneidig (*тж. перен.*); ~ое ору́жие ein zwéischneidiges Schwert (*тж. перен.*); ~ое реше́ние zwéischneidiger Beschlúß

обоюдосторо́нн||ий béide Séiten betréffend; ~ее реше́ние ein von béiden Séiten ángenommener Beschlúß

обраба́тыв||ать 1. beárbeiten *vt*; behándeln *vt* (*рану*); verárbeiten *vt* (*сырьё*); ~ать на́черно róhbearbeiten *vt*; schrúppen *vt*; ~ать на́чисто náchárbeiten *vt*; schlíchten *vt*; ~ать статью́ éinen Artíkel [Áufsatz] beárbeiten; **2.** (*землю*) bebáuen *vt*, ánbauen *vt*; bestéllen *vt*; beáckern *vt*; ~ать по́ле den Ácker bestéllen; **3.** *разг.* (*воздействовать на кого-л.*) j-n beárbeiten; **4.** *разг.* (*ловко устроить*) hínkriegen *vt*, erfólgreich erlédigen; ~ать де́ло éine Sáche (geschíckt) dúrchführen [déichseln]; **~ающий:** ~ающая промы́шленность die verárbeitende Industríe

обрабо́т||ать *см.* обраба́тывать; **~ка** *ж* **1.** Beárbeitung *f*; Verárbeitung *f* (*сырья*); Behándlung *f* (*раны*); после́дующая ~ка Náchbearbeitung *f*; ~ка мета́лла Metállbearbeitung *f*; ~ка те́кста Beárbeitung des Téxtes; электро́нная ~ка да́нных elektrónische Dátenverarbeitung; ~ка програ́ммы (*ЭВМ*) Ábarbeitung des Prográmms; ~ка воды́ Wásseraufbereitung *f*; теплова́я ~ка *тех.* thérmische Behándlung; сцени́ческая ~ка Beárbeitung für die Bühne,

Bühnenfassung *f* (10); идеологи́ческая ~ка ideológische Beéinflussung; **2.** (*земли́*) Bestéllung *f*, Bebáuung *f*; Bewírtschaftung *f*; коллекти́вная ~ка земли́ geméinsame Bódenbearbeitung; приго́дный для ~ки úrbar; ◇ взять в ~ку (*кого-л.*) j-n beárbeiten, sich (*D*) j-n vórnehmen*; sich (*D*) j-n vórknöpfen; j-n ins Gebét néhmen*

обра́дованный erfréut, fréudestrahlend

обра́довать erfréuen *vt*, Fréude beréiten [máchen] (кого-л. *D*); **~ся** sich fréuen, erfréut sein (чему́-л. über *A*)

о́браз I *м* **1.** (*вид, облик*) Gestált *f* (10); **2.** *иск.*, *лит.* Gestált *f* (10), Figúr *f* (10); Bild *n* (5), Charákterbild [ka-] *n*; **3.** (*способ*) Art *f* (10), Wéise *f* (11); Form *f* (10); ~ правле́ния Regíerungsform *f*; ~ жи́зни Lébensweise *f*; ~ мы́слей Dénk(ungs)art *f*, Dénkweise *f*, Gesínnung *f* (10); ◇ каки́м ~ом? wie?, auf wélche Wéise?, in wélcher Wéise?; нико́им ~ом auf kéinen Fall; auf kéinerlei Art [Wéise]; таки́м ~ом 1) so, sólcherweise, auf díese Art [Wéise]; 2) *в знач. вводн. сл.* somít; гла́вным ~ом háuptsächlich, in der Háuptsache; ра́вным ~ом gléicherweise, ébenfalls; наилу́чшим ~ом aufs béste; обстоя́тельство ~а де́йствия *грам.* adverbiále [-vɛr-] Bestímmung der Art und Wéise; по ~у своему́ и подо́бию nach séinem Vór- und Ébenbild

о́браз II *м* (*икона*) Héiligenbild *n* (5)

обра́з||е́ц *м* **1.** (*пример*) Vórbild *n* (5), Béispiel *n* (2), Múster *n* (6), Músterbeispiel *n*; ~е́ц то́чности ein Múster an Genáuigkeit; по ~цу́ nach dem Vórbild; стать ~цо́м zum Múster wérden (для кого́-л. für *A*); брать кого́-л. [что-л.] за ~ sich (*D*) j-n [etw.] zum Vórbild néhmen*; служи́ть ~о́м хра́брости als Vórbild an Tápferkeit díenen; **2.** (*товарный*) Múster *n* (6), Wárenmuster *n*; Próbe *f* (11); зарегистри́рованный ~е́ц *ком.* Gebráuchsmuster *n*; но́вого [ста́рого] ~ца́ néuer [älter] Art [Báuart]; **3.** (*вид*) Art *f* (10)

образи́на *ж бран.* Frátze *f* (11)

о́бразн||ость *ж* Bíldlichkeit *f*, Bíldhaftigkeit *f*; **~ый** bíldlich, bíldhaft; ~ое выраже́ние bíldlicher Áusdruck; ~ый язы́к bíldhafte Spráche

образова́н||ие I *с* **1.** (*действие*) Gestáltung *f*, Bíldung *f*; Schäffung *f* (*созидание*); Entstéhung *f* (*возникновение*); **2.** (*то, что образовалось*) Formatión *f* (10); Gebílde *n* (6); но́вые ~ия Néuformungen *pl*, Néubildungen *pl*

образова́ние II *с* (*просвещение*) Bíldung *f*, Áusbildung *f*; наро́дное ~ Vólksbildung *f*; о́бщее ~ (*не специальное*) Allgeméinbildung *f*; ни́зшее ~ Elementár(schul)bildung *f*, Grúndschulbildung *f*; сре́днее ~ Míttelschulbildung *f*; непо́лное [по́лное] сре́днее ~ Óberschulbildung óhne [mit] Hóchschulreife (*в ГДР*); профессиона́льное ~ Fáchausbildung *f*, Berúfsausbildung *f*; вы́сшее ~ Hóchschulbildung *f*; akadémische Bíldung; с зако́нченным вы́сшим образова́нием mit Hóchschulabschluß

образо́ванн||ость *ж* Bíldung *f*; Bíldungsgrad *m* -(e)s; Kultúr *f* (*культурность*); **~ый** gebíldet; kultiviert [-ˈviːrt]

образова́тельный Bíldungs-; ~ ценз Bíldungsgrad *m* -(e)s

образова́ть bílden *vt*, gestálten *vt*; schäffen* *vt* (*создать*); gründen *vt*, begründen *vt*, stíften *vt* (*основать*); éinsetzen *vt* (*комиссию и т. п.*); **~ся** sich bílden; entstéhen* *vi* (s) (*возникнуть*); sich entwíckeln (*развиться*); ◇ всё обрazу́ется *разг.* es kommt schon álles ins réchte Gleis

образо́вывать *см.* образова́ть; **~ся** **1.** *см.* образова́ться; **2.** *страд.* gebíldet wérden (*ср.* образова́ть)

образу́мить zur Vernúnft bríngen*; zur Räson [-ˈzɔŋ] bríngen* (*шутл.*); **~ся** zur Vernúnft kómmen*; Vernúnft ánnehmen*; zur Éinsicht kómmen*

образу́ющая *сущ. ж мат.* Erzéugende (11); Séitenlini|e *f* (11); Mántellini|e *f*

образцо́в||ый vórbildlich, béispielgebend, músterhaft, mústergültig; Múster-; ~ое хозя́йство Músterwirtschaft *f* (10); ~ое произведе́ние Méisterwerk *n* (2), Méisterstück *n* (2); ~ая рабо́та vórbildliche Árbeit

обра́зчик *м см.* образе́ц 2

обра́м||ить *разг. см.* обрамля́ть; **~ле́ние** *с* Éinrahmung *f* (10), Éinfassung *f* (10); **~ля́ть** éinrahmen *vt*, éinfassen *vt* (*тж. перен.*); тёмные во́лосы, заплетённые в ко́сы, ~ля́ли её лицо́ dúnkle Háarflechten ráhmten ihr Gesícht

обраст||а́ние *с* **1.** Bewáchsen *n* -s; **2.** *мор.*, *гидр.* Ánwuchs *m* (1*); **~а́ть, ~и́** **1.** bewáchsen* *vi* (s); sich bedécken (mit *D*); umwáchsen* *vi* (s) (*зеленью*); ~и́ волоса́ми mit Haar bedéckt [bewáchsen] sein; ~и́ жи́ром Fett ánsetzen; ~и́ гря́зью mit Schmutz bedéckt [überzógen] sein; **2.** (*окружать себя чем-л.*) sich umgében*, áusstatten (mit *D*); ~и́ хозя́йством sich (*D*) éine Wírtschaft schäffen; ◇ мо́хом ~и́ (*о человеке*) verwíldern *vi* (s)

обра́т *м спец.* Mágermilch *f*

обрати́м||ость *ж* Úmkehrbarkeit *f*; Reversibilität [-vɛr-] *f*; **~ый** úmkehrbar, reversíbel [-vɛr-]; ~ая плёнка *фото* Úmkehrfilm *m* (1)

обрати́ть **1.** (*направить*) wénden* *vt*, ríchten *vt*, lénken *vt*; zúkehren *vt* (*D*); ~ взгляд на кого́-л., на что-л. sein Áugenmerk [den Blick] auf j-n, auf etw. (*A*) lénken [ríchten]; ~ на себя́ внима́ние die Áufmerksamkeit auf sich zíehen*; **2.** (*превратить в кого-л., что-л.*) verwándeln *vt*; ~ в пе́пел (*сжечь до основания*) in Ásche légen; **3.** (*склонить к чему-л.*) bekéhren *vt*; ◇ ~ кого́-л. в бе́гство j-n in die Flucht schlágen*; ~ в свою́ по́льзу zu séinem Nútzen wénden*; ~ в шу́тку als Scherz behándeln; éiner Sáche (*D*) éine schérzhafte Wéndung gében*; **~ся** **1.** (*адресоваться*) sich wénden*, sich ríchten (к кому́-л. an *A*); ~ся к врачу́ sich an éinen Arzt wénden*; ~ся в мили́цию sich an die Milíz wénden*; ~ся в суд den Réchtsweg éinschlagen*; ~ся с ре́чью éine Ánsprache hálten*; ~ся с призы́вом к кому́-л. sich mit éinem Áufruf an j-n wénden*; **2.** (*превратиться*) sich verwándeln, sich úmwandeln; **3.** (*повернуться*) sich úmwenden*, sich úmkehren, úmkehren *vi* (s); ◇ ~ся в бе́гство die Flucht ergréifen*; он весь обрати́лся в зре́ние er war ganz Áuge; ~ся в слух ganz Ohr sein

обра́тн||о *нареч.* **1.** zurück; rückwärts; идти́ ~о zurückgehen* *vi* (s); е́хать ~о zurückfahren* *vi* (s); отда́ть ~о zurückgeben* *vt*; взять ~о zurücknehmen* *vt*; zurückziehen* *vt*; туда́ и ~о hin und zurück; биле́т туда́ и ~о Rückfahrkarte *f* (11); он вернётся ~о че́рез два дня er ist in zwei Tágen zurück; **2.** (*наоборот*) úmgekehrt; **~о** пропорциона́льный *мат.* úmgekehrt proportionál; ~о де́йствующий rückwirkend; **~ое** *сущ. с* Gégenteil *n* (2); **~ый** **1.** (*ведущий назад*) Rück-; rückgängig; rückläufig; ~ый путь Rückreise *f* (11); Rückweg *m* (1); ~ый ход Rückwärtsgang *m* (1*), Rücklauf *m* -(e)s; ~ая связь Rückkopplung (*тж. перен.*); ~ой по́чтой postwendend; **2.** (*противоположный*) úmgekehrt, entgégengesetzt; gégenteilig; ~ые результа́ты gégenteilige Resultáte; ~ый смысл entgégengesetzter Sinn; ~ая сторона́ (Луны́) die Rückseite (des Móndes); в ~ом поря́дке in úmgekehrter Réihenfolge; в ~ую сто́рону in entgégengesetzter Ríchtung; оказа́ть ~ое де́йствие die gégenteilige Wírkung zéigen; **3.** *мат.* ~ая дробь reziproker Bruch; ~ая величина́ Kéhrwert *m* (1); ◇ ~ый а́дрес Ábsenderadresse *f* (11); ~ый биле́т *ж.-д.* Rückfahrkarte (11); Retourkarte [rə.ˈtuːr-] *f* (*австр.*); име́ть ~ую си́лу *юр* rückwirkende Kraft háben, rückwirkend gélten*

обраща́ть *см.* обрати́ть; **~ся** **1.** *см.* обрати́ться; **2.** (*обходиться с кем-л.*) úmgehen* *vi* (s) (mit *D*); behándeln *vt*; ~ся с кем-л. как с мальчи́шкой j-n wie éinen dúmmen Júngen behándeln; **3.** (*пользоваться чем-л.*) hándhaben *неотд. vt*, bedienen *vt*; úmgehen* *vi* (s) (mit *D*); уме́ло ~ся с чем-л. mit etw. (*D*) geschíckt hantíeren; **4.** *эк.* (*оборачиваться*) úmlaufen* *vi* (s), in Úmlauf sein

обраще́н||ие *с* **1.** (*к кому-л.*) Ánrede *f* (11) (*тж. грам.*); Áufruf *m* (1), Appéll *m* (1) (*воззвание*); Adrésse *f* (11), Schréiben *n* (7) (*письменное*); приня́ть ~ие (*на собрании и т. п.*) éinen Áufruf beschlíeßen*; **2.**: ~ие в ве́ру Bekéhrung *f*, Bekéhren *n* -s; ~ие в христиа́нство Christianisíerung *f*; Bekéhrung zum Chrístentum; ~ие в ра́бство Verslávung [-vuŋ] *f*; **3.** (*оборот*) Úmlauf *m* -(e)s, Zirkulatión *f*; това́рное ~ие Wárenzirkulation *f*; че́ковое ~ие Schéckverkehr *m* -s; пусти́ть что-л. в ~ие etw. in Úmlauf bríngen* [sétzen]; изъя́ть из ~ия aus dem Verkéhr zíehen*; **4.** (*обхождение с кем-л.*) Úmgang *m* -(e)s; Behándlung *f*; **5.** (*пользование*) Úmgang *m* -(e)s, Hándhabung *f*; осторо́жное ~ие vórsichtige [behútsame] Hándhabung; ~ие с инструме́нтом der Úmgang mit dem Wérkzeug, die Hándhabung des Wérkzeuges; научи́ться ~ию die Hándhabung méistern; **6.** (*превращение*) Verwándlung *f* (10); **7.** *мат.* Úmkehrung *f* (10)

обревизова́ть überprüfen *vt*; náchprüfen *vt*; éiner Revisión [-vi-] unterzíehen*

обре́з *м* **1.** (*у книги*) Schnitt *m* (1); кни́га с золоты́м ~ом Buch mit Góldschnitt; **2.** (*винтовка*) Stútzen *m* (7); ◇ в ~ *разг.* knapp; у меня́ вре́мени в ~ ich bin knapp mit der Zeit

обре́зание *с рел.* Beschnéidung *f* (10)

обре́з||ать, ~а́ть **1.** beschnéiden* *vt*; stútzen *vt* (*подрезать*); ábschneiden* *vt* (*отрезать*); **2.** (*порезать*) schnéiden* *vt*; ~ать себе́ па́лец sich in den Fínger schnéiden*; **3.** *см.* оборва́ть 4; **4.** *рел.* beschnéiden* *vt*; **~аться, ~а́ться** **1.** sich schnéiden*; **2.** *страд.* geschnítten [ábgeschnitten] wérden; **~ок** *м* Schnítzel *m* (6); Rest *m* (1) (*остаток*); Flícken *m* (7) (*материи и т. п.*); бума́жные ~ки Papíerschnitzel *n* (6)

обре́зков||ый *спец.* aus Ábfällen [aus Schnítzeln] bestéhend; ~ые подо́швы Sóhlen aus Léderabfällen

обрезно́й 1. (*обрезанный*) ábgeschnitten, ábgesägt; **2.** (*служащий для обрезания*) Schnéide-, Ábschneide-, Zúschneide-; ~ стано́к Ábschneidemaschine *f*

обре́зывать *см.* обре́зать 1

обре́зываться *см.* обре́заться

обрека́ть *см.* обре́чь; **~ся** *страд.* verúrteilt wérden

обремен||е́ние *с* Belástung *f*; Áufbürdung *f*, Beschwérung *f*; **~ённый** beschwért; ~ённый долга́ми schúldenbeschwert; **~и́тельный** beschwérlich, lästig; **~и́ть, ~я́ть** beschwéren *vt*, belásten *vt* (*отягощать*); belästigen *vt* (*затруднять, доставлять неудобство*); j-m etw. áufbürden (*взвалить на кого-л. что-л.*)

обрести́, обрета́ть fínden* *vt*; gewínnen* *vt* (*приобрести*)

обрета́ться *разг.* (*находиться*) stécken *vi*, sich befínden*, háusen *vi*; lében *vi* (*жить*)

обрете́ние *с* Erlángung *f* (10), Erwérbung *f* (10); ~ свобо́ды Erlángung der Fréiheit

обреч||е́ние *с* Verdámmung *f* (10); Verúrteilung *f* (10) (*осуждение*); **~ённость** *ж* Verdámmtsein *n* -s, Verdámmnis *f*, völlige Hóffnungslosigkeit; **~ённый:** быть ~ённым (на что-л. zu etw. *D*) verdámmt [verúrteilt] sein; verlóren sein, dem Úntergang geweíht sein (*на гибель*)

обре́чь verdámmen *vt*; verúrteilen *vt* (на что-л. zu *D*) (*осудить*); ~ на ги́бель dem Úntergang wéihen, zum Úntergang verúrteilen

обреше́тина *ж стр.* Dáchlatte *f* (11), Látte *f*

обреше́тить *стр.* Látten ánbringen*

обрешётка *ж стр.* das Ánbringen der Dáchlatten [der Látten]

обрисова́ть 1. (*очертить*) umréißen* *vt*; umránden *vt*; **2.** (*описать*) beschréiben* *vt*; кра́тко ~ umréißen* *vt*, skizzíeren *vt*; **~ся 1.** (*вырисовываться*) hervórtreten* *vi* (s), síchtbar wérden, sich ábheben*, sich ábzeichnen; **2.** *перен.* (*выявиться*) sich ábzeichnen, klar wérden

обрисо́в||ка *ж* Umréißen *n* -s; Dárstellung *f* (10); Dárlegung *f*; **~ывать(ся)** *см.* обрисова́ть(ся)

обри́ть ábrasieren *vt*; **~ся** sich ábrasieren

обровня́ть *разг.* ébnen *vt*, éinebnen *vt*

обро́к *м ист.* Gülte *f* (11), Grúndzins *m* (13) (*jährliche Natural- oder Geldabgabe der Leibeigenen an den Grundherrn*)

оброни́ть 1. *разг.* fállen lássen*, verlíeren* *vt*; **2.:** ~ сло́во ein Wort fállen lássen*

обро́сший bewáchsen; beháart, háarig (*волосатый*); ~ мхом mit Moos bewáchsen, bemóost

обро́чн||ый *ист.* Grúndzins-, Gültzínspflichtig; ~ая статья́ Zínsklausel *f* (11); ~ый крестья́нин Gültbauer *m* (8, 13)

обруба́ть, обруби́ть 1. beháuen* *vt*; ábhauen* *vt*; ábschlagen* *vt*, ábästen *vt* (*сучья*); **2.** (*подшивать*) (um)säumen *vt*

обру́бок *м* Stúmmel *m* (6), Stumpf *m* (1*); Brúchstück *n* (2)

обруга́ть 1. (be)schímpfen *vt*, schélten* *vt*; **2.** *разг.* (*неодобрительно отозваться о чём-л.*) ábfällig beúrteilen *vt*, herúntermachen *vt*

обрусе́||вший, ~лый russifiziert; zum Rússen gewórden; **~ние** *с* Russifizíerung *f*; **~ть** zum Rússen wérden; die rússische Spráche und rússische Sítten ánnehmen*

о́бруч *м* Réifen *m* (7), Reif *m* (1); Band *n* (5); ката́ть ~ (den) Réifen tréiben*

обруч||а́льный Verlóbungs-; ~а́льное кольцо́ Verlóbungsring *m* (1); Tráuring *m*; **~а́ть(ся)** *см.* обручи́ть(ся); **~е́ние** *с* Verlóbung *f* (10); **~и́ть** verlóben *vt*; **~и́ться** sich verlóben

обру́шивать(ся) *см.* обру́шить(ся)

обру́шить 1. (*разрушить*) úmstürzen *vt*; zerstören *vt*, demolíeren *vt*; **2.** (*устремить на кого-л., на что-л.* auf *A*) ergíeßen* *vt*; áusschütten *vt*; ríchten *vt*; **~ся 1.** (*рухнуть*) zusámmenstürzen *vi* (s), éinstürzen *vi* (s); níedergehen* *vi* (s) (*о лавине*); **2.** (*о несчастье, заботах*) heréinbrechen* *vi* (s), heréinstürzen *vi* (s) (на кого́-л. über *A*); **3.** *разг.* (*накинуться*) sich stürzen (на кого́-л. auf *A*), hérfallen* *vi* (s) (на кого́-л. über *A*)

обры́в *м* **1.** (*крутой откос*) Ábhang *m* (1*); Stéilwand *f* (3); **2.** *текст.* Ábreißen *n* -s; ~ ни́ти Fádenbruch *m* - (e)s; **3.** *тех.* Unterbréchung *f* (10)

обрыва́ть *см.* оборва́ть

обрыва́ться *см.* оборва́ться 1, 2, 3

обры́вистый 1. (*крутой*) ábschüssig, steil; **2.** (*прерывающийся — о речи*) ábgerissen

обры́в||ок *м тж. перен.* Brúchstück *n* (2), Fragmént *n* (2), Fétzen *m* (7); ábgerissenes Stück; ~ки разгово́ра Brúchstücke éines Gesprächs, Gespräсhsfetzen *pl*; ~ки мы́слей Gedánkenfetzen *pl*

обры́вочный fragmentárisch

обры́згать besprítzen *vt*, ábspritzen *vt*; besprénkeln *vt* (*водой*); ~ гря́зью mit Schmutz [Dreck, Kot] bespritzen; **~ся** sich bespritzen

обры́згивать(ся) *см.* обры́згать(ся)

обры́скать *см.* ры́скать 1

обры́ть 1. (*вскопать землю вокруг чего-л.*) (rúndherum) umgráben *vt*; **2.** (*изрыть — о воде*) áuswaschen* *vt*, áushöhlen *vt*; обры́тые берега́ áusgewaschene [unterspülte] Úfer

обрю́зглый schlaff, welk (*о лице и т. п.*); beléibt, mit éinem Schmérbauch (*толстый*); áufgedunsen (*одутловатый*)

обрю́зг||нуть schlaff [welk] wérden (*о щеках и т. п.*); ты обрю́зг du bist sehr stark [dick, beléibt] gewórden; **~ший** *см.* обрю́зглый

обря́д *м* Brauch *m* (1*); Zeremoníe *f* (11) (*церемония*); Rituál *n* (2) (*pl тж.* -li¦en); сва́дебный ~ Hóchzeitszeremoni¦ell *n* (2); **~ность** *ж* Rítus *m* =, -ten; **~овый** rituéll

обсади́ть bepflánzen *vt*, umpflánzen *vt* (чем-л. mit *D*); mit Grün [Blúmen, Sträuchern, Bäumen] besétzen

обса́дка *ж* Bepflánzen *n* -s; ~ доро́г das Pflánzen von Bäumen an béiden Séiten der Stráße

обса́живать *см.* обсади́ть

обса́лить *разг.* bekléckern *vt*, beschmútzen *vt*

обса́сывать *см.* обсоса́ть

обса́харить kandíeren *vt*, überzúkkern *vt*

обсе́в *м с.-х.* **1.** (*действие*) Besäen *n* -s; **2.** *см.* обсе́вок 1; **~ок** *м с.-х.* **1.** únbesät gebliebene Stélle auf dem Félde; **2.** *мн.* ~ки Áusgesiebte *n* (14); ◇ я не ~ок в по́ле ich bin doch auch nicht der Létzte, ich hábe doch auch was zu ságen

обсемене́ние *с* Éinsäen *n* -s, Säen *n*, Besámung *f* (10)

обсемени́ть, обсеменя́ть *с.-х.* besäen *vt*; besámen *vt*; **~ся** *бот.* Sámen líefern

обсервато́рия *ж* Observatórium [-va-] *n* -s, -ri¦en, Stérnwarte *f* (11) (*астрономическая*); Wétterwarte *f* (*метеорологическая*)

обсервацио́нный Observatóriums- [-va-], Observatións-; Beóbachtungs-; ~ пункт Beóbachtungspunkt *m* (1)

обсе́сть sich (herúm)sétzen (что-л. um *A*)

обсе́чь beháuen* *vt*

обсе́ять 1. *с.-х.* besäen *vt*; **2.** (*в изобилии покрыть чем-л.*) übersäen *vt*, bedécken *vt*

обскака́ть 1. (*вокруг кого-л., чего-л.*) um j-n, um etw. (*A*) galoppíeren; umréiten* *vt*; **2.** (*опередить*) j-n réitend überhólen; *перен.* j-n überhólen

обскура́нт *м* Obskuránt *m* (8), Dúnkelmann *m* (4); **~и́зм** *м* Obskurantísmus *m* =, Dúnkelmännertum *n* -s

обсле́дован||ие *с* Überprüfung *f* (10), Náchprüfung *f*; *мед.* Untersúchung *f* (10); Revisión [-vi-] *f* (10) (*ревизия*); установи́ть что-л. путём ~ия etw. durch Überprüfung féststellen

обсле́дователь *м* Prüfer *m* (6), Überprüfer *m*; Revisor [-'vi:-] *m* -s, -sóren

обсле́довать 1. überprüfen *vt*, náchprüfen *vt*; *мед.* untersúchen *vt*; revidíeren [-vi-] *vt*, der Revisión [-vi-] unterzíehen* (*ревизовать*); **2.** (*исследовать*) prüfen *vt*, untersúchen *vt*

обслу́живание *с* Bedíenung *f*; Áufwartung *f*; Betréuung *f*; Díenstleistung *f*; Service [*англ.* 'sœ:vis] *m* -s [-sәs], -s [-sәs]; техни́ческое ~ téchnische Wártung; ~ двух маши́н die Zwéimaschinen-Bedíenung; ~ маши́ны одни́м челове́ком Éinmannbedienung *f*; медици́нское ~ ärztliche [gesúndheitliche, medizínische] Betréuung; культу́рное ~ kulturélle Betréuung; комбина́т бытово́го обслу́живания Díenstleistungskombinat *n* (2)

обслу́жива||ть bedíenen *vt*; betréuen *vt*; áufwarten *vi* (кого́-л. *D*); im Díenste sein (bei *D*); **~ющий:** ~ющий персона́л Díenstpersonal *n* -s, Bedíenungspersonal *n*, Pflégepersonal *n*

обслужи́ть *см.* обслу́живать

обслюни́ть, обслюня́вить *разг.* begéifern *vt*, mit Spéichel [Spúcke] bedécken *vt*

обсоли́ть éinsalzen *vt*, über und über mit Salz éinreiben*

обсоса́ть 1. ábsaugen* *vt*; belútschen *vt*; **2.** *разг.* áusführlich bespréchen*, dúrchkauen (*подробно обсудить*); áusführlich dúrchdenken* (*продумать*)

обсо́хнуть tróсknen *vi* (s), trócken wérden

обста́вить 1. umstéllen *vt*, umgében* *vt* (чем-л. mit *D*); **2.** (*меблировать*) áusstatten *vt*, éinrichten *vt*, möblíeren *vt*; **3.** *разг.* (*организовать*) arrangieren [araŋ'ʒi:-] *vt*; éinrichten *vt*; **4.** *разг.* (*надуть*) préllen *vt*, betrügen* *vt*; hínters Licht führen; **5.** *разг.* (*обогнать*) übertrúmpfen *vt*, überhólen *vt*; **~ся 1.** sich umstéllen, sich umgében*; **2.** *разг.* (*устроиться*) sich éinrichten

обставля́ть(ся) *см.* обста́вить(ся)

обстано́вк||а *ж* **1.** (*мебель и т. п.*) Möblíerung *f*, Éinrichtung *f*; Áusstattung *f* (*тж. театр.*); **2.** (*окружение*) Umgébung *f*; Milieu [*фр.* mi'liø:] *n* -s (*среда*); **3.** (*положение*) Láge *f*, Situatión *f* (10); Verhältnisse *pl*, Bedíngungen *pl* (*обстоятельства*); совреме́нная

~а die gégenwärtige Láge [Situatión]; в официа́льной ~е in éinem offiziéllen Ráhmen; в ~е большо́го полити́ческого подъёма in éiner Atmosphäre réger polítischer Aktivität [-vi-]

обстано́вочн||ый 1. *театр.*: ~ая пьéса Áusstattungsstück *n* (2), Dekoratiónsstück *n*; 2. *мор.*: ~ые знáки Wásserstraßen(kenn)zeichen *pl*

обстира́ть *разг.* die Wäsche wáschen (когó-л. für *A*)

обстоя́тельн||ость *ж* 1. (*о человеке*) Gründlichkeit *f*; Solidität *f*; 2. (*о книге, докладе и т. п.*) Áusführlichkeit *f*, Gründlichkeit *f*; ~ый 1. (*о человеке*) gründlich; solíd(e); 2. (*о книге, докладе и т. п.*) áusführlich, gründlich, ínhalt(s)voll, ínhalt(s)reich (*содержательный*)

обстоя́тельственный *грам.* adverbiál [-vɛr-]

обстоя́тельств||о *с* 1. Úmstand *m* (1*); Begléitumstand *m*; *мн.* ~а Úmstände *pl*, Verhältnisse *pl*; семéйные ~а Famíli|enverhältnisse *pl*; ~а дéла Sáchlage *f*, Sáchverhalt *m* (1); отягчáющие (вину́) ~а erschwérende Úmstände; смягчáющие (вину́) ~а míldernde Úmstände; в связи́ с ~ами úmständehalber; смотря́ по ~ам je nach den Úmständen, je nachdém; es kommt daráuf an; при существу́ющих ~ах únter den bestéhenden Úmständen; учи́тывая ~а den Úmständen ángemessen; ни при каки́х ~ах únter kéinen Úmständen; стечéние обстоя́тельств Zusámmentreffen verschíedener Úmstände; 2. *грам.* Úmstandsbestimmung *f* (10), Adverbiálbestimmung [-vɛr-] *f* (10); Adverbiále *n* -s, -li|en

обсто||я́ть sich verhálten*, stéhen* *vi*; всё ~и́т благополу́чно álles geht gut; álles ist in Órdnung; дéло с ним ~и́т сквéрно es steht schlimm [bedénklich] mit ihm; дéло ~и́т так die Sáche ist so bescháffen; с э́тим дéло ~и́т ху́же damít steht es schléchter; как ~я́т сегóдня делá? wie líegen die Dínge héute?

обстра́иваться *см.* обстро́иться

обстре́л *м* Beschíeßung *f* (10); артиллери́йский ~ Artilleríebeschuß *m* -sses; пóле ~а Schúßfeld *n* (5); ~ окóпов Grábenbestreichung *f*; быть [находи́ться] под ~ом beschóssen wérden; únter Féuer líegen*; ◇ взять когó-л. под ~ 1) *воен.* j-n únter Féuer néhmen*; 2) *перен.* j-n scharf kritisíeren

обстре́ливаем||ый *воен.* féuerbedeckt; ~ое прострáнство féuerbedeckter Raum, Beschúßraum *m* (1*)

обстре́ливать(ся) *см.* обстреля́ть(ся)

обстре́лянный 1. *прич.* beschóssen; 2. *в знач. прил.* (*побывавший в боях*) kámpferfahren

обстреля́ть 1. beschíeßen* *vt*, mit Féuer belégen; 2. (*испытать оружие в стрельбе*) éinschießen* *vt*; ~ся *разг.* Púlver zu ríechen bekómmen*

обстрога́ть behóbeln *vt*

обстро́иться *разг.* (*о городе*) sich durch Báuten erwéitern, bebáut wérden

обстрочи́ть rúndherúm ábnähen

обстру́кция *ж* Obstruktión *f* (10)

обсту́кать beklópfen *vt*

обступа́ть, обступи́ть 1. (stéhend) umríngen *vt*; 2. (*охватить — о мыслях*) befállen* *vt*, bedrängen *vt*; воспоминáния обступи́ли егó Erínnerungen drängten sich ihm auf

обсуди́ть, обсужда́ть bespréchen* *vt*; beráten* *vt*; erörtern (*подробно*); ~ вопрóс éine Fráge behándeln [diskutíeren]

обсужде́н||ие *с* Bespréchung *f* (10); Erörterung *f* (10) (*подробное*); постáвить что-л. на ~ие etw. zur Diskussión stéllen; яви́ться предмéтом ~ия zur Diskussión [Debátte] stéhen*; не подлежáщий ~ию úndiskutabel; э́то не подлежи́т ~ию das steht nicht zur Diskussión

обсуши́ть tróchnen *vt*; ~ся sich tróchnen; tróchnen *vi* (s)

обсчёт *м* *разг.* Réchenfehler *m* (6); Übervórteilung *f* (10); Betrúg *m* -(e)s

обсчит||а́ть übervórteilen *vt*; préllen *vt* (*обмануть*); меня́ ~áли на два рубля́ ich bin um zwei Rúbel geprellt wórden; ~áться sich verréchnen

обсчи́тывать(ся) *см.* обсчитáть(ся)

обсы́пать, обсыпа́ть 1. bestréuen *vt*; überschütten *vt* (*обильно*); 2. *безл.* (*покрыть сыпью*) mit éinem Háutausschlag bedécken

обсы́паться *см.* осы́паться

обсыпа́ться 1. *см.* осыпáться; 2. *страд.* bestréut wérden

обсыха́ть *см.* обсóхнуть

обта́чивать *см.* обточи́ть

обта́ять ábtauen *vi* (s)

обтека́ем||ый 1. umströmt; 2. *тех.* Strómlini|en-, Trópfenform-; strómlini|enförmig; wíndschnittig; автомоби́ль ~ой фóрмы Áuto mit Strómlini|enform; 3. *разг. ирон.* (*уклончивый*) áalglatt

обтека́ть 1. umflíeßen* *vt*, umströmen *vt*; 2. (*миновать*) umgéhen* *vt*

обтере́ть 1. ábwischen *vt* (*вытереть*); ábtrocknen *vt* (*обсушить*); tróckenreiben* *отд.* *vt* (*растирая обсушить*); ábreiben* *vt*, frottíeren *vt* (*растереть, тж. с лечебной целью*); 2. (*обтрепать*) ábnutzen *vt*; 3. (*трением сгладить*) glättreiben* *отд.* *vt*; ~ся 1. sich ábwischen; sich ábtrocknen (*обсушиться*); sich ábreiben*, sich frottíeren (*растереться, тж. с лечебной целью*); 2. (*обтрепаться*) sich ábnutzen; 3. *разг.* (*освоиться*) sich éingewöhnen, sich ánpassen

обтерпе́ться *разг.* sich ábfinden* (mit *D*), sich gewöhnen (an *A*)

обтеса́ть 1. beháuen* *vt*; ábfeilen *vt*; 2. *разг.* (*привить культурные навыки*) j-m Benéhmen [Schliff] béibringen*, j-n maníerlicher máchen; ~ся *разг.* (*усвоить культурные навыки*) ein órdentliches Benéhmen ánnehmen*, maníerlicher wérden, Schliff bekómmen*

обтёсывать *см.* обтесáть; ~ся 1 *см.* обтесáться; 2. *страд.* beháuen wérden (*ср.* обтесáть)

обтира́ние *с* 1. (*действие*) Ábreiben *n* -s; Tróckenreiben *n*; 2. (*лечебная процедура*) Ábreibung *f* (10), Frottíeren *n* -s

обтира́ть(ся) *см.* обтерéть(ся)

обти́рка *ж* *разг.* (*тряпка*) Ábwischlappen *m* (7), Láppen *m*; Ábwischtuch *n* (5)

обти́рочный *спец.* Putz-; ~ материáл Pútzbaumwolle *f*

обточи́ть (*на станке*) ábschleifen* *vt*; (áb)dréchseln *vt* (*о дереве*); (áb)dréhen *vt* (*о металле*); ~ начисто schlíchtdrehen *vt*; ~ начéрно schrúppdrehen *vt*

обтрёпанный zerlúmpt, zerschlíssen

обтрепа́ть ábnutzen *vt*, ábtragen* *vt*; ~ся sich ábnutzen, sich ábtragen*

обтрясти́ schütteln *vt*

обтюра́тор *м* 1. *тех.* Obturátor *m* -s, -tóren; 2. *воен.* Verschlúß *m* -sses, -schlüsse, Verschlúßkolben *m* (7); 3. *кино* Bléнde *f* (11)

обтя́гивать *см.* обтяну́ть

обтя́жк||а *ж* Bezúg *m* (1*); Bespánnung *f* (10); ~а фюзеля́жа *ав.* Rúmpfhaut *f* (3); ◇ в ~у énganliegend, énganschließend, stramm

обтяну́ть 1. (*покрыть*) bezíehen* *vt*, überzíehen* *vt*, bespánnen *vt*; *кож.* überhólen *vt*; 2. (*прилегать — об одежде*) eng ánschließen*, eng ánliegen*

обтя́пать *разг.* 1. (*отрубить*) ábhauen *vt*; 2. (*уладить*) in Órdnung bríngen*; ~ дéло die Sáche scháukeln [dréhen, déichseln]; 3. (*обмануть*) betrügen *vt*, übers Ohr háuen

обува́ть(ся) *см.* обу́ть(ся)

обувн||о́й Schuh-; Stíefel-; ~áя промы́шленность Schúhindustrie *f*; ~ы́е маши́ны Maschínen für die Schúhherstellung

обувщи́к *м* Schúharbeiter *m* (6), Árbeiter éiner Schúhfabrik

о́бувь *ж* Schúhwerk *n* -s; Schúhe *pl*; рези́новая ~ Gúmmischuhe *pl*

обу́гл||енный verkóhlt, karbonisíert; ~ивание *с* Verkóhlung *f* (10); Karbonisatión *f* (10); ~ивать(ся) *см.* обу́глить(ся)

обу́глить verkóhlen *vt*; ~ся verkóhlen *vi* (s)

обу́з||а *ж* Last *f* (10); Bürde *f* (11); быть ~ой для когó-л. j-m zur Last fállen*

обузда́ние *с* Zügelung *f*, Bezähmung *f*; Bändigung *f* (*укрощение*)

обузда́ть, обу́здывать 1. Záumzeug [Zügel] ánlegen; 2. (*укротить*) zügeln *vt*, (be)zähmen *vt*; an die Kandáre néhmen*; bändigen *vt*, kírren *vt*; ~ гóнку вооружéний das Wéttrüsten zügeln

обу́зить zu eng máchen

обурева́||ть bestürmen *vt*, pácken *vt*; ~емый чу́вствами von Gefühlen überwältigt

обусло́в||ить, ~ливать 1. (*послужить причиной чего-л.*) bedíngen* *vt*, hervórrufen* *vt*; ~ленный bedíngt (чем-л. durch *A*); ~ленный врéменем zéitbedingt; ~ленный войнóй kríegsbedingt; 2. (*заранее условиться*) áusbedingen * *vt*, sich (*D*) etw. vórbehalten*; ~ливаться bedíngt wérden, hervórgerufen wérden

обу́ть 1. j-m Schúhe ánziehen*; 2. *разг.* (*обеспечить обувью*) mit Schúhwerk verséhen*; ~ся Schúhe ánziehen*

о́бух *м* Béilrücken *m* (7); ◇ меня́ тóчно ~ом по головé уда́рили *разг.* das war [wírkte] wie ein Schlag auf den Kopf, ich war wie vor den Kopf geschlágen

обуча́ть *см.* обучи́ть; ~ся lérnen *vt*, *vi*; Únterricht háben; studíeren *vt*, *vi* (*в вузе*)

обуче́н||ие *с* Únterricht *m* -(e)s; Áusbildung *f*, Léhre *f*; Léhrbetrieb *m* (1); Schúlung *f* (чемý-л. in *D*); óчное ~ие Diréktstudium *n* -s; заóчное ~ие Férnstudium *n*; индивиду́альное ~ие Éinzelausbildung *f*; наглядное ~ие Ánschauungsunterricht *m*; предмéтное ~ие Fáchunterricht *m*; раздéльное ~ие getrénnter Únterricht; совмéстное ~ие Koedukatión *f*, geméinschaftlicher Únterricht; всеóбщее обязáтельное десятилéтнее ~ие allgeméine zéhnjährige Schúlpflicht; бесплáтное ~ие в шкóле Schúlgeldfreiheit *f*; ~ие вождéнию автомоби́ля Fáhrausbildung *f*, Fáhrunterricht *m* -(e)s; срок ~ия Únterrichtsdauer *f*, Áusbildungsfrist *f* (*в институте, школе*); Ánlernzeit *f* (*на производстве*); плáта за ~ие Schúlgeld *n* -(e)s (*в школе*); Stúdi|engebühren *pl* (*в вузе*); ~ие без отры́ва от произвóдства Stúdium [Áusbildung] bei gléichzeitiger Berúfsausübung; произвóдственное ~ие Únterricht in der Produktión; год ~ия Schúljahr *n* (2); Stúdi¦enjahr *n* (*в вузе*)

обу́ченный áusgebildet

обучи́ть léhren *vt*; unterríchten *vt*, áusbilden *vt* (чему́-л. in *D*); béibringen* *vt* (кого́-л. *D*); ánlernen *vt* (*на производстве*); **~ся** (*чему-л.*) (er)lérnen *vt*; ~ся стрельбé im Schíeßen áusgebildet sein

обу||я́ть sich bemächtigen; ergriffen [erfáßt] sein (*быть охваченным чем-л.*); меня́ ~я́л страх die Furcht bemächtigte sich méiner, der Schrécken páckte mich

обха́живать *разг.* sich éinschmeicheln (кого́-л. bei *D*); äußerst zuvórkommend sein (gégen *A*)

обхва́т *м* Umfássen *n* -s; в ~е im Úmfang

обхвата́ть durch ständiges Ánfassen beschmútzen

обхвати́ть, обхва́тывать umfássen *vt*, umspánnen *vt*

обхитри́ть *разг.* überlísten *vt*, beschúmmeln *vt*

обхо́д *м* **1.** Rúndgang *m* (1*); ~ врача́ Visíte [-vi-] *f* (11); ~ посто́в *воен.* Rúnde *f* (11); **2.** (*окольный путь*) Úmweg *m* (1); **3.** *воен.* (*манёвр*) Umgéhungsmanöver [-vər] *n* (6), Umgéhung *f* (10); **4.** (*закона*) Umgéhung *f* (10)

обходи́тельн||ость *ж* Úmgänglichkeit *f*; Líebenswürdigkeit *f*; Zuvórkommenheit *f*; **~ый** úmgänglich; líebenswürdig; éinnehmend, zuvórkommend

обходи́ть *см.* обойти́ 1, 4, 5, 7, 8

обходи́ться *см.* обойти́сь

обходно́й: ~ лист(о́к) Láufzettel *m* (6)

обхо́дн||ый 1. *воен.* Umgéhungs-; ~ое движе́ние Umgéhungsmanöver *n* (6); **2.** (*кружный*) Úmleitungs-; ~ые пути́ Úmwege *pl*; *перен. тж.* Schlíche *pl*

обхо́дчик *м*: путево́й ~ *ж.-д.* Strékkenwärter *m* (6)

обхожде́ние *с разг.* Úmgang *m* -(e)s, Behándlung *f*

обче́сться *разг. см.* обсчита́ться; ◇ раз, два [оди́н, друго́й] и обче́лся hérzlich wénig, sehr wénig

обчи́стить *разг.* **1.** (*одежду*) säubern *vt*, réinigen *vt*; **2.** (*обокрасть*) bestéhlen* *vt*; áusplündern *vt*; **~ся** *разг.* sich säubern, sich réinigen

обчища́ть(ся) *см.* обчи́стить(ся)

обша́ривать, обша́рить durchwühlen *vt*; durchsúchen *vt*, durchstöbern *vt*

обша́рканный ábgetreten, ábgenutzt, ábgewetzt (*о ковре, обоях и т. п.*)

обша́рпанный verfállen, ábgetragen, schäbig

обшива́ть *см.* обши́ть

обши́вка *ж* **1.** (*обшивание*) Benähen *n* -s; **2.** (*отделка платья*) Besátz *m* (1*); **3.** *спец.* Verschálung *f*, Verkléidung *f* (10); Pánzerung *f* (*броневая*); нару́жная ~ *мор.* Áußenhaut *f* (3), Áußenwand *f* (3); ~ стен пане́лями Wándtäfelung *f*

обши́рн||ость *ж* Größe *f*, Wéite *f*; Áusgedehntheit *f*, Geräumigkeit *f*; ~ость зада́чи die Größe [der Úmfang] der Áufgabe; **~ый 1.** (*просторный*) groß, weit; áusgedehnt; geräumig; ~ый райо́н áusgedehnter Raum; ~ые сте́пи wéite Stéppen; **2.** *перен.* groß; áusgedehnt; úmfangreich; ~ые зна́ния úmfangreiche Kénntnisse; ~ое знако́мство größer Bekánntenkreis; ~ая пра́ктика áusgedehnte Práxis

обши́ть 1. (*чем-л.*) benähen *vt*, besétzen *vt*; (be)säumen *vt*; (um)nähen *vt*; **2.** *разг.* Kléidung für j-n nähen; она́ всегда́ обшива́ла свои́х дете́й сама́ sie benähte íhre Kínder ímmer selbst; **3.** *спец.* verkléiden *vt*, verschálen *vt*; bespánnen *vt*; ~ дом тёсом ein Haus mit Bóhlen verkléiden

обшла́г *м* Ármelaufschlag *m* (1*), Áufschlag *m*, Manschétte *f* (11)

обща́ться verkéhren *vi*, Verkéhr [Úmgang] háben [pflégen], in Verbíndung stéhen* (с кем-л. mit *D*)

общевойсково́й Armée-; Héeres-; Trúppen-, sämtliche Trúppengattungen betréffend

общегерма́нский gesámtdeutsch

общегородско́й Stadt-, die gánze Stadt betréffend

общегосуда́рственный gesámtstaatlich

общедосту́пн||ость *ж* **1.** (*понятность*) Geméinverständlichkeit *f*, Zúgänglichkeit *f*; **2.** (*о цене*) Erschwínglichkeit *f*; **~ый 1.** (*понятный*) allgeméinverständlich, állen zúgänglich; **2.** (*в денежном отношении*) erschwínglich; ~ые це́ны erschwíngliche Préise

общеевропе́йский gesámteuropäisch

общежи́т||ие *с* **1.** Wóhnheim *n* (2), Heim *n*; студе́нческое ~ие Studéntenheim *n*; ~ие для рабо́чих Árbeiterwohnheim *n*; **2.** (*общественная жизнь*) Geméinschaftsleben *n* -s, Zusámmenleben *n*; Verkéhr *m* -(e)s; пра́вила ~ия Régeln des Geméinschaftslebens

общезаводско́й Fabríks-; Werk-; das gánze Werk umfássend

общезна́чимый allgeméingültig

общеизве́стн||ый áll(geméin)bekannt; notórisch; ~ая и́стина állbekannte Wáhrheit

общенаро́дн||ый Volks-; das gánze Volk ángehend [umfássend]; ~ый язы́к die Geméinsprache des Vólkes, die allgeméine Vólkssprache; ~ая со́бственность Vólkseigentum *n* -s; ~ое достоя́ние Geméingut des Vólkes; ~ый пра́здник allgeméines Vólksfest

обще́н||ие *с* Verkéhr *m* -(e)s, Úmgang *m* -(e)s; Verbíndung *f* (10); Kontákt *m* (1); сре́дство ~ия Verständigungsmittel *n* (6); подде́рживать ~ие с кем-л. mit j-m verkéhren, mit j-m in Verbíndung stéhen*; ~ие с людьми́ Úmgang [Verkéhr] mit Ménschen

общеобразова́тельн||ый allgeméinbildend; ~ый у́ровень Allgeméinbildung *f*; ~ая шко́ла allgeméinbildende Schúle

общеобяза́тельн||ый Pflicht-; obligatórisch; allgeméinverbindlich; ~ые предме́ты (*в школе*) Pflíchtfächer *pl*

общеparти́йный die gánze Partéi betréffend [ángehend]

общеполе́зный geméinnützig, von allgeméinem Nútzen

общепоня́тный (all)geméinverständlich, populär

общепри́знанный allgeméin ánerkannt

общепри́нятый allgeméingültig; üblich, lándläufig (*обычный*)

общераспространённый allgeméinverbreitet, wéitverbreitet; üblich, lándläufig (*обычный*)

общесою́зн||ый Unións-; der Unión; ~ая встре́ча Uniónstreffen *n* -s; ~ая конфере́нция Uniónskonferenz *f* (10)

обще́ственник *м* éhrenamtlicher Funktionär, éhrenamtliche Kraft; geséllschaftlich aktíver [-vər] Mensch

обще́ственно-нау́чный geséllschaftswissenschaftlich

обще́ственно необходи́мый geséllschaftlich nótwendig

обще́ственно опа́сный geméingefährlich

обще́ственно поле́зный geméinnützig

обще́ственно-полити́ческий geséllschaftspolitisch; geséllschaftlich-polítisch

обще́ственн||ость *ж* **1.** Öffentlichkeit *f*; Allgeméinheit *f*; öffentliche Méinung (*общественное мнение*); **2.** (*общественные организации*) geséllschaftliche Organisatiónen; **~ый 1.** geséllschaftlich; Geséllschafts-; Geméinschafts-; geséllschaftseigen; öffentlich, soziál; ~ая со́бственность Vólkseigentum *n*; geséllschaftliches Éigentum, Geméingut *n* -(e)s; ~ый строй Geséllschaftsordnung *f* (10); ~ое положе́ние geséllschaftliche Stéllung; ли́чное и ~ое Persönliches und Soziáles; ~ое мне́ние öffentliche Méinung; ~ая обя́занность geséllschaftliche Pflicht; ~ое поруче́ние éhrenamtlicher Áuftrag; ~ая рабо́та geséllschaftliche [éhrenamtliche] Árbeit; вести́ ~ую рабо́ту éhrenamtlich tätig sein; на ~ых нача́лах éhrenamtlich, únbezahlt; ~ые нау́ки Geséllschaftswissenschaften *pl*; ~ый де́ятель Persönlichkeit des öffentlichen Lébens; ~ая де́ятельность öffentliches Wírken; ~ое порица́ние öffentliche Rüge; ~ая безопа́сность öffentliche Sícherheit; ~ое по́льзование Geméingebrauch *m* -(e)s; ~ое пита́ние Kantínen- und Gáststättenwesen *n* -s; ~ый обвини́тель *юр.* öffentlicher Ánkläger; **2.** *разг.* (*общительный*) geséllig

о́бществ||о *с* **1.** Geséllschaft *f* (10); коммунисти́ческое ~о die kommunístische Geséllschaft; бескла́ссовое ~о klássenlose Geséllschaft; кла́ссовое ~о Klássengesellschaft *f*; ~о потребле́ния Konsúmgesellschaft *f*; **2.** (*объединение людей с определёнными задачами*) Geséllschaft *f* (10), Veréinigung *f* (10), Verein *m* (1); Geméinschaft *f* (10); О́бщество герма́но-сове́тской дру́жбы Geséllschaft für Déutsch-Sowjétische Fréundschaft; Всесою́зное ~о по распростране́нию полити́ческих и нау́чных зна́ний die Uniónsgesellschaft zur Verbréitung polítischer und wíssenschaftlicher Kénntnisse; спорти́вное ~о Spórtgemeinschaft *f* (10) (*сокр.* SG, *в ГДР*); Spórtverein *m* (*ист.*); Spórtvereinigung *f*; студе́нческое нау́чное ~о wíssenschaftlicher Studéntenzirkel; **3.** (*круг людей*) Geséllschaft *f* (10), Geséllschaftskreis *m* (1); Kreis *m*; све́тское ~о die vórnehme Geséllschaft; die féine Welt; **4.** *эк.* Geséllschaft *f* (10); акционе́рное ~ Ákti¦engesellschaft *f*; **5.** *уст.* (*крестьянская община*) Báuerngemeinde *f* (11)

обществове́д *м* (*учитель*) Stáatsbürgerkunde¦lehrer *m* (6) (*в СССР, ГДР*)

обществове́дение *с* Geséllschaftskunde *f*; Geséllschaftswissenschaft *f* (10); Stáatsbürgerkunde *f* (*учебная дисциплина*)

обществове́дческий geséllschaftswissenschaftlich; stáatsbürgerkundlich; soziálwissenschaftlich (*в капиталистических странах*)

общетеорети́ческий allgeméin theorétisch

общеупотреби́тельный allgeméingebräuchlich

общеустано́вленный allgeméin ángenommen, allgeméin féstgelegt, üblich

общехозя́йственный gesámtwirtschaftlich

общечелове́ческий allgeméin ménschlich

о́бщ||ий 1. (*общий с другими*) geméinsam, geméin; geméinschaftlich; ~ая рабо́та die geméinschaftliche [geméinsame] Árbeit; ~ий враг der geméinsame Feind; ~ими си́лами mit veréinten Kräften; де́лать ~ее де́ло (mit j-m) geméinsame Sáche máchen; с ~его согла́сия mit allgeméiner Zústimmung; **2.** (*совокупный*) Gesámt-; allgeméin, Pauschál-; ~ая су́мма Gesámtsumme *f* (11), Gesámtbetrag *m* (1*); Totálsumme *f*; ~ее впечатле́ние Gesámteindruck *m* (1*); ~ий вид Gesámtansicht *f*; соста́вить себе́ ~ую карти́ну sich (*D*) ein allgeméines Bild [Gesámtbild] máchen; в (са́мых) ~их черта́х in allgeméinen [gróßen] Zügen; **3.** (*всеобщий*) allgeméin; ~ее собра́ние allgeméine Versámmlung, Generálversammlung *f* (10); ~ее бла́го Geméinwohl *n* -(e)s, das allgeméine Wohl; **4.** *мат.*: ~ий наибо́льший дели́тель der größte geméinsame Téiler; ~ее наиме́ньшее кра́тное das kléinste geméinsame Víelfache; ◇ ~ее ме́сто Geméinplatz *m* (1*); Pláttheit *f* (10) (*банальность*); ~ие фра́зы allgeméine Rédensarten; Allgeméinplätze; в ~ем zusámmenfassend; в ~ем и це́лом im gróßen und gánzen, im allgeméinen; в ~ей сло́жности insgesámt, im gróßen und gánzen, im gánzen, zusámmenfassend; найти́ ~ий язы́к éine geméinsame Spráche fínden*; не име́ть ничего́ ~его с кем-л. 1) (*об отношениях*) mit j-m nichts Geméinsames háben, mit j-m nichts zu tun háben; 2) (*о сходстве*) j-m gar nicht gléichen*

общи́н||а *ж* **1.** *ист.* Geméinde *f* (11); Báuerngemeinde *f* (*крестьянская*); **2.** *уст.* (*организация*) Veréinigung *f* (10), Veréin *m* (1), Organisatión *f* (10); религио́зная ~а kírchliche Veréinigung; ~**ный** geméindeeigen, Geméinde-; ~ные зе́мли Geméindeländereien *pl*; ~ная со́бственность Geméindeeigentum *n* -s

общипа́ть, общи́пывать 1. rúpfen *vt*; ~ гу́ся éine Gans rúpfen; **2.** *разг.* (*ограбить*) rúpfen *vt*; das Fell über die Óhren zíehen* (кого́-л. *D*); áusrauben *vt*, áusplündern *vt*

общи́тельн||ость *ж* Gesélligkeit *f*, Mítteilsamkeit *f*; ~**ый** geséllig, mítteilsam, kontáktfreudig

о́бщность *ж* Geméinsamkeit *f*; Geméinschaftlichkeit *f*; ~ владе́ния Geméinbesitz *m* -es; ~ языка́ die Geméinsamkeit der Spráche; ~ интере́сов Geméinsamkeit der Interéssen

общо́ *нареч. разг.* im allgeméinen, allgeméin

объегори́ть *разг.* betrügen* *vt*, ánführen *vt*, übervórteilen *vt*

объеда́ла *м, ж разг.* Víelfraß *m* (1)

объеда́ть(ся) *см.* объе́сть(ся)

объеде́ние *с* **1.** (*неумеренность в пище*) Völleréi *f* (10); **2.** (*что-л. вкусное*) Genúß *m* -sses, -nüsse; э́то про́сто ~ das ist ein wáhrer Léckerbissen

объедине́ние *с* **1.** (*действие*) Veréinigung *f*, Verbíndung *f*; Zusámmenschluß *m* -sses; Fusión *f* (*слияние*); **2.** (*союз*) Veréin *m* (1), Veréinigung *f* (10); Geméinschaft *f* (10); Bund *m* (1*); ~ профсою́зов Gewérkschaftsbund *m*

объединённ||ый veréin(ig)t; Éinheits-; éinheitlich; verbúnden; alli¦íert; geéint; assozi¦íert; Объединённые На́ции die Veréinten Natiónen; ~ый профсою́з Éinheitsgewerkschaft *f* (10); ~ое заседа́ние geméinsame Sítzung

объедини́тельный Veréinigungs-

объедини́ть 1. veréinigen *vt*, veréinen *vt*; zusámmenfassen *vt*; zusámmenlegen *vt* (*группы учащихся и т. п.*); **2.** (*сплотить*) veréinigen *vt*, zusámmenschließen* *vt*; in sich veréinigen, umfássen *vt* (*объединить в себе*); ~**ся** sich veréinigen, sich zusámmentun*; sich zusámmenschließen* (во что-л. zu *D*); zusámmentreten* *vi* (s) (для чего́-л. zu *D*)

объединя́ть *см.* объедини́ть; ~**ся 1.** *см.* объедини́ться; **2.** *страд.* veréin(ig)t [zusámmengeschlossen] wérden (*ср.* объедини́ть)

объе́дки *мн.* Spéisereste *pl*, Éssenreste *pl*

объе́зд *м* **1.** (*действие*) Herúmfahren *n* -s; Beréisen *n* -s; **2.** (*место на дороге*) Úmleitung *f* (10), Úmweg *m* (1); е́хать в ~ éinen Úmweg máchen; напра́вить в ~ úmleiten *vt* (*о транспорте*)

объе́здить 1. beréisen *vt*; ~ весь свет die gánze Welt beréisen; ~ весь го́род die gánze Stadt ábfahren*; éine Rúndfahrt durch die Stadt máchen; ~ всех знако́мых álle Bekánnten áufsuchen; **2.** (*лошадь*) éinfahren* *vt*; beréiten* *vt*, zúreiten* *vt* (*верховую*)

объе́здка *ж* (*лошадей*) Éinfahren *n* -s; Beréiten *n* -s, Zúreiten *n* (*верховых*)

объездн||о́й Úmleitungs-; Umgéhungs-; ~а́я доро́га Umgéhungsstraße *f*

объе́здчик *м* **1.** (*лесной*) (beríttener) Förstwächter *m* (6); **2.** (*лошадей*) Beréiter *m* (6)

объезжа́ть 1. *см.* объе́здить; **2.** (*делать объезд вокруг чего-л.*) (herúm-) fahren* *vi* (s), umfáhren* *vt*; ~ кана́ву [боло́то] um éinen Gráben [Sumpf] (herúm)fáhren*

объе́кт *м* **1.** Objékt *n* (2); Gégenstand *m* (1*); *воен.* Ziel *n* (2); промы́шленный ~ Industríeobjekt *n*; руководи́тель ~а Objéktleiter *m* (6); наме́тить ~ы строи́тельства die Báuobjekte [Báuvorhaben] féstlegen; **2.** *грам.* (*дополнение*) Objékt *n* (2), Ergänzung *f* (10)

объекти́в *м физ.* Objektív *n* (2)

объективи||за́ция *ж*, ~**иза́ция** *ж филос.* Objektivierung [-'vi:-] *f*; Vergégenständlichung *f*; ~**и́зм** *м* Objektivismus [-'vis-] *m* =, Objektivität *f*

объекти́вн||ость *ж* Objektivität [-vi-] *f*; Sáchlichkeit *f*; ~**ый 1.** objektív, sáchlich; ~ые усло́вия objektíve [-və] Bedíngungen; **2.** (*беспристрастный*) únpartei¦isch; ~ое отноше́ние únpartei¦isches Verhálten

объе́ктн||ый *филос., грам.* Objékt-; ~ые отноше́ния Objéktbeziehungen *pl*

объе́ктов||ый *спец.* zu éinem Objékt [Vórhaben] gehörig, ein Objékt betréffend; ~ое зада́ние Áufgabe des Objékts

объём *м* Úmfang *m* -s; *мат.* Ráuminhalt *m* -(e)s; Volúmen [vo-] *n* -s, *pl* = *и* -mina (*сокр.* V) (*тж. физ.*); о́бщий ~ Gesámtvolumen *n*; ~ом в полтора́ ли́тра mit éinem Fássungsvermögen von ánderthalb Líter; ~ зна́ний Wíssensschatz *m* -es; Úmfang des Wíssens; ~ рабо́т Árbeitsumfang *m*; ~ вы́работки Produktiónsvolumen *n* -s, Produktiónsumfang *m*; ~ па́мяти (*ЭВМ*) Spéicherkapazität *f* (10); во всём ~е in vóllem Úmfang; по (своему́) ~у úmfangmäßig; ráummäßig

объём||истый úmfangreich; úmfänglich; voluminös [vo-]; ~**ный** Raum-; Volúm(en)- [vo-]; Úmfang-; räumlich; ~ный ана́лиз *хим.* die volumétrische Analýse

объе́сть 1. benágen *vt*; **2.** *разг.* (*кого-л.*) j-n arm éssen*; **3.** *разг.* (*о кислотах*) zerfréssen* *vt*; ру́ки щёлоком объе́ло die Hände sind von Láuge zerfréssen; ~**ся** sich überéssen* (чем-л. mit *D*)

объе́хать *см.* объе́здить 1, объезжа́ть 2

объяви́ть 1. erklären *vt*; ~ войну́ den Krieg erklären; ~ недействи́тельным (für) úngültig erklären, annullíeren *vt*; ~ вое́нное положе́ние в го́роде den Áusnahmezustand über éine Stadt verhängen; ~ забасто́вку éinen Streik áusrufen*; ~ благода́рность den Dank áussprechen*, séine Ánerkennung áussprechen*; ~ шах *шахм.* Schach bíeten*; **2.** (*сообщить, довести до сведения*) bekánntmachen *отд. vt*, bekánntgeben* *отд. vt*; veröffentlichen *vt* (*опубликовать*); annoncieren ['si:-] *vt* (*в печати*); verláutbaren *vt* (*делать гласным*); ánsagen *vt* (*по радио*); ~ пригово́р das Úrteil verkünden

объяви́ться *разг.* (*обнаружиться*) áuftauchen *vi* (s), sich éinstellen; erschéinen* *vi*, sich zéigen

объявле́н||ие *с* **1.** (*действие*) Erklärung *f*; Bekánntmachung *f*; Bekánntgabe *f*; Verláutbarung *f*; Vóranzeige *f*, Ánkündigung *f* (*предварительное*); ~ие войны́ Kríegserklärung *f*; ~ие поса́дки (*на поезд*) die Áufforderung zum Éinsteigen; **2.** (*извещение на стене, в газетах и т. п.*) Ánzeige *f* (11), Veröffentlichung *f* (10), Bekánntmachung *f* (10), Ánschlag *m* (1*), Áushang (1*); Inserát *n* (2), Annonce [*фр.* a'nɔŋ-sə] *f* (11) (*в печати*); рекла́мное ~ие Wérbeanzeige *f*; дать ~ие, помести́ть ~ие ein Inserát in die Zéitung sétzen; отде́л приёма ~ий (*в газете*) Ánzeigenannahme *f*; доска́ ~ий Ánschlagtafel *f* (11), Schwárzes Brett

объявля́ть *см.* объяви́ть; ~**ся 1.** *см.* объяви́ться; **2.** *страд.* erklärt [bekánntgemacht, bekánntgegeben] wérden; **3.** *безл.*: объявля́ется, что... es wird bekánntgemacht, daß...

объясне́н||ие *с* **1.** Erklärung *f* (10); Erläuterung *f* (10), Áuslegung *f* (10) (*истолкование*); дать ~ие éine Erklärung gében*; erklären *vt*; тре́бовать от кого́-л. ~ия von j-m éine Erklärung [Réchenschaft) fórdern; **2.** (*разговор для выяснения чего-л.*) klärende Áussprache, Auseinándersetzung *f* (10); ◇ ~ие в любви́ Líebeserklärung *f* (10)

объясни́мый erklärlich, erklärbar; легко́ ~ leicht zu erklären, leicht erklärbar

объясни́тельн||ый erklärend, erläuternd; ~ое чте́ние das erläuternde Lésen, die erläuternde Lektüre; ~ая запи́ска schríftliche Erklärung

объясни́ть erklären *vt*; erläutern *vt*, áuslegen *vt* (*истолковать*); ~**ся 1.** (*поговорить*) sich áussprechen*, sich erklären, sich auseinándersetzen; **2.** (*стать понятным*) sich (áuf)klären; klar [verständlich] wérden; ◇ ~ся в любви́ éine Líebeserklärung máchen, séine Líebe erklären

объясня́ть *см.* объясни́ть; ~**ся 1.** *см.* объясни́ться; **2.** (*говорить*) sprécheen* *vi*, sich verständigen; ~ся по-неме́цки deutsch spréchen*; **3.** (*иметь причиной*) sich erklären; sich erklären lássen*; zu erklären sein; чем э́то объясня́ется? womít ist das zu erklären?, woráuf ist das zurückzuführen?; 4. *страд.* erklärt wérden (*ср.* объясни́ть)

объя́т||ие *с* Umármung *f* (10); в чьих-л. ~иях in j-s Ármen; бро́ситься в чьи-л. ~ия sich j-m in die Árme wérfen*; ◇ приня́ть с распростёртыми ~иями mit óffenen Ármen empfángen*

объя́тый ergríffen, erfáßt (чем-л. von *D*); ~ у́жасом von Angst [Entsétzen] gepáckt; ~ пла́менем lichterloh brénnend

объя́ть 1. (*охватить*) umfássen *vt*; 2. (*об ужасе и т. п.*) erfássen *vt*, pácken *vt*; 3. (*понять, представить*) fássen *vt*; begréifen* *vt*; ◇ ~ необъя́тное *шутл.* das Unerréichbare erréichen wóllen*

обыва́тель *м* 1. *уст.* (*житель*) Éinwohner *m* (6); Éinheimische *m* (14), Ánsässige *m* (14); 2. (*мещанин*) Philíster *m* (6), Spíeßer *m* (6), Spíeßbürger *m* (6); **~ница** *ж* 1. *уст.* (*жительница*) Éinwohnerin *f* (12); Éinheimische *f* (14), Ánsässige *f* (14); 2. (*мещанка*) Philísterin *f* (12), Spíeßerin *f* (12), Spíeßbürgerin *f* (12); **~ский** philísterhaft, spíeßerisch, spíeßbürgerlich, spíeßig; **~щина** *ж презр.* Philístertum *n* -s, Spíeßbürgertum *n*, Spíeßertum *n*

обыгра́ть, обы́грывать 1. (*в игре*) gewínnen* *vt*, schlágen* *vt*; ~ кого́-л. на значи́тельную су́мму j-m éine beträchtliche Súmme ábgewinnen*; 2. (*инструмент*) éinspielen *vt*; 3. (*тему, театральную роль*) áusschmücken *vt*, hóchspielen *отд. vt*

обы́денн||ость *ж* Álltäglichkeit *f*; álltägliche Erschéinung; **~ый** álltäglich, Álltags-, álltagsmäßig; gewöhnlich (*заурядный*)

обыдёнщина *ж разг.* das Álltägliche (*sub*), das Gewöhnliche (*sub*), Dúrchschnittlichkeit *f*

обызвествл||е́ние *с мед.* Verkálkung *f*; **~я́ться** *мед.* verkálken *vi* (s)

обыкнове́н||ие *с* Gewóhnheit *f* (10), Brauch *m* (1*), Úsus *m* =; по ~ию wie gewöhnlich, gewóhnheitsmäßig; име́ть ~ие что-л. де́лать die Gewóhnheit háben etw. zu tun; etw. zu tun pflégen; про́тив ~ия, вопреки́ ~ию gégen die Gewóhnheit; dem Úsus zuwíder; войти́ в ~ие zur Gewóhnheit wérden; **~но** *нареч.* gewöhnlich; **~ный** 1. gewöhnlich, üblich; ~ная исто́рия éine gewöhnliche Geschíchte; 2. (*заурядный*) gewöhnlich, éinfach, míttelmäßig; ~ный челове́к ein éinfacher Mensch; ein Dúrchschnittsmensch; 3. *бот., зоол.* geméin; ◇ бо́льше ~ного mehr als gewöhnlich, mehr als üblich

обы́ндеветь sich überáll mit Rauhreif bedécken

обы́ск *м* Durchsúchung *f* (10); Háussuchung *f* (*квартиры*); Léibesvisitation [-vi-] *f* (10) (*личный*); производи́ть ~ durchsúchen *vt*; éine Háussuchung máchen [vórnehmen*]; подве́ргнуть ли́чному ~у éiner Léibesvisitation unterzíehen*

обыска́ть, обы́скивать 1. (*сделать обыск*) durchsúchen *vt*; éine Léibesvisitation [-vi-] vórnehmen* (*человека*); éine Háussuchung máchen [vórnehmen*] (*помещение и т. п.*); ábsuchen *vt*

обы́ч||ай *м* 1. Brauch *m* (1*); Sítte *f* (11), Hérkommen *n* (7) (*традиция*); согла́сно ~аю hérgebrachtermaßen; traditiónsmäßig; 2. *разг.* (*привычка*) Gewóhnheit *f* (10), Gepflógenheit *f* (10); э́то в его́ ~ае er hat die Gewóhnheit

обы́чн||о *нареч.* gewöhnlich; gewóhnheitsmäßig; üblicherweise; **~ый** gewöhnlich; üblich; Gewóhnheits-; ~ые вооруже́ния hérkömmliche Wáffen; в ~ое вре́мя, в ~ый час zu gewöhnlicher Zeit [Stúnde]; ~ое явле́ние übliche [alltägliche] Erschéinung; ◇ ~ое пра́во Gewóhnheitsrecht *n* -(e)s

обюрокра́титься *разг.* bürokrátisch wérden, verbürokratisíeren *vi* (s)

обя́занн||ость *ж* Pflicht *f* (10); Verpflíchtung *f* (10); Schúldigkeit *f* (10); Óbliegenheit *f* (10); почётная ~ость Éhrenpflicht *f*; перве́йшая ~ость vórnehmste Pflicht; служе́бные ~ости Berúfspflichten *pl*; Díenstpflichten *pl*; ~ости по до́му häusliche Pflíchten; распределе́ние ~осте́й Ressort¦teilung [-'so:r-] *f*; план распределе́ния ~осте́й Geschäftsverteilungsplan *m* (1*); лежа́ть на ~ости кого́-л. j-m óbliegen*; счита́ть свое́й ~остью für séine Pflicht (und Schúldigkeit) hálten*; исполня́ть свои́ ~ости séine Pflíchten erfüllen; séine Schúldigkeit tun*; освободи́ть кого́-л. от его́ ~осте́й j-n séiner Pflíchten [von séinen Pflíchten] entbínden*; приступи́ть к исполне́нию свои́х ~осте́й séine Ámtsgeschäfte áufnehmen*; по ~ости pflíchtgemäß; исполня́ющий ~ости *офиц.* in Vertrétung, in Stéllvertretung; stéllvertretend; ◇ вменя́ть в ~ость die Pflicht áuferlegen, zur Pflicht máchen; verpflíchten *vt* (что-л. zu *D*); **~ый** 1.: быть ~ым verpflíchtet sein; 2. (*признательный*): быть ~ым кому́-л. j-m (zu Dank) verpflíchtet sein; я вам о́чень обя́зан ich bin Íhnen sehr verbúnden [dánkbar]; быть ~ым кому́-л. чем-л. j-m etw. zu verdánken háben

обяза́тельн||о *нареч.* bestímmt; únbedingt; auf jéden Fall; **~ость** *ж* 1. (*необходимость*) Verbíndlichkeit *f*; Erfórderlichkeit *f*, Nótwendigkeit *f*; безусло́вная ~ость реше́ний die únbedingte Verbíndlichkeit der Beschlüsse; 2. *уст.* (*услужливость*) Díenstfertigkeit *f*; **~ый** 1. obligatórisch; bíndend, verbíndlich; Pflicht-; ~ый предме́т obligatórisches Fach, Pflíchtfach *n* (5); всео́бщее ~ое обуче́ние allgeméine Schúlpflicht; ~ые поста́вки Pflíchtlieferungen *pl*; ~ая програ́мма *спорт.* Pflicht *f*; ~ые упражне́ния *спорт.* Pflíchtübungen *pl*; ~ые экземпля́ры (*в библиотеке*) Pflíchtexemplare *pl*; 2. *уст.* (*услужливый*) díenstfertig

обяза́тельственн||ый: ~ое пра́во *юр.* Obligatiónenrecht *n* -(e)s

обяза́тельств||о *с* 1. ábgegebene [éingegangene] Verpflíchtung; Vertrág *m* (1*) (*договор*); трудово́е ~о Árbeitsverpflichtung *f* (10); произво́дственное ~о Produktiónsverpflichtung *f*; ~о по поста́вкам Lieferungspflicht *f* (10); индивидуа́льное ~о Éinzelverpflichtung *f*; Sélbstverpflichtung *f*; взять на себя́ ~о éine Verpflíchtung übernéhmen* [éingehen*]; вы́полнить ~о die Verpflíchtung éinlösen; отказа́ться от ~а sich der Verpflíchtung entzíehen*; согла́сно ~у laut Vertrág; без ~а fréibleibend; ~а по догово́ру Verpflíchtungen aus dem [laut] Vertrág; 2. *эк.*: долгово́е ~о Schúldverschreibung *f* (10), Schúldschein *m* (1)

обяза́ть 1. verpflíchten *vt*; ~ кого́-л. j-n verpflíchten, es j-m zur Pflicht máchen, j-m éine Pflicht áuferlegen; 2. (*вызвать чувство признательности*) zu Dank verpflíchten; ты меня́ о́чень обя́жешь du wirst mich zu Dank verpflíchten; ich würde dir sehr dánkbar sein; **~ся** sich verpflíchten, éine Verpflíchtung übernéhmen*

обя́зыва||ть *см.* обяза́ть; э́то ~ет (*кого-л.*) das ist (für *A*) verpflíchtend; э́то вас ни к чему́ не ~ет das verpflíchtet Sie zu nichts; положе́ние ~ет Noblesse oblige [*фр.* nɔ'blɛs ɔb'li:ʒ]; **~ться** *см.* обяза́ться

ОВ (отравля́ющее вещество́) chémischer Kámpfstoff

ова́л *м* Oval [o'va:l] *n* (2)

ова́льный oval [o'va:l]

ова́ция *ж* Ovatión [-va-] *f* (10); (bráusender) Appláus *m* (1)

овдове́||вший verwítwet; **~ть** verwítwen *vi* (s); Wítwer wérden (*о мужчине*), Wítwe wérden (*о женщине*)

овева́ть *см.* ове́ять

Ове́н *м астр.* Wídder *m* -s

овёс *м* Háfer *m* -s

ове́ч||ий Schaf(s)-; ~ья шерсть Scháfwolle *f*; ◇ волк в ~ьей шку́ре *погов.* der Wolf im Scháfspelz; напя́лить на себя́ ~ью шку́ру sich in éinen Scháfspelz hüllen

ове́чка *ж* Schäfchen *n* (7), Schäflein *n* (7); кро́ткий как ~ lämmfromm; ◇ неви́нная ~ Únschuldslamm *n* (5)

овеществле́ние *с* Vergégenständlichung *f*; ~ труда́ Vergégenständlichung der Árbeit

овеществля́ть vergégenständlichen *vt*, verdínglichen *vt*

ове́||янный umwóben (чем-л. von *D*); ~янный сла́вой rúhmreich; **~ять** umwéhen *vt*

ови́н *м с.-х.* Kórndarre *f* (11), Getréidedarre *f*

ОВИР *м* (отде́л виз и регистра́ции) Páß- und Visabüro ['vi:-] *n* -s, -s

овладева́ть *см.* овладе́ть

овладе́ние *с* 1. (*захват*) Bemächtigung *f*, Besítz¦ergreifung *f*; ~ го́родом Besétzung der Stadt; 2. (*приобретение*) Áneignung *f*, Erwérbung *f*; 3. (*усвоение*) Behérrschung *f*, Méisterung *f*; ~ те́хникой Behérrschung [Méisterung] der Téchnik

овладе́||ть 1. (*взять, захватить что-л.*) sich (*D*) áneignen; in Besítz néhmen*, Besítz ergréifen* (von *D*), sich bemächtigen (*G*); штурмо́м ~ть im Sturm eróbern; 2. (*кем-л., чем-л.*) ergréifen* *vt*, sich bemächtigen (*G*); ~ть собо́й sich fássen, sich zusámmennehmen*; им ~ла ску́ка Lángeweile befíel ihn; у́жас ~л им Entsétzen páckte ihn; 3. (*усвоить*) behérrschen *vt*, méistern *vt*, erlérnen *vt*, sich (*D*) etw. zu éigen máchen; ~ть те́хникой die Téchnik méistern; ~ть каки́м-л. языко́м éine Spráche behérrschen lérnen

о́вод *м* Brémse *f* (11); Pférdebremse *f*

овоско́п *м* Éierdurchleuchter *m* (6)

овощево́д *м* Gemüsezüchter *m* (6)

овощево́дство *с* Gemüsebau *m* -(e)s, Ánbau von Gemüse, Gemüseanbau *m*; полево́е ~ Fréilandgemüse(an)bau *m*; тепли́чное ~ Tréibgemüse(an)bau *m*

овощеперераба́тывающ||ий: ~ая промы́шленность Gemüseverwertungsindustrie *f*, gemüseverarbeitende Industríe

овощесуши́льн||ый: ~ая устано́вка Gemüsetrockenanlage *f* (11); ~ый заво́д Dörrgemüsefabrik *f* (10)

овощехрани́лище *с* Gemüselagerhalle *f* (11), Lágerhaus *n* für Gemüse

о́вощ||и *мн.* Gemüse *n* (6); сушёные ~и Dörrgemüse *n*; столо́вые ~и Féingemüse *n*; консерви́рованные ~и Gemüsekonserven *pl*; свежеморо́женые ~и Féinfrostgemüse *n*; gefróstetes Gemüse; торго́вец ~а́ми Gemüsehändler *m* (6); Gemüsefritze *m* (9) (*разг.*)

овощн||óй Gemüse-; Grün-; ~**óй** магазúн Gemüseladen *m* (7*); ~**áя** палáтка Gemüsestand *m* (1*); ~**ые** семенá Gemüsesamen *pl*

овpáг *м* Schlucht *f* (10)

оврáжистый schlúchtenreich, mit víelen Schlúchten

овсúнка *ж разг.* **1.** (*стебель*) Háferhalm *m* (1); **2.** (*зерно*) Háferkorn *n* (5)

овся́нка I *ж* **1.** (*крупа*) Háfergrütze *f*; Háferflocken *pl* (*геркулес*); **2.** (*каша*) Háferbrei *m* -(e)s

овся́нка II *ж* (*птица*) Ámmer *f* (11)

овся́н||ый Háfer-; ~**ая** мукá Háfermehl *n* -(e)s; ~**ый** кисéль [отвáр] Háferschleim *m* -(e)s

овуля́ция *ж биол.* Ovulatión [-vu-] *f* (10)

овцá *ж* Schaf *n* (2); молодáя ~ Scháflamm *n* (5)

овцебы́к *м зоол.* Móschusochse *m* (8)

овцевóд *м* Schäfzüchter *m* (6); ~**ство** *с с.-х.* Scháfzucht *f*; ~**ческий** Scháfzucht-

овцемáтка *ж* Mútterschaf *n* (2)

овцефéрма *ж с.-х.* Scháffarm *f* (10)

овчáр *м* Scháfhirt *m* (8), Schäfer *m* (6)

овчáрка *ж* Schäferhund *m* (1)

овчáрн||я *ж* Scháfstall *m* (1*); Schäferéi *f* (10); ◇ волк в ~е ≅ der Hecht im Kárpfenteich

овчúн||а *ж*, ~**ка** *ж* Scháffell *n* (2); Lámmfell *n*; ◇ ~ка вы́делка не стóит *погов.* die Sáche lohnt die Mühe nicht; ≅ die Brühe kommt téurer als der Bráten; мне нéбо с ~ку показáлось *погов.* ≅ es würde mir schwarz vor den Áugen; ich hörte die Éngel síngen (*от боли*); ~**ный** Schaf(s)-; Scháffell-; ~ный тулýп Scháfpelz *m* (1)

огáрок *м* **1.** Kérzenstummel *m* (6), Líchtstummel *m*; **2.** *хим., мет.* Ábbrand *m* (1*)

огибáемая *сущ. ж мат.* Éingehüllte *sub f*

огибáть **1.** *см.* обогнýть; **2.** (*о дороге и т. п.*) áusweichen* *vi* (s) (что-л. *D*)

огибáющая *сущ. ж мат.* Éinhüllende *sub f*

оглавлéние *с* Ínhaltsverzeichnis *n* (3)

оглáдить stréicheln *vt* (*коней, собак*); sich (*D*) stréichen* (*бороду*)

оглас||úть **1.** verláutbaren *vt*; verlésen* *vt* (*зачитать*); veröffentlichen *vt* (*опубликовать*); bekánntmachen *отд. vt*, bekánntgeben* *отд. vt* (*сообщить*); ~úть приговóр das Úrteil verlésen* [verkünden]; **2.** (*о звуках*) erfüllen *vt*; рáдостные крúки ~úли вóздух Júbelgeschrei erfüllte die Luft, die Luft erschállte vom Júbelgeschrei; ~**úться** erschállen *vi* (s), wíderhallen *vi* (чем-л. von *D*); лес ~úлся пéнием птиц der Wald erschállte vom Vógelgesang

оглáск||а *ж*: предáть ~е in die Öffentlichkeit bríngen*; an die große Glócke hängen; получúть ~у bekánnt [rúchbar] wérden; in die Öffentlichkeit dríngen; во избежáние ~и um öffentliches Áufsehen zu verméiden

оглашáть *см.* огласúть; ~**ся 1.** *см.* огласúться; **2.** *страд.* bekánntgemacht wérden (*ср.* огласúть)

оглашéн||ие *с* Verláutbarung *f*; Verlésung *f*; Veröffentlichung *f* (*опубликование, обнародование*); Bekánntmachung *f*, Verkünd(ig)ung *f* (*сообщение*); ~**не** приговóра Verlésung [Verkündung] des Úrteils; не подлежúт ~ию! vertráulich!; geheím!

оглашéнный *разг.* rásend, verrückt; он орáл, как ~ er brüllte wie am Spieß

оглóбл||я *ж* Gábelarm *m* (1); Gábeldeichsel *f* (11), Déichselgabel *f* (11); ◇ повернýть ~и *разг.* kéhrtmachen *отд. vi*; den Rückzug ántreten*, únverrichteterdinge wíeder ábziehen*

оглóхнуть taub wérden

оглупéть *разг.* verdúmmen *vi*, dumm wérden

оглупúть, оглупля́ть verdúmmen *vt*, dumm máchen

оглушáть *см.* оглушúть

оглушúтельный (óhren)betäubend; dröhnend

оглушúть **1.** (*о шуме*) betäuben *vt*; **2.** (*лишить сознания*) betäuben *vt*; ~ удáром по головé durch éinen Schlag auf den Kopf betäuben

оглядéть beséhen* *vt*, beschäuen *vt*; überblícken *vt*; mit den Áugen überflíegen*; betráchten *vt* (*рассмотреть*); ~ с головы́ до ног von Kopf bis Fuß [von óben bis únten] mústern; ~**ся 1.** (*вокруг*) sich (nach állen Séiten) úmschauen [úmsehen*], um sich blícken; **2.** *разг.* (*ориентироваться*) sich úmtun*; sich oriientíeren, sich zuréchtfinden* *отд.*; **3.** (*освоиться*) sich éingewöhnen; ~ся на нóвой рабóте sich éinarbeiten

оглядк||а *ж разг.* **1.**: с ~ой на когó-л., на что-л. mit éinem Séitenblick auf j-n, auf etw. (*A*); **2.** (*осторожность*) Vórsicht *f*; с ~ой mit Vórsicht, mit Úmsicht; mit Bedácht; ◇ без ~и óhne sich zu bedénken; он бежáл без ~и er lief so schnell ihn die Béine trúgen

оглядывать *см.* оглядéть; ~**ся** *см.* оглядéться 1, оглянýться

оглянýть *см.* оглядéть; ~**ся** sich úmsehen*, sich úmschauen; zurückblicken *vi*, zurückschauen *vi* (*назад*); um sich blícken (*вокруг*); ~ся на прóйденный путь *перен.* Rückschau auf den zurückgelegten Weg hálten*; ◇ не успéл ~ся, как éhe er sich's versáh; ≅ im Hándumdrehen

огнев||óй **1.** *воен.* Féuer-; ~**óй** бой Féuergefecht *n* (2); ~**áя** завéса Féuervorhang *m* (1*); ~**óй** вал Féuerwalze *f* (11); ~**áя** позúция Féuerstellung *f* (10); ~**áя** подготóвка Féuervorbereitung *f* (10); ~**óе** прикры́тие Féuerschutz *m* -es; ~**áя** тóчка Maschínengewehrnest *n* (5); Geschütz *n* (2), Mínenwerfer *m* (6) (in Féuerstellung); ~**ы́е** срéдства Féuermittel *pl*; **2.** *перен.* (*пылкий*) féurig, flámmend; **3.** (*о цвете*) féuerrót

огнеды́шащий féuerspeiend

огне||задéрживающий féuerhemmend; ~**защúтный** Brándschutz-

огнемёт *м воен.* Flámmenwérfer *m* (6); ~**ный** Flámmenwerfer-; ~**ная** атáка Flámmenwerferangriff *m* (1)

óгненно-жúдкий féurig-flüssig (*о лаве и т. п.*)

óгненно-крáсный flámmend rot, féuerrót

óгненный **1.** féurig, flámmend; Féuer-; Glut-; **2.** *перен.* (*пылкий*) féurig, flámmend; glúthéiß; **3.** (*о цвете*) féuerrót

огнеопáсный féuergefährlich

огнепоклóнник *м* Féueranbeter *m* (6)

огнеприпáсы *мн. воен.* Munitión *f* (10)

огнепровóдный: ~ шнур Zündschnur *f* (10)

огнестóйк||ий féuerfest, féuerbeständig; ~**ость** *ж* Féuerfestigkeit *f*, Féuerbeständigkeit *f*

огнестрéльн||ый Féuer-, Schúß-; ~**ое** орýжие Schúßwaffe *f* (11), Féuerwaffe *f*; ~**ая** рáна Schúßwunde *f* (11)

огнетушúтель *м* Féuerlöscher *m* (6); пéнный ~ Scháumlöscher *m*

огнеупóр *м* Féuerfeststoff *m* (1)

огнеупóрн||ость *ж тех.* Féuerfestigkeit *f*; ~**ый** féuerfest; ~**ый** кирпúч féuerfester Zíegel

огнúво *с* ein Stück Stein [Stahl] (*zum Feuerschlagen*)

огнúст||ый féuerlodernd, Féuer-; ~**ая** полосá Féuerband *n* (2)

огнúще *с* Féuerstelle *f* (11)

огó *межд.* ohó!, ohá!; nanú! (*с удивлением*)

оговáривать(ся) *см.* оговорúть(ся)

оговóр *м* Verléumdung *f* (10), fálsche Bezíchtigung

оговорúть **1.** (*в договоре*) áusbedingen* *vt*, vórbehalten* *vt*; éine erläuternde [éinschränkende] Bemérkung máchen; **2.** (*оклеветать*) bezíchtigen *vt*, verléumden *vt*; in üblen Léumund [in Verrúf] bríngen* (*опорочить*); ~**ся 1.** (*сделать оговорку*) éinen Vórbehalt máchen, vórbehalten* *vt*; áusbedingen* *vt*; **2.** (*ошибиться*) sich verspréchen*

оговóр||ка *ж* **1.** (*условие*) Vórbehalt *m* (1); éine erläuternde [éinschränkende] Bemérkung; *юр.* Kláusel *f* (11); с ~кой mit Vórbehalt; vórbehaltlich; без ~ок óhne Vórbehalt; мнóжество ~ок víele Wenn und Áber (*разг.*); **2.** (*обмолвка*) Schnítzer *m* (6), fálscher Zúngenschlag, Versprécher *m* (6)

оголéние *с* Entblößen *n* -s, Entkléiden *n* -s; *перен.* Blóßlegen *n* -s, Blóßlegung *f*

оголённ||ый entblößt; bloß; nackt (*раздетый*); kahl (*о местности и т. п.*); ~**ые** дерéвья entláubte [kähle] Bäume; ~**ый** прóвод blánker Draht

оголéц *м разг.* Schlíngel *m* (6)

оголúть **1.** entblößen *vt*, entkléiden *vt*; **2.** (*лишить листвы*) entblättern *vt*; entláuben *vt*; **3.** (*саблю*) blánkziehen* *отд. vt* **4.** (*раскрыть, обнаружить*) blóßlegen *отд. vt*; ~**ся 1.** sich entblößen; sich entkléiden; sich entblättern (*о деревьях*); **2.** (*раскрыться, обнаружиться*) síchtbar wérden, hervórtreten*

оголтéлый *разг.* wild, rásend; wütend, zügellos

оголя́ть(ся) *см.* оголúть(ся)

огонёк *м* **1.** Flämmchen *n* (7); Líchtschimmer *m* (6) (*вдали*); **2.** (*задор*) Féuer *n* (6), Schwung *m* (1*); **3.** (*блеск глаз*): злы́е огонькú бéгают в егó глазáх Zorn blitzt aus séinen Áugen; насмéшливый ~ вúден в егó глазáх der Schalk guckt ihm aus den Áugen; ◇ зайтú на ~ к комý-л. j-n kurz áufsuchen (*in dessen Fenster man Licht gesehen hat*)

огóнь *м* **1.** Féuer *n* (6); развестú ~ Féuer (án)máchen; на мáленьком огнé (*жарить*) bei gelíndem Féuer, bei Spárflamme, auf kléinem Féuer; **2.** (*освещение*) Licht *n* (5); огнú гóрода die Líchter der Stadt; зажéчь ~ Licht máchen; посáдочные огнú *ав.* Lándebahnbefeuerung *f*; **3.** *мор.* Licht *n* (5) (*судовой*); Féuer *n* (6) (*береговой*); **4.** *воен.* Féuer *n* -s; орудúйный ~ Geschützfeuer *n*; внезáпный ~ schlágartiges [überfallartiges] Féuer; зáлповый ~ Sálvenfeuer [-vən-] *n*; интенсúвный ~ lébhaftes Féuer; перекрёстный ~ Kréuzfeuer *n*; ураганный ~ Trómmelfeuer *n*; откры́ть ~ das Féuer áufnehmen* [eröffnen]; féuern *vi* (по ком-л. auf *A*); **прекратúть** ~ das Féuer éinstellen [ábbrechen*]; подави́ть ~ батаре́и die Batteríe níederhalten* [níederkämpfen, unterdrücken, áußer Gefécht sétzen, zum Schwéigen bríngen*]; **5.** (*чу́вство; пыл*) Féuer *n* -s, Begéisterung *f*; её глаза́ горя́т огнём séine Áugen flámmen [lódern]; ◇ в огне́ 1) (*о больно́м*) im Fíeber; 2) *воен.* im Féuer, im Kampf; im Féuerhagel der Kämpfe; игра́ть с огнём mit dem Féuer spíelen; иска́ть кого́-л. днём с огнём ≅ j-n wie éine Stécknadel súchen; огнём и мечо́м mit Féuer und Schwert; (*попа́сть*) из огня́ да в по́лымя *погов.* ≅ aus dem Régen in die Tráufe kómmen*; пройти́ сквозь ~ и во́ду *разг.* mit állen Wássern gewáschen sein; нет ды́ма без огня́ *погов.* kein Rauch óhne Féuer; ме́жду двух огне́й zwíschen zwei Féuern; идти́ за кого́-л. в ~ и во́ду für j-n durchs Féuer [durch dick und dünn] géhen*; подли́ть ма́сла в ~ *разг.* Öl ins Féuer gíeßen* [schütten]

огора́живание *с* Éinhegen *n* -s, Umzäunen *n* -s

огора́живать *см.* огороди́ть; **~ся 1.** *см.* огороди́ться; **2.** *страд.* éingezäunt wérden (*ср.* огороди́ть)

огоро́д *м* Gemüsegarten *m* (7*), Küchengarten *m*

огороди́ть umzäunen *vt*, éinzäunen *vt*; éinfrieden *vt*; mit éinem Gítter umgében* (*решётной*); éinhegen *vt* (*живо́й и́згородью*); **~ся** éinen Zaun um séinen Besítz máchen; sich mit éinem Zaun umgében*

огоро́дн||ик *м* Gemüsegärtner *m* (6); Kléingärtner *m*; Gemüsebauer *m* (8), 13); **~ичать** *разг.* sich mit Gártenbau beschäftigen, im Gárten árbeiten; **~ичество** *с* Gemüse(an)bau *m* -(e)s; **~ый** Gemüse-; Gemüsebau-; **~ый** уча́сток Gemüsefeld *n* (5); **~ые** расте́ния Gemüsepflanzen *pl*

огоро́шить *разг.* verblüffen *vt*, überráschen *vt*, aus der Fássung bríngen*

огорча́ть *см.* огорчи́ть; э́то меня́ огорча́ет es schmerzt [betrübt] mich; es beréitet mir Kúmmer [Verdrúß]; **~ся** *см.* огорчи́ться

огорче́ние *с* Verdrúß *m* -sses, -sse, Ärger *m* -s, Trübsal *f*; Betrübnis *f* (3) (*печа́ль*); причини́ть ~ кому́-л. j-n betrüben, j-m ein Leid zúfügen

огорчи́тельный betrüblich, betrübend; ärgerlich (*доса́дный*)

огорчи́ть betrüben *vt*; **~ся** betrübt sein (чем-л. über *A*); Verdrúß empfínden*

огра́бить beráuben *vt*; áusrauben *vt*, áusplündern *vt*

ограбле́ние *с* Beráubung *f* (10), Raub *m* -(e)s, Áusplünderung *f* (10); ~ ба́нка Bánkraub *m* -(e)s

огра́да *ж* Umzäunung *f* (10); Éinfriedung *f* (10); Zaun *m* (1*); Máuer *f* (11) (*ка́менная стена́*); Gítter *n* (6) (*решётка*); Hécke *f* (11) (*жива́я и́згородь*)

огради́тельн||ый Schutz-; **~ая** решётка Schútzgitter *n* (6); **~ая** по́шлина *эк.* Schútzzoll *m* (1*), Spérrzoll *m*; **~ая** цепь Ábsperrkette *f* (11)

огради́ть 1. *уст.* umzäunen *vt*; **2.** (*защити́ть*) (be)schützen *vt*, in Schutz néhmen*; (be)wáhren *vt* (от чего́-л. vor *D*); ~ свои́ права́ séine Réchte wáhren; ~ себя́ от чего́-л. sich verwáhren gégen (*A*); **~ся** sich verwáhren

огражда́ть *см.* огради́ть; **~ся 1.** *см.* огради́ться; **2.** *страд.* umzäunt wérden (*ср.* огради́ть)

огражде́н||ие *с* Umzäunung *f*, Éinzäunung *f*; Éinhegung *f*; Báuzaun *m* (1*) (*вокру́г стро́йки*); защи́тное **~ие** Schútzgeländer *n* (6); **зна́ки ~ия** Markíerungszeichen *pl*

ограниче́н||ие *с* Éinschränkung *f* (10), Beschränkung *f*, Begrénzung *f*; ~ие вооруже́ний Rüstungsbegrenzung *f*; ~ие стратеги́ческих вооруже́ний die Begrénzung der stratégischen Rüstungen; ~ие и́мпорта Impórtbeschränkung *f* (10); ~ие ско́рости Geschwíndigkeitsbegrenzung *f* (10); без ~ия únbeschränkt, úneingeschränkt, únumschränkt

ограни́ченн||ость *ж* **1.** (*средств и т. п.*) Beschränktheit *f*, Knáppheit *f*; **2.** (*челове́ка, ума́*) Beschränktheit *f*, Borníertheit *f*; Míttelmäßigkeit *f* (*посре́дственность*); **~ый 1.** beschränkt, éingeschränkt; begrénzt; dürftig, knapp (*ску́дный, убо́гий*); **2.** (*о челове́ке, уме́*) beschränkt, borníert, stupíd(e); nicht weit her (*недалёкий*)

ограни́чивать *см.* ограни́чить; **~ся 1.** *см.* ограни́читься; **2.** *страд.* beschränkt [éingeschränkt, beéngt] wérden

ограничи́тель *м тех.* Begrénzer *m* (6)

ограничи́тельный Beschränkungs-; einschränkend

ограни́чить begrénzen *vt*, beschränken *vt*, éinschränken *vt*; éine Grénze zíehen*; éine Schéidewand áufrichten; éinengen *vt* (*стесни́ть*); ~ себя́ sich éinschränken; **~ся** sich beschränken (чем-л. auf *A*); sich begnügen (mit *D*) (*удовлетвори́ться*); es bei etw. (*D*) bewénden lássen* (*удово́льствоваться*)

огрести́ *разг.* **1.** (*сгрести́*) um etw. (*A*) ánhäufeln *vt*; **2.** (*добы́ть*) zusámmenscharren *vt*, ráffen *vt*

огре́ть *разг.* eins überziehen*, eins versétzen (кого́-л. *D*); éinen stárken Schlag versétzen

огре́х *м с.-х.* Bódenglatze *f* (11); nichtbeárbeitete [únbesäte] Stélle

огро́мн||ость *ж* Ríesigkeit *f*; Gewáltigkeit *f*; **~ый** ríesig, Ríesen-; gewáltig; kolossál; úngeheuer (*чудо́вищный*); ~ый успе́х Ríesenerfolg *m* (1); Bómbenerfolg *m* (*разг.*)

огрубе́||лый 1. rauh, verwíttert; grob; ~лые ру́ки ráuhe Hände; **2.** (*о челове́ке*) verróht, verwíldert; ~лые нра́вы verróhte Sítten; **~ние** *с* Verróhung *f*; Verwílderung *f*; ~ние нра́вов Síttenverrohung *f*

огрубе́ть 1. rauh [grob] wérden; **2.** (*о челове́ке*) verróhen *vi* (s), verwíldern *vi* (s)

огрыза́ться, огрызну́ться 1. (*о живо́тном*) die Zähne flétschen; **2.** *разг.* bíssig ántworten, ánfahren* *vt*

огры́зок *м* **1.** benágtes Stück; ~ я́блока Ápfelgriebs *m* (1); **2.** (*оста́ток*) Stückchen *n* (7), Énde *n* (13), Éndchen *n* (7), Rest *m* (1); Stúmmel *m* (6) (*карандаша́ и т. п.*)

огу́зок *м* Schwánzstück *n* (2)

огу́лом *нареч. разг.* **1.** (*без разбо́ра*) wáhllos, únterschiedslos; **2.** (*о́птом*) in Bausch und Bógen

огу́льн||ый wáhllos, unterschiedslos (*без разбо́ра*); únbegründet, aus der Luft gegríffen (*необосно́ванный*); **~ое** обвине́ние únbegründete Beschúldigung

огуре́ц *м* Gúrke *f* (11); солёный ~ Sálzgurke *f*

огу́речный Gúrken-; ~ рассо́л Gúrkenwasser *n* -s

о́да *ж* Óde *f* (11); Lóblied *n* (5) (*хвале́бная песнь*)

одали́ска *ж* Háremsdame *f* (11), Háremsfrau *f* (10)

одарённ||ость *ж* Begábung *f*, Begábtheit *f*, Befähigung *f*; Talént *n* -(e)s (*тала́нт*); **~ый** begábt; befähigt, fähig (*спосо́бный*); taléntvoll, talentíert (*тала́нтливый*)

одари́ть, одаря́ть 1. (*подари́ть*) beschénken *vt*; **2.** (*надели́ть*) begáben *vt*; áusstatten *vt*; bedénken* *vt* (чем-л. mit *D*)

одева́ние *с* Ánziehen *n* -s, Bekléiden *n* -s

одева́ть *см.* оде́ть; **~ся 1.** *см.* оде́ться; **2.** *страд.* ángezogen wérden (*ср.* оде́ть)

одёжа *ж разг.* Kléidung *f* (10), Sáchen *pl*

оде́жда *ж* **1.** Kléider *pl*; Kléidung *f* (10); Bekléidung *f*; Ánzug *m* (1*) (*костю́м*); ве́рхняя ~ Óberbekleidung *f*; произво́дственная ~ Árbeitskleidung *f*; Árbeitskittel *m* (6); фо́рменная ~ Unifórm *f* (10); зи́мняя ~ Wíntersachen *pl*, Wínterkleidung *f*; ле́тняя ~ Sómmersachen *pl*, Sómmerkleidung *f*; магази́н оде́жды Bekléidungshaus *n* (5); ~ для ю́ношей Búrschenkleidung *f* (10); **2.** *спец.* Décke *f* (11); Belág *m* (1*)

одёжина *ж разг.* Kléidungsstück *n* (2)

одёжк||а: по **~е** протя́гивать но́жки *посл.* sich nach der Décke strécken

одёжный *разг. см.* платяно́й

одеко́лон *м* Kölnischwasser *n* -s, Eau de Cologne [*фр.* o:dəko'lɔnjə] *n*, *f* =

одели́ть, оделя́ть beschénken *vt*; ~ дете́й пода́рками an die Kínder Geschénke vertéilen

одёр *м разг.* (*кля́ча*) Klépper *m* (6)

одёргивать *см.* одёрнуть

одеревене́л||ость *ж* Stárrheit *f*, Stéifheit *f*, Stárre *f*; Gefühllosigkeit *f*; **~ый** erstárrt, steif, starr; gefühllos

одеревене́ние *с* Érstarrung *f*; Verhärtung *f*

одеревене́ть erstárren *vi* (s), steif wérden; gefühllos wérden; únempfindlich wérden

одержа́ть, оде́рживать: ~ верх die Óberhand gewínnen* (над кем-л. über *A*); ~ побе́ду den Sieg davóntragen* [erríngen*]

одержи́м||ость *ж* Besésssenheit *f*; Sucht *f*; **~ый** *прил.* **1.** besésssen (чем-л. von *D*); süchtig; **2.** *в знач. сущ. м* Beséssene *m* (14)

одёрнуть 1. (*пла́тье и т. п.*) zuréchtzupfen *отд. vt*, zuréchtziehen* *отд. vt*; **2.** (*призва́ть к поря́дку*) zuréchtweisen* *отд. vt*; j-n in séine Schránken wéisen*

оде́ть 1. ánziehen* *vt*; bekléiden *vt* (во что-л. mit *D*); kostümíeren *vt* (*костюми́ровать*); **2.** (*покры́ть*) zúdecken *vt*; **3.** (*покры́ть листво́й*; *оку́тать — о тума́не*) verhüllen *vt*, éinhüllen *vt*; **~ся 1.** sich ánziehen*; sich bekléiden, sich ánkleiden; ~ся во что-л. etw. ánziehen*, sich in etw. (*A*) kléiden; **2.** (*покры́ться*) sich zúdecken; **3.**: ~ зе́ленью sich beláuben (*о де́реве*); ~ тума́ном vom Nébel éingehüllt wérden

одея́ло *с* Décke *f* (11), Béttdecke *f*, Schláfdecke *f*; де́тское ~ Kínderdecke *f*, Babydecke ['be:bi-] *f*; стёганое ~ Stéppdecke *f*; пухово́е ~ Dáunendecke *f*, Túchent *f* (10); ~-гре́лка Héizdecke *f*

одея́ние *с уст.* Gewánd *n* (5) (*поэт.*) Gewándung *f* (10), Kleid *n* (5)

оди́н 1. *числ.* ein, eins; помно́жить ~ на́ три eins mit drei multiplizíeren; в одно́м то́ме in éinem Band; **~-еди́нственный** ein éinziger; одни́м ро́счерком пера́ mit éinem Féderstrich; **2.**

мест. (*без других*) alléin; я оста́лась одна́ до́ма ich blieb alléin zu Háuse; он мо́жет сде́лать э́то ~ er kann das alléin máchen; **3.** *мест.* (*тот же самый*) dersélbe, der gléiche; ~ и тот же ein und dersélbe; одно́ и то же dassélbe, das gléiche; э́то одно́ и то же das bleibt sich gleich; быть одного́ мне́ния dersélben Méinung sein; **4.** *мест.* (*какой-то, некий*) ein (gewísser); одно́ вре́мя я ду́мал, что... éine Zéitlang dáchte ich, daß...; одни́ бы́ли согла́сны, други́е нет die éinen wáren éinverstanden, die ánderen nicht; **5.** *в знач. сущ. м* éiner, der éine; ~ из ты́сячи éiner únter táusend; (входи́ть) по одному́ éinzeln [éiner nach dem ánderen] (heréinkommen*); ни ~ nicht éiner, kéiner, kein éinziger; одно́ бы́ло я́сно eins war klar; **6.** (*только*) alléin; nur; kein ándrer, nichts wéiter als, bloß; ~ он мо́жет сде́лать э́то er alléin kann das máchen; nur er kann das máchen; там бы́ли одни́ ста́рые кни́ги dort wáren nur álte Bücher; ◇ ~ на ~ 1) (*в единоборстве*) Mann gégen Mann; сража́ться ~ на ~ im Zwéikampf stéhen*; 2) (*с глазу на глаз*) únter vier Áugen, óhne Zéugen; все до одного́ álle óhne Áusnahme; bis auf den létzten (Mann), sämtlich; все за одного́, ~ за всех álle für éinen, éiner für álle; ~ в по́ле не во́ин *погов.* ≅ ein Mann alléin kann das Feld nicht beháupten; одни́м сло́вом mit éinem Wort, kurz und gut; (все) как ~ *разг.* éinstimmig, éinmütig; одно́ к одному́ eins (kommt) zum ándern; (все) ~ к одному́ (álle) gleich (*stark, schön u. a.*); ста́вить на одну́ до́ску auf éine Stúfe stéllen (кого́-л. с кем-л. mit *D*)

одина́ков||о *нареч.* gleich, ébenso; **~ый** gleich; dersélbe; ein und dersélbe (*один и тот же*); idéntisch, gléichbedeutend (*тождественный*); в ~ой ме́ре in gléichem Máße, gléichermaßen; ~ое отноше́ние gléichartiges [únterschiedsloses] Verhálten, úndifferenzierte Éinstellung (к кому́-л., к чему́-л. zu *D*); ~ый по цве́ту gléichfarbig

одина́рн||ый éinfach, nicht dóppelt; ~ая ра́ма éinfaches Fénster

одинёхонек, одинёшенек: один-~ *разг.* mútterseelenallein, ganz alléin

одиннадцатиметро́вый: ~ штрафно́й уда́р *спорт.* Stráfstoß *m* (1*), Élfmeter *m* (6)

оди́ннадцат||ый der élfte; ~ого ма́я am élften Mai; den élften Mai (*дата в письмах*); ~ый час es geht auf elf (Uhr), zehn Uhr vorbéi; в ~ом часу́ nach zehn Uhr; zwíschen zehn und elf; ~ый но́мер Númmer elf; ~ая страни́ца Séite elf

оди́ннадцать elf

одино́к||ий *прил.* **1.** éinsam, veréinsamt; **2.** (*бессемейный*) únverheiratet; lédig; alléinstehend, óhne Ánhang; **3.** *в знач. сущ. м* Alléinstehende *m* (14)

одино́чество *с* Éinsamkeit *f*, Alléinsein *n* -s; Verlássenheit *f* (*заброшенность*)

одино́чк||а I *м, ж разг.* Éinzelne *m, f* (14), Alléinstehende *m, f* (14); (*одинокий бессемейный*) Éinzelgänger *m* (6) мать-~а alléinstehende Mútter; жить ~ой alléin lében; alléinstehend sein; ◇ по ~е (jéder) éinzeln; éiner nach dem ánderen; в ~у alléin, mit éigenen Kräften

одино́чка II *ж разг.* (*камера*) Éinzelzelle *f* (11)

одино́чка III *ж спорт.* (*лодка*) Éiner *m* (6)

одино́чка IV *ж* (*упряжка в одну лошадь*) Éinspänner *m* (6)

одино́чн||ый Éinzel-, éinzeln, veréinzelt; ~ое заключе́ние Éinzelhaft *f*; ~ая ка́мера Éinzelzelle *f* (11)

одио́зн||ость *ж* Verrúf *m* -(e)s; **~ый** odiös, ánrüchig, verrúfen

Одиссе́я *ж* Odyssée *f*

одича́вший **1.** (*дикий*) verwíldert; **2.** (*нелюдимый*) ménschenscheu

одича́л||ость *ж* **1.** (*дикость*) Verwílderung *f*; **2.** (*нелюдимость*) Ménschenscheu *f*; **~ый** **1.** (*дикий*) verwíldert; verwáhrlost (*запущенный*); **2.** (*нелюдимый*) ménschenscheu

одича́ние *с* Verwílderung *f*, Verwáhrlosung *f*

одича́ть **1.** (*стать диким*) verwíldern *vi* (s); verwáhrlosen *vi* (s); **2.** (*стать нелюдимым*) ménschenscheu wérden

одна́ *ж от* оди́н

одна́жды *нареч.* **1.** (*как-то*) einst, éinmal, éinstmals, éines Táges; ~ у́тром éines Mórgens; **2.** (*один раз*) éinmal

одна́ко **1.** *союз и вводн. сл.* doch, áber, alléin; jedóch, indéssen; **2.** *межд.* das ist áber stark!, da hört doch álles auf!

одни́ *мн. от* оди́н

одно́ *с от* оди́н; э́то ~ и то же das ist ein und dassélbe

одноа́ктн||ый éinaktig; ~ая пье́са Éinakter *m* (6)

одноа́томный éinatomig; éinwertig

одноб́о́к||ий éinseitig; *перен. тж.* beschränkt; ~ое сужде́ние éinseitiges Úrteil

однобо́ртный éinreihig; ~ пиджа́к éinreihiges Jackétt [ʒa-]; Éinreiher *m* (6)

одновале́нтный *хим.* éinwertig

одновесе́льный mit éinem Rúder

одновре́менн||о *нареч.* gléichzeitig; zu gléicher Zeit; **~ость** *ж* Gléichzeitigkeit *f*; Synchronísmus [-kro-] *m* =; **~ый** gléichzeitig; synchron ['-kro:n]; simultán; ~ая игра́ *шахм.* Simultánspiel *n* (2)

одногла́зка *ж зоол.* Hüpferling *m* (1)

одногла́зый éinäugig

одногоди́чн||ый éinjährig, Jáhres-; ~ые ку́рсы éinjähriger Léhrgang, Jáhreskurs *m* (1)

одного́док *м см.* однолёток

одноголо́сый éinstimmig

одного́рбый éinhöckerig; ~ верблю́д éinhöckeriges Kamél, Dromedár *n* (2)

одноднёвк||а *ж* **1.** *зоол.* Éintagsfliege *f* (11); **2.** *перен. разг.* Éintagsfliege *f* (11); слова́-~и kúrzlebige Wörter

однодне́вный éintägig, Éintags-

однодо́льный *бот.* éinkeimblättrig, monokotyledón

однодо́мный *бот.* éinhäusig

одноду́м *м* Grübler *m* (6)

однозву́чный éintönig; monotón

однозна́чащий gléichbedeutend, gléichgeltend

однозна́чный **1.** éindeutig; **2.** idéntisch; **3.** *мат.* éinstellig

одноимённый gléichnamig

однока́шник *м разг.* Schúlkamerad *m* (8); Klássenkamerad *m* (8); Stúdi|enkollege *m* (9), Stúdi|enfreund *m* (1)

однокла́ссн||ик *м* Mítschüler *m* (6), Klássenkamerad *m* (8); **~ица** *ж* Mítschülerin *f* (12), Klássenkameradin *f* (12)

одноклéточный *биол.* éinzellig; ~ органи́зм Éinzeller *m* (6)

одноклу́бник *м* Klúbkamerad *m* (8)

одноколе́йка *ж* éingleisige Éisenbahn

одноколе́йный éinspurig, éingleisig

однoко́лка *ж разг.* zwéirädriger Kárren

одноко́мнатн||ый: ~ая кварти́ра Éinzimmerwohnung *f* (10)

одноко́нный éinspännig; ~ экипа́ж Éinspänner *m* (6)

однокопы́тн||ый *зоол.* éinhufig; ~ое живо́тное Éinhufer *m* (6)

однокра́тный éinmalig; ~ глаго́л Verb [v-] der momentánen Aktiónsart

одноку́рсник Stúdi|enkamerad *m* (8)

однола́мповый: ~ радиоприёмник Éinröhrenempfänger *m* (6)

одноле́мешный *с.-х.* éinscharig

одноле́тка *ж разг.* Áltersgenossin *f* (12), Gléichaltrige *f* (14); *ср. тж.* однолéток

одноле́тний *бот.* éinjährig; Éinjahrs-

одноле́т||ок *м разг.* Áltersgenosse *m* (9); Gléichaltrige *m* (14); мы с ним ~ки wir sind Áltersgenossen, wir sind gléichaltrig; er ist mein Áltersgenosse

одномa´чтовый éinmastig; ~ па́русник Éinmaster *m* (6)

одноме́стн||ый éinsitzig; mit éinem Platz; ~ая каю́та Éinbettkajüte *f* (11); ~ый самолёт Éinsitzer *m* (6)

одномото́рный *тех.* éinmotorig; ~ самолёт éinmotoriges Flúgzeug

одноно́гий éinbeinig

однообра́з||ие *с*, **~ность** *ж* Éinförmigkeit *f*, Éintönigkeit *f*; **~ный** éinförmig; éintönig, monotón

одноо́сный éinachsig, Éinachs-

однопала́тн||ый Éinkammer-; ~ая систе́ма *полит.* Éinkammersystem *n* -s

однопа́лубный mit éinem Deck

однопа́лый mit nur éinem Fínger; mit nur éiner Zéhe

однопарти́йност||ь: при́нцип ~и Éinpartei|enprinzip *n* -s

однополча́нин *м* Regiméntskamerad *m* (8)

однопо́лый *бот.* éingeschlechtig

однопо́лье *с с.-х.* Éinfelderwirtschaft *f*

однопо́люсный *физ.* éinpolig

однопу́тный *см.* одноколе́йный

одноро́гий éinhörnig

одноро́дн||ость *ж* Gléichartigkeit *f*; Homogenität *f*; Verwándtheit *f* (*родственность*); **~ый** gléichartig; gleich; homogén; verwándt (*близкий, похожий*); ~ые поня́тия verwándte [gléichartige] Begríffe; ~ые величи́ны *мат.* gléichartige Größen; предложе́ние с ~ыми чле́нами *грам.* ein Satz mit gléichartigen Sátzgliedern

одноpу́кий éinarmig; éinhändig

односельча́н||ин *м:* éiner aus méinem [séinem *u т. д.*] Dorf; **~ка** *ж:* éine aus méinem [séinem *u т. д.*] Dorf

односка́тный *стр.* púltdachförmig

однoсло́вный **1.** aus éinem Wort bestéhend; **2.** *см.* односло́жный 2

односло́жн||ость *ж* Éinsilbigkeit *f*; **~ый** **1.** aus éiner Sílbe bestéhend, éinsilbig; ~ое сло́во éinsilbiges Wort; **2.** (*лаконичный*) lakónisch, éinsilbig; ~ые отве́ты éinsilbige Ántworten

односме́нный (*о режиме работы*) éinschichtig

однососта́вн||ый *грам.:* ~ое предложе́ние éingliedriger Satz

односпа́льн||ый: ~ая крова́ть Éinzelbett *n* (13)

одностволка *ж* éinläufiges Jágdgewehr

одноство́льн||ый: ~ое ружьё éinläufige Flínte; ~ое ору́дие Éinläufer *m* (6)

одноство́рчатый **1.** éinflügelig (*о двери*); **2.** *зоол.* éinklappig

односторо́нний éinseitig; *перен. тж.* beschränkt

односторо́нность *ж* (*узость взглядов и т. п.*) Éinseitigkeit *f*; Beschränktheit *f* (*ограниченность*)
одностру́нный mit éiner Sáite
одноти́пн||ый vom sélben Typ; ~ое су́дно Schwésterschiff *n* (2)
однотóмн||ик *м* éinbändige Áusgabe; Áusgabe in éinem Band; **~ый** éinbändig
однотóнный 1. monotón; **2.** unifarben [y'ni:-]
одноу́хий mit nur éinem Ohr
однофа́зный *эл.* Éinphasen-, éinphasig
однофами́лец *м* Námensvetter *m* (13)
одноцве́тный éinfarbig; *перен.* éintönig, monotón
одноцили́ндровый *тех.* éinzylindrig; Éinzylinder-
одночле́н *м мат.* Monóm *n* (2); **~ный** éingliederig
одношёрстный gléichhaarig; gléichfarbig (*о масти*)
одноэта́жн||ый: ~ое зда́ние ébenerdiges [éingeschossiges] Gebäude [Haus]
одобре́ние *с* Bílligung *f*, Béifall *m* -(e)s; Béistimmung *f*, Zústimmung *f* (*согласие*); получи́ть широ́кое ~ állgemeine Zústimmung [stárken Ánklang fínden*
одобри́тельный béifällig, béistimmend, bílligend; béipflichtend (*о возгласе и т. п.*)
одо́брить, одобря́ть gútheißen* *отд. vt*, bílligen *vt*; béistimmen *vi*, béipflichten *vi*, zústimmen *vi* (что-л. *D*) (*соглашаться*)
одолева́ть, одоле́ть 1. (*победить*) überwältigen *vt*, bewältigen *vt*; übermánnen *vt*; überwínden* *vt* (*препятствия и т. п.*); сон его́ одоле́л der Schlaf überwältigte ihn; **2.** *разг.* (*справиться с чем-л., овладеть*) bewältigen *vt*, méistern *vt*; одоле́ть матема́тику die Mathematík bewältigen; **3.** *разг.* (*доконать*) fértigmachen *отд. vt* kléinkriegen *отд. vt*
одолжа́ть *см.* одолжи́ть; **~ся** (*быть обязанным*) verpflíchtet sein; schúldig sein (у кого́-л. *D*)
одолже́ние *с* Gefállen *m* (7), Gefälligkeit *f* (10), Dienst *m* (1); ока́зывать ~ éinen Gefállen tun*; éinen Dienst erwéisen*; ◇ сде́лайте ~ (*пожалуйста*) séien Sie so gut, tun Sie mir den Gefállen
одолжи́ть 1. (*дать взаймы*) léihen* *vt*; bórgen *vt*; **2.** *уст.* (*обязать благодарностью*) zu Dank verpflíchten
одома́шн||ение *с* (*животных*) Háustierwerdung *f*; **~ить** zähmen *vt*
одо́метр *м* Schríttzähler *m* (6)
одонтоло́гия *ж мед.* Odontologíe *f*, Záhnheilkunde *f*
одр *м уст.* Bett *n* (13), Láger *n* (6); на сме́ртном ~е́ auf dem Tótenbett, auf dem Stérbelager
одревесне́ть *спец.* verhólzen *vi*
одряхле́ть hínfällig [áltersschwach] wérden
одува́нчик *м* Löwenzahn *m* (1*)
оду́маться sich besínnen*; sich ánders [éines Bésseren] besínnen*; Vernúnft ánnehmen* (*образумиться*)
одура́ч||ение *с разг.* Föppen *n* -s; Betrúg *m* -(e)s (*обман*); **~енный** gefóppt, ángeführt; verblödet; übertölpelt (*обманутый*); **~ивать ~ить** föppen *vt*, ánführen *vt*, verálbern *vt*; übertölpeln *vt* (*обмануть*)
одуре́лый *разг.* kópflos, benómmen; von Sínnen (*предик.*); blödsinnig (*о взгляде*)
одуре́ние *с разг.* Kópflosigkeit *f*; Sínnverwirrung *f*
одуре́ть *разг.* überschnappen *vi*; den Kopf [den Verstánd] verlíeren*, verrückt wérden
одурма́ненный betäubt, benébelt; betört
одурма́нивать *см.* одурма́нить; **~ся 1.** *см.* одурма́ниться; **2.** *страд.* betäubt [benébelt] wérden (*ср.* одурма́нить)
одурма́нить betäuben *vt*, benébeln, *vt*; beráuschen *vt* (*опьянить*); **~ся** sich betäuben, sich benébeln
о́дурь *ж разг.* Betäubung *f*; Benómmenheit *f*; со́нная ~ Schláftrunkenheit *f*
одуря́||ть betäuben *vt*, benébeln *vt*; beráuschen *vt* (*опьянять*); **~ющий** betäubend; beráuschend (*опьяняющий*)
одутлова́т||ость *ж* Gedúnsenheit *f*; **~ый** (áuf)gedúnsen; ángeschwollen (*припухлый*)
одухотворённ||ость *ж* Vergéistigung *f*; édle Begéisterung; **~ый** vergéistigt; durchgéistigt, von édler Begéisterung durchdrúngen
одухотвори́ть, одухотворя́ть 1. vergéistigen *vt*, beséelen *vt*; begéistern *vt*; **2.** (*природу, животных*) géistige Fähigkeiten zúschreiben* (что-л. *D*)
одушеви́ть 1. (*природу и т. п.*) beséelen *vt*; **2.** *уст.* (*воодушевить*) begéistern *vt*, ánspornen *vt*; **~ся** (*воодушевиться*) sich begéistern (чем-л. für *A*)
одушевле́ние *с* (*воодушевление*) Begéisterung *f*
одушевлённ||ый 1. beséelt; **2.** (*воодушевлённый*) begéistert; belébt (*оживлённый*); **3.:** ~ое существи́тельное belébtes Substantív
одушевля́ть *см.* одушеви́ть; **~ся 1.** *см.* одушеви́ться; **2.** *страд.* beséelt wérden
оды́шк||а *ж* Átemnot *f*, Átembeschwerden *pl*; Kúrzatmigkeit *f*; страда́ть ~ой an Átembeschwerden [an Átemnot] léiden*, kúrzatmig sein
ожереби́ться (ein Föhlen) wérfen* *vt*; föhlen *vi*, ábfohlen *vi*
ожере́лье *с* Hálsband *n* (5), Hálsschmuck *m* (1); Kollier [*фр.* kol'je:] *n* -s, -s
ожесточа́ть(ся) *см.* ожесточи́ть(ся)
ожесточе́ни||е *с*, **ожесточённость** *ж* Erbítterung *f*; Verbíssenheit *f*; Verbítterung *f*; Härte *f* (*очерствелость*); с ~ем erbíttert; verbíssen; verbíttert
ожесточённый erbíttert, hart; verbíttert; verbíssen
ожесточи́ть gráusam [hart, erbíttert] máchen; verbíttern *vt*; **~ся** erbíttert wérden
оже́чь(ся) *см.* обже́чь(ся)
ожива́ние *с* Wiederaufleben *n* -s; Erwáchen *n* -s (*пробуждение — о чувствах*)
ожива́ть *см.* ожи́ть
оживи́ть 1. belében *vt*; erwécken *vt* (*пробудить*); wíeder zum Lében erwécken; **2.** (*возбудить энергию*) belében *vt*, aktivieren [-'vi:-] *vt*; ánregen *vt*; áuffrischen *vt* (*освежить*); ~ кра́ски die Fárben belében [áuffrischen]
оживи́ться áufleben *vi* (s); lébhaft wérden
оживле́ние *с* **1.** (*действие*) Belébung *f*; ~ мирово́й торго́вли Belébung des Wélthandels; **2.** (*состояние*) Belébtheit *f*; Lébhaftigkeit *f*, Lebéndigkeit *f*; вноси́ть ~ в о́бщество Lében in die Geséllschaft [*разг.* in die Búde] bríngen*; на у́лицах большо́е ~ es herrscht réges Lében in den Stráßen, in den Stráßen ist Hóchbetrieb
оживлённ||ость *ж* Belébtheit *f*, Lébhaftigkeit *f*; Ángeregtheit *f*; **~ый** belébt, lébhaft; rége, ángeregt; ~ая торго́вля réger [schwúnghafter] Hándel
оживля́ть *см.* оживи́ть; **~ся 1.** *см.* оживи́ться; **2.** *страд.* belébt wérden (*ср.* оживи́ть)
ожида́емый zu erwártend, voráussichtlich
ожида́н||ие *с* **1.** Wárten *n* -s, Erwártung *f*; зал ~ия Wártesaal *m* -(e)s, -säle, Wárteraum *m* (1*); в ~ии in Erwártung; **2.** *б. ч. мн.* ~ия (*надежды*) Erwártungen *pl*, Höffnungen *pl*; обману́ть ~ия die Erwártungen [die Höffnungen] täuschen; ◇ сверх ~ия über Erwárten; про́тив ~ия wíder Erwárten
ожида́тельный ábwartend
ожид||а́ть erwárten *vt*; wárten *vi* (чего́-л. auf *A*); gewärtig sein (*G*); erhöffen *vt*, höffen *vi* (auf *A*) (*надеяться*); ~а́ть с нетерпе́нием séhnlichst erwárten, herbéisehnen *vt*, erséhnen *vt*; я не ~а́л вас уви́деть ich hábe nicht erwártet Sie zu tréffen; как я и ~а́л das hábe ich nicht ánders erwártet; **~а́ться 1.** zu erwárten sein; **2.** *страд.* erwártet wérden
ожида́ющий erwártend; Erwártung zéigend
ожире́ние *с* Verféttung *f*; Féttansatz *m* -es; Féttleibigkeit *f*; Féttsucht *f*; ~ се́рдца *мед.* Hérzverfettung *f*
ожире́ть verfétten *vi* (s); fett wérden, Fett ánsetzen
ожи́ть áufleben *vi* (s); áufatmen *vi* (*вздохнуть*); zu sich kómmen* (*прийти в себя*); erwáchen *vi* (s), sich belében (*о чувствах*)
ожо́г *м* Brándwunde *f* (11), Brándverletzung *f* (10); Verbrénnung *f* (10); лучево́й ~ *физ.* Stráhlenverbrennung *f*; со́лнечный ~ Sónnenbrand *m* -(e)s; хими́ческий ~ Verätzung *f* (10)
озабо́тить besórgt máchen; bedrücken *vi*; beúnruhigen *vt* (*обеспокоить*); **~ся** sórgen *vi* (чем-л. für *A*); sich kümmern (um *A*); Vórsorge tréffen*
озабо́ченн||ость *ж* Besórgtheit *f*, Besórgnis *f*; Bekümmernis *f*; **~ый** besórgt, sórgenschwer, sórgenvoll; bekümmert (*обеспокоенный*)
озабо́чивать(ся) *см.* озабо́тить(ся)
озагла́вить, озагла́вливать betíteln *vt*, benénnen* *vt*
озада́ченн||ость *ж* Betrétenheit *f*, Bestürzung *f*, Betröffenheit *f*; Verlégenheit *f* (*смущение*); **~ый** betréten, bestürzt, betróffen; verblüfft; verlégen (*смущённый*)
озада́чивать, озада́чить bestürzt [stútzig] máchen, verblüffen *vt*; verwírren *vt*; in Verlégenheit bríngen* [versétzen] (*смущать*); **~ся** stútzig [verblüfft] wérden
озаре́ние *с* Erléuchtung *f*
озар||и́ть 1. (*осветить*) beléuchten *vt*; bestráhlen *vt*; erhéllen *vt*; erléuchten *vt*; **2.** *перен.* (*о мысли*) durchfáhren* *vt*; меня́ ~и́ло mir ging ein Licht auf; mir kam éine Erléuchtung; **~и́ться 1.** (*осветиться*) erglänzen *vi* (s); áufleuchten *vi* (s, h); erstráhlen *vi* (s); **2.** *перен.* (*оживиться*) sich erhéllen; erstráhlen *vi* (s, h); его́ лицо́ ~и́лось улы́бкой ein Lächeln erhéllte sein Gesicht
озаря́ть *см.* озари́ть; **~ся 1.** *см.* озари́ться; **2.** *страд.* beléuchtet wérden (*ср.* озари́ть)
озвере́лый tíerisch, vertíert, bestiálisch

озвере́н||ие *с* Vertíerung *f*; Verróhung *f*; дойти́ до ~ия *см.* озвере́ть

озвере́ть vertíeren *vi*; rásend wérden; zur Béstile wérden

озву́чение *с* (*кинокартины*) Vertónung *f*, Vertónen *n* -s; ~ синхро́нное с изображе́нием bíldsynchrone [-kro:-nə] Vertónung

озву́чивать, озву́чить (*кинокартину*) vertónen *vt*

оздорови́тельн||ый Gesúndungs-; Genésungs-, Héilungs-; *перен.* Saníerungs-; ~ые мероприя́тия Saníerungsmaßnahmen *pl*

оздорови́ть 1. héilen *vt*; gesúnd máchen; die Gesúndheit stählen (*укрепить здоровье*); **2** (*улучшить, привести в нормальное состояние*) saníeren *vt*; lébensfähig máchen; verbéssern *vt*; ~ фина́нсы die Finánzen saníeren

оздоровле́ние *с* **1.** Gesúndung *f*; Héilung *f*; **2.** (*улучшение*) Saníerung *f*; Verbésserung *f*

озелене́н||ие *с* Begrünung *f*, Ánpflanzung von Grünflächen; защи́тная полоса́ ~ия Grünschutzstreifen *m* (7)

озелени́ть, озеленя́ть Grün ánpflanzen

о́земь *нареч. разг.* zu Bóden

озёрный See-; ~ край Séengebiet *n* (2), Séenlandschaft *f* (10)

о́зеро *с* See *m* (13), Bínnensee *m*; солёное ~ Sálzsee *m*; ~**ве́дение** *с* Séenkunde *f*, Limnologíe *f*

ози́мые *мн. с.-х.* Wíntersaat *f* (10); Wínterkorn *n* -(e)s; Wínterkulturen *pl*, Wíntergetreide *n* -s

ози́м||ый Wínter-; ~ые культу́ры Wínterkulturen *pl*; ~ая рожь Wínterroggen *m* -s; ~ая пшени́ца Wínterweizen *m* -s; зерно́ для ~ых посе́вов Wíntersaatgut *n* -(e)s

о́зимь *ж* **1.** Wíntersaat *f* (10); Wínterung *f*; **2.** (*поле*) Wíntersaatfeld *n* (5)

озира́ть betrachten *vt*; beschäuen *vt*; ~**ся** um sich blícken; sich úmsehen*, sich úmschauen

озли́ть *разг.* in Zorn versétzen, wütend máchen; erbósen *vt*; ~**ся** *разг.* zórnig [wütend] wérden, sich erzürnen, in Wut geráten*

озло́бить erbíttern *vt*, erzürnen *vt*, erbósen *vt*; (áuf)réizen *vt* (*раздражить*); ~**ся** erbíttert wérden, sich erzürnen, sich erbósen

озлобле́ние *с* Erbítterung *f*, Grimm *m* -(e)s, Erbóstheit *f*; Geréiztheit *f* (*раздражение*)

озло́бленный erbíttert, erbóst; grímmig; geréizt (*раздражённый*)

озлобля́ть(ся) *см.* озло́бить(ся)

ознако́мить bekánnt máchen, vertráut máchen; éinführen *vt* (*с чем-л.* in *A*); ~**ся** sich bekánnt [vertráut] máchen (*с чем-л.* mit *D*); kénnenlernen *отд. vt*; Éinsicht néhmen* (in *A*, von *D*)

ознакомле́н||ие *с* Bekánntmachen *n* -s, Bekánntschaft *f*, Kénnenlernen *n* -s; Éinführung *f*, Éinsichtnahme *f* (*с чем-л.* in *A*); для пе́рвого ~ия zur érsten Éinführung; zur érsten Éinsicht

ознакомля́ть(ся) *см.* ознако́мить(ся)

ознаменов||а́ние: в ~а́ние чего́-л. zu Éhren (*в честь*) (*G*); zum Gedächtnis; ~**а́ть 1.** féstlich begéhen *vt*; würdigen *vt*, féiern *vt* (*праздновать*); **2.** (*означать*) bedéuten *vt*; ~а́ть собо́й но́вую э́ру éine néue Ära eröffnen; ~**а́ться** gekénnzeichnet wérden; geféiert wérden; dénkwürdig sein; э́тот год ~а́лся вели́кими собы́тиями das Jahr war durch gróße Eréignisse gekénnzeichnet

означа́ть bedéuten *vt*; bezéichnen *vt*

озна́ченный *канц.* genánnt; erwähnt

озно́б *м* Schüttelfrost *m* -es; Frösteln *n* -s; Kälteschauer *m* (6); лихора́дочный ~ Fíeberschauer *m*; чу́вство ~а Fróstgefühl *n* -(e)s; я чу́вствую ~ mich fröstelt

ознобле́ние *с* Fróstbeule *f* (11), Fróstballen *m* -s

озокери́т *м мин.* Ozokerít *n*, Érdwachs *n* -es

озолоти́ть 1. vergólden *vt*; **2.** *разг.* (*обогатить*) mit Gold überschütten; reich beschénken; ~**ся** sich vergólden; mit Gold überhäucht sein

озо́н *м хим.* Ozón *n* -s; ~**а́тор** *м* Ozónapparat *m* (1)

озони́ров||ание *с хим.* Ozonisíerung *f*; ~**ать** *хим.* ozonisíeren *vt*

озорни́к *м*, **озорни́ца** *ж* Wíldfang *m* (1*), Schlíngel *m* (6)

озорнича́ть Stréiche máchen, Únfug tréiben*, áusgelassen [úngezogen] sein

озор||но́й wild, úngezogen, áusgelassen; ~**ство́** *с* Úngezogenheit *f*; Streich *m* (1); Búbenstreich *m* (*озорной поступок*)

озя́б||нуть fríeren* *vi*, *vimp*; я озя́б ich fríere; mich friert; у меня́ ~ли ру́ки и но́ги mir fríeren Hände und Füße

ой *межд.* **1.** (*при боли*) o weh!; au!; **2.** (*удивление*) ei, ei!; **3.** (*испуг*) ach!

ой ли *межд.* sieh mal (éiner) an!; tátsächlich?, wírklich?, ist es möglich?

ойро́ты *мн.* Oiróten *pl*

оказа́н||ие *с* Erwéisung *f*; для ~ия по́мощи zur Hílfeleistung; ~ие почёта [по́честей] Éhrenbezeugung *f*, Éhrenerweisung *f*

оказа́ть erwéisen* *vt*, léisten *vt*; bezéigen *vt* (*проявить*); ~ услу́гу éinen Dienst erwéisen*; ~ по́мощь [сопротивле́ние] Hílfe [Wíderstand] léisten; ~ почёт [по́чести] Éhre erwéisen* [bezéigen]; ~ влия́ние [давле́ние] Éinfluß [Druck] áusüben; éinwirken *vi*; ~ своё де́йствие wírken *vi*, éine Wírkung erzíelen [áusüben]; ~ соде́йствие unterstützen *vt*; ~ предпочте́ние vórziehen* *vt*, den Vórzug gében*; ~ дове́рие кому́-л. j-m Vertráuen schénken; sich j-m ánvertrauen; ~ внима́ние Áufmerksamkeit schénken

оказа́||ться 1. (*обнаружиться*) sich erwéisen*, sich heráusstellen, sich zéigen; э́то ~лось реша́ющим das erwíes sich als entschéidend [áusschlaggebend]; ~лось, что... es stéllte sich heráus, daß..., es zéigte sich, daß...; как ~лось wie es sich heráusstellte; я ~лся вы́нужденным ich sah mich genötigt [gezwúngen]; **2.** (*очутиться*) sich befínden*; (hín)geráten* *vi* (s); ~ться в нали́чности vorhánden sein; vórliegen* *vi*; двух экземпля́ров не ~лось zwei Exempláre féhlten

ока́зи||я *ж* **1.** *уст.* (*удобный случай*) Gelégenheit *f* (10); письмо́ (доставля́емое) с ~ей Bestéllbrief *m* (1); **2.** *разг.* (*редкий случай*) Kásus *m* =, =; (séltener) Fall *m* (1*), (séltene) Begébenheit *f* (10)

ока́зывать *см.* оказа́ть

ока́зыва||ться 1. *см.* оказа́ться; **2.** *вводн. сл.*: ~ется он был прав wie (es) sich heráusstellt, hätte er recht; он, ~ется, уе́хал wie sich heráusstellt, ist er fórtgefahren

окайми́ть, окаймля́ть umsäumen *vt*, besäumen *vt*; besétzen *vt*; *перен.* umráhmen *vt*, umránden *vt*

ока́лина *ж тех.* Zúnder *m* (6); Hámmerschlag *m* -(e)s (*при ковке*)

окамене́л||ость *ж* **1.** (*ископаемое*) Verstéinerung *f* (10); **2.** (*неподвижность*) Stárrheit *f*, Erstárrung *f*; ~**ый 1.** *палеонт.* verstéinert, fossíl; **2.** (*неподвижный*) erstárrt, starr; verstéinert

окамене́ть verstéinern *vi* (s), zu Stein wérden; *перен.* erstárren *vi* (s); gefühllos wérden

окантова́ть éinrahmen *vt*; kánten *vt*, umránden *vt*, rändern *vt*

окантóв||ка *ж* Umrándung *f*; ~**ывать** *см.* окантова́ть

ока́нчивать *см.* око́нчить; ~**ся 1.** *см.* око́нчиться; **2.** *страд.* beéndet wérden (*ср.* око́нчить)

о́канье *с лингв.* Áussprache des «о» in únbetonten Sílben auch als «о» (in rússischen Dialékten)

ока́пывание *с* das Gráben um étwas, das Áufwerfen der Érde um étwas

ока́пывать(ся) *см.* окопа́ть(ся)

окари́на *ж муз.* Okarína *f*, *pl* -nen

окати́ть begíeßen* *vt*; ~ холо́дной водо́й *перен.* j-n kalt dúschen; ~**ся** sich begíeßen*; sich überschütten

о́кать *лингв.* (in rússischen Dialékten) das «о» auch in únbetonten Sílben als «о» áussprechen*

ока́чивать(ся) *см.* окати́ть(ся)

ока́янный *разг.* verflúcht, verdámmt

океа́н *м* **1.** Ózean *m* (1); из-за ~а aus Übersee; **2.**: возду́шный ~ Lúftmeer *n* -(e)s, Atmosphäre *f*; мирово́й ~ Wéltmeer *n*

океана́вт *м* Tíefseeforscher *m* (6)

океана́рий *м*, **океана́риум** *м* Méeresaquatorium *n* -s, -ri(e)n

океани́ческий Ózean-; Méeres-, ozeánisch; ~ кли́мат Méeresklima *n* -s

океаногра́фия *ж*, **океаноло́гия** *ж* Méereskunde *f*, Ozeanographíe *f*

океа́нский ozeánisch, Ózean-; Hóchsee-; ~ парохо́д Ózeandampfer *m* (6), Überseedampfer *m*, Hóchseedampfer *m*

оки́дывать, оки́нуть: ~ взгля́дом [взо́ром] éinen Blick wérfen* (что-л. auf *A*); mústern *vt* (*оглядывать*)

окиса́ть *хим.* oxydíeren *vi* (s)

о́кисел *м хим.* Oxýd *n* (2)

окисле́ние *с хим.* Oxydatión *f*, Oxydíerung *f*

окисли́тель *м хим.* Oxydíermittel *n* (6); Oxydátor *m* -s, -tóren; ~**ный** Oxydatións-

окисли́ть *хим.* oxydíeren *vt*; ~**ся** oxydíeren *vi* (s), sich mit Sáuerstoff verbínden*

окисля́ть *см.* окисли́ть; ~**ся** *хим.* **1.** *см.* окисли́ться; **2.** *страд.* oxydíert wérden

о́кись *ж хим.* Oxýd *n* (2); ~ углеро́да Kóhlenoxyd *n*

окказионали́зм *м лингв.* Okkasionalísmus *m* =, -men, Gelégenheitsbildung *f* (10)

оккульти́зм *м* Okkultísmus *m* =

окку́льтный okkúlt

оккупа́нт *м* Okkupánt *m* (8), Besátzer *m* (6); Éindringling *m* (1) (*захватчик*)

оккупацио́нн||ый Okkupatións-; Besátzungs-; ~ые вла́сти Besátzungsbehörden *pl*

оккупа́ц||ия *ж* Okkupatión *f*, Okkupíerung *f*, Besétzung *f*; зо́на ~ии Besátzungszone *f* (11)

оккупи́р||овать okkupíeren *vt*, besétzen *vt*; ~ующие держа́вы Besátzungsmächte *pl*

окла́д I *м* (*зарплата*) Gehált *n* (5); основно́й ~ Grúndgehalt *n*; дополни́тельный ~ Gehéltszuschlag *m* (1*); ме́сячный ~ Mónatsgehalt *n*

окла́д II *м* (*иконы*) Beschlág *m* (1*)

окла́дист||ый: ~ая борода́ Vóllbart m (1*)

окладно́й *фин.*: ~ сбор Stéuer f (11); ~ лист Stéuerliste f (11); ◇ ~ дождь Lándregen m (7)

оклевета́ть verléumden vt; diffamíeren vt

окле́ивать, окле́ить beklében vt; tapezíeren vt (*обоями*)

окле́йка *ж* Beklében n -s; Tapezíeren n -s (*обоями*)

оклика́ть, окли́кнуть ánrufen* vt; beim Námen rúfen*

окно́ *с* **1.** Fénster n (6); слуховóе ~ Dáchfenster n, Bódenluke f (11); вы́бросить в ~ zum Fénster hináuswerfen*; без óкон fénsterlos; **2.** *разг.* (*между уроками, лекциями*) Zwíschenstunde f (11), Spríngstunde f, Fréistunde f; **3.** *обл.* (*остаток водоёма*) Wásserloch n (5), Wúhne f (11); óкна в болóте Wúhnen im Sumpf; **4.** *разг. см.* подокóнник

óко *с уст., поэт.* Áuge n (13); ◇ бди́тельное ~ wáchsames Áuge; в мгновéние óка im Áugenblick, im Hándumdrehen, im Nu; ~ за ~ Áuge um Áuge

окова́ть 1. (*сундук и т. п.*) beschlágen* vt; **2.** (*льдом*) zúfrieren* vi (s), veréisen vi (s)

око́вка *ж* **1.** Beschlágen n -s; **2.** Beschlág m (1*)

око́вы *мн.* Kétten pl, Fésseln pl; Bánde pl (*высок.*); сбрóсить с себя́ ~ die Kétten ábschütteln [ábstreifen]

око́вывать *см.* оковáть

окола́чиваться *разг.* herúmlungern vi, umhérstreunen vi, sich müßig herúmtreiben*; ~ без дéла fáulenzen vi; úntätig herúmlungern

околдова́ть, околдо́вывать 1. behéxen vt; verzáubern vt; **2.** (*обворожить*) bezáubern vt, berücken vt

околева́ть *см.* околéть

околёсиц||а: нести́ ~у *разг.* ins Bláue hinéin schwátzen; Únsinn dahérreden

околе́ть verrécken vi (s), krepíeren vi (s)

око́лиц||а *ж* **1.** (*изгородь*) Zaun m (1*), Éinfriedung f (*um ein Dorf*); **2.** *обл.* (*окраина села*) Dórfrand m (4), Énde des Dórfes; у ~ы am Dórfrand; **3.** *обл.* (*окольный путь*) Úmweg m (1)

околи́чност||ь: без (вся́ких) ~ей *разг.* óhne (álle) Úmschweife; gerádeheráus; gláttweg, óhne viel Féderlesens

óколо 1. *предлог.* (*возле*) nében, an (D, A); bei (D); **2.** *предлог* (*приблизительно*) étwa, úngefähr, an, gégen (A); ~ трёх часóв gégen drei Uhr; ~ пятидесяти (лет) (*о возрасте*) dicht an die fünfzig, um die fünfzig; **3.** *нареч.* um; herúm, in der Nähe; ◇ ходи́ть вокрýг да ~ *разг.* ≅ wie die Kátze um den héißen Brei herúmgehen*

околоземн||óй: ~óе прострáнство érdnaher Raum; ~áя орби́та Érdumlaufbahn f

окололу́нный zirkumlunár

околопло́дник *м бот.* Frúchtgehäuse n (6), Frúchthülle f (11)

околопола́рный *астр.* zirkumpolár

околосерде́чн||ый: ~ая сýмка *анат.* Hérzbeutel m (6), Hérzfell n (2)

околосо́лнечный zirkumsolár

околóток *м* **1.** *разг.* (*окрестность*) Náchbarschaft f, Úmgegend f, Umgébung f; **2.** *ист.* (*полицейский участок*) Polizéirevier [-,vi:r] n (2)

околóточный *прил. уст.* **1.** Revier- [-'vi:r], Polizéirevier-; **2.** *в знач. сущ. м* Polizéirevieraufseher [-,vi:r-] m (6)

околоцве́тие *с*, **околоцве́тник** *м бот.* Blütendecke f (11), Blütenhülle f (11)

околпа́чивать, околпа́чить *разг.* übers Ohr háuen*; beschúmmeln vt, übertölpeln vt, (j-n) für dumm verkáufen

око́лыш *м* Mützenrand m (4)

око́льн||ый: ~ый путь Úmweg m (1) (*тж. перен.*); ~ыми путя́ми auf Úmwegen; durch Wínkelzüge

окольцева́ть berίngen vt

оконе́чность *ж* Extremität f (10); Énde n (13); Áusläufer m (6); Rándgebiet n (2) (*óстрова*); южная ~ Südende n

око́нный Fénster-

оконфу́зить *разг.* konfús [verlégen] máchen; verwírren vt; ~ся *разг.* sich lächerlich máchen; sich úngeschickt benéhmen*; sich blamíeren

око́нце *с* Fénsterchen n (7)

оконча́ние *с* **1.** (*завершение*) Beénd(ig)ung f, Ábschluß m -sses; Erlédigung f; Énde n -s, Schluß m (*конец*); **2.** (*учебного заведения*) Ábschluß m -sses, Beénd(ig)ung f; Schúlabgang m (1*) (*школы*); **3.** *грам.* Éndung f (10)

оконча́тельн||ый éndgültig; End-, Schluß-; únwiderruflich (*не подлежащий отмене*); ~ая отдéлка (*отшлифовка*) der létzte Schliff; ~ое решéние éndgültige [definitíve (-və)] Entschéidung; ~ая редáкция Éndredaktion f (10)

око́нчить 1. beénd(ig)en vt, ábschließen* vt; schlíeßen* vt; **2.** (*учебное заведение*) absolvíeren [-'vi:-] vt, beénd(ig)en vt; ~ся zu Énde géhen*; énden vi, éndigen vi; zum Ábschluß kómmen*; áblaufen* vi (s) (*о сроке*); álle sein [wérden] (*разг.— израсходоваться*)

око́п *м* Gráben m (7*); Schützengraben m, Kámpfgraben m; орудийный ~ Geschützeinschnitt m (1); рыть ~ы Schützengräben áusheben*; schánzen vi

окопа́ть 1. (*вскопать*) rings um étwas gráben*, rings um étwas die Érde áufwerfen*; ~ кусты́ um die Sträucher herúm die Érde áufwerfen*; **2.** (*рвом*) mit éinem Gráben umgében*; ~ся **1.** *воен.* sich verschánzen, sich éingraben*; **2.** *разг.* (*обосноваться*) sich verschánzen; sich féstsetzen *отд.*; Fuß fássen

око́пн||ый Gráben-; Schanz-; ~ая рабóта Schánzarbeit f (10); ~ая войнá Stéllungskrieg m (1)

окора́чивать *см.* окоротить

окорени́ться Wúrzel fássen

окори́ть ábrinden vt, ábborken vt

око́рка *ж* Ábborken n -s; Entríndung f, das Schälen der Rínde

окорна́ть *разг.* (zu kurz, schlecht) beschnéiden* vt, stútzen vt

óкорок *м* Schínken m (7); Kéule f (11); ~óвый Schínken-; Kéulen-

окороти́ть zu sehr kürzen, zu kurz máchen

окосе́ть 1. (*стать косым*) auf éinem Áuge erblínden; **2.** (*опьянеть*) betrúnken wérden

окоси́ть ábmähen vt

окостене́л||ость *ж* **1.** Verknöcherung f; **2.** (*окоченение*) Stárrheit f; ~ый **1.** (*превратившийся в кость*) verknöchert; **2.** (*окоченевший*) erstárrt, starr; **3.** (*переставший развиваться*) erstárrt, verknöchert, entwícklungsunfähig gewórden

окосте||не́ние *с* Verknöcherung f; ~не́ть **1.** (*превратиться в кость*) verknöchern vi (s); **2.** (*окоченеть*) erstárren vi (s)

око́т *м* Wérfen n -s, Lámmen n -s (*овец*)

окоти́ться Júnge bekómmen*; Júnge wérfen*; lámmen vi (*об овцах*)

окочене́вший *см.* окоченéлый

окочене́л||ость *ж* Stárre f, Stárrheit f; Stéifheit f; ~ый starr, erstárrt; steif; stéifgefroren, starr vor Kälte (*от холода*)

окочене́ть erstárren vi (s); steif wérden

окочу́риться *груб.* ábkratzen vi (s), ins Gras béißen*

око́шко *с* Fénster n (6), Fénsterchen n (7); Schálter m (6) (*в кассе и т. п.*); Síchtscheibe f (11) (*духовки газовой плиты*)

окра́ин||а *ж* **1.** Órtsrand m (4), Rand m; Peripheríe f (11); Áußenbezirk m (1), Stádtrand m (*города*); Vórstadt f (3), Vórort m (1) (*пригород*); **2.** *уст.* (*пограничная область*) Grénzgebiet n (2), Rándgebiet n; ~ный Grenz-, Peripheríe-

окра́сить 1. färben vt, kolorίeren vt; ánstreichen* vt (*стену и т. п.*); окрáшено! frisch gestríchen! **2.** (*придать какой-л. характер*) das Gepräge gében* (чемý-л. D); дéтство егó бы́ло окрáшено печáлью séine Kíndheit war durch Tráuer geprägt; ~ся sich färben; éine Fárbe ánnehmen*

окра́ска *ж* **1.** (*действие*) Färbung f, Färben n -s; Ánstreichen n -s (*стены́*); ~ распылéнием Fárbspritzen n -s; **2.** (*цвет*) Fárbe f (11), Ton m (1*); **3.** (*смысловой оттенок*) Färbung f, Nuance [ny'aŋsə] f (11)

окра́сочн||ый Ánstreich-; Máler-; ~ые рабóты Málerarbeiten, Ánstreicharbeiten pl

окра́шивать *см.* окрáсить; ~ся **1.** *см.* окрáситься; **2.** *страд.* gefärbt wérden (*ср.* окрáсить)

окре́пнуть 1. (*стать более крепким*) féster wérden; **2.** (*стать более здоровым*) erstárken vi (s); zu Kräften kómmen*, sich erhólen, wíeder áufkommen* (*о больном*); **3.** (*стать более сильным*) héftiger [kräftiger] wérden, zúnehmen*; вéтер окрéп der Wind hat zúgenommen

окре́ст *уст., поэт.* **1.** *предлог* um (A); rund um; **2.** *нареч.* herúm; rundúm; umhér

окрести́ть 1. *рел.* táufen vt; **2.** (*назвать*) táufen vt, benénnen* vt; benámsen vt (*шутл.*); ~ся *рел.* sich táufen lássen*

окре́стн||ость *ж* Umgébung f, Úmgegend f (*окрýга*), Úmkreis m; ~ый úmliegend, umgébend; benáchbart (*соседний*); ~ые жи́тели die im Úmkreis Wóhnenden

окриве́ть *разг.* auf éinem Áuge erblínden

óкрик *м* **1.** Ánruf m (1), Zúruf m; **2.** (*приказание, угроза и т. п.*) Ánfahren n (7), Ánschnauzer n (6)

окри́кнуть ánrufen* vt

окрова́вить mit Blut beflécken [besúdeln]

окрова́вленный blútbefleckt, blútbesudelt, blútbespritzt; blútüberströmt (*залитый кровью*); blútig (*кровавый*); blútdurchtränkt (*пропитанный кровью*)

окро́л *м спец.* Wérfen n -s (*роды у крольчихи*)

окроп||и́ть bespréngen vt; benétzen vt; ~ле́ние *с* Bespréngung f; Benétzung f; ~ля́ть *см.* окропи́ть

окрóшка *ж* **1.** (*суп*) Okróschka *f* =, kálte Kwáßsuppe; **2.** *разг.* (*беспорядочная смесь*) Míschmasch *m* -s, -s, Sammelsúrium *n* -s, -ri|en

óкруг *м* Bezírk *m* (1); Kreis *m* (1); **воéнный** ~ Militärbezirk *m*; **избирáтельный** ~ Wáhlkreis *m*; **учéбный** ~ *ист.* Léhrbezirk *m*; **автонóмный** ~ der autonóme Bezírk

окрýга *ж уст.* Úmgegend *f* (10), Úmkreis *m* (1)

округлéние *с* Ábrundung *f*

округлúть 1. rund máchen; ábrunden *vt*; **2.** (*сумму*) ábrunden *vt*, áufrunden *vt*; **~ся** sich (áb)rúnden, rund wérden

окрýгл||ость *ж* Rúndung *f*; Rúndlichkeit *f*; **~ый** rund, rúndlich; ábgerundet

округля́ть *см.* округлúть; **~ся 1.** *см.* округлúться; **2.** *страд.* ábgerundet wérden (*ср.* округлúть)

окруж||áть 1. *см.* окружúть; **2.** (*находиться вокруг кого-л., чего-л.*) umgében* *vt*; umschlíeßen* *vt*, umfássen *vt*; éinfassen *vt* (*обрамлять*); селó ~áл лес das Dorf war ringsúm von Wald umgében; егó ~áли друзья́ er war von Fréunden umgében

окружáющ||ее *сущ. с* Umgébung *f*, Milieu [*фр.* mi'liø:] *n* -s, -s, Úmwelt *f*; **~ие** *сущ. мн.* (*близкие*) Umgébung *f*, die umgébenden Ménschen; **~ий** umgébend, úmliegend; ~ая средá Umgébung *f*, Milieu [*фр.* mi'liø:] *n* -s, -s, Úmwelt *f*

окружéн||ие *с* **1.** (*действие*) Umríngen *n* -s; Umzíngelung *f*; Éinkreisung *f*; *воен. тж.* Éinkesselung *f*; ~ие прóтивника Umzíngelung [Éinkreisung] des Féindes; **оказáться в** ~ии umzíngelt sein; éingekesselt sein; **попáсть в** ~ие in éinen Késsel gerâten*; **вы́рваться из** (кольцá) ~ия aus dem Késsel áusbrechen* (s); den Ring durchbréchen*; **2.** (*обрамление*) Éinfassung *f*, Ráhmen *m* (7); **3.** (*окружающие, среда*) Umgébung *f*, Úmwelt *f*, Kreis *m* -es; Milieu [*фр.* mi'liø:] *n* -s, -s; в ~ии (*кого-л.*) umgében [umríngt] von (*D*), in Begléitung von (*D*)

окружúть 1. (*кого-л., что-л.*) umgében* *vt*, umríngen *vt*; umfássen *vt*; umstéllen *vt* (*зверя*); *воен.* umzíngeln *vt*, éinkreisen *vt*, éinkesseln *vt*; ~ рвом mit éinem Gráben umgében*; **2.** (*заботой и т. п.*) umgében* *vt*

окружн||óй 1. Kreis-, Ring-; ~áя желéзная дорóга Ríngbahn *f* (10); ~áя автодорóга Áutobahnring *m* (1); **2.** (*относящийся к округу*) Bezírks-; ~óй суд Bezírksgericht *n* (2); ~óе предвы́борное собрáние Wählerkonferenz *f* des Bezírkes; ~óй совéт der Rat des Bezírk(e)s (*ГДР*)

окрýжност||ь *ж* **1.** *мат.* Kreis *m* (1), Kréislini|e *f* (11); Kréisumfang *m* (1*); **2.** *уст.* (*окрестность*) Úmkreis *m* -es, Úmgegend *f*; в ~и Москвы́ im Úmkreis von Móskau

окрýжн||ый *уст.* **1.** (*окрестный*) úmliegend; umgébend; ~ые селéния die úmliegenden Órte [Órtschaften]; **2.** (*окольный*); ~ый путь Úmweg *m* (1)

окрутúть, окрýчивать 1. (*что-л. вокруг чего-л.*) umwíckeln *vt*; umwínden* *vt*; **2.** *разг.* (*поженить*) verhéiraten *vt*

окрылённый beschwíngt, begéistert, beflügelt

окрылúть (*надеждой и т. п.*) beschwíngen *vt*, begéistern *vt*, beflügeln *vt*; **~ся** sich begéistern, Schwung bekómmen*; in gehóbener Stímmung sein

окрыля́ть(ся) *см.* **окрылúть(ся)**

окры́ситься *разг.* bíssig wérden, die Zähne zéigen; ~ на когó-л. j-n ánfauchen

оксид||áция *ж*, **~úрование** *с хим.*, *тех.* Oxydatión *f*, Oxydíerung *f*; **~úрованный** oxydíert; **~úровать** oxydíeren *vt*

окситóн *м лингв.* Oxýtonon *n* -s, -tona, éndbetontes Wort

октáва *ж муз.*, *лит.* Oktáve [-və] *f* (11)

октаэ́др *м мат.* Oktaéder *n* (6)

октéт *м муз.* Oktétt *n* (2)

октóд *м радио* Októde *f* (11)

октя́бр||ь *м* Október *m* -s *u* =; **в** ~é mésяце im Mónat Október; **в начáле** ~я́ Ánfang Október; **в середúне** ~я́ Mítte Október; **в концé** ~я́ Énde Október; в ~é прóшлого гóда im Október vórigen Jáhres, vórigen Október; **в** ~é э́того гóда im Október díeses Jáhres; **в** ~é бýдущего гóда im Október nächsten Jáhres, nächsten Október

октя́брьский Október-; Велúкая Октя́брьская социалистúческая революция die Gróße Sozialístische Októberrevolution

окýкливаться, окýклиться *зоол.* sich verpúppen

окулúр||овать *бот.* okulíeren *vt*, (áuf)pfrópfen *vt*, verédeln *vt*, pélzen *vt*; **~óвка** *ж бот.* Okulíerung *f*, Pfrópfen *n* -s, Verédelung *f*, Pélzen *n* -s

окулúст *м мед.* Áugenarzt *m* (1*)

окультýрить *с.-х.* kultivíeren [-'vi:-] *vt*

окуля́р *м физ.* Okulár *n* (2)

окунáть(ся) *см.* окунýть(ся)

окунýть éintauchen *vt*; **~ся** úntertauchen *vi* (s); *перен.* áufgehen* *vi* (s); он окунýлся в рабóту er ging in der Árbeit auf, er stürzte sich in die Árbeit

óкунь *м* Barsch *m* (1); **морскóй** ~ Rótbarsch *m*

окупáемост||ь *ж эк.*: срок ~и капиталовложéний Rückflußdauer *f* der Investitiónen [-vɛs-]

окупáть(ся) *см.* окупúть(ся)

окупúть décken *vt*, áusgleichen* *vt*; ersétzen *vt*; ~ расхóды die Áusgaben décken; **~ся** sich décken, sich rentíeren, sich bezáhlt máchen

окýривание *с* Räucherung *f*, Durchgásung *f*; ~ сéрой Schwéfeln *n* -s, Schwéfelung *f*

окýривать, окурúть beräuchern *vt*; ~ сéрой schwéfeln *vt*

окýрок *м* Zigaréttenstummel *m* (6); Kíppe *f* (11) (*разг.*); Zigárrenstummel *m* (*сигары*)

окýтать éinwickeln *vt*, éinhüllen *vt* (чем-л. in *A*); umhüllen *vt* (mit *D*); ◇ окýтанный тáйной von Gehéimnissen umwóben; **~ся** sich éinwickeln, sich éinhüllen (чем-л. in *A*); *перен.* sich umhüllen (mit *D*)

окýтывать(ся) *см.* окýтать(ся)

окýчивание *с с.-х.* Häufeln *n* -s

окýчивать, окýчить *с.-х.* häufeln *vt*; ~ картóфель Kartóffeln (án)häufeln

окýчник *м с.-х.* Häufelpflug *m* (1*); Häufelmaschine *f* (11)

олáдья *ж* Pfánnkuchen *m* (7), Fláden *m* (7)

олеáндр *м* Oleánder *m* (6); **~овый** Oleánder-

оледен||éлый 1. (*покрытый льдом*) veréist, éisverkrustet; **2.** (*замёрзший*) erstárrt; **~éние** *с* Veréisung *f*, Éisbildung *f*; Vergletscherung *f*

оледенéть 1. (*покрыться льдом*) veréisen *vi* (s); **2.** (*замёрзнуть*) erstárren *vi* (s)

oлeúн *м хим.* Ole|ín *n* -s; **~овый** Ole|ín-; ~овая кислотá Ole|ínsäure *f*

оленевóд *м* Réntierzüchter *m* (6); **~ство** *с* Réntierzucht *f*; **~ческий** Réntierzucht-

олéн||ий Hirsch-; Réntier-; ~ьи рогá Hírschgeweih *n* (2); Réntiergeweih *n*; ◇ ~ий мох Réntiermoos *n* -es

олéнина *ж* Hírschfleisch *n* -es; Réntierfleisch *n*

олéнь *м* Hirsch *m* (1); **сéверный** ~ Réntier *n* (2); Ren *n* (2); **благорóдный** ~ Édelhirsch *m*

олеогрáфия *ж* Öldruck *m* (1)

óлеум *м тех.* Óle|um *n* -s, ráuchende Schwéfelsäure

олúва *ж бот.* **1.** (*плод*) Olíve [-və] *f* (11); **2.** (*дерево*) Ölbaum *m* (1*), Olívenbaum *m*

олúвк||а *ж разг. см.* олúва 1; **~овый 1.** Olíven- [-vən]; ~овое мáсло Olívenöl *n* -(e)s; **2.** (*о цвете*) olívfarben, olívbráun, olívgrün

олигáрх *м* Oligárch *m* (8); **~úческий** oligarchisch; **~ия** *ж* Oligarchíe *f* (11)

олигоцéн *м геол.* Oligozän *n* -s

Олúмп *м миф.*, *перен.* Olýmp *m* -s

олимпиáда *ж* Olympiáde *f* (11)

олимпúйск||ий olýmpisch; Olýmpia-; Олимпúйские úгры die Olýmpischen Spíele; ~ий флаг die olýmpische Flágge; учáстник Олимпúйских игр Olýmpiateilnehmer *m* (6); победúтель Олимпúйских игр Olýmpiasieger *m* (6), Olympioníke *m* (9); ~ая золотáя медáль Olýmpiagold *n* -(e)s; соревновáния по ~ой систéме Wéttkämpfe nach dem olýmpischen Systém [nach dem Áusscheidungssystem, nach dem Pokálsystem]; ◇ ~ое спокóйствие olýmpische Rúhe

олúфа *ж тех.* Ölfirnis *m* -ses, -se

олицетворéние *с* Personifizíerung *f*; Verkörperung *f* (*воплощение*); Inkarnatión *f*; ~ мýжества die verkörperte Tápferkeit

олицетворённый verkörpert, personifizíert; léibhaftig

олицетворúть, олицетворя́ть personifizíeren *vt*; verkörpern *vt* (*воплотить*); ~ собóй vórstellen *vt*, verkörpern *vt*

óлово *с* Zinn *n* -(e)s (*хим. знак* Sn)

оловя́нн||ый 1. Zinn-; zínnern; ~ая посýда Zínngeschirr *n* -s; ~ый кáмень *мин.* Zínnstein *m* (1); ~ая фóльга Stanniólpapier *n* (2), Sílberpapier *n*; ~ый солдáтик Zínnsoldat *m* (8); **2.** *перен.*: ~ые глазá trübe [stárre, áusdruckslose] Áugen

óлух *м разг.* Dúmmkopf *m* (1*), Tölpel *m* (6)

ольх||á *ж бот.* Érle *f* (11); **~óвый** Érlen-; ~óвая рóща Érlenhain *m* (1)

ольшáник *м* Érlenwald *m* (4), Érlengehölz *n* (2)

ом *м эл.* Ohm *n* (6)

омáр *м* Hummer *m* (6), Séekrebs *m* (1)

омéг||а *ж* Ómega *n* -s *u* =, -s; áльфа и ~а Álpha und Ómega, das A und das O; от áльфы до ~и von A bis Z

омеднéние *с* Verkúpferung *f*

омéла *ж бот.* Místel *f* (11)

омелéть *разг.* seicht wérden (*о реке, об озере*)

омерзéние *с* Ábscheu *m* -(e)s *f*, Ékel *m* -s; внушáть ~ Ábscheu [Ékel] éinflößen; испы́тывать ~ Ékel empfínden* (vor *D*)

омерзúтельный abschéulich, ékelhaft, wíderlich; wíderwärtig

омертвéл||ость *ж* Erstárrung *f*; Régungslosigkeit *f*; Léblosigkeit *f* (*безжизнен-*

ность); **~ый** erstárrt; réglos; ábgestorben; léblos (*безжизненный*)

омертве́ние *с* Ábsterben *n* -s

омертве́ть 1. (*потерять чувствительность*) ábsterben* *vi* (s); **2.** (*оцепенеть*) erstárren *vi* (s); **3.** (*опустеть*) veröden *vi* (s)

омертви́ть 1. ábsterben lássen* (*клетки, ткани*); **2.** *перен.* zugrúnde ríchten (*живое дело*); **3.** *эк.* nicht nútzen (*капитал*)

омертвля́ться *эк.* éinfrieren* *vi* (s)

омёт *м с.-х.* Stróhhaufen *m* (7), Gárbenhaufen *m*

омеща́ниться *разг.* verspíeßern *vi* (s)

омле́т *м* Omelétt *n* (2), Omelétte *f* (11), Éierkuchen *m* (7)

омме́тр *м эл.* Wíderstandsmesser *m* (6), Óhmmeter *n* (6)

о́мнибус *м уст.* Ómnibus *m* -ses, -se; Bus *m* (*разг.*)

омове́ние *с рел.* Wáschung *f* (10)

омола́живание *с см.* омоложе́ние

омола́живать(ся) *см.* омолоди́ть(ся)

омолоди́ть 1. verjüngen *vt*; **2.** *лес.* ábholzen *vt*; **~ся** sich verjüngen, jung wérden

омоложе́ние *с* **1.** Verjüngung *f* (10); **2.** *лес.* Ábholzung *f* (10)

омо́н||им *м лингв.* Homoným *n* (2); **~и́мика** *ж лингв.* Homonymíe *f*; **~и́мический** *лингв.* homonýmisch

омочи́ть benétzen *vt*, beféuchten *vt*

омрача́ть *см.* омрачи́ть; **~ся 1.** *см.* омрачи́ться; **2.** *страд.* verfínstert [verdúnkelt] wérden (*ср.* омрачи́ть)

омрачи́ть verfínstern *vt*, verdúnkeln *vt*; trüben *vt*, verdüstern *vt*, überschátten *vt*, umwölken *vt* (*тж. перен.*); **~ся** sich verfínstern; sich bewölken (*о небе*); sich trüben, sich verdüstern (*тж. перен.*)

о́мут *м* **1.** (*глубокая яма*) Úntiefe *f* (11); **2.** (*водоворот*) Wásserwirbel *m* (6), Strúdel *m* (6); ◇ в ти́хом ~е че́рти во́дятся *посл.* ≅ stílle Wásser sind tief

омша́ник *м* beheizbarer Raum [Stand] zum Überwíntern der Bíenen

омыва́ть 1. *см.* омы́ть; **2.** *геогр.* umflíeßen *vt*, bespülen *vt*, umspülen *vt*; **~ся** *геогр.* umspült wérden

омыле́ние *с хим.* Verséifung *f*

омы́ть wáschen* *vt*, bespülen *vt*

он *мест. м* er (*G* séiner, *D* ihm, *A* ihn); его́ нет до́ма er ist nicht zu Háuse; вме́сто него́ statt séiner; да́йте ему́ gében Sie ihm; я ви́дел его́ ich hábe ihn geséhen; мы дово́льны им wir sind mit ihm zufríeden; рабо́та сде́лана им er hat die Árbeit gemácht; я говори́л о нём ich hábe von ihm gespróchen

она́ *мест. ж* sie (*G* íhrer, *D* ihr, *A* sie); её нет до́ма sie ist nicht zu Háuse; вме́сто неё statt íhrer; да́йте ей gében Sie ihr; я ви́дел её ich hábe sie geséhen; мы дово́льны е́ю wir sind mit ihr zufríeden; рабо́та сде́лана е́ю sie hat die Árbeit gemácht; я говори́л о ней ich hábe von ihr gespróchen

она́гр *м зоол.* Wíldesel *m* (6)

онан||и́зм *м* Onaníe *f*, Onanísmus *m* =; **~и́ровать** onaníeren *vi*; **~и́ст** Onaníst *m* (8)

онда́тра *ж зоол.* Bísamratte *f* (11)

ондуля́тор *м тех.* Wéllenschreiber *m* (6)

онеме́лый 1. (*немой*) stumm, spráchlos; **2.** (*омертвелый*) erstárrt, ábgestorben

онеме́ние *с* (*омертвение*) Erstárrung *f*, Ábsterben *n* -s (*от холода*)

онеме́||ть 1. stumm wérden; *перен.* verstúmmen *vi* (s), die Spráche verlíeren*; он ~л от у́жаса er war wie gelähmt vor Entsétzen; **2.** (*омертветь*) erstárren *vi* (s), ábsterben* *vi* (s) (*от холода*); у меня́ ~ла нога́ der Fuß ist mir éingeschlafen

онеме́чение *с* Éindeutschung *f*; Germanisíerung *f*

онеме́чивать(ся) *см.* онеме́чить(ся)

онеме́чить éindeutschen *vt*; germanisíeren *vt*, déutsche Spráche und Sítte áufzwingen*; **~ся** éindeutschen *vi* (s), déutsche Spráche und Sítte ánnehmen*; zum Déutschen wérden

онёр||ы *мн.*: со все́ми ~ами *шутл.* mit állen Schikánen

они́ *мест. мн.* sie (*G* íhrer, *D* íhnen, *A* sie); их нет до́ма sie sind nicht zu Háuse; вме́сто них statt íhrer; да́йте им gében Sie íhnen; мы ви́дели их wir háben sie geséhen; мы дово́льны и́ми wir sind mit íhnen zufríeden; рабо́та сде́лана и́ми sie háben die Árbeit gemácht; я говори́л о них ich hábe von íhnen gespróchen

о́никс *м мин.* Ónyx *m* (1); **~овый** Ónyx-

онкоге́нный *мед.* geschwúlsterzeugend

онколо́гия *ж мед.* Onkologíe *f*, Geschwúlstlehre *f*

оно́ *мест. с* es (*G* séiner, *D* ihm, *A* es); ◇ то-то и ~ *разг.* das ist es jaében

онома́стика *ж лингв.* Námenkunde *f*, Onomástik *f*

онтогене́з *м биол.* Ontogenése *f*

онто||логи́ческий *филос.* ontológisch; **~ло́гия** *ж филос.* Ontologíe *f* (11)

ону́ча *ж* Fúßlappen *m* (7)

о́ный *мест. уст.* díeser; jéner; ◇ во вре́мя о́но Ánno dázumal

ООН (Организа́ция Объединённых На́ций) UNO (Organisatión der Veréinten Natiónen); стра́ны — чле́ны ООН Mítgliedsstaaten der UNO

оо́спора *ж биол.* Oospóre *f* (11), Éizelle *f* (11)

опада́ть *см.* опа́сть

опа́здыв||ание *с* Verspätung *f*; **~ать 1.** *см.* опозда́ть; по́езд ~ает der Zug hat Verspätung; **2.** (*о часах*) náchgehen* *vi* (s)

опа́ивать *см.* опои́ть

опа́л *м* Opál *m* (1)

опа́л||а *ж* Úngnade *f*; Acht *f*; в ~е in Úngnade; подве́ргнуться ~е in Úngnade fállen*; подве́ргнуть ~е in Ácht und Bann tun*, ächten *vt*

опалесц||е́нция *ж физ.* Opaleszénz *f*; **~и́ровать** opaleszíeren *vi*, opalisíeren *vi*

опа́ливать, опали́ть séngen *vt*; ábsengen *vt* (*свинью, птицу*); *тех.* flambíeren *vt*; опалённый со́лнцем sónnengebräunt

опали́ться verséngen *vi* (s)

опа́лов||ый Opál-; opálfarben (*о цвете*); schíllernd; **~ое** стекло́ *кино* Mílchglas *n* (5)

опа́лубить *тех.* verschálen *vt*

опа́лубка *ж тех.* Verschálen *n* -s; Verschálung *f*, Schálung *f* (*предмет*)

опа́льный in Úngnade gefállen

опа́мятоваться *уст.* **1.** wíeder zu sich kómmen*, zur Besínnung kómmen*; sich fássen (*успокоиться*); **2.** (*одуматься*) Vernúnft ánnehmen*

опа́ра *ж* Sáuerteig *m* (1)

опарши́веть *разг.* räudig wérden

опаса́ться 1. befürchten *vt*; Besórgnisse hégen; Bedénken trágen* (*сомневаться*); мо́жно ~... es bestéht die Gefáhr...; **2.** (*остерегаться*) sich vórsehen*, sich in acht néhmen*

опасе́н||ие *с* Befürchtung *f* (10); Besórgnis *f* (3); вызыва́ть ~ия Besórgnis errégen [hervórrufen*]

опа́ск||а *ж* Vórsicht *f*; с ~ой *разг.* zághaft, vórsichtig; behútsam

опа́слив||ость *ж разг.* Bángigkeit *f*, Zághaftigkeit *f*; **~ый** *разг.* báng(e), zághaft

опа́сн||о *нареч.* gefährlich; ~о для жи́зни lébensgefährlich; **~ость** *ж* Gefáhr *f* (10), Gefährlichkeit *f*; вое́нная ~ость Kríegsgefahr *f*; ~ость зараже́ния Ánsteckungsgefahr *f*; избежа́ть ~ости éiner Gefáhr entgéhen*; с ~остью для жи́зни mit Lébensgefahr; подверга́ть ~ости in Gefáhr bríngen*; gefährden *vt*; подверга́ться ~ости sich der Gefáhr áussetzen; Gefáhr láufen*; в ~ости in Gefáhr, gefährdet; вне ~ости áußer Gefáhr; находи́ться в смерте́льной ~ости in Tódesgefahr schwében; грози́т ~ость Gefáhr droht; подверга́ть себя́ ~ости sich éiner Gefáhr áussetzen; **~ый** gefährlich, gefáhrdrohend, gefáhrvoll

опа́сть 1. (*упасть*) ábfallen* *vi* (s); **2.** (*уменьшаться*) sich verríngern; ábnehmen* *vi*, zurückgehen* *vi* (s) (*об опухоли*)

опаха́ло *с* Wédel *m* (6); Fächer *m* (6)

опе́к||а *ж* Vórmundschaft *f*; Óbhut *f*, Bevórmundung *f* (*попечение*); быть под ~ой únter Vórmundschaft stéhen*; bevórmundet wérden; учреди́ть ~у над кем-л. j-n únter Vórmundschaft stéllen; вы́йти из-под ~и mündig wérden; *перен.* die Bevórmundung ábschütteln; междунаро́дная систе́ма ~и *дип.* internationáles Tréuhändersystem

опека́ем||ая *сущ. ж* Mündel *f* (11), Bevórmundete *f* (14); **~ый** *сущ. м* Mündel *m*, *n* (6), Bevórmundete *m* (14)

опека́ть als Vórmund [Tréuhänder] verwálten; betréuen *vt* (*заботиться*); bevórmunden *vt* (*тж перен.*); bemúttern *vt* (*разг.*); ~ игрока́ *спорт.* éinen Spíeler décken

опеку́н *м* Vórmund *m* (1, 4); Tréuhänder *m* (6); Schútzherr *m* (8) (*ирон.*); **~ский** Vórmundschaft-; **~ство** *с* Vórmundschaft *f*; Bevórmundung *f*

опеку́нша *ж* wéiblicher Vórmund; Tréuhänderin *f* (12)

опёнок *м бот.* Hállimasch *m* (1)

о́пер||а *ж* **1.** (*произведение*) Óper *f* (11); **2.** (*театр*) Ópernhaus *n* (5), Óper *f* (11); ◇ из друго́й ~ы, не из той ~ы ≅ das ist étwas ganz ánderes; das ist ein ánderes Kapítel

операти́вка *ж разг.* kúrze Produktiónsberatung

операти́вн||ость *ж* Wéndigkeit *f*, Bewéglichkeit *f*, Úmsicht *f*; operatíver [-vər] Charákter [ka-]; **~ый 1.** operatív, geschäftstüchtig; bewéglich, éinsatzbereit, rührig, tátkräftig, Éinsatz-; ~ая гру́ппа Éinsatzgruppe *f* (11); ~ый фонд *эк.* Verfügungsfonds [-,fɔŋ] *m* = [-,fɔŋs], = [-,fɔŋs]; **2.** *воен.* Operatións-; operatív; ~ый отде́л Operatiónsabteilung *f* (10); ~ая сво́дка Kríegsbericht *m* (1); Bericht vom Kríegsschauplatz; **3.** *мед.* operatív; ~ое вмеша́тельство operatíver [-vər] Éingriff

опера́тор *м* **1.** (*кино*) Kámeramann *m* (4) (*pl тж.* -leute); **2.** *тех.* Bedíenungskraft *f* (3), Operátor *m* -s, -tóren; *РЛО* Fúnkorter *m* (6); **3.** *мат.* Operátor *m* -s, -tóren; **4.** *ЭВМ* Ánweisung *f*; **~ский** *кино* Áufnahme-; Kámera-; ~ая гру́ппа Áufnahmepersonál *n* (2), Kámerateam [-,ti:m] *n* -s, -s

операцио́нн||ая *сущ.* *ж* Operatiónssaal *m* -(e)s, -säle, Operatiónsraum *m* (1*); **~ый** Operatións-; operatív; ~ая бáза *воен.* Operatiónsstützpunkt *m* (1); ~ый план Operatiónsplan *m* (1*)

опера́ц||ия *ж* **1.** *мед.* Operatión *f* (10); Éingriff *m* (1) (*вмешательство*); ~ия на се́рдце Hérzoperation *f*; перенести́ ~ию (*о больном*) éine Operatión dúrchmachen; не поддающийся ~ии inoperábel; **2.** *воен.* Operatión *f* (10), Kámpfhandlungen *pl*; нача́ть ~ию Kámpfhandlungen áufnehmen*; деса́нтная ~ия Lándungsoperation *f*; **3.** *тех.* Árbeitsgang *m* (1*); Operatión *f* (10); **4.**: ба́нковская ~ия Bánkgeschäft *n* (2), Bánkoperation *f* (10)

опергру́ппа *ж* операти́вная гру́ппа (мили́ции) Éinsatzgruppe *f* (10) (der Milíz)

опереди́ть, опережа́ть zuvórkommen* *vi* (s), voráuseilen *vi* (s) (кого́-л. *D*); überhólen *vt*, überflügeln *vt*; überstéigen *vt* (*превзойти*); опереди́ть кого́-л. (*в работе и т. п.*) j-m den Rang áblaufen*

опере́ние *с* **1.** (*у птиц*) Gefíeder *n* (6); Féderkleid *n* (5); **2.** *ав.* Léitwerk *n* (2); хвостово́е ~ Héckleitwerk *n* (2); горизонта́льное ~ Höhenleitwerk *n*

опере́т||ка *ж* *разг.* *см.* опере́тта; **~очный** Operétten-; operéttenhaft; **~та** *ж* Operétte *f* (11)

опере́ть áufstützen *vt*; ánlehnen *vt*; **~ся** (*на что-л., обо что-л.*) sich stützen (auf *A*) (*тж. перен.*); ~ся локтя́ми на стол die Éll(en)bogen auf den Tisch stützen

опери́ровать 1. operíeren *vi* (чем-л. mit *D*); sich betätigen; **2.** *мед.* operíeren *vt*; schnéiden* *vt*; ~ слепу́ю кишку́ den Blinddarm operíeren; **~ся** *мед.* sich operíeren (lássen*); operíert wérden

опери́ть 1. befíedern *vt*; **2.** (*украсить*) mit Fédern schmücken; **~ся 1.** (*о птицах*) Fédern bekómmen*; **2.** *разг.* (*стать самостоятельным*) flügge [sélbständig, únabhängig] wérden; auf die Béine kómmen*

о́перный 1. Ópern-; ~ теа́тр Óper *f* (11), Ópernhaus *n* (5); **2.** *перен.* (*напыщенный*) theatrálisch, schwülstig

опери́ться *см.* опери́ться

опеча́ленный betrübt, tráurig

опеча́лить betrüben *vt*, tráurig máchen; **~ся** sich betrüben, betrübt [tráurig] wérden

опеча́тать versíegeln *vt*

опеча́т||ка *ж* Drúckfehler *m* (6); Típpfehler *m* (*при печатании на машинке*); спи́сок ~ок Féhlerverzeichnis *n* (3*); Erráta *pl*

опеча́тыв||ание *с* Versíegeln *n* -s; **~ать** *см.* опеча́тать

опе́шить *разг.* verdútzt [sprachlos, verblüfft, baff] sein; wie vor den Kopf geschlágen sein

опива́ться *см.* опи́ться

о́пий *м* *см.* о́пиум; **~ный** *см.* о́пиумный

опи́ливать, опили́ть (*напильником*) (áb)féilen *vt*

опи́лки *мн.* Hólzmehl *n* -(e)s, Ságespäne *pl* (*древесные*); Metállstaub *m* -(e)s, Féilspäne *pl* (*металлические*)

опило́вка *ж* (*напильником*) Féilen *n* -s

опира́ться *см.* опере́ться

описа́н||ие *с* Beschréibung *f* (10); Deskriptión *f* (10); Schílderung *f* (10) (*образное*); не поддава́ться ~ию unbeschréiblich sein

опи́санный 1. beschríeben; **2.** *мат.* umschríeben; ~ многоуго́льник ein umschríebenes Víeleck

описа́тельный beschréibend, deskriptív; *лингв.* periphrástisch

описа́ть 1. beschréiben* *vt*; schíldern *vt* (*образно*); **2.** *мат.* umschréiben* *vt*; ~ круг éinen Kreis beschréiben*; **3.** (*сделать опись*) inventarisíeren [-vɛn-] *vt*, das Inventár áufnehmen*; **4.** *юр.* (*имущество*) mit Beschlág belégen; pfänden *vt* (*за неуплату*); ◇ ни в ска́зке сказа́ть, ни перо́м ~ ≅ das ist nicht zu beschréiben; das spóttet jéder Beschréibung

описа́ться *разг.* sich verschréiben*, éinen Schréibfehler máchen

опи́ск||а *ж* Schréibfehler *m* (6); сде́лать ~у sich verschréiben*

опи́сывать *см.* описа́ть

о́пис||ь *ж* **1.** (*список*) Inventárliste [-vɛn-] *f* (11); Líste *f*; Verzéichnis *n* (3*) (*товара*); составле́ние ~и Inventáraufnahme *f* (11); Bestándsaufnahme *f*; **2.** (*имущества*) Beschlágnahme [Konfiskatión] des Vermögens; Pfändung *f* (10) (*при неуплате*)

опи́ться *разг.* sich betrínken*; über den Durst trínken*

о́пиум *м* Ópium *m* -s (*тж. перен.*); кури́льня ~а Ópiumhöhle *f* (11); **~ный** Ópium-

опла́кать, опла́кивать bewéinen *vt*, betráuern *vt*

опла́та *ж* Bezáhlung *f* (10); Lohn *m* (1*); Entlóhnung *f* (10) (*вознаграждение*); ~ труда́ Árbeitsentlohnung *f*; сде́льная ~ труда́ Léistungslohn *m*; повреме́нная ~ Zéitlohn *m*; почасова́я ~ Stúndenlohn *m*; дополни́тельная ~ Zúschlag *m* (1*); ~ вы́ше но́рмы Überbezáhlung *f*; ~ почто́вым сбо́ром Entríchtung der Póstgebühr

оплати́ть bezáhlen *vt*; entlóhnen *vt*; begléichen* *vt* (*по счёту*); ~ письмо́ éinen Brief frankíeren; ~ дополни́тельно mit Zúschlag bezáhlen

опла́ченн||ый bezáhlt; entlóhnt; beglíchen (*по счёту*); с ~ым отве́том mit bezáhlter Rückantwort

опла́чивать *см.* оплати́ть

оплева́ть, оплёвывать 1. bespúcken *vt*, bespéien* *vt*; **2.** *разг.* (*оскорбить*) beschímpfen *vt*, in den Schmutz [Kot] zíehen*

оплести́, оплета́ть 1. (*бутыль и т. п.*) mit éinem Geflécht umgében*, überzíehen* *vt*, umfléchten* *vt*; umspínnen* *vt*, umwíckeln *vt*; **2.** *разг.* (*обмануть*) betrügen *vt*; hínters Licht führen

оплётка *ж* *спец.* **1.** (*действие*) Wíckeln *n* -s (*кабеля и т. п.*); **2.** (*материал*) Wíckelung *f* (10)

оплеу́ха *ж* *разг.* Óhrfeige *f* (11), Báckpfeife *f* (11)

оплеши́веть éine Glátze bekómmen*, glátzköpfig [káhlköpfig] wérden

оплодотворе́ние *с* Befrúchtung *f*; Frúchtbarmachung *f* (*почвы*)

оплодотвори́ть, оплодотворя́ть befrúchten *vt*; frúchtbar máchen (*почву*)

оплодотворя́ться befrúchtet wérden, frúchtbar wérden

опло́т *м* Bóllwerk *n* (2), Grúndfeste *f* (11), Hort *m* (1); надёжный ~ sícherer Hort; ~ ми́ра das Bóllwerk des Fríedens

оплоша́ть *разг.* sich verháuen*; éinen Féhler máchen [begéhen*]; éinen Féhltritt begéhen* [tun*]; éinen Bock schíeßen* (*разг.*)

опло́шност||ь *ж* Féhler *m* (6), Féhlgriff *m* (1), Versehen *n* (6), Fáhrlässigkeit *f* (10); Versäumnis *f* (3*), *n* (3*) (*упущение*); сде́лать [допусти́ть] ~ь éinen Féhler begéhen* [máchen], éinen Féhlgriff tun*; éinen Féhltritt begéhen* [tun*]; éinen Bock schíeßen* (*разг.*); по ~и aus Versehen

оплыва́ть, оплы́ть I **1.** (*опухнуть*) schwéllen* *vi* (s); лицо́ оплы́ло das Gesícht ist áufgedunsen; **2.** (*о свече*) trópfen *vi*, fließen* *vi* (s); **3.** (*оползти*) ábrutschen *vi*, éinstürzen *vi* (*durch Unterspülung*); бе́рег оплы́л das Úfer ist éingestürzt

оплыва́ть, оплы́ть II (*обогнуть на судне*) umségeln *vt*; umfáhren* *vt*

оповести́ть, оповеща́ть benáchrichtigen *vt*, in Kénntnis sétzen; bekánntmachen *отд.* *vt*; ~ зара́нее (*о чём-л.*) vór¦ankündigen *vt*; ~ кого́-л. о чём-л. j-n etw. wíssen lássen*

оповеще́ние *с* **1.** Benáchrichtigung *f* (10); Bekánntmachung *f* (10); Bekánntgabe *f* (11); **2.** *воен.* Wárnung *f*

опога́нить *разг.* besúdeln *vt*; entwéihen *vt*

опо́ек *м* (*кожа*) Kálb(s)leder *n* -s, Kálbfell *n* (2)

опозда́вший *прич.* *и прил.* **1.** verspätet; **2.** *в знач.* *сущ.* *м* Zuspätkommer *m* (6); Náchzügler *m* (6)

опозда́н||ие *с* Verspätung *f* (10); с ~ием на пять мину́т mit fünf Minúten Verspätung; по́езд пришёл с ~ием der Zug traf mit Verspätung ein

опозда́ть verspäten *vi*, sich verspäten; zu spät kómmen*; versäumen *vt* (*упустить*); ~ на пять мину́т sich um fünf Minúten verspäten; (um) fünf Minúten zu spät kómmen*; ~ к чему́-л., на что-л. zu etw. (*D*) zu spät kómmen*; sich zu etw. (*D*) verspäten; ~ на по́езд den Zug verpássen

опознава́тельн||ый Erkénnungs-; **~ый** знак *воен.* Erkénnungszeichen *n* (7); ~ое поло́тнище *воен.* Erkénnungstuch *n* (5)

опознава́ть *см.* опозна́ть

опозна́ние *с* Erkénnen *n* -s; *юр.* Identifizíerung *f*

опозна́ть erkénnen* *vt*; *юр.* identifizíeren *vt*

опозо́рить entéhren *vt*, schänden *vt*, schmähen *vt*; Schimpf [Schánde] ántun* (кого́-л. *D*)

опозо́риться sich mit Schánde bedékken; sich blamíeren

опои́ть 1. (*напоить сверх меры*) zu stark tränken, zuvíel zu trínken gében*; **2.** (*чем-л. хмельным*) trúnken [betrúnken] máchen; **3.** *уст.* (*отравить*) vergíften *vt*

опо́йковый kálb(s)ledern, aus Kálb(s)leder

опо́ка *ж* **1.** *геол.* Kíeselkalkton *m* -(e)s; **2.** *мет.* Fórmkasten *m* (7)

опола́скивать *см.* ополосну́ть

ополза́ть *см.* оползти́ I, II

о́ползень *м* Érdrutsch *m* (1), Bérgrutsch *m*

оползти́ I (*осесть*) herúnterrutschen *vi* (s)

оползти́ II (*вокруг чего-л.*) herúmkriechen* *vi* (s)

ополосну́ть bespülen *vt*, áusspülen *vt*; (áb)wáschen* *vt*; ábspülen *vt*; ~ стака́ны die Gläser spülen

ополосну́ться *разг.* sich ein wénig [leicht] wáschen*

ополоу́меть *разг.* verrückt wérden; áußer sich sein

ополча́ться *см.* ополчи́ться

ополче́н||ец *м* *ист.* Lándwehrmann *m* (4) (*pl* *тж.* -leute), Lánd¦sturmmann *m*; **~ие** *с* *ист.* Lánd¦sturm *m* -(e)s, Lándwehr *f*; наро́дное ~ие Vólksaufgebot *n* -(e)s

ополчи́ться (*против кого-л., чего-л.*) lósziehen* *vi* (s), áufgebracht sein (gégen *A*); féindliche Háltung éinnehmen* (gégen *A*); sich (zum Kríeg) rüsten; zu Félde zíehen*

опо́мниться zu sich kómmen*(s); zur Besínnung kómmen*; sich fássen (*успокоиться*); Vernúnft ánnehmen*, zur Vernúnft kómmen* (*одуматься*)

опо́р: во весь ~ mit verhängten Zügeln; in vóllem Galópp, sehr schnell

опо́р||а *ж* Stütze *f* (11) (*тж. перен.*); Halt *m*; иска́ть ~ы (*при подъёме на гору и т. п.*) Halt súchen; *перен.* Rückhalt súchen; лиши́ться ~ы *перен.* den Rückhalt éinbüßen; то́чка ~ы Stützpunkt *m* (1)

опора́жнивать(ся) *см.* опорожни́ть (-ся)

опо́рки *мн.* ábgetretenes [zerfétztes] Schúhwerk, zerfétzte [níedergetretene] Schúhe [Stíefel]

опо́рн||ый Stütz-, Stützungs-; ~ый пу́нкт, ~ая ба́за *воен.* Stützpunkt *m* (1)

опорожни́ть leer máchen; (ent)léeren *vt*; áusgießen* *vt* (*вылить*); entléeren *vt* (*желудок*); ~**ся** sich léeren, leer wérden; sich entléeren, sich erléichtern (*о желудке*)

опоро́с *м с.-х.* Férkeln *n* -s; ~**и́ться** férkeln *vi*, Férkel wérfen*

опоро́чивать, опоро́чить in Verrúf bríngen*, in bösen Léumund bríngen*; verléumden *vt*, mit Schánde bedécken; in Míßkredit bríngen* (*дискредитировать*); die Éhre beflécken (*запятнать честь*); verúnglimpfen *vt* (*оклеветать*)

опосре́дствов||ание *с филос.* Vermíttlung *f*, Vermítteln *n* -s; ~**ать** vermítteln *vt*

опо́ссум *м зоол.* Opóssum *n* -s, -s, Béutelratte *f* (11)

опосты́леть *разг.* überdrüssig wérden; unerträglich wérden; zum Háls heráushängen*

опохмели́ться, опохмеля́ться *разг.* den Rausch [Kátzenjammer, Káter] vertréiben* [ertränken]; éinen auf den Rausch trínken*

опочива́льня *ж уст.* Schláfgemach *n* (5)

опочи́ть *уст.* **1.** éinschlafen* *vi* (s); **2.** *поэт.* (*умереть*) verschéiden* *vi* (s), entschláfen* *vi* (s)

опошле́ние *с* Verfláchung *f*, Banalisíerung *f*

опошле́ть *разг.* geméin [vulgär (vʊl-), banál] wérden, verfláchen *vi* (s)

опо́шлить verfláchen *vt*, als platt hínstellen, banalisíeren *vt*, banál máchen; ~**ся** verfláchen *vi* (s), banál wérden; ábgegriffen wérden (*о понятиях, словах*)

опошля́ть *см.* опо́шлить; ~**ся 1.** *см.* опо́шлиться; **2.** *страд.* verflácht wérden

опоэтизи́ровать poetisíeren *vt*, éinen Háuch von Poesíe verléihen*

опоя́сать 1. gürten *vt*, umgürten *vt*; éinen Gürtel úmbinden*; **2.** (*окружить*) umgében* *vt*, umríngen *vt*; ~**ся 1.** sich (um)gürten; **2.** (*окружить себя чем-л.*) sich umgében* (mit *D*)

опоя́сывать *см.* опоя́сать; ~**ся 1.** *см.* опоя́саться; **2.** *страд.* umgürtet wérden (*ср.* опоя́сать)

оппозици||оне́р *м* Oppositionélle *m* (14); ~**о́нный** oppositionéll, Oppositións-

оппози́ция *ж* Oppositión *f* (10)

оппон||е́нт *м* Opponént *m* (8); ~е́нт при защи́те диссерта́ции Gútachter bei der Vertéidigung éiner Promotiónsschrift; ~**и́ровать** opponíeren *vi*; als Opponént áuftreten*

оппортун||и́зм *м* Opportunísmus *m* =; ~**и́ст** *м* Opportuníst *m* (8); ~**исти́ческий, ~и́стский** opportunístisch

опра́в||а *ж* Fássung *f* (10); Beschlág *m* (1*); Ráhmen *m* (7) (*зеркала*); ~а очко́в Bríllenfassung *f*, Bríllengestell *n* (2); в ~е (éin)gefáßt; вста́вить в ~у (éin)fássen *vt*; в золото́й ~е góldgefaßt

оправда́ние *с* **1.** (*подсудимого*) Fréispruch *m* (1*) (*оправдательный приговор*); ~ за недоста́ткомули́к Fréispruch mángels Bewéises [aus Mángel an Beweisen]; **2.** (*довод*) Réchtfertigung *f* (10); Entschúldigung *f* (10) (*извинение, объяснение*); привести́ что-л. в своё ~ etw. als Entschúldigung [zu séiner Réchtfertigung] vórbringen*

оправда́тельный réchtfertigend; ~ пригово́р *юр.* Fréispruch *m* (1*); ~ докуме́нт *бухг.* Belég *m* (1)

оправда́ть 1. (*подсудимого*) fréisprechen* *отд. vt*; **2.** (*поступок и т. п.*) réchtfertigen *неотд. vt*; entschúldigen *vt* (*извинить*); не ~ чьих-л. наде́жд j-s Hóffnungen täuschen; ~ чьё-л. дове́рие j-s Vertráuen réchtfertigen; ~ себя́ (*о методе и т. п.*) sich bewähren; **3.** (*возместить расходы*) réchtfertigen *неотд. vt*, décken *vt*; **4.** *бухг.* (*подтвердить документом*) belégen *vt*, náchweisen* *vt*; ~**ся 1.** sich réchtfertigen *неотд.*; **2.** (*сбыться, подтвердиться*) éintreffen* *vi* (s); in Erfüllung géhen*; sich bewáhrheiten; sich als ríchtig erwéisen*; на́ши наде́жды не оправда́лись únsere Hóffnungen háben sich nicht erfüllt; **3.** (*о расходах*) sich dékken, sich rentíeren, sich bezáhlt máchen, sich lóhnen

опра́вдывать(ся) *см.* оправда́ть(ся)

опра́вить 1. (*вставить в оправу*) (éin)fássen *vt*; ~ в зо́лото in Gold fássen; **2.** (*поправить платье и т. п.*) in Órdnung bríngen*; zuréchtmachen *отд. vt*; ~**ся 1.** (*о больном*) sich erhólen, wíeder auf den Béinen sein; **2.** (*от страха и т. п.*) zu sich kómmen*; sich fássen; **3.** (*поправить платье и т. п.*) sich in Órdnung bríngen*, sich zuréchtmachen *отд.*

опра́вка *ж тех.* Dorn *m* (1)

оправля́ть(ся) *см.* опра́вить(ся)

опра́шивать *см.* опроси́ть

определе́ние *с* **1.** (*действие*) Bestímmung *f* (10); Féststellung *f* (10) (*установление*); ~ боле́зни Diagnóse *f* (11); die Féststellung der Kránkheit; ~ цены́ die Féstsetzung des Préises, Préisgebung *f*; Préisstellung *f*; ~ убы́тков Schádensermittlung *f*; **2.** (*формулировка*) Definitión *f* (10); ~ поня́тия Begríffsbestimmung *f* (10); **3.** *юр.* Beschlúß *m* -sses, -schlüsse, Ríchterspruch *m* (1*), Réchtsspruch *m*; Schíedsspruch *m* (*третейского суда*); **4.** *уст.* (*на службу*) Ánstellung *f* (10); **5.** *грам.* Attribút *n* (2), Béifügung *f* (10)

определённ||ость *ж* Bestímmtheit *f*; Entschíedenheit *f*; ~**ый** bestímmt; entschíeden; féstgelegt, féstgesetzt, áusgemacht (*установленный*); áusdrücklich, éindeutig (*ясный*); ~ый срок bestímmte [áusgemachte] Frist; в ~ых слу́чаях in gewíssen Fällen

определи́м||ость *ж* Bestímmbarkeit *f*; ~**ый** bestímmbar

определи́тель *м* **1.** *мат.* Determinánte *f* (11); **2.** (*книга, таблица*) Bestímmungsbuch *n* (5); Bestímmungstafel *f* (11)

определи́ть 1. bestímmen *vt*; definíeren *vt* (*сформулировать*); féststellen *отд. vt* (*установить*); ~ боле́знь die Diagnóse stéllen; ~ (расстоя́ние) на глаз (die Entférnung) (áb)schätzen *vt*; ~ во́зраст das Álter (áb)schätzen; **2.** (*установить*) bestímmen *vt*, féstlegen *отд. vt*, féstsetzen *отд. vt*, ermítteln *vt*; ~ срок die Frist [den Termín] bestímmen [féstsetzen]; ~ путь разви́тия die Entwícklung féstlegen; **3.** *уст.* (*на службу*) ánstellen *vt*; ~ в шко́лу éinschulen *vt*; **4.** (*решить*) beschlíeßen* *vt*, verfügen *vt*; ~**ся 1.** (*о положении*) sich klären; **2.** (*о характере*) sich bílden, sich heráusarbeiten; **3.** *уст.* (*на службу*) in Dienst tréten*

определя́ть *см.* определи́ть; ~**ся 1.** *см.* определи́ться; **2.** *страд.* bestímmt wérden (*ср.* определи́ть)

опресне́ние *с* Entsálzung *f*

опресни́тельный Entsálzungs-; ~ аппара́т Séewasserentsalzer *m* (6)

опресни́ть, опресня́ть entsálzen (*Part II* entsálzt *и* entsálzen) *vt*

оприхо́довать *бухг.* als Éinnahme verbúchen [éintragen*]

опри́чн||ик *м ист.* Oprítschnik *m* =, -i; ~**ина** *ж ист.* Oprítschnina *f*

опри́чь *предлог уст.* áußer (*D*); mit Áusnahme von (*D*)

опро́бов||ание *с тех.* Erpróbung *f* (10); Próbeentnahme *f* (11); ~**ать** *тех.* erpróben *vt*; éine Próbe entnéhmen*

опроверга́ть, опрове́ргнуть widerlégen *vt*, widerrúfen* *vt*; dementíeren *vt*

опроверже́ние *с* **1.** Widerlégung *f*; Dementíerung *f*; **2.** (*заявление*) Deménti *n* -s, -s, Wíderruf *m* (1)

опроки́дыв||ание *с* Úmwerfen *n* -s, Úmkippen *n* -s (*вазы, стула и т. п.*); ~**атель** *м тех.* Kípper *m* (6), Waggonkipper [-'gɔŋ-] *m* (6), Kíppvorrichtung *f* (10)

опроки́дывать *см.* опроки́нуть; ~**ся 1.** *см.* опроки́нуться; **2.** *страд.* úmgeworfen wérden (*ср.* опроки́нуть)

опроки́нуть 1. (úm)stürzen *vt*, úmwerfen* *vt*; (úm)kippen *vt* (*экипаж и т. п.*); über den Háufen rénnen* [wérfen*, stóßen*] (*повалить*); ~ рю́мку *разг.* éinen hében*; **2.** *воен.* zurückwerfen* *vt*, níederwerfen* *vt*, überrénnen* *vt*, über den Háufen rénnen* [wérfen*]; in die Flucht schlágen* (*обратить в бегство*); **3.** (*опровергнуть*) úmwerfen* *vt*, úmstoßen* *vt*, über den Háufen wérfen*; ~**ся** úmfallen* *vi* (s); úmstürzen *vi* (s), úmschlagen* *vi* (s) (*перевернуться*); kéntern *vi* (s) (*о судне*); úmkippen *vi* (s) (*об экипаже*)

опроме́тчив||ость *ж* Únüberlegtheit *f*, Únbedachtsamkeit *f*; Übereílung *f* (*поспешность*); ~**ый** únüberlegt, únbedacht; übereílt, vórschnell (*поспешный — о поступке, решении*)

о́прометью *нареч.* Hals über Kopf

опро́с *м* **1.** Befrágung *f* (10); Úmfrage *f* (11); ~ обще́ственного мне́ния Méinungsumfrage *f*, Méinungsbefragung *f*; всенаро́дный ~ Vólksbefragung *f*; **2.** (*на уроке*) Ábfragen *n* -s; **3.** *юр.* Vernéhmung *f* (10); ~ свиде́телей Zéugenvernehmung *f*; **4.** *ЭВМ* Ábruf *m* (1), Ábfrage *f* (11)

опроси́ть befrágen *vt*, ábfragen *vt*; *юр.* vernéhmen* *vt*, verhören *vt*

опро́сный Fráge-; ~ лист Frágebogen *m* (7*)

опроста́ть *разг.* léeren *vt*; ~**ся** *разг.* leer wérden, sich léeren

опрости́ть éinfacher máchen, veréinfachen *vt*

опрости́ться versímpeln *vi* (s); éinfacher wérden

опростоволо́ситься *разг.* sich (*D*) éine Blöße gében*; Dúmmheit begéhen*

опротестова́ние *с* **1.** (*ве́кселя*) Protést *m* (1), Wéchselprotest *m*; **2.** *юр.* (*реше́ния суда́*) Appellatión *f* (10), Berúfung *f* (10); ~ пате́нта Paténteinspruch *m* (1*)

опротестова́ть, опротесто́вывать 1. protestíeren *vi* (что-л. gégen *A*); Protést éinlegen (gégen *A*); **2.** (*ве́ксель*) protestíeren *vt*, zu Protést géhen lássen*; **3.** *юр.* (*реше́ние суда́*) Berúfung éinlegen; appellíeren *vi* (wégen *G*)

опроти́веть zuwíder wérden; wíderlich [éklig] wérden

опры́скать bespréngen *vt*, besprítzen *vt*, ábspritzen *vt*; **~ся** sich bespréngen, sich besprítzen

опры́скив||ание *с* Bespréngung *f*, Besprítzung *f*, Besprítzen *n* -s; **~атель** *м* Zerstäuber *m* (6); *с.-х.* Sprítze *f* (11), Sprítzgerät *n* (2); Sprítzmaschine *f* (11) (*к тра́ктору*); ~атель белья́ Wäschesprenger *m* (6)

опры́скивать *см.* опры́скать; **~ся 1.** *см.* опры́скаться; **2.** *страд.* bespréngt wérden (*ср.* опры́скать)

опря́тн||ость *ж* Sáuberkeit *f*, Réinlichkeit *f*; Órdentlichkeit *f*; **~ый** sáuber, réinlich; órdentlich; adrétt (*подтя́нутый*)

опта́нт *м юр.* Optánt *m* (8)

опта́ц||ия *ж* Optión *f*; пра́во ~ии Optiónsrecht *n* -(e)s

о́птик *м* Óptiker *m* (6)

о́птика *ж* Óptik *f*

оптима́льн||ый optimál; béstmöglich; ~ое реше́ние optimále Lösung *f*

оптимиза́ция *ж* Optimíerung *f*

оптим||и́зм *м* Optimísmus *m* =; **~и́ст** *м* Optimíst *m* (8); **~исти́ческий** optimístisch; **~и́стка** *ж* Optimístin *f* (12)

опти́ровать optíeren *vi*

опти́ческ||ий óptisch; ~ие прибо́ры óptische Geräte; ~ий обма́н óptische Täuschung; ~ая звукоза́пись Líchttonaufzeichnung *f* (10); ~ое изображе́ние Línsenbild *n* (5)

оптови́к *м* Gróßhändler *m* (6), Grossíst *m* (8)

опто́в||ый en gros [*фр.* aŋ'gro:]; Gróßhandel(s)-; ~ые заку́пки Engrós¦-einkäufe *pl*; ~ая (отпускна́я) цена́ Industríe(abgabe)preis *m* (1)

о́птом *нареч.* en gros [*фр.* aŋ'gro:] im gróßen; im Gróßhandel; ~ и в ро́зницу (*напр. продава́ть това́р*) en gros und en détail [-âde'taẹ], im gróßen und im kléinen

опубликов||а́ние *с* Veröffentlichung *f*; Verláutbarung *f* (*обнаро́дование*); **~а́ть** veröffentlichen *vt*; verláutbaren *vt* (*обнаро́довать*); газе́та ~а́ла заме́тку die Zéitung bráchte éine Notíz

опублико́вывать *см.* опубликова́ть

опу́нция *ж бот.* Féigenkaktus *m* =, -te¦en, Opúntie [-tsiə] *f* (11)

о́пус *м муз.* Ópus *n* =, *pl* Ópera (*сокр.* op.)

опуска́ние *с* **1.** Sénken *n* -s, Sénkung *f* (10); Sínken *n* -s, Heráblassen *n* -s; ~ земно́й пове́рхности Ábsinken der Érdoberfläche; **2.** (*про́пуск*) Áuslassen *n* -s, Übergéhen *n* -s

опуска́ть *см.* опусти́ть; **~ся 1.** *см.* опусти́ться; **2.** *страд.* gesénkt wérden (*ср.* опусти́ть)

опускн||о́й zum Herúnterlassen éingerichtet; Fall-; ~а́я дверь Fálltür *f* (10); ~о́е окно́ Kúrbelfenster *n* (6), versénkbares [heráblaßbares] Fénster

опусте́лый leer; verödet, entvölkert

опусте́ть sich léeren; leer wérden; veröden *vi* (s); sich entvölkern (*обезлю́деть*)

опусти́вшийся (*о челове́ке*) verkómmen, herúntergekommen, verlóttert

опусти́||ть 1. sénken *vt*, heráblassen* *vt*; herúnterlassen* *vt*; éinwerfen* *vt*; ~ть окно́ (*в ваго́не*) das Fénster herúnterlassen*; ~ть воротни́к den Krágen herúnterschlagen*; ~ть глаза́ die Áugen níederschlagen* [sénken]; ~ть го́лову den Kopf sínken [hängen] lássen*; ~ть в моги́лу ins Grab sénken; ~ть письмо́ éinen Brief éinwerfen*; ~ть моне́ту в автома́т éine Münze in den Automáten éinwerfen*; ~ть перпендикуля́р *мат.* die Sénkrechte fällen; **2.** (*пропусти́ть*) áuslassen* *vt*, übergéhen* *vt*; fórtlassen* *vt* (*вы́кинуть*); ~ть изли́шние подро́бности überflüssige Éinzelheiten wéglassen*; ◇ как в во́ду опу́щенный wie ein begóssener Púdel; ~ть ру́ки die Árme sínken [hängen] lássen*; den Mut sínken lássen*; **~ться 1.** (heráb)sínken* *vi* (s); herábfallen* *vi* (s), sich (heráb)sénken, níedergehen* *vi* (s) (*о тума́не*); sich sétzen (*о пти́це*); sich níederlassen* (*в кре́сло и т. п.*); herúntersteigen* *vi* (s), éinfahren* *vi* (s) (*в ша́хту и т. п.*); за́навес ~лся der Vórhang fiel [ging níeder]; по́чва ~лась der Bóden hat sich gesénkt; **2.** (*мора́льно*) herúnterkommen* *vi* (s), verlóttern *vi* (s), auf den Hund kómmen* (*разг.*); ◇ ру́ки у меня́ ~лись ich ließ die Hände [den Mut] sínken

опустош||а́ть *см.* опустоши́ть; **~е́ние** *с* Verwüstung *f* (10), Verhéerung *f* (10), Verödung *f*

опустошённый 1. verwüstet, verhéert; **2.** (*нра́вственно*) verkómmen, herúntergekommen

опустоши́тельный verhéerend

опустоши́ть 1. verhéeren *vt*, verwüsten *vt*; zerstören *vt*; **2.** *разг.* (*опоро́жнить*) léeren *vt*; ~ карма́н die Tásche umkéhren; **3.** (*нра́вственно*) zugrúnde ríchten, herúnterbringen* *vt*

опу́тать, опу́тывать 1. (*обмота́ть*) umwínden* *vt*, umwíckeln *vt*; **2.** (*втяну́ть, замани́ть*) umgárnen *vt*, umstrícken *vt*, verstrícken *vt*; **3.** (*ввести́ в заблужде́ние*) betrügen *vt*, írreleiten *отд. vt*

опух||а́ние *с* Schwéllen *n* -s, Schwéllung *f*; **~а́ть** *см.* опу́хнуть

опу́хлый *разг.* geschwóllen, (áuf-) gedúnsen

опу́х||нуть (án)schwéllen* *vi* (s); у меня́ ~ла щека́ mir ist die Bácke geschwóllen

о́пухоль *ж* Geschwúlst *f* (3); ~ опа́ла die Schwéllung ist zurückgegangen

опу́хший geschwóllen; (áuf)gedúnsen, áufgetrieben

опуши́ть 1. (*ме́хом*) verbrämen *vt*, mit Pelz besétzen; **2.** (*покры́ть пушко́м*) mit Flaum bedécken; **3.** (*о сне́ге, ине́е*) mit Reif [Schnee] bedécken

опу́шка I *ж* (*из ме́ха*) Verbrämung *f* (10); Pélzbesatz *m* (1*)

опу́шка II *ж* (*ле́са*) Wáldrand *m* -(e)s, Wáldsaum *m* -(e)s

опуще́ние *с* **1.** Sénkung *f* (10); ~ ма́тки *мед.* Gebärmuttersenkung *f*; **2.** (*про́пуск*) Áuslassen *n* -s, Übergéhen *n* -s; Áuslassung *f* (10), Wéglassung *f* (10)

опыле́ние *с* **1.** *бот.* Bestäubung *f*; перекрёстное ~ Frémdbestäubung *f*, Frémdbefruchtung *f*; **2.** *с.-х.* Bespréngung *f*

опыли́в||ание *см.* опыле́ние **2**; **~ать** *см.* опыли́ть **2**

опыли́тель *м бот.* Bestäuber *m* (6)

опыли́ть 1. *бот.* bestäuben *vt*; **2.** *с.-х.* bespréngen *vt*; **~ся** *бот.* bestäubt sein [wérden]

опыля́ть *см.* опыли́ть; **~ся** bestäubt wérden (*ср.* опыли́ть)

о́пыт *м* **1.** Erfáhrung *f* (10); Erfáhrungen *pl*; жи́зненный ~ Lébenserfahrung *f*, Lébensweisheit *f*; градострои́тельный ~ Erfáhrungen im Städtebau; многоле́тний ~ lángjährige Erfáhrungen; передово́й ~ die bésten Erfáhrungen; боево́й ~ Kámpferfahrung *f*; ~ в дела́х Geschäftserfahrung *f*; на со́бственном ~е aus éigener Erfáhrung; по ~у erfáhrungsgemäß; осно́ванный на ~е erfáhrungsmäßig; умудрённый ~ом erfáhren; обме́н ~ом Erfáhrungsaustausch *m* -es; передава́ть свой ~ sein Können vermítteln; séine Erfáhrungen wéitergeben*; испо́льзовать чей-л. ~ j-s Erfáhrungen áuswerten; нака́пливать ~ Erfáhrungen sámmeln; убеди́ться на со́бственном ~е sich durch éigene Erfáhrung überzéugen; учи́ться на ~е (кого́-л.) aus (j-s) Erfáhrung(en) lérnen; **2.** (*экспериме́нт*) Versúch *m* (1), Experimént *n* (2); лаборато́рный ~ Labórversuch *m*; предвари́тельный ~ Vórversuch *m*; в ви́де ~а próbeweise, versúchsweise; ~ы на живо́тных Tíerversuche *pl*; **3.** *филос.* Empiríe *f*, Erfáhrung *f*; **4.** (*про́ба*) Versúch *m* (1); пе́рвые ~ы ребёнка в письме́ die érsten Schréibversuche des Kíndes

о́пытник *м* Experimentátor *m* -s, -tóren

о́пытн||ость *ж* Erfáhrenheit *f*; **~ый 1.** (*о челове́ке*) erfáhren, bewándert (в чём-л. in *D*); **2.** (*предназна́ченный для о́пытов*) Versúchs-; experimentéll, Experimentál-; ~ое хозя́йство *с.-х.* Versúchsgut *n* (5), lándwirtschaftliche Versúchsstation; ~ое по́ле, ~ый уча́сток Versúchsfeld *n* (5); ~ая ста́нция Versúchsstation *f* (10); **3.** (*осно́ванный на о́пыте*) experimentéll, Experimentál-; erfáhrungsmäßig, empírisch; ~ым путём durch Versúche, experimentéll; в ~ом поря́дке versúchsweise

опьяне́вший betrúnken; beschwípst (*разг.*); слегка́ ~ ángeheitert, benébelt

опьяне́лый *разг.* betrúnken; *перен.* beráuscht, trúnken

опьяне́ние *с* **1.** Trúnkenheit *f*, Rausch *m* -es; лёгкое ~ Ángetrunkenheit *f*; по́лное ~ Vóllrausch *m*; **2.** (*восто́рг*) Rausch *m* -es; Táumel *m* -s

опьянённый beráuscht, trúnken; ~ ра́достью fréudetrunken, wónnetrunken

опьяне́ть 1. betrúnken [beráuscht] sein; слегка́ ~ ángetrunken [ángeheitert, benébelt] sein; leicht beschwípst sein; **2.** (*прийти́ в восто́рг*) trúnken [beráuscht] sein (от чего́-л. von *D*); in Ekstáse geráten*

опьяни́ть, опьяня́ть 1. beráuschen *vt*; betrúnken máchen; **2.** (*привести́ в восто́рженное состоя́ние*) benébeln *vt*, beráuscht máchen, in Ekstáse versétzen

опя́ть *нареч.* wíeder, wíederum, ábermals; nóchmals; aufs néue (*сно́ва*); ◇ ~-таки *разг.* äußerdem, überdíes

ора́ва *ж разг.* Háufen *m* (7), Hórde *f* (11), Bánde *f* (11), Rótte *f* (11)

ора́кул *м* Orákel *n* (6)

ора́л||о *с уст.* Pflug *m* (1*); перековáть мечи́ на ~а die Schwérter zu Pflúgscharen úmschmieden

орангутáнг *м* Orang-Útan *m* -s, -s

орáнжевый orange(farben) [o'raŋ-ʒ(ə)-]

оранжерéйный Tréibhaus-, Orangeríe-[oraŋʒə-], tréibhausmäßig

оранжерéя *ж* Tréibhaus *n* (5), Orangeríe [oraŋʒə-] *f* (11), Gewächshaus *n*

орáтор *м* Rédner *m* (6), Sprécher *m* (6)

оратóрия *ж муз.* Oratórium *n* -s, -ri¦en

орáтор||ский rédnerisch, Rédner-; **~ствовать** das größe Wort führen, sich über etw. (*A*) verbréiten

орáть *разг.* brüllen *vi, vt*, schréien* *vi, vt*, grölen *vi, vt*; ~ во всё гóрло aus vóllem Hálse [láuthals] brüllen [schréien*]; ~ пéсни Líeder grölen

орби́та *ж* **1.** *астр., физ.* Bahn *f* (10), Úmkreisungsbahn *f*, Úmlaufbahn *f*; ~ Луны́ Móndbahn *f*; *косм. тж.* Órbit *m* -s, -s; вы́вести на орби́ту auf éine Úmlaufbahn bríngen*; вы́йти на орби́ту in die Úmlaufbahn éintreten*; **2.** (*глазница*) Áugenhöhle *f* (11); у негó глазá вы́шли из орби́т ihm gíngen die Áugen über (*от удивления*); **3.** (*сфера действия*) Beréich *m* (1); ~ влияния Wírkungsbereich *m*, Éinflußbereich *m*, Éinflußsphäre *f* (11)

орбитáльн||ый Bahn-; Úmlauf-; ~ая скóрость Úmlaufgeschwindigkeit *f* (10); ~ый полёт Báhnflug *m* (1*), Flug auf der [éiner] Bahn; ~ая стáнция Orbitálstation *f* (10)

óрган *м* **1.** *анат.* Orgán *n* (2); ~ы рéчи Spréchorgane *pl*; ~ы обоня́ния Gerúchsorgan *n*; ~ы чувств Sínnesorgane *pl*; пищевари́тельные ~ы Verdáuungsorgane *pl*; половы́е ~ы Geschléchtsorgane *pl*, Genitáli¦en *pl*; **2.** (*учреждение, организация*) Orgán *n* (2); Stélle *f* (11); Behörde *f* (11), Körperschaft *f* (10); Grémium *n* -s, -mi¦en; прави́тельственные ~ы Regíerungsstellen *pl*; постоя́нные ~ы (*конгресса и т. п.*) ständige Körperschaften; руководя́щие ~ы пáртии die Léitungsorgane der Partéi; исполни́тельные ~ы vollzíehende Orgáne; ~ управлéния Verwáltungsorgan *n*, Verwáltungskörperschaft *f*; верхóвный ~ влáсти das höchste Máchtorgan; **3.** (*периодическое издание*) печáтный ~ Présseorgan *n*; парти́йный ~ Partéiorgan *n*; официáльный ~ offiziélles Orgán

оргáн *м муз.* Órgel *f* (11)

организáтор *м* Organisátor *m* -s, -tóren; ~ соревновáний Áusrichter *m* (6) [Veránstalter *m* (6)] von Wéttkämpfen; **~ский** organisatórisch, Organisatións-

организациóнн||ый Organisatións-; ~ое бюрó Organisatiónsbüro *n* -s, -s; *в ГДР тж.* Órgbüro *n*

организáция *ж* **1.** (*процесс*) Organisíerung *f*, Organisatión *f*; нау́чная ~ трудá (*сокр.* НОТ) wíssenschaftliche Árbeitsorganisation (*сокр.* WAO); **2.** (*структура*) Organisatión *f* (10), Struktúr *f* (10); *воен.* Glíederung *f* (10); **3.** (*объединение*) Organisatión *f* (10); мáссовая ~ Mássenorganisation *f*; первúчная ~, низовáя ~ Grúndorganisation *f*, Grúndeinheit *f* (10); мéстная ~ Wóhngebietsorganisation *f*; руководя́щая ~ Führungsinstitution *f* (10); Организáция Объединённых Нáций (ООН) Organisatión der Veréinten Natiónen (*сокр.* UNO); внешнеторгóвая ~ Áußenhandelsunternehmen *n* (7); проéктная ~ Projektíerungsbetrieb *m* (1); строи́тельная ~ Báubetrieb *m*; торгóвая ~ Hándelsorganisation *f*; **4.** (*организованность*) Organisíertheit *f*; **5.** *биол.* Organísmus *m* =, -men, Konstitutión *f* (10), Organisatión *f* (10)

организм *м* Organísmus *m* =, -men, Körper *m* (6); вводи́ть в ~ *мед.* in den Körper éinführen, dem Körper zúführen

организóванность *ж* Organisíertheit *f*

организóванный organisíert

организовáть organisíeren *vt*; veránstalten *vt*; schäffen *vt*; vórbereiten *vt*; ~ своё врéмя séine Zeit (plánmäßig) éinteilen; **~ся** entstéhen* *vt* (s), sich bílden (*возникнуть*); sich (organisatórisch) zusámmenschließen*; organisíert wérden

оргáника *ж разг.* orgánische Chemíe

органи́ст *м муз.* Organíst *m* (8), Órgelspieler *m* (6)

органи́ческ||ий orgánisch; ~ие веществá *хим.* orgánische Stóffe; ~ая хи́мия die orgánische Chemíe; ~ий недостáток *мед.* orgánischer Féhler; ~ое цéлое das orgánische Gánze

органи́чн||ость *ж* Orgánische *sub n*; **~ый** orgánisch

оргáнный *муз.* Órgel-

органотерапи́я *ж мед.* Organotherapíe *f*

оргáнчик *м муз.* **1.** Harmónium *n* -s, -ni¦en; **2.** (*заводной музыкальный ящик*) Musíkschrank *m* (1*), Musíktruhe *f* (11), Spíeldose *f* (11)

óргия *ж* Órgi¦e *f* (11)

оргкомитéт *м* (организациóнный комитéт) Organisatiónskomitee *n* -s, -s

оргстеклó *с* (органи́ческое стеклó) Pléxiglas *n* -es

ордá *ж* **1.** *ист.* Hórde *f* (11); Золотáя Ордá die Góldene Hórde; **2.** (*банда*) Hórde *f* (11), Bánde *f* (11), Rótte *f* (11)

ордáлия *ж* Féuerprobe *f* (11); Wásserprobe *f* (*средневековый способ определения правоты обвиняемого*)

óрден I *м* (*знак отличия*) Órden *m* (7); ~ Лéнина Léninorden *m*; ~ Крáсного Знáмени Rótbannerorden *m*; ~ Крáсной Звезды́ Órden des Róten Sterns; ~ Трудовóго Крáсного Знáмени Órden des Róten Árbeitsbanners; ~ «Знак Почёта» Éhrenzeichen *n* -s; ~ Сувóрова I стéпени Suwóroworden érster Klásse; получи́ть ~ éinen Órden erhálten*; награди́ть когó-л. ~ом j-m éinen Órden verléihen*; j-n mit éinem Órden áuszeichnen; вручи́ть комý-л. ~ j-m éinen Órden überréichen; предстáвить когó-л. к ~у j-n zur Áuszeichnung mit éinem Órden vórschlagen*

óрден II *м ист.* (*организация*) Órden *m* (7); иезуи́тский ~ Jesuítenorden *m*; ры́царский ~ Ríttterorden *m*

óрден III *м см.* óрдер II

орденонóс||ец *м* Órdensträger *m* (6); **~ный** mit éinem Órden áusgezeichnet

óрденск||ий Órdens-; ~ая лéнта Órdensband *n* (5); ~ая колóдка Órdensschnalle *f* (11)

óрдер I *м* (*документ*) Órder *f* (11); schríftliche Ánweisung, Beréchtigungsschein *m* (1), Bezúgsschein *m* (*на покупку, заказ чего-л.*); ~ на квартúру Wóhnungszuweisung *f* (10), Éinweisungsschein *m*; платёжный ~ Záhlungsanweisung *f*, прихóдный ~ Éinzahlungsschein *m*; ~ на арéст Háftbefehl *m* (1)

óрдер II *м архит.* Säulenordnung *f* (10); дори́ческий [иони́ческий] ~ die dórische [iónische] Säulenordnung

ордина́р *м спец.* Normálwasserstand *m* -(e)s, dúrchschnittlicher Wásserstand

ордина́рец *м воен.* Ordonnánz *f* (10), Mélder *m* (6); кóнный ~ Méldereiter *m* (6); пéший ~ Méldeläufer *m* (6), Méldegänger *m* (6)

ордина́рный **1.** (*заурядный*) ganz éinfach; gewöhnlich; **2.** *уст.*: ~ профéссор órdentlicher Proféssor

ордина́та *ж мат.* Ordináte *f* (11)

ордина́т||ор *м мед.* Vóllassistent *m* (8); млáдший ~ор Assisténzarzt *m* (1*); **~ýра** *ж* Ordinatúr *f* (10), Vóllassistenz *f*

орёл *м* Ádler *m* (6); Aar *m* (1) (*поэт.*); гóрный ~ Bérgadler *m*; морскóй ~ Séeadler *m*; ◇ ~ или рéшка? Kopf óder Schrift

ореóл *м* **1.** (*сияние*) Schein *m* (1); **2.** (*атмосфера славы, почёта*) Aureóle *f* (11); Nímbus *m* =, -se; Héiligenschein *m* (1); **3.** *фото* Líchthof *m* (1*)

орéх *м* **1.** (*плод*) Nuß *f* (3); грéцкий ~ Wálnuß *f*; леснóй ~ Háselnuß *f*; кокóсовый ~ Kókosnuß *f*; минда́льный ~ Knáckmandel *f* (11); мускáтный ~ Muskátnuß *f*; землянóй ~ Érdnuß *f*; калёные ~и gebránnte Nüsse; **2.** (*дерево*) Núßbaum *m* (1*); **3.** (*материал*) Núßbaum *m* (1*), Núßbaumholz *n* -es; ◇ емý доста́лось на ~и *разг.* er hat tüchtig ábgekriegt; раздéлать [отдéлать] когó-л. под ~ j-m gehörig den Kopf wáschen*; j-m tüchtig die Levíten [-'vi:-] lésen*; **~овый 1.** Núßbaum- (*относящийся к дереву*); Nuß- (*относящийся к плоду*); ~овый куст Núßstrauch *m* (4); (из) ~ового дéрева aus Núßbaum; aus Núßbaumholz; ~овое морóженое Eis mit Nuß; Eis mit Nüssen; **2.** (*о цвете*) (hásel)núßfarben, núßbraun

орехотвóрка *ж зоол.* Gállwespe *f* (11)

орéш||ек *м* kléine Nuß, Nüßlein *n* (7), Nüßchen *n* (7); кедрóвый ~ек Zédernuß *f* (3); черни́льный [дуби́льный] ~ек Gállapfel *m* (6*); ◇ трýдный ~ек éine hárte Nuß; **~ник** *м* **1.** (*растение*) Háselnußstrauch *m* (4); **2.** (*заросль*) Núßwäldchen *n* (7)

оригинáл *м* **1.** (*подлинник*) Originál *n* (2); Úrschrift *f* (10), Manuskrípt *n* (2) (*рукопись*); **2.** (*чудак*) Originál *n* (2); Sónderling *m* (1); ein kómischer Kauz; **~ка** *ж* originélle [kómische] Persón

оригинáльн||ичанье *с разг.* Originalitätshascherei *f*; **~ичать** *разг.* originéll sein wóllen*; den Originéllen spíelen; **~ость** *ж* **1.** (*подлинность*) Échtheit *f*; **2.** (*своеобразие*) Originalität *f*, Originélle *sub n*; **~ый 1.** (*подлинный*) originál, echt; **2.** (*своеобразный*) originéll

ориентали́ст *м* Ori¦entalíst *m* (8)

ориентáльный ori¦entálisch

ориентáц||ия *ж* Ori¦entíerung *f*; Zuréchtfinden *n* -s; Ori¦entíerungsvermögen *n* -s (*способность ориентироваться*); измени́ть свою́ ~ию sich neuori¦entíeren

ориенти́р *м* Ori¦entíerungspunkt *m* (1); *воен. тж.* Ríchtungspunkt *m*

ориенти́ровать **1.** ori¦entíeren *vt*; éinordnen *vt* (*карту, компас*); **2.** *перен.* (*направить*) ori¦entíeren *vt*, áusrichten *vt* (**на что-л.** auf *A*); **~ся 1.** sich ori¦entíeren, séinen Stándort bestímmen; sich zuréchtfinden* *отд.*; **2.** (*разбираться в чём-л.*) sich zuréchtfinden* *отд.*; **3.** (*рассчитывать на кого-л., на что-л.*)

sich ríchten (nach *D*); sich ori¦entíeren (auf *A*)

ориентирóв||ка *ж см.* ориентáция; **~очно** *нареч.* ori¦entíerungsweise; zírka (*сокр.* ca), ungefähr, étwa, ánnähernd; **~очный** Ori¦entíerungs-; vorаussichtlich; ~очные дáнные Ánnäherungswerte *pl*; по ~очным дáнным schätzungsweise

Орио́н *м астр.* Oríon *m* -s

оркéстр *м* **1.** Orchester [-'kɛs-] *n* (6), Kapélle *f* (11); люби́тельский ~ Lái¦enorchester *n*; духовóй ~ Blásorchester *n*; стру́нный ~ Stréichorchester *n*; вое́нный ~ Militärkapelle *f*; **2.** (*место для музыкантов перед сценой*) Orchésterraum *m* (1*); **~áнт** *м* Orchestermusiker ['-kɛs-] *m* (6); **~áнтка** *ж* Orchestermusikerin [-'kɛs-] *f* (12)

оркестрио́н *м муз.* Orchestrion [-'kɛs-] *n* -s, -s

оркестр||овáть *муз.* orchestríeren [-kɛs-] *vt*; für Orchéster éinrichten; **~óвка** *ж* Orchestríerung [-kɛs-] *f* (10), Instrumentatión *f* (10); **~óвый** Orchester- [-'kɛs-]; orchestrál

орлáн *м* Séeadler *m* (6)

орлёнок *м* júnger Ádler; Ádlerjunge *sub n*

орли́ный Ádler-; ~ взгляд Ádlerblick *m* (1); ~ нос Ádlernase *f* (11); Hákennase *f*

орлóн *м текст.* Órlon *n* -s

орли́ца *ж* Ádlerweibchen *n* (7)

орля́нк||а *ж*: игрáть в ~у (mit éiner Münze) Kopf óder Zahl spíelen

орнáмент *м* Ornamént *n* (2); **~áльный** ornamentál; **~áция** *ж* Ornamentíerung *f* (10); **~и́ровать** mit Ornaménten verzíeren [schmücken]

орнитó||лог *м* Ornitholόg(e) *m* (8, 9), **~логи́ческий** ornithológisch; **~лóгия** *ж* Ornithologíe *f*

орнитоптéр *м ав.* Schwíngenflugzeug *n* (2)

оробéлый schüchtern, verlégen

оробéть *разг.* den Mut [die Courage (ku'ra:ʒə)] verlíeren*; erschrécken* *vi* (s); schüchtern [verlégen] wérden

ороговéние *с* Verhórnung *f*; Hórnbildung *f*; **~вéть** verhórnen *vi* (s)

орографи́ческий *геогр.* orográphisch

орогрáфия *ж геогр.* Orographíe *f*

ороси́тель *м* Régner *m* (6), Sprénger *m* (6)

ороси́тельн||ый *с.-х.* Bewässerungs-, Beríeselungs-; ~ое сооружéние Bewässerungsanlage *f* (11)

ороси́ть **1.** (*увлажнить*) bespritzen *vt*, begíeßen* *vt*; **2.** *с.-х.* beríeseln *vt*, bewässern *vt*

орошáть *см.* ороси́ть

орошéн||ие *с* **1.** (*увлажнение*) Begíeßen *n* -s; Bespritzen *n* -s; **2.** *с.-х.* Beríeselung *f*, Bewässerung *f*, Irrigatión *f*; вы́борочное ~ие stéllenweise Bewässerung; ◇ поля́ ~ия Ríeselfelder *pl*

орт *м горн.* Ort *n* (5)

ортодоксáльн||ость *ж* Orthodoxíe *f*; **~ый** orthodóx

ортопéд *м мед.* Orthopäde *m* (9) меха́ник-~ Orthopädiemechaniker *m* (6); ~-стоматóлог Kíeferorthopäde *m*

ортопеди́ческий *мед.* orthopädisch

ортопéдия *ж мед.* Orthopädíe *f*

ору́д||ие *с* **1.** (*инструмент*) Wérkzeug *n* (2); Instrumént *n* (2); Gerät *n* (2); ~ие трудá Árbeitswerkzeug *n*, Árbeitsinstrument *n*; сельскохозя́йственные ~ия lándwirtschaftliche Geräte; навеснóе ~ие *с.-х.* Ánbaugerät *n*; прицепнóе ~ие *с.-х.* Ánhängegerät *n*; ~ия произвóдства Produktióнswerkzeuge *pl*, Produktiónsinstrumente *pl*; **2.** *перен.* (*средство*) Wérkzeug *n* (2); Míttel *n* (6), Wáffe *f* (11); быть слепы́м ~ием когó-л. j-s blíndes Wérkzeug sein; **3.** *воен.* Geschütz *n* (2); Féuerrohr *n* (2); тяжёлое ~ие schwéres Geschütz; лёгкое ~ие léichtes Geschütz; полевóе ~ие Féldgeschütz *n*; осáдное ~ие Belágerungsgeschütz *n*; морскóе ~ие Marínegeschütz *n*; береговóе ~ие Küstengeschütz *n*; зени́тное ~ие Flúgzeugabwehrkanone *f* (11) (*сокр.* Flak); противотáнковое ~ие Pánzerabwehrkanone *f* (*сокр.* Pak); самохóдное ~ие Sélbstfahrgeschütz *n*, Sélbstfahrlafette *f* (11)

оруди́йн||ый *воен.* Geschütz-; ~ый огóнь Artilleríefeuer *n* -s; ~ый расчёт Geschützbedienung *f* (10); ~ый окóп Geschützstand *m* (1*); ~ая платфóрма Geschützbettung *f* (10); ~ый передóк Geschützprotze *f* (11); ~ый прицéп Geschützanhänger *m* (6); ~ая бáшня Geschützturm *m* (1*)

ору́довать *разг.* **1.** hantíeren *vi* (чем-л. mit *D*); hándhaben *неотд. vt*; лóвко ~ ножóм das Mésser gewándt hándhaben; **2.** (*распоряжаться*) léiten *vt*, wírtschaften *vi*; **3.** (*действовать*) tätig sein

оружéйн||ик *м* Wáffenschmied *m* (1); **~ый** Wáffen-; ~ый мáстер Wáffenmeister *m* (6); ~ый завóд Wáffenfabrik *f* (10); Оружéйная палáта Rüstkammer *f* (11)

оруженóсец *м ист.* Wáffenträger *m* (6), Schíldträger *m*, Schíldknappe *m* (9), Knáppe *m*

ору́ж||ие *с* **1.** Wáffe *f* (11); обы́чное ~ие konventionélle [-vɛn-] [hérkömmliche] Wáffe; áтомное ~ие Atómwaffe *f*; я́дерное ~ие Kérnwaffe *f*, thermonukleáre Wáffe; бактериологи́ческое ~ие bakteriológische Wáffe; хими́ческое ~ие chémische Kámpfmittel (*pl*); ~ие пéрвого удáра Érstschlagswaffe *f*; ~ие мáссового уничтожéния Mássenvernichtungswaffe *f*; холóдное ~ие blánke Wáffe; огнестрéльное ~ие Schúßwaffe *f*, Féuerwaffe *f*; автомати́ческое ~ие automátische Wáffe; кóлющее ~ие Stóßwaffe *f*; неавтомати́ческое (огнестрéльное) ~ие Éinzelschußwaffe *f*; рéжущее ~ие Híebwaffe *f*; ручнóе ~ие Hándwaffe *f*; самозаря́дное ~ие Sélbstladewaffe *f*; ~ие бли́жнего бóя Náhkampfwaffe *f*; си́ла ~ия Wáffengewalt *f*; с пóмощью ~ия mit Wáffengewalt; подня́ть ~ие, брáться за ~ие zu den Wáffen gréifen*; держáть ~ие наготóве die Wáffen éinsatzbereit hálten*; пускáть в ход ~ие von der Wáffe Gebráuch máchen; сложи́ть ~ие die Wáffen strécken [níederlegen]; товáрищ по ~ию Wáffenbruder *m* (6*); призвáть к ~ию zu den Wáffen rúfen*; к ~ию! zu den Wáffen!, an die Gewéhre!; бить проти́вника егó же ~ием den Feind [Gégner] mit séinen éigenen Wáffen schlágen*; **2.** (*средство*) Wáffe *f* (11), Míttel *n* (6)

орфографи́ческ||ий orthográphisch, Réchtschreibungs-; ~ая оши́бка orthográphischer Féhler, Réchtschreibefehler *m* (6)

орфогрáфия *ж* Orthographíe *f* (11), Réchtschreibung *f* (10)

орфоэпи́ческий orthoépisch; die ríchtige Áussprache betréffend

орфоэ́пия *ж* Ortho¦epíe *f* (11)

орхидéя *ж бот.* Orchidé¦e *f* (11)

осá *ж* Wéspe *f* (11)

осáд||а *ж* Belágerung *f* (10); снять ~у die Belágerung áufheben*

осади́ть I *воен.*, *тж. перен.* belágern *vt*

осади́ть II **1.** (*остановить*) ánhalten* *vt*, stóppen *vt*; zurückreißen* *vt*, zurückschieben* *vt*, zurückdrängen *vt*; zügeln *vt* (*лошадь*); **2.** (*дать отпор*) zuréchtweisen* *отд. vt*, zügeln *vt*; in die Schránken wéisen*; Zügel ánlegen, Éinhalt gebíeten* (когó-л. *D*)

осади́ть III **1.** *стр.* níederlassen* *vt*; **2.** *хим.* níederschlagen* *vt*

осáдка *ж* **1.** (*почвы, стены*) Sénkung *f* (10); Rutsch *m* (1); **2.** (*судна*) Tíefgang *m* -(e)s; **3.** *ав.* Éinfederung *f*

осáдн||ый *воен.* Belágerungs-; ~ое положéние Belágerungszustand *m* -(e)s; объяви́ть гóрод на ~ом положéнии den Belágerungszustand über éine Stadt verhängen; ~ая войнá Belágerungskrieg *m* (1)

осáд||ок *м* **1.** *хим.* Níederschlag *m* (1*), Rückstand *m* (1*), Bódensatz *m* (1*), Sedimént *n* (2); Áblagerung *f* (10); **2.** (*неприятное чувство*) únangenehmer [bítterer] Náchgeschmack *m* -(e)s; **3.** *мн.* ~ки (*атмосферные*) Níederschläge *pl*; оби́льные ~ки réiche Níederschläge; небольши́е ~ки únbedeutende Níederschläge, без ~ков níederschlagsfrei; радиоакти́вные ~ки rádioaktive [-və] Níederschläge; уменьшéние ~ков Níederschlagsabnahme *f*; **~очный** **1.** *хим.* Níederschlags-; **2.** *геол.* Ábsatz-; Schicht-; Sedimént-; ~очные пopóды Schíchtgesteine *pl*, Sediménte *pl*; **3.** *метеор.* Níederschlags-

осаждáть *см.* осади́ть I; ~ прóсьбами mit Bítten bestürmen

осаждáться I **1.** *хим.* éinen Níederschlag [Bódensatz] bílden, sich ánsetzen, sich áblagern; **2.** *метеор.* níedergehen* *vi* (s); níederfallen* *vi* (s)

осаждáться II *страд. воен.* belágert wérden

осаждáющий *сущ. м* Belágerer *m* (6)

осаждéние *с* **1.** *хим.* Fällen *n* -s, Fällung *f* (10); **2.** *метеор.* Níederschlagen *n* -s; **3.** *геол.* Sedimentatión *f* (10)

осáживание *с* **1.** (*лошади*) jähes Ánhalten, Rückwärtsrichten *n* -s; **2.** *перен.* Zuréchtweisung *f* (10)

осáживать *см.* осади́ть II

осáлить *разг.* mit der Hand beim Háschespiel berühren

осáнистый státtlich, ánsehnlich, repräsentábel

осáнка *ж* Háltung *f*, Körperhaltung *f*

осáнна *ж рел.* Hosiánna *n* -s, *pl* -s *u* =

осатанéть *разг.* **1.** (*озвереть*) fúchsteufelswild wérden; **2.** (*опротиветь*) (j-m) zuwíder wérden

осваивать *см.* освóить; **~ся** **1.** *см.* освóиться; **2.** *страд.* ángeeignet wérden (*ср.* освóить)

осведоми́тель *м* Informátor *m* -s, -tóren; Zúträger *m* (6), Agént *m* (8); **~ный** Informatións-, Informíerungs-; Áufklärungs-; ~ная рабóта Áufklärungsarbeit *f*

освéдомить benáchrichtigen *vt*, informíeren *vt*, in Kénntnis sétzen, unterríchten *vt* (о чём-л. von *D*); **~ся** sich erkúndigen (о чём-л. über *A*, nach *D*); Erkúndigungen éinziehen* (*навести справки*)

осведомлéние *с* Benáchrichtigung *f*, Informatión *f*, Áuskunft *f* (3)

осведомлённ||ость *ж* **1.** (*наличие сведений*) Informíertsein *n* -s, Informíertheit *f*; **2.** (*знания*) Beschlágenheit *f*, Wíssen *n* -s, Sáchkenntnis *f*; **~ый 1.** (*поставленный в известность*) informíert, in Kénntnis gesétzt; unterríchtet; быть ~ым im Bílde sein; **2.** (*знающий*) kúndig (в чём-л. *G*); bewándert, beschlágen (in *D*)

осведомля́ть *см.* осве́домить; **~ся 1.** *см.* осве́домиться; **2.** *страд.* informíert wérden (*ср.* осве́домить)

освежа́ть *см.* освежи́ть; **~ся 1.** *см.* освежи́ться; **2.** *страд.* erfríscht wérden (*ср.* освежи́ть)

освежева́ть ábhäuten *vt*; áusweiden *vt*, áusnehmen* *vi* (*выпотрошить*)

освеже́ние *с* **1.** Erfríschung *f*; Kühlung *f* (*охлаждение*); Lüften *n* -s, Lüftung *f* (*комнаты*), Áuffrischung *f* (*краски*); **2.** (*памяти, знаний*) Áuffrischung *f*, Wíederauffrischen *n* -s

освежи́тельный erfríschend; ~ напи́ток Erfríschungsgetränk *n* (2)

освежи́ть 1. erfríschen *vt*; kühlen *vt* (*охладить*); lüften *vt* (*комнату*); **2.** (*восстановить силы*) (wíeder)belében *vt*; **3.** (*обновить*) ernéuern *vt*; áuffrischen *vt* (*краски*); **4.** (*восстановить в памяти*) das Gedächtnis áuffrischen

освежи́||ться 1. (*стать свежим, прохладным*) frisch wérden, erfríscht wérden; земля́ ~лась die Érde ist erfríscht wórden; во́здух ~лся die Luft ist frisch gewórden; **2.** (*вернуть себе бодрость*) sich erfríschen, sich Erfríschung verschäffen; **3.** *перен.* (*рассеяться*) sich zerstréuen, sich erhólen; **4.** (*восстановиться в памяти*) lebéndig wérden, wíeder áufleben; воспомина́ния ~лись Erínnerungen wúrden lebéndig [wach]

освети́тель *м* **1.** *театр.* Beléuchter *m* (6); **2.** (*прибор*) Beléuchtungsgerät *n* (2)

освети́тельн||ый Leucht-; Beléuchtungs-; ~ая армату́ра Beléuchtungskörper *m* (6); Léuchte *f* (11); ~ая сеть Líchtnetz *n* (2); ~ая раке́та Léuchtrakete *f* (11)

освети́ть 1. beléuchten *vt*; erléuchten *vt*; ánhellen *vt*; erhéllen *vt*; bestráhlen *vt* (*озарить*); **2.** *перен.* (*в рассказе и т. п.*) beléuchten *vt*, erläutern *vt*; я́рко ~ in hélles Licht sétzen; ~ вопро́с éine Fráge näher betráchten; **~ся** sich erhéllen, erstráhlen *vi* (s); hell wérden

освётли́ть 1. *спец.* klären *vt*, ábklären *vt* (*вино*); **2.** *лес.* áuslichten *vt*

освеща́ть *см.* освети́ть; **~ся 1.** *см.* освети́ться; **2.** *страд.* beléuchtet wérden (*ср.* освети́ть)

освеще́н||ие *с* **1.** (*свет*) Beléuchtung *f*; Licht *n* -(e)s; га́зовое ~ие Gáslicht *n*; Gásbeleuchtung *f*; электри́ческое ~ие eléktrisches Licht; иску́сственное ~ие künstliches Licht; декорати́вное ~ие Efféktbeleuchtung *f*; дневно́е ~ие Tágeslicht *n*; **2.** *перен.* (*объяснение*) Beléuchtung *f*; Erläuterung *f*; в маркси́стско-ле́нинском ~ии im Licht des Marxísmus-Leninísmus; дать чему́-л. друго́е ~ие etw. in ánderes Licht rücken [sétzen, stéllen]

освещённость *ж* *тж. спец.* Beléuchtungsstärke

освиде́тельствов||ание *с* éingehende Besíchtigung, Untersúchung *f* (10), Prüfung *f* (10); *воен.* Músterung *f* (10); пройти́ медици́нское ~ание gemústert wérden; **~ать** in Áugenschein néhmen*, éingehend besíchtigen [prüfen, untersúchen]

освирепе́ть *разг.* in Wut geráten*, toll wérden

освиста́ть áuspfeifen* *vt*

осви́стыв||ание *с* Áuspfeifen *n* -s; **~ать** *см.* освиста́ть

освободи́тель *м* Befréier *m* (6); Errétter *m* (6) (*спаситель, избавитель*); а́рмия освободи́телей Befréierarmee *f* (11); **~ный** Befréiungs-; Fréiheits-; ~ное движе́ние Befréiungsbewegung *f* (10); ~ная война́ Fréiheitskrieg *m* (1), Befréiungskrieg *m*

освободи́ть 1. befréien *vt*, in Fréiheit sétzen; fréikämpfen *отд. vt* (*боем*); fréigeben* *отд. vt*, fréilassen* *отд. vt* (*раба, невольника*); ~ из-под аре́ста auf fréien Fuß sétzen; aus der Haft entlássen*; **2.** (*избавить*) erlösen *vt*; erlássen* *vt*; entlásten *vt* (от чего́-л. von *D*); entbínden* *vt* (*от слова, обещания и т. п.*); ~ кого́-л. от нало́гов j-m die Stéuern erlássen*; ~ кого́-л. от прися́ги j-n von séinem Eid entbínden*; **3.** (*уволить*) befréien *vt*, entlássen* *vt*, des Póstens enthében*; des Ámtes entpflíchten; **4.** (*временно, для учёбы и т. п.*) fréistellen *отд. vt*; **5.** (*помещение и т. п.*) räumen *vt*; fréimachen *отд. vt*; ~ кварти́ру die Wóhnung räumen; ◇ освобождённый секрета́рь парторганиза́ции háuptamtlicher Partéisekretär; **~ся 1.** sich befréien, sich fréimachen *отд.*; **2.** (*избавиться от чего-л.*) etw. lóswerden* *отд.* (s); sich (*D*) etw. vom Hálse schäffen (*разг.*); ~ся от око́в die Fésseln spréngen [ábwerfen*]; **3.** (*от предрассудков и т. п.*) áufgeben* *vt*; **4.** (*о помещении и т. п.*) frei wérden, geräumt wérden, vakánt [va-] wérden (*о должности*)

освобожда́ть *см.* освободи́ть; **~ся 1.** *см.* освободи́ться; **2.** *страд.* befréit wérden (*ср.* освободи́ть)

освобожде́н||ие *с* **1.** Fréisetzung *f*, Fréilassung *f*; усло́вное досро́чное ~ие *юр.* vórfristige Fréilassung mit Bewährungsfrist; **2.** (*избавление*) Befréiung *f*, Erlösung *f*; Entbíndung *f* (*от обещания, слова и т. п.*); Erlássung *f*, Dispensíerung *f* (*от налогов, воинской обязанности и т. п.*); Entpflíchtung *f* (*от обязанностей*); Entlástung *f* (*от расходов и т. п.*); **3.** (*увольнение*) Entlássung *f*, Enthébung *f*; проси́ть об ~ии от до́лжности um Enthébung vom Ámte bítten*; **4.** (*временное, для учёбы и т. п.*) Fréistellung *f*; **5.** (*помещения и т. п.*) Räumung *f*

освое́ние *с* Áneignung *f*; Ánpassung *f*; Méisterung *f*, Behérrschung *f* (*техники и т. п.*); Verwértung *f* (*использование*); промы́шленное ~ industriélle Nútzbarmachung; ~ пусты́нь Erschlíeßung der Wüsten; ~ страны́ Erschlíeßung des Lándes; ~ цели́нных и за́лежных земе́ль Erschlíeßung [Úrbarmachung] von Neu- und Bráchland; ~ о́пыта Áuswertung der Erfáhrungen; ~ но́вых ме́тодов труда́ Áneignung néuer Produktiónsmethoden; ~ ко́смоса Eróberung des Wéltalls; ~ но́вой проду́кции die Áufnahme éiner néuen Produktión; ~ но́вых мо́щностей die Inbetríebnahme néuer Kapazitäten; экономи́ческое ~ предприя́тий Erréichung der ökonómischen Zíelsetzung beim Ánfahren néuer Betríebe

осво́ить áneignen *vt*; zu éigen máchen; méistern *vt*, behérrschen *vt* (*овладеть — техникой и т. п.*); verwérten *vt* (*использовать*); erschlíeßen* *vt*, úrbar máchen (*земли и т. п.*); héimisch máchen, akklimatisíeren *vt* (*растения*); ~ цели́нные зе́мли Néuland erschlíeßen* [úrbar máchen]; ~ но́вый вид проду́кции éine néue Produktions-art áufnehmen*; **~ся** (*с местностью, обстановкой*) sich éingewöhnen; sich éinleben (*привыкнуть*); sich ánpassen, sich éinarbeiten (*с работой*); sich akklimatisíeren; ещё не ~ся noch nicht ríchtig warm gewórden sein (*разг.*)

освяти́ть, освяща́ть 1. *рел.* (éin-)weihen *vt*; **2.** (*сделать священным*) héiligen *vt*

осево́й Áchsen-, Achs-, axiál

осед||а́ние *с* **1.** Sénkung *f*, Ábsacken *n* -s; Rútschen *n* -s; **2.** *хим.* Áblagerung *f* (10); Ábsetzen *n* -s; ~а́ние радиоакти́вной пы́ли Ábsetzen von radioaktívem Staub; **~а́ть** *см.* осе́сть

оседла́ть 1. sátteln *vt*; **2.** *разг.* (*подчинить себе*) in séine Gewált bekómmen*; **3.** *разг.* (*сесть верхом на что-л.*) sich ríttlings sétzen (auf *A*); **4.** *воен.* besétzen *vt*; ~ доро́гу den Weg [die Stráße] verlégen

осе́дл||ость *ж* Séßhaftigkeit *f*, Ánsässigkeit *f*; **~ый** séßhaft, ánsässig

осека́ться *см.* осе́чься

осёл *м* Ésel *m* (6)

осело́к *м* Schléifstein *m* (1), Wétzstein *m*

осемене́ние *с* Besámung *f*; Befrúchtung *f*; иску́сственное ~ живо́тных künstliche Besámung der Tíere

осемени́ть, осеменя́ть besámen *vt*; befrúchten *vt*

осен||и́ть 1. (*о мысли, догадке и т. п.*) éinfallen* *vi* (s), áufblitzen *vi* (s, h), áuftauchen *vi* (s); его́ ~и́ло *безл.* ihm ging ein Licht auf; **2.** (*затенить*) beschátten *vt*; ◇ ~и́ть кре́стным зна́мением bekréuzigen *vt*

осе́нний hérbstlich, Herbst-

о́сен||ь *ж* Herbst *m* (1); ра́нняя ~ь Frühherbst *m*; по́здняя ~ь, глубо́кая ~ь, коне́ц ~и Spätherbst *m*; про́шлой ~ью (im) vórigen Herbst; бу́дущей ~ью (im) nächsten Herbst; в нача́ле ~и zu Hérbstanfang; в конце́ ~и im Spätherbst; наступа́ет о́сень es wird Herbst; ~ь уже́ наступи́ла der Herbst ist schon da; ~ь прошла́ der Herbst ist [ging] vorüber; ◇ золота́я ~ь góldener Herbst; цыпля́т по ~и счита́ют ≅ man soll den Tag nicht vor dem Ábend lóben

о́сенью *нареч.* im Herbst, zur Hérbstzeit

осеня́ть *см.* осени́ть

осеребри́ть éinen sílbernen Schein verléihen*, versílbern *vt*; **~ся** éinen sílbernen Schein bekómmen*, sílbern glänzen

осе́сть 1. (*о доме, земле*) sich sénken, sich sétzen; ábsacken *vi* (s); éinsinken* *vi* (s); rútschen *vi* (s); **2.** (*образовать осадок*) éinen Bódensatz [Níederschlag] bílden; *хим.* sich áblagern, sich (áb)sétzen; тума́н осе́л росо́й der Nébel hat sich als Tau níedergeschlagen; **3.** (*о людях*) séßhaft [ánsässig] wérden

осети́н *м* Osséte *m* (9); **~ка** *ж* Ossétin *f* (12); **~ский** ossétisch; ~ский язы́к die ossétische Spráche, das Ossétische (*sub*)

осётр *м* Stör *m* (1)

осетр||и́на *ж* Störfleisch *n* -es; **~о́вые** *сущ. мн. зоол.* Störe *pl*; **~о́вый** Stör-; ~о́вый балы́к gedörrter Störrücken

осе́чк||а *ж* **1.** (*при спуске курка*) Verságer *m* (6), das Verságen éiner Schúßwaffe; дать ~у verságen *vi*; **2.** *разг.* (*промах*) Verságer *m* (6), Réinfall *m* -(e)s; Féhlschlag *m* (1*)

осéчься 1. *уст.* (*об оружии*) verságen *vi*; 2. *разг.* (*потерпеть неудачу*) éinen Réinfall erlében; 3. *разг.* (*запнуться*) stócken *vi*; (beim Spréchen) stéckenbleiben* *отд.* *vi* (s); 4. *разг.* (*прерваться — о голосе*) verságen *vi*

оси́лить 1. (*в борьбе*) überwältigen *vt*, bezwíngen* *vt*, überwínden* *vt*; fértig wérden (когó-л., что-л. mit *D*); 2. (*справиться с чем-л.*) bewältigen *vt*; fértig wérden (mit *D*)

оси́н||а *ж* Éspe *f* (11); **~ник** *м* Éspenwald *m* (4); **~овый** Éspen-; ◇ дрожáть как ~овый лист wie Éspenlaub zíttern

оси́н||ый Wéspen-; ◇ ~ое гнездó Wéspennest *n* (5); ~ая тáлия Wéspentaille [-taljə] *f*, schmále Táille

оси́п||лый *разг.* héiser; **~нуть** *разг.* héiser wérden; die Stímme verlíeren*

осиротéлый verwáist; *перен.* *тж.* verlássen

осиротéть 1. verwáisen *vi* (s), zur Wáise wérden; 2. (*чувствовать себя одиноким*) sich verlássen fühlen; veréinsamen *vi* (s); 3. (*опустеть*) veröden *vi*(s)

осироти́ть zur Wáise máchen, zu Wáisenkindern máchen

оскáл *м* Ráchen *m* (7); wéite Múndöffnung; **~ивать, ~ить:** ~ить зýбы 1) die Zähne flétschen; 2) *разг.* (*ухмыльнуться*) grínsen *vi*; **~иться** *см.* оскáлить зýбы

осканда́лить blóßstellen *отд.* *vt*, zum Gespött máchen; **~ся** sich blamíeren, sich lächerlich máchen

осквер||нéние *с* Entwéihung *f*, Schändung *f*, Entéhrung *f*; **~и́тель** *м* Frévler *m* (6)

оскверни́ть, осквернять entwéihen *vt*; schänden *vt*, entéhren *vt*, besúdeln *vt*; fréveln *vi* (что-л. gégen *A*)

оскла́биться *разг.* grínsen *vi*

оскобли́ть ábschaben *vt*, ábkratzen *vt*

оскóл||ок 1. Schérbe *f* (11), Splítter *m* (6), Brúchstück *n* (2); ~ок делéния *физ.* Spáltstück *n*; ~ок снаря́да Splítter *m*, Granátsplitter *m*, Spréngstück *n*; 2. (*остаток старины*) Überrest *m* (1); **~очный** *воен.* Splítter-; brúchstückartig; ~очное дéйствие Splítterwirkung *f*; бóмба ~очного дéйствия Splítterbombe *f* (11); ~очно-фугáсная гранáта Sprénggranate *f* (11)

оскóмин||а *разг.*: наби́ть себé ~у ein Gefühl des Zusámmenziehens im Múnde háben; наби́ть ~у *перен.* j-n lángweilen, j-n ánöden; j-m zur Pláge [lángweilig, überdrüssig] wérden

оскопи́ть kastríeren *vt*, verschnéiden* *vt*

оскоплéние *с* Kastríeren *n* -s, Kastríerung *f* (10), Verschnéidung *f* (10)

оскопля́ть *см.* оскопи́ть

оскорби́тель *м* Beléidiger *m* (6); **~ность** *ж* das Beléidigende (*sub*), das Kränkende (*sub*), das Verlétzende (*sub*); **~ный** beléidigend, verlétzend, kränkend

оскорби́ть beléidigen *vt*, verlétzen *vt*, kränken *vt*; ~ дéйствием *юр.* tätlich beléidigen, hándgreiflich wérden; ~ чью-л. гóрдость j-s Stolz verlétzen; ~ чей-л. слух j-s Ohr beléidigen; **~ся** beléidigt [verlétzt, gekränkt] sein; sich beléidigt [verlétzt, gekränkt] fühlen

оскорблéн||ие *с* Beléidigung *f* (10), Kränkung *f* (10), Verlétzung *f* (10); ли́чное ~ие persönliche Beléidigung [Kränkung]; ~ие дéйствием *юр.* tätliche Beléidigung; Reálinjuri|e *f* (11); ~ие слóвом Beléidigung mit Wórten; Verbálinjuri|e [vɛr-] *f*; нанести́ ~ие éine Beléidigung [Kränkung] zúfügen; éine Schmach ántun*; переноси́ть ~ия (álle) Beléidigungen éinstecken

оскорблённ||ый beléidigt, verlétzt, gekränkt; изображáть ~ую неви́нность die beléidigte Únschuld spíelen; die gekränkte Léberwurst spíelen (*разг.*)

оскорбля́ть *см.* оскорби́ть; **~ся** 1. *см.* оскорби́ться; 2. *страд.* beléidigt [verlétzt, gekränkt] wérden

оскорóмить *разг.* j-n an éinem Fástentag mit verbótenen Spéisen bewírten; **~ся** *разг.* an éinem Fástentag verbótene Spéisen éssen*; das Fástenverbot übertréten*

оскрёбки *мн.* *разг.* das Zusámmengekratzte (*sub*), das Zusámmengeschabte (*sub*); zusámmengekratzte Spéisereste aus Töpfen

оскудевáть *см.* оскудéть

оскудéлый *разг.* dürftig, kümmerlich, ärmlich; verármt, erschöpft (*истощившийся*)

оскудéние *с* Verkümmerung *f*, Verármung *f*

оскудéть verkümmern *vi* (s), verármen *vi* (s), arm wérden; herúnterkommen* *vi* (s)

ослабевáть *см.* ослабéть

ослабéлый geschwächt, erschláfft, entkräftet

ослабéть 1. (*стать физически слабым*) schwach [kráftlos] wérden; erschláffen *vi* (s), ermátten *vi* (s), von Kräften kómmen*; geschwächt [entkräftet] sein; 2. (*уменьшиться*) sich ábschwächen; náchlassen* *vi*; ábflauen *vi* (s) (*о ветре*); внимáние ослабевáет die Áufmerksamkeit läßt nach; 3. (*стать менее тугим*) lócker wérden, náchgeben*; ремéнь ослабéл der Ríemen ist lócker gewórden

ослáбить 1. (*лишить силы*) schwächen *vt*, entkräften *vt*; erschöpfen *vt* (*истощить*); 2. (*уменьшить силу чего-л.*) schwächen *vt*, heràbsetzen *vt*, náchlassen* *vt* (*пружину*); 3. (*распустить — пояс, узел*) lóckern *vt*, lócker [lóser] máchen; 4. (*смягчить*) ábschwächen *vt*, míldern *vt*, vermíndern *vt*; éine Lóckerung éintreten lássen* (*дисциплину*); dämpfen *vt* (*заглушить*)

ослаблéние *с* Schwächung *f*, Ábschwächung *f*, Erschláffung *f*; Entspánnung *f* (*напряжения и т. п.*); Lóckerung *f*, Náchlassen *n* -s (*внимания и т. п.*); Mílderung *f* (*смягчение*); Ábflauen *n* -s (*ветра*); ~ междунарóдной напряжённости internationále Entspánnung

ослáбленн||ый geschwächt, entkräftet; erschláfft; gelóckert; gemíldert; ~ое внимáние vermínderte Áufmerksamkeit (*ср.* ослáбить)

ослабля́ть *см.* ослáбить; **~ся** 1. *см.* ослабéть; 2. *страд.* geschwächt wérden (*ср.* ослáбить)

ослáбнуть *разг.* *см.* ослабéть

ослáвить, ославля́ть *разг.* 1. (*опозорить*) verléumden *vt*, in Verrúf bríngen*, in schléchten Ruf bríngen*; 2. (*назвать кем-л.*) in der Öffentlichkeit hínstellen (als...); ~ сумасшéдшим für verrückt erklären

ослёнок *м* Éselchen *n* (7), Éselsfohlen *n* (7)

ослепи́тельн||ость *ж* 1. das Bléndende (*sub*); 2. (*необычайность*) das Bléndende (*sub*), das Sínnverwirrende (*sub*); **~ый** 1. bléndend, grell, in die Áugen stéchend; ~о-бéлый (*о снеге и т. п.*) bléndend weiß; ~о-чи́стый blítzblank, blítzsauber; 2. (*поразительный*) bléndend; ~ая красотá éine bléndende Schönheit

ослепи́ть 1. (*лишить зрения*) bléndem *vt*, des Áugenlichts beráuben; 2. (*поразить*) blénden *vt*; frappíeren *vt*, in Erstáunen versétzen, stark beéindrucken; betören *vt* (*обворожить*); 3. (*лишить способности правильно понимать что-л.*) in die Írre führen; verblénden *vt*; он ослеплён гнéвом er ist zórnverblendet

ослеплéние *с* 1. (*лишение зрения*) Blénden *n* -s; Bléndung *f*; 2. (*неспособность правильно судить о чём-л.*) Verbléndung *f*; 3. Beéindruckung *f*

ослеплённый 1. gebléndet, blind; 2. (*лишённый способности правильно судить о чём-л.*) gebléndet, verbléndet, betört; ~ злóбой blíndwütig

ослепля́ть *см.* ослепи́ть

ослéпнуть blind wérden, erblínden *vi* (s); ~ на оди́н глаз auf ein Áuge blind wérden; ты что, ослéп? ≅ hast du (denn) kéine Áugen im Kopf?

осли́злый mit Schleim bedéckt, schléimig; schlüpfrig, glítschig

осли́ный Ésels-; éselhaft (*глупый*)

осли́ца *ж* Éselin *f* (12)

осложнéн||ие *с* Verwícklung *f* (10), Komplizíerung *f* (10); Komplikatión *f* (10) (*тж.* *мед.*); э́та болéзнь чáсто даёт ~ия díese Kránkheit führt oft zu Komplikatiónen

осложни́ть komplizíeren *vt*, komplizíert máchen (*усложнить что-л.*); erschwéren *vt* (*затруднить что-л.*); **~ся** komplizíert wérden [sein]; éine Komplikatión erfáhren* (*мед.*)

осложня́ть *см.* осложни́ть; **~ся** 1. *см.* осложни́ться; 2. *страд.* komplizíert wérden (*ср.* осложни́ть)

ослушáние *с* Úngehorsam *m* -(e)s, Únfolgsamkeit *f*; Verwéigerung des Gehórsams, Zuwíderhandlung *f*

ослýшать *мед.* ábhorchen *vt*

ослýшаться nicht gehórchen; úngehorsam [únfolgsam] sein; den Gehórsam verwéigern

ослы́шаться sich verhören; überhören *vt*, nicht ríchtig (hín)hören, falsch verstéhen*

ослы́шка *ж* *разг.* Verhören *n* -s

осмáтривать *см.* осмотрéть; **~ся** 1. *см.* осмотрéться; 2. *страд.* betráchtet wérden (*ср.* осмотрéть)

осмéивать *см.* осмея́ть; sich lústig máchen (что-л. über *A*) (*потешаться*)

осмелéть Mut fássen, sich (*D*) ein Herz fássen

осмéливаться, осмéлиться wágen *vt*, sich erkühnen; sich erdréisten, sich unterstéhen*; осмéлюсь сказáть ich erláube mir zu ságen

осмея́н||ие *с* Verláchen *n* -s, Áuslachen *n*, Verspóttung *f*; подвéргнуть ~ию áuslachen *vt*

осмея́ть áuslachen *vt*, verláchen *vt*, verspótten *vt*; belächeln *vt*

óсмий *м* Ósmium *n* -s (*хим. знак* Os)

осмоли́ть téeren *vt*

осмóлка *ж* Téerung *f* (10)

óсмос *м* *физ.* Osmóse *f*, Dúrchdringung *f* durch hálbdurchlässige Schéidewand (*о жидкостях*)

осмоти́ческий *физ.* osmótisch

осмóтр *м* Besíchtigung *f* (10); Prüfung *f* (10), Revisión [-vi-] *f* (10) (*проверка*); Untersúchung *f* (10), Visitatión [vi-] *f* (10) (*обследование*); ~ гóрода Stádtbesichtigung *f*; ~ багажá Gepäckkontrolle *f*; ~ трýпа *мед.*, *юр.* Léichenschau *f* (10); вы́езд судá для ~а мéста преступлéния *юр.* Lokáltermin *m* (1); контрóльный техни́ческий

~ téchnische Überprüfung; врачéбный ~ ärztliche Untersúchung; подвéргнуть ~у éiner Besíchtigung [Dúrchsicht] unterzíehen*

осмотрéть beséhen* *vt*, bescháuen *vt*, betráchten *vt*, besíchtigen *vt*; mústern *vt* (*внимательно*); untersúchen *vt* (*исследовать*; *тж. мед.* — *больного*); dúrchsuchen *vt* (*обыскать*); revidíeren [-vi-] *vt* (*обследовать*); **~ся 1.** umhérschauen *vi*, Úmschau hálten*; sich úmschauen, sich úmsehen*; **2.** (*освоиться*) sich ori¦entíeren, sich zuréchtfinden* *отд.*

осмотри́тельн||ость *ж* Úmsicht *f*; Vórsicht *f*, Behútsamkeit *f* (*осторожность*); дéйствовать с ~остью úmsichtig hándeln; **~ый** úmsichtig; überlégt; vórsichtig, behútsam (*осторожный*)

осмóтрщик *м* Revisor [-'vi:-] *m* -s, -sóren, Kontrolleur [-'lø:r] *m* (1); Prüfer *m* (6)

осмыслéние *с* Begréifen *n* -s; Verständnis *n* -ses; Sínngebung *f* (*толкование*); Erfássen *n* -s (*понимание*)

осмы́сленн||ость *ж* Vernünftigkeit *f*, Verständigkeit *f*; das Sínnvolle (*sub*) (*взгляда и т. п.*); **~ый** verständig, vernünftig, geschéit; sínnvoll, sínngemäß

осмы́слить, осмысля́ть durchdénken* *vt*; éinen Sinn gében* (что-л. *D*); gedánklich verárbeiten; (er)fássen *vt*, verstéhen* *vt*, begréifen* *vt* (*понять*)

оснасти́ть áusrüsten *vt*, áusstatten *vt*, bestücken *vt* (чем-л. mit *D*), *мор.* (be)tákeln *vt*

оснáстка *ж мор.* **1.** (*действие*) Tákeln *n* -s, Áuftakeln *n*; Áusstatten *n* -s; **2.** (*снасти*) Ták(e)lung *f* (10), Takeláge [-ʒə] *f* (11), Tákelwerk *n* -(e)s; Táuwerk *n*; Áusstattung *f* (10)

оснащ||áть *см.* оснасти́ть; **~éние** *с* Áusrüstung *f*, Áusstattung *f*, Bestükkung *f*; **~ённость** *ж* **1.** Áusrüstungsgrad *m* -(e)s; **2.** *с.-х.* Maschínenbesatz *m* -es

оснéженный verschnéit, schnéebedeckt

оснóв||а *ж* **1.** Grúndlage *f* (11), Básis *f*; ~а языкá Grúndlage der Spráche; положи́ть в ~у zugrúnde légen *vt*; быть [лежáть] в ~е (чегó-л.) (éiner Sáche) zugrúnde líegen*; взять за ~у als Básis néhmen*; заложи́ть ~у den Grund légen (чегó-л. zu *D*); в ~е ромáна лежи́т и́стинное происшéствие dem Román liegt ein wáhres Eréignis zugrúnde; **2.** *мн.* ~ы Grúndlagen *pl*, Eleménte *pl*; Grúndfesten *pl* (*устои*); ~ы ленини́зма die Grúndlagen des Leninísmus; ~ы существовáния Existénzgrundlagen *pl*; ~ы ми́рного договóра Grúndlagen für éinen Friedensvertrag; **3.** *текст.* Kétte *f* (11); Kéttfaden *m* (7*); **4.** *лингв.* Stamm *m* (1*); ~а слóва Wórtstamm *m*

основáн||ие *с* **1.** (*действие*) Grúndung *f*, Begründung *f*; год ~ия Grúndungsjahr *n* (2); **2.** (*фундамент*) Grúndlage *f* (11); Básis *f*, *pl* Básen, Fundamént *n* (2), Únterbau *m* -(e)s; ~ие горы́ der Fuß des Bérges; до ~ия bis auf den Grund, von Grund auf [aus] (*разрушить и т. п.*); подвести́ ~ие подо что-л. etw. untermáuern; **3.** (*причина*) Grund *m* (1*); Bewéggrund *m* (*мотив*); Ánlaß *m* -sses, -lässe (*повод*); на ~ии auf Grund; на э́том ~ии aus díesem Grúnd(e); на какóм ~ии? aus wélchem Grúnd(e)?; mit wélcher Beréchtigung?; есть все ~ия полагáть man hat állen Grund ánzunehmen; с пóлным ~ием mit gútem Grund; mit Recht; не без ~ия nicht óhne Grund; э́то не лишенó ~ия das hat séinen gúten Grund; быть лишённым вся́кого ~ия jéder Grúndlage entbéhren; нет ~ий к э́тому dazú ist kein Grund vorhánden; безо вся́кого ~ия óhne állen Ánlaß, óhne jéden Grund; völlig grúndlos; вéские ~ия (ge)wíchtige Gründe; **4.** *мат.* Básis *f*, *pl* Básen; Grúndlini¦e *f* (11); Grúndfläche *f* (11) (*фигуры*); ~ие перпендикуля́ра Fúßpunkt der Lótrechten [des Lots]; ~ие логари́фма Grúndzahl *f* (10), Básis *f*; **5.** *хим.* Báse *f* (11)

основáтель *м* Gründer *m* (6), Stífter *m* (6); **~ница** *ж* Gründerin *f* (12), Stífterin *f* (12)

основáтельн||о *нареч.* **1.** gründlich, von Grund aus; знать что-л. ~о etw. gründlich kénnen*; etw. aus dem Efféff verstéhen* (*разг.*); **2.** *разг.* (*изрядно*) tüchtig, gehörig; **~ость** *ж* **1.** (*серьёзность, глубина*) Gründlichkeit *f*; Gedíegenheit *f*; **2.** (*обоснованность*) Stíchhaltigkeit *f*; Gewíchtigkeit *f*; ~ость подозрéний die Tríftigkeit des Verdáchtes; **3.** (*прочность*) Solidität *f*, Solídheit *f*; **~ый 1.** (*серьёзный, глубокий*) gründlich, gedíegen; **2.** (*обоснованный*) begründet; stíchhaltig; beréchtig (*оправданный*); tríftig (*о причине*); **3.** (*прочный*) solíd, stabíl, órdentlich; **4.** *разг.* (*изрядный*) tüchtig, gehörig; ganz ánständig

основáть 1. gründen *vt*, begründen *vt*, stíften *vt*; **2.** (*обосновать*) gründen *vt*, begründen *vt*, áufbauen *vt*, basíeren *vt* (на чём-л. auf *A*); на чём э́то оснóвано? woráuf berúht das?; **~ся 1.** sich níederlassen*, sich ánsiedeln (*поселиться*); sich éinrichten (*устроиться*); **2.** (*образоваться*) entstéhen* *vi* (s)

основн||óе *сущ. с* Háuptsache *f* (11); ◇ в ~óм in den Háuptzügen (*в главных чертах*); in der Háuptsache (*в главном*)

основн||óй 1. háuptsächlich, Haupt-, Grund-; Stamm-; grúndlegend; wésentlich (*существенный*); ~ы́е задáчи Háuptaufgaben *pl*, Schwérpunktaufgaben *pl*; ~áя установка Grúndhaltung *f*; ~óе внимáние Háuptaugenmerk *n* -(e)s; ~óе противорéчие Grúndwiderspruch *m* (1*); ~óй капитáл *эк.* fíxes Kapitál, Grúndkapital *n* (2); ~áя кни́га *бухг.* Háuptbuch *n* (5); ~óй закóн (*конституция*) Grúndgesetz *n* (2), Verfássung *f* (10); ~óй экономи́ческий закóн ökonómisches Grúndgesetz; ~ы́е свобóды Grúndfreiheiten *pl*; ~ы́е цветá *физ.* Grúndfarben *pl*; ~óй моти́в Grúndmotiv *n* (2); в э́том ~óй вопрóс das ist der springende Punkt; **2.** *мат.*: ~óе уравнéние Fundamentálgleichung *f* (10)

оснóвный 1. *хим.* básisch; **2.** *текст.* Kétten-

основовязáльн||ый: ~ая маши́на *текст.* Kéttenwirkmaschine *f* (11)

основополагáющ||ий grúndlegend, Grund-; ~ие труды́ fundamentále [grúndlegende] Wérke

основополóжник *м* Schöpfer *m* (6), Gründer *m* (6), Begründer *m* (6); ~и маркси́зма die Begründer des Marxísmus

оснóвывать *см.* основáть; **~ся 1.** *см.* основáться; **2.** (*опираться — о предположении и т. п.*) sich stützen, sich gründen (на чём-л. auf *A*); fúßen *vi*, basíeren *vi*, áufbauen *vi* (auf *D*); э́тот план оснóвывается на... díeser Plan baut daráuf auf, daß...; **3.** *страд.* begründet [gegründet, gestíftet] wérden (*ср.* основáть)

осóба *ж* **1.** (*лицо, личность*) Persón *f* (10), Persönlichkeit *f* (10); **2.** *уст.*, *ирон.* (*важный человек*) gewíchtige Persón; ein gróßes Tier (*разг.*); **3.** (*лицо женского пола*) wéibliche Persón; Fráuenzimmer *n* (6); ◇ своéй (сóбственной) осóбой in höchsteigener Persón, selbst, persönlich

осóбенн||о *прил.* besónders, insbesóndere; не ~о nicht besónders, nicht sehr; nicht sónderlich; **~ость** *ж* **1.** (*своеобразие*) Besónderheit *f*; **2.** (*характерное свойство*) Éigentümlichkeit *f* (10), Éigenheit *f* (10), Éigenart *f* (10), Éigenartigkeit *f* (10); ◇ в ~ости besónders, insbesóndere; námentlich; **~ый** besónders; éigentümlich, éigenartig, éigen; úngewöhnlich (*необычный*); ничегó ~ого nichts Besónderes; nichts Äußergewöhnliches; без ~ого желáния óhne besónderen Wunsch

особня́к *м* Villa [*ит.* 'vila] *f*, *pl* -llen

особнякóм *нареч.* ábgesondert; держáться ~ sich ábseits hálten*; жить ~ ábgesondert [für sich alléin] lében

осóбо *нареч.* **1.** (*особенно*) besónders; éxtra; **2.** (*отдельно*) speziéll, gesóndert

осóб||ый 1. (*особенный*) besónders; úngewöhnlich (*необычный*); **2.** (*отдельный*) gesóndert; Sónder-; Éxtra-; speziéll, Speziál-; ~ый пóезд Sónderzug *m* (1*); ~ого назначéния zur besónderen Verwéndung; ~ым укáзом auf besónderen Beféhl; ~ые полномóчия Sóndervollmachten *pl*; ~ое мнéние besóndere [ábweichende] Méinung [Ánsicht]; **3.** (*значительный*) groß, bedéutend; без ~ой охóты óhne gróße Lust

óсобь *ж* Individuum [-'vi:-] *n*, *pl* -duen, Éinzelwesen *n* (7)

осóбь: э́то ~ статья́ das ist éine Sáche für sich

осовéл||ый *разг.* stier, stumpf, wie im Schlaf; смотрéть ~ыми глазáми ánstieren *vt*, mit stíerem Blick ánschauen (на когó-л., на что-л. *A*)

осовéть *разг.* **1.** (*задремать*) ánfangen* vor sich hínzudösen; **2.** (*стать бессмысленным — о взгляде, глазах*) stumpf [áusdruckslos] wérden, ábstumpfen *vi* (s)

осовремéнить *разг.* etw. dem héutigen Tag ánpassen; ~ пьéсу ein Theáterstück modernisíeren

осоéд *м зоол.* Wéspenfresser *m* (6)

осознавáть, осознáть éinsehen* *vt*, begréifen* *vt*, erfássen *vt*; sich (*D*) klármachen (что-л. *A*), sich (*D*) klar wérden (über *A*); sich (*D*) bewúßt wérden (*G*)

осóк||а *ж бот.* Ríedgras *n* (5); Ségge *f* (11); **~овые** *сущ. мн. бот.* Ríedgräser *pl*

осокóрь *м бот.* Schwárzpappel *f* (11)

осóт *м бот.* Gänsedistel *f* (11)

óсп||а 1. *мед.* Pócken *pl*, Blättern *pl*; вéтряная ~а Wíndpocken *pl*; чёрная ~а schwárze [hämorrhágische] Pócken; корóвья ~а Kúhpocken *pl*; **2.** *разг.* (*шрамы*) Póckennarben *pl*, Ímpfnarben *pl*; лицó в ~е ein blátternarbiges [póckennarbiges] Gesícht; приви́ть комý-л. ~у j-n gégen Pócken ímpfen

оспáривать 1. *см.* оспóрить; э́того нельзя́ ~ das ist únstreitig; **2.** (*добиваться*) um etw. (*A*) kämpfen, um etw. (*A*) ríngen*; ~ звáние чемпиóна ми́ра um die Wéltmeisterschaft kämpfen

о́спенн||ый Pо́cken-; Blättern-; ~ые следы́ Pо́ckennarben *pl*

о́спина *ж* Pо́ckennarbe *f* (11); Pо́cke *f* (11), Blätter *f* (11) (*гнойник*)

оспопрививá||ние *с мед.* Pо́ckenimpfung *f* (10), Ímpfung gégen Pо́cken; **~тельный** Pо́ckenimpf-; ~тельный пункт Pо́ckenimpfstelle *f* (11), Ímpfstelle *f*

оспо́рить stréitig máchen, in Ábrede stéllen, ábsprechen* *vt*, ánfechten* *vt;* bestréiten* *vt* (*мнение*); ábstreiten* *vt* (*право*)

осрами́ть *разг.* blamíeren *vt*, blо́ßstellen *отд. vt*; beschämen *vt*; verúnglimpfen *vt*; j-m Schimpf [Schmach] ántun*; **~ся** *разг.* sich blamíeren, sich blо́ßstellen *отд.*

ост *м мор.* **1.** (*направление*) Ost *m* -es, Ósten *m* -s (*сокр.* O); **2.** (*ветер*) Ost *m* (1), Óstwind *m* (1)

оставáться *см.* остáться; ◇ счастли́во ~! lébe wohl!, álles Gúte!

остáвить, оставля́ть 1. (*уходя, не взять с собой*) lássen* *vt*, belássen* *vt*, zurücklassen* *vt*; líegenlassen* *отд. vt;* stéhenlassen* *отд. vt*; hängenlassen* *отд. vt*; stéckenlassen* *отд. vt*; sítzenlassen* *отд. vt*; hinterlássen* *vt;* ~ кни́гу до́ма das Buch zu Háuse lássen*; ~ чемодáн в вагóне den Kо́ffer im Waggо́n lássen*; ~ впечатлéние éinen Éindruck hinterlássen; **2.** (*сохранить, отложить*) áufheben* *vt*, reservíeren [-vi:-] *vt*, zurücklassen* *vt*, übriglassen* *vt;* ~ что-л. на у́жин etw. zum Ábendbrot áufheben*; ~ за собо́й прáво sich (*D*) das Recht vо́rbehalten*; ~ за собо́й мéсто éinen Platz belégen; ~ усы́ (*брейсь*) den Schnúrrbart stéhenlassen*; **3.** (*после себя*) hinterlássen* *vt;* ~ наслéдство éine Érbschaft hinterlássen*; ~ запи́ску éinen Zéttel hinterlássen*; **4.** (*задержать*) (dá)lassen* *vt*, (dá-) behálten* *vt;* ~ ученикá на второ́й год den Schüler die Klásse wiederhо́len lássen*, den Schüler nicht versétzen; ~ гостéй ночевáть Gäste übernáchten lássen*, Gäste über Nacht dábehalten*; **5.** (*покинуть*) verlássen* *vi*, sich entférnen; ~ женý die Frau verlássen*; си́лы остáвили егó die Kräfte verlíeßen ihn, die Kräfte verságten ihm; ~ в бедé im Stich lássen*; **6.** (*прекратить, расстаться с чем-л.*) séinlassen*, áufhören *vt*, áufgeben* *vt;* ~ разгово́р das Gespräch áufgeben*; ~ надéжду die Hо́ffnung áufgeben* [fáhren lássen*] **7.** (*лишить чего-л.*) о́hne etw. (*A*) lássen*, nicht versо́rgen, nicht gewähren; ~ без хлéба nicht mit Brot versо́rgen; ~ без внимáния kéine Áufmerksamkeit schénken, únbeachtet lássen*; **8.** (*при игре в карты*): ~ в дуракáх [дурако́м] j-n zum Schwárzen Péter máchen; ◇ остáвь!, остáвьте! laß (sein)!, lássen Sie!, laß [lássen Sie] das!; остáвь егó! laß ihn!, laß ihn in Rúhe!; ~ когó-л. позади́ überflügeln *vt*, hínter sich lássen; ~ в сторонé beiséite lássen*; ~ вопро́с откры́тым die Fráge о́ffen lássen*; кáмня на кáмне не остáвить kéinen Stein auf dem ándern lássen*; оставля́ть желáть (мно́гого) лу́чшего víeles zu wünschen übriglassen*

остальн||о́е *сущ. с* das übrige; der Rest; в ~о́м im übrigen; **~о́й** übrig; verblíeben; ~о́е врéмя die ándere [réstliche] Zeit; **~ы́е** *сущ. мн.* (*о людях*) die änderen; die übrigen

останáвливать *см.* останови́ть; **~ся 1.** *см.* останови́ться; ни пéред чем не ~ся vor nichts háltmachen [zurückschrecken, zurückscheuen]; **2.** *страд.* ángehalten wérden; zum Stéhen gebrácht wérden (*ср.* останови́ть)

остáнец *м геол.* Réstberg *m* (1)

остáнки *мн.* Léichnam *m* (1); брéнные ~ die stérblichen Überreste [Réste]; die írdische Hülle (*поэт.*)

остано́в *м тех.* Spérre *f* (11); Stо́ppvorrichtung *f* (10); авари́йный ~ Nо́tabschaltung *f* (10)

останови́ть 1. stо́ppen *vt*; zum Stéhen [Stíllstand] bríngen*; ánhalten* *vt* (*машину*); unterbréchen* *vt* (*прервать*); éine Unterbréchung hervо́rrufen* (*временно*); ~ кровотечéние das Blut stíllen; **2.** (*задержать*) áufhalten* *vt*, ábbremsen *vt*, ánhalten* *vt*, zurückhalten* *vt* (*удержать*); **3.** (*сосредоточить*) ríchten *vt*; lénken *vt* , konzentríeren *vt;* ~ чьё-л. внимáние на чём-л. j-s Áufmerksamkeit auf etw. (*A*) lénken [ríchten]; ~ взор на ком-л. den Blick auf j-n héften [ríchten]; **~ся 1.** stéhenbleiben* *отд. vi* (s); háltmachen *отд. vi*; zum Stéhen kо́mmen*; (án)hálten* *vi*; ins Stо́cken gerâten*, stо́cken *vi* (*задержаться*); ~ся на пя́той главé beim fünften Kapítel stéhenbleiben*; **2.** (*временно расположиться*) verwéilen *vi*, Quartíer néhmen*; ~ся в гости́нице ein Zímmer in éinem Hotél néhmen*; ~ся у ро́дственников sich bei Verwándten éinquartíeren, bei Verwándten bléiben*; ~ся на три часá drei Stúnden Áufenthalt háben (*о пассажире, поезде*); **3.** (*удержаться*) áufhören *vi*, háltmachen *отд. vi*; **4.** (*сосредоточиться*) verwéilen *vi* (на чём-л. bei *D*); sich konzentríeren; ~ся на вопро́се auf die Fráge éingehen*, éine Fráge berühren; егó вы́бор останови́лся на... séine Wahl fiel auf... (*A*)

остано́вк||а *ж* **1.** Ánhalten *n* -s, Halt *m* -(e)s, Háltmachen *n* -s; Stо́ppen *n* -s, Stop *m* -s; Stо́ckung *f* (10) (*задержка*); Unterbréchung *f* (10) (*перерыв*); без ~и о́hne háltzumachen; ununterbrо́chen; о́hne Unterbréchung, о́hne Áufenthalt; **2.** (*пребывание*) Verwéilen *n* -s, Áufenthalt *m* (1); Éinkehren *n* -s; **3.** (*остановочный пункт*) Háltestelle *f* (11), Statiо́n *f* (10); ~а по трéбованию Bedárfshaltestelle *f*; трамвáйная ~а Stráßenbahnhaltestelle *f*; конéчная ~а Éndstation *f*; **4.** (*расстояние между двумя остановочными пунктами*) Háltestelle *f*; **5.** *тех.* Stо́ppen *n* -s, Stíllegen (*при переносе*: Still-legen) *n* -s; Ábschaltung *f* (10); ◇ ~а за кем-л., за чем-л. *разг.* es liegt an (*D*); ~а то́лько за разрешéнием es fehlt nur die Erláubnis, es liegt nur an der Erláubnis [an der Genéhmigung]

остано́вочный Hálte-; ~ пункт Háltestelle *f* (11), Háltepunkt *m* (1)

остáт||ок *м* **1.** Rest *m* (1); Réstbestand *m* (1*); распродáжа ~ков Résteausverkauf *m* (1*); ~ок жи́зни der Rest [die létzten Jáhre] des Lébens; **2.** *мн.* ~ки (*следы существования чего-л.*) Réste *pl*; Überreste *pl*, Überbleibsel *pl*; **3.** *мн.* ~ки (*отбросы*) Ábfälle *pl*, Rückstände *pl*; **4.** *мат.*, *бухг.* Rest *m* (1); ~ок сýммы der Rest der Súmme; Réstbetrag *m* (1*); ◇ ~ки слáдки *погов.* das Létzte ist das Béste

остáточный *физ.*, *тех.* réstlich, Rest-

остá||ться bléiben* *vi* (s); náchbleiben* *vi* (s); verbléiben* *vi* (s); líegenbleiben* *отд. vi* (s) (*быть забытым*); ~ться до́ма zu Háus(e) bléiben*; ~ться на второ́й год (*об ученике*) sítzenbleiben* *отд. vi* (s); скóлько киломéтров ~лось до стáнции? wieviél Kilométer sind es noch bis zur Statiо́n?; ◇ ~ться в живы́х am Lében bléiben*; mit dem Lében davо́nkommen*; ~ться при своём мнéнии bei séiner Méinung bléiben*, auf séiner Méinung bestéhen* [behárren]; пóсле негó ~лись женá и дéти er hat Frau und Kínder hinterlássen; за ним ~лось дéсять рублéй er blieb zehn Rúbel schúldig; дом ~лся за ним das Haus verblíeb ihm; ~ться в си́ле in Kraft bléiben*, Géltung behálten*; ~ться позади́ (*отстать в соревновании и т. п.*) hínter j-m líegen*; ~ться с нóсом *разг.* das Náchsehen háben; ~ться на бумáге auf dem Papíer (stéhen)bleiben*; не остаётся ничегó инóго, как... es bleibt nichts (ánders) übrig, als...; ~ться безнакáзанным úngestraft bléiben*; ~ться в бары́шах Vо́rteil zíehen*, profitíeren *vt*; ~ться ни при чём leer áusgehen*; nichts erréichen; ~ться ни с чем álles verlо́ren háben; vо́llig ábgebrannt sein; ~ться при чём-л. dabéibleiben* *vi* (s); пусть так и остаётся und dabéi soll es bléiben; ~ться с больны́м bei dem Kránken bléiben*; ~ться сирото́й verwáisen; ~ться без дéнег о́hne Geld dásitzen*

ост||гóтский *ист.* о́stgotisch; **~гóты** *мн. ист.* Óstgoten *pl*

остекленéть únbeweglich wérden, glásig wérden (*о глазах*)

остекли́ть, остекля́ть verglásen *vt*

остеоло́гия *ж мед.* Osteologíe *f*, Knо́chenlehre *f*

остеомиели́т *м мед.* Knо́chenmarkentzündung *f* (10), Osteomyelítis *f*

остепени́ться gesétzter [besо́nnener, vernünftig] wérden; sich (*D*) die Hо́rner ábgestoßen [ábgelaufen] háben (*разг.*)

остерве||нéлый wütend, rásend; áußer sich (*вне себя*); **~нéние** *с* Wut *f*, Raseréi *f*; прийти́ в ~нéние *см.* остервенéть; ◇ с ~нéнием mit vо́ller Híngabe, sélbstvergessen (*работать и т. п.*); **~нéть, ~ни́ться** wütend [rásend] wérden [sein], in Raseréi [Wut] geráten*

остерегáть wárnen *vt* (от чегó-л., от когó-л. vor *D*)

остерегáться, остерéчься (*чего-л., кого-л. и с инф.*) sich hüten (vor *D*), sich vо́rsehen*, sich in acht néhmen*; auf der Hut sein, vо́rsichtig sein, áchtgeben* *отд. vi* (*быть осторожным*); остерегáйтесь воро́в! Áchtung, Díebe!; остерегáйтесь, чтóбы не упáсть! paßt auf, daß ihr nicht fallt!

ост-и́ндский *ист.* ostíndisch

ости́ст||ый *бот.* grännig; ~ые колóсья grännige Ähren

ости́т *м мед.* Knо́chenentzündung *f* (10), Ostítis *f*

óстов *м* **1.** *анат.* Geríppe *n* (6), Skelétt *n* (2), Knо́chengerüst *n* (2); **2.** *тех.* Rumpf *m* (1*); Gerüst *n* (2) (*до́ма*); Gestéll *n* (2) (*рама, станина*); ~ затвóра Schlо́ßgehäuse *n* (6); **3.** (*основа*) Grúndstock *m* (e)s; ~ ромáна der Grúndaufbau des Románs

остóйчив||ость *ж мор.* Stabilität *f*; Kíppsicherheit *f*; **~ый** *мор.* stabíl; kíppsicher

остолбенéлый erstárrt, régungslos

остолбене́||ть *разг.* erstárren *vi* (s); baff sein, bestürzt sein, perpléx sein [wérden]; я ~л ich war wie vor den Kopf geschlágen; ich war ganz platt

остоло́п *м груб.* Tölpel *m* (6), Tróttel *m* (6)

осторо́жничать *разг.* übertríeben vórsichtig sein [hándeln]

осторо́жн||о *нареч.* vórsichtig, behútsam (*бережно*); ~о! Vórsicht!, Áchtung!; **~ость** *ж* Vórsicht *f*, Áchtsamkeit *f*, Behútsamkeit *f*; из ~ости aus Vórsicht, vórsichtshalber; обраща́ться с ~остью mit Vórsicht [vórsichtig] behándeln (с чем-л. *A*), vórsichtig úmgehen* (mit *D*); **~ый** vórsichtig; behútsam; áchtsam; бу́дьте ~ы! seid vórsichtig!

осточерте́||ть *разг.* zum Hálse heráushängen*; überhaben *vt*; э́то мне ~ло das hábe ich über, das ist mir über, das hängt mir zum Hals heráus

остраки́зм *м ист.* Ostrazísmus *m* =, Schérbengericht *n* -(e)s; подве́ргнуть ~у durch das Schérbengericht verúrteilen; verbánnen *vt*

остра́стк||а *ж разг.* Dróhung *f* (10); Bángemachen *n* -s, Éinschüchterung *f* (10); для ~и zur Ábschreckung

остригáть(ся) *см.* остри́чь(ся)

остриё *с* **1.** (*лезвие*) Schnéide *f* (11); **2.** (*заострённый конец*) spítzes Énde, Spítze *f* (11); конча́ться ~м spitz [in éine Spítze] áuslaufen*; **3.** *перен.* Stóßrichtung *f* (10); Schärfe *f*; Spítze *f* (11); напра́вить ~ кри́тики про́тив чего́-л. die Spítze [gánze Schärfe] der Kritík gégen etw. (*A*) ríchten

остри́ть I (*заострять*) spítzen *vt*, wétzen *vt*, schärfen *vt*, schléifen* *vt*; ~ ножи́ die Mésser schléifen*

остри́ть II (*говорить остроты*) wítzeln *vi*, Wítze máchen [réißen*]; ~ на чей-л. счёт über j-n Wítze réißen*, j-n bewítzeln

остри́чь schéren* *vt* (*волосы, шерсть*); (be)schnéiden* *vt*, stútzen *vt* (*подрезать, укоротить*); **~ся** sich schéren*, sich (*D*) die Háare schnéiden* (*самому*); sich (*D*) die Háare schnéiden lássen* (*у парикмахера*)

о́стров *м* Ínsel *f* (11); *см. тж.* острово́к

островéрхий spitz zúlaufend; ~ те́рем ein spítzes Türmchen

островитя́н||ин *м* Ínselbewohner *m* (6), Insuláner *m* (6); **~ка** *ж* Ínselbewohnerin *f* (12), Insulánerin *f* (12)

островно́й Ínsel-

острово́к *м* **1.** Ínselchen *n* (7); Éiland *n* (2) (*поэт.*); зелёный ~ (на реке́) Áue *f* (11) (*поэт.*); намы́тый ~ (*отмель на реке*) Wérder *m* (6); **2.**: ~ безопа́сности (*для пешеходов*) Verkéhrsinsel *f* (11)

остро́г *м уст.* **1.** Gefängnis *n* (3*); **2.** beféstigte Síedlung

остро́г||а *ж* Harpúne *f* (11); Físchspeer *m* (1); бить ры́бу ~о́й éinen Fisch mit dem Speer erlégen

острогáть behóbeln *vt*

острогла́зый *разг.* schárfsichtig

остроу́бцы *мн. тех.* Béißzange *f* (11), Spítzzange *f*, Knéifzange *f*

остродефици́тный äußerst knapp, Éngpaß-; ~ това́р Éngpaßware *f* (11)

остро́жн||ик *м уст.* Sträfling *m* (1), Zúchthäusler *m* (6), Arrestánt *m* (8); **~ый** *уст.* Gefängnis-, Zúchthaus-

острозара́зн||ый *мед.* akút¦infektiös sehr ánsteckend; Infektións-, Séuchen-; ~ые заболева́ния akúte Infektiónskrankheiten; ~ый бара́к Séuchenbaracke *f* (11)

острозу́бый spítzzähnig

остроконе́чн||ый (zú)gespítzt; spitz zúlaufend, Spitz-; ~ые кры́ши kégelförmige Dächer

остроли́ст *м бот.* Stéchpalme *f* (11)

остроли́цый mit schmálem mágerem Gesícht

остроно́сый **1.** spítznasig; **2.** (*об обуви и т. п.*) spitz (áuslaufend)

острosло́в *м* Mensch *m* (8) mit éiner schárfen Zúnge; Wítzbold *m* (1); **~ие** *с* Wítzigkeit *f*; **~ить** *см.* остри́ть II

остро́та *ж* (*остроумное выражение*) Witz *m* (1); wítzige Bemérkung; géistreiche Äußerung; уда́чная ~ ein gúter Witz; дешёвые [пло́ские] остро́ты fáule Wítze; зла́я ~ ein böser Witz, ein béißender Witz; отпуска́ть остро́ты Wítze réißen* [máchen]

острота́ *ж* **1.** (*ножа, сабли и т. п.*) Schärfe *f*; **2.** (*чувства*) Héftigkeit *f*; Schärfe *f* (*зрения, слуха, ума*); Féinheit *f* (*слуха, вкуса*); **3.** (*напряжённость*) Schärfe *f*, Gespánntheit *f*; ~ кри́зиса die Schärfe [Héftigkeit] der Kríse; ~ положе́ния die Gespánntheit der Láge

остроуго́льный *мат.* spítzwinklig

остроу́мец *м* Wítzbold *m* (1), géistreicher Mensch

остроу́мие *с* Schárfsinn *m* -(e)s, Geist *m* -es, Witz *m* -es; щеголя́ть ~м géistreich sein wóllen*

остроу́мничать *разг.* bemüht sein sich géistreich zu gében, wítzeln *vt*

остроу́мный schárfsinnig, géistreich, wítzig

остроу́хий mit spítzen Óhren, spítzohrig

острохво́стый mit spítzem Schwanz

о́стр||ый **1.** scharf; spitz; **2.** (*о чувстве*) héftig; fein, scharf (*о зрении, слухе, уме*); scharf, béißend (*на вкус*); ~ая боль héftiger Schmerz; ~ые глаза́ ein schárfes Áuge; ~ый вопро́с héikle Fráge; ~ое жела́ние héißer Wunsch; **3.** (*напряжённый*) gespánnt, zúgespitzt; ~ое положе́ние gespánnte Láge; ~ый конфли́кт héftiger Konflíkt; ~ый недоста́ток в чём-л. gróßer [stárker] Mángel an etw. (*D*); ~ый кри́зис schárfe Kríse; **4.** (*колкий, язвительный*) bíssig, scharf; béißend; ~ое сло́во ein schárfes [spítz(ig)es] Wort; ~ое замеча́ние éine spítze [spítzige, schnéidende] Bemérkung; он остёр на язы́к *разг.* er hat éine spítze Zúnge; **5.** *мед.* akút; ◇ ~ый у́гол spítzer Winkel; э́то ему́ нож ~ый ≃ das ist für ihn Salz auf die Wúnde

остря́к *м разг.* Wítzbold *m* (1), wítziger [géistreicher] Mensch; Spáßvogel *m* (6*)

остуди́ть, остужа́ть (áb)kühlen *vt*, kühl wérden lássen*, erkálten lássen*

оступа́ться, оступи́ться stólpern *vi* (s), stráucheln *vi* (s)

остфри́зский óstfriesisch

остыва́ть, осты́ть **1.** ábkühlen *vi* (s), erkálten *vi* (s), kalt wérden, sich ábkühlen; **2.** (*стать равнодушным*) gléichgültig wérden; sich berúhigen; интере́с осты́л das Interésse nahm ab (к чему́-л. für *A*)

осты́лый *уст.* **1.** kalt; ~ пот kálter Schweiß; **2.** (*равнодушный*) gléichgültig

ость *ж* **1.** *бот.* Gránne *f* (11); **2.** (*мéха*) Grännenhaar *n* (2), das lánge Haar im Pelz

осуди́ть, осужда́ть **1.** (*порицать*) tádeln *vt*, ábfällig beúrteilen; míßbilligen *vt*; den Stab über j-n bréchen*; **2.** (*приговорить*) verúrteilen *vt*; áburteilen *vt*; зао́чно ~ in Ábwesenheit verúrteilen; **3.** (*обречь на что-л.*) verúrteilen *vt* (zu *D*), gewéiht sein (*D*); э́то осуждено́ на ги́бель es ist dem Úntergang gewéiht, es ist zum Úntergang verúrteilt; ◇ не осуди́те! *уст.* bítte um Verzéihung!

осужде́ние *с* **1.** (*порицание*) Tádel *m* (6); Míßbilligung *f*; ábfällige Beúrteilung; **2.** (*судебное*) Verúrteilung *f* (10); Áburteilung *f*

осуждённый **1.** *прич. и прил.* verúrteilt; **2.** *в знач. сущ. м* Verúrteilte *m* (14); ~ на смерть der zum Tód(e) Verúrteilte

осу́нуться ábmagern *vi* (s), ábnehmen* *vi*; hóhlwangig wérden, ein éingefallenes Gesícht bekómmen* (*о лице*)

осуша́ть *см.* осуши́ть

осуш||е́ние *с* Trócknen *n*, Trockenlegung *f*, Entwässerung *f*; рабо́ты по ~е́нию Entwässerungsarbeiten *pl*; ~е́ние боло́т die Tróckenlegung von Sümpfen

осуши́тель *м тех.* Tróckner *m* (6); **~ный** Trócken-; Tróckenlegungs-, Dränáge- [-ʒə-], Entwässerungs-; ~ное сооруже́ние Dränágeanlage *f* (11)

осуши́ть **1.** trócknen *vt*; tróckenlegen *отд. vt*, entwässern *vt*; ~ боло́то éinen Sumpf tróckenlegen; **2.** (*выпить до дна*) léeren *vt*, áustrinken* *vt*; ◇ ~ слёзы (*кому-л.*) die Tränen trócknen, j-n trösten; ~ глаза́ áufhören zu wéinen

осу́шка *ж см.* осуше́ние

осуществи́м||ость *ж* Dúrchführbarkeit *f*, Áusführbarkeit *f*, Realisíerbarkeit *f*; **~ый** dúrchführbar, áusführbar, realisíerbar; erfüllbar (*выполнимый*)

осуществи́ть verwírklichen *vt*, dúrchführen *vt*, áusführen *vt*, realisieren *vt*, zustánde bríngen*; in die Wírklichkeit [Tat] úmsetzen; **~ся** sich verwírklichen, zustánde kómmen*; sich erfüllen, in Erfüllung géhen*

осуществле́ние *с* Verwírklichung *f*, Áusführung *f*; Dúrchführung *f*, Dúrchsetzung *f*, Realisíerung *f*; Erfüllung *f* (*выполнение*); ~ пятиле́тнего пла́на die Verwírklichung des Fünfjahrplans

осуществля́ть *см.* осуществи́ть; **~ся** **1.** *см.* осуществи́ться; **2.** *страд.* erfólgen *vi*, dúrchgeführt wérden (*ср.* осуществи́ть)

осциллогра́мма *ж физ.* Oszillográmm *n* (2)

осцилло́граф *м физ.* Oszillográph *m* (8)

осцилля́тор *м физ.* Oszillátor *m* -s, -tóren

осчастли́вить beglücken *vt*, glücklich máchen

осыпа́ние *с* **1.** (*чем-л.*) Bestréuen *n* -s; Überschütten *n* -s; **2.** (*чего-л.*) Herábfallen *n* -s; Ábbröckeln *n* -s

осы́пать, осыпа́ть **1.** bestréuen *vt*; überschütten *vt*; überstréuen *vt*; **2.** (*в изобилии наделить чем-л.*) überschütten *vt*, überhäufen *vt*; ~ поцелу́ями mit Küssen bedécken; ~ ми́лостями mit Gúnstbezeigungen überschütten; ~ уда́рами кого́-л. Schläge auf j-n herábhageln lássen*

осы́паться **1.** (*о земле, камнях и т. п.*) ábbröckeln *vi* (s), herábrollen *vi* (s), herúnterrollen *vi* (s); **2.** (*опасть — о листьях и т. п.*) (áb-) fállen* *vi* (s), herábfallen* *vi* (s); sich entblättern (*о деревьях*); áuskörnen *vi* (s) (*о зерне*)

осыпа́ться **1.** *см.* осы́паться; **2.** *страд.* überschüttet wérden (*ср.* осы́пать)

осыпь *ж* **1.** *геол.* Geröll *n* -(e)s; **2.** *полигр.* Auseinánderfallen *n* -s

ось *ж* Áchse *f* (11); земная ~ Érdachse *f*; магнитная ~ Magnétachse *f*; ~ колеса Rádachse *f*; ~ канала ствола (*в оружии*) Séelenachse *f*; по оси áchsrecht

осьмина *ж уст.* Áchtel *n* (6) (*105 Liter*)

осьминог *м зоол.* Polýp *m* (9), Kráke *m* (8), áchtarmiger Séepolyp

осьмушка *ж уст.* Áchtel *n* (6), Áchtelpfund *n* (2)

осязаем||ость *ж* Fühlbarkeit *f*, Gréifbarkeit *f*, Tástbarkeit *f*, Betástbarkeit *f*; **~ый** fühlbar, (be)tástbar, gréifbar, hándgreiflich

осязание *с* Tástsinn *m* -(e)s, Tástgefühl *n* -(e)s

осязательный **1.** Tast-, Fühl-; **2.** (*ощутимый, заметный*) fühlbar, wáhrnehmbar, spürbar, mérklich, bemérkbar

осязать **1.** betásten *vt*, (be)fühlen *vt*; **2.** (*ощущать, замечать*) wáhrnehmen* *отд. vt*, spüren *vt*, fühlen *vt*

от *предлог* **1.** (*при обозначении источника чего-л.*) von (*D*); я знаю это от очевидца ich weiß das von éinem Áugenzeugen; передать поклон от кого-л. von j-m éinen Gruß überbríngen*; **2.** (*во временном значении*) von (*D*); от первого до последнего дня vom érstem bis zum létzten Tag; письмо от 3 марта ein Brief vom 3. März; **3.** (*при обозначении принадлежности, части чего-л.*) пуговица от платья Kléiderknopf *m* (1*); ножка от стула Stúhlbein *n* (2); ключ от комнаты Zímmerschlüssel *m* (6); скорлупа от орехов Núßschalen *pl*; футляр от скрипки Géigenkasten *m* (7,7*); **4.** (*в защиту от кого-л., чего-л.*) gégen (*A*), für (*A*); vor (*D*); средство от лихорадки Míttel gégen (das) Fíeber; укрыться от дождя sich vor dem Régen schützen; лечение от ожирения Entféttungskur *f*; страхование от пожара Féuerversicherung *f*; **5.** (*при обозначении причины, источника чего-л.*) von (*D*), aus (*D*); vor (*D*); корчиться от боли sich vor Schmerz wínden* [krümmen]; от необразованности aus Mángel an Bíldung; от горя vor Leid; от радости vor Fréude; умереть от (какой-л.) болезни an éiner Kránkheit stérben*; прохлада от реки die Kühle vom Fluß; пятно от масла Féttfleck *m* (1); волдырь от ожога Brándblase *f* (11); «Горе от ума» «Verstánd schafft Léiden» (*Komödie von A. S. Gribojedow*); **6.** (*при сравнении*): отличаться чем-л. от других sich von ánderen unterschéiden*; он не умеет отличить правой руки от левой er kann rechts und links nicht unterschéiden; **7.** (*при обозначении пределов и т. п.*) von (*D*); от края до края von éinem Énde bis zum ándern; от пяти до десяти рублей von fünf bis zehn Rúbel; ◇ от доски до доски von der érsten bis zur létzten Séite; от мала до велика klein und groß; час от часу von Stúnde zu Stúnde; день ото дня von Tag zu Tag; год от году von Jahr zu Jahr; время от времени von Zeit zu Zeit, ab und zu, dann und wann; рабочий от станка ein Árbeiter von der Wérkbank; генерал от инфантерии *воен. уст.* Generál der Infanteríe; писать от руки mit der Hand schréiben*; от (всей) души, от всего сердца von ganzem Hérzen; от силы *разг.* höchstens; от имени im Námen; от природы von Natúr aus

отава *ж с.-х.* Grúmmet *n* -s, Grumt *n* -(e)s

отапливаемый héizbar

отапливать *см.* отопить; **~ся** gehéizt wérden

отара *ж* Scháfherde *f* (11)

отбавить, отбавлять wégnehmen* *vt*, ábnehmen* *vt*; ábgießen* *vt* (*отлить*); ábschütten *vt* (*отсыпать*); verkléinern *vt*, vermíndern *vt*, verríngern *vt* (*уменьшить*); ◇ хоть отбавляй *разг.* im Überfluß; mehr als genúg

отбарабанить **1.** áufhören zu trómmeln; **2.** *разг.* (*поспешно, невыразительно сделать что-л.*) herúnterrasseln *vt*, herúnterleiern *vt* (*стихи*); herúnterklimpern *vt* (*на рояле*)

отбегать *см.* отбежать

отбегать(ся) *разг.* áufhören zu láufen, nicht mehr láufen können*

отбежать fórtlaufen* *vi* (s), wégláufen* *vi* (s); отбежать в сторону zur Séite [beiséite] láufen*

отбеливать, отбелить **1.** (*холст*) bléichen *vt*; **2.** (*чугун*) vórfrischen *vt*, wéißen *vt*

отбелка *ж* **1.** (*холста*) Bléichen *n* -s; **2.** (*чугуна*) Vórfrischen *n* -s, Wéißen *n* -s

отбельный *спец.* Bleich-; gebléicht

отбивать *см.* отбить; ~ такт den Takt schlágen*; ~ такт ногой mit dem Fuß den Takt ángeben*; **~ся** **1.** *см.* отбиться; он отбивался от этого руками и ногами *разг.* er wéhrte sich mit Händen und Füßen dagégen; **2.** *страд.* ábgeschlagen wérden (*ср.* отбить)

отбивн||ой: ~ая котлета Kotelétt *n* (2) (*pl тж.* -s), Kotelétte *f* (11) (*с косточкой*); Schnítzel *n* (6) (*без косточки*)

отбирать *см.* отобрать

отбить **1.** ábschlagen* *vt*, ábbrechen* *vt*; ~ ручку у чашки den Hénkel der Tásse ábschlagen*; **2.** (*удар*) ábwehren *vt*, paríeren *vt*, ábweisen* *vt*; zurückschlagen* *vt* (*мяч*); ~ (*мяч*) головой (*футбол*) wégköpfen *vt*; ~ (*мяч*) за линию verschlágen* *vt*; ~ атаку éinen Ángriff ábschlagen* [zurückschlagen*, ábwehren, ábweisen*]; **3.** *разг.* (*отнять силой*) entréißen* *vt*, wégnehmen* *vt*, ábnehmen* *vt*; wíedergewinnen* *vt*; **4.** *разг.* (*переманивать от кого-л.*) ábspenstig máchen, wégschnappen *vt* (*D*); ~ у кого-л. покупателей j-m die Käufer wéglocken; ~ жениха den Bräutigam ábspenstig máchen; **5.** (*отломать*) ábbrechen* *vt*, ábhauen* *vt*; ábbröckeln *vt* (*кусочками*); **6.:** ~ косу die Sénse déngeln; ◇ ~ охоту die Lust néhmen* [vertréiben*]; ~ запах den Gerúch beséitigen; **~ся** **1.** (*отразить*) zurückschlagen* *vt*, zurückdrängen *vt*; от него не ~ся *разг.* den wird man nicht los; ~ от врага sich des Féindes erwéhren; **2.** (*отстать*) zurückbleiben* *vi* (s); getrénnt wérden; die Verbíndung verlíeren*; **3.** (*отломаться*) ábbrechen* *vi* (s); ábspringen* *vi* (s), ábplatzen *vi* (s) (*отколоться*); ◇ ~ся от рук *разг.* nicht mehr gehórchen (*D*); ~ся от дома sélten zu Háuse sein, sich für Haus und Famíli:e nicht interessíeren

отблагодарить dánken *vi*, Dank ábstatten (кого-л. *D*); sich erkénntlich zéigen [erwéisen*]

отблеск *м* Wíderschein *m* -(e)s, Ábglanz *m* -es, Rückstrahlung *f*

отблескивать éinen Líchtschein [Schein] zurückwerfen*, reflektíeren *vi*; schímmern *vi*

отбой *м* **1.** *воен.* Ábbruchsignal *n* (2), Rückzugssignal *n*, Schlúßsignal *n*, Schlúßzeichen *n* (7); Entwárnung *f* (*воздушной тревоги*); дать ~ (тревоги) Entwárnung gében*; бить ~ zum Rückzug blásen*; *перен.* sich von séiner früheren Méinung lóssagen; трубить ~ ábblasen* *vi*; **2.** (*телефонный*) Ábklingeln *n* -s, Ábläuten *n* -s; дать ~ éinhängen *vt*; den Hörer áuflegen; ◇ от них отбою нет *разг.* man kann sich íhrer nicht erwéhren; man wird von íhnen überláufen

отбой||ка *ж горн.* Ábbau *m* -(e)s; ~ка угля Kóhlenabbau *m*; **~ный** Ábbau-; ~ный молоток Ábbauhammer *m* (6)

отболеть *разг.* éine Kránkheit überstánden háben

отбомбить *разг.* **1.** bombardíeren *vt*; **2.** áufhören zu bombardíeren; **~ся** *разг.* áufhören zu bombardíeren, das Bombardement [-'mã] éinstellen

отбор *м* Áuswahl *f*; Áuslese *f* (*тж. биол.*); Áusmusterung *f*; *тех.* Entnáhme *f*; естественный ~ die natürliche Zúchtwahl; сделать ~ áuswählen *vt*, áussondern *vt*, áusmustern *vt*, áussortieren *vt*; **~ный** **1.** (*отличный*) áuserlesen, áusgesucht; érstklassig; gewählt; Áuslese-; Elíte-; ~ное войско Elítetruppe *f* (11); **2.** *разг.* (áusgesucht) únanständig, Schimpf-; ~ная ругань *разг.* die geméinsten Schímpfworte

отборочн||ый *спорт.* Áuswahl-; Áusscheidungs-; ~ые соревнования [игры] Áuswahlspiele *pl*

отбояри(ва)ться *разг.* lóswerden* *vt*; j-n geschíckt ábfertigen (*от кого-л.*); dárum herúmkommen* (от чего-л. um *A*), sich drücken (von, vor *D*)

отбраковать *спец.* in den Áusschuß tun*; als Áusschußware bestímmen

отбранить áusschimpfen *vt*

отбрасывать *см.* отбросить; ~ тень éinen Schátten wérfen*

отбрить *разг.* (*резко ответить*) ábfahren lássen*

отбродить *разг.* áufhören zu gären

отбросить **1.** zurückwerfen* *vt*, wégschleudern *vt*; zurückschleudern *vt*; zur Séite [beiséite] wérfen* (*в сторону*); **2.** (*неприятеля*) zurückwerfen* *vt*, zurückschlagen* *vt*, zurückdrängen *vt*; **3.** (*отказаться от чего-л.*) áufgeben* *vt*; fállenlassen* *отд. vt*, verwérfen* *vt*; ~ сомнения Zwéifel fállenlassen*; ~ мысль éinen Gedánken áufgeben*; **4.** (*тень, лучи*) wérfen* *vt*, zurückwerfen* *vt*

отброс||ы *мн.* Ábfall *m* (1*); Müll *m* -(e)s (*мусор*); ведро для ~ов Mülleimer *m* (6), Ábfalleimer *m*; ◇ ~ы общества Ábschaum [Áuswurf] der Geséllschaft

отбрыкиваться **1.** (mit den Füßen) áusschlagen* (um j-n, etw. lószuwerden); **2.** *разг.* (*отделываться*) álles dránsetzen, um etw. lószuwerden

отбуксир||овать wégbugsieren *vt*, fórtbugsieren *vt*; **~овка** *ж* Wégbugsieren *n* -s; der Ábtransport [das Ábschleppen] éines Schíffes

отбыв||ание *с* Ábdienen *n* -s, Ábleisten *n* -s; ~ание наказания die Ábbüßung der Stráfe; das Ábsitzen der Háft(zeit); **~ать** *см.* отбыть

отбыт||ие *с* **1.** (*отъезд, отправление*); Ábreise *f*; Ábfahrt *f* (*поезда*); **2.** (*наказания*) Ábbüßen *n* -s, Verbüßen *n*;

по ~ии наказа́ния nach Verbüßung der Stráfe

отбы́ть 1. ábfahren* *vi* (s), ábreisen *vi* (s); áusscheiden* *vi* (s); 2. (*срок и т. п.*) ábsitzen* *vt*, ábbüßen *vt*; ~ слу́жбу *воен.* séine Dienstzeit ábleisten

отва́га *ж* Kühnheit *f*, Mut *m* -(e)s, Tápferkeit *f*, Wágemut *m*

отва́дить, отва́живать *разг.* 1. (*отучить*) ábgewöhnen *vt*; entwöhnen *vt* (от чего́-л. *G*, von *D*); ~ от куре́ния das Ráuchen ábgewöhnen (кого́-л. *D*); 2. (*отпугнуть*) ábschrecken *vt*, férnhalten* *отд.* *vt*; ábwimmeln *vt* (*надоедливых гостей*)

отва́живаться, отва́житься sich erkühnen, sich erdréisten; wágen *vt*, sich wágen, riskíeren *vt*; sich daránmachen (*разг.*); sich unterfángen* (*смело браться за дело*)

отва́жн||ость *ж* Kühnheit *f*; Wágemut *m* -(e)s; ~**ый** kühn, mútig, tápfer, únerschrocken

отва́л I *м* 1. *мор.* Áblegen *n* -s, Ábstoßen *n* -s, Ábfahrt *f*; 2. (*у плуга*) Stréichblech *n* (2), Stréichbrett *n* (5) (am Pflug); 3. *горн.* Hálde *f* (11); вскрышно́й ~ Ábraumhalde *f*; у́гольные ~ы Kóhlehalden *pl*

отва́л II: до ~а *разг.* zum Plátzen satt; накорми́ть до ~а vóllstopfen *vt*; он нае́лся до ~а er hat sich den Mágen zum Bérsten vóllgestopft, er hat sich bis zum Úmfallen vóllgegessen

отва́ливать(ся) *см.* отвали́ть(ся)

отвали́ть 1. ábbrechen* *vt*; ábtragen* *vt*; fórtwälzen *vt*, wégwälzen *vt*, beiséite räumen; 2. *мор.* ábstoßen* *vi* (h, s), áblegen *vi* (h, s) (*от причала*); 3. *разг.* (*дать*) spendíeren *vt*; víel zúkommen lássen*; 4. *разг.* (*переложить*) áufladen* *vt* (*на тарелку*); ◇ отвали́вай! hau ab!; ~**ся** 1. ábbrechen* *vi* (s); ábfallen* *vi* (s); ábblättern *vi* (s) (*слоями*); ábbröckeln *vi* (s) (*кусками*); sich áblösen (*отделиться, отстать*); 2. *разг.* (*откинуться назад*) sich zurücklehnen

отва́льн||ый *мор.* Ábfahrts-; ~ые гудки́ Ábfahrtssignal *n* (2)

отваля́ть 1. (*свалять*) wálken *vt*; zu Énde wálken; 2. *разг.* (*небрежно сделать*) etw. schnell und náchlässig áusführen; 3. *разг.* (*избить*) dúrchwichsen *vt*, verwálken *vt*

отва́р *м* Brühe *f* (11); Ábsud *m* (1); ри́совый ~ Réisschleim *m* (1)

отва́ривать, отвари́ть 1. ábkochen *vt*; 2. *текст.* entbásten *vt* (*натуральный шёлк*)

отварн||о́й (áb)gekócht; ~óе мя́со gekóchtes Fleisch; ~а́я карто́шка Sálzkartoffeln *pl*, gekóchte Kartóffeln

отве́дать, отве́дывать 1. (*попробовать*) kósten *vt*, schmécken *vt*, probíeren *vt*; 2. (*испытать*) ertrágen* *vt*, erlében *vt*, erléiden* *vt*, durch Erfáhrung kénnenlernen

отвезти́ fórtbringen* *vt*, wégbringen* *vt*; fórtschaffen *vt*, ábtransportieren *vt* (*увезти*); ~ обра́тно zurückbringen* *vt*

отверга́ть, отве́ргнуть áblehnen *vt*, áusschlagen* *vt*, zurückweisen* *vt*; verschmähen *vt* (*с пренебрежением*)

отвердев||а́ние *с* Erhärten *n* -s, Erstárren *n* -s, Hártwerden *n* -s; Verdíckung *f* (*уплотнение*); Gerínnen *n* -s (*жидких тел*)

отвердева́ть *см.* отверде́ть

отверде́л||ость *ж* Verhärtung *f* (10); ~**ый** verhärtet, fest gewórden, erstárrt, gerónnen (*о жидких телах*); ~ая о́пухоль éine verhärtete Geschwúlst

отверде́ть 1. hart [fest] wérden; erhärten *vi* (s), erstárren *vi* (s); gerínnen* *vi* (s) (*о жидких телах*); 2. (*стать суровым*) streng [rauh, entschlóssen] wérden

отве́рженец *м* Áusgestoßene *m* (14), Verstóßene *m*; ~**ный** áusgestoßen, verstóßen; verschmäht

отверну́ть 1. (*отвинтить*) ábdrehen *vt*; lósschrauben *vt*, ábschrauben *vt*; 2. (*кран*) áufdrehen *vt*; 3. (*отогнуть*) ábbiegen* *vt*, zurückbiegen* *vt*; zurückschlagen* *vt* (*одеяло*); 4. (*голову и т. п.*) ábwenden* *vt*; ~**ся** 1. (*повернуться в другую сторону*) sich ábwenden*; 2. (*перестать общаться с кем-л.*) sich ábkehren (von *D*); die Bezíehungen ábbrechen* (mit *D*); 3. (*отвинтиться*) ábgehen* *vi*, sich lósschrauben; 4. (*о кране*) sich áufdrehen; 5. (*отогнуться — о воротнике и т. п.*) sich úmschlagen*

отве́рстие *с* Öffnung *f* (10); Loch *n* (5); Spalt *m* (1) (*щель*); Bóhrung *f* (10) (*просверлённое*); ~ окуля́ра Áugenkreis *m* (1); заднепрохо́дное ~ *анат.* Áfter *m* (6); смотрово́е ~ Scháuloch *n*

отверте́ть *см.* отверну́ть 1; ~**ся** 1. *см.* отверну́ться 3; 2. *разг.* (*отделаться от чего-л.*) éiner Sáche (*D*) aus dem Wége géhen*; von etw. (*D*) lóskommen*; sich von [vor] etw. (*D*) drücken (*уклониться*); sich heráusreden (*отговориться*)

отвёртка *ж* Schráubenzieher *m* (6)

отвёртывать *см.* отверну́ть; ~**ся** 1. *см.* отверну́ться; 2. *страд.* ábgedreht wérden (*ср.* отверну́ть)

отве́с *м* 1. *тех.* Sénkblei *n* (2), Ríchtblei *n*, Lot *n* (2); Ríchtschnur *f* (3); по ~у sénkrecht, lótrecht; установи́ть по ~у éinloten *vt*; 2. (*склон*) sénkrechter Ábhang [Hang], Stúrzwand *f* (3)

отве́сить ábwiegen* *vt*; ◇ ~ ни́зкий покло́н sich tief vernéigen [verbéugen]; ~ пощёчину *разг.* éine Máulschelle verábreichen

отве́сн||ый lótrecht, sénkrecht; vertikál [vɛr-]; steil; ~ая скала́ Féls(en)wand *f* (3)

отвести́ 1. (*кого-л. куда-л.*) bríngen* *vt*; (wég)führen *vt*, ábführen *vt*, geléiten *vt* (*проводить*); beiséite zíehen*, ábseits führen (*в сторону*); 2. (*изменить направление*) ábleiten *vt*; ~ уда́р den Hieb [Schlag, Stoß] paríeren [áblenken, ábwenden*]; *перен.* den Schlag ábwenden*; 3. (*зе́мли, помещение*) zúweisen* *vt*, ánweisen* *vt*; 4. (*отклонить*) áblehnen *vt*, verwérfen* *vt*, áusschlagen* *vt*; zurückweisen* *vt*, von der Hand wéisen*; ~ кандидату́ру éine Kandidatúr áblehnen [zurückweisen*]; ◇ он не мог глаз ~ er kónnte sich vom Ánblick nicht lósreißen; ~ глаза́ кому́-л. j-n áblenken; ~ ду́шу sich (*D*) [séinem Hérzen] Luft máchen; sich áussprechen*

отве́т *м* 1. Ántwort *f* (10); Erwíderung *f* (10), Entgégnung *f* (10) (*возражение*); положи́тельный [утверди́тельный] ~ bejáhende [zúsagende] Ántwort; отрица́тельный ~ vernéinende [negatíve (-və), áblehnende] Ántwort; в ~ (*на что-л.*) dáraufhín; in Beántwortung (*G*); не дава́ть на что-л. ~а die Ántwort auf etw. (*A*) schúldig bléiben*; оста́ться без ~а únbeantwortet bléiben*; он име́ет на всё гото́вый ~ ≅ er hat auf jédes Töpfchen ein Déckelchen; 2. (*отклик*) Wíderhall *m* -(e)s, Écho *n* -s, -s, Resonánz *f*; 3. (*ответственность*) Verántwortung *f*; быть в ~е Réde und Ántwort zu stéhen háben, sich zu verántworten [zu réchtfertigen] háben, verántwortlich sein; призва́ть к ~у zur Verántwortung [Réchenschaft] zíehen*, zur Réde stéllen; verántwortlich máchen; держа́ть ~ sich verántworten; Réchenschaft áblegen

ответв||и́ться sich ábzweigen; ~**ле́ние** *с* 1. (*ветвь*) Zweig *m* (1); 2. (*дороги и т. п.*) Ábzweigung *f* (10); ~**ля́ться** *см.* ответви́ться

отве́т||ить 1. ántworten *vi*, beántworten *vt*, Ántwort gében*, erwídern *vi*, *vt*, entgégnen *vi*, *vt* (*возразить*); на э́то он мне ничего́ не ~ил er blieb mir die Ántwort daráuf schúldig; ~ить на письмо́ éinen Brief beántworten; ~ить уро́к Schúlaufgaben hérsagen [áufsagen]; ~ить на чу́вство ein Gefühl erwídern; ~ить на покло́н éine Verbéugung erwídern; абоне́нт не отвеча́ет (der) Téilnehmer méldet sich nicht; 2. (*нести ответственность за что-л.*) verántworten *vt*, verántwortlich sein; Réde und Ántwort stéhen*; ~**ить** голово́й за что-л. mit dem Kopf für etw. (*A*) éinstehen* [háften]; ты мне за э́то отве́тишь dafür wirst du mir büßen

отве́тн||ый Ántwort-; Gégen-; ~ое предложе́ние Gégenvorschlag *m* (1*); ~ый вопро́с Gégenfrage *f* (11); ~ое письмо́ Ántwortbrief *m* (1); Ántwortschreiben *n* (7); ~ая но́та *дип.* Ántwortnote *f* (11)

отве́тственн||ость *ж* Verántwortung *f*, Verántwortlichkeit *f*; Háftung *f*; солида́рная ~ость *юр.* solidárische Háftung; взять на себя́ ~ость за что-л. die Verántwortung für etw. (*A*) übernéhmen*; снять с себя́ ~ость die Verántwortung áblehnen; возложи́ть на кого́-л. ~ость за что-л. j-n für etw. (*A*) verántwortlich máchen; нести́ ~ость пе́ред кем-л. die Verántwortung j-m gegenüber trágen*; гото́вность нести́ ~ость Beréitschaft *f* zur Übernahme von Verántwortung; разделя́ть ~ость mítverantwortlich sein; привле́чь к (суде́бной) ~ости (geríchtlich) zur Verántwortung zíehen*; geríchtlich belángen; с созна́нием ~ости verántwortungsbewußt; не избежа́ть ~ости der Verántwortung nicht entgéhen*; под [на] свою́ ~ость (*что-л. делать*) éigenverantwortlich (*etw. tun*); взять под ли́чную ~ость маши́ны (*на производстве*) die Maschínen in persönliche Pflége néhmen*; ~**ый** 1. verántwortlich; háftbar; ~ый реда́ктор der verántwortliche Redakteur [-'tø:r]; ~ый за ка́чество проду́кции für die Qualität der Prodúkte verántwortlich; ~ое отноше́ние к рабо́те verántwortungsbewußte Éinstellung zur Árbeit; 2. (*важный*) verántwortlich, verántwortungsvoll; wíchtig; schwérwiegend, ernst; entschéidend (*решающий*); ~ое поруче́ние verántwortungsvoller Áuftrag; ~ый моме́нт der entschéidende Momént; ~ая рабо́та verántwortliche Árbeit; ~ая до́лжность ein verántwortlicher [gehóbener] Pósten

отве́тчик *м* 1. *юр.* Beklágte *m* (14); Verántwortliche *m* (14); я за всех не ~ ich kann nicht für álle die Verántwortung trágen; 2. (*радиоприбор*) Ántwortsender *m* (6), Ántwortgerät *n* (2); самолётный ~ Flúgzeugkennungsgeber *m* (6)

отвеча́ть 1. *см.* отве́тить; 2. (*соответствовать чему-л.*) entsprе́chen* *vi*; zúsagen *vi*; ~ вку́сам [назначе́нию dem Geschmáck [dem Zweck] entspréchen*; ~ трéбованиям мировóго рынка wéltmarktfähig sein; отвечáющий спрóсу bedárfsgerecht; **3.** (*ручаться за что-л.*) háften *vi*, háftbar sein (für *A*); bürgen *vi*, éinstehen* *vi* (s), áufkommen* *vi* (s) (für *A*); ~ за послéдствия die Fólgen trágen*; ~ за себя́ für sich verántwortlich sein; ◇ ~ головóй (*за что-л.*) mit séinem Kopf éinstehen* (für *A*)

отвéшивать *см.* отвéсить

отвéять *с.-х.* wíndsichten *vt*, áusworfeln *vt*

отви́ливать, отвильну́ть *разг.* sich (herúm)drücken (um *A*); Áusflüchte súchen, Áusreden háben, sich dréhen und wénden; ~ от рабóты sich von [vor] der Árbeit drücken

отвинти́ть ábschrauben *vt*, lósschrauben *vt*; lösen *vt*; ~**ся** sich lóckern

отви́нчивать(ся) *см.* отвинти́ть(ся)

отвисáть *см.* отви́снуть

отвисéться durch Hängen wíeder glatt wérden (*о платье*)

отви́слый herúnterhängend, herábhängend; schlaff; Hänge-

отви́снуть herúnterhängen* *vi*, herábhängen* *vi*; erschláffen *vi* (s) (*высок.*)

отвлекáть *см.* отвлéчь 1; ~**ся 1.** *см.* отвлéчься 1; **2.** *страд.* ábgelenkt wérden (*ср.* отвлéчь)

отвлечéн||ие *с* **1.** Áblenkung *f*, Áblenken *n* -s; для ~ия внимáния zur Áblenkung der Áufmerksamkeit; **2.** (*абстракция*) Abstraktión *f* (10), Abstrahíeren *n* -s

отвлечённ||ость *ж* Abstráktheit *f*, Abstrákte *n* -n, Abstraktión *f*; ~**ый** abstrákt; ~ые поня́тия abstrákte Begríffe; ~ое числó *мат.* únbenannte Zahl; ~ое и́мя существи́тельное *грам.* Abstráktum *n* -s, -ta

отвлéчь 1. (*от дела, от намерения и т. п.*) áblenken *vt*, ábbringen* *vt*; ~ внимáние die Áufmerksamkeit áblenken; ~ от рабóты von der Árbeit áblenken; **2.** (*абстрагировать*) abstrahíeren *vt*; ~**ся 1.** áblenken *vi* (s), ábkommen* *vi* (s), ábschweifen *vi* (s); ~ся от тéмы vom Théma ábweichen* [ábgleiten*]; **2.** (*абстрагироваться*) abstrahíeren *vi*; ~ся от чегó-л. etw. áußer Betrácht lássen*; von etw. (*D*) ábsehen*

отвóд *м* **1.** (*воды́*) Áblеitung *f* (10), Ábführung *f*; Wégführen *n* -s; **2.** (*земель*) Ánweisung *f* (10), Zúweisung *f*, Zúteilung *f* (10); Zurverfügungstellung *f* (*канц.*); **3.** *тех.* Zwéigrohr *n* (2), Zwéiglinie *f* (11); **4.** *юр.* Verwérfung *f* (10); Zurückweisung *f* (10), Áblehnung *f* (10); Éinspruch *m* (1*) (*судьи*); дать ~ verwérfen* *vt*; áblehnen *vt*, zurückweisen* *vt* (*кандидатуры*); **5.** *воен.* Ábzug *m* -(e)s, Rückzug *m*; ◇ для ~а глаз *разг.* zur Táuschung, zum Schein, zur Írreführung

отводи́ть *см.* отвести́

отвóдка *ж тех.* Áusrücker *m* (6), Áusschalthebel *m* (6)

отводн||óй Ábleitungs-; Zweig-; ~áя трубá Zwéigrohr *n* (2); ~óй канáл Ábleitungskanal *m* -s, -näle

отвóдок *м с.-х.* Ábleger *m* (6)

отвоевáть 1. (*вернуть обратно*) zurückerobern *vt*; **2.** (*добиться*) ábringen* *vt*; **3.** *разг.* (*кончить воевать*) den Krieg beénden; **4.** *разг.* (*провоевать некоторое время*) mit Kríegführen zúbringen*, kämpfen *vi*; он отвоевáл три гóда er ist drei Jáhre im Krieg gewésen

отвоёвывать *см.* отвоевáть 1

отвози́ть *см.* отвезти́

отвóзка *ж* Wégfahren *n* -s, Ábtransport *m* (1)

отворáчивать *см.* отворoти́ть, отвернýть; ~**ся** *см.* отвернýться 1, 2

отвори́ть öffnen *vt*, áufmachen *vt*, áufschließen* *vt*; ~**ся** sich öffnen, áufgehen* *vi* (s), sich áuftun*

отворóт *м* Áufschlag *m* (1*), Úmschlag *m* (*у платья*); Revers [rəˈveːr] *n* (2) (*у пиджака, пальто*); Manschétte *f* (11) (*у рукава*); Stúlpe *f* (11), Schäftstulpe *f* (*у сапога*); Úmschlagrand *m* (4) (*носков*)

отвороти́ть *разг.* **1.** (*камень и т. п.*) wégwälzen *vt*, aus dem Wége räumen, beiséite schäffen; **2.** (*загнуть*) áufkrempeln *vt* (*рукава*); **3.** (*отвернуть*) ábwenden *vt* (*голову*); ~**ся** *разг. см.* отвернýться 1

отворя́ть *см.* отвори́ть; ~**ся 1.** *см.* отвори́ться; **2.** *страд.* geöffnet [áufgemacht, áufgeschlossen] wérden

отврати́тельный wíderlich, gárstig, ékelhaft, ékelerregend; abschéulich, schéußlich

отврати́ть (*беду и т. п.*) ábwenden* *vt*, ábwehren *vt*, verhüten *vt*; ~ когó-л. от мы́сли j-n von dem Gedánken ábbringen*

отврáтный *разг. см.* отврати́тельный

отвращáть *см.* отврати́ть

отвращéние *с* Ábneigung *f*, Ábscheu *m* -(e)s, *f*, Wíderwillen *m* -s; питáть ~ к комý-л., к чемý-л. Wíderwillen gégen j-n, gégen etw. (*A*) hégen, Ábscheu gégen j-n, gégen etw. (*A*) empfínden*; внушáть ~ Ékel errégen

отвыкáть, отвы́кнуть 1. (*отучиться от чего-л.*) sich (*D*) etw. ábgewöhnen; **2.** (*позабыть*) sich entwöhnen (от чегó-л. von *D*); ~ от когó-л. j-m fremd wérden, j-n vergéssen*

отвязáть ábbinden* *vt*, lósbinden* *vt*, lósmachen *vt*; ~**ся 1.** sich lósbinden*, sich lósmachen, sich lösen; **2.** *разг.* (*оставить в покое*) in Rúhe lássen*, úngeschoren lássen*, wégkommen* *vi* (s), fórtkommen* *vi* (s); **3.** *разг.* (*отделаться*) lóswerden* *vt* (s); от негó не отвя́жешься ihn wird man nicht so bald los, er geht éinem nicht von der Pélle [vom Hálse]; ~ся от чегó-л. sich (*D*) etw. vom Hálse schäffen

отвя́зывать *см.* отвязáть; ~**ся 1.** *см.* отвязáться; **2.** *страд.* lósgebunden wérden (*ср.* отвязáть)

отгадáть erráten*; lösen *vt*, enträtseln *vt* (*загадку и т. п.*)

отгáд||ка *ж* **1.** (*действие*) Ráten *n* -s; Enträtselung *f* (10); **2.** (*ответ на загадку*) Lösung *f* (10); ~**чик** *м разг.* Rätselrater *m* (6); я не ~чик снов ich kann kéine Träume déuten; ~**ывать** *см.* отгадáть

отгибáть *см.* отогнýть; ~**ся 1.** *см.* отогнýться; **2.** *страд.* ábgebogen [úmgebogen] wérden

отглагóльный *грам.* Verbál- [vɛr-], verbál; von éinem Zéitwort [Verb] ábgeleitet; deverbatív

отгла́дить, отглáживать 1. áusbügeln *vt*, áusplätten *vt*; **2.** (*кончить гладить*) áufhören zu bügeln

отглодáть *разг.* ábnagen *vt*

отглотнýть *разг.* éinen Schluck von etw. (*D*) néhmen, éinen Schluck trínken*

отговáривать(ся) *см.* отговори́ть(ся)

отговори́||ть 1. áusreden (когó-л. от чегó-л. j-m etw.); ábreden *vt*, ábraten* *vt* (когó-л. *D*); ábbringen* *vt* (от чегó-л. von *D*); от э́того меня́ не ~те das lásse ich mir nicht áusreden; **2.** (*кончить говорить*) áufhören zu réden; ~**ться** sich heráusreden; Áusflüchte máchen; vórschützen *vt*; он ~лся болéзнью er schützte Kránkheit vor

отговóр||ка *ж* Áusrede *f* (11), Áusflucht *f* (3); Vórwand *m* (1*) (*предлог*); без ~ок! óhne Áusflüchte!; отдéлываться пусты́ми ~ками fáule Áusreden máchen

отговóры *мн. разг.* Ábraten *n* -s

отголóсок *м* Náchhall *m* - (e)s, Wíderhall *m*, Écho *n* -s, -s

отгóн *м* **1.** (*продукт*) Destillát *n* (2); **2.** (*скота*) Wégtreiben *n* -s; ~**ка** *ж* Ábtreiben *n* -s, Destillatión *f*

отгоня́ть 1. *см.* отогнáть; **2.** *хим.* (áb)destillíeren *vt*

отгорáживать *см.* отгороди́ть; ~**ся 1.** *см.* отгороди́ться; **2.** *страд.* ábgezäunt wérden

отгорéть 1. (*перестать гореть*) áufhören zu brénnen; **2.** (*отвалиться*) nach dem Verbrénnen ábfallen*

отгороди́ть (*забором*) ábzäunen *vt*; durch éinen Zaun ábsondern [ábteilen]; ábschirmen *vt* (от чегó-л. gégen *A*); ~**ся 1.** sich ábgrenzen (gégen *A*, von *D*); **2.** (*обособиться*) sich ábkapseln, sich ábsperren, sich ábsondern

отгости́ть *разг.* bei j-m zu Gast gewésen sein

отграни́чивать, отграни́чить ábgrenzen *vt*

отгребáть *см.* отгрести́ I, II

отгремéть áufhören zu dónnern

отгрести́ I (*снег, сено и т. п.*) wégschaufeln *vt*, beiséite hárken

отгрести́ II (*от берега*) wégrudern *vi* (s)

отгружáть, отгрузи́ть 1. verláden *vt*; ábladen *vt*; verschíffen *vt* (*на пароход*); **2.** (*перегрузить часть груза*) úmladen *vt*

отгрýзк||а *ж* Verládung *f* (10), Verláden *n* -s; Versánd *m* -(e)s; Ábtransport *m* (1); Verschíffung *f* (*на пароход*); мéсто ~и Verládeplatz *m* (1*); дáта ~и Verládedatum *n* -s, -ten

отгрызáть, отгры́зть ábknabbern *vt*, ábnagen *vt*

отгýл *м* Ábfeiern von Überstunden; Ábbummeln *n* -s (*разг.*); сверхурóчные часы́ компенси́руются ~ом die geléisteten Überstunden wérden durch Fréizeit [Ábbummeln] ábgegolten; взять ~ ábfeiern *vt*

отгýливать *см.* отгуля́ть

отгуля́ть 1. (*отдохнуть*) féiern *vi*, frei háben; ~ óтпуск den Úrlaub verbríngen*; **2.** (*взять отгул*) ábfeiern *vt*; **3.** (*отпраздновать*) féiern *vt*, begéhen* *vt*; ~ свáдьбу die Hóchzeit féierlich begéhen*; **4.** (*кончить гулять*) den Spazíergang beénden

отдавáть I *см.* отдáть

отдавáть II **1.** schmécken *vi* (*о вкусе*); ríechen* *vi* (чем-л. nach *D*) (*о запахе*); **2.** (*напомнить*) erínnern *vi* (чем-л. an *A*)

отдавáться 1. *см.* отдáться; **2.** *страд.* zurückgegeben wérden (*ср.* отдáть)

отдави́ть quétschen *vt*

отдалéн||ие *с* Entférnung *f* (10); Férne *f* (*даль*); *перен.* Entfrémdung *f*; в ~ии in éiniger Entférnung, fern, entférnt (от чегó-л. von *D*); держáть в ~ии férnhalten* *отд. vt*; sich (*D*) j-n vom Léib(e) hálten* (*разг.*)

отдалённ||ость *ж* Entférnung *f*; Entlégenheit *f*; Ábstand *m* -(e)s (*расстояние*); ~**ый** entférnt, weit, fern; entlégen; ~ое схóдство éine entférnte

Ähnlichkeit; **в ~ые времена́** in weit zurückliegenden Zéiten

отдали́ть 1. entférnen *vt*; férnhalten* *отд. vt*; *перен. тж.* entfrémden *vt*, von sich férn¦halten*; **2.** (*отсрочить*) hinausschieben* *vt*, áufschieben* *vt*, verschíeben* *vt*; verlégen *vt*; **~ся** sich entférnen (от чего́-л. von *D*); *перен. тж.* sich férnhalten*; sich entfrémden (от кого́-л. *D*); ~ся от те́мы разгово́ра sich vom Gesprächsthema entférnen, vom Gesprächsthema ábkommen*

отдаля́ть *см.* отдали́ть; **~ся 1.** *см.* отдали́ться; **2.** *страд.* entférnt wérden (*ср.* отдали́ть)

отда́ние: ~ че́сти *воен.* Éhrenbezeigung *f* (10)

отда́ривать, отдари́ть *разг.* ein Gégengeschenk máchen (кого́-л. *D*)

отда́ть 1. (*возвратить*) zurückgeben* *vt*, wíedererstatten *vt*, zurückerstatten *vt*; **2.** (*дать*) (áb)gében* *vt*; wéggeben* *vt*, híngeben* *vt* (*уступить*); ópfern *vt* (*пожертвовать*); ~ си́лы на что-л. séine Kraft für etw. (*A*) híngeben* [ópfern]; ~ все си́лы за что-л. álle Kräfte für etw. (*A*) éinsetzen; álle Kräfte wéihen (*D*); ~ свою́ жизнь sein Lében híngeben*; **3.** (*отправить*) (áb)gében* *vt*; ~ в шко́лу in die Schúle schícken [gében*]; ~ в ремо́нт [в сти́рку, в химчи́стку] zur Reparatúr [zum Wáschen, zur Réinigung] gében*; ~ на склад éinlagern *vt*; ~ под суд vor Gericht stéllen; **4.** (*о ружье*) stóßen* *vi*; **5.** *мор.* (*отвязать, отпустить*) lóslassen* *vt*, lósmachen *vt*; ~ концы́! Léinen los!; ~ шварто́вы áblegen; ~ я́корь Ánker wérfen*, vor Ánker géhen*; ◊ ~ прика́з, распоряже́ние éinen Beféhl ertéilen, éine Verórdnung erlássen*; ~ внаём vermíeten *vt*; ~ в зало́г verpfänden *vt*; ~ в рост *уст.* mit éinem bestímmten Zínssatz ánlegen; ~ честь *воен.* (militärisch) grüßen *vt*, die Éhrenbezeigung erwéisen*; ~ после́дний долг die létzte Éhre erwéisen*; ~ за́муж (*уст.*), ~ за кого́-л. j-m zur Frau gében*; verhéiraten *vt*; únter die Háube bríngen* (*разг.*); ~ до́лжное Geréchtigkeit [Recht] widerfáhren lássen*; ~ отчёт Réchenschaft áblegen; ~ визи́т éinen Besúch ábstatten; éine Visíte [vi-] máchen [erwídern]; **~ся 1.** (*ввериться кому́-л.*) sich ergében*; ~ся кому́-л. в ру́ки sich j-m ergében*; sich j-m in die Hand gében*; ~ся на чью-л. во́лю sich in j-s Wíllen ergében*; j-m zu Wíllen sein; **2.** (*посвятить себя*) sich híngeben*; sich wídmen; **3.** (*о женщине*) sich éinem Mann híngeben*; **4.** (*о звуке*) wíderhallen *vi*, Resonánz fínden*

отда́ч||а *ж* **1.** (*действие*) Ábgabe *f* (11), Rückerstattung *f* (10); без ~и *разг.* (*о долге*) nicht rückerstattbar, óhne Rückerstattungspflicht; **2.** (*ружья*) Rückstoß *m* (1*); **3.:** ~а я́коря Fällenlassen des Ánkers; **4.** *тех.* (*тепла, мощности*) Ábgabe *f*; **5.** *тех.* (*полезный эффект*) Wírkungsgrad *m* (1), Nútzeffekt *m* (1); **6.** *тех.* (*упругая*) Féderung *f* (10); рабо́тать с по́лной ~ей mit vóller Híngabe árbeiten

отдвижн||о́й Schíebe-; ~ая дверь Schíebetür *f* (10)

отдежу́рить den Tágesdienst [Náchtdienst] beéndigen [ábleisten]

отде́л *м* **1.** (*книги, науки и т. п.*) Teil *m* (1); Ábschnitt *m* (1); **2.** (*учреждения, магазина и т. п.*) Abtéilung *f* (10), Sektión *f* (10); Referát *n* (2) (*административного учреждения, возглавляемый референтом*); информацио́нный ~ Informatiónsabteilung *f*; ~ о́буви Schúhabteilung *f*; междунаро́дный ~, ~ междунаро́дных отноше́ний Abtéilung Internationále Bezíehungen; фина́нсовый ~ Abtéilung Finánzen, Finánzamt *n* (5); **3.** *эк.*: ~ капита́льного строи́тельства (*сокр.* ОКС) Abtéilung Invéstbauten; **4.** (*в газете, журнале*) Rubrík *f* (10), Teil *m* (1)

отде́лать 1. fértigstellen *vt*, vollénden *vt*; den létzten Schliff gében* (что-л. *D*); áusstatten *vt*, éinrichten *vt* (*квартиру и т. п.*); féilen *vt* (*доклад и т. п.*); **2.** *стр.* pútzen *vt* (*снаружи*); ínnen áusbauen *vt* (*изнутри*); **3.** (*украсить*) áusschmücken *vt*; garníeren *vt*, besétzen *vt* (*платье и т. п.*); **4.** *текст.* áusrüsten *vt*, appretíeren *vt*; **5.** *разг.* (*выбранить*) herúnterputzen *vt*; **6.** (*подо что-л.*) hérrichten *vt* (als *A*); éiner Sáche (*D*) das Áussehen von etw. (*D*) gében*; ~ де́рево под мра́мор Holz marmoríeren [wie Mármor bemálen]; ~ сте́ны под дуб den Wänden das Áussehen von Éichentäfelung gében*

отде́ла||ться *разг.* **1.** (*избавиться от кого-л., от чего-л.*) lóswerden* *отд. vt* (s); sich lósmachen; lóskommen* *vi* (s) (от кого́-л. von *D*), j-n ábhängen; sich (*D*) etw. vom Hálse scháffen; **2.** (*выйти из затруднения*) davónkommen* *vi* (s); ~ться обеща́ниями (j-n) mit Verspréchungen ábspeisen; ~ться стра́хом mit dem Schreck davónkommen*; сча́стливо [уда́чно] ~ться gut davónkommen*; дёшево [легко́] ~ться léichten Kaufs davónkommen*, glímpflich [mit héiler Haut] davónkommen*; mit éinem bláuen Áuge davónkommen*; ты сча́стливо ~лся du kannst von Glück spréchen, du bist glücklich davóngekommen

отделе́н||ие *с* **1.** (*действие*) Ábtrennung *f*, Trénnung *f*; Separatión *f*; Ábsonderung *f*, Áusscheidung *f*; ~ие це́ркви от госуда́рства die Trénnung von Kírche und Staat; ~ие желу́дочного со́ка Ábsonderung von Mágensaft; **2.** *ж.-д.* (*вагона*) Ábteil *n* (2); служе́бное ~ие Díenstabteil *n*; **3.** (*в больнице*) Statión *f* (10); терапевти́ческое ~ие ínnere Statión [Abtéilung]; **4.** (*часть учреждения, предприятия и т. п.*) Abtéilung *f*; упако́вочное ~ие Páckabteilung *f*; ~ие слави́стики филологи́ческого факульте́та Abtéilung (für) Slawístik an der philológischen Fakultät; ру́сское ~ие Rússisch-Abteilung *f*; учи́ться на дневно́м [вече́рнем, зао́чном] ~ии im Diréktstudium [im Ábendstudium, im Férnstudium] studíeren; **5.** (*банка и т. п.*) Filiále *f* (11), Zwéigstelle *f* (11); **6.** (*отдельное учреждение в системе чего-л.*): почто́вое ~ие, ~ие свя́зи Póstamt *n* (5); ~ие мили́ции Milízrevier [-,vi:r] *n* (2); **7.** (*помещение*) Raum *m* (1*); маши́нное ~ие Maschínenraum *m*; коте́льное ~ие Késselraum *m*; **8.** (*в шкафу, в портфеле и т. п.*) Fach *n* (5); боково́е ~ие Séitenfach *n*; сре́днее ~ие das míttlere Fach; ~ие для белья́ Wäschefach *n*; **9.** (*концерта и т. п.*) Teil *n* (1); **10.** *воен.* Grúppe *f* (11); Abtéilung *f* (10) (*штаба*); ~ие радиосвя́зи Fúnktrupp *m* -s, -s; стрельба́ ~ием Grúppenschießen *n* -s; строй по ~иям Grúppenordnung *f*

отдели́м||ость *ж* Trénnbarkeit *f*, Lóslösbarkeit *f*; Isolíerbarkeit *f*; **~ый** (áb)trénnbar, áblösbar; isolíerbar

отдели́тельный trénnend, ábsondernd; Trénnungs-; ~ знак Trénnungszeichen *n* (7)

отдели́ть 1. (*разъединить*) (áb-)trénnen *vt*, lóslösen *vt*; **2.** (*выделить*) ábteilen *vt*, separíeren *vt*; áussondern *vt* (*отобрать*); **3.** (*при разделе имущества*) éinen Ánteil überlássen*; **4.** (*распознать, отличить*) unterschéiden* *vt*; ~ пра́вду от лжи Wáhrheit und Lüge unterschéiden*; **~ся 1.** (*отпасть*) sich ábsondern, sich ábtrennen, sich (lós)lösen; **2.** (*обособиться*) sich ábsondern, sich trénnen **3.:** ~ от земли́ *ав.* ábheben* *vi*; **4.** (*при разделе имущества*) sich sélbständig máchen; sich (*D*) séinen Ánteil heráusgeben [áuszahlen] lássen*

отде́лка *ж* **1.** (*действие*) Vollénduung *f*, Beárbeitung *f*; оконча́тельная [чистова́я] ~ Náchbehandlung *f*, Éndbearbeitung *f*; Nácharbeit *f*; **2.** *стр.* Ínnenausbau *m* -(e)s (*действие*); вну́тренняя ~ Ínnenausstattung *f*; нару́жная ~ Áußenputz *m* -es; **3.** *текст.* Áusrüstung *f*, Appretúr *f*; Zúrichten *n* -s (*кожи, ткани*); **4.** (*украшение*) Schmuck *m* -(e)s, Besátz *m* -es, Garnitúr *f* (10); Verpútz *m* -es; Áufmachung *f* (10)

отде́лочн||ый Beárbeitungs-; Besátz-; Verpútz-; ~ые рабо́ты Pútzarbeiten *pl*, Áusstattungsarbeiten *pl*; ~ые стройматериа́лы Áusstattungsbaustoffe *pl*; ~ый цех, ~ое произво́дство (*на текстильной фабрике*) Zurichteréi *f*

отде́лывать *см.* отде́лать; **~ся 1.** *см.* отде́латься; **2.** *страд.* vollféndet wérden (*ср.* отде́лать)

отде́льн||ость: в ~ости im éinzelnen, éinzeln; все вме́сте и ка́ждый в ~ости samt und sónders; **~ый 1.** (áb)gesóndert (*отделённый от других*); éinzeln (*единичный*); besónder, Sónder-, Separát- (*особый*); ~ый ход Separáteingang *m* (1*); ~ая ко́мната Éinzelzimmer *n* (6); ~ая кварти́ра éigene [ábgeschlossene] Wóhnung; в ка́ждом ~ом слу́чае in jédem Éinzelfall; in jédem besónderen [éinzelnen] Fall; **2.** *воен.* sélbständig; ~ый та́нковый полк sélbständiges Pánzerregiment

отделя́ть *см.* отдели́ть; **~ся 1.** *см.* отдели́ться; **2.** *страд.* ábgetrennt wérden (*ср.* отдели́ть)

отдёргивать, отдёрнуть zurückziehen* *vt* (*руку*); áufziehen* *vt*, zur Séite schíeben* (*занавеску*)

отдира́ть *см.* отодра́ть I

отдои́ть *разг.* **1.** ein bíßchen ábmelken; **2.** (*кончить доить*) áufhören zu mélken

отдохнове́ние *с уст.* Áusruhen *n* -s, Rúhe *f*, Erhólung *f*

отдохну́ть sich erhólen; (áus)ruhen *vi*, sich áusruhen; áusspannen *vi*, sich entspánnen

отдуба́сить *разг.* verháuen* *vt*, dúrchhauen* *vt*, verbléuen *vt*, verprügeln *vt*, dúrchprügeln *vt*

отдува́ть fórtblasen* *vt*; ~ щёки die Bácken áufblasen*

отдува́ться 1. kéuchen *vi*, schwer átmen; **2.** *перен. разг.* áusbaden *vt* (*за что-л.*); die Súppe áuslöffeln (*расхлёбывать*); (für ándere) die Zéche bezáhlen; ~ за всех den Sündenbock für álle máchen

отду́ш||ина *ж* **1.** Lúftloch *n* (5); Ábzugsöffnung *f* (10), Ábzug *m* (1*); **2.** *перен.* Ventíl *n* (2); ему́ нужна́ ~ина er muß séinen Gefühlen Luft máchen; **~ник** *м см.* отду́шина I

о́тдых *м* Rúhe *f*, Erhólung *f*, Rast *f*; Entspánnung *f*; Múßestunden *pl* (*свободное время*); **день ~а** Rúhetag *m* (1), der fréie Tag; дом ~а Erhólungsheim *n* (2), Féri¦enheim *n*; организа́ция ~а Fréizeitgestaltung *f*; без ~а óhne sich (*D*) Rúhe zu gönnen; rástlos; óhne Únterlaß (*беспреста́нно*); нужда́ющийся в ~е erhólungsbedürftig; ◇ не дава́ть кому́-л. ни ~у ни сро́ку j-m wéder Rúhe noch Rast gönnen; **~а́ть** *см.* отдохну́ть

отдыха́ющий *сущ. м* (*в до́ме о́тдыха и т. п.*) Féri¦engast *m* (1*), Úrlaubsgast *m*, Úrlauber *m* (6); Kúrgast *m* (*на куро́рте*); Gast *m* (im Erhólungsheim)

отдыша́ться 1. wíeder zu Átem kómmen*; sich verpústen, Átem hólen, áusschnaufen *vi*; дать кому́-л. ~ j-n áusatmen lássen*; **2.** *разг.* (*прийти́ в себя́*) wíeder zu sich kómmen*

отёк *м* Wássergeschwulst *f* (3); Ödém *n* (2) (*мед.*); ~ лёгких Lúngenödem *n*

отека́ть *см.* отёчь

отёл *м* Kálben *n* -s

отели́ться (áb)kálben *vi*

оте́ль *м* Hotél *n* -s, -s

oтени́ть beschátten *vt*

отепли́ть, отепля́ть gégen Kälte ábdichten [schützen]; ánwärmen *vt*, mit Wärmedämmstoff isolíeren [verkléiden]

отере́ть *см.* обтере́ть

отеса́ть *см.* обтеса́ть

оте́ц *м* Váter *m* (6*); ~ семе́йства Famíli¦envater *m*, Famíli¦enoberhaupt *n* (5); *мн.* отцы́ (*пре́дки*) Väter *pl*, Vórfahren *pl*; родно́й ~ léiblicher Váter; крёстный ~ Táufpate *m* (9); приёмный ~ Pflégevater *m*; он весь в отца́ er ist ganz der Váter; он им как ~ er ist zu íhnen wie ein Váter; ро́дственник со стороны́ отца́ ein Verwándter väterlicherseits; ◇ от отца́ к сы́ну vom Váter auf den Sohn; отцы́ го́рода *ирон.* die Stádtväter

оте́ческ¦ий väterlich, Váter-; ~ая любо́вь väterliche Líebe

оте́чественн¦ый 1. váterländisch; Вели́кая Оте́чественная война́ der Gróße Váterländische Krieg; **2.** éinheimisch; Ínlands-; ínländisch, Éigen-; ~ое произво́дство éinheimische Produktión, Ínlandsproduktion *f*; холоди́льник ~ого произво́дства, ~ый холоди́льник ein Kühlschrank éigener Produktión

оте́чество *с* Váterland *n* (5)

отёчный gedúnsen, geschwóllen; *мед.* ödematös

отёчь 1. (án)schwéllen* *vi* (s); **2.** (*о свече́*) trópfen *vi*

отжа́ть I **1.** (*вы́жать*) áusdrücken *vt*, áuspressen *vt*; **2.** (*бельё*) áus(w)ringen* *vt* (*вручну́ю*); schléudern *vt* (*в центрифу́ге*); **3.** (*сок*) ábkeltern *vt*; **4.** *разг.* zurückdrängen *vt*, zum Rückzug zwíngen*

отжа́ть II (*ко́нчить жа́тву*) ábernten *vt*, ábmähen *vt*

отже́чь *тех.* glühen *vt*

отжива́ть *см.* отжи́ть

отжива́ющий áblebend, sich überlébend

отжи́вший ábgelebt, verlébt; überhólt, überlébt, verältet (*об обы́чае, мо́де*)

о́тжиг *м тех.* **1.** (*мета́лла*) Glühen *n* -s **2.** (*стекла́*) Kühlen *n* -s

отжига́тельн¦ый *тех.* Glüh-

отжига́ть *см.* отже́чь

отжи́м *м спец.* Ábpressen *n* -s

отжима́ть *см.* отжа́ть I

отжи́мка *ж разг.* Áuspressen *n* -s (*со́ка*); Áuswringen *n* -s (*белья́*)

отжи́ть überlébt sein, überhólt sein; veráltet sein (*устаре́ть*); séine Zeit [sein Lében] hínter sich háben (*о челове́ке*); он о́тжил свой век er hat áusgelebt; он отжива́ет свой век es geht mit ihm zu Énde; э́то уже́ о́тжило (*об обы́чаях*) das ist schon überlébt

отза́втракать mit dem Frühstück fértig sein

отзвене́ть 1. erklíngen *vi*; **2.** áufhören zu klíngen

отзвони́¦ть 1. áufhören zu läuten; часы́ ~ли по́лночь die Uhr hat Míttérnacht geschlágen; **2.** *разг.* (*зако́нчить торопли́вую речь*) herúnterplappern *vt*, herúnterleiern *vt*

о́тзвук *м* **1.** (*отраже́ние зву́ка*) Wíderhall *m* -(e)s, Resonánz *f*, Écho *n* -s, -s, Náchhall *m*, Náchklang *m* -(e)s (*тж. перен.*); **2.** (*след, пережи́ток чего́-л.*) Náchwirkung *f* (10); ~и про́шлого Náchwirkung der Vergángenheit

отзвуча́ть áusklingen* *vt*, verhállen *vi* (s)

отзови́ст *м ист.* Otsowíst *m* (8)

о́тзыв *м* **1.** Äußerung *f* (10); Rezensión *f* (10) (*реце́нзия*); Úrteil *n* (2), Gútachten *n* (7) (*заключе́ние*); Méinung *f* (10) (*мне́ние*); ~ на статью́ Rezensión des Artíkels; положи́тельный [отрица́тельный] ~ positíves [negatíves] Úrteil; ~ы в печа́ти Préssestimmen *pl*; кни́га вы́звала благоприя́тные ~ы das Buch fand éine günstige Áufnahme [Kritík]; дать ~ sich äußern (о чём-л. über *A*); sein Gútachten ábgeben*; **2.** *воен.* Paróle *f* (11), Lósung *f* (10); **3.** (*о́тклик*) Wíderhall *m* -(e)s, Écho *n* -s

отзы́в *м* (*посла́ и т. п.*) Ábberufung *f* (10); пра́во ~а (*депута́та*) Ábberufungsrecht *n* -(e)s

отзыва́ть I *см.* отозва́ть; **~ся 1.** *см.* отозва́ться; **2.** *страд.* ábberufen wérden (*ср.* отозва́ть)

отзыва́ть II *см.* отдава́ть II 1

отзывн¦о́й Ábberufungs-; ~ы́е гра́моты Ábberufungsurkunden *pl*

отзы́вчив¦ость *ж* hérzliches Entgégenkommen, Verständnis *n* -ses; Ánteilnahme *f* (*уча́стие*); Mítempfinden *n* -s, Mítgefühl *n* -(e)s (*сочу́вствие*); **~ый 1.** entgégenkommend, verständnisvoll; ánteilnehmend, mítfühlend (*сочу́вственный*); téilnahmsvoll (*уча́стливый*); **2.** (*жи́во реаги́рующий*) lébhaft reagíerend

отира́ть *см.* обтере́ть

отка́з *м* **1.** Ábsage *f* (11); Áblehnung *f* (10), áblehnende Ántwort (*отклоне́ние*); Verwéigerung *f* (10); Wéigerung *f* (*сопротивле́ние*); Zurückweisung *f* (10) (*отво́д*); получи́ть ~ éine Ábsage bekómmen*; он получи́л от неё ~ er hat von ihr éinen Korb bekómmen (*разг.*); ~ в приня́тии Ánnahmeverweigerung *f*; в слу́чае ~а im Áblehnungsfall; im Wéigerungsfall; **2.** (*от чего́-л.*) Verzícht *m* (1) (auf *A*); Áufgeben *n* -s (*G*); Lóssagen *n* -s (von *D*); ~ от свои́х прав Verzícht auf séine Réchte; ~ от борьбы́ Verzícht auf den Kampf; ~ от насле́дства die Áusschlagung éiner Érbschaft; **3.** *тех.* (*механи́зма*) Verságen *n* -s, Áusfall *m* -s; **4.** *муз.* Áuflösungszeichen *n* (7); ◇ до ~а 1) *тех.* bis zum Ánschlag; 2) *перен.* bis zum äußersten, bis an die Grénze des Möglichen; по́лный до ~а übervoll, zum Bérsten voll; рабо́тать без ~а éinwandfrei funktioníeren

отказа́ть 1. (*в чём-л.*) ábsagen *vt*, verságen *vt*, ábschlagen* *vt*, áblehnen *vt*, ábweisen* *vt*, verwéigern *vt* (*отклони́ть*); éinen Korb gében* (*разг.— гл. обр. жениху́*); nein ságen, ábschlägig (be)ántworten (*отвеча́ть отка́зом*); ábschlägig beschéiden* (*канц.— в тре́бованиях и т. п.*); ~ в дове́рии кому́-л. j-m das Vertráuen entzíehen*; ~ в и́ске *юр.* éine Kláge ábweisen*; **2.** *разг.* (*переста́ть де́йствовать*) verságen *vi*, nicht mehr mítmachen; *спец.* verságen *vi*, áusfallen* *vi* (s) (*о механи́зме*); но́ги отказа́ли die Béine versagten, die Béine máchten nicht mehr mit; мото́р отказа́л der Mótor sétzte aus; **3.** *уст.* (*от ме́ста и т. п.*) kündigen *vi*, entlássen* *vt*; **4.** *уст.* (*завеща́ть*) vermáchen *vt*; ◇ ~ от до́ма *уст.* das Haus verbíeten*; ~ гостя́м die Gäste áusladen*; ему́ нельзя́ ~ в остроу́мии es ist nicht zu léugnen, daß er Geist hat [daß er géistreich ist]; ~ себе́ в чём-л. auf etw. (*A*) verzíchten; sich (*D*) etw. verságen; ~ в повинове́нии den Gehórsam verwéigern; ~ в дру́жбе die Fréundschaft áufkündigen; не откажи́те в любе́зности séien Sie so fréundlich [líebenswürdig]; **~ся 1.** áblehnen *vt*, áusschlagen* *vt*; Ábstand néhmen*, sich lóssagen (от чего́-л. von *D*); nicht ánerkennen* *vt* (*от свое́й по́дписи*); zurücknehmen* *vt*, widerrúfen* *vt*, ábschwören* *vt* (*от слов, мне́ния и т. п.*); zurücktreten* *vt* (s) (*от догово́ра и т. п.*); sich wéigern (*вы́полнить прика́з и т. п.*); ~ся от подпи́ски на газе́ту éine Zéitung ábbestellen; **2.** (*лиши́ть себя́ чего́-л.*) verzíchten *vi*, Verzícht léisten (auf *A*); sich (*D*) etw. verságen (*от удово́льствий, развлече́ний и т. п.*); ~ся от до́лжности sein Amt níederlegen; ~ся от своего́ наме́рения von séinem Vórhaben ábstehen*, sein Vórhaben [séine Ábsicht] áufgeben*; ~ся от (свое́й) привы́чки von séiner Gewóhnheit ábgehen*; ~ся от насле́дства éine Érbschaft áusschlagen*; **3.** (*переста́ть де́йствовать — о частя́х те́ла, орга́нах чувств и т. п.*) versägen *vi*; го́лос отказа́лся служи́ть мне die Stímme versägte mir den Dienst; ◇ не откажу́сь, не отказа́лся бы *разг.* ich hábe [hätte] nichts dagégen

отка́зывать *см.* отказа́ть; не ~ себе́ ни в чём sich (*D*) nichts versägen, sich (*D*) nichts ábgehen lássen*; **~ся** *см.* отказа́ться; я отка́зываюсь понима́ть его́ слова́ ich gébe es auf [ich bin nicht imstánde], séine Wórte zu verstéhen

отка́лывать *см.* отколо́ть; **~ся 1.** *см.* отколо́ться; **2.** *страд.* ábgespalten wérden (*ср.* отколо́ть)

отка́пывать *см.* откопа́ть

отка́рмлив¦ание *с* Mast *f*, Mästung *f*, Mästen *n* -s; Füttern *n* -s; Stópfen *n* -s (*о пти́цах*); **~ать** *см.* откорми́ть

отка́т *м* **1.** Wégrollen *n* -s, Fórtrollen *n*; **2.** *воен.* Rücklauf *m* (1*)

откати́ть wégrollen *vt*, wégwälzen *vt*, fórtrollen *vt*; rasch ábfahren* (*на та́чках и т. п.*); **~ся 1.** davónrollen *vi* (s), beiséite róllen; **2.** *воен.* (*об ору́дии*) zurücklaufen* *vi* (s); zurückgleiten* *vi* (s), zurückschießen* *vi*(s) (*о ство́ле ору́дия*); **3.** *разг.* (*о войска́х*) zurückfluten *vi* (s), zurückweichen* *vi* (s); **4.** (*о волне́*) zurückfluten *vi* (s)

отка́тка *ж горн.* Förderung *f*

отка́точн¦ый *горн.* Förder-

отка́тчик *м горн.* Fördermann *m* (4) (*pl тж.* -leute)

отка́тывать 1. *см.* откати́ть; **2.** (*руду́ и т. п.*) fördern *vt*; **~ся 1.** *см.* откати́ться; **2.** *страд.* wéggerollt [gefördert] wérden (*ср.* откати́ть)

откача́ть, отка́чивать 1. (*во́ду*) áuspumpen *vt*, ábpumpen *vt*; *мор.* lénzen *vt* **2.** (*привести́ в чу́вство*) Wíederbelebungsversuche máchen; отка́чивать уто́пленника den Ertrúnkenen wíeder zum Bewúßtsein bríngen*

отка́чка *ж* Ábpumpen *n* -s, Áuspumpen *n*

откачну́ть *разг.* zur Séite stóßen*; in péndelnde Bewégung versétzen; **\~ся** *разг.* **1.** (*о маятнике*) áusschlagen* *vi*; **2.** (*резко отодвинуться*) sich zurückwerfen*; zurückfallen* *vi* (s); **3.** *разг.* (*отдалиться*) ábfallen* *vi* (s)

отка́шливать, отка́шлянуть sich (*D*) die Kéhle frei hústen

отка́шляться sich áushusten; sich räuspern

откидн||о́й zurückschlagbar, áufklappbar, (áus)schwénkbar; Klapp-; \~о́е сиде́нье Kláppsitz *m* (1); \~о́е окно́ Kíppfenster *n* (6)

отки́дывать *см.* отки́нуть; **\~ся 1.** *см.* отки́нуться; **2.** *страд.* beiséite gewórfen wérden (*ср.* отки́нуть)

отки́нуть 1. (*бросить*) beiséite [zur Séite] wérfen*; wégwerfen* *vt*; **2.** (*отогнуть*) zurückschieben* *vt*, beiséite schíeben* (*занавеску и т. п.*); zurückschlagen* *vt* (*назад*); zurückwerfen* *vt* (*голову*); \~ кры́шку den Déckel áufklappen [zurückklappen]; **3.** (*при счёте*) únberücksichtigt lássen*; **4.** *перен.* (*преодолеть мысль, чувство*) verwérfen* *vt*, fállenlassen* *отд. vt*; \~ стыд die Scham áblegen; **5.** *кул.* ábgießen* *vt* (*напр. картофель*); **6.** *воен.* zurückwerfen* *vt*; **\~ся 1.** (*отклонить назад*) sich zurücklehnen; **2.** (*открыться*) beiséite geschóben [rasch geöffnet] wérden

откипе́ть 1. *разг.* áufhören zu kóchen; **2.** (*о чувстве*) sich légen, sich berúhigen; **3.** (*отвалиться при кипении*) beim Kóchen ábfallen*

откла́дывать *см.* отложи́ть; ◇ \~ что-л. в до́лгий я́щик etw. auf die lánge Bank schíeben*; **\~ся 1.** *см.* отложи́ться 2; **2.** *страд.* beiséite gelégt wérden (*ср.* отложи́ть)

откла́ниваться, откла́няться *уст.* sich verábschieden, sich empféhlen*; sich (zum Ábschied, zum Gruß) verbéugen

отклева́ть ábpicken *vt*

откле́ивать *см.* откле́ить; **\~ся 1.** *см.* откле́иться; **2.** *страд.* lósgelöst wérden (*ср.* откле́ить)

откле́ить áblösen *vt*; lóslösen *vt*, ábmachen *vt* (*приклеенное*); **\~ся** sich lóslösen; ábgehen* *vi* (s)

о́тклик *м* **1.** (*отзвук, ответ*) Reaktión *f* (10), Wíderhall *m* -(e)s, Écho *n* -s; Ántwort *f* (10) (*тж. перен.*); **2.** *б. ч. мн.* \~и (*статья, отзыв*) Äußerungen *pl*; Zúschrift *f* (10) (*о письмах читателей*); \~и в печа́ти Présseäußerungen *pl*, Préssestimmen *pl*; встре́тить живо́й \~ ein lébhaftes Écho áuslösen; найти́ \~ Resonánz fínden*; воззва́ние нашло́ \~ среди́ миллио́нов люде́й der Áufruf zündete [fand Wíderhall bei] Milliónen Ménschen

отклика́ться, откли́кнуться 1. (*отозваться*) ántworten *vi*, erwídern *vi*, *vt*; sich äußern; ein Lébenszeichen gében*; \~ на и́мя auf éinen Námen hören (*о животном*); **2.** (*выразить своё отношение к чему-л.*) reagíeren *vi*; \~ на призы́в éinem Ruf Fólge léisten

отклоне́ние *с* **1.** Ábweichen *n* -s, Ábweichung *f* (10); Áusschlag *m* (1*), Áblenkung *f* (10); \~ магни́тной стре́лки der Áusschlag [die Deklinatión] der Magnétnadel; \~ вле́во Línksabweichung *f*; \~ впра́во Réchtsabweichung *f*; **2.** (*отказ*) Áblehnung *f* (10), Ábschlagen *n* -s, Zurückweisung *f* (10)

отклони́ть 1. (*наклонить в сторону*) áusschlagen* *vt*, áblenken *vt*; in éine ándere Ríchtung rücken [wénden*]; **2.** (*отвергнуть*) áblehnen *vt*; ábschlagen* *vt*, zurückweisen* *vt*; \~ popráвку den Verbésserungsantrag áblehnen; \~ возраже́ния die Éinwände ábtun*; **\~ся 1.** ábweichen* *vi* (s); áusschlagen* *vi* (s) (*о стрелке*); **2.** (*от темы и т. п.*) ábkommen* *vi* (s), ábweichen* *vi* (s), ábgleiten* *vi* (s), ábschweifen *vi* (s)

отклоня́ть *см.* отклони́ть; **\~ся 1.** *см.* отклони́ться; **2.** *страд.* ábgelenkt wérden (*ср.* отклони́ть)

отключа́ть, отключи́ть ábschalten *vt*

откова́ть 1. (*изготовить ковкой*) schmíeden *vt*, durch Schmíeden hérstellen; **2.** (*отбить прикованное*) ábtrennen *vt*, lósmachen *vt*; **3.** (*закончить ковку*) áufhören zu schmíeden

отковы́ривать, отковырну́ть, отковыря́ть *разг.* wégkratzen *vt*, wégstochern *vt*

откозыря́ть I *разг. карт.* zurücktrumpfen *vi*

откозыря́ть II *разг. воен. см.* козыря́ть II

отко́л *м* (*бетона, брони*) Ábplatzen *n* -s

откола́чивать *см.* отколоти́ть 1

отко́ле *нареч. см.* отко́ль

отколоти́ть *разг.* **1.** (*отбить*) ábhauen* *vt*, ábschlagen* *vt*; **2.** (*избить*) verháuen* *vt*, verprügeln *vt*; dúrchwichsen *vt* (*разг.*); (j-m) das Fell gérben

отколо́ть 1. (*часть чего-л.*) ábhauen* *vt*; ábspalten *vt* (*щепку и т. п.*); lósbrechen* *vt*, ábbrechen* *vt* (*сахар; камень и т. п.*); **2.** (*отшпилить, открепить*) (lós)lösen *vt*, lósmachen *vt*; **3.** (*сказать, сделать что-л. неожиданное, неуместное*): он отколо́л шту́ку *разг.* er hat sich éinen Streich geléistet; **\~ся 1.** sich ábspalten, ábbrechen* *vi* (s); sich (lós)lösen (*отстегнуться*); ábgehen* *vi* (s) (*отделиться*); **2.** (*утратить связь*) bréchen* *vi* (от кого́-л., от чего́-л. mit *D*); sich ábspalten (от кого́-л., от чего́-л. von *D*); \~ся от това́рищей sich von den Kameráden trénnen

отколошма́тить *разг.* dúrchwalken *vt*, verprügeln *vt*

отко́ль *нареч. уст.* wohér

откомандирова́ть, откомандиро́вывать 1. (*куда-л.*) kommandíeren *vt*, entsénden* *vt*, schícken *vt*; **2.** (*откуда-л.*) ábkommandieren *vt*, ábberufen* *vt*

откопа́ть 1. áusgraben* *vt*; áusbuddeln *vt* (*разг.*); **2.** *разг.* (*разыскать*) áusgraben* *vt*, áuffinden* *vt*, áusfindig máchen

отко́рм *м см.* отка́рмливание; па́стбищный \~ Wéidemast *f*

откорми́ть mästen *vt*, áuffüttern *vt*; stópfen *vt* (*домашнюю птицу*)

отко́рмленный gemästet; heráusgefüttert; gestópft (*о домашних животных*); wóhlgenährt; feist (*о человеке*)

отко́рмочн||ый *с.-х.* Mast-; \~ая фе́рма Mástfarm *f* (10); \~ый пункт Mástanlage *f* (11), Mástanstalt *f* (10)

отко́с *м* **1.** Ábhang *m* (1*), Hang *m* (*рва, насыпи и т. п.*); *ж.-д.*, *стр.* Böschung *f* (10); берегово́й \~ Úferböschung *f*; свали́ться [упа́сть] под \~ den Ábhang [die Böschung] herúnterfallen*; **2.** *стр.* Ánlauf *m* (1*), Schmíege *f* (11); ◇ пусти́ть по́езд под \~ éinen Zug zum Entgléisen bríngen*

откоси́ть mit dem Mähen fértig wérden, áufhören zu mähen

открахма́лить *разг.* **1.** (*хорошо накрахмалить*) genügend stärken (*бельё*); **2.** (*кончить крахмалить*) áufhören zu stärken

открепи́ть 1. lósmachen *vt*, lóslösen *vt*; **2.** (*снять с учёта*) die Ábmeldung registríeren; stréichen* *vt*; **\~ся 1.** lósgehen* *vi* (s), ábgehen* *vi* (s), áufgehen* *vi* (s), sich lóslösen, sich áblösen; **2.** (*сняться с учёта*) sich ábmelden; sich stréichen lássen*

открепле́ние *с* **1.** Lósmachen *n* -s, Lóslösung *f*; **2.** (*снятие с учёта*) Ábmeldung *f* (10); Stréichung *f* (10)

открепля́ть *см.* открепи́ть; **\~ся 1.** *см.* открепи́ться; **2.** *страд.* lósgemacht wérden (*ср.* открепи́ть)

откре́щиваться *разг.* sich lóssagen (von *D*) (*от сказанного и т. п.*); lószukommen súchen, sich sträuben, sich stémmen (gégen *A*) (*от чего-л. нежелательного*)

открове́ние *с* Offenbárung *f* (10)

открове́нничать *разг.* sich j-m (állzu) óffen ánvertrauen; sich in ein vertráuliches Gespräch éinlassen*, vertráulich sein [wérden]; das Herz áusschütten

открове́нн||ость *ж.* **1.** Óffenheit *f*, Óffenherzigkeit *f*; Áufrichtigkeit *f* (*искренность*); Fréimütigkeit *f*, Gerádheit *f* (*прямодушие*); со все́й \~остью in áller Óffenheit; **2.** *мн.* \~ости fréimütige Geständnisse; **\~ый 1.** óffen, óffenherzig; áufrichtig (*искренний*); fréimütig (*прямодушный*); únverhohlen (*нескрываемый*); \~ое презре́ние únverhüllte Veráchtung; говори́ть \~о óffen [óffenherzig] spréchen*; kein Blatt vor den Mund néhmen*; frei von der Léber weg spréchen*, aus séinem Hérzen kéine Mördergrube máchen (*шутл.*); сказа́ть кому́-л. \~о своё мне́ние j-m óffen séine Méinung ságen; réinen Wein éinschenken (*разг.*); **2.** *разг.* (*об одежде*) zu weit áusgeschnitten

открути́ть 1. ábwickeln *vt*, lóswickeln *vt*; **2.** (*отвинтить*) ábdrehen *vt*, lósdrehen *vt*; ábschrauben *vt*, lósschrauben *vt*; **\~ся 1.** (*отвинтиться*) sich ábdrehen, sich lósdrehen; sich ábschrauben, sich lósschrauben; **2.** *разг.* (*отделаться от чего-л.*) sich (*D*) etw. vom Hálse scháffen; um etw. (*A*) herúmkommen*; sich von [vor] etw. (*D*) drücken

откру́чивать *см.* открути́ть; **\~ся 1.** *см.* открути́ться; **2.** *страд.* lósgewickelt wérden (*ср.* открути́ть)

открыва́ть *см.* откры́ть; **\~ся 1.** *см.* откры́ться; **2.** *страд.* áufgemacht wérden (*ср.* откры́ть)

откры́тие *с* **1.** (*заседания, выставки и т. п.*) Eröffnung *f*; Begínn *m* -(e)s; Enthüllung *f* (*памятника*); **2.** (*научное и т. п.*) Entdéckung *f* (10); **3.** (*разоблачение*) Áufdeckung *f*, Enthüllung *f*, Entlárvung *f*; **4.:** \~ огня́ *воен.* Féuereröffnung *f*

откры́тк||а *ж* Póstkarte *f* (11); \~а с ви́дом Ánsichtskarte *f*; поздрави́тельная \~а Glückwunschkarte *f*; фотогра́фия разме́ром с \~у ein Fóto in Póstkartengröße [in Póstkartenformat]

откры́т||о *нареч.* óffen; in áller Óffenheit, únverhohlen (*не скрывая*); \~о говори́ть пра́вду kein Blatt vor den Mund néhmen*; я пря́мо и \~о заявля́ю ich ságe es frank und frei; ◇ жить \~о *уст.* ein óffenes Haus führen [háben], auf gróßem Fuß lében; **\~ый 1.** óffen, geöffnet; eröffnet; вновь \~ый néueröffnet; окно́ бы́ло \~о всю ночь das Fénster blieb die gánze Nacht auf; **2.** (*непокрытый*) bloß; с \~ой голово́й mit entblößtem Haupt; óhne Kópfbedekkung; **3.** (*о местности*) fréiliegend; \~ая площа́дка (*вольер*) Fréi(sicht)gelände *n* (6), Fréianlage *f* (11); в \~ом по́ле auf fréiem Feld; **4.** (*прямой, искренний*) óffen, óffenherzig, geráde, áufrichtig; с \~ой душо́й óffenherzig, tréuherzig, árglos; **5.** (*явный*) óffenkundig; óffensichtlich, únverhohlen; **~ый** враг ein erklärter Feind; **6.** *спец.*: **~ая** го́рная вы́работка Tágebau *m* (1); **~ый** ме́тод строи́тельства Fréibauweise *f* (11); **7.** *лингв.* óffen; ~ый слог óffene Sílbe; ◇ ~ый вопро́с éine óffene Fráge; ~ое письмо́ ein óffener Brief; под ~ым не́бом únter fréiem Hímmel; im Fréien; на ~ом во́здухе an der fríschen Luft; ~ое партсобра́ние öffentliche Partéiversammlung; говори́ть ~ым те́кстом *разг.* Klártext spréchen*; ~ое заседа́ние óffene Sítzung; öffentliche Verhándlung (*судебное*); при ~ых дверя́х (*о судебном заседании*) in öffentlicher Verhándlung; ~ое голосова́ние óffene Ábstimmung; ~ое пла́тье ein óffenes Kleid, ein Kleid mit Áusschnitt; ~ое мо́ре die hóhe [óffene] See, das óffene Meer; в ~ом мо́ре auf hóher [óffener] See, auf óffenem Meer; ~ый фронт úngedeckte Front; де́йствовать в ~ую mit óffenen Kárten spíelen, óffen vórgehen* (s); боро́ться в ~ую mit óffenem Visíer [vi-] kämpfen; с ~ыми глаза́ми (де́лать что-л.) (étwas) ganz bewúßt (tun*)

откры́ть 1. öffnen *vt*; áufmachen *vt*; áuftun* *vt*; áufschlagen* *vt* (*книгу*; *зонтик*); áufsperren *vt* (*разг.*); **2.** (*что-л. покрытое*) áufdecken *vt*, fréilegen *vt*, enthüllen *vt* (*тж. перен.*); **3.** (*начать*) eröffnen *vt*; éinleiten *vt*; ~ заседа́ние die Sítzung eröffnen; ~ ого́нь *воен.* das Féuer eröffnen; **4.** (*сделать открытие*) entdécken *vt*; áufdecken *vt* (*обнаружить*); enthüllen *vt* (*разоблачить*); **5.** (*учреждение и т. п.*) eröffnen *vt*; **6.** *разг.* éinschalten *vt* (*свет*); áufdrehen *vt* (*газ, воду*); ◇ ~ ка́рты die Kárten áufdecken; ~ креди́т Kredít eröffnen; ~ ско́бки die Klámmern áuflösen; ~ кому́-л. глаза́ j-m die Áugen öffnen; ~ ду́шу кому́-л. j-m das Herz áusschütten; sich j-m eröffnen; ~ Аме́рику *ирон.* längst Bekánntes ságen; ~ счёт 1) ein Kónto eröffnen; 2) *спорт.* den Tórreigen eröffnen; den érsten Tréffer [Plúspunkt] erzíelen; **~ся 1.** sich öffnen; áufgehen* *vi* (s); sich áuftun*; **2.** (*начаться*) sich eröffnen; áusbrechen* *vi* (s) (*об эпидемии и т. п.*); **3.** (*представиться — о случае, возможности и т. п.*) sich eröffnen; sich bíeten*, sich áuftun*; **4.** (*открыть свои мысли и т. п. кому-л.*) sich erklären, sich eröffnen; sich ánvertrauen; ein Geständnis áblegen; **5.** (*обнаружиться*) sich erwéisen*, sich heráusstellen; zutáge tréten*, óffenbar wérden; **6.** (*начать деятельность*) begínnen* *vi*; теа́тр откры́лся das Theáter hat séine Pfórten geöffnet; навига́ция откры́лась die Schíffahrt hat begónnen; магази́н открыва́ется в де́вять часо́в das Geschäft wird um neun Uhr geöffnet; рестора́н сно́ва откры́лся das Lokál hat wíeder áufgemacht; ◇ у меня́ глаза́ откры́лись die Áugen gíngen mir auf

отку́да *нареч.* **1.** *вопр.* wohér; ~ вы (ро́дом)? wo sind Sie zu Háuse?; **2.** *относ.* wohér, von wo, von dem, von der, aus dem, aus der; ~ сле́дует, что... wohér [woráus] es sich ergíbt, daß...; он не знал, ~ ждать по́мощи er wúßte nicht, von wo er auf Hílfe réchnen könnte; **3.**: ~ ни írgendwoher; ~ бы он ни пришёл wohér er auch ímmer kómmen mag, wohér er auch kómme; ◇ ~ ни возьми́сь *разг.* wie vom Hímmel gefállen; wie aus der Érde gewáchsen; wer weiß wohér, plötzlich

отку́да-либо, отку́да-нибу́дь, отку́да-то írgendwoher

о́ткуп *м ист.* Pacht *f* (10); брать на ~ páchten *vt*; in Pacht néhmen*

откупа́ть(ся) *см.* откупи́ть(ся)

откупи́ть *уст.* **1.** (*скупить всё*) áufkaufen *vt*, käuflich erwérben*; ábkaufen *vt*; **2.** (*выкупить на свободу*) fréikaufen *отд. vt*; **3.** (*брать на откуп*) páchten *vt*; **~ся** sich lóskaufen; Áblösung záhlen

откупно́й *ист.* gepáchtet; Pacht-

отку́поривать *см.* отку́порить; **~ся 1.** *см.* отку́пориться; **2.** *страд.* entkórkt wérden (*ср.* отку́порить)

отку́пор||ить entkórken *vt* (*бутылку*); ánzapfen *vt*, ánstechen* *vt* (*бочку*); áufmachen *vt*, öffnen *vt* (*ящик, консервы и т. п.*); **~иться** sich entkórken; áufgehen* *vi* (s); **~ка** *ж* Entkórken *n* -s (*бутылок*); Ánstich *m* -(e)s, Ánzapfen *n* -s (*бочек*); Áufmachen *n* -s, Öffnen *n* -s (*ящиков, консервов и т. п.*)

откупщи́к *м ист.* Stéuerpächter *m* (6), Pächter stáatlicher Éinkommensquellen

откуси́ть, отку́сывать ábbeißen *vt*; ábknipsen *vt*, ábzwicken *vt* (*клещами*)

отку́шать *уст.* **1.** (*поесть*) étwas [éine Kléinigkeit] éssen* und trínken*, étwas zu sich néhmen*; éinen Ímbiß néhmen*; **2.** (*кончить кушать*) áufhören zu éssen; das Mahl beénden; die Táfel áufheben*

отлага́тельств||о: де́ло не те́рпит ~а die Sáche dúldet kéinen Áufschub; die Sáche hat Éile; не те́рпящий ~а únaufschiebbar; äußerst dríngend

отлага́ть *см.* отложи́ть 3, 4; **~ся** *см.* отложи́ться 2

отла́дить *тех.* instánd setzen

отлакирова́ть lackíeren *vt*

отла́мывать *см.* отломи́ть; **~ся 1.** *см.* отломи́ться; **2.** *страд.* ábgebrochen wérden

отлега́ть *см.* отле́чь

отлежа́ть 1. taub [gefühllos] máchen; я отлежа́л себе́ ру́ку der Arm ist mir vom Líegen ganz steif; **2.** *разг.* (*некоторое время — о больном*): ~ ме́сяц éinen Mónat im Bett zúbringen* [das Bett hüten]; **~ся** *разг.* (im Líegen) Kräfte sámmeln; sich Béttruhe gönnen; rúhig líegen* (*после болезни*); éine Zéitlang líegen* (*о фруктах и т. п.*)

отлёживаться 1. *см.* отлежа́ться; **2.** (*лежать, пережидая что-л.*) ábwartend írgendwó líegen* [sich verstéckt hálten*]

отлепи́ть (áb)lösen *vt*, ábmachen *vt*; lósmachen *vt*; **~ся** sich áblösen; ábgehen* *vi* (s), sich (lós)lösen

отлепля́ть *см.* отлепи́ть; **~ся 1.** *см.* отлепи́ться; **2.** *страд.* ábgelöst wérden (*ср.* отлепи́ть)

отлёт *м* Ábflug *m* (1*); гото́вый к ~у *ав.* stártklar, stártbereit; ◇ жить на ~е *разг.* ábgelegen [ábseits] lében; дом на ~е ein ábgelegenes Haus; держа́ть (*что-л.*) на отлёте [на отлёт] etw. in der áusgestreckten Hand hálten*

отлета́ть *см.* отлете́ть

отлете́ть 1. ábfliegen* *vi* (s), wégfliegen* *vi* (s), davónfliegen* *vi* (s); *перен.* verflíegen* *vi* (s), entflíegen* *vi* (s) (*исчезнуть*); **2.** *разг.* (*быть отброшенным*) zur Séite flíegen*, ábprallen *vi* (s), zurückfliegen* *vi* (s); zurückspringen* *vi* (*s*) (*тк. о мяче*); **3.** *разг.* (*оторваться*) ábspringen* *vi* (s), ábreißen* *vi* (s)

отле́чь: у меня́ отлегло́ от се́рдца *разг.* mir fiel ein Stein vom Hérzen; mir wúrde léichter ums Herz

отли́в I *м* **1.** Ébbe *f* (11); прили́в и ~ Ébbe und Flut, Gezéiten *pl*; **2.** (*уменьшение, спад*) Ébbe *f*, Ábebben *n* -s, Rückgang *m* -(e)s

отли́в II *м* (*отблеск, оттенок цвета*) Schíllern *n* -s, Schattíerung *f*

отлива́ть I *см.* отли́ть

отлива́ть II (*каким-л. цветом*) schímmern *vi*, schíllern *vi*; ~ кра́сным éinen Stich [éine Schattíerung] ins Róte háben; rot [rötlich] schímmern [schíllern]

отли́вка *ж тех.* **1.** (*действие*) Gießen *n* -s; Guß *m* -sses (*деталей и т. п.*); **2.** (*изделие*) Guß *m* -sses, Güsse; Gúßstück *n* (2); чугу́нная ~ Éisenstück *n*

отливн||о́й *тех.* Ábfluß-; Áusguß-; ~а́я труба́ Áusgußrohr *n* (2), Ábflußrohr *n*; Ábflußröhre *f* (11)

отли́вный Ébbe-

отлипа́ть, отли́пнуть sich áblösen, ábgehen* *vi* (s), ábfallen* *vi* (s)

отли́ть 1. (*воду и т. п.*) (áb)gießen* *vt*; **2.** (*статую и т. п.*) gießen* *vt*; **3.** (*отхлынуть*) zurückfluten *vi* (s); **4.**: ~ кого́-л. водо́й j-n zum Bewúßtsein bríngen* (*durch einen Guß kalten Wassers*); ◇ ~ пу́лю *разг.* lügen* *vi*, áufschneiden* *vi*; **~ся** (*воплотиться — о мыслях, чувствах и т. п.*) sich ergíeßen*; sich fórmen; Áusdruck fínden* (*выразиться*); ◇ отолью́тся во́лку ове́чьи слёзки, отолью́тся ко́шке мыши́ные слёзки *посл.* ≅ wer dem Schwáchen Böses ántut, dem bleibt die Stráfe nicht aus

отлича́ть *см.* отличи́ть; **~ся 1.** *см.* отличи́ться; **2.** (*быть непохожим*) sich unterschéiden*; ábstechen* *vi*; **3.** (*характеризоваться*) sich kénnzeichnen, sich áuszeichnen (чем-л. durch *A*); **4.** *страд.* áusgezeichnet wérden

отли́ч||ие *с* **1.** (*различие*) Únterschied *m* (1); Unterschéidungsmerkmal *n* (2); вне́шние ~ия äußere Unterschéidungsmerkmale; в ~ие от zum Únterschied von (*D*); im Únterschied zu (*D*); im Gégensatz zu (*D*) (*в противоположность*); **2.** (*признание заслуг*) Áuszeichnung *f*; с ~ием (*окончить школу и т. п.*) mit Áuszeichnung; áusgezeichnet; знак ~ия Áuszeichnung *f* (10); награ́да за боево́е ~ие Áuszeichnung für vórbildlichen Kámpfeinsatz

отличи́тельн||ый Unterschéidungs-; Erkénnungs-; éigentümlich, spezífisch, kénnzeichnend (*характерный*); ~ый при́знак Unterschéidungsmerkmal *n* (2); ~ые огни́ *мор.* Positiónslaternen *pl*

отличи́ть 1. (*различить*) unterschéiden* *vt*; **2.** (*выделить*) áuszeichnen *vt*; hervórheben* *vt*; **~ся** sich áuszeichnen; sich hervórtun* (*ирон.*)

отли́чник *м* **1.** béster Schüler; Béststudent *m* (8) (*о студенте*); кру́глый ~ béster Schüler [Béststudent], der in állen Fächern éine Fünf [éine Eins — *в немецких школах*] hat; **2.** (*на производстве*) Béstarbeiter *m* (6), áusgezeichneter Árbeiter; значо́к ~а Léistungsabzeichen *n* (7)

отли́чно *нареч.* **1.** áusgezeichnet, hervórragend; glänzend (*блестяще*); vorzüglich, vortréfflich (*превосходно*); **2.** *в знач. сущ. с* (*высшая оценка*) «áusgezeichnet»; учени́к получи́л «отли́чно» der Schüler erhíelt «áusgezeichnet» [éine Fünf] [éine Eins — *в немецких школах*]

отли́чный 1. áusgezeichnet, hervórragend; glänzend (*блестящий*); vorzüglich, vortréfflich (*превосходный*); **2.** (*отличающийся*) verschíeden

отло́в *м* Éinfangen *n* -s (*рыбы, животных*)

отло́г||ий sanft genéigt, leicht ábfallend; ábschüssig; **~ость** *ж* **1.** (*свойство*) léichtes Gefälle; **2.** (*отлогое место*) Ábhang *m* (1*), Hang *m*, Böschung *f* (10)

отложе́н||ие *с* **1.** *геол.* Áblagerung *f* (10); Schicht *f* (10) (*слой*); **2.** *уст.* (*отделение от государства*) Trénnung *f*; ◇ жировы́е ~ия Féttansatz *m* (1*)

отложи́ть 1. (*в сторону*) beiséite légen; wéglegen *vt*; **2.** *разг.* (*запасти*) (áuf)spáren *vt*; áufbewahren *vt*, áufheben* *vt*, zurücklegen *vt* (*оставить для кого-л.*); ~ на чёрный день für den Nótfall zurücklegen; **3.** (*отсрочить*) áufschieben* *vt*, verschíeben* *vt*, hináusschieben* *vt*, verlégen *vt*; hináuszögern *vt*; ~ заседа́ние die Sítzung áufschieben* [vertágen]; ~ па́ртию *шахм.* die Partie ábbrechen*; отло́женная па́ртия *шахм.* Hängepartie *f* (11); **4.** *геол.* áblagern *vi* (s); **5.** (*отмерить — на плане, карте*) ábmessen* *vt*, ábgreifen* *vt*; **6.** *биол.* (*личинку и т. п.*) (áb)légen *vt*; ◇ ~ в до́лгий я́щик auf die lánge Bank schíeben*; **~ся 1.** *уст.* (*отделиться от государства*) sich ábtrennen, sich versélbständigen; **2.** *геол.* sich áblagern; **3.:** ~ся в па́мяти sich éinprägen

отложно́й: ~ воротни́к óffener Krágen; Úmlegekragen *m* (7); Schíllerkragen *m* (*верхней рубашки*)

отлома́ть(ся) *см.* отломи́ть(ся)

отломи́ть ábbrechen* *vt*; **~ся** ábbrechen* *vi* (s), ábfallen* *vi* (s), ábgehen* *vi* (s)

отлупи́ть *разг.* **1.** (*отделить — кору, кожуру*) ábklauben *vt*, ábrinden *vt*; **2.** (*побить*) verprügeln *vt*, éine Ábreibung gében* (кого́-л. *D*); dúrchwalken *vt*, dúrchbleuen *vt*

отлупцева́ть *разг.* verprügeln *vt*, verdréschen* *vt*

отлуча́ть *см.* отлучи́ть; **~ся** *см.* отлучи́ться

отлуче́ние *с уст.* (*от церкви*) Áusstoßung aus der Kírche; Kírchenbann *m* -(e)s, Exkommunikatión *f*

отлучи́ть: ~ от це́ркви aus der Kírche áusstoßen*, exkommunizíeren *vt*

отлучи́ться wéggehen* *vi* (s), áusgehen* *vi* (s); sich entférnen; я не могу́ ~ ich kann nicht ábkommen; не отлуча́йся надо́лго! bléibe nicht lánge weg!

отлу́чк||а *ж* zéitweilige Ábwesenheit; Férnbleiben *n* -s; находи́ться [быть] в ~е ábwesend sein

отлы́нивать *разг.* sich drücken (от чего́-л. von, vor *D*); schwänzen *vt* (*от уроков*)

отлюби́ть nicht mehr imstánde sein ernéut zu líeben

отма́лчиваться sich áusschweigen*, sich in Schwéigen hüllen; Schwéigen bewáhren, hártnäckig schwéigen*

отма́тывать *см.* отмота́ть

отмаха́ть *разг.* **1.** (*пройти*) rasch zurücklegen; rasch durchláufen *, (éine Strécke) schnell hínter sich bríngen*; **2.** *мор.* signalisíeren *vt*

отма́хивать 1. *см.* отмаха́ть; **2.** *см.* отмахну́ть; **~ся** *см.* отмахну́ться

отмахну́ть *разг.* ábwehren *vt*; verschéuchen *vt* (*мух и т. п.*); zurückstreichen* *vt* (*волосы*); **~ся 1.** sich erwéhren (от кого́-л. *G*); verjágen *vt* (*от мух*); **2.** *разг.* (*отказаться делать что-л.*) sich drücken wóllen (от чего́-л. von *D*, vor *D*), sich herúmdrücken (um *A*); ábwehren *vt*; ~ся от фа́ктов sich über Tátsachen hinwégsetzen; **3.** (*рукой, отвергая что-л.*) ábwinken *vi*; éine ábweisende Hándbewegung máchen

отма́чивать *см.* отмочи́ть

отмежева́ние *с* **1.** (*отделение*) Ábgrenzen *n* -s; **2.** (*обособление*) Ábgrenzung *f*; Ábschirmen *n* -s (от кого́-л. gégen *A*), Lóstrennung *f* (von *D*)

отмежева́ть 1. ábmessen* *vt*; ábgrenzen *vt*; umgrénzen *vt*; **2.** (*обособить*) ábgrenzen *vt*; **~ся** (*обособиться*) sich ábgrenzen (от кого́-л., чего́-л. von *D*, gégen *A*); sich ábsondern (von *D*); sich distanzíeren (von *D*)

отмежёвывать(ся) *см.* отмежева́ть(-ся)

о́тмел||ь *ж* Sándbank *f* (3), Úntiefe *f* (11), séichte Stélle; образова́ние ~ей Versándung *f*

отме́н||а *ж* Áufhebung *f*; Ábschaffung *f*; Rückgängigmachung *f* (*распоряжений и т. п.*); Außerkráftsetzung *f* (*закона и т. п.*); Áusfall *m* (1*), Ábsage *f* (11) (*спектакля, поезда*); Ábsetzung *f* (*конференции и т. п.*); Zurückziehung *f* (*разрешения и т. п.*); ◇ в ~у in Ábänderung; **~и́ть** áufheben* *vt*, ábschaffen *vt*; ábsagen *vt*; áußer Kraft sétzen (*закон*); rückgängig máchen, ábändern *vt*, annullíeren *vt*, zurücknehmen* *vt*, widerrúfen* *vt* (*приказ*); ~и́ть зака́з ábbestellen *vt*; ~и́ть спекта́кль die Theáteraufführung ábsetzen

отме́нный *уст.* hervórragend, áußerordentlich, áusnehmend, áusgezeichnet, vorzüglich, únübertrefflich

отменя́ть *см.* отмени́ть

отмере́ть 1. (*атрофироваться*) ábsterben* *vi* (s); **2.** (*исчезнуть — об обычае и т. п.*) áussterben* *vi* (s), verschwínden* *vi* (s)

отмерза́ть, отмёрзнуть ábsterben* vor Kälte, ábfrieren* *vi* (s) (*о части тела*); vom Frost getróffen wérden, erfríeren* *vi* (s) (*о части растения*)

отме́ривать, отме́рить, отмеря́ть 1. ábmessen* *vt*; zúmessen*; **2.** *разг.* (*пройти, проехать*) zurücklegen *vt*, durchméssen* *vt*; ~ три киломе́тра drei Kilométer zurücklegen; ◇ семь раз отме́рь, оди́н — отре́жь *посл.* ≅ erst wägen, dann wágen

отмести́ 1. wégfegen *vt*; beiséite kéhren; **2.** (*отвергнуть*) verwérfen* *vt*, ábtun* *vt*

отме́стк||а: в ~у *разг.* aus Ráche

отмета́ть *см.* отмести́

отме́тина *ж* **1.** (*у животных*) Fleck *m* (1), Mal *n* (2, 5); **2.** (*метка*) Mérkmal *n* (2), Mérkzeichen *n* (7); Spur *f* (10); Ábdruck *m* (1*)

отме́тить 1. (*пометить*) bezéichnen *vt*, kénnzeichnen *неотд. vt*, ánmerken *vt*; **2.** (*обратить внимание на что-л.*) bemérken *vt*; hervórheben* *vt* (*выделить*); betónen *vt*, unterstréichen* *vt* (*подчеркнуть*); würdigen *vt* (*отличить*); erwähnen *vt* (*упомянуть*); доста́точно ~, что... hier [es] genügt der Hínweis, daß...; нельзя́ не ~ es kann nicht únerwähnt bléiben; сле́дует ~ bemérkenswert ist; es muß daráuf híngewiesen wérden; **3.** (*записать*) vermérken *vt*, notíeren *vt*; verbúchen *vt*; **4.** *разг.* (*исключить из списка проживающих*) ábmelden *vt*, aus dem Méldebuch [aus der Éinwohnerliste] stréichen*; **5.** (*событие, дату*) féiern *vt*, begéhen* *vt*; ~ годовщи́ну со дня сме́рти... des Tódestages von... gedénken; широко́ ~ юбиле́й in der bréiten Öffentlichkeit das Jubiläum féiern [féierlich begéhen*]; **~ся 1.** (*зарегистрироваться*) sich éintragen lássen*; **2.** sich ábmelden (*при отъезде*); sich ánmelden (*при въезде*)

отме́тк||а *ж* **1.** Notíz *f* (10), Vermérk *m* (1) (*пометка*); Zéichen *n* (7), Kénnzeichen *n*, Mal *n* (2, 5) (*знак*); **2.** (*балл*) Nóte *f* (11), Zensúr *f* (10); Bewértungsnote *f*; вы́ставить ~и ein Zéugnis gében* [áusstellen]; ста́вить ~у éine Nóte gében*

отмеча́ть *см.* отме́тить; **~ся 1.** *см.* отме́титься; **2.** *страд.* bezéichnet wérden (*ср.* отме́тить)

отмир||а́ние *с* Ábsterben *n* -s; Áussterben *n* -s; **~а́ть** *см.* отмере́ть

отмобилизова́ть *разг.* vóllständig mobilisíeren

отмока́ть, отмо́кнуть feucht wérden; ábweichen *vi* (s); sich lóslösen (*отделиться*)

отмолоти́ть mit dem Dréschen fértig wérden, den Drusch beénden

отмоло́ть dúrchmahlen (*part II* dúrchgemahlen) *vt*, áusmahlen *vt*

отмолча́ться *см.* отма́лчиваться

отмора́живать *см.* отморо́зить

отморо́женн||ый erfróren; ~ое ме́сто Fróstbeule *f* (11)

отморо́з||ить erfríeren* *vt*; он ~ил себе́ па́лец er hat durch Erfríeren éinen Fínger verlóren; er hat sich éinen Fínger erfróren

отмота́ть ábwickeln *vt*; ábspulen *vt* (*плёнку*)

отмочи́ть 1. ábweichen *vt*, áufweichen *vt*; **2.** *разг.* (*сказать, сделать что-л. неожиданное, неуместное*) etw. vom Stápel lássen*; ~ штýку etw. ánstellen, éinen Streich spíelen

отмсти́ть *см.* отомсти́ть

отму́чивание *с тех.* Schlämmen *n* -s

отму́ч||иться 1. (*перестать мучиться*) áufhören sich zu quälen; **2.:** он ~ился (*умер*) er hat es überstánden

отмще́ние *с уст.* Ráche *f*, Vergéltung *f*

отмыва́ть *см.* отмы́ть; **~ся 1.** *см.* отмы́ться; **2.** *страд.* ábgewaschen wérden

отмыка́ть *см.* отомкну́ть; **~ся 1.** *см.* отомкну́ться; **2.** *страд.* áufgeschlossen [geöffnet] wérden (*ср.* отомкну́ть)

отмы́ть 1. ábwaschen* *vt*, réinwaschen* *отд. vt*; **2.** *геол.* áuswaschen* *vt*; **3.** (*размыть*) unterspülen *vt*; **~ся 1.** (*о пятне*) beim Wáschen heráusgehen*; **2.** (*стать чистым*) nach dem Wáschen sáuber wérden (*о предмете*); sich sáuber wáschen* (*вымыться дочиста*)

отмы́чка *ж* Náchschlüssel *m* (6); Díetrich *m* (1) (*разг.*)

отмяка́ть, отмя́кнуть 1. mürbe wérden, áufweichen *vi* (s); **2.** (*стать снисходительным*) wéicher [fréundlicher] wérden

отне́киваться *разг.* áblehnen *vt*; nicht éinverstanden sein (от чего́-л. mit *D*); vernéinen *vt*

отнести́ 1. (hín)trágen* *vt*, (hín-)bríngen* *vt*; wéiterrücken *vt*; fórtbringen* *vt*, wégtragen* *vt* (*прочь*); **2.** (*о ветре, течении и т. п.*) ábtreiben* *vt*, fórttreiben* *vt*, fórttragen* *vt*; **3.** (*приписать, причислить*) zúschreiben* *vt*; zúrechnen *vt* (к чему́-л. *D*); bezíehen* *vt*, zurückführen *vt* (auf *A*); **4.** (*отсрочить*) verlégen *vt*, áufschieben* *vt*; ◇ ~ на счёт кого́-л. auf j-s Réchnung sétzen; j-m ánrechnen; j-m aufs Kónto schréiben*

отнести́сь sich verhálten* (к кому́-л., чему́-л. zu *D*, gégen *A*); díese óder jéne Éinstellung háben; ~ дру́жественно к кому́-л. sich fréundschaftlich zu j-m verhálten*; ~ с подозре́нием к кому́-л. míßtrauisch gégen j-n sein; ~ серьёзно к чему́-л. etw. ernst néhmen*; ~ положи́тельно к чему́-л. pósitiv éiner Sáche gegenüberstehen*

отниза́ть ábnehmen* *vt*; ~ не́сколько бу́син éinige Glásperlen von der Schnur ábnehmen*

отникелирова́ть verníckeln *vt*

отнима́ть *см.* отня́ть; **~ся 1.** *см.* отня́ться; **2.** *страд.* genómmen wérden (*ср.* отня́ть)

относи́тельн||о 1. *нареч.* verhältnismäßig, relatív; **2.** *предлог* (*по отношению*) in Hínsicht, in Bezíehung (auf *A*); **3.** *предлог* (*по поводу*) über (*A*); bezüglich, betréffs (*G*); in bezúg (auf *A*); ~о э́того díesbezüglich, hierüber; **~ость** *ж* Relativität [-vi-] *f*, тео́рия ~ости Relativitätstheorie *f*; **~ый 1.** relatív; bedíngt; verhältnismäßig; ~ые чи́сла *мат.* relatíve [-və] Záhlen; ~ое местоиме́ние *грам.* Relatívpronomen *n* (7) (*pl тж.* -mina), bezügliches Fürwort; ~ые прилага́тельные *грам.* relatíve Ádjektive, Bezíehungsadjektive *pl*; **2.** (*умеренный*) mäßig, begrénzt, nicht besónders groß [stark *usw.*]

относи́ть *см.* отнести́; **~ся 1.** *см.* отнести́сь; **2.** (*иметь отношение к чему-л.*) Bezúg háben, sich bezíehen* (auf *A*); gehören *vi* (zu *D*); betréffen* *vt*, ángehen* *vt* (*касаться*); э́то к де́лу не отно́сится das hat nichts mit der Sáche zu tun, das gehört nicht zur Sáche; э́то ко мне не отно́сится das bezíeht sich nicht auf mich; das gilt nicht mir; э́то отно́сится к тебе́ das ist auf dich gemünzt, damít bist du geméint; **3.** *мат.* sich verhálten*; **a** отно́сится к **b** как **x** к **y** **a** verhält sich zu **b** wie **x** zu **y**; **4.** *страд.* híngetragen wérden (*ср.* отнести́)

отноше́н||ие *с* **1.** Verhálten *n* -s (к кому́-л., к чему́-л. zu *D*, gegenüber *D*); Háltung *f*; Behándlung *f* (*обхождение*); небре́жное ~ие Náchlässigkeit *f*; делово́е ~ие éine sáchliche [objektíve (-və)] Éinstellung; ~ие к вопро́су die Háltung zur Fráge; ~ие к труду́ Árbeitseinstellung *f*, Árbeitsmoral *f*; **2.** (*связь, касательство*) Bezíehung *f* (10); Verhältnis *n* (3); име́ть ~ие к кому́-л. mit j-m zu tun háben; име́ть ~ие к чему́-л. auf etw. (*A*) Bezúg háben, mit etw. zu tun háben; an éiner Sáche betéiligt sein; како́е э́то име́ет ~ие к де́лу? was hat das damít zu tun?; **3.** *мн.* ~ия (*на основе общения*) Verhältnisse *pl*, Bezíehungen *pl*; произво́дственные ~ия Produktiónsverhältnisse *pl*; обще́ственные ~ия geséllschaftliche Bezíehungen, soziále Verhältnisse; иму́щественные ~ия Vermögensverhältnisse *pl*; семе́йные ~ия Famílienverhältnisse *pl*; ~ия ме́жду людьми́ zwischenmenschliche Bezíehungen *pl*; быть в плохи́х ~иях с кем-л. in kéinen gúten Bezíehungen zu j-m stéhen*, sich nicht gut mit j-m stéhen*; быть в дру́жеских ~иях с кем-л. mit j-m auf gútem Fuß stéhen*; испо́ртить с кем-л. ~ия es mit j-m verdérben*; **4.** *мн.* **~ия** (*сношения, связи*) Bezíehungen *pl*; междунаро́дные ~ия internationále Bezíehungen; ~ия ме́жду Восто́ком и За́падом die Ost-Wést-Bezíehungen; подде́рживать ~ия Bezíehungen unterhálten*; установле́ние диплома́тических ~ий Hérstellung [Áufnahme, Ánbahnung] der diplomátischen Bezíehungen (ме́жду кем-л. zwischen *D*); разры́в ~ий Ábbruch der Bezíehungen; **5.** *мат., грам.* Verhältnis *n* (3*); геометри́ческое ~ие das geométrische Verhältnis; **6.** *канц.* (*деловая бумага*) (offiziélles) Schréiben *n* (7); ◇ в э́том ~ии in díeser Bezíehung [Hínsicht]; во мно́гих ~иях in máncher Bezíehung [Hínsicht]; во всех ~иях in jéder Bezíehung [Hínsicht]; in állen Stücken (*разг.*); по ~ию ко мне in bezúg auf mich, was mich betrífft; в не́котором ~ии in gewísser Bezíehung

отны́не *нареч.* von nun an [ab], von héute an [ab]

отню́дь: ~ не kéineswegs, mitníchten, durcháus nicht, absolút nicht, ganz und gar nicht, auf kéine Wéise, in kéiner Wéise

отня́тие *с* **1.** Wégnahme *f*; Entzíehung *f*, Ábnehmen *n* -s; **2.** *мед.* Amputatión *f* (10); ◇ ~ от груди́ Entwöhnen *n* -s, Ábstillen *n* -s

отня́ть 1. (wég)néhmen* *vt*, (áb)néhmen* *vt*; entréißen* *vt* (у кого́-л. *D*); ~ наде́жду die Hóffnung ráuben; **2.** (*отвести, убрать*) wégnehmen*, wégziehen*; ~ ру́ку die Hand wégziehen*; **3.** *мед.* amputíeren *vt*, ábnehmen* *vt*; **4.** *мат. разг.* ábziehen* *vt*, in Ábzug bríngen*; subtrahíeren *vt*; **5.** (*заставить потратить время*) in Ánspruch néhmen*; рабо́та отняла́ мно́го вре́мени die Árbeit nahm viel Zeit in Ánspruch; ~ вре́мя у кого́-л. j-m die Zeit stéhlen*; ◇ ~ от груди́ ábstillen *vt*; ~ от ма́тки *с.-х.* ábsetzen *vt*; э́того у него́ нельзя́ ~ das kann man ihm nicht ábsprechen*, das muß man ihm lássen; **~ся** (*парализоваться*) gelähmt [paralysíert] sein; ábsterben* *vi* (s); у него́ отня́лся язы́к er verlór die Gewált über séine Zúnge, er verlór die Spráche; séine Zúnge ist gelähmt

ото *см.* от; де́нь ~ дня́ tagáus tagéin; von Tag zu Tag

отобе́дать 1. mit dem Éssen fértig sein, das Míttagessen beénden; **2.** *уст.* (*пообедать*) spéisen *vt*; проси́ть ~ zum Míttagessen éinladen*

отобража́ть *см.* отобрази́ть; **~ся 1.** *см.* отобрази́ться; **2.** *страд.* wíedergegeben [dárgestellt] wérden

отображе́ние *с* **1.** (*действие*) Ábbildung *f* (10); Wíderspieg(e)lung *f* (10); Wíedergabe *f* (11); Dárstellung *f* (10); **2.** (*изображение, образ*) Wíderspiegelung *f* (10); Ábbild *n* -(e)s

отобрази́ть wíedergeben* *vt*, wíderspiegeln *vt*; dárstellen *vt*; **~ся** sich wíderspiegeln; sich dárstellen

отобра́ть 1. (*отнять*) ábnehmen* *vt*, wégnehmen* *vt*, fórtnehmen* *vt* (у кого́-л. *D*); **2.** (*выбрать*) áussuchen *vt*, áuslesen* *vt*, áussondern *vt*, áuswählen *vt*; síchten *vt*; **3.** *уст.*: ~ показа́ния verhören *vt*; die Áussagen zu Protokóll néhmen*

отова́рить *торг.* Wáren líefern, mit Wáren belíefern

отовсю́ду *нареч.* von überáll her; von állen Séiten; von állen Écken (und Énden); von nah und fern

отогна́ть 1. (*прогнать*) wégjagen *vt*, verjágen *vt*; vertréiben* *vt*, verschéuchen *vt* (*тж. перен.*); **2.** (*о ветре, течении*) ábtreiben* *vt*; **3.** *спец.* destillíeren *vt*

отогну́ть gerádebiegen* *отд. vt*; zurückbiegen* *vt*; zurückschlagen* *vt*; ~ рука́в den Ármel áufschlagen* [áufkrempeln]; **~ся** sich gerádebiegen*; sich zurückbiegen*; sich verbíegen*

отогрев||а́ние *с* Wärmen *n* -s, Erwärmung *f*; Áufwärmen *n*; **~а́ть** *см.* отогре́ть; **~а́ться 1.** *см.* отогре́ться; **2.** *страд.* gewärmt [erwärmt, áufgewärmt] wérden

отогре́ть wíeder warm máchen; (er)wärmen *vt*, áufwärmen *vt*; *перен.* mit Wärme umgében*; betréuen *vt*; bemüttern *vt*; ◇ ~ змею́ на свое́й груди́ ≅ éine Schlánge am Búsen nähren; **~ся** sich (er)wärmen; sich áufwärmen

отодвига́ть *см.* отодви́нуть; **~ся 1.** *см.* отодви́нуться; **2.** *страд.* ábgeschoben wérden (*ср.* отодви́нуть)

отодви́нуть 1. (*переместить*) ábrücken *vt*, ábschieben* *vt*; zurückschieben* *vt* (*назад*); wégschieben* *vt*, wégrücken *vt*, fórtrücken *vt*, fórtschieben* *vt* (*убрать*); beiséite schíeben*, zur Séite schíeben* (*в сторону*); ~ засо́в den Ríegel zur Séite schíeben*, áufriegeln *vt*; ~ на за́дний план in den Híntergrund drängen; **2.** *разг.* (*отсрочить*) verschíeben* *vt*, áufschieben* *vt*, verlégen *vt*; stúnden *vt* (*уплату*); ~ срок die Frist hináusschieben*; **~ся 1.** ábrücken *vi* (s), sich zurückziehen* (*назад*); beiséite géhen*, zur Séite rücken (*в сторону*); aus dem Wége géhen* (*посторониться*); **2.** *разг.* (*отсрочиться*) sich hináusschieben*; sich verzögern, sich hináuszögern

отодра́ть I *разг.* (*оторвать*) ábreißen* *vt*, herúnterreißen* *vt*

отодра́ть II *разг.* (*высечь*) verdréschen* *vt*; das Fell gérben (кого́-л. *D*)

отодра́ться *разг.* (*оторваться*) lósgehen* *vi* (s), ábgehen* *vi* (s), ábfallen* *vi* (s); подмётки отодрали́сь die Sóhlen háben sich gelöst

отож(д)еств||и́ть identifizíeren *vt*, gléichsetzen *vt*; **~ле́ние** *с* Identifizíerung *f*, Gléichsetzung *f*; **~ля́ть** *см.* отож(д)естви́ть

отозва́ние *с* (*посла, депутата*) Ábberufung *f*

отозва́ть 1.: ~ в сто́рону beiséite rúfen* [néhmen*]; zur Séite führen; **2.** (*посла, депутата*) ábberufen* *vt*

отозва́ться 1. (*ответить*) ántworten *vt*; erwídern *vt*; Ántwort gében*, sich hören lássen*; **2.** (*высказать своё мнение*) sich äußern (о ком-л., о чём-л. über *A*); хорошо́ [пло́хо] ~ о ком-л. gut [schlecht] von j-m spréchen*; auf j-n gut [schlecht] zu spréchen sein; **3.** (*повлиять*) sich áuswirken; Éinfluß háben [áusüben]; (éin)wirken *vi* (на чём-л. auf *A*)

отойти́ 1. beiséite tréten*, sich zurückziehen*, wéggehen* *vi* (s); ~ в сто́рону beiséite tréten* [géhen*]; zur Séite géhen*; **2.** (*о поезде и т. п.*) ábgehen* *vi* (s), ábfahren* *vi* (s); **3.** *воен.* (*отступить*) sich zurückziehen*; zurückgehen* *vi* (s), (zurück)weichen* *vi* (s); **4.** (*отклониться*) ábkommen* *vi* (s), ábweichen* *vi* (s), ábrücken *vi* (s), ábgehen* *vi* (s) (от чего́-л. von *D*); **5.** (*отстраниться*) sich entfrémden (от кого́-л., чего́-л. *D*); sich ábwenden* (von *D*); ~ от ста́рых друзе́й von álten Fréunden ábrücken; **6.** (*отвалиться*) ábgehen* *vi* (s), ábfallen* *vi* (s), sich áblösen; **7.** (*прийти в себя*) wíeder zu sich kómmen*; sich berúhigen; wíeder áufleben (*о растениях*); wíeder warm wérden (*о замёрзших частях тела*); **8.** (*миновать, окончиться*) vorübergehen* *vi* (s), zu Énde sein; зима́ отошла́ der Wínter ist vorbéi; **9.** *уст.* (*умереть*) entschláfen* *vi* (s), hínscheiden *vi* (s); **10.** únsichtbar wérden, heráusgehen* *vi* (s); пятно́ отошло́ der Fleck ist verschwúnden; **11.** (*перейти во владение*) j-s Éigentum wérden; ◇ ~ в про́шлое der Vergángenheit anhéimfallen*; ~ ко сну́ éinschlafen* *vi* (s); ~ в ве́чность 1) (*умереть*) stérben* *vi* (s); 2) (*пройти, исчезнуть*) zu Énde géhen*, vergéhen *vi* (s); се́рдце [от се́рдца] отошло́ der Zorn légte sich

отоларинголо́гия *ж* Otolaryngologíe

f, Léhre f von den Óhren- und Kéhlkopfkrankheiten

отомкну́ть 1. *уст.* (*открыть*) öffnen vt, áufschließen* vt; **2.:** ~ штык das Bajonétt ábnehmen*; **~ся** áufgehen* vi (s), sich áufschließen*

отомсти́ть rächen vt; sich rächen, Ráche néhmen* (кому́-л. an D); j-m etw. héimzahlen; ~ кому́-л. за кого́-л., за что-л. sich an j-m für j-n, für etw. (A) rächen

отопи́тельный Heiz-; Héizungs-; ~ сезо́н Héizsaison [-zɛ,zɔŋ] f

отопи́ть (be)héizen vt

отопле́ние с **1.** (*действие*) Héizen n -s; **2.** (*устройство*) Héizung f (10); печно́е ~ Ófenheizung f; парово́е ~ Dámpfheizung f; центра́льное ~ Zentrálheizung f; водяно́е ~ Wármwasserheizung f; пане́льное ~ Déckenheizung f; Plättenheizung f

ото́рачивать *см.* оторочи́ть

ото́рванн||ость ж Lósgelöstheit f, Éinsamkeit f, Isolíerung f, Isolíertheit f; Ábgeschiedenheit f; **~ый** (*утративший связь*) isolíert, getrénnt; ábgeschieden; ábgeschnitten, ábgesondert; lósgelöst; getrénnt; ~ый от жи́зни wéltfremd

оторва́ть 1. ábreißen* vt; ábbrechen* vt (*ветку, кусок чего-л.*); ему́ оторва́ло ру́ку ihm wúrde éine Hand ábgerissen; **2.** (*разлучить*) trénnen vt, lóslösen vt, auseinánderreißen* vt; **3.** (*отвлечь*) lósreißen* vt; ~ глаза́ от карти́ны die Áugen vom Bild ábwenden*; ~ от рабо́ты bei der Árbeit stören, von der Árbeit ábhalten*; ◊ с рука́ми ~ что-л. gíerig nach etw. (D) gréifen*; sich um etw. (A) réißen*; ~ от себя́ что-л. etw. mit schwérem Hérzen híngeben*; **~ся 1.** (*отделиться*) sich plötzlich lösen, sich lósreißen*; ~ся от земли́ *ав.* ábheben* vi; ~ся от проти́вника *воен.* sich vom Féind lösen; **2.** (*отвлечься*) sich lósreißen; ~ся от рабо́ты die Árbeit [Beschäftigung] ábbrechen*, sich von der Árbeit lósreißen*; **3.** (*утратить связь*) die Verbíndung verlíeren*; sich (lós)trénnen, sich lósreißen* (*отделиться*); ~ся от масс die Verbíndung mit den Mássen verlíeren*

оториноларинго́||лог м Hals-Nasen-Óhren-Arzt m (1*), HNO-Arzt m; **~ло́гия** ж Oto-Rhino-Laryngologíe f

оторо||пе́лый *разг.* verdútzt, stútzig; verdáttert; **~пе́ть** verdútzt [stútzig, verdáttert, verblüfft] sein

о́торопь ж *разг.* Verwírrung f; его́ ~ взяла́ er wúrde stútzig [verwírrt]; er war ganz verdútzt

оторочи́ть éinfassen vt, besétzen vt, paspelíeren vt; ~ рукава́ ме́хом Ärmel mit Pelz besétzen

оторо́чка ж **1.** (*действие*) Éinfassung f, Éinfassen n -s, Paspelíeren n -s; **2.** (*полоска*) Éinfassung f (10), Besátz m (1*), Páspel m (6), f (11); мехова́я ~ Pélzbesatz m

отосла́ть 1. (*послать*) (áb)schícken vt; ábsenden (*) vt; fórtschicken vt, entférnen vt (*удалить*); **2.** (*предложить кому-л. справиться где-л.*) verwéisen* vt; ~ чита́теля к примеча́ниям den Léser auf die Ánmerkungen verwéisen*

отоспа́ться sich áusschlafen*

отохо́тить *разг.* j-m die Lust verdérben* (от чего́-л. an. A); die Fréude verdérben*

отоща́лый *разг.* ábgemagert, herúntergekommen

отоща́ть ábmagern vi (s), ábfallen* vi (s)

отпада́ть *см.* отпа́сть

отпаде́ние с Ábfall m -(e)s; *перен. тж.* Áusscheiden n -s

отпа́ивать I *см.* отпая́ть

отпа́ивать II *см.* отпои́ть

отпа́иваться 1. *см.* отпая́ться; **2.** *страд.* lósgelötet [ábgelötet] wérden

отпа́ривание с Dämpfen n -s; Ábbrühen n -s; Áвweichen n -s (*размягчение*)

отпа́ривать *см.* отпа́рить

отпари́ровать paríeren vt

отпа́рить dämpfen vt, mit Dampf behándeln; ábbrühen vt; ábweichen vt (*размягчить*); bügeln vt (*отутюжить*)

отпа́рывать(ся) *см.* отпоро́ть(ся)

отпа́||сть 1. (áb)fallen* vi (s), lósgehen* vi (s); **2.** (*утратить силу, смысл*) wégfallen* vi (s); entfállen* vi (s), fórtfallen* vi (s); gégenstandslos wérden; вопро́с ~л die Fráge ist gégenstandslos gewórden; охо́та у меня́ ~ла die Lust ist mir vergángen; ich hábe die Lust verlóren; **3.** (*отделиться*) ábfallen* vi (s); áusscheiden* vi (s); sich lóslösen; ábtrünnig [úntreu] wérden (*от союзника и т. п.*)

отпаха́ть *с.-х.* **1.** (*закончить пахоту*) das Pflügen beénden; **2.** (*пахать некоторое время*) éine Zéitlang pflügen

отпая́ть áblöten vt; **~ся** ábgehen* (s)

отпева́||ние с *церк.* Tótenmesse f (11), Séelenmesse f, Tótenamt n (5); **~ть** *см.* отпе́ть

отпере́ть áufschließen* vt; áufmachen vt, öffnen vt (*открыть*); áufriegeln vt (*засов*)

отпере́ться I **1.** (*открыться — о двери*) áufgehen* vi (s), sich öffnen; **2.** *разг.* (*открыть помещение изнутри*) áufsperren vt

отпере́ться II *разг.* (*отказаться от своих слов, показаний*) ábleugnen vt, ábstreiten* vt, in Ábrede stéllen

отпе́тый *разг.* **1.** (*неисправимый*) unverbésserlich, hóffnungslos; ~ челове́к éiner, an dem Hópfen und Malz verlóren ist; **2.** (*отчаянный*) verwégen, dráufgängerisch, durchtríeben; **3.** (*погибший*) verlóren, nicht mehr zu rétten

отпе́ть 1. *церк.* die Tótenmesse lésen* [zelebríeren]; **2.** (*кончить петь*) áufhören zu síngen*; ábsingen* vt

отпеча́тать 1. (*напечатать*) ábdrukken vt; **2.** (*на пишущей машинке*) ábschreiben* vt, (áb)típpen vt; **3.** *фото* éinen Ábzug máchen; **4.** (*открыть помещение*) entsíegeln vt; **5.** (*оставить след*) éine Spur hinterlássen*; **6.** *разг.* (*отчеканить*) Wort für Wort betónend ságen; **~ся 1.** (*оставить след*) sich ábdrücken; éinen Ábdruck [éine Spur] hinterlássen*; **2.** (*запечатлеться*) sich (dem Gedächtnis) éinprägen

отпечатле́ться *уст.* **1.** séine Spur hinterlássen* (*тж. перен.*); **2.** (*запечатлеться*) sich (dem Gedächtnis) éinprägen

отпеча́ток м **1.** Ábdruck m (1*) (*тж. полигр.*); Ábbild n (5); **2.** (*след*) Spur f (10); ~ па́льцев Fíngerabdruck m (1*); **3.** *перен.* (*особенность*) Stémpel m (6), Gepräge n (6); наложи́ть свой ~ séinen Stémpel áufdrücken

отпеча́тывать *см.* отпеча́тать; **~ся 1.** *см.* отпеча́таться; **2.** *страд.* ábgedruckt wérden (*ср.* отпеча́тать)

отпива́ть *см.* отпи́ть 1

отпи́лив||ание с Ábsägen n -s; **~ать, отпили́ть** ábsägen vt

отпира́тельство с Ábleugnen n -s, Léugnen n; Verstóckteit f (*упорное*)

отпира́ть *см.* отпере́ть

отпира́ться I **1.** *см.* отпере́ться I; **2.** *страд.* áufgeschlossen wérden (*ср.* отпере́ть)

отпира́ться II *см.* отпере́ться II

отпирова́ть 1. (*отметить пиром*) féiern vt, begéhen vt; **2.** (*кончить пировать*) die Féier beénden

отписа́ть *уст.* **1.** (*по завещанию*) vermáchen vt, verérben vt; **2.** *уст.* (*конфисковать*) konfiszíeren vt, éinziehen* vt

отписа́ться *разг.* éinen formélIen schríftlichen Beschéid gében*; bürokrátisch ántworten

отпи́ска ж níchtssagendes Ántwortschreiben; léerer Wisch

отпи́сывать(ся) *см.* отписа́ть(ся)

отпи́ть 1. (*немного*) ábtrinken* vt, níppen vi; ~ глото́к éinen Schluck trínken*; **2.** *разг.* (*кончить пить*) áufhören zu trínken

отпи́хивать *см.* отпихну́ть; **~ся 1.** *см.* отпихну́ться; **2.** *страд.* zurückgestoßen wérden (*ср.* отпихну́ть)

отпихну́ть *разг.* zurückstoßen* vt, ábschieben* vt, wégschieben* vt; ábstoßen* vt (*лодку от берега*); éinen Tritt gében* [versétzen] (*ногой*); **~ся** *разг.* sich ábstoßen*

отпла́та ж Lohn m -(e)s, Vergéltung f, Ábrechnung f

отплати́ть vergélten* vt; sich revanchíeren [-vaŋ'ʃi:-]; héimzahlen vt; j-n etw. entgélten lássen*, Ráche néhmen* (*отомстить*); ~ кому́-л. за услу́гу mit j-m ábrechnen; éinen Gégendienst léisten; sich revanchíeren; ◊ ~ той же моне́той mit gléicher Münze héimzahlen; ~ тем же Gléiches mit Gléichem vergélten*

отплева́ться *см.* отплёвываться

отплёвывать *разг.* (áus)spúcken vt, áusspeien* vt; **~ся** *разг.* spúcken vi

отплыва́ть *см.* отплы́ть

отплы́т||ие с Ábfahrt f; Áusfahrt f; Ábsegeln n -s (*под парусами*); гото́вый к ~ию zur Ábfahrt beréit [klar]; beréit in See zu stéchen; ségelklar (*о паруснике*)

отплы́ть 1. (*удалиться вплавь*) wégschwimmen* vi (s), fórtschwimmen* vi (s); **2.** (*на судне*) ábfahren* vi (s), in See stéchen*; ábsegeln vi (s) (*под парусами*)

отплю́нуть *см.* отплёвывать

отпля́сывать *разг.* mit Begéisterung tánzen

о́тповедь ж Ábfuhr f, Verwéis m (1); stríkte Ábsage; дать (кому́-л.) досто́йную ~ (j-m) éine gebührende Ábfuhr ertéilen

отпои́ть 1. tränken vt (*напр., телёнка молоком*); **2.** (*вылечить питьём, лекарством*) áuskurieren vt; die Kräfte wíederherstellen; wíeder áufpäppeln

отползა́ть, отползти́ wégkriechen* vi (s); beiséite kríechen*, zur Séite kríechen* (*в сторону*); zurückkriechen* vi (s) (*назад*)

отполирова́ть blánkpolieren *отд.* vt, políeren vt

отполоска́ть *разг.* **1.** (*промыть полосканием*) spülen vt, áusspülen vt; **2.** (*кончить полоскать*) das Spülen beénden

отполосова́ть *разг.* áuspeitschen vt

отпо́р м **1.** (*отражение нападения*) Ábwehr f, Wíderstand m -(e)s; дать ~ врагу́ dem Feind Wíderstand entgégensetzen [léisten]; den Feind ábwehren [zurückweisen*]; встре́тить ~ auf Wíderstand stóßen*; **2.** (*решительное противодействие*) дава́ть ~

éine Ábfuhr ertéilen; Trotz bíeten*, die Stirn bíeten*; j-n ábblitzen lássen* (*разг.*); он получи́л от меня́ ре́зкий ~ er hólte sich (*D*) bei mir éine schárfe Ábfuhr

отпоро́ть ábtrennen *vt*, lóstrennen *vt*; heráustrennen *vt*; ~ воротни́к den Krágen ábtrennen; **~ся** sich lóstrennen; áufgehen* *vi* (s), lósgehen* *vi* (s)

отпотева́ть, отпоте́ть *разг.* ánlaufen* *vi* (s), beschlágen* *vi* (s) (*о стекле и т. п.*); feucht wérden (*о стене*)

отпочкова́ться, отпочко́вываться **1.** *биол.* sich durch Zéllteilung verméhren; **2.** *перен.* (*отделиться*) sich ábspalten [ábtrennen] und versélbständigen

отправи́тель *м* Ábsender *m* (6); ~ гру́за Verláder *m* (6)

отпра́вить **1.** (*послать*) versénden* *vt*, ábsenden* *vt*, ábfertigen *vt*, verschícken *vt*, befördern *vt*; ábkommandieren *vt*, schícken *vt* (*кого-л.*); **2.** (*поезд, пароход и т. п.*) das Ábfahrt(s-)signal gében* (что-л. *D*); ~ по́езд den Zug ábfertigen; ◇ ~ на тот свет ins Jénseits befördern; ~ в рот in den Mund stécken; **~ся** (*поехать, пойти куда-л.*) sich begében*, géhen* *vi* (s); áufbrechen* *vi*(s); ábgehen* *vi* (s); ábfahren* *vi* (s) (*о поезде и т. п.*); ~ся в путь sich auf den Weg máchen; ~ся в путеше́ствие éine Réise ántreten*; ~ся по́ездом mit dem Zug fáhren*, den Zug benútzen; ◇ ~ся на тот свет aus der Welt schéiden*, stérben* *vi* (s)

отпра́в||ка *ж* Ábsendung *f*; Ábfertigung *f*, Ábfahrt *f*, Ábgang *m* (1*); Ábtransport *m* (1), Beförderung *f*, Versánd *m* -(e)s (*писем, товаров*); части́чная ~ка Téilsendung *f*; гото́вить к ~ке versándfertig máchen

отправле́н||ие *с* **1.** (*багажа, писем и т. п.*) Ábsendung *f*, Beförderung *f*, Versánd *m* -(e)s; **2.** (*поезда, парохода и т. п.*) Ábfertigung *f*; Ábgang *m* -(e)s, Ábfahrt *f* (*отход*); ста́нция ~ия Ábgangsbahnhof *m* (1*); **3.** (*отъезд*) Ábfahrt *f*, Ábreise *f*; **4.** (*организма*) Funktión *f* (10); расстро́йство ~ий Funktionálstörung *f* (10); **5.** *уст.* (*исполнение*) Áusübung *f*, Betréiben *n* -s, Vollzúg *m* (1*), Verríchtung *f* (*должности*); вступи́ть в ~ие обя́занностей das Amt ántreten*; при ~ии обя́занностей bei Ámtsausübung; **6.** (*что отправлено по почте*) Séndung *f* (10); Póstsendung *f*; заказно́е ~ие Éinschreibesendung *f*, éingeschriebene Séndung; ◇ то́чка ~ия Áusgangspunkt *m* (1)

отправля́ть **1.** *см.* отпра́вить; **2.** *уст.* (*исполнять обязанности и т. п.*) áusüben *vt*, verséhen* *vt*; ~ служе́бные обя́занности amtíeren *vi*; **~ся** **1.** *см.* отпра́виться; **2.** (*исходить из чего-л.*) áusgehen* *vi* (s) (von *D*), etw. zum Áusgangspunkt néhmen*; **3.** *страд.* versándt wérden (*ср.* отпра́вить)

отправн||о́й Áusgangs-; ~о́й пункт Ábsendeort *m* (1); Ábsendebahnhof *m* (1*); ~а́я то́чка Áusgangspunkt *m* (1)

отпра́вочный Versánd-; Expeditións-

отпра́здновать **1.** féiern *vt*; **2.** *разг.* (*кончить праздновать*) áufhören zu féiern

отпра́шиваться, отпроси́ться um die Erláubnis bítten, wéggehen [wégfahren] zu dürfen (*отпрашиваться*); die Erláubnis erhálten, wéggehen [wégfahren] zu dürfen (*отпроситься*); я собира́юсь отпроси́ться на два дня (*с работы*) ich will um zwei Táge Úrlaub bítten; отпроси́ться на час éine Stúnde fréinehmen*

отпры́гивать, отпры́гнуть **1.** zurückspringen* *vi* (s) (*назад*); beiséite [zur Séite] springen* (*в сторону*); **2.** *разг.* (*о мяче*) ábprallen *vi* (s)

о́тпрыск *м* **1.** (*молодой побег*) Sproß *m* -sses, -sse; **2.** *ирон.* (*потомок*) Sprößling *m* (1); Ábkömmling *m* (1), Náchfahre *m* (9)

отпряга́ть *см.* отпря́чь

отпря́нуть zurückprallen *vi* (s), zurückfahren* *vi* (s), zurückspringen* *vi* (s)

отпря́чь áusspannen *vt*, ábspannen *vt*

отпу́гивать, отпугну́ть verschéuchen *vt*; ábschrecken *vt*; э́то не мо́жет меня́ отпугну́ть das kann mich nicht ábschrecken

о́тпуск *м* **1.** (*товара и т. п.*) Áuslieferung *f*, Ábgabe *f*, Verábfolgung *f*; Bewílligung *f* (10) (*денег*); **2.** (*временное освобождение от работы*) Úrlaub *m* (1); Úrlaubszeit *f*; Beúrlaubung *f* (10), Áusgang *m* (1*), Stádturlaub *m* (*в армии*); Lándurlaub *m* (*у моряков*); декре́тный ~ Schwángerschaftsurlaub *m*; ~ по боле́зни Genésungsurlaub *m*; дополни́тельный ~ Zúsatzurlaub *m*; тво́рческий ~ Stúdienurlaub *m*; бессро́чный ~ *воен.* únbefristete Beúrlaubung; в ~е, в ~у́ (*разг.*) auf [in] Úrlaub; е́хать в ~ in Úrlaub fáhren*; уйти́ в ~ séinen Úrlaub ántreten*; auf Úrlaub géhen*; отме́на ~о́в Úrlaubssperre *f*; очередно́й ~ Jáhresurlaub *m*; ~ за свой счёт únbezahlter Úrlaub; заявле́ние об ~е [*разг.* на ~] Úrlaubsantrag *m* (1*), Úrlaubsgesuch *n* (2); запозда́ть из ~а über den Úrlaub wégbleiben*, verspätet aus dem Úrlaub zurückkehren; увольня́ть в ~ *воен.* beúrlauben *vt*; Úrlaub gében* (кого́-л. *D*); **3.** *тех.* Ánlassen *n* -s (*стали*)

отпуска́ть *см.* отпусти́ть

отпускна́я *сущ. ж ист.* Fréilassungsurkunde *f* (11)

отпускн||и́к *м* Úrlauber *m* (6); **~о́й** *прил.* **1.** Úrlaubs-; Beúrlaubungs-; ~о́е свиде́тельство Úrlaubsbescheinigung *f* (10); ~о́й биле́т Úrlaubsschein *m* (1) (*военнослужащего*); **2.** *в знач. сущ. мн.*: ~ы́е *разг.* (*деньги*) Úrlaubsgeld *n* -(e)s; **3.** *эк.* Verkáufs-; ~а́я цена́ Verkáufspreis *m* (1), Ábgabepreis *m*; **4.** *ист.* Fréilassungs-; ~а́я гра́мота Fréilassungsurkunde *f* (11); **5.** *в знач. сущ. м уст. см.* отпускни́к

отпусти́ть **1.** entlássen* *vt*; (géhen) lássen* *vt*, zíehen lássen*; **2.** (*дать отпуск*) beúrlauben *vt*, in den Úrlaub géhen lássen*; Úrlaub gében* (кого́-л. *D*); **3.** (*освободить*) fréilassen* *vt*; láufen lássen*; ~ с рабо́ты fréistellen *vt*; ~ кого́-л. на во́лю j-n fréigeben*; j-n fréilassen*, j-m die Fréiheit schénken; **4.** (*товар и т. п.*) verkáufen *vt*, áusliefern *vt*, verábfolgen *vt*; bewílligen *vt* (*деньги*); ~ покупа́теля éinen Káufer bedíenen; **5.** *разг.* (*волосы и т. п.*) wáchsenlassen* *отд.* *vt*; stéhenlassen* *отд.* *vt* (*бороду*); **6.** (*ослабить верёвку и т. п.*) náchlassen* *vt*; entspánnen *vt*, lóckern *vt*; **7.** *уст.* (*простить грех*) vergében* *vt*, verzéihen* *vt*; **8.** (*отточить*) schärfen *vt*, ábziehen* *vt*; **9.** *тех.* ánlassen* *vt* (*сталь*); **10.** *разг.* (*сказать что-л. неожиданное, неуместное*) zum bésten gében*; áussprechen* *vt*; ~ шу́тку [остро́ту] éinen Witz zum bésten gében*; **11.** (*ослабнуть — о морозе, боли*) náchlassen* *vi*; моро́з отпусти́л der Frost hat náchgelassen

отпутеше́ствовать die Réise beénden, áufhören zu réisen

отпуще́н||ие: ~ие грехо́в Vergébung der Sünden; Absolutión *f* (10); ◇ козёл ~ия *разг.* Sündenbock *m* (1*); Prügelknabe *m* (9)

отпу́щенник *м ист.* Fréigelassene *m* (14)

отраба́тывать *см.* отрабо́тать

отрабо́тавший *см.* отрабо́танный 2

отрабо́танн||ый **1.** (*день и т. п.*) ábgearbeitet; ~ые часы́ geléistete Árbeitsstunden; **2.** *тех.* verbráucht; ~ые га́зы Ábgase *pl*; ~ый пар Ábdampf *m* (1*); ~ое ма́сло Áltöl *n* (2)

отрабо́тать **1.** *разг.* (*известный срок*) árbeiten *vt*, dúrcharbeiten *vt*; ~ сме́ну Schicht máchen; **2.** (*возместить работой*) ábarbeiten *vt*; ábgelten* *vt*; nácharbeiten *vt*; ~ ава́нс Vórschuß ábarbeiten; **3.** *разг.* (*окончательно отделать*) áusfeilen *vt*, den létzten Schliff [die éndgültige Form] gében* (что-л. *D*) (*доклад, пьесу*); éinüben *vt* (*навык, приём*); **4.** (*кончить работу*) die Árbeit beénden; **5.** (*месторождение*) vóllständig ábbauen *vt*

отрабо́тка *ж* Dúrcharbeitung *f*; Ábleisten *n* -s

отрабо́точн||ый *эк.*: ~ая систе́ма труда́ Systém des Ábarbeitens; ~ая ре́нта Árbeitsrente *f*

отра́ва *ж тж. перен.* Gift *n* (2); ~ для крыс Ráttengift *n*

отрави́тель *м* Gíftmischer *m* (6); Vergífter *m* (6), Gíftmörder *m* (6)

отрави́ть **1.** vergíften *vt*; verséuchen *vt*; verpésten *vt* (*воздух*); ~ га́зами mit Gas vergíften; vergásen *vt*; **2.** (*испортить, вредно повлиять*) verderben* *vt*; verséuchen *vt*; verbíttern *vt*, vergällen *vt* (*жизнь*); ~ созна́ние das Hirn verséuchen; **~ся** sich vergíften, Gift néhmen*

отравле́ние *с* Vergíftung *f* (10); ~ га́зами Gásvergiftung *f*; ~ гриба́ми Pílzvergiftung *f*

отравля́ть *см.* отрави́ть; **~ся** **1.** *см.* отрави́ться; **2.** *страд.* vergíftet wérden (*ср.* отрави́ть)

отравля́ющ||ий **1.** *прич. см.* отрави́ть; **2.** *прил.* gíftig, Gift-; ~ие вещества́ *воен.* Gíftstoffe *pl*; Kámpfstoffe *pl*

отра́д||а *ж* Fréude *f* (11), Lábsal *n* (2); Befríedigung *f* (*удовлетворение*); Trost *m* -es (*утешение*); **~ный** erfréulich, erquícklich; tröstlich, tröstend (*утешительный*); ~ное явле́ние éine erfréuliche Erschéinung; отме́тить как ~ное явле́ние etw. als erfréulich bezéichnen

отража́тель *м* **1.** *физ.* Refléktor *m* -s, -tóren; Schéinwerfer *m* (6), Líchtspiegel *m* (6); Rückstrahler *m* (6); **2.** (*в винтовке*) Áuswerferanschlag *m* (1*); **~ный** zurückstrahlend, Refléx-, Reflexións-; ~ная печь *тех.* Flámmenofen *m* (7*)

отража́ть *см.* отрази́ть; **~ся** **1.** *см.* отрази́ться; **2.** *страд.* wídergespiegelt wérden (*ср.* отрази́ть)

отраже́н||ие *с* **1.** *физ.* Wíderspieg(e)lung *f* (10), Reflexión *f* (10), Refléx *m* (1); ~ие зву́ка Schállreflexion *f*; ~ие луче́й Zurückstrahlung *f* (10); тео́рия ~ия Wíderspiegelungstheorie *f* (11); **2.** (*изображение*) Spíegelbild *n* (5); Ábbild *n*, Wíderspieg(e)lung *f* (10) (*тж. перен.*); найти́ своё ~ие (*о событиях*) séinen Níederschlag fínden*, sich wíderspiegeln; **3.** (*при защите*) Ábwehr *f*; Paríeren *n* -s (*удара, нападения и т. п.*)

отражённ||ый **1.** reflektíert, reflektórisch, wídergespiegelt; **~ый** свет Refléxlicht *n* -(e)s, Líchtreflex *n* (1); **~ое** освеще́ние índirekte Beléuchtung; **2.** (*об ударе и т. п.*) ábgewehrt, paríert

отрази́ть **1.** *физ.* wíderspiegeln *vt*; reflektíeren *vt* (*свет, теплоту*); zurückwerfen* *vt* (*лучи, звук*); zurückstrahlen *vt* (*лучи*); **2.** (*эпоху, общество и т. п.*) wíderspiegeln *vt*, wíedergeben* *vt*; zum Áusdruck bríngen*; ein Spíegelbild sein; **3.** (*отбить*) ábwehren *vt*, zurückweisen* *vt*; paríeren *vt* (*удар*); ábweisen* *vt*, zurückschlagen* *vt*, ábschlagen* *vt* (*нападение*); **4.** (*опровергнуть*) widerlégen *vt*, zurückweisen* *vt*; ~ возраже́ние die Entgégnung zurückweisen*; **~ся** **1.** *физ.* sich wíderspiegeln, sich ábspiegeln; reflektíeren *vt*; **2.** (*оказать влияние*) (éin-) wírken *vt* (на ком-л., чём-л. auf *A*); sich áuswirken; beéinflussen *vt*, beéindrucken *vt*; éinen Éindruck hinterlássen*; пло́хо ~ся на чём-л. éine náchteilige Wírkung auf etw. (*A*) háben [áusüben]

отрапортова́ть **1.** (*отдать рапорт, доложить*) mélden *vt*, Beŕicht ábstatten, Méldung erstátten; **2.** *разг.* (*без запинки произнести*) im Méldeton áufsagen; herúnterschnurren *vt*

отраслево́й Zweig-; Fach-; Branchen- [*фр.* 'braŋʃən]; zwéigspezifisch

о́трасль *ж* Zweig *m* (1); Branche [*фр.* 'braŋʃə] *f* (11); Fach *n* (5); ключева́я ~ Háuptzweig *m*; ~ промы́шленности Industríezweig *m*; ~ торго́вли Hándelszweig *m*; ~ нау́ки [зна́ний] Wíssenszweig *m*

отраста́ть, отрасти́ wáchsen* *vi* (s), náchwachsen* *vi* (s)

отрасти́ть, отра́щивать (*волосы и т. п.*) wáchsen lássen*; ~ бо́роду sich (*D*) éinen Bart stéhenlassen*; ◇ ~ брюшко́ *разг.* sich (*D*) ein Bäuchlein zúlegen

отреаги́ровать reagíeren *vi* (на что-л. auf *A*)

отре́бье *с собир. перен.* Áuswurf *m* -(e)s; Ábschaum *m* -(e)s

отреве́ть(ся) áufhören zu héulen

отрегули́ровать regulíeren *vt*; éinstellen *vt*

отредакти́ровать redigíeren *vt*

отре́з *м* **1.**: ли́ния ~а 1) Schníttlinie *f* (11); 2) «hier ábtrennen» (*надпись*); **2.** (*материи*) (ábgeschnittenes) Stóffstück *n* (2); ~ на пальто́ Stück Stoff für éinen Mántel

отре́занность *ж* Ábgeschnittensein *n* -s (от кого́-л., чего́-л. von *D*), Isolíertheit *f*

отре́за||ть, отреза́ть **1.** ábschneiden* *vt*; amputíeren *vt* (*ампутировать*); ~ть путь к отступле́нию den Rückzug ábschneiden* [verspérren]; ему́ отре́зало но́гу (*поездом и т. п.*) ihm wúrde der Fuß ábgefahren; **2.** *разг.* (*резко ответить*) knapp und únwillig ántworten; éine schárfe Ántwort gében*; ◇ как (ножо́м) ~ло *разг.* plötzlich áussein

отрезве́ть nüchtern wérden

отрезви́ть ernüchtern *vt*; nüchtern máchen; **~ся** nüchtern wérden

отрезвле́ние *с* Ernüchterung *f*

отрезвля́||ть *см.* отрезви́ть; **~ться** **1.** *см.* отрезви́ться; **2.** *страд.* ernüchtert wérden; **~ющий** ernüchternd

отре́зок *м* **1.** (*часть чего-л.*) Ábschnitt *m* (1); *мат.* Strécke *f* (11); ~ вре́мени Zéitspanne *f* (11), Zéitabschnitt *m*, Zéitraum *m* (1*); ~ доро́ги Stráßenabschnitt *m*; **2.** (*кусок чего-л.*) ábgeschnittenes Stück [Stückchen]; отре́зки тка́ни Stóffreste *pl*; **3.** *мн.* отре́зки *ист.* Otréski *pl* (*Bodenabschnitte*)

отре́зывать *см.* отре́зать 1

отрека́ться *см.* отре́чься

отрекомендова́ть **1.** empféhlen* *vt*; **2.** *уст.* (*представить*) vórstellen *vt*, bekánnt máchen; **~ся** *уст.* sich vórstellen

отремонти́ровать áusbessern *vt*, überhólen *vt*, reparíeren *vt*; renovíeren [-'vi:-] *vt* (*помещение*)

отрепети́ровать gut próben; сце́на была́ отрепети́рована хорошо́ die Széne war in den Próben gut dúrchgearbeitet

отре́пье, отре́пья *мн. собир. разг.* Lúmpen *pl*

отрече́ние *с* Ábdankung *f*, Verzícht *m* -(e)s, Verzíchtleistung *f* (*от престола и т. п.*); Lóssage *f*, Ábsage *f*; Verléugnung *f* (*от религии и т. п.*)

отре́чься **1.** (*от чего-л.*) verzíchten *vi*, Verzícht léisten (auf *A*), ábdanken *vi* (*от престола*); widerrúfen* *vt*, zurücknehmen* *vt* (*от слова и т. п.*); sich lóssagen (von *D*); ábsagen *vt*, *vi*, verléugnen *vt* (*отрицать*); ábschwören* *vt* (*D*) (*от религии и т. п.*); ~ от пра́ва sein Recht áufgeben*, auf sein Recht verzíchten; ~ от насле́дства éine Érbschaft áusschlagen*; **2.** (*от кого-л.*) verléugnen *vt*; sich lóssagen (von *D*)

отреш||а́ть *см.* отреши́ть; **~а́ться** **1.** *см.* отреши́ться; **2.** *страд. уст.* (*от должности*) séines Ámtes enthóben wérden; **~е́ние** *с* (*от должности*) Enthébung *f*, Entsétzung *f*, Ábsetzung *f*; Suspensión *f* (*временное*)

отрешённость *ж* Ábgeschiedenheit *f*, Wéltentfremdung *f*

отреши́ть *уст.* (*от должности*) enthében* *vt* (*G*, von *D*); entsétzen *vt* (*G*), ábsetzen *vt* (von *D*); suspendíeren *vt* (*временно*); **~ся** verzíchten *vi* (от чего́-л. auf *A*); sich lóssagen (von *D*); sich befréien (von *D*) (*освободиться*)

отри́нуть *уст.* zurückweisen* *vt*

отрица́н||ие *с* **1.** Vernéinung *f* (10), Negíerung *f* (10), Negatión *f* (10); Léugnung *f* (10); **2.** *грам.* Vernéinung *f* (10), Negatión *f* (10); ◇ ~ие ~ия *филос.* die Negatión der Negatión

отрица́тельн||ый **1.** négativ, vernéinend; áblehnend, ábschlägig (*содержащий отказ*); **~ый** отве́т éine áblehnende [ábschlägige] Ántwort; **~ая** величина́ négative [-və] Größe; дать **~ые** результа́ты négativ áusfallen*; **~ые** чи́сла négative Záhlen; **~ый** заря́д négative Ládung; **2.** (*плохой*) négativ; ábfällig (*неблагоприятный*); **~ое** мне́ние éine ábfällige Méinung; **~ое** влия́ние schléchter Éinfluß; **~ые** ти́пы négative Gestálten

отрица́ть vernéinen *vt*, negíeren *vt*; in Ábrede stéllen, bestréiten* *vt* (*оспаривать*); ábsprechen* *vt* (*не признавать*); áblehnen *vt* (*отклонять*); ábleugnen *vt* (*отпираться*); ~ свою́ вину́ séine Schuld léugnen

отро́г *м геогр.* Áusläufer *m* (6)

отро́ду *нареч. разг.* (*никогда*) níe(mals); nie im Lében; я ~ ничего́ подо́бного не слыха́л ich hábe nie so was gehört

отро́дье *с* **1.** *пренебр.* (*отпрыск*) Sprößling *m* (1); **2.** *бран.* Brut *f* (10), Gesíndel *n* -s; Áusgeburt *f* (10); Síppschaft *f* (10); **3.** *с.-х.* Gezücht *n* (2)

отродя́сь *разг. см.* отро́ду

отрои́ться (*о пчёлах*) áusschwärmen *vi* (s), éinen néuen Schwarm bílden

о́трок *м уст.* Knábe *m* (9)

отрокови́ца *ж уст.* Fräulein *n* (7), Júngfrau *f* (10), Júngfer *f* (11)

отро́сток *м* **1.** *бот.* Schößling *m* (1), Reis *n* (5), Sproß *m* -sses, -sse(n), Sprößling *m* (1); **2.** *анат.* Áuswuchs *m* (1*); Fórtsatz *m* (1*); червеобра́зный ~ слепо́й кишки́ Wúrmfortsatz *m*, Appéndix *m* -es, *pl* -e *u* =, *pl* -dizes

о́троче||ский Knáben-; Báckfisch-, (*о девочках*); **~ский** во́зраст Knábenalter *n* -s; Báckfischalter *n* (*о девочках*); **~ские** го́ды Knábenjahre *pl*, Júngenjahre *pl*; Báckfischjahre *pl* (*о девочках*); **~ство** *с* Knábenalter *n* -s; Báckfischalter *n* (*о девочках*)

отру́б *м спец.* ábgehauenes Stámmende

отруба́ть *см.* отруби́ть 1

о́труби *мн.* Kléie *f* (11)

отруби́ть **1.** ábhauen* *vt*, ábhacken *vt*, ábschlagen* *vt*; ~ го́лову кому́-л. j-m den Kopf ábschlagen*; j-n köpfen; **2.** *разг.* (*грубо ответить*) barsch ántworten

отру́гиваться áusschimpfen *vt*

отры́в *м* **1.** (*действие*) Ábreißen *n* -s, Lósreißen *n*; ~ от проти́вника *воен.* Lösen *n* -s vom Gégner; **2.** *перен.* Lóslösung *f*, Lösung *f*; Entfrémdung *f*; в ~е от масс von den Mássen lósgelöst, óhne Fühlung von den Mássen; ◇ уйти́ в ~ *спорт.* sich vom Háuptfeld ábsetzen, áusreißen* *vi* (s); учи́ться без ~а от произво́дства nében der Áusübung der berúflichen Tätigkeit studíeren (*im Fern- oder Abendstudium*)

отрыва́ть I *см.* оторва́ть

отрыва́ть II *см.* отры́ть 1

отрыва́||ться I **1.** *см.* оторва́ться; **2.** *страд.* ábgerissen wérden (*ср.* оторва́ть); ◇ не ~ясь únunterbrochen, óhne Rast und Ruh

отрыва́ться II *страд.* (*быть отрытым*) áusgegraben wérden

отры́вист||ый ábgerissen; abrúpt; ábgehackt; говори́ть **~ыми** фра́зами in ábgehackten Sätzen réden

отрывно́й ábreißbar, zum Ábreißen, Ábreiß-; ~ календа́рь Ábreißkalender *m* (6)

отры́вок *м* **1.** (*часть чего-л.*) Brúchstück *n* (2); **2.** (*выдержка*) Fragmént *n* (2); Áuszug *m* (1*); Léseprobe *f* (11), Áusschnitt *m* (1)

отры́вочн||ость *ж* fragmentárischer Charákter; Zusámmenhangslosigkeit *f* (*бессвязность*); Lückenhaftigkeit *f* (*наличие пробелов*); **~ый** ábgerissen; fragmentárisch; zusámmenhangslos (*без связи*); lückenhaft (*с пробелами*); **~ые** све́дения lückenhafte Kénntnisse

отры́гивать(ся), отрыгну́ть(ся) áufstoßen* *vi*, rülpsen *vi*; э́то тебе́ ещё отрыгнётся! *перен.* das wird dir noch héimgezahlt wérden!

отры́жка *ж* **1.** Áufstoßen *n* -s (чем-л. nach *D*); Rülpsen *n* -s; **2.** *разг.* (*пережиток*) Überbleibsel *n* (6), Überrest *m* (1)

отры́ть **1.** áusgraben* *vt*, heráuswühlen *vt*; heráuspicken *vt* (*о птицах*); **2.** (*разыскать*) áufstöbern *vt*

отря́д *м* **1.** *воен.* Abtéilung *f* (10); Trupp *m* -s, -s; головно́й ~ Vórtrupp *m*; передово́й ~ Vorа́usabteilung *f*; разве́дывательный ~ Áufklärungsabteilung *f*, Erkúndungsabteilung *f*; Spähtrupp *m*; тылово́й ~ Náchtrupp *m*; деса́нтный ~ Lándungstruppe *f* (11); Lúftlandetruppe *f*; ~ поли́ции Beréitschaft *f* (10); партиза́нский ~ Partisánenabteilung *f*; **2.** (*коллектив*) Grúppe *f* (11); пионе́рский ~ Pioníergruppe *f*; **3.** *биол.* Órdnung *f* (10)

отряди́ть entsénden* *vt*, áussenden* *vt*, beórdern *vt*, delegíeren *vt*, ábkommandieren *vt*

отря́дный *воен.* zur Abtéilung [zum Trupp] gehörig. Abtéilungs-, Trupp-

отряжа́ть *см.* отряди́ть

отряса́ть, отрясти́ *уст. см.* отряхну́ть

отря́хивать(ся) *см.* отряхну́ть(ся)

отряхну́ть ábschütteln *vt*, ábstreifen *vt*, ábklopfen *vt*; áusschütteln *vt*, áusklopfen *vt*; ~ шля́пу den Hut áusklopfen; **~ся** etw. von sich (*D*) (áb-)schütteln

отсади́ть 1. (*о растении*) versétzen *vt*, úmpflanzen *vt*; **2.** (*об ученике и т. п.*) wégsetzen *vt*; éinen ánderen Platz zúweisen* (кого́-л. *D*); **3.** *разг.* (*отрубить*) ábhacken *vt*

отса́дка *ж с.-х.* Versétzen *n* -s, Verpflánzen *n* -s

отса́живать *см.* отсади́ть; **~ся 1.** *см.* отсе́сть; **2.** *страд.* versétzt wérden (*ср.* отсади́ть)

отсалютова́ть salutíeren *vi*

отса́сывать *см.* отсоса́ть

отсверка́ть áufhören zu blítzen [zu fúnkeln]

отсве́т *м* Schímmer *m* -s, Líchtreflex *m* (1), Refléx *m*, Wíderschein *m* -(e)s

отсве́чивать reflektíeren *vt*, zurückstrahlen *vt*; blénden *vt*; schímmern *vt*; spíegeln *vi*; éinen Schímmer wérfen*

отсебя́тина *ж разг.* **1.** (*самовольные поступки*) Éigenmächtigkeit *f*; **2.** (*свои слова, вставленные в чужой текст*) éigene Zútat

отсе́в *м* **1.** (*учащихся и т. п.*) Áusscheiden *n* -s; vórzeitige Ábgänge *pl*; проце́нт ~а Ábgängerquote *f* (11); **2.** *с.-х.* Áussondern *n* -s, Síeben *n* -s; Síebrückstand *m* (1*)

отсева́ть *см.* отсе́ять

отсе́вки *мн. с.-х.* Spreu *f*

отсе́ивать *см.* отсе́ять; **~ся 1.** *см.* отсе́яться 1, 2; **2.** *страд.* (áus)gesíebt [áusgelesen] wérden (*ср.* отсе́ять)

отсе́к *м* **1.** *мор. ав.* Zélle *f* (11); га́зовый ~ в дирижа́бле Gászelle im Lúftschiff; **2.** (*отдельное помещение*) Abtéilung *f* (10); Fach *n* (5); бо́мбовый ~ *ав.* Bómbenschacht *m* (1*); хвостово́й ~ *ав.* Héckraum *m* (1*); жило́й ~ косми́ческого корабля́ Wóhnteil *m* des Ráumschiffes; рабо́чий ~ косми́ческого корабля́ Árbeitsraum *m* [Árbeitsteil] des Ráumschiffes

отсека́ть *см.* отсе́чь

отсе́ле, отсе́ль *нареч. уст.* von hier (aus)

отсе́сть sich wégsetzen, wégrücken *vi* (s), ábrücken *vi* (s); ~ от кого́-л. von j-m ábrücken, sich von j-m wégsetzen

отсече́ние *с* Ábhauen *n* -s, Ábschlagen *n* -s; Ábschneiden *n* -s; ◇ дать го́лову на ~ *разг.* ≅ mit séinem Kopf für etw. (*A*) éinstehen* [háften, búrgen]; даю́ го́лову на ~! ich lásse mir den Kopf ábschneiden!; ich lége méine Hand ins Féuer!

отсе́чь 1. ábhauen* *vt*, ábschlagen* *vt*, ábhacken *vt*, ábschneiden* *vt*; **2.** *воен.* (*отрезать*) ábriegeln *vt*, (áb-)trénnen *vt*

отсе́ять 1. (*отделить просеиванием*) (áus)síeben *vt*, áuslesen* *vt* **2.** *перен.* (*устранить*) ábsondern *vt*, áusscheiden* *vt*; **~ся 1.** (*просеиваясь отделиться*) sich ábsondern; **2.** (*выбыть из состава*) áusscheiden* *vi* (s); **3.** *с.-х.* (*закончить сев*) die Áussaat beénden

отсиде́ть 1. (*вызвать онемение*) sich (*D*) etw. steif sítzen*; я отсиде́л себе́ но́гу der Fuß [das Bein] ist mir vom lángen Sítzen éingeschlafen; **2.** *разг.* (*отбыть наказание*) ábsitzen* *vt*; ~ свой срок séine Zeit ábsitzen*; **~ся 1.** (*укрыться*) in Sícherheit ábwarten; éine Belágerung áushalten* (*выдержать осаду*); **2.** (*онеметь*) vom lángen Sítzen steif wérden

отси́дка *ж разг.* (*отбывание наказания*) Ábsitzen *n* -s

отси́живать(ся) *см.* отсиде́ть(ся)

отска́бливать *см.* отскобли́ть

отска́кивать *см.* отскочи́ть

отскобли́ть ábschaben *vt*, ábkratzen *vt*

отско́к *м* Rücksprung *m* (1*); Rückschlag *m* (1*)

отскочи́ть 1. (*о мяче, пуле*) ábprallen *vi* (s), ábspringen* *vi* (s); **2.** (*отодвинуться прыжком*); davónhüpfen *vi* (s); zurückspringen* *vi* (s), zurückfahren* *vi* (s), zurückprallen *vi* (s) (*назад*); áusweichen* *vi* (s), zur Séite springen* (*в сторону*); **3.** *разг.* (*отпасть*) ábfallen* *vi* (s), ábreißen* *vi* (s); пу́говица отскочи́ла der Knopf ist ábgegangen

отскреба́ть, отскрести́ *разг.* ábschaben *vt*, ábkratzen *vt*

отсла́иваться *см.* отслои́ться

отслое́ние *с* Ábblättern *n* -s, Ábspringen *n* -s, Ábplatzen *n* -s

отслои́ть in Schíchten ábtrennen

отслои́ться sich (schíchtweise) áblösen, ábblättern *vi* (s), ábplatzen *vi* (s)

отслужи́ть 1. (*проработать какой-то срок*) ábdienen *vt*; **2.** (*кончить служить — о людях*) áusdienen *vi*, den Dienst ábleisten (*в армии*); **3.** (*о вещах*) áusdienen *vi*; **4.** *церк.*: ~ слу́жбу Góttesdienst hálten*; Mésse lésen*

отсме́иваться lächen statt zu ántworten

отсмея́ться áufhören zu láchen, sich sáttlachen *отд.*

отсня́ть (*фильм*) áufnehmen* *vt*

отсове́товать ábraten* *vt*; áusreden *vt*, ábreden *vt* (*отговорить*)

отсоедини́ть trénnen *vt*, (die Verbíndung) lösen *vt*; *эл.* ábschalten *vt*

отсортирова́ть, отсортиро́вывать (áus)sortíeren *vt*, áuswählen *vt*, áuslesen* *vt*

отсо́с *м тех.* Ábsaugen *n* -s, Sog *m* -(e)s

отсоса́ть (áb)sáugen * *vt*

отсо́х||нуть 1. (*о растении*) verdórren *vi* (s), vertrócknen *vi* (s); **2.**: у него́ ~ла рука́ séine Hand ist ábgestorben [éingeschlafen]

отсро́чивать, отсро́чить 1. áufschieben* *vt*, verschíeben* *vt*; stúnden *vt*; verzögern *vt*, hináuszögern *vt*, hináusschieben* *vt* (*откладывать, оттягивать*); vertágen *vt* (*мероприятие и т. п.*); ~ упла́ту die Záhlung stúnden; ~ конфере́нцию die Konferénz vertágen; **2.** (*продлить срок действия чего-л.*) verlängern *vt*; prolongíeren *vt*

отсро́чк||а *ж* Stúndung *f* (10), Verschíebung *f* (10), Verlängerung *f* (10); Áufschub *m* (1*); Frístverlängerung *f* (*продление срока*); продолжи́тельность ~и Stúndungsfrist *f* (10); про́сьба об ~е Bítte um Stúndung, Stúndungsgesuch *n* (2)

отстава́ние *с* Rückstand *m* (1*), Zurückbleiben *n* -s, Ábfallen *n* -s; Náchhinken *n* -s; (*разг.*); Rückständigkeit *f* (*отсталость*); Náchgehen *n* -s (*о часах*); ~ от пла́на Plánrückstand *m* (1*), Plánschulden *pl*

отстава́ть *см.* отста́ть; не ~ ни на шаг от кого́-л. kéinen Schritt hínter j-m zurückbleiben*; sich an j-s Férsen héften

отста́вить 1. (*отодвинуть*) wégstellen *vt*, beiséite stéllen, wégschieben* *vt*, fórtrücken *vt*, wégrücken *vt*; ~ но́гу вперёд den Fuß vórrücken [nach vorn stéllen]; она́ подняла́ ча́шку, отста́вив мизи́нец sie hob die Tásse an und spréizte dabéi den kléinen Fínger ab; **2.** *уст.* (*дать отставку*) den Ábschied gében* (кого́-л. *D*); entlássen *vt*, suspendíeren *vt*; **3.** *разг.* (*отменить*) áufheben* *vt*, ändern *vt*, rückgängig máchen; **4.** отста́вить! Kommándo zurück!

отста́вк||а *ж* Ábschied *m* (1); Verábschiedung *f*; Ábdankung *f*; Rücktritt *m* (1) (*уход*); Demissión *f* (10) (*правительства, дипломата*); заявле́ние об ~е Rücktrittsgesuch *n* (2), Rücktrittserklärung *f* (10); в ~е áußer Dienst (*сокр.* a. D.), verábschiedet, ábgedankt; пода́ть в ~у um séinen Ábschied éinkommen*, séinen Ábschied éinreichen; приня́ть ~у den Rücktritt ánnehmen* [genéhmigen]; die Demissión entgégennehmen*; вы́йти в ~у den Ábschied néhmen*; in den Rúhestand tréten*; demissioníeren *vi*; zurücktreten* *vi* (s), ábtreten *vi* (s); быть в ~е im Rúhestand sein; получи́ть ~у (*у кого-л.*) *перен.* séinen Ábschied bekómmen*; in Úngnade fállen* (*впасть в немилость*)

отставля́ть *см.* отста́вить 1, 2

отставно́й verábschiedet, éhemalig, pensioníert; áußer Dienst (*сокр.* a. D.)

отста́ивание I *с* (*жидкости*) Ábstehenlassen *n* -s, Ábklären *n* -s

отста́ивание II *с* (*мнения и т. п.*) Vertéidigung *f*, Schutz *m* -es; Behárren *n* -s, Behárrung *f* (чего́-л. auf *D*); ~ де́ла ми́ра die Vertéidigung der Sáche des Fríedens; ~ свои́х прав die Verféchtung der éigenen Réchte

отста́ивать *см.* отстоя́ть I; éintreten* *vi*, sich éinsetzen (*вступаться за кого-л., за что-л.* für *A*); ~ до конца́ bis zur létzten Konsequénz vertéidigen

отста́иваться *см.* отстоя́ться

отста́л||ость *ж* Zurückgebliebenheit *f*; Rückständigkeit *f*; **~ый** *прил.* **1.** zurückgeblieben; rückständig; únterentwickelt; rückschrittlich; **2.** *в знач. сущ. м* Zurückgebliebene *m* (14); Rückständige *m* (14)

отста́||ть 1. zurückbleiben* *vi* (s), nicht náchkommen* *vi* (s); hínter j-m bléiben* *vi* (s); im Rückstand sein; náchhinken *vi* (*разг.*); in Verzúg kómmen* (*с выполнением задания*); in séinen Léistungen náchlassen* (*в учёбе*); не ~ть от кого́-л. nicht hínter j-m zurückbleiben*; j-m nicht náchstehen* (в чём-л. in *D*); не ~ть от вре́мени mit der Zeit Schritt hálten*; **2.** (*о часах*) náchgehen* *vi* (s); **3.** (*прекратить общение*) sich trénnen; die Verbíndung ábbrechen*; **4.** (*отделиться*) sich lóstrennen; sich lóslösen, ábgehen* *vi* (s); обло́жка ~ла от кни́ги der Déckel ist vom Buch ábgegangen; **5.** *разг.* (*перестать надоедать*) in Rúhe [in Fríeden] lássen*; áblassen* *vi* (от кого́-л. von *D*); отста́нь(те) от меня́! laß(t) mich in Fríeden [Rúhe]!; bleib(t) mir vom Léibe!; ◇ от свои́х ~ть, к чужи́м не приста́ть *погов.* ≅

in der Luft hängen*; sich zwíschen zwei Stühle sétzen

отстающ||ий *прич. и прил.* **1.** zurückgeblieben; **2.** *в знач. сущ. м* Zurückgebliebene *m* (14), Náchzügler *m* (6); подтя́гивать ~их die Zurückgebliebenen náchziehen*

отстега́ть áuspeitschen *vt*; versóhlen *vt*, verprügeln *vt*

отстёгивать *см.* отстегну́ть; **~ся 1.** *см.* отстегну́ться; **2.** *страд.* ábgeknöpft wérden (*ср.* отстегну́ть); отстёгивающийся воротни́к (áb)knöpfbarer Krágen; отстёгивающаяся подкла́дка áusknöpfbares Fútter

отстегну́ть ábknöpfen *vt*, áufknöpfen *vt* (*пуговицы*); áufhaken *vt* (*крючки*); lósschnallen *vt*, áufschnallen *vt*, ábschnallen *vt* (*пряжку*); **~ся** áufgehen* *vi* (s); sich áufhaken; sich öffnen

отстира́ть 1. (*пятно и т. п.*) áuswaschen* *vt*; ~ бельё Wäsche wáschen*; **2.** *разг.* (*кончить стирать*) mit dem Wáschen fértig wérden; **~ся** (*о пятне и т. п.*) sich áuswaschen lássen*, heráusgehen* *vi* (s)

отсти́рывать *см.* отстира́ть 1; **~ся** *см.* отстира́ться

отсто́й *м* **1.** (*осадок*) Satz *m* -es, Bódensatz *m*; **2.** (*действие*) Klären *n* -s, Klärung *f*; **~ник** *м тех.* Kläranlage *f* (11), Klärbecken *n* (7), Ábsetzbecken *n*

отстоя́||ть I (*защитить*) vertéidigen *vt*, schützen *vt*; hálten* *vt*, beháupten *vt*; dúrchsetzen *vt* (*добиться*); ~ть де́ло ми́ра die Sáche des Friedens vertéidigen [schützen]; войска́ ~ли кре́пость die Trúppen híelten [beháupteten] die Féstung; ~ свою́ то́чку зре́ния bei séiner Ánsicht bléiben*, séinen Stándpunkt beháupten

отстоя́ть II (*быть на расстоянии*) entférnt sein, áblíegen* *vi* (от чего́-л. von *D*)

отстоя́ть III die gánze Zeit híndurch stéhen*

отстоя́ться (*о жидкости*) ábstehen* *vi* (s), éinen Bódensatz bílden; sich ábsetzen, sich klären, sich läutern; дать ~ ábstehen [sich sétzen] lássen*; ко́фе отстоя́лся der Káffee hat sich gesétzt

отстрада́||ть áufhören zu léiden*; он ~л er hat áusgelitten

отстра́ивать *см.* отстро́ить; **~ся** *см.* отстро́иться

отстране́ние *с* **1.** Entférnung *f*; Beséitigung *f*; **2.** (*увольнение*) Entlássung *f*; ~ от до́лжности Ámtsenthebung *f* (10); ~ от вла́сти Entmáchtung *f*

отстрани́ть 1. (*отодвинуть*) beiséite schíeben*, entférnen *vt*; **2.** (*уволить*) séines Ámtes [Póstens] enthében*; ábsetzen *vt*; ~ от вла́сти der Macht enthében*; **~ся 1.** (*отодвинуться*) áusweichen* *vi* (s); beiséite tréten*; **2.** (*уклониться*) sich férnhalten*; sich frei máchen (от чего́-л. von *D*); sich (*D*) etw. vom Hálse schäffen (*отделаться*); ~ся от дел sich von den Geschäften zurückziehen*

отстраня́ть *см.* отстрани́ть; **~ся 1.** *см.* отстрани́ться; **2.** *страд.* entférnt wérden (*ср.* отстрани́ть)

отстре́л *м охот.* Ábschuß *m* -sses

отстре́ливаться Féuer erwídern; sich durch Schíeßen vertéidigen

отстрел||и́ть wégschießen* *vt*; **~я́ть 1.** *охот.* ábschießen* *vt*; **2.** (*патроны*) verschíeßen* *vt*

отстрига́ть, отстри́чь stútzen *vt*, (áb)schéren* *vt*, (áb)schnéiden* *vt*, beschnéiden* *vt*

отстрога́ть ábhobeln *vt*, mit dem Hóbel beárbeiten

отстро́ить I **1.** (*закончить постройку*) fértigbauen *vt*, den Bau vollénden; **2.** (*восстановить разрушенное*) wíeder áufbauen; вновь отстро́енное зда́ние néuerrichtetes Gebäude; отстро́енный дом fértiggestellter Néubau

отстро́ить II *радио* auf die genáue Wéllenlänge éinstellen, Náchbarsender unterdrücken

отстро́иться *разг.* **1.** (*восстановить своё жильё*) wíeder áufbauen; **2.** (*закончить строить для себя*) den Bau éines éigenen Háuses vollénden

отстрочи́ть ábnähen *vt*, ábsteppen *vt*

отсту́кать, отсту́кивать *разг.* **1.** (*на машинке*; herúnterklappern *vt*, herúntertippen *vt*; **2.** (*ритм*) den Takt klópfen [trómmeln]

о́тступ *м полигр.* Ábsatz *m* (1*), Alínea *n* -s, -s (*сокр.* Al.), Éinzug *m* (1*); набира́ть с ~ом éinrücken *vt*

отступа́тельн||ый Rückzugs-; ~ое движе́ние *воен.* Rückzugsbewegung *f*; ~ый марш *воен.* Rückmarsch *m* (1*); ~ый бой Rückzugsgefecht *n* (2)

отступа́ть(ся) *см.* отступи́ть(ся)

отступи́ть 1. zurücktreten* *vi* (s); nach hínten [zur Séite] tréten*; zurückgehen* *vi* (s); (zurück)wéichen* *vi* (s); мо́ре отступи́ло das Méer ist zurückgegangen; **2.** *воен.* sich zurückziehen*, den Rückzug ántreten*; **3.** (*от правил и т. п.*) abweichen* *vi* (s), ábgehen* *vi* (s) (von *D*); ~ от догово́ра éinen Vertrág verlétzen; ~ от зако́на vom Gesétz ábweichen*, das Gesétz übertréten*; **4.** *полигр.* éinen Ábsatz lássen*; éinrücken *vt* (*строчку*); **~ся** *разг.* (*отказаться*) ábweichen* *vi* (s), ábkommen* *vi* (s), ábgehen* *vi* (s); ábstehen* *vi* (s), áblassen* *vi* (от чего́-л. von *D*); áufgeben* *vt*; verzíchten *vi* (auf *A*); verléugnen *vt* (*отречься*); ~ся от своего́ сло́ва sein Wort bréchen*, sein Wort nicht hálten*

отступле́ние *с* **1.** *воен.* Rückzug *m* (1*), Zurückweichen *n* -s, Rückmarsch *m* (1*); нача́ть ~ den Rückzug ántreten*; **2.** (*от правил и т. п.*) Ábweichung *f* (10); Áusnahme *f* (11) (*исключение*); в ~ от чего́-л. áusnahmsweise; **3.** (*от темы и т. п.*) Ábschweifung *f* (10), Ábweichung *f* (10)

отсту́пн||ик *м* Ábtrünnige *m* (14); Renegát *m* (8); **~ический** ábtrünnig; **~ичество** *с* Ábtrünnigkeit *f*, Renegatentum *n* -s; Ábfall *m* -(e)s

отступн||о́е *сущ. с уст.* Ábstand *m* -(e)s, Ábfindung *f*, Entschädigungssumme *f* (11); **~о́й** Ábfindungs-; Entschädigungs-; ~ые де́ньги Ábfindungssumme *f* (11)

отступя́ *нареч.* in éinigem Ábstand; wéiter únten (*ниже*); ábseits, séitlich (*в сторону*); rückwärts, wéiter zurück (*назад*); немно́го ~ únweit; ~ два-три ме́тра zwei-drei Méter wéiter [zurück]

отстыкова́ться *косм.* ábdocken *vi*, ábkoppeln *vi*

отсу́тств||ие *с* **1.** Níchtvorhandensein *n* -s; Féhlen *n* -s; Mángel *m* -s (*недостаток*); ~ие возмо́жности Únmöglichkeit *f*; ~ие средств Géldmangel *m*, das Féhlen von Mítteln; ~ие вку́са Mángel an Geschmáck; за ~ием чего́-л. aus Mángel an etw. (*D*); **2.** (*о людях*) Ábwesenheit *f*; в моё ~ие in [während] méiner Ábwesenheit; находи́ться в ~ии ábwesend sein; ◇ блиста́ть ~ием *ирон.* (*намеренно отсутствовать*) durch Ábwesenheit glänzen; у него́ ~ие вся́кого прису́тствия *шутл.* er ist doof; er ist nicht recht [ganz] bei Tróst(e); **~овать 1.** nicht vorhánden sein; féhlen *vi*, mángeln *vi* (*недоставать*); **2.** (*о людях*) ábwesend sein; ~овать по (не)уважи́тельным причи́нам (*об ученике*) (ún)entschúldigt féhlen; **~ующий** *прич. и прил.* **1.** ábwesend; **2.** *в знач. сущ. м* Ábwesende *m* (14)

отсчёт *м* Ábzählen *n* -s; Áblesung *f* (10) (*показаний*)

отсчита́ть, отсчи́тывать ábzählen *vt*; ábmessen *vt* (*шаги*)

отсыла́ть *см.* отосла́ть

отсы́лка *ж* **1.** (*действие*) Verséndung *f*, Ábsendung *f*; **2.** (*в тексте*) Verwéisung *f* (auf *A*), Verwéis *m* (1) (auf *A*)

отсы́пать, отсыпа́ть 1. (*насыпать*) éinschütten *vt*; réichlich zúmessen*; **2.** (*убавить*) ábschütten *vt*

отсыпа́ться I *страд.* éingeschüttet wérden (*ср.* отсыпа́ть)

отсыпа́ться II *см.* отоспа́ться

отсыре́лый feucht gewórden

отсыре́ть feucht wérden; die Féuchtigkeit ánziehen*

отсыха́ть *см.* отсо́хнуть

отсю́да *нареч.* **1.** (*от этого места*) von hier (aus, ab); **2.** (*по этой причине*) hieráus; ~ вы мо́жете суди́ть hieráus können Sie [könnt ihr] schlíeßen; ~ сле́дует hieráus folgt

отта́ив||ание *с* Schmélzen *n* -s, Schmélze *f*, Táuen *n* -s, Áuftauen *n*; Ábtauen *n*; **~ать** *см.* оттая́ть

отта́лкив||ание *с* Ábstoßung *f*, Ábstoßen *n* -s, Zurückstoßen *n*; **~ать** *см.* оттолкну́ть; **~аться 1.** *см.* оттолкну́ться; **2.** *страд.* ábgestoßen [zurückgestoßen] wérden

отта́лкивающий ábstoßend; wíderlich (*отвратительный*)

отта́птывать *см.* оттопта́ть

оттаска́ть 1. *разг.*: ~ за́ во́лосы an den Háaren zíehen* [zérren]; ~ за́ уши an den Óhren zíehen*; **2.** (*оттащить в несколько приёмов*) wégschleppen *vt*, fórtschleppen *vt*; **3.** (*кончить таскать*) áufhören zu schléppen

отта́скивать *см.* оттащи́ть

отта́чивать *см.* отточи́ть

оттащи́ть wégschleppen *vt*, fórtziehen* *vt*, fórtzerren *vt*; beiséite bríngen*, zur Séite schléppen (*в сторону*)

оттая́ть áuftauen *vi* (s) (*тж. перен.*); ábtauen *vi* (s), schmélzen* *vi* (s)

оттени́ть 1. *жив.* (áb)schátten *vt*, ábschattieren *vt*, ábtönen *vt*; nuancieren [nyã'si:-] *vt*; **2.** *перен.* (*подчеркнуть*) betónen *vt*, hervórheben* *vt*, unterstréichen* *vt*

оттени́ться hervórtreten *vi* (s), sich ábheben* (von *D*)

оттéн||ок *м* Schattíerung *f* (10); Nuance [*фр.* ny'ɑ̃ŋsə] *f* (11); Tönung *f* (10), Ton *m* (1*); Stich *m* (1), Fárb(en)ton *m* (*цвета*); глубина́ ~ка Fárbstufe *f* (11); с кра́сным ~ком mit éinem Stich ins Róte; rot getönt; rot schattíert; смысловы́е ~ки Bedéutungsabstufungen *pl*, Bedéutungsschattierungen *pl*; с ~ком сострада́ния (*в голосе*) mit éinem Únterton von Mítleid; с ~ком превосхо́дства mit éinem Ánflug von Überlégenheit

оттеня́ть *см.* оттени́ть

о́ттепель *ж* Táuwetter *n* -s

о́ттепельный Táuwetter-; ~ день Tag mit Táuwetter

оттере́ть 1. ábreiben* *vt*; áusreiben* *vt*; ábwischen *vt*, **2.** (*замёрзшего*) warm réiben*; **3.** *разг.* (*оттолкнуть*) wégdrängen *vt*; **4.** *разг.* (*отстранить*) verdrängen *vt*

оттесни́ть, оттесня́ть ábdrängen *vt*, wégdrängen *vt*, zurückdrängen *vt*, verdrängen *vt*; *воен.* zurückdrängen *vt*, zum Rückzug zwíngen*

оттéчь áblaufen* *vi* (s), ábfließen* *vi* (s)

оттира́ть *см.* оттерéть

óттиск *м* **1.** (*отпечаток*) Ábdruck *m* (1), Spur *f* (10); **2.** *полигр.* Ábzug *m* (1*); прóбный ~ Érstdruck *m*, Próbeabzug *m*; корректу́рный ~ Korrektúrabzug *m*, Fáhne *f* (11); сдéлать с чегó-л. ~ éinen Ábzug von etw. (*D*) máchen; etw. ábziehen*; **3.** *полигр.* (*отдельно изданная статья*) Sónderdruck *m* (1); *уст.* Separátum *n* -s, -ta

отти́скивать, отти́снуть 1. (*оттеснить*) ábdrängen *vt*; **2.** (*след*) ábdrükken *vt*; **3.** *полигр.* ábziehen* *vt*, éinen Ábzug máchen

оттогó *нареч.* dahér, déshalb, darúm, déswegen; ◇ ~ что weil, da

оттóк *м* Ábfluß *m* -sses, -flüsse, Ábzug *m* (1*); Ábzugsröhre *f* (11), Ábzugskanal *m* -s, -näle (*устройство*)

оттóле *см.* оттóль

оттолкну́ть 1. (*толчком отодвинуть*) wégstoßen* *vt*, zurückstoßen* *vt*, von sich (*D*) stóßen*; éinen Stoß gében* (когó-л. *D*); ~ собáку ногóй dem Hund éinen Tritt versétzen; **2.** (*обращением отдалить от себя*) ábstoßen* *vt*; sich únbeliebt máchen; **~ся 1.** (*отодвинуться толчком*) ábstoßen* *vi*; **2.** (*взять за исходную точку*) als Áusgangspunkt néhmen*, áusgehen* (от чегó-л. von *D*)

оттóль *нареч.* *уст.* von dort(hér), von da; dahér

оттомáнка *ж* *уст.* Ottománe *f* (11), Díwan *m* (1)

оттоптáть *разг.* ábtreten* *vt*; daráuftreten*; zertréten* *vt*; durch Dráuftreten verlétzen [entzwéimachen]; ~ нóги комý-л. j-m auf die Füße trámpeln [ábtreten*]; ~ себé нóги sich müde láufen*, sich (*D*) die Füße áblaufen*

оттопы́ривать *разг.* spréizen *vt*; áusstrecken *vt*, vórstrecken *vt*; ~ гу́бы die Líppen spítzen [vórstrecken]; **~ся** *разг.* ábstehen* *vi*; sich spréizen; sich sträuben; кармáны оттопы́рились die Táschen stánden ab

оттопы́рить(ся) *см.* оттопы́ривать(ся)

оттóргнуть, отторгáть 1. (gewáltsam) ábtrennen *vt* (у когó-л. von *D*), entréißen* *vt* (*D*), lósreißen* *vt* (von *D*), wégnehmen* *vt* (*D*); annektíeren *vt* (*территорию*); **2.** *мед.* ábstoßen* *vt* (*чужую ткань*)

отторжéние *с* **1.** (gewáltsame) Ábtrennung *f*; Ánnexión *f*, Entréißung *f*, Lósreißen *n* -s; **2.** *мед.* Ábstoßung *f* (*чужой ткани*)

оттóченный 1. *прич.* geschärft, geschlíffen; gespítzt (*о карандаше и т. п.*); **2.** *прил.* (*о стиле, речи*) geschlíffen, geféilt; dúrchgeformt, wóhlgeformt; словá у негó оттóчены séine Wórte sind wie gestóchen

отточи́ть 1. schärfen *vt*, schléifen* *vt*; ábziehen* *vt* (*бритву*); ánspitzen *vt*, spítzen *vt* (*карандаш и т. п.*); **2.** *перен.* (*стиль, речь*) féilen *vi* (что-л. an *D*); gut dúrchformen; den létzten Schliff verléihen* (*что-л.* *D*); **3.** (*кончить точить*) áufhören zu schléifen [schärfen]

оттрепáть *разг.* záusen *vt*; zíehen* *vt*, réißen* *vt*, zúpfen *vt*; ~ зá волосы an den Háaren záusen

оттруби́ть 1. blásen* *vt* **2.** *разг.* (éine bestímmte Zeit) schwer geárbeitet [gedíent] háben

оттряхну́ть ábschütteln *vt*, ábstreichen* *vt* (*пыль, грязь*)

оттýда *нареч.* von dort(hér), von da; dahér; von drüben

оттушевáть, оттушёвывать túschen *vt*, mit Túsche schattíeren *vt*

оттягáть *разг.* wégprozessieren *vt*; wégnehmen* *vt*

оття́гивать *см.* оттяну́ть

оття́жка *ж* **1.** *разг.* (*замедление*) Áufschub *m* (1*), Verschléppung *f* (10), Säumen *n* -s, Verzögerung *f* (10), Frístverschleppung *f* (*срока*); **2.** *спец.* Ábspannseil *n* (2); Ábhalter *m* (6); Zúgseil *n*, Tau *n* (2); прóволочная ~ Dráhtanker *m* (6); Ábspanndraht *m* (1*)

оттяну́ть 1. (*отвести*) zurückziehen* *vt*; ~ войскá die Trúppen zurückziehen*; **2.** *разг.* (*отсрочить*) áufschieben* *vt*, verschíeben* *vt*, hináusschieben* *vt*; hínziehen* *vt*; ~ врéмя die Zeit in die Länge zíehen*

оття́пать *разг.* ábhauen* *vt*, ábschneiden* *vt*

отýжинать 1. (*кончить ужинать*) das Ábendessen beénden; **2.** *уст.* (*поужинать*) zu Ábend éssen*, das Ábendessen éinnehmen*

отумáни||вать, отумáни||ть 1. vernébeln *vt*; mit Nébel überzíehen*; **2.** *перен.* (*сознание*) umnébeln *vt*, trüben *vt*; betäuben *vt*; benébeln *vt* (*алкоголем*); слёзы ~ли глазá Tränen verschléierten die Áugen

отупéлый *разг.* dumm, stumpf, ábgestumpft, blöde, stúmpfsinnig

отупéние *с* *разг.* Ábgestumpftheit *f*, Ábstumpfung *f*; Stúmpfsinn *m* -(e)s

отупéть *разг.* ábgestumpft wérden, ábstumpfen *vi* (s), stúmpfsinnig wérden

отутю́живать, отутю́жить (sórgfältig) plätten *vt*, bügeln *vt*

отучáть *см.* отучи́ть; **~ся 1.** *см.* отучи́ться 1; **2.** *страд.* ábgewöhnt [entwöhnt] wérden; ábgebracht wérden (от чегó-л. von *D*)

отучи́ть áberziehen *vt*; ábgewöhnen *vt* (когó-л. *D*, от чегó-л. *A*), entwöhnen *vt* (от чегó-л. *G*); ~ когó-л. от капри́зов j-m die Gríllen áustreiben* [vertréiben*]; **~ся 1.** (*от чего-л.*) verlérnen *vt*, sich (*D*) etw. ábgewöhnen, aus der Übung kómmen*; ábkommen* *vi* (s) (von *D*); ~ся от дурнóй привы́чки éine schléchte Gewóhnheit áblegen; **2.** *разг.* (*кончить учиться*) áuslernen *vi*, áusstudieren *vi*

отфильтровáть ábfiltern *vt*

отфутбóлить *разг.* ábwimmeln *vt*, wégschicken *vt*

отхáживать *см.* отходи́ть II

отхáркать heráushusten *vt*; áusspeien* *vt*

отхáрк||ивание *с* Heráushusten *n* -s, Áusspeien *n* -s; Áuswurf *m* (1*); **~ивать** *см.* отхáркать; **~ивающий:** ~ивающее срéдство *мед.* schléimlösendes Míttel; **~нуть** *см.* отхáркать

отхвати́ть, отхвáтывать *разг.* **1.** ábhauen* *vt* (*отрубить*); ábsäbeln *vt*, ábschneiden* *vt* (*отрезать*); ábreißen* *vt* (*оторвать*); **2.** (*присвоить, приобрести*) an sich bríngen*; erstéhen* *vt*; ergáttern *vt*; **3.** (*ловко исполнить*) gewándt [flink] tun*, geschíckt áusführen

отхлебну́ть, отхлёбывать *разг.* ábtrinken* *vt*, schlürfend trínken*

отхлестáть 1. (*избить*) áuspeitschen *vt*; dúrchpeitschen *vt*, dúrchprügeln *vt*; das Fell gérben (когó-л. *D*); **2.** (*раскритиковать*) scharf kritisíeren, géißeln *vt*; ◇ ~ по щекáм Óhrfeigen áusteilen

отхлы́нуть 1. (*хлынув, отступить*) zurückwogen *vi* (s), zurückrollen *vi* (s), zurückströmen *vi* (s), zurückfluten *vi* (s); **2.** (*о толпе*) zurückwogen *vi* (s), zurückweichen* *vi* (s)

отхóд *м* **1.** (*отправление*) Ábgang *m* -(e)s; *ж.-д.* Ábfahrt *f*; Áuslaufen *n* -s (*судна*); **2.** *воен.* (*отступление*) Rückmarsch *m* (1*), Rückzug *m* (1*); Zurückgehen *n* -s, rückgängige Bewégung; **3.** (*отдаление от кого-л., от чего-л.*) Ábkehr *f* (von *D*); Ábsage *f* (an *A*), Ábwendung *f* (von *D*); ~ от теóрии die Ábkehr von der Theoríe

отходи́ть I *см.* отойти́

отходи́ть II (*кого-л.*) j-n gesúnd pflégen, j-n auf die Béine stéllen

отхóдная *сущ.* *ж* *церк.* Gebét *n* bei der Verséhung mit den Stérbesakramenten

отхóдчивый *разг.* nicht náchtragend

отхóды *мн.* Ábfälle *pl*, Ábgänge *pl* (*горн.*), Ábfallprodukte *pl*; пищевы́е ~ Spéisereste *pl*, Spéiseabfälle *pl*

отхóж||ий: ~ий прóмысел *ист.* áuswärtige Saisonarbeit [zɛ,zɔŋ-] (*der Bauern*); ~ее мéсто *разг.* Ábort *m* (1), Ábtritt *m* (1), Latríne *f* (11)

отхохотáться *разг.* áufhören laut zu láchen, das Gelächter beénden

отцвести́, отцветáть ábblühen *vi* (s), verblühen *vi* (s); verwélken *vi* (s) (*увянуть*)

отцеди́ть, отцéживать ábziehen* *vt*, ábzapfen *vt*, (áb)séihen *vt*

отцéп *м* *ж.-д.* **1.** (*действие*) Ábkuppeln *n* -s; Ábhängen *n* -s; **2.** (*группа отцепленных вагонов*) ábgekuppelte Wágengruppe

отцепи́ть 1. lóshaken *vt*, lósketten *vt*; ábmachen *vt*; **2.** *ж.-д.* ábhängen *vt*; ábkuppeln *vt*; **~ся 1.** sich ábkoppeln, sich lóshaken, sich áushaken, sich lösen; **2.** *разг.* (*оставить в покое*) in Rúhe [Fríeden] lássen*

отцéпка *ж* *см.* отцéп 1

отцепля́ть *см.* отцепи́ть; **~ся 1.** *см.* отцепи́ться; **2.** *страд.* ábgehakt wérden (*ср.* отцепи́ть)

отцеуби́й||ство *с* Vátermord *m* (1); **~ца** *м*, *ж* Vátermörder *m* (6); Vátermörderin *f* (12) (*о женщине*)

отцóв||ский Váter-; väterlich; ~ское наслéдство das väterliche Érbe; ~ский дом Váterhaus *n* (5); ~ские чу́вства väterliche Gefühle; **~ство** *с* Váterschaft *f*

отчáиваться *см.* отчáяться

отчáливать, отчáлить vom Úfer ábstoßen* [áblegen]; áuslaufen* *vi* (s); ◇ отчáливай! *разг.* hau ab!

отчáсти *нареч.* téilweise, zum Teil

отчáяние *с* Verzwéiflung *f*; приводи́ть в ~ verzwéifelt máchen; zur Verzwéiflung bríngen* [tréiben*]; прийти́ в ~ in Verzwéiflung gerâten*

отчáянн||ость *ж* **1.** (*безумная смелость*) Verwégenheit *f*, Wághalsigkeit *f*; Tóllkühnheit *f*; **2.** (*отчаяние*) Verzwéiflung *f*; **~ый 1.** verzwéifelt; schrécklich, fürchterlich (*ужасный*); hóffnungslos (*безнадёжный*); ~ое положéние áuswegslose Láge; **2.** (*безумно смелый*) verwégen, wághalsig, tóllkühn; **3.** *разг.* (*крайний*) äußerst [sehr] stark, héftig

отчáяться verzwéifeln *vi* (в чём-л. an *D*); in Verzwéiflung verfállen*;

die Hóffnung verlíeren* [áufgeben*] (*потерять надежду*)

отчегó *нареч.* warúm; wéshálb, weswégen; wovón

отчегó-то *нареч.* aus írgendéinem Grund

отчекáнивать, отчекáнить 1. münzen *vt*, prägen *vt*; **2.** (*ясно произносить*) déutlich [prononcíert, scharf betónt] (áus)spréchen*

отчёркивать, отчеркнýть ánstreichen* *vt*, markíeren *vt*, ánmerken *vt*

отчерпнýть, отчéрпывать *разг.* ábschöpfen *vt*

отчертúть *разг.* **1.** durch éinen Strich ábtrennen, ábgrenzen *vt*; **2.** (*кончить чертить*) áufhören zu zéichnen

óтчество *с* Vátersname *m* (15)

отчёт *м* Berícht *m* (1), Réchenschaftsbericht *m*; -Ábrechnung *f* (10), Réchnung *f* (*счёт*); годовóй ~ Jáhresbericht *m*; бáнковский ~ Bánkbericht *m*; цифровóй ~ Záhlenbericht *m*; ~ о рабóте Tätigkeitsbericht *m*; Geschäftsbericht *m*; ~ о выполнéнии плáна Plánbericht *m*; Berícht über die Plánerfüllung; дать комý-л. ~ в чём-л. j-m über etw. (*A*) Réchenschaft áblegen; j-m Réde (und Ántwort) stéhen*; трéбовать ~а Réchenschaft verlángen; отдавáть себé ~ в чём-л. sich (*D*) über etw. (*A*) Réchenschaft áblegen; sich (*D*) über etw. (*A*) klárwerden; не отдавáя себé ~а óhne sich Réchenschaft darüber ábzulegen; óhne sich darüber klárzuwerden; взять [дать] под ~ Vórschuß néhmen* [gében*] (mit späterer Verréchnung); представлéние ~а Réchnungslegung *f*, Beríchterstattung *f*

отчётлив||ость *ж* Klárheit *f*, Déutlichkeit *f*; Bestímmtheit *f*; **~ый** klar umríssen; déutlich, bestímmt; ~ое представлéние kláre Vórstellung

отчётно-вы́борн||ый: ~ое собрáние Beríchtswahlversammlung *f*, Jáhreshauptversammlung *f*

отчётн||ость *ж бухг.* Búchführung *f*, Réchnungsführung *f*; Réchnungslegung *f*; Réchenschaftslegung *f*; Beríchtswesen *n* -s; **~ый** Réchnungs-; Réchenschafts-; ~ый год Beríchtsjahr *n* (2), Réchnungsjahr *n*; ~ый доклáд Réchenschaftsbericht *m* (1); ~ый перúод Beríchtsperiode *f* (11); ~ая калькуля́ция Náchkalkulation *f* (10)

отчúзна *ж* Váterland *n* -(e)s, Héimat *f*, Heimatland *n*, Héimaterde *f*

óтчий *уст.*, *поэт.* Váter-; väterlich; ~ дом Váterhaus *n* (5); ~ край Váterland *n* (5), Héimatland *n*

óтчим *м* Stíefvater *m* (6*)

отчислéни||е *с* **1.** (*ассигнование*) Ánweisung *f* (10); Zúweisung *f*; ~я на жилúщное стройтельство beréitgestellte Míttel für den Wóhnungsbau; амортизациóнное ~е Ábschreibung *f*; **2.** (*вычет*) Ábzug *m* (1*), Ábführung *f* (10); ~е прúбыли Gewínnabgabe *f* (11); ~е от прúбылей Gewínnabführung *f*; **3.** (*увольнение*) Entlássung *f* (10), Verábschiedung *f* (10); Áusschluß *m* -sses, -schüsse, Exmatrikulatión *f* (10) (*из вуза, техникума*)

отчúслить, отчислúть 1. (*ассигновать*) ánweisen* *vt*; zúweisen* *vt*; **2.** (*вычесть*) ábziehen* *vt*; éinbehalten* *vt*; ábführen *vt*; **3.** (*уволить*) verábschieden *vt*, entlássen* *vt*; áusschließen* *vt*, exmatrikulíeren *vt* (*из вуза, техникума*)

отчúстить réinigen *vt*, säubern *vt*; (áb)pútzen *vt*; entférnen *vt* (*пятно, грязь*); **~ся** *разг.* **1.** sich réinigen lássen*; **2.** (*о пятне, грязи*) ábgehen* *vi* (s), heráusgehen* *vi* (s), sich entférnen lássen*

отчитáть *разг.* scharf rügen; herúnterputzen *vt*, ábkanzeln *vt*; die Levíten [-ˈvi:] lésen* (когó-л. *D*)

отчитáться Réchenschaft áblegen; ábrechnen *vi* (*в деньгах*); Réchnung légen (в чём-л. über *A*); Berícht erstátten

отчúтывать *см.* отчитáть

отчúтываться *см.* отчитáться; быть обя́занным ~ за что-л. réchenschaftspflichtig für etw. (*A*) sein

отчищáть *см.* отчúстить; **~ся 1.** *см.* отчúститься; **2.** *страд.* geréinigt wérden (*ср.* отчúстить)

отчуждáть 1. *юр.* entéignen *vt*, konfiszíeren *vt*; **2.** (*отдалять*) entfrémden *vt*; **3.** *театр.* verfrémden *vt*

отчуждéние *с* **1.** *юр.* Entéignung *f*, Konfiskatión *f*; **2.** (*отдаление от кого-л.*) Entfrémdung *f*, Isolíertheit *f*; **3.** *театр.* Verfrémdung *f*

отчуждённ||о *нареч.* entfrémdet, fremd; **~ость** *ж* Entfrémdung *f*; Frémdheit *f*; Zurückgezogenheit *f*

отшагáть éine Strécke zu Fuß zurücklegen

отшагнýть éinen Schritt zurücktreten* [beiséite tréten*]

отшатнýться, отшáтываться 1. zurückfahren* *vt* (s); zurückwanken *vi*; **2.** *разг.* (*перестать общаться с кем-л.*) sich ábwenden(*); ábfallen* *vi* (s)

отшвартовáть(ся) *мор.* den Ánker líchten; die Táue éinziehen*

отшвы́ривать, отшвырнýть *разг.* wégschmeißen* *vt*, fórtschleudern *vt*, wégschleudern *vt*

отшéльник *м* Éinsiedler *m* (6), Eremít (8)

отшéльниче||ский éinsiedlerisch, Éinsiedler-; **~ство** *с* Éinsiedlerleben *n* -s

отшúб *м*: жить на ~е ábseits wóhnen

отшибáть, отшибúть *разг.* **1.** (*отломать, отбить*) ábschlagen* *vt*; ábhauen* *vt*; **2.** (*ушибить*) verlétzen *vt*; емý отшúбли нóги man hat ihm die Füße verlétzt [arg zúgerichtet]; ◇ у меня́ отшúбло пáмять ich hábe das Gedächtnis verlóren; емý отшúбло аппетúт es verschlúg ihm den Appetít

отшúть: ~ когó-л. *разг.* j-n kurz ábfertigen, j-n ábwimmeln, j-m die kálte Schúlter zéigen

отшлёпать *разг.* **1.** (*надавать шлепков*) j-m Klápse verábreichen, j-m eins überziehen*; **2.** (*пройти какое-л. расстояние по грязи*) (éine Strécke) durch den Schlamm [Schmutz] wáten

отшлифовáть, отшлифóвывать schléifen* *vt*, féilen *vt*

отшпúливать, отшпúлить ábnehmen* *vt* (*что-л. прикреплённое*); ábmachen *vt*

отшумéть 1. (*кончить шуметь*) áufhören zu lärmen; **2.** (*миновать*) sich áustoben, áustoben *vi*; отшумéл прáздник das Fest war verráuscht

отшутúться, отшýчиваться etw. mit éinem Scherz ábtun*; die Sáche schérzhaft néhmen*

отщёлкать *разг.* **1.** áufhören zu schnálzen (*о птицах*); áufhören zu knácken (*орехи*); **2.** (*надавать щелчков*) j-m éinen Násenstüber gében*; *перен.* j-n scharf zuréchtweisen*

отщёлкнуть áufklinken *vt* (*дверь*)

отщепéнец *м* Ábtrünnige *m* (14), Renegát *m* (8)

отщепúть, отщеплúть ábspalten *vt*, ábsplittern *vt*; ~ лучúну éinen Span ábtrennen

отщипнýть, отщúпывать ábbröckeln *vt*, ábbrechen* *vt*; ~ кусóчек хлéба ein Stück Brot ábbrechen*

отъедáть(ся) *см.* отъéсть(ся)

отъединúть trénnen *vt*; *эл.* ábschalten *vt*; *ж.-д.* entkúppeln *vt*

отъéзд *м* Ábfahrt *f*, Ábreise *f*; ◇ быть в ~е verréist sein; auf Réisen sein (*многократно*)

отъезжáть *см.* отъéхать

отъезжáющий *сущ. м* Ábfahrende *m* (14), Ábreisende *m* (14)

отъéсть 1. ábbeißen* *vt*, ábknabbern *vt*; ábfressen* *vt*; **2.** *разг.* (*вытравить пятно*) áuflösen *vt*, wégätzen *vt*; **3.** *разг.* (*кончить есть*) áufhören zu éssen; **~ся** *разг.* vom víelen Éssen dick [stark] wérden; zúnehmen* *vi*, sich heráusfuttern

отъéхать ábfahren* *vi* (s), wégfahren* *vi* (s), ábreisen *vi* (s), fórtreisen *vi* (s); sich entférnen (*удалиться*)

отъя́вленный *разг.* berüchtigt, verrúfen; áusgesprochen; Érz-; éingefleischt (*закоренелый*); ~ негодя́й áusgesprochener Halúnke; Érzlump *m* (8)

отыгрáть 1. (*вернуть проигранное*) wíedergewinnen* *vt*, zurückgewinnen* *vt* **2.** *спорт.* wíeder ábnehmen* (*мяч*); **3.** *разг.* (*кончить играть*) áufhören zu spíelen; **~ся 1.** (*выиграть после проигрыша*) zurückgewinnen* *vt*; дать комý-л. ~ся j-n wíedergewinnen lássen*; **2.** *разг.* (*выкрутиться*) sich heráuswinden*; sich aus der Affäre zíehen*, léichten Kaufs davónkommen*; **~ся** на чём-л. sich an etw. (*A*) schádlos hálten*

оты́грывать(ся) *см.* отыгрáть(ся)

óтыгрыш *м разг.* **1.** (*действие*) Zurückgewinnen *n* -s; **2.** (*отыгранное*) das Zurückgewonnene (*sub*)

отымённый *лингв.* vom Nómen ábgeleitet; denominál

отыскáть áufsuchen *vt*, ermítteln *vt*, áufstöbern *vt*, (áuf)finden* *vt*; áusfindig máchen; **~ся** sich (wíeder) fínden*

оты́скивать *см.* отыскáть; **~ся 1.** *см.* отыскáться; **2.** *страд.* áufgefunden wérden (*ср.* отыскáть)

отэкзаменовáть die Prüfung beénden

отяготúть, отягощáть 1. beschwéren *vt*, belásten *vt*; **2.** (*обременить*) bedrücken *vt*

отягощéние *с* Belásten *n* -s, Belástung *f*; Bürde *f* (11)

отяг||чáть, отягчúть *уст.* erschwéren *vt*; ~чáющие (винý) обстоя́тельства erschwérende Úmstände

отяжелé||лый schwer gewórden; (bléi)schwer; **~ть 1.** schwer wérden; schwérfällig [únbeholfen] wérden (*стать грузным*); **2.** (*стать вялым*) schwer [steif, müde] wérden

офéня *уст. м* Hausíerer *m* (6)

офицéр *м* Offizíer *m* (1); ~ генерáльного штáба Generálstäbler *m* (6), Generálstabsoffizier *m*; ~ дéйствительной слýжбы aktíver [-vər] Offizíer; строевóй ~ Frontoffizier *m*; ~ запáса Resérveoffizier [-və-] *m*; ~ свя́зи Verbíndungsoffizier *m*; ~ флóта Maríneoffizier *m*; **~ский** Offizíer(s)-; ~ский состáв Offizíerskorps[ko:r]*n*; ~ское звáние Offizíersrang *m* (1*); ~ская столóвая Offizíerskasino *n* -s, -s; Spéiseraum *m* für Offizíere; **~ство** *с собир.* Offizíerskorps [-ko:r] *n* = [-ko:rs], *pl* = [-ko:rs]

официáльн||ый 1. (*должностной*) offiziéll, ámtlich; ~ое лицó Ámtsperson *f* (10); ~ое сообщéние offiziélle [ámtliche] Méldung; **~ая печáть** ámtliche Présse; **~ый язы́к** Ámtssprache *f*; **2.** (*сдержанный*) förmlich, offiziéll; **~ый тон** förmlicher Ton

официáнт *м* Kéllner *m* (6); Óber *m* (6); **~ка** *ж* Kéllnerin *f* (12); Serviererin [-ˈvi:-] *f* (12)

официо́з *м* offiziöses Présseorgan; hálbamtliches Blatt; **~ный** offiziös; hálbamtlich; ~ная печа́ть hálbamtliche Présse

оформи́тель *м* Gestálter *m* (6), Ráumgestalter *m* (*выставки и т. п.*); **~ книг** Búchgestalter *m*; **~ витри́н** Scháufensterdekorateur [-,tœr] *m* (1), Scháufenstergestalter *m*

офо́рмить 1. (*узаконить*) réchtskräftig [réchtsgültig] máchen, gesétzlich régeln; die vórschriftsmäßige [gesétzliche; endgültige] Form gében* (что-л. *D*); in Órdnung bríngen*; организацио́нно ~ organisatórische Form verléihen*; **2.** (*придать законченный вид*) áusgestalten *vt*, áusstatten *vt*, áufmachen *vt*; худо́жественно офо́рмленная кни́га éin künstlerisch áusgestattetes Buch; **3.** (*выписать*): ~ авиабиле́т éine Flúgkarte [ein Flúgticket] áusstellen; **4.** (*принять на работу*) éinstellen *vt*; **~ся 1.** sich heráusbilden, éndgültige Gestált [Form] ánnehmen*; sich konstituíeren; **2.** (*исполнить формальности*) die Formalitäten erlédigen; **3.:** ~ся на рабо́ту éingestellt wérden

оформле́ние *с* **1.** *иск.* Áusgestaltung *f*, Áusstattung *f*, Áufmachung *f*; Fórmgebung *f*; Umráhmung *f*; ~ **кни́ги** Búchausstattung *f*; ~ витри́н(ы) Scháufensterdekoration *f*; сцени́ческое ~ die Gestáltung des Bühnenbildes, bühnenbildnerische Gestáltung; **2.** (*выполнение формальностей*) Erlédigung der Formalitäten; ~ багажа́ Gepäckabfertigung *f*; юриди́ческое ~ догово́ра die jurístische Gestáltung des Vertráges

оформля́ть *см.* офо́рмить; **~ся 1.** *см.* офо́рмиться; **2.** *страд.* áusgestattet wérden (*ср.* офо́рмить)

офо́рт *м иск.* Radíerung *f* (10)

офсе́т *м полигр.* Óffset *n* -s, Óffsetdruck *m* -(e)s; **~ный:** ~ная маши́на Óffsetmaschine *f* (11); ~ная печа́ть Óffsetdruck *m* -(e)s

офтальмоло́гия *ж мед.* Ophthalmologíe *f*, Áugenheilkunde *f*

оха́ивать *см.* оха́ять

о́ханье *с* Ächzen *n* -s, Krächzen *n* -s; Séufzen *n* -s

оха́пк||а *ж* Ármvoll *m* =, =; ~а дров ein Ármvoll Brénnholz; ◇ в ~у *разг.* mit béiden Händen umfássend

охарактеризова́ть charakterisíeren [ka-] *vt*, kénnzeichnen *vt*; umréißen* *vt* (*обрисовать*)

о́хать ächzen *vi*, krächzen *vi*; séufzen *vi*, stöhnen *vi*

оха́ять *разг.* herúntermachen *vt*, bemäkeln *vt*, bekrítteln *vt*; schmähen *vt*, verúnglimpfen *vt*

охва́т *м* **1.** Erfássung *f*; широ́кий ~ wéiter Gesíchtskreis; gróßer Máßstab; ~ рабо́чих соревнова́нием Erfássung der Árbeiter im Wéttbewerb; **2.** *воен.* Umgéhung *f* (10), Éinkreisung *f* (10); **3.** (*обхват*) Úmfang *m* (1*); Stärke *f* (11), дуб в два ~а éine Éiche, die zwei Mann umfássen können

охват||и́ть 1. ergréifen* *vt*, erfássen *vt* (*о пожаре и т. п.*); umfássen *vt* (*взором*); erfássen *vt*, erméssen *vt* (*умом*); umspánnen *vt* (*отрезок времени*); (er)fássen *vt*, pácken *vt* (*о страхе и т. п.*); нас ~и́л страх die Ángst überkám [páckte] uns; у́жас ~и́л его́ Entsétzen ergríff ihn; **~и́ть коле́ни рука́ми** die Hände um die Knie schlíngen*; **2.** (*включить*) éinschließen* *vt*; все охва́чены соревнова́нием álle stéhen im Wéttbewerb, álle sind im Wéttbewerb erfáßt; **3.** *воен.* umfássen *vt*; éinkreisen *vt*, umgéhen* *vt*; überflügeln *vt* (*фланг*); ◇ ~ить взгля́дом [взо́ром] überblícken, mit den Áugen überflíegen*

охва́тыв||ать *см.* охвати́ть; **~ающий** *воен.* Umgéhungs-; Éinkreisungs-; ~ающее движе́ние Umgéhungsbewegung *f* (10); ~ающая часть Éinkreisungstruppe *f* (11)

охво́стье *с* **1.** *с.-х.* Gránnen *pl*; Spreu *f* (10); **2.** (*приспешники*) Hélfershelfer *pl*; Überbleibsel reaktionärer Gruppíerungen

охлад||ева́ть *см.* охладе́ть; **~е́лый** *уст.* kalt gewórden; *перен.* ábgekühlt, gléichgültig

охладе́ть 1. *уст.* erkälten *vi* (s), kalt wérden, erstárren *vi* (s); **2.** (*стать равнодушным*) kált wérden; kein Interésse mehr háben; gléichgültig sein [wérden]

охлади́тель *м тех.* Kühler *m* (6); Kühlmittel *n* (6); **~ный** Kühl-; kühlend; ~ная смесь *тех.* Ábkühlungsgemisch *n* (2)

охлади́ть 1. kühlen *vt*, ábkühlen lássen*; erkälten lássen*; (áb)schrécken *vt* (*быстро*); **2.** (*сделать равнодушнее, спокойнее*) ábkühlen *vt*; schwächen *vt*; **~ся 1.** sich ábkühlen, erkälten *vi* (s); **2.** (*стать равнодушным*) kühler wérden; zurückhaltend wérden

охлажда́ть *см.* охлади́ть; **~ся 1.** *см.* охлади́ться; **2.** *страд.* (áb)gekühlt wérden (*ср.* охлади́ть)

охлажде́ние *с* **1.** Ábkühlung *f*, Erkálten *n* -s, Kühlwerden *n* -s; Ábschrecken *n* -s (*быстрое*); **2.** *тех.* Kühlung *f*; водяно́е ~ Wásserkühlung *f*; возду́шное ~ Lúftkühlung *f*; испари́тельное ~ Verdúnstungskühle *f*; **3.** (*равнодушие, отчуждение*) Entfrémdung *f*; Ábkühlung *f*, Erkálten *n* -s

охмеле́ть 1. (*опьянеть*) betrúnken wérden, éinen Rausch bekómmen*; **2.** (*возбудиться*) beráuscht, begéistert wérden

о́хнуть *см.* о́хать

охолости́ть entmánnen *vt*, kastríeren *vt*

охора́шиваться *разг.* sich schönmachen *отд.*

охо́т||а I *ж* Jagd *f* (10); псо́вая ~а Hétzjagd *f*; соколи́ная ~а Fálkenjagd *f*; ~а на медве́дей Bärenjagd *f*; ~а на пушно́го зве́ря Pélztierjagd *f*; ходи́ть на охо́ту auf die Jagd gehen*

охо́т||а II *ж разг.* (*желание*) Lust *f*; с ~ой mit Vergnügen; gern; по свое́й ~е aus éigenem Ántrieb; у меня́ пропа́ла ~а die Lust ist mir vergángen; мне ~а почита́ть ich hábe Lust zum Lésen; ◇ что за ~а?, ~а тебе́! was hast du schon davón?; ~а пу́ще нево́ли *погов.* ≅ des Menschen Wílle ist sein Hímmelreich

охо́титься jágen *vi* (на кого́-л. nach *D*, auf *A*); *перен.* Jagd máchen (за кем-л. auf *A*); ~ на у́ток auf die Éntenjagd géhen*; ~ за ре́дкой кни́гой *перен.* hínter éinem séltenen Buch her sein

охо́тник I *м* Jäger *m* (6), Wéidmann *m* (5); **~ за пушни́ной** Pélzjäger *m*; промысло́вый ~ Berúfsjäger *m*; ◇ ~ **за подво́дными ло́дками** Ú-Boot-Jäger *m*

охо́тник II *м* **1.** (*любитель*) Líebhaber *m* (6), Freund *m* (1) (до чего́-л. von *D*); быть ~ом до чего́-л. *разг.* versséssen sein (auf *A*); быть ~ом до ша́хмат Scháchliebhaber sein, *разг.* auf das Scháchspiel versséssen sein; ~ до лошаде́й Pférdeliebhaber *m*; он ~ посме́яться er lacht gern; на кни́гу нашло́сь мно́го ~ов für das Buch fánden sich víele Interessénten; **2.** (*вызвавшийся что-л. сделать*) Fréiwillige *m* (14), Interessént *m* (8); **3.** *уст. воен.* Fréiwillige *m* (14)

охо́тнич||ий Jagd-, Weid-; Jäger-, wéidmännisch; ~ье ружьё Jágdflinte *f* (11), Jágdgewehr *n* (2); ~ья соба́ка Jágdhund *m* (1); ~ьи расска́зы Jágdgeschichten *pl*; ~ий до́мик Jágdhäuschen *n* (7), Jágdhütte *f* (11)

охо́тн||о *нареч.* gern; mit Vergnügen; gut und gern; ~о ве́рю das will ich méinen; das will ich gern gláuben; ~ее éher; líeber; я ~ее куплю́ кни́гу ich káufe líeber ein Buch

охотове́д Jágdkundler *m* (6)

о́хра *ж* Ócker *m* -s

охра́н||а *ж* **1.** (*действие*) Bewáchung *f*, Schutz *m* -es; Fürsorge *f*, Wáhrung *f* (*интересов и т. п.*); ~а труда́ Árbeitsschutz *m*; ~а приро́ды Natúrschutz *m*; ~а окружа́ющей среды́ Úmweltschutz *m*; ~а грани́цы Grénzsicherung *f*; ~а здоро́вья Gesúndheitsfürsorge *f*; ~а образцо́в *ком.* Músterschutz *m* -es; быть под ~ой bewácht wérden; под ~ой госуда́рства stáatlich geschützt; **2.** (*стража*) Wáche *f* (11); пограни́чная ~а Grénzwache *f*; ли́чная ~а Léibwache *f*; заводска́я ~а Betríebsschutz *m* -es

охране́ние *с* **1.** (*действие*) Wáhrung *f*, Schutz *m* -es; Bewáchung *f*; **2.** *воен.* Sícherung *f* (10); непосре́дственное ~ Náhsicherung *f*; боево́е ~ Geféchtsvorposten *m* (7); передово́е ~ vórgeschobene Sícherung; сторожево́е ~ Vórposten *pl*; ~ на ма́рше, похо́дное ~ Márschsicherung *f*

охрани́ть *см.* охраня́ть

охра́н||ка *ж ист. разг.* Ochránka *f*, die Gehéime Stáatspolizei (*im zarístischen Rußland*); аге́нт ~ки *см.* охра́нник 2

охра́нник *м* **1.** Wáchsoldat *m* (8); **2.** *ист.* Polizéispitzel *m* (6)

охра́нн||ый Schutz-; ~ая гра́мота Schútzbrief *m* (1), Schútzurkunde *f* (11); ~ое отделе́ние *см.* охра́нка

охраня́ть (be)schützen *vt*, (be)schírmen *vt*, bewáchen *vt*; wáhren *vt* (*интересы и т. п.*); *воен.* síchern *vt*

охраня́ющ||ий *воен.* Sícherungs-; ~ие ча́сти Sícherungstruppen *pl*; ~ий фланг Sícherungsflügel *m* (6)

охри́п||лый *разг.* héiser; krächzend; **~нуть** héiser wérden; ~нуть от кри́ка sich (*D*) die Kéhle áusschreien*, sich héiser schréien*

охроме́ть *разг.* erláhmen *vi* (s), lahm wérden; ánfangen* zu hínken

оху́лка: ~и на́ руку не положи́ть [не класть] *разг.* séinen Vórteil nicht aus den Áugen lássen*; auf séinen Vórteil bedácht sein

оцара́пать (áb)krátzen *vt*; rítzen *vt*; Krátzer zúfügen (кого́-л. *D*); ~ ко́жу die Haut ábschürfen; **~ся** sich (áb-)krátzen, sich (*D*) die Haut ábschürfen

оцвети́ть Fárbe verléihen* (что-л. *D*)

оцело́т *зоол.* Ózelot *m* (1)

оце́нивать *см.* оцени́ть; **~ся 1.** (*рассматриваться*) éingeschätzt wérden; gélten* *vi*; ~ся как... gélten* als... (*N*), für (*A*); **2.** *страд.* geschätzt wérden (*ср.* оцени́ть)

оцени́ть 1. (*назначить цену*) (be-)wérten *vt*; veránschlagen *vt*; (áb-)schätzen *vt*; taxíeren *vt*; bezíffern *vt*; ~ что-л. в пять рубле́й etw. mit fünf Rúbel veránschlagen; **2.** (*признать достоинства*) schätzen *vt* würdigen *vt*; zu schätzen wíssen*; высоко́ ~ кого́-л. j-m hóhe Ánerkennung zóllen; положи́тельно ~ что-л. etw. pósitiv éinschätzen

оце́н||ка *ж* **1.** (*действие*) Veránschlagung *f*, Schätzung *f* (10), Bewértung *f*

(10); Ábschätzung *f*; Taxíerung *f*; **2.** (*суждение*) Éinschätzung *f* (10), Wértung *f*, Úrteil *n* (2), Beúrteilung *f*, Würdigung *f*; оши́бка в ~ке ein Féhler in der Beúrteilung [Éinschätzung]; дать высо́кую ~ку hóhe Wértschätzung áusdrücken; ein hóhes Wérturteil áussprechen*; **3.** (*балл*) Nóte *f* (11), Zensúr *f* (10); Prädikát *n* (2); ~ка по (*какому-л. предмету*) eine Nóte in (*einem Fach*); переводна́я ~ка Versétzungsnote *f*; вы́вести о́бщую ~ку die Gesámtnote bestímmen; поста́вить ~ку éine Nóte gében*; сдать экза́мен на ~ку «отли́чно» die Prüfung mit dem Prädikát «áusgezeichnet» áblegen; **~очный** Bewértungs-, Taxíerungs-; Taxatións-; Ábschätzungs-; ~очный сбор Taxatiónssteuer *f* (11), Taxatiónsgebühr *f* (10); ~очная сто́имость Táxwert *m* (1); **~щик** *м* Taxátor *m* -s, -tóren (*на аукционе*); Schätzer *m* (6) (*имущества*)

оцепен||е́лость *ж* Stárre *f*, Stárrheit *f*, Erstárrtheit *f*; Benómmenheit *f*; **~е́лый** starr, erstárrt (*от холода*); perpléx, verstéinert (*от страха, изумления и т. п.*); **~е́ние** *с* Erstárrung *f*

оцепене́ть erstárren *vi* (s), starr sein [wérden] (*от холода*); verstéinert sein (*от страха, изумления и т. п.*)

оцеп||и́ть ábsperren *vt*; ábriegeln *vt*; umzíngeln *vt*, éinschließen* *vt* (*улицу и т. п.*); **~ле́ние** *с* Umzíng(e)lung *f* **~ля́ть** *см.* оцепи́ть

оцинко́ванный verzínkt

оцинкова́ть, оцинко́вывать verzínken *vt*

оча́г *м* **1.** Herd *m* (1); Féuerstelle *f* (11); **2.** (*источник чего-л.*) Herd *m* (1); ~ зараже́ния Ánsteckungsherd *m*; Séuchenherd *m* (*инфекции*); ~ напряжённости Spánnungsherd *m*; ~ войны́ Kríegsherd *m*; ~ культу́ры Pflánzstätte der Kultúr; Zéntrum der Kultúr; ~ волне́ний Únruheherd *m*; ~ землетрясе́ния der Herd des Érdbebens; **3.** (*родной дом*) Héimstätte *f* (11); дома́шний ~ Heim *n* (2), häuslicher Herd; **~о́вый** *мед.* hérdförmig

очарова́ние *с* Záuber *m* -s, Charme [*фр.* ʃarm] *m* -s, Scharm *m* -(e)s

очарова́тельный berückend, charmánt [ʃar-], bezáubernd

очарова́ть berücken *vt*, bezáubern *vt*; **~ся** berückt [bezáubert] wérden

очаро́вывать(ся) *см.* очарова́ть(ся)

очеви́д||ец *м* Áugenzeuge *m* (9); показа́ния ~ца Áugenzeugenbericht *m* (1)

очеви́дно *нареч.* **1.** *см.* очеви́дный; **2.** *в знач. вводн. сл.* wáhrscheinlich, áugenscheinlich, óffenbar

очеви́дн||ый óffensichtlich; óffenkundig; óffenbar; áugenscheinlich; klar; э́то ~о das liegt auf der Hand; das springt in die Áugen (*бросается в глаза*); соверше́нно ~о ganz únverkennbar; счита́ть что-л. соверше́нно ~ым etw. für sónnenklár hálten*; быть ~ым únverkennbar sein; ~ый факт óffensichtliche Tátsache; ~ая и́стина únbestrittene Wáhrheit

очелове́ч||ение *с* Ménschwerdung *f*; **~ить** verménschlichen *vt*

о́чень *нареч.* sehr; не то, что́бы ~ *разг.* nicht geráde sehr; не ~ nicht so sehr

очерви́веть wúrmstichig [mádig] wérden

очередни́к der nächste auf der Wárteliste

очередно́й **1.** (*следующий*) (nächst)-fólgend; der nächste in der Réihe, náchfolgend, daráuffolgend; **2.** (*стоящий на очереди*) órdentlich; routinemäßig [ru'ti:nə-]; fällig, aktuéll; ánfallend; ~ вопро́с éine ánfallende Fráge; ~ о́тпуск Jáhresurlaub *m* (1); ~ съезд der órdentliche Partéitag; **3.** (*регулярный*) von Zeit zu Zeit vórkommend, üblich

очерёдност||ь *ж* Réihenfolge *f*, Aufeinánderfolge *f*, Fólge *f*; Túrnus *m* =, -se; согла́сно ~и túrnusmäßig

о́черед||ь *ж* **1.** (*очерёдность*) Réihe *f* (11); соблюда́ть ~ь sich an die Réihenfolge hálten*; быть на ~и an der Réihe sein; по ~и der Réihe nach, nach der Réihe; nacheinánder, ábwechselnd; вне ~и áußer der Réihe; **2.** (*место, право по очерёдности*) Réihe *f* (11); тепе́рь на́ша ~ь jetzt sind wir an der Réihe; чья ~ь? wer ist dran?; моя́ ~ь jetzt kómme ich an die Réihe; jetzt bin ich dran (*разг.*); ~ь за ва́ми Sie sind dran (*разг.*); уступи́ть ~ кому́-л. j-n vórlassen*; **3.** (*список лиц*) Wárteliste *f* (11); поста́вить на ~ь auf die Wárteliste sétzen; стоя́ть на ~и vórgemerkt sein; встать на ~ь в жилотде́ле sich in die Wárteliste des Wóhnungsamtes éintragen lássen*; **4.** (*отдельная часть в порядке очерёдности*) Etáppe *f* (11); рабо́ты пе́рвой ~и vórrangige Árbeiten; ~ь строи́тельства Báufolge *f* (11), Báustufe *f* (11), Báuabschnitt *m* (1); Áusbaustufe *f*; Ánfahrstufe *f*; демобилиза́ция была́ проведена́ тремя́ ~я́ми die Demobilisíerung wúrde in drei Etáppen dúrchgeführt; **5.** (*вереница*) Schlánge *f* (11); дли́нная ~ь éine lánge Schlánge; заня́ть ~ь sich ánstellen; стоя́ть в ~и Schlánge stéhen*; ánstehen *vi* (за чем-л. nach *D*); **6.** *воен.* Féuerstoß *m* (1*), Sálve *f* (11); батаре́йная ~ь Batteríelage *f* (11), Láge *f*; пулемётная ~ь Féuerstoß *m*; стрельба́ ~я́ми Lágenfeuer *n* -s (*из орудий*); Ábgabe von Féuerstößen (*из пулемёта*); ◇ в пе́рвую ~ь in érster Liníe; in érster Réihe; vórrangig, zuallerérst; не в после́днюю ~ь nicht zulétzt; он, в свою́ ~ь er séinerseits

о́черк *м* **1.** *уст.* (*контур*) Úmriß *m* -sses, -sse; Ábriß *m*; **2.** *лит.* Skízze *f* (11); Essay [*англ.* ɛ'se:] *m* -s, -s; Reportáge [-ʒə] *f* (11) (*в газете*); **3.** (*общее изложение*) Grúndriß *m* -sses, -sse; кра́ткий ~ грамма́тики (kúrzer) grammatikálischer Ábriß; ~и по исто́рии дре́внего ми́ра Stúdien zur Geschíchte Álten Welt

очерки́ст *м лит.* Essayíst [ɛse-] *m* (8)

очеркну́ть éinen Strich um etw. (*A*) zíehen*

очерни́ть ánschwärzen *vt*; verléumden *vt*; verúnglimpfen *vt* (*оклеветать*)

очерстве́л||ость *ж* Hártherzigkeit *f*, Únempfindlichkeit *f*; **~ый** hártherzig, verhärtet, verstéinert, únempfindlich

очерстве́ть sich verhärten, hártherzig [gefühlsroh] wérden

очерта́ния *мн.* Úmrisse *pl*, Kontúren *pl*

очертене́ть *разг.* **1.** fúchsteufelswíld wérden; **2.** (*опротиветь*) überhaben* *отд. vt*, zuwíder sein, zum Hálse heráushängen

очерти́ть **1.** (*обвести линиями*) umréißen* *vt*, beschréiben* *vt*; **2.** (*описать в общих чертах*) umréißen* *vt*, skizzíeren *vt*, beschréiben* *vt*; in állgeméinen Zügen hínwerfen*, entwérfen* *vt*; ◇ очертя́ го́лову *разг.* Hals über Kopf

оче́рчивать *см.* очерти́ть; **~ся** (*проступать*) hervórtreten* *vi* (s), sich zéigen

очёс *м собир.*, **очёски** *мн. текст.* Héde *f* (11), Kämmling *m* (1), Kämmlinge *pl*

оче́чник *м* Brílllenfutteral *n* (2)

очини́ть (án)spitzen *vt*

очи́нк||а *ж* Spítzen *n* -s, Ánspitzen *n*; маши́нка для ~и карандаше́й Bléistiftspitzer *m* (6)

очисти́тель *м тех.* Réiniger *m* (6); Klärmittel *n* (6)

очи́стить **1.** réinigen *vt*, säubern *vt*; ábräumen *vt* (*стройплощадку*); áufräumen *vt* (*улицу*); **2.** (*от примесей*) läutern *vt*; raffiníeren *vt* (*спирт*); **3.** (*картофель, яблоки и т. п.*) schälen *vt*; ábpellen *vt*; ábschuppen *vt* (*рыбу*); **4.** *разг.* (*обокрасть*) áusräumen *vt*, (ent)léeren *vt*; **5.** *разг.* (*освободить квартиру, местность*) räumen *vt*, fréimachen *отд. vt*; verlássen* *vt*; ◇ ~ желу́док *мед.* den Mágen entléeren; ~ счёт *фин.* die Réchnung begléichen*; **~ся** **1.** sich réinigen, sich säubern; ~ся от чего́-л. von etw. (*D*) frei wérden; sich befréien; ~ся ото льда́ éisfrei wérden; sich vom Eis befréien; **2.** (*проясниться*) hell [klar] wérden, sich klären

очи́стк||а *ж* **1.** Réinigung *f*, Säuberung *f*; ~а от разва́лин Enttrümmerung *f*; **2.** (*от примесей*) Réinigung *f* (von Béimischungen); Läuterung *f*; Raffinatión *f* (*спирта*); **3.** (*освобождение квартиры, местности*) Räumung *f*; Fréimachen *n* -s; **4.** (*картофеля, яблок*) Schälen *n* -s; Péllen *n* -s, Ábpellen *n*; ◇ для ~и со́вести zur Berúhigung des Gewíssens

очи́стки *мн.* Ábfälle *pl*, Schälabfälle *pl*; карто́фельные ~ Kartóffelschalen *pl*

очища́ть *см.* очи́стить; **~ся** **1.** *см.* очи́ститься; **2.** *страд.* geréinigt wérden (*ср.* очи́стить)

очище́ние *с см.* очи́стка

очка́стый *разг.* éine Brílle trágend, bebríllt

очк||и́ *мн.* Brílle *f* (11); автомоби́льные ~и́ Áutobrille *f*; защи́тные ~и́ Schútzbrille *f*; Schnéebrille *f* (*от блеска снега*); Sónnenbrille *f* (*от солнца*); ~ для чте́ния Lésebrille *f*; ды́мчатые ~и́ Ráuchglasbrille *f*; рогов́ые ~и́ Hórnbrille *f*; ~и́ в золото́й опра́ве Brílle mit góldener Fássung; ~и́ без опра́вы rándlose Brílle, Brílle mit rándlosen Gläsern; надева́ть ~и́ éine Brílle áufsetzen; снять ~и́ éine Brílle ábnehmen* [ábsetzen]; носи́ть ~и́, ходи́ть в ~а́х éine Brílle trágen*; ◇ смотре́ть на всё сквозь ро́зовые ~и́ álles durch éine rósige Brílle séhen*

очко́ *с* **1.** (*на картах, костях*) Áuge (13); Point [*фр.* po'ɛ̃] *m* =, -s; **2.** *спорт.* (*в счёте*) Punkt *m* (1), Wértungspunkt *m*; коли́чество ~в Púnktzahl *f*; оце́нка по очка́м Púnktbewertung *f*; присуди́ть ~ в чью-л. по́льзу j-m einen Punkt gútschreiben*; преиму́щество в очка́х Púnktvorsprung *m* (1*); набра́ть наибо́льшее число́ ~в die größte Púnktzahl erzíelen; побе́да по очка́м Púnktsieg *m* (1); дать не́сколько ~в вперёд éinige Púnkte vórgeben* [voráus gében*]; **3.** (*карточная игра*) Síebzehn und Vier; **4.** *спец.* Loch *n* (5), kléine Öffnung; ~ у́лья Flúgloch im Bíenenstock

очковтира́тель *м* Blénder *m* (6), Schönfärber *m* (6); **~ство** Schönfärberei *f*, Schwindeléi *f*

очко́в||ый **1.** Brillen-; ~ая опра́ва Brillengestell *n* (2); **2.** *зоол.* ~ая змея́ Brillenschlange *f* (11)

о́чник *м* Diréktstudent *m* (8)

очну́ться zu sich kómmen*, zur Besínnung kómmen*, erwáchen *vi* (s), die Áugen áufschlagen* (*от сна*)

о́чн||ый: ~ая ста́вка Konfrontatión *f* (10); Gegenüberstellung *f* (10); дать

~ую ста́вку konfrontíeren *vt*, gegenüberstellen *vt*; ~ое обуче́ние Únterricht *m* in éiner Léhranstalt; Diréktstudium *n* -s, -di¦en

очуме́лый *разг.* besessen, verrückt geworden

очуме́ть *разг.* den Kopf verlíeren*, von Sínnen sein, verblöden *vi* (s)

очут||и́ться sich versétzt fínden*; verschlágen sein, geráten sein (где-л. in *A*); как вы здесь ~и́лись? wie sind Sie hierhér geráten [gelángt]?

очу́хаться *разг.* zu sich [wíeder zur Besínnung] kómmen*; die Besínnung wíedererlangen

ошале́лый *разг.* von Sínnen, halb verrückt, verständnislos

ошале́ть *разг.* den Kopf verlíeren*, von Sínnen kómmen*, verrückt wérden, närrisch wérden

ошара́шивать, ошара́шить *разг.* **1.** (*озадачить*) verblüffen *vt*, stútzig máchen, aus der Fássung bríngen*; **2.** (*ударить*) plötzlich éinen stárken Hieb versétzen

ошвартова́ть, ошварто́вить *мор.* vertäuen *vt*

оше́йник *м* Hálsband *n* (5) (*для животных*)

ошеломи́тельный überwältigend, erschütternd

ошеломи́ть erschüttern *vt*, níederschmettern *vt*, frappíeren *vt*; überwältigen *vt*; in äußerstes Erstáunen versétzen

ошеломлённый erschüttert, níedergeschmettert, überwältigt; platt, verdútzt

ошеломл||я́ть *см.* ошеломи́ть; **~я́ющий** erschütternd, níederschmetternd, frappánt; verblüffend

ошельмова́ть *разг.* blamíeren *vt*, entéhren *vt*, blóßstellen *отд. vt*

ошиба́ться, ошиби́ться sich írren, sich täuschen; sich versehen*; sich verréchnen (*в счёте*); sich verspréchen* (*оговориться*); ~ в ком-л. sich in j-m täuschen [írren]; глубоко́ ~ sich in éinem schwéren Írrtum befínden*; ошиба́етесь! weit geféhlt! мы вряд ли оши́бёмся, если... wir wérden wohl káum féhlgehen, wenn...

оши́бк||а *ж* Féhler *m* (6); Írrtum *m* (4) (*заблуждение*); Verséhen *n* (7) (*недосмотр*); Réchenfehler *m* (*в счёте*); Verspré cher *m* (6) (*оговорка, обмолвка*); Schnítzer *m* (6), Lápsus *m* =, = (*промах, оплошность*); суде́бная ~а Justízirrtum *m*; граммати́ческая ~а grammátischer Féhler; смыслова́я ~а sínnentstellender Féhler, бу́квенная ~а *полигр.* Búchstabenfehler *m*; ~а при перево́де Übersétzungsfehler *m*; по ~е aus Verséhen, verséhentlich; сде́лать [допусти́ть] ~у éinen Féhler máchen [begéhen*]; испра́вить ~у éinen Féhler berichtigen [korrigíeren]; впасть в ~у in den Féhler [Írrtum] verfállen*; поплати́ться за ~у für den Írrtum büßen; учи́ться на ~ах aus den Féhlern lérnen; произошла́ ~а es liegt ein Írrtum vor; вкра́лась ~а es ist ein Féhler unterláufen; без оши́бок féhlerfrei

оши́бочн||ость *ж* Féhlerhaftigkeit *f*, Fálschheit *f*, Írrigkeit *f*, Írrtümlichkeit *f*; Únrichtigkeit *f*, Verkéhrtheit *f* (*неправильность*); **~ый** falsch, írrig, írrtümlich; féhlerhaft; Fehl-; únrichtig, verkéhrt (*неверный, неправильный*); ~ый вы́вод Féhlschluß *m* -sses, schlüsse; ~ый диа́гноз Féhldiagnose *f* (11); ~ое представле́ние írrige [fálsche] Vórstellung

оши́кать *разг.* áuszischen *vt*; ~ певца́ den Sänger áuspfeifen

ошпа́ривать *см.* ошпа́рить; **~ся 1.** *см.* ошпа́риться; **2.** *страд.* ábgebrüht wérden

ошпа́рить *разг.* (áb)brühen *vt*, verbrühen *vt*; **~ся** *разг.* sich verbrühen

оштрафова́ть bestráfen *vt*; mit éiner Géldstrafe belégen; ~ **на** три рубля́ drei Rúbel Stráfe záhlen lássen*

оштукату́рить verpútzen *vt*; ~ сте́ны die Wände verpútzen

ощени́ться Júnge wérfen* (*von Hunden, Wölfen, Füchsen*)

още́рить *разг.* flétschen *vt*; ~ зу́бы die Zähne zéigen, die Zähne flétschen; ~ся *разг.* die Zähne zéigen

ощети́ниваться, ощети́ниться 1. das Haar [Fell] sträuben; **2.** (*рассвердиться*) sich sträuben, sich éin¦igeln, bórstig sein; die Krállen zéigen

ощипа́ть *разг.* ábzupfen *vt*, áuszupfen *vt*, rúpfen *vt*

ощи́пыв||ание *с* Áuszupfen *n* -s, Rúpfen *n*, -s; **~ать** *см.* ощипа́ть

ощу́пать befühlen *vt*, betásten *vt*, befíngern *vt*

ощу́пыв||ание *с* Betásten *n* -s, Ábtasten *n*, Befühlen *n* -s; *мед.* Palpatión *f*; **~ать** *см.* **ощу́пать**

о́щупь: на ~ durch Befühlen; beim Betásten; быть мя́гким на ~ sich weich ánfühlen

о́щупью *нареч.* tástend; táppend; добира́ться ~ sich herántasten

ощути́м||ость *ж* Wáhrnehmbarkeit *f*, Fühlbarkeit *f*; **~ый** wáhrnehmbar, fühlbar, gréifbar; spürbar; mérklich (*заметный*); ~ые результа́ты spürbare [mérkliche] Ergébnisse

ощути́тельный fühlbar, empfíndlich; mérklich (*заметный*); ~ хо́лод empfíndliche Kälte

ощути́ть wáhrnehmen* *vt*, empfínden* *vt*; fühlen *vt*, spüren *vt* (*почувствовать*)

ощуща́ть *см.* ощути́ть; **~ся** sich bemérkbar máchen; fühlbar sein

ощуще́ние *с* Empfíndung *f* (10), Empfínden *n* -s

оягни́ться Júnge wérfen*, lámmen *vi* (*von Schafen*)

П

па *с* Pas [*фр.* pa] *m* =, = [pas], Tánzschritt *m* (1)

па́ва *ж зоол.* Pfáu¦henne *f* (11); ◇ ни ~ ни воро́на *погов.* ≅ wéder Fisch noch Fleisch

павиа́н *м зоол.* Páviаn [-vĭa:n] *m* (1)

павильо́н *м* Pavillon ['pavıljɔŋ] *m* -s, -s, Gártenhaus *n* (5) (*беседка*); Fílmatelier [-,lie:] *m* -s, -s (*для киносъёмок*); Márkthalle *f* (11) (*на рынке*); вы́ставочный ~ Áusstellungspavillon *m*, Áusstellungshalle *f*; торго́вый ~ Verkáufspavillon *m*

павли́н *м зоол.* Pfau *m* (13); Pfáuhahn *m* (1*); **~ий** Pfáuen-; ◇ ~ий глаз (*бабочка*) Pfáuenauge *n* (13); воро́на в ~ьих пе́рьях ≅ mit frémden Fédern geschmückt

па́водок *м* Hóchwasser *n* -s, Hóchflut *f*; весе́нний ~ Frühjahrshochwasser *n*; дождево́й ~ Régenflut *f*

па́вш||ий *прич.* **1.** *см.* пасть I 1, 4; **2.** (*в знач. сущ. м* Gefállene *m* (14); ~ие в бою́ die im Kámpf Gefállenen

пагина́ция *ж полигр.* Paginíerung *f*; разде́льная ~ getrénnte Paginíerung; сквозна́я ~ fórtlaufende [dúrchgehende] Paginíerung

па́года *ж* Pagóde *f* (11)

па́голенки *мн.* (*ед.* па́голенок *м*) **1.** (*охватывающие голень части сапог, чулок*) Wáden (der Stíefel, der Strümpfe) *pl* (*sg* Wáde *f*); **2.** (*чулки без ступни*) Stútzen *pl* (*sg* Stútzen *m* -s), Wádenstrümpfe *pl* (*sg* Wádenstrumpf *m* -s)

па́губ||а *ж уст.* Verdérben *n* -s, Únheil *n* -s; **~ный** verdérblich, únheilvoll; ~ное влия́ние verdérblicher [verdérbenbringender] Éinfluß; ~ная поли́тика únheildrohende [únheilvolle] Polítik

па́даль *ж* Aas *n* (2), Kadáver [-vər] *m* (6)

па́дан||ец *м* ábgefallene Frucht; ~цы *собир.* Fállobst *n* -es

па́да||ть 1. fállen* *vi* (s); stürzen *vi* (s) (*стремительно*); ~ть на зе́млю auf die Érde [zu Bóden] fállen*; **2.** (*рушиться*) éinfallen* *vi* (s), éinstürzen *vi* (s); **3.** (*снижаться*) fállen* *vi* (s), sínken* *vi* (s); баро́метр ~ет das Barométer fällt; це́ны ~ют die Préise sínken [fállen, géhen zurück]; **4.** *см.* пасть I 5; **5.** *см.* пасть I 6; **6.** (*о волосах и т. п.*) áusfallen* *vi* (s), áusgehen* *vi* (s); **7.** (*на кого-л.*) sich légen, überzíehen* *vt* (*о тени*); lásten *vi* (auf *D*) (*об ответственности*); fállen* *vi* (s) (auf *A*) (*о подозрениях*); ◇ ~ть ду́хом den Mut verlíeren* [sínken lássen*], verzágen *vt*; не ~ть ду́хом den Kopf óben (be)hálten*; den Mut nicht sínken lássen*; ~ть от уста́лости vor Müdigkeit úmsinken* [zusámmenbrechen*, úmfallen*]; ~ть в о́бморок in Óhnmacht fállen*, óhnmächtig wérden; **~ющий** *прич.* **1.** *см.* па́дать 1—4, 6, 7; **2.** *в знач. прил.* Fall-; ~ющая мише́нь *воен.* Fállscheibe *f* (11); ~ющие звёзды *астр.* Stérnschnuppen *pl*; **3.** *в знач. прил.* (*о лучах*) éinfallend, Éinfall-

паде́ж *м грам.* Fall *m* (1*), Kásus *m* =, =; ко́свенный ~ ábhängiger Kásus; ме́стный ~ Lókativ *m* (1); употребле́ние ~е́й Kásusgebrauch *m* -(e)s; оши́бка в употребле́нии ~е́й Féhler im Kásusgebrauch [im Gebráuch der Fälle]

падёж *м* (*скота*) Víehseuche *f* (11), Tíerseuche *f*; ~ молодняка́ Áufzuchtverluste *pl*

паде́жн||ый *грам.* Fall-, Kásus-; ~ое оконча́ние Fállendung *f* (10), Kásusendung *f*

паде́н||ие *с* **1.** Fállen *n* -s; Sturz *m* (1*) (*стремительное*); свобо́дное ~ие fréier Fall; ~ие воды́ Wássergefälle *n* -s; ~ие лави́н Lawínensturz *m*; **2.** (*понижение*) Fállen *n* -s, Sínken *n* -s; ~ие цен Préisrückgang *m* -(e)s, das Sínken [Fállen] der Préise; Préissturz *m* (1*) (*резкое*); ~ие рожда́емости Gebúrtenrückgang *m* (1*); ~ие давле́ния Drúckabfall *m* -s; ~ие температу́ры Temperatúrabnahme *f*; ре́зкое ~ие температу́ры Temperatúrsturz *m*; ~ие напряже́ния *эл.* Spánnungsabfall *m* -(e)s; **3.** (*крепости*) Fall *m* -(e)s; **4.** (*режима, правительства*) Sturz *m* -es; ~ие самодержа́вия der Sturz der Sélbstherrschaft; **5.** (*моральное*) Verfáll *m*; ~ие нра́вов Síttenverfall *m*; **6.** *физ.* Éinfall *m* (1*); у́гол ~ия Éinfallswinkel *m* (6)

падиша́х *м* Padischáh *m* -s, -s

па́дкий versésse n, erpícht (на что-л. auf *A*); ~ на развлече́ния vergnügungssüchtig; genúßsüchtig

па́дуб *м бот.* Stéchpalme *f* (10); *обл.* Hülse *f* (11)

паду́чая *сущ. ж. разг. уст.* (*болезнь*) Fállsucht *f*

па́дчерица *ж* Stíeftochter *f*, *pl* -töchter

па́дший gefállen

паевóй ánteilig, Ánteil-; Áktiⁱen-; ~ взнос Ánteilbeitrag *m* (1*)

паёк *м* (*продовольственный*) Ratión *f* (10), Zúteilung *f* (10), Verpflégungssatz *m* (1*), Verpflégungsration *f*; мéсячный ~ Mónatsration *f*; сухóй ~ *воен.* Káltverpflegung *f*, Márschverpflegung *f*; осóбый ~ Sónderzuteilung *f*, Sónderration *f*; ◇ держáть когó-л. на голóдном пайкé j-n auf Húngerrationen sétzen

паенакоплéние *с* Ánteilgelder *pl*

паж *м ист.* Páge [-ʒə] *m* (9)

паз *м тех.* Nut *f* (10) (*спец.*), Núte *f* (11) (*продольный*); Falz *m* (1) (*б. ч. прямоугольный*); Kéhle *f* (11), Ássparung *f* (10); Zápfenloch *n* (5), Fúge *f* (11) (*гнездо*)

пáзух||а *ж* **1.** *разг.* Búsen *m* (7); **2.** *анат.* Höhle *f* (11); лóбные ~и Stírnhöhlen *pl*; **3.** *бот.*: ~а листá Blättachsel *f* (11), Bláttwinkel *m* (6); ◇ жить как у Христá за ~ой wie Gott in Fránkreich lében

пáинька *м, ж разг.* ártiges Kind

пай I *м* Ánteil *m* (1); Teil *m* (*часть*); кооперати́вный ~ Genóssenschaftsanteil *m*; ◇ устрóить вечери́нку на паях éinen geselligen Ábend auf geméinsame Kósten veránstalten

пай II *м, ж разг.* ártig; gehórsam (*послушный*); ~-мáльчик Músterknabe *m* (9), das bráve [-və] Bübchen

пáйка *ж тех.* Löten *n* -s, Lötung *f*; мя́гкая ~ Wéichlöten *n*; ~ погружéнием Táuchlöten *n*

пáйщик *м* Téilhaber *m* (6); Geséllschafter *m* (6); Ánteilbesitzer *m* (6); Áktiⁱenbesitzer *m*, Aktionär *m* (1) (*акционер*); ~ кооперати́ва Genóssenschaftsmitglied *n* (5)

пакгáуз *м* Páckhaus *n* (5), Lágerhaus *n*; железнодорóжный ~ Güterschuppen *m* (7), Spéicher *m* (6); тамóженный ~ Zóllspeicher *m* (6), Zóllschuppen *m* (7), Zóllniederlage *f* (11), Zólldepot [-,po:] *n* -s, -s

пакéт *м* **1.** (*свёрток*) Pakét *n* (2); **2.** (*для продуктов*) Tüte *f* (11); молокó в ~ах ábgepackte Milch; **3.** (*почтовый*) Póstsache *f* (11); Póstpaket *n* (2), Póststück *n* (2); ◇ индивидуáльный перевя́зочный ~ *воен.* Verbándpäckchen *n* (7); трýбный ~ *тепл.* Róhrbündel *n* (6); **~ик** *м* **1.** Päckchen *n* (7); **2.** (*для продуктов*) Tüte *f* (11)

пакистáнец *м* Pakistáner *m* (6), Pakistáni *m* =, =

пакистáнский pakistánisch

пáкля *ж* Werg *n* (e)s

паковáть pácken *vt*, éinpacken *vt*, verpácken *vt*

пáковый: ~ лёд Páckeis *n* -es

пáкост||ить *разг.* **1.** (*пачкать*) besúdeln *vt*, beschmútzen *vt*; **2.** (*портить*) verpfúschen *vt*, verdérben* *vt*; **3.** (*делать гадости*) geméin hándeln, Geméinheiten begéhen*; **~ник** *м разг.* geméiner Mensch; **~ный** *разг.* geméin, gräßlich; níedrig (*низкий*), gárstig, zótig, únflätig (*неприличный*)

пáкость *ж разг.* **1.** (*низость*) Geméinheit *f* (10); **2.** (*дрянь*) Únrat *m* -(e)s, Únflat *m* -(e)s; **3.** (*непристойность*) únanständiger Áusdruck, schmútzige Rédensart, Zóte *f* (11)

пакт *м* Pakt *m* (1), Vertrág *m* (1*); ~ ми́ра Fríedenspakt *m*; ~ о ненападéнии Níchtangriffspakt *m*; не входя́щий в ~ níchtpaktgebunden

паланки́н *м* Sänfte *f* (11)

паланти́н *м* (*меховой*) Pélzstola *f*, *pl* -len

палáс *м* (hándgeknüpfter) Téppich (*ohne Flor*)

палáта *ж* **1.** (*представительное и законодательное учреждение*) Kámmer *f* (11); Верхóвный Совéт СССР состои́т из двух палáт: Совéта Сою́за и Совéта Национáльностей der Óberste Sowjét der UdSSR bestéht aus zwei Kámmern, dem Uniónssowjet und dem Nationalitätensowjet; Нарóдная ~ (*в ГДР*) Vólkskammer *f*; ~ лóрдов (*в Англии*) Óberhaus *n* -es; ~ óбщин (*в Англии*) Únterhaus *n* -es; ~ депутáтов Ábgeordnetenkammer *f*; ~ представи́телей (*в США*) Repräsentántenhaus *n*; **2.** (*государственное учреждение*) Amt *n* (5), Kámmer *f* (11); торгóвая ~ Hándelskammer *f*; ~ мер и весóв Éichamt *n* (5); Amt für Maße und Gewíchte; судéбная ~ Kámmer éines Gerı́chtes; Всесою́зная кни́жная ~ die Bücherkammer der Sowjétunion; **3.** (*в больнице*) Kránkensaal *m* -(e)s, -säle, Kránkenzimmer *n* (6); ~ выздорáвливающих Genésungszimmer *n*, Rekonvaleszéntenzimmer [-va-] *n*; ~ на одногó человéка Éinzelzimmer *n*; ~ на двух человéк Zwéibettzimmer *n*; **4.** *мн.* палáты *уст.* (*дворец*) Palást *m* -es, -läste; Оружéйная ~ Rüstkammer *f*; Гранови́тая ~ Facettenpalast [-'sɛt-] *m*; ◇ у негó умá ~ *разг.* ≅ er ist ein héller Kopf; er hat die Wéisheit gepáchtet [mit Löffeln gefréssen]

палатализ||áция *ж лингв.* Palatalisíerung *f*; Erwéichung *f*; **~óванный** *лингв.* palatalisíert, erwéicht

палатáльный *лингв.* palatál, Palatál-, Vórdergaumen-; ~ звук Palatállaut *m* (1), Palatál *m* (1), Vórdergaumenlaut *m*

палáт||ка *ж* **1.** Zelt *n* (2); ~ка на 10 человéк 10-Mánn-Zelt *n*; жилáя ~ка Wóhnzelt *n*; семéйная ~ка Famíliⁱenzelt *n*; жить в ~ке [в ~ках] zélten *vi*; постáвить [разби́ть] ~ку ein Zelt áufschlagen*; **2.** (*киоск*) Búde *f* (11), Márktbude *f*; Verkáufsstand *n* (1*), Verkáufszelt *n* (2), Verkáufsbude *f*, Kíosk *m* (1); **~очный** Zelt-; ~очное снаряжéние Zéltgerät *n* (2); ~очный городóк Zéltstadt *f* (3); ~очный лáгерь Zéltlager *n* (6), Fériⁱenlager in Zélten, Camping ['kɛmpiŋ] *n* -s, -s

палáч *м* Schárfrichter *m* (6), Hénker *m* (6); Fólterknecht *m* (1); *перен.* Hénker *m*; Büttel *m* (6) (*пренебр.*)

палáш *м воен. ист.* Pállasch *m* (1)

пáлевый stróhgelb, hónіggelb

палён||ое *сущ. с разг.*: зáпах ~ого Brándgeruch *m* (1*); пáхнет ~ым es riecht brándig [ángebrannt]; **~ый** ángebrannt, verséngt

палеоазиáтский paläoasiátisch

палеоботáника *ж* Paläobotánik *f*

палеогеогрáфия *ж* Paläogeographíe *f*

палеогеохи́мия *ж* Paläogeochemíe *f*

палеóграф *м* Paläográph *m* (8); **~и́ческий** paläográphisch

палеогрáфия *ж* Paläographíe *f*

палеозóй *м геол.* Paläozóikum *n* -s; **~ский** *геол.* paläozóisch

палеозоолóгия *ж* Paläozoologíe *f*

палеоли́т *м геол.* Paläolíthikum *n* -s, Áltsteinzeit *f*, ältere Stéinzeit; **~и́ческий** paläolíthisch, stéinzeitlich

палеомагнети́зм *м* Paläomagnetísmus *m* =

палеонтó||лог *м* Paläontológe *m* (9); **~логи́ческий** paläontológisch; **~лóгия** *ж* Paläontologíe *f*

палеоцéн *м геол.* Paleozän *n* -s, únteres Álttertiär

палести́н||ец *м* Palästinénser *m* (6); **~ка** *ж* Palästinénserin *f* (12); **~ский** palästinénsisch

палéтка *ж геод.* Stríchplatte *f* (11); dúrchsichtige Kártenauflage; Kártenschutzhülle *f* (11)

пáлехск||ий Pálech-; ~ая жи́вопись Pálech-Malerei *f*; ~ая шкатýлка Schmúckkästchen *n* (7) mit Pálech-Malerei

пáлец *м* **1.** Fínger *m* (6) (*руки́*); Zéhe *f* (11) (*ноги́*); большóй ~ Dáumen *m* (7) (*руки́*); große Zéhe (*ноги́*); указáтельный ~ Zéigefinger *m*; срéдний ~ Míttelfinger *m*; безымя́нный ~ Ríngfinger *m*, Góldfinger *m*; считáть по пáльцам an den Fíngern ábzählen; толщинóй в ~ fíngerdick; ширинóй в ~ fíngerbreit; длинóй в ~ fíngerlang; ~ перчáтки Fíngerling *m* (1); **2.** *тех.* Bólzen *m* (7), Zápfen *m* (7), Stift *m* (1); Fínger *m* (6), Dáumen *m* (7); ведýщий ~ Tréibzapfen *m*; контáктный ~ Kontáktbammer *m* (6*), Fühlstift *m* (1); ~ кривоши́па Kúrbelzapfen *m*; поршневóй ~ Kólbenbolzen *m*; ◇ емý пáльца в рот не клади́ *разг.* man darf ihm nicht tráuen; ≅ mit ihm ist nicht gut Kírschen éssen; ~ о ~ не удáрить kéinen Fínger rühren, kéinen Fínger krümmen [krumm máchen]; смотрéть на что-л. сквозь пáльцы ein Áuge zúdrücken; попáсть пáльцем в нéбо *разг.* ≅ danében háuen; обвести́ когó-л. вокрýг пáльца *разг.* j-n um den Fínger wíckeln; вы́сосать что-л. из пáльца *разг.* etw. aus den Fíngern sáugen; знать как свой пять пáльцев ≅ wie séine Tásche [Wéstentasche] kénnen*

палимпсéст *м лингв.* Palimpsést *m* (1)

палиндрóм *м лингв.* Palindróm *n* (2)

палисáд *м* Palisáde *f* (11); **~ник** *м* Vórgarten *m* (7*)

палисáндр *м* Palisánder *m* (6), Polisánder *m*; **~овый** Palisánder-; Polisánder-; ~овое дéрево Palisánderholz *n* -es

пали́тра *ж* Palétte *f* (11)

пали́ть I **1.** (*жечь*) brénnen* *vt*, séngen *vt*; **2.** (*птицу и т. п.*) ábsengen *vt*

пали́ть II *разг.* (*стрелять*) féuern *vi*, schíeßen* *vi*

пáлица *ж ист.* Stréitkeule *f* (11), Stréitkolben *m* (7)

пáлк||а *ж* Stock *m* (1*), Stab *m* (1*); Spazíerstock *m* (*тросточка*); Stiel *m* (1) (*у метлы, щётки и т. п.*); Ballе́ttstange *f* (11) (*для балетных упражнений*); идти́, опирáясь на ~у, ходи́ть с ~ой am Stock géhen*; ◇ э́то ~а о двух концáх díese Sáche ist ein zwéischneidiges Schwert; перегнýть ~у den Bógen überspánnen; ~а плáчет по нём *разг.* er hat éine Tracht Prügel verdíent; вставля́ть ~и в колёса ≅ j-m Knüppel zwíschen die Béine wérfen*; j-m Híndernisse in den Weg légen; из-под ~и erzwúngen; únter der Fúchtel

паллáдий *м* Palládium *n* -s (*хим. знак* Pd)

паллиати́в *м* Palliatív *n* (2), Palliatívmittel *n* (6), Líndегungsmittel *n*; **~ный** palliatív, Palliatív-; schmérzlindernd

палóмн||ик *м* Pílger *m* (6), Wállfahrer *m* (6); **~ичать** pílgern *vi*, éine Wállfahrt unternéhmen*; **~ичество** *с* Pílgerfahrt *f* (10), Pílgerreise *f* (11), Wállfahrt *f*

пáлочк||а *ж* **1.** Stöckchen *n* (7); Stäbchen *n* (7); дирижёрская ~а Dirigéntenstab *m* (1*), Táktstock *m* (1*); барабáнная ~а Trómmelschlegel *m* (6); волшéбная ~а *фольк.* Záuberstab *m*; **2.** *бакт.* Baktériⁱe *f* (11), Baktérium *n* -s, -riⁱen, Bazíllus *m*, *pl* -llen (*сокр.* Bac.);

дизентери́йная ~а Dysenteríebakterium *n*, Rúhrbakterium *n*; кише́чная ~а Dármbakterium *n*; столбня́чная ~а Tetánusbazillus *m*; туберкулёзные ~и Tubérkelbazillen *pl*; **3.** *разг.* (*чёрточка*) sénkrechter Strich; **4.** (*брусок*) Stück *n* (2); ~а ме́ла ein Stück Kréide; ◇ ~а-выруча́лочка (*игра*) Verstéck mit Ánschlag

палочкообра́зный stäbchenförmig

па́лочн||ый 1. Stock-; ~ые уда́ры Stóckschläge *pl*, Stóckhiebe *pl*; **2.** *перен.*: ~ая дисципли́на Kadávergehorsam [-vər-] *m* -(e)s

па́лтус *м* (*рыба*) Stéinbutt *m* (1)

па́луб||а *ж* Deck *n* (2), Verdéck *n*; ве́рхняя ~а Óberdeck *n*; ни́жняя ~а Únterdeck *n*; сре́дняя ~а Zwíschendeck *n*; прогу́лочная ~а Promenádendeck *n*; бронева́я ~а *воен.* Pánzerdeck *n*; **~ный** Deck-; ~ный иллюмина́тор Décklicht *n* (5); ~ная кома́нда Déckmannschaft *f* (10); ~ный пассажи́р Zwíschendeckpassagier [-,ʒi:r] *m* (1)

пальба́ *ж разг.* Féuer *n* -s, Schießen *n* -s

па́льм||а *ж* Pálme *f* (11); фи́никовая ~а Dáttelpalme *f*; коко́совая ~а Kókospalme *f*; зо́нтичная ~а Fächerpalme *f*; ◇ оспа́ривать ~у пе́рвенства um die Pálme des Síeges [der Priorität] stréiten*; die Vórherrschaft stréitig máchen; получи́ть ~у пе́рвенства die Pálme des Síeges erhálten*, die Síegeslorbeeren érnten

пальме́тта *ж архит.* Palmétte *f* (11)

пальмити́нов||ый *хим.*: ~ая кислота́ Palmitínsäure *f*

па́льмов||ый Palm-; ~ое ма́сло Pálmöl *n* -(e)s; ~ое де́рево (*материал*) Pálmholz *n* -es; ~ая тепли́ца Pálmenhaus *n* (5)

пальпа́ция *ж мед.* Palpatión *f*

пальто́ *с* Mántel *m* (6*); да́мское ~ Dámenmantel *m*; мужско́е ~ Hérrenmantel *m*; ~ для ма́льчика Knábenmantel *m*; ~ для ма́льчика-подро́стка Búrschenmantel *m*; ~ для де́вочки Mädchenmantel *m*; ~ для де́вочки-подро́стка Báckfischmantel *m*; мехово́е ~ Pélzmantel *m*; ~ на меху́ pélzgefütterter Mántel; демисезо́нное ~ Übergangsmantel *m*; прямо́е ~ ein geráde geárbeiteter Mántel; ~ свобо́дного покро́я Hänger *m* (6); помо́чь кому́-л. наде́ть ~ j-m in den Mántel hélfen*

пальцеви́дный fíngerförmig

пальцево́й Fínger-; ~ суста́в Fíngergelenk *n* (2)

па́льчатый 1. *бот.* fíngerförmig, gefíngert; gezáckt; **2.** *зоол.* gefíngert, Fínger-

па́льчик *м* Fíngerchen *n* (7); ◇ ~и обли́жешь *разг.* man möchte sich die Fínger áblecken (so gut schmeckt es)

паля́щий glühend; glútheiß, séngend, séngendhéiß; ~ зной glühende Hítze

пампа́сы *мн. геогр.* Pámpas *pl*

памфле́т *м* Pamphlét *n* (2), Schmähschrift *f*; **~и́ст** *м* Pamphletíst *m* (8)

па́мятка *ж* Mérkblatt *n* (5) (*листок*); Táschenbuch *n* (5) (*книжка*)

па́мятлив||ость *ж разг.* Gedächtnisstärke *f*; **~ый** gedächtnisstark

па́мятник *м* Dénkmal *n* (5, *реже* 2); Stándbild *n* (5) (*скульптура*); ~ Пу́шкину Púschkin-Denkmal *n*; надгро́бный ~ Grábmal *n*; литерату́рный ~, ~ пи́сьменности Schríftdenkmal *n*; Literatúrdenkmal *n*; ~ архитекту́ры Báudenkmal *n*; охра́на ~ов Dénkmal(s)schutz *m* -es; Dénkmal(s)pflege *f*; поста́вить ~ кому́-л. j-m ein Dénkmal erríchten [sétzen]

па́мятн||ый 1. dénkwürdig; ~ое собы́тие dénkwürdiges Eréignis; ~ые дни dénkwürdige Táge, Gedénktage *pl*, Erínnerungstage *pl*; ~ое ме́сто Gedénkstätte *f* (11), Erínnerungsstätte *f*; всем ещё ~о es ist állen noch erínnerlich; **2.** (*служащий для напоминания*) Denk-; ~ая меда́ль Gedénkmünze *f* (11); Erínnerungsmedaille [-,dalje] *f* (11) (zu *D*); ~ый пода́рок Erínnerungsgabe *f* (11), Erínnerungsstück *n* (2); ~ая кни́жка Notízbuch *n* (5); ~ая доска́ Gedénktafel *f* (11); ~ая запи́ска *дип.* Dénkschrift *f* (10), Memorándum *n* -s, *pl* -den *u* -da, Áidemémoire [*фр.* ɛ:dmemo'a:r] *n* =, =

па́мят||овать *уст.* éingedenk sein (о ком-л., о чём-л. *G*); ~уя éingedenk (*G*)

па́мят||ь *ж* **1.** Gedächtnis *n* -ses; Erínnerungsvermögen *n* -s, Erínnerungsfähigkeit *f*, Erínnerungskraft *f*; фенomена́льная ~ь ein fábelhaftes Gedächtnis; ein Bómbengedächtnis (*разг.*); плоха́я ~ь ein schléchtes [lückenhaftes] Gedächtnis; ein Gedächtnis wie ein Sieb (*разг.*); профессиона́льная ~ь ein berúfsbedingtes Gedächtnis; зри́тельная ~ь visuélles [vi-] Gedächtnis; ~ь на ли́ца Persónengedächtnis *n*; говори́ть что-л. на ~ь [по ~и] etw. aus dem Gedächtnis [áuswendig] hérsagen; сохрани́ть что-л. в ~и etw. im Gedächtnis háben [behálten*]; е́сли мне ~ь не изменя́ет wenn mich mein Gedächtnis nicht täuscht [trügt]; ~ь мне изменя́ет mein Gedächtnis versá́gt [läßt mich im Stich, verläßt mich]; ~ь ослабева́ет das Gedächtnis läßt nach; у меня́ э́то ещё свежо́ в ~и ich hábe es noch frisch im Gedächtnis; запечатле́ть что-л. в ~и etw. dem Gedächtnis [sich (*D*)] éinprägen; воскреси́ть в ~и sich (*D*) etw. ins Gedächtnis zurückrufen*; воскре́снуть в ~и im Gedächtnis erstéhen*; **2.** (*воспоминание*) Erínnerung *f*, Ándenken *n* -s, Gedächtnis *n*, Gedénken *n*; в ~ь кого́-л., чего́-л. zum Ándenken an j-n, an etw. (*A*); подари́ть [дать] что-л. на ~ь etw. zur Erínnerung [zum Ándenken] schénken [gében*]; на ~и на́шего поколе́ния zu Lébzeiten únserer Generatión, soweit sich únsere Generatión erínnern kann; быть в ~и (*у кого-л.*) sich erínnern (*G*), in Erínnerung sein; он оста́вил по себе́ до́брую ~ь wir háben ihn in ángenehmer Erínnerung; ве́чная ~ь ему́ Éhre séinem Ándenken; **3.** (*машинная*) Spéicher *m* (6), Spéicherwerk *n* (2); электро́нная ~ь Elektrónenspeicher *m*, elektrónischer Spéicher; ◇ коро́ткая ~ь kúrzes Gedächtnis; без ~и besínnungslos sein; быть без ~и от кого́-л., от чего́-л. *разг.* (ganz) vernárrt in j-n, in etw. (*A*) sein; недо́брой ~и únseligen Ángedenkens; блаже́нной ~и *уст.* únvergeßlichen Ándenkens, séligen Ángedenkens; ему́ пришло́ на ~ь ihm fiel (es) ein; по ста́рой ~и áus álter Gewóhnheit

Пан *м миф.* Pan *m* -'

пан *м* **1.** *ист.* (*польский помещик*) Pan *m* = *u* -s, *pl* -s; **2.** (*обращение к мужчине в Чехословакии и Польше*) Pan *m* = *u* -s, *pl* -s; ◇ ли́бо ~, ли́бо пропа́л *погов.* jetzt sétze ich álles auf éine Kárte

панаги́я *ж церк.* Panagía *f*, Panhagía *f*

пана́ма I *ж* (*шляпа*) Pánamahut *m* (1*)

пана́ма II *ж* (*крупное мошенничество*) Skandálaffäre *f* (11)

пана́м||ец *м* Pánamaer *m* (6); **~ка** *ж* Pánamaerin *f* (12); **~ский** pánamaisch

панаце́я *ж* Állheilmittel *n* (6)

панде́кты *мн. ист.* Pandékten *pl*

пандеми́я *ж мед.* Pandemíe *f*, Vólksseuche *f* (11)

па́ндус *м архит.* Áuffahrt *f* (10); *тех.* Rámpe *f* (11), Áuffahrtrampe *f*, Schrägrampe *f*

панеги́р||ик *м* Panegýrikus *m* =, -ken, Lóbrede *f* (11); **~и́ст** *м* Panegýriker *m* (6), Lóbredner *m* (6); **~и́ческий** panegýrisch, lóbredend; schméichlerisch

панелево́з *м* Plättentransporter *m* (6), Plättentransportfahrzeug *n* (2)

пане́ль *ж* **1.** (*на улице*) Fúßsteig *m* (1), Fúßweg *m* (1); **2.** (*на стенах*) Panéel *n* (2), Panéelwerk *n* (2); деревя́нная ~ Hólztäfelung *f* (10); **3.** *стр.* Plättenbauelement *n* (2), Gróßplatte *f* (11); Verkléidung *f*; Déckenplatte *f*, Déckfeld *n* (5); железобето́нная ~ Stáhlbetonplatte *f*; ~ перекры́тия Überdeckungsplatte *f*; несу́щая ~ trágende Plátte; стенова́я ~ Wándplatte *f*; **4.** *тех.* Táfel *f* (11), Pult *n* (2); ~ дистанцио́нного управле́ния Férnbedien(ungs)pult *n*; **~ный** *стр.* Platten-; ~ное строи́тельство Plättenbauweise *f*

панибра́т||ский *разг.* familiär; **~ство** *с разг.* Familiarität *f* (10), Schlag-auf-die-Schúlter-Kameraderie *f*, Kumpanéi *f*

па́ник||а *ж* Pánik *f*; наводи́ть ~у *разг.* Pánik stíften [verbréiten, máchen]; впада́ть в ~у, поддава́ться ~е in Pánik geráten*; быть в ~е von Pánik ergríffen [befállen] sein

паникади́ло *с церк.* Krónleuchter *m* (6), Ármleuchter *m*

паникёр *м* Pánikmacher *m* (6); **~ский** Pánik-; pánikartig; **~ство** *с* Pánikmacherei *f*; **~ствовать** *неодобр.* in Pánik geráten*

пани́ро́в||анный *кул.* paníert; **~очный** *кул.*: ~очные сухари́ Sémmelbrösel *pl*

панихи́д||а *ж церк.* Tráuergottesdienst *m* (1) (по ком-л. für *A*); Séelenmesse *f* (11), Tótenmesse *f*; отслужи́ть ~у éine Mésse (für den Tóten) lésen*; ◇ гражда́нская ~а Gedénkfeier *f* (11), Tráuerfeier *f*

пани́ческий pánisch; ~ страх pánischer Schrécken

панкреати́н *м фарм.* Pankreatín(um) *n* -s

панно́ *с* Wándbild *n* (5); мозаи́чное ~ Mosaíkwandbild *n*

пано́птикум *м* Panóptikum *n* -s, -ken; Wáchsfigurensammlung *f* (10)

панора́ма *ж* **1.** (*вид*) Panoráma *n* -s, -men, Rúndblick *m* -(e)s; **2.** (*картина*) Panoráma *n* -s, -men, Rúndgemälde *n* (6), Panorámagemälde *n*; **3.** *воен.* Rúndblickfernrohr *p* (2)

панора́мный Panoráma-; ~ фильм Panorámafilm *m* (1); ~ кинотеа́тр Panorámakino *n* -s, -s, Rúndpanorama *n* -s, -men

пансио́н *м* **1.** (*небольшая гостиница*) Pensión [paŋ-] *f* (10); **2.** (*учебное заведение*) Pensionát [paŋ-] *n* (2); **3.** (*полное содержание*) (vólle) Pensión [paŋ-] *f*; **~а́т** *м* Férienheim *n* (2)

пансионе́р *м уст.* Pensionär [paŋ-] *m* (1); **~ка** *ж уст.* Pensionärin [paŋ-] *f* (12)

панслави́зм *м ист.* Panslawísmus *m* =

пантало́ны *мн.* **1.** *уст.* (*брюки*) Pantalons [pãta'lõs] *pl*, Béinkleid *n* (5) (*б. ч. pl*), Hóse *f* (11) (*б. ч. pl*); **2.** (*женские*) kníelanger Dámenschlüpfer

панталы́к *разг.*: сбить кого́-л. с ~у j-n aus dem Konzépt bríngen*, j-n verwírren; сби́ться с ~у aus dem Konzépt kómmen*, sich (*D*) nicht mehr zu hélfen wíssen*

панта́ч *м зоол.* Kólbenhirsch *m* (1), sibírischer Róthirsch

панте||и́зм *м филос.* Pantheísmus *m* *m* =; **~и́ст** *м филос.* Pantheíst *m* (8); **~исти́ческий** *филос.* pantheístisch

пантео́н *м* Pántheon *n* -s, -s

панте́ра *ж* Pánther *m* (6)

панто́граф *м* **1.** (*прибор для снятия копий*) Pantográph *m* (8), Stórchschnabel *m* (6*); **2.** *эл.* (Schéren-)- Strómabnehmer *m* (6)

пантокри́н *м фарм.* Pantokrin(um) *n* -s

пантоле́ты *мн.* Pantolétten *pl*

пантоми́м||а *ж* Pantomíme *f* (11), Gebärdenspiel *n* (2); **~и́ческий**, **~ный** pantomímisch

пантопо́н *м фарм.* Pantopón(um) *n* -s

па́нты *мн.* Hírschhörner *pl*, Bástgeweih *n* (2)

па́нцирный Pánzer-, gepánzert

па́нцирь *м* **1.** Pánzer *m* (6), Hárnisch *m* (1); **2.** *зоол.* Pánzer *m* (6), Schále *f* (11)

па́па I *м разг.* (*отец*) Pápa, Papá *m* -s, -s

па́па II *м* (*римский*) Papst *m* (1*)

папавери́н *м фарм.* Papaverín(um) [-ve-] *n* -s

папа́ха *ж* Papácha *f* -s, -s (*kaukasische Pelzmütze*)

па́перть *ж* Vórhalle *f* (11) (éiner Kírche)

папилько́тка *ж* Háarwickel *m* (6), Lóckenwickler *m* (6), Lóckenwickel *m*

папироло́гия *ж* Papyrologíe *f*

папиро́с||а *ж* Zigarétte *f* (11) (*mit Mundstück*); Stäbchen *n* (7) (*разг.*); заже́чь ~у éine Zigarétte ánzünden [ánstecken]; потуши́ть ~у die Zigarétte áusdrücken [áusstoßen*]

папиро́сн||ица (*коробка*) *ж* Zigaréttenkästchen *n* (7); Zigaréttenetui [-ety,i:] *n* -s, -s; **~ый** Zigarétten-; ~ая бума́га Séidenpapier *n* -s, Zigaréttenpapier *n*

папи́рус *м* Papýrus *m* =, -ri; **~ный** Papýrus-; ~ный сви́ток Papýrusrolle *f* (11)

па́пка *ж* **1.** (*для бумаг*) Áktendeckel *m* (6); Héfter *m* (6), Áktenordner *m* (6); Máppe *f* (11) (*портфель*); ~ для нот Nótenmappe *f*; **2.** *уст.* (*картон*) Páppe *f* (11); Karton [-'tɔŋ] *m* -s, -s

па́поротник *м бот.* Farn *m* (1), Fárnkraut *n* -(e)s; Fárnwedel *m* -s; древови́дный ~ Báumfarn *m*

па́прика *ж* (*перец*) Páprika *m* -s, -s

па́пский päpstlich; ~ престо́л der Päpstliche Stuhl

па́пство *с* Pápsttum *n* -s

папуа́с *м* Pápua *m* =, -s; **~ский** Pápua-; papuánisch; ~ские языки́ Pápuasprachen *pl*

па́пула *ж мед.* Pápel *f* (11), Hítzblatter *f* (11), Háutknötchen *n* (7)

папье́-маше́ *с* Papiermaché [*фр.* pa,pie:ma'ʃe:] *n* -s, -s, Pappmaché ['papma,ʃe:] *n* -s, -s

пар I *м* Dampf *m* (1*); вла́жный ~ Náßdampf *m*; мя́тый ~ Ábdampf *m*; насы́щенный ~ gesättigter Dampf; перегре́тый ~ überhítzter Dampf; от лошаде́й идёт ~ die Pférde dámpfen; ◇ на всех ~а́х mit Vólldampf [Hóchdruck]; под ~а́ми unter Dampf; он под ~а́ми *разг.* er hat éinen in der Króne, er hat schwer geláden

пар II *м с.-х.* Bráche *f* (11); чёрный ~ Schwárzbrache *f*; по́ле под ~ом bráchliegendes Feld, Bráchacker *m* (6*), Bráchfeld *n* (5), Bráchschlag *m* (1*); оставля́ть зе́млю под ~ом das Feld bráchliegen lássen*; поднима́ть ~ bráchen *vt*, die Bráche úmbrechen*

па́р||а *ж* **1.** Paar *n* (2); ~а перча́ток ein Paar Hándschuhe; **~ами** páarweise; е́хать на ~е (*лошадей*) ein Zwéigespann fáhren*; **2.**: супру́жеская ~а Ehepaar *n* (2); видова́я ~а *грам.* Aspéktpaar *n*; **3.** (*мужской костюм*) Hérrenanzug *m* (1*); **4.** *разг.* (*несколько*) ein paar, éinige; **5.**: колёсная ~а *тех.* Rádsatz *m* (1*); ◇ она́ ему́ не ~а *разг.* sie paßt nicht zu ihm, sie ist ihm nicht gewáchsen; э́то ~а пустяко́в *разг.* das ist éine Kléinigkeit; das sind kléine Físche; на ~у слов *разг.* auf ein Wort; éinen Momént, Momént mal; два сапога́ ~а *погов.* gleich und gleich geséllt sich gern

пара́бол||а *ж мат., лит.* Parábel *f* (11); **~и́ческий** *спец.* parabólisch; Parábel-; parábelförmig; **~о́ид** *м мат.* Paraboloíd *n* (2)

парава́н *м воен. мор.* Ótter *m* (6), Ótter(räum)gerät *n* (2), Mínenabweiser *m* (6)

парагва́||ец *м* Páraguayer *m* (6); **~йский** páraguayisch, Páraguayer

пара́граф *м* Paragráph *m* (8); по ~ам paragráphenweise

пара́д *м* **1.** Paráde *f* (11); *воен. тж.* Héerschau *f* (10); возду́шный ~ Lúftparade *f*; принима́ть ~ die Paráde ábnehmen*; **2.** *шутл.* (*парадный вид, парадная форма*) Gála *f*; яви́ться в по́лном ~е in Gála erschéinen*; (не) для ~а (nicht) zu Parádezwecken

паради́гма *ж грам.* Paradígma *n* -s, -men, Músterwort *n* (5)

пара́дн||ое *сущ. с* Háupteingang *m* (1*); **~ость** *ж* Prunk *m* -(e)s, Schwülstigkeit *f*; **~ый** **1.** (*марш, спектакль и т. п.*) Paráde-, Gála-; ~ая фо́рма Gála¦uniform *f* (10), Paráde¦uniform *f*, Parádeanzug *m* (1*); ~ое благополу́чие der zur Schau gestéllte Wóhlstand; **2.** (*главный — о входе в дом*) Haupt-; ~ая ле́стница Háupttreppe *f* (11); ~ый подъе́зд Háupteingang *m* (1*)

парадо́кс *м* Paradóx *n* (2), Parádoxon *n* -s, -xa; **~а́льно** paradóxerweise; **~а́льность** *ж* Paradoxíe *f*; **~а́льный** paradóx

парази́т *м биол., перен.* Parasít *m* (8), Schmarótzer *m* (6); кише́чный ~ *мед.* Dármschmarotzer *m*, Dármparasit *m*; **~а́рный** schmarótzerhaft; **~и́зм** *м* Schmarótzertum *n* -s, Parasitísmus *m* =; **~и́ровать** schmarótzen *vi*, parasitíeren *vi*; **~и́ческий** schmarótzerhaft, parasitär, parasítisch

паразитоло́гия *ж биол.* Parasitologíe *f*

парализо́ванный paralysíert, gelähmt

парализова́ть paralysíeren *vt*, lähmen *vt*; *перен. тж.* láhmlegen *отд. vt*

парали́т||ик *м разг.* Paralýtiker *m* (6); **~и́ческий** paralýtisch

парали́ч *м* Paralýse *f* (11), Lähmung *f* (10); ~ дыха́ния Átemlähmung *f*; ~ одно́й полови́ны те́ла hálbseitige Lähmung, Hálbseitenlähmung *f*; прогресси́вный ~ progressíve [-və] Paralýse, Gehírnerweichung *f*; разби́тый ~о́м paralysíert, gelähmt; **~ный** paralýtisch, gelähmt

паралла́кс *м астр.* Paralláxe *f* (11)

параллелепи́пед *м мат.* Parallélepiped *n* (2), Parallélepípedon *n* -s, *pl* -da *u* -den

параллели́зм *м* **1.** *мат.* Parallelísmus *m* =; **2.** *перен.* (*сопутствие параллельных явлений*) Überschnéidungen *pl*; ~ в рабо́те Dóppelarbeit *f*, Nebeneinánder *n* -s

параллелогра́мм *м мат.* Parallelográmm *n* (2); ~ сил *физ.* Kräfteparallelogramm *n*

паралле́ль *ж* **1.** *мат.* Parallèle *sub f*; *перен. тж.* Vergléich *m* (1;) провести́ ~ éine Parallèle zíehen*; *перен. тж.* éinen Vergléich ánstellen; **2.** *геогр.* Bréitenkreis *m* (1)

паралле́льн||ость *ж* Parallelität *f*; **~ый** parallél, gléichlaufend; *перен.* Parallél-; ~ый телефо́н Parallélanschluß *m* -sses, -schlüsse; ~ые явле́ния Parallél¦erscheinungen *pl*

паралоги́зм *м филос.* Paralogísmus *m* =, Trúgschluß *m* -sses, -schlüsse

парамагнети́зм *м спец.* Paramagnetísmus *m*

пара́метр *м мат., физ.* Parámeter *m* (6); за́данный ~ Sóllwert *m* (1), Sóllgröße *f* (11); исхо́дные ~ы Áusgangsgrößen *pl*, Áusgangswerte *pl*

паранджа́ *ж* Parandshá *f*, *pl* -s (*Frauenmantel mit Gesichtsschleier bei Mohammedanerinnen*)

парано́ик *м мед.* Paranóiker *m* (6)

парано́йя *ж мед.* Paranóia *f*

парапе́т *м* **1.** Brüstung *f* (10); **2.** *воен. уст.* Brústwehr *f* (10)

парапланёр *м ав.* Páragleiter *m* (6)

парапсихоло́гия *ж* Párapsychologie *f*

парасо́ль *м ав. уст.* Hóchdecker *m* (6)

парата́ксис *м грам.* Paratáxe *f* (11), Béiordnung *f* (10), Nébenordnung *f*

парати́ф *м мед.* Páratyphus *m* =

парафи́н *м* Paraffín *n* (2); **~овый** Paraffín-; **~овая** свеча́ Paraffínkerze *f* (11)

парафи́ров||ание *с дип.* Paraphíerung *f*, Paraphíeren *n* -s; **~ать** paraphíeren *vt*

парафра́з *м*, **парафра́з||а** *ж лит., муз.* Paraphráse *f* (11); **~и́ровать** paraphrasíeren *vt*

пара́ша *ж разг.* Latríne *f* (11); чи́стка пара́ш Latrínendienst *m* -(e)s

парашю́т *м* Fállschirm *m* (1); вытяжно́й ~ Áusziehfallschirm *m*; основно́й ~ Háuptfallschirm *m*; запасно́й ~ Ersátzfallschirm *m*; грузово́й ~ Lástfallschirm *m*; прыжо́к с ~ом Fállschirmabsprung *m* (1*); пры́гать с ~ом mit dem Fállschirm ábspringen* (s); сбро́сить на ~е mit dem Fállschirm ábsetzen; **~и́зм** *м* Fállschirmsport *m* -(e)s; **~и́рование** *с ав.* Dúrchsacken *n* -s; **~и́ровать** *ав.* dúrchsacken *vi* (s); **~и́ст** *м* Fállschirmspringer *m* (6); *воен.* Fállschirmjäger *m* (6); **~ный** Fállschirm-; ~ная вы́шка Fállschirmturm *m* (1*); ~ный деса́нт Fállschirmlandung *f* (10)

парвеню́ *м уст.* Parvenü [-ve-] *m* -s, -s, Empórkömmling *m* (1)

паре́з *м мед.* Parése *f* (11), únvollständige Lähmung

паренёк *м разг.* Bürschchen *n* (7), Kérlchen *n* (7)

паре́ние *с* Schwében *n* -s, Schwébeflug *m* -(e)s; Ségelflug *m* (*на планере*)

пáрен||ый gedämpft; ◇ деше́вле ~ой ре́пы *разг.* spóttbillig; про́ще ~ой ре́пы *разг.* kínderleicht

па́рень *м* Búrsche *m* (9), Bursch *m* (8) (*разг.*); Kerl *m* (1) (*разг.* *pl* *тж.* -s)

пари́ *с* Wétte *f* (11); держа́ть ~, идти́ на ~ wétten *vi*, éine Wétte éingehen*; (хо́чешь) ~? was gilt die Wétte?

парижа́н||ин *м* Paríser *m* (6); **~ка** *ж* Paríserin *f* (12)

пари́жск||ий Paríser, Paríser-; Пари́жская комму́на *ист.* Paríser Kommúne

пари́к *м* Perücke *f* (11)

парикма́хер *м* Friseur [-'zø:r] *m* (1); **~ская** *сущ. ж* Frisíersalon [-,lɔŋ] *m* -s, -s, Friseurgeschäft ['zø:r-] *n* (2); Friseurstube ['zø:r-] *f* (11) (*небольшая, при косметическом салоне, бане и т. п.*); **~ский** Friseur- [-'zø:r]; **~ша** *ж разг.* Friseuse [-'zø:zə] *f* (11), Friseurin [-'zø:rin] *f* (12)

пари́льня *ж* Dámpfbad *n* -(e) s, Schwítzbad *n*

пари́ров||ание *с тж. перен.* Paríeren *n* -s, Ábwehr *f*; **~ать** *тж. перен.* paríeren *vt*, ábwehren *vt*

парите́т *м* **1.** *юр.* Parität *f*, Gléichberechtigung *f*, Gléichstellung *f*; Gléichheit *f*; **2.** *эк.* (*валютный*) Parität *f*; **~ность** *ж юр.* paritätisches Verhältnis; **~ный** *юр.* paritätisch; на **~ных** нача́лах auf gléichberechtiger [paritätischer] Grúndlage

па́р||ить 1. (*овощи*) dämpfen *vt*; schmóren *vt*; **2.** (*бельё*) áuskochen *vt*; **3.** *безл.* (*о погоде*): **~ит** es ist schwül [drückend heiß]

пари́ть schwében *vi*; *ав.* ségeln *vi*; ◇ ~ в облака́х *ирон.* in höheren Regiónen schwében

па́риться 1. (*в бане*) ein Dámpfbad néhmen*; **2.** *разг.* (*испытывать жару*) schwítzen *vi*; *перен.* schwítzen *vi* (над чем-л. über *D*)

па́рия *м* Pária *m* -s, -s

парк *м* **1.** Park *m* -s, *pl* -s *и реже* -e; Párkanlage *f* (11); ~ культу́ры и о́тдыха Kultúr- und Erhólungspark *m*; пло́щадь ~а Párkgelände *n* (6); **2.** (*место стоянки и ремонта подвижного состава*) Park *m* (1) (*pl тж* -s); Depot [-'po:] *n* -s, -s, Betríebshof *m* (1*) (*трамвайный и т. п.*); парово́зный ~ Lokomotívschuppen *m* (7), Lokomotívdepot *n*; трамва́йный ~ Stráßenbahnhof *m*; тролле́йбусный ~ Óbusbetriebshof *m*, Óbusbahnhof *m*; **3.** (*совокупность транспортных средств, машин и т. п.*) Park *m* (1) (*pl тж.* -s), Bestánd *m* (1*); автомоби́льный ~ Kráftfahrzeugpark *m*, Fáhrzeugbesmand *m* (*des Kraftverkehrs*); Wágenpark r; тра́кторный ~ Traktórenpark *m*, Tcaktórenbestand *m*, Schlépperpark *m*, Shlépperbestand *m*; стано́чный ~ Wérkzeugmaschinenpark *m*; **4.** *воен.* (*передвижной склад*) Park *m* (1) (*pl тж.* -s); самолётный ~ Flúgzeugpark *m*; артиллери́йский ~ Artilleríepark *m*; ~ инжене́рного иму́щества Pioníerpark *m*; понто́нный ~ Póntonpark [tɔŋ-] *m*; понто́нно-мостово́й ~ Brückenkolonne *f* (11)

парке́т *м* Parkétt *n* (2); ~ в ёлку Físchgrätenparkett *n*; настила́ть ~ parkettíeren *vt*, mit Parkétt áuslegen, Parkétt légen; **~ный** Parkétt-; **~ный** пол Parkétt(fuß)boden *m* (7*); **~чик** *м* Parkéttleger *m* (6)

па́рки *мн. миф.* Párzen *pl*

паркинсони́зм *м мед.* Parkinsonísmus *m* =, die Párkinsonsche Kránkheit

паркова́ть párken *vt*

па́рковый Park-; Gárten-

парла́мент *м* Parlamént *n* (2); ◇ Европе́йский ~ Európaparlament *n* -s; **~ари́зм** *м* Parlamentarísmus *m* =; **~а́рий** *м* Parlamentári¦er *m* (6); **~а́рный** parlamentárisch

парламентёр *м* Parlamentär *m* (1)

парла́ментск||ий Parlaménts-; **~ий** комите́т Parlaméntsausschuß *m* -sses, -schüsse; **~ая** делега́ция Parlamentsdelegation *f*; **~ая** фра́кция Parlaméntsfraktion *f* (10); **~ая** неприкоснове́нность (*депутатов*) Parlamentári¦erimmunität *f*, parlamentárische Immunität (der Abgeordneten); **~им** путём auf parlamentárischem Wége

парна́с *м* **1.** (*с прописной — гора*) Parnáß *m* -sses; **2.** (*символическое обозначение мира поэтов*) Parnáß *m* -sses

парна́я *ж сущ.* Dámpfbad *n* -(e)s, Schwítzbad *n*

парни́к *м* Tréibkasten *m* (7*), Tréibbeet *n* (2); Místbeet *n*, Frühbeet *n*

парнико́во-тепли́ч||ный: **~ое** хозя́йство Tréibhauswirtschaft *f*

парнико́в||ый Tréibkasten-; Tréibhaus-; Místbeet-, Frühbeet-; **~ое** расте́ние Tréibhauspflanze *f* (11); **~ые** огурцы́ Tréib(haus)gurken *pl*; **~ые** о́вощи Tréibgemüse *n* (6); **~ая** ра́ма Místbeetfenster *n* (6), Frühbeetfenster *n*

парни́шка *м разг.* Bürschchen *n* (7)

парн||о́й: **~о́е** молоко́ kúhwarme [stállwarme, éuterwarme, fríschgemolkene] Milch; **~о́е** мя́со Fríschfleisch *n* -es, frísches Fleisch

парнокопы́тные *сущ. мн. зоол.* Páarhufer *pl*, Páarzeher *pl*

па́рн||ый 1. (*составляющий пару*) páarig; **2.** (*расположенный попарно*) gepáart; **3.** (*об экипаже*) zwéispännig; **4.** *спорт.* (*производимый вдвоём*) Paar-; Dóppel-; **~ая** игра́ (*в теннисе*) Dóppelspiel *n* (2); **~ое** ката́ние (*на коньках*) Páarlauf *m* -(e)s

парови́к *м* **1.** (*котёл*) Dámpfkessel *m* (6); **2.** *разг.* (*поезд*) Zug *m* (1*) mit Dámpflok; **3.** *разг. уст.* (*паровоз*) Dámpflokomotive [-və] *f* (11), Dámpfwagen *m* (7)

парово́з *м* Dámpflokomotive [-və] *f* (11); Dámpflok *f*, *pl* -s; газогенера́торный ~ Gásgeneratorlokomotive *f*; магистра́льный ~ Férnzuglok(omotive) *f*, Gróßlok(omotive) *f*; маневро́вый ~ Rangierlok(omotive) [-ʒi:r-] *f*; ~ для да́льних расстоя́ний Lóklangläufer *m* (6); това́рный ~ Güterlok *f*; **~ный** Lok(omotív)-; **~ное** депо́ Lokomotívdepot [-po:] *n* -s, -s, Lokomotívschuppen *m* (7); **~ная** брига́да Lokbrigade *f* (11)

паровозоремо́нтный Lókausbesserungs-; Lókreparatur-; ~ заво́д Lokomotívausbesserungswerk *n* (2)

паровозострое́ние *с* Dámpflokomtivbau *m* -(e)s, Lokomotívbau *m*

паровозострои́тельный Lokomotívbau-; ~ заво́д Lokomotívfabrik *f* (10)

паров||о́й I **1.** *физ., тех.* Dampf-; **~а́я** маши́на Dámpfmaschine *f* (11); **~о́е** отопле́ние Dámpfheizung *f*; **2.** *кул.* gedämpft, gedünstet

паров||о́й II *с.-х.* Brach-, bráchliegend; **~о́е** по́ле Bráchfeld *n* (5)

парогенера́тор *м* Dámpfgenerator *m* (13), Dampferzeuger *m* (6)

парод||и́йный Parodíe-, parodístisch; **~и́ровать** parodíeren *vt*; **~и́ст** *м* Parodíst *m* (8); **~и́ческий** parodístisch

паро́дия *ж* Parodíe *f* (11); *перен.* Karikatúr *f* (10) (на что-л. *G*)

паро́конный zwéispännig; ~ экипа́ж Zwéispänner *m* (6)

парокси́зм *м* Paroxýsmus *m* =, -men

паро́ль *м* Paróle *f* (11), Kénnwort *n* (2), Lósungswort *n*

паро́м *м* Fähre *f* (11); Fährschiff *n* (2) (*морской*); Prahm *m* (1) (*грузовой*); железнодоро́жный ~ Éisenbahnfähre *f*; кана́тный ~ Séifähre *f*; **~ный** Fähr-; **~ная** перепра́ва Fährverkehr *m* -s; железнодоро́жная **~ная** перепра́ва Éisenbahnfährverkehr *m*, Trajéktverkehr *m*; **~щик** *м* Fährmann *m* (4) (*pl тж.* -leute)

парообра́зный dámpfförmig

парообразова́ние *с физ.* Dámpfbildung *f*; Dámpferzeugung *f*, Dámpfentwicklung *f*

пароотво́д *м тех.* Dámpfableitung *f* (10), Dámpfabführung *f* (10)

пароотво́дн||ый *тех.* Dámpfableitungs-; **~ая** труба́ Dámpfableitungsrohr *n* (2)

пароохлади́тель *м тех.* Dámpfkühler *m* (6), Héißdampfkühler *m*

пароперегрева́тель *м* Dámpfüberhitzer *m* (6)

паропреобразова́тель *м тех.* Dámpfumformer *m* (6)

паропрово́д *м тех.* Dámpfleitung *f* (10)

паропроизводи́тельность *ж* Dámpfleistung *f*

парораспредел||е́ние *с тех. f* Dámpfsteuerung *f*, Dámpfverteilung; **~и́тель** *м тех.* Dámpfverteiler *m* (6)

паросбо́рник *м тех.* Dámpfsammler *m* (6), Dámpfbehälter *m* (6)

паросепара́тор *м* Dámpfabscheider *m* (6), Dámpftrockner *m* (6)

паросилов||о́й *тех.* Dámpfkraft-; **~а́я** устано́вка Dámpfkraftanlage *f* (11); **~а́я** устано́вка, рабо́тающая на а́томной эне́ргии Atómdampfkraftanlage *f*

пароструйный: ~ насо́с *тех.* Dámpfstrahlpumpe *f* (11)

паротурбово́з *м* Dámpfturbinenlokomotive [-və] *f* (11)

пароувлажни́тель *м* Dámpfsättiger *m* (6)

парохо́д *м* Dámpfer *m* (6), Dámpfschiff *n* (2); пассажи́рский ~ Fáhrgastdampfer *m*, Persónendampfer *m*; грузово́й ~ Fráchtdampfer *m*, Fráchtschiff *n*, Fráchter *m* (6); экскурсио́нный [прогу́лочный] ~ Áusflugsschiff *n*; почто́вый ~ Póstdampfer *m*, Póstboot *n* (2); транзи́тный ~ Ánschlußdampfer *m*; океа́нский ~ Ózeandampfer *m*, Überseedampfer *m*; морско́й ~ Hóchseedampfer *m*; речно́й ~ Flúßdampfer *m*; речно́й пассажи́рский ~ Flúßfahrgastschiff *n*; быстрохо́дный ~ Schnélldampfer *m*; букси́рный ~ Schléppdampfer *m*, Schlépper *m* (6); **~ный** Dámpfer-; **~ное** сообще́ние Dámpferverkehr *m* -s, Dámpfschiffahrt (*при переносе* Dampfschiff-fahrt) *f*; **~ная** компа́ния Schíffahrtsgesellschaft *f* (10); **~ный** груз Dámpferladung *f* (10)

парохо́дство *с* **1.** *уст.* (*движение и перевозка*) Dámpfschiffahrt (*при переносе* Dampfschiff-fahrt) *f*; речно́е ~ Bínnenschiffahrt; *f*; морско́е ~ Séeschiffahrt *f*; **2.** (*предприятие*) Reederéi *f* (10); Schíffahrtsbetrieb *m* (1)

па́рочка *ж* Pärchen *n* (7)

па́рт||а *ж* Schúlbank *f* (3), Pult *n* (2); кры́шка ~ы Púltdeckel *m* (6); сосе́д по ~е Bánknachbar *m* (13, 8); ◇ сесть за ~у sich auf die Schúlbank sétzen

парт||акти́в *м* (парти́йный акти́в) Partéiaktiv *n* (2) (*pl тж.* -s), Partéifunktionäre *pl*, Partéiaktivisten [-vistən] *pl*; **~биле́т** *м* (парти́йный биле́т) Partéi(mitglieds)buch *n* (5), Partéidokument *n* (2); **~бюро́** *с* (парти́йное бюро́) Partéibüro *n* -s, -s; **~взно́сы**

мн. (парти́йные взно́сы; *ед.* партвзно́с *м*) Partéibeitrag *m* (1*); **~взыска́ние** *с* (парти́йное взыска́ние) Partéistrafe *f* (11); **~госконтро́ль** *м* (парти́йно-госуда́рственный контро́ль) Partéi- und Stáatskontrolle *f*; **~групо́рг** *м* (руководи́тель парти́йной гру́ппы) Partéigruppenorganisator (13); **~гру́ппа** *ж* (парти́йная гру́ппа) Partéigruppe *f* (11); **~** докуме́нт *м* (парти́йный докуме́нт) Partéidokument *n* (2)

партеногене́з *м биол.* Parthenogenése *f*

парте́р *м театр.* **1.** Parkétt *n* (2); кре́сло в ~е Parkéttsitz *m* (1); **2.** *уст.* (*задняя половина нижнего этажа зрительного зала, за креслами*) Parterre [′tɛr] *n* -s [-′tɛrs], *pl* -s [-′tɛrs] ◇ цвето́чный ~ Blúmenparterre [-tɛ:r] *n* -s [-tɛ:rs]

парти́ец *м разг.* Partéimitglied *n* (5), Genósse *m* (9)

партиза́н *м* Partisán *m* (13, 8); **~ить** *разг.* Partisán sein, am Partisánenkrieg téilnehmen*; **~ка** *ж* Partisánin *f* (12); **~ский** Partisánen-; ~ская война́ Partisánenkrieg *m* (1); ~ский отря́д Partisánenabteilung *f* (10); **~ство** *с* Partisánenbewegung *f*; **~щина** *ж неодобр.* Árbeit óhne Organisatión und Plan

парти́йка *ж разг.* Partéimitglied *n* (5), Genóssin *f* (12)

парти́йно-госуда́рственный: ~ контро́ль Partéi- und Stáatskontrolle *f*

парти́йно-организацио́нный partéi-organisatorisch

парти́йно-полити́ческий partéipolitisch

парти́йно-прави́тельственн||ый: ~ая делега́ция die Partéi- und Regíerungsdelegation *f* (10)

парти́йн||ость *ж* **1.** Partéilichkeit *f*; Partéinahme *f*; ~ость литерату́ры die Partéilichkeit der Literatúr; **2.** (*принадлежность к партии*) Partéizugehörigkeit *f*, Partéimitgliedschaft *f*; **~ый** *прил.* **1.** Partéi-; partéimäßig; ~ый акти́в Partéiaktiv *n* (2) (*pl тж.* -s), Partéifunktionäre *pl*; Partéiaktivisten [-vis-] *pl*; ~ый биле́т Partei(mitglieds)buch *n* (5), Partéidokument *n* (2); ~ая дисципли́на Partéidisziplin *f*; ~ые ка́дры Partéikader *pl*; ~ая организа́ция Partéiorganisation *f* (10); ~ый подхо́д partéimäßiges Herángehen; ~ая рабо́та Partéiarbeit *f*; ~ый рабо́тник Partéiarbeiter *m* (6), Partéifunktionär *m* (1); ~ый комите́т Partéikomitee *n* -s, -s; ~ое бюро́ Partéibüro *n* -s, -s; ~ый стаж (Dáuer der) Partéizugehörigkeit, Partéialter *n* -s; ~ое поруче́ние Partéiauftrag *m* (1*); ~ое руково́дство Partéiführung *f*, Führung durch die Partéi (*чем-л.*); ~ая шко́ла Partéischule *f* (11); ~ый съезд Partéitag *m* (1); ~ое собра́ние Partéiversammlung *f* (10); ~ое строи́тельство Partéiaufbau *m* -(e)s; ~ое просвеще́ние Partéischulung *f*; сеть ~ого просвеще́ния das Systém der Partéischulung; **2.** *в знач. сущ. м* Partéimitglied *n* (5)

партикуляри́зм *м* Partikularísmus *m* =

партикуля́рн||ый: в ~ом пла́тье *уст.* in Zivíl [-′vi:l]

партиту́ра *ж муз.* Partitúr *f* (10)

па́рт||ия *ж* **1.** Partéi *f* (10); коммунисти́ческая ~ия die kommunístische Partéi; Коммунисти́ческая па́ртия Сове́тского Сою́за (КПСС) die Kommunístische Partéi der Sowjétunion (KPdSU); рабо́чая ~ия Árbeiterpartei *f*; бра́тские коммунисти́ческие и рабо́чие ~ии die brüderlichen kommunístischen und Árbeiterparteien; Социалисти́ческая еди́ная па́ртия Герма́нии (СЕПГ) die Soziálistische Éinheitspartei Déutschlands (SED); Либера́льно-демократи́ческая па́ртия Герма́нии (ЛДПГ) die Liberál-Demokrátische Partéi Déutschlands (LDPD); Национа́льно-демократи́ческая па́ртия Герма́нии (НДПГ) die Natiоnál-Demokrátische Partéi Déutschlands (NDPD); Демократи́ческая крестья́нская па́ртия Герма́нии (ДКПГ) die Demokrátische Báuernpartei Déutschlands (DBD); ле́вая ~ия Línkspartei *f*; пра́вая ~ия Réchtspartei *f*; оппозицио́нная ~ия Oppositiónspartei *f*; прави́тельственная ~ия Regíerungspartei *f*; член ~ии Partéimitglied *n* (5); ста́рый член ~ии Partéiveteran [-ve-] *m* (8); **2.** (*отряд*) Trupp *m* -s, -s; **3.** (*товара*) Partíe *f* (11), Pósten *m* (7); Wárenpartie *f*, Wárenposten *m*, Wárensendung *f* (10); ~ия образцо́в Mústersendung *f*; ~иями partíenweise, in Partíen, in Pósten; **4.** *спорт., шахм.* Partíe *f* (11); Satz *m* (1*) (*в теннисе*); сыгра́ть ~ию в ша́хматы éine Partíe Schach spíelen; **5.** *муз.* Partíe *f* (11); Part *m* (1); вока́льная ~ия Gesángsrolle *f*; со́льная ~ия Sólopartie *f*; ~ия фортепья́но Klavierpart [-′vi:r-] *m*

парткабине́т *м* (кабине́т полити́ческого просвеще́ния) Partéikabinett *n* (2)

партко́м *м* (парти́йный комите́т) Partéikomitee *n* -s, -s

партконфере́нция *ж* (парти́йная конфере́нция) Partéikonferenz *f* (10)

партнёр *м* Pártner *m* (6); Mitspieler *m* (6) (*в споре, игре*); Spíeler der éigenen Partéi (*в своей команде*); Gégenspieler *m* (*противник*); Tánzpartner *m* (*в танцах*); внешнеторго́вый ~ Áußenhandelspartner *m*; **~ство** *с* Pártnerschaft *f*; **~ша** *ж* Pártnerin *f* (12); Tánzpartnerin *f* (*в танцах*)

парт||о́рг *м* (парти́йный организа́тор) Partéigruppenorganisator *m* (13); **~организа́ция** *ж* (парти́йная организа́ция) Partéiorganisation *f* (10); **~рабо́та** *ж* (парти́йная рабо́та) Partéiarbeit *f*; **~рабо́тник** *м* (парти́йный рабо́тник) Partéiarbeiter *m* (6), Partéifunktionär *m* (1); **~собра́ние** *с* (парти́йное собра́ние) Partéiversammlung *f* (10); **~ста́ж** *м* (парти́йный стаж) (Dáuer der) Partéizugehörigkeit, Partéialter *n* -s; **~съезд** *м* (парти́йный съезд) Partéitag *m* (1); **~учёба** *ж* (парти́йная учёба) Partéischulung *f*; **~шко́ла** *ж* (парти́йная шко́ла) Partéischule *f* (11)

па́рус *м* Ségel *n* (6); **~а́** *мн. собир.* Ségelwerk *n* (2); подня́ть ~а́ die Ségel híssen [sétzen]; убра́ть ~а́ die Ségel stréichen; идти́ под ~а́ми ségeln *vi* (h, s); на всех ~а́х *тж. перен.* mit vóllen Ségeln

паруси́н||а *ж* Ségeltuch *n* -(e)s; Ségelleinwand *f*; **~овый** aus Ségeltuch; ~овые ту́фли Léinenschuhe *pl*

па́русн||ик *м* **1.** (*судно*) Ségelschiff *n* (2), Ségler *m* (6); **2.** (*спортсмен*) Ségler *m* (6), Ségelsportler *m* (6); **~ость** *ж* **1.** *мор.* (*совокупность парусов*) Ségelwerk *n* (2); **2.** *спец.* (*поверхность, на которую действует ветер*) dem Wínde áusgesetzte Fläche; Ségelfläche *f* (11); **~ый** Ségel-; ~ое су́дно Ségelschiff *n* (2); ~ая ло́дка Ségelboot *n* (2); ~ый спорт Ségelsport *m* -(e)s, Ségeln *n* -s

парфо́рсн||ый: ~ая охо́та Hatz *f*, Hétzjagd *f*

парфюме́р *м* Parfüméur [-′mø:r] *m* (1); **~ия** *ж* **1.** *собир.* (*товары*) Parfümeríewaren *pl*, Parfüms und Kosmétika *pl*, Körperpflegemittel *pl*; **2.** (*производство и торговля*) Parfümeríe *f*; **~ный** Parfümeríe-; ~ный магази́н Parfümeríegeschäft *n* (2), Parfümeríe *f*; ~ная фа́брика Parfümfabrik *f* (10)

парцелл||и́ровать *эк.* parzellíeren *vt*; **~я́рный** *эк.* Parzéllen-; ~я́рное хозя́йство Parzéllenwirtschaft *f*; **~я́ция** *ж эк.* Parzellíerung *f*

парча́ *ж* Brokát *m* (1), Brokátstoff *m* (1)

парчо́вый Brokát-, brokáten

парш||а́ *ж* Gring *m* (1), Schorf *m* (1); **~и́веть** *разг.* die Räude bekómmen*, räudig wérden; **~и́вый 1.** (*покрытый паршой*) gríndig, räudig; **2.** *разг.* (*дрянной, плохой*) (húnds)geméin; ◇ ~и́вая овца́ всё ста́до по́ртит *посл.* ein räudiges Schaf steckt die gánze Hérde an

пас I *м* **1.** *карт.* Pássen *n* -s; **2.** *предик. разг.*: я ~! ich pásse!, paß!

пас II *м спорт.* Paß *m* -sses, Pässe, Zúspiel *n* -es

па́сека *ж* Bíenenstand *m* (1*), Imkeréi *f* (10)

па́сечн||ик *м* Bíenenzüchter *m* (6), Ímker *m* (6); **~ый:** ~ое хозя́йство Imkeréi *f* (10)

па́сквиль *м* Pasquíll *n* (2), Schmähschrift *f* (10), Lästerschrift *f* (10)

пасквиля́нт *м* Pasquillánt *m* (8), Verfásser éiner Schmähschrift

паслён *м бот.* Náchtschatten *m* (7); **~овые** *сущ. мн. бот.* Náchtschattengewächse *pl*, Solanazéen *pl*

па́смурн||о *предик. безл.* trüb(e); сего́дня ~о héute ist der Hímmel bedéckt, héute ist es trübe; **~ый 1.** (*о погоде, небе*) trüb(e), bedéckt; sonnenlos; **2.** (*мрачный*) trüb(e), fínster, düster

пасова́ть I 1. *карт.* pássen *vi*; **2.** *разг.* (*перед кем-л., чем-л.*) verságen *vi*; тут я пасу́ю hier bin ich mit méinem Latéin zu Énde

пасова́ть II *спорт.* pássen *vi*

паспарту́ *с* (*рамка*) Passepartout [*фр.* paspar′tu:] *n* -s, -s, Pápprahmen *m* (7)

па́спорт *м* **1.** Personálausweis *m* (1); Paß *m* -sses, *pl* Pässe; бессро́чный ~ Personálausweis von úndefristeter Géltungsdauer; дипломати́ческий ~ Diplomátenpaß *m*; загранúчный ~ Áuslandspaß *m*, Réisepaß *m*; вы́дать ~ éinen Paß [Personálausweiß] áusstellen [áusgeben*]; прописа́ть ~ sich ánmelden; ~ живо́тного Stámmbaum éines Tíeres (*напр., собаки*); **2.** (*машины, станка и т. п.*) Maschínenkarte *f* (11), Stámmkarte *f*; Dátenblatt *n* (5); Gütezeugnis *n* -ses, -se; ~ автомоби́ля Kráftfahrzeugbrief *m* (1), Kfz-Brief *m*; **3.** (*прибора*) Heft *n* (2) mit genáuer Beschréibung; **~иза́ция** *ж* **1.** Áusstellung von Pässen [von Personálausweisen]; **2.** (*машин, станков и т. п.*) Gütebescheinigung *f*, Gütebestätigung *f*; Verkártung *f*; **~и́стка** *ж* Mítarbeiterin *f* der Páßabteilung; **~ный** Paß-; ~ный стол Méldeamt *n* (5), Páßamt *n* Méldestelle *f* (11); ~ная систе́ма Méldepflicht *f* ~ный отде́л Páßabteilung *f* (10)

пасса́ж *м* **1.** (*крытая галерея*) Ládenstraße *f* (11), Passáge [-ʒə] *f* (11); Dúrchgang *m* (1*) (*проход*); **2.** *муз.* Passáge [-ʒə] *f* (11)

пассажи́р *м* Fáhrgast *m* (1*), Réisender *m* (14); Passagíer [-′ʒi:r] *m* (1);

Flúggast *m* (*воздушного транспорта*); зал для ~ов Wártesaal *m* - (e)s, -säle; транзи́тный ~ Transítreisende *m* (14); безбиле́тный ~ Réisende óhne gültigen Fáhrtausweis (*офиц.*); Schwárzfahrer *m* (6) (*разг.*)

пассажиропото́к *м* Fáhrgaststrom *m* (1*)

пассажи́рский Persónen-; Passagíer- [-'ʒi:r-]; ~ по́езд Persónenzug *m* (1*); ~ ваго́н Réisezugwagen *m* (7), Persónenwagen *m*; ~ самолёт Verkéhrsflugzeug *n* (2)

пасса́т *м метео* Passát *m* (1), Passátwind *m* (1)

пассати́жи *мн.* Kombinatiónszange *f* (11)

пасси́в *м* **1.** *бухг.* Passíva [-va] *pl*, Passíven [-vən] *pl*, Verbíndlichkeiten *pl*, Schúlden *pl*; **2.** *грам.* Pássiv *n* -s, Léideform *f* (10)

пасси́вн||ость *ж* Passivität [-vi-] *f*, Téilnahmslosigkeit *f*; Úntätigkeit *f* (*бездеятельность*); **~ый 1.** Passív-; passív; úntätig (*бездеятельный*); ~ая роль passíve [-və] Rólle; ~ый челове́к passíver Mensch; Passivist [-'vist] *m* (8) (*разг.*); ~ое избира́тельное пра́во passíves Wáhlrecht; **2.** *грам.* passívisch [-viʃ]; **3.**: ~ый бала́нс вне́шней торго́вли passíve Hándelsbilanz [Áußenhandelsbilanz]

па́ссия *ж разг. уст.* Gelíebte *f* (14), Ángebetete *f* (14)

па́ста *ж* **1.** Pásta *f*, *pl* -ten, Páste *f* (11); зубна́я ~ Záhnpaste *f*, Záhnkreme *f* (11); прити́рочная ~ *тех.* Läppaste (*при переносе* Läpp-paste) *f*; **2.** *кул.* Páste *f* (11)

па́стбищ||е *с* Wéide *f* (11); Víehweide *f*, Wéideplatz *m* (1*); Trift *f* (10) (*поэт.*); го́рное ~е Bérgweide *f*, Gebírgsweide *f*, Alm *f* (10); отводи́ть зе́млю под ~е Land als Wéide nútzen; **~ный** Wéide-; ~ный пери́од Wéidezeit *f*; ~ное содержа́ние (скота́) Fréilandhaltung *f*

па́ства *ж церк. уст.* Geméinde *f* (11)

пасте́ль *ж жив.* **1.** (*карандаш*) Pastéll *n* (1), Pastéllstift *m* (1); Pastéllkreide *f* (11); Fárbstift *m*; рисова́ть ~ю pastellíeren *vi*; **2.** (*рисунок*) Pastéll *n* (2), Pastéllzeichnung *f* (10), Pastéllbild *n* (5); **~ный** Pastéll-; pastéllfarben (*о цвете*); ~ная жи́вопись Pastéllmalerei *f*; ~ные тона́ Pastéllfarben *pl*

пастериза́||тор *м* Pasteurisíerapparat [pastø-] *m* (1), Mílcherhitzer *m* (6); **~ция** *ж* Pasteurisatión [pastø-] *f*, Pasteurisíerung *f*; кратковре́менная ~ция Kúrzzeit¦erhitzung *f*; **~о́ванный**: ~о́ванное молоко́ pasteurisíerte [pastø-] Milch; **~ова́ть** pasteurisíeren [pastø-] *vt*

пастерна́к *м бот.* Pastinák *m* (1); Pastináke *f* (10)

пасти́ wéiden *vt*; hüten *vt* (*стеречь*)

пастила́ *ж* Konfékt *n* (2) aus Frúchtsaft, Zúcker und Éiweiß

пасти́сь wéiden *vi*

па́стор *м* Pástor *m* -s, -tóren, Pfárrer *m* (6)

пастора́ль *ж лит.* Pastoréle *n* -s, -s; Schäferspiel *n* (2); *муз.* Pastoréle *f* (11)

па́сторский Pástors-; Pfárrers-; pastórenhaft

пасту́х *м* Hirt *m* (8), Víehtreißer *m* (6)

пасту́ш||еский Hírten-; Schäfer- (*о поэзии и т. п.*); **~ий**: ~ья су́мка *бот.* Hírtentäschel *n* (6); **~ка** *ж* Hírtin *f* (12); **~о́к** *м* Hírtenknabe *m* (9), Hírtenjunge *m* (9)

па́стырь *м уст.* Príester *m* (6); Séelenhirt *m* (8), Séelsorger *m* (6)

пасть I *гл.* **1.** fállen* *vi* (s); ~ в бою́ im Kampf [im Feld] fállen*; ~ сме́ртью хра́брых den Héldentod stérben*; **2.** (*о правительстве и т. п.*) fállen* *vi* (s); **3.** (*о городе, крепости*) fállen* *vi* (s); **4.** (*морально*) fállen* *vi* (s), sínken* *vi* (s); **5.** (*о скоте*) fállen* *vi* (s), krepíeren *vi* (s), verénden *vi* (s); **6.** (*выпасть на долю*) entfállen* *vi* (s) (на кого́-л. auf *A*), zúfallen* *vi* (s) (*D*); zutéil wérden (*D*); tréffen* *vt* (*о жребии*); вы́бор пал на него́ die Wahl ist auf ihn gefállen; ◇ ~ же́ртвой чего́-л. éiner Sáche (*D*) zum Ópfer fállen*

пасть II *сущ. ж* Ráchen *m* (7), Maul *n* (5); «во́лчья ~» *анат.* Wólfsrachen *m*

пастьба́ *ж с.-х.* Wéiden *n* -s, Wéidegang *m* - (e)s

па́сх||а *ж* **1.** *рел.* Óstern *n* = *или pl*; Ósterfest *n* -es; **2.** (*кушанье*) Ósterquarkkuchen *m* (7); **~а́льный** Óster-, österlich

па́сын||ок *м* Stíefsohn *m* (1*); относи́ться к кому́-л. как к ~ку j-n stíefmütterlich behándeln

пасья́нс *м* Patience [*фр.* pa'siãs] *f* (11); раскла́дывать ~ Patience [Kárten] légen

пат I *м шахм.* Patt *n* -s, -s

пат II *м кул.* Frúchtpaste *f*

пате́нт *м* **1.** Patént *n* (2); ~ на изобрете́ние Erfínderpatent *n*; **2.** *уст.* (*на право занятия торговлей, промыслом и т. п.*) Begláubigungsschreiben *n* (7), Ernénnungsurkunde *f* (11), промысло́вый ~ Gewérbeschein *m* (1), Gewérbeerlaubnis *f* (3), Gewérbegenehmigung *f* (10); торго́вый ~ Hándelspatent *n* (2)

пате́нтный Patént-; ~ сбор Paténtgebühr *f* (10)

патенто́в||анный patentíert; geschützt; **~а́ть** patentíeren *vt*

патентове́д *м* Paténtfachmann *m* (4) (*pl тж.* -leute), Paténtsachbearbeiter *m* (6); **~ение** *с* Paténtwesen *n* -s

патерно́стер *м* Paternoster *m* (6)

патети́ческий, патети́чный pathétisch (2)

патефо́н *м* Kóffergrammophon *n* (2)

пати́на *ж иск.* Pátina *f*, Édelrost *m* -es, Grünspan *m* (1*)

патогене́з *м мед.* Pathogenése *f*

патоге́нный *бакт.* pathogén, kránkheitserregend

па́тока *ж* Sírup *m* -s, Melásse *f*

пато́||лог *м мед.* Pathológe *m* (9), Pathológ *m* (8) (*австр.*); **~логи́ческий** pathológisch; **~ло́гия** *ж* Pathologíe *f*

патологоанатоми́ческий pathológisch-anatómisch

па́точный Sírup-, Melásse-

патриа́рх *м* Patriárch *m* (8)

патриарха́льн||ость *ж* patriarchálisches Wésen; **~ый** patriarchálisch, Patriarchál-

патриарха́т *м* Patriarchát *n* (2)

патриа́рш||ество *с* Patriarchát *n* (2); **~ий** Patriárchen-; patriárchisch

патрио́т *м* **1.** Patriót *m* (8); **2.** *перен.*: он ~ своего́ заво́да er tut álles für séinen Bertíeb; он ~ своего́ го́рода er liebt séine Stadt über álles; **~и́зм** *м* Patriotísmus *m* =, Váterlandsliebe *f*; **~и́ческий, ~и́чный** patriótisch; váterlandsliebend (*тк. о людях*); ~и́ческий подъём patriótische Begéisterung; **~и́чески** настро́енный patriótisch éingestellt [gesínnt]; **~ка** *ж* Patriótin *f* (12)

патри́ций *м уст.* Patrízi¦er *m* (6)

патро́н I *м* **1.** *воен.* Patróne *f* (11); боево́й ~ schárfe Patróne; холосто́й ~ Plátzpatrone *f*; бронебо́йный ~ Pánzerpatrone *f*; винто́вочный ~ Gewéhrpatrone *f*, Karabínerpatrone *f*; унита́рный ~ Granátpatrone *f*; **2.** *эл.* Fássung *f* (10); *тех.* Éinsatz *m* (1*); Fútter *n* (6), Spánnfutter *n*; фильтру́ющий ~ (противога́за) Fíltereinsatz *m*; **3.** (*выкройка*) Schníttmuster *n* (6); **4.** (*папиросный*) Zigaréttenhülse *f* (11)

патро́н II *м* **1.** (*хозяин*) Patrón *m* (1); **2.** *уст.* (*покровитель*) Patrón *m* (1), Gönner *m* (6)

патрона́ж *м* Kránken- und Säuglingsfürsorge *f*; **~ный**: ~ная сестра́ Fürsorgerin *f* (12), Fürsorgeschwester *f* (11)

патрона́т *м* **1.** *ист.* Patronát *n* (2); **2.** (*форма воспитания детей, потерявших родителей, в семьях трудящихся по поручению государственных организаций*) Pflégschaft *f*

патроне́сса *ж* Patrónin *f* (12); Gönnerin *f* (12)

патро́нн||ик *м воен.* Patrónenlager *n* (6); **~ый** Patrónen-; ~ая ги́льза Patrónenhülse *f* (11); ~ая ле́нта Patrónengurt *m* (1); ~ая обо́йма Patrónenstreifen *m* (7); Ládestreifen *m*; ~ая су́мка Patrónentasche *f* (11)

патронта́ш *м* Patrónengürtel *m* (6)

па́трубок *м тех.* Stútzen *m* (7), Ánschlußstück *n* (2), Ánsatz *m* (1*)

патрули́ровать *воен.* Stréife géhen*, Stréifendienst verséhen*; patrouillíeren [-trʊ'lji:rən] *vi* (*тж. мор.*); *ав.* Spérre flíegen*

патру́ль *м* Stréife *f* (11); Patrouille [-'trʊljə] *f* (11) (*тж. мор.*); *ав.* Spérrflug *m* (1*); милице́йский ~ Milízstreife *f* (11); **~ный** *прил.* **1.** Stréifen-; Patrouillen- [-trʊljən-]; **2.** *в знач. сущ. м* Stréifenposten *m* (7)

па́уз||а *ж* Páuse *f* (11); де́лать ~у ínnehalten* *отд. vi*; pausíeren *vi*, éine Páuse máchen [éinlegen]; де́лать ~ы ме́жду чем-л. Páusen éinlegen zwíschen (*D*)

пау́к *м* Spínne *f* (11)

паукообра́зные *сущ. мн. зоол.* Spínnentiere *pl*, Arachnoíden *pl*

паупер||иза́ция *ж эк.* Pauperisíerung *f*; **~и́зм** *м эк.* Pauperísmus *m* =, Mássenarmut *f*, Mássenelend *n* -(e)s

паути́на *ж* **1.** Spínn(en)gewebe *n* (6); Spínn(e)webe *f* (11) (*б. ч. pl*) (*разг.*); **2.** *разг.* (*во время бабьего лета*) Altwéiberfaden *m* (1*), Maríenfaden *m*

па́фос *м* Páthos *n* =, Schwung *m* -(e)s

пах *м анат.* Léiste *f* (11), Léistengegend *f* (10)

па́харь *м* Pflüger *m* (6), Áckerbauer *m* (6)

паха́ть **1.** pflügen *vi*, *vt* áckern *vt*; **2.** *разг.* (*напряжённо работать*) schúften *vi*, sich ábrackern

па́хн||уть ríechen* *vi* (чем-л. nach *D*); dúften *vi* (*благоухать*); ◇ ты зна́ешь, чем э́то для тебя́ ~ет? *разг.* weißt du, was dir (dafür) blüht?

пахн||у́ть *разг.* **1.** wéhen *vi*; ~у́л ветеро́к es wéhte ein léichter Wind; **2.** *безл.* entgégenkommen* *vi* (s); ~у́ть в лицо́ ins Gesícht schlágen*

пахов||о́й *анат.* Léisten-; inguinál [iŋgŭi-]; ~ы́е же́лезы Léistendrüsen

pl; ~ая гры́жа *мед.* Léistenbruch m (1*)
па́хот||а ж Pflügen n -s, Áckern n -s; Beáckern n -s; зя́блевая ~а Hérbstfurche f (11); электри́ческая ~а Eléktropflügen n, eléktrisches Pflügen; **~ный** bestéllbar, pflügbar; ~ная земля́ Áckerboden m (7*), Áckerland n - (e)s; ~ная пло́щадь Áckerfläche f (11); ~ный слой Áckerkrume f
па́хта ж Búttermilch f; **~ть** búttern vt
паху́чий stárkriechend, dúftend
пацие́нт м Patiént m (8); **~ка** ж Patiéntin f (12)
пациф||и́зм м Pazifísmus m =; **~и́ст** м Pazifíst m (8); **~и́стский** pazifístisch
па́че *уст.*: тем ~ um so mehr; ~ча́яния wider Erwártung
па́чка ж **1.** Päckchen n (7), Pakét n (2); (kléine) Páckung; ~ сигаре́т éine Páckung Zigarétten; ~ пече́нья ein Päckchen [éine Páckung] Keks; ~ була́вок ein Brief Stécknadeln; ~ ча́я ein Päckchen Tee; ~ми bündelweise, gebündelt; связа́ть ~ми bündeln vt; **2.** (*балерины*) Balléttröckchen n (7)
па́чкать beschmíeren vt, beschmútzen vt, besúdeln vt (*чем-л. жидким*); **~ся** sich beschmútzen, schmútzig wérden
пачкотня́ ж *разг.* Schmiereréi f, Sudeléi f, Gesúdel n -s
пачк||у́н м *разг.* Schmíerfink m (8), Schmíerer m (6); Súdler m (6), Kléckser m (6); **~у́нья** ж *разг.* Schmíerliese f (11)
паша́ м Páscha m -s, -s
па́шня ж Ácker m (6*), Áckerfeld n (5); Áckerland n -(e)s
паште́т м Pastéte f (11); печёночный ~ Léberpastete f
па́юсн||ый: ~ая икра́ gepréßter Káviar [-vĭar], Préßkaviar m (1)
пая́ль||ник м Lötkolben m (7); **~ный** Löt-; ~ная ла́мпа Lötlampe f (11); **~щик** м Löter m (6)
пая́ние с Löten n -s
пая́снич||анье с *разг.* Hanswursteréi f; **~ать** *разг.* den Hanswúrst spíelen
пая́ть löten vt
пая́ц м **1.** *уст.* Bajázzo m -s, -s; **2.** *перен. неодобр.* Clown [klaon] m -s, -s, Hanswúrst m (1)
ПВО (противовозду́шная оборо́на) Lúftschutz m -es, Flíegerabwehr f, Lúftabwehr f
пев||е́ц м Sänger m (6); **~и́ца** ж Sängerin f (12); **~и́чка** ж *пренебр.* Tíngeltangelsängerin f (12)
певу́н м, **певу́нья** ж *разг.* Sángesfreudige m, f (14)
певу́ч||есть ж (melódischer) Wóhlklang m - (e)s; **~ий** melódisch, wóhlklingend
певч||еский Sänger-; Sing-; Gesáng-; **~ий** *прил.* **1.** Sing-; ~ие пти́цы Síngvögel pl; **2.** *в знач. сущ.* м Sänger m (6), Choríst [ko-] m (8)
Пега́с м *миф.* Pégasus m; ◇ оседла́ть ~а den Pégasus bestéigen*
пе́г||ий schéckig; ~ая ло́шадь Schéck m (8), Schécke f (11), m (9)
педаго́г м Pädagóge m (9); Pädagógin f (12) (*о женщине*); Léhrer m (6) (*учитель*); Léhrerin f (12) (*учительница*); **~ика** ж Pädagógik f
педагоги́ческ||ий pädagógisch; ~ое учи́лище pädagógische Schúle; ~ие ка́дры Léhrkräfte pl; ~ое образова́ние pädagógische Áusbildung; ~ие чте́ния pädagógische Lésungen (zur Léhrerweiterbildung)
педа́ль ж Pedál n (2), Fúßhebel m (6); ~ сцепле́ния Kúpplungsfußhebel m; Kúpplungspedal n; ~ акселера́тора Gáspedal n; ~ то́рмоза Brémspedal n; пускова́я ~ Kíckstarter m (6) (*у мотоцикла*); нажима́ть на ~ (*велосипеда*) (in) die Pedále tréten*; брать ~ *муз.* mit Pedál spíelen; ◇ нажа́ть на все педа́ли álle Hébel in Bewégung sétzen
педа́нт м Pedánt m (8), Kléinigkeitskrämer m (6); **~и́зм** м Pedantísmus m =, Kléinigkeitskrämerei f
педанти́чн||ость ж Pedanteríe f; **~ый** pedántisch, péinlich (genáu)
педера́ст м Päderást m (8); **~ия** ж Päderastíe f
педиа́тр м Kínderarzt m (1*), Pädiáter m (6); **~и́я** ж Pädiatríe f, Kínderheilkunde f
педикю́р м Pediküre f, Fúßpflege f; **~ша** ж Fúßpflegerin f (12), Pediküre f (11)
пединститу́т м (педагоги́ческий институ́т) pädagógisches Institút
педо́метр м Pedométer n (6), Schríttzähler m (6)
педсове́т м (педагоги́ческий сове́т) Pädagógischer Rat
педучи́лище с (педагоги́ческое учи́лище) Institút n für Léhrerbildung
пейза́ж м Lándschaft f (10), Lándschaftsgemälde n (6), Lándschaftsbild n (5) (*картина*); **~и́ст** м Lándschaftsmaler m (6), Lándschafter m (6); **~ный** Lándschafts-; ~ная жи́вопись Lándschaftsmalerei f
пейорати́вный *лингв.* pejoratív, ábschätzig
пек м *тех.* Pech n (2), Téerpech n, каменноуго́льный ~ Stéinkohlenpech n
пека́рный Back-
пека́рня ж Bäckeréi f (10), Báckstube f (11), Brótbäckerei f, Báckwarenbetrieb m (1)
пе́карский Bäcker-
пе́карь м Bäcker m (6)
пеклева́нн||ый gebéutelt; ~ая мука́ gebéuteltes Róggenmehl; ~ый хлеб Gráubrot n - (e)s
пе́кло с *разг.* **1.** (*жара*) Glut f; **2.** *перен.* Hölle f; höllisches Féuer
пекти́н м *хим.* Pektín m; **~овый** *хим.* Pektín-; ~овая кислота́ Pektínsäure f
пеларго́ния ж *бот.* Pelargóni|e f (11), Stórchschnabel m -s
пелена́ ж Schléier m (6); ~ туч [облако́в] Wólkenschleier m; сне́жная ~ Schnéedecke ff (11); ◇ у меня́ сло́вно ~ с глаз упа́ла es fiel mir wie Schúppen von den Áugen
пелен||а́ние с Éinwindeln n -s; стол для ~а́ния Wíckeltisch m (1), Wíckelkommode f (11); **~а́ть** éinwindeln vt, in Wíndeln wíckeln
пе́ленг м *мор., ав.* Péilung f (10); взять ~ péilen vt
пеленга́тор м *мор., ав.* Péiler m (6), Péilgerät n (2); **~ный** *мор., ав.* Peil-; ~ный пункт Péilstation f (10), Péilstelle f (11); ~ные прибо́ры Péilgerät n -(e)s
пеленг||а́ция ж, **~ова́ние** с *мор., ав.* Péilen n -s, Péilung f, Péilverfahren n -s; Ríchtungspeilen n; ба́за ~а́ции Péilbasis f, pl -sen; **~ова́ть** *мор., ав.* péilen vt
пелён||ка ж Wíndel f (11); Wíckeltuch n (5), Éinschlagtuch n; ◇ с ~ок von klein auf; вы́йти из ~ок aus den Kínderschuhen heráus sein
пелери́н||а ж Pelerínе f (11); Régenpelerine f, Lódenpelerine f (*дождевая*); мехова́я ~а Pélzumhang m (1*); пальто́ с ~ой Rádmantel m (6*)
пелика́н м *зоол.* Pélikan m (1)
пельме́ни *мн. кул.* Pelméni pl (*mit Fleisch gefüllte Kloßchen*)
пельме́нная *сущ.* ж Spéisegaststätte f (11) [Ímbißraum m (1*)], in der [dem] es Pelméni als Stámmgericht gibt
пе́мз||а ж Bímsstein m (1); шлифова́ть ~ой bímsen vt
пемзобето́н м *стр.* Bímsbeton [-,tɔŋ] m -s, -s
пе́н||а ж Schaum m - (e)s; морска́я ~а Gischt m (1); мы́льная ~а Séifenschaum m; противопожа́рная ~а Löschschaum m; взбить ~у schäumig schlágen*; снять ~у den Schaum ábschöpfen; покры́тая ~ой (*о лошади*) mit Schaum bedéckt; ◇ с ~ой у рта (*в ярости*) wútschäumend, wútschnaubend; говори́ть с ~ой у рта géifern vt; защища́ть что-л. с ~ой у рта sich für etw. (A) (wütend) ins Zeug légen; etw. bis aufs Mésser vertéidigen
пена́л м Féderkästchen n (7), Fédermappe f (11)
пена́льти с (*в футболе*) Strafstoß m (1*), Elfméter m(6)
пена́т||ы *мн. уст. и шутл.* (*родной дом*) Penáten pl, Haus und Herd; верну́ться к свои́м ~ам zum häuslichen Herd zurückkehren
пенетра́ция ж *спец.* Dúrchdringung f
пенетро́метр м *спец.* Penetrométer n (6)
пе́н||ие с Síngen n -s, Gesáng m -(e)s; учи́тель ~ия Gesángslehrer m (6), Gesángspädagoge m (9)
пе́нистый Schaum-; schäumig, gíschtig (*покрытый пеной*); schäumend (*о вине*)
пе́ниться schäumen, áufschäumen vi; pérlen vi (*о вине*)
пеницилли́н м *фарм.* Penizillín n (2)
пе́нк||а I ж (*на молоке, варенье и т. п.*) Haut f (3); ◇ снима́ть ~и den Rahm [die Sáhne] ábschöpfen
пе́нка II ж *мин.* Méerschaum m -(e)s
пе́нков||ый Méerschaum-; ~ая тру́бка Méerschaumpfeife f (11)
пенкоснима́тель м *ирон.* Schláumeier m (6), Schláukopf m (1*)
пе́нни с **1.** (*финская монета*) Pénni m = и -s, pl -ä; **2.** *см.* пенс
пено||бето́н м *стр.* Scháumbeton [-,tɔŋ] m -s, -s, Zéllenbeton m; **~гаси́тель** м *спец.* Scháumlöscher m (6)
пенопла́ст м Scháumplast m (1), Scháumstoff m (1); **~овый** Scháumplast-, Scháumstoff-
пеностекло́ с *стр.* Scháumglas n -es
пе́ночка ж *зоол.* Láubsänger m (6)
пенс м (*англ. монета*) Penny ['pɛni] m -s ['pɛni:s], pl -s ['pɛni:s] *и после числ.* Pence [pɛns]
пенсионе́р м Réntner m (6), Réntenempfänger m (6); Áltersrentner m (*по старости*); Pensionär [paŋ-] m (1) (*о чиновнике*); персона́льный ~ Réntner mit Zúsatzrente; **~ка** ж Réntnerin f (12), Réntenempfängerin f (12), Áltersrentnerin f (*по старости*)
пенсио́нн||ый Rénten-; Pensións- [paŋ-] (*относится к чиновникам*); **~ый** во́зраст Réntenalter n -s; pensiónsfähiges [paŋ-] Álter (*относится к чиновникам*); дости́гнуть ~ого во́зраста das Réntenalter erréichen; ~ое обеспе́чение Réntenversorgung f
пе́нс||ия ж Rénte f (11); Pensión [paŋ-] f (*чиновников*); персона́льная

~ия Zúsatzrente *f*, Éinzelvertragsrente *f*, persónengebundene Rénte; ~ия инвали́дам труда́ Únfallrente *f*; ~ия по инвали́дности Invalídenrente [-va-] *f*; ~ия по ста́рости Áltersrente *f*; пожи́зненная ~ия Rénte auf Lébenszeit; име́ть пра́во на ~ию réntenberechtigt sein; вы́йти на ~ию in die Rénte géhen*, Réntner wérden; in den Rúhestand tréten*; sich pensioníeren lássen* (*о чиновниках*); быть на ~ии Réntner sein, im Rúhestand sein

пенсне́ *с* Knéifer *m* (6), Klémmer *m* (6), Zwícker *m* (6)

пента́метр *м лит.* Pentámeter *m* (6)

пента́эдр *м мат.* Pentaéder *n* (6), Fünfflach *n* (2)

пенто́д *м физ., радио* Pentóde *f* (11), Fünfpolröhre *f* (11)

пе́нтюх *м бран.* Tölpel *m* (6), Rüpel *m* (6)

пень *м* **1.** Báumstumpf *m* (1*), Klotz *m* (1*) (*разг. pl тж* Klötzer); **2.** *бран.* Klotz *m* (1*); ◇ стоя́ть как ~ *разг.* wie ein Klotz dástehen*; че́рез ~ коло́ду *разг.* mehr schlecht als recht

пенька́ *ж* Hanf *m* - (e)s; мани́льская ~ Manílahanf *m*, Abákahanf *m*

пеньковолокно́ *с* Hánffaser *f* (11)

пенько́в||ый Hanf-; hánfen, hänfen; ~ая нить Hánffaden *m* (7*)

пенькозаво́д *м* Hánfentfaserungsanlage *f* (11)

пенькопряде́ние *с* Hánfspinnerei *f*

пенькотрепа́льн||ый: ~ая маши́на Hánfschwinge *f* (11)

пеньюа́р *м* **1.** (*в парикмахерских — накидка*) Frisíerumhang *m* (1*); **2.** (*утренний халат*) Neglіgé [-'ʒe:] *n* -s, -s, (léichtes) Mórgenkleid *n* (5); Peignoir [pɛnjo'a:r] *m* -s, -s (*уст.*)

пе́н||я *ж* Verzúgszinsen *pl*, Vertrágsstrafe *f*, Géldstrafe *f* (11); начи́слить ~ю Vertrágsstrafe erhében*

пен||я́ть *разг.* (*кому-л. за что-л.*) j-m etw. vórwerfen*, j-m Vórwürfe máchen (wégen *G*); ~я́й на себя́! du bist selbst darán schuld!, geschíeht dir recht!

пе́пел *м* Ásche *f*; вулкани́ческий ~ vulkánische [vʊl-] Ásche; ◇ обрати́ть в ~ in Schutt und Ásche légen; подня́ть из пе́пла aus Schutt und Ásche neu erstéhen lássen*; посы́пать пе́плом главу́ sich (*D*) Ásche aufs Haupt stréuen

пепели́ще *с* **1.** Brándstätte *f* (11); **2.** (*родной дом*) éig(e)ner Herd

пе́пельница *ж* Ásch(en)becher *m* (6), Ascher *m* (6)

пе́пельно-се́рый áschgrau, áschfahl; áschig

пе́пельный (*о цвете*) áschfarben, áschfarbig; áschblond (*о волосах*)

пеплобето́н *м стр.* Áschenbeton [-,tɔŋ] *m* -s, -s

пе́пси-ко́ла *ж* Pepsi-Cóla *f*

пепси́н *м физиол., фарм.* Pepsín *n* (2)

пептиза́ция *ж хим.* Peptisatión *f*

пепто́н *м физиол.* Peptón *n* (2)

перве́йш||ий *разг.* **1.** allerérste; vórdringlichst (*самый важный*); ~ая зада́ча vórdringlichste [nächstliegende] Áufgabe; ~ая обя́занность die vórnehmste Pflicht; **2.** (*самый лучший*) allerbéste

пе́рвенец *м* **1.** Érstgeborene *m* (14); Érstling *m* (1); **2.** *перен.* (*чего-л.*) Érstlingswerk *n* (2); ~ социалисти́ческой индустри́и éiner der érsten Báuten der sozialístischen Industríe

пе́рвенство *с* **1.** (*превосходство*) Vórrang *m* - (e)s; ~ в соцсоревнова́нии Spítzenposition *f* im sozialístischen Wéttbewerb; оспа́ривать ~ у кого́-л. j-m den Vórrang stréitig máchen; уступи́ть ~ den Vórrang éinräumen; **2.** *спорт.* Méisterschaft *f* (10); кома́ндное ~ Mánnschaftsmeisterschaft *f*; ли́чное ~ Éinzelmeisterschaft *f*; ~ по хокке́ю die Spíele um die Hockeymeisterschaft ['hɔke-]; ~ ми́ра по футбо́лу Fußball-Weltmeisterschaft *f*; разы́грывать ~ (*по какому-л. виду спорта*) die Méisterschaft áustragen*; ◇ па́льма пе́рвенства die Pálme des Síeges; ~**вать** den Vórrang háben, obenán stéhen*

перви́чн||ый **1.** primär, Erst-; úrsprünglich (*первоначальный*); ~ая обрабо́тка Érstbearbeitung *f*; мате́рия ~а, созна́ние втори́чно die Matéri|e ist das Primäre, das Bewúßtsein das Sekundäre; **2.** (*низовой*): ~ая парти́йная организа́ция Grúndorganisation der Partéi

первобытнообщи́нный: ~ строй Úrgesellschaft *f*

первобы́тн||ость *ж* Úrzustand *m* - (e)s; ~**ый** **1.** úrsprünglich; Ur-; ~ый челове́к Úrmensch *m* (8); ~ое о́бщество Úrgesellschaft *f*; исто́рия ~ого о́бщества Úrgeschichte *f*; **2.** (*нетронутый*) úrsprünglich, únberührt

пе́рвое *сущ. с* (*блюдо*) der érste Gang; что на ~? was gibt es als értsen Gang?

перво́зданный érsterschaffen

первоисто́чник *м* Úrquelle *f* (11), Primärquelle *f*; authéntische Quélle

первокла́сс||ик *м* Schúlanfänger *m*; (6), Schüler *m* (6) der érsten Klásse; Érstkläßler *m* (6) (*австр.*); ~**ица** *ж* Schúlanfängerin *f* (12), Schülerin *f* der érsten Klásse; Érstkläßlerin *f* (12) (*австр.*); ~**ый** érstklassig, érsten Ránges; príma *inv* (*разг.*)

первоку́рсник *м* Studént *m* (8) im érsten Stúdi|enjahr

Первома́й *м* der Érste Mai

первома́йск||ий Mai-; ~ая демонстра́ция Máidemonstration *f* (10); Máikundgebung *f* (10)

пе́рво-на́перво *нареч. разг.* zuallerérst, vor állen Díngen

первонача́льн||ый úrsprünglich, Ánfangs-; ~ые све́дения Grúndkenntnisse *pl*; ~ое накопле́ние *эк.* úrsprüngliche Akkumulatión; ~ые чи́сла *мат.* Grúndzahlen *pl*

перво́образ *м* Úrbild *n* (5), Úrgestalt *f* (10)

первоосно́ва *ж* Úrgrund *m* (1*)

первооткрыва́тель *м* Entdécker *m* (6)

первоочере́дн||о́й vórdringlich; vórrangig; állerwichtigst (*самый важный*); nächstliegend (*о задаче и т. п.*); ~а́я зада́ча vórdringlichste [nächstliegende] Áufgabe, Schwérpunktaufgabe *f* (11)

первопеча́тн||ик *м ист.* der érste Búchdrucker; ~**ый:** ~ая кни́га Wíegendruck *m* (1), Inkunábel *f* (11); ~ый текст Érst(lings)druck *m*

первопричи́на *ж* Grúndursache *f* (11)

первопрохо́дец *м*, **первопрохо́дчик** *м* **1.** Entdécker *m* (6); **2.** *перен.* Pioníer *m* (1), Báhnbrecher *m* (6)

первопу́т||ок *м разг.* Schlíttenbahn *f* auf dem érsten Schnee; по ~ку mit dem érsten Schnee

перворазря́дчик *м спорт.* Spórtler *m* (6) der Léistungsklasse I

перворазря́дный érstklassig

перворо́дный *уст.* érstgeboren; ◇ ~ грех *ирон.* Grúndübel *n* (6), Grúndfehler *m* (6)

перворо́дство *с* **1.** *уст.* Érstgeburt *f*; **2.** *перен.* (*первенство в чём-л.*) Vorrang *m* - (e)s

первосвяще́нник *м рел.* Hohepríester *m* (6)

первосо́ртный (von) érster Qualität, érstklassig; érster Wahl

первостепе́нн||ый érstrangig, vórrangig, állerwichtigst; von überrágender Bedéutung; де́ло ~ой ва́жности éine Sáche von állergrößter [érstrangiger] Bedéutung, éine höchst [im höchsten Gráde] wichtige Ángelegenheit

первострои́тель *м* der érste Erbáuer (*чего́-л. G*)

первотёлка *ж с.-х.* Érstlingskuh *f* (3)

первоцве́т *м бот.* Prímel *f* (11), Hímmelschlüssel *m* (6); ~**ные** *сущ. мн. бот.* Prímelgewächse *pl*, Primulazé|en *pl*

пе́рв||ый der érste; érstgenannt, érsterer (*из упомянутых выше*); Пе́рвое ма́я der Érste Mai; ~ое изда́ние die érste Áuflage; ~ый эта́ж Érdgeschoß *n* -sses, -sse, Parterre [-'tɛr] *n* -s; ~ый час es geht auf eins; в ~ом часу́ nach zwölf (Uhr), zwíschen zwölf und eins; полови́на ~ого halb eins; в ~ый раз zum érstenmal, zum érsten Mál(e); в ~ый и после́дний раз zum érsten und létzten Mál(e); при ~ом слу́чае, при ~ой возмо́жности bei érster [der nächsten] Gelégenheit; он ~ый рассказа́л er hat es als érster [zuérst] erzählt; прийти́ ~ым (к фи́нишу) *спорт.* als érster durchs Ziel gehen*; заня́ть ~ое ме́сто den érsten Platz belégen; занима́ть ~ое ме́сто an der Spítze stéhen*; быть ~ым в соревнова́нии im Wéttbewerb an der Spítze líegen*; находи́ться в ~ых ряда́х in den érsten [vórdersten] Réihen stéhen*, die Vórhut bílden; ◇ ~ый встре́чный der érste béste; с ~ого взгля́да, на ~ый взгляд auf den érsten Blick; в ~ую о́чередь in érster Líni|e, zu(aller)érst; ~ым де́лом, ~ым до́лгом zunächst, zuérst; ~ая по́мощь *мед.* die Érste Hílfe; ~ый шаг тру́ден der érste Schritt ist ímmer der schwérste, áller Ánfang ist schwer; из ~ых рук aus érster Hand; не ~ой мо́лодости über die érste Júgend hináus, nicht mehr der [die] Jüngste

перга́мент *м* Pergamént *n* (2); Pergaméntpapier *n* -s; Bútterbrotpapier *n* (*плотная бумага*); ~**ный** Pergamént-; ~ная бума́га Pergaméntpapier *n* -s; Bútterbrotpapier *n*

пергидро́ль *м фарм.* Perhydról *n* -s

переадресова́ть úmadressieren *vt*, néuadressieren *vt*

переадресо́в||ка *ж* Adréssenänderung *f*, Úmadressierung *f*; Úmmeldung *f* (*напр. почты*); ~**ывать** *см.* переадресова́ть

переаттеста́ция *ж* periódische Éignungsprüfung; periódische Überprüfung des Qualifikatiónsstandes, Néuattestierung *f*

перебази́ров||ание *с* Verlégung *f*, Verlágerung *f*, Versétzung *f*; Úmstationierung *f*, Veränderung *f* [Wéchsel *m*] des Stándortes (*напр. завода*); ~**ать** verlégen *vt*, verlágern *vt*, verschíeben* *vt*; úmstationieren *vt*; den Stándort verändern [wéchseln]

перебаллотиро́вка *ж* Wiederhólungswahl *f* (10); Stíchwahl *f*

переба́рщивать *см.* переборщи́ть

перебега́ть, перебежа́ть 1. hinüberlaufen* *vi* (s); ~ че́рез у́лицу über die Stráße láufen*; **2.** (*к неприятелю и т. п.*) überlaufen* *vi* (s)

перебе́ж||ка *ж воен.* Sprung *m* (1*); де́лать ~ку sprúngweise vórgehen*; sich sprúngweise vórarbeiten; **~чик** *м* Überläufer *m* (6); Grénzverletzer *m* (6) (*границы*); *перен.* Verräter *m* (6)

перебели́ть (*заново выбелить*) überweißen *vt*, neu weißen

перебеси́ться 1. *вет.* an Tóllwut erkránken *vi* (s), tóllwütig wérden; **2.** *разг.* sich áustoben, sich (*D*) die Hörner áblaufen*; ein órdentlicher Mensch wérden (*стать серьёзным человеком*)

перебива́ть *см.* переби́ть 1, 3, 4, 5; **~ся 1.** sich dúrchschlagen*; с трудо́м ~ся sich mit Mühe und Not dúrchschlagen*; sich (*D*) (írgendwie) dúrchhelfen*; **2.** *страд.* (*о мебели*) néu bezogen wérden; ◇ ~ся с хле́ба на квас *разг.* ein élendes Dásein frísten; am Húngertuch nágen

переби́вка *ж* (*мебели*) Néubeziehen *n* -s

перебинтова́ть, перебинто́вывать éinen néuen Verbánd ánlegen

перебира́ть 1. *см.* перебра́ть; **2.:** ~ стру́ны die Sáiten rühren [erklíngen lássen*, ánschlagen*]; ~ кла́виши mit den Fíngern über die Tásten gléiten*; ◇ ~ кого́-л. по ко́сточкам j-n dúrchhecheln; **~ся** *см.* перебра́ться

переби́ть 1. (*разбить*) zerbréchen* *vt*, zerschlágen* *vt*, kurz und klein schlágen*; **2.** (*врагов и т. п.*) níedermetzeln *vt*, erschlágen* *vt*; **3.** (*обить заново*) néubeziehen* *vt*; **4.** (*прервать*) unterbréchen* *vt*; das Wort ábschneiden*, ins Wort fállen* (кого́-л. *D*); **5.** *разг.* (*перехватить что-л. у кого-л.*) j-m (vor der Náse) wégschnappen *vt*, j-m wégfischen *vt*; ◇ ~ кому́-л. доро́гу j-n áusstechen*; ~ себе́ аппети́т sich (*D*) den Appetít verdérben*; **~ся 1.** (*разбиться*) zerschlágen wérden; **2.** *разг.* (*кое-как прожить*) dúrchkommen* *vi* (s), sich mit Mühe und Not dúrchschlagen*

перебо́||й *м* **1.** Verzúg *m* -(e)s, Stókkung *f* (10), Störung *f* (10) (*задержка*); Unterbréchung *f* (10) (*перерыв*); Únregelmäßigkeit *f* (10) (*нерегулярность*); *тех.* Áussetzer *m* (6); Únregelmäßigkeit *f* (bei *D*); ~й в торго́вле Störung *f* im Hándel, Versórgungsstörung *f*; рабо́тать с ~ями *тех.* únregelmäßig láufen*, áussetzen *vi*; **2.** *мед.* Áussetzen *n* -s; ~и пу́льса Áussetzen des Púlses; пульс с ~ями únregelmäßiger Puls [Hérzschlag]

переболе́ть 1. éine Kránkheit dúrchmachen [überstéhen*]; **2.** *перен.* dúrchmachen *vt*, erlében *vt*

перебо́р *м разг.* (*излишек*) Méhreinnahme *f*, Überschuß *m* -sses, -schüsse

перебо́рка I *ж* (*действие*) **1.** (*сортировка*) Áuslesen *n* -s, Sortíeren *n* -s; **2.** *полигр.* Úmsetzen *n* -s; ~ на друго́й форма́т Úmsetzen in éine ándere Zéilenlänge

перебо́рка II *ж* (*перегородка*) **1.** *стр.* Schéidewand *f* (3), Trénnwand *f*, Zwíschenwand *f*; **2.** *мор.* Schott *n* (2); водонепроница́емая ~ wásserdichtes Schott

переборо́ть überwínden* *vt*; ~ себя́ sich überwínden*

переборщи́ть *разг.* übertréiben* *vt*, überspítzen *vt*; dick [stark] áuftragen*; (leicht) übers Ziel hináusschießen*; des Gúten zu viel tun*

перебра́ниваться *разг.* sich zánken

перебрани́ться *разг.* sich verzánken

перебра́нка *ж разг.* Schimpferéi *f* (10), Zänkeréi *f* (10), Gezänk *n* -(e)s, Geplänkel *n* (6); Wórtwechsel *m* (6)

перебра́сывать *см.* перебро́сить; **~ся 1.** *см.* перебро́ситься; **2.** *страд.* hinübergeworfen wérden (*ср.* перебро́сить)

перебра́ть 1. (*рассортировать*) áuslesen* *vt*, (áus)sortieren *vt*; **2.** (*пересмотреть*) dúrchsehen* *vt*; **3.** *перен.* (*вспомнить*) sich erínnern (an *A*); vor séinem ínneren Áuge vorüberziehen lássen*; **4.** *разг.* (*набрать*) néhmen* *vt*; zu viel néhmen* (*взять лишнее*); **5.** *полигр.* neu sétzen *vt*

перебра́ться 1. (*через что-л.*) hinüberkommen* *vi* (s), übersetzen *vi* (s); **2.** (*переселиться*) úmziehen* *vi* (s); übersiedeln *vi* (s)

переброди́ть áusgären *vi*, übergärig wérden

перебroom

перебро́сить 1. (*через что-л.*) hinüberwerfen* *vt*; ~ че́рез плечо́ über die Schúlter wérfen*; **2.** (*перевести*) hinüberschaffen *vt*; hinüberführen *vt*, befördern *vt*, transportíeren *vt* (*войска, товары*); verlegen *vt*; verschíeben* *vt* (*войска*); **3.:** ~ мост че́рез ре́ку éine Brücke über den Fluß schlágen*; **~ся 1.** (*перепрыгнуть*) hinüberspringen* *vi* (s); **2.** (*распространиться*) sich verbréiten; übergréifen* *vi* (*об огне и т. п.*); **3.** (*бросить друг другу*) sich (*D*) zúwerfen* *vt*; **4.:** ~ся не́сколькими слова́ми éinige Wórte wéchseln

перебро́ска *ж* Transpórt *m* (1); Verlégung *f* (10); ~ войск Trúppenverlegung *f*; Trúppentransport *m*

перебуди́ть (álle) áufwecken *vt*

перебыва́||ть: сего́дня у нас ~ло мно́го госте́й wir hätten héute viel Besúch; где я то́лько не ~л! wo bin ich nicht überall gewésen!

перева́л *м* **1.** (*горный*) Paß *m* -sses, *pl* Pässe, Gebírgspaß *m*; **2.** (*действие*) Übergang *m* (1*); ~ че́рез го́ры das Überquéren des Gebírges

перева́л||ец: ходи́ть с ~ьцем *разг.* wátscheln *vi*, éinen wíegenden Gang háben

перева́ливать *см.* перевали́ть; **~ся** wátscheln *vi*

перевал||и́ть 1. (*переложить*) hinüberwälzen *vt*; **2.** (*перейти и т. п.*) überschréiten* *vt*; **3.** *безл. разг.*: ему́ ~и́ло за со́рок er ist über víerzig, er ist über die víerzig hináus; ~и́ло за́ полночь Mítternacht ist schon vorbéi

перева́л||ка *ж* Úmschlag *m* -(e)s, Úmladen *n* -s; ~ка гру́зов Güterumschlag *m*; **~очный** Úmschlag-, Úmlade-; ~очный пункт Úmschlagplatz *m* (1*)

перева́ривание *с* Verdáuung *f*, Verdáuen *n* -s; *мед. тж.* Digestión *f*

перева́ривать *см.* перевари́ть; ◇ она́ его́ не перева́ривает *разг.* sie kann ihn nicht áusstehen [léiden]; **~ся 1.** *см.* перевари́ться; **2.** *страд.* zerkócht wérden

перевари́мость *ж* Verdáulichkeit *f*

перевари́ть 1. (*заново*) noch éinmal kóchen; **2.** (*чересчур*) zerkóchen *vt*, zu lánge kóchen lássen*, verkóchen *vt*; **3.** (*о желудке*) verdáuen *vt*; **~ся 1.** (*чересчур*) zerkócht wérden, zerkóchen *vi* (s); **2.** (*в желудке*) verdáut wérden

перевезти́ befördern *vt*, transportíeren *vt* (*что-л.*); übersetzen *vt* (*через реку*); ~ во́дным путём auf dem Wásserweg befördern

переверну́ть 1. (úm)wénden * *vt*, úmdrehen *vt*, úmkehren *vt*; ~ страни́цу die Séite wénden*; **2.** (*опрокинуть*) úmkehren *vt*, úmstülpen *vt*, úmkippen *vt*; **3.** *разг.* (*изменить*) ändern *vt*; э́то собы́тие совсе́м переверну́ло её жизнь díeses Eréignis hat ihr Lében völlig geändert; ◇ ~ всё вверх дном das Únterste zuóberst kéhren, álles auf den Kopf stéllen; ~ весь мир die Welt aus den Ángeln hében*; **~ся 1.** sich (úm)wénden *, sich úmdrehen; **2.** (*опрокинуться*) úmkippen *vi* (s), úmschlagen* *vi* (s); kéntern *vi* (s) (*о средствах передвижения на воде*)

переверста́ть *полигр.* neu umbréchen* *vt*

перевёрстка *ж полигр.* Úmbruch *m* -(e)s (mit Änderungen)

перевёрстывать *см.* переверста́ть

перевёртывать *см.* переверну́ть; **~ся 1.** *см.* переверну́ться; **2.** *страд.* (úm)gewéndet wérden (*ср.* переверну́ть)

переве́с *м* **1.** (*излишек в весе*) Übergewicht *n* (2); **2.** *перен.* Übergewicht *n* - (e)s; Übermacht *f* (*превосходство*); ~ голосо́в Stímmenmehrheit *f*; с ~ом в 50 голосо́в mit éinem Vórsprung von 50 Stímmen; име́ть ~ überhánd¦nehmen* *отд. vi*

переве́сить 1. (*взвесить вторично*) náchwiegen* *vt*; **2.** (*повесить иначе*) úmhängen *vt*; ánderswo áufhängen *vt*; **3.** (*превзойти в весе*) schwérer sein, überwíegen* *vi*; **4.** *перен. разг* (*иметь перевес*) überwíegen* *vt*, das Übergewicht bekómmen* (über j-n)

переве́ситься sich über etw. (*A*) béugen [néigen]

перевести́ 1. (*кого-л. через улицу и т. п.*) (hin)überführen *vt*; **2.** (*переместить*) überführen *vt*; úmstellen *vt*; verlégen *vt*, verlágern *vt*; versétzen *vt*; ~ на друго́е ме́сто verlágern *vt*; ~ в друго́й го́род in éine ándere Stadt versétzen; ~ по́езд на запасно́й путь den Zug aufs Ábstellgleis fáhren*; ~ ученика́ в сле́дующий класс éinen Schüler versétzen ~ на хозрасчёт auf wírtschaftliche Réchnungsführung úmstellen; ~ на вое́нное положе́ние auf den Krieg úmstellen; ~ на инвали́дность auf Invalídenrente [-va-] sétzen; ~ сбереже́ния на и́мя жены́ das Spárgeld auf den Námen der Frau úmschreiben lássen*; **3.:** ~ взгляд [взор, глаза́] с кого́-л. на кого́-л. von éinem zum ánderen blícken, den Blick von j-m zu j-m wénden*; **4.** (*на другой язык*) übersétzen *vt*; übertrágen* *vt*; náchdichten *vt* (*о стихах*); ~ с неме́цкого языка́ на ру́сский aus dem Déutschen ins Rússische übersétzen; **5.** (*деньги*) überwéisen* *vt*; ánweisen* *vt*; ~ де́ньги по по́чте Geld durch die Post ánweisen*; **6.** (*стрелку, рычаг и т. п.*) stéllen *vt*; ~ стре́лку часо́в наза́д [вперёд] die Uhr zurückstellen [vórstellen]; ~ стре́лку *ж.-д.* die Wéiche stéllen; **7.** (*одну меру в другую*) úmrechnen *vt*; **8.** (*рисунок и т. п.*) dúrchpausen *vt*; ◇ ~ дух (tief) Luft hólen; éine Verschnáufpause máchen

перевести́сь I (*из одного города, учреждения и т. п.*) sich versétzen lássen*

перевести́сь II *разг.* (*исчезнуть*) verschwínden* *vi* (s); áusgehen* *vi* (s), álle sein [wérden] (*о деньгах, товарах*); áussterben* *vi* (s) (*о животных*)

переве́шать *см.* переве́сить 1

перевéшивать *см.* перевéсить

перевéшиваться I *см* перевéситься

перевéшиваться II *страд.* náchgewogen wérden (*ср.* перевéсить 1, 2)

перевивáть *см.* перевить; **~ся 1.** *см.* перевиться; **2.** *страд.* umwúnden wérden; durchflóchten wérden

перевидáть víeles geséhen háben

перевирáть *см.* переврáть

перевить umwínden* *vt*; verfléchten* *vt*, durchfléchten* *vt*; **~ся** sich verfléchten*, sich verwírren, sich verschlíngen*

перевóд I *м* **1.** (*перемещение*) Überführung *f* (10); Úmstellung *f* (10), Verlégung *f*, Verlägerung *f*; Versétzung *f*; ~ на другую рабóту Úmsetzung auf éinen ánderen Árbeitsplatz; ~ на воéнное положéние Úmstellung auf den Krieg; **2.** (*на другой язык*) Übersétzung *f* (10); Übertrágung *f* (10); Translatión *f* (10); Náchdichtung *f* (10) (*о поэзии*); Náchschöpfung *f* (*свободный, художественный*); обрáтный ~ Rücküberseztung *f*, послóвный ~ wórtweise Übersétzung; вóльный ~ fréie Übersétzung; ~ на роднóй язык Hér¦übersetzung *f*; ~ с роднóго на инострáнный язык Hín¦übersetzung *f*; ~ с немéцкого языкá на рýсский Übersétzung aus dem Déutschen ins Rússische; худóжественный ~ künstlerische Übersétzung; машúнный ~ maschinélle Übersétzung, Maschínenübersetzung *f*, automátische [automátisch-elektrónische] Übersétzung; двусторóнний ~ bilateráles Dólmetschen; ýстный ~ Dólmetschen *n* -s; синхрóнный ~ Simultándolmetschen *n*, Simultánübersetzung *f*; послéдовательный ~ Konsekutívdolmetschen *n*; ошибóчный ~ Féhlübersetzung *f*; текстуáльный ~ wórtgetreue Übersétzung; искýсство ~а die Kunst der Übersétzung; **3.** (*денег*) Überwéisung *f* (10); Géldanweisung *f*, Géldüberweisung *f*; Géldsendung *f* (10); Póstanweisung *f* (*по почте*); Dráhtanweisung *f*, telegráfische Überwéisung (*по телеграфу*); Lúftpostanweisung *f* (*авиапочтой*); бáнковский ~ Bánküberweisung *f*; Bánkanweisung *f*, Ánweisung auf éine Bank; **4.** (*стрелок часов*) Stéllen *n* -s; **5.** *ж.-д.*: ~ стрéлок Wéichenstellen *n* -s; стрéлочный ~ Wéiche *f* (11); **6.** *мат.* Úmrechnung *f* (10); **7.:** ~ трубопровóда Róhrbrücke *f* (11), Düker *m* (6); **8.** (*рисунка и т. п.*) Dúrchpausen *n* -s

перевóд II *м* *разг.* (*бесполезное расходование*) Verschléuderung *f*, Verschwéndung *f*, Vergéudung *f*

переводить *см.* перевести

переводиться I **1.** *см.* перевестись I; **2.** *страд.* (hin)übergeführt wérden (*ср.* перевести)

переводиться II *см.* перевестись II; дéньги у них не переводятся sie sind ímmer bei Kásse

переводн||óй: ~áя бумáга Páuspapier *n* -s; Kóhlepapier *n*; ~áя картинка Ábziehbild *n* (5)

перевóдн||ый *и* **переводнóй 1.** übersétzt, übertrágen, Übersétzungs-, Übertrágungs-; ~ая литератýра Übersétzungsliteratur *f*; **2.** (*предназначенный для перевода денег*) übertrágbar Übertrágungs-, Überwéisungs-; ~ый бланк Überwéisungsformular *n* (2); ~ый вéксель *фин.* Trátte *f* (11), trassíerter Wéchsel; ◇ ~ый рубль transferábler Rúbel

перевóдческий Übersétzer-; übersétzerisch; translatórisch; Dólmetscher-

перевóдчи||к *м* Spráchmittler *m* (6); Übersétzer *m* (6) (*литературы*); Dólmetscher *m* (6) (*устный*); синхрóнный ~к, ~к-синхронист Simultándolmetscher *m*; поэ́т- ~к Náchdichter *m* (6); ~ца *ж* Übersétzerin *f* (12) (*литературы*); Dólmetscherin *f* (12) (*устная*)

перевóз *м* **1.** Beförderung *f*, Transpórt *m* -s; Überfahrt *f* (10); **2.** *разг.* (*паром*) Fähre *f* (11)

перевозбуждéние *с* Überréizung *f* (10)

перевозить *см.* перевезти

перевóзка *ж* Transpórt *m* (1), Beförderung *f* (10); ~ по желéзной дорóге, железнодорóжная ~ Bahntransport *m*, Schíenentransport *m*; ~ грýзов Gütertransport *m*, Güterbeförderung *f*; ~ пассажиров Persónenbeförderung *f*; Persónenverkehr *m* -s; ~ в контéйнерах, контéйнерная ~ Behälterverkehr *m*, Behältertransport *m*, Containerverkehr [kən'te:nər-] *m*; ~ вóдным путём Schíffstransport *m*, Transpórt per Schiff; план перевóзок Transpórtplan *m* (1*)

перевóз||очный Transpórt-; Beförderungs-, Verkéhrs-; ~очные срéдства Transpórtmittel *pl*; **~чик** *м* Fährmann *m* (4) (*pl тж* -leute) (*на пароме*); Bóotsmann *m* (*на лодке*)

переволновáться *разг.* sich (übermäßig) áufregen, vor Áufregung vergéhen*

перевооружáть(ся) *см.* перевооружить(ся)

перевооружéние *с* **1.** *воен.* Úmrüstung *f*, Úmbewaffnung *f*; **2.:** техническое ~ téchnische Ernéuerung [Néuausrüstung]; ~ промышленности Néuausrüstung der Industríe

перевооружить **1.** *воен.* úmrüsten *vt*, úmbewaffnen *vt*; neu áusrüsten *vt*; **2.** (*промышленность и т. п.*) neu áusrüsten *vt*; **~ся** úmrüsten *vi*

перевоплотиться, перевоплощáться sich úmgestalten; sich verkörpern (*об актёре*)

перевоплощéние *с* Úmgestaltung *f* (10); Verkörperung *f* (10) (*об актёре*)

переворáчивать(ся) *см.* перевернýть(ся)

переворóт *м* **1.** Úmwälzung *f* (10), Úmsturz *m* (1*); наýчно-технический ~ wíssenschaftlich-téchnische Revolutión [-vo-]; промышленный ~ industriélle Revolutión; революциóнный ~ revolutionärer Úmschwung [Úmsturz]; политический ~ polítische Úmwälzung, polítischer Úmschwung; социáльный ~ soziále Úmwälzung *f*; госудáрственный ~ Stáatsstreich *m* (1); воéнный ~ Militärputsch *m* (1); дворцóвый ~ Palástrevolution *f* (10); **2.** *ав.* Ábschwung *m* (1*)

перевоспитáние *с* Úmerziehung *f*

перевоспитáть, перевоспитывать úmerziehen* *vt*

переврáть *разг.* verdréhen *vt*

перевыборн||ый Néuwahl-; ~ая кампáния Néuwahlkampagne [-,panjə] *f* (11); ~ое собрáние Wáhlversammlung *f* (10)

перевыборы *мн.* Néuwahlen *pl*

перевыполнéние *с* Übererfüllung *f* (10); Überbíetung *f* (10); ~ плáна die Übererfüllung des Plans, Plánvorsprung *m* (1*)

перевыполнить, перевыполнять übererfüllen *vt*; überbíeten* *vt*; ~ план den Plan übererfüllen, das Plánziel überbíeten*, éinen Plánvorsprung erréichen; ~ нóрму die Norm [das Soll] übererfüllen [überbíeten*]; задáние перевыполнено на 10% die Plánauflage ist mit 10% übererfüllt wórden

перевязáть 1. (*рану*) verbínden* *vi*; **2.** (*верёвкой и т. п.*) (zú)bínden* *vt*; úmbinden* *vt* (*обвязать*); **3.** (*чулки и т. п.*) úmstricken *vt*; úmhäkeln *vt* (*крючком*); **~ся** sich úmbinden*

перевязка *ж* **1.** *мед.* das Ánlegen éines Verbándes; ~ сосýдов das Ábbinden von Gefäßen; ~ пуповины Nábelschnurunterbindung *f*; **2.** *разг.* (*повязка*) Verbánd *m* (1*); **3.:** ~ клáдки *стр.* Máuerverband *m* (1*)

перевязочн||ая *сущ.* *ж* Verbándraum *m* (1*), Verbándstation *f* (10); **~ый** Verbánd-; ~ый пункт Verbándstelle *f* (11); ~ый материáл Verbándstoff *m* (1), Verbándzeug *n* - (e)s

перевязывать *см.* перевязáть; **~ся 1.** *см.* перевязáться; **2.** *страд.* verbúnden wérden (*ср.* перевязáть)

перéвяз||ь *ж* **1.** (*ремень*) Schúlterriemen *m* (7) (*воен.*); Schärpe *f* (11) (*лента*); **2.** (*для больной руки*) Ármschlinge *f* (11); держáть рýку на ~и den Arm in der Schlínge [Bínde] trágen*

перегáр *м* *разг.* Schnápsgeruch *m* (1*)

перегиб *м* **1.** (*действие*) Bíegung *f*, Úmbiegen *n* -s; **2.** (*место*) Bíegung *f* (10); **3.** *перен.* Überspítzung *f* (10), Übertréibung *f* (10), Extrém *n* (2)

перегибáть *см.* перегнýть; **~ся 1.** *см.* перегнýться; **2.** *страд.* úmgebogen wérden

переглáдить bügeln *vt*, plätten *vt*

перегласóвка *ж* *лингв.* Úmlaut *m* (1)

переглядываться einánder Blícke zúwerfen*, Blícke wéchseln

переглянýться éinen Blick wéchseln, sich (gégenseitig) éinen Blick zúwerfen*

перегнáть 1. (*обогнать*) überhólen *vt*; *перен.* *тж.* j-m voráus sein; **2.** (*в другое место*) an éinen ánderen Ort tréiben*; flíegen* *vt* (*самолёты*); **3.** *хим.*, *тех.* destillíeren *vt*

перегнивáть, перегнить vermódern *vi* (s); verfáulen *vi* (s)

перегнóй *м* Húmus *m* =; Módererde *f*, Dúngerde *f*; богáтая перегнóем пóчва húmusreicher Bóden; **~ный** Húmus-; ~ная пóчва Húmusboden *m* (7*)

перегнýть 1. úmbiegen* *vt*; **2.** *перен.* übertréiben* *vt*, überspítzen *vt*; ◇ ~ пáлку *разг.* es zu weit tréiben*; den Bógen überspánnen; **~ся 1.** sich bíegen*; **2.** (*наклониться*) sich béugen (чéрез что-л. über *A*)

перегова́риваться sich unterhálten*, pláudern *vi*

переговорить 1. (*о чём-л.*) bespréchen* *vt*; ~ с кем-л. j-n sprechen*, mit j-m Rücksprache néhmen*; **2.** *разг.* (*кого-л.*) j-n múndtot máchen, j-n tótreden *отд.*

переговóрн||ый: ~ый пункт (*телефона*) Férnsprechstelle *f* (11); ~ое устрóйство Wéchselsprechanlage *f* (11)

переговóр||ы *мн.* **1.** Verhándlungen *pl*, Unterhándlungen *pl*; Unterrédungen *pl*; Rücksprache *f* (11); Gespräch *n* (2); дипломатические ~ы diplomátische Verhándlungen; мирные ~ы Fríedensverhandlungen *pl*; торгóвые ~ы Geschäftsverhandlungen *pl*, geschäftliche Unterrédungen; предварительные ~ы vórbereitende Bespréchungen, Vórverhandlungen *pl*, Präliminärverhandlungen *pl*; ~ы о перемирии Wáffenstillstandsverhandlungen *pl*; готóвность к ~ам Verhándlungsbereitschaft *f*; Verhándlungswille *m* -ns; вступи́ть в ~ы in Unterhándlungen tréten*, Unterhándlungen ánbahnen [ánknüpfen, áufnehmen*]; вести́ ~ы unterhándeln *vi*, verhándeln *vi*, Verhándlungen führen; путём ~ов auf dem Verhándlungswege; реши́ть вопро́с путём ~ов die Fráge auf dem Verhándlungsweg [auf dem Wége der Verständigung] lösen; на всём протяже́нии ~ов während der gánzen Verhándlungszeit; прерва́ть ~ы die Verhándlungen ábbrechen*; закули́сные ~ы Gehéimverhandlungen *pl*; Kúhhandel *m* -s; **2.** (*разговор*) Gespräch *n* (2); междугоро́дные ~ы по телефо́ну Férngespräch *n*

перего́н I *м* (*скота*) Hinübertreiben *n* -s

перего́н II *м* (*расстояние между станциями*) Zwíschenstrecke *f* (11); Strécke *f*, Stréckenabschnitt *m* (1)

перего́нка *ж хим., тех.* Destillatión *f*; суха́я ~ Sublimatión *f*, Tróckendestillation *f*

перего́нный Destillatións-; Destillíer-; ~ куб [сосу́д] Destillatiónsgefäß *n* (2), Destillíergefäß *n*

перегоня́ть *см.* перегна́ть

перегора́живать *см.* перегороди́ть

перего||ра́ние *с* Verbrénnen *n* -s; Dúrchbrennen *n* (*электрической лампочки*); **~ра́ть, ~ре́ть** verbrénnen* *vi* (s); dúrchbrennen* *vi* (s) (*об электрической лампочке*)

перегороди́ть durch éine Schéidewand trénnen

перегоро́дк||а *ж* Trénnwand *f*, Zwíschenwand *f*; несу́щая ~а trágende Trénnwand [Zwíschenwand]; доща́тая ~а Brétterverschlag *m* (1*); ста́вить ~у éine Zwíschenwand éinziehen*

перегре́в *м тех.* Überhítzung *f*; **~а́ние** *с* Überhítzung *f*; **~а́тель** *м тех.* Überhítzer *m* (6)

перегрева́ть(ся) *см.* перегре́ть(ся)

перегре́ть überhítzen *vt*; перегре́тый пар *тех.* überhítzter Dampf; **~ся** überhítzt wérden, sich überhítzen

перегружа́тель *м тех.* Úmlader *m* (6); мостово́й ~ Verládebrücke *f* (11)

перегружа́ть *см.* перегрузи́ть; **~ся** **1.** *см.* перегрузи́ться; **2.** *страд.* überláden wérden (*ср.* **перегрузи́ть**)

перегру́женность *ж* **1.** (*чего-л.*) Überlástung *f*; **2.** (*кого-л.*) Überlástung *f*, Überbeanspruchung *f*, übermäßige Beánspruchung

перегрузи́ть **1.** (*чересчур нагрузить что-л.*) überláden *vt*, über(be)lásten *vt*, überánstrengen *vt*; **2.** *перен.* (*кого-л. работой*) überlásten *vt*, überbeanspruchen *vt*, überfórdern *vt*; **3.** (*в другое место*) úmladen* *vt*; úmschlagen* *vt* (*товары и т. п.*); **~ся** *разг.* überlástet wérden

перегру́зк||а *ж* **1.** (*чрезмерная нагрузка чего-л.*) Überládung *f*, Überbelastung *f*, Überlástung *f*, Überánstrengung *f*; **2.** *перен.* (*кого-л. работой*) Überlástung *f*, Überbeánspruchung *f*, Überförderung *f*; **3.** (*в другое место*) Úmladung *f* (10); Úmschlag *m* (1*) (*товаров и т. п.*); **4.** *спец.*: испы́тывать терми́ческие ~и überhohen Temperatúren áusgesetzt wérden

перегруппир||ова́ть úmgruppieren *vt*; **~о́вка** *ж* Úmgruppierung *f* (10); **~о́вывать** *см.* перегруппирова́ть

перегрыза́ть, перегры́зть dúrchnagen *vt*; dúrchbeißen* *vt*

перегры́зться **1.** (*о собаках*) sich herúmbeißen*; **2.** *разг.* (*о людях*) sich verzánken

пе́ред *предлог* **1.** (*впереди чего-л.*) vor (*A на вопрос «куда?», D на вопрос «где?»*); он останови́лся ~ две́рью er blieb vor der Tür stéhen; ~ на́ми больша́я зада́ча vor uns steht éine gróße Áufgabe; не остана́вливаться ~ тру́дностями kéine Schwíerigkeiten schéuen; **2.** (*до чего-л.*) vor (*D*); ~ нача́лом заня́тий vor Begínn des Únterrichts; принима́ть ~ едо́й vor dem Éssen éinnehmen*; ~ тем как вы́йти, он сказа́л bevór er fórtging, ságte er; **3.** (*по сравнению с кем-л., чем-л.*) im Vergléich (mit *D*, zu *D*); **4.:** быть винова́тым ~ кем-л. j-m gegenüber schúldig sein; извини́ться ~ кем-л. sich bei j-m entschúldigen; отвеча́ть ~ зако́ном vor dem Gerícht verántworten; долг ~ ро́диной die Pflicht der Héimat gegenüber

перёд *м* Vórderteil *m* (1), Vórderseite *f* (11)

передава́ть *см.* переда́ть; **~ся** **1.** *см.* переда́ться; *тж.* ánsteckend sein (*о болезнях*); **2.** *страд.* übergében wérden (*ср.* переда́ть); *радио* áusgestrahlt [geséndet] wérden

передави́ть zerquétschen *vt*, zerdrücken *vt*; zertréten* *vt* (*растоптать*)

передари́ть álles nach und nach schénken, álles an j-n verschénken

переда́точн||ый Übertrágungs-; Übergabe-; ~ый акт Übergabeakt *m* (1); ~ый пункт Übergabestelle *f* (11); ~ая на́дпись (*на векселе*) Indossamént *n* (2); ~ый механи́зм *тех.* Getríebe *n* (6)

переда́тчик *м* **1.** *радио* Séndеr *m* (6), Séndeanlage *f* (11), Séndestation *f*; коротково́лновый ~ Kúrzwellensender *m*; **2.** (*человек*) Überbrínger *m* (6)

переда́ть **1.** übergében* *vt*, überréichen *vt*; übertrágen* *vt*; überbríngen* *vt*, übermítteln *vt* (*доставить*); übereígnen *vt* (*в собственность*); áusrichten *vt* (*слова и т. п.*); ~ из рук в ру́ки (*документ, вещь и т. п.*) áushändigen *vt*; ~ приве́т [покло́н] éinen Gruß bestéllen [áusrichten, überbríngen*]; ~ боле́знь ánstecken *vt*; ~ да́льше wéitergeben* *vt*; wéiterreichen *vt*; ~ в ру́ки наро́да in die Hände des Vólkes [in Vólkseigentum] überführen; ~ в эксплуата́цию der Bestímmung übergében*, in Betríeb néhmen*; ~ де́ло в суд geríchtlich vórgehen*; ~ на хране́ние in Verwáhrung gében*; ~ по насле́дству verérben *vt*; ~ сме́ну die Schicht übergében*; **2.** (*воспроизвести*) wíedergeben* *vt*; **3.** (*по радио*) sénden *vt*, übertrágen* *vt*, dúrchgeben* *vt*; (áus)stráhlen *vt*; bríngen* *vt*; «передаём произведе́ния сове́тских компози́торов» «wir bringen Wérke von Sowjétkomponisten»; **4.** (*сообщить*) míttеilen *vt*; mélden *vt*; **5.** *разг.* (*дать больше, чем надо*) zu viel gében*; **~ся** **1.** sich fórtpflanzen; übertrágen wérden; **2.** *разг. уст.* (*перейти на чью-л. сторону*) übergehen* *vi* (s)

переда́ч||а *ж* **1.** (*действие*) Übergabe *f*, Überréichung *f*; Übertrágung *f*, Überbríngung *f*; Áushändigung *f*; Wéitergabe *f*; Übermítt(e)lung *f*; ~а в ру́ки наро́да Überführung in Vólkseigentum; ~а в обще́ственное по́льзование Überführung in Geméineigentum; ~а в со́бственность *юр.* Übereígnung *f*; ~а о́пыта Erfáhrungsaustausch *m* -es, Vermíttlung *f* [Wéitergabe *f*] von Erfáhrungen, Erfáhrungsübermittlung *f*; ~а дежу́рства Díenstübergabe *f*; ~а сме́ны Schíchtübergabe *f*, Schíchtwechsel *m* -s; ~а де́нег Áushändigung von Geld; ~а эне́ргии *эл.* Kráftübertragung *f*; ~а на усмотре́ние Überwéisung zur Entschéidung; Anhéimstellung *f*; ~а по а́кту protokollárische Übergabe; ~а по принадле́жности Überwéisung entspréchend der Zúständigkeit; для ~и (*кому-л.*) *офиц.* zur Wéiterleitung; с ~ей [для ~и] в со́бственные ру́ки (*на адресе*) zu éigenen Händen; без права ~и nicht übertrágbar; **2.** (*воспроизведение*) Wíedergabe *f*; **3.** *радио, тлв.* Rúndfunksendung *f* (10), Rúndfunkübertragung *f* (10), Séndung *f* (*по радио*); Férnsehsendung *f* (*по телевидению*); пряма́я ~а Livesendung ['laif-] *f*, Diréktsendung *f*; цветна́я ~а Fárbsendung *f*; чёрно-бе́лая ~а Schwarzwéißsendung *f*; специа́льная ~а Sóndersendung *f*; музыка́льная ~а Musíksendung *f*; литерату́рная ~а Literatúrsendung *f*; ~а по зая́вкам Wúnschsendung *f*; ~а для молодёжи Júgendfunk *m* -(e)s; ~а для дете́й Kínderfunk *m*; програ́мма переда́ч Séndeplan *m* (1*), Prográmmvorschau *f*; се́рия переда́ч Séndereihe *f* (11), Séndefolge *f* (11); вре́мя ~и Séndezeit *f*; ~а непосре́дственно из теа́тра [со стадио́на] Diréktübertragung aus dem Theáter [aus dem Stádion]; ~а докла́да по ра́дио Rúndfunkvortrag *m* (1*); **4.** (*больному в больнице и т. п.*) das Mítgebrachte (*sub*), die mítgebrachten Sáchen (*вещи*); die mítgebrachten Lébensmittel (*продукты*); **5.** *тех.* Transmissión *f* (10), Ántrieb *m* (1); *авто* Getríebe *n* (6); бесступе́нчатая ~ stúfenloses Getríebe; винтова́я ~ Schráubengetriebe *n* (6); клиноремённая ~а Kéilriemenantrieb *m*; фрикцио́нная ~а Réibradgetriebe **6.** *спорт.* Ábgabe *f*

передаю́щ||ий *прич.* **1.** *см.* переда́ть; **2.** *в знач. прил.*: ~ая радиоста́нция Séndestation *f* (10)

передвига́ть *см.* передви́нуть; **~ся** **1.** *см.* передви́нуться; **2.** (*ходить*) sich bewégen; **3.** *страд.* verschóben wérden (*ср.* передви́нуть)

передвиже́н||ие *с* Verschíebung *f* (10); ~ие во́йск Trúppenbewegung *f*, Trúppenverschiebung *f*; сре́дства ~ия Transpórtmittel *pl*; свобо́да ~ия Bewégungsfreiheit *f*; Fréizügigkeit *f*; ~ие ио́нов *физ.* Iónenwanderung *f*; ~ие согла́сных *лингв.* Láutverschiebung *f*

передви́жка *ж разг.* **1.** Verschíebung *f* (10); ~ льдов Éisverschiebung *f*; **2.:** библиоте́ка-~ Wánderbibliothek *f* (10), flíegende Bibliothék; **3.** (*киноустановка*) Fílmvorführwagen *m* (7), Lándfilmwagen *m*

передви́жники *мн.* (*художники*) Peredwíshniki *pl*, Wánderaussteller *pl*

передвижн||о́й **1.** Schíebe-; fáhrbar, verstéllbar; **2.** (*функционирующий не на одном месте*) Wánder-; ~а́я вы́ставка Wánderausstellung *f* (10), Wánderschau *f* (10)

передви́нуть **1.** verschíeben* *vt*; wéiterrücken *vt* (*подвинуть дальше*); verlégen *vt* (*срок*); **2.** (*стрелку, рычаг и т. п.*) stéllen *vt*; ~ стре́лку часо́в наза́д [вперёд] die Uhr zurückstellen [vórstellen]; **~ся** sich verschíeben*

переде́л *м* **1.** Aufteilung *f* (10), Úmverteilung *f*; ~ (земли́) *ист.* Néuverteilung [Néuaufteilung] des Geméindelandes nach der Kópfzahl; ~ ми́ра Néuaufteilung der Welt; **2.: кри́чный** ~ *мет.* Hérdfrischen *n* -s

переде́лать 1. (*сделать иначе*) úmarbeiten *vt*, úmgestalten *vt*; ändern *vt*, úmändern *vt* (*изменить*); úmformen *vt* (*перевоспитать*); ~ для кино́ (*литературное произведение*) verfílmen *vt*; **2.** *разг.*: ~ у́йму дел viel [éine Ménge] schäffen [léisten]

передели́ть neu áufteilen *vt*

переде́лк||а *ж* Úmarbeitung *f* (10); Úmgestaltung *f* (10); Änderung *f* (10), Úmänderung *f* (*изменение*); ~а для кино́ (*литературного произведения*) Verfílmung *f* (10); ~а пути́ *ж.-д.* Gléisumbau *m* -(e)s; отда́ть что-л. в ~у etw. zur Úmänderung gében*; etw. ändern lássen*; попа́сть в ~у *разг.* in éine héikle Láge geráten*

переде́лывать *см.* переде́лать 1

переде́льный: ~ чугу́н Stáhlroheisen *n* -s

передёргивать(ся) *см.* передёрнуть(ся)

передержа́ть 1. zu lánge hálten*; **2.** *фото* überbelichten *vt*; **3.** *разг.* (*экзамен*) nóchmals éine Prüfung áblegen, éine Náchprüfung áblegen

переде́ржка *ж* **1.** *фото* Überbelichtung *f* (10); **2.** *разг.* (*искажение*) Fälschung *f* (10) (des Sínnes, der Bedéutung)

передёрну||ть 1. *разг.* (*в картах*) fálschspielen *отд. vi*; unterschlágen* *vt*, beim Spiel betrügen*; **2.** *безл.*: его́ ~ло es schüttelte ihn; **~ться** zusámmenzucken *vi* (s), zusámmenfahren* *vi* (s)

передислока́ция *ж* *воен.* Úmdislozierung *f*, Néuverlegung *f*

передислоци́ровать *воен.* úmdislozieren *vt*, néuverlegen *отд. vt*

передненёбный: ~ звук *фон.* Vórdergaumenlaut *m* (1)

переднеязы́чный: ~ звук *фон.* Vórderzungenlaut *m* (1)

пере́дн||ий vórdere, Vórder-; ~яя часть Vórderteil *m* (1); ~ий план Vórdergrund *m* -(e)s; ~ие но́ги Vórderfüße *pl*; ~ий ход *тех.* Vórwärtsgang *m* -(e)s; ~ий край *воен.* Háuptkampflini¦e *f*; на ~ем кра́е *перен.* in den vórdersten [érsten] Réihen, in der vórdersten Lini¦e

пере́дник *м* Schürze *f* (11); наде́ть ~ éine Schürze úmbinden* [vórbinden*]

пере́дняя *сущ. ж* Flur *m* (1), Díele *f* (11), Kórridor *m* (1); Vórraum *m* (1*); Vórzimmer *n* (6) (*австр.*); Vórsaal *m* -s, *pl* -säle (*диал.*)

передо *предлог см.* пе́ред

передова́я *сущ. ж* **1.** (*статья*) Léitartikel *m* (6); **2.** (*район боёв*) vórderste Líni¦e

передове́рить, передоверя́ть 1. (*доверить*) ánvertrauen *vt*; **2.** *офиц.* (*передать полномочия*) séine Vóllmacht übergében*, Úntervollmacht ertéilen, únterbevollmächtigen *vt*

передови́к *м* Béstarbeiter *m* (6); Schríttmacher *m* (6), führender Árbeiter; Aktivist [-'vist] *m* (8), Spítzenarbeiter *m*; ~ произво́дства Béstarbeiter *m*; ~ соревнова́ния Schríttmacher *m* (6) im Wéttbewerb; ~ се́льского хозя́йства Méisterbauer *m* (8, 13)

передови́ца *ж* *разг.* Léitartikel *m* (6)

передов||о́й 1. Vor-; vórgeschoben; ~о́й отря́д Vórtrupp *m* -s, -s; ~о́й наблюда́тельный пункт *воен.* vórgeschobene Beóbachtungsstelle; **2.** *перен.* führend, Spítzen-; tónangebend; Best-; ~о́й рабо́чий Béstarbeiter *m* (6); ~а́я доя́рка Béstmelkerin *f* (12); ~о́е предприя́тие führender Betríeb, Spítzenbetrieb *m* (1); ~а́я ша́хта führender Schacht; ~ые но́рмы Béstnormen *pl*, Spítzennormen *pl*; **3.** (*прогрессивный*) fórtschrittlich, progressív, fórtgeschritten; ~о́й учёный fórtschrittlicher Wíssenschaftler; ~а́я нау́ка fórtgeschrittene Wíssenschaft; ~а́я те́хника modérne Téchnik; ~а́я литерату́ра fórtschrittliche Literatúr; ~а́я кри́тика vórwärtsweisende Kritík; ◇ ~а́я статья́ Léitartikel *m* (6)

передозиро́вка *ж* Überdosis *f* *pl*-sen; Überdosierung *f*

перед||о́к *м* **1.** Vórderteil *m* (1); Vórdergestell *n* (2); ~о́к плу́га Pflúgkarre *f* (11); **2.** *воен.* Vórderwagen *m* (7), Protze *f* (11); взять (ору́дие) на ~о́к (das Geschütz) áufprotzen *vt*; снять (ору́дие) с ~ка́ (das Geschütz) ábprotzen *vt*

передохну́ть Átem hólen; sich (ein wénig) erhólen (*отдохнуть*); háltmachen *отд. vi*, rásten *vi* (*сделать остановку*)

передра́зн||ивание *с* Náchäffen *n* -s; **~ивать, ~и́ть** náchäffen *vt*, *vi* (кого́-л. *A*)

передра́ться *разг.* sich in die Háare geráten*, sich in den Háaren líegen*, sich schlágen*

передро́гнуть *разг.* (ganz) durchfróren sein

передружи́ться *разг.* sich befréunden

передря́г||а *ж* *разг.* Pátsche *f*; Klémme *f*; попа́сть в ~у in die Klémme geráten*

переду́мать 1. (*изменить мнение*) sich éines ánderen besínnen*, sich (*D*) etw. ánders überlégen, séine Ánsicht ändern; **2.** (*обдумать многое или много раз*) überlégen *vt*; náchdenken* *vi* (о чём-л. über *A*)

переду́мывать *см.* переду́мать 1

передуши́ть méhrere (nacheinánder) erwürgen

переды́шк||а *ж* Erhólung *f*; Rast *f*, Rúhe *f*, Rúhepause *f* (*остановка*); Átempause *f* (11) (*короткая*; *тж. перен.*); Verschnáufpause *f* (*разг.*); дава́ть кому́-л. ~у j-m éine Átempause gönnen; дава́ть себе́ ~у sich (*D*) éine Átempause gönnen; без ~и únunterbrochen

перееда́ть *см.* перее́сть

перее́зд *м* **1.** Überfahrt *f* (10) (*через реку и т. п.*); Úmzug *m* (1*), Übersiedlung *f* (10) (*переселение*); **2.** (*место*) Wégübergang *m* (1*); *ж.-д.* Báhnübergang *m* (1*)

переезжа́ть *см.* перее́хать 1, 2; ~ с ме́ста на ме́сто von Ort zu Ort ziehen*

перее́сть 1. (*о ржавчине, кислоте и т. п.*) zerfréssen* *vt*; **2.** *разг.* (*чересчур много съесть*) sich überéssen*

перее́хать 1. (*через что-л.*) überfahren* *vi* (s), über etw. (*A*) fáhren* (s); **2.** (*куда-л.*) úmziehen* *vi* (s), verzíehen* *vi* (s), übersiedeln *vi* (s); séinen Wóhnsitz verlégen; ~ на но́вую кварти́ру úmziehen* *vi* (s); **3.** (*раздавить*) überfáhren* *vt*; ánfahren* *vt*

пережа́рить 1. (*слишком сильно зажарить*) zu stark bráten*, verbráten* *vt*, verbrénnen* *vt*; **2.** *разг.* (*изжарить всё*) álles bráten*; **~ся** (*о мясе и т. п.*) verbránnt sein

пережда́ть (áb)wárten *vt*; etw. vorübergehen lássen*

пережева́ть *см.* пережёвывать 1

пережёвывать 1. (zer)káuen *vt*; **2.** (*о жвачных животных*) wíederkäuen *vt*; **3.** *перен. разг.* únaufhörlich wiederhólen; wíederkäuen *vt*

пережени́ть(ся) *см.* жени́ть(ся)

пережéчь durchbrénnen* *vt*

пережив||а́ние *с* Gemütsbewegung *f* (10), Emotión *f* (10); Séelenzustand *m* -(e)s (*душевное состояние*); tíefer Éindruck (*впечатление*); Erlébnis *n* (3*) (*пережитое*); **~а́ть** *см.* пережи́ть 1

пережига́ть *см.* пережéчь

пережида́ть *см.* пережда́ть

пережи́т||ок *м* Überbleibsel *n* (6); Überrest *m* (1) (*остаток*); ~ок про́шлого Überbleibsel des Álten; überhólte Sáche; älter Zopf (*разг.*); искорене́ние ~ков про́шлого Áusmerzung *f* der Überreste des Álten

переж||и́ть 1. (*испытать*) erlében *vt*; dúrchmachen *vt* (*что-л. тяжёлое, печальное*); он мно́гое ~и́л er hat viel erlébt [dúrchgemacht], er hat viel hínter sich; он тяжело́ ~и́л э́то er hat es sich schwer zu Hérzen genómmen*; ~и́ть кри́зис éine Kríse dúrchmachen; **2.** (*кого-л., что-л.*) überlében *vt*; überdáuern *vt*; ◇ ~и́ть самого́ себя́ 1) (*сохранить значение после смерти*) sich (*D*) ein bléibendes Dénkmal sétzen, in der Erínnerung der Ménschen wéiterleben; 2) (*утратить значение при жизни*) schon zu Lébzeiten zur Bedéutungslosigkeit herábsinken*

пережо́г *м* *тех.* **1.** Überbrand *m* (1*); ~ ста́ли das Verbrénnen des Stahls; **2.** (*перерасход*) Méhrverbrauch *m* -(e)s, zu hóher Verbráuch

перезабы́ть gründlich (álles) vergéssen*

перезакла́д *м* *уст. см.* перезало́г; **~ывать** *см.* перезаложи́ть

перезаключ||а́ть *см.* перезаключи́ть; **~е́ние** *с* Ernéuerung *f* (10); ~е́ние догово́ра die Ernéuerung des Vertráges; **~и́ть** догово́р den Vertrág ernéuern [ernéut ábschließen*]

перезало́г *м* ernéute Verpfändung, Wíederverpfändung *f* (*вторичный залог*); Pfándverlängerung *f*, Pfándprolongation *f* (*возобновление залога*)

перезаложи́ть wíederverpfänden *vt*

переза́пись *ж* (*на магнитофон*) Überspielen *n* -s

перезаряди́ть, перезаряжа́ть náchladen* *vt*, dúrchladen* *vt* (*винтовку*); wiederáufladen* *vt*, náchladen* *vt*, láden* *vt* (*аккумулятор*); ~ фотоаппара́т éinen néuen Film éinlegen

перезво́н *м* Glóckengeläut *n* -(e)s

перезвони́ть noch einmál ánrufen*

перезимова́ть überwíntern *vi*

перезнако́мить (mit víelen, mit állen) bekánnt máchen; **~ся** (mit víelen, mit állen) bekánnt wérden, (gróße) Bekánntschaft máchen, sich mit állen nacheinánder bekánnt máchen

перезре́л||ый überreif; ~ая деви́ца [де́ва] *разг. ирон.* spätes Mädchen

перезре́ть überreif wérden

переигра́ть 1. (*вновь сыграть*) noch éinmal spíelen; **2.** (*сыграть всё, много*) (dúrch)spielen *vt*; der Réihe nach spíelen (*напр. ряд ролей*)

переи́грыв||ание *с* *спорт.* Wiederhólungsspiel *n* (2); **~ать 1.** *см.* переигра́ть 1; **2.** *театр.* im Spíel übertréiben*

переизбира́ть *см.* переизбра́ть

переизбр||а́ние *с* Wíederwahl *f* (10), Néuwahl *f*; **~а́ть** neu wählen; wíeder wählen *vt*

переиздава́ть *см.* переизда́ть

переизд||а́ние *с* Néuausgabe *f* (11); Néuauflage *f* (11), Néudruck *m* (1) (*стереотипное*); **~а́ть** wíederverlegen *vt*, éinen (unveränderten) Néudruck veránstalten, neu heráusgeben*

переименов||а́ние *с* Úmbenennung *f* (10); ~а́ние у́лиц Stráßenumbenennung *f*; **~а́ть** úmbenennen* *vt*, úmtaufen *vt*

переи́мчив||ость *ж разг.* Geléhrigkeit *f*; **~ый** *разг.* geléhrig

переина́чивать, переина́чить *разг.* úmändern *vt*, úmmodeln *vt*; verdréhen *vt* (*исказить*)

переиска́ть *разг.* (überáll) súchen *vi*

перейти́ 1. (hin)übergehen* *vt* (s); überschréiten* *vt* (*перешагнуть*); ~ в друго́е купе́ in ein ánderes Ábteil géhen* [überwechseln]; ~ из одного́ косми́ческого корабля́ в друго́й aus éinem Ráumschiff in das ándere úmsteigen* [überwechseln]; **2.** *перен.* übergehen* *vi* (s), übertreten* *vi* (s) (*тж. на чью-л. сторону*); ~ к друго́й те́ме zu éinem ánderen Théma übergehen*; ~ к сле́дующему [очередно́му] вопро́су zur nächsten Fráge übergehen*; ~ в католи́чество zum Katholizísmus [zur kathólischen Kírche] übertreten*; ~ в сле́дующий класс (in die nächste Klásse) versétzt wérden; ~ в други́е ру́ки den Besítzer wéchseln; ~ в со́бственность наро́да in Vólkseigentum übergehen*, vólkseigen wérden; дру́жба перешла́ в любо́вь die Fréundschaft wándelte sich in Líebe; die Fréundschaft ging in Líebe über; ссо́ра перешла́ в дра́ку der Streit ártete in Prügeléi aus; ◇ ~ все грани́цы álle Grénzen überschréiten*; ~ в наступле́ние zum Ángriff übergehen*; ~ к оборо́не zur Vertéidigung übergehen*; ~ на переда́чу *радио* auf Sénden schálten; ~ на приём *радио* auf Empfáng géhen*

перекале́чить *разг.* (víele) zum Krüppel máchen, (víele) verstümmeln [entstéllen]

перека́ливать, перекали́ть 1. (*металл*) überhärten *vt*; **2.** (*перегреть*) überhítzen *vt*

перека́лывать *см.* переколо́ть 4

перека́пывать *см.* перекопа́ть

перека́рмливать *см.* перекорми́ть

перека́т I *м*: ~ы гро́ма Dónnerrollen *n* -s

перека́т II *м* (*мель*) Sándbank *f*, Furt *f* (10), Übergang *m* (1*) (*in einem Fluß*); песча́ный ~ wándernde Sándbank

перекати́-по́ле *с бот.* Männertreu *f*

перекати́ть, перека́тывать (von éiner Stélle auf die ándere) róllen *vt* [wälzen *vt*]

перекача́ть, перека́чивать (aus éinem Gefäß in ein ánderes) púmpen *vt*; úmpumpen *vt*, fórtpumpen *vt*, überpumpen *vt*, dúrchpumpen *vt*; dúrchsetzen *vt* (*по трубопроводу*)

перека́шивать(ся) *см.* перекоси́ть(ся)

переквалифика́ция *ж* Úmqualifizierung *f*, Úmschulung *f*; Úmlernen *n* -s

переквалифици́ровать úmqualifizieren *vt*, úmschulen *vt*; **~ся 1.** sich úmqualifizieren; úmlernen *vt*; **2.** *страд.* úmqualifiziert [úmgeschult] wérden

перекид||а́ть *разг.* hinüberwerfen* *vt*, schméißen* *vt*, schléudern *vt*; **~но́й** Kipp-; ~на́я су́мка Úmhängetasche *f* (11); ~но́й календа́рь Úmlegekalender *m* (6)

переки́дывать *см.* перекида́ть *и* переки́нуть; **~ся 1.** *см.* переки́нуться; **2.** *страд.* hinübergeworfen wérden (*ср.* переки́нуть)

переки́нуть 1. (*через что-л.*) hinüberwerfen* *vt* (*по направлению от говорящего*); herüberwerfen* *vt* (*по направлению к говорящему*); **2.** *разг.* (*слишком далеко*) zu weit wérden*; ◇ ~ мост éine Brücke schlágen*; **~ся 1.** (*перескочить*) überspringen* *vi* (s); übergreifen* *vi* (auf *D*) (*распространиться — об огне и т. п.*); **2.** (*чем-л.*) einánder etw. zúwerfen*, miteinánder etw. wéchseln; ~ся слова́ми Wórte wéchseln; **3.** *разг.* (*на чью-л. сторону*) übertreten* *vi* (s), übergehen* *vi* (s)

перекипяти́ть nóchmal kóchen *vt*

перекиса́ть *см.* переки́снуть

перекисли́ть, перекисля́ть *хим.* übersäuern *vt*

переки́снуть zu sáuer wérden

пе́рекись *ж хим.* Súperoxid *n* (2), Péroxid *n*; ~ водоро́да Wásserstoffperoxid *n*

перекла́дина *ж* **1.** Quérbalken *m* (7), Quérriegel *m* (6); **2.** *спорт.* Reck *n* (2)

переклад||ны́е *сущ. мн. ист.*: éxahten на ~ы́х mit Póstpferden (*die auf jeder Station gewechselt werden*) réisen

перекла́дывать *см.* переложи́ть

перекле́ивать, перекле́ить 1. (*заново*) úmkleben *vt*; **2.** (*обоями*) neu tapezíeren *vt*

перекли́каться 1. (*с кем-л.*) einánder zúrufen*; **2.** *перен.* (*с чем-л.*) ánklingen* *vi*; ~ с совреме́нностью an das héutige Geschéhen ánklingen*

перекли́чк||а *ж* Áufruf *m* (1), Appéll *m* (1); Zählappell *m*; де́лать ~у áufrufen* *vt*, Appéll ábhalten*

переключа́тель *м тех.* Úmschalter *m* (6), Schálter *m*; анте́нный ~ Anténnenumschalter *m*, Sénde-Empfángs-Umschalter *m*; ~ све́та *авто* Ábblendschalter *m*; ~ диапазо́нов *радио* Wéllenschalter *m*

переключа́ть *см.* переключи́ть; **~ся 1.** *см.* переключи́ться; **2.** *страд.* úmgeschaltet wérden (*ср.* переключи́ть)

переключе́ние *с* **1.** *эл.* Úmschaltung *f* (10); **2.** *перен.* Úmstellen *n* -s; ~ промы́шленности на ми́рные ре́льсы Úmstellung der Industríe auf Fríedensproduktion

переключи́ть 1. *тех.* úmschalten *vt* *эл.*; ~ на бли́жний свет *авто* ábblenden *vi*; ~ на да́льний свет *авто* áufblenden *vi*; ~ переда́чу *авто* schálten *vi*; **2.** *перен.* úmstellen *vt*; ~ произво́дство на изготовле́ние друго́й проду́кции den Betríeb auf éine ándere Produktión úmstellen; **~ся** (*на что-л.*) sich úmstellen; он не мог ~ся на что́-либо друго́е er kónnte sich nicht auf etwas ánderes úmstellen

перекова́ть 1. úmschmieden *vt*; **2.** (*лошадь*) wieder [neu] beschlágen*; **3.** *перен.* (*о людях*) úmerziehen* *vt* ◇ ~ мечи́ на ора́ла die Schwérter zu Pflúgscharen úmschmieden

перекóвка *ж* **1.** (*лошадей*) Néubeschlagen *n* -s; **2.** *перен.* (*людей*) Úmerziehung *f*

перекóвывать *см.* перекова́ть

перекоди́ровать úmkodieren *vt*

переколоти́ть 1. *разг.* (*разбить*) álles zerbréchen* [zerschlágen*]; **2.** *разг.* (*избить*) víele [méhrere] dúrchprügeln [verprügeln]; **3.** (*приколотить иначе, заново*) von néuem ánnageln [ánschlagen*]

переколо́ть 1. *разг.* (*исколоть*) zerstéchen* *vt*; **2.** (*о скоте — всех, многих*) ábstechen* *vt*, ábschlachten *vt*; **3.** (*расколоть*) spálten* *vt*; zerhácken *vt* (*дрова*); zerstückeln *vt* (*сахар*); **4.** (*приколоть на другое место*) úmstecken *vt*

перекопа́ть 1. (*дорогу и т. п.*) quer dúrchgraben*; **2.** (*вскопать снова*) von néuem áufgraben*, úmgraben* *vt*

перекорми́ть überfüttern *vt*

перекóры *мн. разг.* Wórtwechsel *m* -s; (gégenseitige) Vórwürfe *pl*

перекóс *м* Verkántung *f*, Schíefstellung *f*

перекоси́ть 1. schräg stéllen [sétzen, hängen]; от сы́рости перекоси́ло око́нную ра́му der Fénsterrahmen hat sich vor Féuchtigkeit verzógen; **2.** *безл.* у него́ перекоси́ло лицо́, его́ перекоси́ло sein Gesícht verzérrte sich; **~ся 1.** sich krümmen; sich wérfen* (*о деревянных изделиях*); **2.** (*исказиться*) sich verzérren

перекочева́ть, перекочёвывать 1. (*о кочевниках*) wéiter zíehen* **2.** *разг.* (*перебраться куда-л.*) úmziehen* *vi* (s)

перекóшенный *прич.* **1.** *см.* перекоси́ть; **2.** *в знач. прил.* (*о лице*) verzérrt

перекра́ивать *см.* перекрои́ть

перекра́сить 1. (*заново*) úmfärben *vt*, neu färben; neu ánstreichen* (*забор, стены и т. п.*); neu sprítzen *vt* (*автомобиль*); **2.** (*всё, многое*) färben *vt* (*материю*); ánstreichen *vt* (*забор, стены и т. п.*); **~ся** *разг.* **1.** (*покрасить свои волосы в другой цвет*) sich (*D*) das Haar ánders färben [tönen] lássen*; **2.** *перен.* die Fárbe wéchseln

перекра́шивать(ся) *см.* перекра́сить(ся)

перекрести́ть 1. bekréuzigen *vt*; ségnen *vt*; **2.** *разг.* (*дать новое имя*) úmtaufen *vt*; **3.** (*расположить крест-накрест*) über Kreuz légen *vt*; **4.** (*перечеркнуть*) dúrchkreuzen *vt*; **~ся** sich bekréuzigen

перекрёстн||ый Kreuz-; ~ый допро́с Kréuzverhör *n* (2); ~ый разгово́р Gespräche *pl* über Kreuz; ~ый ого́нь *воен.* Kréuzfeuer *n* -s; ~ое опыле́ние *бот.* Kréuzbestäubung *f*; ~ая ри́фма *лит.* gekréuzter Reim, Wéchselreim *m* -(e)s

перекрёст||ок *м* Kréuzung *f* (10), Stráßenkreuzung *f*; Kréuzweg *m* (1); Wégekreuz *n* (2), Verkéhrsknotenpunkt *m* (1), Verkéhrskreuzung *f* (*пересечение дорог, распутье*); ◇ на всех ~ках *разг.* an állen Écken und Énden

перекре́щивать *разг.* (*о линиях и т. п.*) dúrchkreuzen *vt*; **~ся** sich kréuzen

перекрича́ть *разг.* (*кого-л.*) überschréien* *vt*; überstímmen *vt*; стара́ться ~ шум gégen den Lärm ánschreien*

перекрои́ть 1. (*заново*) ánders [neu] zúschneiden*; **2.** *перен.* úmarbeiten *vt*, úmformen *vt*, úmgestalten *vt*; **3.**: ~ всю мате́рию den gánzen Stoff verschnéiden*

перекрóйка *ж* Änderung *f* des Schníttes

перекрути́ть, перекру́чивать *разг.* (*пружину и т. п.*) überdréhen *vt*

перекрыва́ть *см.* перекры́ть

перекры́тие *с* **1.** *стр.* Überdéckung *f* (10); Décke *f* (11); ба́лочное ~ Trägerdecke *f*; железобето́нное ~ Stáhlbetondecke [-tɔŋ-] *f*; междуэта́жное ~

Geschóßdecke *f*, Zwíschendecke *f*; чердáчное ~ Dáchbodendecke *f*, Bódendecke *f*; **2.** (*рекú*) Ábriegelung *f*

перекры́ть 1. (*зáново*) neu décken *vt*; **2.** *разг.* (*кáрту*) áusstechen* *vt*; **3.** *стр.* überdécken *vt*, ábdecken *vt*; **4.** *разг.* (*превзойтú*) überbíeten* *vt*; übertréffen* *vt*, überschréiten* *vt*; ~ плáновые задáния die Plánaufgaben überbíeten*; **5.** (*приостановúть*) ábsperren *vt*; ábriegeln *vt*, ábdämmen *vt* (*рéку*); ~ вóду Wásser ábsperren; ~ движéние die Stráße spérren

перекувырнýть *разг.* úmkippen *vt*; **~ся** *разг.* **1.** (*о человéке*) sich überschlágen*; éinen Púrzelbaum máchen; **2.** (*опрокúнуться*) úmkippen *vi* (s), úmfallen* *vi* (s)

перекупáть, перекупúть 1. (*для перепродáжи*) (zum Wéiterverkauf) áufkaufen *vt*; **2.** *разг.* (*перебúть у когó-л.*) vor der Náse wégkaufen [wégschnappen]

перекýпщик *м* Áufkäufer *m* (6); Zwíschenhändler *m* (6), Kéttenhändler *m*

перекýр *м разг.*: устрóить ~ éine Ráuchpause [Zigaréttenpause] éinlegen

перекусúть 1. (*прóволоку, нúтку и т. п.*) dúrchbeißen* *vt*, zerbéißen* *vt*; **2.** *разг.* (*поéсть*) ein wénig éssen*; etw. zu sich néhmen*, éinen Ímbiß néhmen*; éine Erfríschung zu sich néhmen*

перекýсывать *см.* перекусúть I

перелагáть *см.* переложúть 5, 6

перелáмывать *см.* переломúть

перележáть *разг.* **1.** zu lánge líegen* *vi*; **2.** (*испóртиться*) von (zu) lángem Líegen verdérben *vi* (s)

перелезáть, перелéзть über etw. (*A*) kléttern; hinüberklettern *vi* (s) (*по направлéнию от говорящего*); herüberklettern *vi* (s) (*по направлéнию к говорящему*); ~ чéрез забóр den Zaun überstéigen*, über den Zaun kléttern

перелéска *ж бот.* Léberblümchen *n* (7)

перелéсок *м* kléines Wáldstück (*леснóй учáсток*); Wäldchen *n* (7), Júngholz *n* (5), Hain *m* (1) (*рóща*)

перелёт *м* **1.** (*птиц*) Zug *m* (1*), Vógelzug *m*, Strich *m* (1); **2.** (*самолёта*) Überflug *m* (1*); Überfliegung *f* (10) (чéрез что-л. *G*); **Flug** *m*; беспосáдочный ~ Nonstóp¦flug *m*; дáльний ~ Überlandflug *m*; трансокеáнский ~ Überseeflug *m*; ~ чéрез Сéверный пóлюс die Überfliegung des Nórdpols; **3.** (*при стрельбé*) Wéitschuß *m* -sses, -schüsse, Lángschuß *m*

перелетáть, перелетéть (hin)überfliegen* *vi* (s)

перелётн||ый: ~ые птúцы Zúgvögel *pl*, Strichvögel *pl*

перелéчь sich an éine ándere Stélle légen; ~ на другýю стóрону sich auf die ándere Séite légen

переливáн||ие *с* **1.** Úmgießen *n* -s, Úmschütten *n* -s; **2.** *мед.* Übertrágung *f* (10), Transfusión *f* (10); ~ие крóви Blútübertragung *f*, Blúttransfusion *f*; пóлное ~ие крóви Áustauschtransfusion *f*; аппарáт для ~ия крóви Blútübertragungsgerät *n* (2)

переливáть I **1.** *см.* перелúть I; **2.** (*о цвéте*) schíllern *vi*; ◇ ~ из пустóго в порóжнее *разг.* léeres Stroh dréschen*, Schaum schlágen*; den Bock mélken

переливáть II *см.* перелúть II

переливáться I **1.** *см.* перелúться; **2.** (*о цвéте*) schíllern *vi*; ~ всéми цветáми рáдуги in állen Régenbogenfarben schíllern; **3.** (*о звýке*) ineinánder übergehen* *vi* (s), verschmélzen* *vi* (s); **4.** *страд.* úmgegossen wérden (*ср.* перелúть I)

переливáться II *страд.* úmgegossen wérden (*ср.* перелúть II)

перелúвка *ж* (*метáлла*) Úmgießen *n* -s

перелúвчатый schíllernd; modulíerend (*о звýке*)

перелúвы *мн.* Modulatiónen *pl* (*звукóв*); Schíllern *n* -s, Fárbenspiel *n* -(e)s, das Ineinánderlaufen der Fárben (*крáсок*)

перелистáть, перелúстывать dúrchblättern *vt*; ~ кнúгу in éinem Buch blättern, ein Buch dúrchblättern; перелистáть нéсколько странúц (не читáя) ein paar Séiten überschlágen*

перелúть I **1.** úmgießen* *vt*, úmschütten *vt*; ~ винó в графúн den Wein in die Karáffe úmfüllen; **2.** (*чéрез край*) zu voll gíeßen* **3.** *мед.* übertrágen* *vt*; transfundíeren *vt* (*кровь*)

перелúть II (*переплáвить*) úmschmelzen* *vt*; úmgießen* *vt*

перелúться (*чéрез край*) überfließen* *vi* (s), überlaufen* *vi* (s); sich über den Rand ergíeßen*

перелицевáть wénden *vt*, úmwenden *vt*

перелицóв||ка *ж* Wénden *n* -s; **~ывать** *см.* перелицевáть

переловúть *см.* ловúть I

перелóг *м с.-х.* Áltbrache *f* (11), Bráche *f*, Bráchfeld *n* (5), Búschland *n* (5)

перелож||éние *с* **1.** *муз.* Vertónung *f*, Beárbeitung *f*; **2.** (*перерабóтка*) Übertrágung *f* (10) (*поэ́зии в прóзу*); **~úть 1.** (*переместúть*) úmlegen *vt* ánderswo hínlegen, úmräumen *vt*; **2.** (*произвестú зáново клáдку*) úmsetzen *vt* (*печь*); neu báuen *vt* (*кáменную стéну*); **3.** *разг.* (*положúть слúшком мнóго*) zu viel hinéintun*; **4.** (*чем-л.*) dazwíschenlegen *vt*, durchschíeßen* *vt* (*бумáгой*); ~úть я́блоки стрýжкой Äpfel in Hólzwolle verpácken; **5.** (*отвéтственность и т. п.*) auf éinen ánderen ábwälzen [übertrágen*, ábschieben*]; **6.** *муз.* vertónen *vt*, in Musík sétzen

перелóм *м* **1.** Bruch *m* (1*); ~ óси Áchsbruch *m*; **2.** (*кóсти*) Bruch *m* (1*); Knóchenbruch *m*; Fraktúr *f* (10); ~ ногú Béinbruch *m*; ~ ребрá Ríppenfraktur *f*; **3.** (*рéзкая перемéна*) Úmschlag *m* (1*) Wénde *f* (11), Wéndung *f* (10); Úmschwung *m* (1*); Úmkehr *f*; Kríse *f* (11), Krísis *f*, *pl* -sen (*болéзни*); Wéndepunkt *m* (1) (*поворóтный пункт*); корéнной ~ gründlegende Wéndung; **~áть** (álles) zerbréchen* *vt* [zerschlágen* *vt*]

переломúть 1. zerbréchen* *vt*; **2.:** ~ себя́ (*подавúть в себé*) sich bezwíngen*; ~ сон die Schläfrigkeit überwínden*; **~ся** zerbréchen* *vi* (s); bréchen* *vi* (s); knícken *vi* (s) (*надломúться*)

перелóмный Wénde-; ~ момéнт Wéndepunkt *m* -(e)s

перелопáчив||ание *с с.-х.* Úmschaufeln *n* -s; **~ать** *с.-х.* úmschaufeln

перемáзать *разг.* **1.** (*испáчкать*) beschmútzen *vt*, besúdeln *vt*; **2.** (*зáново замáзать*) neu kítten (*окóнные рáмы*); neu wáchsen (*лы́жи*); **~ся** *разг.* (*испáчкаться*) sich beschmútzen, sich besúdeln

перемáлывать *см.* перемолóть 2, 3

перемáнивать, перемани́ть herüberlocken *vt*, wéglocken *vt*; j-n ábspenstig máchen; ábwerben* *vt* (*напр. покупáтелей*)

перемáтывать *см.* перемотáть

перемáхивать, перемахнýть *разг.* (*перескочúть*) hinübersetzen *vi* (s), sich hinüberschwingen*

перемежá||ть ábwechseln *vt*; áuflockern *vt* (с чем-л. durch *A*); **~ться** ábwechseln *vi*; **~ющийся** Wéchsel-; ~ющаяся лихорáдка *мед.* Wéchselfieber *n* -s

перемежевáть aufs néue verméssen*

перемéн||а *ж* **1.** Änderung *f* (10), Veränderung *f*, Wéchsel *m* (6); Úmschlag *m* (1*), Wéndung *f* (10) (*поворóт*); ~а погóды Wétterumschlag *m*; большúе ~ы gróße Wándlungen; произвестú ~ы Veränderungen [Änderungen] tréffen* [vórnehmen*]; ~а к лýчшему éine Wéndung zum Bésseren; емý нужнá ~а клúмата er braucht Lúftwechsel; ~а декорáций Szénenwechsel *m* (*тж. перен.*); **2.** (*в шкóле*) Páuse *f* (11); **3.** *разг.* (*комплéкт бельá*) Garnitúr Wäsche

переменúть 1. (*изменúть*) (ver)ändern *vt*; ~ тáктику die [séine] Táktik ändern; den Spieß úmdrehen; **2.** (*смени́ть*) wéchseln *vt*; **~ся** sich (ver)ändern, sich wénden, sich wándeln; úmschlagen* *vi* (s) (*рéзко*); погóда переменúлась das Wétter hat sich gewéndet; das Wétter ist úmgeschlagen; временá переменúлись die Zéiten háben sich gewándelt; ◇ ~ся в лицé sich verfärben, die Fárbe wéchseln

перемéнная *сущ. ж мат.* Variáble [va-] *sub f*

перемéнн||ый Wéchsel-, wéchselnd, veränderlich, variábel [va-]; wéchselhaft (*о погóде*); ~ый ток *эл.* Wéchselstrom *m* (1*); ~ая величинá *мат.* Variáble [va-] *sub f*; ~ый капитáл *эк.* variábles Kapitál; ~ая óблачность wéchselnde Bewölkung; ~ая погóда únbeständiges Wétter

перемéнчив||ость *ж разг.* Veränderlichkeit *f*; Únbeständigkeit *f* (*непостоя́нство*); **~ый** *разг.* veränderlich wéchselnd; únbeständig (*непостоя́нный*); ~ый человéк ein wétterwendischer Mensch

переменя́ть *см.* переменúть; **~ся 1.** *см.* переменúться; **2.** *страд.* verändert wérden (*ср.* переменúть)

перемёрзнуть 1. (*о растéниях*) erfríeren* *vi* (s), durch Frost úmkommen*; **2.** *разг.* (*озя́бнуть*) erfríeren* *vi* (s)

перемéрить 1. (*зáново*) von néuem méssen*, náchmessen* *vt*; neu vermésen*, ernéut méssen*; **2.** (*измéрить всё, мнóгое*) (álles) nacheinánder méssen*; **3.** (*примéрить всё, мнóгое*) (álles) nacheinánder ánprobieren

переместúть 1. úmstellen *vt*, versétzen *vt*; **2.** (*перевестú когó-л.*) versétzen *vt*; **3.** (*перевестú что-л.*) verlágern *vt*; **~ся** die Stélle [den Platz] wéchseln; sich verlágern (*о тóчке, цéнтре*)

перемёт *м* (*рыболóвный*) Ángelschnur *f* (3) mit méhreren Háken; Páternosterschnur *f* (3) (*разг.*)

переметáть (*плáтье и т. п.*) von néuem (án)héften [zusámmenheften]

переметúть 1. (*всё, мнóго*) mérken *vt*; **2.** (*изменúть мéтку*) von néuem mérken, ánders (kénn)zéichnen

переметнýться *разг.* **1.** (*перепры́гнуть*) sich hinüberschwingen*, hinüberspringen* *vi* (s); **2.** *перен.* übergehen* *vi* (s), überlaufen* *vi* (s); (hin)-

überwechseln *vi* (s), sich hinüberschlagen*; ábwandern *vi* (s)

перемётн||ый: ~ая сýмка Sätteltasche *f* (11); ◇ сумá ~ая *разг.* (*о человеке*) Wétterfahne *f* (11)

перемётывать *см.* переметáть

перемешáть 1. vermíschen *vt*, verméngen *vt*; rühren *vt*; **2.** (*привести в беспорядок*) durcheinánder¦bringen* *отд. vt*; verwírren *vt*; **3.** *разг.* (*спутать, принять одно за другое*) verwéchseln *vt*; **~ся 1.** sich vermíschen *vt*, sich verméngen; **2.** (*спутаться*) sich verwírren

перемéшивать *см.* перемешáть; **~ся 1.** *см.* перемешáться; **2.** *страд.* vermíscht wérden (*ср.* перемешáть)

перемещáть *см.* переместить; **~ся 1.** *см.* переместиться; ~ся по орбите *ав., астр.* sich in séiner Úmlaufbahn bewégen; **2.** *страд.* versétzt wérden (*ср.* переместить)

перемещéние *с* **1.** Úmstellung *f* (10), Verschíebung *f* (10), Verlégung *f* (10); **2.** (*перевод кого-л.*) Versétzung *f* (10); ~ по слýжбе Versétzung im Dienst, díenstliche Versétzung; **3.** *геол.* Verschíebung *f* (10), Verlágerung *f* (10); ~ масс Mássenverlagerung *f*; ~ грýнта Bódenbewegung *f*

перемещённ||ый *прич.* **1.** *см.* переместить; **2.** *в знач. прил.* versétzt; ~ые лица Zwángsverschleppte *pl*, Verschléppte *pl*; Deportíerte *pl*; лáгерь ~ых лиц Verschlépptenlager *n* (6), DP-Lager *n* (*сокр. от англ.* «displaced persons»)

перемиг||иваться *разг.* einánder zúblinzeln, sich (*D*) zúblinzeln, einánder Blícke zúwerfen*; **~нýться** éinen Blickwéchseln

переминáться: ~ с ноги нá ногу das Stándbein wéchseln; verlégen [únschlüssig] von éinem Fuß auf den ánderen tréten*

перемир||ие *с* Wáffenstillstand *m* -(e)s, Wáffenruhe *f*; заключáть ~ие Wáffenstillstand schlíeßen*; нарýшить ~ие den Wáffenstillstand bréchen*; заключéние ~ия der Ábschluß éines Wáffenstillstand(e)s

перемножáть, перемнóжить multiplizíeren *vt*; dúrchmultiplizieren *vt* (*всё*)

перемогáться *разг.* éine Kránkheit zu überwínden súchen, éiner Kránkheit nicht náchgeben* [Wíderstand léisten]

перемóкнуть *разг.* durch und durch naß wérden

перемóлвить: нé с кем слóва ~ *разг.* es ist níemand da, mit dem man ein paar Wórte wéchseln könnte; **~ся** *разг.* ein paar Wórte wéchseln

перемолоти́ть 1. dréschen* *vt*; **2.** (*снова*) von néuem dréschen*

перемолóть 1. máhlen (*part* II gemáhlen) *vt*; **2.** (*снова*) von néuem máhlen (*part* II gemáhlen) *vt*; **3.** *воен.* (*уничтожить*) áufreiben* *vt*; **~ся** gemáhlen wérden; ◇ перемéлется — мукá бýдет *погов.* mit der Zeit renkt sich álles wíeder ein

перемотáть úmwickeln *vt*, (auf éinen ánderen Knäuel) wíckeln *vt*, neu wikkeln; úmspulen *vt*; úmhaspeln *vt* (*пряжу*)

перемóтка *ж* Úmspulen *n* -s; Úmwickeln *n* -s

перемудри́ть *разг.* **1.** (*осложнить*) zu sehr komplizíeren *vt*, zu schwíerig máchen *vt*; **2.** (*превзойти в мудрости*) schláuer sein wóllen* (als j-d), durch Klúgheit übertrúmpfen *vt*

перемывáть, перемы́ть 1. (*мыть*) (áus)wáschen* *vt*; **2.** (*снова*) von néuem wáschen*; noch éinmal spülen (*напр. тарелки*); ◇ перемывáть ко-мý-л. кóсточки *разг.* j-n dúrchhecheln, kein gútes Haar an j-m lássen*

перемы́чка *ж* **1.** *стр.* Óberschwelle *f* (11), Sturz *m* (1*); Schóttwand *f* (3); Kófferdamm *m* (1*) (*в дорожном строительстве*); **2.** *гидр.* Ábdämmung *f* (10), Fángdamm *m* (1*); Spérrdamm *m*; Hílfssperre *f* (11)

переналáдка *ж* Náchregulierung *f*

перенапрягáть überánstrengen *vt*; überspánnen *vt*; **~ся** (*утомляться*) sich überánstrengen

перенапряжéние *с* **1.** Überánstrengung *f*; Überanspannung *f*; **2.** *тех.* Überspannung *f*

перенапря́чь(ся) *см.* перенапрягáть(ся)

перенасел||éние *с*, **~ённость** *ж* Übervölkerung *f*; **~ённый** übervölkert (*о стране, городе*); überbelegt (*о доме*)

перенасы́тить, перенасыщáть *хим.* übersättigen *vt*

перенасыщéние *с хим.* Übersättigung *f*

перенасы́щенный *хим.* übersättigt

перенесéние *с* **1.** Hinübertragen *n* -s, Überträgung *f*; ~ огня́ *воен.* Féuerverlegung *f*; **2.** (*на другой срок*) Áufschub *m* -(e)s; Prolongíeren *n* -s, Verlégung *f*; Vertágung *f* (*заседания и т. п.*); ~ срóка Termínverschiebung *f*

перенести́ 1. hinübertragen* *vt*, hinüberbringen* *vt*; ~ огóнь *воен.* das Féuer verlégen; **2.** (*срок*) áufschieben* *vt*, verlégen *vt*; vertágen *vt* (*заседание и т. п.*); ~ на бóлее рáнний срок vórverlegen *vt*; **3.** (*часть слова на другую строчку*) ábteilen *vt*; **4.** (*испытать, вынести*) ertrágen* *vt*, erdúlden *vt*; überstéhen* *vt*; ~ болéзнь éine Kránkheit überstéhen* [dúrchmachen]; ~ хóлод Kälte vertrágen*; **5.** (*мысленно*) versétzen *vt*; мýзыка перенеслá его́ в мóлодость die Musík versétzte ihn in séine Júgend, die Musík rief ihm séine Júgend ins Gedächtnis zurück; **6.** (*распространить*) übertrágen* *vt*, wéitergeben* *отд. vt*; ~ передовы́е мéтоды трудá на все предприя́тия fórtschrittliche Árbeitsmethoden auf álle Betríebe übertrágen*; **~сь** sich versétzen; мы́сленно ~сь в прóшлое sich in eine vergángene Zeit zurückversetzen

перенимáть *см.* перенять

перенóс *м* **1.** *см.* перенесéние; **2.** (*знак*) Ábteilungszeichen *n* (7), Sílbentrennungszeichen *n* (7); **3.** *тех.* Überträgung *f*, Versétzung *f*, Transpórt *m* (1); ~ теплá Wärmetransport *m*

переноси́м||ость *ж* Erträglichkeit *f*; **~ый** (*выносимый*) erträglich, erträgbar

переноси́ть 1. *см.* перенести́; **2.:** не ~ (*не любить*) nicht léiden können*, nicht áusstehen können* (*кого-л., что-л.*); nicht vertrágen können* (*что-л.*); nicht ríechen können* (*разг.— кого-л.*); **3.** *тех.* übertrágen* *vt*, versétzen *vt*, transportíeren *vt*; **~ся 1.** *см.* перенести́сь; **2.** *страд.* hinübergetragen wérden (*ср.* перенести́)

перенóсица *ж* Násenwurzel *f* (11)

перенóс||ка *ж* Hinübertragen *n* -s; Fórtschaffen *n* -s; Trágen *n*; ~ка тя́жестей Lástentragen *n*; Lástenschleppen *n* -s, Lástenbewegung *f*, Lástentransport *m* -(e)s; **~ный 1.** transportábel, trágbar; **2.** *лингв.* (*метафорический*) übertrágen; ~ное значéние übertrágene Bedéutung; **~чик** *м* **1.** Träger *m* (6); **~чик тя́жестей** Lástträger *m*; **2.** (*болезни*) Überträger *m* (6); **~чик** инфéкции Infektiónsüberträger *m*

перенóсье *с см.* перенóсица

переночевáть übernáchten *vi*

перенумеровáть, перенумерóвывать 1. (*всё*) (dúrch)numeríeren *vt*, bezíffern *vt*; **2.** (*заново*) úmnumerieren *vt*

перенять übernéhmen* *vt*; entléhnen *vt* (*заимствовать*); sich (*D*) áneignen (*усвоить*); ~ друг у дрýга лýчшее das Béste voneinánder überníéhmen*

переоблучéние *с физ., мед.* Überschréitung der zulässigen Stráhlungsbelastung; Überdosis *f* [Überdosierung *f*] der Bestráhlung

переобору́дов||ание *с* Néugestaltung *f*, Néuausrüstung *f*; Néuausstattung *f*; Úmrüstung *f*; **~ать** neu áusstatten *vt*, neu áusrüsten *vt*, neu éinrichten *vt*, neu gestálten *vt*; úmrüsten *vt*

переобремени́ть, переобременя́ть überbürden *vt*, überlásten *vt*

переобувáть(ся) *см.* переобýть(ся)

переобýть 1. (*кого-л.*) j-m ándere Schúhe ánziehen*; **2.** (*ботинки и т. п.*) die Schúhe wéchseln, ándere Schúhe ánziehen*; **~ся** die Schúhe wéchseln

переодевáние *с* Úmziehen *n* -s; Úmkleiden *n* -s (*книжн.*); Verkléidung *f* (10) (*с целью маскировки*)

переодевáть(ся) *см.* переодéть(ся)

переодéтый verkléidet (кем-л., в когó-л. als)

переодéть 1. (*кого-л.*) úmkleiden *vt*, úmziehen* *vt*; verkléiden *vt* (*переря́дить*) (кем-л., в когó-л. als); **2.** (*платье и т. п.*) (ein Kléidungsstück) wéchseln *vt*; **~ся** sich úmkleiden, sich úmziehen*; sich verkléiden (*переря́диться*) (кем-л., в когó-л. als)

переориентáция *ж* Néuori¦entierung *f*, Úmori¦entierung *f*

переосвидéтельствов||ание *с* Náchprüfung *f*, nóchmalige Untersúchung; Náchbegutachtung *f*; *мед.* Náchuntersuchung *f*; *воен.* nóchmalige Músterung; **~ать** *мед.* náchuntersuchen *vt*; *воен.* nóchmals mústern *vt*

переосмыслéн||ие *с*: процéсс ~ия Úmdenkungsprozeß *m* -sses

переосмы́слить úmdeuten *vt*, úmdenken* *vi*; éinen néuen Sinn gében* (что-л. *D*)

переоснащéние *с* Néuausrüstung *f*

переотпрáвка *ж* Wéiterbeförderung *f*, Wéitersendung *f*, Wéiterleitung, Weitertransport *m* -(e)s

переохлади́ть, переохлаждáть *физ.* unterkühlen *vt*

переохлаждéние *с физ., мед.* Unterkühlung *f*

переоцéнивать, переоцени́ть 1. (*дать слишком высокую оценку*) überbewérten *vt*, überschätzen *vt*; ~ свои́ си́лы séine Kräfte überschätzen; трýдно переоцени́ть значéние э́той конферéнции man kann die Bedéutung díeser Konferénz nicht hoch genúg éinschätzen [wérten, veránschlagen], die Bedéutung díeser Konferénz kann nicht hoch genúg éingeschätzt [gewértet] wérden; **2.** (*заново оценить*) úmwerten *vt*, neu bewérten *vt*; neu áuspreisen *vt*, den Preis ändern (*товары*)

переоцéнк||а *ж* **1.** Überschätzung *f*, Überbewertung *f*, zu hóhe Bewértung; **2.** (*новая оценка*) Úmwertung *f* (10), Úmbewertung *f*, Néubewertung *f*; Néufestsetzung von Préisen; Néuschätzung *f*, Néutaxierung *f*; **~а** товáров Néufestsetzung der Préise; **~а** цéнностей Úmwertung der Wérte

перепа́д *м* **1.** *тех.* Gefälle *n* (6), Differénz *f* (10), Únterschied *m* (1); ~ давле́ния Drúckgefälle *n*; **2.** *гидр.* Gefälleabsturz *m* (1*), Gefällesrömung *f* (10), Ábfall *m* (1*)

перепад||а́ть *см.* перепа́сть; ~а́ют дожди́ von Zeit zu Zeit régnet es

перепакова́ть úmpacken *vt*

перепа́лка *ж разг.* Streit *m* (1), Zank *m* -(e)s; Geplänkel *n* (6) (*перебранка*)

перепа́рхивать *см.* перепорхну́ть

перепа́сть 1. (*об осадках*) von Zeit zu Zeit fállen*; **2.** *безл. разг.* ábfallen* *vi* (s); Gewínn háben; j-m etw. éinbringen* [ábwerfen*]; при э́том ему́ ко́е-что́ перепа́ло hierbéi ist für ihn étwas ábgefallen

перепаха́ть, перепа́хивать 1. (*снова*) úmpflügen *vt*; úmackern *vt*; **2.** (*всё*) (álles) pflügen *vt*

перепа́чкать (ganz) beschmútzen *vt*, besúdeln *vt*; ~**ся** sich (ganz) beschmútzen [besúdeln]

перепа́шка *ж с.-х.* das nóchmalige Pflügen

перепе́в: э́то всё ~ы ста́рого (das ist) ímmer das álte Lied [die álte Léier]

пе́репел *м* Wáchtel *f* (11)

перепелена́ть tróckenlegen *отд. vt*, (dem Kind) néue Wíndeln gében*

перепели́ный Wáchtel-; ~ крик Wáchtelschlag *m* -(e)s

перепёлка *ж* Wáchtelweibchen *n* (7)

перепе́рчить zu stark pféffern *vt*

перепеча́т||ать 1. úmdrucken *vt* (*снова*); náchdrucken *vt* (*с текста*); **2.** (*на пишущей машинке*) (mit Schréibmaschine) ábschreiben* *vt*, típpen *vt*, ábtippen *vt*; ~**ка** *ж* **1.** Náchdruck *m* (1); ~ка воспреща́ется Náchdruck verbóten; álle Réchte vórbehalten; пра́во ~ки Ábdruckrecht *n* -(e)s, Náchdruckrecht *n*; **2.** (*на пишущей машинке*) Típpen *n* -s, Ábtippen *n*; ~**ывать** *см.* перепеча́тать

перепе́чь 1. zu lánge bácken* (lássen*); **2.** (*всё, много*) bácken* *vt*

перепива́ться *см.* перепи́ться

перепи́ливать, перепили́ть zersägen *vt*, dúrchsägen *vt*

переписа́ть 1. úmschreiben* *vt* (*заново*); ábschreiben* *vt* (*списать*); ~ на́бело ins réine schréiben*; **2.** (*на пишущей машинке*) (mit Schréibmaschine) ábschreiben* *vt*, ábtippen *vt*, típpen *vt*; **3.** (*составить список*) ein Verzéichnis máchen [áufstellen] (что-л. von *D*), registríeren *vt*; **4.** *фин. уст.* überschréiben* *vt* (на кого́-л. auf *A*); ~ ве́ксель éinen Wéchsel prolongíeren [ernéuern]; **5.** (*звукозапись*) überspíelen *vt*

перепи́с||ка *ж* **1.** Ábschreiben *n* -s; **2.** (*на пишущей машинке*) Maschíne(n)schreiben *n* -s, Típpen *n* -s, Ábtippen *n*; **3.** (*корреспонденция*) Bríefwechsel *m* -s, Bríefaustausch *m* -es, Bríefverkehr *m* -(e)s, bríeflicher Verkéhr, Schríftverkehr *m* -(e)s, Korrespondénz *f*; делова́я ~ка Geschäftskorrespondenz *f*; служе́бная ~ка díenstliche Korrespondénz; состоя́ть с кем-л. в ~ке mit j-m in Bríefwechsel stéhen*; mit j-m korrespondíeren; éinen Schríftwechsel führen (*офиц.*); ~**чик** *м* Ábschreiber *m* (6), Kopíst *m* (8); ~**чица** *ж* Ábschreiberin *f* (12), Kopístin *f* (12); ~**ывание** *с* Ábschreiben *n* -s

перепи́сывать *см.* переписа́ть; ~**ся 1.** (*быть в переписке*) in Bríefwechsel stéhen*, in bríeflichem Verkéhr stéhen*; Korrespondénz führen, korrespondíeren *vi*, in schríftlicher Verbíndung stéhen* (*офиц.*); sich schréiben* (*разг.*); **2.** *страд.* ábgeschrieben wérden (*ср.* переписа́ть)

пе́репись *ж* (*статистическая*) Zählung *f* (10); Erfássung *f* (10); ~ населе́ния Vólkszählung *f*; всео́бщая ~ allgeméine Zählung, Vólkszählung *f*; всесою́зная ~ Uniónszählung *f*

перепи́ться *разг.* sich betrínken*, übermäßig trínken*

перепла́вить I (*металл*) úmschmelzen *vt*

перепла́вить II (*лес*) flößen *vt*

перепла́вка *ж мед.* Úmschmelzen *n* -s

переплавля́ть *см.* перепла́вить I,II

перепланир||ова́ть neu plánen *vt*, úmplanen *vt*; ~**о́вка** *ж* Néuplanung *f*, Úmplanen *n*, -s, Úmplanung *f*, Úmgestaltung *f*

переплати́ть, перепла́чивать (*за что-л.*) überzáhlen *vt*; überbezahlen *vt*, zu viel záhlen

переплести́ 1. (*книгу и т. п.*) éinbinden* *vt*; **2.** (*сплести*) ineinánder fléchten*, verfléchten* *vt*; **3.** (*косу*) úmflechten* *vt*; ~**сь** sich verfléchten*, sich verschlíngen*

переплёт *м* **1.** (*книги*) Éinband *m* (1*), Búcheinband *m*; ко́жаный ~ Lédereinband *m*; полуко́жаный ~ Hálbledereinband *m*; коленко́ровый ~ Kálikoeinband *m*, Gánzleineneinband *m*; ледери́новый ~ Kúnstledereinband *m*; холщо́вый ~ Gánzleineneinband *m*; мя́гкий [эласти́чный] ~ flexíbler Éinband; полухолщо́вый [полуколенко́ровый] ~ Hálbleineneinband *m*; карто́нный ~ Pápp(ein)band *m*; кни́га в карто́нном ~е Páppband *m* (1*), Paperback [*англ.* 'pe:pərbɛk] *n* = *u* -s, *pl* -s; отдава́ть в ~ éinbinden lássen*; **2.** (*оконный*) Fénsterrahmen *m* (7), Fénsterkreuz *n* 2), Fénsterflügel *m* (6); ◇ попа́сть в ~ *разг.* in die Klémme geráten*; взять кого́-л. в ~ *разг.* j-n in die Zánge [ins Gebét) néhmen*

переплета́ть *см.* переплести́; ~**ся 1.** *см.* переплести́сь; **2.** *страд.* verflóchten wérden (*ср.* переплести́)

переплете́ние *с* **1.** Verschlíngung *f* (10), Verfléchtung *f* (10), Gefléсht *n* (2); **2.** *текст.* Bíndung *f* (10); полотня́ное ~ Léinwandbindung *f*

переплётн||ая *сущ. ж* Búchbinderei *f* (10); ~**ый** búchbinderisch, Búchbinder-, Éinband-; ~ая мастерска́я Búchbinderei *f* (10), Búchbinderwerkstatt *f*, *pl* -stätten; ~ая бума́га Éinbandpapier *n* -s; ~ое де́ло, ~ая рабо́та Bíndearbeit *f*; занима́ться ~ым де́лом búchbindern *vi*, in der Búchbinderei árbeiten

переплётчик *м* Búchbinder *m* (6)

переплыва́ть, переплы́ть 1. (*вплавь*) (hin)überschwímmen* *vi* (s); über etw. (*A*) schwímmen* (*через что-л.*); **2.** (*на лодке, пароходе и т. п.*) (hin)überfahren* *vi* (s); über etw. (*A*) fáhren* (*через что-л.*)

переподгот||а́вливать wéiterbilden *vt*; ~**о́вка** *ж* Wéiterbildung *f*; ку́рсы ~о́вки Wéiterbildungskurse *pl*, Fórtbildungskurse *pl*

перепо́||й: с ~я, с ~ю *разг.* vom übermäßigen Trínken

переполза́ть, переползти́ (hinüber)kríechen* *vi* (s) (че́рез что-л. über *A*)

переполне́ние *с* Überfüllung *f*

перепо́лненный 1. überfüllt; vóllgestopft (*набитый*); bis auf den létzten Platz áusverkauft (в теа́тре и т. п.); überbelégt (*напр. о больнице*); **2.:** ~ желу́док überfüllter Mágen

перепо́лнить überfüllen *vt* (чем-л. mit *D*); vóllstopfen *vt* (*набить*); ◇ э́то переполня́ет ча́шу терпе́ния das schlägt dem Faß den Bóden aus; ~**ся** überfüllt wérden; се́рдце перепо́лнилось ра́достью das Herz strömte über vor Fréude

переполня́ть *см.* перепо́лнить; ~**ся 1.** übervoll wérden; **2.** *страд.* überfüllt [vóllgestopft] wérden

переполо́ть 1. (*снова*) nóchmal(s) jäten *vt*; **2.** (*всё*) (álles) áusjäten *vt*

переполо́х *м* Tumúlt *m* (1); Alárm *m* (1) (*тревога*)

переполоши́ть *разг.* in (gróße) Áufregung versétzen; áufschrecken *vt*; ~**ся** *разг.* in Bestürzung [Verwírrung] geráten*; erschrécken* *vi* (s) (*испугаться*)

перепо́нка *ж* Häutchen *n* (7); *анат. тж.* Membráne *f* (11); пла́вательная ~ *зоол.* Schwímmhaut *f* (3); бараба́нная ~ *анат.* Trómmelfell *n* (2)

перепончатокры́лые *сущ. мн. зоол.* Háutflügler *pl*

перепо́нчатый *зоол.* mit Flúghäuten; mit Schwímmhäuten

перепоро́ть I (*распороть всё, много*) (álles) áuftrennen *vt*

перепоро́ть II *разг.* (*высечь всех, многих*) (tüchtig) dúrchpeitschen *vt*

перепо́ртить álles verdérben* (*всё*); ganz verdérben* (*вконец*)

перепоруча́ть, перепоручи́ть übertrágen* *vt*, übergében* *vt* (*кому-либо D*)

перепорхну́ть hinüberflattern *vi* (s)

перепра́ва *ж* **1.** (*действие*) Übersetzen *n* -s; Übergang *m* (1*); Überfahrt *f* (*переезд*); ~ вброд Übersetzen durch éine Furt; Dúrchwaten [Durchfáhren] *n* -s éiner Furt; ~ вплавь Übersetzen durch Schwímmen; деса́нтная ~ Lándeübersetzen *n* -s; кана́тная ~ Übersetzen mit éinem Seil; ~ по льду Übersetzen über Eis; ~ че́рез ре́ку Übersetzen über éinen Fluß; **2.** (*место*) Übergangsstelle *f* (11), Übersetzstelle *f*; **3.** (*паром и т. п.*) Fähre *f* (11); паро́мная ~ Prámfähre *f*; Áutofähre *f*

перепра́вить I **1.** (*перевезти кого-л., что-л.*) übersetzen *vt*, (hin)überfahren* *vt*; ~ люде́й че́рез грани́цу Ménschen über die Grénze scháffen [schléusen]; **2.** (*доставить*) zústellen *vt*, befördern *vt*

перепра́вить II (*исправить*) verbéssern *vt*; úmändern *vt*

перепра́виться übersetzen *vi* (s)

переправля́ть *см.* перепра́вить I, II

переправля́ться 1. *см.* перепра́виться; **2.** *страд.* übergesetzt wérden (*ср.* перепра́вить I)

перепре́лый (*сгнивший*) vermódert, verfáult

перепре́ть 1. (*сгнить*) vermódern *vi* (s), verfáulen *vi* (s); **2.** (*о еде*) von zu lángem Kóchen verdérben* *vi* (s)

перепро́бовать (álles) nacheinánder versúchen *vt* [(áus)probíeren *vt*]; dúrchprobieren *vt*; (álles) kósten *vt* (*на вкус*)

перепрове́р||ить nóchmals überprüfen, náchprüfen *vt*; ~**ка** *ж* nóchmalige Überprüfung, Náchprüfung *f* (10)

перепрограмми́ровать *спец.* úmprogrammieren *vt*

перепрод||ава́ть *см.* перепрода́ть; ~**а́жа** *ж* Wíederverkauf *m* (1*), Wéiterverkauf *m*; Zwíschenhandel *m* -s; ~**а́ть** wíederverkaufen *vt*, wéiterverkaufen *vt*

перепроизво́дств||о *с эк.* Überproduktion *f*; кри́зис ~а Überproduktionskrise *f* (11)

перепры́гивать, перепры́гнуть (hin)-überspringen* *vi* (s), (hin)übersetzen *vi* (s); überspríngen* *vt* (*через что-л.*)

перепряга́ть, перепря́чь úmspannen *vt*

перепу́г *м разг.* Schreck *m* -(e)s; с ~у im Schreck, vor Schreck

перепуга́ть (álle, víele) erschrécken *vt* (*всех, многих*); (j-n) in Schreck [Schrécken] versétzen; (j-m) éinen (nicht gelínden) Schréck(en) éinjagen (*сильно испугать*); ~**ся** (héftig) erschrécken* *vi* (s), éinen Schreck bekómmen*

перепу́тать 1. verwírren *vt*, in Únordnung bríngen*; **2.** (*принять одно за другое*) verwéchseln *vt*; ~**ся** sich verwírren, sich verwíckeln

перепу́тье *с* Kréuzweg *m* (1); ◇ стоя́ть на ~ am Schéidewege stéhen*

перераба́тывать *см.* перерабо́тать; ~**ся** *см.* перерабо́таться **1**

перерабо́т||ать 1. (*обработать*) verárbeiten *vt*; **2.** (*воспринять, усвоить*) verárbeiten *vt*; verdáuen *vt* (*разг.*); **3.** (*переделать*) úmarbeiten *vt*; überárbeiten *vt* (*текст и т. п.*); ~анное изда́ние überárbeitete Áuflage (*немного переработанное*); úmgearbeitete Áuflage (*полностью переработанное*); **4.** *разг.* (*работать сверх нормы*) Überstunden máchen, Méhrarbeit léisten; ~**аться 1.** *страд.* verárbeitet [úmgearbeitet] wérden (*ср.* перерабо́тать); **2.** *разг.* (*переутомиться*) sich überárbeiten, überárbeitet sein; ~**ка** *ж* **1.** (*обработка*) Verárbeitung *f*; **2.** (*переделка*) Úmarbeitung *f*; Überarbeitung *f* (*текста и т. п.*); учéбный план трéбует ~ки der Léhrplan ist überhólungsbedürftig; **3.** *разг.* (*сверх нормы*) Méhrarbeit *f*; Überstunden *pl*

перераспредел||éние *с* Néuverteilung *f*; Úmverteilung *f*; ~éние национа́льного дохо́да Úmverteilung des Nationáleinkommens; ~**и́ть**, ~**я́ть** neu vertéilen *vt*; úmverteilen *vt*

перераст||а́ние *с* Hinüberwachsen *n* -s; ~**а́ть**, ~**и́ 1.** (*кого-л.*) größer [höher] wérden als...; überhólen *vt*; **2.** (*превзойти*) überflügeln *vt*, übertréffen* *vt*; j-m über den Kopf wáchsen*; hináuswachsen* *vi* (s) (что-л. über *A*); **3.** (*во что-л.*) hinüberwachsen* *vi* (s); sich verwándeln *vi* (in *A*), úmschlagen* *vi* (in *A*)

перерасхо́д *м* Méhrverbrauch *m* -(e)s; Méhrausgabe *f* (11), Méhrausgaben *pl* (*денег*); ~ средств Méhrausgabe [Méhraufwand *m*] an Mítteln; Überschréitung [Überzíehung] *f* der Kósten; ~ материа́ла Méhrverbrauch an Materiál, überhöhter Materiálverbrauch; ~ горю́чего Méhrverbrauch an Brénnstoff; ~ фо́нда за́работной пла́ты Lohnfondsüberziehung [ˈlo:nfɔŋy:bər-] *f*, Überzíehung des Lóhnfonds; ~ про́тив пла́на überplanmäßige Áusgaben; ~**ова́ть** zu viel verbráuchen; zu víel veráusgaben, zu viel áusgeben* (*деньги*)

перерасчёт *м* Néuberechnung *f* (10), дéлать ~ neu beréchnen *vi*, éine Néuberechnung vórnehmen*

перерва́ть 1. (*нитку и т. п.*) zerréißen* *vt*; **2.** *разг.* (*прервать*) unterbréchen* *vt*; ~**ся 1.** zerréißen* *vi* (s); **2.** *разг.* (*прерваться*) unterbréchen* *vi* (s)

перерегистра́ция *ж* Úmregistrierung *f* (10), Néuregistrierung *f*

перерегистри́ровать úmregistrieren *vt*, neu registríeren *vt*, neu éintragen* *vt*; ~**ся** sich neu éintragen lássen*

перере́зать 1. (*верёвку и т. п.*) dúrchschneiden* *vt*; **2.** (*зарезать*) níedermetzeln *vt*; **3.** (*пересечь*) ábschneiden* *vt*; ~ доро́гу den Weg ábschneiden*; ~ коммуника́цию *воен.* die Verbíndung ábschneiden*

перереза́ть *см.* перере́зать 1, 3

перереша́ть 1. *см.* перереши́ть; **2.**: ~ все зада́чи álle Áufgaben lösen

перереши́ть séinen Beschlúß ändern

перерисова́ть 1. (*заново*) von néuem zéichnen *vt*; **2.** (*срисовать рисунок*) ábzeichnen *vt*

перероди́ть úmschaffen* *vt*, úmgestalten *vt*, úmbilden *vt*; néugestalten *vt*; ~**ся 1.** *биол.* (*выродиться*) entárten *vi* (s), áusarten *vi* (s); **2.** *перен.* (*преобразиться*) sich gänzlich verändern, sich úmgestalten

перерожда́ть(ся) *см.* перероди́ть(ся)

перерождéние *с* **1.** *биол.* (*вырождение*) Entártung *f*, Áusartung *f*; **2.** *неодобр.* (*утрата прежнего мировоззрения под воздействием чуждой среды*) die Lóssagung von der bishérigen Wéltanschauung; **3.** *перен.* (*преображение*) (géistige) Wíedergeburt *f*

перерожде́нцы *мн. презр.* polítisch entártete Eleménte *pl*

перерóсток *м*: (учени́к-) ~ überálterter Schüler

перерубáть, переруби́ть 1. dúrchhauen(*) *vt*, zerháuen(*) *vt*; **2.** (*убить*) níederhauen* *vt*, níedersäbeln *vt*

переруга́ться *разг.* sich verzánken

переру́гиваться *разг.* einánder Schímpfworte zúwerfen*, sich gégenseitig beschímpfen

переры́в *м* Unterbréchung *f* (10), Zwíschenpause *f* (11), Unterríchtspause *f* (*в школе*); Árbeitspause *f*, Wérkpause *f* (*на фабрике и т. п.*); обéденный ~ Míttagspause *f*; ~ во врéмя заседа́ния Tágungspause *f*; мину́тный ~ *спорт.* Áuszeit *f*; сдéлать ~ в рабо́те éine Páuse [Árbeitspause] éinlegen; у неё ~ на обéд sie hat im Momént Tíschzeit; без ~а óhne Unterbréchung; по́чта рабо́тает без ~а das Póstamt ist über Míttag geöffnet; торгова́ть без ~а (*о магазине*) dúrchgehend geöffnet sein; с ~ами mit Unterbréchungen; по́чта рабо́тает с ~ом das Póstamt ist über Míttag geschlóssen

перерыва́ть I *см.* перерва́ть 1

перерыва́ть II *см.* переры́ть

переры́ть 1. (*землю*) úmgraben* *vt*; **2.** (*вещи и т. п.*) durchwühlen *vt*

переряди́ть verkléiden *vt*; vermúmmen *vt*; ~**ся** sich verkléiden; sich vermúmmen

переряжа́ть(ся) *см.* переряди́ть(ся)

пересади́ть 1. (*растения*) úmpflanzen *vt*, verpflánzen *vt*; úmtopfen *vt* (*горшковые растения*); **2.** (*кого-л.*) úmsetzen *vt*; **3.** *мед.* verpflánzen *vt*, transplantíeren *vt*

переса́дк||а *ж* **1.** (*растений*) Úmpflanzung *f* (10), Verpflánzung *f*; Úmtopfen *n* -s (*горшковых растений*); **2.** *мед.* Transplantatión *f* (10), Implantatión *f* (10); ~а ко́жи Háutverpflanzung *f*, Háuttransplantation *f*; ~а по́чки Níerenverpflanzung *f*; ~а сéрдца Hérztransplantation *f*; **3.** *ж.-д.* Úmsteigen *n* -s; ждать два часа́ ~и zwei Stúnden auf Ánschluß wárten

переса́дочн||ый *ж.-д.* Úmsteige-; Ánschluß-; ~ая ста́нция Úmsteigestation *f* (10)

переса́живать *см.* пересади́ть; ~**ся** *см.* пересе́сть

переса́лив||ание *с* **1.** Versálzen *n* -s; **2.** *перен.* Übertréiben *n* -s; ~**ать** *см.* пересоли́ть

переса́харить überzúckern *vt*, zu stark zúckern *vt*

пересдава́ть, пересда́ть 1. (*внаём*) an Úntermieter vermíeten; **2.** (*карты*) von néuem vertéilen; **3.** *разг.* (*экзамен*) éine Prüfung nóchmals áblegen, ein Exámen nóchmals máchen

переседла́ть úmsatteln *vt*

пересека́ть 1. *см.* пересе́чь; **2.** *мат.* schnéiden* *vt*; ~**ся** *см.* пересе́чься

пересека́ющийся sich schnéidend, sich kréuzend

переселе́н||ец *м* Úmsiedler *m* (6), Übersiedler *m*, Ánsiedler *m*; Áuswanderer *m* (6); ~**ие** *с* **1.** Úmsiedlung *f* (10); Übersied(e)lung *f*; Áuswanderung *f*; вели́кое ~ие наро́дов *ист.* Völkerwanderung *f*; **2.** (*на другую квартиру*) Úmziehen *n* -s, Úmzug *m* (1*), Übersied(e)lung *f* (10); ~**ческий** Áuswanderer-

пересели́ть 1. úmsiedeln *vt*; **2.** (*кого-л. на другую квартиру*) j-m éine ándere Wóhnung zúweisen*, j-n in éiner ánderen Wóhnung únterbringen*; ~**ся 1.** übersiedeln *vi* (s); áuswandern *vi* (s); **2.** (*на другую квартиру*) úmziehen* *vi* (s), übersiedeln *vi* (s)

переселя́ть *см.* пересели́ть; ~**ся 1.** *см.* пересели́ться; **2.** *страд.* úmgesiedelt wérden (*ср.* пересели́ть)

пересе́сть 1. den Platz wéchseln; **2.** (*на другой поезд, пароход и т. п.*) úmsteigen* *vi* (s)

пересече́н||ие *с* **1.** Kréuzung *f* (10); то́чка ~ия Schníttpunkt *m* (1); ~ие доро́г Wégkreuzung *f*; кольцево́е ~ие (доро́г) Kréisverkehr *m* -s; многоя́русное ~ие (доро́г) Kréuzung auf méhreren Ébenen, niveaufreie [-ˈvo:-] Kréuzung; ~ие желе́зных доро́г Báhnkreuzung *f*; ~ие у́лиц Stráßenkreuzung *f*; ~ие жил *геол.* Gángkreuz *n* (2); **2.** *мат.* Dúrchschnitt *m* (1)

пересечённ||ый *прич.* **1.** *см.* пересе́чь; **2.** *в знач. прил.*: ~ая мéстность durchschníttenes Gelände; бег по ~ой мéстности Geländelauf *m* -(e)s

пересе́чь 1. durchkréuzen *vt*, überschnéiden* *vt*; **2.** (*пройти насквозь*) überquéren *vt*; durchquéren *vt*; ~**ся** sich schnéiden*, sich kréuzen

пересиде́ть, переси́живать *разг.* (*слишком долго просидеть где-л.*) zu lánge sítzen*; ~ кого́-л. (*гостей и т. п.*) länger dábleiben* als ándere

переси́ливать, переси́лить überwínden* *vt*, überwältigen *vt*

переси́нивать, пересини́ть zuvíel bläuen *vt*

переска́з *м* **1.** (*прочитанного*) Wíedergabe *f*; **2.** (*изложение — на занятиях*) Nácherzählung *f*; ~**а́ть**, ~**ывать 1.** (*изложить своими словами*) (mit éigenen Wórten) wíedergeben*; wíedererzählen *vt*; **2.** (*рассказать последовательно*) nácherzählen *vt*

перека́кивание *с* Überspríngen *n* -s

переска́кивать, перескочи́ть 1. (hin)-überspringen* *vi* (s); überspríngen* *vt*, über etw. (*A*) spríngen* (*через что-л.*); **2.** *перен. разг.* überspríngen* *vt*, überschlágen* *vt*

пересласти́ть *разг.* übersüßen *vt*

пересла́ть übersénden* *vt*, zúsenden* *vt*; zúleiten *vt*, übermítteln *vt*, zúkommen lássen*; ~ дéньги Geld schícken [sénden*, überwéisen*]

пересматривать *см.* пересмотре́ть 2, 3

пересме́иваться *разг.* einánder zúlächeln

пересме́нка *ж разг.* Schíchtwechsel *m* (6)

пересме́шник *м* **1.** *разг.* Spötter *m* (6); **2.** *зоол.*: многоголо́сый ~ Spóttdrossel *f* (11)

пересмо́тр *м* **1.** (*текста и т. п.*) Dúrchsicht *f*; Überprüfung *f* (10) (*проверка*); **2.** (*дела, приговора*) Revisión [-vi-] *f* (10); Revisiónsverfahren *n* -s; ~ норм Néufestsetzung (Überprüfung] der Nórmen; ~ грани́ц Revisión der Grénzen; нужда́ться в ~е revisiónsbedürftig sein

пересмотре́ть 1. (*просмотреть всё*) álles geséhen háben; **2.** (*книгу, статью*) dúrchsehen* *vt*, überprüfen *vt*, náchprüfen *vt*; revidíeren [-vi-] *vt*; **3.** (*решение и т. п.*) ábändern *vt*

переснима́ть *см.* пересня́ть; **~ся 1.** *см.* пересня́ться; **2.** *страд.* nóchmals áufgenommen wérden

пересня́ть *фото* nóchmals áufnehmen* *vt*; **~ся** sich nóchmals áufnehmen lássen*

пересоздава́ть, пересозда́ть úmgestalten *vt*, néugestalten *vt*

пересо́л *м* Versálzen *n* -s; **~енный** *прич.* versálzen

пересолёный *прил. разг.* versálzen

пересоли́ть 1. versálzen (*part* II versálzen) *vt*; **2.** *перен. разг.* übertréiben* *vt*; etw. zu weit tréiben*, überspítzen *vt*

пересортир||о́вать úmsortieren *vt*; náchsortieren *vt*; **~о́вка** *ж* Úmsortierung *f* (10)

пересо́х||нуть 1. (*об источнике*) áustrocknen *vi* (s); versíegen *vi* (s) (*иссякнуть*); **2.** (*сделаться сухим*) vertrócknen *vi* (s); (у меня́) в го́рле ~ло ich hábe éine (ganz) tróckene Kéhle bekómmen, die Kéhle ist wie áusgedörrt

переспа́ть 1. (*спать слишком долго*) zu viel [zu lánge] schláfen*; **2.** *разг.* (*ночь*) übernáchten *vi*

переспе́лый überreif; überständig

переспе́ть überreif wérden

переспо́р||ить *разг.* beim Stréiten [im Streit] die Óberhand behálten*; его́ не ~ишь er läßt sich nicht überzéugen

переспра́шивать, переспроси́ть nóchmals (be)frágen, zurückfragen *vt*

перессо́рить entzwéien *vt*; Zwístigkeiten stíften; **~ся** sich (mit állen) entzwéien, sich verzánken

перестав||а́ть *см.* переста́ть; не ~а́я únaufhörlich

переста́вить, переставля́ть 1. úmstellen *vt*; an éinen ánderen Platz stéllen; verstéllen *vt*; úmräumen *vt* (*напр. мебель*); versétzen *vt*, verrücken *vt* (*переместить*); ~ пу́говицу éinen Knopf versétzen; **2.** (*часы*) stéllen *vt*; **3.** *мат.* permutíeren *vt*, vertáuschen *vt*; ◇ е́ле но́ги переставля́ть *разг.* kaum die Füße bewégen

перестано́вка *ж* **1.** Úmstellen *n* -s (*напр. мебели*); Versétzung *f* (10), Verrückung *f* (10) (*перемещение*); Úmstellung *f* (10), Inversión [-vɛr-] *f* (10) (*слов в предложении*); **2.** *мат.* Permutatión *f* (10), Vertáuschung *f* (10)

перестара́ться *разг.* übereifrig sein, des Gúten zuvíel tun*; übers Ziel hin áusschießen*

перест||а́ть áufhören *vi* (+*inf* с zu); von etw. (*D*) áblassen*; дождь ~а́л es hat áufgehört zu régnen; ~а́нь! laß (davón) ab!, hör (damít) auf!

перестила́ть *см.* перестла́ть

перестира́ть 1. (*заново*) nóchmals wáschen* *vt*; **2.** (*всё, много*) wáschen* *vt*

перестла́ть 1.: ~ посте́ль das Bett neu máchen; **2.**: ~ пол neu díelen [légen]; ~ мостову́ю neu pflástern

пересто́йкий *спец.* ábständig, überständig; ~ лес ábständiges [überständiges] Holz

перестрада́ть víeles erdúlden, víeles überstéhen*, víeles erléiden*

перестра́ивать *см.* перестро́ить; **~ся 1.** *см.* перестро́иться; **2.** (*о городе, доме и т. п.*) sich im Úmbau befínden*; **3.** *страд.* úmgebaut wérden (*ср.* перестро́ить)

перестрахова́ть (*застраховать снова*) neu versíchern *vt*, éine Versícherung éingehen*; ~ своё иму́щество sein Vermögen neu versíchern; **~ся 1.** sich neu versíchern; **2.** *перен. разг.* sich rückversichern

перестрахо́в||ка *ж* **1.** (*имущества*) Néuversicherung *f*; **2.** *перен. неодобр.* Rückversicherung *f*; **~очный** Rückversicherungs-; **~щик** *м неодобр.* Rückversicherer *m* (6)

перестре́л||иваться sich beschíeßen*, Schüsse wéchseln; **~ка** *ж* Geplänkel *n* (6), Féuergefecht *n* (2); **~я́ть 1.** (*кого*) (in Ménge) erschíeßen* *vt*; **2.** (*что*): ~я́ть все патро́ны álle Patrónen verschíeßen*

перестро́ить 1. (*дом и т. п.*) úmbauen *vt*, rekonstruíeren *vt*; **2.** (*реорганизовать*) úmgestalten *vt*, úmstellen *vt*, reorganisíeren *vt*; ~ рабо́ту die Árbeit úmstellen; **3.**: ~ предложе́ние [фра́зу] éinen Satz úmformen [ánders formulíeren]; **4.** (*производство*) úmstellen *vt*, úmstrukturieren *vt*; ~ на вое́нный лад auf den Krieg úmstellen *vt*; **5.** *воен.* úmgruppieren *vt*, ánders formíeren *vt*; **6.** *муз.* úmstimmen *vt*; **7.** *радио* (auf éine ándere Wélle) úmschalten *vt*; neu ábstimmen *vt*; **~ся 1.** (*реорганизоваться*) sich úmgestalten; **2.** (*идеологически*) sich úmstellen; **3.** *воен.* sich úmgruppieren

перестро́йка *ж* **1.** Úmbau *m* -(e)s, Rekonstruktión *f*; **2.** *полит.* Úmgestaltung *f*; Úmstellung *f* (*идеологическая*); **3.** (*реорганизация*) Úmgestaltung *f*, Úmstellung *f*, Reorganisatión *f*; **4.** *радио* Úmschaltung *f*, Néuabstimmung *f*

пересту́кив||ание *с* Verständigung *f* durch Klópfzeichen (im Gefängnis); **~аться** sich durch Klópfzeichen (im Gefängnis) verständigen

переступа́ть, переступи́ть 1. überschréiten* *vt*; ~ поро́г den Fuß über die Schwélle sétzen; **2.** *перен.* übertréten* *vt*; ~ грани́цы die Grénzen überschréiten*; **3.**: едва́ переступа́ть kaum die Füße bewégen können*; переступа́ть с ноги́ на́ ногу von éinem Fuß auf den ánderen tréten*

пересу́ды *мн. разг.* Klatscheréi *f* (10), Geklátsch *n* -es; böswilliges Geschwätz

пересуши́ть 1. (*всё*) (álles) (áuf)trócknen *vt*; **2.** (*слишком*) zu lánge [zu sehr] trócknen lássen*

пересчёт *м* Úmrechnung *f*, Náchrechnung *f*, Náchzählung *f*; Néuberechnung *f*; в ~е на что-л. úmgerechnet auf (*A*)

пересчита́ть 1. (*всё*) (hér)zählen *vt*, éine Bestándsaufnahme máchen (in *D*) (*запасы, фонды и т. п.*); ~ ка́ссу [нали́чные] die Kásse ábrechnen; **2.** (*заново*) von néuem [nóchmals] zählen *vt*; náchrechnen *vt*, náchzählen *vt*, dúrchzählen *vt*; hérrechnen *vt* (*проверить*); **3.** (*выразить в других единицах*) úmrechnen *vt*; ◇ ~ кому́-л. ко́сти [рёбра] *разг.* j-n verdréschen*

пересъёмка *ж кино* Náchaufnahme *f* (11)

пересыла́ть *см.* пересла́ть

пересы́л||ка *ж* Übersέndung *f*, Versánd *m* - (e)s, Transpórt *m* - (e)s; Überwéisung *f*; сто́имость ~ки Versándkosten *pl*, Transpórtspesen *pl*; **~очный** Versánd-, Transpórt-, Überwéisungs-

пересы́льный Etáppen-; ~ пункт Etáppenstation *f* (10)

пересы́пать, пересыпа́ть 1. (*в другое место*) úmschütten *vt*; **2.** (*что-л. чем-л.*) éinstreuen *vt*, éinmischen *vt*; ~ ве́щи нафтали́ном die Sáchen éinmotten; пересыпа́ть речь цита́тами Zitáte in die Réde éinstreuen

пересыха́ть *см.* пересо́хнуть

пересы́щенный *хим.* übersättigt

перета́пливать *см.* перетопи́ть

перетаска́ть *разг.* **1.** (*перенести*) hinüberschleppen *vt*; **2.** (*украсть*) (éine Sáche nach der ánderen) fórtschleppen *vt* [entwénden *vt*]

перета́скивать *см.* перетащи́ть

перетасова́ть 1. (*карты*) míschen *vt*; **2.** *перен. разг.* durcheinánder¦bringen* *vt*

перетасо́вка *ж* **1.** (*карт*) Míschen *n* -s; **2.** *перен. разг.* Durcheinánderbringen *n* -s

перетащи́ть hinüberschleppen *vt*, hinüberziehen* *vt*; **~ся** *разг.* sich hinüberschleppen

перетере́ть 1. (*посуду и т. п.*) ábwischen *vt*, ábtrocknen *vt*; **2.** (*разорвать*) dúrchreiben* *vt*, dúrchscheuern *vt*; **3.** (*измельчить*) zerréiben* *vt*; **~ся** (*о верёвке и т. п.*) sich dúrchreiben*, sich ábwetzen

перетерпе́ть erdúlden *vt*; überstéhen* *vt*; erléiden* *vt*

перетира́ние *с* **1.** (*посуды и т. п.*) Ábwischen *n* -s, Ábtrocknen *n* -s; **2.** (*верёвки*) Dúrchreiben *n* -s

перетира́ть *см.* перетере́ть; **~ся 1.** *см.* перетере́ться; **2.** *страд.* ábgewischt wérden (*ср.* перетере́ть)

перетолкова́ть 1. (*неправильно*) verdréhen *vt*, falsch áuslegen *vt*; **2.** *разг.* (*поговорить*) bespréchen* *vt*

перетолко́вывать *см.* перетолкова́ть 1

перетопи́ть úmschmelzen(*) *vt*

перетрево́жить *разг.* in (gróße) Únruhe [Áufregung] versétzen; **~ся** *разг.* in Únruhe [Áufregung] geráten* *vi* (s)

перетру́сить *разг.* Angst bekómmen*

перетрясти́ 1. (*ковры и т. п.*) áusklopfen *vt*; **2.** *см.* перетря́хивать

перетря́хивать, перетряхну́ть dúrchschütteln *vt*; áufschütteln *vt* (*подушки*)

перетя́гивать *см.* перетяну́ть

перетя́жка *ж мед.* Knébelverband *m* (1*)

перетяну́ть 1. (*перевешивать*) überwíegen* *vi*; **2.** (*на другое место*) (hin)überziehen* *vt*; **3.** (*заново*) neu áufspannen [áufziehen*] *vt*; **4.** (*перевязать*) zúschnüren *vt*; féstziehen* *отд. vt* (чем-л. mit *D*) (*затянуть*); ◇ ~ на свою́ сто́рону *разг.* auf séine Séite bríngen*

переубеди́ть überzéugen *vt*, überréden *vt*; úmstimmen *vt*; **~ся** séine Ánsichten wéchseln

переубежда́ть *см.* переубеди́ть; **~ся**

1. *см.* переубеди́ться; 2. *страд.* überzéugt wérden (*ср.* переубеди́ть)

переувлажни́ть übermäßig [zu stark] ánfeuchten *vt*

переу́лок *м* Gásse *f* (11), Quérstraße *f* (11); Nébenstraße *f*

переусе́рдствовать *разг.* des Gúten zuvíel tun*, (weit) über das Ziel hináusschießen*

переустро́ить úmgestalten *vt*, néugestalten *vt*, reorganisíeren *vt*

переустро́йство *с* Úmgestaltung *f*; Néugestaltung *f*; ~ бы́та Úmgestaltung der Lébensweise

переуступа́ть, переуступи́ть ábtreten* *vt*, überlássen* *vt*

переусту́пка *ж см.* усту́пка 2

переутверди́ть nóchmals bestätigen, wíederbestätigen *vt*

переутвержде́ние *с* Wíederbestätigung *f*

переутоми́ть übermüden *vt*, überánstrengen *vt*; überbeanspruchen *vt*; ~**ся** übermüdet sein, sich überánstrengen; sich überárbeiten (*от работы*)

переутомле́ние *с* Übermüdung *f*; Überánstrengung *f*; Überbeanspruchung *f*; Überárbeitung *f* (*от работы*)

переутомлённый übermüdet, überánstrengt; überárbeitet (*работой*)

переутомля́ть(ся) *см.* переутоми́ть(ся)

переуче́сть 1. (*товары*) Inventúr [-vɛn-] máchen; neu registríeren *vt*; 2. (*вексель*) rediskontíeren *vt*, rückdiskontieren *vt*

переучёт *м* 1. (*перерегистрация*) Néuregistrierung *f* (10), Úmregistrierung *f*; 2. (*товаров*) Inventúr [-vɛn-] *f*, Áufnahme *f* des Inventárs, Bestándsaufnahme *f*, Inventarisíerung *f*; 3. (*векселей*) Rückdiskontierung *f*, Rediskontíeren *n* -s, Rediskónt *m* (1); ~**ный** Inventúr- [-vɛn-]; Überprüfungs-; ~**ный** день (*в магазине*) Inventúrtag *m* (1)

переу́чивать(ся) *см.* переучи́ть(ся)

переучи́тывать *см.* переуче́сть

переучи́ть 1. (*кого-л.*) úmschulen *vt*; 2. (*что-л.*) úmlernen *vt*; ~**ся** 1. úmlernen *vi*, úmschulen *vi*; трактори́ст переучи́лся на комба́йнера der Traktoríst hat sich als Mähdrescherfahrer qualifiziert; 2. *разг.* (*причинить себе вред*): он переучи́лся er ist überstudiert

переформир||ова́ние *с см.* переформиро́вка; ~**ова́ть** úmgestalten *vt*, úmbilden *vt*, úmformen *vt*; néugestalten *vt*; *воен.* úmgliedern *vt*; ~**о́вка** *ж* Úmgestaltung *f*, Úmbildung *f*, Úmformung *f*; Néugestaltung *f*; *воен.* Úmgliederung *f*, Úmformierung *f*; ~**о́вывать** *см.* переформирова́ть

перефрази́ровать mit ánderen Wórten áusdrücken, umschréiben* *vt*; ábwandeln *vt* (*изречение и т. п.*)

перехва́ливать, перехвали́ть übermäßig [zu sehr] lóben *vt*

перехва́т *м воен.* Ábfangen *n* -s, Ábfangung *f*; ~ сообще́ний Ábfangen von Méldungen [Náchrichten]; ~ (*воздушной*) це́ли Zíelabfangen *n*

перехват||и́ть 1. (*схватить*) ábfangen* *vt*, erwíschen *vt*; 2. (*письмо, сведения*) ábfangen* *vt*; ábhorchen *vt* (*подслушивать*); ~ить взгляд éinen Blick erháschen [áuffangen*]; 3. *разг.* (*выхватить*) wégschnappen *vt*; 4. *разг.* (*поесть мимоходом*) éinen Bíssen zu sich (*D*) néhmen*; 5. *разг.* (*преувеличить*) übertréiben* *vt*; 6. *разг.* (*что-л. чем-л.*) umschlíngen* *vt*, umspánnen *vt*; 7.: у него́ ~и́ло го́рло die Kéhle war ihm wie zúgeschnürt; от стра́ха у неё ~и́ло дыха́ние der Schreck benáhm ihr den Átem

перехва́тчик *м*: истреби́тель-~ *ав.* Ábfangjäger *m* (6)

перехва́тывать *см.* перехвати́ть

перехитри́ть überlísten *vt*

перехо́д *м* 1. Übergang *m* (1*); ~ грани́цы [че́рез грани́цу] Grénzübergang *m*; Grénzübertritt *m* (1) (*незаконный*); ~ в наступле́ние Übergang zum Ángriff; ~ к оборо́не Übergang zur Vertéidigung; ~ на но́вую произво́дственную програ́мму Úmstellung *f* auf ein néues Produktiónsprogramm, Produktiónsumstellung *f*; без ~а übergangslos; óhne Überleitung (*начать говорить и т. п.*); 2. (*на чью-л. сторону*) Übertritt *m* (1); 3. *воен.* Marsch *m* (1*); дневно́й ~ Tágesmarsch *m*; 4. (*место*) Übergang *m* (1*); пешехо́дный ~ (*на улице*) Überweg *m* (1), Fußgängerüberweg *m*; подзе́мный ~ Unterführung *f* (10); Fußgängerunterführung *f* Fußgängertunnel *m* (6) (*для пешеходов*); 5. (*чего-л. во что-л.*) Úmschlagen *n* -s; ~ коли́чества в ка́чество das Úmschlagen der Quantität in Qualität; 6. *гидр.* Übergangsstück *n* (2); Düker *m* (6); ~**и́ть** *см.* перейти́; ~**но́й** *см.* перехо́дный 1; ~**ный** 1. Übergangs-; ~ный пери́од Übergangsperiode *f* (11); ~ный экза́мен Zwíschenprüfung *f* (10); ~ный во́зраст Wéchseljahre *pl*; ~ая отме́тка Zensúr, die für die Versétzung áusreicht; 2. *грам.* tránsitiv, zíelend; ~ный глаго́л tránsitives [zíelendes] Verb [Zéitwort]

переходя́щ||ий: ~ ку́бок Wánderpokal *m* (1); ~ее зна́мя Wánderfahne *f* (11)

пе́рец *м* Pféffer *m* -s; стручко́вый ~ [кра́сный] Páprika *m* -s; кра́сный ~ Páprika *m*; чёрный ~ schwárzer Pféffer; фарширо́ванный ~ gefüllte Páprikaschoten; ◇ зада́ть пе́рцу кому́-л. *разг.* j-m éinheizen, j-m Zúnder gében*

перечека́н||ить úmprägen *vt*; ~**ка** *ж* Úmprägung *f*

пе́речень *м* Verzéichnis *n* (3*), Regíster *n* (6); Líste *f* (11) (*список*); ~ това́ров Wárenliste *f*

перечёркивать, перечеркну́ть dúrchstreichen* *vt*

перечерти́ть, перече́рчивать von néuem (éinen Plan, éinen Riß) zéichnen, úmzeichnen *vt*

перечеса́ть ánders kämmen; ~**ся** *разг.* sich ánders kämmen

перече́сть I (*пересчитать*) (hér)zählen *vt*, áufzählen *vt*; всех не перечтёшь man kann nicht álle áufzählen; ◇ э́то мо́жно по па́льцам ~ das kann man sich an den (fünf) Fíngern ábzählen

перече́сть II *см.* перечита́ть

перечёсывать(ся) *см.* перечеса́ть(ся)

перечисле́ние *с* 1. Áufzählen *n* -s, Áufzählung *f*; 2. *бухг.* Úmbuchung *f* (10), Verréchnung *f* (10), Übertrágung *f* (10), Überwéisung *f* (10); Transfér *m* -s (*перевод*); де́нежное ~ Géldüberweisung *f*

перечи́слить, перечисля́ть 1. áufzählen *vt*, hérzählen *vt*; 2. (*в другую категорию и т. п.*) versétzen *vt*; 3. *бухг.* úmbuchen *vt*, verréchnen *vt*, übertrágen* *vt*

перечита́ть, перечи́тывать 1. (*повторно*) von néuem [nóchmals] lésen*; 2. (*прочитать*) dúrchlesen* *vt*; ~ все кни́ги álle Bücher nacheinánder lésen*

пере́чить *разг.* widerspréchen* *vi*

пе́речница *ж* Pfé́fferbüchse *f* (11), Pféfferdose *f* (11); ◇ чёртова ~ *бран.* Háusdrachen *m* (7)

пе́речный Pféffer-

перечу́вствовать dúrchmachen *vt*, empfínden* *vt*

перешаги́вать, перешагну́ть überschréiten* *vt*; ~ че́рез препя́тствие ein Híndernis überwínden*

переше́ек *м геогр.* Lándenge *f* (11)

перешёптываться miteinánder flüstern, túscheln *vi*

перешиба́ть, перешиби́ть *разг.* 1. entzwéischlagen *отд.* *vt*; zerbréchen* *vt*; 2. (*превзойти*) übertrúmpfen *vt*, überbíeten* *vt*

перешив||а́ние *с* Úmändern *n* -s; ~**а́ть** *см.* перешить

переши́вка *ж* 1. *см.* перешива́ние; 2. *спец.* (*железнодорожной колеи*) Úmspuren *n* -s

переши́ть 1. (*переделать*) úmändern *vt*; 2. (*всё, много*) (viel, álles) nähen *vt*; 3. *спец.* (*железнодорожную колею*) úmspuren *vt*

перешто́пать (viel, alles) stópfen *vt*

перещеголя́ть *разг.* überbíeten* *vt*, übertrúmpfen *vt*

переэкзамено́вка *ж* Náchprüfung *f* (10)

пе́ри *ж миф.* Péri *m* -s, -s, *f*, *pl* -s

перигей *м астр.* Perigä|um *n* -s, Érdnähe *f*

периге́лий *м астр.* Peri|hél *n* (2), sónnennächster Punkt

перика́рд *м анат.* Perikárdium *n* -s, -di|en, Perikárd *n* (2), Hérzbeutel *m* (6)

перикарди́т *м мед.* Perikardítis *f*, Hérzbeutelentzündung *f*

пери́ла *мн.* Geländer *n* (6); ~ ле́стницы Tréppengeländer *n*; без пери́л geländerlos

пери́метр *м мат.* Periméter *n* (6), Úmfang *m* (1*); Úmfangsmesser *m* (6)

пери́на *ж* Féderbett *n* (13)

пери́нка *ж* Féderdeckbett *n* (13), Féderkissen *n* (7)

пери́од *м* 1. Perióde *f* (11); *спец.* Kréislauf *m* -(e)s, Úmlauf *m*, Zýklus *m* =, -klen (*цикл.*); ~ вре́мени Zéitraum *m* -(e)s, Zéitabschnitt *m* (1), Zéitspanne *f* (11), Zéitdauer *f*; вегетацио́нный ~ Vegetatiónsperiode [ve-] *f*, Vegetatiónszeit *f*, Wáchstumsperiode *f*, Wáchstumszeit *f*; ~ войны́ Kríegszeit *f*, Perióde des Kríeges; дождли́вый ~ Régenperiode *f*, Régenzeit *f*; засу́шливый ~ tróckene Jáhreszeit, Trókkenzeit *f*; перехо́дный ~ Übergangszeit *f*; отчётный ~ Beríchtsperiode *f*, Beríchtszeitraum *m*, Ábrechnungszeitraum; в ~ войны́ in der Kríegszeit; отопи́тельный ~ Héizperiode *f*; лате́нтный [скры́тый] ~ *мед.* Laténzzeit *f*; ~ обраще́ния плане́ты *астр.* Planetenjahr *n* - (e)s; ~ колеба́ния *физ.* Schwíngungsdauer *f*; ~ полураспа́да *физ.* Hálbwertzeit *f*; вступи́ть в но́вый ~ éine néue Etáppe begínnen*; 2. *мат.* Perióde *f* (11); 3. *грам.* Perióde *f* (11), Glíedersatz *m* (1*); méhrfach zusámmengesetzter Satz; 4. (*в хоккее*) Dríttel *n* (6)

периодиза́ция *ж* Periodisíerung *f*

перио́дика *ж* Periódika *pl*, Zéitschriften *pl*, Zéitschriftenliteratur *f*

периоди́ческ||ий periódisch, régelmäßig wíederkehrend, intermittíerend; ~ое изда́ние periódische Drúckschrift; ~ая печа́ть Periódika *pl*, Zéitschriftenliteratur *f*; ◇ ~ая дробь *мат.* periodischer Dezimálbruch; ~ая систéма элемéнтов *хим.* das Periódensystem der Eleménte

периоди́чн||ость *ж* Periodizität *f*; régelmäßige Wíederkehr; Erschéinungsweise *f* (*журнала*); **~ый** periódisch

периости́т *м мед.* Periostítis *f*, Knóchenhautentzündung *f*

перипет||и́я *ж* Peripetíe *f* (11); **~и́и** Wéchselfälle *pl*, Peripetí¦en *pl*

периселéний *м астр.* móndnächster Punkt, Perilún *n* -s

перискóп *м* Periskóp *n* (2); *мор.* Séhrohr *n* (2); окóпный ~ *воен.* Grábenspiegel *m* (6); панорáмный ~ *воен.* Rúndblickperiskop *n*; **~и́ческий** periskópisch; ~и́ческие стёкла konvexkonkave [kɔnˈvɛkskɔnˌkaːvə] Gläser

перистáльт||ика *ж физиол.* Peristáltik *f*; **~и́ческий** *физиол.* peristáltisch

перисти́ль *м архит.* Peristýl *n* (2), Peristýlium *n* -s, -li¦en

перистоли́стый *бот.* fíederblätt(e)rig

пéрист||ый 1. *бот.* gefíedert; féderförmig; **2.:** ~ые облакá *метео.* Féderwolken *pl*, Zírruswolken *pl*

перитони́т *м мед.* Peritonítis *f*, Báuchfellentzündung *f*

перифер||и́йный periphér; **~и́йный** гóрод Lándstadt *f* (3); Provinzstadt [-ˈvints-] *f*; **~и́ческий** periphérisch; **~и́я** *ж* Peripherie *f*, Rándgebiet *n* -(e)s; Provinz [-ˈvints] *f*; он уéхал на ~и́ю er ist in die Provínz gefáhren; рабóтать на ~ии áußerhalb der größten Industríe- und Kultúrzentren árbeiten

перифрáза *ж лит.* Periphráse *f* (11); Umschréibung *f* (10)

перицéнтр *м астр.* Périzentrum *n* -s

пёрка *ж тех.* Zentríerbohrer *m* (6)

перкáль *ж текст.* Perkál *m* (1)

перколя́ция *ж хим.* Perkolatión *f*

перкýссия *ж мед.* Perkussión *f* (10), Beklópfen *n* -s

перкути́ровать *мед.* perkutíeren *vt*, beklópfen *vt*

перл *м* **1.** *уст.* (*жемчужина*) Pérle *f* (11); **2.** *перен.* Pérle *f* (11) (*музыки, живописи, поэзии*); это ~ы остроýмия das ist ein Géistesblitz; **3.** *полигр.* Perl *f*, Pérlschrift *f*

перламýтр *м* Pérlmutter *f*; **~овый** aus Pérlmutter, Pérlmutter-; ~овая пýговица Pérlmutterknopf *m* (1*)

пéрлинь *м мор.* Trósse *f* (11), Kábeltrosse *f*, Schléppleine *f* (11)

перли́т *м геол.* Perlít *m* (1)

перлитобетóн *м* Perlítbeton [-ˌtɔŋ] *m* -s, -s

перлóв||ый: ~ая крупá Pérlgraupen *pl*

перлóн *м текст.* Pérlon *n* -s; **~овый** Pérlon-

перлюстр||áция *ж спец.* Zensúr *f* (der Korrespondénz), Bríefzensur *f*; **~и́ровать** *спец.* (die Korrespondénz) zensíeren

перманéнт *м* (*завивка*) Dáuerwelle *f* (11), Dáuerkrause *f* (11); сдéлать (себé) ~ sich (*D*) éine Dáuerwelle máchen lássen*

перманéнтн||ость *ж* Permanénz *f*, Ständigkeit *f*; **~ый** permanént, ständig

пéрмск||ий *геол.* pérmisch; ~ая систéма Perm *n* -s, Pérmische Formatión, Dýas *f*

пернáт||ый gefíedert; ~ое цáрство Vógelwelt *f*

перó *с* **1.** (*птичье*) Féder *f* (11); *собир.* Róhfedern *pl*; Béttfedern *pl* (*для перин*); **2.** (*писчее*) Féder *f* (11), Schréibfeder *f*; плакáтное ~ Plakátfeder *f*, Féder für Plakátschrift; чертёжное ~ Zéichenfeder *f*; ~ для автору́чки Füllhalterfeder *f*; **3.** *тех.* Blatt *n* (5), Zúnge *f* (11); ~ руля́ *мор.* Rúeerblatt *n*; ~ лопáтки *гидр.* Scháufelblatt *n*; ◇ взя́ться за ~ zur Féder gréifen*; владéть ~м éine gewándte Féder führen; обладáть óстрым ~м éine schárfe Féder führen; ~м не описáть únbeschreiblich; что напи́сано ~м, тогó не вы́рубишь топорóм *посл.* das geschríebene Wort háftet; ≅ Schréiben tut bléiben

перочи́нный: ~ нож Táschenmesser *n* (6)

перочи́стка *ж* Tíntenwischer *m* (6)

перпендикуля́р *м мат.* Sénkrechte *sub f*; Lótrechte *sub f*; Lot *n* (2); Perpendíkel *m*, *n* (6); опусти́ть ~ éine Sénkrechte fällen; восстанови́ть ~ éine Sénkrechte erríchten; **~ный** sénkrecht, lótrecht, schéitelrecht, wínkelrecht, perpendikulár; взаи́мно ~ный *мат.* sénkrecht zueinánder

перрóн *м* Báhnsteig *m* (1); кры́тый ~ Báhnsteighalle *f* (11); откры́тый ~ Áußenbahnsteig *m*; **~ный** Báhnsteig-; ~ный билéт Báhnsteigkarte *f* (11)

перс *м* Pérser *m* (6)

персептрóн *см.* перцептрóн

перси́дский pérsisch; Pérser-; ~ язы́к die pérsische Spráche, das Pérsische (*sub*); ~ ковёр Pérserteppich *m* (1), Pérser *m* (6)

пéрсик *м* **1.** (*плод*) Pfírsich *m* (1); **2.** (*дерево*) Pfírsichbaum *m* (1*); **~овый** Pfírsich-; ~овое дéрево Pfírsichbaum *m* (1*); ~овое мáсло Pfírsichkernöl *n* -(e)s

персия́нка *ж* Pérserin *f* (12)

персóль *ж хим.* Pérsalz *n* -es

персóн||а *ж* Persón *f* (10); вáжная ~а *разг.* wíchtige Persón; ◇ ~а грáта *дип.* persóna gráta, erwünschte Persón; ~а нон грáта *дип.* persóna non gráta, únerwünschte Persón; сóбственной ~ой in éig(e)ner Persón

персонáж *м лит.* (hándelnde) Persón *f* (10); второстепéнный [побóчный] ~ Rándfigur *f* (10)

персонáл *м* Personál *n*, Belégschaft *f* (10); Beschäftigte *sub pl*; техни́ческий ~ téchnisches Personal; обслýживающий ~ Bedíenungspersonal *n*, Wártungspersonal *n*; *ав.* Bódenpersonal *n*; медици́нский ~ das medizínische Pflégepersonal; администрати́вный ~ Verwáltungspersonal *n*; специáльный ~ Sónderpersonal *n*; Fáchkräfte *pl*, Speziálkräfte *pl*

персонáльн||ый persönlich, Personál-; personéll, persónengebunden; ~ое дéло *юр.* Disziplinárverfahren *n* (7), Disziplinárangelegenheit *f* (10); Partéiverfahren *n*; ~ый автомоби́ль persónengebundener Wágen; ~ый оклáд Éinzelgehalt *n* (5); ~ая пéнсия persónengebundene Rénte

персонифи||кáция *ж* Personifikatión *f*, Personifizierung *f*; **~ци́ровать** personifizíeren *vt*

перспекти́в||а *ж тж. перен.* Perspektíve [-və] *f* (11), Áussicht *f* (10); ближáйшая ~а Náhperspektive *f*; дáльняя ~а Férnperspektive *f*; пространственная ~а *стр.* Ráumperspektive *f*; открывáется ~а die Perspektíve [Áussicht] bíetet sich; в ~е (*в будущем*) in der Perspektíve; **~ный 1.** perspektívisch [-viʃ]; Perspektív-; ~ный план Perspektívplan *m* (1*); ~ное плани́рование Perspektívplanung *f*, perspektívische [-vi-] Plánung; **2.** (*многообещающий*) áussichtsreich; **~ные кáдры** entwícklungsfähige Káder *pl*

перст *м уст.* Fínger *m* (6); ◇ оди́н как ~ mútterseelenallein; ~ судьбы́ ein Wink des Schícksals

пéрстень *м* Fíngerring *m* (1); мужскóй ~ Hérrenring *m*; ~ с печáтью Síegelring *m*

перстневи́дный: ~ хрящ *анат.* Ríngknorpel *m* (6) (des Kéhlkopfes)

персульфáт *м хим.* Pérsulfat *n* (2)

пертурбáция *ж* **1.** Störung *f* (10), Verwírrung *f* (10); **2.** *астр.* Perturbatión *f* (10)

перуáн||ец *м* Peruáner *m* (6); **~ка** *ж* Peruánerin *f* (12); **~ский** peruánisch; ◇ ~ский бальзáм Perúbalsam *m* -s

перфéкт *м грам.* Pérfekt *n* -(e)s, Perféktum -s, -ta

перфекти́вный *грам.* pérfektiv

перфокáрта *ж выч. тех.* Lóchkarte *f* (11); глáвная ~ Háuptkarte *f*, Léitkarte *f*; пáмять на ~х Lóchkartenspeicher *m* (6)

перфолéнта *ж спец.* Lóchstreifen *m* (7), Lóchband *n* (5)

перфорáтор *м* **1.** *горн.* Perforíermaschine *f* (11); бури́льный ~ Bóhrhammer *m* (6); пневмати́ческий ~ Préßlufthammer *m* (6); Préßluftabbauhammer *m*; **2.** (*для пробивания отверстий на бумаге и т. п.*) Lóchzange *f* (11); *выч. тех.* Lócher *m* (6), Lóchergerät *n* (2), Stánzer *m* (6); ~ карт Kártenlocher *m*

перфор||áция *ж* Perforatión *f*, Lóchung *f*; ~áция карт Kártenlochung *f*; **~и́ровать** perforíeren *vt*, lóchen *vt*

перхлорáт *м хим.* Perchlorát [-klo-] *n* (2)

пéрхоть *ж* Kópfschuppen *pl*

перципиéнт *м психол.* Empfänger *m* (6)

перцептрóн *м физ.* Perceptrón *n* (2), Perzeptrón *n*

перцéпция *ж психол.* Perzeptión *f* (10), Wáhrnehmung *f*

перцóвка *ж* (*водка*) Pféfferbranntwein *m* (1)

перцóв||ый Pféffer-

перчáтк||а *ж* Hándschuh *m* (1), Fíngerhandschuh *m*; защи́тные ~и Schútzhandschuhe *pl*; ~и с крáгами Stúlpenhandschuhe *pl*; в ~ах in Hándschuhen, behándschuht; снять ~и die Hándschuhe áusziehen* [ábstreifen]; ◇ брóсить ~у комý-л. j-m den Féhdehandschuh hínwerfen*, j-n heráusfordern; подня́ть ~у den Féhdehandschuh [Hándschuh] áufnehmen*, den Kampf áufnehmen*; меня́ть как ~и *разг.* wie sein Hemd wéchseln

перчáточн||ик *м* Hándschuhmacher *m* (6) (*мастер*); Hándschuhhändler *m* (6) (*торговец*); **~ый** Hándschuh-; ~ый цех Hándschuhmacherei *f*

пéрчить pféffern *vt*

першерóн (*порода лошадей*) Percheron [-ʃəˈrɔ̃ː] *m* -s, -s

перш||и́ть *безл.*: у меня́ ~и́т в гóрле mir kratzt es im Hals, ich spüre éinen Hústenkitzel; ich hábe éinen Frosch im Háls (*разг.*)

пёрышко *с* Féderchen *n* (7); ◇ лёгкий как ~ féderleicht

перьев||óй: ~áя ру́чка Füll(feder-)halter *m* (6)

пёс *м* Hund *m* (1); Köter *m* (6) (*дворняжка*); ◇ созвéздие Большóго Пса *астр.* der Gróße Hund; созвéздие Мáлого Пса *астр.* der Kléine Hund

пéсен||ка *ж* Líedchen *n* (7); Chanson (*фр.* [ʃãˈsɔ̃] *n* -s, -s, Song *m* -s, -s, Schláger *m* (6) (*модная*); ◇ егó **~ка**

спе́та er hat áusgespielt, es ist aus mit ihm; **~ник** *м* **1.** (*сборник песен*) Líederbuch *n* (5), Líedersammlung *f* (10); **2.** (*исполнитель песен*) Schlágersänger *m* (6); **3.** (*композитор*) Líederkomponist *m* (8); **~ный** Líeder-, líedhaft

песе́та *ж* (*денежная единица Испании*) Peséta *f*, *pl* -ten (= *100 сентимо*)

песе́ц *м* **1.** (*животное*) Polárfuchs *m* (1*), Éisfuchs *m*; **2.** (*мех*): голубо́й ~ Bláufuchs *m* -es; бе́лый ~ Wéißfuchs *m*

пё́сий *разг.* Húnde-, Hunds-

пё́сик *м* Hündchen *n* (7); kléiner [júnger] Hund

песка́рь *м* (*рыба*) Gründling *m* (1)

песко||ло́вка *ж стр.* Sándfang *m* (1*); **~мёт** *м тех.* Sándschleuder *f* (11); **~разбра́сыватель** *м тех.* Sándstreuer *m* (6)

пескостру́йн||ый: ~ый аппара́т *тех.* Sándstrahler *m* (6), Sándstrahlgebläse *n* (6); ~ая очи́стка [обрабо́тка] Sándstrahlen *n* -s, Sándstrahlbehandlung *f*

песнь *ж лит.* Lied *n* (5); ◇ ~ пе́сней das Hóhelied (*G* Hóhenlied(e)s)

пе́сн||я *ж* Lied *n* (5); наро́дная ~я Vólkslied *n*; совреме́нная ~я Lied der Gégenwart; хорова́я ~я Chorlied ['ko:r-] *n*; ве́чер ~и Líederabend *m* (1); ◇ э́то ста́рая ~я *разг.* das ist (ímmer) die álte Plátte; das ist (ímmer) das álte Lied; das ist (ímmer) die álte Léier; э́то до́лгая ~я *разг.* das ist éine lánge Geschíchte

пе́со *с* (*денежная единица на Кубе и в некоторых странах Латинской Америки*) Péso *m* = *u* -s, -s (*после числ. pl* =) (= 100 *сентаво*)

пес||о́к *м* Sand *m* (1); зыбу́чие ~ки́ Tréibsand *m*, Flúgsand *m*; золотоно́сный ~о́к Góldsand *m*, góldhaltiger Sand; формо́вочный ~о́к *мет.* Fórmsand *m*; посы́панный ~ко́м sándbestreut; занесённый ~ко́м versándet; ◇ са́харный ~о́к klárer Zúcker, Stréuzucker *m* -s; стро́ить на ~ке́ auf Sand báuen; из него́ ~о́к сы́плется *разг.* ≅ bei ihm ríeselt der Kalk

песо́чн||ица *ж* **1.** (*для детей*) Sándkasten *m* (7); **2.** *тех.* Sándkasten *m* (7); Sándstreuer *m* (6) (*пескоразбрасыватель*); **~ый 1.** Sand-; ~ые часы́ Sánduhr *f* (10), Éieruhr *f*; Stúndenglas *n* (5); **2.** (*о цвете*) sándfarben, sándgelb; **3.** (*о тесте*) Sand-; ~ый торт Sándkuchen *m* (7), Sándtorte *f* (11)

пессими́зм *м* Pessimísmus *m* =, Schwárzseherei *f*

пессими́ст *м* Pessimíst *m* (8), Schwárzseher *m* (6); **~и́ческий, ~и́чный** pessimístisch, schwárzseherisch; **~ка** *ж* Pessimístin *f* (12), Schwárzseherin *f* (12)

пест *м* Kéule *f* (11), Stößel *m* (6)

пе́стик *м* **1.** Mörserkeule *f* (11); Stößel *m* (6); **2.** *бот.* Stémpel *m* (6)

пестици́ды *мн. хим.* Pestizíde *pl*

пе́стовать *уст.* wárten *vt*, betréuen *vt*

пестр||е́ть bunt schímmern; **~и́ть 1.** bunt färben; **2.** *безл.*: у меня́ ~и́т в глаза́х es flímmert mir vor den Áugen; **~ота́** *ж* Búntheit *f*, Búntfarbigkeit *f*; bunt(scheckig)es Fárbengemisch

пестротка́нь *ж текст.* Búntgewebe *n* (6)

пёстрый 1. bunt, búntfarbig; **2.** (*разнородный*) bunt

песцо́вый Polárfuchs-; Bláufuchs-

песча́н||ик *м* Sándstein *m*; пёстрый ~ик Búntsandstein; раку́шечный ~ик Múschelsandstein; **~ый** sándig, Sand-; ~ая бу́ря Sándhose *f* (11)

песчи́нка *ж* Sándkörnchen *n* (7), Sándteilchen *n* (7); золота́я ~ Góldkörnchen *n*

пета́рда *ж* Púlverpetarde *f* (11)

пети́т *м полигр.* Petit [*фр.* pə'ti:] *f*, Petítschrift *f*

пети́ц||ия *ж* Petitión *f* (10), Bíttschrift *f* (10); подава́ть ~ию éine Bíttschrift éinreichen; petitioníeren *vi*

петлеобра́зный schlíngenförmig

петли́ца *ж* **1.** (*петля*) Knópfloch *n* (5); **2.** (*нашивка на воротнике*) Krágenspiegel *m* (6)

петлю́ровцы *мн. ист.* Petljúraleute *pl*

пе́тл||я *ж* **1.** Schlínge *f* (11) (*тж. перен.*); Schláufe *f* (11); про́волочная ~я Dráhtschlinge *f*; **2.** (*в вязании*) Másche *f* (11); спусти́ть ~ю eine Másche fállen lássen*; ~я спусти́лась éine Másche ist geláufen; спу́щенная ~я Láufmasche *f*; подня́ть ~и die Máschen áufnehmen*; **3.** (*в одежде*) Knópfloch *n* (5) (*для пуговицы*); Öse *f* (11), Áuge *n* (13) (*для крючка*); **4.** (*круговое движение и линия*) Kéhre *f* (11), Kéhrschleife *f* (11), Serpentíne *f* (11); *ав.* Looping ['lu:piŋ] *m*, *n* -s, -s; двойна́я ~я *ав.* Dóppellooping *m*; **5.** *стр.* Band *n* (5); дверна́я ~я Türband *n*; око́нная ~я Fénsterband *n*; снять дверь с пе́тель die Tür áushängen; **6.:** ~я гистере́зиса *физ.* Hystéresisschleife *f*; ◇ лезть в ~ю den Hals in die Schlínge stékken; хоть в ~ю лезь *разг.* man könnte sich áufhängen!

петля́ть *разг.* **1.** éinen Bógen beschréiben*; Kúrven beschréiben*; **2.** (*говорить*) lángatmig von díesem und jénem réden

петраше́вцы *мн. ист.* Petraschéwzen *pl*

петрифика́ция *ж геол.* Petrifikatión *f*, Verstéinerung *f*

петрогра́фия *ж* Petrographíe *f*; Gestéinskunde *f*

петроло́гия *ж* Petrologíe *f*

Петропа́вловск||ий: ~ая кре́пость Péter-Pauls-Festung *f*

петру́шка I *ж бот.* Petersílie *f* (11)

петру́шка II 1. *м* (*кукла*) Kásperle *n*, *m* (6); Kásperfigur *f* (10), Petrúschka *m* -s, -s, Hanswúrst *m* (1); **2.** *м* (*представление*) Kásperlespiel *n* (2); **3.** *ж разг.* (*нечто странное*) Únsinn *m* -(e)s, Quatsch *m* -es

пету́нья *ж бот.* Petúnie *f* (11)

пету́х *м* Hahn *m* (1*); ◇ инде́йский ~ Trúthahn *m*, Púter *m* (6); встава́ть с ~а́ми mit dem érsten Háhnenschrei [mit den Hühnern] áufstehen*; ещё до ~о́в noch vor den Hühnern; пусти́ть кра́сного ~а́ (*поджечь дом*) den róten Hahn aufs Dach sétzen; пусти́ть ~а́ (*петь пискливо, фальшиво*) *разг.* detoníeren *vi*, falsch síngen*; певе́ц пусти́л ~а́ *разг.* der Sänger hat falsch gesúngen [hat úmgeschmissen *разг.*]

петуш||и́й Háhnen-; ~и́й гре́бень [гребешо́к] Háhnenkamm *m* (1*); **~и́ный** Háhnen-; ~и́ное перо́ Háhnenfeder *f* (11); ~и́ный бой Háhnenkampf *m* (1*); **~и́ться** *разг.* sich brüsten (*важничать*); hítzig wérden (*горячиться*); он ~и́тся ihm schwillt der Kamm

петушо́к *м* Hähnchen *n* (7)

петь síngen* *vt*, *vi*; ~ те́нором Tenór síngen*; петухи́ пою́т die Hähne krähen; ◇ ~ Ла́заря *разг.* Klágelieder síngen*, sein Schícksal beklágen

пехо́т||а *ж* Infanteríe *f* (*сокр.* Inf.); морска́я ~а Maríneinfanterie *f* (*сокр.* MI); моторизо́ванная ~а motorisíerte Infanteríe (*сокр.* Mot.-Inf.); **~и́нец** *м* Infanteríst *m* (8); **~ный** Infanteríe-; ~ные ча́сти Infanteríetruppen *pl*

печа́лить betrüben *vt*, tráurig máchen; **~ся** betrübt sein

печа́л||ь *ж* Kúmmer *m* -s, Gram *m* -(e)s, Tráuer *f*; Tráurigkeit *f*; ◇ не твоя́ ~ь *разг.* das ist nicht déine Sórge [Sáche]; мне что за ~ь *разг.* was geht mich das an?; не́ было ~и, так че́рти накача́ли *погов.* das hat ja gráde noch geféhlt!

печа́льный 1. tráurig, betrübt, kúmmervoll, vergrämt; **2.** (*прискорбный*) tráurig; ~ слу́чай ein bedáuerlicher Vórfall; ~ коне́ц das únrühmliche Énde

печа́тание *с* Druck *m* -(e)s, Búchdruck *m*; ~ тиража́ Áuflagendruck *m*

печа́тать 1. drúcken *vt*; **2.** (*на пишущей машинке*) (auf der Schréibmaschine) schréiben* *vi*, *vt*; maschíneschreiben* (*part II* maschínegeschrieben) *vt*; típpen *vt*; она́ печа́тает на маши́нке sie schreibt Maschíne; она́ печа́тала на маши́нке sie hat maschínegeschrieben; ◇ ~ шаг fest áuftreten*; **~ся 1.** (*быть в печати*) im Druck sein, únter der Présse sein; **2.** (*печатать свои произведения*) séine Wérke drúcken lássen*; он печа́тается в ра́зных журна́лах séine Wérke erschéinen in verschíedenen Zéitschriften; **3.** *страд.* gedrúckt wérden (*ср.* печа́тать)

печа́тка *ж* (kléines) Síegel *n* (6)

печа́тн||ик *м* Drúcker *m* (6), Búchdrucker *m*; **~ый** gedrúckt, Druck-; ~ая маши́на Drúckmaschine *f* (11); ~ая проду́кция Drúckerzeugnisse *pl*; ~ыми бу́квами in Drúckschrift; ◇ ~ый лист Drúckbogen *m* (7, 7*)

печа́т||ь I *ж* **1.** Síegel *n* (6), Stémpel *m* (6); госуда́рственная ~ь Stáatssiegel *n*; ~ь учрежде́ния, служе́бная ~ь Díenstsiegel *n*; ге́рбовая ~ь Wáppensiegel *n*; **~ь фи́рмы** Fírmenstempel *m*; поста́вить ~ь das Síegel áufdrücken; ábstempeln *vt*; наложи́ть ~и *юр.* versíegeln *vt*, mit einem Síegel [Stémpelaufdruck] verséhen*; **2.** *перен.* (*след*) Stémpel *m* -s, Gepräge *n* -s; на всём лежи́т ~ь вре́мени álles trägt den Stémpel [das Gepräge] der Zeit; наложи́ть ~ь на кого́-л., на что-л. j-m, éiner Sáche (*D*) séinen Stémpel áufdrücken; ◇ **кни́га** за семью́ ~ями ein Buch mit síeben Síegeln

печа́т||ь II *ж* **1.** (*пресса*) Présse *f*; Préssewesen *n* -s; периоди́ческая ~ь periódische Présseerzeugnisse *pl*, Periódika *pl*; райо́нная ~ь Rayonpresse [rɛ'jɔŋ-] *f*; Rayonzeitungen *pl*; се́льская ~ь Présse für die Lándbevölkerung; центра́льная ~ь zentrále Présse; обзо́р ~и Présseschau *f*, Présseübersicht *f*; в ~и in der Présse; durch die Présse; бюро́ ~и Préssestelle *f* (11), Préssedienst *m* -es; по сообще́ниям ~и nach Préssemeldungen; wie die Présse méldet; как отмеча́ет ~ь Préssemeldungen zufólge; по страни́цам ~и (*раздел в газете*) Blick in die Présse; по страни́цам зарубе́жной ~и Áuslandspresseschau; **2.** (*печатание*) Druck *m* -(e)s; высо́кая ~ь Hóchdruck *m*; глубо́кая ~ь Tíefdruck *m*; пло́ская ~ь Fláchdruck *m*; **многокра́сочная** ~ь Méhrfarbendruck *m*; гото́вить к ~и zum Druck vórbereiten; гото́виться к ~и in Vórbereitung (zum Druck) sein; гото́вый к ~и drúckreif; отда́ть в ~ь in Druck gében*; быть в ~и im Druck sein, únter der Présse sein; вы́йти из ~и im Druck erschéinen*; 3. (*вид отпечатанного*) Druck *m* -(e)s; чёткая ~ь klárer Druck, kláre Schrift

печенéги *мн. ист.* Petschenégen *pl* (*nomadisierendes Turkvolk in Südrußland, 8.—13. Jh.*)

печéние *с* Bácken *n* -s

печёнка *ж* Léber *f* (11); ◇ всéми ~ми ненави́деть *разг.* aus tíefster Séele hássen; сидéть в ~х у когó-л. *разг.* j-m im Mágen líegen*

печёночный Léber-; ~ паштéт Léberpastete *f* (11)

печёный gebácken

пéчень *ж* Léber *f* (11)

печéнье *с* Gebäck *n* -s, Biskuits [-'kvi:ts] *pl*; песóчное ~ Sándgebäck *n*; минда́льное ~ Mándelgebäck *n*; сухóе ~ Keks [ke:ks] *m* (1); *австр. n* =, =; ~ к ча́ю Téegebäck *n*

пéчк||а *ж* Ófen *m* (7*); ◇ танцевáть от ~и *разг.* étwas routínemäßig [ru-] tun*

печн||и́к *м* Ófensetzer *m* (6); **~óй** Ófen-

печу́рка *ж* Öfchen *n* (7)

печь I *сущ. ж* Ófen *m* (7*); ру́сская ~ (rússischer) Báckofen *m*; дóменная ~ Hóchofen *m*; мартéновская ~ Siemens-Mártin-Ofen *m*, SM-Ofen *m*; обжигáтельная ~ Brénnofen *m*; электри́ческая ~ eléktrischer Ófen; Kléinküche *f* (11) (*бытовая*); кáфельная ~ Káchelofen *m*; кремациóнная ~ Éinäscherungsofen *m*, Verbrénnungsofen *m*; ◇ лежáть на печи́ *разг.* (faul) hínter dem Ófen sítzen*

печь II *гл.* 1. (*хлеб и т. п.*) bácken* *vt*; 2. (*о солнце*) brénnen* *vi*, stéchen* *vi*; ◇ как блины́ печёт *разг.* das geht ja wie's Brézelbacken

пéчься I 1. (*о хлебе и т. п.*) bácken* *vi*; 2. *разг.* (*греться на солнце, находиться в жарком месте*) in der Sónne bráten*

пéчься II (*заботиться*) betréuen *vt*; sórgen *vi* (о ком-л., о чём-л. für *A*); ~ о чьих-л. интерéсах sich (*D*) j-s Interéssen ángelegen sein lássen*

пешехóд *м* Fúßgänger *m* (6); **~ный** Fúßgänger-; ~ная тропá Fúßsteig *m* (1), Pfad *m* (1); ~ный мост (léichte) Fúßgängerbrücke *f* (11); ~ная дорóжка (*на мостовой*) Fúßgängerschutzweg *m* (1), Fúßgängerüberweg *m*; ~ное движéние Fúßgängerverkehr *m* -(e)s

пешéчком *нареч. разг.* auf Schústers Ráppen, (hübsch) zu Fuß

пéший Fuß; zu Fuß gehend

пéшка *ж* 1. *шахм.* Báuer *m* (13); 2. *перен. разг.* Púppe *f* (11), Marionétte *f* (11); Schächfigur *f* (10)

пешкóм *нареч.* zu Fuß; auf Schústers Rápen (*разг.*)

пешня́ *ж* Éishacke *f* (11); Bréoheisen *n* (7), Bréchstange *f* (11)

пешóчком *см.* пешéчком

пещéр||а *ж* Höhle *f* (11); **~истый** *анат.* schwámmig; **~ный** Höhlen-; ~ный человéк Höhlenmensch *m* (8); ~ная жи́вопись (*наскальные изображения*) Höhlenmalerei *f*

пиалá *ж* hénkellose Schále [Tásse], Téeschale *f* (11) (*in Mittelasien*)

пиани́но *с* Klavier [-'vi:r] *n* (2)

пиани́ссимо *муз.* 1. *нареч.* pianíssimo; 2. *сущ. с* Pianíssimo *n* -s

пиани́ст *м* Pianíst *m* (8); **~и́ческий** pianístisch; ~ка *ж* Pianístin *f* (12)

пиáно *муз.* 1. *нареч.* piáno; 2. *сущ. с* Piáno *n* -s

пианóла *ж муз.* Pianóla *n* -s, -s

пиáстр *м* (*монета*) Piáster *m* (6)

пивовáр *м* (пивовáренный завóд), Brauerei *f*

пивн||áя *сущ. ж* Bíerstube *f* (11), Bíerhalle *f* (11); Bíerlokal *n* (2); **~óй** Bier-; ~ые дрóжжи Bíerhefe *f*; ~áя кру́жка Bíerseidel *n* (6), Bíerglas *n* (5); ~óй бар Stéhbierhalle *f* (11); **~у́шка** *ж разг.* Bíerkneipe *f* (11)

пи́во *с* Bier *n* (2); Fláschenbier *n* (*в бутылках*); свéжее ~ das Bier vom Faß; солодóвое ~ Málzbier *n*; пи́льзенское ~ Píls(e)ner *n* (6), Píls(e)ner Bier

пивовáр *м* Bíerbrauer *m* (6); **~éние** *с* Bíerbrauen *n* -s; **~енный:** ~енный завóд Brauerei *f* (10); ~енная промы́шленность Brauerei-Industrie *f*

пи́галица *ж* 1. *зоол.* Kíebitz *m* (1); 2. *пренебр.* (*о человеке*) kléiner únansehnlicher Mensch

пигмéй *м* Pygmäe *m* (9), Zwerg *m* (1)

пигмéнт *м* Pigmént *n* (2), Fárbstoff *m* (1); **~áция** *ж* Pigmentatión *f*; **~ный** Pigmént-; ~ные краси́тели Pigméntfarbstoffe *pl*

пиджáк *м* Jácke *f* (11), Jackétt [ʒa-] *n* (2) (*pl тж.* -s); Sákko *m*, *n* -s, -s, Stráßenjackett *n*; спорти́вный ~ Spórtsakko *m*; лéтний ~ Sómmersakko *m*; без ~á hémdsärmelig, in Hémdsärmeln

пиджáчн||ый: ~ая пáра Jackéttanzug [ʒa-] *m* (1*)

пиеми́я *ж мед.* Pyämíe *f*

пиетéт *м* Pi¦etät *f*, Éhrfurcht *f*

пиети́зм *м* Pi¦etísmus *m* =

пижáма *ж* Schláfanzug *m* (1*); Háusanzug *m*; больни́чная ~ Kránkenanzug *m*

пи́жма *ж бот.* Ráinfarn *m* (1)

пижóн *м* Geck *m* (8), Módegeck *m*

пик *м* 1. *геогр.* Pik *m* (1) (*pl тж.* -s), Bérgspitze *f* (11); 2. (*наивысший подъём*) Spítze *f* (11), Spítzenwert *m* (1); ~ в рабóте электростáнции Strómspitze *f*; часы́ ~ Spítzenzeit *f* (10), Spítzenbelastungszeit *f*; Háuptverkehrszeiten *pl*, Berúfsverkehrszeiten *pl* (*на транспорте*); Stúnden des größten Ándrangs, Háuptgeschäftszeit *f*, Stóßgeschäft *n* -(e)s, Drúckgeschäft *n* (*в магазине, ресторане*)

пи́ка *ж* (*оружие*) Lánze *f* (11)

пикадóр *м* Pikadór *m* (1, 8)

пикáнтный pikánt, gewürzt; *перен. тж.* príckelnd

пикáп *м* Líeferwagen *m* (7), Kléinlastkraftwagen *m*, Kléin-Lkw *m*

пикé I *с* (*ткань*) Pikée *m* -s, -s

пикé II *с ав. см.* пики́рование

пикéйный Pikée-; ~ воротни́к Pikéekragen *m* (7)

пикéт *м*: (забастóвочный) ~ Stréikposten *m* (7)

пикети́ровать (*при забастовке*) auf Stréikposten stéhen*

пикéтчик *м* Stréikposten *m* (7)

пи́к||и *мн. карт.* Pik *n* -s, -s, Pique [*фр.* pi:k] *n* -s, -s; игрáть в ~ах in Pik spíelen; пойти́ с пик Pik áusspielen

пики́ровани||е *с ав.* Stúrzflug *m* (1); вводи́ть в ~е den Stúrzflug einléiten; выводи́ть самолёт из ~я das Flúgzeug aus dem Stúrzflug ábfangen*

пики́ровать I *ав.* im Stúrzflug níedergehen*; ~ на цель ein Ziel im Stúrzflug ángreifen*

пиковáть II *с.-х.* pikíeren *vt*, áuspflanzen *vt*

пики́роваться sich stícheln

пикирóвка I *ж с.-х.* Pikíeren *n* -s, Áuspflanzen *n* -s

пикирóвка II *ж разг.* (*препирательство*) Sticheléi *f* (10), bóshafte Ánspielung

пики́ровщик *м ав.* Stúrzkampfflugzeug *n* (2)

пики́рующий *ав.*: ~ бомбарди́ровщик Stúrzkampfflugzeug *n* (2); ~ полёт Stúrzflug *m* (1*)

пи́кколо *с муз.* Píkkolo *m* -s, -s; флéйта ~ Píkkoloflöte *f* (11)

пикни́к *м* (Áusflug mit) Pícknick *n* -s, -s

пикнóметр *м тех.* Pyknométer *n* (6)

пи́кнуть *разг.* múck(s)en *vi*; он ~ не смéет er wagt nicht (mal) zu múck(s)en; он ~ не успéл er hátte nicht mal Zeit, éinen Laut von sich zu gében

пи́ков||ый I *карт.* Pik-; **~ый** туз Pik¦ás *n* (2); ~ый корóль Píkkönig *m* (1); ~ая дáма Pikdáme *f* (11); ~ый валéт Pikbúbe *m* (9); ◇ ~ое положéние *разг.* verzwéifelte [péinliche] Láge; остáться при ~ом интерéсе *разг.* leer áusgehen*, das Náchsehen háben; der Geméierte sein

пи́ков||ый II *спец.* Spítz(en)-; ~ая мóщность Spítzenleistung *f*; ~ая скóрость Spítzengeschwindigkeit *f*

пикрáты *мн. хим.* Pikráte *pl*, Sálze der Pikrínsäure

пикри́нов||ый *хим.* Pikrín-; ~ая кислотá Pikrínsäure *f*

пиктогрáмма *ж лингв.* Piktorgrámm *n* (2)

пиктогрáф||ия *ж лингв.* Piktographíe *f*, Bílderschrift *f*; **~и́ческий:** ~и́ческое письмó *лингв.* Piktographíe *f*, Bílderschrift *f*, Idé¦enschrift *f*, Begríffsschrift *f*

пи́кули *мн. кул.* mariníertes Gemüse, Pickles [*англ.* 'pikəls] *pl*

пи́кша *ж* (*рыба*) Schéllfisch *m* (1)

пилá *ж* 1. Säge *f* (11); ручнáя ~ Hándsäge *f*; лучкóвая ~ Bógensäge *f*, Bügelsäge *f*; ди́сковая [ци́ркульная] ~ Kréissäge *f*; рáмная ~ Gestéllsäge *f*, Gáttersäge *f*; лéнточная ~ Bándsäge *f*; поперéчная двуру́чная ~ Quérsäge *f*, Trúmmsäge *f*, Schrótsäge *f*; цепнáя ~ Kéttensäge *f*; 2. *разг.* (*о человеке*) Nérvensäge *f*

пилáв *см.* плов

пилá-ры́ба *ж* Sägefisch *m* (1)

пилёный: ~ сáхар Würfelzucker *m* -s; ~ лес Schnítt holz *n* (5)

пилигри́м *м* Pílger *m* (6); Wállfahrer *m* (6)

пили́кать *разг.* fíedeln *vi*, krátzen *vi* (*auf einem Musikinstrument*)

пили́ть 1. sägen *vt*; féilen *vt* (*напильником*); 2. *перен. разг.* nörgeln *vi* (когó-л. an *D*)

пи́лка *ж* 1. (*действие*) Sägen *n* -s; 2. (*лобзик*) Láubsäge *f* (11); 3.: ~ для ногтéй Nagelfeile *f* (11)

пи́ллерс *м мор.* Déckstütze *f* (11), Bálkenstütze *f*

пилокарпи́н *м фарм.* Pilokarpín *n* -s

пиломатериáлы *мн.* Sägeholz *n* (5), Schnítt holz *n*

пилóн *м архит.* Pylón *m* (8)

пилорáма *ж* Sägegatter *n* (6)

пилóт *м* Pilót *m* (8), Flúgzeugführer *m* (6); вторóй ~ Kópilot *m*; жéнщина-~ Pilótin *f* (12); без ~а únbemannt; **~áж** *м* Kúnstflug *m* (1*); вы́сший ~áж höherer Kúnstflug; групповóй ~ Kúnstflug im Verbánd; **~áжный:** ~áжные прибóры Flúgzeugführergeräte *pl*; **~и́рование** *с* Flúgzeugführung *f*, Flúgzeugsteuerung *f*; **~и́ровать** stéuern *vt*, pilotíeren *vt*, lénken *vt*; **~и́руемый** bemánnt; ~и́руемый летáтельный аппарáт bemánnter Flúgkörper [Flúgapparat]; **~ка** *ж* Féldmütze f (11) (офиц.); Käppi n -s, -s; Schíffchen n (7) (разг.)

пи́льщик м Ságeführer m (6), Ságearbeiter m (6)

пилю́л||я ж Pílle f (11); ◇ позолоти́ть ~ю éine bíttere Píllе versüßen

пиля́стр м, **пиля́стра** ж архит. Piláster m (6), Wándpfeiler m (6)

пимы́ мн. **1.** (меховые сапоги) Rénntierfellschuhe pl; **2.** (валенки) Fílzstiefel m (6)

пинакоте́ка ж Pinakothék f (10)

пингви́н м Pinguín m (1)

пинг-по́нг м Tíschtennis n =

пине́тки мн. (детские башмачки) Babyschuhe ['be:bi-] pl

пи́ния ж бот. Pínie f (11)

пин||о́к м разг. Fúßtritt m (1); дать кому́-л. ~ка́ j-m éinen Fúßtritt versétzen

пи́нта ж (мера ёмкости) Pint [paent] n -s, -s

пинце́т м Pinzétte f (11), Féderzange f (11)

пи́нчер м (порода собак) Pínscher m (6)

пио́н м бот. Päónie f (11), Pfíngstrose f (11)

пионе́р м **1.** (первооткрыватель) Pioníer m (1); перен. тж. Báhnbrecher m (6), Wégbereiter m (6); **2.** (член детской коммунистической организации) Pioníer m (1); ю́ный ~ Júnger Pioníer; Дворе́ц ~ов Pioníerpalast m -(e)s, -läste

пионервожа́т||ая ж Pioníerleiterin f (12); **~ый** м Pioníerleiter m (6)

пионе́рия ж разг. Pioníere pl

пионе́рка ж Pioníer m (1); ю́ная ~ Júnger Pioníer

пионер||ла́герь м Pioníerlager n (6); **~отря́д** м Pioníergruppe f (11)

пионе́рск||ий Pioníer-; ~ий га́лстук Pioníerhalstuch n (5); ~ая дружи́на Pioníerfreundschaft f (10)

пипе́тка ж Pipétte f (11)

пир м Gástmahl n (5, 2), Féstmahl n, Geláge n (6); ◇ ~ горо́й üppiges Mahl; у него́ ~ горо́й bei ihm geht es hoch her; ~ на весь мир fürstliche Bewírtung

пирамеи́н м фарм. Pyrameín n -s

пирами́д||а ж **1.** в разн. знач. Pyramíde f (11); накло́нная ~а schíefe Pyramíde; пра́вильная ~а reguláre Pyramíde; усечённая ~а Pyramídenstumpf m (1*); **2.** воен. Gewéhrpyramide f (11); **~а́льный** pyramidál, pyramídenförmig; ~а́льный то́поль Pyramídenpappel f (11)

пирамидо́н м фарм. Pyramidón n -s

пира́нья ж (рыба) Piránha [-nja] m -s, -s

пира́т м Pirát m (8), Séeräuber m (6); возду́шный ~ Lúftpirat m; **~ский** Piráten-, Séeräuber-; ~ское су́дно Pirátenschiff n (2); **~ство** с Pirátentum n -s, Piraterí́e f, Séeräuberei f

пире́трум м **1.** бот. Wúcherblume f, Pyréthrum n -s, -thra; **2.** (порошок) Pyréthrum n -s, Inséktenpulver n -s

пириди́н м хим. Pyridín n -s

пири́т м мин. Pyrít m (1)

пирова́ть zéchen vi, schmáusen vi

пиро́г м Pirógge f (11) (gefüllte Pastete); Kúchen m (7) (сладкий); ~ с начи́нкой gefüllter Kúchen; Pastéte f (11), Pirógge f; ~ с мя́сом Fléischpastete f; ~ с я́блоками Ápfelkuchen m; ~ с ви́шней Kírschkuchen m

пиро́га ж Piróge f (11), Kánu n -s, -s

пирога́ллов||ый хим. Pyrogallól-; pyrogállussauer; ~ая кислота́ Pyrogállussäure f; ~ая соль pyrogállussaures Salz

пирогалло́л м хим. Pyrogallól n -s

пиро́жное с Törtchen n (7)

пирожо́к м kléine Pastéte, kléine Pirógge

пироксе́н м мин. Pyroxén m -s

пироксили́н м (взрывчатое вещество) Pyroxilín n -s, Schíeßbaumwolle f; **~овый** Pyroxilín-; ~овая ша́шка Pyroxilínsprengkörper m (6)

пирометаллу́ргия ж Pýrometallurgie f, Thérmometallurgie f

пиро́метр м физ. Pyrométer n (6), Hítzemesser m (6)

пироте́хник м Féuerwerker m (6); **~а** ж Pyrotéchnik f

пирри́хий м лит. Pyrrhíchius m =, pl -chii

пи́ррова: ~а побе́да Pýrrhussieg m -(e)s

пирс м мор. Pier m (1) (pl тж. -s), Ánlegekai m (1) (pl тж. -s)

пиру́шка ж разг. kléiner Schmaus

пируэ́т м Pirouette [фр. piru'ɛtə] f (11); де́лать ~ы pirouettíeren vi [piruɛt-]

пи́ршество с уст. и шутл. Geláge n (6); Gástmahl n (5, 2) (уст.)

писа́ка м **1.** презр. (плохой писатель) Schmíerer m (6), Schréiberling m (1); прода́жный ~ käufliche Schréiberseele (f); **2.** разг. (о том, кто плохо пишет) Schmíerfink m (8)

писа́ние с **1.** (действие) Schréiben n -s; **2** разг. б. ч. ирон. (написанное) Schréiben n (7); Schríftstück n (2); Geschréibsel n -s (ирон.); ◇ свяще́нное ~ die Héilige Schrift

писани́на ж презр. Schrieb m -s, Geschréibsel n -s

пи́сан||ый: ~ая краса́вица bíldschönes Mädchen; bíldschöne Frau; говори́ть как по пи́саному разг. réden wie gedrúckt, réden wie ein Buch

пи́сарский, писарско́й Schréiber-

пи́сарь м воен. Schréiber m (6)

писа́тель м Schríftsteller m (6); де́тский ~ Júgendschriftsteller m; ~-гумани́ст humanístischer Schríftsteller; ~-проза́ик Prósaschriftsteller m; ~-фанта́ст utópischer Schríftsteller; **~ница** ж Schríftstellerin f (12); **~ский** Schríftsteller-; жить ~ским трудо́м von der Féder lében

писа́ть 1. schréiben* vt, vi; ánschreiben* vt (офиц.— кому́-л. A); ~ ма́тери der Mútter [an die Mútter] schréiben*; **2.** (сочинять) schréiben* vt; sich schríftstellerisch betätigen (быть писателем); **3.** (картину) málen vt; ~ ма́слом [ма́сляными кра́сками] in Öl málen; ~ акваре́лью mit Wásserfarben málen; ◇ не про вас пи́сано разг. das ist nicht für Sie; das ist für Sie zu hoch; дурака́м зако́н не пи́сан погов. für Dúmme gibt es kein Gesétz; э́то ви́лами на [по] воде́ пи́сано ≅ das ist noch sehr zwéifelhaft; **~ся** geschríeben wérden; как пи́шется э́то сло́во wie schreibt man díeses Wort?, wie wird díeses Wort geschríeben?

писе́ц м уст. Schréiber m (6)

писк м Píep(s)en n -s; Quíeken n -s, Gequíeke n -s; **~ли́вый** píep(s)end; quíekend, píepsig; ~ли́вый звук Quíetschlaut m (1); **~ля́вый** quäkend, quíekend, quíeksend; ~ля́вый го́лос quäkende [quíekende] Stímme

пи́ск||нуть см. пища́ть; **~отня́** ж разг. Gequíetsche n -s, Gepíepe n -s; Gequíeke n -s; **~у́н** м разг., **~у́нья** ж разг. Schréihals m (1)

писсуа́р м Pissoir [фр. piso'a:r] n (2) (pl тж. -s)

пистоле́т м **1.** Pistóle f (11) (сокр. Pist.); ~-пулемёт Maschínenpistole f (сокр. MPi); сигна́льный ~ Léuchtpistole f; **2.** тех.: металлизацио́нный ~ Metallisátor m -s, -tóren; сва́рочный ~ Schwéißpistole f (11); ~-распыли́тель Sprítzpistole f; **~ный** Pistólen-; ~ный вы́стрел Pistólenschuß m -sses, -schüsse

писто́н м **1.** (огнестрельный и в технике) Zündhütchen n (7); **2.** муз. Kláppe f (11); **~ный** Piston- [-'tɔŋ-]; ~ный пистоле́т Zündplättchenpistole f (11) (игрушка)

писцо́вый: ~ые кни́ги ист. Grúndbücher pl, Katáster pl

писчебума́жный Papíerwaren-; ~ магази́н Papíer- und Schréibwarenhandlung f (10), Papíerwarengeschäft n (2)

пи́сч||ий Schreib-; ~ая бума́га Schréibpapier n -(e)s

письмена́ мн. Schríftzeichen pl, Léttern pl

пи́сьменн||ость ж **1.** Schrift f; Schríftsprache f; создава́ть ~ость ein Schríftsystem schäffen*; **2.** (литература) Schrífttum n -s; **~ый 1.** schríftlich; ~ый па́мятник Spráchdenkmal n (5, 2); Schríftdenkmal n; ein spráchiches Dénkmal; ~ая речь schríftliche Réde [Áufzeichnung]; ~ый докуме́нт Schríftstück n (2); ~ый язы́к schríftlich fixíerte Spráche; в ~ой фо́рме schríftlich, in Schríftform; изложи́ть что-л. ~о etw. schríftlich níederlegen; **2.** (служащий для письма) Schreib-; ~ый стол Schréibtisch m (1); ~ые принадле́жности Schréibutensilien pl; Schréibgeräte pl; ~ый прибо́р Schréibzeug n -(e)s

письмо́ с **1.** Brief m (1); Schréiben n (7); просто́е ~ nicht éingeschriebener Brief; заказно́е ~ éingeschriebener Brief; звуково́е ~ Schállplattenbrief m; междунаро́дное ~ Áuslandsbrief m; опла́ченное ~ frankíerter [fréigemachter] Brief; ~ с допла́той Brief mit Stráfporto; ~ с отка́зом Ábsagebrief m, Ábsage f (11); це́нное ~ Wértbrief m; откры́тое ~ 1) (открытка) Póstkarte f (11); 2) (в печати) óffener Brief; поздрави́тельное ~ Glückwunschschreiben n; благода́рственное ~ уст. Dánkbrief m; делово́е ~ Geschäftsbrief m; ámtliches Schréiben; служе́бное ~ Díenstschreiben n; гаранти́йное ~ Garantíeschein m (1); сопроводи́тельное ~ Begléitschreiben n, Begléitbrief m, Ánschreiben n; рекоменда́тельное ~ Empféhlungsschreiben n, Empféhlungsbrief m; инструкти́вное ~ Instruktión f (10); циркуля́рное ~ Rúndschreiben n; ~-зака́з Bestéllschreiben n, Áuftragsschreiben n, Bestéllbrief m; ~-зада́ние (при заочном обучении) Léhrbrief m; Férnstudienbrief m; ~ проте́ста Protéstschreiben n; пи́сьма чита́телей (в газете) Léserzuschriften pl; Léserbriefe pl; Zúschriften únserer Léser (заголовок); отде́л пи́сем (напр. в редакции) Léserbriefredaktion f (10); Hörerbriefredaktion f (на радио); предупреди́ть о своём прие́зде ~м sich bríeflich ánmelden; **2.** (система графических знаков) Schrift f (10); **алфави́тное** [бу́квенное] ~ Búchstabenschrift f; слогово́е ~ Sílbenschrift f; идеографи́ческое ~ Wórtschrift f; фонети́ческое [звуково́е] ~ Láutschrift f; шифро́ванное ~ Gehéimschrift f; **3.:** мане́ра письма́ лит.

Schréibweise *f*; *иск.* Scháffensmanier *f*; Pínselführung *f* (*художника*)

письмо́вник *м уст.* Bríefsteller *m* (6)

письмоно́сец *м* Bríefträger *m* (6)

письмосортиро́вочн||ый: ~ая маши́на Bríefsortiermaschine *f* (11)

пита́н||ие *с* **1.** Ernährung *f*, Beköstigung *f*; Verpflégung *f*; Náhrung *f*; Kost *f*, Spéise *f* (11) (*еда*); де́тское ~ие Kíndernährung *f*; Fértignahrung *f* (*готовое*); диети́ческое ~ие Diätkost *f*; diätétische Ernährung; дополни́тельное ~ие Zúkost *f*; лече́бное ~ие Héilkost *f*; иску́сственное ~ие künstliche Ernährung; уси́ленное ~ие kräftige Náhrung; недоста́точное ~ие úngenügende Kost; обще́ственное ~ие Geméinschaftsverpflegung *f*; Gáststättenwesen *n* -s; Betriebsessen *n* -s, Wérkküchenessen *n* (*на производстве*); предприя́тия обще́ственного ~ия gastronómische Éinrichtungen; Институ́т ~ия Institút *n* für Ernährungsforschung [Ernährungswissenschaft]; ~ие дете́й в шко́ле Schúlspeisung *f*; гла́вный проду́кт ~ия Háuptnahrungsmittel *n* (6); обеспече́ние ~ием Versórgung *f* mit Éssen; но́рма ~ия (*напр. в детском саду*) Verpflégungssatz *m* (1*); **2.** *тех.* Beschíckung *f*; Zúführung *f*; Spéisung *f*; *эл.* Strómversorgung *f*; батаре́йное ~ие Batteríespeisung *f*; Batteríebetrieb *m* (-e)s; ~ие от се́ти Nétzspeisung *f*; Nétzbetrieb *m*; Nétzanschluß *m* -sses

пита́тель *м тех.* Beschícker *m* (6), Zúbringer *m* (6), Zúteiler *m* (6), Füllmaschine *f* (11); Spéiser *m* (6); *эл.* Spéiseleitung *f* (10)

пита́тельн||ость *ж* Nährwert *m* -(e)s; **~ый 1.** náhrhaft, nährend; Náhrungs-, Nähr-; ~ое веществó Nährstoff *m* (1); бога́тый ~ыми вещества́ми nährstoffreich, nährwertreich; де́тские ~ые сме́си Kíndernährmittel *pl*; ~ый пункт *воен.* Verpflégungsstelle *f* (11); **2.** *тех.* Spéise-; ~ый насо́с Spéisepumpe *f* (11); ◇ ~ая среда́ Nährboden *m* (7*); создава́ть ~ую среду́ Nährböden ansetzen

пита́ть 1. (er)nähren *vt*; verpflégen *vt*; **2.** (*в сочетании с существительными — испытывать, ощущать*) hégen *vt*, nähren *vt*; fühlen *vt*; ~ дру́жбу к кому́-л. Fréundschaft für j-n hégen; ~ наде́жду éine Hóffnung hégen [háben] ~ дове́рие **к** кому́-л. j-m Vertráuen schénken, zu j-m Vertráuen háben [hégen]; **3.** *тех.* spéisen *vt*; **~ся** sich ernähren; ~ся в столо́вой in der Kantíne éssen*

питéйн||ый *уст.* Schank-; ~ое заведе́ние Schánkwirtschaft *f* (10), Schénke *f* (11)

пито́мец *м*, **пито́мица** *ж* Zögling *m* (1)

пито́мник *м* **1.** *бот.* Pflánzenschule *f* (11), Kamp *m* (1*), Ánzuchtstätte *f* (11); лесно́й ~ Báumschule *f* (11); плодо́во-я́годный ~ Óbstbaumschule *f*; **2.:** соба́чий ~ Húndezucht *f*; обезья́ний ~ Áffenzucht *f*

пито́н *м зоол.* Pýthon *m* (1)

питуитри́н *м фарм.* Pituitrín *n* -s (*в СССР*); Hyposín *n* -s (*в ГДР*)

пить trínken* *vt*, *vi*; ~ чай Tee trínken*; ~ за чьё-л. здоро́вье auf j-s Gesúndheit [Wohl] trínken*, мне хо́чется ~ ich hábe Durst, ich will trínken; ◇ как ~ дать *разг.* tódsicher

питьё *с* **1.** (*действие*) Trínken *n* -s; **2.** (*напиток*) Getränk *n* (2), Trank *m* (1*); прохлади́тельное ~ Erfríschungsgetränk *n*

питьев||о́й Trink-; trínkbar (*годный для питья*); ~а́я вода́ Trínkwasser *n* -s

пифаго́ров: ~а теоре́ма *мат.* pythagoré¦ischer Léhrsatz

пиха́ть *разг. см.* пихну́ть; **~ся** *разг.* (einánder) stóßen*

пихну́ть *разг.* stóßen* *vt*

пи́хт||а *ж бот.* Tánne *f* (11), Édeltanne *f*, Wéißtanne *f*; **~овый** Édeltannen-

пиццика́то *см.* пиччика́то

пи́чкание *с разг.* Vóllstopfen *n* -s, Vóllpfropfen *n* -s

пи́чкать *разг.* (vóll)stópfen *vt*, (mit Spéisen) vóllpfropfen *vt*, *перен.* éintrichtern *vt*; ~ кого́-л. лека́рствами j-n mit Arznéien füttern

пичу́га *ж разг.*, **пичу́жка** *ж ласк.* Vöglein *n* (7)

пиччика́то *муз.* **1.** *нареч.* pizzicáto; **2.** *сущ. с* Pizzicáto *n* -s, *pl* -s *u* -ti

пи́шущ||ий *прич.* **1.** *см.* писа́ть; **2.** *в знач. прил.*: ~ая маши́нка Schréibmaschine *f* (11); Búróschreibmaschine *f* (*канцелярская*); Kófferschreibmaschine *f* (*портативная*); Réiseschreibmaschine *f* (*дорожная*)

пи́щ||а *ж* Náhrung *f* (*тж. перен.*); Kost *f* (*питание*); Spéise *f* (*еда*); горя́чая ~а wárme Kost; Wármverpflegung *f*; гру́бая ~а hándfestes Éssen; дава́ть ~у чему́-л. (*слухам, подозрениям и т. п.*) etw. nähren, néue Náhrung gében* (*D*); духо́вная ~а géistige Náhrung

пища́ль *ж воен. ист.* Hákenbüchse *f* (11), Arkebúse *f* (11)

пища́ть píepsen *vi*; quíeken *vi*

пищебло́к *м* Wérkküche *f* (11), Wérkküchenkomplex *m* (1)

пищевар||е́ние *с* Verdáuung *f*; *мед.* Digestión *f*; расстро́йство ~е́ния Verdáuungsstörung *f* (10); Verdáuungsbeschwerden *pl*; **~и́тельный** Verdáuungs-; ~и́тельный проце́сс Verdáuungsprozeß *m* -sses

пищеви́к *м* Árbeiter *m* (6) der Lébensmittelindustrie

пищевкусов||о́й Náhrungs- und Genúßmittel-; ~а́я промы́шленность Náhrungs- und Genúßmittelindustrie *f*

пищево́д *м анат.* Spéiseröhre *f* (11)

пищев||о́й Ernährungs-, Náhrungs-, Nähr-; Spéise-; ~ы́е проду́кты Lébensmittel *pl*, Náhrungsmittel *pl*; ~а́я промы́шленность Náhrungsmittelindustrie *f*

пищекомбина́т *м* Náhrungsmittelkombinat *n* (2)

пи́щик *м охот.* Lóckpfeife *f* (11)

пищу́ха *ж* (*зверёк*) Pféifhase *m* (9)

пия́вк||а *ж* Égel *m* (6), Blútegel *m*; ста́вить ~и Blútegel ánsetzen

плав: держа́ться на ~у́ *спец.* sich auf dem Wásser hálten*

пла́ван||ие *с* **1.** Schwímmen *n* -s; шко́ла ~ия Schwímmschule *f* (11); фигу́рное ~ие Figúrenschwimmen *n*; ~ие на боку́ Séitenschwimmen *n*; ~ие на спине́ Rückenschwimmen *n*; ~ие на ско́рость Schnéllschwimmen *n*; преподава́тель ~ия Schwímmlehrer *m* (6); обуче́ние ~ию Schwímmunterricht *m* -(e)s; обуча́ть кого́-л. ~ию j-m die Grúndlagen des Schwímmens béibringen*; **2.** (*на судах*) Schíffahrt (*при переносе* Schiff-fahrt) *f*; Séefahrt *f* (*по морю*); да́льнее ~ие gróße Fahrt, Férnfahrt *f*; кабота́жное ~ие Küstenschifffahrt *f*; кругосве́тное ~ие Wéltreise *f*, Réise um die Welt; Wéltumsegelung *f* (*на парусах*); уче́бное ~ие Áusbildungsfahrt *f*; ~ие под паруса́ми Ségeln *n* -s; отпра́виться в ~ие in See stéchen*; **3.:** ~ие зву́ка *радио* Jáulen *n* -s; Héulen *n* -s (*магнитофона*)

пла́вательн||ый Schwimm-; **~ый** бассе́йн Schwímmbecken *n* (7); Schwímmlehrbecken *n* (*учебный*); Fréibad *n* (5) (*открытый*); Schwímmhalle *f* (11) (*закрытый*); ~ая перепо́нка Schwímmhaut *f* (3); ~ый пузы́рь Schwímmblase *f* (11); ~ая доро́жка Schwímmbahn *f* (10)

пла́вать *см.* плыть; ◇ ~ на экза́мене *разг.* in der Prüfung **schwímmen***; ~ в блаже́нстве in (éinem **Meer** von) Séligkeit schwímmen*; **ме́лко ~** *разг.* kéinen réchten Mumm háben

пла́вающий schwímmend, Schwimm-; *мор.* fáhrend; *зоол.* amphíbisch, Amphíbi¦en-; ~ соста́в *мор.* Bórdpersonal *n* -s, fáhrendes Personál

плавба́за *ж* (плаву́чая ба́за) Mútterschiff *n* (2)

пла́вень *м тех.* Fluß *m* -sses, Flúßmittel *n* (6)

плавико́в||ый: ~ая кислота́ *хим.* Flúßsäure *f*; ~ый шпат *мин.* Flúßspat *m* -(e)s, Fluorít *m* -(e)s

плави́ль||ник *м тех.* Schmélztiegel *m* (6); **~ный** Schmelz-; ~ный горн Schmélzherd *m* (1); **~ня** *ж* Schmélzhütte *f* (11); **~щик** *м* Schmélzer *m* (6)

пла́вить schmélzen *vt*; **~ся 1.** schmélzen* *vi* (s); **2.** *страд.* geschmólzen wérden

пла́вка *ж* **1.** (*действие*) Schmélzen *n* -s; **2.** (*выпуск металла за один приём*) Ábstich *m* (1), Schmélze *f* (11), Charge [ˈʃarʒə] *f* (11)

пла́вки *мн.* (*трусы*) Bádehose *f* (11), Dréieckhose *f*

пла́вк||ий schmélzbar, schmélzflüssig; **~ость** *ж* Schmélzbarkeit *f*

плавкра́н *м* (плаву́чий кран) Schwímmkran *m* (1, 1*)

плавле́н||ие *с* Schmélzen *n* -s; то́чка ~ия Schmélzpunkt *m* (1)

пла́вленый: ~ сыр Schmélzkäse *m* -s, =

пла́вни *мн.* versúmpftes Schílfufer

плавни́к *м* Flósse *f* (11), Schwímmflosse *f*; грудно́й ~ Brústflosse *f*; брюшно́й ~ Báuchflosse *f*; спинно́й ~ Rückenflosse *f*; хвостово́й ~ Schwánzflosse *f*

пла́вн||ость *ж* Fluß *m* -sses; Léichtigkeit *f* (*лёгкость*); Gléichmäßigkeit *f* (*размеренность*); ~ость ре́чи Rédefluß *m*; ~ость хо́да *тех.* Léichtgängigkeit *f*; **~ый 1.** fließend; leicht (*лёгкий*); **~ая** речь fließende Réde; **~ая** похо́дка léichter [schwébender] Gang; ~ый ход *тех.* stóßfreier [erschütterungsfreier] Gang; **2.** *лингв.*: ~ый звук Líquida *f*, *pl* -dä *u* -quíden, Liquídlaut *m* (1), Flíeßlaut *m*; **3.** *авто*, *радио* stúfenlos

плавуне́ц: жук-~ Schwímmkäfer *m* (6)

плаву́ч||есть *ж мор.* Schwímmfähigkeit *f*, Schwímmkraft *f*; **~ий** Schwimm-; ~ий мост Flóßbrücke *f* (11); ~ая ми́на Tréibmine *f* (11); ~ий док Schwímmdock *n* (2) (*pl тж.* -s); ~ий мая́к Féuerschiff *n* (2); ~ий лёд Tréibeis *n* -es; ~ий дом о́тдыха Úrlauberschiff *n* (2); schwímmendes Erhólungsheim

плагиа́т *м* Plagiát *n* (2); занима́ться ~ом plagiíeren *vt*; **~ор** *м* Plagiátor *m* -s, -tóren

плаз *м мор.* Schnürboden *m* (7*)

пла́зм||а *ж биол.*, *физ.* Plásma *n* -s; кровяна́я ~а Blútplasma *n*; **~ати́ческий** *биол.* Plásma-; plasmátisch; **~енный:** ~енный дви́гатель Plásma¦antrieb *m* (1), Plásmadüsenmotor *m*

(13); **~о́дий** *м биол.* Plasmódium *n* -s, -di¦en

плазмо||те́хника *ж спец.* Plásmatechnik *f*; **~тро́н** *м спец.* Plasmatrón *n* (13)

пла́кальщица *ж* Klágefrau *f* (10), Klágeweib *n* (5)

плака́т *м* Plakát *n* (2); Áushang *m* (1*); Ánschauungstafel *f* (11); уче́бный ~ Wándbild *n* (5), Léhr(wand)tafel *f*; выве́шивать ~ ein Plakát áushängen [ánschlagen*]; **~и́ст** *м* Plakátmaler *m* (6); **~ный** plakatív; Plakát-; ~ная жи́вопись Plakátmalerei *f*

пла́кать 1. wéinen *vi*; ~ навзры́д schlúchzen *vi*; го́рько ~ bítterlich wéinen, bíttere Tränen wéinen [vergíeßen*]; ~ в три ручья́ in Tränen zerflíeßen*; **2.** (*о ком-л.— оплакивать*) bewéinen *vt*, j-m náchweinen; ◇ хоть плачь! man könnte wéinen!; es ist zum Héulen!; пла́кали мои́ де́нежки *разг.* mein Geld ist flötengegangen [ist hin]; по нём тюрьма́ пла́чет *разг.* das Gefängnis wártet auf ihn; **~ся** *разг.* sich beklágen, klágen *vi* (*на что-л.* über *A*); ◇ ~ся в жиле́тку *ирон.* bármen *vi*

плакир||ова́ть *мет.* plakíeren *vt*; **~о́вка** *ж мет.* Plakíerung *f*

пла́кса *м, ж разг.* Héulmeier *m* (6); Héulsuse *f* (11) (*о женщине*)

плакси́в||ость *ж* Wéinerlichkeit *f*; **~ый** wéinerlich; tränenselig

плаку́н-трава́ *ж бот.* Wéiderich *m* (1)

плаку́ч||ий Tráuer-; ~ая и́ва Tráuerweide *f* (11)

пламегаси́тель *м воен.* Flámmendämpfer *m* (6), Mündungsfeuerdämpfer *m*

пламене́ть flámmen *vi*; ◇ ~ любо́вью *поэт.* in Líebe erglühen

пла́менный 1. flámmend, féurig; ~ патриоти́зм féuriger Patriotísmus; ~ защи́тник glühender Vertéidiger; **2.** (*о цвете*) brándrot, brénnendrot, flámmendrot

пла́м||я *с* Flámme *f* (11); вспы́хнуть ~енем áuflodern *vi* (s)

план *м* **1.** Plan *m* (1*); Plánsoll *n* = *u* -s, *pl* = *u* -s, Plánziel *n* (2) (*плановое задание*); Entwúrf *m* (1*) (*проект*); народнохозя́йственный ~ Vólkswirtschaftsplan *m*; перспекти́вный ~ Perspektívplan *m*; пятиле́тний ~ Fünfjährplan *m*, Plánjahrfünft *n* (2); госуда́рственный ~ Stáatsplan *m*; директи́вный ~ Plándirektive [-və] *f* (11); произво́дственный ~ Produktiónsplan *m*; годово́й произво́дственный ~ Jáhresproduktionsplan *m*; произво́дственный ~ на ... год Jáhresplan für das Jahr...; встре́чный ~ Gégenplan *m*; уче́бный ~ Stúndentafel *f* (11); Léhrplan *m* (*в школе*); Stúdi¦enplan *m* (*в вузе, техникуме*); темати́ческий ~ Thémenplan *m*; календа́рный ~ Termínplan *m*, Kalénderplan *m*; дополни́тельный план Zúsatzplan *m*; ~ заку́пок *с.-х.* Áufkaufsplan *m*; *ком.* Éinkaufsplan *m*; ~ снабже́ния Versórgungsplan *m*; ~ реконстру́кции Rekonstruktiónsplan *m*; ~ преобразова́ния чего́-л. der Plan zur Úmgestaltung (*G*); ~ э́кспорта Expórtplan *m*, Ausfuhrplan *m*, Áusfuhrziel *n*; ~ы на бу́дущее Zúkunftspläne *pl*; ~ы на о́тпуск Úrlaubspläne *pl*; составля́ть ~ éinen Plan áufstellen [entwérfen*, erstéllen]; éine Dispositión [Glíederung] máchen [schréiben*]; включи́ть в ~ in den Plan áufnehmen*; разрабо́тать ~ по неде́лям и дням den Plan [die Plánaufgaben] auf Wóchen und Táge áufschlüsseln; стро́ить ~ы Pläne schmíeden; осуществи́ть ~ы die Pläne verwírklichen; вы́полнить ~ den Plan erfüllen [áusführen]; das Plánziel erréichen; перевы́полнить ~ den Plan übererfüllen; не выполня́ть ~а den Plan nicht erfüllen, den Plan nicht éinhalten*; сорва́ть ~ éinen Plan über den Háufen wérfen*; по ~у, согла́сно ~у nach Plan, plángemäß; сверх ~а über den Plan [das Plánsoll] hináus, überplanmäßig; дать что-л. сверх ~а etw. als Übersollmenge líefern; намётка ~а Plánansatz *m* (1*); разрабо́тка ~а Erárbeitung *f* éines Plans; выполне́ние ~а Plánerfüllung *f*; ход выполне́ния ~а Plánablauf *m* -(e)s; перевыполне́ние ~а Plánübererfüllung *f*, Plánvorlauf *m* -(e)s, Plánvorsprung *m* -(e)s; наруше́ние [срыв] ~а Plánverstoß *m* (1*); невыполне́ние ~а die Níchterfüllung des Plánes; Plánschulden *pl*; отстава́ние от ~а Plánschulden *pl*, Plánrückstand *m* (1*); ликвиди́ровать отстава́ние от ~а die Plánschulden tílgen; **2.** (*чертёж*) Plan *m* (1*), Grúndriß *m* -sses-, -sse; снять ~ (*чего-л.*) éinen Plan (von *D*) áufnehmen*; **3.:** пере́дний ~ Vórdergrund *m* - (e)s; за́дний ~ Híntergrund *m*; на пере́днем ~е im Vórdergrund; вы́двинуть на пере́дний ~ in den Vórdergrund rücken; кру́пным ~ом *кино* in Gróßaufnahme; **4.** (*способ рассмотрения чего-л., точка зрения*) Betráchtungsweise *f*; Ébene *f* (11); в теорети́ческом ~е auf theorétischer Ébene; в экономи́ческом ~е in ökonómischer [wírtschaftlicher] Hínsicht; в междунаро́дном ~е auf internationáler Ébene; в бо́лее широ́ком ~е in größerem Ráhmen; посмотре́ть на де́ло в бо́лее широ́ком ~е die Sáche únter éinem úmfassenderen Aspékt betráchten; де́йствие развива́ется в двух ~ах die Hándlung entwíckelt sich in zwei Líni¦en [auf zwei Ébenen]

планёр *м ав.* Ségelflugzeug *n* (2), Gléitflugzeug *n*; уче́бный ~ Schúlgleiter *m* (6); грузово́й ~ Lástensegler *m* (6)

планер||и́зм *м ав.* Ségelflug *m* -(e)s, Ségelfliegen *n* -s, Ségelflugwesen *n* -s, Ségelflugsport *m* -(e)s; занима́ться ~и́змом ségelfliegen* (*употр. тк. в inf*) *vi*; он занима́ется ~и́змом er ist Ségelflieger; **~и́ст** *м* Ségelflieger *m* (6)

планёрный Ségelflug-; ~ спорт Ségelflugsport *m* -(e)s

планеродро́м *м* Ségelflugplatz *m* (1*)

плане́та *ж* Planét *m* (8); на на́шей плане́те auf únserer Érde

планета́рий *м* Planetárium *n* -s, -ri¦en

плане́тный Planéten-, planetárisch

планетолёт *м* Planétenflugeinheit

планетоло́гия *ж* Planetologíe *f*

планетохо́д *м* Planetochód *m* = *u* -s

планиме́тр *м геод.* Planiméter *n* (6); Flächenmesser *m* (6); **~и́ческий** planimétrisch; **~ия** *ж мат.* Planimetríe *f*, ébene Geometríe

плани́рован||ие I *с* Plánung *f*, Entwérfen *n* -s; экономи́ческое ~ие Wírtschaftsplanung *f*; перспекти́вное ~ие Perspektívplanung *f*, perspektívische [-vi-] Plánung; ~ие произво́дства Produktiónsplanung *f*; осно́вы ~ия Plánungsgrundsätze *pl*; о́рганы ~ия Plánungsorgane *pl*

плани́рование II *с ав.* Gléitflug *m* (1*), Schwébeflug *m*; ~ на поса́дку Ánschweben *n* -s

плани́ровать I 1. (*составлять план постройки и т. п.*) projektíeren *vt*; entwérfen* *vt*; **2.** (*работу, мероприятия и т. п.*) plánen *vt*; **3.** *разг.* (*намереваться*) vórhaben* *vt*, beábsichtigen *vt*, projektíeren *vt*, plánen *vt*

плани́ровать II *ав.* im Gléitflug flíegen*; ~ на поса́дку éinschweben *vi*

планирова́ть *стр.* (*участок*) (éin)ébnen *vt*, planíeren *vt*

планиро́вка *ж* **1.** *стр.* (*участка*) Éinebnen *n* -s, Planíeren *n* -s; **2.** (*составление плана постройки и т. п.*) Plánung *f*; ~ городо́в Städteplanung *f*; **3.** (*расположение*) Ánlage *f*; Dispositión *f*; ~ рабо́чего ме́ста Ánordnung der Árbeitsmittel und Árbeitsgegenstände am Árbeitsplatz, Árbeitsplatzgestaltung *f*

планиро́вщик *м* **1.** Báuplaner *m* (6); **2.** *стр.* Planíermaschine *f* (11)

планисфе́ра *ж астр.* Planisphäre *f* (11); Planiglób *m* (8), Planiglóbium *n* -s, -bi¦en

пла́нка *ж* Léiste *f* (11), Látte *f* (11)

планкто́н *м биол.* Plánkton *n* -s

планови́к *м* Pláner *m* (6), Plánungsleiter *m* (6); Plánsachbearbeiter *m* (6); ~-экономи́ст Wírtschaftsplaner *m* (6)

пла́ново-предупреди́тельный termíngemäß, termíngerecht; ~ осмо́тр termíngerechte Dúrchsicht; ~ ремо́нт termíngerechte Instándsetzung

пла́новость *ж* Plánmäßigkeit *f*

пла́ново-учётный Plánungs- und Ábrechnungs-

пла́ново-экономи́ческий plánwirtschaftlich; ~ о́рган наро́дного хозя́йства Wírtschaftsplanungsorgan der Vólkswirtschaft; ~ отде́л (*сокр.* ПЭО) Abtéilung Wírtschaftsplanung

пла́нов||ый plánmäßig, Plan-; ~ое зада́ние Plánsoll *n* = *u* -s, *pl* = *u* -s; ~ый отде́л die Abtéilung für Plánung; ~ый показа́тель Plánziffer *f* (11); ~ое снабже́ние plánmäßige Versórgung, geplánte Versórgung; ~ое хозя́йство Plánwirtschaft *f*; ~ые о́рганы Plánungsorgane *pl*

планоме́рн||ость *ж* Plánmäßigkeit *f*; **~ый 1.** (*по плану*) plánmäßig; **2.** (*систематичный*) systemátisch

планта́тор *м* Plantágenbesitzer [-ʒən-] *m* (6); Pflánzer *m* (6); **~ский** Plantágen- [ʒən-]

планта́ция *ж* Plantáge [-ʒə] *f* (11); Pflánzung *f* (10); плодо́вая ~ Óbstanlage *f* (11), Óbstplantage *f*; таба́чная ~ Tábakplantage *f*

планша́йба *ж тех.* Plánscheibe *f* (11)

планше́т *м* **1.** *геод.* (*дощечка*) Planchette [*фр.* plã'ʃɛtə] *f* (11); Zéichenunterlage *f* (11), Zéichenbrett *n* (5); **2.** *геод.* (*план*) Méßplan *m* (1*); **3.** *воен.* Kártentasche *f* (11); **~ка** *ж разг.* и *спец. см.* планше́т 1, 3

пласт *м* **1.** Schicht *f* (10); Láge *f* (11); *горн.* Flöz *n* (2); ~ земли́ Érdschicht *f*; каменноуго́льный ~ Stéinkohlenflöz *n*; нефтено́сный ~ érdölführende Schicht; водоно́сный ~ wássertragende [wásserführende] Schicht, Wásserträger *m* (6); газоно́сный ~ gásführende Schicht; ~а́ми schíchtweise, in Lágen; **2.** *перен.* Schicht *f* (10); ◇ лежа́ть ~о́м *разг.* kráftlos [schwerkrank] (da(r)níeder)líegen*

пластбето́н *м* Plástbeton [-ˌtɔŋ] *m* -s, -s

пла́стик *м* Plast *m* (1), Kúnststoff *m* (1); древеснослои́стый ~ Préßschichtholz *n* (5)

пла́стика *ж* **1.** *иск.* Plástik *f*, Bíldhauerkunst *f*; **2.** (*движения*) Plástik *f*; plástische Bewégungen

пластика́т *м спец.* Plastikát *n* (2); Mastikát *n* (2); **~овый** Plastikát-, aus Plastikát

пластика́тор *м спец.* Plastikátor *m* -s, -tóren, Mastikátor *m* -s, -tóren

пластика́ция *ж спец.* Plastizíerung *f* (10), Mastikatión *f* (10)

пла́стиковый Plast-, aus Plast

пластили́н *м* Plastilín *n* -s, Plastilína *f*; Knéte *f* (*разг.*)

пласти́на *ж* Plátte *f* (11); Lamélle *f* (11) (*тонкая*)

пласти́нк||а *ж* **1.** Plátte *f* (11), Schéibe *f* (11); Blatt *n* (5), Lamélle *f* (11) (*тонкая*); **2.** (*со звуковой записью*) Plátte *f* (11); граммофо́нная ~а Schállplatte *f*; долгоигра́ющая ~а Lángspielplatte *f*; завести́ [поста́вить] ~у éine Schállplatte áuflegen; переме́на ~и Plättenwechsel *m* (6); собра́ние [архи́в] пласти́нок Diskothék *f* (10); за́пись на ~ах Schállplattenaufnahme *f* (11); ~а с за́писью ре́чи Spréchplatte *f*; **3.** *фото* Plátte *f* (11); фотографи́ческая ~а photográphische Plátte; заряди́ть ~ами кассе́ты Plátten éinlegen; **4.** *бот.*: ~а гриба́ Lamélle *f* (11); ~а листа́ Blättfläche *f* (11)

пласти́нчат||ый Plátten-, plättenförmig, plättenartig, Schéiben-; Lamélleп-; lamellár; geblättert, blättchenartig, blättrig; ~ая му́фта *тех.* Lamélleпkupplung *f* (10)

пластифика́тор *м хим.* Wéichmacher *m* (6)

пластифика́ция *ж хим.* Wéichmachung *f*

пласти́ч||еский plástisch; verfórmbar, bíegsam, geschméidig (*гибкий*); ~еская опера́ция *мед.* plástische Operatión; ~еская ма́сса *тех.* Kúnststoff *m* (1), Plast *m* (1); ~еские та́нцы plástische Tänze; **~ность** *ж* Plastizität *f*, Fórmbarkeit *f*; Geschméidigkeit *f* (*движений*); **~ный** plástisch, fórmbar, bíegsam, geschméidig (*о движении*)

пластма́сс||а *ж* Kúnststoff *m* (1), Plast *m* (1); **~овый** Kúnststoff-, Plast-, aus Plast; ~овые изде́лия Plásterzeugnisse *pl*; ~овая коро́бочка Dóse *f* (11) aus Plast, Plástdose *f*; ~овая плёнка Plástfoli¦e *f* (11)

пластро́н *м* Plastron [plas'trõ] *m*, *n* -s, -s

пла́стыр||ь *м* **1.** Pfláster *n* (6); ли́пкий ~ь Héftpflaster *n*; Leukoplást *n* (2); вытяжно́й ~ь Zúgpflaster *n*; мозо́льный ~ь Hühneraugenpflaster *n*; прикла́дывать ~ь ein Pfláster áuflegen; заклеи́ть ~ем mit éinem Pfláster zúkleben; **2.** *мор.* Lécksegel *n* (6); подводи́ть ~ь ein Lécksegel áusbringen*

пла́та I *ж* Záhlung *f* (10); Bezáhlung *f*; Lohn *m* (1*), Entlóhnung *f* (10), Vergütung *f* (10) (*вознаграждение*); аре́ндная ~ Míete *f* (11), Páchtzins *m* (1) (*австр*); кварти́рная ~ Wóhnungsmiete *f*, Míete *f*; Míetzins *m* -es (*австр.*, *швейц.*); за́работная ~ Lohn *m* (*рабочих*); Gehált *n* (5) (*служащих*); подённая ~ Tágelohn *m*; сде́льная ~ Akkórdlohn *m*; Léistungslohn *m*; ~ за обуче́ние Schúlgeld *n* -(e)s (*в школе*); Stúdi¦engebühren *pl* (*в вузе*); ~ за вход Éintrittsgeld *n*, Éintrittsgebühr *f* (10); ~ за прово́з Fracht *f* (10), Fráchtgebühr *f*; ~ за прое́зд Fáhrgeld *n*; ~ за хране́ние Lágergeld *n*; Áufbewahrungsgebühr *f*; ~ за коммуна́льные услу́ги Kommunálabgaben *pl*; ~ за телефо́н Férnsprechgebühr *f*; ~ за ра́дио Rúndfunkgebühr *f*; ~ за телеви́зор Férnsehgebühr *f*; ~ за прока́т Léihgebühr *f*, Verléihgebühr *f*; ~ за разгру́зку *мор.* Löschgeld *n*

пла́та II *ж радио* Plátte *f* (11); печа́тная ~ Léiterplatte *f*

плата́н *м бот.* Platáne *f* (11); **~овый** Platánen-; ~овая ро́ща Platánenhain *m* (1)

платёж *м* Záhlung *f* (10); Záhlungsleistung *f*, Géldleistung *f*, Bezáhlung *f*; дополни́тельный ~ Zúzahlung *f*, Náchzahlung *f*; ~ в рассро́чку Rátenzahlung *f*, Ábschlagszahlung *f*; сро́чный ~ Termínzahlung *f*, Síchtzahlung *f*; платежи́ по вкла́дам Depositénzahlung *f*; репарацио́нные платежи́ Reparatiónszahlungen, Reparatiónsleistungen *pl*; срок платежа́ Záhlungstermin *m* (1), Záhlungsfrist *f* (10), Fälligkeitstermin *m*; производи́ть платежи́ Záhlungen leisten; принима́ть платежи́ Záhlungen entgégennehmen*; прекрати́ть платежи́ die Záhlungen éinstellen; вме́сто платежа́ an Záhlungs Statt; ~ произво́дится die Záhlung erfólgt [geschíeht]; посла́ть нало́женным платежо́м mit [únter, per] Náchnahme schícken; ◇ долг платежо́м кра́сен *посл.* ≅ éine Líebe ist die ándere wert

платёжеспосо́бн||ость *ж* Záhlungsfähigkeit *f*; **~ый** záhlungsfähig; záhlungskräftig; finánzkräftig

платёжн||ый Záhlungs-; ~ый день Záhltag *m* (1); Lóhntag *m* (*на заводе*); ~ая ве́домость Lóhnliste *f* (11); Gehåltsliste *f*; Záhlungsliste *f*; ~ый бала́нс Záhlungsbilanz *f* (10); ~ое сре́дство Záhlungsmittel *n* (6); ~ое обяза́тельство Záhlungsverpflichtung *f*

пла́тельн||ый: ~ые тка́ни Kléiderstoffe *pl*

пла́тельщик *м* Záhler *m* (6); Záhlende *m* (14), Záhlungsverpflichtete *m* (14), Záhlungspflichtige *m* (14); неиспра́вный ~ säumiger Záhler; несостоя́тельный ~ Záhlungsunfähige *m* (14); ~ нало́гов Stéuerzahler *m*

пла́тин||а *ж* Plátin *n* -s (*хим. знак* Pt); **~и́ровать** *тех.* platiníeren *vt*, **~овый** Plátin-; ~овая про́волока Plátindraht *m* (1*)

плати́ть záhlen *vt*, *vi*; bezáhlen *vt*; Záhlung léisten, éinzahlen *vt*, entríchten *vt*; ~ вперёд voráuszahlen *vt*; ~ по счёту die Réchnung begléichen* [bezáhlen]; ~ нало́ги Stéuern záhlen; Stéuern entríchten (*книжн.*); ~ зо́лотом in Gold záhlen; ~ нали́чными (in) bar (be)záhlen; ~ в рассро́чку in Ráten záhlen; ábzahlen *vt*; auf Stóttern záhlen (*разг.*); ~ за кого́-л. (*с условием возврата*) für j-n áuslegen; ~ долг die Schuld begléichen* [ábzahlen]; ◇ ~ кому́-л. той же моне́той *разг.* j-m mit gléicher Münze héimzahlen [vergélten*]; Gléiches mit Gléichem vergélten*; ~ добро́м за добро́ Gútes mit Gútem vergélten*; ~ чёрной неблагода́рностью mit schnödem Úndank lóhnen [vergélten*]; **~ся 1.** (*за что-л.*) büßen *vt*, záhlen *vi* (чем-л. mit *D*); **2.** *страд.* bezáhlt [gezáhlt] wérden

пла́тн||ый für Geld, gégen Bezáhlung; gebührenpflichtig; ~ая до́лжность bezáhlte Funktión; ~ый пацие́нт sélbstzahlender Patiént; э́та шко́ла с ~ым обуче́нием der Únterricht (an der Schúle) ist schúlgeldpflichtig

плато́ *с геогр.* Plateau [-'to:] *n* -s, -s, Hóchebene *f* (11), Hóchfläche *f* (11); го́рное ~ Táfelland *n* -(e)s, Gebírgshochebene *f*

плато́к *м* Tuch *n* (5); носово́й ~ Táschentuch *n*; головно́й ~ Kópftuch *n*; большо́й ~ Úmschlagtuch *n*

платони́ческ||ий platónisch; ~ая любо́вь platónische Líebe

плато́чек *м* Tüchlein *n* (7); ~ в нагру́дном карма́не (пиджака́) Kavalíer(taschen)tuch [-va-] *n* (5)

платфо́рма *ж* **1.** (*перрон*) Báhnsteig *m* (1); Rámpe *f* (11); поса́дочная [пассажи́рская] ~ Báhnsteig *m*; грузова́я ~ Láderampe *f*, Verláderampe *f*, Rámpe *f*; Förderbühne *f* (11); Ládebühne *f*; сортиро́вочная ~ Úmladerampe *f*; Úmladehalle *f* (11); отойди́те от кра́я ~ы! zurücktreten von der Báhnsteigkante!; **2.** (*ровная возвышенная площадка*) Plättform *f* (10); **3.** (*полустанок*) kléine Statión, Háltepunkt *m* (1); **4.** (*открытый товарный вагон*) Plättformwagen *m* (7), Fláchwagen *m*, óffener Güterwagen; бортова́я ~ Bórdwandwagen *m*; úngedeckter Wágen; ~ со сто́йками Rúngenwagen *m*; **5.** *полит.* Plättform *f* (10)

пла́тье *с* **1.** (*женское*) Kleid *n* (5); ~-пальто́ Kásakkleid *n*; ~-костю́м Jáckenkleid *n*; zwéiteilig geárbeitetes Kleid; ~-хала́т Kléiderschürze *f* (11), Wíckelschürze *f*; вече́рнее ~ (kléines) Ábendkleid; Féstkleid *n* (*нарядное*); gróßes Ábendkleid (*длинное*); ба́льное ~ Bállkleid *n*; Tánzkleid *n*; визи́тное ~ Náchmittagskleid *n*, Cocktailkleid ['kɔkte:l-] *n*, Téekleid *n*; Geséllschaftskleid *n*; сва́дебное ~ Bráutkleid *n*; ~ спорти́вного покро́я spórtliches Kleid; ~ для бере́менных Úmstandskleid *n*; пля́жное ~ Strándkleid *n*; лёгкое (дешёвое) ~ Wáschkleidchen *n* (7); Fähnchen *n* (7) (*разг.*); дома́шнее ~ Háuskleid *n*; доро́жное ~ Réisekleid *n*; гото́вое ~ konfektioníertes Kleid; **2.** *собир.* (*одежда*) Kléidung *f*; Kléidungsstücke *pl*; шта́тское ~ Zivílkleidung [-'vi:l-] *f*; гото́вое ~ Konfektión *f*; ве́рхнее ~ Óberbekleidung *f*

платян||о́й Kléider-; ~о́й шкаф Kléiderschrank *m* (1*); ~а́я щётка Kléiderbürste *f* (11)

плау́н *м бот.* Bärlapp *m* (1)

плафо́н *м* **1.** *спец.* (*потолок*) Plafond [-'fõ] *m* -s, -s; **2.** *спец.* (*потолок, украшенный живописью, лепкой, мозаикой*) Stúckdecke *f* (11); gemálte Zímmerdecke; **3.** Glás(lampen)schirm *m* (1); **~ный** Decken-; ~ная жи́вопись Déckenmalerei *f*

пла́х||а *ж* **1.** *лес.* Klotz *m* (1*); **2.** *ист.* Ríchtblock *m* (1*); Hénkersblock *m*, Schafótt *n* (2); сложи́ть го́лову на ~е entháuptet wérden, híngerichtet wérden, auf dem Schafótt énden

плац *м воен.* Platz *m* (1*); уче́бный ~ Übungsplatz *m*, Übungsgelände *n* -s

плацда́рм *м воен.* **1.** Áufmarschbasis *f*, *pl* -sen, Áufmarschraum *m* (1*); Áufmarschgebiet *n* (2); Beréitstellungsraum *m*; **2.** (*на берегу*) Brückenkopf *m* (1*); захвати́ть ~ éinen Brückenkopf bílden

плаце́нта *ж биол.* Plazénta *f*, *pl* -s, Mútterkuchen *m* -s

плацка́рт||а *ж* Plátzkarte *f* (11) (*для сидячего места*); Béttkarte *f* (*для спального места*); **~ный** Plátzkarten-; ~ный ваго́н Schláfwagen *m* (7) (*спальный*); Plátzkartenwagen *m* (*с сидячими местами*); по́езд с ~ными ваго́нами plátzkartenpflichtiger Réisezug

плач *м* Wéinen *n* -s, Gewéine *n* -s; Kláge *f* (11); Wéhklagen *n* -s (*жалобы*); ~ем гóрю не помóжешь *погов.* Klágen hilft nicht

плачéвн||ость *ж* Kläglichkeit *f*; **~ый** kläglich, tráurig, beklágenswert; имéть ~ый исхóд ein klägliches [tráuriges] Énde néhmen*

плáшка *ж* **1.** *лес.* Hólzscheit *n* (2); **2.** *тех.* Schnéideisen *n* (7)

плашкóут *м* *мор.* Brückenboot *n* (2); **~ный** *мор.*: ~ный мост Schíffsbrücke *f* (11)

плашмя́ *нареч.* platt, flach; удáрить сáблей ~ mit der Fláchseite des Säbels zúhauen* [éinen Schlag versétzen]; упáсть ~ längelang [der Länge nach] hínschlagen* [hínfallen*]

плащ *м* **1.** (*непромокаемый*) wásserdichter Mántel, Régenmantel *m* (6*); Régencape [-ke:p] *n* -s, -s (*накидка*); брезéнтовый ~ Ségeltuchmantel *m*; Ségeltuchumhang *m* (*без рукавов*); ~-накúдка Régenumhang *m* (1*), *воен.* Zéltbahn *f* (*плащ-палатка*); **2.** (*накидка*) Úmhang *m* (1*), Mántel *m* (6*)

плебéй *м* *ист.* Plebéjer *m* (6); **~ский** plebéjisch

плебисцúт *м* Vólksabstimmung *f* (10), Vólksbefragung *f* (10); Vólksentscheid *m* (1); **~áрный, ~ный** Ábstimmungs-

плебс *м* *собир.* *уст.* Plebs *f*

плевá *ж* *анат.*: лёгочная ~ Pléura *f*, Brústfell *n* - (e)s, Rippenfell *n*; дéвственная ~ Júngfernhäutchen *n* (7), Hýmen *n* (7)

плевáтельница *ж* Spúcknapf *m* (1*)

плевáть 1. spúcken *vi*, *vt*, spéien* *vt*; **2.** *перен.* *разг.* (*на кого-л., на что-л.*) geríngschätzen *отд.* *vt*; pféifen* *vi* (auf *A*); емý ~ на всё, он плюёт на всё er pfeift auf álles; **~ся** spúcken *vi*, spéien* *vi*

плéвел *бот.* Lólch *m* (1)

плевóк *м* Spúcke *f*; Spúckfleck *m* (1)

плéвра *ж* *анат.* Pléura *f*, Brústfell *n* -(e)s, Rippenfell *n*

плеврúт *м* *мед.* Rippenfellentzündung *f*, Brústfellentzündung *f*, Pleurítis *f*

плёв||ый: это ~ое дéло *разг.* das ist nicht der Réde wert; das ist éine Bagatélle [Kléinigkeit]

плед *м* Plaid [*англ.* ple:t] *m*, *n* -s, -s, Réisedecke *f* (11)

плезиозáвр *м* *палеонт.* Plesiosáurus *m* =, *pl* -ri¦er

плейстоцéн *м* *геол.* Plestozän *n* -s

плексиглáс *м* Pléxiglas *n* -es, **~овый** Pléxiglas-, aus Pléxiglas; ~овый колпáк Pléxiglashaube *f* (11); ~овое смотровóе стеклó *авто* Pléxiglasscheibe *f* (11)

племенн||óй 1. *ист.* Stámm(es)-; **2.** (*о скоте*) Zucht-, Rásse-; ~óй скот Zúchtvieh *n* -s, Rássevieh *n*; Rásserinder *pl* (*крупный рогатый*); ~óй производúтель Rássezuchttier *n* (2), rásse¦reines Vátertier; ~óе хозя́йство Tierzuchtbetrieb *m* (1); ~áя кнúга Hérdbuch *n* (5), Stámmbaum *m* (1*); ~ое птицевóдство Rássegeflügelzucht *f*

плéм||я *с* **1.** *ист.* Stamm *m* (1*); **2.** *уст.* (*народность*) Stamm *m* (1*); дúкие ~енá wílde Stämme; гóрное ~я Gebírgsstamm *m*; вождь ~ени Häuptling *m* (1); **3.** (*поколение*) Generatión *f*, Geschlécht *n* -(e)s; нóвое ~я néue Generatión; **4.** *с.-х.* Stamm *m* (1*), Zúchtstamm *m*; на ~я zur Zucht

племя́нн||ик *м* Néffe *m* (9); **~ица** *ж* Níchte *f* (11)

плен *м* Gefángenschaft *f*; попáсть в ~ in Gefángenschaft geráten*; сдáться в ~ sich gefángen gében*; взять в ~ gefángen¦nehmen* *отд.* *vt*; быть в ~ý in Gefángenschaft sein, sich in Gefángenschaft befínden*; держáть в ~ý gefángen¦halten* *отд.* *vt*; в ~ý *перен.* im Bánne

пленáрн||ый Plenár-; ~ое заседáние Plenársitzung *f* (10), Plenártagung *f* (10); Vóllversammlung *f* (10)

пленéние *с* Gefángennahme *f*

пленэ́р *м* *иск.* Fréilichtmalerei *f*

пленúтельн||ость *ж* Reiz *m* -es, Charme [*фр.* ʃarm] *m* -s, Scharm *m* -s; **~ый** fésselnd, réizend, bezáubernd

пленúть 1. *уст.* gefángen¦nehmen* *отд.* *vt*; **2.** (*очаровать*) fésseln *vt*, bezáubern *vt*; gefángen¦nehmen* *отд.* *vt*; **~ся** éingenommen [gefésselt] sein, sich hínreißen lássen*

плёнк||а *ж* **1.** Häutchen *n* (7); Haut *f* (3); защúтная ~а Schútzschicht *f* (10), Schútzhaut *f*; мáсляная ~а Ölfilm *m* (1); водянáя ~а Wásserfilm *m*, Wásserschicht *f*; изоляциóнная ~а Díchtungsfoli¦e *f*; **2.** (*пластмассовая*) Fóli¦e *f* (11); полиэтилéновая ~а Polyäthylénfoli¦e; полихлорвинúловая ~а PVC-Fóli¦e [pe:fao'tse:-] *f*; **3.** *фото, кино* Film *m* (1); катýшечная [рулóнная] ~а Róllfilm *m*, Páckfilm *m*; цветнáя ~а Fárbfilm *m*; чёрно-бéлая ~а Schwárzweißfilm *m*; безопáсная ~а Sícherheitsfilm *m*, níchtentflammbarer Film; магнитофóнная ~а Band *n* (5), Tónband *n*; записáть на ~у auf Band áufnehmen*; зáпись на ~у Tónbandaufnahme *f*

плéнн||ик *м*, **~ица** *ж* Gefángene *m*, *f* (14); **~ый** *прил.* **1.** gefángen; **2.** *в знач.* *сущ.* *м* Gefángene *m* (14); допрóс ~ых Gefángenenvernehmung *f* (10); захватúть [взять] ~ых Gefángene máchen

плéнум *м* Plénum *n* -s; расширенный ~ erwéitertes Plénum; заседáние ~а Plenársitzung *f* (10); Plenártagung *f* (10), Vóllversammlung *f* (10)

пленя́ть(ся) *см.* пленúть(ся)

плеонáзм *м* *лит.* Pleonásmus *m* =, -men

плеонастúческий *лит.* pleonástisch

плёс *м* Flúßstrecke *f* (11), Flúßabschnitt *m* (1)

плéсень *ж* Schímmel *m* -s, Kahm *m* -(e)s, Móder *m* -s; Schímmelflecke *pl*

плеск *м* Plätschern *n* -s; Rieseln *n* -s, Geríesel *n* -s (*тихий*); ~ вёсел das Plätschern der Rúder

плескáтельный: ~ бассéйн (*для детей*) Plánschbecken *n* (7)

плескáть 1. (*о воде*) plätschern *vi*; ríeseln *vi* (*тихо*); (ans Úfer) schlágen* *vi* (*о волнах*); **2.** (*на кого-л.*) besprítzen *vt*, begíeßen* *vt* (чем-л. mit *D*); **~ся 1.** (*о воде*) plätschern *vi*; ríeseln *vi* (*тихо*); (ans Úfer) schlágen* *vi* (*о волнах*); **2.** *разг.* (*о человеке*) plán(t)schen *vi*

плéсневеть verschímmeln *vi* (s), sich mit Schímmel bedécken

плеснýть *см.* плескáть

плестú fléchten* *vt* (*косу, корзину, венок*); ~ крýжево Spítzen klöppeln; ◇ ~ интрúги Intrígen spínnen*; ~ вздор *разг.* fáseln *vi*, Únsinn schwátzen; Lügengespinste fléchten* (*фантазировать*); **~сь 1.** *разг.* (*тащиться*) sich schléppen; ~сь в хвостé hintérhertraben *vi* (s), hinterhérhinken *vi* (s), zurückbleiben* *vi* (s); **2.** *страд.* geflóchten wérden

плетéльщ||ик *м* Fléchter *m* (6); ~ик корзúн Kórbflechter *m*; **~ица** *ж* Fléchterin *f* (12)

плетéние *с* **1.** (*действие*) Fléchten *n* -s; ~ крýжев Klöppeln *n* -s; ~ сетéй Nétzeknüpfen *n* -s; *спец.* Nétzen *n* -s; **2.** (*изделие*) Gefléch t *n* (2), Fléchtwerk *n* -(e)s

плетён||ка *ж* *разг.* **1.** Fléchtwerk *n* (2), Gefléchт *n* (2); сýмка-~ка geflóchtene Tásche; **2.** (*хлеб*) Zopf *m* (1*); **~ый** geflóchten, Flecht-; ~ые издéлия Fléchtarbeiten *pl*, Fléchtwaren *pl*, Kórbwaren *pl*; ~ая сýмка geflóchtene Tásche; ~ый стул Kórbstuhl *m* (1*), Róhrstuhl *m*

плетéнь *м* Fléchtwerk *n* (2), Fléchtzaun *m* (1*); Hürde *f* (11)

плётка *ж* Péitsche *f* (11), Réitpeitsche *f*

плеть *ж* **1.** Péitsche *f* (11); бить ~ю péitschen *vt*, dúrchpeitschen *vt*; **2.** *бот.* Ránke *f* (11)

плечев||óй Schúlter-, Óberarm-; ~áя кость Schúlterbein *n* (2), Áchselbein *n*, Óberarmknochen *m* (7); ~óй сустáв Schúltergelenk *n* (2); ~áя артéрия Óberarmarteri¦e *f* (11)

плеченогúе *сущ.* *мн.* *зоол.* Ármfüßer *pl*, Brachiopóden *pl*

плéчики *мн.* *разг.* (*вешалка*) Kléiderbügel *m* (6)

плéчико *с* **1.** Schúlterchen *n* (7), kléine [schmále] Schúlter; **2.** (*рубашки*) Träger *m* (6)

плечúстый bréitschult(e)rig

плеч||ó *с* **1.** Schúlter *f* (11), Áchsel *f* (11); Blatt *n* (5) (*животного*); покáтые плéчи ábfallende Schúltern; чéрез ~ó über die Schúlter; по ~ó bis an die [bis zur] Schúlter; с открытыми ~áми (*о платье*) schúlterfrei; накúнуть на плéчи über die Schúltern hängen (*напр. пальто*); держáть на ~é geschúltert hálten*; пожимáть ~áми mit den Áchseln zúcken; ~óм к ~ý Schúlter an Schúlter; Séite an Séite; на ~о! *воен.* (*команда*) das Gewéhr über!; лéвое [прáвое] ~ó вперёд, марш! rechts [links] schwenkt marsch!; **2.** *тех.*, *физ.* Arm *m* (1), Schúlter *f* (11); Schénkel *m* (6); ~ó рычагá Hébelarm *m*; тя́говое ~ó *ж.-д.* Lokomotívstrecke *f* (11); ◇ это емý по ~ý *разг.* das entspricht séinen Kräften; dem [díeser Sáche, díeser Áufgabe] ist er gewáchsen; емý это не по ~ý *разг.* das geht über séine Kräfte, das übersteigt séine Kräfte, er ist dem [díeser Sáche, díeser Áufgabe] nicht gewáchsen; у меня́ слóвно горá упáла с плеч éine Last ist von mir ábgefallen; с плеч долóй *разг.* díese Sórge bin ich los; сдéлано — и с плеч долóй! geschéhen und ábgetan!; пальтó с чужóго ~á der Mántel ist getrágen und paßt nicht ríchtig; имéть гóлову на ~áх *разг.* Verstánd [éinen héllen Kopf] háben; на ~áх у противника *воен.* ≅ auf den Férsen [im Nácken] des Gégners; все забóты о семьé лежáт на её ~áх álle Sórgen um die Famílie líegen auf ihr; имéть за ~áми мнóго лет рабóты ein árbeitsreiches Lében hínter sich háben; рубúть с ~á *разг.* kein Blatt vor den Mund néhmen*; mit der Tür ins Haus fállen*; schónungslos [únüberlegt] vórgehen*; этот вопрóс нельзя́ решáть с ~á díese Fráge kann man nicht so óhne wéiteres lösen

плешúв||еть éine Glátze bekómmen*;

~**ость** *ж* Káhlköpfigkeit *f*, Glátzköpfigkeit *f*; ~**ый** káhlköpfig, glátzköpfig

плеши́на *ж разг.* káhle Stélle

плешь Glátze *f* (11); с небольшо́й ~ю mit éiner léichten Glátze

плея́да (*группа выдающихся деятелей*) Plejáde *f* (11)

Плея́ды *мн. астр.* Plejáden *pl*, Síebengestirn *n* -(e)s

пли *межд. уст.* Féuer!

пли́нтус *м* **1.** *архит.* Plínthe *f* (11); **2.** *стр.* Schéuerleiste *f* (11), Fußleiste *f*

плиоце́н *м геол.* Pliozän *n* -s; ~**овый** *геол.* pliozän

плис *м* (*ткань*) Hálbsamt *m* -(e)s; ~**овый** Hálbsamt-, aus Hálbsamt

плиссе́ *с* **1.** Plissée *n* -s, -s; Fáltengewebe *n* -s, Fáltenstoff *m* -(e)s; сто́йкое ~ Dáuerplissee *n*; **2.** *в знач. прил.*: ю́бка ~ plissíerter Rock, Plisséerock *m* (1*), Fáltenrock *m*

плиссир||**ова́ть** plissíeren *vt*; fálteln *vt*; ~**о́вка** *ж* **1.** (*действие*) Plissíeren *n* -s; **2.** (*плиссе*) Plissée *n* -s, -s

плита́ *ж* **1.** Plátte *f* (11); Táfel *f* (11); Flíese *f* (11) (*каменная*); броневáя ~ Pánzerplatte *f*; арми́рованная ~ *стр.* bewéhrte Plátte; древесностру́жечная ~ *стр.* Hólzspanplatte *f*; железобето́нная ~ Stáhlbetonplatte [-,tɔŋ-] *f*; моги́льная ~ Grábplatte *f*; вы́ложить пли́тами [ка́фелем] flíesen *vt*, (áus)kácheln *vt*, mit Flíesen áuslegen; **2.** (*кухонная*) Herd *m* (1), Kóchherd *m*; га́зовая ~ Gásherd *m*

пли́тк||**а** *ж* **1.** (*облицовочная*) Verkléidungsplatte *f* (11), Káchel *f* (11), Táfel *f* (11); Flíese *f* (11); Wándplatte *f* (11); Bódenplatte *f*; вы́ложенный ~ой geflíest, gekáchelt, mit (kerámischen) Plátten áusgelegt; **2.** (*шоколада и т. п.*) Táfel *f* (11); **3.** (*для разогревания*) Kócher *m* (6); eléktrischer Kócher (*электрическая*); eléktrischer Tíschherd *m* (*настольная*)

пли́точный Táfel-, in Táfeln; ~ шокола́д Táfelschokolade *f* (11)

пли́ца *ж мор.* **1.** (*лопасть колеса*): ~ гребно́го колеса́ Rádschaufel *f* (11); **2.** (*черпак*) Pütze *f* (11)

плов *м кул.* Piláu *m* -s, Piláw *m* -s

плове́ц *м* Schwímmer *m* (6)

пловчи́ха *ж* Schwímmerin *f* (12)

плод *м* **1.** *тж. перен.* Frucht *f* (3); ~ы́ *мн.* Obst *n* -es, Früchte *pl*; ко́сточковые ~ы Stéinobst *n*; семечковые ~ы́ Kérnobst *n*; цитрусовые ~ы́ Zítrusfrüchte *pl*, Agrúmen *pl*; ло́жный ~ Schéinfrucht *f*; гну́щийся под тя́жестью ~о́в früchteschwer, frúchtschwer; приноси́ть ~ы́ Früchte trágen*; принести́ ~ы́ *перен.* Früchte zéitigen; ~ы́ многоле́тнего труда́ Früchte éiner lángjährigen Árbeit; **2.** *биол.* Frucht *f* (3), Léibesfrucht *f*; изгна́ние ~а́ Frúchtabtreibung *f* (10); ◇ запре́тный ~ verbótene Frucht; «Плоды́ просвеще́ния» (пьеса) «Früchte der Bíldung»

плоди́ть zéugen *vt*, in die Welt sétzen (*детей*); zíehen* *vt* (*разводить животных*); *перен.* hervórbringen* *vt*, scháffen* *vt*; ~**ся** sich verméhren, sich fórtpflanzen

плодови́т||**ость** *ж* Frúchtbarkeit *f*; ~**ый** frúchtbar

плодово́д *м* Óbstzüchter *m* (6), Óbstgärtner *m* (6); ~**ство** *с* Óbstbau *m* - (e)s, Óbstzucht *f*; ~**ческий** Obst-, Óbstbau-; ~ческий совхо́з Óbstbausowchos *m*, *n* =, *pl* -e

плодо́во-я́годн||**ый**: ~ые насажде́ния Óbstbäume und Béerensträucher *pl*

плодо́в||**ый** Frucht-; Obst-; ~ые дере́вья Óbstbäume *pl*; ~ые консе́рвы Óbstkonserven [-vən] *pl*

плодо||**жо́рка** *ж зоол.* Óbstmade *f* (11), Óbstwickler *m* (6); ~**ли́стик** *м бот.* Frúchtblatt *n* (5); ~**но́жка** *ж бот.* Stiel *m* (1), Frúchtstiel *m*

плодоноси́ть Früchte trágen*

плодоно́сн||**ость** *ж* Ergíebigkeit *f*; ~**ый** frúchtbringend, frúchttragend

плодоноше́ние *с* Frúchttragen *n* -s

плодообразова́ние *с* Frúchtbildung *f*

плодоовощево́дство *с* Óbst- und Gemüsebau *m* -(e)s

плодоовощно́й Óbst- und Gemüse-; ~ совхо́з Óbst- und Gemüsesowchos *m*, *n* =, *pl* -e

плодопито́мник *м* Óbstbaumschule *f* (11)

плодоро́д||**ие** *с*, ~**ность** *ж* Frúchtbarkeit *f*, Ertrágfähigkeit *f*, Fertilität *f*, Ergíebigkeit *f*; ~ие по́чвы Bódenfruchtbarkeit *f*, Ertrágfähigkeit des Bódens; ~**ный** frúchtbar, ergíebig

плодосме́н *м с.-х.* Ánbaufolge *f*, Frúchtwechsel *m* -s; Frúchtfolge *f*; ~**ный** *с.-х.* Frúchtwechsel-; ~ная систе́ма Frúchtwechselsystem *n* -s; ~ное хозя́йство Frúchtwechselwirtschaft *f* (10)

плодо||**суши́лка** *ж с.-х.* Óbsttrockner *m* (6), Óbstdarre *f* (11); ~**съёмник** *м* Óbstpflücker *m* (6)

плодотво́рн||**ость** *ж* Gedéihlichkeit *f*, Ersprießlichkeit *f*; Nützlichkeit *f* (*польза*); Frúchtbarkeit *f*, Ergíebigkeit *f* (*труда*); ~**ый** frúchtbringend, gedeihlich, ersprießlich; günstig (*благоприятный*); nützlich (*полезный*); ~ая де́ятельность frúchtbringende Tätigkeit; ~ая рабо́та erspríeßliche Árbeit

плодохрани́лище *с* Óbstspeicher *m* (6), Óbstlager *n* (6)

плодоя́годн||**ый** Frucht-, Obst-; ~ое вино́ Frúchtwein *m* (1), Óbstwein *m*

пло́мб||**а** *ж* **1.** Plómbe *f* (11), Bléiplombe *f*; **2.** (*в зубе*) Plómbe *f* (11), Záhnfüllung *f* (10), Záhneinlage *f* (11); поста́вить ~у éinen Záhn plombíeren [füllen]; поста́вить себе́ ~у sich (*D*) éinen Zahn plombíeren [füllen] lássen*

пломби́р *м* Sáhneˌeis *n*

пломбиров||**а́ние** *с см.* пломбиро́вка; ~**а́ть** **1.** (*накладывать пломбы*) plombíeren *vt*, mit éiner Bléiplombe verschlíeßen*, éine Plómbe ánlegen, versíegeln *vt*; **2.** (*зубы*) plombíeren *vt*, füllen *vt*

пломбиро́вка *ж* **1.** (*накладывание пломбы*) Plombíerung *f*; **2.** (*зубов*) Plombíeren *n* -s

пло́ск||**ий** flach, platt; Flach-; ében; ~ая пове́рхность Ébene *f* (11); (ébene) Fläche *f* (11); ~ая печа́ть *полигр.* Fláchdruck *m* -(e)s; ~ая стопа́ *мед.* Pláttfuß *m* (1*); ~ая пода́ча (*теннис*) geráder Áufschlag; ~ий уда́р (*теннис*) geráder Schlag; ◇ ~ая шу́тка fáder Scherz

пло́ско-во́гнутый *спец.* plánkonkav

пло́ско-вы́пуклый *спец.* plankonvex [-vɛks]

плоского́рье *с* Hóchebene *f* (11), Hóchplateau [-,to:] *n* -s, -s; Hóchland *n* -(e)s

плоскогру́дый fláchbrüstig

плоскогу́бцы *мн.* Fláchzange *f* (11)

плоскодо́н||**ка** *ж* Boot *n* (2) mit fláchem Bóden; ~**ный** mit fláchem Bóden

плоскопаралле́льный *спец.* plánparallel

плоскопеча́тн||**ый**: ~ая маши́на *полигр.* Fláchdruckmaschine *f* (11)

плоскосто́пие *с* Plättfüßigkeit *f*, Plättfuß *m* -es

пло́скост||**ь** *ж* **1.** Fläche *f* (11), Ébene *f* (11); накло́нная ~ь *мат.* genéigte [schíefe] Ébene; ~ь преломле́ния *физ.* Bréchungsebene *f*, Bréchungsfläche *f*; **2.** *перен.* Gebíet *n* (2); Gesíchtspunkt *m* (1) (*точка зрения*); в ра́зных ~я́х auf verschíedenen Ébenen [Gebíeten]; изучи́ть вопро́с в како́й-л. ~и éine Fráge von éinem bestímmten Gesíchtspunkt (aus) studíeren; **3.** *уст.* (*плоская острота*) Plättheit *f* (10), Fádheit *f* (10); Platitüde *f* (11), fáder Witz

плот *м* Floß *n* -es, *pl* Flöße; (надувно́й) спаса́тельный ~ (áufblasbares) Réttungsfloß *n*

плотва́ *ж зоол.* Plötze *f* (11)

плоти́н||**а** *ж* Damm *m* (1*), Deich *m* (1); Wásserwehr *n* (2); Wehr *n*; Stáudamm *m*; Spérrmauer *f* (11); водозабо́рная ~а Entnáhmewehr *n*; водосли́вная ~а Überfallmauer *f*; водоподъёмная ~а Stáuwehr *n*; сооружа́ть ~у éinen Déich [Damm] áufführen

плотинострое́ние *с* Tálsperrenbau *m* -(e)s

пло́тник *м* Zímmermann *m* -(e)s, *pl* -leute, Zímmerer *m* (6)

пло́тницкий *разг.* Zímmermanns-, Zímmer-

пло́тнич||**ать** als Zímmermann árbeiten; ~**еский** Zímmer-, Zímmermanns-; ~еское ремесло́ *см.* пло́тничество; ~**ество** *с* Zímmerhandwerk *n* -(e)s, Zímmererhandwerk *n*; Zimmeréi *f* (*разг.*); ~**ий** Zímmermanns-; ~ья арте́ль Artél *n* [Genóssenschaft *f*] der Zímmerleute; ~ья брига́да Zímmerbrigade *f* (11); ~ье де́ло Zímmerhandwerk *n* -(e)s, Zímmererhandwerk *n*; Zimmeréi *f* (*разг.*); ~**ный** Zímmer-, Zímmermanns-; ~ные рабо́ты Zímmermannsarbeit *f* (10)

пло́тно *нареч.* **1.** dicht; fest (*крепко*); eng (*тесно*); ~ облега́ть eng ánliegen* [ánschließen*]; ~ придви́нуть dicht heránrücken; ~ заколоти́ть fest vernágeln [zúnageln]; ~ прижа́ться sich eng ánschmiegen; ~ населённый díchtbevölkert; **2.** *разг.*: ~ пое́сть tüchtig [viel] éssen*, sich satt éssen*

плотноме́р *м тех., стр.* Díchtemesser *m* (6)

пло́тн||**ость** *ж* **1.** *тж. физ.* Díchte *f*; ~ость населе́ния Bevölkerungsdichte *f*; **2.** (*ткани*) Díchte *f*, Féstigkeit *f*; **3.** *разг.* (*сложения*) Stämmigkeit *f*; ~**ый** **1.** *тж. физ.* dicht; **2.** (*о ткани*) dicht, fest; **3.** *разг.* (*о человеке*) stämmig; robúst; **4.** *разг.* (*о завтраке, обеде*) kräftig, réichlich

плотовщи́к *м* Flößer *m* (6)

плотоспу́ск *м см.* плотохо́д

плотохо́д *м гидр.* Flóßgasse *f* (11), Flóßrinne *f* (11), Flóßschleuse *f* (11) (im Wehr)

плотоя́дный **1.** fléischfressend; **2.** *перен.* wóllüstig, sínnlich

пло́тский *уст.* fléischlich, sínnlich

плот||**ь** *ж уст.* Fleisch *n* -es, Leib *m* -(e)s, Körper *m* -s; ◇ э́то вошло́ ему́ в ~ь и кровь das ist ihm in Fleisch und Blut übergegangen; обле́чься в ~ь и кровь Gestált ánnehmen*; ~ь от ~и моей mein éigen Fleisch und Blut

пло́хо *нареч.* schlecht, schlimm, übel; ~ себя́ чу́вствовать sich schlecht [únwohl] fühlen; ~ обраща́ться с кем-л. j-n schlecht behándeln; с ним дéло обстои́т ~ es steht schlecht um ihn; es steht schlecht mit ihm; ◇ дéло ~ кóнчится die Sáche wird schlimm énden; э́то ~ пáхнет das ist ánrüchig; ~ лежи́т es verléitet zum Díebstahl; ~ не клади́ (вóра в грех не вводи́) *посл.* ≅ Gelégenheit macht Díebe

плохова́тый *разг.* zíemlich schlecht [schlimm]

плох||о́й schlecht, schlimm; он óчень плох (*о больнóм*) es geht ihm schlecht, er ist sehr krank [schwach]; егó делá плóхи es steht schlimm um ihn [um séine Sáche]; ◇ на негó надéжда ~áя auf ihn ist kein Verláß; с ним шу́тки плóхи mit ihm ist schlecht Kírschen éssen; с э́тим шу́тки плóхи *погов.* damít ist nicht zu spáßen

пло́хонький *разг.* zíemlich schlecht; Schund- (*о качестве*)

плоша́ть *разг.* (*допускать оплошность*) Féhler [Dúmmheiten] begéhen*

пло́шка *ж* (fláches) Illuminatións-lämpchen

площа́дк||а *ж* **1.** Platz *m* (1*); дéтская ~а Kínderspielplatz *m*; волейбóльная ~а Volleyballplatz ['vole:-] *m*; спорти́вная ~а Spórtplatz *m*; танцевáльная ~а Tánzfläche *f* (11), Tánzdiele *f* (11); строи́тельная ~а Báuplatz *m*-Báustelle *f* (11); оруди́йная ~а *воен.* Geschützstand *m* (1*); **2.:** лéстничная ~а Tréppenabsatz *m* (1*), Podést *n* (2); Tréppenpodest *m*; ни́жняя ~а (лéстницы) unterster Tréppenabsatz, Ántritt *m* -(e)s (éiner Tréppe); сосéд по ~е, живу́щий на однóй ~е Flúrnachbar *m* (8, 13); **3.:** ~а вагóна Plát-tform *f* (10); Perron [-'rɔn] *m* -s, -s (*трамвáйного вагóна*); **4.** *геод.* Fläche *f* (11), Plätte *f* (11)

площадн||о́й: ~áя брань únflätiges Schímpfen

пло́щадь *ж* **1.** Fläche *f* (11); посевнáя ~ Sáatfläche *f*; земéльная ~ *с.-х.* Bódenfläche *f*; ~ в сто гектáров éine Fläche von húndert Héktar; парк ~ю в двáдцать гектáров ein zwánzig Héktar gróßer Park, ein Park mit éiner Fläche von zwánzig Héktar; пáхотная ~ Áckerfläche *f*; посевнáя ~ Ánbaufläche *f*; ~ зелёных насаждéний Grünflächen *pl*; полéзная ~ Nútzfläche óбщая ~ (*распространения живóтного, растения*) Gesámtareal *n* -s; жилáя ~ Wóhnraum *m* -(e)s, Wóhnfläche *f*; **2.** (*в городе и т. п.*) Platz *m* (1*); базáрная ~ Márktplatz *m*; **3.** *мат.* Fläche *f* (11), Flächeninhalt *m* (1); ~ (поперéчного) сечéния Quérschnitts-fläche *f*

плуг *м* **1.** Pflug *m* (1*); тракторный ~ Traktórenpflug *m*, Schlépper-pflug *m*; отвáльный ~ Háldenpflug *m*, bódenwendender Pflug; электри́ческий ~ Eléktropflug *m*; навеснóй ~ Ánbau-pflug *m*; прицепнóй ~ Ánhängepflug *m*; лемéшный ~ Schárpflug *m*; кóнный ~ Gespánnpflug *m*; ~ -рыхли́тель Áufreißpflug *m*, Krümelpflug *m*; ~-картофелекопáтель Kartóffelrodepflug *m*, Kartóffelroder *m* (6); ~-лущи́льник Schälpflug *m*; ~-полóльник Háck-pflug *m*; **2.:** спуск ~ом (*на лыжах*) Grätschfahrt *f*, Schnéepflug *m* -(e)s

плуга́рь *м с.-х.* Pflüger *m* (6)

плу́нжер *м тех.* Táuchkolben *m* (7)

плут *м разг.* Spítzbube *m* (9), Gáuner *m* (6), Betrüger *m* (6)

плута́ть *разг.* umhérirren *vi* (s), herúmirren *vi* (s)

плути́шка *м разг.* Schalk *m* (1), Schelm *m* (1); Schlíngel *m* (6)

плу́тни *мн. разг.* Gaunerеí *f* (10)

плутова́т||ость *ж разг.* Schláuheit *f*; Durchtríebenheit *f*; ~**ый** *разг.* schlau; durchtríeben, betrügerisch

плутова́ть *разг.* betrügen* *vt*; mógeln *vi* (*в игре*)

плуто́вка *ж разг.* Schélmin *f* (12), Schalk *m* (1)

плутов||ско́й schélmisch, schálkhaft; verschmítzt; ~скáя улы́бка spítzbübisches Lächeln; ~**ствó** *с* Schélmenstück *n* (2), Betrügeréi *f* (10); Mogeléi *f* (10) (*в игре*)

плутокра́т *м* Plutokrát *m* (8); ~**и́ческий** plutokrátisch; ~**ия** *ж* Plutokratíe *f* (11)

плуто́ний *м* Plutónium *n* -s (*хим. знак* Pu)

плыву́н *м геол.* schlämmiger Úntergrund, lóckeres Érdreich, Tríebsand *m* -es, Schwímmsand *m*

плыву́чий: ~ грунт wásserreicher [únsicherer] Bóden

плыть 1. *тж. перен.* schwímmen* *vi* (s, h); ~ по течéнию *тж. перен.* mit dem Strom schwímmen*; ~ прóтив течéния *тж. перен.* gégen den Strom schwímmen*; всё поплылó у негó пéред глазáми álles (ver)schwámm ihm vor den Áugen; облакá плыву́т die Wólken zíehen; **2.** (*о лодке и т. п.*) schwímmen* *vi* (s), fáhren* *vi* (s); tréiben* *vi* (s) (*по течéнию*); **3.**(*на чём-л.*) fáhren* *vi* (s) (*на корабле*); ségeln *vi* (h, s) (*под парусами*)

плювио́граф *м метео* Níederschlags-schreiber *m* (6), Pluviográph [-vĭo-] *m* (8)

плюга́вый *разг.* únansehnlich, schwächlich

плюма́ж *м* Féderbusch *m* (1*)

плю́нуть *см.* плевáть 1

плюрал||и́зм *м филос., полит.* Pluralísmus *m* =; ~**исти́ческий** *филос., полит.* pluralístisch

плюс *м* **1.** (*знак*) Plus *n* =, =, Plúszeichen *n* (7); оди́н ~ два eins plus zwei; **2.** (*преимущество*) Plus *n* =, =, Vórteil *m* (1); э́то большóй ~ das ist ein gewáltiger Plúspunkt; ~ы и ми́нусы Vór- und Náchteile

плюсквамперфе́кт *м грам.* Plúsquamperfekt *n* (2), Plusquamperféktum *n* -s, -ta, Vórvergangenheit *f*

плюсна́ *ж анат.* Míttelfuß *m* (1*)

плю́хать(ся), плю́хнуть(ся) *разг.* (hín)plumpsen *vi* (s)

плюш *м* Plüsch *m* (1); ~**евый** aus Plüsch, Plüsch-; ~евый ди́ван Plüsch-sofa *n* -s, -s

плю́шка *ж кул.* Múndbrötchen *n* (7), Mílchbrötchen *n*

плющ *м бот.* Éfeu *m* -s; ~**евые** *сущ. мн. бот.* Éfeupflanzen *pl*

плю́щ||ение *с тех.* Ábplatten *n* -s, Strécken *n* -s; Ábflachen *n* -s; ~**и́льный:** ~и́льный станóк Stáuchmaschine *f* (11); ~и́льный стан Blättfederstahl-Walzwerk *n* (2); ~**ить** *тех.* ábplatten *vt*, strécken *vt*; ábflachen *vt*

пляж *м* Strand *m* (1), Bádestrand *m* (*морскóй*); Stråndbad *n* (5), Schwímmbad *n* (*на реке или óзере*); ~**ный** Strand-; ~ный костю́м Stråndkombination *f* (10), Lúftanzug *m* (1*), Stråndanzug; ~ная ку́ртка Campingjacke ['kɛm-] *f* (11), Fréizeitjacke *f*; ~ные ту́фли Stråndschuhe *pl*

пляс *м разг.* Tánzen *n* -s, Tanz *m* (1*); пусти́ться в ~ zu tánzen begínnen*, drauflós¦tanzen *отд. vi*

плясáть tánzen *vi*; ◇ ~ под чью-л. ду́дку *разг.* nach j-s Pféife tánzen; tánzen müssen, wie jémand pfeift

пля́ска *ж* Tanz *m* (1*); ◇ ~ святóго Ви́тта *мед.* Véitstanz *m*

плясова́я *сущ. ж* Tánzlied *n* (5)

плясово́й Tanz-; ~ напéв [моти́в] Tánzmelodie *f* (11)

пляс||у́н *м* Tänzer *m* (6); ~**у́нья** *ж* Tänzerin *f* (12); канáтная ~у́нья Séiltänzerin *f*

пневма́т||ик *м тех.* Pneumátik *m* -s, -s, Lúftreifen *m* (7); ~**ика** *ж тех., физ.* Pneumátik *f*; ~**и́ческий** *тех.* pneumátisch, Luft-, Préßluft-, Drúck-luft-, drúckluftbetätigt; ~и́ческий мóлот Préßlufthammer *m*; ~и́ческий ковш Drúckluftschaufler *m* (6); ~и́ческий тóрмоз Drúckluftbremse *f* (11); ~и́ческая пóчта Róhrpost *f*

пневмоавтома́тика *ж* Pneumoautomátik *f*

пневмодви́гатель *м* Drúckluftmotor *m* (13)

пневмокостю́м *м ав.* Stráhlenschutz-anzug *m* (1*)

пневмо́ника *ж тех.* Pneumónik *f*

пневмони́я *ж мед.* Lúngenentzündung *f*, Pneumoníe *f*

пневмопо́чта *ж* Róhrpost *f*

пневмото́ракс *м мед.* Pneumothórax *m* = *u* -es, -e, Pneu *m* -s, -s

пневмотра́нспорт *м* Drúckluftförderung *f*, pneumátische Förderung; ~**ёр** *м* Gebläseförderer *m* (6)

пнуть *разг.* stóßen* *vt*; éinen Tritt gében* (когó-л. *D*)

по *предлог* **1.** *дат.* (*на поверхности*) auf (*D*, *A*), über (*A*); поглáдить по головé über den Kopf stréichen*; éхать по шоссé auf der Chaussee [ʃo'se:] fáhren*; пó двору über den Hof; удáрить пó столу auf den Tisch schlágen*; **2.** *дат.* (*вдоль чего-л.*) entláng (*A*) (*после сущ.*); идти́ по ручью́ den Bach entláng géhen*; **3.** *дат.* (*в области чего-л.*) in (*D*), auf dem Gebíet; исслéдования по фи́зике Fórschungen in der Physík; соревновáние по шáхматам Scháchturnier *n* (2); чемпиóн по (*виду спорта*) Méister in (*D*); специали́ст по животновóдству Spezialíst *m* (8) für Víehzucht; экзáмен по матемáтике Prüfung *f* in Mathematík, Mathematíkprüfung *f* (10); вторóй по величинé гóрод zwéitgrößte Stadt; комитéт по разоружéнию Áusschuß für Ábrüstung, Ábrüstungsausschuß *m* -sses; по э́тому вопрóсу in díeser Fráge; задóлженность по... Rückstände an (*D*); **4.** *дат.* (*где-л.*) in (*D*), durch (*A*); гуля́ть по у́лицам in den Stráßen spazíerengehen*, durch die Stráßen schléndern; по поля́м и лесáм durch Feld und Wald; ходи́ть по кóмнате im Zímmer auf und ab géhen*; по всемý свéту in der gánzen Welt; **5.** *дат.* (*куда-л.*) zu (*D*); éздить по гостя́м auf [zu] Besúch fáhren*; ходи́ть по магази́нам éinkaufen géhen*; **6.** *дат.* (*в направлении*): по течéнию mit dem Strom; идти́ по вéтру *мор.* mit dem Wind ségeln; идти́ по сóлнцу sich nach der Sónne ríchten; **7.** *дат.* (*согласно, в соответствии с чем-л.*) laut (*D*), nach (*D*); auf (*A*); gemäß (*D*) (*после сущ.*); по Мáрксу nach Marx; по приказáнию auf Beféhl, auf Gehéiß; по прóсьбе auf Bítten; по совéту auf Rat von (*D*), nach dem Rátschlag; по закóну nach dem Gesétz, laut Gesétz; по прáвде der Wáhrheit gemäß; nach Recht und Gewíssen; сказáть по сóвести Hand aufs Herz; по обыкновéнию wie gewöhnlich; по возмóжности nach Möglichkeit; по желáнию auf Wunsch; по натýре von Natúr aus; жить не по срéдствам über séine Míttel lében; сýдя по э́тому danách zu úrteilen; знать по ви́ду [по и́мени] dem Áussehen [dem Námen] nach kénnen*; по слу́ху nach dem Gehör; по происхожде́нию der Hérkunft nach; по да́нным laut [nach den] Ángaben; **8.** *дат.* (*вследствие*) durch (*A*); hálber, wégen (*G*), aus (*D*); по боле́зни kránkheitshalber; по рассе́янности aus Zerstréutheit; по оши́бке aus Verséhen, írrtümlicherweise; по не́которым обстоя́тельствам gewísser Úmstände hálber; по подозре́нию wegen Verdáchts; по причи́не auf Grund (*G*); по э́той причи́не aus díesem Grund; по его́ вине́ durch séine Schuld; по обя́занности pflíchtgemäß; по пра́ву von Rechts wégen; **9.** *дат.* (*посредством чего-л.*) mit (*D*), per (*A*); по по́чте mit der Post, per Post; по телегра́фу telegráphisch; по телеви́дению im Férnsehen; по ра́дио im Rádio, im Rúndfunk; сообщи́ть по ра́дио über Funk mítteilen; по желе́зной доро́ге mit der Éisenbahn; **10.** *дат.* (*при указании родства, близости*); ро́дственник по отцу́ ein Verwándter väterlicherseits; това́рищ по рабо́те Árbeitskollege *m* (9); Kollége *m*; това́рищ по несча́стью Léidensgefährte *m* (9); сосе́д по кварти́ре Wóhnungsnachbar *m* (13, 8); **11.** *дат.* (*при обозначении времени*) an (*D*); по утра́м am Mórgen, in den Mórgenstunden, mórgens; по ноча́м nachts, bei Nacht; по пра́здникам féiertags, an (den) Féiertagen; **12.** *вин., дат.*: по де́сять киломе́тров в мину́ту je zehn Kilométer in der Minúte; по рублю́ за килогра́мм ein Rúbel fürs [pro] Kílogramm; **13.** *вин.* (*до*) bis; по янва́рь bis Jánuar; по сей день bis zum héutigen Tag; по ло́коть bis zum Éllbogen; по коле́но bis zum Knie; **14.** *вин.* (*с числительным*): две гру́ппы по два́дцать челове́к zwei Grúppen zu je zwánzig Persónen; по́ двое zu zwei; по́ трое zu drei; **15.** *вин.* *разг.* (*за чем-л.*) nach (*D*), um (*A*); по́ воду nach Wásser; по грибы́ nach Pílzen; идти́ по грибы́ in die Pílze géhen*; **16.** *предл.* (*после*) nach (*D*); по прибы́тии nach der Ánkunft; по проше́ствии nach Verláuf; по истече́нии го́да nach éinem Jahr; по рассмотре́нии nach Dúrchsicht; ◇ по ме́ньшей ме́ре wénigstens, nicht wéniger als; по тебе́ ви́дно, что... man merkt es dir an, daß...; по мне, как хо́чешь was mich betrífft [ángeht], wie du willst; ему́ бы́ло не по себе́ ihm war nicht recht wohl (in séiner Haut); тоска́ по ро́дине Héimweh *n* -s; скуча́ть по де́тям sich nach den Kíndern séhnen; по времена́м zéitweise, von Zeit zu Zeit

побагрове́||ть púrpurrot [knállrót, hóchrót] wérden; он (весь) ~л er wúrde blútrót [hóchrót]

поба́иваться *разг.* sich (ein wénig) fürchten (кого́-л. vor *D*)

поба́ливать *разг.* (ab und zu) schmérzen *vi*, étwas schmérzen

побасёнка *ж разг.* Anekdóte *f* (11), Histörchen *n* (7)

побе́г I *м* (*бегство*) Flucht *f*

побе́г II *м* (*росток*) Trieb *m* (1), Sprößling *m* (1); Schößling *m* (1), júnges Grün, Áusläufer *m* (6), Sproß *m* -sses, -sse

побе́гать (éine Zéitlang) láufen* *vi* (s), herúmlaufen* *vi* (s)

побегу́шк||и: ма́льчик на ~ах Láufjunge *m* (9); быть на ~ах *разг.* Láufbursche [Láufjunge] sein; den Láufburschen [Láufjungen] máchen

побе́д||а *ж* Sieg *m* (1) (над кем-л. über *A*); одержа́ть ~у den Sieg erríngen* [davóntragen*, erstréiten*]; уве́ренный в ~е síegessicher; трудова́я ~а Árbeitserfolg *m* (1), Produktiónserfolg *m*

победи́т *м* *тех.* (*вольфрамовый сплав*) Pobedít *m* -s

победи́тель *м* Síeger *m* (6); вы́йти победи́телем als Síeger hervórgehen*; **~ница** *ж* Síegerin *f* (12)

победи́ть **1.** síegen *vi* (кого́-л. über *A*); besíegen *vt*; **2.** (*преодолеть*) überwínden* *vt*

побе́дн||ый Síeges-; síegreich (*победоносный*); ~ое ше́ствие Síegeszug *m* (1*); Síegeslauf *m* (1*) (*тж. перен.*); ~ая песнь Síegeslied *n* (5)

победоно́сный síegreich

побежа́лость *ж спец.* Ánlaufen *n* -s, Ánflug *m* -(e)s

побежа́||ть **1.** (*начать бежать*) (lós)rénnen* *vi* (s), (lós)láufen* *vi* (s); с гор ~ли ручьи́ Bäche flóssen die Bérge hinúnter; **2.** (*обратиться в бегство*) die Flucht ergréifen*; flíehen* *vi* (s)

побежда́ть *см.* победи́ть

побеждённ||ый besíegt; призна́ть себя́ ~ым sich für besíegt erklären; die Flágge stréichen*; *шахм.* áufgeben* *vt*

побеле́ть weiß [bleich] wérden; erblássen *vi* (s) (*побледнеть*); ergráuen *vi* (s) (*поседеть*)

побели́ть wéißen *vt*, bléichen *vt*

побе́лка *ж* Wéißen *n* -s

побере́жье *с* Strand *m* (1), Küste *f* (11) (*моря*); Úfer *n* (6) (*реки, озера*)

побере́чь **1.** (*сохранить*) (áuf)bewáhren *vt*; verwáhren *vt*, áufheben* *vt*; **2.** (*щадить*) schónen *vt*; ~ свои́ си́лы séine Kräfte schónen; ~ глаза́ die Áugen schónen; **~ся** **1.** (*быть осторожным*) sich schónen, sich vórsehen*; **2.** (*остерегаться*) sich hüten

побесе́довать sich unterhálten*

побеспоко́ить stören *vt*; be¦únruhigen *vt*, belästigen *vt*; **~ся** (*проявить заботу о ком-л., о чём-л.*) sich kümmern (um *A*)

побива́ть *см.* поби́ть 2

побир||а́ться *разг.* bétteln *vi*; **~у́шка** *м, ж разг.* Béttler *m* (6); Béttlerin *f* (12) (*о женщине*)

поби́ть **1.** schlágen* *vt*, prügeln *vt*; **2.** (*в бою*) schlágen* *vt*, besíegen *vt*; **3.** (*разбить*) zerschlágen* *vt*, zertrümmern *vt*; гра́дом поби́ло хлеб das Korn wúrde durch Hágelschlag verníchtet; **4.** (*убить, перебить*) erschlágen* *vt*, tótschlagen* *отд.* *vt*; **5.** (*превзойти*) überbíeten* *vt*; besíegen *vt* (*в игре*); ◇ ~ реко́рд éinen Rekórd schlágen* [bréchen*, unterbíeten*, überbíeten*]; ~ ка́рту éine Kárte stéchen*; **~ся** (*разбиться*) zerschlágen* *vi* (s); ◇ ~ся об закла́д éine Wétte éingehen*

поблагодари́ть dánken *vi* (кого́-л. *D*); sich bedánken (bei *D*)

побла́жк||а *ж разг.* Náchsicht *f*, Vergünstigung *f* (10); де́лать [дава́ть] ~у náchsichtig sein, durch die Fínger séhen*; не дать ~и kein Áuge zúdrükken, únnachsichtig sein

побледне́ть erbléichen* *vi* (s), bleich [blaß] wérden, erblássen *vi* (s); sich verfärben

поблёкнуть **1.** (*о цветах*) verwélken *vi* (s); **2.** (*о красках*) verbléichen* *vi* (s), blaß [matt] wérden

поблёскивать áufblitzen *vi*, áufglänzen *vi*

побли́зости *нареч.* in der Nähe

побожи́ться schwören* *vi*

побо́и *мн.* Prügel *pl*, Háue *pl*; Schläge *pl*

побо́ище *с* **1.** *уст.* Schlacht *f* (10); Schláchtfeld *n* (5) (*место битвы*); Ледо́вое ~ Schlacht auf dem Eis des Péipussees; Мама́ево ~ Schlacht auf dem Kulikówo Pólje; **2.** (*драка*) blútige Rauferéi

поболе́ть **1.** (*о человеке*) (éine Zéitlang) krank sein; **2.** (*о голове, зубе и т. п.*) (éine Zéitlang, vorübergehend) weh tun*

поболта́ть I (*поговорить*) (ein wénig) pláudern *vi*, sich unterhálten*, ein Schwätzchen hálten* [máchen] (с кем либо mit *D*)

поболта́ть II (*размешать*) (dúrch-) schütteln *vt*

побо́льше **1.** (*сравн. ст. от нареч.* мно́го) (étwas) mehr; **2.** (*сравн. ст. от прил.* большо́й) (étwas) größer; да́йте мне ко́мнату ~ gében Sie mir ein größeres Zimmer

по-большеви́стски *нареч.* bolschewístisch, auf bolschewístische Art

побо́рник *м* Verféchter *m* (6), Vórkämpfer *m* (6); Fürsprecher *m* (6), Ánhänger *m* (6) (*приверженец*); ~ ми́ра Stréiter für den Fríeden

поборо́ть **1.** überwältigen *vt*; níederringen* *vt*; ~ враго́в die Féinde überwältigen; **2.** (*превозмочь*) behérrschen *vt*, bewältigen *vt*; ~ тоску́ die Séhnsucht bezwíngen*; ~ дрожь gégen das Zíttern ánkämpfen; э́то мо́жно ~ das kann man unterdrücken; **~ся** ríngen* *vi*, kämpfen *vi*

побо́ры *мн.* *уст.* Ábgaben *pl*

побо́чн||ый **1.** Nében-; nébensächlich, zwéitrangig; *бот.* nébenständig; ~ое обстоя́тельство Nébenumstand *m* (1*); ~ые дохо́ды Nébenverdienst *m* (1); ~ый проду́кт Nébenprodukt *n* (2); ~ая роль Nébenrolle *f* (11); ~ая профе́ссия [специа́льность] Nébenberuf *m* (1); в ка́честве ~ого заня́тия [~ой профе́ссии] nébenberuflich; **2.** *уст.* (*о детях*) únehelich

побоя́ться nicht wágen

побрани́ть (áus)schélten* *vt*; **~ся** sich (étwas) zánken, éinen Wórtwechsel háben

побрата́ться sich verbrüdern

побрати́м: мы с ним ~ы *разг.* wir sind dícke Fréunde; го́род-~ Pártnerstadt *f* (3*)

по-бра́тски *нареч.* brüderlich

побре́згать sich ékeln, Ékel [Ábscheu] empfínden* [verspüren]

побрести́ **1.** (*с трудом пойти*) sich schléppen; **2.** (*тихо пойти*) schléndern *vi* (s), lángsam géhen* *vi* (s)

побри́ть rasíeren *vt*; **~ся** sich rasíeren (*самому*); sich rasíeren lássen* (*у парикмахера*)

побро́дить wándern *vi* (s), umhérwandern *vi* (s), umhérschweifen *vi* (s)

поброса́ть wérfen* *vt*, hínwerfen* *vt*; schméißen* *vt* (*швырнуть*)

побрюзжа́ть ein wénig múrren, ein wénig (vor sich hin) brúmmen, nörgeln *vi*; méckern *vi* (*разг.*)

побря́к||ивать klírren *vi* (*металлическими или стеклянными предметами*); kláppern *vi* (чем-л. mit *D*); **~у́шка** *ж разг.* (*погремушка*) Klápper *f* (11), Kínderklapper *f*

побуди́тельн||ый ánregend; ~ая причи́на, ~ый моти́в Béweggrund *m* (1*)

побуди́ть ánregen *vt*, ánspornen *vt*, veránlassen* *vt*, bewégen* *vt* (к чему-л. zu *D*); animíeren *vt* (zu *D*)

побу́дка *ж воен.* Wécksignal *n* (2)

побужда́ть *см.* побуди́ть

побужде́н||ие *с* Veránlassung *f* (10), Ánregung *f* (10), Ántrieb *m* Ánsporn *m* -(e)s; Impúls *m* (1); по со́бственному ~ию aus éigenem Ántrieb; из коры́стных ~ий aus gewínnsüchtigen Beweggründen

побыва́ть (*у кого-л., где-л.*) sein* *vi* (s); áufsuchen *vt*, besúchen *vt*

побы́вк||а *ж*: прие́хать на ~у *разг.* auf éinen kúrzen Úrlaub kómmen*

побы́ть (ver)wéilen *vi*; bléiben* *vt* (s)

пова́диться *разг.* **1.** (*приобрести плохую привычку*) sich ángewöhnen; **2.** (*назойливо посещать*) oft und úngebeten besúchen [zu Besúch kómmen*]

пова́дка *ж разг.* (schléchte) Ángewohnheit *f* (10); Maníeren *pl* (*манеры*); *охот.* (*зверя*) Benéhmen *n* -s

пова́дно: чтоб ему́ не́ было ~ *разг.* daß ihm die Lust dazú vergéht

повали́ть I níederwerfen* *vt*, úmwerfen* *vt*; fällen *vt* (*деревья*); úmreißen* *vt* (*ветром*); ~ кого́-л. на зе́млю j-n zu Bóden strécken [schlágen*]

повал||и́ть II **1.** (*о народе*) strömen *vi* (h, s), stürzen *vi* (s); **2.**: ~и́л снег es begánn in díchten Flócken zu schnéien

повали́ться (úm)fallen* *vi* (s), (hín-)stürzen *vi* (s)

пова́льн||ый allgeméin; Mássen-; ~ый о́быск Mássendurchsuchung *f* (10), Rázzia *f*, *pl* -zi|en; ~ая боле́знь epidémische Kránkheit

поваля́ть herúmwälzen *vt*, wälzen *vt*; ~ся sich herúmwälzen

по́вар *м* Koch *m* (1*)

пова́ренн||ый Koch-; ~ая кни́га Kóchbuch *n* (5); ~ая соль Kóchsalz *n* -es

повар||ёнок *м* Küchenjunge *m* (9); **~и́ха** *ж* Köchin *f* (12); **~ско́й** Koch-

по-ва́шему *нареч.* **1.** (*о мнении*) éurer [Íhrer] Méinung [Ánsicht] nach; **2.** (*о желании*) nach éurem [Íhrem] Willen [Wunsch]; wie ihr wollt, wie Sie wóllen [wünschen]; пусть бу́дет ~ es geschéhe, wie ihr wollt [wie Sie wóllen]

пове́дать *уст.* erzählen *vt*, míttеilen *vt*; ~ кому́-л. свою́ та́йну j-m sein Geheímnis ánvertrauen

поведе́ни||е *с* Verhálten *n* -s, Verháltensweise *f* (11), Betrágen *n* -s, Benéhmen *n* -s; das Tun und Tréiben; ~е в быту́ Lébensführung *f*; пра́вила ~я Verháltungsmaßregeln *pl*; отме́тка за ~е Betrágensnote *f* (11), Betrágenszensur *f* (10)

повезти́ I fáhren* *vt*; führen *vt*

повез||ти́ II: ему́ ~ло́ er hätte Glück, er hat Glück gehábt, er ist gut dabéi gefáhren; ему́ не ~ло́ er hätte Pech, er hat Pech gehábt

повелева́ть **1.** (*кем-л.*) gebíeten* *vi* (über *A*); **2.** (*приказать кому-л.*) *см.* повеле́ть

повеле́ние *с* Beféhl *m* (1), Gebót *n* (2)

повеле́ть beféhlen* *vt*, gebíeten* *vt*, verórdnen *vt*

повели́тель *м* Gebíeter *m* (6); **~ница** *ж* Gebíeterin *f* (12); **~ный** gebíeterisch, beféhlend; ◇ ~ное наклоне́ние *грам.* Ímperativ *m* (1), Beféhlsform *f* (10)

повенча́ть (kírchlich) tráuen *vt*

поверга́ть *см.* пове́ргнуть; **~ся 1.** *см.* пове́ргнуться; **2.** *страд.* níedergeworfen wérden (*см.* пове́ргнуть)

пове́ргнуть **1.** *уст.* (*повалить*) níederwerfen* *vt*, zu Bóden wérfen*; **2.** (*привести в какое-л. состояние*) versétzen *vt*; ~ в отча́яние zur Verzwéiflung bríngen*; ~ в па́нику in Pánik versétzen; **~ся 1.** *уст.* (*упасть на колени*) níederfallen* *vi* (s), níederstürzen *vi* (s); **2.** (*впасть в какое-л. состояние*) verfállen* *vi* (s)

пове́ренный *сущ. м* **1.** Ánwalt *m* (1*), Bevóllmächtigte *m* (14); ~ в дела́х Geschäftsträger *m* (6), Geschäftsführer *m* (6); Вре́менный ~ в дела́х der interimístische Geschäftsträger, Geschäftsträger ad ínterim; прися́жный ~ *ист.* Réchtsanwalt *m*; ча́стный ~ *ист.* Vertéidiger *m* (6) vor Gericht; **2.** (*наперсник*) Vertráute *m* (14)

пове́р||ить **1.** gláuben *vt*; **2.** (*доверить*) (án)vertráuen *vt*; **3.** *уст.* (*проверить*) náchprüfen *vt*; **~ка** *ж* **1.** Prüfung *f* (10), Kontrólle *f* (11); сигна́л ~ки вре́мени (*по радио*) Zéitzeichen *n* (7); **2.** (*перекличка*) Appéll *m* (1); ◇ на ~ку *разг.* in Wírklichkeit

поверну́ть úmdrehen *vt*; (úm)kéhren *vt*; wénden* *vt*; ~ напра́во nach rechts ábbiegen* [éinbiegen*]; ~ наза́д úmkehren *vi* (s); ~ исто́рию вспять das Rad der Geschíchte zurückdrehen; ~ де́ло по-сво́ему ≅ etw. nach séinem Kopf máchen; ~ разгово́р в другу́ю сто́рону dem Gespräch éine ándere Ríchtung gében*; ◇ ~ огло́бли den Rückzug ántreten*; **~ся** sich úmdrehen; sich úmwenden* (*обернуться*); ~ся спино́й к кому́-л. j-m den Rücken (zú)kéhren; ~ся круго́м kéhrtmachen *отд. vi*

пове́рочн||ый Prüfungs-, Kontróll-; ~ая коми́ссия Prüfungskommission *f* (10); ~ые испыта́ния Prüfungen *pl*

поверте́ть (éine Zéitlang) dréhen *vt*

повёртывать(ся) *см.* поверну́ть(ся)

пове́рх *предлог* óberhalb (*G*), über (*A на вопрос «куда?»*, *D на вопрос «где?»*); смотре́ть ~ очко́в über den Rand der Brílle séhen*

пове́рхностно-акти́вный *хим.* óberflächenaktiv

пове́рхностн||ость *ж* Óberflächlichkeit *f*; **~ый 1.** Óberflächen-; *горн.* Táges-; ~ое натяже́ние Óberflächenspannung *f*; **2.** *перен.* óberflächlich; ~ые зна́ния óberflächliches Wíssen, óberflächliche Kénntnisse

пове́рхност||ь *ж* Óberfläche *f* (11), Fläche *f*; бокова́я ~ь Séitenfläche *f*; вну́тренняя ~ь Ínnenfläche *f*; земна́я ~ь Érdoberfläche *f*; ~ь воды́ Wásserspiegel *m* -s; ~ь тре́ния *тех.* Réibfläche *f*; строе́ние ~и (*напр. Луны*) Óberflächenbeschaffenheit *f* (10); с неро́вной ~ью mit ráuher Óberfläche; поднима́ться на ~ь an die Óberfläche dríngen*; держа́ться на ~и *тж. перен.* sich über Wásser hálten*

пове́рье *с* Vólksglaube *m* -ns

поверя́ть *см.* пове́рить 2, 3

пове́са *м неодобр.* Wíndbeutel *m* (6)

повеселе́ть lústig [fröhlich, héiter] wérden, sich erhéitern

повесели́ть (ein wénig) áufheitern *vt* [belústigen *vt*, ergötzen *vi*]; **~ся** sich (ein wénig) vergnügen [amüsíeren]

по-весе́ннему *нареч.* frühlingsmäßig, wie im Frühling

пове́сить **1.** áufhängen *vt*; ánhängen *vt*; éinhängen *vt* (*телефонную трубку*); **2.** (*казнить*) erhängen *vt*, áufhängen *vt*; durch den Strang hínrichten; ◇ ~ го́лову den Kopf hängen lássen*; **~ся** sich erhängen, sich áufhängen

пове́сничать *неодобр.* Stréiche [Dúmmheiten] máchen

повествов||а́ние *с* **1.** (*действие*) Erzählen *n* -s; **2.** (*повесть*) Erzählung *f* (10); **~а́тельный** erzählend; ~а́тельное предложе́ние *грам.* Áussagesatz *m* (1*); **~а́ть** erzählen *vt* (о чём-л. von *D*, über *A*)

повести́ führen *vt*; geléiten *vt* (*сопровождать*); ánführen *vt* (*за собой*); **~сь**: уж так повело́сь so ist esében [mal] gebräuchlich [üblich]

пове́стк||а *ж* **1.** (schríftliche) Benáchrichtigung *f* (10); Ánzeige *f* (11); *юр.* (schríftliche) Vórladung *f* (10); *воен.* Gestéllungsbefehl *m* (1); суде́бная ~а Vórladung *f* (vor Gericht); **2.**: ~а дня Tágesordnung *f*; перейти́ к ~е дня in die Tágesordnung éintreten; стоя́ть на ~е дня auf der Tágesordnung stéhen*; снять с ~и дня von der Tágesordnung ábsetzen*; **3.** *воен.* (*сигнал*) Lócken *n* (7)

по́весть *ж лит.* Erzählung *f* (10)

пове́трие *с* Móde, die álle mítmachen

пове́шен||ие *с* Erhängen *n* -s, Tod durch den Strang; приговори́ть к сме́ртной ка́зни че́рез ~ие zum Tóde durch den Strang [durch Erhängen] verúrteilen; **~ный 1.** *прич. см.* пове́сить; **2.** *в знач. сущ. м* Erhängte *m* (14), Gehénkte *m* (14)

пове́я||ть ánfangen* zu wéhen, wéhen *vi*; на меня́ ~ло че́м-то родны́м es wéhte mich héimatlich an

повзво́дно *нареч. воен.* zúgweise

повздо́рить *разг.* in Streit [Zwist] geráten, Streit [Zwist] háben (с кем-л. mit *D*)

повзросле́ть erwáchsen wérden

повива́льн||ый: ~ая ба́бка *уст.* Hébamme *f* (11), die wéise Frau

повида́ть (*кого-л.*), **~ся** (*с кем-л.*) j-n séhen*, j-n zu séhen bekómmen*; j-n besúchen (*навестить*)

по-ви́димому *вводн. сл.* ánscheinend; áugenscheinlich; dem Áugenschein [Ánschein] nach; voráussichtlich (*вероятно*)

пови́дло *с* Marmeláde *f*

повили́ка *ж бот.* Héxenzwirn *m* -(e)s, Téufelszwirn *m*

повини́ться *разг.* séine Schuld éingestehen* [ánerkennen*]

пови́нн||ая *сущ. ж* Schúldgeständnis *n* (3*); яви́ться с ~ой, принести́ ~ую sich schúldig bekénnen*; ein Geständnis áblegen; séine Schuld éingestehen* [bekénnen*]; zu Kréuze kríechen*

пови́нност||ь *ж* Verpflíchtung *f* (10), Pflicht *f* (10); натура́льная ~ь *ист.* Naturálleistung *f* (10), Naturálabgabe *f* (11); во́инская ~ь Wéhrpflicht *f*; трудова́я ~ь Árbeitspflicht *f*, Árbeitsdienstpflicht *f*, Árbeitsverpflichtung *f*; привле́чь кого́-л. к трудово́й ~и j-n díenstverpflichten *неотд.*

пови́нн||ый schúldig; быть ~ым в чём-л. an etw. (*D*) Schuld háben; ◇ прийти́ [яви́ться] с ~ой голово́й sich selbst stéllen; sein éigenes Verbréchen ánzeigen; sich schúldig bekénnen*

повинов||а́ться gehórchen *vi*, Gehórsam [Fólge] léisten; sich unterwérfen* (*законам*); не ~а́ться кому́-л. sich gégen j-n áuflehnen; **~е́ние** *с* Gehórsam *m* -(e)s; выходи́ть из чьего́-л. ~е́ния j-m den Gehórsam verwéigern; держа́ть кого́-л. в ~е́нии j-n in Zucht (und Órdnung) hálten*; j-m den Dáumen aufs Áuge hálten* [sétzen, drükken]

повиса́ть *см.* пови́снуть

повисе́ть (éine Zéitlang) hängen* *vi*

пови́снуть hängenbleiben* *отд.* *vi* (s); herábhängen* *vi* (s) (*свисать*); ◇ ~ в во́здухе schwében *vi*; *перен. тж.* únentschieden sein; де́ло пови́сло в во́здухе die Ángelegenheit hängt in der Luft

повиту́ха *ж уст.* Hébamme *f* (11)

повле́чь (*вызвать*) nach sich ziehen*, zur Fólge háben, mit sich bríngen*

повлия́ть beéinflussen *vt*; éinwirken *vi* (на кого́-л., на что-л. auf *A*)

по́вод I *м* Ánlaß *m* -sses, -lässe, Veránlassung *f* (10); Beweggrund *m* (1*) (*причина*); Vórwand *m* (1*) (*предлог*); по како́му ~у? aus wélchem Ánlaß?; без вся́кого ~а óhne állen [jéden] Ánlaß; по э́тому ~у, по ~у э́того in díeser Ángelegenheit [Sáche]; дать ~ Ánlaß gében*; ◇ по ~у (*чего-л.*) ánläßlich (*G*), aus Ánlaß (*G*)

по́вод II *м* (*у лошади*) Zügel *m* (6); натяну́ть пово́дья die Zügel ánziehen* [stráffziehen* *отд.*]; распусти́ть пово́дья die Zügel schléifen lássen*; вести́ ло́шадь в ~у́ das Pferd kurz am Zügel hálten*; ◇ быть на ~у́ *разг.* am Gängelband géhen*; sich von j-m am Gängelband führen lássen*, sich von j-m gängeln lássen*, sich in j-s Schlépptau bewégen

поводи́ть 1. (*водить*) (éine Zéitlang) führen *vt*; ~ па́льцем по ка́рте mit dem Fínger auf der Kárte hin und her fáhren*; **2.:** ~ уша́ми (*о животном*) die Óhren spítzen

поводо́к *м* Léine *f* (11); взять соба́ку на ~ éinen Hund an die Léine néhmen*

поводы́рь: ~ слепо́го Blíndenführer *m* (6); ~ медве́дя Bärenführer *m* (6); соба́ка-~ Blíndenhund *m* (1)

повоева́ть (éine Zéitlang) Krieg führen

пово́зка *ж* Fáhrzeug *n* (2), Wágen *m* (7); Führwerk *n* (2); обо́зная ~ *воен. ист.* Tróßwagen *m*; па́рная ~ Zwéispänner *m* (6)

пово́йник *м уст.* Powóinik *m* -s, -s (*russischer Frauenkopfputz*)

Пово́лжье *с* Wólgagebiet *n* -(e)s

поволо́к||а: глаза́ с ~ой umflórte Áugen, Áugen mit schmáchtendem [träumerischem] Blick

поволо́чь *разг.* (hín)schléppen *vt*, schléifen *vt*

повора́чив||ать(ся) *см.* поверну́ть(ся); ◇ ~ай огло́бли! *груб.* mach, daß du fórtkommst!

поворо́т *м* **1.** (*действие*) Dréhung *f* (10), Wéndung *f* (10); Úmdrehung *f* (10) (*колеса, ключа*); **2.** (*место поворота*) Krümmung *f* (10), Bíegung *f* (10), Kúrve [-vә] *f* (11); ~ доро́ги Kúrve *f*; ле́гче на ~ах! sáchte in der Kúrve!; **3.** *перен.* Wénde *f* (11), Wéndung *f* (10) Ábschwenken *n* -s; коренно́й ~ Úmschwung *m* (1*); ~ к лу́чшему éine Wéndung zum Bésseren; ~ впра́во Réchtsruck *m* -(e)s; ~ вле́во Línksruck *m*; сде́лать круто́й ~ в сто́рону чего́-л. nach éiner Séite herúmschwenken

повороти́ть *разг. см.* повернуть

поворо́тлив||ость *ж* **1.** *разг.* Behéndigkeit *f*, Flínkheit *f*; **2.** *тех.* Dréhvermögen *n* -s, Wéndigkeit *f*, Lénkbarkeit *f*; ~**ый 1.** *разг.* behénd, flink, rührig, húrtig; **2.** *тех.* lénkbar, wéndig

поворо́тный Wénde-; ~ круг *ж.-д.* Dréhscheibe *f* (11); ~ механи́зм (*орудия*) Séitenrichtwerk *n* (2); ~ пункт, ~ моме́нт Wénde *f* (11), Wéndepunkt *m* (1); ~ пункт в исто́рии éine Wénde der Geschíchte

поворча́ть (éine Zéitlang) vor sich hin brúmmen [múrren]

повреди́ть 1. (*что-л.*) beschädigen *vt*; verlétzen *vt* (*поранить*); ~ себе́ па́лец sich (*D*) den Fínger verlétzen; **2.** (*кому-л., чему-л.*) scháden *vi*, Scháden zúfügen (*D*)

поврежда́емость *ж тех.* Störanfälligkeit *f*

поврежда́ть *см.* повреди́ть 1

поврежде́ние *с* Beschädigung *f* (10) (*машины и т. п.*); Verlétzung *f* (10) (*ранение*); ~ ве́тром Stúrmschaden *m* (7*); Wíndbruch *m* (1*); ~ моро́зом Áuswinterungsschaden *m*, Fróstschaden *m*; теле́сное ~ Körperverletzung *f*; ~ доро́жного покры́тия Fáhrbahnschaden *m*

повреждённый beschädigt, schádhaft, defékt, féhlerhaft; verlétzt (*раненый*)

повремени́ть *разг.* étwas ábwarten; sich gedúlden

повреме́нн||ый 1. (*об издании*) periódisch; ~ое изда́ние Zéitschrift *f* (10); periódisch erschéinende Drúckschrift; **2.:** ~ая опла́та Stúndenlohn *m* -(e)s, Zéitlohn *m*

повседне́вн||о *нареч.* alltäglich, tagtäglich; ~**ость** *ж* Alltäglichkeit *f*; ~**ый** alltäglich, Álltags-; Táges-; ~ые дела́ Tágesdinge *pl*, Álltagsgeschäfte *pl*; ~ые интере́сы Tágesinteressen *pl*; ~ая жизнь Álltagsleben *n* -s

повсеме́стн||о *нареч.* überáll, állenthalben, állerórten, állerórts; ~**ый** allgeméin

повста́н||ец *м* Áufständische *m* (14), Insurgént *m* (8); ~**ческий** áufständisch

повстреча́||ть *разг.* begégnen *vi* (s) (кого́-л. *D*), tréffen* *vt*; ~**ться** *разг.* einánder begégnen, (sich) tréffen*; мне ~лся това́рищ ich traf éinen Kamerа́den, ich begégnete éinem Kameráden

повсю́ду *нареч.* überáll; állerórten, állerórts, állüberall; an állen Écken und Énden; álle(r)wege, állerwegen

повто́р *м лингв.* Verdóppelung *f* (10), Reduplikatión *f* (10), Reduplizíerung *f*

повторе́ние *с* Wiederhólung *f* (10); ~ слова́ die wiederhólte Nénnung éines Wórtes; ◇ ~ — мать уче́ния *погов.* wiederhólen heißt lérnen; ≅ Übung macht den Méister

повтори́тельный Wiederhólungs-; ~ курс Wiederhólungskursus *m* =, -kurse

повтори́ть wiederhólen *vt*; ~ за кем-л. j-m náchsprechen*; ~**ся** sich wiederhólen

повто́рн||ый wiederhólt, nóchmalig, ábermalig; rückfällig; ~ая приви́вка *мед.* Revakzinatión [-vak-] *f* (10); ~ый обмоло́т *с.-х.* Náchdrusch *m* -(e)s

повторя́емость *ж* Häufigkeit *f*

повторя́ть *см.* повтори́ть; ~ зау́ченные фра́зы éingelernte Phrásen náchsprechen* [ábhaspeln]; ~**ся 1.** *см.* повтори́ться; **2.** *страд.* wiederhólt wérden

повы́сить erhöhen *vt*, stéigern *vt*, hében* *vt*; auf éinen höheren Stand bríngen*; hináufsetzen *vt*, heráufsetzen *vt* (*цены, налоги и т. п.*); ~ производи́тельность труда́ die Árbeitsproduktivität [-vi-] stéigern [erhöhen]; ~ жи́зненный у́ровень den Lébensstandard hében* [erhöhen]; ~ зарпла́ту das Gehált áufbessern; ~ свою́ квалифика́цию sich wéiterbilden; ~ по слу́жбе befördern *vt*; ◇ ~ го́лос die Stímme erhében*; láuter spréchen*; ~**ся** sich erhöhen, sich hében*; stéigen* *vi* (s), zúnehmen* *vi* (*о ценах*); ~ся по слу́жбе áufrücken *vi* (s), avancieren [avaŋ'si:rәn] *vi* (s); ~ся в чьём-л. мне́нии in j-s Méinung stéigen*

повыша́ть *см.* повы́сить; ~**ся 1.** *см.* повы́ситься; **2.** *страд.* erhöht wérden (*ср.* повы́сить)

повы́ше (*сравн. ст. от прил.* высо́кий *и нареч.* высоко́) (ein wénig) höher

повыше́ни||е *с* Erhöhung *f* (10), Stéigerung *f* (10); Zúnahme *f* (*в цене*); ~е цен Préissteigerung *f*; Heráufsetzung *f* (10) im Preis, Préisheraufsetzung *f*, Ánziehen *n* -s [Erhöhung] der Préise; Vertéuerung *f* (von *D*) (*вздорожание*); ~е квалифика́ции Wéiterbildung *f*, Fórtbildung *f*, Qualifizíerung *f*; ку́рсы ~я квалифика́ции Fórtbildungskurse *pl*; ~е жи́зненного у́ровня die Erhöhung des Lébensniveaus [-,vo:]; ~е зарпла́ты Áufbesserung des Gehálts, Lóhnerhöhung *f*; Geháltserhöhung *f*; ~е рента́бельности Rentabilitätssteigerung *f*; ~е температу́ры Temperatúrerhöhung *f*; ~е ка́чества Qualitätsverbesserung *f*, Qualitätserhöhung *f*; ~е сто́имости Wértsteigerung *f*; ~е те́мпа Témposteigerung *f*; ~е урожа́йности Ertrágssteigerung *f*; ~е ку́рса (*ценностей на бирже*) Hausse ['ho:-] *f*; ~е по слу́жбе Beförderung *f* (10); он получи́л ~е er ist áufgerückt; ◇ ~е зву́ка *фон.* Tónerhöhung *f* (10); Erhöhung des Tónes; игра́ть на ~е (*на бирже*) haussíeren [ho-] *vt*

повы́шенн||ый 1. *прич. см.* повы́сить; **2.** *прил.* gestéigert; erhöht; ~ые тре́бования gestíegene Ánsprüche; предъявля́ть ~ые тре́бования к кому́-л. j-n überfórden; по ~ым це́нам zu erhöhten Préisen; ~ое настрое́ние gehóbene Stímmung; ~ый интере́с erhöhtes Interésse; у него́ ~ая температу́ра er hat Fíeber, er hat (erhöhte) Temperatúr

повяза́ть I (úm)bínden* *vt*; ~ го́лову платко́м ein Tuch um den Kopf bínden*; ~ га́лстук éinen Schlips úmbinden*

повяза́ть II (*éine Zéitlang*) strícken *vt*, *vi* (*на спицах*); (éine Zéitlang) häkeln *vt*, *vi* (*крючком*)

повяза́ться sich (*D*) etw. úmbinden* [um den Kopf bínden*]

повя́зк||а *ж* Bínde *f* (11); Verbánd *m* (1*) (*перевязка*); нарука́вная ~а Ármbinde *f*; головна́я ~а [~а на го́лову] Kópfverband *m*; вре́менная ~а Nótverband *m*; ги́псовая ~а Gípsverband *m*; тра́урная ~а Tráuerflor *m* (1); наклáдывать ~у verbínden* *vt*, éinen Verbánd ánlegen; без ~и verbándfrei

повя́зывать *см.* повяза́ть I; ~**ся** *см.* повяза́ться

погада́ть wáhrsagen *неотд.* *vt*, wéissagen *неотд.* *vt*; Kárten légen [schlágen*], aus Kárten wáhrsagen (*на картах*)

пога́н||ец *м бран.* Dréckkerl *m* (1), Schwéinehund *m* (1); ~**ить** *разг.* beschmútzen *vt*, besúdeln *vt*, verúnreinigen *vt*; ~**ка** *ж* **1.** *бот.* Gíftpilz *m* (1); бле́дная ~ка Grüner Knóllenblätterpilz; **2.** (*птица*) Táucher *m* (6); больша́я ~ка Háubentaucher *m*; ма́лая ~ка Zwérgtaucher *m*; ~**ый 1.** (*несъедобный*) úngenießbar; gíftig; ~ый гриб Gíftpilz m (1); **2.** *разг.* (*для отбросов*) Müll-; ~ое ведро́ Mülleimer m (6); **3.** *разг.* (*отвратительный*) sehr schlecht, wíderlich, ékelhaft

по́гань *ж разг. презр.* **1.** Schmutz m -es, Únrat m -(e)s; **2.** (*о людях*) Pack n -(e)s, Gesíndel n -s

погаса́ть *см.* пога́снуть

погаси́ть **1.** (*огонь*) (áus)löschen vt; **2.** (*долги и т. п.*) tílgen vt, begléichen* vt, löschen vt; ~ ссу́ду ein Dárlehen ábzahlen, die Dárlehnsbeträge ábgelten*; ~ ма́рки Márken entwérten [stémpeln]

пога́снуть erlöschen* vi (s) (*книжн.*); áusgehen* vi (s); свет пога́с das Licht erlósch, das Licht ging aus

погаша́ть *см.* погаси́ть 2

погаше́н||ие *с* (*долгов и т. п.*) Tílgung f (10), Begléichung f (10); Rückzahlung f (10); ~ие платеже́й Begléichung der Záhlungen, Záhlungsausgleich m -(e)s; ~ие ма́рок Stémpelung [Entwértung] f von Márken; ~ие облига́ций за́йма Éinlösung f der Obligatiónen; тира́ж ~ия Tílgungsziehung f (10)

погиба́ть *см.* поги́бнуть

поги́бел||ь *ж уст.* Úntergang m -(e)s, Verdérben n -s; ◇ согну́ть кого́-л. в три ~и *разг.* j-n unterdrücken; согну́ться в три ~и *разг.* sich zusámmenducken; éinen krúmmen Rücken máchen

поги́бнуть úntergehen* vi (s); éingehen* vi (s) (*о растениях*); erliegen* vi (s) (*от болезни*); zugrúnde géhen* (*в нищете и т. п.*); ums Lében kómmen*, úmkommen* vi (s) (*насильственно*); ~ от несча́стного слу́чая [ава́рии] tödlich verúnglücken (s); ~ на войне́ (im Krieg) fállen* vi (s); ~ сме́ртью хра́брых den Héldentod stérben* (s); цветы́ поги́бли (*от мороза, от засухи и т. п.*) die Blúmen sind éingegangen

погла́дить **1.** (*ласкать*) stréicheln vt; ~ по голо́вке *перен.* Náchsicht üben; **2.** (*утюжить*) plätten vt, bügeln vt, glätten vt

погла́живать *см.* погла́дить 1

поглазе́ть *разг.* (éine Zéitlang) gáffen vi

поглоти́тель *м спец.* Absorptiónsmittel n (6); Ábsorber m (6), Sättiger m (6)

поглоти́ть **1.** (*впитать*) áufsaugen* vt, éinsaugen* vt; *хим.* absorbíeren vt; **2.** *перен.* in Ánspruch néhmen*; verschlíngen* vt (*напр. много денег*); он весь поглощён рабо́той er ist mit Leib und Séele bei der Árbeit; он поглощён чте́нием er ist ins Lésen vertíeft

поглоща́тельн||ый Absorptións-; ~ая спосо́бность Absorptiónsvermögen n -s; Absorptiónsfähigkeit f, Áufnahmefähigkeit f

поглоща́ть *см.* поглоти́ть

поглоще́ние *с* **1.** (*впитывание*) Áufsaugen n -s; Absorptión f (10), Absorbíerung f; **2.** *перен.* Verschlíngen n -s; Éinverleibung f (10) (*присоединение, включение*)

поглупе́ть dumm wérden

погляде́ть *см.* гляде́ть 1, 4; **~ся** *см.* гляде́ться

погля́дывать **1.** (*на кого-л., на что-л.*) (von Zeit zu Zeit) ánsehen* vt [hínsehen* vi]; **2.** *разг.* (*за кем-л., за чем-л.*) beáufsichtigen vt, überwáchen vt, ein wáchsames Áuge auf j-n, auf etw. (A) háben

погна́ть tréiben* vt; **~ся:** ~ся за кем-л. j-m náchjagen; j-n verfólgen; ◇ за двумя́ за́йцами пого́нишься, ни одного́ не пойма́ешь *посл.* wer zwei Hásen zugléich hetzt, fängt kéinen

погни́ть verfáulen vi (s)

погну́ть bíegen* vt; **~ся** sich bíegen*

погова́рива||ть: ~ют, что... es geht das Gerücht, daß..., man spricht, daß..., man múnkelt, daß...

поговори́ть spréchen* vi; réden vi (с кем-л. mit D, о ком-л., о чём-л. über A, von D)

погово́рк||а *ж* spríchwörtliche Rédensart; войти́ в ~у spríchwörtlich wérden

пого́д||а *ж* Wétter n -s, Wítterung f (10); *метео* Wétterlage f (11); хоро́шая ~а schönes Wétter, Schönwetter n; плоха́я ~а schléchtes Wétter, Schléchtwetter n; мя́гкая ~а míldes Wétter; гнила́я ~а Gríppewetter n; в любу́ю пого́ду bei jédem Wétter; полоса́ плохо́й ~ы Schléchtwetterperiode f (11); влия́ние ~ы Wítterungseinfluß m -sses; переме́на ~ы Wítterungswechsel m -s; Wítterungsumschlag m (1*) (*полная*); сво́дка ~ы Wétterbericht m (1); бюро́ ~ы Wétterbeobachtungsstelle f (11), Wéttermeldestelle f, Wétterdienststelle f; предсказа́ние ~ы Wéttervorhersage f (11); кака́я за́втра бу́дет ~а? was wérden wir mórgen für Wétter háben?, was wird mórgen für Wétter?; ~а установи́лась das Wétter scheint schön zu bléiben; мне ка́жется, что ~а изме́нится ich gláube, wir bekómmen ánderes Wétter; зави́сеть от ~ы vom Wétter ábhängen*, wétterbedingt sein; в отноше́нии ~ы wéttermäßig; лётная ~а Flúgwetter n; нелётная ~а kein Flugwetter n; я́сная ~а síchtiges [kláres] Wétter; ◇ ждать у мо́ря ~ы sich vagen ['va-] Hóffnungen híngeben*; э́то не де́лает ~ы das ist nicht entschéidend, das ist nicht so wíchtig

погод||и́ть *разг.* ábwarten vt; ~и́те! wártet!, wárten Sie!; ◇ немно́го ~я́ ein wénig [bíßchen] später

пого́д||ки *мн.* Kínder [Geschwíster] im Áltersunterschied éines Jahres; мы с сестро́й ~ки méine Schwéster und ich sind ein Jahr auseinánder; И́ра ему́ ~ок séine Schwéster Íra ist ein Jahr älter [jünger] als er

пого́дн||ый I: ~ые усло́вия Wétterlage f, Wítterungsverhältnisse pl, Wétterverhältnisse pl

пого́дный II (*отмечаемый год за годом*) alljährig; Jáhres-

пого́жий *разг.* héiter; ~ день ein héiterer Tag

поголо́вн||о: все ~о állesamt, samt und sónders, álle óhne Áusnahme; **~ый** allgeméin, gesámt

поголо́вье *с с.-х.* Bestánd m (1*), Stückzahl f; ~ скота́ Víehbestand m; ~ кру́пного рога́того скота́ Ríndbestand m; ко́нское ~ Pférdebestand m

поголода́ть (éine Zéitlang) húngern

пого́н *м воен.* Schúlterstück n (2), Schúlterklappe f (11)

пого́нный: ~ метр láufendes Méter

пого́нщик *м* Tréiber m (6)

пого́ня *ж* **1.** (*действие*) Verfólgung f, Náchsetzen n -s; **2.** *собир.* (*преследователи*) Verfólger pl; **3.** *перен.* Verséssenheit f (за чем-л. auf A); ~ за сенса́цией Sensatiónshascherei f; ~ за при́былью Profítstreben n -s, Profítgier f, die Jagd nach Profít; ~ за коли́чеством Tónnenideologie; ~ за высо́кими показа́телями die Jagd nach höheren Zíffern

погоня́ть ántreiben* vt

погорева́ть (éine Zéitlang) tráuern vi

погоре́лец *м* Brándgeschädigte m (14); Ábbrändler m (6) (*австр.*)

погоре́ть **1.** (*некоторое время*) (éine Zéitlang) brénnen* vi (s); **2.** (*о лесе и т. п.*) ábbrennen* vi (s); **3.** *разг.* (*о людях*) durch Brand geschädigt sein [wérden]

погорячи́ться sich erhítzen, sich eréifern, in Éifer geráten*

пого́ст *м* Dórfkirchhof m (1*), Fríedhof m

погости́ть (éine Zéitlang) zu Gast [zu Besúch] wéilen; оста́вить ~ zu Gast behálten*

погран||заста́ва *ж* (пограни́чная заста́ва) Grénzwache f (11), Grénzwacheinheit f (10); **~охра́на** *ж* (пограни́чная охра́на) Grénzschutz m -es

пограни́чн||ик *м* Grénzsoldat m (8); Grénzer m (6) (*разг.*); **~ый** Grenz-; ~ая зо́на Grénzzone f (11); ~ый знак Grénzstein m (1) (*камень*); Grénzpfahl m (1*) (*деревянный столб*); ~ый инциде́нт Grénzzwischenfall m (1*); ~ый конфли́кт Grénzkonflikt m (1); ~ые войска́ Grénztruppen pl; ~ая заста́ва Grénzwache f (11), Grénzwacheinheit f (10)

по́греб *м* Kéller m (6); *мор.* Búnker m (6); ви́нный ~ Wéinkeller m; порохово́й ~ Púlverkammer f (11), Púlvermagazin n (2); ~ для боеприпа́сов Munitiónsloch n (5)

погреб||а́льный Beérdigungs-; ~а́льное ше́ствие Léichenzug m (1*); **~а́ть** beérdigen vt; bestátten vt, béisetzen vt (*книжн.*)

погребе́ние *с* Beérdigung f (10); Bestáttung f (10), Béisetzung f (10) (*книжн.*)

погребо́к *м* **1.** kléiner Kéller; **2.** (*кабачок*) Wéinkeller m (6), Schánkwirtschaft f (10)

погрему́шка *ж* Klápper f (11), Kínderklapper f

погрести́ I *см.* погреба́ть

погрести́ II (*вёслами*) (éine Zéitlang) rúdern vi

погре́ть (ein wénig) wärmen vt [erwármen vt, áufwärmen vt]; **~ся** sich étwas wärmen, sich áufwärmen; ~ся на со́лнце sich étwas sónnen

погреша́ть, погреши́ть sich versündigen, sich vergéhen*, féhlen vi, sich írren; ~ про́тив зако́на gégen das Gesétz verstóßen*; ~ про́тив и́стины gégen die Wáhrheit verstóßen*

погре́шность *ж* Féhler m (6); Féhlerhaftigkeit f; ~ прибо́ра Gerätefehler m; допусти́мая ~ Toleránz f (10), zúlässige Ábweichung

погрози́ть dróhen vi (чем-л. mit D); ~ па́льцем mit dem Fínger dróhen

погро́м *м* Pogróm m (1); Pogrómhetze f; Blútbad n -(e)s, Gemétzel n (6) (*резня, бойня*); **~ный** Pogróm-; ~ная речь Pogrómrede f (11); **~щик** *м* Pogrómanstifter m (6); Pogrómheld m (8); Plünderer m (6) (*грабитель*)

погромы́хивать *разг.* (von Zeit zu Zeit) rásseln vi [róllen vi]

погруж||а́ть *см.* погрузи́ть 1; **~а́ться** **1.** *см.* погрузи́ться 1, 3; **2.** *страд.* verláden wérden (*ср.* погрузи́ть); **~е́ние** *с* Éintauchen n -s; Ábsenkung f; Versénken n -s; Úntertauchen n, Táuchen n; глубина́ ~е́ния Éintauchtiefe f (11)

погрузи́ть **1.** (*в воду и т. п.*) versénken vt, éintauchen vt; **2.** (*товары и т. п.*) verláden* vt; verschíffen vt (*на судно*); **~ся** **1.** versínken* vi (s);

2. (*произвести посадку*) éinsteigen* *vi* (s); an Bord géhen* (*на судно*); 3. *перен.* (ver)sínken* *vi* (s); ~ся в сон in Schlaf (ver)sínken*

погру́зка *ж* Beládung *f*, Verládung *f*, Verláden *n* -s; Verschíffung *f* (*на судно*); готóвый к ~е ládebereit

погру́зочно-разгру́зочн||ый: ~ые рабóты Be- und Entládearbeiten *pl*; ~ые механи́змы Verláde- und Entládevorrichtungen *pl*

погру́зочн||ый Láde-; Verláde-; ~ая стáнция Verládebahnhof *m* (1*), Verládestation *f* (10)

погру́зчик *м* Ládemaschine *f* (11), Húbstapler *m* (6), Láder *m* (6); ви́лочный ~ Gábelstapler *m*; скрéперный ~ Schrápplader *m*; **ковшóвый** ~ Scháufellader *m*

погрязáть, погря́знуть 1. stéckenbleiben* *отд. vi* (s), versínken* *vi* (s); 2. *перен.* versínken* *vi* (s), versúmpfen *vi* (s)

погуби́ть *см.* губи́ть

погуля́ть 1. spazíerengehen* *отд. vi* (s); 2. *разг.* (*повеселиться*) búmmeln *vi*, schwíemeln *vi*

под I *предлог* 1. (*тв.* — «*где?*»; *вин.*— «*куда?*»; *тж. перен.*) únter (*A на вопрос «куда?», D на вопрос «где?»*); письмó лежи́т под кни́гой der Brief liegt únter dem Buch; лóжка упáла под стол der Löffel ist únter den Tisch gefállen; под руковóдством únter der Léitung [Führung]; под комáндой únter dem Óberbefehl; под тéнью im Schátten; под дождём im Régen; под огнём im Féuer; 2. *тв.* (*возле*) vor (*D*), bei (*D*), in der Nähe von (*D*), под Москвóй bei [vor] Móskau; под гóродом Н. vor [in der Nähe] der Stadt N.; би́тва под Москвóй die Schlacht bei Móskau; 3. *вин.* (*о времени*) gégen (*A*), an (*A*), vor (*D*); под конéц дня gégen Ábend; под у́тро gégen Mórgen; под Пéрвое мáя am Vórabend des Érsten Mai; ей под три́дцать (лет) sie ist an die [gégen] dréißig (Jáhre alt); 4. *вин.* (*наподобие*) nach der Art von (*D*); под мрáмор mármorartig; аноди́рованный под зóлото góldeloxiert; отдéлать дéрево под дуб Éichenholz imitíeren; 5. *вин.* (*для*) für (*A*); помещéние под шкóлу Räume *pl* für die Schúle; дом отвели́ под дéтский сад das Haus wúrde für éinen Kíndergarten bestímmt; пóле под кукуру́зой Máisfeld *n* (5); бáнка под варéнье ein Glas für Konfitüre; ◇ отдáть под суд dem Gerícht übergében*; vor Gerícht stéllen; под залóг gégen Kautión; не под си́лу über die Kräfte; под замкóм verschlóssen; hínter Schloß und Ríegel; под рукóй bei der Hand; пóд бокóм zur Séite; жить пóд бокóм nebenán wóhnen; пóд нóсом vor der Náse; под диктóвку nach Diktát, под арéстом in Haft; пóд гору bergáb; ры́ба под сóусом Fisch mit Sóße

под II *сущ. м* (*в печи*) Ófenboden *m* (7, 7*); Ófensohle *f* (11); Hérdsohle *f*

подавáльщи||к *м* 1. (*в столовой*) Servierkellner [-'vi:r-] *m* (6); 2. (*на заводе и т. п.*) Ánreicher *m* (6), Áufleger *m* (6); ~**ца** *ж* 1. (*в столовой*) Serviermädchen [-'vi:r-] *n* (7), Servíerkellnerin *f* (12); 2. (*на заводе и т. п.*) Ánreicherin *f* (12), Áuflegerin *f* (12)

подавáть *см.* подáть; ◇ ~ (больши́е) надéжды zu (den bésten) Hóffnungen berechtigen; ~**ся** 1. *см.* подáться; 2. *страд.* geréicht wérden (*ср.* подáть)

подави́ть 1. unterdrúcken *vt*; ~ восстáние éinen Áufstand níederwerfen* [unterdrúcken]; ~ забастóвку den Streik níederschlagen* [unterdrúcken]; ~ вздох éinen Séufzer unterdrúcken; 2. *воен.* (*огнём*) níederhalten* *vt*, bekämpfen *vt*

подави́ться sich verschlúcken (чем-либо an *D*)

подавлéние *с* 1. Unterdrúckung *f* (10); Níederwerfung *f* (10), Níederschlagung *f* (10) (*восстания, забастовки*); ~ помéх *радио* Störunterdrückung *f*; 2. *воен.* Níederhalten *n* -s; ~ огнём Níederhalten durch Féuer

подáвленн||ость *ж* Níedergeschlagenheit *f*, Depressión *f*; ~**ый** *прич.* 1. *см.* подави́ть; 2. *в знач. прил.* níedergeschlagen, gedrückt; deprimíert (*удручённый*); быть в ~ом настроéнии níedergeschlagen sein

подавля́ть 1. *см.* подави́ть; 2. (*о чём-л. грандиозном*) erdrücken *vt*

подавля́ющ||ий *прич.* 1. *см.* подави́ть; 2. *в знач. прил.* überwältigend, erdrückend; ~ее большинствó überwältigende [erdrückende] Méhrheit; в ~ем большинствé слу́чаев in den állermeisten Fällen

подáвно *нареч. разг.* um so mehr

подáгр||а *ж* Gicht *f*; Pódagra *n* -s; ~**ик** *м* Gíchtkranke *m* (14); ~**и́ческий** gíchtisch; podágrisch (*тк. о ногах*)

подáльше *нареч.* étwas wéiter

подари́ть schénken *vt*, verschénken *vt*, zum Präsént máchen

подáр||ок *м* Geschénk *n* (2), Präsént *n* (2); мáленький ~ок (kléine) Áufmerksamkeit *f* (10); ~ок к прáзднику Féstgeschenk *n*; цéнный ~ок wértvolles Geschénk; магази́н ~ков Geschénkartikelgeschäft *n* (2); Geschénkkaufhaus *n* (5); я э́то получи́л в ~ок ich hábe das geschénkt [zum Geschénk] bekómmen

подáрочн||ый Geschénk-; Präsént-; ~ая корзи́на Präséntkorb *m* (1*); ~ая чáшка Geschénktasse *f* (11); ~ый набóр Geschénkpackung *f* (10), Präséntpackung *f*

подáтель *м* Überbringer *m* (6); ~**ница** *ж* Überbríngerin *f* (12)

подáтлив||ость *ж* Náchgiebigkeit *f*, Gefügigkeit *f*; ~**ый** 1. (*о материале*) leicht zu beárbeiten, geschméidig; 2. *перен.* náchgiebig, gefügig; wíllfährig (*тк. о человеке*); ~ый харáктер ein wéicher [lénksamer] Charákter [ka-]

податн||óй *ист.* stéuerpflichtig; bestéuert; ábgabepflichtig; Stéuer-; ~ы́е сослóвия die bestéuerten Stände

пóдать *ж ист.* Stéuer *f* (11), Ábgabe *f* (11); поду́шная ~ Kópfsteuer *f*

подáть 1. réichen *vt*; ~ ру́ку die Hand réichen [gében*]; ~ кому́-л. пальтó j-m in den Mántel hélfen*; ~ на стол áuftragen* *vt*, servieren [-'vi:-] *vt*, áuftischen *vt*; вам ужé подаю́т? wérden Sie schon bedíent?; пóдано! (*на стол*) es ist ángerichtet!; маши́на пóдана der Wágen [das Áuto] ist vórgefahren; 2. (*заявление и т. п.*) éinreichen *vt*; ~ жáлобу Beschwérde erhében* [éinlegen, führen]; ~ заявку éinen Ántrag stéllen; ein Gesúch éinreichen; ~ в отстáвку den Rücktritt éinreichen (*о министре*); ~ рáпорт Méldung erstátten; ~ пети́цию éine Bíttschrift éinreichen; 3. *спорт.* (*мяч*) ángeben* *vi*, ánstoßen* *vt* (*первая подача*); zúgeben* *vt*, zúspielen *vt*; 4. *тех.* zúführen *vt*; ◇ ~ вперёд nach vorn schíeben* [drücken]; ~ гóлос 1) éinen Laut von sich gében*; 2) (*голосовать*) stímmen *vi*, séine Stímme ábgeben*; ~ пóмощь Hílfe léisten; ~ надéжду Hóffnung erwécken; ~ сигнáл ein Zéichen gében*; ~ комáнду ein Kommándo gében* [ertéilen]; ~ мысль éinen Gedánken éingeben*; не ~ ви́ду sich (*D*) etw. nicht ánmerken lássen*; э́то рукóй ~ es ist nur ein Kátzensprung; ~**ся** 1. *разг.* (*уступить*) náchgeben* *vi*, wéichen* *vi* (s); 2.: ~ся вперёд vórrücken *vi* (s); ~ся назáд zurückweichen* *vi* (s)

подáч||а *ж* 1. Ábgabe *f*; Éinreichung *f* (*заявления и т. п.*); ~а жáлобы Éinlegung *f* éiner Beschwérde; ~а заявки Éinreichung [Ánmeldung] *f* éiner Ánforderung; Ántragstellung *f*, Beántragung *f*; 2. *тех.* Zúführung *f*, Zúgabe, Zúbringung *f*; Belíeferung *f* (*снабжение*); Vórschub *m* -(e)s (*инструмента или обрабатываемого изделия*); ~а вагóна *ж.-д.* Wágenbereitstellung *f*, Wágengestellung *f*; ~а гáза Gásbelieferung *f*; ~а воды́ Wásserzufuhr *f*, -förderung *f*; ~а бетóна Betonbeschikkung [-'tɔŋ-] *f*; с механизи́рованной ~ей mit mechanisíertem Zúbringer; 3. *спорт.* Áufschlag *m* (1*) (*в теннисе*); Zúspielen *n* -s, Zúspiel *n* - (e)s (*в футболе*); с ~и (*кого-л.*) auf j-s Zúspiel (*в футболе*); ◇ ~а голосóв Stímmabgabe *f*; ~а сигнáла Signálgebung *f*, Zéichengebung *f*, Ábgabe éines Signáls; ~а комáнды Ertéilung *f* éines Kommándos

подáчка *ж разг.* Álmosen *n* (7), Brósamen *pl*

подаю́щий *прич.* 1. *см.* подáть; 2. *в знач. прил.*: ~ механи́зм *тех., воен.* Zúbringer *m* (6), Zúführer *m* (6); Ládevorrichtung *f* (10) (*у пулемёта*)

подая́ние *с* Álmosen *n* (7); жить ~м von Álmosen leben

подбáвить, подбавля́ть hinzútun* *vt*, hinzúfügen *vt*

подбегáть, подбежáть herbéilaufen* *vi* (s), herbéigelaufen kómmen*

подберёзовик *м бот.* Bírkenpilz *m* (1), Bírkenröhrling *m* (1), Kapuzínerpilz *m*

подбивáть *см.* подби́ть

подбирáть *см.* подобрáть; ~**ся** 1. *см.* подобрáться; 2. *страд.* áufgehoben [áufgelesen] wérden (*ср.* подобрáть)

подби́т||ь 1. (*приколотить снизу*) (von únten) beschlágen* *vt*; 2. (*подложить*) únterlegen *vt*; füttern *vt* (*одежду*); ~ь вáтой wattíeren *vt*; ~ый мéхом mit Pelz gefüttert; 3. (*выстрелом*) ánschießen* *vt* (*птицу*); tréffen* *vt* (*самолёт, танк*); 4. *разг.* (*подстрекнуть*) áufhetzen *vt*, ánreizen *vt*, ánstiften *vt* (на что-л. zu *D*); ◇ с ~ым глáзом mit éinem bláuen [blau ángelaufenen] Áuge

подбодри́ть, подбодря́ть ermútigen *vt*; Mut éinflößen [zúsprechen*] (когó-л. *D*), áufmuntern *vt*; j-m néuen Áuftrieb gében*

подбóр *м* 1. (*отбор*) Áuslese *f*; Áuswahl *f*; ~ кáдров Káderauslese *f*; Káderauswahl *f*; 2. (*набор, комплект*) Zusámmenstellung *f* (10); хорóший ~ книг éine gúte Áuswahl Bücher; ◇ (как) на ~ (wie) áusgesucht; набирáть в ~ *полигр.* ánhängen *vt*

подбóрка *ж* (*газетная, журнальная*) Áuslese *f*, Áuswahl *f*

подборóдник *м* (*подушечка у скрипача*) Kínnhalter *m* (6), Kínnkissen *n* (7)

подборóдок *м* Kinn *n* (2); двойнóй ~ Dóppelkinn *n*; выдаю́щийся ~ vórstehendes Kinn; срéзанный ~ flíehendes Kinn

подбóрщик *м* **1.** (*сортировщик*) Sortíerer *m* (6); **2.** *с.-х.* (*у комбайна*) Áufnehmer *m* (6)

подбочéн||иться die Árme in die Séiten [Hüften] stémmen; ~ившись die Árme in die Séiten [Hüften] gestémmt

подбрáсывать, подбрóсить 1. (*вверх*) in die Höhe wérfen*; **2.** (*добавить*) hinzúwerfen* *vt*; ánlegen *vt*, náchlegen *vt* (*дрова*); **3.** *разг.* (*доставлять*) heránführen *vt*, zúführen *vt*; **4.** (*тайком*) héimlich zúschieben* *vt*, unterschíeben* *vt*; подбрóсить ребёнка ein Kind áussetzen [áblegen]

подвáл *м* **1.** Kéller *m* (6); Lágerkeller *m* (*склад*); **2.** (*в газете*) Teil *m* der Zéitung únter dem Strich

подвáливать, подвали́ть 1. hinzúschütten *vt*, hinzúwerfen* *vt*; **2.** *разг.* (*прибавить*) hinzúfügen *vt*; **3.** (*причалить*) ánlegen *vi*; **4.** (*прийти массой*) heránströmen *vi*; нарóду подвали́ло es strömen víele Ménschen herán

подвáльн||ый 1. Kéller-; ~ый этáж Kéllergeschoß *n* -sses, -sse; Souterrain [*фр.* sutəˈrɛŋ] *n* -s, -s; **2.:** ~ая статья́ Artíkel *m* (6) únter dem Strich

подведéние *с* **1.** Heránführen *n* -s; **2.** *стр.* Untermáuern *n* -s, Unterstützen *n* -s; ~ фундáмента Fundaméntunterfangung *f*; ~ опóры Ábfangen *n* der Stützen; **3.:** ~ итóгов Áuswertung *f*; Zwíschenwertung *f*, Zwíschenauswertung *f* (*предварительных*); ~ балáнса *бухг.* Áufstellung *f* der Bilánz, Bilánzaufstellung *f*

подвéдомственн||ость *ж* díenstliche Unterstéllung; Zúständigkeit *f*, Kompeténz *f*; ~ый unterstéllt; zúständig, kompetént; zu éinem bestímmten Ressort [rɛˈso:r] gehörig

подвезти́ 1. ánführen *vt*, ánfahren* *vt*, heránfahren* *vt*, heránbefördern *vt*, herbéiführen *vt*, zúführen *vt*; **2.** (*попутно*) mítnehmen* *vt*

подвенéчн||ый Braut-; ~ое плáтье Bráutkleid *n* (5)

подвергáть *см.* подвéргнуть; ~ся **1.** *см.* подвéргнуться; **2.** *страд.* unterwórfen wérden (*ср.* подвéргнуть)

подвéргнуть unterzíehen* *vt*, unterwérfen* *vt*; ~ испытáнию éiner Prüfung unterwérfen* [unterzíehen*]; ~ сомнéнию bezwéifeln *vt*, in Fráge stéllen; ~ опáсности der Gefáhr áussetzen, in Gefáhr bríngen*; ~ крити́ке Kritík üben (an *D*); ~ блокáде blockíeren *vt*, éiner Blockáde áussetzen; ~ обсуждéнию diskutíeren *vt*; ~ обстрéлу beschíeßen* *vt*; ~ опустошéнию verwüsten *vt*; ~ся sich unterzíehen*, sich unterwérfen*; ~ся опáсности sich éiner Gefáhr áussetzen; Gefáhr láufen*; ~ся ри́ску ein Rísiko éingehen*; ~ся экзáмену sich éiner Prüfung unterzíehen*; ~ся крити́ке [обрабóтке, взыскáнию] kritisíert [beárbeitet, bestráft] wérden

подвéрженн||ый genéigt (чемý-л. zu *D*); быть ~ым болéзням ánfällig für Kránkheiten sein; быть ~ым простýде für Erkältungen ánfällig sein

подвернýть 1. (*завинтить побольше*) féster schráuben; ánziehen* *vt*; **2.** (*подоткнуть. засучить*) áufkrempeln *vt*, úmschlagen* *vt*; ~ рукавá die Ármel áufkrempeln; **3.** *разг.* (*ногу*) sich (*D*) das Bein verrénken [verknácksen]; ~ся **1.** (*о скатерти и т. п.*) sich úmschlagen*; **2.** (*о ноге*) éinknicken *vi* (s), sich verrénken; **3.** *разг.* (*представиться*) sich bíeten*; подвернýлся удóбный слýчай es bot sich éine günstige Gelégenheit; **4.** *разг.* (*попасть*) gerâten* *vi* (s); ~ся под огóнь únter Beschúß geráten*

подвёртывать *см.* подвернýть; ~ся **1.** *см.* подвернýться; **2.** *страд.* féster geschráubt wérden (*ср.* подвернýть)

подвéс||ить áufhängen *vt*; únterhängen *vt*; ánhängen *vt*; ~ить лáмпу к потолкý die Lámpe an die Décke hängen; ~ка *ж* **1.** (*украшение*) Ánhänger *m* (6); золотáя ~ка Góldanhänger *m*; **2.** *тех.* Gehänge *n* (5), Hängewerk *n* (2); **3.** *авто* Rádaufhängung *f*, Áchsaufhängung *f*; зави́симая ~ка колёс Stárrachsaufhängung *f*, Stárrachse *f*; независи́мая ~ка колёс Éinzelradaufhängung *f*; ~нóй áufhängbar, Hänge-; ~нáя желéзная дорóга Hängebahn *f* (10), Schwébebahn *f*; ~нáя дорóга для лы́жников Schílift *m* -(e)s, -s *u* -e, Skilift [ˈʃi:-] *m*; Séssellift *m* (*кресельная*); ~ок *м* Ánhängsel *n* (6)

подвести́ 1. (*привести*) (zú)führen *vt*; zúleiten *vt*; herbéiführen *vt*, verlégen *vt* (*напр. трубы*); ~ войскá к (сáмой) грани́це die Trúppen bis (únmittelbar) an die Grénze transportíeren [bríngen*]; **2.** (*подо что-л.*): ~ фундáмент untermáuern *vt*; ~ бáзу éine Básis scháffen*; ~ ми́ну unterminíeren *vt*; **3.** *разг.* (*поставить в затруднительное положение*) ánführen *vt*, héreinlegen *vt*, áufsitzen lássen*, im Stich lássen*; ◇ ~ итóг die Bilánz [das Fázit] zíehen*; áuswerten *vt*; ~ балáнс *бухг.* die Bilánz ábschließen* [zíehen*], bilanzíeren *vi*; ~ брóви die Áugenbrauen náchziehen*

подвéтренн||ый dem Wind nicht áusgesetzt; únter dem Wind líegend; *мор.* Lee-; ~ая сторонá Léeseite *f*

подвéшивать *см.* подвéсить

подвздóшн||ый *анат.*: ~ая кишкá Krúmmdarm *m* (1*); ~ая кость Dármbein *n* (2)

подвивáть *см.* подви́ть

пóдвиг *м* Héldentat *f* (10); Gróßtat *f*, gróße Tat; боевóй ~ Wáffentat *f*; трудовóй ~ Árbeits(groß)tat *f*; соверши́ть ~ éine Héldentat vollbríngen*

подвигáть ein wénig bewégen; (wég-) rücken *vt*

подвигáть *см.* подви́нуть

подвигáться sich ein wénig bewégen

подвигáться *см.* подви́нуться

подви́д *м биол.* Únterart *f* (10), Úntertyp *m* (13)

подви́жник *м рел.* Askét *m* (8); *перен.* Held *m* (8)

подвижн||óй (*о механизмах*) bewéglich, fáhrbar; Bewégungs-; ~óй состáв *ж.-д.* róllendes Materiál; ◇ ~ы́е и́гры Bewégungsspiele *pl*

подви́жн||ость *ж* **1.** Bewéglichkeit *f*; Fáhrbarkeit *f*; **2.** (*о человеке*) Lébhaftigkeit *f*; (géistige) Régsamkeit *f*; ~ый (*о человеке*) lébhaft, rége; múnter, wéndig, rührig

подвизáться sich betätigen; ~ на какóм-л. пóприще sich auf éinem Gebíet betätigen

подвинти́ть féster (án)schráuben; ~ болт éine Schráube ánziehen*

подви́нуть 1. (herán)rücken *vt*, (herán)schíeben* *vt*; ~ в стóрону zur Séite rücken; ~ вперёд vórrücken *vt*, nach vórne schíeben*; **2.** (*дело и т. п.*) vórwärtsbringen* *vt*; ~ся **1.** rücken *vi* (s), sich rücken, sich schíeben*; ~ся вперёд vórrücken *vi* (s), vórwärts schréiten*; подви́нься немнóго! rücke ein wénig!; **2.** (*о вопросе и т. п.*) wéiterkommen* *vi* (s), vórwärtsgehen* *vi* (s); дéло (значи́тельно) подви́нулось вперёд die Sáche ist (ein gútes Stück) vorángekommen

подви́нчивать *см.* подвинти́ть

подвирáть *разг.* (ein wénig) vórschwindeln *vi*

подви́ть (ein wénig) lócken [kräuseln] *vt*

подвлáстный (*кому-л.*, *чему-л.*) unterstéllt, úntertan; bótmäßig

подвóд *м тех.* Zúleitung *f*, Zúfuhr *f*; ~ воды́ Wásserzufuhr *f*

подвóда *ж* Gefährt *n* (2), Fúhrwerk *n* (2); Fúhre *f* (11)

подводи́ть *см.* подвести́

подвóдка *ж тех.* Ánschlußleitung *f* (10), Zúleitung *f*

подвóдн||ик *м* Únterseebootmatrose *m* (9), Ú-Boot-Mann *m* (4) (*pl тж.* -Leute), Ú-Boot-Fáhrer *m* (6); ~ый Úntersee-; Únterwasser-; ~ый кáмень Klíppe *f* (11); ~ая лóдка Únterseeboot *n* (2) (*сокр.* Ú-Boot); ~ая ми́на Wássermine *f* (11); ~ая охóта Únterwasserjagd *f*; ~ое течéние Strömung *f* (10) únter der Óberfläche; Únterströmung *f*; ~ый мир die Welt únter Wásser

подвóз *м* Zúfuhr *f*, Ánfuhr *f*, Ántransport *m* -(e)s; *воен.* Náchschub *m* -(e)s; ~и́ть *см.* подвезти́

подвóй *м с.-х.* Wíldling *m* (1)

подворáчивать *см.* подвернýть 2; ~ся *см.* подвернýться 1

подвóрн||ый Hof-; ~ая пóдать *ист.* Hófsteuer *f*

подворотничóк *м* Krágenbinde *f* (11)

подворóтня *ж* Tórbogen *m* (7, 7*); Tórweg *m* (1)

подвóх *м разг.* Fálle *f* (11); böser Streich

подвы́вих *м мед.* únvollständige Verrénkung

подвы́пивший *разг.* ángetrunken, ángeheitert, ángesäuselt, beschwípst

подвы́пить *разг.* sich (*D*) éinen (Rausch) ántrinken*; sich (*D*) éinen ánsäuseln

подвязáть 1. (darúnter)bínden* *vt* (к чемý-л. únter *A*); ~ рóзы die Rósen féstbinden*; ~ плáтье das Kleid áufschürzen; **2.** (*обвязать*) umwíckeln *vt*; ~ щёку платкóм sich (*D*) ein Tuch um die Bácke bínden*; **3.:** ~ подли́ннée ánstricken *vt*, länger strícken *vt*

подвя́з||ка *ж* Strúmpfhalter *m* (6), Strúmpfband *n* (5); Sóckenhalter *m* (*мужская, для носков*); ~ывать *см.* подвязáть

подгáдить *разг.* **1.** (*испортить*) verpfúschen *vt*; **2.** (*навредить кому-л.*) j-m ein Bein stéllen

подгибáть *см.* подогнýть; ~ся **1.** *см.* подогнýться; **2.** *страд.* nach únten gebógen [úmgebogen] wérden

подглядéть, подгля́дывать beláuern *vt*; héimlich zúsehen* (за кем-л., за чем-л. *D*), héimlich beóbachten *vt*

подгнивáть, подгни́ть 1. (*снизу*) ánfangen* von únten zu fáulen; **2.** (*слегка*) ein wénig verfáulen, ánfaulen *vi* (s)

подговáривать, подговори́ть verléiten *vt*, (án)réizen *vt*, ánspornen *vt*

подголóвник *м* Kópfpolster *n* (6) (*у зубоврачебных кресел и т. п.*); verstéllbares Kópfende (*у больничных коек*)

подголóсок *м* **1.** *муз.* Fúllstimme *f* (11); **2.** *презр.* Náchläufer *m* (6), Náchbeter *m* (6)

подгóнка *ж* Ánpassen *n* -s, Éinpassen *n*; Nácharbeit *f*

подгоня́ть *см.* подогнáть

подгор||а́ть *см.* подгоре́ть; **~е́лый** ángebrannt

подгоре́ть ánbrennen* *vi* (s)

подгота́вливать(ся) *см.* подгото́вить(ся)

подготови́тельн||ый vórbereitend, Vor-, Vórbereitungs-; ~ая рабо́та Vórarbeit *f* (10); ~ое отделе́ние (*при вузе*) Vórstudi¦enanstalt *f* (10); ~ый факульте́т Vórbereitungsfakultät für áusländische Studénten; ~ый курс Vórkurs *m* (1); ~ая конфере́нция Vórkonferenz *f* (10)

подгото́вить 1. vórbereiten *vt*; **2.** (*обучать*) schúlen *vt*, heránbilden *vt*, áusbilden *vt*; vórbilden *vt*; **~ся** sich vórbereiten

подгото́вк||а *ж* **1.** Vórbereitung *f*; ~а кормо́в *с.-х.* Fútterzubereitung *f*; ~а к полёту Flúgvorbereitung *f*; ~а к вы́ходу в мо́ре *мор.* Séeklarmachen *n* -s; **2.** (*обучение*) Schúlung *f*, Heránbildung *f*, Áusbildung *f*; Vórstudium *n* -s (*для поступления в вуз*); ~а ка́дров Káderausbildung *f*; профессиона́льная ~а Berúfsausbildung *f*; ~а перево́дчиков Spráchmittlerausbildung *f*; специа́льная ~а Speziálausbildung *f*, Sónderausbildung *f*; физи́ческая ~а Körperertüchtigung *f*; Spórtausbildung *f*; вое́нная ~а militärische Áusbildung; строева́я ~а *воен.* Exerzíerausbildung *f*; допризы́вная ~а *воен.* vórmilitärische Áusbildung; боева́я ~а Geféchtsausbildung *f*; **3.** (*запас знаний*) Vórbildung *f*; профессиона́льная ~а Berúfsausbildung *f*, berúfliche Áusbildung; име́ть ~у geschúlt sein; Vórkenntnisse háben

подгото́вленность *ж* **1.** Grad *m* -(e)s der Vórbereitung; **2.** (*степень выучки*) Stand *m* -(e)s der Áusbildung; ~ ка́дров Áusbildungsstand [Qualifikatiónsgrad] der Káder; **3.** *спорт.* Konditión *f*

подготовля́ть *см.* подгото́вить; **~ся 1.** *см.* подгото́виться; **2.** *страд.* vórbereitet wérden, in Vórbereitung sein (*ср.* подгото́вить)

подгру́ппа *ж* Únterabteilung *f* (10), Úntergruppe *f* (11); *биол.* Únterfamili¦e *f* (11)

подгуля́ть *разг.* **1.** (*опьянеть*) sich (*D*) éinen (léichten) Rausch ántrinken*; **2.** (*не удаться*) mißráten* *vi* (s), mißlíngen* *vi* (s)

поддава́ть *см.* подда́ть; **~ся** *см.* подда́ться; ~ся измере́нию sich méssen lássen*, méßbar sein; ~ся контро́лю sich kontrollíeren lássen*, kontrolliert wérden können*; ◇ э́то не поддаётся описа́нию das ist unbeschréiblich, das spóttet jéder Beschréibung

поддавки́ *разг.* (*игра в шашки*) Schlágdamespiel *n* -(e)s

подда́кив||ание *с* zústimmendes Múrmeln; gedánkenlose Zústimmung; **~ать, подда́кнуть** zústimmen *vi*, bejáhen *vt*; j-m nach dem Múnde réden; j-m béipflichten; zu állem Ja und Ámen ságen (*разг.*), mit j-m ins gléiche Horn stóßen* [blásen*] (*разг.*)

по́ддан||ный *м* Stáatsangehörige *m* (14); **~ство** *с* Stáatsangehörigkeit *f*; Stáatsbürgerschaft *f*

подда́ть 1. (*ударить снизу*) éinen Schlag versétzen; schléudern *vt*, wérfen* *vt* (*мяч и т. п.*); (án)stóßen* *vt* (*толкать*); **2.** (*в игре в шашки*) zum Schlágen hérgeben*; ◇ ~ жа́ру *разг.* ánfeuern *vt*

подда́ться náchgeben* *vi*; ~ чьему́-л. влия́нию sich von j-m beéinflussen lássen*; не ~ искуше́нию der Verführung widerstéhen*; мы не поддади́мся угро́зам wir wérden uns nicht éinschüchtern lássen; он не подда́лся угово́рам er ließ sich nicht überréden

поддева́ть *см.* подде́ть

поддёвка *ж* länger Hérrenmantel *m* (6*) auf Taille [ˈtaljə] mit kléinen Fálten

подде́лать fälschen *vt*; verfälschen *vt*; **~ся 1.** *разг.* (*к кому-л.*) sich ánpassen (*D*); **2.** (*под кого-л., подо что-л.*) náchahmen *vt*, *vi* (*D*)

подде́лка *ж* **1.** Fälschung *f*, Verfälschung *f*; Imitatión *f*, Náchahmung *f* (*имитация*); ~ моне́т Münzfälschung *f*; ~ де́нег Géldfälschung *f*; ~ докуме́нтов Úrkundenfälschung *f*; **2.** (*вещь*) Fälschung *f* (12); Imitatión *f* (10), Náchahmung *f* (10); ~ под Рублёва ein gefälschter «Rubljów»

подде́лыватель *м* Fälscher *m* (6)

подде́лывать *см.* подде́лать; ~ де́ньги Geld fälschen; **~ся 1.** *см.* подде́латься; **2.** *страд.* gefälscht wérden

подде́льн||ый 1. gefälscht; verfälscht; ~ые моне́ты fálsche Münzen; ~ые де́ньги Fálschgeld *n* -(e)s; ~ые счета́ gefälschte Ábbuchungen, vórsätzliche Fálschbuchungen; **2.** (*искусственный*) falsch, imitíert; ~ый ка́мень únechter Édelstein

поддержа́ние *с* Áufrechterhaltung *f*; ~ обще́ственного поря́дка Áufrechterhaltung der öffentlichen Órdnung; ~ ми́ра Erháltung des Friedens; ~ в испра́вности Instándhaltung *f*

поддержа́ть 1. (*придержать*) hálten* *vt*; **2.** (*оказать помощь*) unterstützen *vt*, j-m béistehen*; j-m den Rücken stéifen; ~ про́сьбу ein Gesúch befürworten; ~ иде́ю éine Idée unterstützen; ~ кандидату́ру éine Kandidatúr unterstützen; **3.** (*дружбу, переписку и т. п.*) unterhálten* *vt*; ~ ого́нь Féuer unterhálten* [nicht áusgehen lássen*]; ~ с кем-л. отноше́ния mit j-m Bezíehungen unterhálten*; ~ мир den Fríeden áufrechterhalten*; ~ поря́док Órdnung hálten*; die Órdnung áufrechterhalten*; ~ связь Verbíndung hálten*; ~ де́ятельность се́рдца (*о лекарстве*) die Hérztätigkeit unterstützen

подде́рживать 1. *см.* поддержа́ть; **2.** (*служить опорой*) stützen *vt*, als Stütze díenen

подде́ржк||а *ж* **1.** Unterstützung *f*; Béistand *m* -(e)s; Rückhalt *m* -(e)s; взаи́мная ~а gégenseitige Unterstützung; ~а кандидату́ры Áufrechterhaltung éiner Kandidatúr; по́льзоваться ~ой Unterstützung erhálten* [bekómmen*]; по́льзоваться широ́кой ~ой stárken Rückhalt háben; при ~е mit Unterstützung; оказа́ние ~и Hílfeleistung *f*, Unterstützung *f*; отказа́ть в ~е den Béistand verságen; ~а с во́здуха Lúftunterstützung *f*; **2.** (*опора*) Stütze *f* (11); Unterstützung *f* (10)

подде́ть 1. (*подцепить*) áufgabeln *vt*; **2.** *перен.* (*кого-л.*) áufziehen* *vt*, hänseln *vt*; **3.** *разг.* (*надеть*) únterziehen* *vt*

поддо́н *м* **1.** *тех.* Schále *f* (11), Wánne *f* (11), Úntersatz *m* (1*); (*картера*) *авто* Ölwanne *f*; **2.** (*для това́ров*) Palétte *f* (11)

поддо́нник *м* Úntersatz *m* (1*)

поддра́знивать, поддразни́ть *разг.* ein wénig nécken [hänseln], sich in Neckeréien ergéhen*

поддув||а́ло *с* Zúgloch *n* (5); Áschenloch *n*, Áschenraum *m* (1*); **~а́ть** *безл.*: ~а́ет es zieht

поде́йствовать wírken *vi*, séine Wírkung tun*; ánschlagen* *vi* (*о лекарстве*)

подека́дно *нареч.* éinmal in zehn Tágen, dekádenweise

поде́л||ать máchen *vt*, tun* *vt*; ◇ ничего́ не ~аешь (da ist) nichts zu máchen; с тобо́й ничего́ не ~аешь mit dir ist nichts ánzufangen

подели́ть téilen *vt*; **~ся 1.** (*с кем-л. чем-л.*) etw. mit j-m téilen; **2.** (*сообщить*) míttteilen *vt* (с кем-л. *D*); sich j-m míttteilen [ánvertrauen]; ~ся впечатле́ниями j-m séine Éindrücke vermítteln; j-m von séinen Éindrücken beríchten

поде́лк||а *ж*, *б. ч. мн.* ~и **1.** (*мелкая работа*) kléine Árbeit; Áusbesserung *f* (10), Reparatúr *f* (10) (*починка*); **2.** (*мелкое изделие*) kléine hándgefertigte Erzéugnisse (*pl*)

подело́м *нареч.* *разг.* ganz recht; ~ ему́ es geschíeht ihm ganz recht

поде́лочный: ~ лесоматериа́л Nútzholz *n* (5)

поде́лыва||ть: что ~ете? *разг.* wie geht es Íhnen; was tréiben Sie?

подёнка *ж* *зоол.* Éintagsfliege *f* (11)

подённ||о *нареч.* tágeweise; рабо́тать ~о im Tágelohn árbeiten; **~ый** Tágе(s)-; ~ая пла́та Tágelohn *m* -(e)s

подёнщ||ик *м* *уст.* Tágelöhner *m* (6); Táglöhner *m* (*австр.*); tágeweise Beschäftigte *m* (14); **~ина** *ж* *уст.* Tágelöhnerarbeit *f*; Árbeit im Tágelohn; **~ица** *ж* *уст.* Tágelöhnerin *f* (12)

подёрг||ать zúpfen *vt*, zíehen* *vt* (за что-л. an *D*); **~ивание** *с* Zúcken *n* -s, Zúckung *f* (10)

подёргива||ть hín- und hérziehen* *vt*, hín- und hérzerren *vt*; ~ть плечо́м mit der Schúlter zúcken; **~ться** zúcken *vi*; углы́ его́ рта́ ирони́чески ~лись Spott zúckte um séine Múndwinkel

подержа́ние: взять что-л. на ~ etw. bórgen; etw. (áus)léihen*; дать что-л. на ~ etw. (ver)léihen*, etw. (ver)bórgen

поде́ржанный gebräucht, benútzt; geträgen (*об одежде*); ~ автомоби́ль Gebräuchtwagen *m* (7)

подержа́ть (éine Zéitlang) hálten* *vt*; **~ся** sich éine Zéitlang hálten*; áushalten* *vi*

подёрнуть *безл.* (*что-л. чем-л.*) überzíehen* *vt*; ре́ку подёрнуло льдом der Fluß ist mit éiner dünnen Éisdecke bedéckt; глаза́ подёрнуло ды́мкой die Áugen wáren verschléiert; **~ся** sich (mit éiner dünnen Schicht) überzíehen*, ánlaufen* *vi* (s) (чем-л. mit *D*)

по-де́тски kíndlich; ~ ра́доваться sich kíndlich [wie ein Kind] fréuen

подешеве́ть bílliger wérden

поджа́ривать *см.* поджа́рить; **~ся 1.** *см.* поджа́риться; **2.** *страд.* gebráten [geröstet] wérden

поджа́ристый bráungebraten; geröstet; knúsp(e)rig (*хрустящий*)

поджа́рить knúsprig bráten* *vt*, ánbraten* *vt*, rösten *vt*; **~ся** geröstet [gebráten] sein

поджа́рый *разг.* háger, máger

поджа́ть: ~ но́ги die Béine únterschlagen*; сиде́ть поджа́в но́ги im Schnéidersitz hócken; ~ хвост den Schwanz éinziehen*; *перен.* *разг.* ≅ gelíndere Sáiten áufziehen*; ~ гу́бы die Líppen zúpressen [fest aufeinánderdrükken]

поджелу́доч||ный: ~ая железа́ *анат.* Báuchspeicheldrüse *f* (11)

подже́чь ánzünden *vt*, ánstecken *vt*; in Brand stécken [sétzen] (*вызвать пожар*)

поджива́ть *см.* поджи́ть

поджига́тел||ь *м* **1.** Brándstifter *m* (6); Mórdbrenner *m* (6); **2.** *перен.* Ánstifter *m* (6); ~и войны́ Kriegsbrandstifter *pl*, Kríegstreiber *pl*, Kríegshetzer *pl*; **~ьский** (kríegs)hétzerisch

поджига́ть *см.* подже́чь

поджида́ть erwárten *vt*; wárten *vi* (кого́-л., чего́-л. auf *A*)

поджи́лки: у него́ ~ трясу́тся *разг.* die Knie zíttern ihm (vor Ángst, vor Áufregung *usw.*)

поджима́ть *см.* поджа́ть

поджи́ть *разг.* verhéilen *vi* (s); zúheilen *vi* (s) (*о ране*)

поджо́г *м* Brándstiftung *f* (10); произвести́ ~ éinen Brand ánlegen; Féuer légen

подзаголо́вок *м* Úntertitel *m* (6); Zwíschentitel *m* (*раздела статьи*)

подзадо́ривать, подзадо́рить áufhetzen *vt*, áufstacheln *vt*

подзаря́дка *ж тех.* Náchladung *f*

подзаты́льник *м разг.* Genickstoß *m* (1*); дать ~ éinen Genickstoß versétzen, eins auf den Kopf gében*; éine Kópfnuß gében*

подзащи́тный *м юр.* Kliént *m* (8); Mandánt *m* (8)

подземе́лье *с* únterirdisches Gewölbe; Kéllergeschoß *n* -sses, -sse (*подвальное помещение*)

подзе́мн||ый únterirdisch; *стр.* únter Táge, Tíefbau-; ~ые рабо́ты Untertágearbeiten *pl*; ~ый перехо́д Únterführung *f* (10), Fúßgängerunterführung *f*, Fúßgängertunnel *m* (6); ~ое испыта́ние я́дерного ору́жия únterirdischer Kérnwaffentest

подзерка́льник *м* Spíegeltisch *m* (1)

подзо́л *м* **1.** *с.-х.* Podsól *m* -s; Podsólboden *m* -s, Áschenboden *m*, Bléicherde *f*; **2.** *спец.* Wálkerde *f*; *кож.* Kálkbrei *m* -(e)s

подзо́лист||ый: ~ые по́чвы Podsólboden *m* -s, Áschenboden *m*, Bléicherde *f*

подзо́рн||ый: ~ая труба́ Férnrohr *n* (2)

подзуди́ть, подзу́живать *разг.* áufstacheln *vt*, áufhetzen *vt*; áufreizen *vt*

подзыва́ть *см.* подозва́ть

поди́ *разг.* **1.** *вводн. сл.* (*вероятно*) wohl, vielléicht; ты, ~, забы́л меня́ du hast mich wohl vergéssen; **2.** *частица* (*неужели, вот ещё*): ~, како́е де́ло! sieh mal, was für éine Geschíchte!

подиви́ться sich verwúndern (чему́-л. über *A*)

подира́||ть: моро́з по ко́же ~ет *разг.* es überläuft éinen kalt, es läuft éinem kalt über den Rücken

подкаблу́чник *м разг.* Pantóffelheld *m* (8)

подка́лывать *см.* подколо́ть

подка́пывать(ся) *см.* подкопа́ть(ся)

подкарау́ливать áuflauern *vi* (кого́-л. *D*)

подкарау́лить **1.** *см.* подкарау́ливать; **2.** (*момент и т. п.*) ábpassen *vt*

подка́рмливать *см.* подкорми́ть

подкатего́рия *ж* Úntergruppe *f* (11)

подкати́ть **1.** *разг.* (*подъехать*) (her)ánrollen *vi* (s) (*об автомобиле и т. п.*); ángefahren kómmen* *vi* (s) (*о ком-л.*); **2.** (*что-л.*) hínrollen *vt*, hínwälzen *vt*; **~ся** **1.** heránrollen *vi* (s); **2.** (*подо что-л.*) únter etw. (*A*) róllen *vi*

подка́тывать(ся) *см.* подкати́ть(ся)

подкач||а́ть **1.** hinzúpumpen *vt*; ein bißchen áufpumpen; **2.** *разг.* (*подвести кого-л., не выполнить чего-л.*) verságen *vi*; enttäuschen *vt*; не ~а́й! enttäusch mich [uns] nicht!, mach's gut!

подка́шивать *см.* подкоси́ть; он упа́л как подко́шенный er sank hin wie vom Blitz getróffen; **~ся** *см.* подкоси́ться

подкидн||о́й: ~а́я доска́ *спорт.* Schléuderbrett *n* (5), Féderbrett *n*; акроба́ты на ~о́й доске́ Schléuderbrettakrobaten *pl*

подкида́ть *см.* подбра́сывать

подки́дыш *м* áusgesetztes [úntergeschobenes] Kind, Fíndling *m* (1), Fíndelkind *n* (5)

подки́нуть *см.* подбро́сить

подкисли́ть sáuer máchen *vt*, (án-) säuern *vt*

подкла́дк||а *ж* **1.** (*одежды*) Fútter *n* (6); Fútterstoff *m* (1) (*ткань*); мехова́я ~а Pélzfutter *n*; ва́тная ~а Wattíerung *f* (10); тка́невая ~а Stóffutter (*при переносе* Stoff-futter) *n*; стёганая ~а Stéppfutter *n*; пристёгивающаяся ~а Éinknöpffutter *n*; ста́вить на ~у (áb)füttern *vt*; без ~и úngefüttert; на ~е gefüttert; на шёлковой ~е auf [mit] Séide gefüttert, auf Séide geárbeitet; **2.** *тех.* Únterlage *f* (11); **3.** *разг.* (*изнанка*) Kéhrseite *f*

подкладн||о́й Únterlege-; ~о́е су́дно Schíeber *m* (6)

подкла́дочн||ый Fútter-; ~ый материа́л, ~ая ткань Fútterstoff *m* (1)

подкла́дывать *см.* подложи́ть

подкла́сс *м биол.* Únterklasse *f* (11)

подкле́ивать, подкле́ить **1.** (*что-л. подо что-л.*) únterkleben *vt*; **2.** (*починить*) zúkleben *vt*

подкле́йка *ж* **1.** (*с внутренней стороны*) Únterkleben *n* -s; **2.** (*добавочное склеивание*) Zúkleben *n* -s; **3.** (*подклеенное*) das Úntergeklebte (*sub*)

подключ||е́ние *с тех.* Ánschließen *n* -s, Ánschluß *m* -sses; Zúschalten *n* -s; **~и́ть** ánschließen* *vt* (к чему́-л. an *A*); zúschalten *vt*

подко́в||а *ж* Húfeisen *n* (7); в фо́рме ~ы húfeisenförmig

подкова́ть beschlágen* *vt*; ~ ло́шадь ein Pferd beschlágen*, éinem Pferd Éisen áufschlagen*; **~ся** *разг.* gut beschlágen sein (в чём-л. in *D*)

подковообра́зный húfeisenförmig; ~ магни́т Húfeisenmagnet *m* (1, 8)

подко́вывать *см.* подкова́ть

подко́жн||ый Únterhaut-, subkután; ~ый слой Únterhautschicht *f* (10); ~ое впры́скивание subkutáne Éinspritzung [Injektión]

подколе́нн||ый: ~ая впа́дина [я́мка] *анат.* Kníekehle *f* (11)

подколо́дн||ый: змея ~ая *разг.* и *бран.* héimtückische [fálsche] Schlánge

подколо́ть **1.** von únten stécken*; von únten áufstecken (*платье*); **2.** (*присоединить*) ánheften *vt*; ~ характери́стику к де́лу éine Beúrteilung an die Ákte ánheften; **3.** *перен. разг.* (*кого-л.*) an der empfíndlichen Stélle tréffen*, áufziehen* *vt*

подкоми́ссия *ж* Únterkommission *f* (10), Únterausschuß *m* -sses, -schüsse

подкомите́т *м* Únterkomitee *n* -s, -s, Únterausschuß *m* -sses, -schüsse

подко́мплекс *м* Téilkomplex *m* (1)

подконво́йный *м* únter Bewáchung stéhender Häftling, únter Bewáchung Stéhende *m* (14)

подконтро́льный únter Kontrólle stéhend; kontrolliert (von *D*)

подко́п *м* **1.** Míne *f* (11), Sáppe *f* (11); вести́ ~ подо что́-л. etw. (untermi)níeren; **2.** *перен. разг.* Intríge *f* (11), Ränke *pl*, Schlíche *pl*; Unterminíerung *f*

подкопа́ть untergráben* *vt*, unterhöhlen *vt*; unterminíeren *vt*; **~ся** **1.** unterminíeren *vt*; **2.** *перен. разг.* (*под кого-л.*) j-m éine Grúbe gráben*; (*подо что-л.*) unterminíeren *vt*; под э́то не подкопа́ешься dáran ist nichts áuszusetzen, dáran ist nicht zu típpen, das ist éinwandfrei; da beißt die Maus kéinen Fáden ab; под него́ не подкопа́ешься dém kann man nichts ánhaben, man kann an ihn nicht ránkommen

подкоренно́й *мат.* únter dem Wúrzelzeichen stéhend

подко́рм *м с.-х.* Béifutter *n* (6), Ergänzungsfutter *n*, Zúgabe *f* zum Víehfutter

подкорми́ть **1.** áuffüttern *vt*; bésser ernähren; nähren *vt*; **2.** (*растения*) náchdüngen *vt*; **~ся** *разг.* sich heráusfuttern

подко́рмка *ж с.-х.* Náchdüngung *f*; Kópfdüngung *f* (*поверхностная*); ~ яровы́х die Kópfdüngung des Sómmergetreides

подко́с *м стр.* Ábstützstrebe *f* (11), (Stütz)strébe *f*; *ав.* Strébe *f*

подкоси́ть (*свалить с ног кого-л.*; *перен. лишить сил кого-л.*) níederschlagen* *vt*; э́то несча́стье его́ подкоси́ло das Únglück hat ihn úmgeworfen [schwer erschüttert]; **~ся** (*о ногах*) zusámmenknicken *vi* (s); у меня́ но́ги подкоси́лись die Béine verságten mir (den Dienst)

подкра́дываться *см.* подкра́сться

подкра́сить (étwas) Fárbe áuflegen; (leicht) ánstreichen* *vt* (*стену и т. п.*); ~ гу́бы die Líppen náchziehen* [schmínken]; **~ся** sich (ein wénig) schmínken

подкра́сться sich heránschleichen*, heránschleichen* *vi* (s)

подкрахма́лить étwas stärken *vt*, étwas stéifen *vt*

подкра́шивать *см.* подкра́сить; **~ся** **1.** *см.* подкра́ситься; **2.** *страд.* (ein wénig) gefärbt wérden (*ср.* подкра́сить)

подкрепи́ть **1.** (*укрепить*) untermáuern *vt* (*напр. стену*); verstärken *vt*; **2.** *перен.* bekräftigen *vt*; erhärten *vt*, untermáuern *vt*; ~ приме́рами mit Béispielen belégen [untermáuern]; ~ слова́ дела́ми Wórte mit Táten untermáuern; **3.** (*едой*) stärken *vt*; erfríschen *vt* (*питьём*); **4.** *воен.* verstärken *vt*; **~ся** *разг.* sich stärken; sich erfríschen, sich erquícken (*питьём*)

подкрепле́н||ие *с* **1.** *перен.* Bekräftigung *f*; для ~ия свои́х слов zur Bekräftigung séiner Wórte; **2.** (*едой*) Stärkung *f*; Erfríschung *f* (*питьём*); **3.** *воен.* Verstärkung *f* (10), Verstärkungstruppen *pl*

подкрепля́ть *см.* подкрепи́ть; **~ся** **1.** *см.* подкрепи́ться; **2.** *страд.* bekräftigt wérden (*ср.* подкрепи́ть)

подкрути́ть (*гайку и т. п.*) náchziehen* *vt*

подкры́лье *с зоол.* Únterseite *f* der Flügel

подкузьми́ть *разг.* ánführen *vt*, heréinlegen *vt*, im Stich lássen*

по́дкуп *м* Bestéchung *f* (10), Korruptión *f*

подкупа́ть *см.* подкупи́ть

подкупа́ющ||ий *прич.* **1.** *см.* подкупа́ть; **2.** *в знач. прил.* gewínnend; ~ая улы́бка gewínnendes Lächeln

подкупи́||ть 1. bestéchen* *vt*, káufen *vt*, korrumpíeren *vt*; Schmíergelder gében* (кого́-л. *D*); **2.** (*очаровать*) bestéchen* *vt*, bezáubern *vt*; étwas Bestéchendes háben; его́ улы́бка ~ла всех sein Lächeln bezáuberte álle

подку́пн||ость *ж* Bestéchlichkeit *f*, Käuflichkeit *f*, Korruptión *f*; **~ый** bestéchlich, käuflich

подла́диться, подла́живаться 1. (*к чему-л.*) sich ánpassen (*D*); **2.** (*к кому-л.*) sich éinschmeicheln (bei *D*)

подла́мываться *см.* подломи́ться

по́дле *предлог* nében (*D*), bei (*D*); ~ до́ма am Háuse; он сиде́л ~ неё er saß nében ihr

подлёдный: ~ лов ры́бы Éisfischerei *f*; Éisangeln *n* -s

подлеж||а́ть unterlíegen* *vi*; ~а́ть возвра́ту der Rückgabe unterlíegen*; ~а́ть опла́те záhlbar sein; э́то не ~и́т сомне́нию dies unterlíegt kéinem Zwéifel, dies ist nicht zu bezwéifeln; э́то ~и́т уничтоже́нию das ist zu vernichten; э́то ~и́т наказа́нию das ist stráfbar

подлежа́щее *сущ. с грам.* Subjékt *n* (2), Sátzgegenstand *m* (1*)

подлежа́щий (*чему-л.*) unterlíegend; ~ наказа́нию [штра́фу] stráfbar; ~ упла́те záhlbar; éinzahlbar, fällig; ~ поста́вке líeferbar

подлеза́ть, подле́зть d(a)rúnterkriechen* *vi* (s)

подле́сок *м* Únterholz *n* -es

подлета́ть, подлете́ть 1. herbéifliegen* *vi* (s); heránfliegen* *vi* (s); **2.** *перен. разг.* herbéistürzen *vi* (s)

подле́ц *м бран.* Schuft *m* (1), Schúrke *m* (9)

подлечи́ть *разг.* ein bißchen kuríeren *vt*

подлива́ть *см.* подли́ть

подли́вка *ж* (*соус*) Túnke *f* (11), Sóße *f* (11)

подли́за *м, ж разг.* Schméichler *m* (6), Spéichellecker *m* (6); Schméichlerin *f* (12), Spéichelleckerin *f* (12) (*о женщине*)

подлиза́ть áuflecken *vt*; **~ся** *разг.* sich éinschmeicheln (к кому́-л. bei *D*)

подли́зывать(ся) *см.* подлиза́ть(ся)

по́длинн||ик *м* Originál *n* (2); Úrtext *m* (1), Úrschrift *f* (10) (*литературный*); чита́ть в ~ике im Úrtext lésen*; ве́рность ~ику Origináltreue *f*; **~ость** *ж* Échtheit *f*; Authentizität *f*; **~ый 1.** echt; authéntisch, Originál-; ~ый текст Origináltext *m* (1), Úrtext *m*; э́то его́ ~ые слова́ das sind séine éigenen Wórte; **2.** (*настоящий*) wahr, wáhrhaft; ~ая демокра́тия éine wáhre [wáhrhafte] Demokratíe; ~ый гумани́зм reáler Humanísmus; ◇ с ~ым ве́рно *офиц.* (Ábschrift) begláubigt, mit dem Originál übereinstimmend

подли́ть hinzúgießen* *vt*, zúgießen* *vt*, náchgießen* *vt*; *кул.* ángießen* *vt*; ◇ ~ ма́сла в ого́нь Öl ins Féuer gíeßen*

по́дличать geméin hándeln, níederträchtig [geméin] sein

подло́г *м* Fälschung *f* (10), Úrkundenfälschung *f*; соверши́ть ~ éine Fälschung begéhen*

подло́д||ка *ж* (подво́дная ло́дка) Ú-Boot *n* (2), Únterseeboot *n*; ~ка-ракетоно́сец rakétenbestücktes Ú-Boot *n*; **~очный** U-Boot-

подло́жечн||ый: ~ая о́бласть *анат.* Hérzgrube *f*

подложи́ть 1. (*что-л. подо что-л.*) únterlegen *vt*; **2.** (*прибавить*) hinzúfügen *vt*, (da)zúlegen *vt*; **3.** (*подкладку*) (áb)füttern *vt*; ~ шёлк под пальто́ den Mántel mit Séide (áb)füttern; ~ ва́ту wattíeren *vt*; ◇ ~ кому́-л. свинью́ *разг.* j-n heréinlegen; j-m éinen Knüppel zwíschen die Béine wérfen*

подло́жка *ж фото* Únterlage *f* (11), Emulsiónsträger *m* (6)

подло́жн||ость *ж* Únechtheit *f*, Fálschheit *f*; **~ый** gefälscht, falsch

подлоко́тник *м* Ármlehne *f* (11), Séitenlehne *f*; Éllbogenstütze *f* (11)

подлом||и́ться éinknicken *vi* (s); éinbrechen* *vi* (s) (*о льде*); лёд ~и́лся под ним das Eis ist únter ihm éingebrochen; у меня́ но́ги ~и́лись die Béine verságten mir (den Dienst)

по́длость *ж* Schurkeréi *f*; Geméinheit *f* (10); Níedertracht *f*, Níederträchtigkeit *f* (10) (*низость*); соверши́ть ~ éine Geméinheit begéhen*

подлу́нн||ый *поэт.*: в ~ом ми́ре auf Érden

по́длый schúftig, schúrkisch; geméin, níederträchtig (*низкий*)

подмагни́чивание *с спец.* Vórmagnetisierung *f*

подма́зать 1. éinschmieren *vt*; **2.** *разг.* (*подкупить*) schmíeren *vt*, bestéchen* *vt*; **~ся** *разг.* **1.** sich (ein wénig) schmínken; **2.** (*к кому-л.*) sich (an éinen Vórgesetzten) heránmachen [ánbiedern]; sich lieb Kind bei j-m máchen

подма́зывать *см.* подма́зать; **~ся 1.** *см.* подма́заться; **2.** *страд.* éingeschmiert wérden (*ср.* подма́зать)

подмалёвка *ж иск.* Untermálung *f*

подманда́тн||ый Mandáts-, únter Mandátsverwaltung stéhend; ~ая террито́рия Mandátsgebiet *n* (2)

подма́нивать, подмани́ть heránlocken *vt*, herbéilocken *vt*

подмаре́нник *м бот.* Lábkraut *n* -(e)s, Klébkraut *n*

подма́сливать, подма́слить 1. Bútter [Öl] hinzútun*; **2.** *перен. разг.* (*кого-л.*) j-m um den Bart géhen*, j-m um den Bart Hónig schmíeren

подмасте́рье *м* Hándwerksbursche *m* (9), Hándwerksgeselle *m* (9), Geséllе *m*

подма́хивать, подмахну́ть *разг.* (*подписать*) (schnell, gedánkenlos) unterzéichnen *vt* [signíeren *vt*, *vi*]

подма́чивать *см.* подмочи́ть

подме́на *ж* **1.** (*тайная замена*) Únterschiebung *f* (10); ~ ребёнка *юр.* Kíndesunterschiebung *f*; **2.** (*временная замена кого-л.*) Áuswechs(e)lung *f*; Áblösung *f*

подмени́ть, подменя́ть 1. (*тайно заменить*) únterschieben* *vt*; **2.** (*временно заменить кого-л.*) áuswechseln *vt*; áblösen *vt*; ◇ тебя́ как бу́дто ~и́ли du bist wie áusgetauscht

подмерза́ть, подмёрзнуть (leicht) gefríeren* *vi* (s)

подмести́ (áus)fégen *vt*, (áus)kéhren *vt*

подмета́льно-убо́рочн||ый: ~ая маши́на Stráßenkehrmaschine *f* (11)

подмета́льн||ый Kehr-; ~ая маши́на Stráßenkehrmaschine *f* (11)

подмета́льщик *м* Stráßenkehrer *m* (6)

подмета́ть *см.* подмести́

подме́тить (be)mérken *vt*

подмётк||а *ж* Schúhsohle *f* (11), Láufsohle *f*; подби́ть ~и besóhlen *vt*; ◇ он ему́ в ~и не годи́тся *разг.* ≅ er kann ihm das Wásser nicht réichen

подмеча́ть *см.* подме́тить

подмеша́ть, подме́шивать béimischen *vt*, béimengen *vt*; ánmischen *vt*, ánrühren *vt*

подми́гивать, подмигну́ть zúblinzeln *vi*, zúzwinkern *vi*

подмина́ть *см.* подмя́ть

подмно́жество *с мат.* Téilmenge *f* (11)

подмо́г||а *ж разг.* Béistand *m* -(e)s, Unterstützung *f*, Hílfe *f*; на ~у zur Hílfe

подмока́ть, подмо́кнуть naß [feucht] wérden

подмора́жива||ть *безл.*: ~ет es fängt an zu fríeren

подморо́женный ángefroren (*напр. о картофеле*)

подморо́зи||ть *безл.*: ~ло es friert schon

подмоско́вный bei Móskau (gelégen), in der Úmgegend von Móskau; Подмоско́вный у́гольный бассе́йн das Móskauer Kóhlenbecken; «Подмоско́вные вечера́» (*название песни*) «Ábende bei Móskau»

Подмоско́вь||е *с* die Úmgegend Móskaus, die Móskauer Umgébung; жи́тели ~я Úmwohner Móskaus

по́дмости *мн. стр.* Báugerüst *n* (2), Bóckgerüst *n*

подмо́стки *мн.* **1.** Gerüst *n* (2); Málgerüst *n* (*художника*); **2.** *театр.* Bühne *f* (11), die Brétter

подмо́ченн||ый: с ~ой репута́цией *разг.* verrúfen, von üblem Ruf, von zwéifelhaftem Ruf; von ramponíertem Prestíge [-ʒ(ə)]

подмочи́ть ánfeuchten *vt*, naß wérden lássen*

подмыва́ть, подмы́ть 1. wáschen* *vt*; **2.** (*берега́*) unterspülen *vt*, unterhöhlen *vt*; ◇ меня́ так и подмыва́ет... *разг.* ich hábe gróße Lust zu..., ich brénne daráuf..., es zuckt mir in den Händen...

под мы́шкой únter dem Arm; нести́ что-л. ~ etw. únter dem Arm trágen*

подмы́шник *м* Schwéißblatt *n* (5)

подмя́ть (*под себя*) níederdrücken *vt*, níedertreten* *vt*

поднадзо́рный *прил.* **1.** únter Áufsicht stéhend; **2.** *в знач. сущ.* únter Áufsicht Stéhende *m* (14)

поднаём *м* Úntermiete *f*

поднебе́сь||е *с поэт.* Lüfte *pl*; по ~ю hoch am Firmamént

поднево́льный erzwúngen; Zwangs-; ~ труд Zwángsarbeit *f*, Sklávenarbeit [-vən-] *f*

поднесе́ние *с* Überréichung *f*, Präsentíeren *n* -s

поднести́ 1. heránbringen* *vt*, näher bríngen*; ~ ло́жку ко рту den Löffel zum Mund führen; **2.** (*подарок и т. п.*) überréichen *vt*, dárbringen* *отд. vt*; **3.** (*угощение*) (dár)réichen *отд. vt*, dárbieten* *отд. vt*, präsentíeren *vt*

поднима́ть *см.* подня́ть; **~ся 1.** *см.* подня́ться; **2.** *страд.* gehóben wérden (*ср.* подня́ть); ◇ у меня́ рука́ не поднима́ется ich bring's nicht über mich

подновить, подновля́ть ernéuern *vt*, áuffrischen *vt*

подного́тн||ая *ж разг.*: выпы́тывать у кого́-л. всю ~ую j-m die Däumenschrauben ánsetzen; вы́болтать всю ~ую álles háargenau áusplaudern

подно́ж||ие *с* **1.** (*горы*) Fuß *m* (1*); у ~ия горы́ am Fúße des Bérges; **2.** (*пьедестал*) Piedestál *n* (2), Postamént *n* (2)

подно́жк||а *ж* **1.** Tríttbrett *n* (5); **2.** *разг.* (*удар ногой*) Béinstellen *n* -s; дать [подста́вить] кому́-л. ~у j-m ein Bein stéllen

подножн||ый: ~**ый** корм Grásfutter *n* -s, Grünfutter *n*; быть на ~ом корму́ 1) grásen *vi*; 2) *перен. шутл.* (*у родственников или знакомых*) sich dúrchfressen*

поднóс *м* Tablétt *n* (2), Servierbrett [-'vi:r-] *n* (5); **чáйный** ~ Téetablett *n*

подноси́ть *см.* **поднести́**

поднóска *ж* Herbéitragen *n* -s, Zúbringen *n* -s

поднóсчик *м* Träger *m* (6); ~боеприпáсов Munitiónsträger *m*

подношéние *с* Geschénk *n* (2), Präsént *n* (2)

поднятие *с* **1.** Hében *n* -s, Áufheben *n*, Empórheben *n*; Áufziehen *n* -s (*занавеса*); Híssen *n* -s (*флага*); ~м рук (*голосовать*) durch Hándzeichen; **2.** (*повышение*) Erhöhung *f*, Stéigerung *f*; ~ производи́тельности трудá Stéigerung der Árbeitsproduktivität [-vi-]

подня́ть 1. hében*; hóchheben*; hóchnehmen* *отд. vt* (*вверх*); empórheben* (*высок.*); hóchstellen *отд. vt* (*крылья — о насекомых*); ~ когó-л. (*упавшего*) j-m hóchhelfen* *отд.*, j-n áufrichten *vt*; ~ воротни́к den Krágen hóchklappen [hóchmachen (*разг.*)]; ~ флаг die Flágge híssen; *мор.* die Flágge sétzen; ~ парусá die Ségel sétzen; ~ я́корь den Ánker éinholen [híeven, líchten]; ~ вóротом hóchwinden* *отд. vt*, háspeln *vt*; ~ лебёдкой áufwinden* *vt*; ~ домкрáтом áufbocken *vt*, hóchbocken *отд. vt*; **2.** (*разбудить*) wécken *vt*; *мор.* púrren *vt*; ~ когó-л. с постéли j-n (áuf)wécken; j-n aus dem Schlaf trómmeln; **3.** (*подобрать*) áufheben* *vt*; **4.** (*повысить*) erhöhen *vt*, stéigern *vt*; ~ производи́тельность трудá die Árbeitsproduktivität [-vi-] stéigern; **5.** (*возбудить, начать*) ánschneiden* *vt*; ~ вопрóс éine Fráge ánschneiden* [áufwerfen*, áufrollen]; ◇ ~ шум Lärm máchen; ~ тревóгу Alárm schlágen*; ~ нá ноги auf die Béine bríngen*; ~ ру́ку на когó-л. gégen j-n die Hand erhében*; ~ настроéние die Stímmung hében* [áufmöbeln (*разг.*)]; ~ пыль Staub áufwirbeln; ~ целину́ Néuland úrbar máchen [gewínnen*, erschlíeßen*], Néuland únter den Pflug néhmen*; ~ восстáние éinen Áufstand máchen, sich erhében*; ~ ору́жие zu den Wáffen gréifen*; ~ дичь *охот.* das Wild áufstöbern [áufscheuchen]; ~ гóлос (*в защиту чего-л.*) die Stímme erhében*; ~ когó-л. нá смех j-n lächerlich máchen; j-n zum bésten háben; ~ нос *разг.* die Náse hoch trágen*; hóchnäsig sein; ~ся **1.** (*встать*) sich erhében*, sich áufrichten, áufstehen* *vi* (s); ~ся с мест sich von den Sítzen erhében*; помóчь ~ся кому́-л. j-m áufhelfen*; **2.** (*наверх*) stéigen* *vi* (s); hináufgehen* *vi* (s) (*по направлению от говорящего*); heráufkommen* *vi* (s) (*по направлению к говорящему*); ~ся нá гору auf éinen Berg stéigen*, éinen Berg bestéigen* [erstéigen*]; ~ся по лéстнице die Tréppe hináufsteigen*; **3.** (*повыситься*) stéigen* *vi* (s), sich erhöhen; цéны подняли́сь die Préise sind gestíegen; die Préise sind in die Höhe geschnéllt; **4.** (*возникнуть*) entstéhen* *vi* (s); áufkommen* *vi* (s); sich erhében*, áuftauchen *vi* (s), sich áufmachen (*высок.*) (*о ветре*); áufwirbeln *vi* (*о пыли*); подня́лся шум es entstánd ein Lärm; подняла́сь бу́ря ein Sturm erhób sich; **5.** (*восстать*) sich (zum Kampf) erhében*; **6.** (*о посевах*) áufgehen* *vi* (s); ◇ ~ся с постéли (*после болезни*) áufkommen* *vi* (s), auf die Béine kómmen*; дать ~ся (*тесту*) (áuf)géhen lássen*, in die Höhe géhen lássen*

подо *см.* **под I**

подобá||ть sich gehören, sich gebühren; как ~ет wie es sich gehört; нам не ~ет осуждáть егó es kommt uns nicht zu, ihn zu verúrteilen; ~**ющий** gebührend; ~ющим óбразом in gebührender Wéise; wie es sich gehört; заня́ть ~ющее мéсто éine gebührende Stélle éinnehmen*

подóбие *с* Ähnlichkeit *f* (*тж. мат.*); Analogíe *f*

подоблачный únter den Wólken (befíndlich)

подóбн||о *нареч.* (*кому-л., чему-л.*) ähnlich, analóg; ~о томý как... ébenso wie..., ähnlich wie..., analóg... (*D*); ~**ый 1.** ähnlich, gléichartig, analóg; и другие ~ые und derléi ándere; ~ым óбразом in ähnlicher Wéise; в ~ых слу́чаях in sólchen [dérartigen] Fällen; **2.** (*такой*) solch; ~ое поведéние solch ein [ein sólches] Benéhmen; ~ый отвéт solch éine [éine sólche] Ántwort; **3.** *мат.* ähnlich; ◇ ничегó ~ого! *разг.* nichts dergléichen!; nicht die Bóhne!, kéine Bóhne!; и томý ~ое (*сокр. и т. п.*) und ánderes (mehr) (*сокр.* u. a. m.), und ähnliches (*сокр.* u. ä.)

подобострáст||ие *с* Kriecheréi *f*, Spéichelleckerei *f*; ~**ный** kríecherisch, servil [-'vi:l], líebedienerisch; ~но рассмея́ться pflíchtschuldigst láchen

подобрáть 1. (*поднять*) áufheben* *vt*, áufsammeln *vt*; áuflesen* *vt*; ~ колóсья Ähren lésen*; ~ рáненых die Verwúndeten áufsammeln [bérgen*]; **2.** (*платье*) áufschürzen *vt*; **3.** (*выбрать*) pássend áuswählen *vt*, áussuchen *vt*; ~ (подходя́щий) цвет die (pássende) Fárbe wählen; ~ ключ den pássenden Schlüssel fínden*; ~ букéт éinen Strauß bínden*; ~ очки́ sich (*D*) éine Brílle ánpassen

подобрáться (*подкрасться*) sich heránschleichen*, heránschleichen* *vi* (s); sich heránpirschen, heránpirschen *vi* (s)

подобру́-поздорóву *нареч. разг.*: убирáйся [уходи́] ~! geh im Gúten weg [fort] (,bevór étwas Schlímmes passíert)!

подóвый im Ófen gebácken

подогнáть 1. ántreiben* *vt*; **2.** (*приспособить*) ánpassen *vt*

подогну́ть (nach únten) bíegen* *vt*; ~**ся** sich éinbiegen*; zusámmenknikken *vi* (s) (*о коленях*)

подогрéв *м* Ánwärmung *f*, Áufheizung *f*; Vórwärmung *f*, Vórwärmen *n* -s (*предварительный*)

подогревáтель *м тех.* Héizapparat *m* (1); Vórwärmer *m* (6), Erhítzer *m* (6); ~**ный** Heiz-; ~ный прибóр Héizgerät *n* (2)

подогревáть, подогрéть áufwärmen *vt*; vórwärmen *vt* (*предварительно*)

пододвигáть *см.* **пододви́нуть**; ~**ся 1.** *см.* **пододви́нуться**; **2.** *страд.* herángerückt wérden, näher gerückt wérden

пододви́нуть heránrücken *vt*, näher rücken *vt*; ~**ся** heránrücken *vi* (s), näher rücken *vi* (s)

пододея́льник *м* Überschlaglaken *n* (7), Béttbezug *m* (1*)

подожд||áть (éine Zéitlang) wárten *vi* (когó-л., что-л. auf *A*), ábwarten *vt*; ~**и́те** минýтку! wárten Sie (bítte) éinen Áugenblick!; wóllen Sie sich bítte éinen Áugenblick gedúlden!

подозвáть heránrufen* *vt*, herbéirufen* *vt*

подозревá||ть 1. (*когó-л.*) j-n verdächtigen, j-n in Verdácht háben; gégen j-n Verdácht hégen; **2.** (*предполагать*) vermúten *vt*; ничегó не ~я áhnungslos

подозрéние *с* Verdácht *m* -(e)s; Verdächtigung *f*; возбуди́ть у когó-л. ~ bei j-m Verdácht errégen; навлекáть на себя́ ~ sich verdächtig máchen, in Verdácht kómmen* [geráten*]; быть [находи́ться] под ~м únter Verdácht stéhen*

подозри́тельн||о *нареч.* **1.** (*внушая подозрение*) verdächtig, auf verdächtige Wéise; **2.** *предик.*: э́то ~о die Sáche kommt mir verdächtig [brénzlig (*разг.*)] vor; **3.** (*с подозрением*) míßtrauisch, árgwöhnisch, mit Árgwohn; ~**ость** *ж* **1.** Verdächtigkeit *f*; **2.** (*недоверие*) Míßtrauen *n* -s, Árgwohn *m* -(e)s; ~**ый 1.** (*внушающий подозрение*) verdächtig; э́то (óчень) ~ое дéло das ist éine fínstere [dúnkle] Ángelegenheit; ~ого ви́да von verdächtigem Áussehen; нет ничегó ~ого es liegt nichts Verdächtiges vor; **2.** (*недоверчивый, мнительный*) míßtrauisch, árgwöhnisch

подои́ть mélken(*) *vt*

подóйник *м* Mélkeimer *m* (6), Mélkkübel *m* (6)

подойти́ 1. heránkommen* *vi* (s), herántreten* *vi* (s) (к комý-л., к чемý-л. an *A*); sich nähern (*D*); heránrücken *vi* (s), heránnahen *vi* (s); **2.** (*наступить*) kómmen* *vi* (s); heránrücken *vi* (s); подошлó врéмя die Zeit ist gekómmen; **3.** (*отнестись к кому-л., к чему-л., обойтись с кем-л.*) behándeln *vt*; ~ крити́чески krítisch herángehen*; сумéть ~ к комý-л. j-n (zu) néhmen wíssen*; смотря́ как ~ к вопрóсу je nachdém, wie man die Fráge behándelt; **4.** (*соответствовать*) pássen *vi*, entspréchen* *vi*; zusámmenpassen *vi*; э́то емý не подойдёт das wird ihm nicht pássen, das wird ihm nicht recht sein; э́тот размéр вам подойдёт? ist die Größe recht?; **5.** (*о тесте*) géhen* *vi* (s); ~ на дрожжáх von der Héfe hóchgetrieben wérden [áufgehen*]

подокóнник *м* Fénsterbrett *n* (5), Fénsterbank *f*

подóл *м* Schoß *m* (1*); ~ ю́бки Róckzipfel *m* (6)

подóлгу *нареч.* lánge, längere Zeit

подольсти́ться, подольщáться *разг.* sich éinschmeicheln (к комý-л. bei *D*)

по-домáшнему *нареч.* häuslich; éinfach (*просто*); быть одéтым ~ ein Háuskleid ánhaben*

подóнки *мн.* **1.** (*осадок*) Bódensatz *m* (1*); **2.** *перен.* Ábschaum *m* -(e)s; ~ óбщества der Ábschaum der Geséllschaft

подопéчн||ый *юр.* únter Tréuhandschaft stéhend; Tréuhand-; ~ая террито́рия Tréuhandgebiet *n* (2)

подоплёка *ж* Béweggrund *m* (1*), Híntergrund *m*; der éigentliche Grund

подóпытн||ый Versúchs-; ~ое растéние Versúchspflanze *f* (11); ~ое живóтное Versúchstier *n* (2); быть ~ым крóликом *перен. разг.* Versúchskaninchen sein

подорвáть 1. (*взорвать*) spréngen *vt*; **2.** *перен.* untergráben* *vt*, unterwühlen *vt*, unterhöhlen *vt*; spréngen *vt*, torpedíeren *vt*, unterminíeren *vt*;

~ чей-л. авторите́т j-s Autorität untergráben*; ~ дове́рие das Vertráuen untergráben*; ~ наде́жды die Hóffnungen enttäuschen; ~**ся** explodíeren *vi* (s), detoníeren *vi*

подорожа́ть téu(e)rer wérden, im Préise stéigen*

подоро́жник *м бот.* Wégerich *m* (1)

подоси́новик *м бот.* Róthäuptchen *n* (7); Rótkappe *f* (11)

подосла́ть (héimlich) (zú)schícken *vt*

подоспе́ть zur réchten Zeit kómmen*

подостла́ть únterlegen *vt*, únterbreiten *vt*; únterstreuen *vt* (*солому*)

подотде́л *м* Únterabteilung *f* (10)

подоткну́ть únterstecken *vt*, únterstopfen *vt*; ~ ю́бку den Rock áufschürzen

подо́трасль *ж эк.* Erzéugnisgruppe *f* (11)

подотря́д *м биол.* Únterordnung *f* (10)

подотчё́тный **1.** (*о человеке*) (áb-) réchnungspflichtig, réchenschaftspflichtig; **2.** (*о деньгах*) ábrechnungspflichtig

подо́хнуть krepíeren *vi* (s), verrécken *vi* (s)

подохо́дный Éinkommen-, vom Éinkommen beréchnet; ~ нало́г Éinkommensteuer *f* (11); Lóhnsteuer *f*

подо́шв||а *ж* **1.** Sóhle *f* (11); Fúßsohle *f* (*ноги*); Schúhsohle *f* (*обуви*); микропо́ристая ~а Pórosohle *f*; во́йлочная ~а Fílzsohle *f*; деревя́нная ~а Hólzsohle *f*; на деревя́нной ~е mit Hólzsohlen; **2.**: ~а горы́ der Fuß éines Bérges; ~**енный** Sóhlen-

подпада́ть *см.* подпа́сть

подпа́ивать *см.* подпои́ть

подпа́лина *ж* (*пятно*) Fleck *m* (1); ло́шадь с ~ми schéckiges Pferd

подпали́ть *разг.* **1.** (*слегка опалить*) verséngen *vt*, ánsengen *vt*; **2.** (*поджечь*) ánstecken *vt*, in Brand sétzen

подпа́рывать *см.* подпоро́ть

подпа́сок *м* Hírtenjunge *m* (9)

подпа́сть: ~ под чьё-л. влия́ние únter j-s Éinfluß geráten*

подпева́ла *м*, *ж неодобр.* Hándlanger *m* (6), Hélfershelfer *m* (6), Náchbeter *m* (6)

подпева́ть **1.** (léise) mítsingen* *vi*; **2.** *перен. разг.* (*кому-л.*) j-m nach dem Mund réden, éinstimmen *vi* (in *A* — *соглашаться с чем-л.*)

подпере́ть (unter)stützen *vt*; ábstützen *vt* (*крышку ящика и т. п.*)

подпи́ливать, подпили́ть **1.** (*отпилить*) ábsägen *vt*, ábschneiden* *vt*; ~ но́гти die Nägel féilen; **2.** (*надпилить*) ánsägen *vt*; ánfeilen *vt* (*напильником*)

подпи́лок *м* Féile *f* (11)

подпира́ть *см.* подпере́ть

подписа́ние *с* Unterzéichnung *f*

подписа́ть unterschréiben* *vt*, unterzéichnen *vt*; séine Únterschrift sétzen (что-л. únter *A*); Únterschrift léisten, mit éiner Únterschrift verséhen*; durch Únterschrift bestätigen; ábzeichnen *vt*; signíeren *vt* (*картину*); ~ совме́стно mítunterzeichnen *vt*, mítunterschreiben* *vt*; быть подпи́санным unterschríeben sein, éine Únterschrift trágen*; ~**ся** **1.** (*поставить подпись*) unterschréiben* *vt*, unterzéichnen *vt*; séine Únterschrift sétzen (под чем-л. únter *A*); гото́в ~ся под э́тим (обе́ими рука́ми) würde dies gern [mit gútem Gewíssen] unterschréiben; **2.** (*на что-либо*) subskribíeren *vt* (*на книгу*); ~ся на газе́ту éine Zéitung abonníeren [bestéllen]

подпи́ск||а *ж* **1.** Bestéllung *f* (10); Subskriptión *f* (10); Abonnement [-'maŋ] *n* -s, -s; ~а на газе́ты Zéitungsabonnement *n*, Zéitungsbezug *m* -(e)s; ~а че́рез по́чту Póstbezug *m*, Bestéllung über die Post; пла́та за ~у газе́ты Zéitungsbezugsgeld *n* -(e)s; по ~е im Abonnement; ~а не принима́ется es wérden kéine Bestéllungen ángenommen; **2.** (*обязательство*) (schríftliche) Verpflíchtung *f* (10); Revers [-'vɛrs] *m* (1)

подписн||о́й Abonnements- [-'maŋs] (*о газете*); Subskriptións- (*о книге*); ~ое изда́ние Subskriptiónswerk *n* (2); ~а́я цена́ Bezúgspreis *m* (1) (*газеты, журнала*); Abonnementspreis *m* (*б. ч. австр., швейц.— газеты, журнала*); Subskriptiónspreis *m* (*книги*); пусти́ть ~о́й лист éine Sámmelliste [Únterschriftenliste] áuslegen

подпи́сч||ик *м* Abonnént *m* (8), Bezíeher *m* (6); быть ~иком газе́ты éine Zéitung hálten [abonníeren], auf éine Zéitung abonníert sein; ~**ица** *ж* Abonnéntin *f* (12), Bezíeherin *f* (12)

подпи́сывать *см.* подписа́ть; ~**ся** **1.** *см.* подписа́ться; **2.** *страд.* unterschríeben wérden (*ср.* подписа́ть)

по́дпись *ж* **1.** Únterschrift *f* (10); Signíerung *f* (10), Sígnum *n* -s, *pl* -na (*автора картины и т. п.*); Námenszug *m* (1*) (*росчерк*); за ~ю... mit der Únterschrift (*G*; *при указании фамилии* von *D*); unterzéichnet (von *D*); скрепи́ть ~ю durch Únterschrift bekräftigen; поста́вить [дать] ~ Únterschrift léisten; снять (свою́) ~ die Únterschrift zurückziehen*; собира́ть по́дписи Únterschriften sámmeln; по́дписи под обраще́нием Únterschriften für éinen Appéll; **2.** (*подписание*): ~ к печа́ти *полигр.* Drúckerlaubnis *f*; предста́вить на ~ zur Únterschrift vórlegen; к по́дписи *офиц.* zur Únterschriftleistung

подплыва́ть, подплы́ть (*к чему-л.*) heránschwimmen* *vi* (s) (*о пловце, рыбе*); heránsegeln *vi* (s) (*на парусном судне*); sich nähern, heránkommen* *vi* (s) (*о лодке*)

подпля́сывать tänzeln *vi*

подпои́ть betrúnken máchen

подполза́ть, подползти́ **1.** (*приблизиться*) heránkriechen* *vi* (s); **2.** (*подо что-л.*) únter etw. (*A*) kríechen* (s)

подполко́вник *м* Óberstleutnant *m* (1) (*pl тж.* -s)

подпо́лье *с* **1.** der Raum únter dem Fúßboden; **2.** *перен.* Illegalität *f*; уйти́ в ~ in die Illegalität géhen* [tréten*]; рабо́тать в ~ íllegal árbeiten; в глубо́ком ~ in tíefer Illegalität

подпо́льн||ый íllegal; ~ная рабо́та íllegale Árbeit, Úntergrundarbeit *f*; ~ная типогра́фия íllegale Druckeréi; ~ная организа́ция Úntergrundorganisation *f* (10); ~**щик** Íllegale *m* (14), ein Kämpfer in der Úntergrundbewegung

подпо́р *м гидр.* Stau *m* -(e)s, Stáuung *f*, Stáuhöhe *f*; ~ воды́ Wásserstau *m*; обра́тный ~ Rückstau *m*

подпо́р||ка *ж* Stütze *f* (11), Pféiler *m* (6), Strébe *f* (11); Báumstütze *f* (*для дерева*); ста́вить ~ки verstéifen *vt* (*укреплять стену и т. п.*); ~**ный** Stütz-; ~ная сте́нка Stützmauer *f* (11), Stützwand *f* (3)

подпоро́ть (von únten) áuftrennen *vt*, lóstrennen *отд. vt*; ~**ся** sich lóstrennen *отд.*

подпору́чик *м воен. ист.* Léutnant *m* (1) (*pl тж.* -s)

подпо́чв||а *ж* Úntergrund *m* -(e)s; ~**енный** Grund-; Úntergrund-; ~**енная** вода́ Grúndwasser *n* (6)

подпоя́сать umgürten *vt*; ~**ся** sich umgürten

подпоя́сывать(ся) *см.* подпоя́сать (-ся)

подпра́вить, подправля́ть (ein wénig) áusbessern *vt*

подпра́порщик *м воен. ист.* Únterfähnrich *m* (1)

подпрогра́мма *ж радио* Únterprogramm *n* (2) (*сокр.* UP)

подпру́га *ж* Sáttelgurt *m* (1); Báuchgurt *m*, Báuchriemen *m* (7)

подпры́гивать hüpfen *vi* (s, h); (áuf-) spríngen* *vi* (s)

подпры́гнуть áufspringen* *vi* (s); in die Höhe spríngen*, éinen Sprung máchen; ~ от ра́дости éinen Fréudensprung máchen

подпуска́ть, подпусти́ть heránlassen* *vt*, zúlassen* *vt*; ◇ подпуска́ть шпи́льки кому́-л. *разг.* j-m Nádelstiche versétzen

подпя́тник *м тех.* Fúßlager *n* (6); Spúrlager *n*

подраба́тывать, подрабо́тать *разг.* **1.** (*дополнительно заработать*) éinen Nébenverdienst háben, zúverdienen *vt*; **2.** (*предварительно поработать*) vórarbeiten *vt*

подрабо́тка *ж разг.* **1.** (*заработок*) Nébenverdienst *m* (1); **2.** (*предварительная работа*) Vórarbeit *f* (10); Vórbehandlung *f*

подра́внивать *см.* подровня́ть

подража́н||ие *с* Náchahmung *f* (10); Nachäfferéi *f* (10) (*обезьянничанье*); досто́йный ~ия náchahmungswert, nácheifernswert

подража́тель *м* Náchahmer *m* (6); ~**ный** náchahmend, Náchahmungs-; ~**ство** *с неодобр.* Epigónentum *n* -(e)s

подража́ть náchahmen *vt* (*кому́-л.* *A*)

подразделе́ние *с* **1.** (*действие*) Éinteilung *f*, Untertéilung *f*, Glíederung *f*; **2.** (*часть, раздел*) Únterabteilung *f* (10); **3.** *воен.* Éinheit *f* (10); авиадеса́нтное ~ Lúftlandeeinheit *f*

подраздели́ть, подразделя́ть éinteilen *vt*, untertéilen *vt*, glíedern *vt*

подразделя́ться **1.** zerfállen* *vi* (s), sich untertéilen; **2.** *страд.* éingeteilt [geglíedert] wérden

подразни́ть nécken *vt*

подразумева́ть (darúnter) verstéhen* *vt*; (mit) hinzúdenken* *vt*; ~**ся**: подразумева́ется es wird (damít) geméint, es wird (darúnter) verstánden; es wird ángenommen

подра́мник *м жив.* Bléndrahmen *m* (7)

подра́нить *охот.* ánschießen* *vt*

подра́нок *м охот.* ein ángeschossenes Tier

подраста́||ть heránwachsen* *vi* (s); ~**ющий** *прич.*, *прил.* heránwachsend; ~ющее поколе́ние Náchwuchs *m* -es, heránwachsende Generatión

подрасти́ *см.* подраста́ть

подра́ться sich prügeln, sich schlágen*; aneinánder [sich (*D*)] in die Háare geráten*, ins Hándgemenge geráten* (*сцепиться*)

подрё́берный *анат.* únter den Ríppen líegend

подре́зать, подреза́ть (von únten) beschnéiden* *vt*; stútzen *vt*; éinschnéiden* *vt*

подрема́ть ein (klein) wénig schlúmmern, ein Schläfchen [ein Níckerchen] máchen

подрессо́ривание *с авто* Féderung *f*

подрисова́ть, подрисо́вывать 1. éine Zéichnung ergänzen, hinzúzeichnen *vt*; **2.** *разг.* (*губы, брови*) náchziehen* *vt*

подро́бн||ость *ж* Éinzelheit *f* (10); Detail [-'tae] *n* -s, -s; вдава́ться в ~ости auf Éinzelheiten éingehen*; до мельча́йших ~остей bis in kléinste Éinzelheiten; **~ый** áusführlich; éingehend; detailliert [-ta'ji:rt]; **описывать** что-л. са́мым ~ым о́бразом etw. des lángen und bréiten schíldern; э́то на́до ~о рассмотре́ть das muß man sich (*D*) näher [bei Líchte] betráchten

подровня́ть ébnen *vt*, gléichmachen *отд.*; gerádeschneiden* *отд.*, beschnéiden* *vt* (*ровно подрезать*)

подро́сток *м* Júgendliche *m* (14), Hálbwüchsige *m* (14); Teenager [*англ.* 'ti:ne:dʒər] *m* (6); де́вочка-~ Báckfisch *m* (1); ~-правонаруши́тель júgendlicher Réchtsverletzer

подруба́ть *см.* подруби́ть I, II

подруби́ть I (*топором*) (von únten) ábhauen* *vt*

подруби́ть II (*подшить*) besäumen *vt*

подру́га *ж* Fréundin *f* (12); Gefährtin *f* (12), Kamerádin *f* (12); ~ де́тства Gespíelin *f* (12), Spíelgefährtin *f* (12); ~ жи́зни Lébensgefährtin *f*

по-дру́жески *нареч.* fréundschaftlich; kamerádschaftlich (*по-товарищески*)

подружи́ться sich befréunden, Fréundschaft schlíeßen*; sich mit j-m ánfreunden

подру́жка *ж разг. см.* подру́га

подрумя́ненный héllgeröstet

подрумя́нивать(ся) *см.* подрумя́нить(ся)

подрумя́нить 1. (*лицо и т. п.*) rot schmínken; ein wénig röten; **2.** *кул.* bräunen *vt*, braun bráten*; **~ся 1.** sich rot schmínken; **2.** *кул.* braun wérden

подру́чный *сущ. м* Hándlanger *m* (6), Gehílfe *m* (9)

подры́в *м* **1.** *воен., горн.* Spréngung *f* (10); **2.** *перен.* Schädigung *f* (*торговли и т. п.*); Untergrábung *f*, Untermíníerung *f* (*доверия, авторитета и т. п.*); ~ трудово́й дисципли́ны Zersétzung *f* der Árbeitsdisziplin; ~ прести́жа Untergrábung *f* des Prestíges [-ʒəs]

подрыва́ть I *см.* подорва́ть

подрыва́ть II *см.* подры́ть

подрывн||и́к *м* Spréngmeister *m* (6); *воен.* Spréngpionier *m* (1); **~о́й 1.** *воен., горн.* Spreng-; ~о́й заря́д Spréngladung *f* (10); ~а́я ша́шка Spréngkörper *m* (6); ~о́е де́ло Spréngdienst *m* -es, Spréngwesen *n* -s; **2.** *перен.* Zersétzungs-; subversív [-ver-]; ~а́я рабо́та Zersétzungsarbeit *f*, Wühlarbeit *f*; ~а́я де́ятельность subversíve [-və] Tätigkeit, Subversión *f*; Stö́rtätigkeit *f*, Wühltätigkeit *f*; ~ы́е це́ли subversíve Zíele

подры́ть untergráben* *vt*, von únten gráben*

подря́д I *сущ. м* Vertrág *m* (1*), Kontrákt *m* (1), Áuftrag *m* (1*); аре́ндный ~ Páchtvertrag *m*; брига́дный ~ Brigáde-Vertrag *m*; заключи́ть семе́йный ~ éinen Famílienvertrag schlíeßen

подря́д II *нареч.* nacheinánder, hintereinánder, der Réihe nach, reihúm; пять часо́в ~ fünf Stúnden hintereinánder; всё ~ álles óhne Áusnahme

подряди́ть *разг. уст.* díngen* *vt*; ~ рабо́чих Árbeiter díngen* [in Dienst néhmen*, éinstellen]; **~ся** *разг. уст.* sich verdíngen*, in Dienst tréten*

подря́дн||ый Vertrágs-; ~ая строи́тельная организа́ция Vertrágsbauorganisation *f* (10), Báuausführungsorganisation *f*; ~ые рабо́ты Áuftragsarbeiten *pl*; ~ым спо́собом vertrágsmäßig

подря́дчик *м* Áuftragnehmer *m* (6), Unternéhmer *m* (*предприниматель*); Lieferánt *m* (8) (*поставщик*); генера́льный ~ Generálauftragnehmer *m*

подряжа́ть *см.* подряди́ть; **~ся 1.** *см.* подряди́ться; **2.** *страд.* éingestellt wérden

подря́сник *м* Únterkleidung *f* (10), Léibrock *m* (1*) (*der Geistlichen*)

подсади́ть 1. (*помочь сесть, взобраться*) hináufhelfen* *vi* (кого́-л. *D*); **2.** (*посадить рядом*) nében j-n sétzen; **3.** (*растения*) náchpflanzen *vt*

подса́дка *ж* (*растений*) Náchpflanzen *n* -s

подса́живаться *см.* подсе́сть

подса́ливать *см.* подсоли́ть

подса́харить *разг.* noch Zúcker hinéintun* (что-л. in *A*), náchsüßen *vt*

подса́чивать *см.* подсочи́ть

подсве́чивать von únten beléuchten

подсве́чник *м* Léuchter *m* (6); Kérzenhalter *m* (6)

подсви́нок *м с.-х.* Läufer *m* (6), Läuferschwein *n* (2)

подсви́стывать náchpfeifen* *vi*

подсе́в *м* Úntersaat *f* (10), Náchsaat *f*

подсева́ть *см.* подсе́ять

подседе́льник *м* Sáttelunterdecke *f* (11)

подсека́ть *см.* подсе́чь

подсе́кция *ж* Úntersektion *f* (10)

подсемья́ *ж биол.* Únterfamilie *f* (11)

подсе́сть (*к кому-л.*) sich zu j-m näher sétzen; sich nében j-n sétzen, sich zu j-m sétzen; áufsteigen* *vi* (s) (*на телегу*); zústeigen* *vi* (s) (*в поезд*)

подсе́чь 1. (von únten) ábhauen* (*impf* háute ab) *vt*; **2.** (*рыбу*) die Ángel ánziehen*

подсе́ять 1. náchsäen *vt*; **2.** (*между всходами*) úntersäen *vt*

подсиде́ть, подси́живать *разг.* (*кого-л.*) intrigíeren *vi* (gégen *A*), Ränke schmíeden (gégen *A*); j-m éine Fálle stéllen; j-n réinlegen *отд.*, j-n ánschießen*

подси́нивать, подсини́ть bläuen *vt*

подсисте́ма *ж* Úntersystem *n* (2), Súbsystem *n*

подска́бливать *см.* подскобли́ть

подсказа́ть 1. vórsagen *vt*; souffliéren [zu-] (*суфлировать*); **2.** (*навести на мысль, внушить*) éingeben* *vt*, diktíeren *vt*; auf den Gedánken bríngen* *vt*; его́ поведе́ние бы́ло подска́зано всей ситуа́цией sein Benéhmen würde durch die gánze Situatión bedíngt [diktíert]

подска́зка *ж* Vórsagen *n* -s

подска́зыв||ать *см.* подсказа́ть; здра́вый смысл ~ает... der gesúnde Ménschenverstand legt náhe...

подскака́ть heránsprengen *vi* (s) (к кому́-л., к чему́-л. an *A*)

подска́кивать 1. *см.* подскочи́ть; **2.** (*слегка подпрыгивать*) hüpfen *vi* (s)

подскобли́ть ein wénig schában

подско́к *м спорт.* Hüpfen *n* -s

подскочи́ть 1. hóchspringen* *отд. vi* (s), áufspringen* *vi* (s), áuffahren* *vi* (s); **2.** (*подбежать*) hinzúspringen* *vi* (s); **3.** *разг.* (*резко подняться*) plötzlich (án)steigen* *vi* (s)

подсласти́ть, подсла́щивать versüßen *vt*

подсле́дственный *сущ. м* Untersúchungshäftling *m* (1), Untersúchungsgefangene *m* (14)

подслепова́тый stark kúrzsichtig

подслу́живаться, подслужи́ться *разг.* sich éinkratzen, sich éinschmeicheln (к кому́-л. bei *D*), scharwénzeln *vi*, schwänzeln *vi* (um *A*)

подслу́шать beláuschen *vt* (*кого-л., что-л.*), erláuschen *vt*, ábhorchen *vt* (*что-л.*)

подслу́шив||ание *с* Hórchen *n* -s; Ábhören *n* -s; Míthören *n* -s; прибо́р для ~ания *воен.* Hórchgerät *n* (2), Láuschgerät *n*; **~ать** hórchen *vi*, láuschen *vi*, ábhören *vi*, míthören *vt*; нас никто́ не ~ает? hört uns (auch) níemand zu?, beláuscht uns (auch) níemand?

подсма́тривать *см.* подсмотре́ть

подсме́иваться sich lústig máchen (над кем-л., над чем-л. über *A*)

подсмотре́ть beláuern *vt*, héimlich beóbachten; ábgucken *vt*; spícken *vi* (*разг.*) (*у соседа по парте*)

подсне́жник *м бот.* Schnéeglöckchen *n* (7)

подсо́бка *ж разг.* Nébenraum *m* (1*)

подсо́бни||к *м разг.* Hílfsarbeiter *m* (6), Gehílfe *m* (9); **~ца** *ж разг.* Hílfsarbeiterin *f* (12), Gehílfin *f* (12)

подсо́бн||ый Hilfs-; Nében-; ~ый за́работок Nébenverdienst *m* (1), Nébeneinkommen *n* (7); ~ое помеще́ние Nébenraum *m* (1*); ~ая рабо́та Hílfsarbeit *f* (10); ~ый рабо́чий Hílfsarbeiter *m* (6), Gehílfe *m* (9); ~ое предприя́тие Hílfsbetrieb *m* (1); ~ое хозя́йство Nébenwirtschaft *f* (10); Nébenbetrieb *m*; ли́чное ~ое хозя́йство individuélle [-vi-] Háuswirtschaft

подсо́вывать *см.* подсу́нуть

подсозна́ние *с* Únterbewußtsein *n* -s

подсозна́тельн||о *нареч.* im Únterbewußtsein; **~ый** únterschwellig, únterbewußt

подсоли́ть náchsalzen (*part II* náchgesalzen *и* náchgesalzt) *vt*, (ein wénig) sálzen (*part II* gesálzt *и* gesálzen) *vt*

подсо́лнечн||ик *м* Sónnenblume *f* (11); **~ый** Sónnenblumen-; ~ое ма́сло Sónnenblumenöl *n* -(e)s

подсо́лнух *м разг.* **1.** *см.* подсо́лнечник; **2.** *мн.* ~и (*семечки*) Sónnenblumenkerne *pl*

подсо́с *м спец.* Sáugwirkung *f*, Sog *m* -(e)s

подсо́хнуть trócken wérden, allmählich trócknen (s)

подсочи́ть *лес.* hárzen *vt*

подсо́чк||а *ж лес.* Hárzung *f*, Ábharzung *f*, Hárzgewinnung *f*; произвести́ ~у hárzen *vt*, Harz gewínnen*

подспо́рье *с разг.* Áushilfe *f*, Unterstützung *f*, Stütze *f*, Hílfe *f*

подста́вить 1. únterstellen *vt*, úntersetzen *vt*; únterschieben* *vt* (*пододвинуть*); ~ но́жку кому́-л. *тж. перен.* j-m ein Bein stéllen; **2.** *мат.* (*число в буквенное выражение*) substituíeren *vt*; **3.** (*щёку и т. п.*) hínhalten* *vt*, réichen *vt*

подста́вка *ж* Ständer *m* (6); Úntergestell *n* (2), Únterlage *f* (11); Úntersetzer *m* (6); Stütze *f* (11) (*подпорка*); ~ для па́лок Stóckständer *m* (6); ~ для ножа́ и ви́лки Mésserbänkchen *n* (7); ~ для су́шки посу́ды Áblaufkorb *m* (1*) für Geschírr; ~ для о́буви (*в витрине*) Schúhständer *m*; ~ для зо́нтиков Schírmständer *m*; ~ под стака́ны Úntersetzer *m*; ~ под горя́чую посу́ду Úntersetzer *m*, Tópfuntersetzer *m*

подставля́ть *см.* подста́вить

подставн||о́й: ~о́е лицо́ úntergeschobene [vórgeschobene] Persón; Stróhmann *m* (4)

подстака́нник *м* Téeglasuntersatz *m* (1*), Úntersatz *m*

подстано́вка *ж мат.* Vertáuschung *f* (10), Substitutión *f* (10); Permutatión *f* (10)

подста́нция *ж* Únterstation *f* (10); Únterwerk *n* (2) (*электрическая*); трансформа́торная ~ Úmspannwerk *n*; распредели́тельная ~ Vertéilerwerk *n*; телефо́нная ~ Únteramt *n* (5)

подста́ть *предик.*: она́ ему́ ~ *разг.* sie ist aus demsélben Holz geschnítzt wie er

подстёгивать, подстегну́ть (*кого-л.*) *разг.* ánregen *vt*, ántreiben* *vt*, áufpeitschen *vt*; j-m Béine máchen

подстерега́ть, подстере́чь 1. beláuern *vt*; láuern *vi* (кого́-л. auf *A*); áuflauern *vi* (*D*); *охот.* ánsitzen* *vt*; **2.** (*момент и т. п.*) ábpassen *vt*

подстила́ть *см.* подостла́ть

подсти́лка *ж* Únterlage *f* (11); Streu *f* (10) (*для скота*); ~ из ветве́й Áststreu *f*; ~ из ли́стьев Láubstreu *f*

подсти́лочн||ый Únterlage-; Streu-; ~ая соло́ма Lágerstroh *n* -(e)s

подстра́ивать *см.* подстро́ить

подстрека́тель *м* Hétzer *m* (6), Áufwiegler *m* (6); Éinpeitscher *m* (6), Ánstifter *m* (6) (*зачинщик*); **~ство** *с* Áufhetzerei *f*, Áufwieg(e)lung *f*, Áufstach(e)lung *f*

подстрека́ть, подстрекну́ть 1. (*к чему-л.*) áufhetzen *vt*, áufwiegeln *vt*, áufstacheln *vt*; **2.** (*любопытство и т. п.*) réizen *vt*, schüren *vt*

подстре́ливать, подстрели́ть 1. (*застрелить*) erschíeßen* *vt*; **2.** (*ранить*) ánschießen* *vt*, tréffen* *vt*

подстрига́ть(ся) *см.* подстри́чь(ся)

подстри́чь schnéiden* *vt* (*волосы, ногти и т. п.*); stútzen *vt*, beschnéiden* *vt*, káppen *vt* (*деревья и т. п.*); **~ся** sich (*D*) das Haar schnéiden* [schéren*] (*самому*); sich (*D*) das Haar schnéiden lássen* (*в парикмахерской*)

подстро́ить 1. *стр.* ánbauen *vt*; **2.** *перен. разг.* ánstiften *vt*, áushecken *vt*

подстро́йка *ж радио* Náchstimmen *n* -s, Náchregeln *n* -s

подстро́чн||ик *м* Róhübersetzung *f* (10) zwíschen den Zéilen, Interlineárübersetzung *f*; **~ый** únterhalb der Zéile stéhend (*о знаке*); ~ое примеча́ние Fúßnote *f* (1); ~ый перево́д Róhübersetzung *f* (10) zwíschen den Zéilen, Interlineárübersetzung *f*

по́дступ *м, б. ч. мн.* ~ы Zúgang *m* (1*); Zúgangsweg *m*; Vórgelände *n* (6); возду́шные ~ы Ánflugstrecke *f* (11); Éinflugschneise *f* (11); бой на да́льних ~ах к го́роду Kämpfe im äußeren Vórfeld der Stadt; защища́ть ~ы к го́роду das Vórfeld [das Vórgelände] der Stadt vertéidigen; ◇ к нему́ ~а нет *разг.* ihm ist nicht béizukommen, man kann an ihn nicht heránkommen, er ist schwer zúgänglich

подступ||а́ть, ~и́ть 1. heránnahen *vi* (s), heránrücken *vi* (s); **2.** (*о слезах и т. п.*) áufsteigen* *vi* (s); к го́рлу ~и́л комо́к die Kéhle war wie zúgeschnürt

подступи́ться: к нему́ не ~ *разг.* ihm ist nicht béizukommen, man kann an ihn nicht heránkommen

подсуди́м||ый *м* Ángeklagte *m* (14); скамья́ ~ых Ánklagebank *f* (3)

подсу́дн||ость *ж юр.* gerichtliche Zúständigkeit, Gerichtsbarkeit *f*; **~ый** *юр.* in die Réchtsprechungstätigkeit [Jurisdiktión der Gerichte] fállend; быть ~ым како́му-л. суду́ éinem Gericht unterlíegen*

подсу́мок *м воен.* Patrónentasche *f* (11)

подсу́нуть 1. únterschieben* *vt*; **2.** *разг.* (*кому-л.*) j-m etw. (únbemerkt) zústecken

подсу́шивать, подсуши́ть vórtrocknen *vt*, (ein wénig) tróсknen *vt*, (ein wénig) ábtrocknen lássen*

подсуши́ться (ein wénig) tróсknen *vi*

подсу́шка *ж* Vórtrocknung *f*, Vórtrocknen *n* -s

подсчёт *м* Zählung *f* (10), Beréchnung *f* (10); Áuszählung *f*; Überschlag *m* (1*); ~ голосо́в Stímmenzählung *f*; die Áuszählung der Stímmen; ~ затра́т Kóstenerfassung *f*; ~ сто́имости Kóstenrechnung *f*; приме́рный ~ Überschlagsrechnung *f*; оши́бка в ~е Réchenfehler *m* (6); по предвари́тельным ~ам nach Schätzungen, schätzungsweise, nach vórläufigen Beréchnungen

подсчита́ть, подсчи́тывать réchnen *vt*, zusámmenzählen *vt*, beréchnen *vt*; überschlagen* *vt*; ~ голоса́ die Stímmen áuszählen

подсыла́ть *см.* подосла́ть

подсы́пать, подсыпа́ть hinzústreuen *vt*, hinzúschütten *vt*; hinéinschütten *vt*; éinstreuen *vt*

подсыха́ть allmählich tróсknen

подта́ивать *см.* подта́ять

подта́лкивать *см.* подтолкну́ть

подта́пливать *см.* подтопи́ть

подта́скивать *см.* подтащи́ть

подтасова́ть 1. (*карты*) betrügerisch míschen; **2.** *перен.* unterstéllen *vt*; ~ фа́кты die Tátsachen tendenziös zusámmenstellen [verdréhen]

подтасо́в||ка *ж* **1.** (*карт*) betrügerisches Míschen; **2.** *перен.* Unterstéllung *f* (10); ~ка фа́ктов tendenziöse Zusámmenstellung [Verdréhung] der Tátsachen; **~ывать** *см.* подтасова́ть

подта́чивать *см.* подточи́ть

подтащи́ть heránschleppen *vt*

подта́ять 1. (*снизу*) von únten schmélzen* [táuen]; **2.** (*немного*) ein wénig táuen

подтверди́ть bestätigen *vt*; bekräftigen *vt* (*подкрепить*); ~ получе́ние den Empfáng bescheinigen [quittíeren]; ~ пи́сьменно schríftlich bestätigen; verbriefen *vt*; ~ докуме́нтом mit éinem Dokumént belégen *vt*, dokumentíeren *vt*, dokumentárisch erhärten; ~ и́стину die Wáhrheit erhärten; **~ся** sich bestätigen; sich bewáhrheiten

подтвержда́ть *см.* подтверди́ть; **~ся 1.** *см.* подтверди́ться; **2.** *страд.* bestätigt wérden (*ср.* подтверди́ть)

подтвержде́ние *с* Bestätigung *f* (10); Bekräftigung *f* (10), Erhärtung *f* (10) (*подкрепление*); Bescheinigung *f* (10) (*документом*); документа́льное ~ úrkundliche Bestätigung; пи́сьменное ~ schríftliche Bestätigung; Beúrkundung *f* (10); найти́ но́вое ~ éine ernéute Bekräftigung erfáhren*; в ~ э́тому zur Bestätigung déssen

подтёк *м* **1.** (*от жидкости*) Wásserfleck *m* (1) (*от воды*); Fárbklecks *m* (1) (*от краски*); **2.** *мед.* blútunterlaufene Stélle

подтека́||ть 1. *см.* подте́чь; **2.** *разг.* (*давать течь*) lécken *vt*; бо́чка ~ет das Faß leckt [läuft aus]

подте́кст *м* únausgesprochener Sinn [Gedánke]

подте́ма *ж* Únterthema *n* -s, *pl* -men *u* -ta

подтере́ть áufwischen *vt*

подте́чь (*подо что-л.*) únter etw. (*A*) fließen*

подти́п *м* Úntertyp *m* (13)

подтира́ть *см.* подтере́ть

подтолкну́ть leicht stóßen*, ánstoßen* *vt*; *перен.* ánspornen *vt*, éinen Áuftrieb gében* (кого́-л. *D*)

подтопи́ть (ein wénig) héizen *vt*; ánheizen *vt*

подточи́ть 1. (áb)schléifen* *vt*; **2.** (*подгрызть*) (von únten) benágen *vt*; **3.** *перен.* (*силы, здоровье*) untergráben* *vt*; unterhöhlen *vt*; ◇ кома́р но́са не подто́чит *разг.* ≅ darán ist nichts áuszusetzen

подтру́нивать, подтруни́ть spötteln *vi* (над кем-л. über *A*)

подтушева́ть retuschíeren *vt*

подтыка́ть *см.* подоткну́ть

подтя́гивание *с* **1.** (*гайки*) Ánziehen *n* -s; **2.** *спорт.* Klímmzug *m* (1*); **3.** *воен.* Áufrücken *n* -s, Áufschließen *n* -s

подтя́гивать *см.* подтяну́ть; **~ся 1.** *см.* подтяну́ться; **2.** *страд.* féstgezogen wérden (*ср.* подтяну́ть)

подтя́жки *мн.* Hósenträger *pl*

подтя́нут||ость *ж* Disziplinìertheit *f*; Korréktheit *f*; **~ый 1.** *прич. см.* подтяну́ть; **2.** *прил.* stramm; straff; diszipliníert; korrékt; órdentlich; ~ый вид strámmes Áussehen, strámme Háltung

подтяну́ть 1. féstziehen* *отд. vt* (*затянуть*); stráffziehen* *отд. vt* (*натянуть*); *тех.* náchziehen* *vt*, ánspannen *vt*; **2.** (*поднять*) hóchziehen* *отд. vt*; ~ ги́рю у хо́диков das Gewícht [Úhrgewicht] bei der Péndeluhr hóchziehen*; **3.** (*войска*) heránziehen* *vt*; náchziehen* *vt*; **4.** (*дисциплинировать*) diszipliníeren *vt*, zur Disziplín ánhalten*; die Zügel (straff) ánziehen*; **5.** (*отстающих*) náchziehen* *vt*; náchhelfen* *vi* (кого́-л. *D*); **6.** (*подпевать*) mítsingen* *vt, vi*; **~ся 1.** *спорт.* sich hóchziehen* *отд.*; éinen Klímmzug máchen; **2.** (*в отношении дисциплины*) sich zusámmennehmen*; **3.** (*об отстающих*) sich béssern; áufholen *vi*; **4.** *воен.* áufrücken *vi* (s), áufschließen* *vi*

поду́ма||ть dénken* *vt, vi*, náchdenken* *vi* (о чём-л. über *A*); ~й, пре́жде чем сказа́ть! denk erst, éhe du sprichst!; то́лько не ~й... glaub [denk] nur nicht...; ◇ кто бы ~л! wer hätte das gedácht!; и не ~ю! *разг.* fällt mir gar nicht ein!; ~ть то́лько! *разг.* man bedénke bloß!; поду́маешь! *разг.* hast du gedácht!; pah!

поду́ма||ться *безл.*: ему́ ~лось er gláubte

поду́мывать (*о чём-л.*) etw. im Sínne háben

по-дура́цки *нареч. разг.* närrisch

подура́читься *разг.* Póssen réißen*, Scherz tréiben*

подурне́ть häßlich wérden

поду́||ть 1. (*начать дуть*) zu blásen [zu wéhen] begínnen* [ánfangen*]; ~л лёгкий ветеро́к es kam ein léichter Wind auf; **2.** (*дуть на что-л.*) pústen *vi*, blásen* *vi*; den Schmerz wégpusten (*напр. на ушибленное место*)

подучи́ть *разг.* **1.** (*урок и т. п.*) (noch étwas) lérnen *vt*; **2.** (*подговорить*) ánstiften *vt*; **3.** (*обучить*) léhren *vt*; béibringen* *vt* (кого́-л. *D*); **~ся** *разг.* lérnen *vt, vi*, erlérnen *vt*

поду́шечк||а *ж* **1.** kléines Kíssen; **2.** *мн.* ~и (*конфеты*) Kíssen *pl*; фрукто́вые ~и Frúchtkissen *pl*

подуши́ть parfümíeren *vt*; **~ся** sich parfümíeren

поду́шка *ж* **1.** Kíssen *n* (7); Kópfkissen *n*; Pólster *n* (6) (*диванная*); надувна́я ~ Lúftkissen *n*; кислоро́дная ~ *мед.* Sáuerstoffkissen *n*; ште́мпельная ~ Stémpelkissen *n*; **2.** *тех.* Láger *n* (6); *гидр., стр.* Áuflager *n*, Béttung *f* (10), Pólster *n* (6); ◇ возду́шная ~ (*на судах*) Lúftkissen *n*

поду́шн||ый: ~ая по́дать *ист.* Kópfsteuer *f* (11)

подфа́рник *м авто* Párkleuchte *f* (11), Stándlicht *n* (5)

подхали́м *м* Spéichellecker *m* (6), Kríecher *m* (6), Líebediener *m* (6); Búckelmacher *m* (6); **~а́ж** *м разг.* Speichelleckeréi *f*; Lobhudeléi *f*; **~ни-ча́ть** *разг.* líebedienern *неотд. vi*, lóbhudeln *неотд. vi* (пе́ред кем-л. *D*); **~ство** *с* Speichelleckeréi *f*; Lobhudeléi *f*, Liebedieneréi *f*

подхвати́ть, подхва́тывать 1. áufgangen* *vt*, áufgreifen* *vt*; ergréifen* *vt* (*схватить*); **2.** *разг.* (*болезнь*) sich (*D*) hólen; **3.** *перен.* áufgreifen* *vt* (*мысль*); ~ чужу́ю иде́ю sich (*D*) éine frémde Idée zu éigen máchen; **4.** (*песню*) éinfallen* *vi* (s) (in *A*); éinstimmen *vi* (in *A*)

подхлестну́ть, подхлёстывать mit der Péitsche ántreiben* (*лошадей*); *перен. разг.* ántreiben* *vt*, Ántrieb gében* (кого́-л. *D*)

подхо́д *м* **1.** Heránitreten *n* -s, Heránrücken *n* -s; *воен.* Ánmarsch *m* (1*); *мор.* Ánsteuerung *f*, Ánlaufen *n* -s; *ав.* Ánflug *m* (1*), Ánfliegen *n* -s; **2.** *перен.* (Art der) Behándlung *f*; Vórgehen *n* -s (bei *D*); Betráchtungsweise *f* (11); Árbeitsweise *f* (*к работе*); индивидуа́льный ~ individuélle [-vi-] Behándlung; individuélles Herángehen; форма́льный ~ formále Behándlung; **3.** (*точка зрения*) Stándpunkt *m* (1); Éinstellung *f* (10) (*установка*); маркси́стский ~ marxístisches Herángehen, marxístische Betráchtungsweise; но́вый ~ к веща́м éine néue Éinstellung zu den Díngen

подходи́ть *см.* подойти́; они́ о́чень подхо́дят друг дру́гу sie pássen áusgezeichnet zusámmen

подходя́щий pássend, geéignet; entsprechend (*соответствующий*)

подцве́тка *ж* Stich *m* (1); синева́тая ~ Bláustich *m*

подцепи́ть, подцепля́ть 1. ánhaken *vt*, áuffangen* *vt*; **2.** *перен. разг.* áufgabeln *vt*, erwíschen *vt*; sich (*D*) zúziehen*, sich (*D*) hólen (*болезнь и т. п.*); он подцепи́л краса́вицу er hat sich ein hübsches Mädchen ángelacht

подча́с *нареч.* mitúnter, mánchmal

подчёркивание *с* Unterstréichen *n* -s; *перен.* Betónen *n* -s, Akzentuíerung *f*, Hervórheben *n* -s

подчёркивать, подчеркну́ть unterstréichen* *vt*; *перен. тж.* betónen *vt*, akzentuíeren *vt*; hervórheben* *vt*, hervórtreten lássen* (*выделить*); ~ кра́сным rot unterstréichen* [ánstreichen*]; подчёркнуто мной Hervórhebung von mir; ва́жно подчеркну́ть es ist wíchtig hervórzuheben; подчёркнуто ве́жливый betónt höflich

подчине́н||ие *с* **1.** (*действие*) Unterwérfung *f*, Únterordnung *f*; *юр.* Unterstéllung *f*; **2.** (*состояние*) Unterstéllung *f*; Bótmäßigkeit *f* (*ист.— зави-си́мость*); должностно́е ~ие díenstliche Unterstéllung; стро́йки сою́зного [республика́нского] **~ия** zentrálgeleitete [der Uniónsrepublik unterstéllte] Báuvorhaben; быть в ~ии у кого́-л. j-m úntergeordnet sein; **3.** *грам.* Únterordnung *f*, Hypotáxe *f* (11)

подчинённый *прич.* **1.** *см.* подчини́ть; **2.** *в знач. прил. грам.* ábhängig, úntergeordnet, unterstéllt; **3.** *в знач. сущ. м* Úntergébene *m* (14), Unterstéllte *m* (14), Úntergeordnete *m* (14)

подчини́тельный *грам.*: ~ сою́з éine únterordnende Konjunktión

подчини́ть únterordnen *vt*, unterstéllen *vt*; unterwérfen* *vt* (*покорить*); **~ся** sich unterwérfen*, sich únterordnen; sich fügen (чему́-л. in *A*) (*примириться*)

подчиня́ть *см.* подчини́ть; **~ся 1.** *см.* подчини́ться; **2.** *страд.* úntergeordnet wérden (*ср.* подчини́ть)

подчи́ст||ить 1. ein wénig réinigen [säubern, pútzen]; áusputzen *vt*; áusästen *vt* (*дерево*); **2.** (*написанное*) áusradieren *vt*; **~ка** *ж* **1.** Áusputzen *n* -s; Áusästen *n* -s (*деревьев*); **2.** (*написанного*) Radíeren *n* -s

подчи́тчик *м полигр.* Náchleser *m* (6)

подчи́тывать *полигр.* vórlesen* *vt*, náchlesen* *vt*

подчища́ть *см.* подчи́стить

подшёрсток *м* Únterwolle *f*, Wínterpelz *m* -es, kléines Hálbhaar, Grúndhaar *n* -(e)s

подше́фн||ый únter Pátenschaft stéhend, Páten-; ~ая стро́йка Pátenbaustelle *f* (11); ~ая шко́ла Pátenschule *f* (11)

подшива́ть *см.* подши́ть

подши́вк||а *ж* **1.** Únternähen *n* -s; **2.** (*бумаг*) Éinheften *n* -s, Ábheften *n*; Ánnähen *n* -s; **3.** (*пачка газет*) Bündel *n* (6) zusámmengehefteter Zéitungen; **4.** (*у одежды*) Saum *m* (1*); припу́ск на ~у Sáumzugabe *f*; **5.** *стр.*: ~ кры́ши Dáchverschalung *f*

подши́пник *м* Láger *n* (6); ша́рико-вый ~ Kúgellager *n*; ро́ликовый ~ Róllenlager *n*; ~ скольже́ния Gléitlager *n*; ~ каче́ния Wälzlager *n*

подши́ть 1. (*платье*) ánnähen *vt*; únternähen *vt*; (éin)säumen *vt* (*подрубить*); **2.**: ~ подкла́дку Fútter éinnähen; **3.** (*валенки*) besóhlen *vt*; **4.** (*газету, бумаги*) ábheften *vt*; ~ к де́лу zu den Ákten légen [héften], áblegen *vt*; **5.** *стр.* (*доски*) ánschlagen* *vt*, ánbringen* *vt*

подшле́мник *м* Kópfschützer *m* (6)

подшпи́лить *разг.* mit éiner Nádel befestigen; ~ во́лосы das Haar [die Háare *разг.*] áufstecken

подшта́нники *мн. разг.* Únterhosen *pl*

подшто́пать nótdürftig [ein wénig] stópfen

подштукату́рить nótdürftig [ein wénig] verpútzen [mit Stuck bewérfen*]

подшути́ть (*над кем-л.*) j-m éinen Streich spíelen

подшу́чивать sich lústig máchen (над кем-л. über *A*)

подъеда́ть *см.* подъе́сть

подъе́зд *м* **1.** (*путь*) Áuffahrt *f*; Ánfahrtsstraße *f*, Zúfahrtsstraße *f*; **2.** (*вход*) Éingang *m* (1*); Áufgang *m* (1*); дом с тремя́ ~ами ein Haus mit drei Áufgängen

подъезди́ть *спорт.*: ~ ло́шадь ein Pferd an den Wágen gewöhnen (*приучить к упряжке*), ein Pferd zúreiten*

подъездн||о́й: ~о́й путь Zúfahrtsweg *m* (1); *ж.-д.* Nébenbahn *f* (10), Zúfahrtsgleis *n* (2); ~а́я доро́га Ánfahrtsweg *m* (1), Zúfahrtsstraße *f* (11); Zúbringer *m* (6) (*к автостраде*)

подъезжа́ть *см.* подъе́хать

подъём *м* **1.** Áufstieg *m* (1); ~ на́ гору Ersteígen *n* éines Bérges; Bérgbesteigung *f* (10); ~ водола́за Áufstieg *m* [Áuftauchen *n*] des Táuchers; **2.** (*грузов и т. п.*) Hében *n* -s, Hóchziehen *n* -s; Hóchförderung *f*, Hub *m* -(e)s; *горн.* Líften *n* -s, Förderzug *m*, Zutágeförderung *f*; ~ корабля́ Hében [Bérgen] *n* éines Schíffes; ~ шлю́пки Éinnehmen [Éinholen] *n* des Bóotes; ~ фла́га Flággenhissung *f*; **3.** (*вспашка*) Áufackern *n* -s, Pflügen *n* -s; ~ зя́би Hérbstfurche *f* (11); Hérbststurz *m* (1*); ~ па́ра Áufbruch *m* (1*); **4.** (*склон горы и т. п.*) Stéigung *f* (10), Gelä́ndesteigung *f*; круто́й ~ stéiler Ánstieg, stéile Stéigung; поло́гий ~ allmähliche Stéigung; **5.** (*энергичный рост*) Áufstieg *m* (1), Áufschwung *m* (1*); Ánwachsen *n* -s (*рост*); экономи́ческий ~ wírtschaftlicher Áufschwung [Áufstieg]; ~ наро́дного благосостоя́ния die Hébung des Vólkswohlstandes; ~ произво́дства die Stéigerung der Produktión; пережива́ть ~ éinen Áufschwung néhmen*; вы́звать ~ éinen Áufschwung áuslösen; разви́тие по пути́ ~а die Áufwärtsentwicklung; **6.** (*воодушевление*) Schwung *m* -(e)s, Áufschwung *m*; Begéisterung *f*; Elán *m* -s; Áuftrieb *m* -(e)s; полити́ческий ~ polítischer Áufschwung; высо́кий патриоти́ческий ~ gróße patriótische Begéisterung; трудово́й ~ Árbeitsenthusiasmus *m* =, Árbeitsaufschwung *m*, Árbeitselan *m*; с больши́м ~ом mit gróßem Enthusiásmus; он говори́л с (больши́м) ~ом er sprach mit (gróßem) Schwung; вы́звать небыва́лый ~ únbeschreibliche Begéisterung áuslösen; **7.** (*ноги*) Spann *m* (1), Rist *m* (1); **8.** (*сигнал*) Wécksignal *n* (2); Wécken *n* -s (*побудка*); ~! (*команда*) Áufstehen!; ~ по трево́ге Alarmíerung *f*; **9.** *ав.* Áufstieg *m* (1); **10.** *спорт.*: ~ перево-ро́том Áufschwung *m*; ◇ быть лёгким на ~ *разг.* leicht bewéglich [flink, rührig] sein; быть тяжёлым на ~ *разг.* schwérfällig sein

подъёмн||ик *м* **1.** *тех.* Áufzug *m* (1*); Héber *m* (6); *горн.* Lift *m* (1), Fáhrstuhl *m* (1*); Fördermaschine *f* (11); Hébezeug *n* (2); ручно́й ~ик Hándaufzug *m*; **2.** (*лифт*) Áufzug *m* (1*), Fáhrstuhl *m* (1*); **~ые** *сущ. мн.* Úmzugsgeld *n* (5); **~ый 1.** Hébe-; ~ый кран *тех.* Hébekran *m* (1, 1*), Kran *m*; ~ая си́ла *ав.* Áuftrieb *m* -(e)s; Trágkraft *f*, Trágvermögen *n*; ~ый механи́зм (*орудия*) Höhenrichtwerk *n* (2); ~ые механи́змы Hébezeuge *pl*, Hébevorrichtungen *pl*; ~ая маши́на *горн.* Fördermaschine *f* (11); **2.**: ~ый мост Zúgbrücke *f* (11)

подъе́сть *разг.* **1.** (*снизу*) von únten zerfréssen* [benágen]; **2.** (*всё без остатка*) álles áufessen*

подъе́хать 1. (her)ánfahren* *vi* (s); vórfahren* *vi* (s), herángefahren kómmen*; heránreiten* *vi* (s) (*верхом*); **2.** *перен. разг.* sich éinschmeicheln (к кому́-л. bei *D*)

подыгра́ть (*кому-л.*) *разг.* j-m Vórschub léisten

подыгра́ться, поды́грываться *разг.* sich éinschmeicheln (к кому́-л. bei *D*)

подыма́ть(ся) *разг. см.* подня́ть(ся)

подыска́ть áusfindig máchen, fínden* *vt*; не ~ слов kéine Wörte fínden*

поды́скивать (áus)súchen *vt*; sich úmsehen* (что-л. nach *D*)

подытóживать, подытóжить summíeren *vt*; *перен.* zusámmenfassen *vt*, áuswerten *vt*, Bilánz zíehen*

подыхáть *см.* подóхнуть

подышáть átmen *vi*; ~ свéжим вóздухом frísche Luft schöpfen

подья́чий *м ист.* Ámtsschreiber *m* (6)

поедáть *см.* поéсть 2

поеди́нок *м* Zwéikampf *m* (1*), Duéll *n* (2); воздýшный ~ Lúftkampf *m*

поедóм: ~ есть 1) (*о насекомых*) únaufhörlich stéchen*; 2) *перен. разг.* j-n mit Vórwürfen plágen; schikaníeren *vt*

пóезд *м* Zug *m* (1*); Éisenbahnzug *m*; скóрый ~ Schnéllzug *m*; ~-стрелá Férnschnellzug *m* (*сокр.* FD-Zug); пассажи́рский ~ Persónenzug *m*, Réisezug *m*; товáрный ~ Güterzug *m*; товáро-пассажи́рский ~ gemíschter Zug; при́городный ~ Vórortzug *m*; ~ дáльнего слéдования Férnzug *m*; ~ мéстного сообщéния Zúbringerzug *m*; ~ прямóго сообщéния Dúrchgangszug *m*, D-Zug *m*; почтóвый ~ Póstzug *m*; служéбный ~ Díenstzug *m*; вóинский ~ Militärzug *m*; санитáрный ~ Sanitätszug *m*; *воен.* Lazaréttzug *m*; строи́тельно-монтáжный ~ Báuzug *m*; автомоби́льный ~ Lástzug *m*; ~-рефрижерáтор Kühlzug *m*; встрéчный ~ Gégenzug *m*; ~ метрó Ú-Bahn-Zug *m*, Métrozug *m*; ~ дрýжбы Fréundschaftszug *m*; пусти́ть дополни́тельные ~á Entlástungszüge éinsetzen; ◇ свáдебный ~ Hóchzeitszug *m*

поéздить fáhren* *vi* (s); réisen *vi* (*путешествовать*)

поéздка *ж* Fahrt *f* (10); Réise *f* (11) (*путешествие*); Áusflug *m* (1*) (*экскурсия*); деловáя ~ Geschäftsreise *f*; увесели́тельная ~ Vergnügungsfahrt *f*; инспекциóнная ~ Besíchtigungsreise *f*; ~ по гóроду Stádtrundfahrt *f*; ~ за гóрод Áusflug ins Grüne

поездн||óй Zug-; ~áя бригáда Zúgpersonal *n* (2), Zúgbegleitung *f* (10)

поёмный: ~ луг Márschwiese *f* (11)

поéсть 1. (*съесть немного*) étwas éssen*; 2. (*всё*) álles áufessen*

поéхать (hín)fáhren* *vi* (s)

поáдничать *см.* жáдничать

пожалé||ть 1. (*кого-л.*) bemítleiden *vt*; Mítleid háben (mit *D*); 2. (*о чём-л.*) bedáuern *vt*; никтó об э́том не ~ет níemand wird das bedáuern; es wird kein Hahn danách krähen (*разг.*); ты ещё ~ешь об э́том du wirst das noch bedáuern, es wird dir noch leid tun; du wirst dich noch úmsehen (*разг.*); 3.: не ~ть ни сил ни трудá kéine Ánstrengung [kéine Mühe] schéuen

пожáловать I *уст.* (*подарить*) verléihen* *vt*; beschénken *vt*; befördern *vt*; ~ в дворя́нство in den Ádelsstand erhében*

пожáловать II *уст., теперь ирон., шутл.* (*прийти*) kómmen* *vi* (s); добрó ~! willkómmen!

пожáловаться sich beschwéren, sich beklágen (комý-л. bei *D*, на что-л. über *A*)

пожáлуй 1. *вводн. сл.* wahrschéinlich, wohl; am Énde (*чего доброго*); 2. *частица* (*не возражаю*) méinetwegen

пожáлуйста *частица* bítte (sehr), bítte schön; wenn ich bítten darf; ◇ скажи́(те), ~! na, ság(en Sie) mal!

пожáр *м* Brand *m* (1*); Schádenfeuer *n* (6); Féuersbrunst *f* (3); больщóй ~ Gróßfeuer *n*; Gróßbrand *m*; леснóй ~ Wáldbrand *m*; рудни́чный ~ Grúbenbrand *m*; вспы́хнул ~ ein Féuer ist áusgebrochen; о ~е звони́ть 01 bei Féuer 01 (null-eins) ánrufen*; борьбá с ~ами Brándbekämpfung *f*; затуши́ть ~ den Brand éindämmen; ~ войны́ Kríegsbrand *m*; ◇ как на ~ *разг.* brándeilig; бежáть как на ~ *разг.* rénnen wie ein geölter Blitz [wie ein ángestochenes Schwein]; не на ~ *разг.* kéine Éile!, es brennt ja nicht!

пожáр||ище *с* Brándstätte *f* (11); Brándfläche *f* (11); **~ник** *м см.* пожáрный 2; **~ный** *прил.* 1. Féuer-; Lösch-; ~ная комáнда Féuerwehr *f* (10), Löschmannschaft *f* (10); ~ная дружи́на fréiwillige Féuerwehr; ~ная охрáна Brándschutz *m* -es; ~ный сигнáл Féuermelder *m* (6); ~ная тревóга Féueralarm *m* (1); ~ная автомаши́на Löschfahrzeug *n* (2); ~ное депó Féuerwache *f* (11); опáсно в ~ном отношéнии féuergefährlich; ◇ на вся́кий ~ный слýчай *разг.* für den Nótfall; 2. *в знач. сущ. м* Féuerwehrmann *m* (4) (*pl тж.* -leute)

пожáтие: ~ рукú Händedruck *m* (1*)

пожáть I: ~ рýку die Hand drükken; ~ плечáми die Áchseln [mit den Áchseln] zúcken

пожáть II (*получить*) érnten *vt*; ~ плоды́ своéй рабóты die Früchte séiner Árbeit érnten; ~ лáвры Lórbeeren érnten; что посéешь, то и пожнёшь *посл.* wie die Saat, so die Érnte

пождáть *разг.* (éine Zéitlang) wárten *vi* (auf *A*)

пожевáть (étwas, ein wénig) káuen *vt*; ~ губáми die Líppen káuen

пожелáн||ие *с* Wunsch *m* (1*); Glückwünsche *pl*; прими́те мои́ наилýчшие ~ия néhmen Sie méine bésten Glückwünsche entgégen

пожелáть wünschen *vt*

пожелтéлый vergílbt

пожелтéть vergílben *vi* (s), gelb wérden; ~ от врéмени áltersgelb wérden; слегкá ~ leicht ángilben *vi* (s)

пожени́ть verhéiraten *vt*; **~ся** sich verhéiraten

пожéртвов||ание *с* Spénde *f* (11); сбор ~аний Spéndensammlung *f* (10); Kollékte *f* (11) (*в церкви*); **~ать** *см.* жéртвовать

пожи́ва *ж разг.* Vórteil *m* (1), Gewínn *m* (1)

пожив||áть: как вы ~áете? *разг.* wie geht es Íhnen?, wie steht's (mit dem Befínden)?; как ~áют дéти? was máchen die Kínder?

поживи́ться *разг.* Vórteil zíehen*; sein Schäfchen ins tróckne bríngen*; éinen gúten Schnitt máchen; ~ за чей-л. счёт sich (*D*) auf j-s Kósten éinen gúten Tag máchen; ~ чужи́м добрóм sich (*D*) frémdes Gut áneignen

пожи́зненн||ый lébenslänglich; auf Lébenszeit, auf Lébensdauer; ~ая пéнсия Rénte *f* auf Lébenszeit; ~ое заключéние lébenslängliche Haft

пожилóй bejáhrt, betágt; bei Jáhren (*предик.*); он ужé ~ человéк er ist schon ein älterer Mann; ~ вóзраст vórgeschrittenes Álter

пожимáть *см.* пожáть I

пожинáть *см.* пожáть II

пожирáть verschlíngen* *vt*; ◇ ~ глазáми когó-л. j-n mit den Áugen verschlíngen*

пожи́тк||и *мн. разг.* Hábseligkeiten *pl*; со всéми ~ами mit Sack und Pack

пожи́ть 1. (éine Zéitlang) lében *vi*; 2. *разг.* (*в своё удовольствие*) das Lében genießen*; ◇ поживём — уви́дим *погов.* kommt Zeit, kommt Rat

пожрáть *см.* пожирáть

пожури́ть *разг.* rügen *vt*

пожýхлый blaß, glánzlos; welk (*высохший*)

пóз||а *ж* Póse *f* (11); Positúr *f* (10), Stéllung *f* (10), Háltung *f* (10); приня́ть ~у sich in Positúr sétzen [wérfen*]; sich in Póse rücken; сидéть в своéй люби́мой ~е in séiner Líeblingshaltung sítzen*

позабóтиться sórgen *vi*, Sórge trágen* (о ком-л., о чём-л. für *A*); sich (*D*) etw. ángelegen sein lássen*

позабывáть *разг. см.* забы́ть 1

позабы́ть *разг. см.* забы́ть

позави́довать *см.* зави́довать

позáвтракать *см.* зáвтракать

позавчерá *нареч.* vórgestern; **~шний** vórgestrig

позади́ 1. *нареч.* hínten; оставля́ть когó-л. далекó ~ j-n weit hínter sich zurücklassen*; сáмое тяжёлое остáлось ~ das Schwérste ist vorbéi [vorüber]; wir háben das Schwérste hínter uns; 2. *предлог* hínter (*D на вопрос «где?»*)

позаи́мствовать *см.* заи́мствовать

позапрóшлый *разг.* vórvorig

позарéз *нареч. разг.* sehr dríngend, áußerordentlich

позáриться *разг.* erpícht sein (на что-л. auf *A*)

позвáть 1. rúfen* *vt*; 2. (*пригласить*) kómmen lássen* *vt*

по-звéрски *нареч.* bestiálisch; brutál

позволéн||ие *с* Erláubnis *f* (3); Bewílligung *f* (10), Genéhmigung *f* (10) (*согласие*); проси́ть ~ия um Erláubnis bítten*; с вáшего ~ия wenn Sie erláuben [gestátten]; ◇ с ~ия сказáть *разг.* mit Verláub zu ságen

позволи́тельн||ый erláubt; státthaft (*допустимый*); ~о спроси́ть es sei gestáttet zu frágen; es sei die Fráge erláubt

позвóлить, позволя́ть 1. erláuben *vt*, gestátten *vt*; ~ себé что-л. sich (*D*) etw. léisten [genéhmigen], sich (*D*) die Fréiheit néhmen*; позвóлить себé ряд крити́ческих замечáний sich (*D*) éine Réihe krítischer Äußerungen gestátten; ~ себé сли́шком мнóго sich (*D*) zuvíel heráusnehmen* [erláuben]; позвóльте спроси́ть gestátten Sie mir die Fráge; позвóльте! áber erláuben Sie mal!; 2. (*дать возможность*) zúlassen* *vt*; ermöglichen *vt*; здорóвье мне не позволя́ет méine Gesúndheit erláubt mir nicht

позвони́ть klíngeln *vi* (комý-л. bei j-m); läuten *vi* (*австр.*); ~ комý-л. по телефóну j-n ánrufen*

позвонóк *м анат.* Wírbel *m* (6); шéйный ~ Hálswirbel *m*; спиннóй ~ Rückenwirbel *m*

позвонóчн||ик *м анат.* Wírbelsäule *f* (11), Rückgrat *n* (2); **~ые** *сущ. мн. зоол.* Wírbeltiere *pl*; **~ый** Wírbel-; ~ый столб Wírbelsäule *f* (11)

позднеромáнский: ~ стиль *архит.* spätromanischer Stil

пóздн||ий 1. spät; ~ей óсенью im Spätherbst; в ~ий час zu später Stúnde, zu vórgerückter Stúnde; до ~ей нóчи bis tief in die Nacht hinéin; 2. (*запоздалый*) verspätet, spät; ~ий гость später Gast; ◇ сáмое ~ее spätestens; не ~ée чем... nicht später als..., spätestens am... (*о дате*)

пóздно *нареч.* spät; ~ вéчером spät am Ábend; ◇ рáно и́ли ~ über kurz óder lang; лу́чше ~, чем никогда́ bésser spät als nie

поздоро́ваться (be)grüßen *vt*

поздорове́ть gesúnd wérden; zúnehmen* *vi*, stärker wérden (*пополнеть*)

поздоро́ви||ться *безл.*: ему́ не ~тся *разг.* er wird dran gláuben müssen; das wird ihm übel bekómmen

поздрави́тельн||ый Glückwunsch-; Gratulatións-; ~ая телегра́мма Glückwunschtelegramm *n* (2)

поздра́вить beglückwünschen *vt* (кого́-л. с чем-л. j-n zu *D*), gratulíeren *vi* (j-m zu *D*)

поздравле́н||ие *с* Glückwunsch *m* (1*), Gratulatión *f* (10); Glückwunschschreiben *n* (7) (*письменное*); ~ие с Но́вым го́дом Néujahrsglückwunsch *m*; принима́ть ~ия Glückwünsche entgégennehmen*

поздравля́||ть *см.* поздра́вить; ◇ с чем вас и ~ю! *ирон.* ≅ da háben Sie's!, da háben Sie die Beschérung!, prost Máhlzeit

позёвывать *разг.* ab und zu gähnen

позелене́ть grün wérden

позём *м с.-х.* Stálldünger *m* -s

поземе́льный Grund-, Bóden-; zum Grund und Bóden gehörig; ~ нало́г Grúndsteuer *f* (11)

позёмка *ж* Schnéetreiber *n* -s; мела́ ~ der Wind trieb den Schnee über den Bóden

позёр *м* Poseur [-'zø:r] *m* (1), Wíchtigtuer *m* (6); ~**ство** *с* Wíchtigtuerei *f*

по́же *нареч.* später; не ~, чем в три часа́ spätestens um drei Uhr

по-зи́мнему *нареч.* wínterlich, wíntermäßig

пози́ровать 1. (*художнику*) Modéll stéhen*, j-n sítzen*; 2. *перен.* posíeren *vi*, sich (*D*) éine gekünstelte Háltung gében*; scháuspielern *vi*

позити́в *м фото* Pósitiv *n* (2)

позитив||и́зм *м филос.* Positivismus [-'vis-] *m* =; ~**и́ст** *м* Positivist [-'vist] *m* (8)

позити́вн||ый 1. pósitiv; 2. *фото* pósitiv; ~ый отпеча́ток Pósitiv *n* (2), Pósitivbild *n* (5)

позитро́н *м физ.* Pósitron *n* -s, -trónen, pósitives [-vəs] Elektrón

позицио́нн||ый Stéllungs-; ~ая война́ Stéllungskrieg *m* (1)

пози́ц||ия *ж* 1. *воен.* Stéllung *f* (10); *мор. тж.* Positión *f* (10); передова́я ~ия vórgeschobene Stéllung; исхо́дная ~ия Áusgangsstellung *f* (*сокр.* Ag-St); оборони́тельная ~ия Vertéidigungsstellung *f*; морска́я ~ия Séeposition *f*; сме́на ~ий Stéllungswechsel *m* (6); заня́ть ~ию éine Stéllung bezíehen*; стоя́ть на ~ии in éiner Stéllung líegen*; оставля́ть ~ию éine Stéllung áufgeben* [räumen]; 2. *перен.* Stándpunkt *m* (1), Éinstellung *f* (10), Stéllungnahme *f*; Háltung *f* (10); осно́вная ~ия Grúndhaltung *f*; ключева́я ~ия Schlüsselposition *f*, Schlüsselstellung *f*, führende Positión; кла́ссовая ~ия Klássenstandpunkt *m*; занима́ть я́сную [реалисти́ческую, вражде́бную, выжида́тельную] ~ (в како́м-л. вопро́се) (in éiner Fráge) éine kláre [realístische, féindliche, ábwartende] Háltung éinnehmen*; стать на ~ии рабо́чего кла́сса sich auf den Stándpunkt der Árbeiterklasse stéllen; твёрдо стоя́ть на свое́й ~ии séine Positión beháupten; стоя́ть на (не)пра́вильной ~ии (k)éine ríchtige Éinstellung háben; теря́ть свои́ ~ии séine Positiónen éinbüßen

позли́ть *разг.* ein wénig ärgern

позна́бливание *с* Frösteln *n* -s

познава́ем||ость *ж* Erkénnbarkeit *f*; ~**ый** erkénnbar

познава́тельн||ый: ~ая спосо́бность Erkénntnisvermögen *n* -s, Erkénntniskraft *f*; кни́га име́ет ~ое значе́ние das Buch vermíttelt víele Kénntnisse; ~ая це́нность Erkénntniswert *m* -(e)s

познава́ть *см.* позна́ть; ~**ся** sich erkénnen lássen*, sich erwéisen*

познако́мить bekánnt máchen (с кем-л., с чем-л. mit *D*); vórstellen *vt* (*представить*); Éinblick gében* (in *A* — *с документами и т. п.*); бли́же ~ кого́-л. с чем-л. j-m etw. náhebringen*; разреши́те вас ~ с... darf ich Sie bekánnt máchen mit...; ~**ся** bekánnt wérden (с кем-л., с чем-л. mit *D*); kénnenlernen *отд. vt*; éinen Éinblick néhmen* (in *A* — *с документами и т. п.*)

позна́н||ие *с* 1. *филос.* Erkénntnis *f*; тео́рия ~ия Erkénntnistheorie *f*; проце́сс ~ия Erkénntnisprozeß *m* -sses; 2. *мн.* ~ия (*сведения*) Kénntnisse *pl*

позна́ть 1. erkénnen* *vt*; 2. (*испытать*) erfáhren* *vt*; ~ го́ре [нужду́] Leid [Not] erfáhren* [kénnenlernen]

позоло́т||а *ж* Vergóldung *f*; с ~ой mit Góldauflage; ~**и́ть** vergólden *vt*; ◇ ~и́ть пилю́лю éine bíttere Píllе versüßen

позо́р *м* Schmach *f*, Schánde *f*; Blamáge [-ʒə] *f* (11); покры́ть себя́ ~ом Schánde auf sich láden*; быть ~ом чего́-л. zur Schánde geréichen; с ~ом mit Schimpf und Schánde; ~**ить** 1. (*бесчестить*) entéhren *vt*, schänden *vt*; 2. (*выставлять в плохом свете*) in Verrúf [üblen Ruf] bríngen*, verrúfen* *vt*; ~**ный** schändlich, schímpflich, schmählich; schmáchvoll, blamábel; ◇ поста́вить кого́-л. к ~ному столбу́ j-n an den Pránger stéllen, j-n ánprangern

позуме́нт *м* Posamént *n* (13), Besátzband *n* (5)

позы́в *м* Verlángen *n* -s, Drang *m* -(e)s; ~ на рво́ту Bréchreiz *m* -es

позывны́е *сущ. мн. радио* Rúfzeichen *pl*; Páusenzeichen *n* (7) (*радиовещания*)

поигра́ть (ein wénig) spíelen *vi*

поиздержа́ться *разг.* sein gánzes Geld áusgeben*; sich veráusgaben

по́илка *ж* (*для скота*) Tränke *f* (11); автомати́ческая ~ Sélbsttränke *f*

поимённ||о *нареч.* námentlich; ~**ый** Námen(s)-; námentlich; ~ый спи́сок Námenliste *f* (11), Námenverzeichnis *n* (3*); ~ое голосова́ние námentliche Ábstimmung

поименова́ть benénnen* *vt*, bezéichnen *vt*; áufzählen *vt*, ánführen *vt* (*перечислить*)

по́имка *ж* Áuffangen *n* -s, Ertáppen *n* -s, Ergréifen *n* -s

поиму́щественный: ~ нало́г Vermögenssteuer *f* (11)

поинтересова́ться sich interessíeren (чем-л. für *A*), ein gewísses Interésse áufbringen* (für *A*)

по́иск *м* 1. *воен.* Spähtruppunternehmen *n* (7); 2. *выч. тех.* Súchen *n* -s, Súche *f*; информацио́нный ~ Informatiónssuche *f*; *см. тж.* по́иски

поиска́ть súchen *vt*

по́иск||и *мн.* 1. Súche *f*, Súchen *n* -s, Náchforschungen *pl*; Súchaktionen *pl*, Súchmaßnahmen *pl*; в ~ах чего́-л. auf der Súche nach etw. (*D*); в ~ах кварти́ры auf Wóhnungssuche; тво́рческие ~и schöpferische Únrast; отправля́ться на ~и auf Súche géhen*; 2. *геол.* Áufsuchen *n* -s, Prospektíeren *n* -s, Erschürfen *n* -s

поискови́к *м* (*геолог*) Schürfer *m* (6), Prospektíerer *m* (6)

по́исков||ый 1. Such-; ~ая гру́ппа Súchmannschaft *f* (10); 2. *геол.* Prospektíerungs-; Schürf-; ~ые рабо́ты Súcharbeiten *pl*

пои́стине *нареч.* wáhrlich, wahrháftig

пои́ть zu trínken gében* (кого́-л. *D*); tränken *vt* (*животных*); ~ кого́-л. ча́ем (*угощать*) j-n mit Tee bewírten

по́йло *с* (*для скота*) Trank *m* (1*) (für das Vieh)

по́йма *ж* Áue *f* (11), Überschwémmungsgebiet *n* (2); ~ реки́ Flúßaue *f*, (überschwémmte) Flúßniederung *f* (10)

пойма́ть fángen* *vt*; erwíschen *vt*, ertáppen *vt*; ~ кого́-л. на ме́сте преступле́ния j-n auf fríscher Tat ertáppen; ◇ ~ кого́-л. на сло́ве j-n beim Wórte néhmen*

по́ймен||ный Áu(en)-; ~ые луга́ Áuenwiesen *pl*; ~ый лес Áuenwald *m* (4)

по́йнтер *м* (*порода собак*) Póinter *m* (6)

пойти́ *см.* идти́; пошли́! géhen wir!; пошёл! *разг.* los!, vórwärts!; пошёл вон! *разг.* scher' dich fort, páck(e) dich!; не ~ впрок kéinen Nútzen [Ségen] bríngen*; ~ на что́-либо sich auf etw. éinlassen*; (*рискуя*) es auf etw. (*A*) ánkommen lássen*; ему́ пошёл деся́тый год er ist neun Jáhre (alt); ему́ пошёл сороково́й год er geht ins víerzigste Jahr; ◇ е́сли на то пошло́ wenn es drauf ánkommt

пока́ 1. *союз* (*в то время как*) während, solánge; на́до поговори́ть с ним, ~ он там man muß mit ihm spréchen, solánge er dort ist; 2. *союз* (*до тех пор пока*) bis; подожди́, ~ я приду́ wárte, bis ich kómme; он не мо́жет написа́ть письмо́, ~ не узна́ет а́дреса er kann den Brief nicht schréiben, bevór er die Adrésse nicht weiß; 3. *нареч.* (*в ожидании*) vórläufig, éinstweilen; fürs érste (*сперва*); ~ что vórerst, vórläufig, unterdéssen; ◇ ~! *разг.* bis nachhér, bis später!, bis dann!, bis dáhin!, (auf) Wíederhören! (*по телефону*)

пока́з *м* Schau *f*; Vórführung *f* (10), Demonstríerung *f*, Scháuveranstaltung *f*; ~ (кино)фи́льма Fílmvorführung *f*; ~ мод Módenschau *f*; ~ достиже́ний Léistungsschau *f*

показа́н||ие *с* 1. (*в суде и т. п.*) Áussage *f* (11); ло́жное ~ие fálsche Áussage [Erklärung]; свиде́тельское ~ие Zéugenaussage *f*; ~ия сторо́н Áussagen der Partéien; дава́ть ~ия áussagen *vt*, éine Áussage máchen; 2. (*прибора*) Ángabe *f* (11); Ánzeige *f* (11), Ánzeigewert *m* (1); ~ие счётчика Zählerstand *m* -(e)s; ~ие термо́метра Thermométerstand *m*; 3. *мед.* Indikatión *f* (10), Héilanzeige *f* (11)

показа́тел||ь *м* 1. Kénnziffer *f* (11); Kénnwert *m* (1), Méßwert *m*; Índex *m* (1) (*pl тж.* -dizes), Índexziffer *f*; Grádmesser *m* (6); Mérkmal *n* (2) (*признак*); *мед.* Indikatión *f*; сре́дний ~ь Dúrchschnittskennziffer *f*; (наи)вы́сший ~ь Béstwert *m*; Béstleistung *f* (10) (*достижение*); произво́дственные ~и Prodúktiónsziffern *pl*; име́ть са́мые лу́чшие произво́дственные ~и der Léistungsbeste sein; экономи́ческие ~и ökonómische Kénnziffern; те́хнико-экономи́ческие ~и téchnisch-ökonómische Kénnziffern; ка́чественный ~ь qualitative [-və] Kénnziffer; Gütekennziffer *f*; коли́чественный ~ь quantitative Kénnziffer; Méngenkennziffer *f*; водоро́дный ~ь pH-Wert *m*, Wásserstoffionenexponent *m* (8); цифровы́е ~и Záhlenangaben *pl*; ~ь твёрдости Féstigkeitsindex *m*; ~ь теплопрово́дности Wärmeleitzahl *f* (10); э́то ~ь (*чего-л.*) das ist ein Grádmesser (für *A*); **2.** *мат.* Exponént *m* (8), Índex *m* (1) (*pl тж.* -dizes); **3.** *мед.* Ánhalt *m* -(e)s; Zéichen *n* (7), Indikatión *f* (10); ~ь ра́ка Ánhalt an Krebs; ~ь опери́руемости Operatiónsindikation *f*

показа́тельн||ый 1. (*образцовый*) Múster-, mústergültig, Schau-; ~ый уро́к Músterstunde *f* (11); дать ~ый уро́к éine Músterstunde ábhalten*; ~ая ле́кция Músterlektion *f* (10); ~ый магази́н Músterverkaufsstelle *f* (11); **2.** *юр.*: ~ый суд [проце́сс] Scháuprozeß *m*; **3.** (*характерный*) bezéichnend, kénnzeichnend, charakterístisch [ka-]; э́то о́чень ~о das läßt tief blícken

показа́ть 1. zéigen *vt*, áufzeigen *vt*; áufweisen* *vt*, síchtbar máchen; séhen lássen*; ~ что-л. в де́йствии etw. práktisch vórführen; ~ себя́ sich bewähren (*в положительном смысле*); sein wáhres Gesícht zéigen (*в отрицательном смысле*); ~ герои́зм Heroísmus bekúnden; ~ преиму́щество нова́торского ме́тода die Vórteile der Néuerermethode áufzeigen; ~ това́р лицо́м *разг.* éine Sáche von der bésten Séite zéigen; и ви́ду не ~ sich (*D*) nichts ánmerken lássen*; **2.** (*указать*) (hín)wéisen* *vi* (на кого́-л., на что-л. auf *A*); **3.** (*дать показания*) ángeben* *vt*; áussagen *vt* (*в суде, на допросе и т. п.*); ◇ он тебе́ пока́жет! *разг.* der wird dir's gében!, er wird dich léhren!; ~ся **1.** sich zéigen, sich séhen lássen*; erschéinen* *vi* (s) (*появиться*); ~ся кому́-л. на глаза́ j-m únter die Áugen tréten*; ~ся врачу́ sich dem Arzt zéigen; **2.** *безл.* (*почудиться*) schéinen* *vi*, vórkommen* *vi* (s); мне показа́лось, что... es schien mir, daß.., es kam mir vor..., es war mir, als ob...

показно́й Schein-; zum Schein, äußerlich; vórgetäuscht, (nur) zur Schau gestéllt; носи́ть [име́ть] ~ хара́ктер vórgespiegelt sein

показу́ха *ж разг.* Schau *f*, vórgetäuschte Léistungen [Aktivitäten]; э́то сплошна́я ~! das ist doch ein Parádepferd!

пока́зывать *см.* показа́ть; ~ся **1.** *см.* показа́ться 1; **2.** *страд.* gezéigt wérden (*ср.* показа́ть)

пока́лыва||ть: у него́ ~ет в боку́ er hat Séitenstechen

пока́мест *нареч. разг. см.* пока́ 3

покара́ть stráfen *vt*, bestráfen *vt*; áhnden *vt*

покарау́лить *разг.* áufpassen *vi*, áuflauern *vi* (кого́-л. *D*)

поката́ть *см.* ката́ть 1, 2; ~ся *см.* ката́ться

покати́ть 1. róllen *vt*; **2.** *разг.* (*поехать*) fáhren* *vi* (s); ~ся róllen *vi* (s), ins Róllen kómmen*; ◇ ~ся со́ смеху *разг.* sich vor Láchen wälzen [bíegen*], sich krank [schief] láchen

пока́т||ость *ж* Ábschüssigkeit *f*; Ábhang *m* (1*); ~ый ábschüssig, ábfallend; ◇ ~ый лоб flíehende Stirn

покача́ть 1. (ein wénig) scháukeln *vt*; ~ голово́й den Kopf schütteln; **2.** (*ребёнка*) wíegen *vt*, scháukeln *vt*; **3.** (*воду и т. п.*) púmpen *vt*; ~ся sich ein wénig scháukeln

пока́чивание *с* **1.** Scháukeln *n* -s; **2.** (*ребёнка*) Wíegen *n* -s

пока́чивать *см.* покача́ть 1, 2; *мор.* schlíngern *vi*; меня́ пока́чивает ich táum(e)le; ~ся wánken *vi*, táumeln *vi*

покачну́ть ins Wánken bríngen*, wánkend máchen; ~ся wánken *vi*, schwánken *vi*, ins Wánken geráten*

пока́шлив||ание *с* Hüsteln *n* -s; ~ать hüsteln *vi*

пока́шлять éinige Mále [éinigemal] hústen

покая́ние *с* **1.** *рел.* Búße *f* (11); Béichte *f* (11) (*исповедь*); **2.** *перен.* Réue *f*; чистосерде́чное ~ áufrichtige [von Hérzen kómmende] Réue; ◇ отпусти́ть ду́шу на ~ j-n in Rúhe lássen*

покая́нн||ый réuevoll, Buß-; ~ые ре́чи Wórte der Réue

кая́ться (*сознаться*) bekénnen* *vt*, Búße tun*, béichten *vt*

покварта́льно *нареч.* víerteljährlich, quartálsweise

поквита́ться *разг.* ábrechnen *vi* (с кем-л. mit *D*)

по́кер *м карт.* Pókerspiel *n* -(e)s; игра́ть в ~ pókern *vi*

покида́ть I *разг.* (*побросать*) (wég-) wérfen* *vt*

покида́ть II, **поки́нуть** (*уходить, оставлять*) verlássen* *vt*; im Stich lássen* (*оставлять без помощи*)

поклада́я: не ~ рук óhne Únterlaß, únunterbrochen, páusenlos

покла́дист||ость *ж* Willfährigkeit *f*, Náchgiebigkeit *f*, Wílligkeit *f*, Verträglichkeit *f*; ~ый fügsam, wíllfährig, náchgiebig, wíllig, úmgänglich, verträglich

покла́жа *ж* Ládung *f* (10), Fracht *f* (10); Gepäck *n* -(e)s (*багаж*)

поклёп *м разг.* Verléumdung *f* (10); возвести́ ~ на кого́-л. j-n verléumden

покло́н *м* Verbéugung *f* (10); Gruß *m* (1*) (*приветствие*); земно́й ~ tíefe Verbéugung bis zur Érde, Kníefall *m* -(e)s; переда́ть кому́-л. ~ j-m éinen Gruß bestéllen, j-n grüßen lássen*; переда́ть от кого́-л. ~ von j-m éinen Gruß überbríngen* [áusrichten]; ◇ идти́ к кому́-л. на ~ sich vor j-m démütigen; идти́ к кому́-л. с ~ом j-n um etw. (*A*) ergébenst bítten*

поклоне́ние *с* **1.** Ánbetung *f*; Kult *m* (1) (*культ*); ~ трёх волхво́в *рел.* die Ánbetung der drei Könige; **2.** (*преклонение*) Veréhrung *f*

поклони́ться 1. sich vernéigen, sich verbéugen (кому́-л. vor *D*); **2.** (*послать привет кому-л.*) j-n grüßen lássen*; (*передать привет от кого-л.*) j-s Gruß übermítteln

покло́нн||ик *м* Veréhrer *m* (6); Líebhaber *m* (6) (*любитель*); ~ик иску́сства Kúnstliebhaber *m*; ~ица *ж* Veréhrerin *f* (12); Líebhaberin *f* (12) (*любительница*)

покланя́ться 1. (*кому-л.*) ánbeten *vt*; **2.** (*таланту и т. п.*) veréhren *vt*

покля́сться schwören* *vt*, *vi*

поко́вка *ж мет.* Schmíedestück *n* (2)

поковыря́ть *разг.* éine Zéitlang [ein wénig] bóhren *vi* (в чём-л. in *D*); éine Zéitlang [ein wénig] (herúm)stóchern *vi* (*острым предметом*); éine Wéile wühlen [schárren] (*в земле*)

поко́и *мн. см.* поко́й II

поко́||иться 1. (*опираться на какое-л. основание*) rúhen *vi*; **2.** *перен.* (*основываться на чём-л.*) berúhen *vi*, fúßen *vt* (auf *A*), basíeren *vi* (auf *D*) (*основываться*); **3.** *уст.* (*об умершем*) rúhen *vi*; здесь ~тся прах (*такого-то*) hier ruht...

поко́||й I *м* (*спокойствие*) Rúhe *f*; состоя́ние ~я Rúhezustand *m* -(e)s; положе́ние ~я Rúhelage *f*; вы́вести из состоя́ния ~я aus der Rúhe bríngen*; не знать ~я kéine Rúhe háben; не дава́ть кому́-л. ~я j-m kéine Rúhe lássen*; j-n nicht in Fríeden lássen*; j-m die Hölle heiß máchen (*донимать кого-л.*); оста́вить в ~е in Rúhe lássen*; оста́вь меня́ (с э́тим) в ~е! laß mich (damít) in Rúhe!, komm mir nicht damít!; ◇ уйти́ на ~й in den Rúhestand géhen* [tréten*]; ве́чный ~й *уст.* die éwige Rúhe

поко́й II *м уст.* (*комната*) Gemách *n* (5) (*поэт. pl тж.* -e); ◇ приёмный ~ Áufnahme *f*, Áufnahmeraum *m* (1*)

поко́йн||ик *м*, ~ица *ж* Verstórbene *m*, *f* (14), Verschíedene *m*, *f* (14); ~ицкая *сущ. ж.* Tótenkammer *f* (11); ~ый *прил.* **1.** rúhig, fríedlich; behágich; bequém (*удобный*); ~ой но́чи! gúte Nacht!; бу́дьте ~ы! séien Sie rúhig!; **2.** (*умерший*) verstórben, sélig; híngegangen (*высок.*); **3.** *в знач. сущ. м* (*умерший*) Verstórbene *m* (14); Verschíedene *m* (14) (*высок.*)

поколеба́ть erschüttern *vt*; ins Schwánken bríngen*, schwánkend máchen; ~ся schwánken *vi*, ins Schwánken kómmen* [geráten*]

поколе́н||ие *с* Generatión *f* (10); Geschlécht *n* (5); молодо́е ~ие júnge Generatión; на протяже́нии жи́зни одного́ ~ия ínnerhalb éines Ménschenalters; из ~ия в ~ие von Generatión zu Generatión, vom Váter auf den Sohn; сме́на ~ий Generatiónswechsel *m* -s

по-коммунисти́чески *нареч.* kommunístisch, auf kommunístische Art

поко́нчить 1. (*с чем-л.*) beénd(ig)en *vt*, ábschließen* *vt*, erlédigen *vt*; mit etw. (*D*) Schluß máchen; éinen Schlúßstrich únter etw. (*A*) zíehen*; mit etw. (*D*) áufräumen; mit etw. (*D*) zu Ránde kómmen* (*справиться*); с э́тим поко́нчено das wäre erlédigt [ábgetan], das ist éine erlédigte [ábgetane] Sáche; **2.** (*с кем-л.— убить*) erlédigen *vt*; j-n über die Klínge spríngen lássen*; j-n zur Strécke bríngen*; ◇ ~ с собо́й, ~ жизнь самоуби́йством sich (*D*) das Lében néhmen*, Sélbstmord begéhen*

покоре́ние *с* Unterwérfung *f*; Eróberung *f* (*завоевание*)

покори́тель *м* Eróberer *m* (6), Bezwínger *m* (6); ~ ко́смоса Bezwínger des Wéltraums; ◇ ~ серде́ц *шутл.* Hérzensbrecher *m* (6)

покори́ть unterwérfen* *vt*, únterkriegen *vt* (*подчинить*); eróbern *vt* (*завоевать*); ◇ ~ чьё-л. се́рдце j-s Herz eróbern

покори́ться sich unterwérfen*; sich fügen (чему́-л. in *A*); ~ судьбе́ sich in sein Schícksal ergében*; ~ обстоя́тельствам sich in die Úmstände fügen

покорми́ть *см.* корми́ть 1, 2

поко́рнейш||ий *уст.* ergébenst; ~ая про́сьба ergébenste Bítte

поко́рн||ость *ж* Ergébenheit *f*; Unterwürfigkeit *f*, Démut *f* (*смирение, безропотность*); ~ый ergében; unterwürfig, démütig (*безропотный*); gefügig, fügsam, hörig (*уступчивый*); ◇ ваш ~ый слуга́ *уст.* Ihr (ganz) ergébener Díener

покоро́бить(ся) *см.* коро́бить(ся)

покоря́ть *см.* покори́ть; ~ся **1.** *см.* покори́ться; **2.** *страд.* unterwórfen wérden (*ср.* покори́ть)

поко́с *м с.-х.* **1.** (*сенокос*) Mähen *n*

-s, Schnéiden *n* -s, Schnitt *m* -(e)s, Héumahd *f*; **2.** (*луг*) Héuschlag *m* (1*)

покоси́ться 1. schief wérden; überhängen* *vi* (*свисать*); **2.** (*посмотреть искоса на кого-л., на что-л.*) j-n von der Séite ánsehen*, j-n ánschielen

покра́жа *ж уст.* **1.** Díebstahl *m* (1*); **2.** (*краденое*) Gestóhlene *n* (*sub*); Díebesgut *n* -e(s)

покра́с||ить ánstreichen* *vt*; ~ить во́лосы die Háare färben lássen*; **~ка** *ж* Ánstreichen *n* -s, Färben *n*

покрасне́ть rot wérden, erröten *vi* (s); ~ до уше́й bis hínter die Óhren erröten

покриви́ть *см.* криви́ть; **~ся** krumm wérden; sich néigen (*наклониться*); überhängen* *vi* (*свисать*)

покри́кивать (*на кого-л.*) j-n von Zeit zu Zeit ánschreien*

покритикова́ть *см.* критикова́ть

покрича́ть (éine Wéile, ein wénig) schréien* *vi* [rúfen* *vi*]

покро́в *м* **1.** Décke *f* (11), Bedékkung *f* (10), Belág *m* (1); Léichentuch *n* (5) (*на гроб*); сне́жный ~ Schnéedecke *f*; ледяно́й ~ Éisdecke *f* (11); расти́тельный ~ Pflánzendecke *f*, Vegetatión [ve-] *f*; защи́тный ~ *спец.* Schútzdecke *f*; **2.** *анат.* Hülle *f* (11); волосяно́й ~ Behäarung *f*; ко́жный ~ Háutdecke *f*; ◇ под ~ом но́чи [темноты́] únter dem Schléier der Nacht, éingehüllt in Dúnkelheit; набро́сить ~ на что-л. etw. vertúschen; снять [сорва́ть] ~ с чего́-л. etw. áufdecken [entlárven]

покрови́тель *м* Beschützer *m* (6); Gönner *m* (6); Schútzherr *m* (8); Schírmherr *m*; **~ница** *ж* Beschützerin *f* (12); Gönnerin *f* (12); **~ственный** Schutz-; gönnerhaft; ~ственная окра́ска *зоол.* Schútzfärbung *f* (10); ~ственный тон gönnerhafter Ton; ~ственная систе́ма *эк.* Protektionísmus *m* =; **~ство** *с* Schutz *m* -es, Protektión *f*; Begünstigung *f*, Schírmherrschaft *f*; взять кого́-л. под своё ~ство j-n únter séinen Schutz néhmen*; j-m Schutz (und Schirm) gewähren; j-n únter séine Fíttiche néhmen* (*взять под крылышко*); **~ствовать** beschützen *vt*, únter séinen Schutz néhmen*; begönnern *vt* (*ирон.*); begünstigen *vt* (*чему-л.*)

покро́||й *м* Schnitt *m* (1); Schníttform *f* (10); одина́кового ~я von gléichem Schnitt; ◇ лю́ди одного́ ~я *разг.*Ménschen vom sélben Schlag

покроши́ть *см.* кроши́ть 1

покрыва́ло *с* Décke *f* (11); Schléier *m* (6) (*вуаль*); ~ на посте́ль Tágesdecke *f*

покрыва́ть 1. *см.* покры́ть 1—7; **2.** *разг.* (*не выдавить*) verschwéigen* *vt*; **~ся 1.** *см.* покры́ться; **2.** *страд.* bedéckt wérden (*ср.* покры́ть)

покры́тие *с* **1.** Déckung *f*; **2.** *фин.* (*долгов, дефицита и т. п.*) Bestréitung *f* (10), Begléichung *f* (10); Ábdeckung *f* (10); Tílgung *f* (10) (*погашение*); **3.** *фин.* (*денежная сумма*) Déckung *f*; золото́е ~ Gólddeckung *f*; **4.** *спец.* (*верхний слой*) Déckschicht *f* (10), Ánstrich *m* (1); Belág *m* (1*); антикоррозио́нное ~ Róstschutzanstrich *m*; нару́жное ~ *стр.* Áußenanstrich *m*; **5.** *спец.* (*дорог*) Décke *f* (11), Stráßenbelag *m* (1*); Stráßendecke *f*; (автомоби́льные) доро́ги с твёрдым ~м Áutostraßen mit féster Fáhrbahn

покрытосеменны́е *сущ. мн. бот.* Bedécktsamige *sub pl*, Bedécktsamer *pl*, Angiospérmen *pl*

покры́ть 1. bedécken *vt*; zúdecken *vt*; ~ дом (*крышей*) das Haus décken; ~ землёй mit Érde bedécken; не́бо покры́то ту́чами der Hímmel ist bedéckt [bewölkt]; **2.** (*намазать*) ánstreichen* *vt*, décken *vt*; ábdecken *vt* (*напр. лицо кремом*); ~ кра́ской Fárbe áuftragen*; überstréichen* *vt*, übertünchen *vt*; ~ ла́ком lackíeren *vt*; ~ оли́фой fírnissen *vt*; **3.** (*звуки*) übertönen *vt*; **4.** (*расстояние*) zurücklegen *vt*; моя́ маши́на покрыва́ет э́то расстоя́ние за 90 мину́т mein Wágen schafft es in 90 Minúten; **5.** (*долги, расходы*) bestréiten* *vt*, begléichen* *vt*; ábdecken *vt*, tílgen *vt* (*задолженность*); **6.** (*скрыть*) verdécken *vt*, verstécken *vt*, verschléiern *vt*; ~ вину́ éine Schuld verhéimlichen; ~ преступле́ние ein Verbréchen décken; ~ соо́бщников séine Hélfershelfer décken; **7.** (*при случке*) décken *vt*, beschälen *vt*; **8.** *груб.* (*отругать*) herúntermachen *vt*, ábkanzeln *vt*; **9.** *карт.* stéchen* *vt*; ◇ ~ себя́ сла́вой sich mit Ruhm bedékken; ~ та́йной in Geheímnis hüllen; **~ся** sich bedécken, sich zúdecken; sich überzíehen*; ~ся ко́ркой verkrústen *vi*; ~ся румя́нцем erröten *vi* (s), sich röten; ~ся и́неем beréifen *vi* (s); ~ся льдом veréisen *vi* (s); ~ся облака́ми sich bewölken

покры́шка *ж* Déckel *m* (6); Überzug *m* (1*) (*чехол*); Bállhülle *f* (11) (*спорт. мяча*); велосипе́дная ~ Fáhrraddecke *f* (11); защи́тная ~ Schútzhaube *f* (11); мотоцикле́тная ~ Motórraddecke *f*; ~ автомоби́льной ши́ны Mántel *m* (6*), Réifen *m* (7); доро́жная ~ Stráßenreifen *m*

покряхте́ть von Zeit zu Zeit [ab und zu] ächzen [stöhnen]

поку́да *разг. см.* пока́

покупа́тель *м* Käufer *m* (6); Kúnde *m* (9); Ábnehmer *m* (6) (*оптовый*); постоя́нный ~ Stámmkunde *m*; **~ница** *ж* Käuferin *f* (12); Kúndin *f* (12); **~ный** Kauf-; ~ная спосо́бность Káufkraft *f*; **~ский** Käufer-

покупа́ть I (*купить*) (éin)käufen *vt*; besórgen *vt*, (käuflich) erwérben*; ~ в креди́т auf Kredít káufen; ~ в рассро́чку auf Ráten [auf Ábzahlung, auf Téilzahlung] káufen; ~ в ро́зницу über den Éinzelhandel bezíehen*; ~ о́птом über den Gróßhandel bezíehen*; en gros [aŋˈgro:] káufen

покупа́ть II *см.* купа́ть

поку́п||ка *ж* Kauf *m* (1*); Erwérb *m* -(e)s; Ánkauf *m*, Éinkauf *m*; Besórgung *f* (10), Ánschaffung *f* (10); ~ка в креди́т Kauf auf Kredít, Kredítkauf *m*; ~ка в рассро́чку Rátenkauf *m*, Téilzahlungskauf *m*; ~ка за нали́чный расчёт Bárkauf *m*; опто́вая ~ка Bezúg *m* über den Gróßhandel; Gróßeinkauf *m*; ро́зничная ~ка Bezúg *m* über den Éinzelhandel; Kléineinkauf *m*; случа́йная ~ка Gelégenheitskauf *m*; де́лать ~ки Éinkäufe máchen; **~но́й 1.** Kauf-; ~на́я цена́ Káufpreis *m* (1); **2.** (*покупаемый*) gekáuft, käuflich

поку́ривать (von Zeit zu Zeit) ráuchen *vi*

покури́ть ráuchen *vi*, *vt*

покуса́ть béißen* *vt*; stéchen* *vt* (*о насекомых*)

покуси́ться 1. (*посягнуть*) éinen Ánschlag máchen (на что-л. auf *A*); sich vergréifen* (an *D*); ~ на чью-л. жизнь j-m nach dem Lében tráchten; éinen Mórdanschlag máchen; **2.** (*попытаться*) versúchen *vt*

поку́сывать 1. ein wénig [ab und zu] béißen*; ein wénig [ab und zu] stéchen* (*о насекомых*); **2.:** ~ гу́бы (*напр. от волнения*) sich auf die Líppen béißen*

поку́шать éssen* *vi*, *vt*

покуша́ться *см.* покуси́ться

покуше́ние *с* Ánschlag *m* (1*); ~ на жизнь Ánschlag auf das Lében; ~ на уби́йство Mórdanschlag *m*, Mórdversuch *m* (1), Attentát *n* (2); соверши́ть ~ на кого́-л. ein Attentát auf j-n begéhen* [verüben]; ~ на кра́жу Díebstahlversuch *m*; ◇ ~ с него́дными сре́дствами úntauglicher Versúch, ein Versúch mit úngeeigneten [unzulänglichen, úntauglichen] Mítteln

пол I *м* (*в доме*) Fúßboden *m* (7*), Díele *f* (11); парке́тный ~ Parkéttfußboden *m*; доща́тый ~ Bóhlenfußboden *m*, Brétterfußboden *m*, Díelung *f* (10); земляно́й ~ Léhmfußboden *m*; бесшо́вный ~ Éstrich *m* (1); глинобы́тный ~ Léhmestrich *m*; до по́лу (*напр. о платье*) bódenlang

пол II *м биол.* Geschlécht *n* (5); обо́его ~а von béiderlei Geschlécht; ◇ прекра́сный ~ das schöne Geschlécht; си́льный ~ das stárke Geschlécht

пол||а́ *ж* Róckschoß *m* (1*), Schoß *m*; ◇ из-под ~ы́ *разг.* únter der Hand, héimlich, im Schwárzhandel; продава́ть из-под ~ы́ *разг.* únter der Hand verkáufen [vertréiben*]; торго́вля из-под ~ы́ *разг.* Schwárzhandel *m* -s; покупа́ть из-под ~ы́ *разг.* híntenherum káufen

полага́||ть méinen *vt*, dénken* *vt*, gláuben *vt*; ánnehmen* *vt* (*предполагать*); име́ются все основа́ния ~ть es bestéht áller Grund zu der Ánnahme; ~ют, что... man glaubt, daß..., man nimmt an, daß...; быть скло́нным ~ть... zu der Ánnahme néigen...; ◇ на́до ~ть *вводн. сл.* es ist ánzunehmen; **~ться 1.** *см.* положи́ться; **2.:** ~ется es gehört sich; как ~ется wie es sich gehört; не ~ется es gehört sich nicht; **3.** (*причитаться*) zúkommen* *vi* (s), zústehen* *vi*, gebühren *vi*; ско́лько де́нег вам ~ется? wíeviel Geld háben Sie zu bekómmen?

пола́дить *разг.* sich verständigen

пола́комиться étwas náschen (чем-л. an *D*)

пола́ти *мн.* Hängeboden *m* (7*), Hängepritsche *f* (11)

по́лба *ж бот.* Spelz *m* (1), Dínkel *m* (6)

полбеды́ *предик. разг.*: э́то ещё ~ das ist nur halb so schlimm

полве́ка ein hálbes Jahrhúndert

полго́да ein hálbes Jahr

по́лдень *м* Míttag *m* (1); в ~ míttags; до полу́дня vórmittags; по́сле полу́дня náchmittags; спать до полу́дня bis in den héllen Tag hinéin schláfen*

полдне́вн||ый míttäglich; ~ое со́лнце die (wárme) Míttagssonne

по́лдник *м* Zwíschenmahlzeit *f*, Náchmittagsmahlzeit *f*, Vésper *f* (11)

полдня́ ein hálber Tag

полдю́жины ein hálbes Dútzend

по́л||е *с* **1.** Feld *n* (5); вспа́ханное ~е Ácker *m* (6*); ржано́е ~е Róggenfeld *n*, Róggenschlag *m* (1*); о́пытное ~е *с.-х.* Versúchsfeld *n*, Versúchsschlag *m*; парово́е ~е *с.-х.* Bráche *f* (11), Bráchland *n* -(e)s, Bráchfeld *n*; бахчево́е ~е Melónenfeld *n*; ~е ороше́ния Ríeselfeld *n*; лётное ~е Róllfeld

n; ~е би́твы [бо́я] Schláchtfeld *n*; футбо́льное ~е Fúßballplatz *m* (1*); удали́ть с ~я (*футбол*) vom Platz stéllen; ~ем (*без дороги*) querfeldéin; **2.** (*фон*) Grund *m* (1*); **3.** *б. ч. мн.* ~я́ (*у книги и т. п.*) Rand *m* (4); заме́тки на ~я́х Rándbemerkungen *pl*, Rándglossen *pl*, Marginálijen *pl*; **4.** *мн.* ~я́ (*шляпы*) Krémpe *f* (11); шля́па с больши́ми ~я́ми bréitkrempiger Hut; **5.** *физ.*, *мат.* Feld *n* (5); Körper *m* (6) (*в алгебре*); магни́тное ~е Magnétfeld *n*; силово́е ~е Kráftfeld *n*; **6.** *горн.*: ~е карье́ра Tágebaufeld *n* (5); ◇ ~е де́ятельности Betätigungsfeld *n*, Wírkungsfeld *n*, Wírkungskreis *m* -es, Tätigkeitsbereich *m* -(e)s; ~е зре́ния Gesichtsfeld *n*, Blíckfeld *n*

полеве́ние *с полит.* Línksentwicklung *f*, Línksruck *m* -(e)s

полеве́ть *см.* леве́ть

полёвка *ж зоол.* Wühlmaus *f* (3)

полево́д *м* Féldbauspezialist *m* (8), Áckerbauer *m* (6); **~ство** *с* Féldbau *m* -(e)s, Féldwirtschaft *f*; Féldbaukunde *f*; **~ческий** Féldwirtschafts-; Féldbau-; ~ческая брига́да Féldbaubrigade *f* (11)

полев||о́й 1. Feld-, Ácker-; ~о́й стан Féldlager *n* der Traktorísten (im Sómmer), Féldstützpunkt *m* (1); ~ы́е рабо́ты Féldarbeiten *pl*; ~ы́е цветы́ Féldblumen *pl*; **2.** *воен.* Feld-; féldmäßig; ~о́е ору́дие Féldgeschütz *n* (2); ~о́й бино́кль Féldstecher *m* (6); ~а́я по́чта Féldpost *f*; ◇ ~о́й шпат *мин.* Féldspat *m* -(e)s

полега́||емость *ж с.-х.* die Lágerungsanfälligkeit; **~ние**: ~ние хлебо́в *с.-х.* das Lágern des Getréides

полего́ньку *нареч. разг.* sáchte, behútsam, lángsam; allmählich (*постепенно*)

полегч||а́ть *безл.*: больно́му ~а́ло *разг.* dem Kránken geht es bésser, der Kránke fühlt sich bésser

полежа́ть éine Zéitlang [éine Wéile] líegen* *vi*

полезащи́тн||ый Féldschutz-; ~ые лесонасажде́ния Schútzwaldungen *pl*, Schútzwaldstreifen *pl*

поле́зн||ость *ж* Nützlichkeit *f*; **~ый** nützlich, nútzbringend; Nutz-; díenlich (*годный*); erspríeßlich (*выгодный*); ~ая рабо́та nútzbringende Árbeit; э́то тебе́ ~о das geréicht [ist] dir zum Nútzen, das kommt dir zugúte, das ist dir von Nútzen; сде́лать ~ым nútzbar máchen; быть ~ым von Nútzen sein; ~ая нагру́зка *тех.* Nútzlast *f* (10); ~ая жила́я пло́щадь Nútzwohnfläche *f* (11); коэффицие́нт ~ого де́йствия *тех.* Nútzeffekt *m* (1)

поле́зть *см.* лезть

полемизи́ровать polemisíeren *vi*

поле́мик||а *ж* Polémik *f*; вступи́ть в ~у sich in [auf] éine Polémik éinlassen*

полем||и́ст *м* Polémiker *m* (6); **~и́ческий** polémisch; **~и́чность** *ж* das Polémische (*sub*), der polémische Charákter [ka-]

по-ле́нински *нареч.* in Lénins Art

полени́ться (*сделать что-л.*) zu faul sein (+ *inf с* zu)

поле́нница *ж* Stoß *m* (1*); ~ дров Hólzstoß *m*

поле́но *с* Hólzscheit *n* (2)

поле́сье *с* Wáldgegend *f* (10)

полёт *м* Flug *m* (1*); разве́дывательный ~ Áufklärungsflug *m*; бре́ющий ~ Tíefflug *m*; пики́рующий ~ Stúrzflug *m*; фигу́рный ~ Kúnstflug *m*; группово́й ~ Verbándsflug *m*; беспоса́дочный ~ Flug óhne Zwíschenlandung, Nonstópflug *m*; да́льний ~ Férnflug *m*, Lángstreckenflug *m*; испыта́тельный ~ Téstflug *m*; маршру́тный ~ Stréckenflug *m*; ~ по прибо́рам, слепо́й ~ Blíndflug *m*; уче́бный ~ Schúlflug *m*; ~ на кре́йсерской ско́рости Réiseflug *m*; ~ в облака́х Wólkenflug *m*; ~ в стратосфе́ре Stratosphärenflug *m*; косми́ческий ~ Ráumflug *m*; межплане́тный ~ interplanetárer Flug; ~ раке́ты Rakétenflug *m*; ~ челове́ка в ко́смос Ráumflug des Ménschen; ~ вокру́г Луны́ das Úmfliegen [die Úmkreisung] des Móndes; ~ на Луну́ Móndflug *m*; соверша́ть ~ flíegen* *vi* (s); ~ над како́й-л. террито́рией die Überflíegung éines Territóriums; ◇ ~ мы́сли der Flug der Gedánken; пти́цы одного́ ~а Vögel aus éinem Nest; с пти́чьего ~а aus der Vógelperspektive [-və], aus der Vógelschau; вид с пти́чьего ~а Vógelschaubild *n* (5) (*подпись под снимком*); пти́ца высо́кого ~а *ирон.* ein hóhes Tier

полета́ть ein wénig [éine Zéitlang] flíegen*

полете́ть 1. flíegen* *vi* (s); ~ куда́-л. hínfliegen* *vi* (s); **2.** *разг.* (*побежать*) rénnen* *vi* (s); **3.** *разг.* (*упасть*) stürzen *vi* (s)

по-ле́тнему *нареч.* sómmerlich, wie im Sómmer

полётный Flug-; ~ вес *ав.* Flкggewicht *n* -(e)s

полечи́ть ärztlich behándeln, kuríeren *vt*; **~ся** sich ärztlich behándeln lássen*, sich kuríeren lássen*

поле́чь 1. sich légen; sich lágern (*о хлебах*); **2.** (*быть убитым в бою*) fállen* *vi* (s)

по́лзать *см.* ползти́ 1

ползко́м *нареч.* kríechend; auf állen víeren (*на четвереньках*)

ползти́ 1. kríechen* *vi* (s); **2.** *разг.* (*едва передвигаться*) sich mühsam fórtschleppen; по́езд ползёт der Zug schleicht [schleppt sich dahín]

ползу́н *м тех.* Gléitstück *n* (2), Gléitkopf *m* (1*), Kréuzkopf *m*

ползунки́ *мн.* (*детская одежда*) Strámpelhose *f* (11), Strámpelanzug *m* (1*)

ползу́ч||ий kríechend; ~ие расте́ния ránkende Pflánzen, Ránken *pl*

полиа́ндрия *ж* Polyandríe *f* (11), Víelmännerei *f*

полиартри́т *м мед.* Gelénkentzündung *f* (10), Polyarthrítis *f*

поли́ва *ж спец.* Glasúr *f* (10), Schmelz *m* (1)

полива́льн||ый Spreng-; ~ая устано́вка Sprénganlage *f* (11), Beríeselungsanlage *f*, Wássersprenger *m* (6)

полива́ть *см.* поли́ть 1

поливитами́н||ный: ~ный препара́т Múltivitaminpräparat [-vi-] *n* (2); **~ы** *мн.* Múltivitamine [-vi-] *pl*

поли́вка *ж* Begíeßen *n* -s; Bewässerung *f* (10); ~ у́лиц das Sprégen der Stráßen

поливн||о́й Bewässerungs-; bewässert, beríeselt; ~о́е земледе́лие Féldbau *m* mit Bewässerungsanlagen, Bewässerungswirtschaft *f*; ~ы́е зе́мли bewässerte [beríeselte] Länderéien [Flächen]

поливомо́ечн||ый: ~ая маши́на Spréngwagen *m* (7)

поли́вочн||ый Spreng-; ~ая маши́на Spréngwagen *m* (7)

полига́мия *ж* Polygamíe *f*, Víelweiberei *f*

полигло́т *м* Polyglótte *m*, *f* (14)

полиго́н *м* **1.** *воен.* Trúppenübungsplatz *m* (1*), Schíeßplatz *m*; Erpróbungsgelände *n* (6); Versúchsgelände *n* (*испытательный*); *мор.* Übungsgebiet *n* (2); артиллери́йский ~ Artillerieschießplatz *m*; раке́тный ~ Rakétenversuchsgelände *n*; **2.** *мат.* Polygón *n* (2), Víeleck *n* (2); **~ный** *воен.* Schíeßplatz-

полиграф||и́ческий polygráphisch; ~и́ческая промы́шленность polygráphische Industríe; gráphisches Gewérbe; **~и́я** *ж* Polygraphíe *f* (11)

полиза́ть (ein wénig) lécken *vt*

поликли́н||ика *ж* Poliklínik *f* (10); **~и́ческий** poliklínisch

поликонденса́ция *ж хим.* Polykondensatión *f*

полимериза́тор *м хим.* Polymerisatiónsautoklav *m* (13)

полимеризацио́нн||ый *хим.* Polymerisatións-; ~ая устано́вка Polymerisatiónsanlage *f* (11)

поли́мер||ный Polymér-; ~ные материа́лы Polymérstoffe *pl*; **~ы** *мн.* Polymére *pl*

полиморф||и́зм *м биол.*, *мин.* Polymorphísmus *m* =, Víelgestaltigkeit *f*; Polymorphíe *f*; **~и́ческий, полимо́рфный** *биол.*, *мин.* polymórph, víelgestaltig

полинез||и́ец *м* Polynésijer *m* (6); **~и́йский** polynésisch

полино́м *м мат.* Polynóm *n* (2)

полиня́лый ábgefärbt, verschóssen

полиня́ть *см.* линя́ть

полиомиели́т *м мед.* Poliomyelítis *f*, spinále Kínderlähmung

поли́п *м* **1.** *зоол.* Polýp *m* (8); Tíntenfisch *m* (1); **2.** *мед.* Polýp *m* (8); ~ в носу́ Násengewächs *n* (2), Násenpolyp *m*

полипропиле́н *м хим.* Polypropylén *n* -s

полирова́льный Políer-; ~ стано́к Läpp- und Políermaschine *f* (11)

полирова́ть políeren *vt*

полиро́в||ка *ж* Políeren *n* -s; **~очный** Políer-; ~очная ко́жа Políerleder *n* (6); **~щик** *м* Políerer *m* (6)

по́лис: страхово́й ~ Políce [-sə] *f* (11), Versícherungsschein *m* (1)

полисеманти́ческий *лингв.* polysém, méhrdeutig

полисеми́я *ж лингв.* Polysemíe *f*, Méhrdeutigkeit *f*

полисинтети́ческ||ий: ~ие языки́ *лингв.* polysynthétische Sprächen

полиспа́ст *м тех.* Fláschenzug *m* (1*), Róllenzug *m*, Séilzug *m*; *мор.* Tálje *f* (11)

полистиро́ловый, полистиро́льный Polystyról-; полистиро́льное волокно́ Polystyrólfaser *f* (11)

поли́стный nach der Bógenzahl [Séitenzahl] beréchnet

Политбюро́ *с* Polítbüro *n* -s, -s, Polítisches Büro; Политбюро́ ЦК КПСС Polítbüro des ZK der KPdSU

полите||и́зм *м* Polytheísmus *m* =, Víelgötterei *f*; **~исти́ческий** polytheístisch

поли||техни́зм *м* Polytechnísmus *m* =; **~те́хникум** *м* Polytéchnikum *n* -s, *pl* -ken *u* -ka; **~техни́ческий** polytéchnisch; ~техни́ческое образова́ние polytéchnische Bíldung [Áusbildung]

политзаключённый *сущ. м* polítischer Häftling, polítischer Gefángener

политзаня́тия *мн.* polítischer Únterricht; polítisсhe Schúlung

поли́тик *м* Polítiker *m* (6)

поли́тик||а *ж* Politík *f*; **вне́шняя ~а** Áußenpolitik *f*; вну́тренняя ~а Ínnenpolitik *f*; ~а ми́ра Fríedenspolitik; миролюби́вая ~а fríedliebende Politík; ~а ми́рного сосуществова́ния Politík der fríedlichen Koexisténz; ~а разря́дки Politík der Entspánnung, Entspánnungspolitik *f*; дальнови́дная ~а vorásschauende Politík; ~а рева́нша Revanchepolitik [-'vaŋʃ(ə)-] *f*; ~а экспа́нсии Expansiónspolitik *f*; ~а холо́дной войны́ Politík des kálten Krieges; ~а баланси́рования на гра́ни войны́ die Politík am Ránde des Kríeges; ~а цен Préispolitik *f*; но́вая экономи́ческая ~а (нэп) *ист.* Néue Ökonómische Politík, NÖP *f*; проводи́ть ~у éine Politík betréiben*; ~а (с пози́ции) си́лы Politík der Stärke; теку́щая ~а láufende Politík; ~а откры́тых двере́й die Politík der óffenen Türen; ~а невмеша́тельства Níchteinmischungspolitik *f*

политика́н *м разг. неодобр.* Politikáster *m* (6); Bíertischpolitiker *m* (6), Bíerbankpolitiker *m*, Stámmtischschwätzer *m*; ло́вкий ~ ein gewiegter Politikáster; **~ство** *с неодобр.* Bíertischpolitik *f*, Bíerbankpolitik *f*; **~ствовать** *неодобр.* politisíeren *vi*

поли́тико-воспита́тельный polítisch-erzíeherisch

поли́тико-экономи́ческий wírtschaftspolitisch

политинформа́ция *ж* Polítinformation *f* (10)

полити́ческ||ий polítisch; **~ий** де́ятель Polítiker *m* (6); ~ая эконо́мия Polítökonomie *f*, polítische Ökonomíe; ~ое просвеще́ние polítische Schúlung; polítischer Únterricht (*заня́тия*); в ~их круга́х in Polítikerkreisen

полити́чный *разг.* diplomátisch, táktvoll

политкаторжа́нин *м ист.* früherer [gewésener] polítischer Strafgefangener

политкружо́к *м* polítischer Zírkel

политотде́л *м* Abtéilung *f* (10) für polítische Árbeit, polítische Abtéilung

политпросве́т *м ист.* Verwáltung für polítische Erzíehung [Áufklärung]

политрабо́тник *м* Polítoffizier *m* (1), Offizíer für polítische Árbeit

политру́к *м ист. воен.* polítischer Léiter

политсоста́в *м* Polítoffiziere *pl*

политуправле́ние *с* polítische Verwáltung

политу́ра *ж* Politúr *f* (10); ме́бельная ~ Möbelpolitur *f*

политучёба *ж* polítischer Únterricht; polítische Schúlung

поли́ть 1. begíeßen* *vt*; (be)spréngen *vt* (*у́лицы*); **2.**: поли́л дождь es begánn in Strömen zu régnen; **~ся** sich ergíeßen*, strömen *vi* (h, s)

политэконо́мия *ж* Polítökonomie *f*, polítische Ökonomíe

политэмигра́нт *м* polítischer Emigránt

полиурета́н *м хим.* Polyurethán *n* -s; **~овый** *хим.* Polyurethán-; ~овое волокно́ Polyurethánfaser *f* (11)

полифон||и́ст *м муз.* Polyphóniker *m* (6); **~и́ческий** *муз.* polyphón; **~и́я** *ж муз., лингв.* Polyphoníe *f*

полиформальдеги́д *м хим.* Polyformaldehýd *n* -s

полихро́мия *ж иск.* Polychromíe [-kro-] *f*, Víelfarbigkeit *f*

полицейме́йстер *м см.* полицме́йстер

полице́йский *прил.* 1. Polizéi-, polizéilich; ~ уча́сток Polizéirevier [-,vi:r] *n* (2); ~ надзо́р Polizéiaufsicht *f*; 2. *в знач. сущ. м* Polizíst *m* (8), Schútzmann *m* (4) (*pl тж.* -leute)

поли́ция *ж* Polizéi *f*; ко́нная ~ beríttene Polizéi; Наро́дная ~ (*в ГДР*) Vólkspolizei *f*

полицме́йстер *м ист.* Polizéichef [-,ʃɛf] *m* -s, -s (*im zaristischen Rußland*)

поли́чн||ое: пойма́ть с ~ым auf fríscher Tat ertáppen

полишине́||ль *м* Polichinelle [*фр.* -ʃi'nɛl] *m* -s, -s, Policinéllo [*um.* -tʃi-] *m* -s, *pl* -s *u* -lli, Hanswúrst *m* (1) (*pl тж.* -würste); ◇ секре́т ~ля öffentliches Gehéimnis

полиэ́др *м мат.* Polyéder *n* (6), Víelflach *n* (2)

полиэтиле́н *м* Polyäthylén *n* -s; **~овый** Polyäthylén-; ~овая плёнка Polyäthylénfolie *f* (11); ~овый мешо́к Polyäthylénbeutel *m*, Fríschhaltebeutel *m* (6)

полиэфи́р *м хим.*: просто́й ~ Polyäther *m* (6); сло́жный ~ Polyéster *m* (6); **~ный** *хим.* Polyäther-; Polyéster-

полк *м* Regimént *n* (5) (*сокр.* Rgt.); *ав.* Geschwáder *n* (6); ◇ на́шего [в на́шем] ~у́ при́было wir sind mehr gewórden

по́лка I *ж* Fach *n* (5), Regál *n* (2); Líegebank *f* (3) (*в ж.-д. вагоне*); ве́рхняя [ни́жняя] ~ *ж.-д.* der óbere [úntere] Platz (im Schláfwagen); кни́жная ~ Bücherregal *n*, Bücherbrett *n* (5); Bücherbord *n*; библиоте́чная ~ Bibliothékswand *f* (3); ~ для посу́ды Schüsselbrett *n*

по́лка II *ж* (*огоро́да*) Jäten *n* -s

полко́вник *м* Óberst *m* (8, 13)

полково́дец *м* Héerführer *m* (6); Féldherr *m* (8) (*уст.*)

полков||о́й Regiménts-; ~а́я артилле́рия Regiméntsartillerie *f*

пол-ли́тра *м* ein hálber Líter

поллю́ция *ж физиол.* Pollutión *f* (10)

полне́йший (*абсолю́тный*) vóllständig, voll

полне́ть dícker [vóller] wérden, (im Gewícht) zúnehmen* *vi*

полни́ть (*кого-л.*) j-n dícker [vóller] máchen, j-m ein díckeres [vólleres] Áussehen gében*

по́лно *предик. разг.* 1. (*дово́льно, переста́ньте*) genúg!, schon gut!; laß es gut sein!, hör auf!; ~ вам дура́читься hört auf, Únfug zu tréiben; **2.** (*да что вы*) wo dénken Sie hin!

полно́ *нареч. разг.* voll; в магази́не бы́ло ~ наро́ду der Láden war vóller Léute

полнове́сн||ость *ж* 1. Vóllwichtigkeit *f*; 2. *перен.* Vóllgültigkeit *f*; **~ый** 1. vóllwichtig; 2. *перен.* vóllgültig; ~ый до́вод *разг.* vóllgültiger Bewéis

полновла́ст||ие *с* Máchtvollkommenheit *f*, Máchtfülle *f*; **~ный** mit állen Máchtbefugnissen áusgestattet

полново́дный wásserreich

полново́дье *с* réichliche [stárke] Wásserführung

полногла́сие *с лингв.* Vóllaut *m* -(e)s (*при переносе* Voll-laut)

полногру́дый mit hóher Brust

полнозву́чный klángvoll; ~ орке́стр klángsattes Orchester [-'kɛs-]

полнозна́чн||ый: ~ые слова́ *лингв.* autosemántische Wörter

полнокро́в||ие *с мед.* Blútfülle *f*, Hyperämie *f*; **~ный** 1. *мед.* vermëhrt durchblútet, hyperämisch; **2.** *перен.* blútvoll, lébensvoll, echt; ~ная жизнь das pulsíerende Lében

полнолу́ние *с* Vóllmond *m* -(e)s

полномасшта́бный in vóller Größe

полнометра́жный: ~ фильм ábendfüllender [prográmmfüllender] Film

полномо́ч||ие *с* Vóllmacht *f* (10); Máchtbefugnis *f* (3*), Befúgnis *f*; дава́ть кому́-л. ~ия j-m die Vóllmacht gében*; переда́ть кому́-л. ~ия j-m die Vóllmacht überéignen; предоставле́ние ~ий Ermächtigung *f*; предоста́вить кому́-л. широ́кие ~ия j-n mit wéitgehenden Vóllmachten áusstatten; име́ть неограни́ченные ~ия úneingeschränkte Vóllmacht háben; сложи́ть ~ия sein Mandát níederlegen; он превы́сил свои́ ~ия er hat séine Vóllmacht überschrítten; ~ия истека́ют die Vóllmachten [Máchtbefugnisse] erlöschen; **~ный** bevóllmächtigt, ermächtigt, befúgt; ~ный представи́тель СССР bevóllmächtigter Vertréter der UdSSR; ~ное представи́тельство СССР bevóllmächtigte Vertrétung der UdSSR

полнопра́вный vóllberechtigt, gléichberechtigt; ~ граждани́н gléichberechtigter Bürger; *ист.* Vóllbürger *m* (6)

полносло́жн||ый: ~ое словосложе́ние *лингв.* éigentliche Zusámmensetzung

по́лностью *нареч.* vóllständig, vóllig, ganz, réstlos; vóllinhaltlich, in vóllem Wórtlaut (*о тексте и т. п.*); ~ безрабо́тный Vóllerwerbslose *m* (14), Vóllarbeitslose *m* (14); ~ присоедини́ться к реше́нию sich vóllinhaltlich einem Beschlúß ánschließen*; целико́м и ~ voll und ganz, ganz und gar

полнот||а́ *ж* 1. Fülle *f*; 2. (*ту́чность*) Körperfülle *f*, Beléibtheit *f*, Korpulénz *f*; Féttleibigkeit *f* (*чрезме́рная*); ◇ ~а́ вла́сти Máchtvollkommenheit *f*; от ~ы́ чувств vom Gefühl überwältigt, im Überfluß der Gefühle; от ~ы́ души́ [се́рдца] aus übervollem Hérzen

по́лноте *см.* по́лно 2

полноце́нный vóllwertig; vóllgültig (*по́лностью соотве́тствующий*)

полно́ч||и die hálbe Nacht; **~ный** mítternächtlich; в ~ный час um Mítternacht

по́лночь *ж* Mítternacht *f*; в ~ um Mítternacht; за́ ~ nach Mítternacht

по́лн||ый 1. voll; gefüllt (*напо́лненный*); vóllbesetzt (*о помеще́нии*); kórnreich (*о коло́сьях*); корзи́на, ~ая я́блок ein Korb vóll(er) Äpfel; ~ая таре́лка gehäufter Téller; ~ый до краёв bis zum Rand voll, rándvoll, gestríchen voll; ~ый до отка́за zum Bérsten voll; 2. (*це́лый, весь*) vóllständig, ganz; ~ая ликвида́ция vóllständige Beséitigung; ~ое собра́ние сочине́ний gesámmelte Wérke; ~ый рабо́чий день vóller Árbeitstag; ~ый отчёт ein erschöpfender Beŕicht; в ~ом соста́ве vóllzählig; в ~ой ме́ре in vóllem Máße; ~ое разоре́ние *разг.* vóllständiger Ruín; 3. (*абсолю́тный*) vóll(ständig), absolút; ~ый поко́й vóllständige Rúhe; ~ая возмо́жность vólle Möglichkeit; в ~ом поря́дке in vóller [bester] Órdnung; в ~ом соотве́тствии in vólliger Übereinstimmung; 4. (*о челове́ке*) voll, stárkbeleibt, wóhlbeleibt, korpulént; móllig; ◇ ~ая фо́рма прилага́тельного die Lángform des Ádjektivs; ~ым го́лосом mit vóller Stímme; ~ы́м-~о́ *разг.* übervoll, über und über voll; э́тот дом — ~ая ча́ша in díesem Háuse herrscht Überfluß

по́ло *с спорт.* 1. Pólo *n* -s; 2.: во́д-

15 – 1052

ное ~ Wásserball *m* -(e)s, Wásserballspiel *n* -(e)s

пол-оборо́та *см.* полуоборо́т

поло́ва *ж с.-х.* Spélte *f*, Spélze *f*; Spreu *f*

полове́цк||ий *ист.* Pólowetzer, pólowzisch; ~ие пля́ски Pólowetzer Tänze

полови́к *м* Fúßmatte *f* (11), Ábstreicher *m* (6), Stróhmatte *f* (*для вытирания ног*); Läufer *m* (6) (*дорожка*)

полови́н||а *ж* Hälfte *f* (11); ~а второ́го halb zwei; в ~е ию́ля Mítte Júli; три с ~ой dréi(und)einhálb; увели́читься в три с ~ой ра́за sich auf das Dreieinhálbfache erhöhen; ◊ моя́ ~а, дража́йшая ~а *шутл.* méine béssere Hälfte; **~ка** *ж* **1.** Hälfte *f* (11); **2.** (*створка*) Türflügel *m* (6) (*дверная*); Fénsterflügel *m* (*оконная*); **~ный** halb; в ~ном разме́ре im hálben Úmfang

полови́нчат||ость *ж* Hálbheit *f*; Únbestimmtheit *f* (*неопределённость*); Únentschlossenheit *f* (*нерешительность*); **~ый** únbestimmt (*неопределённый*); únentschlossen (*нерешительный*); ~ое реше́ние ein hálber Entschlúß

полови́ца *ж* Díelenbrett *n* (5), Fúßbodenbrett *n*; Bóhle *f* (11), Plánke *f* (11)

поло́вник *м разг.* Schöpflöffel *m* (6)

полово́дье *с* Hóchwasser *n* -s; Áusuferung *f* (10); весе́ннее ~ Frühjahrshochwasser *n*

половозре́лый *биол.* geschléchtsreif

полов||о́й I *прил.* (*для пола*) Fúßboden-; ~а́я тря́пка Schéuerlappen *m* (7), Schéuertuch *n* (5); ~а́я щётка Bésen *m* (7) (*для подметания*); Schéuerbürste *f* (11), Schéuerbesen *m* (*для мытья пола*)

полов||о́й II *прил. биол.* Geschléchts-, geschléchtlich, sexuéll; ~ы́е о́рганы Geschléchtsteile *pl*, Genitáli¦en *pl*; ~а́я зре́лость Geschléchtsreife *f*, Pubertät *f*; ~о́е влече́ние Geschléchtstrieb *m* -(e)s; ~о́е бесси́лие Ímpotenz *f*, geschléchtliches Únvermögen; ~о́е извраще́ние (sexuélle) Perversität [-vɛr-] *f* (10); ~о́е сноше́ние Geschléchtsverkehr *m* -(e)s

полово́й III *сущ. м уст.* Kéllner *m* (6)

по́ловцы *мн. ист.* Pólowzer *pl*, Kumánen *pl* (*nomadisierendes Turkvolk in Südrußland, 11.—13. Jh.*)

по́лог *м* Béttvorhang *m* (1*), Béttschleier *m* (6); Flíegenschleier *m* (*от мух*)

поло́г||ий (flach) genéigt, ábschüssig; sanft; ~ая ле́стница éine fláche Tréppe; **~ость** *ж* (sánfte) Néigung, fláche Böschung, flácher [sánfter] Ábhang

положе́н||ие *с* **1.** (*местоположение*) Láge *f* (11); географи́ческое ~ие geográphische Láge; исхо́дное ~ие *воен.* Áusgangslage *f*; **2.** (*расположение*; *поза*) Láge *f* (11), Stéllung *f* (10); споко́йное ~ие Rúhelage *f*, Rúhestellung *f*; **3.** (*ситуация*) Sáchlage *f* (11), Situatión *f* (10); Stand *m* (1*); Zústände *pl* (*положение дел в стране и т. п.*); уясни́ть себе́ ~ие die Situatión erfássen; при ны́нешнем ~ии bei der jétzigen [dérzeitigen] Láge; их ~ие стано́вится всё бо́лее тру́дным sie háben éinen ímmer schwéreren Stand; поста́вьте себя́ в его́ ~ие! denkt euch in séine Láge!; вы́йти из тяжёлого ~ия sich aus der schwíerigen Láge heráusarbeiten; быть [оказа́ться] на высоте́ ~ия auf der Höhe sein; **4.** (*состояние*) Zústand *m* (1*), Láge *f* (11); вое́нное ~ие Kríegszustand *m*; оса́дное ~ие Belágerungszustand *m*; чрезвыча́йное ~ие Áusnahmezustand *m*; Nótstand *m*; существу́ющее ~ие die dérzeitige Láge; ~ие веще́й die Láge [die Gestáltung, der Stand] der Dínge; ~ие веще́й таково́ die Dínge líegen so; семе́йное ~ие Famíli¦enstand *m*; иму́щественное ~ие Vermögenslage *f*; **5.** (*тезис*) Satz *m* (1*); Léitsatz *m*, Thése *f* (11); Beháuptung *f* (10); нау́чное ~ие Léhrsatz *m*, Thése *f*; методи́ческие ~ия methódische Grúndsätze; основны́е ~ия сове́тской педаго́гики die Grúndlagen der sowjétischen Pädagógik; **6.** (*устав*) Verórdnung *f* (10), Órdnung *f*, Bestímmung *f* (10); Verfügung *f* (10); ~ие о вы́борах Wáhlordnung *f*; ~ия ко́нкурса Áusschreibungsbestimmungen *pl*; о́бщие ~ия allgeméine Bestímmungen; **7.** (*общественное*) Stéllung *f* (10), Láge *f* (11); по́льзоваться привилеги́рованным ~ием éine Vórzugsstellung genießen* [háben]; занима́ть осо́бое ~ие éine Áusnahmestellung [Sónderstellung] éinnehmen*; **8.** *мат.* Satz *m* (1*), Thése *f* (11), Ánnahme *f* (11), Hypothése *f* (11); **9.**: ~ «вне игры» *спорт.* Ábseitsstellung *f*; **10.** *рел.*: ~ие (Христа́) во гроб Gráblegung *f* (Christi); ◊ быть в (интере́сном) ~ии *разг.* in ánderen Úmständen sein; gúter Hóffnung sein (*книжн.*)

поло́жен||ный féstgesetzt, féstgelegt (*установленный*); zúkommend, zústehend (*причитающийся*); **~о** *предик. см.* полага́ться 2

поло́жим *вводн. сл.* ángenommen, daß...; gesétzt den Fall (daß...)

положи́тельн||о *нареч.* **1.** pósitiv; **2.** (*в полном смысле слова*) völlig, gänzlich; **3.** *в знач. частицы* (*действительно*) wáhrlich; **~ый 1.** pósitiv; bestímmt, entschíeden (*совершенный, несомненный*); **~ый** отве́т pósitive [bejáhende, zúsagende] Ántwort; ~ый геро́й *лит.* pósitiver [-vər] Held; оказа́ть ~ое влия́ние sich pósitiv áuswirken; в ~ом смы́сле in ánerkennendem Sinn; **2.** (*о человеке*) gesétzt; **3.** *мат.*, *физ.* pósitiv, Plus-; ~ая величина́ pósitive Größe; ~ое электри́чество pósitive Elektrizität

положи́ть 1. (hín)légen *vt*; **2.** (*предположить*) ánnehmen* *vt*; *см. тж.* поло́жим; **3.** *уст.* (*постановить*) beschlíeßen* *vt*; ◊ ~ нача́ло (*чему-л.*) den Ánfang máchen, den Grúndstein légen; ~ преде́л [коне́ц] (*чему-л.*) ein Énde máchen [beréiten], éine Grénze zíehen*; ~ жизнь за что-л. das Lében für etw. (*A*) híngeben*; ~ что-л. себе́ за пра́вило *уст.* etw. zur Régel máchen; ~ зу́бы на по́лку *разг.* ≅ am Húngertuch nágen; положа́ ру́ку на́ се́рдце Hand aufs Herz; ~ под сукно́ verschléppen *vt*, auf die lánge Bank schíeben*; ~ кого́-л. на о́бе лопа́тки j-n besíegen, j-n zu Bóden wérfen*

положи́ться sich verlássen* (на кого́-л. auf *A*); на него́ мо́жно ~ auf ihn kann man sich verlássen; man kann (Häuser) auf ihn báuen; на тебя́ нельзя́ ~ auf dich kann man sich nicht verlássen, auf dich ist kein Verláß

по́лоз *м* Schlíttenkufe *f* (11), Kúfe *f*; Gléitkufe *f*, Lándekufe *f* (*у самолёта*)

поло́к I *м* **1.** (*в бане*) Schwítzbank *f* (3), Stúfenregal *n* (2); **2.** *горн.* Bühne *f* (11), Trágboden *m* (7,7*)

поло́к II *м* (*телега*) flácher Wágen

поло́ль||ник *м с.-х.* Jäthacke *f* (11), Jäter *m* (6), Jäteisen *n* (7); **~щик** *м* Jäter *m* (6); **~щица** *ж* Jäterin *f* (12)

полома́ть *см.* лома́ть 1; **~ся** *см.* лома́ться 1, 3

поло́мка *ж* Bruch *m* (1*); Pánne *f* (11) (*автомобиля*); ~ обору́дования Maschínenschaden *m* (7*)

поломо́йка *ж разг.* Schéuerfrau *f* (10)

полоне́з *м* Polonäse *f* (11), Polonaise [-ˈnɛːzə] *f* (11)

полониза́ция *ж* Polonisíerung *f*

полони́зм *м лингв.* Polonísmus *m* =, -men

поло́ний *м* Polónium *n* -s (*хим. знак* Po)

полос||а́ *ж* **1.** Stréifen *m* (7); Band *n* (5); ~а́ желе́за Éisenstange *f* (11); продо́льная ~а́ Längsstreifen *m*; попере́чная ~а́ Quérstreifen *m*; **2.** (*область, участок*) Lándstreifen *m* (7); Lándstrich *m* (1), Zóne *f* (11); погранична́я ~а́ Grénzstreifen *m*; оборони́тельная ~а́ Vertéidigungszone *f*; ~а́ми stréifenweise, stríchweise; **3.**: взлётно-поса́дочная ~а *ав.* Stárt- und Lándebahn *f* (10), Píste *f* (11); ~а́ обго́на *авто* Überhólspur *f* (10); ~а́ для стоя́нки Párkspur *f*; **4.** *с.-х.* Áckerstreifen *m* (7); **5.** (*период, промежуток времени*) Zéitspanne *f* (11); Perióde *f* (11); **6.** *полигр.* Kolúmne *f* (11); статья́ на це́лую ~у́ ein gánzspaltiger Artíkel; **7.** *физ.*, *радио* Band *n* (5), Stréifen *m* (7); ~а́ часто́т Frequénzband *n*

полоса́тый gestréift, stréifig; ~ шёлк Stréifenseide *f* (11)

поло́ск||а *ж уменьш. от* полоса́ 1; в ме́лкую ~у fein gestréift; в продо́льную ~у längsgestreift; в косу́ю ~у quérgestreift; рису́нок в ~у Stréifenmuster *n* (6), Stréifenmusterung *f* (10), Stríchmuster *n*

полоска́||ние *с* **1.** (*действие*) Spülen *n* -s, Spülung *f*; Gúrgeln *n* -s (*горла*); **2.** (*жидкость*) Múndwasser *n* -s; Gúrgelwasser *n* (*для горла*); **~тельница** *ж* Spülnapf *m* (1*), Spülgefäß *n* (2)

полоска́ть spülen *vt*; ~ го́рло gúrgeln *vi*; **~ся 1.** (*плескаться в воде*) plätschern *vi*, plán(t)schen *vi*; **2.** (*о парусе, флаге — колебаться от ветра*) fláttern *vi*

полосну́ть *разг.* (*ножом*) éinen Mésserstich versétzen (кого́-л. *D*)

полосов||о́й: ~о́е желе́зо Flácheisen *n* -s; ~а́я сталь Flàchstahl *m* -s

по́лость I *ж анат.* Höhle *f* (11), Höhlung *f* (10); ~ рта Múndhöhle *f*

по́лость II *ж* (*в санях*) Schlíttendecke *f* (11)

полоте́нце *с* Hándtuch *n* (5); махро́вое ~ Frottíerhandtuch *n*; ку́хонное ~ Geschírrtuch *n*, Gläsertuch *n*, Téllertuch *n*, Küchentuch *n*, Wíschtuch *n*; купа́льное ~ Bádetuch *n*; электри́ческое ~ Händetrockner *m* (6)

полотёр *м* **1.** Árbeiter, der Fúßböden böhnert; **2.** (*машина*) Böhnermaschine *f* (11); электри́ческий ~ eléktrische Böhnermaschine *f*; **~ный**: ~ная щётка Böhnerbürste *f* (11)

поло́тнище *с* **1.** (*отрез ткани*) Bahn *f* (10), Stóffbahn *f*; ~ зна́мени Fáhnentuch *n* (5); ~ пала́тки Zéltbahn *f* (10); **ю́бка из четырёх поло́тнищ** Víerbahnenrock *m* (1*); пере́днее ~ Vórderbahn *f*; **2.** *тех.* Blatt *n* (5); Fläche *f* (11)

полотно́ *с* **1.** Léinwand *f*, Léinen *n* (7); белёное ~ gebléichte Léinwand; просты́нное ~ **Béttleinen** *n*; **шта́пельное ~**

Zéllwollgewebe *n* -s; **2.** (*картина*) Gemälde *n* (6); истори́ческое ~ Históri¦engemälde *n*; широ́кое ~ (*романа и т. п.*) gróßangelegtes Gemälde; **3.** *ж.-д.* Báhnkörper *m* (6); Gléisbett *n* (13); ездово́е ~ (*моста*) Brückenfahrbahn *f* (10); земляно́е ~ *стр.* Báhnplanum *n* -s, Érdkörper *m*; **4.** *спец.* (*лента в механизме*) Band *n* (5); гу́сеничное ~ Ráupenband *n*; ~ транспортёра Fördertuch *n* (5); **5.** *спец.*: ~ пилы́ Sägeblatt *n* (5); дверно́е ~ *стр.* Túrflügel *m* (6); ~ воро́т Tórflügel *m*

полотня́н||ый léinen, Léin(en)-; ~ое бельё Léinen *n* (7); ~ая простыня́ Léintuch *n* (5), léinenes Béttuch (*при переносе* Bett-tuch)

поло́ть jäten *vt*

полоу́мный *разг.* schwáchsinnig, nicht ganz normál; verrückt

полпре́д *м* (полномо́чный представи́тель), **полпре́дство** *с* (полномо́чное представи́тельство) (*до 1941 г.*) *см.* полномо́чный

полпути́: на ~ auf hálbem Wége

полсло́в||а: на ~а auf ein Wort, auf ein paar Wórte; на ~е, на полусло́ве (*оборвать и т. п.*) mítten im Satz; ни ~а kéine Sílbe; с ~а, с полусло́ва (*понять и т. п.*) bei der érsten Ándeutung, sofórt

полста́вки: рабо́тать на ~ hálbtags árbeiten *vi*; рабо́та на ~ Hálbtagsarbeit *f*

полти́нник *м разг.* **1.** hálber Rúbel; **2.** (*монета*) Hálbrubelstück *n* (2)

полтор||а́ anderthálb, ein(und)einhálb; ~ы ты́сячи anderthálbtausend, fünfzehnhundert; в ~а́ ра́за auf das Anderthálbfache

полтора́ста anderthálbhundert, húndertfünfzig

полуавтома́т *м* Hálbautomat *m* (8); **~ика** *ж* Hálbautomatik *f*; **~и́ческий** hálbautomatisch

полуба́рхат *м текст.* Báumwollsamt *m* (1), Manchester [-ˈʃɛs-] *m* -s

полубезрабо́тный *м* Kúrzarbeiter *m* (6)

полубо́г *м* Hálbgott *m* (4)

полуботи́нки *мн.* Hálbschuhe *pl*

полуваго́н *м* óffener Güterwagen, Ó-Wagen *m* (7), Hóchbordwagen *m*

полува́л *м кож.* Vacheleder [ˈvaʃ-ˌle:dər] *n* -s, lóhgares Léder

полува́ттн||ый *эл.* Hálbwatt-; ~ая ла́мпа Hálbwattlampe *f* (11)

полувеково́й ein hálbes Jahrhúndert dáuernd [alt]; fünfzigjährig

полувое́нный hálbmilitärisch, páramilitärisch

полугла́сный *сущ. м фон.* Hálbvokal [-vo-] *m* (1), Semivokál *m*

полуго́д||ие *с* Hálbjahr *n* (2); Jáhreshälfte *f* (11); **~и́чный** hálbjährlich; ~и́чные ку́рсы Hálbjahreskurse *pl*

полугодов||а́лый hálbjährig; **~о́й** hálbjährlich; Hálbjahr-; ~о́й план Hálbjahrplan *m* (1*)

полуголо́дный hálbhungrig

полуго́лос *м фон.* hálblautes Spréchen, Múrmelton *m* -(e)s, Súmmton *m*

полуго́лый hálbnackt

полугосуда́рственный hálbstaatlich (*о предприятии*)

полугра́мотный kaum lésen und schréiben könnend, úngebildet

полу́да *ж* **1.** (*действие*) Verzínnen *n* -s, Verzinnung *f*; **2.** (*слой олова*) Zínnbelag *m* -(e)s

полу́денный **1.** míttägig, míttäglich, Míttags-; meridionál; ~ зной Míttagsglut *f*; **2.** *поэт. уст.* (*южный*) südlich

полуди́кий hálbwild, hálbbarbarisch

полудо́лгий *фон.* hálblang

полужёсткий *тех.* hálbstarr

полуживо́й hálbtót, mehr tot als lebéndig

полужи́рный: ~ шрифт *полигр.* hálbfette Schrift

полузабы́||тый hálbvergessen; **~тьё** *с* hálbohnmächtiger Zústand

полузащи́т||а *ж спорт.* Läuferreihe *f*; **~ник** *м спорт.* Läufer *m* (6) (*в футболе*); Hálbspieler *m* (6) (*в регби*)

полузна́йка *м, ж разг.* Hálbgebildete *m, f* (14), Mensch *m* (8) mit óberflächlichem Wíssen

полузна́йство *с разг.* Hálbwissen *n* -s

полузре́лый hálbreif

полука́др *м тлв.* Téilraster *m* (6), Hálbraster *m*

полуколо́ния *ж* Hálbkolonie *f* (11)

полукомбинезо́н *м* Látzhose *f* (11)

полукоче́вник *м* Hálbnomade *m* (9)

полукочево́й hálbnomadisch

полукро́в||ка *ж* Hálbblüter *m* (6), Hálbblut *n* -(e)s; **~ный** Hálbblut-, hálbblütig

полукру́г *м* Hálbkreis *m* (1); ~ом im Hálbkreis; **~лый** hálbrund; hálbkreisförmig

полулега́льный hálblegal

полулёжа halblíegend

полулитро́в||ый Hálbliter-; ~ая буты́лка Hálbliterflasche *f* (11)

полульняно́й hálbleinen, hálblinnen

полума́ска *ж* Hálbmaske *f* (11)

полуме́ра *ж* hálbe Máßnahme

полумёртвый hálbtót

полуме́сяц *м* Hálbmond *m* -(e)s

полуме́сячный hálbmonatlich; hálbmonatig; ~ окла́д ein hálbmonatliches Gehált; ~ о́тпуск ein hálbmonatiger Úrlaub

полумра́к *м* Hálbdunkel *n* -s

полумя́гкий hálbweich

полунаго́й hálbnáckt

полу́ндра *межд. разг.* Wáhrschau!

полуно́чник *м разг.* Spätaufbleiber *m* (6); Náchtschwärmer *m* (6)

полуно́чный *см.* полно́чный

полуоборо́т *м* Víertelwendung *f* (10)

полуоде́тый únvollständig bekléidet, hálbangezogen

полуо́стров *м* Hálbinsel *f* (11)

полуо́сь *ж спец.* Hálbachse *f* (11)

полуотво́ренный, полуоткры́тый hálboffen, hálbgeöffnet

полуоткры́тый *фон.* hálboffen (*о гласном*)

полуофициа́льный hálboffizi¦ell, hálbamtlich, offiziös

полупальто́ *с* kníelanger Mántel, Kútte *f* (11)

полуподва́л *м* Úntergeschoß *n* -sses, -sse, Kéllergeschoß *n*

полуприце́п *м* Sáttel(schlepp)anhänger *m* (6), Sáttelauflieger *m* (6)

полупроводни́к *м эл.* Hálbleiter *m* (6); **~ико́вый** *эл.* Hálbleiter-; ~ико́вый трио́д Hálbleitertriode *f* (11), Transístor *m* -s, -tóren

полупроду́кт *м хим., эк.* Zwíschenprodukt *n* (2), Hálbfabrikat *n* (2)

полупрозра́чн||ый hálbdurchsichtig; ~ая матéрия hálbdurchsichtiger Stoff

полупролета́рий *м* Hálbproletari¦er *m* (6)

полупромы́шленн||ый: ~ая устано́вка *хим.* Pilótanlage *f* (11)

полупусты́ня *ж геогр.* Hálbwüste *f* (11)

полупья́ный hálbbetrunken

полураздéтый hálbausgezogen

полусве́т I *м* (*неполный свет*) Hálbdunkel *n* -s, Dämmerlicht *n* -(e)s

полусве́т II *м уст.* Hálbwelt *f*, Demimonde [*фр.* dəmiˈmɔ̃də] *f*

полусинтети́ческий *хим.* hálbsynthetisch

полусло́во *см.* полсло́ва

полусме́рт||ь *ж*: до ~и sehr; fürchterlich, schrécklich; hálbtót (*избить*)

полусмы́чный *сущ. м фон.* Hálbverschlußlaut *m* (1)

полусо́н *м* Hálbschlaf *m* -(e)s; в полусне́ im Hálbschlaf; **~ный** schláftrunken, schläfrig

полуста́нок *м ж.-д.* Háltepunkt *m* (1), Zwíschenstation *f* (10)

полусти́шие *с лит.* Hálbvers *m* (1)

полусу́точный hálbtägig; zwölfstündig, Hálbtags-

полусу́ффикс *м лингв.* Hálbsuffix *n* (2)

полусухо́й (*о вине*) hálbtrocken

полусфе́ра *ж мат., физ.* Hemisphäre *f* (11), Hálbkugel *f* (11)

полутёмный hálbdunkel

полуте́нь *ж* Hálbschatten *m* -s

полуто́н *м муз.* Hálbton *m* (1*)

полутора||годова́лый anderthálbjährig; **~ме́сячный** anderthálbmonatig

полу́торн||ый anderthálbfach; в ~ом разме́ре von anderthálbfacher Größe

полутьм||а́ *ж* Hálbdunkel *n* -s; в ~е́ im Hálbdunkel

полутяжелове́с *м спорт.* Hálbschwergewicht *f*

полуфабрика́т *м* Hálbfabrikat *n* (2); Hálbfertigerzeugnis *n* (3*), Téilerzeugnis *n*; Vórprodukt *n* (2); *кул.* hálbfertiges Gericht, Hálbfertiggericht *n* (2); магази́н ~ов Menüladen *m* (7*)

полуфеода́льный hálbfeudal

полуфина́л *м спорт.* Vórschlußrunde *f* (11), Hálbfinale *n* -s, -s, Semifinále *n*; **~и́ст** *м* Hálbfinalist *m* (8)

полуци́ркульн||ый *архит.* Bógen-, Gewölbe-; ~ое окно́ Bógenfenster *n* (6)

получасово́й hálbstündlich

получа́тель *м* Empfänger *m* (6), Adressát *m* (8)

получа́ть *см.* получи́ть; bezíehen* *vt* (*зарплату, пенсию и т. п.*); **~ся** **1.** *см.* получи́ться; **2.** *страд.* empfángen [erhálten] wérden

получе́н||ие *с* **1.** Empfáng *m* -(e)s, Erhálten *n* -s; Bezúg *m* -(e)s (*пенсии, пособия*); ~ие креди́та die Áufnahme éines Kredíts; ~ие при́были die Erzíelung éines Gewínns, das Erzíelen von Profít, Profítmachen *n* -s; ~ие до́лжности das Erlángen éiner Stéllung; для ~ия zum Empfáng; подтверди́ть ~ие den Empfáng bestätigen [beschéinigen]; распи́ска в ~ии Empfángsbescheinigung *f* (10); извеще́ние о ~ии Empfángsbenachrichtigung *f* (10); по ~ии nach Empfáng; **2.** *тех., хим.* Gewínnung *f*; Erzéugung *f*; Hérstellung *f*; ~ие ста́ли Stáhlerzeugung *f*

получи́ть **1.** bekómmen* *vt*; erhálten* *vt*; empfángen* *vt*, in Empfáng néhmen*; ~ де́ньги Geld éinnehmen* [veréinnahmen, éinkassieren]; ~ дохо́ды Éinnahmen bezíehen*; ~ по́дпись eine Únterschrift éinholen; ~ оце́нку «хорошо́» die Nóte «gut» bekómmen* [erhálten*]; ~ пре́мию éine Prämi¦e bekómmen*; ~ призна́ние Ánerkennung fínden*; ~ изве́стность Berühmtheit erlángen; ~ учёную сте́пень éinen wíssenschaftlichen Grad verlíehen bekómmen*; ~ замеча́ние éinen Verwéis be-

15*

kómmen*, das Mißfallen áusgesprochen bekómmen*; ~ удовóльствие ein Vergnügen háben; ~ инстрýкции Ánweisungen bekómmen*; ~ применéние ángewandt wérden, Ánwendung fínden*; ~ оглáску láutbar wérden; ~ нáсморк *разг.* sich (*D*) éinen Schnúpfen hólen; **2.** *тех., хим.* gewínnen* *vt*; erzéugen *vt*; hérstellen *vt*; ~ бензи́н из ýгля aus Kóhle Benzín hérstellen; **~ся 1.** (*о результате и т. п.*) sich ergében*; при делéнии получи́лось 2 и 2 в остáтке bei der División [-vi-] erhíelten wir zwei, Rest zwei; скóлько полýчится? wievíel macht es aus?; сни́мок получи́лся хорóший die Áufnahme [das Bild] ist schön gewórden; из негó фи́зика не полýчится aus ihm wird kein Phýsiker; чтóбы не получи́лось неприя́тностей damít sich kéine Únannehmlichkeiten ergében; **2.** *уст.* (*по почте и т. п.*) erhálten wérden

полýчк||а *ж разг.* **1.** *см.* получéние; **2.** (*зарплата*) Lohn *m* (1*); Gehált *n* (5) (*служащих*); день ~и Lóhntag *m* (1); Gehältstag *m*

полушáрие *с* Hálbkugel *f* (11); Hemisphäre *f* (11); Érdhälfte *f* (11); сéверное ~ nördliche Hálbkugel; ю́жное ~ südliche Hálbkugel; ~ головнóго мóзга *анат.* Gróßhirnhemisphäre *f*

полушёлк *м* Hálbseide *f*; **~овый** hálbseiden, Hálbseiden-

полушéрсть *ж* Hálbwollstoff *m* (1), Hálbwolle *f*; Míschwolle *f*

полушерстян||óй hálbwollen, Hálbwoll-; ~áя ткань Hálbwollstoff *m* (1); ~áя пря́жа Wóllmischgarn *n* (2)

полушýбок *м* Pélzjacke *f* (11), Hálbpelz *m* (1), kúrzer Pelz

полушутя́ *нареч.* halb im Scherz

полуя́т *м мор.* Áchterhütte *f* (11)

полцены́: за ~ für den [zum] hálben Preis

полчасá éine hálbe Stúnde; на расстоя́нии получáса éine hálbe Stúnde entférnt; получáсом рáньше éine hálbe Stúnde éher [früher]

пóлчище *с* **1.** (*войско*) Hórde *f* (11) Kríegshorde *f* (11); **2.** *разг.* (*толпа, стая*) Schar *f* (10), Ménge *f* (11)

пóл||ый 1. (*пустой*) hohl, Hohl-; **2.:** ~ая водá Hóchwasser *n* -s; ◇ ~ые вéны *анат.* Hóhlvenen [-,ve:-] *pl*

пóлымя: попáсть из огня́ да в ~ *погов.* aus dem Régen in die Tráufe kómmen*

поли́нн||ый Wérmut-; ~ая вóдка Wérmut *m* -(e)s

поли́нь *ж бот.* Béifuß *m* -es; гóрькая ~ Wérmut *m* -(e)s

полынья́ *ж* Éisloch *n* (5)

полысéть éine Glátze bekómmen*

полыхáть *разг.* lódern *vt*; in Flámmen stéhen*

пóльз||а *ж* Nútzen *m* -s; Vórteil *m* (1) (*выгода*); общéственная ~а Geméinnutzen *m*; Geméinnützigkeit *f*; принести́ ~у комý-л., чемý-л. j-m, éiner Sáche (*D*) Nútzen bríngen*; извлéчь из чегó-л. ~у Vórteil [Nútzen] aus etw. (*D*) zíehen*; какáя ~а от э́того? was nützt das?, was hilft das?; в ~у когó-л. zugúnsten von (*D*); zu j-s Gúnsten; für j-n; показáние в ~у подсуди́мого éine Áussage zugúnsten des Ángeklagten; э́то говори́т в егó ~у das spricht zu séinen Gúnsten; das spricht für ihn; не в ~у, не на ~у zu j-s Úngunsten, nicht zu j-s Gúnsten; идти́ комý-л. на ~у j-m zum Bésten [Vórteil] geréichen; j-m zugúte kómmen*, j-m von Nútzen sein; для твоéй ~ы zu déinem Bésten; zu déinem Nútzen [Vórteil]; сдéлать что-л. для чьей-л. ~ы etw. zu j-s Nútzen tun*; в нáшу ~у *ком.* zu únseren Gúnsten; счёт 3 : 5 в нáшу ~у *спорт.* fünf zu drei für uns

пóльзован||ие *с* Benútzung *f*, Gebráuch *m* -(e)s; *юр.* Nútzung *f*, Nútznießung *f*; ~ие землёй Nútzung des Bódens, Bódennutzung *f*; пожи́зненное ~ие Nútzung auf Lébenszeit; служéбное ~ие Díenstgebrauch *m*; совмéстное ~ие Mítbenutzung *f*; исключи́тельное ~ие Alléinnutzung *f*; предмéты ли́чного ~ия Gégenstände des priváten [persönlichen] Bedárfs; прáвила ~ия (*напр. библиотекой*) Benútzungsordnung *f*; укaзáния о ~ии (*напр. словарём*) Benútzungshinweise *pl*; Hínweise für die Benútzung; прáво ~ия Nútzungsrecht *n* (2); отдáть в óбщее ~ие zur allgeméinen Nútzung ábgeben*, für die allgeméine Benútzung fréigeben; передáть в общéственное ~ие in die öffentliche Hand überführen; в ли́чном ~ии in persönlicher [individuéller] Nútzung; в вéчное ~ие zur únbefristeten Nútzung

пóльзовать *уст.* (*лечить*) (ärztlich) behándeln *vt*

пóльзоваться benútzen *vt*, gebráuchen *vt*; Gebráuch máchen (чем-л. von *D*); genießen* *vt* (*обладать*); ~ услýгами Díenstleistungen in Ánspruch néhmen*; ~ слýчаем éine Gelégenheit ergréifen*; éine Gelégenheit beim Schópfe fássen (*разг.*); ~ прáвом 1) (*иметь право*) das Recht genießen*; 2) (*воспользоваться*) von séinem Recht Gebráuch máchen; ~ авторитéтом Autorität háben; ~ влия́нием Éinfluß háben [besítzen*]; ~ довéрием Vertráuen genießen*; ~ поддéржкой нарóда die Unterstützung des Vólkes háben; ~ популя́рностью belíebt sein; ~ признáнием ánerkannt wérden, Ánerkennung fínden*; ~ симпáтией Sympathíe genießen*; ~ дóброй слáвой éinen gúten Ruf besítzen*; ~ спрóсом gefrágt sein; ~ успéхом gróßen Erfólg háben [genießen*]

пóлька I *ж* Pólin *f* (12)

пóлька II *ж* (*танец*) Pólka *f*, *pl* -s

пóльский pólnisch; ~ язы́к die pólnische Spráche, das Pólnische

польсти́ть schméicheln *vi*

польсти́ться sich verlócken lássen* (на что-л. auf *A*)

полюби́ть líebgewinnen* *отд. vt*

полюби́ться *разг.* gefállen* *vi*, ángenehm sein

полюбовáться sich (éine Zéitlang) ergötzen (на что-л. an *D*); полюбýйся! *ирон.* schau dir die Bescherung an!

полюбóвн||о *нареч.* gütlich, im Gúten; кóнчить дéло ~о éine Sáche gütlich [im Gúten] béilegen; **~ый** gütlich; fréundschaftlich; ~ая сдéлка gütlicher Vergléich

полюбопы́тствовать néugierig sein; позвóльте ~ gestátten Sie zu frágen

по-людски́ *нареч. разг.* so wie álle Ménschen; не ~ nicht so wie álle Ménschen; ánders als álle

пóлюс *м* **1.** *геогр.* Pol *m* (1); Сéверный ~ Nórdpol *m*; Ю́жный ~ Südpol *m*; магни́тный ~ Magnétpol *m*; ~ хóлода Kältepol *m*; к ~у pólwärts; **2.** *физ.* Pol *m* (1); отрицáтельный ~ négativer [-vər] Pol, Mínuspol *m*; положи́тельный ~ pósitiver [-vər] Pol, Plúspol *m*; ◇ э́то два ~а das sind zwei Póle; **~ный** Pol-; polár

поля́к *м* Póle *m* (9)

поля́на *ж* (kléine) Wáldwiese *f* (11), Líchtung *f* (10)

поляриз||áтор *м физ.* Polarisátor *m* -s, -tóren; **~аци́онный** *физ.* Polarisatións-; ~аци́онный конденсáтор Polarisatiónskondensor *m* (13); **~áция** *ж физ.* Polarisatión *f* (10), Polarisíerung *f*; **~овáть** *физ.* polarisíeren *vt*; **~овáться** *физ.* polarisíeren *vi*

поляри́метр *м физ.* Polariméter *n* (6)

поляри́скóп *м физ.* Polariskóp *n* (2)

поля́рник *м* Polárforscher *m* (6)

поля́рность *ж физ., перен.* Polarität *f*

поля́рн||ый 1. polár, Polár-; ~ая экспеди́ция Polárexpedition *f* (10); Поля́рная звездá Polárstern *m* -(e)s; ~ый круг Polárkreis *m* (1); **2.** *физ.* polár; ~ые соединéния poláre Verbíndungen; **3.** *перен.* vóllkommen gégensätzlich; ~ые кáчества vóllkommen gégensätzliche Éigenschaften

помáд||а *ж* Pomáde *f* (11); Háarpomade *f* (*для волос*); губнáя ~а Líppenstift *m* (1); Líppenrot *n* -s; **~ить** pomadísieren *vt*, mit Pomáde éinsalben

помáзать 1. beschmíeren *vt*; **2.** *уст.* (*совершить помазание*) sálben *vt*

помазóк *м* Pínsel *m* (6), Quast *m* (1)

помакáть éinige Mále éintauchen *vt*

помалéньку *нареч. разг.* **1.** állmählich, nach und nach; **2.** (*сносно*) léidlich

помáлкив||ать *разг.* schwéigen* *vi*; ~ай! da hast du nichts dréinzureden!, du hast hier gar nichts zu wóllen!

помани́ть lócken *vt*; wínken *vi* (когó-л. *D*)

помáр||ка *ж* dúrchgestrichene Stélle; Verbésserung *f* (10); без ~ок óhne áuszubessern

помахáть (éine Zéitlang, ein wénig) schwíngen* *vt*, schwénken *vt*; wínken *vi* (mit *D* — *рукой*)

помáхивать schlágen* *vi* (*крыльями*); wédeln *vi* (*хвостом*); fácheln *vi* (*веером*)

помéдлить (éine Zéitlang, ein wénig) zögern *vi*, záudern *vi*

помелó *с* Bésen *m* (7); Ófenwisch *m* (1) (*для печи*)

помéньше étwas wéniger (*числом*) étwas kléiner (*размером*)

поменя́ть *см.* меня́ть 1; **~ся** *см.* меня́ться 1

померáн||ец *м бот.* Pomeránze *f* (11); **~цевый** Pomeránzen-; ~цевое мáсло Pomeránzenöl *n* -(e)s

померéть *разг.* stérben* *vi* (s)

померéщиться schéinen* *vi*

помёрзнуть *разг.* **1.** (*о растениях*) erfríeren* *vi* (s); **2.** (*пробыть на морозе*) fríeren* *vi*

помéрить ánprobieren *vt*; **~ся:** ~ся с кем-л. си́лами *тж. перен.* sich mit j-m méssen*, j-m die Stánge hálten*

помéркнуть *см.* мéркнуть

помертвéть (*от страха*) léichenblaß wérden, erstárren *vi* (s)

помести́тельн||ость *ж* Geräumigkeit *f*; **~ый** geräumig

помести́ть únterbringen* *vt*; (hín-)stéllen *vt*, (hín)sétzen *vt* (*поставить*); (hín)légen *vt* (*положить*); deponíeren *vt* (*деньги в банк*); ánlegen *vt*, investíeren [-vɛs-] *vt* (*капитал*); éinliefern *vt* (*в больницу*); ~ статью́ éinen Artíkel veröffentlichen [bríngen*]; ~ объявлéние (в газéте) annoncíeren [anɔŋ'si:-] *vt*, inseríeren *vt*; **~ся 1.** (*устроиться*) sich éinrichten; Platz fínden*; **2.** (*вместиться*) hinéingehen* *vi* (s)

поме́стн||ый: ~ое дворя́нство *ист.* Lándadel *m* -s

поме́стье *с* Lándgut *n* (5), Gut *n*, Gútshof *m* (1*), Ríttergut *n*

по́месь *ж* **1.** (*о животном*) Míschling *m* (1), Bástard *m* (1); **2.** *перен. разг.* (*смесь*) Gemísch *n* (2), Geménge *n* (6)

поме́сячный mónatlich, Mónats-

помёт *м* **1.** Mist *m* -es; **2.** (*выводок*) Wurf *m* (1*)

поме́та *ж* (*в словаре*) Kénnzeichnung *f* (10); стилисти́ческая ~ stilístische Kénnzeichnung; граммати́ческая ~ grammátische Ángaben (*pl*)

поме́тить bezéichnen *vt*, vermérken *vt* (*отметить*); ánstreichen* *vt* (*галочкой и т. п.*); notíeren *vt* (*записать*); ~ (*таким-то*) число́м datíeren *vt*; ~ за́дним число́м zurückdatieren *vt*, náchdatieren *vt*

поме́тка *ж* Vermérk *m* (1); Rándbemerkung *f* (10) (*на полях*); Notíz *f* (10) (*заметка*)

поме́х||а *ж* Híndernis *n* (3*), Störung *f* (10); атмосфе́рные ~и *радио* atmosphärische Störungen; Empfángsstörungen *pl*; устране́ние поме́х Entstörung *f*; без поме́х störungsfrei

помехоусто́йчивость *ж радио* Störfestigkeit *f*

помеча́ть *см.* поме́тить

помечта́ть (ein wénig) träumen *vi* (о ком-л., о чём-л. von *D*); schwärmen *vi* (für *A*)

поме́шанный *прил.* **1.** verrückt; wáhnsinnig, írrsinnig, géistesgestört; **2.** *перен. разг.* verránt (in *A*), verséssen (auf *A*); он поме́шан на э́том er ist daráuf verséssen, er hat díese fíxe Idée; она́ поме́шана на поря́дке [на чистоте́] sie hat éinen Órdnungsfimmel; **3.** *в знач. сущ. м* Géisteskranke *m* (14), Verrückte *m* (14)

помеша́тельство *с* Wáhnsinn *m* -(e)s; Írrsinn *m*; Géisteskrankheit *f* (10), Géistesstörung *f* (10)

помеша́ть I (*перемешать*) úmrühren *vt*, (éine Zéitlang) rühren *vt*

помеш||а́ть II (*препятствовать чему-л.*) stören *vt*; híndern *vt*; ты ~а́л мне рабо́тать du hast mich bei der Árbeit gestört; пого́да ~а́ла отлёту das Wétter hat den Ábflug verhíndert; э́то не ~а́ло бы на́шему де́лу es wäre únserer Sáche nicht ábträglich

помеша́ться **1.** verrückt [géisteskrank] wérden; **2.** *перен. разг.*: ~ на чём-л. auf etw. (*A*) verséssen sein, in etw. (*A*) verránnt [vernárrt] sein

поме́шивать rühren *vt*

помеща́ть *см.* помести́ть; **~ся 1.** (*находиться*) sich befínden*; **2.** (*вмещаться*) Platz fínden*; hinéingehen* *vi* (s); **3.** *страд.* úntergebracht wérden (*ср.* помести́ть)

помеще́ние *с* **1.** (*квартира и т. п.*) Raum *m* (1*); Lokál *n* (2); жило́е ~ Wóhnraum *m*; произво́дственное ~ Räumlichkeiten *pl* für betríebliche Zwécke; Betríebsraum *m*; служе́бное ~ Díenstzimmer *n* (6), Díenstraum *m*; нежило́е ~ Funktiónsraum *m*; **2.** (*действие*) Únterbringung *f*; ~ в больни́цу Únterbringung [Éinlieferung] *f* in ein Kránkenhaus; ~ капита́ла Kapitálanlage *f*, Kapitálinvestierung [-vɛs-] *f*

поме́щ||ик *м* Gútsbesitzer *m* (6), Gútsherr *m* (8); **~ица** *ж* Gútsbesitzerin *f* (12), Gútsherrin *f* (12); **~ичий** Gútsbesitzer-, Guts-; ~ичий дом Gútshaus *n* (5); ~ичьи зе́мли Gútsländereien *pl*

помидо́р *м* Tomáte *f* (11); **~ный** Tomáten-

поми́лов||ание *с* Begnádigung *f* (10); хода́тайство о ~ании Gnádengesuch *n* (2); **~ать** begnádigen *vt*

поми́луй!, поми́луйте! *разг.* áber ich bítte dich [Sie]!; поми́луй бог! Gott bewáhre!

поми́мо *предлог* **1.** (*кроме*) ábgesehen von (*D*), áußer (*D*); **2.** (*без ведома, без участия*) úngeachtet (*D*); ~ меня́ óhne mein Wíssen; **3.**: ~ того́, что... (ganz) ábgesehen davón, daß...

поми́н *разг.*: он лёгок на ~е wenn man den Ésel nennt, da kommt er schon gerénnt; и в ~е нет es gibt kéine Spur von (*D*); об э́том и ~у не́ было man dáchte gar nicht darán, es krähte kein Hahn danách

помин||а́ть *см.* помяну́ть; ~а́ть ста́рое álte Geschíchten [álten Kohl] áufwärmen; не ~а́йте ли́хом! *разг.* behálten Sie mich in gútem Ándenken!; ◇ ~а́й как зва́ли *разг.* er ist längst über álle Bérge; er ist plötzlich [spúrlos] verschwúnden; weg war er

поми́нки *мн.* Gedénkfeier *f* (11); Léichenschmaus *m* (1*)

помину́тно *нареч.* jéden Áugenblick

помира́ть *разг. см.* помере́ть; ◇ ~ со́ смеху vor Láchen úmkommen*, sich tótlachen *отд.*

помири́ть versöhnen *vt*; **~ся 1.** sich versöhnen; **2.** (*с чем-л.*) sich ábfinden* (mit *D*)

помма́стера *м* (помо́щник ма́стера) Hílfsmeister *m* (6)

по́мнить sich erínnern (о чём-л. an *A*); dénken* *vi* (an *A*); éingedenk sein (*G*); по́мни об э́том! dénke darán!; по́мня (*памятуя*) éingedenk; сле́дует ~, что... man muß darán dénken, daß...; я по́мню себя́ ребёнком ich erínnere mich an méine Kíndheit; ◇ не ~ себя́ áußer sich sein (от чего́-л. vor *D*); **~ся:** мне хорошо́ по́мнятся э́ти стро́ки ich entsínne mich gut díeser Zéilen; (мне) по́мнится, что... ich entsínne [erínnere] mich, daß...; наско́лько мне по́мнится soviel [sowéit] ich mich erínnere; таки́е ве́щи до́лго по́мнятся sólche Dínge vergíßt man lánge nicht; sólche Dínge bléiben im Gedächtnis háften

помно́гу *нареч.* viel, in Ménge

помножа́ть, помно́жить *мат.* multiplizíeren *vt*; ~ на три mit drei multiplizíeren

помога́ть *см.* помо́чь

по-мо́ему *нареч.* **1.** (*о мнении*) méiner Méinung [Ánsicht] nach, méines Erachtens, méinem Eráchten nach; **2.** (*о желании*) nach méinem Wíllen [Wunsch], wie ich es will; де́лать ~ nach méinem Wíllen [Geschmáck] tun* [hándeln]; не ~ nicht so wie ich will

помо́и *мн.* Spülwasser *n* -s, Spülicht *n* -(e)s

помо́й||ка *ж* Müllkasten *m* (7) (*ящик*); Müllgrube *f* (11) (*яма*); **~ный** Müll-; ~ная я́ма Müllgrube *f* (11)

помо́л *м* Máhlen *n* -s; мука́ кру́пного [ме́лкого] ~а gróbgemahlenes [féingemahlenes] Mehl

помо́лв||ка *ж* Verlóbung *f* (10); Verlóbungsfeier *f* (11); **~ленный:** быть ~ленным verlóbt sein

помоли́ться béten *vi*

помоло́гия *ж спец.* Pomologíe *f*, Óbst(bau)kunde *f*

помолоде́ть jung [jünger] wérden

помолч||а́ть (éine Zéitlang) schwéigen* *vi*; ~и́те! schweigt doch ein wénig!, schweigt still!

помо́ль||ный Mahl-; **~щик** *м* Máhlgast *m* (1*)

помо́р *м* Pomóre *m* (9) (*russischer Bewohner des Küstenlandes im hohen Norden*)

помо́рщиться das Gesícht verzíehen*

помо́ст *м* **1.** Gerüst *n* (2), Pódium *n* -s, -di¦en, Podést *m* (1), *n* (2); **2.** (*настил на мосту*) Brückenfahrbahn *f*, Fáhrbahn *f*

по́моч||и *мн.* Hósenträger *m* (6), Trágband *n* (5) (6. *ч. pl*); Háltegurt *m* (1) (*для детей*); ◇ быть у кого́-л. на ~а́х sich von j-m am Gängelband léiten [führen] lássen*; води́ть кого́-л. на ~а́х j-n am Gängelband führen; j-n an der Stríppe háben

помочи́ть (ein wénig) ánfeuchten *vt* [benétzen *vt*, naß máchen]; **~ся** hárnen *vi*, uriníeren *vi*

помо́чь hélfen* *vi*; Hílfe léisten [bríngen*], Hílfsdienste léisten; zu Hílfe kómmen*, Ábhilfe scháffen (*прийти на помощь*); an die Hand géhen* (*выручить*); mit etw. (*D*) áushelfen* (*выручить, напр. деньгами*); béistehen* *vi*, zur Séite stéhen* (*защитить, заступиться*); únter die Árme gréifen* (*поддержать в нужный момент*); náchhelfen* *vi* (*отстающему*); ~ кому́-л. сло́вом и де́лом j-m mit Rat und Tat béistehen* [zur Séite stéhen*]; ~ кому́-л. вы́браться из беды́, ~ го́рю [беде́] j-m aus der Pátsche hélfen*

помо́щн||ик *м* Hélfer *m* (6), Gehílfe *m* (9); Assistént *m* (8); ~ик президе́нта Präsidéntenberater *m* (6); **~ица** *ж* Hélferin *f* (12), Gehílfin *f* (12)

по́мощ||ь *ж* Hílfe *f*, Áushilfe *f*; Béistand *m* -(e)s (*содействие*); де́нежная ~ь Géldunterstützung *f*, finanziélle Unterstützung; медици́нская ~ь ärztlicher Béistand, medizínische [ärztliche] Hílfe; неотло́жная ~ь dríngende [únaufschiebbare] Hílfe; пе́рвая ~ь die Érste Hílfe; «Ско́рая (медици́нская) по́мощь» (*учреждение*) Schnélle Medizínische Hílfe (*сокр.* SMH), Únfallhilfe *f*; пункт «Ско́рой по́мощи» Únfallstation *f* (10); маши́на «ско́рой по́мощи» Únfallwagen *m* (7); Réttungswagen *m* (*в Берлине*); ско́рая техни́ческая ~ь téchnische Nóthilfe; сосе́дская ~ь Náchbarschaftshilfe *f*; экономи́ческая ~ь Wírtschaftshilfe *f*; ~ь отстаю́щим Hílfe für Zurückbleibende; ~ь развива́ющимся стра́нам Entwícklungshilfe *f*; оказа́ть ~ь Hílfe léisten; Ábhilfe scháffen; организова́ть ~ь (*пострадавшим и т. п.*) Hílfsaktionen éinleiten; прийти на ~ь zu Hílfe kómmen*; на ~ь! Hílfe!; при ~и, с ~ью mit Hílfe (кого́-л. *G*, von *D*); без посторо́нней ~и óhne ánderweitige Hílfe; в поря́дке ~и áushilfsweise

по́мпа I *ж* (*пышность*) Pomp *m* -(e)s, Prunk *m* -(e)s

по́мпа II *ж тех.* Púmpe *f* (11)

помпе́зный pompös, prúnkhaft

помпо́н *м* Pompon [*фр.* pɔ̃'pɔ̃] *m* -s, -s, Quáste *f* (11)

помраче́ние *с* Verfínsterung *f* (10), Verdúnk(e)lung *f* 10; ~ созна́ния Bewúßtseinstrübung *f* (10)

помрачи́ться *уст.* sich verfínstern, sich trüben

помрачне́ть sich verfínstern

помут||и́ться (*о сознании*) sich trüben; его́ ра́зум ~и́лся er ist nicht recht bei Sínnen; в глаза́х у него́ ~и́лось ihm würde schwarz vor den Áugen

помутне́ние *с* Trübung *f* (10); ~ хруста́лика *мед.* Katarákt *m* (1), Línsentrübung *f* (10), gráuer Star

помутне́ть trübe wérden, sich trüben

пому́чить *разг.* (étwas) quälen *vt*; **~ся** *разг.* sich ábquälen

помча́ть 1. *см.* мчать; **2.** *разг. см.* мча́ться; **~ся** *см.* мча́ться

помыка́ть (*кем-л.*) despótisch úmgehen* (s) (mit *D*), j-n schlecht behándeln

по́мыс||ел *м* **1.** (*мысль*) Gedánke *m* (15); все ~лы álles Sínnen und Tráchten; **2.** (*намерение*) Vórhaben *n* (7), Ábsicht *f* (10)

помы́слить *разг.* dénken* *vi* (о чём-л. an *A*); sínnen* *vi* (auf *A*); etw. im Sínne háben; gedénken* *vi* (+ *inf c* zu)

помы́ть(ся) *см.* мы́ть(ся)

помышле́ние *с уст.* Gedánke *m* (15)

помышля́ть *см.* помы́слить

помян||у́ть 1. *уст.* (*вспомнить*) sich erínnern (кого́-л., что-л., о ком-л., о чём-л. an *A*), gedénken* *vi* (*G*); **2.** *церк.* (*помолиться о здоровье живого или об умершем*) für j-n béten*, j-s im Góttesdienst gedénken*; **3.** (*справить поминки*) j-s mit éinem Léichenschmaus gedénken*; ◇ ~и́те моё сло́во ihr wérdet noch an méine Wórte dénken!; mérken Sie sich, was ich Íhnen ságe!

помя́т||ый *прич.* **1.** *см.* помя́ть; **2.** *в знач. прил.*: ~ое лицо́ müdes Gesícht

помя́ть (ver)knüllen *vt* (*материю, бумагу и т. п.*); beschädigen *vt* (*повредить*)

понабра́ть *разг.* **1.** (etw. in Ménge) sámmeln *vt* [néhmen* *vt*]; **2.** (*нанять*) víele (Árbeiter) éinstellen; víele (Matrósen) (án)héuern

понаде́яться báuen *vi* (на кого́-л., на что-л. auf *A*); sich verlássen* (auf *A* — *положиться*)

пона́добит||ься benötigen *vt*; nötig háben; мне э́то ~ся ich wérde es nötig háben, ich wérde es bráuchen; е́сли ~ся wenn nötig

понапра́сну *нареч. разг.* vergébens, umsónst; überflüssigerweise (*излишне*)

понаслы́шке *нареч.* vom Hörensagen

по-настоя́щему *нареч.* ríchtig; órdentlich; wie es sich gehört

понату́житься *разг.* sich ánstrengen

поначу́лу *нареч. разг.* ánfangs

по-на́шему *нареч.* **1.** (*о мнении*) únserer Méinung [Ánsicht] nach; **2.** (*о желании*) nach únserem Wíllen [Wunsch], wie wir es wóllen

понево́ле *нареч.* nótgedrungen; gezwúngen, gezwúngenermaßen, zwángsweise; wíder Wíllen (*против воли*)

понеде́льник *м* Móntag *m* (1); в ~ am Móntag; в про́шлый ~ am vórigen Móntag; в бу́дущий ~ am nächsten Móntag; в ~ ве́чером (am) Móntag ábend; в ~ у́тром (am) Móntag früh, am Móntag mórgen; по ~ам móntags

понеде́льный Wóchen-, ~ план Wóchenplan *m* (1*)

поне́житься sich (éine Wéile) áalen (*разг.*), sich éine Zéitlang dem Behágen des Níchtstuns híngeben*

по-неме́цки deutsch, auf deutsch; in deutsch (*на немецком языке*); nach déutscher Árt (*на немецкий лад*); говори́ть ~ deutsch spréchen*; das Deutsche behérrschen (*владеть немецким языком*); как э́то называ́ется [бу́дет] ~? wie heißt das (auf) deutsch?; скажи́те, пожа́луйста, э́то предложе́ние ~! ságen Sie bítte den Satz auf deutsch!

понемно́гу *нареч.* **1.** ein wénig; **2.** (*постепенно*) nach und nach, allmählich; **3.** *разг.* (*ответ на вопрос «как поживаете?»*) so éinigermaßen, léidlich

понемно́жку *нареч. разг. см.* понемно́гу

поне́рвничать *см.* не́рвничать

понести́ 1. *см.* нести́ I 1, 3; **2.** (*о лошадях*) dúrchgehen* *vi* (s); ◇ куда́ его́ понесло́? *разг.* wo ist er denn (wíeder) hin?; **~сь** *см.* нести́сь I 1

по́ни *м* Pony ['pɔnı] *n* -s, -s

понижа́ть *см.* пони́зить; **~ся 1.** *см.* пони́зиться; **2.** *страд.* gesénkt wérden (*ср.* пони́зить)

пониже́ние *с* **1.** Herábsetzung *f* (10); Ermäßigung *f* (10), Mínderung *f* (10), Reduzíerung *f* (10), Sénkung *f* (10) (*цен и т. п.*); Lóhnabbau *m* -(e)s, Lóhnsenkung *f* (10) (*зарплаты*); Sínken *n* -s (*уровня воды и т. п.*); Ábsinken *n* (*жизненного уровня*); ~ ку́рса (*ценностей на бирже*) Baisse [*фр.* 'bɛ:sə] *f* (11); ~ ка́чества Rückgang [Verschléchterung, Ábnahme] der Qualität; ~ температу́ры Temperatúrrückgang *m* -(e)s; ~ давле́ния Drúckabnahme *f*; ~ наказа́ния *юр.* Stráfherabsetzung *f*; ~ в до́лжности *воен.* Herábsetzung in der Díenststellung; ~ в зва́нии *воен.* Herábsetzung im Díenstgrad; **2.** (*местности*) Geländeneigung *f*

пони́женн||ый gesénkt, herábgesetzt; vermíndert (*ослабленный*); ~ые тре́бования herábgesetzte Förderungen; ~ое настрое́ние gedrückte Stímmung

пони́зить sénken *vt*; herábsetzen *vt*; ermäßigen *vt*, míndern *vt*, reduzíeren *vt* (*цены и т. п.*); ~ го́лос die Stímme sénken; говори́ть пони́зив го́лос in unterdrücktem Ton [mit verháltener Stímme] spréchen*; ~ за́работную пла́ту den Lohn ábbauen; ~ разря́д кому́-л. j-n im Lohn zurückstufen, j-n in éine níedrigere Lóhngruppe éinstufen; **~ся** sínken* *vi* (s), fállen* *vi* (s); sich vermíndern, ábnehmen* *vi* (*уменьшиться, ослабеть*)

по́низу *нареч.* únten; am Bóden

поника́ть, пони́кнуть sich néigen, sich béugen; пони́кнуть голово́й den Kopf hängen lássen*

поним||а́ние *с* **1.** Verständnis *n* -ses (чего́-л. für *A*); Éinsicht *f* (in *A*); э́то вы́ше моего́ ~а́ния das geht über méinen Verstánd; **2.** (*концепция*) Áuffassung *f* (10); в маркси́стском ~а́нии nach marxístischer Áuffassung; **~а́ть 1.** verstéhen* *vt*, begréifen* *vt*; как э́то сле́дует ~а́ть? wie soll man das verstéhen?; **2.** (*знать толк в чём-л.*) sich auf etw. (*A*) verstéhen*; я ничего́ в э́том не ~а́ю ich verstéhe nichts davón; **~а́ющий** verständnisvoll

по-но́вому *нареч.* auf néue Art (und Wéise); auf néuartige Wéise

поножо́вщина *ж разг.* Mésserstecherei *f* (10)

понома́рь *м* Küster *m* (6), Kírchendiener *m* (6); ◇ чита́ть как ~ herúnterleiern *vt*

поно́с *м* Dúrchfall *m* -(e)s; крова́вый ~ Ruhr *f*

поноси́ть I (éine Zéitlang) trágen* *vt*

поноси́ть II (*бранить*) beschímpfen *vt*, schmähen *vt*, verlästern *vt*, verúnglimpfen *vt*

поно́ска *ж спец.* **1.** (*умение носить*) Apportíeren *n* -s; **2.** (*предмет*) der apportíerte Gégenstand

поноше́ние *с* Beschímpfung *f* (10), Schmähung *f* (10), Verúnglimpfung *f* (10)

поно́шенн||ый ábgetragen, ábgenutzt; schäbig (*потёртый*); ~ое пла́тье ein gebräuchtes Kleid

понра́виться gefállen* *vi*

понтёр *м карт.* Pointíerer [poɛ̃-] *m* (6), Gégenspieler *m* (6)

понти́ровать *карт.* sétzen *vi*, pointíeren [poɛ̃-] *vi*

понто́н *м* Ponton [*фр.* pɔn'tɔŋ] *m* -s, -s, Schwímmkasten *m* (7), Schwímmkörper *m* (6); судоподъёмный ~ Hébeprahm *m* (1)

понтонёр *м воен.* Pontoníer *m* (1)

понто́нн||ый Ponton- ['pɔntɔŋ]; ~ый мост Pontonbrücke *f* (11); ~ая ро́та Brückenkompanie *f* (11)

пону́дить, понужда́ть nötigen *vt*, zwíngen* *vt*

понужде́ние *с* Zwang *m* -(e)s, Nötigung *f*; Ántrieb *m* -(e)s

понук||а́ние *с разг.* Ántreiben *n* -s; **~а́ть** *разг.* ántreiben* *vt*, ánspornen *vt*

пону́р *м гидр.* Vórboden *m* (7*), Díchtungsteppich *m* (1)

пону́р||ить: ~ить го́лову den Kopf hängen lássen*; ~ив го́лову mit hängendem Kopf; **~ый** níedergeschlagen; kópfhängerisch (*разг.*)

по́нчик *м кул.* Pfánnkuchen *m*

поны́не *нареч.* bis jetzt

поню́хать ríechen* *vt*; ~ таба́к Tábak schnúpfen

поню́шка *ж*: ~ табаку́ éine Príse Tábak

поня́т||ие *с* **1.** Begríff *m* (1), Idée *f* (11); не име́ть ни мале́йшего ~ия о чём-л. kéine (blásse) Áhnung [kéinen Schímmer] von etw. (*D*) háben; соста́вить себе́ ~ие об э́том sich (*D*) éinen Begríff [éine Vórstellung, ein Bild] davón máchen; **2.** *филос.* Begríff *m* (1); Áuffassung *f* (10); определе́ние ~ия Begríffsbestimmung *f*; содержа́ние ~ия Begríffsinhalt *m* -(e)s; по́льзоваться ~иями mit Begríffen operíeren

поняти́йн||ый Begríffs-; ~ая катего́рия Begríffskategorie *f* (11)

поня́тлив||ость *ж* Verständigkeit *f*, Áufgewecktheit *f*, Áuffassungskraft *f*; **~ый** verständig, áufgeweckt; gelehrig; áufgeschlossen

поня́тн||о *нареч.* **1.** verständlich; fáßlich; само́ собо́й ~о es ist sélbstverständlich [sélbstredend]; **2.** *в знач. вводн. сл. разг.* sélbstverständlich; es verstéht sich; **~ость** *ж* Verständlichkeit *f*, Begréiflichkeit *f*; Fáßbarkeit *f*; **~ый** verständlich, begréiflich; klar (*ясный*); причи́на ~а der Grund ist verständlich [begréiflich]; ◇ ~ое де́ло *в знач. вводн. сл. разг.* sélbstverständlich

понято́й *сущ. м юр.* Béistand *m* (1*); ~ при о́быске Zéuge *m* (9) bei éiner Háussuchung

поня́ть *см.* понима́ть 1; дать ~ zu verstéhen gében*, dúrchblicken lássen*; я ника́к не могу́ ~ es will mir nicht éinleuchten; ich kann es nicht verstéhen [éinsehen]; я э́того не могу́ ~ das will mir nicht in den Kopf; ~ свою́ оши́бку séinen Féhler éinsehen*; не хоте́ть ~ nicht verstéhen wóllen*; э́то тру́дно ~ das ist schwer verständlich; das ist schwer zu verstéhen; нетру́дно ~ es läßt sich únschwer erkénnen; его́ не поймёшь *разг.* man wird aus ihm nicht klug [schlau]

пообе́дать zu Míttag éssen*; das Míttagessen beénden (*закончить обед*)

пообеща́ть verspréchen* *vt*

пообжи́ться *разг.* sich (allmählich) éinleben; sich éingewöhnen

поóдаль *нареч.* in éiniger Entférnung; étwas wéiter

поодинóчке *нареч.* éinzeln

поозёрье *с* Séengebiet *n* (2)

поóхать Séufzer áusstoßen*

поохóтиться (éine Zéitlang) jágen *vt*, *vi* (на когó-л., на что-л. nach *D*, auf *A*)

поочерёдно *нареч.* der Réihe nach, ábwechselnd

поощр||éние *с* Áufmunterung *f* (10); Ermútigung *f* (10) (*одобрение*); Ánspornung *f* (*стимул*); Förderung *f* (*чего-л.*); материáльное ~éние Prämíerung *f*; materiéller Ánreiz; морáльное ~éние morálischer Ánreiz, morálische Stimulíerung; мéра ~éния Förderungsmaßnahme *f* (11), stimulíerende Máßnahme; **~ительный** áufmunternd, ermúnternd; ánspornend; fördernd, Förderungs-; Ánreiz-, Ánsporn-, stimulíerend; **~ительная прéмия** Förderungsprämi|e *f* (11); Zíelprämi|e *f*; **~ить, ~ять 1.** (*когó-л.*) áufmuntern *vt*, ermúntern *vt*; ánreizen *vt*, stimulíeren *vt*; ánspornen *vt* (*побудить*); **2.** (*что-л.*) fördern *vt*

поп *м разг.* Pfáffe *m* (9) (*презр.*); Pópe *m* (9) (*православный*); ◇ какóв ~, такóв и прихóд *посл.* ≅ wie der Herr, so's Geschérr (*разг.*); wie der Herr, so der Knecht

попадáн||ие *с* (*в цель*) Tréffen *n* -s; Tréffer *m* (6); прямóе ~ие Vólltreffer *m*; веройтность ~ия Tréffwahrscheinlichkeit *f*, Tréffaussicht *f*; диагрáмма ~ий *воен.* Trefferbild *n* (5)

попадáть(ся) *см.* попáсть(ся)

попадья́ *ж разг.* Pópenfrau *f* (10)

попáрно *нареч.* páarweise, zu Páaren

поп-áрт *м иск.* Pop Art *f*

по-партúйному *нареч.* partéilich, vom Stándpunkt der Partéi

попá||сть 1. (*очутиться*) (hín)geráten* *vi* (s); gelángen *vi* (s); кудá я ~л? wo bin ich híngeraten?; я сюдá ~л? bin ich hier ríchtig?; как мне ~сть тудá? wie kómme ich hin?; письмó ~ло не по áдресу der Brief ist an éine fálsche Adrésse geráten; ~сть в бéду ins Únglück [in die Klémme] geráten*; **2.** (*метко выстрелить, бросить и т. п.*) tréffen* *vt*; ~сть в цель das Ziel tréffen*; не ~сть в цель das Ziel verféhlen; удáр ~л в цель *перен.* der Hieb sitzt; ◇ мне ~ло *разг.* ich hábe was ábbekommen; тебé ~дёт! *разг.* du kriegst noch was ab!; как ~ло *разг.* aufs Gerátewohl, auf gut Glück; wie es (geráde) kommt, wie es sich geráde fügt; комý ~ло *разг.* dem érsten bésten; чем ~ло *разг.* was (geráde) únter die Hände kam; ~сть в тóчку *разг.* ins Schwárze tréffen*; den Nágel auf den Kopf tréffen*; ~сть пáльцем в нéбо *разг.* étwas zur Únzeit [zu únpassender Zeit] ságen

попáсться 1. geráten* *vi* (s); (hinéin)fállen* *vi* (s) (*в ловушку и т. п.*); ~ комý-л. на ýдочку j-m auf den Leim géhen*; ánbeißen* *vi*; **2.** *разг.* (*встретиться*): на ýлице мне попáлся товáрищ auf der Stráße traf ich éinen Kameráden, auf der Stráße begégnete ich éinem Kameráden; **3.** (*быть уличённым в чём-л.*) überführt wérden; ~ в чём-л. bei etw. (*D*) ertáppt wérden; ◇ ~ на глазá комý-л. j-m únter die Áugen [zu Gesícht] kómmen*; пéрвый попáвшийся der érste béste

попáхивать *разг.* ein wénig ríechen* (чем-л. nach *D*); éinen Gerúch von sich gében*

поп-грýппа *ж* Pópgruppe *f* (11)

поперёк 1. *нареч.* quer, in die Quére; пересéчь ~ durchquéren *vt*; **2.** *предлог* querdúrch, querüber (*A*); ◇ стать комý-л. ~ дорóги j-m in die Quére kómmen*; sich j-m in den Weg stéllen; вдоль и ~ kreuz und quer; знать что-л. вдоль и ~ etw. in- und áuswendig kénnen*

попеременно *нареч.* ábwechselnd

поперéчина *ж* Quérbalken *m* (7), Quérträger *m* (6); Traverse [-'vɛr-] *f* (11)

поперéчн||ик *м* Dúrchmesser *m* (6); Dúrchschnitt *m* (1); пять мéтров в ~ике fünf Méter im Dúrchmesser; **~ый** Quer-; quérlaufend; ~ый брус Quérbalken *m* (7); ~ый разрéз, ~ое сечéние Quérschnitt *m* (1); ◇ кáждый встрéчный и ~ый *разг.* der érste béste; ≅ Hinz und Kunz

поперхнýться (*чем-л.*) sich verschlúcken (an *D*), etw. in die fálsche Kéhle kríegen

попечéн||ие *с* Fürsorge *f*, Sórge *f*, Pflége *f*; Óbhut *f* (*покровительство*); имéть когó-л. на ~ии für j-n zu sórgen háben; быть на ~ии когó-л. in j-s Pflége sein, in [únter] j-s Fürsorge stéhen*; на ~ии отцá in väterlicher Óbhut

попечи́тель *м* Fürsorger *m* (6), Pfléger *m* (6); Kurátor *m* -s, -tóren (*шкóлы и т. п.*); **~ница** *ж* Fürsorgerin *f* (12), Pflégerin *f* (12); Patrónin *f* (12) (*занимающаяся благотворительностью*); **~ство** *с* Fürsorge *f*, Pflégschaft *f*; Kuratél *f* (10); учреди́ть ~ство *юр.* éine Pflégschaft bestéllen; **~ствовать** *юр.* éine Pflegschaft áusüben

попирáть 1. *высок.* (*топтать*) (níeder)tréten* *vt*, auf etw. (*A*) tréten*; **2.** *перен.* (*что-л.*) etw. mit Füßen tréten*; verlétzen *vt*, übertréten* *vt* (*нарушать*); verschmähen *vt*, geríngschätzen *отд. vt*, mißáchten *vt* (*пренебрегать*); ~ закóны die Gesétze mißáchten [mit Füßen tréten*]; ~ правá человéка die Ménschenrechte verlétzen

попировáть (éine Zéitlang, ein wénig) zéchen *vi*, schmáusen *vi*

пописáть (éine Zéitlang) schréiben* *vi*, *vt*; ◇ здесь уж ничегó не попи́шешь da beißt die Maus kéinen Fáden ab

поп-искýсство *с* Póp-art *f*

попи́сывать *разг.* öfters [von Zeit zu Zeit] schréiben*

пóпка *м разг.* (*попугай*) Papagéi *m* (13)

поплавкóв||ый *спец.* Schwimm-, Schwímmer-; ~ый гидросамолёт Schwímmerflugzeug *n* (2); ~ое шасси́ *ав.* Schwímmergestell *n* (2), Schwímmwerk *n* (2)

поплавóк *м* **1.** (*рыболовный*) Schwímmer *m* (6); **2.** *воен.*, *тех.* Flóßsack *m* (1*), Schwímmer *m* (6), Schwímmkörper *m* (6); **3.** *разг.* (*ресторан*) Restaurant [rɛsto'raŋ] auf dem Wásser, schwímmendes Restaurant

поплáкать (éine Zéitlang, ein wénig) wéinen *vi*

поплат||и́ться büßen *vt*, bezáhlen *vt*; он ~и́лся жи́знью за свою неосторóжность er müßte séine Únvorsichtigkeit mit dem Lében büßen [bezáhlen]; ~и́ться за други́х für ándere léiden*; die Zéche (für ándere) bezáhlen (*разг.*); вы за э́то поплáтитесь das wird Íhnen téuer zu stéhen kómmen

поплевáть spúcken *vi*, spéien* *vi*

поплёвывать ab und zu spúcken [spéien*]

поплести́сь lángsam [mühsam] wéggehen* *vi* (s), sich hínschleppen

поплúн *м текст.* Popeline [*фр.* pɔpə'li:n(ə)] *f*

поплы́ть 1. schwímmen* *vi* (s), ánfangen* zu schwímmen, fórtschwimmen* *vi* (s); **2.** (*на чём-л.*) fáhren* *vi* (s), ánfangen* zu fáhren; ségeln *vi* (s) (*под парусами*)

поплясáть: ты у меня́ попля́шешь! (wart,) dir wérde ich áufspielen!

поп-мýзыка *ж* Pópmusik *f*

попóв||ич *м разг.* Pópensohn *m* (1*); **~на** *ж разг.* Pópentochter *f*, *pl* -töchter; **~щина** *ж пренебр.* Pfáffentum *n* -s

попóйка *ж разг.* Zecheréi *f* (10); Zéchgelage *n* (6), Trínkgelage *n*; Sáufgelage *n* (*разг.*)

пополáм *нареч.* **1.** (*на две половины*) in zwei Hälften; mittendúrch; дели́ть ~ halbíeren *vt*; разрéзать ~ mítten entzwéischneiden*; **2.** (*в равной доле*) hálbpart, zur Hälfte; нести́ расхóды ~ die Kósten zur Hälfte trágen*; ~ с кем-л. (auf) hálbpart mit j-m; **3.** (*наполовину с чем-л.*) zur Hälfte; винó ~ с водóй halb Wein, halb Wásser; die Hälfte Wein, die Hälfte Wásser

поползновéние *с* Ánspruch *m* (1*) (на что-л. auf *A*) (*претензия*); Versúch *m* (1) (*попытка*); имéть ~ tráchten *vi* (на что-л. nach *D*)

поползти́ kríechen* *vi* (s), ánfangen* zu kríechen, hínkriechen* *vi* (s)

пополнéн||ие *с* **1.** Ergänzung *f* (10); Áuffüllung *f* (10); Erwéiterung *f* (10) (*расширение*); ~ие кáссы Kássenauffüllung *f*; ~ие гардерóба die Ernéuerung [Ergänzung] der Garderóbe; за счёт ~ия durch Áuffüllung; **2.** *воен.* (*действие*) Áuffüllung *f* (10), Ergänzung *f* (10); ~ие боеприпáсами Áuffüllen *n* der Munitión; ~ие горю́чим Áuftanken *n* -s; **3.** (*о кадрах*) Árbeitskräftenachwuchs *m* -es; **4.** (*о войсках*): людскóе ~ие personélle Áuffüllung [Ergänzung]; нóвое ~ие Verstärkung *f*; júnge Soldáten (*pl*); ~ия *мн.* Áuffülltruppen *pl*

пополнéть zúnehmen* *vi*, dícker [vóller] wérden

попóлнить 1. ergänzen *vt*, náchfüllen *vt*, áuffüllen *vt*; komplettíeren *vt* (*укомплектовать*); ~ музéйный фонд die Bestände éines Muséums áuffüllen [ergänzen]; ~ знáния séine Kénntnisse erwéitern; **2.** *воен.* áuffüllen *vt*, ergänzen *vt*; verstärken *vt* (*усилить*); **~ся** sich vervóllständigen; ergänzt wérden; sich verméhren (чем-л. um *A*)

пополня́ть *см.* попóлнить; **~ся 1.** *см.* попóлниться; **2.** *страд.* ergänzt wérden (*ср.* попóлнить)

пополоскáть (ein wénig) spülen *vt*; ~ гóрло gúrgeln *vi*

пополýдни *нареч.* náchmittags

пополýночи *нареч.* nach Míttemacht

попóмни||ть *разг.* nicht vergéssen*; héimzahlen *отд. vt* (*отплатить*); ◇ ~те моё слóво! Sie wérden noch an méine Wórte dénken!

попóна *ж* Pférdedecke *f* (11)

попóртить beschädigen *vt*, verdérben* *vt*; defékt máchen; kapúttmachen *отд. vt* (*разг.*)

попотéть *разг.* schwítzen *vi*; мы над э́тим попотéли es hat uns Schweiß gekóstet; над э́тим стóит ~ das ist des Schwéißes wert; застáвить когó-л. ~ j-n (schön) bráten lássen*

попóтчевать bewírten *vt*

попра||вéние *с полит.* Réchtsentwicklung *f*, Réchtsruck *m* -(e)s; **~вéть** по-

лит. nach rechts tendíeren [ábschwenken], sich nach rechts entwíckeln

поправи́м||ый verbésserlich; э́то ~o das ist wiedergútzumachen; das kann wíeder éingerenkt wérden

попра́вить 1. (*починить*) áusbessern *vt*, reparíeren *vt*; instánd sétzen *vt*; **2.** (*здоровье и т. п.*) wiederhér¦stellen *отд. vt*; дела́ уже́ не ~ an der Sáche läßt sich nichts ändern; э́тим де́ло не попра́вишь dámit macht man den Kohl nicht fett (*разг.*); **3.** (*ошибку*) korrigíeren *vt*, verbéssern *vt*; beríchtigen *vt*; **4.** (*привести в порядок*) órdnen *vt* (*причёску*); zuréchtsetzen *отд. vt*, zuréchtrücken *отд. vt* (*шляпу и т. п.*); **~ся 1.** (*выздороветь*) gesúnd wérden, genésen* *vi* (s); gesúnden *vi* (s) (*высок.*); auf dem Wége der Bésserung sein; ~ся по́сле тяжёлой боле́зни nach schwérer Kránkheit áufkommen*; **2.** (*поздороветь*) sich erhólen; zúnehmen* *vi*; **3.** (*о делах*) sich béssern; bésser géhen*; **4.** (*в разговоре*) sich verbéssern

попра́вк||а *ж* **1.** (*починка*) Áusbesserung *f* (10), Reparatúr *f* (10); Instándsetzung *f* (10); **2.** (*здоровья и т. п.*) Gesúndung *f*, Erhólung *f*; Wiederhérstellung *f* der Gesúndheit; у него́ де́ло идёт на ~у es geht ihm bésser; es geht mit ihm bergáuf [áufwärts]; **3.** (*исправление*) Korrektúr *f* (10), Verbésserung *f*; Beríchtigung *f*, Ríchtigstellung *f*; внести́ суще́ственную ~у éine éinschneidende Korrektúr vórnehmen*; **4.** (*к законопроекту и т. п.*) Verbésserungsantrag *m* (1*), Beríchtigungsantrag *m*; Ábänderungsvorschlag *m* (1*); Zúsatzantrag *m*, Zúsatzbestimmung *f* (10) (*дополнительная*); ~а к конститу́ции Verfássungsänderung *f* (10); внести́ ряд дополни́тельных попра́вок éine Réihe von Zúsatzanträgen stéllen; **5.** *тех.*, *воен.* Verbésserung *f* (10); ~а буссо́ли, ~а ко́мпаса Nádelabweichung *f* (10)

поправля́ть *см.* попра́вить; **~ся 1.** *см.* попра́виться 1, 2, 3; поправля́йся!, поправля́йтесь! gúte Bésserung!; **2.** *страд.* áusgebessert wérden (*ср.* попра́вить)

попра́вочный: ~ коэффицие́нт Korrektúrfaktor *m* (13), Beríchtigungsfaktor *m*

попра́ние *с* (*прав и т. п.*) *уст.* Verlétzung *f*

попра́ть *см.* попира́ть

по-пре́жнему *нареч.* wie früher, wie éhemals; nach wie vor (*как всегда*)

попрёк *м разг.* Vórwurf *m* (1*)

попрека́ть, попрекну́ть *разг.* vórwerfen* *vt* (кого́-л. *D*); Vórwürfe máchen (*D*); ~ кого́-л. чем-л. j-m etw. vórwerfen*; j-m etw. únter die Náse réiben*

попридержа́ть *разг.* (*товары и т. п.*) zurückhalten* *vt*

по́прище *с* Árbeitsgebiet *n* (2), Árbeitsfeld *n* (5), Wírkungskreis *m* (1); литерату́рное ~ literárisches Gebíet

по-прия́тельски *нареч.* fréundschaftlich, in áller Fréundschaft

попро́бовать versúchen *vt*, probíeren *vt*; schmécken *vt*, kósten *vt* (*на вкус*); на́до ~!, сле́довало бы ~! das müßte man probíeren!, das käme auf éinen Versúch an!; попро́бовал бы он мне э́то сказа́ть! das soll er mir mal ságen!, wenn er mir damít kómmen söllte!; попро́буй повтори́ть э́то! (*угроза*) komm mir nur noch éinmal so!

попроси́ть bítten* *vt*; ersúchen *vt*; **~ся** (um Erláubnis) bítten*

по́просту *нареч. разг.* óhne Úmstände; éinfach; ◇ ~ говоря́ schléchtweg, kúrzerhand

попроша́й||ка *м, ж разг.* Schnórrer *m* (6); (zúdringlicher) Béttler *m* (6); (zúdringliche) Béttlerin *f* (12) (*о женщине*); **~ничать** *разг.* bétteln *vi*; **~ничество** *с разг.* Betteléi *f*

попроща́ться sich verábschieden (с кем-л. von *D*), Ábschied néhmen* (von *D*)

попры́г||ать (ein wénig) umhérspringen* *vi* (s) [herúmhüpfen *vi* (h, s)]; **~у́н** *м* éiner, der nicht still sítzen kann, Spríngинsfeld *m* =; **~у́нья** *ж* ein bewégliches Mädchen; éine bewégliche Frau

попры́скать *разг.* (*водой и т. п.*) besprítzen *vt*, bespréngen *vt*

попря́тать *разг.* (méhreres) verstécken *vt*; zur Séite scháffen; **~ся** sich verstécken

попуга́й *м* Papagéi *m* (13); повторя́ть как ~ papagéienhaft náchplappern

попуга́ть *разг.* (ein wénig) schrécken *vt*, éinschüchtern *vt*

попу́дрить (ein wénig) púdern *vt*; **~ся** sich (ein wénig) púdern

популяриз||а́тор *м* Popularisátor *m* -s, -tóren; **~а́ция** *ж* Popularisíerung *f*; **~и́ровать** popularisíeren *vt*; geméinverständlich máchen (*делать понятным*)

популя́рн||ость *ж* **1.** (*известность*) Popularität *f*, Belíebtheit *f*; по́льзоваться большо́й ~остью sich großer Belíebtheit erfréuen; stárken Zúspruch háben (*о музее и т. п.*); э́тим он завоева́л себе́ ~ость das hat ihm Popularität éingetragen; **2.** (*доступность, понятность*) Zúgänglichkeit *f*; Popularität *f*, Geméinverständlichkeit *f*; **~ый 1.** (*известный*) populär, bekánnt, belíebt; víelgenannt; ~ая кни́га ein víelgefragtes Buch; ~ый писа́тель ein víelgelesener Schríftsteller; **2.** (*доступный, понятный*) populär, (all)geméinverständlich; в ~ой фо́рме in léichtfaßlicher Form

популя́ция *ж биол.* Populatión *f*

попурри́ *с муз.* Potpourri [*фр.* ˈpɔtpuri:] *n* -s, -s

попусти́тель *м неодобр.* j-d, der Vórschub léistet, j-d, der etw. dúldet; **~ство** *с* Fáhrlässigkeit *f*; pflíchtwidrige Náchlässigkeit; Schwäche *f* (*слабость*); Dúldung *f* (*терпимость*); престу́пное ~ство sträfbare [verbrécherische] Vórschubleistung; при ~стве mit [únter] Vórschubleistung [Dúldung]; **~ствовать** zúlassen* *vt*; ein Áuge zúdrücken, durch die Fínger séhen*; Náchsicht üben (*проявлять снисходительность*)

по-пусто́му, по́пусту *нареч. разг.* umsónst, vergébens, únnütz

попу́тать *разг.* verléiten *vt*, verführen *vt*

попу́тн||о *нареч.* zugléich, gléichzeitig; nebenbéi, apropos [*фр.* aprɔˈpo:], bei díeser Gelégenheit (*кстати*); **~ый 1.:** ~ый ве́тер günstiger Wind, Fáhrwind *m* -(e)s; Rückenwind *m*; **2.** (*встречающийся, расположенный на пути*) auf dem Weg líegend; е́хать на ~ой маши́не per Ánhalter fáhren*; trampen [ˈtrɛm-] *vi* (s); **3.** (*сопутствующий чему-л. основному*) béiläufig; ~ое замеча́ние éine béiläufige Bemérkung

попу́тчик *м* **1.** Réisegefährte *m* (9), Wéggefährte *m*, Wéggenosse *m* (9); **2.** *перен.* Mítläufer *m* (6)

попыта́ть: ~ сча́стья *разг.* sein Glück versúchen; **~ся** versúchen *vt*, éinen Versúch máchen

попы́тк||а *ж* Versúch *m* (1); ~а с него́дными сре́дствами ein Versúch mit úntauglichen Mítteln; сде́лать ~у éinen Versúch máchen [ánstellen]; ◇ ~а не пы́тка *погов.* Versúch macht klug, ≅ Probíeren geht über Studíeren

попы́хивать *разг.* páffen *vi*, dámpfen *vi*

попя́титься zurückweichen* *vi* (s)

попя́тный: идти́ на ~ *разг.* Rückzieher máchen; sein Wort rückgängig máchen, sein Wort zurücknehmen*; sich éines ánderen besínnen*

по́ра *ж* Póre *f* (11)

пора́ *ж* **1.** Zeit *f*; Jáhreszeit *f* (*время года*); ле́тняя ~ Sómmer(s)zeit *f*; в зи́мнюю по́ру im Wínter; вече́рней поро́й zur Ábendzeit, ábends; горя́чая ~ Árbeitsspitze *f*, árbeitsreichste Zeit; **2.** *предик. безл.* es ist [wird] Zeit, es ist an der Zeit; давно́ ~ es ist hóhe [die höchste] Zeit; ◇ до поры́ до вре́мени zéitweilig, bis zu éiner gegébenen Zeit; éinstweilen, éinstweilig; в са́мую по́ру (*вовремя*) zur réchten [gelégenen] Zeit; до каки́х пор? wie lánge?, bis wann?; с каки́х пор seit wann?, seit wélcher Zeit?; с э́тих пор von díeser Zeit an; с тех пор von jéner Zeit an; с тех пор как seitdém; до тех пор пока́ so lánge, bis; до сих пор 1) (*о времени*) bis jetzt; 2) (*до этого места*) bis hierhér; с да́вних пор seit lánger Zeit; von álters her; на пе́рвых ~х in der érsten Zeit, am Ánfang; fürs érste

порабо́тать (éine Zéitlang) árbeiten *vi*; хорошо́ ~ (за день) ein schwéres Tágewerk hínter sich háben

поработи́тель *м* Unterdrücker *m* (6)

поработи́ть, порабоща́ть unterjóchen *vt*, knéchten *vt*, unterdrücken *vt*

порабоще́ние *с* Unterjóchung *f*, Knéchtung *f*, Unterdrückung *f*

поравня́ться (*с кем-л., с чем-л.*) éinholen *vt*

пора́довать erfréuen *vt*; éine Fréude beréiten (кого́-л. *D*); **~ся** sich fréuen (чему́-л. *G*, über *A*)

поража́ем||ый: ~ое простра́нство *воен.* bestríchener [féuerbedeckter] Raum, Féuerbereich *m* (1)

поража́ть *см.* порази́ть; **~ся 1.** *см.* порази́ться; **2.** *страд.* geschlágen wérden (*ср.* порази́ть)

пораже́нец *м* Defätíst *m* (8), Kapitulánt *m* (8)

пораже́ние *с* **1.** (*разгром*) Níederlage *f* (11); Schláppe *f* (11) (*разг.*); ~ на вы́борах Wáhlniederlage *f*; потерпе́ть ~ éine Níederlage erléiden*; éine schwére Schláppe éinstecken (*разг.*); нанести́ ~ 1) (*разбить*) éine Níederlage béibringen* [beréiten]; 2) (*причинить урон*) Ábbruch tun*; **2.** (*повреждение*) Schädigung *f* (10); Verwúndung *f* (10) (*ранение*); Verlétzung *f* (10) (*контузия, перелом*); Vergíftung *f* (10) (*отравляющим веществом*); Kontaminíerung *f*, Kontaminatión *f*, Aktivierung [-ˈvi:] *f* (*радиоактивными изотопами*); Infektión *f* (*инфекция*); Befáll *m* -(e)s (*заразной болезнью, грибком, глистами, вшами*); Áffektión *f* (*раздражение*); ~ пе́чени Léberaffektion *f*; ~ то́ком Stárkstromverletzung *f*; ору́жие ма́ссового пораже́ния Mássenvernichtungswaffen *pl*; ◇ ~ в права́х *юр.* Áberkennung *f* der stáatsbürgerlichen Réchte

поражённый *прич., прил.* **1.** getróffen (von *D*) (*пулей и т. п.*); befállen (von *D*) (*болезнью*); **2.** (*удивлённый*) überrácht; я был крáйне поражён ich war äußerst überrácht; ich war ganz baff [platt] (*разг.*); как грóмом ~ wie vom Blitz getróffen, wie vom Dónner gerührt

поражéнче||ский defätístisch; **~ство** *с* Defätísmus *m* =

поразвлéчь (ein wénig) zerstréuen *vt*; **~ся** sich (ein wénig) zerstréuen

поразúтельный áuffallend, überráschend; erstáunlich (*удивительный*); verblüffend, frappánt (*ошеломляющий*)

поразúть 1. (*нанести удар*) schlágen* *vt*; éinen Schlag versétzen [béibringen*] (когó-л. *D*); tréffen* *vt* (*попасть в цель*); ~ кинжáлом mit dem Dolch durchbóhren; **2.** (*о болезни и т.п.*) verlétzen *vt*; befállen* *vt*; **3.** (*удивить*) in Erstáunen sétzen, überráschen *vt*; verblüffen *vt*, konsterníeren *vt*, frappíeren *vt* (*ошеломить*); erschüttern *vt* (*потрясти*); непрúятно ~ befrémden *vt*; **~ся** erstáunt [betróffen, überrácht] sein; baff [platt] sein (*разг.*)

поразмы́слить *разг.* náchdenken* *vi* (о чём-л. über *A*); überlégen *vt*, sich besínnen*

поразмя́ть: ~ нóги *разг.* sich (*D*) die Béine ein wénig vertréten*, sich (*D*) ein wénig Bewégung máchen

порáнить verwúnden *vt*, verlétzen *vt*; **~ся** sich verwúnden, sich verlétzen

порастáть, порастú bewáchsen sein (чем-л. mit *D*), überwúchert sein (mit *D*), überwáchsen sein (mit *D*); пóле поросłó травóй das Feld ist mit Gras bewáchsen [überwúchert]

порвáть 1. zerréißen* *vt*; **2.** (*с кем-л.*) bréchen* *vi* (mit *D*); ~ дипломатúческие отношéния (с какúм-л. госудáрством) die diplomátischen Bezíehungen (zu éinem Staat) ábbrechen*; ~ связь с кем-л. die Verbíndung mit j-m ábbrechen*; **~ся** réißen* *vi* (s), zerréißen* *vi* (s); ýзы дрýжбы порвалúсь die Fréundschaftsbande sind zerríssen

поревéть 1. *разг.* (*поплакать*) (éine Zéitlang, étwas) héulen *vi*, flénnen *vi*, laut wéinen *vi*; **2.** (*о звере*) (éine Zéitlang) héulen *vi*, brüllen *vi*

поредéть sich líchten; dünn wérden

порéз *м* Schnitt *m* (1), Éinschnitt *m*; Schníttwunde *f* (11) (*рана*)

порéзать 1. (*нарезать*) (áuf)schnéiden* *vt*; **2.** (*поранить*) schnéiden* *vt*, rítzen *vt*; я порéзал пáлец ich hábe mich in den Fínger geschnítten, ich hábe mir den Fínger gerítzt; **~ся** sich schnéiden*

порезвúться (ein wénig) (umhér-)tóllen *vi*

порéй *м бот.* Pórree *m* -s

порекомендовáть empféhlen* *vt*

поржавéть *разг.* verrósten *vi* (s), Rost ánsetzen

порисовáть ein wénig zéichnen; **~ся** sich ángeben*

пóрист||ость *ж* Porosität *f*; **~ый** porös, pórig; ~ое лицó gróßporiges Gesícht

порицáние *с* Tádel *m* (6), Rüge *f* (11); получúть ~ sich (*D*) éinen Tádel zúziehen*; вы́нести комý-л. общéственное ~ j-m éinen öffentlichen Tádel áussprechen*

порицáть tádeln *vt*, rügen *vt*; míßbilligen *vt*; j-m éine Rüge ertéilen

пóрка I *ж* (*наказание*) (körperliche) Züchtigung *f* (10); Prügelstrafe *f*

пóрка II *ж* (*распарывание*) Trénnen *n* -s, Áuftrennen *n*

порно||графúческий pornográphisch; **~грáфия** *ж* Pornographíe *f*

пóровну *нареч.* in gléiche Téile; zu gléichen Téilen

порóг *м* **1.** Schwélle *f* (11); **2.** (*речной*) Strómschnelle *f* (11); **3.** *гидр.* Ábdämmungsstufe *f* (11); ~ водослúва Wéhrkrone *f*; **4.** *спец.* (*граница проявления*) Schwélle *f* (11), Grénze *f* (11); ~ слы́шимости Hörschwelle *f*; ◇ обивáть чьи-л. ~и j-n mit Bítten bestürmen, j-n mit Bítten belästigen; не пускáть на ~ когó-л. j-n nicht über die Schwélle lássen*; на ~е смéрти an der Schwélle des Tódes

порóд||а *ж* **1.** (*группа животных*) Rásse *f* (11); Gáttung *f* (10); высокопродуктúвная ~а hóchergiebige Rásse; улýчшенная ~а Édelrasse *f*; чистокрóвная ~а réine Rásse; Vóllblutrasse *f* (*лошадей*); **2.** (*вид растения*) Art *f* (10), Gáttung *f* (10); древéсная ~а Hólzart *f*, Hólzgattung *f*; хвóйная ~а Nádelholz *n* (5); **3.** (*категория, тип людей*) Art *f* (10), Schlag *m* (1*); из той же ~ы aus demsélben Holz geschnítzt; von demsélben Schlag; von gléichem Schrot und Korn; **4.** *геол., горн.* Gestéin *n* (2), Gestéinsart *f* (10), Gebírge *n* (6); осáдочная ~а Sediméntgestein *n*, Ábsetzgestein *n*; пустáя ~а táubes Gestéin, Gángart *f*

порóдист||ость *ж* Rássigkeit *f*, Réinrassigkeit *f*; **~ый** rássig, Rásse-; hóchgezüchtet, Zucht-; ~ая собáка Rássehund *m* (1), réinrassiger Hund; ~ый скот Rássevieh *n* -(e)s, Zúchtvieh *n*

породúть 1. *уст.* (er)zéugen *vt*, zur Welt bríngen*; **2.** *перен.* (*вызвать*) hervórrufen* *vt*, errégen *vt*; hervórbringen* *vt*; áufkommen lássen*, entstéhen lássen*; nach sich zíehen* (*повлечь за собой*); bewírken *vt* (*причинить*); ~ нóвые понятия néue Begríffe scháffen*

породнúться sich verschwägern, in verwándtschaftliche Bezíehungen tréten*; ◇ породнённые городá Pártnerstädte *pl*

порóдность: ~ скотá *с.-х.* rássenmäßige Zusámmensetzung des Viehs

порождáть *см.* породúть 2

порождéние *с* Erzéugnis *n* (3*); ◇ ~ áда Áusgeburt der Hölle

порóжистый reich an Strómschnellen

порóжн||ий *разг.* leer; únbeladen; ◇ переливáть из пустóго в ~ее ≅ léeres Stroh dréschen*

порожня́к *м ж.-д.* Léertransport *m* (1); Léerzug *m* (1*) (*поезд*); Léerwagen *m* (7) (*вагон*); **~óм** *нареч.* únbeladen, leer

пóрознь *нареч.* ábgesondert, getrénnt; éinzeln (*по одному*)

порóй *нареч.* mánchmal, biswéilen, zéitweise

порóк *м* **1.** Láster *n* (6); **2.** *уст.* (*разврат*) Úntugend *f*; предавáться ~у dem Láster frönen; **3.** (*недостаток*) Féhler *m* (6), Mángel *m* (6*); Übel *n* (6), Gebréchen *n* (7); ~ ткáни *текст.* Stóffehler (*при переносе* Stoff-fehler) *m*; (врождённый) ~ сéрдца *мед.* (ángeborener) Hérzfehler; ~ рéчи Spráchfehler *m*; страдáть ~ом mit éinem Féhler behäftet sein

поролóн *м* Scháumstoff *m* -(e)s; **~овый** Porolón-, Scháumstoff-

порообразовáтель *м спец.* Pórenbildner *m* (6); *резин.* Tréibmittel *n* (6)

поропла́ст *м* Póroplast *m* (1), Scháumstoff *m* (1)

поросёнок *м* Férkel *n* (6); молóчный ~ Spánferkel *m*

поросúться Férkel wérfen*, férkeln *vi*

пóросль *ж* (júnges) Gehölz *n* -es, Únterholz *n* -es

поросят||ина *ж* Férkelfleisch *n* -es; **~ник** *м* Férkelstall *m* (1*)

поросячий Férkel-

порóть I *разг.* (*бить*) prügeln *vt*

порóть II (*шитое*) trénnen *vt*; ◇ ~ горя́чку *разг.* hásten *vi*, sich überstürzen; ~ ерундý [чушь, вздор] *разг.* Dúmmheiten réden [schwátzen, verzápfen]

пóрох *м* Púlver *n* -s, Schíeßpulver *n*; бездымный ~ ráuchloses Púlver; ды́мный ~ ráuchstarkes Púlver, Ráuchpulver *n*; ◇ пáхнет ~ом Krieg liegt in der Luft, es sieht nach Krieg aus; поню́хать ~а Púlver ríechen*; дáром трáтить ~ sein Púlver únnütz verschíeßen*; он ~а не вы́думает *ирон.* er hat das Púlver nicht erfúnden; емý не хватúло ~а *разг.* ihm ging die Púste aus

порохов||нúца *ж* Púlverflasche *f* (11), Púlverbüchse *f* (11); ◇ есть ещё пóрох в ~нúцах *погов.* ≅ in den Knóchen ist noch genúg Mark; **~óй** Púlver-; ~óй заря́д Púlverladung *f* (10), Tréibladung *f*; ~áя бóчка; ~óй пóгреб *перен.* Púlverfaß *n* -sses

порóчить verléumden *vt*, lästern *vi* (über *A*); in Míßkredit bríngen*

порóчн||ость *ж* **1.** (*безнравственность*) Lásterhaftigkeit *f*; **2.** (*неправильность*) Únzulänglichkeit *f*, Féhlerhaftigkeit *f*; **~ый 1.** (*безнравственный*) lásterhaft; **2.** (*неправильный*) únzulänglich, féhlerhaft; ◇ ~ый круг 1) (*логическая ошибка*) círculus vitiósus [vi]-, Trúgschluß *m* -sses, Zírkelschluß *m*; 2) (*безвыходное положение*) Téufelskreis *m* -es

порóша *ж* Púlverschnee *m* -s, Néuschnee *m*, fríschgefallener Schnee

порошúнка *ж разг.* Púlverkorn *n* (5); Stäubchen *n* (7)

порош||úть *безл.*: ~úт es schneit in féinen Flócken

порошкообрáзный púlverförmig, púlverartig, púlvrig

порошóк *м* Púlver *n* (6); зубнóй ~ Záhnpulver *n*; яúчный ~ Tróckenei *n* -(e)s, Éipulver *n*; стирáльный ~ Wáschpulver *n*; мы́льный ~ Séifenpulver *n*; абразúвный ~ *тех.* Schléifpulver *n*; в порошкé pulverisíert [-ve-], in Púlverform; растирáть [превращáть] в ~ pulverisíeren [-ve-] *vt*; ◇ стерéть [растерéть] когó-л. в ~ *разг.* j-n fértigmachen *отд.*, mit j-m scharf ábrechnen

порóю *см.* порóй

порт *м* Háfen *m* (7*); воéнный ~ Kríegshafen *m*; морскóй ~ Séehafen *m*, Hóchseehafen *m*; речнóй ~ Bínnenhafen *m*, Flúßhafen *m*; вóльный ~ Fréihafen *m*; незамерзáющий ~ éisfreier Háfen; ~-убéжище Nóthafen *m*; ~ отправлéния Versándhafen *m*, Ábgangshafen *m*; ~ назначéния Bestímmungshafen *m*; ~ припúски Héimathafen *m*; выходúть из ~а áuslaufen* *vi* (s); войтú в ~ in den Háfen éinlaufen* (s); den Háfen ánlaufen*

портáл *м архит.* Portál *n* (2), Háupteingang *m* (1*)

портáльный 1. *архит.* Portál-; **2.** *тех.*: ~ кран Tórkran *m* (1)

портатúвн||ость *ж* Trágbarkeit *f*; Händlichkeit *f*; **~ый** portatív, trágbar; händlich; Kóffer-; **~ая пúшущая** машинка Réiseschreibmaschine f (11); ~ый радиоприёмник Kófferradio n -s, -s; ~ый прибóр Kóffergerät n (2)

портвéйн м Pórtwein m (1)

пóртер м (*сорт пива*) Pórter m (6), Pórterbier n -s

пóртик м *архит.* Pórtikus m =, -se, Säulenhalle f (11)

пóртить verdérben* vt; zugrúnde richten; ~ себé нéрвы séine Nérven ruiníeren [zugrúnde richten]; ~ комý-л. аппетит j-m den Appetít verdérben*; ~ зрéние sich (D) die Áugen verdérben*; ~ комý-л. дéло j-m das Konzépt verdérben*; j-m ins Hándwerk pfúschen (*разг.*); ◇ ~ кровь böses Blut máchen; **~ся** verdérben* vi (s); fáulen vi (s) (*гнить*); éinen Stich háben [bekómmen*] (*о продуктах*); sich verschléchtern (*о погоде, отношениях, здоровье*)

портландцемéнт м *стр.* Pórtlandzement m -(e)s

портмонé с *уст.* Portmonnaie [*фр.* pɔrtmɔ'nɛ:] n -s, -s, Géldbörse f (11)

портн||иха ж Schnéiderin f (12); **~óвский** Schnéider-; schnéidertechnisch; ~óвский цех Schnéiderwerkstatt f, pl -stätten; **~óй** *сущ.* м Schnéider m (6)

портняж||ить, ~ничать *разг.* schnéidern vi; **~ный** Schnéider-; ~ное дéло Schneideréi f; Schnéiderhandwerk n -(e)s

пóрто с *ком.* Pórto n -s, -s u -ti, Póstgebühr f (10)

портовик м Háfenarbeiter m (6)

портóв||ый Háfen-; ~ый гóрод Háfenstadt f (3); ~ые сооружéния Háfenanlagen pl; ~ый рабóчий Háfenarbeiter m (6)

пóрто-фрáнко с *ком.* Fréihafen m

портплéд м Plaidhülle ['ple:t-] f (11)

портрéт м Bild n (5), Porträt [-'trɛ:] n -s, -s [-'trɛ:s], n (2), Bíldnis n (3*); Porträtzeichnung f (10); Porträtgemälde n (6); ~ во весь рост Bíldnis in vóller Größe [in Lébensgröße]; пояснóй ~ Brústbild n; написáть чей-л. ~ j-n málen, j-n porträtíeren; **~ист** м Porträtíst m (8), Porträtmaler m (6); **~ный** Porträt- [-'trɛ:(t)-]; ~ная живопись Porträtmalerei f

портсигáр м Zigárrenetui [-ety,i:] n -s, -s (*для сигар*); Zigaréttenetui n (*для папирос*); Zigaréttentasche f (11) (*кожаный*); Zigaréttenbüchse f (11) (*металлический*)

португáлец м Portugíese m (9)

португáльский portugíesisch; ~ язык die portugíesische Spráche, das Portugíesische (*sub*)

портулáк м *бот.* Pórtulak m -s

портупéя ж *воен.* Dégengehänge n (6); Schúltergehänge n

портфéл||ь м **1.** Áktentasche f (11), Áktenmappe f (11), Máppe f; Kollégmappe f; ученúческий ~ь Schúlertasche f; **2.** Geschäftsbereich m (1); министéрский ~ь, ~ь минúстра Portefeuille [*фр.* pɔrtə'fœj] n -s, -s, Minísterposten m (7); минúстр без ~я Minister óhne Geschäftsbereich; **3.:** редакциóнный ~ь von der Redaktión zum Druck ángenommene Manuskrípte

портьé м Portier [-'tie:] m -s, -s, Pförtner m (6)

портьéра ж Portiére f (11), Türvorhang m (1*), Vórhang m

портянка ж Fúßlappen m (7)

порубить hácken vt, háuen* (*impf* háute) vt; fällen vt

порýб||ка ж (*самовольная*) Fórstfrevel m (6), Wáldfrevel m; **~щик** м (*браконьер*) Fórstfrevler m (6), Hólzfrevler m

поругáние с Schmähung f, Beschímpfung f; Entwéihung f (*осквернение*); отдáть когó-л. на ~ j-m Schimpf ántun*

порýганный beschímpft, geschmäht (*оскорблённый*); entwéiht (*осквернённый*)

поругáть *см.* ругáть; **~ся** *разг.* sich (ver)zánken

порýк||а ж Bürgschaft f, Háftung f; Kautión f; кругoвáя ~а wéchselseitige Bürgschaft; solidárische Háftung; брать когó-л. на ~и für j-n bürgen, die Bürgschaft für j-n überněhmen*; отпустить на ~и gégen Bürgschaft [Kautión] fréilassen*

по-рýсски *нареч.* rússisch, Rússisch, auf rússisch (*об устной речи*); in rússisch (*о письменных текстах*); говорить ~ rússisch spréchen*; das Rússische behérrschen (*владеть русским языком*); как э́то называ́ется [бýдет] ~? wie heißt das auf rússisch?; скажите, пожáлуйста, э́то предложéние ~! ságen Sie bítte den Satz auf rússisch!

поручáть *см.* поручить

поручéн||ие с Áuftrag m (1*); партийное ~ие Partéiauftrag m; служéбное ~ие Díenstauftrag m; по ~ию когó-л. im Áuftrag von (D); дать ~ие éinen Áuftrag ertéilen

пóручень м Griff m (1); Gríffstange f (11), Háltestange f; Geländerstange f (*перил*); Éllbogenlehne f (11) (*в автомобиле*)

порýчик м *воен. ист.* Óberleutnant m (1) (*pl тж.* -s)

поручитель Bürge m (9), Gewährsmann m (4) (*pl тж.* -leute); Garánt m (8); **~ница** ж Bürgin f (12); **~ство** с Bürgschaft f, Kautión f (10); предстáвить ~ство Kautión stéllen; Bürgschaft léisten

поруч||ить **1.** (*комý-л. сделать что-л.*) beáuftragen vt (j-n mit D), j-m éinen Áuftrag ertéilen; ~áю вам отвéтить на э́то письмó ich beáuftrage Sie, díesen Brief zu beántworten; **2.** (*вверить*) ánvertrauen vt (*когó-л.*); áuftragen* vt (*что-л.*)

поручиться (*за когó-л., за что-л.*) bürgen vi, sich verbürgen (für A), Bürgschaft léisten; háften vi

порфир м *мин.* Pórphyr m (1)

порфира ж Púrpur m -s, Púrpurmantel m (6*)

порфировый Pórphyr-

порхáть, порхнýть (umhér)fláttern vi (s)

порциóн м Ratión f (10); **~ный:** ~ное блюдо Gerícht n (2) auf besóndere Bestéllung, Pfánnengericht n (2)

пóрция ж Portión f (10); ~ еды́ Éssenportion f

пóрча ж Beschädigung f; Verdérben n -s

пóрченый verdórben, únbrauchbar, úngenießbar; faul (*гнилой*)

пóршень м *тех.* Kólben m (7)

поршневóй *тех.* Kólben-; ~ двигáтель *ав.* Kólbentriebwerk n (2)

порыв м **1.** (*ветра*) Stoß m (1*), Wíndstoß m; **2.** *перен.* Áusbruch m (1*), Ánfall m (1*), Ánwandlung f (10); Áufwallung f (10); ~ рáдости Fréudenausbruch m; в ~е рáдости in der Fréude; ~ гнéва Zórn(es)ausbruch m; ~ бéшенства Wútanfall m, Wútausbruch m; Ánwandlung von Raseréi; боевóй [наступáтельный] ~ Ángriffsgeist m - (e)s

порывáть *см.* порвáть 2

порывáться I (*пытаться, стремиться*) sich bemühen; strében vi, bestrébt sein

порывáться II *страд.* zerríssen wérden

порывист||ость ж Héftigkeit f, Úngestüm n -(e)s; ~ость вéтра Windschwankungen pl; **~ый** héftig, úngestüm, stürmisch; ~ый вéтер böiger Wind; ~ые движéния hástige [rúckartige] Bewégungen

порыжéлый míßfarbig; verschóssen, áusgeblichen (*полинявший*)

порыжéть rötlich ánlaufen*, éinen rötlichen Schímmer erhálten* (*о волосах*); míßfarbig wérden, áusbleichen* vi (s) (*об одежде*)

порыться herúmwühlen vi; súchen vt (*поискать*); ◇ ~ в пáмяти *разг.* im Gedächtnis krámen

по-рыцарски *нареч.* ritterlich

порядков||ый Órdnungs-; ~ый нóмер (fórt)láufende Númmer; ~ое числительное *грам.* Órdnungszahlwort n (5), Ordinálzahl f (10)

порядком *нареч. разг.* **1.** (*очень*) (régel)recht, tüchtig; **2.** (*как следует*) órdentlich

порядо||к м **1.** Órdnung f; здесь ~к hier herrscht Órdnung; поддéрживать ~к die Órdnung áufrechterhalten*; Órdnung hálten*; соблюдáть ~к die Órdnung éinhalten*; наведéние ~ка Órdnungschaffen n -s; быть в ~ке in Órdnung sein; in gútem Zústand sein (*в исправности*); всё в ~ке álles ist in Órdnung; álles im Lot, álles in Bútter (*разг.*); в пóлном ~ке in béster [schönster] Órdnung; чтó-то не в ~ке étwas ist nicht in Órdnung; étwas stimmt nicht; привести в ~к órdnen vt, in Órdnung bríngen*, Órdnung scháffen; régeln vt, ins Gleis [Geléise] bríngen*; держáть в ~ке in Órdnung [in Schuß] hálten*; призвáть когó-л. к ~ку j-n zur Órdnung rúfen*, j-m éinen Órdnungsruf ertéilen; общéственный ~к öffentliche Órdnung; **2.** (*последовательность*) Réihenfolge f; алфавитный ~к alphabétische Réihenfolge; по ~ку (*по очереди*) nach der Réihe, der Réihe nach; eins nach dem ánderen; в установленном ~ке órdnungsgemäß; номерá по ~ку fórtlaufende Númmern; ~к движéния *воен.* Márschfolge f; ~к слов (*в предложении*) *грам.* Wórtfolge f; Wórtstellung f; соблюдáть ~к die Réihenfolge éinhalten*; нарýшить ~к die Réihenfolge nicht éinhalten*; aus der Réihe tánzen (*разг.*); **3.** (*способ*) Órdnung f; ~к рабóты конферéнции die Geschäftsordnung der Konferénz; ~к вы́боров Wáhlbestimmungen pl; закóнным ~ком auf gesétzlichem Wége; договорúться в двусторóннем ~ке auf béiderseitiger Grúndlage übeｒéinkommen*; в договóрном ~ке vertráglich; в обязáтельном ~ке obligatórisch, únbedingt; в плáновом ~ке plánmäßig, nach Plan; в послéдовательном ~ке nach der Réihenfolge; в принудительном ~ке zwángsweise; в служéбном ~ке auf dem Díenstweg; в спéшном ~ке éilig, in beschléunigter Wéise; в судéбном ~ке auf dem Réchtsweg; в уголóвном ~ке stráfrechtlich; в рабóчем ~ке im Verláuf der Árbeit; в ~ке обмéна im Áustausch; в ~ке жáлобы auf dem Beschwérdeweg;

в ～ке контрóля zur [als] Kontrólle; в ～ке осуществлéния (*решений и т. п.*) zur Verwírklichung; в ～ке ведéния собрáния zur Tágesordnung; вы́ступить в ～ке ведéния собрáния zur Tágesordnung spréchen*; статья́ печáтается в ～ке обсуждéния der Artíkel steht zur Diskussión; вопрóсы техни́ческого ～ка Frágen téchnischer Art; **4.** *мат.* Órdnung *f*; Réihenfolge *f*; ～ок величины́ Größenordnung *f*; **5.** *выч. тех.* Exponént *m* (8)

порядóчн||о *нареч.* **1.** (*честно*) ánständig; éhrenhaft; **2.** *разг.* (*много*) gehörig, recht viel; **3.** *разг. уст.* (*хорошо*) (zíemlich) gut; **～ость** *ж* Ánständigkeit *f*; Éhrenhaftigkeit *f*; **～ый** **1.** (*честный*) ánständig; éhrenhaft; ～ый человéк ánständiger Mensch; **2.** *разг.* (*довольно большой*) gehörig, bedéutend; **3.** *разг.* (*довольно хороший*) recht [zíemlich] gut

посáд *м* **1.** *ист.* Márktflecken *m* (7); **2.** *уст.* (*пригород, предместье*) Vórstadt *f*, Vórort *m* -(e)s

посади́ть **1.** (*растение*) pflánzen *vt*, sétzen *vt*; **2.** (*усадить*) hínsetzen *vt*; ～ когó-л. читáть [рабóтать] j-n ans Buch [an die Árbeit] sétzen; **3.** (*в тюрьму*) éinsperren *vt*; éinstecken *vt* (*разг.*); ～ под арéст in Haft néhmen*; **4.:** ～ самолёт lánden *vi*; мя́гко ～ косми́ческий корáбль на Зéмлю das Ráumschiff [den Ráumflugkörper] weich auf die Érdoberfläche áufsetzen; ◇ ～ в печь in den Ófen [Báckofen] éinschießen*; ～ на мель auf éine Sándbank áuflaufen lássen*; ～ когó-л. на диéту j-m (éine) Diät verórdnen

посáд||ка *ж* **1.** (*растений*) Pflánzen *n* -s, Sétzen *n* -s; ～ка картóфеля Kartóffellegen *n* -s; гнездовáя ～ка Néstpflanzung *f*; защи́тная ～ка Schútzpflanzung *f*; квадрáтная ～ка Quadrátpflanzung *f*; квадрáтно-гнездовáя ～ка Quadrátnestpflanzung *f*; **2.** *б. ч. мн.* **～ки** (*посаженные растения*) Pflánzung *f* (10); молоды́е ～ки Júngpflanzungen *pl*; **3.** (*в поезд, на пароход и т. п.*) Éinsteigen *n* -s; объяви́ть ～ку zum Éinsteigen áuffordern; ～ки нет! nicht éinsteigen!; вы́ход на ～ку (*табло*) zum Start; **4.** *ав.* Lándung *f* (10), Lánden *n* -s, Áufsetzen *n* -s; Wásserlandung *f*, Wássern *n* -s (*на воду*); вы́нужденная ～ка Nótlandung *f*; авари́йная ～ка Brúchlandung *f*; грýбая ～ка hárte Lándung; мя́гкая ～ка wéiche Lándung; wéiches Áufsetzen; прáвильная ～ка glátte Lándung; слепáя ～ка Blíndlandung *f*; Lándung óhne Sicht; ～ка по прибóрам Blíndfluglandung *f*, Instruméntenlandung *f*; ～ка на Лунý Móndlandung *f*; ～ка в зáданном райóне die Lándung im vórgegebenen Gebíet; ～ка на фюзеля́ж Báuchlandung *f*; ～ка в пути́ Zwíschenlandung *f*; идти́ на ～ку níedergehen* *vi* (s), zur Lándung ánsetzen; запрещéние ～ки Lándeverbot *n*; разрешéние на ～ку Lándeerlaubnis *f* (3); летéть без ～ки óhne Zwíschenlandung flíegen*, nonstóp flíegen*; **5.** (*при верховой езде*) Sitz *m* -es, Háltung *f*; **6.** *мет.-об.* Pássung *f* (10), Sitz *m* (1); горя́чая ～ка Schrúmpfsitz *m* (1); тóчная ～ка Féinpassung *f*

посáдник *м ист.* Possádnik *m*, *pl* -niki, Stádthauptmann *m* -(e)s, *pl* -leute

посáдочн||ый **1.** *с.-х.* Pflanz-, Setz-; ～ый материáл Pflánzgut *n* -(e)s, Pflánzmaterial *n* -(e)s; **2.** *ав.* Lándungs-, Lánde-; ～ая плóщадка Lándeplatz *m* (1*); ～ая пáлуба Lándedeck *n* (2); ～ая скóрость Lándegeschwindigkeit *f* (10); ～ая полосá Lándebahn *f* (10); ～ый огóнь Lándungsfeuer *n* (6), Lándelicht *n* (5); ～ая ступéнь (ракéты) Lándestufe *f* (11)

посáдск||ий *ист.*: ～ие лю́ди Hándelsleute *pl*; Gewérbtreibende *pl* (*ремесленники*)

посажён||ый: ～ый отéц Bráutvater *m* (6*); ～ая мать Bráutmutter *f*, *pl* -mütter

посáпывать *разг.* ab und zu schnáufen

посáсывать (ab und zu) sáugen(*) *vt*, *vi*, lútschen *vt*, *vi*, zíehen* *vi* (что-л. an *D*)

посвáтать (*кого-л. — просить согласия на брак с собой*), **посвáтаться** (*к кому-л., за кого-л.*) wérben* *vi* (um *A*), ánhalten* *vi* (um *A*), fréien *vt*, *vi* (um *A*)

посвежéть **1.** frischer [kühler] wérden; zúnehmen* *vi* (*о ветре*); **2.** (*о человеке*) frisch áussehen*

посвети́ть **1.** (éine Zéitlang) schéinen* *vi*, léuchten *vt*, *vi*; **2.** (*кому-л.*) j-m das Licht hálten*, j-m léuchten

посветлé||ть **1.** hell wérden; **2.** *предик. безл.*: ～ло es ist hell gewórden; es ist Tag gewórden (*рассвело*)

пóсвист *м* Pféifen *n* -s; Pfiff *m* (1); соловьи́ный ～ Náchtigallenschlag *m* -(e)s; **～áть** **1.** pféifen* *vi*, *vt*; **2.** *разг.* (*подозвать свистом*) pféifen* *vi*,heránpfeifen* *vt*; ～áть собáк den Húnden pféifen*; die Húnde heránpfeifen*

посвистéть pféifen* *vi*; éinen Pfiff ertönen lássen* (*свистнуть*)

посви́стывать vor sich hin pféifen*, sich (*D*) eins pféifen*

по-своéму *нареч.* auf séine [déine, íhre *usw.*] Art und Wéise; nach séiner [déiner, íhrer *usw.*] Art; nach séinem [déinem, íhrem *usw.*] Sinn; nach séinem [déinem, íhrem *usw.*] Wíllen [Wunsch] (*по своему желанию*); von séinem [déinem, íhrem *usw.*] Stándpunkt (aus) (*со своей точки зрения*); дéлать ～ séinem éigenen Kopf fólgen; он всё равнó сдéлает ～ er wird es sowiesó so máchen, wie er will

по-свóйски *нареч. разг.* **1.** *уст.* (*по своей воле, не считаясь с другими*) nach éigenem Erméssen, nach éigenem Wíllen; **2.** (*без церемоний, просто*) óhne Úmstände

посвяти́ть, посвящáть **1.** (*что-л. кому-л.*) wéihen *vt*, wídmen *vt* (*тж. книгу*); он посвяти́л свою́ жизнь наýке er hat sein gánzes Lében der Wíssenschaft gewídmet; посвящáется Áнне (*на книге*) für Ánna; **2.** (*в тайну и т. п.*) éinweihen *vt*; **3.** *уст.* (*возвести в сан*) wéihen *vt*; *церк.* éinsegnen *vt*; ～ в ры́цари zum Rítter schlágen*

посвящéние *с* **1.** (*книги и т. п.*) Wídmung *f* (10); Wídmungstitel *m* (6), Dedikatiónstitel *m*; **2.** (*в тайну*) Éinweihung *f*; **3.** *уст.* (*в сан*) Wéihe *f* (11); *церк.* Éinsegnung *f* (10); ～ в ры́цари Rítterschlag *m* -(e)s

посéв *м* **1.** (*действие*) Saat *f*, Áussaat *f*; гнездовóй ～ Díbbelsaat *f*, Néstsaat *f*; квадрáтно-гнездовóй ～ Quadrátnestsaat *f*; зернó для ～а Sáatkorn *n* -(e)s, Sáatgut *n* -(e)s; **2.** (*посеянное, засеянная площадь*) Saat *f* (10), Áussaat *f*; ～ы Saat *f*, Sáaten *pl*; яровы́е ～ы Sómmersaat *f*, Sómmersaaten *pl*; ～ы всхóдят die Saat geht auf; плóщадь ～ов Sáatfläche *f* (11), Ánbaufläche *f*; **～нáя** *сущ.* *ж разг.* (Zeit *f* der) Áussaat; **～нóй** Saat-; ～нáя плóщадь Sáatfläche *f* (11), Ánbaufläche *f*, Áckerfläche *f*; ～ны́е рабóты Áussaat *f*; высококáчественный ～нóй материáл Hóchzuchtsaatgut *n* -(e)s; ～нáя кампáния Áussaatkampagne [-,panjə] *f*

поседéть ergráuen *vi* (s), grau wérden

поселéнец *м* Ánsiedler *m* (6), Síedler *m*, Koloníst *m* (8)

поселéние *с* **1.** (*действие*) Ánsiedlung *f*; ссы́лка на ～ Stráfansiedlung *f*; ссылáть на ～ deportíeren *vt*; **2.** (*посёлок*) Síedlung *f* (10), Níederlassung *f* (10)

посели́ть **1.** ánsiedeln *vt*; **2.** (*возбудить*) errégen *vt*; éinflößen *vt*; ～ враждý Féindschaft säen; **～ся** sich níederlassen*; он посели́лся у нас er ist zu uns gezógen

поселкóвый Síedlungs-; ～ Совéт Síedlungssowjet *m* - s, -s

посёлок *м* Síedlung *f* (10), Wóhnsiedlung *f*, Níederlassung *f* (10); рабóчий ～ Árbeitersiedlung *f*; ～ гoрóдского ти́па Síedlung mit städtischem Charákter [ka-]; дáчный ～ Wóchenendsiedlung *f*, Féri|ensiedlung *f*; пригорóдный ～ Stádtrandsiedlung *f* (10)

поселя́ть *см.* посели́ть; **～ся** **1.** *см.* посели́ться; **2.** *страд.* ángesiedelt wérden

посемý *нареч. уст.* déshalb

посеребр||ённый versílbert; **～и́ть** versílbern *vt*

посереди́не *нареч. и предлог* in der Mítte (*G*), mítten (in *D*), inmítten (*G*); ～ кóмнаты in der Mítte des Zímmers

посерéть grau wérden, vergráuen *vi* (s)

посети́те||ль *м* Besúcher *m* (6) (*выставки и т. п.*); Gast *m* (*кафе, ресторана*); закры́то для ～лей für (den) Públikumsverkehr geschlóssen; откры́ть для ～лей für (den) Públikumsverkehr öffnen; дни для ～лей Besúchstage *pl* (*в больнице*); Spréchtage *pl* (*в учреждении*)

посети́тельница *ж* Besúcherin *f* (12) (*выставки, музея*); Gast *m* (*кафе, ресторана*)

посети́ть **1.** besúchen *vt*; áufsuchen *vt* (*кого-л.*); vórsprechen* *vi* (bei *D*) (*навестить*); hospitíeren *vi*, éine Hospitatión dúrchführen (*урок, занятие*); **2.** *перен. уст.* (*о несчастье и т. п.*) héimsuchen *отд. vt*

посещáемост||ь *ж* Besúcherzahl *f* (10); Téilnehmerzahl *f*; Zúspruch *m* -(e)s; Zúlauf *m* -(e)s; Frequénz *f* (10); Konsultatiónsfrequenz *f* (*поликлиники*); Besúch *m* -(e)s, Ánwesenheit *f*, Ánwesenheitsquote *f* (11) (*в школе, вузе*); журнáл ～и (*напр. в школе*) Ánwesenheitsbuch *n* (5)

посещáть *см.* посети́ть; ～ лéкции Vórlesungen besúchen; рéдко ～ когó-л. sich bei j-m sélten séhen lássen*; **～ся** *страд.* besúcht wérden; éinen gúten Besúch zéigen

посещéние *с* Besúch *m* (1); Hospitatión *f* (*урока, занятия*); коллекти́вное ～ теáтра geméinsamer Theáterbesuch; ～ завóда Betríebsbesichtigung *f* (10)

посéять *тж. перен.* säen *vt*; ◇ что посéешь, то (и) пожнёшь *посл.* wie die Saat, so die Érnte

посидéлки *мн. уст.* ábendliche Zusámmenkünfte (der Dórfjugend im Wínter); Spínngesellschaft *f* (10)

посидéть (éine Zéitlang) sítzen* *vi*; ein Stündchen verbríngen* (*побыть в* *гостях*); там прия́тно бы́ло ~ es saß sich dort recht ángenehm; пришло́сь ~ на консе́рвах *разг.* wir múßten uns éine Zéitlang von Konsérven [-vən] ernähren

поси́льн||ый nach Kräften; оказа́ть ~ую по́мощь nach Kräften Hílfe léisten; э́то для него́ (вполне́) ~ая зада́ча díeser Áufgabe ist er (vollkómmen) gewáchsen

посине́ни||е: до ~я *разг.* bis zur Verdünnung

посине́ть blau wérden

поскака́ть 1. (*попрыгать*) hüpfen *vi* (h, s), spríngen* *vi* (h, s); **2.** (*отъехать*) (davón)galoppíeren *vi* (h, s) (*верхом*); davónjagen *vi* (s)

посканда́лить *разг.* éinen Skandál veránstalten

поскобли́ть (ein wénig, éine Zéitlang) schában *vt*

поскользну́ться áusgleiten* *vi* (s), áusrutschen *vi* (s)

поско́льку *союз* **1.** (*насколько*) insoférn; **2.** (*так как*) da

поско́нный Hanf-, hänfen, hánfen

по́сконь *ж бот.* Fímmel *m* -s, Fémel *m* -s, Fém(m)elhanf *m* -(e)s

поскоре́е *нареч.* schnéll(er)

поскрести́ 1. (ein wénig, éine Zéitlang) schában *vt*, krátzen *vt*; **2.** (*о мышах*) (ein wénig, éine Zéitlang) knábbern *vi*, *vt*, nágen *vi*, *vt*

поскри́пывать (von Zeit zu Zeit) knárren *vi*

поскупи́ться géizen *vi* (на что-л. mit *D*); не ~ nicht géizen (mit *D*); sich nicht lúmpen lássen* (*разг.*)

поскуча́ть sich (ein wénig) lángweilen

послабле́ние *с* Náchsicht *f*; Mílderung *f*; Ábschwächung *f*; сде́лать ~ кому́-л. mit j-m Náchsicht üben; j-m durch die Fínger séhen*; bei j-m ein Áuge zúdrücken

посла́н||ец *м* Ábgesandte *m* (14), Bóte *m* (9), Séndbote *m*; ~цы ми́ра Séndboten des Fríedens, Fríedensboten *pl*; **~ие** *с* Séndschreiben *n* (7), Schréiben *n*; Bótschaft *f* (10) (*офиц.*); Epístel *f* (11) (*ирон.*); отве́тное ~ие Ántwortschreiben *n*; **~ник** *м* Gesándte *m* (14)

посла́ть sénden * *vt*, schícken *vt*; ~ за кем-л., за чем-л. j-n, etw. hólen lássen*; ~ покло́н кому́-л. j-m éinen Gruß sénden* [bestéllen, übermítteln]; ~ кому́-л. приглаше́ние éine Éinladung an j-n ergéhen lássen*; на конфере́нцию бы́ло по́слано две́сти делега́тов die Konferénz wúrde mit zwéihundert Delegíerten beschíckt; ◇ ~ к чёрту *разг.* zum Téufel schícken

по́сле 1. *нареч.* nachhér, danách (*после этого*); später (*позже*); ~ чего́ woráuf; **2.** *предлог* nach (*D*); ~ обе́да nach dem Míttagessen, náchmittags; ◇ ~ того́ как... *союз* nachdém

послевое́нный Náchkriegs-; ~ пери́од Náchkriegszeit *f* (10)

после́д *м мед.* Plazénta *f*, *pl* -s, Mútterkuchen *m* (7)

последе́йствие *с спец.* Náchwirkung *f* (10), Náchеffekt *m* (1)

последи́ть 1. náchspähen *vt*, náchspüren *vi* (за кем-л. *D*); **2.** (*присмотреть*) áufpassen *vi* (за кем-л. auf *A*), beáufsichtigen *vt*, áchtgeben* *отд.* *vi* (auf *A*)

после́дки *мн. разг.* Überbleibsel *n* (6), Rest *m* (1)

после́дн||ее *сущ. с* das Létzte; отда́ть ~ее das Létzte [sein Létztes] híngeben*; ◇ до ~его bis zum létzten, (bis) aufs äußerste

после́дн||ий 1. letzt; са́мый ~ий der állerletzte; ~ее уси́лие die létzte Ánstrengung; в ~ий раз zum létztenmal, zum létzten Mále; в ~ее вре́мя in der létzten [jüngsten] Zeit; in den létzten Tágen, létztens; до ~его вре́мени bis vor kúrzem; bis zulétzt, bis in die létzte Zeit hinéin; э́то моё ~ее сло́во das ist mein létztes Wort; оказа́ться ~им (*в состязании*) das Schlúßlicht bílden; ~яя ка́пля *перен.* der létzte Trópfen; **2.** (*самый новый*) néuest; jüngst; по ~ей мо́де nach der néuesten [létzten] Móde; ~ее сло́во те́хники die létzte Néuheit der Téchnik; ~ие нови́нки (*о книгах и т. п.*) jüngste Néuerscheinungen; ~ие изве́стия (*в газете*) die létzten Náchrichten; **3.** *разг.* (*самый плохой*) der schléchteste, der állerschlimmste; ~ий сорт die schléchteste Sórte; обруга́ть ~ими слова́ми mit den geméinsten Wórten schímpfen; э́то ~ее де́ло das ist das Állerschlimmste; **4.** (*предшествующий*) vórig; на ~ем заседа́нии auf der vórigen [létzten] Sítzung; **5.** (*младший*) der jüngste; ~ий сын der jüngste Sohn; **6.** (*только что упомянутый*) létztere, létztgenannt; ◇ в ~ий моме́нт 1) (*при уходе*) zwíschen Tür und Ángel; 2) (*о крайнем сроке*) in der létzten Minúte, in létzter [zwölfter] Stúnde

после́дователь *м* Ánhänger *m* (6), Náchfolger *m* (6); Jünger *m* (6) (*ученик, б. ч. рел.*); Nácheiferer *m* (6) (*ирон. — подражатель*); **~ница** *ж* Ánhängerin *f* (12)

после́довательн||о *нареч.* **1.** nacheinánder, der Réihe nach, hintereinánder; fórtlaufend, Schritt für Schritt, sukzessíve [-və]; **2.** (*логически*) fólgerichtig, konsequént; **~ость** *ж* **1.** (*порядок*) Aufeinánderfolge *f*, Réihenfolge *f*; Ábfolge *f*; **2.** (*логичность*) Fólgerichtigkeit *f*, Konsequénz *f*; **~ый 1.** (*последующий*) aufeinánderfolgend, sukzessív, fórtlaufend; **2.** (*логический*) fólgerichtig, konsequént; **3.** (*убеждённый*) konsequént

после́дова||ть *см.* сле́довать 1, 2, 3; отве́та не ~ло die Ántwort blieb aus

после́дств||ие *с* Fólge *f* (11), Ergébnis *n* (3*); Áuswirkung *f* (10); *мед.* Fólge¦erscheinung *f* (10); име́ть ~ие náchwirken *vi*; име́ть тяжёлые ~ия schwérwiegende Fólgen háben; чрева́тый ~иями fólgenschwer, fólgenreich; предусмотре́ть все возмо́жные ~ия álle möglichen Fólgen vórsehen*; für álle Eventualitäten [-vεn-] gerüstet sein; все вытека́ющие из чего́-л. ~ия álle sich aus etw. (*D*) ergébenden Fólgen [Konsequénzen]; отдалённое ~ие *мед.* Spätfolge *f*; далеко́ иду́щие ~ия wéittragende Fólgen; ◇ оста́вить без ~ий (*просьбу и т. п.*) nicht berücksichtigen; zurückweisen* *vt*; únberücksichtigt lássen*

после́дующ||ий (nách)fólgend; daráuffolgend; náchstfolgend; в ~ее вре́мя in der Fólgezeit; с ~им обсужде́нием mit ánschließender Diskussión

после́дыш *м* **1.** Nésthäkchen *n* (7); Náchkömmling *m* (1), Náchzügler *m* (6); **2.** *перен. презр.* Epigóne *m* (9); übriggebliebener Ánhänger

послеза́втра *нареч.* übermorgen

послеза́втрашний übermorgig, von übermorgen

послеледнико́вый *геол.* postglaziál, nácheiszeitlich

послело́г *м лингв.* Postpositión *f* (10)

послеобе́денн||ый náchmittäglich, Náchmittags-; ~ое вре́мя, ~ые часы́ Náchmittag *m* (1), Náchmittagsstunden *pl*; ~ый сон Náchmittagsschläfchen *n* (7)

послеоктя́брьский nach der Októberrevolution [-vo-]

послеоперацио́нн||ый *мед.* postoperatív; ~ое заболева́ние postoperatíve [-və] Erkránkung

послеполётный: ~ осмо́тр *тех.* Náchflugdurchsicht *f* (10); *мед.* Náchfluguntersuchung *f* (10) (*лётчика*)

послереволюцио́нный nach der Revolutión [-vo-], náchrevolutionär

послеродов||о́й postnatál, Náchgeburts-; ~о́й о́тпуск Schwángerschaftsurlaub *m* (1); ~а́я горя́чка Kíndbettfieber *n* -s; Puerperálfieber *n* -s; (*спец.*); ~о́й пери́од Náchgeburtszeit *f*; Wóchenbett *n* -(e)s, Kíndbett *n*; ~ы́е бо́ли Náchwehen *pl*

послесвече́ние *с физ.* Náchleuchten *n* -s

послесло́вие *с* Náchwort *n* (2)

послесъе́здовский nach dem Partéitag

посло́виц||а *ж* Spríchwort *n* (5); согла́сно ~е wie das Spríchwort sagt; войти́ в ~у spríchwörtlich wérden

посло́йный Schicht-, schíchtweise

послужи́||ть 1. díenen *vi*; ~ть приме́ром als Béispiel díenen; э́то ~ло причи́ной (чего́-л.) das war der Grund (für *A*); **2.** (*некоторое время*) (éine Zéitlang) díenen *vi*

послужно́й: ~ спи́сок Díenstliste *f* (11)

послуша́ние *с* Gehórsam *m* (-e)s

послу́ш||ать 1. hören *vt*; **2.** *см.* послу́шаться; ◇ ~ай! hör(e) mal!; ~айте! hören Sie mal!; **~аться** gehórchen *vi* (кого́-л. *D*)

по́слушн||ик *м* (*в монастыре*) Klósterbruder *m* (6*), Klósterschüler *m* (6), Novize [-'vi:-] *m* (9); **~ица** *ж* Klósterschwester *f* (11), Klósterfräulein *n* (7), Novize [-'vi:-] *f* (11)

послу́шн||ый fólgsam, gehórsam, brav; wíllfährig; hörig; ~ое ору́дие *перен.* wíllfähriges [gefügiges] Wérkzeug

послы́ша||ться 1. (*стать слышным*) erschállen *vi* (s); vernéhmbar [laut] wérden; ~лись голоса́ es wúrden Stímmen laut; **2.** (*показаться кому-л.*) schéinen* *vi* (s), vórkommen* *vi* (s); мне ~лось, что... mir schien es, als ob [daß]...

послюни́ть ánlecken *vt*; ~ па́лец (при перели́стывании кни́ги) die Fínger (beim Blättern éines Búches) ánlecken

посма́тривать 1. (*на кого-л., на что-л.*) (von Zeit zu Zeit) ánschauen *vt*, ánsehen* *vt*; ab und zu éinen Blick auf j-n, auf etw. (*A*) wérfen*; **2.** (*за кем-л., за чем-л.*) nach j-m séhen*, nach j-m scháuen; auf j-n áufpassen

посме́иваться (vor sich hin) láchen; verschmítzt lächeln; ~ про себя́ in sich hinéinlachen; sich (*D*) ins Fäustchen láchen; den láchenden Drítten spíelen

посме́нн||о *нареч.* schíchtweise, im Schíchtsystem; **~ый** schíchtweise, Schicht-; wéchselweise; ~ое обуче́ние Schíchtunterricht *m* -(e)s; ~ая рабо́та Schíchtarbeit *f*

посме́ртн||о *нареч.* postúm, post mórtem; награди́ть ~о post mórtem [postúm] áuszeichnen; **~ый** postúm, hinterlássen, náchgelassen; ~ая сла́ва Náchruhm *m* -(e)s; ~ое изда́ние postúme Áusgabe, náchgelassenes Werk

посме́ть wágen *vt*

посмеши́ть zum Láchen bríngen*; erhéitern *vt* (*развеселить*)

посме́шище *с* Gégenstand *m* [Zíelscheibe *f*] des Spóttes; быть ~м sich zum Gespött máchen, éine lächerliche Persón ábgeben*; стать ~м zur Zíelscheibe des Spóttes wérden; éine Wítzblattfigur dárstellen (*разг.*)

посмея́н||ие: отда́ть на ~ие, преда́ть ~ию *высок.* dem Spott préisgeben*, zur Zíelscheibe des Spóttes máchen

посмея́ться 1. láchen *vi*; 2. (*над кем-л., над чем-л.*) verláchen *vt*, verspótten *vt*

посмотре́ть 1. hínsehen* *vi*; ánblicken *vt* (*на кого-л., на что-л.*); éinen Blick wérfen* (на кого́-л., на что-л. auf *A*); 2. (*за кем-л., за чем-л.*) áufpassen *vi* (auf *A*); 3.: посмо́трим wir wóllen séhen; э́то мы ещё посмо́трим das wérden wir noch séhen; **~ся** sich beséhen*, sich bescháuen

поснима́ть *разг.* ábnehmen* *vt*

по-соба́чьи *нареч.* nach Húndeart; wie ein Hund

посо́б||ие *с* 1. Unterstützung *f* (10); Béihilfe *f* (11), Zúwendung *f* (10); Subventión [-vɛn-] *f* (10) (*субсидия*); единовре́менное ~ие éinmalige Unterstützung; Sónderzuwendung *f*; де́нежное ~ие géldliche Zúwendung [Béihilfe]; ~ие по госуда́рственному социа́льному страхова́нию Béihilfe [Unterstützung] aus Mítteln der stáatlichen Soziálversicherung; ~ие по вре́менной нетрудоспосо́бности, ~ие по боле́зни Kránkengeld *n* -(e)s; ~ие по инвали́дности Invalídenrente *f*; ~ие по безрабо́тице Árbeitslosenunterstützung *f*, Árbeitslosengeld *n*; ~ие на дете́й Kíndergeld *n* -(e)s; разме́р ~ия Unterstützungssatz *m* -es; вы́дать ~ие éine Unterstützung áuszahlen [áusfolgen *офиц.*]; получа́ть ~ие Unterstützung bekómmen* [bezíehen*]; 2. (*учебник*) Léhrbuch *n* (5); Hándbuch *n* (*справочник*); уче́бное ~ие Léhrmittel *n* (6), Únterrichtsmittel *n*, Léhrbehelf *m* (1); нагля́дные ~ия Ánschauungsmittel *pl*; обеспе́чение уче́бными ~иями Léhrmittelausstattung *f*

посо́бн||ик *м* Míthelfer *m* (6); Hélfershelfer *m*; **~ица** *ж* Míthelferin *f* (12); **~ичество** *с* Míthilfe *f*, Béihilfe *f*

посо́веститься *разг.* sich schämen

посове́товать(ся) *см.* сове́товать(ся)

посоде́йствовать *см.* соде́йствовать

посо́л I *м* Bótschafter *m* (6); чрезвыча́йный и полномо́чный ~ áußerordentlicher und bevóllmächtigter Bótschafter; встре́ча на у́ровне посло́в Tréffen *n* (7) auf Bótschafterebene

посо́л II *м* (*засол*) Éinsalzen *n* -s; пря́ный ~ Éinsalzen *n* mit Kräutern; сла́бый ~ schwáches Éinsalzen

посоли́ть sálzen (*part* II gesálzt *u* gesálzen) *vt*; éinsalzen *vt* (*впрок*)

посолове́ть *разг.* glánzlos wérden (*о глазах*); benébelt sein (*о человеке*)

посо́льский Bótschafter- (*относящийся к послу*); Bótschafts- (*относящийся к посольству*)

посо́льств||о *с* Bótschaft *f* (10); Bótschaftsgebäude *n* (6) (*здание*); сове́тник ~а Bótschaftsrat *m* (1*); секрета́рь ~а Bótschaftssekretär *m* (1); сотру́дник ~а Bótschaftsangestellte *m* (14); преобразова́ть в ~о in den Rang von Bótschaften erhében*

пососа́ть (ein wénig, éine Zéitlang) sáugen * *vi*, *vt*, lútschen *vi*, *vt*

по́сох *м уст.* Stab *m* (1*); епи́скопский ~ Bíschofsstab *m*

посо́хнуть 1. (éine Zéitlang) trócknen *vi*; 2. (*увянуть*) vertrócknen *vi* (s)

посошо́к *м* 1. (*уменьш. от* по́сох) kléiner Stab; 2. *шутл.* Ábschiedstrunk *m* (1*)

поспа́ть étwas schláfen*, ein Schläfchen máchen

поспева́ть I *см.* поспе́ть I

поспева́ть II *см.* поспе́ть II; éле ~, с трудо́м ~ mit knápper Not zuréchtkommen*; подожди́, я не поспева́ю! wárte mal, ich kómme nicht nach!

поспе́ть I 1. (*созреть*) áusreifen *vi* (s), reif wérden; 2. *разг.* (*о кушаньях*) gar sein

поспе́ть II *разг.* (*успеть*) zuréchtkommen* *отд.* *vi* (s), zur Zéit [réchtzeitig] kómmen* [éintreffen*]; не ~ zu spät kómmen*, sich verspäten; не ~ к по́езду den Zug nicht erréichen, den Zug verpássen

поспеш||и́ть éilen *vi* (s), sich beéilen; hásten *vi* (*очень*); ~и́ть с чем-л. etw. übereílen; ◇ ~и́шь — люде́й насмеши́шь *посл.* ≅ éile mit Wéile; schnéller Entschlúß bringt oft Verdrúß

поспе́шн||о *нареч.* éilig, in Éile; in Hast; сли́шком ~о vóreiligerweise; **~ость** *ж* Éile *f*, Hast *f*; Übereílung *f*; нену́жная ~ость Vóreiligkeit *f*; **~ый** éilig, hástig; vóreilig, überstúrzt (*недостаточно обдуманный*)

посплéтничать étwas klátschen *vi*

поспо́рить 1. stréiten* *vi*, sich auseinánder¦setzen (о чём-л. wégen *G*); 2. (*держать пари на что-л.*) wétten *vi*, éine Wétte éingehen* (um *A*); 3. (*соревноваться*) wétteifern *неотд.* *vi*

посрам||и́ть blamíeren *vt*, blóßstellen *отд.* *vt*; beschämen *vt*, Schánde máchen (кого́-л. *D*); они́ бы́ли ~лены́ sie wáren blamíert [blóßgestellt]; **~ле́ние** *с* Blamáge [-ʒə] *f*, Blóßstellung *f*; Beschämung *f*; **~ля́ть** *см.* посрами́ть

посреди́, посреди́не *нареч. и предлог* in der Mítte (*G*), mítten in (*D*), inmítten

посре́дник *м* 1. Vermíttler *m* (6), Míttler *m*; Míttelsmann *m* (4); 2. (*комиссионер*) Geschäftsvermittler *m*; Zwíschenhändler *m* (6) (*в торговле*); 3. *юр.* Schíedsrichter *m* (6), Schlíchter *m* (6)

посре́днич||ать vermítteln *vt*; **~еский** vermíttelnd, Vermíttlungs-; **~ество** *с* 1. Vermíttlung *f*; Vermíttlerschaft *f*; при ~естве кого́-л. durch Vermíttlung von (*D*); ~ество при на́йме Árbeitsvermittlung *f*, Árbeitsnachweis *m* -es; 2. (*содействие примирению*) Schlíchtung *f*

посре́дственн||о *нареч.* 1. míttelmäßig; 2. *в знач. сущ.* (*оценка*) die Nóte «mángelhaft»; **~ость** *ж* 1. Míttelmäßigkeit *f*; 2. (*о человеке*) Dútzendmensch *m* (8), Dúrchschnittsmensch *m*; ein míttelmäßiger Kopf; **~ый** míttelmäßig; dúrchschnittlich (*средний*); mángelhaft (*о знаниях учащегося*)

посре́дств||о: при ~е чего́-л. míttels (*G*), vermíttels (*G*); mit Hílfe (von *D*); че́рез ~о кого́-л., при ~е кого́-л. vermíttels (*G*), durch die Vermíttlung (von *D*); **~ом** *предлог* (*чего-л.*) durch (*A*), míttels (*G*); mit Hílfe (von *D*)

поссо́рить verzánken *vt*; entzwéien *vt* (*книжн.*); **~ся** sich verzánken, sich entzwéien (*книжн.*); ~ся с кем-л. sich mit j-m verzánken, es mit j-m verdérben*; ~ся из-за чего́-л. sich durch etw. (*A*) auseinánderbringen lássen*

пост I *м* 1. (*место для наблюдения, пункт охраны*) Platz *m* (1*), Stand *m* (1*); *воен.* Pósten *m* (7); Stélle *f* (11); *мор. тж.* Stand *m*, Zentrále *f* (11); милице́йский ~ Milízposten *m*; ~ крановщика́ Kránführerstand *m*; ~ управле́ния чем-л. Régelstand *m*, Bedíenungsraum *m* (1*); сигна́льный ~ *ж.-д.* Signálturm *m* (1*); пожа́рный ~ Brándwache *f*; контро́льный ~ Kontróllposten *m*; диспе́тчерский ~ Scháltwarte *f* (11); кома́ндный ~ *воен.* Geféchtsstand *m*; *мор.* Beféhlsstand *m*; наблюда́тельный ~ (*сокр.* НП) *воен.* Beóbachtungsposten *m* (*сокр.* BP); сторожево́й ~ (*сокр.* СТП) Féldposten *m* (*сокр.* FP); центра́льный ~ (*сокр.* ЦП) *мор.* Zentrále *f*; ста́вить на ~ éinen Pósten áusstellen; стоя́ть на ~у́ (auf) Pósten stéhen*, Wáche stéhen*; разводи́ть по ~а́м die Pósten áufführen; быть всегда́ на ~у́ *перен.* ímmer auf dem Pósten sein; оста́ться на ~у́ *перен.* auf dem Pósten áusharren; 2. (*лицо, группа лиц для наблюдения, охраны*) Pósten *m* (7), Wáche *f* (11); обще́ственный ~ Kontróllposten *m* (*einer gesellschaftlichen Organisation*); 3. (*должность*) Pósten *m* (7), Stélle *f* (11), Stéllung *f* (10), Amt *n* (5); министе́рский ~ Minístersessel *m* (6); вступи́ть на ~ den Pósten ántreten*; вступи́ть на ~ президе́нта das Amt des Präsidénten ántreten*; занима́ть ~ éinen Pósten ínnehaben* [bekléiden]; освободи́ть от ~а́ der Funktión entbínden*; на руководя́щем ~у́ in léitender Stéllung; смеще́ние с ~а́ Ámtsenthebung *f*

пост II *м церк.* Fásten *pl*, Fástenzeit *f* (10); вели́кий ~ die gróßen Fásten; соблюда́ть ~ fásten *vi*, die Fásten hálten*

поста́в *м* (*на мельнице*) Éingang *m* (1*), Gang *m*; жернов́ой ~ Mühlsteingang *m*, Máhlgang *m*, ме́льничный ~ Máhlgang *m*, Máhlwerk *n* (2), Mühlgang *m*

поста́вить 1. stéllen *vt*, áufstellen *vt*, hínstellen *vt*; ábsetzen *vt*; ~ чемода́н (*на пол*) den Kóffer ábsetzen; ~ маши́ну в гара́ж das Áuto in der Garáge [-ʒə] ábstellen; ~ маши́ну пе́ред гости́ницей das Áuto vor dem Hotél párken; 2. (*спектакль и т. п.*) áufführen *vt*, in Széne sétzen; úraufführen *vt*, érstaufführen *vt* (*впервые*); 3. (*дело и т. п.*) organisíeren *vt*; in Gang bríngen*; 4. (*воздвигнуть*) erríchten *vt*; ~ па́мятник ein Dénkmal erríchten; ◇ ~ пласти́нку éine Plátte áuflegen; ~ часы́ по... die Uhr stéllen nach... (*D*); ~ ба́нки Schröpfköpfe ánsetzen; ~ паруса́ die Ségel híssen; ~ в тупи́к in Verlégenheit bríngen*, an die Wand drücken, in die Énge tréiben*; ~ в изве́стность in Kénntnis sétzen; benáchrichtigen *vt*; ~ на своём séinen Stándpunkt [séine Méinung] dúrchsetzen; ~ кого́-л. пе́ред вы́бором j-n vor die Wahl stéllen; ~ кому́-л. что-л. на вид j-m etw. vórhalten*; j-n wégen etw. (*G*) rügen [tádeln]; j-n verwárnen; j-m éinen Verwéis ertéilen; ~ кому́-л. что-л. в вину́ j-m die Schuld zúschreiben*; j-m (die) Schuld gében*; j-m etw. als Schuld ánrechnen, j-n beschúldigen; ~ за пра́вило zur Régel máchen; ~ себе́ це́лью sich (*D*) das Ziel sétzen [stécken]; sich etw. zum Ziel sétzen; bezwécken *vt*; ~ на́ ноги (*боль-*

ного) auf die Béine bríngen*; hóchbringen* *vt*; ~ всё [что-л.] на ка́рту álles [etw.] aufs Spiel sétzen; **5.** *см.* поставля́ть

поста́вк||а *ж* Líeferung *f* (10); Soll *n* = *u* -s, = *u* -s; Áblieferungssoll *n* (*норма поставок*); госуда́рственные ~и Áblieferung [Áblieferungspflichten] an den Staat; взаи́мные ~и gégenseitige Wárenlieferungen; обяза́тельные ~и чего́-л. Pflicht(ab)lieferung (an *D*); срок ~и Líeferfrist *f* (10); ~а това́ров Wárenlieferung *f*, Wárenzustellung *f* (10); репарацио́нные ~и Reparatiónslieferungen *pl*; вое́нные ~и Héereslieferungen *pl*, Kríegslieferungen *pl*; выполне́ние обяза́тельств по ~ам Erfüllung der Líeferverpflichtungen; програ́мма поста́вок Líeferprogramm *n* (2)

поставля́ть líefern *vt*, ánliefern *vt*; belíefern *vt*; ~ кому́-л. това́р j-n mit Wáren belíefern, j-m [an j-n] Wáren líefern; ~ дополни́тельно náchliefern *vt*; име́ть возмо́жность ~ что-либо líeferfähig sein

поставщи́к *м* Lieferánt *m* (8); Ánlieferer *m* (6); Zúlieferer *m*; вое́нный ~ Héereslieferant *m*, Kríegslieferant *m*; опто́вый ~ Gróßlieferant *m*; заво́д-~ Zúlieferbetrieb *m* (1), Líeferbetrieb *m*

постаме́нт *м* Postamént *n* (2), Sókkel *m* (6)

постана́вливать, постанови́ть beschlíeßen* *vt*; éinen Beschlúß fássen; постанови́ть большинство́м в пятьдеся́т голосо́в mit éiner Méhrheit von fünfzig Stímmen beschlíeßen*

постано́вка *ж* **1.** (*действие*) Áufstellen *n* -s; Erríchtung *f*; ~ го́лоса Stímmschulung *f*; ~ вопро́са Frágestellung *f*; ~ зада́чи Áufgabenstellung *f*, Problémstellung *f*; ~ те́мы Thémenstellung *f*; ~ це́ли Zíelstellung *f*; **2.** (*манера держать*) Stéllung *f*, Háltung *f*; ~ ко́рпуса Körperhaltung *f*; ~ па́льцев *муз.* Fíngersatz *m* (1*); ~ руки́ *муз.* Hándhaltung *f*; **3.** *театр.* Áufführung *f* (10); Inszeníerung *f* (10); подгото́вить к постано́вке áufführungsreif máchen; но́вая ~ Néueinstudierung *f* (10); телевизио́нная ~ Férnsehspiel *n* (2); **4.** (*работы, дела*) Organisatión *f*

постановл||е́ние *с* **1.** (*коллективное решение*) Beschlúß *m* -sses, -schlüsse, Entschlíeßung *f* (10), Resolutión *f* (10); ~е́ние суда́ Geríchtsbeschluß *m*, Réchtsspruch *m* (1*); изъя́ть ~е́ние *юр.* éinen Beschlúß zurückziehen* [áufheben*]; **2.** (*распоряжение*) Verórdnung *f* (10); Verfügung *f* (10); Ánordnung *f*, Bestímmung *f* (10); Erláß *m* -sses, -sse (*указ*); обяза́тельное ~е́ние állgeméinverbindlicher Beschlúß; ~е́ние прави́тельства Regíerungsverordnung *f*; ~е́ние о це́нах Préisverordnung *f*, Préisanordnung *f*; по ~е́нию laut [auf] Verórdnung; ~я́ть *см.* постанови́ть

постано́вочн||ый *театр.* **1.** Áufführungs-, Regíe- [-'ʒi:]; ~ые эффе́кты Regíeeffekte *pl*; **2.** (*эффектный, сценичный*) efféktvoll; ~ая пье́са Áusstattungsstück *n* (2)

постано́вщик *м* Regisseur [*фр.* reʒi'sø:r] *m* (1), Spíelleiter *m* (6)

постара́ться *см.* стара́ться

постаре́ть alt wérden, áltern *vi* (s, h)

по-стари́ко́вски *нареч.* nach Gréisenart; wie ein álter Mann

по-ста́рому *нареч.* wie früher, wie bishér; auf die álte Maníer; auf hérgebrachte Wéise; всё остаётся ~ álles bleibt beim álten; оста́вить ~ es beim álten lássen*

постате́йный nach Púnkten, positiónsweise, nach den éinzelnen Artíkeln

постдента́льный *лингв.* postdentál; ~ звук postdentáler Laut

постели́ть *см.* постла́ть

посте́||ль *ж* **1.** Bett *n* (13); лежа́ть в ~ли (*больным*) béttlägerig sein, zu Bett líegen*; das Bett hüten; убра́ть ~ль das Bett máchen [báuen *разг.*]; **2.** *стр.*, *ж.-д.* Bett *n* (13), Béttschicht *f* (10), Béttung *f* (10); Únterlage *f* (11); ~ль балла́ста Béttungskörper *m* (6); доро́жная ~ль Stráßenunterbau *m* -es

посте́льничий *м ист.* Béttmeister *m* (6)

посте́льн||ый Bett-; ~ые принадле́жности Béttzeug *n* (2); Béttwaren *pl* (*о товарах*); ~ое бельё Béttwäsche *f*; Béttausstattung *f* (10) (*комплект*); меня́ть ~ое бельё das Bett überziehen*; ~ый режи́м *мед.* Béttruhe *f*; дли́тельный ~ый режи́м *мед.* lánge Béttlägerigkeit

постепе́нн||о *нареч.* allmählich, nach und nach; ~ый allmählich, stúfenweise, schríttweise, sukzessív

постере́чь (éine Zéitlang) bewáchen *vt*, überwáchen *vt*, hüten *vt*

постига́ть, пости́гнуть *см.* пости́чь

пости́ж||е́ние *с* Begréifen *n* -s, Erfássen *n* -s; Verstéhen *n* -s; ~и́мый fáßlich, verständlich, begréiflich

постила́ть *см.* постла́ть

постира́ть *см.* стира́ть II

постиру́шка *ж разг.* kléine Wäsche

пости́ться fásten *vi*

пости́чь **1.** (*понять*) begréifen* *vt*, fássen *vt*; **2.** (*о горе, несчастье и т. п.*) (be)tréffen* *vt*, héimsuchen *vt*; его́ пости́гло разочарова́ние er erlébte [erfúhr] éine Enttäuschung

постла́ть: ~ посте́ль das Bett máchen; ~ ска́терть das Tíschtuch áuflegen; ◇ как посте́лешь, так и поспи́шь *погов.* wie man sich béttet, so schläft man

по́стн||ый **1.** Fásten-; ~ый стол, ~ые ку́шанья Fástenspeisen *pl*; ~ый день *церк.* Fásttag *m* (1); **2.** (*тощий*) máger; ~ое мя́со mágeres Fleisch; ~ое ма́сло Pflánzenöl *n* -(e)s, Spéiseöl *n*; **3.** (*невесёлый*) únfreundlich, lángweilig; у него́ ~ое лицо́ *разг.* er sieht aus wie drei Táge Régenwetter; **4.** (*ханжеский*) schéinheilig, héuchlerisch; ~ая физионо́мия héuchlerische Visage [vi'za:ʒə]

постов||о́й *прил.* **1.** Pósten-; ~а́я бу́дка Wáchbude *f* (11), Wáchhäuschen *n* (7); **2.** *в знач. сущ. м* Pósten *m* (7)

посто́й I *сущ. м воен.* Éinquartierung *f* (10), Quartíer *n* (2); ста́вить на ~ (éin)quartíeren *vt*

посто́й II, ~те! *повел.* wárte [wárten Sie] mal!

посто́льку *союз* insoférn; ~ поско́льку insoférn als

посторожи́ть *см.* постере́чь

посторони́т||ься zur Séite tréten*, áusweichen* *vi* (s); Platz máchen (*уступить место*); ~есь! Platz da!

посторо́нн||ий *прил.* **1.** (*чужой*) fremd, únbekannt; **2.** (*побочный*) nébensächlich, Nében-; ~ее обстоя́тельство Nébenumstand *m* (1*); **3.** *в знач. сущ. м* Frémde *m* (14); Férnstehende *m* (14); Únbefugte *m* (14); ~им вход воспрещён Únbefugten (ist der) Éintritt verbóten [unterságt, nicht gestáttet]

постоя́лец *м уст.* Míeter *m* (6)

постоя́лый: ~ двор *уст.* Hérberge *f* (11), Áusspann *m* (1)

постоя́нная *ж мат.* Konstánte *f* (11), Unveränderliche *f sub*, Féstwert *m* (1)

постоя́н||но *нареч.* (be)ständig, ímmer, stets; dáuernd; ~ный (be)ständig; fórtwährend, dáuernd, kontinuíerlich (*непрерывный*); gléichbleibend, stet (*всегдашний*); stétig, bléibend, konstánt (*неизменный*); ~ный а́дрес féste Adrésse; ~ное местожи́тельство ständiger Wóhnort; ~ная рабо́та Dáuerstellung *f* (10); ~ный посети́тель, ~ный гость Stámmkunde *m* (9), Stámmgast *m* (1*); ~ная сце́на *театр.* éine stéhende Bühne; ~ная коми́ссия ständige Kommissión; ~ный нейтралите́т dáuernde [ständige] Neutralität; ~ное давле́ние *тех.* Gléichdruck *m* -(e)s; ~ный ток *эл.* Gléichstrom *m* -(e)s; ~ная величина́ *мат.* Konstánte *f* (11), Unveränderliche *f sub*, Féstwert *m* (1); ~ная а́рмия *воен.* stéhendes Heer; ~ный капита́л *эк.* konstántes Kapitál; ~ство *с* Beständigkeit *f*, Stétigkeit *f*; Tréue *f* (*верность*); Behárrlichkeit *f* (*упорство*); Konstánz *f* (*неизменность*); ~ство цен Stabilität der Préise, Préisstabilität *f*

постоя́ть **1.** (éine Zéitlang) stéhen* *vi*; **2.** (*о погоде*) (éine Zéitlang) ánhalten* *vi*, dáuern *vi*; **3.** (*защитить*): ~ за кого́-л., за что-л. für j-n, für etw. (*A*) sich éinsetzen, éintreten* *vi* (s), éinstehen* *vi*; ~ за себя́ sich behäupten, séinen Mann stéhen*, sich nichts ánhaben lássen*

постпозити́вный *грам.* náchgestellt, postpositív

пострада́вший *прич.* **1.** geschädigt, verúnglückt; **2.** *в знач. сущ. м* Geschädigte *m* (14); Betróffene *m* (14); Verúnglückte *m* (14) (*от несчастного случая*); Ópfer *n* (6) (*жертва*); ~ от пожа́ра Brándgeschädigte *m*, durch Féuer Geschädigte, vom Brand Betróffene; ~ от наводне́ния durch Überschwémmung Betróffene [Geschädigte]

пострада́ть **1.** léiden* *vi*; ~ за пра́вду für die Wáhrheit léiden*; **2.** (*терпеть ущерб, урон*) Schäden néhmen*, zu Schäden kómmen*; verúnglücken *vi* (s); mítgenommen sein (от чего́-л. von *D*); in Mítleidenschaft gezógen wérden; betróffen wérden (*от стихийного бедствия*); ~ от за́сухи von der Dürre héimgesucht wérden

пострани́чный auf jéder Séite, nach Séiten dúrchgeführt; ~ подсчёт Séitenabrechnung *f* (10)

постра́нствовать umhérwandern *vi* (s), herúmreisen *vi* (s)

постре́л *м*, **пострелёнок** *м разг.* Wíldfang *m* (1*); Schlíngel *m* (6), Gálgenstrick *m* (1); ◇ наш постре́л везде́ поспе́л *погов.* ≅ (er ist) Hánsdampf in állen Gássen

постре́лива||ть **1.** ab und zu schíeßen* [féuern]; **2.** *безл.*: ~ет в боку́ es sticht in der Séite

постреля́ть (éine Zéitlang) schíeßen* *vi*, féuern *vi* (в кого́-л., во что-л. auf *A*)

постри́чь (*волосы*) schnéiden* *vt*; schéren* *vt* (*машинкой*); как вас ~? wélchen Háarschnitt wünschen Sie?

постри́чься I (*постричь волосы*) sich (*D*) das Haar schnéiden* (*самому*); sich (*D*) das Haar schnéiden lássen* (*в парикмахерской*)

постри́чься II *церк.* Mönch wérden

(в монахи); Nónne wérden *(в монахини)*

построе́ние *с* **1.** Bau *m* -(e)s, Áufbau *m*, Konstruktión *f* (10); Struktúr *f* (10) *(структура)*; Bíldung *f* (10); ~ предложе́ния *грам.* Sátzbildung *f*, Sátzbau *m*; **2.** *воен.* Áufstellung *f* (10), Áufbau *m* (1), Glíederung *f* (10); боево́е ~ Gefégtsaufstellung *f*; **3.** *мат.* Konstruktión *f* (10); геометри́ческое ~ geométrische Konstruktión

постро́ечный Bau-, báulich

постро́ить(ся) *см.* стро́ить(ся)

постро́йк||а *ж* **1.** *(действие)* Báuen *n* -s, Bau *m* -(e)s, Áufbau *m*; Erríchtung *f*; сери́йная ~а Sérienbau *m*; ~а доро́г Stráßenbau *m*, Wégebau *m*; **2.** *(сооружение, здание, строение)* Bau *m* -(e)s, -ten, Gebäude *n* (6); Báuwerk *n* (2); жила́я ~а Wóhngebäude *n*; промы́шленная ~а Indústriegebäude *n*, industriélle Ánlage; обще́ственные ~и Gesélllschaftsbauten *pl*; geméinnützige [öffentliche] Báuten *pl*; произво́дственные ~и Betríebsgebäude *pl*; служе́бные ~и Nébengebäude *pl*; Wirtschaftsgebäude *pl*

постро́мки *мн.* Stränge *pl*, Stránggriemen *pl*, Zúgtaue *pl*, Zúgstränge *pl*

постро́чн||о *нареч.* pro Zéile, zéilenweise; набира́ть ~о auf Zéile sétzen; ~**ый** *(об оплате)* pro Zéile

постскри́птум *м* Náchtrag *m* (1*), Postskríptum *n* -s, *pl* -te *u* -ta

посту́кив||ание *с* Klópfen *n* -s, Ánklopfen *n*; ~**ать** beklópfen *vt*, klópfen *vi*

постула́т *м филос.* Postulát *n* (2), Grúndsatz *m* (1*); *мат.* Fórderung *f* (10); Áusgangsthese *f* (11)

поступа́тельн||ый fórtschreitend; ~ое движе́ние Vórwärtsbewegung *f* (10); Vórmarsch *m* (1*) *воен.*

поступа́ть(ся) *см.* поступи́ть(ся)

поступ||и́ть 1. hándeln *vi*, verfáhren* *vi* (h, s); vórgehen* *vi* (s); ~и́ть с кем-л. (каки́м-л. о́бразом) mit j-m írgendwie verfáhren* [úmgehen*, úmspringen*]; ~и́ть вопреки́ чему́-л. einer Sáche (*D*) zuwíder¦handeln *отд.*, verstóßen* *vi* (gégen *A*); ~а́йте как вам уго́дно hálten Sie es damít, wie Sie wóllen; das können Sie hálten, wie Sie wóllen; я сам зна́ю, как мне ~и́ть ich weiß, was ich zu tun und zu lássen hábe; **2.** *(на службу и т. п.)* ántreten* *vi* (s), éintreten* *vi* (s); géhen* (s) (an *A*) *(в учебное заведение)*; ~и́ть в медици́нский институ́т ans Medizínische Institút géhen*; ~и́ть на вое́нную слу́жбу den Wéhrdienst ántreten*, zur Armée géhen*, Soldát wérden*; **3.** *(о заявлении, деньгах и т. п.)* éinlaufen* *vi* (s), éingehen* *vi* (s), zúfließen* *vi* (s); ~и́ть в распоряже́ние zur Verfügung gestéllt wérden; in die Verfügungsgewalt gelángen; ~а́ют сообще́ния Méldungen láufen ein; к нам ~и́ла жа́лоба bei uns ist éine Beschwérde éingelaufen; де́ло ~и́ло в суд die Sáche kam vors Gerícht; отве́т ещё не ~и́л die Ántwort ist noch nicht éingetroffen

поступи́ться *(чем-л.)* verzíchten *vi* (auf *A*), áufgeben* *vt*, préisgeben* *отд. vt*; ~ свои́ми права́ми séine Réchte áufgeben*

поступле́н||ие *с* **1.** *(куда-л.)* Éintritt *m* -(e)s; Zúgang *m* -(e)s *(напр. больных в больницу)*; ~ие на рабо́ту Árbeitsantritt *m*, Árbeitsaufnahme *f*; Éintritt in den Betríeb; Díenstantritt *m*; ~ие в шко́лу Schúleintritt *m*; **2.** *(денег, документов и т. п.)* Éingehen *n* -s, Éinlaufen *n* -s; Éingang *m* -(e)s; ~ие де́нег Géldeingang *m*; ~ие по́чты Pósteingang *m*; ~ие това́ров Wáreneingang *m*, Éingang von Wáren; ~ие зака́зов Áuftragseingänge *pl*; отде́л ~ия книг *(в библиотеке)* die Abtéilung Zúgänge; **3.** *мн.* ~ия *(сумма доходов, сборов и т. п.)* Éinkünfte *pl*; Éinnahmen *pl*, Erlös *m* (1); Áufkommen *n* -s; бюдже́тные ~ия Háushaltseinnahmen *pl*; Háushaltseinkünfte *pl*, Háushaltseingänge *pl*; пла́новые ~ия Sóll-Éinnahmen *pl*; валю́тные ~ия Devisenerlös [-'vi:] *m*, Devísen-einnahmen *pl*; факти́ческие ~ия Íst-Éinnahmen *pl*, Íst-Áufkommen *n*; нало́говые ~ия Stéuereinnahmen *pl*, Stéueraufkommen *n*; Stéuereingänge *pl*; ~ия от населе́ния Stéuern und Ábgaben der Bevölkerung

посту́п||ок *м* **1.** Tat *f* (10); Hándlung *f* (10); сме́лый ~ок éine kühne Tat; благоро́дный ~ок éine édle Hándlung; позо́рный ~ок unéhrenhafte Hándlung; безрассу́дный ~ок kópfloses Vórgehen; **2.** *(поведение)* Benéhmen *n* -s

по́ступь *ж* **1.** Gang *m* -(e)s, Schritt *m* (1); **2.** *перен.* Vórwärtsschreiten *n* -s, Wéiterentwicklung *f*

постуча́ть *см.* стуча́ть 1

постфа́ктум *нареч.* náchträglich, hinterhér; post fáctum *(лат.)*

постыди́ть leicht beschämen, tádeln *vt*; ~**ся** sich schämen (кого́-л., чего́-л. vor *D*)

посты́дный schändlich, schmáchvoll

посты́лый *разг.* überdrüssig, wíderlich; verháßt *(ненавистный)*

посу́да *ж собир.* Geschírr *n* -(e)s; ча́йная ~ Téegeschirr *n*; столо́вая ~ Táfelgeschirr *n*, Tíschgeschirr *n*; ку́хонная ~ Küchengeschirr *n*; ◇ би́тая ~ два ве́ка живёт *погов.* ≅ gesprúngene Töpfe hálten am längsten

посуда́чить *разг.* klátschen *vi* (über *A*); dúrchhecheln *vt*; die Köpfe zusámmenstecken

посу́дина *ж разг.* Gefäß *n* (2)

посуди́ть: посуди́(те) са́м(и)! nun úrteile(n Sie) selbst!, bedénke(n Sie) doch!

посу́дн||ый Geschírr-; ~ый шкаф Geschírrschrank *m* (1*); ~ое полоте́нце Geschírrtuch *n* (5); ◇ как слон в ~ой ла́вке wie ein Elefánt im Porzellánladen

посудомо́ечн||ый: ~ая маши́на Geschírrspülmaschine *f* (11)

посу́л *м разг.* Verspréchen *n* (7); ~ы Verspréchungen *pl*

посули́ть *разг.* verspréchen* *vt*

посу́точн||о *нареч.* pro Tag, álle víerundzwanzig Stúnden; плати́ть ~о pro Tag záhlen; ~**ый** pro Tag, víerundzwanzig Stúnden lang

по́суху *нареч. разг.* zu Lánde, auf dem Lándweg

посуши́ть (éine Zéitlang) tróoknen *vt*

посчастли́ви||ться *безл.* glücken *vi* (s), gelíngen* *vi* (s); ему́ ~лось er hätte Glück, es glückte [geláng] ihm

посчита́ть *см.* сосчита́ть; ~**ся 1.** *(свести счёты)* ábrechnen *vi* (с кем-л. mit *D*); **2.** *(принять во внимание)* berücksichtigen *vt*; Réchnung trágen* (*D*)

посыла́ть *см.* посла́ть

посы́лка *ж* **1.** *(действие)* Ábsendung *f*, Séndung *f*; **2.** *(пакет)* Séndung *f* (10), Päckchen *n* (7); Pakét *n* (2); почто́вая ~ Póstpaket *n*, Póstsendung *f*; Póststück *n* (2); це́нная ~ Wértsendung *f*; Wértpaket *n*, Pakét mit Wértangabe; **3.** *филос.* Prämísse *f* (11), Vóraussetzung *f* (10); **4.** *радио, свз.* Beféhl *m* (1); Ímpuls *m* (1); Signál *n* (2); Schritt *m* (1); ко́довая ~ Kódebefehl *m*; ~ и́мпульсов Strómstoßgabe *f* (11); то́ковая ~ Strómschritt *m*; ◇ быть на ~х den Láufburschen ábgeben*

посы́лочн||ый: ~ое отделе́ние *(на почте)* Pakétabteilung *f* (10); ~ая торго́вля Versándhandel *m* -s; Versándhaus *n* (5) *(организация)*

посылто́рг *м* (посы́лочная торго́вля) Versándhandelsorganisation *f* (10), Versándhandel *m* -s; Versándhaus *n* (5)

посы́льн||ый *прил.* **1.:** ~ое су́дно Aviso [-'vi:-] *n* -s, -s, Méldeschiff *n* (2); **2.** *в знач. сущ. м* Bóte *m* (9), Bótengänger *m* (6); Ámtsbote *m*, Láufbursche *m* (9); *воен.* Verbíndungsmann *m* -(e)s, -leute, Mélder *m* (6)

посыпа́ть, посы́пать bestréuen *vt* (чем-л. mit *D*); schütten *vt* (что-л. auf *A*); у́лицы посыпа́ют песко́м die Stráßen wérden mit Sand gestréut

посы́па||ться 1. fállen* *vi* (s), ríeseln *vi* (h, s); ~лся песо́к der Sand ríeselte heráb; **2.** *(о массовом проявлении)* hágeln *vimp*, régnen *vimp*; ~лись уда́ры es hágelte Schläge; ~лись упрёки es hágelte Vórwürfe

посяга́тельство *с* Éingriff *m* (1); Ánschlag *m* (1*); ~ на чьи-л. права́ Éingriff in j-s Réchte; ~ на чью-л. свобо́ду Ánschlag gégen j-s Fréiheit; ~ на госуда́рственную со́бственность Ángriff gégen das Stáatseigentum; ~ на ли́чность Ángriff auf die Persón

посяга́ть, посягну́ть *(на что-л.)* éinen Ánschlag auf etw. (*A*) máchen; sich (*D*) Übergriffe gégen etw. (*A*) zuschúlden kómmen lássen*; sich (*D*) éinen Übergriff gégen j-n (*A*) erláuben; éinen Ánschlag gégen etw. (*A*) schmíeden; sich vergréifen* (an *D*); ~ на чью-л. жизнь j-m nach dem Lében tráchten, éinen Ánschlag auf j-s Lében máchen; ~ на чужо́е иму́щество versúchen, sich (*D*) frémdes Éigentum ánzueignen

пот *м* Schweiß *m* -es; холо́дный ~ kálter Schweiß; Ángstschweiß *m*; облива́ясь ~ом, весь в ~у́ in Schweiß gebádet, schwéißbedeckt, schwéißtriefend; вытира́ть ~ с лица́ sich (*D*) den Schweiß von der Stirn wíschen; ка́пли ~а вы́ступили у него́ на лбу der Schweiß stand ihm auf der Stirn, der Schweiß trat ihm auf die Stirn; ~ гра́дом кати́лся у него́ со лба der Schweiß rann ihm [floß in Strömen] von der Stirn; его́ бро́сило в ~ er geríet in Schweiß; ◇ он добы́л э́то ~ом и кро́вью das hat ihm viel Schweiß gekóstet; в ~е лица́ im Schwéiße des Ángesicht(e)s; вогна́ть кого́-л. в ~ j-n schwítzen máchen; j-n ins Schwítzen bríngen*

потаённый 1. *(скрытый)* gehéim, Gehéim-; **2.** *уст. см.* потайно́й

потайн||о́й gehéim ángelegt, Gehéim-; ~о́й ход Gehéimgang *m* (1*); ~о́й фона́рь Bléndlaterne *f* (11); ~а́я дверь Gehéimtür *f* (10); Tapétentür *f*

потака́ть *разг.* zu náchsichtig sein (кому́-л. gégen *A*); zu viel Náchsicht üben, Náchsicht háben (кому́-л. mit *D*), durch die Fínger séhen*, mit Náchsicht behándeln, dúrchgehen lássen*, dúlden *vt*

потанцева́ть (éine Zéitlang) tánzen *vi*

потаску́ха *ж*, **потаску́шка** *ж груб.* Dírne *f* (11), Stráßendirne *f*

потасо́вка *ж разг.* Balgeréi *f* (10), Prügeléi *f* (10), Hándgemenge *n* (6)

пота́чк||а *ж разг.* (állzu gróße) Náchsicht *f*; дава́ть ~у кому́-л. *см.* потака́ть; не дава́ть ~и kéine Náchsicht üben (кому́-л. mit *D*)

пота́ш *м* Póttasche *f*

по-тво́ему *нареч.* **1.** (*о мнении*) déiner Méinung [Ánsicht] nach; **2.** (*о желании*) nach déinem Wíllen [Wunsch]; wie du es willst

потво́рство *с* (állzu gróße) Náchsicht *f*; Verwöhnung *f*; **~вать** Náchsicht üben [háben] (кому́-л. mit *D*)

потёмк||и *мн.* Dúnkel *n* -s, Dúnkelheit *f*, Fínsternis *f*; в ~ах im Dúnkeln, im Fínstern; in der Dúnkelheit; броди́ть в ~ах im Fínstern [im Dúnkeln] táppen; *перен.* im fínstern [im dúnkeln] táppen; kéine kláre Vórstellung háben; ◇ чужа́я душа́ — ~и man kann den Ménschen nicht ins Herz séhen*

потемне́||ние *с* Trübung *f*, Dúnkelwerden *n* -s, Verdúnk(e)lung *f*; ~ние серебра́ Schwárzwerden des Sílbers; **~ть** dúnkel wérden; sich verdúnkeln, sich verfínstern; у него́ ~ло в глаза́х es wúrde ihm schwarz vor den Áugen

поте́ние *с* **1.** (*человека*) Schwítzen *n* -s; *мед.* Transpiríeren *n* -s; ~ ног Fúßschweiß *m* -es; **2.** (*стёкол*) Ánlaufen *n* -s

потенциа́л *м* Potentiál *n* (2); промы́шленный ~ Industríepotential *n*; экономи́ческий ~ wírtschaftliches Potentiál, Wírtschaftspotential *n*; вое́нный ~ militärisches Potentiál, Kríegspotential *n*

потенциа́льн||ый potentiéll; potentiál, Potentiál-; ~ая эне́ргия *физ.* potentiélle Energíe, Energíe der Láge

потенцио́метр *м эл.* Potentiométer *n* (6)

поте́нция *ж* (verbórgene) Kraft *f* (3), Ánlage *f* (11), Poténz *f*

потепле́||ние *с* Wármwerden *n* -s, Temperatúrsteigerung *f*; Fróstmilderung *f*; наступи́ло ~ние es ist wärmer gewórden

потепле́ть wärmer wérden; сего́дня ~ло héute ist es wärmer gewórden

потере́ть étwas [ein wénig] réiben* *vt*

потерпе́вш||ий *прич.* **1.** *юр.* geschädigt; ~ая сторона́ die léidtragende Séite, die geschädigte Partéi; **2.** *в знач. сущ. м* Geschädigte *m* (14); ~ий кораблекруше́ние Schíffbrüchige *m* (14)

потерпе́ть **1.** (*проявить терпение*) sich gedúlden; áushalten* *vt*; потерпи́те немно́го gedúlden Sie sich ein wénig, háben Sie étwas Gedúld; **2.** (*испытать что-л. плохое*) (er)léiden* *vt*; (er)dúlden *vt*; ~ неуда́чу éine Schláppe erléiden*; mißlíngen* *vi* (s) (*о плане, деле и т. п.*); ~ убы́тки Verlúste davóntragen*; ~ пораже́ние éine Níederlage erléiden*; ~ кораблекруше́ние Schíffbruch erléiden*; **3.** (*допустить*) zúlassen* *vt*; sich (*D*) etw. gefállen lássen*; я э́того не потерплю́ das lásse ich nicht zu; das lásse ich mir nicht bíeten [gefállen]; das muß ich mir enérgisch verbítten

потёртый **1.** ábgeschabt, schäbig, verbráucht; ábgelatscht (*разг. о ковре и т. п.*); káhlfleckig (*о мехе*); ~ портфе́ль éine ábgewetzte Tásche; **2.** *перен.* müde, verbráucht; ~ вид ein verbráuchtes Áussehen [Gesícht]

поте́р||я *ж* **1.** Verlúst *m* (1), Éinbuße *f* (11); ~я вре́мени Zéitverlust *m*; ~я кро́ви Blútverlust *m*; ~я зре́ния Erblíndung *f*, Verlúst des Áugenlichts; ~я слу́ха Táubheit *f*, Verlúst des Gehörs; ~я трудоспосо́бности Verlúst der Árbeitsfähigkeit; ~я созна́ния Verlúst des Bewúßtseins, Óhnmacht *f*; ~я па́мяти Gedächtnisschwund *m* -(e)s; ~я в ве́се Gewíchtsverlust *m*, Gewíchtsabnahme *f*, Gewíchtsabgang *m* (1*); **2.** *б. ч. мн.* ~и: боевы́е ~и *воен.* Geféchtsverluste *pl*, Verlúste *pl*; ~и в живо́й си́ле *воен.* Ménschenverluste *pl*; ~и (при убо́рке) урожа́я Érnteverluste *pl*; ~и в чём-л. Verlúste an (*D*); с ма́лыми ~ями verlústarm; с больши́ми ~ями verlústreich; наноси́ть ~и *воен.* Verlúste zúfügen [béibringen*]; нести́ ~и *воен.* Verlúste erléiden*; восполня́ть ~и *воен.* Verlúste áuffüllen; вы́звать больши́е ~и gróße Verlúste nach sich zíehen*; без поте́рь verlústlos; ~и на тре́ние *физ.* Réibungsverluste *pl*

поте́рянн||ый **1.** verlóren; счита́ть что-л. ~ым etw. verlóren gében*; ~ое вре́мя vertáne Zeit; **2.** (*подавленный*) níedergeschlagen, verwírrt

потеря́ть verlíeren* *vt*; verlústig géhen* (что-л. *G*) (*лишиться чего-л.*); ~ из ви́ду aus den Áugen verlíeren; ~ пра́во (*на что-л.*) éines Réchtes [éines Vórrechtes] verlústig géhen*; ~ кого́-л. (*в толпе*) j-n aus den Áugen verlíeren*; ~ си́лу áußer Kraft tréten*; die Kraft verlíeren*; verjähren *vi* (s) (*за давностью*); ◇ ~ го́лову den Kopf verlíeren*; ~ по́чву под нога́ми den Bóden únter den Füßen verlíeren*; ~ пози́ции die Positiónen éinbüßen; ну, ты там ничего́ не потеря́л! da hast du auch nichts versäumt!; всё потеря́но! álles (ist) hin!; **~ся** **1.** verlórengehen* *отд. vi* (s); sich verláufen* (*о собаке*); **2.** (*растеряться*) in Bestürzung [in Verwírrung] geráten*, den Kopf verlíeren*, sich selbst verlíeren*

потесни́ть zusámmendrängen *vt*; *воен.* zurückdrängen *vt*; **~ся** zusámmenrücken *vi* (s), sich zusámmendrängen; Platz máchen (*дать место*)

поте́ть **1.** (*о человеке*) schwítzen *vi*, transpiríeren *vi*; у него́ поте́ют ру́ки er schwítzt an den Händen; **2.** *разг.* (*трудиться над чем-л.*) über etw. (*D*) schwítzen; sich mit etw. (*D*) ábplagen; **3.** (*о стекле*) ánlaufen* *vi* (s), schwítzen *vi*

поте́ха *ж* Spaß *m* (1*); Gáudium *n* -s; ◇ и пошла́ ~! und da ging es los!, da ging es hoch her!, da begánn [begínnt] der Trúbel!

поте́чь **1.** flíeßen* *vi* (s), ánfangen* zu flíeßen; **2.** (*дать течь*) leck wérden

потеша́ть *см.* поте́шить; **~ся** **1.** *см.* поте́шиться; **2.** (*над чем-л., над кем-л.*) sich lústig máchen (über *A*); éinen zum bésten háben [hálten*]; áuslachen *vt* (*высмеивать*)

поте́шить belústigen *vt*, ergötzen *vt*; **~ся** sich belústigen, sich ergötzen, (állerlei) Kúrzweil tréiben*

поте́шн||ый spáßig, kómisch, belústigend, amüsánt; ~ая исто́рия dróllige Geschíchte; ~ый полк *ист.* Spíelregiment *n* (5) (des júngen Péter I.)

поти́р *м церк.* Ábendmahlskelch *m* (1)

потира́ть réiben* *vt*; ~ ру́ки sich (*D*) die Hände réiben*

потихо́ньку *нареч. разг.* **1.** (*не спеша*) lángsam, sacht; allmählich (*постепенно*); **2.** (*тихим голосом*) léise; **3.** (*тайком*) héimlich, verstóhlen, in áller Stílle

потли́вость *ж* Néigung *f* zum Schwítzen

потли́вый schwítzend

по́тник *м* Schwéißdecke *f* (11), Sáttelunterlage *f* (11)

потни́ца *ж мед.* Schwéißfriesel *pl*, Schwéißbläschen *pl*

по́тный **1.** schwéißig; schwéißnaß, schwéißbedeckt; **2.** ángelaufen (*об окнах*), naß (*о стенах*)

по-това́рищески *нареч.* kamerádschaftlich, fréundschaftlich, kollegiál

потов||о́й *анат.* Schweiß-; ~ы́е же́лезы Schwéißdrüsen *pl*

потого́нн||ое *сущ. с* Schwítzmittel *n* (6); schwéißtreibendes Míttel, Diaphorétikum *n* -s, -ka; **~ый** schwéißtreibend, diaphorétisch, Schwitz-; ~ое лече́ние Schwítzkur *f*; ◇ ~ая систе́ма Ántreiberei *f*, Ántreibersystem *n* -s

пото́к *м* **1.** Strom *m* (1*); Fluß *m* -sses; го́рный ~ Gebírgsbach *m* (1*), Wíldbach *m*; бу́рный ~ Stúrzflut *f* (10), Gíeßbach *m*; возду́шный ~ Lúftstrom *m*; **2.** (*множество, масса*) Schwall *m* (1); ~ слов Wórtschwall *m*, Rédestrom *m* (1*); ~и слёз Tränenstrom *m*; челове́ческий ~ Ménschenstrom *m*; гря́зный ~ клеветы́ éine Schlámmflut von Verléumdungen; хле́бный ~ *с.-х.* Körnerstrom *m*; ~ информа́ции Informatiónsfluß *m*, Dátenfluß *m*; това́рный ~ Wárenstrom *m*, Wárenfluß *m*; ~ пи́сем éine Flut von Bríefen; пассажи́рский ~ Réisestrom *m*, éine Flut von Réisenden; ~ покупа́телей Kúndenstrom *m*; Kúndenfrequenz *f* (10); Käuferstrom *m*; ~ посети́телей Besúcherstrom *m*; ~ пешехо́дов Fúßgängerstrom *m*; **3** (*непрерывное производство*) Flíeßfertigung *f*, Flíeßbandverfahren *n* (7); Táktstraße *f* (11)

потолкова́ть *разг.* (*поговорить*) spréchen* *vi*, sich ein wénig unterhálten* (о чём-л. über *A*, von *D*)

потол||о́к *м* **1.** Décke *f* (11), Zímmerdecke *f*; **2.** *ав.* Gípfelhöhe *f*; ~о́к раке́ты Stéighöhe der Rakéte; **3.** *разг.* (*предел*) Höchstmaß *n* (2), Höchstgrenze *f* (11); ◇ взять с ~ка́ *разг.* aus der Luft gréifen*

потоло́чн||ый Décken-; ~ая ба́лка Déckenbalken *m* (7); ~ое освеще́ние Déckenbeleuchtung *f*

потоло́чь *см.* толо́чь

потолсте́ть díck(er) [vóll(er)] wérden; zúnehmen* *vi* (*прибавить в весе*)

пото́м **1.** (*позже*) náchher, später; **2.** (*затем*) dann, náchher, hernách; оста́вить на ~ *разг.* für später lássen

пото́м||ок *м* **1.** Náchkomme *m* (9), Ábkomme *m*; **2.** *мн.* ~ки (*будущие поколения*) die kómmende Generatión, die Náchfahren

пото́мственн||ый **1.** *уст.* Erb-, érblich; ~ое име́ние Érbgut *n* (5); **2.** *разг.* (*настоящий*) ángestammt, echt, Stamm-, ursprünglich; ~ый пролета́рий ein échter Proletárier

пото́мство *с* Náchkommenschaft *f*, Náchkommen *pl*; Náchwelt *f*

потому́ **1.** *нареч.* déshalb, darúm; ~ я и прие́хал déshalb [darúm] bin ich gekómmen; **2.** *союз*: ~ что weil, da; он э́то сде́лал, ~ что не знал, что... er hat das getán, weil [da] er nicht wúßte, daß...

потону́ть ertrínken* *vi* (s); úntergehen* *vi* (s), sínken* *vi* (s) (*о судне*); ~ в зе́лени in Grün gebéttet sein

потоотделе́ние *с мед.* Schwéißabsonderung *f*, Diaphorése *f*

пото́п *м* Überschwémmung *f* (10); всеми́рный ~ Síntflut *f*; подо́бный ~у síntflutähnlich, síntflutartig

потопи́ть **1.** ertränken *vt*, ersäufen *vt* (*кого-л.*); versénken *vt*, in den Grund bóhren (*судно*); **2.** (*погубить, выдав что-л.*) zugrúnde ríchten

потопле́ние *с* Versénken *n* -s

потопта́ть zertréten* *vt*, zerstámpfen *vt*

потора́пливать zur Éile ántreiben*, drängen *vt*; **~ся** sich beéilen; Gas gében*, den víerten Gang éinschalten, Trab máchen (*разг.*); потора́пливайся! mach schon!, Témpo!

поторгова́ться (ein wénig) handeln *vi*, féilschen *vi* (из-за чего́-л. um *A*)

поторопи́ть *см.* торопи́ть; **~ся** *см.* торопи́ться; сли́шком ~ся sich überéilen; ~ся отве́тить überstürzt ántworten

поточи́ть schléifen* *vt*, schärfen *vt*

пото́чно-скоростно́й: ~ ме́тод Schnéll-Flíeßverfahren *n* (7)

пото́чность *ж* Kontinuität *f*, Fluß *m* -sses; ~ произво́дства Produktiónsfluß *m*, Árbeitsfluß *m*

пото́чн||ый Flíeß-, Flíeßband-, Takt-; ~ое произво́дство Flíeßfertigung *f*, Flíeßbandproduktion *f*; ~ая ли́ния Flíeßstraße *f* (11), Táktstraße *f*, Fértigungsstraße *f*; ~ый ме́тод Flíeßverfahren *n* (7), Táktverfahren *n*, Flíeßbandmethode *f* (11)

потра́ва *ж* Féldfrevel *m* (6); Ábweiden *n* -s, Flúrschaden *m* (7*)

потрави́ть (*луга*) ábweiden *vt*, ábäsen *vt*

потра́тить áusgeben* *vt*, veráusgaben *vt*; verbráuchen *vt*; **~ся** sich veráusgaben; sich in Únkosten stürzen

потра́фить, потрафля́ть *разг.* j-m etw. recht máchen; j-n zufríedenstellen *отд.*

потре́б||а *ж уст.*: на ~у кому́-л. wie j-m es genéhm ist

потреби́тель *м* Verbráucher *m* (6); Konsumént *m* (8); Bedárfsträger *m* (*предприятие*); Benútzer *m* (6) (*книги*); Ábnehmer *m* (6), Käufer *m* (6) (*покупатель*); вне́шний ~ *ком.* áusländischer Ábnehmer [Käufer, Kúnde], Áuslandskäufer *m*, Áuslandskunde *m* (9); вну́тренний ~ Ínlandsverbraucher *m*; кру́пный ~ Gróßverbraucher *m*, Gróßabnehmer *m*; ме́лкий ~ Kléinverbraucher *m*, Kléinabnehmer *m*; сре́дний ~ Normálverbraucher *m*; се́льский ~ Lándkundschaft *f*; ~ электроэне́ргии Strómabnehmer *m*, Strómverbraucher *m*, заво́д-~, предприя́тие-~ Bedárfsträger *m* (6), Verbráucherbetrieb *m* (1), Verbráucherwerk *n* (2); **~ный** Gebráuchs-; ~ная сто́имость *эк.* Gebráuchswert *m* -(e)s; **~ский** Konsúm-; Verbráucher-; ~ские това́ры Konsúmgüter *pl*, Gebráuchsgüter *pl*; ~ские това́ры дли́тельного по́льзования lánglebige Konsúmgüter *pl*; ~ская коопера́ция Konsúmgenossenschaft *f* (10), Kónsum *m* -s ~ский подхо́д *разг.* Konsuméntenstandpunkt *m* (1); ~ские настрое́ния Verbráuchermentalität *f*

потреби́тельство *с* Konsúmdenken *n* -s

потребле́н||ие *с* Konsúm *m* -s; Verbráuch *m* -(e)s (чего́-л. an *D*); Konsumtión *f*; това́ры широ́кого ~ия Gebráuchsartikel *pl*, Gebráuchsgegenstände *pl*, Mássenbedarfsartikel *pl*; предме́ты ли́чного ~ия Gégenstände des persönlichen Gebráuchs [Bedárfs]; вну́треннее потребле́ние ínländischer Verbráuch, Ínlandsverbrauch *m*; ~ие на ду́шу населе́ния Pro-Kópf-Verbrauch *m*; обще́ственное ~ие geséllschaftliche Konsumtión; ~ие проду́ктов пита́ния Spéisenverbrauch *m*; ~ие то́ка *эл.* Strómverbrauch *m*, Strómaufnahme *f*; поли́тика свёртывания ~ия *эк.* Máßhaltepolitik *f*; ~ие сверх но́рмы Überkonsum *m*; регули́ровать ~ие bedárfslenkend wírken

потребля́ть verbráuchen *vt*, konsumíeren *vt*

потре́бн||ость *ж* Bedürfnis *n* (3*) (в чём-л. nach *D*); Bedárf *m* -(e)s (an *D*); удовлетворя́ть ~ости die Bedürfnisse décken; отправля́ть есте́ственную ~ость (séine) Nótdurft verríchten; жи́зненные ~ости lébensnotwendige Bedürfnisse; lébensnotwendiger Bedárf; культу́рные ~ости kulturélle Bedürfnisse; ~ость в деньга́х Géldbedarf *m*; ~ость в рабо́чей си́ле Árbeitskräftebedarf *m*; смотря́ по ~ости (je) nach Bedárf; расту́щие ~ости stéigende Bedürfnisse;

потре́бный erfórderlich, nótwendig

потре́бова||ть fórdern *vt*, verlángen *vt*; **~ться** erfórderlich [nötig] sein; ему́ ~лась кни́га er benötigte ein Buch; мне ~лись де́ньги ich hätte Geld nötig, ich bräuchte Geld; ~лись го́ды и го́ды es bedúrfte Jáhre und Jáhre

потрево́жить beúnruhigen *vt*; stören *vt*; **~ся** sich beúnruhigen

потрёпанн||ый **1.** ábgetragen, ábgeschabt; bestóßen (*напр. о переплёте книги*); ábgenutzt (*напр. о мебели*); **2.** (*изнурённый*) ábgelebt; mítgenommen; schwer ángeschlagen, kámpfunfähig gemácht (*о войске*); ~ое лицо́ verlébtes Gesícht

потрепа́||ть ráufen *vt*; ~ть кого́-л. по плечу́ j-m auf die Schúlter klópfen; ~ть кого́-л. по щеке́ j-m die Wánge tätscheln; ◇ жизнь ~ла его́ das Lében hat ihn (hart) mítgenommen, das Lében hat ihm hart mítgespielt

потре́скаться (an vielen Stéllen) zerplátzen *vi* (s), plátzen *vi* (s), bérsten* *vi* (s); áufspringen* *vi* (s) (*напр. о плоде*); rissig [spröde] wérden (*напр. о губах*)

потре́скивать knístern *vi*, knácken *vi*, prásseln *vi*

потро́гать (leicht) berühren *vt*

потроха́ *мн.* Éingeweide *n* (6), Innereíen *pl*, Gekröse *n* (6), Kaldáune *f* (11) (*б. ч. pl*); Geschlínge *n* (6) (*ливер*); гуси́ные ~ Gänseklein *n* -s; теля́чьи ~ Kálbsgekröse *n*; ◇ со всеми ~ми ganz und gar, völlig

потроши́ть die Éingeweide heráusnehmen*; áusnehmen* *vt*, áusweiden *vt* (*дичь*); áusschlachten *vt*

потруди́||ться **1.** éine Wéile árbeiten; **2.** (*счесть нужным*) sich bemühen, sich (*D*) Mühe néhmen*; сто́ит ~ться es verlóhnt der Mühe, es lohnt die Mühe; ~(те)сь (*что-л. сделать*) bítte hábe(n Sie) die Güte (zu + *inf*); ~тесь уйти́ bemühen Sie sich bítte zur Tür hináus; он да́же не ~лся (*сказать, напомнить и т. п.*) er hat sich (*D*) nicht éinmal die Mühe genómmen (zu + *inf*)

потряса́ть **1.** erschüttern *vt*; ~ кулака́ми mit den Fäusten dróhen [fúchteln]; ~ ору́жием mit den Wáffen klírren; mit dem Säbel rásseln; **2.** *см.* потрясти́ 2

потряса́ющий erschütternd; ergréifend (*волнующий*); ganz toll (*сногсшибательный*)

потрясе́ние *с* **1.** (*волнение*) Erschütterung *f* (10); не́рвное ~ séelische Erschütterung, psýchisches Tráuma; Nérvenzusammenbruch *m* (1*); **2.** (*коренное изменение*) soziále Erschütterung, Katastróphe *f* (11)

потряс||ти́ **1.** schütteln *vt*; **2.** (*поразить, взволновать*) erschüttern *vt*; ergréifen*; э́то меня́ ~ло́ das hat mich erschüttert; das hat mich im Ínnersten ergríffen; ~ти́ до основа́ния bis in den Grúndfesten [in séinen Grúndlagen] erschüttern

потря́хивать (ab und zu) schütteln *vt*, leicht schütteln

поту́ги *мн.* **1.** Ánstrengungen *pl*; **2.:** родовы́е ~ Gebúrtswehen *pl*, Préßwehen *pl*

потужи́ть *разг.* éine Zéitlang betrübt sein (о чём-л. um *A*); sich éine Zéitlang grämen

поту́пить níederschlagen* *vt* (*взор*); sénken *vt* (*голову*); **~ся** die Áugen níederschlagen*, den Blick sénken; поту́пившись mit níedergeschlagenen Áugen, mit gesénktem Blick

потупля́ть(ся) *см.* поту́пить(ся)

потуск||не́лый trübe, matt; blind gewórden (*о зеркале*); **~не́ть** trübe [matt] wérden, den Glanz verlíeren*

потусторо́нний jénseitig; überirdisch (*неземной*); ~ мир Jénseits *n* =

потуха́ние *с* Erlöschen *n* -s

потуха́ть, поту́хнуть erlöschen* *vi* (s)

поту́хш||ий erlóschen; ~ий вулка́н erlóschener Vulkán [vul-]; ~ий взор erlóschener Blick; ~ая тру́бка erkáltete Pféife

потуши́ть *см.* туши́ть I, II

по́тчевать *разг.* bewírten *vt*, traktíeren *vt*

потяга́ться *разг.* sich méssen* (с кем-л. mit *D*)

потя́гивать *разг.* **1.** (*пить*) trínken* *vt*; schlürfen *vt*; **2.** (*курить*) ráuchen *vt*; ~ из тру́бки ab und zu éinen Zug an der Pféife tun*; páffen *vi*

потя́гиваться sich strécken, sich récken; sich récken und déhnen

потяну́||ть **1.** zíehen* *vt*, *vi* (за что-л. an *D*); **2.** *разг.* (*позвать за собой*) mítschleppen *vt*; **3.** *безл.* (*повлечь*) zíehen* *vt*; hínziehen* *vt*; меня́ ~ло домо́й es zog mich nach Háuse; **~ться** **1.** *см.* потя́гиваться; **2.** (*за чем-л.*) die Hand nach etw. (*D*) áusstrecken; **3.** (*об обозе и т. п.*) zíehen* *vi* (s); **4.** (*о времени*) vergéhen* *vi* (s), sich hínziehen*; ~лись дни и неде́ли Táge und Wóchen zógen sich hin

поу́жинать zu Ábend éssen*

поумне́ть klüger wérden, an Verstánd zúnehmen*

поутру́ *нареч.* mórgens, am Mórgen

поуча́ть *разг.* (*кого-л.*) beléhren *vt*, unterwéisen *vt*; *неодобр.* schulméistern *неотд.* *vt*

поуче́ние *с* Beléhrung *f* (10)

поучи́тельный **1.** léhrreich, beléhrend; áufschlußreich; erbáulich; wíssenswert; **2.** (*наставительный*) léhrhaft, schúlmeisterhaft

поха́бность *ж разг.* Únanständigkeit *f*, Schámlosigkeit *f*

поха́б||ный *разг.* zótig, únflätig; **~щина** *разг.* Zóte *f* (11)

поха́живать **1.** lángsam hin und her géhen*, auf und ab spazíeren; **2.** (*заходить*) ab und zu kómmen*, besúchen *vt*, vorbéikommen* *vi* (s) (bei *D*)

похвал||á *ж* Lob *n* -(e)s; Belóbigung *f* (10); отзывáться с ~ой о ком-л. j-n lóbend erwähnen, sich lóbend über j-n áussprechen*; рассыпáться в ~áх sich in Lóbpreisungen ergéhen*; расточáть комý-л. ~ы́ j-n lóbpreisen*, j-n mit Lóbpreisungen überhäufen, höchstes Lob spénden; вы́ше вся́ких похвáл über álles Lob erhában; скупóй на ~ý spársam mit Lob

похвáливать, похвали́ть lóben *vt*

похвали́ться (*чем-л.*) práhlen *vi* (mit *D*); sich rühmen (*G*); sich brüsten; (sich) díck(e)¦tun* (*разг.*); не могý ~ хорóшим здорóвьем ich kann mich nicht éiner gúten Gesúndheit rühmen

похвальбá *ж разг.* Prahleréi *f* (10)

похвáльн||ый 1. (*достойный похвалы*) lóbenswert; löblich, rühmenswert, rühmlich; **2.** (*хвалебный*) Lob-; lóbend; ~ое слóво Lóbrede *f* (11); ~ый лист, ~ая грáмота Belóbigungsurkunde *f* (11), Belóbigungsschreiben *n* (7)

похваля́ться *см.* похвали́ться

похвáрывать *разг.* von Zeit zu Zeit kränkeln

похвáстать(ся) práhlen *vi* (чем-л. mit *D*); sich rühmen (*G*)

похéрить *разг.* vernichten *vt*; aus der Welt schäffen

похити́тель *м* **1.** (*чего-л.*) Räuber *m* (6), Dieb *m* (1); **2.** (*кого-л.*) Entführer *m* (6), Kídnapper [-nɛpər] *m* (6)

похи́тить, похищáть 1. (*что-л.*) wégnehmen* *vt*, stéhlen* *vt*, ráuben *vt*, entwénden *vt* (у когó-л. *D*); **2.** (*когó-л.*) entführen *vt*, ráuben *vt*

похищéние *с* **1.** (*чего-л.*) Wégnahme *f*, Díebstahl *m* (1*), Entwéndung *f* (10), Raub *m* -(e)s; **2.** (*кого-л.*) Entführung *f* (10), Raub *m* -(e)s; ~ ребёнка Kíndesraub *m*, Kíndesentführung *f*; ~ человéка Verschléppung *f*, Ménschenraub *m*

похлебáть *разг.* (ein wénig) löffeln *vt*, schlürfen *vt*

похлёбка *ж* Súppe *f* (11), Brühe *f* (11)

похлóпать klópfen *vt*, *vi*; ~ когó-л. по плечý j-n [j-m] auf die Schúlter klópfen

похлопотáть 1. (éine Zéitlang geschäftig) wírtschaften *vi*; **2.** *см.* хлопотáть 2, 3

похлóпывать klópfen *vt*, *vi*

похмéл||ье *с* Kátzenjammer *m* -s, Káter *m* -s; с ~ья verkátert; ◇ в чужóм пирý ~ье der bíttere Rest vom frémden Fest; für frémde Féhler büßen müssen

похóд I *м* **1.** (*экскурсия*) Wánderung *f* (10); Áusflug *m* (1*); Besúch *m* (1) (*в театр, музей и т. п.*); **2.** *воен.* Féldzug *m* (1*), Kríegszug *m*; Marsch *m* (1*); Héerfahrt *f* (10) (*уст.*); ~ князя Игоря die Héerfahrt des Fürsten Ígor; боевóй ~ *мор.* Féindfahrt *f*; вы́ступить в ~ ins Feld rücken [zíehen*]; zu Félde zíehen*; ~ за мир Fríedensmarsch *m*; крестóвый ~ *ист.* Kréuzzug *m* (1*)

похóд II *м разг.* (*при взвешивании*) Übergewicht *n* (2); вéшать с ~ом ein gútes Gewícht gében*; с ~ом réichlich gewógen

походáтайствовать *см.* ходáтайствовать

походи́ть I (*быть похожим*) ähnlich sein, ähneln *vi*, gléichen* *vi* (на когó-л. *D*); он на себя́ не похóдит er ist gar nicht wíederzuerkennen

походи́ть II (éine Zéitlang) géhen* *vi* (s); (éine Zéitlang) auf den Béinen sein; пойдём похóдим по сáду komm, laß uns ein wénig im Gárten umhérgehen; он походи́л по кóмнате er ging im Zímmer auf und ab

похóдка *ж* Gang *m* -(e)s, Gángart *f* (10)

похóдн||ый *воен.* Feld-, Marsch-; féldmäßig, márschmäßig; ~ая колóнна Márschkolonne *f* (11); ~ый поря́док Márschordnung *f*; ~ое охранéние Márschsicherung *f* (10); ~ое снаряжéние Márschausrüstung *f*, Márschgepäck *n* -(e)s, Féldausrüstung *f*; ~ая кýхня Féldküche *f* (11); Gúlaschkanone *f* (11) (*разг.*); ~ая кровáть Féldbett *n* (13), Kláppbett *n*; ~ый гóспиталь Féldlazarett *n* (2)

пóходя *нареч. разг.* **1.** (*на ходу*) im Géhen; **2.** (*мимоходом*) nebenbéi, únter ánderem

похождéн||ие *с* Ábenteuer *n* (6); любóвные ~ия Líebesabenteuer *pl*

похóж||ий ähnlich; быть ~им на... ähnlich sein, ähneln *vi*, gléichen* *vi* (*D*); э́то ~е на негó das sieht ihm gleich [ähnlich]; э́то на негó не ~е das sieht ihm nicht ähnlich, das dürfte man ihm nicht zúmuten; ◇ ~е на то, что... es sieht danách aus, daß...; ~е на то, что бýдет дождь es sieht nach Régen aus; э́то ни на что не ~е! das ist doch kéine Art!, das ist únerhört!, da hört doch álles auf!; на когó ты похóж? wie siehst du aus?, du siehst ja schön aus!

по-хозя́йски *нареч.* wírtschaftlich, vom wírtschaftlichen Stándpunkt aus, únter dem Gesíchtspunkt der Wírtschaftlichkeit; не ~ únwirtschaftlich

похолод||áние *с* Temperatúrrückgang *m* (1*); Ábkühlung *f* (10), Éintritt *m* kühler Wítterung; рéзкое ~áние plötzlicher Temperatúrrückgang; **~áть** *безл.*: ~áло es wúrde kälter

похолодéть *см.* холодéть

похорони́ть 1. begráben* *vt*, beérdigen *vt*, bestátten *vt*, béisetzen *vt*; **2.** *перен.* vergéssen* *vt*, éinsargen *vt*; ~ свои́ мечты́ séine Träume áufgeben*

похорóнная *сущ. ж* Gefállenenmeldung *f* (10), Tódesnachricht *f* (10)

похорóнн||ый 1. Beérdigungs-, Bestáttungs-, Begräbnis-; ~ое бюрó Bestáttungsbüro *n* -s, -s; ~ый марш Tráuermarsch *m* (1*); ~ая процéссия Tráuergeleit *n* -(e)s; ~ая комáнда *воен.* Léichenbergungskommando *n* -s, -s; ~ый звон Stérbegeläute *n* -s (по комý-л. für *A*); **2.** (*печальный*) tráurig; ~ое выражéние лицá Léichenbittermiene *f* (11)

пóхорон||ы *мн.* Beérdigung *f* (10), Begräbnis *n* (3*), Bestáttung *f* (10), Béisetzung *f* (10); Léichenzug *m* (1*) (*процессия*); коми́ссия по ~ам Kommissión für die Béisetzungsfeierlichkeiten; Béisetzungskommission *f* (10); ~ы на госудáрственный счёт Stáatsbegräbnis *n*

по-хорóшему *нареч.* im gúten; разойти́сь ~ im gúten auseinándergehen*

похорошéть hübsch wérden

похотли́в||ость *ж* Lüsternheit *f*, Sínnlichkeit *f*, Wóllüstigkeit *f*; **~ый** lüstern, geil, wóllüstig

пóхоть *ж* Lüsternheit *f*, Wóllust *f*, sínnliche Begíerde, Gier *f*

похохотáть (éine Zéitlang, ein wénig) láchen *vi*, kíchern *vi*

похрáпывать *разг.* léise schnárchen

похудáн||ие *с* Ábmagerung *f*; курс ~ия *мед.* Ábmagerungskur *f*, Schlánkheitskur *f*

похудéть máger wérden, ábmagern *vi* (s)

поцарáпать(ся) *см.* царáпать(ся)

поцеловáть(ся) *см.* целовáть(ся)

поцелýй *м* Kuß *m* -sses, *pl* Küsse; воздýшный ~ Kúßhand *f* (3); ~ руки́ Hándkuß *m*; ◇ поцелýй Иýды, иýдин поцелýй Júdaskuß *m* -sses

почасови́к *м разг.* éiner, der Stúndenlohn bekómmt; Árbeiter, der im Stúndenlohn steht

почасов||óй: ~áя оплáта Stúndenlohn *m* -(e)s; он рабóтает на ~óй рабóте er árbeitet im Zéitlohn [Stúndenlohn]

почáток *м* **1.** *бот.* Kólben *m* (7); ~ кукурýзы Maískolben *m*; срéзать почáтки die Kólben érnten [ábschneiden*]; **2.** *текст.* Kops *m* (1)

пóчв||а *ж* **1.** Bóden *m* (7*), Grund *m* -(e)s, Land *n* -(e)s; *геол.* Sóhle *f* (11); чернозёмная ~а Schwárzerde *f*; гли́нистая ~а Léhmboden *m*; болóтистая ~а Súmpfboden *m*; мёрзлая ~а Fróstboden *m*, gefrórener Bóden; **2.** (*основа, основание*) Grund *m* (1*), Grúndlage *f* (11); на э́той ~е auf díeser Grúndlage; на ли́чной ~е aus persönlichen Gründen; ◇ нащýпывать ~у das Terrain [-ˈrɛ̃] sondíeren; auf den Busch klópfen (*разг.*); не терять ~ы под ногáми den Bóden únter den Füßen nicht verlíeren*; вы́бить у когó-л. ~у из-под ног j-m den Bóden entzíehen*; подготóвить ~у den Bóden vórbereiten; den Nährboden schäffen*; найти́ благоприя́тную ~у auf günstigen Bóden fállen*; у негó ~а гори́т под ногáми der Bóden wird ihm heiß únter den Füßen; на ~е чегó-л. infólge (*G*, von *D*); стоя́ть на ~е чегó-л. von éiner bestímmten Positión áusgehen*

пóчвенн||ый Bóden-; Grund-; ~ый слой Bódenschicht *f* (10), Áckerkrume *f*; ~ые вóды Grúndwasser *n* -s

почвовéд *м* Bódenkundler *m* (6)

почвовéдение *с* Bódenkunde *f*

почвозащи́тный *с.-х.* bódenschonend, Bódenschutz-

почвообрабáтывающий bódenbearbeitend, Bódenbearbeitungs-

почвоуглуби́тель *м* Úntergrubber *m* (6), Kultivator [-ˈva-] *m* -s, -tóren

почвоутомлéние *с с.-х.* Bódenmüdigkeit *f*

почём *нареч. разг.* (*по какой цене*) 1) *вопр.* wie téuer ist das?, was kóstet das?; 2) *относ.* zu wélchem Preis; ◇ ~ я знáю? wie [wohér] kann ich das wíssen?

почемý *нареч.* warúm, weshálb

почемý-либо *нареч.* aus írgendeinem Grúnd(e)

почемý-то *нареч.* aus írgendeinem [éinem bestímmten] Grúnde

пóчерк *м* **1.** Hándschrift *f* (10); Schríftzug *m* (1*); краси́вый ~ éine sáubere Hándschrift; установи́вшийся ~ éine áusgeschriebene Hándschrift; неразбóрчивый ~ únleserliche Schrift; имéть плохóй ~ éine schléchte Kláue háben (*разг.*); **2.** (*индивидуальная манера*) Maníer *f*, Éigenart *f*

почернéть schwarz wérden

почерни́ть schwärzen *vt*

почерпнýть *см.* чéрпать

почерствéть *см.* черствéть

почесáть krátzen *vt*; kráulen *vt*, kráuen *vt* (*почёсывать*); **~ся** sich krátzen

пóчест||ь Éhrenbezeigung *f* (10), Éhrenerweisung *f* (10), Éhrung *f* (10); воздавáть [окáзывать] комý-л. ~и j-m Éhre bezéigen [erwéisen*, zóllen]; j-n féiern; оказáть вóинские ~и militärische Éhren erwéisen*; с больши́ми ~ями mit größen Éhren

почéсть *уст.* (*считать*) eráchten *vt*, hálten* *vt* (за что-л. für *A*); я почту́ за честь es wird mir éine Éhre sein (zu + *inf*); ich réchne es mir zur Éhre an (zu + *inf*); ~ за бла́го für gut eráchten

почесу́ха *ж мед.* Háutschabe *f* (11), Júckblattern *pl*, Júckflechte *f* (11), Krätze *f*

почёсывать(ся) *см.* почеса́ть(ся)

почёт *м* **1.** (*уважение*) Éhre *f*, Áchtung *f*, Hóchachtung *f*; быть в ~е, по́льзоваться ~ом hóchgeschätzt [ángesehen] sein; in hóhem Ánsehen stéhen*; **2.** (*почести*) Éhrenbezeigung *f* (10), Éhrenerweisung *f* (10), Éhrung *f* (10); ока́зывать ~ кому́-л. j-m Éhre bezéigen [erwéisen*, zóllen]; j-n féiern; доска́ ~а Éhrentafel *f* (11); кни́га ~а Éhrenbuch *n* (5); о́рден «Знак Почёта» «Éhrenzeichen» *n* (7); круг ~а *спорт.* Éhrenrunde *f* (11); **~ный** éhrenvoll; Éhren-; éhrenamtlich; ~ное сотру́дничество éhrenamtliche Mítarbeit; ~ный карау́л Éhrenwache *f* (11); ~ный прези́диум Éhrenpräsidium *n* -s, -di¦en; ~ное зва́ние Éhrentitel *m* (6); ~ный член Éhrenmitglied *n* (5), Mítglied honóris cáusa; ~ное зна́мя Éhrenbanner *n* (6); завоева́ть ~ное пра́во das Éhrenrecht erríngen*; завоева́ть себе́ ~ное ме́сто sich éinen Éhrenplatz eróbern; ~ный биле́т Éhrenkarte *f* (11); ~ная гра́мота Éhrenurkunde *f* (11)

по́чечн||ый I *бот.* Knóspen-; ~ая чешуя́ Knóspenhülle *f* (11)

по́чечн||ый II *анат.* Níeren-; ~ые лоха́нки Níerenbecken *pl*; ~ые ка́мни Níerensteine *pl*; ~ое заболева́ние Níerenerkrankung *f*, Níerenleiden *n* -s

почива́ть *уст.* **1.** schláfen* *vi*, rúhen *vi*; **2.** (*о мёртвых*) den éwigen Schlaf schláfen*

почи́вший *прич.* **1.** *см.* почи́ть; **2.** *в знач. сущ. м* Entschláfene *m* (14), Verstórbene *m* (14), Verschíedene *m* (14)

почи́н *м* **1.** (*инициатива*) Ánregung *f*, Veránlassung *f*, Initiatíve [-və] *f*; произво́дственный ~ Produktiónsaufgebot *n* (2); по со́бственному ~у aus éigenem Ántrieb; aus éigenen Stücken (*разг.*); взять на себя́ ~ die Initiatíve ergréifen*; etw. zuérst ánregen; **2.** *разг.* (*начало*) Ánfang *m* (1*); Begínnen *n* -s; для ~а um éinen Ánfang zu máchen; ~ сде́лан der Ánfang ist gemácht

почини́ть áusbessern *vt*, reparíeren *vt*; ~ бельё die Wäsche áusbessern; ~ часы́ die Uhr reparíeren; ~ чулки́ [носки́] Strümpfe [Sócken] stópfen

почи́н||ка *ж* Áusbesserung *f*, Reparatúr *f*; Áusbessern *n* -s (*белья*); отдава́ть в ~ку áusbessern lássen*; in Reparatúr góben*; приём в ~ку Reparatúrannahme *f*; вы́дача из ~ки Reparatúrausgabe *f*; тре́бующий ~ки reparatúrbedürftig; **~очный** Reparatúr-; ~очная мастерска́я Reparatúrwerkstatt *f*, *pl* -stätten; **~я́ть** *разг. см.* почини́ть

почи́стить pútzen *vt*, réinigen *vt*, säubern *vt*; áusbürsten *vt* (*щёткой*); **~ся** sich säubern, sich rein máchen; sich in Órdnung bríngen*

почита́й *нареч. разг.* fast, beináhe; ~ це́лый день fast den gánzen Tag

почита́ние *с* **1.** (*уважение*) Áchtung *f*, Éhrerbietung *f*; **2.** (*культ*) Veréhrung *f*, Ánbetung *f*

почита́тель *м* Veréhrer *m* (6), Bewúnd(e)rer *m* (6); **~ница** *ж* Veréhrerin *f* (12)

почита́ть I (*уважать*) áchten *vt*, éhren *vt*, j-m Éhre zóllen, j-n in Éhren hálten*; hóchschätzen *vt* (*высоко ценить*); veréhren *vt*, ánbeten *vt* (*как святыню*)

почита́ть II *см.* почéсть

почита́ть III (*читать*) (éine kúrze Zeit, ein Wéilchen) lésen* *vt*; ~ пе́ред сном vor dem Éinschlafen ein wénig lésen*

почи́ть *уст.* (*умереть*) stérben* *vi* (s), entschláfen* *vi* (s); ◇ ~ на ла́врах auf séinen Lórbeeren áusruhen

по́чка I *ж бот.* Knóspe *f* (11); Áuge *n* (13); плодонося́щая ~ Frúchtknospe *f*, Trágknospe *f*; листова́я ~ Tríebknospe *f*, Blättknospe *f*; цвето́чная ~ Blütenknospe *f*

по́ч||ка II *ж анат.* Níere *f* (11); блужда́ющая ~ка Wánderniere *f*; воспале́ние ~ек *мед.* Níerenentzündung *f* (10), Nephrítis *f*

почкова́||ние *с биол.* Knóspenbildung *f*; **~ться** Knóspen tréiben*, knóspen *vi*

почкови́дный knóspenähnlich, knóspenartig, knóspenförmig

по́чт||а *ж* **1.** Post *f*; возду́шная ~а Lúftpost *f*; спе́шная ~а Éilpost *f*; Schnéllpost *f*; Éxtrapost *f*; полева́я ~а Féldpost *f*; входя́щая ~а ánkommende [éingehende] Post, Éingangspost *f*; исходя́щая ~а ábgehende Post, Áusgangspost *f*; пневмати́ческая ~а Róhrpost *f*; служе́бная ~а Geschäftspost *f*; ~а, сбра́сываемая с самолёта Ábwurfsendung *f* (10); буты́лочная ~а *мор.* Fláschenpost *f*; прибега́ть к услу́гам ~ы den Póstweg benútzen; отпра́вить ~ой zur Post gében*, der Post übergében*; по ~е, ~ой mit der Post, per Post; postálisch, auf dem Póstweg; доставля́ть по ~е postálisch [per Post, auf dem Póstwege] zústellen; с обра́тной ~ой póstwendend; с ближа́йшей ~ой mit der érsten [nächsten] Post; «кни́га ~ой» Búchversand *m* -(e)s; **2.** (*корреспонденция*) Post *f*; разноси́ть ~у die Post áustragen*; доставля́ть ~у die Post zústellen; **3.** (*помещение*) Post *f* (10), Póstamt *n* (5); на ~е auf [in] der Post; идти́ на ~у zur Post [auf die Post] géhen*

почтальо́н *м* Bríefträger *m* (6), Póstbote *m* (9); Zéitungszusteller *m* (6)

почта́мт *м* центра́льный ~ Háuptpostamt *n*

почте́н||ие *с* Áchtung *f*, Éhrerbietung *f*, Éhrfurcht *f*, Respékt *m* (-e)s; относи́ться к кому́-л. с ~ием j-m Áchtung erwéisen*, j-n mit Áchtung behándeln; vor j-m Áchtung háben, für j-n Áchtung hégen, j-n áchten; относи́ться без вся́кого ~ия j-n wégwerfend behándeln; внуша́ющий ~ие respéktgebietend; ◇ с соверше́нным ~ием hóchachtungsvoll; mit vorzüglicher Hóchachtung; моё ~ие! (*приветствие*) (ich) háb(e) die Éhre!; моё ~ие! (*возглас удивления*) álle Áchtung!; засвиде́тельствовать кому́-л. своё ~ие *уст.* j-m tíefe Éhrerbietung bezéugen

почте́нный **1.** éhrbar, ángesehen, éhrenhaft, éhrenwert, éhrwürdig; ~ во́зраст éhrwürdiges Álter; **2.** *разг.* (*значительный*) beträchtlich

почти́ *нареч.* fast, náhezu, beináhe; ~ что so gut wie, fast; ~ ничего́ fast nichts

почти́тельн||ость *ж* Éhrerbietigkeit *f*, Éhrerbietung *f*, Éhrfurcht *f*; **~ый** éhrerbietig, éhrfurchtsvoll, áchtungsvoll; ◇ на ~ом расстоя́нии in respéktvollem Ábstand

почти́ть éhren *vt*; Éhre zóllen [erwéisen*] (кого-л. *D*); ~ чью-л. па́мять встава́нием j-s Ándenken durch Erhében von den Plätzen [durch Áufstehen] éhren

почтме́йстер *м уст.* Póstmeister *m* (6)

почто́во-телегра́фный Póst- und Telegráfen-

почто́в||ый *прил.* **1.** postálisch, Post-; ~ое отделе́ние Póststelle *f* (11); ~ый я́щик Bríefkasten *m* (7, 7*); Schlíeßfach *n* (5) (*учреждения*); ~ая бума́га Bríefpapier *n* -(e)s; ~ый сбор Póstgebühr *f* (10); ~ые зна́ки Póstwertzeichen *pl*; ~ая авиали́ния Lúftpostlini¦e *f* (11); ~ый по́езд Póstzug *m* (1*); ~ый и́ндекс Póstleitzahl *f* (10); ~ый набо́р (*бумаги и конвертов*) Bríefmappe *f* (11); ~ый автомоби́ль Póstauto *n* -s, -s; ~ый обме́н Póstverkehr *m* -s; ~ый слу́жащий Póstangehörige *m* (14), Póstangestellte *m* (14); Póstler *m* (6) (*разг.*); ~ое отправле́ние Póstsendung *f* (10); ~ый го́лубь Bríeftaube *f* (11); ~ая каре́та *уст.* Póstkutsche *f* (11); **2.** *в знач. сущ.* ~ые *мн. уст.* Póstpferde *pl*; е́хать на ~ых mit der Post réisen [fáhren*]; (как) на ~ых éilends, mit Wíndeseile

почу́вствовать *см.* чу́вствовать; дать ~ j-n fühlen lássen*; j-m zu fühlen [zu verstéhen] gében*

почу́ди||ться schéinen* *vi*, dünken(*) *vi* (*безл. оборот с conj. или с* als, als ob, als wenn + *conj.*); мне ~лся его́ го́лос es schien mir, als hörte ich séine Stímme; mir [mich] dünkte, als ob ich séine Stímme gehört hätte [als hätte ich séine Stímme gehört]; мне ~лось, что кто́-то вошёл mir schien, es wäre jémand éingetreten [heréingekommen]; mir schien, als wäre jémand éingetreten; mir schien, als ob [als wenn] jémand éingetreten wäre

почу́ять *см.* чу́ять

пошаба́шить *разг.* Féierabend máchen

поша́лива||ть *разг.* **1.** (hin und wíeder) áusgelassen sein [únartig sein, Mútwillen tréiben*]; **2.**: се́рдце у него́ ~ет das Herz macht ihm zu scháffen; **3.**: здесь ~ют (*иногда грабят*) hier ist es nicht ganz gehéuer [úngefährlich]

пошали́ть (ein wénig) áusgelassen sein [únartig sein, Mútwillen tréiben*]

поша́рить *разг.* (mit den Händen) súchen *vi*, tásten *vi*; umhérstöbern *vi*

пошатну́ть wánkend [schwánkend] máchen; ins Wánken bríngen*; ~ чьё-л. положе́ние j-s Stéllung untergráben*; **~ся** wánken *vi*, schwánken *vi*; untergráben [zerrüttet] sein, ins Wánken [Schwánken] gerāten* (*тж. перен.*); báufällig wérden, sich zur Séite néigen (*о строениях и т. п.*); его́ здоро́вье пошатну́лось séine Gesúndheit ist untergráben; séine Gesúndheit hat éinen Knacks (wég)bekómmen (*разг.*)

поша́тывать schütteln *vt*, rütteln *vt*; **~ся** wánken *vi*, schwánken *vi*; tórkeln *vi* (*о пьяном*); нача́ть ~ся ins Schwánken kómmen*

пошеве́ливать (lässig, lángsam) bewégen *vt*; rühren *vt*; **~ся** *разг.* sich (lässig) bewégen, sich (kaum) rühren; ◇ пошеве́ливайся! rühr dich!; nun áber mal fix!, nun áber mal dálli! (*разг.*)

пошевели́ть bewégen *vt*; rühren *vt*; ~ губáми die Líppen bewégen; ~ ýгли в пéчке die Kóhlen schüren; ◇ пáльцем не ~ kéinen Fínger (dabéi, dafür) rühren; **~ся** sich bewégen, sich rühren

пошевельну́ть(ся) *см.* пошевели́ть (-ся)

пошёл *прош. ед. см.* пойти́

пошептáть ein wénig flüstern [túscheln]; **~ся** sich éine Wéile [kurz] im Flüsterton unterhálten*, miteinánder étwas flüstern [túscheln]; einánder etw. zúflüstern [zúraunen]

пошехóн||ец *м презр.* Provinzler [-'vints-] *m* (6); Schíldbürger *m* (6); Hínterwäldler *m* (6); **~ский** *презр.* hínterwäldlerisch (*nach dem Werk von Saltykow-Stschedrin*)

поши́б *м разг.* Art *f* (10), Schlag *m* (1*); такóго ~а von díesem Schlag; человéк егó ~а ein Mensch séines Schlags [séiner Art]; сáмого ни́зкого ~а der mínderwertigsten Sórte

поши́в *м* Nähen *n* -s; мастерскáя индивидуáльного ~а Máßschneiderei *f* (10)

поши́в||ка *ж* Nähen *n* -s; Ánfertigung *f*; **~очный** Näh-, Schnéider-; ~очная мастерскáя Schnéiderwerkstatt *f*, *pl* -stätten, Nähstube *f* (11)

пóшлин||а *ж* Zoll *m* (1*); Ábgabe *f* (11), Gebühr *f* (10); Zóllgebühren *pl*; покрови́тельственная ~а Schútzzoll *m*; запрети́тельная ~а, огради́тельная **~а** Spérrzoll *m*; Prohibitívzoll *m*; госудáрственная ~а stáatliche Verwáltungsgebühr; судéбная ~а Geríchtsgebühr *f*; ввóзная ~а Éinfuhrzoll *m*; вывознáя ~а Áusfuhrzoll *m*; транзи́тная ~а Dúrchfuhrzoll *m*; Transítgebühren *pl*; гéрбовая ~а Verwáltungsgebühr *f*; тамóженная ~а Zoll *m*, Zóllegebühr *f*, Zóllabgabe *f*; обложи́ть ~ой verzóllen *vt*, mit Zoll belégen, Zoll auf etw. (*A*) erhében*; плати́ть ~у Zoll entríchten [záhlen]; уплáта ~ы Entríchtung der Zóllgebühren; отмéна ~ы Áufhebung des Zolls; подлежáщий обложéнию ~ой verzóllbar, zóllpflichtig

пóшл||ость *ж* **1.** (*зауря́дность*) Geméinheit *f*, Níedrigkeit *f*, Ábgeschmacktheit *f* (10), Banalität *f* (10); Pláttheit *f* (10) (*банáльность*); **2.** (*непристóйность*) geméiner Áusdruck; Zóte *f* (11); níederträchtige Hándlung; говори́ть ~ости ábgeschmacktes [únflätiges] Zeug réden; **~ый 1.** (*зауря́дный*) flach, fáde, banál, platt, ábgedroschen, ábgeschmackt; **2.** (*непристóйный*) geméin, vulgär [vʊl-], zúchtlos; **~я́к** *м разг.* geméiner Kerl; éiner, der zótige Réden führt; **~я́тина** *ж разг. см.* пóшлость 2

поштýчн||ый stückweise (ángefertigt); Akkórd-; ~ая оплáта Stücklohn *m* (1*); рабóтать ~о auf Akkórd [nach Stück] árbeiten; плати́ть ~о per Stück bezáhlen

пошумéть (éine Wéile) Lärm máchen; Skandál [Krach, Radáu] máchen (*поскандáлить*)

пошути́ть (étwas) schérzen *vi*, spáßen *vi*, Spaß máchen; Ulk tréiben* (*разг.*)

пощáд||а *ж* Gnáde *f*, Schónung *f*; без ~ы schónungslos, óhne Gnáde; не давáть никомý ~ы níemand(en) schónen, kéine Schónung üben; óhne Schónung vórgehen*; schónungslos [erbármungslos] vórgehen* [verfáhren*]; проси́ть ~ы у когó-л. j-n um Gnáde bítten* [ánflehen]; **~и́ть** (ver-) schónen *vt*, Schónung üben

пощёчин||а *ж* **1.** Óhrfeige *f* (11), Bákkenstreich *m* (1); Báckpfeife *f* (11), Schélle *f* (11), Máulschelle *f* (*разг*); дать ~у óhrfeigen *vt*, éine Óhrfeige gében* [versétzen]; éine Máulschelle gében*; j-m eine verábreichen (*разг.*); **2.** (*оскорблéние*) Beléidigung *f* (10); Schlag *m* ins Gesícht

пощипáть rúpfen *vt*; *перен.* schröpfen *vt*, áusplündern *vt*

пощи́пывать (*о морóзе*) knéifen* *vt* zwícken *vt*

пощýпать befühlen *vt*, betásten *vt*,

поэ́зия *ж* Poesíe *f*; Díchtung *f*; Díchtkunst *f*

поэ́ма *ж* Poém *n* (2), Gedícht *n* (2), Vérs¦erzählung *f* (10); симфони́ческая ~ sinfónische Díchtung *f* (10)

поэ́т *м* Díchter *m* (6), Poét *m* (8) (*уст.*); ~-импровизáтор Stégreifdichter *m*; ~-декадéнт dekadénter Díchter; ~-компози́тор Díchter und Komponíst; ~-перевóдчик Náchdichter *m*

поэтáпный etáppenweise

поэтéсса *ж* Díchterin *f* (12)

поэтизи́ровать poetisíeren *vt*, díchterisch verschönern [áusschmücken]

поэ́тика *ж* Poétik *f*

поэти́ческ||ий poétisch, díchterisch; ~ая вóльность poétische [díchterische] Fréiheit

поэти́чность *ж* das Poétische (*sub*), die poétische Art

поэти́чный poétisch; voll Poesíe, poesíevoll; bezáubernd schön

поэ́тому *нарéч.* darúm, déshalb, déswégen; как раз ~ében [geráde] darúm

поэшелóнно *нарéч. воен.* stáffelweise, Stáffel-

появ||и́ться **1.** (*показáться*) erschéinen* *vi* (s), sich zéigen, zum Vórschein kómmen*; sich éinstellen; **~и́лась** сыпь (*у больнóго*) der Áusschlag kam zum Vórschein; ~и́лась возмóжность die Möglichkeit báhnte sich an; **2.** (*возни́кнуть*) áuftreten* *vi* (s), entstéhen* *vi* (s), áufkommen* *vi* (s); **~лéние** *с* **1.** Erschéinen *n* -s; ~лéние в пóле зрéния Síchtbarwerden *n* -s; **2.** (*возникновéние*) Entstéhen *n* -s; Áuftreten *n* -s; Áufkommen *n* -s; **~ля́ться** *см.* появи́ться

поя́рков||ый aus Lámmwolle, Filz-; ~ая шля́па Fílzhut *m* (1*),

поя́рок *м* Lámmwolle *f*

пóяс *м* **1.** Gürtel *m* (6); Gurt *m* (1); Léibriemen *m* (7); ~ для чулóк Strümpfhaltergürtel *m*, Dámengürtel *m*; ~ юбки Róckbund *m* (1*); **привязнóй** предохрани́тельный ~ *ав.* Háltegurt *m*, Ánschnallgurt *m*; спасáтельный ~ *мор.* Réttungsgürtel *m*; предохрани́тельный [страхóвочный] ~ (*верхолáзов*) Sícherheitsgurt *m*; «~ безопáсности» *авто* Sícherheitsgurt *m*; **2.** (*тáлия*) Gürtellini¦e *f* (11), Taille ['taljə] *f* (11); по ~ bis an den Gürtel; за ~ом hínter dem Gürtel; im Gürtel; по ~ гóлый mit nácktem Óberkörper; затянýть ~ den Gürtel zúschnallen [féstziehen*]; отпусти́ть ~ den Gürtel wéiter [lóser] máchen, den Gürtel lóckern; **3.** (*зóна*) Zóne *f* (11); жáркий ~ héiße Zóne; климати́ческий ~ Klímazone *f*; ~ озеленéния Grüngürtel *m*; ◇ заткнýть когó-л. зá ~ j-n in die Tásche stécken; клáняться в ~ tíefe Bücklinge [Verbéugungen] máchen; *перен.* démütig bítten*

поясн||éние *с* **1.** (*дéйствие*) Erklärung *f* (10), Erläuterung *f* (10); **2.** (*замечáние*) Erklärung *f* (10), Erläuterung *f* (10), erklärende Bemérkung; **~и́тельный** erklärend, erläuternd, kommentíerend, Erläuterungs-; **~и́ть** erklären *vt*, erläutern *vt*; klárstellen *отд. vt*; ~ить примéром durch ein Béispiel erklären, an éinem Béispiel erläutern

поясни́ц||а *ж* Kreuz *n* (2); Lénde *f* (11); боль в ~е Kréuzschmerzen *pl*

поясни́чн||ый Lénden-, lumbál; ~ая óбласть Léndengegend *f* (10)

поясн||óй **1.** Gürtel-, Gurt-; **2.** (*по пóяс*): ~óй портрéт Brústbild *n* (5); ~áя вáнна Sítzbad *n* (5); ~óй поклóн tíefe Vernéigung [Verbéugung], Bückling *m* (1); **3.** (*зонáльный*) zonál, Gürtel-, Zónen-; ~áя системá оплáты, ~óй тари́ф Zónentarif *m* (1); ~óе врéмя Zónenzeit *f*

пояснять *см.* поясни́ть

поясóк *м* **1.** *уменьш.* kléiner Gürtel; **2.**: реклáмный ~ (*на нóвой кни́ге*) Báuchbinde *f*

прабáбка *ж*, **прабáбушка** *ж* Úrgroßmutter *f*, *pl* -mütter; Úroma *f*, *pl* -s (*разг.*)

прáвд||а *ж* **1.** (*и́стина*) Wáhrheit *f*; говори́ть ~у die Wáhrheit ságen; говори́ть всю ~у die réine [vólle, náckte, úngeschminkte] Wáhrheit réden; réinen [kláren] Wein éinschenken; узнáть ~у die Wáhrheit erfáhren*; hínter die Wáhrheit kómmen*; сказáть комý-л. ~у в глазá j-m die Wáhrheit ins Gesícht ságen [schléudern]; j-m únverblümt die Wáhrheit ságen; дóля ~ы die hálbe Wáhrheit; **2.** (*справедли́вость*) Recht *n* (2), Geréchtigkeit *f*, Wáhrheit *f*; искáть ~ы nach Geréchtigkeit súchen; стоя́ть за ~у das Recht verféchten*; **3.** *предик.* wahr, э́то ~а das ist wahr; das ist die Wáhrheit; ~а? ist es wahr?, wírklich?, in der Tat?; не ~а ли? nicht wahr?; **4.** *вводн. сл.* fréilich; wohl (*хотя́*); он, ~а, э́то сказáл er hat es fréilich geságt; он, ~а, э́того не хóчет fréilich will er dies nicht, obwóhl er dies nicht will; **5.** (*назвáние кóдексов средневекóвого прáва*): Рýсская Прáвда Rússkaja Práwda; Сали́ческая Прáвда das Sálische Recht, Lex Sálica; ◇ по ~е говоря́, ~у сказáть um die Wáhrheit zu ságen; um der Wáhrheit die Éhre zu gében*; óffen (und éhrlich) geságt, óffen gestánden; всéми ~ами и непрáвдами mit állen Mítteln; ~а глазá кóлет *посл.* ≅ die Wáhrheit ist éine bíttere Pílle; ~а-мáтка die réine, úngeschminkte Wáhrheit; что ~а, то ~а álles was wahr [recht] ist; ~у в глазá рéзать **разг.** die Wáhrheit únverblümt ins Gesícht schléudern; вáша ~а Sie háben recht; das Recht ist auf Íhrer Séite

правди́в||ость *ж* Wáhrhaftigkeit *f*; Wáhrheitsliebe *f*; **~ый 1.** wahr, wáhrheitsgemäß, wáhrheitsgetreu; **2.** (*и́скренний*) wáhrhaftig, wáhrheitsliebend

правдоподóб||ие *с* Gláubwürdigkeit *f*, Gláubhaftigkeit *f*; Wahrschéinlichkeit *f* (*веро́ятность*); **~ный** gláubwürdig, gláubhaft; wahrschéinlich (*веро́ятный*)

прáведн||ик *м* Geréchte *m* (14); héiliger Mann (*святóй*); ◇ спать сном ~ика den Schlaf des Geréchten schláfen*; **~ый** gerécht; héilig (*святóй*)

прáветь nach rechts ábschwenken

прáвил||о *с* **1.** Régel *f* (11); граммати́ческие ~а grammátische Régeln; дéйствующие ~а géltende Ríchtlini¦en *pl*; практи́ческое ~о Fáustregel *f*; четы́ре ~а арифме́тики die vier Grúndrechnungsarten; тройно́е ~о Dréisatzrechnung *f*, Regeldetrí *f*; цепно́е ~о Kéttenrechnung *f*, Kéttenregel *f*; Kéttensatz *m* (1*); ~о ле́вой руки́ *физ.* Linke-Hánd-Regel *f*; ~о пра́вой руки́ *физ.* Rechte-Hánd-Regel *f*; соблюда́ть ~о die Régel befólgen [beáchten, berücksichtigen]; sich den Vórschriften fügen; подчиня́ться ~у únter die Régel fállen*; нару́шить ~о gégen éine Régel verstóßen*; die Régel verlétzen [übertréten*]; противоре́чащий ~ам régelwidrig; по ~ам régelrecht; без пра́вил régellos; **2.** (*при́нцип*) Grúndsatz *m* (1*); Maxíme *f* (11); Prinzíp *n* -s, -i¦en; ~о поведе́ния Verháltensregel *f*, Verháltensnorm *f* (10), ~о единогла́сия *юр.* Grúndsatz der Éinstimmigkeit; поста́вить за ~о sich (*D*) etw. zur Régel máchen; держа́ться пра́вил an séinen Grúndsätzen fésthalten*; von séinen Grúndsätzen nicht ábgehen* [ábweichen]*; челове́к с ~ами ein Mann von Prinzípi¦en; **3.** *б. ч. мн.* ~а (*поря́док*) Órdnung *f* (10); Vórschriften *pl*, Bestímmungen *pl*, Verórdnungen *pl*, Ríchtlini¦en *pl*, Régeln *pl*; ~а коммунисти́ческого общежи́тия Régeln des kommunístischen Geméinschaftslebens; ~а вну́треннего распоря́дка (ínnere) Árbeitsordnung *f*, Betríebsordnung *f*, Díenstordnung *f*, Geschäftsordnung *f*, Háusordnung *f*; ~а у́личного движе́ния Stráßenverkehrsordnung *f*; Verkéhrsregeln *pl*; ~а игры́ Spíelregeln *pl*; ~а эксплуата́ции Betríebsregeln *pl*, Betríebsvorschriften *pl*; ~а охра́ны труда́ Árbeitsschutzbestimmungen *pl*; техни́ческие ~а téchnische Vórschriften; ~а те́хники безопа́сности Únfallverhütungsvorschriften *pl*; ~а хоро́шего то́на Ánstandsregeln *pl*; соблюда́ть ~а die Vórschriften éinhalten**; ~а по́льзования Gebráuchsanweisung *f* (10); Benútzungshinweise *pl* (*указа́ние, напр. в словаре́*); ◇ нет ~а без исключе́ния *погов.* kéine Régel óhne Áusnahme; как (о́бщее) ~о in der Régel (*сокр.* i. d. R.); по всем ~ам иску́сства nach állen Régeln der Kunst; по всем ~ам wie es sich gehört

пра́ви́ло *с* **1.** (*приспособле́ние*) Ríchtscheit *m* (1); Sétzlatte *f* (11) (*каменщико́в*); **2.** *уст.* (*весло́*) Stéuerruder *n* (6)

пра́вильн||ость *ж* **1.** (*ве́рность*) Ríchtigkeit *f*, Korréktheit *f*; **2.** (*регуля́рность*) Régelmäßigkeit *f*; **~ый 1.** (*ве́рный*) ríchtig, régelrecht; korrékt, féhlerlos (*без оши́бок*); ~ое произноше́ние korrékte Áussprache; **2.** (*регуля́рный*) régelmäßig; óhne Áusnahmen, regulär; **3.** *грам., мат.* régelmäßig; ~ый глаго́л régelmäßiges Verb; ~ая дробь échter Bruch; ~ый многоуго́льник régelmäßiges Víeleck; ◇ ~ые черты́ лица́ ébenmäßige [wóhlproportionierte] Gesíchtszüge

прави́льный Richt-; ~ пресс Ríchtpresse *f* (11); ~ ка́мень Ábziehstein *m* (1)

прави́тель *м* Regént *m* (8), Hérrscher *m* (6)

прави́тельница *ж* Regéntin *f* (12); Hérrscherin *f* (12)

прави́тельственн||ый Regíerungs-; ~ая коми́ссия Regíerungskommission *f* (10); ~ое учрежде́ние Regíerungsorgan *n* (2)

прави́тельство *с* Regíerung *f* (10); Сове́тское ~ Sowjétregierung *f*

пра́вить I **1.** (*управля́ть страно́й*) regíeren *vt*; **2.** lénken *vt*; stéuern *vt* (*ло́дкой и т. п.*); kutschíeren *vi* (*лошадьми́*); ~ маши́ной das Áuto [den Wágen] lénken

пра́вить II **1.** (*исправля́ть оши́бки*) korrigíeren *vt*, verbéssern *vt*; ~ корректу́ру die Korrektúr lésen*; ~ набо́р den Satz korrigíeren; **2.** (*бри́тву, резе́ц и т. п.*) ábziehen* *vt*; schärfen *vt*; ~ пилу́ die Säge ríchten; ~ на точи́ле [бруске́] blánkschleifen* *отд. vt*; **3.** *тех.* (*выверя́ть, рихтова́ть*) ríchten *vt*

пра́вка *ж* **1.** (*оши́бок*) Korrektúr *f* (10); ~ корректу́ры Lésen *n* der Korrektúr; Fáhnenkorrektur *f* (*гранок*); ~ в набо́ре Ábändern *n* -s; **2.** Ábziehen *n* -s (*бри́твы*); Ábrichten *n* -s (*пилы́*); **3.** *тех.* (*вы́верка, рихто́вка*) Ríchten *n* -s

правле́н||ие *с* **1.** Regíerung *f*; о́браз ~ия Regíerungsform *f* (10); **2.** (*учрежде́ние*) Vórstand *m* (1*), Verwáltung *f* (10); председа́тель ~ия Vórsitzender des Vórstandes; член ~ия Vórstandsmitglied *n* (5); ◇ бразды́ ~ия die Zügel der Regíerung

пра́внук *м* Úrenkel *m* (6)

пра́внучка *ж* Úrenkelin *f* (12)

пра́в||о I *с* **1.** Recht *n* (2); Befúgnis *f* (3) (*полномо́чие*); зако́нное ~о gesétzliches Recht, gesétzlicher Ánspruch; бесспо́рное ~о unbestrittenes Recht; права́ челове́ка Ménschenrechte *pl*; ~о на пе́нсию Réntenanspruch *m* (1*); ~о на самоопределе́ние Sélbstbestimmungsrecht *n*; ~о на труд Recht auf Árbeit; ~о на о́тдых Recht auf Erhólung; ~о на образова́ние Recht auf Bíldung; всео́бщее избира́тельное ~о allgeméines Wáhlrecht; ~о го́лоса Stímmrecht *n*; име́ющий ~о го́лоса Stímmberechtigte *m* (14); Wáhlberechtigte *m*; ~о гражда́нства Bürgerrecht *n*; ~о убе́жища Asýlrecht *n*; по́льзоваться ~а́ми Réchte genießen*; име́ть ~о ein Recht besítzen* [háben]; befúgt sein, beréchtigt sein на что-л. zu *D*); осуществле́ние ~а die Áusübung des Réchtes; соблюде́ние ~а die Wáhrung des Réchtes; предъявля́ть свои́ ~а séine Réchte géltend máchen; отста́ивать свои́ ~а́ séine Réchte vertéidigen; посяга́ть на чьи-л. ~а́ j-s Recht ántasten, in j-s Recht éingreifen*; наруша́ть чьи-л. ~а́ j-s Réchte verlétzen; надели́ть ~а́ми Réchte gében* [verléihen*, éinräumen] (кого-л. *D*), beréchtigen *vt*; лиша́ть ~а j-m das Recht entzíehen* [ábsprechen*, verwéigern]; лиши́ться ~а das Recht verwírken; попира́ть ~а́ das Recht unterdrücken [vergewáltigen]; отказа́ться от ~а ein Recht áufgeben*, auf ein Recht verzíchten; пораже́ние в ~а́х Entzíehung [Entzúg] der (bürgerlichen) Réchte [Éhrenrechte]; восстановле́ние в ~а́х Wíederhérstellung der (bürgerlichen) Réchte; призна́ть за кем-л. ~о j-m das Recht zúgestehen*; не призна́ть за кем-л. ~а j-m das Recht ábsprechen*; оста́вить за собо́й ~о sich (*D*) das Recht vórbehalten*; воспо́льзоваться свои́м ~ом sein Recht in Ánspruch néhmen*; вступи́ть в свои́ ~а́ in séine Réchte tréten*; по ~у von Rechts wégen, mit Recht, zu Recht, réchtens; с по́лным ~ом mit vóllem [gútem, dem größten] Recht, völlig zu Recht, mit Fug und Recht; **2.** (*нау́ка*) Recht *n*, Réchtswissenschaft *f*; междунаро́дное ~о Völkerrecht *n*; обы́чное ~о Gewóhnheitsrecht *n*; гражда́нское ~о Zivilrecht [-'vi:l-] *n*; уголо́вное пра́во Stráfrecht *n*; ри́мское пра́во römisches Recht; специали́ст по междунаро́дному ~у Völkerrechtler *m* (6); до́ктор прав Dóktor der Réchte, Dóktor júris (*сокр.* Dr. jur.); изуча́ть ~о die Rechte [das Recht] studíeren; **3.** (*официа́льное разреше́ние*) Erláubnis *f* (3); води́тельские ~а́ Führerschein *m* (1), Fáhrerlaubnis *f*

пра́во II *вводн. сл.* wahrháftig, wírklich; я, ~, не зна́ю ich weiß wírklich nicht

правобере́жный auf dem réchten Úfer [am réchten Úfer] gelégen

правове́д *м уст.* **1.** (*учёный*) Réchtsgelehrte *m* (14); Réchtswissenschaftler *m* (6); Réchtssachverständige *m* (14); Réchtskundige *m* (14); **2.** *уст.* (*уча́щийся*) Studént *m* der Réchtsschule; **~ение** *с уст.* Réchtswissenschaft *f*, Jurisprudénz *f*

правове́рн||ость *ж* Réchtgläubigkeit *f*; **~ый** réchtgläubig, stréngglaubig

правов||о́й Rechts-; jurístisch; ~ы́е учрежде́ния réchtliche Éinrichtungen; jurístische Institutiónen; ~о́й поря́док Réchtsordnung *f*; ~ы́е но́рмы Réchtsnormen *pl*; ~а́я сторона́ де́ла die réchtliche Séite der Ángelegenheit

правоме́рн||ость *ж* Réchtmäßigkeit *f*, Gesétzlichkeit *f*, Gesétzmäßigkeit *f*; **~ый** réchtmäßig, gesétzlich, geréchtfertigt

правомо́ч||ие *с* Máchtbefugnis *f* (3), Bevóllmächtigung *f*; ~ие делега́та Ábgeordnetenvollmacht *f* (10); **~ный** máchtbefugt; bevóllmächtigt, kompetént; ~ное собра́ние éine beschlúßfähige Versámmlung

правонаруш||е́ние *с* Réchtsverletzung *f* (10), Réchtsbruch *m* (1*); трудово́е ~е́ние Árbeitsrechtsverletzung *f*; **~и́тель** *м* Réchtsverletzer *m* (6), Réchtsbrecher *m* (6)

правооппозицио́нный réchtsoppositionell

правооппортунисти́ческий réchtsopportunistisch

правооснова́ние *с юр.* Réchtstitel *m* (6), Réchtgrund *m* (1*)

правоотноше́ние *с юр.* Réchtsverhältnis *n* (3*)

правописа́ние *с* Réchtschreibung *f*, Orthographíe *f*

правопоря́док *м юр.* Réchtsordnung *f*

правопрее́м||ник *м юр.* Réchtsnachfolger *m* (14); **~ство** *с юр.* Réchtsnachfolge *f*; насле́дственное ~ство Érbfolge *f*

праворадика́льный réchtsradikal

правосла́в||ие *с* orthodóxe [gríechisch-orthodóxe] Religión, Konfessión der Óstkirche; **~ный** orthodóx, gríechisch-orthodóx

правосозна́ние *с юр.* Réchtsbewußtsein *n* -s

правосоциалисти́ческий réchtssozialistisch

правоспосо́бн||ость *ж юр.* Réchtsfähigkeit *f*; **~ый** réchtsfähig

правосторо́нн||ий réchtsseitig; ~ее движе́ние Réchtsverkehr *m* -s; у него́ ~ий парали́ч er ist réchtsseitig gelähmt

правосу́д||ие *с* Réchtspflege *f*; Réchtssprechung *f*, Geríchtswesen *n* -s, Justíz *f*; о́рган ~ия Réchtspflegeorgan *n* (2); отправля́ть ~ие die Réchtspflege áusüben; иска́ть ~ия (sein) Recht súchen [fórdern]; sich ans Gerícht wénden*; бежа́ть от ~ия sich dem Arm der Geréchtigkeit entzíehen*

правота́ *ж* Réchtlichkeit *f*; Schúldlosigkeit *f* (*невино́вность*); ~ его́ де́ла die Geréchtigkeit séiner Sáche

правоустана́вливающий *юр.* réchtssetzend, konstitutív, réchtsbegründend

правофланго́вый *воен. прил.* **1.** an der réchten Flánke (befíndlich); **2.** *в знач. сущ. м* réchter Flügelmann

правоэкстреми́стский réchtsextremistisch

правша́ *м, ж. разг.* Réchtshänder *m* (6)

пра́вщик *м полигр.* Háuskorrektor *m* (13)

пра́в||ый I **1.** recht; по ~ую ру́ку zur réchten Hand, rechts, zur Réchten, réchter Hand; ◇ ~ая рука́ (*о челове́ке*) réchte Hand, éngster Vertráuter; **2.** *полит. прил.* rechte; réchtsgerichtet, réchtsstehend, réchtsori|entiert; ~ые па́ртии Réchtsparteien *pl*; ~ая печа́ть Réchtspresse; ~ые социали́сты Réchtssozialisten *pl*; ~ый укло́н réchte Ábweichung; **3.** *в знач. сущ. м* Réchte *m* (14)

пра́в||ый II **1.** (*справедли́вый*) gerécht, réchtschaffen, réchtlich; ~ое де́ло éine geréchte Sáche; **2.** *предик.* recht; быть ~ым recht háben; im Recht sein; он прав er hat recht; er ist im Recht; das Recht ist auf séiner Séite; призна́ть кого́-л. ~ым j-m recht gében*; **3.** (*невино́вный*) schúldlos, únschuldig; призна́ть кого́-л. ~ым j-n (für) únschuldig erklären

пра́вящ||ий hérrschend; ~ие кла́ссы die hérrschenden Klássen; ~ая верху́шка die hérrschende Óberschicht; ~ая па́ртия regíerende Partéi

прагерма́нский *лингв.* úrgermanisch; ~ язы́к das Úrgermanische (*sub*), das Geméingermanische (*sub*)

прагмати́зм *м филос.* Pragmatísmus *m*

прагмати́ческий *филос.* pragmátisch

пра́дед *м* **1.** Úrgroßvater *m* (6*); Úrópa *m* -s, -s (*разг.*); **2.** *мн.* ~ы (*пре́дки*) Vórfahren *pl*, Vórväter *pl*, Áhnen *pl*

праде́довский (úr)großväterlich; áltväterlich; áltertümlich

праде́душка *м см.* пра́дед 1

пра́зднеств||о *с* Féierlichkeit *f* (10), Féier *f* (11), Fest *n* (2), Féstlichkeit *f*; Первома́йские ~а Máifeierlichkeiten *pl*

пра́здник *м* **1.** Féiertag *m* (1); Fest *n* (2); национа́льный ~ Nationálfeiertag *m*; ~ Октября́ Jáhrestag der Gróßen Sozialístischen Októberrevolution; семе́йный ~ Famíli|enfeier *f*, Famíli|enfestlichkeit *f*; больши́е ~и hóhe Féste; кану́н ~а Féstabend *m* (1), с ~ом! ich gratulíere!, fróhes Fest!; **2.** (*весе́лье*) Fréude *f*; ◇ бу́дет и на на́шей у́лице ~! *погов.* ≅ auch únser Wéizen wird éinmal blühen, auch wir wérden es éinmal bésser háben!

пра́здничн||ый féstlich, fésttäglich; féiertäglich, Féiertags-; Fest-; ~ый вы́бор (това́ров) Féstangebot *n* (2); ~ые поку́пки Fésteinkauf *m* (1*); ~ый конце́рт Féstkonzert *n* (2); ~ое настрое́ние Féststimmung *f*; Féiertagsstimmung *f*; ~ый стол féstlich gedéckter Tisch

пра́зднов||ание *с* Féiern *n* -s; ~ать féiern *vt*, féstlich begéhen*, éine Féier begéhen*; ~ать Пе́рвое ма́я den 1. Mai féiern

празднosло́вие *с* léeres Geschwätz, müßiges Geréde, Gequássel *n* -s

пра́здност||ь *ж* **1.** (*незаня́тость*) Úntätigkeit *f*; Müßiggang *m* -(e)s; **жить в ~и** im Müßiggang dahínleben; **2.** (*нену́жность*) Nútzlosigkeit *f*, Müßigkeit *f*

празднoшата́ющийся *сущ. м.* Müßiggänger *m* (6), Herúmlungerer *m* (6); Tágedieb *m* (1)

пра́здн||ый **1.** (*неза́нятый*) müßig; úntätig, únbeschäftigt; сиде́ть ~о müßig sein, die Hände in den Schoß légen; **2.** (*нену́жный, пусто́й*) frúchtlos, únnütz, éitel, leer; ~ая болтовня́ éitles Geschwätz

празеоди́м *м* Praseodým *n* -s (*хим. знак* Pr)

праисто́рия *ж* Úrgeschichte *f*

пракри́т *м лингв.* Prákrit *n* -(e)s

пра́ктик *м* Práktiker *m* (6); ein Mann der Práxis, práktisch veránlagter Mensch

пра́ктик||а *ж* **1.** Práxis *f*; делова́я ~а Geschäftspraxis *f*; Geschäftsgebaren *n* -s, Geschäftsbräuche *pl*; примене́нный на ~е práxisbezogen; связь с ~ой Práxisbezogenheit *f*; осуществле́ние на ~е Éinführung in die Práxis; прове́ренный на ~е práxiserprobt; на ~е in der Práxis; **2.** (*примене́ние зна́ний*) Práktikum *n* -s, -ka; Práktikumszeit *f*; шко́льная ~а Schúlpraktikum *n*; педагоги́ческая ~а (*в шко́ле*) Schúlpraktikum *n*; pädagógisches Práktikum; произво́дственная ~а Betríebspraktikum *n*; на ~е im Práktikum; проходи́ть ~у ein Práktikum durchláufen* [absolvíeren]; на произво́дственной ~е im Produktiónseinsatz; посыла́ть на годи́чную ~у in das práktische Jahr éinweisen*; свиде́тельство о прохожде́нии ~и Práktikumsbescheinigung *f* (10)

практика́нт *м* Praktikánt *m* (8); **~ка** *ж* Praktikántin *f* (12)

практикова́ть **1.** (*употребля́ть*) ánwenden(*) *vt*; gebráuchen *vt*; sich bedíenen (что-л. *G*); **2.** (*о враче́, юри́сте*) praktizíeren *vt*; éine Práxis áusüben; ча́стно практику́ющий врач Arzt mit éigener Práxis; **~ся** **1.** (*употребля́ться*) ángewandt [gebráucht] wérden; üblich sein; э́то ча́сто практику́ется das wird oft ángewandt; das ist üblich; **2.** (*упражня́ться*) sich üben, üben *vi*

пра́ктикум *м* Práktikum *n* -s, -ka; ~ по лексиколо́гии práktische Übungen zur Lexikologíe

практици́зм *м* **1.** Praktizísmus *m* =; **2.** (*делови́тость*) práktischer Sinn; Geschäftstüchtigkeit *f*

практи́ческ||ий práktisch; ~ая де́ятельность práktisches Hándeln; ~ие заня́тия práktische Áusbildung; ~ие зна́ния práktisch ánwendbares Wíssen; ~ое примене́ние Nútzanwendung *f*; ~ая сторона́ де́ла das Práktische an der Sáche; ~ие мероприя́тия práktische Máßnahmen; вести́ ~ую рабо́ту in der Práxis árbeiten

практи́чн||ость *ж* **1.** (*уме́ние извле́чь по́льзу*) Geschäftstüchtigkeit *f*; **2.** (*о ве́щи*) Zwéckmäßigkeit *f*, Zwéckdienlichkeit *f*; **~ый** **1.** (*о челове́ке*) práktisch; erfáhren (*о́пытный*); **2.** (*о ве́щи*) práktisch; bráuchbar; zwéckmäßig; ~ая ткань pflégeleichter Stoff

прама́терь *ж* Stammutter (*при перено́се* Stamm-mutter) *f*, *pl* -mütter, Úrmutter *f*, Áhnfrau *f* (10)

прао́т||ец *м* Stammvater *m* (6*), Úrvater *m*, Áhnherr *m* (8); ◇ отпра́виться к ~цам *разг.* (*умере́ть*) zu séinen Vätern versámmelt wérden

пра́порщик *м* **1.** (*в Сове́тской А́рмии — сверхсрочнослу́жащий*) Fähnrich *m* (1) (*Längerdienende*); **2.** (*в ца́рской а́рмии — мла́дший офице́рский чин*) Fähnrich *m* (1)

прапраба́бка *ж* Úrurgroßmutter *f*, *pl* -mütter

прапра́дед *м* Úrurgroßvater *m* (6*)

пра́родина *ж* Úrheimat *f*

прароди́тели *мн.* Áhnen *pl*, Vórfahren *pl*

прaславя́нский *лингв.* úrslawisch

пра́сол *м ист.* Víehhändler *m* (6)

прах *м* **1.** Staub *m* -(e)s; **2.** (*оста́нки*) stérbliche Überreste; Ásche *f* (*по́сле крема́ции*); здесь поко́ится ~ hier ruht die stérbliche Hülle; обрати́ться в ~ zu Staub wérden; zerfállen* *vi* (s); ◇ мир ~у твоему́! Fríede déiner Ásche!; отряхну́ть ~ с ног den Staub von den Füßen schütteln; разби́ть в пух и ~ zertrümmern *vt*, zerschlágen* *vt*; разнести́ в пух и ~ (кого́-л.) (j-m) gründlich den Kopf wáschen*, kein héiles Haar (an j-m) lássen*; пойти́ ~ом zugrúnde géhen*, verflíegen* *vi* (s), zerstíeben* (s) wie Spreu im Wind

пра́чечн||ая *сущ. ж.* Wäscheréi *f* (10), Wáschanstalt *f* (10); Wáschhaus *n* (5), Wáschküche *f* (11) (*домо́вая*); ~ая-автома́т Sélbstbedienungswäscherei *f*; обще́ственная ~ая Wáschstützpunkt *m* (1*); **~ый** Wasch-; Wäscheréi-; ~ое заведе́ние *уст.* Wáschanstalt *f* (10)

пра́чка *ж* Wäscherin *f* (12), Wáschfrau *f* (10)

праща́ *ж ист.* Schléuder *f* (11)

пра́щур *м* Úrvater *m* (6*), Úrahn *m* (13)

праязы́к *м лингв.* Úrsprache *f* (11)

преа́мбула *ж* Präámbel *f* (11)

пребыв||а́ние *с* Áufenthalt *m* (1); (*в определённом ме́сте*); Verbléiben *n* -s (*тж. в определённом состоя́нии*); ме́сто постоя́нного ~а́ния ständiger [féster] Wóhnsitz; ~а́ние в неизве́стности der Zústand der Úngewißheit; ~а́ние у вла́сти Regíerungsdauer *f*, die Zeit der Hérrschaft; госуда́рство ~а́ния *дип.* Áufenthaltsland *n* (5), Empfángsstaat *m* (13); разреше́ние на ~а́ние в стране́ Áufenthaltsgenehmigung *f* (10), Áufenthaltserlaubnis *f* (3); ~а́ние в мо́ре Séeaufenthalt *m*; ~а́ние на берегу́ *мор.* Lándgang *m* -(e)s; **~а́ть** sich áufhalten*; verbléiben* *vi* (s), verwéilen *vi*, sein* *vi* (s) (*в определённом ме́сте*); verhárren *vi* (*в определённом состоя́нии*); ~а́ть в неизве́стности, в по́лном неве́дении im úngewissen sein* [bléiben*] (über *A*)

превали́ровать vórherrschen *vi*, überwíegen* *vi*, das Übergewicht háben

превенти́вн||ый präventív [-vεn-], Präventív-; vórbeugend; ~ая война́ Präventívkrieg *m* (1); ~ая приви́вка Schútzimpfung *f* (10); ~ые ме́ры vórbeugende Máßnahmen

превзойти́ überlégen sein (кого́-л. *D*), übertréffen* *vt*, überbíeten* *vt*; ~ му́жеством an Tápferkeit überlégen sein; он превзошёл всех er hat álle übertróffen; er hat den Vógel ábgeschossen (*разг.*); ~ реко́рд éinen Rekórd bréchen*; ◇ ~ самого́ себя́ sich selbst übertréffen*

превозмога́ть, превозмо́чь überwínden* *vt*, überwältigen *vt*; bezwíngen* *vt*, die Óberhand gewínnen* (*о чу́встве и т. п.*)

превознести́, превозноси́ть lóben *vt*; préisen* *vt*; heráusstreichen* *vt*; zu hoch éinschätzen; ~ кого́-л. до небе́с, превозноси́ть кого́-л. на все лады́ j-n in den Hímmel hében*

превосходи́тельство *с* (*титулование*) Exzellénz *f* (10)

превосходи́ть *см.* превзойти́; э́то превосхо́дит все ожида́ния das übertrífft álle Erwártungen

превосхо́д||ный 1. (*прекрасный*) vortréfflich, áusgezeichnet, vorzüglich; ~ный па́рень [челове́к] ein féiner Kerl; ein dúfter Júnge (*разг.*); **2.** *уст.* (*превосходящий*) überlégen; ~ные си́лы проти́вника die überlégenen Stréitkräfte des Féindes, die féindliche Übermacht; **3.**: ~ная сте́пень *грам.* Súperlativ *m* (1); **~ство** *с* Überlégenheit *f* (в чём-л. an *D*); ~ство в во́здухе *воен.* Lúftüberlegenheit *f*; огнево́е ~ство Féuerüberlegenheit *f*; чи́сленное ~ство záhlenmäßige Überlégenheit, záhlenmäßiges Übergewicht; ~ство в си́лах *воен.* kräftemäßige Überlégenheit, Überlégenheit an Kräften; признава́ть чьё-л. ~ство j-s Überlégenheit ánerkennen* [zúgestehen*]

преврати́ть verwándeln *vt*; úmgestalten *vt* (*преобразовать*); úmändern *vt* (*переделать*); *мат.* reduzíeren *vt*; *хим.* úmwandeln *vt*; ~ в у́голь verkóhlen *vt*, karbonisíeren *vt*; ~ в жи́дкость verflüssigen *vt*; ~ в пе́пел in Ásche légen; ~ в разва́лины in Trümmer légen; ◇ ~ что-л. в шу́тку etw. ins Schérzhafte zíehen*; **~ся** sich verwándeln; sich úmgestalten (*преобразиться*); wérden zu (*Д*) (*становиться*); áusarten *vi* (s) (во что-л. in *A*) (*в отрицательное явление*); ◇ я весь преврати́лся в слух ich bin ganz Ohr

превра́тн||ость *ж* 1. (*ложность*) Írrigkeit *f*, Verkéhrtheit *f*; ~ость мне́ний Írrigkeit der Méinungen; **2.** *б. ч. мн.* ~ости (*изменчивость*) Wéchsel *m* -s, Veränderlichkeit *f*; Wándel *m* -s, Wándelbarkeit *f*, Únbeständigkeit *f* (*непостоянство*); ~ости судьбы́ die Láunen des Schícksals; ~ости жи́зни die Wéchselfälle des Lébens; **~ый** 1. (*ложный*) írrig, verkéhrt, falsch; ~ое мне́ние írrige [fálsche] Méinung; соста́вить ~ое поня́тие о чём-л. sich (*D*) éine fálsche [írrige] Vórstellung von etw. (*D*) máchen; **2.** (*изменчивый*) veränderlich, wándelbar, únbeständig, wéchselnd

превраща́ть *см.* преврати́ть

превраща́ться 1. *см.* преврати́ться; **2.** *страд.* verwándelt wérden (*ср.* преврати́ть)

превраще́ние *с* Verwándlung *f* (10), Úmwandlung *f* (10); Úmgestaltung *f* (10), Wándel *m* -s, Metamorphóse *f* (11); *хим.* Úmsetzung *f* (10); ~ а́тома *яд. физ.* Atómumwandlung *f*; ~ вещества́ *яд. физ.* Stóffumwandlung *f*; ~ ма́ссы *яд. физ.* Mássenumkehr *f*; ~ ядра́ *яд. физ.* Kérnumwandlung *f*; ~ в газ *спец.* Vergásen *n* -s, Vergásung *f*; ~ в жи́дкость *спец.* Verflüssigen *n* -s, Verflüssigung *f*

превы́с||ить 1. (*превзойти норму*) übertréffen* *vt*, übersteígen* *vt*; überrágen *vt*; größer sein (als); изде́ржки не ~ят э́той су́ммы die Kósten wérden díese Súmme nicht übersteígen; ~ить у́ровень das Niveau [-'vo:] überschréiten*; über dem Stand líegen*; э́то ~ило его́ си́лы das ging über séine Kräfte; **2.** (*нарушить предел*) überschréiten* *vt*; ~ить полномо́чия die Vóllmacht überschréiten*; ~ить власть die Macht mißbráuchen; sich (*D*) éine Máchtüberschreitung zuschúlden kómmen lássen*

превыша́ть *см.* превы́сить

превы́ше: ~ всего́ über álles, über állem

превыше́ние *с* Überschréitung *f* (10); ~ вла́сти Máchtüberschreitung *f*, Überschréitung der Ámtsgewalt [der Befúgnisse]

прегра́д||а *ж* Schránke *f* (11); Híndernis *n* (3*) (*препятствие*); во́дная ~а Wássersperre *f* (11); Spérre *f*, Damm *m* (1*); грудобрю́шная ~а *анат.* Zwérchfell *n* -(e)s; созда́ть ~ы Schránken áufrichten; уничто́жить все ~ы álle Schránken beséitigen

прегради́ть, прегражда́ть spérren *vt*, verspérren *vt*; ábsperren *vt*; ábriegeln *vt*; ~ кому́-л. путь j-m den Weg verspérren, j-m Híndernisse in den Weg légen

прегреше́ние *с уст.* Versündigung *f*; Féhltritt *m* (1), Vergéhen *n* -s

пред *см.* пе́ред

предава́ть *см.* преда́ть; **~ся** 1. *см.* преда́ться; **2.** *страд.* verráten wérden (*ср.* преда́ть)

преда́н||ие I *с* (*рассказ*) Überlíeferung *f* (10), Ságe *f* (11), Legénde *f* (11); по ~ию der Überlíeferung zufólge; laut Überlíeferung

преда́ние II *с*: ~ суду́ Übergabe an das Gerícht; ~ земле́ Beérdigung *f* (10), Bestáttung *f* (10)

пре́данн||ость *ж* Ergébenheit *f*; Híngabe *f* (*самоотверженность*); Ánhänglichkeit *f* (*привязанность*); Tréue *f* (*верность*); ~ость револю́ции Híngabe an die Revolutión [-vo-]; ~ость социалисти́ческой ро́дине Ergébenheit für die sozialístische Héimat; ~ость па́ртии Partéitreue *f*, Ergébenheit für die Partéi; **~ый** ergében; ánhänglich, treu (*верный*); (**и́скренно**) **~ый** Вам (*в письмах*) Ihr ergében(st)er, ergébenst Ihr; он мне пре́дан всей душо́й er ist mir ínnig [von Hérzen, in Líebe, in Tréue] zúgetan [ergében]; ~ый ро́дине váterlandstreu; быть ~ым де́лу ми́ра der Sáche des Fríedens ergében sein

преда́тель *м* Verräter *m* (6); **~ница** *ж* Verräterin *f* (12); **~ский** 1. verräterisch; ~ское уби́йство Méuchelmord *m* (1); **2.** (*обманчивый*) trügerisch, tückisch; ~ская пого́да *разг.* ein tückisches Wétter; **~ство** *с* Verrát *m* -(e)s, Verräteréi *f* (10)

преда́ть 1. übergében* *vt*; überlíefern *vt*; ~ гла́сности in die Öffentlichkeit bríngen* [zíehen*]; ~ суду́ dem Gerícht übergében (*дело*); vor Gerícht stéllen (*кого-л.*); ~ осмея́нию dem Gelächter préisgeben*; ~ ана́феме den Bánnfluch verhängen (über *A*); ~ ка́зни hínrichten lássen*; ~ земле́ bestátten *vt*, beérdigen *vt*; ~ огню́ и мечу́ mit Féuer und Schwert verhéeren [áusrotten]; ~ забве́нию der Vergéssenheit anhéimfallen lássen*; **2.** (*изменить*) verráten* *vt*; durch Verrát áusliefern; **~ся** 1. (*во власть кого-л.*) sich ergében*; sich fügen; überlaufen* *vi* (s) (кому́-л. zu *D*); **2.** (*отдаться чему-л.*) sich híngeben*; ~ся мра́чным воспомина́ниям trüben Erínnerungen náchhängen; ~ся гне́ву sich vom Zorn hínreißen lássen*; ~ся поро́ку dem Láster frönen; ~ся пья́нству sich dem Trunk ergében*

предба́нник *м* Áus- und Ánkleideraum *m* (1*) (eines öffentlichen Bádes, einer Sáuna)

предваре́ние *с* 1. (*событий*) Zuvórkommen *n* -s, Vórgreifen *n* -s; Máhnung *f*, Wárnung *f*, vórherige Benáchrichtigung (*предупреждение*); **2.** *астр.* Präzessión *f*; **3.** *тех.* Vóreilung *f*

предвари́тельно *нареч.* vórläufig, vorhér; ~ нагре́тый vórgewärmt; ~ со́бранный *тех.* vórmontiert; ~ напряжённый бето́н Spánnbeton [-toŋ] *m* -s

предвари́тельн||ый Vor-; vórläufig; éinleitend, vorhérgehend, vorángehend; ~ая прода́жа (*билетов*) Vórverkauf *m* -(e)s; ~ая сме́та Vóranschlag *m* (1*); ~ые ме́ры vórläufige Máßnahmen; ~ое сле́дствие *юр.* Vóruntersuchung *f* (10); ~ое заключе́ние *юр.* Untersúchungshaft *f*; ~ый зака́з Vórbestellung *f* (10); ~ое совеща́ние Vórkonferenz *f* (10), Vórbesprechung *f* (10); ~ые перегово́ры Vórverhandlungen *pl*, Präliminárverhandlungen *pl*, Präliminári|en *pl*; ~ое соглаше́ние vórläufiges [provisórisches (vi-)] Ábkommen, Ínterimsabkommen *n* (7); ~ые замеча́ния Vórbemerkungen *pl*; ~ый расчёт Voráusberechnung *f* (10); по ~ому соглаше́нию laut provisórischem [vorhérigem] Ábkommen; по ~ым да́нным nach vórläufigen Ángaben; по ~ым подсчётам nach Schätzungen

предвари́ть, предваря́ть 1. (*события и т. п.*) zuvór|kommen* *отд. vi* (s), vórgreifen* *vi* (что-л., кого́-л. *D*); vorwég|nehmen* *отд. vt*; ~ собы́тия den Eréignissen vórgreifen* [zuvórkommen*]; **2.** *уст.* (*предупредить*) vorhér benáchrichtigen [wíssen lássen*]

предвесе́нн||ий dem Frühling voráusgehend; Vórfrühlings-; ~яя о́ттепель Táuwetter vor Ánbruch des Frühlings

предве́ст||ие *с* Vórzeichen *n* (7), Vórbote *m* (9), Ómen *n* -s, *pl* Ómina; ~ие револю́ции ein Vórbote der Revolutión [-vo-]; **~ник** *м* Vórbote *m* (9), Künder *m* (6); *метеор.* Vórzeichen *n* (7); ~ник пого́ды Wétteranzeichen *n*; ~ник землетрясе́ния Vórläuferwelle *f* (11); ~ник грозы́ Gewítteranzeichen *n*

предве́стница *ж* Vórbotin *f* (12), Künderin *f* (12)

предвече́рний: ~ час Spätnachmittag *m* (1)

предвеща́||ть vorhérsagen *vt*, ánkündigen *vt*, voráussagen *vt*, vorhérverkünden *vt*; э́то не ~ет ничего́ хоро́шего das ist ein böses Ómen; das bedéutet [verspricht] nichts Gútes

предвзя́т||ость *ж* Vóreingenommenheit *f*; Befángenheit *f* (*предубеждённость*); без ~ости únvoreingenommen, vórurteilsfrei; **~ый** vóreingenommen; vórgefaßt; befángen (*предубеждённый*); ~ое мне́ние vórgefaßte Méinung [Ánsicht]

предви́ден||ие *с* Voráussicht *f*; Wéitsicht *f*; в ~ии чего́-л. mit Hínblick auf etw. (*A*), in Voráussicht (*G*); нау́чное ~ие wíssenschaftliche Wéitsicht [Voráussicht]; дар ~ия Séhergabe *f*; ~ие после́дствий Voráussehen *n* der Fólgen

предви́деть vorhérsehen* *vt*, voráussehen* *vt*; ábsehen* *vt*; успе́хи уже́ мо́жно ~ die Erfólge sind schon ábzusehen; **~ся** bevórstehen* *vi*; in Áussicht stéhen* [sein]; sich voráussehen lássen*; предви́дятся моро́зы Frost ist in Áussicht; Fröste stéhen bevór; никаки́х улучше́ний в состоя́нии больно́го не предви́дится es ist kéinerlei Bésserung im Zústand des Kránken voráuszusehen

предвкуш||а́ть im voráus geníeßen*; die Vórfreude [den Vórgeschmack] háben (что-л. von *D*); **~éние** *с* Vórgenuß *m* -sses, Vórgeschmack *m* -(e)s; Vórfreude *f*

предводи́тель *м* Ánführer *m* (6); ~ во́йска Héerführer *m*; ~ дворя́нства *ист.* Ádelsmarschall *m* -s, -schälle; **~ство** *с* Óberbefehl *m* -(e)s, Kommándo *n* -s; **~ствовать** ánführen *vt*, beféhligen *vt*; den Óberbefehl führen [háben]

предвое́нн||ый Vórkriegs-; ~ые пятиле́тки Vórkriegsfünfjahrpläne *pl*

предвозвести́ть, предвозвеща́ть vorhérsagen *vt*; vorhér verkünden *vt*; wéissagen *неотд. vt*, prophezéien *vt* (*предсказывать*)

предвосхи́тить, предвосхища́ть vorwég¦nehmen* *отд. vt*; zuvór¦kommen* *отд. vi* (s), vórgreifen* *vi* (что-л. *D*); antizipíeren *vt*; ~ чью-л. мысль j-s Gedánken vorwégnehmen*

предвосхище́ние *с* Vorwégnahme *f*; Vórgriff *m* (1); Vórgreifen *n* -s; Antizipatión *f*

предвы́борн||ый Wahl-; ~ая кампа́ния Wáhlkampagne [-ˌpanjə] *f* (11); ~ое обраще́ние Wáhlaufruf *m* (1)

предвыходн||о́й ~ы́е и предпра́здничные дни Táge vor Sónn- und Féiertagen

предвычисле́ние *с* Voráusberechnung *f* (10); ~ пого́ды Wéttervorausberechnung *f*

предго́рный Vórgebirgs-, für das Gebírgsvorland charakterístisch [ka-]

предго́рье *с* Gebírgsvorland *n* (5), Vórgebirge *n* (6); ~ Альп Vóralpen *pl*; ~ Алта́я Vórland des Altái-Gebírges

предгрозово́й vor dem Gewítter, dem Gewítter voráusgehend

преддве́р||ие *с* **1.** (*местность*) Vórland *n* (5); **2.** *анат.* Vórhof *m* (1*); **3.** *перен.* Zeit *f* únmittelbar davór; Schwélle *f* (11); в ~ии an der Schwélle

преде́л *м* **1.** (*граница*) Grénze *f* (11), Grénzscheide *f* (11); Schwélle *f* (11); в ~ах го́рода im Wéichbild der Stadt; в ~ах СССР ínnerhalb der Grénzen der UdSSR; за ~ы страны́ über das Land hináus; **2.** (*границы принятого*) Grénze *f* (11), Schránke *f* (11); всему́ есть ~ álles hat séine Grénzen; э́тому на́до положи́ть ~ dém müssen Grénzen gesétzt wérden; hier muß ein Ríegel vórgeschoben wérden (*разг.*); вы́йти из ~ов (дозво́ленного) die Grénzen überschréiten*; über das Erláubte hináusgehen*; в изве́стных ~ах ínnerhalb bestímmter Schránken; в ~ах возмо́жного im Ráhmen des Möglichen; в ~ах го́да ínnerhalb [im Láufe] éines Jáhres, in der Zéitspanne éines Jáhres; ~ы рабо́чего дня *эк.* Grénzen des Árbeitstages; **3.** (*крайняя степень*) Höchstgrenze *f* (11), höchster Grad; лю́ди изнемогли́ до ~а die Kräfte der Ménschen háben die Grénze der Erschöpfung erréicht; э́то ~ мои́х жела́ний mehr kann ich mir nicht wünschen; **дости́гнуть** ~а das Höchstmaß erréichen; возрастно́й ~ Áltersgrenze *f*; ~ **мо́щности** *спец.* Léistungsgrenze *f*; ~ **про́чности на разло́м** *спец.* Brúchfestigkeit; ~ **про́чности** Féstigkeitsgrenze *f*; ~ **ско́рости** *спец.* Geschwíndigkeitsgrenze *f*, Geschwíndigkeitsbereich *m* (1); **4.** *мат.* Grénze *f* (11), Grénzwert *m* -(e)s, Límes *m* =

преде́льн||ый Grenz-; Spítzen-, Höchst-, Gípfel-, höchst; **~ая** ско́рость Spítzengeschwindigkeit *f*; **~ый** во́зраст Áltersgrenze *f*; **~ый** срок äußerster Termín, äußerste Frist; ~о напряжённый äußerst gespánnt; ~о про́сто höchst éinfach

предержа́щ||ий: вла́сти ~ие *уст.*, *ирон.* Obrigkeit *f* (10), die Máchthabenden *pl*

предзака́тный Dämmerungs-; Dämmer-; ~ час Dämmerstunde *f* (11)

предзи́мний únmittelbar dem Wínter voráusgehend, vórwinterlich

предзи́мье *с разг.* Vórwinter *m* (6), Frühwinter *m*

предзнаменова́ние *с* Vórzeichen *n* (7), Vórbedeutung *f* (10), Ómen *n* -s, *pl* Ómina; до́брое ~ ein gútes Vórzeichen

предика́т *м грам.* Prädikát *n* (2), Sátzaussage *f* (11); **~и́вный** *грам.* prädikatív, áussagend

предисло́в||ие *с* Vórwort *n* (2), Vórrede *f* (11); Geléitwort *n*; снабди́ть ~ием mit éinem Vórwort verséhen*; вме́сто ~ия (*в качестве предисловия*) zum Geléit; ◇ без ~ий приступи́ть к де́лу *разг.* óhne viel Geréde [óhne Drum und Dran] zur Sáche kómmen*

предка́мера *ж тепл.* Vórkammer *f* (11)

предлага́ть *см.* предложи́ть

предло́г I *м* (*повод*) Vórwand *m* (1*), Prätéxt *m* (1); vórgeschützter Grund; Áusflucht *f* (3), Schéingrund *m* (1*); Áusrede *f* (11) (*отговорка*); под ~ом únter dem Vórwand

предло́г II *м грам.* Präpositión *f* (10), Verhältniswort *n* (5)

предложе́ние I *с* **1.** Ángebot *n* (2), Ánerbieten *n* (7), Vórschlag *m* (1*); Ántrag *m* (1*); Vórlage *f* (11) (*закона, законопроекта*); *ком.* Offérte *f* (11); рационализа́торское ~ Verbésserungsvorschlag *m*, Néuerervorschlag *m*, ~ по́мощи Hílfsangebot *n*; ~ услу́г Díenstanerbieten *n*; Ánbieten von Díenstleistungen; встре́чное ~ Gégenvorschlag *m*, Gégenantrag *m*; внести́ ~ éinen Ántrag stéllen, éinen Vórschlag máchen [éinbringen*]; поддержа́ть ~ den Vórschlag áufgreifen*; про́сим вноси́ть предложе́ния (*на собрании*) Vórschläge wérden gern entgégengenommen; он получи́л ~ man máchte ihm ein Ángebot; **2.** (*о вступлении в брак*) Ántrag *m* (1*); сде́лать ~ éinen Ántrag [Héiratsantrag] máchen; приня́ть ~ den Héiratsantrag ánnehmen*; **3.** *эк.* Ángebot *n* (2); спрос и ~ Ángebot und Náchfrage; ~ това́ров Wárenangebot *n*; ~ труда́ Árbeitsangebot *n*

предложе́ние II *с* **1.** *грам.* Satz *m* (1*); просто́е ~ éinfacher Satz; сло́жное ~ zusámmengesetzter Satz; гла́вное ~ Háuptsatz *m*; прида́точное ~ Nébensatz *m*, Glíedsatz *m*; сложноподчинённое ~ Sátzgefüge *n* (6); Hypotáxe *f* (11); отрица́тельное ~ négativer [-vər] Satz, vernéinender Satz; повествова́тельное ~ Áussagesatz *m*; дополни́тельное ~ Ergänzungssatz *m*; Objéktsatz *m*; вво́дное ~ Schältsatz *m*; вопроси́тельное ~ Frágesatz *m*; временно́е ~ Temporálsatz *m*; прида́точное ~ ме́ста Lokálsatz *m*; усло́вное ~ Bedíngungssatz *m*; уступи́тельное ~ Konzessívsatz *m*; сравни́тельное ~ Komparatívsatz *m*; причи́нное ~ Kausálsatz *m*; прида́точное ~ це́ли Finálsatz *m*; прида́точное ~ сле́дствия Fólgesatz *m*; Konsekutívsatz *m*; построе́ние предложе́ния Sátzbau *m* -(e)s, Sátzbildung *f*; **2.** (*в логике*) Úrteil *n* (2)

предложи́ть 1. (*представить на обсуждение, на выбор*) ánbieten* *vt*, vórlegen *vt*; vórschlagen* *vt*, beántragen *vt*; unterbréiten *vt*; *ком.* offeríeren *vt*; ~ план éinen Plan entwérfen*; ~ вопро́с éine Fráge áufwerfen*; ~ тру́дную зада́чу éine schwíerige Áufgabe stéllen; ~ тост в честь кого́-л. éinen Toast [to:st] [éinen Trínkspruch] auf j-n áusbringen*; **2.** (*предоставить в распоряжение*) zur Verfügung stéllen, ánbieten* *vt*, vórsetzen *vt*; ~ свой услу́ги séine Díenste ánbieten*; **3.** (*приказать*) ersúchen *vt*; fórdern *vt*, ánordnen *vt*, verórdnen *vt*; **4.** (*выставить кандидатуру*) vórschlagen* *vt*, áufstellen *vt*; ~ в депута́ты als Ábgeordneten [Kandidáten] áufstellen [vórschlagen*]; ~ в прези́диум ins Präsídium vórschlagen*

предло́жный *грам.* präpositionál; ~ паде́ж Präpositív *m* (1); ~ оборо́т präpositionále Fügung [Wéndung, Konstruktión]

предма́йск||ий: ~ое соревнова́ние Máiwettbewerb *m* (1); Wéttbewerb zu Éhren des 1. Mai; встать на ~ую ва́хту éine Sónderschicht zu Éhren des 1. Mai éinlegen

предме́стье *с* Vórort *m* (1), Vórstadt *f* (3); рабо́чее ~ Árbeitervorstadt *f*; ~ го́рода Rándgebiet einer Stadt

предме́т *м* **1.** Gégenstand *m* (1*), Sáche *f* (11), Ding *n* (2); ~ы пе́рвой необходи́мости Wáren des täglichen Bedárfs; ~ы потребле́ния Konsúmgüter *pl*; ~ы широ́кого потребле́ния Mássenbedarfsartikel *pl*, Mássenbedarfsgüter *pl*; ~ы ли́чного потребле́ния Gégenstände des persönlichen Gebráuchs [Bedárfs]; ~ы дли́тельного по́льзования lánglebige Wírtschaftsgüter; ~ы дома́шнего и хозя́йственного обихо́да Háushalts- und Wírtschaftsartikel *pl*; ~ ро́скоши Lúxusartikel *pl*; **2.** (*тема*) Théma *n* -s, *pl* -men *u* -ta; Sujet [*фр.* syˈʒe:] *n* -s, -s; ~ разгово́ра Gespráchsthema *n*, Gespráchsgegenstand *m* -(e)s, Gespráchsstoff *m* -(e)s; ~ спо́ра Stréitobjekt *n* -(e)s; говори́ть о ва́жных ~ах über wíchtige Frágen spréchen*; э́то гла́вный ~ мои́х заня́тий das ist mein Háuptfach; **3.** (*в преподавании*) Fach *n* (5), Léhrfach *n*; Únterrichtsfach *n*, Stúdi¦enfach *n*, Áusbildungsfach *n*; обяза́тельный ~ Pflíchtfach *n*; факультати́вный ~ Wáhlfach *n*; дополни́тельный ~ Zúsatzfach *n*; общеобразова́тельный ~ allgeméinbildendes Fach; ~, вынесенный на экза́мен Prüfungsfach *n*; шко́льные ~ы Schúlfächer *pl*; по всем ~ам in állen Fächern; **4.** (*объект*) Gégenstand *m* (1*), Objékt *n* (2); ~ насме́шек Ziel [Gégenstand] des Spóttes; ~ любви́ Gégenstand der Líebe; ◇ на ~ *канц.* zwecks (*G*), um zu (+*inf*)

предме́тность *ж* Gégenständlichkeit *f*, Gégenstandsbezogenheit *f*; **~ный 1.** gégenständlich, sáchlich; objektív; ~ный указа́тель Sáchverzeichnis *n* (3*), Sáchregister *n* (6), Schlágwortregister *n*; **2.** (*в преподавании*) Léhrfach-; ~ный уро́к Únterrichtsstunde mit ánschaulichen Léhrmitteln; ~ная систе́ма обуче́ния Schúlausbildung mit Fáchlehrern

предмо́стн||ый: ~ое укрепле́ние *воен.* Brückenkopf *m* (1*)

предмо́стье *с* Brückenauffahrt *f* (10)

предназнач||а́ть *см.* предназна́чить; **~е́ние** *с* Voráusbestimmung *f* (10), Vorhérbestimmung *f*; Prädestinatión *f*, Zwéckbestimmung *f*

предназна́чить im voráus féstsetzen; vorhérbestimmen *vt*, voráusbestimmen *vt*, bestímmen *vt*, prädestiníeren *vt*; j-n im voráus ernénnen* (zu D) (*назначить кого-л. кем-л.*)

преднаме́ренн||о mit Ábsicht, mit Vórbedacht; wíssentlich (*сознательно*); **~ость** *ж* Ábsicht *f*, Ábsichtlichkeit *f*, Vórsatz *m* -es, Vórsätzlichkeit *f*, Vórbedacht *m* -(e)s; **~ый** vórsätzlich, ábsichtlich, beábsichtigt, vórbedacht; ~ая ложь vórsätzliche Lüge

предначерт||а́ние *с* Vórschrift *f* (10), vorhér getróffene Bestímmung, Vórbestimmung *f* (10), Entwúrf *m* (1*); vórgezeichneter Plan; **~а́ть** vórschreiben* *vt*, entwérfen* *vt*, im voráus bestímmen, vorhérbestimmen *vt*; vórzeichnen *vt* (*высок.*)

предобе́денный Vórmittags-, kurz vor Míttag

пре́д||ок *м* Vórfahr *m* (8), Ahn *m* (13); Áhnherr *m* (8) (*родоначальник*); по обы́чаю ~ков nach Áltvätersitte; ◊ мои́ ~ки *разг.* (*о родителях*) méine Álten

предоктя́брьск||ий 1. vor der Gróßen Sozialístischen Októberrevolution [-vo-]; ~ие дни die Táge vor der Gróßen Sozialístischen Októberrevolution; **2.** (*посвящённый годовщине Великой Октябрьской социалистической революции*) vor dem Jáhrestag [zu Éhren des Jáhrestages] der Gróßen Sozialístischen Októberrevolution [-vo-]

предолимпи́йский *спорт.* vórolympisch

предоперацио́нная *сущ. ж мед.* Operatiónsvorbereitungsraum *m* (1*); Vórraum des Operatiónssaales

предоперацио́нный präoperatív, vor der Operatión

предопредел||е́ние *с* Voráusbestimmung *f*, Vorhérbestimmung *f*, Prädestinatión *f*; Schícksal *n* (2); **~и́ть, ~я́ть** voráusbestimmen *vt*, vorhérbestimmen *vt*, prädestiníeren *vt*

предоста́вить 1. (*дать*) überlássen* *vt*; gewähren *vt*, éinräumen *vt*; verscháffen *vt*; zúgänglich máchen; ~ в распоряже́ние zur Verfügung stéllen; ~ рабо́ту Árbeit verscháffen; ~ заём éine Ánleihe gewähren [bewílligen, beréitstellen]; ~ отсро́чку Áufschub gewähren, stúnden *vt*; ~ полномо́чия mit Vóllmachten áusstatten; ~ пра́во das Recht gewähren [éinräumen]; **2.** (*позволить кому-л. что-л. сделать*) überlássen* *vt*, anhéim¦stellen *отд.* *vt*, fréistellen *vt*; ~ возмо́жность die Möglichkeit gében* [bíeten*]; ~ вы́бор die Wahl fréistellen [lássen*]; ему́ предоста́вили реши́ть э́то де́ло die Entschéidung wúrde ihm überlássen; ~ кому́-л. самому́ реши́ть вопро́с j-m es selbst überlássen*, die Fráge zu lösen; э́то предоста́вьте мне das lássen Sie méine Sórge sein; ◊ ~ кого́-л. самому́ себе́ j-n sich selbst überlássen*; j-n óhne Beáufsichtigung lássen*; ~ кому́-л. сло́во j-m das Wort ertéilen

предоставле́ние *с* Überlássung *f*, Éinräumung *f*; Zúweisung *f* (*в распоряжение*); Gewährung *f*, Bewílligung *f*, Anhéimstellung *f*, Fréistellung *f* (*позволение, разрешение*); ~ кварти́ры Wóhnungszuweisung *f*; ~ за́йма Dárleh(e)nsgewährung *f*; ~ отсро́чки Gewährung [Bewílligung] éiner Náchfrist, Stúndung *f*; ~ гражда́нства Verléihung der Stáatsbürgerschaft; ~ о́тпуска die Gewährung von Úrlaub; ~ полномо́чий Áusstattung mit Vóllmachten; ~ рабо́ты Árbeitsbeschaffung *f*, Árbeitsnachweis *m* (1)

предоставля́ть *см.* предоста́вить; быть предоста́вленным самому́ себе́ auf sich selbst ángewiesen sein, auf sich alléin gestéllt sein

предостерега́ть *см.* предостере́чь

предостереже́ние *с* Wárnung *f* (10) (от чего́-л., от кого́-л. vor D); Wárnruf *m* (1) (*окрик*)

предостере́чь wárnen *vt* (от чего́-л., от кого́-л. vor *D*); verwárnen *vt*; zur Vórsicht máhnen

предосторо́жност||ь *ж* Vórsicht *f*, äußerst vórsichtiges Verhálten; ме́ра ~и Vórsichtsmaßregel *f* (11); в це́лях ~и vórsichtshalber

предосуди́тельн||ость *ж* Anstößigkeit *f*, Úngebührlichkeit *f*; **~ый** verúrteilungswürdig, verábscheuungswürdig, ánstößig, úngebührlich; что же тут ~ого? was ist denn Schlímmes darán?

предотврати́ть vórbeugen *vi* (что-л. *D*), verhüten *vt*, (réchtzeitig) ábwenden * *vt*

предотвраще́ние *с* Vórbeugung *f*, Verhütung *f*, Verhínderung *f*; (réchtzeitige) Ábwendung *f*; ~ корро́зии Korrosiónsverhütung *f*; ~ но́вой войны́ die Ábwendung éines néuen Kríeges; ~ угро́зы войны́ Bánnung der Kríegsgefahr

предохране́ние *с* Schutz *m* -es, Sícherung *f*, Verhütung *f*; ~ от зараже́ния Ánsteckungsverhütung *f*; ~ де́рева от гние́ния Konservíerung *f* des Hólzes gégen Fäulnis

предохрани́тель *м* Schútzvorrichtung *f* (10); *эл., воен.* Sícherung *f* (10); руже́йный ~ Gewéhrsicherung *f*; пла́вкий ~ Schmélzsicherung *f*; ста́вить на ~ *воен.* síchern *vt*; снима́ть с предохрани́теля *воен.* entsíchern *vt*; ~ ставь! (*команда*) Gewéhr síchern!

предохрани́тельный Schutz-, Sícherheits-; Verhütungs-, Vórbeugungs-; präventív; **~ные** ме́ры Schútzmaßnahmen *pl*; Sícherheitsmaßregeln *pl*; **~ный** кла́пан *тех.* Sícherheitsventil [-vɛn-] *n* (2); ~ная приви́вка Schútzimpfung *f* (10); ~ная про́бка *эл.* Sícherungspatrone *f* (10)

предохрани́ть, предохраня́ть schützen *vt*; vórbeugen *vi* (от чего́-л. *D*), verhüten *vt*; *тех.* síchern *vt*

предпарла́мент *м ист.* Vórparlament *n* (2)

предпенсио́нный: ~ во́зраст Vórrentenalter *n* -s

предпис||а́ние *с* Vórschrift *f* (10), Ánordnung *f* (10), Verórdnung *f*; секре́тное ~а́ние Gehéimbefehl *m* (1); выполня́ть ~а́ния врача́ die ärztlichen Vórschriften befólgen; **~а́ть, предпи́сывать** vórschreiben* *vt*, ánordnen *vt*, verórdnen *vt*; *мед.* verschréiben* *vt*

предпле́чье *с анат.* Únterarm *m* (1)

предплу́жник *м с.-х.* Vórschäler *m* (6)

предплюсна́ *ж анат.* Társus *m* =, -sen, Fúßwurzel *f* (11)

предполага́емый (*вероятный*) voráussichtlich, vermútlich, mútmaßlich

предполага́ть 1. ánnehmen* *vt*; mútmaßen *неотд.* *vt*, vermúten *vt*; voráussetzen *vt*; предполага́я, что... voráusgesetzt, daß...; предполо́жим... gesétzt den Fall, daß...; мо́жно ~ die Ánnahme liegt náh(e); **2.** (*намереваться*) beábsichtigen *vt*, vórhaben* *vt*; plánen *vt*; **3.** (*иметь предпосылкой*) verlángen *vt*, erfórdern *vt*, voráussetzen *vt*; э́та рабо́та предполага́ет большо́й о́пыт díese Árbeit erfórdert viel Erfáhrung; **~ся 1.** *безл.*: предполага́ется, что... es ist ánzunehmen, daß..., voráussichtlich...; **2.** *страд.* voráusgesetzt wérden (*ср.* предполага́ть)

предполётный: ~ осмо́тр *тех.* Vórflugdurchsicht *f* (10); *мед.* Vórfluguntersuchung *f* (10) (*лётчика*)

предположе́н||ие *с* **1.** Voráussetzung *f* (10), Ánnahme *f* (11); Vermútung *f* (10), Mútmaßung *f* (10); стро́ить ~ия Vermútungen hégen [ánstellen]; **2.** (*намерение*) Ábsicht *f* (10); Plan *m* (1*); Projékt *n* (2); его́ литерату́рные ~ия séine literárischen Ábsichten [Pläne]; законода́тельное ~ие *юр.* Gesétzgebungsinitiative *f* (11)

предполож||и́тельный voráussichtlich, vermútlich, mútmaßlich; **~и́ть** *см.* предполага́ть 1

предпо́лье *с воен.* Vórfeld *n* -(e)s, Vórfeldgelände *n* (6); Gelände vor der Fróntlini¦e

предпосла́ть voráusschicken *vt*; voránstellen *vt*, éinleitend dárlegen

предпосле́дний vórletzt; ~ слог die vórletzte Sílbe

предпосыла́ть *см.* предпосла́ть

предпосы́лк||а *ж* Voráussetzung *f* (10), Vórbedingung *f* (10); Prämísse *f* (11) (*логическая*); необходи́мая ~а únabdingbare Voráussetzung; исходи́ть из ~и von éiner Voráussetzung áusgehen*

предпоче́сть, предпочита́ть vórziehen* *vt*, bevórzugen *неотд.* *vt*; den Vórzug gében* (что-л. *D*)

предпочте́ние *с* Vórzug *m* -(e)s, Bevórzugung *f*; Präferénz *f* (10); отда́ть ~ bevórzugen *неотд.* *vt*, den Vórzug gében*

предпочти́тельно *нареч.* bevórzugt

предпра́здничн||ый vor dem Féiertag; ~ое настрое́ние Féiertagsstimmung *f*; ~ые приготовле́ния Féiertagsvorbereitungen; ~ая торго́вля das Geschäft [der Geschäftsbetrieb] vor dem Féiertag

предприи́мчив||ость *ж* Unternéhmungsgeist *m* -(e)s, Unternéhmungslust *f*; **~ый** unternéhmungslustig, unternéhmend, fíndig

предпринима́тель *м* **1.** (*капиталист*) Unternéhmer *m* (6); ча́стный ~ Privatunternehmer [-'va:t-] *m*; **2.** (*делец*) Geschäftemacher *m* (6); **~ский** Unternéhmer-; ~ский дохо́д Unternéhmergewinn *m* (1); **~ство** *с* Unternéhmertum *n* -s

предпринима́ть, предприня́ть unternéhmen* *vt*, vórnehmen* *vt*; ~ каки́е-л. шаги́ Schrítte tun* [unternéhmen*]; не ~ чего́-л. etw. unterlássen*; ~ ме́ры Máßnahmen ánleiten

предприя́тие *с* **1.** Betríeb *m* (1); Unternéhmen *n* (7); госуда́рственное ~ stáatliches Unternéhmen, Stáatsbetrieb *m*; полугосуда́рственное ~ hálbstaatlicher Betríeb, Betríeb mit stáatlicher Betéiligung; ~-покупа́тель Käuferbetrieb *m*, Ábnehmerbetrieb *m*; ~-поставщи́к Zúlieferbetrieb *m*; ~-изготови́тель Hérstellerbetrieb *m*; ~ бытово́го обслу́живания Díenstleistungsbetrieb *m*, Díenstleistungsunternehmen *n*; ~ обще́ственного пита́ния Gáststättenbetrieb *m*, Spéisegaststätte *f*; передово́е ~ führender Betríeb, Spítzenbetrieb *m*; подсо́бное ~ Nébenbetrieb *m*; наро́дное ~ (*в ГДР*) vólkseigener Betríeb (*сокр.* VEB); **2.** (*задуманное дело*) Vórhaben *n* -s, Unternéhmen *n* -s; э́то опа́сное ~ das ist ein gefährliches Vórhaben

предпроизво́дственн||ый: ~ые затра́ты Entwícklungskosten *pl*

предпусково́й *косм.* dem Start vorángehend

предра́ковый *мед.* präkanzerös

предрасполага́ть *см.* предрасположи́ть

предрасположе́ние *с* Ánlage *f* (11); Veránlagung *f* (10); Néigung *f* (10) (*склонность*); Dispositión *f* (10), Empfänglichkeit *f* (*к болезни*)

предрасполо́женный genéigt; veránlagt; disponíert, empfänglich (*к болезни* für *A*)

предрасположи́ть günstig stímmen (к кому́-л., к чему́-л. für *A*)

предрассве́тн||ый vor dem Mórgengrauen; ~ый сон Schlaf vor Sónnenaufgang; в ~ый час in der Vórfrühe; ~ая ды́мка, ~ый тума́н Dunst in der Vórfrühe; Nébel in der zéitigen Frühe; ~ые су́мерки Mórgendämmerung *f*

предрассу́д||ок *м* Vórurteil *n* (2); без ~ков vórurteilslos, vórurteilsfrei; кла́ссовые ~ки Klássenvorurteile *pl*

предреволюцио́нный vor der Revolutión [-vo-], der Revolutión vorásugehend

предре́йсовый vor Fáhrtantritt

предрека́ть, предре́чь voráussagen *vt*, prophezéien *vt*, wéissagen *неотд.* *vt*

предреша́ть, предреши́ть im voráus entschéiden*; voráusbestimmen *vt*; ~ исхо́д борьбы́ den Áusgang des Kámpfes voráusbestimmen

предродов||о́й *мед.* pränatál, vor dem Gebären, vor der Gebúrt; ~ы́е схва́тки Gebúrtswehen *pl*

председа́тель *м* Vórsitzende *m* (14), Präsidént *m* (8); Óbmann *m* (4) (*pl* *тж.* -leute) (*в арбитраже, третейском суде и т. п.*); Председа́тель Верхо́вного Сове́та СССР der Vórsitzende des Óbersten Sowjéts der UdSSR; Председа́тель Сове́та Мини́стров СССР der Vórsitzende des Minísterrates der UdSSR; ~ избира́тельной коми́ссии der Vórsitzende der Wáhlkommission; **~ский** des Vórsitzenden; Präsidénten-; ~ский звоно́к die Glócke des Vórsitzenden; ~ское кре́сло Präsidéntensessel *m* (6); **~ство** *с* Vórsitz *m* -es; das Amt des Vórsitzenden (*должность*); под ~ством únter Vórsitz; поря́док ~ства die Réihenfolge des Vórsitzes; **~ствовать** den Vórsitz háben [führen], präsidíeren *vi*; **~ствующий** *сущ.* *м* Vórsitzende *m* (14), Versámmlungsleiter *m* (6)

предсе́рдие *с* *анат.* Hérzvorhof *m* -(e)s

предсказ||а́ние *с* Wéissagung *f* (10), Prophezéiung *f* (10); Wáhrsagung *f*; Voráussage *f* (11) (*прогноз*); Vorhérsage *f* (*погоды*); **~а́тель** *м* Wáhrsager *m* (6); **~а́тельница** *ж* Wáhrsagerin *f* (12); **~а́ть** voráussagen *vt*; prophezéien *vt*, wéissagen *неотд.* *vt*, wáhrsagen *неотд.* *vt*; éine Voráussage máchen; vorhérsagen *vt* (*погоду*)

предсказу́ем||ость *ж* Voráussagbarkeit *f* (10); **~ый** voráussagbar

предска́зывать *см.* предсказа́ть

предсме́ртн||ый kurz vor dem Tóde, Tódes-; ~ые страда́ния Tódesqualen *pl*; Agoníe *f* (11); ~ая во́ля der létzte Wílle

представа́ть *см.* предста́ть

представи́тел||ь *м* Vertréter *m* (6); Repräsentánt *m* (8) (*народа, общества*); полномо́чный ~ь bevóllmächtigter Vertréter; торго́вый ~ь Hándelsvertreter *m*; вое́нный ~ь Militärbeauftragte *m* (14); ~ь интеллиге́нции Ángehörige *m* (14) der Intelligénz

представи́тельность *ж* Státtlichkeit *f*, ein státtliches Äußere(s), Ánsehnlichkeit *f*

представи́тельн||ый **1.** (*выборный*) vertrétend, repräsentatív; Vertrétungs-; Repräsentatív-; ~ая систе́ма Vólksvertretungssystem *n* -s, Repräsentatívsystem *n*; ~ое прави́тельство repräsentatíve [-vә] Regíerung; ~ые о́рганы [учрежде́ния] Vertréterkörperschaften *pl*; **2.** (*о внешнем виде*) státtlich, ánsehnlich

представи́тельств||о *с* **1.** (*порядок выборов представителей*) Vertrétung *f* (10), Repräsentatión *f* (10); установи́ть сле́дующие но́рмы ~а на съезд па́ртии es wird fólgender Schlüssel für die Delegíerung zum Partéitag féstgelegt; **2.** (*учреждение*) Vertrétung *f* (10); дипломати́ческое ~о diplomátische Vertrétung; Missión *f* (10), торго́вое ~о Hándelsvertretung *f*; **~овать** als Vertréter árbeiten

предста́в||ить **1.** (*предъявить*) vórlegen *vt*, vórweisen* *vt*; unterbréiten *vt*; éinbringen* *vt* (*на обсуждение*); ~ить на по́дпись [на утвержде́ние] zur Únterschrift [zur Bestätigung] vórlegen; ~ить свиде́телей Zéugen stéllen; ~ить удостовере́ние ли́чности sich áusweisen*; éinen Personálausweis vórlegen; ~ить доказа́тельство den Bewéis líefern [erbríngen*]; **2.** (*кого-л. кому-л.*) vórstellen *vt*; bekánnt máchen (кого́-л. mit *D*); präsentíeren *vt*; **3.** (*себе что-л.*) sich (*D*) etw. vórstellen; sich (*D*) éinen Begríff máchen (von *D*); нельзя́ себе́ ~ить es ist únvorstellbar; **4.** (*изобразить*) dárstellen *vt*; *театр.* áufführen *vt*; нагля́дно ~ить veránschaulichen *vt*; ~ить что-л. в смешно́м ви́де etw. ins Lächerliche zíehen*; ~ить де́ло так... die Sáche so... hínstellen; **5.** (*доставить, причинить*) beréiten *vt*, máchen *vt*, bíeten* *vt*; э́та рабо́та не ~ля́ет больши́х затрудне́ний díese Árbeit macht nicht viel Mühe [beréitet kéine gróßen Schwíerigkeiten]; **6.** (*к награде и т. п.*) vórschlagen* *vt*, in Vórschlag bríngen*; ~ить кого́-л. к вы́сшей награ́де j-n zur höchsten Áuszeichnung vórschlagen*; **~иться** **1.** (*возникнуть*) sich bíeten*; sich zéigen; когда́ ~ится удо́бный слу́чай wenn sich éine pássende Gelégenheit bíetet; как то́лько ~ится возмо́жность so bald wie möglich, sobáld sich éine Gelégenheit bíetet; **2.** (*явиться, показаться*) erschéinen* *vi* (s); áuftauchen *vi* (s); vor dem géistigen Áuge áuftauchen; im Géiste vórschweben; schéinen* *vi*, dünken(*) *vi* (кому́-л. *A*, *D*) (*почудиться*); мне ~ились карти́ны де́тства Bílder aus der Kíndheit táuchten vor mir auf; э́то ~ля́лось мне маловероя́тным das schien mir únwahrscheinlich; э́то тебе́ ~илось das schien dir nur so; мне ~илось, что... es schien mir, als ob...; es dünkte mich [mir], daß...; **3.** *разг.* (*притвориться*) sich (ver)stéllen; ~иться глухи́м sich taub stéllen; **4.** (*при знакомстве*) sich vórstellen

представле́н||ие *с* **1.** (*предъявление*) Vórzeigung *f*, Vórlegung *f*, Vórweisung *f*, Áktenvorlage *f* (*документов*); Béibringung *f* (*доказательств*); Éinbringung *f* (*на обсуждение*); для ~ия куда́-л. (*о документе*) zwecks Vórlage an (*A*); **2** *театр.* Áufführung *f* (10), Vórstellung *f* (10); пе́рвое ~ие Érstaufführung *f*; Úraufführung *f*; Eröffnungsvorstellung; дневно́е ~ие Náchmittagsvorstellung *f*; вече́рнее ~ие Ábendvorstellung *f*; дава́ть ~ие éine Vórstellung gében* [veránstalten]; **3.** (*к награде и т. п.*) Vórschlag *m** (1*); по ~ию кого́-л. auf j-s Vórschlag; **4.** (*при знакомстве*) Vórstellung *f* (10); **5.** (*изображение*) Dárstellung *f* (10); **6.** (*понятие*) Vórstellung *f* (10), Áuffassung *f* (10); Begríff *m* (1); Kénntnis *f* (3); име́ть я́сное ~ие о чём-л. éine kláre Vórstellung von etw. (*D*) háben; über etw. (*A*) im Bílde sein (*быть в курсе дела*); име́ть сму́тное ~ие о чём-либо éinen verschwómmenen Begríff [éine únklare Vórstellung] von etw. (*D*) háben; не име́ть ~ия о чём-л. kéine (blásse) Áhnung von etw. (*D*) háben; kéinen (blássen) Dunst von etw. (*D*) háben (*разг.*); дать ~ие о чём-л. éinen Begríff [éine Vórstellung] von etw. (*D*) vermítteln; в моём ~ии nach méinem Begríff; méiner Áuffassung [Méinung] nach; о́бщее ~ие allgeméine Vórstellung, Gesámtvorstellung *f*

представля́||ть **1.** *см.* предста́вить; **2.** (*собой*) vórstellen *vt*, sein* *vi* (s), dárstellen *vt*; bílden *vt*; ~ть (собо́й) смесь чего́-л. éine Míschung von etw. (*D*) sein [dárstellen]; что он собо́ю ~ет? was stellt er vor?; was für ein Mensch ist er?; **3.** (*быть представителем*) vertréten *vt*, repräsentíeren *vt*; ~ть интере́сы масс die Interéssen der Mássen vertréten*; **~ться** *см.* предста́виться

предста́ртов||ый **1.** vor dem Start; ~ая лихора́дка Lámpenfieber *n* vor dem Start; **2.** (*находящийся перед стартовой площадкой*) vor dem Stártplatz befíndlich

предста́тельн||ый: ~ая железа́ *анат.* Próstata *f*, Vórsteherdrüse *f* (11)

предста́ть (*перед кем-л.*) vor j-m erschéinen*; vor j-m áuftauchen

предсто||я́ть bevórstehen* *vi*, zu erwárten sein, vor der Tür sein [stéhen*]; ~я́т вы́боры die Wáhlen stéhen bevór; нам ~и́т путеше́ствие éine Réise steht uns bevór; нам ~и́т сами́м реши́ть (э́тот вопро́с) wir müssen éinen Beschlúß (in díeser Fráge) selbst fássen; ~и́т ещё мно́гое сде́лать, рабо́ты ~и́т мно́го es ist noch viel zu tun [zu erlédigen]

предстоя́щий **1.** *прич.* bevórstehend; **2.** *прил.* künftig, kómmend; ~ сезо́н die kómmende Saison [zɛ'zɔŋ]

предсъе́здовский vor dem Partéitag

предте́ча *м, ж* Vórläufer *m* (6), Vórgänger *m* (6), Vórbote *m* (9)

предубежде́ние *с* Vórurteil *n* (2), vórgefaßte Méinung, Vóreingenommenheit *f*

предубеждённый vóreingenommen (про́тив кого́-л., про́тив чего́-л. gégen *A*)

предугада́ть im voráus erráten*; voráussehen* *vt*

предуга́дывать voráusahnen *vt*, voráussehen* *vt*

предуда́рный *лингв.* vórtonig; ~ слог die vor dem Ton líegende Sílbe

предумы́шленно *нареч.* vórbedacht, vórsätzlich, ábsichtlich, mit Vórbedacht

предумы́шленный vórbedacht, vórsätzlich, ábsichtlich

предупреди́тельность *ж* Zuvórkommenheit *f*, Díenstbeflissenheit *f*, Verbíndlichkeit *f*; Kulánz *f*; **~ый** **1.** (*о мере и т. п.*) vórbeugend, Vórbeugungs-; präventív [-vɛn-]; *мед.* prophyláktisch; ~ые ме́ры Vórbeugungsmaßnahmen *pl*; ~ый сигна́л Wárnsignal *n* (2); Wárnlicht *n* (5) (*световой*); ~ый вы́стрел Wárnschuß *m* -sses, -schüsse; щит с ~ой на́дписью Wárnschild *n*

(5), Wárnungstafel *f* (11); **2.** (*о человеке*) zuvórkommend, entgégenkommend, díenstbeflissen, verbíndlich, kulánt; быть осо́бенно ~ым sich an Zuvórkommenheit überbíeten*

предупред||и́ть, предупрежда́ть 1. (*заранее известить*) vorhér mítteilen; réchtzeitig von etw. (*D*) benáchrichtigen, vorhér informíeren; im vorа́us auf etw. (*A*) áufmerksam máchen; **2.** (*предостеречь*) wárnen *vt*, verwárnen *vt*; **3.** (*предотвратить*) verhüten *vt*; vórbeugen *vi* (что-л. *D*); ~и́ть несча́стье ein Únglück verhüten; ~и́ть заболева́ние éiner Erkránkung vórbeugen; **4.** (*опередить*) zuvórkommen* *vi* (s) (что-л., кого́-л. *D*)

предупрежде́ние *с* **1.** (*извещение*) (réchtzeitige) Benáchrichtigung *f* (10); ~ об увольне́нии frístgemäße Kündigung; **2.** (*предостережение*) Wárnung *f* (10), Verwárnung *f*; серьёзное ~ érnste Máhnung; вы́говор с ~м Rüge mit Verwárnung; метеорологи́ческое ~ Wétterwarnung *f*; **3.** (*предотвращение*) Verhütung *f*, Vórbeugung *f*; ~ бере́менности Empfängnisverhütung *f*, Schwángerschaftsverhütung *f*; ~ несча́стных слу́чаев Únfallverhütung *f*

предусма́тривать, предусмотре́ть vorа́ussehen* *vt*, vorhérsehen* *vt*; vórsorgen *vt*, vórsehen* *vt* (*обеспечивать, обусловливать*); in Betrácht zíehen* Vórsorge tréffen* (für *A*); догово́р предусма́тривает разреше́ние спо́рных вопро́сов в суде́бном поря́дке der Vertrág sieht éine Lösung der Stréitfragen auf dem Réchtswege vor

предусмотри́тельн||о vorа́usschauend, in wéiser Vorа́ussicht; **~ость** *ж* Vorа́ussicht *f*, Vórsorge *f*; Vórsorglichkeit *f*; Úmsicht *f* (*осторожность*); прояви́ть ~ость Úmsicht zéigen; **~ый** vórsorglich; bedáchtsam; úmsichtig (*осторожный*)

предустано́вленный *уст.* vorhérbestimmt, vórgesehen, féstgelegt

предутренний vor Tágesanbruch; ~ час Zeit [Stúnde] vor der Mórgendämmerung

предчу́вств||ие *с* Vórahnung *f* (10), Vórgefühl *n* (2); плохо́е ~ие schlímme [bánge] Vórahnung; по́лный мра́чного ~ия áhnungsschwer; **~овать** áhnen *vt*, ein Vórgefühl háben; он ~овал, что так бу́дет er áhnte, daß es so kómmen wird

предше́ств||енник *м* **1.** Vórgänger *m* (6), Vórläufer *m* (6); Wégbereiter *m* (6); ~енники нау́чного социали́зма die Wégbereiter des wíssenschaftlichen Sozialísmus; **2.** *с.-х.* Vórfrucht *f* (3); Vórfruchtfläche *f* (11); **~енница** *ж* Vórgängerin *f* (12), Vórläuferin *f* (12); **~овать** vorа́ngehen* *vi* (s); vorhér geschéhen* (*о событиях*); **~ующий** vorа́ngehend, vorhérgehend

предъяви́тел||ь *м* Überbringer *m* (6); Ínhaber *m* (6); ~ь ве́кселя Wéchselinhaber *m* (6), Präsentánt *m* (8); ~ь и́ска *юр.* Kläger *m* (6); на ~я bei Vórlage fällig; чек на ~я Ínhaberscheck *m* -s, -s

предъяви́ть vórweisen* *vt*; vórlegen *vt*, vórzeigen *vt* (*документы*); präsentíeren *vt* (*вексель*); ~ счёт *тж. перен.* die Réchnung präsentíeren; ~ удостовере́ние ли́чности sich áusweisen*; ~ обвине́ние beschúldigen *vt* (в чём-л. *G*); éine Beschúldigung erhében*; ~ иск кому́-л. j-n geríchtlich belángen; éine Kláge gégen j-n éinreichen [ánstrengen]; ~ прете́нзии Ánspruch erhében*; Ánsprüche géltend máchen; ~ ультима́тум ein Últimátum stéllen; ~ тре́бования Fórderungen [Ánforderungen] stéllen

предъявле́н||ие *с* Vórweisung *f*, Vórlegung *f*, Vórzeigen *n* -s; Erhébung *f* (*требований, претензий*); Präsentíerung *f* (*векселя*); обяза́тельное ~ие докуме́нта Áusweispflicht *f*; ~ие и́ска Klágeerhebung *f*; по ~ии gégen Vórlage

предъявля́ть *см.* предъяви́ть; ~ больши́е тре́бования hóhe Ánforderungen stéllen

предыду́щ||ее *сущ. с* das Vorа́ngegangene (*sub*); из ~его сле́дует aus dem Erwähnten folgt

предыду́щ||ий vórig, vorhérgehend; vorа́ngegangen, vorа́ufgegangen; ~ий ора́тор Vórredner *m* (6); ~ий ме́сяц der vórige [vorа́ngegangene] Mónat; ~ий год Vórjahr *n* (2); в ~ие го́ды in den vorа́ngegangenen Jáhren

предынфа́рктный vor dem Infárkt

предыска́ние *с свз.* Vórwahl *f*

предыска́тель *м свз.* Vórwähler *m* (6)

предысто́рия *ж* Vórgeschichte *f* (11)

прее́мник *м* Náchfolger *m* (6); Érbe *m* (9); стать ~ом кого́-л. j-s Náchfolge ántreten*

прее́мственн||ость *ж* Náchfolge *f*; Érblichkeit *f*; Áufeinánderfolge *f*, Kontinuität *f*; ~ость вла́сти Náchfolge in der Stáatsgewalt; истори́ческая ~ость histórische Kontinuität; **~ый 1.** erérbt, Erb-, érblich; Náchfolge-; ~ый поря́док насле́дования Érbfolge *f*; **2.** (*последовательный*) aufeinánderfolgend, kontinuíerlich

прее́мство *с см.* прее́мственность

пре́жде 1. *нареч.* früher; éhemals, éhedem (*некогда*); как и ~ wie früher, wie éhemals; ~ и тепе́рь einst und jetzt; **2.** *нареч.* (*сначала*) zuérst; я ~ пойду́ туда́ ich géhe (zu)érst dorthín; **3.** *предлог* vor (*D*); ~ всех vor állen ándern; ~ всего́ vor állem, vor állen Díngen, zuállererst; in érster Líni¦e; ~ сро́ка vor der Frist; **4.:** ~ чем (*союз*) bevór; vor (*D*); ~ чем уе́хать vor der Ábreise; bevór ich ábreise

преждевре́менн||ость *ж* Verfrühtheit *f*; Frühzeitigkeit *f*, Vórzeitigkeit *f*; **~ый** vórzeitig, zu früh; verfrüht; Früh-; ~ые ро́ды *мед.* Frühgeburt *f* (10); ~ое разви́тие frühzeitige Entwícklung, Frühreife *f*; ~о постаре́вший vórzeitig geáltert

пре́жнее *сущ. с* das Vergángene (*sub*)

пре́жн||ий vórig, früher, vergángen, éhemalig; в ~ее вре́мя in früheren [vergángenen] Zéiten

презентова́ть *уст., шутл.* präsentíeren *vt*, schénken *vt*, j-m etw. veréhren

презе́рвы *мн.* Hálbkonserven [-vən] *pl*, Präsérven [-vən] *pl*

президе́нт *м* **1.** (*глава государства*) Präsidént *m* (8); ~-демокра́т demokrátischer Präsidént; ~-республика́нец republikánischer Präsidént; выдвиже́ние на пост ~а Áufstellung für die Präsidéntschaft; кандида́т на пост ~а Kandidát für die Präsidéntschaft, Präsidéntschaftskandidat *m* (8); вы́боры ~а Präsidéntschaftswahlen *pl*; вступи́ть на пост ~а die Präsidéntschaft ántreten*, das Präsidéntenamt übernéhmen*; **2.** (*председатель*) Präsidént *m* (8), Vórsitzende *m* (14); почётный ~ Éhrenpräsident *m*; **~ский** Präsidénten-; präsidiál; ~ский ука́з Präsidiálerlaß *m* -sses, -sse; **~ство** *с* **1.** (*звание*) Präsidéntenwürde *f*; Präsidéntschaft *f*; **2.** (*время деятельности*) Ámtszeit des Präsidénten

прези́диум *м* Präsídium *n* -s, -di¦en, Vórstand *m* -(e)s; вы́брать кого́-л. в ~ j-n ins Präsídium wählen; почётный ~ Éhrenpräsidium *n*

презира́ть 1. veráchten *vt*; **2.** (*пренебрегать*) mißáchten *vt*, geríngschätzen *отд. vt*; verschmähen *vt*

презре́н||ие *с* Veráchtung *f*; Míßachtung *f*, Geríngschätzung *f*; **~ие** к сме́рти Tódesverachtung *f*; **~ный** veráchtet; veráchtenswert, veráchtungswürdig; verächtlich, mißáchtet; schmählich; ◇ ~ный мета́лл *ирон.* schnödes Geld, der schnöde Mámmon

презре́ть *см.* презира́ть 2; ~ опа́сность der Gefáhr trótzen

презри́тельный verächtlich, veráchtungsvoll, ábfällig

презу́мпция *ж филос., юр.* Präsumtión *f* (10), Vorа́ussetzung *f* (10); Mútmaßung *f* (10)

преиму́щественн||о *нареч.* vórzugsweise, besónders, háuptsächlich; größtenteils; **~ый** überwíegend, vórherrschend, háuptsächlich, vórrangig, Vórzugs-; ~ое пра́во Vórrecht *n* (2), Vórzugsrecht *n*; ~ый прое́зд Vórfahrt *f*, Vórfahrtsrecht *n* -(e)s

преиму́ществ||о *с* Vórzug *m* (1*), Vórteil *m* (1), Vórrang *m* -(e)s; Überlégenheit *f*; Vórrecht *n* (2), Sónderrecht *n*, Privilég [-vi-] *n* -s, -i¦en (*привилегия*); име́ть ~о пе́ред кем-л. j-m etw. vorа́ushaben*; ◇ по ~у vórzugsweise, háuptsächlich

преиспо́дняя *уст. ж* Hölle *f*; Únterwelt *f*

преиспо́лненный erfüllt, voll (von *D*), vóller, voll (*G*); ~ опа́сности vóller Gefáhren; ~ благи́х наме́рений voll güter Vórsätze

преиспо́лниться (von éinem Gefühle) ergríffen wérden; ~ гне́вом zórnig wérden; vor Wut überschäumen

прейскура́нт *м* Préisliste *f* (11), Préisverzeichnis *n* (3*); Préistafel *f* (11) (*вывешенный на стене*)

преклоне́ние *с* Hóchachtung *f*, Veréhrung *f*, tíefe Éhrfurcht

преклони́ть *высок.* béugen *vt*, néigen *vt*; ~ коле́на das Knie béugen; **~ся** veréhren *vt*; húldigen *vi* (пе́ред кем-л., пе́ред чем-л. *D*)

прекло́нн||ый hóchbetagt; ~ый во́зраст vórgerücktes Álter, hóhes Álter; ~ых лет in vórgerücktem Álter; in den Jáhren

преклоня́ть(ся) *см.* преклони́ть(ся)

прекосло́вить widerspréchen* *vi*

прекра́сно *нареч.* schön, hérrlich; glänzend, vortréfflich; э́то ~! das ist schön [wúnderschön, hérrlich]!; ну и ~! vortréfflich!, gut so!, sehr gut!; я э́то ~ зна́ю ich weiß das sehr gut; ~ сохрани́вшийся áusgezeichnet erhálten

прекрасноду́шие *с ирон.* Schöngeisterei *f*; sentimentále Schönfärberei

прекра́сн||ое *сущ. с das* Schöne (*sub*); поня́тие ~ого Schönheitsbegriff *m* (1); чу́вство ~ого Schönheitssinn *m*

прекра́сн||ый 1. (*красивый*) schön, wúnderschön, hérrlich; **2.** (*отличный*) vortréfflich, áusgezeichnet; ◇ ~ый пол das schöne Geschlécht; в оди́н ~ый день éines schönen Táges; ра́ди ~ых глаз, за ~ые глаза́ umsónst

прекрати́ть áufhören *vi* (что-л. mit *D*); áufgeben* *vt*; éinstellen *vt*; beénden *vt*, ein Énde máchen (что-л. *D*) (*закончить*); Schluß máchen (mit *D*) (*покончить с чем-л.*); ábbrechen* *vt* (*знакомство, переговоры, разговор*); unterbínden* *vt* (*пресечь*); заставить ~ что-л. éiner Sáche (*D*) Éinhalt gebíeten*; ~ рабóту 1) mit der Árbeit áufhören, áufhören zu árbeiten; Féierabend máchen; 2) (*забастовать*) die Árbeit éinstellen [níederlegen]; in den Áusstand tréten*; врéменно ~ рабóту mit der Árbeit áussetzen, in der Árbeit éinhalten*; ~ слéдствие die Untersúchung éinstellen; ~ воéнные дéйствия die Féindseligkeiten éinstellen; ~ спор éinen Streit béilegen [unterbínden*]; прекратúте разговóры! hört auf zu réden!, laßt das Réden!; **~ся** áufhören *vi*, áussetzen *vi*; ein Énde néhmen* (*закончиться*); ábbrechen* *vi* (s) (*прерваться*); дождь прекратúлся es hat áufgehört zu régnen

прекращáть(ся) *см.* прекратúть(ся)

прекращéние *с* Áufhören *n* -s; Éinstellung *f*, Áufhebung *f*; Unterbíndung *f* (*пресечение*); Ábbrechen *n* -s, Ábbruch *m* -(e)s (*разрыв*); Unterbréchung *f* (*перерыв*); Béilegung *f* (*спора*); ~ рабóты Árbeitseinstellung *f*; Árbeitsniederlegung *f* (*забастовка*); ~ огня́ *воен.* Féuereinstellung *f*; ~ воéнных дéйствий Ábbruch der Féindseligkeiten; ~ войны́ Éinstellung des Kríeges; ~ испытáний я́дерного орýжия Éinstellung der Kérnwaffenversuche; ~ гóнки вооружéний Éinstellung [Beéndigung] *f* des Wéttrüstens; ~ постáвок Líeferstopp *m* -s; ~ произвóдства Betríebsstillegung *f*, Áußerbetriebsetzung *f*; Éinstellung [Stíllegung] der Produktión; ~ дéйствия договóра Erlöschen der Wírkung éines Vertrágs; ~ переговóров Ábbruch der Verhándlungen; ~ сердéчной дéятельности *мед.* Áufhören [Verságen] der Hérztätigkeit; ~ дéла *юр.* Éinstellung éines Verfáhrens

прелáт *м* Prälát *m* (8)

прелéстн||ый réizend, entzückend; ánmutig; ~o! réizend!, allerlíebst!, entzückend!

прéлест||ь *ж* **1.** Ánmut *f*, Reiz *m* -es, Líebreiz *m*; какáя ~ь! wie réizend!; ~ь новизны́ der Reiz der Néuheit; придавáть ~ь чемý-л. éiner Sáche (*D*) Reiz verléihen*; **2.** *мн.* ~и *уст.*, *ирон.* Réize *pl*

прелиминáр||ии *мн.* Präliminári¦en *pl*, Vórverhandlungen *pl*; **~ный** Präliminár-, vórläufig, Vor-; ~ный мир Präliminárfrieden *m* -s; ~ный мúрный договóр Präliminárfrieden *m*, vórläufiger Friedensvertrag

преломúть 1. *физ.* bréchen* *vt*; **2.** (*истолковать*) (ánders) áuffassen *vt*; **~ся 1.** *физ.* sich bréchen*; **2.** (*в сознании*) sich (ánders) spíegeln, éine ándere Gestált ánnehmen*

преломлéние *с* **1.** *физ.* Bréchung *f* (10), Refraktión *f* (10); ~ лучéй Stráhlenbrechung *f*; **2.** (*истолкование*) (subjektíve) Áuffassung *f* (10)

преломлённый *физ.* gebróchen

преломля́ем||ость *ж физ.* Bréchungsvermögen *n* -s; **~ый** *физ.* bréchbar, refraktiónsfähig

преломля́ть *см.* преломúть; **~ся 1.** *см.* преломúться; **2.** *страд.* gebróchen wérden (*ср.* преломúть)

преломля́ющий *физ.* bréchend, refraktív, Refraktív-

прéлый faul, verfáult, fáulig; ángefault; wund (*о коже*); ~ зáпах ein fáuliger Gerúch

прель *ж* Fäulnis *f*, Fäule *f*; Ángefaultes *sub n*; я́блоки с ~ю Äpfel mit fáulen [schímmligen] Stéllen

прельстúть 1. (ver)lócken *vt*, réizen *vt*; durch séinen Reiz fésseln; **2.** (*соблазнить чем-л.*) verfúhren *vt*, verléiten *vt*, verlócken *vt*; **~ся** sich verführen [sich verlócken, sich blénden] lássen* (кем-л., чем-л. durch *A*)

прельщáть(ся) *см.* прельстúть(ся)

прелюбодея́ние *с уст.* Éhebruch *m* (1*)

прелю́дия *ж муз.* Prälúdium *n* -s, -di¦en; *перен.* Áuftakt *m* (1), Vórspiel *n* (2)

премиáльн||ые *сущ. мн.* Prämi¦engelder *pl*; **~ый** Prämi¦en-; ~ая систéма Prämíerungswesen *n* -s; ~ая систéма оплáты трудá Prämi¦enlohnsystem *n* (2); ~ый фонд Prämi¦enfonds [-fɔŋ] *m* = [-fɔŋs], = [-fɔŋs]

премúлый allerlíebst, sehr lieb; он ~ человéк er ist ein sehr líeber Mensch

премúнуть: не ~ nicht unterlássen*; nicht versäumen; nicht verféhlen; я не премúну... an mir soll es nicht féhlen..., ich wérde nicht unterlássen (zu + *inf*)

премировáн||ие *с* Prämíerung *f* (10), Prämiíerung *f*; поря́док ~ия Prämi¦enordnung *f*

премирóв||анный prämíert, prämiíert, préisgekrönt; **~áть** prämíeren *vt*, prämiíeren *vt*; j-n mit éiner Prämi¦e áuszeichnen

премирóвочн||ый Prämi¦en-; ~ая комúссия Prämi¦enkommission *f* (10)

прéми||я *ж* **1.** (*награда*) Preis *m* (1); Prämi¦e *f* (11); Лéнинская ~я Léninpreis *m*; Междунарóдная Лéнинская прéмия «За укреплéние мúра мéжду нарóдами» Internationáler Léninpreis »Für Féstigung des Fríedens zwíschen den Völkern«, Lénin-Fríedenspreis *m*; Междунарóдная ~я Мúра Internationáler Fríedenspreis; Нóбелевская ~я Nobélpreis *m*; присудúть ~ю den Preis verléihen*; э́та кнúга получúла ~ю díeses Buch wúrde préisgekrönt; ~я былá присужденá э́тому фúльму der Preis ging an díesen Film; **2.** *эк.* Prämi¦e *f* (11); страховáя ~я Versícherungsgebühr *f* (10); **3.** (*бесплатное приложение*) únentgeltliche Béilage, Grátisbeilage *f* (11), Grátisbeigabe *f* (11), Grátiszugabe *f*

премнóго *нареч. уст.* sehr, äußerst, zutíefst; я ~ вам благодáрен ich bin Íhnen überaus dánkbar

премýдрость *ж разг.*, *ирон.* Wéisheit *f* (10), größte Wéisheit; шкóльная ~ Schúlweisheit *f*; невеликá ~! das ist (ében) kein Kúnststück!

премýдрый 1. *уст.* wéise; **2.** *ирон.* néunmalklug

премьéр *м* **1.** Premier [-'mie:] *m* -s, -s, Premierminister *m* (6); Mínisterpräsident *m* (8); заместúтель ~а stéllvertretender Premier; **2.** *театр.* érster Scháuspieler; Háuptdarsteller *m* (6)

премьéра *ж театр.* Premiére *f* (11) (*новая постановка*); Úraufführung *f* (*первое представление какой-л. пьесы и т. п.*); Érstaufführung *f* (*первое представление пьесы и т. п. в какой-л. стране, в каком-л. городе*); ~ прошлá успéшно das Stück wúrde erfólgreich érstaufgeführt [úraufgeführt]

премьéр-минúстр *м* Premierminister [-'mie:-] *m* (6); Premier *m* -s, -s; Mínisterpräsident *m* (8)

премьéрша *ж разг.*, *театр.* érste Scháuspielerin; Primadónna *f*, *pl* -nnen; Háuptdarstellerin *f* (12)

пренебрегáть *см.* пренебрéчь

пренебрежéние *с* **1.** (*презрительное отношение*) Geríngschätzung *f*, Míßachtung *f*, Verschmähung *f*; **2.** (*отсутствие внимания к чему-л.*) Vernáchlässigung *f*; Níchtbeachtung *f*; ~ прáвилами прилúчия Vernáchlässigung der Úmgangsformen

пренебрежúтельн||ость *ж* Geríngschätzigkeit *f*, Veráchtlichkeit *f*, Níchtbeachtung *f*; **~ый** geríngschätzig, veráchtlich, wégwerfend; náchlässig (*небрежный*); ~о относúться к комý-л. j-n veráchtlich behándeln, j-n links líegenlassen*; j-n über die Áchsel ánsehen*

пренебрéчь verschmähen *vt*; vernáchlässigen *vt*, sich über etw. (*A*) hinwégsetzen; nicht beáchten; ~ опáсностью der Gefáhr trótzen; он пренебрёг моúм совéтом er verschmähte méinen Rat, er ließ méinen Rat únberücksichtigt, er behérzigte méinen Rat nicht

прéние *с* (*гниение*) Fäulnis *f*

прéн||ия *мн.* Debátte *f* (11); Méinungsaustausch *m* -es, Diskussión *f* (10); Áussprache *f* (11); открыть ~ия die Diskussión [Debátte, Áussprache] eröffnen; прекратúть ~ия die Diskussión [Debátte, Áussprache] schlíeßen*; ~ия сторóн *юр.* Plädoyers [-doa'je:] *pl*, Schlúßvorträge der Partéien; прекращéние ~ий der Ábbruch [die Beéndigung] der Diskussión; предложúть прекратúть ~ия den Schluß der Diskussión beántragen

преобладáние *с* Vórherrschen *n* -s, Übergewicht *n* -(e)s; Dominíeren *n* -s

преобладáть vórherrschen *vi*, überwíegen* *vi*, vórwiegen* *vi*, dominíeren *vi*, die Óberhand háben

преобладáющий vórherrschend, überwíegend, vórwiegend, dominíerend

преображáть *см.* преобразúть; **~ся 1.** *см.* преобразúться; **2.** *страд.* verwándelt wérden (*ср.* преобразúть)

преображéние *с* Verwándlung *f* (10), Wándlung *f*, Úmgestaltung *f* (10); ~ Христá *рел.* die Verklärung Chrísti

преобразúть verwándeln *vt*, úmwandeln *vt*, úmgestalten *vt*, úmbilden *vt*; **~ся** sich verwándeln, sich úmgestalten

преобразовáн||ие *с* **1.** (grúndlegende) Veränderung *f* (10), Úmwandlung *f* (10), Úmgestaltung *f* (10), Úmbildung *f* (10); Néugestaltung *f*, Néuordnung *f*; Reorganisatión *f* (10); Refórm *f* (10) (*реформа*); социáльные ~ия der geséllschaftliche Wándlungsprozeß; ~ие прирóды Úmgestaltung der Natúr; рабóты по ~ию прирóды Árbeiten zur Úmgestaltung der Natúr; **2.** *эл.* Transformatión *f* (10), Transformíerung *f* (10); ~ие постоя́нного тóка в перемéнный Úmformung von Gléichstrom in Wéchselstrom; ~ие дáнных *выч. тех.* Dátenumwandlung *f*, Dátenverarbeitung *f*; ~ие информáции *выч. тех.* Informatiónswandlung *f*

преобразовáтель *м* **1.** Reformátor *m* -s, -tóren, Reorganisátor *m* -s, -tóren; **2.** *эл.* Wándler *m* (6), Úmformer *m* (6); Úmsetzer *m* (6); *выч. тех.* Wándler *m* (6); ~ кóда Kódewandler *m*, Úmkodierer *m* (6); **~ница** *ж* Reformatórin *f* (12), Reorganisatórin *f* (12)

преобразовáть, преобразóвывать 1. úmgestalten *vt*, úmwandeln *vt*, úmbilden *vt*; reorganisíeren *vt*, reformíeren *vt*; **2.** *эл.* transformíeren *vt*, úmformen *vt*

преодолевáть *см.* преодолéть

преодолéние *с* Überwíndung *f*, Bewältigung *f*, Bezwíngung *f* (10); ~

про́шлого Bewältigung der Vergángenheit

преодоле́ть überwínden* *vt*, überwältigen *vt*, bewältigen *vt*, bezwíngen* *vt*; mit j-m, mit etw. (*D*) fértig wérden (*справиться*); ~ расстоя́ние eine Entférnung zurücklegen [überwínden*]; ~ тру́дности Schwíerigkeiten überwínden*; ~ себя́ sich selbst überwínden, sich zusámmennehmen*

преодоли́мый überwíndbar, bezwíngbar

преосвяще́нный *сущ. м* Eminénz *f* (10) (*титул епископа или архиепископа*)

преосвя́щенство *с церк.*: его́ [Ва́ше] ~ séine [Éure] Eminénz

препара́т *м* Präparát *n* (2); гото́вый ~ *фарм.* Fértigpräparat *n*; лече́бные ~ы Arznéimittel *pl*, Medikaménte *pl*

препара́тор *м* Präparátor *m* -s, -tóren; Laboránt *m* (8) (*лаборант*)

препари́ровать präparíeren *vt*

препина́н||ие *с*: знак ~ия *грам.* Sátzzeichen *n* (7), Interpunktiónszeichen *n*; расстано́вка зна́ков ~ия Zéichensetzung *f*, Interpunktión *f*

препира́тельство *с разг.* níchtiger Streit, Wórtwechsel *m* (6)

препира́ться *разг.* (sich) herúmstreiten* *vi*, sich wégen Níchtigkeiten zánken

преподава́н||ие *с* Únterricht *m* -(e)s, Unterríchten *n* -s, Léhren *n* -s; ме́тод ~ия Únterrichtsmethode *f* (11), Léhrmethode *f*, Únterrichtsführung *f* (10); вопро́сы ~ия únterrichtliche Frágen

преподава́тель *м* Léhrer *m* (6); ~ ву́за Hóchschullehrer *m*; Léktor *m* -s, -tóren; ~ психоло́гии Fáchlehrer für Psychologíe; ~ ру́сского языка́ Rússischlehrer *m*; **~ница** *ж* Léhrerin *f* (12); ~ница ву́за Hóchschullehrerin *f*; Lektórin *f* (12); **~ский** Lehr-; Léhrer-; ~ский соста́в Léhrpersonal *n* (2), Léhrkörper *m* (6), Léhrkräfte *pl*; ~ская де́ятельность Léhrtätigkeit *f*

преподава́ть léhren *vt*, unterríchten *vt*, Únterricht ertéilen (что-л. in *D*)

препода́ть léhren *vt*, éine Léhre gében*; ~ нагля́дный уро́к Ánschauungsunterricht ertéilen; ~ сове́т éinen Rat ertéilen

преподнести́, преподноси́ть dárbringen* *vt*, féierlich überréichen; schénken *vt* (*подарить*); ~ сюрпри́з éine Überráschung beréiten; ~ неприя́тную но́вость éine schléchte Náchricht (über)bríngen*

преподноше́ние *с* féierliches Geschénk, Gábe *f* (11)

преподо́бие *с церк.*: Его́ [Ва́ше] ~ Sein [Éuer] Éhrwürden

преподо́бный *церк.* éhrwürdig, gerécht

препозити́вный *грам.* vorángestellt, in der Voránstellung

препо́н||а *ж уст.* Híndernis *n* (3*), Hémmnis *n* (3*); чини́ть ~ы Schwíerigkeiten beréiten, Híndernisse in den Weg légen

препоруча́ть, препоручи́ть ánvertrauen *vt*; übertrágen* *vt*; beáuftragen *vt* (что-л. mit *D*); áuftragen* *vt*

препроводи́тельн||ый Begléit-; ~ое письмо́ Begléitschreiben *n* (7); ~ый докуме́нт Ábfertigungsschein *m* (1)

препроводи́ть, препровожда́ть übersénden * *vt*, zúsenden * *vt*; überréichen *vt* (*передавать*); fórtschaffen *vt* (*арестованного*)

препровожде́н||ие *с* Übersénduпg *f* (10), Ábsendung *f*; ◇ для ~ия вре́мени zum Zéitvertreib

препя́тств||ие *с* Híndernis *n* (3*), Hémmnis *n* (3*); бег с ~иями Híndernislauf *m* (1*); ска́чки с ~иями Híndernisrennen *n* -s, Hürdenrennen *n*; не ста́вить никаки́х ~ий nichts [kéine Híndernisse] in den Weg stéllen; натолкну́ться на ~ие auf ein Híndernis stóßen*; **~овать** (be)híndern *vt*, hémmen *vt*, im Wége stéhen*; etw. in den Weg stéllen; hínderlich sein; éinen Ríegel vórschieben*

прерафаэли́ты *мн. иск.* Präraffaelíten *pl*

прерва́ть unterbréchen* *vt*, ábbrechen* *vt*; ~ уро́к die Stúnde unterbréchen*; ~ разгово́р [перегово́ры] das Gespräch [die Verhándlungen] ábbrechen*; ~ чью-л. речь j-m ins Wort fállen*, j-m in die Réde fállen*; j-s Réde unterbréchen*; j-m das Wort ábschneiden*; **~ся** sich unterbréchen*, ábbrechen* *vi*; у неё прерва́лся го́лос die Stímme verságte ihr

пререка́н||ие *с* Wórtwechsel *m* (6); Streit *m*; Stréitigkeit *f* (10); вступи́ть в ~ия sich in éinen Wórtwechsel éinlassen*

пререка́ться sich stréiten*

пре́рия *ж геогр.* Präríe *f* (11)

прерогати́ва *ж* Prärogatív *n* (2), Prärogatíve [-və] *f* (11), Vórrecht *n* (2); ~ вла́сти Prärogative der Stáatsmacht

прерыва́тель *м эл.* Unterbrécher *m* (6)

прерыва́ть *см.* прерва́ть; **~ся 1.** *см.* прерва́ться; **2.** *страд.* unterbróchen [ábgebrochen] wérden

прерыва́ющийся: ~ го́лос stóckende [verságende] Stímme

преры́вист||ость *ж* Diskontinuität *f*; das Ábgerissene (*sub*), das Rúckartige (*sub*); **~ый** ábgebrochen; ábgerissen; stóckend; rúckartig, unterbróchen, áussetzend, diskontinuíerlich; ~ая интона́ция Stóßton *m* (1*); ~ое дыха́ние stóckender [stóßender] Átem; ~ый ток *эл.* intermittíerender Strom

пресви́тер *м* Présbyter *m* (6); Vórsteher *m* éiner Kírchengemeinde

пресека́ть *см.* пресе́чь; **~ся 1.** *см.* пресе́чься; **2.** *страд.* éingestellt wérden (*ср.* пресе́чь)

пресече́ни||е *с* Ábstellung *f*, Éinstellung *f*, Unterbíndung *f*, Ábschaffung *f*, Áufhebung *f*, Beséitigung *f*; ◇ ме́ра ~я Vórbeugungsmaßnahme *f* (11); Zwángsmaßnahme *f*

пресе́чь ábstellen *vt*, éinstellen *vt*, unterbínden* *vt*; ábschaffen *vt*; ein Énde máchen (что-л. *D*); ~ зло в ко́рне das Übel an der Wúrzel fássen [pákken], das Übel mit der Wúrzel áusrotten; ~ злоупотребле́ния Míßbrauch beséitigen; ~ престу́пные попы́тки die verbrécherischen Versúche unterbínden*; **~ся** plötzlich áufhören, éinhalten* *vi*; jäh ábbrechen*; stócken *vi* (*о голосе*)

пресле́дован||ие *с* Verfólgung *f* (10); Náchstellung *f* (10); *юр.* Fáhndung *f*; Unterdrückung *f* (10) (*гонение*); ма́ния ~ия *мед.* Verfólgungswahn *m* -(e)s; суде́бное ~ие *юр.* geríchtliche Verfólgung, geríchtliches Vórgehen; го́нка ~ия *спорт.* Verfólgungsrennen *n* -s; уходи́ть от ~ия *воен.* den Verfólger ábschütteln

пресле́дователь *м* Verfólger *m* (6)

пресле́довать 1. (*гнаться*) verfólgen *vt*; náchsetzen *vi*, náchstellen *vi*, náchjagen *vi* (s) (кого́-л. *D*); sich j-m an die Férsen [an die Sóhlen] héften; **2.** (*подвергать гонениям*) verfólgen *vt*, unterdrücken *vt*; **3.:** ~ суде́бным поря́дком dem Gericht übergében*, geríchtlich verfólgen; **4.** (*о мысли, идее и т. п.*) verfólgen *vt*; kéine Rúhe lássen* (кого́-л. *D*), nicht in Rúhe lássen*; **5.** (*стремиться*) verfólgen *vt*; ~ свои́ интере́сы séine Interéssen verfólgen; ~ цель ein Ziel [éinen Zweck] verfólgen

пресловýтый berüchtigt; sáttsam bekánnt

пресмыка́||ние *с*, **~тельство** *с* Kriecheréi *f*, Líebedienerei *f*, Spéichelleckerei *f*; **~ться** (*о человеке*) kríechen* *vi*, scharwénzeln *vi*, líebedienern *неотд. vi*; **~ющееся** *с зоол.* Kríechtier *n* (2), Reptíl *n* -s, -i¦en

пресново́д||ный Süßwasser-, límnisch; ~ная ры́ба Flúßfisch *m* (1), Süßwasserfisch *m*; ~ное мо́ре Süßwassermeer *n* (2)

пре́сн||ый 1. úngesalzen; gewürzlos; úngesäuert (*о хлебе*); ~ая вода́ Süßwasser *n* -s; Fríschwasser *n* (*на судах*); **2.** *перен.* ábgeschmackt, fáde, lángweilig, platt; ~ый анекдо́т flácher [schwácher] Witz

преспоко́йно *нареч. разг.* ganz rúhig, séelenruhig, in áller Séelenruhe

пресс *м* **1.** Présse *f* (11); ко́вочный ~ Schmíedepresse *f*; ~ для белья́ Wäschepresse *f*; виногра́дный ~ Tráubenquetsche *f* (11), Tráubenpresse *f*, Kélter *f* (11); **2.** (*гнёт*) Schráube *f* (11); нало́говый ~ Stéuerschraube *f*

пре́сс||а *ж* Présse *f*; иностра́нная ~а die áusländische Présse; в ежедне́вной ~е in den Tágeszeitungen, in der Tágespresse; обзо́р ~ы Présseübersicht *f*; встре́ча с представи́телями ~ы Présseempfang *m* (1*)

пресс-автома́т *м* Automátenpresse *f* (11)

пресс-атташе́ *м* Présseattaché [-ˌʃe:] *m* -s, -s

пресс-бюллете́нь *м* Préssebulletin *n*

пресс-бюро́ *с* Préssebüro *n* -s, -s, Présseamt *n* (5)

пресс-конве́йер *м* Stúfenpresse *f* (11)

пресс-конфере́нция *ж* Préssekonferenz *f* (10); Présse¦empfang *m* (1*)

прессова́ние *с* Préssen *n* -s; горя́чее ~ Wármpressen *n*; холо́дное ~ Káltpressen *n*

прессова́ть préssen *vt*

прессо́в||ка *ж см.* прессова́ние; **~щик** *м* Présser *m* (6)

пресс-папье́ *с* Löscher *m* (6), Löschwiege *f* (11), Bríefbeschwerer *m* (6)

пресс-слу́жба *ж* Préssedienst *m* (2)

пресс-це́нтр *м* Préssezentrum *n* -s, -ren

преста́виться *уст.* verschéiden* *vi* (s), entschláfen* *vi* (s), stérben* *vi* (s)

престаре́лость *ж* Überálterung *f*

престаре́л||ый hóchbetagt, (hóch)bejáhrt; überáltert; дом для ~ых Féierabendheim *n* (2) (*ГДР*) (*in den kapitalistischen deutschen Staaten* Áltersoder Seniórenheim)

престидижита́тор *м уст.* Záuberkünstler *m* (6), Táschenspieler *m* (6)

прести́ж *м* Prestíge [-ˈti:ʃ *u* -ˈti:ʒə] *n* -s, Ánsehen *n* -s, Géltung *f*; вопро́с ~а Prestígefrage *f* (11); подорва́ть ~ das Ánsehen untergráben*

прести́ж||ный 1. Prestige- [-ˈti:ʃ *u* -ˈti:ʒ(ə)]; **2.** (*обладающий престижем*) ángesehen; ~ная профе́ссия ángesehener [attraktíver] [-vər] Berúf

пре́сто *муз.* **1.** *нареч.* présto; **2.** (*произведение*) Présto *n* -s, -s *u* -ti

престо́л *м* **1.** Thron *m* (1); вступи́ть на ~ den Thron bestéigen*; све́ргнуть с ~а vom Thron stürzen; отре́чься от ~а dem Thron entságen, auf den Thron verzíchten; па́пский ~ Héiliger Stuhl;

2. *церк.* Wéihaltar *m* (1*), Altártisch *m* (1)

престолонасле́д||ие *c* Thrónfolge *f*; **~ник** *м* Thrónfolger *m* (6)

престо́льный: ~ пра́здник *церк.* das Fest des Schútzheiligen

преступа́ть, преступи́ть überschréiten* *vt*, übertréten* *vt*; verlétzen *vt*; ~ зако́н das Gesétz überschréiten* [verlétzen]

преступле́н||ие *c* Verbréchen *n* (7); Stráftat *f* (10), *юр.* Delíkt *n* (2); Frével *m* (6), Fréveltat *f*, Gréueltat *f* (*тяжкое*); вое́нное ~ие Kríegsverbrechen *n*; госуда́рственное ~ие Stáatsverbrechen *n*; уголо́вное преступле́ние Stráftat *f*, kriminélles Delíkt; служе́бное ~ие Ámtsdelikt *n*, Stráftat im Amt; Díenstvergehen *n* -s; ~ие про́тив социалисти́ческой со́бственности Stráftat gégen das sozialístische Éigentum; на ме́сте ~ия am Tátort; ~ие про́тив челове́чества ein Verbréchen gégen die Ménschheit; пойма́ть на ме́сте ~ия auf frischer Tat ertáppen

престу́пн||ик *м* Verbrécher *m* (6); Täter *m* (6); уголо́вный ~ик kriminéller Verbrécher; вое́нный ~ик Kríegsverbrecher *m*; **~ость** *ж* Kriminalität *f*; ю́ношеская ~ость Júgendkriminalität *f*; **~ый 1.** verbrécherisch, frévelhaft; ~ые элеме́нты verbrécherische Eleménte; **2.** (*недопустимый*) stráflich; ~ое легкомы́слие stráflicher Léichtsinn; ~ая небре́жность stráfliche Fáhrlässigkeit

пресы́тить übersättigen *vt*; **~ся** sich übersättigen; übersättigt sein (чем-л. von *D*)

пресыща́ть(ся) *см.* пресы́тить(ся)

пресыще́ние *c* Übersättigung *f*; ~ жи́знью Lébensüberdruß *m* -sses; чу́вствовать [испы́тывать] ~ Übersättigung empfínden*

пресы́щенн||ость *ж* Übersättigung *f*; **~ый** übersättigt; ~ый жи́знью lébensmüde

претворе́ние *c* Verkörperung *f* (10) (*воплощение*); Verwándlung *f* (10) (*превращение во что-л.*); ~ в жизнь Verwírklichung *f*, Realisíerung *f*

претвори́ть verwírklichen *vt*, realisíeren *vt*; verkörpern *vt* (*воплотить*); verwándeln *vt*, verändern *vt* (*превратить*); ~ в жизнь ins Lében [in die Wírklichkeit] úmsetzen

претенде́нт *м* Bewérber (6), Ánwärter *m* (6); *спорт.* Favorít [-vo-] *m* (8); *шахм.* Heráusforderer *m* (6); **~ка** *ж* Bewérberin *f* (12), Anwärterin *f* (12)

претендова́ть beánspruchen *vt*; Ánspruch erhében* [háben] (на что-л. auf *A*); ~ на како́е-л. пра́во ein Recht für sich in Ánspruch néhmen*; ~ на каку́ю-л. до́лжность sich um éinen Pósten bewérben*

прете́нз||ия *ж* Ánspruch *m* (1*); *ком.* Beánstandung *f* (10), Mängelrüge *f* (11), Reklamatión *f* (10); Ánmaßung *f* (10) (*необоснованная*); юриди́ческая ~ия Réchtsanspruch *m*; ча́стная ~ия Privatforderung [-'va:t-] *f* (10); челове́к с ~иями ein únbescheidener Mensch; ein Mensch mit úngerechtfertigten Ánsprüchen; заявля́ть ~ии Ánsprüche erhében*; предъяви́ть ~ию séinen Ánspruch géltend máchen; име́ть ~ию на что-л. Ánsprüche máchen; отклони́ть ~ию éinen Ánspruch zurückweisen*; срок пода́чи ~ии Éinspruchsfrist *f* (10); изложи́ть свои́ ~ии séine Fórderungen dárlegen [formulíeren]; без ~ий ánspruchslos, beschéiden; ◇ быть в ~ии на кого́-л. j-m etw. übelnehmen*; j-m etw. verübeln; etw. gégen j-n háben

претенцио́зн||ость *ж* Ánmaßung *f*; Manieríertheit *f*, Gesúchtheit *f* (*манерность*); **~ый** prätentiös, überaus ánspruchsvoll; gesúcht, gekünstelt, geziert (*манерный*)

претерпева́ть, претерпе́ть 1. ertrágen* *vt*, erléiden* *vt*, erdúlden *vt*; dúrchmachen *vt*, mítmachen *vt*; áusstehen* *vt*; ~ го́лод и лише́ния Húnger und Entbéhrungen erléiden*; мно́гое претерпе́ть viel mítmachen [dúrchmachen]; viel Schwéres ertrágen*; **2.:** ~ измене́ние éinen Wándel erfáhren* [erléiden*]

прети́ть Ékel [Wíderwillen] errégen (кому́-л. in *D*); ánekeln *vt*, ánwidern *vt*, wíderlich sein, zuwíder sein; э́то мне прети́т das ékelt mich an

преткнове́н||ие *c*: ка́мень ~ия Stein des Ánstoßes

пре́тор *м ист.* Prätor *m* -s, -tóren; **~иа́нец** *м ист.* Prätoriáner *m* (6)

преть 1. (*гнить*) fáulen *vi* (s), módern *vi*, verrótten *vi* (s); **2.** *разг.* (*тушиться*) dämpfen *vi*, schmóren *vi*; **3.** *разг.* (*потеть*) schwítzen *vi*

преувеличе́ние *c* **1.** (*действие*) Übertréiben *n* -s; **2.** (*преувеличенное*) Übertreibung *f* (10); Überbetonung *f* (10)

преувели́ченный übertríeben

преувели́чивать, преувели́чить übertréiben* *vt*; áufbauschen *vt* (*раздуть*); dick [stark] áuftragen* (*переборщить*); áufschneiden* *vi* (*приврать*)

преуменьша́ть *см.* преуме́ньшить

преуменьше́ние *c* Verkléinerung *f*, Verríngerung *f*; Unterschätzung *f* (*недооценка*)

преуме́ньшить verkléinern *vt*, verríngern *vt*; unterschätzen *vt*, zu níedrig ánsetzen [ángeben*, veránschlagen] (*недооценить*); по преуме́ньшенным да́нным nach zu níedrig gegríffenen Ángaben

преуспева́ть 1. (*делать успехи*) Fórtschritte máchen, Erfólg háben, gedéihen* *vi* (s), voránkommen* *vi* (s); **2.** *ирон.* (*процветать*) gut lében; ein Lében in Wóhlstand führen; lében wie Gott in Fránkreich (*разг.*)

преуспе́ть *см.* преуспева́ть 1

префе́кт *м* Präfékt *m* (8); **~у́ра** *ж* Präfektúr *f* (10)

префера́нс *м карт.* Preference [*фр.* prefe'rãs] *f*

префиги́рующ||ий: ~ие языки́ *лингв.* ánreihende Spráchen

пре́фикс *м грам.* Präfíx *n* (2), Vórsilbe *f* (11); **~а́льный** mit (éinem) Präfíx, mit (éiner) Vórsilbe; **~а́ция** *ж грам.* Präfigíerung *f*

преходя́щий vorübergehend, vergänglich, zéitweilig, kúrzlebig

прехоро́шенький *разг.* allerlíebst

прецеде́нт *м* Präzedénzfall *m* (1*); *юр.* Präjudíz *n* (2) (*pl тж.* -zi¦en); не име́ть ~ов kéine Präzedénzfälle háben; э́то не име́ет ~ов dafür gibt es kéine Präzedénzfälle

прецессия *ж физ.* Präzessión *f*

прецизио́нный Präzisións-, Fein-; ~ прибо́р Präzisiónsinstrument *n* (2), Präzisiónswerkzeug *n* (2)

преципита́т *м хим.* Präzipitát *n* (2), Bódensatz *m* (1*)

пречестн||ый ganz éhrlich; ◇ че́стное-~ое сло́во! Éhrenwort!

при *предлог* **1.** (*возле*) bei (*D*), an (*D*); при вхо́де am Éingang; при доро́ге am Weg; при до́ме сад beim Háuse ist ein Gárten; **би́тва при** Бородине́ die Schlacht bei Borodinó; **2.** (*принадлежность*): при клу́бе кинозал der Klub hat éinen Fílmsaal; состоя́ть при шта́бе dem Stab ángehören; **3.** (*в присутствии*) in Ánwesenheit, im Béisein, in Gégenwart (*G или* von *D*); vor (*D*); при посторо́нних in Gégenwart von Únbekannten, in Gégenwart von Frémden; при двух свиде́телях in Ánwesenheit von zwei Zéugen, in Gégenwart zwéier Zéugen; при всём (че́стно́м) наро́де vor állen; vor áller Welt; при мне in méinem Béisein, in méiner Ánwesenheit; **4.** (*в эпоху*) únter (*D*), zur Zeit (*G*), zu Lébzeiten (*G*); in (*D*); при Петре́ Пе́рвом zur Zeit Péters des Érsten; при жи́зни... zu [bei] Lébzeiten (*G*); при феодали́зме im Feudalísmus; при сове́тской вла́сти únter der Sowjétmacht; ~ мне там был друго́й нача́льник zu méiner Zeit war dort ein ándrer Chef; **5.** (*для обозначения обстоятельства действия*) bei (*D*); при све́те bei Licht, bei Tágeslicht; при пе́рвом движе́нии bei der érsten Bewégung; при перехо́де у́лицы bei Überschréiten des Fáhrdammes; при изве́стных усло́виях únter bestímmten Bedíngungen; **6.** (*несмотря на*) bei (*D*); trotz (*G или D*); при его́ уме́ bei séinem Verstánd; при всём том bei [trotz] alledém, dessenúngeachtet; при всём жела́нии beim bésten Wíllen; при всех его́ досто́инствах bei all séinen gúten Éigenschaften, trotz all séiner gúten Éigenschaften; при всём моём уваже́нии bei áller Hóchachtung; **7.** (*при наличии, имея с собой*) bei (*D*), mit (*D*); при ору́жии bewáffnet, in Wáffen; быть при деньга́х bei Kásse [bei Geld] sein; де́ньги бы́ли при мне ich hátte das Geld mit [bei mir]; име́ть при себе́ míthaben* *vt*, bei sich (*D*) háben; ◇ прилага́я при сём béiliegend; при э́том dabéi; при слу́чае bei Gelégenheit; при по́мощи mit Hílfe (von *D*), míttels (*G*)

Приаму́рье *c* Amúrgebiet *n* -(e)s

приаркти́ческий subárktisch

прибавить 1. zúgeben* *vt*, zúlegen *vt*; vergrößern *vt*, verméhren *vt*; ~ жа́лованья das Gehált erhöhen; ~ са́хару Zúcker zúgeben*; Zúcker zúschütten (*о песке*); ~ (*кому-л.*) ча́ю Tee zúgießen; ~ ша́гу [хо́ду] séine Schrítte beschléunigen; schnéller géhen*; **2.** (*сказать*) hinzúfügen *vt*, ergänzen *vt*; он приба́вил сле́дующее er ságte ergänzend fólgendes; **3.:** ~ в ве́се (an Gewícht) zúnehmen* *vi*; **4.** (*об одежде*) wéiten *vt*; länger [bréiter] máchen; **5.** (*приврать*) Únwahres hinzúdichten; **6.** *мат.* addíeren *vt*, hinzúfügen *vt* hinzúzählen *vt*; **~ся** sich verméhren; sich vergrößern, wáchsen* *vi* (s) (*увеличиться*); у меня́ приба́вилось забо́т ich hábe néue Sórgen dazúbekommen

приба́вк||а *ж* **1.** Zúlegen *n* -s; **~а** в ве́се Gewíchtszunahme *f*; **2.** (*зарплаты*) Zúlage *f* (11), Gehältserhöhung *f* (10), Áufbesserung *f* (10); получи́ть ~у éinen Lóhnaufschlag [éine Zúlage, éine Gehältserhöhung] bekómmen*

прибавле́ние *c* Hinzúfügung *f* (10), Zúlage *f* (11); Zúnahme *f* (11) (*увеличение*); Zúsatz *m* (1*) (*дополнение*); Zúwachs *m* -es (*прирост*); ~ семе́йства *разг.* Famíli¦enzuwachs *m*

прибавля́ть *см.* приба́вить; **~ся 1.** *см.* приба́виться; дни прибавля́ются *разг.* die Táge wérden länger, die Táge néhmen zu; **2.** *страд.* zúgegeben wérden (*ср.* приба́вить)

прибáвочн||ый *эк.* zúsätzlich, hinzúkommend; Mehr-; ~ый труд Méhrarbeit *f*; ~ая стóимость Méhrwert *m* -(e)s; **~ый продýкт** Méhrprodukt *n* -(e)s

Прибайкáлье *с* Baikálgebiet *n* -(e)s

прибалтúйск||ий báltisch, Óstsee-; ~ие госудáрства Óstseestaaten *pl*; Óstseeländer *pl*; Ánliegerstaaten der Óstsee; ~ие курóрты Óstseebäder *pl*; ~ий порт Óstseehafen *m* (7*); ~ие респýблики die báltischen Republíken

Прибáлтика *ж* Báltikum *n* -s, Óstseegebiet *n* -(e)s

прибаýтка *ж* sprı́chwörtliche Rédensart, Schérzwort *n* (2); Wórtspiel *n* (2)

прибаю́кивать in den Schlaf síngen* [wíegen]; éinschläfern *vt*, éinlullen *vt*

прибегáть I *см.* прибéгнуть

прибегáть II *см.* прибежáть

прибéгнуть séine Zúflucht néhmen* (к комý-л., к чемý-л. zu *D*); séine Zúflucht súchen (к комý-л. bei *D*); sich wénden* (к чемý-л. an *A*); bei j-m Hílfe [Schutz] súchen; ~ к чьемý-л. содéйствию j-s Hílfe in Ánspruch néhmen*; ~ к обмáну zum Betrúg gréifen*; ~ к сúле Gewált ánwenden*; zur Gewált gréifen*; ~ к орýжию zu den Wáffen gréifen*; ~ к крáйним мéрам zu den äußersten Máßnahmen gréifen*; äußerste Máßnahmen ergréifen*; ~ к покровúтельству закóна sich únter den Schutz des Gesétzes stéllen

прибеднúться, прибедня́ться *разг.* sich arm [únglücklich] stéllen; den Bemítleidenswerten spíelen

прибежáть herbéilaufen* *vi* (s), herbéigelaufen [ángelaufen] kómmen*

прибéжище *с* Zúfluchtsort *m* (1), Zúflucht *f*; Asýl *n* (2)

приберегáть, приберéчь spáren *vt*, beiséite¦legen *vt*; áufheben* *vt*, áufbewahren *vt*, verwáhren *vt* (*хранить*)

прибивáть *см.* прибúть I

прибирáть *см.* прибрáть; ~ся 1. *см.* прибрáться; 2. *страд.* áufgeräumt wérden (*ср.* прибрáть)

прибúть I 1. ánschlagen* *vt*; ánnageln *vt* (*гвоздями*); 2. (*к земле*) níederschlagen* *vt*, herúnterdrücken *vt*; verhágeln *vt* (*градом*); дождь прибúл пыль der Régen hat den Staub gelöscht; 3. (*к берегу*) (ans Úfer) spülen *vt*

прибúть II *разг.* (*побить*) schlágen* *vt*, prügeln *vt*; éine Tracht Prügel gében* [verábreichen] (когó-л. *D*)

приближáть *см.* прибли́зить; **~ся** *см.* прибли́зиться

приближéн||ие *с* 1. Nähen *n* -s; Heránnahen *n*, Ánnähern *n* -s; 2. *мат.* Ánnäherung *f*, Approximatión *f*, ánnähernde Beréchnung; стéпень ~ия Ánnäherungsgrad *m* (1)

приближённ||ость *ж мат.* Ánnäherungsgrad *m* (1), Ánnäherung *f* (10); **~ый** *прил.* 1. *мат.* ángenähert; approximatív; ánnähernd, Ánnäherungs-; ~ое вычислéние ángenäherte Beréchnung; 2. *в знач. сущ. м* Vertráute *m* (14), Vertráuensmann *m* (4) (*pl тж.* -leute), Vertráuensperson *f* (10), Náhestehende *m* (14); ~ые *мн.* die nächste [éngere] Umgébung

приблизúтельн||о *нареч.* ánnähernd, ánnäherungsweise, ungefähr; zírka, an (*A*) (*о количестве*); он истрáтил ~о двéсти рублéй er veráusgabte an die zwéihundert Rúbel; **~ый** ánnähernd, ungefähr; überschläglich (*о расчёте*)

прибли́зить 1. näher bríngen*, näher rücken, (án)nähern *vt* (к комý-л., к чемý-л. *D*); ~ к нарóду an das Volk heránbringen*; 2. (*ускорить*) beschléunigen *vt*; 3. (*привлечь*) heránziehen* *vt*, für sich gewínnen*; ~ к себé in séinen Kreis [Geséllschaftskreis] zíehen*; heránziehen* *vt*; **~ся** sich nähern, náhen *vi* (s) (к комý-л., к чемý-л. *D*); heránkommen* *vi* (s) (an *A*), sich náhen, heránnahen *vi* (s), heránrücken *vi* (s); ~ся к довоéнному ýровню an den Vórkriegsstand heránkommen*, das Vórkriegsniveau [-,vo:] erréichen

приблудúться sich verláufen*; sich éiner ánderen Hérde ánschließen* (*о животных*)

приблýдный zúgelaufen; verírrt (*о животных*), ~ пёс ein zúgelaufener Hund

прибóй *м* Brándung *f*, Wéllenschlag *m* -(e)s (*волн*)

прибóр *м* 1. Gerät *n* (2); Apparát *m* (1); Vórrichtung *f* (10); Instrumént *n* (2); Zúbehör *n* (2); ~ управлéния Stéuergerät *n*; контрóльно-измерúтельный ~ Kontróllmeßgerät *n*; ~ дистанциóнного управлéния Férnbedienungsgerät *n*, Férnregler *m* (6); ~ телеизмерéний Férnmeßgerät *n*; ~ для подслýшивания [перехвáта] *воен.* Ábhörgerät *n*; 2. (*комплект, набор*) Satz *m* (1*), Garnitúr *f* (10); пúсьменный ~ Schréibzeug *n* (2), Schréibtischgarnitur *f*; чертёжный ~ Zéichengerät *n* (2); 3. (*столовый*) Gedéck *n* (2); Éßbesteck *n* (2), Bestéck *n*, Tíschbesteck *n* (*ложка, вилка и т. п.*); Áufsatz *m* (1*) (*из тарелок*); чáйный ~ Téegeschirr *n* (2); постáвить ~ ein Gedéck áuflegen; 4. *стр.* Beschlág *m* (1*); окóнный ~ Fénsterbeschlag *m*; двернóй ~ Türbeschlag *m*

прибóрка *ж разг.* Réinemachen *n* -s, ~ на корабле́ Réinschiff *n* -s

прибóр||ный: ~ная доскá Armatúrenbrett *n* (5); Gerätetafel *f* (11)

приборостроéние *с* Gerätebau *m* -(e)s; Apparátebau *m*

приборостроúтельный Gerätebau-; Apparátebau-; ~ завóд Gerätewerk *n* (2)

прибрáть *разг.* 1. (flüchtig, ein wénig) áufräumen *vt*, in Órdnung bríngen*, zurécht¦legen *отд. vt*; ~ кóмнату das Zímmer áufräumen; ~ постéль das Bett zuréchtmachen; ◇ ~ к рукáм что-л. *разг.* sich (*D*) etw. áneignen; sich éiner Sáche (*G*) bemächtigen; ~ к рукáм когó-л. *разг.* j-n streng hálten*, j-n únter die Fúchtel [an die Kandáre] néhmen*; **~ся** *разг.* 1. in Órdnung bríngen*; 2 (*о человеке*) sich zuréchtmachen; sich heráusputzen

прибрéжн||ый am Úfer gelégen; Úfer-, küstennah, Küsten-, Strand-, ~ая морскáя полосá [территóрия] Küstengebiet *n* (2); ~ый óстров vórgelagerte [küstennahe] Ínsel

прибрéжье *с* Úferland *n* -es, Úfergelände *n* (6)

прибрестú *разг.* sich (mit Mühe) hérschleppen

прибывá||ть *см.* прибы́ть; водá в рекé ~ла der Fluß schwoll an; das Wásser stieg

при́был||ь *ж* 1. Gewínn *m* (1), Profít *m* (1); Vórteil *m* (1), Nútzen *m* (7) (*выгода*); валовáя ~ь Brúttogewinn *m*, Gesámtgewinn *m*; Brúttoprofit *m*, Róhprofit *m*; чúстая ~ь Réingewinn *m*; Néttogewinn *m*, Néttoprofit *m*; срéдняя ~ь Dúrchschnittsprofit *m*; максимáльная ~ь Maximálprofit *m*; Höchstprofit *m*; нóрма ~и *эк.* Profítrate *f* (11); воéнные ~и Kríegsgewinne *pl*, Kríegsprofite *pl*; получéние ~и Erwírtschaftung des Gewínns; приносúть ~ь Gewínn [Vórteil, Nútzen] bríngen*; Gewínn ábwerfen*; извлекáть ~ь Gewínn [Nútzen] zíehen*; получáть ~ь от чегó-л. von etw. (*D*) Vórteil háben, aus etw. (*D*) Vórteil zíehen*, an [von] etw. (*D*) profitíeren; Profíte éinstreichen*; кака́я мне ~ь от э́того? *разг.* was (für éinen Nútzen) hábe ich davón?; 2. *разг.* (*увеличение, прирост*) Zúnahme *f*, Zúwachs *m* -es; ~ь населéния Bevölkerungszuwachs *m*; ◇ водá идёт на ~ь das Wásser steigt

при́быль||ность *ж* Éinträglichkeit *f*, Vórteilhaftigkeit *f*; Rentabilität *f*; **~ный** éinträglich, gewínnbringend; rentábel; lukratív; vórteilhaft, profitábel (*выгодный*); ~ное предприя́тие ein mit Gewínn árbeitender [rentábler] Betríeb

прибы́тие *с* Ánkunft *f*, Éintreffen *n* -s

прибы́ть 1. ánkommen* *vi* (s), éintreffen* *vi* (s); пóезд прибывáет на четвёртый путь der Zug hat Éinfahrt auf Gleis vier; 2. *разг.* (*увеличиться*) zúnehmen* *vi*; sich vergrößern; stéigen* *vi* (s) (*о воде*)

привáда *охот., рыб. ж см.* примáнка 1

привáдить 1. *охот., рыб.* j-n mit Fútter ánlocken, ködern *vt*, j-n an éinen bestímmten Ort gewöhnen; 2. (*приручить*) sich j-m genéigt máchen, an sich zíehen*, für sich gewínnen*

привáл *м* 1. (*остановка*) Halt *m* (1); Rast *f* (10); Háltmachen auf dem Marsch; кратковрéменный ~ éine kúrze Rast; сдéлать ~ Rast [Halt] máchen; 2. (*место*) Rástplatz *m* (1*); Hálteplatz *m*

привáливать, привалú||ть 1. (*придвинуть*) heránwälzen *vt*; 2. (*о пароходе*) ánlegen *vi*, lánden *vi* (s); 3. *разг.* (*прийти во множестве*) herbéiströmen *vi* (s); ◇ счáстье емý ~ло *разг.* er hat größes [únerhörtes] Glück (gehábt)

привáривать, приварúть *тех.* ánschweißen *vt*

привáрка *ж тех.* 1. (*действие*) Ánschweißen *n* -s; 2. (*то, что приварено*) das Ángeschweißte (*sub*)

привáрок *м* 1. (*горячая пища*) wármes Éssen; Bekö́stigung *f*; 2. (*съестные припасы*) Náhrungsmittel *pl*, Éßwaren *pl*

привáт-доцéнт *м уст.* Privatdozent [-'va:t-] *m* (8)

привáтн||ый privat [-'va:t], Privát-; в ~ом порядке auf privátem Wége

приведéние *с* 1 (*фактов, данных и т. п.*) Ánführung *f*, Ángabe *f*; Zitíerung *f* (*цитирование*); *юр.* ~ доказáтельств Beweísführung *f*; Beweísantritt *m* -(e)s; 2. *мат.* Reduktión *f* (10); ~ к óбщему знаменáтелю die Reduktión [die Zurückführung] auf den gléichen Nénner; 3. (*в какое-л. состояние*) Órdnen *n* -s; ~ в поря́док Órdnen *n* -s, Hérstellung der Órdnung; ~ в боевóе положéние Instéllungbringen *n* -s, ~ в боевýю готóвность Hérstellung der Geféchtsbereitschaft; ~ в исполнéние Vóllzug *m* (1*), Vollstréckung *f* (10); ~ в испрáвность Instándsetzung *f*; ~ в дéйствие Inbetríebnahme *f*, Inbetríebsetzung *f*; ◇ ~ к присяге Veréidigung *f*

привестú ánfahren* *vt*; ántransportieren *vt*; mit éinem Fúhrwerk herbéibringen*; mítbringen* *vt* (*с собóй*); liefern *vt*, ánliefern *vt*, zúliefern *vt*, zústellen *vt* (*достáвить*); ~ когó-л. домóй j-n nach Háuse fáhren* [bríngen*]; ~ дровá Holz ánfahren*

привередлив||ость *ж* Nörgeléi *f* (10), Mäkeléi *f*, Láunenhaftigkeit *f*; Nörgelsucht *f*; Meckeréi *f* (*разг.*) **~ый** nörglerisch, gríllenhaft; wählerisch, láunisch

привере́дн||ик *м* Nörgler *m* (6), Mäkler *m* (6); Méckerer *m* (6) (*разг.*) **~ица** *ж* Nörglerin *f* (12), Mäklerin *f* (12)

привере́днич||ание *с* Nörgeln *n* -s, Mäkeln *n* -s; Méckern *n* -s (*разг.*); **~ать** nörgeln *vi*, (herúm)mäkeln *vi*; méckern *vi* (*разг.*)

приве́ржен||ец *м* Ánhänger *m* (6); Jünger *m* (6); **~ность** *ж* Ánhänglichkeit *f*; Ergébenheit *f* (*прéданность*); Tréue *f* (*вéрность*); **~ный** ánhänglich, zúgetan; ergében (*прéданный*); treu (*вéрный*)

привернýть, привёртывать 1. *см.* привинти́ть; **2.** (*убáвить, напр. плáмя*) herúnterdrehen *vt*, zurückdrehen *vt*

приве́с *м с.-х.* Gewíchtszunahme *f* (11)

приве́сить ánhängen *vt*, áufhängen *vt*

приве́сок *м разг.* **1.** Gewíchtszugabe *f* (11); **2.** (*придáток*) Ánhängsel *n* (6)

привести́ 1. führen *vt*, herbéiführen *vt*, bríngen* *vt*; ~ обрáтно zurückführen *vt*; приведи́ егó сюдá bringe [hóle] ihn her; **2.** *мат.* reduzíeren *vt*; ~ к óбщему знаменáтелю auf éinen geméinsamen Nénner reduzíeren [bríngen*]; **3.** (*в какóе-л. состояние*) (ver)sétzen *vt*, bríngen* *vt*; ~ в замешáтельство in Verlégenheit bríngen* [sétzen]; ~ в отчáяние zur Verzwéiflung bríngen*; ~ в поря́док in Órdnung bríngen*; órdnen *vt*; ~ в поря́док свои́ делá séine Ángelegenheiten régeln [órdnen]; ~ в боевýю готóвность in Geféchtsbereitschaft versétzen *vt*, die Geféchtsbereitschaft hérstellen *vi*; ~ в боевóе положéние in Geféchtslage [Stéllung] bríngen*; ~ в движéние ántreiben* *vt*, in Bewégung sétzen; ~ в испрáвность instánd sétzen; ~ хозя́йство в упáдок herúnterwirtschaften *vt*; ~ в дéйствие in Betríeb [Gang] sétzen; in Gang bríngen*; ~ в негóдность kapútt máchen (*разг.*); ~ к ги́бели ins Verdérben stürzen; **4.** (*дáнные и т. п.*) ánführen *vt*, ángeben* *vt*, áufführen *vt*, nénnen* *vt*; zitíeren *vt*; ~ что-л. в примéр etw. als Béispiel ánführen; ~ доказáтельства Bewéise erbríngen* [líefern]; ◇ ~ когó-л. к прися́ге j-m den Eid ábnehmen*; veréidigen *vt* (*свидéтелей*); ~ в чýвство zum Bewúßtsein [zur Besínnung] bríngen*; wíeder ins Lében zurückrufen*

приве||сти́сь *безл. разг.*: мне ~лóсь э́то уви́деть ich hátte Gelégenheit, das zu séhen; емý ~лóсь испытáть мнóго гóря er hat viel dúrchmachen müssen

приве́т *м* Gruß *m* (1*); словá ~а Grúßworte *pl*; с товáрищеским ~ом! mít kollegiálem [kamerádschaftlichem] Gruß!; ~ вам! willkómmen!; передáть ~ от когó-л. éinen Gruß von j-m überbríngen* [áusrichten, bestéllen], j-n grüßen lássen*; он просúл передáть тебé ≈ er läßt dich grüßen; передáйте от меня́ ~ вáшему дрýгу grüßen Sie Íhren Freund von mir

приве́тливость *ж* Fréundlichkeit *f*, Léutseligkeit *f*; höfliches [fréundliches] Entgégenkommen

приве́тлив||ый fréundlich, léutselig; entgégenkommend; ~ая улы́бка ein fréundliches Lächeln

приве́тственн||ый Begrüßungs-, Gruß-, Willkómmens-; ~ая речь Grúßansprache *f* (11), Begrüßungsansprache *f*; ~ая телегрáмма Grúßtelegramm *n* (2)

приве́тств||ие *с* Willkómmen(s)gruß *m*, Willkómm *m* -s, Willkómmen *n* -s (*при встрéче гостéй и т. п.*); Grúßbotschaft *f* (10), Begrüßungsschreiben *n* (7), Grúßschreiben *n* (*в пи́сьменной фóрме*); взаи́мные ~ия gégenseitige Begrüßung(sworte); **2.** (*приветственная речь*) Grúßansprache *f* (11), Begrüßungsansprache *f*, Begrüßungsrede *f* (11), Empfángsrede *f*;

приве́тств||овать 1. (be)grüßen *vt*; willkómmen héißen*; ~овать от чьегó-л. и́мени in j-s Námen begrüßen, in j-s Námen willkómmen héißen*; сердéчно ~овать когó-л. ein hérzliches Willkómmen entbíeten*; ~ую! (sei mir) willkómmen!, sei mir gegrüßt! **2.** (*одобрять*) gútheißen* *отд. vt*; sich für etw. (*A*) áufgeschlossen zéigen; э́то слéдует ~овать es ist begrüßenswert; **3.** *воен.* salutíeren *vi*, grüßen *vt*

приве́шивать *см.* привéсить

привива́ть *см.* приви́ть; **~ся 1.** *см.* приви́ться; **2.** *страд.* gepfrópft wérden (*ср.* приви́ть)

приви́вк||а *ж* **1.** *бот.* Pfrópfung *f* (10), Pfrópfen *n* -s, Okulíeren *n* -s; Verédelung *f*; **2.** *мед.* (*дéйствие*) Ímpfen *n* -s; Ímpfung *f* (10); предохрани́тельная ~а Schútzimpfung *f*; повтóрная ~а Wíederimpfung *f*, Revakzinatión *f*; ~а прóтив бéшенства Tóllwutschutzimpfung *f*; спрáвка о ~е Ímpfschein *m* (1); обязáтельная ~а Ímpfpflicht *f*; Ímpfzwang *m* -(e)s; **3.** *мед.* (*препарáт*) Ímpfstoff *m* (1), Vakzín [vak-] *n* (2), Vakzíne *f* (11); Sérum *n* -s, *pl* -ren *u* -ra (*сыворóтка*)

приви́вочный 1. *бот.* Pfropf-, Okulíer-; **2.** *мед.* Impf-

привидéние *с* Gespénst *n* (5), Geist *m* (4), Spuk *m* (1), Erschéinung *f* (10)

приви́де||ться *безл. разг.*: мне ~лось во сне, что... ich [mir] träumte, daß..., ich sah im Traum, daß...

привилегирóванный privilegíert [-vi-], bevórrechtet, bevórzugt, Vórzugs-, Áusnahme-

привилéгия *ж* Privilég [-vi-] *n* -(e)s, *pl* Privilégi¦en, Vórrecht *n* (2), Sónderrecht *n* (*преимýщественное прáво*); Vergünstigung *f* (10) (*снисхождéние*)

привинти́ть, приви́нчивать ánschrauben *vt*; ~ гáйку éine Mútter ánschrauben [ánziehen*]

привирáть *см.* приврáть

приви́||ть 1. *бот.* pfrópfen *vt*, okulíeren *vt*; **2.** *мед.* ímpfen *vt*; náchimpfen *vt* (*повтóрно*); ~ть комý-л. óспу j-n gégen die Blättern [Pócken] ímpfen; **3.** *перен.* éinimpfen *vt*; éinführen *vt*, éinbürgern *vt*; ánerziehen* *vt*, béibringen* *vt* (*чýвство, привы́чку*); ~ть комý-л. нóвую идéю j-n für éine néue Idée gewínnen*; **~ться 1.** *бот.* ánwachsen* *vi* (s); Wúrzel fássen [schlágen*]; растéние ~лóсь die Pflánze ist ángegangen; **2.** *мед.* wírken *vi*; **3.** (*укорени́ться*) Wúrzel fássen; sich éinbürgern; нóвая мóда ~лáсь die néue Móde hat Fuß gefáßt [hat sich éingebürgert]

при́вкус *м* Béigeschmack *m* -(e)s; Náchgeschmack *m* (*остающийся*)

привлекáтельн||ость *ж* Ánziehungskraft *f*; Charme [*фр.* ʃarm] *m* -s, Scharm *m* -(e)s; Attraktivität [-vi-] *f*; **~ый** ánziehend, fésselnd, ánsprechend, éinnehmend; attraktív; ~ая внéшность ein attraktíves Äußeres

привлекáть *см.* привлéчь; **~ся:** ~ся к судéбной отвéтственности stráfrechtlich zur Verántwortung gezógen wérden

привлечéние *с* Heránziehen *n* -s, Heránziehung *f*; Éinbeziehung *f*; Hínzúziehung *f*; ~ специали́стов к рабóте das Heránziehen von Fáchleuten zur Árbeit; ~ клиéнтов Kúndenwerbung *f*; ~ рабóчей си́лы Wérbung [Beschaffung] von Árbeitskräften, Árbeitskräftewerbung *f*, Árbeitskräftebeschaffung *f*; ~ внимáния die Fésselung der Áufmerksamkeit; ~ к судý das geríchtliche Vórgehen; die Ánstrengung éiner Kláge; ~ к отвéтственности Verántwortlichmachen *n*

привлéчь 1. (herán)zíehen* *vt*; éinbeziehen* *vt*; hinzúziehen* *vt*, lócken *vt*; ~ к учáстию в рабóте zu éiner Árbeit heránziehen*; ~ взор den Blick fésseln [auf sich zíehen*]; ~ к себé внимáние die Áufmerksamkeit fésseln [auf sich zíehen*]; кри́ки привлекли́ меня́ к мéсту происшéствия das Geschréi führte mich zum Tátort; ~ когó-л. на своıó стóрону j-n auf séine Séite bríngen* [zíehen*]; **2.**: ~ к отвéту verántwortlich máchen; ~ когó-л. к судý j-n vor Gerícht bríngen* [stéllen]; j-n geríchtlich belángen, gégen j-n geríchtlich vórgehen* [éinschreiten*]; ~ к отвéтственности zur Verántwortung zíehen*; ~ к уголóвной отвéтственности stráfrechtlich belángen; **3.** (*возбуди́ть симпáтию*) ánziehen* *vt*; hínreißen *vt*, fésseln *vt*

привнести́, привноси́ть ergänzend hinéinbringen*; éinflechten* *vt*, éinstreuen *vt*; ~ извнé von áußen herántragen*; он привнёс в разговóр элемéнт раздражéния er bráchte éine gewísse Geréiztheit in das Gespräch heréin

привóд I *м* **1.** Herbéiführen *n* -s; Heránbringen *n* -s; **2.** *юр.* Vórführung *f*; ~ обвиня́емого die Vórführung des Ángeklagten; принуди́тельный ~ die zwángsweise Vórführung; ~ под конвóем Eskortíerung *f* (10); ~ свидéтеля (zwángsweise) Zéugenvorführung *f* (10); имéть пéрвый ~ érstmalig vórgeführt wérden

привóд II *м тех.* Ántrieb *m* (1), Tríebwerk *n* (2), Getríebe *n* (6); ремённый ~ Ríemenantrieb *m*; кóнный ~ Pférdeantrieb *m*; ручнóй ~ Hándantrieb *m*; Hándbetätigung *f*; ножнóй ~ Fúßantrieb *m*; гидравли́ческий ~ hydráulischer Ántrieb, Hydráulikantrieb *m*; зубчáтый ~ Záhnradantrieb *m*; дистанциóнный ~ Férnantrieb *m*; пневмати́ческий ~ pneumátischer Ántrieb, Drúckluftantrieb *m*; электри́ческий ~ eléktrischer Ántrieb, Eléktroantrieb *m*

приводи́ть *см.* привести́; **~ся 1.** *безл. см.* привести́сь; **2.** *страд.* herbéigeführt wérden (*ср.* привести́); дéло привóдится в поря́док die Sáche wird béigelegt [in Órdnung gebrácht]

привóдк||а *ж полигр.* Justíeren *n* -s; дéлать ~у justíeren *vt*

приводнéние *с ав.* Wässern *n* -s; Wässerung *f*, Wásserlandung *f*; вы́нужденное ≈ Nótwasserung *f*

приводни́ться wássern *vi*
приводно́й *тех.* Ántriebs-; Getríebe-; Treib-, Transmissións-; ~ реме́нь Tréibriemen *m* (7); ~ вал Ántriebswelle *f* (11)
приво́з *м* **1.** (*действие*) Zúfuhr *f*, Ánfuhr *f*, Ánlieferung *f*, Zústellung *f*; **2.** (*привезённые товары*) ángelieferte Wáren; Líeferung *f*; ~а ещё не́ было es ist noch nicht gelíefert wórden, es sind noch kéine Wáren da
привози́ть *см.* привезти́
приво́зка *ж разг.* Zústellung *f*, Ánlieferung *f*, Ánfuhr *f*
привозно́й ángeliefert, éingeführt, zúgestellt; von áuswärts erhálten
приво́й *м бот.* Pfrópfreis *n* (5)
привокза́льн||ый Báhnhofs-; ~ая пло́щадь Báhnhofs(vor)platz *m* (1*)
привола́кивать *см.* приволочи́ть
приво́лжск||ий Wólga-; ~ие сте́пи Wólgasteppen *pl*
приволокну́ться *разг.* náchlaufen* *vi* (s), náchsteigen* *vi* (s), den Hof máchen (за кем-л. *D*)
приволочи́ть, приволо́чь *разг.* herbéischleppen *vt*, (her)ánschleppen *vt*
приво́ль||е *с* **1.** (*простор*) fréier, wéiter Raum; **2.** (*свободная жизнь*) fréies, fróhes Lében; Fréiheit *f*, Úngebundenheit *f*; здесь де́тям ~е hier können sich die Kínder frei túmmeln; ~**ный** frei, úngebunden, úneingeschränkt
приворожи́ть *разг.* bezáubern *vt*, bestrícken *vt*, betören *vt*
приворо́тный I nében dem Tor
приворо́тн||ый II *фольк.* záuberkräftig, Záuber-; ~ое зе́лье Záubertrank *m* (1*), Líebestrank *m*
привра́тн||ик *м* **1.** Pförtner *m* (6), Schlíeßer *m* (6), Tórhüter *m* (6); **2.** *анат.* Mágenausgang *m* (1*), Mágenpförtner *m* (6), Pylórus *m* =, -ren; ~**ица** *ж* Pförtnerin *f* (12), Schlíeßerin *f* (12)
привра́ть *разг.* áufschneiden* *vi*, übertréiben* *vi*
привскочи́ть áufspringen* *vi* (s), áuffahren* *vi* (s), in die Höhe fáhren*
привстава́ть, привста́ть sich ein wénig erhében*; sich für éinen Áugenblick vom Sitz erhében*
привходя́щ||ий nébensächlich, akzessórisch; ~ее обстоя́тельство Nébenumstand *m* (1*)
привыка́ть sich (allmählich) gewöhnen (к чему́-л. an *A*); etw. gewóhnt wérden; éine Gewóhnheit ánnehmen*
привы́кнуть sich gewöhnen (к чему́-л. an *A*); sich (*D*) etw. ángewöhnen, sich éingewöhnen (in *A*); etw. gewóhnt sein; я привы́к ра́но встава́ть ich bin gewóhnt, früh áufzustehen
привы́ч||ка *ж* Gewóhnheit *f* (10), Ángewohnheit *f*; вре́дная ~ка éine schléchte Ángewohnheit; по ~ке gewóhnheitsmäßig; auf gewóhnte Wéise; aus Gewóhnheit; войти́ в ~ку zur Gewóhnheit wérden; си́ла ~ки die Macht der Gewóhnheit; раб ~ки ein Skláve [-və] der Gewóhnheit; Gewóhnheitstier *n* (2) (*разг.*); ◇ ~ка — втора́я нату́ра die Gewóhnheit wird zur zwéiten Natúr
привы́ч||ный gewóhnt, gewóhnheitsmäßig; áltgewohnt; э́то ста́ло ~ным де́лом man ist darán gewóhnt; в ~ный час zur gewóhnten Stúnde; ~ный глаз ein geübtes Áuge; я ~ен к хо́лоду ich bin an die Kälte gewóhnt
привя́занн||ость *ж* **1.** (*чувство*) Ánhänglichkeit *f*; Ergébenheit *f* (*преданность*); Sympathíe *f*, Líebe *f* (*симпатия*); **2.** *разг.* (*объект*) der Gégenstand der Líebe, Líebe *f*; его́ ста́рая ~ость séine álte Líebe; ~**ый 1.** *прич.* ángebunden, féstgebunden; **2.** *прил.* ánhänglich; treu, ergében; zúgetan; он привя́зан к ней er hängt an ihr
привяза́ть 1. ánbinden* *vt*, féstbinden* *vt*; ánknüpfen *vt*; **2.** (*внушить привязанность*) (an sich) fésseln *vt*, (an sich) zíehen* *vt*; j-m Sympathíe éinflößen, j-n für sich éinnehmen*; sich (*D*) j-n genéigt máchen; ~**ся 1.** sich féstbinden*, sich ánbinden* (к чему́-л. an *A*); **2.** (*почувствовать привязанность*) líebgewinnen* *неотд.* *vt*; éine Zúneigung fássen (zu *D*); **3.** *разг.* (*придраться*) bemäkeln *vt*; nörgeln *vi* (к чему́-л. an *D*); он ко всему́ привя́зывается er hat an állem étwas áuszusetzen, nichts ist ihm recht; **4.** *разг.* (*надоедать чем-л.*) belästigen *vt*, sich áufdrängen; lästig fállen*; **5.** *разг.* (*пристать, следуя за кем-л.*) náchlaufen* *vi* (s) (к кому́-л. *D*), sich j-m an die Férsen héften, j-m auf Schritt und Tritt fólgen; **6.** *геод.* (*к местности*) ánhängen *vt*, ánschließen* *vt*
привя́зка *ж стр.* Ánpassung *f*; *геод.* (*к местности*) Ánschluß *m* -sses, Ánhängen *n* -s; Ánbinden *n* -s
привязн||о́й zum Ánbinden; ~а́я борода́ Bart zum Úmbinden; ~о́й аэроста́т Fésselballon *m* (1)
привя́зчив||ость *ж* **1.** Ánhänglichkeit *f*; **2.** (*придирчивость*) Nörgeléi *f* (10), Kritteléi *f* (10); **3.** (*надоедливость*) Áufdringlichkeit, Zúdringlichkeit *f*; ~**ый 1.** ánhänglich; **2.** (*придирчивый*) nörglerisch, mäkelig, tádelsüchtig; **3.** (*надоедливый*) áufdringlich, zúdringlich, lästig
привя́зывать(ся) *см.* привяза́ть(ся)
при́вяз||ь *ж* Léine *f* (11), Strick *m* (1); держа́ть на ~и an der Léine hálten* [führen]; запреще́ние спуска́ть соба́к с ~и Húndesperre *f*; посади́ть на ~ь an die Léine légen
при́гарь *ж* Béigeschmack *m* von Ángebranntem; молоко́ с ~ю ángebrannt schméckende Milch
пригвожда́ть *см.* пригвозди́ть
пригвождённый: как ~ wie ángewurzelt, wie féstgebannt
пригвозди́ть ánnageln *vt*, féstnageln *vt*; ánschlagen* *vt*; *перен.* féstbannen *vt*, erstárren máchen; an éinen Fleck bánnen, an éinen Ort fésseln; ◇ ~ к позо́рному столбу́ an den Pránger stéllen, ánprangern *vt*
пригиба́ть *см.* пригну́ть; ~**ся 1.** *см.* пригну́ться; **2.** *страд.* gebéugt wérden
пригла́дить 1. glätten *vt*, glättstreichen* *отд.* *vt*, ébnen *vt*; glättkämmen *отд.* *vt* (*волосы*); **2.** (*о стиле*) durch Féilen verbéssern; den Stil glätten
пригласи́тельный Éinladungs-; ~ биле́т Éinladungskarte *f* (11)
пригласи́ть, приглаша́ть éinladen* *vt*; áuffordern *vt* (*предложить*); bítten* *vt*; ~ в го́сти zu Gast bítten*; zu Besúch éinladen*; ~ врача́ к больно́му den Arzt zum Kránken rúfen* [kómmen lássen*]; ~ кого́-л. сесть j-n bítten* [áuffordern], Platz zu néhmen; j-m éinen Stuhl ánbieten*; ~ за стол [к столу́] zum Éssen éinladen*, áuffordern, am Tisch Platz zu néhmen; ~ учи́теля éinen Léhrer ánstellen
приглаше́н||ие *с* Éinladung *f* (10); Áufforderung *f* (10); Berúfung *f* (10) (*профессора на кафедру и т. п.*); ~ие на рабо́ту Ánstellungsangebot *n* (2), Éinstellungsangebot *n*; посла́ть ~ия Éinladungen ergéhen lássen*; он получи́л ~ие ihm ging die Éinladung zu; приня́ть ~ие der Éinladung náchkommen*, die Éinladung ánnehmen*; отмени́ть ~ие áusladen* *vt*; éine Éinladung zurücknehmen*; по ~ию auf Éinladung
приглашённый *прич.* **1.** *см.* пригласи́ть; **2.** *в знач. сущ.* *м* Éingeladene *m* (14), Geládene *m*, Gast *m* (1*)
приглуша́ть *см.* приглуши́ть
приглушённый gedämpft; ~ разгово́р ein verháltenes Gespräch; ~ гла́сный *лингв.* Múrmelvokal *m* (1)
приглуши́ть 1. ein wénig dämpfen; ~ го́лос gedämpft spréchen*; ~ мото́р den Mótor léiser láufen lássen*; **2.** *разг.* (*подавить*) betäuben *vt*
пригляде́ть *разг.* **1.** (*за кем-л.*) áchtgeben* *отд.* *vi*, áufpassen *vi* (auf *A*), beáufsichtigen *vt*; Áufsicht háben (über *A*); ~ за детьми́ Kínder beáufsichtigen; **2.** (*выбрать для себя*) áussuchen *vt*, áusfindig máchen; ~ шу́бу для себя́ für sich éinen Pélzmantel áussuchen; ~ себе́ что-л. sich (*D*) etw. áussuchen; ~**ся 1.** sich an éinen Ánblick gewöhnen; ~ся к темноте́ sich an die Dúnkelheit gewöhnen; **2.** *разг.* (*надоесть*) éines Ánblicks überdrüssig wérden, éinen Ánblick satt háben
пригля́дывать *см.* пригляде́ть; ~**ся** (áufmerksam) betráchten *vt*; áufpassen *vi*, áchtgeben* *отд.* *vi* (к кому́-л., к чему́-л. auf *A*)
пригляну́||ться *разг.* (*понравиться*) (auf den érsten Blick) gefállen* *vi*; ángenehm sein; она́ ему́ ~лась er hat ein Áuge auf sie gewórfen, sie hat es ihm ángetan
пригна́ть I (án)tréiben* *vt*, herántreiben* *vt*; zurücktreiben* *vt* (*обратно*); ~ скот домо́й das Vieh nach Háuse tréiben*, das Vieh héimtreiben*
пригна́ть II (*приладить*) ánpassen *vt*, zusámmenpassen *vt*; éinpassen *vt*, zúpassen *vt*; ~ око́нную ра́му éinen Fénsterrahmen éinpassen
пригну́ть zu Bóden drücken, herúnterbiegen* *vt*, níederbeugen *vt*; ~**ся** sich béugen, sich herúnterbiegen*; sich bücken
пригова́ривать I *см.* приговори́ть
пригова́ривать II (*говорить*) vor sich hin spréchen*
пригово́р *м* **1.** *юр.* Úrteil *n* (2); Stráfurteil *n*; обвини́тельный ~ Verúrteilung *f*, Schúldspruch *m* (1*); оправда́тельный ~ Fréispruch *m*; зао́чный ~ Ábwesenheitsurteil *n*; сме́ртный ~ Tódesurteil *n*; непра́вильный ~ Féhlurteil *n*; оконча́тельный ~ éndgültiges Úrteil; вы́нести (кому́-л.) ~ ein Úrteil (über j-n) fällen; отмени́ть ~ das Úrteil áufheben*; опротестова́ть ~ gégen ein Úrteil Protést éinlegen [Éinspruch erhében*]; приостанови́ть приведе́ние ~а в исполне́ние die Vollzíehung des Úrteils áussetzen; привести́ ~ в исполне́ние ein Úrteil vollstrécken [vollzíehen*]; **2.** (*мнение, оценка*) Úrteil *n* (2), Beúrteilung *f* (10); вы́нести оконча́тельный ~ кому́-л. den Stab über j-n bréchen*
приговори́ть verúrteilen *vt*; ~ к лише́нию свобо́ды zu einer Fréiheitsstrafe verúrteilen; ~ к сме́ртной ка́зни zum Tóde verúrteilen; ~ усло́вно die Stráfe bedíngt áussetzen; ~ зао́чно in Ábwesenheit verúrteilen
пригоди́ться nützlich [díenlich, táuglich, bráuchbar] sein, zustátten kómmen*, zu gebráuchen sein; von Nút-

zen sein, zum Nútzen geréichen; э́то тебе́ ещё мо́жет когда́-либо ~ das wirst du viellеícht noch éinmal bráuchen können, das wird dir viellеícht noch éinmal zustátten kómmen

пригóдн||ость *ж* Bráuchbarkeit *f*, Táuglichkeit *f*; Éignung *f*; Verwéndbarkeit *f*; ~ость к вое́нной слу́жбе Wéhrdiensttauglichkeit *f*; ~ость к высо́тным полётам Höhenfestigkeit *f*; ~ость к лётной слу́жбе Flúg(dienst)tauglichkeit *f*; **~ый** bráuchbar, táuglich; geéignet; verwéndbar, sáchdienlich; ни к чему́ не ~ый zu nichts nutz [nütze], níchtsnutzig; ~ый в пи́щу éßbar

приго́жий *разг.* hübsch, schön

приголу́бить *разг.* líebkosen *неотд. vt*, stréicheln *vt*, hätscheln *vt*; zärtlich sein (кого́-л. zu *D*)

приго́н (*скота и т. п.*) Ántreiben *n* -s; Héimtreiben *n*

приго́нка *ж* Ánpassen *n* -s; *тех.* Éinpassen *n* -s; ~ обмундирова́ния das Ánpassen der Unifórm; ~ оде́жды das Pássendmachen der Kléidung; ~ рису́нка (обо́ев) Zusámmenpassen des Músters

пригоня́ть *см.* пригна́ть I, II

пригора́ть *см.* пригоре́ть

пригоре́лый ángebrannt; (zu) scharf gebácken (*о хлебе, пироге*)

пригоре́ть ánbrennen* *vi* (s)

при́город *м* Vórort *m* (1); **~ный** stádtnah, Vórort-; ~ное движе́ние [сообще́ние] Vórortverkehr *m*, Náhverkehr *m*; **~ный** по́езд Vórortzug *m* (1*); ~ная зо́на stádtnahe Zóne, Stádtrandzone *f* (11); ~ный посёлок Stádtrandsiedlung *f* (10)

приго́рок *м* Hügel *m* (6), Ánhöhe *f* (11)

при́горшн||я *ж* Hándvoll *f*, *pl* =; че́рпать ~ями во́ду mit den Händen Wásser schöpfen; ~ями (*бросать и т. п.*) mit vóllen Händen, réichlich

пригорю́ниваться, пригорю́ниться *разг.* betrübt [tráurig, níedergeschlagen] sein, den Kopf hängen lássen*, Trübsal blásen*; сиде́ть пригорю́нившись tráurig dásitzen*; dásitzen* wie ein Häufchen Únglück (*шутл.*)

приготови́тельный Vórbereitungs-, vórbereitend

пригото́вить 1. (vór)beréiten *vt*; beréit¦legen *отд. vt*, zuréchtmachen *отд. vt*; *мор.*, *ав.* klármachen *отд. vi* (*к отплытию, отлёту*); ~ инструме́нт das Wérkzeug beréitlegen; ~ уро́к sich auf den Únterricht vórbereiten, die Háusaufgabe máchen; ~ сюрпри́з éine Überráschung beréiten; ~ роль éine Rólle éinstudieren; пригото́вьте биле́ты! hálten sie íhre Kárten beréit!; **2.** (*изготовить*) ánfertigen *vt*; zúbereiten *vt*, kóchen *vt* (*пищу*); **~ся** sich (vór-) beréiten, sich beréit¦machen *отд.* (к чему́-л. zu *D*); Ánstalten [Vórbereitungen] tréffen*

приготови́шка *м* *разг.* Abc-Schütze *m* (9)

приготовле́н||ие *с* **1.** Vórbereitung *f* (10), Vórbereiten *n* -s; Beréitlegen *n* -s; Zúrüstung *f* (10); без ~ий unvorbereitet; aus dem Stégreif (*экспромтом*); ~ие уро́ков die Ánfertigung der Háusaufgaben; ~ие к вы́ходу в мо́ре Séeklarmachen *n* -s; вое́нные ~ия Kríegsvorbereitungen *pl*; **2.** (*изготовление*) Ánfertigung *f*; Zúbereitung *f*, Kóchen *n* -s (*пищи*); ~ие лека́рств Arznéibereitung *f*; Zúbereitung der Arznéien; ~ие раство́ра *стр.* Zúbereitung des Mörtels

приготовля́ть *см.* пригото́вить; **~ся 1.** *см.* пригото́виться; **2.** *страд.* vórbereitet wérden (*ср.* пригото́вить)

пригранИ́чный Grenz-; ~ райо́н Grénzgebiet *n* (2)

пригре́в Erwärmen *n* -s

пригрева́ть *см.* пригре́ть

пригре́зи||ться träumen *vi*; мне ~лось, что... mir träumte, daß...

пригре́ть ein wénig wärmen, erwärmen *vt*; *перен.* beschützen *vt*, bemúttern *vt*; ◇ ~ змею́ на свое́й груди́ éine Schlánge am Búsen nähren

пригрози́ть dróhen *vi* (чем-л. mit *D*)

пригу́бить nippen *vt*, *vi* (an *D*)

придава́ть *см.* прида́ть

придави́ть drücken *vt*, préssen *vt* (к чему́-л. an *A*), níederdrücken *vt*, quétschen *vt*; ~ к земле́ zu Bóden drücken; ~ па́лец den Fínger éinklemmen [éinquetschen]

при́данный béigegeben; *воен.* zúgeteilt

прида́ное *с* Mítgift *f* (10), Áussteuer *f* (11); ~ для новорождённого Säuglingsausstattung *f*, Babyausstattung [-'be:bi-] *f*, Babyartikel *pl*

прида́т||ок *м* Ánhängsel *n* (6); Béiwerk *n* (2); **~очный** Ergänzungs-; ergänzend, zúsätzlich; hinzúgesetzt, hinzúgefügt; hinzúgekommen; ~очное предложе́ние *грам.* Nébensatz *m* (1*)

прида́ть 1. zúgeben* *vt*, hinzúfügen *vt*, zúlegen *vt*; *воен.* zúteilen *vt*, unterstéllen *vt*; **2.** (*свойство, смысл и т. п.*) verléihen* *vt*, gében* *vt*; ~ друго́й смысл éinen ánderen Sinn verléihen*; ~ сил Kraft verléihen*; ~ фо́рму éine Form verléihen*; ~ ду́ху Mut éinflößen; ~ значе́ние Bedéutung béimessen*; Wert béilegen; не ~ значе́ния kéine Bedéutung béimessen*

прида́ч||а *ж* Verléihung *f*, Zúlage *f* (11), Zúgabe *f* (11); Zúteilung *f*; ◇ в ~у als Zúgabe, obendréin, dazú

придвига́ть *см.* придви́нуть; **~ся 1.** *см.* придви́нуться; **2.** *страд.* (her)ángerückt wérden (*ср.* придви́нуть)

придви́нуть (her)ánrücken *vt* (к чему́-л. an *A*); heránschieben* *vt*, náhe rücken; ~ сро́ки die Frísten verkürzen; **~ся** heránrücken *vi* (s); sich nähern; ~ся друг к дру́гу aneinánder¦rücken *отд. vi*

придво́рн||ый *прил.* **1.** zum Hof gehörig, höfisch, Hof-; Höflings- (*презр.*); ~ый шут Hófnarr *m* (8); ~ые круги́ Hófkreise *pl*; ~ый чин Hófcharge [-ˌʃarʒə] *f*; ~ый поэ́т Hófdichter *m* (6); ~ые сплéтни Hófklatsch *m* (1); ~ая да́ма Hófdame *f* (11); **2.** *в знач. сущ. м* Höfling *m* (1)

приде́л *м* *церк.* Nébenaltar *m* (1*); Séitenaltar *m*; Éxedra *f*, *pl* Exédren

приде́лать, приде́лывать ánmachen *vt*, ánbringen* *vt* (к чему́-л. an *A*); ánsetzen *vt*, ánheften *vt*; beféstigen *vt* (*прикрепить*)

придержа́ть, приде́рживать 1. (zurück)hálten* *vt*, fésthalten* *vt*; ~ руко́й шля́пу den Hut mit der Hand fésthalten*; **2.** (*припрятать, сохранить*): ~ де́ньги Geld zurückhalten* [zusámmenhalten*], sich der Áusgaben enthálten*; ◇ ~ язы́к *разг.* die Zúnge im Záume hálten*

приде́рживаться 1. sich hálten* (за что-л. an *A*); sich leicht stützen (auf *A*); ~ за пери́ла sich an das Geländer hálten*, sich leicht auf das Geländer stützen; **2.** (*чего-л.*) sich hálten* (чего́-л. an *A*); fésthalten* *vi* (an *D*); ~ инстру́кций sich an die Vórschriften hálten*; ~ мне́ния der Méinung sein, die Méinung vertréten*; an der Méinung fésthalten*; ~ пра́вой [ле́вой] стороны́ sich réchts [links] hálten*; ~ пла́на sich an den Plan hálten*, den Plan éinhalten*, plángemäß árbeiten; ~ оригина́ла sich (eng) an das Originál hálten*; ~ пре́жнего полити́ческого ку́рса den polítischen Kurs béibehalten*; ~ наступа́тельной [оборони́тельной] та́ктики sich offensív [defensív] verhálten*; **3** *страд.* gehálten [féstgehalten] wérden

приди́ра *м, ж* *разг.* Méckerer *m* (6); Nörgler *m* (6), Nörgelfritze *m* (9), Mäkler *m* (6); Nörglerin *f* (12), Mäklerin *f* (12) (*о женщине*)

придира́ться *см.* придра́ться; ~ к ка́ждому сло́ву an jédem Wort herúmklauben, an jédem Wort étwas áuszusetzen háben

приди́рка *ж* Schikáne *f* (11); Nörgeléi *f* (10), Mäkeléi *f* (10); Meckeréi *f* (10) (*разг.*); Kritteléi *f* (10) (*критиканство*)

приди́рчив||ость *ж* Nörgelsucht *f*, Tádelsucht *f*, Schurigeléi *f* (10); **~ый** schikanös; nörglerisch, tádelsüchtig

придо́нн||ый auf dem Grúnde (éines Gewässers) befíndlich; ~ые сло́и воды́ únterste Wásserschichten; ~ые ры́бы Tíefseefische *pl*; ◇ ~ые во́ды Tíefsee *f* (11) (*в океане*)

придоро́жный am Wége gelégen [líegend]; *бот.* am Wége gedéihend [wáchsend]

придра́ться 1 bekrítteln *vt*; nörgeln *vi* (к чему́-л. an *D*); schikaníeren *vt*, schúrigeln *vt*; j-m etw. am Zéuge flícken wóllen* (*разг.*); **2.** (*использовать как предлог*) etw. zum Vórwand néhmen*; ~ к слу́чаю die Gelégenheit ergréifen* [beim Schopf fássen]

приду́мать, приду́мывать erdénken* *vt*, áusdenken* *vt*, ersínnen* *vt*; erfínden* *vt*; он не мог приду́мать друго́го вы́хода er fand kéinen ánderen Áusweg; я бо́льше ниче́го не могу́ приду́мать ich bin mit méiner Wéisheit zu Énde; ich bin mit méinem Latéin zu Énde (*разг.*)

придуркова́т||ость *ж* *разг.* Éinfalt *f*, Éinfältigkeit *f*, Tölpelhaftigkeit *f*; läppisches Wésen; **~ый** dumm, éinfältig, álbern, tróttelig, tróttelhaft, dümmlich, tölpelhaft, läppisch

при́дурь *ж*: с ~ю *разг.* dumm; éinfältig, mit wúnderlichen Éinfällen; ло́шадь с ~ю ein böckiges [wíderspenstiges] Pferd; ein Pferd, das séine Múkken hat

придуши́ть *разг.* erwürgen *vt*

придыха́||ние *с* *лингв.* Aspiratión *f*, Beháuchung *f*; **~тельный** *лингв.* Hauch-; aspiríert, beháucht, gehaúcht; ~тельный звук Háuchlaut *m* (1), beháuchter Laut

приеда́ться *см.* прие́сться

прие́зд *м* Ánkunft *f*

приезжа́ть *см.* прие́хать

приезжа́ющий *прич.* **1.** ánkommend, ánlangend; zúreisend; **2.** *в знач. сущ. м* Ánkommende *m* (14), Réisende *m* (14)

прие́зжий *сущ. м* Ángereiste *m* (14), Zúgereiste *m*, Frémde *m* (14)

приём I *м* **1.** Ánnahme *f* (11); Éinnahme *f* (11) (*лекарства, пищи*); ~ багажа́ Gepäckannahme *f*; ~ вкла́дов *фин.* Deposítenannahme *f*, Ánnahme von Éinlagen; ~ де́нег Éinkassierung [Éinnahme] des Géldes; **2.** (*в организацию и т. п.*) Áufnahme *f* (11); ~ в па́ртию die Áufnahme in die Partéi;

~ на работу Éinstellung *f*; ~ **в вуз** Immatrikulatión *f*; заявлéние о ~е Bewérbungsschreiben *n* (7), Áufnahmeantrag *m* (1*), Áufnahmegesuch *n* (2); порядок ~а Áufnahmeverfahren *n* -s; ~ в члéны Áufnahme als Mítglied [in die Mítgliedschaft]; подáть заявлéние о ~е um Áufnahme ánsuchen (*куда-л.* in *A*); **3.** (*собрание приглашённых*) Empfáng *m* (1*); Eröffnungsempfang *m* (*по случаю открытия чего-л.*); правительственный ~ Regíerungsempfang *m*, Stáatsempfang *m*; устрóить ~ éinen Empfáng gében*; **4.** (*посетителей*) Spréchstunde *f* (11); часы ~а Spréchzeiten *pl*; Spréchstunden *pl* (*в учреждении, больнице и т. п.*); Schálterstunden *pl* (*на почте, в банке и т. п.*); проводить ~ (*в учреждении, больнице и т. п.*) Spréchstunden ábhalten*; сегóдня ~а нет héute ist kein Spréchtag; ~а нет (*объявление*) Spérrtag; **5.** (*встреча*) Empfáng *m* (1*); оказáть комý-л. хорóший ~ j-n gut empfángen* [áufnehmen*]; j-m éinen gúten Empfáng beréiten; **6.** (*доза*) Dósis *f*, *pl* -sen; лекáрства остáлось тóлько на два ~а die Árznéi reicht nur noch für zwéimal; **7.** *радио* Empfáng *m* (1*); дáльний ~ Férnempfang *m*; искажённый ~ schléchter Empfáng; **кáчество** ~а Empfángsgüte *f*; **готóвый к** ~у empfángsbereit; **настрáиваться [переходи́ть]** на ~ auf Empfáng géhen*; ◇ в оди́н ~ mit éinem Zug; auf éinen Schlag, in éinem Árbeitsgang, mit éinem Griff; в два ~а in zwei Ánsätzen; вы́пить стакáн в два ~а ein Glas mit zwei Zügen áustrinken*; переписáть статью в нéсколько приёмов éinen Artíkel in méhreren Ánsätzen ábschreiben*

приём II *м* (*способ*) Verfáhren *n* (7); Methóde *f* (11); Hándgriff *m* (1); Maníer *f* (10) (*манера*); рабóчий ~ Árbeitsgang *m* (1*); Stóßart *f* (*в фехтовании*); строевóй ~ *воен.* Exerzíerelement *n* (2); ружéйный ~ Gewéhrgriff *m* (1); лечéбный ~ Héilverfahren *n*; знать все ~ы рабóты álle Hándgriffe éiner Árbeit kénnen*; грýбые ~ы gróbes Vórgehen [Verfáhren]; gróbe Maníeren

приёмистость *ж тех.* Beschléunigungsvermögen *n* -s, Beschléunigungsfähigkeit *f*

приёмка *ж* Ánnahme *f* (11) (*товаров и т. п.*); Übernahme *f* (*нового здания и т. п.*); ~ маши́ны Maschínenabnahme *f*

приéмлем||ость *ж* Ánnehmbarkeit *f*; ~**ый** ánnehmbar; akzeptábel; vertrétbar, trágbar, státthaft, zúlässig

приёмная *сущ. ж* Empfángsraum *m* (1*); Ánmeldezimmer *n* (6) (*в учреждении*); Spréchzimmer *n*, Ordinatión *f* (10), Ordinatiónszimmer *n*, Wártezimmer *n* (*врача*); Áufnahmeraum *m*, Áufnahme *f* (*приёмное отделение в больнице*)

приёмник *м* **1.** *радио* Empfänger *m* (6), Rádioempfänger *m*; сетевóй ~ Nétzempfänger *m*; батарéйный ~ Batteríeempfänger *m*; лáмповый ~ Röhrenempfänger *m*; транзи́сторный ~ Transístorradio *n* -s, -s; стационáрный ~ Tíschempfänger *m*; портати́вный ~ Kófferradio *n* -s, -s; **2.** *тех.* Áuffanggerät *n* (2); *свз.* Empfänger *m* (6); **3.** (*учреждение*) Áufnahmestelle *f* (11), Áufnahme *f* (11); Sámmelstelle *f*; эвакуациóнный ~ *воен.* Áufnahme- und Ábtransportstelle *f*; Kránkensammelplatz *m* (1*)

приёмно-передаю́щий *радио* Séndeund Empfángs-

приёмн||ый **1.** Empfángs-; ~ые часы́ Spréchstunden *pl*; Empfángsstunden *pl*; ~ые дни Spréchtage *pl*; ~ая стáнция *радио* Empfángsstation *f* (10); ~ый пункт Ánnahmestelle *f* (11); Erfássungsstelle *f*; **2.:** ~ая коми́ссия Áufnahmekommission *f* (10); ~ые испытáния Áufnahmeprüfungen *pl*; **3.** (*отец и т. п.*) Adoptív-, Pflége-; ~ый сын Adoptívsohn *m* (1*), Pflégesohn *m*; ~ые роди́тели Pflégeeltern *pl*, Adoptíveltern *pl*; ~ый брат Adoptívbruder *m* (6*); ◇ ~ый покóй (*в больнице*) Áufnahme *f*, Áufnahmeraum *m* (1*); ~ýы пункт Ánnahmestelle *f* (11)

приёмопередáтчик *м радио* Séndeempfangsgerät *n* (2), SE-Gerät *n*

приёмо-сдáточный: ~ пункт Ánnahme- und Áusgabestelle *f* (11), Übernahme-Übergabestelle *f*

приём||очный Ábnahme-; ~очный **акт** Ábnahmeprotokoll *n* (2), Übernahmeprotokoll *n*; ~очная **коми́ссия** Ábnahmekommission *f* (10); ~**щик** *м* Ábnehmer *m* (6), Ábnahmebeauftragte *m* (14); Ábnahmebeamte *m* (14); ~**щица** *ж* **1.** Ábnehmerin *f* (12), Ábnahmebeamtin *f* (12); **2.** (*в приёмном пункте*) Ánnahmekraft *f* (3)

приёмыш *м* Pflégekind *n* (5), Adoptívkind *n*, Zíehkind *n*

приéсться: мне приéлось *разг.* ich bin déssen überdrüssig, es ist mir zuwíder; ich hábe es satt (zu + *inf*)

приéхать (án)kómmen* *vi* (s); éintreffen* *vi* (s), ánreisen *vi* (s), ángefahren [ángereist] kómmen*

прижáть drücken *vt* (к чемý-л. auf, an *A*); *тех.* ándrücken *vt*, ánpressen *vt*; ~ к груди́ an die Brust [ans Herz] drücken; ~ пружи́ну auf die Féder drücken, die Féder herúnterdrücken; ◇ ~ когó-л. к стенé j-n an die Wand drücken; j-n in die Énge tréiben*; ~**ся** sich drücken (к комý-л., к чемý-л. an *A*); sich schmíegen, sich ánschmiegen (an *A*) (*ласково*)

прижéчь **1.** *мед.* (áus)brénnen* *vt*, wégbeizen *vt*; ätzen *vt* (*ляписом*); kauterisíeren *vt* (*рану*); **2.** (*обжечь*) ein wénig ánbrennen*

приживáл *м* Gnádenbrot¦empfänger *m* (6); ~**ка** *ж* Gnádenbrot¦empfängerin *f* (12)

прижившáться *см.* прижи́ться

приживлéние *с мед.* Ánheilen *n* -s (von Transplantáten)

прижиг||áние *с мед.* Áusbrennen *n* -s; Ätzen *n* -s (*ляписом*); Kauterisatión *f* (*раны*); ~**áть** *см.* прижéчь

прижи́зненн||ый zu Lébzeiten (erfólgt); ~ое издáние сочинéний Пýшкина éine zu Lébzeiten Púschkins erschíenene Áusgabe séiner Wérke

прижимáть(ся) *см.* прижáть(ся)

прижи́мистый *разг.* knáus(e)rig; géizig; ~ человéк Krämerseele *f* (11); Géizkragen *m* (7), Knáuser *m* (6)

прижи́мн||ый *тех.* Ánpressungs-; Ándrück-; ~ое давлéние Ánpressungsdruck *m* -s; ~ое устрóйство Ándrückvorrichtung *f* (10)

прижи́ть: ~ детéй *разг.* Kínder zéugen, sich (*D*) Kínder ánschaffen

прижи́ться **1** *разг.* (*о человеке*) sich éinleben, sich éingewöhnen; **2.** (*о растении*) sich akklimatisíeren; ánwachsen* *vi* (s)

приз *м* **1.** Preis *m* (1); дéнежный ~ Géldpreis *m*; почётный ~ Éhrenpreis *m*; утеши́тельный ~ Tróstpreis *m*; переходя́щий ~ *спорт.* Wánderpreis *m*; **взять** ~ éinen Preis erríngen* [erhálten*]; **присуди́ть** ~ éinen Preis zúsprechen* [zúerkennen*]; **2.** *мор.* Príse *f* (11)

призадýматься, призадýмываться náchdenklich wérden; in Gedánken [Náchdenken] versínken*

призанять *разг.* bórgen *vt*, púmpen *vt*

призвáние *с* **1.** (*склонность*) innerer Trieb, Hang *m* -(e)s, Néigung *f* (10); Berúf *m* (1); чýвствовать ~ sich berúfen fühlen; **2.** (*предназначение*) Berúfung *f* (10), Bestímmung *f* (10), Missión *f* (10), Berúf *m* (1); Lébensaufgabe *f* (11)

при́званн||ый: быть ~ым к чемý-л. zu etw. (*D*) berúfen sein

призвáть **1.** rúfen* *vt*; herbéirufen* *vt*; ~ на пóмощь zu Hílfe rúfen*; ~ к орýжию zu den Wáffen rúfen*; ~ на воéнную слýжбу zum Militär(-dienst) éinberufen* [éinziehen*]; **2.** (*пригласить, потребовать, вызвать*) áuffordern *vt*, áufrufen* *vt*; éinen Appéll ergéhen lássen*; ~ к защи́те рóдины zur Vertéidigung der Héimat áufrufen*; ~ к спокóйствию Rúhe fórdern; ~ к порядку zur Órdnung rúfen*

при́звук *м лингв.* Béiklang *m* (1*), Nébenlaut *m* (1)

призéмистый níedrig, untersétzt; *бот.* kléinwüchsig

приземл||éние *с ав.* Lándung *f* (10), Áufsetzen *n* -s; мя́гкое ~éние wéiche Lándung; начáть ~éние zur Lándung ánsetzen [übergehen*] мéсто ~éния (*парашютиста*) Áufsprungsstelle *f* (11); ~**и́ть** lánden *vt*, zur Lándung bríngen*; ~**и́ться**, ~**я́ться** lánden *vi* (s)

призéмный *спец.* érdnah, bódennah, Bóden-, ~ слой вóздуха bódennahe Lúftschicht

призёр *м спорт.* Préisträger *m* (6), Préisgekrönte *m*, *f* (14); ~ы *мн.* die (drei) Érstplazierten, Medaillengewinner [-ˈdaljən-] *pl*; пéрвый ~ Érstplazierte *m*, *f* (14); вторóй ~ Zwéitplazierte *m*, *f*; трéтий ~ Dríttplazierte *m*, *f*

при́зм||а *ж мат.*, *физ.* Prísma *n* -s, -men; ◇ ви́деть сквозь ~у (*чего-л.*) étwas únter éinem bestímmten Gesíchtswinkel betráchten

призматическии *мат.*, *физ.* prismátisch, säulenförmig

признавáть *см.* признáть; признавáя что-л. in Ánerkennung (*G*); ~**ся** **1.** *см.* признáться 1; **2.** *страд.* ánerkannt wérden (*ср.* признáть)

при́знак *м* Zéichen *n* (7); Ánzeichen *n*; Mérkmal *n* (2), Kénnzeichen *n*, Symptóm *n* (2) (*характерный*); отличи́тельный ~ Unterschéidungsmerkmal *n*; опознавáтельный ~ Erkénnungsmerkmal *n*; половóй ~ Geschléchtsmerkmal *n* (2); не подавáть ~ов жи́зни kein Lébenszeichen von sich gében*

признáн||ие *с* **1.** Ánerkennung *f*; получи́ть [заслужи́ть] всеóбщее ~ие allgeméine Ánerkennung fínden*; по всеóбщему ~ию laut allgeméiner Ánsicht; ~ие соглашéния сторонáми die Ánerkennung des Ábkommens durch die Vertrágspartner; словéсное ~ие Ánerkennung in Wórten; **2.** (*заявление; сознание*) Bekénntnis *n* (3*), Geständnis *n* (3*), Éingeständnis *n*; по сóбственному ~ию éingestandenermaßen; ~ие в любви́ Líebeserklärung *f* (10); ~ие вины́ Schúldbekenntnis *n*; ~ие отцо́вства Zúerkennung der Váterschaft

при́знанный (allgeméin) ánerkannt

призна́тельн||ость *ж* Dánkbarkeit *f*, Erkénntlichkeit *f*; **~ый** dánkbar, erkénntlich

призна́ть 1. ánerkennen* *vt*; Ánerkennung zóllen; **2.** (*согласи́ться с чем-л.*; *счита́ть кого́-л., что-л., каки́м-л.*) zúgeben* *vt*; ~ пра́воту кого́-л. j-m recht gében*; ~ свою́ оши́бку séinen Féhler zúgeben* [éingestehen*]; ~ до́воды основа́тельными die Stíchhaltigkeit der Gründe ánerkennen*; ~ долг éine Schuld ánerkennen*; ~ за кем-л. пра́во на насле́дство j-m das Érbrecht zúgestehen*; на́до ~ es muß zúgegeben [geságt] wérden; быть вы́нужденным ~ zu dem Éingeständnis genötigt sein; ~ кого́-л. больны́м j-n für krank erklären; ~ поле́зным nützlich fínden*, für nützlich hálten*; ~ кого́-л. вино́вным j-n für schúldig erklären [befínden*]; ~ себя́ побеждённым sich für besíegt erklären; как при́знано ánerkanntermaßen; сле́дует ~ es ist ánerkennenswert; **3.** *разг.* (*узна́ть*) erkénnen* *vt*, wíedererkennen* *vt*; **~ся 1.** (*в чём-л.*) bekénnen* *vt*, éingestehen* *vt*, gestéhen* *vt*; ein Geständnis áblegen; чистосерде́чно ~ся ein óffenes Bekénntnis áblegen; **2.** *вводн. сл.* óffen geságt [gestánden]

призово́й 1. Preis-; **2.** *мор.* Prísen-; ~ суд Prísengericht *n* (2)

призо́р *м*: без ~а *разг.* únbeaufsichtigt, óhne Áufsicht

при́зрак *м* Gespénst *n* (5); Erschéinung *f* (10); Trúgbild *n* (5), Phantóm *n* (2) (*обма́н, вообража́емое*)

при́зрачн||ость *ж* das Trügerische (*sub*), das Géisterhafte (*sub*), das Illusórische (*sub*); **~ый** géisterhaft, gespénstisch, trügerisch, illusórisch, Schein-

призрева́ть *см.* призре́ть

призре́н||ие *с уст.* Fürsorge *f*, Pflége *f*, Versórgung *f*, Únterbringung *f*; дом ~ия Áltersheim *n* (2); Ármenhaus *n* (5)

призре́ть *уст.* versórgen *vt*, in Pflége néhmen*

призы́в *м* **1.** Ruf *m* (1); Áufruf *m*, Appéll *m* (1); ~ о по́мощи Hílferuf *m*; обраща́ться с ~ом к... éinen Áufruf ergéhen lássen* (an *A*); откли́кнуться на ~ éinem Ruf fólgen [gehórchen]; **2.** (*про́сьба*) Bítte *f* (11), Fléhen *n* -s; стра́стные ~ы héißes Fléhen; **3.** (*ло́зунг*) Lósung *f* (10); первома́йские ~ы Lósungen zum 1. Mai; **4.** *воен.* Éinberufung *f* (10); Jáhrgang *m* (1*) (*призывники́ определённого го́да*); ~ на действи́тельную вое́нную слу́жбу Éinberufung zum aktíven [-vən] Wéhrdienst; прика́з о ~е Éinberufungsbefehl *m* (1); ◇ Ле́нинский ~ das Léninsche Partéiaufgebot (*Masseneintritt in die Kommunistische Partei nach dem Tode Lenins*)

призыва́ть *см.* призва́ть; ~ в свиде́тели zum [als] Zéugen ánrufen*; **~ся 1.** *разг.* zum Militärdienst éinrücken; **2.** *страд.* éinberufen wérden; herbéigerufen wérden (*ср.* призва́ть)

призывни́к *м воен.* Éinberufene *m* (14), Militär(dienst)pflichtige *m* (14); Rekrút *m* (8) *разг.*

призывно́й *воен. прил.* **1.** Éinberufungs-; ~ во́зраст 1) díenstpflichtiges Álter; Éinberufungsalter *n* (6); 2) (*континге́нт*) Áushebungskontingent *n* (2); Éinberufungsjahrgang *m* (1*); ~ пункт Éinberufungsstelle *f* (11); **2.** *в знач. сущ. м уст.* Militärpflichtige *m* (14); Éinberufene *m* (14); Rekrút *m* (8) *разг.*

призы́вный Ruf-; rúfend; ~ сигна́л Appéll *m* (1); ~ крик (*пти́цы*) Lóckton *m* (1*)

при́иск *м* Fúndgrube *f* (11), Fúndort *m* (1); золото́й ~ Góldgrube *f*, Góldmine *f* (11), золоты́е ~и Góldfelder *pl*

прииск||а́ние *с* Súchen *n* -s; Ermíttlung *f*; Áusfindigmachen *n* -s, Áuffinden *n* -s; **~а́ть, прии́скивать** (áus-)súchen *vt*; ermítteln *vt*; áuffinden* *vt*; áusfindig máchen, entdécken *vt*; ~а́ть кому́-л. ме́сто j-m éine Stélle verscháffen

прииско́вый Grúben-, Fúndgruben-

прийти́ 1. kómmen *vi* (s); ánkommen* *vi* (s), ánlangen *vi* (s), éintreffen* *vi* (s), éinlaufen* *vi* (s) (*прибы́ть*); ~ домо́й nach Háuse kómmen*; zu Háuse ánkommen* [ánlangen] (*издалека́*); веле́ть ~ кому́-л. j-n kómmen lássen*; **2.** (*наступи́ть, яви́ться*) kómmen* *vi* (s), heréinbrechen* *vi* (s), heránrücken *vi* (s); пришла́ о́сень es wúrde Herbst; мне пришла́ охо́та ich bekám Lust; **3.** (*в како́е-л. состоя́ние*) geráten* *vi* (s); дом пришёл в ве́тхость das Haus ist báufällig gewórden, das Haus ist verfállen; ~ в весёлое настрое́ние in éine fröhliche Stímmung geráten* [kómmen*]; fröhlich [héiter, lústig] wérden; ~ в отча́яние in Verzwéiflung geráten*; ~ в у́жас sich entsétzen, in Entsétzen [Schrécken] geráten*; ~ в я́рость in Wut geráten*; in Hárnisch geráten*; ~ в упа́док in Verfáll geráten, verfállen* *vi* (s); ~ в лета́ in die Jáhre kómmen*, älter wérden; ◇ ~ в го́лову [на ум] in den Sinn kómmen*; éinfallen* *vi* (s); ~ в себя́ [в чу́вство] wíeder zu sich kómmen*, das Bewúßtsein wíedererlangen, wíeder zum Bewúßtsein [zur Besínnung] kómmen*; ~ к заключе́нию éinen Schluß [éine Schlúßfolgerung] zíehen; ~ к соглаше́нию zu éiner Übeŕeinkunft gelángen [kómmen*]

прийти́сь 1. (*подойти́ по ка́честву, по разме́рам*) pássen *vi*, sich éignen, entspréchen* *vi*, zúsagen *vi*; ~ по вку́су dem Geschmáck entspréchen*; nach j-s Geschmáck sein; сапоги́ пришли́сь по ноге́ die Stíefel pássen gut, die Stíefel sítzen; **2.** (*совпа́сть с чем-л.*) fállen* *vi* (s), kómmen* *vi* (s) (auf *A*); свобо́дный день пришёлся на... der fréie Tag fiel auf...; **3.** *безл.* (*причита́ться*) zústehen* *vi*, zúkommen* *vi* (s); gebühren *vi*; entfállen* *vi* (s) (auf *A*); на 200 жи́телей прихо́дится оди́н врач auf 200 Éinwohner entfällt ein Arzt; **4.** *безл.*: мне пришло́сь уе́хать ich múßte fórtfahren, ich war gezwúngen [genötigt] zu fáhren; ◇ ему́ пришло́сь пло́хо [ту́го] es ging ihm schlecht; как придётся *разг.* (*как попа́ло*) wie es (geráde) kommt

прика́з *м* **1.** Beféhl *m* (1); Órder *f* (11); служе́бный ~ díenstliche Verfügung [Ánordnung], Díenstanweisung *f*; суде́бный ~ geríchtliche Ánordnung; боево́й ~ *воен.* Geféchtsbefehl *m*; выполне́ние ~а Beféhlsausführung *f*; повинова́ться [сле́довать] ~у dem Beféhl náchkommen*; отмени́ть ~ den Beféhl rückgängig máchen; ~ о мобилиза́ции Mobílmachungsbefehl *m*; по ~у laut [auf] Beféhl, beféhlsgemäß; per Órder, gemäß Ánweisung; отда́ча ~а Beféhlsausgabe *f*, Beféhlserteilung *f*; переда́ча ~ов Beféhlsübermitt(e)lung *f*; ~ об аре́сте Háftbefehl *m*; отда́ть ~ éinen Beféhl gében* [ertéilen]; **2.** *выч. тех.* Beféhl *m* (1); вычисли́тельный ~ Réchenbefehl *m*; ~ переадреса́ции Adréssenänderungsbefehl *m*, Úmadressierungsbefehl *m*; **3.** *ист.* Amt *n* (5), Behörde *f* (11); Kanzléi *f* (10); посо́льский ~ Kanzléi für áuswärtige Ángelegenheiten

приказа́н||ие *с* Beféhl *m* (1), Ánordnung *f* (10); Gehéiß *n* -es, Gebót *n* (2); по ~ию auf Beféhl, auf Gehéiß; вопреки́ ~ию beféhlswidrig; entgégen der Ánordnung; вы́полнить ~ие den Beféhl áusführen, die Ánordnung befólgen

приказа́ть beféhlen* *vt*, ánordnen *vt*; gebíeten* *vt*, héißen* *vt*; lássen* *vt* (+ *inf*); ◇ что прика́жете? was wünschen Sie?, was ist Íhnen gefällig?; как прика́жете (*как вам уго́дно*) wie Sie wünschen, wie es Íhnen belíebt; как прика́жете вас понима́ть? wie soll ich Sie verstéhen?; что прика́жете тепе́рь де́лать? was soll man nun máchen?; was ist nun zu tun?; ~ кла́няться кому́-л. j-n grüßen lássen*; ~ до́лго жить das Zéitliche ségnen; aus dem Lében schéiden*

прика́зный *ист. прил.* **1.** Kanzléi-, Amts-; **2.** *в знач. сущ. м* Kanzlíst *m* (8)

прика́зчик *м уст.* **1.** (*в ла́вке*) Hándlungsgehilfe *m* (9), Kommis [-ˈmiː] *m* =, =, Verkäufer *m* (6); **2.** (*в име́нии*) Verwálter *m* (6), Gútsverwalter *m*

прика́зывать *см.* приказа́ть

прика́лывать *см.* приколо́ть 1

прика́нчивать *см.* прико́нчить

прикарма́нивать, прикарма́нить verschwínden [mítgehen] lássen*; kláuen *vt*

прика́рмливать 1. *см.* прикорми́ть; **2.** (*грудны́х дете́й*) Zúsatznahrung gében* (*D*)

прикаса́ться *см.* прикосну́ться

Прикаспи́йск||ий Káspi-; **~ая** ни́зменность Káspiniederung *f*

прикати́ть 1. (her)ánrollen *vt*, herbéiwälzen *vt*; **2.** *разг.* (*прие́хать*) ángesaust [ángebraust] kómmen*

прики́дка *ж спорт.* vórläufiger Wéttkampf

прики́дывать(ся) *см.* прики́нуть(ся)

прики́нуть *разг.* **1.** (*приба́вить*) hinzútun* *vt*; hinzúwerfen* *vt*, náchlegen *vt*; dazúgeben* *vt*, hinzúrechnen *vt*, zúschlagen* *vt*; ~ дров в пе́чку im Ófen Holz zúlegen; **2.** (*приблизи́тельно подсчита́ть*) áusrechnen *vt*, náchrechnen *vt*; überschlágen* *vt*; ~ в уме́ im Kópfe náchrechnen; я э́то ещё раз мы́сленно прики́нул ich hábe es (mir) noch éinmal in Gedánken überschlágen; **3.** (*приме́рить*) méssen* *vt*; ~ на веса́х ábwiegen* *vt*, ábwägen* *vt*, das Gewícht schätzen; ~ на руке́ auf der Hand wägen*; ~ на глаз(о́к) nach dem Áugenmaß bestímmen

прики́нуться *разг.* sich (ver)stéllen, simulíeren *vi*; sich áufspielen (кем-л. als *N*); ~ больны́м sich krank stéllen; ~ дурачко́м sich dumm stéllen, den Dúmmen spíelen

прикипа́ть, прикипе́ть 1. beim Kóchen ánbrennen*, sich ábsetzen; ánhaften *vi*; **2.** *разг.* (*к кому́-л., к чему́-л.*) líebgewinnen* *отд. vt*, j-n ins Herz schlíeßen*

прикла́д I *м* (*у ружья́*) Kólben *m* (7); ~ винто́вки Gewéhrkolben *m*;

удáр ~ом Kólbenschlag *m* (1*), Kólbenstoß *m* (1*)

приклáд II *м* Zútat *f* (10) (*подкладка, пуговицы и т. п.*); портнóвский ~ Schneideréibedarf *m* -(e)s

приклáдка *ж воен.* Ánschlag *m*; ~ с рукú Ánschlag fréihändig; ~ с колéна Ánschlag kníend; ~ с упóра Ánschlag áufgelegt

прикладн||óй ángewandt; ~óе искýсство ángewandte Kunst; Kúnstgewerbe *n* -s; ~ые наýки ángewandte Wíssenschaften; ~ые знáния ánwendungsbereites Wíssen

приклáдывать *см.* приложúть; **~ся 1.** *см.* приложúться; **2.** *страд.* hinzúgefügt [hinzúgetan] wérden

приклéивать *см.* приклéить; **~ся 1.** *см.* приклéиться; **2.** *страд.* ángeklebt wérden

приклéить ánkleben *vt*, ánleimen *vt*; **~ся** (fést)klében *vt*, hängenbleiben* *отд. vi* (s); háften *vi* (к чемý-л. an *D*)

приклéйка *ж* **1.** (*действие*) Ánkleben *n* -s, Ánleimen *n* -s; **2.** *разг.* (*приклеенное*) Klébezettel *m* (6); das Ángeklebte (*sub*); das Ángeleimte (*sub*)

приклепáть *тех.* ánnieten *vt*

приклёпка *ж тех.* **1.** (*действие*) Ánnieten *n* -s; **2.** (*приклёпанная часть*) Níetstück *n* (2)

приклонúть: емý нéгде гóлову ~ er ist óbdachlos, er ist héimatlos

приключáться *см.* приключúться

приключéн||ие *с* Ábenteuer *n* (6), (úngewöhnliches) Eréignis *n* (3*); забáвное ~ие ein lústiger Vórfall, éine lústige Begébenheit; любóвное ~ие Líebesaffäre *f* (11), Líebesabenteuer *n*; искáтель [любúтель] ~ий Ábenteurer *m* (6); Glücksritter *m* (6); **~ческий** Ábenteuer-, ábenteuerlich; ~ческий ромáн Ábenteuerroman *m* (1)

приключúться *разг.* geschéhen* *vi* (s), passíeren *vi* (s), sich eréignen

приковáть, прикóвывать 1. (*цепью*) ánketten *vt*, an die Kétte légen; fésseln *vt*, in Fésseln schlágen*; **2.** *перен.* féstbannen *отд. vt*, fésseln *vt*; únbeweglich máchen; страх приковáл егó к мéсту vor Furcht blieb er wie gebánnt stéhen*; vor Angst kónnte er sich nicht vom Fleck rühren; быть прикóванным к постéли an das Bett gefésselt sein; ~ к себé всеóбщее внимáние die allgeméine Áufmerksamkeit auf sich lénken; ~ к позóрному столбý ánprangern *vt*

прикóл *м* Pfahl *m* (1*) (*для судов, лодок*); Pflock *m* (1*) (*для привязывания животных*); стоять на ~е 1) (*на причале*) vertäut sein; 2) (*бездействовать*) zu Úntätigkeit gezwúngen sein

приколáчивать, приколотúть ánschlagen* *vt*; ánnageln *vt* (*гвоздями*)

приколóть 1. (*булавкой*) ánstecken *vt*, ánheften *vt*; ~ значóк das Ábzeichen beféstigen [ánstecken]; **2.** (*штыком — прикончить*) erstéchen* *vt*, tótstechen* *отд. vt*

прикомандирóв||анный díenstlich zúgewiesen [zúgeordnet, béigeordnet]; *воен.* zúgeteilt; **~áть** ábkommandieren *vt*, béiordnen *vt*; zúteilen *vt* (к комý-либо *D*)

прикóнчить *разг.* **1.** (*использовать, израсходовать*) ein Énde máchen (что-л. *D*); áufbrauchen *vt*; áufessen* *vt* (*съесть*); ~ запáсы die Vórräte áufbrauchen; **2.** (*убить*) den Rest gében*, den Gáraus máchen (когó-л. *D*); j-n um die Écke bríngen*

прикопúть *разг.* áufsparen *vt*

прикóрм *м* **1.** (*грудных детей*) Zúsatznahrung *f*; Béikost *f*; **2.** (*скота*) Béifutter *n* -s

прикормúть (*голубей и т. п.*) durch Vórstreuen des Fútters ánlocken; *перен.* ködern *vt*

прикорневóй an der Wúrzel befíndlich, Wúrzel-

прикорнýть *разг.* sich (líegend) an etw. (*A*) [an j-n] ánschmiegen; ein Níckerchen máchen

прикосновéн||ие *с* Berührung *f* (10); тóчка ~ия Berührungspunkt *m* (1); **~ность** *ж* (*к чемý-л.*) Betéiligung *f*, Betéiligtsein *n* -s (an *D*); Verwíck(e)lung *f*; **~ный** (*к чемý-л.*) betéiligt (an *D*); verwíckelt (in *A*); ~ный к преступлéнию in éine Stráftat verwíckelt

прикоснýться leicht berühren, ánrühren *vt*; stréifen *vt* (*слегка*)

прикрáсить, прикрáшивать áusschmücken *vt*, beschönigen *vt*; bemänteln *vt*; áufbauschen *vt*, übertréiben* *vt* (*преувеличивать*)

прикрáсы *мн.* Áusschmückungen *pl*, Beschönigungen *pl*; Áufbauschungen *pl*, Übertréibungen *pl* (*преувеличение*); без прикрáс óhne Beschönigung, óhne Schönfärberei; únverbrämt, úngeschminkt; óhne Schmínke; óhne áufzuschneiden (*без хвастовства*); прáвда без прикрáс die náckte Wáhrheit, die úngeschminkte Wáhrheit

прикрепúтельный zwecks Éintragung [Ánmeldung, Éinschreibung]; ~ талóн Ánmeldeschein *m* (1), Zúteilungsbescheinigung *f* (10), Überwéisungsbescheinigung *f*

прикрепúть 1. befestigen *vt*, ánbinden* *vt*; féstmachen *отд. vt*; ánheften *vt*, ánmachen *vt* (*приделать, приладить*); ~ к землé *перен.* an die Schólle bínden*; **2.** (*к организации и т. п.*) ángliedern *vt*, ánmelden *vt*, ánschließen* *vt* (an *A*); éinverleiben *vt*, zúteilen *vt* (*D*); ~ к поликлúнике in éine Póliklinik éinweisen; **~ся** (*к организации и т. п.*) sich ánschließen*, sich ángliedern, béitreten* *vi* (s) (*D*); sich éintragen*, sich ánmelden

прикреплéние *с* **1.** Beféstigung *f*; ~ к землé *перен.* die Bíndung an die Schólle; **2.** (*к организации и т. п.*) Ángliederung *f* (10), Ánschluß *m* -sses, Zúteilung *f*, Éinverleibung *f*; Bezúgsanmeldung *f* (*напр. продовольственных карточек*)

прикреплять *см.* прикрепúть; **~ся 1.** *см.* прикрепúться; **2.** *страд.* beféstigt wérden (*ср.* прикрепúть)

прикрúкнуть ánschreien* *vt*; ánschnauzen *vt* (*грубо*)

прикровáтный: ~ кóврик Béttvorleger *m* (6)

прикрутúть, прикрýчивать 1. (*привязать*) (án)bínden* *vt*; befestigen *vt* (*прикрепить*); **2.** *разг.* (*фитиль в лампе*) herúnterschrauben *vt*

прикрывáть(ся) *см.* прикрыть(ся)

прикрыт||ие *с* **1.** Verdécken *n* -s, Verschléiern *n* -s, Bemänteln *n* -s; Déckung *f*; под ~ием im Schutz; *перен.* únter dem Déckmantel, únter der Máske, únter Bemäntelung; **2.** *воен.* (*действие*) Déckung *f*; Sícherung *f*; Schutz *m* -(e)s; *мор. тж.* Bedéckung *f*; артиллерúйское ~ие Artilleríeschutz *m*; боевóе ~ие Geféchtssicherung *f*; тыловóе ~ие Rückendeckung *f*; **3.** *воен.* (*часть*) Bedéckung *f* (10), Geléit *n* (2)

прикрыть 1. (*неплотно закрыть*): ~ дверь die Tür ánlehnen [nicht ganz zúmachen]; **2.** (*покрыть*) bedécken *vt*, zúdecken *vt*; ábdecken *vt* (*напр. папиросу рукой*); ~ от дождя vor dem Régen schützen; **3.** (*замаскировать*) bemänteln *vt*, maskíeren *vt*, verdécken *vt*, vertúschen *vt*, verschléiern *vt*; **4.** *воен.* décken *vt*; ~ тыл sich (*D*) den Rücken décken, sich (*D*) éine Rückendeckung scháffen; ~ отступлéние den Rückzug décken; **5.** *разг.* (*закрыть какое-л. учреждение*) schlíeßen* *vt*, zúmachen *vt*, liquidíeren *vt*; Schluß máchen (что-л. mit *D*); **~ся 1.** sich leicht zúdecken [bedécken]; **2.** (*замаскировать свои действия*) vórschützen *vt*; vórtäuschen *vt*; ~ся пустыми фрáзами Rédensarten máchen; ~ся незнáнием закóна Gesétzesunkenntnis vórschützen

прúкуп *м* **1.** Hinzúkauf *m* (1*), Zúkauf *m*; **2.** *карт.* Káufkarten *pl*; взять ~ Kárten káufen

прикупáть, прикупúть (hin)zúkaufen *vt*

прикýривать, прикурúть ánrauchen *vt*; дать прикурúть j-m das Féuer zúreichen, j-m Féuer gében*

прикýс *м анат.* Biß *m* -sses, -sse Gebíß *n*; **~úть** hinéinbeißen* *vi* (что-л. in *A*); ~úть язык *тж. перен.* sich auf die Zúnge béißen*

прилáв||ок *м* Ládentisch *m* (1), Ládentafel *f* (11), Verkáufstisch *m* (1), Verkáufstheke *f* (11), Théke *f*, Trúhe *f* (11); охлаждáемый ~ок Kühltheke *f*; ~ок-витрúна Scháutruhe *f*; контрóльный ~ок (*в таможне*) Kontróllstand *m* (1*), Ábfertigungsstand *m*, Ábfertigungstisch *m*; рабóтник ~ка Verkäufer *m* (6); рабóтники ~ка *собир.* Verkäufer *pl*, Verkáufskräfte *pl*; ◇ продавáть из-под ~ка únter dem Ládentisch verkáufen

прилагáтельное *с грам.* Ádjektiv *n* (2), Éigenschaftswort *n* (5)

прилагáть *см.* приложúть 1, 3

прилáдить, прилáживать *разг.* ánpassen *vt*, ánmachen *vt*, befestigen *vt*; ~ замóк к двéри ein Schloß an der Tür ánbringen*

приласкáть (*когó-л.*) líebkosen *неотд. vt*, fréundlich behándeln; j-m Zärtlichkeiten erwéisen*; **~ся** *см.* ласкáться 1

прилгнýть *разг.* áufschneiden* *vi*, hinzúlügen* *vt*, dazúlügen* *vt*

прилегáть 1. (*об одежде*) ánliegen* *vi*, sich ánschmiegen, ánschließen* *vi*; плáтье прилегáет к фигýре das Kleid liegt eng am Körper an; **2.** (*быть смежным*) (án)grénzen *vi*, (án)stóßen* *vi* (к чемý-л. an *A*)

прилегáющий 1. (*об одежде*) ánliegend, (eng) ánschließend; **2.** (*смежный*) ánliegend, ánstoßend, ángrenzend, Náchbar-

прилежáние *с* Fleiß *m* -es, Émsigkeit *f*, Árbeitswille(n) *m* (15, 7); Lérnwille *m*, Lérneifer *m* -s (*в учёбе*)

прилежáщ||ий 1. ánliegend; danében gelégen; ~ие ýлицы die ánliegenden Stráßen; **2.:** ~ий ýгол *мат.* Nébenwinkel *m* (6)

прилéжный fléißig, émsig, lérneifrig; ~ человéк ein fléißiger [émsiger] Mensch; Wühler *m* (6) (*шутл., ирон.*)

прилепúть ánkleben *vt*, ánleimen *vt*; ánheften *vt*; **~ся** klében *vi*, klébenbleiben* *отд. vi* (s), háften *vi*, háftenbleiben* *отд. vi* (s)

прилеплять *см.* прилепúть; **~ся 1.** *см.* прилепúться; **2.** *страд.* ángeklebt wérden (*ср.* прилепúть)

прилёт *м* Herbéifliegen *n*; Ánkunft

f (*прибытие*); Strichzeit *f* (10) (*перелётных птиц*)

прилета́ть, прилете́ть 1. heránfliegen* *vi* (s), herbéifliegen* *vi* (s); ángeflogen [herbéigeflogen] kómmen*; **2.** *разг.* (*примчаться*) heréinfliegen* *vi* (s), (her)ánsausen *vi* (s), ángerannt kómmen*

приле́чь 1. sich ein wénig hínlegen; sich ein bíßchen aufs Ohr légen; ein Schläfchen máchen (*поспать*); **2.** (*спрятаться*) sich hínwerfen* (um nicht geséhen zu wérden); **3.** (*пригнуться*) sich néigen; sich légen (*осесть — о пыли*); трава́ прилегла́ к земле́ das Gras néigte sich zur Erde

прили́в *м* **1.** (*морской*) Flut *f* (10); ~ и отли́в Ébbe und Flut, Gezéiten *pl*; **2.** (*нежности и т. п.*) Áusbruch *m* (1*), Ánfall *m* (1*); **3.** *мед.* (*крови*) Ándrang *m* -(e)s, Hítzewallung *f* (10); ~ кро́ви к голове́ der Ándrang des Blútes zum Kopf; **4.** *мет.* Ánguß *m* -sses, -güsse; **~а́ть** *см.* прили́ть

прили́занный *разг.* (*о волосах*) gestríegelt, pomadisíert; glatt gekämmt

прилиза́ть, прили́зывать (*волосы*) glatt kämmen, stríegeln *vt*

прилипа́ть, прили́пнуть 1. féstklében *vi* (s), klébenbleiben* *отд.* *vi* (s), hängenbleiben* *отд.* *vi* (s); **2.** *разг.* (*приставать*) sich an j-n ánhängen, j-m nicht vom Hálse géhen*; wie éine Klétte an j-n hängen; sich áufdrängen, nicht von der Séite wéichen*; ◇ язы́к прили́п к горта́ни die Zúnge klébte am Gáumen

прили́пчив||ость *ж* *разг.* (*о болезни*) Ánsteckungsfähigkeit *f*; **~ый** *разг.* **1.** kléb(e)rig; **2.** (*о человеке*) lästig; zúdringlich, áufdringlich (*навязчивый*); **3.** (*о болезни*) ánsteckend

прили́стник *м* *бот.* Nébenblatt *n* (5)

прили́||ть 1. (*прибавить*) (hín)zúgießen* *vt*; **2.** (*притечь*) zúfließen* *vi* (s), zúströmen *vi* (s), heránfließen* *vi* (s), herbéiströmen *vi* (s); кровь ~ла́ к голове́ das Blut stieg zu Kopf

прили́чествовать *уст.* sich schícken, sich zíemen, sich gehören, wohl ánstehen*, ángemessen sein

прили́ч||ие *с* Ánstand *m* -(e)s, Schícklichkeit *f*, gútes Benéhmen; из ~ия, ра́ди ~ия ánstandshalber, aus Schícklichkeitsgründen, aus Ánstandsrücksichten; соблюда́ть ~ия die äußeren Fórmen [den gúten Ton] wáhren; не соблюда́ть ~ий kein Benéhmen háben

прили́чн||ый 1. ánständig, schícklich; geziemend; веди́ себя́ ~o! benímm dich!; Ánstand!; **2.** *уст.* (*соответствующий*) pássend, geéignet, entspréchend; ángemessen; **3.** *разг.* (*довольно хороший*) ganz [zíemlich] gut, órdentlich, befríedigend; ~ая су́мма éine ganz schöne Súmme

приложе́н||ие *с* **1.** (*действие*) Béilegen *n* -s, Béifügen *n* -s; **2.** (*к журналу и т. п.*) Béilage *f* (11), Ánlage *f*; беспла́тное ~ие Grátisbeilage *f*; Zúgabe *f*; **3.** *грам.* Appositión *f* (10); 4. (*применение*) Ánwendung *f*; Verwéndung *f*; ~ие всех (свои́х) сил Áufbietung áller (séinen) Kräfte; ~ие труда́ Ánwendung von Árbeit; сфе́ра ~ия сил Kráftfeld *n* -(e)s; сфе́ра ~ия капита́ла *эк.* Investitiónssphäre [-vɛs-] *f* (11); то́чка ~ия паралле́льных сил *физ.* der Ángriffspunkt paralléler Kräfte; ◇ ~ие печа́ти Stémpeln *n* -s, Stémpelung *f*, Stémpelaufdruck *m* -(e)s

приложи́ть 1. (*присоединить*) béilegen *vt*, béifügen *vt*; **2.** (*наложить*) áuflegen *vt*; ~ ру́ку к се́рдцу die Hand aufs Herz légen; **3.** (*применить*) ánwenden* *vt*; ~ тео́рию к пра́ктике die Theoríe in der Práxis ánwenden(*); ◇ ~ все си́лы sich (*D*) álle Mühe gében*, álles daránsetzen, álle Kräfte áufbieten*; ~ стара́ние к чему́-л. sich bemühen, erstrében *vt*; sich befléißigen; ~ ру́ку (*подписать*) unterzéichnen *vt*; ~ ру́ку к чему́-л. (*принять участие*) Hand ánlegen; ~ печа́ть das Síegel [den Stémpel] áufdrükken; ума́ не приложу́ *разг.* ≅ ich stéhe vor éinem Rätsel; da steht mir der Verstánd still; **~ся 1.** (*при стрельбе*) das Gewéhr ánlegen; **2.** *шутл.* (*поцеловать*) éhrerbietig küssen; **3.** (*вплотную приблизиться к чему-л.*) sich drücken, préssen *vt* (an *A*); **4.** *разг.* (*выпить*) (Álkohol) zu sich néhmen, étwas trínken*

прилуне́ние *с* Móndlandung *f*, Lándung auf dem Mond

прилуни́ться auf dem Mond lánden; die Óberfläche des Móndes erréichen

прильну́ть sich schmíegen, sich ánschmiegen (к кому́-л. an *A*)

при́м||а *ж* **1.** *муз.* Príme *f* (11); Grúndton der Tónleiter; Á-Saite *f* (11) (*струна*); в ~у éinstimmig; **2.** (*первая скрипка*) Prímgeige *f* (11), érste Géige

при́ма-балери́на *ж* Primaballerína *f*, *pl* -nen

примадо́нна *ж* *театр.* Primadónna *f*, *pl* -dónnen

прима́заться, прима́зываться *разг.* sich éinschleichen*, sich éinschmuggeln; sich ánbiedern

прима́нивать, примани́ть ánlocken *vt*, ánziehen* *vt*

прима́нка *ж* **1.** Köder *m* (6), Lóckspeise *f* (11); **2.** *перен.* Lóckmittel *n* (6), Lóckvogel *m* (6*), Köder *m* (6)

прима́т *м* Primát *m* (1), *n* (2), Vórrangstellung *f* (10); Vórherrschaft *f* (10)

прима́ты *мн.* *зоол.* Primáten *pl*, Säugetiere der höchsten Órdnung

прима́чивать *см.* примочи́ть

примелька́ться *разг.* zur Gewóhnheit [gewöhnt] wérden, (vom häufigen Séhen) bekánnt [vertráut] wérden

примене́н||ие *с* Ánwendung *f*, Verwéndung *f*, Éinsatz *m* -es; Gebráuch *m* -(e)s (*употребление*); находи́ть ~ие ángewandt wérden; Verwéndung fínden*; найти́ ~ие свои́м си́лам ein geéignetes Betätigungsfeld fínden*; в ~ии к... in Ánwendung auf (*A*), in bezúg auf (*A*); was... (*A*) betrífft; ~ие тео́рии на пра́ктике die Ánwendung der Theoríe in der Práxis; практи́ческое ~ие Nútzanwendung *f*; ~ие наказа́ния *юр.* Verhängung éiner Stráfe; Stráfzumessung *f*; с ~ием угро́з durch Dróhungen; ~ие вооружённой си́лы der Éinsatz bewáffneter Macht; ~ие бактериологи́ческого ору́жия der Éinsatz von biológischen [bakteriológischen] Wáffen; ~ие а́томного ору́жия Átomwaffeneinsatz *m*, Kérnwaffeneinsatz *m*; сфе́ра ~ия Ánwendungsbereich *m* (1), *n* (2), Ánwendungsgebiet *n* (2)

примени́м||ость *ж* Ánwendbarkeit *f*, Verwéndbarkeit *f*; Táuglichkeit *f*, Bráuchbarkeit *f* (*пригодность*); **~ый** ánwendbar, ánwendungsbereit, verwéndbar; táuglich, bráuchbar (*пригодный*)

примени́тельно *нареч.* in bezúg auf (*A*), únter Ánpassung an (*A*); was... (*A*) betrífft; gemäß (*D*); ángewandt auf (*A*); ~ к себе́ in Ánwendung auf sich selbst

примени́ть ánwenden(*) *vt*, verwénden(*) *vt*; gebráuchen *vt* (*употребить*); applizíeren *vt* (*напр. лекарство*); zum Éinsatz bríngen* (*силы, способности; тж. воен.*); **~ся** sich ánpassen (к чему́-л. *D*); sich ríchten (nach *D*); sich schícken (in *A*); ~ся к его́ хара́ктеру sich séinem Charákter [ka-] ánpassen; ~ся к обстоя́тельствам sich nach den Úmständen ríchten; ~ся к усло́виям sich den Verhältnissen ánpassen

применя́ть *см.* примени́ть; **~ся 1.** *см.* примени́ться; ~ся к ме́стности *воен.* sich dem Gelände ánpassen; **2.** *страд.* ángewandt wérden (*ср.* примени́ть)

приме́р *м* **1.** Béispiel *n* (2), Béispielfall *m* (1*); Belég *m* (1); Múster *n* (6), Vórbild *n* (5), Músterbeispiel *n* (*образец*); характе́рный ~ ein bezéichnendes Béispiel; живо́й ~ ein spréchendes Béispiel; ли́чный ~ persönliches Vórbild; приводи́ть ~ ein Béispiel nénnen*; приводи́ть кого́-л., что-л. в ~ j-n, etw. als Béispiel [Múster] hínstellen; ~ на употребле́ние како́го-л. сло́ва ein Belég für ein Wort; не привести́ ~а únbelegt lássen*; пока́зывать [подава́ть] ~ mit gútem Béispiel [béispielgebend] vorángehen*; брать ~ с кого́-л. sich (*D*) ein Béispiel an j-m néhmen*, j-n zum Vórbild néhmen*; после́довать ~у dem Béispiel fólgen; sich dem Béispiel ánschließen*, sich von éinem Béispiel léiten lássen*; éinem Béispiel nácheifern [náchstreben]; ста́вить кого́-л. в ~ (други́м) j-n als Béispiel hínstellen; за ~ом не́чего далеко́ ходи́ть néhmen wir ein náheliegendes Béispiel; мо́жно привести́ о́чень мно́го ~ов die Béispiele lássen sich um ein Víelfaches verméhren; одного́ ~а доста́точно eins mag hier für viele Béispiele stéhen*; nur ein Béispiel für víele; ~ зарази́телен das Béispiel zündet; к ~у zum Béispiel, béispielsweise; по ~у nach dem Múster [dem Béispiel] (*G или* von *D*); в ка́честве ~а als Béispiel; béispielshalber; на ~е am Béispiel; для ~а (*в назидание*) zur Erbáuung, zur Beléhrung; не в ~ *разг.* 1) (*в отличие*) im Gégensatz zu (*D*), zum Únterschied von (*D*); 2) (*гораздо*) unvergléichlich, bedéutend; не в ~ лу́чше úngleich bésser; не в ~ други́м [про́чим] nicht so wie die ánderen; **2.** *мат.* Übungsbeispiel *n* (2), Áufgabe *f* (11)

примерза́ть ánfrieren* *vi* (s)

примёрзнуть ángefroren sein

приме́р||ить ánprobieren *vt*, ánpassen *vt*, ánproben *vt*; ~ить шля́пу den Hut ánprobieren [zur Próbe áufsetzen]; ◇ семь раз ~ь, а оди́н отре́жь *посл.* erst wägen, dann wágen; **~иться** Áugenmaß néhmen*, abschätzen *vt*

приме́рк||а *ж* Ánprobe *f* (11), Próbe *f*, Ánprobieren *n* -s; я иду́ на ~у ich géhe ánprobieren, ich géhe zur Ánprobe

приме́рн||о *нареч.* **1.** (*образцово*) músterhaft; béispielgebend, béispielhaft, vórbildlich; вести́ себя́ ~о sich músterhaft áufführen; **2.** (*приблизительно*) úngefähr, zírka, étwa, ánnähernd, approximatív; rund; schätzungsweise; ~о год наза́д vor étwa éinem Jahr; ему́ ~о 30 лет er ist so um die Dréißig herúm; **~ый 1.** (*образцовый*) músterhaft, mústergültig, Múster-; vórbildlich; béispielhaft, béispielgebend; exemplárisch; ~ый уста́в Músterstatut *n* (13); **2.** (*приблизительный*) úngefähr, ánnähernd, approximatív; ~ый подсчёт ein úngefährer [approximatíver (-vər)] Überschlag

примéрочная *ж* Ánprobekabine *f* (11), Ánprobe *f* (11), Kabíne *f* (11) zum Ánprobieren

примеря́ть *см.* примéрить; **~ся 1.** *см.* примéриться; **2.** *страд.* ánprobiert wérden

при́мес||ь *ж* Béimischung *f* (10), Béimengung *f* (10); Zúsatz *m* (1*); с ~ью mit éinem Zúsatz; gemíscht (чегó-л. mit *D*); посторóнние ~и Frémdstoffe *pl*, Frémdbestandteile *pl*, Begléitstoffe *pl*; без **~éй** (*напр. о вине*) natúrrein

примéт||а *ж* **1.** (*признак*) Mérkmal *n* (2); Kénnzeichen *n* (7); осóбая ~а ein besónderes Mérkmal [Kénnzeichen]; нарóдные ~ы Wétterregeln *pl*, Báuernregeln *pl* (*о погоде*); описáние примéт (*человека*) Personálbeschreibung *f* (10); **2.** (*предзнаменование*) Vórbedeutung *f* (10); Ómen *n* -s, *pl* Ómina, Vórzeichen *n* (7); дурнáя ~а schlímmes Vórzeichen; ◇ имéть на ~е *разг.* im Áuge háben [behálten*]; áufpassen auf (*A*)

приметáть (*пришить*) ánheften *vt*, mit gróßen Stíchen ánnähen

примéтить *разг.* bemérken *vt*, mérken *vt*; wáhrnehmen* *отд. vt*; gewáhr wérden (что-л. *G или A*); Áufmerksamkeit schénken (*D*)

примéтливый genáu beóbachtend, áchtsam, áufmerksam; schárfsichtig (*зоркий*)

примéтный *разг.* mérklich, fühlbar, síchtbar, spürbar, wáhrnehmbar; áuffällig (*обращающий на себя внимание*)

примётывать *см.* приметáть

примечáн||ие *с* Ánmerkung *f* (10); Erläuterung *f* (10) (*объяснение*); Fúßnote *f* (11) (*под текстом*); ~ие на поля́х Glósse *f* (11), Rándbemerkung *f*; объясни́тельные ~ия erläuternde Bemérkungen; в кáчестве ~ия ánmerkungsweise; дать пояснéние в ~ии éine ánmerkungsweise Erklärung gében*

примечáтельный bemérkenswert, beáchtenswert, ánmerkenswert

примечáть *см.* примéтить

примешáть, примéшивать béimischen *vt*, béimengen *vt*; zúsetzen *vt*, hinzútun* *vt*; ~ (к дéлу) чтó-л. посторóннее Nébensächliches (in *A*) éinflechten*; ~ когó-л. к чемý-л. *разг.* j-n in etw. (*A*) verwíckeln

приминáть *см.* примя́ть

примирéнец *м* Versöhnler *m* (6); Kompromíßler *m* (6), Opportuníst *m* (8)

примирéние *с* **1.** (*врагов*) Versöhnung *f* (10), Áussöhnung *f*; friedlicher Áusgleich (*в тяжбе*); ~ сторóн Éinigung [Vergléich] der Partéien; **2.** (*противоречий*) Áusgleich *m* -(e)s, Schlíchtung *f*; Vergléich *m*; **3.** (*с чем-л.*) Ábfindung *f*

примирéнче||ский versöhnlerisch; opportunístisch; **~ство** *с* Versöhnlertum *n* -s, opportunístisches Verhálten

примири́мый versöhnbar, áusgleichbar, schlíchtbar

примири́тель *м* Versöhner *m* (6); Fríedensstifter *m* (6); **~ный** versöhnend, Versöhnungs-; schlíchtend, Schlíchtungs-; ~ная кáмера *юр. уст.* Schlíchtungsbehörde *f* (11), Schlíchtungsstelle *f* (11)

примири́ть 1. (*врагов*) versöhnen *vt*, áussöhnen *vt*; **2.** (*противоречия*) éinen Vergleich zustánde bríngen*; in Übereinstimmung bríngen*; áusgleichen* *vt*; **~ся 1.** (*с кем-л.*) sich versöhnen, sich áussöhnen, Fríeden schlíeßen* (mit *D*); **2.** (*с чем-л.*) sich áussöhnen, sich zufríedengeben*, sich ábfinden* (mit *D*); ~ся с мы́слью sich mit dem Gedánken vertráut máchen, sich an den Gedánken gewöhnen

примиря́ть(ся) *см.* примири́ть(ся)

примити́в *м* das Primitíve [-və] (*sub*), das Úrsprüngliche (*sub*); *иск.* primitíves Kúnstwerk; **~и́зм** *м* Primitivismus [-'vis-] *m* =; **~ность** *ж* Primitivität [-vi-] *f*, Éinfachheit *f*, Únkompliziertheit *f*; Únentwickeltheit *f*; **~ный** primitív, éinfach; únentwickelt, auf éiner níedrigen Entwícklungsstufe stéhend

примкнýть 1. (*присоединиться*) sich ánschließen* (к комý-л., к чемý-л. *D*, an *A*); béitreten* *vi* (s) (*D*); ~ к какóй-л. пáртии sich zu éiner Partéi schlágen*; **2.** *воен.*: ~ штык das Séitengewehr áufpflanzen; ~ штыки́! (*команда*) Bajonétt áufpflanzen!

примóлкнуть *разг.* verstúmmen *vi* (s), still wérden

примóрский See-, Küsten-; ~ гóрод Séestadt *f* (3), Stadt am Meer

примóрье *с* Küstengebiet *n* -(e)s

Примóрье *с* Férnöstliches Küstenland, Primórje *n* =

примости́ться *разг.* sich (hín)hócken, sich (hín)káuern; sich éinrichten (*пристроиться*)

примочи́ть ánfeuchten *vt*, beféuchten *vt*; benétzen *vt*

примóчка *ж мед.* féuchter Kühlverband; свинцóвая ~ Bléiwasserumschlag *m* -(e)s; ~ для глаз Áugenwasser *n* -s

при́мула *ж бот.* Prímel *f* (11), Hímmelschlüssel *n* (6)

при́мус *м* Prímuskocher *m* (6), Petróleumkocher *m*

примчáть 1. (*доставить*) éilends bríngen*; **2.** (*прискакать*) (zu Roß) herbéijagen *vi* (s), herbéisprengen *vi* (s); **~ся** ángerennt [ángesaust] kómmen*, heránjagen *vi* (s); herbéisprengen *vi* (s) (*верхом*)

примык||áние *с* **1.** Ángrenzen *n* -s, Ánstoßen *n* -s, Ánschluß *m* -sses; **2.** *грам.* syntáktische Verknüpfungsart von Wörtern óhne formálen Áusdruck; **~áть 1.** *см.* примкнýть 1; **2.** (*быть смежным*) (án)stóßen* *vi*, (án)grénzen *vi* (к чемý-л. an *A*)

примя́ть níederdrücken *vt*, zerdrükken *vt*, zertréten* *vt*, zerstámpfen *vt*, níedertreten (*притоптать*); zerkníttern *vt*, zerknüllen *vt* (*смять*); грáдом примя́ло рожь der Róggen ist ein wénig verhágelt

принадлеж||áть 1. gehören *vi*; zúkómmen* *vi* (s) (*причитаться*); zúfallen* *vi* (s) (*достаться*); пéрвая попы́тка ~и́т Ивановý den érsten Versúch unternáhm Iwanów; стихотворéние ~и́т перý Пýшкина das Gedícht stammt aus der Féder Púschkins, das Gedícht ist von Púschkin; **2.** (*к организации и т. п.*) ángehören *vi* (*D*), gehören *vi* (zu *D*); ~ к пáртии der Partéi ángehören, ein Mítglied der Partéi sein; ~áть к числý учáстников zu den Téilnehmern gehören

принадлéжност||ь *ж* **1.** (*к организации и т. п.*) Zúgehörigkeit *f*, Ángehörigkeit *f*; клáссовая ~ь Klássenzugehörigkeit *f*; национáльная ~ь Nationalität *f*, Vólkszugehörigkeit *f*; по ~и zúständigkeitshalber; **2.** *б. ч. мн.* ~и (*предметы*) Zúbehör *n* (2); Wérkzeug *n* (2), Instruménte *pl*; Gerät *n* -(e)s, Áusrüstung *f*; Vórrichtungen *pl* (*для какóй-л. работы*); ~и костю́ма Toilétte(n)gegenstände [toa-] *pl*, пи́сьменные ~и Schréibzeug *n* -(e)s, Schréibutensili|en *pl*; Schréibbedarf *m* -(e)s, Schréibmaterial *n* -s, -i|en; канцеля́рские [контóрские] ~и Bürómaterial *n*, Bürόbedarf *m*, шкóльные ~и Schúlbedarf *m*; тури́стские ~и Campingausrüstung ['kεm-] *f*; охóтничьи ~и Jágdzeug *n*; рыболóвные ~и Ángelgerät *n*; дорóжные ~и Réiseartikel *pl*; постéльные ~и Béttzeug *n*; спорти́вные ~и Spórtartikel *pl*, Spórtausrüstung *f*; Spórtgeräte *pl*, Spórtbedarf *m*; ◇ напрáвить дéло по ~и die Ákten an die zúständige Stélle wéiterleiten

приналéчь *см.* налéчь

принаряди́ть *разг.* heráusputzen *vt*, (her)áusstaffieren *vt*; schmücken *vt*, fein máchen; **~ся** *разг.* sich heráusputzen, sich (her)áusstaffieren; sich gut ánziehen*

принаряжáть(ся) *см.* принаряди́ть(-ся)

принevóливать, принevóлить —

принесéние *с* Erbríngung *f*, Léistung *f*; ~ пóльзы Erbríngung éines Nútzens; ~ прися́ги Éidesleistung *f*, Éidablegung *f*

принес||ти́ 1. bríngen* *vt*, herbéibringen* *vt*, herbéitragen* *vt*, hólen *vt*; überbríngen* *vt* (*передать, доставить*); apportíeren *vt* (*поноску — о собаке*); **~ти́** обрáтно zurückbringen* *vt*; **~ти́** с собóй mítbringen *vt*; **2.** (*о ветре*) (her)ánwehen *vt*; herántreiben* *vt*; ánschwemmen *vt* (*о воде*); **3.** (*дать*) (éin)bríngen* *vt*; éintragen* *vt*, erbríngen* *vt* (*доход*); trágen* *vt*, gében* *vt* (*плоды и т. п.*); **~ти́** пóльзу комý-л. j-m Nútzen bríngen*, von Nútzen [von Vórteil] sein; **~ти́** бары́ш Gewínn [Profít] ábwerfen*; **~ти́** процéнты Zínsen trágen*, **~ти́** вы́году Gewínn bríngen*; э́то ~лó емý одни́ лишь неприя́тности das hat ihm nur Únannehmlichkeiten éingebracht [verúrsacht]; **4.** (*родить — о животных*) wérfen* *vt*; кóшка ~ла пять котя́т die Kátze hat fünf Júnge gewórfen; ◇ зачéм тебя́ сюдá ~лó? *разг.* was hat dich denn hierhérgeführt?; откýда тебя́ ~лó? *разг.* wo kommst du denn her?; **~ти́** жáлобу на когó-л. j-n ánklagen, gégen j-n Kláge erhében* [führen]; éine Beschwérde éinlegen; **~ти́** счáстье [несчáстье] Glück [Únglück] bríngen*; **~ти́** благодáрность Dank spénden [áussprechen*, bezéigen, zóllen]; dánken *vi* (комý-л. *D*); **~ти́** в жéртву zum Ópfer bríngen*; ópfern *vt*; **~ти́** жéртву ein Ópfer bríngen*; **~ти́** пови́нную séine Schuld bekénnen* [éingestehen*]; **~ти́** кля́тву éinen Eid léisten [áblegen]

принести́сь *разг.* heránjagen *vi* (s), heránsausen *vi* (s), ángelaufen [ángerannt] kómmen*

принижáть(ся) *см.* прини́зить(ся)

прини́женн||ость *ж* Démütigung *f*; Erníedrigung *f*; **~ый** démütig, erníedrigt

прини́зить 1. (*унизить*) démütigen *vt*, erníedrigen *vt*; **2.** (*умалить значение чего-л.*) ábwerten *vt*; schmälern *vt*, herúntersetzen *vt*, herábsetzen *vt*; herábmindern *vt*; **~ся 1.** níedriger [kléiner] wérden; **2.** (*унизиться*). sich erníedrigen

приника́ть, прини́кнуть sich (án-) schmiegen, drücken *vi* (к чему́-л. an *A*); sich dúcken (*пригну́ться*); ~ у́хом к стене́ sein Ohr an die Wand légen

принима́||ть *см.* приня́ть; **~ться 1.** *см.* приня́ться; **2.** *страд.* empfángen wérden (*ср.* приня́ть)

принора́вливать(ся) *см.* приноровить (-ся)

приноровить *разг.* ánpassen *vt*; ríchten *vt* (nach *D*); éinrichten *vt*; ~ свой отъе́зд к концу́ ме́сяца séine Ábreise für Énde des Mónats vórsehen*; **~ся** *разг.* sich ánpassen (к чему́-л. *D*), sich ríchten (nach *D*), sich gewöhnen (an *A*)

приноси́ть *см.* принести́

прино́сный 1. (*тако́й, кото́рый прино́сят*) mítgebracht, herbéigebracht; **2.** (*нано́сный*) vom Wind [Strom] hérgetrieben

приноше́ние *с ирон.* Geschénk *n* (2); Gábe *f* (11); Schénkung *f* (10)

принуди́ловка *ж разг.* Zwángsarbeit *f*

принуди́тельн||ость *ж* Zwang *m* -(e)s, Zwángsanwendung *f*, Zwángsläufigkeit *f*; **~ый** Zwangs-; ~ые ме́ры Zwángsmaßnahmen *pl*, Zwángsmittel *pl*, Zwángsmaßregeln *pl*; в ~ом поря́дке zwángsweise, zwángsverpflichtet

прину́дить, принужда́ть zwíngen* *vt*, nötigen *vt*; Zwang ántun* (кого́-л. *D*); ~ кого́-л. к молча́нию j-n zum Schwéigen bríngen* [zwíngen*], j-m das Wort verbíeten*

принужде́н||ие *с* Nötigung *f*, Zwang *m* -(e)s; сре́дство ~ия Zwángsmittel *n* (6); по ~ию gezwúngenermaßen; unter dem Druck; без ~ия óhne Zwang; úngenötigt, gútwillig, aus fréiem Ántrieb (*доброво́льно*); aus fréien Stükken (*разг.*); де́лать что-л. без ~ия etw. aus éigenem Ántrieb tun*; etw. aus fréien Stücken tun* (*разг.*)

принуждённ||ость *ж* Gezwúngenheit *f*, Stéifheit *f*; Únnatürlichkeit *f*, Affektíertheit *f* (*неесте́ственность*); **~ый 1.** (*обя́занный*) gezwúngen, genötigt; **2.** (*неесте́ственный*) gezwúngen, steif, geziert, affektíert, únnatürlich; ~ый смех gezwúngenes Láchen

принц *м* Prinz *m* (8); **~е́сса** *ж* Prinzéssin *f* (12)

при́нцип *м* **1.** Grúndsatz *m* (1*), Prinzíp *n* (2) (*pl тж* -i¦en); Maxíme *f* (11); нару́шить ~ (чего́-л.) gégen den Grúndsatz verstóßen*; основно́й ~ Grúndprinzip *n*; агрега́тный ~ *тех.* Báukastenprinzip *n*; ~ рабо́ты *тех.* Wírkungsweise *f*, Árbeitsweise *f*; ~ наибо́льшего благоприя́тствования das Prinzíp der Méistbegünstigung; ~ взаи́мной вы́годы Prinzíp des béiderseitigen Nútzens; руководя́щий ~ Ríchtlini¦e *f* (11); соблюде́ние ~а die Éinhaltung des Prinzíps; быть осно́ванным на ~ах auf Grúndsätzen berúhen; **2** (*убежде́ние*) Überzéugung *f* (10), Ánsicht *f* (10), grúndsätzliche Éinstellung; э́то про́тив мои́х ~ов das ist gégen méine ínneren Grúndsätze; ◇ из ~а grúndsätzlich, prinzipiéll; в ~е im Prinzíp, grúndsätzlich

принципа́л *м уст.* Prinzipál *m* (1), Chef [ʃɛf] *m* -s, -s

принципиа́льн||ость *ж* das Grúndsätzliche (*sub*), das Prinzipiélle (*sub*), Grúndsätzlichkeit *f*, Prinzípi¦enfestigkeit *f*, Prinzípi¦entreue *f*; **~ый** grúndsätzlich, prinzipiéll; prinzípi¦enfest, prinzípi¦entreu; ~ый вопро́с éine grúndsätzliche [prinzipiéllc] Fráge, Prinzípi¦enfrage *f* (11); ~ая пози́ция ein grúndsätzlicher Stándpunkt; ~ые разногла́сия prinzipiélle Méinungsverschiedenheiten; ~ый челове́к ein prinzípi¦enfester [prinzípi¦entreuer] Mensch, Mensch mit Grúndsätzen; я ~о согла́сен ich bin im gróßen und gánzen éinverstanden

принюха́ться *разг.* sich an den Gerúch gewöhnen

приня́тие *с* **1.** (*назначе́ния и т. п.*) Übernahme *f*, Ánnahme *f*; **2.** (*зако́на, прое́кта резолю́ции, и т. п.*) Ánnahme *f*; Bestätigung *f*; Verábschiedung *f* (*зако́на*); ~ реше́ния Fällen éiner Entschéidung; Ánnahme éines Beschlússes, Beschlúßfassung *f*; ~ мер Ergréifung von Máßnahmen; ◇ ~ прися́ги *юр.* die Ábnahme [Entgégennahme] éines Éides; *воен.* die Áblegung éines Éides

при́нят||ый 1. *прич. и прил.* ángenommen; áufgenommen; empfángen; zúgelassen; ~ый во внима́ние in Betrácht gezógen; ~ый на слу́жбу in den Dienst áufgenommen; éingestellt; ~ый поря́док die éingeführte Órdnung, Úsus *m* =; **2.** *прил.* (*обы́чный*) üblich, gebräuchlich; быть ~ым üblich sein, gang und gäbe sein; э́то ~о so ist es üblich, das ist Brauch, das ist so Úsus; здесь ~о, у нас ~о hier ist es Sítte, hier ist es üblich

приня́ть 1. empfángen* *vt*, in Empfáng néhmen*, ánnehmen* *vt*, entgégennehmen* *vt*; ~ на себя́ übernéhmen* *vt*; ~ на себя́ обяза́тельство éine Verpflíchtung übernéhmen*; спекта́кль при́няли хорошо́ das Stück wúrde günstig áufgenommen; прими́ мой сове́т befólge méinen Rat, fólge méinem Rat; ~ зака́з (*в рестора́не*) éine Bestéllung ánnehmen*; **2.** (*посети́телей, госте́й, больны́х*) empfángen* *vt*, áufnehmen* *vt*; меня́ серде́чно при́няли ich fand éine hérzliche Áufnahme; ich wúrde hérzlich áufgenommen; **3.** (*лека́рство и т. п.*) éinnehmen* *vt*; ~ пи́щу Náhrung zu sich néhmen*; **4.** (*включи́ть в соста́в*) áufnehmen* *vt*; zúlassen* *vt* (*допусти́ть*); ~ в па́ртию in die Partéi áufnehmen*; ~ на слу́жбу in Dienst néhmen*, éinstellen *vt*; ~ в университе́т zum Stúdium an der Universität [-vɛr-] zúlassen*; ~ в игру́ mítspielen lássen*; **5.** (*зако́н, прое́кт и т. п.*) ánnehmen* *vt*, bestätigen *vt*; akzeptíeren *vt*; ~ зако́н ein Gesétz verábschieden; ~ обраще́ние éinen Áufruf beschlíeßen*; ~ реше́ние éinen Beschlúß fássen; ~ резолю́цию éine Resolutión ánnehmen*; ~ програ́мму ein Prográmm beschlíeßen*; **6.** (*фо́рму, вид и т. п.*) bekómmen* *vt*, ánnehmen* *vt*, éinnehmen* *vt*; ~ по́зу éine Póse éinnehmen*; sich in Póse wérfen*; ~ затяжно́й хара́ктер sich in die Länge zíehen*; **7.** (*за кого́-л., за что-л.*) hálten* *vt* (für *A*); ~ что-л. за шу́тку etw. als Spaß áuffassen; за кого́ вы меня́ принима́ете? wen gláuben Sie denn vor sich zu háben?, für wen hálten Sie mich?; **8.** (*посторони́ться*) ein bíßchen rükken, sich begében*; приня́ть впра́во (*кома́нда*) nach rechts áusweichen!; **9.** *мед.*: ~ ребёнка (*при ро́дах*) éine Frau von éinem Kind entbínden*; ◇ ~ во внима́ние in Betrácht [Erwägung] zíehen*, berücksichtigen *vt*; принима́я во внима́ние что-л. in Ánbetracht (*G*), únter Berücksichtigung (*G*), mit Rücksicht (auf *A*); принима́я во внима́ние, что... in Ánbetracht déssen, daß...; in der Erwägung, daß...; ~ что-л. всерьёз etw. ernst néhmen*; ~ к се́рдцу что-л. sich (*D*) etw. zu Hérzen néhmen*; ~ что-л. на свой счет sich getróffen fühlen; etw. auf sich bezíehen*; ~ ме́ры Máßnahmen ergréifen*; Vórkehrungen tréffen*; ~ к све́дению zur Kénntnis néhmen*; ~ что-л. в расчет mit etw. (*D*) réchnen; ~ за пра́вило sich (*D*) etw. zur Régel máchen; ~ чью-л. сто́рону j-s Partéi ergréifen*; ~ уча́стие в чем-л. an etw. (*D*) téilnehmen*; ~ уча́стие в ком-л. j-m Téilnahme erwéisen*; прими́те наилу́чшие пожела́ния (*в письме́*) mit den bésten Wünschen; ~ прися́гу *юр.* éinen Eid ábnehmen* [entgégennehmen*]; ~ вое́нную прися́гу den Fáhneneid áblegen [léisten]; ~ экза́мен die Prüfung ábnehmen*; ~ пара́д die Paráde ábnehmen*; ~ христиа́нство das Chrístentum [k-] ánnehmen*, zum Chrístentum übertreten*, sich zum Chrístentum bekéhren; ~ друго́й оборо́т éine ándere Wéndung néhmen*; ~ что-л. за чи́стую моне́ту etw. für báre Münze néhmen*; ~ душ dúschen *vi*

приня́ться 1. (*за что-л.*) ánfangen* *vt*, vórnehmen* *vt*, sich ánschicken; Hand ánlegen (an *A*); ~ снова́ за что-л. sich wíeder an etw. (*A*) máchen; von néuem an etw. (*A*) herángehen*; ~ за суп sich über die Súppe hermáchen; **2.** *разг.* (*за кого́-л.*) sich über j-n hérmachen; j-m auf die Búde rükken; sich (*D*) j-n vórnehmen*, sich j-n vórknöpfen (*с це́лью обуче́ния, наказа́ния*); **3.** (*о расте́нии*) Wúrzel fássen; **4.** (*о приви́вке*) éine pósitive [-və-] Reaktión zéigen; áufgehen* *vi* (s)] (*разг.*)

приободри́ть áufmuntern *vt*; Mut zúsprechen*, ein wénig Mut éinflößen (кого́-л. *D*); **~ся** Mut schöpfen, (néuen) Mut fássen

приободря́ть(ся) *см.* приободри́ть (-ся)

приобрести́, приобрета́ть 1. erwérben* *vt*, erlángen *vt*, sich (*D*) etw. ánschaffen; gewínnen* *vt* (*друзе́й и т. п.*); ~ значе́ние Bedéutung gewínnen*; ~ о́пыт Erfáhrungen sámmeln; ~ изве́стность bekánnt wérden; **2.** (*купи́ть*) káufen *vt*, erwérben* *vt*; **3.** (*фо́рму, окра́ску и т. п.*) bekómmen* *vt*, ánnehmen* *vt*

приобрете́ние *с* **1.** Erwérbung *f*; Erlángung *f*, Erzíelung *f*; Gewínnung *f*; Errúngenschaft *f* (10) (*достиже́ние*); ~ прав гражда́нства die Erlángung der Bürgerrechte; ва́жное ~ культу́ры éine wíchtige kulturélle Errúngenschaft; **2.** (*поку́пка*) Kauf *m* (1*), Ánschaffung *f* (10), Éinkauf *m*; ~ в со́бственность Éigentumserwerb *m* -(e)s; случа́йное ~ Gelégenheitskauf *m* (1*); но́вое ~ Néuerwerbung *f*; néugekaufte Sáche

приобретённый erwórben; ~ рефле́кс ein erwórbener Refléx

приобща́ть *см.* приобщи́ть; **~ся 1.** *см.* приобщи́ться; **2.** *страд.* hinzúgefügt wérden (*ср.* приобщи́ть)

приобще́ние *с* **1.** (*присоедине́ние*) Hinzúfügung *f*, Éingliederung *f*, Éinverleibung *f*; **2.** (*ознакомле́ние с чем-либо*) Téilnahme *f* (an *D*); Heránführung *f* (an *A*)

приобщи́ть 1. (*присоедини́ть*) hinzúfügen *vt*, béifügen *vt*, béilegen *vt*, ánschließen* *vt*; ~ к де́лу den Ákten béifügen; áktenkundig máchen; **2.** (*познако́мить с чем-л.*) téilnehmen lássen (an *D*); heránführen (an *A*); ~ широ́кие ма́ссы к культу́ре die bréiten Mássen an die Kultúr heránführen, die bréiten Mássen an der Kultúr téilhaben lássen;* **3.** *церк.* das héilige Ábendmahl réichen lássen*; **~ся 1.** (*познакомиться*) sich ánschließen* (к чему́-л. *D или* an *A*); sich éinschalten (in *A*); téilnehmen* *vi* (an *D*); **~ся к культу́ре** der Kultúr téilhaftig wérden; **~ся** к обще́ственной жи́зни am geséllschaftlichen Lében téilnehmen*; **2.** *церк.* das héilige Ábendmahl empfángen*

приоде́ть *разг.* kleiden *vt*; (heráus-) pútzen *vt*, gut ánziehen* (*нарядить*); **~ся** *разг.* sich (heráus)pútzen, sich gut kléiden

приозёрный in der Nähe des Sees; am See befíndlich; ~ край das Gebíet am See

прио́р *м церк.* Príor *m* -s, -óren; вели́кий ~ Érzprior *m*

приорите́т *м* Priorität *f*, Vórrang *m* -(e)s, Vórzug *m* -(e)s, Vórrecht *n* -(e)s; предоста́вить чему́-л. ~ éiner Sáche (*D*) den Vórrang gében*; **~ный** Vórzugs-, Vórrang-

приоса́ниться *разг.* (éine würdevolle) Háltung ánnehmen*, éine wíchtige Míene máchen

приостана́вливать *см.* приостанови́ть; **~ся 1.** *см.* приостанови́ться; **2.** *страд.* (auf kúrze Zéit) áufgehalten wérden; éingestellt [unterbróchen] wérden

приостанови́ть (auf kúrze Zeit) unterbréchen* *vt*, ánhalten* *vt*, áufhalten* *vt*; áussetzen *vt*, ábstoppen *vt*; éinstellen *vt* (*платежи, поставки*); ~ произво́дство die Produktión stóppen [éinstellen, láhmlegen]; ~ наступле́ние éinen Ángriff zum Stéhen bríngen*; ~ реше́ние суда́ das Úrteil áussetzen; ~ проце́сс den Prozéß áussetzen; ~ кровотече́ние die Blútung stíllen; **~ся** (auf kúrze Zeit) stíllstehen* *отд. vi* (s) [stéhenbleiben* *отд. vi* (s), zum Stíllstand kómmen*]; stócken *vi*, ins Stókken geráten*, ánhalten* *vi*, ínnehalten* *отд. vi*, háltmachen *отд. vi*

приостано́вка *ж* (kúrzfristiges) Ánhalten *n* -s, Stopp *m* -s, -s; (kúrzfristiger) Stíllstand *m* -(e)s; Éinstellung *f* (10) (*платежей, поставок, производства*); Áussetzung *f* (10) (*напр. судебного процесса*); Unterbréchung *f* (*работы*); Láhmlegung *f* (*производства, ж.-д. сообщения*); Unterbréchung *f* (*перерыв*)

приотвори́ть ein wénig öffnen, éinen Spalt öffen lássen*; **~ся** sich ein wénig öffnen

приотворя́ть *см.* приотвори́ть; **~ся 1.** *см.* приотвори́ться; **2.** *страд.* ein wénig [éinen Spalt] geöffnet wérden

приоткрыва́ть(ся), приоткры́ть(ся) *см.* притвори́ть(ся)

прихо́тить *разг.* j-m Lust máchen (к чему́-л. zu *D*); Interésse éinflößen [errégen] (für *A*); Áppetít máchen (auf *A*, nach *D*); ~ к рабо́те in j-m den Wunsch zu árbeiten erwécken; **~ся** *разг.* Lust bekómmen* (к чему́-л. zu *D*); éine Vórliebe gewínnen* (für *A*), Gefállen fínden* (an *D*)

припада́ть 1. *см.* припа́сть; **2.** (*хромать*); ~ на пра́вую, ле́вую но́гу auf [mit] dem línken, réchten Fuß (leicht) hínken

припа́док *м* Ánfall *m* (1*); *перен.* Áusbruch *m* (1*), Ánwandlung *f* (10); серде́чный ~ Hérzanfall *m*; ~ бе́шенства Wútanfall *m*; ~ я́рости ein Ánfall von Raseréi; ~ сме́ха Láchanfall *m*; ~ великоду́шия *ирон.* éine Ánwandlung von Gróßmut

припа́дочн||ый *прил.* **1.** Ánfall(s)-; **~ые** явле́ния Ánfallserscheinungen *pl*; **2.** *в знач. сущ. м* Fállsüchtige *m* (14), Epiléptiker *m* (6)

припа́й *м* Fésteis *n* -es; берегово́й ~ Küsteneis *n*, Strándeis *n*

припа́йка *ж тех.* **1.** (*действие*) Ánlöten *n* -s; **2.** (*припаянное*) das ángelötete Stück

припа́рк||а *ж мед.* héißer Úmschlag; (*спец.*) Kataplásma *n* -s; космети́ческая **~а** Gesíchtspackung *f* (10); де́лать [класть] кому́-л. **~и** j-m héiße Úmschläge máchen

припаркова́ть párken *vt*

припаса́ть, припасти́ *разг.* **1.** Vórräte áufspeichern [sámmeln]; sich versórgen (что-л. mit *D*); hámstern *vt* (*продукты*); áufsparen *vt*; zurücklegen *vt* (*копить*); **2.** (*ответ, остроту и т. п.*) in Beréitschaft háben; beréithalten* *отд. vt*

припасова́ть, припасо́вывать *тех.* ánpassen *vt*, éinpassen *vt*

припа́сть sich níederbeugen, sich níederwerfen*; sich zu Bóden wérfen*; sich drücken, sich schmíegen (к чему́-л. an *A*); ~ к чьим-л. нога́м j-m zu Füßen fállen*

припа́сы *мн.* Vórräte *pl*; съестны́е ~ Múndvorrat *m* (1*), Lébensmittelvorräte *pl*; Proviant [-'vĭant] *m* (1); боевы́е ~ Munitión *f* (10)

припа́хивать étwas ríechen*; ein wénig stínken

припая́ть ánlöten *vt*, áuflöten *vt*, féstlöten *отд. vt*

припе́в *м* Refrain [-'frɛŋ] *m* -s, -s, Kéhrreim *m* (1)

припева́ть léise síngen*

припева́ючи: жить ~ *разг.* sórglos [sórgenfrei] lében; hérrlich und in Fréuden lében; lében wie Gott in Fránkreich

припёк I *м* (*при печении хлеба*) Gewíchtszunahme *f* (beim Bácken)

припёк II: на **~е** in der (prállen) Sónne

припека́ть *разг.* (*греть*) wärmen *vi*, brénnen* *vi*, stéchen* *vi*

припере́ть 1. ánlehnen *vt* (*прислонить*); verspérren *vt*, verrámmeln *vt* (чем-л. mit *D*) (*плотно закрыть*); **2.** (*прижать*) drücken *vt*, drängen *vt* (к чему́-л. an *A*); ◇ ~ кого́-л. к сте́нке j-n an die Wand drücken, j-n in die Énge tréiben*; j-m zu Léibe géhen*; j-n in éine áuswegslose Láge bríngen*

припе́рчивать, припе́рчить étwas pféffern, ein wénig Pféffer hinzúfügen [hinzútun*]

припеча́тать, припеча́тывать *разг.* **1.** (*прикрепить сургучом*) versíegeln *vt*; **2.** (*положить печать*) das Síegel [den Stémpel] áufdrücken; (áb)stémpeln *vt*

припира́ть *см.* припере́ть

приписа́ть 1. (*прибавить*) (hin)zúschreiben* *vt*, béifügen *vt*; **2.** (*зарегистрировать*) registríeren *vt*, éintragen* *vt*; **3.** (*кому-л., чему-л.*) zúschreiben* *vt*, zúrechnen *vt*; j-n für den Úrheber hálten*; etw. für die Úrsache hálten*; únterschieben* *vt* (*напр. слова́*); j-m etw. ándichten (*разг.*); j-m etw. unterstéllen (*напр. поступок*); ~ кому́-л. вину́ j-m die Schuld zúschreiben*; j-m etw. zur Last légen; **~ся** (*зарегистрироваться*) sich éintragen* (lássen*), sich registríeren, sich áufnehmen lássen*

припи́ска *ж* **1.** Zúschrift *f* (10); Náchschrift *f*; Zúsatz *m* (1*); Postskríptum *n* -s, *pl* -te *u* -ta (*в конце письма*); ~ к пла́ну überhöhte [verfälschte] Beríchterstattung über die Plánerfüllung; **2.** (*регистрация*) Registríerung *f*, Éintragung *f*

припи́сывать *см.* приписа́ть; **~ся 1.** *см.* приписа́ться; **2.** *страд.* (hin)zúgeschrieben wérden (*ср.* приписа́ть)

припла́та *ж* Zúzahlung *f* (10), Zúlage *f* (11); ~ к цене́ Préiszuschlag *m* (1*)

приплати́ть, припла́чивать zúzahlen *vt*, zúlegen *vt*

приплести́ 1. hinzúflechten* *vt*; **2.** *разг.* (*выдумать*) éinflechten* *vt*, etw. in die Réde fléchten*; Únnötiges erwähnen

приплести́сь *разг.* sich (mit Mühe) (herán)schléppen

приплета́ть *см.* приплести́

припло́д *м* Náchkommenschaft *f* (10), Zúwuchs *m* -es; Wurf *m* -(e)s (*помёт*); приноси́ть ~ wérfen* *vt*; ~ порося́т Férkelwurf *m*, пчели́ный ~ Bíenenbrut *f* (10)

приплыва́ть, приплы́ть heránschwimmen* *vi* (s), herángeschwommen [herángesegelt] kómmen*

приплю́снутый platt, flach; ~ нос éine plátte Náse, éine pláttgedrückte Náse

приплю́снуть pláttdrücken *отд. vt*, plättschlagen* *отд. vt*

приплюсова́ть *разг.* dazúrechnen *vt*, hinzúfügen *vt*

припля́с *м разг.* Tánzbewegungen *pl*; tänzelnde Schrítte

припля́сывать tänzeln *vi*

приподнима́ть(ся) *см.* приподня́ть(-ся)

припо́днят||ый leicht gehóben, erhóben; halb áufrecht; **~ое** настрое́ние gehóbene Stímmung; быть в **~ом** настрое́нии in gúter [gehóbener, féstlicher] Stímmung sein; **~ый** стиль gehóbener Stil

приподня́ть áufheben* *vt*, ánheben* *vt*; empórheben* *vt*; lüften *vt* (*шляпу, вуаль*); ~ что-л. с по́ла etw. vom Bóden áufheben*; **~ся** sich erhében*; áufstehen* *vi* (s); sich áufrichten; áufsitzen* *vi* (*из лежачего положения*); **~ся** на цы́почки sich auf die Zéhenspitzen stéllen; **~ся** на ло́кте sich auf dem (áufgestützten) Éllbogen áufrichten

припо́й *м тех.* Lot *n* -(e)s, Lötmaterial *n* -s; свинцо́вый ~ Lötblei *n* -(e)s

приполза́ть, приползти́ heránkriechen* *vi* (s), herbéikriechen* *vi* (s), ángekrochen kómmen*

приполя́рный pólnah, in der Nähe des Pols

припомина́ть, припо́мнить sich (*D*) ins Gedächtnis (zurück)rúfen*; sich erínnern (что-л. an *A*), sich besínnen* (auf *A*), sich entsínnen* (*G*); наско́лько припомина́ю soviel [sowéit] ich mich entsínnen kann, sowéit ich mich erínnere; не припо́мню его́ и́мени ich kómme nicht auf séinen Námen, sein Náme ist mir entfállen; я начина́ю припомина́ть ich erínnere mich; bei mir dämmert's (*разг.*); припо́мнил! ich háb's!, es ist mir éingefallen!; ◇ я вам э́то припо́мню! das wérde ich Íhnen nicht vergéssen!; dafür sóllen Sie mir büßen!; ему́ э́то припо́мнили das würde ihm übel vermérkt, das würde ihm ángekreidet

припорто́вый am Háfen befíndlich, in der Nähe des Háfens

припра́ва *ж* Zútat *f* (10), Würze *f* (11), Gewürze *pl*

припра́вить 1. (*еду*) würzen *vt*, hinzútun* *vt*, zúsetzen *vt*; ~ у́ксусом mit

Éssig ábschmecken; mit Éssig ánmachen; ~ мáслом mit Bútter ánrichten; **2.** (*речь*) würzen *vt*; **3.** *полигр.* zúrichten *vt*

приправка *ж полигр.* Zúrichten *n* -s

приправля́ть *см.* припрáвить

припры́гивать hüpfend géhen*; in hüpfendem Schritt géhen*

припры́жка *ж* kléiner Sprung, Hópser *m* (6)

припряга́ть *см.* припря́чь

припря́тать, припря́тывать verstécken *vt*, verbérgen* *vt*; áufheben* *vt*, héimlich wégstecken; für den Nótfall beiséite légen (*приберечь*)

припря́чь zúspannen *vt*

припугну́ть (*кого-л.*) *разг.* schrécken *vt*, erschrécken *vt*; j-m éinen Schrécken éinjagen, j-m bánge máchen, j-m angst máchen, éinschüchtern *vt*

припу́дрить leicht [ein wénig] púdern *vt*; éinpudern *vt*; *мед.* éinstäuben *vt*, éinstreuen *vt*; **~ся** sich étwas [leicht] púdern

при́пуск *м тех.* Zúgabe *f* (11); Máßzugabe *f*; ~ (матéрии) на раскрóй Schníttzugabe *f*; ~ (матéрии) на шов Náhtzugabe *f*

припуска́ть *см.* припусти́ть 1, 2

припусти́ть 1. *спец.* (*прибавлять в размерах*) zúgeben* *vt*; länger máchen (*в длину*); wéiter máchen (*в ширину*); ~ подóл den Saum heráuslassen*; **2.** *с.-х.* (*самца*) zúlassen* *vt*, belégen [décken] lássen*, (die Stúte) bespríngen lássen*; **3.** *разг.* (*побежать быстрее*) (dahín)jägen *vi* (s), lósjagen *отд. vi* (s), (dahín)stürmen *vi* (s), lósstürmen *отд. vi* (s), lósschießen* *отд. vi*

припу́тать, припу́тывать 1. (*привязать*) ánbinden* *vt*; **2.** *разг.* (nicht Dahíngehöriges) in die Réde éinflechten*, an nicht pássender Stélle ánführen (*в речи и т. п.*); verwíckeln *vt*, hinéinziehen* *vt*, hinéinreißen* *vt* (*вмешивать кого-л. во что-л.*)

припуха́ть *см.* припу́хнуть

припу́хл||ость *ж* (kléine) Geschwúlst *f* (3), Ánschwellung *f* (10); (léichte) Schwéllung *f*; **~ый** (étwas) geschwóllen

припу́хнуть ánschwellen* *vi* (s)

прираба́тывать, прирабо́тать éinen Nébenverdienst [Méhrverdienst] háben, zúverdienen *vt*; приработанный двигáтель *авто* éingefahrener Mótor

прирабо́таться *тех.* sich éinlaufen*, éinarbeiten *vi* (*напр. о деталях машины*)

прирабо́тка *ж тех.* Éinlaufen *n* -s, Éinarbeiten *n* -s

при́работок *м* Nébenverdienst *m* (1), Méhrlohn *m* (1*), Zúsatzlohn *m*

приравнивать, приравня́ть 1. gléichmachen *отд. vt*, gléichstellen *отд. vt*, auf die gléiche Stúfe stéllen; gléichsetzen *отд. vt*; **2.** *мат.* ángleichen *vt*

приреста́ть, прирасти́ ánwachsen* *vi* (s), féstwachsen *vi* (s)

приращéние *с* **1.** Verméhrung *f*; Zúwachs *m* -es; Ánwachsen *n*; Zúnahme *f*; ~ капитáла Kapitálzuwachs *m*; Vergrößerung *f*; ~ процéнтов Ánwachsen der Zínsen; **2.** *лингв.* Augmént *n* (2); **3.** *мат.* Inkremént *n* (2)

приревнова́ть éifersüchtig wérden (к комý-л. auf *A*)

прирéзать, прирезáть I (*прибавить*) zúmessen* *vt*, zúteilen *vt*

прирéзать, прирезáть II *разг.* (*зарезать*) káltmachen *отд. vt*; den Hals ábschneiden*, die Kéhle [Gúrgel] dúrchschneiden* (когó-л. *D*); schláchten *vt* (*скот*)

приречный an den Flúßufern befíndlich, in der Nähe des Flúßufers

приро́д||а *ж* **1.** Natúr *f*; преобразовáние ~ы die Úmgestaltung der Natúr; явлéние ~ы Natúrerscheinung *f* (10); закóн ~ы Natúrgesetz *n* (2); познáние ~ы Natúrerkenntnis *f*; охрáна ~ы Natúrschutz *m* -es; мёртвая ~а ánorganische Welt; únbelebte Natúr; живáя ~а orgánische Welt; belébte Natúr; на лóне ~ы im Fréien, im Grünen; am Búsen der Natúr (*поэт.*); потянýло нас на ~у es zog uns ins Fréie; **2.** (*сущность, характер*) Wésen *n* -s; Beschaffenheit *f*; по ~е dem Wésen nach; natúrgemäß, natúrgetreu; клáссовая ~а Klássencharakter [-ka-] *m* (1), Klássenwesen *n* -s; вопреки́ ~е wíder álle Natúr; от ~ы von Gebúrt; он леня́в от ~ы er ist von Natúr aus faul, die Fáulheit ist ihm ángeboren; э́то у меня́ от ~ы das liegt mir im Blút(e); э́то в ~е вещéй das liegt in der Natúr der Dínge; отдáть дань ~е séinen natürlichen Éigenschaften entspréchend hándeln, séiner Natúr fréien Lauf lássen*; **~ный 1.** natürlich, natúrgegeben, Natúr-; ~ные услóвия Natúrbedingungen *pl*; natürliche Bedíngungen; ~ные богáтства Natúrschätze *pl*; ~ный газ Érdgas *n* (2); **2.** (*врождённый*) ángeboren; natürlich, úrwüchsig; ~ный талáнт Natúrtalent *n* (2), ein úrwüchsiges Talént; ~ные недостáтки ángeborene Mängel; ~ная склóнность Natúranlage *f* (11); **3.** (*принадлежащий по рождению к стране и т. п.*) gebóren, echt; ~ный рýсский ein gebórener [échter] Rússe

природовéдение *с* Natúrkunde *f*

природоохрани́тельный Natúrschutz-

прирождённый 1. (*врождённый*) ángeboren; **2.** (*настоящий*) gebóren, echt; wie es im Buch steht; ~ охóтник ein gebórener [échter] Jäger

приро́ст *м* Zúwachs *m* -es, Verméhrung *f*, Zúnahme *f*; Ánwachsen *n* -s; ~ населéния Bevölkerungszuwachs *m*; ~ продýкции Produktiónszuwachs *m*; ~ и ýбыль (*напр. поголовья скота*) Zú- und Ábgänge *pl*

приручáть(ся) *см.* приручи́ть(ся)

приручённ||ый zahm; быть ~ым *тж. перен.* aus der Hand fréssen*

приручи́ть 1. (*животных*) zähmen *vt*, dressíeren *vt*; **2.** *перен.* an sich gewöhnen, zútraulich [wíllfährig] máchen; kírre máchen (*укротить*); **~ся 1.** (*о животных*) zahm wérden; **2.** *перен.* ánhänglich [zútraulich, gehórsam] wérden

приса́дка *ж мет.* Zúsatz *m* -es, Zúschlag *m* -(e)s

приса́живаться *см.* присéсть 1

приса́сываться *см.* присосáться

присва́ивать *см.* присвóить

присва́таться *разг. уст.* um j-n ánhalten* [wérben*, fréien], um j-s Hand ánhalten*

при́свист *м* Pféifen *n* -s, Pfiff *m* (1), Flöten *n* -s

присви́ст||нуть éinen Pfiff áusstoßen*; **~ывать** vor sich hin pféifen*; mit Pféifen begléiten

присвоéние *с* **1.** Áneignung *f*; Besítzergreifung *f*; Unterschlágung *f*; ~ прибáвочной стóимости *эк.* Áneignung von Méhrwert; ~ влáсти Ámtsanmaßung *f*; ~ госудáрственного имýщества Unterschlágung stáatlichen Éigentums; ~ нахóдки *юр.* Fúndunterschlagung *f*; **2.** (*имени, звания*) Verléihung *f*; Zúerkennung *f*; ~ почётного звáния Zúerkennung [Verléihung] éines Éhrentitels; ~ очереднóго вóинского звáния Beförderung zum nächsthöheren Díenstgrad

присво́ить 1. (*имя, звание кому-л., чему-л.*) verléihen* *vt*, zúerkennen* *vt*; **2.** (*завладеть*) sich (*D*) áneignen, an sich néhmen*; in Besítz néhmen*; Besítz ergréifen* (что-л. von *D*); an sich bríngen*; wíllkürlich an sich néhmen*; sich (*D*) ánmaßen; ~ (себé) прáво sich (*D*) ein Recht néhmen* [áneignen]; sich (*D*) ein Recht ánmaßen; ~ себé и́мя sich (*D*) den Námen gében*

приседа́ние *с* **1.** (*движение*) Kniebeuge *f* (11); **2.** (*реверанс*) Knicks *m* (1), Knícks¦chen *n* (7)

приседа́ть *см.* присéсть 2, 3

присе́ст: в оди́н ~, за оди́н ~ *разг.* mit éinem Mal, in éinem Zúge

присе́сть 1. (*сесть*) sich ein wénig (hín)sétzen; sich für ein Wéilchen niedersetzen (*ненадолго*); ~ на стул sich auf den Stuhl sétzen [níederlassen*]; ~ отдохнýть sich für ein Wéilchen hínsetzen, um áuszuruhen; ~ к комý-л. sich nében j-n hínsetzen, sich an j-s Séite sétzen; прися́дьте! néhmen Sie Platz!; **2.:** ~ на кóрточки níederhokken *vi* (s); он присéл от стрáха vor Schreck versägten séine Knie; **3.** (*сделать реверанс*) knícksen *vi*, éinen Knicks máchen

при́сказка *ж лит.* (kúrze) Éinleitung *f* (10), humorístisches Vórwort (zu éinem Märchen)

прискака́ть 1. (*приблизиться скачками*) heránspringen* *vi* (s), heránhüpfen *vi* (s); ~ на однóй ногé auf éinem Bein herángehüpft kómmen*; **2.:** ~ верхóм на лóшади (her)ánsprengen *vi* (s); herbéigaloppiert kómmen*; ~ сломя́ гóлову *разг.* Hals über Kopf ángerannt kómmen*

прискóрб||ие: с душéвным ~ием in tíefster Tráuer [Betrübnis]; к моемý ~ию zu méinem Bedáuern; zu méinem Léidwesen; сообщáть с глубóким ~ием mit tíefem Schmerz bekánntgeben*; **~ный** tráurig; betrübend, betrüblich; ~ный слýчай ein tráuriger Fall; ~но ви́деть [дýмать], что... es ist bekümmerlich zu séhen [zu dénken], daß...

прискучи́||ть *разг.* lángweilig [überdrüssig] wérden; мне э́то ~ло ich hábe das über

присла́ть zúschicken *vt*, zúsenden(*) *vt*, hérschicken *vt*, hérsenden(*) *vt*

присло́вье *с разг.* Sprichwort *n* (5)

прислони́ть ánlehnen *vt*; dicht heránstellen (*придвинуть*); **~ся** sich (án)léhnen (к чемý-л. an *A*)

прислоня́ть *см.* прислони́ть; **~ся 1.** *см.* прислони́ться; **2.** *страд.* ángelehnt wérden (*ср.* прислони́ть)

прислу́г||а *ж уст.* **1.** (*служанка*) Háusangestellte *f* (14), Díenstmädchen *n* (7), Magd *f* (3); нанять ~у ein Díenstmädchen néhmen*; **2.** *собир.* Bedíenung *f*, Áufwartung *f*, Díenstboten *pl*, Díenerschaft *f*; Gesínde *n* (6) (*челядь, дворня*); **3.** *собир. воен.* Bedíenungsmannschaft *f* (10)

прислу́живать *уст.* bedíenen *vt*; áufwarten *vi* (комý-л. *D*); ~ за столóм bei Tisch bedíenen; **~ся, прислужи́ться** líebedienern *неотд. vi*; sich lieb Kind máchen, sich éinzuschmeicheln súchen (к комý-л. bei *D*)

прислу́жн||ик *м* **1.** *уст.* Háusdiener *m* (6), Bedíente *m* (14); **2.** *перен.* Hándlanger *m* (6), Stéigbügelhalter *m* (6); **~ичество** *с* Liebedieneréi *f*, Kriecheréi *f*; Hándlangerdienste *pl*

прислу́шаться, прислу́шиваться 1. (*напрячь слух*) láuschen *vi* (к чему́-л. *D*), beláuschen *vt*, hórchen *vi*, behórchen *vt*, áufhorchen *vi*; die Óhren spítzen; das Gehör ánstrengen; **2.** (*принять во внимание что-л.*) sein Ohr léihen*, Gehör schénken (к чему́-л. *D*); ~ к его́ сове́ту séinem Rat Gehör schénken [gében*], auf séinen Rat hören; ~ к кри́тике ein Ohr für die Kritík háben

присма́тривать(ся) *см.* присмотре́ть-(ся)

присмире́ть sich berúhigen; sich besänftigen, still wérden; sich kúschen, kuschen *vi* (*о собаках, тж. груб. о людях*)

присмо́тр *м* Áufsicht *f*, Beáufsichtigung *f*; Überwáchung *f*; под ~ом únter Áufsicht; без ~а únbeaufsichtigt

присмотре́||ть 1. (*за детьми и т. п.*) áufpassen *vi*, áchtgeben* *отд. vi* (auf *A*), beáufsichtigen *vt*; ein Áuge auf j-n háben; **2.** (*подыскать*) áusfindig máchen; áuftreiben* *vt* (*о вещах*); **~ться 1.** (*всмотреться*) áusspähen *vt*; spähen *vi* (к чему́-л. nach *D*); genáu hínschauen, éingehend betráchten; fixíeren *vt*; ~вшись nach genáuer Betráchtung; **2.** (*освоиться*) sich zuréchtfinden* *отд.* (к чему́-л. in *D*); sich (*D*) über j-n éine Méinung bílden (*к человеку*); sich ori¦entíeren (*к обстановке*); ~ться к де́лу sich über éine Sáche ori¦entíeren; **3.** (*привыкнуть*) sich an éinen Ánblick gewöhnen, das Áuge an etw. (*A*) gewöhnen

присни́||ться träumen *vt*, *vi*; мне ~лся сон ich hätte éinen Traum; мне ~лось mir träumte, ich hábe von... (*D*) geträumt

приснопа́мятный *уст.* únvergeßlich, dénkwürdig

при́сные *сущ. мн. разг. ирон.* Anhänger *pl*, Gesínnungsgenossen *pl*, Hélfershelfer *pl*

присовокупи́ть, присовокупля́ть *уст.* béilegen *vt*, béifügen *vt*, hinzúfügen *vt*, zúsetzen *vt*, ergänzen *vt*

присоедине́ние *с* Ánschluß *m* -sses, -schlüsse; Béitritt *m* (1) (zu *D*); Ángliederung *f* (10), Éinverleibung *f* (10), Ángliedern *n* -s, Éinverleiben *n* -s (*территории и т. п.*)

присоедини́ть verbínden* *vt* (mit *D*), ánschließen* *vt*; ángliedern *vt*; éinverleiben *vt* (к чему́-л. *D*) (*территорию и т. п.*); **~ся** sich ánschließen* (к чему́-л. *D* или an *A*), stóßen* *vi* (s) (zu *D*); béitreten* *vi* (s) (*D*); übertreten* *vi* (s) (*перейти на чью-л. сторону*); ~ся к мне́нию sich éiner Méinung ánschließen*, éiner Méinung béipflichten [béistimmen]

присоединя́ть *см.* присоедини́ть; **~ся 1.** *см.* присоедини́ться; **2.** *страд.* ángeschlossen wérden (*ср.* присоедини́ть)

присо́с *м тех.* **1.** (*действие*) Sáugen *n* -s, Ánsaugen *n*; **2.** (*устройство*) Sáuger *m* (6), Sáugkörper *m* (6)

присоса́ться 1. sich ánsaugen(*), sich féstsaugen(*) *отд.*; **2.** *разг.* (*втереться в какое-л. общество*) éindringen* *vi* (s) (in *A*), sich éinnisten (in *D*)

присосе́диться *разг.* (*усесться рядом*) sich nében j-n sétzen; sich zu j-m geséllen, sich j-m ánschließen*

присо́ска *ж биол.* Sáugmund *m* (4), Sáugorgan *n* (2)

присо́хнуть ántrocknen *vi* (s), háftenbleiben* *отд. vi* (s)

приспева́ть, приспе́ть *разг.* (*о времени*) ánbrechen* *vi* (s), kómmen* *vi* (s)

приспе́шник *м презр.* Hélfershelfer *m* (6), Spíeßgeselle *m* (9), Stéigbügelhalter *m* (6)

приспи́чи||ть *безл. разг.* höchst nótwendig sein, sehr drínglich sein; что вам ~ло? warúm so éilig?, tut es denn so not?, hat es denn damít so éine Not?; ему́ ~ло er ist erpícht [versésen] (auf *A*)

приспоса́бливать(ся) *см.* приспосо́бить(ся)

приспосо́бить (*к чему-л.*) verwénden(*) *vt* (zu *D* или für *A*), ánwenden(*) *vt* (auf *A*), zúrichten *vt*, áusnützen *vt*, gebráuchen *vt* (*использовать*); hérrichten *vt*, éinrichten *vt*; geéignet [gebräuchsfertig] máchen (*сделать пригодным*); ~ зда́ние под лазаре́т das Gebäude als Lazarétt éinrichten; **~ся** sich ánpassen (*D*); sich gewöhnen (an *A*); séinen Mántel nach dem Wind hängen (*подладиться*)

приспособле́нец *м пренебр.* Konjunktúrpolitiker *m* (6), Gelégenheitspolitiker *m*, Konjunktúrritter *m* (6), Opportuníst *m* (8); Wétterfahne *f* (11) (*разг.*)

приспособле́ние *с* **1.** Ánwendung *f*, Verwéndung *f*; Áusnutzung *f*, Gebráuch *m* -(e)s (*использование*); **2.** (*подлаживание*) Ánpassung *f*; Ánpassen *n* -s; **3.** (*механизм*) Vórrichtung *f* (10), Éinrichtung *f*, Mechanísmus *m* =, -men

приспосо́бленность *ж* Táuglichkeit *f*; ~ к жи́зни Lébensfähigkeit *f*; недоста́точная ~ к жи́зни Lébensunfähigkeit *f*

приспособле́нче||ский *пренебр.* Konjunktúr-, Gelégenheits-, opportunístisch; prinzípi¦enlos (*беспринципный*); ~ская поли́тика Konjunktúrpolitik *f*, Gelégenheitspolitik *f*; **~ство** *с пренебр.* Konjunktúrpolitik *f*, Gelégenheitspolitik *f*, Opportunísmus *m* =; Prinzípi¦enlosigkeit *f* (*беспринципность*)

приспособля́емость *ж* Ánpassungsfähigkeit *f*, Ánpassungsvermögen *n* -s

приспособля́ть *см.* приспосо́бить; **~ся 1.** *см.* приспосо́биться; **2.** *страд.* verwéndet wérden (*ср.* приспосо́бить)

приспуска́ть, приспусти́ть heráblassen* *vt*, (ein wénig) herúnterlassen* *vt*; ~ флаг die Flágge auf hálbmast sétzen

при́став *м ист.* Polizéihauptmann *m* -(e)s, -leute (*im zaristischen Rußland*); суде́бный ~ Geríchtsvollzieher *m* (6); станово́й ~ Bezírkspolizeioffizier *m* (1); уча́стковый ~ Revíervorsteher [-'vi:r-] *m* (6) (éines Polizéireviers)

пристава́ние *с* (*надоедание*) Zúdringlichkeit *f*, Áufdringlichkeit *f*, Lästigkeit *f*

пристав||а́ть *см.* приста́ть 1, 2, 3, 4, 7; не ~ай! laß mich in Rúhe!; bleib mir vom Léibe!

приста́вить 1. (*придвинуть*) heránrücken *vt*, (herán)stéllen *vt* (к чему́-л. an *A*); ánlehnen *vt*, ánlegen *vt*; ~ револьве́р к виску́ den Revolver [-'vɔlvər] an die Schläfe sétzen; **2.** (*приделать*) ánstücke(l)n *vt*, ánsetzen *vt*, ánnähen *vt*; ~ кусо́к мате́рии ein Stück Stoff ánsetzen; **3.** (*назначить для надзора*) ánstellen *vt*, zur Beáufsichtigung béigeben*

приста́вка *ж* **1.** *лингв.* Vórsilbe *f* (11), Präfíx *n* (2); глаго́льная ~ Verbálpräfix *n*; **2.** *радио* Vórsatzgerät *n* (2), Vórsatz *m* (1*), Zúsatz *m*; магнитофо́нная ~ Áufsatzbandgerät *n*

приставля́ть *см.* приста́вить

приставн||о́й ángesetzt, ángestückt; Ánlege-; ~а́я ле́стница Ánlegeleiter *f* (11)

приста́вочный *лингв.* präfigíert, mit Präfíx, mit Vórsilbe; ~ глаго́л präfigíertes Verb

при́стальн||ый únverwandt, starr; durchdríngend, ángespannt, konzentríert; с ~ым внима́нием mit ángespannter Áufmerksamkeit; ~о смотре́ть на кого́-л. j-n únverwandten Blíckes ánsehen*, j-n únablässig ánsehen*

приста́нище *с* Únterkunft *f* (3), Óbdach *n* -(e)s, Zúfluchtsstätte *f* (11); Hérberge *f* (11); Bléibe *f*; Asýl *n* (2) (*приют*); найти́ себе́ ~ Zúflucht fínden*; дать ~ кому́-л. j-m éinen Únterschlupf gewähren

при́стань *ж* Ánlegestelle *f* (11), Lándungsplatz *m* (1*), Lándungsbrükke *f* (*причал*); Háfen *m* (7*) (*гавань*); ◇ ми́рная ~, ти́хая ~ fríedliche Stätte, rúhiges Plätzchen (im Lében)

приста́ть 1. (*о судне и т. п.*) ánlegen *vi*, ans Úfer stóßen*, ánlaufen* *vt*; am Úfer féstmachen; **2.** (*прилипнуть*) ánhaften *vi* (к кому́-л. *D*), hängenbleiben* *отд. vi* (s) (к кому́-л., чему́-л. an *D*), féstsitzen* *отд. vi*; **3.** (*присоединиться к экскурсии и т. п.*) sich ánschließen*, sich zúgesellen (к чему́-л., к кому́-л. *D*); **4.** *разг.* (*надоесть*) sich áufdrängen, zúdringlich [lästig] wérden; ~ к кому́-л. j-m zúsetzen, ánpöbeln *vt*, belästigen *vt*; j-m auf den Leib [Pelz] rücken, j-m auf die Pélle rücken; j-m nicht vom Hálse géhen*; ~ к кому́-л. с про́сьбами j-n mit Bítten belästigen [bestürmen]; **5.** *уст.* (*быть к лицу*) stéhen* *vi*, pássen *vi*; **6.** *безл.* (*быть приличным*) sich schícken, sich gehören, sich zíemen, sich gebühren (кому́-л. für *A*); тебе́ не приста́ло... es schickt sich nicht für dich...; **7.** (*о болезнях*) befállen* *vt*; на ю́ге к нему́ приста́ла маляри́я im Süden wúrde er von Malária befállen; ◇ ~ как ба́нный лист *разг.* sich an j-n wie éine Klétte (án)hängen; ~ к кому́-л. с ножо́м к го́рлу *разг.* j-m das Mésser an die Kéhle sétzen

пристёгивать, пристегну́ть 1. ánknöpfen *vt*; ánschnallen *vt*; áufknöpfen *vt*; éinknöpfen *vt* (*напр. подкладку*); **2.** *разг.* (*прибавить*) hinzúfügen *vt*

пристежно́й zum Ánknöpfen, ánknöpfbar; ~ воротни́к ánknöpfbarer Krágen

присто́йн||ость *ж* Ánständigkeit *f*, Schícklichkeit *f*; **~ый** ánständig, schícklich

пристра́ивать *см.* пристро́ить; **~ся 1.** *см.* пристро́иться; **2.** *страд.* ángebaut wérden (*ср.* пристро́ить)

пристра́ст||ие *с* **1.** (*склонность*) (léidenschaftliche) Vórliebe *f* (к чему́-л. für *A*); stárker Hang; **2.** (*предвзятость*) Vóreingenommenheit *f*, (úngerechtfertigte) Partéilichkeit; относи́ться к кому́-л. с ~ием étwas gégen j-n háben; ein Vórurteil gégen j-n háben; ◇ допро́с с ~ием ein hóchnotpeinliches Verhör

пристрасти́ть *разг.* j-n für etw. (*A*) gewínnen*, j-n etw. líeben léhren; bei j-m éine Vórliebe [éinen Hang] für etw. (*A*) erwécken; ~ кого́-л. к уче́нию in j-m den Bíldungsdrang erwécken; **~ся** etw. líeben lérnen; éine Vórliebe fássen, entbrénnen* *vi* (s) (к чему́-л. für *A*); von éiner Léidenschaft erfáßt wérden (für *A*); Féuer und Flámme für etw. (*A*) sein; ~ся к кни́гам éine stárke Vórliebe für Bücher háben

пристра́сти||ость *ж* Vóreingenommenheit *f*, (úngerechtfertigte) Partéilichkeit; Úngerechtigkeit *f* (*несправедливость*); **~ый** partéiisch, vóreingenommen; úngerecht (*несправедливый*); быть ~ым к кому́-л. für j-n éine Vórliebe háben, für j-n éingenommen sein (*благожелательно*); gégen j-n (vór)éingenommen sein (*враждебно*)

пристре́ливать I *см.* пристрели́ть

пристре́ливать II *см.* пристреля́ть

пристре́ливаться *воен.* sich éinschießen*; ~ по це́ли sich auf ein Ziel éinschießen*

пристрели́ть níederschießen* *vt*, erschíeßen* *vt*, tótschießen* *отд. vt*; níederknallen *vt*, ábknallen *vt*

пристре́лка *ж воен.* Éinschießen *n* -s; ~ да́льности Éinschießen nach der Entférnung; ~ направле́ния Éinschießen der Séite

пристре́лочн||ый *воен.* Éinschieß-; **~ые** боеприпа́сы Éinschießmunition *f* (10)

пристре́льный *см.* пристре́лочный

пристреля́ть *воен.* éinschießen* *vt*; **~ся** *см.* пристре́ливаться

пристро́ить 1. (*к зданию*) ánbauen *vt*; hinzúbauen *vt*; 2. *разг.* (*устроить на работу и т. п.*) ánbringen* *vt*, únterbringen* *vt*, j-m éine Stéllung [éine Stélle, éinen Pósten] verschäffen; 3. *воен.* in éiner Réihe mit j-m ántreten lássen*, ánschließen lássen*; **~ся** *разг.* 1. (*устроиться*) sich éinrichten, sich únterbringen*, únterkommen* *vi* (s); éine Stéllung [éine Árbeit] fínden* (*найти работу*); 2. *воен.* sich ánschließen* (an *A*), nében j-m ántreten*

пристро́йка *ж* 1. (*действие*) Ánbauen *n* -s; 2. (*здание*) Ánbau *m* -(e)s, -ten, Nébengebäude *n* (6); бокова́я ~ Séitenflügel *m* (6)

пристрочи́ть ánsteppen *vt*, durch Stéppen féstmachen

пристру́нивать, пристру́нить *разг.* streng vórgehen* (gégen *A*); zuréchtweisen* *отд. vt*; j-n an [in] die Kandáre néhmen*; sich (*D*) j-n vórnehmen*; j-n Móres léhren

присту́кнуть 1.: ~ каблуко́м leicht áufschlagen* [stámpfen]; 2. *груб.* (*убить*) erschlágen* *vt*, tótschlagen* *отд. vt*, níedermachen *vt*

при́ступ *м* 1. *воен.* Sturm *m* (1*); Attácke *f* (11); идти́ на ~ Sturm láufen*; брать ~ом im Sturm néhmen*; 2. (*болезни*) Ánfall *m* (1*); Áusbruch *m* (1*) (*сильный*); ~ ка́шля Hústenanfall *m*; ~ами ánfallweise; ~ я́рости Wútanfall *m*; 3. *лингв.* Éinsatz *m* -es; мя́гкий ~ léiser Éinsatz; твёрдый ~ féster Éinsatz; ◇ к э́тому ~у нет (*дорого*) *разг.* das ist unerschwínglich; к нему́ ~у нет *разг.* es ist schwer, zu ihm zu gelángen [Zútritt zu ihm zu erlángen], er ist únzugänglich

приступа́ть, приступи́ть 1. (*начать*) begínnen* *vt*, *vi* (к чему́-л. mit *D*), übergehen* *vi* (s), schréiten* *vi* (s) (zu *D*), géhen* *vi* (s) (an A), ántreten* *vt*; ~ к чему́-л. etw. in Ángriff néhmen*; ~ к сме́не zur Schicht ántreten*; присту́пим к де́лу géhen wir zur Sáche selbst über; 2. *разг.* (*с требованиями*) bestürmen *vt*; j-m auf die Pélle rücken

приступи́ться *разг.* herángehen* *vi* (s) (к чему́-л., к кому́-л. an *A*); sich nähern (*D*); к э́тому не присту́пишься das ist unerschwínglich; das kann man sich nicht léisten, das ist zu téuer; он так зол, что к нему́ не присту́пишься er ist so böse, daß es únmöglich ist, an ihn heránzukommen

присту́пок *м разг.* Tríttbrett *n* (5), Tritt *m* (1)

пристыди́ть beschämen *vt*; die Schámröte ins Gesícht tréiben* (кого́-л. *D*) (*заставить покраснеть*); in Verlégenheit bríngen* (*смутить*)

пристыжённый beschämt; verlégen (*смущённый*)

пристя́жка *ж* 1. (*запряжка*) Béispannen *n* -s; 2. *разг. см.* пристяжна́я

пристяжна́я *ж* (*лошадь*) Béipferd *n* (2), Séitenpferd *n*

присуди́ть, присужда́ть 1. *юр.* (*к наказанию*) verúrteilen *vt* (zu *D*); 2. (*премию и т. п.*) zúerkennen* *vt*, zúsprechen* *vt*; verléihen* *vt* (*наградить*)

присужде́ние *с* (*премии и т. п.*) Zúerkennung *f*; Verléihung *f* (*награждение*); ~ учёной сте́пени Verléihung éines wíssenschaftlichen Grádes

прису́тственн||ый *уст.* Amts-; **~ое** ме́сто Ámtsstelle *f* (11); Ámtsbehörde *f* (11); **~ые** часы́ Büróstunden *pl*, Díenststunden *pl*; **~ый** день der Tag, an dém die Behörde geöffnet ist; Geríchtstag *m* (1) (*в суде*)

прису́тств||ие *с* 1. Ánwesenheit *f*, Präsénz *f*, Gégenwart *f*, Béisein *n* -s, Zugégensein *n*; в ~ии кого́-л. in Ánwesenheit [im Béisein] von j-m, in j-s Gégenwart; 2. *уст.* (*учреждение*) Amt *n* (5), Behörde *f* (11); ◇ ~ие ду́ха Géistesgegenwart *f*, Fássung *f*; **~овать** ánwesend sein, zugégen sein (при чём-л. bei *D*); béiwohnen *vi* (*D*); мо́жно мне ~овать? ist méine Ánwesenheit gestáttet?; **~ующий** *прич.* 1. *см.* прису́тствовать; 2. *в знач. сущ. м* Ánwesende *m* (14); спи́сок ~ующих Ánwesenheitsliste *f* (11); ◇ о ~ующих не говоря́т die Ánwesenden áusgenommen

прису́щий éigen; bezéichnend, charakterístisch [ka-] (кому́-л. für *A*); ~ ему́ ю́мор der ihm éigene Humór

присчёт *м* Zúzählen *n* -s, Dazúrechnen *n* -s

присчита́ть, присчи́тывать zúzählen *vt*, hinzúzählen *vt*, hinzúrechnen *vt*; zúlegen *vt*

присыла́ть *см.* присла́ть

присы́лка *ж* Zúsenden *n* -s, Zúschikken *n* -s; Séndung *f*

присы́пать, присыпа́ть 1. (*прибавить*) dazúschütten *vt*, hinzústreuen *vt*; 2. (*посыпать слегка*) áufstreuen *vt*; bepúdern *vt*, bestréuen *vt* (чем-л. mit *D*)

присы́пка *ж* (*порошок*) Púlver *n* (6), (sanitärer) Púder *m* (6); Stréupulver *n*, Éinstreupulver *n*; де́тская ~ Kínderpulver *n*; Kínderpuder *m*; ~ для ран Wúndpuder *m*

присыха́ть *см.* присо́хнуть

прися́г||а *ж* Eid *m* (1), Schwur *m* (1*); éidliches Gelöbnis; текст ~и Éidesformel *f* (11); ~а на ве́рность Tréueid *m*, Tréuschwur *m*; вое́нная ~а Fáhneneid *m*; суде́бная ~а geríchtlicher Eid; суде́йская ~а Eid des Ríchters; приводи́ть к ~е veréidigen *vt*, in Eid néhmen*; дава́ть ~у éinen Eid léisten [áblegen, schwören*]; дать ло́жную ~у éinen Méineid léisten; приня́ть от кого́-л. ~у j-m éinen Éid ábnehmen*; нару́шить ~у den Schwur bréchen*, éidbrüchig wérden; под ~ой únter Eid, éidlich; дава́ть показа́ния под ~ой *юр.* únter Eid áussagen; éine éidliche Erklärung ábgeben*; подтверди́ть под ~ой *юр.* éidlich bekräftigen [erhärten]; **~а́ть, ~ну́ть** éinen Eid léisten [áblegen, schwören*]; beschwören* *vt*; ~а́ть на ве́рность Tréue schwören*, den Tréueid léisten; я гото́в ~ну́ть, что э́то так ich bin beréit, das zu beschwören

прися́жн||ый *прил.* 1. *юр.* Éides-; veréidigt; ~ый пове́ренный *уст.* Réchtsanwalt *m* (1*); 2. *разг.* (*постоянный*) beständig; állbekannt (*всем известный*); ~ый остря́к ein állbekannter Wítzbold; ~ый ора́тор Gewóhnheitsredner *m* (6); 3. *в знач. сущ. м юр.* Geschwórene *m* (14); суд ~ых Geschwórenengericht *n* (2), Schwúrgericht *n*

прита́иться sich verstécken, sich verbérgen*; sich verkríechen*

прита́птывать *см.* притопта́ть

прита́скивать *см.* притащи́ть

притача́ть, прита́чивать (überwéndlich) ánnähen *vt*, mit gróßen Stíchen [Stéppstichen] ánnähen, ánsteppen *vt*

притащи́ть *разг.* 1. heránschleppen *vt*, (her)ánschleifen *vt*; 2. (*принести*) mítbringen* *vt*, herbéischleppen *vt*; **~ся** *разг.* sich heránschleppen, sich mühsam hérschleppen

притво́р *м церк.* Kírchenvorhalle *f* (11)

притвори́ть ánlehnen *vt*, nicht fest [nicht ganz] schlíeßen*

притвори́ться I (*закрыться*) zúgehen* *vi* (s), (leicht) schlíeßen*

притвор||и́ться II (*прикинуться*) tun* als ob, sich (ver)stéllen, sich áufspielen als (*A*); simulíeren *vt*, héucheln *vt*; **~и́ться** больны́м sich krank stéllen; я ~и́лся, бу́дто сплю ich tat, als ob ich schlíefe; он ~и́лся, что ничего́ не зна́ет er tat so, als ob er nichts davón [von nichts] wüßte

притво́р||ный gehéuchelt, erhéuchelt, verstéllt; falsch, fiktív, simulíert; ~ное равноду́шие erhéuchelter Gléichmut; ~но рассерди́ться sich zórnig stéllen, Zorn héucheln; ~ные слёзы Krokodílstränen *pl*; **~ство** *с* Verstéllung *f* (10); Heucheléi *f* (10); Simulíeren *n* -s, Simulatión *f*; Fiktivität [-vi-] *f*; **~щик** *м* Héuchler *m* (6), Simulánt *m* (8); **~щица** *ж* Héuchlerin *f* (12), Simulántin *f* (12)

притворя́ть *см.* притвори́ть

притворя́ться I 1. *см.* притвори́ться I; 2. *страд.* ángelehnt wérden, nicht ganz geschlóssen wérden

притворя́ться II *см.* притвори́ться I

притека́ть *см.* прите́чь

притерпе́ться *разг.* sich ábfinden* (к чему́-л. mit *D*); sich gewöhnen (an *A*) (*привыкнуть*); sich einfügen, sich schícken (in *A*) (*покориться*); sich áussöhnen (mit *D*) (*примириться*)

притёрт||ый: ~ая про́бка éingeschliffener Glásstopfen

притесн||е́ние *с* Bedrückung *f*, Unterdrückung *f*, Unterjóchung *f*; **~и́тель** *м* Bedrücker *m* (6), Unterdrücker *m*

притесни́ть, притесня́ть knéchten *vt*, unterdrücken *vt*, unterjóchen *vt*, bedrängen *vt*

прите́чь 1. zúfließen* *vi* (s), zúströmen *vi* (s), herbéigeflossen kómmen*; 2. *уст.* (*появиться во множестве*) in Ménge éintreffen* [éinlaufen*]

притир||а́ние *с* 1. (*действие*) Éinsalben *n* -s, Éinschmieren *n* -s, Éinreiben *n* -s, Éinreibung *f*; 2. (*средство*) Sálbe *f* (11); Krem *f*, *pl* -s; **~а́ть** leicht éinsalben *vt* [éinschmieren *vt*, éinreiben* *vt*]

прити́рка *ж тех.* (*доводка*) Éinschleifen *n* -s, Läppen *n* -s

прити́скивать, прити́снуть *разг.* drücken *vt*, préssen *vt*, quétschen *vt*; éinquetschen *vt*, éinklemmen *vt*

притиха́ть, прити́хнуть still wérden; sich berúhigen (*успокоиться*); sich légen (*о ветре*); звуки притихли die Töne verhállten [verstúmmten, erstárben]

приткнуть *разг.* ánstecken *vt* (*приколоть*); hinéinstecken *vt* (hinéin-) stópfen *vt*, verstáuen *vt* (*о вещах*); ~ в угол in éinen Winkel verstáuen; **~ся** *разг.* únterkommen* *vi* (s), únterschlüpfen *vi* (s)

приток *м* **1.** (*воды и т. п.*) Zúfluß *m* -sses, Zústrom *m* -(e)s; ~ воздуха Lúftzufuhr *f*, Zúluft *f*; **2.** *перен.* Zúfluß *m* -sses, Zústrom *m* -(e)s; Ándrang *m* -(e)s, Zúdrang *m* (*напор*); ~ жителей Éinwohnerzuwachs *m*; ~ капитала *эк.* Kapitálzufluß *m*; ~ иностранной валюты Devíseneingänge [-vi:-] *pl*, Devíseneinnahmen *pl*; **3.** *геогр.* Nébenfluß *m* -sses, -flüsse

притолока *ж* Ánschlag *m* (1*), Sturz *m* (1), óberer Quérbalken des Türrahmens

притом *союз* dabéi; áußerdem, obendréin (*к тому же*)

притон *м* Verbrécherlokal *n* (2), Spelúnke *f* (11); Räuberhöhle *f* (11) (*разбойничий*); воровской ~ Díebesversteck *n* (2), Díebesnest *n* (5); Díebeshöhle *f*; игорный ~ Spíelhölle *f*; ~ разврата Lästerhöhle *f*

притопнуть (*ногой*) áufstampfen *vi*

притоптать zertréten* *vt*, zerstámpfen *vt*, zertrámpeln *vt*

притоптывать *см.* **1.** притопнуть; **2.** mit den Füßen im Takt stámpfen

притормозить ábbremsen *vt*; ánbremsen *vt*

приторн||ость *ж* übermäßige Süßigkeit; *перен.* Süßlichkeit *f*; **~ый** übersüß, allzusüß, wíderlich süß; *перен.* süßlich, zúckersüß; ~ая улыбка ein süßliches Lächeln

притравить, притравливать zur Jagd ábrichten (*охотничью собаку, сокола*)

притрагиваться, притронуться (leicht) berühren *vt*; stréifen *vt*

притупить 1. (*нож и т. п.*) stumpf máchen; ábstumpfen *vt*; **2.** (*ослабить*) ábstumpfen *vt*, schwächen *vt*; **~ся 1.** (*о ноже и т. п.*) stumpf wérden; **2.** (*о чувстве и т. п.*) ábstumpfen *vi* (s), an Schärfe náchlassen*, schwächer wérden

притупление *с* Náchlassen *n* -s, Ábnehmen *n* -s, Ábstumpfung *f*; *мед.* Dämpfung *f*

притуплять *см.* притупить; **~ся 1.** *см.* притупиться; **2.** *страд.* ábgestumpft wérden (*ср.* притупить)

притушить *разг.* **1.** (*убавить свет*) ábblenden *vt*; **2.** (*загасить*) löschen *vt*; ~ костёр das Féuer eindämmen

притч||а *ж* Gléichnis *n* (3*), Parábel *f* (11); в форме ~и gléichnishaft; ◇ что за ~а? was soll das héißen?; быть ~ей во языцех in áller Mund sein, die Welt von sich réden lássen*; это ~а во языцех ≅ die Spätzen pféifen es (schon) von állen Dächern

притягательн||ость *ж* Ánziehungskraft *f*; Faszinatión *f*; **~ый** ánziehend, éinnehmend; fasziníerend; Ánziehungs-

притягивать 1. *см.* притянуть; **2.** (*привлекать*) ánziehen* *vt*; für sich éinnehmen*

притяжательн||ый: ~ое местоимение *грам.* Possessívpronomen *n* (7) (*pl тж.* -mina), besítzanzeigendes Fürwort

притяжен||ие *с* Ánziehung *f*; Ánziehungskraft *f*; земное ~ие Érdanziehung *f*, Érdanziehungskraft *f*; солнечное ~ие Sónnenanziehung *f*; центр ~ия *перен.* Ánziehungszentrum *n* -s

притязан||ие *с* **1.** (*предъявление прав*) Ánspruch *m* (1*) (на что-л. auf, an *A*); территориальные ~ия Gebíetsansprüche *pl*, Gebíetsforderungen *pl*; **2.** (*необоснованное самомнение*) úngerechtfertigter Ánspruch; Ánmaßung *f* (10)

притязательный ánspruchsvoll, ánmaßend, arrogánt; ~ тон ánmaßender Ton

притязать Ánsprüche géltend máchen [erhében*], beánspruchen *vt*; prätendíeren *vi*, Fórderungen stéllen (*требовать*)

притянуть heránziehen* *vt*, herbéiziehen* *vt*; an sich zíehen* (*к себе*); ~ кого-л. к суду *разг.* j-n geríchtlich belángen; éine Kláge gégen j-n ánstrengen; ~ к ответу *разг.* zur Verántwortung zíehen*; ◇ ~ за волосы an den Háaren herbéiziehen*

приударить, приударять *разг.* (*за кем-л.*) j-m den Hof máchen; poussíeren [pu-] *vi* (mit *D*) (*любезничать*)

приукрасить, приукрашать, приукрашивать 1. (ein wénig) schmücken *vt*; áufputzen *vt*; **2.** *перен.* áusschmükken *vt*, beschönigen *vt*, schönfärben *отд. vt*

приуменьшать, приуменьшить verkléinern *vt*, verríngern *vt*; ~ трудности die Schwíerigkeiten unterschätzen [bagatellisíeren]

приумножать verméhren *vt*, vergrößern *vt*

приумножение *с* Méhrung *f*

приумножить *см.* приумножать

приумолкнуть verstúmmen *vi* (s), still wérden; in Schwéigen versínken*

приуныть tráurig [betrübt] wérden; den Kopf [die Náse] hängen lássen* (*разг.*)

Приуралье *с* Urálvorland *n* -(e)s

приурочивать, приурочить verbínden* *vt* (к чему-л. mit *D*), ánknüpfen *vt* (an *A*); ánberaumen *vt*, termínlich ábstimmen

приусадебн||ый: ~ый участок Hófland *n* -(e)s; Hófgrundstück *n* (2); ~ое хозяйство individuélle Háuswirtschaft

приутихнуть still wérden; verstúmmen *vi* (s) (*умолкнуть*); sich berúhigen (*успокоиться*); sich légen (*о ветре*)

приучать *см.* приучить; **~ся 1.** *см.* приучиться; **2.** *страд.* ángelernt wérden (*ср.* приучить)

приучить ánlernen *vt*, ángewöhnen *vt* (кого-л. *D*, к чему-л. *A*); j-m etw. ánerziehen*, j-m etw. béibringen*; **~ся** sich (*D*) etw. (án)gewöhnen (*привыкнуть*); lérnen *vt* (*научиться*)

прифрантиться *разг.* sich schick máchen, sich heráusputzen, sich heráusstaffieren, sich géckenhaft heráusputzen [ánziehen*]; sich in Schále wérfen* (*разодеться в пух и прах*)

прифронтов||ой *воен.* Front-, an der Front gelégen; ~ая полоса Fróntstreifen *m* (7); ~ые государства Fróntstaaten *pl*

прихварывать *см.* прихворнуть

прихвастнуть *разг.* étwas [ein bíßchen] prählen, ein wénig áufschneiden*; sich ein wénig brüsten; übertréiben* *vt* (*преувеличивать*)

прихватить, прихватывать *разг.* **1.** (*взять с собой*) mítnehmen* *vt*; dazúnehmen* *vt*; **2.** (*привязать, придержать*) lóse zusámmenbinden*, zusámmenfassen *vt*; leicht beféstigen (*слегка прикрепить*); flüchtig ánnähen (*приметать*); ~ волосы гребнем die Háare mit dem Kamm (zusámmen)hálten* [áufstecken]; **3.** (*достать, занять*) áusleihen* *vt*, auf Borg néhmen* *vt*; **4.** (*морозом*) Frost ábbekommen*, vom Frost beschädigt sein

прихворнуть *разг.* únpäßlich sein, sich schlecht fühlen, sich nicht wohl fühlen, kränkeln *vi*

прихвостень *м пренебр.* Spéichellekker *m* (6), Schléppenträger *m* (6)

прихлебатель *м разг.* Schmarótzer *m* (6), Parasít *m* (8); Níchtstuer *m* (6)

прихлебнуть *разг.* éinen Schluck néhmen*

прихлёбывать *разг.* hin und wíeder éinen Schluck néhmen*; schlúckweise trínken*, gemächlich trínken*, schlürfen *vi*

прихлестнуть 1. (*привязать*) ánbinden* *vt*; **2.** (*волной, ветром*) wérfen* *vt*, drücken *vt* (an *A*)

прихлёстывать ein bíßchen mit der Péitsche ántreiben* [fúchteln]

прихлопнуть 1. (*закрыть*) zúschlagen* *vt*, zúwerfen* *vt*; **2.** *разг.* (*прищемить*) (éin)klémmen *vt*; **3.** *разг.* (*убить*) j-m den Gáraus máchen, j-n fértigmachen

прихлынуть 1. herbéiströmen *vi* (s); heránbrausen *vi*; **2.** (*о мыслях*) sich heránd rängen, strömen *vi* (s)

приход I *м* (*прибытие*) Éintreffen *n* -s, Ánkunft *f*; Éinlaufen *n* -s (*судна*); ~ к власти Máchtantritt *m* -(e)s

приход II *м* (*доход*) Éinnahme (11); Zúgang *m* (1*); ~ и расход *бухг.* Soll und Háben, Krédit und Débet; Éinnahmen und Áusgaben; записать на ~ als Éinnahme búchen

приход III *м* (*церковный*) Kírchengemeinde *f* (11), Kírchspiel *n* (2), Pfárramt *n* (5)

приходить *см.* **прийти**

приходиться 1. *см.* **прийтись**; **2.** (*о родстве*); она мне **приходится** племянницей sie ist méine Níchte; они мне **приходятся родственниками** ich bin mit íhnen verwándt

приходн||ый Éinnahme-; **~ный** ордер Éinnahmebeleg *m* (1); **~ная статья** Éinnahmeposten *m* (7); **~овать** *бухг.* als Éinnahme búchen; **gútschreiben*** *отд. vt*

приходо-расходн||ый: ~ая книга *бухг.* Éinnahme- und Áusgabebuch *n* (5)

приходский Kírchspiel-, Pfarr-, Geméinde-

приходящ||ий 1. *прич. см.* **прийти**; **2.** *прил.* áuswärtig, extérn; **~ий** ученик Tágesschüler *m* (6), **Extérne** *m* (14); **~ая домработница** Áushilfe *f* (11); Áufwartung *f* (10)

прихожан||ин *м* zum Kírchspiel Gehörige *m* (14); Pfárrkind *n* (5), Mítglied éiner Pfárrgemeinde [Kírchgemeinde]; **~ка** *ж* zum Kírchspiel Gehörige *f* (14) (*ср.* прихожанин)

прихожая *ж* Díele *f* (11), Kórridor *m* (1); Flur *m* (1); Vórraum *m* (1*); Vórzimmer *n* (6) (*австр.*); Vórsaal *m* -s, *pl* -säle (*диал.*)

прихорашивать *разг.* schön máchen, zuréchtmachen *отд. vt*, heráusputzen *vt*; **~ся** *разг.* sich schönmachen; sich zuréchtmachen *отд.*

прихотлив||ость *ж* **1.** Verwöhntheit *f*; Láunenhaftigkeit *f* (*капризность*); **2.** (*затейливость*) Mérkwürdigkeit *f*, Wúnderlichkeit *f*; Bizárrheit *f*; **~ый 1.** wählerisch (*разборчивый*); láunenhaft, kapriziös (*капризный*); **2.** (*затейливый*) verschnörkelt, séltsam; bizárr

при́хоть *ж* Láune *f* (11), Grílle *f* (11); Schrúlle *f* (11)

прихра́мывать ein wénig [leicht] hínken

прицве́тник *м бот.* Déckblatt *n* (5); Nébenblatt *n*

прице́л *м* **1.** (*действие*) Zíelen *n* -s; взять на ~ aufs Korn néhmen*; (án-) visíeren [-vi-] *vt*; **2.** (*приспособление*) Visíereinrichtung [vi-] *f* (10); Áufsatz *m* (1*) (*орудийный*); Visíer *n* (2) (*ружейный*); опти́ческий ~ Zíelfernrohr *n* (2), Visíerfernrohr *n*; бомбардиро́вочный ~ Bómbenvisier *n*; зени́тный ~ Flákvisier *n*; панора́мный ~ Rúndblickfernrohr *n*

прице́ливан||ие *с* Zíelen *n* -s, Visíeren [vi-] *n* -s; то́чка ~ия Háltepunkt *m* (1), Zíelpunkt *m*, ли́ния ~ия Visíerlinie *f* (11); пло́скость ~ия Visíerebene *f* (11)

прице́ливаться, прице́литься visíeren [vi-] *vi*, zíelen *vi* (в кого́-л., во что-л. auf *A*, nach *D*); ánlegen *vi*; die Wáffe ríchten (auf *A*)

прице́льн||ый gezíelt, Ziel-, Visíer- [vi-]; ~ое приспособле́ние Zíeleinrichtung *f* (10) Visíereinrichtung *f*; ~ая да́льность Áufsatzentfernung *f* (10); Visíerschußweite *f*; ~ый ого́нь Zíelschießen *n* -s; Zíelfeuer *n* (6)

прице́ниваться, прицени́ться sich nach dem Préise erkúndigen, nach dem Preis frágen

прице́п *м* Ánhänge(r)wagen *m* (7), Ánhänger *m* (6); *с.-х.* Ánhängegerät *n* (2); тра́кторный ~ Schlépperanhänger *m*; грузово́й ~ Lástwagenanhänger *m*; ~-да́ча Wóhnanhänger *m*

прицепи́ть **1.** *разг.* ánhängen *vt*, ánhaken *vt*; **2.** (*вагон и т. п.*) ánkuppeln *vt*; ~ся **1.** sich fésthängen *отд.*, hängenbleiben* *отд. vi* (s); **2.** (*привязаться*) sich an j-m hängen, belästigen *vt*, nicht áblassen*; sich ánklammern (к кому́-л. an *A*); **3.** (*придраться*) Händel [Streit] súchen; an etw. (*D*) Ánstoß néhmen*; nörgeln *vi* (к чему́-л. an *D*)

прице́пка *ж* **1.** (*действие*) Ánhängen *n* -s; Ánkuppeln *n* -s, Ánkupp(e)lung *f* (*вагонов и т. п.*); **2.** *разг.* (*придирка*) Nörgeléi *f* (10), kléinlicher Ánstoß zum Streit

прицепля́ть *см.* прицепи́ть; ~ся **1.** *см.* прицепи́ться; **2.** *страд.* ángekuppelt wérden (*ср.* прицепи́ть)

прицеп||но́й Ánhänge-; ángehängt; ~на́я теле́жка Schléppfahrzeug *n* (2); ~но́й ваго́н Hänger *m* (6), Ánhänger *m*; ~но́й комба́йн Ánhängemähdrescher *m* (6); ~но́й инвента́рь Ánhängegeräte *pl*

прице́пщик *м с.-х.* Árbeiter, der Ánhängegeräte bedíent

прича́л *м мор.* **1.** (*действие*) Vertäuen *n* -s, Féstmachen *n* -s; **2.** (*канат*) Tau *n* (2), Seil *n* (2), Sórrtau *n*; **3.** (*место*) Ánlegestelle *f* (11); Ánlegeplatz *m* (1*), Ánkerplatz *m*; **~ивать, ~ить** vertäuen *vt*, féstmachen *отд. vt* (*привязать*); ánlegen *vi* (*пристать*)

прича́льн||ый Ánlege-, Sorr-; ~ый кана́т Sórrtau *n* (2); ~ая ма́чта *ав.* Ánkermast *u* (1, 13), Ländemast *m*

прича́стие I *с грам.* Partizíp *n* (2) (*pl тж.* -ii̯en), Partizípium *n* -s, *pl* -pii̯en *u* -pia

прича́стие II *с церк.* Ábendmahl *n* (2) -(e)s, Kommunión *f*

причасти́ться *церк.* zum Ábendmahl géhen*; das Ábendmahl empfángen*

прича́стность *ж* Mítwirkung *f*, Téilnahme *f*, Betéiligung *f*; ~ к преступле́нию Betéiligung an éinem Verbréchen, Míttäterschaft *f*

прича́стн||ый I betéiligt, téilhaftig (к чему́-л. an *D*); verwíckelt (in *A*); быть ~ым к чему́-л. an éiner Sáche betéiligt sein; séine Hände im Spiel háben; быть ~ым к проце́ссу in éinen Prozéß verwíckelt sein; ~ый к литерату́ре челове́к ein Mensch, der zur Literatúr Bezíehungen hat

прича́стный II *грам.* Partizíp-, Partizipiál-, partizipiál; ~ оборо́т Partizipiálkonstruktion *f* (10)

причаща́ть *церк.* kommunizíeren *vt*, die héiligen Sakraménte spénden; **~ся** *церк.* die héiligen Sakraménte empfángen*, kommunizíeren *vi*

причём **1.** *союз.* wobéi; wobéi in Betrácht zu zíehen ist; он согласи́лся, ~ заяви́л, что... er war éinverstanden, erklärte áber gléichzeitig, daß...; **2.** *нареч.*: ~ я здесь? was kann ich dafür?, was hábe ich damít zu tun?

причеса́ть kämmen *vt*; frisíeren *vt* (*сделать причёску*); *перен.* zuréchtstutzen *отд. vt*, frisíeren *vt*; beschönigen *vt*; **~ся** sich kämmen; sich frisíeren (*сделать причёску*); sich frisíeren lássen* (*у парикмахера*)

причёска *ж* Frisúr *f* (10), Háartracht *f* (10); высо́кая ~ Hóchfrisur *f*; дневна́я ~ Tágesfrisur *f*; вече́рняя ~ Ábendfrisur *f*

причёсывать(ся) *см.* причеса́ть(ся)

приче́тник *м церк.* Kírchendiener *m* (6)

причи́н||а Úrsache *f* (11); Grund *m* (1*) (*основание*); Ánlaß *m* -sses, -lässe, Veránlassung *f* (10) (*повод*); Motív *n* (2), Beweggrund *m* (*мотив*); ~ы войны́ die Kriegsursachen *pl*; уважи́тельная ~а ein stíchhaltiger [tríftiger] Grund; зако́нная ~а Réchtsgrund *m*; незави́сящие (от кого́-л.) ~ы nicht zu verántwortende Gründe; по поня́тным ~ам náheliegenderweise; ~а и сле́дствие Úrsache und Wírkung; без вся́кой (ви́димой) ~ы óhne jéden (síchtbaren) Ánlaß [Grund]; отсу́тствие [про́пуск] без уважи́тельной ~ы ein únentschuldigtes Féhlen; не без ~ы nicht óhne Grund; он был ~ой э́того er war die Veránlassung dazú, er war die Úrsache (*G*); он был ~ой несча́стья er war die Úrsache des Únglücks; по той просто́й ~е aus dem éinfachen Grund; но непоня́тной ~е aus éinem únerfindlichen Grund; э́тому нема́ло причи́н das hat séine gúten Gründe; нет ~ы жа́ловаться es liegt kein Grund für éine Kláge vor; я не ви́жу причи́н для... ich séhe kéinen Grund dafür, daß...; в чём ~а? worán liegt es?; по ~е (чего́-л.) infólge (*G*), -halber; по ~е боле́зни kránkheitshalber; по како́й ~е? aus wélchem Grúnde?, weshálb?, warúm?

причини́ть zúfügen *vt*; verúrsachen *vt*; ~ вред Schäden zúfügen [ántun*, ánrichten, verúrsachen]; ~ беспоко́йство Schereréien máchen [verúrsachen]; ~ го́ре Kúmmer beréiten

причи́нн||ость *ж* Kausalität *f*, Úrsächlichkeit *f*; **~ый** kausál, úrsächlich; ~ая связь kausáler [úrsächlicher] Zusámmenhang, Kausálzusammenhang *m* -(e)s

причиня́ть *см.* причини́ть

причисле́ние *с* **1.** Éinberechnen *n* -s, Hinzúrechnung *f* (10), Hinzúzählung *f* (10); **2.** *уст.* (*назначение*) Beórderung *f* (10), Ábkommandierung *f* (10); **3.** (*к числу кого-л.*) Éinreihung *f*, Éinbeziehen *n* -s; Éinbegreifen *n* -s

причи́слить, причисля́ть **1.** (*прибавить*) (hin)zúrechnen *vt*, hinzúzählen *vt*; **2.** *уст.* (*назначить*) beórdern *vt*, ábkommandieren *vt*; ~ к во́инской ча́сти zu éinem Trúppenteil beórdern; **3.** (*отнести к числу кого-л.*) zählen *vt* (zu *D*); éinbegreifen* *vt*, éinreihen *vt* (únter *A*); ~ к лу́чшим писа́телям zu den bésten Schríftstellern zählen

причита́н||ие *с* **1.** Wéhklage *f* (11), Gejámmer *n* -s; **2.** *фольк.* Klágelied *n* (5), Tráuerlied *n*; похоро́нные ~ия Tótenklage *f* (11)

причита́ть laut jámmern, wéhklagen *неотд. vi*

причита́ться zúkommen* *vi* (s), entfállen* *vi* (s), zústehen* *vi*; за рабо́ту ему́ причита́ется сто рубле́й für die Árbeit hat er húndert Rúbel zu bekómmen

причита́ющийся zúkommend, zústehend, in Réchnung gestéllt; ~ к упла́те fällig

причмо́кивать, причмо́кнуть schmátzen *vi*, schnálzen *vi*

причу́д||а *ж* Láune *f* (11), Grílle *f* (11), Éigenheit *f* (10), Schrúlle *f* (11), wúnderlicher Éinfall; Sónderlichkeit *f* (*чудачество*); с ~ами láunenhaft; schrúllig, sónderlich; у ка́ждого свои́ ~ы jéder hat séine Schrúllen

причу́ди||ться *разг.* erschéinen* *vi* (s), schéinen* *vi*, vórkommen* *vi* (s), dünken(*) *vi*; мне ~лось, что... mich [mir] dünkte, daß...

причу́длив||ость *ж* **1.** (*замысловатость, затейливость*) Wúnderlichkeit *f*, Bizárrheit *f*, Séltsamkeit *f*, Mérkwürdigkeit *f*; **2.** *разг.* (*настроений, желаний*) wúnderliches Wésen, Láunenhaftigkeit *f*, Gríllenhaftigkeit *f*; **~ый** **1.** (*затейливый*) wúnderlich, séltsam, mérkwürdig, bizárr; **2.** *разг.* (*капризный*) láunenhaft, gríllenhaft

причу́дник *м разг.* ein láunenhafter Mensch, Sónderling *m* (1), ein wúnderlicher Kauz

пришвартова́ть *мор.* féstmachen *отд. vt*; **~ся** ánlegen *vi*; ~ся к бо́рту längsseits géhen*

пришéлец *м* Néuankömmling *m* (1), Ánkömmling *m*; Frémdling *m* (1), Éingewanderte *m* (14)

пришепётывать *разг.* ein wénig líspeln, leicht mit der Zúnge ánstoßen*

прише́ств||ие *с уст.* Ánkunft *f*; Erschéinen *n* -s (*появление*); ◇ до второ́го ~ия *ирон.* ≅ (das hat Zeit) bis zum Nímmerleinstag

пришиби́ть *разг.* **1.** verlétzen *vt*, durch éinen Schlag verwúnden; töten *vt*; **2.** (*привести в угнетённое состояние*) níederdrücken *vt*, deprimíeren *vt*

приши́бленный *разг.* gedrückt, níedergedrückt, níedergeschlagen, deprimíert; ~ вид níedergeschlagene [deprimíerte] Miene

пришив||а́ние *с* Ánnähen *n* -s; **~а́ть** *см.* приши́ть; **~но́й** ángenäht; ángesetzt, ángestückt

приши́ть **1.** ánnähen *vt*; ánsetzen *vt*; ánstücken *vt*; **2.** (*доски*) ánnageln *vt*

пришко́льный: ~ уча́сток Schúlhof *m* (1*)

при́шлый zúgewandert, éingewandert, zúgereist; fremd

пришпи́ливать, пришпи́лить mit Nádeln [Spángen] ánstecken *vt*, ánheften *vt*; ánzwecken *vt*, pínnen *vt* (*кнопками*)

пришпо́ривать, пришпо́рить die Spóren gében* (кого́-л. *D*); *перен.* ánspornen *vt*, ántreiben* *vt*

прищёлкивать, прищёлкнуть schnálzen *vi* (*языком*); knípsen *vi* (*пальцами*); knállen *vi*, klátschen *vi* (*кнутом*)

прищеми́ть, прищемля́ть (éin)klémmen *vt*, quétschen *vt*

прище́п *м бот.* **1.** (*действие*) Éinsetzen des Pfrópfreises, Pfrópfen *n* -s; **2.** (*расщеплённая часть растения*) Pfrópfstelle *f* (11); **3.** (*привитое дерево*) gepfrópfter Baum

прищепи́ть, прищепля́ть *бот.* pfrópfen *vt*

прище́пок *м* **1.** (*для белья*) Wäscheklammer *f* (11); **2.** (*черенок*) Pfrópfreis *n* (2)

прищу́ривать: ~ глаза́ die Áugen zúkneifen*; ~**ся** die Áugen zusámmenkneifen* [zúkneifen*]

прищу́рить(ся) *см.* прищу́ривать(ся)

прию́т *м* **1.** Óbdach *n* -(e)s, Zúfluchtsstätte *f* (11), Únterkunft *f* (3), Asýl *n* (2), Bléibe *f* (11); дать ~ кому́-л. j-m Óbdach gewähren; **2.** *уст.* (*учреждение*) Hort *m* (1), Heim *n* (2); Wáisenhaus *n* (5) (*для сирот*); Asýl *n* (2)

приюти́ть behérbergen *vt*; Óbdach gewähren (кого-л. *D*); ~**ся** éine Únterkunft [Bléibe] fínden*; únterkommen* *vi* (s), Zúflucht néhmen*, sich bérgen*; únterkriechen* *vi* (s) (*разг.*)

прию́тск||ий *уст.* Wáisenhaus-; ~ие де́ти Wáisenhauskinder *pl*, Kínder aus dem Wáisenhaus

прия́знь *ж уст.* Wóhlwollen *n* -s, Zúneigung *f*; Fréundschaft *f*

прия́мок *м стр.* Líchtschacht *f* (10); *горн.* Bühnloch *n* (5), Kíppgraben *m* (7*)

прия́тель *м* Freund *m* (1), Kamerád *m* (8); ~**ница** *ж* Fréundin *f* (12); ~**ский** fréundschaftlich, Fréundschafts-; ~ская услу́га Fréundschaftsdienst *m* (1)

прия́тно *нареч.* ángenehm; мне ~ es ist mir ángenehm [lieb]; о́чень ~ sehr ángenehm

прия́тн||ый **1.** ángenehm; Fréude beréitend; ~ые ве́сти erfréuliche Náchrichten; ~ое тепло́ éine wóhlige Wärme; совмести́ть ~ое с поле́зным das Ángenehme mit dem Nützlichen verbínden*; **2.** (*привлекательный*) sympáthisch, gefällig ánziehend; ~ые мане́ры gefällige Úmgangsformen *pl*

про *предлог* **1.** (*о*) über (*A*), von (*D*); расска́зывать ~ кого́-л. über j-n erzählen; он слы́шал ~ э́то er hat davón gehört; забыва́ть ~ что-л. etw. vergéssen*; **2.** *разг.* (*для, ради*) für (*A*); э́то не ~ вас (пи́сано) das ist nicht für euch bestímmt; das ist nicht für euch; ◇ поду́мать ~ себя́ für [bei] sich dénken*; он сказа́л ~ себя́ er ságte sich; чита́ть ~ себя́ für sich lésen*; ~ запа́с auf Vórrat; ни за что́, ни ~ что́ für nichts und wíeder nichts; mir nichts, dir nichts auf

про- pro-; проамерика́нский proamerikánisch

проанализи́ровать (dúrch)analysíeren *vt*

про́б||а *ж* **1.** (*действие*) Versúch *m* (1), Próbe *f* (11), Test *m* -(e)s, -e *u* -s; вы́борочная ~а Stíchprobe *f*; ~а пи́щи Kóstprobe *f*; на ~у auf Próbe, zur Próbe, próbeweise; зака́з на ~у Próbeauftrag *m* (1*); ~а голосо́в Stímmprobe *f*; **2.** (*образчик*) Próbe *f* (11); Múster *n* (6) (*товара*); взя́тие ~ы Próbe|entnahme *f*; **3.** (*относительное содержание драгоценного металла*) Féingehalt *m* -(e)s der Édelmetalle; Repúnze *f* (11) (*клеймо*); зо́лото 56-й ~ы 56 gestémpeltes Gold; моне́тная ~а Münzprobe *f*; кольцо́ с ~ой gestémpelter Góldring; ◇ ~а пера́ Schréibversuch *m* (1), der érste schríftstellerische Versúch; ~а сил Kráftprobe *f*; на ~у auf Próbe, zur Próbe

пробавля́ться *разг.* lében *vi*, existíeren *vi* (чем-л. von *D*) (*существовать*); sich begnügen, áuskommen* *vi* (s) (mit *D*) (*довольствоваться*)

пробе́г *м* **1.** *спорт.* Lauf *m* (1*); Rénnen *n* (7); Wéttrennen *n*; ко́нный ~ Pférderennen *n*; автомоби́льный ~ Áutorennen *n*; испыта́тельный ~ Prüflauf *m* (1*); лы́жный ~ Skilauf ['ʃi:-] *m*; **2.** *спец.* Láufweg *m* (1), Láufstrecke *f* (11), die durchláufene Strécke; der zurückgelegte Weg; ~ при взлёте *ав.* Stártstrecke *f* (11); ~ при поса́дке *ав.* Áusrollen *n* -s; ~ по́езда Zúglaufleistung *f*; ~ в киломе́трах Kilométerleistung *f*; про́бный ~ Próbefahrt *f* (10) (*напр. локомотива*); соверша́ть про́бный ~ sich auf Próbefahrt befínden*; но́рма ~а ваго́нов die Láufzeit der Waggóns

пробе́гать *разг.* **1.** (éine Zéitlang) (herúm)láufen* *vi* (s); ~ весь день den gánzen Tag hindúrch láufen* [umhérlaufen*]; **2.** (*пропустить что-л.*) wégen víeler Lauferéien etw. versäumen

пробега́ть, пробеж||а́ть **1.** dúrchlaufen* *vi* (s), durchláufen* *vt*; láufen* *vi* (s) (че́рез что-л. durch *A*); vorbéilaufen* *vi* (s), vorüberlaufen* *vi* (s) (*мимо*); ~а́ть че́рез по́ле über das Feld láufen*; ~а́ть по у́лицам durch die Stráßen láufen*; die Stráßen durchláufen*; **2.** *разг.* (*глазами*) dúrchsehen *vt*, überflíegen* *vt*; ◇ дрожь ~а́ла у меня́ по те́лу ein Schául lief [ging] durch méinen Körper; по за́лу ~а́л шёпот ein Flüstern ging durch den Saal

пробе́л *м* **1.** (*незаполненное место в тексте*) únbeschriebene [fréie, léere] Stélle; Lücke *f* (11), Zwíschenraum *m* (1*); оставля́ть ~ Raum lássen*; **2.** *полигр.* Dúrchschuß *m* -sses, -schüsse (*между строками*); Blíndtype *f* (11) (*между буквами*); **3.** (*недостаток*) Lücke *f* (11); Mángel *m* (6*), Únzulänglichkeit *f* (10) (*недостаточность*); ~ в зна́ниях Bíldungslücke *f*, Wíssenslücke *f*; воспо́лнить ~ы Lücken áusfüllen, Lücken schlíeßen*

пробе́льн||ый: ~ая строка́ *полигр.* Ráumzeile *f* (11); Zwíschenzeile *f*, wéiße Zéile; ~ый материа́л *полигр.* Blíndmaterial *n* -s, -ilen, Füllmaterial *n*

пробива́ть *см.* проби́ть 1, 2; ~**ся** **1.** *см.* проби́ться 1, 3, 4; на виска́х пробива́ется седина́ die Schläfen schímmern sílbern; an den Schläfen schímmern gráue Háare durch; **2.** *страд.* durchbróchen wérden (*ср.* проби́ть)

проби́вка *ж* **1.** (*пробуравливание*) Durchstößen *n* -s, Durchbréchen *n* -s; ~ бре́ши das Schlágen éiner Brésche; **2.** *спец.* Ábdichten *n* -s, Díchtmachen *n* -s; ~ ло́док па́клей das Ábdichten der Bóote mit Werg

пробивн||о́й *воен.* Dúrchschlags-; ~а́я спосо́бность *тж. перен.* Dúrchschlagskraft *f*; ~о́е де́йствие Dúrchschlagswirkung *f*, Perkussiónswirkung *f*

пробира́ть *см.* пробра́ть; меня́ моро́з пробира́ет *разг.* es läuft mir (éis-) kalt über den Rücken, mich scháudert; ~**ся** *см.* пробра́ться

проби́рка *ж* Prüfglas *n* (5), Reagénzglas *n*, Probíerglas *n*

проби́рн||ый Probíer-; ~ый ка́мень Probíerstein *m* (1), Prüfstein *m*; ~ая пала́та Éichamt *n* (5); ~ое клеймо́ Éichstempel *m* (6)

проби́рщик *м уст.* Probíerer *m* (6)

проби́ть **1.** (*сделать отверстие*) éinschlagen* *vt*, dúrchschlagen* *vt*; durchbréchen* *vt*; durchlóchen *vt*, lóchen *vt* (*железнодорожный билет*); ~ скалу́ den Félsen durchbréchen*; ~ брешь éine Brésche schlágen*; **2.** (*проложить*) báhnen *vt*; ~ доро́гу сквозь ча́щу éinen Weg durchs Díckicht báhnen; **3.** (*о часах, барабане*) schlágen* *vt*; проби́ло три часа́ die Uhr hat drei geschlágen; ~ зо́рю *воен.* wécken *vi*; (*в спорте*): ~ мяч в воро́та den Ball ins Tor schíeßen*; ◇ ~ себе́ доро́гу sich (*D*) den Weg báhnen, sich (*D*) Bahn bréchen*, sich dúrchsetzen, sich Géltung verscháffen; ~**ся** **1.** dúrchdringen* (s); dúrchschimmern *vi*, schímmern *vi* (че́рез что-л. durch *A*) (*о луче и т. п.*); *воен.* sich dúrchhauen*, sich dúrchschlagen*; ~ся сквозь толпу́ sich durch die Ménge drängen; sich (*D*) den Weg durch die Ménge báhnen; **2.** *разг.* (*промучиться над чем-л.*) sich (áb)plágen, sich ábrackern (mit *D*); ~ся над реше́нием зада́чи sich mit der Lösung éiner Áufgabe ábplagen [ábmühen]; **3.** (*о растениях*) (áuf)spríeßen* *vi* (h, s), heráuskommen* *vi* (s); **4.** (*прожить с трудом*) sich dúrchschlagen*, sich über Wásser hálten*; ◇ ~ся в лю́ди sich dúrchsetzen; sich (*D*) Bahn bréchen*; sich (*D*) Géltung verscháffen (*добиться признания*)

про́бка *ж* **1.** (*материал*) Kork *m* -(e)s; **2.** (*для бутылок и т. п.*) Fláschenkork *m* -(e)s; Verschlúßkork *m*; Kork *m*, Pfrópfen *n* (7) (*пробковая*); Stöpsel *m* (6) (*стеклянная*); Fláschenkapsel *f* (11) (*картонная*); механи́ческая ~ Paténtverschluß *m* -sses, -schlüsse; резьбова́я ~ *тех.* Gewíndestopfen *m* (7), Verschlúßschraube *f* (11); декорати́вная ~ (*с отверстием*) Fláschengießer *m* (6); хло́пнуть про́бкой den Pfrópfen knállen lássen*; закры́ть про́бкой zústöpseln *vt*, verkórken *vt*; **3.** *разг.* (*затор*) Verstópfung *f* (10), Stáuung *f* (10); Stóckung *f* (10), Verkéhrsstockung *f*; ◇ глуп как ~ *разг.* dumm wie Bóhnenstroh

про́бков||ый Kork-; aus Kork; ~ый по́яс Schwímmgürtel *m* (6) aus Kork, Kórkgürtel *m*; ~ое де́рево Kórkbaum *m* (1*); ~ая кора́ Kórkbaumrinde *f*; ~ый шлем Trópenhelm *m* (1)

пробле́м||а *ж* Problém *n* (2); Fráge *f* (11); широ́кий круг пробле́м ein wéiter Frágenkreis [Problémkreis]; постано́вка ~ы Problémstellung *f*, Frágestellung *f*; реше́ние ~ы Problémlösung *f* (10)

проблема́тика *ж* Problemátik *f*, Problémbereich *m* (1)

проблемати́ч||еский problemátisch; zwéifelhaft, fráglich (*сомнительный*); ~**ность** *ж* das Problemátische (*sub*), das Frágliche (*sub*), das Úngeklärte (*sub*); ~**ный** *см.* проблемати́ческий

пробле́мность *ж* Problémhaftigkeit *f*

пробле́мный problémstellend, ein Problém erörternd [behándelnd]

про́блеск *м* Líchtschimmer *m* -s, Schein *m* -(e)s; Blínken *n* -s; Áufblitzen *n* -s; ~и созна́ния ein Schímmer von Bewúßtsein; ~ наде́жды Hóffnungsstrahl *m* (13); ~ сча́стья ein Fünkchen Glück; пе́рвые ~и зари́ das érste Áufleuchten der Mórgenröte

проблужда́ть (umhér)írren *vi*

про́бник *м* **1.** *эл.* Léitungsprüfer *m* (6); **2.** *тепл.* Prüfer *m* (6)

про́бн||ый 1. Próbe-, Test-; Versúchs-; ~ый но́мер (*журнала и т. п.*) Próbenummer *f* (1); ~ый уро́к Próbestunde *f* (11); ~ая радиопереда́ча Versúchssendung *f* (10); ~ый флако́н (*духов*) Táschenfläschchen *n* (7); Próbeparfüm *n* -s, -e *u* -s; ~ый лист *полигр.* Áushängebogen *m* (7, 7*); ~ый полёт *ав.* Téstflug *m* (1*); **2.** (*имеющий пробу*) gestémpelt; ~ое зо́лото gestémpeltes Gold; ◇ ~ый ка́мень Prüfstein *m* (1); ~ый шар Próbeballon *m* (1), Versúchsballon *m*

про́бовать 1. (*пытаться*) versúchen *vt*, probíeren *vt*; **2.** (*испытать*) (áus-) probíeren *vt*, versúchen *vt*; tésten *vt*; kósten *vt*, verkósten *vt*, schmécken *vt* (*на вкус*); ~ го́лос séine Stímme áusprobieren

прободе́ние *с мед.* Durchbóhren *n* -s, Durchstéchen *n* -s; Dúrchbruch *m* -(e)s, Perforatión *f* (10); ~ **кишо́к** Dármdurchbohrung *f*

пробо́ин||а *ж* dúrchgeschlagenes óder dúrchgestoßenes Loch; Dúrchschuß *m* -sses, -schüsse, Éinschuß *m*, Tréffer *m* (6); *мор.* Leck *n* (2); получи́ть ~у *мор.* leck wérden

пробо́й *м* **1.** (*замка́*) Klámmer *f* (11), Krámme *f* (11), Krámpe *f* (11); **2.** *эл.* Dúrchschlag *m* -(e)s, Dúrchschlagen *n* -s, Dúrchbruch *m* -(e)s

пробо́йник *м тех.* Lócheisen *n* (7), Dúrchschlag *m* (1*), Áusschlageisen *n*; стально́й ~ Stáhldorn *m* (13)

пробол||е́ть (éine Zéitlang) krank sein; он ~е́л всю зи́му er war den gánzen Wínter lang [hindúrch] krank

проболта́ть *разг.* verpláudern *vt*, (éine Wéile) schwátzen *vi*, klátschen *vi*, trátschen *vi*

проболта́ться I *разг.* (*без дела*) (éine Zéitlang) herúmschlendern *vi* (s), herúmlungern *vi* (h, s), sich (éine Zéitlang) herúmtreiben*

проболта́ться II *разг.* (*проговориться*) sich verpláppern; ein Gehéimnis áusplaudern, aus der Schúle pláudern [schwátzen]

пробоотбо́рник *м* Próbenehmer *m* (6), Próbenzieher *m* (6)

пробо́р *м* Schéitel *m* (6); прямо́й ~ ein geráder Schéitel, Mittelscheitel *m*; косо́й ~ éin schräger Schéitel; она причёсывается на прямо́й [косо́й] ~ sie trägt (éinen) Míttelscheitel [den Schéitel links (rechts)]; причёска на ~ Schéitelfrisur *f* (10)

пробормота́ть *разг.* (vor sich hin) múrmeln *vi*, *vt*; brúmmen *vi*, in den Bart brúmmen

про́бочник *м разг.* Pfrópfenzieher *m* (6), Kórk(en)zieher *m*

пробр||а́ть *разг.* **1.** (*выбранить*) j-m den Kopf wáschen* [zuréchtsetzen]; **2.** (*прохватить*) (dúrch)dríngen* *vt*, durch und durch géhen*; хо́лод меня́ ~а́л ich bin ganz durchfróren, mir friert das Herz im Léibe, die Kälte geht mir durch Mark und Bein; меня́ дрожь ~ала́ ein Zíttern überlíef mich; **3.** (*прополоть*) áusjäten *vt*; ~а́ть свёклу Rüben verzíehen*; ◇ его́ не проберёшь er hat ein díckes Fell

пробра́ться 1. (*прокрасться*) éindringen* *vi* (s), sich éinschleichen*, éinschleichen* *vi* (s), sich dúrchschleichen*; ~ че́рез окно́ durchs Fénster éinsteigen*; **2.** (*с трудом пройти*) sich dúrchdrängen; sich hindúrcharbeiten, sich den Weg báhnen; здесь нам не ~ hier kómmen wir nicht durch

проброди́ть (eine Zéitlang) umhérwandern *vi* (s), herúmstreichen* *vi* (s), herúmstreifen *vi* (s)

пробро́сить 1. (*просеять*) (hin-) dúrchwerfen* *vt*; **2.** (*сосчитать на счётах*) auf dem Réchenbrett zusámmenzählen; **3.** (*ошибиться*) sich verréchnen; **4.** (*промахнуться*) danébenwerfen* *vt*

пробуди́ть 1. áufwecken *vt*, wécken *vt*; **2.** *перен.* erwécken *vt*; errégen *vt*; wáchrufen* *vt*; ~ жела́ние [охо́ту] éinen Wunsch [die Lust] erwécken [wáchrufen*]; ~ тво́рческие си́лы die schöpferischen Kräfte wáchrufen* [wekken]; ~ к но́вой жи́зни zu néuem Lében erwécken; ~**ся 1.** erwáchen *vi* (s), áufwachen *vi* (s), wach wérden; **2.** *перен.* rége wérden, sich régen; erwáchen *vi* (s); sich belében (*оживиться*)

пробужда́ть(ся) *см.* пробуди́ть(ся)

пробужде́ние *с тж. перен.* Áufwachen *n* -s, Erwáchen *n*

пробура́вить dúrchbohren *vt*, durchbóhren *vt*

пробури́ть dúrchbohren *vt*, durchbóhren *vt*; ~ нефтяну́ю сква́жину nach Érdöl bóhren

пробы́ть (*где-л.*) verwéilen *vi*, bléiben* *vi* (s), sich áufhalten*; ~ всё ле́то в дере́вне den gánzen Sómmer auf dem Lánde verbríngen*

прова́л *м* **1.** (*падение*) Éinsturz *m* (1*); Dúrchriß *m* -sses, -sse, Bruch *m* (1*) (*прорыв*); **2.** (*яма*) Éinsturzstelle *f* (11), Brúchstelle *f*, Loch *n* (5); Sénkung *f* (10), Gráben *m* (7*), Grúbe *f* (11); **3.** (*неудача*) Mißerfolg *m* (1*); Schéitern *n* -s; Zusámmenbruch *m* -(e)s; Fiásko *n* -s, -s; Dúrchfall *m* -(e)s; Réinfall *m* (*разг.*); ~ како́го-л. предприя́тия das Mißlíngen éines Unternéhmens; ~ перегово́ров das Schéitern der Verhándlungen; ~ пье́сы der Dúrchfall éines Theáterstücks; терпе́ть ~ за ~ом Míßerfolg auf Míßerfolg [Réinfall auf Réinfall (*разг.*)] erléiden*; ◇ ~ па́мяти das Verságen des Gedächtnisses; Gedächtnisschwund *m*

прова́лив||ать *см.* провали́ть; ◇ ~ай! *разг.* pack dich!, scher dich fort!, hau ab!; mach, daß du fórtkommst!; ~**аться** *см.* провали́ться

провали́||ть *разг.* (*испортить, привести к неудаче*) dúrchfallen lássen*; zu Fall bríngen*; schéitern lássen*; durchkréuzen *vt* (*планы и т. п.*); verdérben* *vt* (*испортить*); ~ть предложе́ние den Vórschlag durchkréuzen, den Vórschlag zu Fall bríngen*; ~ть на вы́борах níederstimmen *vt*; ábwählen *vt*; ~ть на экза́мене dúrchfallen lássen*; in der Prüfung heréinlegen (*разг.*); ~**ться 1.** (*рухнуть*) éinstürzen *vi* (s); herúnterfallen* *vi* (s), stürzen *vi* (s) (*упасть*); **2.** *разг.* (*не удаться*) mißlíngen* *vi* (s), féhlschlagen* *отд.* *vi* (*о плане*); áuffliegen* *отд.* *vi* (s), hóchgehen* *отд.* *vi* (s); dúrchfallen* *vi* (s); ~ться на экза́мене beim Exámen dúrchfallen*, durchs Exámen fállen*; де́ло ~лось die Sáche schéiterte; die Sáche ist zusámmengebrochen; **3.** *разг.* (*пропасть*) verschwínden* *vi* (s); куда́ ты ~лся? wo hast du gestéckt?, wo bist du denn híngeraten?; ◇ он как сквозь зе́млю ~лся er war verschwúnden, als hätte ihn der Érdboden verschlúckt; er war spúrlos verschwúnden; он гото́в был сквозь зе́млю ~ться er schämte sich in Grund und Bóden; am líebsten wäre er in den Érdboden versúnken

провànса́ль *м кул.* Mayonnaise [*фр.* majo'nɛːzə] *f* (11); ◇ капу́ста ~ Salát aus éingelegtem Kohl mit Marináde, Pflánzenöl und Gewürzen

прова́нск||ий: ~ое ма́сло Provencer-öl [-'vãsər-] *n* -(e)s, Olívenöl [-vən-] *n*

провари́ть gar kóchen, dúrchkochen *vt*

прове́дать *разг.* **1.** (*навестить*) besúchen *vt*, áufsuchen *vt*; **2.** (*разузнать*) erfáhren* *vt*; dahínterkommen* *vi* (s), in Erfáhrung bríngen*; hínter etw. (*A*) kómmen*

проведе́ние *с* **1.** Bau *m* -(e)s, Ánlage *f*, Ánlegen *n* -s; Dúrchführung *f* (*через что-л.*); ~ ка́беля das Verlégen éines Kábels; ~ доро́ги Wégebau *m*; ~ желе́зных доро́г Éisenbahnbau *m*; ~ электри́чества Ánlage éiner eléktrischen Léitung; **2.** (*осуществление*) Dúrchführung *f*, Verwírklichung *f*; ~ кампа́нии Dúrchführung éiner Kampagne [-'panjə]; ~ вы́боров Ábhaltung [Dúrchführung] von Wáhlen, ~ ремо́нта Áusführung von Reparatúren

провезти́ fáhren* *vt*; hínfahren* *vt*, hínschaffen *vt*; ~ кого́-л. ле́сом j-n durch den Wald fáhren*; ~ кратча́йшим путём j-n den kürzesten Weg fáhren*; ~ ми́мо vorbéifahren* *vt* (an *A*); ~ с собо́й mítführen *vt*

прове́ивать *см.* прове́ять

провентили́ровать 1. *см.* вентили́ровать; **2.** *разг.* (*вопрос и т. п.*) (sórgfältig) erwägen* *vt*

прове́ренный überprüft, verläßlich, bewährt

прове́р||ить prüfen *vt*, náchprüfen *vt*; überprüfen *vt*; revidíeren [-vi-] *vt*, kontrollíeren *vt* (*ревизовать, контролировать*); náchsehen* *vt*, dúrchsehen* *vt* (*просмотреть*); ~ить вес náchwägen* *vt*, náchwiegen* *vt*; ~ить разме́ры náchmessen* *vt*; ~ить часы́ die Uhr [die Zeit] vergléichen*; ~ить пра́вильность чего́-л. die Ríchtigkeit éiner Sache überprüfen; ~**ка** *ж* Prüfung *f* (10), Náchprüfung *f*; Überprüfung *f*; Revisión [-vi-] *f* (10), Kontrólle *f* (11) (*ревизия, контроль*); Dúrchsicht *f* (10) (*просмотр*); ~ка зна́ний Léistungskontrólle *f*; ~ка исполне́ния Áusführungskontrolle *f*, Vóllzugskontrolle *f*; Kontrólle der Dúrchführung; ~ка докуме́нтов die Éinsichtnahme in die Dokuménte; Belégprüfung *f*, Belégkontrolle *f*; ~ка паспорто́в Páßkontrolle *f*; ~ка дви́гателя Dúrchsicht *f* des Mótors; ~ка на гермети́чность Prüfung *f* auf Díchte; ~ка ве́са Gewíchtskontrolle *f* (11), Náchwägen *n* -s, Náchwiegen *n* -s; ~ка ка́чества Gütekontrolle *f*, Qualitäts(über)prüfung *f*; ~ка часо́в das Stéllen der Uhr

проверн||у́ть 1. (*отверстие*) (dúrch-) bóhren *vt*; **2.**: ~у́ть че́рез мясору́бку durch den Fléischwolf dréhen (lássen*); dúrchdrehen *vt*; ◇ мы э́то жи́во ~ем *разг.* wir wérden den Láden schon schméißen; wir wérden das Kind schon scháukeln; wir wérden die Sáche déichseln

прове́рочн||ый Prüfungs-, Kontróll-; ~ое испыта́ние Prüfung *f* (10); ~ая коми́ссия Kontróllkommission *f* (10), Revisiónskommission [-vi-] *f*

провёрте́ть *см.* проверну́ть 1

проверя́ть *см.* прове́рить

прове́с *м* **1.** Féhlgewicht *n* -(e)s, Úntergewicht *n*, Mánko *n* -s, -s, Gewíchtsmanko *n*, Míndergewicht *n*; **2.** *спец.* Dúrchhang *m* (1*) (*напр. провода*)

провести́ 1. führen *vt*; hindúrchführen *vt*, geléiten *vt*; ~ ми́мо vorbéiführen *vt*; **2.** (*осуществить*) dúrchführen *vt*, áusführen *vt*, verwírklichen *vt*; dúrchsetzen *vt*; ábhalten* *vt* (*занятия*, *манёвры и т. п.*); ~ консульта́ции Konsultatiónen ertéilen; ~ собра́ние éine Versámmlung ábhalten*; ~ кампа́нию éine Kampagne [-'panjə] dúrchführen; ~ в жизнь verwírklichen *vt*, in die Tat úmsetzen; **3.:** ~ черту́ éine Líni¦e [éinen Strich] zíehen*; ~ грани́цу éine Grénze zíehen*; ~ кана́ву éinen Gráben zíehen*; ~ пункти́р éine punktíerte Líni¦e éinzeichnen; **4.** (*по чему-л.*) stréichen* *vi*, fáhren* *vi* (s) (über *A*); ~ руко́й по волоса́м mit der Hand über das Haar stréichen* [fáhren*]; ~ тря́пкой по стеклу́ mit éinem Láppen über das Glas fáhren* [wíschen]; **5.** (*построить*) ánlegen *vt*; báuen *vt*; ~ шоссе́ éine Chaussee [ʃɔ'se:] ánlegen; ~ водопрово́д éine Wásserleitung légen; ~ электри́чество éine eléktrische Léitung légen; éine Líchtleitung báuen; **6.** (*время и т. п.*) verbríngen* *vt*, zúbringen* *vt*; vertréiben* *vt*; ~ прия́тно вре́мя sich die Zeit ángenehm gestálten; жела́ю вам хорошо́ ~ воскресе́нье! schönen Sónntag!; **7.** *бухг.* éintragen* *vt*; ~ по кни́гам búchen *vt*, verbúchen *vt*, in die Bücher áufnehmen* [éingehen lássen*], über die Bücher láufen lássen*; **8.** *разг.* (*обмануть*) ánführen *vt*; hínters Licht führen; j-n zum bésten háben; j-m etw. wéismachen; ~ кого́-л. (*разыграть*) j-n auf den Arm néhmen*; дать себя́ ~ sich ánführen lássen*; его́ не проведёшь! dem kann man kein X für ein U vórmachen!; den führt man nicht hínters Licht!; dén macht kéiner dumm; нас не проведёшь wir sind nicht von géstern

прове́тр||ивание *с* Lüften *n* -s; Dúrchlüftung *f*, Belüftung *f* (*помещения*) *горн.* Bewétterung *f*; **~ивать, ~ить** lüften *vt*; *горн.* bewéttern *vt*; **~иться 1.** gelüftet sein; ко́мната ~илась das Zímmer ist gelüftet; **2.** *разг.* (*освежиться*) sich áuslüften; frísche Luft schöpfen; *перен.* néue Éindrücke sámmeln

прове́шивание *с геод.* Ábstecken *n* -s, Ábpfählen *n* -s; Áusfluchten *n* -s, Líni¦enführung *f*

прове́ять *с.-х.* wórfeln *vt*, schwíngen* *vt*

провиа́нт *м* Proviant [-'vĭant] *m* -s, Lébensmittel *pl*; доро́жный ~ Réiseproviant *m*; снабжа́ть ~ом mit Lébensmitteln verséhen* [versórgen]

прови́ден||ие *с* Vorá usseh en *n* -s; облада́ть да́ром ~ия das Zwéite Gesícht háben

провиде́н||ие *с рел.* Vórsehung *f*, Fügung Góttes; предоста́вить дальне́йшее ~ию das Wéitere dem Rátschluß der Vórsehung anhéimstellen

прови́деть vorhérsehen* *vt*, voráussehen* *vt*

прови́дец *м уст.* Séher *m* (6), Prophét *m* (8)

провизио́нный *уст.* Lébensmittel-, Proviant- [-'vĭant]; ~ склад Proviántmagazin *n* (2)

прови́з||ия *ж* Lébensmittel *pl*, Proviant [-'vĭant] *m* (1); Múndvorrat *m* (1*) (*на дорогу*); она́ пошла́ за ~ией sie ist éinholen [éinkaufen] gegángen

прови́зор *м* Provisor [-'vi:-] *m* -s, -sóren

провизо́рн||ый provisórisch [-vi-], vórläufig, éinstweilig; ~ое суде́бное реше́ние éinstweilige Verfügung

провини́ться sich (*D*) etw. zuschúlden kómmen lássen*; sich vergéhen*; stráffällig wérden; ~ пе́ред кем-л. sich an j-m vergéhen*, sich (*D*) j-m gegenüber [gégen j-n] etw. zuschúlden kómmen lássen*

прови́нность *ж* Vergéhen *n* (7); Verschúlden *n* -s; Verstóß *m* (1*)

провинциа́л *м* **1.** (*житель провинции*) Provinziále [-vɪn-] *m* (9); **2.** (*отсталый, наивный человек*) Provinzler [-'vɪnts-] *m* (6); Hínterwäldler *m* (6) (*пренебр.*); **~и́зм** *м лингв.* Provinzialísmus [-vɪn-] *m* =, -men; **~ка** *ж* **1.** (*жительница провинции*) Provinzlerin [-'vɪnts-] *f* (12); **2.** (*отсталая, наивная женщина*) Provinzlerin [-'vɪnts-] *f* (12); die Únschuld vom Lánde (*ирон.*)

провинциа́льн||ость *ж* Provinzlertum [-'vɪnts-] *n* -s; hínterwäldlerisches [provínzlerisches] Benéhmen (*пренебр.*); **~ый 1.** Provinz- [-'vɪnts-]; **2.** (*отсталый, наивный*) provinziéll [-vɪn-], provínzlerisch; rückständig; hínterwäldlerisch (*пренебр.*)

прови́нция *ж* Provínz [-v-] *f* (10)

провиса́ть *см.* прови́снуть

провисе́ть (éine Zéitlang) hängen* *vi*

прови́с||нуть dúrchhängen* *vi*; níederhängen* *vi*; провода́ ~ли die Drähte hängen durch

про́вод *м* Léitung *f* (10); Draht *m* (1*); Kábel *n* (6); возду́шный ~ Óberleitung *f*, Fréileitung *f*; электри́ческий ~ die eléktrische Léitung, Léitungsdraht *m*; телефо́нный ~ Telefónkabel *n*; прямо́й ~ dirékte Verbíndung [Léitung]; сеть ~о́в Léitungsnetz *n* (2); оголённый ~ ábisolierter Draht; Blánkdraht *m*, blánker Draht; обры́в ~а Dráhtbruch *m* (1*)

проводи́мость *ж физ.* Léitfähigkeit *f*, Léitvermögen *n* -s; *эл.* Léitwert *m* (1)

проводи́ть I **1.** *см.* провести́ 1—7; ~ недальнови́дную поли́тику éine kúrzsichtige Politík betréiben*; **2.** *физ.* léiten *vt*

проводи́ть II **1.** (*сопровождать*) begléiten *vt*; ~ глаза́ми кого́-л. j-m mit den Blícken [Áugen] fólgen; j-m náchsehen*; **2.** (*уезжающего*) begléiten *vt*, geléiten *vt*; das Geléit gében* (кого́-л. *D*); verábschieden *vt* (*делегацию на вокзале и т. п.*); ~ на вокза́л zum Báhnhof begléiten, zur Bahn bríngen*

прово́дка *ж* **1.** (*действие*) Lótsen *n* -s (*судов*); Légung *f* (*кабеля и т. п.*); Búchung *f* (*по бухгалтерским книгам*); ло́цманская ~ Lótsendienst *m* -(e)s; навигацио́нная ~ náutisches Geléit; **2.** (*сеть проводов*) Léitung *f* (10); скры́тая ~ Líchtleitung únter Putz

проводни́к I *м* **1.** (*гид*) Führer *m* (6); без ~а́ führerlos; **2.** (*в поезде*) Schäffner *m* (6), Zúgschaffner *m*, Zúgbegleiter *m* (6); Schláfwagenschaffner *m* (6); **~и́** *собир.* Zúgbegleitpersonal *n* -s

проводни́к II *м физ.* (*вещество*) Léiter *m* (6); Strómleiter *m*; ~ тепла́ Wärmeleiter *m*

проводни́ца *ж* (*в поезде*) Scháffnerin *f* (12) (*ср.* проводни́к)

проводн||о́й Draht-; ~а́я связь Dráhtverbindung *f*

про́воды *мн.* Ábschied *m* (1); да́льние ~ Ábschied auf lánge Zeit; ~ делега́ции die Verábschiedung der Delegatión; ~ поко́йника (féierliches) Geléit *n* (2); létztes Geléit; Tráuergefolge *n* -s

провожа́тый *сущ. м* Begléiter *m* (6); Geléitsmann *m* (4) (*pl тж.* -leute) (*уст.*)

провожа́ть *см.* проводи́ть II

прово́з *м* Transpórt *m* (1), Beförderung *f*; пла́та за ~ Fráchtgeld *n* -(e)s, Fúhrlohn *m* -(e)s; Fráchtkosten *pl*

провозвести́ть *высок.* prophezéien *vt*, verkünden *vt*

провозве́стник *м высок.* Verkünder *m* (6), Künder *m*; ~ сча́стья Glücksbote *m* (9); ~ ми́ра Fríedensbote *m*; быть ~ом но́вого вре́мени die néue Zeit ánkündigen

провозгласи́ть, провозглаша́ть 1. verkünden *vt*; öffentlich kúndtun*; áusrufen* *vt*, proklamíeren *vt*; ~ ло́зунг éine Paróle [Lósung] áusgeben*; ~ конститу́цию éine Verfássung verkünden; ~ что-л. вы́сшим при́нципом etw. zum höchsten Prinzíp erhében*; ~ тост éinen Toast [to:st] [éinen Trínkspruch] áusbringen*; ~ страну́ незави́симым госуда́рством das Land zum únabhängigen Staat erklären; **2.** (*кого-л. кем-л.*) áusrufen* *vt* (zu *D*, als *A*)

провозглаше́ние *с* Verkündigung *f*, öffentliche Kúndmachung; Bekánntmachung *f*; Áusrufung *f*, Proklamíerung *f*; ~ респу́блики Áusrufung der Republík

провози́ть *см.* провезти́

провози́ться I *разг.* sich ábmühen, sich ábplagen, sich herúmschlagen*, sich (*D*) zu scháffen máchen (с чем-л. mit *D*)

провози́ться II *страд.* transportíert [befördert] wérden

провока́тор *м* Provokateur [-vokaˈtø:r] *m* (1); Spítzel *m* (6), Lóckspitzel *m* (*сыщик*); **~ский** provokatórisch [-vo-]; Spítzel-; ~ская де́ятельность Provokatión *f* (10), Bespítzelung *f*

провокацио́нный provokatórisch [-vo-]; provozíerend; ~ вопро́с Fángfrage *f* (11)

провока́ция *ж* **1.** Provokatión [-vo-] *f* (10); Provozíerung *f* (10); ~ войны́ Kríegsprovokation *f*; **2.** *мед.* Provokatión [-vo-] *f* (10), Réizprobe *f* (11)

про́волок||а *ж* Draht *m* (1*); ме́дная ~а Kúpferdraht *m*; телегра́фная ~а Telegráfendraht *m*; колю́чая ~а Stácheldraht *m*; за колю́чей ~ой hínter éinem Stácheldrahtverhau; связа́ть ~ой verdráhten *vt*

проволо́ч||ка *ж разг.* Verzögerung *f* (10), Säumigkeit *f*, Verschléppung *f* (10), Hínziehen *n* -s; без ~ек unverzüglich; та́ктика ~ек Verschléppungstaktik *f* (10), Verschléppungsmanöver *n* (6)

про́волочн||ый Draht-; ~ый стан *тех.* Dráhtwalzwerk *n* (2); ~ые загражде́ния Dráhtsperren *pl*; Dráhtverhau *m* (1); ~ый ёж *воен.* Dráhtigel *m* (6); ~ая се́тка Máschendraht *m* (1*); ~ая щётка Dráhtbürste *f* (11); ~ая корзи́на (*напр. в магазине самообслуживания*) Dráhtkorb *m* (1*)

прово́рный behénd(e), flink, húrtig, geschwínd; gewándt (*ловкий*)

проворова́ться *разг.* stéhlen* *vt*, kláuen *vt*; (Geld) unterschlágen* *vt* (*сделать растрату*); bei éinem Díebstahl ertáppt wérden (*попасться в воровстве*)

проворо́нить *разг.* versäumen *vt*; verpássen *vt* (*случай*); sich (*D*) etw. durch die Fínger géhen lássen*, sich (*D*) etw. entgéhen lássen*

прово́рство *с* Behéndigkeit *f*, Flínkheit *f*, Húrtigkeit *f*, Geschwíndigkeit *f*; Gewándtheit *f* (*ловкость*)

проворча́ть *разг.* vor sich hin brúmmen [múrmeln]; ~ себе́ что-то под нос etw. in den Bart brúmmen

провоци́ровать provozíeren [-vo-] *vt*; ~ ссо́ру éinen Streit ánfangen* [ánstiften], éinen Streit vom Záune bréchen*; ~ конфли́кт éinen Konflíkt heráufbeschwören*

провра́ться *разг.* sich (beim Lügen) verpláppern, aus der Schúle pláudern

прогада́ть *разг.* sich verréchnen; heréinfallen* *vi* (s)

прога́лина *ж* Líchtung *f* (10); Wáldlichtung *f* (*лесная*)

проги́б *м* *тех.* Dúrchbiegung *f* (10), Dúrchhang *m* -(e)s

прогиба́ться *см.* прогну́ться

прогла́дить, прогла́живать bügeln *vt*, plätten *vt*; ~ скла́дки на брю́ках Fálten in die Hósen bügeln

прогла́тывать, проглоти́ть herúnterschlucken *vt*, verschlúcken *vt*, verschlíngen* *vt*; ◇ проглоти́ть язы́к den Mund nicht áuftun*; проглоти́ть оби́ду éine Beléidigung éinstecken

прогляде́||ть 1. (*книгу и т. п.*) dúrchsehen* *vt*, überflíegen* *vt*; dúrchblättern *vt* (*перелистать*); **2.** (*пропустить*) überséhen* *vt*; übergéhen* *vt*, überspríngen* *vt*; áußer acht lássen*; sich (*D*) etw. entgéhen lássen*; он ~л са́мое гла́вное ihm ist das Wíchtigste entgángen; ◇ ~ть глаза́ *разг.* sich (*D*) die Áugen (nach etw. *D*, nach j-m) áussehen* [áusgucken]

прогля́дывать 1. *см.* прогляде́ть 1; **2.** *см.* прогляну́ть; **3.** (*обнаружиться*) zum Vórschein kómmen*

прогляну́||ть (*показаться*) hervórblicken *vi*; hervórkommen* *vi* (s), heráuskommen* *vi* (s); со́лнце ~ло из-за туч die Sónne blíckte [trat] zwíschen den Wólken hervór

прогна́ть (ver)jágen *vt*; fórtjagen *vt*, wégjagen *vt* (*прочь*); (ver)tréiben* *vt*; j-n in die Flucht tréiben*; ~ со слу́жбы aus dem Dienst jágen; ~ сквозь строй *воен. ист.* Spíeßruten láufen lássen*; ◇ ~ ску́ку die Láng(e)weile vertréiben*; ~ неприя́тное воспомина́ние éine únangenehme Erínnerung verschéuchen

прогне́в||ать *уст.* erzürnen *vt*, wütend máchen; in Zorn bríngen*; **~аться** zürnen *vi*, böse wérden, sich erzürnen, áufgebracht wérden; ◇ не ~айтесь nichts für úngut!

прогневи́ть *см.* прогне́вать

прогнива́ть, прогни́ть verfáulen *vi* (s); in Fäulnis übergehen*; dúrchfaulen *vi* (s), morsch wérden

прогно́з *м* Prognóse *f* (11); Vorhérsage *f* (11), Voráussage *f*; ~ пого́ды Wétterprognose *f*, Wéttervorhersage *f*, Wéttervoraussage *f*; Wétteraussichten *pl*; успе́шный ~ *метеор.* Tréffer *m* (6); слу́жба ~ов пого́ды Wétterdienst *m* -(e)s; ~ на су́тки Tágesprognose *f*; Tágesvorhersage *f*; ~ урожа́я Ertrágsprognose *f*; ста́вить ~ éine Prognóse stéllen

прогнози́рование *с* Prognostizíerung *f*, Prognostizíeren *n* -s; prognóstische Éinschätzungen, Prognósebildung *f*

прогнози́ровать prognostizíeren *vt*

прогнози́ст *м* Prognóstiker *m* (6)

прогнои́ть gänzlich verfáulen lássen*; völlig verdérben*

прогну́ть dúrchbiegen* *vt*; **~ся** sich bíegen*, sich krümmen, sich dúrchbiegen*; прогну́вшись (*гимнастика*) im Wínkelstand

прогова́риваться *см.* проговори́ться

проговори́||ть 1. (*произнести*) ságen *vt*; réden *vt*; áussprechen* *vt*; ~ть сквозь зу́бы zwíschen den Zähnen hervórstoßen*; **2.** (*некоторое время*) sich (éine Zéitlang) unterhálten*; прия́тели ~ли всю ночь die Fréunde rédeten die gánze Nacht hindúrch; **~ться** (ein Gehéimnis) áusplaudern *vt*, sich verpláppern; не ~ться réinen Mund hálten*; nichts verláuten lássen*; не ~тесь никому́! kein Wort darüber!; hálten Sie Íhre Zúnge im Zaum!

проголода́ть (éine Zéitlang) húngern *vi*

проголода́ться húngrig sein [wérden], Húnger bekómmen*, Húnger háben [verspüren]

проголосова́ть ábstimmen *vi* (что-л. über *A*)

прого́н *м* **1.** *стр.* Únterzug *m* (1*), Träger *m* (6), Pfétte *f* (11), Längsbalken *m* (7); Stréckbalken *m* (*моста*); конько́вый ~ Fírstpfette *f*, Schéitelpfette *f*; **2.** (*между станциями*) fréie Strécke; **3.** *мн.* ~ы *ист.* Gebühr *f* für Póstpferde; Fáhrgeld *n* (für Póstreisen); **4.** *театр.* Dúrchlaufprobe *f* (11); **5.** (*скота*) Víehtrift *f* (10), Trift *f*

прогоня́ть *см.* прогна́ть

прогора́ть, прогоре́ть 1. (*о дровах и т. п.*) verbrénnen* *vi* (s); **2.** (*насквозь*) dúrchbrennen* *vi* (s); **3.** *разг.* (*разориться*) Bankrótt [Pléite] máchen, bankrótt [pléite] géhen*, verkráchen *vi* (s); ábgebrannt sein

прого́рк||лость *ж* Ránzigkeit *f*; **~лый** ránzig; **~нуть** ránzig [bitter] wérden; verdérben* *vi* (s) (*испортиться*)

прогости́ть (éine Zéitlang) zu Besúch [zu Gast] sein

програ́мм||а *ж* *в разн. знач.* Prográmm *n* (2); Prográmmzettel *m* (6); Prográmmheft *n* (2) (*брошюра*); Програ́мма КПСС das Prográmm der KPdSU; ~а па́ртии, партийная ~а Partéiprogramm *n*; уче́бная ~а Léhrplan *m*; Stúdi¦enplan *m*; Stúdi¦enprogramm *n*; ~а-ми́нимум Minimálprogramm *n*; ~а-ма́ксимум Maximálprogramm *n*; ~а де́йствий Aktiónsprogramm *n*; ~а теа́тров Spíelplan *m* (1*); Prográmmvorschau *f*, Spíelplanvorschau *f* (*сводная*); ~а радиопереда́ч Rúndfunkprogramm *n*, Séndefolge *f* (11); ~а телепереда́ч Férnsehprogramm *n*; ~а ра́дио и телеви́дения Fúnk- und Férnsehprogramm *n*; обяза́тельная ~а *спорт.* Pflíchtprogramm *n*; разнообра́зная ~а ein réichhaltiges Prográmm; ~а из двух отделе́ний (*о концерте*) ein zwéiteiliges Prográmm; вести́ ~у (*о конферансье*) durch das Prográmm führen; кто ведёт ~у? wer ist Conférencier [kɔ̃ferã'sie:]?; что сего́дня в ~е? was steht héute auf dem Prográmm?; объяви́ть ~у das Prográmm ánkündigen [ánsagen]; составле́ние ~ы (*выступлений*) Prográmmgestaltung *f*; по ~е, согла́сно ~е nach dem Prográmm, dem Prográmm entspréchend, prográmmgemäß, prográmmmäßig (*при переносе* programm-mäßig); сверх ~ы als Zúgabe (zum Prográmm), áußerprogrammäßig; im Béiprogramm (*в театре и т. п.*); не предусмо́тренный ~ой nicht nach dem Prográmm; prográmmwidrig; уда́чно соста́вленная ~а ein wóhlabgewogenes Prográmm; быть в ~е auf dem Prográmm stéhen*; снять с ~ы vom Prográmm ábsetzen; ◇ ~а «звёздных войн» (*программа милитаризации космоса, осуществляемая США*) Stérnenkriegsprogramm *n* -s, SDI-Programm [ɛsdi:'aɪ] *n*

программи́рован||ие *с* Programmíerung *f*; ~ие для вычисли́тельных автома́тов Prográmmfertigung *f*, Programmíerung für Réchenautomaten; ручно́е ~ие dirékte Programmíerung; автомати́ческое ~ие automátische Prográmmfertigung, Sélbstprogrammierung *f*; язы́к ~ия Programmíerungssprache *f*

программи́ров||анный programmíert; ~анное обуче́ние programmíerter Unterricht

программи́ровать programmíeren *vt*

программи́ст *м* Programmíerer *m* (6)

програ́ммн||ый Prográmm-, programmátisch; ~ая му́зыка Prográmmusik (*при переносе* Programm-musik) *f*; ~ый вопро́с Prográmmfrage *f* (11); ~ая речь Prográmmrede *f* (11); ~ые положе́ния programmátische Thésen; ~ое управле́ние *тех.* Prográmmsteuerung *f*; ~ое запомина́ющее устро́йство (*электронной счётной машины*) Prográmmspeicher *m* (6); с ~ым управле́нием prográmmgesteuert

прогре́в *м* Wármlaufen *n* -s (*двигателя*); *мор.* Wármfahren *n* -s

прогрева́ние *с* Dúrchwärmen *n* -s; Erwärmung *f*

прогрева́ть *см.* прогре́ть

прогреме́||ть dónnern *vi*, (er)dröhnen *vi*; ~л гром der Dónner róllte; сла́ва о нём ~ла на весь мир sein Ruhm erfüllte die gánze Welt; er ist ein Mann von Wéltruf

прогре́сс *м* Fórtschritt *m* (1), Progréß *m* -sses; вражде́бный ~у fórtschrittsfeindlich

прогресси́вка *ж* *разг.* progressíver [-vər] Léistungslohn *m* (1*)

прогресси́вн||ость *ж* Fórtschrittlichkeit *f*; Progressivität [-vi-] *f*; **~ый 1.** fórtschrittlich, Fórtschritts-; fórtgeschritten; progressív, Progressív-; néuzeitlich, modérn (*современный*); ~ый тип маши́н modérnste Týpen von Maschínen; ~ое челове́чество fórtschrittliche [progressíve] Ménschheit; ~ые си́лы fórtschrittliche Kräfte, die Kräfte des Fórtschritts; ~ое движе́ние éine fórtschrittliche Bewégung; **2.** (*пропорционально увеличивающийся*) progressív, fórtschreitend; ~ый нало́г Progressívsteuer *f* (11); ~ая систе́ма (*в оплате труда*) Léistungssystem *n* -s

прогресси́ровать Fórtschritte máchen; fórtschreiten* *vi* (s), sich entwíckeln

прогре́ссия *ж* *мат.* Progressión *f* (10); Záhlenreihe *f* (11), Záhlenfolge *f* (11); арифмети́ческая ~ arithmétische Réihe; геометри́ческая ~ geométrische Réihe

прогрести́ 1. (*дорожки в снегу*) dúrchgraben* *vt*; **2.** (*убрать что-л. граблями, лопатой*) fréischaufeln *vt*, wégschaufeln *vt*; **3.** (*грести вёслами*) (éine Zéitlang) rúdern *vi*

прогре́ть dúrchwärmen *vt*; erwärmen *vt*, dúrchheizen *vt*

прогрохота́ть rásseln *vi*, róllen *vi*, dónnern *vi*; vorbéirasseln *vi* (s), vorüberrasseln *vi* (s) (*мимо*)

прогрыза́ть, прогры́зть dúrchnagen *vt*, dúrchbeißen* *vt*; zernágen *vt*

прогуде́ть ertönen *vi* (s); (vorbéi-)súrren *vi* (*о самолёте*); héulen *vi* (*о сирене и т. п.*)

прогу́л *м* (mútwilliges) Árbeitsversäumnis *n* (3*), Díenstversäumnis *n*; Schwänzen *n* -s (*уроков*); Bümmeln *n* -s, Árbeitsbummelei *f* (*разг.*); Áusbleiben *n* -s, Níchterscheinen *n* -s (*неявка*); вы́нужденный ~ únverschuldeter Árbeitsausfall

прогу́ливать 1. *см.* прогуля́ть; **2.** (*лошадь, собаку*) spazíerenführen; im Schritt géhen lássen*; **~ся** *см.* прогуля́ться

прогу́л||ка *ж* Spazíergang *m* (1*); Spazíerfahrt *f* (10) (*в автомобиле и т. п.*); у́тренняя ~ка Mórgenspaziergang *m*; ~ка верхо́м Áusritt *m* (1), Spazíerritt *m*; за́городная ~ка ein Áusflug ins Grüne [Fréie]; да́льняя ~ка ein áusgedehnter Spazíergang; ~ка по го́роду ein (kléiner) Stádtbummel (*разг.*); соверши́ть ~ку éinen Spaziérgang máchen; мéсто для ~ок Promenáde *f* (11), Spaziérweg *m* (1)

прогу́ль||ный *разг.* verbúmmelt, geschwänzt; versäumt; **~щик** *м* Bummelánt *m* (8), Árbeitsschwänzer *m* (6); Schúlschwänzer *m* (6) (*о школьнике*); зло́стный ~щик böswilliger [únbelehrbarer] Árbeitsbummelant

прогуля́||ть 1. (*в течение какого-л. времени*) (éine Zéitlang) spaziérengehen* *vi* (s); **2.** *разг.* (*пропустить что-л. гуляя*) verbúmmeln *vt*; etw. versäumen; я ~л обéд ich hábe das Míttagessen verbúmmelt; **3.** (*не работать*) die Árbeit versäumen, (mútwillig) der Árbeit férnbleiben*, únentschuldigt vom Dienst férnbleiben*, verbúmmeln *vt*, búmmeln *vi*; bláumachen *отд. vi* (*разг.*); ~ть уро́к die Stúnde schwänzen

прогуля́ться spaziérengehen* *vi* (s), éinen Spaziérgang máchen

продава́ть *см.* прода́ть; **~ся 1.** *см.* прода́ться; **2.** *страд.* zu verkáufen sein; verkáuft wérden; дёшево ~ся bíllig [préiswert] zu káufen sein; продаётся (*в объявлениях*) zu verkáufen

продаве́ц *м* Verkäufer *m* (6); Händler *m* (6) (*торговец*); квалифици́рованный ~ Fáchverkäufer *m*

продави́ть éindrücken *vt*, zerdrücken *vt*; dúrchdrücken *vt*

прода́вливать *см.* продави́ть

продавщи́ца *ж* Verkäuferin *f* (12); Händlerin *f* (12) (*торговка*)

прода́ж||а *ж* Verkáuf *m* (1*); Féilbietung *f* (*предложение товара*); Hándel *m* -s (*торговля*); Ábsatz *m* -es, Vertríeb *m* -(e)s (*сбыт*); оптóвая ~а Engroshandel [aŋ'gro:-] *m*, Gróßhandel *m*; ~а в ро́зницу Detailhandel [-'taɐ-] *m*, Kléinhandel *m*; ~а óптом и в ро́зницу Gróß- und Éinzelverkauf *m*; ~а товáров с принуди́тельным ассортимéнтом; ~а с нагру́зкой *разг.* Kópplungsgeschäft *n* (2); Kópplungsverkauf *m*; шту́чная ~а Stückverkauf *m*; ручна́я ~а Hándverkauf *m*; ~а с молоткá öffentliche Verstéigerung; ~а с аукцио́на Verstéigerung *f* (10); Auktión *f* (10), Verkáuf an den Méistbietenden; ~а билéтов (*театральных и т. п.*) Kártenverkauf *m*; предвари́тельная ~а Vórverkauf *m*; ~а по кáрточкам, нормиро́ванная ~а rationíerter Verkáuf, Verkáuf [Zúteilung] auf Márken; Márkenverkauf *m*; ~а в рассро́чку Téilzahlungsverkauf *m*; Téilzahlungskauf *m*; ~а за нали́чный расчёт Bárverkauf *m*, Kássaverkauf *m*; ~а чéрез торго́вые автома́ты Automátenverkauf *m*; пусти́ть [выпускáть] в ~у zum Verkáuf bríngen* [ánbieten*], auf den Markt bríngen* [wérfen*]; féilbieten* *отд. vt*, féilhalten* *отд. vt*; поступи́ть в ~у zum Verkáuf gelángen, auf dem Markt erschéinen*; имéться [быть] в ~е zu háben sein; käuflich sein; снять с ~и aus dem Verkáuf zíehen*

прода́жн||ость *ж* Käuflichkeit *f*, Bestéchlichkeit *f* (*взяточничество*); **~ый 1.** (*о цене*) Verkáufs-; **2.** (*для продажи*) zum Verkáuf bestímmt, verkäuflich, erhältlich; **3.** (*подкупный*) käuflich, bestéchlich; ◇ ~ая шку́ра, ~ая душá käufliches Subjékt

прода́лбливать *см.* продолби́ть

прода́ть 1. verkáufen *vt*; veräußern *vt*; vertréiben* *vt*, ábsetzen *vt* (*сбыть*); áusgeben* *vt* (*проездные билеты в кассе*); ~ óптом im gróßen verkáufen, en gros [ã'gro:] verkáufen; über den Gróßhandel ábsetzen; ~ в ро́зницу im kléinen verkáufen, en détail [ã de'tai] verkáufen; über den Éinzelhandel ábsetzen; ~ с аукцио́на verstéigern *vt*; únter den Hámmer bríngen*; ~ в креди́т auf Kredít verkáufen; ~ на чёрном ры́нке schwarz verkáufen *vt*; ~ за бесцéнок verschléudern *vt*, zu éinem Spóttpreis verkáufen; все биле́ты про́даны (*в театре*) das Haus ist áusverkauft; **2.** (*предать*) verráten* *vt*; **~ся** (*совершить предательство*) sich verkáufen; ~ся комý-л. sich an j-n verkáufen; ~ся врагý zum Féind übergehen* [überlaufen*]

продвига́ть *см.* продви́нуть; **~ся 1.** *см.* продви́нуться; **2.** *страд.* vórgerückt wérden, vórgeschoben wérden (*ср.* продви́нуть)

продвижéние *с* **1.** Vórrücken *n* -s, Vórdringen *n* -s, Vórschieben *n* -s; Vórwärtsbewegung *f*, Fórtschreiten *n* -s, Vοránschreiten *n* (*прогресс*); **2.** (*кадров, людей*) Áufstieg *m* -e(s); Befórderung *f*; Áufrücken *n* -s; ~ кáдров Káderentwicklung *f*, Káderförderung *f*; ~ по слýжбе Entwícklung [Áufrücken] im Dienst [in der Dienststelle]

продви́нуть 1 schíeben* *vt*; vórrücken *vt*, vórschieben* *vt* (*вперёд*); ánschieben* *vt* (*к чему-л.*); dúrchschieben* *vt* (*через что-л.*); dazwíschenrücken *vt* (*между чем-л.*); **2.** (*направить*) heránbringen* *vt*; **3** *разг.* (*ускорить, подтолкнуть*) beschléunigen *vt*; fördern *vt*; vοránbringen* *vt*; **4.** (*по службе и т. п.*) befördern *vt*; áufrücken lássen*; avancieren [avã'si:rən] lássen*; **~ся 1.** vórrücken *vi* (s), vórgehen* *vi* (s), vórwärtskommen* *vi* (s); с боя́ми ~ся вперёд kämpfend vórrücken; **2.** (*по службе и т. п.*) áufrücken *vi* (s); sich wéiterentwickeln; avancieren [avã'si:rən] *vi*

продева́ть *см.* проде́ть

продежу́рить (éine Zeitlang) Dienst háben; wáchen *vi* (*у постели больного*)

продезинфици́ровать desinfizíeren *vt*

продеклами́ровать vórtragen* *vt*, deklamíeren *vt*

проде́лать 1. (*выполнить*) máchen *vt*, léisten *vt*; dúrchführen *vt*; vollénden *vt* (*завершить*); ~ большýю рабóту éine gróße Árbeit léisten; **2.** (*отверстие и т. п.*) dúrchstoßen* *vt*, dúrchbrechen* *vt*; **3.:** ~ фóкус ein Kúnststück zéigen [máchen]; ~ шýтку с кем-л. *разг.* j-m éinen Schábernack spíelen; j-m éinen Streich spíelen

проде́лк||а *ж разг.* (böser) Streich *m* (1); Kniff *m* (1); мошéнническая ~а Schélmenstück *n* (2); Gáunerstreich *m*; положи́ть конéц чьим-л. ~ам j-m das Hándwerk légen; глýпая ~а Schíldbürgerstreich *m*

проде́лывать *см.* проде́лать

продемонстри́ровать (vór)demonstríeren *vt*; zéigen *vt*, vor Áugen führen

продёргивать 1. *см.* продёрнуть; **2.** *с.-х.* (áus)jäten *vt*

продержа́ть (éine Zéitlang) hálten* *vt*; áufhalten* *vt*; nicht fórtlassen*, bei sich (*D*) behálten*; **~ся** sich (éine Zéitlang) hálten* [beháupten]; sich (éine Zéitlang) fésthalten*; dúrchhalten* *vi*, áushalten* *vi*

продёрнуть 1. (*нитку и т. п.*) dúrchziehen* *vt*, éinfädeln *vt*; **2.** *разг.* (*в газете*) kritisíeren *vt*, herúntermachen *vt*

проде́ть dúrchstecken *vt*, dúrchziehen* *vt*; éinfädeln *vt* (*нитку*); ~ ни́тку в игóлку éine Nádel éinfädeln

продефили́ровать vorbéidefilieren *vi* (s), vorbéimarschieren *vi* (s)

продешеви́ть zu bíllig verkáufen

продиктова́ть 1. diktíeren *vt* (*письмо, статью*); **2.** (*навязать*) áuferlegen *vt*, áufzwingen* *vt* **3.** (*обусловить*) éingeben* *vt*, éinflößen *vt*

продира́ть(ся) *см.* продра́ть(ся)

продле́н||ие *с* Verlängerung *f* (10); **~ие** срóка Fristverlängerung *f*, Términverlängerung *f*, Náchfrist *f* (10), Áufschub *m* (1*); die Verlängerung der Géltungsdauer (*закона и т. п.*); ~ие óтпуска Náchurlaub *m* (1); ~ие вéкселя Prolongatión éines Wéchsels; отмéтка о ~ии (*срока документа*) Verlängerungsvermerk *m* (1)

продлёнка *ж разг.* Hórtklasse *f* (11), Hórtgruppe *f* (11)

продлённ||ый: ~ый день Gánztagserziehung *f*; грýппа ~ого дня Hórtklasse *f* (11), Hórtgruppe *f* (11)

продли́ть verlängern *vt*; prolongíeren *vt*; in die Länge zíehen*, hináuszögern *vt* (*затянуть*); ~ срок den Termín verlängern [hináusschieben*]; Náchfrist gewähren; ~ вéксель *эк.* éinen Wéchsel prolongíeren; **~ся** dáuern *vi*; währen *vi*; ánhalten* *vi*; sich hínziehen*; sich in die Länge zíehen* (*затянуться*)

продма́г *м* (продовóльственный магази́н) Lébensmittelgeschäft *n* (2)

продналóг *м* (продовóльственный налóг) *ист.* Naturálsteuer *f* (11)

продовóльств||енный Proviant- [-'viant], Lébensmittel-; Verpflégungs-; ~енный вопрóс Ernährungsproblem *n* -s; ~енный магази́н Lébensmittelgeschäft *n* (2); ~енный склад Lébensmittellager *n* (6), Lébensmittelniederlage *f* (11), Proviántdepot *n* -s, -s; ~енные товáры Lébensmittel *pl*; **~ие** *с* **1.** (*съестные припасы*) Lébensmittel *pl*, Náhrungsmittel *pl*, Proviant [-'viant] *m* (1); **2.** (*действие*) Verpflégung *f*, Versórgung *f*; ~ие войск die Verpflégung der Trúppen

продолби́ть durchlöchern *vt*, áusstemmen *vt*

продолговáт||ость *ж* Länglichkeit *f*, längliche Form; **~ый** länglich

продолжа́тель *м* Fórtsetzer *m* (6), Fórtführer *m* (6); Náchfolger *m* (6) (*последователь*)

продолжа́||ть 1. *см.* продóлжить; **2.** (*делать дальше, не прерывая*) fórtfahren* *vi*; fórtsetzen *vt*, wéiterführen *vt*; он ~л говори́ть er fuhr in der Réde fort; он ~ет рабóтать er árbeitet wéiter; ~ть борьбý den Kampf wéiterführen; ~й! fáhre fort!, weiter (im Text)!; **~ться 1.** dáuern *vi*, fórtdauern *vi*; ándauern *vi*, ánhalten* *vi*, währen *vi*; sich hínziehen*, vor sich géhen*; séinen Fórtgang néhmen*; это ~лось четы́ре недéли das dáuerte vier Wóchen; забастóвка ~ется der Streik dáuert an; **2.** *страд.* fórtgesetzt [fórtgeführt] wérden

продолжéние *с* Fórtsetzung *f* (10), Fórtführung *f*; Fórtdauer *f* (*во времени*); Wéiterführung *f* (*курса обучения и т. п.*); ~ слéдует Fórtsetzung folgt; wird fórtgesetzt; ◇ в ~ *см.* в продолжéние

продолжи́тельн||ость *ж* Dáuer *f*; Fórtdauer *f*; Zéitdauer *f*; Ánhalten *n* -s (*мороза и т. п.*); срéдняя ~ость жи́зни dúrchschnittliche Lébenserwartung, míttlere Lébensdauer; **~ый** lang, (án)dáuernd, ánhaltend; lángwierig (*о болезни*); на ~ое врéмя auf längere Zeit, auf die Dáuer; ~ые аплодисмéнты ánhaltender [nicht énden wóllender] Béifall; ~ые морóзы ánhaltender Frost; ~ое отсýтствие lánge Ábwesenheit

продóлжить verlängern *vt*; спи́сок

мо́жно ~ die Líste ist ergänzungsfähig; ~**ся** *см.* продолжа́ться 1

продо́льн||ый längsläufig, Längs-, der Länge nach; ~ый разре́з Längsschnitt *m* (1); ~ая сторона́ Längsseite *f* (11); ~ая пила́ Längensäge *f* (11); ~ый обстре́л *воен.* Lángbestreichung *f*, Längsbeschuß *m* -sses, -schüsse

продразвёрстка *ж ист.* (продово́льственная развёрстка) Getréideablieferungspflicht *f*

продра́ть *разг.* dúrchreißen* *vt*, zerréißen* *vt*; ~ ло́кти die Éllbogen dúrchscheuern; ◇ ~ глаза́ áufwachen *vi* (s), sich (*D*) den Schlaf aus den Áugen réiben*; ~**ся** *разг.* **1.** (*разорва́ться*) zerréißen* *vi* (s), dúrchreißen* *vi* (s), sich dúrchscheuern; **2.** (*пробра́ться сквозь что-л.*) sich dúrchdrängen; sich (*D*) éinen Weg báhnen

продрема́ть éine Zéitlang im Hálbschlaf verbríngen*, schlúmmern *vi*

продро́гнуть durchfróren sein, ganz erfróren sein; vor Kälte zíttern [schlóttern] (*дрожа́ть от хо́лода*)

продува́ние *с тех.* Áusblasen *n* -s, Dúrchblasen *n*

продува́ть 1. *см.* проду́ть; **2.** (*о ве́тре*) wéhen *vi*; ~**ся 1.** *разг. см.* проду́ться; **2.** *страд.* áusgeblasen [dúrchgeblasen] wérden

продува́ть ...

продувка *ж тех.* Dúrchblasen *n* -s, Áusblasen *n*; Ábsalzen *n* -s, Ábschlammen *n* -s (*паровы́х котло́в*); Spülen *n* -s, Spülung *f* (*двигателе́й*)

продувн||о́й I *разг.* (*плутова́тый*) durchtríeben, geríssen, geríeben; ~ая бе́стия mit állen Wássern gewáschener Mensch

продувн||о́й II, **проду́вочный** *тех.* Dúrchblase-, Áusblase-; Spül-; ~а́я тру́бка Áusblaserohr *n* (2), Áusströmrohr *n*; ~о́й кла́пан Áusblaseventil [-vɛn-] *n* (2); ~о́й насо́с Spülgebläse *n* (6), Spülpumpe *f* (11)

проду́кт *м* **1.** Prodúkt *n* (2), Erzéugnis *n* (3*); ~ вы́сшего ка́чества Spítzenerzeugnis *n*; побо́чный ~ Nébenprodukt *n*, Nébenerzeugnis *n*; Náchprodukt *n*; Ábfallprodukt *n*; ~ сгора́ния Verbrénnungsrückstand *m* (1*); ~ перего́нки *хим.* Destillatiónsprodukt *n*; обще́ственный ~ *эк.* gesellschaftliches Prodúkt; Soziálprodukt *n*; совоку́пный обще́ственный ~ das gesellschaftliche Gesámtprodukt; **2.** *мн.* ~ы (*съестны́е*) Náhrungsmittel *pl*, Éßwaren *pl*, Lébensmittel *pl*; мясны́е ~ы Fléischwaren *pl*; моло́чные ~ы Molkeréierzeugnisse *pl*; Molkeréiprodukte *pl*; сверхпла́новые ~ы fréie Spítzen (*ист.— ГДР*); скоропо́ртящиеся ~ы léichtverderbliche Lébensmittel (*pl*); нескоропо́ртящиеся ~ы lágerfähige Lébensmittel (*pl*); Dáuerwaren *pl*

продукти́вн||ость *ж* Produktivität [-vi-] *f*, Léistungsfähigkeit *f*, Léistungsvermögen *n* -s; Ergíebigkeit *f*; *перен.* Frúchtbarkeit *f*; ~ость животново́дства Léistung der Víehwirtschaft, Tíerzuchtleistung *f* (10); ~**ый** produktív, léistungsfähig; *перен.* frúchtbar

продукто́вый Lébensmittel-; ~ магази́н Lébensmittelgeschäft *n*, Lébensmittelverkaufsstelle *f* (11)

продуктообме́н *м эк.* Prodúktenaustausch *m* -es

проду́кц||ия *ж* Produktión *f*, Erzéugung *f*; това́рная ~ия Márktproduktion *f*, Wárenproduktion *f*; валова́я ~ия Brúttoerzeugung *f*, Brúttoproduktion *f*, Róhertrag *m* (1*); гото́вая ~ия Fértigerzeugnisse *pl*; Fértigwaren *pl*; промы́шленная ~ия Industríegüter *pl*; Industríeerzeugnisse *pl*; сверхпла́новая ~ия Überplanproduktion *f*; вы́пуск ~ии Produktiónsausstoß *m* -es; рост ~ии Produktiónszuwachs *m* -es

проду́манн||ый durchdácht; ~ый план ein durchdáchter Plan; хорошо́ ~ый wóhldurchdacht, wóhlüberlegt; ~ая формулиро́вка éine áusgewogene Formulíerung

проду́ма||ть 1. (*обду́мать*) durchdénken* *vt*; gründlich náchdenken* (что-либо über *A*); (réiflich) überlégen *vt*; ~ть ещё раз sich noch éinmal durch den Kopf géhen lássen*; **2.** (*не́которое вре́мя*) dénken* *vi*; всю ночь я ~л die gánze Nacht hindúrch hábe ich hin und her überlégt

проду́мывать *см.* проду́мать 1

проду́||ть 1. áusblasen* *vt*, dúrchblasen* *vt*; durch Blásen réinigen; dúrchpusten *vt* (*разг.*) **2.** *тех.* ábschlammen *vt* (*парово́й котёл*); spülen *vt* (*двигатель*); **3.** *безл.*: меня́ ~ло ich hábe Zug bekómmen; ich hábe mich durch Zúgluft erkältet; **4.** *разг.* (*проигра́ть*) verspíelen *vt*, dúrchbringen* *vt*, verlíeren* *vt*; ~**ться** *разг.* (*проигра́ться*) verspíelen *vi*; ~ться в ка́рты (sein Geld) im Kártenspiel verlíeren*

продыми́ть verräuchern *vt*

продыря́вить durchlöchern *vt*, zerlöchern *vt*; ~**ся** zerréißen* *vi* (s), vóll(er) Löcher sein; Löcher bekómmen*

продю́сер *м кино* Produzént *m* (8), Spíelfilmhersteller *m* (6)

проеда́ть *см.* прое́сть

прое́зд *м* **1.** (*де́йствие*) Dúrchfahrt *f*, Dúrchreise *f*; беспла́тный ~ Fréifahrt *f*; обра́тный ~ Rückfahrt *f*; пра́во преиму́щественного ~а *авто* Vórfahrtsrecht *n* -(e)s; у́лица со сквозны́м ~ом Dúrchgangsstraße *f* (11); ~а нет! Dúrchfahrt verbóten!, Dúrchfahrt gespérrt!; kéine Dúrchfahrt!; ~ туда́ и обра́тно Hínund Rückfahrt *f*; де́ньги за ~ Réisegeld *n* -(e)s, Fáhrgeld *n*, сто́имость ~а Fáhrpreis *m* (1); **2.** (*ме́сто*) Dúrchfahrt *f* (10); Nébenstraße *f* (11), Nébengasse *f* (11) (die parallele Stráßen verbíndet); у́зкий ~ éine énge Dúrchfahrt

прое́здить 1. (*не́которое вре́мя*) (éine Zéitlang) fáhren* [réisen]; ~ пять дней fünf Táge unterwégs sein; fünf Táge lang fáhren*; **2.** *разг.* (*истра́тить*) (Geld) verfáhren* *vt*; ~**ся** *разг.* (*истра́титься на пое́здку*) all sein Geld verfáhren* [für Réisen áusgeben*], séinen létzten Pfénnig auf der Réise áusgeben*

проездн||о́й *прил.* **1.** Fahr-, Réise-; ~о́й биле́т 1) Fáhrkarte *f* (11); 2) (*абонеме́нт на городско́м тра́нспорте*) Zéitkarte *f*; ~ы́е де́ньги Fáhrgeld *n* -(e)s, Réisekosten *pl*; **2.** *в знач. сущ.* Zéitkarte *f* (11)

прое́здом *нареч.* auf der Dúrchreise, im Vorbéifahren

проезжа́ть *см.* прое́хать

прое́зж||ий *прил.* **1.** befáhrbar; Fahr-; ~ая доро́га Fáhrweg *m* (1), Fáhrstraße *f* (11); ~ая часть у́лицы Fáhrbahn *f* (10); Fáhrdamm *m* (1*); **2.** *в знач. сущ. м* Dúrchreisende *m* (14)

прое́кт *м* Projékt *n* (2), Entwúrf *m* (1*); Vórlage *f* (11); Vóranschlag *m* (1*) (*сме́та*); предвари́тельный ~ Vórprojekt *n*; типово́й ~ Týpenprojekt *n*, Týpenentwurf *m*; техни́ческий ~ Grúndprojekt *n*; ~ сооруже́ния Báuentwurf *m*; Báuvorhaben *n* (7); ~ реше́ния Beschlúßvorlage *f*; ~ конститу́ции Verfássungsentwurf *m*; ~ резолю́ции Resolutiónsentwurf *m*; ~ програ́ммы Prográmmentwurf *m*; вы́двинуть ~ éinen Entwúrf éinbringen*; соста́вить ~ ein Projékt ánfertigen; ко́нкурсный ~ Wéttbewerbsentwurf *m*; дипло́мный ~ Diplómarbeit *f* (10)

проекта́нт *м* Projektánt *m* (8)

проекти́вн||ый Projektións-; ~ая геоме́трия projektíve [-və] Geometríe, Geometríe der Láge

проекти́рование I *с* Projektíerung *f*, Entwérfen *n* -s; типово́е ~ Týpenprojektierung *f*; ~ городо́в Städteprojektierung *f*

проекти́рование II *с мат.*, *кино* Projektión *f*, Projizíerung *f*

проекти́ровать I **1.** (*составля́ть прое́кт*) entwérfen* *vt*, projektíeren *vt*, ein Projékt ánfertigen; **2.** (*предполага́ть*) plänen *vt*, Pläne máchen, vórhaben* *vt*, beábsichtigen *vt*

проекти́ровать II *мат.*, *кино* projizíeren *vt*, auf dem Bíldschirm dárstellen

проектиро́в||ка *ж см.* проекти́рование I; ~**щик** *м* Projektánt *m* (8); Entwúrfsingenieur [-ɪnʒə,niø:r] *m* (1)

прое́ктно-сме́тн||ый Entwúrfs- und Kósten-; ~ые докуме́нты Entwúrfs- und Kóstenunterlagen *pl*

прое́ктн||ый Entwícklungs-, Projektíerungs-, Projékt-, Entwúrfs-, Plan-; projektíert; ~ое бюро́ Entwícklungsbüro *n* -s, -s, Entwícklungsstelle *f* (11); Projektíerungsbüro *n*, Entwúrfsbüro *n*; ~ое реше́ние Entwúrfsvorschlag *m* (1*); ~ая мо́щность projektíerte Kapazität; ~ый показа́тель die projektíerte Kénnziffer; ~ое зада́ние Projektíerungsauftrag *m* (1*), Vórprojekt *n* (2)

прое́ктор *м* Projéktor *m* -s, -tóren

проекцио́нн||ый Projektións-; ~ый аппара́т Projektiónsapparat *m* (1), Projéktor *m* -s, -tóren; Bíldwerfer *m* (6) (*для диапозити́вов*); Epidiaskóp *n* (2) (*для диапозити́вов и непрозра́чных изображе́ний*); ~ая бу́дка *кино* Vórführkabine *f* (11)

прое́кция *ж мат.*, *кино* Projektión *f* (10), Ábbildung *f* (10); горизонта́льная ~ Grúndriß *m* -sses, -sse, horizontále Projektión; вертика́льная ~ Áufriß *m*, vertikále Projektión

проём *м стр.* Áussparung *f* (10), Öffnung *f* (10); дверно́й ~ Türöffnung *f*; око́нный ~ Fénsteröffnung *f*

прое́сть 1. (*насквозь*) zerfréssen* *vt*, zernágen *vt*; dúrchnagen *vt* (*прогры́зть*); **2.** (*кисло́той и т. п.*) zerfréssen* *vt*, zersétzen *vt*; dúrchbeizen *vt*, ätzen *vt*; ржа́вчина прое́ла кры́шу das Dach ist von Rost zerfréssen; **3.** *разг.* (*истра́тить*) für das Éssen áusgeben* [verwénden*]; verzéhren *vt*

прое́хать fáhren* *vi* (s) (durch *A*); vorbéifahren* *vi* (s), vorüberfahren* *vi* (s) (ми́мо кого́-л., ми́мо чего́-л. an *D*); ~ у́лицу durch éine Stráße fáhren*; ~ пятьдеся́т киломе́тров fünfzig Kilométer zurücklegen; ~ остано́вку an der Háltestelle vorüberfahren*, die Háltestelle verpássen; ~**ся** spazíerenfahren* *отд. vi* (s); ◇ ~ся на че́й-л. счёт *разг.* über j-n wítzeln; j-n verspótten; j-n zur Zíelscheibe séines Wítzes máchen

проеци́ровать *кино* projizíeren *vt*

прожа́рить dúrchbraten* *vt*; ~**ся** dúrchgebraten sein

прожда́ть (éine Zéitlang) wárten *vi* (кого́-л., чего́-л. auf *A*)

прожева́ть, прожёвывать gut káuen, zerkáuen *vt*

прожектёр *м* Projéktmacher *m* (6), Plänemacher *m*, Pläneschmied *m* (1); Phantást *m* (8); ~**ство** *с* Projéktmacherei *f*, Pläneschmieden *n* -s; Phantasteréi *f*

проже́ктор *м* Schéinwerfer *m* (6); Stráhler *m* (6); сцени́ческий ~ Bühnenscheinwerfer *m*; электро́нный ~ Stráhlwerfer *m*, Elektrónenkanone *f* (11); ~**ный** Schéinwerfer-

проже́чь verbrénnen* *vt*, dúrchbrennen* *vt*; ein Loch éinbrennen* (*что-л.* in *A*)

прожжённый *разг.* (*отъявленный*) durchtríeben, ábgefeimt, hártgesotten; ábgebrüht, mit állen Wássern gewáschen

прожива́ние *с* Wóhnen *n* -s; совме́стное ~ Wóhngemeinschaft *f*

прожива́ть 1. *см.* прожи́ть 3; **2.** (*жить, пребывать*) lében *vi*, sich áufhalten*, wóhnen *vi*; прожива́ющий в Москве́ wóhnhaft in Móskau

прожига́тель: ~ жи́зни Prásser *m* (6), Lébemann *m* (4)

прожига́ть *см.* проже́чь; ◇ ~ жизнь in Saus und Braus lében, ein lóckeres Lében führen; prássen *vi*, sein Lében verprássen (*кутить*)

прожи́лка *ж* **1.** Áder *f* (11); Äderchen *n* (7); нос в си́них ~х bláugeäderte Náse; **2.** Áder *f* (11) (*в камне*); Nerv *m* (13) (*на листе*); Fláder *f* (11), Fláser *f* (11), Máser *f* (11) (*в древесине*); в ~х gemásert; fláserig

прожи́лок *м горн.* kléiner Gang, Trum *m* (1)

прожи́тие *с* Lében *n* -s (*жизнь*); Únterhalt *m* -(e)s (*содержание*); Existénz *f* (*существование*); на ~ zum Lébensunterhalt

прожи́точный zum Lében nótwendig; Existénz-; ~ ми́нимум Existénzminimum *n* -s, -ma

прожи́ть 1. (*некоторое время*) (éine Zéitlang írgendwo) lében [sich áufhalten*, wóhnen]; ~ год на ю́ге ein Jahr im Süden verbríngen*; **2.** (*просуществовать*) lében *vi*; он недо́лго проживёт er macht es nicht mehr lánge; ему́ не ~ и но́чи er wird die Nacht nicht überlében; **3.** (*истратить*) verlében *vt*, áusgeben* *vt*; прожива́ть сто рубле́й в ме́сяц húndert Rúbel mónatlich verlében; ~**ся** *разг.* sein Geld verpúlvern [vertún*, verprássen, verwírtschaften]

прожо́рлив||ость *ж* Gefräßigkeit *f*, Verfréssenheit *f*; ~**ый** gefräßig

прожужжа́ть súmmen *vi*; vorbéisummen *vi* (s) (an *D*) (*мимо*); ◇ ~ кому́-л. у́ши *разг.* j-m (mit etw. *D*) in den Óhren líegen*, j-m die Óhren voll réden [blásen*]

про́за *ж* Prósa *f*; úngebundene Réde; Prósaschriften *pl* (*собир.— о произведениях одного писателя*); худо́жественная ~ künstlerische Prósa; делова́я ~ Sáchprosa *f*, zwéckbestimmte Prósa; ~ жи́зни der Álltag [das Grau] des Lébens

проза́изм *м* prosáische [alltägliche] Rédewendung

проза́ик *м лит.* Prosáiker *m* (6), Prosaíst *m* (8), Prósaschriftsteller *m* (6)

проза́ич||еский 1. *лит.* Prósa, Prósa-; ~еское произведе́ние Prósawerk *n* (2); **2.** *перен.* prosáisch, alltäglich; nüchtern, trócken; ~еский челове́к Prosáiker *m* (6), tróckener Álltagsmensch; ~**ность** *ж* Alltäglichkeit *f*; Nüchternheit *f*; ~**ный** prosáisch, alltäglich; nüchtern

проза́кладывать: го́лову ~ *разг.* mit séinem Kopf für etw. (*A*) bürgen

прозанима́ться (éine bestímmte Zeit hindúrch mit etw. *D*) beschäftigt sein

проза́падный prowéstlich

прозаседа́вш||ийся: ~иеся *мн. ирон.* die auf Sítzungen Verséssenen (*nach dem gleichnamigen Gedicht von W. Majakowski*)

прозва́н||ие *с* Béiname *m* (15), Zúname *m*; дать ~ие éinen Béinamen gében*, benénnen* *vt*; по ~ию mit dem Béinamen; genánnt

прозва́ть (be)nénnen* *vt*; éinen Spítznamen gében*, éinen Námen ánhängen (*кого́-л. D*)

прозвене́ть erklíngen* *vi*, ertönen *vi*; klírren *vi* (*дребезжать*)

про́звище *с* Béiname *m* (15); Néckname *m*; Spítzname *m* (*шутливое*); дать ~ éinen Spítznamen [Béinamen] gében* [ánhängen]; mit éinem Spítznamen belégen

прозвони́ть (éine Zéitlang) läuten *vi*, klíngeln *vi*; áusläuten *vi*; ~ к обе́ду zum Míttag läuten

прозвуча́||ть erschállen* *vi* (s), erklíngen* *vi* (s), ertönen *vi* (s); ~ли голоса́ Stímmen wúrden laut

прозева́ть *разг.* **1.** (*проскучать*) (éine Zéitlang) gähnen *vi*; **2.** (*пропустить*) verpássen *vt*; versäumen *vt*; ~ по́езд den Zug verpássen [versäumen]; ~ удо́бный моме́нт den günstigen Áugenblick verpássen; ~ своё сча́стье sein Glück verträumen

прозе́ктор *м мед.* Proséktor *m* -s, -tóren; Léiter des Sezíersaals; ~**ская** *сущ. ж мед.* Sezíersaal *m* -(e)s, -säle

прозели́т *м* Proselýt *m* (8)

прозимова́ть überwíntern *vi*

прозоде́жда *ж* (произво́дственная оде́жда) Berúfskleidung *f* (10), Árbeitsanzug *m* (1*); Árbeits(schutz)kleidung *f*; Árbeitskluft *f* (*разг.*)

прозорли́в||ость *ж* Schárfblick *m* -(e)s, Schárfsichtigkeit *f*, Wéitsicht *f*, Wéitblick *m*; Schárfsinn *m* -(e)s (*проницательность*); ~**ый** schárfsichtig, wéitsichtig; wéitschauend, mit schárfem Blick; dúrchdringend; schárfsinnig (*проницательный*); ~**ый** ум ein dúrchdringender Geist

прозра́чн||ость *ж* **1.** Dúrchsichtigkeit *f*; Transparénz *f*; **2.** *перен.* Klárheit *f*; Éindeutigkeit *f* (*недвусмысленность*); ~**ый 1.** dúrchsichtig; transparént; **2.** *перен.* klar; éindeutig (*недвусмысленный*); ~о намекну́ть éine dúrchsichtige Ánspielung máchen; éinen Wink mit dem Záunpfahl gében* (*шутл.*)

прозрева́ть *см.* прозре́ть

прозре́ние *с* Éinsicht *f*

прозре́||ть 1. das Áugenlicht wíeder erlángen; séhend wérden; **2.** (*разгадать, понять*) ánfangen* zu begréifen; я ~л mir ging ein Licht auf; es fiel mir wie Schúppen von den Áugen

прозяб||а́ние *с* Vegetíeren [ve-] *n* -s; ~**а́ть** (dahín)vegetíeren [ve-] *vi*

прозя́бнуть dúrchfrieren* *vi* (s), stark fríeren* *vi* (s)

проигра́вший *сущ. м* Verlíerer *m* (6)

проигра́ть 1. (*сыграть, исполнить*) spíelen *vt*, vórspielen *vt*; ábspielen *vt* (*пластинку, магнитофонную запись*); **2.** (*потерять, потерпеть неудачу*) verspíelen *vt*, verlíeren* *vt*; den kürz(e)ren zíehen* (*разг.*); den Schwárzen Péter in der Hand behálten* (*в картах — остаться в дураках*); ~ суде́бный проце́сс den Prozéß verlíeren*; ~ войну́ den Krieg verlíeren*; ◇ ~ в чьём-л. мне́нии in j-s Méinung sínken*; ~**ся** álles verspíelen, den létzten Héller verspíelen

прои́грыватель *м* Pláttenspieler *m* (6); Plättenwechsler *m* (6) (*с автоматической сменой пластинок*)

про́игрыш *м* Verlúst *m* (1); Spíelverlust *m*; оста́ться в ~е verspíelt [verlóren] háben; чёрные стоя́т на ~е *шахм.* die Schwárzen sind am Verlíeren; ~**ный** úngünstig, verlústbringend

произведе́н||ие *с* **1.** Werk *n* (2); Erzéugnis *n* (3*), Prodúkt *n* (2) (*продукт*); ~ие рук челове́ка ein Werk von Ménschenhand; ~ие иску́сства Kúnstwerk *n*; литерату́рное ~ие ein literárisches Werk; и́збранные ~ия áusgewählte Wérke; по́здние ~ия Гёте die Álterswerke [das Spätwerk, das späte Scháffen] von Goethe; ра́нние ~ия Пу́шкина die Frühwerke [das frühe Scháffen] von Púschkin; печа́тное ~ие Drúcksache *f* (11); Drúckerzeugnis *n*, Drúckschrift *f* (10); **2.** *мат.* Prodúkt *n* (2)

произвести́ 1. (*выполнить, сделать*) áusführen *vt*, dúrchführen *vt*; vórnehmen* *vt*; léisten *vt*; ~ рабо́ту éine Árbeit áusführen, éine Árbeit léisten; ~ платежи́ Záhlungen léisten [áusführen]; ~ расчёт ábrechnen *vi*; ~ о́пыт éinen Versúch ánstellen [máchen]; ~ съёмку *кино* éinen Film dréhen; ~ наблюде́ния Beóbachtungen ánstellen; ~ поса́дку lánden *vi*; ~ вы́стрел éinen Schuß ábgeben*; ~ ремо́нт reparíeren *vt*; **2.** (*вызвать, породить*) hervórrufen* *vt*, erzéugen *vt*; ~ впечатле́ние Éindruck máchen; ~ шум Lärm máchen; ~ замеша́тельство Verwírrung hervórrufen*; ~ на свет in die Welt sétzen, zur Welt bríngen*; ~ пото́мство Náchkommenschaft zéugen; ~ ток Strom erzéugen; **3.** (*назначить кем-л.*) befördern *vt*, ernénnen* *vt* (zu *D*); ~ в офице́ры zum Offizíer befördern

производи́тель I *м* Hérsteller *m* (6), Produzént *m* (8); индивидуа́льный ~ Éinzelproduzent *m*; ме́лкий ~ Kléinproduzent *m*; се́льский ~ Agrárproduzent *m*; заво́д-~ Hérstellerwerk *n* (2); ◇ ~ рабо́т Báuleiter *m* (6)

производи́тель II *м* (*в животноводстве*) Zúchttier *n* (2), Vátertier *n*, Beschäler *m* (6); жеребе́ц-~ Zúchthengst *m* (1)

производи́тельн||ость *ж* Produktivität [-vi-] *f*, Léistung(sfähigkeit) *f*; *с.-х.* Ertrágsfähigkeit *f*, Ergíebigkeit *f*; ~ость труда́ Árbeitsproduktivität *f*; ~ость маши́ны Maschínenleistung *f*, Léistungsvermögen *n* -s, Kapazität *f*; дневна́я ~ость Tágesleistung *f*; максима́льная ~ость Höchstleistung *f*; повы́шенная ~ость Méhrleistung *f*; годова́я ~ость Jáhresleistung *f*; повыше́ние ~ости труда́ Hébung der Árbeitsproduktivität, Léistungssteigerung *f*; доби́ться вы́сшей ~ости die Léistungsspitze erréichen; ~**ый** produktív, Produktív-, léistungsfähig; *с.-х.* ertrágsfähig; ergíebig; ~ые си́лы *эк.* Produktívkräfte *pl*; ~**ый** труд produktíve [-və] Árbeit

производи́ть 1. *см.* произвести́; **2.** (*устанавливать происхождение кого-л., чего-л.*) ábleiten *vt*; **3.** (*вырабатывать*) produzíeren *vt*; erzéugen *vt*, hérstellen *vt*, fabrizíeren *vt*, áusstoßen* *vt*; ~ заводски́м спо́собом gróßtechnisch [industriéll] hérstellen

произво́дн||ая *сущ. ж мат.* Ábleitung *f* (10), Differentiálquotient *m* (8); ~**ый** *лингв.* ábgeleitet; ~ые слова́ Ábleitungen *pl*, ábgeleitete Wörter, Derivate [-'va:-] *pl*

произво́дственн||ик *м* Produktiónsarbeiter *m* (6), Wérktätiger *m* in der Produktión; инжене́р-~ик Betríebsingenieur [-inʒe,niø:r] *m* (1); он хоро́ший ~ик er ist ein tüchtiger Árbeiter; ~**ый** Betríebs-; Árbeits-; Produktións-; betríeblich; im Produktiónsprozeß stéhend; produktiónsbestimmt, produktiónsbedingt, produktiónsbezogen; ~ая мо́щность Betríebsleistung *f*; Produktiónskapazität *f*; ~**ый** план Betríebsplan *m* (1*); ~ый процéсс Produktiónsprozeß *m* -sses, -sse; Produktiónsablauf *m* (1*); ~ый стаж Díenstzeit *f* (10), Díenstalter *n* (6); ~ая квалификáция berúfliche Qualifikatión; ~ое обучéние (*в школе*) Fáchunterricht *m* -(e)s, Wérkunterricht *m*, produktiónsverbundener Únterricht; Únterricht in der Produktión; óпытный в ~ом отношéнии produktiónserfahren; повышéние ~ой квалификáции fáchliche Vervóllkommnung; ~ое совещáние Produktiónsberatung *f* (10); ~ое объединéние Produktiónsvereinigung *f*; ~ая побéда Produktiónserfolg *m* (1); ~ое плáновое задáние betríebliche Plánaufgabe; ~ые отношéния *эк.* Produktiónsverhältnisse *pl*

произвóдств||о *с* **1.** Erzéugung *f*, Produktión *f*, Hérstellung *f*, Fabrikatión *f*, Fértigungsprozeß *m* -sses; срéдства ~а *эк.* Produktiónsmittel *pl*; ~о средств ~а *эк.* die Produktión von Produktiónsmitteln; спóсоб ~а *эк.* Produktiónsweise *f* (11); обобществлéние средств ~а *эк.* die Vergeséllschaftung der Produktiónsmittel; серúйное ~о Séri¦enproduktion *f*; Séri¦enfertigung *f*, séri¦enmäßige Hérstellung; Réihenfertigung *f*; потóчное ~о Flíeßfertigung *f*, Táktfertigung *f*; эксперимéнтальное ~о Próbebetrieb *m* -(e)s; ~о стáли Stáhlerzeugung *f*, Stáhlherstellung *f*, Stáhlgewinnung *f*; мировóе ~о Wéltproduktion *f*, Wélterzeugung *f*; Wéltgewinnung *f* (*добыча*); машúнное ~о maschinélle Produktión; товáрное ~о Wárenproduktion *f*; рост ~а Produktiónswachstum *n* -s; освóить ~о die Produktión ánlaufen lássen*; совмéстное ~о (*напр. фильма*) Kóproduktion *f*, Geméinschaftsproduktion *f*; снять с ~а die Produktión (éines Erzéugnisses) áuslaufen lássen*; обуслóвленный ~ом produktiónsbedingt; **2.** (*работ и т. п.*) Áusführung *f*; ~о óпытов Experimentíeren *n* -s, Versúchsausführung *f*, Versúchsdurchführung *f*; ~о вы́стрела *воен.* Ábfeuerung *f*; **3.** *разг.* (*фабрика, завод*) Betríeb *m* (1); мéлкое ~о Kléinbetrieb *m*; крýпное ~о Gróßbetrieb *m*; рабóтать на ~е im Betríeb árbeiten; перебрóсить на ~о in den Betríeb überführen; zur Betríebsarbeit heránziehen*; у нас на ~е bei uns im Betríeb, in únserem Betríeb; **4.** (*повышение в чине*) Befórderung *f* (10), Ernénnung *f* (10); **5.** *юр.* (*ход судебного дела*) Verfáhren *n* -s; судéбное ~о geríchtliches Verfáhren, Verfáhren vor Gerícht

производя́щий produzíerend, erzéugend

произвóл *м* Wíllkür *f*; Éigenmächtigkeit *f*; пóлный ~ náckte Wíllkür; по своемý ~у nach séiner Wíllkür, nach séinem Gútdünken; ◇ остáвить [брóсить] на ~ судьбы́ séinem Schícksal überlássen*, im Stich lássen*

произвóльно *нареч.* **1.** (*по желанию*) nach Belíeben, nach Gútdünken, nach Wunsch; **2.** (*по произволу*) wíllkürlich; belíebig, voráussetzungslos, arbiträr; éigenmächtig (*самовольно*)

произвóльн||ость *ж* Wíllkürlichkeit *f*; Éigenmächtigkeit *f*; Únbegründetheit (*необоснованность*); **~ый 1.** wíllkürlich; éigenmächtig (*самовольный*); **2.** (*необоснованный*) únbegründet; **3.** *спорт.* Kür-; ~ые упражнéния Kürübungen *pl*

произнесéние *с* Áussprechen *n* -s; Hálten *n* -s (*речи и т. п.*); Rezitatión *f* (*стихов*)

произнести́ 1. (*сказать*) ságen *vt*, spréchen* *vt*; ~ речь éine Réde hálten*; éine Réde schwíngen* (*ирон.*); ~ тост éinen Trínkspruch áusbringen*; ~ привéтствие éine Begrüßungsansprache hálten*; не ~ ни слóва kein éinziges Wort ságen [fállen lássen*]; kein Wort hervórbringen*; **2.** (*артикулировать*) áussprechen* *vt*; прáвильно ~ ríchtig áussprechen*; трýдно произноси́мый schwer spréchbar; schwer áuszusprechend

произноси́тельн||ый *лингв.* Sprech-, Réde-; Áussprache-; ~ая нóрма Áussprachenorm *f*; ~ый аппарáт Spráchorgane *pl*, Spráchwerkzeuge *pl*, Spréchorgane *pl*

произноси́ть *см.* произнести́

произношéние *с* Áussprache *f* (11), Láutung *f*

произо||йти́ 1. sich eréignen, vórfallen* *vi* (s), geschéhen* *vi* (s), passíeren *vi* (s); státtfinden* *vi*, vor sich géhen*; за э́то врéмя ~шлó мнóгое dazwíschen lag allerhánd; что ~шлó? was ist geschéhen?; was ist los? (*разг.*); что с тобóй ~шлó? was ist über dich gekómmen?; was ist los mit dir?; так э́то и ~шлó so kam es auch; **2.** (*быть какого-л. происхождения*) (áb)stámmen *vi* (откýда-л. aus *D*, от когó-л. von *D*), entstámmen *vi* (s) (*D*); **3.** (*являться результатом чего-л.*) entstéhen* *vi* (s), hérrühren *vi*, kómmen* *vi* (s) (von *D*); erwáchsen* *vi* (s) (aus *D*); несчáстье ~шлó от… das Únheil [Únglück] erwúchs aus… (*D*); пожáр ~шёл от поджóга das Féuer entstánd durch Brándstiftung; всё недоразумéние ~шлó оттогó, что… das gánze Mißverständnis kam dahér, daß…

произраст||áние *с* Wáchsen *n* -s, Gedéihen *n* -s; содéйствующий ~áнию wáchstumsfördernd; перúод ~áния Vegetatiónszeit *f*; **~áть** wáchsen* *vi* (s), gedéihen* *vi* (s)

проиллюстри́ровать illustríeren *vt*, mit Illustratiónen verséhen*; veránschaulichen *vt*

проинтервьюи́ровать interviewen [-'vi̯uən] *vt*

проинформи́ровать informíeren *vt*, benáchrichtigen *vt*

проискáть (éine Zéitlang) súchen *vt*

прóиск||и *мн.* Ränke *pl*, Ränkespiel *n* -(e)s, Úmtriebe *pl*, Schlíche *pl*, Intrígen *pl*; Quértreibereien *pl*, hínterhältiges Tréiben; врáжеские ~и féindliche Ánschläge; положи́ть конéц чьим-л. ~ам j-m das Hándwerk légen

проистекá||ть, проистéчь entspríngen* *vi* (s) (от чегó-л. *D*); entstéhen* *vi* (s), fólgen *vi* (aus *D*); hérkommen* *vi* (s), hérrühren *vi* (von *D*); из э́того ~ет… dahér kommt es, daß…; das hat zur Fólge, daß…; отсю́да ~ет, что… daráus folgt, daß…; из э́того ~ет опáсность dahér erwächst die Gefáhr

происход||и́ть *см.* произойти́; дéйствие ~ит в Ленингрáде die Hándlung spielt in Léningrad; ~и́вшие переговóры die dúrchgeführten Verhándlungen

происхождéн||ие *с* **1.** Ábstammung *f*, Hérkunft *f*; Proveniénz [-ve-] *f* (*товара*); социáльное ~ие soziále Hérkunft; по ~ию der Hérkunft nach; von Gebúrt; **2.** (*возникновение*) Entstéhung *f*, Úrsprung *m* -(e)s; ~ие ви́дов *биол.* die Entstéhung der Árten; ~ие языкá die Entstéhung der Spráche; ~ие семьи́, чáстной сóбственности и госудáрства der Úrsprung der Famíli¦e, des Privátеigentums und des Stáates

происшéств||ие *с* Vórfall *m* (1*), Begébenheit *f* (10), Eréignis *n* (3*) (*событие*); Zwíschenfall *m* (*инцидент*); мéсто ~ия Tátort *m* (1*); чрезвычáйное ~ие besónderes Vórkommnis, besónderer Vórfall

пройдóх||а *м, ж разг.* durchtríebener [geríebener] Kerl; ábgefeimter Schúrke; быть (большúм) ~ой es fáustdick hínter den Óhren háben

прóйм||а *ж* (*в платье*) Ärmelloch *n* (5), Ärmelausschnitt *m* (1); Ármausschnitt *m*; костю́м ýзок в ~е der Ánzug schnürt in den Áchseln, der Ánzug ist um die Áchseln zu eng; рукáв с ни́зкой ~ой ein tief éingesetzter Ärmel

пройти́ 1. dúrchgehen* *vi* (s); passíeren *vt*, dúrchschreiten* *vi* (s), dúrchmarschieren *vi* (s); vorübergehen* *vi* (s) (ми́мо чегó-л. an *D*); zurücklegen *vt* (*путь*); ~ чéрез что-л. durch etw. (*A*) géhen*, пóезд прошёл большóй путь der Zug légte éine wéite Strécke zurück; ~ пó мосту über die Brücke géhen*; тут не пройдёшь hier kommt man nicht durch; как ~ на вокзáл? wie kommt man zum Báhnhof?; пройди́те, пожáлуйста, вперёд! (*напр. в трамвае*) rücken Sie, bitte, auf!; **2.** (*распространяться*) sich verbréiten; прошлá весть о побéде die Síegesnachricht verbréitete sich [drang durch]; **3.** (*о времени*) verflíeßen* *vi* (s), vergéhen* *vi* (s), verstréichen* *vi* (s), verláufen* *vi* (s); verflíegen* *vi* (s) (*быстро*); óтпуск ужé прошёл der Úrlaub [die Úrlaubszeit] ist schon verstríchen; **4.** (*проникнуть*) durch etw. (*A*) géhen*, dúrchdringen* *vi* (s), dúrchschlagen* *vi*; водá (в рáковине) не прохóдит das Wásser fließt nicht ab; **5.** (*прекратиться*) áufhören *vi*, vergéhen* *vi* (s); дождь прошёл der Régen hat áufgehört; болéзнь прошлá die Kránkheit ist vergángen [vorbéi, vorüber, überstánden]; мой нáсморк прохóдит mein Schnúpfen klingt ab [läßt nach]; **6.** (*изучить*) dúrchnehmen* *vt*; мы э́того в шкóле не проходи́ли das háben wir in der Schúle nicht dúrchgenommen [nicht gehábt]; **7.** (*о кандидатуре, резолюции*) dúrchgehen* *vi* (s); предложéние прошлó der Ántrag ist dúrchgegangen, der Ántrag ist ángenommen; кандидáт прошёл der Kandidát ging durch, der Kandidát wúrde gewählt; **8.** (*о собрании, спектакле*) verláufen* *vi* (s); erfólgen *vi* (s); концéрт прошёл с успéхом das Konzért verlíef erfólgreich; ~ в дрýжественной атмосфéре in éiner fréundschaftlichen Atmosphäre vor sich géhen*; **9.** (*выполнить какие-л. обязанности*): ~ кандидáтский стаж éine Kandidátenzeit dúrchlaufen*; ~ воéнную слýжбу den Militärdienst ábleisten; ◇ э́то не пройдёт дáром *разг.* das wird noch (schlímme) Fólgen háben; das wird noch ein Náchspiel háben; э́то емý не пройдёт дáром *разг.* das geht ihm so nicht durch; dafür wird er noch büßen müssen

пройти́сь (*прогуляться*) éinen Spazíergang máchen, spazíerengehen* *vi* (s); sich ergéhen* (*высок.*); hín- und hérgehen* *vi* (s); ◇ ~ на чей-л. счёт über j-n wítzeln; j-n verspótten; j-n zur Zíelscheibe séines Wítzes máchen

прок *м разг.* (*польза*) Nútzen *m* -s; Vórteil *m* -s; в э́том ~у нет daráus wird nichts Geschéites, das nützt nicht; что в э́том ~у? was hat man davón?; без вся́кого ~а nútzlos, únnütz

прокажённый *сущ. м.* Áussätzige *m* (14), Léprakranke *m* (14)

прокáза I *ж* (*шалость*) (mútwilliger) Streich *m* (1), Schábernack *m* (1)

прока́за II *ж мед.* Áussatz *m* -es, Lépra *f*

прока́зить *разг.* Schábernack tréiben*, Póssen tréiben*, mútwillige Stréiche máchen [verüben]

прока́зливый schálkhaft, zu Stréichen áufgelegt

прока́зн||ик *м* Schelm *m* (1), Schalk *m* (1, 1*); **~ица** Schélmin *f* (12); **~ичать** *см.* прока́зить

прока́ливание *с мет.* Glühen *n* -s, Áusglühen *n* -s; Dúrchhärten *n* -s

прока́ливать, прокали́ть *мет.* áusglühen *vt*, dúrchglühen *vt*; dúrchhärten *vt*; kalzinieren *vt*

прока́лывать *см.* проколо́ть

прокарау́лить 1. (*некоторое время*) (éine Zéitlang) wáchen *vi* (что-л. bei *D*); áufpassen *vi* (auf *A*); bewáchen *vt*; **2.** (*не устеречь*) im Wáchdienst überséhen*

прока́т I *м* (*пользование*) Míete *f*; Vermíeten *n* -s; Verléih *m* -(e)s; ~ фи́льмов Fílmverleih *m*; пункт [ателье́] ~а Áusleihdienst *m* -es; Áusleihstation *f* (10), Áusleihpunkt *m* (1); ~ лыж Schí-Áusleihe *f*; пла́та за ~ Léihgebühr *f* (10); бытово́й ~ Verléih von Gégenständen des täglichen Lébens; ~ маши́н Áutoverleih *m*; *с.-х.* Maschínenmiete *f*

прока́т II *м тех.* (*прокатные изделия*) Wálzwerkserzeugnis *n* (3*), Wálzmaterial *n* -s, -ilen, Wálzgut *n* (5); ви́ды ~а Wálzgutarten *pl*, Wálzerzeugnisse *pl*; вы́пуск ~а Wálzguterzeugung *f*, Wálzgutausstoß *m* -es; стально́й ~ Wálzstahl *m* -(e)s; тонколистово́й ~ Féinwalzblech *n* -(e)s; сортово́й ~ Fórmstahl *m*, Profílstahl *m*

прока́та́ть I *тех.* wálzen *vt*; ~ листы́ желе́за Éisenblech wálzen

прока́та́ть II (*бельё*) róllen *vt*, mángeln *vt*

проката́ться *см.* ката́ться 2

прокати́ть 1. (*кого-л.*) spazíerenfahren* *vt*; он прокати́л его́ на маши́не до вокза́ла er hat ihn im Áuto bis zum Báhnhof mítgenommen; **2.** (*что-л.*) róllen *vt*; ins Róllen bríngen*; ~ шар éine Kúgel róllen; **3.** (*быстро проехать*) vorbéijagen *vi* (s), vorbéisausen *vi* (s); ◇ ~ на вороны́х *уст. разг.* (*забаллотировать*) (bei den Wáhlen) dúrchfallen lássen*; **~ся 1.** spazíerenfahren* *отд. vi* (s); (hín)fáhren* *vi* (s) (*съездить*); **2.** (*о шаре, мяче и т. п.*) róllen *vi* (s)

прока́тк||а *ж тех.* Wálzen *n* -s; горя́чая ~а Wármwalzen *n*; скоростно́й ме́тод ~и Schnéllwalzverfahren *n* -s, Schnéllwalzmethode *f*

прока́тн||ый I (*о найме*) Miets-, Leih-; ~ая ста́нция Áusleihstation *f* (10); ~ая ко́пия фи́льма Verléihkopie *f* (11), Líeferkopie *f*

прока́тн||ый II *тех.* Walz-; gewálzt; ~ый цех Wálzhütte *f* (11); ~ый стан Wálzstraße *f* (11); ~ое желе́зо Wálzeisen *n* -s, gewálztes Éisen; ~ый лист Wálzblech *n* (2); ~ые изде́лия Wálzwerkserzeugnisse *pl*; ~ое обору́дование Wálzwerkanlagen *pl*, Wálzausrüstung *f*

прока́тчик *м* Wálzwerker *m* (6)

прока́тывать I *см.* проката́ть I

прока́тывать II *см.* прокати́ть 2, 3

прока́шлять *разг.* (éine Zéitlang) hústen *vi*; **~ся** sich räuspern

прокипе́ть 1. (*некоторое время*) (éine Zéitlang) kóchen *vi*; **2.** (*вскипеть*) áufkochen *vi*

прокипяти́ть ábkochen *vt*, kóchen *vt*, áufkochen lássen*

прокиса́ть *см.* проки́снуть

проки́слый *разг.* sáuer, sáuer gewórden (*о молоке, пиве*); säuerlich (*о запахе*)

проки́снуть sáuer wérden

прокла́дка *ж* **1.** (*действие*) Bau *m* -(e)s, Verlégung *f*, Ánlegen *n* -s; *ав., мор.* Féstlegung *f* (*курса*); Installíerung *f* (*трубопровода*); ~ ка́беля Kábelverlegung *f*; Verlégung éines Kábels; **2.** (*предмет, слой*) Zwíschenstück *n* (2); Zwíschenschicht *f* (10), Zwíschenfutter *n* (6), Zwíschenlage *f* (11), Éinlage *f*; Díchtung *f* (10); рези́новая ~ Gúmmidichtung *f* (10); Gúmmiring *m* (1), Éinkochring *m* (*для консервных банок*); во́йлочная ~ Fílzdichtung *f*

прокла́дывать *см.* проложи́ть

проклама́ция *ж* **1.** Flúgblatt *n* (5); **2.** *уст.* (*провозглашение*) Proklamatión *f* (10), Áufruf *m* (1)

проклами́ровать proklamíeren *vt*, féierlich verkünd(ig)en, öffentlich bekánntmachen

проклева́ть (mit dem Schnábel) dúrchpicken *vt*, dúrchhacken *vt*

прокле́ивать, прокле́ить léimen *vt*, mit Leim tränken; mit Leim bedécken

проклина́ть, прокля́сть verflúchen *vt*, verdámmen *vt*, verwünschen *vt*

прокля́т||ие *с* Fluch *m* (1*); Verwünschung *f* (10); Verdámmnis *f* (3); ~ие! verdámmt!, verflúcht!; преда́ть ~ию verflúchen *vt*

прокля́тый verflúcht, verdámmt, verwünscht; flúchwürdig, flúchbeladen

проковыря́ть *разг.* durchlöchern *vt*, durchbóhren *vt*

проко́л *м* **1.** (*действие*) Dúrchstich *m* -(e)s, Dúrchstechen *n* -s; *мед.* Punktión *f*; ~ ве́ны Venenpunktion ['ve:-] *f*; **2.** (*дыра*) Loch *n* (5); Stich *m* (1); Durchlóchung *f* (10) (*автошины*)

проколо́ть dúrchstechen* *vt*, durchlöchern *vt*, durchlóchen *vt*; ein Loch [éinen Stich] máchen

прокомменти́ровать éinen Kommentár gében* (что-л. zu *D*), kommentíeren *vt*

прокомпости́ровать lóchen lassen*; ~ биле́т die Fáhrkarte bestätigen lássen*

проконопа́тить *см.* конопа́тить

проконспекти́ровать éinen Konspékt ánfertigen, etw. schríftlich kurz zusámmenfassen

проконсульти́ровать éine Konsultatión ertéilen [gében*]; **~ся** sich konsultíeren (bei *D*); éine Konsultatión néhmen*

проконтроли́ровать náchprüfen *vt*, náchkontrollieren *vt*

прокопа́ть gráben* *vt*, áusgraben* *vt*, áusheben* *vt* (*канаву*); dúrchgraben* *vt* (*насквозь*)

прокопа́ться *разг.* (*провозиться*) trödeln *vi*, zögern *vi*, gemächlich tun*

прокопте́лый *разг.* verrúßt, verräuchert, rúßgeschwärzt

прокопти́ть 1. (*подвергнуть копчению*) (dúrch)räuchern *vt*, räuchern lássen*; **2.** (*некоторое время*) (éine Zéitlang) rúßen *vi*, quálmen *vi*; **3.** (*пропитать дымом, загрязнить*) verräuchern *vt*, vóllrauchen *vt*, vóllqualmen *vt*; **~ся 1.** geräuchert sein; **2.** (*пропитаться дымом, загрязниться*) verrúßt [verräuchert, von Ruß geschwärzt, vóllgeraucht, vóllgequalmt] sein

прoко́рм *м разг.* Kost *f*, Náhrung *f*, Ernährung *f*, Únterhalt *m* -(e)s; на ~, для ~а zur Ernährung, zum Únterhalt; де́ньги на ~ Kóstgeld *n* -(e)s

прокорми́ть 1. ernähren *vt*, erhálten* *vt*; **2.** (*некоторое время*) (éine Zéitlang) nähren *vt* (*напр. ребёнка*); **~ся** sich ernähren; sich éine Zéitlang dúrchschlagen*, dúrchkommen* *vi* (s) (*разг.*)

прокра́дываться, прокра́сться sich éinschleichen*, sich (hinéin)stéhlen* (куда́-л. in *A*); héimlich éindringen*; ~ в дом sich ins Haus (éin)schléichen*

прокрича́ть 1. áusrufen* *vt*; éinen Schrei áusstoßen*; **2.** *разг.* (*рекламировать что-л.*) für éine Sáche Rekláme máchen, márktschreierisch ánpreisen* *vt*; schréien* *vi* (о чём-л. über *A*, von *D*); **3.** (*некоторое время*) (éine Zéitlang) schréien* *vi*

прокру́стов: ~о ло́же Prokrústesbett *n* (13); уложи́ть на ~о ло́же in das Prokrústesbett zwängen

прокурату́ра *ж* Stáatsanwaltschaft *f* (10)

прокуро́р *м* Stáatsanwalt *m* (1*); Stáatsanwältin *f* (12) (*женщина*); **~ский** stáatsanwaltschaftlich; Stáatsanwaltschafts-; ~ский надзо́р stáatsanwaltschaftliche Áufsicht

прокуси́ть dúrchbeißen* *vt*, ein Loch in etw. (*A*) béißen*

прокути́ть 1. (*некоторое время*) (éine Zéitlang) schlémmen *vi*, prássen *vi*, zéchen *vi*; **2.** (*истратить на кутёж*) verprássen *vt*, verzéchen *vt*, verjúbeln *vt*

проку́чивать *см.* прокути́ть 2

пролага́ть *см.* проложи́ть 1

прола́за *м, ж разг.* durchtríebener Mensch; Schléicher *m* (6)

прола́мывать *см.* пролома́ть

прола́ять (éine Zéitlang) béllen *vi*; ~ всю ночь die gánze Nacht hindúrch béllen

пролега́ть sich (hín)zíehen*, sich erstrécken; доро́га пролега́ла че́рез лес der Weg führte durch den Wald

пролежа́ть 1. líegenbleiben* *отд. vi* (s) (*не вставая, оставаясь в том же положении*); (éine Zéitlang) líegen* *vi* (*некоторое время*); lánge líegen* (*долго*); **2.** *разг.* (*получить пролежень*) sich dúrchliegen*, sich wúndliegen* *отд.*

про́леж||ень *м* dúrchgelegene [wúndgelegene] Stélle; Dúrchliegen *n* -s, Dekúbitus *m* =; у больно́го появля́ются ~ни der Kránke beginnt sich áufzuliegen, der Kránke bekómmt wúnde Stéllen vom Líegen

пролеза́ть, проле́зть 1. dúrchkriechen* *vi* (s), dúrchgehen* *vi* (s), dúrchkommen* *vi* (s); sich dúrchzwängen (*протиснуться*); **2.** (*добиться выгодного положения*) sich éinschleichen*, sich éinschmuggeln, sich (*D*) éine Stéllung erschléichen*

пролепета́ть líspeln *vt*, stóttern *vt*

проле́сок *м обл. см.* переле́сок

пролёт I *м* **1.** (*птиц*) Flug *m* (1*), Strich *m* (1), Vógelzug *m* (1*); **2.** *ав.* Überflug *m* (1*), Überflíegen *n* -s

пролёт II *м* **1.** (*лестницы*) Flucht *f* (10); **2.** (*моста*) Brückenöffnung *f* (10); Spánnweite *f* (11) (*величина*); Stützfeld *n* (5)

пролетариа́т *м* Proletariát *n* -s; промы́шленный ~ Industríeproletariat *n*

пролетариза́ция *ж* Proletarisíerung *f*

пролетаризи́ровать proletarisíeren *vt*; **~ся** proletarisíert wérden

пролета́ри||й *м* Proletárier *m* (6); Prolét *m* (8) (*разг.*); ~и всех стран, соединя́йтесь! Proletári¦er áller Länder, veréinigt euch!

пролета́рка *ж* Proletarí¦erin *f* (12)

пролета́рск‖ий proletárisch; ~ая револю́ция proletárische Revolutión [-vo-]

пролета́ть, пролете́ть 1. flíegen* *vi* (s); im Flug zurücklegen (*расстояние*); vorbéifliegen* *vi* (s) (ми́мо кого́-л., ми́мо чего́-л. an *D*); спу́тник пролете́л над Москво́й der Spútnik überflóg Móskau; **2.** (*о времени*) verflíegen* *vi* (s), verstréichen* *vi* (s), wie im Flúge vergéhen*; **3.** (*мелькнуть*): у меня́ пролете́ла мысль в голове́ ein Gedánke schoß mir durch den Kopf

пролётка *ж* (éinspännige) Dróschke (11)

Пролетку́льт *м ист.* Prolétkult *m* -(e)s

проли́в *м* Méerenge *f* (11)

пролива́ть *см.* проли́ть; ~**ся 1.** *см.* проли́ться; **2.** *страд.* áusgegossen [vergóssen] wérden

проливн‖о́й: ~о́й дождь Régenguß *m* -sses, -güsse, Plätzregen *m* -s; Wólkenbruch *m* (1*); идёт ~о́й дождь es gießt [es régnet] in Strömen; под ~ы́м дождём in strömendem Régen

проли́тие *с*: ~ кро́ви Blútvergießen *n* -s

проли́ть vergíeßen* *vt*, áusgießen* *vt*; ◇ ~ свет на что-л. Licht auf etw. (*A*) wérfen*, etw. (áuf)klären; Licht in éine Ángelegenheit bríngen*, éine Sáche ins réchte Licht sétzen; ~**ся** überlaufen* *vi* (s), überfließen* *vi* (s)

проло́г *м* Prológ *m* (1); Vórspiel *n* (2)

проложи́ть 1. (*дорогу и т. п.*) ánlegen *vt*; légen *vt*; báuen *vt*; ~ ре́льсовый путь éine Schíenenbahn légen; ~ себе́ доро́гу (*через толпу*) sich (*D*) Bahn bréchen*, sich (*D*) éinen Weg bähnen; ~ но́вые пути́ в нау́ке in der Wíssenschaft néue Wége géhen*; **2.** (*между чем-л.*) dazwíschen¦legen *отд.* *vt*; **3.:** ~ курс *мор.*, *ав.* den Kurs féstlegen

проло́м *м* **1.** Bruch *m* (1*), Dúrchbruch *m*; ~ че́репа Schädelbruch *m*; **2.** (*отверстие*) Brésche *f* (11), Loch *n* (5)

пролома́ть dúrchbrechen* *vt*; éinschlagen* *vt*, dúrchstoßen* *vt*; dúrchhauen* *vi* (*прорубить*); ~**ся** (zer)bréchen* *vi* (s)

проломи́ть *см.* пролома́ть; ~ го́лову den Schädel éinschlagen*; ~**ся** *см.* пролома́ться

пролонг‖а́ция *ж юр.*, *фин.* Prolongíeren *n* -s, Prolongatión *f* (10), Verlängerung *f* (10); Stúndung *f* (10); ~**и́ровать** *юр.*, *фин.* prolongíeren *vt*, verlängern *vt*; stúnden *vt*

проле́сина *ж* **1.** (*плешь*) Glätze *f* (11); kähle Stélle (*в меху*); **2.** (*участок без растительности*) kähle Stélle in der Natúr; **3.** (*пятно*) wéißer Fleck auf der Stirn éines Tíeres

прома́зать 1. (ver)schmíeren *vt*, verkítten *vt*, ölen *vt*; ~ о́кна (*замазкой*) die Fénster verkítten; **2.** *разг.* (*промахнуться*) verféhlen *vt*; éinen Féhlschlag máchen, nicht tréffen*

промарширова́ть 1. (*какое-л. расстояние*) marschíeren *vi*, in Märschen zurücklegen; **2.** (*некоторое время*) (éine Zéitlang) marschíeren *vi*

прома́сливать, прома́слить ölen *vt*, mit Öl durchtränken; fétten *vt*

прома́тывать *см.* промота́ть

про́мах *м* **1.** (*при стрельбе и т. п.*) Féhlschuß *m* -sses, -schüsse; féhlgelenktes Féuer, Féhlschlag *m* (1*); Féhlgänger *m* (6); дать ~ danébenschießen* *vi*; **2.** (*оплошность*) Féhlleistung *f* (10); Féhlgriff *m* (1), Míßgriff *m*, Féhltritt *m* (1); дать ~ éinen Bock schíeßen*, éinen Bock máchen; ◇ он ма́лый не ~ *разг.* er läßt sich kein X für ein U vórmachen; er kennt den Rúmmel; er weiß, was gespíelt wird; er ist ein Schláukopf

промахну́ться 1. (*из ружья и т. п.*) danébenschießen* *vi*, das Ziel verféhlen; nicht tréffen*; **2.** (*ошибиться*) éinen Féhler máchen, éinen Féhlgriff tun*; éinen Bock schíeßen*

прома́яться *разг.* sich ábmühen, sich ábquälen, sich ábplagen

промедле́н‖ие *с* Verzögerung *f* (10), Verzúg *m* -(e)s; Verschléppung *f* (10), Hínziehen *n* -s (*затяжка*); без ~ия unverzüglich, sofórt

проме́жност‖ь *ж анат.* Damm *m* (1*); разры́в ~и Dämmriß *m* -sses, -sse

промежу́т‖ок *м* **1.** Ábstand *m* (1*); Zwíschenraum *m* (1*); с ~ками mit Unterbréchungen, in Ábständen; искрово́й ~ок *эл.* Fúnkenstrecke *f* (11); **2.** (*во времени*) Zwíschenzeit *f* (10); Zéitraum *m* (1*), Zéitspanne *f* (11); Zéitdauer *f*; в коро́ткие ~ки вре́мени in kúrzen Ábständen; in kléinen Zwíschenpausen; ~**очный** Zwíschen-, Míttel-; intermediär; dazwíschenliegend; ~очная ста́дия Zwíschenstadium *n* -s, -di¦en; ~очное звено́ Verbíndungsglied *n* (5), Míttelglied *n*; ~очная ста́нция Dúrchgangsstation *f* (10); ~очный пласт *геол.* Zwíschenschicht *f* (10); ~очный вид *биол.* Zwíschenart *f* (10); ~очная культу́ра *с.-х.* Zwíschenfrucht *f* (3); ~очный вал *тех.* Vórgelegewelle *f* (11)

промелькну́‖ть 1. vorbéifliegen* *vi* (s), vorbéistreichen* *vi* (s), vorüberhuschen *vi* (s) (ми́мо кого́-л., ми́мо чего́-л. an *D*); **2.** (*возникнуть — о мысли, чувстве*) áuftauchen *vi* (s); áufblitzen *vi* (s); ~ла мысль ein Gedánke schoß [ging] durch den Kopf; ein Gedánke blitzte auf; **3.** (*о времени*) verflíegen* *vi* (s), vergéhen* *vi* (s), verstréichen* *vi* (s); ле́то ~ло der Sómmer vergíng im Flug [im Nu]

променива́ть, променя́ть 1. (*что-л. на что-л.*) táuschen *vt*, úmtauschen *vt*, éintauschen *vt* (gégen *A*); **2.** (*кого-л. на кого-л.*) vórziehen* *vt*; j-m den Vórzug vor j-m gében*; ◇ промення́ть куку́шку на я́streба *погов.* bei éinem Tausch schlecht wégkommen*; éinen schléchten Tausch máchen

проме́р *м* **1.** Méssung *f* (10), Verméssung *f*; ~ глубины́ Tíefenmessung *f*; ~ шага́ми Ábschreiten *n* -s; **2.** (*ошибка*) Méßfehler *m* (6)

промерза́ние *с* Dúrchfrieren *n* -s, Éinfrieren *n*; ~ гру́нта [по́чвы] Bódendurchfrierung *f*, Bódenverfrostung *f*

промерза́ть, промёрзнуть 1. dúrchfrieren* *vi* (s), éinfrieren* *vi* (s); **2.** *разг.* (*сильно озябнуть*) durch und durch fríeren*, ganz dúrchgefroren sein; fríeren* wie ein Schnéider (*шутл.*)

промёрзл‖ый hártgefroren; ~ая по́чва féstgefrorener Bóden

проме́рить, промеря́ть méssen* *vt*, náchmessen* *vt*, vermésseen* *vt*

промеси́ть dúrchkneten *vt*, (ver-)knéten *vt*

промечта́ть séinen Gedánken náchhängen*; träumen *vi*, *vt*; verträumen *vt*

промеша́ть, проме́шивать (úm)rühren *vt*, verrühren *vt*

проме́шкать *разг.* säumen *vi*; sich áufhalten*; Zeit verlíeren*

промкомбина́т *м* (промы́шленный комбина́т) Industríekombinat *n* (2)

промо́зглый 1. (*о воздухе, запахе*) dúmpf(ig), múffig; mód(e)rig; **2.** (*о погоде*) náßkalt, feucht, naß

промо́ин‖а *ж* Loch *n* (5), Rínne *f* (11); *гидр.* Áuskolkung *f* (10), Áusspülung *f* (10), Wásserriß *m* -sses, -sse; доро́га вся в ~ах der Weg ist vóller Rínnen

промока́тельн‖ый: ~ая бума́га Löschpapier *n* -(e)s, Fließpapier *n*

промока́ть I *см.* промо́кнуть

промока́ть II *см.* промокну́ть

промока́шка *ж разг.* Löschblatt *n* (5), Löschpapier *n* -(e)s

промо́кнуть naß wérden; ~ до косте́й bis auf die Haut naß sein, trópfnaß sein

промокну́ть (mit Löschpapier) löschen *vt*

промо́лвить ságen *vt*; (áus)sprechen* *vt*; не ~ ни сло́ва kein Wort réden [verlíeren*], kéinen Ton ságen; den Mund nicht áuftun* (*рта не открыть*)

промолча́ть 1. stíllschweigen* *отд.* *vi*, kein Wort verlíeren*, sich in Schwéigen hüllen; **2.** (*не ответить*) kéine Ántwort gében*; die Ántwort schúldig bléiben*

проморга́ть *разг.* verpássen *vt*, versäumen *vt*; etw. durch die Fínger géhen lássen*, sich (*D*) etw. entgéhen lássen*

проморить *разг.* (éine Zéitlang) wárten lássen* (*ожиданием*); ~ го́лодом j-n (éine Zéitlang) húngern [fásten] lássen*

промота́ть *разг.* (*растратить*) verschwénden *vt*; vergéuden *vt*, dúrchbringen* *vt*; verlúdern; verjúxen *vt*; ~**ся** *разг.* sein Geld vergéuden [dúrchbringen*], sein Geld zum Fénster hináuswerfen*

промочи́ть durchnässen *vt*, (durch und durch) naß máchen; ~ но́ги násse Füße bekómmen*; ◇ ~ го́рло *разг.* sich (*D*) die Kéhle ánfeuchten; die Gúrgel schmíeren; ein Gläs¦chen trínken*

промтова́рный Industríewaren-; ~ магази́н Industríewarengeschäft *n* (2)

промтова́ры *мн.* (промы́шленные това́ры) Industríewaren *pl*, Industríeerzeugnisse *pl*, Industríeprodukte *pl*, Industríegüter *pl*

промучи́ть quälen *vt*; ~**ся** sich (éine Zéitlang) ábplagen [ábrackern] (над чем-л. mit *D*)

промфинпла́н *м* (промы́шленно-фина́нсовый план) Industríe- und Finánzplan *m* (1*), Betríebsplan *m*

промча́ться 1. vorübersausen *vi* (s), vorbéistürmen *vi* (s) (ми́мо кого́-л., ми́мо чего́-л. an *D*); **2.** (*о времени*) verflíegen* *vi* (s), im Flug vergéhen*

промыва́ние *с* **1.** Wäschen *n* -s; *тех.* Wäsche *f*; **2.** *мед.* Spülung *f* (10); Wáschung *f* (10), ~ желу́дка Mágenspülung *f*

промыва́ть *см.* промы́ть

промы́вка *ж тех.* Wäsche *f*; Wáschen *n* -s, Spülen *n* -s; Dúrchspülung *f*; Spülung *f*; *фото* Wässern *n* -s; ~ руды́ Érzwäsche *f*; ~ зо́лота Góldwäsche *f*; ~ ше́рсти Wóllwäsche *f*; ~ скважи́ны Bóhrlochspülung *f*

про́мысл‖ел *м* **1.** Gewérbe *n* (6), Erwérbszweig *m* (1); Gewérbebranche *f* (11); рыболо́вный ~ел Físchfang *m* -(e)s, Fischeréigewerbe *n*; охо́тничий ~ел (gewérblich betríebene) Jagd; пушно́й ~ел Pélztierjagd *f*; отхо́жий ~ел Wándergewerbe *n*; худо́жественный ~ел Kúnstgewerbe *n*; кустáрный ~ел Héimarbeit *f*, Háusindustrie *f*; Héimindustrie *f*; занимáться ~лом ein Gewérbe betréiben* [áusüben], éinem Gewérbe náchgehen*; **2.** *б. ч. мн.* ~лы (*предприятие*) Wérke zur Gewinnung von Bódenschätzen; гóрные ~лы Bérgwerke *pl*; золотые ~лы Góldgruben *pl*; соляные ~лы Sálzbergwerke *pl*, Salínen *pl*; нефтяные ~лы Érdölfelder *pl*, Ölfelder *pl*

промысловик *м* Físcher *m* (6) (*рыбак*); Érdölarbeiter *m* (6) (*нефтяник*); Jäger (6) (*охотник*)

промыслóв||ый 1.: ~ая рыба Spéisefisch *m* (1); ~ый зверь Pélztier *n* (2) („das gejágt wird"); **2.:** ~ая кооперáция Produktiónsgenossenschaft *f* (10); ~ый устáв Gewérbeordnung *f* (10)

промыть 1. (áus)wáschen* *vt*; (dúrch-)spülen *vt*; ~ желýдок den Mágen spülen; ~ рáну die Wúnde áuswaschen*; **2.** (*золото и т. п.*) wáschen* *vt*; schlämmen *vt*; spülen *vt*; **3.** (*прорвать — плотину и т. п.*) unterspülen *vt*

промышленник *м* Industriélle *m* (14); крýпный ~ Gróßindustri¦elle *m*

промышленность *ж* Industríe *f* (11); тяжёлая ~ Schwérindustrie *f*; лёгкая ~ Léichtindustrie *f*; добывáющая ~ róhstoffgewinnende Industríe; Róhstoffgewinnung *f*; обрабáтывающая ~ verárbeitende Industríe; Verédelungsindustrie *f*; оборóнная ~ Vertéidigungsindustrie *f*; мирная ~ Fríedensindustrie *f*; леснáя ~ Hólzindustrie *f*; отéчественная ~ ínländische [éinheimische, eigene] Industríe; ключевые óтрасли промышленности Schlüsselindustri¦en *pl*

промышленн||ый Industríe-, industriéll; ~ый пролетариáт Industríeproletariat *n* -(e)s; ~ое предприятие Industríebetrieb *m* (1); ~ый капитáл *эк.* Industríekapital *n* -s; ~ая бáза industriélle Básis; ~о рáзвитая странá entwíckeltes Industríeland *n* (5)

промышлять *разг.* ein Gewérbe (be)tréiben*; ~ охóтой и рыболóвством sich mit Jagd und Físchfang beschäftigen; ~ извóзом *уст.* ein Fúhrgeschäft betréiben*

промямлить *разг.* úndeutlich (éinige Wórte) spréchen*, múmmeln *vi*

пронес||ти 1. (*через что-л.*) trágen* *vt* (durch *A*); vorbéitragen* *vt* (мимо чегó-л. an *D*) **2.** *безл.*: бедý ~лó das Únglück hat uns nicht betróffen, das Únglück ist (an uns) vorübergegangen; **3.** *безл. разг.* Dúrchfall háben; от слив егó ~лó von den Pfláumen hat er Dúrchfall bekómmen

пронестись 1. (*промчаться*) vorbéisausen *vi* (s), vorbéirasen *vi* (s), vorbéifliegen* *vi* (s), vorüberstürmen *vi* (s) (мимо когó-л., мимо чегó-л. an *D*); пронёсся пóезд ein Zug sáuste vorbéi; ~ пéред глазáми an den Áugen vorüberziehen* [vorüberjagen]; **2.** (*о времени*) verflíegen* *vi* (s), im Flug vergéhen*; im Hándumdrehen vergéhen*; **3.** (*о слухах, известиях*) sich (wie ein Láuffeuer) verbréiten

пронзáть *см.* пронзить

пронзительный dúrchdringend, bóhrend, stéchend (*о взгляде*); géllend, schrill (*о голосе*); dúrchdringend, óhrenzerreißend (*о звуке*)

пронзить durchstéchen* *vt*, durchbóhren *vt*; ◇ ~ взглядом mit dem Blick durchbóhren

пронизáть, пронизывать (*о холоде и т. п.*) durchdríngen* *vt*, durch Mark und Bein géhen*

пронизывающий dúrchgehend (*о ветре, холоде*); dúrchdringend, durchbóhrend (*о взгляде*)

проникáть(ся) *см.* проникнуть(ся)

проникáющ||ий dúrchdringend; ~ее радиоактивное излучéние dúrchdringende radioaktíve [-və] Stráhlung

проникновéние *с* **1.** Éindringen *n* -s, Dúrchdringen *n*, Vórdringen *n*; ~ инострáнного капитáла в промышленность das Éindringen áusländischen Kapitáls in die Industríe, die Überfrémdung der Industríe; **2.** *см.* проникновéнность

проникновéнн||ость *ж* Éindringlichkeit *f*, Gefühlswärme *f*; ~**ый** éindringlich, gefühlstief, verständnis¦innig; zu Hérzen géhend; ~о говорить éindringlich spréchen*

проникнутый durchdrúngen, erfüllt (чем-л. von *D*)

проникнуть 1. dúrchdringen* *vi* (s), éindringen* *vi* (s); dúrchsickern *vi* (s) (*просочиться*); vórdringen* *vi* (s) (*преодолевая трудности*); газ проник в квартиру Gas war in die Wóhnung éingedrungen; **2.** (*постигнуть*) éindringen* *vi* (s); durchscháuen *vt*, ergründen *vt*, erráten* *vt*; ~ в чьи-л. намéрения j-s Ábsichten durchscháuen; ~**ся** durchdrúngen sein, erfüllt sein (чем-л. von *D*); ~ся любóвью líebgewinnen* *отд. vt*; ~ся сознáнием дóлга von Pflíchtgefühl durchdrúngen sein; ~ся подозрéнием Árgwohn schöpfen; ~ся сострадáнием Mítleid empfínden* (к комý-л. für *A*)

пронимáть *см.* пронять

проницáем||ость *ж* Dúrchlässigkeit *f*, Durchdríngbarkeit *f*; Permeabilität *f* (*спец.*); ~**ый** durchdríngbar, dúrchlässig; permeábel; ~ый для свéта líchtdurchlässig

проницáтельн||ость *ж* Schárfsinn *m* -(e)s; Schárfblick *m* -(e)s; Beóbachtungsgabe *f* (*наблюдательность*); ~ость умá schnélle Áuffassungsgabe, schárfer Verstánd; ~**ый** schárfsinnig; durchdríngend; у негó ~ый ум er ist schárfsinnig

проносить I *см.* пронести

проносить II **1.** (*носить некоторое время*) (éine Zéitlang) trágen* *vt*; **2.** (*износить*) ábnutzen *vt*, ábtragen* *vt*; ~ подмётки die Sóhlen dúrchlaufen*

проноситься I *см.* пронестись

проноситься II (*об одежде и т. п.*) **1.** (*некоторое время*) getrágen wérden; **2.** (*износиться*) sich ábtragen*, sich ábnutzen, verschléißen* *vi* (s); ábgetragen sein [wérden]

пронумеровáть (dúrch)numeríeren *vt*

пронырa *м, ж разг.* Léisetreter *m* (6), Schléicher *m* (6); durchtríebener [geríssener] Mensch

пронырлив||ость *ж разг.* Geríebenheit *f*, Durchtríebenheit *f*, Léisetreterei *f*; ~**ый** *разг.* geríeben, durchtríeben; geríssen

пронюхать, пронюхивать *разг.* (*разузнать*) áusschnüffeln *vt*, áuswittern *vt*; von etw. (*D*) Wind bekómmen*; den Bráten ríechen*

пронять *разг.* éinen stárken Éindruck máchen (когó-л. auf *A*); erfássen *vt*, pácken *vt*; егó прóнял страх er wúrde von Schrécken erfáßt; die Angst saß ihm im Geníck; хóлод егó прóнял до костéй er war ganz durchfróren; егó ничéм не проймёшь er hat ein díkkes Fell, er läßt sich durch nichts erschüttern [beéindrucken]

прообраз *м* Úrbild *n* (5), Prototýp *m* (1), Vórbild *n*

прооли́фить fírnissen *vt*

пропагáнд||а *ж* Propagánda *f*; Propagíerung *f*; мáссовая ~а Mássenpropaganda *f*; лекциóнная ~а Lektiónspropaganda *f*; наýчно-просветительная ~а wíssenschaftliche Áufklärungspropaganda; отдéл ~ы Propagándaabteilung *f* (10); ~**ировать** propagíeren *vt*, Propagánda máchen (что-л. für *A*); verbréiten *vt*; ~**ист** *м* Propagandíst *m* (8); Propagándamacher *m* (6) (*ирон.*); ~**истский** propagandístisch; Propagánda-; ~истская рабóта Propagándaarbeit *f*; вести ~истскую рабóту sich propagandístisch betätigen

пропадáть *см.* пропáсть

прóпадом: пропади ~! *разг.* scher dich zum Téufel!; hol's der Téufel [Kúckuck, Hénker]!

пропáж||а *ж* **1.** Verlúst *m* (1); заявлéние о ~е Verlústanzeige *f* (11); заявить о ~е (*человека*) Vermíßtenanzeige [Vermíßtenmeldung] erstátten; **2.** *разг.* (*то, что пропало*) das Verlórene (*sub*), das Abhándengekommene (*sub*)

пропáлывать *см.* прополóть

пропáн *м хим.* Propán *n* -s

пропáриться ein Schwítzbad néhmen*

прóпаст||ь *ж* **1.** Ábgrund *m* (1*), Kluft *f* (3), Schlucht *f* (10); *перен.* Kluft *f*, ábgrundtiefer Únterschied; непроходимая ~ь únüberbrückbare Kluft; на краю ~и am Ránde des Ábgrundes [des Verdérbens]; **2.** *разг.* (*много*) Únmenge *f*; Másse *f*; у негó всегдá ~ь дел er hat ímmer álle Hände voll zu tun; у негó дéнег ~ь er hat Geld wie Heu; ◇ тьфу, ~ь! zum Téufel!

пропá||сть 1. (*потеряться*) verlórengehen* *отд. vi* (s), in Verlúst geráten*, abhánden kómmen*, wégkommen* *vi* (s); книга ~ла das Buch ist weg; **2.** (*исчезнуть*) vergéhen* *vi* (s), verschwínden* *vi* (s), fort sein; ~сть бéз вести verschóllen [vermíßt] sein; ~вший бéз вести Vermíßte *m* (14), Verschóllene *m* (14); у меня ~ла охóта die Lust ist mir vergángen; ~сть из виду áußer Sicht kómmen*; verschwínden* *vi* (s), sich den Blícken entzíehen*; у негó смех ~л das Láchen vergíng ihm; das Láchen blieb ihm in der Kéhle stécken; кудá ты ~л? wo steckst du?, wo bist du denn híngeraten?; кудá ~ла книга? wo ist das Buch híngekommen?; **3.** (*погибнуть*) zugrúnde géhen*, úmkommen* *vi* (s), kapúttgehen* *отд. vi* (s); futsch sein, hínsein* *vi* (s) (*разг.*); я ~л! ich bin verlóren!, es ist aus mit mir!, ich bin erlédigt!; у негó гóлос ~л er hat die Stímme verlóren; весь эффéкт ~л der gánze Effékt ist zum Téufel (*разг.*); день ~л der Tag ist verpfúscht; всё ~ло álles ist hin [fútsch]; ◇ пиши ~ло *разг.* darüber kann man ein Kreuz máchen; das kann man in den Schórnstein schréiben; das ist flötengegangen!; что с вóзу упáло, то ~ло ≅ hin ist hin

пропахáть 1. (*что-л.*) pflügen *vt*, dúrchpflügen *vt*, dúrchackern *vt*; ~ бороздý éine Fúrche (mit dem Pflug) zíehen*; **2.** (*некоторое время*) (éine Zéitlang) pflügen *vi*, áckern *vi*

пропáхнуть éinen Gerúch ánnehmen*; ríechen* *vi* (чем-л. nach *D*); рýки пропáхли лýком die Hände róchen nach Zwíebel

пропáшка *ж* Dúrchpflügen *n* -s, Dúrchackern *n* -s

пропáшн||ик *м с.-х.* Fúrchenegge *f*

(11); картофельный ~ик Kartóffelpflug *m* (1*); ~óй: ~ые растения Háckfrüchte *pl*, Réihenfrüchte *pl*, ~ая культура Háckkultur *f* (10); Réihenpflanze *f* (11); ~óй трактор Háckfruchtschlepper *m* (6); ~ая система земледелия Áckerfruchtfolgesystem *n* -s

пропáщ||ий *разг.* verlóren; ~ий человек ein verkómmener [únverbesserlicher] Mensch, Táugenichts *m* (1) (*G тж.* =), Túnichtgut *m* (1); ~ее дело éine unréttbar verlórene Sáche; éine hóffnungslose Ángelegenheit; ~ее лето der verpátzte Sómmer

пропедéвт||ика *ж* Propädéutik *f*; ~**и́ческий** propädéutisch

пропекáть *см.* пропечь

пропéллер *м ав.* Propéller *m* (6), Lúftschraube *f* (11); шаг ~а Propéllerhub *m* (1*)

пропéллерный Propéller-

пропéть *см.* петь

пропечáтать *разг.* (*кого-л.*) über j-n in der Présse lósziehen*

пропéчь dúrchbacken* *vt*, dúrchbacken lássen*; dúrchwärmen *vt* (*о солнце*); ~**ся** dúrchgebacken sein; durchwärmt [dúrchgewärmt] sein, sich bráten lássen* (*на солнце*)

пропивáть *см.* пропить

пропи́л I *м* (*пропиленное место*) Sägeschnitt *m*

пропи́л II *м хим.* Propýl *n* -s

пропилéи *мн. архит.* Propyläen *pl*; Práchttor mit hállenartigem Vórbau

пропилéн *м хим.* Propylén *n* -s; Propén *n* -s

пропи́ливать, пропили́ть dúrchsägen *vt*; áussägen *vt*

прописáть 1. (*кого-л.*) (polizéilich) ánmelden *vt*, éintragen lássen*; registríeren *vt*; ~ нового жильца éinen néuen Éinwohner ánmelden; 2. (*лекарство*) verschréiben* *vt*; verórdnen *vt*; 3. (*некоторое время*) (éine Zéitlang) schréiben* *vi*; ◇ тебе за это пропишут *разг.* dafür wirst du déine Stráfe erhálten, das wirst du áusbaden müssen; ~**ся** sich (polizéilich, behördlich) ánmelden

пропи́ск||а *ж* (polizéiliche) Ánmeldung *f* (10); Páßeintragung *f* (10); Ánmeldebescheinigung *f* (10); обязательная ~а Méldepflicht *f*; временная ~а Ánmeldung für éinen zéitweiligen Áufenthalt; получить разрешение на ~у éine Zúzugsgenehmigung erhálten*; листок [формуляр] для ~и Ánmeldebogen *m* (7, 7*), Ánmeldeformular *n* (2); жить без ~и únangemeldet lében [wóhnen]

прописн||óй 1. Ánmelde-; 2.: ~ая буква gróßer Búchstabe, Gróßbuchstabe *m* (15), Versál [ver-] *m* -s, -i|en, Versálbuchstabe *m*, Majúskel *f* (11); ~ые буквы Kapitálschrift *f* (10); ◇ ~ая мораль verlógene Morál; Spíeßermoral *f*; ~ая истина Bínsenwahrheit *f*; Geméinplatz *m* (1*)

прописывать *см.* прописать 1, 2; ~**ся** 1. *см.* прописаться; 2. *страд.* ángemeldet wérden; verschríeben [verórdnet] wérden (*ср.* прописать 1, 2)

пропись *ж* Schréibvorlage *f* (11); Músterschrift *f* (10); ~**ю** *нареч.* in Wórten (*сокр.* i. W.); in Búchstaben; писать число ~ю éine Zahl in Wórten schréiben*

пропитáние *с* Ernährung *f*, Náhrung *f*, Lébensunterhalt *m* -(e)s; зарабатывать на ~ séinen Lébensunterhalt verdíenen

пропитá||ть (durch)tränken *vt*; imprägníeren *vt*; быть пропитанным чем-л. durchtränkt sein (von *D*); *перен.* durchdrúngen [erfüllt] sein (von *D*); ~**ться** durchtränkt sein (чем-л. von *D*); стены ~лись сыростью die Wände sind durch und durch feucht

пропи́тка *ж* 1. (*пропитывание*) Imprägníerung *f*; 2. (*состав*) Imprägníerung *f*, Imprägníerungsmittel *n* (6); огнезащитная ~ Féuerschutztränkung *f*

пропитóй *разг.* Säufer-; ~ голос Säuferstimme *f*

пропи́тыв||ание *с* Tränkung *f*, Durchtränkung *f*, Imprägníerung *f*; ~**ать** *см.* пропитать; ~**аться** 1. *см.* пропитаться; 2. *страд.* durchtränkt [imprägníert] wérden

пропи́ть *разг.* vertrínken* *vt*, versáufen* *vt*; ~ свои деньги sein Geld versáufen*, sein Geld durch die Gúrgel jágen

пропи́хивать, пропихну́ть *разг.* dúrchschieben* *vt*; dúrchquetschen *vt*, dúrchzwängen *vt* (*протиснуть*); zwängen *vt*, schíeben* *vt* (во что-л. durch *A*)

проплáвать (éine Zéitlang) schwímmen* *vi* (h, s); zu Schiff réisen, (éine Zéitlang) fáhren* *vi* (s) (*на судне*); ~ матросом (éine Zéitlang) als Matróse dienen [zur See fáhren*]

проплáкать (die gánze Zeit über) wéinen; ◇ ~ все глаза sich die Áugen áusweinen

проплы́в *м спорт.* Schwímmen *n* -s, Wéttschwimmen *n*; ~ на три километра Dréikilometerschwimmen *n*

проплывáть, проплы́ть 1. dúrchschwimmen* *vi* (s) (под чем-л. únter *D*); vorbéischwimmen* *vi* (s), vorüberschwimmen* *vi* (s) (мимо чего-л. an *D*); (éine Strécke) schwímmen* *vi* (s) (*покрыть расстояние*); ~ под мостом únter der Brücke dúrchschwimmen*; 2. *разг.* (*важно пройти*) vorüberschweben *vi* (s), vorüberziehen* *vi* (s), vorübergleiten* *vi* (s); einhérschreiten* *vi* (s)

проплясáть (éine Zéitlang) tánzen *vi*, *vt*

проповéд||ник *м* 1. Prédiger *m* (6); 2. (*распространитель идей, взглядов*) Verbréiter *m* (6), Verkünder *m* (6); Ánhänger *m* (6) (*сторонник*); ~**овать** 1. prédigen *vi*; 2. (*распространять идеи, взгляды*) verbréiten *vt*; (éinen Stándpunkt) verféchten* *vt*

прóповедь *ж* 1. Prédigt *f* (10); 2. (*распространение идей, взглядов*) Verbréitung *f*, Propagíerung *f*

пропóйца *м разг.* Trúnkenbold *m* (1), Trínker *m* (6), Säufer (6)

пропола́скивать *см.* прополоскать

проползáть, проползти́ 1. dúrchkriechen* *vi* (s); heréinkriechen* *vi* (s); kríechen* *vi* (s), kríechend zurücklegen (*некоторое расстояние*); 2. (*ползком проникнуть куда-л.*) sich éinschleichen*, éindringen* *vi* (s)

пропóлка *ж с.-х.* Jäten *n* -s, Áusjäten *n*; Behácken *n* -s; химическая ~ chémische Únkrautbekämpfung

прополоскáть spülen *vt*, áusspülen *vt*, dúrchspülen *vt*; ~ горло gúrgeln

прополóть jäten *vt*, áusjäten *vt*; behácken *vt*

пропорционáльн||ость *ж* Proportionalität *f*, Verhältnisgleichheit *f*; Ébenmaß *n* (2), Harmoníe *f* (11) (*соразмерность*); прямая ~ость *мат.* dirékte Proportionalität; обратная ~ость *мат.* úmgekehrte [índirekte] Proportionalität; ~**ый** Proportionál-, proportionál (чему-л. zu *D*); proportioníert, verhältnisgleich, gléichmäßig, ébenmäßig, harmónisch (*соразмерный, гармоничный*); ~ое представительство Verhältnisvertretung *f*; система ~ого представительства Proportionálwahlsystem *n* -s, Verhältniswahlsystem *n*; Proportionálwahl *f*; ~ое обложение Proportionálsteuer *f* (11); прямо ~ый *мат.* dirékt proportionál; обратно ~ый *мат.* índirekt [úmgekehrt] proportionál

пропóрци||я *ж* Proportión *f* (10), Verhältnis *n* (3*), Verhältnisgleichung *f*; арифметическая ~я arithmétische Proportión, геометрическая ~я geométrische Proportión; не выдержать ~и die Proportiónen nicht éinhalten*; соблюдать ~и die (ríchtigen) Proportiónen wáhren

пропотéлый *разг.* dúrchgeschwitzt, schwéißgetränkt

пропотéть 1. schwítzen *vi*; dúrchschwitzen *vi*; 2. (*о платье и т. п.*) verschwítzt [dúrchgeschwitzt] sein; schwéißdurchnäßt sein

прóпуск *м* 1. (*занятий, заседаний и т. п.*) Versäumen *n* -s, Versäumnis *n* (3*); ~ по болезни Áusfallzeiten infólge Kránkheit; ~ срока Frístversäumnis *n*; ~и уроков versäumte Stúnden *pl*; 2. (*опускание*) Áuslassen *n* -s, Wéglassen *n*; 3. (*пробел*) léere [fréie] Stélle, Lücke *f* (11); 4. (*впуск*) Éinlaß *m* -sses; порядок ~а (*грузов, багажа на границе*) Ábfertigungsverfahren *n* -s, Ábfertigung *f*; 5. (*документ*) Passíerschein *m* (1), Éinlaßschein *m*; Éinlaßgenehmigung *f* (10); постоянный ~ Dáuerpassierschein *m*; Dáuerberechtigungsschein *m*; разовый ~ ein éinmaliger Passíerschein; Passíerschein zum éinmaligen Betréten; служебный ~ Díenstausweis *m* (1); ~ на ярмарку Mésseausweis *m*; транзитный ~ Transítschein *m* (1); впускать по ~у auf Passíerschein éinlassen*; 6. *воен.* (*пароль*) Paróle *f* (10), Kénnwort *n* (5)

пропускáть 1. *см.* пропустить; 2. (*насквозь*) dúrchlassen* *vt*; dúrchlässig [úndicht] sein; löschen *vt* (*о бумаге*)

пропускн||óй Dúrchlaß-, Passíer-, Dúrchgangs-; ~óй пункт Passíerstelle *f* (11), Übergangsstelle *f*; ~ая бумага Löschpapier *n* -s; ~ая способность *эк.* Úmschlagkapazität *f*; Dúrchlaßfähigkeit *f* (*дороги*); Léistung *f* (*порта*); Kapazität *f* (*лагеря*)

пропусти́ть 1. (*дать пройти*) dúrchlassen* *vt*; éinlassen* *vt*, éintreten lássen* *vt* (*впустить*); ~ вперёд (*кого-л.*) vórlassen* *vt*; j-m den Vórtritt lássen*; j-n vorángehen lássen*; 2. (*мимо*) vorbéilassen* *vt*; Raum gében* (кого-л. *D*) (*дать место*); 3. (*через что-л.*) dúrchlassen* *vt*; ~ через мясорубку durch den Fléischwolf dréhen; 4. (*опустить, не упомянуть*) áuslassen* *vt*, fórtlassen* *vt*; überspríngen* *vt*; überschlágen* *vt* (*страницу в книге*); 5. (*урок, заседание и т. п.*) versäumen *vt*; ~ занятия в школе Schúltage versäumen; (намеренно) ~ поезд éinen Zug überspríngen* [áuslassen*]; 6. (*прозевать*) verpássen *vt*, verschláfen* *vt*, sich (*D*) entgéhen lássen*; durch die Fínger schlüpfen lássen*; ~ срок den Termín versäumen [nicht éinhalten]; 7. *разг.* (*о столовой, магазине — обслужить*) bedíenen *vt*; ◇ ~ что-л. мимо ушей etw. überhören; ~ рюмочку éinen hínter die Bínde gíeßen*; sich (*D*) ein Gläs|chen genéhmigen

пропутеше́ствовать (éine Zéitlang) réisen *vi* (s), auf Réisen sein

пропья́нствовать (éine Zéitlang) sáufen *vi*

прора́б *м* (производи́тель рабо́т) *стр.* Báuleiter *m*, Báuführer *m* (6)

прораба́тывать *см.* прорабо́тать 1, 3

прорабо́та||ть 1. (*изучить*) dúrcharbeiten *vt*, dúrchstudieren *vt*, dúrchnehmen* *vt*; он основа́тельно ~л кни́гу er hat das Buch gründlich dúrchgearbeitet [dúrchgeackert (*разг.*)]; 2. (*некоторое время*) (éine Zéitlang) dúrcharbeiten *vi*; 3. *разг.* (*раскритиковать*) sich (*D*) j-n vórnehmen*; herúntermachen, herúnterputzen

прорабо́тка *ж* 1. Dúrcharbeitung *f*; Áusarbeitung *f*; у́стная ~ (*текста и т. п.*) mündliche Analýse [Dúrchnahme]; 2. *разг.* (*критика*) Kritík *f*

прора́н *м гидр.* Dúrchflußrinne *f* (11)

прораста́н||ие *с* Kéimen *n* -s, Kéimung *f*, Áufkeimung *f*, Germinatión *f*; гото́вность к ~ию Kéimstimmung *f*

прораста́ть, прорасти́ áufkeimen *vi* (s), áufkommen* *vi* (s) (*дать ростки*); áufsprießen* *vi*

про́рва *ж* 1. *разг.* (*множество*) Únmenge *f*, Únmasse *f*; 2. *разг.* (*обжора*) Nímmersatt *m* (1); Víelfraß *m* (1); *перен.* Faß óhne Bóden; 3. *обл.* (*яма в болоте*) tíefes Loch im Sumpf

прорва́||ть dúrchreißen* *vt*, zerréißen* *vt*; ein Loch réißen* (что-л. in *D*); ~ть оборо́ну [фронт] die Vertéidigung [die Front] durchbréchen*; ~ть плоти́ну den Damm durchbréchen*; ◇ его́ ~ло *разг.* er bráuste auf, er fuhr aus der Haut; er ging hoch; **~ться** 1. (*о платье и т. п.*) zerréißen* *vi* (s), zerschléißen* *vi* (s); 2. (*лопнуть*) plátzen *vi* (s); áufbrechen* *vi* (s), áufgehen *vi* (s) (*о нарыве*); 3. (*сквозь что-л.*) sich dúrchschlagen*, dúrchbrechen* *vi* (s), dúrchstoßen* *vi* (s); durchschállen *vi* (*о звуке*); zum Áusbruch kómmen* (*о чувстве и т. п.*); его́ темпера́мент ~лся sein Temperamént ging ihm durch

прореди́ть, проре́живать *с.-х.* áusdünnen *vt*, verzíehen* *vt*

проре́з *м* Áusschnitt *m* (1), Éinschnitt *m*; Schlitz *m* (1)

проре́зать, прореза́ть dúrchschneiden* *vt*, éinschneiden* *vt*, áusschneiden* *vt*; éinsägen *vt*, áussägen *vt* (*пилой*); ~ дыру́ ein Loch máchen

проре́заться, прореза́ться 1. (*о зубах*) dúrchbrechen* *vi* (s); у ребёнка прореза́ются зу́бы das Kind bekómmt Zähne, das Kind zahnt; 2. *страд.* dúrchgeschnitten wérden (*ср.* проре́зать)

прорези́нивать, прорези́нить gummíeren *vt*; imprägníeren *vt*

прорезн||о́й: с ~ы́ми карма́нами mit ángeschnittenen [éingeschnittenen] Táschen

проре́зывание *с* 1. Dúrchschneiden *n* -s, Éinschneiden *n*; 2.: ~ зубо́в das Dúrchbrechen der Zähne

проре́зывать(ся) *см.* проре́зать(ся)

про́резь *ж* Öffnung *f* (10); Schlitz *m* (1); Ríll̈e *f* (11); Rínne *f* (11); ~ прице́ла *воен.* Kímme *f* (11); ~ у почто́вого я́щика Bríefkastenschlitz *m*, Bríefeinwurf *m* (1*)

проре́ктор *м* Prórektor *m* -s, -toren; ~ по уче́бной ча́сти Prórektor für Stúdienangelegenheiten; **~а́т** *м* Prorektorát *n* (2)

прорепети́ровать próben *vt*, éinstudieren *vt*

проре́ха *ж* 1. Loch *n* (5), Riß *m* -sses, -sse; 2. (*у брюк*) Schlitz *m* (1), Hósenschlitz *m*; 3. *разг.* (*недостаток*) Lücke *f* (11), Féhler *m* (6), Mángel *m* (6*)

прорецензи́ровать rezensíeren *vt*, beúrteilen *vt*

проржа́веть verrósten *vi* (s), dúrchrosten *vi* (s)

прорица́ние *с* Prophezéiung *f* (10), Wéissagung *f* (10)

прорица́тель *м* Prophét *m* (8), Verkünder *m* (6); **~ница** *ж* Prophétin *f* (12), Verkünderin *f* (12)

прорица́ть prophezéien *vt*, wéissagen *неотд. vt*

проро́к *м* Prophét *m* (8); ◇ нет ~а в своём оте́честве ein Prophét gilt nichts in séinem Váterlande [im éigenen Lánde]

пророни́ть: не ~ ни сло́ва den Mund nicht áuftun*, nicht ein Wort fállenlassen*; sich áusschweigen* (*отмалчиваться*)

проро́ческ||ий prophétisch; **~и** (*писать, говорить*) mit Séhergabe; ~ие слова́ prophétische Wórte

проро́чество *с* Prophezéiung *f* (10), Wéissagung *f* (10); **~вать** prophezéien *vt*, wéissagen *неотд. vt*

проро́чить prophezéien *vt*, vorhérsagen *vt*

проро́чица *ж* Prophétin *f* (12)

проруба́ть, прооруби́ть dúrchhauen* *vt*, dúrchschlagen* *vt*, dúrchbrechen* *vt*, ein Loch in etw. (*A*) schlagen*; ~ про́секу éine Schnéise schlágen*

про́рубь *ж* Éisloch *n* (5)

проруха *ж разг.* Féhler *m* (6), Féhltritt *m* (1), Bock *m* (1*), Míßgriff *m* (1); ◇ и на старуху быва́ет ~ *посл.* ≅ Álter schützt vor Tórheit nicht

проры́в *м* 1. Dúrchbruch *m* (1*) (*тж. воен.*); Éinbruch *m*; бой с це́лью ~а Dúrchbruchkampf *m* (1*); ~ плоти́ны Dámmbruch *m*, Déichbruch *m*; 2. (*в работе*) Rückstand *m* (1*); ликвиди́ровать ~ den Rückstand behében* [liquidíeren], éine Lücke schlíeßen*

прорыва́ть I *см.* прорва́ть

прорыва́ть II *см.* проры́ть

прорыва́ться 1. *см.* прорва́ться; 2. *страд.* zerríssen [durchbróchen] wérden

проры́ть (dúrch)gráben* *vt*; áusschachten *vt* (*канал и т. п.*); ~ кана́ву éinen Gráben zíehen* [áusheben*, áuswerfen*]

просади́ть, проса́живать *разг.* (*истратить*) vergéuden *vt*, verschwénden *vt*, verplémpern *vt*, vertún* *vt*

проса́дка *ж стр.* Ábsacken *n* -s, Sétzung *f*, Éinsenken *n* -s, Ábsenkung *f* (*напр. фундамента*)

проса́ливать fétten *vt*, mit Fett (durch)tränken; **~ся** sich mit Fett (durch)tränken, féttig wérden; бума́га начина́ет ~ся das Papíer begínnt féttig zu wérden

просали́ть(ся) *см.* проса́ливать(ся)

проса́чив||ание *с* Versíckern *n* -s, Dúrchsickern *n* -s; **~аться** *см.* просочи́ться

просве́рливать, просверли́ть durchbóhren *vt*, ein Loch in etw. (*A*) bóhren, perforíeren *vi*

просве́т *м* 1. (*на небе*) Líchtstreif *m* (1), Líchtschimmer *m* -s; *перен.* Líchtblick *m* (1), Hóffnungsstrahl *m* (13); 2. *стр.* Fénsteröffnung *f* (10) (*окна*); Türöffnung *f* (*двери*); *тех.* líchte Wéite; Zwíschenraum *m* (1*); Lücke *f* (11); Dúrchsicht *f*; доро́жный ~ *авто* Bódenfreiheit *f*; 3. (*промежуток*) Ábstand *m* (1*), Vórgabe *f* (11); 4. *воен.*: ~ пого́нов офице́рского соста́ва Túchunterlage für die Schúlterstücke der Offizíere; цвет ~а Wáffenfarbe der Túchunterlage

просвети́тель *м* Áufklärer *m* (6); *ист. тж.* Vertréter des Zéitalters der Áufklärung; **~ный** áufklärend, bíldend; Áufklärungs-; проводи́ть ~ную рабо́ту Áufklärungsarbeit léisten

просвети́ть I (*сообщить знания*) áufklären *vt*, bílden *vt*

просвети́ть II 1. *мед.* (mit Röntgenstrahlen) durchléuchten *vt*, röntgen *vt*; 2. (*светом*) durchléuchten *vt* (*куриное яйцо*)

просветле́ние *с* 1. (*действие*) Áufhellung *f* (10); 2. *перен.* Áufhellen *n* -s, Áufleuchten *n* -s, ein líchter Momént; Klärung *f*, Klárheit *f* (*сознания*)

просветле́ть sich áufhellen; sich áufklären; áufleuchten *vi* (*о лице*); ~ от ра́дости vor Fréude áufleuchten

просве́чив||ание *с мед.* Schírmbilduntersuchung *f*, Durchléuchtung *f* (mit Röntgenstrahlen), Röntgen *n* -s; **~ать** 1. *см.* просвети́ть II; 2. (*быть прозрачным*) dúrchsichtig sein; 3. (*быть видным через что-л.*) dúrchschimmern *vi*, dúrchleuchten *vi* (durch *A*)

просвеща́ть *см.* просвети́ть I

просвеще́н||ец *м* Mítarbeiter der Vólksbildung; Léhrer *m* (6); **~ие** *с* Áufklärung *f*; Bíldung *f*; Bíldungswesen *n* -s; полити́ческое ~ие stáatspolitische Schúlung; систе́ма парти́йного ~ия das Systém der Partéischulung; уче́бный год в се́ти парти́йного ~ия Partéilehrjahr *n* (2); ме́стные о́рганы ~ия die örtlichen Bíldungsorgane; ◇ эпо́ха просвеще́ния *ист.* das Zéitalter der Áufklärung

просвещённ||ость *ж* Kultúr *f*; Bíldung *f*; **~ый** gebíldet, áufgeklärt; ◇ ~ый абсолюти́зм *ист.* der áufgeklärte Absolutísmus

просвира́, просви́рка *ж церк.* Hóstie *f* (11)

просвиря́к *м бот.* Málve [-və] *f* (11); лесно́й ~ wílde Málve

просвисте́ть pféifen *vt*, *vi*; vorbéipfeifen* *vi* (s) (*со свистом пролететь*)

про́седь *ж* (stéllenweise) ergráutes Haar; с ~ю gráumeliert; во́лосы с ~ю gráumeliertes Haar

просе́ив||ание *с* Dúrchsieben *n* -s, **~ать** *см.* просе́ять

про́сека *ж* Schnéise *f* (11); Dúrchhau *m* (1), Wáldweg *m* (1)

просёлок *м* Féldweg *m* (1)

просёлочн||ый: ~ая доро́га Féldweg *m* (1)

просе́ять dúrchsieben *vt*; áussieben *vt*, (dúrch)béuteln *vt*

просиде́ть, проси́живать 1. (éine Zéitlang) sítzen* *vi*; ~ всю ночь die gánze Nacht áufbleiben* [versítzen*, áufsein*]; 2. (*пробыть*) bléiben* *vi* (s), verbríngen* *vt*; 3. *разг.* (*испортить*) dúrchsitzen* *vt* (*стул и т. п.*); dúrchscheuern *vt* (*брюки*); проси́женное кре́сло ein ábgesessener [dúrchgesessener] Séssel

проси́тель *м* Bíttsteller *m* (6), Ántragsteller *m* (6); **~ный** bíttend, démütig

проси́ть bítten* *vt*, ersúchen *vt* (чего́-л., о чём-л. um *A*); ~ разреше́ния um Erláubnis bítten*; ~ извине́ния um Entschúldigung bítten*, sich entschúldigen; ~ сове́та éinen Rat erbítten*, j-n um Rat frágen [ángehen*]; ~ слóва ums Wort bítten*; sich zum Wort mélden; ~ к столý zu Tisch bítten*; ~ когó-л. за когó-л. sich bei j-m für j-n verwénden*; für j-n ein gútes Wort bei j-m éinlegen; ~ рукú *уст.* um j-n ánhalten* [wérben*]; um j-s Hand ánhalten*; ~ мúлостыню bétteln *vi*; um Álmosen bítten*; прóсят не курúть es wird gebéten nicht zu ráuchen; прóсят не беспокóиться es wird gebéten sich nicht zu bemühen; ◇ мúлости прóсим bítte sehr, tréten Sie näher [ein]; прошý! (*при угощении*) darf ich bítten?, bítte schön!; **~ся** *разг.* um Erláubnis bítten*; bítten* *vt* (um *A*); ~ся в óтпуск um Úrlaub bítten* [ánsuchen, éinkommen*]; ◇ э́то прóсится на картúну es ist zum Málen

просиять 1. (*о солнце*) erglänzen *vi*, erstráhlen *vi*; 2. (*стать радостным*) áufleuchten *vi*, áufstrahlen *vi*, sich áufhellen

проскакáть 1. vorbéijagen *vi* (s); vorbéisprengen *vi* (s) (*верхом*) (мúмо когó-л., мúмо чегó-л. an *D*); 2. (*некоторое время, некоторое расстояние*) (éine Zéitlang) jágen *vi*; galoppíeren *vi* (s), réiten* *vi* (s) (*верхом*)

проскáкивать *см.* проскочúть

проскáльзывать *см.* проскользнýть

просквозú||ть *безл.*: меня́ ~ло ich hábe Zug bekómmen; ich hábe mich in der Zúgluft erkältet

просклоня́ть *грам.* deklinieren *vt*

проскользнý||ть dúrchgleiten* *vi* (s), dúrchschlüpfen *vi* (s); неслы́шно ~ть чéрез кóмнату únhörbar durch das Zímmer schlüpfen [gléiten*, húschen]; в егó словáх ~л намёк man kónnte aus séinen Wórten éine Ánspielung heráushören

проскочúть 1. vorbéilaufen* *vi* (s), vorbéispringen* *vi* (s) (мúмо когó-л., мúмо чегó-л. an *D*); dúrchspringen* *vi* (s), hindúrchschlüpfen *vi* (s) (*через что-л.*); 2. *разг.* (*об ошибке*) unterláufen* *vi* (s); sich éinschleichen*

проскрипéть knárren *vi*

проскрипциóнный: ~ спúсок *ист.* Proskriptiónsliste *f* (11)

проскучáть sich (éine Zéitlang) lángweilen, sich (éine Zéitlang) séhnen (по ком-л. nach *D*)

прослáби||ть *безл.*: больнóго ~ло der Kránke hátte Dúrchfall

прослáвить 1. berühmt máchen; verhérrlichen *vt*; lóbpreisen(*) *неотд.* *vt*, glorifizíeren *vt*; 2. *уст.* (*ославить*) verléumden *vt*; **~ся** berühmt wérden, sich (*D*) éinen Námen máchen

прославлéние *с* Verhérrlichung *f* (10), Lóbpreisung *f* (10), Glorifizíerung *f* (10)

прослáвленный berühmt; víelgerühmt, námhaft; geféiert, gepríesen

прославля́ть *см.* прослáвить 1; **~ся** 1. *см.* прослáвиться; 2. *страд.* gepríesen wérden

проследúть 1. (*выследить*) náchspüren *vi*, áufspüren *vi* (когó-л. *D*); 2. (*наблюдать*) verfólgen *vt*; áchten *vi* (за чем-л. auf *A*); ~ за выполнéнием auf die Erfüllung [Éinhaltung] áchten; 3. (*исследовать*) verfólgen *vt*; zurückverfolgen *vt* (*за чем-л. в прошлом*)

проследóвать sich begében*; dúrchfahren* *vi* (s), wéiterfahren* *vi* (s) (*о поезде*)

прослéживать *см.* проследúть; **~ся** sich zurückverfolgen lássen* (*в прошлом*)

прослезú||ться zu Tränen gerührt sein; in Tränen áusbrechen*; он ~лся Tränen tráten ihm in die Áugen, séine Áugen stánden voll Tränen

прослóйка *ж* 1. Zwíschenlage *f* (11), Schicht *f* (10); Trénnschicht *f*; крéмовая ~ *кул.* Krémschicht *f*; 2. (*общественная*) Zwíschenschicht *f* (10)

прослужúть 1. (éine Zéitlang) díenen *vi*, árbeiten *vi*; 2. (*о вещи — быть в употреблении*) (éine Zéitlang) in Gebráuch sein; díenen *vi*

прослýшать 1. (*выслушать*) ánhören *vt*, hören *vt*; ábhören *vt* (*напр. пластинку*); ~ курс лéкций éinen Vórlesungszyklus hören [besúchen]; *уст.* ein Kollég besúchen (*в вузе*); 2. *мед.* ábhorchen *vt*; ~ лёгкие die Lúngen ábhorchen; 3. (*не услышать*) überhören *vt*, sich (*D*) etw. entgéhen lássen*

прослýшиван||ие *с* Ábhören *n* -s; *мед.* Ábhorchen *n* -s; кóмната для ~ия (*звукозаписи*) Mónitorraum *m* (1*), Ábhörraum *m*; устанóвка для ~ия (*звукозаписи*) Ábhöranlage *f* (11)

прослýшивать *см.* прослýшать 1, 2

прослы́ть gélten* *vi*, gehálten wérden (кем-л. für *A*); емý хóчется ~ знатокóм er will ein Kénner sein

прослы́шать *разг.* erfáhren* *vt*, vom Hörensagen wíssen*

просмáтривать *см.* просмотрéть

просмолúть téeren *vt*, mit Teer tränken, (áus)píchen *vt*

просмóтр *м* 1. Dúrchsicht *f*; Vórführung *f* (*фильма и т. п.*); закры́тый ~ кинофúльма geschlóssene Fílmvorführung; 2. *разг.* (*недосмотр*) Verséhen *n* (7), Unterlássung *f* (10); Fáselfehler *m* (6) (*разг.*)

просмóтренн||ый: ~ое издáние éine verbésserte [dúrchgesehene] Áuflage

просмотрéть 1. dúrchsehen* *vt*; dúrchlesen* *vt* (*книгу, рукопись*); überflíegen* *vt* (*быстро*); prüfen *vt*, überprüfen *vt*, náchprüfen *vt*, síchten *vt* (*проверить*); 2. (*пропустить*) übersehen* *vt*, áuslassen* *vt*, áußer acht lássen*, dúrchlassen* *vt*, nicht bemérken

просмóтровый: ~ зал (*киностудии*) Vórführungsraum *m* 1*)

проснýться erwáchen *vi* (s), áufwachen *vi* (s), wach wérden

прóсо *с* Hírse *f*

просóвывать(ся) *см.* просýнуть(ся)

просодúческий *лит.* prosódisch, der Prosodíe gemäß

просóдия *ж лит.* Prosodíe *f* (11)

просолúть sálzen (*part* II gesálzt *и* gesálzen) *vt*, éinsalzen *vt*, dúrchsalzen *vt*

просорýшка *ж* *с.-х.* Hírsemühle *f* (11) (*предприятие*); Hírseschälmaschine *f* (11)

прососáть (*о воде*) durchdríngen* *vt*; **~ся** dúrchsickern *vi* (s)

просóхнуть áustrocknen *vi* (s)

просочúться *тж. перен.* dúrchsickern *vi* (s)

проспá||ть 1. (éine Zéitlang) schláfen* *vi*; я ~л вóсемь часóв ich hábe acht Stúnden geschláfen; ~ть всю ночь die Nacht durchschláfen*; 2. (*не проснуться вовремя*) verschláfen* *vi*; 3. *разг.* (*пропустить, прозевать*) verschláfen* *vt*, versäumen *vt*; **~ться** (*о пьяном*) den Rausch áusschlafen*

проспéкт I *м* (*улица*) Prospékt *m* (1); Alléе *f* (11)

проспéкт II *м* (*программа, план*) Prospékt *m* (1), Plan *m* (1*), Prográmm *n* (2); Wérbeprospekt *m*, Wérbeschrift *f* (*реклама*); ~ издáтельства Verlágsprospekt *m*

проспиртовáть in Spíritus légen

проспóрить 1. (*некоторое время*) (éine Zéitlang) stréiten* *vi*; 2. *разг.* (*проиграть*) verwétten *vt*, beim Wétten verlíeren*

проспрягáть *грам.* konjugíeren *vt*

просрóченный ábgelaufen; überschrítten; úngültig (*недействительный*); überfällig (*о векселе*); ~ пáспорт ein ábgelaufener [úngültiger] Paß; ~ óтпуск ein überschríttener Úrlaub

просрóчивать, **просрóч||ить** éinen Termín versäumen [überschréiten*]; ~ вéксель éinen Wéchsel verfállen lássen*; ~ платежú mit den Záhlungen in Verzúg geráten*; **~ка** *ж* Versäumnis *n* (3*); Überziehen *n* -s, Verábsäumung *f*; Verfáll *m* -(e)s (*векселя*); Termínüberschreitung *f*, Termínversäumnis *n*, Frístüberschreitung *f* (*даты*); ~ка платежá Záhlungsverzug *m* -(e)s; ~ка óтпуска das Überschréiten des Úrlaubstermins

простáвить, **проставля́ть** (*дату, фамилию и т. п.*) éintragen* *vt*, éinsetzen *vt*, ~ дáту на письмé éinen Brief datíeren

простáивать *см.* простоя́ть

простáк *м разг.* Éinfaltspinsel *m* (6), Dúmmlack *m* (1)

простáта *ж анат.* Próstata *f*, Vórsteherdrüse *f*

простегáть, **простёгивать** (dúrch-) stéppen *vt*, ábsteppen *vt*

простéйшие *сущ. мн. зоол.* Úrtierchen *pl*, Éinzeller *pl*, Protozóen *pl*

простéнок *м* Zwíschenwand *f* (3); Trénnmauer *f* (11); Fénsterpfeiler *m* (6) (*между окнами*)

прóстенький *разг.* éinfach; naív, éinfältig (*о человеке*)

простерéть 1. áusstrecken *vt*, strécken *vt*; ~ рýки die Hände áusstrecken, 2. (*требования и т. п.*) hóchschrauben *vt*; далекó ~ свои трéбования séine Förderungen weit stécken; **~ся** *см.* простирáться

простирáние *с горн.* Stréichen *n* -s, Erstréckung *f*

простирáть I *см.* простерéть

простирáть II (*выстирать*) waschen* *vt*, dúrchwaschen* *vt*

простирáться sich erstrécken, sich áusdehnen; réichen *vi* (до чегó-л. bis zu D)

простúтельный verzéihlich, entschúldbar

проституúровать prostituíeren *vi*

проститýтка *ж* Prostituíerte *f* (14), Stráßendirne *f* (11), Húre *f* (11)

проститýция *ж* Prostitutión *f*

прост||úть 1. verzéihen* *vt*, vergében* *vt*; ~úте меня́! verzéihen Sie!, entschúldigen Sie!, Verzéihung!; néhmen Sie's mir, bítte, nicht übel; 2.: ~úть долг éine Schuld erlássen* [stréichen*]; 3. *уст.*: ~ú!, ~úте! (*при расставании*) lébe wohl!, lében Sie wohl!; ◇ послéднее ~ú das létzte Lebewóhl; сказáть послéднее ~ú Lebewóhl ságen

простúться 1. Ábschied néhmen*, sich verábschieden (с кем-л. von D); 2. (*расстаться с кем-л., с чем-л.*) j-m, etw. (*D*) Lebewóhl ságen, sich trénnen (von *D*)

прóсто *нареч.* 1. éinfach; э́то ~ объясня́ется die Erklärung dafür ist éinfach; ему́ о́чень ~ э́то сде́лать es ist ihm ein léichtes, das zu tun; ihm macht es nichts aus; тебе́ ~ рассужда́ть du hast gut réden; э́то ~ не удало́сь es istében nicht gelúngen; **2.** (*попросту, на самом деле*) geradezú, dirékt; ~ по привы́чке éinfach aus Gewóhnheit; э́то ~ ерунда́ das ist éinfach Únsinn; ◇ ~-на́просто éinfach, rundwég; ~ так nur so, óhne Ábsicht

простова́т||ость *ж* Naivitä́t [-vi-] *f*; Éinfältigkeit *f*, Álbernheit *f*; **~ый** naív; éinfältig, álbern

простоволо́сый *разг.* óhne Kópfbedeckung, bárhäuptig

простоду́ш||ие *с* Tréuherzigkeit *f*, Vertráuensseligkeit *f*; **~ный** tréuherzig, vertráuensselig, áufrichtig

прост||о́й I *прил.* **1.** éinfach; **2.** (*обыкновенный*) gewöhnlich, éinfach, schlicht; beschéiden (*скромный*); natürlich (*естественный*); ~о́й о́браз жи́зни éinfache [beschéidene] Lébensweise; ~о́й челове́к ein éinfacher [schlíchter] Mensch; ~о́й сме́ртный ein gewöhnlicher Stérblicher; ~о́е сравне́ние пока́зывает der blóße Vergléich zeigt; **3.** (*не составной*); ~о́е предложе́ние *грам.* ein éinfacher Satz; ~о́е число́ Prímzahl *f* (10); ◇ ~о́е письмо́ éinfacher Brief; ~ы́м гла́зом mit blóßem Áuge; по той ~о́й причи́не, что... aus dem éinfachen Grund, daß...; про́ще ~о́го dénkbar éinfach

просто́й II *сущ. м* (*в работе*) Stíllstand *m* -(e)s; Árbeitsausfall *m* -(e)s, Zéitausfall *m*, Áusfallstunden *pl*; Wártezeit *f*; Líegezeit *f*; Háltezeit *f*, Stándzeit *f*, Stíllstandszeit *f* (*парохода, вагонов и т. п.*); Betríebsstillegung *f* (*на заводе и т. п.*); пла́та за ~ Wártegeld *n* -(e)s; Líegegeld *n* (*судна в гавани*); Stándgeld *n* (*вагона*); ~ по техни́ческим причи́нам téchnisch bedíngte Wártezeit [Háltezeit]

простоква́ша *ж* sáure Milch, dícke Milch, Sáuermilch *f*

простонаро́дный zum éinfachen Volk gehörig, für das éinfache Volk charakterístisch

простонаро́дье *с уст.* das geméine Volk

простона́ть (áuf)stöhnen *vi*; ächzen *vi*

просто́р *м* **1.** (wéiter) Raum *m* (1*); Wéite *f*; **2.** *тк. ед.* (*свобода*) Fréiheit *f*, Úngebundenheit *f*; дать ~ чему́-л. éiner Sáche (*D*) die Zügel schíeßen lássen*; éiner Sáche (*D*) fréien Lauf lássen*; éiner Sáche (*D*) únbegrenzten Spíelraum eröffnen; вы́йти на ~ fréie Bahn erlángen, fréien Lauf háben [erhálten*, erlángen]

простору́ч||ие *с* salóppe Úmgangssprache; dérbe Vólkssprache; **~ный** salópp-úmgangssprachlich, dérb-vólkssprachlich

просто́рный geräumig; weit (*об одежде*); ~ зал ein geräumiger Saal

простосерде́ч||ие *с* Tréuherzigkeit *f*; Áufrichtigkeit *f* (*откровенность*); **~ный** tréuherzig, óffenherzig; áufrichtig (*откровенный*)

простота́ *ж* **1.** Éinfachheit *f*, Schlíchtheit *f*; Beschéidenheit *f* (*скромность*); **2.** (*естественность*) Natürlichkeit *f*; **3.** (*простодушие*) Tréuherzigkeit *f*, Óffenherzigkeit *f*; ◇ свята́я ~! héilige Éinfalt!, die Únschuld vom Lánde!; sáncta simplícitas! (*лат.*)

простофи́ля *м, ж разг.* Éinfaltspinsel *m* (6), Gímpel *m* (6), Tropf *m* (1*)

простоя́ть **1.** (éine Zéitlang) stéhen* *vi*; stéhenbleiben* *отд. vi* (s); **2.** (*пробыть — о войсках*) (éine Zéitlang) líegen* *vi*, stéhen* *vi*; **3.** (*бездействовать*) stíllstehen* *отд. vi*, stílliegen* (*при переносе* still-liegen) *отд. vi*; **4.** (*просуществовать — о доме, дереве*) stéhen* *vi*; éine bestímmte Lébensdauer háben; überdáuern *vt*

простра́нн||ость *ж* Wéitläufigkeit *f*; Áusführlichkeit *f* (*подробность*); **~ый** áusgedehnt; úmfangreich, wéitläufig, wéitschweifig, lángatmig; breit áusgeführt; áusführlich (*подробный*); **~о** (*говорить, выражаться*) wéitschweifig; des lángen und bréiten

простра́нственн||ый räumlich; Raum-, stereométrisch, Stéreo-; ~ая перспекти́ва *кино* Ráumperspektive [-və] *f*; в ~ом отноше́нии im räumlichen Sinn

простра́нств||о *с* Raum *m* (1*); Fläche *f* (11); возду́шное ~о Lúftraum *m*; безвозду́шное ~о lúftleerer Raum; косми́ческое ~о Wéltraum *m*; Kósmos *m* =; жи́зненное ~о Lébensraum *m*; во́дное ~о Wásserfläche *f*, Gewässer *pl*; мёртвое ~о *воен.* únbestrichener [(schúß)tóter] Raum; боя́знь ~а *мед.* Plátzangst *f*; наруше́ние возду́шного ~а (*какого-л. государства*) Lúftraumverletzung *f*

простра́нствовать (éine Zéitlang) réisen *vi* (s), wándern *vi* (h, s); umhérstreifen *vi* (s)

простра́ция *ж* Prostratión *f*, Kráftlosigkeit *f*, völlige Erschöpfung

простре́л *м разг.* (*болезнь*) Héxenschuß *m* -sses

простре́ливать, прострели́ть (*что-л.*) durchschíeßen* *vt*; *воен.* bestréichen* *vt* (*пространство*)

простро́чи́ть (dúrch)stéppen *vt*; ~ скла́дки die Falten náchnähen

просту́д||а *ж* Erkältung *f* (10); схвати́ть ~у *разг.* sich erkälten, sich (*D*) éine Erkältung zúziehen*

простуди́ть erkälten *vt*; **~ся** sich erkälten, sich (*D*) éine Erkältung hólen

просту́дн||ый: ~ое заболева́ние, ~ая боле́знь Erkältungskrankheit *f* (10), Erkältung *f* (10)

простужа́ть(ся), просту́живать(ся) *см.* простуди́ть(ся)

проступа́ть, проступи́||ть hervórtreten* *vi* (s), zum Vórschein kómmen*; sich ánsetzen (*о ржавчине*); dúrchschlagen* *vi* (*напр. о тексте на оборотной стороне бумаги*); на стене́ проступа́ет сы́рость an der Wand schlägt Féuchtigkeit durch; пот ~л на лбу der Schweiß trat (ihm) auf die Stirn

просту́пок *м* Vergéhen *n* (7), Féhltritt *m* (1), Übertrétung *f* (10); Stráftat *f* (10); дисциплина́рный ~ Disziplinárverstoß *m* (1*), Disziplinárvergehen *n* -s; служе́бный ~ Ámtsvergehen *n*, Díenstvergehen *n*

просту́шка *ж разг.* éinfältige Frau

простыва́ть *см.* просты́ть

просты́нн||ый Láken-; ~ое полотно́ Béttleinwand *f*

простыня́ *ж* Láken *n* (7); посте́льная ~ Béttlaken *n*, Béttuch (*при переносе* Bett-tuch) *n* (5); купа́льная ~ Bádelaken *n*, Bádetuch *n*

просты́||ть **1.** ábkühlen *vi* (s), kalt wérden; **2.** *разг.* (*простудиться*) sich erkälten; ◇ его́ и след ~л er ist spúrlos verschwúnden; er ist längst über álle Bérge, er ist auf und davón

просу́нуть dúrchstecken *vt*, dúrchschieben* *vt*; dúrchzwängen *vt* (*с трудом*); **~ся** sich dúrchdrängen

просу́ш||ивать, просуши́ть áustrocknen *vt*, tróeknen *vt*; **~ка** *ж* Tróeknen *n* -s

просуществова́ть (éine Zéitlang) existíeren *vi*, lében *vi*, sein Lében frísten

просфора́ *ж см.* просвира́

просчёт *м* Réchenfehler *m* (6); Féhlkalkulation *f* (10); *перен.* Féhlschlag *m* (1*)

просчита́ть **1.** (*некоторое время*) (éine Zéitlang) zählen *vt*, réchnen *vt*; **2.** *разг.* (*пересчитать*) náchzählen *vt*, náchrechnen *vt*; **3.** *разг.* (*ошибиться при счёте*) sich verréchnen; ~ де́сять рубле́й sich um zehn Rúbel verréchnen; **~ся** **1.** sich verréchnen; éinen Réchenfehler máchen; sich verzählen (*сбиться со счёта*); **2.** (*ошибиться в предположениях*) sich verréchnen; sich verspekulíeren; die Réchnung óhne den Wirt máchen

просчи́тывать *см.* просчита́ть 2, 3; **~ся** *см.* просчита́ться

про́сып *разг.*: спать без ~у fest [óhne áufzuwachen] schláfen*; schláfen* wie ein Dachs [Múrmeltier]; он спал двена́дцать часо́в без ~у er schlief zwölf Stúnden óhne áufzuwachen

просыпа́ть verschütten *vt*, verstréuen *vt*

просыпа́ть I *см.* просы́пать

просыпа́ть II *см.* проспа́ть 2

просы́паться (*о сыпучих телах*) verschüttet [verstréut] wérden

просыпа́ться I *см.* просы́паться

просыпа́ться II *см.* просну́ться

просыха́ть *см.* просо́хнуть

про́сьб||а *ж* **1.** Bítte *f* (11); Ánliegen *n* (7); Ersúchen *n* (7); насто́ятельная ~а inständiges Bítten; dríngliche Bítte; я к вам с ~ой, у меня́ к вам ~а ich hábe éine Bítte an Sie, ich hábe ein Ánliegen an Sie; по ва́шей ~е auf Íhre Bítte, Íhrer Bítte gemäß; обрати́ться с ~ой о чём-л. um etw. (*A*) bítten*; удовлетвори́ть ~у éiner Bítte entspréchen*; éinem Ánliegen státtgeben*; отказа́ть в ~е j-s Bítte ábschlagen*; j-s Ánsuchen áuschlagen*; **2.** *уст.* (*прошение*) Gesúch *n* (2), Éingabe *f* (11); Ántrag *m* (1*); Bíttschrift *f* (10); пода́ть ~у о поми́ловании ein Begnádigungsgesuch éinreichen; ◇ ~а не шуме́ть [не кури́ть *и т. п.*] es wird gebéten nicht zu lärmen [nicht zu ráuchen *usw.*]

прося́нка *ж* **1.** *зоол.* Gráuammer *f*; **2.** *бот.* hírseähnliche Únkrautart; **3.** *мед.* Fríesel *m* (6), Bläschenausschlag *m* (1*)

просяно́й Hírse(n)-

прота́лина *ж* Schmélzloch *n* (5); áufgetaute Stélle (im Schnée)

прота́лкивать *см.* протолкну́ть; **~ся** sich dúrchdrängen, sich (*D*) den Weg báhnen

протанцева́ть **1.** dúrchtanzen *vt*; vertánzen *vt*, tánzen *vi, vt*; **2.** ~ всю ночь die Nacht dúrchtanzen

прота́пливать *см.* протопи́ть

прота́птывать *см.* протопта́ть

протара́нить *воен.* rámmen *vt*

протаска́ть *разг.* (éine Zéitlang) schléppen *vt*, umhérschleppen *vt*; trágen* *vt* (*одежду*); **~ся** *разг.* umhérschlendern *vi* (s), umhérstreifen *vi* (s) sich herúmtreiben*

прота́скивать, протащи́ть **1.** schléppen *vt*, schléifen *vt*; dúrchschleppen *vt* (*через что-л., сквозь что-л.*); **2.** *разг.* (*провести обманным путём*) (hin-) éinschmuggeln *vt*; dúrchschmuggeln *vt*; hinéinlotsen *vt*; schléusen *vt*; dúrchbringen* *vt*, dúrchpeitschen *vt* (*кандидатуру и т. п.*); hinéinbugsieren *vt* (*кого-л. — в состав комиссии и т. п.*); 3. *разг.* (*в прессе*) dúrchhecheln *vt*, herúntermachen *vt*, kritisíeren *vt*

протеже́ *м, ж* Protegé [-'ʒe:] *m* -s, -s, Schützling *m* (1), Günstling *m* (1)

протежи́ровать protegíeren [-'ʒi:-] *vt*, begünstigen *vt*; fördern *vt*

проте́з *м* Prothése *f* (11), Körperprothese *f*; зубно́й ~ Záhnprothese *f*; künstliches Gebíß, Záhnersatz *m* (1*); **~и́рование** *с* orthopädische Versórgung; Prothétik *f* (*наука*); **~и́ст** *м* Orthopädiemechaniker *m* (6); **~ный** Prothésen-

протеи́ды *мн. хим.* Proteíde *pl*

протеи́н *м хим.* Proteín *n* -s, Róheiweiß *n* -es, *pl редко* -e

протека́ть 1. *см.* проте́чь; 2. (*мимо*) (vorbéi)fließen* *vi* (s), vorüberfließen* *vi* (s)

проте́ктор I *м уст.* (*защитник*) Protéktor *m* -s, -tóren

проте́ктор II *м* (*покрышки*) Láuffläche *f* (11)

протектора́т *м* 1. (*форма зависимости*) Protektorát *n* (2), Schútzherrschaft *f*; 2. (*страна*) Protektorát *n* (2), Schútzgebiet *n* (2)

протекцион||и́зм *м* 1. *эк.* Protektionísmus *m* =; Schútzzollsystem *n* -s; 2. *разг. неодобр.* Günstlingswirtschaft *f*; **~и́ст** *м эк.* Protektioníst *m* (8); **~и́стский** *эк.* protektionístisch

протекцио́нный protektionístisch, Protektións-

проте́кц||ия *ж* Protektión *f*, Gönnerschaft *f*, Förderung *f*; име́ть ~ию Protektión háben, begünstigt wérden

протере́ть 1. (*вытереть*) ábreiben* *vt*, blank reiben* *vt*, áuswischen *vt*; 2. (*сквозь решето и т. п.*) dúrchschlagen* *vt*; (dúrch)réiben* *vt*; (dúrch-) passíeren *vt*, durch ein Sieb drücken [stréichen*]; 3. (*продырявить*) dúrchreiben* *vt*; dúrchscheuern *vt*; ◇ ~ глаза́ *разг.* sich (*D*) die Áugen (wach) réiben*; **~ся** sich dúrchreiben*; schäbig wérden, sich ábnutzen, ábgewetzt sein (*об одежде*)

проте́ст *м* 1. Protést *m* (1), Éinspruch *m* (1*), Verwáhrung *f* (10); Protéstschreiben *n* (7) (*в письменной форме*); заяви́ть ~ Protést [Éinspruch] erhében*; Protést [Verwáhrung] éinlegen (про́тив чего́-л. gégen *A*) (*письменно*); резолю́ция ~а Protéstresolution *f* (10); демонстра́ция ~а Protéstkundgebung *f* (10); Protéstmarsch *m* (1*); ми́тинг ~а Protéstmeeting [-mi:tıŋ] *n* -s, -s; вы́звать ~ Protést áuslösen; 2. *ком.*: ~ ве́кселя Wéchselprotest *m* (1); предъяви́ть ве́ксель к ~у éinen Wéchsel zu Protést géhen lássen*

протеста́нт *м рел.* Protestánt *m* (8); **~и́зм** *м рел.* Protestantísmus *m* =; **~ка** *ж рел.* Protestántin *f* (12); **~ский** *рел.* protestántisch; **~ство** *с см.* протестанти́зм

протестова́ть protestíeren *vi*, Éinspruch éinlegen [erhében*]; Protést erhében*; ре́зко ~ про́тив чего́-л. gegen éine Sáche mit áller Schärfe protestíeren

проте́чь 1. (*просочиться*) dúrchfließen* *vi* (s), dúrchsickern *vi* (s); 2. (*о крыше и т. п.*) Wásser dúrchlassen*, úndicht sein; leck wérden (*о лодке и т. п.*); кры́ша протека́ет от дождя́ es régnet durch; 3. (*о времени, процессе*) verláufen* *vi* (s); перегово́ры протека́ли в серде́чной атмосфе́ре die Verhándlungen bewégten sich [verlíefen] in éiner hérzlichen Atmosphäre

про́тив *предлог* 1. gégen; ~ тече́ния gégen den Strom; ~ ве́тра gégen den Wind; идти́ (на паруса́х) ~ ве́тра gégen den Wind ségeln [kréuzen]; я ничего́ не име́ю ~ ich hábe nichts dagégen; он ~ э́того er ist dagégen; за и ~ das Für und Wíder, das Pro und Kóntra; возража́ть ~ чего́-л. gégen etw. (*A*) Éinwände erhében*; сража́ться ~ кого́-л. gégen j-n kämpfen; сре́дство ~ гри́ппа ein Míttel gégen die Gríppe; 2. (*напротив*) gégen (*A*); gegenüber (*D*) (*после сущ.*); ~ све́та gégen das Licht; ~ до́ма dem Háus gegenüber; друг ~ дру́га einánder gegenüber; 3. (*наперекор, вопреки*) gégen (*A*), wíder (*A*); zuwíder (*D*); ~ со́вести gégen [wíder] das Gewíssen; ~ во́ли wíder Wíllen; ~ ожида́ний wíder Erwárten; 4. *разг.* (*по сравнению*) gégen (*A*); im Vergléich (mit *D*, zu *D*); ~ про́шлого го́да gegenüber dem Vórjahr, im Vergléich zum Vórjahr

про́тивень *м* Kúchenblech *n* (2), Báckblech *n*

противи́тельный *грам.* adversatív [-vər-], gegenüberstellend, entgégenstellend; ~ сою́з adversatíve Konjunktión

проти́виться sich widersétzen, widerstrében *vi*; Wíderstand léisten, sich sträuben (*сопротивляться*)

проти́вн||ик 1. Gégner *m* (6), Feind *m* (2); Wídersacher *m* (6); ~ик а́томного вооруже́ния Atómwaffengegner *m*; 2. *тк. ед. собир.* Gégner *m* (6), Feind *m* (2); возду́шный ~ик Féindflieger *m* (6); морско́й ~ик Gégner auf See [zu Wásser]; назе́мный [сухопу́тный] ~ик Gégner zu Lánde; наступа́ть на ~ика den Gégner ángreifen*; **~ица** *ж* Gégnerin *f* (12), Féindin *f* (12)

проти́вно I *предлог* (*против*) gégen (*A*), wíder (*A*), im Wíderspruch zu (*D*); э́то ~ мои́м убежде́ниям das geht wíder [gégen] méine Überzéugung

проти́вно II 1. *предик. безл.* ékelhaft, wíderwärtig, wíderlich; ~ смотре́ть es ist ékelhaft ánzusehen; 2. *нареч. см.* проти́вный II

проти́вн||ое *сущ. с* Gégenteil *n* (2); доказа́тельство от ~ого apagógischer Bewéis

проти́вн||ый I 1. (*противоположный*) entgégengesetzt, gégenteilig, Gégen-; ~ая сторона́ die entgégengesetzte Séite; *спорт.* die gégnerische Hälfte; ~ый ве́тер Gégenwind *m* (1); ~ое мне́ние gégenteilige Áuffassung; в ~ом слу́чае im entgégengesetzten Fall; ándernfalls, wídrigenfalls; 2. (*враждебный; противоречащий*) Gégen-; wídrig, entgégengesetzt; ~ая сторона́ *юр.* Gégenpartei *f* (10); ~ый зако́ну gesétzwidrig

проти́вный II (*неприятный*) wíderlich, ékelhaft, wíderwärtig

противоалкого́льный Ántialkohol-

противоаллерги́ческ||ий antiallérgisch; ~ое сре́дство Míttel *n* gégen Allergíe

противоа́томн||ый: ~ая защи́та Atómwaffenschutz *m* -es, Kérnwaffenschutz *m*; ~ое убе́жище Atómschutzbunker *m* (6)

противобо́рств||овать bekämpfen *vt*; widerstrében *vi*, sich widersétzen (чему́-л., кому́-л. *D*); ~ующие сто́роны Konflíktparteien *pl*

противове́с *м* Gégengewicht *n* (2), Áusgleichgewicht *n*; в ~ als Gégengewicht; в ~ чему́-л. démgegenüber; в ка́честве ~а als Wíderpart

противовозду́шн||ый Lúftabwehr-, Lúftverteidigungs-; ~ая оборо́на Lúftverteidigung *f*; Flíegerabwehr *f*, Lúftabwehr *f*; ~ая раке́та (*зенитная*) Flíegerabwehrrakete *f* (11), Flá-Rakéte *f*

противовоспали́тельн||ый *мед.* entzündungswidrig; ~ое лече́ние antiphlogístische Behándlung

противога́з *м* Gásmaske *f* (11), Schútzmaske *f*; ко́нский ~ Pférdeschutzmaske *f*; общевойсково́й ~ (allgeméine) Trúppenschutzmaske *f*

противога́зовый Gásabwehr-

противогни́лостный *мед.* fäulnishindernd, antiséptisch

противогриппо́зн||ый: ~ое сре́дство Gríppenmittel *n* (6)

противоде́йств||ие *с* Wíderstand *m* (1*) (*сопротивление*); Rückwirkung *f* (10); Gégenwirkung *f* (*реакция*); ока́зывать ~ие кому́-л. j-m Wíderstand léisten; gégen j-n Front máchen; вы́звать ~ие Gégenwirkung áuslösen; **~овать** gégenwirken *vi*, rückwirken *vi*; entgégenwirken *vi*; widerstrében *vi*, sich widersétzen (*сопротивляться*); behíndern *vt* (*препятствовать*)

противодеса́нтный *ав.* Lándeabwehr-; *мор.* Lándungsabwehr-

противодифтери́йный *мед.*: ~ая сы́воротка Diphtheríeheilserum *n* -s

противоесте́ственный wídernatürlich

противозако́нн||ость *ж* Gesétzwidrigkeit *f*, Úngesetzlichkeit *f*; **~ый** gesétzwidrig, réchtswidrig, úngesetzlich; ~ый посту́пок éine gesétzwidrige Hándlung; ein Vergéhen gégen das Gesétz

противозача́точн||ый *мед.*: ~ое сре́дство empfängnisverhütendes [antikonzeptionélles, kontrazeptíves] Míttel, Antikonzípi¦ens *n* =, -piénzi¦en *u* -piéntia; Antibabypille [-'be:bi:-] *f* (11) (*таблетка*)

противоипри́тный: ~ костю́м Gásanzug *m* (1*)

прптивокоррозио́нный *тех.* Korrosiónsschutz-, Róstschutz-

противолежа́щ||ий *мат.* gegenüberliegend; ~ие углы́ Wéchselwinkel *pl*

противолихора́дочн||ый antipyrétisch, fíeberbekämpfend, fíebersenkend; ~ое сре́дство Fíebermittel *n* (6), Antipyrétikum *n* -s, -ka

противомаляри́йный gégen Malária; ~ препара́т Malăriamittel *n* (6)

противоми́нн||ый *воен.* Mínenschutz-; *мор.* Torpédoschutz-; ~ая защи́та Mínenschutz *m* -es; ~ая систе́ма Gégenminensystem *n* (2); ~ая сеть *мор.* Nétzsperre *f* (11)

противомоски́тн||ый: ~ая се́тка Moskítonetz *n* (2)

противообледени́тель *м ав.* Entéiser *m* (6)

противообще́ственный antisoziál, geséllschaftsfeindlich, geséllschaftswidrig

противооско́лочный *воен.* splíttersicher, Splítterschutz-

противоперегру́зочный: ~ костю́м Überdruckanzug *m* (1*)

противопожа́рн||ый féuerverhütend, Féuerschutz-, Brándschutz-, Féuerlösch-; ~ая охра́на Brándschutz *m* -es

противопока́зание *с* 1. *мед.* Gégenindikation *f* (10), Kontra¦indikatión *f*; 2. *юр.* entgégengesetzte [widerspréchende] Áussage

противопока́занный *мед.* kontra¦indizíert

противополага́ть entgégensetzen *vt*, entgégenstellen *vt*; vergléichen* *vt* (*сравнивать*), gegenüberstellen *vt*

противоположе́ние *с* (*действие*) Entgégensetzung *f* (10), Entgégenstellung *f* (10); Vergléich *m* (1) (*сравнение*)

противополо́жн||ость *ж* **1.** Gégensatz *m* (1*); в ~ость чему́-л., кому́-л. im Gégensatz zu (*D*); еди́нство ~остей *филос.* die Éinheit der Gégensätze; ~ость интере́сов Interéssengegensatz *m*; **2.** (*чего-л., кого-л.*) Gégenteil *n* (2); Gégensatz *m* (1*); Gégensätzlichkeit *f*; преврати́ть в свою́ ~ость ins Gégenteil verkéhren; преврати́ться в свою́ ~ость ins Gégenteil úmschlagen*; он её по́лная ~ость er ist das genáue Gégenteil von ihr; ◇ ~ости схо́дятся *посл.* Gégensätze zíehen sich an

противополо́жн||ый **1.** (*расположенный напротив*) gegenüberliegend; ~ый бе́рег das gegenüberliegende Úfer, das ándere Úfer; ~ые по́люсы *физ.* féindliche Póle; в ~ом направле́нии in entgégengesetzter Ríchtung; на ~ой стороне́ у́лицы auf der gegenüberliegenden Stráßenseite; **2.** (*о мнении и т. п.*) entgégengesetzt, gégensätzlich, gégenteilig; говори́ть ~ое тому́, что... das Gégenteil von dem ságen, was...; утвержда́ть ~ое das Gégenteil behа́upten

противопоста́в||ить **1.** entgégenstellen *vt*; entgégensetzen *vt*; entgégenhalten* *vt*; **2.** (*сравнить*) in Gégensatz bríngen*; gegenüberstellen *vt*; vergléichen* *vt*; ~ле́ние *с* **1.** Entgégensetzung *f* (10), Entgégenstellung *f* (10); **2.** (*сравнение*) Gegenüberstellung *f* (10); Vergléich *m* (1)

противопоставля́ть *см.* противопоста́вить

противоправи́тельственный regíerungsfeindlich

противопра́вн||ый réchtswidrig; **~ость** Réchtswidrigkeit *f*

противорадиацио́нн||ый Stráhlenschutz-; ~ая защи́та Stráhlenschutz *m*, Stráhlenabschirmung *f*

противораке́та (противораке́тная раке́та) *ж* Rakétenabwehrrakete *f* (11), Ántirakete *f*

противораке́тн||ый Rakétenabwehr-; Antirakéten-; ~ая оборо́на (*сокр.* ПРО) Rakétenabwehr *f*

противора́ковый: ~ препара́т Krébspräparat *n* (2)

противорво́тный *мед.* anti|emétisch, bréchreizverhindernd

противоревмати́ческ||ий: ~ое сре́дство Rhéumamittel *n* (6), Antirheumátikum *n* -s, -ka

противоречи́в||ость *ж* Wídersprüchlichkeit *f*; Widerspruch *m* -(e)s, das Wídersprüchsvolle (*sub*); **~ый** wídersprüchlich, widerspréchend, wídersprüchsvoll; widerstréitend (*о показаниях*)

противоре́ч||ие *с* Wídersprüch *m* (1*); Wíderrede *f* (11) (*возражение*); кла́ссовые ~ия Klássenwidersprüche *pl*, Klássengegensätze *pl*; вскры́тие ~ий die Áufdeckung der Wídersprüche; по́лный ~ий wídersprüchsvoll; без ~ия wídersprüchslos; óhne Wíderrede, óhne Wíderspruch; не терпе́ть ~ия kéinen Wíderspruch [kéine Wíderrede] dúlden; находи́ться в ~ии in Wíderspruch stéhen* (с чем-л. zu *D*); gégensätzlich sein; дух ~ия *разг.* Wídersprüchsgeist *m* -(e)s; запу́таться в ~иях sich in Wídersprüche verwíckeln; непримири́мое ~ие únversöhnlicher Wíderspruch; ~ие ме́жду сло́вом и де́лом der Wíderspruch zwíschen Réden und Hándeln

противоре́ч||ить **1.** (*кому-л.*) widerspréchen* *vi*; ~ить самому́ себе́ sich (*D*) selbst widerspréchen*; ~ить друг дру́гу einánder widerspréchen*; **2.** (*чему-л.*) zuwíderlaufen* *отд. vi* (s), im Wíderspruch stéhen* (zu *A*); nicht übereinstimmen (mit *D*); э́то противоре́чит его́ при́нципам das widerspricht séinen Prinzípien

противосамолётный *воен.* Fliegerabwehr-

противоскольже́н||ие *с*: цепь ~ия *авто* Schnéekette *f* (11), Gléitschutzkette *f*

противостари́тель *м* **1.** *тех.* Álterungsschutzmittel *n* (6); **2.** *мед.* Gereátrikum *n* -s, -ka, Míttel *n* (2) gégen Áltersbeschwerden

противостолбня́чн||ый *мед.* Tétanus-; ~ая сы́воротка Tétanusserum *n* -s, -ra, Ímpfstoff gégen Tétanus [Stárrkrampf]

противостоя́ние *с* **1.** *астр.* Oppositión *f* (*der Planeten zur Sonne*); вели́кое ~ die Große Oppositión [die Érdnähe] des Planéten Mars; **2.** *полит.*: вое́нное ~ militärische Konfrontatión

противостоя́ть **1.** (*сопротивляться*) widerstéhen* *vi* (кому́-л., чему́-л. *D*), sich behа́upten (gégen *A*); sich gégen etw. (*A*) stémmen; j-m die Stirn bíeten*; **2.** (*противополагаться*) gegenüberstehen* *vi*; entgégengestellt [entgégengesetzt] wérden

противосу́дорожн||ый: ~ое сре́дство krámpflösendes Míttel

противота́нков||ый *воен.* Pánzerabwehr-; Pánzerbekämpfungs-; ~ая оборо́на Pánzerabwehr *f*; ~ое загражде́ние Pánzersperre *f* (11); ~ая лову́шка Pánzerfalle *f* (11); ~ое ору́дие Pánzerabwehrkanone *f* (11) (*сокр.* Pak); ~ое ружьё Pánzerbüchse *f* (11); ~ая артилле́рия Pánzerabwehrartillerie *f*; ~ые авиабо́мбы Pánzerbekämpfungsbomben *pl*; ~ый реакти́вный снаря́д Pánzerabwehrrakete *f* (11)

противотела́ *мн.* *биол.* Antikörper *pl*

противото́к *м* *тех.* Gégenstrom *m* (1*)

противотуберкулёзн||ый *мед.*: ~ые мероприя́тия Tuberkulósebekämpfungsmaßnahmen *pl*

противотума́нн||ый: ~ая фа́ра *авто* Nébelscheinwerfer *m* (6)

противоуда́рн||ый: ~ые часы́ éine stóßgesicherte Uhr

противохими́ческ||ий *воен.* Gásabwehr-; Gásschutz-; ~ая оборо́на Gásabwehr *f*, Gásschutz *m* -es; слу́жба ~ой защи́ты Gásschutzdienst *m* -es

противоцинго́тный *мед.* Antiskorbút-

противочу́мн||ый *мед.*: ~ая приви́вка die Ímpfung gégen Pest

противошо́ков||ый: ~ое отделе́ние *мед.* Schóckabteilung *f* (10)

противошу́мный Lärmschutz-

противоэпидеми́ческ||ий Séuchenbekämpfungs-; ~ие мероприя́тия Séuchenschutzmaßnahmen *pl*

противоя́дие *с* Gégengift *n* (2), Antitoxín *n* (2), Antídoton *n* -s; -ta, Gégenmittel *n* (6)

протира́ть *см.* протере́ть; **~ся** **1.** *см.* протере́ться; **2.** *страд.* (*сквозь сито*) dúrchgerieben wérden

проти́скаться, проти́скиваться, проти́снуться *разг.* sich dúrchdrängen; sich (*D*) éinen Weg báhnen

проткну́ть dúrchstechen* *vt*, durchstéchen* *vt*

прото́к *м* **1.** Dúrchfluß *m* -sses, -flüsse; Verbíndungskanal *m* -s, -näle; **2.** *анат.* Kanál *m* -s, -näle, Gang *m* (1*); слю́нный ~ Spéichelgang *m*

протоко́л *м* Protokóll *n* (2); подро́бный ~ Verláufsprotokoll *n*; кра́ткий ~ Ergébnisprotokoll *n*; заключи́тельный ~ Schlúßprotokoll *n*, Schlúßakte *f* (11); Ábschlußbericht *m* (1), Ábschlußprotokoll *n*; ~ соревнова́ния *спорт.* Wéttspielbuch *n* (5), Spíelbericht *m*; соста́вить ~ ein Protokóll áufnehmen* [áufstellen, áusfertigen]; вести́ ~ das Protokóll führen; занести́ в ~ zu Protokóll gében*; **~и́ровать** protokollíeren *vt*, zu Protokóll gében*; protokollárisch áufnehmen* [féshalten*]; **~и́ст** *м* *юр.* Protokóllführer *m* (6), Protokollánt *m* (8)

протоко́льн||ый **1.** Protokóll-; ~ый стиль Protokóllstil *m* -s; **2.** *дип.* Protokóll-; protokollárisch; ~ый отде́л Protokóllabteilung *f* (10); нача́льник ~ого отде́ла Chef [ʃɛf] des Protokólls

протолка́ться *разг.* **1.** (*куда-л.*) sich dúrchstoßen*; sich dúrchdrängen; **2.** (*некоторое время*) sich herúmstoßen*, sich herúmdrücken

протолкну́ть **1.** dúrchstoßen* *vt* (*через что-л.*); hinéinstoßen* *vt*, hinéindrängen *vt* (*во что-л.*); **2.** *разг.* (*дело и т. п.*) in Gang bríngen*, in Bewégung bríngen* [sétzen], in Schwung bríngen*

прото́н *м* *физ.* Protón *n* (13); ускори́тель ~ов Protónenbeschleuniger *m* (6)

протопи́ть (dúrch)heizen *vt*

протопла́зма *ж* *биол.* Protoplásma *n* -s

протопта́ть **1.** (*тропинку и т. п.*) áustreten* *vt*; ~ доро́жку éinen Pfad tréten*; **2.** (*протереть при ходьбе*) dúrchtreten* *vt*, ábtreten* *vt*, ábtragen* *vt*; ~ подо́швы die Sóhlen dúrchlaufen*

проторгова́ться **1.** (*потерпеть убыток*) Verlúste háben [erléiden*]; sich (durch den Hándel) ruiníeren; **2.** (*некоторое время*) éine Zéitlang féilschen [hándeln]

проторённ||ый áusgetreten; gebáhnt; éingefahren*; glatt (*ровный*); ~ая доро́жка gewóhnte Báhnen, éingefahrenes Geléise, áusgetretene Wége [Pfáde]

протори́ть áustreten* *vt*; báhnen *vt*

проторча́ть *разг.* sich áufhalten*; herúmstehen* *vi*, sich herúmdrücken

проторя́ть *см.* протори́ть

прототи́п *м* Prótotyp *m* (1), Úrbild *n* (5), Vórbild *n*, Múster *n* (6)

протОчи́ть **1.** (*о червях и т. п.*) dúrchfressen* *vt*; dúrchnagen *vt*; **2.** (*о воде*) zerspülen *vt*; **3.** *тех.* dúrchdrehen *vt*

прото́чн||ый: ~ая вода́ fließendes Wásser; ~ый пруд Teich mit Ábfluß

протра́в||а *ж* *тех.* **1.** (*действие кислотой*) Béizen *n* -s; Ätzen *n* -s (*в гравёрном деле*); **2.** (*едкий раствор*) Béize *f* (11); Béizmittel *n* (6), Ätzmittel *n*; ~а для семя́н Sámenbeize *f*; **~и́ть** **1.** (*в гравёрном деле*) ätzen *vt*, dúrchätzen *vt*; **2.** *с.-х.* béizen *vt*

протра́влив||ание *с* *см.* протра́ва 1; **~а́тель** *м* Béize *f* (11)

протравля́ть *см.* протрави́ть

протрезве́ть *разг.* nüchtern wérden

протрезви́ть nüchtern máchen; den Rausch áustreiben* (кого́-л. *D*); *перен.* ernüchtern *vt*; **~ся** nüchtern wérden, sich ernüchtern

протрезвля́ть *см.* протрезви́ть; **~ся** **1.** *см.* протрезви́ться; **2.** *страд.* nüchtern gemácht wérden, ernüchtert wérden

протреща́ть 1. éinen knárrenden [kréischenden] Laut von sich gében*; 2. (*громко, быстро сказать; протараторить*) *разг.* laut réden; plápрern *vi*, schnáttern *vi*

протруби́ть 1. (éine Zéitlang) (Trompéte, das Horn) blásen* *vt*; (éine Zéitlang) trompéten *vi*, ins Horn (in die Trompéte) stóßen*; ~ зо́рю Wécken blásen* (*утреннюю*); den Zápfenstreich blásen* (*вечернюю*); 2. *разг.* (*распространить новости, слухи*) áusposaunen *vt*, überáll erzählen

протубера́нец *м* *астр.* Protuberánz *f* (10)

протури́ть *разг.* verjágen *vt*, hináusjagen *vt*, hináusschmeißen* *vt*

протуха́ть, проту́хнуть verfáulen *vi* (s), fáulen *vi*, múffig [fáulig] wérden

проту́хший verfáult, faul

протыка́ть *см.* проткну́ть

протя́гивать *см.* протяну́ть 1, 2; **~ся** 1. *см.* протяну́ться; 2. *страд.* gespánnt wérden (*ср.* протяну́ть)

протяже́н||ие *с* 1. Áusdehnung *f* (10), Strécke *f* (11), Wéite *f* (11); на ~ии пятидесяти киломе́тров auf éiner Strécke von fünfzig Kilométer(n); fünfzig Kilométer lang; уча́сток земли́ име́ет большо́е ~ие das Grúndstück ist sehr áusgedehnt; 2. (*о времени*) Zéitspanne *f* (11), Zéitraum *m* (1*), Dáuer *f*, Länge *f* (11); на ~ии... während (*G*), im Verláuf (*G*), im Láufe von (*D*); на ~ии це́лой неде́ли im Láufe éiner gánzen Wóche; éine gánze Wóche lang; на ~ии ря́да лет im Láufe éiner Réihe von Jáhren; на ~ии после́дних тридцати́ лет in den létzten dréißig Jáhren, im Verláuf der létzten dréißig Jáhre

протяжённ||ость *ж* Áusdehnung *f* (10); о́бщая ~ость Gesámtlänge *f* (11); ~остью в со́рок киломе́тров víerzig Kilométer lang

протяжённ||ый gedéhnt, áusgedehnt, lánggestreckt, lánggezogen; ~ый звук Dáuerlaut *m* (1)

протя́жка *ж* 1. (*инструмент*) Räumnadel *f* (11), Räumwerkzeug *n* (2); 2. (*действие*) Zíehen *n* -s; холо́дная ~ Káltziehen *n*; горя́чая ~ Wármziehen *n*

протяжно́й *тех.*: ~ стан Zíehwerk *n* (2); ~ стано́к Räummaschine *f* (11)

протя́жн||ый gedéhnt, lánggezogen; ~ая мело́дия [пе́сня] getrágene Melodíe, gedéhnter Gesáng; ~ое произноше́ние gedéhnte Áussprache

протяну́ть 1. (*натянуть*) spánnen *vt*, áusspannen *vt*, zíehen* *vt*; *мет.* dúrchziehen* *vt*; räumen *vt*; ~ верёвку éine Léine zíehen*; 2. (*выставить; подать*) (áus)strécken *vt*; ~ ру́ку die Hand áusstrecken; ~ кому́-л. ру́ку j-m die Hand réichen; 3. *разг.* (*затянуть*) in die Länge zíehen*; hínziehen* *vt*; ~ вре́мя die Zeit hínziehen*; 4. (*сказать протяжно*) gedéhnt ságen; in schléppendem Ton spréchen*; 5. *разг.* (*о больном*): он недо́лго протя́нет er wird es nicht mehr lánge máchen* ◇ ~ ру́ку по́мощи hílfreich die Hand bíeten*; ~ но́ги *разг.* (*умереть*) stérben* *vi* (s), ins Gras béißen*; ábkratzen *vi* (s); **~ся** 1. (*о руках и т. п.*) sich (áus)strécken; sich entgégenstrecken (*навстречу*); 2. (*в пространстве*) sich áusdehnen, sich hínstrecken, sich erstrécken; 3. (*продлиться*) sich hínziehen*, sich in die Länge zíehen*; dáuern *vi*

проучи́ть I (*наказать*) zuréchtweisen* *отд.* *vt*, j-m den Kopf zuréchtsetzen; j-m éine Lektión [éinen Dénkzettel] ertéilen; j-n Móres léhren (*разг.*)

проучи́ть II 1. (*учить некоторое время кого-л.*) (éine Zéitlang) léhren *vt*, unterríchten *vt*; 2. (*некоторое время учить что-л.*) (éine Zéitlang) lérnen *vt*, (éin)studíeren *vt*; **~ся** (éine Zéitlang) lérnen *vt*, *vi*, studíeren *vt*, *vi*

проу́шин||а *ж* *тех.* Hénkel *m* (6), Ohr *n* (13), Öse *f* (11), Óhrloch *n* (5), Áuge *n* (13); крюк с ~ой Ösenhaken *m* (7); ~а пло́мбы Plómbenöse *f*; ~а рессо́ры Féderauge *n*

профакти́в *м* (профсою́зный акти́в) Gewérkschaftsaktiv *n* -(e)s

профа́н *м* Láie *m* (9), Úneingeweihte *m* (14); Berúfsfremde *m*, *f* (14) (*в какой-л. области*); абсолю́тный ~ ein blútiger Láie; я ~ в матема́тике ich verstéhe nichts von Mathematík; **~а́ция** *ж* Profanatión *f* (10), Míßbrauch *m* (1*), Entwéihung *f* (10); **~и́ровать** mißbráuchen *vt*, entwéihen

профаши́стский profaschístisch

профбиле́т *м* (профсою́зный биле́т) Gewérkschaftsbuch *n* (5), Mítgliedsbuch der Gewérkschaft

профгруппо́рг *м* *см.* профо́рг

профгру́ппа *ж* (профсою́зная гру́ппа) Gewérkschaftsgruppe *f* (11)

профдвиже́ние *с* (профессиона́льное движе́ние) Gewérkschaftsbewegung *f*

профессиона́л *м* Professionélle *m* (14), Berúfs-, von Berúf; певе́ц-~ ein Sänger von Berúf, Berúfssänger *m* (6); он спортсме́н-~ er ist Professionál, er ist Berúfssportler; er ist Prófi (*разг.*); шахмати́ст-~ Berúfsschachspieler *m* (6); фото́граф-~ Berúfsfotograf *m* (8)

профессионали́зм *м* 1. *б. ч.* *спорт.* Professionalísmus *m* =, Berúfssport *m* -(e)s; 2. *лингв.* Professionalísmus *m* =, -men; berúfssprachliches Wort, berúfssprachlicher Áusdruck

профессиона́льн||ый 1. Berúfs-; berúflich; berúfsmäßig, professionéll, von Berúf; fáchlich, Fach-; Prófi- (*разг.*); ~ое образова́ние berúfliche Áusbildung, Fáchausbildung *f*, Berúfsausbildung *f*; ~ое обуче́ние Léhrausbildung *f*, Fáchschulung *f*; ~ые зна́ния fáchliches Wíssen, Fáchkenntnisse *pl*; ~ая боле́знь Berúfskrankheit *f* (10); ~ый писа́тель Berúfsschriftsteller *m* (6); ~ый язы́к Berúfssprache *f*; ~ая ле́ксика berúfssprachliche Léxik; ~ый боксёр Prófiboxer *m* (6); 2. (*относящийся к профсоюзу*) Gewérkschafts-; ~ый сою́з Gewérkschaft *f* (10)

профе́сс||ия *ж* Berúf *m* (1); Professión *f* (10) (*уст.*); втора́я ~ия Zúsatzberuf *m*, Zwéitberuf *m*; дефици́тная ~ия Mángelberuf *m*; дополни́тельная ~ия Nébenberuf *m*; ма́ссовая ~ия wéitverbreiteter Berúf; сме́жная ~ия verwándter Berúf; изуча́емая ~ия Léhrberuf *m*; това́рищ по ~ии Fáchkollege *m* (9); вы́бор ~ии Berúfswahl *f* (10); по ~ии von Berúf, berúfsmäßig; по ~ии портно́й Schnéider von Berúf, ли́ца свобо́дных ~ий fréiberuflich Tätige (*pl*), Fréischaffende *pl*; ва́ша ~ия? was sind Sie von Berúf?; наряду́ с основно́й ~ией он занима́ется жи́вописью er ist nébenberuflich Máler; получи́ть рабо́ту по ~ии éine dem Berúf entspréchende Árbeit erhálten*

профе́ссор *м* Proféssor *m* -s, -ssóren; ~ исто́рии Geschíchtsprofessor *m*; **~ский** Professóren-, professorál; **~ско-преподава́тельский** соста́в die Professóren und Dozénten; **~ство** *с* Professúr *f*

профессу́ра *ж* 1. (*должность*) Professúr *f* (10); Léhrstuhl *m* (1*) (*кафедра*); 2. *собир.* Professóren *pl*, Professórenschaft *f*

профила́кт||ика *ж* Prophyláxis *f*, Prophyláxe *f*, Vórbeugung *f*; Wártung *f* (*машины*); **~и́ческий** prophyláktisch, vórbeugend; ~и́ческое сре́дство Vórbeugungsmittel *n* (6); ~и́ческое лече́ние vórbeugende Behándlung; ~и́ческое обсле́дование vórbeugende Untersúchungen (*pl*); ~и́ческий ремо́нт Vórbeugungsreparatur *f* (10)

профилакто́рий *м* prophyláktisches Betríebssanatorium; ночно́й ~ Náchtsanatorium *n* -s, -ri¦en

профили́рование *с* *спец.* Profílbildung *f*, Profilíerung *f*

про́филь *м* 1. (*вид сбоку*) Profíl *n* (2), Séitenansicht *f* (10); в ~ von der Séite geséhen; 2. *тех.* (*сечение*) Profíl *n* (2), Quérschnitt *m* (1); ~ доро́ги Stráßenprofil *n*, Wégeprofil *n*; 3. (*специфический характер*) Fach *n* (5); Fáchrichtung *f*; Fáchkenntnisse *pl*; Speziálfach *n* (*специальность*); профессиона́льный ~ Berúfsprofil *n*; учёный широ́кого ~я ein Wíssenschaftler mit bréiter Áusbildung [mit bréiten Fáchkenntnissen]

профильтрова́ть dúrchfiltrieren *vt*, fíltern *vt*

профко́м *м* (профсою́зный комите́т) Gewérkschaftsleitung *f* (10), Betríebsgewerkschaftsleitung *f*

профо́рг *м* (профсою́зный организа́тор) Gewérkschaftsgruppenorganisator *m* (13)

профорганиза́ция *ж* (профсою́зная организа́ция) Gewérkschaftsorganisation *f* (10)

профориента́ция *ж* Berúfsberatung *f*

профо́рм||а *разг.*: для ~ы pro fórma, formél1; der Form wégen [hálber]; zum Schein; проста́я ~а réine Fórmsache

профсобра́ние *с* (профсою́зное собра́ние) Gewérkschaftsversammlung *f* (10)

профсою́з *м* (профессиона́льный сою́з) Gewérkschaft *f* (10); состоя́щий в ~е gewérkschaftlich organisíert; член ~а Gewérkschaftsmitglied *n* (5); Всеми́рная федера́ция ~ов (*сокр.* ВФП) Wéltgewerkschaftsbund *m* -(e)s (*сокр.* WGB)

профсою́з||ный gewérkschaftlich; Gewérkschafts-; ~ный акти́в Gewérkschaftsaktiv *n* -(e)s; ~ное движе́ние Gewérkschaftsbewegung *f*; ~ная организа́ция Gewérkschaftsorganisation *f* (10); ~ный де́ятель Gewérkschaftsfunktionär *m* (1); ~ный дом о́тдыха das Féri¦enheim der Gewérkschaft

профтехобразова́ние *с* (профессиона́льно-техни́ческое образова́ние) Berúfsausbildung *f*

профтехучи́лище *с* (профессиона́льно-техни́ческое учи́лище) Berúfsschule *f* (11)

профуполномо́ченный *м* (уполномо́ченный профсою́за) Gewérkschaftsvertrauensmann *m* -(e)s, *pl* -leute

профшко́ла *ж* (профсою́зная шко́ла) Gewérkschaftsschule *f* (11)

проха́живаться sich ergéhen*, herúmgehen* *vi* (s), spazíerengehen* *отд.* *vi* (s); áuf- und ábgehen*, promeníeren *vi*; ◇ ~ на чей-л. счёт, ~ по чьему́-л. а́дресу *разг.* j-n zur Zíelscheibe séines Spóttes máchen; j-m was am Zeug flícken, j-n dúrchnehmen*

прохвати́ть, прохва́тывать *разг.* 1. (*о холоде*) durchdríngen* *vt*, durch

Mark und Bein dringen*; 2. (*в прессе*) dúrchhecheln *vt*, herúntermachen *vt*, herúnterreißen* *vt*

прохвора́ть *разг.* (éine Zéitlang) krank [únpäßlich] sein

прохво́ст *м разг.* Schúrke *m* (9), Spítzbube *m* (9), Halúnke *m* (9)

прохла́д||а *ж* Kühle *f*; Frísche *f*; с гор пове́яло ~ой ein kühler Wind wéhte von den Bérgen herüber

прохла́дец *см.* прохла́дца

прохлади́тельн||ый kühlend, erfríschend; ~ые напи́тки Erfríschungsgetränke *pl*, erfríschende Getränke, Erfríschungen *pl*

прохлади́ться sich ábkühlen

прохла́дный 1. kühl, frisch; 2. (*равноду́шный*) kalt, ábweisend

прохла́дц||а: рабо́тать с ~ей *разг.* die Árbeit gléichgültig [óhne Éifer, flau] verríchten; sich (*D*) die Árbeit leicht máchen; sich nicht überárbeiten, sich nicht überánstrengen; éine rúhige Kúgel schíeben*

прохлажда́ться 1. *см.* прохлади́ться; 2. *разг.* (*безде́льничать*) müßig sítzen* [stéhen*]

прохо́д *м* Dúrchgang *m* (1*), Dúrchlaß *m* -sses, -lässe, Passáge [-ʒə] *f* (11); го́рный ~ Gebírgspaß *m* -sses, -pässe; ~ воспреща́ется! Dúrchgang verbóten! ◊ за́дний ~ *анат.* Áfter *m* (6); не дава́ть кому́-л. ~а j-m náchstellen; j-n quälen, j-m zu Léibe rücken (чем-л. mit *D*); мне от него́ ~а нет er läßt mir kéine Rúhe; er verfólgt mich auf Schritt und Tritt

проходи́мец *м разг.* Gáuner *m* (6); Höchstapler *m* (6) (*аферист*)

проходи́м||ость *ж* 1. (*досту́пность для прохо́да, прое́зда*) Gángbarkeit *f*, Passíerbarkeit *f*; 2. *тех.* Geländegängigkeit *f*, Láuffähigkeit *f*; Grábenüberschreitbarkeit *f* (*та́нка*); маши́на повы́шенной ~ости ein geländegängiges Kráftfahrzeug; ~ый gángbar, passíerbar, begéhbar, durchquérbar

проходи́ть I (*не́которое вре́мя*) (éine Zéitlang) géhen* *vi* (s); herúmlaufen* *vi* (s); spazíerengehen* *vi* (s) *отд.* (*гуля́ть*)

проходи́ть II 1. *см.* пройти́; 2. (*о го́рном хребте́ и т. п.*) sich erstrécken, sich hínziehen*; dúrchgehen* *vi* (s); доро́га прохо́дит че́рез лес der Weg geht durch den Wald

прохо́дка *ж горн.* Stréckenvortrieb *m* -(e)s, Vórtrieb *m*; Ábteufen *n* -s (*ша́хты*); Áuffahren *n* -s, Vórtrieb *m* (*тунне́ля*); ~ сква́жин die Níederbringung von Bóhrungen

проходна́я *сущ.* *ж* Pförtnerloge [-ʒə] *f* (11)

проходн||о́й Dúrchgangs-; ~а́я ко́мната Dúrchgangszimmer *n* (6); ◊ ~о́й двор Dúrchgangshof *m* (1*); э́то не дом, а ~о́й двор *разг.* hier ist es wie in éinem Táubenschlag; ~о́й балл, ~а́я отме́тка Éignungsnote *f* (11)

прохо́дчик *м горн.* Vórtriebshauer *m* (6), Ábteufhauer *m*, Schächthauer *m*, Órtshauer *m*

прохожде́н||ие *с* Dúrchgang *m* -(e)s, Dúrchgehen *n* -s, Passíeren *n* -s; Dúrchmarsch *m* -es; ~ие зака́за die Ábwicklung der Bestéllung; ~ие по́чты Póstabwicklung *f*; вре́мя ~ия поездо́в die Fáhrzeiten der Züge; ~ие слу́жбы *воен.* Díenstlaufbahn *f*; Ábleisten der Díenstzeit

прохо́жий *сущ.* *м* Passánt *m* (8), Vorübergehende *m* (14)

процвет||а́ние *с* Blühen *n* -s, Gedéihen *n* -s; Prosperität *f*; Blütezeit *f* (*пери́од*); Wóhlergehen *n* -s (*наро́да и т. п.*); пери́од ~а́ния Blütezeit *f*; ~а́ть blühen *vi*, gedéihen* *vi* (s), áufblühen *vi* (s); sich erfólgreich entwíckeln

процеди́ть dúrchsieben *vt*, filtríeren *vt*, dúrchlassen* *vt*, dúrchseihen *vt*; ◊ ~ сквозь зу́бы zwíschen den Zähnen múrmeln

процеду́р||а *ж* Prozedúr *f* (10), Verfáhren *n* (7); *мед.* Héilverfahren *n*; ~а голосова́ния Ábstimmungsverfahren *n*; суде́бная ~а Prozéßverfahren *n*; пра́вила ~ы (*на заседа́нии и т. п.*) Verfáhrensregeln *pl*; Geschäftsordnung *f*; ~ный 1.: ~ные вопро́сы Verfáhrensfragen *pl*; 2. *мед.* Behándlungs-; ~ный кабине́т Behándlungsraum *m* (1*)

проце́живать *см.* процеди́ть

проце́нт *м* 1. Prozént *n* (2), Prozéntsatz *m* (1*); vom Húndert (*сокр.* vH); просты́е ~ы éinfache Prozénte [Zínsen]; сло́жные ~ы, ~ы на ~ы Zínseszinsen *pl*; пра́вило ~ов Prozéntregel *f*; в ~ах in Prozént (к чему́-л. zu *D*); prozentuál; вы́полнить что-л. на сто ~ов etw. zu [mit] húndert Prozént erfüllen [verwírklichen]; ~ бра́ка *тех.* Áusschußquote *f* (11); ~ вла́жности Féuchtigkeitsgehalt *m* -(e)s (in Prozént); 2. *б. ч. мн.* ~ы *эк.* (*дохо́д с капита́ла*) Zínsen *pl*; ба́нковские ~ы Bánkzinsen *pl*; разме́р ~а Zínsfuß *m* (1*); но́рма ~а Zínsrate *f* (11); у́ровень ~а Zínssatz *m* (1*); (дать) под больши́е ~ы auf hóhe Zínsen (léihen*); ~ы по вкла́дам Éinlagezinsen *pl*; ссу́да, предоста́вленная под высо́кий ~ éine hóchverzinsliche Ánleihe; ростовщи́ческие ~ы Wúcherzinsen *pl*; ~ за коми́ссию Provisión *f* (10); ◊ на все сто (проце́нтов) húndertprozentig, völlig; ~ный Prozént-, zínstragend-; ~ные бума́ги Wértpapiere *pl*; ~ный заём éine verzínste [verzínsbare] Ánleihe; в ~ном отноше́нии prozentuál; in Prozentverhältnis (geséhen)

проце́сс *м* 1. Prozéß *m* -sses, -sse, Hérgang *m* (1*), Vórgang *m*; Verláuf *m* (1*) (*тече́ние*); Entwícklung *f* (10) (*разви́тие*); ~ произво́дства (чего́-л.) Produktiónsablauf *m*, Fértigungsablauf *m*; произво́дственный ~ Árbeitsvorgang *m*; ~ воспроизво́дства *эк.* Reproduktiónsprozeß *m*; ~ обраще́ния Zirkulatiónsprozeß *m*, Úmlaufprozeß *m*; технологи́ческий ~ Árbeitskette *f* (11), technológischer Áblauf; в ~е игры́ im Láufe des Spíeles; ~ ро́ста Wáchstumsprozeß *m*; 2. *юр.* Prozéß *m* -sses, -sse; Verfáhren *n* (7), Réchtsstreit *m* (1); гражда́нский ~ Zivilprozeß [-'vi:l-] *m*; Zivílverfahren *n*; уголо́вный ~ Stráfverfahren *n*, Stráfprozeß *m*; показа́тельный ~ Scháuprozeß *m*; нача́ть ~ про́тив кого́-л. gégen j-n éinen Prozéß ánstrengen [éinleiten], j-m éinen Prozéß ánhängig máchen; 3. *мед.*: ~ в лёгких Kránkheitsprozeß in den Lúngen

проце́ссия *ж* Prozessión *f* (10), Zug *m* (1*), Áufzug *m*; Féstzug *m* (*торже́ственная, пра́здничная*); тра́урная ~ Tráuerzug *m*

процессуа́льн||ый *юр.* Prozéß-, prozessuál; ~ое пра́во Prozéßrecht *n* -(e)s, Verfáhrensrecht *n*

процити́ровать ein Zitát ánführen, zitíeren *vt*

про́черк *м* Strich *m* (1)

прочёркивать, прочеркну́ть dúrchstreichen* *vt*

прочерти́ть: ~ ли́нию eine Líníe zíehen*

прочеса́ть ábkämmen *vt*; dúrchhecheln (*лён*); dúrchkämmen *vt* (*тж. перен.*); ~ лес *воен.* den Wald dúrchkämmen

проче́сть *см.* прочита́ть 1, 2, 4, 5

прочёсыв||ание *с:* ~ание ме́стности *воен.* das Dúrchkämmen des Geländes; ~ать *см.* прочеса́ть

прочёт *м бухг. разг.* Réchenfehler *m* (6), Mánko *n* -s, -s

про́ч||ий *прил.* 1. übrig, ánder; 2. *в знач. сущ.*: все ~ие álle ánderen; ~ие die ánderen, die übrigen (Persónen); и ~ее und ánderes mehr (*сокр.* u. a. m.); и ~ее и тому́ подо́бное *разг.* und (was) dergléichen mehr (ist); ме́жду ~им únter ánderem (*сокр.* u. a.), übrigens; nebenbéi (*кста́ти*); поми́мо всего́ ~его áußer állem ándern

прочи́стить pútzen *vt*, réinigen *vt*

прочита́ть 1. dúrchlesen* *vt*; 2. (*продеклами́ровать*) vórlesen* *vt*, rezitíeren *vt*, deklamíeren *vt*; 3. (*не́которое вре́мя*) (éine Zéitlang) lésen* *vi*; 4.: ~ докла́д éinen Vórtrag hálten*; ~ ле́кцию éine Vórlesung hálten*; 5.: там мо́жно бы́ло ~... da stand zu lésen...; там вы мо́жете ~... dort könnt ihr náchlesen...

про́чить áussersehen* *vt*; vórsehen* *vt* (für *A*); áuserkiesen* *vt* (zu *D*) (*уст., поэт.*); э́ту пшени́цу про́чим на семена́ díeser Wéizen ist als Sáatgut vórgesehen

прочища́ть *см.* прочи́стить

про́чн||ость *ж* Háltbarkeit *f*, Härte *f*, Féstigkeit *f*, Dáuerhaftigkeit *f*; Strapazíerfähigkeit *f*; Schéuerfestigkeit *f* (*о тка́ни*); ~ость на пробо́й *эл.* Dúrchschlagsfestigkeit *f*; ~ость на разры́в Réißfestigkeit *f*; ~ый 1. háltbar, réißfest, dáuerhaft; strapazíerfähig, verschléißfest (*носки́й*); wáschecht (*о кра́сках*); tríttfest (*о насти́ле, линоле́уме и т. п.*); stabíl (*о зда́нии*); ~ая упако́вка háltbare Verpáckung; 2. *перен.* dáuerhaft, fest; beständig, stétig (*усто́йчивый*); ~ый мир dáuerhafter Fríeden; ~ая репута́ция gefestigter Ruf; solíde Reputatión

прочте́н||ие *с* Dúrchlesen *n* -s; по ~ии nach dem Dúrchlesen; но́вое ~ие те́мы die néue Áuffassung [Lésart] des Thémas

прочу́вствов||анный vóller Gefühl, gefühlvoll; ~ать fühlen *vt*, tief empfínden*

прочь *нареч.* fort!, (hin)wég!; ~ с доро́ги! Platz da!, Platz gemácht!, aús dem Wég!; ~ с глаз мои́х! geh mir aus den Áugen!; уйти́ ~ wéggehen* *vi* (s), fórtgehen* *vi* (s), sich entférnen; убра́ть ~ wégräumen *vt*; ◊ ру́ки ~! Hände weg!; быть не ~ *разг.* nicht ábgeneigt sein, nichts dagégen háben

проше́дш||ее *сущ.* *с* (*про́шлое*) Vergángenheit *f*, das Vergángene (*sub*); ~ий (*мину́вший*) vergángen, verflóssen; ~ее вре́мя *грам.* Vergángenheit *f* (10); Präteritum *n* -s, -ta

проше́ние *с уст.* Gesúch *n* (2), Bíttschrift *f* (10); Éingabe *f* (11); пода́ть ~ éin Gesúch [éine Éingabe] éinreichen; mit éinem Gesúch éinkommen* (*уст.*)

прошепта́ть (éinige Wórte) flüstern *vt*, zíscheln *vt*

проше́ств||ие: по ~ии чего́-л. nach (*D*), nach Verláuf von (*D*), nach Áblauf (*G*); по ~ии пяти́ лет nach fünf Jáhren; по ~ии сро́ка nach Áblauf der Frist

прошибáть, прошибúть 1. (*что-л.*) éinschlagen* *vt*, dúrchschlagen* *vt*, éinrennen* *vt*; **2.** *разг.*: его́ пот прошиб er geríet in Schweiß; der Schweiß brach ihm aus; его́ слезá прошиблa die Tränen tráten ihm in die Áugen; озно́б его́ прошиб ein Fíeberschauer durchschüttelte ihn

прошивáть *см.* прошить

прошивка *ж* **1.** (*действие*) Ánnähen *n* -s; **2.** (*кружевная вставка*) Éinsatz *m* (1*), Spítzeneinsatz *m*; Stickeréi *f* (10) (*шитьё*); **3.** *тех.* (*инструмент*) Räumnadel *f* (11)

прошипéть *см.* шипéть

прошúть 1. ánnähen *vt* (*пришить*); dúrchnähen *vt*, ábsteppen *vt* (*сделать шов*); **2.** *тех.* räumen *vt*

прошлогóдний vórjährig

прóшл||ое *сущ. с* das Vergángene (*sub*), Vergángenheit *f*; слáвное ~ое rúhmvolle Vergángenheit; в далёком ~ом in férner Vergángenheit, in álten Zéiten; в недалёком ~ом in der jüngsten Vergángenheit; урóки ~ого die Léhren der Vergángenheit; всё это в ~ом das álles gehört der Vergángenheit an; это далёкое ~ое das ist schon férne Vergángenheit; покóнчить с ~ым éinen Strich únter das Vergángene zíehen*; **~ый** *прил.* vergángen; verflóssen; voráufgegangen; zurückliegend; ~ый год vóriges Jahr; Vórjahr *n* -(e)s; на ~ой недéле vórige Wóche; ◇ это дéло ~ое das gehört schon der Vergángenheit an

прошмыгнýть *разг.* dúrchhuschen *vi* (s), dúrchschlüpfen *vi* (s); vorbéihuschen *vi* (s), vorbéischlüpfen *vi* (s) (мимо когó-л., мимо чегó-л. an *D*)

прошнуровáть, прошнурóвывать verschnüren *vt*, dúrchschnüren *vt*

прошпаклевáть verspáchteln *vt*, áusspachteln *vt*

проштрáфиться *разг.* sich (*D*) etw. zuschúlden kómmen lássen*

проштудúровать dúrchstudieren *vt*, gründlich dúrcharbeiten

прошумéть 1. ráuschen *vi*, sáusen *vi*; lärmen *vi*, Lärm máchen; **2.** (*стать известным*) Áufsehen errégen; Staub áufwirbeln; berühmt [bekánnt] sein

прощáй! lébe wohl!; ~те! lebt wohl!; lében Sie wohl! (*форма вежливости*)

прощáльный Ábschieds-; ~ спектáкль Ábschiedsvorstellung *f* (10); ~ взгляд ábschiednehmender Blick; ~ вéчер Verábschiedungsfeier *f* (11)

прощáние *с* Ábschied *m* (1), Ábschiednehmen *n* -s; на ~ zum Ábschied

прощáть *см.* простúть

прощá||ться *см.* простúться; не ~ясь (*уйти, уехать*) óhne Ábschied, grúßlos

прóще * (*сравн. ст. от* простóй I) éinfacher

прощелыга *м разг.* Gáuner *m* (6), Spítzbube *m* (9), Schúrke *m* (9)

прощéн||ие *с* Verzéihung *f* (10); просúть ~ия um Verzéihung [Vergébung] bítten*

прощýпать, прощýпывать 1. ábtasten *vt*, ábgreifen* *vt*; *мед.* palpíeren *vt*; fühlen *vt* (*пульс*); **2.** *перен.* prüfen *vt*, sondíeren *vt*; ~ когó-л. j-m auf den Zahn fühlen; ~ пóчву auf den Busch klópfen

проэкзаменовáть examiníeren *vt*, prüfen *vt*; **~ся** ein Exámen máchen [áblegen], geprüft wérden

проявúтель *м фото* Entwíckler *m* (6)

проявúть 1. zéigen *vt*, bekúnden *vt*, äußern *vt*; an den Tag légen; ~ интерéс к чемý-л. Interésse für etw. (*A*) bekúnden; ~ нерешúтельность Únschlüssigkeit an den Tag légen; ~ нетерпéние Úngeduld zéigen; ~ сдéржанность Zurückhaltung üben; ~ себя sich zéigen; **2.** *фото* entwíckeln *vt*; **~ся** sich zéigen, hervórtreten *vi* (s), in Erschéinung tréten*; zutáge tréten*; zur Áuswirkung gelángen

проявлéн||ие *с* **1.** Bekúndung *f* (10), Äußerung *f* (10); Erschéinungsform *f* (10); пéрвые ~ия болéзни das érste Áuftreten der Kránkheit; ~ие жúзни Lébenszeichen *n* (7); **2.** *фото* Entwícklung *f*

проявлять *см.* проявúть; **~ся 1.** *см.* проявúться; **2.** *страд.* gezéigt wérden (*ср.* проявúть)

прояснéн||ие *с* **1.** (*погоды*) Klärung *f* (10), Áufklären *n* -s; Áufheiterung *f* (10), Áufhellung *f* (10); с кратковрéменными ~иями (*в сводке погоды*) mit kúrzen Áufheiterungen; постепéнное ~ие (*в сводке погоды*) die Bewölkungsauflockerung bis zur Áufheiterung; **2.** (*мыслей*) Áufklärung *f*, Erléuchtung *f*

проясне||ть *разг.* (*о погоде*) sich áufheitern; sich áufklären; áufklären *vi*, *vimp*; ~ло es hat sich áufgeklärt [áufgeheitert]

проясне́ть *см.* прояснúться 1

прояснúться, проясняться 1. sich áufklären, sich áufheitern; sich áufhellen, áufstrahlen *vi*, áufleuchten *vi* (*о лице*); klar wérden (*о мысли*); **2.** *см.* прояснеть

пруд *м* Teich *m* (1); **~-отстóйник** Klärteich *m*

прудúть éindämmen *vt*; ◇ хоть пруд прудú *разг.* im Überfluß, in Ménge, wie Sand am Meer

прудов||óй Teich-; ~óе рыбовóдство [хозяйство] Téichfischwirtschaft *f*, Bewírtschaftung von Físchteichen

пружúн||а *ж* Féder *f* (11); Sprúngfeder *f*; *перен.* Tríebfeder *f*; Bewéggrund *m* (1*); заводнáя ~а (*в часах и т. п.*) Zúgfeder *f*; скрытые ~ы *перен.* die gehéimen Tríebfedern; он глáвная ~а этого дéла er ist die tréibende Kraft díeses Unternéhmens; нажáть на все ~ы *разг.* álle Hébel in Bewégung sétzen; Hímmel und Hölle in Bewégung sétzen

пружúнист||ость *ж* Féderkraft *f*, Spánnkraft *f*, Elastizität *f*; **~ый** fédernd, spánnkräftig, elástisch

пружúнить, пружúниться fédern *vi*, elástisch sein

пружúн||ка *ж* (*в часах*) Féder *f* (11); **~ный** Féder-; Sprúngfeder-; ~ный матрáц Sprúngfedermatratze *f* (11)

прусáк *м* (*таракан*) déutsche Scháben

пруссáк *м* (*житель Пруссии*) Préuße *m* (9)

прýсский préußisch; áltpreußisch

прýссы *мн. ист.* der báltische Stamm der Préußen

прут *м* **1.** Gérte *f* (11); Rúte *f* (11); ивовый ~ Wéidengerte *f*; ~ для плетéния Fléchtgerte *f*; Kórbholz *n* (5) (*для корзин*); **2.** (*металлический*) Stab *m* (1*); Stánge *f* (11) (*для занавесей и т. п.*); Läuferstange *f* (*для ковровой дорожки*)

прутков||ый: ~ое желéзо *тех.* Stábeisen *n* -s, Stángeneisen *n*

прутня́к *м бот.* Gértenholz *n* (5)

прыгалка *ж разг.* Sprúngseil *n* (2)

прыганье *с* Springen *n* -s, Umhérspringen *n*

прыгать, прыгнуть springen* *vi* (h, s); hüpfen *vi* (h, s); herúmschnellen *vi* (s) (*о дафнии*)

прыгýн *м* Springer *m* (6); Hóchspringer *m*; ~ с шестóм Stábhochspringer *m*; **~ья** *ж* Springerin *f* (12)

прыж||óк *м* Sprung *m* (1*), Satz *m* (1*); ~кú в высотý Hóchsprung *m* -(e)s; ~кú в длинý Wéitsprung *m* -(e)s; тройнóй ~óк Dréisprung *m*; ~óк с разбéга Sprung aus dem Ánlauf; ~кú с шестóм Stábhochsprung *m* -(e)s; ~óк с парашютом Fállschirmabsprung *m*; ~кú в вóду [с вышки] Kúnstspringen *n* -s, Túrmspringen *n*; показáтельный ~óк Scháusprung *m*; ~кú на лыжах с трамплúна Skispringen [ˈʃi:-] *n*; однúм ~кóм mit éinem Sprung, mit éinem Satz

прыскать *см.* прыснуть; **~ся** *разг.* sich besprítzen; sich bespréngen

прыснуть *разг.* **1.** (*водой и т. п.*) sprítzen *vi*; **2.:** ~ сó смеху (mit dem Láchen) heráusplatzen *vi* (s), sich vor Láchen áusschütten, in ein Gelächter áusbrechen*

прытк||ий *разг.* flink, húrtig, wéndig, fix; **~ость** *ж разг.* Flínkheit *f*, Wéndigkeit *f*, Behéndigkeit *f*

прыть *ж разг.* **1.** Flínkheit *f*, Behéndigkeit *f*; Kühnheit *f* (*смелость*); откýда (у негó) такáя ~? wohér die Kühnheit?; **2.:** во всю ~ im Galópp; бежáть во всю ~ aus állen Kräften láufen*

прыщ *м* Píckel *m* (6), Fínne *f* (11); в ~áх píck(e)lig, vóller Píckel; **~áвый, ~евáтый** píck(e)lig, vóller Píckel

прюнéлев||ый Lásting-; ~ые тýфли Zéugschuhe *pl*

прюнéль *ж* Lásting *m* -s

прядáть: ~ ушáми mit den Óhren spíelen (*о лошади*)

прядéние *с* Spínnen *n* -s; ручнóе ~ Hándspinnen *n*; машúнное ~ Maschínenspinnen *n*

прядúль||ный Spinn-; ~ная фáбрика Spinneréi *f* (10); ~ная машúна Spínnmaschine *f* (11); ~ный станóк Ríngspinnmaschine *f*; **~щик** *м* Spínner *m* (6); **~щица** *ж* Spínnerin *f* (12)

прядка *ж см.* прядь 1

прядь *ж* **1.** (*волос*) Strähne *f* (11), Háarsträhne *f*, Lócke *f* (11); **2.** (*каната и т. п.*) Séilgarn *n* (2), Gárnstrang *m* (1*)

пряжа *ж* Garn *n* (2), Gespínst *n* (2); ~ в моткáх Gárnbündel *n* (6), Gárnknäuel *n* (6); Stránggarn *n*, geweíftes Garn

пряжк||а *ж* Schnálle *f* (11), Spánge *f* (11); обувнáя ~а Schúhschnalle *f*; Spánge *f*; поясная ~а Gürtelschnalle *f*; застегнýть ~у éine Schnálle schlíeßen*, (zú)schnállen *vi*; отстегнýть ~у ábschnallen *vi*; die Spánge [Schnálle] áufmachen; застёгиваться на ~у (*об одежде*) Schnállenverschluß háben

прялка *ж* Spinnrocken *m* (7); Spínnrad *n* (5) (*с колесом*)

прям||áя *сущ. ж мат.* Geráde *sub f*, geráde Líni¦e, провестú ~ýю éine Geráde zíehen*; расстояние по ~óй (*между двумя геогр. точками*) Lúftlini¦e *f* (11); фúнишная ~áя *спорт.* Zíelgerade *f*

прямёхонько *нареч.* schnúrstracks, diréktenwegs

прямизнá *ж* Gerádheit *f*

прямикóм *нареч. разг.* geráde geradezú, schnúrgerade, schnúrstracks

прямо *нареч.* **1.** geráde; geradeáus; держáться ~ sich geráde hálten*; **2.** (*непосредственно*) dirékt, únmittelbar; ~ к дéлу únmittelbar zur Sáche; ~

к це́ли dirékt zum Zíel; **3.** (*откровенно*) óffen, geradezú, geradeheráus; únumwunden, óhne Úmschweife (*без обиняков*); я ~ и откры́то заявля́ю ich ságe es frank und frei; **4.** *разг.* (*совершенно*) geradezú, dirékt; ~-таки geradezú; э́то ~-таки геро́й das ist geradezú ein Held; **5.** (*как раз*) dirékt; ~ в цель dirékt ins Ziel

прямоду́ш||ие *с* Óffenherzigkeit *f*, Gerádheit *f*; **~ный** óffenherzig, geráde, fréimütig

прям||о́й **1.** geráde, áufrecht; ~óе пла́тье ein taillenloses ['taljən-] Hémdkleid; ~а́я ю́бка ein gerádefallender Rock; ~ы́е во́лосы stráffes Haar; ~а́я ли́ния *мат.* Geráde *sub f*; ~о́й у́гол *мат.* réchter Wínkel; ~а́я кишка́ *анат.* Mástdarm *m* (1*), Réktum *n* -s, -ta; идти́ ~о́й доро́гой den geráden Weg géhen*; **2.** (*без пересадок, остановок*) Dúrchgangs-, dúrchgehend; ~óе сообще́ние dirékte Verbíndung; по́езд ~óго сообще́ния dúrchgehender Zug, ~ы́м путём geráde(n)wegs; **3.** (*непосредственный*) dirékt; ~ы́е вы́боры dirékte Wáhlen; ~о́й нало́г dirékte Stéuer; ~а́я отве́тственность за что-л. die únmittelbare Verántwortung für etw. (*A*); **4.** (*откровенный*) geráde, óffen, áufrichtig; ~о́й вопро́с éine dirékte Fráge; ~о́й отве́т éine óffene Ántwort; ~о́й челове́к ein óffener Mensch; **5.** *разг.* (*настоящий*) wahr, echt; ~о́й убы́ток ein dirékter Scháden; ~о́й акт агре́ссии dirékter Ángriffsakt; **6.** *грам.* dirékt; ~а́я речь dirékte Réde; ~óе дополне́ние ein dirédktes Objékt; ◇ в ~о́м смы́сле сло́ва in dirékter Bedéutung des Wórtes; im wáhren Sínne des Wórtes

прямокры́лые *сущ. мн. зоол.* Gerádflügler *pl*

прямолине́йн||ость *ж* **1.** Gerádlinigkeit *f*, Gerádheit *f*; **2.** (*откровенность*) Áufrichtigkeit *f*; **~ый** **1.** gerádlinig, geráde; ~ое движе́ние *авто* Gerádeausfahren *n* -s; **2.** (*откровенный*) áufrichtig

прямота́ *ж* Gerádheit *f*; Óffenheit *f*, Áufrichtigkeit *f* (*искренность*); Únumwundenheit *f* (*высказывания и т. п.*)

прямото́чный: ~ котёл *тех.* Éinrohrkessel *m* (6), Dúrchlaufkessel *m*

прямоуго́льн||ик *м мат.* Réchteck *n* (2); **~ый** réchteckig, réchtwink(e)lig; ~ый треуго́льник ein réchtwink(e)liges Dréieck

пря́ник *м* Pféfferkuchen *m* (7), Lébkuchen *m*; медо́вый ~ Hóniglebkuchen *m*; мя́тный ~ Pféfferminzkuchen *m*; фигу́рные ~и Pféfferkuchenfiguren *pl*, Lébkuchenfiguren *pl*; Pféfferkuchenmänner *pl*; ◇ поли́тика кнута́ и ~а Polítik von Zúckerbrot und Péitsche

пря́ничный Pféfferkuchen-, Lébkuchen-; ~ до́мик (*в сказке*) Knúsperhäus chen *n* (7)

пря́ность *ж* **1.** (*чего-л.*) Würzigkeit *f*, Würze *f*; **2.** (*вещество*) Gewürz *n* (2), Würzmittel *n* (6); Gewürzkräuter *pl* (*травы*); Gewürzkörner *pl* (*зёрна*)

пря́ный würzig, gewürzt, scharf; ~ ые расте́ния Gewürzpflanzen *pl*

прясть spínnen* *vt*

пря́тать verstécken *vt*, verbérgen* *vt*; verschlíeßen* *vt* (*под замо́к*); áufheben* *vt*, áufbewahren *vt* (*сохранять*); **~ся** sich verstécken, sich verbérgen*

пря́тки: Verstéckspiel *n* -(e)s; игра́ть в ~ Verstéck spielen

пря́ха *ж* Spínnerin *f* (12)

псало́м *м церк.* Psalm *m* (13); **~щик** *м* Psálmesänger *m* (6)

псалты́рь *ж церк.* Psálter *m* (6), Psaltérium *n* -s, -ri¦en

пса́рня *ж* Húndestall *m* (1*), Húndehaus *n* (5); Húndezwinger *m* (6)

псарь *м* Húndewärter *m* (6), Húndeknecht *m* (1)

псевдо- Pséudo-

псевдоготи́ческий pséudogotisch

псевдодемокра́тия *ж* Schéindemokratie *f*

псевдоиску́сство *с* Pséudokunst *f*

псевдоклассици́зм Pséudoklassizismus *m* =

псевдомаркси́стский pséudomarxistisch

псевдонаро́дный dem Schein nach vólkstümlich

псевдонау́чный pséudowissenschaftlich, pséudogelehrt

псевдони́м *м* Pseudoným *n* (2), Déckname(n) *m* (15, 7), Tárnname *m*; der ángenommene Náme; под ~ом únter dem Pseudoným, únter dem Décknamen; раскры́ть ~ das Pseudonýmenthüllen

псевдореволюцио́нный pséudorevolutionär [-vo-]

пси́н||а *ж разг.* Húndefleisch *n* -es; па́хнет ~ой es riecht nach Húnden; **~ый** Húnde-

псих *м разг.* séelisch únausgeglichener Mensch; nérvenschwacher [-f *u* -v-] Mensch; он ~ *разг.* er spinnt, er hat éinen Vógel

психастен||и́ческий *мед.* psychasthénisch; **~и́я** *ж мед.* Psychasthenie *f*

Психе́я *ж миф.* Psýche *f*

психиа́тр *м* Psychiáter *m* (6); Nérvenarzt [-f- *u* -v-] *m* (1*); **~и́ческий** psychiátrisch; ~и́ческая лече́бница psychiátrische Héilanstalt; Nérvenheilanstalt *f* [-f *u* -v-] (10); Nérvenklinik *f* (10); **~и́я** *ж* Psychiatríe *f*, Nérvenheilkunde [-f- *u* -v-] *f*

пси́хика *ж* séelische Verfássung, géistiger Zústand, Psýche *f*

психи́ческ||и *нареч.* psýchisch, séelisch; Géistes-; ~и больно́й séelisch [psýchisch] krank; Géisteskranke *m* (14); Nérvenkranke [-f- *u* -v-] *m*; **~ий** psýchisch, séelisch; Géistes-; ~ая боле́знь Géisteskrankheit *f* (10); ~ое расстро́йство Géistesstörung *f* (10)

психоана́лиз *м* Psychoanalýse *f* (11)

психова́ть *разг.* sich únnütz áufregen; nervös wérden; die Nérven [-f- *u* -v-] verlíeren*

психо́з *м* Psychóse *f* (11); Géisteserkrankung *f* (10), séelische [psýchische] Störung; ◇ вое́нный ~ Kriegspsychose *f*

психолингви́стика *ж* Psýcholinguistik [-ŋgu-] *f*

психо́лог *м* Psychológe *m* (9); **~и́зм** *м* Psychologísmus *m* =; **~и́ческий** psychológisch; ◇ ~и́ческая война́ Nérvenkrieg [-f- *u* -v-] *m* (1)

психоло́гия *ж* **1.** Psychologíe *f*; **2.** (*душевный склад*) Mentalität *f*

психометр||и́ческий psychométrisch; **~и́я** *ж* Psychometríe *f*

психоневро́з *м мед.* Psychoneuróse *f* (11)

психоневро||логи́ческий *мед.* psychoneurológisch; **~ло́гия** *ж* Psychoneurologíe *f*

психоневропато́||лог *м мед.* Psychoneuropathológe *m* (9); **~логи́ческий** *мед.* psychoneuropathológisch; **~ло́гия** *ж* Psychoneuropathologíe *f*

психопа́т *м* Psychopáth *m* (8); **~ия** *ж* Psychopathíe *f*; **~ка** *ж* Psychopáthin *f* (12)

психопато||логи́ческий *мед.* psychopathológisch; **~ло́гия** *ж мед.* Psychopathologíe *f*

психопрофилакти́ческий *мед.* psychoprophyláktisch

психотерапе́вт *м* Psychotherapéut *m* (8)

психотерапи́я *ж мед.* Psychotherapíe *f*, Suggestiónsbehandlung *f*, Suggestiónstherapie *f*

психоте́хн||ика *ж* Psychotéchnik *f*; **~и́ческий** psychotéchnisch

психофизио||логи́ческий psychophysiológisch; **~ло́гия** *ж* Psychophysiologíe *f*

психофизи́ческий psychophýsisch

психро́метр *м физ.* Psychrométer [-kro-] *n* (6), Verdúnstungsmesser *m* (6)

псо́в||ый Húnde-; ~ая охо́та Hétze *f* (11), Hétzjagd *f* (10)

пта́шечка *ж см.* пта́шка; ◇ ра́но ~ запе́ла, как бы ко́шечка не съе́ла *погов.* den Vógel, der zu früh singt, frißt die Kátze

пта́шк||а *ж разг.* Vöglein *n* (7), Vögelchen *n* (7); ◇ ра́нняя ~а Frühaufsteher *m* (6); Frühaufsteherin *f* (12) (*о женщине*); у вся́кой ~и свои́ зама́шки *посл.* jédes Tíerchen hat sein Pläsíerchen

птене́ц *м* **1.** Néstling *m* (1), Néstvogel *m* (6*); Néstjunge *sub n*, Vógeljunge *sub n*; **2.** (*воспитанник*) Zögling *m* (1), Pflégling *m* (1); ◇ желторо́тый ~ Grünschnabel *m* (6*)

птерода́ктиль *м палеонт.* Pterodáktylus *m* =, -daktýlen

птероза́вр *м палеонт.* Pterosáuri¦er *m* (6), Pterosáurus *m* =, -ri¦er

пти́ца *ж* Vógel *m* (6*); пе́вчая ~ Síngvogel *m*; перелётная ~ Zúgvogel *m*; Wándervogel *m*, Stríchvogel *m*; хи́щная ~ Ráubvogel *m*; боло́тная ~ Súmpfvogel *m*; водопла́вающая ~ Wássergeflügel *n* -s, Schwímmvögel *pl*; би́тая ~ Geflügel *n*; дома́шняя ~ *собир.* Háusgeflügel *n*, Geflügel *n*, Fédervieh *n* -(e)s; ◇ что э́то за ~? *разг.* was ist das für ein Geschöpf?, was ist das für ein Subjékt?, was ist das für ein Vógel?; ва́жная ~ *разг.* ein gróßes Tier; ein gróßes Vieh; не велика́ ~ *разг.* kein gróßes Tier; ein únbedeutender Mensch; стре́ляная ~ *разг.* Schláukopf *m* (1*); ein gewítzter Kerl; éiner, der mit állen Wássern gewáschen ist; жить как ~ небе́сная sórglos in den Tag hinéinleben

птицево́д *м* Geflügelzüchter *m* (6); **~ство** *с* Geflügelzucht *f*

птицекомбина́т *м* Geflügelkombinat *n* (2)

птицело́в *м* Vógelfänger *m* (6), Vógelsteller *m* (6)

птицело́вство *с* Vógelfang *m* -(e)s, Vógelstellerei *f*

птицефа́брика *ж* Geflügelgroßfarm *f* (10)

птицефе́рма *ж* Geflügelfarm *f* (10)

пти́ч||ий Vógel-; Geflügel-; ~ий двор Geflügelhof *m* (1*); ~ий база́р Nístplatz *m* (1*); ◇ с ~ьего полёта aus der Vógelperspektive [-və], aus der Vógelschau; ~ий ры́нок Kléintiermarkt *m* -es

пти́чка *ж* **1.** *уменьш.* Vöglein *n* (7), Vögelchen *n* (7); **2.** (*значок*) Häkchen *n* (7), Zéichen *n* (7)

птичн||ик *м* **1.** (*помещение для домашней птицы*) Geflügelhof *m* (1*), Geflügelstall *m* (1*), Hühnerstall *m*; **2.** (*о человеке*) Geflügelzüchter *m* (6); **~ица** *ж* Geflügelzüchterin *f* (12)

пуансо́н *м* **1.** *тех.* Stémpel *m* (6), Stánzstempel *m*; **2.** *см.* пунсо́н

пуа́нт: ходи́ть на ~ах *театр.* auf den Zéhenspitzen géhen*; та́нец на ~ах Spítzentanz *m* (1*)

пуантили́зм *м иск.* Pointillismus [poẽti'jis-] *m* =

пу́блик||а *ж* Públikum *n* -s; широ́кая ~а das bréite Públikum; до́ступ для широ́кой ~и die Zúlassung der Allgeméinheit

публика́ция *ж* **1.** (*действие*) Publikatión *f*, Veröffentlichung *f*; **2.** (*объявление*) Bekánntmachung *f* (10), Publikatión *f* (10)

публикова́ть veröffentlichen *vt*, publizíeren *vt*

публици́ст *м* Publizíst *m* (8); **~ика** *ж* Publizístik *f*; **~и́ческий** publizístisch

публи́чн||ость *ж* Öffentlichkeit *f*, Publizität *f*; **~ый** öffentlich; ~ая библиоте́ка öffentliche Bibliothék; ~ое выступле́ние öffentliches Áuftreten; ◇ ~ое пра́во öffentliches Recht; ~ые торги́ öffentliche Verstéigerung; продава́ть с ~ых торго́в verstéigern *vt*; ~ый дом Bordéll *n* (2)

пу́гало *с* Vógelscheuche *f* (11); *перен.* Schréckgespenst *n* (5)

пу́ган||ый erschrócken, éingeschüchtert, erschréckt; ◇ ~ая воро́на (и) куста́ бои́тся *посл.* ≅ gebránntes Kind scheut das Féuer

пуга́ть **1.** schrécken *vt*, erschrécken *vt*; **2.** (*угрожать*) dróhen *vi* (кого́-л. *D*), éinschüchtern *vt*; **~ся** erschrékken* *vi* (s), in Schrécken geráten*; sich ängstigen; Angst [Furcht] háben; schéuen *vi* (*о лошади*); ло́шадь пуга́ется das Pferd scheut

пуга́ч *м* **1.** (*игрушка*) Kínderpistole *f* (11), Schréckschußpistole *f*; **2.** (*птица*) Úhu *m* -s, -s

пугли́в||ость *ж* Fúrchtsamkeit *f*; Schréckhaftigkeit *f*; Schéuheit *f* (*о лошади*); **~ый** fúrchtsam, scheu

пугну́ть *разг.* schrécken *vt*, j-m Schrécken [Angst] éinjagen

пу́гов||ица *ж* Knopf *m* (1*); на двух ~ицах (*напр. о перчатках*) zwéiknöpfig; **~ичный** Knopf-

пу́говк||а *ж уменьш.* Knopf *m* (1*), Knöpfchen *n* (7); ◇ нос ~ой *разг.* Stúmpfnäs¦chen *n* (7), Stúpsnäs¦chen *n*

пуд *м* Pud *n* (2) (*ehemaliges russisches Gewichtsmaß = 16,38 kg*)

пу́дель *м* Púdel *m* (6); ка́рликовый ~ Zwérgpudel *m*

пуделя́ть *охот.* púdeln *vi*, éinen Púdel máchen

пу́динг *м* Púdding *m* (1) (*pl тж.* -s)

пудлингов||а́ние *с тех.* Púddeln *n* -s; **~а́ть** púddeln *vi*

пу́длингов||ый *тех.*: ~ая печь Púddelofen *m* (7*); ~ое желе́зо Púddeleisen *n* (7); ~ая сталь Púddelstahl *m* (1*, 1)

пудово́й ein Pud schwer; *перен.* sehr schwer

пу́дра *ж* Púder *m* (6); компа́ктная ~ Kompáktpuder *m*; ◇ са́харная ~ Stáubzucker *m* -s, Púderzukker *m*

пу́дрен||ица *ж* Púderdose *f* (11); **~ый** gepúdert; Púder; ~ый пари́к Púderperücke *f* (11)

пу́дрить púdern *vt*; **~ся** sich (das Gesícht) púdern

пуза́тый *разг.* dickbäuchig, díckwanstig (*о человеке*); báuchig, áusgebaucht (*о вещах*)

пу́зо *с груб.* Bauch *m* (1*), Wanst *m* (1*); отрасти́ть ~ sich (*D*) éinen Bauch légen

пузырёк *м* **1.** (*воздуха и т. п.*) Bläs¦chen *n* (7); Síedebläs¦chen *n* (*при кипении*); без пузырько́в (*о стекле*) blásenfrei; **2.** (*бутылочка*) Fläschchen *n* (7)

пузы́ристый *разг. см.* пузы́рчатый

пузы́риться *разг.* sich mit Blásen bedécken, Blásen schlágen*, pérlen *vi* (*о жидкости*); Fálten schlágen* [wérfen*] (*о наклеенной бумаге*); blásig wérden (*о лаке, фанере*); sich blähen, sich áufbauschen (*об одежде, о парусах*)

пузы́рчатый blásenartig, blásenförmig; mit Blásen bedéckt, blásig

пузы́р||ь *м* **1.** Bláse *f* (11); мы́льный ~ь Séifenblase *f*; *перен.* Séifenblase *f*; пуска́ть мы́льные ~и́ Séifenblasen máchen; **2.** *анат.*: жёлчный ~ь Gállenblase *f* (11); мочево́й ~ь Bláse *f*, Hárnblase *f*; пла́вательный ~ь (*у рыб*) Schwímmblase *f*; **3.:** ~ь от ожо́га Brándblase *f* (11); **4.** *разг.* (*малыш*) Knirps *m* (1), Dreikäsehoch *m* (1); ◇ ~ь со льдом Éisbeutel *m* (6)

пук *м* Bündel *n* (6), Bund *n* (2); Büschel *n* (6) (*цветов*); ~ воло́с Háarbüschel *n*; ~ соло́мы Stróhwisch *m* (1)

пул *м эк.* Pool [*англ.* pu:l] *m* -s, -s

пулев||о́й Kúgel-; ~о́е ране́ние Schúßverletzung *f*, Schúßwunde *f*

пулемёт *м* Maschínengewehr *n* (2) (*сокр.* MG); ручно́й ~ léichtes Maschínengewehr; зени́тный ~ Fliegerabwehrmaschinengewehr *n* (*сокр.* Fla-MG); станко́вый ~ schwéres Maschínengewehr (*сокр.* sMG); **~ный** Maschínengewehr-; ~ная ле́нта Maschínengewehrgurt *m* (1); ~ная пози́ция Maschínengewehrstellung *f* (10); ~ный расчёт Maschínengewehrbedienung *f* (10); ~ное отделе́ние Maschínengewehrgruppe *f* (11) (*сокр.* MG-Gr.); обстре́ливать ~ным огнём aus Maschínengewehren beschíeßen*, mit MG-Féuer bestréichen*; **~чик** *м* Maschínengewehrschütze *m* (9) (*сокр.* MG-Schütze)

пуленепробива́емый kúgelfest, kúgelsicher

пулеулови́тель *м воен.* Kúgelfang *m* (1*)

пуло́вер *м* Pullóver [-vər] *m* (6); Púlli *m* -s, -s (*разг.*)

пульвериз||а́тор *м* Zerstäuber *m* (6), Sprühflasche *f* (11); **~а́ция** *ж* Zerstäubung *f*, Pulverisatión [-ve-] *f*; **~и́ровать** zerstäuben *vt*, pulverisíeren [-ve-] *vt*

пу́лька I *ж уменьш. см.* пу́ля

пу́лька II *ж карт.* Kártenpartie *f* (11)

пу́льмановский: ~ ваго́н Púllmanwagen *m* (7)

пу́льпа *ж* **1.** *анат.* Púlpe *f* (11), Púlpa *f*, *pl* -s; **2.** *тех.* Púlpe *f* (11), Trübe *f* (11), Schlamm *m* (1*)

пульпи́т *м мед.* Pulpítis *f*

пульс *м* Puls *m* (1); сла́бый ~ schwácher Puls; неро́вный ~ úngleicher [unregelmäßiger] Puls; ните́видный ~ fádenförmiger Puls; бие́ние ~а Púlsschlag *m* (1*), Pulsíeren *n* -s; частота́ ~а Púlsfrequenz *f*; наполне́ние ~а Púlshärte *f*; щу́пать ~ den Puls fühlen; счита́ть ~ den Puls zählen; **~а́ция** *ж* Pulsíeren *n* -s; **~и́ровать** pulsíeren *vi*

пульт *м* Pult *n* (2); дирижёрский ~ Nótenpult *n*, Dirigéntenpult *n*; ~ управле́ния *тех.* Stéuerpult *n*, Scháltstand *m* (1*), Scháltpult *n*, Bedíenungspult *n*; ~ дистанцио́нного управле́ния Férnbedienungspult *n*

пу́ля *ж* Kúgel *f* (11); Geschóß *n* -sses, -sse; зажига́тельная ~ Brándgeschoß *n*; руже́йная ~ Gewéhrkugel *f*; бронебо́йная ~ pánzerbrechendes Geschóß; разрывна́я ~ Sprénggeschoß *n*, Explosívgeschóß *n*; трасси́рующая ~ Léuchtspurgeschoß *n*; ~ на излёте mátte Kúgel, máttes Geschóß

пуля́рка *ж* Másthuhn *n* (5)

пу́ма *ж зоол.* Púma *m* -s, -s, Sílberlöwe *m* (9), Kúguar *m* (1)

пуни́ческ||ий *ист.* púnisch; ~ие во́йны Púnische Kriege

пункт *м* **1.** Punkt *m* (1); нача́льный [исхо́дный] ~ Áusgangspunkt *m*; коне́чный ~ Éndpunkt *m*; центра́льный ~ Ángelpunkt *m*; кульминацио́нный ~ Höhepunkt *m*; Kulminatiónspunkt *m*; **2.** (*организационный центр*) Stélle *f* (11), Punkt *m* (1); Platz *m* (1*); сбо́рный ~ Sámmelpunkt *m*, Sámmelstelle *f*; медици́нский ~ Sanitätsstelle *f*; перевя́зочный ~ Verbándplatz *m*; переговоо́рный ~ (*телефонный*) öffentliche Férnsprechstelle; диспе́тчерский ~ Dispatcherzentrale [-'pætʃer-] *f* (11), Dispatcherleitstelle *f*, Kommándostelle *f*, Stéuerwarte *f* (11); коммутацио́нный ~ *свз.* Schàltwarte *f*; заготови́тельный ~ Beschäffungsstelle *f*; Áufbereitungsstelle *f*, Verárbeitungszentrum *n* -s, -tren; Erfássungsstelle *f*; пропускно́й ~ Passíerstelle *f*, Übergangsstelle *f*; кома́ндный ~ Geféchtsstand *m* (1*) (*сокр.* GS); *мор.* Beféhlsstand *m* (*сокр.* BS); Lénkstand *m* (*ракетный*); ~ стоя́нки *мор.* Líegeplatz *m*, Ánkerplatz *m*; призывно́й ~ *воен.* Éinberufungsort *m* (1); наблюда́тельный ~ *воен.* Beóbachtungsstelle *f*, B-Stélle *f*; **3.** (*раздел документа*) Punkt *m* (1), Paragráph *m* (8); ~ догово́ра Vertrágsklausel *f* (11); Bestímmungen des Vertráges; **4.** (*отдельное место в речи, докладе*) Punkt *m* (1); основно́й ~ Stíchpunkt *m*; **5.** *полигр.* Punkt *m* (1); ◇ населённый ~ Ort *m* (1), Órtschaft *f* (10); по ~ам Punkt für Punkt, púnktweise; по всем ~ам in jéder Hínsicht

пу́нктик *м уменьш.* Pünktchen *n* (7); ◇ у него́ ~ *разг.* er hat éinen Vógel, er hat éinen Spleen [ʃpli:n]

пункти́р *м* punktíerte Líni¦e; отмеча́ть ~ом punktíeren *vt*; **~ный** punktíert

пунктуа́льн||ость *ж* Pünktlichkeit *f*; **~ый** pünktlich, genáu

пунктуа́ция *ж грам.* Interpunktión *f* (10), Zéichensetzung *f*

пу́нкция *ж мед.* Punktión *f* (10), Punktúr *f* (10)

пунсо́н *м полигр.* Púnze *f* (11); Patríze *f* (11) (*словолитный*); Zéichen *n* (7), Bíldzeichen *n* (*условный знак в словарях*)

пунцо́вый hóchrot, rósenrot, ponceau [pɔ̃'so:]

пунш *м* Punsch *m* (1); **~евый** Punsch-

пуп *м анат.* Nábel *m* (6); ◇ ~ земли́ *шутл.* der Nábel der Welt

пупови́на *ж анат.* Nábelschnur *f* (3)

пупо́к *м* **1.** Nábel *m* (6); **2.** (*у птиц*) Vógelmagen *m* (7)

пупо́чн||ый Nábel-; ~ая гры́жа Nábelbruch *m* (1*)

пупы́рышек *м* Bläs|chen *n* (7), Hítzbläs|chen *n*, Píckel *m* (6)

пурга́ *ж* Schnéesturm *m* (1*), Schnéegestöber *n* (6)

пури́зм *м* Purísmus *m* =

пури́ст *м* Puríst *m* (8); **~ский** purístisch

пурита́н||ин *м* Puritáner *m* (6); **~ский** puritánisch

пу́рпур *м* Púrpur *m* -s

пурпу́рн||ый, пурпу́ровый púrpurn, púrpurrot, púrpurfarben; Púrpur-; ~ая ма́нтия Púrpurmantel *m* (6*)

пуск *м* (*завода и т. п.*) Inbetríebnahme *f*, Inbetríebsetzung *f*; Ingángsetzung *f*; Ánlassen *n* -s, Ánlaufen *n* -s (*машины*); Stárten *n* -s (*двигателя*); ~ раке́ты der Start éiner Rakéte

пуска́й *см.* пусть

пуска́тель *м тех.* Ánlasser *m* (6), Stárter *m* (6)

пуска́ть(ся) *см.* пусти́ть(ся)

пусков||о́й *тех.*: ~о́й объе́кт übergábefertiges [ábnahmefertiges] Objékt; ~о́й пери́од die Zeit der Inbetríebsetzung (*завода*); die Ánlaßzeit (*машины*); ~о́й автома́т automátischer Ánlasser; ~а́я устано́вка для раке́т Rakétenstartrampe *f* (11), Stártvorrichtung *f* (10), Stártanlage *f* (11); ~а́я кно́пка Áuslöser *m* (6)

пустельга́ *ж зоол.* Túrmfalke *m* (9)

пусте́ть leer wérden, sich léeren, veröden *vi* (s)

пусти́ть 1. (*отпустить*) fórtlassen* *vt*, wéglassen* *vt*, lóslassen* *vt*; fréilassen* *vt* (*дать свободу*); ~ кого́-л. в о́тпуск j-m Úrlaub gében* [gewähren]; **2.** (*впустить*) (her)éinlassen* *vt*; dúrchlassen* *vt* (*по пропуску*); **3.** (*позволить*) erláuben *vt*, lássen* *vt*; ~ дете́й гуля́ть die Kínder spazíerengehen lássen*; **4.** (*привести в действие*) ánlaufen [ánspringen] lássen*, in Bewégung sétzen, in Gang bríngen*; ánkurbeln *vt* (*запускать двигатель и т. п.*); ~ фонта́н den Spríngbrunnen in Betríeb sétzen [spíelen lássen*]; ~ фейерве́рк ein Féuerwerk ábbrennen* [stéigen lássen*]; ~ волчо́к den Kréisel áufziehen*; ~ змея́ den Dráchen stéigen lássen*; ~ ло́шадь ры́сью ein Pferd in Trab sétzen; **5.** (*бросить*) wérfen* *vt*; ~ ка́мнем в кого́-л. éinen Stein nach j-m wérfen* [schléudern]; ~ стрелу́ éinen Pfeil abschíeßen*; **6.**: ~ ростки́ Schößlinge tréiben*; ~ по́чки Knóspen tréiben*; áusschlagen* *vi* (s); ~ ко́рни (*тж. перен.*) Wúrzel fássen; ◇ ~ су́дно ко дну ein Schiff in den Grund bóhren; ~ по́езд под отко́с éinen Éisenbahnzug zum Entgléisen bríngen*; ~ себе́ пу́лю в лоб sich (*D*) éine Kúgel durch den Kopf schíeßen* [jágen]; ~ кровь кому́-л. j-m zur Áder lássen*; ~ в ход все сре́дства álle Hébel in Bewégung sétzen; kein Míttel únversucht lássen*; ~ жильцо́в *разг.* Éinwohner [Míeter] in die Wóhnung lássen* [áufnehmen*]; ~ кому́-л. пыль в глаза́ j-m Sand in die Áugen stréuen; j-m bláuen Dunst vórmachen; ~ по́ миру j-n an den Béttelstab bríngen*; ~ слух ein Gerücht verbréiten [in Úmlauf bríngen*, in Úmlauf sétzen]; ~ в обраще́ние in Úmlauf bríngen* [sétzen]; ~ в прода́жу in den Hándel [auf den Markt] bríngen*; **~ся** lósgehen* *vi* (s); он пусти́лся бежа́ть er lief [stürzte] davón; er lief los; er ránnte; ~ся вдого́нку за кем-л. j-m náchsetzen; ~ся в путь sich auf den Weg máchen; sich auf die Réise begében*; ~ся в обра́тный путь den Héimweg ántreten*; ~ся в риско́ванное предприя́тие sich auf ein riskántes Unternéhmen éinlassen*; ~ся на хи́трость *разг.* zu éiner List gréifen*, éine List ánwenden*; ~ся на ложь sich zu éiner Lüge verstéigen*; ~ся в подро́бности sich in lángen Réden [in wéitschweifigen, áusführlichen Betráchtungen] ergéhen*

пу́сто *предик. безл.* leer; в ко́мнате бы́ло ~ das Zímmer war leer; ◇ чтоб тебе́ ~ бы́ло! *разг.* hol dich der Kúckuck!

пустова́тый 1. zíemlich leer; **2.** (*о человеке*) zíemlich hohl

пустова́ть leer stéhen*, leer líegen*, únbewohnt sein (*быть нежилым*); schwach besúcht sein, kéinen Zúspruch háben, sich kéines gróßen Zúspruchs erfréuen (*иметь мало посетителей*); bráchliegen* *отд. vi* (*о земле*); пусту́ющая кварти́ра éine léerstehende Wóhnung

пустоголо́вый *разг.* hóhlköpfig

пустозво́н *м разг.* Schwätzer *m* (6); Schwadroneur [-'nø:r] *m* (1) (*уст.*); **~ство** *с* Wórtgeklingel *n* -s

пуст||о́й 1. leer; ~о́й ко́лос táube Ähre; ~о́й оре́х táube Nuß; на ~о́й желу́док auf nüchternen Mágen; ~о́й карма́н *тж. перен.* léere Tásche; мой карма́н пуст ich hábe kein Geld mehr; ich hábe kéinen róten Héller; ~а́я поро́да *геол.* táubes Gestéin; ~о́й (лотере́йный) биле́т Níete *f* (11); на ~о́м ме́сте aus dem Nichts heráus; **2.** (*бессодержательный*) níchtssagend, gehált-los; leer, hohl, hóhlköpfig (*о человеке*); ~а́я болтовня́ hóhles [léeres] Geschwätz; Schäumschlägerei *f*; **3.** (*неосновательный, напрасный*) níchtig, nútzlos; ~ы́е мечты́ léerer Wahn; ~ы́е слова́ léere Wórte; ~а́я отгово́рка éine léere Áusrede; ◇ ~о́е! *разг.* Dúmmheiten!; das ist únwichtig!; перелива́ть из ~о́го в поро́жнее *разг.* léeres Stroh dréschen*; с ~ы́ми рука́ми mit léeren Händen; ~о́е ме́сто (*о человеке*) éine Null

пустоме́ля *м, ж разг.* Schwätzer *m* (6); Pláppermaul *n* (5), Phrásendrescher *m* (6); Schwätzerin *f* (12) (*о женщине*)

пустопоро́жний *разг.* leer, léerstehend

пустосло́в||ие *с разг.* (léeres) Geschwätz *n* -es, Gewäsch *n* -es, Phrásendrescherei *f*; ~ить *разг.* únnützes Zeug réden, léeres Stroh dréschen*; hóhle [léere] Phrásen dréschen*, sich in Phrásen ergéhen*

пустота́ *ж* **1.** Léere *f*; **2.** *физ.* Vakuum ['va-] *n* -s, -kua; léerer Raum

пустоте́лый hohl; Hohl-; nicht áusgefüllt; ~ кирпи́ч Hóhlziegel *m* (6)

пустоцве́т *м* **1.** *бот.* Féhlblüte *f* (11), táube Blüte; **2.** (*о никчёмном человеке*) Táugenichts *m* (1) (*G тж.* =)

пу́стошь *ж* Ödland *n* -(e)s, únbebauter Platz; únbebautes [bráchliegendes] Land

пусты́нн||ик *м* Éinsiedler *m* (6), Eremít *m* (8); Kláusner *m* (6) (*уст.*); **~ый 1.** Wüsten-; ~ый ве́тер Wüstenwind *m* (1); **2.** (*безлюдный*) öde, wüst; ménschenleer, únbewohnt (*необитаемый*); ~ая ме́стность Öde *f* (11), Ödland *n* -(e)s; ~ые зе́мли Éinöde *f*

пу́стынь *ж* Éinsiedelei *f*; Kláuse *f* (11) (*уст.*)

пусты́ня *ж* **1.** Wüste *f* (11); **2.** (*пустынное место*) Éinöde *f*; Wüstenéi *f*; ледяна́я ~ Éiswüste *f*

пусты́рник *м бот.* Hérzgespann *n* (2)

пусты́рь *м* únbebautes Terrain [-'rɛ̃:]; öder [únbewohnter] Platz; bráches Gelände

пусты́шк||а *ж разг.* **1.** (*о человеке*) Null *f* (10); **2.** (*пустой билет*) Níete *f* (11); **3.** (*детская*) Lútscher *m* (6), Schnúller *m* (6), Núckel *m* (6), соса́ть ~у núckeln *vi*, das Núckel néhmen*

пусть 1. *частица передаётся глагольными формами* laß, mag, möge, soll (+*Infinitiv*): ~ они́ войду́т! mögen [sóllen] sie kómmen [éintreten]!; ~ бу́дет так! mag [möge, soll] es so sein!, ~ подождёт! soll er wárten!, möge er wárten!; ~ так! nun gut! gut!, wohl möglich!; ~ бу́дет что бу́дет! mag [möge, soll] kómmen, was da will!; ~ де́лает, что уго́дно laß ihn tun, was er will; mag [möge, soll] er tun, was er will; ну и ~! wénnschon!, so weit, so gut!; **2.** *союз уступительно-ограничительный* (*хотя*) wenn... auch; mag [möge, soll] es...; ~ дождь, я всё равно́ пойду́ домо́й mag [möge, soll] es régnen, ich wérde nach Háuse géhen; wenn es auch régnet, ich wérde nach Háuse géhen; **3.** *союз уступительный* (*допустим*) es sei, néhmen wir an

пустя́к *м* Bagatélle *f* (11), Kléinigkeit *f* (11), Lappál|e *f* (11); Níchtigkeit *f* (*незначительность*); из-за ~о́в wégen éiner Kléinigkeit; он поднима́ет мно́го шу́ма из-за ~о́в er macht viel Lärm um nichts, er macht von állem viel Wésen; занима́ться ~а́ми sich mit Kléinigkeiten [mit Lächerlichkeiten, mit Dúmmheiten] ábgeben*; э́то ~и́! das ist éine belánglose Sáche!; das macht nichts; das ist halb so schlimm!, nichts von Bedéutung!; 10 рубле́й для него́ ~ 10 Rúbel sind für ihn éine Kléinigkeit; э́то сде́лать ~! das schäffen wir wie nichts!; das máchen wir mit der línken Hand im Fínstern; поспо́рить из-за ~ов sich um éine Níchtigkeit zánken

пустяко́вый, пустя́чный únbedeutend, níchtig

пу́тан||ик *м разг.* Wírrkopf *m* (1*): **~ица** *ж* Verwírrung *f*, Wírrwarr *m* -(e)s; Durcheinánder *n* -s; Wírrsal *n* -(e)s (*уст., поэт.*); невероя́тная ~ица éine héillose Verwírrung; вноси́ть ~ицу Verwírrung stíften; **~ый** verwírrt, únklar, wirr; ~ый челове́к *разг.* ein verwórrener Kopf, ein Wírrkopf

пу́та||ть 1. (*верёвки и т. п.*) verwírren *vt*, verwíckeln *vt*; **2.**: ~ть ло́шадь ein Pferd fésseln [kóppeln]; **3.** (*в рассказе и т. п.*) sich verwírren; fáseln *vi*, in Wídersprüche geráten*; **4.** (*сбивать с толку*) verwírren *vt*, írremachen *отд. vt*, aus dem Konzépt bríngen*; **5.** (*смешивать кого-л. с кем-л., что-л. с чем-л.*) verwéchseln *vt*; **6.** *разг.* (*вмешивать кого-л. во что-л.*) verwíckeln *vt*; не ~йте меня́ в э́то де́ло lássen Sie mich aus dem Spiel; **~ться 1.** sich verwírren; in Verwírrung geráten*; мы́сли ~лись die Gedánken verwírrten sich; **2.** (*сбиваться*) aus dem Konzépt kómmen*; in Wídersprüche geráten*, sich in Wídersprüche verwíckeln; sich verhéddern; **3.** *груб.* (*с кем-л.*) sich éinlassen* (mit *D*); (geschléchtlich) verkéhren *vi*, in (geschléchtlichem) Verkéhr stéhen* (mit *D*) (*находиться в сожительстве*); **4.** *разг.* (*находиться где-л. без особой цели*) sich herúmtreiben*; herúmstehen* *vi*; im Wége stéhen* (*мешать*); **5.** *разг.* (*вмешиваться*) sich éinmischen; séinen Senf zu etw. (*D*) gében*

путёвк||а *ж* Éinweisung *f* (10), Schein *m* (1) (*напр. на работу*); Fáhrbefehl *m* (1) (*шофёрская*); комсомо́льская ~а Komsomólauftrag *m* (1*); ~а в санато́рий die Éinweisung [der Éinweisungsschein] in ein Sanatórium, Sanatóriumseinweisung *f* (10); Kúrscheck *m* (*бесплатная*); ~а в дом о́тдыха Féri¦enscheck *m*; получи́ть ~у в дом о́тдыха éinen Féri¦enplatz im Erhólungsheim bekómmen*; тури́стская ~а Réisescheck, Scheck für éinen Tourístenaufenthalt; сто́имость ~и Áufenthaltskosten *pl*; ~а (*направление*) в больни́цу der Überwéisungsschein in ein Kránkenhaus; ◊ ~а в жизнь Rüstzeug für das Lében

путеводи́тель *м* Führer *m* (6), Wégweiser *m* (6); Réiseführer *m* (*справочник для путешествий*); Kúrsbuch *n* (5) (*железнодорожный указатель*); ~ по Москве Führer durch Móskau; ~ по го́роду Stádtführer *m*

путево́дн||ый léitend, Leit-; ◊ ~ая звезда́ Léitstern *m* (1)

путев||о́й Wége-; Réise-; ~о́й знак Wégzeichen *n* (7); ~ы́е изде́ржки Réisekosten *pl*; ~о́й обхо́дчик *ж.-д.* Stréckenwärter *m* (6), Báhnwärter *m*

путе́ец *м* Éisenbahningenieur [-ʒə-ˌnĭø:r] *m* (1); Stréckenarbeiter *m* (6)

путём I *нареч. разг.* (*толком*) órdentlich, wie es sich gehört

путём II *предлог* (*посредством*) mit Hílfe, míttels, vermíttels (*G*); ~ соглаше́ния durch éine Veréinbarung

путепрово́д *м* Báhnüberführung *f* (10), Stráßenüberführung *f*, Überführung *f*, ни́жний ~ Unterführung *f*

путеукла́дчик *м* Gléislegemaschine *f* (11), Gléisverleger *m* (6)

путеше́ств||енник *м* Réisende *m* (14), Fórschungsreisende *m*; **~ие** *с* Réise *f* (11); ~ие во́дным путём éine Réise zu Wásser, Schíffsreise *f*; ~ие сухи́м путём éine Réise zu Land; кругосве́тное ~ие éine Réise um die Welt; соверши́ть ~ие éine Réise máchen; auf Réisen géhen*; éine Réise unternéhmen*; бюро́ ~ий Réisebüro *n* -s, -s; возду́шное ~ие Flúgreise *f*; **~овать** réisen *vi* (h, s), éine Réise máchen; отпра́виться ~овать auf Réisen géhen*

пути́на *ж* (*время лова рыбы*) Físchfangsaison [-zɛˌzɔŋ] *f*, *pl* -s; зи́мняя ~ der wínterliche Físchfang

пу́тник *м* Wánd(e)rer *m* (6), Wándersmann *m* (4) (*pl тж.* -leute); Réisende *m* (14)

пу́тн||ый *разг.* táuglich, órdentlich, vernünftig, tüchtig; из него́ ничего́ ~ого не вы́шло er hat es zu nichts gebrácht; из э́того ничего́ ~ого не вы́йдет dabéi kommt nichts Geschéites heráus

путч *м* Putsch *m* (1); призыва́ть к ~у áufputschen *vt*

путчи́ст *м* Putschíst *m* (8)

пу́ты *мн.* **1.** (*у лошади*) Féssel *f* (11); **2.** *перен.* Fésseln *pl*, Kétten *pl*

пут||ь *м* **1.** Weg *m* (1); Bahn *f* (10); Route ['ru:tə] *f* (11); Réise *f* (11) (*путешествие*); ~и́ сообще́ния Verkéhrswege *pl*; Verkéhrsstraßen *pl*; во́дный ~ь Wásserweg *m*, Wásserstraße *f* (11); е́хать во́дным ~ём zu Wásser réisen; zur See réisen (*плыть морем*); сухи́м ~ём auf dem Lándweg; морско́й ~ь Séeweg *m*, Schíffahrtsweg (*при переносе* Schifffahrtsweg) *m*; возду́шный ~ь Lúftweg *m*; ~ь сле́дования (*груза и т. п.*) Beförderungsweg *m*; наибо́лее кра́ткий ~ь der kürzeste Weg, Ábschneider *m* (6); подъездно́й ~ь Zúfahrt *f* (10); ~и́ подво́за и эвакуа́ции *воен.* Nách- und Ábschubstraßen *pl*; счастли́вый ~ь! glückliche Réise!; glückliche Fahrt!; в трёх днях ~и́ от чего́-л. drei Tágereisen von etw. (*D*) entférnt; по ~и́ unterwégs; зайти́ по ~и́ im Vorbéigehen vórsprechen*; нам по ~и́ wir háben densélben Weg; нам не по ~и́ *тж. перен.* únsere Wége trénnen [schéiden*] sich; на обра́тном ~и́ auf dem Rückweg, auf der Rückfahrt, auf der Rückreise; держа́ть ~ь куда́-л. auf etw. (*A*) zúhalten* [zústeuern]; сби́ться с ~и́ vom Wége ábkommen*; sich verírren, sich verláufen*; соврати́ть с ~и́ verführen *vt*; vom réchten Wége ábbringen*; сби́ться с (ве́рного) ~и́ auf Ábwege geráten*; увлека́ть всё на своём ~и́ álles auf séinem Weg mit sich fórtreißen*; ~ь свобо́ден der Weg ist frei [óffen]; на но́вом ~и́ auf néuer Bahn; проложи́ть ~ь den Weg báhnen [fréilegen]; **2.**: дыха́тельные ~и́ *анат.* Átemwege *pl*, Lúftwege *pl*, Respiratiónswege *pl*; **3.** *ж.-д.* Gleis *n* (2), Schíenenweg *m*; Strécke *f* (11); железнодоро́жный ~ь Éisenbahnlinie *f*; подъездно́й ~ь Ánschlußgleis *n*; станцио́нный ~ь Báhnhofsgleis *n*; пристанцио́нные ~и́ Báhnhofsgleisanlagen *pl*; запасно́й ~ь Resérvegleis [-və-] *n*, Ábstellgleis *n*; тормозно́й ~ь Brémsweg *m* (1); слу́жба ~и́ Stréckendienst *m* -es, Fáhrdienst *m*; **4.** (*способ*) Weg *m* (1); таки́м ~ём auf díese Wéise, auf díesem Wége; око́льным ~ём auf Úmwegen; лега́льным ~ём auf legálem Wége; ми́рным ~ём auf gütlichem [fríedlichem] Wége; зако́нный ~ь Réchtsweg *m*; по ~и́ перегово́ров auf dem Wége von Verhándlungen; еди́нственно возмо́жный ~ь der éinzig gángbare Weg; **5.** (*направление деятельности*) Weg *m* (1); указа́ть ~ь den Weg áufzeigen; наме́тить ~ь den Weg ábstecken; проложи́ть ~ь (*кому-л., чему-л.*) den Weg báhnen (für *A*); пойти́ по но́вому ~и́ die álten Geléise verlássen*, éinen néuen Weg géhen*; повести́ по но́вому ~и́ in néue Báhnen lénken; ◊ жи́зненный ~ь Lébensweg *m* (1); быть на пра́вильном ~и́ auf dem ríchtigen Wége sein; пойти́ по я́вно ло́жному ~и́ éinen éindeutig fálschen Weg éinschlagen*; напра́вить по ло́жному ~и́ auf fálsche Báhnen drängen; оста́вить себе́ ~ь к отступле́нию sich den Rückweg óffenhalten*; стоя́ть на чьём-л. ~и́ j-m im Wége sein; проводи́ть кого́-л. в после́дний ~ь j-m die létzte Éhre erwéisen*; идти́ свои́м ~ём séine Bahn zíehen*

путь-доро́га *ж поэт.* Weg *m* (1)

пуф I *м* (*мебель*) Puff *m* (1), Hókker *m* (6)

пуф II *м* (*обман*) Bluff [*англ.* blʌf] *m* -s, -s, Betrúg *m* -(e)s; Áufschneiderei *f*, fáuler Záuber

пух *м* **1.** Dáunen *pl*, Flaum *m* -(e)s; Fláumfedern *pl*; Fláumhaare *pl*; гага́чий ~ Éiderdaunen *pl*; ко́зий ~ Zíegenwolle *f*; Zíegenflaum *m*; верблю́жий ~ Kamélhaar *n* -(e)s; мя́гкий как ~ fláumenweich; **2.** *бот.* Flaum *m* -(e)s; Pflanzendaunen *pl*; ◊ ни ~а ни пера́! *разг.* Háls- und Béinbruch!; в ~ и прах ganz und gar; разоде́тый в ~ и прах in vóllem Wichs

пу́хленький weich, rund, voll

пу́хл||ый üppig, áufgedunsen; rúndlich und weich; wóllig, dick; ~ые гу́бы schwéllende Líppen

пу́хнуть (áuf)schwéllen* *vi* (*s*)

пухови́к *м* Dáunenbett *n* (13); Pfühl *m* (1) (*уст*).

пухо́в||ка *ж* Púderquaste *f* (11); **~ый** Dáunen-; ~ая поду́шка Dáunenkissen *n* (7); ~ая смесь Hálbdaunen *pl*

пу́хо-перов||о́й: ~а́я смесь Míschfedern *pl*

пучегла́з||ие *с мед.* Glótzäugigkeit *f*; **~ый** *разг.* glótzäugig, mit hervórquellenden Áugen

пу́чение *с мед.* Dármblähung *f*, Blähung *f*

пучи́на *ж* Strúdel *m* (6), Wásserwirbel *m* (6); Méeresabgrund *m* (1*); Úntiefe *f* (11); *перен.* Ábgrund *m*, Schlund *m* (1*)

пу́чить *разг.* **1.** (*таращить глаза*) glótzen *vi*, ánstarren *vt*; ~ глаза́ на кого́-л., на что-л. j-n, etw. ánstarren [ánglotzen]; **2.** *безл.* blähen *vi*; у него́ живо́т пу́чит er hat Mágenblähungen

пуч||о́к *м* Bündel *n* (6), Büschel *n* (6); Knóten *m* (7) (*волосы*); ~о́к петру́шки ein Bund Petersíli¦e, ~о́к луче́й *физ.* Stráhlenbündel *n*; связывать в ~ки́ bündeln *vt*

пу́шечн||ый Kanónen-; ~ая стрельба́ Kanonáde *f* (11), Kanónendonner *m* -s, Geschützfeuer *n* -s; ◊ ~ое мя́со Kanónenfutter *n* -s

пуши́нка *ж* Fläumchen *n* (7), Fláumhaar *n* (2); Flócke *f* (11), Flöckchen *n* (7)

пуши́стый fláumig; wóllig; fláuschig (*о материи*); fláumig, weich (*о волосах*); flóckig (*о снеге*); féinbehaart, flóckig, fláumhaarig (*о растениях*)

пу́шк||а *ж* Kanóne *f* (11); зени́тная ~а Flíegerabwehrkanone *f*, Flak *f*, *pl* -s, автомати́ческая ~а Maschínenkanone *f*; ко́бальтовая ~а *мед.* Kóbaltkanone *f*, Bestráhlungskanone mit radioaktívem Kóbalt; ◊ взять на ~у *разг.* ≅ írreführen *отд. vt*; hínters Licht führen; éinen Bären áufbinden*; стреля́ть из пу́шек по воробья́м nach [auf] Spátzen mit Kanónen schíeßen*

пушка́рь *м ист.* Kanoníer *m* (1)

пушкини́ст *м* Púschkin-Spezialíst *m* (8)

пушкинове́дение *с* Púschkin-Fórschung *f*

пу́шкинский púschkinsch; Púschkins; nach der Art Púschkins

пушни́на *ж собир.* Pélzwerk *n* -(e)s; Ráuchwaren *pl*

пушно́й Pelz-; ~ зверь Pélztier *n* (2); Ráuchwild *n* (-e)s (*собир.*); ~ това́р Ráuchwaren *pl*, Pélzwaren *pl*; ~ про́мысел Pélztierjagd *f*; Pélztierfang *m* -(e)s; ~ аукцио́н Pélzauktion *f* (10), Ráuchwarenauktion *f*

пушо́к *м* Flaum *m* -(e)s; Fláumbart *m* (1*) (*на губах*)

пушту́ *м* Púschtu *n* (*один из двух государственных языков Афганистана*)

пу́ща *ж* díchter Wald; Úrwaldgebiet *n* (2); Белове́жская ~ das Bjelowésher Natúrschutzgebiet

пу́ще *нареч. разг.* mehr, noch ärger, noch stärker; ~ всего́ über álles; am méisten

пу́щ||ий: для ~ей ва́жности *разг.* der größen Wíchtigkeit hálber

пуэрторика́нец *м* Portorikáner *m* (6)

пуэ́рто-рика́нский portorikánisch

пчела́ *ж* Bíene *f* (11); Ímme *f* (11) (*поэт.*); рабо́чая ~ Árbeitsbiene *f*; ди́кая ~ Wáldbiene *f*

пчели́н||ый Bíenen-; ~ый у́лей Bíenenkorb *m* (1*), Bíenenstock *m* (1*); ~ый рой Bíenenschwarm *m* (1*); ~ая ма́тка Bíenenkönigin *f* (12); ~ый яд Bíenengift *n* -(e)s

пчелово́д *м* Bíenenzüchter *m* (6), Ímker *m* (6); **~ство** *с* Bíenenzucht *f*, Imkeréi *f*

пчелома́тка *ж* Bíenenkönigin *f* (12)

пче́льник *м* Imkeréi *f* (10); Bíenengarten *m* (7*), Bíenenstand *m* (1*)

пшени́ца *ж* Wéizen *m* -s; ярова́я ~ Sómmerweizen *m*; озимая ~ Wínterweizen *m*

пшени́чный Wéizen-; ~ хлеб Wéizenbrot *n* (2), Wéißbrot *n*

пшённ||ый Hírse(n)-; ~ая каша Hírsebrei *m* -(e)s

пшено́ *с* Hírse *f*

пыж *м* Ládepfropf *m* (1)

пы́жик *м* (*мех*) Rénkalbfell *n* (2)

пы́житься *разг.* **1.** (*важничать*) sich áufblasen*, sich áufblähen, sich wíchtig máchen; gróßtun* *отд. vi* (*хвастаться*); **2.** (*силиться*) sich ánstrengen

пыл *м* Hítze *f*, Éifer *m* -s, Féuereifer *m*; Léidenschaft *f*, Glut *f*; юношеский ~ júgendliches Féuer; в ~у́ спо́ра in der Hítze des Gefécht s; в ~у́ гне́ва im Zorn; в ~у́ сраже́ния im Éifer [in der Hítze] des Gefécht s; его́ ~ уга́с sein Schwung erláhmte

пыла́||ть **1.** lódern *vi*, flámmen *vi*, lóhen *vi* (*об огне*); líchterloh brénnen*, in Flámmen stéhen* (*о доме и т. п.*); **2.** (*краснеть*) glühen *vi*, flámmend rot sein; щёки ~ют die Wángen glühen; **3.** (*чем-л.*) flámmen *vi*, glühen *vi*; ~ть гне́вом vor Zorn flámmen [entbránnt sein]; vor Wut kóchen; ~ть любо́вью vor Líebe glühen, vor Líebe brénnen*

пылеви́дный stáubförmig

пылевлагонепроница́ем||ый stáub- und wásserdicht; часы́ с ~ым ко́рпусом éine Uhr mit stáub- und wásserdichtem Gehäuse

пылев||о́й Staub-; ~а́я бу́ря Stáubsturm *m* (1*); ~о́й дождь Stáubregen *m* (7)

пылеме́р *м* Stáubmesser *m* (6), Koniméter *n* (6)

пыленепроница́емый stáubdicht, stáubgeschützt

пылесо́с *м* Stáubsauger *m* (6)

пылеуловитель *м* Stáubabscheider *m*, (6), Stáubfänger *m* (6), Stáubsammler *m* (6)

пыли́нка *ж* **1.** (*о пыли*) Stäubchen *n* (7), Stáubteilchen *n* (7); Sónnenstäubchen *n*; **2.** *бот. см.* пыльца́

пыли́ть stáuben *vi*, Staub máchen, Staub áufwirbeln; ~**ся** verstáuben *vi* (s), stáubig wérden

пы́лк||ий féurig, flámmend, hítzig; áufbrausend; léidenschaftlich, héftig; ~ий нрав ein héftiger Charákter [ka-], ein áufbrausendes Wésen; ein überhitztes Gemüt; ~ая голова́ Hítzkopf *m* (1*); ~**ость** *ж* Féurigkeit *f*, Léidenschaftlichkeit *f*, Héftigkeit *f*

пыл||ь *ж* Staub *m* -(e)s; у́гольная ~ь Stáubkohle *f*; Kóhlenstaub *m*; борьба́ с ~ью Stáubbekämpfung *f*; косми́ческая ~ь kósmischer Staub; о́блако ~и Stáubwolke *f* (11), Stáubfahne *f* (11); без ~и stáubfrei; быть в ~и́ bestáubt [stáubig] sein; смета́ть ~ь с чего́-л. ábstäuben *vt*, den Staub ábwischen; столб ~и Stáubsäule *f* (11); ◇ пуска́ть кому́-л. ~ь в глаза́ *разг.* j-m Sand in die Áugen stréuen; j-m bláuen Dunst vórmachen

пы́льник I *м бот.* Stáubbeutel *m* (6), Stáubkolben *m* (7)

пы́льник II *м* (*пальто*) Stáubmantel *m* (6*)

пы́льн||ый Staub-; stáubig, bestáubt, stáubbedeckt (*покрытый пылью*); ~ый смерч Stáubtornado *m* -s, -s, Stáubsturm *m* (1*); ~ая тря́пка *разг.* Wíschlappen *m* (7), Stáublappen *m*, Stáubtuch *n* (5)

пыльца́ *ж бот.* Blütenstaub *m* (-e)s, Póllen *m* -s, Póllenkorn *n* (5)

пыре́й *м бот.* Quécke *f*

пырну́ть *разг.* éinen Schlag [éinen Stoß] versétzen (кого́-л. *D*); stéchen* *vt*; ~ ножо́м кого́-л. j-m éinen Mésserhieb [Mésserstich] versétzen

пыта́ть **1.** (*мучить*) fóltern *vt*, mártern *vt*; quälen *vt*; auf die Fólter spánnen; **2.** *разг.* (*пробовать*) versúchen *vt*; ~ сча́стья sein Glück versúchen; ~**ся** versúchen *vt*, *vi* (+ *inf* с zu); éinen Versúch máchen

пы́тк||а *ж* Fólter *f* (11), Márter *f* (11); *перен.* Qual *f* (10), Séelenqual *f*; ору́дия ~и Fóltergerät *n* (2), Márterwerkzeug *n* (2); подве́ргнуть ~е auf die Fólter spánnen

пытли́в||ость *ж* Fórscherdrang *m* -(e)s, Fórschbegierde *f*, Wíßbegierde *f*; Fórschergeist *m* -es; ~**ый** wíßbegierig; fórschend; ~ый ум Fórschergeist *m* -es; ~о всма́триваться во что-л. etw. fórschend ánsehen*

пыхте́ть **1.** kéuchen *vi*, schnáufen *vi*, pústen *vi*; **2.** *разг.* (*над чем-л.*) schwítzen *vi* (über *D*)

пы́шет: он ~ здоро́вьем er strotzt vor Gesúndheit; он ~ гне́вом er flammt [lódert] vor Zorn; от пе́чки ~ (жа́ром) der Ófen glüht; der Ófen verbréitet Glut [Hítze]

пы́шка *ж* **1.** (*булка*) rúnder Héfekuchen; **2.** *разг.* Dícke *f* (14) (*о женщине*); Díckerle *n*, Díckerchen *n* (7) (*о ребёнке*)

пы́шн||ость *ж* Üppigkeit *f*; Pracht *f*, Prunk *m* -(e)s (*роскошь*); ~**ый** üppig; práchtvoll, prúnkvoll (*роскошный*); ~ые во́лосы üppiges Haar; ~ый наря́д éine prúnkvolle Tracht

пы́щущий: ~ здоро́вьем blühend; kráftstrotzend, vor Gesúndheit strótzend; ~ гне́вом zórnentbrannt, wútschäumend, wútschnaubend

пьедеста́л *м* Sóckel *m* (6), Postamént *n* (2); ~ почёта Síegerpodest *n* (2), *m* (1)

пьезоэлектри́чество *с* Pi|ezoelektrizität *f*, Drúckelektrizität *f*

пье́ксы *мн. спорт.* Skischuhe [ˈʃi:-] *pl*, Skístiefel *pl*

пье́са *ж* **1.** *театр.* Stück *n* (2), Theáterstück *n*; Bühnenstück *n*, Bühnenwerk *n* (2); ~ из совреме́нной жи́зни Zéitstück *n*; ~ на произво́дственную те́му Stück aus dem Lében im Betríeb; ~ для двух актёров Zwéipersonenstück *n*; **2.** *муз.* Musíkstück *n* (2)

пью́щий *сущ. м* Trínker *m* (6), Säufer *m* (6)

пьяне́ть betrúnken wérden; не ~ trúnkfest sein

пьяни́ть zu Köpfe stéigen* (кого́-л. *D*)

пья́ница *м*, *ж* Trúnkenbold *m* (1), Trínker *m* (6), Säufer *m* (6); Trínkerin *f* (12), Säuferin *f* (12) (*о женщине*); го́рький ~ Gewóhnheitstrinker *m*, Säufer *m*

пья́нка *ж разг.* Trínkgelage *n* (6), Zéchgelage *n*, Sáufgelage *n*

пья́нство *с* Trúnksucht *f*; ~**вать** trínken* *vi*, sáufen *vi*, sich dem Trunk ergében*

пьянчу́га *м*, *ж*, **пьянчу́жка** *м*, *ж* *разг.* Trúnkenbold *m* (1), Trínker *m* (6), Säufer *m* (6); Sáufbold *m*; Trínkerin *f* (12), Säuferin *f* (12) (*о женщине*)

пья́н||ый *прил.* **1.** betrúnken, beráuscht; wéinselig; besóffen (*груб.*); он пьян er ist betrúnken; er hat zu tief ins Glas gegúckt (*разг.*); ~ым го́лосом mit trúnkener Stímme; **2.** (*опьяняющий*) beráuschend; **3.** *в знач. сущ. м* Betrúnkene *m* (14); Besóffene *m* (14) (*груб.*)

пэр *м* Pair [*фр.* pɛ:r] *m*, -s, -s, Peer [*англ.* pi:r] *m* -s, -s

пюпи́тр *м* Pult *n* (2); Nótengestell *n* (2), Nótenständer *m* (6), Nótenpult *n* (*для нот*); *церк.* Lésepult *n*

пюре́ *с* Püree *n* -s, -s, Brei *m* (1); карто́фельное ~ Kartóffelbrei *m*

пяде́ница *ж* (*бабочка*) Spínner *m* (6); сосно́вая ~ Kíeferspinner *m*

пяд||ь *ж* Spánne *f* (11), Fúßbreit *m* =, =; ни ~и kéine Spánne breit; kéinen Fúßbreit; ◇ быть семи́ ~е́й во лбу *разг.* síebengescheit sein; súperklug [überklug] sein (*ирон.*)

пя́лить **1.:** ~ глаза́ на кого́-л. *разг.* j-n ánstarren, j-n ánglotzen; **2.:** ~ на себя́ (*одежду*) mit Mühe ánziehen*, überziehen* *vt*; ánwamsen *vt* (*разг.*)

пя́льцы *мн.* Stíckrahmen *m* (7); Stíckring *m* (1) (*круглые*)

пясть *ж анат.* Míttelhand *f* (3)

пят||а́ *ж* **1.** Férse *f* (11); ходи́ть за кем-л. по ~а́м *разг.* j-m auf den Fuß [auf der Férse] fólgen; j-m auf Schritt und Tritt fólgen, j-m nicht von den Férsen wéichen*; гна́ться по ~а́м за кем-л. j-m auf den Férsen sein; **2.** *тех.* Éndzapfen *m* (7), Stützzapfen *m*; Kämpfer *m* (6) (*свода*); ◇ ахилле́сова ~а́ Achíllesferse *f*; под ~о́й únter der Hérrschaft; únter dem Joch; от головы́ до пят vom Schéitel bis zur Sóhle, vom Wírbel bis zur Zéhe; до пят bis zum Bóden réichend

пята́к *м разг.* Fünfer *m* (6), Fünfkopekenstück *n* (2)

пятачо́к *м разг.* **1.** *см.* пята́к; **2.** (*у свиньи*) Schwéinerüssel *m* (6); **3.** (*площадка*) énger Ráum; kléiner Platz

пятёрка *ж* **1.** (*цифра*) Fünf *f* (10); Grúppen von fünf Persónen óder Gegenständen; Fünfergrúppe *f* (11); **2.** (*отметка*) Fünf *f* (10) (*Schulzensur «ausgezeichnet» in der UdSSR*); **3.** *разг.* (*пять рублей*) Fünfrubelschein *m* (1); **4.** *карт.* Fünf *f* (10); ~ пик Pík-Fünf *f*

пятерн||я́ *ж разг.* Hand *f* (3), Pfóte *f* (11); всей ~ёй mit állen fünf Fíngern, mit der fláchen Hand

пя́теро fünf; ~ челове́к fünf Mann (hoch); нас бы́ло ~ wir wáren (únser) fünf

пятёрочник *м разг.* Schüler *m* (6) mit áusgezeichneten Léistungen

пятиалты́нный *сущ. м разг.* Fünfzehnkopekenstück *n* (2)

пятибо́рец *м спорт.* Fünfkämpfer *m* (6)

пятибо́рь||е *с спорт.* Fünfkampf *m* (1*); Pentáthion *n* -s; занима́ться ~ем sich mit Fünfkampf befássen; als Fünfkämpfer áuftreten*; am Fünfkampf téilnehmen*; уча́стник соревнова́ний по ~ю Fünfkämpfer *m* (6)

пятигла́вый fünfköpfig; mit fünf Kúppeln (*о церквах*)

пятигра́нн||ик *м мат.* Fünfflach *n* (2); ~**ый** fünfflächig

пятидесятиле́тие *с* **1.** (*срок*) fünfzig Jáhre; **2.** (*годовщина*) fünfzigster Jáhrestag, Fünfzigjahrfeier *f*; fünfzigjähriges Jubiläum

пятидесятиле́тн||ий fünfzigjährig; ~ий мужчи́на Fünfziger *m* (6); ~яя годовщи́на fünfzigster Jáhrestag

пятидеся́т||ый der fünfzigste; ~ые го́ды fünfziger Jáhre

пятидне́вка *ж* Fünftagewoche *f* (11)

пятидне́вный fünftägig

пятизна́чн||ый: ~ое число́ *мат.* éine fünfstellige Zahl

пятикла́ссн||ик *м* Schüler *m* (6) der fünften Klásse; ~**ица** *ж* Schülerin *f* (12) der fünften Klásse

Пятикни́жие *с церк.* Pentatéuch *m* -s

пятиконе́чн||ый fünfzackig; ~ая звезда́ der fünfzackige Stern

пятикопе́ечный Fünfkopeken-; fünf Kopéken kóstend

пятикра́тн||ый fünffach; в ~ом разме́ре fünffach

пятику́рсн||ик *м* Studént *m* (8) des fünften Stúdienjahres; ~**ица** *ж* Studéntin *f* (12) des fünften Stúdienjahres

пятиле́тие *с* **1.** (*срок*) fünf Jáhre; Jahrfünft *n* (2); за э́то ~ in díesen fünf Jáhren; **2.** (*годовщина*) fünfter Jáhrestag; Fünfjahrfeier *f*; fünfjähriges Jubiläum

пятиле́тк||а *ж* Fünfjahrplan *m* (1*); Plánjahrfünft *n* (2); вы́полнить ~у досро́чно den Fünfjahrplan vórfristig erfüllen

пятиле́тний fünfjährig; ~ план Fünfjahrplan *m* (1*)

пятиме́сячный fünfmonatig; в ~ срок in fünf Mónaten; in éiner Frist von fünf Mónaten, in éiner fünfmonatigen Frist

пятимину́тка *ж разг.* Kúrzversammlung *f* (10)

пятинеде́льный fünfwöchig

пятирублёвка *ж разг.* Fünfrubelschein *m* (1)

пятисло́жный *лингв.* fünfsilbig

пятисотле́т||ие *с* **1.** (*срок*) fünfhundert Jáhre, éine Zéitspanne von éinem hálben Jahrtáusend; **2.** (*годовщина*) Fünfhundertjahrfeier *f*; ~**ний** fünfhundertjährig; ~ний юбиле́й Fünfhundertjahrfeier *f*

пятисо́тый der fünfhundertste

пятисто́пный *лит.* fünffüßig; ~ стих fünffüßiger Vers

пятито́нка *ж авто* Fünftonner *m* (6)

пя́титься rückwärts géhen*; zurückweichen* *vi* (s), sich zurückziehen*

пятиуго́льн||ик *м мат.* Fünfeck *n* (2); ~**ый** fünfeckig

пятиэта́жный víerstöckig, fünfgeschossig

пя́тк||а *ж* Férse *f* (11), Hácke *f* (11); двойна́я ~а (*чулка*) verstärkte Férse; с откры́той ~ой (*об обуви*) férsenfrei; ◇ лиза́ть ~и кому́-л. vor j-m kríechen*; j-m die Stíefel [den Staub von den Füßen] lécken [küssen]; душа́ у него́ в ~и ушла́ das Herz rútschte ihm in die Hósen; удира́ть так, что то́лько ~и сверка́ют, показа́ть ~и Férsengeld gében*; rénnen*, so schnell man kann; наступа́ть на ~и друг дру́гу sich auf die Hácken tréten*

пятнадцатиле́тний fünfzehnjährig

пятна́дцат||ый der fünfzehnte; ~ого ма́я am fünfzehnten Mai; den fünfzehnten Mai (*на письме*); ~ая страни́ца Séite fünfzehn

пятна́дцать fünfzehn

пятна́ть 1. (*покрывать пятнами*) beflécken *vt* beschmútzen *vt*; durch den Schmutz zíehen*; **2.** (*в игре*) fángen* *vt*, háschen *vt*, ábschlagen* *vt*; mit dem Ball ábschießen*

пятна́шки *мн.* (*игра*) Hásche(n)spiel *n* -(e)s, Fángspiel *n*; Spíel mit Ábschlagen

пятни́стый fléckig; gefléckt; gesprénkelt

пя́тниц||а *ж* Fréitag *m* (1); в ~у am Fréitag; в про́шлую ~у (am) vórigen Fréitag; в бу́дущую ~у́ (am) nächsten Fréitag; в ~у ве́чером (am) Fréitag ábend; в ~у у́тром (am) Fréitag früh; по ~ам fréitags

пятно́ *с тж. перен.* Fleck *m* (1), Flécken *m* (7); роди́мое ~ Múttermal *n* (2); в пя́тнах fléckig, befléckt; ángefleckt; позо́рное ~ *перен.* Schándfleck *m*, Schándmal *n* (2); со́лнечное ~ *астр.* Sónnenfleck *m*; като́дное ~ *эл.* Katódenbrennfleck *m*; посади́ть ~ éinen Fleck máchen; sich beklécksen; выводи́ть пя́тна Flécken entférnen

пятновыводи́тель *м* Fléckentferner *m* (6); Fléckenwasser *n* -s

пято́к *м разг.* fünf Stück; ~ я́блок fünf Äpfel

пя́т||ый der fünfte; ~ого ма́я am fünften Mai; den fünften Mai (*на письме*); ~ый час es geht auf fünf (Uhr), es ist vier durch; в ~ом часу́ nach vier Uhr, zwíschen vier und fünf Uhr; ~ая страни́ца die fünfte Séite, Séite fünf; ~ый но́мер Númmer fünf; ~ая часть Fünftel *n* (6); der fünfte Teil; ◇ ~ая коло́нна *полит.* die fünfte Kolónne; из ~ого в деся́тое, с ~ого на деся́тое ≅ vom Húndertsten ins Táusendste

пять fünf

пятьдеся́т fünfzig; лет ~ тому́ наза́д étwa vor fünfzig Jáhren

пятьсо́т fünfhundert

пя́тью *нареч.* fünfmal; ~ пять — два́дцать пять fünf mal fünf ist fünfundzwánzig

Р

раб *м* Skláve [-və] *m* (9); Knecht *m* (1); ~ свои́х страсте́й Skláve séiner Léidenschaften

раба́ *ж* Sklávin [-vɪn] *f* (12)

ра́бий *см.* рабо́лепный

рабко́р *м* (рабо́чий корреспонде́нт) Árbeiterkorrespondent *m* (8)

рабовлад||е́лец *м* Sklávenhalter [-vən-] *m* (6), Sklávenbesitzer *m* (6); ~**е́льческий** Sklávenhalter- [-vən-], sklávenhaltend; ~е́льческий строй Sklávenhaltergesellschaft *f*; ~**е́ние** *с* Sklávenhaltung [-vən-] *f*, Sklávenwirtschaft *f*

рабо́леп||ие *с* Sklávensinn [-vən-] *m* -(e)s, Knéchtsinn *m*; Unterwürfigkeit *f*; Kriecheréi *f*; Servilität [-vi-] *f*; ~**ный** kríecherisch; líebedienerisch; sklávisch [-vɪʃ], servil [-'vi:l]; ~**ство** *с см.* рабо́ле́пие; ~**ствовать** sich sklávisch [-vɪʃ] benéhmen*, vor j-m kríechen*; servil [-'vi:l] [unterwürfig] sein; kátzbuckeln *неотд. vi*

рабо́т||а *ж* **1.** (*действие, занятие*) Árbeit *f* (10); Betríeb *m* (1); Wérken *n* -s; Werk *n* -(e)s (*дело*); физи́ческая ~а phýsische [körperliche] Árbeit; у́мственная ~а géistige Árbeit; обще́ственная ~а geséllschaftliche Árbeit; нау́чно-иссле́довательская ~а (wíssenschaftliche) Fórschungsarbeit *f*; сме́нная ~а Schíchtarbeit *f*; сверхуро́чная ~а Überstunden *pl*, Überstundenarbeit *f*, Méhrarbeit *f*; ~а в воскре́сные дни Sónntagsarbeit *f*; подённая ~а Tágelöhnerarbeit *f*, Árbeit im Tágelohn; сде́льная ~а Stücklohnarbeit *f*; Akkórdarbeit; ~а по специа́льности Berúfstätigkeit *f*; постоя́нная ~а Dáuerbeschäftigung *f*; чёрная ~а úngelernte Árbeit; тяжёлая ~а Schwérarbeit *f*; лине́йная ~а (*на транспорте*) Fáhrdienst *m* -es; ~а на дому́ Héimarbeit *f*; побо́чная ~а Nébenarbeit *f*; пото́чная ~а Flíeßarbeit *f*; случа́йная ~а Gelégenheitsarbeit *f*; то́чная ~а Präzisiónsarbeit *f*; конто́рская ~а Bürоarbeit *f*; ~а с ма́ссами Bréitenarbeit *f*; надёжный [безопа́сный] в ~е (*о машине*) betríebssicher; вы́ход на ~у Árbeitsantritt *m* -(es); ме́сто ~ы Árbeitsplatz *m* (1*); в связи́ с перехо́дом на другу́ю ~у, он... mit ánderen Áufgaben betráut, ...; взя́ться [приня́ться] за ~у sich an die Árbeit máchen; нала́дить [поста́вить] ~у die Árbeit organisíeren [éinrichten]; име́ть ~у in Árbeit stéhen*; не име́ть ~ы, быть без ~ы árbeitslos [erwérbslos] sein; поступи́ть куда́-л. на ~у (neu) éingestellt wérden, éine néue Árbeit ántreten*; взять ~у Árbeit ánnehmen*; возвраще́ние на ~у die Rückkehr an die Árbeit; приостанови́ть [прекрати́ть] ~у die Árbeit éinstellen [níederlegen]; освободи́ть от ~ы von der Árbeit fréistellen; предоста́вить ~у Árbeit zúweisen* [beschaffen*]; **2.** (*продукт труда, произведение*) Árbeit *f* (10), Léistung *f* (10); Werk *n* (2) (*тж. научное исследование*); пи́сьменная ~а schríftliche Árbeit; дома́шняя ~а Háusarbeit *f*, Háusaufgabe *f* (11); внекла́ссная ~а áußerunterrichtliche Árbeit; внешко́льная ~а áußerschulische Árbeit; **3.** *мн.* ~ы Árbeiten *pl*, Betríeb *m* -e(s); авари́йные ~ы Bérgungsarbeiten *pl*; буровы́е ~ы Bóhrarbeiten *pl*; ремо́нтные ~ы Reparatúrarbeiten *pl*; ◇ взять кого́-л. в ~у *разг.* j-n ins Gebét néhmen*

рабо́тать 1. árbeiten *vi*; berúfstätig sein; tätig sein; im Árbeitsverhältnis stéhen* (*иметь работу*); ~ по специа́льности im Berúf stéhen*; ~ сде́льно im Stücklohn árbeiten; im [auf] Akkórd árbeiten; уси́ленно ~ mit Hóchdruck árbeiten; ~ непо́лный рабо́чий день verkürzt árbeiten; kúrzarbeiten *vi отд.*; ~ сверхуро́чно Überstunden máchen; ~ в две [три] сме́ны in zwei [drei] Schíchten árbeiten; ~ по ноча́м die Nächte durch árbeiten, nachts árbeiten; ~ над собо́й an sich árbeiten; ~ над кни́гой an éinem Buch árbeiten; ~ на тра́кторе éinen Tráktor fáhren*; **2.** (*быть открытым — об учреждении и т. п.*) geöffnet sein; **3.** (*действовать — о механизме и т. п.*) funktioníeren *vi*; géhen* *vi* (s), láufen *vi* (s); intákt sein (*быть в исправности*); ~ вхолосту́ю léerlaufen* *отд. vi* (s); не рабо́тает! (*об автомате, лифте*) áußer Betríeb!; магнитофо́н рабо́тает от се́ти [на батаре́йках] das Tónbandgerät hat Nétzanschluß [wird mit Batteríe betríeben]

рабо́т||аться *безл.*: сего́дня хорошо́ ~ается héute árbeitet sich's gut [leicht], héute geht die Árbeit gut vonstátten

рабо́тник *м* Árbeiter *m* (6), Wérktätige *m, f* (14); Kraft *f* (3); Beschäftigte *m, f* (14); Funktionär *m* (1); Mítarbeiter *m*; нау́чный ~ Wíssenschaftler *m* (6), Gelèhrte *m* (14); ~ у́мственного труда́ Géistesschaffende *m* (14); квалифици́рованный ~ Fácharbeiter *m*; gelérnter Árbeiter; отве́тственный ~ ein verántwortlicher Funktionär; парти́йный ~ Partéifunktionär *m*; профсою́зный ~ Gewérkschaftsfunktionär *m*; администрати́вный ~ Verwáltungsangestellte *m* (14); внешта́тный ~ áußerplanmäßig [stúndenweise] Beschäftigte; торго́вый ~ im Händel Beschäftigte; ~и иску́сства Künstler *pl*, Kúnstschaffende *pl*; ~и культу́ры Kultúrschaffende *pl*; ~и кино́ Fílmschaffende *pl*, Fílmleute *pl*, Fílmfachkräfte *pl*; ~и литерату́ры Literáten *pl*; ~и по́чты Póstler *pl*; ~и се́льского хозя́йства die Wérktätigen der Lándwirtschaft

рабо́тница *ж* Árbeiterin *f* (12); передова́я ~ Béstarbeiterin *f*; дома́ш-

няя ~ Háusgehilfin *f* (12); Háusangestellte *f* (14)

работода́тель *м* Árbeitgeber *m* (6); Brótgeber *m* (*презр.*)

работорго́в||ец *м ист.* Skláνenhändler [-vən-] *m* (6); **~ля** *ж ист.* Sklávenhandel [-vən-] *m* -s

работоспосо́бн||ость *ж* Árbeitsfähigkeit *f*, Léistungsfähigkeit *f*, Árbeitskraft *f*, Schäffenskraft *f*, Árbeitsvermögen *n* -s; паде́ние ~ости Léistungsabfall *m* -(e)s; **~ый 1.** (*могущий работать*) árbeitsfähig; léistungsfähig; **2.** (*способный много работать*) scháffenslustig, fléißig

работя́||га *м разг.* unermüdlicher Árbeiter; **~щий** árbeitsam; fléißig

рабо́че-крестья́нский Árbeiter- und- -Báuern-

рабо́ч||ий I *сущ. м* Árbeiter *m* (6); передово́й ~ий Béstarbeiter *m*; промы́шленный ~ий Industríearbeiter *m*, Fabríkarbeiter *m*; квалифици́рованный ~ий Fácharbeiter *m*, gelérnter Árbeiter; неквалифици́рованный ~ий úngelernter Árbeiter; ка́дровый ~ий Stámmarbeiter *m*; сельскохозя́йственный ~ий Lándarbeiter *m*; наёмный ~ий Lóhnarbeiter *m*; сезо́нный ~ий Saisonarbeiter [zɛ'zɔŋ-] *m*; иностра́нный ~ий Gástarbeiter *m*; ~ий широ́кого про́филя disponíbler Árbeiter; молодо́й ~ий Júngarbeiter *m*; ~ий, опла́чиваемый повреме́нно Zéitlöhner *m* (6); подсо́бный ~ий Hílfsarbeiter *m* (6); ~ий пищево́й промы́шленности Lébensmittelarbeiter *m*; коллекти́в ~их Belégschaft *f* (10) (*на заводе*); Knáppschaft *f* (10) (*в руднике*)

рабо́ч||ий II *прил.* **1.** Árbeiter-; ~ий класс Árbeiterklasse *f*; ~ее движе́ние Árbeiterbewegung *f*; ~ий райо́н Árbeiterbezirk *m* (1); из ~ей среды́ aus der Árbeiterschaft; **2.** (*трудовой, относящийся к работе*) Árbeits-; ~ий день Árbeitstag *m* (1), Wérktag *m*; ~ее вре́мя Árbeitzeit *f*; в ~ие дни an Wérktagen, wérktags; ~ее ме́сто Árbeitsplatz *m* (1*); ~ая нагру́зка Árbeitsauslastung *f*; **3.:** ~ий скот Árbeitsvieh *n* -(e)s; Lásttiere *pl* (*вьючный скот*); Zúgtiere *pl* (*упряжной скот*); **4.** *тех.* Árbeits-; Trieb-; ~ий шкив Tríebscheibe *f* (11); ~ее колесо́ Tríebrad *n* (5); ~ий ток Betríebsstrom *m* -(e)s; ~ее напряже́ние Betríebsspannung *f* (10); ◇ ~ая си́ла Árbeitskraft *f*, Árbeitskräfte *pl*; нехва́тка ~ей си́лы Árbeitskräftemangel *m* -s; ~ие ру́ки Árbeitskräfte *pl*

ра́б||ский Skláven- [-vən], sklávisch, servil [-'vi:l]; ~ское подража́ние sklávische [blínde] Náchahmung; **~ство** *с* Sklaveréi [-və-] *f*; Knéchtschaft *f*; отме́на ~ства die Áufhebung der Sklaveréi; наёмное ~ство Lóhnsklaverei *f*; долгово́е ~ство Zínsknechtschaft *f*; освободи́ть от ~ства aus [von] der Sklaveréi befréien; быть в ~стве у кого́-л. j-s Skláve sein; j-m sklávisch gehórchen [ánhängen*]; отда́ть себя́ в ~ство sich zu j-s Skláven máchen

рабфа́к *м* (рабо́чий факульте́т) Árbeiterfakultät *f* (10)

рабфа́ковец *м* Árbeiterstudent *m* (8)

рабы́ня *ж* Sklávin [-vɪn] *f* (12)

равви́н *м* Rabbíner *m* (6)

равели́н *м воен. уст.* Ravelin [-v(ə)'lɛ̃] *m* -s, -s

ра́венств||о *с* **1.** Gléichheit *f*; ~о пе́ред зако́ном Gléichheit vor dem Gesétz; ~о голосо́в Stímmengleichheit *f*; отноше́ния по́лного ~а absolút réchtsgleiche Bezíehungen; **2.** *мат.* Gléichheit *f* (10); Gléichung *f* (10); знак ~а Gléichheitszeichen *n* (7); **3.** *спорт.* Gléichstand *m* -(e)s

равне́ние *с воен.* Áusrichten *n* -s; ~ напра́во! (*команда*) Áugen rechts!

равни́н||а *ж* Ébene *f* (11); Fláchland *n* (5); **~ный** Flach-; flach; ében

равно́ 1. *предик.* (ist) gleich, macht (*при сложении, умножении и делении*); (ist) gleich, bleibt (*при вычитании*); три́жды три ~ девяти́ drei mal drei macht [ist gleich] neun; де́сять ми́нус шесть ~ четырём zehn wéniger sechs ist (gleich) vier; **2.:** ~ как и gleichwíe; gleich, ébenso wie; всё ~, что soviél wie, so gut wie; э́то всё ~ что отказа́ться das kommt éiner Áblehnung gleich; ◇ всё ~ 1) (*безразлично*) ganz egál [gleich]; das ist Jácke wie Hóse (*разг.*); 2) (*несмотря на это*) trotzdém, sowiesó; он всё ~ придёт er wird sowiesó kómmen, er kommt sowiesó

равно||бе́дренный *мат.* gléichschenk(e)lig (*о треугольнике*); **~бо́чный** *мат.* gléichschenk(e)lig (*о трапеции*)

равновели́кий *мат.* gléichgroß; fórmengleich; flächengleich

равнове́с||ие *с* Gléichgewicht *n* -(e)s; *спорт.* Balancíeren *n* -s; усто́йчивое [неусто́йчивое] ~ие stabíles [labíles] Gléichgewicht; полити́ческое ~ие polítisches Gléichgewicht; ~ие сил Kräftegleichgewicht *n*; душе́вное ~ие séelisches Gléichgewicht; привести́ что-л. в ~ие etw. ins Gléichgewicht bríngen*; вы́вести кого́-л. из ~ия j-n aus dem Gléichgewicht bríngen*; сохраня́ть ~ие das Gléichgewicht hálten*

равноде́йст||вующий gléichwirkend; **~вующая** *сущ. ж физ.* Resultánte *f* (11)

равноде́нств||енный *астр.* äquinoktiál; **~ие** *с астр.* Tagundnáchtgleiche *f*; Äquinóktium *n* -s, -ti¦en; то́чка ~ия Äquinoktiálpunkt *m* (1); весе́ннее ~ие Frühlings-Tagundnáchtgleiche *f*; осе́ннее ~ие Hérbst-Tagundnáchtgleiche *f*

равноду́ш||ие *с* Gléichgültigkeit *f*; Gléichmut *m* -(e)s; Láuheit *f* (*вялость*); Téilnahmslosigkeit *f* (*безучастность*); относи́ться с ~ием к кому́-л. sich gléichgültig gégen j-n verhálten*; **~ный** gléichgültig (к кому́-л., к чему́-л. gegenüber *D*); téilnahmslos (*безучастный*); де́лать ~ное лицо́ ein gléichgültiges Gesícht máchen

равнозна́чащий, равнозна́чный 1. gléichbedeutend; idéntisch (*тождественный*); **2.** (*равноценный*) gléichwertig, äquivalént [-va-]

равноме́рно *нареч.* gléichmäßig; gléichförmig; ~ заме́дленное движе́ние *физ., тех.* gléichmäßig verzögerte Bewégung; ~ ускóренное движе́ние *физ., тех.* gléichmäßig beschléunigte Bewégung

равноме́рн||ость *ж* Gléichmäßigkeit *f*; Gléichförmigkeit *f*; ~ость произво́дства gléichmäßiger Produktiónsablauf; **~ый** gléichmäßig; gléichförmig

равнонапра́вленный *мат.* gléichgerichtet

равноо́сный koaxiál; gléichori¦entiert

равноотстоя́щий *мат.* gleich (weit) entférnt, äquidistánt

равнопле́чий *физ., тех.* gléicharmig

равнопра́в||ие *с* Gléichberechtigung *f*; Réchtsgleichheit *f*, réchtliche Gléichstellung; **~ный** gléichberechtigt; réchtsgleich; ~ное сотру́дничество die réchtsgleiche Zusámmenarbeit; быть ~ным gleich beréchtigt sein; на ~ных нача́лах auf gléichberechtigter Grúndlage

равноси́льн||ый 1. (*равной силы*) gleich kräftig, gleich stark; **2.** (*равнозначащий*) gléichbedeutend; э́то ~о das ist gléichbedeutend mit (*D*), das bedéutet soviél wie; быть ~ым чему́-л. gléichkommen* *vi* (s) (*D*); э́то ~о катастро́фе das kommt éiner Katastróphe gleich

равносторо́нний *мат.* gléichseitig

равноуго́льный *мат.* gléichwink(e)lig

равноце́нн||ость *ж* Gléichwertigkeit *f*, Äquivalénz [-va-] *f*; *перен.* Ébenbürtigkeit *f*; **~ый** gléichwertig, von gléichem Wért(e), äquivalént [-va-]; *перен.* ébenbürtig; ~ые проти́вники (*в спорте*) ébenbürtige Gégner

равночасто́тный *эл.* frequénzgleich, gléichfrequent

ра́вн||ый gleich; ~ой длины́, ширины́ von gléicher [dersélben] Länge, Bréite; быть ~ым кому́-л. в чём-л. j-m in etw. (*D*) gleich sein; ему́ нет ~ого er hat nicht séinesgleichen; ~ым о́бразом ébenso wie; gléicherweise; при про́чих ~ых усло́виях únter (sonst) gléichen Bedíngungen; относи́ться к кому́-л. как к ~ому j-n wie séinesgleichen behándeln; auf dem Fúße der Gléichberechtigung verkéhren

равня́ть 1. gléichmachen *vt*, áusgleichen* *vt*; ríchten *vt*, áusrichten *vt*; ~ ряды́ *воен.* die Réihen (áus)ríchten; **2.** *разг.* (*кого-л. с кем-л.*) j-n j-m gléichstellen [gléichsetzen]; j-n mit j-m vergléichen*; **~ся 1.** sich méssen*, sich gléichstellen (с кем-л. *D*); ~ся на кого́-л., по кому́-л. sich nach j-m ríchten; sich (*D*) j-n zum Vórbild néhmen*; **2.** (*быть равным*) gleich sein; gléichkommen* *vi* (s); для меня́ э́то равня́ется катастро́фе für mich kommt das éiner Katastróphe gleich; равня́ется *мат.* macht, beträgt, ist gleich; **3.** *воен.* sich áusrichten; равня́йсь! (*команда*) richt' euch!; **4.** *страд.* áusgerichtet wérden (*ср.* равня́ть)

рагу́ *с* Ragout [-'gu:] *n* -s, -s

рад *предик.* froh; erfréut (чему́-л. über *A*); я ~ вас ви́деть ich fréue mich, Sie zu séhen; я до́ сме́рти ~ *разг.* ich bin héilfroh; он зате́ял, а тепе́рь сам не ~ er bedáuert jetzt sein Begínnen; ◇ ~ не ~ wohl óder übel; vólens nólens (*лат.*)

ра́да *ж ист.* Ráda *f*

рада́р *м воен. тех.* Radár *m*, *n* -s, -s; (*ср.* радиолока́тор, радиолока́ция); **~ный** Radár-; ~ная устано́вка Radárstation *f* (10), Radáranlage *f* (11), Fúnkmeßgerät *n* (2)

раде́ние *с уст.* Beflíssenheit *f*, Éifer *m* -s

раде́ть *уст.* behílflich sein (кому́-л., о чём-л. j-m, bei *D*); beflíssen sein (о чём-л. *G*), sich sórgen, sich éifrig bemühen (кому́-л., о чём-л. um *A*)

ра́джа *м* Rádscha [-dʒa] *m* -s, -s

ра́ди *предлог* wégen (*G*, *разг.* *D*), um (*G*)... wíllen; ~ кого́-л. um j-s wíllen; ~ него́ séinetwegen; чего́ ~ wozú; wéshálb; weswégen; шу́тки ~ schérzweise, zum Scherz, spáßeshalber; ◇ ~ бо́га, ~ всего́ свято́го *разг.* um Góttes wíllen

радиа́льн||ый radiál; stráhlenförmig (*расположенный лучеобразно*); ~о-сверли́льный стано́к Radiálbohrmaschine *f* (11); ~ая ста́нция Radiálstation *f* (10) (*метро*)

радиа́н *м мат.* Radiánt *m* (8)

радиатор *м тепл.* Héizkörper *m* (6) (*центрального отопления*); Kühler *m* (6) (*у двигателей*)

радиационный Stráhlungs-, Áusstrahlungs-

радиац||ия *ж физ.* Stráhlung *f*, Radiatión *f*; сóлнечная ~ия Sónnenstrahlung *f*; проникáющая (космúческая) ~ия Últragammastrahlung *f*, Höhenstrahlung *f*; проникáющая ~ия (взрыва) Initiálstrahlung *f*; интенсúвность ~ии Stráhlungsintensität *f*; защúта от ~ии Stráhlungsschutz *m* -es; колúчество ~ии Stráhlungsmenge *f*

рáдиев||ый rádiumhaltig; ~ая пýшка Rádiumkanone *f* (11)

рáдий *м* Rádium *n* -s (*хим. знак* Ra)

радикáл I *м мат., хим.* Radikál *n* (2); знак ~а *мат.* Wúrzelzeichen *n* (7)

радикáл II *м полит.* Radikále *m* (14)

радикалúзм *м полит.* Radikalísmus *m*

радикáльн||ый 1. radikál; gründlich; von Grund aus, dúrchgreifend (*коренной*); entschíeden (*решительный*); ~ые преобразовáния dúrchgreifende Úmgestaltungen; ~ое лечéние Radikálkur *f*; 2. *полит.* radikál

радикулúт *м* Radikulítis *f*; Héxenschuß *m* -sses (*разг.*)

рáдио *с* 1. Rádio *n* -s, Funk *m* -(e)s; Fúnkwesen *n* -s; Rúndfunk *m* (*радиовещание*); по ~ auf dem Fúnkwege; im Rúndfunk; передавáть по ~ fúnken *vt*; im Rúndfunk sénden [bríngen*]; управлять по ~ über Funk stéuern; что передаю́т по ~? was gibt es im Rádio?; вызвать по ~ durch Funk heránrufen*; говорúть с кем-л. по ~ sich über Spréchfunk mit j-m unterhálten*; сообщáть по ~ durch Fúnk(spruch) mítteilen; передáча изображéний по ~ Bíldtelegrafie *f*; парúжское ~ сообщáет Rádio París méldet; пропагáнда по ~ Rúndfunkpropaganda *f*; урóки по ~ Schúlfunk *m*; англúйский язык по ~ Énglisch im Funk; 2. *разг.* (*приёмник*) Rádio *n* -s, -s; Rádioapparat *m* (1), Empfänger *m* (6)

рáдио- Funk-; Rádio-

радиоавторегулирóвка *ж ж.-д.* Wéllensystem *n* (2)

радиоактúвн||ость *ж физ.* Rádioaktivität [-vi-] *f*; ~ый радиоактíв; ~ые веществá [элемéнты] radioaktíve [-və] Stóffe; ~ые изотóпы radioaktíve Isotópe; ~ое семéйство *ядерн.* Zerfállsreihe *f* (11); заражённый ~ыми веществáми aktivíert; срéдняя дóза ~ого облучéния Mediándosis *f*; мгновéнная дóза ~ого облучéния Momentándosis *f*; продýкт ~ого распáда Spáltprodukt *n* (2)

радио||аппарáт *м* Rádio *n* -s, -s, Rádiogerät *n* (2), Rádioapparat *m* (1); **~аппаратýра** *ж* Fúnkausrüstung *f*, Fúnkgerät *n* (2); бортовáя ~аппаратýра Bórdfunkgerät *n*; **~астронóмия** *ж* Fúnkastronomie *f*, Rádioastronomie *f*; **~аэронавигáция** *ж* Fúnknavigation [-vi-] *f*, Fúnkortung *f*; **~бáшня** *ж* Fúnkturm *m* (1*); **~буй** *м* Fúnkboje *f* (11); **~вещáние** *с* Rúndfunk *m* -(e)s; проводнóе ~вещáние Dráhtfunk *m*; **~вещáтельный** Rúndfunk-; ~вещáтельная установка Rúndfunkanlage *f* (11); ~вещáтельная компáния Rúndfunkgesellschaft *f* (10); **~взрывáтель** *м ракет.* Fúnkzünder *m* (6); **~вúдимость** *ж* Fúnksicht *f*; **~волнá** *ж* Fúnkwelle *f* (11), Rádiowelle *f*; **~высотомéр** *м* Fúnkhöhenmesser *m* (6); **~вы́ставка** *ж* Fúnkausstellung *f* (10); **~грáмма** *ж* Fúnkspruch *m* (1*); ~грáмма открытого тéкста Klártextfunkspruch *m* (1*); бланк ~грáммы Sprúchvordruck *m* (1*); **~девиáция** *ж* Fúnkfehlweisung *f*; **~детáль** *ж* Rádiobauteil *n* (2); **~диапазóн** *м* Wéllenbereich *m* (1); **~журналúст** *м* Rúndfunkjournalist [-ʒur-] *m* (8); **~завóд** *м* Fúnkwerk *n* (2); **~зóнд** *м* Rádiosonde *f* (11), Fúnksonde *f*; **~излучéние** *с* Rádiostrahlung *f*; Rádiofrequenzstrahlung *f* (*космическое*); **~úмпульс** *м* Fúnkimpuls *m* (1), Hóchfrequenzimpuls *m*; **~инженéр** *м* Fúnkingenieur [-ʒeniø:r] *m* (1); **~канáл** *м* Fúnkkanal *m* -s, -näle; **~комáнда** *ж* Fúnkkommando *n* -s, -s; **~комбáйн** *м* Musíkschrank *m* (1*) (mit Férnseher, Rádio- und Tónbandgerät und Plättenspieler); **~комитéт** *м* Rúndfunkkomitee *n* -s, -s; оркéстр ~комитéта Rúndfunkorchester [-kes-] *n* (6); **~комментáрий** *м* Rúndfunkkommentar *m* (1); **~комментáтор** *м* Rúndfunkkommentator *m* (13); **~кóмпас** *м* Fúnkkompaß *m* -passes, -passe; **~концéрт** *м* Fúnkkonzert *n* (2)

радиóла *ж* Musíktruhe *f* (11), Musíkschrank *m* (1*) (*консольная*); Rúndfunkgerät *n* (2) (mit éingebautem Plättenspieler), Phónosuper *m* (6)

радиолáмпа *ж* Rádioröhre *f* (11), Rúndfunkröhre *f*

радиологúческ||ий radiológisch; ~ое орýжие radiológische Wáffe

радиолóгия *ж* Radiologíe *f*, Stráhlenkunde *f*

радиолокá||тор *м* Radárgerät *n* (2), Radár *m*, *n* -s, -s, Fúnkmeßgerät *n*; ~тор кругового обзóра Rúndsichtgerät *n*, Rúndsuchanlage *f* (11); **~циóнный** Fúnkmeß-, Radár-; ~циóнная стáнция (РЛС) Radárstation *f* (10), Fúnkmeßstation *f*; ~циóнная развéдка Fúnkmeßaufklärung *f*; **~ция** *ж* Fúnkmeßbeobachtung *f*, Radár *m*, *n* -s, -s, Fúnkmeßtechnik *f*, Fúnkortung *f*, Radártechnik *f*; úмпульсная ~ция Ímpulsradarverfahren *n* -s, Ímpulsradar *m*, *n*

радио||лýч *м* Fúnkstrahl *m* (13); **~любúтель** *м* Rádioamateur [,-tø:r] *m* (1), Fúnkamateur *m*; Amateurfunker [-'tø:r-] *m* (6); Kúrzwellenamateur *m* (*коротковолновик*); **~любúтельство** *с* Amateurfunkwesen [-'tø:r-] *n* -s; **~маркёр** *м* Markíerungsfunkfeuer *n* (6); **~мастерскáя** *ж* Rádiowerkstatt *f*, *pl* -stätten; **~мáчта** *ж* Fúnkmast *m* (1, 13), Anténnenmast *m*; **~маяк** *м* Fúnkbake *f* (11), Fúnkfeuer *n* (6), Fúnkleitsender *m* (6); аэродрóмный ~маяк Ánsteuerungsfunkfeuer *n*; **~метеорологúческий** rádiometeorologisch; ~метеорологúческая слýжба Fúnkwetterdienst *m* -(e)s

радиóметр *м яд. физ., астр.* Rádiometer *n* (6)

радио||механик *м* Rúndfunkmechaniker *m* (6); **~молчáние** *с* Fúnkstille *f*; **~навигáция** *ж ав., мор.* Fúnknavigatión [-vi-] *f*, Fúnkortung *f*; **~наýшники** *мн.* Kópfhörer *pl*; **~обмéн** *м* Fúnkverkehr *m* -s; **~обозревáтель** *м см.* радиокомментáтор; **~оборýдование** *с* Fúnkausrüstung *f*; **~оператор** *м* Fúnker *m* (6); **~пеленгáтор** *м* Fúnkpeilanlage *f* (11), Fúnkpeilgerät *n* (2), Fúnkpeiler *m* (6); **~пеленгáторщик** *м* Péilfunker *m* (6); **~пеленгáция** *ж* Fúnkpeilung *f*; **~передáтчик** *м* Rádiosender *m* (6), Rúndfunksender *m*, Fúnksender *m*; **~передáча** *ж* Rúndfunksendung *f* (10), Rádiosendung *f*, Séndung *f*; дéтская ~передáча Kínderfunk *m* -(e)s; реклáмная ~передáча Wérbesendung *f*; спортúвная ~передáча Spórtsendung *f*; ~передáча для жéнщин Fráuenfunk *m*; ~передáча для шкóльников Schúlfunk *m*; внестудúйная ~передáча Áußensendung *f*, Áußenübertragung *f*; включúть в ~передáчу in das Séndeprogramm áufnehmen*

радио||передвúжка *ж* Séndewagen *m* (7), Übertrágungswagen *m*; **~перекли́чка** *ж* Rúndgespräch *n* (2), Ríngsendung *f* (10); **~перехвáт** *м* Hórchfunk *m* -(e)s; Ábhören von Fúnksprüchen; **~позывны́е** *мн.* Fúnkrufzeichen *pl*; **~помéхи** *мн.* Rúndfunkstörungen *pl*, Fúnkstörungen *pl*; **~постанóвка** *ж* Hörspiel *n* (2); **~прибóр** *м* Fúnkgerät *n* (2)

радиоприёмн||ик *м* Rádioapparat *m* (1), Empfänger *m* (6), Empfángsgerät *n* (2), Rúndfunkgerät *n*; лáмповый ~ик Röhrengerät *n*; семилáмповый ~ик Síebenröhrengerät *n*; автомобúльный ~ик Áutoradio *n* -s, -s; портатúвный ~ик Kófferradio *n*, Kófferempfänger *m*; кармáнный ~ик Táschenempfänger *m*, Táschenradio *n*; транзúсторный ~ик Transístorempfänger *m*; **~ый** Empfángs-; ~ая стáнция Empfángsstation *f* (10)

радио||прогрáмма *ж* Rúndfunkprogramm *n* (2); **~прожéктор** *м* Fúnkmeßscheinwerfer *m* (6); **~промы́шленность** *ж* Fúnkindustrie *f*; **~развéдка** *ж* Fúnkaufklärung *f*; **~расскáз** *м* Fúnkerzählung *f* (10); **~реклáма** *ж* Wérbesendung *f* (10), Rúndfunkreklame *f* (11), Wérbefunk *m* -(e)s; **~релéйный:** ~релéйная связь Ríchtfunkverbindung *f*; Fúnkrelaisverbindung [,-lɛ:-] *f*; ~релéйная стáнция Relaisfunkstelle *f* (11); **~репортáж** *м* Rúndfunkreportage [-ʒə] *f* (11), Fúnkreportage *f*; **~рýбка** *ж мор.* Fúnkkabine *f* (11), Fúnkraum *m* (1*); **~связь** *ж* Fúnkverbindung *f*, Fúnkverkehr *m* -s, dráhtlose Verbíndung; авиациóнная ~связь Flúgfunk *m* -(e)s; морскáя ~связь Séefunk *m*; поезднáя ~связь Zúgfunk *m*; межпланéтная ~связь interplanetáre Fúnkverbindung; космúческая ~связь Ráum-Fúnkverbindung *f*; **~сéть** *ж* Fúnknetz *n* (2); городскáя ~сéть Stádtfunk *m* -(e)s; **~сигнáл** *м* Fúnksignal *n* (2); **~слýжба** *ж* Funkdienst *m* -(e)s; Fúnkbetrieb *m* (1)

радио||слýшатель *м* Rúndfunkteilnehmer *m* (6); Rúndfunkhörer *m* (6), Rádiohörer *m*; **~сообщéние** *с* Fúnkmeldung *f* (10), Fúnknachricht *f* (10); **~спектáкль** *м* Hörspiel *n* (2); **~спóрт** *м* Fúnksport *m* -(e)s; **~стáнция** *ж* Fúnkstation *f* (10), Fúnkstelle *f* (11), Rúndfunksender *m* (6), Sénder *m* (*радиовещательная станция*); мóщная ~стáнция Gróßsender *m*; бортовáя ~стáнция Bórdfunkstelle *f*; Bórdfunkstation *f*; **~стýдия** *ж* Rúndfunkaufnahmeraum *m* (1*), Rúndfunkstudio *n* -s, -s; Séndesaal *m* -(e)s, -säle; **~тáнк** (*танк, управляемый по радио*) *м* Fúnkpanzer *m* (6); **~-телевизиóнный:** ~-телевизиóнная связь Funk- und Férnsehverbindung *f*; **~телегрáмма** *ж см.* радиогрáмма; **~телегрáф** *м* 1. Rádiotelegrafie *f*, Fúnktelegrafie *f*; 2. (*установка*) Fúnktelegraf *m* (1); **~телеметрúя** *ж* Fúnkfernmessung *f*; **~телеуправлéние** *с* Fúnkfernsteuerung *f*, Fúnkfernlenkung *f*; **~телефóн** *м* Fúnksprechgerät *n* (2), Spréchfunkgerät *n*; **~телефóния** *ж* Spréchfunk *m* -(e)s

радиотéхн||ик *м* Fúnktechniker *m* (6); **~ика** *ж* Rádiotechnik *f*, Fúnktechnik *f*; Hóchfrequenztechnik *f*, HF-Technik; **~и́ческий** fúnktechnisch

радио||то́чка *ж* Fúnkanschluß *m* -sses, -schlüsse; **~трансляцио́нный:** ~трансляцио́нная городска́я сеть Stádtfunk *m* -(e)s; **~у́зел** *м* Fúnkleitstelle *f* (11); Zentrále éiner Láutsprecheranlage; заводско́й ~у́зел Betríebsfunk *m* -(e)s; **~управле́ние** *с* Fúnksteuerung *f*; **~уста**но́вка *ж* Fúnkanlage *f* (11)

радиоусто́йчивость *ж яд. физ.* Stráhlungsfestigkeit *f*

радио||фарфо́р *м* Hóchfrequenzporzellan *n* -(e)s; **~фи́зика** *ж* Rádiophysik *f*

радиофика́ция *ж* Radiofizíerung *f*, Áusrüstung mit Rádioempfangs- und Séndeanlagen

радиофици́ровать radiofizíeren *vt*

радиофото||гра́мма *ж* Fúnkbild *n* (5); **~телеграфи́я** *ж* Bíldfunk *m* -(e)s, Fúnkbildübertragung *f*

радиоце́нтр *м* Fúnkhaus *n* (5)

радиочувстви́тельность *ж физ., мед.* Stráhlenempfindlichkeit *f*

радио||шумы́ *мн.* Ráuschen *n* -s; **~электро́ника** *ж* Fúnkelektronik *f*, Náchrichtenelektronik *f*; **~электро́нный** fúnkelektronisch

ради́ровать fúnken *vt*

ради́ст *м* Fúnker *m* (6)

ра́диус *м* Rádius *m* =, -di|en, Hálbmesser *m* (6); ~ де́йствия Aktiónsradius *m*, Réichweite *f* (11), Wírkungsbereich *m* (1)

ра́довать (er)fréuen *vt*; Fréude máchen [beréiten] (кого́-л. *D*); ~ глаз [взор] das Áuge ángenehm berühren; **~ся** sich fréuen (чему́-л. *G*, über *A*; auf *A* — *чему-л. предстоящему*); froh sein (чему́-л. *G*); ~ся про себя́ sich im stíllen fréuen; sich ínnerlich fréuen; stíllvergnügt sein; душа́ ра́дуется es ist éine wáhre Fréude

радо́н *м* Rádon *n* -s (*хим. знак* Rn)

ра́достн||ый froh, fréudig; Fréuden-; ~ое изве́стие fréudige Náchricht; ~ый крик ein Fréudenschrei, ein Áusruf der Fréude

ра́дост||ь *ж* Fréude *f* (11); не по́мнить себя́ от ~и áußer sich [närrisch] vor Fréude sein; с ~ью mit Fréuden; von Hérzen gern; на ~ях aus láuter Fréude

рад-радёхонек, рад-радёшенек héilfroh, hócherfreut

ра́дуг||а *ж* Régenbogen *m* (7); отлива́ть все́ми цвета́ми ~и in állen Fárben des Régenbogens schíllern

ра́дужка *ж анат. разг. см.* ра́дужная оболо́чка

ра́дужн||ый 1. régenbogenfarbig; ~ая оболо́чка (*глаза*) *анат.* Régenbogenhaut *f* (3), Íris *f* =, =; **2.** *перен.* rósig; ~ые наде́жды rósige Hóffnungen

раду́ш||ие *с* hérzliches Entgégenkommen; wárme Gástfreundschaft; Gástlichkeit *f* (*гостеприимство*); Fréundlichkeit (*приветливость*); **~ный** entgégenkommend; gástfreundlich; ~ный приём hérzlicher Empfáng

раёк *м театр. уст.* Galeríe *f*, Olýmp *n* -es

раж *м* Wut *f*, Rage [*фр.* 'ra:ʒə] *f*; Áufregung *f*; войти́ в ~ in Rage kómmen*; in Wut geráten*

раз I *сущ. м* **1.** Mal *n* (2); два ~а zwéimal; де́сять ~ zéhnmal; не́сколько ~ méhrmals; éinige Mále, éinigemal; в не́сколько ~ (*увеличить*) auf das Méhrfache; в де́сять ~ auf das Zéhnfache; мно́го ~ víele Mále, des öfteren; во мно́го ~ auf ein Víelfaches; оди́н ~ в день éinmal am Táge, éinmal täglich; **вся́кий ~ jédesmál**, jéweils; вся́кий ~, когда́... jédesmál, wenn...; не ~ méhrmals; mehr als éinmal; ímmer wíeder; wiederhólt; des öfteren (*часто*); на э́тот ~ (für) díesmal; в **пе́рвый** ~ zum érsten Mál(e), zum érstenmal, das érste Mal; во второ́й ~ zum zwéiten Mál(e), zum zwéitenmal, das zwéite Mal; от трёх до четырёх ~ drei- bis víermal; ещё ~ noch éinmal; ни ~у kein éinziges Mal; в сле́дующий ~ das nächste Mal; ли́шний ~ ein übriges [wéiteres] Mal; **2.** (*при счёте*) eins; ◇ ~ **навсегда́** ein für állemal; как ~ **gerа́de**;ében; ~-друго́й ein páarmal; dann und wann; **ино́й** ~ mitúnter; с **пе́рвого** ~а von Ánfang an; vom érsten Áugenblick (an); до друго́го ~а bis zum nächsten Mal; ~ за ~ом éinmal über das ándere; ~ на ~ не прихо́дится nicht ímmer geschíeht ein und dassélbe; ~ от ~у mit jédem néuen Fall

раз II *нареч.* (*однажды*) éinmal, einst

раз III *союз* wenn (éinmal); ~ обеща́л, то и сде́лай wenn du's éinmal verspróchen hast, dann tu's auch

разассигнова́ть *фин.*: ~ бюдже́тные сре́дства Háushaltmittel úmverteilen

разбави́тель *м* Verdünnungsmittel *n* (6)

разба́вить, разбавля́ть verdünnen *vt*, verwässern *vt*

разбаза́р||ивание *с разг.* Verschléuderung *f*, Verschléudern *n* -s; Vergéudung *f*, Verschwéndung *f* (*средств*); **~ивать, ~ить** verschléudern *vt*; verplémpern *vt*; vergéuden *vt*, verschwénden *vt* (*средства*)

разба́ливаться *см.* разболе́ться

разба́лтывать *см.* разболта́ть I, II

разба́лтываться *см.* разболта́ться I

разбе́г *м* Ánlauf *m* (1*); *авто* Ánfahren *n* -s; *ав. тж.* Start *m* -(e)s, Ánrollen *n* -s; длина́ ~а Stártlänge *f*; ме́сто для ~а Ánlaufstrecke *f* (11); с ~а mit Ánlauf; со всего́ ~а in vóllem Lauf [Ánlauf]

разбега́ться *см.* разбежа́ться 2

разбежа́||ться 1. éinen Ánlauf néhmen*; не́где ~ться es ist kein Spíelraum vorhánden; **2.** (*в разные стороны*) auseinánderlaufen* *vi* (s), auseinánderrennen* *vi* (s); ◇ глаза́ у него́ ~лись er wúßte nicht, wo er hínsehen sóllte

разбереди́ть 1. réizen *vt*; áufreiben *vt*; **2.** (*растревожить*) réizen *vt*, beúnruhigen *vt*; ~ ста́рую ра́ну *перен.* éine álte Wúnde áufreißen*, in éiner álten Wúnde wühlen

разбива́ть *см.* разби́ть; **~ся 1.** *см.* разби́ться; **2.** *страд.* zerbróchen wérden (*ср.* разби́ть)

разби́вка *ж* **1.** Zerschlágen *n* -s, Zerkléinern *n* -s; **2.** (*планировка*) Ábstecken *n* -s; Ánlage *f*, Ánlegung *f* (*сада и т. п.*); **3.** (*разделение, распределение*) Áufteilung *f*, Áufgliederung *f* (nach *D*); Áufschlüsselung (*по плану*); поквартáльная ~ Áufschlüsselung nach Quartálen; ~ на (небольши́е) уча́стки Parzellíerung *f*; **4.** (*лагеря и т. п.*) Áufschlagen *n* -s; **5.** *полигр.* Spérren *n* -s, Spérrung *f*

разбинтова́ть den Verbánd [die Bínde] ábnehmen*; **~ся 1.** sich (*D*) den Verbánd ábnehmen*; **2.** (*о бинте*) sich lösen

разбинто́вывать(ся) *см.* разбинтова́ть(ся)

разбира́емость *ж тех.* Zerlégbarkeit *f*, Lösbarkeit *f*

разбира́тельство *с* Untersúchung *f* (10); Geríchtsverhandlung *f* (10); трете́йское ~ Schlíchtungsverfahren *n* -s

разбира́||ть 1. *см.* разобра́ть; **2.** *разг.* (*быть разборчивым*) wählerisch sein, genáu beséhen*; брать не ~я únbesehen (hín)néhmen*; **~ться 1.** *см.* разобра́ться; **2.** *страд.* ábgetragen [auseinándergenommen] wérden (*ср.* разобра́ть)

разбитно́й *разг.* forsch; gewándt; ~ ма́лый ein fórscher Kerl

разби́тость *ж* höchste Érschöpfung, Zerschlágenheit *f*

разби́т||ый *прич. и прил.* **1.** zerschlágen, gebróchen; zerbróchen (*о стекле и т. п.*); **2.** (*расстроенный, повреждённый*): ~ый роя́ль verstímmtes Klavíer; ~ый го́лос brüchige Stímme; ~ая доро́га áusgefahrener Weg; **3.** (*побеждённый*) geschlágen; ~ая а́рмия geschlágene Armée; **4.** *разг.* (*обессиленный*) zerschlágen; müde, gerädert; чу́вствовать себя́ ~ым sich ganz zerschlágen fühlen; sich wie gerädert fühlen; ◇ ~ая жизнь verpfúschtes [zerstörtes] Lében; быть разби́тым параличо́м vom Schlag gerührt sein; gelähmt sein

разби́ть 1. (zer)schlágen* *vt*, zerbréchen* *vt* (*стекло и т. п.*); áufklopfen *vt* (*яйцо*); ~ го́лову кому́-л. j-m den Schädel éinschlagen*; ~ нос в кровь die Náse blútig schlágen*; ~ на куски́ zerstückeln; ~ на скрап verschrótten *vt*; **2.** (*нанести поражение*) schlágen* *vt*; ~ на́голову aufs Haupt schlágen*; ~ в пух и прах kurz und klein schlágen*; ~ до́воды die Beweísführung (verníchtend) widerlégen; **3.** (*разделить*) zerstückeln *vt*; áufteilen *vt*, vertéilen *vt* (*на группы и т. п.*); ~ по ру́брикам áufschlüsseln *vt*; **4.** (*лагерь, палатку и т. п.*) áufschlagen* *vt*; **5.** (*распланировать*) ábstecken *vt*; ~ сад éinen Gárten ánlegen; ~ на уча́стки parzellíeren *vt*; **6.** *разг.* (*привести в негодность*) úntauglich máchen; ~ роя́ль ein Klavíer verstímmen; ~ о́бувь Schúhe ábtragen*; ~ доро́гу éinen Weg áusfahren*; **7.** *разг.* (*расстроить*) veréiteln *vt*; ~ сде́лку ein Ábkommen veréiteln; **8.** *полигр.* spérren *vt*; ◇ ~ жизнь das Lében zerstören; **~ся 1.** in die Brüche géhen*; zerbréchen* *vi* (s); zerschéllen *vi* (s); **2.** (*ушибиться*) sich zerschlágen*; sich verlétzen; ~ся на́смерть tödlich stürzen; **3.** (*разделиться*) sich zersplíttern; sich téilen (*на группы и т. п.*); **4.** *разг.* (*прийти в негодность*) úntauglich wérden

разбла́говестить *уст.* áusposaunen *vt*; an die gróße Glócke hängen

разблоки́ровать *фин.*: ~ счёт ein Spérrkonto fréigeben*

разбогате́ть reich wérden; Réichtum erwérben* [erlángen]

разбо́й *м* Räuberéi *f*; Raub *m* (1), Ráubüberfall *m* (1*); **~ник** *м* **1.** Räuber *m* (6); морско́й ~ник Séeräuber *m*, Pirát *m* (8); ~ник с большо́й доро́ги Wégelagerer *m* (6); Stráßenräuber *m*; Stráuchritter *m* (6); **2.** *шутл.* Schlíngel *m* (6)

разбо́йнич||ать Raub tréiben*; **~еский** räuberisch, Raub-, Räuber-; ~еское нападе́ние Ráubüberfall *m* (1*); **~ий** Räuber-; **~ий** прито́н Räuberhöhle *f* (11); ~ья ша́йка Räuberbande *f* (11)

разболе́ться 1. (*о человеке*) érnstlich erkránken, für lánge krank wérden; **2.** (*об отдельном органе*) weh tun*, schmérzen *vi*; ánfangen* zu schmérzen

разбо́лтанный gelóckert, wáck(e)lig

разболта́ть I *разг.* **1.** (*перемешать*) durcheinánderrühren *vt*; quírlen *vt*; vermíschen *vt*; **2.** (*расшатать*) lóckern *vt*

разболта́ть II *разг.* (*разгласить*) áusschwatzen *vt*, áusplaudern *vt*; ~ секре́т aus der Schúle pláudern, ein Gehéimnis áusplaudern

разболта́ться I *разг.* **1.** (*перемешаться*) sich vermíschen; **2.** (*о винте, болте и т. п.*) sich lóckern; wáck(e)lig wérden; **3.** (*о человеке*) sich géhen lássen*; sich lóckern (*о дисциплине*)

разболта́ться II *разг.* (*заболтаться*) ins Schwátzen kómmen*; séiner Zúnge fréien Lauf lássen*; séine Zúnge wétzen

разбомби́ть *разг.* zerbómben *vt*

разбомблённый zerbómbt, durch Bómben zerstört

разбо́р *м* **1.** (*действие*) *см.* разбо́рка 1; **2.** (*расследование*) Untersúchung *f*; ~ де́ла *юр.* Sáchverhandlung *f* (10), Verhándlung *f*; **3.** *грам.* Zergliederung *f*, Analýse *f* (11); синтакси́ческий ~ syntáktische Analýse; **4.** (*обсуждение*) Beúrteilung *f* (10); Bespréchung *f* (10); ~ уро́ка Bespréchung [Áuswertung] éiner Únterrichtsstunde [éiner Stúnde]; крити́ческий ~ кни́ги Búchbesprechung *f*; Búchkritik *f*; **5.** *спец.* (*сорт*) Sórte *f*, Qualität *f*; ◇ с ~ом *разг.* wählerisch; ánspruchsvoll; без ~а *разг.* wáhllos; óhne zu wählen (*не выбирая*); óhne Únterschied, únterschiedslos (*не делая различия*); únbesehen, óhne éingehende Prüfung (*не рассматривая, не задумываясь*); прийти́ к ша́почному ~у *разг.* kurz [knapp] vor (dem) Schluß kómmen*; **~ка** *ж* **1.** (*писем, товаров и т. п.*) Sortíerung *f*, Ássortieren *n* -s; **2.** (*машины и т. п.*) Auseinándernehmen *n* -s; Demontáge [-ʒə] *f*; Zerlégen *n* -s, Zerlégung *f*; ~ка декора́ций (*кино*) Ábbau *m* -(e)s; **3.** (*развалин*) Enttrümmerung *f*; **~ный** zerlégbar, auseinándernehmbar, demontíerbar; ~ная ме́бель Montágemöbel [-ʒə-] *pl*

разбо́рчив||ость *ж* **1.** (*почерка и т. п.*) Déutlichkeit *f*, Lésbarkeit *f*, Léserlichkeit *f*; **2.** (*вкуса и т. п.*) wählerisches Wésen; **~ый** **1.** (*о почерке и т. п.*) déutlich, lésbar, léserlich, entzífferbar; **2.** (*о человеке*) wählerisch, ánspruchsvoll

разбракова́ть Áusschuß áussondern

разброни́ть *разг.* áusschimpfen *vt*, áusschelten* *vt*, herúnterputzen *vt*; den Kopf wáschen* (кого́-л. *D*); **~ся** *разг.* sich verzánken; sich verféinden, sich entzwéien (*рассориться*)

разбра́сыватель *м с.-х.* Stréumaschine *f* (11); ~ то́рфа Tórfstreuer *m* (6); ~ минера́льных удобре́ний Düngerstreuer *m* (6); ~ и́звести Kálkstreuer *m*

разбра́сывать *см.* разброса́ть; **~ся** **1.** *см.* разброса́ться; **2.** *страд.* auseinándergeworfen wérden (*ср.* разброса́ть)

разбреда́ться, разбрести́сь *разг.* **1.** auseinándergehen* *vi* (s); auseinánderlaufen* *vi* (s); ~ в ра́зные сто́роны nach verschíedenen Séiten auseinándergehen*; ~ по дома́м éinzeln nach Háuse géhen*; **2.** (*рассеиваться — о мыслях*) sich zerstréuen

разбро́д *м* (*разлад*) Zersétzung *f*, Zerfáhrenheit *f*; Únstimmigkeit *f*

разбро́с *м* Stréuung *f*

разбро́санн||ость *ж* Zerstréutheit *f* (*мыслей*); Verstréutheit *f* (*предметов и т. п.*); **~ый** verstréut; auseinándergeworfen; zerstréut (*о мыслях*)

разброса́ть **1.** auseinánderwerfen* *vt*, umhérwerfen* *vt*; zerstréuen *vt* (*рассыпать*); **2.** (*деньги*) verschwénden *vt*, vertún* *vt*; **~ся** **1.** (*во сне*) sich áufdecken; **2.** (*при занятиях*) vieles zu gléicher Zeit [auf éinmal] begínnen*, sich gléichzeitig auf víeles wérfen*

разбры́згать versprítzen *vt*, verspréngen *vt*; zerstäuben *vt* (*о духах и т. п.*)

разбры́згив||атель *м тех.* Zerstäuber *m* (6); Sprénger *m* (6); **~ать** *см.* разбры́згать

разбуди́ть **1.** (áuf)wécken *vt*, aus dem Schlaf wécken; wáchrütteln *отд.* *vt*; **2.** (*возбудить*) (er)wécken *vt*

разбуха́ние *с* **1.** Ánschwellen *n* -s, Quéllen *n* -s; **2.** (*служебного аппарата и т. п.*) Áufblähung *f*

разбуха́ть, разбу́хнуть **1.** (áuf)quéllen* *vi* (s), ánschwellen* *vi* (s); áuftreiben* *vi*; **2.** *перен.* sich áufblähen; шта́ты разбу́хли der Stéllenplan ist áufgebläht

разбушева́ться **1.** (*о буре, море и т. п.*) (lánge, stark) bráusen *vi* [tóben *vi*]; **2.** *разг.* (*рассердиться*) in Zorn [Wut, Raseréi] geráten*; áufbrausen *vi* (s, h)

разва́жничаться *разг.* áußerordentlich wíchtig tun*, sich sehr wíchtig máchen; gróßtun* *отд.* *vi*; auf dem hóhen Pferd sítzen*; díck(e) tun*

разва́л *м* **1.** Zerfáll *m* -(e)s, Éinsturz *m* -es; Verfáll *m*; Zusámmenbruch *m* -(e)s; Únordnung *f*; Zersétzung *f*; Zerrüttung *f* (*хозяйства*); ~ рабо́ты Desorganisatión der Árbeit; **2.** *авто*: ~ колёс Rádsturz *m* -(e)s

разва́ливать(ся) *см.* развали́ть(ся)

разва́лина *ж* **1.** *см.* разва́лины; **2.** (*о человеке*) Ruíne *f* (11), Wrack *n* (2) (*pl тж.* -s)

разва́лины *мн.* Ruínen *pl*; ~ за́мка Schlóßruine *f* (11); гру́да разва́лин Trümmerhaufen *m* (7); очи́стить от разва́лин (*улицы и т. п.*) enttrümmern *vt*

развали́ть **1.** zerstören *vt*, úmstürzen *vt*; ábbrechen* *vt*; ~ сте́ну die Máuer ábreißen*; **2.** (*привести в расстройство*) desorganisíeren *vt*, zerstören *vt*; ~ хозя́йство die Wírtschaft zerrütten; **~ся** **1.** éinstürzen *vi* (s), éinbrechen* *vi* (s), auseinánderbrechen* *отд.* *vi* (s), zerfállen* *vi* (s); zusámmenbrechen* *vi* (s); **2.** (*прийти в расстройство*) verfállen* *vi* (s); zerfállen* *vi* (s); sich áuflösen (*об армии*); **3.** *разг.* (*в кресле и т. п.*) sich áusstrecken, sich rékeln, sich hínflegeln

развальц||ева́ть *тех.* áuswalzen *vt*; **~о́вка** *ж тех.* Áuswalzen *n* -s; ~о́вка труб das Áufweiten [das Áusweiten] der Róhre

разва́ривать(ся) *см.* развари́ть(ся)

развари́ть zerkóchen *vt*, weich kóchen; **~ся** zerkóchen *vi* (s)

разварно́й wéichgekocht, zerkócht

ра́зве *частица* **1.** (*неужели*) denn *или не переводится*; ~ ему́ мо́жно ве́рить? kann man ihm denn gláuben?; ~? wahrháftig?, wírklich?, tátsächlich?; **2.** (*не следует ли, может быть*) vielléicht; wie, wenn; пойти́ мне ~ к до́ктору? soll ich vielléicht zum Arzt géhen?; wie wenn ich zum Arzt gínge?; **3.** *разг.* (*если только не*) es sei denn; непреме́нно приду́, ~ то́лько заболе́ю ich kómme bestímmt, áußer wenn ich krank wérde

развева́||ть: ве́тер ~ет зна́мя der Wind läßt die Fáhne fláttern; **~ться** wéhen *vi*, fláttern *vi*; с ~ющимися знамёнами mit flíegenden Fáhnen

разве́дать **1.** *разг.* (*узнать*) erkúnden *vt*, áuskundschaften *vt*, in Erfáhrung bríngen*; **2.** *воен.* áufklären *vt*, rekognoszíeren *vt*, erkúnden *vt*; áuskundschaften *vt*; **3.** *геол.* schürfen *vt*

разведе́ние I *с* (*животных и растений*) Züchtung *f*, Zucht *f*, Áufzucht *f*; Ánbau *m* -(e)s (*растений*); ~ цыпля́т Kükenaufzucht *f*; близкоро́дственное ~ *с.-х.* Ínzucht *f*; чистопоро́дное ~ Réinzucht *f*; ~ кру́пного рога́того скота́ Rínderzucht *f*

разведе́ние II *с* Auseinánderführen *n* -s, Trénnen *n* -s; Öffnen *n* -s, Dréhen *n* -s (*моста*)

разведе́ние III *с хим.* Verdünnen *n* -s, Verdünnung *f*, Áuflösen *n* -s

разведённый I **1.** *прич.* от развести́; **2.** *прил.* (*о супругах*) geschíeden

разведённый II (*о мосте*) geöffnet

разве́дк||а *ж* **1.** *воен.* Áufklärung *f*, Erkúndung *f*; Áuskundschaftung *f*; Rekognoszíerung *f*, стратеги́ческая ~а stratégische Áuskundschaftung; ~а ме́стности Geländeerkundung *f*; ~а бо́ем gewáltsame Áufklärung; **2.** *геол.* Schürfen *n* -s, Schürfung *f*; Erfórschung *f*; **3.** (*организация*) Náchrichtendienst *m* -es, Gehéimdienst *m*; Spionágedienst [-ʒə-] *m* (*иностранная*); о́рганы ~и Ábwehrorgane *pl* (*контрразведка*)

разве́дочн||ый *геол.* Schürf-; Erkúndungs-; ~ая экспеди́ция Schürfexpedition *f* (10)

разве́дчик I *м* **1.** *воен.* Áufklärer *m* (6), Späher *m* (6); **2.** (*сотрудник разведки*) Kúndschafter *m* (6); Agént *m* (8); Spión *m* (1) (*иностранный*); **3.** *геол.* Schürfer *m* (6)

разве́дчик II *м* (*самолёт*) Áufklärungsflugzeug *n* (2), Áufklärer *m* (6)

разве́дывание *с* **1.** *воен.* Áufklärung *f*, Erkúndung *f*; Áuskundschaftung *f*; **2.** *геол.* Schürfen *n* -s

разве́дывательн||ый Áufklärungs-, Erkúndungs-; ~ый отря́д Áufklärungsabteilung *f* (10); ~ый самолёт Áufklärungsflugzeug *n* (2); ~ый полёт Áufklärungsflug *m* (1*); ~ая слу́жба Náchrichtendienst *m* -es

разве́дывать *см.* разве́дать

развез||ти́ **1.** (*доставить в разные места*) hínfahren* *vt* (*кого-л.*); ins Haus bríngen*, zústellen (*товары*); **2.** *безл.* *разг.* schwer passíerbar máchen; доро́гу ~ло́ der Weg ist schlámmig; **3.** *безл.* *разг.* erschöpfen *vt*; его́ ~ло́ от жары́ er zerflóß vor Hítze

разве́ивать *см.* разве́ять

развенча́ть, разве́нчивать (*кого-л.*) j-m den Nímbus néhmen*; *перен.* enthrónen *vt*

разверза́ться, разве́рзнуться sich öffnen, sich áuftun*, kláffen *vi*; бе́здна разве́рзлась под его́ нога́ми ein Ábgrund tat sich zu séinen Füßen auf

развёрнут||ый **1.**: ~ый строй *воен.* Líni̦e *f* (11); **2.** (*в большом масштабе*) breit; ~ое строи́тельство der úmfassende Áufbau; **3.** (*полный, подробный*) in bréiter Dárstellung; áusführlich

разверну́||ть **1.** entfálten *vt*; entróllen *vt*, lóswickeln *vt* (*раскрутить*); öffnen *vt* (*пакет*); áufschlagen* *vt* (*книгу*); áuffalten *vt* (*газету*); **2.** (*проявить, развить*) entfálten *vt*, entwíkkeln *vt*; ~ть рабо́ту die Árbeit áufziehen* [in Gang bríngen*]; **3.** (*заставить сделать поворот*) wénden *vt*; **~ться 1.** sich entfálten; sich entróllen, sich áufrollen (*о ковре*); áufgehen* *vi* (s) (*о пакете*); **2.** *воен.* sich entfálten, sich entwíckeln, áufmarschieren *vi* (s); ро́та ~лась к бо́ю die Kompaníe entwíckelte sich zum Geféch̀t; **3.** (*развиться*) sich entfálten, sich entwíckeln; sich ábwickeln; ánwachsen* *vi* (s); ~лась диску́ссия éine Diskussión hat sich entspónnen; широко́ ~вшееся движе́ние éine breit ángewachsene Bewégung; **4.** (*о транспорте*) wénden *vi*

разверста́ть zúteilen *vt*, áufteilen *vt*, (ver)téilen *vt*; zúweisen* *vt*, áufschlüsseln *vt*

развёрст||ка *ж* Vertéilung *f* (10), Áufschlüsselung *f*, Zúteilung *f*; Zúweisung *f* (10); продово́льственная ~ка *ист.* Pflíchtablieferung *f*; **~ывать** *см.* разверста́ть

разве́рстый *уст.* weit geöffnet

разверте́ть (*винт, гайку и т. п.*) lósdrehen *vt*, lósschrauben *vt*

развёртка *ж* **1.** *мат.* Mántelfläche *f* (11); **2.** *тех.* Áufreiber *m* (6), Réibahle *f* (11); **3.** *тлв.* Ábtastung *f*, Zerlégung *f* (*изображения*)

развёртыван||ие *с* **1.** Lóswickeln *n* -s, Ábwickeln *n*; **2.** *воен.* Entfáltung *f*, Entwícklung *f*, Áufmarsch *m* -es; райо́н ~ия Entwícklungsraum *m* -(e)s, Áufmarschgebiet *n* (2), Áufmarschgelände *n* (6); **3.** (*развитие*) Entfáltung *f*, Entwícklung *f*; ~ие соцсоревнова́ния die Entfáltung des sozialístischen Wéttbewerbs; **4.** *тех.* Áufreiben *n* -s; **5.** *тлв.* Ábtasten *n* -s

развёртывать 1. *см.* разверну́ть; **2.** *тех.* áufreiben* *vt*; **3.** *тлв.* ábtasten *vt*; **~ся** *см.* разверну́ться

разве́с *м см.* разве́ска I

развесели́ть lústig stímmen; in Stímmung bríngen*, áufheitern *vt*, áufmuntern *vt*; **~ся** lústig [múnter] wérden; in Stímmung kómmen*

развесёлый *разг.* (kréuz)fidél; sehr lústig

разве́систый bréitästig; wéitausgebreitet, wéitverzweigt (*ветвистый*)

разве́сить I (*на весах*) ábwiegen* *vt*, áuswiegen* *vt*

разве́сить II **1.** (*широко раскинуть ветви*)] áusbreiten *vt*; **2.** *разг.* (*картины, карты*) áufhängen *vt*, hínhängen *vt*; ◇ ~ у́ши *разг.* ≅ lánge Óhren máchen

разве́ска I *ж* (*на весах*) Ábwiegen *n* -s

разве́ска II *ж* (*картин и т. п.*) Áufhängen *n* -s

развесно́й nach Gewícht verkäuflich, lóse

развести́ I **1.** (*отвести куда-л.*) hínführen *vt*; fórtbringen* *vt*; ~ карау́л *воен.* die Wáche áufführen; **2.** (*разнять при ссоре и т. п.*) trénnen *vt*; auseinánderbringen* *vt*; **3.** (*отвести в разные стороны что-л.*) auseinándernehmen* *vt*; auseinánderbiegen* *vt* (*ветки*); dréhen *vt*, áufziehen* *vt* (*мост*); **4.** (*супругов*) schéiden* *vt*; éine Éhe áuflösen (*расторгнуть брак*); ◇ ~ рука́ми die Árme (vor Verwúnderung) áusbreiten; ~ пары́ Dampf ánlassen*; ~ ого́нь Féuer ánmachen; ~ пилу́ die Säge schränken

развести́ II (*животных, птиц*) züchten *vt*; ánbauen *vt*, ánpflanzen *vt* (*растения*); ánlegen *vt* (*сад*)

развести́ III (*разбавить*) verdünnen *vt*; áuflösen *vt*, zergéhen lássen* (*растворить*); ~ кра́ску Fárbe ánrühren

развести́сь I (*о супругах*) sich trénnen, sich schéiden lássen*

развести́сь II (*о насекомых и т. п.*) sich verméhren

разветви́ть verzwéigen *vt*, verästeln *vt*, gábeln *vt*; zwéigförmig auseinándergehen lássen*; ábzweigen *vt* (*отделить*); **~ся** (*о дороге и т. п.*) sich gábeln, sich verzwéigen, ábzweigen *vi* (s)

разветвле́ние *с* **1.** (*дороги и т. п.*) Gáb(e)lung *f* (10), Ábzweigung *f* (10), Verzwéigung *f*; **2.** (*растения*) Verästelung *f* (10)

разветвлённый *перен.* verzwéigt

разветвля́ть(ся) *см.* разветви́ть(ся)

разве́шать áufhängen *vt*, hínhängen *vt*

разве́шивать *см.* разве́сить I, II *и* разве́шать

разве́ять 1. auseinánderwehen *отд.* *vt*, zerwéhen *vt*, in álle Wínde verwéhen; **2.** (*тоску и т. п.*) vertréiben* *vt*, verjágen *vt*; **~ся 1.** sich verwéhen; zerstíeben *vi* (s); **2.** (*о тоске и т. п.*) vergéhen* *vi* (s), verschwínden* *vi* (s); **3.** (*отвлечься*) sich zerstréuen, sich áblenken, sich Ábwechslung verscháffen

развива́ть *см.* разви́ть; **~ся 1.** *см.* разви́ться; **2.** *страд.* entwíckelt wérden (*ср.* развить)

развива́ющ||ийся Entwícklungs-; ~иеся стра́ны Entwícklungsländer *pl*; по́мощь ~имся стра́нам Entwícklungshilfe *f*

разви́лина *ж* **1.** Gáb(e)lung *f* (10); ~ доро́г Wégegabelung *f*; **2.** (*дерева*) Verzwéigung *f* (10)

разви́листый gábelförmig, Gábel-

разви́лка *разг. см.* разви́лина

развинти́||ть lósschrauben *vt*, ábschrauben *vt*, lóckern *vt*; **~ться** sich lósschrauben, sich lóckern; *перен.* sich géhenlassen* (*распуститься*); ábgespannt sein (*утомиться*); не́рвы ~лись die Nérven verságen

разви́нченн||ость *ж* **1.** (*нервов*) Überréiztheit *f*; **2.** (*движений*) Láxheit *f*, Schlóttrigkeit *f*; **~ый 1.** *прич. см.* развинти́ть; **2.** *прил. разг.* (*о человеке*) séelisch überánstrengt, erschöpft; **3.** *прил.* (*о походке*) schlótt(e)rig; lax

разви́нчивать *см.* развинти́ть; **~ся 1.** *см.* развинти́ться; **2.** *страд.* lósgeschraubt [gelóckert] wérden

разви́т||ие *с* Entwícklung *f*; Fórtentwicklung *f*; Entwícklungsgang *m* -(e)s (*ход развития*); обще́ственно-истори́ческое ~ие der geséllschaftlich-histórische Entwícklungsgang; ~ие по пути́ подъёма, поступа́тельное ~ие Áufwärtsentwicklung *f*; дальне́йшее ~ие Wéiterentwicklung *f*; обра́тное ~ие Involutión [-vo-] *f* (10); ~ие хозя́йства [эконо́мики] wírtschaftliche Entwícklung; ~ие деловы́х свя́зей der Áusbau der sáchlichen Beziehungen; чрезме́рное ~ие *мед.* Hyperplasíe *f*; ра́ннее ~ие (*о человеке*) Frühreife *f*; помеша́ть ~ию die Entwícklung unterbínden*; ~ие успе́ха *воен.* Áusweitung des Erfólges; ~ие де́йствия *лит.*, *кино* Entwícklung der Hándlung; путь ~ия Entwícklungsweg *m* (1)

развито́й 1. *в разн. знач.* entwíckelt, entfáltet; са́мый ~ béstentwickelt; **2.** (*о человеке*) gut entwíckelt (*физически и умственно*); reif, gebíldet, beschlágen, kultiviert [-'vi:rt], géistig rége (*умственно*); áufgeweckt (*о ребёнке*); ~ не по лета́м frühreif

разви́||ть 1. (*размотать*) ábhaspeln *vt*, ábwickeln *vt*; **2.** (*что-л.*) entwíckeln *vt*, entfálten *vt*, áusbilden *vt*; trainíeren [trɛ-] *vt* (*мышцы*); schúlen *vt* (*память*); áusbauen *vt* (*промышленность*); verstärken *vt*, áusdehnen *vt* (*производство*); ~ть мо́щность die Léistung entwíckeln, auf Léistung kómmen* (*о двигателе*); ~ть наступле́ние *воен.* den Ángriff vórtragen*; ~ть успе́х *воен.* den Erfólg erwéitern; **~ться 1.** sich entwíckeln; Fórtschritte máchen; éinen Áufschwung néhmen*, áufblühen *vi* (s); zur Entfáltung kómmen* (*развернуться*); успе́шно ~ться in erfólgreicher Entwícklung begríffen sein; sich áufwärtsentwickeln; бу́рно ~ва́ться éinen stürmischen Verláuf néhmen*; **2.** (*о чём-л. завитом*) sich ábwickeln; во́лосы ~лись die Wélle ist hin

развлека́тельный unterháltsam; Unterháltungs-

развлека́ть(ся) *см.* развле́чь(ся)

развлече́ние *с* Zerstréuung *f* (10), Unterháltung *f* (10), Amüsement [-'maŋ] *n* -s, -s; Vergnügen *n* (7) (*удовольствие*)

развле́чь zerstréuen *vt* (*рассеять*); unterhálten* *vt* (*занять*); belústigen *vt*, amüsíeren *vt* (*позабавить*); Vergnügen beréiten (кого-л. *D*) (*доставить удовольствие*); **~ся** sich zerstréuen (*рассеяться*); sich unterhálten* (*занять себя чем-л.*); sich amüsíeren (*позабавиться*)

разво́д *м* **1.** *воен.* Wáchparade *f* (11), Wáchaufzug *m* (1*); das Áufziehen der Wáche (*часовых*); **2.** (*супругов*) Schéidung *f* (10); пода́ть заявле́ние о ~е die Schéidung beántragen*; дать ~ in die Schéidung wílligen; они́ в ~е sie sind geschíeden, sie lében getrénnt; **3.** (*в разные стороны*) Trénnen *n* -s; Auseinánderbiegen *n* -s; **4.** *с.-х.* Áufzucht *f*; на ~ 1) zur Zucht; 2) *ирон.* auf daß es wáchse und sich méhre

разводи́ть *см.* развести́ I, II, III; **~ся** *см.* развести́сь I, II

разво́дка *ж* **1.**: ~ мо́ста das Öffnen [das Áufdrehen] der Brücke; **2.** *тех.* (*для пилы*) Sägenschränkzange *f* (11); ~ пилы́ Sägenschränken *n* -s

разводно́й 1. Dreh-; ~ мост Dréhbrücke *f* (11), Zúgbrücke *f*; **2.** Schränk-; ~ ключ Schränkzange *f* (11)

разво́дный Schéidungs-

разво́д||ы *мн.* (*узоры*) Múster *n* (6); с ~ами gemústert; ска́терть с голубы́ми ~ами bláugemusterte Tíschdecke

разводя́щий *сущ. м воен.* Áufführende *m* (14)

развоева́ться *разг.* tóben *vi*, in Hítze [in Wut] geráten*; Lärm máchen; Krach schlágen*

разво́з *м* Transpórt *m* -(e)s, Hínschaffen *n* -s, Versánd *m* -(e)s; Speditión *f*, Belíeferung *f*; Zústelldienst *m* -(e)s (*доставка*)

развози́ть *см.* развезти́

развози́ться I *разг.* (*о детях*) áußer Rand und Band geráten*; lärmen *vi*

развози́ться II *страд.* fórtgebracht wérden (*ср.* развезти́)

разво́зка *ж разг. см.* разво́з

разволнова́ть errégen *vt*, in gróße [stärke] Áufregung versétzen; **~ся** in gróße [stärke] Áufregung [in héftige Érregung] geráten*, sich errégen

развора́чивать *разг.* **1.** *см.* разверну́ть; **2.** *см.* разворoти́ть

разворова́ть, разворо́вывать álles stéhlen* *vt* [áusrauben *vt*]

разворо́т *м* **1.** Kéhre *f* (11), Kúrve [-və] *f* (11); боево́й ~ *ав.* stéile Kéhrtkurve; **2.** *авто* Wénden *n* -s, Wéndemanöver [-vər] *n* (6); де́лать ~ wénden *vi*; **3.** (*рост, развитие*) Entwícklung *f*, Entfáltung *f*; **4.** *полигр.* Séitenpaar *n* (2)

разворот́ить *разг.* úmwühlen *vt*, das Únterste zuóberst kéhren; durcheinánder¦werfen* *отд. vt*; áufreißen* *vt*; únbefahrbar máchen (*дорогу*)

развороши́ть **1.** (*сено и т. п.*) auseinánderwerfen* *vt*; **2.** (*привести в беспорядок*) durchstöbern *vt*, durchwühlen *vt*

развра́т *м* Únzucht *f*, Áusschweifung *f*, Láster *n* -s; **~и́тель** *м* Verführer *m* (6); **~и́ть** verführen *vt*, verdérben* *vt*; demoralisíeren *vt*; **~и́ться** (síttlich) verdérben* *vi* (s); verkómmen* *vi* (s); sich dem Láster ergében* (*предаться пороку*); **~ни́к** *м* Wüstling *m* (1); **~ни́ца** *ж* lóses [líederliches] Fráuenzimmer; **~ни́чать** ein áusschweifendes [líederliches] Lében führen; **~ный** únzüchtig, áusschweifend, lásterhaft, verdórben

развраща́ть *см.* разврати́ть; **~ся** **1.** *см.* разврати́ться; **2.** *страд.* verführt [demoralisíert] wérden

развраще́ние *с* Verführung *f*; Demoralisíerung *f*

развращённ||ость *ж* Únzüchtigkeit *f*, Lásterhaftigkeit *f*, Síttenverderbnis *f* (3); Verdórbenheit *f*; **~ый** verdórben; demoralisíert

развью́чивать, развью́чить (*животное*) ábladen* *vt*, entlásten *vt*, ábpacken *vt*

развяза́ть **1.** (*что-л.*) lösen *vt*, lósbinden* *vt*, áufbinden* *vt*, áufschnüren *vt*; entwírren *vt* (*распутать*); áufknoten *vt* (*узел*); **2.** *радио* entkóppeln *vt*; **3.** (*дать развиться*) entfésseln *vt*; ánregen *vt*; ~ войну́ éinen Krieg entfésseln [ánfangen*]; ~ инициати́ву die Initiatíve ánregen; ◇ ~ кому́-л. ру́ки j-m fréie Hand lássen* [gében*]; ~ кому́-л. язы́к *разг.* j-m die Zúnge lösen; **~ся** **1.** áufgehen* *vi* (s), sich lösen; sich lóckern (*об узле и т. п.*); **2.** (*с кем-л., чем-л.*) lóswerden* *vt* (s); sich (*D*) etw. vom Háls(e) schäffen; ◇ языки́ развяза́лись *разг.* die Zúngen lösten sich

развя́зк||а *ж* **1.** (*действие*) Áufbinden *n* -s, Lösen *n* -s; **2.** (*завершение*) Lösung *f* (10), Entschéidung *f* (10); Áusgang *m* (1*); Lösung des Knótens [des Konflíkts]; Schluß *m* -sses, Schlüsse (*романы, драмы*); де́ло идёт к ~е die Sáche geht der Lösung entgégen; **3.** (*транспортная*) Áusfädelung *f*, Entfléchtung *f*; ~а на ра́зных у́ровнях niveaufreie [-'vo:-] Kréuzung, kréuzungsfreier Verkéhr; ~а у́личного движе́ния Verkéhrsaufteilung *f*

развя́зн||ость *ж* Úngeniertheit [-ʒe-] *f*; Úngezwungenheit *f* (*непринуждённость*); **~ый** vórlaut, flégelhaft, frech, dreist; úngezügelt, úngehemmt; úngeniert [-ʒe-] (*бесцеремонный*); úngezwungen (*непринуждённый*)

развя́зывать *см.* развяза́ть; **~ся** **1.** *см.* развяза́ться; **2.** *страд.* gelöst wérden (*ср.* развяза́ть)

разгада́ть erráten* *vt*, enträtseln *vt*; ~ зага́дку ein Rätsel lösen [ráten*]; ~ за́мыслы j-s Pläne durchscháuen

разга́дка *ж* Enträtselung *f*, Lösung [Áuflösung] des Rätsels

разга́дывать *см.* разгада́ть

разга́р: в ~е in vóllem Gánge; в ~е ле́та im Hóchsommer; в ~е би́твы im Eifer des Geféchts; в ~е войны́ mítten im Krieg; auf dem Höhepunkt des Kríeges; в ~е деба́тов als die Debátte íhren Höhepunkt erréicht hátte; рабо́та в по́лном ~е es ist Hóchbetrieb, es wird mit Hóchdruck geárbeitet; ~ сезо́на Hóchsaison [-zɛ, zɔŋ] *f*; ~ боле́зни der Höhepunkt der Kránkheit

разгерметизи́роваться úndicht wérden

разгиба́||ть *см.* разогну́ть; ◇ не ~я спины́ óhne sich áufzurichten; **~ться** **1.** *см.* разогну́ться; **2.** *страд.* gerádegebogen wérden; auseinándergebogen wérden

разгильдя́й *м разг.* Líederjan *m* (1), Fáulpelz *m* (1); Tágedieb *m* (1); **~ничать** *разг.* lóttern *vi*; líederlich sein; auf der fáulen Haut líegen*; **~ство** *с разг.* Schlamperéi *f*, Schléndrian *m* -s, Lótterwirtschaft *f*

разглаго́льствов||ание *с разг.* Geschwätz *n* -es, Gefásel *n* (6), Tiráden *pl*, Áuslassungen *pl*; Schönrederei *f* (10) (*краснобайство*); **~ать** *разг.* gróße Wórte [dícke Töne] réden [máchen]; gróße Réden schwíngen*; schwadroníeren *vt*; schwätzen *vi* (*болтать*)

разгла́ди||ть **1.** (*утюгом*) áusplätten *vt*, (glátt)bügeln *vt*; **2.** (*расправить*) glätten *vt*; **~ться** sich glätten; glatt wérden; морщи́ны на его́ лбу ~лись séine Stirn glättete sich

разгла́живать *см.* разгла́дить; **~ся** **1.** *см.* разгла́диться; **2.** *страд.* geglättet wérden (*ср.* разгла́дить)

разгласи́ть, разглаша́ть áusplaudern *vt*; aus der Schúle pláudern; únter die Léute bríngen*; áusposaunen *vt* (*раструбить*); ein Gerücht verbréiten [in Úmlauf sétzen] (*распространить слух*)

разглаше́ние *с* (*слухов*) Áusplauderung *f*; Préisgeben *n* -s (*тайны*); Verbréitung *f*; ~ служе́бной та́йны die Verlétzung des Díenstgeheimnisses

разгляде́ть **1.** bemérken *vt*, erkénnen* *vt*; gut séhen*; unterschéiden* *vt*; **2.** *разг.* (*понять кого-л., что-л.*) durchscháuen *vt*

разгля́дывать (genáu) betráchten *vt*, beséhen* *vt*

разгне́вать erzürnen *vt*, wütend [zórnig] máchen, in Wut versétzen [bríngen*]; **~ся** erzürnen *vi* (s), zórnig wérden, in Wut gerâten*

разгова́ривать réden *vi*; spréchen* *vi*; sich unterhálten*, ein Gespräch führen (*беседовать*); ~ по-неме́цки deutsch spréchen*; ~ о дела́х geschäftliche Gespräche führen; über geschäftliche Ángelegenheiten réden; дово́льно ~! hör (éndlich) auf zu réden!; Schluß mit der Rederéi [mit dem Geréde]!; не хочу́ с ва́ми ~ ich will mit Íhnen nicht réden; не сто́ит об э́том и ~ es lohnt sich nicht darüber zu réden

разгове́ться, разговля́ться *церк.* zum érstenmal nach den Fásten Fléischspeisen genießen*

разгово́р *м* Gespräch *n* (2); Unterháltung *f* (10) (*беседа*); междугоро́дный ~ (*телефонный*) Férngespräch *n*; ме́стный ~ Órtsgespräch *n*; ~ с уведомле́нием о вы́зове Gespräch mit Herbéiruf; ~ с предвари́тельным извеще́нием Gespräch mit Vóranmeldung; кру́пный ~ Áussprache *f* (11), Auseinándersetzung *f* (10); завяза́ть ~ ein Gespräch ánknüpfen; перемени́ть ~ das Gesprächsthema wéchseln; перевести́ ~ на другу́ю те́му das Gespräch auf ein ánderes Théma bríngen*; die Réde auf etw. ánderes bríngen, das Gespräch ábbiegen*; в хо́де ~а während des Gesprächs, gesprächsweise; без ли́шних ~ов óhne viel Wórte, óhne Áufhebens zu máchen; без ~ов!, никаки́х ~ов! óhne Wíderrede!; дово́льно ~ов! genúg der Wórte!; постоя́нные ~ы о чём-л. das éndlose Hin und Her um etw. (*A*); то́лько и ~у, что об э́том das ist das Tágesgespräch; об э́том и ~у быть не мо́жет 1) (*исключается*) davón kann gar kéine Réde sein; 2) (*само собой разумеется*) (das ist) sélbstverständlich

разговори́ться **1.** (*вступить в разговор*) ins Gespräch kómmen*; **2.** (*увлечься разговором*) gesprächig [rédselig] wérden; заста́вить ~ zum Spréchen bríngen*

разгово́рн||ик *м* Sprächführer *m* (6); Gesprächsbuch *n* (5), Konversatiónsbuch [-ver-] *n*; ~ик для тури́стов Réisesprachführer *m*; **~ый** **1.** (*употребляемый в разговоре*) Úmgangs-; ~ый язы́к Úmgangssprache *f*, mündliche Höchsprache; ~ое выраже́ние úmgangssprachlicher Áusdruck; **2.** (*для устных занятий*) Gesprächs-, Konversatións- [-ver-]; ~ый уро́к Konversatiónsstunde *f* (11); **3.** *разг.* (*для разговоров по телефону*) Férnsprech-; ~ая бу́дка Férnsprechzelle *f* (11)

разгово́рчив||ость *ж* Gesprächigkeit *f*, Rédseligkeit *f*; **~ый** gesprächig, rédselig

разгово́рчики *мн. разг.* léeres Geschwätz

разго́н *м* **1.** (*толпы*) Vertréibung *f*, Auseinánderjagung *f*, Auseinánderknüppeln *n* -s (*дубинками*); Spréngung *f* (*роспуск*); **2.** (*разбег*) Ánlauf *m* (1*); Ánfahren *n* -s (*о транспортных средствах*); **3.** (*расстояние*) Zwíschenraum *m* (1*); Ábstand *m* (1*), Entférnung *f* (10); ◇ в ~е unterwégs

разгоня́ть *см.* разогна́ть

разгора́живать *см.* разгороди́ть; **~ся** **1.** *см.* разгороди́ться; **2.** *страд.* ábgezäunt [ábgeteilt] wérden

разгора́ться, разгоре́ться **1.** entbrénnen* *vi* (s), entflámmen *vi* (s); áuflodern *vi* (s); **2.** *перен.* erglühen *vi* (s); áufflackern *vi* (s); áufleuchten *vi* (s, h) (*о глазах*); glühen *vi*, féuerrót wérden (*о щеках*); áufflammen *vi* (s), entflámmen *vi* (s) (*о страстях и т. п.*); entbrénnen* *vi* (s) (*о битве, споре и т. п.*); ◇ у него́ глаза́ разгоре́лись *разг.* er ist erpícht [gíerig] auf etw. (*A*); das Wásser lief ihm im Múnde zusámmen

разгороди́ть ábzäunen *vt*, ábteilen *vt*, ábtrennen *vt*, éine Schéidewand errichten; **~ся** sich ábgrenzen; sich voneinánder isolíeren

разгорячи́ть erhítzen *vt*; errégen *vt*; **~ся** sich erhítzen; sich errégen

разгра́бить (áus)plündern *vt*, áusrauben *vt*; (álles) stéhlen* *vt*

разграбле́ние *с* Beráubung *f*, Áusraubung *f*, Plünd(e)rung *f*, Áusplünd(e)rung *f*

разграниче́ние *с* Ábgrenzung *f*

разграни́чивать *см.* разграни́чить; **~ся** **1.** *см.* разграни́читься; **2.** *страд.* ábgegrenzt wérden

разграничи́тельн||ый: ~ая ли́ния Trénnungslini¦e *f* (11)

разграни́чить ábgrenzen *vt*, die Grénzen féstsetzen [zíehen*] (*что-л. D*); úmgrenzen *vt*; **~ся** sich voneinánder ábgrenzen; sich ábsondern

разграф||и́ть lin(i)íeren *vt*; rubrizíeren *vt*; **~ление** *с* Lin(i)íerung *f*; **~лять** *см.* разграфить

разгребать, разгрести áufwühlen *vt*, áufgraben* *vt*, áufscharren *vt*; áufharken *vt* (*граблями*); wégschaufeln *vt* (*лопатой*)

разгримировать ábschminken *vt*; **~ся** sich ábschminken

разгром *м* **1.** (*разрушение*) Zerschmétterung *f*, Zerschlágung *f*; Zertrümmerung *f*; **2.** (*поражение*) Níederlage *f*; Níederwerfung *f*, gewáltsame Áuflösung (*подавление*); **3.** *разг.* (*беспорядок*) Verwüstung *f*, Zerstörung *f*, Únordnung *f*; **~ить 1.** (*неприятеля и т. п.*) zerschméttern *vt*, verníchten *vt*, aufs Haupt schlágen*; éine Níederlage beréiten; **2.** (*разрушить*) demolíeren *vt*, zertrümmern *vt*, kurz und kléin schlágen*; **3.** (*раскритиковать*) in Grund und Bóden kritisíeren

разгружать *см.* разгрузить; **~ся 1.** *см.* разгрузиться; **2.** *страд.* áusgeladen wérden (*ср.* разгрузить)

разгрузить 1. ábladen* *vt*, áusladen* *vt*; entláden* *vt*; löschen *vt* (*судно*); **2.** (*освободить кого-л. от чего-л.*) entlásten *vt* (von *D*); enthében* *vt* (*G*); befréien *vt* (von *D*); j-m éine Árbeit ábnehmen*; **~ся 1.** áusgeladen [entláden] wérden; **2.** (*освободиться от чего-л.*) sich entlédigen (*G*); sich fréimachen (von *D*)

разгруз||ка *ж* **1.** Áusladen *n* -s, Entláden *n* -s, Löschen *n* -s (*судна*); рабочий по ~ке рыбы Físchlöscher *m* (6); **2.** (*освобождение от чего-л.*) Entlástung *f*, Enthébung *f*; **~очный** Áuslade-; Entláde-; Lösch- (*о судне*); ~очный день *мед.* Fástentag *m* (1); ~очная диета Reduktiónsdiät *f* (10)

разгруппировать in Grúppen áufteilen; gruppíeren *vt*

разгрызать, разгрызть zerbéißen* *vt*, zernágen *vt*; (áuf)knácken *vt* (*орех*)

разгул *м* **1.** (*кутёж*) Schwelgeréi *f*; Áusschweifung *f*; **2.** (*страстей, стихий*) Entfésselung *f*; Máßlosigkeit *f*, Zügellosigkeit *f*; Tóben *n* -s, Rásen *n* -s; Wüten *n* -s (*неистовство*)

разгуливать (umhér)spazíeren *vi* (s); (herúm)búmmeln *vi*; ~ на свободе (*о преступнике*) auf fréiem Fuß umhérspazieren

разгуливаться *см.* разгуляться 2, 3

разгульн||ый únmäßig, únbändig, áusgelassen (*необузданный*); wüst, áusschweifend (*распутный*); вести ~ую жизнь in Saus und Braus lében

разгулять 1. (*неприятное чувство*) zerstréuen *vt*, verjágen *vt*; **2.** (j-m) den Schlaf vertréiben*; **~ся** *разг.* **1.** (*кутить*) búmmeln *vi*, prássen *vi*; **2.** (*не хотеть спать — о детях*) sich (*D*) den Schlaf verschéuchen; **3.** (*о погоде*) sich áufklären, sich áufheitern; **4.** (*о непогоде*) tóben *vi*

раздавать *см.* раздать I

раздаваться I *см.* раздаться I, II

раздаваться II *страд.* vertéilt [áusgeteilt] wérden

раздави||ть 1. zerdrücken *vt*, zerquétschen *vt*, zermálmen *vt*; überfáhren* *vt* (*переехать*); его ~ло автобусом er ist von éinem Bus überfáhren wórden; ~ть ногой zertréten* *vt*; **2.** (*в толпе*) erdrücken *vt*; **3.** (*нанести поражение*) zerschméttern *vt*

раздаривать, раздарить (viel, álles) verschénken *vt*

раздат||очный Vertéilungs-, Áusgabe-; ~очный пункт Áusgabestelle *f* (11), Vertéilungsstelle *f*; ~очное окно Dúrchreiche *f* (11), Áusgabeschalter *m* (6); **~чик** *м* Áusteiler *m* (6), Vertéiler *m*, Áusgeber *m* (6); **~чик инструмента** Wérkzeugausgeber *m*

раздать I (*распределить*) áusteilen *vt*, vertéilen *vt*, áusgeben* *vt*

раздать II *разг.* (*расширить*) áusweiten *vt* (*напр. обувь*)

раздаться I (*о звуке*) erschállen* *vi* (s), ertönen *vi* (s); dröhnen *vi* (*о громе*); krächen *vi* (*о выстреле*)

раздаться II **1.** (*расступиться*) auseinándertreten* *vi* (s), Platz máchen; **2.** *разг.* (*потолстеть*) in die Bréite géhen*; **3.** *разг.* (*расшириться*) sich áusweiten

раздача *ж* Áusteilung *f*, Vertéilung *f*

раздваивать *см.* раздвоить; **~ся 1.** *см.* раздвоиться; **2.** *страд.* in zwei Téile getéilt wérden; gespálten wérden

раздвигать *см.* раздвинуть; **~ся 1.** *см.* раздвинуться; **2.** *страд.* auseinándergerückt wérden (*ср.* раздвинуть)

раздвижн||ой Áuszieh-; aus(einánder)ziehbar; ~ой стол Áusziehtisch *m* (1); ~ые двери Schíebetür *f* (10)

раздвинуть auseinánderrücken *vt*; auseinánderschieben* *vt*; auseinánderziehen* *vt* (*занавески*); áusziehen* *vt* (*стол*); áufschieben* *vt* (*двери и т. п.*); ~ ноги die Béine spréizen; **~ся** sich öffnen; áuseinánderrücken *vi* (s), sich téilen, auseinándergehen* *vi* (s); áufgehen* *vi* (s) (*о занавесе*); zurücktreten* *vi* (s), zurückweichen* *vi* (s) (*о толпе*)

раздвоение *с* Halbíerung *f*, Zwéiteilung *f*, Spáltung *f*, Téilung *f*; Gáb(e)lung *f* (*разветвление*)

раздвоеннос||ть: чувство ~ти zwíespältiges Gefühl

раздвоенный gespálten, (zwéi)getéilt; *бот.* gábelförmig

раздвоить (in zwei Téile) téilen *vt*; spálten *vt*; halbíeren *vt*; **~ся** sich spálten; sich téilen; sich gábeln (*разветвиться*)

раздевалка *ж разг.* Kléiderablage *f* (11), Garderóbe *f* (11); Áuskleideraum *m* (1*); Úmkleideraum *m*, Úmkleidekabine *f* (11) (*на производстве, при спортзале*)

раздевание *с* Áuskleiden *n* -s, Entkléiden *n*

раздевать *см.* раздеть; **~ся 1.** *см.* раздеться; **2.** *страд.* entkléidet [áusgezogen] wérden

раздел *м* **1.** Téilung *f* (10), Áufteilung *f*; ~ на две части Zwéiteilung *f* (10); линия ~а Trénnungslinije *f* (11); ~ имущества die Áufteilung des Besítzes, Vermögensteilung *f*; **2.** (*в акте, книге и т. п.*) Ábschnitt *m* (1), Teil *m* (1); Rubrík *f* (10) (*в журнале*)

разделать 1. (*обработать*) hérrichten *vt*, zúrichten *vt*, zuréchtmachen *vt*; ~ тушу áusschlachten *vt*; **2.** *разг.* (*отругать*) herúnterputzen *vt*, áusschimpfen *vt*, ábkanzeln *vt*; ◇ ~ кого-л. под орех sich (*D*) j-n órdentlich vórnehmen*

разделаться (*покончить*) ábrechnen *vi*, fértig wérden (с кем-л., с чем-л. mit *D*); réinen Tisch máchen (*с чем-л.*); sich (*D*) j-n, etw. vom Hálse schäffen (*освободиться от кого-л., от чего-л.*); lóswerden* *vt* (s) (*отделаться*); ~ с долгами séine Schúlden bezáhlen; ~ с кем-л. sich (*D*) j-n tüchtig vórnehmen*, mit j-m ábrechnen

разделение *с* Téilung *f*; Vertéilung *f*; Éinteilung *f*, Áufteilung *f*; ~ голосов die Vertéilung der Stímmen; ~ труда Árbeitsteilung *f*; ~ власти *полит.* Gewálteinteilung *f*

делимый téilbar; trénnbar (*отделимый*)

разделитель *м* **1.** (*библиотечный*) Léitkarte *f* (11); **2.** *тех.* Téiler *m* (6), Vertéiler *m*; Spálter *m* (6)

разделительный 1. téilend, trénnend; Schéide-; Trénnungs-; Téilungs-; ~ знак *лингв.* Trénnungszeichen *n* (7); **2.** *филос., грам.* áusschließend, disjunktív; ~ союз disjunktíve Konjunktión

разделить 1. téilen *vt*; vertéilen *vt*; zertéilen *vt*, éinteilen *vt*, áufteilen *vt*; ~ на равные части gléichmäßig vertéilen [éinteilen, áufteilen]; ~ на (составные) части in Téile zerlégen; únterteilen *vt*; **2.** *мат.* dividíeren [-vi-] *vt*, téilen *vt*; ~ двадцать на пять zwánzig durch fünf téilen [dividíeren]; **3.** (*разъединить*) trénnen *vt*; schéiden* *vt*; **4.** (*чью-л. участь, мнение*) téilen *vt*; **~ся 1.** sich téilen, sich trénnen; отряд разделился на четыре группы die Ábteilung téilte sich in vier Grúppen; **2.** (*разделить имущество*) das Vermögen [den Besítz] téilen; **3.** *мат.* óhne Rest [réstlos] áufgehen*; двадцать не разделится на три zwánzig läßt sich nicht óhne Rest durch drei dividíeren [-vi-], drei geht nicht (óhne Rest) in zwánzig auf; **4.:** по этому вопросу мнения разделились in díeser Fráge gíngen die Méinungen auseinánder [war man getéilter Méinung]

разделка *ж спец.* Hérrichtung *f*, Zúrichtung *f*; Áufarbeitung *f*, Áufbereitung *f*; *стр.* Áusmauerung *f*, Ínnenausbau *m* -(e)s

разделывать(ся) *см.* разделать(ся)

раздельн||ый 1. (*отдельный*) getéilt, getrénnt; gesóndert; ~ая обработка Sónderbehandlung *f* (10); **2.** (*чёткий*) déutlich; **3.:** ~ое написание Getrénntschreibung *f*; писать что-л. ~о etw. getrénnt schréiben*

разделять *см.* разделить 1, 3, 4; **~ся 1.** *см.* разделиться 1, 2, 4; **2.** *страд.* getéilt [vertéilt] wérden (*ср.* разделить)

раздёргивать, раздёрнуть *разг.* auseinánderreißen* *vt*; auseinánderzupfen *vt*; auseinánderziehen* *vt* (*занавески*)

раздеть áuskleiden *vt*, áusziehen* *vt*, entkléiden *vt*; **~ся** sich áusziehen*; (sich) entkléiden (*высок.*); **~ся** догола sich ganz áusziehen*, sich völlig entkléiden

раздирать 1. *см.* разодрать; **2.** (*терзать*) zerfléischen *vt*, zerréißen* *vt*; ~ душу, сердце die Séele, das Herz zerréißen*

раздираться 1. *см.* разодраться 1; **2.** *страд.* zerríssen wérden; zerfétzt wérden

раздирающий: ~ душу крик ein hérzzerreißender Schrei

раздобреть *разг.* (*пополнеть*) dick [rund, stark] wérden

раздобриться *разг.* fréigebig wérden; sich gnädig zéigen

раздобывать, раздобыть *разг.* áuftreiben* *vt*, (mit Mühe) verschäffen *vt*; ergáttern *vt* (*хитростью*)

раздоить *с.-х.* beim Mélken Höchstleistungen erzíelen

раздой *м с.-х.* Hóchleistungsmelken *n* -s

раздоль||е *с* **1.** (*простор*) (wéiter) Raum *m* -(e)s; **2.** (*полная свобода*) fréies Feld; Fréiheit *f*; **~ный** frei, úngebunden, sórglos; ~ная жизнь ein sórgloses Leben

раздор *м* Zwíetracht *f*, Zwist *m* (1); Háder *m* -s; семейные ~ы Famílijenzwist *m*; жить в ~е in Zwist lében; сеять ~ Zwíetracht säen; böses Blut máchen; ~ы кóнчились ≅ die Stréitaxt ist begráben; ◇ я́блоко ~а Zánkapfel *m* (6*)

раздосáдовать *разг.* verärgern *vt*, réizen *vt*; gróßen Ärger máchen [verúrsachen] (когó-л. *D*)

раздражáть *см.* раздражи́ть; **~ся** **1.** *см.* раздражи́ться; **2.** *страд.* geréizt wérden

раздраж||áющий Reiz-; Ätz-, ätzend; ~áющее ОВ *воен. хим.* Réiz(kampf)stoff *m* (1); **~éние** *с* **1.** (*действие*) Réiz *m* (1); Réizung *f* (10); порóг ~éния *физиол.* Réizschwelle *f* (11); **2.** (*чувство досады*) Geréiztheit *f*; Errégung *f*; с ~éнием geréizt; в ~éнии in der Wut; вы́звать ~éние Geréiztheit erwécken [áuslösen]; **~и́мость** *ж физиол.* Errégbarkeit *f*, Réizbarkeit *f*

раздражи́тель *м физиол.* Reiz *m* (1); Réizerreger *m* (6); Réizmittel *n* (6) (*средство*); зри́тельный ~ visuéller [vi-] Reiz; подпорóговый ~ únterschwelliger Reiz; **~ность** *ж* Réizbarkeit *f*; **~ный** réizbar; errégbar; ~ный человéк ein réizbarer Mensch; он óчень раздражи́телен er ist leicht áufgebracht

раздраж||и́ть **1.** (*рассердить*) réizen *vt*, böses Blut máchen; вся́кая бездéлица егó ~áет ≅ ihn ärgert die Flíege an der Wand; **2.** (*воздействовать раздражителем*) réizen *vt*; Schmérzen [Entzündung] hervórrufen* (*вызвать боль*); **3.** (*усилить*) réizen *vt*, ánregen *vt*; ~и́ть аппети́т den Appetít ánreizen; **~и́ться** **1.** (*рассердиться*) sich áufregen, sich erzürnen, sich ärgern; **2.** (*стать болезненным*) sich entzünden

раздразни́ть **1.** nécken *vt*, (áuf)réizen *vt*, durch Nécken errégen; **2.**: ~ аппети́т éinen Wunsch errégen; den Mund wäßrig máchen

раздроби́ть **1.** zerkléinern *vt*, (zer-)stückeln *vt*, zerschlágen* *vt*; zermálmen *vt*; zersplíttern *vt*; **2.** (*разделить*) áufteilen *vt*; **3.** *мат.* resolvieren [-'vi:-] *vt*; verwándeln *vt* (*превратить*); **~ся** sich zerschlágen*, zerschéllen *vi* (s); zersplíttern *vi* (s)

раздроблéние *с* **1.** Zerkléinerung *f*; Zerstück(e)lung *f*, Zersplítterung *f*; **2.** *мат.* Resolvierung [-'vi:-] *f*

раздрóбленность *ж* Zersplítterung *f*; *перен. тж.* Zerríssenheit *f*

раздробля́ть *см.* раздроби́ть; **~ся** **1.** *см.* раздроби́ться; **2.** *страд.* zerkléinert wérden (*ср.* раздроби́ть)

раздружи́ть entzwéien *vt*, verúneinigen *vt*; **~ся** sich verúneinigen, bréchen* (mit *D*)

раздувáние *с* **1.** (*рассеивание*) Auseinánderblasen *n* -s, Verwéhen *n* -s; **2.** (*огня*) Ánblasen *n* -s, Entfáchen *n* -s, Ánfachen *n*; **3.** (*надувание*) Áufblasen *n* -s; **4.** *разг.* (*преувеличение*) Áufbauschung *f*, Übertréibung *f*; Áufschneiderei *f* (*хвастовство, враньё*); Áufblähung *f* (*бюджета и т. п.*)

раздувáть *см.* разду́ть; **~ся** **1.** *см.* разду́ться; **2.** *страд.* entfácht wérden (*ср.* разду́ть)

раздумá||ть es sich (*D*) (ánders) überlégen, sich éines ándern [éines Béssern, ánders] besínnen*; séine Ábsicht ändern; я ~л емý писáть ich hábe den Gedánken áufgegeben, ihm zu schréiben

разду́мыв||ать **1.** (*размышлять*) náchdenken* *vi*; grübeln *vi*; Überlégungen ánstellen; **2.** (*колебаться*) únschlüssig sein; schwánken *vi*; záudern *vi*; не ~ая óhne zu schwánken, óhne viel náchzudenken; resolút, entschlóssen, entschíeden (*решительно*)

разду́мье *с* Náchdenken *n* -s; Náchdenklichkeit *f*; Überlégung *f*; Bedénken *pl*; в глубóком ~ tief in Gedánken versúnken; егó взя́ло ~ er begánn zu schwánken, ihm kámen Bedénken

разду́тый áufgebauscht, áufgetrieben; áufgeschwollen, áufgedunsen; *перен.* übertríeben; áufgebläht, áufgeschwellt; ~ администрати́вный аппарáт áufgeblähter Verwáltungsapparat

разду́||ть **1.** (*рассеять*) auseinánderblasen* *vt*, verwéhen *vt*; **2.** (*огонь*) entfáchen *vt*, ánfachen *vt*; **3.** (*надуть*) áufblasen* *vt*; **4.** *безл.*: у негó ~ло лицó sein Gesícht ist geschwóllen [gedúnsen]; у негó ~ло живóт sein Bauch ist áufgebläht; **5.** *разг.* (*преувеличить*) áufbauschen *vt*, übertréiben* *vt*; áufblähen *vt*; schüren *vt* (*создать шумиху*); ~вáть воéнную истери́ю die Kríegshysterie schüren; **~ться** dick wérden; ánschwellen* *vi* (s); sich blähen; нóздри егó ~лись séine Nüstern blähten sich

разевáть *см.* рази́нуть

разжáлобить Mítleid erwécken (когó-л. in *D*); rühren *vt*, erwéichen *vt* (*растрогать*); **~ся** Mítleid empfínden*; sich rühren lássen*, sich erwéichen lássen* (*растрогаться*)

разжáлов||ание *с воен. уст.* Degradíerung *f* (10); **~анный** *воен. уст.* degradíert; **~ать** *воен. уст.* degradíeren *vt*

разжáть áufmachen *vt*, öffnen *vt*, áuftun* *vt* (*кулак*); entspánnen *vt*, lóslassen* *vt* (*пружину*); **~ся** sich öffnen (*о губах*); áufspringen* *vi* (s), sich entspánnen (*о пружине*)

разжевáть (zer)káuen *vt*, klein káuen; емý нáдо сначáла всё ~ *перен. разг.* man muß ihm álles vórkauen

разжёвыв||ание *с* Zerkáuen *n* -s; **~ать** *см.* разжевáть

разжéчь **1.** ánzünden *vt*, entzünden *vt*; ánheizen *vt* (*печь*); **2.** *перен.* entfáchen *vt*, schüren *vt*; разжигáть враждý (die) Féindschaft schüren; **~ся** entflámmen *vi* (s), Féuer fángen*; áuflodern *vi* (s)

разжигáть *см.* разжéчь; **~ся** **1.** *см.* разжéчься; **2.** *страд.* ángezündet wérden (*ср.* разжéчь)

разжиди́ть, разжижáть verdünnen *vt*; (dünn)flüssig máchen; verflüssigen *vt*; verwässern *vt*

разжижéние *с* **1.** (*действие*) Verdünnen *n* -s; Verwässern *n* -s; **2.** (*состояние*) Verdünnung *f*; Verflüssigung *f*; Verwässerung *f*

разжижи́тель *м* Verdünnungsmittel *n* (6)

разжимáть *см.* разжáть

разжирéть fett [dick] wérden; Fett ánsetzen

разжи́ться *разг.* **1.** (*разбогатеть*) sich beréichern; zu Geld kómmen*; **2.** ánfangen* sórglos zu lében; **3.** (*чем-л.*) áuftreiben* *vt*

раззадóрить *разг.* ánreizen *vt*, áufstacheln *vt*, ánfeuern *vt*, ánspornen *vt*; **~ся** *разг.* Féuer fángen*; Lust bekómmen*; in Éifer [in Hítze] geráten*

раззвони́ть *разг.* (*разболтать*) áusposaunen *vt*

раззнакóмиться *разг.* (*с кем-л.*) die Bekánntschaft áufgeben*, den Verkéhr ábbrechen*

рази́нуть *разг.* weit áufmachen, áufreißen* *vt*, áufsperren *vt*; ◇ стоя́ть рази́нув рот gáffen *vi*

рази́ня *м, ж разг.* zerstréuter Mensch, Schláfmütze *f* (*зевака*)

рази́тельный áuffallend, schlágend; frappánt (*удивительный*); ~ примéр ein schlágendes Béispiel

рази́ть I (*ударять, поражать*) schlágen* *vt*, níederhauen* *vt*, níedermachen *vt*, zur Strécke bríngen*

рази́ть II *безл. разг.* (*сильно пахнуть чем-л.*) üblen [schárfen] Gerúch verbréiten; stark ríechen* (чем-л. nach *D*); stínken* *vi* (*вонять*); от негó рази́т вóдкой ≅ er hat éine Fáhne

разлагáть *см.* разложи́ть 3, 6; **~ся** **1.** *см.* разложи́ться 1, 2, 3; **2.** *страд.* zerlégt wérden (*ср.* разложи́ть)

разлáд *м* **1.** (*отсутствие согласованности*) Únstimmigkeit *f*, Míßhelligkeit *f*; Verwórrenheit *f*; Diskrepánz *f* (10); **2.** (*раздор*) Streit *m* (1); Úneinigkeit *f*, Zwist *m* (1); жить в ~е entzwéit [verféindet] sein

разлáдить **1.** (*машину и т. п.*) verdérben* *vt*; **2.** (*расстроить*) verstímmen *vt*; stören *vt*; **~ся** **1.** (*о машине и т. п.*) verságen *vi*; **2.** (*расстроиться*) nicht zustánde kómmen*; aus dem Leim [aus den Fúgen] géhen*; sich zerschlágen* (*о деле, предприятии и т. п.*); **3.** (*о музыкальном инструменте*) verstímmt sein

разлáживать(ся) *см.* разлáдить(ся)

разлáкомить *разг.* (*когó-л.*) j-m den Appetít ánregen [réizen]; j-m den Mund wäßrig máchen; **~ся** *разг.* Appetít bekómmen*

разлáмывать *см.* разломáть, разломи́ть; **~ся** **1.** *см.* разломáться, разломи́ться; **2.** *разг.* wáhnsinnig schmérzen *vi* (*о голове*)

разлáяться **1.** nicht áufhören zu béllen; **2.** *перен.* únaufhörlich schélten* [schímpfen]

разлезáться, разлéзться *разг.* fádenscheinig wérden, verschléißen* (s) (*о материи*); auseinándergehen* *vi* (s), áufgehen* *vi* (s) (*о шве*); aus dem Leim géhen* (*развалиться*)

разлéниваться, разлени́ться *разг.* faul wérden, sich auf die fáule Haut légen

разлетáться, разлетéться **1.** (*в разные стороны*) auseinánderfliegen* *vi* (s); auseinánderstieben(*) *vi* (s), sich zerstréuen (*рассеиваться*); **2.** *разг.* (*разбиться*) zerspríngen* *vi* (s), zersplíttern *vi* (s); *перен.* in die Brüche géhen*; разлетéться на куски́ in Schérben géhen*; надéжды разлетéлись die Höffnungen sind geschéitert [zerstóben]; **3.** *разг.* (*поспешно подбежать, явиться*) gestürzt kómmen*; **4.** *разг.* (*распространиться*) sich verbréiten, bekánntwerden* *отд.*; **5.** *разг.* in Schwung kómmen* (*при полёте, беге*)

разлéчься *разг.* sich áusstrecken, sich úngezwungen hínlegen

разли́в *м* **1.** (*реки и т. п.*) Überschwémmung *f* (10); Hóchwasser *n* -s; Wásserflut *f* (10); **2.** (*вина и т. п.*) das Füllen [Ábfüllen, Ábziehen] in [auf] Fláschen

разливáние *с* Áusschenken *n* -s

разливáнн||ый: мóре ~ое *разг.* der Álkohol fließt [floß] in Strömen

разливáтельн||ый: ~ая лóжка Kélle *f* (11), Schöpflöffel *m* (6)

разливáть *см.* разли́ть; **~ся** **1.** *см.* разли́ться; **2.** *страд.* éingegossen wérden (*ср.* разли́ть); **3.** (*звонко петь*) schméttern *vt*, laut síngen* (*о птицах*); **4.** (*красноречиво говорить*) viel réden, gróße Wórte réden; **5.** (*много плакать*) viel und héftig wéinen

разли́вка *ж мет.* Gíeßen *n* -s, Vergíeßen *n*

разливн||о́й Áusschank-; ~óе пи́во Áusschankbier *n* -(e)s; ~óе молокó lóse Milch

разли́вочн||ый: ~ая маши́на Ábfüllmaschine *f* (11) (*для жидкостей*); Gíeßmaschine *f*, Másselgießmaschine *f* (*для металла*)

разлинова́ть, разлинóвывать liniíeren *vt*

разли́тие *с* **1.** (*рек и т. п.*) Überschwémmung *f* (10); **2.:** ~ жёлчи *мед.* Gállenerguß *m* -sses

разли́ть 1. (*пролить*) áusgießen* *vt*, vergíeßen* *vt*, áusschütten *vt*, verschütten *vt*; **2.** (*налить*) éingießen* *vt*; éinschenken *vt* (*чай, вино*); áusgeben* *vt*, áusteilen *vt* (*суп*); ~ винó по буты́лкам Wein auf Fláschen zíehen* [in Fláschen (áb)füllen]; ◇ их водóй не разольёшь *разг.* ≅ sie hálten zusámmen wie Pech und Schwéfel; **~ся 1.** vergóssen [verschüttet] wérden; **2.** (*о реке*) über die Úfer tréten*; **3.** *мед.* (*о жёлчи*) sich ergíeßen*; **4.** (*распространиться*) sich verbréiten; румя́нец разли́лся по её щекáм die Röte übergóß íhre Wángen

различа́||ть *см.* различи́ть; стрóго ~ть что-л. etw. streng schéiden* [auseinánderhalten*]; **~ться** sich unterschéiden*; они́ ~ются по вóзрасту sie sind verschíeden alt; они́ ~ются по цвéту sie sind von verschíedener Fárbe, sie háben verschíedene Fárbe

различе́ние *с* Unterschéiden *n* -s

разли́ч||ие *с* Únterschied *m* (1); Verschíedenheit *f*; тóнкое ~ие féiner Únterschied; дéлать ~ие éinen Únterschied máchen; без ~ия óhne Únterschied

различи́тельный unterschéidend; Unterschéidungs-

различи́ть unterschéiden* *vt* (от чегó-л. von *D*); erkénnen* *vt* (*узнать*)

разли́чный 1. (*неодинаковый, отличный*) verschíeden, unterschíedlich; **2.** (*разнообразный*) verschíeden, verschíedenartig; divers [-'vers]

разлож||е́ние *с* **1.** (*на составные части*) Zerlégung *f*; Zersétzung *f*; **2.** *мат.* Entwícklung *f*, Zerlégung *f*; Áuflösung *f*; **3.** (*гниение*) Verwésung *f*; **4.** *тлв.* Ábtastung *f*, Zerlégung *f*; **5.** *перен.* Níedergang *m* -(e)s; Verfáll *m* -(e)s (*упадок*); Demoralisíerung *f*, Korruptión *f*, Korrumpíerung *f* (*развращение*); морáльное ~éние morálische Verkómmenheit [Zersétzung]; **~и́вшийся** zersétzt; verwést; *перен.* *тж.* verfáult; korrumpíert; **~и́мость** *ж* *мат.* Zerlégbarkeit *f*; **~и́мый** *мат.* zerlégbar

разложи́ть 1. áuslegen *vt* (*товары*); áusbreiten *vt* (*разостлать*); ~ складнýю кровáть ein Kláppbett áufstellen; **2.** (*распределить*) áusteilen *vt*; vertéilen *vt*; ~ убы́ток die Schádenssumme áufteilen; **3.** (*на составные части*) zerlégen *vt* (auf *A*); **4.** *мат.* entwíckeln *vt*, zerlégen *vt*; auflösen *vt* (*формулу*); **5.** *тлв.* ábtasten *vt*, zerlégen *vt*; **6.** (*морально*) zersétzen *vt*; desorganisíeren *vt*; korrumpíeren *vt*; ◇ ~ костёр ein Lágerfeuer máchen; **~ся 1.** (*на составные части*) sich zersétzen; zerfállen* *vi* (s); **2.** (*сгнить*) verwésen *vi* (s); **3.** (*морально*) sich zersétzen; demoralisíert wérden; verfállen* *vi* (s) (*прийти в упадок*); korrúpt [korrumpíert] wérden (*развратиться*); **4.** *разг.* (*разместиться*) úntergebracht wérden

разлóм *м* Bruch *m* (1*); Brúchstelle *f* (11); **~áть** zerbréchen* *vt*; ábreißen* *vt*, níederreißen* *vt* (*постройку*); áufreißen* *vt* (*мостовую*); **~áться** zerbréchen* *vi*; **~и́ть** (zer)bréchen* *vt*; in Stücke bréchen*; **~и́ться** (zer)bréchen* *vi*; in Stücke géhen*

разлу́к||а *ж* Trénnung *f*, Schéiden *n* -s; быть в ~е с кем-л. von j-m getrénnt sein

разлучáть *см.* разлучи́ть; **~ся 1.** *см.* разлучи́ться; **2.** *страд.* getrénnt wérden

разлуч||и́ть trénnen *vt*, schéiden* *vt*; их ~и́ли sie wúrden voneinánder getrénnt; **~и́ться** sich trénnen; (voneinánder) schéiden* *vi* (s)

разлу́чник *м разг.* éiner, der Zwíetracht sät [stíftet]

разлюби́ть áufhören zu líeben; nicht mehr mögen* [líeben]

размагни́тить 1. entmagnetisíeren *vt*; **2.** *перен.* únsicher [schwánkend] máchen; **~ся 1.** entmagnetisíert wérden; **2.** *перен.* únsicher [schwánkend] wérden

размагни́чивать(ся) *см.* размагни́тить(ся)

размáзать 1. verstréichen* *vt* (*краску, клей и т. п.*); schlecht ánstreichen (*плохо раскрасить*); verschmíeren *vt* (*грязь*); **2.** *разг.* (*длинно, подробно рассказать*) wéitläufig beschréiben*; wéitschweifig erzählen; viel Wórte máchen

размазня́ 1. *ж* flüssiger [dünngekochter] Brei; **2.** *м, ж разг.* (*о человеке*) Wáschlappen *m* (7)

размáзывать *см.* размáзать; **~ся** verschmíert wérden; híngeschmiert [schlecht gestríchen] wérden

размалёванный schlecht bemált; híngeschmiert; ángemalt, ángeschmiert

размалевáть, размалёвывать (be-) pínseln *vt*, (be)schmíeren *vt*, ánschmíeren *vt*, ánmalen *vt*

размáлывать *см.* размолóть

размáтывать *см.* размотáть; **~ся 1.** *см.* размотáться; **2.** *страд.* ábgewickelt wérden (*ср.* размотáть)

размáх *м* **1.** (*колебание*) Schwíngung *f* (10), schwíngende Bewégung; **2.** (*величина колебания*) Schwíngungsweite *f*, Amplitúde *f*; **3.** (*сила взмаха*) Wucht *f*; удáрить с ~у mit vóller Wucht zúschlagen*; **4.:** ~ крыльев Flügelweite *f* (*птицы*); Spánnweite *f*, Flügelspannweite *f* (*самолёта*); **5.** *перен.* Schwung *m* (1*), Áusmaß *n* (2); с ~ом mit Schwung, gróßangelegt; приобрести́ ~ éinen Áufschwung néhmen*, zur Entfáltung kómmen*

размáхивать schwíngen* *vt*, hin und her schwénken *vt*; ~ рукáми gestikulíeren *vi*, mit den Händen (herúm-) fúchteln; **~ся, размахнýться 1.** (*для удара, для броска*) zum Schlag [zum Wurf] (weit) áusholen; **2.** *перен.* etw. mit Schwung unternéhmen*, Schwung zéigen

размáчивать *см.* размочи́ть; **~ся** (áuf)geweicht [éingeweicht] wérden

размáшистый schwúngvoll (*о почерке*); áusholend (*о движении*)

размежевáние *с* Ábgrenzung *f*; Vermessen *n* -s

размежевáть die Grénzen zíehen*; ábgrenzen *vt*; vermessen* *vt*; **~ся 1.** sich ábgrenzen; die Grénzen féstsetzen; **2.** *перен.* sich gegeneinánder ábgrenzen; sich trénnen

размежёвывать(ся) *см.* размежевáть(ся)

размельч||áть *см.* размельчи́ть; **~éние** Zerkléinerung *f*; Zerstóßen *n* -s, Zerstückeln *n* -s (*размалывание*); **~и́ть** zerkléinern *vt*; zerstóßen* *vt*, zerstückeln *vt* (*размолоть*); féinmahlen (*part* II féingemahlen) *vt* (*очень мелко*)

размéн *м* Wéchseln *n* -s; Áuswechs(e)lung *f*; ~ дéнег Géldwechsel *m* (6); ~ фигýр *шахм.* Ábtausch *m* (1*)

размéнивать(ся) *см.* разменя́ть(ся)

размéнн||ый Wéchsel-; ~ая монéта Kléingeld *n* -(e)s; Schéidemünze *f* (11) (*тж. перен.*); ~ый автомáт Wéchselautomat *m* (8)

разменя́ть (éin)wéchseln *vt*; **~ся** *разг.* éinen Tausch máchen; éinen Áustausch vórnehmen*; ◇ разме́ниваться на мéлочи séine Kräfte verzétteln

размéр *м* **1.** Áusmaß *n* (2), Máßstab *m* (1*); Formát *n* (2); Maß *n* (2); Ábmessung *f* (10); Úmfang *m* (1*); Dimensión *f* (10) (*измерение*); Größe *f* (11) (*величина*); ~ зáработной плáты Lóhnhöhe *f* (11), максимáльный ~ Höchstmaß *n*; стандáртный ~ Stándardgröße *f* (11); ~ тиражá Áuflagenhöhe *f*; габари́тные ~ы Áußenabmessungen *pl*, Áußenmaße *pl*; Dúrchgangsprofilmaße *pl*; внýтренний ~ Ínnenmaß *n*; ~ кáдра *тлв., фото* Bíldgröße *f*; в небольшóм ~е in geríngem Áusmaß; в полови́нном ~е im hálben Úmfang; в небывáлых ~ах in úngeahntem Máße; ~ы статьи́ не позволя́ют... es ist aus Ráumgründen nicht möglich...; **2.** (*уровень*) Höhe *f* (11); в ~е in Höhe von (*D*); **3.** (*стиха*) Vérsmaß *n* (2); **4.** *муз.* Takt *m* (1), Zéitmaß *n* (2); ~ом в три чéтверти im Dreivíerteltakt

размéренн||ый gemessen; gléichmäßig; ~ая похóдка gemessener Gang

размéрить vermessen* *vt*, méssen* *vt*, áusmessen* *vt*; beréchnen *vt* (*рассчитать*); ~ си́лу удáра die Wucht des Schláges beréchnen

размéрность *ж тех.* Dimensión *f* (10), Grúndmaß *n* (2)

размеря́ть *см.* размéрить

размеси́ть dúrchkneten *vt*

размести́ sáuberfegen *отд. vt*

размести́ть 1. áufstellen *vt* (*мебель*); vertéilen *vt*, (*распределить*); únterbringen* *vt* (*пристроить*); ~ по квартúрам *воен.* éinquartieren *vt*, únterbringen* *vt*; stationíeren *vt*; **2.** (*капитал и т. п.*) únterbringen* *vt*, ánlegen *vt*; заём размещён die Ánleihe ist gezéichnet; **~ся** Platz fínden*; únterkommen* *vi* (s) (*устроиться*); die Plätze éinnehmen* (*занять места*)

разметáть 1. (*раскидать*) auseinánderschleudern *vt*; áufwirbeln *vt*; **2.** (*разогнать*) auseinánderjagen *vt*; **3.** (weit) áusbreiten *vt* (*руки*); spréizen *vt* (*ноги*); **~ся** (*в постели*) sich stark herúmwerfen*; únruhig schláfen* (*неспокойно спать*)

размéт||ить markíeren *vt*; **~ка** *ж* Markíerung *f*; **~чик** *м тех.* Ánreißer *m* (6)

размечáть *см.* размéтить

размешáть 1. (*смешать*) (ver)míschen *vt*, durcheinándermengen *vt*, vermengen *vt*; **2.** (*мешать чем-л.*) (úm)-rühren *vt*, durchrühren *vt*; **~ся** (*смешаться*) sich (ver)míschen, sich vermengen

размéшивать I *см.* размешáть

размéшивать II *см.* размеси́ть

размещáть *см.* размести́ть; **~ся 1.** *см.* размести́ться; **2.** *страд.* áufgestellt wérden (*ср.* размести́ть)

размещён||ие *с* **1.** Únterbringung *f*; Áufstellen *n* -s (*мебели*); Vertéilung *f* (*распределение*); ~ие по квартúрам *воен.* Éinquartierung *f*, Únterbringung *f*; Stationíerung *f*; ~ие промы́шленности die Stándortverteilung der Industríe; ~ие ракéт die Stationíerung von Rakéten; **2.** (*капитала и т. п.*) Ánlegung *f*, Ánlage *f*; ~ие зáйма die Zéichnung éiner Ánleihe; **3.** *мн.* ~ия *мат.* Variatiónen [va-] *pl*

разминáть(ся) *см.* размя́ть(ся)

разминúровать entmínen *vt*

размúнка *ж спорт.* Wármlaufen *n* -s, Éinlaufen *n*, Áufwärmen *n* -s

размину́ться *разг.* (*не встретиться*) sich verpássen, sich verféhlen; aneinánder vorbéigehen*; sich kréuzen (*о письмах*)

размножáть *см.* размнóжить; **~ся 1.** *см.* размнóжиться; **2.** *биол.* sich fórtpflanzen, sich verméhren; **3.** *страд.* verméhrt [vervíelfältigt] wérden

размножéн||ие *с* **1.** Verméhrung *f*, Vervíelfältigung *f*; **2.** *биол.* Fórtpflanzung *f*, Verméhrung *f*; вегетатúвное ~ие vegetative [vegeta'ti:və] Verméhrung; беспóлое ~ие úngeschlechtliche Fórtpflanzung; óрганы ~ия Fórtpflanzungsorgane *pl*

размнóжить verméhren *vt*, vervíelfältigen *vt*; **~ся** sich verméhren, sich vervíelfältigen

размозжúть *разг.* zerschméttern *vt*, zermálmen *vt*, zerquétschen *vt*

размóина *ж* Áushöhlung *f* (10)

размокáть, размóкнуть áufweichen *vi* (s); áufquellen* (s)

размóл *м* **1.** (*продел*) Máhlen *n* -s; Áusmahlung *f*; **2.** (*качество размельчения*): мукá крýпного ~а Schrótmehl *n* -(e)s; мукá срéднего ~а míttelfeines Mehl; мукá мéлкого ~а féines Mehl

размóлвка *ж разг.* Verstímmung *f* (10), Únstimmigkeit *f*

размолóть zermáhlen (*part* II zermáhlen) *vt*

разморáживание *с* Áuftauen *n* -s

размор||úть *разг.*: жарá меня́ ~úла, меня́ ~úло от жары́ die Hítze hat mich erschláfft [ganz schlapp gemácht]; **~úться** *разг.* erschöpft sein; entkräftet sein; schlapp sein

разморóзить 1. áuftauen *vt*; **2.** *эк.* flüssigmachen *отд.* *vt* (*деньги, капитал*)

размотáть ábwickeln *vt*; auseinánderwickeln *vt*, lóswickeln *vt*; ábspulen *vt*, ábhaspeln *vt* (*катушку и т. п.*); ábrollen *vt*, áusrollen *vt* (*пожарный рукав*); **~ся** sich áufwickeln; áufrollen *vt*; sich ábspulen, sich ábhaspeln (*о катушке и т. п.*)

размóтка *ж* Ábwickeln *n* -s; Ábspulen *n* -s, Ábhaspeln *n* -s (*катушки и т. п.*)

размочáлить áusfasern *vt*

размочúть 1. naß máchen; éinweichen *vt*, áufquellen lássen*; **2.** *перен.*: ~ счёт es zum Éhrentor bríngen* (*в футболе*)

размы́в *м* Unterspülung *f* (10); Áuswaschung *f* (10); ~ пóчвы Áuswaschung des Bódens; **~áть** *см.* размы́ть

размыкáние *с* **1.** *эл.* Áusschaltung *f* (10), Öffnen *n* (*контактов*); **2.** *ж.-д.* Entríegelung *f*, Öffnen *n* -s

размыкáть: ~ гóре *разг.* den Kúmmer verschéuchen [vertréiben*]

размыкáть *см.* разомкнýть

размы́слить *разг.* (*о чём-л.*) überlégen *vt*, bedénken* *vt*; náchdenken* *vi*, náchsinnen* *vi* (über *A*)

размы́ть unterspǘlen *vt*; aúshöhlen *vt*; áufweichen *vt* (*дорогу*)

размышлéн||ие *с* Náchdenken *n* -s; Gedánken *pl*; Überlégung *f* (10), Betráchtungen *pl*; э́то навóдит на ~ие das gibt Stoff zum Náchdenken; das kann éinen stútzig máchen; по зрéлом ~ии nach réiflicher Überlégung; просúть врéмя на ~ие sich (*D*) Bedénkzeit áusbitten*; пять минýт на ~ие fünf Minúten zum Náchdenken

размышля́ть 1. *см.* размы́слить; **2.** (*погрузиться в размышления*) tief náchdenken*, in Náchdenken versúnken sein (о чём-л. über *A*)

размягчáть *см.* размягчúть; **~ся 1.** *см.* размягчúться; **2.** *страд.* erwéicht wérden; weich gemácht wérden

размягч||éние *с* **1.** (*действие*) Erwéichen *n* -s, Áufweichen *n*; **2.** (*состояние*) Erwéichung *f*; **~éние** мóзга *мед.* Gehírnerweichung *f*; ~éние костéй *мед.* Knóchenerweichung *f*; **~úть** erwéichen *vt*, áufweichen *vt*, weich máchen; **~úться** weich wérden, áufweichen *vi* (s), sich erwéichen lássen*

размякáть, размя́кнуть weich wérden (*тж. перен.*); áufweichen *vi* (s); mürbe wérden (*о фруктах*)

размя́ть 1. weich knéten; dúrchkneten *vt*; **2.:** ~ нóги sich (*D*) die Béine vertréten*; **~ся 1.** weich wérden; schmíegsam [geschméidig] wérden; **2.** *разг.* (*привести себя в состояние бодрости*) sich (*D*) Bewégung máchen [verschǻffen]; sich wármlaufen* *отд.*, sich áufwärmen

разнарядка *ж* Versánddisposition *f*, Dispositión *f*; Zúteilung *f* (10), Vertéilungsschlüssel *m* (6)

разнáшивать *см.* разносúть II; **~ся** *см.* разносúться

разнéживаться, разнéжиться sich verzärteln; sich verwéichlichen

разнес||тú 1. (*отнести*) áustragen* *vt*; zústellen *vt* (*письма и т. п.*); **2.** *разг.* (*новости, слухи и т. п.*) in Úmlauf bríngen*; verbréiten *vt*; **3.** (*по книгам, на карточки*) éintragen* *vt*; **4.** *безл.* *разг.*: егó ~лó er ist in die Bréite gegángen; er ist dick gewórden; **5.** *разг.* (*разгромить*) zertrümmern *vt*; **6.** (*разогнать*) auseinándertreiben* *vt*; zerstréuen *vt* (*рассеять*); штóрмом ~лó ры́бачьи лóдки der Sturm hat die Físcherboote auseinándergetrieben; **7.** *разг.* (*выбранить*) áusschelten* *vt*; j-m den Kopf wáschen*; verréißen* *vt*, ábfällig beúrteilen, herúntermachen *vt*; **~тúсь** (*распространиться*) sich schnell verbréiten; ertönen *vi*

разнимáть *см.* разня́ть

рáзниться verschíeden sein; differíeren *vi*; sich unterschéiden*, voneinánder ábweichen*

рáзница *ж* Differénz *f*; Únterschied *m* -(e)s (*несходство*); ~ в ценé Préisdifferenz *f*, Préisunterschied *m*; ~ в напряжéнии *эл.* Spánnungsdifferenz *f*, Spánnungsunterschied *m*; во врéмени Zéitunterschied *m*; огрóмная ~ ein Ríesenunterschied; ~ по сравнéнию с чем-л. der Únterschied gegenüber etw. (*D*); с той рáзницей, что... mit dem Únterschied, daß...

разнобóй *м* Únstimmigkeit *f*; Úneinigkeit *f*; Mißklang *m* -(e)s; Divergenz [-vɛr-] *f*; Ínkonsequenz *f* (*непоследовательность*)

разновéс *м* kléine Gewíchte; Gewíchtssatz *m* (1*)

разновúдность *ж* Ábart *f* (10); Spíelart *f* (10), Variánte [va-] *f* (11)

разноврéменн||ость *ж* Úngleichzeitigkeit *f*; **~ый** úngleichzeitig; zu verschíedenen Zéiten geschéhen

разноглáс||ие *с* **1.** Úneinigkeit *f*, Entzwéiung *f*; Méinungsverschiedenheit *f*; Differénz *f* (10); Diskrepánz *f* (10); устранéние ~ий die Behébung der Differénzen; **2.** (*противоречие*) Wíderspruch *m* (1*); ~ие в показáниях свидéтелей der Wíderspruch in den Zéugenaussagen

разноголóсица *ж* **1.** (*в пении*) Míßklang *m* -(e)s; Míßton *m* -(e)s; Dissonánz *f*; **2.** (*в мнениях*) Mángel *m* an Éinstimmigkeit; Úneinigkeit *f*

разноголóсый víelstimmig

рáзное *сущ.* *с* Verschíedenes *sub* *n*, Sónstiges *sub* *n* (*в повестке дня*); Miszéllen *pl* (*мелкие заметки*)

разноимённый *эл.* úngleichnamig

разнокалúберный 1. von verschíedenem Kalíber; **2.** (*разных размеров*) verschíeden, verschíedenartig; bunt

разномáстный 1. (*о животных*) verschíedenfarbig; **2.** (*разнообразный*) bunt

разномы́сл||ие *с* Verschíedenheit der Méinungen [der Gedánken]; **~ящий** *сущ.* *м* Ándersdenkende *m* (14)

разнообрáз||ие *с* Víelfältigkeit *f*, Mánnigfaltigkeit *f*; Verschíedenartigkeit *f*; Ábwechslung *f*; для ~ия zur Ábwechslung; внестú ~ие в жизнь Ábwechslung ins Lében bríngen*; **~ить** Ábwechslung schǻffen [bríngen*] (что-л. in *A*); verschíedenartig gestálten; ~ить прогрáмму das Prográmm áuflockern; **~ный** mánnigfaltig, mánnigfach, víelfältig; verschíedenartig; ábwechslungsreich; сáмые ~ные die állerverschiedensten; ~ная пúща ábwechslungsreiche Kost

разноплемённый von verschíedenen Vólksstämmen

разнопóлый *биол.* von verschíedenem Geschlécht, verschíedengeschlechtlich, heterosexuéll

разнорабóчий *м* Hílfsarbeiter *m* (6), Gelégenheitsarbeiter *m*

разноречúв||ость *ж* Wíderspruch *m* -(e)s; **~ый** widerspréchend; wíderspruchsvoll

разнорóд||ность *ж* Verschíedenartigkeit *f*, Úngleichartigkeit *f*, Ártverschiedenheit *f*; Heterogenität *f*; **~ный** verschíedenartig, úngleichartig; heterogén

разнóс *м* **1.** (*пакетов и т. п.*) Áustragen *n* -s; **2.** (*счетов по книгам*) Éintragen *n* -s; **3.** *разг.* (*выговор*) strénge Zuréchtweisung, Verwéis *m* (1), Rüffel *m* (6); **4.** *техн.* Dúrchgehen *n* -s; ~ двúгателя Dúrchgehen des Mótors

разносúть I *см.* разнестú

разносúть II (*обувь и т. п.*) áustreten* *vt*, éinlaufen* *vt*, éintragen* *vt*, breit tréten*

разносúться (*об обуви и т. п.*) sich áusdehnen, sich áusweiten; die Form verlíeren*

разнóска *ж* *разг.* *см.* разнóс 1

разнóсн||ый 1. (*служащий для регистрации*): ~ая кнúга Líeferbuch *n* (5), Zústellbuch *n*; **2.** *уст.* Hausíer-; ~ая торгóвля Hausíerhandel *m* -s; **3.** *разг.* (*ругательный*) scharf zuréchtweisend

разносóлы *мн.* *разг.* mánnigfaltige Delikatéssen

рáзностный Differénz-

разносторóнн||ий 1. víelseitig; ~ий человéк, ~е образóванный человéк ein víelseitig gebildeter Mensch; ~яя дéятельность víelseitige Tätigkeit; **2.**

мат.: ~ий треуго́льник úngleichseitiges Dréieck; **~ость** *ж* Víelseitigkeit *f*

ра́зность *ж* **1.** (*несходство*) Verschíedenheit *f*, Únterschied *m* -(e)s; **2.** *мат.* Differénz *f*; ~ потенциа́лов *эл.* Potentiáldifferenz *f*; ◇ **ра́зные ра́зности** die verschíedensten Dínge

разно́счик *м* **1.** Áusträger *m* (6), Bóte *m* (9); Láufbursche *m* (9); **2.** (*коробейник*) Hausíerer *m* (6)

разноти́пный von verschíedenem Typ; von únterschiedlicher Báuart

разнохара́ктерный verschíedenen Charákters [ka-]; verschíedenartig; bunt; gemíscht; wésensverschieden (*об обществе*)

разноцве́тный víelfarbig; verschíedenfarbig; polychrom [-'kro:m]; méhrfarbig; bunt (*пёстрый*)

разночи́нец *м ист.* Rasnotschínez *m* =, -tschínzy (*nichtadliger Intellektuelle*)

разночте́ние *с* únterschiedliche Lésart, Variánte [va-] *f* (11)

разношёрст(н)ый 1. (*о животных*) schéckig; geschéckt; **2.** (*разнообразный*) bunt; búntscheckig; gemíscht

разноязы́чный verschíedensprachig; víelsprachig, méhrsprachig

разну́зданн||ость *ж* Zügellosigkeit *f*; Schránkenlosigkeit *f*; **~ый 1.** (*о лошади*) ábgezäumt; **2.** (*распущенный*) zügellos; schránkenlos, hémmungslos

разнузда́ть 1. (*лошадь*) ábzäumen *vt*; **2.** *перен.* fréien Lauf lássen*; entfésseln *vt*; **~ся 1.** (*о лошади*) den Zaum ábwerfen*; **2.** *перен.* sich géhen lássen*; über die Stränge schlágen*; álle Hémmungen fállen lássen*

разну́здывать *см.* разнузда́ть; **~ся 1.** *см.* разнузда́ться; **2.** *страд.* ábgezäumt wérden (*ср.* разнузда́ть)

ра́зн||ый verschíeden; verschíedenartig; únterschiedlich; divers [-'vɛrs]; в ~ое вре́мя zu verschíedener Zeit; под ~ыми предло́гами únter állerléi Vórwänden; ~ого ро́да verschíedenerlei

разню́хать, разню́хивать 1. wíttern *vt*, áusschnüffeln *vt*; áufspüren *vt*; **2.** *разг.* (*разузнать*) heráuskriegen *vt*; áusfindig máchen, dahínterkommen* *vi* (s)

разня́ть 1. (*на части*) auseinándernehmen* *vt*; **2.** *разг.* (*дерущихся*) auseinánderbringen* *vt*, trénnen *vt*

разоби́деть *разг.* stark beléidigen; sehr verlétzen [kränken] *vt*; **~ся** *разг.* sehr beléidigt [verlétzt] sein; schmóllen *vi* (*надуться*)

разоблача́ть *см.* разоблачи́ть; **~ся 1.** *см.* разоблачи́ться; **2.** *страд.* entkléidet wérden (*ср.* разоблачи́ть)

разоблаче́ние *с* **1.** *высок. и шутл.* (*раздевание*) Entkléidung *f*; **2.** *перен.* Entlárvung [-vʊŋ] *f* (10), Blóßstellung *f* (*кого-л.*); Áufdeckung *f* (10), Enthüllung *f* (10) (*замыслов и т. п.*)

разоблачи́ть 1. *высок. и шутл.* (*раздеть*) entkléiden *vt*, áusziehen* *vt*, entblößen *vt*; **2.** *перен.* entlárven [-vən] *vt* (*кого-л.*); enthüllen *vt*, áufdecken *vt* (*замыслы и т. п.*); ~ кого́-л. j-m die Lárve vom Gesícht réißen*; **~ся 1.** *высок. и шутл.* (*раздеться*) sich entkléiden, das Gewánd áblegen; **2.** (*обнаружиться*) sich heráusstellen; an den Tag kómmen*; sich enthüllen, sich entpúppen, sich offenbáren

разобра́||ть 1. (*расхватать*) áufkaufen *vt* (*раскупить*); **2.** (*привести в порядок*) órdnen *vt*, in Órdnung bríngen*; **3.** (*на части*) demontíeren *vt*; auseinándernehmen* *vt*, zerlégen *vt* (*машину и т. п.*); ábtragen* *vt*, ábreißen* *vt* (*строение*); **~ть набо́р** *полигр.* den Satz auseinándernehmen*; **4.** (*расследовать дело и т. п.*) untersúchen *vt*; klären *vt*, ins réine bríngen*; основа́тельно ~ть что-л. etw. (*D*) auf den Grund géhen*, etw. ergründen; etw. éingehend erörtern; не разберёшь, кто прав, кто винова́т hier wird man nicht klug, wer recht hat und wer schuld ist; **5.** *грам.* analysíeren *vt*, zerglíedern *vt*; **6.** (*понять*) verstéhen* *vt*, begréifen* *vt*; entzíffern *vt* (*подпись, почерк и т. п.*); **7.** *разг.* (*охватить*) ergréifen* *vt*, erfássen *vt*; pácken *vt*; его́ ~ли сомне́ния er würde von Zwéifeln erfáßt; **~ться 1.** *разг.* (*разобрать вещи, устроиться*) áuspacken *vt*, sich éinrichten; séine Sáchen in Órdnung bríngen*; **2.** (*понять*) sich (*D*) klárwerden* *отд.* (в чём-л. über *A*); sich áuskennen* (в чем-л. in *D*); éinen kláren Begríff bekómmen* (в чём-л. von *D*); aus etw. (*D*) klug wérden

разобща́ть *см.* разобщи́ть

разобще́ние *с* Trénnung *f*, Ábsonderung *f*, Isolíerung *f*

разобщённ||ость *ж* Getrénntheit *f*, Isolíertheit *f*; Entfrémdung *f* (*отчуждённость*); Úneinigkeit *f* (*несогласие*); **~ый** isolíert, getrénnt, ábgesondert

разобщи́ть 1. trénnen *vt*, ábsondern *vt*, isolíeren *vt*; **2.** (*сделать чуждым*) entfrémden *vt*; die Bezíehungen ábbrechen*; **3.** *тех.* (*разъединить*) lóskuppeln *отд. vt*, entkúppeln *vt*

ра́зовый éinmalig, nur éinmal gültig

разогна́ть 1. auseinándertreiben* *vt*, auseinánderjagen *vt*; auseinánderknüppeln *vt* (*дубинкой*), vertréiben* *vt*, verjágen *vt* (*прогнать*); sprengen *vt*, (gewáltsam) áuflösen *vt* (*распустить*); **2.** (*сомнения и т. п.*) verjágen *vt*, vertréiben* *vt*, verschéuchen *vt*; **3.** *разг.* (*развить большую скорость*) Vóllgas gében*; ~ дви́гатель den Mótor auf Höchtouren [-tu:-] bríngen*; **4.** *полигр.* áusbringen* *vt*; **~ся** *разг.* éinen Ánlauf néhmen*

разогну́ть auseinánderbiegen* *vt*, gerádebiegen* *отд. vt*; ~ спи́ну sich áufrichten; **~ся** sich áufrichten

разогре́в *м тех.* Erwärmung *f*, Erhítzen *n* -s; Áufheizung *f*

разогрева́ние *с* Áufwärmen *n* -s (*еды*); *тех.* Erwärmung *f*, Erwärmen *n*, Erhítzen *n* -s, Áufheizung *f*

разогрева́ть *см.* разогре́ть; **~ся 1.** *см.* разогре́ться; **2.** *страд.* erhítzt wérden (*о железе*); áufgewärmt wérden (*о еде*)

разогре́ть erhítzen *vt* (*железо*); áufwärmen *vt* (*еду*); **~ся** heiß wérden; sich erwärmen, wíeder warm wérden

разоде́тый *разг.* (heráus)gepútzt, áufgedonnert

разоде́ть *разг.* heráusputzen *vt*, áufdonnern *vt*; **~ся** *разг.* sich heráusputzen, sich prótzig ánziehen*, sich áufdonnern; ◇ ~ся в пух и прах sich wie ein Pfíngstochse schmücken

разодолжи́ть 1. *уст.* éinen gróßen Dienst [Gefállen] erwéisen*; **2.** *разг. ирон.* (*кого-л.*) j-m éinen Bärendienst erwéisen*

разодра́ть *разг.* in Stücke réißen*; zerfétzen *vt*; zerréißen* *vt* (*одежду*); **~ся** *разг.* **1.** (*об одежде*) réißen* *vi* (s); zerréißen* *vi* (s), kapúttgehen* *отд. vi* (s); **2.** (*подраться*) sich in éine Schlägeréi éinlassen*

разозли́ть in Wut bríngen*; erzürnen *vt*; **~ся** áufgebracht sein; wütend wérden; sich erbósen, sich ärgern

разойти́сь 1. auseinándergehen* *vi* (s); sich zerstréuen (*рассеяться*); sich verzíehen* (*о тучах*); **2.** (*разминуться*) aneinánder vorübergehen*; sich kréuzen (*о письмах*); **3.** (*порвать отношения*) sich trénnen; auseinándergehen* *vi* (s); sich schéiden lássen* (*о супругах*); они́ оконча́тельно разошли́сь das Tíschtuch ist zwíschen íhnen zerschnítten [entzwéigeschnitten]; **4.**: ~ во мне́ниях verschíedener [getéilter] Méinung sein; они́ разошли́сь во взгля́дах sie wáren verschíedener Ánsicht; **5.** (*быть истраченным*) áusgehen* *vi* (s); álle wérden (*разг.*); де́ньги разошли́сь das Geld ist áusgegangen [álle]; **6.** (*о товарах*) áusverkauft sein; vergríffen sein (*о книге*); **7.** (*раствориться*) sich áuflösen; **8.** *разг.* (*приобрести скорость*) in Témpo kómmen*, in vólle Fahrt kómmen*; **9.** *разг.* (*разбушеваться*) áußer Rand und Band gerâten*; bis zum Äußersten géhen*; ◇ разойди́сь! (*команда*) wég(ge)treten!

разо́к *м* ein (éinziges) Mal

ра́зом *нареч.* **1.** (*в один приём*) auf éinen Schlag; auf éinmal; in éinem Schwung; **2.** (*сразу*) plötzlich, mit éinem Schlag, mit éinem Mál(e), mit éin(em)mal; **3.** (*одновременно*) gléichzeitig

разомкну́ть 1. *эл.* áusschalten *vt*; trénnen *vt*; ~ конта́кты die Kontákte trénnen, **2.** (*открыть*) entríegeln *vt*; lósmachen *vt*, öffnen *vt*; ~ воро́та шлю́за die Schléusentore öffnen; **3.** *воен.* öffnen *vt* (*строй*)

разомле́ть *разг.* (*от жары*) erschöpft sein; schlapp wérden

разонра́виться nicht mehr gefállen*

разопре́ть *разг.* **1.** (*о еде*) (áuf)quéllen* *vi* (s); **2.** stark schwítzen (*о человеке*)

разо́р *м разг.* **1.** (*разрушение*) Zerstörung *f*, Verhéerung *f*; Chaos ['ka-] *n* =; **2.** (*обнищание*) Élend *n* -s, Verármung *f*

разора́ться *разг.* (ánhaltend) aus vóllem Hálse schréien* [brüllen, grölen]; lósbrüllen *отд. vi*

разорва́||ть 1. zerréißen* *vt*; zerfétzen *vt*; ~ть на куски́ in Stücke réißen*; **2.** *безл.*: котёл ~ло den Késsel explodíerte [zersprάng]; **3.** (*связи*) (áb)bréchen* *vt*; ~ть с про́шлым mit der Vergángenheit bréchen*; **~ться 1.** (zer)réißen* *vi* (s); (áuf)springen* *vi* (s), (áuf)plátzen *vi* (s) (*о шве*); **2.** (*о снаряде, котле и т. п.*) explodíeren *vi* (s); ◇ ему́ не ~ться *разг.* er kann sich doch nicht zerréißen [in Stücke réißen]

разоре́ние *с* **1.** (*го́рода и т. п.*) Zerstörung *f*; Verwüstung *f*, Verhéerung *f* (*опустошение*); **2.** (*потеря состояния*) Verármung *f*, Ruín *m* -s

разори́тельный verhéerend, zerstörend; ruiníerend; verlústbringend

разори́ть 1. (*разрушить*) zerstören *vt*; verwüsten *vt*, verhéeren *vt* (*опустошить*); **2.** (*довести до нищеты*) ruiníeren *vt*, zugrúnde ríchten, dem Ruín entgégenführen, **~ся** ruiníert sein, zugrúnde geríchtet sein; herúnterkommen* *vi* (s), verármen *vi* (s)

разоружа́ть *см.* разоружи́ть; **~ся 1.** *см.* разоружи́ться; **2.** *страд.* entwáffnet wérden

разоруже́н||ие *с* **1.** Ábrüstung *f*; Entwáffnung *f* (*обезоруживание*); всео́бщее, по́лное и контроли́руемое ~ие die allgeméine, vóllständige und kontrollíerte Ábrüstung; части́чное ~ие téilweise [partiélle] Ábrüstung; я́дерное ~ие nukleáre Ábrüstung; комите́т по ~ию Ábrüstungsausschuß *m* -sses, -schüsse; конфере́нция по ~ию Ábrüstungskonferenz *f* (10); **2.** *мор.* Ábtakelung *f* (*судна*)

разоружи́ть 1. entwáffnen *vt* (*тж. перен.*); ábrüsten *vt*; **2.** *мор.* ábtakeln *vt* (*судно*); **~ся** ábrüsten *vi*; séine Wáffe ábgeben* (*тж. перен.*)

разоря́ть *см.* разори́ть; **~ся 1.** *см.* разори́ться; **2.** *разг.* schímpfen *vi*; **3.** *страд.* zerstört wérden (*ср.* разори́ть)

разосла́ть 1. áussenden(*) *vt*, verschícken *vt*, versénden(*) *vt*; **2.** (*отправить всех*) álle wégschicken

разоспа́ться *разг.* fest éinschlafen*, tief [lánge] schláfen*

разостла́ть áusbreiten *vt*

разохо́тить *разг.* (*кого-л.*) j-m den Mund [das Maul] wäßrig máchen; **~ся** Lust bekómmen*; in Stímmung kómmen*

разочарова́ние *с* Enttäuschung *f* (10)

разочаро́ванн||ость *ж* Enttäuschung *f*; Enttäuschtheit *f*; **~ый** enttäuscht

разочарова́ть enttäuschen *vt*; **~ся** enttäuscht sein

разочаро́вывать *см.* разочарова́ть; **~ся 1.** *см.* разочарова́ться; **2.** *страд.* enttäuscht wérden

разраба́тывать *см.* разрабо́тать

разрабо́танн||ость *ж* Áusarbeitung *f*; **~ый** áusgearbeitet; *горн.* áusgebeutet, áusgekohlt (*об угольной шахте*)

разрабо́т||ать 1. (*землю и т. п.*) beárbeiten *vt*; **2.** *горн.* áusbeuten *vt*; ábbauen *vt*; ausschachten *vt*, áusheben* *vt*; **3.** (*вопрос, проект*) áusarbeiten *vt*; erárbeiten *vt*; entwíckeln *vt* (*машину и т. п.*); ~ать ме́тод éine Methóde erárbeiten; ~ать мероприя́тия Máßnahmen féstlegen; **~ка** *ж* **1.** (*участка земли*) Beárbeitung *f*; **2.** *горн.* Áusbeutung *f*; Áusbeute *f*; Ábbau *m* -(e)s; bággerung *f*; Förderung *f* (*добыча*); *мн.* ~ки Ábbaustellen *pl*, Ábbaufelder *pe* (*место добычи*); откры́тая ~ка (*способ добычи*) Tágebau *m*; торфяна́я ~ка Tórfgewinnung *f*; подзе́мная ~ка Untertágebau *m*, Tíefbau *m*; ~ка ка́лия Kálibergbau *m*; ~ка есте́ственных бога́тств Erschlíeßung von Natúrschätzen; хи́щническая ~ка Raubbau *m*; **3.** (*вопроса, проекта*) Áusarbeitung *f*; Erárbeitung *f*; ~ка пла́на die Erárbeitung éines Plans

разра́внивание *с стр.* Einebnen *n* -s, Planíeren *n* -s

разража́ться, разрази́ться 1. sich entláden*, níedergehen* *vi* (s) (*о грозе*); áusbrechen* *vi* (s) (*о войне*); **2.:** разрази́ться сме́хом in Gelächter áusbrechen*; разрази́ться ре́чью éine Réde vom Stápel lássen*

разраста́ние *с* Wáchsen *n* -s; Wúchern *n* -s (*буйное*); *мед.* Wúcherung *f*

разраста́ться, разрасти́сь 1. (*о растении*) üppig wáchsen*, schnell wáchsen* und sich áusbreiten; wúchern *vi* (*буйно*); пы́шно разро́сшиеся дере́вья die áusladenden Bäume; **2.** (*увеличиться, усилиться*) áuswachsen* *vi* (s)

разреве́ться *разг.* lósheulen *vi*, lósflennen *vi*; stark brüllen; nicht aufhören zu brüllen [zu wéinen]

разреди́ть 1. spärlicher [in größeren Ábständen] ánordnen; líchten *vt* (*лес, сад*); *с.-х.* áusdünnen *vt*; **2.** (*воздух и т. п.*) verdünnen *vt*

разреди́ться 1. spärlicher wérden; sich líchten (*о лесе, саде*); **2.** (*о воздухе и т. п.*) dünner wérden

разрежа́ть *см.* разреди́ть; **~ся** *см.* разреди́ться

разреже́ние *с* **1.** Verdünnung *f* (*воздуха*); **2.** (*вакуум*) Vakuum ['va:] *n* -s, -kua, Únterdruck *m* -(e)s; **3.** Áuflockerung *f* (10); ~ застро́йки Áuflockerung *f* (der Bebáuung); ~ насажде́ний Bestándsauflockerung *f*

разрежённ||ость *ж физ.* Dünne *f*; **~ый 1.** *физ.* verdünnt; **2.** (*о лесе, саде*) gelíchtet; licht

разре́з *м* **1.** Schnitt *m* (1); Schníttstelle *f* (11); Éinschnitt *m*; **2.** (*платья*) Áusschnitt *m* (1); Schlitz *m* (1) (*узкий*); ю́бка с ~ом Schlítzrock *m* (1*); **3.** (*в чертеже*) Schnitt *m* (1), Dúrchschnitt *m*; попере́чный ~ Quérschnitt *m*; продо́льный ~ Längsschnitt *m* вертика́льный ~ Vertikálschnitt [ver-] *m*; **4.** *горн.* Tágebau *m* -(e)s; *геол.* Profíl *n* (2); **5.** *мед.* Schnitt *m* (1), Inzisión *f* (10); ◇ в э́том ~е únter díesem Gesíchtspunkt [Gesíchtswinkel]; in díeser Perspektíve; у неё у́зкий ~ глаз sie hat schmálgeschnittene Áugen; идти́ в ~ (*с чем-л.*) zuwíderlaufen* *отд.*, widerspréchen *vi* (*D*)

разре́з||ать, разреза́ть zerschnéiden* *vt*; áufschneiden* *vt* (*хлеб*); **~но́й 1.** Schnéide-; Áufschneide-; ~но́й нож Papíermesser *n* (6); **2.:** ~но́й рука́в Schlítzärmel *m* (6); **~ывать** *см.* разреза́ть

разреклами́ровать durch Rekláme ánpreisen*

разреша́ть *см.* разреши́ть; **~ся 1.** *см.* разреши́ться; **2.** (*быть позволенным*) erláubt [gestáttet] sein; здесь кури́ть разреша́ется hier darf man ráuchen, hier ist es erláubt [gestáttet] zu ráuchen; **3.** *страд.* erláubt wérden (*ср.* разреши́ть)

разреш||е́ние *с* **1.** (*задачи, вопроса*) Lösung *f*; Béilegung *f* (*конфликта*); Erlédigung *f* (*завершение*); тре́бовать ~е́ния (*о вопросе, проблеме*) séiner Lösung hárren; **2.** (*позволение*) Erláubnis *f* (3), Bewílligung *f* (10); Genéhmigung *f* (10); с ва́шего ~е́ния (wenn) Sie gestátten; ~е́ние (от) власте́й behördliche Genéhmigung; ~е́ние печа́тать (*книгу и т. п.*) Imprimatúr *n* -s, Drúckerlaubnis *f*; ~е́ние на поса́дку *ав.* Ländeerlaubnis *f*; нужда́ться в осо́бом ~е́нии genéhmigungspflichtig sein; не тре́бующий (осо́бого) ~е́ния genéhmigungsfrei; **3.** (*документ*) Genéhmigungsschein *m* (1), Erláubnisschein *m*; ~е́ние на ноше́ние ору́жия Wáffenschein *m*; ◇ ~е́ние от бре́мени *уст.* Entbíndung *f* (10), Gebúrt *f* (10), Níederkunft *f* (3); **~и́мый** lösbar

разреши́ть 1. (*позволить*) erláuben *vt*, gestátten *vt*; zúlassen* *vt* (*допустить*); bewílligen *vt*, genéhmigen *vt* (*одобрить, согласиться*); ему́ разрешено́ es ist ihm erláubt; er hat das Recht [die Befúgnis]; ~ что-л. к печа́ти (für etw. *A*) die Drúckerlaubnis gében*; **2.** (*задачу*) lösen *vt*; **3.** (*устранить, рассеять*) beséitigen *vt*; behében* *vt*; beréinigen *vt*; ~ разногла́сия путём перегово́ров die Differénzen durch Verhándlungen beréinigen; **4.** (*спор*) schlíchten *vt*; **~ся** (*о вопросе, деле и т. п.*) sich lösen; sich klären, sich entschéiden*; sich régeln (*уладиться*); ◇ ~ся от бре́мени *уст.* níederkommen* *vi* (s), gebären* *vt*; éines Kíndes genésen* (*высок. уст.*)

разрисова́ть 1. zéichnen *vt*, mit Zéichnungen áusschmücken [bedécken]; bemálen *vt* (*красками*); **2.** (*изобразить, расписать*) áusmalen *vt*; dárstellen *vt*

разрисо́в||ка *ж* Zéichnen *n* -s; Bemálung *f* (*красками*); **~ывать** *см.* разрисова́ть

разровня́ть ébnen *vt*, planíeren *vt*; glätten *vt*, gláttwalzen *отд. vt*

разро́зненн||ый veréinzelt; getrénnt, ábgesondert, isolíert; éinzeln (*единичный*); ~ые уси́лия isolíerte [veréinzelte] Bemühungen; ~ый компле́кт ein únvollständiger Satz

разро́знивать, разро́знить veréinzeln *vt*; (zusámmengehörige Dínge) trénnen *vt*; únvollständig máchen (*комплект, коллекцию*)

разроня́ть (eins nach dem ánderen) verlíeren*

разруб||а́ть, разруби́ть zerháuen* *vt* (zer)spálten *vt*; ~и́ть на ча́сти in Stücke háuen*; ~а́ть мя́со Fleisch zertéilen; ◇ ~и́ть го́рдиев у́зел den górdischen Knóten zerháuen*

разруга́ть *разг.* áusschimpfen *vt*, herúntermachen *vt*; j-m den Kopf wáschen*; **~ся** *разг.* sich verzánken, sich überwérfen* (*с кем-л.* mit *D*)

разрумя́нить stark röten; erröten lássen*; **~ся** erröten *vi* (s), sich röten

разру́ха *ж* Zerrüttung *f*; Verfáll *m* -(e)s, Ruín *m* -s

разруша́ть *см.* разру́шить; **~ся 1.** *см.* разру́шиться; **2.** *страд.* zerstört wérden (*ср.* разру́шить)

разруше́ние *с* Zerstörung *f*, Zerstören *n* -s; Verníchtung *f*, Verníchten *n* -s (*уничтожение*); уста́лостное ~ *тех.* Ermüdungsbruch *m* -(e)s, Dáuerbruch *m*; стрельба́ на ~ *воен.* Zerstörungsschießen *n* -s

разруши́тельный zerstörend; verhéerend; verníchtend; verdérblich (*гибельный*)

разру́шить 1. zerstören *vt*; ~ до основа́ния dem Erdboden gléichmachen; áusrotten *vt* (*искоренить*); **2.** (*здоровье и т. п.*) zerstören *vt*, untergráben* *vt*, ruiníeren *vt*, zugrúnde ríchten; **3.** (*уничтожить и т. п.*) zerstören *vt*, zuníchte máchen; verníchten *vt*; ~ пла́ны Pläne zuníchte máchen [veréiteln]; ~ очарова́ние den Záuber bréchen*; **~ся** verfállen* *vi* (s); der Zerstörung anhéimfallen*; zugrúnde géhen* (*погибнуть*); éinstürzen *vi* (s) (*о зданиях*); zuníchte wérden (*о надеждах и т. п.*)

разры́в *м* **1.** Riß *m* -sses, -sse; *мед.* Ruptúr *f* (10); **2.** (*связей и т. п.*) Bruch *m* (1*), Ábbruch *m*; ~ дипломати́ческих отноше́ний Ábbruch der diplomátischen Bezíehungen; **3.** *тех.* Zerréißen *n* -s, Bréchen *n* -s; Ábstand *m* (1*), Spánne *f* (11); **4.** (*снаряда*) Explosión *f* (10), Zerspríngen *n* -s; Spréngpunkt *m* (1) (*точка разрыва снаряда*); **5.** (*несоответствие, нарушение*) Spánne *f* (11); Kluft *f* (3); Diskrepánz *f* (10); Zwíespalt *m* (1); ~ ме́жду це́нами Préisspanne *f*; ◇ ~ се́рдца Hérzschlag *m* (1*)

разрыва́ть I *см.* разорва́ть

разрыва́ть II *см.* разры́ть

разрыва́ться I *см.* разорва́ться

разрыва́ться II *страд.* áufgewühlt wérden

разрывн||о́й 1. *воен.* Spreng-; Explosions-; ~а́я пу́ля Sprénggeschoß *n* -sses, -sse; Dúmdumpatrone *f* (11); ~о́е де́йствие Spréngwirkung *f*; **2.** *тех.:* ~а́я маши́на Zerréißmaschine *f* (11)

разрыда́ться lósschluchzen *vi*, in

láutes Wéinen [Schlúchzen] áusbrechen*

разры́ть 1. áufgraben* *vt*, áufwühlen *vt*; 2. *разг.* (*привести в беспорядок*) durcheinánderbringen* *vt*; durchwühlen *vt* (*бумаги и т. п.*)

разрыхле́ние *с* (*почвы*) Áuflockerung *f*, Lóckerung *f*

разрыхли́тель *м с.-х.* Krümelpflug *m* (1)

разрыхли́ть, разрыхля́ть (*почву*) (áuf)lóckern *vt*, grúbbern *vt*

разря́д I *м эл.* Entládung *f* (10); Entspánnung *f* (10)

разря́д II *м* 1. (*класс*) Kategoríe *f* (11); Klásse *f* (11); Rang *m* (1*); Stúfe *f* (11); 2. *мат.* Órdnung *f* (10); 3. *выч. тех.* Stélle *f* (11); 4. (*степень квалификации в профессии, спорте*) Léistungsklasse *f* (11); Lóhngruppe *f* (11) (*рабочего*)

разряди́ть I 1. (*оружие, батарею и т. п.*) entláden* *vt*; 2. *перен.* entspánnen *vt*; ~ атмосфе́ру die Atmosphäre entspánnen [entláden*]; 3. *полигр.* spérren *vt*, durchschíeßen* *vt*

разряди́ть II *разг.* (*нарядить*) áufputzen *vt*, heráusputzen *vt*; áufdonnern *vt*; féinmachen

разряди́ться I 1. (*об оружии, о батарее*) sich entláden*, lósgehen* *отд. vi* (s) (*о ружье*); 2. *перен.* sich entspánnen

разряди́ться II *разг.* (*нарядиться*) sich áufputzen; sich áufdonnern; sich féinmachen

разря́дк||а *ж* 1. *разг.* (*оружия, батареи*) Entládung *f*; 2. *полигр.* Spérrung *f*, Spérrdruck *m* (1); Dúrchschuß *m* -sses; в ~у gespérrt; 3. *перен.* Entspánnung *f*; ~а междунаро́дной напряжённости internationále Entspánnung; поли́тика ~и Entspánnungspolitik *f*; курс на ~у Entspánnungskurs *m* -es; напра́вленный про́тив ~и entspánnungsfeindlich

разря́дник *м* 1. *эл.* Entláder *m* (6), Spánnungsableiter *m* (6); 2. *спорт.* Léistungssportler *m* (6)

разря́дный I 1. *воен., эл.* Entládungs-; Entláde-; ~ая тру́бка Entládungsrohr *n* (2), Entládungsröhre *f* (11); 2. *спорт.* Léistungs-

разря́дный II *ист.* Rang-; ~ спи́сок Rángliste *f* (11)

разряжа́ть *см.* разряди́ть I, II

разряжа́ться 1. *см.* разряди́ться I, II; 2. *страд.* entláden wérden

разряже́ние *с см.* разря́дка 1

разубеди́ть (*кого-л.*) j-n von etw. (*D*) ábbringen*, j-n éines ándern überzéugen; j-m etw. áusreden; ~ся sich ánders [éines ándern] besínnen*; séine Méinung ändern (*измени́ть своё мне́ние*)

разубежда́ть *см.* разубеди́ть; ~ся 1. *см.* разубеди́ться; 2. *страд.* von etw. (*D*) ábgebracht wérden

разубра́ть *разг.* schmücken *vt*, áusschmücken *vt*

разува́ть(ся) *см.* разу́ть(ся)

разуве́рить (*кого-л.*) j-n von séinem Gláuben [von séiner Überzéugung] ábbringen*; ~ся séinen Gláuben [séine Überzéugung] verlíeren*

разуверя́ть *см.* разуве́рить; ~ся 1. *см.* разуве́риться; 2. *страд.* von etw. (*D*) ábgebracht wérden

разузнава́ть, разузна́ть náchforschen *vi* (что-л. über *A*); etw. zu erfáhren suchen; sich erkúndigen (что-л. nach *D*); Erkúndigungen éinziehen* (что-л. über *A*); áuskundschaften *vt*, heráusbekommen* *vt* (*вы́ведать*)

разукра́сить *разг.* schmücken *vt*, áusschmücken *vt*; verzíeren *vt*; ~ся *разг.* sich schmücken

разукра́шивать *разг. см.* разукра́сить; ~ся *разг.* 1. *см.* разукра́ситься; 2. *страд.* (áus)geschmückt [verzíert] wérden

разукрупн||е́ние *с* Verkléinerung *f*; Únterteilung *f* (*организа́ций*); Dezentralisíerung *f* (*децентрализа́ция*); Áufteilung in kléinere Éinheiten; ~и́ть, ~я́ть verkléinern *vt*; únterteilen *vt* (*организа́цию*): dezentralisíeren *vt* (*децентрализова́ть*); ~я́ться verkléinert [únterteilt, dezentralisíert] wérden

ра́зум *м* Vernúnft *f*; Verstánd *m* -(e)s; си́ла ~а Verstándeskraft *f*; поня́ть ~ом gedánklich erkénnen*; потеря́ть ~ den Verstánd verlíeren*; von állen gúten Géistern verlássen sein (*разг.*); ◇ у него́ ум за ~ захо́дит er weiß nicht, wo ihm der Kopf steht

разуме́ется *вводн. сл.* natürlich, gewíß; állerdings, fréilich (*коне́чно*); begréiflicherweise (*поня́тно*); само́ собо́й ~ (das ist) sélbstverständlich, das verstéht sich von selbst

разуме́н||ие *с* Verständnis *n* -ses; по моему́ ~ию méiner Ánsicht nach, soviel ich es verstéhe; по со́бственному ~ию nach béstem Wíssen und Gewíssen

разуме́ть *уст.* verstéhen* *vt*, begréifen* *vt*, erfássen *vt*, áuffassen *vt*; méinen *vt*, darúnter verstéhen* (*подразумева́ть*); éinsehen* *vt* (*сознава́ть*); ~ся (*подразумева́ться*): под э́тим разуме́ется... damít ist geméint..., darúnter wird verstánden...

разу́мн||ый vernünftig; verständig; vernúnftbegabt, geschéit; vernúnftmäßig (*рациона́льный, логи́чный*); ~ая мысль geschéiter Éinfall

разу́т||ый bárfuß; ходи́ть ~ым bárfuß géhen*

разу́ть die Schúhe áusziehen* (кого́-л. *D*); ~ся sich (*D*) die Schúhe áusziehen*

разуха́бистый *разг.* áusgelassen; forsch (*молодцева́тый*); allzufréi (*о мане́рах*)

разу́чивание *с* Éinstudieren *n* -s Éinstudierung *f*, Éinüben *n*, -s; ~ пе́сен das Lérnen [Éinstudieren] von Líedern

разу́чивать *см.* разучи́ть; ~ся 1. *см* разучи́ться; 2. *страд.* éinstudiert [éingeübt] wérden

разучи́ть éinstudieren *vt*, einüben *vt*; ~ся verlérnen *vt*, aus der Übung kómmen*

разъеда́ть 1. *см.* разъе́сть; 2. *перен.* (*губи́тельно де́йствовать*) zersétzen *vt*

разъедине́ние *с* 1. Trénnung *f*, Ábsonderung *f*; 2. *тех.* Ábschaltung *f*; Unterbréchung *f* (10) (*при телефо́нном разгово́ре*)

разъединённый 1. *прич. см.* разъедини́ть; 2. *прил.* (*расколо́тый*) entzwéit

разъедини́ть 1. trénnen *vt*, ábsondern *vt*; 2. *тех.* ábschalten *vt*; unterbréchen* *vt* (*прерва́ть телефо́нный разгово́р*); ~ся sich trénnen

разъединя́ть *см.* разъедини́ть; ~ся 1. *см.* разъедини́ться; 2. *страд.* getrénnt wérden (*ср.* разъедини́ть)

разъе́зд *м* 1. (*отъе́зд*) Ábfahrt *f*, Ábreise *f*; Áufbruch *m* -(e)s (*госте́й и т. п.*); 2. *мн.* ~ы (*пое́здки*) Réisen *n* -s, Réise *f* (11); он всегда́ в ~ах er ist ständig auf Réisen; 3. *ж.-д.* Áusweichgleis *n* (2); Áusweichstelle *f* (11) (*ста́нция*); 4. *воен.* (*дозо́р*) Stréife *f* (11), Kavalleriepatrouille [kavalə'ri:patrʊljə] *f* (11); ~но́й Réise-; ~ны́е де́ньги Réisegeld *n* (5), Réisespesen *pl*

разъезжа́ть umhérreisen *vi* (s); ~ся *см.* разъе́хаться 1, 4, 5

разъе́зженный áusgefahren (*о доро́ге*)

разъёмный *спец.* lösbar, trénnbar

разъе́сть zerfréssen* *vt*, zersétzen *vt*, korrodíeren *vt*; ánfressen* *vt* (*о ржа́вчине*); ätzen *vt* (*о кислоте́*)

разъе́хаться 1. (*уе́хать, разойти́сь*) auseinánder¦fahren* *отд. vi* (s); ábfahren* *vi* (s), áufbrechen* *vi* (s); sich trénnen (*расста́ться*); 2. (*при встре́че — об экипа́же, маши́нах*) einánder áusweichen*; aneinánder vorbéifahren*; 3. (*не встре́титься*) sich verfehlen; aneinánder vorbéifahren*; 4. (*разъедини́ться, переста́ть жить вме́сте*) auseinánder¦gehen* *отд. vi* (s); 5. *разг.* (*разорва́ться*) zerfállen* *vi* (s); fádenscheinig wérden (*об оде́жде*)

разъярённый wút¦entbrannt, wútschnaubend, wütend, rásend

разъяри́ть in Wut bríngen*, wütend [rásend] máchen; ~ся in Wut geráten*, sich in Wut hinéinsteigern, wütend wérden

разъяря́ть(ся) *см.* разъяри́ть(ся)

разъясн||е́ние *с* Erklärung *f* (10); Áufklärung *f*; Erläuterung *f* (10); дава́ть ~е́ния eine Erklärung (áb)gében*; ~и́тельный erklärend; erläuternd; ~и́тельная рабо́та Áufklärungsarbeit *f*, Überzéugungsarbeit *f*

разъясни́ть erklären *vt*, klármachen *отд. vt*; erläutern *vt*, Áufschluß gében* (über *A*); ~ся sich áufklären; klar wérden

разъя́сниться *разг.* (*о пого́де, не́бе*) sich áufklären

разъясня́ть *см.* разъясни́ть; ~ся 1. *см.* разъясни́ться; 2. *страд.* erklärt [klárgemacht] wérden

разыгра́ть 1. (*пье́су, роль и т. п.*) (áus)spíelen *vt*, vórtragen* *vt*, áufführen *vt*; 2. (*изобрази́ть собо́й*) sich áufführen, sich áufspielen (als *A*); ~ оби́женного den Beléidigten spíelen; 3. *разг.* (*одура́чить*) fóppen *vt*, zum Nárren hálten* [háben], zum bésten hálten* [háben]; 4. (*каку́ю-л. вещь в лотере́е*) verlósen *vt*, (áus)lósen *vt*, ausspielen *vt*; 5. *спорт.* áustragen* *vt* (*пе́рвенство и т. п.*); ~ ку́бок um éinen Pokál spíelen; ◇ ~ дурака́ *разг.* sich dumm stéllen; ~ся 1. (*о де́тях*) in Spíeleifer geráten*, nicht áufhören wóllen zu spíelen; 2. (*об актёре и т. п.*) sich éinspielen; 3. (*о бу́ре, страстя́х и т. п.*) áusbrechen* *vi* (s); ímmer héftiger wérden (*о бо́ли*); sich ábspielen (*о собы́тиях и т. п.*)

разы́грывать *см.* разыгра́ть; ~ся 1. *см.* разыгра́ться, 2. *страд.* gespíelt wérden (*ср.* разыгра́ть)

разыска́ть (áuf)fínden* *vt*; áusfindig máchen; ~ся sich fínden*

разы́скивать súchen *vt*; náchforschen *vi* (что-л., кого́-л. über *A*); ~ся 1. *см.* разыска́ться; 2. *страд.* gesúcht wérden

рай *м* Paradíes *n* -es; Elýsium *n* -s (*поэт.*); ~ для отдыха́ющих Féri¦enparadies *n*

ра́йграс *м бот.* Lolch *m* (1); англи́йский ~ Wíesenlolch *m*, énglisches Ráigras

райздравотде́л *м* (*райо́нное отделе́ние здравоохране́ния*) Abtéilung *f* Gesúndheitswesen beim Rayonsowjet [rɛ'jɔŋ-]

райисполко́м *м* (исполни́тельный комите́т райо́нного Сове́та наро́дных депута́тов) Exekutívkomitee des Rayonsowjets [rɛ'jɔŋ-] (der Vólksdeputierten); Exekutívkomitee des Stádtbezirkssowjets (der Vólksdeputierten) (*в городе*)

райко́м *м* (райо́нный комите́т) Rayonkomitee [rɛ'jɔŋ-] *n* -s, -s; Stádtbezirkskomitee *n* (*в городе*); ~ па́ртии Rayonkomitee [Stádtbezirkskomitee (*в городе*)] der Partéi

райо́н *м* **1.** (*административная единица*) Rayon [rɛ'jɔŋ] *m* -s, -s, Kreis *m* (1) (*в ГДР*); Bezirk *m* (1) (*го́рода*); **2.** (*местность*) Gebíet *n* (2), Gégend *f* (10); *воен.* Ábschnitt *m* (1), Raum *m* (1*), Beréich *m* (1); *горн.* Revier ['vi:r] *n* (2), Gebíet *n*; жило́й ~ Wóhngebiet *n*; окра́инный ~ (*го́рода*) Áußenbezirk *m*; экономи́ческий ~ Wírtschaftsgebiet *n* (2); рабо́чий ~ Árbeiterviertel *n* (6); ~ де́йствия Wírkungsbereich *m*; каменноу́гольный ~ Stéinkohlenrevier *n*; засу́шливый ~ Tróckengebiet *n*; ~ боевы́х де́йствий Geféchtsbereich *m*; ~ бо́я Kámpfgebiet *n*, Kámpfraum *m*; ~ оборо́ны Vertéidigungsabschnitt *m*; укреплённый ~ beféstigter Ábschnitt

райони́ров||ание *с* Éinteilung in Kréise; Éinteilung in Stádtbezirke (*в городе*); **~ать** in Kréise [Stádtbezirke] éinteilen *vt*

райо́нн||ый Rayon- [rɛ'jɔŋ-]; Stádtbezírks-; Kreis- (*в ГДР*); ~ое почто́вое отделе́ние Zústellpostamt *n* (5); го́род ~ого подчине́ния dem Rayon untersféllte Stadt; ~ый суд Rayongericht *n* (2); Kréisgericht *n* (*в ГДР*)

районо́ *м* (райо́нный отде́л наро́дного образова́ния) Abtéilung Vólksbildung beim Rayonsowjet [rɛ'jɔŋ-] [beim Stádtbezirkssowjet (*в городе*)]

ра́йск||ий paradíesisch; Paradíes-; elýsisch (*поэт.*); ◇ ~ое я́блоко Paradíesapfel *m* (6*); ~ая пти́ца Paradíesvogel *m* (6*)

райсове́т *м* (райо́нный Сове́т наро́дных депута́тов) Rayonsowjet [rɛ'jɔŋ-] *m* -s, -s; Stádtbezirkssowjet *m* (der Vólksdeputierten) (*в городе*)

рак I *м зоол.* Krebs *m* (1); речно́й ~ Flúßkrebs *m*; морско́й ~ Séekrebs *m*, Húmmer *m* (6); кра́сный как ~ rot wie ein gekóchter Krebs, krébsrót; ◇ пя́титься как ~ rückwärts géhen*; он зна́ет, где ~и зиму́ют *разг.* ≅ er weiß, wo Bárthel den Most holt; я покажу́ тебе́, где ~и зиму́ют *разг.* ≅ ich wérde dir zéigen, wo der Pféffer wächst; когда́ ~ сви́стнет *разг.* am Nímmerleins|tag, níemals

рак II *м мед.* Krebs *m* -es; ~ желу́дка Mágenkrebs *m*; ~ лёгких Lúngenkrebs *m*; показа́тель ~а ein Ánhaltspunkt für Krebs

Рак *м астр.* Krebs *m* -es; тро́пик ~а der Wéndekreis des Krébses

ра́ка *ж церк.* Relíqui|enschrein *m* (1), Relíqui|enkasten *m* (7, 7*)

ра́кель *м полигр.* Rákel *f* (11)

раке́т||а I *ж* Rakéte *f* (11) (*тж. косм.*); Léuchtkörper *m* (6), Léuchtkugel *f* (11) (*осветительная*); многоступе́нчатая ~а Méhrstufenrakete *f*; косми́ческая ~а Ráumrakete *f*; ~а с челове́ком на борту́ bemánnte Rakéte; а́томная ~а Atómrakete *f*; орбита́льная ~а Úmlaufrakete *f*; künstlicher Satellít; ~а с систе́мой самонаведе́ния Zíelsuchrakete *f*; сверхзвукова́я ~а Úberschallrakete *f*; межконтинента́льная ~а Ínterkontinentálrakete *f*; управля́емая ~а (férn)gestéuerte Rakéte, gelénkte Rakéte, Férnlenkrakete *f*; зени́тная ~а (кла́сса «земля́ — во́здух») Flíegerabwehrrakete *f*; Flá-Rakéte *f*; сигна́льная ~а Signálrakete *f*; эксперимента́льная ~а Fórschungsrakete *f*; старт ~ы Ábheben *n* -s der Rakéte (*отрыв*); запусти́ть ~у éine Rakéte stárten [ábschießen*]

раке́та II *ж*, **раке́тка** *ж спорт.* Ténnisschläger *m* (6); Schläger *m*

раке́та III *ж* (*судно*) Trágflügelboot *n* (2)

раке́та-зо́нд *ж* (*исследовательская*) Fórschungsrakete *f* (11)

раке́та-носи́тель *ж* Trägerrakete *f* (11), ~ спу́тника Satellítenrakete *f*

раке́та-то́рмоз *ж* Brémsrakete *f* (11)

раке́тка *см.* раке́та II

раке́тница *ж воен.* Léuchtpistole *f*

раке́тно-я́дерн||ый: ~ое ору́жие Rakétenkernwaffe *f* (11), Atóm-Rakétenwaffe *f*

раке́тн||ый Rakéten-; ~ый самолёт Rakétenflugzeug *n* (2); ~ый снаря́д Rakétengeschoß *n* -sses, -sse, Rakete *f* (11); ~ые дви́гатели Raketentriebwerke *pl*; ~ая артилле́рия Rakétenartillerie *f*; ~ые войска́ Rakétentruppen *pl*; ~ая держа́ва Rakéten- und Kérnwaffenmacht *f* (3)

ракетово́з *м* Rakétenfahrzeug *n* (2)

ракетодро́м *м* Rakétenstartplatz *m* (1*); испыта́тельный ~ Rakétenversuchsgelände *n* (6)

ракетоно́с||ец *м*: корабли́-~цы rakétentragende Schíffe

ракетоно́сный rakétentragend

ракетострое́ние *с* Rakétenbau *m* -e(s)

раке́тчик *м* Ángehöriger *m* der Rakétentruppen

раки́т||а *ж* Sálweide *f* (11); **~ник** *м* (*заросль*) Sálweidengebüsch *n* (2)

ра́ковина *ж* **1.** Múschel *f* (11); ушна́я ~ Óhrmuschel *f*; **2.** *тех.* Bláse *f* (11), Gásblase *f* (*в бетоне*); Lúnker *m* (6); (*в металле*) **3.** (*водопроводная*) Ábwaschbecken *n* -s, Wáschbecken *n*; Áusguß *m* -sses, -güsse; Spülstein *m* (1), Spüle *f* (11)

ра́ковый I Krebs-; ~ суп Krébssuppe *f*

ра́ков||ый II *мед.* Krebs-; ~ая о́пухоль Krébsgeschwulst *f* (3); ~ый больно́й Krébskranke *m* (14)

ракообра́зные *сущ. мн. зоол.* Krébstiere *pl*, Krústentiere *pl*, Krustazé|en *pl*

ра́курс *м жив.* (perspektívische [-vi-]) Verkürzung [Éinstellung] *f*; в ~е in der Verkürzung

раку́шечник *м* Múschelkalk *m* -(e)s

раку́шка *ж* kléine Múschel

ра́лли *с спорт.* Rallye ['rali *и* 'rɛli] *f*, *pl* -s

ралли́ст *м спорт.* Rallyeteilnehmer ['rali-] *m* (6)

ра́м||а *ж* **1.** Ráhmen *m* (7), око́нная ~а Fénsterrahmen *m*, Fénsterzarge *f* (11); двойна́я ~а Dóppelrahmen *m*; дверна́я ~а Túrzarge *f*, Túrfutter *n* (6); лесопи́льная ~а Sägegatter *n* (6); ~а для карти́ны Bílderrahmen *m*; вста́вить в ~у éinrahmen *vt*; **2.** *спец.* Gestéll *n* (2); *ж.-д.* Trággerippe *n* (6)

ра́ми *с* (*китайская конопля*) Chinagras *n* -es, Chinanessel *f*, Rámiefaser *f*

ра́мка *ж* **1.** (kléiner) Ráhmen *m* (7); Umrándung *f* (10) (*вокруг объявления*); **2.** *текст.* Gátter *n* (6)

ра́мк||и *мн.* (*пределы*) Ráhmen *m* (7); Schránken *pl*, Grénzen *pl*; ввести́ в ~и 1) (*что-л.*) éiner Sáche Schránken sétzen [zíehen*]; 2) (*кого-л.*) j-n in die Schránken wéisen*; держа́ться в ~ах sich in Schránken hálten*; вы́йти за ~и den Ráhmen spréngen; über den Ráhmen hináusgehen*

ра́мочн||ый Ráhmen-; ~ая анте́нна *радио* Ráhmenantenne *f* (11); ~ая констру́кция (*предложения*) *грам.* Ráhmensatz *m* (1*)

ра́мп||а *ж театр.* Rámpe *f* (11); при све́те ~ы im Rámpenlicht

ра́на *ж* Wúnde *f* (11); ~ в го́лову Kópfwunde *f*; Kópfschuß *m* -sses, -schüsse (*огнестрельная*); рва́ная ~ Rίßwunde *f*; ~ в живо́т Báuchwunde *f*; Báuchschuß *m* (*огнестрельная*); ко́лотая ~ Stíchwunde *f*; ~ от уку́са Bíßwunde *f*; огнестре́льная ~ Schúßwunde *f*; ре́заная ~ Schníttwunde *f*

ранг *м* Rang *m* (1*); капита́н пе́рвого ~а *мор.* Kapitän *m* (1) zur See; по ~у, согла́сно ~у rángmäßig; ста́рший по ~у rángältester

рангоу́т *м мор.* Mástwerk *n* -(e)s

ра́нее *см.* ра́ньше 2

ране́ние *с* Verwúndung *f* (10), Verlétzung *f* (10)

ра́неный *прил.* **1.** verwúndet, verlétzt, wund; **2.** *в знач. сущ. м* Verwúndete *m* (14), Verlétzte *m* (14)

ране́т *м* (*сорт яблок*) Renétte *f* (11)

ра́нец *м* Ránzen *m* (7), Schúlranzen *m* (*школьный*); *воен.* Tornίster *m* (6)

ранжи́р *м*: постро́ить по ~у *воен.* rangieren [raŋ'ʒi:-] *vt*; der Größe nach [dem Rang nach] in éiner Réihe áufstellen; ◇ подвести́ под оди́н ~ ≅ über éinen Kamm schéren*

рани́мость *ж* Verlétzbarkeit *f*

ра́нить verwúnden *vt*, verlétzen *vt*

ранненововерхнонеме́цкий frühneuhochdeutsch (*сокр.* frühnhd.); ~ язы́к Frühneuhochdeutsch *n* = *и* -s, das Frühneuhochdeutsche (*sub*) (*сокр.* Frühnhd.)

раннеспе́лый *бот.* frühreif

ра́нн||ий früh; Früh-, frühzeitig; ~яя зима́ früher [frühzeitiger] Wínter; ~ею весно́й im Vórfrühling; ~ие о́вощи Frühgemüse *n* -s; ~ие фру́кты Frühobst *n* -es; ~ая ста́дия Frühstadium *n* -s; ~яя мо́лодость frühe Júgend; ~им у́тром frühmorgens, am frühen Mórgen, in áller Frühe; с ~его де́тства von früher Kíndheit an [auf]; ~ий романти́зм Frühromantik *f*

ра́но **1.** *нареч.* früh; ~ и́ли по́здно über kurz óder lang; **2.** *предик. безл.* es ist früh; ещё ~ es ist noch früh; доста́точно ~ früh genúg; ◇ ~ пта́шечка запе́ла, как бы ко́шечка не съе́ла *погов.* den Vógel, der zu früh singt, frißt die Kátze

рант *м* Rand *m* (4) (*край*); Ráhmen *m* (7) (*в машинном производстве*); Kánte *f* (11) (*кант*); о́бувь на ~у́ ráhmengenähte [rándgenähte] Schúhe; **~ово́й** Rand-; ~ова́я подо́шва Rándsohle *f* (11)

рантье́ *м* Rentier [*фр.* rɛn'tie:] *m* -s, -s

ра́нчо *с* Ranch [*англ.* rɛntʃ] *f*, *pl* -(e)s; Víehfarm *f* (10)

рань *ж разг.* Frühe *f*; в таку́ю ~ so frühzeitig; така́я ~! so früh!

ра́ньше *нареч.* **1.** früher; éher; vor, bevór; как мо́жно ~ möglichst früh; не ~ ме́сяца nicht vor éinem Mónat; ~ нас früher als wir, vor uns; ~ вы́слушай, пото́м говори́ hör mich (zu)érst an, dann sprich; **2.** (*в прежнее время*) früher, éhemals; einst (*когда-то*)

рапа́ *ж* Sálzwasser *n* -s

рапи́ра *ж* Rapíer *n* (2), Florétt *n*

(2), Féchtdegen *m* (7); **фехтова́ние на ~х** Florέttfechten *n* -s

ра́порт *м* Méldung *f* (10), Díenstmeldung *f*, Beŕicht *m* (1), Rappórt *m* (1); отда́ть ~ Beŕicht erstátten; приня́ть ~ den Beŕicht ábnehmen*

рапорти́чка *ж* kúrzer Beŕicht, Beŕichtformular *n* (2), Kúrzmeldung *f* (10); ка́ссовая ~ Kássenbericht *m* (1)

рапортова́ть mélden *vt, vi*, beŕichten *vt, vi*

рапс *м бот.* Raps *m* (1); **~овый** Raps-; ~овое ма́сло Rápsöl *n* -(e)s

рапсо́дия *ж муз.* Rhapsodíe *f* (11)

рарите́т *м* Raritä́t *f* (10), Séltenheit *f* (10)

ра́с||а *ж* Rásse *f* (11); челове́к друго́й ~ы Ándersrassige *m, f* (14)

рас||и́зм *м* Rassísmus *m* =, Rássentheorie *f* (11); Rássenhetze *f*; **~и́ст** *м* Rassíst *m* (8), Rássenhetzer *m* (6); **~и́стский** rassístisch, rássenhetzerisch

раскабали́ть vom Joch [von der Knéchtschaft] befréien

раскадро́вка *ж кино* Éinteilung *f* in Bílder

раска́ива||ться *см.* раска́яться; я ~юсь в э́том es reut mich, ich beréue das

раскалённ||ость *ж* Glut *f*, Glúthitze *f*; **~ый** glühend, heiß; ~ый докрасна́ rótglühend; ~ый добела́ wéißglühend

раскали́ть glühend máchen, zum Glühen bríngen*; stark erhítzen; ~ добела́ bis zur Wéißglut erhítzen; **~ся** glühend wérden, sich stark erhítzen

раска́лыв||ание *с* Spálten *n* -s, Zerspálten *n*; **~ать** *см.* расколо́ть; **~аться** 1. *см.* расколо́ться; 2. *страд.* gespáltet [gespálten] wérden (*ср.* расколо́ть)

раскаля́ть *см.* раскали́ть; **~ся** 1. *см.* раскали́ться; 2. *страд.* glühend gemácht wérden

раска́пывать *см.* раскопа́ть

раскасси́ровать kassíeren *vt*, áuflösen *vt*; liquidíeren *vt*

раска́т *м* 1. (*грома*) Dónnern *n* -s, Dónnerrollen *n* -s; Gerölle *n* (6); 2. *уст.* (*для пушек*) Gléitbahn *f* (10); 3. (*разбег саней*) Fórtschießen *n* -s, vóller Lauf; 4. *мн.* ~ы: ~ы сме́ха Láchsalve [-və] *f* (11); ~ы соловья́ das Tríllern der Náchtigall

раската́ть 1. ins Róllen bríngen*; 2. (*ковёр*) áufrollen *vt*; auseinánder¦rollen *отд. vt*; 3. (*тесто*) áusrollen *vt*, glättrollen *отд. vt*; 4. (*бельё*) mángeln *vt*; róllen *vt*; 5. (*дорогу*) áusfahren* *vt*

раска́тистый róllend, náchhallend, schállend; ~ хо́хот schállendes Gelächter; ~ уда́р гро́ма ein róllender Dónnerschlag

раскати́ться 1. in Schwung kómmen*; ins Róllen kómmen*; 2. (*в разные стороны*) auseinánderrollen; 3. (*прозвучать*) laut und náchhallend erschállen

раска́тывать 1. *см.* раската́ть 2. *разг.* (*много ездить*) herúmfahren* *vt* (s); herúmkutschieren *vi* (s)

раскача́ть 1. (*качели и т. п.*) stark schä́ukeln, in Schwíngung bríngen*; 2. *разг.* (*расшевелить кого-л.*) áufrütteln *vt*; in Bewégung bríngen*; его́ не сра́зу раскача́ешь er ist nicht so leicht in Bewégung [in Schwung] zu bríngen*; 3. (*столб, кол и т. п.*) (hin- und hér)rütteln *vt*; lóckern *vt*; **~ся** 1. (*на качелях и т. п.*) in Schwung kómmen*; sich schä́ukeln; 2. *разг.* (*решиться, собраться*) sich áufraffen, in Bewégung [in Schwung] kómmen*

раска́чивание *с* 1. Schä́ukeln *n* -s, Schwíngen *n* -s (*качелей и т. п.*); Schlíngern *n* -s (*судна*); 2. (*столба*) Rütteln *n* -s; Lóckern *n* -s

раска́чивать *см.* раскача́ть; **~ся** 1. *см.* раскача́ться; 2. *страд.* geschä́ukelt wérden (*ср.* раскача́ть)

раска́шляться éinen Hústenanfall bekómmen*, von éinem héftigen Hústen befállen wérden

раска́яни||е *с* Réue *f*; с ~ем réumütig; испы́тывать ~е Réue zéigen; по́лный ~я réuevoll, réuig

раска́яться beréuen *vt*; Réue empfínden* [zéigen]; ~ в преступле́нии sein Verbréchen beréuen

расквартирова́ние *с* Éinquartierung *f*, Únterbringung *f*

расквартирова́ть éinquartieren *vt*; únterbringen* *vt*; **~ся** sich éinquartieren

расква́сить, расква́шивать *разг.* 1. platt schlágen*, blútig schlágen* (*нос, лицо*); 2. schlä́mmig máchen (*дороги*)

расквита́||ться (*с кем-л.*) 1. mit j-m ábrechnen, quitt wérden; 2. (*отомстить*) ábrechnen *vi*; j-m etw. héimzahlen *отд.*; мы ~лись wir sind quitt

раскида́ть auseinánder¦werfen* *отд. vt*, herúmwerfen* *vt*, umhérwerfen* *vt*; zerstréuen *vt*

раски́дистый (*о дереве*) weit áusgreifend, wéitverzweigt

раскидно́й Klapp-; áufschlagbar

раски́дывать 1. *см.* раскида́ть; 2. *см.* раски́нуть; **~ся** 1. *см.* раски́нуться; 2. *страд.* auseinándergeworfen wérden; verstréut wérden

раски́нуть 1. (*распростереть*) áusbreiten *vt*; 2. (*палатку, лагерь*) áufschlagen* *vt*; áufstellen *vt*; 3. (*ковёр*) áuslegen *vt*; ◇ ~ умо́м etw. gut überlégen; ~ ка́рты die Kárten légen; **~ся** 1. sich áusbreiten (*о ветвях дерева*); híngebreitet líegen*, sich áusdehnen (*о городе и т. п.*); 2. *разг.* (*на кровати и т. п.*) sich áusstrecken, sich der Länge nach hínwerfen*

раскипяти́ться *разг.* sich errégen, sich erhítzen, sich ä́rgern

раскиса́ть *см.* раски́снуть

раскисле́ние *с хим.* Desoxidatión

раски́снуть 1. sáuer wérden, áufgehen* *vi* (s) (*о тесте*); 2. *разг.* áufweichen* *vi*, áufquellen* *vi* (*об обуви*); schlä́mmig wérden (*о дороге*); 3. *разг.* (*о человеке*) schlapp wérden, schláppmachen *отд. vi*

раскла́дк||а *ж* Vertéilung *f* (10); Úmlage *f*; де́лать ~у vertéilen *vt*, éinteilen *vt*

раскладно́й Klapp-; zusámmenlegbar, áufschlagbar

раскладу́шка *ж* Kláppbett *n* (13)

раскла́дывать *см.* разложи́ть 1, 2; **~ся** 1. *см.* разложи́ться 1; 2. *страд.* áusgelegt wérden (*ср.* разложи́ть 1, 2)

раскла́ниваться, раскла́няться sich verbéugen, éine Verbéugung máchen, sich vernéigen; einánder begrüßen; den Hut zíehen* (*снять шляпу*); voneinánder Ábschied néhmen*, sich verábschieden (*распрощаться*)

расклева́ть 1. (*разбить клювом*) zerpícken *vt*; 2. (*álles*) áufpicken *vt*

раскле́ивать *см.* раскле́ить; **~ся** 1. *см.* раскле́иться; 2. *страд.* ángeklebt wérden

раскле́ить 1. (*афиши и т. п.*) (án)kleben *vt*, áufkleben *vt*; 2. (*раскрыть*) öffnen *vt*; **~ся** 1. sich áblösen, ábgehen* *vi* (s); aus dem Leim géhen*; 2. *разг.* (*заболеть*) kränkeln *vi*, die Léistungsfähigkeit verlíeren*; 3. *разг.* (*разладиться*) sich zerschlágen*, nicht zustánde kómmen* (*о свадьбе, о сделке*); erkálten *vi* (s) (*о дружбе*)

раскле́йка *ж* (*афиш и т. п.*) Ánkleben *n* -s, Áufkleben *n*, Klében *n*

расклепа́ть, расклёпывать entníeten *vt*

расклини́ть lóskeilen *отд. vt*; ábkeilen *vt*

раскова́ть 1. (*лошадь*) das Éisen [Húfeisen] ábschlagen*; 2. (*закованного человека*) von den Fésseln befréien; lósschmieden *отд. vt*; **~ся** 1. (*о лошади*) ein Éisen [Húfeisen] verlíeren*; 2. sich von den Fésseln befréien

раско́вывать *см.* раскова́ть; **~ся** 1. *см.* раскова́ться; 2. *страд.* von den Fésseln befréit wérden; lósgeschmiedet wérden

расковы́ривать, расковыря́ть *разг.* 1. zerstóchern *vt*, zerwühlen *vt*; 2. (*расцарапать*) zerkrátzen *vt*, áufkratzen *vt*, áufreißen* *vt*

раско́л *м* 1. Spáltung *f* (10); Áufspaltung *f*; Zerréißung *f* (10); Riß *m* -sses, -sse; сторо́нник ~а Spálter *m* (6); поли́тика ~а Spáltungspolitik *f*; 2. *рел. ист.* Schísma *n* -s, *pl* -men *u* -ta, Kírchenspaltung *f* (10), Gláubenstrennung *f*

раскола́чивать, расколоти́ть *разг.* zerschlágen* *vt*, zerbréchen* *vt*; zerschéllen *vt*

расколдова́ть entzáubern *vt*

раско́лотый 1. *прич.* gespálten; 2. *прил. перен.* gespálten; zwéigeteilt (*на две части*)

расколо́||ть 1. zerspálten *vt* (*дрова*); hácken *vt* (*сахар*); ~ть оре́х éine Nuß knácken; 2. *перен.* spálten *vt*, éinen Bruch herbéiführen; entzwéien *vt* (*на две части*); ~ть еди́нство die Éinheit spréngen; **~ться** 1. sich spálten; zerschéllen *vi* (s); bérsten* *vi* (s) (*треснуть*); 2. *перен.* sich spálten; úneins wérden; miteinánder bréchen*; голоса́ ~лись die Stímmen wáren zersplíttert

раско́льн||ик *м* 1. (*старообрядец*) Raskólnik *m* =, -ki, Kírchenspalter *m* (6), Schismátiker *m* (6); 2. *перен.* Spálter *m* (6); **~ический** 1. *рел. ист.* schismátisch; 2. *перен.* spálterisch; Spálter-, Spáltungs-; ~ическая де́ятельность spálterische Tä́tigkeit; ~ическая гру́ппа Spáltergruppe *f* (11)

раскопа́ть 1. áufgraben* *vt*, zerwühlen *vt*; áusgraben* *vt* (*выкопать что-л.*); 2. *разг.* (*разузнать*) áusfindig máchen; ans Licht bríngen*

раско́пки *мн. археол.* Áusgrabungen *pl*

раскорми́ть mä́sten *vt*, áuffüttern *vt*, fett máchen; überernä́hren *vt* (*ребёнка*); stópfen *vt* (*гуся*)

раскорчёвка *ж разг.* Róden *n* -s, Ródung *f*

раскоря́||ка *разг.*: стоя́ть ~кой mit gespréizten Béinen stéhen*

раскоря́чить *разг.* auseinánder¦spreizen *отд. vt*, von sich strécken

раско́с *м спец.* Strébe *f* (11), Spréize *f* (11)

раско́сый schíelend, scheel

раскоше́ливаться, раскоше́литься *разг. etw.* áusgeben*; spendíeren *vt*, fréigebig sein; раскоше́литься на пять рубле́й fünf Rúbel sprínġen lássen* [áuspacken]

раскра́ивать *см.* раскрои́ть

раскраса́вица *ж разг.* Állerschönste *f* (14), Schöne *f* (14), Schönheit *f* (10)

раскра́сить bemálen *vt*; áusmalen *vt*, bunt ánstreichen* [ánmalen]

раскра́ска *ж* **1.** (*действие*) Bemálung *f*, Bemálen *n* -s; Färben *n* -s, Färbung *f*, Áusmalung *f*; **2.** (*расцветка*) Färbung *f* (10), Fárbenauftrag *m* -(e)s

раскрасне́ться rot wérden, erröten *vi* (s), erglühen *vi* (s), róte Bácken bekómmen*

раскра́сть (álles) stéhlen* *vi*, áusrauben *vt*

раскра́шиван||ие *с* Áusmalung *f*, Bemálung *f*; Färbung *f*, Färben *n* -s, альбо́м для ~ия Málbuch *n* (5)

раскра́шивать *см.* раскра́сить

раскрепости́ть, раскрепоща́ть 1. *ист.* von der Léibeigenschaft befréien; **2.** (*освободить*) (vom Joch) befréien

раскрепоще́ние *с* **1.** *ист.* Áufhebung *f* der Léibeigenschaft; **2.** (*освобождение*) Befréiung *f*

раскритикова́ть gehörig [in Grund und Bóden] kritisíeren; sehr ábfällig beúrteilen; herúntermachen *vt*, verréißen* *vt*

раскрича́ться ein stärkes Geschréi erhében*; ins Schréien kómmen*, in ein (héftiges) Geschréi áusbrechen*; lóspoltern *отд.* *vi*, ~ на кого́-л. j-n ánschreien* [ánbrüllen]

раскрои́ть 1. (*материю и т. п.*) zúschneiden* *vt*; **2.** *разг.* (*рассечь, разрубить*) spálten *vt*; ~ че́реп den Schädel spálten

раскро́й *м* Schnitt *m* (1), Zúschnitt *m*; Zúschneiden *n* -s

раскроши́ть zerkrümeln *vt*; zerbröckeln *vt*; ~**ся** zerkrümeln *vi* (s); zerbröckeln *vi* (s); ábbröckeln *vi* (s) (*о зубе*)

раскрути́ть lóswinden* *отд.* *vt*, ábschrauben *vt*, áufschrauben *vi* (*винт*); lósdrehen *отд.* *vt*, áufdrehen *vt*, ábdrehen *vt* (*кран*); áufdröseln *vt* (*верёвку*); ~**ся** sich ábwickeln; sich lósschrauben *отд.*, sich áufschrauben (*о винте и т. п.*), sich lósdrehen *отд.* (*о кране и т. п.*), áblaufen* *vi* (s) (*о пружине*)

раскру́чивать *см.* раскрути́ть; ~**ся 1.** *см.* раскрути́ться; **2.** *страд.* lósgewunden wérden (*ср.* раскрути́ть)

раскрыва́емость *ж* (*преступлений*) Áufklärungsquote *f*

раскрыва́ть *см.* раскры́ть; ~**ся 1.** *см.* раскры́ться; **2.** *страд.* geöffnet wérden (*ср.* раскры́ть)

раскры́тие *с* **1.** Öffnen *n* -s, Áufmachen *n* -s; *мед.* Eröffnung *f*; Entfáltung *f* (10) (*парашюта*); ~ смы́сла Erschlíeßung des Sínnes; Sínnerschlíeßung *f*; **2.** (*преступления и т. п.*) Áufdeckung *f* (10); Áufhellung *f*; ◇ ~ ско́бок *мат.* Áuflösung der Klámmern

раскры́ть 1. öffnen *vt*, áufmachen *vt*; áufschlagen* *vt* (*газету, книгу*); áufdecken *vt* (*постель*); ~ окно́ das Fénster öffnen [áufmachen]; ~ зо́нтик den Schirm öffnen [áufspannen]; **2.** (*обнажить*) áufdecken *vt*, blóßlegen *отд.* *vt*; entblößen *vt*; **3.** (*разоблачить*) áufdecken *vt*, enthüllen *vt*; áufhellen *vt*, offenbáren *vt*; klárstellen *отд.* *vt*; an den Tag bríngen*, zum Vórschein bríngen*; ~ чьи-л. за́мыслы hínter j-s Schlíche kómmen*; ~ та́йну ein Gehéimnis lüften [enthüllen]; ◇ ~ ско́бки *мат.* die Klámmern áuflösen; ~ свои́ ка́рты séine Kárten áufdecken; Fárbe bekénnen*; ~**ся 1.** sich áuftun*, sich öffnen; áufgehen* *vi* (s); sich entfálten (*о парашюте*); **2.** (*обнаружиться*) sich heráusstellen; heráuskommen* *vi* (s); an den Tag [ans Licht] kómmen*; **3.** (*о почках*) áusschlagen* *vi* (s), sich öffnen, sich entfálten; **4.** (*обнажиться*) sich áufdecken; **5.** (*перестать таиться*) sein wáhres Gesícht zéigen, (j-m) séine Séele öffnen

раскуда́хтаться 1. ánfangen* laut zu gáckern; ándauernd laut gáckern; **2.** *разг.* (*разворчаться*) lamentíeren *vi*

раскула́чива||ние *с* Entkulakisíerung *f* (10), (ökonómische) Liquidíerung der Gróßbauernschaft ~**ть, раскула́чить** entkulakisíeren *vt*, das Gróßbauerntum liquidíeren; éinen Kuláken entéignen

раскуме́кать *разг.* erráten *vt*; verstéhen* *vt*; ~ зага́дку ein Rätsel lösen

раскупа́ть, раскуп||и́ть áufkaufen *vt*; кни́гу бы́стро ~и́ли das Buch war schnell vergríffen

раску́поривание *с* Öffnen *n* -s, Áufmachen *n* -s, Entkórken *n* -s (*бутылок*)

раску́поривать *см.* раску́порить; ~**ся 1.** *см.* раску́пориться; **2.** *страд.* entkórkt wérden (*ср.* раску́порить)

раску́порить öffnen *vt*, áufmachen *vt*; entkórken *vt*, den Pfrópfen ziehen* (*бутылку*); ~**ся** áufgehen* *vi* (s), sich öffnen

раску́порка *ж см.* раску́поривание

раску́ривать(ся) *см.* раскури́ть(ся)

раскури́ть ánrauchen *vt*, ánbrennen* *vt*; ~**ся** ángeraucht wérden

раскус||и́ть 1. zerbéißen* *vt*; áufknacken *vt*, knácken *vt* (*орех*); **2.** *разг.* (*распознать*) dahínterkommen* *vi* (s) (что-л. *D*); durchscháuen *vt*; hínter die Schlíche kómmen*; ~**и́ть в чём де́ло** der Sáche auf den Grund kómmen*; он ~и́л в чём де́ло ihm ist ein Licht áufgegangen; его́ не раску́сишь aus ihm ist nicht klug zu wérden

раску́сывать *см.* раскуси́ть 1

раску́тать áuswickeln *vt*; lóswickeln *отд.* *vt* (*ребёнка*); ~**ся** sich áuswickeln; sich von der Vermúmmung frei máchen, sich enthüllen

раскути́ться *разг.* d(a)raufl6szechen *vi*, tüchtig zéchen; sein gánzes Geld verjúbeln

раску́тывать *см.* раску́тать; ~**ся 1.** *см.* раску́таться; **2.** *страд.* áusgewickelt [lósgewickelt] wérden

ра́сов||ый Rássen-; rássenmäßig, rássengebunden; ~ая дискримина́ция Rássendiskriminierung *f*

распа́д *м* Zerfáll *m* -(e)s; радиоакти́вный ~ radioaktíver [-vər] Zerfáll; проду́кты ~а *физ.* Spáltungsprodukte *pl*; ~ струи́ Stráhlauflösung *f* (10)

распада́ться *см.* распа́сться

распа́ивать(ся) *см.* распая́ть(ся)

распакова́ть áuspacken *vt*; ~**ся 1.** (*о свёртке и т. п.*) áufgehen* *vi* (s), auseinánder¦fallen* *отд.* *vi*(s); **2.** *разг.* (*распаковать свои вещи*) áuspacken *vt*

распако́вка *ж* Áuspacken *n* -s; Áuspackerei *f* (*разг.*)

распако́вывать *см.* распакова́ть; ~**ся 1.** *см.* распакова́ться; **2.** *страд.* áusgepackt wérden

распали́ть *разг.* **1.** erhítzen *vt*; **2.** *перен.* entflámmen *vt*; entfáchen *vt* (*страсть*); erzürnen *vt* (*гнев*); ~**ся** *разг.* **1.** sich stark erhítzen; **2.** *перен.* in Hárnisch geráten*, áufbrausen *vi* (s) (*вспылить*); entbrénnen* *vi* (s) (чем-л. in *D*, von *D*) (*любовью и т. п.*)

распа́лубка *ж тех.* Áusschalung *f* (10); Entfórmung *f* (10)

распаля́ть *см.* распали́ть; ~**ся 1.** *см.* распали́ться; **2.** *страд.* in Hárnisch gebrácht wérden; (von Léidenschaft) ergríffen wárden

распа́ривать(ся) *см.* распа́рить(ся)

распа́рить 1. (*размягчить*) bähen *vt*; (mit Dampf óder héißem Wásser) áufweichen *vt*; **2.** *разг.* (*разогреть до пота*) zum Schwítzen bríngen*; ~ ко́сточки ein héißes Dámpfbad néhmen*; ~**ся 1.** in héißem Dampf áufweichen; **2.** *разг.* (*разогреться до пота*) in Schweiß geráten*

распа́рывать *см.* распоро́ть; ~**ся 1.** *см.* распоро́ться; **2.** *страд.* áufgetrennt wérden

распа́сться 1. (*на части*) zerfállen* *vi* (s); **2.** (*разладиться*) auseinánder¦gehen* *отд.* *vi* (s), zerfállen* *vi* (s); dem Verfáll [Ruín] anhéimfallen* [entgégengehen*] (*книжн.*); verfállen* *vi* (s), in Verfáll geráten* (*прийти в упадок, в расстройство*)

распаха́ть áufpflügen *vt*, (úm)pflügen *vt*; úmbrechen* *vt*

распа́хивание I *с* (*целины*) Úmbrechen *n* -s, Áufpflügen *n* -s

распа́хивание II *с* (*дверей*) Áufreißen *n* -s

распа́хивать I *см.* распаха́ть

распа́хивать II *см.* распахну́ть; ~**ся 1.** *см.* распахну́ться; **2.** *страд.* áufgemacht wérden (*ср.* распахну́ть)

распахну́ть áufreißen* *vt*, (weit) áufmachen *vt*, öffnen *vt* (*окно и т. п.*); (die Róckschöße) zurückschlagen* *vt* (*пальто и т. п.*); ~**ся 1.** áufgehen* *vi* (s), sich öffnen; **2.** (*распахнуть полы одежды*) die Róckschöße zurückschlagen*

распа́шка *ж см.* распа́хивание I

распа́шник *м с.-х.* Mésseregge *f* (11)

распашо́нка *ж* **1.** Säuglingshemdchen *n* (7), Kínderjäckchen *n* (7); **2.** (*женская*) Flátterhemd *n* (13)

распая́ть lóslöten *отд.* *vt*; áblöten *vt*; ~**ся** aus der Lötung géhen*, an den Lötstellen áufplatzen

распе́в *м* **1.** Rhýthmus *m* im Gesáng; **2.** lángsame, gedéhnte Réde

распева́ть (den gánzen Tag) síngen* *vi*, *vt*; vor sich hin síngen*

распека́ть *см.* распе́чь

распелена́ть áufwickeln *vt*, die Wíndeln áufmachen; ~**ся** sich áufwickeln, sich lósmachen

распере́ть *см.* распира́ть

распетуши́ться *разг.* wie ein Hahn hóchgehen*; áufbrausen *vi* (s) (*вспылить*)

распе́ться 1. (*войти в голос*) sich éinsingen*; **2.** (*петь много*) óhne Únterlaß síngen*

распеча́тать 1. (*снять печать*) entsíegeln *vt*; **2.** (*вскрыть*) áufbrechen* *vt*; öffnen *vt*, áufmachen *vt* (*открыть*); áufreißen* *vt* (*конверт*); ánbrechen* *vt* (*пачку сигарет, коробку конфет и т. п.*); ~**ся** áufgehen* *vi* (s)

распеча́тывание *с* **1.** (*снятие печатей*) Entsíeg(e)lung *f*; **2.** (*письма*) Öffnen *n* -s, Áufbrechen *n* -s

распеча́тывать *см.* распеча́тать; ~**ся 1.** *см.* распеча́таться; **2.** *страд.* entsíegelt wérden (*ср.* распеча́тать)

распе́чь *разг.* (*кого-л.*) j-n tüchtig áuszanken; j-m den Kopf wáschen*; j-n verdónnern; j-n herúntermachen

распива́ть *разг. см.* распи́ть

распи́ливать, распили́ть zersägen *vt*; dúrchsägen *vt*

распи́лк||а *ж*, **распило́вка** *ж* Zersägen *n* -s; Dúrchsägen *n*; на ~у zum Zersägen

распина́ть *см.* распя́ть

распина́ться *разг.* sich (außerórdentlich) bemühen (за кого́-л., за что-л. um *A*); sich (*D*) die Béine [ein Bein] áusreißen* (за кого-л. für *A*)

распира́ть auseinánder¦spreizen *отд. vt*

расписа́н||ие *с* Plan *m* (1*); Verzéichnis *n* (3*); Líste *f* (11); ~ие поездо́в Fáhrplan *m*; ~ие уро́ков Stúndenplan *m*; ~ие аудито́рий Ráumverteilungsplan *m*; по ~ию plángemäß, plánmäßig; fáhrplanmäßig (*о транспорте*); вне ~ия áußerfahrplanmäßig; как по ~ию *шутл.* das klappt ja aufeinánder wie der Móntag auf den Sónntag

расписа́ть **1.** (*записать в разные места*) áufschreiben* *vt*, áusschreiben* *vt*; **2.** (*разрисовать*) áusmalen *vt*, bemálen *vt*; **3.** *разг.* (*рассказать*) áusmalen *vt*, éingehend beschréiben*; **4.** (*распределить*) áufteilen *vt*; **~ся 1.** (*подписаться*) unterschréiben* *vt*, unterzéichnen *vt*, zéichnen *vt*, signíeren *vt*; ~ся в получе́нии чего́-л. den Empfáng (schriftlich) bestätigen [beschéinigen, quittíeren]; **2.** *разг.* (*зарегистрировать брак*) die Éhe registríeren lássen*; sich stándesamtlich [auf dem Stándesamt] tráuen lássen*; stándesamtlich héiraten; **3.** (*много писать*) zusámmenschreiben* *vt*, ins Schréiben kómmen* (*войти во вкус писания*); ◇ ~ся в чём-л. *ирон.* éingestehen* *vt*, zúgeben* *vt*; ~ся в со́бственном банкро́тстве séinen éigenen Bankrótt beschéinigen; sich selbst ein Ármutszeugnis áusstellen

распи́ск||а *ж* Quíttung *f* (10); Beschéinigung *f* (10); ~а в получе́нии Empfángsbestätigung *f* (10), Empfángsbescheinigung *f*, Empfángsschein *m* (1); обра́тная ~а Gégenquittung *f*, Ántwortschein *m*; Rückschein *m*; официа́льная ~а Belégquittung *f*; счёт с ~ой quittíerte Réchnung; под ~у gégen Quíttung [Beschéinigung]; дать ~у quittíeren *vt*, beschéinigen *vt*, schríftlich bestätigen; взять ~у sich (*D*) éine Quíttung gében lássen*

расписно́й bemált, (áus)gemált

распи́сывать *см.* расписа́ть; ~ на все лады́ sich in állen Tónarten über etw. (*A*) ergéhen*; über den grünen Klee lóben; ~ся **1.** *см.* расписа́ться 1, 2 **2.** *страд.* áusgeschrieben wérden (*ср.* расписа́ть)

распи́ть *разг.* trínken* *vt*; geméinsam (éine Flásche Wein, Bier) léeren *vt*

распиха́ть, распи́хивать *разг.* **1.** (*рассовать*) (írgendwohin, únordentlich, überáll) hinéinstecken *vt* [hinéinstopfen *vt*, hinéinschieben* *vt*]; **2.** (*растолкать*) auseinánder¦stoßen* *отд. vt*

распла́вить (zer)schmélzen(*) *vt*; **~ся** (zer)schmélzen* *vi* (s)

распла́вливание *с* Schmélzen *n* -s

расплавля́ть *см.* распла́вить; **~ся 1.** *см.* распла́виться; **2.** *страд.* geschmólzen wérden

распла́каться in Tränen áusbrechen*; zu wéinen begínnen*, lósweinen *отд. vi*

расплани́ровать éinen genáuen Plan áufstellen; éinen Plan entwérfen*; plánmäßig éinteilen [éinrichten] (*распределить по плану*); ~ вре́мя die Zeit éinteilen [éinrichten]; всё распла́нировано álles éingeplant

распласта́ть 1. áusbreiten *vt*, áusstrecken *vt*; **2.** *тех.* ábplatten *vt*; in Schíchten zertéilen; **~ся** sich der Länge nach áusstrecken

распла́стывать(ся) *см.* распласта́ть(ся)

распла́та *ж* **1.** Áuszahlung *f*, Bezáhlung *f*; Verréchnung *f*, Ábrechnung *f*; **2.** (*кара*) Ábrechnung *f*, Vergéltung *f*

расплати́ться, распла́чиваться 1. áuszahlen *vt*, bezáhlen *vt*; ábrechnen *vi*; záhlen *vt*, die Zéche bezáhlen (*в ресторане и т. п.*); ~ по счёту die Réchnung begléichen*; по́лностью ~ auf Héller und Pfénnig bezáhlen; ~ с долга́ми die Schúlden begléichen* [bezáhlen; *разг.* ábstoßen*]; ~ с кем-л. j-n áuszahlen; mit j-m verréchnen; **2.** (*отомстить*) ábrechnen *vi* (с кем-л. mit *D*), vergélten* *vt* (с кем-л. *D*); **3.** (*искупить что-л.*) sühnen *vt*, entgélten* *vt*, büßen *vt*, *vi*

расплеска́ть verschütten *vt*, vergíeßen* *vt*; verspritzen *vt* (*разбрызгать*); **~ся** überfließen* *vi* (s), über den Rand flíeßen* [sprítzen]

расплёскивать *см.* расплеска́ть; **~ся 1.** *см.* расплеска́ться; **2.** *страд.* verschüttet [vergóssen] wérden

расплести́ áufflechten* *vt*, lósflechten* *отд. vt*; **~сь** sich lösen; áufgehen* *vi* (s)

расплета́ние *с* Áufflechten *n* -s

расплета́ть *см.* расплести́; **~ся 1.** *см.* расплести́сь; **2.** *страд.* áufgeflochten wérden

расплоди́ть vermehren *vt*, fórtpflanzen *vt*; zíehen* *vt*, züchten *vt*; *перен.* áufkommen lássen*; **~ся** sich vermehren, sich fórtpflanzen

расплыва́ться *см.* расплы́ться

расплы́вчат||ость *ж* Verschwómmenheit *f*; **~ый** verschwómmen, verwáschen; únklar (*неясный*)

расплы́||ться 1. (*о чернилах и т. п.*) verschwímmen* *vi* (s), zerfließen* *vi* (s); **2.** *разг.* (*раздаться в стороны*) ánschwellen* *vi* (s), sich áusdehnen; **3.** *разг.* (*растолстеть*) dick und fett wérden, zúnehmen* *vi*; ◇ его́ лицо́ ~ло́сь в улы́бку er stráhlte übers gánze Gesícht

расплю́щивание *с* Plättdrücken *n* -s, Plättschlagen *n* -s; Ábplattung *f*; Bréiten *n* -s

расплю́щивать *см.* расплю́щить; **~ся 1.** *см.* расплю́щиться; **2.** *страд.* plättgedrückt wérden (*ср.* расплю́щить)

расплю́щить plättdrücken *отд. vt*, plättschlagen* *отд. vt*, plättquetschen *отд. vt*, ábplatten *vt*; strécken *vt*, bréiten *vt* (*металл*); **~ся** platt wérden

распознав||а́емый erkénnbar; féststellbar (*о болезни и т. п.*); unterschéidbar (*различимый*); **~а́ние** *с* Erkénnen *n* -s, Erkénnung *f*; Unterschéiden *n* -s (*различение*); Diagnóse *f* (11), Féststellen *n* -s (*болезни*)

распознава́ть, распозна́ть erkénnen* *vt*; éiner Sáche auf den Grund kómmen*; unterschéiden* *vt* (*различить*); féststellen *vt* (*установить*)

располага́ть I *см.* расположи́ть

располаг||а́ть II **1.** (*иметь в своём распоряжении*) disponíeren *vi*, verfügen *vi* (чем-л. über *A*); я не ~а́ю свобо́дным вре́менем ich hábe kéine fréie Zeit; ~а́ть не́которой су́ммой (де́нег) über éiniges Geld verfügen; ~а́йте мно́й ich stéhe zu Íhrer Verfügung; ich stéhe zu Íhren Díensten; **2.** (*способствовать*) günstig sein, ánregen *vt*; ~а́ть ко сну éinschläfern *vt*; **3.** *уст.* (*намереваться*) beábsichtigen *vt*, vórhaben* *vt*

располага́ться *см.* расположи́ться

располага́ющий 1. *прич. см.* располага́ть; **2.** *прил.* (*о наружности и т. п.*) éinnehmend; sympáthisch, ángenehm (*приятный*)

располза́ться, расползти́сь 1. (*о насекомых и т. п.*) auseinánder¦kriechen* *отд. vi* (s); **2.** *разг.* (*лопнуть, разорваться*) auseinánder¦gehen* *отд. vi* (s); áufgehen* *vi* (s); sich áusfasern, (zer)réißen* *vi* (s) (*о материи*); **3.** *разг.* (*расстроиться, разрушиться*) zerfállen* *vi* (s); aus den Fúgen [aus dem Leim] géhen*; **4.** *разг.* (*расплыться — о пятне*) auseinánder¦fließen* *отд. vi* (s); verschwímmen* *vi* (s)

располне́ть *разг.* dick [korpulént] wérden; zúnehmen* *vi*

расположе́н||ие *с* **1.** (*размещение*) Ánordnung *f* (10), Áufstellung *f* (10), Láge *f* (11) (*местоположение*); *воен.* Stéllung *f*, Áufstellung *f*, Láge *f*, Stándort *m* (1); боево́е ~ие Geféchtsaufstellung *f*; каза́рменное ~ие Kaseníerung *f*; ~ие во́йск Trúppenaufstellung *f*; **2.** (*симпатия*) Zúneigung *f*, Néigung *f*, Wóhlwollen *n* -s вы́казать ~ие к кому́-л. j-m Wóhlwollen bezéigen; лиша́ть кого́-л. ~ия j-m die Gunst entzíehen*; по́льзоваться чьим-л. ~ием j-s Wóhlwollen [Gunst] geníeßen* **3.** (*настроение*) Stímmung *f*, Láune *f*, Disposition *f*; ◇ быть в хоро́шем ~ии ду́ха gut áufgelegt [gestímmt] sein, gúter Láune [bei (gúter) Láune] sein

расположи́ть 1. ánordnen *vt*; áufstellen *vt* (*расставить*); ~ что-л. по поря́дку etw. der Réihe [Réihenfolge] nach áufstellen; го́род располо́жен на реке́ die Stadt liegt am Fluß; **2.** (*настроить*) günstig stímmen (к кому́-л., к чему́-л. für *A*); gewógen máchen (к кому́-л. *D*); Sympathíe erwécken (*возбудить симпатию*); ~ кого́-л. к себе́ sich (*D*) j-n genéigt máchen; ~ кого́-л. в по́льзу чего́-л. j-n für etw. (*A*) éinnehmen* [gewínnen*]; быть располо́женным к чему́-л. zu etw. (*D*) áufgelegt sein, genéigt sein (etw. zu tun); **~ся** sich éinrichten; es sich (*D*) bequém máchen; líegen* *vi*, gelégen sein (*о населённом пункте*); éinen Platz éinnehmen*; ~ся ла́герем sein Láger áufschlagen*, sich lágern

располосова́ть *разг.* **1.** in Stréifen schnéiden* [réißen*]; **2.** (*избить*) j-n (bis aufs Blut) áuspeitschen

распо́р *м стр.* Schub *m* (1*); **~ка** *ж спец.* Spréize *f* (11), Strébe *f* (11), Quérholz *n* (5)

распоро́ть (áuf)trénnen *vt*, zertrénnen *vt*; **~ся** áufgehen* *vi* (s)

распоряди́тель *м* Órdner *m* (6); Féstordner *m*, Féstleiter *m* (6) (*на торжестве*); Verántwortliche *m* (14); дире́ктор-~ léitender Diréktor; ~ та́нцев Tánzordner *m*; **~ность** *ж* Úmsicht(igkeit) *f*; Organisatiónstalent *n* -(e)s; **~ный** úmsichtig; mit Organisatiónstalent; gewándt (*ловкий*); он оказа́лся о́чень ~ным er erwíes sich als gúter Organisátor; ◇ ~ная коми́ссия verwáltender Áusschuß; ~ный о́рган Beféhlsorgan *n* (2)

распоряди́ться 1. (*дать приказание*) ánordnen *vt* (*о чём-л.*); veránlassen *vt*; **2.** (*чем-л.*) disponíeren *vi*, verfügen *vi* (über *A*); ~ свои́м иму́ществом über sein Vermögen disponíeren [verfügen]; ~ свои́м вре́менем Herr séiner Zeit sein; пра́во ~ Verfügungsrecht *n* (2) (чем-л. über *A*)

распоря́д||ок *м* Órdnung *f* (10); Reglement [-'maŋ] *n* -s, -s; Routíne [ru:-] *f*; **пра́вила вну́треннего ~ка** Háusordnung *f*; Árbeitsordnung *f*, Betríebsordnung *f* (*на произво́дстве*); **~ок дня** (*в санато́рии и т. п.*) Tágesplan *m* (1*); Tágesablauf *m* -(e)s

распоряжа́ться 1. *см.* распоряди́ться; **2.** (*хозя́йничать*) schálten und wálten

распоряже́н||ие *с* Ánordnung *f* (10); Verórdnung *f*; Verfügung *f*; Beféhl *m* (1) (*прика́з*); де́лать **~ие** éine Ánordnung [Verfügung] tréffen*; издáть **~ие** éine Verórdnung erlássen*; до осо́бого **~ия** bis auf wéiteres; **~ием** нача́льника auf den Beféhl des Vórgesetzten; предвари́тельное **~ие** *воен.* Vórbefehl *m*; после́днее **~ие** (*завеща́ние*) létztwillige Bestímmung [Verfügung]; ◇ быть в **~ии** кого́-л. j-m zur Verfügung stéhen*, verfügbar sein; име́ть кого́-л. в своём **~ии** j-n zu séiner Verfügung háben; в ли́чном **~ии** sélbständig verfügbar; предоставля́ть в чьё-л. **~ие** j-m zur Verfügung stéllen

распоя́саться, распоя́сываться 1. sich lósgürten *отд.*; den Gürtel áblegen; **2.** *разг.* (*распусти́ться*) sich géhen lássen*, über die Stränge schlágen*; áußer Rand und Band geráten*

распра́в||а *ж* (gewálttätige) Ábrechnung *f* (10) (с кем-л. mit *D*); Stráfe *f* (11); Gewáltakt *m* (1) (с кем-л. an *D*); Níederknüppelung *f* (*G*) (*избие́ние*); Repressáli|en *pl* (gegen *A*); крова́вая **~а** Blútgericht *n* -(e)s, Blútbad *n* -(e)s, Blúttat *f*; Gemétzel *n* (6); производи́ть [учиня́ть] над кем-л. **~у** mit j-m (blútig) ábrechnen, mit blútiger Gewált gégen j-n vórgehen*; j-m den Prozéß máchen; ◇ у меня́ с ним коро́ткая **~а** ich máche mit ihm kúrzen Prozéß; ich máche mit ihm nicht viel Féderlesens

распра́вить auseinánder|fálten *отд.* *vt*, glätten *vt*, gerádebiegen* *отд.* *vt* (*распрями́ть, разогну́ть*); récken *vt*, strécken *vt* (*ру́ки, но́ги*); **~** скла́дки die Fálten glätten; **~** морщи́ны die Rúnzeln [Fálten] glätten; **~** кры́лья (*тж. перен.*) die Flügel áusspannen [áusbreiten]; die Flügel auseinánderlegen (*о ба́бочке*)

распра́виться 1. (*с кем-л.*) mit j-m fértig wérden; mit j-m ábrechnen; j-m éinen Dénkzettel gében* (*разг.*) **2.** *разг.* (*с чем-л.*) álles [réstlos] áufessen* *vt* (*съесть без оста́тка*)

расправля́ть *см.* распра́вить

расправля́ться I *см.* распра́виться

расправля́ться II *страд.* auseinándergefaltet wérden (*ср.* распра́вить)

распределе́ние *с* **1.** Vertéilung *f* (10); Éinteilung *f*, Zúteilung *f*; Distributión *f* (10); **~** дивиде́ндов *эк* Áusschüttung [Vertéilung] der Dividénden; (равноме́рное) **~** това́ров (gléichmäßige) Stréuung der Wáren, Wárenstreuung *f*, das Disponíeren von Wáren; **2.** (*ка́дров*) Éinsatz *m* (1*); Éingliederung *f*; Absolventeneinsatz [-'vɛn-] *m* (*выпускнико́в*)

распредели́тель *м* **1.** (*о челове́ке*) Vertéiler *m* (6); **2.** (*магази́н при ка́рточной систе́ме*) Vertéilungsstelle *f* (11) (für rationíerte Lébensmittel); **3.** *тех.* Vertéiler *m* (6), Verzwéiger *m* (6); Zündverteiler *m* (*зажига́ния автомоби́ля*); **~** удобре́ний *с.-х.* Düngerstreuer *m* (6); **~ный 1.** Vertéilungs-; **~ный** пункт Vertéilungsstelle *f* (11); **2.** *тех.*: **~ный щит** *эл.* Scháltbrett *n* (5); **~ное устро́йство** Vertéileranlage *f* (11); **~ный вал** *авто* Nóckenwelle *f* (11)

распредели́ть vertéilen *vt*, éinteilen *vt*; áufteilen *vt*, áusteilen *vt* (*разда́ть*); **~** вре́мя die Zeit éinteilen; **~** выпускнико́в на рабо́ту Absolvénten [-'vɛn-] lénken; **~ся** sich vertéilen, sich áufteilen; **~ся** по гру́ппам sich auf die Grúppen vertéilen

распределя́ть *см.* распредели́ть; **~ся 1.** *см.* распредели́ться; **2.** *страд.* éingeteilt wérden (*ср.* распредели́ть)

распродава́ть *см.* распрода́ть

распрода́жа *ж* Áusverkauf *m* -(e)s; оконча́тельная **~** Totálausverkauf *m*, Räumungsausverkauf *m*

распрода́ть áusverkaufen *vt*; **~** с молотка́ verstéigern *vt*, únter den Hámmer bríngen*, verauktioníeren *vt*; **~** складски́е запа́сы das Láger räumen; кни́га распро́дана das Buch ist vergríffen

распропаганди́ровать (end)gültig überzéugen

распростере́ть 1. weit áusstrecken; áusbreiten *vt*; **2.** (*влия́ние и т. п.*) erstrécken *vt*; áusdehnen *vt*; **~ся 1.** sich áusstrecken; sich áusgestreckt hínlegen; **2.** (*раски́нуться*) sich áusbreiten; sich áusdehnen; **3.** (*о влия́нии и т. п.*) sich erstrécken

распростёрт||ый áusgestreckt; áusgebreitet (*раски́нувшийся*); ◇ с **~ыми** объя́тиями mit óffenen Ármen

распростира́ть *см.* распростере́ть; **~ся 1.** *см.* распростере́ться; **2.** *страд.* áusgestreckt wérden (*ср.* распростере́ть)

распрости́ться 1. sich verábschieden, (für lánge Zeit) Ábschied néhmen* (с кем-л. von *D*); **2.** (*расста́ться*) sich trénnen (с чем-л. von *D*); **aufgeben*** *vt* (*отказа́ться от чего́-л.*)

распростране́н||ие *с* Verbréitung *f*; Áusstreuung *f* (*слу́хов*); *мед.* Áusstrahlung *f* (*бо́ли*); Vertríeb *m* -(e)s (*това́ров*); Áusdehnung *f* (*влия́ния*); име́ть **~ие** verbréitet sein; im Úmlauf sein; ско́рость **~ия** све́та *физ.* Líchtgeschwindigkeit *f*, die Fórtpflanzungsgeschwindigkeit des Líchtes; **~ие** газе́т Zéitungsvertrieb *m* -(e)s

распространённ||ость *ж* Verbréitung *f*; Vórkommen *n* -s (*ви́да расте́ний, живо́тных*); **~ый 1.** (wéit)verbréitet; **2.** *грам.*: **~ое предложе́ние** erwéiterter Satz

распространи́тель *м* Verbréiter *m* (6); **~** ло́жных слу́хов Verbréiter von fálschen Gerüchten; **~** бaци́лл Bazíllenstreuer *m* (6)

распространи́тельн||ый: **~ое** толкова́ние wéite [zu wéite] Áuslegung

распространи́ть verbréiten *vt*; áusdehnen *vt*; áusbreiten *vt*, erstrécken *vt*; erwéitern *vt* (*расши́рить*); ábsetzen *vt* (*кни́ги, брошю́ры и т. п.*); áusstreuen *vt*, kolportíeren *vt*, in Úmlauf sétzen, bréittreten* *отд.* *vt* (*слу́хи*); **~** де́йствие зако́на die Géltung des Gesétzes erwéitern; **~ся 1.** sich verbréiten; sich áusdehnen, übergreifen* (auf *A*); éine Bréitenentwicklung zéigen; sich erstrécken; um sich gréifen* (*о пожа́ре*); sich áusbreiten (*о све́те, зву́ке*); sich fórtpflanzen (*о живо́тных, расте́ниях*); sich verbréiten, úmlaufen* *vi* (s), úmgehen* *vi* (s) (*о слу́хах и т. п.*); **2.** *разг.* (*подро́бно, до́лго говори́ть*) wéitschweifig wérden, sich verbréiten, bréittreten* *отд.* *vt*; sich úmständlich über éine Sáche áuslassen*, etw. des lángen und bréiten erzählen; víele Wórte máchen; sich in Ergüssen ergéhen* (*ирон.*)

распространя́ть *см.* распространи́ть; **~ся 1.** *см.* распространи́ться; **2.** *страд.* verbréitet wérden (*ср.* распространи́ть)

распроща́ться *см.* распрости́ться

распры́скать *разг.* verspritzen *vt*, versprengen *vt*; zerstäuben *vt*

распры́скиватель *м* Zerstäuber *m* (6)

ра́спря *ж б. ч. мн.* Streit *m* -(e)s, *pl* Stréitigkeiten; Zwíetracht *f*; Zwist *m* (1), Zwístigkeit *f* (10)

распряга́ть *см.* распря́чь; **~ся 1.** *см.* распря́чься; **2.** *страд.* áusgespannt wérden

распрями́ть (áus)strécken *vt*, áufrichten *vt*, gerádebiegen* *отд.* *vt*; **~ся** sich áufrichten; sich strécken; sich gerádebiegen* *отд.*, den Rücken strécken (*о челове́ке*)

распрямле́ние *с* Strécken *n* -s, Gerádebiegen *n* -s

распрямля́ть *см.* распрями́ть; **~ся 1.** *см.* распрями́ться; **2.** *страд.* áufgerichtet [áusgestreckt, gerádegebogen] wérden

распря́чь áusspannen *vt*, ábspannen *vt*

распря́чься sich lósspannen *отд.*

распуга́ть, распу́гивать *разг.* verschéuchen *vt*, áufschrecken *vt*

распуска́ть *см.* распусти́ть; **~ся 1.** *см.* распусти́ться; **2.** *страд.* áufgelöst wérden (*ср.* распусти́ть)

распусти́ть 1. (*отпусти́ть мно́гих*) entlássen* *vt*; áuflösen *vt* (*организа́цию, собра́ние и т. п.*); **2.** (áuf)lösen *vt* (*во́лосы*); lóckern *vt*, wéiterschnallen *vt* (*по́яс*); entróllen *vt* (*зна́мёна*); híssen *vt* (*паруса́*); áusbreiten *vt* (*кры́лья*); **~** хвост (*о павли́не*) rádschlagen* (*но*: er schlägt Rad); **3.** (*избалова́ть*) verwöhnen *vt*; verdérben* *vt* (*испо́ртить*); **4.** (*раствори́ть*) zerlássen* *vt*; áuflösen *vt*; schmélzen(*) *vt*, áuslassen* *vt* (*ма́сло*); **5.** *разг.* (*распространи́ть*) áusstreuen *vt*, verbréiten *vt*; **~** слу́хи Gerüchte verbréiten, Gerüchte in Úmlauf bríngen* [sétzen]; **~** (дурны́е) слу́хи о ком-л. j-n ins Geréde bríngen*; **6.** (*вяза́нье*) áuftrennen *vt*, áufziehen* *vt*; **~ся 1.** sich entfálten, áufgehen* *vi* (s), áusschlagen* *vi* (s) (*о цвета́х, по́чках*); knóspen *vi*, Knóspen tréiben*, sprießen* *vi* (s) (*о дере́вьях*); **2.** sich (áuf)lösen (*о волоса́х*); sich lóckern, áufgehen* *vi* (s) (*о по́ясе*); auseinánder|gehen* *отд.* *vi* (*о вяза́нье*); **3.** (*в отноше́нии дисципли́ны*) sich géhenlassen*; áußer Rand und Band geráten*

распу́тать 1. (*верёвку, у́зел*) auseinánder|knüpfen *отд.* *vt*, áufknüpfen *vt*, entwírren *vt*, lösen *vt*; **~** ло́шадь die Kóppelfesseln lösen; **2.** (*сде́лать я́сным*) klären *vt*, ins réine bríngen*; **~ся 1.** (*о верёвке, у́зле*) sich áufknoten; áufgehen* *vi* (s); sich entwírren; **2.** (*стать я́сным*) sich klären; ◇ **~ся** с долга́ми *разг.* aus den Schúlden heráuskommen*, die Schúlden lóswerden*

распу́тица *ж* **1.** Schlámmzeit *f*, Schlámmwetter *n* -s; **2.** (*о доро́гах*) schléchter Zústand [Verschlámmtheit] der Wége, Únbefahrbarkeit *f*, Úngangbarkeit *f*

распу́тн||ик *м* Wüstling *m* (1); **~ица** *ж* líederliches Fráuenzimmer; **~ичать** áusschweifend [líederlich] lében, ein líederliches Lében führen; **~ый** áusschweifend, únsittlich, únzüchtig; **~ое** поведе́ние ein lásterhaftes Benéhmen

распу́тство *с* Áusschweifungen *pl*, Únzucht *f*

распу́тывание *с* **1.** Entwírren *n* -s;

Áufknoten *n* -s; **2.** (*выяснение*) Klä́rung *f*, Klárstellung *f*

распу́тывать *см.* распу́тать; **~ся 1.** *см.* распу́таться; **2.** *страд.* áufgeknotet wérden (*ср.* распу́тать)

распу́тье *с* Kréuzweg *m* (1), Schéideweg *m*, Wégekreuzung *f* (10); Wéggabelung *f* (10); на ~ (*тж. перен.*) am Schéideweg(e)

распуха́ние *с* Ánschwellen *n* -s, Áufquellen *n* -s

распуха́ть, распу́хнуть ánschwellen* *vi* (s), (áuf)quéllen* *vi* (s)

распу́хший (án)geschwóllen; (áuf)gedúnsen

распуши́ть 1. áufrauhen *vt* (*шерсть*); **2.** (*встопорщить перья — о птицах*) áufplustern *vt*; ~ пе́рья sich plústern; **3.** *разг.* (*кого-л.*) j-n herúntermachen, j-n gehörig áusschimpfen; j-m den Kopf wáschen*

распу́щенн||ость *ж* Úndiszipliniertheit *f*; Lóckerung der Disziplín [der Morál]; бытова́я ~ость Háltlosigkeit im persönlichen Lében; **~ый** lax; úndiszipliniert (*недисциплинированный*); lásterhaft, lócker (*о нравах*)

распыле́ние *с* Zerstä́uben *n* -s, Zerstä́ubung *f*, Verstä́ubung *f*; Pulverisíerung [-ve-] *f*; Zersplíttern *n* -s, Zersplítterung *f* (*сил и т. п.*)

распылённость *ж* Zersplítterung *f*, Zerstréutheit *f*

распыли́тель *м тех.* Zerstä́uber *m* (6); Sprítzrohr *n* (2); Éinspritzdüse *f* (11), ручно́й ~ (*малярный*) Sprítzpistole *f* (11); **~ный:** ~ный агрега́т Sprítzapparat *m* (1)

распыли́ть 1. *тех.* zerstä́uben *vt*, pulverisíeren [-ve-] *vt*; **2.** (*рассредоточить*) (weit) vertéilen *vt*, zersplíttern *vt*; verzétteln *vt*; **~ся 1.** sich zerstä́uben; **2.** (*рассредоточиться*) sich (in álle Winde) zerstréuen

распыля́ть *см.* распыли́ть; **~ся 1.** *см.* распыли́ться; **2.** *страд.* zerstä́ubt wérden (*ср.* распыли́ть)

распя́ливать, распя́лить (áus)spánnen *vt*, áusweiten *vt*, déhnen *vt*, strécken *vt*

распя́тие *с* **1.** (*действие*) Kréuzigung *f*; **2.** (*изображение*) Kruzifix *n* (2)

распя́ть kréuzigen *vt*

расса́д||а *ж с.-х.* Sétzlinge *pl*, Sétzpflanzen *pl*, Pflä́nzlinge *pl*; Pflánzgut *n* -(e)s; капу́стная ~а Kóhlsetzlinge *pl*; переноси́ть ~у на по́ле die Sétzlinge auf dem Félde áuspflanzen; я́щик для ~ы Pikíerkasten *m* (7*)

рассади́ть 1. (*усадить*) die Plä́tze ánweisen* (кого-л. *D*); hínsetzen *vt*; únterbringen* *vt*; ~ по места́м jédem séinen Platz ánweisen*; **2.** (*друг от друга*) auseinánder¦setzen *отд. vt*; voneinánder trénnen *vt*; **3.** (*растения*) verpflánzen *vt*, áuspflanzen *vt*

расса́дка *ж с.-х.* Pflánzen *n* -s

расса́дник *м* **1.** Pflánzstätte *f* (11); Báumschule *f* (11) (*древесный*); **2.** *перен.* Pflánzstätte *f* (11); Brútstätte *f*; Herd *m* (1) (*заразы*); Míttelpunkt *m* (1) (*просвещения*)

расса́живать *см.* рассади́ть; **~ся 1.** *см.* рассе́сться 1; **2.** *страд.* den Platz ángewiesen bekómmen* (*ср.* рассади́ть)

расса́сывание *с* Zurückgehen *n* -s, Áufsaugung *f*, Resorptión *f*

расса́сываться *см.* рассоса́ться

рассверли́ть áufbohren *vt*, áusbohren *vt*, áusdrehen *vt*

рассвести́ *см.* рассвета́ть

рассве́т *м* Mórgendämmerung *f*, Mórgengrauen *n* -s; на ~е bei Tágesanbruch, in der érsten Frühe; пе́ред ~ом, до ~а in áller Frühe, vor Sónnenaufgang; **~а́ть** *безл.* dä́mmern *vimp*, tághell wérden; ~а́ет es dä́mmert, es tagt; рассвело́ die Sónne ist áufgegangen, es ist Tag gewórden

рассвирепе́ть in Wut geráten*, fúchsteufelswild wérden

рассёдла́ть, рассёдлывать ábsatteln *vt*

рассе́ивание *с* **1.** (*семян*) Áussäen *n* -s; **2.** *тех., воен.* Stréuung *f*; ~ зву́ка Schállstreuung *f*; ~ тума́на Nébelauflösung *f*

рассе́ивать *см.* рассе́ять; **~ся 1.** *см.* рассе́яться; **2.** *страд.* (áus)gesät wérden (*ср.* рассе́ять)

рассека́ть *см.* рассе́чь

рассекре́тить 1. (*документ и т. п.*) nicht mehr vertráulich behándeln; **2.** (*сотрудника*) nicht mehr zu gehéimen Papíeren Zútritt lássen*

расселе́ние *с* **1.** (*размещение*) Ánsiedeln *n* -s (an verschíedenen Órten); **2.** (*поселение порознь*) Ánsiedlung *f* an verschíedenen Stéllen

рассе́лина *ж геол.* Riß *m* -sses, -sse; Spálte *f* (11), Spalt *m* (1); Kluft *f* (3) (*глубокая*)

расселить 1. (*разместить*) (an verschíedenen Órten) ánsiedeln *vt*; **2.** (*поселить порознь*) auseinánder¦siedeln *отд. vt*; **~ся** sich (verstreut) ansiedeln; sich níederlassen*; sich ánsässig máchen

расселя́ть *см.* расселить; **~ся 1.** *см.* расселиться; **2.** *страд.* ángesiedelt wérden (*ср.* расселить)

рассерди́ть ä́rgern *vt*, verä́rgern *vt*, erbósen *vt*, böse máchen; erzürnen *vt*, zórnig máchen (*сильно*); **~ся** sich ä́rgern, böse wérden; erzürnen *vi* (s) (*сильно*)

рассе́сться 1. die Plä́tze éinnehmen*; sich (hín)sétzen; **2.** *разг.* (*сесть развалясь*) es sich (*D*) bequém máchen; sich bréitmachen *отд.*

рассе́чь 1. zerhä́uen* *vt*, zerhácken *vt*, dúrchhauen* *vt*; dúrchschneiden* *vt*; zerschnéiden* *vt*; spálten *vt*; **2.** (*поранить*) stark verlétzen

рассе́яние *с* **1.** Zerstréuung *f*, Stréuung *f*; *физ.* Dispersión *f*; ~ све́та Líchtzerstreuung *f*; ~ эне́ргии Dissipatión *f*; **2.** *уст.* (*невнимательность*) Zerstréutheit *f*; **3.** *уст.* (*развлечение*) Zerstréuung *f* (10)

рассе́янн||ость *ж* **1.** (*разбросанность*) Verstréutheit *f*; **2.** (*невнимательность*) Zerstréutheit *f*; **~ый 1.** (*разбросанный*) verstréut, zerstréut; *геол.* éingesprengt; ~ый свет máttes [diffúses] Licht; Stréulicht *n* -(e)s; **2.** (*невнимательный*) zerstréut; únaufmerksam; únkonzentriert; ~ый взгляд ábwesender Blick; **3.:** ~ый о́браз жи́зни úngebundenes Lében

рассе́ять 1. (*семена*) áussäen *vt*; **2.** (*разогнать*) zerstréuen *vt*; verspréngen *vt*; verstréuen *vt*; dezentríeren *vt*; auseinánder¦treiben* *отд. vt*, auseinánder¦jagen *отд. vt*; **3.** (*устранить*) zerstréuen *vt* (*подозрения*); vertréiben* *vt* (*горе*); **4.** (*развлечь*) zerstréuen *vt*; áblenken *vt*; **5.** (*свет*) stréuen *vt*; **~ся 1.** sich zerstréuen, sich verzíehen*, sich líchten, sich áuflösen (*о тумане и т. п.*); ~ся как дым zu Rauch wérden, in Rauch áufgehen*; **2.** (*развлечься*) sich zerstréuen; sich amüsíeren (*позабавиться*)

расска́з *м* **1.** (*действие*) Erzä́hlen *n* -s; **2.** *лит.* Erzä́hlung *f* (10); Geschíchte *f* (11); сбо́рник ~ов Erzä́hlungsband *m* (1*)

рассказа́ть erzä́hlen *vt*; beríchten *vt*

расска́з||чик *м* Erzä́hler *m* (6); **~чица** *ж* Erzä́hlerin *f* (12)

расска́зыв||ание *с* Erzä́hlen *n* -s; **~ать** *см.* рассказа́ть; ~ают, что... man erzä́hlt..., es wird erzä́hlt...; ◇ ~ай кому́-нибудь друго́му! *разг.* das kannst du éinem ándern wéismachen [áufbinden]!; ~ай ска́зки! *разг.* Ámmenmärchen!

расскака́ться 1. (*сильно разогнаться*) ins Galoppíeren [Rénnen] kómmen*; **2.** (*в разные стороны*) auseinánder¦sprengen *отд. vi* (s)

расслабе́ть erschláffen *vi* (s), schwach wérden, von Krä́ften kómmen*

рассла́бить schwä́chen *vt*; entkräften *vt*

расслабле́ние *с* Schwä́chung *f*; Entkräftung *f*; Erschláffung *f*; *мед.* Atoníe *f*

рассла́бленн||ость *ж* Schwä́che *f*; Schláffheit *f*; Ábgespanntheit *f*; **~ый** ábgespannt; entkräftet; schlaff; schwach

расслабля́ть *см.* рассла́бить

рассла́вить, расславля́ть *разг.* áusposaunen *vt*; ein Gerücht verbréiten; an die gróße Glócke hä́ngen

рассла́ивать(ся) *см.* расслои́ть(ся)

рассле́дов||ание *с* Untersúchung *f* (10); Náchforschung *f* (10); суде́бное ~ание geríchtliche Untersúchung; ~ание соста́ва де́ла *юр.* Untersúchung des Tátbestandes; назна́чить ~ание éine Untersúchung ánordnen [ánberaumen]; заня́ться ~анием éine Untersúchung vórnehmen*; **~ать** (éingehend) untersúchen *vt*; náchforschen *vi* (что-л. *D*); ermítteln *vt* (*установить*); э́то на́до ~ать das muß untersúcht wérden

расслое́ние *с* **1.** Schíchtung *f*; Ábschichtung *f*; Ábblätterung *f*; Spáltung *f*; *хим.* Entmíschung *f*; **2.** *мед.* Ábschilferung *f*; **3.** *перен.* Schíchtung *f*; Spáltung *f*; Differenzíerung *f*; кла́ссовое ~ Klássendifferenzierung *f*, Klássenschichtung *f*

расслои́ть 1. in Schíchten téilen, spálten *vt*, trénnen *vt*; **2.** *перен.* in Schíchten spálten, differenzíeren *vt*; **~ся 1.** in Schíchten zerfállen* **2.** *перен.* in Schíchten zerfállen*; sich differenzíeren

расслы́ш||ать déutlich hören, vernéhmen* *vt*; я не ~ал ich hábe nicht recht gehört [verstánden]

рассма́тривать 1. *см.* рассмотре́ть 2, 3; **2.** (*считать*) betráchten *vt* (als *A*); ~ что-л. как оскорбле́ние etw. als éine Beléidigung betráchten

рассмеши́ть zum Láchen bríngen*, láchen máchen

рассмея́ться laut áuflachen, in Láchen áusbrechen*; ein Gelä́chter erhében*

рассмотре́н||ие *с* Betráchtung *f*; Dúrchsicht *f* (*просмотр*); Prüfung *f*, Erwä́gung *f*, Untersúchung *f* (*исследование*); предста́вить [внести́] на ~ие zur Dúrchsicht [zur Prüfung] vórlegen [unterbréiten]; zur Behándlung vórlegen; оста́вить без ~ия (*жалобу, просьбу*) únberücksichtigt lássen*; заслу́живать ~ия Beáchtung verdíenen; при ближа́йшем ~ии näher [genáuer] betráchtet

рассмотре́ть 1. (*разглядеть*) erkénnen* *vt*; unterschéiden* *vt* (*различить*); **2.** (*подвергнуть осмотру*) (genáu) betráchten *vt*; untersúchen *vt*, dúrchsehen* *vt*; **3.** (*разобрать*) prüfen *vt*; erörtern *vt*; zur Diskussión stéllen; erwä́gen* *vt*; Betráchtungen ánstellen (что-л. über *A*) (*обдумать*); ~ дéло *юр.* éine Sáche verhándeln

рассна́сти́ть, рассна́щивать *мор.* ábtakeln *vt* (*судно*)

рассова́ть, рассо́вывать *разг.* (an verschíedene Stéllen) hinéinstecken *vt*; (aufs Gerátewohl) hinéinstopfen *vt*

рассо́л *м* Sálzwasser *n* -s; Sóle *f* (11); Sálzlake *f* (11) Sálzlauge *f* (11); мáточный ~ *хим.* Mútterlauge *f*

рассо́льник *м кул.* Fléischsuppe [Físchsuppe] *f* mit sáuren Gúrken

рассо́рить verzánken *vt*; verféinden *vt*, auseinánder¦bringen * *отд. vt*

рассори́ть 1. verschütten *vt*, verstréuen *vt*; **2.** (*неразумно истратить*) verschwénden *vt*, vergéuden *vt*, vertún * *vt*

рассо́риться sich verzánken, sich verféinden

рассортирова́ть, рассортиро́вывать (áus)sortíeren *vt*

рассоса́ться 1. *мед.* zurückgehen * *vi* (s); **2.** *разг.* (*постепенно разойтись*) sich verkrümeln, verdúften *vi* (s)

рассо́хнуться áustrocknen *vi* (s), éintrocknen *vi* (s), sich (vor Tróckenheit) spálten, (vor Tróckenheit) bérsten * *vi* (s)

расспра́шивание *с* Áusfragen *n* -s, Áusforschen *n* -s, Náchforschen *n*; Erkúndigung *f*

расспра́шивать, расспроси́ть áusfragen *vt*, áusforschen *vt*, erfrágen *vt*; náchfragen *vi*, sich erkúndigen (когó-л. bei *D*, о ком-л., о чём-л. über *A*, nach *D*); Erkúndigungen éinziehen * (*справляться*)

расспро́сы *мн.* Frágen *pl*, Náchforschungen *pl*, Erkúndigungen *pl*

рассредото́чить dezentralisíeren *vt*; *воен.* zerstréut áufstellen, auseinánderziehen * *отд. vt*

рассро́чивать, рассро́чить auf verschíedene Termíne vertéilen; befrísten *vt*, stúnden *vt*

рассро́чк||а *ж* Stúndung *f*; платёж в ~у Rátenzahlung *f* (10); в ~у auf Ábschlagszahlung, auf Téilzahlung, auf Ráten, auf Ábzahlung; rátenweise, in Ráten; auf Stóttern (*разг.*)

расстава́ние *с* Schéiden *n* -s, Trénnung *f*

расстава́ться *см.* расстáться

расста́вить, расставля́ть 1. (an verschíedenen Órten) áufstellen *vt*; áuswerfen * *vt* (*сети*); ~ рабóчую сúлу die Árbeitskräfte éinsetzen [vertéilen]; ~ постьí Pósten áufstellen, Wáchen áusstellen; **2.** (*раздвинуть*) spréizen *vt*; широкó ~ пáльцы die Fínger spréizen; стоя́ть, широкó расстáвив нóги breitbeining [mit gespréizten Béinen] (dá)stéhen *; **3.** (*платье*) *разг.* bréiter máchen; ◇ широкó расстáвленные глазá weit auseinánderstehende Áugen

расстана́вливать *см.* расстáвить 1

расстано́вк||а *ж* **1.** (*действие*) Áufstellung *f*; Ánordnung *f*, Gruppíerung *f*, Vertéilung *f*; ~а клáссовых сил die Gruppíerung der Klássenkräfte; прáвильная ~а рабóтников die ríchtige Árbeitskräftelenkung *f*; ~а слов Wórtstellung *f*, Wórtfolge *f*; **2.** (*пауза*): говори́ть с ~ой bedächtig [jédes Wort betónend] spréchen *; beim Spréchen Páusen máchen

расста́||ться sich trénnen (с кем-л., с чем-л. von *D*); schéiden * *vi* (s) (с кем-л. von *D*); auseinánder¦gehen * *отд. vi* (s); ~ться друзья́ми sich als Fréunde trénnen; ~ться с привы́чкой éine Ángewohnheit áblegen, sich etw. ábgewöhnen; ~ться с надéждой éine Hóffnung áufgeben *

расстега́й *м кул.* Pastéte *f* (11) (mit Öffnung)

расстёгивать *см.* расстегнýть; **~ся 1.** *см.* расстегнýться; **2.** *страд.* áufgeknöpft wérden (*ср.* расстегнýть)

расстегну́ть áufknöpfen *vt* (*пуговицы*); áufschnallen *vt*, lösen *vt* (*пряжку*); auseinánder¦haken *отд. vt*, áufhaken *vt* (*крючки*); áufmachen *vt*, öffnen *vt* (*воротник*); **~ся 1.** (*об одежде*) áufgehen * *vi* (s); **2.** (*расстегнуть на себе одежду*) séine Sáchen áufknöpfen (*ср.* расстегнýть)

расстила́ть *см.* разостлáть; **~ся 1.** sich áusbreiten, sich erstrécken, sich (hín)zíehen *; **2.** *страд.* áusgebreitet wérden

расстоя́н||ие *с* Entférnung *f* (10); Ábstand *m* (1 *); Strécke *f* (11); Wéite *f* (11); на нéкотором ~ии от in éiniger Entférnung von (*D*); на ~ии пяти́ киломéтров от fünf Kilométer weit [entférnt] von (*D*); ~ие мéжду ося́ми Áchs(en)abstand *m*; ~ие мéжду сáженцами Pflánzweite *f*, Sétzweite *f*; ~ие по прямóй (Entférnung in der) Lúftlini¦e *f*; ~ие в светý *тех.* líchter Ábstand, líchte Wéite; фóкусное ~ие *фото* Brénnweite *f*; управля́емый на ~ии férnbetätigt, férngesteuert; ◇ на ~ии вы́стрела auf Schúßweite; находи́ться на ~ии человéческого гóлоса in Rúfnähe sein [líegen *]; держáть когó-л. на ~ии sich (*D*) j-n vom Léibe hálten *; Distánz wáhren

расстра́ивать *см.* расстрóить; **~ся 1.** *см.* расстрóиться; **2.** *страд.* verwírrt wérden (*ср.* расстрóить)

расстре́л *м* Erschíeßung *f* (10); ~ толпы́ Féuerüberfall *m* auf éine Ménschenmenge; ~ залóжников Géiselerschießung *f*; приговори́ть к ~у zum Tóde durch Erschíeßen verúrteilen; **~ива́ть, ~я́ть 1.** erschíeßen * *vt*; zusámmenschießen * *vt*, durck Schüsse auseinándertreiben * (*толпу*); ~ять на мéсте stándrechtlich erschíeßen *; **2.** (*все патроны*) verschíeßen * *vt*

расстри́г||а *м пренебр.* séines Ámtes enthóbener Géistlicher; **~а́ть, расстри́чь** *церк.* j-m die Prísterwürde entzíehen * [ábsprechen *]

расстро́енн||ый 1. (*о здоровье и т. п.*) untergráben; zerrüttet; ~ый желýдок ein verdórbener Mágen; **2.** (*о музыкальном инструменте*) verstímmt; **3.** (*о планах*) veréitelt; **4.** (*о человеке*) níedergeschlagen, verstímmt, míßgestimmt, míßmutig; **5.** (*в беспорядке*): ~ое хозя́йство verlótterte [verkómmene] Wírtschaft; ~ые ряды́ протúвника in Verwírrung gerátene Réihen des Féindes

расстро́и||ть 1. (*причинить ущерб, нарушить порядок*) verwírren *vt*; desorganisíeren *vt*, zerrütten *vt*; ~ть ряды́ протúвника Verwírrung in die Réihen des Féindes trágen * [bríngen *]; войнá ~ла хозя́йство der Krieg hat die Wírtschaft zerrüttet; ~ть здорóвье die Gesúndheit untergráben * [zerrütten], der Gesúndheit schāden; ~ть желýдок den Mágen verdérben*; **2.** (*помешать осуществлению*) durchkréuzen *vt*; hintertréiben * *vt*, veréiteln *vt*, zunichte máchen; **3.** (*музыкальный инструмент*) verstímmen *vt*; **4.** (*кого-л.*) verstímmen *vt*, míßmutig máchen; j-m die Láune verdérben *; **~ться 1.** (*прийти в расстройство*) in Verwírrung geráten *; zerrüttet wérden; **2.** (*не осуществиться*) nicht zustánde kómmen *; veréitelt wérden; schéitern *vi* (s); дéло ~лось die Sáche ist ins Wásser gefállen [zu Wásser gewórden]; **3.** (*о музыкальном инструменте*) sich verstímmen; **4.** (*огорчиться*) sich (*D*) die Láune verdérben *; míßmutig [míßgestimmt] wérden

расстро́йств||о *с* **1.** Verwírrung *f*, Únordnung *f* (*в рядах*); Zerrüttung *f*, Veréitelung *f* (*в делах*); **2.** (*заболевание*) ~ о рéчи Spráchfehler *m* (6); ~о дыхáния *мед.* Átmungsstörung *f*; ~о желýдка *мед.* Mágenverstimmung *f* (10); нéрвное ~о Neuróse *f* (11), Neurasthenie *f* (11); **3.** (*дурное настроение*): быть в ~е *разг.* schléchter Láune sein, míßgestimmt sein

расступа́ться, расступи́ться Platz máchen, Raum gében * (пéред кем-л. *D*); auseinánder¦treten * *отд. vi* (s)

расстыкова́ть *косм.* ábdocken *vt*, ábkoppeln *vt*, entkóppeln *vt*; **~ся** *косм.* ábdocken *vi*, ábkoppeln *vi*, entkóppeln *vi*

расстыко́вка *ж косм.* Ábdocken *n* -s, Ábkopplung *f*, Entkópplung *f*

рассуди́тельн||ость *ж* Besónnenheit *f*; Vernünftigkeit *f*; Bedáchtsamkeit *f* (*осторожность*); **~ый** besónnen; verständig, vernünftig; bedáchtsam (*осторожный*)

рассуди́ть 1. (*вынести решение*) entschéiden * *vt*; úrteilen *vi* (когó-л., что-л. über *A*); **2.** (*подумать*) erwägen * *vt*, überlégen *vt*, bedénken * *vt*

рассу́д||ок *м* Verstánd *m* -(e)s; Vernúnft *f*; гóлос ~ка die Stímme der Vernúnft; в пóлном ~ке ganz bei Sínnen; bei vóllem Bewúßtsein; потеря́ть ~ок den Verstánd verlíeren *; nicht ganz bei Sínnen sein; вопреки́ ~ку dem gesúnden Ménschenverstand zuwíder

рассу́дочный Verstándes-; Vernúnfts-; verstándesmäßig

рассужд||а́ть 1. überlégen *vt*, erwägen* *vt*; úrteilen *vi* (о чём-л. über *A*); **2.** (*обсуждать*) spréchen * *vi*, réden *vi* (über *A*); **~е́ние** *с* **1.** Überlégung *f* (10), Erwägung *f* (10), Beúrteilung *f* (10); **2.** *б. ч. мн.* ~éния (*разговоры*) Réden *n* -s, Geréde *n* -s; Betráchtungen *pl*; без ~éний óhne Éinwendungen; **3.** *уст.* (*сочинение*) Ábhandlung *f* (10), Traktát *m* (1), *n* (2)

рассучи́ть auseinánder¦drehen *отд. vt* (*верёвку*)

рассчита́нн||ый ábsichtlich, vórsätzlich; быть ~ым на что-л. zúgeschnitten sein (auf *A*), ábgestellt sein (auf *A*); gedácht sein (für *A*)

рассчита́ть 1. (*высчитать*) áusrechnen *vt*; erréchnen *vt*; beréchnen *vt* (*стоимость, нагрузку*); не ~ своих сил séine Kräfte überschätzen [falsch éinschätzen]; **2.** (*уволить*) entlóhnen *vt*, entlássen * *vt*; **~ся 1.** die Réchnung máchen [begléichen *]; ábrechnen *vi* (с кем-л. mit *D*); ~ся с кредитóрами die Gläubiger ábfinden *; **2.** (*отомстить*) ábrechnen *vi* (с кем-л. mit *D*); **3.** *воен., спорт.* ábzählen *vi*; по поря́дку номерóв рассчитáйсь! (*команда*) ábzählen!

рассчи́тыв||ать 1. *см.* рассчитáть; **2.** (*на кого-л., на что-л.*) réchnen *vi* (auf *A*); báuen *vi*, zählen *vi* (auf *A*); sich auf j-n verlássen * (*полагаться на кого-л.*); ~ая in der Ánnahme; я не ~ал её встрéтить ich hábe nicht damít geréchnet, sie zu tréffen; **~аться 1.** *см.* рассчитáться; **2.** *страд.* áusgerechnet wérden (*ср.* рассчитáть)

рассыла́ть *см.* разослáть

рассы́лка *ж* Versánd *m* -(e)s, Verséndung *f*

рассы́лочный Versánd-; ~ пункт Versándstelle *f* (11)

рассы́льн||ый *прил.* **1.:** ~ая кни́га Versándbuch *n* (5); **2.** *в знач. сущ. м*

Kuríer *m* (1), Láufjunge *m* (9), Láufbursche *m* (9), Bóte *m* (9)

рассыпа́ть, рассыпа́ть 1. (ver)stréuen *vt*, áusstreuen *vt*, verschütten *vt*; **2.** (*разместить*) (hinéin)schütten *vt*; ~ муку́ по мешка́м das Mehl in Säcke schütten; **~ся, рассыпа́ться 1.** verschüttet sein; verstréut sein; sich verstréuen; **2.** (*разбегаться*) sich zerstréuen; ~ся в цепь *воен.* (áus)schwärmen *vi* (s); охо́тники рассы́пались по ле́су die Jäger zerstréuten sich im Wálde; **3.** (*развалиться*) zerfállen* *vi* (s); auseinánder¦fallen* *отд. vi* (s); zerbröckeln (s); *перен.* zerfállen* *vi* (s); sich áuflösen (*об организации*); ~ся пра́хом *разг.* in Staub zerfállen*; ◇ рассыпа́ться в похвала́х sich in Lóbeserhebungen ergéhen*; j-n mit Lob überschǘtten; рассыпа́ться ме́лким бе́сом пе́ред кем-л. um j-n herúmscharwenzeln, mit j-m schöntun*; Süßholz ráspeln (*любезничать*)

рассы́п||ка *ж* Éinschütten *n* -s, Schütten *n*; Verstréuen *n* -s; **~но́й 1.** (*сыпучий*) Schütt-; Streu-; **2.** (*продаваемый поштучно*) lóse; ~ные папиро́сы lóse Zigarétten; ◇ ~ной строй *воен.* zerstréute Órdnung

рассы́пчатый mürbe, bröcklig

рассыха́ться *см.* рассо́хнуться

раста́лкивать *см.* растолка́ть

раста́пливать(ся) *см.* растопи́ть(ся)

раста́птывать *см.* растопта́ть

растаска́ть *разг.* (nacheinánder) fórtschleppen *vt*; verúntreuen *vt* (*разворовать*)

раста́скивать 1. *см.* растаска́ть; **2.** *см.* растащи́ть 1

раста́чивать *см.* расточи́ть I

растащи́ть 1. auseinánder¦schleppen *отд. vt*; **2.** *см.* растаска́ть

раста́ять 1. (áuf)táuen *vi* (s); (zer)schmélzen* *vi* (s); **2.** *перен.* dahínschwinden* *vi* (s); ersterben* *vi* (s) (*о звуках*); áuftauen *vi* (s) (*о сердце*)

раство́р I *м* Öffnung *f* (10) (*двери, окна*); ~ ци́ркуля Zírkelöffnung *f*, Zírkelspanne *f*, Zírkelweite *f*

раство́р II *м* (*жидкая смесь*) Lösung *f* (10); ~ пова́ренной со́ли Kóchsalzlösung *f*; известко́вый ~ Kálkmörtel *m* (6), Mörtel *m*; ги́псовый ~ éingerührter Gips; связу́ющий ~ Bíndemörtel *m*; формо́вочный ~ *стр.* Stúckmörtel *m*

растворе́ние *с* Áuflösung *f*, Lösung *f*, Lösen *n* -s, Áuflösen *n*

раствори́м||ость *ж* Löslichkeit *f*, Lösbarkeit *f*; **~ый** áuflösbar, löslich, lösbar; ~ый в воде́ wässerlöslich; ~ый ко́фе löslicher Káffee, Púlverkaffee *m* -s, Instantkaffee ['ınstənt-] *m*

раствори́тель *м хим.* Lösungsmittel *n* (6) (*средство*); Löser *m* (6) (*аппарат*)

раствори́ть I (*раскрыть*) (weit) öffnen *vt*; aufmachen *vt*, áufsperren *vt*; ~ ци́ркуль den Zírkel öffnen

раствори́ть II (*в жидкости*) (áuf)lösen *vt*

раствори́ться I (*раскрыться*) sich áuftun*; sich weit öffnen; áufgehen* *vi* (s)

раствори́ться II (*в жидкости*) sich (áuf)lösen; zergéhen* *vi* (s); *перен.* sich verlíeren* (в чём-л. in *D*); sich vermíschen (mit *D*)

растворово́з *м стр.* Mörteltransportfahrzeug *n* (2)

растворомёт *м стр.* Mörtelspritze *f* (11)

растворомеша́лка *ж стр.* Mörtelmischer *m* (6)

растворонасо́с *м стр.* Mörtelpumpe *f* (11)

растворя́ть *см.* раствори́ть I, II

растворя́ться I **1.** *см.* раствори́ться I; **2.** *страд.* geöffnet wérden (*ср.* раствори́ть I)

растворя́ться II **1.** *см.* раствори́ться II; **2.** *страд.* (áuf)gelöst wérden

растека́ться *см.* расте́чься

расте́ние *с* Pflánze *f* (11); Gewächs *n* (2); выю́щееся ~ Schlíngpflanze *f*; ползу́чее ~ Ránkenpflanze *f*; цвету́щее ~ Blǘtenpflanze *f*; ли́ственное ~ Bláttpflanze *f*; арома́тическое ~ Dúftpflanze *f*; волокни́стое ~ Fáserpflanze *f*; декорати́вное ~ Zíerpflanze *f*, Zíergewächs *n*; ди́кое ~ wíldwachsende Pflánze, Wíldpflanze *f*; лека́рственное ~ Héilpflanze *f*, Arznéipflanze *f*; поле́зное ~ Nútzpflanze *f*; сельскохозя́йственное ~ lándwirtschaftliche Nútzpflanze, техни́ческое ~ Industríepflanze *f*

растениево́д *м* Pflánzenzüchter *m* (6)

растениево́дств||о *с* **1.** Pflánzenzüchtung *f*, Pflánzenzucht *f*, Pflánzenbau *m* -es, der Ánbau von Nútzpflanzen; **2.** (*наука*) Nútzpflanzenkunde *f*; институ́т ~а Institút für Pflánzenzüchtung

растениепита́тель *м с.-х.* Gerät *n* zur Kópfdüngung [Zúsatzdüngung]

растереби́ть zerráufen *vt*, zerzáusen *vt*

растере́ть 1. (*измельчить*) zerréiben* *vt*, verréiben* *vt*; zermálmen *vt*, (zer)stóßen* *vt* (*в ступке*); **2.** (*размазать*) verschmíeren *vt*, verwíschen *vt*; **3.** (*натереть тело*) éinreiben* *vt*; ábreiben* *vt*, frottíeren *vt*; ◇ ~ в порошо́к кого́-л. j-n zu Brei schlágen*; **~ся 1.** sich zerréiben*; **2.** (*сделать обтирание*) sich éinreiben*; sich ábreiben*; sich frottíeren

растерза́ние *с* Zerfléischen *n* -s; Zerréißen *n* -s; Zerfétzen *n* -s

расте́рзанный 1. zerfléischt; zerríssen, in Stücke geríssen (*тж. перен.*); **2.** *разг.* (*растрёпанный*) zerfétzt, zerríssen

растерза́ть zerfléischen *vt*; zerréißen* *vt*, zerfétzen *vt* (*тж. перен.*)

растеря́нн||ость *ж* Verwírrung *f*; Fássungslosigkeit *f*; **~ый** verwírrt; fássungslos; konfús, perpléx, verdútzt (*смущённый*)

растеря́ть (allmählich álles) verlíeren* *vt* (*тж. перен.*); **~ся 1.** (*пропасть*) verlórengehen* *отд. vi* (s); abhánden kómmen*; **2.** (*о человеке*) verwírrt sein; in Verwírrung geráten*; den Kopf [die Fássung] verlíeren*; ganz baff sein (*разг.*)

растеря́ха *м, ж разг.* kópfloser Mensch (, der álles verlíert)

расте́чься zerflíeßen* *vi* (s)

расти́ 1. wáchsen* *vi* (s), heránwachsen* *vi* (s); gedéihen* *vi* (s) (*о детях, растениях*); бу́йно ~ ins Kraut schíeßen*; у него́ растёт борода́ er bekómmt éinen Bart; **2.** (*увеличиваться*) (án)wáchsen* *vi* (s); zúnehmen* *vi*; größer wérden; stärker wérden; ánsteigen* *vi* (s); бы́стро ~ in die Höhe schíeßen*; це́ны расту́т die Préise stéigen; сопротивле́ние растёт der Wíderstand wächst; **3.** (*совершенствоваться*) sich entwíckeln, sich vervóllkommnen

расти́ра́ние *с* **1.** (*измельчение*) Zerréibung *f*; **2.** (*тела*) Ábreibung *f*, Frottíeren *n* -s

растира́ть *см.* растере́ть **~ся 1.** *см.* растере́ться; **2.** *страд.* zerríeben wérden (*ср.* растере́ть)

расти́тельн||ость *ж* **1.** Vegetatión [ve-] *f*; Pflánzenwuchs *m* -es; Pflánzenreich *n* -(e)s; **2.** (*о волосах*) Behäarung *f*; Háarwuchs *m* -es; Bártwuchs *m* (*на лице*); **~ый 1.** vegetatív [ve-]; pflánzlich; Pflánzen-; ~ый мир Pflánzenreich *n* -(e)s, Pflánzenwelt *f*; ~ый проце́сс Wáchstumsprozeß *m* -sses, vegetatíver Prozéß; ~ый покро́в Geländebedeckung *f*; ~ая пи́ща Pflánzenkost *f*, vegetárische Kost; **2.** (*добытый из растений*) Pflánzen-; ~ое ма́сло Pflánzenöl *n* (2); Spéiseöl *n* (*пищевое*); ◇ вести́ ~ую жизнь dahínvegetieren [-ve-] *vi*, stumpf dahínleben

расти́ть 1. (*воспитывать*) áufziehen* *vt*, erzíehen* *vt*; ~ ка́дры Káder entwíckeln; **2.** (*животных, растения*) zǘchten *vt*, zíehen* *vt*

растлева́ть *см.* растли́ть

растле́ние *с* **1.** Schändung *f*, Nótzucht *f*; **2.**: ~ нра́вов Síttenverderb *m* -(e)s, Síttenverfall *m* -s, morálische Verkómmenheit

растле́нный verróttet, korrúpt

растли́тель *м уст.* Schänder *m* (6)

растли́ть 1. schänden *vt*, nótzüchtigen *vt*; entéhren *vt*; vergewáltigen *vt*; **2.** (*нравственно развратить*) verdérben* *vt*

растолка́ть 1. (*толпу, людей*) auseinánder¦stoßen* *отд. vt*; beiséite drängen; sich (*D*) éinen Weg báhnen (*проложить себе дорогу*); auseinánder¦drängen *отд. vt* (*дерущихся*); **2.** *разг.* (*спящего*) áufrütteln *vt*, wáchrütteln *vt*

растолкова́ть, растолко́вывать erklären *vt*, auseinánder¦setzen *отд. vt*, klármachen *отд. vt*, verständlich máchen

растоло́чь zerstóßen* *vt*, zerkléinern *vt*, zermálmen *vt*

растолсте́ть dick [stark, korpulént, rúndlich] wérden, Fett ánsetzen, in die Bréite géhen*

растопи́ть 1. (*печь*) ánheizen *vt*; Féuer ánmachen; **2.** (*расплавить*) schmélzen (*) *vt*; zerlássen* *vt*, áuslassen* *vt* (*масло, жир*); áuftauen *vt* (*снег*); **~ся 1.** (*о печи*) sich erwärmen; **2.** (*расплавиться*) (zer)schmélzen* *vi* (s); zergéhen* *vi* (s); táuen *vi* (h, s) (*о снеге*)

расто́пка *ж* **1.** (*действие*) Ánheizen *n* -s; Héizen *n*; Féueranmachen *n* -s; **2.** *собир. разг.* Ánheizmaterial *n* -s -i¦en; Späne *pl* (*лучина*); Féueranzünder *m* (6) (*смесь опилок с парафином*)

растопта́ть zertrámpeln *vt*, zertréten* *vt*, zerstámpfen *vt*

растопы́ривать, растопы́рить *разг.* (auseinánder)spréizen *vt*

растор́гать, расто́ргнуть áufheben* *vt*; (áuf)lösen *vt*, annullíeren *vt* (*договор*); bréchen* *vt* (*сделку*); ~ брак die Éhe schéiden*

расторгова́ть *разг.* allmählich álles verkáufen; **~ся** *разг.* **1.** (*разбогатеть*) durch den Hándel reich wérden; **2.** (*всё продать*) álles áusverkaufen

растор́же́ние *с* Áuflösung *f*, Annullíerung *f*, Lösung *f* (*договора*); Áufhebung *f*, Bruch *m* -(e)s (*сделки*); ~ бра́ка Éhescheidung *f*

растор́може́ние *с психол.* Enthémmung *f*

растор́мози́ть *психол.* enthémmen *vt*

растор́моши́ть *разг.* **1.** (*разбудить*) wáchrütteln *vt*, múnter máchen; **2.** (*привести в беспорядок*) in Únordnung bríngen*

расторо́пн||ость *ж* Behéndigkeit *f*, Flínkheit *f*, Rǘhrigkeit *f*; **~ый** behénd(e), flink, fix, rǘhrig, ánstellig

расточа́ть 1. *см.* расточи́ть II; **2.** (*щедро давать*) überréichlich spénden; überschǘtten *vt*, überhäufen *vt* (что-л. mit *D*); ~ похвалы́ mit Lob überhäufen, sich in Lob ergéhen*

расточе́ние *с уст.* Verschwéndung *f*, Vergéudung *f*

расточи́тель *м* Verschwénder *m* (6), Vergéuder *m* (6); **~ница** *ж* Verschwénderin *f* (12), Vergéuderin *f* (12); **~ность** *ж* Verschwéndungssucht *f*; **~ный** verschwénderisch; **~ство** *с* Verschwéndung *f*

расточи́ть I *тех.* áusbohren *vt*, áusdrehen *vt*; erwéitern *vt* (*расширить*); vertíefen *vt* (*углубить*)

расточи́ть II (*безрассудно истратить*) verschwénden *vt*, vergéuden *vt*, dúrchbringen* *vt*, verjúbeln *vt*, vertún* *vt*

расто́чка *ж тех.* Áusbohren *n* -s, Áusdrehen *n* -s

расто́чный: ~ стано́к Áusbohrmaschine *f* (11), Bóhrwerk *n* (2)

растр *м полигр.* Ráster *m* (6)

растрави́ть, растравля́ть 1. (*рану*) éine Entzündung hervórrufen*; zum Éitern bríngen*; **2.** (*горе и т. п.*) áufwühlen *vt*, wíeder wáchrufen*

растранжи́рить *разг.* vergéuden *vt*, verprássen *vt*, verschwénden *vt*, dúrchbringen* *vt*

растра́та *ж* **1.** (*незаконное израсходование*) Verúntreuung *f* (10), Unterschlágung *f* (10); **2.** (*времени, сил*) Vergéudung *f* (10)

растра́тить 1. (*израсходовать*) áusgeben* *vt*, veráusgaben *vt*; verschléudern *vt*; verpúlvern *vt* (*ирон.*); **2.** (*незаконно израсходовать*) unterschlágen* *vt*, verúntreuen *vt*; **3.** (*время, силы и т. п.*) vergéuden *vt*

растра́тчик *м* Verúntreuer *m* (6)

растра́чивать *см.* растра́тить

растрево́жить 1. áufschrecken *vt* (*испугать*); beúnruhigen *vt*, stören *vt* (*обеспокоить*); áufregen *vt*, in Sórge [in Únruhe] versétzen (*взволновать*); **2.** *разг.*: ~ ра́ну éine álte Wúnde wíeder áufreißen* (*тж. перен.*); **~ся** *разг.* únruhig wérden, sich beúnruhigen; sich áufregen, in Áufregung versétzt sein, sich (*D*) Gedánken máchen (чем-либо über *A*) (*взволноваться*)

растрезво́нить *разг.* áusposaunen *vt*, an die gróße Glócke hängen

растрёпа *м, ж разг.* Schlámpe *f* (11) (*о женщине*); Schlámpiger Kerl

растрёпанн||ый zerzáust, zerráuft; strúppig; wirr; ~ая кни́га ein zerfétztes [ábgegriffenes] Buch; ein zerflédertes Buch (*разг.*); ◇ в ~ых чу́вствах áußer Fássung (gebrácht)

растрепа́ть zerzáusen *vt*, zerráufen *vt* (*волосы*); zerfétzen *vt*; zerlésen* *vt* (*книгу*); **~ся** zerzáust sein (*о волосах*); zerfétzt sein (*о книге и т. п.*)

растрёпка: Стёпка-~ *разг.* Strúw(w)elpeter *m* (6)

растре́скаться (an méhreren Stéllen) plátzen *vi* (s); rissig wérden; bérsten* *vi* (s), sich spálten (*part* II gespáltet *u* gespálten) (*о земле, дереве*); Risse bekómmen* (*о стене*); (an méhreren Stéllen) spríngen* *vi* (s) (*о посуде*); áufspringen* *vi* (s) (*о коже*)

растре́скивание *с* Zerklüftung *f*, Zerréißen *n* -s, Bérsten *n* -s

растре́скиваться *см.* растре́скаться

растро́гать rühren *vt*; Mítgefühl errégen (кого́-л. in *D*) (*возбудить сочувствие*); ~ до слёз bis zu Tränen rühren; **~ся** gerührt [rührselig] wérden

растру́б *м* tríchterförmige Öffnung [Erwéiterung], Róhrmuffe *f* (11), Múffe *f*, Tríchter *m* (6); Schálltrichter *m* (*у духового инструмента*); Stúlpe *f* (11) (*у перчаток*); брю́ки с ~ом glóckige Hósen, Glóckenhosen *pl*; сапоги́ с ~ом Stúlpenstiefel *pl*

раструби́ть *разг.* áusposaunen *vt*; überáll sprе́chen* (о чём-л. über *A*)

раструси́ть *разг.* verschütten *vt*; verstréuen *vt* (*посыпать*); breit hínstreuen (*для просушки*)

растру́ска *ж разг.* **1.** (*действие*) Verschütten *n* -s, Verstréuen *n* -s; **2.** (*потеря в весе сыпучего тела*) Gewíchtsverlust durch Verschütten bei Transpórt und Lágerung

растрясти́ 1. (*сено*) breit hínstreuen, gléichmäßig áusbreiten; **2.** *разг.*: ~ де́ньги Geld zum Fénster hináuswerfen*; Geld vergéuden; **3.** *безл.* (*в машине*) durchrütteln *vt*; меня́ растрясло́ ich bin ganz dúrchgeschüttelt

растушева́ть ábschattieren *vt*, (áus)túschen *vt*

растушёв||ка *ж* **1.** (*действие*) Áustuschen *n* -s; Ábschattieren *n* -s; **2.** (*палочка для тушёвки*) Wíscher *m* (6); **~ывать** *см.* растушева́ть

расту́щий (*увеличивающийся*) wáchsend, stéigend, zúnehmend; ánschwellend (*о движении и т. п.*)

растя́гивать *см.* растяну́ть; ~ слова die Wórte in die Länge zíehen*; gedéhnt sprе́chen*; **~ся 1.** *см.* растяну́ться 1, 2, 4; **2.** *страд.* áusgezogen wérden (*ср.* растяну́ть)

растяже́ние *с* Déhnen *n* -s; Ausdéhnung *f*, Stréckung *f*; Zug *m* (1*); ~ свя́зок *мед.* Séhnenzerrung *f*, Bänderzerrung *f*

растяжи́м||ость *ж* Déhnbarkeit *f*; **~ый** déhnbar, elástisch; э́то поня́тие весьма́ ~ое das ist ein sehr déhnbarer Begríff

растя́жка *ж* **1.** *тех.* Spánnseil *n* (2), Verspánnung *f* (10); **2.** (*действие*) Strécken *n* -s, Récken *n* -s

растя́нут||ость *ж* Länge *f*, Gedéhntheit *f*; **~ый** áusgedehnt; in die Länge gezógen

растяну́ть 1. áusdehnen *vt*, (áus)strécken *vt*; auseinánder¦ziehen* *отд. vt*; (áus)spánnen *vt*; áusweiten *vt* (*обувь*); растя́гивать рези́ну den Gúmmi (áus)déhnen; **2.** (*затянуть, продлить*) áusdehnen *vt*; in die Länge zíehen* (*доклад*); hínziehen* *vt*, zu lang máchen (*повесть и т. п.*); ~ удово́льствие das Vergnügen in die Länge zíehen*; **3.** (*сухожилие*) sich (*D*) die Séhne zérren, sich (*D*) etw. verstáuchen (*связку*); **~ся 1.** sich áusdehnen; sich áusleiern (*о резине*); sich in die Länge zíehen* (*о линии фронта*); **2.** *разг.* (*лечь во всю длину*) sich (der Länge nach) hínstrecken; sich áusstrecken; sich länglegen *отд.*; **3.** *разг.* (*упасть*) lang hínschlagen*; álle víere von sich strécken; **4.** (*о рассказе, занятии и т. п.*) sich in die Länge zíehen*, sich hínziehen*; kein Énde néhmen*

растя́па *м, ж разг.* Schláfmütze *f* (11); Tólpatsch *m* (1), Tölpel *m* (6)

расфасо́в||анный ábgepackt; áusgewogen (*развешанный*); ~анный това́р ábgepackte Wáre; **~а́ть** ábpacken *vt*; **~ка** *ж* Ábpackung *f*, Ábfüllen *n* -s, Dosíerung *f*; **~очный** Ábpack-; ~очный автома́т Ábpackautomat *m* (8); **~ывать** *см.* расфасова́ть

расформирова́ние *с* Áuflösung *f*; ~ по́езда Zúgauflösung *f*

расформирова́ть, расформиро́вывать áuflösen *vt*

расфранти́ться *разг.* sich heráusputzen, sich áufdonnern

расфранчённый *разг.* áufgedonnert, heráusgeputzt, geschníegelt und gebügelt

расфуфы́риться *разг.* sich áuftakeln, sich áufdonnern, sich áufkratzen

расха́живать umhérgehen* *vi* (s), sich ergéhen*; herúmspazieren *vi* (s); ~ взад и вперёд hin- und hérgehen*; ~ по ко́мнате im Zímmer auf und ab gehen*; ва́жно ~ stolzíeren *vi* (s)

расхва́ливать, расхвали́ть übermäßig lóben; heráusstreichen* *vt*; in den Hímmel hében*; ein Lóblied síngen* (кого́-л., что-л. *D*)

расхва́рываться *см.* расхвора́ться

расхва́статься (nicht áufhören zu) práhlen *vi*, sich brüsten

расхвата́ть, расхва́тывать wégraffen *vt*; sich hérmachen (что-л. über *A*); (vóllständig) áufkaufen *vt* (*товары*)

расхвора́ться *разг.* krank wérden [sein]; (érnstlich) erkránken *vi* (s)

расхити́тель *м* Plünd(e)rer *m* (6); Defraudánt *m* (8), Dieb *m* (1)

расхи́тить, расхища́ть stéhlen* *vt*, áusrauben *vt*; verúntreuen *vt*; áusplündern *vt*; defraudíeren *vt*

расхище́ние *с* Díebstahl *m* (1*), Ráub *m* -(e)s; Verúntreuung *f* (10); Áusplünderung *f* (10), Plünderung *f*

расхлеба́ть, расхлёбывать *разг.* **1.** áuslöffeln *vt*; ~ похлёбку die Súppe áuslöffeln; **2.** (*уладить*): мне придётся э́то расхлёбывать ich muß es (wohl) áusbaden; завари́л ка́шу, тепе́рь и расхлёбывай was man sich éingebrockt hat, muß man auch áuslöffeln

расхля́банн||ость *ж* Lóckerung *f*, Verwórrenheit *f*; Zerfáhrenheit *f* (*в хозяйстве*); Schlamperéi *f* (*недисциплинированность*); Wánken *n* -s (*походки*); **~ый** lócker, gelóckert; zerfáhren; ~ая похо́дка ein schlótternder [wánkender] Gang

расхо́д *м* **1.** (*трата*) Áusgabe *f* (11); Áufwand *m* -(e)s; Verbráuch *m* -(e)s (*потребление*); *гидр.* Ergíebigkeit *f*; ~ па́ра *тех.* Dámpfverbrauch *m*; ~ горю́чего Brénnstoffverbrauch *m*; ~ воды́ Wásserdurchfluß *m* -sses; ~ боеприпа́сов Munitiónsverbrauch *m*, Munitiónsaufwand *m*; ввести́ кого́-л. в ~ j-n in Únkosten stürzen, j-m Áusgaben verúrsachen; **2.** *мн.* ~ы (*затраты*) Áusgaben *pl*, Kósten *pl*; накладны́е ~ы Únkosten *pl*, Spésen *pl*; больши́е накладны́е ~ы hóhe Únkosten; канцеля́рские ~ы Bürókosten *pl*, Áusgaben für Büróartikel; доро́жные ~ы Réisespesen *pl*; ме́лкие ~ы kléine [láufende] Áusgaben; основны́е ~ы Grúndkosten *pl*; эксплуатацио́нные ~ы Betríebskosten *pl*; ~ы на ремо́нт Reparatúrkosten *pl*; сме́та ~ов Kóstenanschlag *m* (1*); на покры́тие ~ов zur Únkostendeckung; де́ньги на карма́нные ~ы Táschengeld *n* -(e)s; нести́ ~ы die Kósten trágen*; **3.** *бухг.* Soll *n* = *u* -s, Débet *n* -s, -s (*pl тж.* Débita); прихо́д и ~ Soll und Háben, Éinnahmen und Áusgaben; записа́ть в ~ ins Soll éintragen*, im Soll búchen, éine Sóllbuchung áusführen; j-n mit etw. (*D*) belásten; ◇ вы́вести [пусти́ть] кого́-л. в ~ *разг.* j-n erschíeßen*

расходи́ться 1. *см* разойти́сь; **2.** (*о линиях, лучах и т. п.*) auseinánder¦laufen* *отд. vi* (s)

расхо́дн||ый Áusgabe-; ~ая кни́га Áusgabenbuch *n* (5); ~ая часть (бюдже́та) Áusgabenteil *m* (1), Sóllseite *f* (11)

расхо́дование *с* Veráusgabung *f*; Áusgabe *f*; Áufwendung *f*, Áufwand *m* -(e)s; Verbráuch *m* -(e)s (*потребление*); ~ сил Kráftaufwand *m*; ~ сырья́ Róhstoffverbrauch *m*, Róhstoffeinsatz *m* -(e)s

расхо́довать áusgeben* *vt*, veráusgaben *vt* (*деньги*); verbráuchen *vt* (*материалы, боеприпасы*); **~ся 1.** sich veráusgaben; **2.** *страд.* áusgegeben wérden (*ср.* расхо́довать)

расходоме́р *м гидр.* Ábflußmesser *m* (6), Dúrchflußmesser *m*

расхожде́ние *с* **1.** Divergénz [-vɛr-] *f* (10); Auseinándergehen *n* -s; ~ силовы́х ли́ний *эл.* Kráftlini¦endivergenz *f*; **2.** (*несовпадение*) Differénz *f* (10), Verschíedenheit *f* (10); Wíderspruch *m* (1*) (*противоречие*); ~ в убежде́ниях Méinungsverschiedenheit *f*; getéilte Méinungen; **3.** *мед.*: ~ швов Plätzen *n* der Nähte

расхо́жий *разг.* **1.** (*о платье и т. п.*) zum alltäglichen Gebráuch bestímmt; **2.** (*о деньгах*) zum Áusgeben bestímmt; **3.** (*о товаре*) gefrágt

расхола́живать, расхолоди́ть ábkühlen *vt*; ernüchtern *vt*; dämpfen *vt*, níederdrücken *vt*

расхорохо́риться *разг.* gróßtun* *отд. vi*; sich wíchtig máchen; sich brüsten

расхоте́||ть *разг.* die Lust verlíeren*; nicht mehr mögen* [wóllen*]; **~ться** *безл. разг.* kéine Lust mehr háben; мне ~лось спать der Schlaf ist mir vergángen

расхохота́ться lóslachen *отд. vi*, in Gelächter [Láchen] áusbrechen*

расхрабри́ться *разг.* Mut fássen; sich ermánnen; es über sich bríngen*; sich (*D*) ein Herz fássen

расцара́пать zerkrátzen *vt*; **~ся** **1.** (*поранить себя*) sich zerkrátzen; sich (*D*) die Haut ábschürfen [rítzen]; **2.** *разг.* (*в драке*) sich gégenseitig zerkrátzen

расцара́пывать(ся) *см.* расцара́пать(ся)

расцвести́ **1.** (*о цветах*) áufblühen *vi* (s), erblühen *vi* (s); **2.** (*похорошеть*) áufblühen *vi* (s); **3.** (*достичь процветания*) gedéihen* *vi* (s), áufblühen *vi* (s), blühen *vi* (h), éinen Áufschwung erlében

расцве́т *м* **1.** (*цветение*) Blüte *f*, Blühen *n* -s; **2.** (*процветание*) Blüte *f*, Áufschwung *m* (1*); Gedéihen *n* -s; пери́од ~а Blütezeit *f*; в ~е сил in der Fülle der Kraft; in den bésten Jáhren; находи́ться в по́лном ~е in hóher Blüte stéhen*; вести́ к но́вому ~у zu néuer Blüte entwíckeln

расцвета́ть *см.* расцвести́

расцвети́ть *разг.* (áus)schmücken *vt*, bunt dekoríeren; koloríeren *vt*; ~ фла́гами flággen *vt*; mit Fáhnen [Fähnchen] schmücken; áusflaggen *vt*

расцве́тк||а *ж* Fárbenzusammenstellung *f*; Fárbmusterung *f*; пла́тье я́ркой ~и ein fárbenfreudiges [fárbenfrohes] Kleid

расцве́чивание *с*: ~ фла́гами *мор.* Flággengala *f*

расцве́чивать *см.* расцвети́ть

расцелова́ть (áb)küssen *vt*; **~ся** sich küssen

расце́н||ивать, расцени́ть **1.** ábschätzen *vt*, taxíeren *vt*, bewérten *vt*; den Preis féstsetzen (*G*), veránschlagen *vt*; **2.** (*считать, квалифицировать*) hálten* *vt*, ánsehen* *vt* (für *A*); betráchten *vt* (als *A*); beúrteilen *vt*, (be)wérten *vt*; éinschätzen *vt*; **~ка** *ж* **1.** (*действие*) Ábschätzung *f*, Schätzung *f*, Taxíerung *f*; Préisfestsetzung *f* (*товаров*); **2.** (*цена, ставка*) Preis *m* (1), Préislage *f* (11) (*товаров*); Taríf *m* (1) (*труда*): сде́льная ~ка Léistungslohnsatz *m* (1*)

расце́ночно-конфли́ктн||ый: ~ая комиссия Taríf-Schlíchtungskommission *f* (10)

расце́н||очный Ábschätzungs-, Taxíerungs-; Taríf-; **~щик** *м* Taxátor *m* -s, -tóren

расцепи́ть auseinánder¦haken *отд. vt*, lóshaken *отд. vt*, lóskuppeln *отд. vt* (*вагоны и т. п.*); **~ся** sich lóshaken *отд.*

расцепле́ние *с* Lóshaken *n* -s; Lóskopp(e)lung *f* (*вагонов и т. п.*)

расцепля́ть *см.* расцепи́ть; **~ся** **1.** *см.* расцепи́ться; **2.** *страд.* lósgehakt wérden (*ср.* расцепи́ть)

расча́лка *ж тех.* Verspánnung *f* (10); Spánnseil *n* (2)

расчерти́ть Líni¦en (in bestímmter Ríchtung) zíehen*

расчеса́ть **1.** (*волосы*) (áus)kämmen *vt*; **2.** (*лён и т. п.*) kämmen *vt*; **3.** (*тело*) zerkrátzen *vt*, áufkratzen *vt*; **4.** *разг.* (*победить*) zerschlágen* *vt*, besíegen *vt*; **~ся** *разг.* **1.** (*расчесать волосы*) sich kämmen; **2.** (*расцарапаться*) sich zerkrátzen

расчёска *ж разг.* (*гребёнка*) Frisíerkamm *m* (1*), Kamm *m*; ~ с ру́чкой Stíelkamm *m*

расче́сть *см.* рассчита́ть; **~ся** *см.* рассчита́ться 1, 2

расчёсывание *с* **1.** (*воло́с*) Kämmen *n* -s; **2.** *тех.* (*льна и т. п.*) Kämmen *n* -s; **3.** (*те́ла*) Krátzen *n* -s, Zerkrátzen *n*

расчёсывать *см.* расчеса́ть **~ся** **1.** *см.* расчеса́ться; **2.** *страд.* gekämmt wérden (*ср.* расчеса́ть)

расчёт *м* **1.** Beréchnung *f* (10); Erréchnung *f*; Kalkulatión *f* (10); приме́рный ~ ein (úngefährer) Überschlag; предвари́тельный ~ Vóranschlag *m* (1*); прове́рочный ~ Náchrechnung *f*; ~ сил Kräftebemessung *f*; **2.** *тех.* Beréchnung *f* (10), Réchnung *f*, Ánschlag *m* (1*); техни́ческие ~ы téchnische Beréchnungsgrundlagen; ~ постро́йки Báuanschlag *m*; **3.** (*уплата*) Ábrechnung *f* (10); Verréchnung *f*; взаи́мный ~ Záhlungsausgleich *m* (1); произвести́ ~ die Réchnung begléichen* [máchen]; ábrechnen *vi*; ~ы не зако́нчены die Réchnung ist (noch) nicht ábgeschlossen; у нас сло́жные ~ы wir háben állerléi miteinánder ábzurechnen; за нали́чный ~ gégen Bárzahlung, gégen bar; безнали́чный ~ bárgeldlose Verréchnung, bárgeldloser Záhlungsverkehr; **4.** (*увольнение*) Entlássung *f* (10); дать кому́-л. ~ j-n entlóhnen [entlássen*]; получи́ть ~ entlássen wérden; die Papíere bekómmen*; взять ~, потре́бовать ~а sich (*D*) die Papíere gében lássen*; die Árbeit áufgeben*; **5.** (*выгода*) Vórteil *m* (1); мне нет ~а е́хать туда́ es hat für mich kéinen Zweck, dorthín zu fáhren; **6.** (*предположение*) Pläne *pl*; Ábsicht *f* (10); э́то не входи́ло в его́ ~ы das war nicht séine Ábsicht; das páßte ihm nicht in den Kram (*разг.*); в ~е на что-л. im Hínblick auf (*A*); únter der Voráussetzung, daß; с ~ом in der Ábsicht; обману́ться в ~ах in séinen Hóffnungen getäuscht wérden; **7.** *воен.* Bedíenungsmannschaft *f* (10), Bedíenung *f* (10), оруди́йный ~ Geschützbedienung *f*; пулемётный ~ Maschínengewehrbedienung *f*; ◇ хозя́йственный ~ *эк.* wírtschaftliche Réchnungsführung; из ~а áusgehend von (*D*); únter Berücksichtigung (*G*); из ~а на́ год úmgerechnet auf ein Jahr; jährlich geréchnet; из ~а по пять рубле́й на челове́ка fünf Rúbel pro Mann geréchnet; мы в ~е wir sind quitt; э́то не входи́ло в ~ das war nicht éingerechnet; приня́ть в ~ in Betrácht zíehen* [néhmen*], in Erwägung zíehen*, erwägen* *vt*, berücksichtigen *vt*; брак по ~у Vernúnftheirat *f* (10); Géldheirat *f*

расчётлив||ость *ж* **1.** (*бережливость*) Beréchnung *f*, Spársamkeit *f*; **2.** (*осмотрительность*) Úmsicht *f*; **~ый** **1.** (*бережливый*) háushälterisch, spársam, wírtschaftlich; ~ый челове́к Réchner *m* (6); **2.** (*осмотрительный*) úmsichtig

расчётн||ый Réchen-; Réchnungs-; réchnerisch; ~ая табли́ца Réchentafel *f* (11); ~ая ве́домость Lóhnliste *f* (11); ~ая кни́жка 1) (*зарплаты*) Lóhnbuch *n* (5); 2) (*платежей*) Éinzahlungsheft *n* (2); ~ый бала́нс Záhlungsbilanz *f* (10); ~ая едини́ца Verréchnungseinheit *f* (10); ~ый стол Lóhnbüro *n* -s, -s; ~о-вычисли́тельная гру́ппа Beréchnungsgruppe *f* (11)

расчи́стить säubern *vt*, (áuf)räumen *vt*; entrümpeln *vt* (*от хлама*); enttrümmern *vt* (*от обломков*); líchten *vt*, (áus-)róden *vt* (*лес*); ~ путь den Weg fréilegen; ~ по́чву *перен.* das Terrain [-'rɛŋ] ébnen

расчи́стк||а *ж* Säubern *n* -s, Säuberung *f*; Réinigen *n* -s, Réinigung *f*; Áufräumen *n* -s, Räumen *n*, Áufräumung *f*, Räumung *f*; Líchten *n* -s, Róden *n* -s (*ле́са*); Fréilegen *n* -s (*дороги*); рабо́ты по ~е (*улиц и т. п. от обломков*) Enttrümmerungsarbeiten *pl*

расчиха́ться *разг.* únaufhörlich [méhrmals] níesen

расчихво́стить *разг.* **1.** schónungslos kritisíeren; **2.** (*разгромить*) zerschlágen* *vt*, besíegen *vt*

расчища́ть *см.* расчи́стить

расчлене́ние *с* Zerglíederung *f*, Zerstückelung *f*; Glíederung *f*, Áufgliederung *f*, Áufteilung *f*, Spáltung *f*; *воен.* Zerlégen *n* -s

расчленённ||ый: ~ое построе́ние *воен.* geglíederte Áufstellung

расчлени́ть, расчленя́ть (zer)glíedern *vt*, zerstückeln *vt*; áufgliedern *vt*, áufteilen *vt*; spálten (*part* II gespáltet *u* gespálten) *vt*; *воен.* zerlégen *vt*, zerglíedern *vt*

расчу́вствоваться *разг.* in Rührung kómmen*, gerührt sein

расшали́ться sehr áusgelassen sein; úngezogen sein; mútwillig sein

расша́ркаться, расша́ркиваться **1.** éinen Krátzfuß [Krátzfüße] máchen; **2.** *перен.* kátzbuckeln *неотд. vi* (пе́ред кем-л. vor *D*)

расша́танный lócker, wáck(e)lig; zerrüttet (*о здоровье, нервах*)

расшата́ть **1.** lósrütteln *отд. vt*, lóckern *vt*, lóse máchen; wáck(e)lig máchen; **2.** (*ослабить*) untergráben* *vt*, erschüttern *vt*, lóckern *vt*, ins Wánken bríngen*; zerrütten *vt*, ruiníeren *vt*, kapútt máchen (*здоровье, нервы*); **~ся** **1.** wáck(e)lig wérden, sich lóckern; aus den Fúgen géhen*; **2.** (*ослабнуть*) ins Wánken kómmen*; sich lóckern (*о дисциплине*); его́ не́рвы расшата́лись séine Nérven sind zerrüttet

расша́тывать(ся) *см.* расшата́ть(ся)

расшвы́ривать, расшвыря́ть **1.** (*разбросать*) durcheinánder¦werfen* *отд. vt*; zerstréuen *vt*; **2.** (*деньги*) vergéuden *vt*

расшевели́ть *разг.* **1.** áufstören *vt* (*муравейник*); schüren *vt* (*угли*); **2.** (*привести в движение*) áufrütteln *vt*; in Bewégung bríngen*; auf die Béine bríngen*; belében *vt*; zu etw. (*D*) ánfeuern [ánregen]; Lében in die Búde bríngen* (*разг.*); **~ся** sich áufrütteln, in Bewégung kómmen*

расшиба́ть *см.* расшиби́ть; **~ся** **1.** *см.* расшиби́ться; **2.** *страд.* zerschlágen wérden (*ср.* расшиби́ть)

расшиби́ть *разг.* **1.** (*ушибить*) stóßen* *vt*, verlétzen *vt*; **2.** (*расколоть*) entzwéi¦schlagen* *отд. vt*, zerschlágen* *vt*, zerbréchen* *vt*; **~ся** *разг.* **1.** (*по-*

лучить повреждение) sich verlétzen; **2.** (*расколоться*) entzwéi¦gehen* *отд. vi* (s)

расшива́ть *см.* расши́ть

расшире́ние *с* **1.** Ausdehnung *f*; Áusweitung *f* (*военных действий*); Áusbau *m* -(e)s (*развитие*); Erwéiterung *f* (*границ*); Expansión *f* (*сфер влияния*); Verbréiterung *f* (*распространение*); ~ свя́зей Áusweitung der Bezíehungen; **2.** (*увеличение*) Zúnahme *f*; Ánwachsen *n* -s; Erwéiterung *f* (*кругозора*); ~ се́ти библиоте́к Áusbau des Bibliothéksnetzes [der Bibliothéken]; **3.** *физ.* Áusdehnung *f* (10); лине́йное ~ Längenausdehnung *f*; объёмное ~ Ráumausdehnung *f*; теплово́е ~ Wärmedehnung *f*; **4.** *мед.* Erwéiterung *f*; ~ вен Venenerweiterung ['ve:-] *f*; Krámpfadern *pl*, Krámpfaderbildung *f*; ~ се́рдца Hérzerweiterung *f*

расши́ренн||ый erwéitert; ~ый пле́нум erwéitertes Plénum; ~ое толкова́ние зако́на (zu) wéite Áuslegung des Gesétzes; ~ые от у́жаса глаза́ schréckgeweitete Áugen

расшири́тель *м* **1.** *тепл.* Diffúsor *m* -s, -sóren; Entspánner *m* (6); **2.** *горн.* Náchräumer *m* (6), Náchschneidebohrer *m* (6); **3.** *мед.* Dilatatiónssonde *f* (11), Dilatátor *m* -s, -tóren

расши́рить 1. erwéitern *vt*, verbréitern *vt*, (áus)déhnen *vt*; **2.** (*увеличить*) erwéitern *vt*, áusdehnen *vt*, áusbauen *vt*; (áus)wéiten *vt* (*торговлю и т. п.*); ~ сфе́ру влия́ния die Éinflußsphäre erwéitern; **~ся 1.** sich erwéitern, sich áusdehnen, sich verbréiten, sich áusweiten; **2.** (*увеличиться*) zúnehmen* *vi*, ánwachsen* *vi* (s); sich áusdehnen, sich erwéitern

расширя́емость *ж физ.* Áusdehnungsfähigkeit *f*, Expansiónsfähigkeit *f*, Extensibilität *f*

расширя́ть *см.* расши́рить; **~ся 1.** *см.* расши́риться; **2.** *страд.* erwéitert wérden (*ср.* расши́рить)

расши́ть 1. (*распороть сшитое*) zertrénnen *vt*, áuftrennen *vt*, auseinánder¦trennen *отд. vt*; auseinánder¦nehmen* *отд. vt*; áufbrechen* *vt* (*тюк*); **2.** (*вышить*) (be)stícken *vt*, áussticken *vt*

расшифрова́ть, расшифро́вывать entzíffern *vt*, dechiffríeren [-ʃif-] *vt*, entschlüsseln *vt*; *перен.* enträtseln *vt*

расшнурова́ть, расшнуро́вывать áufschnüren *vt*, áufbinden* *vt*, áufmachen *vt*, ~ боти́нки die Schúhe áufschnüren

расшуме́||ться (stark) lärmen *vi*, viel Lärm máchen, Radáu máchen; ве́тер ~лся der Wind braust

расще́дриться *разг.* fréigebig wérden

расще́лина *ж* Spálte *f*, Spalt *m* (1), Riß *m* -sses, -sse

расщёлкать *разг.* **1.** (*орехи*) zerknákken *vt*; **2.** (*раскритиковать*) schónungslos kritisíeren

расщепи́ть 1. spálten (*part* II gespáltet *u* gespálten) *vt*, kléinmachen *отд. vt*, zersplíttern *vt*; **2.** *хим.*, *физ.* zersétzen *vt*, spálten *vt*; **~ся 1.** sich spálten; sich zersplíttern; **2.** *хим.*, *физ.* sich zersétzen, sich spálten

расщепле́ние *с* **1.** Zerspálten *n* -s, Zersplíttern *n* -s; **2.** *хим.*, *физ.* ~ а́тома Atómspaltung *f*, Atómzertrümmerung *f*; ~ а́томного ядра́ Kérnspaltung *f*

расщепля́ть *см.* расщепи́ть; **~ся 1.** *см.* расщепи́ться; **2.** *страд.* gespálten [gespáltet] werden (*ср.* расщепи́ть)

расщепля́ющийся spáltbar; ~ материа́л *физ.* Spáltmaterial *n* -s, -i¦en

расщипа́ть zerrúpfen *vt*, zerzúpfen *vt*

рати́н *м текст.* Ratín *m* -s, -s, Ratiné [-'ne:] *m* -s, -s

ратифика́ция *ж* Ratifizíerung *f*, Ratifikatión *f*

ратифици́ровать ratifizíeren *vt*

ра́тн||ик *м* **1.** *уст.* (*воин*) Kríegsmann *m* (4); **2.**: ~ик ополче́ния *ист.* Reservist [-'vist] *m* (8); Lándwehrmann *m* (4); Lándsturmmann *m*; **~ый** *уст.* kämpferisch, kríegerisch; Kriegs-, Schlacht-, Streit-; ~ый конь Schláchtroß *n* -sses, -sse, Stréitroß *n*; ~ый стан Kríegslager *n* (6); ~ое по́ле Schláchtfeld *n* (5)

ра́товать 1. *уст.* (*воевать*) kämpfen *vi*, stréiten* *vi*; **2.** (*бороться*) sich éinsetzen, éintreten* *vi* (s) (за кого́-л., за что-л. für *A*), áuftreten* *vi* (s) (про́тив кого́-л., чего́-л. gégen *A*)

ра́туша *ж* Ráthaus *n* (5), Stádthaus *n*

рать *ж уст.* Kríegsvolk *n* -(e)s, Heer *n* (2), Kríegsmacht *f* (3)

ра́унд *м спорт.* Rúnde *f* (11)

ра́ут *м уст.* Rout [*англ.* raot] *m* -s, -s

рафина́д *м* Würfelzucker *m* -s; **~ный:** ~ный заво́д Raffinerie *f*

рафини́ров||ание *с тех.* Raffinatión *f*, Raffiníeren *n* -s (*сахара*); Raffiníerung *f*, Féinen *n* -s, Gáren *n* -s, Réinigen *n* -s (*металла*); **~анный** raffiníert (*тж. перен.*); geklärt, geréinigt; ~анный вкус raffiníerter Geschmáck; **~ать** raffiníeren *vt* (*сахар*); féinen *vt*, gáren *vt*, raffiníeren *vt*, réinigen *vt* (*металл*)

ра́фия *ж бот.* **1.** Ráphia *f*; **2.** (*мочало*) Ráphiabast *m* -es

рахи́т *м мед.* Rachítis *f*; **~ик** *м* Rachítiker *m* (6); **~и́чный** rachítisch

раце́я *ж разг. уст.* lánge, lángweilige Beléhrung [Réde]

рацио́н *м* Ratión *f* (10), Proviantration [-'vĭant-] *f*; Satz *m* (1*), Verpflégungssatz *m*

рационализа́тор *м* Rationalisátor *m* -s, -tóren; **~ский** Rationalisíerungs-; ~ское предложе́ние Verbésserungsvorschlag *m* (1*), Néuerervorschlag *m*; Néuerung *f* (*новшество*); внести́ ~ское предложе́ние éinen Verbésserungsvorschlag éinbringen* [máchen]; **~ство** *с* Vórschlagswesen *n* -s

рационализ||а́ция *ж* Rationalisíerung *f*; ~а́ция произво́дства Produktiónsrationalisierung *f*; **~и́ровать** rationalisíeren *vt*

рационал||и́зм *м филос.* Rationalísmus *m* =; **~и́ст** *м филос.* Rationalíst *m* (8); **~исти́ческий** *филос.* rationalístisch

рациона́льн||ость *ж* Rationalität *f*; Vernünftigkeit *f*; Zwéckmäßigkeit *f*; **~ый 1.** rationál, vernünftig (*разумный*); rationéll, zwéckmäßig, zwéckdienlich (*целесообразный*); **2.** *мат.* Rationál-; rationál; ~ые чи́сла rationále Zahlen

ра́ция *ж* Fúnkstelle *f* (11)

ра́чий Krebs-; ◇ ра́чьи глаза́ Glótzaugen *pl*

рачи́тельн||ость *ж уст.* Fürsorglichkeit *f*, Sórgsamkeit *f*; **~ый** *уст.* fürsorglich, sórgsam; éifrig (*усердный*)

ра́шкуль *м жив.* Réißkohle *f* (11), Zéichenkohle *f*

ра́шпиль *м тех.* Ráspel *f* (11)

рвану́ть héftig réißen*; zíehen* *vt*, *vi* (an *D*); ~ за́ волосы an den Háaren zíehen*; **~ся** sich stürzen, lósspringen* *отд. vi* (s), lósbrechen* *отд. vi* (s), lósstürmen *отд. vi* (s), lósstürzen *отд. vi* (s)

рва́н||ый zerríssen, zerfétzt; ~ая ра́на *мед.* Rißwunde *f* (11)

рвань *ж* **1.** *разг.* Schund *m* -(e)s, Fétzen *pl*, Lúmpen *pl*; **2.** *собир. тех.* Ábfall *m* (1*), Gárnreste *pl*, Fádenreste *pl*; **3.** *разг.* (*оборванцы*) Lúmpenpack *n* -(e)s

рвать I **1.** reißen* *vt*; ábreißen* *vt* (*отрывать*); áusreißen* *vt* (*вырывать*); áusraufen *vt*, ráufen *vt* (*выщипывать*); zérren *vt* (*дёргать*); (áb)pflücken *vt* (*срывать*); ~ цветы́ Blumen pflücken; ~ на себе́ оде́жду sich (*D*) die Kléider vom Léibe réißen*; ве́тер рвёт паруса́ der Wind reißt an den Ségeln; **2.** (*на куски*) zerréißen* *vt*; маши́на рвёт ни́тку die Maschíne zerréißt den Fáden; **3.** (*отношения и т. п.*) ábbrechen* *vt*, bréchen* *vi* (с кем-л. mit *D*); ◇ ~ на себе́ во́лосы sich (*D*) die Háare (áus)ráufen; ~ зу́бы Zähne zíehen; он рвёт и ме́чет er speit Gift und Gálle; его́ рвут на ча́сти *разг.* er wird in Stücke geríssen

рвать II *безл.*: его́ рвёт er erbrícht (sich), er übergíbt sich, er bricht

рва́ться 1. réißen* *vi* (s), zerréißen* *vi* (s); verschléißen* *vi* (*изнашиваться*); ни́тки не рву́тся der Zwirn ist réißfest; **2.** (*о снарядах*) explodíeren *vi* (s), zerspríngen* *vi* (s); **3.** (*стремиться*) auf etw. (*A*) brénnen*; begíerig sein (к чему-л. nach *D*, auf *A*); он рвётся в бой es zieht [treibt] ihn in den Kampf; ребёнок рвётся к ма́тери das Kind strebt zur Mútter; ◇ где то́нко, там и рвётся *посл.* wo es dünn ist, da reißt's

рвач *м разг.* Ráffer *m* (6); **~еский** *разг.* ráffgierig; hábgierig; **~ество** *с разг.* Raffgier *f*

рве́ние *с* Éifer *m* -s, Beflíssenheit *f*; он не отлича́ется осо́бым ~м к рабо́те er legt kéinen größen Árbeitseifer an den Tag; er reißt sich kein Bein aus (*разг.*)

рво́т||а *ж* **1.** Erbréchen *n* -s, Bréchen *n*; вы́звать ~у éinen Bréchreiz verúrsachen; **2.** (*извергнутое*) Erbróchenes *sub n*; **~ное** *в знач. сущ. с мед.* Bréchmittel *n* (6); **~ный** Brech-; bréchreizend; ~ный ко́рень *фарм.* Bréchwurz *f* (10)

рдеть rot schímmern, rot léuchten, glühen *vi*

ре *сущ. с муз.* D *n* =, =; ~-дие́з Dis *n* =; ~-бемо́ль Des *n* =; ~ мажо́р D-Dur *n* =; в ~ мажо́ре in D-Dur; ~ мино́р d-Moll *n* =; в ~ мино́ре in d-Moll

реабилита́ция *ж* Rehabilitíerung *f*, Rehabilitatión *f*; Wiederhérstellung *f* (séines Rúfes)

реабилити́ровать rehabilitíeren *vt*; **~ся** sich rehabilitíeren, séinen Ruf wiederhérstellen, rehabilitíert wérden

реаге́нт *м см.* реакти́в

реаги́ровать reagíeren *vt*; zurückwirken *vi* (auf *A*)

реакти́в *м хим.* Reágens *n* =, -génzi¦en

реакти́вн||ость *ж хим.*, *физ.* Reaktión *f*, Reaktivität [-vi-] *f*; *эл.* Reaktánz *f*; **~ый** *хим.*, *физ.* Reaktións-; reaktív; Reagénz-; ~ая кату́шка *эл.* Reaktiónsspule *f* (11); ~ый дви́гатель Stráhltriebwerk *n* (2), Düsenantrieb *m* (1); ~ый самолёт Stráhlflugzeug *n* (2), Düsenflugzeug *n*; ~ый истреби́тель Düsenjäger *m* (6); ~ый снаря́д Rakétengeschoß *n* -sses, -sse

реа́ктор *м* **1.** *хим.* Reáktor *m* -s, -tóren, Reaktiónsapparat *m* (1), Úmsetzer *m* (6); **2.** *эл.* Drósselspule *f* (11); **3.** *яд. физ.* Reáktor *m* -s, -tóren, Kérnreaktor *m*; а́томный ~ Atómreaktor *m*; кипя́щий ~ Síedewasserreaktor *m*; ~ на бы́стрых нейтро́нах schnéller Kérnreaktor; ура́новый ~ Uránbrenner *m* (6)

реакционе́р *м* Reaktionär *m* (1)

реакцио́нн||ость *ж* reaktionäre Éinstellung; **~ый 1.** reaktionär, rückschrittlich; **2.** *хим.* Reaktións-

реа́кция I *ж* Reaktión *f* (10); ~ оседа́ния эритроци́тов (РОЭ) Blútsenkung *f* (10); ~ электри́ческой цепи́ Reaktánz *f* (10); термоя́дерная ~ thermonukleáre Reaktión; цепна́я ~ Kéttenreaktion *f*

реа́кция II *ж полит.* Reaktión *f*

реа́л I *м* (*монета*) Reál *m* -s, *исп. pl* -es, *португ. pl* Réis

реа́л II *м полигр.* Schríftkastenregal *n* (2)

реализа́ция *ж* **1.** Realisíerung *f*, Verwírklichung *f*, Dúrchführung *f*; **2.** (*товаров, вещей*) Ábsatz *m* -es, Realisíerung *f*, Verwértung *f*, Verkáuf *m* -(e)s (gégen báres Geld); ~ за́йма die Únterbringung der Ánleihe

реали́зм *м* Realísmus *m* =; социалисти́ческий ~ *лит.* der sozialístische Realísmus

реализова́ть **1.** realisíeren *vt*, verwírklichen *vt*, in die Tat úmsetzen; **2.** (*товары, вещи*) realisíeren *vt*, ábsetzen *vt*, (gégen báres Geld) verkáufen *vt*

реали́ст *м* **1.** Realíst *m* (8); писа́тель-~ realístischer Schríftsteller; **2.** *уст.* (*ученик реального училища*) Reálschüler *m* (6); **~и́ческий** realístisch; **~и́ческое** изображе́ние realístische Gestáltung, realístische Dárstellung

реа́лия *ж лингв.* Reáli|e *f* (11)

реа́льн||ость *ж* Realität *f*, Wírklichkeit *f*; чу́вство ~ости Wírklichkeitssinn *m* -(e)s, Realitätssinn *m*; **~ый** **1.** (*действительный*) reál; wírklich, tátsächlich; ~ые ве́щи Reáli|en *pl*; ~ая за́работная пла́та Reállohn *m* (1*) (*рабочих*); Reálgehalt *n* (5) (*служащих*); **2.** (*осуществимый*) dúrchführbar, reál; **3.:** ~ое учи́лище *уст.* Reálschule *f* (11)

реаниматоло́гия *ж мед.* Reanimatologíe *f*

реанима́ци||я *ж мед.* Reanimatión *f*, Wíederbelebung *f*; отделе́ние ~и Intensívstation *f* (10)

ребёнок *м* Kind *n* (5); грудно́й ~ Säugling *m* (1), Brústkind *n*

рёберный Ríppen-

ребо́рда *ж спец.* Bund *m* (1*), Flansch *m* (1), Wulst *m* (1*)

ребри́стый geríppt, verríppt

ребро́ *с* **1.** *анат.* Ríppe *f* (11); **2.** (*край*) Rand *m* (4), Kánte *f* (11); Grat *m* (1); положи́ть до́ску ~м, поста́вить до́ску на ~ das Brett hóchkant stéllen, **3.** *тех.* Kánte *f* (11); Ríppe *f* (11); рёбра жёсткости *тех.* Verstéifungsrippen *pl*; ◇ поста́вить вопро́с ~м dic Fráge óffen und scharf stéllen; es auf Bíegen óder Bréchen ánkommen lássen*

ре́бус *м* Rébus *m*, *n* =, -se, Bílderrätsel *n* (6)

ребя́та *мн.* **1.** Kínder *pl*; **2.** *разг.* (*парни, молодые люди*) júnge Léute; Júngs *pl*, Búrschen *pl*; Jungs! (*обращение*)

ребяти́шки *мн. разг.* Kínder *pl*

ребя́ч||еский kíndlich; kíndisch, kíndhaft; **~ество** *с* Kinderéi *f* (10); **~иться** sich wie ein Kind benéhmen*; Kinderéien tréiben*; kíndisch sein

ребя́члив||ость *ж* kíndisches Benéhmen; **~ый** kíndisch

рёв *м* **1.** (*зверей*) Brüllen *n* -s, Gebrüll *n* -s; Gehéul *n* -s; Héulen *n* -s (*завывание*); Tósen *n* -s (*бури*); ~ оле́ня Röhren *n* **-s**; ~ коро́вы Múhen *n* -s; **2.** *разг.* (*плач*) Gehéul *n* -s, Heuleréi *f* (10), Héulen *n* -s

рёва *м, ж разг.* Schréihals *m* (1*); Héulsuse *f* (11) (*о девочке*)

рева́нш *м* Revanche [-'vãʃ(ə) *или* -'vaŋʃə] *f*; Vergéltung *f* (*отмщение*); матч-~ Rückspiel *n* (2), поли́тика ~а Revánchepolitik *f*; **~и́зм** *м* Revanchismus [-vaŋ'ʃı-] *m* =; **~и́ст** *м* Revanchist [-vaŋ'ʃıst] *m* (8); Revánchepolitiker *m* (6); Revánchehetzer *m* (6); **~и́стский** revanchistisch [-vaŋ'ʃı-], revánchelüstern

реввоенсове́т *м* (революцио́нный вое́нный сове́т) *ист.* Revolutionärer [-vo-] Kríegsrat

реве́нный Rhabárber-

реве́нь *м* Rhabárber *m* -s

ревера́нс *м* Knicks *m* (1); де́лать ~ knícksen *vi*, éinen Knicks [éine Verbéugung] máchen; де́лать ~ы *перен.* séine Reverénz [-ve-] máchen

ревербера́ц||ия *ж физ.* Náchhall *m* (1); без ~ии náchhallfrei, schálltot

ре́верс *м* **1.** *тех.* Úmsteuerung *f*; **2.** (*оборотная сторона монеты, медали*) Revers [-'vɛrs] *m* (1); **3.** *эк.* (*обязательство*) Revers [-'vɛrs] *m* (1), schríftliche Verpflíchtung, Garantíe *f*

реверси́рование *с тех.* Úmsteuern *n* -s, Úmkehren *n* -s; Ríchtungswechsel *m* (6)

реве́рсор *м тех.* Úmkehrschalter *m* (6), Fahrtwender *m* (6)

реве́ть **1.** brüllen *vi*, héulen *vi* (*о звере*); tóben *vi* (*о буре*); **2.** *разг.* (*плакать*) laut héulen, flénnen *vi*, brüllen *vi*; что ты ревёшь под са́мым у́хом? was brüllst du mir in die Óhren?

ревизион||и́зм *м полит.* Revisionísmus [-vi-] *m* =; **~и́ст** *м полит.* Revisioníst [-vi-] *m* (8); **~и́стский** *полит.* revisionístisch [-vi-]; Revisionísten-

ревизио́нн||ый Revisións- [-vi-]; ~ая коми́ссия Revisiónskommission *f* (10)

реви́зия *ж* Revisión [-vi-] *f* (10); Síchtung *f* (10), Dúrchsicht *f* (10) (*просмотр*)

ревизова́ть revidíeren [-vi-] *vt*; überprüfen *vt*, prüfen *vt*

ревизо́р *м* Revisor [-'vi-] *m* -s, -sóren; Kontrolleur [-'lø:r] *m* (1)

ревмати́зм *м* Rhéuma *n* -s, Rheumatísmus *m* =; суставно́й ~ Gelénkrheumatismus *m*, Gelénkrheuma *n*; больно́й ~ом rhéumakrank; о́стрый ~ akútes Rhéuma, akúter Rheumatísmus

ревма́т||ик *м* Rheumátiker *m* (6); **~и́ческий** rheumátisch

ревмат||о́лог *м* Rheumatológ(e) *m* (8, 9); **~оло́гия** *ж* Rheumatologíe *f*

ревмя́: ~ реве́ть *разг.* laut héulen; bíttere Tränen vergíeßen*

ревни́вец *м*, **ревни́вица** *ж уст.* Éifersüchtige *m*, *f* (14)

ревни́в||о *нареч.* éifersüchtig; **~ый** éifersüchtig

ревни́тель *м уст.* Éiferer *m* (6), Verféchter *m* (6), Förderer *m* (6); **~ница** *ж уст.* Éifrerin *f* (12), Verféchterin *f* (12), Förderin *f* (12)

ревнова́ть éifersüchtig sein (к кому́-л. auf *A*)

ре́вностный éifrig; sehr fléißig; díenstbeflissen (*в работе*)

ре́вность *ж* **1.** Éifersucht *f*; **2.** *уст.* (*усердие*) Éifer *m* (6)

револьве́р *м* Revolver [-'vɔlvər] *m* (6); **~ный** **1.** Revolver- [-'vɔlvər]; ~ная пу́шка Revólverkanone *f* (11); **2.:** ~ный стано́к *тех.* Revolverdrehmaschine [-'vɔlvər-] *f* (11), Revólverbank *f* (3)

револьве́рщик *м тех.* Revolverdreher [-'vɔlvər-] *m* (6)

революционе́р *м* Revolutionär [-vo-] *m* (1); **~ка** *ж* Revolutionärin [-vo-] *f* (12)

революционизи́ровать revolutionisíeren [-vo-] *vt*, revolutionär máchen; **~ся** revolutionär [-vo-] wérden

революцио́нн||ость *ж* revolutionärer Geist [Schwung, Elán]; **~ый** revolutionär [-vo-]; ~ое движе́ние revolutionäre Bewégung; ~ый комите́т Revolutiónskomitee *n* -s, -s; ~ое прави́тельство revolutionäre Regíerung *f* (10)

револю́ц||ия *ж* Revolutión [-vo-] *f* (10); Вели́кая Октя́брьская социалисти́ческая ~ия die Gróße Sozialístische Októberrevolution; пролета́рская ~ия die proletárische Revolutión; борцы́ за ~ию die Kämpfer für die Revolutión, die Kämpfer der Revolutión; соверша́ть ~ию éine Revolutión vollführen; *перен.* éine Úmwälzung herbéiführen

ревтрибуна́л *м* (революцио́нный трибуна́л) *ист.* Revolutiónstribunal [-vo-] *n* (2)

реву́н *м* **1.** *зоол., тж. перен.* Brüllaffe *m* (9); **2.** *мор.* Siréne *f* (11), Signálhorn *n* (5)

ревю́ *с* Revue [*фр.* rə'vy:] *f* (11), Schau *f* (10); ~ на льду Éisrevue *f*

рега́лия *ж* **1.** (*монопольное право*) Regál(e) *n* -s, -li|en; **2.** (*знак монархической власти*) Insígni|en *pl*

рега́та *ж спорт.* Regátta *f*, *pl* -tten

ре́гби *с спорт.* Rugby [*англ.* 'ragbi] *n* -s

регби́ст *м* Rugbyspieler ['ragbi-] *m* (6)

регенера́т *м* **1.** *мат.* Regenerát *n* (2), Gefrísch *n* (2); **2.** *резин.* Regenerát *n* (2)

регенерати́вн||ый regeneratív; *радио* Rückkopplungs-; ~ая печь *тех.* Regeneratívofen *m* (7*); ~ый приёмник *радио* Rückkopplungsempfänger *m* (6)

регенера́тор *м* **1.** Regenerátor *m* -s, -tóren; **2.** *радио* Rückkopplungsempfänger *m* (6)

регенера́ция *ж* **1.** Regeneratión *f*, Regeneríerung *f*; Wíedererzeugung *f*; ~ во́здуха Wíederauffrischung der Luft; **2.** *радио* Rückkopplung *f*

регенери́рова||ть regeneríeren *vt*; **~нный:** ~нная шерсть Réißwolle *f*

ре́гент *м* **1.** Regént *m* (8), Verwéser *m* (6); **2.** (*хора*) Dirigént *m* (8); **~ство** Regéntschaft *f*, Verwéserschaft *f*

региона́льный Regionál-; regionál; ~ пакт Regionálpakt *m* (1)

реги́стр *м* Regíster *n* (6); Verzéichnis *n* (3*), Líste *f* (11) (*список*); ~ лиц Persónenverzeichnis *n*; **2.** *муз.* Regíster *n* (6); Stímmlage *f* (11); **3.** *выч. тех.* Regíster *n* (6)

регистра́тор *м* **1.** Registrátor *m* -s, -tóren; **2.** (*папка*) Órdner *m* (6), Órdnermappe *f* (11); **~ша** *ж мед. разг.* Áufnahmekraft *f* (3)

регистрату́ра *ж* Registratúr *f* (10); Ánmeldungsstelle *f* (11); *мед.* Áufnahme *f* (11)

регистрацио́нный Registríer(ungs)-; ~ но́мер Registríernummer *f* (11)

регистра́ц||ия *ж* Verzéichnung *f*, Registríerung *f*, Registríeren *n* -s; отме́тка о ~ии Registríervermerk *m* (1)

регистри́ровать registríeren *vt*, verzéichnen *vt*; éintragen* *vt* (*вносить в список*); **~ся** **1.** sich registríeren lássen*; sich éinzeichnen; sich éintragen* (lássen*); **2.** (*оформлять брак*) die Éhe registríeren (lássen*), ständesamtlich héiraten, sich ständesamtlich tráuen lássen*; **3.** *страд.* registríert wérden (*ср.* регистри́ровать)

реги́стров||ый Regíster-; ◇ ~ая то́нна *мор.* Regístertonne *f* (11) (*знак* RT)

регла́мент *м* Reglement [-'maŋ] *n* -s, -s; Vórschrift *f* (10), Díenstordnung *f* (10); Geschäftsordnung *f*; Zéitplan *m* (1*); установи́ть ~ (*собрания*) die Rédezeit féstsetzen; по ~у laut Geschäftsordnung; reglementárisch; про́тив ~а gégen die Geschäftsordnung; vórschriftswidrig; **~а́ция** *ж* Reglementíerung *f*;

Rég(e)lung *f*; **~и́ровать** reglementíeren *vt*; régeln *vt*; ánordnen *vt*, den Vórschriften [Verórdnungen] unterwérfen*

регла́н *м* Ráglan *m* -s, -s; пальто́-~ ein Mántel mit Ráglanschnitt, Ráglanmantel *m* (6*)

регре́сс *м* **1.** (*в развитии*) Rückschritt *m* -(e)s, Rückwärtsentwicklung *f*; **2.** *юр.* Regréß *m* -sses, Ersátzanspruch *m* (1*); **~и́вный 1.** rückschrittlich, regressív; **2.** *юр.* regréßpflichtig, ersátzpflichtig; **~и́ровать** sich rückentwickeln; in Verfáll begríffen sein

регули́ров||ание *с* **1.** Regulíerung *f*, Régelung *f*, Régeln *n* -s; ~ание (у́личного) движе́ния Verkéhrsreg(e)lung *f*; **2.** (*налаживание*) Régelung *f*; Erlédigung *f*; Beréinigung *f*; **~ать 1.** régeln *vt*; stéllen *vt* (*часы*); **2.** (*налаживать*) régeln *vt*, in Órdnung bríngen*; erlédigen *vt*

регулиро́в||ка *ж см.* регули́рование; **~очный** Regulíer(ungs)-; Rég(e)lungs-; **~щик** *м* Verkéhrsregler *m* (6), Verkéhrspolizist *m* (8); **~щица** *ж* Verkéhrsreglerin *f* (12), Verkéhrspolizistin *f* (12)

регули́рующ||ий Régel-; régelnd; ~ие систе́мы Régelsysteme *pl*

ре́гулы *мн. мед.* Régel *f*, Menstruatión *f*

регуля́рн||ость *ж* Régelmäßigkeit *f*; **~ый** régelmäßig; regulär; in gegébenen Ábständen (*с определённой периодичностью*); ~ые войска́ reguläre Trúppen

регуля́тор *м тех.* Régler *m* (6); Regulátor *m* -s, -tóren; ~ ско́рости Geschwíndigkeitsregler *m*, Dréhzahlregler *m*; ~ напряже́ния Spánnungsregler *m*

редакти́ров||ание *с* Redigíerung *f*, Redigíeren *n* -s; **~ать** redigíeren *vt*

реда́ктор *м* Redakteur [-'tø:r] *m* (1); Schríftleiter *m* (6); Léktor *m* -s, —tóren (*в издательстве*); гла́вный ~ Chefredakteur [-'ʃef-] *m*; отве́тственный ~ Heráusgeber *m* (6); **~ский** Redaktións-; **~ство** *с* Redakteurtätigkeit [-'tø:r-] *f*

редакцио́нн||ый Redaktións-; redaktionéll; ~ая статья́ redaktionéller Artíkel; ~ый сове́т Redaktiónskollegium *n* -s, -gi¦en

реда́кц||ия *ж* **1.** (*обработка*) Redaktión *f*, Redigíerung *f*; оконча́тельная ~ия Éndredaktion *f*; **2.** (*формулировка*) Fássung *f* (10), Formulíerung *f* (10); Wórtlaut *m* -(e)s; но́вая ~ия Néufassung *f*; **3.** (*коллектив*) Redaktión *f* (10), Schríftleitung *f*; Redaktiónsstab *m* (1*); от ~ии (*подпись*) die Schríftleitung, die Redaktión

реде́||ть sich líchten; dünner wérden; séltener wérden; an Zahl ábnehmen*; sich verzíehen* (*о тумане*); во́лосы ~ют die Háare líchten sich; das Haar wird spärlich [schütter]

реди́с *м*, **реди́ска** *ж* Radíes¦chen *n* (7)

ре́дк||ий 1. (*негустой*) licht (*о лесе и т. п.*); spärlich, schütter (*о волосах и т. п.*); dünn (*о населении*); úndicht (*о ткани*); ~ий гре́бень wéitzähniger Kamm; **2.** (*редко встречающийся*) sélten; ~ий мета́лл séltenes Metáll; **3.** (*выдающийся*) sélten; ~ая красота́ séltene Schönheit

ре́дко *нареч.* sélten; э́то ~ встреча́ется das fíndet man sélten, das kommt sélten vor; ◇ ~, да ме́тко sélten, áber gut

редколе́сье *с* líchter Wald

редколле́гия *ж* (редакцио́нная колле́гия) Redaktiónskollegium *n* -s, -gi¦en

ре́дкостный sélten

ре́дкост||ь *ж* **1.** Séltenheit *f*; Spärlichkeit *f*; э́то не ~ь das ist kéine Séltenheit; das ist gang und gäbe; **2.** (*редкая вещь*) Séltenheit *f* (10), Rarität *f* (10); собра́ние ~ей Raritätensammlung *f* (10); представля́ть собо́й [из себя́] ~ь Séltenheitswert háben; ◇ **на** ~ь áußergewöhnlich, außeróridentlich; sélten; она́ на ~ь до́брый челове́к sie ist ein sélten gúter Mensch; на ~ь хоро́шая пого́да ein úngewöhnlich schönes Wétter

реду́ктор *м тех.* Reduzíergetriebe *n* (6), Untersétzungsgetriebe *n*

редукцио́нный *тех.* Reduzíer-; ~ кла́пан Reduzíerventil [-vɛn-] *n* (2), Drúckminderventil *n*

реду́кция *ж* Reduktión *f* (10), Reduzíerung *f* (10), Herábsetzung *f* (10), Vermínderung *f*

редуплика́ция *ж лингв.* Reduplikatión *f* (10)

реду́т *м воен. уст.* Redoute [*фр.* re'du:tə] *f* (11), geschlóssene Schánze

редуци́ров||анный reduzíert; herábgesetzt; ~анный звук *лингв.* ein reduzíerter Laut, Múrmellaut *m* (1); **~ать** reduzíeren *vt*; herábsetzen *vt*

ре́дьк||а *ж* Réttich *m* (1); ◇ надое́сть ху́же го́рькой ~и *разг.* j-m zum Hals heráushängen*; éinen ánekeln; хрен ~и не сла́ще *погов.* ≅ (es ist) gehúpft wie gesprúngen

редю́ит *м воен. уст.* Reduit [redy'i:] *n* -s, -s, Rückzugswerk *n* (2)

рее́стр *м* Regíster *n* (6); Líste *f* (11), Verzéichnis *n* (3*) (*список*)

режи́м *м* **1.** *полит.* Regime [-'ʒi:m] *n* -s, -s *u* = [-'ʒi:mə], Hérrschaftssystem *n* (2); Regíerungsform *f* (10); при ца́рском ~е únter dem Zárenregime; ста́рый ~ das álte [vórrevolutionäre] Regíme; **2.** (*распорядок жизни*) Órdnung *f* (10), Lébensweise *f*; ~ дня Tágesplan *m* (1*), Tágesablauf *m* (1*); шко́льный ~ Háusordnung *f* (éiner Schúle), Schúlordnung *f*; пра́вильный ~ éine geórdnete Lébensweise; посте́льный ~ Béttruhe *f*; соблюда́ть споко́йный ~ дня éinen rúhigen Tágesablauf éinhalten*; установи́ть ~ ein Regime [-'ʒi:m] éinführen; **3.** (*условия, характер работы*) Regime [-'ʒi:m] *n* -s, -s *u* = [-'ʒi:mə]; Árbeitsweise *f*, Betríebsbedingungen *pl*, Betríeb *m* -es; авари́йный ~ Nótbetrieb *m*; валю́тный ~ *эк.* Devísenbewirtschaftung [-'vi:-] *f*, Régelung des Devísenverkehrs; во́дный ~ Wásserverhältnisse *pl*, Wásserhaushalt *m* (1); рабо́чий ~ маши́ны Árbeitsbedingungen der Maschíne; ~ эконо́мии Spársamkeitsregime *n*

режиссёр *м* Regisseur [*фр.* reʒi'sø:r] *m* (1), Spíelleiter *m* (6); помо́щник ~а Hílfsregisseur *m*; ассисте́нт ~а Regieassistent [-'ʒi:-] *m* (8)

режиссёр||ский Regie- [re'ʒi:]; студе́нт ~ского отделе́ния Regíestudent *m* (8); ~ский сцена́рий Regíe- und Dréhbuch *n* (5) (*кино*)

режисс||и́ровать die Regie [-'ʒi:] führen; **~ýра** *ж* **1.** Regie [-'ʒi:] *f* (11), Regíeführung *f* (10); Spíelleitung *f* (10); **2.** *собир.* Regisseure [reʒi'sø:rə] *pl*

ре́жущ||ий 1. *прич. см.* ре́зать; ~ий инструме́нт Schnéidwerkzeug *n* (2); **2.** *прил.* (*острый, резкий*) schnéidend, scharf; ~ая боль schnéidender [stéchender] Schmerz

реза́к *м* (gróßes) Mésser *n* (6); *лес.* Réißhaken *m* -s; *с.-х.* Häckselklinge *f* (11); *мет. обр.* Schnéidezahn *m* (1*); Schnéidbrenner *m* (6) (*для сварки*)

ре́зальный Schnéid(e)-

ре́зан||ие *с* Schnéiden *n* -s, Spánung *f*; ~ие мета́лла (*на токарном станке*) spánabhebende [zerspánende] Fértigung; скоростно́е ~ие Schnéllzerspanung *f*; ско́рость ~ия Schníttgeschwindigkeit *f* (10)

ре́зан||ый 1. geschnítten; Schnitt-; ~ая бума́га geschníttenes Papíer; ~ая ра́на Schníttwunde *f* (11), Híebwunde *f*; **2.** *спорт.*: ~ый мяч geschníttener Ball

ре́зать 1. schnéiden* *vt*; (zer)spánen *vt*; ~ дёрн den Rásen ábstechen*; ~ соло́му häckseln *vt*; **2.** (*скот*) schláchten *vt*, ábstechen* *vt*; **3.** (*оперировать*) schnéiden* *vt*; operíeren *vt*; **4.** (*по дереву, металлу*) schnéiden* *vt*; schnítzen *vt* (*по дереву*); ◇ ~ глаза́ ins Áuge stéchen* [spríngen*, fállen*]; ~ слух, ~ у́хо die Óhren beléidigen, in den Óhren géllen; ~ пра́вду в глаза́ *разг.* geráde heráussagen; die Wáhrheit ins Gesícht ságen; **~ся 1.** (*о зубах*): у ребёнка ре́жутся зу́бы das Kind zahnt [bekómmt Zähne]; **2.** *страд.* geschnítten wérden (*ср.* ре́зать) **3.** (*азартно играть*): ~ся в ка́рты *разг.* léidenschaftlich Kárten spíelen

рез́иться sich túmmeln; umhértollen *vi* (h, s); áusgelassen [wild] sein (*расшалиться*)

ре́звость *ж* **1.** Lebéndigkeit *f*, Bewéglichkeit *f*; **2.** (*быстрота*) Schnélligkeit *f*, Geschwíndigkeit *f*

резву́нья *ж* Wíldfang *m* (1*); éine wílde Húmmel

резву́шка *ж разг. см.* резву́нья

ре́звый 1. múnter, lebéndig; mútwillig; áusgelassen (*шаловливый*); **2.** (*быстрый*) schnell; flink

резеда́ *ж* Reséda *f*, *pl* -s *или* Reséden

резе́кция *ж мед.* Resektión *f* (10)

резе́рв *м* Resérve [-və] *f* (11); Rückhalt *m* (1); Vórrat *m* (1*); Rücklage *f* (11); *воен.* Beréitschaft *f* (10); такти́ческий ~ Kámpfreserve *f*; трудовы́е ~ы Árbeitsreserven *pl*; ~ы продово́льствия Resérven an Lébensmitteln; испо́льзова́ние вну́тренних ~ов Áusschöpfung der ínneren Resérven

резерв||а́ция *ж* Reservatión [-va-] *f* (10); **~и́ровать** reservíeren [-'vi:-] *vt*

резерви́ст *м воен.* Reservíst [-'vist] *m* (8)

резе́рвн||ый Resérve- [-və]; Vórrats-; Hílfs-; Ergänzungs-; промы́шленная ~ая а́рмия industriélle Resérvearmee

резервуа́р *м* Behälter *m* (6), Reservoir [-'voa:r] *n* (2); ~ для горю́чего Bréinnstofftank *m* (1) (*pl тж.* -s)

резе́ц *м* **1.** Gravíerstift [-'vi:r-] *m* (1), Stíchel *m* (6 (*гравёра*); Méißel *m* (6) (*скульптора*); *мет.-об.* Stahl *m* (1, 1*), Méißel *m* (6); Schnéidstahl *m*, Dréhstahl *m*; **2.** (*зуб*) Schnéidezahn *m* (1*)

резиде́нт *м* Residént *m* (8)

резиде́нция *ж* Wóhnsitz *m* (1), Residénz *f* (10); Ámtssitz *m*; ле́тняя ~ Sómmersitz *m*, Sómmerresidenz *f*

рези́н||а *ж* Gúmmi *m* -s, = *u* -s; изде́лия из ~ы Gúmmiwaren *pl*; гу́бчатая ~а Schwámmgummi *m*; ◇ тяну́ть ~у *разг.* die Sáche in die Länge zíehen*; **~ка** *ж* **1.** (*тесьма*) Gúmmi *m* -s, = *u* -s; Gúmmiband *n* (5); Gúmmizug *m* (1*); **2.** (*для стирания*) Radíergummi *m* -s, = ◇ жева́тельная ~ка Káugummi *m*; **~овый** Gúmmi-; ~овая промы́шленность Gúmmi¦industrie *f*; ~овые изде́лия Gúmmiwaren *pl*

ре́зка *ж* **1.** Schnéiden *n* -s; кислоро́дная ~ *мет.-об.* Sáuerstoffbrennschneiden *n*; **2.** (*нарезанная солома*) Häcksel *m*, *n* -s

ре́зк||ий hástig, héftig (*о движениях*); schrill, géllend, schnéidend (*о звуке*); grell (*о цвете, свете*); schroff, scharf, héftig (*о словах*); ~ий тон [звук] ein schnéidender [schríller] Ton; *перен.* bärscher [schárfer] Ton; ~ие тона́ [цвета́] grélle Töne, schréiende Fárben; ~ие черты́ лица́ schárfe [schárfgeschnittene, markánte] Gesíchtszüge; ~ая кри́тика éine schárfe Krítik; ~ое паде́ние [пониже́ние] цен Préissturz *m* (1*); ~ое повыше́ние stéiler Áufstieg; ~ое сокраще́ние éinschneidende Kürzung; **~ость** *ж* **1.** Hast *f*, Héftigkeit *f* (*движений*); Schärfe *f* (*звука, изображения*); Héftigkeit *f*, Schróffheit *f*, Schärfe *f* (*слов и т. п.*); **2.** (*резкое слово*) Gróbheit *f* (10)

резн||о́й geschnítzt; geschnítten; graviert [-'vi:rt], Schnitz-; geméißelt (*по камню*); ~а́я рабо́та Schnítzarbeit *f* (10)

резну́ть *разг.* schnéiden* *vt*, rítzen *vt*, éinschneiden* *vt*

резн||я́ *ж* Metzeléi *f* (10), Gemétzel *n* (6); Blútbad *n* -es; устра́ивать ~ю́ ein Blútbad ánrichten

резолюти́вн||ый Resolutións-, Entschlíeßungs-; Beschlúß-; в ~ой фо́рме in Resolutiónsform, in Form éines Beschlússes

резолю́ц||ия *ж* **1.** Resolutión *f* (10), Beschlúß *m* -sses, -schlüsse, Entschlíeßung *f* (10); предложи́ть ~ию éine Resolutión éinbringen*, etw. zur Beschlúßfassung vórlegen; приня́ть ~ию éine Resolutión ánnehmen*; éinen Beschlúß fássen; **2.** (*письменное распоряжение*) Entschéid *m* (1), Ánordnung *f* (10), Beschlúß *m* -sses, -schlüsse

резо́н *м разг.* Räson [-'zɔŋ] *f*, Grund *m* (1), Beweís *m* (1), Sinn *m* -(e)s, Vernúnft *f*, Vernúnftgründe *pl*

резона́нс *м* **1.** *физ.* Resonánz *f*, Widerhall *m* -(e)s, Mítschwingen *n* -s; Klángwirkung *f*, Akústik *f* (*помещения*); **2.** (*отзвук, отголосок*) Resonánz *f* (10), Náchklang *m* (1*); име́ть ~ Resonánz fínden*

резона́тор *м* **1.** *физ.* Resonátor *m* -s, -tóren, Mítschwinger *m* (6); **2.** *муз.* Resonánzboden *m* (7*)

резонёр *м* Räsoneur [-'nø:r] *m* (1), Morálprediger *m* (6); Klúgredner *m* (6); **~ский** räsoníerend; **~ство** *с* Räsoniereréi *f*, Morálpredigt *f* (10); **~ствовать** räsoníeren *vi*, moralisíeren *vi*

резони́ровать *физ.* resoníeren *vi*, mítschwingen* *vi*, míttönen *vi*; wíderhallen *vi*

резо́нный *разг.* räsonábel; vernünftig; verständig, sínnvoll, begründet

резорци́н *м хим.* Resorzín *n* -s

результа́т *м* Ergébnis *n* (3*), Resultát *n* (2); Áuswirkung *f* (10); ~ прове́рки Prüfungsbefund *m* (1); привести́ к определённым ~ам Resultáte zéitigen

результати́вный resultatív

ре́зус *м* **1.** *зоол.* Rhésusaffe *m* (9); **2.** *мед. разг.* Rhésusfaktor *m* -s, Rh-Fáktor *m*; отрица́тельный ~ Rhésusfaktor négativ; положи́тельный ~ Rhésusfaktor pósitiv

ре́зус||-отрица́тельный *мед.* rh-négativ; **~-положи́тельный** *мед.* rh-pósitiv

ре́зус-фа́ктор *м мед.* Rhésusfaktor *m* -s, Rh-Fáktor *m*

ре́зчик *м*: ~ по де́реву Hólzschnitzer *m* (6); Xylográph *m* (*гравёр*); ~ по мета́ллу Graveur [-'vø:r] *m* (1); ~ по ме́ди Kúpferstecher *m* (6); Radíerer *m* (6); ~ по ка́мню Stéinschnitzer *m* (6)

резь *ж* schnéidende Schmérzen (*pl*); Báuchgrimmen *n* -s (*в животе*)

резьба́ *ж* **1.** (*вырезывание*) Schnéiden *n* -s; Schnítzen *n* -s; **2.** (*вырезанное*) Schnítzwerk *n* -(e)s; Schnitzeréien *pl*; ~ по ка́мню Stéinmetzarbeiten *pl*; ~ по ко́сти Béinschnitzerei *f*; **3.** *тех.* (*нарезка*) Gewínde *n* (6); ле́вая ~ Línksgewinde *n*; пра́вая ~ Réchtsgewinde *n*; вну́тренняя ~ Ínnengewinde *n*, Múttergewinde *n*; нару́жная ~ Áußengewinde *n*, Vátergewinde *n*

резьбово́й Gewínde-, Schraub-

резьбонарезно́й: ~ стано́к Gewíndeschneidmaschine *f* (11)

резюм||е́ *с* Resümée *n* -s, -s, Zusámmenfassung *f* (10); **~и́ровать** resümíeren *vt*, zusámmenfassen *vt*

рей *м см.* ре́я

рейд I *м мор.* Réede *f* (11); Ánkerplatz *m* (1*); на ~е auf der Réede; выходи́ть на ~ die Réede ánlaufen*

рейд II *м* **1.** *воен.* Stréifzug *m* (1*); возду́шный ~ Lúftüberfall *m* (1*); **2.** (*внезапная ревизия*) Kontróllaktion *f* (10)

ре́йка *ж тех.* Léiste *f* (11), Látte *f*, Stánge *f* (11); *геод.* Méßlatte *f* (11), Nivellíerlatte [-vɛ-] *f* (11); направля́ющая ~ Gléitschiene *f* (11); зубча́тая ~ Záhnstange *f* (11)

рейнве́йн *м* (*сорт вина*) Rhéinwein *m* -(e)s

ре́йнский rhéinländisch, rhéinisch

рейс *м* **1.** *авто. мор.* Fahrt *f* (10); (11), да́льний ~ Férnfahrt *f*; пе́рвый ~ (*судна*) Júngfernfahrt *f*; соверша́ть ~ы verkéhren *vi* (s), befáhren* *vt*; **2.** *ав.* Flug *m* (1); специа́льный ~ Sónderflug *m*; обра́тный ~ Rückflug *m*; самолёт соверша́ет ~ы по ли́нии... das Flúgzeug beflíegt die Líni¦e...

ре́йсовый Líni¦en-; ~ авто́бус Líni¦enbus *m* -ses, -se; ~ самолёт Líni¦enflugzeug *n* (2)

рейсфе́дер *м* Réißfeder *f* (11)

рейсши́на *ж* Réißschiene *f* (11)

рейту́зы *мн.* Réithose *f* (11) (*для верховой езды*); Gamáschenhose *f* (*дамские, детские*)

рейхсве́р *м ист.* Réichswehr *f*

рейхска́нцлер *м ист.* Réichskanzler *m* (6); бы́вший ~ Áltreichskanzler *m*

рейхста́г *м ист.* Réichstag *m* -(e)s

рек||а́ *ж* Fluß *m* -sses, Flüsse; Strom *m* (1*) (*большая*); вверх по ~е́ flußáufwärts, stromáuf(wärts); вниз по ~е́ flußábwärts, stromáb(wärts); ~а́ ста́ла der Fluß ist zúgefroren; ре́ки слёз *перен.* Ströme von Tränen

рекапитуля́ция *ж* Rekapitulatión *f*, Wiederhólung *f*

ре́квием *м муз.* Réqui¦em *n* -s, -s

реквизи́ровать requiríeren *vt*, béitreiben* *vt*, éinziehen* *vt*, beschlágnahmen *неотд. vt*

реквизи́т *м* **1.** *театр.* Requisít *n* (13), **2.** *юр.* Ángaben *pl*; **~ор** *м* Requisiteur [-'tø:r] *m* (1)

реквизицио́нный Requisitións-, Requiríerungs-

реквизи́ция *ж* Requiríerung *f* (10), Requisitión *f* (10), Béitreibung *f* (10), Beschlágnahme *f*

рекла́м||а *ж* Rekláme *f* (11), Wérbung *f* (10); светова́я ~а Líchtreklame *f*; дви́жущаяся светова́я ~а Láufschrift *f* (10); создава́ть ~у чему́-л. *разг.* mit etw. Rekláme máchen; расхо́ды по ~е Wérbekosten *pl*; отде́л ~ы (*в газете*) Ánzeigeteil *m* (1), Annóncenteil [a'nɔŋsən-] *m*

реклам||а́ция *ж* Beánstandung *f* (10), Reklamatión *f* (10); **~и́ровать** **1.** wérben* *vi*, durch Rekláme empféhlen*; ánpreisen* *vt*, Rekláme máchen (что-л. *D*, für *A*) (*тж. перен.*); die Wérbetrommel für etw. (*A*) rühren (*ирон.*); **2.** (*объявлять рекламацию на что-л.*) reklamíeren *vt*, Éinspruch erhében, beánstanden *vt*; **~ный** Rekláme-; Wérbe-; márktschreierisch; ~ный отде́л Wérbeabteilung *f* (10); в ~ном то́не im Wérbestil

рекогносци́р||овать *воен.* rekognoszíeren *vt*, erkúnden *vt*; **~о́вка** *ж воен.* Rekognoszíerung *f* (10), Erkúndung *f* (10); Kommandéursaufklärung [-'dø:rs-] *f* (10); **~о́вочный** Rekognoszíerungs-, Erkúndungs-; **~о́вщик** *м* Erkúnder *m* (6), Áuskundschafter *m* (6)

рекоменда́тельн||ый Empféhlungs-; empféhlend; ~ое письмо́ Empféhlungsschreiben *n* (7); ~ый спи́сок Áuswahlliste *f* (11), Empféhlungsliste *f*

рекоменда́ци||я *ж* Empféhlung *f* (10); по его́ ~и auf séine Empféhlung (hin)

рекомендова́ть **1.** (*советовать*) empféhlen* *vt*, ánempfehlen* *vt*, (án)ráten* *vt*; **2.** (*аттестовать*) empféhlen* *vt*; э́то его́ пло́хо рекоменду́ет das ist éine schléchte Empféhlung für ihn; **3.** *уст.* (*представлять*) vórstellen *vt*, empféhlen* *vt*; **~ся** **1.** sich empféhlen*; empféhlenswert sein; рекоменду́ется *безл.* es ist empféhlenswert [rátsam]; **2.** *уст.* (*представляться*) sich empféhlen*, sich vórstellen; **3.** *страд.* empfóhlen wérden (*ср.* рекомендова́ть)

реконструи́ровать rekonstruíeren *vt*

реконструкти́вный rekonstruktív; Rekonstruktións-; ~ пери́од Rekonstruktiónsperiode *f*

реконстру́кц||ия *ж* Rekonstruktión *f* (10); Modernisíerung *f* (10); Úmgestaltung *f* (10); Néugestaltung *f*; социалисти́ческая ~ия наро́дного хозя́йства die sozialístische Úmgestaltung der Vólkswirtschaft; план ~ии Áufbauplan *m* (1*)

реко́рд *м* Rekórd *m* (1); Spítzenleistung *f* (10), Höchstleistung *f*, Béstleistung *f*; установи́ть ~ éinen Rekórd áufstellen; поби́ть ~ éinen Rekórd schlágen* [bréchen*, unterbíeten*]; превы́сить ~ éinen Rekórd überbíeten*; улу́чшить ~ éinen Rekórd verbéssern; **~и́ст** *м* **1.** (*рекордсмен*) Spítzensportler *m* (6), Rekórdler *m* (6); **2.** *с.-х.*: бык-~и́ст Hóchleistungsbulle *m* (9); préisgekrönter Búlle (*получивший приз на выставке*); **~и́стка** *ж* **1.** (*рекордсменка*) Spítzensportlerin *f* (12), Rekórdlerin *f* (12); **2.** *с.-х.*: коро́ва-~и́стка Hóchleistungskuh *f* (3); préisgekrönte Kuh (*получившая приз на выставке*); **~ный** Rekórd-; ~ные достиже́ния Rekórdleistung *f* (10); ~ное число́ уча́стников Rekórdbeteiligung *f*

рекордсме́н *м спорт.* Rekórdhalter *m* (6), Rekórdinhaber *m* (6); Rekórdler *m* (6) (*разг.*); ~ ми́ра Wéltmeister *m* (6); **~ка** *ж спорт.* Rekórdhalterin *f* (12), Rekórdinhaberin *f* (12); ~ка ми́ра Wéltmeisterin *f* (12)

ре́крут *м ист.* Rekrút *m* (8); **~и́ровать** rekrutíeren *vt*

рекру́тский *ист.* Rekrúten-; ~ набо́р Rekrutíerung *f* (10), Rekrútenaushebung *f* (10)

ректифика́ция *ж спец.* Rektifikatión *f* (10); Läuterung *f* (10)

ректифици́ровать *спец.* rektifizíeren

ре́ктор *м* Réktor *m* -s, -tóren; **~ский** Rektóren-; Réktor-; **~ство** *с* Rektorát *n* -(e)s, Rektórenamt *n* -(e)s

рекуперáтор *м тепл.* Rekuperátor *m* -s, -tóren, Ábwärmeverwerter *m* (6)

рекуперáция *ж тепл.* Rekuperatión *f*, Ábwärmeverwertung *f*, Rückgewinnung *f*

релаксáция *ж тех.* Relaxatión *f*, Ermüdung *f*

релé *с тех.* Relais [*фр.* rə'lɛ:] *n* =, = Schálteinrichtung *f* (10); ~ врéмени Zéitrelais *n*

релéйн||ый Relais- [*фр.* rə'lɛ:], relaisgesteuert; ~ая защúта Relaisschutz *m* -es

религиóзн||ость *ж* Religiosität *f*; Gläubigkeit *f*; **~ый** religiös; Religións-; konfessionéll; ~ые вóйны *ист.* Religiónskriege *pl*

релúгия *ж* Religión *f* (10)

релúквия *ж* Relíquie f (11)

релúкт *м* Relíkt *n* (2), Überbleibsel *n* (6); **~овый** Relíkt-; überkómmen; ~овые растéния Relíktpflanzen *pl*

рельéф *м* **1.** Reliéf *n* -s, *pl* -s *u* -e; **2.** (*земнóй коры́*) Bódenerhebung *f* (10); ~ мéстности Geländegestaltung *f*; **~ность** *ж* Reliéfförmigkeit *f*, das Reliéfartige (*sub*); *перен.* das Plástische (*sub*); **~ный** Reliéf-, erháben; *перен.* plástisch; klar hervórtretend

рельс *м* Schíene *f* (11), Éisenbahnschiene *f*; контáктный ~ Strómschiene *f*; ~ы *мн.* (*улóженные*) Schíenenstrang *m* (1*), Gleis *n* (2); трамвáйные ~ы Stráßenbahnschienen *pl*; ~ы тяжёлого тúпа schwére Gléistypen; сходúть с ~ов entgléisen *vi* (s), уклáдывать ~ы Schíenen (ver)légen; ◇ постáвить на ~ы ins Geléise bríngen*; перевестú эконóмику на мúрные ~ы die Wírtschaft auf Fríedensproduktion [auf den Fríedensbedarf] úmstellen; перевестú эконóмику на воéнные ~ы die Wírtschaft auf den Krieg [auf den Kríegsbedarf] úmstellen; **~овый** Schíenen-; ~овый автóбус (*автовагóн*) Schíenenbus *m* -sses, -sse; ~овый путь Schíenenweg *m* (1); экскавáтор на ~овом ходу́ Gléisbagger *m* (6); ~овая сеть Schíenennetz *n* (2)

рельсоочистúтель *м* Schíenenräumer *m* (6)

рельсопрокáтный: ~ завóд Schíenenwalzwerk *n* (2)

рельсоуклáдчик *м ж.-д.* Schíenenleger *m* (6)

релятив||úзм *м филос.* Relativísmus [-'vis-] *m* =; **~úст** *м* Relativíst [-'vist] *m* (8)

реля́ция *ж воен. уст.* Relatión *f* (10), Bericht *m* (1)

ремáрка *ж* **1.** (*помéтка*) Glósse *f* (11), Rándglosse *f*; Bemérkung *f* (10), Ánmerkung *f*; **2.** *театр.* Bühnenanweisung *f* (10)

ремённ||ый Ríemen-; ~ая передáча *тех.* Ríemenantrieb *m* (1)

ремéнь *м* Ríemen *m* (7); Gurt *m* (1); Ábziehriemen *m*, Schléifriemen *m* (*для прáвки бритв*); пояснóй ~ Léibriemen *m*; *воен.* Kóppel *n* (6); передáточный ~ *тех.* Transmissiónsriemen *m*; Tréibriemen *m*; приводнóй ~ *тех.* Tréibriemen *m*; привязнóй ~ *авто, ав.* Ánschnallgurt *m*, Sícherheitsgurt *m*; дорóжные ремнú Gepäckriemen *m*; вью́чный ~ Páckriemen *m*; наплéчный ~ Trágriemen *m*, Úmhängeriemen *m*

ремéсленн||ик *м* **1.** Hándwerker *m* (6), Gewérbetreibende *m* (14); **2.** *перен. пренебр.* Stümper *m* (6); **3.** (*учени́к ремéсленного учúлища*) Gewérbeschüler *m* (6); **~ичество** *о* **1.** Hándwerkertum *n* -s, hándwerksmäßige Produktión; **2.** *перен. пренебр.* Stümperéi *f*; **~ый 1.** Hándwerks-; hándwerklich; gewérblich; Gewérbe-; ~ое учúлище Gewérbeschule *f* (11), gewérbliche Berúfsschule; ~ая рабóта Hándwerksarbeit *f*, hándwerkliche Árbeit; **2.** *перен. пренебр.* stümperhaft; únschöpferisch

ремеслó *с* **1.** Hándwerk *n* (2); занимáться ~м ein Hándwerk (be)tréiben*; худóжественное ~ Kúnstgewerbe *n* (6); **2.** (*профéссия*) Gewérbe *n* (6), Hándwerk *n* (2)

ремешóк *м* Ríemen *m* (7); Léderarmband *n* (5) (*для часóв*)

ремилитариз||áция *ж* Remilitarisíerung *f*; Wiederáufrüstung *f*; **~úровать** remilitarisíeren *vt*

реминисцéнция *ж* Reminiszénz *f* (10)

ремóнт *м* **1.** Reparatúr *f* (10), Ausbesserung *f* (*почúнка*); Instándsetzung *f* (*приведéние в испрáвное состоя́ние*); Überhólung *f* (*машúн и т. п.*); Renovíerung [-'vi:-] (*здáния, помещéния*); капитáльный ~ Generálüberholung *f* (*машúн и т. п.*); текýщий ~ láufende Instándsetzung; Erháltungsarbeiten *pl*; срóчный ~ Schnéllreparatur *f*; мéлкий ~ kléine Reparatúr(en); расхóды на ~ Reparatúrkosten *pl*; отдавáть в ~ in Reparatúr gében*; закры́то на ~ (*нáдпись*) wégen Renovíerung geschlóssen; **2.** *воен. уст.* Remónte *f* (11), der Ánkauf von Militärpferden; Pférdeersatz *m* -es

ремонтúровать 1. reparíeren *vt*; áusbessern *vt* (*чинúть*); flícken *vt* (*стáвить заплáты*); instánd sétzen (*приводúть в испрáвность*); überhólen *vt* (*машúну и т. п.*); renovíeren [-'vi:-] *vt* (*здáние, помещéние*); ~ телефóнную лúнию éine Telefónleitung entstören; **2.** *воен. уст.* remontíeren *vt*, den Pférdebestand ergänzen

ремóнтно-технúческ||ий: ~ая стáнция (РТС) Repratúr-téchnische Statión *f* (10) (RTS)

ремóнтн||ый 1. Reparatúr-; Áusbesserungs-; ~ая мастерскáя Reparatúrwerkstatt *f*, *pl* -stätten; ~ые рабóты Instándsetzungsarbeiten *pl*, Instándhaltungsarbeiten *pl*; **2.** *воен. уст.* Remónte-; ~ые лóшади Remóntepferde *pl*

ренегáт *м* Renegát *m* (8); **~ство** *с* Renegátentum *n* -s

Ренессáнс *м* Renaissance [*фр.* rənɛ'sãs] *f*

ренклóд *м* (*сорт слив*) Reneklóde *f* (11), Reineclaude [*фр.* rɛnə'klo:də] *f* (11)

реномé *с* Renommée *n* -s, -s, Ruf *m* (1)

ренóнс *м карт.* Renonce [rə'nõs] *f*, Féhlfarbe *f*

рéнт||а *ж эк.* Rénte *f* (11); земéльная ~а Bódenrente *f*; Grúndrente *f*; отрабóточная ~а *ист.* Árbeitsrente *f*; дéнежная ~а Géldrente *f*; натурáльная ~а Prodúktenrente *f*; абсолю́тная ~а absolúte Rénte; дифференциáльная ~а Differentiálrente *f*; государственная ~а Stáatsrente *f*; ýровень ~ы Réntenhöhe *f* (11); получáтель ~ы Réntenempfänger *m* (6); пожúзненная ~а lébenslängliche Rénte

рентáбельн||ость *ж* Rentabilität *f*, Éinträglichkeit *f*; **~ый** rentábel; zínstragend, éinträglich, gewínnbringend

рентгéн *м* **1.** (*лучи́*) Röntgenstrahlen *pl*; **2.** (*аппарáт*) Röntgenapparat *m* (1); **3.** (*просвéчивание*) Röntgen *n* -s, Durchléuchtung *f* (10), Röntgenbehandlung *f*; сдéлать комý-л. ~ j-n röntgen; **4.** (*едини́ца измерéния*) Röntgen *n* = *u* s, = (*знак* r)

рентгениз||áция *ж* **1.** (*просвéчивание*) Durchléuchtung *f* (10); **2.** (*лечéние*) Röntgenbehandlung *f*, Röntgenbestrahlung *f*; **~úровать 1.** (*просвéчивать*) röntgen *vt*, durchléuchten *vt*; **2.** (*лечúть*) mit Röntgenstrahlen behándeln

рентгéнов: ~ы лучú Röntgenstrahlen *pl*

рентгéновск||ий Röntgen-; ~ий кабинéт Röntgenraum *m* (1*); ~ое обслéдование Röntgenuntersuchung *f* (10); ~ий снúмок Röntgenaufnahme *f* (11), Röntgenfilmbild *n* (5); ~ая трýбка Röntgenröhre *f* (11); ~ая установка Röntgenanlage *f* (11); облучéние ~ими лучáми Röntgenbestrahlung *f* (10); результáт ~ого обслéдования Röntgenbefund *m* (2)

рентгено||грáмма *ж* Röntgenaufnahme *f* (11), Röntgenográmm *n* (2), Röntgenbild *n* (5); плёнка для ~грáмм Röntgenfilm *m* (1); **~грáфия** *ж* Röntgenographíe *f* (11), Röntgenphotographie *f* (11); послóйная ~грáфия Schíchtröntgen *n* -s, Tomographíe *f*; **~диагнóстика** *ж* Röntgendiagnostik *f*

рентгенó||лог *м* Röntgenológe *m* (9), Röntgenarzt *m* (1*); **~лóгия** *ж* Röntgenologíe *f*; **~мéтр** *м* Röntgenométer *n* (6); **~спектроскопúя** *ж* Röntgenospektroskopíe *f*; **~терапúя** *ж* Röntgentherapie *f*; Röntgenbehandlung *f*

реолóгия *ж* Rheologíe *f*

Реомю́р: дéсять грáдусов по ~у zehn Grad Réaumur [reo'my:r]

реорганизациóнный Reorganisatións-; ~ перúод Reorganisatiónsperiode *f* (11)

реорганиз||áция *ж* Reorganisatión *f* (10), Néugestaltung *f* (10), Úmorganisierung *f*, Úmstellung *f* (10); **~овáть** reorganisíeren *vt*, úmorganisieren *vt*, úmstellen *vt*, úmbauen *vt*

реостáт *м эл.* Rheostát *m* (1, 8), Régelwiderstand *m* (1*), Wíderstand *m*; пусковóй ~ Kúrbelwiderstand *m*, Ánlaßwiderstand *m*

рéп||а *ж* Rübe *f* (11), Rúnkelrübe *f*; кормовáя ~а Fútterrübe *f*; ◇ дешéвле пáреной ~ы spóttbillig

репарациóнн||ый Reparatións-; Wiedergútmachungs-; ~ые платежú Reparatiónszahlungen *pl*; ~ые постáвки Reparatiónslieferungen *pl*

репарáция *ж* Reparatión *f* (10); Wiedergútmachungsleistung *f* (10); Kríegsentschädigung *f* (10)

репатриáнт *м* Repatriíerte *m* (14), Héimkehrer *m* (6)

репатри||áция *ж* Repatriíerung *f* (10), Rückkehr in die Héimat; Wíederverleihung der Stáatsbürgerschaft; **~úровать** repatriíeren *vt*, in die Héimat entlássen*; wieder in die stáatsbürgerlichen Réchte éinsetzen

репéйн||ик *м бот.* Klétte *f* (11); **~ый** Klétten-; ~ое мáсло Kléttenwurzelöl *n* -s

репеллéнт *м хим.* Repéllent *n* (8), Ábschreckungsmittel *n* (6)

репéр *м* **1.** *геод.* Ríchtpunkt *m* (1); Höhenmarke *f* (11), Féstpunkt *m*; **2.** *воен.* Éinschießpunkt *m* (1), Éinschießziel *n* (2), Vergléichsziel *n*

репертуáр *м* Spíelplan *m* (1*), Repertoire [-'tŏa:r] *n* -s, -s; в ~е auf dem Spíelplan [Repertoire]; снять с ~а vom Spíelplan ábsetzen; ~ пéсен das Repertoire an Líedern

репетúр *м* (*устрóйство в часáх*) Schlágwerk *n* (2)

репетúровать 1. *театр.* próben *vt*, Próbe hálten*, repetíeren *vt*; **2.** (*учени́ка*) repetíeren *vt*; Náchhilfestunden gében *, Náchhilfeunterricht ertéilen (кого́-л. D)

репети́тор *м* Repetítor *m* -s, -tóren, Náchhilfelehrer *m* (6); **~ство** *с* Náchhilfestunden *pl*, Förderstunden *pl*, Náchhilfeunterricht *m* (1)

репетицио́нный *театр.* Próbe-; ~ зал der Saal für Próben

репети́ц||ия *ж* **1.** *театр.* Próbe *f* (11), Theáterprobe *f*; генера́льная ~ия Háuptprobe *f*, Generálprobe *f*; идёт ~ия es wird gepróbt; **2.**: часы́ с ~ией Repetíeruhr *f* (10)

ре́плик||а *ж* **1.** (*ответ*) Erwíderung *f* (10), Entgégnung *f* (10), Gégenrede *f*, Replík (10); Zwíschenruf *m* (1) (*замечание с места*); пода́ть ~у éinen Zwíschenruf máchen; **2.** *театр.* Stíchwort *n* (2, 5)

реполо́в *м зоол.* Blúthänfling *m* (1)

репорта́ж *м* Reportáge [-ʒə] *f*, Berichterstattung *f* (10); коро́ткий ~ Kúrzreportage *f*

репортёр *м* Repórter *m* (6), Berichterstatter *m* (6)

репресса́лии *мн.* Repressáli¦en *pl*, Vergéltungsmaßnahmen *pl*

репресси́вн||ый repressív, Repressív-; ~ые ме́ры Repressáli¦en *pl*, Repressívmaßnahmen *pl*

репресси́рованный *прич.* **1.** gemáßregelt; **2.** *в знач. сущ. м* Gemáßregelte *m* (14)

репре́ссия *ж* Repressáli¦e *f* (11), Vergéltungsmaßnahme *f* (11)

репри́за *ж муз.* Repríse *f* (11), Wiederhólung *f* (10)

репродукти́вный *психол.* reproduktív

репроду́ктор *м радио* Láutsprecher *m* (6)

репродукцио́нный *полигр.*, *фото* Reproduktións-; ~ аппара́т Reproduktiónsapparat *m* (1)

репроду́кция *ж* Reproduktión *f* (10)

репродуци́ровать reproduzíeren *vt*

репс *м* Rips *m* (1); ~-муа́р Scháttenrips *m*; **~овый** Rips-, aus Rips

репти́лии *мн. зоол.* Reptíli¦en *pl*, Kríechtiere *pl*

репти́льн||ый reptílartig; Reptíli¦en-, kriecherisch

репута́ц||ия *ж* Ruf *m* (1), Reputatión *f* (10); Léumund *m* -(e)s (*книжн.*); по́льзоваться хоро́шей ~ией éinen gúten Ruf háben, sich éines gúten Rufs erfréuen; gut beléumundet sein (*книжн.*)

ре́пчатый rübenartig; rübenförmig; ~ лук Knóllenzwiebel *f* (11)

рескри́пт *м* Reskrípt *n* (2), ámtlicher Beschéid, Erláß *m* -sses, -sse

ресни́ца *ж* Wímper *f* (11), Áugenwimper *f*; без ресни́ц wímperlos, únbewimpert

ресни́ч||ки *мн. биол.* Wímperchen *pl*, Flímmerhaare *pl*; **~ный** Wímpern-

респекта́бельный respektábel, ángesehen, würdig

респира́тор *м* Átemschutzgerät *n* (2)

респу́блика *ж* Republík *f* (10); Сове́тская Социалисти́ческая Респу́блика Sozialístische Sowjétrepublik; сою́зная ~ Uniónsrepublik *f*; автоно́мная ~ autonóme Republík

республика́н||ец *м* Republikáner *m* (6); **~ский** republikánisch

рессо́р||а *ж* Féder *f* (11); спира́льная ~а Spirálfeder *f*; листова́я ~а Bláttfeder *f*; торсио́нная ~а Dréhstabfeder *f*; экипа́ж на ~ах geféderter Wágen, Wágen mit Féderung; **~ный** Féder-; ~ный амортиза́тор Féderdämpfer *m* (6)

реставр||а́тор *м* Restaurátor *m* -s, -tóren; **~а́ция** *ж* Restauratión *f* (10); Wiederhérstellung *f* (10); **~и́ровать** restaurieren *vt*, wiederhérstellen *vt*

рести́ту́ция *ж юр.*, *биол.* Restitutión *f*

рестора́н *м* Gáststätte *f* (11), Gástwirtschaft *f* (10); Restaurant [-to'raŋ] *n* -s, -s; ваго́н-~ Spéisewagen *m* (7); ~-автома́т Automátenrestaurant *n*

рестора́тор *м* Gástwirt *m* (1), Restaurateur [rɛstora'tø:r] *m* (1)

ресу́рс *м* Ressource [*фр.* rɛ'sʊrsə] *f* (11); Hílfsquelle *f* (11), Quélle *f*; Éinkommensquelle *f*, Erwérbsquelle *f* (*источник дохода*); приро́дные ~ы Natúrschätze *pl*; трудовы́е ~ы (verfügbare) Arbeitskräfte *pl*

ретиво́е *сущ. с фольк.* Herz *n* (15)

рети́вый éifrig, fléißig (*усердный*); lebéndig, féurig (*живой*)

рети́на *ж анат.* Rétina *f*, *pl* -nae, Nétzhaut *f* (3)

рети́роваться retiríeren *vi*, sich zurückziehen*; ábtreten* *vi* (s); sich aus dem Stáube máchen (*разг.*)

рето́рта *ж хим.* Rerórte *f* (11)

ретрансля́тор *м радио* Relaisstation [rə'lɛ:-] *f* (10), Zwíschenstation *f*; телевизио́нный ~ Férnsehzubringer *m* (6)

ретрансля́ция *ж радио* Relaisübertragung [rə'lɛ:-] *f*, Wéiterübertragung *f*

ретрогра́д *м уст.* Reaktionär *m* (1), Rückschrittler *m* (6); ein Mensch mit rückschrittlichen [verálteten] Ánsichten; **~ный** retrográd, rückschrittlich, rückläufig

ретроспекти́ва *ж* Retrospektíve [-və] *f* (11)

ретроспекти́вный retrospektív, rückblickend, rückschauend

ретушёр *м* Retuscheur [-'ʃø:r] *m* (1), Retuschíerer *m* (6)

ретуши́ров||ание *с* Retúsche *f*, Retuschíerung *f*, Retuschíeren *n* -s; **~ать** retuschíeren *vt*

ре́тушь *ж* Retúsche *f* (11)

рефашиза́ция *ж* Refaschisíerung *f*

рефера́т *м* Referát *n* (2), Berícht *m* (1), Vórtrag *m* (1*)

рефере́ндум *м* Referéndum *n* -s, *pl* -den *u* -da, Vólksbefragung *f* (10); Vólksentscheid *m* (1)

рефере́нт *м* Referént *m* (8), Berichterstatter *m* (6); Sáchbearbeiter *m* (6)

ре́фери *м спорт.* Schíedsrichter *m* (6)

рефери́ровать I (*делать реферат*) referíeren *vi*, *vt*; vórtragen* *vt*; beríchten *vi*, Berícht erstátten (*что-л.* über *A*)

рефери́ровать II *спорт.* als Schíedsrichter wírken

рефле́кс *м физиол.* Refléx *m* (1); усло́вный ~ bedíngter [erwórbener] Refléx; безусло́вный ~ únbedingter Refléx

рефле́ксия *ж* Reflexión *f*

рефлексоло́гия *ж* Reflexologíe *f*

рефлекти́вный Refléx-; únwillkürlich

рефле́ктор *м* **1.** (*отражатель*) Refléktor *m* -s, -tóren, Rückstrahler *m* (6); Schéinwerfer *m* (6); электри́ческий ~ eléktrische Héizsonne, eléktrischer Stráhler; **2.** (*телескоп*) Spíegelteleskop *n* (2)

рефле́кторный Refléktor-, Rückstrahl-

рефлекто́рный *физиол.* reflektórisch; Refléx-

рефо́рм||а *ж* Refórm *f* (10); земе́льная [агра́рная] ~а Bódenreform *f*, Agrárreform *f*; де́нежная ~а Währungsreform *f*, Géldreform *f*; произвести́ ~у чего́-л. reformíeren *vt*, éine Refórm dúrchführen; нужда́ться в ~е refórmbedürftig sein

реформа́тор *м* Reformátor *m* -s, -tóren; Refórmer *m* (6); **~ский** reformatórisch; Refórm-

реформа́тский reformíert

реформа́ция *ж ист.* Reformatión *f*

реформи́зм *м* Reformísmus *m* =

реформи́ровать reformíeren *vt*, úmgestalten *vt*

реформи́ст *м* Reformíst *m* (8); **~ский** reformístisch

рефракто́метр *м физ.* Refraktométer *n* (6)

рефра́ктор *м астр.* Refráktor *m* -s -tóren

рефра́кция *ж физ.* Refraktión *f*, Stráhlenbrechung *f*

рефре́н *м лит.*, *муз.* Refrain [*фр.* rə'frɛ̃] *m* -s, -s, Kéhrreim *m* (1)

рефрижера́тор *м тех.* Refrigerátor *m* -s, -tóren, Kältemaschine *f*; Gefriergerät *n* (2); Kühlapparat *m* (1); Kühlraum *m* (1*), Éismaschine *f* (11); **~ный** Kühl-, Kälte-; ~ное су́дно Kühlschiff *n* (2); ~ный флот Kühlflotte *f* (11)

рефулёр *с* Spülbagger *m* (6), Sáugbagger *m*

рехну́||ться *разг.* überschnappen *vi* (s), verrückt wérden; он ~лся er hat éinen Spárren, er ist nicht ganz bei Trost

реце́нзе́нт *м* Rezensént *m* (8)

рецензи́ровать rezensíeren *vt*, beúrteilen *vt*

реце́нзия *ж* Rezensión *f* (10), Beúrteilung *f* (10); ~ на кни́гу Búchbesprechung *f* (10), Búchkritik *f* (10)

реце́пт *м* Rezépt *n* (2); вы́писать ~ ein Rezépt áusstellen; отпуска́ться по ~у (*о лекарстве*) rezéptpflichtig sein, dem Rezéptzwang unterlíegen *; по ~у врача́ auf ärztliche Verórdnung, без ~а rezéptfrei

рецепти́вный rezeptív; ~ слова́рь *лингв.* rezeptíver Wórtschatz

реце́птор *м* Rezéptor *m* -s, -tóren

рецепту́ра *ж* Rezeptúr *f* (10)

реце́пция *ж* Rezeptión *f* (10), Áufnahme *f* (11), Ánnahme *f*, Übernahme *f*

рециди́в *м* **1.** *юр.* Rückfall *m* (1*); **2.** *мед.* Rückfall *m* (1*), Rezidív *n* (2); **~и́зм** *м юр.* Rezidivísmus [-'vis-] *m* =; **~и́ст** *м юр.* Rückfalltäter *m* (6), Rückfällige *m* (14), Gewóhnheitsverbrecher *m* (6)

реципие́нт *м мед.* Empfänger *m* (6)

речев||о́й Sprech-, Réde-, Sprach-; ~ аппара́т Spréchapparat *m* (1); ~ обихо́д Spráchgebrauch *m* (1*); ~а́я де́ятельность Spréchtätigkeit *f*

речи́стый *разг.* berédt, berédsam (*красноречивый*); rédselig, gesprächig (*разговорчивый*)

речитати́в *м муз.* Rezitatív *n* (2)

речни́к *м* Bínnenschiffer *m* (6)

речн||о́й Fluß, Strom-; Bínnen(wasser)-; ~о́е судохо́дство Flúßschiffahrt (*при переносе* Flúßschiff-fahrt) *f*; Bínnenschiffahrt (*при переносе* Binnenschiff-fahrt) *f*; ~о́й вокза́л Háfen(empfangs)gebäude *n* (6)

реч||ь *ж* **1.** (*язык*) Spráche *f*, Réden *n* -s; дар ~и 1) (*способность говорить*) Fähigkeit des Spréchens, Spréchfähigkeit *f*; 2) (*ораторский талант*) Rédnertalent *n* -(e)s, Rédnergabe *f*; о́рганы ~и Spréchwerkzeuge, Spréchorgane *pl*; **2.** (*характер произношения*) Áussprache *f*; Rédeweise *f*; отчётливая ~ь déutliche Spráche; **3.** (*рассуждение, беседа*) Gespräch *n* (2), Réde *f* (11); Spráche *f* (11), Wort *n* (2); о чём ~ь? wovón ist die Réde? worúm hándelt es sich?; ~ь идёт о... es hándelt sich um...

(*A*); es geht um... (*A*); ~ь идёт о том, что́бы... es hándelt sich darúm, daß...; об э́том не мо́жет быть и ~и das kommt gar nicht in Fráge, davón kann gar kéine Réde sein; заводи́ть ~ь о чём-л. etw. zur Spráche bríngen*; das Gespräch auf etw. bríngen* [lénken]; **4.** (*выступление*) Réde *f* (11); Ánsprache *f* (11); ~ь по ра́дио Rúndfunkansprache *f*; торже́ственная ~ь Féstrede *f*; засто́льная ~ь Tíschrede *f*; ~ь при откры́тии Eröffnungsrede *f*; Eröffnungsansprache *f*; приве́тственная ~ь Begrüßungsansprache *f*; обвини́тельная ~ь Ánklagerede *f*; защити́тельная ~ь Vertéidigungsrede *f*, Plädoyer [-dŏa'je:] *n* -s, -s; надгро́бная ~ь Grábrede *f*; ~ь в па́мять кого́-л., чего́-л. Gedénkrede *f*; произнести́ ~ь, вы́ступить с ~ью éine Réde hálten*; éine Réde schwíngen* (*ирон.*); **5.** *грам.*, *лит.* Réde *f*, (gesprócheně) Spráche *f*; пряма́я ~ь dirékte Réde; ко́свенная ~ь índirekte Réde; пи́сьменная ~ь das geschríebene Wort, Schríftsprache *f*, geschríebene Spráche; у́стная ~ь das gesprócheně Wort, gesprócheně Spráche; вну́тренняя ~ь ínneres Spréchen; а́вторская ~ь Autór(en)sprache *f*; ~ь персона́жей Spráche der literárischen Gestálten; часть ~и *грам.* Wórtart *f* (10)

реша́ть *см.* реши́ть; э́то реша́ет де́ло das gibt der Sáche den Áusschlag; э́то не реша́ет вопро́са das ist kéine Lösung der Fráge; ~ся *см.* реши́ться; не реша́ться záudern *vi*, schwánken *vi*, zögern *vi*, únentschlossen [únschlüssig] sein

реша́ющ||ий entschéidend; ~ий аргуме́нт entschéidendes [dúrchschlagendes] Argumént; ~ий го́лос entschéidende [beschlíeßende] Stímme; име́ть ~ее значе́ние den Áusschlag gében*, áusschlaggebend [entschéidend] sein; ~ий успе́х ein dúrchschlagender Erfólg; в ~ий моме́нт im entschéidenden Áugenblick

реше́н||ие *с* **1.** Entschéidung *f* (10); Beschlúß *m* -sses, -schlüsse (*постановление*); Úrteil *n* (2), Réchtsspruch *m* (1*) (*судебное*); непра́вильное ~ие Féhlentscheidung *f*; зао́чное ~ие Kontumázurteil *n*; ~ие большинства́ Méhrheitsbeschluß *m*; выноси́ть ~ие das Úrteil fällen; принима́ть ~ие éine Entschéidung [éinen Entschéid] tréffen*, éinen Beschlúß fássen; **2.** (*задачи и т. п.*) Lösung *f* (10); Áuflösung *f* (*кроссворда*); приближённое ~ие *мат.* Näherungslösung *f*; **3.** (*вывод*) Schluß *m* -sses, Schlüsse; Entschlúß *m*; я пришёл к ~ию ich bin zum Schluß gekómmen; ich hábe beschlóssen, ich fáßte den Entschlúß (*etw. zu tun*)

решённ||ый beschlóssen; э́то де́ло ~ое das ist beschlóssene Sáche

реше́тина *ж* Trálje *f* (11)

решётк||а *ж* Gítter *n* (6); *гидр.* Réchen *m* (7); колосники́вая ~а *тех.* Rost *m* (1); а́томная ~а *мин.* Atómgitter *n*; ◇ сажа́ть за ~у, посади́ть кого́-л. за ~у *разг.* j-n hínter Schloß und Ríegel bríngen*, j-n hínter schwédische Gardínen bríngen*

решето́ *с* Sieb *n* (2); пропуска́ть что-л. сквозь ~ síeben *vt*; ◇ че́рпать во́ду ~м Wásser mit éinem Sieb schöpfen; Wásser ins Meer trágen*; голова́ как ~ ein Gedächtnis wie ein Sieb

решётчат||ый, решетча́т||ый gítterartig, síebartig; Gítter-; Rost-, Sieb-; ~ая фе́рма *тех.* Gítterbalken *m* (7); ~ая кость *анат.* Síebbein *n* (2); ~ый я́щик Láttenkiste *f* (11)

реши́мос||ть *ж* Entschíedenheit *f*, Entschlóssenheit *f*, Entschlúßfähigkeit *f*, Entschlúßkraft *f*; быть по́лным ~ти fest entschlóssen sein; име́ть доста́точно ~ти для чего́-л. Manns genúg sein, um (*etw. zu tun*); с отча́янной ~тью mit dem Mut der Verzwéiflung

реши́тельн||о *нареч.* **1.** (*твёрдо*) (kurz) entschlóssen, entschíeden; поступа́ть ~о entschíeden vórgehen*; ~о поко́нчить с кем-л., с чем-л. mit j-m, mit etw (*D*) kúrzen Prozéß máchen; **2.** (*категорически*) entschíeden; durcháus; ~о отказа́ть в чём-л. etw. glättweg [rúndweg] ábschlagen*; он ~о про́тив э́того er ist durcháus [kategórisch] dagégen; **3.** (*абсолютно*) ganz und gar, rein; он ~о ничего́ не де́лает er macht absolút nichts; э́то ему́ ~о всё равно́ es ist ihm absolut [ganz] egál; **~ость** *ж* Entschlóssenheit *f*, Entschíedenheit *f*; **~ый 1.** (*смелый*) entschlóssen, resolút; быть ~ым entschlóssen sein; das Herz auf dem réchten Fleck háben; **2.** (*решающий*) entschéidend, Entschéidungs-; ~ая борьба́ Entschéidungskampf *m* (1*); **3.** (*категорический, резкий*) entschíeden; приня́ть ~ые ме́ры entschíedene [entschlóssene] Máßnahmen tréffen*; dúrchgreifen* *vi*; **4.** (*твёрдый*) fest, entschíeden; ~ыми шага́ми fésten Schrítt(e)s; ~ый тон entschíedener [kategórischer] Ton; са́мым ~ым о́бразом auf das entschíedenste

реши́ть 1. (*принять решение*) beschlíeßen* *vt*, entschéiden* *vt*; éinen Beschlúß fássen; schlüssig wérden; бы́стро ~ éinen kúrzen Entschlúß fássen, sich kurz entschéiden*; **2.** (*задачу и т. п.*) lösen *vt*; ~ тру́дную зада́чу *перен.* éine schwére Áufgabe lösen; éine hárte Nuß knácken; ◇ ~ чью-л. судьбу́ j-s Schícksal besíegeln; ~ судьбу́ чего́-л. über etw. (*A*) entschéiden*; решено́ и подпи́сано beschlóssen und unterschríeben; ~ жи́зни (кого́-л.) úmlegen *vt*, ins Jénseits befördern; **~ся 1.** (*o деле*) sich entschéiden*; entschíeden [beschlóssen] wérden; **2.** (*пойти на что-л.*) sich entschlíeßen*, sich entschéiden*; не ~ся на что-л. sich nicht entschlíeßen können*; он реши́лся на отъе́зд er entschlóß sich ábzureisen; ◇ ~ся жи́зни stérben* *vi* (s)

ре́шка *ж разг.* Vórderseite der Münze, Avers [a'vɛrs] *m* (1); орёл и́ли ~? Zahl óder Wáppen

реэваку||а́ция *ж* Wíederansiedlung *f* (10); Rückführung *f* (10); **~и́ровать** rückführen *vt*

реэ́кспорт *м* Reexpórt *m* (1), Wíederáusfuhr *f* (10)

ре́я *ж мор.* Ráhe *f* (11)

ре́ять 1. (*парить*) (in der Luft) schwében *vi* (s); **2.** (*развеваться*) wéhen *vi*, fláttern *vi*

ржа *ж разг.* Rost *m* -es

ржа́веть (ver)rósten *vi* (s), Rost ánsetzen

ржа́вить róstig máchen

ржа́вление *с* Ánrosten *n* -s

ржа́во-бу́рый róstbraun

ржа́во-кра́сный róstrot

ржа́вчин||а *ж* Rost *m* -es; изъе́денный ~ой von Rost zerfréssen; хле́бная ~а Getréiderost *m*; цве́та ~ы róstfarben; удали́ть ~у entrósten *vt*

ржа́в||ый róstig; ~ое пятно́ Róstfleck *m* (1)

ржа́ние *с* Gewíeher *n* -s, Wíehern *n* -s

ржано́й Róggen-; ~ хлеб Róggenbrot *n* -(e)s

ржать 1. wíehern *vi* (*о лошади*); **2.** *разг.* wíehernd láchen

рибонуклеи́нов||ый: ~ая кислота́ (РНК) Ribonukleínsäure *f* (RNS)

ри́га *ж* Getréidedarre *f* (11)

ри́гель *м* **1.** *стр.* Ríegel *m* (6), Träger *m* (6), Quérholz *n* (5), Kéhlbalken *m* (7); **2.** (*задвижка*) Ríegel *m* (6)

ригор||и́зм *м* Rigorísmus *m* =; **~и́ст** *м* Rigoríst *m* (8); **~исти́ческий** rigorós

ридикю́ль *м уст.* Ridikül *n* (2); Hándtäschchen *n* (7)

ри́з||а *ж церк.* **1.** (*облачение священника*) Príesterornat *m* (1); Méßgewand *n* (5); **2.** (*на иконах*) Éinfassung *f* (10); ◇ напи́ться до положе́ния риз sich toll und voll trínken*; **~ница** *ж церк.* Sakristéi *f* (10)

рикоше́т *м* Ábpraller *m* -s, Quérschläger *m* -s; диста́нция ~а Ábprallweite *f* (11); **~ный** Ábprall-; ~ный ого́нь Ábprallfeuer *n*; **~ом** *нареч.* **1.**: пу́ля ра́нила его́ ~ом er wúrde von éinem Ábpraller [Quérschläger] verwúndet; **2.** (*косвенным образом*) índirekt

ри́кша *м* Ríkscha *f*, *pl* -s; Ríkschakuli *m* -s, -s

ри́млян||ин *м* Römer *m* (6); **~ка** *ж* Römerin *f* (12)

ри́мск||ий römisch; ◇ па́па ~ий der Papst; ~ие ци́фры römische Záhlen; ~ое пра́во das römische Recht

ри́мско-католи́ческий *церк.* römisch-kathólisch

ринг *м спорт. бокс* Ring *m* (1); на ~е im Ring; вы́йти на ~ den Ring betréten*, in den Ring tréten* [stéigen*]

ри́нуться sich stürzen, stürzen *vi* (s) (*куда-л., за кем-л.*)

рис *м* Reis *m* -es; очи́щенный ~ políerter Reis

риск *м* Rísiko *n* -s; идти́ на ~ ein Rísiko éingehen* [übernéhmen*]; взять на себя́ ~ das Wágnis auf sich néhmen*; с ~ом mit dem Rísiko; auf die Gefáhr hin; без ~а rísikolos; ◇ де́йствовать на свой страх и ~ auf éigene Gefáhr hándeln, auf éigene Faust hándeln; ~ — благоро́дное де́ло *погов.* wer wagt, gewínnt

ри́ска *ж тех.* Riß *m* -sses, -sse, Strich *m* (1); Ánreißlinie *f* (11)

рискну́ть *см.* рискова́ть

риско́ванный 1. riskánt; gewágt; gefährlich (*опасный*); **2.** (*двусмысленный*) zwéideutig

рискова́ть riskíeren *vt*, wágen *vt*, ein Rísiko éingehen*; aufs Spíel sétzen (чем-л. *A*); Gefáhr láufen*; ~ жи́знью das Lében éinsetzen; sein Lében riskíeren; ~ голово́й den Kopf riskíeren; ~ всем álles riskíeren, álles aufs Spíel sétzen

ри́слинг *м* Ríesling *m* (1) (*вино, виноград*)

рисова́ль||ный Zéichen-; ~ные принадле́жности Zéichengeräte *pl*; **~щик** *м* Zéichner *m* (6); *текст.* Músterzeichner *m*, Dessinateur [-'tø:r] *m* (1), **~щица** *ж* Zéichnerin *f* (12)

рисова́н||ие *с* Zéichnen *n* -s; Málen *n* -s; учи́тель ~ия Zéichenlehrer *m* (6)

рисова́ть 1. zéichnen *vt*, *vi*; málen *vt*, *vi* (*красками*); ~ углём mit Kóhle zéichnen, éine Kóhlenzeichnung máchen; ~ с нату́ры nach der Natúr zéichnen; **2.** (*описывать*) beschréiben* *vt*, (áus)málen *vt*, schíldern *vt*, ein Bild entwérfen*; **~ся 1.** (*представляться*) schéinen* *vi*; Gestált ánnehmen*; мне рису́ется es (er)schéint mir; **2.** (*красо-*

ваться) geziert áuftreten*, herúmstolzieren *vi* (s); sich produzíeren; **3.** (*обозначаться*) sich ábzeichnen; **4.** *страд.* gezeichnet [gemált] wérden (*ср.* рисовáть)

рисóвка *ж* Ziereréi *f*, Gezíertheit *f*, Affektíertheit *f*

рисóв||ый Reis-; ~ая кáша Réisbrei *m* -(e)s; Mílchreis *m* -es ◇ ~ая бумáга Réispapier *n* (2)

рисосéющий réisanbauend

рисоубóрочный: ~ комбáйн Réisvollerntemaschine *f* (11), Réiskombine [-kɔm ,baen] *f* (11)

рисýн||ок *м* Zéichnung *f* (10); Abbildung *f* (10); Múster *n* (6), Dessin [dɛ'sɛ̃] *n* -s, -s (*узор*); ~ок мелкóм Kréidezeichnung *f*; с пёстрым ~ком (*о материи*) bunt gemústert

рисýнчатый gemústert

ритм *м* Rhýthmus *m* =, -men

ри́тмика *ж* **1.** Rhýthmik *f*; **2.** (*гимнастика*) rhýthmische Gymnástik

ритми́ч||еский rhýthmisch; táktmäßig; ~еская гимнáстика rhýthmische Gymnástik; **~ность** *ж* Rhýthmik *f*, Rhýthmus *m* =; **~ный** rhýthmisch, rhythmisíert

ри́тор *м ист.* Rhétor *m* -s, -tóren, Léhrer der Rédekunst

ритóр||ика *ж* Rhetórik *f*, Rédekunst *f* (*ораторское искусство*); **~и́ческий** rhetórisch, rédnerisch; ◇ ~и́ческий вопрóс rhetórische Fráge

ритуáл *м* **1.** *рел.* Rituál *n* (2), Ríten *pl*; **2.** (*церемониал*) Zeremoniéll *n* (2)

ритуáльный 1. *рел.* rituéll, Rituál-; **2.** (*церемониальный*) zeremoniéll

ритурнéль *м муз.* Ritornéll *n* (2)

риф I *м геол.* Riff *n* (2), Klíppe *f* (11); корáлловый ~ Korállenriff *n*

риф II *м мор.* Reff *n* (2); взять ~ы réffen *vt*

рифлён||ый I *тех.* geríeft, geríffelt, geríllt; gekéhlt, Ríffel-; ~ое листовóе желéзо Ríffelblech *n* -(e)s

рифлёный II *мор.* (*о парусах*) geréfft

ри́фма *ж* Reim *m* (1); мужскáя ~ männlicher [stúmpfer] Reim; жéнская ~ wéiblicher [klíngender] Reim; дактили́ческая ~ gléitender Reim

рифмáч *м см.* рифмоплёт

рифмóв||анный geréimt; **~áть** réimen *vt*; **~áться** sich réimen

рифмоплёт *м разг.* Réimschmied *m* (1), Vérseschmied *m*, Díchterling *m* (1); **~ство** *с разг.* Réimen *n* -s, Reimeréi *f*

рихтовáть *тех.* ríchten *vt*

рóббер *м карт.* Róbber *m* (6), Rubber [*англ.* 'rabər] *m* (6)

робé||ть zágháft [schüchtern] sein; ängstlich [fúrchtsam] sein; Angst [Furcht] háben; не ~й! kéine Angst!; nur Mut!; ímmer frisch dráuflos!

рóбк||ий zágháft, schüchtern; scheu, ängstlich, fúrchtsam; быть ~им scheu [schüchtern, zágháft, bánge] sein; ein Hásenfuß sein (*разг.*); ◇ человéк не ~ого деся́тка *разг.* kéiner von den Zágháften; kein Schláppschwanz

рóбость *ж* Schüchternheit *f*, Zágháftigkeit *f*; с ~ю zágháft, schüchtern

рóбот *м* Róboter *m* (6)

робототéхника *ж* Róbotertechnik *f*

роботизáция *ж* **1.** Ánwendung von Róbotern; **2.** (*о человеке*) Verwándlung in éinen Róboter

ров *м* (tíefer) Gráben *m* (7*); Wásserfließ *n* (2) (*в зоопарке*); *горн.* Rösche *f* (11); крепостнóй ~ Féstungsgraben *m*, Búrggraben *m*; противотáнковый ~ *воен.* Pánzergraben *m*

ровéсн||ик *м* Áltersgenósse *m* (9), Gléichaltrige *m* (14); быть чьим-л. ~иком mit j-m gléichaltrig sein; **~ица** *ж* Áltersgenossin *f* (12), Gléichaltrige *f* (14)

рóвница *ж текст.* Vórgarn *n* (2)

рóвно *нареч.* **1.** (*одинаково*) gléich(mäßig),ében(mäßig); (ében)so; **2.** (*точно*) genáu; Punkt (*о времени*); ~ дéсять рублéй genáu zehn Rúbel; ~ в два часá Punkt zwei (Uhr), genau um zwei (Uhr), Schlag zwei; **3.** *разг.* (*совсем*) absolút; ~ ничегó rein nichts, absolút nichts; gar nichts; у вас ~ ничегó нет euch fehlt nicht mehr als álles; **4.** *спорт.* (*счёт поровну*) Púnktgleichheit *f*; Éinstand *m* -(e)s (*теннис*)

рóвн||ый 1. (*гладкий*)ében, glatt; ~ое мéсто éine ébene Stélle; **2.** (*о прямой линии*) schnúrgeráde, kérzengeráde; **3.** (*равномерный*) gléichmäßig, gléichförmig; ~ый шаг gléicher [geméssener] Schritt; **4.** (*о характере, речи*) rúhig, geméssen; ◇ для ~ого счёта rund (geréchnet); ~ым счётом ничегó absolút nichts, ganz und gar nichts; он ~ым счётом ничегó не знáет er hat kéine blásse Áhnung; не рóвен [не ровён] час, он застýдится *разг.* es kann passíeren, daß er sich erkältet

рóвня *м, ж* Gléichgestellte *m, f* (14); Gléiche *m, f* (14)

ровня́ть ébnen *vt*, planíeren *vt*, glätten *vt*; gerádemachen *отд. vt* (*выпрямлять*); **~ся** *страд.* geébnet [geglättet] wérden

рог *м* **1.** Horn *n* (5); ~á *мн.* Gewéih *n* (2); сбрáсывать ~á das Gewéih ábwerfen*; **2.** (*музыкальный инструмент*) Horn *n* (5), Jágdhorn *n*; трубúть в ~ ins Horn stóßen*; ◇ ~ изоби́лия Füllhorn *n*; обломáть ~á комý-л. *разг.* j-n kléinkriegen [únterkriegen]; настáвить ~á комý-л. j-m Hörner áufsetzen

рогáлик *м* (*булочка*) Hörnchen *n* (7)

рогáстый mit gróßen Hörnern

рогáтина *ж* Jágdspieß *m* (1)

рогáтка *ж* **1.** (*на дороге*) Schlágbaum *m* (1*), Spérre *f* (11); *воен. ист.* spánischer Réiter; **2.** (*помеха*) Híndernis *n* (3*); **3.** (*для стрельбы*) Schléuder *f* (11); **4.** (*для скота*) hölzernes, gezácktes Hálsband

рогáтый Horn-; gehörnt (*тж. перен.*); ~ скот Hórnvieh *n* -s; крýпный ~ скот Ríndvieh *n*, Ríndér *pl*

рогáч *м зоол.* Hírschkäfer *m* (6)

рогови́дный hórnartig, gewéihförmig

рогови́ц||а *ж анат.* Hórnhaut *f*; помутнéние ~ы Hórnhauttrübung *f*

рогов||óй aus Horn, Horn-; ~ы́е издéлия Hórnwaren *pl*; ~ы́е очки́ Hórnbrille *f* (11); ~áя оболóчка *анат.* Hórnhaut *f*

рогóж||а *ж* Bástmatte *f* (11), Líndenbastgewebe *n* -s; **~ка** *ж* **1.** (kléine) Bástmatte; **2.** (*материя*) Pánamastoff *m* (1); Máttenstoff *m*; Natté [-'te:] *m* -s, -s; ◇ из кулькá в ~ку *погов.* ≅ vom Pferd auf den Ésel kómmen*; **~ный** Bast-; Mátten-; ~ный куль Bástsack *m* (1*)

рогонóсец *м разг.* Gehörnte *m* (14)

род *м* **1.** *ист.* Gens *f*, *pl* Géntes, Síppe *f* (11), Gentílgemeinschaft *f* (10); **2.** (*поколение*) Generatión *f* (10); из ~а в ~ von Generatión zu Generatión; **3.** *биол.* Gáttung *f* (10); Génus *n* =, *pl* Génera; **4.** (*сорт, вид*) Gáttung *f* (10), Art *f* (10), Sórte *f* (11); ~ войск Wáffengattung *f*, Trúppengattung *f*, Wáffe *f*; **5.** *грам.* Geschlécht *n* (5), Génus *n* =, *pl* Génera; мужскóй ~ das männliche Geschlécht, Máskulinum *n* -s; существи́тельное мужскóго ~а männliches Súbstantiv, Máskulinum *n* -s, -na; жéнский ~ das wéibliche Geschlécht, Fémininum *n* -s; срéдний ~ das sächliche Geschlécht, Néutrum *n* -s; ◇ вся́кого [рáзного] ~а jéder Art, máncherlei, állerlei, allerhánd; víelerlei; такóго ~а dérartig, dér Art; дéло такóго ~а die Sache verhält sich fólgendermaßen; в нéкотором ~е gewíssermaßen; в своём ~е in séiner Art; еди́нственный в своём ~е éinzig in séiner Art; чтó-то в э́том ~е in díeser Art; étwas Ähnliches; емý дéсять лет óт ~у er ist zehn Jáhre alt; деся́ти лет óт ~у im Álter von zehn Jáhren, zehn Jáhre alt; без ~у, без плéмени óhne Héimat und Verwándte [Váterhaus]; емý на ~ý бы́ло напи́сано es war sein Schícksal; ~ людскóй Ménschengeschlecht *n* -(e)s

родáн *м хим.* Rhodán *n* -s; **~истый** Rhodán-; ~истый кáлий Káliumthiozyanat *n* -(e)s; Rhodánkalium *n* -s

рóдий *м* Rhódium *n* -s (*хим. знак* Rh)

роди́льн||ица *ж* Wöchnerin *f* (12); **~ый** Entbíndungs-; Gebúrts-; ~ый дом Entbíndungsheim *n* (2); ~ая горя́чка Kíndbettfieber *n* -s; ~ое отделéние Entbíndungsstation *f* (10); ~ая палáта Kréißsaal *m* -(e)s, -säle

роди́мчик *м разг.* Krämpfe *pl* (*bei Schwangeren oder Kleinkindern*)

роди́м||ый 1. *разг.* (*в обращении*) mein Líeber [Téurer, Güter]; **2.** (*родной*) náhe; héimatlich; ~ая сторонá Héimat *f*; ◇ ~ое пятнó Múttermal *n* (2)

рóдин||а *ж* Héimat *f* (10); Héimatland *n* (5); Gebúrtsland *n*, Váterland *n*; на ~е in der Héimat; тоскá по ~е Héimweh *n* -s; вéрность ~е Héimattreue *f*

рóдинка *ж* Mal *n* (2), Múttermal *n*

роди́тели *мн.* Éltern *pl*

роди́тель *м разг.* Váter *m* (6*); **~ница** *ж разг.* Mútter *f*, *pl* Mütter

роди́тельный: ~ падéж *грам.* Génitiv *m* (1)

роди́тельск||ий Éltern-, élterlich; ~ий дом Élternhaus *n* -es; Váterhaus *n*; ~ое собрáние (*в школе*) Élternabend *m* (1); ~ий комитéт Élternbeirat *m* (1*); лиши́ть когó-л. ~их прав j-m das Erzíehungsrecht entzíehen*

роди́||ть 1. gebären* *vt*; zur Welt bríngen*, in die Welt sétzen; онá ~лá мáльчика sie hat éinen Júngen gebóren, sie bráchte éinen Júngen zur Welt; **2.** (*дать начало чему-л., создать*) gebären* *vt*, erzéugen *vt*, (er)scháffen* *vt*; hervórbringen* *vt*; **3.** (*о почве — приносить урожай*) trágen* *vt*, (hervór)bríngen* *vt*; Frucht bríngen*; ◇ в чём мать ~лá *разг.* splítternackt; **~ться 1.** gebóren wérden [sein]; zur Welt kómmen*; das Licht der Welt erblícken; ~ться слепы́м blind gebóren wérden; **2.** (*возникнуть*) entstéhen* *vi* (s), áufkommen* *vi* (s); erstéhen* *vi* (s) (*о надежде и т. п.*); у меня́ ~лáсь мысль mir kam éine Idée, ich hätte éinen Éinfall; **3.** (*о злаках, овощах и т. п.*) wáchsen* *vi* (s), gedéihen* *vi* (s); здесь хорошó ~тся рожь hier gedéiht der Róggen gut; ◇ ~ться в рубáшке únter éinem glücklichen Stern gebóren sein, ein Glückskind sein

рóдич *м разг.* Ánverwandte *m* (14), Verwándte *m*

родни́к *м* Quélle *f* (11); Born *m* (1),

Quell *m* (1) (*поэт.*); **~óвый** Quell-; ~óвая водá Quéllwasser *n* -s

роди́ть 1. verwándtschaftliche Beziehungen schäffen*; **2.** (*сближать*) nähern *vt*, verbínden* *vt*, náhebringen* *отд. vt*; **~ся 1.** verwándt wérden; **2.** (*сближаться*) sich nähern

родничóк I *м уменьш. от* родни́к

родничóк II *м анат.* Fontanélle *f* (11)

родн||óй 1. (blúts)verwándt; éigen, léiblich; ~óй отéц der léibliche Váter; **2.** (*свой, близкий*) náhe; héimatlich; héimisch, Héimat(s)-; Váter-; Mútter-; ~óй гóрод Váterstadt *f* (3); ~óй дом Váterhaus *n* -es, ~óй язы́к Múttersprache *f*; **3.** (*дорогой*) lieb, téuer; **4.** (*в обращении*) mein Líeber [Téurer], *в знач. сущ.* ~ы́е *мн.* Verwándte *pl*; вáши ~ы́е die Íhrigen

родня́ *ж* **1.** *собир.* Verwándtschaft *f*; дáльняя ~ die entférnten Verwándten; у негó большáя ~ er hat éine gróße Verwándtschaft, er hat víele Verwándte; **2.** *разг.* (*родственник*) der [die] (náhe) Verwándte; он мне ~ er ist mein Verwándter, er ist ein Verwándter von mir

родови́т||ость *ж* vórnehme Hérkunft [Ábstammung], Zúgehörigkeit zu éinem álten Ádelsgeschlecht; **~ый** von vórnehmer Hérkunft, éinem álten Ádelsgeschlecht entsprössen

родов||óй I **1.** (*наследственный*) Famíli¦en-, Erb-, Stamm-, ererbt; Síppen-; ~óй зáмок Stámmsitz *m* (1); ~óе имéние Érbgut *n* (5); **2.** *ист.* Gentíl-; ~óе óбщество Gentílgesellschaft *f*; ~óй строй Gentílverfassung *f*, Gentílordnung *f*; **3.** *биол.* Gáttungs-; ~ы́е и видовы́е назвáния растéний Gáttungs- und Ártbezeichnungen der Pflánzen; **4.** *грам.* Geschléchts-, Génus-

родов||óй II *мед.* Gebúrts-; ~ы́е схвáтки Gebúrtswehen *pl*

родовспомогáтельн||ый gebúrtshilflich; Entbíndungs-; ~ое учреждéние Entbíndungseinrichtung *f* (10)

рододéндрон *м бот.* Rhododéndron *n* -s, -dren

рóдом *в знач. нареч.* von Gebúrt, gebürtig; онá ~ из Москвы́ sie ist aus Móskau gebürtig; sie stammt aus Móskau; откýда он ~? wohér ist er gebürtig?, wo ist er zu Háuse?, wo stammt er her?

родоначáльн||ик *м* **1.** Stámmvater *m* (6*), Úrahn(e) *m* (13, 9), Ahn *m* (13); Áhnherr *m* (8); **2.** *яд. физ.* Váterelement *n* (2), Müttersubstanz *f* (10) (*ряда распадов*); **3.** (*основоположник*) Begründer *m* (6); **~ица** *ж* Stámmutter (*при переносе* Stamm-mutter) *f*, *pl* -mütter, Úrahne *f* (11), Áhne *f*, Áhnfrau *f* (10)

родослóвн||ая *сущ. ж* Stámmbaum *m* (1*), Genealogíe *f*; **~ый** genealógisch, Stamm-; ~ая кни́га genealógisches Regíster; ~ая табли́ца genealógische Táfel [Tabélle]; ~ое дéрево Stámmbaum *m* (1*)

рóдственн||ик *м*, **~ица** *ж* Verwándte *m*, *f* (14); бли́зкий ~ик náher Verwándter; дáльний ~ик entférnter Verwándter; ~ик по мáтери Verwándter mütterlicherseits; ~ик по отцý Verwándter väterlicherseits; он мне ~ик er ist mein Verwándter; **~ый 1.** verwándtschaftlich; Verwándtschafts-; ~ые свя́зи verwándtschaftliche Bánde, Verwándtschaftsbande *pl*; ~ые отношéния verwándtschaftliche Bezíehungen; оказáть ~ый приём wie éinen Verwándten áufnehmen*; **2.** (*близкий*) verwándt, náhe; ~ые нарóды verwándte Völker; ~ые языки́ verwándte Sprachen

родств||ó *с* **1.** Verwándtschaft *f*; крóвное ~ó Blútsverwandtschaft *f*; быть в ~é verwándt sein; in verwándtschaftlichem Verhältnis stéhen*; быть в дáльнем ~é wéitläufig verwándt sein; **2.** (*близость*) Verwándtschaft *f*, Ähnlichkeit *f*; Nähe *f*; ~ó душ Séelenverwandtschaft *f*, Wáhlverwandtschaft *f*

рóды *мн.* Gebúrt *f* (10); Níederkunft *f* (3), Entbíndung *f* (10); schwére Stúnde (*высок.*); пéрвые ~ Érstgeburt *f*; преждеврéменные ~ Frühgeburt *f*; vórzeitige Gebúrt [Níederkunft]; обезбóленные ~ schmérzarme Gebúrt

роéние *с* Schwärmen *n* -s

рóж||а I *ж разг.* Frátze *f* (11); Visage [viˈzaːʒə] *f* (11); Frésse *f* (11) (*груб.*); ки́слая ~а éine sáure Míene; кóрчить [дéлать, стрóить] ~у Gesíchter zíehen* [schnéiden*], Grimássen zíehen*; Frátzen schnéiden*

рóжа II *ж мед.* Róse *f*, Rótlauf *m* -(e)s

рожáть *разг. см.* роди́ть 1

рождáемост||ь *ж* Gebúrtenziffer *f* (11) Gebúrtenzahl *f*; рост [повышéние] ~и Gebúrtenzunahme *f*, Gebúrtenzuwachs *m* -es; падéние ~и Gebúrtenrückgang *m* -(e)s; превышéние ~и над смéртностью Gebúrtenüberschuß *m* -sses

рождáть *см.* роди́ть 1, 2; **~ся** *см.* роди́ться 1, 2

рождéн||ие *с* **1.** Gebúrt *f* (10); год ~ия Gebúrtsjahr *n* (2); слепóй от ~ия blíndgeboren; стати́стика ~ий Gebúrtenstatistik *f*; **2.** (*день рождения*) Gebúrtstag *m* (1); Gebúrtstagsfeier *f* (11); когдá твоё ~ие? wann hast du Gebúrtstag?, wann ist dein Gebúrtstag?; двухсотлéтие со дня ~ия der zwéihundertste Gebúrtstag; по ~ию von Gebúrt, der Hérkunft nach

рождéственск||ий Wéihnachts-, wéihnachtlich; ~ие морóзы stárke Fröste um die Wéihnachtszeit

рождествó *с* Wéihnachten *pl*, *n*, Wéihnacht *f*

рожéница *ж* Gebärende *f* (14), Kréißende *f* (14) (*рожающая*); Wöchnerin *f* (12) (*родившая*)

рожéчник *м* Horníst *m* (8)

рóжист||ый *мед.* Róse-, Rótlauf-; ~ое воспалéние Rótlauf *m* -(e)s

рож||óк *м* **1.** *уменьш.* Hörnchen *n* (7); **2.** *муз.* Horn *n* (5); Zínke *f* (11); игрáть на ~кé das Horn blásen*; **3.** (*для кормления*) Mílchflasche *f* (11); вскорми́ть на ~кé mit der Flásche áufziehen*; ◇ гáзовый ~óк Gasanzünder *m* (6); слуховóй ~óк Hörrohr *n* (2); сапóжный ~óк Schúhanzieher *m* (6); остáлись рóжки да нóжки es war (fast) nichts übriggeblieben

рожóн: лезть на ~ *разг.* ≅ mit dem Kopf durch die Wand rénnen*; какóго рожнá *разг.* warúm zum Téufel

рожь *ж* Róggen *m* -s; ози́мая ~ Wínterroggen *m*; ярoвáя ~ Sómmerroggen *m*; ~ в снопáх Róggengarben *pl*; пóле ржи Róggenschlag *m* -(e)s

рóза *ж* **1.** (*цветок*) Róse *f* (11), чáйная ~ Téerose *f*; ди́кая ~ wílde Róse, Héckenrose *f*; вью́щаяся ~ Schlíngrose *f*; **2.** (*розовый куст*) Róse *f* (11), Rósenstrauch *m* (4), Rósenstock *m* (1*); пи́томник роз Rósenschule *f* (11); ◇ ~ ветрóв *метеор.* Wíndrose *f*; нет рóзы без шипóв *посл.* kéine Rósen óhne Dórnen

рóзан *м разг.* **1.** (*розовый куст*) Rósenstrauch *m* (4), Rósenstock *m* (1*); **2.** (*цветок*) Róse *f* (11), Rósenkelch *m* (1)

розáрий *м* Rósengarten *m* (7*), Rosárium *n* -s, -ri¦en

рóзвальни *мн.* Róswalni *pl* (*niedriger bankloser Bauernschlitten mit ausgebogenen Seiten*)

рóзг||а *ж* **1.** Rúte *f* (11); Gérte *f* (11); **2.** *мн.* ~и Rútenstreiche *pl*, Prügel *pl*; наказáть когó-л. ~ами j-m die Rúte gében*

рóзговенье *с церк.* der érste Tag nach den Fásten

розéтка *ж* **1.** (*украшение одежды*) Rosétte *f* (11); **2.** (*штепсельная*) Stéckdose *f* (11); **3.** (*блюдечко для варенья*) Schälchen *n* (7); **4.** *архит.* Rosétte *f* (11)

рóзлив *м спец.* Ábfüllung *f* (*по бутылкам и т. п.*)

розмари́н *м бот.* Rósmarin *m* (1)

рóзниц||а *ж* Wáre, die stückweise óder in kléinen Méngen verkáuft wird; ◇ в ~у éinzeln, stückweise

рóзничн||ый Éinzel-; ~ая торгóвля Kléinhandel *m* -s, Éinzelhandel *m*; ~ая продáжа Éinzelverkauf *m* -(e)s, Éinzelvertrieb *m* -(e)s; ~ый магази́н Éinzelhandelsgeschäft *n* (2); ~ый торгóвец Éinzelhändler *m* (6); ~ый покупáтель Kléinverbraucher *m* (6); ~ые цéны Éinzelhandelspreise *pl*, Kléinhandelspreise *pl*

рóзно *нареч. уст.* getrénnt; geschíeden

рознь *ж* **1.** Zwist *m* (1), Zwíetracht *f*, Háder *m* -s, Streit *m* -(e)s, *pl* Stréitigkeiten; Únstimmigkeit *f* (*несогласие*); национáльная ~ nationáler Háder, Völkerhaß *m* -sses; **2.** *предик.*: кни́га кни́ге ~ ein Buch gleicht dem andern nicht; Buch ist nicht gleich Buch, ein Buch ist nicht wie das ándere

розовáтый rósig; zártrosa

розовéть sich röten, sich rósig färben

рóзов||ый 1. (*о цвете*) rósa *inv*; rósig; rósafarben; **2.** (*из роз*) Rósen-; ~ое мáсло Rósenöl *n* -s, ~ый куст Rósenstrauch *m* (4), Rósenstock *m* (1*); ~ое дéрево Rósenholz *n* -es; ◇ ви́деть всё в ~ом свéте álles in rósigem Licht séhen*; álles durch éine rósarote Brílle séhen*

розоцвéтные *мн. бот.* Rósengewächse *pl*, Rosazé¦en *pl*

рóзыгрыш *м* **1.** (*лотереи, займа*) Zíehung *f* (10), Verlósung *f* (10); **2.** *спорт.* Éndspiel *n* (2), Spiel *n*, Áusspielen *n* -s; ~ кýбка по футбóлу Fúßballpokalspiel *n*

рóзыск *м* **1.** (*действие*) Súche *f*, Súchen *n* -s, Súchaktion *f* (10); Ermíttlung *f*, Untersúchung *f*; Fáhndung *f* (*преступника*); учáстие в ~е Mítfahndung *f*; **2.** *юр.* Vóruntersuchung *f* (10); Náchforschung *f* (10); ◇ уголóвный ~ Kriminálpolizei *f*, Kriminálamt *n* (5)

рои́ться 1. (*о пчёлах*) áusschwärmen *vi*, éinen néuen Schwarm bílden; **2.** (*кружиться*) schwärmen *vi*; **3.** (*о мыслях и т. п.*) schwírren *vi* (s)

рой *м* Schwarm *m* (1*)

рок *м* Schícksal *n* (2); Geschíck *n* (2); Fátum *n* -s, -ta, Verhängnis *n* -ses

рокáда *ж воен.* Rochade [rɔˈxaː-] *f* (11)

рок-грýппа *ж* Róckgruppe *f* (11)

рокир||овáть *шахм.* rochieren [rɔˈxiː-] *vi*; **~óвка** *ж шахм.* Rochade [rɔˈxaː-] *f* (11)

рок-мýзыка *ж* Róckmusik *f*

роков||óй verhängnisvoll, fatál, schícksalhaft; fólgenschwer; стать ~ы́м zum Verhängnis [verhängnisvoll] wérden; ~áя катастрóфа fólgenschwere Katastróphe

рококо́ *с иск.* Rókoko *n* -s, Rókokostil *m* -(e)s

ро́кот *м* Tósen *n* -s, Getöse *n* -s, Bráusen *n* -s, Róllen *n* -s, Súrren *n* -s; ~**а́ть** tósen *vi*, bráusen *vi*; róllen *vi*, súrren *vi*

ро́лик *м* **1.** *тех.*, *эл.* Rólle *f* (11), Wálze *f* (11); **2.** *мн. спорт.* Róllschuhe *pl*; ката́ться на ~ах Róllschuh láufen *; фигу́рное ката́ние на ~ах Róllschuhkunstlauf *m* -(e)s; та́нцы на ~ах Róllschuhtanz *m* -es; ~**овый** Róllen-; ~овый подши́пник Róllenlager *n* (6)

ролл *м цел.* Hólländer *m* (6), Stóffmühle *f* (11)

ро́ллер *м* Róller *m* (6)

рол||ь *ж* Rólle *f* (11); Téxtbuch *n* (5) (*текст*); игра́ть ~ь éine Rólle spíelen; гла́вная [центра́льная] ~ь stücktragende Rólle, Títelrolle *f*; игра́ть пе́рвую [гла́вную] ~ь die Háuptrolle spíelen; das große Wort führen (*перен.*); исполни́тель ~и Róllenträger *m* (6); ~и и исполни́тели... die Róllen sind besétzt mit:...; распределе́ние ~е́й Róllenbesetzung *f* (10); лу́чшее исполне́ние ~и die béste scháuspielerische Léistung; войти́ в ~ь sich in éine Rólle hinéinfinden *; быть на второстепе́нных ~я́х in Nébenrollen áuftreten *; выходи́ть из ~и aus der Rólle fállen *; быть на пе́рвых ~я́х in érsten Róllen áuftreten *; ◇ э́то не игра́ет никако́й ~и das spielt kéine Rólle, das ist völlig belánglos

рольга́нг *м тех.* Róllgang *m* (1 *), Róllbahn *f* (10)

ром *м* Rum *m* -s, -s

рома́н *м* **1.** *лит.* Román *m* (1), Románwerk *n* (2); ~-трило́гия Romántrilogie *f* (11); ~-эпопе́я Románepos *n* =, -pen геро́й ~а Románheld *m* (8); де́йствие ~а Romángeschehen *n* -s; ~ на произво́дственную те́му Betríebsroman *m*, Produktiónsroman *m*; **2.** *разг.* (*любовные отношения*) Verhältnis *n* (3 *), Líebesgeschichte *f* (11)

романи́ст I *м* (*автор*) Románschriftsteller *m* (6)

романи́ст II *м* (*филолог*) Romaníst *m* (8)

романи́стика *ж лингв.* Romanístik *f*, románische Sprácjwissenschaft

романи́ческ||ий Líebes-; ~ое приключе́ние Líebesabenteuer *n* (6)

рома́нс *м муз. лит.* Románze *f* (11)

рома́нск||ий románisch; ~ие языки́ románische Sprächen

романти́зм *м* **1.** *лит.* Romántik *f*; **2.** (*умонастроение*) Romántik *f*, das Romántische (*sub*)

рома́нтик *м* Romántiker *m* (6); *перен.* Träumer *m* (6), Schwärmer *m* (6)

рома́нтика *ж см.* романтизм 2; ло́жная ~ fálsche Romántik, Pséudoromantik *f*

романти́ческий **1.** *лит.* romántisch; **2.** (*мечтательный*) romántisch, schwärmerisch

романти́чность *ж* Romántik *f*, das Romántische (*sub*)

романцеме́нт *м стр.* Románzement *m* -(e)s, Románkalk *m* (1)

рома́шк||а *ж* Kamílle *f* (11); ~**овый** Kamíllen-

ромб *м* Ráute *f* (11); Rhómbus *m* =, -ben (*мат.*); ~**и́ческий** *мат.* rhómbisch, rhomboíd

ромбови́дный ráutenförmig

ромбо́ид *м мат.* Rhomboíd *n* (2); ~**а́льный** rhombo¦idál

ромште́кс *м* Rumpsteak ['rumpste:k] *n* -s, -s

ро́ндо *с муз.* Róndo *n* -s, -s

рондо́ *с* **1.** *лит.* Rondeau [*фр.* rɔ̃'do:] *n* -s, -s **1.** (*шрифт*) Rúndschrift *f*; перо́ ~ Rúndschriftfeder *f* (11); писа́ть перо́м ~ Rúndschrift schréiben *

роня́ть **1.** fállen lássen *, verlíeren * *vt*; **2.** (*унижать*); ~ своё досто́инство sich (*D*) étwas vergében *; sich erníedrigen; ◇ ~ слёзы Tränen vergíeßen *

ро́пот *м* **1.** (*жалоба*) Múrren *n* -s, Gemúrre *n* -s, Gebrúmme *n* -s; **2.** *поэт.* (*волн, ручья*) Ráscheln *n* -s, Múrmeln *n* -s

ропта́ть múrren *vi*, über etw. (*A*) úngehalten sein; únwillig sein; ~ на судьбу́ mit dem Schícksal hádern

рос||а́ *ж* Tau *m* -(e)s; ночна́я ~а́ Náchttau *m*, nächtlicher Tau; покрыва́ться ~о́й sich mit Tau bedécken; упа́ла ~а́ Tau ist gefállen, es hat getáut; мо́крый от ~ы́ táufeucht

роси́нк||а *ж* Táutropfen *m* (7); ◇ у меня́ ма́ковой ~и во рту́ не́ было ich hábe noch nichts zu mir genómmen; ich bin noch völlig nüchtern

роси́стый betáut, vóller Tau, táufeucht

роско́ш||ествовать in Lúxus schwímmen*; éinen gróßen Áufwand tréiben *; ein luxuriöses [üppiges] Lében führen, ein Lében im Überfluß führen; ~**ничать** *разг. см.* роско́шествовать; ~**ный** **1.** luxuriös, Lúxus-; prächtig, Pracht-; ~ное изда́ние Práchtausgabe *f* (11), Lúxusausgabe *f*; **2.** *разг.* (*очень хороший*) prächtig, práchtvoll, Pracht-, üppig; ~ная расти́тельность üppiger Pflánzenwuchs; **3.** (*расточительный*) verschwénderisch, kóstspielig

ро́скош||ь *ж* Lúxus *m* =, Pracht *f*, Prunk *m* -(e)s; Üppigkeit *f* (*пышность*; *обилие*); любо́вь к ~и Prúnksucht *f*

ро́слый hóchgewachsen, gróßgewachsen, hóchwüchsig, lang (áufgeschossen), von hóhem Wuchs; ~ па́рень lánger Kerl [Búrsche]

росома́ха *ж зоол.* Víelfraß *m* (1)

ро́спись *ж* **1.** Maleréi *f* (10), Bemálung *f* (10); Wándmalerei *f* (*стен*); Déckenmalerei *f* (*потолка*); Frésken *pl* (*фрески*); **2.** *канц.* Verzéichnis *n* (3 *), Líste *f* (11), Regíster *n* (6), Tabélle *f* (11)

ро́спуск *м* **1.** (*прекращение занятий, службы*) Beúrlaubung *f*; **2.** (*закрытие*) Schlíeßung *f*, Áuflösung *f*; **3.** *спец.* Náchschnitt *m* -(e)s (*бруса*); Längsschnitt *m*; **4.** *авто* Náchläufer *m* (6), éinachsiger Ánhänger

росси́йский rússisch; Росси́йская Сове́тская Федерати́вная Социалисти́ческая Респу́блика Rússische Sozialístische Föderatíve Sowjétrepublik

Росси́я *ж* Rúßland *n* -s

ро́сказни *мн.* Gepláuder *n* -s, Geschwätz *n* -es, Faseléien *pl*; лжи́вые ~ Lügengeschwätz *n*

ро́ссып||и *мн.*, **ро́ссыпь** *ж геол.* Feld *n* (5), Láger *n* (6); золота́я ~ь Góldfeld *n*; металлоно́сные ~и Érzlager *n*; алма́зная ~ь Diamántenfeld *n*

рост *м* **1.** Wáchsen *n* -s, Wáchstum *n* -s; **2.** (*вышина*) Wuchs *m* (1 *), Statúr *f* (10), Größe *f* (11), челове́ческий ~ Lébensgröße *f*, Mánneshöhe *f*; сре́дний ~ míttlerer Wuchs, míttlere Größe; большо́го [высо́кого] ~а groß, hoch, hóchgewachsen, von hóhem [gróßem] Wuchs; ма́лого [ни́зкого] ~а klein, von níedrigem Wuchs; kléinwüchsig; быть ~ом с кого́-л. genáu so groß sein (wie j-d ánderer); быть одина́кового ~а gleich groß sein; он ~ом с меня́ er ist von méinem Wuchs, er ist von méiner Größe, ~ом в 180 сантиме́тров ein Méter áchtzig groß; Größe eins áchtzig (*разг.*); по ~у nach Maß, nach Wuchs (*об одежде*); во весь ~ in gánzer Größe, in vóller Größe; in Lébensgröße (*о портретах и т. п.*); бо́льше челове́ческого ~а überlebensgroß (*о скульптуре и т. п.*); übermannshoch (*о растениях*); вы́ше сре́днего ~а übermittelgroß; пойти́ в ~ (*о растениях*) zu wáchsen begínnen *; упа́сть во весь ~ der Länge nach hínschlagen*, der gánzen Länge nach dáliegen *, не вы́йти ~ом *разг.* kléingeraten sein; **3.** (*увеличение*) Ánwachsen *n* -s, Zúwachs *m* -es, Zúnahme *f*; Áufstieg *m* (*подъём*); ~ наро́дного благосостоя́ния die Erhöhung des Wóhlstandes des Vólkes; ~ населе́ния Bevölkerungswachstum *n* -s; ~ производи́тельности труда́ Stéigerung [Erhöhung] der Árbeitsproduktivität [-vi-]; ~ тяжёлой промы́шленности das Wáchstum der Schwérindustrie; ~ цен Préiserhöhung *f*, Préisanstieg *m*; культу́рный ~ kulturéller Áufstieg; экономи́ческий ~ Wírtschaftswachstum *n*; возмо́жности ~а Áufstiegsmöglichkeiten *pl*; **4.:** дать де́ньги в ~ *уст.* Geld auf Zíns(en) (áus)léihen*; Geld verzínslich ánlegen

ро́стбиф *м* Roastbeef ['ro:stbi:f] *n* -s, -s, Róstbraten *m* (7)

ро́степель *ж* Táuwetter *n* -s

ростовщи́к *м* Wúcherer *m* (6), Géldverleiher *m* (6)

ростовщи́че||ский wúcherisch, Wúcher-; ~ские проце́нты Wúcherzins *m* (13); ~**ство** *с* Wúcher *m* -s, Zínswucher *m*

рост||о́к *м* **1.** Keim *m* (1), Sproß *m* -sses, -sse; пуска́ть ~ки́ kéimen *vi*, sprössen *vi*, Keime tréiben *, spríeßen * *vi* (s); áusschlagen * *vi*; **2.** (*черенок*) Reis *n* (5), Schößling *m* (1); **3.** *перен.* Kéim *m* (1); ~ки́ но́вого Ánsätze des Néuen

ро́счерк *м* Strich *m* (1), Féderstrich *m*, Schnörkel *m* (6); ◇ одни́м ~ом пера́ mit éinem Féderstrich

рося́нка *ж бот.* Sónnentau *m* -(e)s

росяно́й Tau-

рот *м* **1.** Mund *m* (4); по́лость рта Múndhöhle *f* (11); криво́й ~ schíefer Mund; у него́ ~ до уше́й er hat éinen Mund bis an die Óhren, er beißt sich beim Láchen in die Óhren; дыша́ть ртом durch den Mund átmen; говори́ть с наби́тым ртом mit vóllem Múnd(e) réden [spréchen*]; рази́нув ~ *разг.* mit óffenem Mund; mit áufgesperrtem Maul (*груб.*); зажа́ть кому́-л. ~ j-n múndtot máchen; j-m das Maul [den Mund] stópfen; j-n zum Schwéigen bríngen *; не открыва́ть рта den Mund nicht áufmachen [áuftun*]; оста́ться с откры́тым ртом (*от удивления*) mit öffenem Mund dástehen*; Mund und Náse áufsperren (*разг.*); **2.** *разг.* (*едок*) Mund *m* (4); мне на́до семь ртов прокорми́ть ich hábe síeben Mäuler [Münder] zu stópfen; ◇ крича́ть во весь ~ láuthals schréien*; у него́ хлопо́т по́лон ~ *разг.* er hat álle Hände voll zu tun; er weiß nicht, wo ihm der Kopf steht; он как воды́ в ~ набра́л er ist stumm wie ein Fisch

ро́та *ж воен.* Kompaníe *f* (11); головна́я ~ Spítzenkompanie *f*; сапёрная ~ Pioníerkompanie *f*

рота́тор *м тех.* Wálzenvervielfältigungsapparat *m* (1)

ротацио́нн||ый rotíerend, Rotatións-, Rotíer-; ~ая маши́на *см.* рота́ция 1

рота́ция *ж* **1.** *полигр.* Rotatiónsmaschine *f* (11); **2.** *с.-х.* Rotatión *f* (10)

ро́тмистр *м воен. ист.* Ríttmeister *m* (6)

ро́тный *прил. воен.* **1.** Kompaníe-; ~ вещево́й склад Kompaníekammer *f* (11); **2.** *в знач. сущ. м* Kompaníeführer *m* (6)

ротов||о́й *анат.* Mund-; ~а́я по́лость Múndhöhle *f* (11)

ротозе́й *м разг.* Gáffer *m* (6), Gúckindieluft *m* =, Hans Gúckindieluft *m*; **~ничать** *разг.* gáffen *vi*, glótzen *vi*, Máulaffen féilhalten*; **~ство** *с разг.* Fáhrlässigkeit *f*, Náchläsigkeit *f*; Únaufmerksamkeit *f*, Sórglosigkeit *f*, Vertráuensseligkeit *f*

рото́к *м разг. уменьш.* Mündchen *n* (7); ◇ на чужо́й ~ не наки́нешь плато́к *погов.* man kann den Léuten nicht den Mund verbíeten [nicht übers Maul fáhren]

рото́нда *ж* **1.** *архит.* Rotúnde *f* (11), Rúndbau *m* -(e)s, -ten; **2.** (*одежда*) Rotónde *f* (11)

ротоно́гие *мн. зоол.* Stomatopóden *pl*, Máulfüßler *pl*

ро́тор *м эл.* Rótor *m* -s, -tóren, Läufer *m* (6)

ро́хля *м, ж разг.* Schláfmütze *f* (11), Tölpel *m* (6)

ро́ща *ж* Gehölz *n* (2); Hain *m* (1); Wäldchen *n* (7) (*лесок*); дубовая ~ Éichenhain *m*; ело́вая ~ Fíchtenhain *m*, Tánnengehölz *n*; сосно́вая ~ Kíefernhain *m*; берёзовая ~ Bírkenhain *m*, Bírkenwald *m* (4)

роялизм *м* Royalísmus [roja-] *m* =

роялист *м* Royalíst [roja-] *m* (8); **~ский** royalístisch [roja-]

роя́л||ь *м* Flügel *m* (6); Klavier [-'vi:r] *n* (2); игра́ть на ~е Klavíer spíelen; у ~я... (*такой-то*) am Klavíer...

рту́тн||ый Quécksilber-; quécksilbern; ~ые соедине́ния *хим.* Quécksilberverbindungen *pl*; ~ая мазь *фарм.* Quécksilbersalbe *f*; ~ые препара́ты Quécksilberpräparate *pl*; ~ое отравле́ние Quécksilbervergiftung *f*; ~ый баро́метр Quécksilberbarometer *n* (6); ~ый столб Quécksilbersäule *f* (11)

ртуть *ж* Quécksilber *n* -s; грему́чая ~ *хим.* Knállquecksilber *n*, Quécksilberknallsäure *f*; содержа́щий ~ quécksilberhaltig; quécksilberführend (*о рудах*); похо́жий на ~ quécksilberartig; он подви́жен как ~ er ist únruhig wie Quécksilber

руа́нд||ец *м* Rwander ['ruan-] *m* (6); **~ский** rwandisch ['ruan-]

руба́ка *м* Háudegen *m* (7), glänzender Féchter; Mésserheld *m* (8)

руба́нок *м* Hóbel *m* (6), Hándhobel *m*

руба́ха *ж* Hemd *n* (13); нате́льная ~ Únterhemd *n*; ◇ ~-парень *разг.* éine gemütliche Haut; ein fidéles Haus

руба́ш||ка *ж* **1.** Hemd *n* (13); ночна́я ~ка Náchthemd *n*; ве́рхняя ~ка Óberhemd *n*; ни́жняя ~ка Únterhemd *n*; мужска́я ~ка Hérrenhemd *n*; же́нская ~ка Dámenhemd *n*; коро́тенькая ночна́я ~ка (*женская*) Flátterhemd *n*; **2.** *тех.* Mántel *m* (6*); водяна́я ~ка Wássermantel *m*; **3.** *карт.* Rückseite *f* der Spielkarte; **4.** (*оболочка*) Hülle *f* (11); Schále *f* (11); dünne Áußenschicht; ◇ оста́ться в одно́й ~ке álles bis aufs Hemd verlíeren*; своя́ ~ка бли́же к те́лу *посл.* ≅ jéder ist sich selbst der Nächste; роди́ться в ~ке ≅ ein Sónntagskind sein, únter éinem glücklichen Stern gebóren sein; **~о́нка** *ж уменьш.* Hémdchen *n* (7), Kínderhemd *n* (13)

рубе́ж *м* **1.** Grénze *f* (11) (*тж. перен.*); Stáatsgrenze *f* (*граница*); трёхмиллио́нный ~ Dreimilliónengrenze *f*; **2.** *воен.* Líni|e *f* (11), Ábschnitt *m* (1); ~ ата́ки Stúrmausgangsstellung *f*; оборони́тельный ~ Vertéidigungslini|e *f*; ~ огня́ Féuerabschnitt *m* (1); **3.**: за ~о́м im Áusland; на ~е́ двух веко́в um die Jahrhúndertwende

руберо́ид *м стр.* Ruberóid *n* (2)

рубе́ц I *м* **1.** (*шов*) Naht *f* (3); Saum *m* (1*); **2.** (*от раны*) Nárbe *f* (11), Schrámme *f* (11); Nárbenfurche *f* (11) (*глубокий*); Stríeme *f* (11), Stríemen *m* (7) (*от удара*)

рубе́ц II *м* (*отдел желудка жвачных*) Pánsen *m* (7), Wanst *m* (1*)

руби́дий *м* Rubídium *n* -s (*хим. знак* Rb)

Рубико́н *м* Rúbikon *m* -s *u* =; ◇ перейти́ ~ den Rúbikon überschréiten*; éinen entschéidenden Schritt tun*

руби́льник *м эл.* Hébelschalter *m* (6), Mésserschalter *m*

руби́н *м* Rubín *m* (1); **~овый** **1.** Rubín-; aus Rubínen; **2.** (*о цвете*) rubínrot

руби́ть **1.** (*деревья*) fällen *vt*, ábhauen* *vt*; hólzen *vt*; **2.** (*дрова*) háuen* *vt*, hácken *vt*, kléinmachen *отд. vt*; **3.** (*капусту, мясо*) schnéiden* *vt*, hákken *vt*; **4.** (*саблей*) níedersäbeln *vt*, zusámmenhauen* *vt*; **5.** (*избу*) báuen *vt*; ◇ ~ с плеча́ ≅ sich (*D*) kein Blatt vor den Mund néhmen*; лес ру́бят — ще́пки летя́т *посл.* wo gehóbelt wird, fállen Späne; **~ся** sich herúmschlagen*, aufeinánder lósschlagen*, kämpfen *vi*

ру́бище *с* zerlúmpte [ábgetragene] Kléider, Lúmpen *pl*

ру́бка I *ж* **1.** Hólzschlag *m* -(e)s; Fällen *n* -s (*деревьев*); вы́борочная ~ Áusforsten *n* -s; **2.** (*капусты, мяса*) Hácken *n* -s; **3.** (*избы*) Báuen *n* -s

ру́бка II *ж мор.* Déckkabine *f* (11), Déckhaus *n* (5); Turm *m* (1*) (*подводной лодки*); боева́я ~ Kommándoturm *m*; шту́рманская ~ Kártenraum *m* (1*), Kártenhaus *n*

рублёв||ка *ж разг.* Rúbelschein *m* (1), Einrúbelschein *m* (*казначейский билет*); Rúbelstück *n* (2) (*монета*); **~ый** Rúbel-

ру́блен||ый **1.** gehäckt; Hack-; ~ое мя́со Háckfleisch *n* -es; ~ая котле́та Bulétte *f* (11); **2.**: ~ый дом Blóckhaus *n* (5)

рубл||ь *м* **1.** (*денежная единица*) Rúbel *m* (6); **2.** (*купюра*) Einrúbelschein *m* (1) (*казначейский билет*); Rúbelstück *n* (2) (*монета*); ◇ контро́ль ~ём Kontrólle durch den Rúbel; бить ~ём éine Géldstrafe áuferlegen

ру́брик||а *ж* Rubrík *f* (10), Spálte *f* (11); разнести́ по ~ам rubrizíeren *vt*; под ~ой in der Rubrík

рубрика́ция *ж* Rubrizíerung *f*, Glíederung *f*

рубцева́ться (*о ране*) vernárben *vi* (s)

ру́бчатый genärbt; gerippt (*о ткани*)

ру́бчик *м* **1.** *уменьш.* kléine Nárbe; **2.** *текст.* Rippe *f* (11); **3.** (*шов*) Naht *f* (3), Saum *m* (1*)

рубя́щ||ий Hieb-; ~ее ору́жие Híebwaffe *f* (11)

ру́гань *ж* Schímpfen *n* -s, Geschímpfe *n* -s; Schímpfworte *pl*

руга́тель||ный Schimpf-, Schmäh-; beléidigend (*оскорбительный*); ~ное письмо́ Schmähbrief *m* (1); **~ство** *с* Schímpfwort *n* (2), Schímpfworte *pl*

руга́ть schímpfen *vt*, *vi* (auf *A*), schmähen *vt*; schélten* *vt*; über j-n hérfallen* (*нападать на кого-л.*); scharf kritisíeren, ábfällig beúrteilen (*критиковать*); руга́тельски ~ *разг.* mächtig [wie ein Róhrspatz] schímpfen; **~ся** **1.** schímpfen *vi*; flúchen *vi*; Schimpfworte im Múnde führen; **2.** (*с кем-л.*) aufeinánder [miteinánder] schímpfen; sich [einánder] Schímpfworte an den Kopf wérfen*; sich stréiten* (*пререкаться*); sich zánken (*ссориться*)

ругну́ть *разг.* ein Schímpfwort áusstoßen* [gebráuchen]

руд||а́ *ж* Érz *n* (2); желе́зная ~а́ Éisenerz *n*; добы́ча ~ы́ Érzgewinnung *f*; доста́вка [подъём] ~ы́ Érzförderung *f*

рудиме́нт *м* Rudimént *n* (2); **~а́рный** rudimentär, únausgebildet

рудни́к *м* Bergwerk *n* (2), Grúbe *f* (11); Míne *f* (11); Érzmine *f*; Zéche *f* (11); **~о́вый** Bérgwerks-, Grúben-

рудни́чн||ый Grúben-; Bérgwerk-; ~ый газ *горн.* Grúbengas *n* -es, schlágende Wétter *pl*; ~ая отка́тка Grúbenförderung *f*; ~ая ла́мпа Grúbenlampe *f* (11)

ру́дн||ый Erz-; érzhaltig (*содержащий руду*); ~ое месторожде́ние Érzlagerstätte *f* (11), Érzlager *n* (6); ~ая жи́ла Érzgang *m* (1*); ~ый бассе́йн Érzgebiet *n* (2); ~о-геологи́ческая слу́жба Díenststelle *f* für Bérgbau und Geologíe

рудово́з *м* (*судно*) Érzfrachter *m* (6)

рудоко́п *м уст.* Bérgarbeiter *m* (6), Bérgmann *m* -(e)s, -leute, Érzbergarbeiter *m*; Kúmpel *m* (6) (*разг. pl тж.* -s)

рудоно́сный érzhaltig

руже́йн||ик *м* Büchsenmacher *m* (6), Gewéhrmacher *m*; Árbeiter *m* éiner Gewéhrfabrik (*рабочий ружейного завода*); **~ый** Gewéhr-; Büchsen-, Flínten-; ~ый реме́нь Gewéhrriemen *m* (7); ~ая пу́ля Gewéhrkugel *f* (11), Gewéhrgeschoß *n* -sses, -sse; ~ый вы́стрел Flíntenschuß *m* -sses, -schüsse, Gewehrschuß *m*; ~ый ого́нь Gewéhrfeuer *n* -s; ~ые приёмы Gewéhrgriffe *pl*; ~ая бойни́ца Gewéhrscharte *f* (11)

ружь||ё *с* Büchse *f* (11), Flínte *f* (11); Gewéhr *n* (2); гладкоство́льное ~ё glättes Gewéhr; двухство́льное ~ё Dóppelflinte *f*, dóppelläufiges Gewéhr; мелкокали́берное ~ё Kléinkalibergewehr *n*; заряжа́ть ~ё das Gewéhr láden*; це́литься из ~я́ mit dem Gewéhr zíelen; вы́стрелить из ~я́ das Gewéhr ábfeuern; стреля́ть из ~я́ в упо́р auf Gewéhrlänge schíeßen*; соста́вить ру́жья в ко́злы die Gewéhre zusámmenstellen; с ру́жьями наперевéс mit gefälltem Bajonétt; взять ~ё на изгото́вку das Gewéhr ánlegen; взять ~ё на́ руку das Gewéhr fällen; ◇ в ~ё! (*команда*) an die Gewéhre!; ~ё отдаёт das Gewéhr stößt; име́ть под ~ём únter Wáffen háben

руи́на *ж*, **руи́ны** *мн.* Ruíne *f* (11) (*тж. перен.*)

рук||а́ *ж* **1.** Hand *f* (3) (*кисть*); Arm *m* (1) (*вся рука*); мозо́листые ру́ки schwíelige Hände; уме́лые ру́ки geschíckte Hände; разма́хивать ~а́ми mit den Händen fúchteln; заки́нуть ~и наза́д die Árme zurückschlagen*; взять на́ ~и auf den Arm néhmen*; держа́ть на ~а́х auf dem Arm hálten*; на со́гнутой ~е́ auf der Ármbeuge; перепи́сывать от ~и́ mit der Hand ábschreiben*; напи́санный от ~и́ mit der Hand geschríeben, hándgeschrieben; рисова́ть от ~и́ aus fréier Hand zéichnen; пода́ть ру́ку die Hand réichen [gében*]; пожа́ть ру́ку die Hand drücken; поздоро́ваться с кем-ли́бо за́ ~у j-n mit éinem Händedruck begrüßen; вести́ кого́-л. за́ ~у j-n an der Hand führen; взять кого́-л. по́д ~у j-n únterfassen; sich bei j-m éinhaken; идти́ с кем-л. по́д ~у mit j-m Arm in Arm géhen*; éingehakt géhen*; вести́ кого́-л. по́д ~и j-n únterhaken; одина́ково владе́ющий пра́вой и ле́вой ~о́й béidhändig; на расстоя́нии вы́тянутой ~и́ auf Ármeslänge; прошу́ подня́ть ру́ки! (*при голосовании*) ich bítte um das Hándzeichen!; ру́ки вверх! 1) *спорт.* (*команда*) Árme hoch!; 2) *воен.* Hände hoch!; ру́ки вниз! (*команда*) Árme níeder!; ру́ки по швам! (*команда*) die Hände lang!; ру́ки на бёдра! (*команда*) Hände an!, Hüften fest!; опусти́ть ру́ки 1) *спорт.* (*команда*) Árme los!; 2) *перен.* den Mut sínken lássen*; die Flínte ins Korn wérfen*; с ору́жием в ~а́х mit der Wáffe in der Hand; **2.** (*почерк*) Hándschrift *f* (10); чёткая ~а́ déutliche Schrift; э́то не его́ ~а́ das ist nicht séine Hand, das hat nicht er geschríeben; ◇ рабо́чие ру́ки Árbeitskräfte *pl*; махну́ть ~о́й на что-л. *разг.* etw. áufgeben*, etw. auf sich berúhen lássen*; игра́ть в четы́ре ~и́ víerhändig spíelen; протяну́ть ру́ку по́мощи hílfreich die Hand bíeten*; у меня́ из рук всё ва́лится mir fällt álles aus der Hand; es geht mir nichts von der Hand; сиде́ть сложа́ ру́ки *разг.* die Hände in den Schoß légen; úntätig zúsehen*; ~а́ о́б ~у Hand in Hand; geméinsam, mit veréinten Kräften (*дружно, сплочённо*); из рук в ру́ки von Hand zu Hand; переходи́ть из рук в ру́ки von Hand zu Hand géhen*; aus éiner Hand in die ándere géhen*; вы́дать на́ ~и áushändigen *vt*; он его́ пра́вая ~а́ *разг.* er ist séine réchte Hand; быть без чего́-л. как без рук *разг.* óhne etw. (*A*) vollkómmen hílflos sein, óhne etw. (*A*) nicht áuskommen können*; быть свя́занным по ~а́м и нога́м an Händen und Füßen gebúnden sein; у него́ ру́ки коротки́! *разг.* das liegt nicht in séiner Macht, so weit reicht sein Éinfluß [séine Macht] nicht; дать кому́-л. по ~а́м j-m auf die Fínger klópfen; уда́рить по ~а́м *разг.* (*согласиться*) ábmachen *vt*; durch Hándschlag bekräftigen; по ~а́м *разг.* éinverstanden; приложи́ть ру́ку *разг.* 1) (*принять участие*) Hand ánlegen; sich an etw. (*D*) betéiligen; míttun* *vi*; die Hand im Spiel háben (*в отрицательном смысле*); 2) (*подписаться*) unterzéichnen *vt*, éine Únterschrift léisten; чужи́ми ~а́ми жар загреба́ть *посл.* sich (*D*) die Kastáni|en aus dem Féuer hólen lássen*; умыва́ть ру́ки séine Hände in Únschuld wáschen*; ~а́ ру́ку мо́ет éine Hand wäscht die ándere; своя́ ~а́ влады́ка selbst ist der Mann; ру́ки прочь! Hände weg!; быть в чьих-л. ~а́х in j-s Gewált [Macht] sein; тепе́рь он в мои́х ~а́х! jetzt há be ich ihn!; всё у него́ в ~а́х er hat álles in der Hand; быть в хоро́ших ~а́х in gúten Händen sein; держа́ть кого́-л. в свои́х ~а́х j-n in der Hand háben, j-n in der Tásche háben; брать в свои́ ру́ки in die Hand néhmen*; прибра́ть кого́-л. к ~а́м *разг.* j-m die Zügel straff ánziehen*, j-m die Zügel ánlegen; j-n an die Kandáre néhmen*; прибра́ть что-л. к ~а́м sich (*D*) etw. áneignen; etw. an sich ráffen; etw. mit Beschlág belégen; взять себя́ в ру́ки sich zusámmennehmen*; sich behérrschen, sich bezwíngen*, по пра́вую ру́ку rechts, réchter Hand; zur réchten Hand, auf der réchten Séite; сбыть что-л. с рук *разг.* etw. lóswerden* [lósschlagen*]; прода́жа с рук Diréktverkauf *m* (1*); из пе́рвых рук aus érster Hand, aus érster Quélle; дать во́лю ~а́м hándgreiflich wérden; наложи́ть на себя́ ру́ки Hand an sich légen; ему́ всё схо́дит с рук *разг.* er kommt ímmer glücklich [léichten Kaufs] davón; ~о́й пода́ть *разг.* das ist ganz nähe, das ist bloß ein Kátzensprung; éinen Stéinwurf weit entférnt; сре́дней ~и́ (*о качестве*) míttelgut; на ско́рую ру́ку *разг.* flüchtig; наби́ть ру́ку Fértigkeit [Übung] (in *D*) erlángen; etw. heráushaben; как ~о́й сня́ло *разг.* wie wéggewischt; име́ть что-л. под ~о́й etw. bei der Hand háben, etw. gríffbereit háben; име́ть кого́-л. на ~а́х für j-n zu sórgen háben; быть на́ ~у кому́-л. *разг.* j-m zum Vórteil geréichen; э́то мне на́ ~у *разг.* das kommt mir sehr gelégen; das kommt mir wie gerúfen; das ist Wásser auf méine Mühle; э́то мне не с ~и́ *разг.* das paßt mir nicht; das kommt mir nicht gelégen; из рук вон пло́хо *разг.* únter áller Kritík; únter áller Kanóne; быть на все ру́ки ма́стером sich auf álles verstéhen*; ein Táusendkünstler sein; ему́ и ка́рты в ру́ки das ist sein Fach; darín ist er kompetént; сон в ру́ку der Traum ist in Erfüllung gegángen

рука́в *м* **1.** (*одежды*) Ármel *m* (6); **2.** (*реки́*) Flúßarm *m* (1); Ábzweigung *f* (10), Kanálarm *m*; **3.** (*шланг*) Rohr *n* (2), Schlauch *m* (1*); пожа́рный ~ Féuerlöschschlauch *m*, Sprítzschlauch *m*; ◇ де́лать что-л. спустя́ ~а́ *разг.* etw. náchlässig tun*, etw. hínschludern; etw. hínbauen*

рукави́ца *ж* Fáusthandschuh *m* (1); Fäustling *m* (1); ◇ держа́ть в ежо́вых ~х streng [kurz] hálten*

рука́вчик *м* **1.** *уменьш.* Ärmelchen *n* (7), kúrzer Ármel; **2.** *уст.* (*пришивная манжета*) ángeknüpfte [ángenähte] Manschétte *f* (11)

руководи́тель *м* **1.** Léiter *m* (6); ~ отде́ла Abtéilungsleiter *m*; кла́ссный ~ Klássenlehrer *m* (6), Klássenleiter *m*; ~ кружка́ Zírkelleiter *m*; нау́чный ~ wíssenschaftlicher Betréuer; **2.** (*вождь, глава*) Léiter *m* (6), Führer *m* (6); руководи́тели па́ртии и прави́тельства die führenden Persönlichkeiten der Partéi und Regíerung; **~ница** *ж* Léiterin *f* (12)

руководи́ть léiten *vt*, ánleiten *vt*; führen *vt*; betréuen *vt*; stéuern *vt*, lénken *vt* (*направлять*); **~ся** *см.* руково́дствоваться

руково́дств||о *с* **1.** (*действие*) Léitung *f*, Ánleitung *f*; Betréuung *f*; Führung *f*; Lénkung *f*; ~о к де́йствию éine Ánleitung zum Hándeln; операти́вное ~о operatíve [-və] Léitung; еди́ное централизо́ванное ~о éinheitliche zentrále Lénkung; госуда́рственное ~о stáatliche Léitungstätigkeit; ~о хозя́йством die Léitung der Wírtschaft; **2.** *собир.* (*руководители*) Léitung *f* (10), Führung *f*, Administratión *f*; Verwáltung *f*; **3.** (*книга*) Hándbuch *n* (5), Léitfaden *m* (7*), Ánleitung *f* (10); **4.** (*руководящие указания*) Ríchtlini|e *f* (11); служи́ть ~ом als Ríchtschnur díenen; **~оваться** (*чем-л.*) sich ríchten (nach *D*); sich léiten lássen* (von *D*); áusgehen* *vi* (s) (von *D*)

руководя́щ||ий führend, léitend; lénkend; máßgebend; Leit-; ríchtunggebend; ~ий рабо́тник Léiter *m* (6); ~ая иде́я Grúndgedanke(n) *m* (15, 7); ~ая нить Léitfaden *m* (7*), Ríchtschnur *f* (3); ~ий при́нцип Léitsatz *m* (1*); ~ая до́лжность, ~ий пост, ~ая рабо́та éine léitende Stéllung; ~ие о́рганы die léitenden Orgáne; назна́чить на ~ий пост in éine léitende Funktión éinsetzen; быть на ~ей рабо́те éine léitende Tätigkeit áusüben

рукоде́лие *с* Hándarbeit *f*, Hándarbeitsunterricht *m* -(e)s, Nádelarbeit *f*; Nádelarbeitsunterricht *m* (*предмет обучения в школе*)

рукоде́льн||ица *ж разг.* Hándarbeiterin *f* (12); in Hándarbeiten geschíckt; **~ичать** *разг.* Hándarbeiten máchen; sich mit Hándarbeit beschäftigen

рукокры́лые *мн. зоол.* Hándflügler *pl*, Flättertiere *pl*

рукомо́йник *м* hängendes Wáschbecken (mit Tülle)

рукопа́шн||ая *сущ. ж* Hándgemenge *n* (6); Prügeléi *f* (10); **~ый**: ~ый бой Fáustkampf *m* (1*); Hándgemenge *n* (6), *воен.* Náhkampf *m*

рукопи́сный **1.** hándgeschrieben; hándschriftlich; ~ текст Manuskrípttext *m* (1); **2.** (*относящийся к рукописям*) das Manuskrípt betréffend, Manuskrípt-; ~ отде́л библиоте́ки Hándschriftenabteilung éiner Bibliothék

ру́копись *ж* **1.** (*памятник письменности*) Hándschrift *f* (10); **2.** (*текст*) Manuskrípt *n* (2); Originálltext *m* (1) (*оригинал для набора*); машинопи́сная ~ Schréibmaschinenexemplar *n* (2), Schréibmaschinentext *m*

рукоплеска́ние *с* Béifallklatschen *n* -s, Händeklatschen *n*, Béifall *m* -(e)s, Appláus *m* -es

рукоплеска́ть Béifall klátschen, applaudíeren *vi*

рукопожа́тие *с* Händedruck *m* (1*), Hándschlag *m* -(e)s

рукоприкла́дство *с разг.* Hándgreiflichkeit *f* (10)

рукоя́тка *ж*, **рукоя́ть** *ж* Griff *m* (1), Hándgriff *m*; Stiel *m* (1); Kúrbel *f* (11) (*для вращения*); Hébel *m* (6) (*рычаг*); ~ тормозно́го рычага́ Brémshebelhandgriff *m*; заводна́я ~ *авто* Ánlaßkurbel *f*; ~ плу́га Pflúgsterz *m* (1)

рула́да *ж муз.* Rouláde [ru-] *f* (11), Koloratúr *f* (10), Läufer *m* (6)

рулев||о́й *прил.* **1.** Stéuer-; ~о́е колесо́ Lénkrad *n* (5), Stéuerrad *n*; ~а́я шта́нга Lénkstange *f* (11); ~о́й механи́зм Stéuerung *f* (10); ~а́я коло́нка *авто* Lénksäule *f* (11); **2.** *в знач. сущ. м* Stéuermann *m* (4) (*pl тж.* -leute); Rúdergänger *m* (6), Rúdergast *m* (1*); Mann am Rúder

руле́т *м кул.* Rouláde [ru-] *f* (11), Fléischröllchen *n* (7); gefülltes Röllchen (*из теста*); Róllschinken *m* (7) (*окорок*); ~ с ма́ком Móhnrolle *f* (11)

руле́тка *ж* **1.** *тех.* Bándmaß *n* (2), Zentimétermaß *n*, Róllbandmaß *n*; **2.** (*азартная игра*) Roulétt [ru-] *n* (2) (*pl тж.* -s)

рули́ть **1.** (*о лётчике*) stéuern *vt*; **2.** (*о самолёте*) róllen *vi* (s), ánrollen *vi* (s)

руло́н *м* **1.** Rílle *f* (11); свёртывать в ~ zusámmenrollen *vt*; **2.** *текст.* Stóffbahn *f* (11), Bahn *f*

рул||ь *м* Stéuer *n* (6), Stéuerrad *n* (5); Stéuerruder *n* (6); Lénker *m* (6), Lénkstange *f* (11) (*велосипеда*); Lénkrad *n* (*автомобиля*); ~ь высоты́ *ав.* Höhensteuer *n*; пра́вить ~ём stéuern *vi*; быть [стоя́ть] у ~я́ am Stéuer stéhen*; das Stéuer führen; ◇ без ~я́ и без ветри́л ≅ óhne Zweck und Ziel

румб *м мор.* Wíndstrich *m* (1)

ру́мба *ж* (*танец*) Rúmba *f*, *pl* -s, *m* -s, -s

ру́мпель *м мор.* Rúderpinne *f* (11)

румы́н *м* Rumäne *m* (9); **~ка** *ж* Rumänin *f* (12); **~ский** rumänisch; ~ский язы́к die rumänische Spráche, das Rumänische (*sub*)

румя́на *мн.* (róte) Schmínke *f* (11), Rouge [*фр.* ru:ʒ] *n* -s, -s, Wángenrot *n* -s

румя́нец *м* Röte *f*, Rot *n* -s; ~ стыда́ Schámröte *f*

румя́нить 1. (*делать красным*) röten *vt*; 2. (*красить*) Rot áuflegen, schminken *vt*; **~ся** sich schmínken

румя́н||ый rótwangig, rot; ~ое я́блоко rótbackiger Ápfel

рунду́к *м мор.* Bánkkiste *f* (11)

руни́ческ||ий *лингв.* Rúnen-; ~ое письмо́ Rúnenschrift *f*

руно́ *с* Vlies *n* (2); ◇ золото́е ~ *миф.* das Góldene Vlies

ру́ны *мн.* Rúnen *pl*

ру́пия *ж* (*денежная единица Индии, Пакистана и ряда других стран*) Rúpie *f* (11)

ру́пор *м* Spráchrohr *n* (2), Megafón *n* (2); Schálltrichter *m* (6); испо́льзовать кого́-л. в ка́честве ~а j-n als Spráchrohr benútzen

руса́к I *м* (*заяц*) gráuer Háse

руса́к II *м разг.* Rússe *m* (9)

руса́л||ка *ж* Níxe *f* (11), Wássernymphe *f* (11); **~очий** Níxen-; níxenhaft

руси́зм *м лингв.* Russizísmus *m* =, -men

руси́ст *м* Russíst *m* (8)

руси́стика *ж лингв.* Russístik *f*, rússische Philologíe

русифи||ка́тор *м ист.* Russifikátor *m* -s, -tóren; **~ка́ция** *ж* Russifizíerung *f*; **~ци́ровать** russifizíeren *vt*

ру́сло *с* 1. Bett *n* (13); ~ реки́ Flúßbett *n*; ~ кана́ла Kanálbett *n*; намеча́ть ~ das Flúßbett ábstecken; углубля́ть ~ das Flúßbett vertíefen [áusbaggern]; отвести́ [напра́вить] в ~ kanalisíeren *vt*; 2. *перен.* Bahn *f*, Báhnen *pl*

русофи́л *м* Russophíle *m* (9)

ру́сская I *ж* Rússin *f* (12)

ру́сская II *ж* (*пляска*) rússischer Tanz

ру́сск||ий *прил.* 1. rússisch; ~ий язы́к die rússische Spráche, das Rússische (*sub*); преподава́ние ~ого языка́ Rússischunterricht *m* -(e)s; уче́бник ~ого языка́ Rússischlehrbuch *n* (5), Léhrbuch der rússischen Spráche; 2. *в знач. сущ. м* Rússe *m* (9)

ру́сско- Rússisch-; ~-неме́цкий слова́рь rússisch-déutsches Wörterbuch

ру́сый dúnkelblond, héllbraun

Русь (*тж.* Дре́вняя Русь) *ж* Alt-Rúßland *n* -s

руте́ний *м* Ruthénium *n* -s (*хим. знак* Ru)

рути́л *м мин.* Rutíl *n* -s

рути́на *ж* Schematísmus *m* =; Konservatísmus [-va-] *m* =; stárres Désthalten an álten Gewóhnheiten; *разг.* der álte Trott

рутинёр *м* Routinier [ruti'nie:] *m* -s, -s; **~ский** routínemäßig [ru-]

ру́хлядь *ж собир.* Gerümpel *n* -s, Plúnder *m* -s; Lúmpen *pl*

ру́хну||ть 1. (*обвалиться*) éinfallen* *vi* (s), éinstürzen *vi* (s), níederbrechen* *vi* (s); потоло́к ~л die Décke ist éingestürzt; 2. *перен.* zusámmenstürzen *vi* (s), zusámmenbrechen* *vi* (s); zerschéllen *vi* (s); его́ наде́жды ~ли séine Hóffnungen wúrden zuníchte

руча́тельство *с* Bürgschaft *f* (10); Háftung *f* (10) (*ответственность*); Garantíe *f* (11), Gewährleistung *f* (10), Gewähr *f* (*гарантия*); с ~м garantíert, verbürgt, únter Garantíe

руча́||ться verbürgen *vt*, bürgen *vi*; háften *vi*; garantíeren *vt*; ~ться за что-л. für etw. (*A*) éinsteh(e)n*, sich für etw. (*A*) verbürgen; ~ться чем-л. mit etw. (*D*) bürgen; я ~юсь за э́то ich übernéhme die Gewähr dafür; dafür laß ich mich tótschlagen (*разг.*) ~юсь голово́й ich gébe méinen Kopf dafür, ich lége méine Hand ins Féuer; за э́то ты мо́жешь ~ться daráuf kannst du Gift néhmen

руче́й *м* Bach *m* (1*); го́рный ~ Bérgbach *m*; Wíldbach *m* (*бурный*); ручьи́ слёз ein gánzer Strom von Tränen, Tränenströme *pl*; ◇ пла́кать в три ручья́ in Tränen zerflíeßen*

ручи́ща *ж* gróße Hand, Prátze *f* (11), Pránke *f* (11), Ríesenfaust *f* (3)

ру́чка *ж* 1. *уменьш.* Händchen *n* (7); Pátschhändchen *n* (*у ребёнка*); 2. (*двери*) Türgriff *m* (1), Griff *m*; Klínke *f* (11), Drücker *m* (6) (*нажимная*); 3. (*рукоятка*) Griff *m* (1), Stiel *m* (1), Hébel *m* (6); Kúrbel *f* (11) (*для вращения*); Hénkel *m* (6) (*корзины, чашки*); Trágbügel *m* (6) (*ведра*); с двумя́ ~ми mit zwei Gríffen [Hénkeln]; zwéihenklig (*о кастрюле и т. п.*); 4. (*подлокотник*) Ármlehne *f* (11); 5. (*для пера*) Féderhalter *m* (6); автомати́ческая ~ Füll(feder)halter *m* (6); Füller *m* (6) (*разг.*); ша́риковая ~ Kúgelschreiber *m* (6)

ручн||о́й 1. Hand-; ~ы́е часы́ Ármbanduhr *f* (10); ~а́я грана́та Hándgranate *f* (11); ~о́е ору́жие Hándwaffe *f* (11); ~о́й пулемёт léichtes Maschínengewehr (LMG); ~о́й бага́ж Hándgepäck *n* -(e)s; ~о́й чемода́н Hándkoffer *m* (6); ~ы́е канда́лы Hándschellen *pl*; 2. (*производимый руками*): ~о́й труд Hándarbeit *f*; manuélle Árbeit; ~о́го произво́дства hándgearbeitet; ~ы́м спо́собом mit der Hand; 3. (*приручённый*) zahm; он сде́лался совсе́м ~ы́м *тж. перен.* er ist ganz zahm gewórden; ◇ ~а́я прода́жа 1) (*торговля с рук*) Hausíerhandel *m* -s, Stráßenhandel *m*; 2) (*в аптеках*) Arznéiverkauf óhne Rezépt

ру́шить 1. (*стену*) níederreißen* *vt*; 2. (*приводить в расстройство*) verníchten *vt*, zerstören *vt*; 3. *спец.* hülsen *vt* (*крупу*)

ру́шиться 1. éinfallen* *vi* (s), zusámmenfallen* *vi* (s), éinstürzen *vi* (s), kapúttgehen* *отд. vi* (s); 2. (*гибнуть*) zusámmenbrechen* *vi* (s), zusámmenstürzen *vi* (s)

ры́б||а *ж* 1. Fisch *m* (1); морска́я ~а Séefisch *m*; сушёная ~а Dörrfisch *m*; моро́женая ~а Gefríerfisch *m*; жива́я ~а lébender Fisch; све́жая ~а Fríschfisch *m*; солёная ~а Sálzfisch *m*; уди́ть ~у ángeln *vt*; Físche fángen*; бога́тый ~ой físchreich; бе́дный ~ой físcharm; 2. (*о вялом человеке*) Fisch *m* (1); ◇ чу́вствовать себя́ как ~а в воде́ sich wie ein Fisch im Wásser fühlen; in séinem Elemént sein; немо́й как ~а stumm wie ein Fisch; ни ~а ни мя́со *погов.* wéder Fisch noch Fleisch; nicht Fisch nicht Fleisch

рыба́к *м* Físcher *m* (6); Ángler *m* (6) (*удильщик*); ◇ ~ ~а́ ви́дит издалека́ *посл.* ≅ gleich und gleich geséllt sich gern

рыба́лка *ж* Físchfang *m* -(e)s, Ángeln *n* -s

рыба́цкий, рыба́чий Físcher-; Fischeréi-; рыба́чья ло́дка Físcherboot *n* (2); рыба́чий посёлок Físcherdorf *n* (5)

рыба́ч||ить Físchfang tréiben*; **~ка** *ж* 1. Físcherin *f* (12); 2. (*жена рыбака*) Físchersfrau *f* (10)

рыбёшка *ж разг.* Físchlein *n* (7)

ры́бий 1. Fisch-; ~ клей Físchleim *m* -(e)s; ~ жир Físchtran *m* -(e)s, Lébertran *m*; 2. (*бесстрастный*) Fisch-, kalt; ры́бья кровь Físchblut *n* -(e)s

ры́бина *ж* 1. *разг.* (éinzelner) gróßer Fisch; 2. *спец.* (*настил на дне лодки*) Sénte *f* (11)

ры́бн||ый 1. Fisch-; ~ая ло́вля Físchfang *m* -(e)s; ~ый про́мысел Fischeréigewerbe *n* -s; ~ая торго́вля Físchhandel *m* -s; ~ые консе́рвы Físchkonserven [-vən] *pl*; ~ый суп Físchsuppe *f* (11); ~ый садо́к Físchbehälter *m* (6); ~ая ле́стница (*в плотине*) Físchgasse *f* (11); 2. (*обильный рыбой*) físchreich; ~ое ме́сто Físchgrund *m* -(e)s; 3. *разг.* (*о запахе*) físchig

рыбово́д *м* Físchzüchter *m* (6); **~ство** *с* Físchzucht *f*; прудово́е ~ство Téichfischwirtschaft *f*; **~ческий** Físchzucht-, Físchaufzucht-

рыбозаво́д *м* Físchkonservenfabrik [-vən-] *f* (10); плаву́чий ~ Fáng- und Verárbeitungsschiff *n* (2), schwímmende Físchfabrik

рыбокомбина́т *м* Físchkombinat *n* (2)

рыбокопти́льня *ж* Físchräucherei *f* (10)

рыболо́в *м* Físcher *m* (6); Ángler *m* (6) (*с удочкой*); **~ный** Fisch-, Físcher-; Ángel-; Físchfang-; ~ный флот Físchfangflotte *f* (11); Fischeréiflotte *f*; ~ная сеть Físchfangnetz *n* (2), Físchnetz *n*; ~ные сна́сти Ángelgeräte *pl*; ~ная зо́на Fischeréizone *f* (11)

рыболо́вство *с* Fischeréi *f*, Físchfang *m* -(e)s

рыболока́тор *м* Físchortungsgerät *n* (2), Físchlupe *f* (11)

рыбоморози́льный: ~ тра́улер Físchfang- und Gefríerschiff *n* (2)

рыбообрабо́тчик *м* Físchverarbeiter *m* (6)

рыбоперераба́тывающий: ~ заво́д físchverarbeitender Betríeb

рыбоподъёмник *м* Físchfahrstuhl *m* (1*); Físchheber *m* (6)

рыбопромысло́вый: ~ флот Fischeréiflotte *f* (11)

рыбопромы́шленн||ость *ж* Fischeréiindustrie *f*, Fischeréigewerbe *n* -s; **~ый:** ~ые райо́ны Fischeréibezirke *pl*; Fánggründe *pl* (*глубоководные*)

рыборазведе́ние *с* Físchzucht *f*

рыботова́ры *мн.* Físchwaren *pl*

рыбохо́д *м* (*в плотине*) Fischgasse *f* (11)

Ры́бы *мн. астр.* Físche *pl*

рыв||о́к *м* 1. Ruck *m* (1); ~ка́ми rúckweise; stóßweise; sprúnghaft; ре́зким ~ко́м mit hártem Ruck; ~о́к вперёд *перен.* ein Sprung vórwärts; 2. *спорт* (*при подъёме штанги*) Ánriß *m* -sses, -sse; Réißen *n* -s

рыга́нье Schlúckauf *m* -s, -s

рыга́ть, рыгну́ть áufstoßen* *vi*; rülpsen *vi* (*разг.*)

рыда́н||ие *с* Schlúchzen *n* -s; разрази́ться ~иями in Schlúchzen áusbrechen*

рыда́ть schlúchzen *vi*

рыдва́н *м уст.* gróßer Réisewagen; Réisekutsche *f* (11), Kútsche *f*

рыжеборо́дый rótbärtig

рыжева́тый rötlich

рыжеволо́сый róthaarig

рыже́ть rötlich ánlaufen*; éinen rötlichen Schímmer bekómmen*; rót(blond) wérden

ры́ж||ий *прил.* 1. rot, róthaarig; rótblond; ~ая ло́шадь Fuchs *m* (1*), Rótbraune *m* (14); 2. (*выцветший*) verblíchen; 3. *в знач. сущ. м разг.* (*клоун*) Clown [*англ.* klaʊn] *m* -s, -s, der dúmme Áugust

ры́жик *м* (*гриб*) échter Réizker

рык *м* Brüllen *n* -s, Gebrüll *n* -(e)s; **~ать** brüllen *vi*

ры́ло *с* 1. (*у животного*) Schnáuze *f* (11), Maul *n* (5); Rüssel *m* (6); свино́е ~ Schwéinsrüssel *m*, Schwéineschnauze *f*; **2.** *груб.* (*о лице*) Schnáuze *f* (11), Frésse *f* (11)

ры́льце *с* **1.** *уменьш.* Schnäuzchen *n* (7); **2.** *бот.* Nárbe *f* (11); ◇ у негó ~ в пушкý er hat Dreck am Ärmel [am Stékken], er hat étwas auf dem Kérbholz; er ist (auch) nicht ástrein

рым *м мор.* Schiffshaltekreuz *n* (2), Schiffshaltering *m* (1)

ры́н||ок *м* **1.** Markt *m* (1*); Márkthalle *f* (11) (*кры́тый*); **2.** *эк.* Markt *m* (1*), внýтренний ~ок Bínnenmarkt *m*, Ínlandsmarkt *m*; мировóй ~ок Wéltmarkt *m*; ~ок сбы́та Ábsatzmarkt *m*, Ábsatzgebiet *n* (2); дéнежный ~ок Géldmarkt *m*; хлéбный ~ок Getréidemarkt *m*; Óбщий ~ок der Geméinsame Markt; ёмкость ~ка die Áufnahmefähigkeit des Márktes; борьбá за ~ки сбы́та der Kampf um die Ábsatzmärkte [Ábsatzgebiete]

ры́ночн||ый Markt-; ~ые цéны Márktpreise *pl*; ~ая торгóвка Márktfrau *f* (10), Márktweib *n* (5)

рысáк *м* Tráber *m* (6), Trábgänger *m* (6), Tráberhengst *m* (1)

ры́сий Luchs-; ры́сьи глазá *разг.* Lúchsaugen *pl*, schárfe Áugen

рыси́ст||ый: ~ая лóшадь *см.* рысáк; ~ые испытáния Trábrennen *n* -s

ры́скать **1.** *разг.* umhérlaufen* *vi* (s), herúmrennen* *vi* (s), herúmsuchen *vi*; stöbern *vi*; **2.** *мор., ав.* gíeren *vi*

рысц||á *ж* léichter Trab; **~óй** *нареч.* in léichtem Trab

рысь I *ж зоол.* Luchs *m* (1)

рысь II *ж* (*аллюр*) Trab *m* -(e)s; крýпная [прибáвленная] ~ schárfer [gestréckter] Trab; облегчённая ~ Léichttraben *n* -s; строевáя ~ Wérfenlassen *n* -s; на рыся́х im Trab, trábartig

ры́сью *нареч.* im Trab, trábartig; пусти́ть лóшадь ~ das Pferd im Trab láufen lássen*, das Pferd tráben lássen*; бежáть ~ tráben *vi* (h, s); пусти́ться ~ sich in Trab sétzen

ры́твина *ж* Fúrche *f* (11), Ríllе *f* (11); Rádspur *f* (10)

рыть gráben* *vt*; scháufeln *vt* (*лопатой*); schárren *vt* (*лапами*); dúrchwühlen *vt*, úmwühlen *vt* (*перерывать*); ~ канáву éinen Gráben áusheben*; ◇ зéмлю ~ *разг.* sich sehr bemühen

рытьё *с* Gráben *n* -s; Scháufeln *n* -s (*лопатой*); Schárren *n* -s (*лапами*); Dúrchwühlen *n* -s, Úmwühlen *n* (*перерывание*); ~ канáвы das Áusheben éines Grábens

ры́ться **1.** herúmwühlen *vi*, búddeln *vi*; herúmkramen *vi*, herúmwühlen *vi*, áufwühlen *vt* (*в вещах*); **2.** *страд.* gegráben wérden (*ср.* рыть)

рыхлéние *с* Lóckern *n* -s

рыхл||éть **1.** lócker wérden; **2.** *разг.* schlaff [welk] wérden; **~и́ть** (áuf)lóckern *vt*, lócker máchen

рыхли́тель *м* Bódenauflockerungsgerät *n* (2), Áuflockerer *m* (6); Stráßenaufreißer *m* (6), Áufreißer *m*

ры́хлость *ж* **1.** (*неплотность, непрочность*) Lóckerheit *f*; **2.** (*дряблость*) Schláffheit *f*

ры́хлый **1.** lócker (*о земле*); leicht, porös (*пористый*); bröck(e)lig (*рассыпчатый*); mürbe (*о тесте*); **2.** *разг.* (*дряблый*) schlaff; **3.** (*о безвольном человеке*) schlaff, schlapp

ры́цар||ский Ritter-, rítterlich; ~ское вооружéние Ríterrüstung *f* (10); ◇ ~ский ромáн Ritterroman *m* (1); **~ство** *с* **1.** *собир.* Ríttertum *n* -s, Ritterschaft *f*; **2.** (*великодушие*) Ríterlichkeit *f*; Gróßmut *f*

ры́царь *м* Ritter *m* (6); ◇ ~ без стрáха и упрёка Ritter óhne Furcht und Tádel; ~ печáльного óбраза Ritter von der tráurigen Gestált

рычáг *м* Hébel *m* (6); плечó ~á Hébelarm *m* (1); одноплéчий ~ éinarmiger Hébel; неравноплéчий ~ úngleicharmiger Hébel; испóльзовать все ~и́ *перен.* álle Hébel in Bewégung sétzen; экономи́ческий ~ ökonómischer Hébel

рыч||áние *с* Brüllen *n* -s, Gebrüll *n* -(e)s; Knúrren *n* -s (*о собаке*); **~áть** brüllen *vi*; knúrren *vi* (*о собаке*); ~áть на когó-л. *тж. перен. разг.* j-n ánknurren

рья́н||ость *ж* Éifer *m* -s, Féuer *n* -s; **~ый** sehr éifrig, féurig

рюкзáк *м* Rúcksack *m* (1*)

рю́мка *ж* Kélchglas *n* (5); Wéinglas *n* (*для вина*); Likörglas *n* (*для ликёра*); Schnápsglas *n* (*для водки*)

рю́мочк||а *ж см.* рю́мка; ◇ он лю́бит ~у er hebt gern éinen; пропусти́ть ~у eins [éinen] hínter die Bínde gíeßen*; тáлия ~ой Wéspentaille [-,taljə] *f* (11)

рюш *м* Rüsche *f* (11), Kráuse *f* (11)

ряби́на I *ж* **1.** (*ягода*) Ébereschenbeere *f* (11), Vógelbeere *f*; **2.** (*дерево*) Éberesche *f* (11); Vógelbeerbaum *m* (1*) (*разг.*)

ряби́на II *ж разг.* (*от оспы*) Póckennarbe *f* (11), Blátternarbe *f*

ряби́нник *м* (*заросли*) Ébereschengehölz *n* -es

ряби́нов||ка *ж* Ébereschenschnaps *m* -es; **~ый** Éberesche n-

ряб||и́ть **1.** (*воду и т. п.*) kräuseln *vt*; **2.** *безл.*: у меня́ ~и́т в глазáх mir flímmert es vor den Áugen

ряб||óй **1.** (*от оспы*) póckennarbig, blátternarbig; **2.** *разг.* (*пёстрый*) bunt; schéckig (*пегий*); gefléckt (*пятнистый*); gesprénkelt (*в крапинках*); ~áя корóва schéckige [geschéckte] Kuh

ря́бчик *м зоол.* Háselhuhn *n* (5)

рябь *ж* **1.** (*на воде*) Kräuseln *n* -s, gekräuselte Óberfläche (des Wássers); **2.** (*в глазах*) das Flímmern vor den Áugen; **3.** *физ.* Kapillárwellen *pl*; звуковáя ~ *радио*, ~ на изображéнии *тлв.* Flättereffekt *m* (1)

ря́вкать, ря́вкнуть *разг.* áufbrüllen *vi*, áufbellen *vi*; ~ на когó-л. j-n ánschreien*, j-n grob [hart] ánfahren*

ряд *м* **1.** Réihe *f* (11); ~ домóв Häuserreihe *f*, Häuserzeile *f* (11); ~áми réihenweise; в пéрвых ~ах in vórderster Front; в нáших ~áх in únseren Réihen; посéв ~áми Réihensaat *f*; **2.** (*количество*) Réihe *f* (11); Ánzahl *f*; Série *f* (11) (*серия*); **3.** *мат.* Réihe *f* (11); бесконéчный ~ únendliche Réihe; **4.** (*лавки*) Réihe *f* von Verkáufsstellen [Káufbuden]; мяснóй ~ Fléischmarkt *m* -(e)s; **5.** *воен.* Réihe *f* (11); Rótte *f* (11); сдвóенные ~ы́ Dóppelreihe *f*; непóлный ~ blínde Rótte; построи́ться в ~ы́ sich in Reih und Glied áufstellen; сóмкнутыми ~áми in geschlóssenen Réihen; ◇ из ~а вон выходя́щий hervórragend; áußergewöhnlich, úngewöhnlich

ряди́ть I *уст.* (*одевать*) pútzen *vt*, schmücken *vt*; maskíeren *vt*, verkléiden *vt* (*в необычную одежду*)

ряди́ть II *уст.* **1.** (*нанимать*) éinstellen *vt*, díngen(*) *vt*; **2.**: суди́ть и ~ séine Glóssen máchen (о ком-л., о чём-л. über *A*)

ряди́ться I **1.** (*одеваться*) sich schmücken, sich schmuck máchen, sich schön máchen; **2.** (*кем-л., во что-л.*) sich verkléiden, sich maskíeren

ряди́ться II *уст.* **1.** (*условливаться*) verhándeln *vi*, sich éinigen; ~ о ценé sich über den Preis éinig wérden; **2.** (*наниматься*) sich verdíngen(*)

рядкóм *нареч. разг.* nebeneinánder, in éiner Réihe

ря́довка *ж* (*гриб*) Rítterling *m* (1)

рядов||óй I *прил.* **1.** Dúrchschnitts-, gewöhnlich; éinfach (*простой*); ~ы́е лю́ди éinfache Ménschen; ~óй член пáртии éinfaches Partéimitglied; ~óй состáв Mánnschaft *f* (10); **2.** *в знач. сущ. м воен.* Geméine *m* (14), Soldát *m* (8); ~ы́е *мн.* Mánnschaften *pl*

рядов||óй II *с.-х.* Drill-; ~óй посéв Drillsaat *f*; ~áя сéялка Drillmaschine *f* (11); ~áя культýра Drillkultur *f* (10)

ря́дом *нареч.* **1.** (*один подле другого*) in éiner Réihe; nebeneinánder; ~ с nében (*D на вопрос «где?»*; *A на вопрос «куда?»*); сидéть ~ nebeneinánder sítzen*; сидéть ~ с кем-л. nében j-m sítzen*; сесть ~ с кем-л. sich nében j-n sétzen; **2.** (*по соседству*) nebenán, náhe bei; стáрое ~ с нóвым das Nebeneinánder von Alt und Neu; э́то совсéм ~ das ist in nächster Nähe; es ist nur ein Kátzensprung dahín; он живёт ~ er wohnt nebenán; ◇ сплошь да ~ sehr oft; auf Schritt und Tritt

ряж *м стр.* Stéinkasten *m* (7*), Blóckwerk *n* (2)

ря́женый *прил.* **1.** verkléidet, maskíert; **2.** *в знач. сущ.* Verkléidete *m* (14)

ря́са *ж* Príesterrock *m* (1*); Kútte *f* (11) (*монашеская*)

ря́ска *ж бот.* Wásserlinse *f* (11); Éntengrütze *f* (*разг.*)

С

с *предлог* **1.** *тв.* mit (*D*); сочетáть спосóбности с прилежáнием Fähigkeiten mit Fleiß veréinigen; они́ защищáлись с орýжием в рукáх sie vertéidigten sich mit der Wáffe in der Hand; я закóнчил рабóту с пóмощью мои́х товáрищей ich hábe die Árbeit mit Hílfe méiner Kamerаden zu Énde geführt [zum Ábschluß gebrácht]; с ней случи́лось несчáстье ihr ist ein Únglück passíert; с улы́бкой lächelnd; со смéхом láchend; что с вáми? was fehlt Íhnen?, was háben Sie?; имéть с собóй míthaben* *vt*; bei sich háben; взять с собóй mítnehmen* *vt*; дать с собóй mítgeben* *vt*; **2.** *тв.* (*вместе с кем-л.*) und; мы с товáрищем mein Kamerád und ich; мы с тобóй wir zusámmen; du und ich; мы с Ирóй гуля́ли ich bin mit Íra spazíerengegangen; **3.** *род.* (*откуда*) von (*D*), von... an; von... her; von... heráb, von... herúnter (*сверху*); встать с мéста sich vom Platz erhében*; упáсть с кры́ши vom Dach (herúnter)fállen*; уйти́ с постá den Pósten verlássen*; с прáвой стороны́ von der rέchten Séite; с головы́ до ног von Kopf bis Fuß, vom Schéitel bis zur Sóhle; **4.** *род.* (*от кого-л., от чего-л., у кого-л., у чего-л.*) von (*D*); получи́ть дéньги с покупáтеля das Geld vom Kúnden erhálten* [bekómmen*]; сорвáть цветóк с кустá die Blúme vom Strauch pflücken; снять шля́пу с головы́ den Hut ábnehmen*, den Hut vom Kopf néhmen*; рисовáть портрéт с когó-л. j-s Porträt málen; брать примéр с когó-л. j-n zum Vórbild néhmen*; **5.** *род.* (*начиная с — о времени*) von (*D*), ab (*D*), seit (*D*), von... an; (действи́телен) с пя́того октября́ mit Wírkung vom fünften Október (*о документе*); с понеде́льника von Móntag an; с де́тства von Kíndheit an, von klein auf; с утра́ vom frühen Mórgen an; начина́я с сего́дняшнего дня ab héute, von héute an; начина́я с за́втрашнего дня von mórgen an, ab mórgen; **6.** *род.* (*по причине*) vor (*D*), aus (*D*); с го́ря vor Kúmmer; со зло́сти aus Bósheit; **7.** *вин.* (*приблизительно*) úngefähr, étwa, gégen; с со́тню рубле́й úngefähr [étwa, zírka, gégen] húndert Rúbel; с ме́сяц наза́д úngefähr [étwa] vor éinem Mónat; ◇ дово́льно с тебя́ das ist híneichend für dich; с разреше́ния mit Erláubnis; mit Genéhmigung; со вре́менем mit der Zeit; с года́ми [с во́зрастом] э́то пройдёт mit den Jáhren [mit der Zeit] wird es vergéhen; просну́ться с заре́й beim Mórgengrauen erwáchen; встава́ть с петуха́ми mit der Sónne áufstehen*; с ка́ждым днём mit jédem Tag; спеши́ть с отъе́здом mit der Ábreise éilen; писа́ть с большо́й бу́квы mit gróßem Ánfangsbuchstaben schréiben*, groß schréiben*; со сна noch halb im Schlaf

са́бельный Säbel-; ~ уда́р Säbelhieb *m* (1)

сабли́ст *м* Säbelfechter *m* (6)

са́бля *ж* Säbel *m* (6)

сабота́ж *м* Sabotáge [-ʒə] *f* (чего́-л. von, an *D*), Sabotíerung *f* (*G*); **~ник** *м* Saboteur [-'tø:r] *m* (1); **~ничать** *разг. см.* саботи́ровать 2

саботи́ровать 1. (*что-л.*) sabotíeren *vi*; **2.** (*заниматься саботажем*) sabotíeren *vi*, Sabotáge [-ʒə] tréiben*

сабу́р *м фарм.* Áloe *f* (11)

са́ван *м* Léichengewand *n* (5), Léichenhemd *n* (13)

сава́нны *мн. геогр.* Savanne [-'vanə] *f* (11)

савра́сый réhbráun, réhfarben, réhfarbig

са́га *ж* Sága *f*, *pl* -s

са́го *с* Ságo *m* -s; **~вый** Ságo-; ~вое де́рево Ságobaum *m* (1*), Ságopalme *f* (11)

сад *м* Gárten *m* (7*); фрукто́вый ~ Óbstgarten *m*; зи́мний ~ Wíntergarten *m*; шко́льный ~ Schúlgarten *m*; ботани́ческий ~ botánischer Gárten; зоологи́ческий ~ zoologíscher Gárten, Zoo *m* -s *u* =, -s; ◇ де́тский ~ Kindergarten *m*, Kíndertagesstätte *f* (11); Kínderwochenheim *n* (2) (*пятидневный*); ~-я́сли Kínderkombination *f* (10)

сад||и́зм *м* Sadísmus *m* =; **~и́ст** *м* Sadíst *m* (8)

сади́ть *разг.* (*растения*) pflánzen *vt*, sétzen *vt*

сади́ться *см.* сесть I, II; сади́тесь, пожа́луйста! bítte sétzen Sie sich!, néhmen Sie bítte Platz!

са́днить *безл.* brénnen* *vi*; schmérzen *vi*

садо́вн||ик *м* Gärtner *m* (6); **~ица** *ж* Gärtnerin *f* (12)

садово́д *м* Gártenbauer *m* (8, 13), Gártenkünstler *m* (6); Óbstgärtner *m* (6); ~-люби́тель Gártenfreund *m* (1); ~-худо́жник Kúnstgärtner *m*, Zíergärtner *m*; **~ство** *с* **1.** Gártenbau *m* -(e)s, Gártenkunst *f*; **2.** (*садовое хозяйство*) Gärtneréi *f* (10), Gártenbaubetrieb *m* (1); **~ческий** Gártenbau-

садо́в||ый Gárten-; ~ые цветы́ Gártenblumen *pl*; ~ая мали́на Gártenhimbeeren *pl*; ~ые но́жницы Gártenschere *f* (11), Héckenschere *f*; ~ая доро́жка Gártenweg *m* (1)

садо́к *м* Físchbehälter *m* (6) (*для рыбы*); кро́личий ~ Kanínchenstall *m* (1*); пти́чий ~ Héckbauer *n* (6), Brútkäfig *m* (1)

са́жа *ж* **1.** Ruß *m* -es; **2.** (*краска*) Rúßschwarz *n* -es; ◇ дела́ как ~ бела́ *разг.* es geht nicht berühmt, es geht zíemlich mies

са́жалка *ж* (*садок для рыбы*) Físchbehälter *m* (6)

сажа́лка *ж с.-х.* Pflánzmaschine *f* (11), Sétzmaschine *f*, Légemaschine *f*

сажа́льщик *м с.-х.* Pflänzer *m* (6)

сажа́ть 1. sétzen *vt*; Platz néhmen lássen*; ~ войска́ на суда́ die Trúppen éinschiffen; ~ в тюрьму́ ins Gefängnis werfen* [spérren, stécken (*разг.*)]; ~ на цепь in Kétten légen; ~ ку́рицу на я́йца éinem Huhn Éier únterlegen; ein Huhn brüten lássen*; ~ ры́бу в пруд Físche in den Teich lássen* [sétzen]; **2.:** ~ хлеб в печь Brot in den Ófen (éin)schíeben*; **3.** (*растения*) sétzen *vt*, pflánzen *vt*; stécken *vt* (*горох, бобы*); légen *vt* (*картофель*); ◇ ~ на хлеб и на во́ду auf Wásser und Brot sétzen

са́женец *м с.-х.* Sétzling *m* (1); Pflänzling *m* (1); Stéckling *m* (1); Schößling *m* (1); Júngpflanze *f* (11) (*отводок*); Báumpflanze *f* (*дерева*); лук-~ Stéckzwiebel *f* (11)

саже́нн||ый *разг.*: ~ого ро́ста von sehr hóhem Wuchs; ~ых разме́ров von gróßem Áusmaß

саже́нь *ж уст.* Sáshen *m* (7) (*ehemaliges russisches Längenmaß* = 2, 133 *m*); Kláfter *f* (11), *m*, *n* (6) (*дров*); ◇ ко́сая ~ в плеча́х *разг.* bréitschultrig

саза́н *м* (*рыба*) Flúßgründling *m* (1), Kárpfen *m* (7)

сайга́к *м зоол.* Sáigaantilope *f* (11)

са́йка *ж* Sémmel *f* (11); Brötchen *n* (7)

са́йра *ж* Sáira *f*

саквоя́ж *м* Réisesack *m* (1*)

са́кля *ж* Sáklja *f*, *pl* -s (*die Behausung der Bergbewohner im Kaukasus*)

сакра́льный sakrál, héilig; príesterlich

сакрамента́льный sakramentál, gehéiligt

саксау́л *м бот.* Saksaúl *m* -s, Saxaúl *m* -s

саксо́н||ец *м* Sáchse *m* (9); **~ка** *ж* Sächsin *f* (12); **~ский** sächsisch; ~ский фарфо́р Méiß(e)ner Porzellán

саксофо́н *м муз.* Saxophón *n* (2), **~и́ст** *м* Saxophoníst *m* (8)

сала́зк||и *мн.* **1.** *разг.* Ródelschlitten *m* (7), Hándschlitten *m*, Schlítten *m*; ката́ться на ~ах ródeln *vi* (s); **2.** *тех.* Schlítten *m* (7)

сала́ка *ж* (*рыба*) Strömling *m* (1), Sprótte *f* (11)

салама́ндра *ж зоол.* Salamánder *m* (6)

сала́т *м* **1.** *бот.* Gártensalat *m* (1); **2.** *кул.* Salát *m* (1); ~ из огурцо́в Gúrkensalat *m*; **~ник** *м*, **~ница** *ж* Salátschüssel *f* (11); **~ный** Salát-; ~ного цве́та salátfarben; **~овый** (*цвет*) salátgrün

са́линг *м мор.* Sáling *f*

салици́лов||ый *хим.* Salizýl-; ~ая кислота́ Salizýlsäure *f*

са́лки *мн.* Háschespiel *n* -(e)s, Fángspiel *n*

са́ло *с* **1.** Fett *n* -(e)s; Talg *m* -(e)s (*б. ч. говяжье или баранье*); Speck *m* -(e)s (*свиное*); топлёное ~ áusgelassenes Fett; Schmalz *n* (2); áusgelassener Talg; **2.** (*тонкий лёд*) dünne Éisrinde

сало́л *м фарм.* Salól *n* -s

сало́н *м* **1.** (*гостиная*) Salon [-'lɔŋ] *m* -s, -s, Empfángszimmer *n* (6); **2.** (*помещение для выставок, для демонстрации и продажи одежды и т. п.*) Salon [-'lɔŋ] *m* -s; -s; Módesalon *m*; ~-парикма́херская Frisíersalon *m*; **3.** (*пассажирский — в автобусе и т. п.*) Fáhrgastraum *m* (1*); ◇ **~-ваго́н** *ж.-д.* Salónwagen *m* (7)

салото́пенный Talg-; Tálgschmelz-; ~ котёл Tálgschmelzkessel *m* (6); ~ заво́д Tálgsiederei *f* (10)

салфе́тка *ж* **1.** (*для вытирания рук и губ*) Serviette [-'vĭɛtə] *f* (11), Múndtuch *n* (5); **2.** *мед.*: ма́рлевая ~ Múllstück *n* (2), Múllappen (*при переносе* Mull-lappen) *m* (7), Gazetuch ['ga:zə-] *n* (5); **3.** (*небольшая скатерть*) kléine Tíschdecke; kléines Tíschtuch (*обеденная*); Déckchen *n* (7) (*напр. кружевная*)

сальвадо́р||ец *м* Salvadoriáner [-va-] *m* (6); **~ский** salvadoriánisch [-va-]

сальварса́н *м фарм.* Salvarsán [-var-] *n* -s

са́льдо *с бухг.* Sáldo *m* -s, *pl* -den *u* -s; Sáldobetrag *m* (1*); Réchnungsabschluß *m* -sses, -schlüsse

са́льник *м* **1.** *анат.* Netz *n* (2); **2.** *тех.* Stópfbuchse *f* (11), Díchtung *f* (10)

са́льн||ость *ж* **1.** Féttigkeit *f*; **2.** (*непристойность*) Schlüpfrigkeit *f* (10), Únflätigkeit *f* (10), Zóte *f* (11); **~ый 1.** fett, féttig; Fett-; tálgig, Talg-; schmálzig, spéckig; ~ое пятно́ Féttfleck *m* (1); ~ая железа́ *анат.* Féttdrüse *f* (11); ~ая свеча́ Tálglicht *n* (5); **2.** (*непристойный*) únanständig, zótig, schlüpfrig

са́льто *с* Sálto *m* -s, -s (*pl тж.* -ti)

са́льто-морта́ле *с* Sálto mortále *m* =, = (*pl тж.* Sálti mortáli)

салю́т *м* **1.** Salút *m* (1); Begrüßung *f* (10), Gruß *m* (1*); пионе́рский ~ Pioníergruß *m*; **2.** (*орудийный и т. п.*) Éhrenschüsse *pl*, Éhrensalve [-və] *f* (11), Salútschießen *n* -s, Salútschüsse *pl*; **~ова́ть** Salút schíeßen* [gében*]; die Éhrenbezeigung [den Éhrengruß] erwéisen*; ~ова́ть фла́гом zum Gruß die Flágge híssen

сам *мест.* selbst, sélber; он ~ пришёл er ist selbst gekómmen; er ist von selbst gekómmen (*без приглашения*); ~ по себе́ он неплохо́й челове́к an und für sich ist er kein schléchter Mensch; он живёт ~ по себе́ er wohnt für sich alléin; говори́ть с ~и́м а́втором mit dem Verfásser selbst spréchen*; я и ~ не рад ich bin selbst nicht froh; она́ ~а́ вернётся sie wird selbst [von alléin(e)] zurückkommen [zurückkehren]; ◇ ~ не свой ganz áußer sich, verstört; он ~ себе́ хозя́ин er ist sein éig(e)ner Herr

сама́ *ж см.* сам

сама́н *м тех.* Samán *n* -s (*Ziegel aus einem Gemisch von Lehm und Dünger mit Stroh oder Fasern*)

са́мба *ж* (*танец*) Sámba *m* -s, -s

самби́ст *м* Sámbosportler *m* (6)

са́мбо *с* (самооборо́на без ору́жия) *спорт.* Sámbo *m* -s (*ähnlich dem Judo*)

самбу́к *м кул.* mit Zúcker und Éiweiß geschlágenes Óbstmus

сам-дру́г zu zweit; zu zwéi|en

саме́ц *м* Männchen *n* (7); ~ рыб (*с молоками*) Mílchner *m* (6)

са́ми *мн. см.* сам

са́мка *ж* Wéibchen *n* (7); ~ косу́ли Rícke *f* (11); ~ рыб Rógenfisch *m* (1)

само́ *мест. с см.* сам; ◇ э́то говори́т ~ за себя́ das spricht für sich selbst; ~ собо́й разуме́ется *в знач. вводн. сл.* es verstéht sich von selbst

самоана́лиз *м* Sélbstanalyse *f*

самобичева́ние *с* Sélbstbeschuldigung *f*

самоблокиро́вка *ж ж.-д.* Sélbstblockung *f*

самобы́тн||ость *ж* Éigenart *f*; Úrwüchsigkeit *f*; Originalität *f*; национа́льная ~ость nationále Éigenart; **~ый** éigenartig; úrwüchsig; originéll

самова́р *м* Samowár *m* (1); поста́вить ~ den Samowár ánheizen

самовключе́ние *с тех.* Sélbstschaltung *f*

самовла́ст||ие *с* **1.** *уст.* Sélbstherrschaft *f*, Autokratíe *f* (11); **2.** (*произвол*) éigenmächtiger Wílle, Éigenmacht *f*, Macht *f*; **~ный 1.** sélbstherrlich, autokrátisch, únumschränkt; **2.** (*властолюбивый*) éigenmächtig

самовлюблённ||ость *ж* Éigenliebe *f*; **~ый** zu sehr von sich (*D*) selbst überzéugt

самовнуше́ние *с* Áutosuggestion *f* (10), Sélbstsuggestion *f*, Sélbstbe¦einflussung *f*

самовозбужде́ние *с физ., тех.* Sélbsterregung *f*

самовозгора́||ние *с спец.* Sélbst(ent)zündung *f*, Sélbstentflammung *f*; **~ться** *спец.* sich von selbst entzünden; **~ющийся** *спец.* sélbstzündend

самово́лие *с* Éigenmächtigkeit *f*, Wíllkür *f*

самово́лка *ж воен. разг.* (самово́льная отлу́чка) únerlaubte Entférnung (von der Trúppe)

самово́льн||ичать *разг.* éigenwillig [éigenmächtig, wíllkürlich] hándeln; **~ый** éigenmächtig, wíllkürlich; ~ая порубка ле́са Wáldfrevel *m* -s; ~ая отлу́чка *воен.* únerlaubte Entférnung (von der Trúppe)

самовоспита́ние *с* Sélbsterziehung *f*

самовоспламене́ние *с см.* самовозгора́ние

самовосхвале́ние *с* Éigenlob *n* -(e)s; Sélbstlob *n*; Sélbstverherrlichung *f* (*прославление*)

самовыгружа́тель *м тех.* Sélbstentlader *m* (6); *мор.* Sélbstlöscher *m* (6)

самого́н *м* sélbstgebrannter Schnaps [Wódka], Sélbstgebrannte *sub m*

самого́нка *ж разг. см.* самого́н

самогоноваре́ние *с* Schwárzbrennen *n* von Álko¦hol, Schwárzbrennerei *f*

самого́нщик *м разг.* Schnápsbrenner *m* (6), Schwárzbrenner *m*

самодви́жущийся *см.* самохо́дный

самоде́йствующий automátisch, sélbstwirkend, sélbsttätig

самоде́лка *ж разг.* sélbstgemachter Gegenstand, Bástelarbeit *f* (10)

самоде́льн||ый sélbstgemacht, (sélbst)gebástelt; ~ые папиро́сы sélbstgedrehte Zigarétten

самодержа́в||ие *с* Sélbstherrschaft *f*, Autokratíe *f* (11), Absolutísmus *m* =; **~ный** autokrátisch, absolút, únumschränkt hérrschend

самоде́ржец *м уст.* Sélbstherrscher *m* (6), absolúter Monárch

самоде́ятельн||ость *ж* **1.** Sélbsttätigkeit *f*, Sélbstbetätigung *f*, éigene fréie Betätigung; Éigeninitiative [-və] *f*; **2.** (худо́жественная) ~ость Láienkunst *f*, das kulturélle Láienschaffen; künstlerisches Láienschaffen, Láienkunstschaffen *n* -s; уча́стник худо́жественной ~ости Láienspieler *m* (6), Láienkünstler *m* (6), Láienschaffende *m* (14); коллекти́в худо́жественной ~ости Láienkunstgruppe *f* (11); Láienkunstensemble [-ã,sãbəl] *n* -s, -s; Kultúrgruppe *f*; Kultúrensemble [-ã,sãbəl] *n*; смотр худо́жественной ~ости Láienkunstausscheid *m* (1); ве́чер ~ости Láienkunstabend *m* (1); кружо́к ~ости Láienkunstzirkel *m* (6), Zírkel für künstlerische Betätigung; **~ый 1.** sélbsttätig, sélbstwirkend; **2.** (*относящийся к художественной самодеятельности*) Láien(kunst)-, nicht professionéll-; ~ый хор Láienchor [-,ko:r] *m* (1*)

самодисципли́на *ж* Sélbstdisziplin *f*, Sélbstzucht *f*

самодовле́ющ||ий sélbstgenügsam, sich selbst genügend; не́что ~ее Sélbstzweck *m* -(e)s, étwas sich selbst Genügendes

самодово́ль||ный sélbstzufrieden, sélbstgefällig; sélbstgenügsam; приня́ть ~ный вид éine sélbstzufriedene Míene áufsetzen; **~ство** *с* Sélbstzufriedenheit *f*

самоду́р *м* Stárrkopf *m* (1*), Díckkopf *m*; Díckschädel *m* (6) (*разг.*); Despót *m* (8); dünkelhafter Quérkopf; **~ство** *с* Éigensinn *m* -(e)s, Stárrsinn *m*, Verbóhrtheit *f*; Despotísmus *m* =

самозабве́н||ие *с* Sélbstvergessenheit *f*, Sélbstlosigkeit *f*; **~ный** sélbstvergessen, sélbstlos

самозагото́вка *ж* Sélbstbeschaffung *f*; die Ánschaffung [das Áufbringen] aus éigenen Mítteln

самозажига́||ние *с тех.* Sélbstentzündung *f*, Sélbstzündung *f*; automátische Zündung; **~тель** *м тех.* Sélbst(ent)zünder *m* (6); **~ющийся** *тех.* sélbst(ent)zündend, sélbst(ver)brennend

самозака́ливание *с тех.* Sélbsthärtung *f*

самоза́пуск *м тех.* Sélbstanlaß *m* -sses, Sélbstanlauf *m* -(e)s

самозарожде́ние *с биол.* Úrzeugung *f*

самозаря́дн||ый Sélbstlade-; ~ое ору́жие Sélbstladewaffe *f* (11), Sélbstlader *m* (6); ~ая винто́вка Sélbstladegewehr *n* (2)

самозащи́т||а *ж* Sélbstverteidigung *f*; Sélbstschutz *m* -es; Sélbsthilfe *f*, Nótwehr *f*; в положе́нии ~ы *юр.* aus Nótwehr

самозва́н||ец *м* Usurpátor *m* -s, -tóren; Дми́трий Самозва́нец der Fálsche Demétrius; **~ный** Pséudo-, falsch; **~ство** *с* Ánmaßung *f* (éines fálschen Námens óder Títels)

самоизоля́ция *ж* Sélbstisolierung *f*

самоиндукцио́нный *физ.* sélbstinduktiv

самоинду́кция *ж физ.* Sélbstinduktion (10)

самока́т *м* **1.** *воен.* Fáhrrad *n* (5) **2.** (*детский*) Róller *m* (6); **~ный** Rádfahrer-; ~ная часть Rádfahrertruppe (11); **~чик** *м* Radfahrer *m* (6)

самоконтро́ль *м* Sélbstkontrolle *f*, Éigenkontrolle *f*

самокорму́шка *ж с.-х.* Fútterautomat *m* (8)

самокри́т||ика *ж* Sélbstkritik *f*; разверну́ть ~ику Sélbstkritik üben **~и́ческий**, **~и́чный** sélbstkritisch

самокру́тка *ж разг.* sélbstgedrehte Zigarétte, Sélbstgedrehte *sub f*

самолёт *м* Flúgzeug *n* (2); вое́нный ~ Militärflugzeug *n*; пассажи́рский ~ Passagierflugzeug ['ʒi:r-] *n*, Verkéhrsflugzeug *n*; грузово́й ~ Fráchtflugzeug *n*; бомбардиро́вочный ~ Bómbenflugzeug *n*, Bómber *m* (6); беспило́тный ~ únbemanntes Flúgzeug; пилоти́руемый ~ bemánntes Flúgzeug; сверхзвуково́й ~ Überschallflugzeug *n*; раке́тный ~ Rakétenflugzeug *n*; ~ с а́томным дви́гателем Átomflugzeug *n*; ~-истреби́тель Jágdflugzeug *n*; ~-носи́тель Trägerflugzeug *n*; ~-перехва́тчик Ábfangflugzeug *n*; ~-мише́нь Zíelflugzeug *n*; уче́бный ~ Schúlflugzeug *n*; ~-амфи́бия Amphíbi¦enflugzeug *n*; ~-снаря́д Flügelgeschoß *n* -sses, -sse, Flúgzeuggeschoß *n*; ре́йсовый ~ Líni¦enmaschine *f* (11); одноме́стный ~ éinsitziges Flúgzeug, Éinsitzer *m* (6); двухме́стный ~ zwéisitziges Flúgzeug, Zwéisitzer *m* (6); многоме́стный ~ méhrsitziges Flúgzeug, Méhrsitzer *m* (6); реакти́вный ~ Stráhlflugzeug *n*, Düsenflugzeug *n*; пилоти́ровать ~ ein Flúgzeug führen; сбить ~ ein Flúgzeug ábschießen* [zum Ábsturz bríngen*]

самолётовожде́ние *с* Flúgzeugführung *f*, Flúgnavigation [-vi-] *f*

самолёто-вы́лет *м воен. ав.* Éinsatz *m* (1*)

самолётострое́ние *с* Flúgzeugbau *m* -(e)s

самолётострои́тель *м* Flúgzeugbauer *m* (6); **~ный** Flúgzeugbau-

самолече́ние *с* Sélbstbehandlung *f*

самоликвида́тор *м косм.* Sélbstzerleger *m* (6)

самоли́чно *нареч. разг.* persönlich, in éig(e)ner [höchsteig(e)ner] Persón

самолюби́вый éhrgeizig, éhrliebend; empfíndlich (*чувствительный к обиде*)

самолю́бие *с* Éhrgeiz *m* -es, Éhrgefühl *n* -(e)s; ло́жное ~ fálscher Éhrgeiz; щади́ть чьё-л. ~ j-s Éhrgeiz schónen; затро́нуть чьё-л. ~ j-s Éhrgeiz verlétzen

самолюбова́ние *с* Sélbstbewunderung *f*

самомне́ние *с* Éigendünkel *m* -s, Éinbildung *f*; с ~м éingebildet; von sich (selbst) éingenommen

самонаблюде́ние *с психол.* Sélbstbetrachtung *f*, Sélbstbeobachtung *f*

самонаведе́ние *с воен.* Zíelsuchlenkung *f*, Sélbstlenkung *f*

самонаводя́щ||ийся Zíelsuch-; ~аяся раке́та Zíelsuchrakete *f* (11), Sélbstlenkrakete *f*

самонаде́янн||ость *ж* Sélbstgefälligkeit *f*, Sélbstüberschätzung *f*, Überhéblichkeit *f*; Ánmaßung *f*; **~ый** überhéblich, sélbstgefällig; sélbstsicher; ánmaßend

самонастра́ивающийся *тех.* sich selbst éinstellend

самонастро́йка *ж тех.* Sélbsteinstellung *f*; Sélbstabstimmung *f*; Sélbstanpassung *f*

самонесу́щий *тех.* sélbsttragend

самообвине́ние *с* Sélbstbeschuldigung *f* (10), Sélbstbezichtigung *f* (10), Sélbstanklage *f* (11)

самооблада́ние *с* Sélbstbeherrschung *f*, Sélbstüberwindung *f*; теря́ть ~ aus der Fássung geráten*, die Fássung [die Nérven] verlíeren*; aus der Haut fáhren* (*разг.*)

самообличе́ние *с* Sélbstanklage *f* (11), Sélbstverurteilung *f* (10)

самообложе́ние *с эк.* Sélbstbesteuerung *f* (10)

самообма́н *м* Sélbstbetrug *m* -(e)s, Sélbsttäuschung *f*; Verbléndung *f* (*ослепление*)

самообожа́ние *с* Sélbstvergötterung *f*; Sélbstbewunderung *f*

самообольще́ние *с* Verbléndung *f*, Sélbstbetrug *m* -(e)s

самооборо́н||а *ж* Sélbstverteidigung *f*; Sélbstschutz *m* -es; пра́во на ~у Sélbstverteidigungsrecht *n* -(e)s

самообразова́ние *с* Sélbstbildung *f*, Sélbstunterricht *m* -(e)s

самообслу́живан||ие *с* Sélbstbedienung *f*; магази́н ~ия Sélbstbedienungsgeschäft *n* (2)

самообуч||а́ющийся sélbstlernend; **~е́ние** *с* Sélbstlernen *n* -s

самоогово́р *м юр.* fálsche [únrichtige] Sélbstbezichtigung

самоограниче́ние *с* Sélbstbeschränkung *f*

самоокупа́||емость *ж эк.* Sélbstfinanzierung *f*, Éigenfinanzierung *f*, Rentabilität *f*; ~емость предприя́тия die Rentabilität éines Betríebs; **~ющийся** *эк.* rentábel

самооплодотворе́ние *с биол.* Sélbstbefruchtung *f*

самоопределе́ние *с* Sélbstbestimmung

f; пра́во на́ций на ~ Sélbstbestimmungsrecht *n* der Natiónen

самоопредели́ться, самоопределя́ться 1. (*найти своё место в жизни, в обществе*) séinen Platz im Lében [in der Geséllschaft] fínden*; **2.** (*получить самостоятельное национальное и государственное устройство*) das Sélbstbestimmungsrecht erhálten*, vom Sélbstbestimmungsrecht Gebráuch máchen

самоопроки́дыватель *м тех.* Schwérkraftkipper *m* (6)

самоопыле́ние *с бот.* Sélbstbestäubung *f*

самоостано́в *м текст.* Sélbstauslöser *m* (6)

самоотве́рженн||ость *ж* Sélbstverleugnung *f*, Sélbstlosigkeit *f*; **~ый** sélbstverleugnend, entságungsvoll, sélbstlos, áufopfernd; híngebungsvoll; ~ый труд híngebungsvolle Árbeit

самоотво́д *м* Áblehnung *f* der éigenen Kandidatúr (durch den Vórgeschlagenen)

самоотравле́ние *с мед.* Sélbstvergiftung *f*, Autointoxikation *f*

самоотрече́ние *с* Sélbstaufgabe *f*, Sélbstverleugnung *f*; Híngabe *f*

самооце́нка *ж* Sélbsteinschätzung *f*, Sélbstbewertung *f*, Éigenbewertung *f*

самопи́сец *м* (*прибор*) Schréibgerät *n* (2), Sélbstschreiber *m* (6), Schréiber *m*, Registríergerät *n*

самопи́ска *разг.* Füller *m* (6); Kúgelschreiber *m* (6) (*шариковая*)

самопи́шущ||ий sélbstschreibend; Registríer-; ~ий прибо́р Schréibgerät *n* (2), Registríergerät *n*; ◇ ~ая ру́чка Füll(feder)halter *m* (6), Füllfeder *f* (11); Füller *m* (6) (*разг.*); Kúgelschreiber *m* (6) (*шариковая*)

самопоже́ртвование *с* Sélbstaufopferung *f*

самопозна́ние *с филос.* Sélbsterkenntnis *f*, Sélbstbetrachtung *f*

самопо́мощь Sélbsthilfe *f*

самопрове́рка *ж* Sélbstkontrolle *f*, Éigenkontrolle *f*, Sélbstprüfung *f*

самопроизво́льн||ость *ж* Spontane¦ität *f*, éig(e)ner Ántrieb; **~ый** spontán; aus éig(e)nem Ántrieb; ~ое зарожде́ние *биол.* Úrzeugung *f*

самопря́лка *ж* Spínnrad *n* (5)

саморазгружа́ющий Sélbstentlade-

саморасщепле́ние *с яд. физ.* Sélbstspaltung *f*

саморегули́р||ование *с* Sélbstregelung *f*, Sélbsteinstellung *f*; **~ующий** sélbstregulierend, automátisch

саморекла́ма *ж* Éigenlob *n* -(e)s, Sélbstlob *n*

саморо́д||ный natürlich; gedíegen (*о металлах*); **~ок** *м* **1.** gedíegenes Metáll; ~ок зо́лота Góldklumpen *m* (7); **2.** *перен.* Natúrtalent *n* (2), úrwüchsiges [natúrwüchsiges] Talént

самоса́д *м* sélbstgebauter Tábak

самосва́л *м* Kípper *m* (6), Dumper [*англ.* ˈdam-] *m* (6), Sélbstentlader *m* (6); грузови́к-~ Áutokipper *m*, Kíppauto *n* -s, -s; ваго́н-~ Sélbstkipper *m* (6), Kípplore *f* (11)

самосва́льщик *м* Kípperfahrer *m* (6)

самосе́в *м бот., с.-х.* **1.** (*действие*) Natúrbesamung *f*; **2.** (*растения*) Ánwuchs *m* -es, Áufschlag *m* -(e)s

самосе́й *м*, **самосе́йка** *ж бот., с.-х.* wíldwachsende Kultúrpflanze; мак-самосе́йка Klátschmohn *m* -(e)s

самоснабже́ние *с* Sélbstversorgung *f*, Éigenversorgung *f*

самосоверше́нствование *с* Sélbstvervollkommnung *f*

самосозна́н||ие *с* Sélbstbewußtsein *n* -s; кла́ссовое ~ие Klássenbewußtsein *n*; рост ~ия Bewúßtseinsbildung *f*

самосохране́н||ие *с* Sélbsterhaltung *f*; инсти́нкт ~ия Sélbsterhaltungstrieb *m* -(e)s

самоспаса́тель *м горн.* Sélbstretter *m* (6)

самоспла́в *м* Tríftflößerei *f*

самостоя́тельн||о *нареч.* sélbständig; von alléin(e); únabhängig (*независимо*); aus éig(e)nem Ántrieb (*по собственному почину*); изуча́ть что-л. ~о sich (*D*) etw. im Sélbststudium áneignen; **~ость** *ж* Sélbständigkeit *f*; Únabhängigkeit *f* (*независимость*); **~ый** sélbständig; únabhängig (*независимый*); ~ая рабо́та (*в классе*) Stíllbeschäftigung *f*

самострахо́вка *ж спорт.* Ánseilen *n* -s (*альпиниста*)

самостре́л I *м ист.* Ármbrust *f* (3)

самостре́л II *м* **1.** (*ранение*) Sélbstverstümmlung *f* (10); **2.** *разг.* (*нанёсший себе ранение*) Sélbstverstümmler *m* (6)

самосу́д *м* Lynchjustiz [ˈlɪntʃ-] *f*

самотёк *м* **1.** Sélbstfluß *m* -sses; **2.** *перен.* Sélbstlauf *m* -(e)s, Spontane¦ität *f*; пусти́ть что-л. на ~ den Díngen íhren Lauf lássen*, etw. dem Sélbstlauf überlássen*; **~ом** *нареч.* von selbst, im Sélbstlauf, automátisch

самотёчный sélbstfließend; ~ кана́л sélbstfließender Vertéilungskanal

самотка́н||ый zu Háuse gewébt, háusgewebt; ~ое полотно́ háusgewebte Léinwand

самоторможе́ние *с тех.* Sélbstbremsung *f*

самоуби́й||ство *с* Sélbstmord *m* (1); Fréitod *m* -(e)s; поко́нчить ~ством Sélbstmord begéhen* [verüben], sich (*D*) das Lében néhmen*; den Fréitod wählen; довести́ до ~ства in den Sélbstmord tréiben*; **~ца** *м, ж* Sélbstmörder *m* (6) (*о мужчине*); Sélbstmörderin *f* (12) (*о женщине*)

самоуваже́ние *с* Sélbstachtung *f*

самоуве́ренн||о *нареч.* sélbstbewußt, voll Sélbstvertrauen; sícher; **~ость** *ж* Sélbstbewußtsein *n* -s, Sélbstvertrauen *n* -s, Sélbstsicherheit *f*; Ánmaßung *f*, Dünkel *m* -s (*самомнение*); **~ый** sélbstbewußt, sélbstsicher; ánmaßend, dünkelhaft (*высокомерный*)

самоуниже́ние *с*, **самоуничиже́ние** *с* Sélbsterniedrigung *f*, Sélbstherabsetzung *f*

самоуничтоже́ние *с* Sélbstvernichtung *f*

самоуплотн||е́ние *с* (*на жилплощади*) fréiwillige Ábgabe von Wóhnraum, fréiwillige Wóhnraumbeschränkung; **~и́ться, ~я́ться** (*на жилплощади*) sich éinschränken (in séinem Wóhnraum)

самоуправ||ле́ние *с* Sélbstverwaltung *f*; Autonomíe *f* (*автономия*); **~ля́ющийся** sich sélbstverwaltend; autonóm (*автономный*)

самопра́в||ный éigenmächtig; **~ство** *с* éigenmächtiges Verfáhren, Wíllkür *f*; **~ствовать** éigenmächtig hándeln

самоусоверше́нствование *с* Sélbstvervollkommnung *f*

самоуспоко́енность *ж* Sélbstzufriedenheit *f*, Sélbstberuhigung *f*

самоучи́тель *м* Léhrbuch *n* (5) [Léitfaden *m* (7*)] zum [für den] Sélbstunterricht

самоу́чк||а *м, ж* Autodidákt *m* (8); **~ой** *нареч.* als Autodidákt, autodidáktisch

самохва́льство *с разг.* Éigenlob *n* -(e)s, Sélbstlob *n*, Prahleréi *f* (10); Práhlsucht *f*, Sélbstüberhebung *f*

самохо́д *м* **1.** (*в станке*) Sélbststeuerung *f*; **2.** (*самоходная машина*) sélbstfahrende Maschíne; **3.** *воен.* Sélbstfahrgeschütz *n* (2)

самохо́дн||ый sélbstfahrend, Sélbstfahr-, mit éigenem Fáhrantrieb; vóllmotorisiert; ~ое ору́дие Sélbstfahrgeschütz *n* (2), sélbstfahrendes Geschütz; **~ый** комба́йн sélbstfahrender [vóllmotorisierter] Mähdrescher; ~ая ба́ржа Mótorkahn *m* (1*)

самоцве́т *м* Édelstein *m* (1); ура́льские ~ы Urálhalbedelsteine *pl*

самоце́ль *ж* Sélbstzweck *m* -(e)s; станови́ться ~ю zum Sélbstzweck wérden

самочи́нн||ость *ж* Éigenmächtigkeit *f*; Únbefugtheit *f*; **~ый** éigenmächtig; únbefugt

самочи́нствовать éigenmächtig hándeln [vórgehen*]

самочу́вствие *с* Befínden *n* -s; о́бщее ~ Állgeméinbefinden *n*; плохо́е ~ Únwohlsein *n* -s; хоро́шее ~ Wóhlbefinden *n*; как ва́ше ~? wie geht es Íhnen?; wie fühlen Sie sich?

сам-пя́т zu fünft; zu fünfen

сам-трете́й zu dritt; zu dréi¦en; dréifach (*об урожае*)

саму́м *м геогр.* Sámum *m* (1) (*pl тж.* -s)

самура́й *м* Samurái *m* -s, -s

самши́т *м бот.* Búchsbaum *m* (1*)

са́м||ый *мест.* **1.** (*как раз, именно*) selbst; тот ~ый dersélbe (*f* diesélbe, *n* dassélbe, *pl* diesélben); der (die, das) nämliche (*книжн.*); с ~ого нача́ла gleich [ganz] am Ánfang; von Ánfang an; э́то ~ое ébendasselbe; в ~ую середи́ну geráde in die Mítte; в тот же ~ый час zur sélben Stúnde; у ~ой стены́ dicht an der Wand; с ~ого утра́ vom frühen Mórgen; до ~ого конца bis ganz zulétzt; **2.** (*для образования степени*) der -ste; ~ая интере́сная кни́га das interessánteste Buch; **~ый** че́стный der (áller)éhrlichste; э́та карти́на ~ая краси́вая díeses Bild ist am schönsten; ~ое бо́льшее höchstens, maximál; ◇ в ~ом де́ле in der Tat, tátsächlich; ~ое гла́вное die Háuptsache; в ~ый раз *разг.* 1) (*вовремя*) geráde zur réchten Zeit; 2) (*впору*) geráde pássend; костю́м ему́ в ~ый раз *разг.* der Ánzug sitzt [paßt] ihm wie ángegossen

сан *м* Würde *f* (11), Rang *m* (1*)

санато́рий *м* Sanatórium *n* -s, -ri¦en, Héilanstalt *f* (10); туберкулёзный ~ Lúngenheilstätte *f* (11)

санато́рно-куро́ртн||ый Kúr(en)-; ~ая коми́ссия Kúrenkommission *f* (10); ~ая ка́рта Kúrkarte *f* (11)

санато́рн||ый Sanatóriums-; ~ое строи́тельство der Bau von Sanatóri¦en; **~ый** режи́м Háusordnung *f* im Sanatórium

сана́ция *ж мед., эк.* Saníerung *f*

санба́т *м см.* медсанба́т

сангви́н||ик *м* Sanguíniker *m* (6); **~и́ческий** sanguínisch, féurig

санда́л *м* **1.** *бот.* Sándel *m* (6); **2.** (*древесина*) Sándelholz *n* -es

сандале́ты *мн.* (*ед.* сандале́та *ж*) Sandalétten *pl* (*sg* Sandalétte *f*)

санда́лии *мн.* (*ед.* санда́лия *ж*) Sandálen *pl* (*sg* Sandále *f*)

санда́лов||ый Sándel-; ~ое де́рево Sándelholz *n* -es

сандара́к *м спец.* Sándarak *m* -s

сандружи́нник *м* (fréiwilliger) Sanitäter *m* (6)

са́ни *мн.* Schlítten *m* (7); ◇ не в свои́ ~ сесть éine Stéllung éinnehmen*, die éinem nicht zúkommt; гото́вь ~ ле́том, а теле́гу зимо́й *посл.* ≅ vórgebaut ist gut gebáut; der klúge Mann baut vor

санинстру́ктор *м воен.* Sanitätsinstrukteur [-tø:r] *m* (1)

сани́ровать saníeren *vt*

санита́р *м* Sanitäter *m* (6), Kránkenpfleger *m* (6); Kránkenträger *m* (6) (*носильщик*); собáка-~ Sanitätshund *m* (1)

санитари́я *ж* Hygiéne *f*, Hygiénepraxis *f*; Sanitätswesen *n* -s, Gesúndheitswesen *n* -s

санитáрка I *ж* Sanitäterin *f* (12), Kránkenpflegerin *f* (12)

санитáрка II *ж разг.* (*автомашина*) Kránkenwagen *m* (7)

санитáрн||ый Hygiéne-, Sanitäts-; Gesúndheits-; sanitär; sanitárisch (*швейц.*); ~ое обору́дование sanitäre Éinrichtungen (*pl*); ~ая маши́на Kránkenwagen *n* (7); ~ый самолёт Sanitätsflugzeug *n* (2); ~ый врач Hygiéne¦inspektor *m* (13); ~ый надзóр Hygiéneaufsicht *f*, Hygiéne¦inspektion *f*; ~ое просвещéние medizínische [hygiénische] Áufklärung; ~ая сýмка Verbándstasche *f* (11); ~ый пункт Sanitätsstelle *f* (11); ~ый ýзел *см.* санýзел; ~ая тéхника Sanitärtechnik *f*; ~ый пóезд Lazaréttzug *m* (1*); ~ые прáвила Hygiénebestimmungen *pl*; ~ый день Schlieẞtag wégen Réinigung (*в магазине, библиотеке и т. п.*)

сáнки *мн.* Schlítten *m* (7); Ródelschlitten *m*

санкциони́ровать sanktioníeren *vt*, gútheißen* *отд. vt*, bestätigen *vt*

сáнкц||ия *ж* **1.** (*утверждение*) Sanktión *f* (10); Genéhmigung *f* (*разрешение*); **2.** *б. ч. мн.* ~ии (*карательные мероприятия*) Zwángsmaßnahmen *pl*, Sanktiónen *pl*; применя́ть ~ии Zwángsmaßnahmen ánwenden*

санкюлóт *м ист.* Sansculotte [*фр.* sãky'lɔt] *m* (9)

санмари́н||ец *м* Sanmarinése *m* (9); ~ский sanmarinésisch

сáнно-гу́сеничный: ~ пóезд Zug *m* (1*) aus éinigen Ráupenschleppern und Ánhängeschlitten

сáнно-трáкторный: ~ пóезд Schlíttentraktorenzug *m* (1*)

сáнный Schlítten-; ~ путь Schlíttenbahn *f* (10)

санобрабóтка *ж* (санитáрная обрабóтка) sanitäre Behándlung

санóвник *м* Würdenträger *m* (6)

сáночник *м спорт.* Schlíttensportler *m* (6)

сáночн||ый Schlítten-; ~ая трáсса *спорт.* Bóbbahn *f* (10)

санпропускни́к *м* Entláusungsanstalt *f* (10), Desinfektiónsanstalt *f*

санпросвéт *м* (санитáрное просвещéние) medizínische [hygiénische] Áufklärung

санпросветрабóта *ж* (санитáрно-просвети́тельская рабóта) hygiénische Áufklärungsarbeit; Gesúndheitserziehung und medizínische Áufklärung

санскри́т *м* Sánskrit *n* -(e)s; ~óлог *м лингв.* Sanskritíst *m* (8), Sanskritológe *m* (9); Sánskritforscher *m* (6); ~ский sanskrítisch

сантéхник *м* Installateur [-'tø:r] *m* (1) für sanitäre Ánlagen

сантéхника *ж* (санитáрная тéхника) Sanitärtechnik *f*

сантехни́ческий sanitärtechnisch

сантигрáмм *м* Zentigrámm *n* (2) (*сокр.* cg)

санти́м *м* Centime [*фр.* sã'ti:m] *m* -s, -s

сантимéнты *мн. разг.* Gefühlsduselei *f*

сантимéтр *м* Zentiméter *n* (6) (*сокр.* cm)

сантони́н *м фарм.* Santonín *n* -s

санýзел *м* (санитáрный ýзел) sanitäre Ánlagen (*pl*); *стр.* komplétte Sanitärzelle (*f*), sanitärtechnische Ráumzelle (*f*)

санчáсть *ж* (санитáрная часть) *воен.* Sanitätsabteilung *f* (10)

сап *м вет., мед.* Rótzkrankheit *f*, Rotz *m* -es

сáп||а *ж воен.* Sáppe *f* (11); вести́ ~у éine Sáppe führen [áusheben*]; ◇ дéйствовать ти́хой ~ой *разг.* héimtückisch [auf Schléichwegen] vórgehen*; im geheimen wühlen

сапёр *м воен.* Pioníer *m* (1); ~ный *воен.* Pioníer-; ~ный батальóн Pioníerbataillon [-ta,ljo:n] *n* (2) (*сокр.* PiB)

сáпка *ж с.-х.* Jäthacke *f* (11), Jätegabel *f* (11), Jäte¦eisen *n* (7)

сапнóй *вет., мед.* (*о больном*) rótzkrank

сапог||и́ *мн.* (*ед.* сапóг *м*) Stíefel *pl* (*sg* Stíefel *m*); Schäftstiefel *pl* (*высокие*); вáленые ~и́ Fílzstiefel *pl*; ◇ два ~á пáра *разг.* gleich und gleich geséllt sich gern

сапоговаля́льн||ый Fílzstiefel-; ~ое произвóдство Fílzstiefelproduktion *f*

сапóжки *мн.* (*ед.* сапожóк *м*) Stiefelétten *pl* (*sg* Stiefelétte *f*)

сапóжн||ик *м* Schúhmacher *m* (6); Schúster *m* (6) (*разг.*) (*тж. перен. разг.*); ~ичать *разг.* schústern *vi*; ~ый Stíefel-; Schúster-; ~ая вáкса Stíefelwichse *f*; ~ый вар Schústerpech *n* -(e)s; ~ое ремеслó Schúhmacherhandwerk *n* -(e)s; Schústerhandwerk *n* -(e)s (*разг.*); ~ый нож Schústermesser *n* (6), Schústerkneif *m* (1)

сапони́н *м фарм., тех.* Saponín *n* -s

сапрофи́т *м биол.* Saprophýt *m* (8), Fäulnispflanze *f* (11)

сапсáн *м зоол.* Wánderfalke *m* (9)

сапфи́р *м* Saphir ['za:fi:r] *m* (1); ~ный Saphir- ['za:fi:r-]

САР *ж* (систéма автомати́ческого регули́рования) sélbsttätiger Régelkreis, Sélbstregelungssystem *n* -s

сарабáнда *ж муз.* Sarabánde *f* (11)

сарáй *м* Schúppen *m* (7); Schéune *f* (11); ~ для дров Hólzschuppen *m*; ~ для сéна Héuscheune *f*

саранчá *ж* Héuschrecke *f* (11); Wánderheuschrecke *f* (*азиатская*)

сарафáн *м* **1.** *ист.* Sarafán *m* (1); **2.** Trägerrock *m* (1*), Kléiderrock *m*

сараци́н *м ист.* Sarazéne *m* (9); ~ский *ист.* sarazénisch, Sarazénen-

сардéлька *ж* Bóckwurst *f* (3)

сарди́н(к)а *ж* Sardíne *f* (11)

сардони́кс *м мин.* Sardónyx *m* =

сардони́ческий sardónisch, bítter, höhnisch

сáржа *ж текст.* Serge [*фр.* zɛrʃ] *f* (11), Sérsche *f* (11)

саркáзм *м* Sarkásmus *m* =, -men, béißender Spott, Hohn *m* -(e)s

саркасти́ческий sarkástisch, höhnisch, béißend

саркóма *ж мед.* Sarkóm *n* (2)

саркофáг *м* Sarkophág *m* (1), Stéinsarg *m* (1*)

сармáты *ист.* Sarmáten *pl* (*antikes iranisches Reiter- und Nomadenvolk in Südrußland, 6. Jh. v. u. Z.— 4. Jh. u. Z.*)

сары́ч *м зоол.* Bússard *m* (1)

сатан||á *м* Sátan *m* (1); Téufel *m* (6); ~и́нский satánisch; téuflisch

сателли́т *м* **1.** *астр.* Satellít *m* (8), Mond *m* (1), Trabánt *m* (8); **2.** *перен.* Satellít *m* (8), Trabánt *m* (8); госудáрства-~ы Satellítenstaaten *pl*; **3.** *тех.* Satellít *m* (8), Planétenrad *n* (5)

сати́н *м текст.* Satín *m* -s, -s; ~и́ровать *тех.* satiníeren *vt*; ~овый *текст.* Satín-

сати́р *м миф.* Sátyr *m* (8, 13)

сати́р||а *ж* Satíre *f* (11), Spóttschrift *f* (10); ~ик *м* Satíriker *m* (6); ~и́ческий satírisch; béißend (*язвительный*)

сатрáп *м ист.* Satráp *m* (8)

сатурáтор *м хим.* Saturátor *m* -s, -tóren, Sättiger *m* (6)

Сатýрн *м астр.* Satúrn *m* -s

сатурнáлии *мн. ист.* Saturnáli¦en *pl*

САУ *ж* (систéма автомати́ческого управлéния) Systém *n* der automátischen Stéuerung

саýдов||ец *м* Sáudiarabi¦er *m* (6); ~ский sáudiarabisch

сафлóр *м бот.* Saflór *m* (1)

сафья́н *м* Sáffian *m* (1), Sáffianleder *n* (6); ~овый Sáffian-

сахали́нский Sáchalin-; Сахали́нский зали́в der Golf von Sáchalin

сáхар *м* Zúcker *m* -s; пилёный ~ Würfelzucker *m*; ~-рафинáд Würfelzucker *m*, Raffináde *f*; свеклови́чный ~ Rübenzucker *m*; тростникóвый ~ Róhrzucker *m*; солодóвый ~ Málzzucker *m*, Maltóse *f*; молóчный ~ Mílchzucker *m*; винoгрáдный ~ Tráubenzucker *m*, Glykóse *f*; ◇ э́то емý не ~ *разг.* das ist für ihn kein Zúckerlecken; ~-медóвич *разг.* Schméichler *m* (6)

сахаримéтр *м* Sa(c)chariméter *n* (6), Zúckermesser *m* (6)

сахари́н *м* Sa(c)charín *n* -s, Süßstoff *m* (1)

сахари́ст||ость *ж* Zúckergehalt *m* -(e)s; ~ый zúckerhaltig

сáхар||ить *разг.* zúckern *vt*, überzúckern *vt*, mit Zúcker bestréuen; ~ница *ж* Zúckerdose *f* (11), Zúckerbüchse *f* (11); Zúckerschale *f* (11); ~ный **1.** Zúcker-; zúckersüß (*очень сладкий*); ~ный песóк klárer Zúcker; ~ная пýдра Púderzucker *m* -s, Stáubzucker *m*; ~ная свёкла Zúckerrübe *f* (11); ~ный тростни́к Zúckerrohr *n* (2); ~ная промы́шленность Zúckerindustrie *f*; ~ный завóд Zúckerfabrik *f* (10); Zúckerraffinerie *f* (11); ~ные плантáции Zúckerrohrpflanzungen *pl*, Zúckerplantagen [-ʒən] *pl*; ~ная болéзнь Zúckerkrankheit *f*, Diabétes *m* =; **2.** *перен.* (*слащавый, приторный*) süßlich

сахаровáр *м* Zúckersieder *m* (6)

сахароварéние *с* Zúckergewinnung *f*, Zúckersiederei *f*

сахарóза *ж спец.* Sa(c)charóse *f*

сачóк *м* Ké(t)scher *m* (6); kléines Físchnetz (*для рыбы*); Schmétterlingsnetz *n* (*для бабочек*)

сбáвить áblassen* *vt*, náchlassen* *vt*, ermäßigen *vt*; herábsetzen *vt*, ábbauen *vt* (*цену*); ábziehen* *vt* (*скинуть, вычесть*); vermindern *vt* (*уменьшить*); ~ в вéсе (an Gewícht) ábnehmen* *vi*; ~ чью-л. спесь j-s Hóchmut dämpfen

сбáв||ка *ж:* ~ка в ценé Préisermäßigung *f* (10), Préisnachlaß *m* -sses, *pl* -sse *u* -lässe; ~ля́ть см. сбáвить

сбáгрить *разг.* lóswerden* *отд. vt* (s)

сбаланси́ровать bilanzíeren *vt*; die Réchnung [die Bilánz] ábschließen*

сбéгать (hín)láufen* *vi* (s); ~ за кем-л., за чем-л. j-n, etw. hólen [bríngen*]; ~ вниз herúnterlaufen* *vi* (s) (*по направлению к говорящему*); hinúnterlaufen* *vi* (s) (*по направлению от говорящего*)

сбега́ть(ся) *см.* сбежа́ть(ся)

сбежа́ть 1. (*спуститься бегом*) hinúnterlaufen* *vi* (s); hináblaufen* *vi* (s) (*книжн.*) (с чего́-л. *A*); ~ с холма́ den Hügel hinúnterlaufen*; **2.** (*убежать*) entláufen* *vi* (s), wéglaufen* *vi* (s), dúrchgehen* *vi* (s); das Wéite súchen; Férsengeld gében* (*разг.*); ◇ кра́ска сбежа́ла с его́ лица́ die Fárbe wich aus séinem Gesícht; молоко́ сбежа́ло *разг.* die Milch ist übergelaufen; **~ся** (in Mássen) herbéilaufen* *vi* (s); zusámmenlaufen* *vi* (s) (*собраться*)

сберега́тельн||ый Spar-; ~ая ка́сса Spárkasse *f* (11)

сберега́ть 1. (*сохранять*) (áuf)bewáhren *vt*; schónen *vt* (*силы*); spáren *vt* (*труд, время*); **2.** (*копить*) spáren *vt*

сбереже́н||ие *с* 1. Áufbewahrung *f*; Erháltung *f*; Spáren *n* -s; Schónung *f* (*сил и т. п.*); **2.** *мн.* ~ия (*деньги*) Ersp árnisse *pl*, Spárgelder *pl*

сбере́чь *см.* сберега́ть

сбер||ка́сса *ж* (сберега́тельная ка́сса) Spárkasse *f* (11); **~кни́жка** *ж* (сберега́тельная кни́жка) Spár(kassen)buch *n* (5); положи́ть де́ньги на ~кни́жку Geld auf die Spárkasse légen

сбива́лка *ж кул.* Schnéeschläger *m* (6), Sáhneschläger *m*

сбива́ть *см.* сбить; **~ся 1.** *см.* сби́ться; **2.** *страд.* ábgeschlagen wérden (*ср.* сбить)

сби́вчив||ость *ж* Verwórrenheit *f* (*запутанность*); Únklarheit *f* (*неясность*); ~ый verwórren (*запутанный*); únklar (*неясный*)

сбить 1. ábschlagen* *vt*, herúnterschlagen* *vt*; úmwerfen* *vt* (*опрокинуть*); ~ с ног zu Bóden wérfen*; úmstoßen* *vt*; über den Háufen rénnen*; ~ ке́гли die Kégel úmwerfen*; ~ самолёт ein Flúgzeug ábschießen* [herúnterholen, zum Ábsturz bríngen*]; **2.** (*запутать*) verwírren *vt*, írremachen *отд. vt*, aus dem Konzépt [Text] bríngen*; **3.** (*сколотить*) zusámmenschlagen* *vt*; zusámmennageln *vt* (*гвоздями*); **4.** *разг.* (*стоптать*) ábtreten* *vt*; schíeftreten* *отд. vt*; ~ каблуки́ die Ábsätze ábtreten* [schíeftreten*]; **5.** (*масло*) schlágen* *vt*, rühren *vt*; ~ сли́вки Sáhne schlágen*; ~ ма́сло Bútter schlágen*, búttern *vi*; ◇ ~ це́ну den Preis drücken; ~ с то́лку кого́-л. j-n verwírren, j-n aus dem Konzépt [Text] bríngen*; ~ спесь с кого́-л. j-m den Hóchmut áustreiben*; **~ся 1.** (*запутаться*) sich verwírren, írre wérden; aus dem Konzépt [Text] kómmen*; ~ся с пути́ vom Wég(e) ábkommen*; sich verírren; ~ся с ноги́ aus dem Schritt kómmen*; nicht im Schritt géhen*; ~ся с та́кта den Takt verlíeren*, aus dem Takt kómmen* [fállen*]; **2.** (*о шерсти и т. п.*) sich zusámmenballen; sich zusámmenknäueln; **3.** *разг.* (*о каблуках и т. п.*) ábgetreten sein, schief (getréten) sein; **4.** (*в кучу*) sich zusámmendrängen; **5.** (*о повязке, шляпе и т. п.*) sich verschíeben*, verrútschen *vi* (s); ◇ ~ся с ног sich (*D*) die Füße [die Hácken] áblaufen*; vor Müdigkeit fast úmfallen* (*от хлопот, работы*); ~ся с то́лку írre wérden, konfús wérden; aus der Fássung [aus dem Konzépt] geráten*, wéder aus noch ein wíssen*

сближа́ть *см.* сбли́зить; **~ся 1.** *см.* сбли́зиться; **2.** *страд.* genähert wérden (*ср.* сбли́зить)

сближе́ние *с* Ánnäherung *f* (10); ~ с проти́вником *воен.* die Ánnäherung an den Gégner

сбли́зить 1. nähern *vt*, ánnähern *vt*, näher bríngen*; ~ что-л. с чем-л. etw. einánder näher bríngen*; **2.** *перен.* näher|bringen* *отд. vt*, éine Ánnäherung zustánde bríngen*; **~ся 1.** sich (einánder) nähern, zusámmenrücken *vi* (s), zusámmenkommen* *vi* (s), náhe tréten*; **2.** *перен.* nähetreten* *отд. vi* (s) (с *кем-л. D*); vertráut wérden, sich befréunden (mit *D*)

сбо́йка *ж горн.* Verbíndungsbau *m* -(e)s, Dúrchschlag *m* -(e)s; Dúrchhieb *m* -(e)s

сбо́ку *нареч.* séitlich, séitwärts; danében (*рядом*); von der Séite (*со стороны*); карти́на освещена́ ~ das Gemälde ist von éiner Séite beléuchtet; смотре́ть ~ von der Séite betráchten [ánsehen*]; вид ~ Séitenansicht *f* (10); положи́ть ~ danében légen; ◇ ~ припёка *разг.* únpassend, überflüssig

сболтну́ть *разг.* áusschwatzen *vt*, sich verpláppern; ~ ли́шнее ein únbedachtsames Wort entschlüpfen lássen*; aus der Schúle pláudern

сбо́лчивание *с тех.* Verbólzen *n* -s, Verschráuben *n* -s

сбор *м* 1. Sámmeln *n* -s; Éinsammeln *n*; Erhébung *f*, Éintreiben *n* -s (*налогов*); Éinnahme *f*, Kásseneinnahme *f*, Éinkassierung *f* (10) (*денег, налогов*); ~ зерновы́х Getréide|ernte *f*; ~ фру́ктов Óbsternte *f*; ~ виногра́да Wéinlese *f*, Wéinernte *f*; ~ по́дписей Únterschriftensammlung *f*; ~ све́дений *воен.* Sámmeln *n* von Ángaben; ~ поже́ртвований Spéndensammlung *f*; *церк.* Kollékte *f* (11); ~ чле́нских взно́сов Éinkassieren *n* [Kassíerung *f*] der Mítgliedsbeiträge, Béitragskassierung *f*; **2.** (*налог*) Gebühr *f* (10), Stéuer *f* (11), Ábgabe *f* (11); тамо́женный ~ Zóllgebühr *f*; ге́рбовый ~ Verwáltungsgebühr *f*; порто́вый ~ Háfenabgabe *f*, Háfengeld *n* (5); куро́ртный ~ Kúrtaxe *f* (11); нотариа́льный ~ Notariátsgebühr *f*; страхово́й ~ Versícherungsgebühr *f*; суде́бные ~ы Geríchtsgebühren *pl*; **3.** (*за спектакль и т. п.*) Éinnahme *f* (11), Ertrág *m* (1*) не де́лать ~ов kéine Éinnahmen máchen; **4.** (*встреча*) Zusámmenkunft *f* (3); Zusámmentritt *m* (1); Versámmlung *f* (10); пионе́рский ~ Pioníerversammlung *f*; быть в ~е versámmelt sein; vóllzählig ánwesend sein; ме́сто ~а Stéllplatz *m* (1*); Áufmarschplatz *m* (*демонстрации и т. п.*); **5.** *воен.* Sámmeln *n* -s; Appéll *m* (1); ~ по трево́ге Sámmeln [Heránholen *n*] im Alármfall; труби́ть ~ zum Sámmeln blásen*; **6.** *воен.* (*кратковременное пребывание где-л. с целью обучения, тренировки*) kúrzer periódischer Léhrgang (für Militärdienstpflichtige); пове́рочный ~ Überprüfungslehrgang *m* (1*); Reservistenlehrgang [-'vis-] *m*; уче́бный ~ Áusbildungslehrgang *m*, Áusbildungskursus *m* =, *pl* -kurse; *см. тж.* сбо́ры

сбо́рище *с разг.* Áuflauf *m* (1*), Gewühl *n* -(e)s, Ménschengewühl *n*, Ménschenauflauf *m*; Rúmmel *m* -s (*суматоха, шум*)

сбо́рка *ж тех.* Zusámmenbau *m* -(e)s, Montáge [-ʒə] *f* (11), Montíerung *f*, Áufstellung *f* (*машины*); Zusámmensetzen *n* -s, Zusámmenlegen *n* -s (*оружия*); пото́чная ~ Gléitmontage *f*, Fließmontage *f*

сбо́рки *мн.* (*на платье и т. п.*) Fálten *pl*

сбо́рная *сущ. ж спорт. разг.* Áuswahl *f* (10), Áuswahlmannschaft *f* (10)

сбо́рник I *м* 1. (*книга*) Sámmlung *f* (10), Sámmelband *m* (1*), Sámmelwerk *n* (2); **2.** *спец.* (*резервуар*) Áufnehmer *m* (6), Vórlage *f* (11); Sámmler *m* (6), Sámmelbehälter *m* (6)

сбо́рник II *м спорт. разг.* Áuswahlspieler *m* (6), Mítglied *n* (5) éiner Áuswahlmannschaft

сбо́рн||ый 1. Sámmel-, Versámmlungs-; ~ый пункт Sámmelpunkt *m* (1), Sámmelplatz *m* (1*), Tréffpunkt *m*, Stéllplatz *m*; **2.** (*из разных элементов*) zusámmengesetzt; vermíscht; ~ая кома́нда *спорт.* Áuswahlmannschaft *f* (10), Áuswahl *f* (10); zusámmengestellte Mánnschaft; ~ая програ́мма búntes [gemíschtes] Prográmm; **3.** *тех., стр.* (*изготовленный из отдельных готовых частей, блоков*) montíerbar; ~ые железобето́нные констру́кции vórgefertigte [zusámmensetzbare] Stáhlbetonkonstruktionen [-betɔŋ-]; ~ые бето́нные дета́ли Betonfertigteile [be'tɔŋ-] *pl*; ~ые строи́тельные элеме́нты vórgefertigte Báuelemente, Báufertigteile *pl*; ~ый дом Fértighaus *n* (5), Haus in Montágebauweise [-ʒə], ein montíerbares Haus, ein Haus aus Gróßteilen [Fértigteilen]; ~ый гара́ж Fáltgarage [-ʒə] *f* (11)

сбо́рочн||ый *тех.* Montáge- [-ʒə]; Montíer-; ~ый цех Montágehalle *f* (11); Montágeabteilung *f* (10); ~ая мастерска́я Montíerwerkstätte *f* (11)

сбо́рчатый fáltig, Fálten-; in Fálten

сбо́рщик *м* 1. (*взносов и т. п.*) Kassíerer *m* (6); ~ нало́гов Stéuereinnehmer *m* (6); ~ по́дписей Únterschriftensammler *m*; **2.** *тех., стр.* Montágearbeiter [-ʒə-] *m* (6); Monteur [-'tø:r] *m* (1); **3.** *с.-х.* Pflücker *m* (6); Léser *m* (6); ~ хло́пка Báumwollpflücker *m*; ~ лека́рственных расте́ний Kräutersammler *m* (6)

сбо́ры *мн.* Vórbereitungen *pl*; ~ в доро́гу Réisevorbereitungen *pl*

сбра́сыв||ание *с* Ábwurf *m* (1*); ~ание с парашю́том Fállschirmabwurf *m*; **~ать** *см.* сбро́сить

сбрива́ть, сбрить ábrasieren *vt*

сброд *м собир. разг.* Gesíndel *n* -s, Pack *n* -(e)s, Mob *m* -s

сброс *м* 1. *геол.* Verschíebung *f* (10); **2.** *гидр.* Überfall *m* -(e)s; **3.** *тех.* Áuslaß *m* -sses, Áblassen *n* -s

сбро́си||ть 1. hinábwerfen* *vt*, ábwerfen* *vt*; herúnterwerfen* *vt*; zusámmenwerfen* *vt* (*в кучу*); ло́шадь ~ла седока́ das Pferd warf den Réiter ab; **2.** *разг.* (*одежду, обувь*) ábwerfen* *vt*, áusziehen* *vt*; **3.** (*свергнуть*) stürzen *vt*, ábwerfen* *vt*; ~ть це́пи ра́бства die Kétten der Sklaveréi [-və-] spréngen; ◇ ~ть со счёта [со счетов] nicht in Betrácht zíehen*, nicht mehr berücksichtigen

сброшюрова́ть *полигр.* broschíeren *vt*, héften *vt*

сбру́я *ж* Pférdegeschirr *n* (2), Geschírr *n*, Ríemenzeug *n* (2); верхова́я ~ Réitzeug *n*

сбры́згивать, сбры́знуть bespritzen *vt*, besprengen *vt*

сбыва́ть *см.* сбыть

сбыва́ться I *см.* сбы́ться

сбыва́ться II *страд.* ábgesetzt wérden (*ср.* сбыть)

сбыт *м эк.* Ábsatz *m* -es; Vertríeb *m* -(e)s; Verkáuf *m* -(e)s (*продажа*); ры́нок ~а Ábsatzmarkt *m* (1*), Ábsatzgebiet *n* (2); име́ть хоро́ший ~ güten Ábsatz háben; име́ющий ~ márktfähig; не находя́щий ~а únabsetzbar

сбытов||о́й Ábsatz-, Vertríebs-, Verkáufs-; ~ы́е организа́ции Ábsatzorganisationen *pl*

сбыть 1. (*товар*) ábsetzen *vt*, vertréiben* *vt*; verkáufen *vt* (*продать*);

ábstoßen* *vt* (*по низким ценам*); lósschlagen* *отд. vt* (*с трудом*); **2.** *разг.* (*отделаться*) ábschaffen *vt*, lóswerden* *отд. vt* (s); ~ что-л. с рук sich (*D*) etw. vom Hálse scháffen

сбы́ться in Erfüllung géhen*, éintreffen* *vi* (s), sich verwírklichen, sich bewáhrheiten, Wírklichkeit wérden

сва́дебн||ый Hóchzeits-; ~ое путеше́ствие Hóchzeitsreise *f* (11)

сва́дьб||а *ж* Hóchzeit *f* (10); золота́я ~а góldene Hóchzeit; серéбряная ~а Sílberhochzeit *f*, sílberne Hóchzeit; спра́вить [сыгра́ть] ~у Hóchzeit féiern [hálten*]; ◇ как на Мала́ньину ~у *разг.* so viel, daß man es gar nicht áufessen kann

свазиле́нд||ец *м* Swásiländer *m* (6); ~**ский** swásiländisch

сва́йн||ый Pfahl-; ~ая постро́йка Pfáhlbau *m* (-e)s, -ten; ~ая констру́кция Pfáhlwerk *n* -(e)s

сва́ливать *см.* свали́ть; ~**ся 1.** *см.* свали́ться; **2.** *страд.* ábgeworfen [úmgeworfen] wérden (*ср.* свали́ть)

свали́ть 1. úmwerfen* *vt*; úmrennen* *vt* (*с ног*); zu Bóden wérfen* (*на землю*); fällen *vt* (*дерево*); боле́знь его́ свали́ла die Kránkheit hat ihn auf das Kránkenlager geworfen; **2.** (*в одно место*) zusámmenwerfen* *vt*, áufhäufen *vt*; **3.** (*сбросить*) hinábwerfen* *vt*; ábladen* *vt* (*сгрузить*); ~ с себя́ отве́тственность die Verántwortung von sich (*D*) ábwälzen [ábschieben*]; ~ вину́ на кого́-л. j-m die Schuld in die Schúhe schíeben* ~**ся 1.** (hináb)stürzen *vi* (s); (úm)fállen* *vi* (s); zu Bóden fállen* (*с ног*); **2.** *разг.* (*заболеть*) krank wérden, sich ins Bett légen (müssen*); ◇ у меня́ гора́ с плеч свали́лась mir ist ein Stein vom Hérzen gefállen

сва́лк||а *ж* **1.** Schúttabladeplatz *m* (1*), Müllabladeplatz *m*; Müllhaufen *m* (7) (*куча мусора*); Müllgrube *f* (11) (*мусорная яма*); Gerümpelplatz *m* (*старья, хлама*); вы́бросить на ~у auf den Müllhaufen wérfen* [ábladen*]; **2.** *разг.* (*драка*) Hándgemenge *n* -s, Rauferéi *f* (10)

сваля́ть (*войлок и т. п.*) wálken *vt*; ◇ ~ дурака́ *разг.* éine Dúmmheit begéhen*, éine Dúmmheit máchen; ~**ся** (*о шерсти и т. п.*) sich verfílzen

сван *м* Swáne *m* (9); ~**ка** *ж* Swánin *f* (12); ~**ский** swánisch

сва́ривать *см.* свари́ть 2; ~**ся 1.** *см.* свари́ться 2; **2.** *страд.* (zusámmen)geschweißt wérden

свари́ть 1. *см.* вари́ть; **2.** *тех.* (zusámmen)schweißen *vt*; ~**ся 1.** gekócht sein; gar wérden; **2.** *тех.* zusámmengeschweißt wérden

сва́рка *ж тех.* Schwéißen *n* -s, Schwéißung *f* (10); га́зовая ~ Gás(schmelz)schweißen *n*; дугова́я ~ Líchtbogenschweißen *n*; ~ давле́нием Préßschweißen *n*; механи́ческая ~ maschinélles Schwéißen; стыкова́я ~ Stúmpfschweißen *n*; то́чечная ~ Púnktschweißen *n*

сварли́в||ость *ж* Zánksucht *f*, Stréitsucht *f*; ~**ый** zänkisch, zánksüchtig, stréitsüchtig

сварно́й *тех.* Schweiß-; ~ шов Schwéißnaht *f* (3)

сва́рочн||ый *тех.* Schweiß-; ~ый цех Schwéißhalle *f* (11), Schweißeréi *f* (10); ~ое обору́дование Schwéißgeräte *pl*

сва́рщик *м* Schwéißer *m* (6)

сва́стика *ж* Hákenkreuz *n* (2)

сват *м* **1.** Bráutwerber *m* (6); **2.** *разг.* (*отец зятя*) der Váter des Schwíegersohnes; (*отец невестки*) der Váter der Schwíegertochter; ◇ он мне ни ~, ни брат *разг.* ≅ er geht mich nichts an, er steht mir fern, er ist mir völlig fremd

сва́тать (*кого-л.*) fréien *vi* (um *A*); ~**ся** (*к кому-л.*) fréien *vi* (um *A*), wérben* *vi* (um *A*), ánhalten* *vi* (um *A*); auf Fréiersfüßen géhen*

сватовство́ *с* Fréien *n* -s, Fréite *f*, Bráutwerbung *f* (10)

сва́тья *ж разг.* (*мать зятя*) die Mútter des Schwíegersohnes; (*мать невестки*) die Mútter der Schwíegertochter

сва́ха *ж* Bráutwerberin *f* (12); Héiratsvermittlerin *f* (12)

сва́я *ж* Pfahl *m* (1*), Rámmpfahl *m*, Pilóte *f* (11); забива́ть сва́ю éinen Pfahl éinrammen

све́ден||ие *с* **1.** *б. ч. мн.* ~ия (*известие*) Náchricht *f* (10); Mítteilung *f* (10), Kúnde *f* (11); Ángaben *pl*, Dáten *pl* (*данные*); собира́ть ~ия Erkúndigungen [Náchrichten] éinziehen* [ermítteln]; почерпну́ть ~ия Náchrichten schöpfen (отку́да-л. aus *D*); по полу́ченным ~иям laut vórliegenden Náchrichten [Méldungen]; по мои́м ~иям sowéit ich unterríchtet bin; **2.** (*знание, ознакомление*) Kénntnis *f* (3); довести́ до ~ия кого́-л. j-n benáchrichtigen, j-n in Kénntnis sétzen; приня́ть к ~ию zur Kénntnis néhmen*, sich (*D*) mérken

сведе́ние *с* **1.** (*подведение итога, объединение*) Ábschluß *m* -sses; Áusgleich *m* (1); Zusámmenfassung *f*; ~ бала́нса Bilánzausgleich *m*; **2.** *мед.* Zusámmenziehung *f*, Kontraktión *f*; ~ му́скулов Múskelkrampf *m* (1*)

све́дущ||ий bewándert, erfáhren, beschlágen (в чём-л. in *D*); wíssend, kúndig (*знающий*); ~ий в иску́сстве Kúnstkenner *m* (6); ~ее лицо́ sáchkundige Persón, Sáchverständige *m* (14); Speziallíst *m* (8)

свежева́ть ábbalgen *vt*, (éinem Tier) das Fell ábziehen*

свежезаморо́женн||ый Féinfrost-; ~ые фру́кты Féinfrostobst *n* -es

свежеиспечённый fríschbacken; *перен. разг.* fríschgebacken, néugebacken

све́жесть *ж* Frísche *f*; Kühle *f* (*прохлада*)

свеже́ть 1. frisch [kühl] wérden; áuffrischen *vi*, zúnehmen* *vi* (*о ветре*); свеже́ет es wird frisch; **2.** (*о человеке*) frisch [blühend, gesúnd] wérden

свéж||ий 1. frisch; ~ий ве́тер frischer [kühler] Wind; frísche Bríse (*на море*); на ~см во́здухе an der frischen Luft; ~ий цвет лица́ frische [blühende, gesúnde] Gesíchtsfarbe; со ~ими си́лами mit frischen [ernéuten] Kräften; **2.** (*недавний*) frisch; néu(e)st, neu (*о новостях*); ◇ ~о́ преда́ние, а ве́рится с трудо́м die Bótschaft hör ich wohl, alléin mir fehlt der Gláube; ~о́ в па́мяти in frischer Erínnerung; ~ий челове́к Néuling *m* (1)

свежо́ *предик. безл.* es ist frisch; но́чью ~ nachts ist es frisch [kühl]

свежьё *с собир. рыб.* fríschgefangene Físche

свезти́ 1. (*доставить куда-л.*) (hín)bríngen* *vt*, (hín)fáhren* *vt*; ~ бага́ж на ста́нцию das Gepäck zum Báhnhof bríngen*; **2.** (*привезти в одно место*) zusámmenbringen* *vt*; an éine Stélle scháffen; **3.** (*увезти, перевезти*) wégfahren* *vt*; wégschaffen *vt*; hínschaffen *vt* (*в определённое место*)

свёкла *ж* Rübe *f* (11), Béte *f*; столо́вая ~ róte Rübe, róte Béte; кормова́я ~ Fútterrübe *f*; са́харная ~ Zúckerrübe *f*

свеклов||и́ца *ж* Zúckerrübe *f* (11); ~**и́чный** Zúckerrüben-; ~и́чный са́хар Rübenzucker *m* -s

свекловóд *м* Rübenanbauer *m* (6), Rübenbauer *m*

свекловóдство *с* Zúckerrüben(an)bau *m* -(e)s

свекло||комба́йн *м* Rübenkombine [-,bąen] *f pl* -s, Rübenvollerntemaschine *f* (11); ~**копа́тель** *м* Rübenroder *m* (6); Rübenrodepflug *m* (1*); ~**мо́йка** *ж* Rübenwäsche *f* (11); ~**ре́зка** *ж* Rübenschneider *m* (6), Rübenschneidemaschine *f* (11), Rübenschnitzelmaschine *f*; ~**са́харный** Rübenzucker-; ~са́харный заво́д Rübenzuckerfabrik *f* (10); ~**се́ющий** rübenanbauend; ~**се́яние** *с* Rübenanbau *m* -(e)s; ~**совхо́з** *м* Sowchós *m* (1) für Zúckerrübenbau; ~**убо́рочный:** ~убо́рочная маши́на Rübenerntemaschine *f* (11)

свеко́льн||ик *м* **1.** (*суп*) Bétensuppe *f* (11), Rübensuppe *f*; **2.** (*ботва*) Bétenkraut *n* -(e)s; Rúnkelrübenkraut *n*; ~**ый** Rüben-; Béten-; Rúnkelrüben-

свёкор *м* Schwíegervater *m* (6*) (*Vater des Ehemannes*)

свекро́вь *ж* Schwíegermutter *f*, *pl* -mütter (*Mutter des Ehemannes*)

сверга́ть *см.* све́ргнуть

све́ргнуть stürzen *vt*, zu Fall bríngen*; ~ с престо́ла entthrónen *vt*, stürzen *vt*; zur Ábdankung zwíngen* *vt*; ◇ ~ око́вы [и́го] die Kétten [das Joch] ábschütteln [ábwerfen*]

сверже́ние Sturz *m* (1*); ~ с престо́ла Entthrónung *f* (10); ~ самодержа́вия [цари́зма] der Sturz der Sélbstherrschaft [des Zarísmus]

све́рить vergléichen* *vt*, verifizíeren [ve-] *vt*; kontrollíeren *vt*; überprüfen *vt*; kollationíeren *vt* (*копию с оригиналом*)

све́рка *ж* Vergléichen *n* -s, Verifizíerung [ve-] *f*; Kollatión *f*, Kollationíerung *f* (*текста*); ~ часо́в Úhrenvergleich *m* -(e)s; ~счето́в *бухг.* Kóntenvergleich *m*

сверк||а́ние *с* Blítzen *n* -s, Fúnkeln *n* -s, Glítzern *n* -s; ~**а́ть** blítzen *vi*, fúnkeln *vi*, glítzern *vi*; мо́лния ~а́ет es blitzt; зарни́ца ~а́ет es wétterleuchtet; его́ глаза́ ~а́ют séine Áugen sprühen Féuer; ◇ то́лько пя́тки ~а́ют Férsengeld gében*; ~**а́ющий** blítzend, fúnkelnd, sprühend, léuchtend; ~**ну́ть** áufblitzen *vi*; он ~ну́л глаза́ми in séinen Áugen blítzte es [sprühte es auf], séine Áugen sprühten Féuer

сверле́н||ие *с* Bóhren *n* -s; глубина́ ~ия Bóhrtiefe *f* (11)

сверли́льный Bohr-; ~ стано́к Bóhrmaschine *f* (11); ~ цех Bohreréi *f* (10)

сверли́льщик *м см.* сверло́вщик

сверли́ть 1. *тех.* bóhren *vt*; áusbohren *vt* (*рассверливать*); **2.** (*о боли и т. п.*) bóhren *vt*

сверло́ *с тех.* Bóhrer *m* (6)

сверло́вщик *м* Bóhrer *m* (6)

сверля́щий (*о боли и т. п.*) bóhrend

сверну́ть 1. zusámmenrollen *vt*, zusámmenwickeln *vt* (*скатать*); zusámmenlegen *vt* (*сложить*); ~ папиро́су sich (*D*) eine Zigarétte róllen [dréhen]; ~ пала́тку das Zelt ábbauen; **2.** (*производство*) schlíeßen* *vt*, ábbauen *vt*, stíllegen *vt* (*при переносе* still-legen) (*прекратить*); éinschränken *vt* (*сократить*); ~ рабо́ты die Árbeiten éinstellen; **3.** (*в сторону*) éinbiegen* *vi* (s); ábbiegen* *vi* (s); áusweichen* *vi* (s) (*уступить дорогу*); ~ с доро́ги vom Wége ábbiegen*; ~ в переу́лок in éine Nébenstraße [Gásse] éinbiegen*; ~ разгово́р на другу́ю те́му das Gespräch auf ein änderes Théma bríngen* [lénken]; **4.** *разг.* (*свихнуть*) sich (*D*) verstáuchen; sich (*D*) verknácksen; ◇ ~ше́ю кому́-л. *разг.* j-m das Geníck [den Hals] bréchen*; j-m den Hals úmdrehen; ~ся 1. sich zusámmendrehen, sich zusámmenrollen; sich zusámmenringeln (*о змеях и т. п.*); 2. (*о молоке, о крови*) gerínnen* *vi* (s); zusámmenlaufen* *vi* (s) (*тк. о молоке*)

сверста́ть *полигр.* úmbrechen* *vt*

све́рстн||ик *м* Áltersgenosse *m* (9); ~**ица** *ж* Áltersgenossin *f* (12)

свёрстывать *см.* сверста́ть

свёрток *м* Rólle *f* (11); Tüte *f* (11) (*пакет*)

свёртываемость *ж* (*крови*) Gerínnbarkeit *f*

свёртывание *с* **1.** (*молока, крови*) Gerínnen *n* -s, Gerínnung *f*; **2.** (*производства*) Stíllegung *f* (*при переносе* Still-legung), Ábbau *m* -(e)s (*прекращение*); Schrúmpfen *n* -s, Kürzung *f*, Éinschränkung *f* (*сокращение*)

свёртывать *см.* сверну́ть; ~**ся 1.** *см.* сверну́ться; спосо́бность ~ся Gerínnbarkeit *f*; **2.** *страд.* zusámmengerollt wérden (*ср.* сверну́ть)

сверх *предлог* **1.** (*поверх*) über (*A*), auf (*A*); **2.** (*выше, превосходя*) über (*A*), mehr als; ~ (вся́кого) ожида́ния über (álles) Erwárten, wíder Erwárten; **3.** (*кроме*) áußer (*D*); ~ пла́на áußerplanmäßig, über den Plan (hináus); ~ де́йствующего соглаше́ния zúsätzlich zum géltenden Ábkommen; ~ того́ d(a)rüber (hináus); obendréin, áußerdem, überdíes

сверхбалло́н *м* *авто* Súper-Ballonreifen [-ˌlɔŋ-] *m* (7)

сверхбыстроде́йствующий überschnell

сверхвысо́кий überhoch

сверхда́льн||ий: ~яя раке́та interkontinentále Rakéte

сверхдальнобо́йн||ый: ~ое ору́дие Férngeschütz *n* (2)

сверхзвуков||о́й Überschall-; ~а́я ско́рость Überschallgeschwindigkeit *f*

сверхкомпле́ктный überzählig

сверхкрити́ческий überkritisch

сверхлёгкий überleicht

сверхлими́тн||ый über das Kontingént [Limít] hináusgehend; ~ое строи́тельство über das Kontingént hináusgehende Báuobjekte (*pl*)

сверхминиатю́рный *эл.* Míkro(miniatur)-

сверхмо́дный übermodern, hýpermodern

сверхмо́щный *тех.* Höchstleistungs-; ~ котёл Höchstleistungskessel *m* (6)

сверхпла́нов||ый überplanmäßig; áußerplanmäßig; ~ая при́быль Überplangewinn *m* (1), überplanmäßiger Gewínn

сверхпри́быль *ж* *эк.* Überprofit *m* -(e)s, Surplusprofit [syr'ply:-] *m* Méhrprofit *m*, Éxtraprofit *m*

сверхпроводи́мость *ж* *физ.* Súpraleitfähigkeit *f*

сверхпроводни́к *м* *физ.* Súpraleiter *m* (6)

сверхпро́чный súperfest

сверхсветово́й *физ.* über die Líchtgeschwindigkeit hináusgehend

сверхскоростно́й überschnell

сверхсме́тный über den Kóstenanschlag hináus, den Kóstenanschlag übersteígend

сверхсовреме́нный übermodern, hýpermodern

сверхсро́чник *м* *разг.* *см.* сверхсрочнослу́жащий

сверхсрочнослу́жащий *м* *воен.* Längerdienende *m* (14)

сверхсро́чн||ый 1. die Frist überschréitend; ~ая слу́жба *воен.* verlängerte Díenstzeit; **2.** *разг.* (*неотложный*) vórdringlich

сверхсто́имость *ж* *эк.* Méhrwert *m* (1)

сверхтермосто́йкий hóchhitzefest

сверхто́ки *мн.* *физ.* Überströme *pl*

све́рху 1. *нареч.* (*на вопрос «откуда?»*) von óben (heráb); ~ до́низу von óben bis únten; **2.** *нареч.* (*на вопрос «где?»*) óben; **3.** *предлог* (*над чем-л.*) óberhalb (*G*), über (*D, A*); ◇ смотре́ть на кого́-л. ~ вниз j-n von óben heráb ánsehen*

сверхуро́чные *сущ.* *мн.* (*деньги*) Überstundengeld *n* -(e)s, Überstundenlohn *m* (1*)

сверхуро́чн||ый: ~ая рабо́та Überstunden *pl*, Überstundenarbeit *f*

сверхчелове́||к *м* Übermensch *m* (8); ~**ческий** übermenschlich

сверхчи́ст||ый *тех.* hóchrein, Reinst-; ~ые вещества́ Réinststoffe *pl*

сверхчу́вственный übersinnlich

сверхшта́тный überplanmäßig, über den Stéllenplan hináus(gehend)

сверхъесте́ственный übernatürlich; úngewöhnlich (*необычный*); áußerordentlich (*исключительный*)

сверчо́к *м* Héimchen *n* (7), Háusgrille, *f* (11), Gríllе *f*; ◇ всяк ~ знай свой шесто́к *посл.* ≅ Schúster, bleib bei déinem Léisten!

сверша́ться *см.* сверши́ться

сверше́ние *с* Erfüllung *f*, Vollzíehung *f*; Vollbríngen *n* -s; Begéhen *n* -s; ~ по́двига das Vollbríngen éiner Héldentat; ~ преступле́ния das Begéhen éines Verbréchens

сверши́ться sich eréignen; geschéhen* *vi* (*s*) (*случиться*); sich erfüllen, sich vollzíehen* (*исполниться*); сверши́лось! es ist vollbrácht!

сверя́ть *см.* све́рить

свес *м* *стр.* Überhang *m* (1*); *авто* Überlänge *f* (11); высота́ ~а Tráufhöhe *f* (11)

све́сить I (*спустить вниз*) herábhängen *vt*, báumeln lássen*

све́сить II *разг.* (*взвесить*) wíegen* *vt*, wägen* *vt*

све́ситься sich (weit) hináuslehnen

свести́ 1. (*отвести*) (hín)führen *vt*; **2.** (*вниз*) herábführen *vt* (*по направлению к говорящему*); hinábführen *vt* (*по направлению от говорящего*); ~ с ле́стницы die Tréppe hinábführen; **3.** *разг.* (*пятна*) entférnen *vt*; ráusmachen *vt*; **4.** (*соединить*) zusámmenführen *vt*, zusámmenbringen* *vt*, zusámmenfassen *vt*; einánder gegenüberstellen; ~ свод *архит.* ein Gewölbe schlíeßen*; **5.** (*к чему-л.*) zurückführen *vt* (auf *A*); ~ к нулю́ auf den Núllpunkt bríngen*; ~ до ми́нимума auf ein Mínimum redúzíeren; ~ на нет zuníchte máchen; ~ всё де́ло к пустяка́м die gánze Sáche bagatellisíeren; ~ к шу́тке in éinen Scherz verwándeln; **6.** (*о судорогах*) zusámmenziehen* *vt*, zusámmenkrampfen *vt*; krümmen *vt*; ему́ свело́ ру́ку sein Arm hat sich (krámpfhaft) zusámmengezogen [ist verkrámpft]; от моро́за свело́ па́льцы die Fínger sind steif vor Kälte; ◇ ~ с ума́ кого́-л. j-n verrückt máchen, j-n um den Verstánd bríngen*, j-m den Kopf verdréhen; ~ счёты с кем-л. mit j-m ábrechnen; mit j-m Ábrechnung hálten*; ~ в моги́лу ins Grab [únter die Érde] bríngen*; ~ знако́мство *разг.* éine Bekánntschaft máchen [ánknüpfen]; ~ дру́жбу *разг.* Fréundschaft schlíeßen*; ~ концы́ с конца́ми *разг.* mit séinem Gélde knapp áuskommen*; ~сь *см.* своди́ться

свет I *м* Licht *n* -(e)s; Schein *m* -(e)s; Hélle *f*, Hélligkeit *f*; ослепи́тельный ~ bléndende Hélligkeit; дневно́й ~ Tágeslicht *n*; при дневно́м ~е bei Tágeslicht; иску́сственный дневно́й ~ tágeslichtähnliches Licht; со́лнечный ~ Sónnenschein *m*; при ~е bei Licht; при ~е луны́ bei Móndschein, bei Móndlicht; bei Móndenschein (*поэт.*); ве́рхний ~ Óberlicht *n*; бли́жний ~ *авто* Ábblendlicht *n*, Stádtlicht *n*; да́льний ~ *авто* Férnlicht *n*; преломле́ние ~а Líchtbrechung *f* (10); гори́т ~ Licht brennt; ◇ в ~е чего́-л. im Líchte (*G или* von *D*); предста́вить что-л. в ло́жном ~е etw. in ein fálsches Licht sétzen [rücken]; показа́ть что-л. в плохо́м ~е etw. in úngünstigem Licht zéigen; проли́ть [бро́сить] ~ на что-л. Licht in etw. (*A*) bríngen*; пролива́ть но́вый ~ на что-л. néues Licht in etw. (*A*) bríngen*; предста́ть совсе́м в друго́м ~е sich ganz ánders áusnehmen*, in éinem ánderen Licht erschéinen*; чуть ~, ни ~ ни заря́ bei [vor] Tágesanbruch, vor Tau und Tag, bei Tágesgrauen; frühmorgens; он ~а не взви́дел *разг.* es vergíng ihm Hören und Séhen; диа́метр в ~у́ líchter Dúrchmesser, líchte Wéite

свет II *м* **1.** (*мир, вселенная*) Welt *f*; стра́ны ~а Hímmelsrichtungen *pl*; ча́сти ~а Érdteile *pl*; **2.** (*общество*) (álle) Welt *f*; Geséllschaft *f*; быва́ть в ~е *уст.* mit der vórnehmen Welt Úmgang háben; ◇ на бе́лом ~е in der wéiten Welt; появи́ться на ~, уви́деть ~ das Licht der Welt erblícken, gebóren wérden; его́ нет на ~е er ist tot, er lebt nicht mehr; вы́пустить в ~ (*издать*) heráusgeben* *vt*, erschéinen lássen*; э́то изве́стно всему́ ~у álle Welt weiß es; ≅ die Spátzen pféifen es von állen Dächern; ~ не кли́ном сошёлся *погов.* ≅ die Welt ist nicht mit Bréttern vernágelt [verschlágen]; ни за что на ~е um nichts in der (gánzen) Welt; тот ~ Jénseits *n* =; отпра́виться на тот ~ *разг.* ábkratzen *vi*, sich (*D*) die Radíeschen von únten ángukken, ins Gras béißen*; бо́льше всего́ на ~е über [mehr als] álles in der Welt; со всех концо́в ~а aus áller Hérren Länder

свет||а́ть *безл.*: ~а́ет es tagt, es wird Tag, der Tag bricht an, es dämmert, die Dämmerung kommt auf

свети́ло *с* **1.** (*небесное*) Hímmelskörper *m* (6); Hímmelslicht *n* -(e)s (*о солнце*); дневно́е ~ *поэт.* die Sónne; **2.** *перен.* Léuchte *f* (11), Licht *n* (5)

свети́льн||ик *м* **1.** Léuchte *f* (11), Beléuchtungskörper *m* (6); напо́льный ~ик Fúßbodenleuchte *f*; потоло́чный ~ик Déckenleuchte *f*; **2.** *уст.* (*плошка с горящим маслом*) Óllämpchen *n* (7), Féttlämpchen *n*; ~**ый** Leucht-; ~ый газ Léuchtgas *n* -es

свет||и́ть 1. léuchten *vi*, schéinen* *vi*; **2.:** ~и́ть кому́-л. j-m léuchten, j-m das Licht hálten*; ~**и́ться** léuchten *vi*, schéinen* *vi* (*сиять*); glänzen *vi*, fúnkeln *vi* (*блестеть*); schímmern *vi* (*виднеться*); его́ лицо́ ~и́лось сча́стьем sein Gesícht léuchtete [stráhlte] vor Glück; das Glück láchte ihm aus den Áugen

светле́йший *прил.* **1.** *уст.* (*в титуле*) durchláuchtigst; **2.** *в знач. сущ. м уст.* (*титул*) Durchláuchtigste *m* (14)

светле́ть 1. hell wérden; sich áufklären (*о небе, погоде и т. п.*); **2.** (*виднеться*) léuchten *vi*, schímmern *vi*

светло́ *нареч., предик. безл.* hell, klar, licht; *перен.* héiter, fréudig, froh

све́тло- *в сложн.* hell-; све́тло-се́рый héllgrau

светловоло́сый héllblond

све́тл||ый 1. hell, klar, licht; ~ое пла́тье ein hélles Kleid; ~ый день ein héller [klárer] Tag; **2.** *перен.*: ~ое бу́дущее líchte Zúkunft; ~ая голова́ ein héller [klúger] Kopf; ~ый ум klárer [héller] Verstánd; ~ая мысль ein líchter Gedánke; со ~ой улы́бкой mit éinem fréundlichen [fréudigen] Lächeln; ~ая ли́чность Práchtmensch *m* (8), éine schöne Séele

светля́к *м*, **светлячо́к** *м* Léuchtkäfer *m* (6), Jo|hánniskäfer *m*, Glühwürmchen *n* (7)

светобоя́знь *ж мед.* Líchtscheu *f*, Photophobíe *f*

светово́й Licht-, Leucht-; ~ сигна́л Líchtsignal *n* (2); Blínksignal *n*, Blínkzeichen *n* (7) (*мигающий*)

светозащи́тный: ~ козырёк Áugenschirm *m* (1); *авто* Gégenlichtblende *f* (11)

светокопи́р *м спец.* Líchtpausgerät *n* (2)

светокопирова́ние *с спец.* Líchtpausen *n* -s

светоко́пия *ж спец.* Líchtpause *f* (11)

светолечéбн||ица *ж* Líchtheilanstalt *f* (10); **~ый** Líchtheil-; líchttherapeutisch

светолече́ние *с* Líchttherapie *f*, Líchtheilverfahren *n* -s, Líchtbehandlung *f*

светолюби́вый *бот.* líchtbedürftig

светомаскиро́вка *ж* Verdúnk(e)lung *f* (10); *мор.* Ábblenden *n* -s

светонепроница́емый líchtdicht, líchtundurchlässig

светоотда́ча *ж спец.* Líchtausbeute *f*

светопреставле́ние *с* **1.** *рел.* Wéltuntergang *m* -(e)s, der Jüngste Tag; **2.** *разг.* (*неразбериха*) Durcheinánder *n* -s, Wírrwarr *m* -s

светопроница́емый líchtdurchlässig

светосигнализа́ция *ж* Líchtsignalisation *f*; Blínksignalisation *f*

светосигна́льный Líchtsignal-; Blínksignal-; ~ый пост Blínkstelle *f* (11); ~ая устано́вка Blínklichtanlage *f* (11)

светоси́ла *ж физ.* Líchtstärke *f*, Léuchtkraft *f*

светососта́в *м спец.* Léuchtmasse *f*

светосто́йкий líchtecht, líchtbeständig

светоте́нь *ж жив.* Hélldunkel *n* -s

светоте́хник *м* Beléuchtungsfachmann *m* -(e)s, -leute; Líchttechniker *m* (6)

светоте́хника *ж* Beléuchtungstechnik *f*, Líchttechnik *f*

светоустано́вка *ж кино* Líchtanlage *f* (11)

светофи́льтр *м* Fárbfilter *m*, *n* (6), Líchtfilter *m*, *n*

светофо́р *м* Verkéhrsampel *f* (11); ~, управля́емый пешехо́дами Fúßgängerampel *f*; на ~е кра́сный свет die Verkéhrsampel zeigt rot

све́точ *м* Léuchte *f* (11), Licht *n* (5), Fáckel *f* (11)

светочувстви́тельн||ость *ж фото* Líchtempfindlichkeit *f*; **~ый** líchtempfindlich

све́тск||ий *уст.* **1.** (*не церковный*) wéltlich; Láien-; profán; ~ая власть wéltliche Macht; церко́вные и ~ие зда́ния kírchliche [sakrále] und profáne Báuten; Sakrál- und Profánbauten *pl*; **2.** (*отвечающий требованиям света; утончённо-воспитанный*) mondän, Welt-; ~ая же́нщина Wéltdame *f* (11), Mondäne *f* (11); ~ий челове́к Wéltmann *m* (4)

светя́щ||ийся Leucht-, léuchtend; ~аяся му́шка *воен.* Léuchtkorn *n* (5); ~аяся кра́ска Léuchtfarbe *f* (11)

свеча́ *ж* **1.** Kérze *f* (11), Licht *n* (5); стеари́новая ~ Stearínlicht *n*, Stearínkerze *f*; восковáя ~ Wáchslicht *n*, Wáchskerze *f*; са́льная ~ Tálglicht *n*; ёлочные све́чи Báumkerzen *pl*; **2.** *тех.* Kérze *f* (11); запа́льная ~ Zündkerze *f*; **3.** *эл.* Kérze *f* (11); ла́мпочка в 25 свече́й éine Lámpe von 25 Kérzen; **4.** *мед.* Stúhlzäpfchen *n* (7), Zäpfchen *n*, Suppositórium *n* -s, *pl* -ri|en *u* -ria; ◇ игра́ не сто́ит свеч *погов.* es lohnt sich nicht, das ist nicht der Mühe wert, es lohnt die Mühe nicht

свече́ние *с* Léuchten *n* -s (*яркое*); Glühen *n* -s, Glímmen *n* -s (*слабое*)

све́чка *ж см.* свеча́ 1, 4

свечно́й Licht-, Kérzen-

све́шать *разг.* wíegen* *vt*, wägen* *vt*

све́шивать *см.* све́сить I; **~ся** *см.* све́ситься

свива́льник *м уст.* Wíndelband *n* (5), Wíckelband *n*

свива́ть 1. wínden* *vt*; **2.** *уст.* (*ребёнка*) (ein Kind) wíckeln *vt*; **~ся** sich zusámmenrollen

свида́н||ие *с* Wíedersehen *n* -s; Verábredung *f* (10), Rendezvous [*фр.* rãde'vu:] *n* = [rãde'vu:s], *pl* = [rãde'vu:s] (*условленная встреча*); Besúch *m* (1) (*в больнице, тюрьме и т. п.*); Zusámmenkunft *f* (3) (*официальная встреча*); ра́дость ~ия Wíedersehensfreude *f*; ◇ до ~ия! auf Wíedersehen!; auf Wíederhören! (*по радио, телефону*); до ско́рого ~ия! auf báldiges Wíedersehen!; bis bald! (*разг.*)

свиде́тель *м* Zéuge *m* (9), Áugenzeuge *m*; ~ несча́стного слу́чая Únfallzeuge *m*; ~ обвине́ния *юр.* Belástungszeuge *m*; ~ защи́ты *юр.* Entlástungszeuge *m*; призыва́ть кого́-л. в свиде́тели j-n zum Zéugen ánrufen*; **~ница** *ж* Zéugin *f* (12); **~ский** *юр.* Zéugen-

свиде́тельств||о *с* **1.** Zéugnis *n* (3*); Áussage *f* (11); по ~у laut [nach dem] Zéugnis; служи́ть ~ом als Bewéis [Belég] díenen; **2.** (*удостоверение*) Beschéinigung *f* (10), Schein *m* (1); Attést *n* (2); Zéugnis *n* (3*); а́вторское ~о Úrheberzeugnis *n*, Erfínderzeugnis *n*; ~о о регистра́ции бра́ка Héiratsurkunde *f*; ~о о рожде́нии Gebúrtsschein *m*, Gebúrtsurkunde *f*; враче́бное ~о ärztliche Beschéinigung, ärztliches Attést; сохра́нное ~о Verwáhrschein *m*

свиде́тельств||овать 1. zéugen *vi* (что-л., о чём-л. von *D*); Zéugnis áblegen (von *D*); bezéugen *vt*, beschéinigen *vt*; **2.** (*служить доказательством*) spréchen* *vi* (о чём-л. für *A*); об э́том ~ует тот факт, что... dáfür spricht die Tátsache, daß...; ◇ ~овать своё почте́ние кому́-л. *уст.* sich j-m empféhlen*, j-m séine Hóchachtung bezéugen

сви́деться *разг.* sich wíedersehen*; zusámmenkommen* *vi* (s), zusámmentreffen* *vi* (s) (*встретиться*)

свилева́т||ость *ж спец.* (*порок древесины*) Verwímmerung *f*, Wímmer *m* -s; **~ый** *спец.* (*о дереве*) knórrig, wímmerig

свина́||рка *ж* Schwéinepflegerin *f* (12), Schwéinewärterin *f* (12); **~рник** *м* Schwéinestall *m* (1*), Kóben *m* (7); **~рь** *м* Schwéinepfleger *m* (6), Schwéinewärter *m* (6)

свине́ц *м* Blei *n* -(e)s (*хим. знак* Pb)

свини́на *ж* Schwéinefleisch *n* -es

сви́нка *ж* **1.** Schwéinchen *n* (7); **2.** *мед.* Mumps *m* = (*разг. f*), Zíegenpeter *m* -s; ◇ морска́я ~ Méerschweinchen *n*

свинoво́д *м* Schwéinezüchter *m* (6), Schwéinehalter *m* (6); Schwéinemeister *m* (6); **~ство** *с* Schwéinezucht *f*, Schwéinehaltung *f*; **~ческий** Schwéinezucht-; ~ческий совхо́з Schwéinezuchtsowchos *m*, *n* =, -e

свин||о́й Schwéine-, Schweins-; **~а́я** котле́та (*отбивная*) Schwéinskotelett *n* (2) (*pl тж.* -s); **~а́я** ко́жа Schwéinsleder *n* -s; **~ые** гла́зки Schwéinsäuglein *pl*

свинома́тка *ж с.-х.* Múttersau *f* (3)

свинопа́с *м* Schwéinehirt *m* (8)

свинофе́рма *ж* Schwéinefarm *f* (10)

сви́н||ский schwéinisch; **~ство** *с* Schweineréi *f* (10), Geméinheit *f* (10) (*низость*); Zóte *f* (11) (*непристойность*)

свинти́ть (*соединить винтом*) zusámmenschrauben *vt*

свину́ха, свину́шка *ж* (*гриб*) Krémpling *m* (1)

свинцо́в||ый Blei-, bléiern; bléigrau, bléifarben (*о цвете*); ~ая руда́ Bléierz *n* (2); ~ый блеск *мин.* Bléiglanz *m* -es; ~ые бели́ла *хим.* Bléiweiß *n* -es, ~ая примо́чка *мед.* Bléiwasser *n* -s, ~ое отравле́ние *мед.* Bléivergiftung *f* (10); ~ые облака́ bléigráue [bléierne, bléifarbene] Wólken

сви́нчивать *см.* свинти́ть

свин||ья́ *ж* **1.** Schwein *n* (2); Sau *f* (3) (*самка*); Kéiler *m* (6) (*боров*); **2.** *разг.* (*неряха*) Dréckfink *m* (1), Férkel *n* (6), Schmútzfink *m*; Místfink *m*; **3.** *разг.* (*подлый человек*) Schwein *n* (2), Lump *m* (8); ◇ подложи́ть кому́-л. ~ю *разг.* j-m ein Bein stéllen

свире́ль *ж* Schalméi *f* (10), Hírtenflöte *f* (11)

свирепе́ть wütend [wild] wérden, in Wut geráten*, áußer Rand und Band geráten*

свире́п||ость *ж* Wíldheit *f*, Wut *f*; Gráusamkeit *f* (*жестокость*); **~ствовать** wüten *vi*; tóben *vi*, rásen *vi* (*тк о человеке*); grassíeren *vi* (*об эпидемии и т. п.*); эпиде́мия ~ствует éine Séuche wütet [grassíert, greift um sich]; ~ствует грипп die Gríppe grassíert; **~ый** wütend; rásend; grímmig, gráusam (*жестокий*)

свиристе́ль *м зоол.* Séidenschwanz *m* (1*)

свиса́ть, сви́снуть herúnterhängen* *vi*; herábhängen* *vi* (*книжн.*)

свист *м* Pfiff *m* (1); Pféifen *n* -s

свиста́ть, свисте́ть pféifen* *vi*, *vt*

сви́стнуть 1. pféifen* *vi*, éinen Pfiff áusstoßen* [tun*]; **2.** *разг.* (*украсть*) wégstibitzen *vt*

свисто́к *м* **1.** (*свист*) Pfiff *m* (1); дать ~ éinen Pfiff tun* [ertönen lássen*]; ~ судьи́ к нача́лу ма́тча [встре́чи] *спорт.* Ánpfiff *m* (1); заключи́тельный ~ судьи́ *спорт.* Schlúßpfiff *m*; **2.** (*инструмент*) Pféife *f* (11)

свистопля́ска *ж разг.* Héxentanz *m* (1*); Únordnung *f*, Wírrwarr *m* -s, Tó|huwabó|hu *n* -s (*неразбериха*)

свисту́лька *ж разг.* Pféife *f* (11); Lóckpfeife *f* (*охотничья*)

свисту́н *м разг.* **1.** Pféifer *m* (6); **2.** *перен.* Níchtstuer *m* (6) (*бездельник*); Schwätzer *m* (6), Quátschkopf *m* (1*) (*болтун*)

свистя́щий *прич.* **1.** *см.* свисте́ть; **2.** *в знач. прил. фон.* zíschend; **3.** *в знач. сущ. м фон.* Zíschlaut *m* (1), Sibilánt *m* (8)

сви́та *ж* Gefólge *n* (6); Suite [*фр.* 'svi:tə] *f* (11)

сви́тер *м* Róllkragenpullover [-vər] *m* (6)

сви́ток *м* Rólle *f* (11); Papíerrolle *f*

свить wínden* *vt*; ~ гнездо́ ein Nest báuen; **~ся** sich zusámmenrollen

свихну́ть *разг.* verrénken *vt*; **~ся** *разг.* **1.** (*сойти с ума*) überschnappen *vi* (s); он немного свихну́лся es spukt bei ihm im Kópfe; **2.** (*сойти с правильного пути*) vom réchten Wége ábkommen*; auf Ábwege geráten*

свищ *м* **1.** *мед.* Fístel *f* (11); **2.** (*в металле*) Gálle *f* (11); **3.** (*в дереве*) Ástloch *n* (5)

свия́зь *ж зоол.* Pféifente *f* (11)

свобо́д||а *ж* Fréiheit *f* (10); Úngebundenheit *f* (*вольность*); ~а сло́ва Rédefreiheit *f*; ~а со́вести Gewíssensfreiheit *f*; ~а печа́ти Préssefreiheit *f*; ~а собра́ний Versámmlungsfreiheit *f*; ~а де́йствий Hándlungsfreiheit *f*; ~а торго́вли Hándelsfreiheit *f*; лише́ние ~ы Fréiheitsentzug *m* -(e)s, Fréiheitsstrafe *f*; вы́пустить на ~у aus der Haft entlássen*; fréilassen* *отд. vt*; auf fréien Fuß sétzen; in Fréiheit sétzen; предоста́вить кому́-л. по́лную ~у де́йствий j-m fréie Hand lássen*; j-m vólle Fréiheit des Hándelns gewähren; по́льзоваться ~ой die Fréiheit geníeßen*; на ~е 1) auf fréiem Fúß(e); 2) (*на досуге*) in der fréien Zeit, während der Múßestunden

свобо́дно *нареч.* **1.** frei; úngehindert, úngezwungen; **2.** (*с лёгкостью*) leicht; fließend, geläufig (*говорить, читать и т. п.*); он ~ говори́т на э́том языке́ díese Spráche ist ihm geläufig, er spricht díese Spráche flíeßend; **3.** (*просторно*) breit, weit

свободнорождённый *ист.* fréigeboren

свобо́дн||ый *прил.* **1.** frei; úngehindert, úngezwungen, úngebunden; ~ая профе́ссия fréier Berúf; лю́ди ~ых профе́ссий Fréischaffende *sub pl*; ~ая прода́жа fréier Verkáuf; **2.** (*незанятый*) frei; únbeschäftigt (*о человеке*); **3.** (*которым можно располагать*) frei, überschüssig; verfügbar; ~ое вре́мя fréie Zeit, Fréizeit *f*; Múßestunden *pl*; ~ые де́ньги flüssiges Geld; **4.** (*о костюме*) lóse; breit, weit (*широкий*); **5.** *в знач. сущ. м* Fréie *m* (14)

свободо||люби́вый fréiheitsliebend; **~лю́бие** *с* Fréiheitsliebe *f*

свободомы́сл||ие *с* Fréisinn *m* -(e)s, Fréisinnigkeit *f*, Fréidenkertum *n* -s; **~ящий** fréidenkend, fréisinnig

свод I *м* Gewölbe *n* (6), Bógen *m* (7, 7*); небе́сный ~ Firmamént *n* -(e)s, Hímmelsgewölbe *n*; перекры́ть ~ом überwölben *vt*

свод II *м*: ~ зако́нов Gesétzessammlung *f* (10), Gesétzbuch *n* (5), Kódex *m* (1) (*тж.* G =, *pl* -dizes)

своди́ть *см.* свести́; не ~ глаз с кого́-л. kein Áuge von j-m (áb)wénden*

своди́ться: э́то сво́дится к тому́ же das kommt aufs gléiche hináus; das läuft auf eins hináus; всё сво́дится к тому́, что... aus álledem ergíbt sich, daß...; im Éndergebnis stellt sich (álso) heráus, daß...

сво́дк||а *ж* **1.** Zusámmenstellung *f* (10), Zusámmenfassung *f* (10); Áufstellung *f*; ~а пого́ды Wétterbericht *m* (1); операти́вная ~а *воен.* operatíver [-vər] Sámmelbericht [Áuskunftsbericht]; Kríegsbericht *m* (1); соста́вить ~у éinen Beŕicht verfássen [ábfassen]; **2.** *полигр.* Revisiónsbogen [-vi-] *m* (7, 7*)

сво́дн||ик *м разг.* Kúppler *m* (6) **~ица** *ж разг.* Kúpplerin *f* (12); **~ичать** *разг.* kúppeln *vi*; **~ичество** *с* Kuppeléi *f* (10)

сво́дн||ый **1.** zusámmengestellt; zusámmengesetzt, zusámmengefaßt; ~ая табли́ца Áufstellung *f* (10); ~ый полк ein zusámmengesetztes Regimént; **2.** (*о родственнике*) Stief-; ~ый брат Stíefbruder *m* (6*), Hálbbruder *m*; ~ая сестра́ Stíefschwester *f* (11), Hálbschwester *f*

сво́дня *ж разг.* Kúpplerin *f* (12)

сво́дчатый gewölbt, Gewölbe-

своё *с см.* свой 1, 2, 3

своево́лие *с* Éigensinn *m* -(e)s; Éigenmächtigkeit *f*, Éigenwille *m* -ns; Stárrsinn *m*, Stárrköpfigkeit *f* (*упрямство*)

своево́льн||ичать *разг.* éigenmächtig [éigenwillig] hándeln; **~ый** éigenmächtig, éigenwillig; éigensinnig

своевре́менн||ость *ж* Réchtzeitigkeit *f*; ~ость тема́тики die Aktualität der Thematík; **~ый** réchtzeitig, zéitgerecht; termíngemäß, termíngerecht (*в указанный срок*)

своекоры́ст||ие *с* Éigennutz *m* -es; **~ный** éigennützig, auf den éigenen Vórteil bedácht

своенра́в||ие *с*, **~ность** *ж* Éigensinn *m* -(e)s, Láunenhaftigkeit *f*; **~ный** éigensinnig, láunenhaft

своеобра́з||ие *с*, **~ность** *ж* Originalität *f* (10), Éigentümlichkeit *f* (10), Éigenart *f*; **~ный** originéll, éigentümlich, éigenartig

свози́ть *см.* свезти́ 2, 3

свои́ *мн. см.* свой

свой *мест.* **1.** *переводится притяжательным мест. соответствующего лица и числа* (*ср.* мой 1, наш 1, твой 1, ваш 1, его́, её, их); я чита́ю свою́ кни́гу ich lése mein Buch; возьми́ свою́ кни́гу nimm dein Buch; он зако́нчил свою́ рабо́ту er ist mit séiner Árbeit fértig; она́ пакова́ла свои́ ве́щи sie páckte íhre Sáchen; мы принесли́ свои́ кни́ги, а они́ принесли́ свои́ wir háben únsere Bücher gebrácht, und sie íhre [die íhrigen (*книжн.*)]; **2.** (*собственный*) éigen; éigentümlich (*своеобразный*); у него свой дом er hat sein éigenes Heim; жить свои́м умо́м nach séinem éigenen Kopf hándeln; в э́том есть своя́ пре́лесть das hat éinen éigentümlichen Reiz; **3.** *в знач. сущ.* своё *с* das Séine [Séinige], das Déine [Déinige] *и т. д.*; ка́ждому своё jédem das Séine; стоя́ть на своём auf séiner Méinung bestéhen*; steif und fest beháupten; доби́ться своего́, поста́вить на своём séinen Wíllen dúrchsetzen; séine Ábsicht erréichen; **4.** *в знач. сущ.* свои́ *мн.* (*родные*) méine (déine, séine *и т. д.*) Verwándten [Famíli|e]; die Méinigen, die Déinigen, die Séinigen *и т. д.* (*книжн.*); я был у свои́х ich war bei den Méinigen; здесь все свои́ 1) hier sind wir únter uns, hier sind kéine Frémden; 2) (*родные*) álle gehören zur Famíli|e; ◇ в своё вре́мя séinerzeit (*о прошлом*); zu pássender [gelégener] Zeit (*о будущем*); всё в своё вре́мя jédes Ding hat séine Zeit; álles zu séiner Zeit; не свои́м го́лосом (*слишком громко*) schréiend, überlaut; mit schríller Stímme; не в своём уме́ *разг.* übergeschnappt; nicht ganz ríchtig im Óberstübchen; ты не в своём уме́ *разг.* du bist wohl nicht recht bei Trost [bei Sínnen]; на свои́х (на) двои́х *шутл.* auf Schústers Ráppen; zu Fuß; умере́ть свое́й сме́ртью éines natürlichen Tódes stérben*; он там ~ челове́к ≅ er geht dort ein und aus; er ist dort wie zu Háuse; он сам не ~ er ist áußer sich

сво́йственник *м* der ángeheiratete Verwándte; *юр.* verschwägerte Persón, Verschwägerte *m* (14)

сво́йственный éigen (*кому́-л., чему́-л. D*); éigentümlich, charakterístisch [ka-] (für *A*)

сво́йство *с* Éigenschaft *f* (10), Beschaffenheit *f* (10)

свойств||о́ *с* Verwándtschaft *f* (durch Héirat), Schwägerschaft *f*; вступи́ть с кем-л. в ~о́ sich mit j-m verschwägern; состоя́ть с кем-л. в ~е́ mit j-m verschwägert sein

svola

свола́кивать, своло́чь *разг.* **1.** schléppen *vt*, fórtschleppen *vt*; **2.** (*в одно место*) zusámmenschleppen *vt*

сво́лочь *ж груб., бран.* **1.** *собир.* (*сброд*) Gesíndel *n* -s; **2.** (*негодяй*) Lump *m* (8), geméiner Kerl

сво́ра *ж* **1.** *охот.* (*привязь*) Kóppel *f* (11); **2.** *собир.* (*охотничьи собаки*) Méute *f* (11); **3.** *собир. перен. презр.* (*шайка*) Pack *n* -(e)s; Bánde *f* (11)

свора́чивать *см.* сверну́ть 1, 2, 3

сворова́ть *разг.* stéhlen* *vt*

свороти́ть *см.* сверну́ть 3

своя́ *ж см.* свой

своя́к *м* Schwáger *m* (6*) (*Ehemann der Schwester der Ehefrau und Bruder der Ehefrau*)

своя́ченица *ж* Schwägerin *f* (12) (*Schwester der Ehefrau*)

свыка́ться, сво́кнуться sich gewöhnen (с чем-л. an *A*), sich éingewöhnen (in *A*)

свысока́ *нареч.* von óben heráb; geríngschätzig (*пренебрежительно*); hóchmütig (*высокомерно*); обраща́ться с кем-л. ~ j-n von óben heráb behándeln; j-n über die Áchsel ánsehen*

свы́ше **1.** *нареч.* von óben; по прика́зу ~ auf höheren Beféhl; **2.** *предлог* (*сверх*) über, mehr als; ~ тридцати́ челове́к über dréißig Mann; э́то ~ мои́х сил das geht über méine Kräfte

свя́занн||ость *ж* Gebúndenheit *f*; Gezwúngenheit *f*, Únfreiheit *f*, Befángenheit *f* (*стеснённость*); **~ый** **1.** gebúnden, verbúnden; *перен. тж.* alliíert (с кем-л. mit *D*); ~ый сло́вом an [durch] sein Wort gebúnden; **2.** (*стеснённый*) únfrei, befángen, gezwúngen, gehémmt; ~ые движе́ния únfreie [gehémmte, befángene] Bewégungen

связа́ть **1.** bínden* *vt*; zusámmenbinden* *vt*; ~ что-л. в у́зел etw. bündeln, ein Bündel máchen, etw. zu éinem Bündel zusámmenbinden* [zusámmenschnüren]; **2.** *перен.* bínden* *vt*, verknüpfen *vt*; únfrei máchen, j-m Zwang áuferlegen (*стеснить кого-л.*); ~ кого́-л. по рука́м и нога́м j-n (an Händen und Füßen) fésseln; j-n knébeln; ~ че́стным сло́вом j-n durch sein Éhrenwort bínden*; ~ себя́ чем-л. sich an etw. (*A*) bínden*; ~ два собы́тия zwei Eréignisse verknüpfen [in Zusámmenhang bríngen*, in Verbíndung bríngen*]; э́то свя́зано с тем das steht damít in Verbíndung, das hängt damít zusámmen; **3.** *стр.* zusámmenfügen *vt*; **4.** häkeln *vt* (*крючком*); strícken *vt* (*на спицах*); ~ кру́жево Spítzen häkeln; ~ чулки́ Strümpfe strícken; ◇ он двух слов ~ не мо́жет er kann nicht bis drei zählen; **~ся** **1.** (*установить связь*) sich in Verbíndung sétzen; in Verbíndung tréten*; Fühlung [Verbíndung] áufnehmen*; **~ся** по телефо́ну telefónisch die Verbíndung áufnehmen*; с ним мо́жно ~ся по телефо́ну er ist telefónisch zu erréichen; **2.** *разг.* (*вступить в отношения с кем-л.*) sich éinlassen* (mit *D*); **3.** *разг.* (*с чем-л.*) sich (*D*) etw. áufhalsen, sich (*D*) etw. auf den Hals láden*

связи́ст *м* **1.** Ángestellte *m* (14) des Férnmeldedienstes; **2.** *воен.* Náchrichtensoldat *m* (8), Ángehörige *m* (14) der Náchrichtentruppen

свя́з||ка *ж* **1.** (*однородных предметов*) Pácken *m* (7); Bündel *n* (6); Bund *n* (2) (*ключей*); ~ка ручны́х грана́т gebállte Ládung; ~ками bündelweise, búndweise; **2.** *анат.* (séhniges) Band *n* (5); растяже́ние ~ок Bänderzerrung *f* (10), Séhnenzerrung *f*; голосовы́е ~ки Stímmbänder *pl*; **3.** *лингв.* Kópula *f*, *pl* -s, Sátzband *n* (5)

связни́к *м разг.* (*разведывательной службы*) Verbíndungsmann *m* (4) (*pl тж.* -leute), Kontáktperson *f* (10)

связно́й *сущ. м воен.* Mélder *m* (6), Verbíndungsmann *m* (4) (*pl тж.* -leute); Verbíndungsoffizier *m* (1) (*офицер*)

свя́зн||ость *ж* (*рассказа, речи и т. п.*) Bündigkeit *f*, Zusámmenhang *m* -(e)s; Fólgerichtigkeit *f* (*мыслей*); **~ый** zusámmenhängend; fólgerichtig (*логичный*); ~ая речь zusámmenhängende [flüssige] Spráche

свя́зочный *анат.* Band-

свя́зу́ющий Verbíndungs-, verbíndend

свя́зыва||ние *с* Zusámmenbinden *n* -s; Bündeln *n* -s; *перен.* Verknüpfen *n* -s; **~ть** *см.* связа́ть 1—3; **~ться 1.** *см.* связа́ться; **2.** *страд.* gebúnden wérden (*ср.* связа́ть)

связ||ь *ж* **1.** Zusámmenhang *m* (1*); Verbíndung *f* (10); *физ.* Kohärénz *f*; причи́нная ~ь Kausálzusammenhang *m*; *филос.* Kausalität *f*; **2.** (*общение, отношения*) Verhältnis *n* (3*); Verbíndung *f* (10); Zusámmenhalt *m* -(e)s; Bezíehung *f* (10); Band *n* (2); ~ь с ма́ссами die Verbíndung [die Verbúndenheit, der Kontákt] mit den Mássen; те́сная дру́жественная ~ь énges Fréundschaftsverhältnis, énge Fréundschaftsbande *pl*; любо́вная ~ь Líebesverhältnis *n*, Verhältnis *n*; ро́дственная ~ь Verwándtschaftsverhältnis *n*; экономи́ческие ~и Wírtschaftsbeziehungen *pl*; установи́ть ~ь Verbíndung hérstellen; подде́рживать ~ь с кем-л. den Zusámmenhalt mit j-m pflégen; Verbíndung mit j-m hálten*; теря́ть ~ь с кем-л. mit j-m die Verbíndung [Fühlung] verlíeren*; j-n aus den Áugen verlíeren*; име́ть больши́е ~и (*деловые*) éinflußreiche Bezíehungen [Verbíndungen] háben; пусти́ть в ход (все) ~и die [álle] Bezíehungen spíelen lássen*; **3.** (*почта, телеграф*) Náchrichtenwesen *n* -s, Póst- und Férnmeldewesen *n* -s; слу́жба ~и Póst- und Férnmeldedienst *m* -(e)s; те́хника ~и Férnmeldetechnik *f*, Náchrichtentechnik *f*; сре́дства и ли́нии ~и Férnmeldeanlagen und Férnmeldeleitungen; автомати́ческая междугоро́дная (телефо́нная) ~ь Sélbstwählfernverkehr *m* -s (*сокр.* SWFV); **4.** *тех.* Verbíndung *f* (10), Verbánd *m* (1*); деревя́нная ~ь Hólzverband *m*; металли́ческая ~ь Stáhlkonstruktionsverband *m*, metállische Verbíndung; **5.** *воен.* Náchrichtenübermittlung *f*; Verbíndung *f* (10); войска́ ~и Náchrichtentruppen *pl*; слу́жба ~и Náchrichtenwesen *n* -s; ◇ в ~и́ с *предлог* in Verbíndung mit (*D*), in [im] Zusámmenhang mit (*D*), in Bezíehung zu (*D*); в ~и́ с э́тим, в э́той ~и́ in díesem Zusámmenhang; daraufhín; в о́бщей ~и́ im allgeméinen Zusámmenhang

святи́лище *с* **1.** *уст.* (*храм*) Témpel *m* (6); Héiligtum *n* (5); **2.** *перен.* Héiligtum *n* (5)

святи́ть wéihen *vt*, éinweihen *vt*

свя́тки *мн. рел.* Wéihnachtszeit *f* (*bis zum Dreikönigsfest*)

свя́т||о *нареч.* hoch, erháben; hoch und héilig; hoch und téuer; **~о** чтить чью-л. па́мять j-s Ándenken hoch in Éhren hálten*; **~о́й** *прил.* **1.** héilig; *перен. тж.* hoch, erháben; ~а́я вода́ Wéihwasser *n* -s; ~о́е де́ло éine erhábene Sáche; ~а́я обя́занность héilige Pflicht; для него́ нет ничего́ ~о́го nichts ist ihm héilig; **2.** *в знач. сущ. м рел.* Héilige *m* (14); ◇ ~а́я святы́х das Állerheiligste; ~а́я неде́ля *церк.* Ósterwoche *f*

свя́тость *ж* Héiligkeit *f*; *перен. тж.* Erhábenheit *f*

святота́тство *с рел.* Gótteslästerung *f* (10); *перен.* Frével *m* (6); **~вать** lästern *vt*, *vi*; fréveln *vi*

свя́точный *уст.* Wéihnachts-; ~ расска́з Wéihnachtserzählung *f* (10), Wéihnachtsgeschichte *f* (11)

свято́ша *м*, *ж* Schéinheilige *m*, *f* (14); Frömmler *m* (6); Frömmlerin *f* (12)

свя́тцы *мн. рел.* Kírchenkalender *m* (6)

святы́ня *ж* Héiligtum *n* (5)

свяще́нник *м* Príester *m* (6), Géistliche *sub m*

священноде́йств||ие *с* **1.** *рел.* Rítus *m* =, *pl* Ríten, kírchliche Hándlung; Zelebríeren *n* -s; **2.** *перен.* Rítus *m* =, *pl* Ríten, féierliche Hándlung; **~овать 1.** *рел.* zelebríeren *vt*, Góttesdienst ábhalten*; **2.** *перен.* zelebríeren *vt*, mit großem Zeremoniéll vollzíehen*

свяще́н||ный héilig, gehéiligt; ◇ Свяще́нное писа́ние die Héilige Schrift; Свяще́нный сою́з *ист.* die Héilige Allíanz; **~ство** *с собир.* Príestertum *n* -s

сгиб *м* Bíegung *f* (10); Krümmung *f* (10); Kníck *m* (1); Bügelfalte *f* (11) (*на белье*); *анат.* Gelénk *n* (2); **~а́ние** *с спорт.* Béugen *n* -s; ~а́ние рук Ármbeuge *f* (11); ~а́ние ту́ловища Rúmpfbeugen *n*; **~а́тель** *м анат.* Béuger *m* (6), Béugemuskel *m* (13); Fléxor *m* -s, -xóren; **~а́ть** *см.* согну́ть; **~а́ться 1.** *см.* согну́ться; **2.** *страд.* gebógen wérden (*ср.* согну́ть)

сги́нуть *разг.* verschwínden* *vi* (s); in die Wícken géhen*; сгинь! verschwínde!; verdúfte! (*груб.*)

сгла́дить glätten *vt*; ébnen *vt*, *перен.* áusgleichen* *vt*, verwíschen *vt*; ~ неро́вности Únebenheiten glätten; ~ шерохова́тости в рабо́те Únebenheiten [Schwíerigkeiten] in der Árbeit áusgleichen*; **~ся** glatt wérden, sich glätten; *перен.* sich verwíschen, verschwínden* *vi* (s) (*исчезнуть*); sich áusgleichen* (*выровняться*)

сгла́живать *см.* сгла́дить; **~ся 1.** *см.* сгла́диться; **2.** *страд.* geglättet wérden (*ср.* сгла́дить)

сглази́ть *разг.* durch den bösen Blick behéxen [verhéxen]

сглупи́ть *разг.* éine Dúmmheit máchen [begéhen*]; éinen Bock schíeßen*

сгнить verfáulen *vi* (s); der Fäulnis [der Verwésung] anhéimfallen* *отд.* (*книжн.*)

сгнои́ть verfáulen [úmkommen] lássen*

сгова́риваться *см.* сговори́ться

сго́вор *м* **1.** Verábredung *f* (10), Ábkommen *n* (7), Ábmachung *f* (10); Übereinkunft *f* (*договорённость*); Komplótt *n* (2) (*заговор*); Schächerabkommen *n* (*презр.*); та́йный ~ Gehéimabmachung *f*; закули́сный ~ Kúhhandel *m* -s; в ~е с кем-л. im Éinvernehmen mit j-m; **2.** *уст.* (*помолвка*) Verlóbung *f* (10), Ábmachung *f* der Éltern über die Héirat íhrer Kínder

сговори́ться sich verábreden, zu éinem Éinverständnis kómmen*; verábreden *vt*, ábmachen *vt* (*условиться о чём-л.*); с ним мо́жно ~ er läßt mit sich réden; mit ihm ist leicht [gut] áuszukommen

сгово́рчив||ость *ж* Náchgiebigkeit *f*, Verträglichkeit *f*, Gefügigkeit *f*; **~ый** náchgiebig, verträglich, gefügig; он сгово́рчив mit ihm ist leicht [gut] áuszukommen; er ist verträglich; er läßt mit sich réden

сгоня́ть *см.* согна́ть

сгора́н||ие *с* Verbrénnung *f*, Verbrénnen *n* -s, дви́гатель вну́треннего ~ия *тех.* Verbrénnungsmotor *m* (13)

сгора́ть 1. verbrénnen* *vi* (s), in Flámmen áufgehen*; **2.** *перен.* (*изнуряться*) sich áufreiben*; **3.** *перен.* (*от какого-л. чувства*) glühen *vi*; ~ от нетерпе́ния auf etw. (*A*) brénnen*, vor Úngeduld brénnen* [vergéhen*]; ~ от стыда́ vor Scham [Schánde] vergéhen*

сго́рб||ить krümmen *vt*; **~иться** éinen krúmmen Rücken máchen; éinen krúmmen Rücken bekómmen* (*стать сгорбленным*); krumm wérden* (*о спине*); **~ленный** gekrümmt, búck(e)lig; mit gekrümmtem Rücken

сгоре́ть *см.* сгора́ть

сгоряча́ *нареч.* in der Hítze; in der érsten Áufwallung; únbedacht (*необдуманно*)

сгреба́ть, сгрести́ 1. (*в одно место*) zusámmenscharren *vt*; zusámmenschaufeln *vt* (*лопатой*); zusámmenharken *vt*, zusámmenrechen *vt* (*граблями*); **2.** (*сбросить*) hinúnterscharren *vt*; herábschaufeln *vt* (*лопатой*); **3.** *разг.* (*схватить в охапку*) pácken *vt*

сгруди́ться *разг.* sich aneinánderdrängen *отд.*, sich ánsammeln

сгружа́ть, сгрузи́ть áusladen* *vt*, ábladen* *vt*; löschen *vt* (*с судна*); *ж.-д.* entláden* *vt*

сгруппирова́ть gruppíeren *vt*; **~ся** sich gruppíeren

сгрустну́ться *безл. разг. см.* взгрустну́ться

сгрыза́ть, сгрызть 1. zernágen *vt*; **2.** *разг.* (*обгрызть*) ábnagen *vt*

сгуби́ть verdérben* *vt*; ins Verdérben stürzen; únglücklich máchen, zugrúnde ríchten

сгусти́ть verdícken *vt*, verdíchten *vt*; kondensíeren *vt*; ~ кра́ски *перен.* (die Fárben) dick áuftragen*; **~ся** dick [dicht] wérden, sich verdíchten; атмосфе́ра сгусти́лась *перен.* étwas liegt in der Luft, es droht étwas; es herrscht éine gespánnte Atmosphäre, es ist dícke Luft (*разг.*)

сгу́сток *м* Klúmpen *m* (7); Gerínnsel *n* (6); ~ кро́ви Blútkuchen *m* (7), Blútgerinnsel *n*

сгущ||а́емость *ж* Verdíchtbarkeit *f*; Kondensíerbarkeit *f*; **~а́ть** *см.* сгусти́ть; **~а́ться 1.** *см.* сгусти́ться; **2.** *страд.* verdíckt [verdíchtet] wérden; **~е́ние** *с* Verdíckung *f*, Verdíchtung *f*; Kondensíerung *f*; Gerínnen *n* -s (*крови*); **~ённый** verdíchtet; kondensíert; ~ённое молоко́ kondensíerte Milch, Büchsenmilch *f*, Kondénsmilch *f*

сда́бривать *см.* сдо́брить

сдава́ть *см.* сдать

сдава́ться I **1.** *см.* сда́ться; не ~ stándhalten* *отд.* *vi*; stándhaft bléiben*; dúrchhalten* *vi*, áusharren *vi*; **2.** (*внаём*) vermíetet wérden; сдаётся да́ча ein Sómmerhaus ist zu vermíeten; **3.** *страд.* ábgegeben wérden (*ср.* сдать)

сдава́ться II *безл. разг.* (*казаться*) schéinen* *vi*, vórkommen* *vi* (s); мне сдаётся... mir scheint...; es kommt mir vor...; mir schwant...

сдав||и́ть zusámmenpressen *vt*, zusámmendrücken *vt*; ~и́ть ру́ку die Hand drücken [préssen]; страх ~и́л ей го́рло die Angst schnürte ihr die Kéhle zu

сда́вленный zerdrückt, zusámmengepreßt; ~ го́лос gepréßte [gedämpfte] Stímme

сдать 1. ábgeben* *vt*; übergében* *vt* (*передать*); ~ в бага́ж als Gepäck áufgeben*; ~ на хране́ние zur Áufbewahrung gében*, in Verwáhrung gében*; ~ дела́ das Amt [die Geschäfte] übergében*; ~ в эксплуата́цию in Betríeb néhmen*, séiner Bestímmung übergében*; dem Verkéhr übergében* (*ж.-д. линию, дорогу*); in Dienst stéllen (*транспортное средство*); **2.** (*внаём*) vermíeten *vt*; ~ в аре́нду (*землю*) verpáchten *vt*, in Pacht gében*; **3.** (*крепость и т. п.*) übergében* *vt*; räumen *vt*, áufgeben* *vt* (*оставить*); **4.** (*карты*) áusgeben* *vt*, vertéilen *vt*; кому́ сдава́ть? wer ist am Gében? ; **5.** (*сдачу*) Wéchselgeld heráusgeben*; ~ с рубля́ auf éinen Rúbel heráusgeben*; **6.:** ~ экза́мен das Exámen [die Prüfung] máchen [áblegen, bestéhen*]; durch das Exámen kómmen* (*разг.*); **7.** *разг.* (*постареть, ослабеть*) alt wérden, náchlassen* *vi*, ábfallen* *vi* (s); моро́зы сда́ли der Frost hat náchgelassen; мото́р сдал der Mótor hörte auf zu láufen; **~ся** sich ergében*; kapitulíeren *vi*; die Wáffen strécken, den Kampf áufgeben* (*тж. перен.*); ~ся на ми́лость победи́теля sich auf Gnáde und Úngnade ergében*; ~ся в плен sich gefángen¦geben* *отд.* sich ergében*, sich in Gefángenschaft begében*; заста́вить кого́-л. ~ся *шахм.* j-n zur Áufgabe zwíngen*

сда́ч||а *ж* **1.** (*действие*) Áufgabe *f*, Áblieferung *f* (10); Übergabe *f* (*передача*); но́рма ~и Áblieferungssoll *n* = *u* -s, *pl* = *u* -s; Pflíchtablieferung *f*; при ~е книг bei Ábgabe der Bücher; ~а багажа́ Gepäckaufgabe *f*, Gepäckabfertigung *f*; ~а под ключ *стр.* schlüsselfertige Übergabe; **2.** (*внаём*) Vermíeten *n* -s; ~а в аре́нду (*земли́*) Verpáchten *n* -s; **3.** (*крепости*) Übergabe *f*, Kapitulatión *f* (10); **4.** (*деньги*) Rest *m* -(e)s, Wéchselgeld *n* (-e)s; пять рубле́й ~и fünf Rúbel Rest; дать ~и два рубля́ zwei Rúbel heráusgeben*; получи́ть ~у с семи́ рубле́й auf síeben Rúbel heráusbekommen*; **5.** *карт.* Áusgeben *n* -s, Vertéilen *n* -s; ◇ дать ~и *разг.* éinen Schlag paríeren; éine Ábfuhr ertéilen; ábfertigen *vt*; получи́ть ~и *разг.* (eins) auf die Náse bekómmen*; sich (*D*) éine Ábfuhr hólen

сдва́ив||ание *с* Dóppelung *f* (10); **~ать** *см.* сдво́ить

сдвиг *м* **1.** Ruck *m* (1); Verschíebung *f*; Versétzung *f*; **2.** *геол.* Érdrutsch *m* (1); **3.** *перен.* Úmschwung *m* (1*); Fórtschritt *m* (1) (*прогресс*); Wándlung *f* (10) (*изменение*); Verlágerung *f* (10), Verschíebung *f* (10) (*перемещение*); огро́мные ~и в созна́нии масс éinschneidende Wándlungen im Bewúßtsein der Mássen; кру́пный ~ в эконо́мике éine éinschneidende Veränderung in der Wírtschaft; **~а́ть** *см.* сдви́нуть; **~а́ться 1.** *см.* сдви́нуться; **2.** *страд.* geschóben wérden (*ср.* сдви́нуть)

сдви́нуть 1. rücken *vt*, schíeben* *vt*; úmstellen *vt*, úmrücken *vt*, úmschieben* *vt* (*передвинуть*); ábrücken *vt*, ábschieben* *vt* (*отодвинуть*); fórtrücken *vt*, wégrücken *vt* (*прочь*); ~ с ме́ста vom Platz rücken, von der Stélle bríngen*; его́ с ме́ста не сдви́нешь man kriegt [bekómmt] ihn nicht von der Stélle; **2.** (*приблизить одно к другому*) zusámmenrücken *vt*, zusámmenschieben* *vt*; ◇ ~ бро́ви die Bráuen zusámmenziehen*; **~ся 1.** sich verschíeben*; sich in Bewégung sétzen (*начать двигаться*); ins Zíehen kómmen* (*о скатерти и т. п.*); **2.** (*сблизиться*) zusámmenrücken *vi* (s); ◇ не ~ся с ме́ста nicht vom Fleck [von der Stélle] kómmen*; де́ло не сдви́нулось с ме́ста die Sáche kam nicht vom Fleck; álles blieb beim álten; фотосни́мок сдви́нулся die Áufnahme ist verwáckelt

сдво́енн||ый: ~ые ряды́ *воен.* Dóppelreihe *f* (11)

сдво́ить verdóppeln *vt*; ~ ряды́ *воен.* die Réihen verdóppeln

сде́лать *см.* де́лать; **~ся** wérden* *vi* (s)

сде́лк||а *ж* Geschäft *n* (2); Vertrág *m* (1*); Ábmachung *f* (10); Ábkommen *n* (7) (*соглашение*); деловая ~а Geschäftsabschluß *m* -sses, -schlüsse; заключи́ть ~у éinen Vertrág schlíeßen*; éinen Vergléich schlíeßen*; ein Ábkommen tréffen*; заключе́ние ~и Geschäftsabschluß *m* -sses; ◇ **пойти́** на ~у с со́вестью gégen sein Gewíssen hándeln

сде́ль||но *нареч.* stückweise, pro Stück; рабо́тать ~но im Stücklohn [nach Stück] árbeiten; im Akkórd árbeiten [stéhen*] (*в капиталистических странах*); **~ный** Stück-; Léistungs- (*в социалистических странах*); Akkórd- (*в капиталистических странах*); ~ная опла́та труда́ Stücklohn *m*; Léistungslohn *m* (*в социалистических странах*); ~ная рабо́та die Árbeit im Léistungslohn; **~щик** *м* im Léistungslohn stéhender Árbeiter, Léistungslöhner *m* (6) (*в социалистических странах*); Akkórdarbeiter *m* (6) (*в капиталистических странах*); **~щина** *ж* Árbeit *f* im Stücklohn, Stücklohnsystem *n* -s; Árbeit im Léistungslohn, Léistungslohnsystem *n* (*в социалистических странах*); Akkórd(lohn)system *n*, Akkórdarbeit *f* (*в капиталистических странах*); **~щица** *ж* Léistungslöhnerin *f* (12) (*в социалистических странах*); Akkórdarbeiterin *f* (12) (*в капиталистических странах*)

сдёргивать *см.* сдёрнуть

сде́ржанн||ость *ж* Zurückhaltung *f*, Sélbstbeherrschtheit *f*; Resérve [-və] *f*; **~ый** zurückhaltend, reserviert [-'vi:rt], sélbstbeherrscht; zúgeknöpft (*разг.* — *тк. о человеке*); ~ый смех unterdrücktes Láchen; ~ый тон zurückhaltender [reservíerter] Ton

сдержа́ть zügeln *vt*, fésthalten* *отд.* *vt*; zurückhalten* *vt*; behérrschen *vt*; unterdrücken *vt* (*подавить*); ~ лошаде́й die Pférde zügeln [fésthalten*]; ~ гнев séinen Zorn behérrschen [zügeln]; ~ поры́в éine Áufwallung unterdrücken; ◇ ~ сло́во (sein) Wort hálten*; не ~ своего́ сло́ва sein Wort bréchen*; ~ обеща́ние das Verspréchen éinhalten*; **~ся** sich behérrschen, sich bezwíngen*; an sich (*D*) hálten*, sich zurückhalten*; **он не мог** ~ся er kónnte sich nicht behérrschen; er verlór die Behérrschung

сде́рживать *см.* сдержа́ть; с трудо́м ~ смех das Láchen verbéißen*; **~ся 1.** *см.* сдержа́ться; **2.** *страд.* gezügelt wérden (*ср.* сдержа́ть)

сдёрнуть ábziehen* *vt*; herúnterreißen* *vt*, herúnterziehen* *vt*

сдира́ть *см.* содра́ть

сдо́б||а *ж собир.* Féinbrot *n* -(e)s; **~ный** Bútter-; mit Bútter und Milch zúbereitet; ~ная бу́лка Mílchbrötchen *n* (7); Múndbrötchen *n*; Kúchenbrötchen *n*

сдо́брить *разг.* würzen *vt*; schmáckhaft máchen *vt*, Geschmáck [Würze] zúlegen (*что-л.* *D*)

сдо́хнуть 1. (*о животных*) krepíeren *vi* (s); **2.** *груб.* (*о человеке*) krepíeren *vi* (s), ábkratzen *vi* (s); ins Gras béißen*

сдружи́ться (*с кем-л.*) sich befréunden (mit j-m); sich j-m ánschließen*

сдува́ть, сду́нуть *см.* сдуть

сду́ру *нареч. разг.* vor (láuter) Dúmmheit, dúmmerweise

сдуть wégblasen* *vt*, fórtpusten *vt* (*о человеке*); wégwehen *vt* (*о ветре*)

сдыха́ть *см.* сдо́хнуть

сё: ни то ни сё nicht Fisch nicht Fleisch; weder Fisch noch Fleisch; wéder gehäuen noch gestóchen

сеа́нс *м* **1.** Sítzung *f* (10) (*портретиста*); Vórstellung *f* (10), Vórführung *f* (10) (*в кино*); дневно́й ~ Náchmittagsvorstellung *f* (10); ~ одновреме́нной игры́ (*в шахматы*) Simultánspiel *n* (2); **2.** Séndezeit *f* (10) (*радио*)

себе́ I *возвр. мест.* sich (*при подлежащем в 3-м л.*); mich, mir, uns (*при подлежащем в 1-м л.*); dich, dir, euch (*при подлежащем во 2-м лице*); ты купи́л ~ э́ту кни́гу? hast du dir díeses Buch gekáuft?; предста́вить ~ что-л. sich (*D*) etw. vórstellen; уйти́ к ~ (в ко́мнату) in sein Zímmer géhen*; уйти́ к ~ (домо́й) nach Háuse géhen*; он ду́мает то́лько о ~ er denkt nur an sich; ◇ вещь в ~ das Ding an sich; быть не в ~ *разг.* áußer sich (*D*) sein; он нашёл рабо́ту по ~ er hat éine ihm pássende [ángemessene] Árbeit gefúnden; мне не по ~ *разг.* mir ist nicht wohl; сам по ~ an (und für) sich; als sólcher; име́ть при ~ míthaben* *vt*; *см. тж.* себя́

себе́ II *частица разг.* für sich hin; úngezwungen; *б. ч. не переводится*; идёт ~, ничего́ не замеча́я er geht so für sich hin, óhne étwas zu bemérken; ся́ду ~ в уголо́чке ich sétze mich ganz beháglich im Éckchen níeder; ◇ так ~ nicht besónders, mäßig; Как вы пожива́ете? — Ничего ~. Wie geht es Íhnen? — Es geht!; Sosó lalá!; ничего́ ~ друг! *ирон.* das ist mir áber ein féiner Freund!

себесто́имост||ь *ж эк.* Sélbstkostenpreis *m* -(e)s, Sélbstkosten *pl*, Gestéhungskosten *pl*, Hérstellungskosten *pl*; Hérstellungspreis *m*; сниже́ние ~и die Sénkung der Sélbstkosten, Sélbstkostensenkung *f*; по цене́ ни́же ~и únter dem Sélbstkostenpreis

себя́ *возвр. мест.* sich (*при подлежащем в 3-м л.*); mich, mir, uns (*при подлежащем в 1-м л.*); dich, dir, euch (*при подлежащем во 2-м л.*); я хорошо́ зна́ю ~ ich kénne mich gut; он зна́ет ~ er kennt sich; у ~ до́ма bei sich (D) zu Háuse; ◇ прийти́ в ~ zu sich (*D*) kómmen*; вы́йти из ~ áußer sich (*D*) gerāten*; aus dem Häus'chen geráten* (*разг.*), aus der Haut fáhren* (*разг.*); вы́вести кого́-л. из ~ j-n aus der Fássung bríngen*; j-n in Wut versétzen; говори́ть от ~ im éigenen Námen spréchen*; чита́ть про ~ für sich (*A*) lésen*; чте́ние про ~ stílles Lésen

себялю́б||ец *м* Egoíst *m* (8); **~и́вый** sélbstsüchtig; egoístisch; **~ие** *с* Sélbstsucht *f*, Egoísmus *m* =; Sélbstliebe *f*

сев *м* Saat *f*; Áussaat *f*; Sáatzeit *f*

(*время сева*); **весенний ~** Frühjahrsbestellung *f*

се́вер *м* Nórden *m* -s; Nord (*поэт.*, *мор.*, *геогр.* — *употр. без артикля*; *сокр.* N); на ~е im Nórden; к ~у, на ~ nach Nórden; nórdwärts; к ~у [на ~, на ~е] от чего́-л. nördlich von etw. (*D*); с ~а von [aus dem] Nórden; на ~е Евро́пы im Nórden Európas; ◇ на Кра́йнем Се́вере im hóhen Nórden

се́вернее (*чего-л.*) nördlich (von *D*)

се́верн||ый nördlich; Nord-; Се́верный по́люс Nórdpol *m* -s; ~ое сия́ние Nórdlicht *n* -(e)s, Polárlicht *n*; Се́верный морско́й путь der Nördliche Séeweg; ~ая широта́ nördliche Bréite; ~ый ве́тер Nórdwind *m* (1); Nord *m* (1) (*поэт.*)

североамерика́нский nórdamerikanisch

североатланти́ческий nórdatlantisch, Nórdatlantik-; Североатланти́ческий пакт Nórdatlantikpakt *m* -es

се́веро||-восто́к *м* Nordósten *m* -s; Nordóst (*поэт.*, *мор.*, *геогр.* — *употр. без артикля*; *сокр.* NO); **~-восто́чный** nordöstlich; Nordóst-; ~-восто́чный ве́тер Nordóstwind *m* (1); Nordóst *m* (1) (*поэт.*); **~-за́пад** *м* Nordwésten *m* -s; Nordwést (*поэт.*, *мор.*, *геогр.* — *употр. без артикля*; *сокр.* NW); **~-за́падный** nordwéstlich; Nordwést-; ~-за́падный ве́тер Nordwéstwind *m* (1); Nordwést *m* (1) (*поэт.*)

североморе́ц *м* Matróse *m* (9) der Nórdmeerflotte

северя́н||ин *м* Nórdländer *m* (6); **~ка** *ж* Nórdländerin *f* (12)

севооборо́т *м с.-х.* Sáatfolge *f*, Ánbaufolge *f*; Frúchtfolge *f*, Frúchtwechsel *m* -s

се́врский Sèvres- [*фр.* sɛ:vr(ə)-]; ~ фарфо́р Sèvresporzellan *n* -s

севрю́га *ж* Stérnhausen *m* (7)

сегме́нт *м* 1. *мат.* Segmént *n* (2), Kréisabschnitt *m* (1), Kúgelabschnitt *m*; 2. *анат.* Segmént *n* (2); **~а́ция** *ж биол.* Segmentatión *f*, Segmentíerung *f*; **~ный** Segmént-

сего́дня *нареч.* 1. héute; ~ у́тром héute früh [mórgen]; ~ в по́лдень héute míttag; ~ днём héute am Táge; ~ ве́чером héute ábend; на ~ дово́льно für héute genúg; 2. *в знач. сущ. с* Gégenwart *f*, Héute *n* =; ◇ не ~-за́втра in díesen Tágen; in der állernächsten Zeit; **~шний** héutig

сегрега́ция *ж* Segregatión *f*; ра́совая ~ Rássensegregation *f*, Rássentrennung *f*

седа́лищ||е *с анат.* Gesäß *n* (2); **~ный** *анат.* Gesäß-; ~ный нерв Íschiasnerv *m* -(e)s, Húftnerv *m*; воспале́ние ~ного не́рва *мед.* Íschias *f* (*разг. m, n*); ~ная кость Gesäßbein *n* (2), Sítzbein *n*

седёлка *ж* Kámmdeckel *m* (6)

седе́льн||ик *м* Sáttler *m* (6); **~ый** Sáttel-; ~ый ма́стер Sáttler *m* (6); ~ое снаряже́ние Sáttelgeschirr *n* (2)

седе́||ть ergráuen *vi* (s), grau wérden; **~ющий** ergráuend; gráumeliert (*с проседью*); ~ющие во́лосы ángegrautes Haar

седина́ *ж* gráues Haar; ◇ ~ в бо́роду, а бес в ребро́ *посл.* ≅ Álter schützt vor Tórheit nicht

седла́ть sátteln *vt*

седл||о́ *с* 1. Sáttel *m* (6*); 2. (*у велосипеда, мотоцикла*) Sáttel *m* (6*); 3. *тех.* Sitz *m* (1); ~о кла́пана Ventílsitz [vɛn-] *m*; **~ови́на** *ж геогр.* Sáttel *m* (6*); Joch *n* (2), Gebírgsjoch *n*, **~о́вка** *ж* Sátt(e)lung *f*, Sätteln *n* -s

седоборо́дый gráubärtig, wéißbärtig

седова́тый étwas ergráut, leicht ergráut; grau [sílbern] schímmernd; gráumeliert (*с проседью*)

седовла́сый *уст. см.* седоволо́сый

седоволо́сый wéißhaarig, gráuhaarig

сед||о́й 1. (*о волосах*) grau, weiß; 2. (*о мехе*) sílbern; ~о́й бобёр Sílberbiber *m* (6); 3.: ~о́й тума́н *поэт.* sílbergräuer Nébel; ◇ ~а́я старина́ gráue Vórzeit

седо́к *м* 1. (*на лошади*) Réiter *m* (6); 2. (*в экипаже и т. п.*) Fáhrgast *m* (1*), Ínsasse *m* (9)

седьм||о́й der síebente; ~о́й час es geht auf síeben (Uhr), es ist sechs (Uhr) vorbéi; ему́ ~о́й деся́ток (пошёл) er ist in den Séchzigern, er ist ein Séchziger; ~о́го ноября́ am síebenten November [-'vɛm-]; den síebenten Novémber (*на письме*); ~о́й но́мер Númmer síeben; ~а́я страни́ца Séite síeben; ~а́я часть der síebente Teil, Síeb(en)tel *n* (6); ◇ быть на ~о́м не́бе im síebenten Hímmel sein

сеза́м *м бот.* Sésam *m* -s, -s

Сеза́м *м*: ~, откро́йся! Sésam, öffne dich!

сеза́мов||ый *бот.* Sésam-; ~ое ма́сло Sésamöl *n* -(e)s

се́зень *м мор.* Séising *n* (2)

сезо́н *м* 1. (*время года*) Jáhreszeit *f* (10); 2. (*время, период чего-л.*) Saison [*фр.* zɛ'zɔŋ] *f*, *pl* -s; строи́тельный ~ Báusaison *f*; лече́бный ~ Kúrzeit *f*; театра́льный ~ Spíelzeit *f*; купа́льный ~ Bádesaison *f*, Bádezeit *f*; отопи́тельный ~ Héizperiode *f* (11); виногра́дный ~ die Zeit der Tráubenlese [Wéinlese]; ◇ мёртвый ~ Zeit *f* geschäftlicher Fláute; Sauregúrkenzeit *f* (*разг.*); разга́р ~а Hóchsaison *f*; **~ни́к** *м* Saisonarbeiter [zɛ'zɔŋ-] *m* (6); Gelégenheitsarbeiter *m*; **~ный** Saison- [zɛ'zɔŋ-], Jáhreszeiten-, jáhreszeitlich; saisonbedingt; jáhreszeitlich bedíngt (*напр. о заболевании*); ~ный рабо́чий Saisonarbeiter *m* (6); Gelégenheitsarbeiter *m*; ~ный биле́т Zéitkarte *f* (11); ~ные това́ры Saisonwaren *pl*

сей *мест.* díeser (*f* díese, *n* díeses, *pl* díese); на ~ раз (für) díesmal; до сих пор bis jetzt (*о времени*); bis hierhér (*о месте*); при сём препровожда́ется... *офиц.* hiermít [anbéi, ánliegend] sénden wir...; по ~ день bis auf den héutigen Tag; сего́ го́да (*сокр.* с. г.) díeses Jáhres (*сокр.* d. J.); ◇ сию́ мину́ту sofórt; im Augenblíck; что сие́ зна́чит? was hat das zu bedéuten?, was soll das héißen?

сейм *м* Seim *m* -s

се́йнер *м* (*судно*) Séiner *n* (6)

се́йсмика *ж* Séismik *f*

сейсми́ческ||ий séismisch; ~ая ста́нция Érdbebenwarte *f* (11)

сейсми́чность *ж* Seismizität *f*, Érdbebentätigkeit *f*, Érdbebenhäufigkeit *f*

сейсмоакти́вность *ж* (сейсми́ческая акти́вность) séismische Aktivität [-vi-]

сейсмогра́мма *ж* Seismográmm *n* (2)

сейсмо́||граф *м* Seismográph *m* (8), Érdbebenmesser *m* (6); **~графи́ческий** seismographisch; **~гра́фия** *ж* 1. Seismographíe *f*; 2. *см.* сейсмоло́гия

сейсмо||логи́ческий seismológisch; **~ло́гия** *ж* Seismologíe *f*, Érdbebenkunde *f*

сейсмо́метр *м* Seismométer *n* (6)

сейсмора́зве́дка *ж* (сейсми́ческая разве́дка) *геол.* séismische Bódenuntersuchung, séismisches Schürfverfahren

сейсмоста́нция *ж* (сейсми́ческая ста́нция) Érdbebenwarte *f* (11)

сейсмосто́йк||ий érdbebenfest, érdbebensicher; **~ость** *ж* Érdbebenfestigkeit *f*, Érdbebensicherheit *f*

сейф *м* Safe [*англ.* se:f] *m* -s, -s; Géldschrank *m* (1*), Tresór *m* (1), Pánzerschrank *m*

сейча́с *нареч.* 1. (*немедленно*) gleich, sofórt; он ~ придёт er wird gleich kómmen, er kommt sofórt; ~ же по́сле gleich nach... (*D*); ~! sofórt!; im Áugenblick!; 2. (*в настоящее время*) jetzt; in díesem Áugenblick, áugenblicklich (*в данный момент*); 3. (*только что*) jetzt, ében; он то́лько ~ ушёл er ist ében fórtgegangen

се́канс *м мат.* Sékans *m* =

сека́тор *м с.-х.* Báumschere *f* (11), Gártenschere *f*

сека́ч *м* 1. Háckebeil *n* (2); 2. (*для торфа*) Torfziegelschneider *m* (6)

секве́стр *м* 1. *юр.* Beschlágnahme *f*; наложи́ть ~ mit Beschlág belégen, beschlágnahmen *неотд. vt*; 2. *мед.* Sequéster *n* (6); **~ова́ть** *юр.* sequestríeren *vt*, mit Beschlág belégen, beschlágnahmen *неотд. vt*

секво́йя *ж бот.* Sequóie *f* (11)

секи́ра *ж ист.* Stréitaxt *f* (3)

секре́т I *м* 1. Gehéimnis *n* (3*); знать како́й-л. ~ um ein Gehéimnis wíssen*; по ~у im gehéimen; als Gehéimnis; im Vertráuen; под больши́м ~ом únter dem Síegel der Verschwíegenheit; откры́ть чей-л. ~ in j-s Gehéimnis éindringen*, j-s Gehéimnis entdécken [enthüllen, lüften]; вы́дать ~ ein Gehéimnis préisgeben* [verráten*]; держа́ть в ~е gehéim|halten* *отд. vt*; не де́лать из чего́-л. ~а etw. dúrchblicken lássen*; э́то не составля́ет ~а das ist kein Gehéimnis; 2. *воен.* (*сторожевой пост*) Hórchposten *m* (7) (*сокр.* HP), getárnter Pósten; ◇ э́то ~ полишине́ля das ist ein öffentliches Gehéimnis; das ist schon jédermanns Gehéimnis; ≅ die Spátzen pféifen es schon von állen Dächern

секре́т II *м физиол.* Sekrét *n* (2); Drüsenabsonderung *f* (10)

секрет||ариа́т *м* Sekretariát *n* (2); **~а́рский** Sekretärs-, Schríftführer-; **~а́рство** *с* Sekretariát *n* -(e)s, Schríftführeramt *n* -(e)s; **~а́рствовать** 1. Sekretär sein; 2. (*вести протокол*) das Protokóll führen; Schríftführer sein

секрета́рша *ж разг.* Sekretärin *f* (12)

секрета́рь *м* 1. Sekretär *m* (1); ли́чный ~ Privatsekretär [-'va:t-] *m*; Gehéimsekretär *m*; 2. (*ведущий протокол*) Schríftführer *m* (6); 3. (*выборный руководитель организации*) Sekretär *m* (1); ~ парти́йной организа́ции Sekretär der Partéiorganisation, Partéisekretär *m*; генера́льный ~ Generálsekretär *m*; ◇ госуда́рственный ~ (*в США*) Stáatssekretär *m*, US-Außenminister [u:'ɛs-] *m* -s; учёный ~ der wíssenschaftliche Sekretär

секрете́р *м* Schréibschrank *m* (1*)

секре́т||ничать *разг.* gehéim|tun* *отд. vi*, gehéimnisvoll tun*; **~но** *нареч.* im gehéimen, gehéim (*тайно*); im Vertráuen, vertráulich, konfidentiéll (*конфиденциально*); соверше́нно ~но streng gehéim; **~ность** *ж* Vertráulichkeit *f* (*конфиденциальность*); Gehéimhaltung *f* (*засекречивание*); Gehéimhaltungsgrad *m* -(e)s (*степень секретности*); **~ный** 1. gehéim; verstéckt; vertráulich, konfidentiéll (*конфиденциальный*); ~ный докуме́нт Gehéimdokument *n*

(2), Verschlúßsache *f* (11); **2.** (*потайной, с секретом*) Gehéim-; **~ный** замóк Gehéimschloß *n* -sses, -schlösser; ~ный спóсоб (*производства*) Gehéimverfahren *n* (7)

секретóрный *физиол.* Sekretións-

секрéция *ж физиол.* Sekretión *f* (10); внýтренняя ~ ínnere Sekretión

секс *м* Sex *m* =

сексóлог *м* Sexológe *m* (9)

сексолóгия *ж* Sexologíe *f*, Sexuálforschung *f*

сексопатолóгия *ж мед.* Sexopathologíe *f*

сéкста *ж муз.* Séxte *f* (11)

секстáнт *м мор., ав.* Sextánt *m* (8)

секстéт *м муз.* Sextétt *n* (2)

сексуáльн||ость *ж* Sexualität *f*; **~ый** sexuéll, Sexuál-; ~ое преступлéние Sexuálverbrechen *n* (7), Síttlichkeitsdelikt *n* (2), Síttlichkeitsverbrechen *n*

секс-фи́льм *м* Séxfilm *m* (1)

сéкт||а *ж* Sékte *f* (11); **~áнт** *м* Sektíerer *m* (6); **~áнтский** sektíererisch; **~áнтство** *с рел.* **1.** Sektíerertum *n* -(e)s; **2.** *собир.* Sékten *pl*

сéктор *м* **1.** *мат.* Séktor *m* -s, -tóren, Kréisausschnitt *m* (1); **2.** (*учреждения*) Abtéilung *f* (10); **3.** *воен.* Ábschnitt *m* (1); необстрéливаемый ~ níchtbeschossener Ábschnitt; ~ обстрéла Schúßfeld *n* (5); **4.** *эк.* Séktor *m* -s, -tóren; общéственный ~ geséllschaftlicher Séktor; чáстный ~ privater [-'va:-] Séktor

секторáльный Sektóren-

секуляриз||áция *ж* Säkularisatión *f*; **~и́ровать** säkularisíeren *vt*

секýнд||а *ж* Sekúnde *f* (11); в счи́танные ~ы in Sekúndenschnelle

секундáнт *м* Sekundánt *m* (8)

секýндный Sekúnden-

секундомéр *м* Stóppuhr *f* (10)

секýщая *сущ. ж мат.* Sekánte *f* (11), Schníttlini|e *f* (11)

секциóнн||ый **1.** Sektións-, Sektionál-; **2.:** ~ая мéбель Ánbaumöbel *pl*; ~ый шкаф Ánbauschrank *m* (1*)

сéкция *ж тж. стр.* Sektión *f* (10)

селевóй *геофиз.* Mur-; ~ потóк Múre *f* (11), (Gerӧll- und) Schlámmstrom *m* (1*)

селёд||ка *ж* Héring *m* (1); **~очница** *ж* Héringsplatte *f* (11); **~очный** Hérings-

селезён||ка *ж анат.* Milz *f* (10); **~очный** *анат.* Milz-

сéлезень *м* Énterich *m* (1), Érpel *m* (6)

селéктор *м эл.* Wähler *m* (6), Strómwähler *m*

селекционéр *м* Pflánzenzüchter *m* (6), Züchter *m*

селекциóнн||ый *с.-х.* Selektións-, Zucht-; selektíert, selektionisíert; ~ая стáнция Selektiónsstation *f* (10)

селéкция *ж с.-х.* Selektión *f* (10), Zúchtwahl *f*, Áuslese *f*

селéн *м* Selén *n* -s (*хим. знак* Se)

селенáвт *м косм.* Móndfahrer *m* (6), Selenáut *m* (8)

селéние *с* Dorf *n* (5); Síedlung *f* (10); Ánsiedlung *f*; Órtschaft *f* (10)

селéнистый *хим.* selénhaltig

селени́т *м мин.* Selenít *n* (2), Blättergips *m* -es

селеногрáфия *ж астр.* Selenographíe *f*, Móndbeschreibung *f*

селенóлог *м* Selenológe *m* (9), Móndforscher *m* (6)

селенолóгия *ж астр.* Selenologíe *f*, Móndforschung *f*

селеноцентри́ческий *астр.* selenozéntrisch

сели́тр||а *ж хим.* Salpéter *m* -s; **~овый** Salpéter-; **~яный** Salpéter-; salpéterartig; salpéterhaltig; **~яный** завóд Salpéterhütte *f* (11)

сели́ть ánsiedeln *vt*; **~ся** sich ánsiedeln, sich níederlassen*

сели́ще *с археол.* frühere Síedlungsstätte

сел||ó *с* **1.** Dorf *n* (5); **2.** (*сельская местность*): на ~é auf dem Lánde; развернýть рабóту на ~é die Árbeit im Dorf [únter der Báuernschaft] organisíeren [entfálten]; ◇ ни к ~ý ни к гóроду únpassend; sínnlos; ≅ das paßt wie die Faust aufs Áuge

сель *геофиз.* Múre *f* (11), Schlámmstrom *m* (1*), Schlámmlawine *f* (11)

сельдерéй *м бот.* Séllerie *m* -s *австр.* *f*, Éppich *m* (1)

сельд||ь *ж* Héring *m* (1); ◇ как ~ в бóчке *разг.* wie die Héringe im Faß

селькóр *м* (сéльский корреспондéнт) Dórfkorrespondent *m* (8) (éiner Zéitung)

сельмáг *м* (сéльский магази́н) Lándverkaufsstelle *f* (11) (*продуктовый*); Lándkaufhaus *n* (5) (*промтоварный*)

сельпó *с* (сéльское потреби́тельское óбщество) **1.** Dórfkonsumgenossenschaft *f* (10); **2.** (*магазин*) Dórfkaufhaus *n* (5)

сéльск||ий Dorf-, Land-; lӓndlich; ~ая жизнь Lándleben *n* -s; ~ая молодёжь Lándjugend *f*; ◇ ~ое хозя́йство Lándwirtschaft *f*

сельскохозя́йственн||ый lándwirtschaftlich, Lándwirtschafts-; ~ый рабóчий Lándarbeiter *m* (6), lándwirtschaftlicher Árbeiter; ~ые маши́ны Lándmaschinen *pl*; завóд ~ых маши́н Lándmaschinenfabrik *f* (10); ~ое машинострoéние Lándmaschinenbau *m* -(e)s; ~ые рабóты lándwirtschaftliche Árbeiten; Bestéllungsarbeiten *pl* (*по обработке земли*)

сельсовéт *м* (сéльский совéт) Dórfsowjet *m* -s, -s

сéльтерск||ая *сущ. ж* Sélterwasser *n* -s; **~ий:** ~ая водá Sélterwasser *n* -s

сельхозтéхника *ж* (сельскохозя́йственная тéхника) Lándtechnik *f*

селяни́н *м уст.* Lándmann *m* -(e)s, -leute, Dórfbewohner *m* (6)

семáн||тика *ж лингв., мат.* Semántik *f*; **~ти́ческий** *лингв., мат.* semántisch

семасио||логи́ческий *лингв.* semasiológisch; **~лóгия** *ж лингв.* Semasiologíe *f*

семафóр *м* **1.** *ж.-д.* Signál *n* (2); **2.** *мор.* Winker *m* (6); **~ить** *мор. разг.* winken *vi*; **~щик** *м мор.* Signálgast *m* (1*)

сёмга *ж* Lachs *m* (1), Salm *m* (1)

семéй||ка *ж* **1.** *уменьш. от* семья; **2.** *пренебр.* éine schöne Famíli|e, éine saubere Famíli|e, éine Síppschaft; **~ный** familiär, Famíli|en-; ~ный человéк Famíli|envater *m* (6*); ~ная жизнь Famíli|enleben *n* -s; ~ный круг Famíli|enkreis *m* -es; ~ный совéт Famíli|enrat *m* (1*); ~ные обстоя́тельства Famíli|enverhältnisse *pl*; ~ные делá Famíli|enangelegenheiten *pl*; по ~ным соображéниям aus Famíli|enrücksichten; aus familiären Gründen; ~ное положéние Famíli|enstand *m* -(e)s; он человéк ~ный er hat Famíli|e

семéйственность *ж неодобр.* (*в ведении дел, в работе*) Vétternwirtschaft *f*, Nepotísmus *m* =, Günstlingswirtschaft *f*

семéйств||о *с* **1.** Famíli|e *f* (11); прибавлéние ~а Famíli|enzuwachs *m* -es; **2.** *биол.* Famíli|e *f* (11); **~о** зóнтичных die Famíli|e der Schírmblütler

семенá *мн. см.* сéмя

семени́ть (*ногами*) tríppeln *vi* (s)

семени́ться *с.-х.* in Sámen schíeßen*

семенн||и́к *м* **1.** *анат.* Hóden *m* (7); **2.** (*растение*) Sámenbaum *m* (1*), Sámenträger *m* (6), Sámenpflanze *f* (11); **3.** (*плод, предназначенный на семена*) Sáatfrucht *f* (3); **~óй 1.** Sámen-; Saat-; ~óй фонд Sáatgut *n* -(e)s; ~óй картóфель Pflánzkartoffeln *pl*; ~óй клéвер Sáatklee *m* -s, Sámenklee *m*; **2.** *анат.* Sámen-; ~áя нить Sámenschnur *f* (3), Sámenstrang *m* (1*)

семеновóд *м* Sámenzüchter *m* (6); **~ство** *с* Sámenzucht *f*, Sáatzucht *f*; **~ческий** Sámenzucht-, Sáatzucht-; ~ческое хозя́йство Sáatzuchtwirtschaft *f* (10), Sáatbaubetrieb *m* (1)

семенохрани́лище *с* Sáatgutspeicher *m* (6), Sáatgutlager *n* (6)

семёрка *ж* Síeben *f*, *pl* = *u* -en; ~ треф *карт.* Tréff-Sieben *f*

сéмеро síeben (an der Zahl); **~** брáтьев síeben Brüder; нас бы́ло ~ wir wáren síeben (Mann); ◇ ~ одногó не ждут *посл.* síeben (Mann) wárten nicht auf éinen

семéстр *м* Seméster *n* (6); **~óвый** Seméster-

сéмечк||о *с* Sáme *m* (15), Sámen *m* (7); Sámenkorn *n* (5); Kern *m* (1) (*плода*); ~и подсóлнуха Sónnenblumenkerne *pl*; ~о я́блока Ápfelkern *m*; **~овый** Kern-; ~овые плоды́ Kérnfrüchte *pl*

семидесятилéт||ие *с* **1.** (*период*) síebzig Jáhre, ein Zéitraum von síebzig Jáhren; **2.** (*годовщина*) das síebzigjährige Jubilä|um, der síebzigste Jáhrestag; der síebzigste Gebúrtstag (*день рождения*); **~ний** síebzigjährig

семидеся́т||ый der síebzigste; ~ые гóды die síebziger Jáhre; ~ый нóмер Númmer síebzig; ~ая страни́ца Séite síebzig

семиднéвка *ж разг.* Siebentágewoche *f* (11)

семиднéвный síebentägig

семиклáссни||к *м* Schüler *m* (6) der síebenten Klásse; **~ца** *ж* Schülerin *f* (12) der síebenten Klásse

семикрáтный síebenfach

семилéт||ка *ж ист.* (*школа*) Siebenklássenschule *f* (11); **~ний** síebenjährig

семимéсячный síebenmonatig

семиметрóвый von síeben Métern; síeben Méter lang (*в длину*); síeben Méter hoch (*в высоту*); síeben Méter tief (*в глубину*)

семими́льн||ый Siebenméilen-; ~ыми шагáми mit Siebenméilenschritten

семинáр *м* Seminár *n* (2); проводи́ть ~ ein Seminár ábhalten*; ~ по изучéнию... ein Seminár zum Stúdium...

семинари́ст *м* Seminaríst *m* (8), Schüler *m* (6) éines géistlichen Seminárs

семинáрия *ж* Seminár *n* (2); духóвная ~ Príesterseminar *n*

семинáрск||ий I (*прил. к* семинáр) seminarístisch; Seminár-; ~ие заня́тия seminarístische Übungen, Seminár *n* (2)

семинáрск||ий II (*прил. к* семинáрия) Seminár-; zum Seminár gehörig; ~ое образовáние Seminárbildung *f*

семиóтика *ж* **1.** *мед.* Semiótik *f*; **2.** *лингв.* Semiótik *f*, Bedéutungslehre *f*

семисóтый der síebenhundertste; ~ год нáшей э́ры das Jahr síebenhundert únserer Zéitrechnung

семистрýнный *муз.* síebensaitig

семи́т *м* Semít(e) *m* (8, 9); **~и́ческий** semítisch; **~о́лог** *м* Semitíst *m* (8); **~оло́гия** *ж* Semitístik *f*; **~ский** semítisch

семиты́сячный der síebentausendste

семиуго́ль||ник *м мат.* Siebeneck *n* (2); **~ный** síebeneckig

семичасово́й síebenstündig

семиэта́жный séchsstöckig, síebengeschossig

семнадцатиле́тний síebzehnjährig

семна́дцат||ый der síebzehnte; ~ого ма́рта am síebzehnten März; ~ый но́мер Númmer síebzehn; ~ая страни́ца Séite síebzehn

семна́дцать síebzehn

семь síeben; ◇ кни́га за ~ю печа́тями ein Buch mit síeben Síegeln; у семи́ ня́нек дитя́ без гла́зу *посл.* ≅ víele Köche verdérben den Brei; у него́ ~ пя́тниц на неде́ле *погов.* er ist wétterwendisch, er ändert séine Entschlüsse álle násenlang; для ми́лого дру́га [дружка́] ~ вёрст не око́лица *посл.* ≅ wo die Líebe treibt, ist kein Weg zu weit

се́мьдесят síebzig

семьсо́т síebenhundert

семью́ *нареч.* síebenmal; ~ семь síeben mal síeben

семь||я́ *ж* Famíli|e *f* (11); член ~и́ Famíli|enangehörige *m* (14), Famíli|enmitglied *n* (5); ~я́ в шесть челове́к éine séchsköpfige Famíli|e; всей семьёй mit der gánzen Famíli|e; mit Kind und Kégel; еди́ная бра́тская ~я́ éine éinträchtige Famíli|e; сре́дняя ~я́ Dúrchschnittsfamili|e *f*; разме́р ~и́ Famíli|engröße *f* (11)

семьяни́н *м* (gúter) Famíli|envater *m* (6*)

се́мя *с* **1.** *тж. перен.* Sáme *m* (15), Sámen *m* (7); **2.** *мн.* семена́ (*для посева*) Sáatgut *n* -(e)s, Sámen *pl*, Sämerei|en *pl*; цвето́чные и огоро́дные семена́ Sáatgut für den Gártenbau, Blúmen- und Gemüsesamen *pl*; семена́ трав Fútterpflanzensamen *pl*; ◇ семена́ раздо́ра Sámen der Zwíetracht

семядо́ля *ж бот.* Sámenlappen *m* (7), Sámenblatt *n* (5), Kéimblatt *n*

семяизверже́ние *с*, **семяизлия́ние** *с физиол.* Sámenerguß *m* -sses, Ejakulatión *f*

семяпо́чка *ж бот.* Sámenknospe *f* (11)

семяпрово́д *м* **1.** *с.-х.* Sámenleitung *f* (10), Sámenleiter *m* (6); **2.** *анат.* Sámenleiter *m* (6)

сена́т *м* Senát *m* (1); **~ор** *м* Senátor *m* -s, -tóren, Senátsmitglied *n* (5); **~орский** Senatóren-; **~ский** Senáts-

сенберна́р *м* (*порода собак*) Bernhardíner *m* (6), Bernhardínerhund *m* (1)

сенега́л||ец *м* Senegalése *m* (9); **~ьский** senegalésisch

се́ни *мн.* Flur *m* (1); Diele *f* (11)

сенн||и́к *м* Héusack *m* (1*); Stróhsack *m*; **~о́й** Heu-; ~о́й пресс Héupresse *f* (11)

се́но *с* Heu *n* -(e)s

сено||ва́л *м* Héuboden *m* (7*), Héudiele *f* (11); **~вороши́лка** *ж* Héuwender *m* (6), Héuwendemaschine *f* (11); **~загото́вка** *ж* Héubeschaffung *f* (10); **~ко́с** *м* **1.** (*косьба*) Héuernte *f*, Héumahd *f*; **2.** (*время косьбы*) Héuerntezeit *f*; **3.** (*луг*) Héuschlag *m* -(e)s; **~коси́лка** *ж* Grásmäher *m* (6), Grásmähmaschine *f* (11); **~ко́сный** Héuernte-; mähbar; ~ко́сный луг Héuschlag *m* -(e)s; **~коше́ние** *с* Grásmahd *f*, Héuernte *f*, Héumahd *f*; **~нагру́зчик** *м* Héulader *m* (6), Héulademaschine *f* (11); **~пре́сс** *м* Héupresse *f* (11); **~убо́рка** *ж* Héuernte *f*, Héubergung *f*; **~фура́ж** *м* Héufutter *n* -s; **~храни́лище** *с* Héuschuppen *m* (7)

сенсацио́нн||ость *ж* das Sensationélle (*sub*), das Áufsehenerregende (*sub*); **~ый** sensationéll, áufsehenerregend

сенса́ц||ия *ж* Sensatión *f* (10), Áufsehen *n* -s; sensationélle Náchricht (*сообщение*); производи́ть ~ию Áufsehen erregén, éine Sensatión verúrsachen [hervórrufen*]; пого́ня за ~ией Sensatiónssucht *f*, Sensatiónshascherei *f*

сенсибилиза́тор *м фото* Sensibilisátor *m* -s, -tóren

сен-симони́зм *м филос.* Saint-Simonísmus [sẽ-] *m* =

сенсуал||и́зм *м филос.* Sensualísmus *m* =; **~и́ст** *м* Sensualíst *m* (8)

сенсуа́льный sensuéll, sínnlich

сентенцио́зный sententiös

сенте́нция *ж* Senténz *f* (10), Áusspruch *m* (1*)

сентимент||али́зм *м* **1.** *лит.* Sentimentalísmus *m* =; **2.** *перен.* Empfíndsamkeit *f*, Rührseligkeit *f*; **~а́льничать** empfíndsam [sentimentál] tun*; **~а́льность** *ж* Sentimentalität *f* (10), Empfíndsamkeit *f*, Rührseligkeit *f*; без ~а́льностей! *разг.* óhne Gefühlsduselei!; **~а́льный** sentimentál, empfíndsam, rührselig

сентиме́нты *см.* сантиме́нты

сентя́бр||ь *м* Septémber *m* = *u* -s; в ~е́ ме́сяце im Mónat Septémber; в нача́ле ~я́ Ánfang Septémber; в середи́не ~я́ Mítte Septémber; в конце́ ~я́ Énde Septémber; в ~е́ про́шлого го́да im Septémber vórigen Jáhres, vórigen Septémber; в ~е́ э́того го́да im Septémber díeses Jáhres; в ~е́ бу́дущего го́да im Septémber nächsten Jáhres, nächsten Septémber

сентя́брьский Septémber-

сень: под ~ю *уст.* im Schátten (*G*); *перен.* im Schutz (*G*); únter j-s Schutz

сеньо́р *м* **1.** *ист.* Seigneur [*фр.* sɛn'jœr] *m* (1), Léhnsherr *m* (8); **2.** (*господин*) Señor [sɛn'jœr] *m* -s, -es (*в Испании*); Senhor [sɛn'jœr] *m* -s, -es (*в Португалии*)

сеньо́ра *ж* Senora [sɛn'jo:ra] *f*, *pl* -s (*в Испании*); Senhora [sɛn'jo:ra] *f*, *pl* -s (*в Португалии*)

сеньори́та *ж* Señorita [sɛnjo'ri:ta] *f*, *pl* -s (*в Испании*); Senhorita [sɛnjo'ri:ta] *f*, *pl* -s (*в Португалии*)

сеньори́я *ж ист.* Léhnsherrschaft *f*

сепарат||и́зм *м* Separatísmus *m* =; **~и́ст** *м* Separatíst *m* (8); **~и́стский** separatístisch

сепара́тн||ость *ж* Ábgesondertheit *f*; **~ый** Separát-; ~ый мир Separátfrieden *m* -s, Sónderfrieden *m*; ~ый догово́р Separátvertrag *m* (1*)

сепара́тор *м* Separátor *m* -s, -tóren, Áusscheider *m* (6); моло́чный ~ Mílchseparator *m*, Mílchzentrifuge *f* (11)

сепари́ровать separíeren *vt*, ábsondern *vt*

СЕПГ (Социалисти́ческая еди́ная па́ртия Герма́нии) SED (Sozialístische Éinheitspartei Déutschlands)

се́пия *ж* **1.** (*краска*) Sépia *f*, *pl* -pi|en; **2.** (*рисунок*) Sépiazeichnung *f* (10)

се́псис *м мед.* Sépsis *f*, Blútvergiftung *f* (10)

септе́т *м муз.* Septétt *n* (2)

се́птима *ж муз.* Séptime *f* (11)

септи́ческий *мед.* séptisch

се́р||а *ж* **1.** Schwéfel *m* -s (*хим. знак* S); оку́ривать ~ой áusschwefeln *vt*; schwéfeln *vt*; **2.** (*ушная*) Óhrenschmalz *n* -es

сераде́лла *ж бот.* Kláuenschote *f* (11)

сера́ль *м* Serail [-'raе] *n* -s, -s

серафи́м *м рел.* Séraph *m* (1) (*pl тж.* -im)

серб *м* Sérbe *m* (9); **~ка** *ж* Sérbin *f* (12); **~ский** sérbisch

сербскохорва́тский serbokroátisch; ~ язы́к die serbokroátische Spráche, das Serbokroátische (*sub*)

серва́нт *м* Ánrichte *f* (11), Kredénz *f* (10)

серви́з *м* Service [-'vi:s] *n* = *u* -s [-'vi:səs], *pl* = [-'vi:s(ə)], Táfelgeschirr *n* (2); столо́вый ~ Táfelservice *n*

серциро́в||анный serviert [-'vi:rt], áufgetragen; **~а́ть** servieren [-'vi:-] *vt* áuftragen* *vt*; bedíenen *vt* (*обслуживать кого-л.*); ~а́ть стол den Tisch décken; **~ка** *ж* Servierung [-'vi:-] *f* (10); Áufmachung *f* (10) (*убранство*)

се́рвис *м* Kúndendienst *m* -(e)s, Service ['zœrvis] *m* -s ['zœrvis(əs)], *pl* -s ['zœrvis]

сервиту́т *м юр.* Servitút [-vi-] *f* (10), *австр.* *n* (2), Servitútenrecht *n* -(e)s; ◇ междунаро́дный ~ internationáles Servitút

серводви́гатель *м тех.* Stéllmotor *m* (13), Sérvomotor [-vo-] *m*; Hílfsmotor *m*

серде́чник I *м тех.* Kern *m* (1); Míttelstück *n* (2); Éinlage *f* (11)

серде́чник II *м разг.* **1.** (*врач*) Spezialíst *m* (8) für Hérzkrankheiten; **2.** (*больной*) Hérzkranke *m* (14)

серде́чно *нареч.* hérzlich; warm, ínnig, ínnigst; mit Hérzlichkeit

серде́чно-сосу́дистый *мед.* Hérz- und Kréislauf-; kardiovaskulár [-vas-]

серде́чн||ость *ж* Hérzlichkeit *f*, Wärme *f*; **~ый** **1.** Herz-; *фарм.* hérzwirksam; ~ая боле́знь Hérzkrankheit *f* (10); ~ая де́ятельность *физиол.* Hérztätigkeit *f*; ~ая мы́шца Hérzmuskel *m* (13); **2.** (*тёплый, искренний*) hérzlich; warm, wármherzig, ínnig; ~ый друг Hérzensfreund *m* (1); Brúderherz *n* -ens (*ласк.*); **3.** *разг.* (*любовный*) Líebes-; Hérzens-; ~ые дела́ Hérzensangelegenheiten *pl*, Líebessachen *pl*, Hérzenssachen *pl*

серди́т||ый **1.** böse, zórnig; áufgebracht; ärgerlich; о́чень ~ый bítterböse; быть ~ым на кого́-л. auf j-n böse [zórnig] sein; gégen j-n áufgebracht sein; **2.** *разг.* (*сильный, крепкий*) stark, streng, scharf; ~ый моро́з grímmige [schnéidende] Kälte; ~ая горчи́ца schárfer Senf

серди́ть böse máchen, erzürnen *vt*, ärgern *vt*

серди́ться böse sein, sich ärgern, zürnen *vi*

сердобо́льн||ость *ж* Mítleid *n* -(e)s, Barmhérzigkeit *f*; **~ый** mítleidig, mítleidsvoll, barmhérzig

сердоли́к *м мин.* Karneól *m* (1)

се́рдц||е *с* Herz *n* (15); рабо́та ~а die Árbeit des Hérzens; о́бласть ~а Hérzgegend *f*; боле́знь ~а Hérzkrankheit *f* (10); до́брое ~е gútes Herz; мя́гкое ~е wéiches Herz; ◇ у меня́ ~е щеми́т mein Herz ist beklómmen; mein Herz krampft sich zusámmen; у меня́ отлегло́ от ~а ein Stein fiel mir vom Hérzen; mir wúrde léichter ums Herz; покори́ть чьё-л. ~е j-s Herz gewínnen*; ка́менное ~е stéinernes Herz, hárter Sinn; от всего́ ~а von gánzem Hérzen; von Hérzen gern; по́ ~у nach Wunsch; у меня́ тяжело́ на ~е mir ist schwer ums Herz; **принима́ть что-л.**

бли́зко к ~у sich (*D*) etw. zu Hérzen néhmen*; не принима́ть чего́-л. бли́зко к ~у etw. auf die léichte Schúlter néhmen*; положа́ ру́ку на́ ~е Hand aufs Herz; скрепя́ ~е úngern, widerstrébend; mit schwérem Hérzen; в ~а́х *разг.* im Zorn, in der Wut; ~е не лежи́т к кому́-л., к чему́-л. kein Gefállen an j-m, an etw. (*D*) finden*; у меня́ ~е не на ме́сте ich hábe ein schwéres Herz, ich bin únruhig, ich hábe kéine Rúhe; с глаз доло́й, из ~а вон *посл.* aus den Áugen, aus dem Sinn; ~е ~у весть подаёт *погов.* ≅ zwei Séelen und ein Gedánke (,zwei Hérzen und ein Schlag)

сердцебие́ние *с* Hérzklopfen *n* -s

сердцеве́д *м разг.* Ménschenkenner *m* (6)

сердциви́дный hérzförmig

сердцеви́на *ж* Herz *n* -ens; Mark *n* -(e)s (*дерева*); Griebs *m* (1), Gehäuse *n* -s (*плода*)

сердцеви́нн||ый: ~ое волокно́ *бот.* Márkfaser *f* (11)

сердцее́д *м разг.* Hérzensdieb *m* (1), Schwérenöter *m* (6), Don Juan [dɔn xu'an] *m* -s, -s

серебре́ние *с* Versílbern *n* -s, Versílberung *f*

серебре́ник *м ист.* (*монета*) Sílbergroschen *m* (7), Sílberstück *n* (2), Sílberling *m* (1)

серебри́ст||ость *ж* **1.** (*цвета*) Sílberschimmer *m* -s; **2.** (*звука*) Sílbrigkeit *f*; **~ый 1.** (*о цвете*) Sílber-, sílberschimmernd, sílbern; ~ый то́поль *бот.* Sílberpappel *f* (11); **2.** (*о звуке*) sílbrig

серебри́ть versílbern *vt*; **~ся 1.** sílbern schímmern, wie Sílber schímmern; **2.** *страд.* versílbert wérden

серебр||о́ *с* **1.** Sílber *n* -s; рубль ~о́м (*мелочью*) ein Rúbel in Sílber; **2.** *собир.* (*серебряные вещи*) Sílber *n* -s; Sílbergeschirr *n* -(e)s, Táfelsilber *n* (*серебряная посуда*); ста́рое ~о́ Áltsilber *n*; **3.** *спорт. разг.* (*серебряная медаль*) Sílbermedaille [-me,daljə] *f* (11)

серебро||но́сный sílberhaltig; **~пла-ви́льный** Sílberschmelz-

сере́брян||ый sílbern; ~ые изде́лия Sílberwaren *pl*; ◇ ~ый блеск *мин.* Sílberglanz *m* -es; ~ая сва́дьба Sílberhochzeit *f* (10); ~ый призёр *спорт.* Sílbermedaillengewinner [-daljən-] *m* (6)

середи́н||а *ж* Mítte *f* (11); в са́мой ~е genáu in der Mítte; ◇ золота́я ~а der góldene Míttelweg; die góldene Mítte; **~ный** in der Mítte (gelégen)

серёдка *ж разг. см.* середи́на

середня́||к *ж* Míttelbauer *m* (8, 13); **~цкий** míttelbäuerlich, Míttel-, Míttelbauern-; ~цкие слои́ дере́вни die Míttelschicht des Dórfes

серёжка 1. (*украшение*) Óhrring *m* (1); **2.** *бот.* Kätzchen *n* (7)

серена́да *ж* Serenáde *f* (11), Ständchen *n* (7)

сере́ть 1. (*делаться серым*) vergráuen *vi* (s), grau wérden; **2.** (*виднеться*) grau schímmern, sich grau ábheben*, in únklaren Úmrissen síchtbar sein

сержа́нт *м воен.* Sergeant [-'ʒant] *m* (8)

сери́йн||ый Séri|en-; Réihen-; séri|enmäßig; ~ое произво́дство Séri|enproduktion *f*, Séri|enfertigung *f*, Séri|enfabrikation *f*; ~ое изда́ние Réihenwerk *n* (2); ~о выпуска́емый séri|engefertigt

се́рия *ж* Séri|e *f* (11), Réihe *f* (11); Teil *m* (1) (*фильма*); фильм в двух ~х zwéiteiliger Film; ~ книг Schríftenreihe *f*; ~ почто́вых ма́рок Márkensatz *m* (1*); ~ докла́дов Vórtragsfolge *f* (11); ~ми séri|enweise, in Séri|en

сермя́га *ж уст.* (*кафтан*) Báuernrock *m* (1*) (*aus einem groben Tuch*)

се́рна *ж зоол.* Gémse *f* (11)

серни́стый *хим.* schwéflig, Schwéfel-; ~ на́трий Schwéfelnatrium *n* -s

се́рн||ый Schwéfel-, schwéfelhaltig; schwéfelführend; ~ый колчеда́н *мин.* Schwéfelkies *m* (1); ~ая кислота́ *хим.* Schwéfelsäure *f*; ~ый исто́чник Schwéfelquelle *f* (11)

серова́тый gräulich, ins Gráue spíelend

сероводоро́д *м хим.* Schwéfelwasserstoff *m* -(e)s

серогла́зый gráuäugig

серозём *м* Gráuerde *f*

серо́зн||ый *физиол.* serös, blútwässerig; ◇ ~ая оболо́чка *анат.* Serósa *f*, *pl* -sen

сероло́гия *ж биол.* Serologíe *f*

серосодержа́щий schwéfelhaltig

се́рость *ж* **1.** Grau *n* -s, die gráue Fárbe; **2.** *перен.* (*неприметность*) Bedéutungslosigkeit *f*; Fádheit *f*; **3.** *перен.* (*малокультурность*) Únbildung *f*, Bíldungsmangel *m* -s

серотерапи́я *ж мед.* Serotherapíe *f*

сероуглеро́д *м хим.* Schwéfelkohlenstoff *m* -(e)s

серп *м* Síchel *f* (11); ~ и мо́лот Hámmer und Síchel; ~ луны́ Móndsichel *f*

серпанти́н *м* **1.** Papíerschlange *f* (11); **2.** *перен.* (*извилистая дорога в горах*) Kéhre *f* (11), Kéhrschleife *f* (11), Serpentíne (11)

серпенти́н *м мин.* Serpentín *m* (1)

серпови́дный síchelförmig

серсо́ *с* **1.** (*игра*) Réifenspiel *n* -(e)s; **2.** (*обруч*) Réifen *m* (7)

сертифика́т *м спец.* Zertifikát *n* (2), Beschéinigung *f* (10); Attést *n* (2); валю́тный ~ Devisengenehmigung [-'vi:-] *f* (10), Devísenzertifikat *n*

сёрфинг *м спорт.* **1.** (*вид спорта*) Wéllenreiten *n* -s; **2.** (*доска*) Wéllenrittbrett *n* (5)

се́рый 1. grau; **2.** (*пасмурный*) grau; ~ день ein gráuer [trüber] Tag; **3.** *перен.* (*неприметный*) únbedeutend; fáde; **4.** *перен.* (*малокультурный*) úngebildet, únkultiviert [-,vi:rt]

серьга́ *ж* **1.** Óhrring *m* (1), Óhrgehänge *n* (6); **2.** *тех.* Lásche *f* (11)

серьёзн||о *нареч.* **1.** ernst; érnstlich; **2.** (*в самом деле*) in der Tat, im Ernst, állen Érnstes; **~ость** *ж* Ernst *m* -(e)s; Érnsthaftigkeit *f*; со всей ~остью állen Érnstes; **~ый 1.** (*о человеке*) ernst, érnsthaft; **2.** (*важный*) wíchtig, gewíchtig; wírksam (*действенный*); ~ый вы́вод ein gewíchtiger Schluß; ~ые недоста́тки schwérwiegende Mängel; ~ый уда́р ein empfíndlicher Schlag

сессио́нный Tágungs-, Sítzungs-

се́ссия *ж* Tágung *f* (10), Sítzung *f* (10); Sítzungsperiode *f* (11) (*напр. ООН*); ~ Верхо́вного Сове́та СССР die Tágung des Óbersten Sowjéts der UdSSR; экзаменацио́нная ~ Prüfungperiode *f*; расши́ренная ~ erwéiterte Tágung; выездна́я ~ *юр.* Sítzung áußerhalb des ständigen Tágungsortes, Lokáltermin *m* (1)

сестра́ *ж* **1.** Schwéster *f* (11); двою-родна́я ~ Kusíne *f* (11); **2.** (*в лечебном учреждении*): медици́нская ~ Kránkenschwester *f* (11); патрона́жная ~ Fürsorgerin *f* (12), Fürsorgeschwester *f*; пала́тная ~ Statiónsschwester *f*

се́стрин der Schwéster, der Schwéster gehörig

се́стринский Schwéstern-, schwésterlich

сестри́ца *ж*, **сестри́чка** *ж* (*ласк. от* сестра́) Schwésterchen *n* (7), Schwésterlein *n* (7)

сесть I **1.** sich sétzen; sich níederlassen*; ~ за стол sich an den Tisch sétzen; sich zu Tisch sétzen (*для еды*); ~ на ло́шадь aufs Pferd stéigen*; sich aufs Pferd schwíngen*; áufsitzen* *vi* (s); ~ в ва́нну ins Bad stéigen*; **2.** (*в вагон и т. п.*) éinsteigen* *vi* (s); ~ на кора́бль an Bord éines Schíffes géhen*; он сел на по́езд в Москве́ er ist in Móskau éingestiegen; вам на́до ~ на шесто́й трамва́й Sie müssen mit der Sechs [*австр.* mit dem Séchser] fáhren; **3.** (*приняться за что-л.*) géhen* *vi* (s) (an *A*); sich máchen (an *A*); ~ за рабо́ту sich an die Árbeit máchen, an die Árbeit géhen*; **4.** (*о солнце*) úntergehen* *vi* (s); **5.** *ав.* lánden *vi* (s); ~ на́ воду wássern *vi* (s); **6.** (*осесть*) sich sétzen; ◇ ~ на мель auf éine Sándbank áuflaufen* [áuffahren*, geráten*], auf Grund láufen*

сесть II (*о материи*) éingehen* *vi* (s), éinlaufen* *vi* (s); schrúmpfen *vi* (s) (*при стирке*)

сет *м* (*теннис*) Set *n* -s, -s

сетев||о́й 1. Netz-; **2.** *эл.* Netz-; ~о́й выпрями́тель Nétzgleichrichter *m* (6); **3.** (*относящийся к планированию*) Nétzwerk-; ~о́й гра́фик Nétzwerkplan *m* (1*); ~о́е плани́рование Nétzwerkplanung *f*

се́тка *ж* **1.** Netz *n* (2); про́волочная ~ Dráhtnetz *n*, Máschendraht *m* (1*); ~ пчелово́да Bíenenhaube *f* (11), Bíenenschleier *m* (6), Schwármnetz *n*; моски́тная ~ Moskítonetz *n*; защи́тная ~ *тех.* Schútznetz *n*; фильтрацио́нная ~ *тех.* Fíltergewebe *n* (6); кали́льная ~ *тех.* Glühstrumpf *m* (1*); **2.** *спорт.* Netz *n* (2); **3.** *спец.* (*шкала, схема*): тари́фная ~ Taríf-netz *n* (2), Tarífstaffelung *f* (10); **4.** *анат.* Nétzmagen *m* (7); **5.** *разг.* (*продуктовая*) Éinkaufsnetz *n* (2)

се́тов||ание *с* Klágen *n* -s, Wéhklagen *n* -s; **~ать 1.** (*жаловаться на что-л.*) klágen *vi* (über *A*), beklágen *vt*, wéhklagen *неотд.* *vi* (über *A*); **2.** (*печалиться о чём-л.*) tráuern *vi* (über *A*)

се́ттер *м* (*порода собак*) Sétter *m* (6)

сетча́тка *ж анат.* Nétzhaut *f* (3)

сетчатокры́лые *сущ. мн. зоол.* Nétzflügler *pl*

се́тчатый Netz-, nétzartig; ~ фильтр Síebfilter *m*, *n* (6)

сет||ь *ж* **1.** Netz *n* (2), Fángnetz *n*; Fálle *f* (11), Garn *n* (2), Fállgarn *n* (*ловушка*); рыболо́вная ~ь Fángnetz *n*; ~ь для подлёдного ло́ва Éisnetz *n*; до́нная ~ь Zúgnetz *n*; расста́вить ~и *тж. перен.* Nétze stéllen; Schlíngen légen; Fállen áufstellen; попа́сть в ~и *тж. перен.* ins Garn géhen*; **2.** (*система путей, линий*) Netz *n* (2); автодоро́жная ~ь Stráßennetz *n*; железнодоро́жная ~ь Éisenbahnnetz *n*; водопрово́дная ~ь Wásserleitungsnetz *n*; освети́тельная ~ь Líchtnetz *n*; телефо́нная ~ь Férnsprechnetz; ~ь высо́кого напряже́ния *эл.* Hóchspannungsnetz *n*; пита́ние от ~и *эл.* Nétzanschluß *m* -sses; **3.** (*совокупность однородных* *учреждений, организаций*) Netz *n* (2), Systém *n* (2); ~ь партийного просвещения das Systém der Partéischulung; торговая ~ь Hándelsnetz *n*, Verkáufsstellennetz *n*

сéча *ж уст.* Schlacht *f* (10), Gefécht *n* (2)

сечéние *с* Schnitt *m* (1); продóльное ~ Längsschnitt *m*; поперéчное ~ Quérschnitt *m*; коническое ~ *мат.* Kégelschnitt *m*; ◇ золотóе ~ *иск.* der góldene Schnitt; кéсарево ~ *мед.* Káiserschnitt *m*

сéчка *ж* **1.** (*нож*) Háckmesser *n* (6); **2.** *с.-х.* (*корм*) Häcksel *m, n* -s

сечь **1.** (*плетьми, розгами*) háuen* (*impf* háute) *vt*, prügeln *vt*, péitschen *vt*; die Rúte gében* (*D*); **2.** (*рубить, резать*) hácken *vt*, häckseln *vt*; **~ся** bréchen* *vi* (s); sich fásern (*о шёлке*); sich spálten⁽*⁾, sich bréchen* (*о волосах*); вóлосы секýтся das Haar ist [wird] brüchig

Сечь: Запорóжская ~ *ист.* die Saporóger Setsch (*Selbstverwaltungsorgan der ukrainischen Kosaken im 16.—18. Jahrhundert*)

сéялка *ж* Sämaschine *f* (11); трáкторная рядовáя ~ Traktórendrillmaschine *f*; квадрáтно-гнездовáя ~ Quadrátnestsämaschine *f*

сéянец *м с.-х.* Sämling *m* (1)

сéятель *м* Sämann *m* (4)

сéять säen *vt*, áussäen *vt*; ~ гнёздами díbbeln *vt*; ~ рядáми dríllen *vt*; ◇ ~ раздóр Zwíetracht säen

сжáлиться (*над кем-л.*) sich erbármen (*G или* über *A*)

сжáрить *разг.* fértig bráten* [rösten] *vt*; **~ся** *разг.* fértig bráten* *vi*

сжáт||ие *с* **1.** Zusámmenpressen *n* -s; Zusámmendrängen *n* -s; Zusámmenballen *n* -s, Bállung *f* (*в кулак, в комок*); ~ие сéрдца Hérzbeklemmung *f* (10); **2.** (*газов, паров и т. п.*) Kompressión *f*; Zusámmendrückung *f*; Verdíchtung *f*; **~о** *нареч.* gedrängt, knapp; **~ость** *ж* **1.** (*газов, паров и т. п.*) Kompressión *f*; Verdíchtung *f*; **2.** (*краткость*) Kürze *f*, Knáppheit *f*, Gedrängtheit *f*

сжáт||ый I **1.** zusámmengepreßt, zusámmengedrückt; ~ый кулáк gebállte Faust; **2.** *тех.*, *физ.* Kompressións-, komprimíert; verdichtet; ~ый вóздух Drúckluft *f*, Préßluft *f*; komprimíerte Luft; ~ый газ Fláschengas *n* (2); **3.** (*краткий*) kurz, knapp, gedrängt, geráfft; в ~ые срóки in gedrängten Termínen; ~ый обзóр ein geráffter Überblick; ~ый стиль knápper [bündiger, gebállter] Stil

сжáтый II *прич. см.* сжать II

сжать I (*сжимать*) **1.** (zusámmen)préssen *vt*, (zusámmen)drücken *vt* (*тж. перен.*); (zusámmen)bállen *vt* (*в кулак, в комок*); ~ в объятиях fest in die Árme schlíeßen*; сжав гýбы mit (zusámmen)gepréßten Líppen; ~ кольцó окружéния *воен.* den Késsel veréngen; **2.** *тех.* (*газы, пары*) komprimíeren *vt*; verdíchten *vt*

сжать II (*рожь и т. п.*) schnéiden* *vt*, (áb)mähen *vt*; (áb)sicheln *vt* (*серпом*)

сжáться **1.** sich zusámmenpressen, sich zusámmendrücken; sich zusámmenziehen*; sich zusámmendrängen; sich (zusámmen)bállen (*в кулак, в комок*); zusámmenschrumpfen *vi* (s) (*съёжиться*); sich zusámmenkrampfen (*о сердце*); **2.** *тех.* sich komprimíeren, sich verdíchten

сжечь verbrénnen* *vt*; ábbrennen* *vt*; ~ дотлá (ganz) níederbrennen* *vt*; in Ásche légen; éinäschern *vt*; сожжённая дерéвня ein éingeäschertes Dorf; ◇ ~ свои корабли [мосты] ≅ álle Brücken hínter sich ábbrechen*

сживáть(ся) *см.* сжить(ся)

сжигáть *см.* сжечь

сжижáть *хим.* verflüssigen *vt*

сжим||áемость *ж физ.* Kompressiónsfähigkeit *f*, Kompressibilität *f*; **~áть** *см.* сжать 1; **~áться** **1.** *см.* сжáться; **2.** *страд.* zusámmengedrückt [zusámmengepreßt] wérden (*ср.* сжать I)

сжить: ~ когó-л. со свéта *разг.* j-n únter die Érde bríngen*; j-n ins Jénseits befördern

сжи́ться *разг.* sich éinleben (с кем-л. mit *D*, с чем-л. in *A*); sich éingewöhnen (с кем-л. in *A*); sich gewöhnen (с кем-л., с чем-л. an *A*)

сзáди **1.** *нареч.* (*на вопрос «где?»*) hínten; (*на вопрос «откуда?»*) von hínten; von rückwärts; ~ стои́т дéрево hínten steht ein Baum; нападáть ~ von hínten ángreifen*; **2.** *предлог* hínter; ~ дóма hínter dem Háuse

сзывáть *см.* созвáть 1

си *с муз.* H *n* =, =; си-диéз His *n* =; си-бемóль b *n* =, -s; си мажóр H-Dur *n* =; в си мажóре in H-Dur; си минóр h-Moll *n* =; в си минóре in h-Moll; в си-бемóль мажóре in B-Dur

сиáмск||ий: ~ие близнецы́ siamésische Zwíllinge

сибари́т *м* Sybarít *m* (8); **~ский** sybarítisch; **~ство** *с* Sybarítentum *n* -s; **~ствовать** *wie* ein Sybarít lében, ein Sybarítenleben führen

сибиля́нт *м лингв.* Sibilánt *m* (8), Zíschlaut *m* (1)

сиби́рск||ий sibírisch; ~ий кедр *бот.* Zírbel *f* (11), Zírbelkiefer *f* (11); ◇ ~ая я́зва *мед.* Mílzbrand *m* -(e)s

сибиря́||к *м* Sibíri¦er *m* (6); **~чка** *ж* Sibíri¦erin *f* (12)

сиви́лла *ж миф.* Sibýlle *f* (11)

си́вка *м, ж разг.* Gráuschimmel *m* (6)

сивý||ха *ж* Fúsel *m* -s, Fúselbranntwein *m* -(e)s; **~шный** Fúsel-; ~шное мáсло Fúsel *m* -s, Fúselöl *n* -(e)s

си́вый gráuschwarz, áschgrau

сиг *м* (*рыба*) Rénke *f* (11), Schnäpel *m* (6); копчёный ~ geräucherte Rénke

сигáр||а *ж* Zigárre *f* (11); **~éта** *ж*, **~éтка** *ж* **1.** Zigarétte *f* (11) (óhne Múndstück); **2.** (*маленькая сигара*) Zigaríllo *m* -s, -s; **~éтница** *ж* Zigaréttenetui [-ɛt,vi:] *n* -s, -s; **~ный** Zigárren-

сигнáл *м* Signál *n* (2); Zéichen *n* (7); подáть ~ signalisíeren *vt*, ein Signál gében*; ~ бéдствия, авари́йный ~ Nótruf *m* (1); SOS, SÓS-Ruf *m*; Séenotzeichen *n*; ~ вoздýшной тревóги (Signál für) Lúftalarm; ~ хими́ческой тревóги Signál für chémischen Alárm, chémischer Alárm; ~ áтомной тревóги (Signál für) Atómalarm; ~ отбóя Entwárnungssignal *n*; звуковóй ~ akústisches Signál; *авто* Húpen *n* -s; запрещéние подáчи звуковы́х ~ов Húpverbot *n* (2); дымовóй ~ Ráuchzeichen *n*; зри́тельный ~ Síchtzeichen *n*

сигнализ||áтор *м тех.* Signáleinrichtung *f* (10), Signálgeber *m* (6), Zéichengeber *m* (6); **~áция** *ж* Signalisíerung *f* (10), Signálgebung *f*; Zéichengebung *f*; световáя ~áция *воен.* Blínkverbindung *f*, Blínken *n* -s; пожáрная ~áция Féuermelder *m* (6); железнодорóжная ~áция Éisenbahnsignalwesen *n* -s; флáжная ~áция *мор.* Flággen(signal)verfahren *n* -s; **~и́ровать** **1.** (*давать сигналы*) signalisíeren *vt*, Signále [Zéichen] gében*; **2.** *перен.* wárnen *vt* (о чём-л. vor *D*)

сигнали́ст *м* Signálgeber *m* (6), Zéichengeber *m*; *воен.* Horníst *m* (8)

сигнáль||ный Signál-; ~ный флажóк Wínkerflagge *f* (11), Signálflagge *f*; ~ный жезл Wínkerstab *m* (1*); ~ный пост *ж.-д.* Signálturm *m* (1*); ~ный код Signálbuch *n* (5); ~ные полóтнища *ав.* Flíegertücher *pl*; **~щик** *м* **1.** Signálgeber *m* (6), Zéichengeber *m*; **2.** *мор.* Signálgast *m* (1*)

сигнатýра *ж* **1.** *полигр.* Signatúr *f* (10); **2.** *фарм.* Dosíerungsvorschrift *f* (10)

сигнатýрка *ж см.* сигнатýра 2

сидéлка *ж* Kránkenpflegerin *f* (12)

сидéние *с* Sítzen *n* -s

сидéнье *с* Sitz *m* (1); *косм.* Líege *f* (11); откиднóе ~ áufklappbarer Sitz, Kláppsitz *m*; ~ унитáза Kloséttbrille *f* (11); катапульти́руемое ~ *ав.* Schléudersitz *m*, Katapúltsitz *m*; кóнтурное [профили́рованное] ~ *косм.* Kontúrliege *f*

сидери́т *м мин.* Siderít *m* (1)

сидéть **1.** sítzen* *vi*; остáться ~ sítzen¦bleiben* *отд.* *vi* (s); ~ на лошади zu Pférde sítzen*; ~ за столóм am Tisch sítzen*; zu [bei] Tisch sítzen* (*за едой*); ~ на кóрточках hócken *vi*; káuern *vi*; ~ без дéла óhne Árbeit sítzen*; únbeschäftigt [müßig] sein; ~ за кни́гами über den Büchern sítzen*; ~ взаперти́ [под замкóм] hínter Schloß und Ríegel sítzen*, éingesperrt sein; ~ в тюрьмé im Gefängnis sítzen*; **2.:** плáтье хорошó сиди́т das Kleid sitzt gut; **3.** (*о судне*): глубокó ~ bedéutenden Tíefgang háben; неглубокó ~ geríngen Tíefgang háben; ◇ ~ на мели́ auf dem trócknen sítzen*; ~ на я́йцах auf den Éiern sítzen*, brüten *vi*; си́днем ~ *разг.* zu Háuse hócken; ein Stúbenhocker sein; ~ у мóря и ждать погóды sich vergéblichen Hóffnungen híngeben*; **~ся** *безл. разг.*: емý не сиди́тся дóма es treibt ihn aus dem Háuse; er kann nicht zu Háuse sítzen; емý не сиди́тся на мéсте er hat kein Sítzfleisch

сидр *м* Zíder *m* -s, Ápfelwein *m* -(e)s, Ápfelmost *m* (1)

сидя́ч||ий sítzend, Sitz-; ~ая вáнна Sítzbad *n* (5); ~ее мéсто Sítzplatz *m* (1*); в ~ем положéнии sítzend, in sítzender Stéllung; ~ий óбраз жи́зни sítzende Lébensweise

сиéн||а *ж* (*краска*) Siéna¦erde *f*; bráuner Bol, Bólus *m* =; **~и́т** *м мин.* Syenít *m* (1)

сизи́фов: ~ труд Sísyphusarbeit *f*

сизоворóнка *ж зоол.* Bláuracke *f* (11)

си́зый gráublau, táubenfarbig, táubenblau

сиккати́в *м тех.* Sikkatív *n* (2)

сикóз *м мед.* Sykóse *f*, Sykósis *f*; ~ бороды́ Bártflechte *f*

сикомóр *м бот.* Sykomóre *f* (11), Máulbeerfeigenbaum *m* (1*)

си́л||а *ж* **1.** Kraft *f* (3); Stärke *f*; Wucht *f* (10); Macht *f*, Gewált *f* (10) (*мощь*); ~а удáра die Wucht des Schláges; ~а вóли Wíllenskraft *f*; дви́жущая ~а bewégende [vórwärtstreibende] Kraft, Tríebkraft *f*; творческие ~ы нарóда die schöpferische Kraft des Vólkes; сознáние своéй ~ы das

Bewúßtsein der éigenen Kraft; расстанóвка сил Kräfteverteilung *f*; соотношéние сил Kräfteverhältnis *n* -ses; применéние ~ы Gewáltanwendung *f*; пóлный сил kráftstrotzend; изо всех сил aus állen Kräften; aus Léibeskräften; únter Ánspannung áller Kräfte; быть ещё в ~ах noch kräftig [rüstig] sein; noch bei Kräften sein; óбщими ~ами mit veréinten Kräften, geméinschaftlich, сóбственными ~ами aus éigener Kraft; с нóвой ~ой mit néuer Kraft; прилóжить все ~ы для чегó-л. die gánze Kraft für etw. (*A*) éinsetzen; испрóбовать свои ~ы на чём-л. sich an etw. (*D*) versúchen; не жалéть сил kéine Mühe schéuen; э́то емý не под ~у das kann er nicht bewältigen; «с позиции ~ы» «von der Positión der Stärke aus»; полúтика ~ы Politík der Stärke; э́то сверх [свы́ше] моих сил, э́то мне не по ~ам das geht über méine Kraft, das übersteígt méine Kräfte; он чéрез ~у хóдит er kann kaum géhen; есть чéрез ~у mit Wíderwillen [mit Überwíndung] éssen*; **2.** *физ.*, *тех.* Kraft *f* (3); ~а тяготения, ~а тя́жести Schwérkraft *f*; ~а притяжéния Ánziehungskraft *f*; лошади́ная ~а (*сокр.* л. с., ЛС) Pférdestärke *f* (11) (*сокр.* PS); мотóр в 100 лошади́ных сил Mótor von 100 PS [von húndert Pférdestärken]; пробивнáя ~а Dúrchschlagskraft *f*; подъёмная ~а Trágkraft *f*, Trágfähigkeit *f*; *ав.* Áuftrieb *m* -(e)s; удáрная ~а Stóßkraft *f*; ~а инéрции Trägheitskraft *f*, Mássenkraft *f*; реакти́вная ~а Rückstoßkraft *f*, Schúbkraft *f*; я́дерная ~ Kérnkraft *f*; **3.** *мн.* *воен.*: вооружённые ~ы Stréitkräfte *pl*; воздýшные ~ы Lúftstreitkräfte *pl*; воéнно-морски́е ~ы Séestreitkräfte *pl*, Kríegsmarine *f*; сухопýтные ~ы Lándstreitkräfte *pl* (*сокр.* LdSK); боевы́е ~ы Kámpfkräfte *pl*, Éinsatzkräfte *pl*; Объединённые вооружённые ~ы (*Варшавского договора*) Veréinte Stréitkräfte; **4.** *юр.*: ~а закóна gesétzliche Kraft, Réchtskraft *f*, Gesétzeskraft *f*; обрáтная ~а закóна rückwirkende Kraft des Gesétzes; вступлéние в ~у Inkráfttreten *n* -s; вступи́ть в ~у in Kraft tréten*; получи́ть ~у закóна Réchtskraft erlángen, réchtskräftig wérden; утрáтить ~у áußer Kraft tréten*; остáться в ~е in Kraft bléiben*, gültig bléiben*; имéть одинáковую ~у gléichermaßen Gültigkeit háben; ◇ живáя ~а *воен.* Kräfte *pl*, Soldáten *pl*, Trúppen *pl*; живáя ~а и боевáя тéхника *воен.* Ménschen und Materiál; воéнная ~а militärische Stärke; militärische Gewált; покупáтельная ~а *эк.* Káufkraft *f*; рабóчая ~а Árbeitskraft *f*, Árbeitskräfte *pl*; в ~у *предлог* (*вследствие*) infólge (*G*); kraft (*G*); в ~у закóна kraft des Gesétzes; в ~у обстоя́тельств infólge der Verhältnisse; únter dem Zwang der Verhältnisse; **~ой** рóты *воен.* in [bis] Kompaníestärke

силáч *м* Athlét *m* (8), Kráftmensch *m* (8); stárker Mensch; **~ка** *ж* Athlétin *f* (12)

силéзский schlésisch

силикáт *м* *мин.* Silikát *n* (2)

силикóз *м* *мед.* Silikóse *f* (11)

силикóн *м* *хим.* Silikón *n* -s

си́литься sich ánstrengen

сили́ций *м* Silízium *n* -s (*хим.* *знак* Si)

силлаби́ческий *лит.* syllábisch

силлоги́зм *м* *филос.* Syllogísmus *m* =, -men

силов||óй **1.** *эл.* Kraft-; ~áя стáнция Kráftwerk *n* (2); ~óе пóле Kráftfeld *n* (5); **~áя** ли́ния Kráftlinile *f* (11); ~áя установка Kráftanlage *f* (11); ~óй трансформáтор Kráfttransformator *m* (13); **2.** *спорт.*: ~ые упражнéния Kráftübungen *pl*

си́лой *нареч.* mit Gewált; взять ~ mit Gewált néhmen*

силóк *м* Fánggarn *n* (2), Schlínge *f* (11), Fángschlinge *f*

силомéр *м* Kráftmesser *m* (6)

силóн *м* Silón *n* -s

си́лос *м* *с.-х.* **1.** (*корм*) Sílofutter *n* -s, Gärfutter *n*, Siláge [-ʒə] *f*; **2.** (*хранилище*) Sílo *m* -s, -s; **~ный** Sílo-; ~ные культýры Gärfutterkulturen *pl*, Silágepflanzen [-ʒə-] *pl*, Gärfutterpflanzen *pl*; ~ная бáшня Hóchsilo *m* -s, -s; **~овáние** *с* Silíerung *f*, Gärfutterbereitung *f*; **~овáть** silíeren *vt*, éinsäuern *vt*

силосорéзка *ж* *с.-х.* Sílohäcksler *m* (6)

силосоубóрочный: ~ комбáйн Mähhäcksler *m* (6)

силури́йский *геол.* silúrisch

силуэ́т *м* Silhouette [zilu'ɛtə] *f* (11), Schättenriß *m* -sses, -sse, Schättenbild *n* (5); вы́резанный ~ Schérenschnitt *m* (1)

сильнодéйствующ||ий stárkwirkend; ~ие срéдства *перен.* dúrchschlagskräftige Míttel

си́льн||ый **1.** stark, kräftig; kráftvoll; héftig, mächtig, gewáltig (*мощный*); ~ая вóля stárker Wílle; ~ая áрмия éine stárke Armée; ~ая странá ein mächtiges Land; ~ый гóлос éine kräftige [mächtige] Stímme; ~ый вéтер stárker [héftiger] Wind; stéife Bríse (*на море*); ~ый штóрм héftiger [stárker] Sturm; ~ая грозá ein schwéres Gewítter; ~ый испýг gróßer [gewáltiger, mächtiger] Schreck; ~ая боль ein héftiger Schmerz; ~ое возмущéние éine hélle Empörung; ~ая комáнда *спорт.* éine spíelstarke Mánnschaft; ~ые очки́ éine stárke Brílle; ~о проголодáться éinen stárken [mächtigen] Húnger háben; ~о желáть чегó-л. etw. séhnlich [héftig] wünschen; **2.** (*сведущий*, *искусный*) stark, gewándt; я в э́том не си́лён *разг.* das ist nicht méine stárke Séite; ich bin daríп nicht bewándert [beschlágen]; матемáтика — егó ~ая сторонá Mathematík ist séine Stärke; ◇ ~ое склонéние *грам.* stárke Deklinatión; ~о скáзано (zu) stark geságt

сильф *м* *миф.* Sýlphe *m* (9); **~и́да** *ж* *миф.* Sylphíde *f* (11)

сильфóн *м* *тех.* Déhnbüchse *f* (11), Bálgmembran *f* (10), Fáltenbalg *m* (1*)

симбиóз *м* *биол.* Symbióse *f*

си́мвол *м* Symból *n* (2), Sínnbild *n* (5); Wáhrzeichen *n* -s; стать ~ом zum Ínbegriff wérden (чегó-л. von *D*); **~изáция** *ж* Versínnbildlichung *f*; **~изи́ровать** symbolisíeren *vt*, versínnbildlichen *vt*; **~и́зм** *м* *лит.* Symbolísmus *m* =

симвóл||ика *ж* Symbólik *f*; **~и́ст** *м* Symbolíst *m* (8): **~и́стский** *лит.* symbolístisch; **~и́ческий** symbólisch, sínnbildlich; **~и́чность** *ж* Symbólik *f*; **~и́чный** *см.* символи́ческий

симметри́ч||еский symmétrisch; **~ность** *ж* Symmetríe *f* (11); **~ный** symmétrisch

симмéтрия *ж* Symmetríe *f* (11)

симпатизи́ровать (*комý-л.*) sympathisíeren *vi* (mit *D*), sich híngezogen fühlen (zu *D*); (*чемy-л.*) sich mit Sympathíe verhálten* (zu *D*); Sympathíe entgégenbringen* (*D*); ~ друг дрýгу einánder gefállen*, miteinánder sympathisíeren

симпати́ческ||ий **1.** sympáthisch; ~ая нéрвная систéма das sympáthische Nérvensystem; **2.**: ~ие черни́ла sympathétische Tínte, Gehéimtinte *f*

симпати́чный sympáthisch, ángenehm, zúsagend; éinnehmend (*о внешности*)

симпáтия *ж* Sympathíe *f* (11); Zúneigung *f* (*расположение*)

симпóзиум *м* Sympósium *n* -s, -silen

симптóм *м* Symptóm *n* (2), Ánzeichen *n* (7), Kénnzeichen *n*; ~ болéзни Kránkheitszeichen *n*, Kránkheitssymptom *n*

симптомáт||ика *ж* *мед.* Symptomatologíe *f*; **~и́ческий** symptomátisch, bezéichnend; **~и́чность** *ж* das Symptomátische (*sub*), das Kénnzeichnende (*sub*); **~и́чный** symptomátisch, kénnzeichnend

симул||и́ровать simulíeren *vt*; vórgeben* *vt*, vórtäuschen *vt*; sich verstéllen (*притворяться*); ~и́ровать болéзнь éine Kránkheit simulíeren [vórtäuschen]; **~я́нт** *м* Simulánt *m* (8); **~я́нтка** *ж* Simulántin *f* (12); **~я́ция** *ж* Simulíeren *n* -s

симфонизáция *ж* *муз.* Beárbeitung *f* für Sinfoníeorchester [-ɔr,kɛs-]

симфони́ческий *муз.* sinfónisch, symphónisch, Sinfoníe-, Symphoníe-; ~ оркéстр Sinfoníeorchester [-ɔr,kɛs-] *n* (6), Symphoníeorchester *n*

симфóния *ж* *муз.* Sinfoníe *f* (11), Symphoníe *f* (11)

синагóга *ж* Synagóge *f* (11)

сингапýр||ец *м* Síngapurer *m* (6); **~ский** síngapurisch

синдетикóн *м* Syndétikon *n* -s, Álleskleber *m* (6)

синдикал||и́зм *м* Syndikalísmus *m* =; **~и́ст** *м* Syndikalíst *m* (8); **~и́стский** syndikalístisch

синдикáт *м* Syndikát *n* (2)

синдици́ров||анный syndizíert; **~ать** syndizíeren *vt*

синдрóм *м* *мед.* Syndróm *n* (2), Symptómenkomplex *m* (1)

синевá *ж* Bläue *f*, das Blau -s; ~ нéба das Blau des Hímmels, Hímmelsbläue *f*, Hímmelblau *n*; ~ под глазáми schwárze [dúnkle] Ränder únter den Áugen, Schátten *pl* únter den Áugen

синевáтый bläulich

синедриóн *м* *ист.* Synédrium *n* -s, -drilen, Synédrion *n* -s, -drilen

синéкдоха *ж* *лит.* Synékdoche *f* (11)

синекýра *ж* Sinekúre *f* (11), (fétte) Pfründe *f* (11)

синематéка *ж* Filmarchiv *n* (2)

синестезия *ж* *психол.* Synästhesíe *f* (11)

синéть **1.** (*становиться синим*) blau wérden; blau ánlaufen* (*о лице и т. п.*); **2.** (*казаться синим*, *виднеться*) bláuen *vi*, blau schímmern

синéц *м* *зоол.* Zópe *f* (11)

си́ний blau; ◇ ~ чулóк *неодобр.* Bláustrumpf *m* (1*)

сини́льн||ый: ~ая кислотá *хим.* Bláusäure *f*, Zyánwasserstoff *m* -(e)s

сини́ть **1.** (*ткани*) blau färben; **2.** (*бельё*) bläuen *vt*, in Wáschblau spülen

сини́ца *ж* Méise *f* (11)

синклинáль *ж* *геол.* Synklíne *f* (11)

синкли́т *м* **1.** *ист.* der Rat der Ältesten; **2.** *ирон.* der hóhe Rat, die hóhe Versámmlung

синкóп||а *ж* *муз.*, *лингв.* Synkópe *f*

(11); **~и́рованный, ~и́ческий** *муз.* synkópisch

синкрет||и́зм *м* Synkretísmus *m* =; **~и́ческий** synkrétisch

сино́д *м церк.* Synód *m* -(e)s; **~а́льный, ~ский** *церк.* Synodál-, synodál

сино́||лог *м* Sinológe *m* (9); **~ло́гия** *ж лингв.* Sinologíe *f*

сино́н||им *м лингв.* Synoným *n* (2); **~и́мика** *ж лингв.* Synonýmik *f* (10); **~ими́ческий** *лингв.* synonýmisch, sínnverwandt; ~ими́ческое выраже́ние ein synonýmer Áusdruck; **~имия** *ж лингв.* Synonymíe *f*

сино́пт||ик *м* Meteorológe *m* (9) (*der vergleichende Wetterübersichten zusammenstellt*), Wétterfachmann *m* (4) (*pl тж.* -leute); **~и́ческий** *метеор.* synóptisch; ~и́ческая ка́рта Wétterkarte *f* (11)

си́нтакс||ис *м* Sýntax *f* (10); **~и́ческий** syntáktisch

си́нтез *м* Synthése *f* (11)

синтези́ровать **1.** synthetisíeren *vt*; **2.** *хим.* synthétisch erzéugen

синте́тика *ж собир.* synthétische Wérkstoffe (*pl*) (*материалы*); Erzéugnisse aus synthétischen Wérkstoffen (*изделия из синтетических материалов*)

синтети́ческ||ий synthétisch; Synthése-, Kunst-; künstlich hérgestellt; ~ий каучу́к synthétischer Káutschuk [Gúmmi]; ~ое волокно́ *собир.* Synthésefasern *pl*, Chemíefasern *pl*; ~ие материа́лы synthétische Wérkstoffe; ~ая ткань synthétisches Gewébe

синтомици́н *м фарм.* Synthomyzín *n* -(e)s

си́нус *м мат., анат.* Sínus *m* =, = (*pl тж.* -se); **~о́ида** *ж мат.* Sinuso:ide *f* (11)

синхрон||изи́ровать *тех.* synchronisíeren [-kro-] *vt*; **~и́зм** *м* Synchronísmys [-kro-] *m* =, -men; **~изова́ть** *см.* синхронизи́ровать; **~и́ст** *м* (*переводчик*) Simultándolmetscher *m* (6); **~исти́ческий, ~и́ческий** synchronístisch [-kro-]

синхро́нный synchron [-'kro:n]; ~ перево́д Simultánübersetzung *f* (10)

синхротро́н *м яд. физ.* Synchrotrón [-kro-] *n* (2)

синь *ж* das Blau -s, Bläue *f*

си́нька *ж* **1.** (*для подсинивания*) Wáschblau *n* -s; **2.** (*светокопировальная бумага*) Bláupause *f* (11)

синьо́р *м* Signor(e) [*um.* sin'jo:r(ə)] *m* =, *pl* Signori

синьо́ра *ж* Signora [*um.* sin'jo:ra] *f*, *pl* Signore *u* -s

синьори́на *ж* Signorina [*um.* sinjo-'ri:na] *f*, *pl* -s *u* Signorine

синю́шность *ж мед.* Bláusucht *f*, Zyanóse *f*

синя́к *м* bláuer Fleck

сион||и́зм *м* Zionísmus *m* =; **~и́ст** *м* Zioníst *m* (8); **~и́стский** zionístisch

сип *м зоол.* Gänsegeier *m* (6)

сипе́ть héiser spréchen*; krächzen *vi*

си́плый héiser; krächzend

сире́на *ж* **1.** *миф., перен.* Siréne *f* (11); **2.** (*гудок*) Siréne *f* (11); Nébelhorn *n* (5) (*на судне*); Húpe *f* (11) (*автомобильная*)

сире́невый Flíeder-; flíederfarben (*о цвете*)

сире́нь *ж* Flíeder *m* -s

сир||и́ец *м* Sýrier *m* (6); **~и́йский** sýrisch

Си́риус *м астр.* Sírius *m* =, Húndsstern *m* -(e)s

сиро́кко *м* (*ветер*) Schirókko *m* -s

сиро́п *м* Sírup *m* (1), Zúckersaft *m* (1*)

сирот||а́ *м, ж* Wáise *f* (11), Wáisenkind *n* (5); кру́глый ~а́ Vóllwaise *f*; **~ли́вый** éinsam, verwáist; чу́вствовать себя́ ~ли́во sich éinsam [verwáist] fühlen

сиро́т||ский Wáisen-; ~ский дом *уст.* Wáisenhaus *n* (5); **~ство** *с* **1.** Wáisenstand *m* -(e)s; **2.** *перен.* Verwáistheit *f*; Veréinsamung *f*

систе́ма *ж в разн. знач.* Systém *n* (2); избира́тельная ~ Wáhlsystem *n*; не́рвная ~ Nérvensystem *n*; со́лнечная ~ Sónnensystem *n*; па́спортная ~ Páßwesen *n* -s; ~ блокиро́вки *ж.-д.* Verríegelungssystem *n*, Blócksystem *n*; ~ жизнеобеспе́чения (*сокр.* СЖО) *косм.* Lébenserhaltungssystem *n*, Lébensversorgungssystem *n*; ороси́тельная ~ Beríeselungsanlage *f* (11); телеметри́ческая ~ *косм.* Férnmeßsystem *n*

систематиз||а́ция *ж* Systematisíerung *f* (10); **~и́ровать** systematisíeren *vt*

системати́ч||еский systemátisch; **~ность** *ж* der systemátische Charákter [ka-]; **~ный** systemátisch

системотéхника *ж* Systémtechnik *f*

си́тец *м* Kattún *m* (1)

си́течко *с* (*чайное*) Téesieb *n* (2)

си́тник I *м разг.* (*хлеб*) Wéißbrot *n* (2); das Brot aus gesíebtem Mehl

си́тник II *м бот.* Bínse *f* (11)

си́тный gesíebt; ~ хлеб *см.* си́тник I

си́то *с* Sieb *n* (2); Háarsieb *n* (*волосяное*); просе́ивать сквозь ~ dúrchsieben *vt*

ситуати́вный situatiónsbedingt, situatiónsabhängig

ситуа́ция *ж* Situatión *f* (10), Láge *f* (11); междунаро́дная ~ internationále Láge

си́тце||вый Kattún-; ~вое пла́тье Kattúnkleid *n* (5); **~набивно́й, ~печа́тный** Kattúndruck-; ~набивна́я фа́брика Kattúndruckerei *f* (10)

си́фил||ис *м мед.* Sýphilis *f*; **~и́тик** *м* Syphilítiker *m* (6); **~ити́ческий** syphilítisch

сифо́н *м* Siphon ['zifɔŋ] *m* -s, -s

сиюмину́тный áugenblicklich

сия́ *см.* сей

сия́ние *с* Glanz *m* -es; Stráhlen *n* -s; Léuchten *n* -s; Stráhlenschein *m* -(e)s; ◇ се́верное ~ Nórdlicht *n* -(e)s, Polárlicht *n*; Auróra Boreális (*лат.*)

сия́||ть glänzen *vi*; léuchten *vi*; stráhlen *vi*; со́лнце ~ет die Sónne strahlt; ~ть ра́достью vor Fréude stráhlen; **~ющий** glänzend; stráhlend; léuchtend; *перен.* fréudestrahlend, glückstrahlend

скабио́за *ж бот.* Skabióse *f* (11)

скабрёзн||ость *ж* **1.** Schlüpfrigkeit *f*, Zótigkeit *f*; **2.** (*скабрёзное выражение*) Zóte *f* (11), Schlüpfrigkeit *f* (10); **~ый** schlüpfrig, zótig, obszön

сказ *м* Geschíchte *f* (11); (vólkstümliche) Erzählung *f* (10)

сказа́ние *с* Legénde *f* (11); Ságe *f* (11)

сказ||а́ть ságen *vt*; ~а́ть пра́вду die Wáhrheit ságen; доста́точно ~а́ть hier sei nur so viel geságt; я не то хоте́л ~а́ть nicht das wóllte ich ságen, das war nicht der Sinn méiner Wórte; что вы ~а́ли? was háben Sie geságt?, wie méinen Sie?; хорошо́ ска́зано! gut geságt!; das réchte Wort zur réchten Zeit!; в кни́ге ска́зано... im Búche steht...; ◇ легко́ ~а́ть leicht geságt; пра́вду ~а́ть... éhrlich geságt...; ле́гче ~а́ть, чем сде́лать léichter geságt als getán; ска́зано — сде́лано geságt — getán; так ~а́ть... *разг.* sózusagen...; как ~а́ть wie man's nimmt; мо́жно ~а́ть... man kann ságen..., es läßt sich ságen...; тру́дно ~а́ть schwér zu ságen; с позволе́ния ~а́ть mit Verláub zu ságen

сказа́ться **1.** (*обнаружиться*) sich zéigen, zum Áusdruck kómmen*, zutáge tréten*; sich áuswirken (на чём-л. auf *D*) (*повлиять*); (ма́ло) ~ на ком-л. (wénig) auf j-n ábfärben; **2.** *разг.* (*кем-л.*) sich áusgeben* (für); ~ больны́м sich für krank áusgeben*

сказа́тель *м* Erzähler *m* (6); **~ница** *ж* Erzählerin *f* (12)

ска́з||ка *ж* Märchen *n* (7); наро́дная ~ка Vólksmärchen *n*; стра́шная ~ка Scháuermärchen *n*; ◇ э́то ~ки *разг.* das sind Ámmenmärchen; **~очник** *м* Märchenerzähler *m* (6); **~очный** märchenhaft; Märchen-; ~очный мир Märchenwelt *f*

сказу́емое *с грам.* Prädikát *n* (2), Sátzaussage *f* (11)

ска́зывать *разг.* erzählen *vt*; ~ ска́зки Märchen erzählen

ска́зываться *см.* сказа́ться

скак||а́лка *ж* (*игрушка*) Spríngseil *n* (2), Sprúngseil *n*; **~а́ть** **1.** springen* *vi* (s), hüpfen *vi* (s); **2.** (*на коне*) schnell réiten*, galoppíeren *vi*, im Galópp réiten*; ~а́ть во весь дух mit verhängtem Zügel [verhängten Zügeln] galoppíeren; **~ну́ть** éinen Sprung tun*; **~ово́й** Renn-; ~ово́й ипподро́м Rénnbahn *f* (10), Hippodróm *m* (1); ~ова́я ло́шадь Rénnpferd *n* (2), Rénner *m* (6); **~у́н** (*лошадь*) Rénner *m* (6), Rénnpferd *n* (2)

скал||а́ *ж* Félsen *m* (7); **~и́стый** félsig, Félsen-

ска́лить: ~ зу́бы 1) die Zähne zéigen [blécken, flétschen]; 2) *разг.* (*смеяться*) grínsen *vi*

ска́лка *ж* Rólle *f* (11); Mángel *f* (11), Wäschemangel *f* (*для белья*); ~ для те́ста Téigrolle *f*

ска́лыв||ание *с* **1.** (*льда и т. п.*) Ábhacken *n* -s, Ábhauen *n* -s; **2.** (*булавками*) Zusámmenstecken *n* -s; **~ать** *см.* сколо́ть

скальд *м ист.* Skálde *m* (9)

скальки́ровать **1.** dúrchpausen *vt*, dúrchzeichnen *vt*; páusen *vt*; **2.** *лингв.* durch éine Léhnübersetzung wíedergeben*

скальп *м* Skalp *m* (1)

ска́льпель *м мед.* Skalpéll *n* (2)

скальпи́ровать skalpíeren *vt*

скам||е́ечка *ж* Bänkchen *n* (7), Schémel *m* (6); Fúßschemel *m* (*для ног*); **~е́йка** *ж* Bank *f* (3)

скамь||я́ *ж* Bank *f* (3); садо́вая ~я́ Gártenbank *f*; Léhnenbank *f*; ◇ со шко́льной ~и́ von der Schúlbank; **~я́** подсуди́мых Ánklagebank *f*

сканда́л Skandál *m* (1), Krach *m* (1); Lärm *m* -(e)s (*шум*); Tumúlt *m* (1), Radáu *m* -s (*суматоха, крики*); **~изи́ровать** *уст.* Ánstoß errégen [gében*]; **~и́ст** *м* Radáumacher *m* (6); Radáubruder *m* (6*), Krakéeler *m* (6); **~ить** skandalíeren *vi*, lärmen *vi*; Krach [Radáu] máchen; **~иться** *разг.* sich blamíeren, sich blóßstellen *отд.*

сканда́льн||ый **1.** skandálsüchtig; händelsüchtig; **2.** *разг.* (*позорный*) skandalös; Skandál-; ánstößig, blamábel; **~ый** проце́сс Skandálprozeß *m*

-sses, -sse; пользоваться **~ой** извéстностью únrühmlich bekánnt sein

скáндий *м* Skándium *n* -s (*хим. знак* Sc)

скандинáв *м* Skandinávier [-vǐər] *m* (6); **~ский** skandinávisch [-viʃ]; ~ские стрáны die nórdischen [skandinávischen] Länder

скандúровать 1. (*стихи*) skandíeren *vt*; **2.** (*громко и отчётливо произносить*) im Spréchchor [-,ko:r] rúfen*

сканúрование *с физ.* Ábtastung *f*, Zerlégung *f*

скáпливать(ся) *см.* скопúть(ся)

скарабéй *м зоол., ист.* Skarabä¦us *m* =, -bäen

скарб *м собир. разг.* Háusrat *m* -(e)s, Háusgerät *n* -(e)s, Sáchen *pl*, Síebensachen *pl*; со всем ~ом mit Sack und Pack

скáред *м*, **~а** *м, ж разг.* Géizhals *m* (1*), Knícker *m* (6), Knáuser *m* (6); **~ничать** *разг.* géizig sein, knáusern *vi*; **~ность** *ж разг.* Geiz *m* -es, Knauseréi *f* (10); **~ный** *разг.* géizig, knáuserig, kníckerig

скарификáтор *м с.-х.* Skarifikátor *m* -s, -tóren

скарлатúн||а *ж мед.* Schárlach *m* -(e)s; **~ный, ~óзный** *мед.* Schárlach-; **~ный** больнóй Schárlachkranke *m* (14)

скáрмливать *см.* скормúть

скат I *м* **1.** (*склон*) Ábhang *m* (1*), Hang *m*, Gefälle *n* (6); **2.:** колёсный ~ Rádsatz *m* (1*)

скат II *м зоол.* Róchen *m* (7)

скат III *м карт.* Skat *m* -(e)s; игрáть в ~ skáten *vi*

скатáть 1. zusámmenrollen *vt*; **2.** *разг.* (*списать*) ábschreiben* *vt*; ~ диктóвку das Diktát ábschreiben* [ábspicken]

скáтерть *ж* Tíschdecke *f* (11); Tíschtuch *n* (5) (*обеденная*); ◇ ~-самобрáнка Tíschleindeckdich *n*

скатúть herábwälzen *vt*, herábrollen *vt* (*по направлению к говорящему*); hinábwälzen *vt*, hinábrollen *vt* (*по направлению от говорящего*); **~ся** hinúnterrollen *vi* (s), hinúntergleiten* *vi* (s), hinúnterrutschen *vi* (s) (*по направлению от говорящего*); herúnterrollen *vi* (s), herúntergleiten* *vi* (s), herúnterrutschen *vi* (s) (*по направлению к говорящему*); ~ся кýбарем hinúnterpurzeln *vi* (s); herúnterpurzeln *vi* (s)

скáтка *ж воен.* Mántelrolle *f* (11)

скáтывание I *с* (*см.* скатáть 1) Zusámmenrollen *n* -s

скáтывание II *с* (*см.* скатúть) Herúnterrollen *n* -s, Herúnterwälzen *n* -s, Herúntergleiten *n* -s, Herúnterrutschen *n* -s (*по направлению к говорящему*); Hinúnterrollen *n* -s, Hinúnterwälzen *n* -s, Hinábgleiten *n* -s, Hinúnterrutschen *n* -s (*по направлению от говорящего*)

скáтывать I *см.* скатáть 1

скáтывать II *см.* скатúть

скáтываться I **1.** *см.* скатúться; **2.** *страд.* (*к* скатúть) herábgewälzt [hinúntergerollt] wérden (*ср.* **скатúть**)

скáтываться II *страд.* (*к* скатáть) zusámmengerollt wérden

скафáндр *м* Táucheranzug *m* (1*) (*водолаза*); Wéltraumanzug *m*, Ráumfluganzug *m* (*космонавта*); защúтный ~ Schútzanzug *m*; высóтный ~ Drúckanzug *m*

скáч||ка *ж* Galoppíeren *n* -s; Rénnen *n* -s; **~ки** *мн.* Pférderennen *n* (7); ~ки с препятствиями Híndernisrennen *n*, Hürdenrennen *n*

скачкообрáзн||о *нареч.* sprúnghaft; mit Unterbréchungen; развивáться ~о sich sprúnghaft entwíckeln; **~ость** *ж* Sprúnghaftigkeit *f*; ~ость развúтия Sprúnghaftigkeit der Entwícklung; **~ый** sprúnghaft; sprúngartig; unterbróchen

скачóк *м* Sprung *m* (1*); Satz *m* (1*); ~ вперёд *перен.* sprúngartiger Fórtschritt

скáшивать I *см.* скосúть I

скáшивать II *см.* скосúть II 1

сквáж||ина *ж* Spálte *f* (11), Rítze *f* (11); Öffnung *f* (10); буровáя ~ина Bóhrung *f* (10), Bóhrloch *n* (5), Sónde *f* (11); замóчная ~ина Schlüsselloch *n*; **~истость** *ж физ., геол.* Porositát *f*; Dúrchlässigkeit *f*; Schwámmartigkeit *f*; **~истый** *физ., геол.* porös; dúrchlässig; löcherig; schwámmartig (*ноздреватый*)

сквáсить, сквáшивать säuern *vt*

сквер *м* Ánlage *f* (11), Grünanlage *f*

сквернослóв *м* Zótenreißer *m* (6); Schándmaul *n* (5); **~ие** *с* Zóten *pl*; Únflätigkeiten *pl*; schmútzige [obszöne] Réden; **~ить** Zóten réißen*; schmútzige [obszöne, únflätige] Réden führen, únflätig schímpfen

сквéрн||ый schlecht, gárstig, schlimm; ~ый человéк schléchter [böser] Mensch; ~ая погóда schléchtes Wétter

сквитáть *разг.* héimzahlen *отд. vt*, vergélten* *vt*; ◇ ~ гол *спорт.* den Áusgleich [den Áusgleichs¦treffer] schíeßen*; ~ счёт *спорт.* den Áusgleich erzíelen

сквитáться *разг.* (*с кем-л.*) quitt wérden, quitt sein; *перен.* ábrechnen (mit *D*)

сквоз||úть 1. *безл.* (*о ветре*): ~úт es zieht; **2.** (*проникать, просвечивать*) dúrchscheinen* *vi*, dúrchschimmern *vi*; schéinen* *vi*, schímmern *vi* (durch *A*); чéрез щéли стáвен ~úт свет durch die Ládenritzen schímmert Licht; **3.** *перен.* dúrchblicken lássen*; в егó словáх ~úло неудовóльствие er ließ dúrchblicken, daß er únzufrieden ist; **~нóй 1.** dúrchgehend, Dúrchgangs-; ~нóй прохóд Dúrchgang *m* (1*), Passáge [-ʒə] *f* (11); ~нóй пóезд (*с межвагонными переходами*) Dúrchgangszug *m* (1*), D-Zug *m*; **~нóй** вóдный путь dirékter Wásserweg; **2.** (*просвечивающий*) dúrchscheinend, dúrchschimmernd; ◇ ~нóй вéтер *см.* сквозня́к; ~нáя бригáда gemíschte Brigáde, Kompléxbrigade *f* (11); **~ня́к** *м* Zug *m* -(e)s, Zúgwind *m* -(e)s, Zúgluft *f*

сквозь *предлог* durch (*A*); ~ щель durch die Rítze; ~ тумáн im Nébel; ◇ говорúть ~ зýбы zwíschen den Zähnen múrmeln; ~ слёзы únter Tränen

скворе||éц *м* Star *m* (1); **~éчник** *м*, **~éчница** *ж*, **~éчня** *ж* Stárkasten *m* (7*), Stárenhäus¦chen *n* (7)

скелéт *м* Skelétt *n* (2); Geríppe *n* (6); худóй как ~ máger wie ein Geríppe; knóchendürr

скéп||сис *м* Sképsis *f*, Zwéifel *m* (6); **~тик** *м* **1.** *филос.* Sképtiker *m* (6); **2.** (*тот, кто ко всему относится критически*) Sképtiker *m* (6), Zwéifler *m* (6); **~тицúзм** *м* **1.** *филос.* Skeptizísmus *m* =; **2.** (*критически-недоверчивое отношение*) Zwéifelsucht *f*; **~тúческий** sképtisch

скéрцо *с муз.* Scherzo [*ит.* 'skertso] *n* -s, -s (*pl тж.* -zi)

скéтинг-ринг *м* Róllschuhbahn *f* (10)

скетч *м* Sketsch *m* (1)

скúд||ка *ж* **1.** Rabátt *m* (1), Ermäßigung *f* (10), Ábzug *m* (1*), Préisnachlaß *m* -sses, -lässe; сдéлать ~ку etw. vom Préise náchlassen*; éinen Préisnachlaß gewähren; со ~кой в [на]... mit Ábzug von... (*D*); **2.** *перен.* Konzessión *f* (10), Zúgeständnis *n* (3*); без ~ок óhne Konzessiónen

скúдывать, скúнуть 1. hinúnterwerfen* *vt* (*по направлению от говорящего*); herúnterwerfen* *vt* (*по направлению к говорящему*); **2.** *разг.* (*одежду*) áblegen *vt*, áusziehen* *vt*; **3.** *разг.* (*уступить в цене*) (vom Préise) ablassen* *vi*, náchlassen* *vi*; ◇ ~ со счёта [со счетóв] nicht mehr berücksichtigen, nicht mehr in Betrácht zíehen*

скип *м горн.* Förderkübel *m* (6), Fördergefäß *n* (2)

скúпетр *м* Zépter *n* (6); Szépter *n* (6) (*австр.*)

скипéться sich in éine féste Másse verwándeln, féstwerden* *отд. vi* (s)

скипидáр *м* Terpentín *n* -s; **~ный** Terpentín-; ~ное мáсло Terpentínöl *n*

скирд *м*, **~á** *ж* Féime *f* (11), Schóber *m* (6); ~á сéна Héuschober *m*, Héumiete *f* (11); ~á солóмы Stróhmiete *f*; ~á хлéба Getréideschober *m*; **~овáть** *с.-х.* féimen *vt*, schóbern *vt*

скирдовóз *м с.-х.* Schóberzieher *m* (6)

скисáть, скúснуть 1. schal wérden, versáuern *vi* (s) (*о вине*); sáuer wérden (*о молоке, бульоне*); **2.** *перен. разг.* schléchter Stímmung sein; Trübsal blásen*, den Mut verlíeren*

скит *м рел.* Kláuse *f* (11), Einsiedeléi *f* (10)

скит||áлец *м* Wánderer *m* (6); Héimatlose *m* (14); Wándervogel *m* (6*); **~áльческий** héimatlos; Wánder-; **~áние** *с* Wándern *n* -s; Umhérirren *n* -s; Wánderschaft *f* (10); **~áться** umhérwandern *vi* (s); umhérirren *vi* (s); sich herúmtreiben*; ~áться по бéлу свéту *разг.* sich in áller Welt [in állen Ländern] herúmtreiben*

скиф I *м ист.* Skýthe *m* (9), Szýthe *m* (9)

скиф II *м спорт.* (*лодка*) Skiff *n* (2); Rénnboot *n* (2); одинóчка-~ Rénn-Einer *m* (6); гóнка восьмёрок-~ Áchterrennen *n* -s

скúфск||ий *ист.* skýthisch, Skýthen-, szýthisch; **~ие** могúльники Skýthengräber *pl*

скúфы *мн. ист.* Skýthen *pl*, Szýthen *pl*

склад I *м* Láger *n* (6); Níederlage *f* (11); Spéicher *m* (6); Magazín *n* (2); Lágerhaus *n* (5); Depot [-'po:] *n* -s, -s, Zentrálstelle *f* (11) (*база*); материáльный ~ Materiállager *n*; товáрный ~ Wárenspeicher *m*, Wárenlager *n*; ~ готóвой продýкции Fértigwarenlager *n*; полевóй ~ *воен.* Féldlager *n*; ~ боеприпáсов Munitiónslager *n*; лежáть на ~е lágern *vi*

склад II *м* (*характер*) Verfássung *f* (10); Ánlage *f* (11), Beschäffenheit *f* (10); ~ умá Mentalität *f* (10), Géistesrichtung *f* (10), Géistesbeschaffenheit *f*, Dénkart *f* (10), Sínnesart *f*; ~ харáктера Charákterbeschaffenheit [ka-] *f*; лю́ди осóбого ~а Ménschen von besónderem Schláge; человéк другóго ~а ein Mensch aus ánderem Holz

складúровать (éin)lágern *vt*; éinmagazinieren *vt*

склáд||ка *ж* Fálte *f* (11); Rúnzel *f* (11), Fúrche *f* (11) (*морщина*); ~ка кóжи Háutfalte *f*; ~ка мéстности *геол.* Bódenwelle *f* (11), Geländefalte *f*; ~ки земнóй корь́і *геол.* Érdfalten *pl*; образовáние ~ок *геол.* Fáltung *f*

(10); глубо́кая **~ка** tief éingelegte Fálte; ~ка на брю́ках Bügelfalte *f*, Bruch *m* (1*); в ~ку in Fálten; ю́бка в ~ку Fáltenrock *m* (1*); в ме́лкую ~ку gefältelt

складн||о́й Klapp-; zusámmenklappbar, zusámmenlegbar; Falt-; ~о́й стул Kláppstuhl *m* (1*); ~а́я крова́ть Kláppbett *n* (13); ~а́я ло́дка Fáltboot *n* (2); ~о́й зо́нтик Taschenschirm *m* (1), Knirps *m* (1); ~о́й метр Glíedermaßstab *m* (1*)

скла́дн||ость *ж*: ~ость ре́чи Zusámmenhang *m* (1*); Rédegewandtheit *f*, Rédefertigkeit *f*; **~ый 1.** (*о речи*) gewándt, flíeßend; zusámmenhängend; **2.** (*о фигуре*) gut gebáut, státtlich

скла́дочка *ж* Fältchen *n* (7)

склад||очный Láger-; ~очное ме́сто Lágerplatz *m* (1*), Ábladeplatz *m*; **~ско́й** Láger-; Spéicher-; ~ско́й рабо́тник Spéicherarbeiter *m* (6); Lágerarbeiter *m*; ~ски́е запа́сы Lágerbestände *pl*, Lágervorräte *pl*; ~ско́е хозя́йство Lágerwirtschaft *f*

скла́дчат||ый Fálten-; Fáltungs-; **~ые** го́ры Fáltengebirge *n* -s

скла́дчин||а *ж* geméinsame Kósten; в ~у auf geméinsame Kósten

склад||ы́ *мн.*, *уст.* Sílben *pl*; чита́ть по ~а́м buchstabíeren *vt*

скла́дывать *см.* сложи́ть 1, 3, 5, 6; **~ся 1.** *см.* сложи́ться; **2.** *страд.* zusámmengelegt wérden (*ср.* сложи́ть)

склева́ть, склёвывать áufpicken *vt* (*о птице*); schnáppen *vt*, verschlíngen* *vt* (*о рыбе*)

скле́енный (zusámmen)geklébt, (zusámmen)geléimt

скле́ивать *см.* скле́ить; **~ся 1.** *см.* скле́иться; **2.** *страд.* (zusámmen)geklébt wérden, (zusámmen)geléimt wérden

скле́ить zusámmenkleben *vt*, zusámmenleimen *vt*; klében *vt*; ~ конве́рт éinen Úmschlag klében; **~ся** (zusámmen)klében *vi*

скле́йка *ж* Zusámmenkleben *n* -s, Zusámmenleimen *n* -s

склеп *м* Grábgewölbe *n* (6), Gruft *f* (3)

склепа́ть *тех.* zusámmennieten *vt*, vernieten *vt*

склёпка *ж тех.* **1.** (*действие*) Vernieten *n* -s, Zusámmennieten *n* -s, **2.** (*место*) Níetstelle *f* (11)

склёпывать *см.* склепа́ть

скле́ра *ж анат.* Skléra *f*

склер||о́з *м мед.* Skleróse *f* (11), Verkálkung *f* (10); **~о́зный** *мед.* sklerótisch; **~о́тик** *м разг.* Sklerótiker *m* (6); **~оти́ческий** *мед.* sklerótisch

склика́ть *разг.* zusámmenrufen* *vt*; zusámmentrommeln *vt*

скло́к||а *ж* Intrígen *pl*, Ränke *pl*; Zank *m* -(e)s, Háder *m* -s (*распри*); Klatsch *m* -es, Tratscheréi *f* (10) (*сплетни*); заводи́ть ~у intrigíeren *vi*; stänkern *vi* (*разг.*), trátschen *vi* (*разг.*)

склон *м* Ábhang *m* (1*), Hang *m*; ~ холма́ Bérghang *m*; круто́й ~ Stéilhang *m*; поло́гий ~ sánfter Hang [Ábhang]; ◇ на ~е лет im Álter, am Lébensabend; auf dem ábsteigenden Ast (*разг.*)

склоне́ние *с* **1.** *грам.* Deklinatión *f* (10); **2.** *астр.* Deklinatión *f* (10), Ábweichung *f* (10); магни́тное ~ magnétische Deklinatión, Mißweisung *f* (10)

склони́ть 1. (*наклонить*) néigen *vt*; níederbeugen *vt*, sénken *vt*; ~ го́лову на грудь den Kopf auf die Brust sénken; **2.** (*уговорить*) bewégen* *vt*, überréden *vt*; gewínnen* *vt* (**к чему́-л.** für *A*); **~ся 1.** (*наклониться*) sich néigen, sich (níeder)béugen; со́лнце склони́лось к за́паду die Sónne néigte sich gégen Wésten; **2.** *перен.* (*к чему-л., на что-л.*) néigen *vi* (s), sich bewégen lássen*; genéigt sein, sich entschlíeßen* (*решиться*); ~ся на чью-л. сто́рону sich auf j-s Séite schlágen*

скло́нн||ость *ж* **1.** (*к чему-л.*) Néigung *f* (10); Ánlagen *pl* (*способность*); Veránlagung *f* (10) (*предрасположение*); ~ость к матема́тике Ánlagen zur Mathematík; ~ость к полноте́ Veránlagung zur Korpulénz; име́ть ~ость к чему́-л. éinen Hang zu etw. (*D*) háben; **2.** (*к кому-л.*) Zúneigung *f* (10); **~ый** (*к чему-л.*) genéigt; veránlagt (*предрасположенный*); я скло́нен ду́мать... ich bin genéigt zu gláuben...; ich könnte beináh(e) gláuben...

склоня́||емость *ж грам.* Dekliníerbarkeit *f*; **~емый** *грам.* dekliníerbar; **~ть 1.** *см.* склони́ть; **2.** *грам.* dekliníeren *vt*; **~ться 1.** *см.* склони́ться; **2.** *страд. грам.* dekliníert wérden

скло́чник *м разг.* Intrigánt *m* (8); Ränkeschmied *m* (1), zänkischer Mensch

скля́нка I *ж* (*стеклянный сосуд*) Fläschchen *n* (7); Gläschen *n* (7)

скля́нк||а II *ж мор.* **1.** (*полчаса*) Glas *n* -es, *pl* -en; бить ~и glásen *vi*, Glásen schlágen*; про́било три ~и es hat drei Glock [Glas] geschlágen; **2.** *мн.* ~и *уст.* (*песочные часы*) Sándglas *n* (5)

скоба́ *ж тех.* Klámmer *f* (11), Bügel *m* (6); *мор.* Schäkel *m* (6)

ско́бель *м* Schábeisen *n* (7) (*кож.*); Zúgmesser *n* (6) (*плотницкий*); Schälmesser *n* (*лес.*)

ско́бк||а *ж* **1.** *уменьш. от* скоба́; **2.** Klámmer *f* (11); квадра́тные ~и éckige Klámmern; фигу́рные ~и geschwéifte [geschwúngene] Klámmern; кру́глые ~и rúnde Klámmern; в ~и, в ~ах in Klámmern; вы́нести за ~и aus der Klámmer néhmen*; заключи́ть в ~и éinklammern *vt*, in Klámmern éinschlíeßen* [sétzen]; откры́ть ~и die Klámmern áuflösen; ◇ скажу́ в ~ах... nebenbéi geságt...

скобли́ть schában *vt*

скобян||о́й: ~о́й това́р, ~ы́е изде́лия Éisenwaren *pl*

ско́ванность *ж* (*движений и т. п.*) Gehémmtheit *f*; Gebúndenheit *f* (*связанность*); Befángenheit *f* (*смущение*)

ско́в||анный (*о движениях и т. п.*) gehémmt; gebúnden (*связанный*); befángen (*смущённый*); **~а́ть 1.** (*надеть на кого-л. кандалы, оковы*) fésseln *vt*; *перен.* bínden* *vt*; níederhalten* *vt*; ~а́ть проти́вника *воен.* den Gégner bínden*; **2.** (*соединить ковкой*) zusámmenschmieden *vt*

сковорода́ *ж* Pfánne *f* (11), Brátpfanne *f*, Brátiegel *m* (6); ~ с ру́чкой Stíelpfanne *f*

ско́вывать *см.* скова́ть

скок *м* Spríngen *n* -s, Sprung *m* (1*); ◇ во весь ~ in gestrécktem Galópp

скола́чив||ание *с* Zusámmenschlagen *n* -s; Zusámmenzimmern *n* -s (*тж. перен.*); Zusámmenschustern *n* -s (*разг. тж. перен.*); ~ание вое́нных бло́ков Bíldung *f* von Militärblocks; **~ать** *см.* сколоти́ть

сколио́з *м мед.* Skolióse *f*

ско́лок *м* **1.** (*отколотый кусок*) Splítter *m* (6), ábgesplittertes Stück; **2.** *перен.* (*подобие*) Kopíe *f* (11), Ábklatsch *m* (1)

сколопе́ндра *ж зоол.* Skolopénder *m* (6)

сколоти́ть 1. (*соединить*) zusámmenschlagen* *vt*, zusámmenzimmern *vt*; zusámmenfügen *vt*; **2.** *перен. разг.* (*скопить*) zusámmenraffen *vt*; zusámmensparen *vt*; zusámmenkratzen *vt*; ~ большу́ю су́мму éine gróße Súmme zusámmenraffen; **3.** *перен. разг.* (*устроить, организовать*) zusámmenschmieden *vt*, zusámmenzimmern *vt*; zusámmenbringen* *vt* (*группу, бригаду и т. п.*)

сколо́ть 1. (*лёд и т. п.*) ábhacken *vt* ábhauen* (*impf* háute ab) *vt*; **2.** (*соединить булавкой*) zusámmenheften *vt*, zusámmenstecken *vt*

скольже́н||ие *с* Gléiten *n* -s; Rútschen *n* -s; пове́рхность ~ия Gléitbahn *f* (10), Gléitfläche *f* (11); ~ие на крыло́ *ав.* Séitenrutsch *m* (1)

скользи́ть gléiten* *vi* (s); rútschen *vi* (s); ~ на хвост *ав.* nach hínten [über den Flügel] ábrutschen; ~ по пове́рхности *перен.* an der Óberfläche bléiben* [schwímmen*]; nicht tíefer éindringen*; etw. óberflächlich behándeln

ско́льз||кий 1. glatt, glítsch(r)ig; **2.** *перен.* schlüpfrig; héikel (*щекотливый*); вступи́ть на ~кий путь auf éine schíefe Bahn geráten*; **~ну́ть** *см.* скользи́ть; **~я́щий** Gleit-; gléitend; ~я́щий башма́к *тех.* Gléitschuh *m* (1); ~я́щая шкала́ gléisende Skála

ско́лько 1. *вопр. мест.* wievíel; ~ студе́нтов в гру́ппе? wievíel Studénten zählt die Grúppe?; ~ тебе́ лет? wie alt bist du?; за ~? für wievíel?; ~ вре́мени...? wie lánge...?; **2.** *относ. мест.* wievíel, sovíel; ~ я зна́ю... sovíel ich wéiß...; ~ я живу́ mein gánzes Lében, mein Lében lang; ~ раз... wie oft...; ~-нибу́дь étwas, ein wénig, éinigermaßen

скома́ндовать ein Kommándo gében*, einen Beféhl ertéilen

скомбини́ровать kombiníeren *vt*, beréchnen *vt*

ско́мкать zerknítter n *vt*, zerknüllen *vt*, zusámmenballen *vt*

скоморо́х *м* **1.** *ист.* Spíelmann *m* -(e)s, -leute; Gáukler *m* (6); Hanswúrst *m* (1); **2.** *перен. разг.* Póssenreißer *m* (6), Spáßmacher *m* (6)

скоморо́ш||ество *с разг.* Póssenreißerei *f* (10), Hanswursteréi *f* (10); **~ничать** *разг.* Póssen réißen* [tréiben*]

скомпонова́ть zusámmenstellen *vt*, ánordnen *vt*

скомпромети́ровать in Mißkredit bríngen*, kompromittíeren *vt*

сконфу́||женный verwírrt, verlégen, betréten; **~зить** in Verlégenheit bríngen*; **~зиться** verlégen [verwírrt] wérden, betréten sein

сконцентри́ровать(ся) *см.* концентри́ровать(ся)

сконча́ться verschéiden* *vi* (s), stérben* *vi* (s)

скопа́ *ж зоол.* Físchadler *m* (6), Flúßadler *m*

скопе́ц *м* **1.** Kastrát *m* (8), Verschníttene *m* (14); **2.** (*сектант*) Skópze *m* (9)

скопидо́м *м разг.* Géizhals *m* (1*), Géizkragen *m* (7), Knáuser *m* (6); Pfénnigfuchser *m* (6); **~ство** *с разг.* Geiz *m* -es, Knáuserigkeit *f*

скопи́ровать *см.* копи́ровать

скопи́ть (*деньги*) zusámmensparen *vt*; etw. auf die Séite légen (*разг.*);

~ся sich ánhäufen (*о вещах*); sich ánsammeln (*о вещах и о людях*); sich versámmeln (*о людях*)

ско́п||ище *с презр.* (*сборище людей*) Bánde *f* (11); Rótte *f* (11); **~ле́ние** *с* Ánhäufung *f* (10), Häufung *f* (10), Ánsammlung *f* (10); Áuflauf *m* -(e)s (*людей*); ~ле́ние пассажи́ров Ándrang *m* von Fáhrgästen; **~ля́ться** *см.* скопи́ться

ско́пом *нареч. разг.* álle zusámmen; geméinsam

скорбе́ть bedáuern *vt*; sich grämen (о чем-л. über *A*, um *A*)

ско́рбный grámvoll, tráurig, léidvoll, schmérzerfüllt

скорбу́т *м мед.* Skorbút *m* -(e)s

скорбь *ж* Leid *n* -s, Gram *m* -(e)s, Tráuer *f*, Kúmmer *m* -s; ◇ мирова́я ~ *лит.* Wéltschmerz *m* -es

скоре́е, скоре́й 1. (*сравн. ст. от* ско́ро) schnéller; früher, éher (*раньше*); ~, чем я ду́мал éher, als ich dáchte; как мо́жно ~ so bald [so schnell] wie möglich; möglichst schnell [bald]; чем ~, тем лу́чше je éher [früher], désto bésser; **2.** *нареч.* (*лучше*) líeber, éher; vielméhr (*вернее*); он ~ умрёт, чем сда́стся éher [líeber] wird er stérben, als sich ergében; ◇ ~ всего́ áller Wahrschéinlichkeit nach

скорлуп||а́ *ж* Schále *f* (11); снима́ть ~у́ с чего́-л. etw. (áb)schälen; ◇ замкну́ться в свою́ ~у́ sich ábkapseln

скорми́ть (*что-л. кому-л.*) verfüttern *vt*

скорня́жный Kürschner-; ~ про́мысел Kürschnerhandwerk *n* -(e)s

скорня́к *м* Kürschner *m* (6)

ско́ро *нареч.* **1.** (*быстро*) schnell, geschwínd, rasch; **2.** (*вскоре*) bald; in Kürze (*в ближайшее время*); ~ весна́ bald kommt der Frühling, bald háben wir Frühling, bald ist Frühling

скорова́рка *ж* (*кастрюля*) Schnéllkochtopf *m* (1*)

скорогово́рк||а *ж* **1.** (*труднопроизносимая фраза*) schnell áuszusprechender schwérer Satz; Zúngenbrecher *m* (6); **2.:** говори́ть ~ой schnell [sich überstürzend] spréchen*; die Wórte heráussprudeln

скоро́мн||ый *рел.*: ~ая пи́ща während der Fástenzeit verbótene Spéise; ~ый день Fléischtag *m* (1)

скоропали́тельн||ость *ж разг.* Übereilung *f*, Únüberlegtheit *f*, Únbedachtsamkeit *f*; **~ый** *разг.* übereílt, únüberlegt, únbedacht

ско́ропись *ж* Schnéllschrift *f*

скороподъёмность *ж ав.* Stéigfähigkeit *f*, Stéigvermögen *n* -s, Stéiggeschwindigkeit *f* (10)

скоропо́ртящ||ийся (léicht)verdérblich; ~иеся проду́кты léichtverderbliche Prodúkte

скоропости́жн||ый: ~ая смерть plötzlicher [jäher] Tod

скоропреходя́щий vorübergehend, vergänglich

скоропе́л||ка *ж разг.* frühreifende Frucht; я́блоко-~ка Frühapfel *m* (6*); **~ость** *ж* **1.** *с.-х.* Frühreife *f*; **2.** *перен. разг.* Frühreife *f*, Übereíltheit *f*, Übereílung *f*; **~ый 1.** *с.-х.* frühreif; schnéllreifend; ~ая гру́ша Frühbirne *f* (11); **2.** *перен. разг.* frühreif, übereílt; ~ое реше́ние übereílter Entschlúß

скорости́к *м* Árbeiter *m* (6), der nach éiner Schnéllmethode árbeitet; то́карь-~ Schnélldreher *m* (6)

скоростн||о́й Schnell-; Eil-; ~о́е строи́тельство Schnéllbauweise *f*: ~о́й ме́тод Schnéllverfahren *n* (7), Schnéllarbeitsmethode *f* (11), ~ы́м ме́тодом im Schnéllverfahren; ~о́е ре́зание Schnéllzerspanung *f*; ~а́я вспа́шка Schnéllpflügen *n* -s; ~о́й по́езд Schnéllzug *m* (1*); ~о́й спуск (*на лыжах*) Ábfahrtslauf *m* -(e)s; ~о́й бег на конька́х Éisschnellauf *m* -(e)s

скоростре́льн||ость *ж воен.* Féuergeschwindigkeit *f*; **~ый** *воен.* Schnéllfeuer-; ~ое ору́дие Schnéllfeuergeschütz *n* (2)

ско́рост||ь *ж* Geschwíndigkeit *f* (10); Schnélligkeit *f* (10); Témpo *n* -s, -s (*pl тж.* -pi); *авто* (*передача*) Gang *m* (1*); *мор.* Fahrt *f*; ~ь езды́ Fáhrgeschwindigkeit *f*; ~ь полёта *ав.* Flúggeschwindigkeit *f*; поса́дочная ~ь *ав.* Lándegeschwindigkeit *f*; сверхзвукова́я ~ь *ав.* Überschallgeschwindigkeit *f*; втора́я косми́ческая ~ь die zwéite kósmische Geschwíndigkeit, «Flúchtgeschwindigkeit» *f*; со ~ью зву́ка *ав.* mit Schállgeschwindigkeit *f*; ~ь све́та Líchtgeschwindigkeit *f*; набира́ть ~ь die Geschwíndigkeit stéigern; убавля́ть ~ь die Geschwíndigkeit vermíndern; е́хать на пе́рвой ~и *авто* im érsten Gang fáhren*; рыча́г ~е́й *авто* Schálthebel *m* (6); переключе́ние ~е́й *авто* Gángschaltung *f*; отпра́вить большо́й ~ью *ж.-д.* als Éilgut [in Éilfracht] sénden*; груз ма́лой ~и *ж.-д.* Fráchtgut *n* (5); ◇ в ~и *разг.* bald, in Bälde, demnächst, in kúrzer Zeit

скоросшива́тель *м* Schnéllhefter *m* (6)

скорота́ть *см.* корота́ть

скороте́чн||ый flüchtig; schnell verflíegend; schnell áblaufend; ~ая чахо́тка *уст.* galoppíerende Schwíndsucht

скорохо́д *м спорт.* Géher *m* (6), Schnélläufer *m* (6) (*при переносе* Schnell-läufer); Éisschnelläufer *m* (*конькобежец*); ◇ сапоги́-~ы *фольк.* Siebenméilenstiefel *pl*

скорпио́н *м зоол.* Skorpión *m* (1)

ско́рчить 1. *разг.* (*согнуть, сжать в комок*) krümmen *vt*; **2.** (*искривить лицо*) zusámmenziehen* *vt*, verzíehen* *vt*; ~ ро́жу ein Gesícht [éine Míene] zíehen*; éine Frátze [éine Grimásse] schnéiden*; **~ся** *разг.* sich krümmen; éinschrumpfen *vi* (s) (*съёжиться*); sich zusámmenkauern (*свернуться в клубок*)

ско́р||ый 1. (*быстрый*) schnell, geschwínd, rasch; **2.** (*близкий по времени*) báldig; в ~ом вре́мени bald, demnächst, nächstens, in kúrzer [nächster] Zeit; до ~ого свида́ния! auf báldiges Wíedersehen!; **3.** *разг.* (*о человеке*) flink, húrtig; fix; ◇ ~ый по́езд Schnéllzug *m* (1*); «Ско́рая по́мощь», слу́жба «Ско́рой (медици́нской) по́мощи» Schnélle Medizínische Hílfe (*сокр.* SMH), Únfallhilfe *f*; «ско́рая по́мощь», маши́на «ско́рой по́мощи» Kránkenwagen *m* (7), Únfallwagen *m*; Réttungswagen *m* (*в Берлине*); на ~ую ру́ку *разг.* flüchtig; Hals über Kopf; náchlässig

скос *м* Schrägung *f* (10); Ábschrägung *f*

скоси́ть I ábmähen *vt*; ~ траву́ Gras ábmähen; ~ луг die Wíese ábmähen

скоси́ть II **1.** (*сделать косым*) ábschrägen *vt*; schräg ábschneiden*; **2.:** ~ глаза́ schíelen *vi*

скости́ть *разг.* ábnehmen* *vt*; stréichen* *vt*; vermíndern *vt* (um *A*)

скот *м* Vieh *n* -(e)s; кру́пный рога́тый ~ Ríndvieh *n*, Rínder *pl*; ме́лкий ~ Kléinvieh *n*; племенно́й ~ Zúchtvieh *n*; поро́дистый ~ Rássevieh *n*; Rásserinder *pl*; моло́чный ~ Mílchkühe *pl*; мясно́й ~ Fléischvieh *n*, Mástvieh *n*; рабо́чий ~ Zúgvieh *n*, Árbeitsvieh *n*; поголо́вье ~а́ Víehbestand *m* (1*); Víehbesatz *m* -es (*на единицу площади*); содержа́ние ~а́ Víehhaltung *f*; ухо́д за ~о́м Víehpflege *f*

скоти́на *ж* **1.** *собир.* Vieh *n* -e(s); **2.** *бран.* Vieh *n* -(e)s, Ríndvieh *n*

ско́тн||ик *м* Víehpfleger *m* (6); **~ица** *ж* Víehpflegerin *f* (12); **~ый:** ~ый двор Víehhof *m* (1*)

скотобо́йня *ж* Schláchthof *m* (1*), Schláchthaus *n* (5)

скотово́д *м* Víehzüchter *m* (6); **~ство** *с* Víehzucht *f*

скотово́дческий Víehzucht-, Víehzucht tréibend

скотово́з *м* Víehtransportauto *n* -s, -s

скотоло́жство *с* Sodomíe *f*

скотомоги́льник *м спец.* Áasanger *m* (6), Verschárrungsplatz *m* (1*)

скотопрого́нный: ~ двор Víehhof *m* (1*)

скотопромы́шленн||ик *м* Víehhändler *m* (6); **~ость** *ж* Víehhandel *m* -s; **~ый** Víehhandels-; ~ый райо́н Víehhandelsbezirk *m* (1)

ско́т||ский víehisch; brutál (*грубый*); **~ство** *с разг.* Brutalität *f* (10), Bestialität *f* (10) (*грубость*); Schweineréi *f* (*свинство*)

скра́дывать verhüllen *vt*, maskíeren *vt*

скрап *м спец.* Schrott *m* (1), Áltmetall *n* (2)

скра́сить, скра́шивать verschönern *vt*; beschönigen *vt*; ~ жизнь das Lében verschönern

скребни́ца *ж* Stríegel *m* (6)

скребо́к *м* **1.** Schábeisen *n* (7), Schâber *m* (6), Schárre *f* (11); ~ для труб *тех.* Róhrauskratzer *m* (6); **2.** (*садовый*) Schíppe *f* (11); **3.** (*у входа для очистки обуви*) Krátzeisen *n* (7)

скре́жет *м* Knírschen *n* -s; ◇ ~ зубо́вный Zähneknirschen *n*; **~а́ть** knírschen *vi*; ~а́ть зуба́ми mit den Zähnen knírschen

скре́п||а *ж* **1.** *тех.* Beféstigungsstück *n* (2), Verbánd *m* (1*); **2.** *офиц. уст.* (*вторая подпись*) Gégenzeichnung *f* (10), Míunterschrift *f* (10); за ~ой кого́-л. von j-m gégengezeichnet

скре́пер *м тех.* Schrápper *m* (6); Schürfwagen *m* (7); **~и́ст** *м* Schrápperfahrer *m* (6)

скрепи́ть 1. verbínden* *vt*, befèstigen *vt*; zusámmenklammern *vt* (*листы бумаги*); ~ болта́ми verbólzen *vt*; ~ гвоздя́ми zusámmennageln *vt*; ~ була́вками (mit Stécknadeln) zusámmenheften *vt*; **2.** (*удостоверить*): ~ по́дписью durch Únterschrift bekräftigen; ~ печа́тью besíegeln *vt*, stémpeln *vt*, den Stémpel sétzen (что-л. únter *A*); ◇ скрепя́ се́рдце úngern, wíderstrebend; mit schwérem Hérzen

скре́пка *ж* Büróklammer *f* (11)

скрепле́ние *с* **1.** Befèstigung *f*; **2.** (*удостоверение*) Gégenzeichnung *f* (*подписью*); Besíegelung *f* (*печатью*); **3.** *тех.* Verbíndung *f* (10)

скрепля́ть *см.* **скрепи́ть**

скрести́ 1. schaben *vt*; krátzen *vt*; 2. *перен.* (*беспокоить*) beúnruhigen *vt*, quälen *vt*; у него́ скребёт на душе́ [на се́рдце] er ist únruhig; **~сь** 1. (*чесаться*) sich krátzen; 2. (*о мышах и т. п.*) knábbern *vi*, nágen *vi*

скрести́ть 1. kréuzen *vt*; verschränken *vt*; übers Kreuz légen; ~ ру́ки на груди́ die Arme (über der Brust) kréuzen [(ver)schränken]; ~ но́ги die Béine übereinánderschlagen*; mit úntergeschlagenen Béinen sítzen*; 2. *биол.* kréuzen *vt*; éinkreuzen *vt*; ◇ ~ мечи́ [шпа́ги] die Schwérter [Dégen] kréuzen; **~ся** *тж. биол.* sich kréuzen

скреще́ние *с* Kréuzung *f* (10); ~ языко́в *лингв.* Spráchkreuzung *f*

скре́щивание *с* 1. *см.* скреще́ние; 2. *биол.* Kréuzung *f* (10)

скре́щивать *см.* скрести́ть; **~ся** 1. *см.* скрести́ться; 2. *страд.* gekréuzt wérden

скрив||и́ть 1. krümmen *vt*; он (недово́льно) **~и́л** лицо́ er zog ein Gesícht; er sétzte éine sáure Míene auf; он **~и́л** лицо́ от бо́ли er verzóg das Gesícht vor Schmerz; 2. (*каблук*) ábtreten* *vt*; **~и́ться** 1. (*стать кривым*) krumm wérden, sich bíegen*; sich wérfen* (*покоробиться*); 2. *разг.* (*исказиться*) sich verzíehen*, sich verzérren

скрижа́ль *ж уст.* Táfel *f* (11)

скрип *м* Knárren *n* -s, Geknárre *n* -s (*двери и т. п.*); Krátzen *n* -s (*пера*); Knírschen *n* -s (*снега*); ◇ идти́ со **~ом** *разг.* (*с трудом*) nicht réibungslos vonstátten géhen*

скрипа́ч *м* Géiger *m* (6), Violiníst [vi-] *m* (8); ~-виртуо́з Violinvirtuose [vio'li:nvir-] *m* (9); **~ка** *ж* Géigerin *f* (12), Violinístin [vi-] *f* (12)

скрипе́ние *с см.* скрип

скрип||е́ть knárren *vi*, schnárren *vi*; krátzen *vi* (*о пере*); дверь **~и́т** die Tür knarrt; **~е́ть** зуба́ми mit den Zähnen knírschen; снег **~и́т** der Schnee knirscht

скрипи́чный *муз.* Violín- [vi-], Géigen-; ~ ключ Violínschlüssel *m* (6), G-Schlüssel *m*

скри́пк||а *ж* Violíne [vi-] *f* (11), Géige *f* (11); игра́ть на **~е** Violíne [Géige] spíelen; учи́ться игра́ть на **~е** Geigenunterricht háben; пе́рвая **~а** (*музыкант*) Prímgeiger *m* (6), érster Géiger; ◇ игра́ть пе́рвую **~у** die érste Géige spíelen

скри́пнуть *см.* скрипе́ть

скрипу́чий knárrend (*о двери и т. п.*); krátzend (*о пере*)

скрои́ть zúschneiden* *vt*

скро́мн||ик *м*, **~ица** *ж* ein beschéidener Mensch; die Beschéidenheit selbst; **~ичать** beschéiden tun*; не **~ичайте!** tun Sie nicht so beschéiden!

скро́мн||ость *ж* 1. Beschéidenheit *f*; 2. (*простота*) Éinfachheit *f*, Ánspruchslosigkeit *f*; 3. (*скудность*) Ärmlichkeit *f*, Dürftigkeit *f*; **~ый** 1. beschéiden; 2. (*простой*) éinfach, ánspruchslos; frugál (*о еде*); жить **~о** in beschéidenen Verhältnissen lében; 3. (*скудный*) ärmlich, dürftig, karg; **~ый** за́работок kärglicher Verdíenst

скру́ббер *м тех.* Wáschturm *m* (1*), Gáswaschturm *m*, Gáswäscher *m* (6)

скрупулёзн||ость *ж* Gewíssenhaftigkeit *f*; péinliche Genáuigkeit; **~ый** skrupulös, gewíssenhaft; péinlich genáu

скрут||и́ть, скру́чивать 1. (*нитку, папиросу*) (zusámmen)dréhen *vt*; 2. (*связать*) zusámmenbinden* *vt*; 3. *разг.*: боле́знь его́ **~и́ла** die Kránkheit hat ihn arg mítgenommen

скрыва́ть *см.* скрыть; **~ся** 1. *см.* скры́ться; здесь что́-то скрыва́ется hier steckt étwas dahínter; 2. *страд.* verstéckt [verbórgen] wérden (*ср.* скрыть)

скры́тн||ичать *разг.* gehéim¦tun* *отд.* *vi*; **~ость** *ж* Verschlóssenheit *f*, Zurückhaltung *f*; **~ый** verschlóssen, zurückhaltend; zúgeknöpft (*разг.*)

скры́т||ый 1. (*незаметный, не проявившийся*) verbórgen, verstéckt; 2. (*тайный*) héimlich, gehéim; verkáppt (*о намерении и т. п.*); **~ая** зло́ба héimlicher Groll

скрыть 1. (*спрятать*) verbérgen* *vt*, verstécken *vt*; 2. (*утаить*) verhéimlichen *vt*, verhéhlen *vt*, gehéim¦halten* *отд. vt*; hínter dem Bérge hálten* (что-л. mit *D*); ~ э́то изве́стие от ма́тери der Mútter díese Náchricht verschwéigen*; я не скрыва́ю э́того от себя́ ich bin mir darüber im kláren; ~ свою́ доса́ду séinen Ärger verbéißen*; **~ся** 1. (*спрятаться*) sich verbérgen*; sich verstécken; он хоте́л **~ся** в толпе́ er wóllte in der Ménge úntertauchen; 2. *разг.* (*уйти, убежать*) flíehen* *vi* (s) (от чего́-л. von *D*, vor *D*); sich aus dem Stáube máchen, sich davónschleichen*; 3. (*исчезнуть*) verschwínden* *vi* (s), von der Bíldfläche verschwínden*

скрю́чивать(ся) *см.* скрю́чить(ся)

скрю́чить *разг.* krümmen *vt*, bíegen* *vt*; **~ся** *разг.* krumm wérden; sich verbíegen* (*о предметах*)

скря́га *м, ж разг.* Géizhals *m* (1*), Géizkragen *m* (7), Knáuser *m* (6), Kníkker *m* (6), Filz *m* (1)

скря́жнич||ать *разг.* géizig sein, knáusern *vi*, kníckern *vi*; **~ество** *с разг.* Geiz *m* -es, Knauseréi *f*, Knickeréi *f*

ску́дн||ость *ж* Ármut *f*, Ärmlichkeit *f*; Dürftigkeit *f*; Knáppheit *f* (*недостаточность*); **~ый** dürftig, ärmlich; spärlich, kärglich, karg, knapp (*недостаточный*); **~ый** за́втрак spärliches [frugáles] Frühstück; **~ая** расти́тельность spärliche Vegetatión [ve-]; **~ые** сре́дства kärgliche Míttel

ску́дость *ж см.* ску́дность

скудоу́м||ие *с уст.* Schwáchsinn *m* -(e)s, Schwáchköpfigkeit *f*; Stupidität *f*; **~ный** *уст.* schwáchsinnig, schwáchköpfig; stupíd(e)

ску́к||а *ж* Lángeweile *f*, Lángweile *f*; от **~и** vor [aus] Láng(er)weile; его́ одоле́ла **~а** er lángweilt sich (tödlich); ihn plagt die Láng(e)weile; кака́я **~а!** tödliche Lángeweile!; tödlich lángweilig!; нагоня́ть **~у** lángweilen *vt*, (án)öden *vt*

скула́ *ж* Báckenknochen *m* (7), Jóchbein *n* (2), Wángenbein *n*; **~стый** mit hervórstehenden Báckenknochen

скули́ть 1. (*о собаке*) wínseln *vi*; 2. *разг.* (*о человеке*) flénnen *vi*, jámmern *vi*

ску́льптор *м* Bíldhauer *m* (6); Bíldhauerin *f* (12) (*о женщине*)

скульпту́р||а *ж* 1. (*вид искусства*) Bíldhauerkunst *f*, Bíldhauerei *f*; Plástik *f*; 2. (*произведение*) Skulptúr *f* (10), Bíldwerk *n* (2); Plástik *f* (10); Stándbild *n* (5) (*статуя*); собра́ние скульпту́р Glyptothék *f* (10); Skulptúrensammlung *f* (10); **~ный** Bíldhauer-; **~ная** мастерска́я Bíldhauerwerkstatt *f*, *pl* -stätten

ску́мбрия *ж* (*рыба*) Makréle *f* (11)

скунс *м* 1. (*животное*) Skunk *m* -s, -s, Stínktier *n* (2); 2. (*мех*) Skunks *m* (1); **~овый** Skunks-; **~овый** воротни́к Skúnkskragen *m* (7)

скупа́ть *см.* скупи́ть

скуперда́й *м см.* скря́га

скупе́ц *м* Géizige *m* (14), Géizhals *m* (1*)

скупи́ть áufkaufen *vt*

скупи́ться géizig sein; *перен.* géizen *vi*, kárgen *vi* (на что-л. mit *D*); ~ на слова́ mit Wórten kárgen [géizen], wórtkarg sein; не ~ на похвалы́ mit Lóbeserhebungen nicht géizen

ску́пка *ж* Áufkauf *m* (1*), Ánkauf *m*; ~ у населе́ния Áufkauf bei der Bevölkerung, Ánkauf von der Bevölkerung

скупова́тый spársam, kníckerig

скупо́й *прил.* 1. géizig, knáuserig; *перен.* spársam (на что-л. mit *D*), karg (an *D*); он скуп на слова́ er ist wórtkarg, er ist karg an Wórten; 2. (*недостаточный*) spärlich, kärglich; 3. *в знач. сущ. м* Géizige *m* (14), Géizhals *m* (1*)

ску́пость *ж* Geiz *m* -es, Knáuserigkeit *f*

ску́почный Áufkauf-, Ánkauf-; ~ пункт Áufkaufstelle *f* (11); ~ магази́н Áufkaufgeschäft *n* (2)

ску́пщик *м* Áufkäufer *m* (6)

ску́тер *м спорт.* Rénnboot *n* (2) (mit Außenbordmotor)

скуфе́йка *ж*, **скуфья́** *ж церк.* Kalótte *f* (11), Käppchen *n* (7) (der Géistlichen)

скуча́ть sich lángweilen *неотд.*; sich mópsen (*разг.*); ~ по ком-л., по чём-л. sich nach j-m, nach etw. (*D*) séhnen

ску́ченн||ость *ж* Gedrängtheit *f*, Plátzmangel *m* -s; Zusámmengepferchtheit *f*; **~ый** (zusámmen)gedrängt; zusammengepfercht; живу́т они́ **~о** sie wóhnen sehr eng [(zusámmen)gedrängt]

ску́чиваться, ску́читься sich häufen, sich ánhäufen, sich ánsammeln; sich zusámmenballen (*об облаках*)

ску́чн||о 1. *нареч.* lángweilig; 2. *предик. безл.*: мне **~о** ich lángweile mich, ich hábe Lángeweile, mir ist es lángweilig; **~ова́то** *нареч.* zíemlich [étwas] lángweilig; **~ый** 1. lángweilig; 2. (*испытывающий скуку*) tráurig; míßgestimmt

ску́шать áufessen* *vt*, verspéisen *vt*

слаба́к *м пренебр.* Wáschlappen *m* (7), Schwächling *m* (1)

сла́бенький *разг.* schwächlich

слабе́ть schwach [schwächer] wérden; an Kräften ábnehmen*, von Kräften kómmen* (*о живом существе*)

слабина́ *ж спец.* (*каната, троса*) Schláfflänge *f*, Schláppseil *n* -e(s)

слаби́тельное *сущ. с мед.* Ábführmittel *n* (6); Púrgans *n* -, -ántia

сла́б||ить 1. *безл.*: меня́ **~ит** ich hábe Dúrchfall; 2. (*о лекарстве*) ábführen *vt*; purgíeren *vt*

сла́бо *нареч.* 1. schwach; lóse; ~ завяза́ть lóse zúbinden*; 2. (*плохо*) schlecht; ~ знать язы́к schwáche Spráchkenntnisse háben; die Spráche schlecht behérrschen

слабоалкого́льный álko¦holarm

слабова́тый 1. zíemlich schwach; ~ голосо́к schwáches Stímmchen; 2. *разг.* (*плохова́тый*) zíemlich schlecht; míttelmäßig (*посредственный*)

слабо||во́лие *с* Wíllensschwäche *f*; **~во́льный** wíllensschwach

слабогру́дый *разг. уст.* schwáchbrüstig

слабоне́рвный nérvenschwach; *мед.* neurasthénisch

слабора́звитый únterentwickelt

слабо||си́лие *с* Kráftlosigkeit *f*, Schwäche *f*; **~си́льный** kráftlos, schwach

сла́бост||ь *ж* **1.** Schwäche *f*; ~ь зре́ния Schwáchsichtigkeit *f*; ~ь во́ли Wíllensschwäche *f*; **2.** (*недомогание*) Schwäche *f*, Schwáchheit *f*; Kráftlosigkeit *f*; Schláffheit *f* (*усталость*); Schwächlichkeit *f*, Kränklichkeit *f* (*болезненность*); физи́ческая ~ь körperliche Schwäche *f*; ~ь не́рвов Nérvenschwäche *f*; от ~и vor Schwäche; при́ступ ~и Schwächeanfall *m* (1*); **3.** (*малодушие*) Schwäche *f*; в мину́ту ~и in éinem schwáchen [únbewachten] Áugenblick; **4.** (*пробел, слабое место*) Lücke *f* (11), Mángel *m* (6*), Únzulänglichkeit *f* (10); **5.** (*наклонность, плохая привычка*) Schwäche *f* (11); Néigung *f* (10); Vórliebe *f*; schwáche Séite; людски́е ~и die ménschlichen Schwächen; пита́ть ~ь к чему́-л. éine Schwäche für etw. (*A*) háben; ein Faible [ˈfɛːbəl] für etw. (*A*) háben

слаботóчный *эл.* Schwáchstrom-

слабоу́м||ие *с* Schwáchsinn *m* -(e)s; *мед.* Demènz *f*; **~ный** *прил.* **1.** schwáchsinnig, géistesschwach; **2.** *в знач. сущ. м* Schwáchsinnige *m* (14), Géistesschwache *m* (14)

слабохара́ктерн||ость *ж* Charákterschwäche [ka-] *f*, Charákterlosigkeit *f*; **~ый** charákterlos [ka-], mit schwáchem Charákter

сла́б||ый 1. schwach; schlaff (*вялый, усталый*); ~ое рукопожа́тие ein léichter Händedruck; ~ая па́мять schwáches [schléchtes] Gedächtnis; **2.** (*не натянутый*) lóse, lócker; ~ый у́зел lóser [lóckerer] Knóten; **3.** (*болезненный*) schwächlich, kränklich, gebréchlich; ~ое здоро́вье zárte Gesúndheit; **4.** (*плохой*) schwach, schlecht; míttelmäßig (*посредственный*); э́то ~о das ist schwach [schlecht]; ~ый учени́к ein schwácher Schüler; он слаб по матема́тике er ist schwach in Mathematík; Mathematík ist séine schwáche Séite; **5.** (*не крепкий, не насыщенный*) dünn, leicht, schwach; ~ый чай dünner Tee; ~ый таба́к léichter Tábak; ◇ ~ые сто́роны Schwächen *pl*; schwáche Séiten; ка́ждый зна́ет, где его́ ~ое ме́сто jéder weiß, wo séine schwáche Stélle ist

сла́в||а *ж* **1.** Ruhm *m* -(e)s, Éhre *f*; ~а геро́ям! Éhre den Hélden!; овея́нный ~ой rúhmgekrönt; **2.** (*репутация*) Ruf *m* (1); по́льзоваться до́брой ~ой in gútem Ruf stéhen*; по́льзоваться дурно́й ~ой in schléchtem Ruf stéhen*; berüchtigt sein; **3.** *разг.* (*молва, слухи*) Gerücht *n* (2), Geréde *n* -s; ◇ ко́мната боево́й ~ы Traditiónskabinett *n* (2); о́рден Сла́вы 3-й сте́пени Rúhmesorden *m* (7) drítter Klásse; на ~у *разг.* áusgezeichnet, tréfflich, aufs béste; одна́ ~а, что... *разг.* es ist nichts als léeres Geréde...; ~а бо́гу! Gott sei Dank!

слави́ст *м* Slawíst *m* (8); **~ика** *ж лингв.* Slawístik *f*

сла́вить rühmen *vt*, préisen* *vt*; **~ся** berühmt [bekánnt] sein (чем-л. für *A*, durch *A*)

сла́вка *ж* (*птица*) Grásmücke *f* (11)

сла́вн||о *нареч.*, *предик. разг.* (*хорошо*) gut, fein, nett; **~ый 1.** berühmt; rúhmreich, glórreich, rúhmvoll, rúhmbedeckt; ~ая страни́ца исто́рии ein Rúhmesblatt der Geschíchte; ~ые сове́тские лётчики die rúhmreichen [berühmten] Sowjétflieger; ~ый жи́зненный путь ein rúhmreiches Lében; **2.** *разг.* (*хороший*) gut, fein, nett; ~ый ма́лый ein nétter Kerl

славосло́в||ие *с* Lóbpreisung *f* (10), Lóbeshymne *f* (11); Lóbhudelei *f* (10); **~ить** lóbpreisen* *vt*, Lóblieder síngen* (кого́-л. auf *A*); bewéihräuchern *vt*

славяни́н *м* Sláwe *m* (9)

славя́нка *ж* Sláwin *f* (12)

славянове́д *м* Slawíst *m* (8); **~ение** *с* Slawístik *f*; институ́т ~ения slawístisches Institút

славянофи́л *м* Slawophíle *m* (9)

славянофи́ль||ский slawophíl; **~ство** *с* Slawophílentum *n* -s

славя́н||ский sláwisch; ~ские языки́ sláwische Spráchen; **~ство** *с собир.* die Sláwen

слага́емое *сущ. с мат.* Summánd *m* (8)

слага́ть *см.* сложи́ть 2, 4; **~ся 1.** (*составиться из отдельных элементов*) sich zusámmensetzen; **2.** (*создаться в процессе творчества*) sich gestálten; verfáßt wérden; **3.** (*выработаться, установиться, сформироваться*) sich gestálten; sich áusbilden (*напр. о характере*); **4.** (*приобрести какие-л. качества*) sich entfálten; **5.** (*изогнуться, принять какую-л. форму*) sich zusámmenlegen; **6.** *страд.* (*о стихах и т. п.*) verfáßt wérden

слад: с ним ~у нет *разг.* mit ihm ist nicht áuszukommen, es ist kein Áuskommen mit ihm

сла́денький *разг.* **1.** étwas süß, süßlich, gesüßt; **2.** *перен.* süßlich

сла́дить *разг.* **1.** *уст.* (*устроить*) éinrichten *vt*; in Órdnung bríngen*; **2.** (*справиться*) fértig wérden (с чем-л., с кем-л. mit *D*); **~ся** *разг. уст.* (*устроиться*) sich éinrichten

сла́дк||ий 1. süß; ~ий как са́хар zúckersüß; ~ий как мёд hónigsüß; **2.** *перен.* süß, líeblich; ~ий сон süßer Schlaf; ~ий го́лос líebliche Stímme; ~ие слова́, ~ие ре́чи zúckersüße Wórte

сладкова́тый süßlich

сла́дкое *сущ. с* **1.** (*блюдо*) Náchtisch *m* -es, Náchspeise *f* (11), Süßspeise *f*; **2.** (*сладости*) Süßigkeiten *pl*, Náschwerk *n* -s, Zúckerwerk *n*

сладкое́жка *м, ж разг.* Léckermaul *n* (5), Süßhahn *m* (1*)

сладко||зву́чный wóhlklingend; **~ре́чивый** schönrednerisch, schméichlerisch; hónigsüß

сла́дости *мн.* Süßigkeiten *pl*, Süßwaren *pl*

сла́достный wónnig, wónnevoll

сладостра́ст||ие *с* Wóllust *f*; **~ник** *м* Wóllüstling *m* (1); **~ность** *ж* Wóllust *f*, Sínnlichkeit *f*; **~ный** wóllüstig, sínnlich

сла́дость *ж* **1.** Süße *f*, Süßigkeit *f*; **2.** *перен.* Wónne *f* (11)

сла́жен||ность *ж* güte Organisatión, güte Éinrichtung; *воен.* Geschlóssenheit *f*; боева́я ~ность militärische Geschlóssenheit; ~ность рабо́ты güter Árbeitsablauf, güte Árbeitsorganisation; **~ный** gut organisíert; gut éingespielt; gut ábgestimmt; ~ный коллекти́в ein gut organisíertes [aufeinánder éingespieltes] Kollektív; ~ная рабо́та gut éingespielte Árbeit; рабо́тать ~но ábgestimmt árbeiten; рабо́та идёт ~но die Árbeit klappt

сла́живать *см.* сла́дить 1

сла́зить *разг.* **1.** (*взобраться*) (hináuf)kléttern *vi* (s); ~ на черда́к auf den Bóden kléttern; **2.** (*спуститься*) hinúntersteigen* *vi* (s); ~ в по́греб in den Kéller (hinúnter)stéigen*

слайд *м* Día *n* -s, -s

сла́лом *м спорт.* Slálom *m* -s, -s, Slálomlauf *m* (1*), Tórlauf *m*; ~-гига́нт Ríesentorlauf *m*; лы́жи для ~а Slálombretter *pl*

слаломи́ст *м спорт.* Slálomläufer *m* (6), Tórläufer *m*

сла́мывать *см.* сломи́ть

сла́нец *м геол.* Schíefer *m* (6)

сла́нцев||ый *геол.* Schíefer-; schíeferhaltig; ~ая поро́да Schíefergestein *n* (2)

слань *ж мор.* Flúrplatte *f* (11)

сластёна *м, ж разг.* Léckermaul *n* (5), Náschkatze *f* (11)

сла́сти *мн.* Süßigkeiten *pl*, Süßwaren *pl*

сластолю́б||ец *м* Genúßsüchtige *m* (14), Genúßmensch *m* (8); **~ивый** wóllüstig, genúßsüchtig

сластолю́бие *с* Wóllust *f*; Genúßsucht *f*

слать schícken *vt*, sénden * *vt*

слаща́в||ость *ж* Süßlichkeit *f*; **~ый** süßlich

сла́ще *сравн. ст. см.* сла́дкий

сле́ва *нареч.* **1.** (*на вопрос «откуда?»*) von links, von der línken Séite; ~ напра́во von links nach rechts; **2.** (*на вопрос «где?»*) links, línker Hand; *мор.* báckbord; ~ по корме́ báckbord áchtern; ~ был лес links lag ein Wald; ~ от меня́ links von mir, zu méiner Línken, línker Hand

слегка́ *нареч.* leicht, leichthín; léise; étwas, ein wénig, ein bíßchen (*немножко*); ~ дотро́нуться до чего́-л. etw. léise berühren; ~ косну́ться (*в разговоре*) leicht berühren; ~ удиви́ться ein wénig erstáunt sein

след *м* **1.** (*отпечаток*) Spur *f* (10); Fúßspur *f*, Fúß(s)tapfe *f* (11), Fúß(s)tapfen *m* (7) (*ноги́*); ~ от колёс Rádspur *f*; идти́ по ~а́м кого́-л. in j-s Fúß(s)tapfen tréten*; **2.** *охот.* Fährte *f* (11); идти́ по ~у die Fährte verfólgen, der Fährte fólgen; потеря́ть ~ von der Fährte ábkommen*; **3.** *перен.* Spur *f* (10); **~ы́ дре́вней культу́ры** die Spúren éiner álten Kultúr; напа́сть на ~ преступле́ния einem Verbréchen auf die Spur kómmen* [auf der Spur sein]; напра́вить по ло́жному ~у auf die fálsche Fährte führen; замести́ ~ы́ die Spúren verwíschen; оста́вить ~ на чём-л. auf etw. (*A*) ábfärben; по ~а́м кри́тики auf den Spúren der Krití̇k; по горя́чим ~а́м auf frischer Fährte [Spur]; исче́знуть без ~а́ spúrlos verschwínden*; ◇ его́ и ~ просты́л er war áuf und davón, er ist (längst) über álle Bérge; er ist weit weg

следи́ть I **1.** fólgen *vi* (s) (за кем-л. *D*), verfólgen *vt*; ~ глаза́ми за кем-л. j-n mit den Áugen verfólgen; **2.** (*наблюдать за кем-л., за чем-л.*) beóbachten *vt*; ein Áuge auf j-n háben; bespítzeln *vt* (*шпионить*); зо́рко ~ за кем-л. scharf auf j-n áchten, ein wáchsames Áuge auf j-n háben; j-m auf die Fínger séhen*; **3.** (*присматривать за кем-л., за чем-л.*) sórgen *vi* (für *A*), áufpassen *vi* (auf *A*), áchtgeben* *отд. vi* (auf *A*); ~ за рабо́той маши́ны die Árbeit einer Maschíne überwáchen; ~ за тем, что́бы... dáfür sórgen, daß...; ~ за воспита́нием дете́й die Erzíehung der Kínder überwáchen; ◇ ~ за собо́й Wert auf sein Äußeres légen

следи́ть II *разг.* (*оставлять следы*) Spúren hinterlássen*; beschmútzen *vt*

сле́дован||ие *с* **1.** Zug *m* -(e)s, Vorbéiziehen *n* -s; *воен.* Marsch *m* -es; ~ие по́езда Fahrt *f* (10); по́езд да́льнего ~ия Férnzug *m* (1*); по пути́ ~ия auf dem Wége, auf der Réise; поря́док ~ия *воен.* Márschfolge *f*; **2.** (*подражание, повиновение*) Fólgen *n* -s; ~ие обы́чаям Éinhalten *n* der Sítten und Bräuche

сле́дователь *м* Untersúchungsführer *m* (6)

сле́довательно *вводн. сл. и союз* fólglich; álso; érgo (*лат.*)

сле́д||овать 1. (*идти следом*) fólgen *vi* (s) (за кем-л. *D*), náchfolgen *vi* (s) (*D*); ~уйте за мной! fólgen Sie mir!; ~овать за кем-л. по пята́м j-m auf dem Fuß [auf den Férsen] fólgen; **2.** (*быть следующим*) fólgen *vi* (s) (за чем-л. *D*); daráuf fólgen *vi* (s); ~овать одно́ за други́м einánder áblösen, aufeinánderfolgen *отд. vi* (s); **3.** (*поступать подобно кому-л., согласно чему-л.*) fólgen *vi* (s, h) (*D*), befólgen *vt*; ~овать заве́там Ле́нина dem Vermächtnis Lénins fólgen; ~овать пра́вилам die Régeln éinhalten*; ~овать мо́де [привы́чке] der Móde [éiner Gewóhnheit] fólgen; ~овать обы́чаям die Sítten und Bräuche éinhalten*; ~овать приме́ру dem Béispiel fólgen; ~овать сове́ту éinen Rat befólgen; **4.** (*отправляться*) sich begében*, fáhren* *vi* (s), réisen *vi* (s); zíehen* *vi* (s); marschíeren *vi* (s) (*о войсках*); по́езд ~ует до Москвы́ der Zug geht [fährt] bis Móskau; ~овать свои́м путём séinen Weg verfólgen; **5.** (*проистекать*) fólgen *vi* (s, h), fólgern *vi*; resultíeren *vi*; отсю́да ~ует dáraus folgt, dáraus fólgert; dáraus resultíert **6.** *безл.* (*нужно*): ~ует es ist nötig, man soll, man muß; ~овало бы es wäre rátsam; ~ует сказа́ть, что... man muß ságen, daß...; не ~ует ду́мать, что... man soll nicht gláuben [dénken], daß...; э́того ~овало ожида́ть das war zu erwárten; куда́ ~ует an die betréffende Stélle; как ~ует (*хорошо*) gehörig, órdentlich; wie es sich gehört; **7.** (*причитаться*): с меня́ ~ует... ich bin... schúldig; ich hábe... zu záhlen; мне ~ует ещё получи́ть ich hábe noch zu bekómmen

сле́дом *нареч.* hinterhér; ~ за... nach (*D*), hínter... (*D*); идти́ ~ за кем-л. j-m auf dem Fúße fólgen

следопы́т *м* Spúrenleser *m* (6); Fährtensucher *m* (6)

сле́дственно *уст. см.* сле́довательно

сле́дственн||ый *юр.* Untersúchungs-; ~ые о́рганы Untersúchungsbehörden *pl*, Untersúchungsorgane *pl*

сле́дствие I *с* Fólgerung *f* (10), Schluß *m* -sses, Schlüsse; Fólge *f* (11) (*последствие*); как ~... im Gefólge...

сле́дствие II *с юр.* (geríchtliche) Untersúchung *f* (10), Untersúchungsverfahren *n* (7); Ermíttlungsverfahren *n*; предвари́тельное ~ Vóruntersuchung *f*; суде́бное ~ Beweísaufnahme *f* (11); быть [находи́ться] под ~м in ein Untersúchungsverfahren [Ermíttlungsverfahren] verwíckelt sein; вести́ ~ éine Untersúchung dúrchführen

сле́дуем||ое *сущ. с*: получи́ть ~ое etw. nach Gebühr erhálten*; **~ый:** ~ые мне де́ньги das Geld, das ich zu bekómmen hábe; das mir zúkommende [zústehende] Geld

сле́дующ||ее *сущ. с* das Fólgende (*sub*); до́лжен сообщи́ть ~ее ich hábe fólgendes [das Fólgende] mítzuteilen; **~ий** fólgend, nächst; на ~ий день am nächsten [fólgenden] Tag, éinen Tag daráuf; в ~ий раз das nächste Mal; в ~ее воскресе́нье kómmenden Sónntag; кто ~ий? wer ist der nächste?; **~ий,** пожа́луйста! der nächste, bítte!; **~им** о́бразом fólgendermaßen, wie folgt

слежа́ться, слёживаться (vom Líegen) zusámmengeballt [zusámmengepreßt] sein

слеже́н||ие *с ав., косм.* Náchführung *f*, Verfólgung *f*; ~ие за спу́тниками Satellítenbeobachtung *f*; назе́мная ста́нция ~ия Bódenkontrollstation *f* (10)

сле́жка *ж* Beóbachtung *f* (10); Bespítzelung *f* (10), Bescháttung *f* (*за кем-л.*)

слеза́ *ж* Träne *f* (11); Zähre *f* (11) (*поэт.*); го́рькие слёзы bíttere Tränen; в ~х tränenüberströmt; сквозь слёзы únter Tränen; уда́риться в слёзы *разг.* in Tränen áusbrechen*; лить слёзы Tränen vergíeßen*; залива́ться ~ми in Tränen zerflíeßen*; пусти́ть слезу́ *разг.* éine Träne vergíeßen* [heráuspressen]; éine Träne im Knópfloch háben; довести́ кого́-л. до слёз j-n zum Wéinen bríngen*; утере́ть [осуши́ть] слёзы die Tränen tróсknen; смея́ться до слёз Tränen láchen; её души́ли слёзы das Wéinen saß ihr im Hálse; по́лные слёз глаза́ schwímmende Áugen; до слёз (*больно, обидно и т. п.*) man könnte wéinen

слеза́ть *см.* слезть

слези́нка *ж* Tränchen *n* (7), Tränentröpfchen *n* (7)

слези́ться tränen *vi*

слезли́в||ость *ж* Wéinerlichkeit *f*; **~ый** wéinerlich

слёзн||о: ~о проси́ть *разг.* únter Tränen bítten*, fléhentlich bítten*; **~ый 1.** *анат.* Tränen-; ~ый мешо́к Tränensack *m* (1*); ~ый прото́к Tränengang *m* (1*); ~ая железа́ Tränendrüse *f* (11); **2.** *разг.* (*жалобный*) fléhentlich, kläglich

слезотече́ние *с мед.* Tränenfluß *m* -sses; вызыва́ющий ~ tränenerregend, tränenerzeugend

слезоточи́в||ый 1. (*слезящийся*) tränend; **2.** (*вызывающий слёзы*) tränenerregend, tränenerzeugend, Áugenreiz-; ~ое отравля́ющее вещество́ *воен.* Áugenreizstoff *m* (1), tränenerregender Kámpfstoff; ~ый газ Tränengas *n* (2)

слезть 1. hinúnterklettern *vi* (s), hinúntersteigen* *vi* (s) (*по направлению от говорящего*); herúnterklettern *vi* (s), herúntersteigen* *vi* (s) (*по направлению к говорящему*); hinúnterrutschen *vi* (s) (*соскользнуть, сползти*); ~ с ло́шади ábsitzen* *vi* (s); **2.** *разг.* (*сойти — о пассажире*) áussteigen* *vi* (s); **3.** *разг.* (*о коже, краске*) ábgehen* *vi* (s), ábfallen* *vi* (s) (*отвалиться*)

слепе́нь *м зоол.* Brémse *f* (11)

слепе́ц *м* Blínde *m* (14); *перен.* Verbléndete *m* (14)

слепи́ть I (*ослеплять*) bléndеn *vt*, blind máchen

слепи́ть II **1.** (*вылепить*) fórmen *vt*, modellíeren *vt*; **2.** *разг.* (*склеить*) (zusámmen)klében *vt*; **3.** *разг.* (*сделать небрежно*) zusámmenschustern *vt*; **~ся** sich zusámmenkleben

слепля́ть *см.* слепи́ть II; **~ся 1.** *см.* слепи́ться; **2.** *страд.* zusámmengeklebt wérden

сле́пнуть blind wérden, erblínden *vi* (s)

сле́по *нареч.* blind, blíndlings; ~ пре́данный blind ergében; ~ повинова́ться blínd(lings) gehórchen, j-m hörig sein; ~ сле́довать кому́-л. j-m blíndgläubig fólgen

слеп||о́й *прил.* **1.** blind; ~о́й на оди́н глаз auf éinem Áuge blind; ~о́й полёт *ав.* Blíndflug *m* (1*); ~о́е повинове́ние blínder Gehórsam, Kadávergehorsam [-vәr-] *m* -s; ~а́я ве́ра blínder Gláube; ~о́й слу́чай blínder Zúfall; печа́тать ~ы́м ме́тодом (*на пишущей машинке*) blíndschreiben* *отд. vt*; **2.** (*неясный*) blind, úndeutlich, únleserlich; ~о́й шрифт únleserliche Schrift; **3.** *в знач. сущ. м* Blínde *m* (14); О́бщество ~ы́х Blíndenverband *m* (1*); э́то и ~о́й уви́дит *разг.* das sieht ein Blínder; что ты ~о́й, что ли? *разг.* hast du kéine Áugen im Kopf?; ◇ ~а́я кишка́ *анат.* Blínddarm *m* (1*)

сле́пок *м* Ábdruck *m* (1*); Ábzug *m* (1*); Ábguß *m* -sses, -güsse

слепорождённый blíndgeboren; von Gebúrt blind

слепота́ *ж* Blíndheit *f*; кури́ная ~ *мед.* Náchtblindheit *f*, Hemeralopíe *f*; сне́жная ~ *мед.* Schnéeblindheit *f*

слепы́ш *м зоол.* Blíndmaus *f* (3)

слеса́р||ничать *разг.* schlóssern *vi*, das Schlósserhandwerk betréiben*; **~ный** Schlósser-; ~ная мастерска́я Schlósserwerkstatt *f*, *pl* -stätten, Schlosseréi *f* (10); ~ное де́ло Schlósserhandwerk *n* -(e)s, Schlosseréi *f*; **~ня** *ж разг.* Schlósserwerkstatt *f*, *pl* -stätten, Schlosseréi *f* (10)

сле́сарь *м* Schlósser *m* (6); ~-сбо́рщик, ~-монта́жник Montágeschlosser [-ʒә-] *m*; ~-инструмента́льщик Wérkzeugschlosser *m*; ~-ремо́нтник Reparatúrschlosser *m*

слёт *м* Tréffen *n* -s, Zusámmentreffen *n*; Zusámmenkunft *f* (3) (*встреча*); междунаро́дный ~ молодёжи internationáles Júgendtreffen, internationáles Júgendforum

слета́ть I *см.* слете́ть 1, 3

слета́ть II **1.** (*куда-л.*) zu kúrzem Áufenthalt írgendwohin flíegen*; **2.** *разг.* (*быстро сходить, сбегать*) schnell hínlaufen* *vi* (s); она́ слета́ла в апте́ку за лека́рством sie ránnte in die Apothéke und hólte die Arznéi

слета́ться *см.* слете́ться

слете́ть 1. (*спуститься летая*) hinúnterfliegen* *vi* (s) (*по направлению от говорящего*); herúnterfliegen* *vi* (s) (*по направлению к говорящему*); **2.** (*улететь*) fórtfliegen* *vi* (s); **3.** (*упасть*) hinúnterfallen* *vi* (s), hinúnterstürzen *vi* (s) (*по направлению от говорящего*); herúnterfallen* *vi* (s), herúnterstürzen *vi* (s) (*по направлению к говорящему*); **~ся 1.** zusámmenfliegen* *vi* (s), herbéifliegen* *vi* (s); ángeflogen kómmen*; **2.** *перен. разг.* zusámmenlaufen* *vi* (s), zusámmenkommen* *vi* (s); (in Mássen) herbéilaufen* *vi* (s)

слечь (*в постель*) erkránken *vi* (s), krank wérden, béttlägerig wérden

слив *м гидр., стр.* Áblauf *m* -e(s), Áuslauf *m*; Áusguß *m* -sses

сли́ва *ж* **1.** (*плод*) Pfláume *f* (11); *собир.* die Pfláumen; **2.** (*дерево*) Pfláumenbaum *m* (1*)

слива́ть *см.* слить; **~ся 1.** *см.* сли́ться; **2.** *страд.* ábgegossen wérden; zusámmengegossen wérden (*ср.* слить)

сли́вк||и *мн.* Sáhne *f*; Rahm *m* -(e)s; ко́фе со ~ами Káffee mit Sáhne; сби́тые ~и Schlágsahne *f*; снима́ть ~и ráhmen *vt*; den Rahm ábschöpfen (*тж. перен.*); ◇ ~и о́бщества Creme [krɛ:m] *f* der Geséllschaft

сливкоотдели́тель *м* Ráhmabscheider *m* (6), Separátor *m* -s, -tóren

сливн||о́й 1. zusámmengegossen; **~о́й пункт** (*молока*) Mílchsammelstelle *f*

(11); **2.** (*служащий для слива*) Ábfluß-; ~а́я труба́ Ábflußrohr *n* (2)

сли́вов||ый Pfláumen-; ~ое варе́нье Pfláumenkonfitüre *f*; ~ая ко́сточка Pfláumenkern *m* (1)

сли́вочн||ик *м* (*кувшинчик*) Sáhnenkanne *f* (11), Sáhnenkännchen *n* (7); **~ый** Sáhnen-; Rahm-; ~ое ма́сло Táfelbutter *f*, Bútter *f*; ~ое моро́женое Sáhneeis *n*

сливя́нка *ж* (*наливка*) Pfláumenwein *n* -(e)s, Pfláumenlikör *m* -s

слиза́ть áblecken *vt*, áuflecken *vt*

сли́зист||ый Schleim-, schléimig, schléimhaltig; ~ая оболо́чка *анат.* Schléimhaut *f* (3)

слизну́ть *см.* слиза́ть

слизня́к *м* **1.** *зоол.* Égelschnecke *f* (11), Wégschnecke *f*; **2.** *разг.* (*о человеке*) willenloser Mensch, charákterloser [ka-] Mensch

сли́зывать *см.* слиза́ть

слизь *ж* Schleim *m* (1); Áuswurf *m* (1*) (*мокрота*)

слимо́нить *разг.* kláuen *vt*

слиня́ть *см.* линя́ть

слип *м мор.* Áufschlepphelling *m* (1), Slip *m* -s, -s

слипа́||ться, сли́пнуться zusámmenkleben *vi*; у меня́ глаза́ ~ются mir fállen die Áugen zu

сли́тн||о *нареч.* (*вместе*) zusámmen; **~ый** verbúnden, zusámmenhängend; ~ое написа́ние Zusámmenschreibung *f*

сли́т||ок *м* Bárre *f* (11), Bárren *m* (7), Stánge *f* (11); *мет.* Gúßblock *m* (1*), Block *m*; зо́лото в ~ках Gold in Bárren

слить 1. (*отлить*) ábgießen* *vt*; **2.** (*вместе*) zusámmengießen* *vt*; **3.** *перен.* zusámmenziehen* *vt*, veréinigen *vt*; míschen *vt* (*смешать*); ~ два нау́чных о́бщества zwei wíssenschaftliche Geséllschaften veréinigen; **~ся 1.** (*о реках*) zusámmenfließen* *vi* (s); **2.** *перен.* sich veréinigen; verschmélzen* *vi* (s); in eins zusámmenfließen*; sich vermíschen (*смешаться*)

слич||а́ть *см.* сличи́ть; **~е́ние** *с* Vergléich *m* (1); Kollatión *f* (10), Kollationíerung *f* (*копии текста с оригиналом*); **~и́ть** vergléichen* *vt*; kollationíeren *vt* (*копию текста с оригиналом*)

сли́шком *нареч.* zu, zu viel, zu sehr; э́то ~ ма́ло das ist zu wénig; он не ~ умён er ist nicht állzu klug; ◇ э́то уж ~! das ist doch zu stark [arg]!; das geht zu weit!; das schlägt dem Faß den Bóden aus!; das geht über die Hútschnur (*разг.*)

слия́ние *с* **1.** Zusámmenfließen *n* -s, Zusámmenfluß *m* -sses; **2.** *перен.* Veréinigung *f* (10); Verschmélzung *f* (10); Fusión *f* (10); Zusámmenlegung *f* (*отделов, управлений и т. п.*); Liíerung *f* (10)

слобода́ *ж уст.* **1.** (*пригород*) Vórstadt *f* (3); **2.** (*большое село*) gróßes Dorf

слова́к *м* Slowáke *m* (9)

слова́рник *м разг.* Lexikográph *m* (8), Wörterbuchspezialist *m* (8)

слова́рн||ый 1. Wörterbuch-; lexikográphisch; ~ое изда́тельство Wörterbuchverlag *m* (1); ~ая рабо́та lexikográphische Árbeit, Wörterbucharbeit *f*; ~ая статья́ Wörterbuchartikel *m* (6); **2.** *лингв.*: ~ый соста́в языка́ der Wórtschatz [Wórtbestand] der Spráche

слова́рь *м* **1.** Wörterbuch *n* (5); Léxikon *n* -s, *pl* -ka *u* -ken; толко́вый ~ Definitiónswörterbuch *n*, erklärendes Wörterbuch; отраслево́й ~ Fáchwörterbuch *n*; часто́тный ~ Häufigkeitswörterbuch *n*; энциклопеди́ческий ~ Léxikon *n*; фразеологи́ческий ~ phraseológisches Wörterbuch, Sátzlexikon *n*, Sátzwörterbuch *n*; насто́льный ~ Hándlexikon *n*, Hándwörterbuch *n* (*сокр.* Hdwb); **2.** *лингв.* Wórtschatz *m* -es; Spráchschatz *m*; расшире́ние словаря́ Áusbau *m* des Wórtschatzes; ~ Пу́шкина о́чень бога́т Púschkins Wórtschatz ist sehr reich

слова́цкий slowákisch; ~ язы́к die slowákische Spráche, das Slowákische (*sub*)

слова́чка *ж* Slowákin *f* (12)

слове́н||ец *м* Slowéne *m* (9); **~ский** slowénisch; ~ский язы́к die slowénische Spráche, das Slowénische

слове́сн||ик *м* Philológe *m* (9); Literatúrlehrer *m* (6) (*преподаватель*); **~ость** *ж уст.* **1.** Literatúr *f*; Literatúrgeschichte *f*; наро́дная ~ость Fólklore *f*; **2.** (*филологические науки*) philológische Wíssenschaften; Philologíe *f*; **3.** *перен. разг.* (*разговор вместо дела*) léeres Geréde, Geschwätz *n* -es, Rederéi *f*; **~ый** (*устный*) mündlich; verbál [vɛr-], in Wórten; ~ые завере́ния Líppenbekenntnisse (в чём-л. zu *D*)

слове́чк||о *с* Wörtchen *n* (7); ни ~а о чём-л. *разг.* kein Stérbenswörtchen über etw. (*A*); ◇ замо́лвить за кого́-л. ~о für j-n ein gútes Wort éinlegen

сло́вник *м лингв.* Wórtliste *f* (11), Wörterverzeichnis *n* (3*)

сло́вно *союз* **1.** (*как*) wie, gléichsam, ébenso wie; **2.** (*будто*) als (ob) (+*conj*); ~ его́ кто́-нибудь оби́дел als ob ihn jémand beléidigt hätte

сло́в||о *с* **1.** Wort *n* (5, 2); иностра́нное ~о Frémdwort *n*; ла́сковое ~о ein fréundliches Wort; маши́нное ~о *выч. тех.* Maschínenwort *n* (5); **2.** (*речь*) Réde *f* (11), Ánsprache *f* (11), Wort *n* (2); вступи́тельное ~о Eröffnungsrede *f*, Eröffnungsansprache *f*; облада́ть да́ром ~а rédegewandt sein; Rédnertalent besítzen*; проси́ть ~а ums Wort bítten*, sich zum Wort mélden; дать ~о das Wort ertéilen; взять ~о das Wort ergréifen*; заключи́тельное ~о Schlúßwort *n*; **3.** (*обещание*) Wort *n* -es, Verspréchen *n* (7); дать че́стное ~о sein Éhrenwort gében*; челове́к ~а ein Mann von Wort, ein Éhrenmann; че́стное ~о! Éhrenwort!; наруша́ть ~о sein Wort bréchen*; пове́рить на́ ~о aufs Wort gláuben; сдержа́ть ~о Wort hálten*; **4.** (*сказание*) Mär *f* (10); «Сло́во о полку́ И́гореве» «Die Mär vom Héereszug Ígors», «Ígorlied» ◇ игра́ слов Wórtspiel *n*; крыла́тые ~а́ geflügelte Wórte; броса́ть ~а́ на ве́тер in den Wind réden; к ~у apropos [-'po:]; übrigens, nebenbéi geságt; ~о за́ ~о ein Wort gab das ándere; ~о в ~о Wort für Wort; слов нет zwéifellos; es unterlíegt kéinem Zwéifel; es ist Tátsache (*бесспорно*); не найти́ слов (*от возмущения и т. п.*) kéine Wórte fínden*; я не нахожу́ слов! ich bin éinfach spráchlos!; взве́шивать свои́ ~а́ séine Wórte überlégen; тру́дно переда́ть ~а́ми es läßt sich schwer in Wórte fássen [in Wórten wíedergeben*]; не дать ~а сказа́ть nicht zu Wórte kómmen lássen*; не спроси́ть ни ~а о чём-л. mit kéiner Sílbe nach etw. (*D*) frágen; он не сказа́л об э́том ни (одного́) ~а er hat darüber kein Wort erwähnt [geságt], er hat das mit kéinem Wort erwähnt; ни ~а! kéinen Láut!, still!; с его́ слов, по его́ ~а́м séinen Wórten nach, séiner Áussage nach; одни́м ~ом mit éinem Wort, kurz und gut; други́ми ~а́ми mit ánderen Wórten; немно́гими ~а́ми kurz; in kúrzen [dürren] Wórten; на ~а́х in Wórten; признава́ть на ~а́х Líppenbekenntnisse ábgeben*; гро́мкие ~а́ gróße Wórte, Phrásen *pl*; у него́ ~о не расхо́дится с де́лом er steht zu séinen Wórten

слово||блу́дие *с* Schwätzeréi *f*; Geschwätz *n* -es, léeres Geréde; **~изверже́ние** *с ирон.* Wórtschwall *m* (1*); **~измене́ние** *с грам.* Béugung *f* (10), Wórtbeugung *f*, Flexión *f* (10)

сло́вом *вводн. сл.* mit éinem Wort, kurzúm

словообразова́||ние *с лингв.* Wórtbildung *f* (10); **~тельный** *лингв.* wórtbildend

словоохо́тлив||ость *ж* Gesprächigkeit *f*, Rédseligkeit *f*; **~ый** gesprächig, rédselig

словопре́ние *с неодобр.* Wórtstreit *m* (1), Wórtgefecht *n* (2)

слово||производный *лингв.* Ábleitungs-; ~произво́дный слова́рь nach Wórtfamili¦en ángeordnetes Wörterbuch; **~произво́дство** *с лингв.* Wórtableitung *f* (10); **~сочета́ние** *с лингв.* Wórtverbindung *f* (10); Wórtgruppe *f* (11); усто́йчивое ~сочета́ние féste [stéhende] Wórtverbindung; **~тво́рчество** *с* Wórtschöpfung *f* (10), Wórtprägung *f* (10); **~употребле́ние** *с* Wórtgebrauch *m* -e(s)

словц||о́: для кра́сного ~а́ *разг.* um der schönen Wórte wíllen

слог *м* **1.** *лингв.* Sílbe *f* (11); **2.** (*стиль*) Stil *m* (1), Spráchstil *m*; **~ово́й** *лингв.* Sílben-

слогообразу́ющий *лингв.* sílbenbildend, sílbisch

слоён||ый: ~ое те́сто Blätterteig *m* -(e)s; ~ый пиро́г Blätter(teig)gebäck *n* -s

сложе́н||ие *с* **1.** *мат.* Addítión *f* (10), Summíerung *f* (10); ~ие сил *физ.* Kräfteaddition *f*, Kräftezusammensetzung *f*; **2.** (*тела*) Körperbau *m* -(e)s, Körperbeschaffenheit *f*; Gestált *f* (10), Figúr *f* (10); он кре́пкого ~ия er ist kräftig gebáut; er hat éine kräftige Gestált; **3.** (*полномочий и т. п.*) Níederlegung *f*; **4.** *спец.* (*структура*) Struktúr *f* (10), Gefüge *n* (6)

сложённый: хорошо́ ~ gut gebáut [gewáchsen]; атлети́чески ~ von athlétischer Gestált

сложи́вшийся (*о характере*) áusgeprägt, geréift

сложи́ть 1. (*снять*) áblegen *vt*; ábladen* *vt* (*груз*); **2.** *перен.*: ~ с себя отве́тственность sich der Verántwortung entlédigen; **3.** (*уложить в порядке*) zusámmenlegen *vt*; (zusámmen)fálten *vt*; áufschichten *vt* (*слоями; штабелями*); máuern *vt* (*из камня*); ~ дрова́ Holz stápeln; ~ ве́щи (*при отъезде*) (séine Sáchen) (éin)pácken; **4.** (*стихи и т. п.*) verfássen *vt*; ~ пе́сню ein Lied komponíeren; **5.** *мат.* addíeren *vt*, summíeren *vt*; **6.** (*согнуть*) zusámmenfalten *vt*; ~ вдво́е [вчетве́ро] dóppelt [víerfach] zusámmenfalten; ~ складно́й стул den Stuhl zusámmenklappen; ~ на́крест kréuzweise zusámmenlegen; kréuzen *vt*; ~ ру́ки на́крест die Árme kréuzen; ◇ сиде́ть сложа́ ру́ки die Hände in den Schoß légen; ~ го́лову sein Lében lássen*; ~ ору́жие die Wáffen strécken [níederlegen]; **~ся 1.** (*образоваться*) sich bílden, sich gestálten; entstéhen* *vi* (s); zustánde kómmen* *vi* (s); sich ergében*; zur vóllen Áusbildung kómmen* (*оформиться*); **так сложи́-**

лись обстоя́тельства die Verhältnisse gestálteten sich dérart; so líegen die Verhältnisse; истори́чески сложи́вшееся явле́ние éine históririsch entstándene Erschéinung; у него́ сложи́лось твёрдое убежде́ние er hat die féste Überzéugung gewónnen; **2.** (*устроить складчину*) Geld zusámmenlegen

сложно||подчинённый *грам.*: ~подчинённое предложе́ние Sátzgefüge *n* (6); **~сокращённый**: ~сокращённое сло́во Kúrzwort *n* (5), Ábkürzung *f* (10); **~сочинённый** *грам.*: ~сочинённое предложе́ние Sátzverbindung *f* (10)

сло́жност||ь *ж* Komplizíertheit *f*; ◇ в о́бщей ~и im gróßen und gánzen; insgesámt

сложноцве́тные *сущ. мн. бот.* Kórbblütler *pl*, Kompositen *pl*

сло́жн||ый **1.** (*составной*) zusámmengesetzt; ~ое предложе́ние *грам.* zusámmengesetzter Satz; ~ое сло́во *лингв.* zusámmengesetztes Wort, Zusámmensetzung *f* (10), Kompósitum *n* -s, *pl* -ta; ~ые проце́нты *мат.* Zínseszinsen *pl*; **2.** (*не простой*) kompliziert; verwíckelt (*запутанный*); ~ая констру́кция komplizíerte Konstruktión; ~ый вопро́с verwíckelte Fráge

слои́ст||ый blättrig; Schícht(en)-, aus Schíchten bestéhend, geschíchtet; ~ые облака́ Schíchtwolken *pl*; ~ая поро́да *геол.* Schíchtgestein *n* (2)

слой *м* **1.** (*пласт*) Schicht *f* (10), Láge *f* (11); атмосфе́рный ~, ~ во́здуха Lúftschicht *f*; слоя́ми schíchtweise; **2.** (*общества*) Schicht *f* (10)

сло́йка *ж* Blätterteigbrötchen *n* (7)

слом *м* (*до́ма*) Ábbruch *m* -(e)s; Níederreißen *n* -s, Ábtragen *n* -s; предназна́ченный на ~ zum Ábbruch [Ábtragen] fréigegeben; покупа́ть на ~ auf Ábbruch káufen

сло́манный zerbróchen, zerschlágen; kapútt (*разг.*); entzwéi (*книжн.*)

слома́ть **1.** (zer)bréchen* *vt*, zerschlágen* *vt*; kapútt máchen (*разг.*); ~ (себе́) ру́ку [но́гу] sich (*D*) den Arm [das Bein] bréchen*; **2.** (*снести*) ábbrechen* *vt*, níederreißen* *vt*, ábtragen* *vt*; ◇ ~ себе́ ше́ю sich (*D*) das Geníck bréchen*; **~ся** zerbréchen* *vi* (s); kapútt géhen* (*разг.*)

сломи́ть bréchen* *vt*; bezwíngen* *vt* überwínden* *vt*; ~ сопротивле́ние den Wíderstand bréchen*; ~ упо́рство den Trotz bréchen*; ◇ сломя́ го́лову Hals über Kopf

слон *м* **1.** Elefánt *m* (8); Elefántenbulle *m* (9) (*самец*); **2.** *шахм.* Läufer *m* (6); ◇ де́лать из му́хи ~а́ aus éiner Mücke éinen Elefánten máchen; ~а́ не приме́тить *ирон.* ≅ in Rom gewésen sein und den Papst nicht geséhen háben; die Háuptsache áußer acht [únbeachtet] lássen*

слонёнок *м* Elefántenjunge *sub n*

сло́ник *м зоол.* (*жук*) Rüsselkäfer *m* (6), Rüßler *m* (6)

слони́ха *ж* Elefántenkuh *f* (3)

слоно́вость *ж мед.* Elefántenkrankheit *f*, Elefantiásis *f*

слоно́в||ый Elefánten-; ◇ ~ая кость Élfenbein *n* -s; из ~ой ко́сти élfenbeinern, aus Élfenbein; цве́та ~ой ко́сти élfenbeinfarbig, élfenbeinfarben; (худо́жественные) изде́лия из ~ой ко́сти Élfenbeinschnitzereien *pl*; ~ая бума́га Élfenbeinpapier *n* -(e)s; ~ая боле́знь *см.* слоно́вость

слоня́та *мн. см.* слонёнок

слоня́ться *разг.* (umhér)schléndern *vi* (s); sich herúmtreiben*, herúmlungern *vi* (h, s); ~ без де́ла müßig géhen*, ein Tágedieb sein

слуга́ *м* **1.** Díener *m* (6); **2.** *мн.* слу́ги *собир. уст.* Gesínde *n* (6), Díenerschaft *f*

служа́ка *м разг.* (díenst)éifriger Árbeiter [Ángestellter]; ста́рый ~ (*о военном*) älter Dégen

служа́нка *ж* Díenstmädchen *n* (7), Díenerin *f* (12)

слу́жащ||ий *прич.* **1.** *см.* служи́ть 1; **2.** *в знач. сущ. м* Ángestellte *m* (14); ~ие сове́тских учрежде́ний Mítarbeiter [Ángestellte] der sowjétischen stáatlichen Verwáltung; госуда́рственный ~ий Stáatsangestellte *m*, Stáatsbeamte *m* (14)

слу́жб||а *ж* **1.** Dienst *m* (1); Amt *n* (5) (*должность*); Díenststelle *f* (11), Büró *n* -s, -s (*место службы*); госуда́рственная ~а Stáatsdienst *m*; администрати́вная ~а Verwáltungsbereich *m* (1), *n* (2); Verwáltungsdienststelle *f*; вое́нная ~а Wéhrdienst *m*, Militärdienst *m*; действи́тельная вое́нная ~а aktíver [-vər] Wéhrdienst; быть на вое́нной ~е bei der Armée [beim Militär] sein; го́дный к ~е *воен.* wéhrdiensttauglich, díensttauglich; приня́ть на ~у ánstellen *vt*, in Dienst néhmen*; engagieren [ãga'ʒi:rən] *vt* (*австр.*); поступи́ть на ~у in (den) Dienst (bei j-m) tréten*; éine Stélle [éinen Dienst] ánnehmen* [ántreten*]; быть на ~е im Dienst sein; нести́ ~у den Dienst verséhen*; уйти́ со ~ы den Dienst quittíeren; ухо́д со ~ы Áusscheiden *n* aus dem Árbeitsverhältnis (*книжн.*); **2.** (*специальная область работы, учреждение*): ~а информа́ции Informatiónsdienst *m* -es; Informatiónsstelle *f* (11); доро́жная ~а Stráßendienst *m*; ~а пути́ *ж.-д.* Stréckendienst *m*; ~а движе́ния *ж.-д.* Fáhrdienst *m*; ~а ты́ла *воен.* (*сокр.* СТ) Rückwärtige Díenste *pl* (*сокр.* RD), карау́льная ~а *воен.* Wáchdienst *m*; ~а охране́ния *воен.* Sícherungsdienst *m*; ~а подслу́шивания *воен.* Hórchdienst *m*, Ábhördienst *m*; ~а снабже́ния *воен.* Versórgungsdienst *m*; ~а свя́зи Póst- und Férnmeldedienst *m*; *воен.* Náchrichtenwesen *n* -s; ~а пого́ды Wétterdienst *m*; **3.** *церк.* Góttesdienst *m* (1); Mésse *f* (11) (*католическая*); ◇ сослужи́ть кому́-л. ~у j-m éinen Dienst léisten [erwéisen*]; поста́вить что-л. на ~у etw. díenstbar máchen; etw. in den Dienst stéllen; по до́лгу ~ы díenstlich; я прошу́ Вас не в ~у, а в дру́жбу! ≅ ich bítte Sie um éinen Fréundschaftsdienst!

служби́зм *м неодобр.* übertríebener Díensteifer

слу́жбы *мн. уст.* Wírtschaftsgebäude *pl*, Nébengebäude *pl*

служе́бн||ый **1.** Díenst-, Amts-, díenstlich; ~ые дела́ Ámtsangelegenheiten *pl*; ~ые часы́, ~ое вре́мя Ámtsstunden *pl*; Árbeitszeit *f*; Díenststunden *pl*, Díenstzeit *f* (10); ~ая та́йна Díenstgeheimnis *n* (3*); в ~ом поря́дке auf dem Díenstwege; **2.** (*вспомогательный*) Hilfs-; ~ая роль, ~ая фу́нкция díenende Rólle, díenende Funktión; ◇ ~ые слова́ *лингв.* Hílfswörter *pl*

служе́ние *с* Díenen *n* -s, Dienst *m* (1)

служи́вый *сущ. м уст.* Soldát *m* (8)

служи́л||ый *ист.*: ~ые лю́ди Léhnsleute *pl*; Mánnen *pl*

служи́тель *м* Bedíente *m* (14); ~ музе́я Muséumsdiener *m*; больни́чный ~ Kránkenpfleger *m* (6), Pfléger *m*; ~ ку́льта Géistliche *m* (14)

служи́ть **1.** díenen *vi*; éine Stélle háben (*быть на службе*); ~ в а́рмии beim Militär díenen; ~ в артилле́рии bei der Artilleríe díenen; ~ кому́-л. j-m díenen; in j-s Díensten stéhen*; ~для чего́-л. zu etw. (*D*) díenen [gut sein, díenlich sein, ángetan sein, táugen]; zu etw. (*D*) gebráucht wérden, ~ кем-л., чем-л. als j-d, etw. (N) díenen; ~ приме́ром als Béispiel díenen; ~ предло́гом als Vórwand díenen; **2.** *церк.* den Góttesdienst (áb)hálten*; éine Mésse zelebríeren, die Mésse lésen* (*в католической церкви*); **3.** (*о собаке*) Männchen máchen; ◇ чем могу́ ~? womít kann ich díenen?

слу́жка *м церк.* Ministránt *m* (8); Méßdiener *m* (6) (*в католической церкви*); Klósterdiener *m* (*в монастыре*)

слука́вить *см.* лука́вить

слупи́ть *разг.* **1.** (*содрать*) ábschälen *vt*, ábreißen* *vt*; **2.** (*дорого взять с кого-л.*) j-n áusnehmen*, j-m das Fell über die Óhren zíehen*

слух *м* **1.** Gehör *n* -s; о́рган ~а Gehörorgan *n* (2); о́стрый ~ schárfes [féines] Gehör; плохо́й ~ schléchtes [schwáches] Gehör; абсолю́тный ~ *муз.* absolútes Gehör; игра́ть [петь] по ~у nach Gehör spíelen [síngen*]; восприни́мать на ~ durch(s) Gehör áufnehmen*; принима́ть на ~ *радио* hören *vt*; поте́ря ~а Ertáubung *f*; **2.** *чаще мн. ч.* (*молва*) Gerücht *n* (2); (су́дя) по ~ам nach den Gerüchten zu úrteilen; хо́дят ~и es geht das Gerücht, das Gerücht ist im Úmlauf; распространя́ть ~и Gerüchte verbréiten; ◇ о нём ни ~у ни ду́ху er ist spúrlos verschwúnden; als hätte die Érde ihn verschlúckt; er läßt nichts von sich hören; он весь обрати́лся в ~ er war ganz Ohr

слухов||о́й Gehör-; Hör-; ~о́й нерв *анат.* Gehörnerv *m* (13); ~а́я тру́бка *мед.* Hörrohr *n* (2); ~о́й аппара́т Hörapparat *m* (1); ◇ ~о́е окно́ Dáchfenster *n* (6), Dáchluke *f* (11)

слу́ча||й *м* **1.** Fall *m* (1*); Vórfall *m* Begébenheit *f* (10); Geschéhnis *n* (3*), Vórkommnis *n* (3*) (*происшествие*); Zwíschenfall *m* (*инцидент*); интере́сный ~й в пра́ктике врача́ ein interessánter Fall in der ärztlichen Práxis; несча́стный ~й Únglücksfall *m*, Únfall *m*; несча́стный ~й на произво́дстве Árbeitsunfall *m*; сме́ртный ~й Tódesfall *m*; смерте́льный ~й tödlicher Únfall, Únfall mit tödlichem Áusgang; спо́рный ~й Stréitfall *m*; исключи́тельный ~й Áusnahmefall *m*; Sónderfall *m*; в торже́ственных ~ях bei féierlichen Gelégenheiten; **2.** (*удобный момент*) Gelégenheit *f* (10); по́льзоваться ~ем von éiner Gelégenheit Gebráuch máchen; по́льзоваться ка́ждым ~ем sich (*D*) kéine Gelégenheit entgéhen lássen*; упусти́ть ~й éine Gelégenheit versäumen [verpássen]; е́сли предста́вится ~й wenn sich éine Gelégenheit bíetet; при ~е bei Gelégenheit, gelégentlich; **3.** (*случайность*) Zúfall *m* (1*); слепо́й ~й ein blínder Zúfall; купи́ть по ~ю zúfällig káufen, éinen Gelégenheitskauf máchen; ◇ в ~е (*чего-л.*) im Fálle (*G*); в ~е е́сли... im Fall, daß...; für den Fall, daß...; в да́нном ~е gegébenenfalls; im vórliegenden Fall; на ~й сме́рти *юр.* im Fálle des Tódes, im Tódesfall; по ~ю плохо́й пого́ды des schléchten Wétters wégen; на вся́кий ~й auf [für] jéden Fall, auf álle Fälle; во вся́ком ~е jédenfalls; ни в ко́ем ~е kéinesfalls, kéineswegs, auf kéinen Fall;

в крайнем ~е im äußersten Fall, im Nótfall, nótfalls; в ~е надобности nötigenfalls, wenn nötig; в хýдшем ~е im schlímmsten Fall, schlímmstenfalls; в лýчшем ~е im bésten Fall, béstenfalls; в такóм ~е in díesem [sólchem] Fall; wenn dem so ist; wenn es so steht; в протúвном ~е ánder(e)nfalls, wídrigenfalls, im entgégengesetzten Fall; в ~ях, не тéрпящих отлагáтельства in dríngenden Fällen

случáйн||о *нареч.* zúfällig, zúfälligerweise, durch Zúfall; это не ~о das ist kein Zúfall; не ~о nicht von úngefähr; **~ость 1.** (*случайный характер*) Zúfälligkeit *f*; **2.** (*событие*) Zúfall *m* (1*); по счастлúвой ~ости durch éinen glücklichen Zúfall; оградúть себя от ~остей sich vor Zúfälligkeiten schützen; **~ый** zúfällig, Zúfalls-; gelégentlich; Gelégenheits-; ~ая встрéча éine zúfällige Begégnung; ~ое приобретéние Gelégenheitskauf *m* (1*); ~ый зáработок Gelégenheitsverdienst *m* -es

случáть *см.* случúть

случáться I *см.* случúться

случáться II *страд.* (*о животных*) gepáart wérden

случúвшееся *сущ. с* Geschéhen *n* -s, Geschéhnis *n* -ses, -se

случúть (*животных*) páaren *vt*

случ||úться 1. (*произойти*) geschéhen* *vi* (s), vórfallen* *vi* (s), vórkommen* *vi* (s); passíeren *vi* (s); с ним ~úлось несчáстье ein Únglück hat ihn getróffen; ihm ist ein Únglück passíert; что бы не ~úлось was auch (ímmer) geschéhen [vórfallen] möge; как бýдто ничегó не ~úлось als ob nichts geschéhen [vórgefallen] wäre; как это ~úлось? wie hat sich dies zúgetragen? wie ist das geschéhen [passíert]?; как ~úлось, что...? wie ist es gekómmen, daß...?; что ~úлось? was ist geschéhen?; was ist los? (*разг.*); чтó-нибудь ~úлось? ist was geschéhen [passíert]?; это с ним ~áется рéдко das kommt bei ihm sélten vor; **2.** *разг.* (*оказаться*): у меня не ~úлось дéнег ich hátte kein Geld bei mir

слýчка *ж* Décken *n* -s, Belégen *n* -s; Zúlassung *f*; Beschälen *n* -s, Beschälung *f* (*тк. о лошадях*)

случнóй: ~ жеребéц Beschäler *m* (6), Déckhengst *m* (1); ~ пункт Beschälstation *f* (10)

слýшан||ие *с* **1.** Zúhören *n* -s, Hören *n* -s; **2.** *юр.* (geríchtliche) Verhándlung *f* (10); дéло назначено к ~ию die (geríchtliche) Verhándlung ist ánberaumt

слýшатель *м* **1.** Zúhörer *m* (6); **2.** (*студент*) Hörer *m* (6); Férnstudent *m* (8) (*заочник*)

слýшать hören *vt*; zúhören *vi* (когó-л. *D*); слýшаю! 1) (*по телефону*) halló!; 2) (*ответ на приказание*) zu Beféhl!; слýшай! (*команда*) Áchtung!; ~ отчёт éinen Beŕicht entgégennehmen*; **~ся 1.** gehórchen *vi* (когó-л. *D*), hören *vi* (auf *A*); ~ся чьегó-л. совéта j-s Rat befólgen; **2.** *юр.*: дéло слýшается die Ángelegenheit steht zur Verhándlung

слыть gélten* *vi* (кем-л. als *N*, für *A*); im Rúfe (*G*) stéhen*; он слывёт хорóшим рабóчим er gilt als gúter Árbeiter

слыхан||ный: ~ое ли дéло?, слыхано ли дéло? *разг.* hat man so (ét)was gehört?

слыхáть *разг.* **1.** hören *vt*; о нём давнó ничегó не ~ von ihm ist lánge nichts zu hören; er läßt lánge nichts von sich hören; **2.** *в знач. вводн. сл.* man sagt, wie ich höre; ты, ~, на слýжбу поступúл? du hast, wie ich höre, éine Stélle ángenommen?; ◇ где это слыхано, чтоб..? *разг.* wo gibt's denn so was, daß..?

слыш||ать 1. hören *vt*, vernéhmen* *vt*; не ~ать (*быть глуховатым*) schwer hören, schwérhörig sein; он ~ал плач ребёнка er hörte ein Kind wéinen; здесь нас никтó не ~ит hier hört uns níemand; **2.** *разг.* (*ощущать*): ~ать зáпах éinen Gerúch spüren [ríechen*]; ◇ ~ал звон, да не знáет, где он *погов.* ≅ er hat's läuten hören, áber nicht zusámmenschlagen; **~аться** ertönen *vi* (s), erschállen *vi* (s), zu hören sein; мне ~ится мýзыка ich höre Musík

слышим||ость *ж* Hörbarkeit *f*; Verständlichkeit *f*; Verständigung *f* (*по телефону*); плохáя ~ость schléchte Verständigung (*по телефону*); Úndeutlichkeit *f*, schléchter Empfáng (*по радио*); в предéлах ~ости in Hörweite; **~ый** hörbar

слышн||о 1. *предик. безл.* man hört, man kann hören; хорошó ~о man hört gut, es ist gut zu hören; мне плóхо ~о ich höre schlecht; бы́ло ~о, как онá пéла man hörte sie síngen; **2.** *нареч.* vernéhmlich; **3.** *в знач. вводн. сл. разг. см.* слыхáть 2; ◇ что ~о? was ist zu hören?, was gibt es Néues?; ~о, как мýха пролетит ≅ man hört éine Stécknadel fállen; **~ый** hörbar, vernéhmbar

слюдá *ж мин.* Glímmer *m* -s

слюдúстый *мин.* glímmerartig

слюдянóй Glímmer-; ~ слáнец *мин.* Glímmerschiefer *m* -s

слюн||á *ж* Spéichel *m* -s, Géifer *m* -s; отделéние ~ы́ Spéichelabsonderung *f*; смочúть ~óй éinspeicheln *vt*

слю́ни *мн. разг.* Géifer *m* -s; пускáть ~ géifern *vi*; sábbern *vi*; ◇ распустúть ~ 1) (*расплакаться*) lósheulen *отд. vi*; 2) (*проявить нерешительность*) únentschlossen wérden; 3) (*прийти в умиление*) in Rührung geráten*, gerührt wérden

слюнúть begéifern *vt*, mit Spéichel ánfeuchten

слю́н||ки: у меня ~ки текýт *разг.* das Wasser läuft mir im Múnde zusámmen; **~ный** Spéichel-; ~ные жéлезы Spéicheldrüsen *pl*

слюно||отделéние *с физиол.* Spéichelabsonderung *f*; **~течéние** *с физиол.* Spéichelfluß *m* -sses

слюня́вый *разг.* géiferig, géifernd; sábberig

сляб *м мет.* (*плоская заготовка*) Brámme *f* (11)

слябинг *м мет.* Brámmenwalzwerk *n* (2), Brámmenstraße *f* (11), Platínenwalzwerk *n*

сля́котн||ый *разг.* schláck(e)rig, schláckig, mátschig; ~ая погóда Schlákkerwetter *n* -s, Mátschwetter *n*; ~ая дорóга áufgeweichter [schmútziger, schlámmiger] Weg

сля́коть *ж* **1.** Schlack *m* -(e)s; Schlamm *m* -(e)s; **2.** *разг.* (*сырая погода*) Schlákkerwetter *n* -s, Mátschwetter *n*; **3.** *презр.* (*о человеке*) Waschlappen *m* (7), Schláppschwanz *m* (1*)

смáзать 1. (*помазать*) éinschmieren *vt*; ~ жúром (éin)fétten *vt*; ~ мáслом (éin)ölen *vt*; ~ гóрло den Hals [die Kéhle] pínseln; **2.** (*стереть*) (áb)wischen *vt*; verschmíeren *vt*; **3.** *перен. разг.* (*вопрос и т. п.*) verwíschen *vt*, vertúschen *vt*; **4.** *перен. разг.* (*дать взятку*) schmíeren *vt*, bestéchen* *vt*

смáзка *ж* **1.** (*действие*) Schmíeren *n* -s, Schmíerung *f*, Éinschmieren *n* -s, Éinfetten *n* -s (*жиром*); Éinölen *n* -s, Ölen *n* (*маслом*); ~ под давлéнием Drúckschmierung *f*; **2.** (*вещество*) Schmíermittel *n* (6); **жúдкая** ~ Schmíeröl *n* (2); густáя ~ Schmíerfett *n* (2)

смазлúв||ый *разг.* níedlich, hübsch; ~ое лúчико, ~ая рóжица ein níedliches Frätzchen, ein állerliebstes Lärvchen

смазн||óй: ~ы́е сапогú Schmíerstiefel *pl*

смáзочн||ый Schmier-; ~ый материáл Schmíerstoff *m* (1), Schmíermittel *n* (6); ~ая канáвка Ölnute *f* (11)

смáзчик *м* Schmíerer *m* (6)

смáзыв||ание *с* **1.:** ~ание гóрла *мед.* Pínseln *n* der Kéhle; **2.** *разг.*: ~ание вопрóса das Verwíschen [Vertúschen] einer Fráge; **~ать** *см.* смáзать

смак *м разг.* Geschmáck *m* -(e)s; со ~ом mit Genúß, mit Geschmáck, mit Vergnügen; **~овáть 1.** mit Genúß kósten; **2.** *перен.* genießen* *vt*, sich wéiden (что-л. an *D*), sich láben (an *D*)

смáлец *м* Schwéinefett *n* -(e)s, Schmalz *n* (2)

смáльта *ж спец.* **1.** (*краска*) Smálte *f*, Schmálte *f*; **2.** (*для мозаичных работ*) (búntes) Mosá¦ikglas *n* (5)

смáнивать, сманúть (wég)lócken *vt*, ábspenstig máchen; ábwerben* *vt*; ~ у когó-л. клиéнтов j-m die Kúnden wéglocken [ábspenstig máchen]

смарáгд *м* Smarágd *m* (1)

смастерúть *разг.* ánfertigen *vt*, hérstellen *vt*; zusámmenzimmern *vt*

смáтывать *см.* смотáть; ◇ ~ ýдочки *разг.* verdúften *vi* (s), sich davónmachen, sich aus dem Stáube máchen; Léine zíehen*

смáхивать I *см.* смахнýть

смáхивать II *разг.* (*быть похожим*) ähnlich séhen*, ähneln *vi* (на когó-л. *D*); erínnern *vi* (an *A*)

смахнýть ábwerfen* *vt*, ábschütteln *vt*; ~ пыль с чегó-л. etw. ábstäuben

смáчив||ание *с* Ánfeuchten *n* -s, Benétzen *n* -s; **~ать** *см.* смочúть

смáчн||о *нареч. разг.* mit Genúß; **~ый** *разг.* schmáckhaft, wóhlschmekkend; sáftig (*сочный*)

смежáть, смежúть: ~ глазá die Áugen schlíeßen*

смéжн||ость *ж* Ángrenzen *n* -s, Náchbarschaft *f*; **~ый** ángrenzend, ánliegend, ánstoßend (*прилегающий*); benáchbart (*соседний*); ~ая кóмната Nébenzimmer *n* (6); ~ое предприя́тие der ko¦operíerende Betríeb; ~ые углы́ *мат.* Nébenwinkel *pl*, Berührungswinkel *pl*

смекáл||истый *разг.* geschéit, rasch áuffassend, mit schnéller Áuffassungsgabe; **~ка** *ж разг.* güte Áuffassungsgabe, Mútterwitz *m* -es; для этого нужнá ~ка da muß einer Köpfchen háben

смекáть, смекнýть *разг.* begréifen* *vt*, kapíeren *vt*; смекнýть в чём дéло den Bráten ríechen*, Lúnte ríechen*

смелéть *см.* осмелéть

смéло *нареч.* **1.** kühn, tápfer, mútig; fúrchtlos; смелéй! nur Mut!, vórwärts!; **2.** *разг.* (*без затруднений*) óhne wéiteres; здесь ~ мóжет поместúться ещё одúн человéк hier hat noch éine Persón bequém [óhne wéiteres] Platz; мóжно ~ сказáть... man kann rúhig ságen...

смéл||ость *ж* Kühnheit *f*, Tápferkeit *f*, Mut *m* -(e)s; взять на себя ~ость... sich (*D*) die Fréiheit néhmen* ...; берý на себя ~ость... ich bin so frei...; ◇ ~ость гóрода берёт *посл.* ≅ frisch gewágt ist halb gewónnen; dem Mútigen gehört die Welt; **~ый** kühn, tápfer, mútig; fúrchtlos (*бесстрашный*); gewágt (*рискованный*)

смельча́к *м разг.* Kühne *m* (14), Wág(e)hals *m* (1*)

сме́н||а *ж* **1.** Wéchsel *m* -s, Áuswechselung *f*; Ábfolge *f* (*событий и т. п.*); Áblösung *f* (10) (*дежурных и т. п.*); Ersátz *m* -es (*замена*); **~а карау́ла** Wáchablösung *f*; **~а часовы́х** Póstenablösung *f*; **~а времён го́да** der Wéchsel der Jáhreszeiten; **~а поколе́ний** Generatiónswechsel *m*; **~а рабо́чих** Schíchtwechsel *m*; **~а ли́чного соста́ва** Personálwechsel *m*; **~а декора́ций** *театр.* Dekoratiónswechsel *m*; **на ~у кому́-л.** an j-s Stélle; **прийти́ на ~у кому́-л.** j-n áblösen, an j-s Stélle tréten*; **2.** (*на заводе и т. п.*) Schicht *f* (10); **у́тренняя ~а** Frühschicht *f*; **дневна́я ~а** Tágesschicht *f*; **ночна́я ~а** Náchtschicht *f*; **в одну́ ~у** éinschichtig; **в две ~ы** zwéischichtig, in zwei Schíchten; **учи́ться в пе́рвую ~у** in der érsten Schicht [vórmittags] Únterricht háben; **рабо́тать в две ~ы** in zwei Schíchten árbeiten; im Zwéischichtensystem árbeiten; **отраба́тывать ~у** die Schicht máchen; **за ~у** pro Schicht; **выполня́ть две но́рмы за ~у** das Schíchtsoll zu 200% erfüllen; **3.** (*подрастающее поколение*) Náchwuchs *m* -es, Náchwuchskräfte *pl*; die júnge Generatión; **4.: ~а бельЯ́** Wäschegarnitur *f* (10), Wäsche *f* zum Wéchseln

смени́ть 1. (*переменить*) wéchseln *vt*, áuswechseln *vt*, úmtauschen *vt*; **~ лошаде́й** die Pférde wéchseln; **~ бельё** die Wäsche wéchseln; **2.** (*заменить собой*) ersétzen *vt*, an j-s Stélle tréten*; áblösen *vt*; **~ карау́л** die Wáche áblösen; ◇ **~ гнев на ми́лость** Gnáde für Recht ergéhen lássen*; **~ся 1.** wéchseln *vi* (h, s); **испу́г смени́лся ра́достью** der Schreck wándelte sich in Fréude; **дневно́й зно́й смени́лся прохла́дой** nach der Hítze am Táge kam die Ábendkühle; **2.** (*на посту и т. п.*) ábgelöst wérden

сме́нн||ый 1. *тех.* ersétzbar, áustauschbar, áuswechselbar; **2.** (*идущий сменами*) Schicht-, in Schíchten; **~ая рабо́та** Schíchtarbeit *f*, Árbeit in Schíchten; **~ая вы́работка** Schíchtleistung *f* (10)

сме́нщик *м* Schíchtarbeiter *m* (6); Áblösung *f* (10)

сменя́ем||ость *ж* **1.** *тех.* Ersétzbarkeit *f*, Áustauschbarkeit *f*; Áuswechselbarkeit *f*; **2.** (*должностных лиц и т. п.*) Ábsetzbarkeit *f*; **~ый 1.** *тех.* ersétzbar, áustauschbar; áuswechselbar; **2.** (*о должностных лицах*) ábsetzbar

сменя́ть *см.* **смени́ть**; **~ся 1.** *см.* **смени́ться**; **2.** (*чередоваться*) sich ábwechseln; **3.** *страд.* ersétzt wérden (*ср.* **смени́ть**)

сме́рить (áb)méssen* *vt*, áusmessen* *vt*, náchmessen* *vt*; ◇ **~ кого́-л. взгля́дом** j-n mit éinem Blick méssen*; j-n (prüfend) von óben bis únten méssen*

смерка́||ться *безл.*: **~ется** es dämmert, es wird dúnkel, die Dämmerung bricht heréin

сме́рк||нуться *безл.*: **~лось** es wúrde Nacht, die Nacht war heréingebrochen

смерте́льн||о *нареч.* **1.** tödlich; **~о ра́ненный** tödlich verwúndet, tódwúnd; **~о больно́й** tódkránk, auf den Tod krank; **2.** *перен.* tödlich, über die Máßen; **~о скуча́ть** sich tödlich lángweilen, sich zum Stérben lángweilen; **~о уста́ть** tódmüde sein; **~о ненави́деть кого́-л.** j-n tödlich [bis auf den Tod] hássen; **~ость** *ж* Tödlichkeit *f*; **~ый 1.** tödlich, tódbringend; *мед.* letál; **~ый яд** tödliches Gift; **~ая боле́знь** tödliche [lébensgefährliche] Kránkheit; **~ая ра́на** Tódeswunde *f* (11); **2.** *перен.* tödlich; Tod-, Tódes-, zum Stérben, Stérbens-; **~ый страх** Tódesangst *f*; **~ая вражда́** Tódfeindschaft *f*; **~ая опа́сность** Tódesgefahr *f*, Lébensgefahr *f*

сме́ртник *м* ein zum Tóde Verúrteilter, Tódeskandidat *m* (8)

сме́ртн||ость *ж* Stérblichkeit *f*; Mortalität (*от какой-л. болезни среди населения*); Letalität *f* (*от какой-л. болезни среди больных*); **~ость от туберкулёза** Tódesfälle *pl* durch Tuberkulóse; **~ый** *прил.* **1.** stérblich, Tódes-, Stérbe-; **челове́к сме́ртен** der Mensch ist stérblich; **~ый час** Stérbestunde *f*, Tódesstunde *f*, das létzte Stündlein; **~ый пригово́р** Tódesurteil *n* (2); **~ая казнь** Tódesstrafe *f* (11); **2.** *в знач. сущ. м* Stérbliche *m* (14)

смертоно́сн||ость *ж* Tödlichkeit *f*, das Tódbringende (*sub*); **~ый** tödlich, tódbringend

смерт||ь *ж* **1.** Tod *m* -es; **внеза́пная ~ь** jäher [plötzlicher] Tod; **наси́льственная ~ь** gewáltsamer Tod; **быть обречённым на ~ь** dem Tóde verfállen sein; **спасти́ от ~и** vom Tóde errétten; **уйти́ от ве́рной ~и** dem sícheren Tod entrínnen*; **на слу́чай ~и** für den Tódesfall; **умере́ть ~ью геро́я** den Héldentod stérben*; **умере́ть голо́дной ~ью** verhúngern *vi*, vor Húnger stérben*, den Húngertod stérben*; **2.** *в знач. нареч. разг.* (*очень*) sehr, fúrchtbar, gar zu, über die Máßen; **мне ~ь как хо́чется** ich möchte für mein Lében gern; ◇ **гражда́нская ~ь** *ист.* Áberkennung *f* der bürgerlichen Éhrenrechte; **быть ме́жду жи́знью и ~ью** zwíschen Lében und Tod schwében; **он при́ ~и** er liegt im Stérben, es geht mit ihm zu Énde; **до́ ~и** bis zum Tod, bis in den Tod; **мне надое́ло до́ ~и** es ist mir zum Stérben überdrüssig; es hängt mir zum Hálse heráus; **не на жизнь, а на ~ь** auf Lében und Tod; **на миру́ и ~ь красна́** *посл.* ≅ getéiltes Leid ist hálbes Leid

смерч *м* Wíndhose *f* (11), Wírbelsturm *m* (1*), Tornádo *m* -s, -s; **водяно́й ~** Wásserhose *f*; **песча́ный ~** Sándhose *f*; **пы́льный ~** Stáubtornado *m*

смеси́тель *м тех.* Míscher *m* (6), Míschvorrichtung *f* (10), Míschapparat *m* (1); *стр.* Míschventil [-vɛn-] *n* (2), Lúftmischklappe *f* (11); Míxer *m* (6)

смести́ 1. wégfegen *vt*, ábfegen *vt*; **~ пыль с чего́-л.** etw. ábstäuben; **2.** (*в кучу*) zusámmenfegen *vt*; ◇ **~ с лица́ земли́** dem Érdboden gléichmachen, vom Érdboden tílgen

смести́ть 1. (*кого-л.*) ábsetzen *vt*, des Ámtes enthében*; **2.** (*что-л.*) verschíeben* *vt*; **~ся** sich verschíeben*

смес||ь *ж* **1.** Míschung *f* (10), Gemísch *n* (2); Geménge *n* (6); **соста́в ~и** Míschungsverhältnis *n*; **~ь вся́кой вся́чины** búntes Gemísch, Sammelsúrium *n* -s, -ri|en; **2.** *уст.* (*отдел журнала*) Verschíedenes *sub n*

сме́т||а *ж* Ánschlag *m* -e(s), -schläge; Kóstenplan *m* (1*), Kóstenanschlag *m* (*приходов и расходов*); **предвари́тельная ~а** Vóranschlag *m*; **строи́тельная ~а** Báuvoranschlag *m*; **соста́вить ~у** éinen Vóranschlag áufstellen [máchen], veránschlagen *vt*; **внести́ в ~у** in Ánschlag bríngen*; **провести́ по ~е** im Háushaltsplan [Etát] áusweisen*

смета́на *ж* sáure Sáhne

смета́ть I *см.* **смести́**

смета́ть II (*сшить крупными стежками*) (mit großen Stíchen) héften *vt*

смётка *ж разг.* gúte [schnélle] Áuffassungsgabe; Fíndigkeit *f* (*находчивость*)

сметли́в||ость *ж* Fíndigkeit *f*, gúte [schnélle] Áuffassungsgabe; **~ый** fíndig, schárfsinnig, mit gúter Áuffassungsgabe

сме́тн||ый Kóstenanschlags-, Budget [by'dʒe:-], veránschlagt; **~ые ассигнова́ния** Zúwendungen aus dem Háushaltveránschlagte Háushaltmittel; **~ая сто́имость** Plánkosten *pl*, geplánte Kósten (*pl*)

смётывать *см.* **смета́ть** II

сметь wágen *vt*, sich tráuen, sich unterstéhen*; dürfen* *vi*; **не смей!** unterstéh dich nur!; **ты не сме́ешь э́того де́лать** du darfst das nicht máchen

смех *м* Láchen *n* -s; Gelächter *n* -s (*хохот*); **раска́тистый ~** ándauerndes, schállendes Gelächter; **весёлый ~** lústiges [fröhliches] Láchen; **взрыв ~а** Láchsalve [-və] *f* (11); **о́бщий ~** (*в зале*) allgeméine Héiterkeit (im Saal); **вы́звать (весёлый) ~** (hélles) Láchen áuslösen; **сдержа́ть ~** sich (*D*) das Láchen verbéißen*; **~ ду́шит меня́** ich ersticke vor Láchen; **я не могу́ удержа́ться от ~а** ich kann mich vor Láchen nicht hálten, ich kann mich des Láchens nicht erwéhren; ◇ **~а ра́ди** spáßeshalber, zum Spaß [Scherz]; **подня́ть кого́-л. на́ ~** j-n áuslachen, j-n zum bésten [zum Nárren] háben [hálten*]; **тепе́рь не до ~а [~у]** hier gibt es nichts zu láchen; **ку́рам на́ ~** *погов.* da láchen ja die Hühner

смехотво́рн||ость *ж* Lächerlichkeit *f*; **~ый** lächerlich, láchhaft, dróllig

сме́шанн||ый vermíscht; gemíscht; **~ое число́** *мат.* gemíschte Zahl; **~ый лес** Míschwald *m* (4); **~ые культу́ры** *с.-х.* Míschkulturen *pl*; **~ый язы́к** *лингв.* Míschsprache *f* (11)

смеша́ть 1. (*для получения смеси*) (ver)míschen *vt*, verméngen *vt*, zusámmenmischen *vt*; **2.** (*привести в беспорядок*) vermíschen *vt*, verwírren *vt*, in Únordnung bríngen*; **3.** (*перепутать*) verwéchseln *vt*; **~ся 1.** sich vermíschen, sich verméngen, sich verfítzen; **~ся с толпо́й** in der Ménge verschwínden* [úntertauchen]; **2.** (*прийти в беспорядок*) in Únordnung geráten*; sich verwíckeln (*перепутаться*); **3.** *разг.* (*смутиться*) in Verwírrung [Verlégenheit] geráten*, verlégen wérden

смеше́ние *с* **1.** Verméngen *n* -s, Vermíschung *f*; **2.** (*путаница*) Verwírrung *f*, Wírrwarr *m* -s; **~ языко́в** Spráchverwirrung *f*; **~ поня́тий** Begríffsverwirrung *f*

сме́шивать *см.* **смеша́ть**; **~ся 1.** *см.* **смеша́ться** 1; **2.** *страд.* vermíscht wérden (*ср.* **смеша́ть**)

смеши́ть zum Láchen bríngen*, láchen máchen

смешли́в||ость *ж* Láchlust *f*; **~ый** láchlustig

смешно́ *предик. безл.*: **мне стано́вится ~** das Láchen kommt mich an; **мне ~** ich muß láchen; **э́то бы́ло бы ~, е́сли бы...** das wäre gelácht, wenn...

смешн||о́й 1. (*комичный*) kómisch; dróllig (*забавный*); **2.** (*возбуждающий насмешку*) lächerlich; láchhaft (*смехотворный*); **в ~о́м ви́де** in éinem lächerlichen Áufzug; **предста́вить в ~о́м све́те [ви́де]** ins Lächerliche zíehen*; **ста́вить себя́ в ~о́е положе́ние** sich lächrlich máchen; sich in éine lächerliche Láge bríngen*; ◇ **до ~о́го** lächerlich [zum Láchen] übertríeben

смешо́к *м разг.* Láche *f*; Áuflachen *n* -s

смещáть *см.* сместúть; **~ся 1.** *см.* сместúться; **2.** *страд.* ábgesetzt wérden; verschóben wérden (*ср.* сместúть)

смещéние *с* **1.** (*с должности*) Ábsetzung *f* (10); Ámtsenthebung *f* (10) (*с поста*); **2.** (*сдвиг*) Verschíebung *f* (10); ~ пластóв землú Verschíebung der Érdschichten

смеяться láchen *vi*; ~ до упáду *разг.* sich halbtót láchen, sich vor Láchen wälzen; sich vor Láchen áusschütten; ~ до слёз Tränen láchen; ~ сквозь слёзы únter Tränen láchen; ~ над кем-л., над чем-л. über j-n, über etw. (*A*) láchen, sich über j-n, über etw. (*A*) lústig máchen, j-n áuslachen; ~ исподтишкá in sich hinéinlachen; sich (*D*) ins Fäustchen láchen; ◇ хорошó смеётся тот, кто смеётся послéдним *погов.* wer zulétzt lacht, lacht am bésten

смúловаться, смúлостивиться sich erbármen (над кем-л. *G или* über *A*), Gnáde wálten lássen*; Gnáde für Recht ergéhen lássen*

смирéн||ие *с* Démut *f*; **~ник** *м*, **~ница** *ж ирон.* Schéinheilige *m, f* (14); **~ный** démütig

смирúтельн||ый: ~ая рубáшка Zwángsjacke *f* (11); надéть ~ую рубáшку éine Zwángsjacke ánlegen

смирúть bändigen *vt*, bezwíngen* *vt*, (be)zähmen *vt*; unterwérfen* *vt* (*подчинить*); **~ся** sich unterwérfen*, klein béigeben*; sich schícken, sich ergében* (с чем-л. in *A*)

смúрн||ый rúhig, still; sanft (*кроткий*); ártig (*о ребёнке*); вестú себя ~о sich still verhálten*; ~о! *воен.* (*команда*) Áchtung!, stíllgestanden!; stíllgesessen! (*в кавалерии*)

смирять *см.* смирúть; **~ся 1.** *см.* смирúться; **2.** *страд.* bezähmt wérden (*ср.* смирúть)

смог *м* Smog *m* -s, -s

смоделúровать modellíeren *vt*

смóква *ж* **1.** (*плод*) Féige *f* (11); **2.** (*дерево*) *см.* смокóвница

смóкинг *м* Smóking *m* -s, -s

смокóвница *ж бот.* Féigenbaum *m* (1*)

смолá *ж* Teer *m* (1); Harz *n* (2) (*древесная*); Pech *n* -(e)s (*вар*); гóрная ~ Bérgharz *n*, Érdpech *n*, Asphált *m* (1)

смолёвка *ж бот.* Léimkraut *n* -(e)s

смол||éние *с* Téeren *n* -s, Píchen *n* -s; **~ёный** getéert; **~úстый** hárzig; ~úстые веществá Téerstoffe *pl*; **~úть** téeren *vt*, píchen *vt*

смолкáть, смóлкнуть (still)schwéigen* *vi*, verstúmmen *vi* (s), in Schwéigen versínken*; дóлго не смолкáющие аплодисмéнты der lánganhaltende [nicht énden wóllende] Béifall

смоловáрня *ж* Téerbrennerei *f* (10), Péchhütte *f* (11), Péchsiederei *f* (10)

смóлоду *нареч. разг.* **1.** (*в молодости*) in júngen Jáhren, in der Júgend; **2.** (*с молодых лет*) von Júgend [von jung] auf

смолокýр *м* Téerbrenner *m* (6), Péchsieder *m* (6); **~éние** *с* Téerbrennen *n* -s, Péchsieden *n* -s; **~енный** Téerbrenn-; ~енный завóд Téerbrennerei *f* (10); **~ня** *ж* Téerbrennerei *f* (10), Péchhütte *f* (11), Péchsiederei *f* (10)

смолотúть áusdreschen* *vt*, fértig dréschen*

смолóть máhlen (*part II* gemáhlen) *vt*; durch den Fléischwolf [Wolf] dréhen (*пропустить через мясорубку*)

смолчáть schwéigen* *vi*, nichts erwídern, Schwéigen bewáhren; не ~ die Ántwort nicht schúldig bléiben*

смоль: чёрный как ~ péchschwarz, rábenschwarz, kóhlrabenschwarz

смолян||óй Harz-, hárzig; téerig; ~óй зáпах hárziger Gerúch; ~óе мáсло Hárzöl *n* -(e)s

смонтúровать (fértig) montíeren *vt*, áufstellen *vt*

сморгнý||ть: (глáзом) не ~в *разг.* óhne mit der Wímper zu zúcken

сморкáться sich schnéuzen; die Náse schnéuzen; sich (*D*) die Náse schnáuben [pútzen]

сморóдина *ж* **1.** (*кустарник*) Jo|hánnisbeerstrauch *m* (4); **2.** (*ягода*) Jo|hánnisbeere *f* (11); крáсная ~ róte Jo|hánnisbeere; чёрная ~ schwárze Jo|hánnisbeere

сморóдиновый Jo|hánnisbeer-

сморóзить *разг.*: ~ глýпость éine Dúmmheit vom Stápel lássen*

сморчóк *м бот.* Mórchel *f* (11)

смóрщенный rúnzelig, verrúnzelt; zusámmengeschrumpft; vertrócknet (*ссохшийся*)

смóрщить(ся) *см.* мóрщить(ся)

смотáть 1. (*размотать; снять мотая*) ábwickeln *vt*; **2.** (*сделать моток, намотать*) áufwickeln *vt*

смотр *м* **1.** *воен.* Trúppenbesichtigung *f* (10); производúть ~ войскáм die Trúppen besíchtigen; **2.** *перен.* Schau *f* (10), Besíchtigung *f* (10); Áusscheid *m* (1), Léistungsschau *f*; ~ худóжественной самодéятельности Láienkunstausscheid *m*

смотрéть 1. séhen* *vi* (на что-л. auf *A*), scháuen *vi*; ánsehen* *vt*; zúsehen* *vi* (на что-л. *D*); sich (*D*) etw. ánsehen*; ~ пьéсу sich (*D*) ein Theáterstück ánschauen [ánsehen*]; ~ на когó-л. j-n ánblicken; j-n betráchten; j-n mústern; j-n fixíeren (*пристально*); ~ в окнó durch das Fénster séhen* [blícken]; zum Fénster hináussehen*; aus dem Fénster séhen*; **2.** (*присматривать за кем-л., за чем-л.*) beáufsichtigen *vt*; áufpassen *vi*, áchtgeben* *отд. vi* (auf *A*); pflégen *vt* (*ухаживать*); ~ за порядком auf die Órdnung áufpassen [áchten]; **3.**: óкна смóтрят во двор die Fénster géhen auf den Hof (hináus); **4.** (*иметь вид кого-л.*) áussehen* *vi*; das Áussehen háben; он смóтрит победúтелем er sieht síegesbewußt aus; **5.** (*считать кем-л., чем-л.*): все смóтрят на негó как на чудакá álle hálten ihn für éinen Sónderling; как вы на э́то смóтрите? was méinen Sie dazú?, was hálten Sie davón?; ◇ ~ сквозь пáльцы на что-л. durch die Fínger séhen*; ein Áuge zúdrücken; ~ опáсности в лицó der Gefáhr ins Ángesicht [Áuge] séhen*; ~ в óба *разг.* auf der Hut sein; смотрú в óба! sieh dich vor!, hüte dich!; смотря по обстоятельствам je nach den Úmständen; es kommt daráuf an!; es hängt von den Úmständen ab; смотря как, смотря когдá *разг.* je nachdém; ты на негó не смотрú nimm dir an ihm kein Béispiel; **~ся 1.** sich beséhen*; ~ся в зéркало sich im Spíegel beséhen* [betráchten]; **2.**: фильм [пьéса] смóтрится с интерéсом es ist ein spánnender Film [éine spánnende Áufführung]; **3.** *разг.*: хорошó ~ся gut zu etw. (*D*) áussehen*; zu etw. (*D*) gut pássen, das Áussehen háben; крáсный пуловер хорошó смóтрится с сéрой ю́бкой der róte Pullóver sieht zu dem gráuen Rock sehr gut aus

смотрúны *мн. уст.* Bráutschau *f* (10)

смотрúтель *м* Áufseher *m* (6); ~ маякá Léuchtturmwärter *m* (6); ~ шлю́за Schléusenaufseher *m*, Schléusenwärter *m*; ~ склáда Lágeraufseher *m*, Lágermeister *m* (6); ~ здáния Áufseher éines Gebäudes; тюрéмный ~ Gefängnisaufseher *m*, Gefängniswärter *m*

смотров||óй Seh-, Schau-; ~áя щель Séhschlitz *m* (1); ~óе окнó Beóbachtungsfenster *n* (6), Kontróllfenster *n*

смочúть naß máchen, ánfeuchten *vt*; benétzen *vt* (*поэт.*)

смочь *см.* мочь I 1, 2

смошéнничать *см.* мошéнничать

смрад *м* Gestánk *m* -(e)s, übler Gerúch; **~ный** stínkend, übelriechend

смугло||вáтый leicht gebräunt, bräunlich; **~лúцый** von bräunlicher [dúnkler] Gesíchtsfarbe

смýгл||ость *ж* bräune [gebräunte, dúnkle] Háutfarbe; Gebräuntheit *f*; **~ый** braun; gebräunt, sónngebräunt, sónnverbrannt (*от загара*); **~янка** *ж разг.* dúnkelhäutiges [bräunes, sónnverbranntes] Mädchen

смýт||а *ж* Únruhen *pl*, Áufruhr *m* (1); Wírren *pl*, Zwist *m* (1) (*раздоры*); сéять ~у Zwist stíften

смутúть 1. (*сконфузить*) verwírren *vt*, in Verlégenheit bríngen*; stútzig máchen (*поставить в тупик*); **2.** (*взволновать, обеспокоить*) die Rúhe stören; **~ся** in Verwírrung [Verlégenheit] geráten*, verlégen wérden; bestürzt [verwírrt] sein

смýтн||ый únklar, verwórren, úndeutlich, vag(e) ['va:-]; dúnkel; ~ые воспоминáния dúnkle [verwórrene] Erínnerungen; ~ое представлéние éine dúnkle Vórstellung; ~о пóмнить sich dúnkel erínnern; ~ое врéмя *ист.* die Zeit der Wírren

смýшк||а *ж* Karakúl *m* -s, Krímmer *m* (6); **~овый** Karakúl-; ~овый воротнúк Karakúlkragen *m* (7)

смущ||áть *см.* смутúть; **~áться** *см.* смутúться; не ~áйся! laß dich nicht verwírren!; **~éние** *с* Verlégenheit *f*, Verwírrung *f*; Betrétenheit *f*; **~ённый** verlégen, verwírrt; betréten; betróffen; bestürzt (*растерянный*)

смыв *м спец.* Ábspülen *n* -s, Wégspülung *f*

смывáть(ся) *см.* смыть(ся)

смыкáть *см.* сомкнýть

смык||áться *см.* сомкнýться; у негó от устá лости глазá ~áются ihm fállen vor Müdigkeit die Áugen(lider) zu

смысл *м* Sinn *m* -(e)s; Bedéutung *f* (10) (*значение*); прямóй ~ der éigentliche [dirékte] Sinn; Grúndbedeutung *f*; перенóсный ~ der überträgene Sinn, die überträgene Bedéutung; в перенóсном ~е bíldlich, in überträgenem Sinn; понимáть что-л. в дурнóм ~е etw. im schléchten Sinn verstéhen*; в ширóком ~е im wéiteren Sinn; искажáющий ~ (*о высказывании и т. п.*) sínnentstellend; отвечáющий ~у sínngemäß; ◇ в пóлном ~е слóва im wáhrsten Sinn des Wórtes; в извéстном ~е in gewíssem Sinn; здрáвый ~ gesúnder Ménschenverstand; нет ~а (*не стоит*) es hat kéinen Sinn, es ist sínnlos, es lohnt sich nicht; в ~е *предлог* (*в отношении чего-л.*) in Hínsicht auf (*A*)

смы́сл||ить *разг.* verstéhen* *vt*; sich áuskennen* (в чём-л. in *D*); sich verstéhen* (в чём-л. auf *A*); он ничегó в э́том дéле не ~ит er kennt sich in díeser Sáche nicht aus; er verstéht sich nicht daráuf; er verstéht nichts davón

смыслов||óй Sinn-; Bedéutungs-; ínhaltlich; ~ые оттéнки Bedéutungsnuancen [-ny,ãsən] *pl*, Schattíerungen in der Bedéutung; ~áя ошúбка Bedéutungsfehler *m* (6)

смыть 1. ábwaschen* *vt*, ábspülen *vt*; ~ позóр die Schánde tílgen; **2.** (*снести — о воде*) fórtschwemmen *vt*, wégspülen *vt*; ◇ как (водóй) смы́ло wie wéggeblasen; **~ся 1.** (*при мытье*) ábgehen* *vi* (s), heráusgehen* *vi* (s); пятнó смы́лось der Fleck ist heráusgegangen; **2.** *разг.* (*уйти*) verdúften *vi* (s), sich verdrücken

смы́чка *ж* **1.** *тех.* Zusámmenfügung *f* (10), Zusámmenfügen *n* -s; **2.** *перен.* Bündnis *n* -sses; Verbíndung *f*, Zusámmenschluß *m* -sses, Zusámmengehen *n* -s

смычкóвый: ~ инструмéнт *муз.* Stréichinstrument *n*

смы́чн||ый *фон.*: ~ые соглáсные Verschlúßlaute *pl*

смычóк *м муз.* Bógen *m* (7), Violínbogen [vi-] *m*

смышлёный *разг.* áufgeweckt, geschéit; verständig (*разумный*); gewándt (*расторопный*)

смягчáть *см.* смягчи́ть; **~ся 1.** *см.* смягчи́ться; **2.** *страд.* gemäßigt wérden (*ср.* смягчи́ть)

смягч||áющий 1. míldernd, líndernd, dämpfend; **2.:** ~áющие винý обстоя́тельства *юр.* míldernde Úmstände; **~éние** *с* **1.** Erwéichung *f*; Enthärtung *f* (*воды́*); **2.** *перен.* Mílderung *f* (10); Línderung *f* (10); Mäßigung *f* (10); Ábschwächung *f*, Dämpfung *f* (10) (*удара*); ~éние наказáния die Herábsetzung [Mílderung] der Stráfe; **3.** *лингв.* (*звука*) Palatalisíerung *f*

смягчи́ть 1. weich máchen, erwéichen *vt*; enthärten *vt* (*воду*); **2.** *перен.* míldern *vt*; líndern *vt*; mäßigen *vt* (*уменьшить, умерить*); ábschwächen *vt*, dämpfen *vt* (*удар*); ~ гнев den Zorn mäßigen; ~ приговóр ein Úrteil míldern; **3.** (*кого-л.*) erwéichen *vt*; wéicher [mílder] stímmen; **4.** *лингв.* (*звук*) palatalisíeren *vt*; **~ся 1.** weich wérden; **2.** *перен.* sich míldern, náchlassen* *vi*; ábflauen *vi*; морóзы смягчи́лись der Frost ließ nach; **3.** (*о ком-л.*) sich erwéichen lássen*; náchgeben* *vi*

смятéн||ие *с* **1.** (*переполох*) Verwírrung *f*; **2.** (*растерянность*) Verwírrung *f*; Bestürzung *f*; **~ный** *уст.* verwírrt; bestürzt

смя́тие *с тех.* Quétschen *n* -s, Zusámmenpressen *n* -s, Stáuchung *f*

смять 1. zerkníttern *vt*, zerknüllen *vt*; **2.** *тех.* quétschen *vt*, zusámmenpressen *vt*, stáuchen *vt*; **3.** *воен.* erdrücken *vt*, zermálmen *vt*; ~ противника den Feind überrénnen*; ~ лóшадью níederreiten* *vt*; **~ся** zerknüllt [zerdrückt, zerknítert] sein, Knítter bekómmen*; плáтье смя́лось das Kleid ist zerdrückt

снабди́ть (чем-л. mit *D*) versórgen *vt*; verséhen* *vt*; áusstatten *vt*, áusrüsten *vt* (*оборудовать*); ~ продовóльствием (*армию*) verproviantíeren [-vĭan-] *vt*; ~ товáрами mit Wáren belíefern; ~ кни́гу предислóвием das Buch mit éinem Vórwort verséhen*; прибóр снабжён шестью́ лáмпами *радио* das Gerät ist mit sechs Röhren bestückt; **~ся** *разг. см.* снабжáться 1

снабжáть *см.* снабди́ть; ~ тóком mit Strom versórgen; **~ся 1.** sich verséhen*, sich versórgen (чем-л. mit *D*); **2.** *страд.* verséhen wérden (*ср.* снабди́ть)

снабжéнец *м* Materiálwirtschaftler *m* (6); Mítarbeiter *m* (6) der Materiálversorgung

снабжéние *с* Versórgung *f*, Belíeferung *f*; Áusstattung *f*, Áusrüstung *f* (*оснащение*); продовóльственное ~ Verpflégung *f*; Lébensmittelversorgung *f*; товáрное ~ Wárenversorgung *f*, Wárenbelieferung *f*; ~ электроэнéргией Strómversorgung *f*

снабжéнческий Versórgungs-, Belíeferungs-; ~ аппарáт Versórgungsapparat *m* (1)

снáдобье *с* **1.** (*народное лечебное средство*) Kräuteraufguß *m* -sses, -güsse; **2.** *шутл.* (*лекарство вообще*) Arznéi *f* (10), Mixtúr *f* (10)

снáйпер *м воен.* Schárfschütze *m* (9)

снарýжи *нареч.* **1.** (*вне*) dráußen; **2.** (*извне*) von áußen, von dráußen, von der Áußenseite; **3.** (*по внешности*) dem Äußeren nach, von áußen

снаря́д *м* **1.** *воен.* Geschóß *n* -sses, -sse; Granáte *f* (11); бронебóйный ~ Pánzergeschoß *n*; зажигáтельный ~ Brándgranate *f*; трасси́рующий ~ Spúrgeschoß *n*; неразорвáвшийся ~ Blíndgänger *m* (6); артиллери́йский ~ Artilleríegranate *f*, Artilleríegeschoß *n*; áтомный ~ Atómgranate *f*; Atómrakete *f* (11); áтомный реакти́вный ~ Atómrakete *f*, Rakéte mit Kérnladung; бетонобóйный ~ Betongranate [-ˈtɔŋ-] *f*; межконтинентáльный реакти́вный ~ interkontinentále Rakéte; неуправля́емый реакти́вный ~ úngelenktes Rakétengeschoß, úngelenkte Rakéte; управля́емый реакти́вный ~ gelénkte Rakéte, Lénkrakete *f*; я́дерный ~ Granáte mit Kérnladung; **2.** *спорт.* Gerät *n* (2); гимнасти́ческий ~ Túrngerät *n*; **3.** (*техническое устройство, машина*) Gerät *n* (2); Maschíne *f* (11); Vórrichtung *f* (10); землесóсный ~ Säugbagger *m* (6), hydráulischer Schlámmbagger; буровóй ~ *горн.* Bóhrwerkzeug *n* (2), Bóhrgerät *n* (2)

снаряди́ть áusrüsten *vt*, áusstatten *vt*; ~ экспеди́цию éine Expeditión áusrüsten; **~ся** *разг.* sich verséhen* (mit *D*); sich áusrüsten, sich áusstatten (mit *D*); sich rüsten; ~ся в дорóгу sich zur Réise rüsten

снаря́дный *воен.* Geschóß-

снаряжáть *см.* снаряди́ть; **~ся 1.** *см.* снаряди́ться; **2.** *страд.* áusgestattet [áusgerüstet] wérden

снаряжéние *с* **1.** (*действие*) Áusstattung *f*, Áusrüstung *f*; **2.** *воен.* (*вещи*) Áusstattung *f* (10), Áusrüstung *f* (10); пoхóдное ~ Márschausrüstung *f*, Márschgepäck *n*, палáточное ~ Zéltzubehör *n* -(e)s, Zéltgerät *n* (2)

снаст||ь *ж* **1.** *мор.* Tau *n* (2); **~и** Tákelwerk *n* -(e)s; **2.:** рыболóвные **~и** Físchgerät *n* (2), Fischeréigerät *n*; Ángelgerät *n* (*для любителя*)

сначáла *нареч.* **1.** (*сперва*) zuérst, ánfangs; **2.** (*снова*) noch mal, von vorn, von néuem

снáшивать *см.* сноси́ть II; **~ся 1.** *см.* сноси́ться II; **2.** *страд.* ábgetragen wérden

снег *м* Schnee *m* -s; ры́хлый ~ Púlverschnee *m*; свежевы́павший ~ Néuschnee *m*; вéчный ~ éwiger Schnee; тáлый ~ Schnéewasser *n* -s; идёт ~ es schneit; покры́тый ~ом éingeschneit; убóрка ~а Schnéeräumen *n* -s; ◇ как ~ нá голову *разг.* ≅ wie ein Blitz aus héiterem Hímmel; он свали́лся как ~ нá голову *разг.* er ist heréingeschneit; э́то меня́ интересýет [мне нýжно] как прошлогóдний ~ *разг.* ≅ das interessíert mich [bráuche ich] wie Hándschuhe im Augúst

снеги́рь *м зоол.* Gímpel *m* (6), Dómpfaff *m* (9)

снеговáние *с.-х.*: ~ овощéй Gemüseeinmietung *f* únter éiner Schnéeschicht, Éinlagern *n* von Gemüse in Schnéemieten

снегов||óй Schnee-; ~áя ли́ния Schnéegrenze *f*, **~óй** покрóв Schnéedecke *f*

снего||задержáние *с с.-х.* Áufhalten *n* des Schnées (auf den Féldern); **~мéр** *м* (*прибор*) Schnéemesser *m* (6); **~очисти́тель** *м* Schnéeräumer *m* (6), Schnéeräumgerät *n* (2); плýжный ~очисти́тель Schnéepflug *m* (1*); фрéзерно-рóторный ~очисти́тель Schnéefräse *f*, Schnéeschleuder *f* (10)

снегопáд *м* Schnéefall *m* (1*); Schnéewetter *n* -s; ~ продолжáлся весь день der Schnee ging den gánzen Tag níeder, der Schnéefall dáuerte den gánzen Tag, es schnéite den gánzen Tag

снегоубóрочн||ый: ~ая маши́на Schnéeräumer *m* (6); ~ые рабóты Schnéeräumung *f*, Schnéeberäumung *f*

снегохóд *м* (*автомобиль*) schnéegängiges Fáhrzeug

снегýрочка *ж фольк.* Schnéewittchen *n* -s

снедáемый verzéhrt (чем-л. von *A*), sich verzéhrend; ~ тоскóй von Séhnsucht verzéhrt

снедь *ж уст.* Kost *f*, Éssen *n* -s

снежи́нка *ж* Schnéeflocke *f* (11)

снéжн||ый Schnee-; verschnéit (*занесённый снегом*); beschnéit (*покрытый снегом*); ~ый сугрóб Schnéehaufen *m* (7); ~ые занóсы Schnéeverwehung *f* (11); Schnéewehe *f* (11); ~ый покрóв Schnéedecke *f*; ~ая зимá schnéereicher Wínter; ~ая бáба ≃ Schnéemann *m* (4); расти́ как ~ый ком lawínenartig ánschwellen*

снеж||óк *м* **1.** *ласк. от* снег; **2.** (*ком*) Schnéeball *m* (1*); игрáть в ~ки́ éine Schnéeballschlacht máchen

снести́ 1. híntragen* *vt*, hínbringen* *vt* (*отнести*); fórttragen* *vt*, fórtbringen* *vt* (*унести*); hinúntertragen* *vt*, hinúnterbringen* *vt* (*сверху вниз*); zusámmentragen* *vt* (*в одно место*); **2.** (*унести — о ветре и т. п.*) fórtwehen *vt*; fórtreißen* *vt* (*о буре*); fórtschwemmen *vt* (*о воде*); лóдку снеслó течéнием das Boot wúrde von der Strömung ábgetrieben; **3.** (*разрушить*) ábreißen* *vt*, níederreißen* *vt*; ábbrechen* *vt* (*дом*); **4.** (*стерпеть что-л.*) ertrágen* *vt*, áushalten* *vt*; sich (*D*) etw. gefállen lássen*, **5.** *карт.* ábwerfen* *vt*; **6.** (*о птице*): ~ яйцó ein Ei légen

снести́сь I (*с кем-л.*) sich in Verbíndung sétzen, in Verbíndung tréten*; sich verständigen

снести́сь II (*о птице*) ein Ei légen

снетóк *м* (*рыба*) (kléiner) Stint *m*

снижáть *см.* сни́зить; **~ся 1.** *см.* сни́зиться; **2.** *страд.* herábgesetzt wérden (*ср.* сни́зить)

снижéние *с* **1.** Sénkung *f* (10); Sínken *n* -s; Herábsetzung *f* (10); Ermäßigung *f* (10) (*налогов*); Kürzung *f* (10), Ábnahme *f* (*уменьшение*); ~ себестóимости Sélbstkostensenkung *f*, Verríngerung [Sénkung] der Sélbstkosten; ~ зáработной плáты Lóhnabbau *m* -(e)s, Lóhnsenkung *f*, Lóhnkürzung *f*, Lóhndrükken *n* -s; ~ кáчества Qualitätsminderung *f*; ~ цен Préissenkung *f*, Préisherabsetzung *f*, Préisreduzierung *f* (10), Préisabbau *m*; ~ по дóлжности Versétzung *f* in éine níedrigere Stéllung; ~ в звáнии *воен.* Herábsetzung im Díenstgrad; **2.:** вести́ самолёт на ~ zur Lándung ánsetzen

сни́зить sénken *vt*; herábsetzen *vt*, herábmindern *vt*; ermäßigen *vt* (*цены*); kürzen *vt* (*уменьшить*); ábbauen *vt* (*цены, налоги и т. п.*); ~ заработную плату die Löhne ábbauen [sénken, drücken]; ◇ ~ тон die Stímme sénken, rúhiger spréchen*; **~ся 1.** sich sénken; sínken* *vi* (s), fállen* *vi* (s), zurückgehen* *vi* (s) (*о ценах, температуре, воде*); herúntergehen* *vi* (s) (*о ценах*); sich vermíndern (*уменьшиться*); **2.** *ав.* die Höhe verríngern, herúntergehen* *vi* (s)

снизойти́ sich heráblassen*; sich bequémen; ~ до ответа sich zu éiner Ántwort bequémen

сни́зу *нареч.* **1.** (*на вопрос «откуда?»*) von únten (her); ~ вверх von únten nach óben; ~ доверху von únten bis óben; пятая строка ~ die fünfte Zéile von únten; **2.** (*на вопрос «где?»*) únten; ~ глина, сверху песок únten ist Lehm, óben Sand; ◇ смотреть ~ вверх на кого-л. zu j-m áufsehen* [áufschauen], vor j-m Éhrfurcht háben* [empfínden*]

снима́ть *см.* снять; **~ся 1.** *см.* сняться; **2.** *страд.* ábgenommen wérden (*ср.* снять)

сни́мок *м* Áufnahme *f* (11); Fóto *n* -s, -s, Fotografíe *f* (11); Líchtbild *n* (5) (*книжн.*); Bild *n* (5) (*в газете, книге*); вертикальный ~ Áufnahme im Hóchformat; рентгеновский ~ Röntgenaufnahme *f*

сниска́ть erwérben* *vt*; ~ доверие sich (*D*) Vertráuen erwérben* [verdíenen]; ~ славу Ruhm erwérben* [érnten]

снисходи́тельн||ость *ж* **1.** Náchsicht *f*; **2.** (*высокомерие*) Heráblassung *f*; **~ый 1.** náchsichtig; быть ~ым Náchsicht üben; ein Áuge zúdrücken; **2.** (*покровительственный, высокомерный*) heráblassend; ~ый тон ein heráblassender Ton

снисходи́ть *см.* снизойти

снисхожде́ние *с см.* снисходительность 1

сни́ться träumen *vi*; мне снилось... mir träumte..., ich träumte... (von *D*); мне снился сон ich hätte éinen Traum; мне снилось детство ich sah mich im Traum als Kind; ◇ такая возможность ему и (во сне) не снилась an éine sólche Möglichkeit hat er nicht éinmal im Traum gedácht [dénken können]

сноб *м* Snob *m* -s, -s; **~и́зм** *м* Snobísmus *m* =

сно́ва *нареч.* **1.** (*опять*) wíeder; ernéut; von néuem, aufs néue; ~ и ~ ímmer wíeder; он ~ с нами er ist wíeder mit uns; он ~ заговорил er begánn von néuem (zu spréchen); **2.** (*сначала*) von Ánfang (an)

снова́льный *текст.* Schär-, Zéttel-; ~ барабан Zétteltrommel *f* (11), Schärtrommel *f*; ~ цех Schäreréi *f* (10)

снова́ние *с текст.* Ánschären *n* -s, Ánzetteln *n* -s

снова́ть 1. *текст.* (án)schären *vt*, ánzetteln *vt*; **2.** *разг.* (*двигаться взад и вперёд*) hín- und hérlaufen* *vi* (s)

сновиде́ние *с* Traum *m* (1*)

сногсшиба́тельный *разг.* verblüffend; únerhört (*неслыханный*)

сноп *м* **1.** Gárbe *f* (11); Bund *n* (2); ~áми bündelweise, búndweise; **2.**: ~ лучей Stráhlenbündel *m* (6); ◇ как ~ повалиться (vor Müdigkeit) úmsinken* *vi* (s); zusámmenbrechen* *vi* (s)

сноповяза́лка *ж с.-х.* Gárbenbindemaschine *f* (11); Mähbinder *m* (6); тракторная ~ Mähbinder für Traktórenzug

сноровúстый *разг.* gewándt, geschíckt

сноро́вк||а *ж разг.* Gewándtheit *f*, Fértigkeit *f*, Hándfertigkeit *f*; Übung *f*; он имеет ~у (в чём-л.) er hat Erfáhrung (in díeser Árbeit); díese Árbeit geht ihm gut [flott] von der Hand

снос I *м* Ábbruch *m* -(e)s; Ábriß *m* -sses, -sse, Ábtragen *n* -s; купить на ~ auf Ábbruch káufen

снос II *м*: этим сапогам ~у [~а] нет díese Stíefel sind únverwüstlich

сноси́ть I *см.* снести 1—5

сноси́ть II (*износить*) ábtragen* *vt*, ábnutzen *vt*

сноси́ть III: ему не ~ головы es wird ihm den Kopf kósten

сноси́ться I *см.* снестись I

сноси́ться II (*износиться*) sich ábnutzen, sich ábtragen*

сно́ска *ж полигр.* Fußnote *f* (11)

сно́сный léidlich, erträglich, passábel

снотво́рное *сущ. с* Schláfmittel *n* (6)

снотво́рн||ый 1. *мед.* Schlaf-; éinschläfernd; ~ое средство Schláfmittel *n* (6); **2.** *разг.* (*скучный*) éinschläfernd, lángweilig

сноха́ *ж* Schwíegertochter *f*, *pl* -töchter (*Frau des Sohnes*)

сноше́н||ие *с* **1.** *чаще мн.* ~ия Verbíndung *f* (10); Verkéhr *m* -s; Bezíehungen *pl*; дипломатические ~ия diplomátische Bezíehungen; международные ~ия internationále Verbíndungen [Bezíehungen]; торговые ~ия Hándelsbeziehungen *pl*, Hándelsverkehr *m*; Geschäftsverbindungen *pl*, Geschäftsverkehr *m*; вступить в ~ия с кем-л. mit j-m in Verbíndung tréten*; прервать ~ия die Verbíndungen ábbrechen*; **2.** (*половое*) Geschléchtsverkehr *m* -s

сныть *ж бот.* Giersch *m* (1)

сня́тие *с* Ábnahme *f*; ~ с работы Entlássung *f* (10); Ábsetzung *f* (10); ~ урожая die Bérgung der Érnte; ~ взыскания Stráferlaß *m* -sses, -lässe, Erláß éiner Disziplinárstrafe; ~ ареста Áufhebung *f* der Beschlágnahme; Fréigabe *f*; ~ блокады *воен.* Áufhebung *f* éiner Blockáde; ~ повязки *мед.* Verbándabnahme *f*; ~ опалубки *стр.* Entschálung *f*, Áusschalung *f*; ~ с учёта Ábmeldung *f* (10); ~ с довольствия Stréichung *f* aus der Verpflégung; ~ судимости Stráftilgung *f* (10); ~ с мели *мор.* Flóttmachung *f*; ~ копии Ánfertigung *f* éiner Ábschrift; ~ печати Entférnung *f* [Erbréchen *n*] des Síegels; ~ запрета Áufhebung *f* des Verbóts

сня́т||о́й: ~óе молоко Mágermilch *f*

снять 1. ábnehmen* *vt*; áusziehen* *vt* (*одежду, обувь*); áblegen *vt*, áusziehen* *vt* (*пальто*); ábnehmen* *vt*, ábsetzen *vt* (*головной убор*); ábmachen *vt* (*часы, кольцо, галстук*); ábbinden* *vt* (*фартук*); ~ шляпу den Hut ábnehmen*; den Hut zíehen* [lüften] (*для приветствия*); ~ трубку (телефона) den Hörer ábheben*; ~ кору (с дерева) entrínden *vt*; ~ кожуру ábschälen *vt*; ~ сливки с молока die Milch ábrahmen [ábsahnen, ábschöpfen]; ~ с мели *мор.* (wíeder) flótt¦machen *отд.* *vt*; ábbringen* *vt*; ~ печать (с чего-л.) entsíegeln *vt*, das Síegel lösen [bréchen*]; **2.** (*отстранить от должности*) entlássen* *vt*; ábsetzen *vt* (*сместить*); ~ с работы entlássen* *vt*; ábsetzen *vt* (*сместить*); **3.** *с.-х.*: ~ урожай érnten *vt*, die Érnte bérgen* [éinbringen*]; ~ урожай зерновых Getréide érnten; **4.** *фото* áufnehmen* *vt*; knípsen *vt* (*разг.*); fotografíeren *vt*, éine Áufnahme máchen (von *D*); **5.** (*квартиру и т. п.*) míeten *vt*; **6.** *карт.* ábheben* *vt*; ◇ ~ осаду die Belágerung áufheben*; ~ пьесу с репертуара ein Stück vom Spíelplan ábsetzen; ~ запрет das Verbót áufheben*; ~ взыскание éine Stráfe erlássen*, éine Rüge áufheben*; ~ арест с чего-л. die Beschlágnahme von etw. (*D*) áufheben*; ~ с повестки дня von der Tágesordnung stréichen* [ábsetzen]; ~ с продажи aus dem Hándel [Verkáuf] zíehen*; ~ что-л. с производства etw. aus der Produktión zíehen*, etw. vom Produktiónsprogramm ábsetzen, die Produktión von etw. (*D*) éinstellen [áuslaufen lássen*]; ~ с себя ответственность за что-л. sich der Verántwortung für etw. (*A*) entlédigen, die Verántwortung für etw. (*A*) níederlegen; ~ с кого-л. ответственность j-n der Verántwortung enthében*, die Verántwortung von j-m néhmen*; ~ кого-л. с учёта j-s Ábmeldung registríeren [vermérken]; ~ своё предложение seinen Antrag zurückziehen*; ~ копию éine Kopíe [Ábschrift] ánfertigen [máchen]; ~ на кальку (dúrch)páusen *vt*; ~ мерку с кого-л., с чего-л. j-m, von etw. (*D*) Maß néhmen*; ~ показание *юр.* verhören *vt*, ins Verhör néhmen*; как рукой сняло *разг.* wie wéggewischt; **~ся 1.** *фото* sich áufnehmen* [fotografíeren; knípsen (*разг.*)] lássen*; **2.**: ~ся с места sich auf den Weg máchen; die Zélte ábbrechen* (*уехать*); ~ся с якоря den Ánker líchten [éinholen]; ~ся с мели flott wérden; ~ся с учёта sich ábmelden

со *см.* с

соа́втор *м* Mítverfasser *m* (6), Mítautor *m* (13); **~ство** *с* Mítautorenschaft *f*

соба́к||а *ж* Hund *m* (1); дворовая ~а Hófhund *m*; цепная ~а Kéttenhund *m*; ~а-ищейка Spürhund *m*, Polizéihund *m*; борзая ~а Wíndhund *m*; легавая ~а Hühnerhund *m*; гончая ~а Hétzhund *m*, Jágdhund *m*; служебная ~а Díensthund *m*; сторожевая ~а Wáchhund *m*; ◇ он на этом ~у съел *разг.* er verstéht sich daráuf; er ist ein Méister in díesem Fach; вот где ~а зарыта hier liegt der Hund begráben; ≅ da liegt der Háse im Pféffer; я устал, как ~а *разг.* ich bin húndemüde; это мне нужно как ~е пятая нога *разг.* das bráuche ich überháupt nicht; вешать собак на кого-л. *разг.* j-n verléumden, j-n úngerecht beschúldigen; его с ~ами не сыщешь er ist nírgends zu fínden, den fíndest du nie

собаково́д *м* Húndezüchter *m* (6); **~ство** *с* Húndezucht *f*

соба́чь||ий Húnde-; hündisch (*презр.*) ~ья порода Húnderasse *f* (11); ◇ ~ий холод *разг.* Húndekälte *f*; ~ий нюх *разг.* Spürnase *f*

соба́чка *ж* **1.** Hündchen *n* (7); **2.** (*у ружья*) Ábzug *m* (6*); **3.** *тех.* Klínke *f* (11), Spérrhaken *m* (7)

соба́чник *м разг.* **1.** (*любитель собак*) Húndeliebhaber *m* (6); **2.** (*тот, кто ловит собак*) Húndefänger *m* (6); **3.** (*помещение для подопытных собак*) Húndestall *m* (*)

собе́с *м* **1.** (социальное обеспечение) Soziálfürsorge *f*, soziále Fürsorge [Betréuung, Versórgung]; **2.** (*учреждение*) Fürsorgeamt *n* (5)

собесе́дн||ик *м* Gesprächspartner *m* (6); **~ица** *ж* Gesprächspartnerin *f* (12)

собесе́дование *с* Gespräch *n* (2), Áussprache *f* (11); Unterháltung *f* (10); Berátung *f* (10), Bespréchung *f* (10) (*совещание*); Prüfungsgespräch *n*, Kollóquium *n* -s, -qui¦en (*коллоквиум*); провести ~ éine Áussprache dúrchführen

собира́ние *с* **1.** Sámmeln *n* -s; **2.** (*коллекционирование*) Kollektioníeren *n* -s, Sámmeln *n* -s

собира́тель *м* **1.** Sámmler *m* (6); **2.** *тех.* Áufsammler *m* (6); **~ный** kollektív; Sámmel-; ~ное существи́тельное *грам.* Sámmelwort *n* (5), Kollektívum [-vum] *n* -s, *pl* -va; ~ное числи́тельное *грам.* Sámmelzahlwort *n* (5)

собира́ть *см.* собра́ть; **~ся 1.** *см.* собра́ться; ту́чи собира́ются die Wólken zíehen sich zusámmen; я не собира́юсь наста́ивать на э́том ich hábe nicht die Ábsicht, dárauf zu bestéhen, ich drínge nicht dárauf; что ты собира́ешься де́лать за́втра? was gedénkst du mórgen zu tun?; **2.** *страд.* gesámmelt wérden; kollektioníert wérden (*ср.* собра́ть)

соблаговоли́т||ь *уст.* gerúhen *vi*; sich heráblassen;*; ~е отве́тить! séien Sie so gut zu ántworten!

собла́зн *м* Versúchung *f* (10), Verführung *f* (10); вводи́ть в ~ in Versúchung führen; verléiten *vt*; удержа́ться от ~а der Versúchung stándhalten* [widerstéhen*]

соблазни́тель *м* Verführer *m* (6), Versúcher *m* (6); **~ница** *ж* Verführerin *f* (12), Versúcherin *f* (12); **~ный** verführerisch; verlóckend (*зама́нчивый*)

соблазни́ть verführen *vt*, verléiten *vt*; verlócken *vt*, in Versúchung führen; **~ся** sich verführen [verléiten, verlókken] lássen*

соблазня́ть *см.* соблазни́ть; **~ся 1.** *см.* соблазни́ться; **2.** *страд.* verführt wérden (*ср.* соблазни́ть)

соблюда́ть *см.* соблюсти́

соблюде́ние *с* Beáchtung *f*, Befólgung *f*, Wáhrung *f* (*пра́вила и т. п.*); Éinhaltung *f* (*усло́вия*); Erfüllung *f* (*выполне́ние*); ~ та́йны Gehéimhaltung *f*; ~ догово́рных обяза́тельств *юр.* Vertrágsdisziplin *f*; ~ зако́на Éinhaltung des Gesétzes

соблюсти́ beáchten *vt*, befólgen *vt*; éinhalten* *vt* (*усло́вие*); erfüllen *vt* (*вы́полнить*); ~ поря́док die Órdnung áufrechterhalten*; ~ эконо́мию spársam sein; wírtschaftlich mit etw. (*D*) úmgehen*; ~ зако́нность die Gesétzlichkeit éinhalten*; ~ интере́сы госуда́рства die Interéssen des Stáates wáhren

собо́й *возвр. мест. перево́дится б. ч. возвр. мест. с предло́гом* mit: sich (*при подлежа́щем в 3-м л.*); mich, mir, uns (*при подлежа́щем в 1-м л.*); dich, dir, euch (*при подлежа́щем во 2-м л.*); над ~ я уви́дел вертолёт über mir sah ich éinen Húbschrauber; они́ свя́заны ме́жду ~ sie sind miteinánder verbúnden; ◇ взять с ~ mítnehmen* *vt*; совлада́ть с ~ sich behérrschen; она́ хороша́ ~ sie ist hübsch; *см. тж.* себя́

соболе́знов||ание *с* Béileid *n* -s; Kondolénz *f* (10); ~ание по слу́чаю конч́ины кого́-л. Béileid [Béileidsschreiben] zum Ábleben von (*D*); вы́разить своё ~ание sein Béileid áusdrücken [bezéigen], kondoliéren *vt*; **~ать** (*кому́-л.*) mit j-m Mítgefühl empfínden*

собо́лий Zóbel-; ~ мех Zóbel *m* (6); ~ воротни́к Zóbelkragen *m* (7)

со́боль *м* **1.** *зоол.* Zóbel *m* (6); **2.** (*мех*) Zóbel *m* (6); Zóbelpelz *m* (1)

собо́р *м* **1.** (*це́рковь*) Dom *m* (1) (*в стра́нах неме́цкого языка́*); Kathedrále *f* (11) (*в други́х стра́нах*); Исаа́киевский ~ die Ísaakskathedrale; Стра́сбургский ~ das Stráßburger Münster; Кёльнский ~ der Kölner Dom; **2.** (*собра́ние христиа́нского духове́нства*) Konzíl *n* (2) (*pl тж.* -iјen); вселе́нский ~ ökuménisches Konzíl; **3.** *ист.* (*в дореволюцио́нной Росси́и*) зе́мский ~ Ständeversammlung *f* (10); **~ный** Dom-

собо́ров||ание *с церк.* die Létzte Ólung; **~ать** *церк.* die Létzte Ólung gében* (*кого́-л.* *D*); **~аться** *церк.* die Létzte Ólung erhálten* [empfángen*]

собо́ю *см.* собо́й

собра́ние *с* **1.** Versámmlung *f* (10); Fórum *n* -s, -s (*pl тж.* -ra); о́бщее ~ Vóllversammlung *f*; Generálversammlung *f*; Háuptversammlung *f*; о́бщее ~ рабо́чих и слу́жащих allgeméine Belégschaftsversammlung, Betríebsversammlung *f*; парти́йное ~ Partéiversammlung *f*; комсомо́льское ~ Komsomól-Versámmlung *f*; отчётное ~ Jáhresversammlung *f*, Versámmlung mit Réchenschaftslegung; отчётно-вы́борное ~ Jáhreshauptversammlung *f*, Wáhlversammlung mit Réchenschaftslegung; закры́тое ~ intérne [geschlóssene] Versámmlung; торже́ственное ~ Féstsitzung *f* (10); Féstakt *m* (1); торже́ственно-тра́урное ~ Gedénkfeier *f* (11), по реше́нию о́бщего собра́ния durch Beschlúß der Háuptversammlung; созва́ть о́бщее ~ éine Háuptversammlung éinberufen; проводи́ть ~ éine Versámmlung ábhalten*; **2.** (*вы́борное учрежде́ние*) Versámmlung *f* (10); законода́тельное ~ gesétzgebende Versámmlung; учреди́тельное ~ konstituíerende Versámmlung; Konstituánte *f* (11); национа́льное ~ Nationálversammlung *f*; распусти́ть ~ éine Versámmlung áuflösen; **3.** (*колле́кция*) Sámmlung *f* (10), Kollektión *f* (10); **4.** (*сбо́рник*) Sámmlung *f* (10); ~ зако́нов Gesétzsammlung *f*, Gesétzbuch *n* (5); (по́лное) ~ сочине́ний gesámmelte [sämtliche] Wérke

со́бранн||ость *ж* Konzentratión *f*; **~ый** *прич.* **1.** *см.* собра́ть; **2.** *в знач. прил.* (*о челове́ке*) konzentríert, gesámmelt; **3.** *в знач. прил.* (*о фигу́ре*) stramm

собра́т *м* Mítmensch *m* (8), Nächste *m* (14); ~ по ору́жию Wáffenbruder *m* (6*); ~ по профе́ссии Berúfskamerad *m* (8)

собра́ть 1. sámmeln *vt*; áufheben* *vt*, áufsammeln *vt* (*с по́лу, с земли́*); **2.** (*я́годы и т. п.*) lésen* *vt*, pflücken *vt*, sámmeln *vt*; ~ виногра́д Wéinlese hálten*; ~ урожа́й érnten *vt*, die Érnte éinbringen*; **3.** (*скопи́ть*) ánsammeln *vt*, ánhäufen *vt*, áufhäufen *vt*; **4.** (*карти́ны и т. п.*) kollektioníeren *vt*; sámmeln *vt*; ~ колле́кцию éine Sámmlung [Kollektión] ánlegen [zusámmentragen*]; **5.** (*све́дения и т. п.*) éinziehen* *vt*; Informatiónen éinholen; **6.** (*кого л.*) versámmeln *vt*; zusámmenrufen* *vt*, éinberufen* *vt* (*созва́ть*); veréinigen *vt* (*соедини́ть*); **7.** *тех.* (*маши́ну и т. п.*) montíeren *vt*, zusámmenbauen *vt* **8.** *разг.* (*снаряди́ть*) fértigmachen *отд. vt* (*куда́-л. für A, in A, auf A*); ~ в доро́гу réisefertig máchen; **9.** (*сде́лать сбо́рки*) ráffen, in Fálten légen; ◇ ~ всё своё му́жество sich (*D*) ein Herz fássen, sein Herz in béide Hände néhmen*; ~ после́дние си́лы die létzten Kräfte zusámmennehmen*; **~ся 1.** (*сойти́сь, съе́хаться*) sich versámmeln, zusámmenkommen* *vi* (s); zusámmentreten* *vi* (s); ~ся на се́ссию zu éiner Tágung zusámmentreten*; **2.** (*скопи́ться*) sich ánsammeln, sich ánhäufen; sich áufspeichern (*на скла́де и т. п.*); **3.** (*пригото́виться*) sich fértigmachen *отд.*, sich beréitmachen *отд.*; fértig sein (*быть гото́вым*); ~ся в доро́гу réisefertig sein; **4.** (*намерева́ться*) beábsichtigen *vt*, vórhaben* *vt*, die Ábsicht háben, sich (*D*) etw. vórnehmen*, sich ánschicken; im Begríff sein [stéhen*]; он собра́лся уе́хать на две неде́ли er beábsichtigte, für zwei Wóchen fórtzufahren; ◇ ~ся с мы́слями séine Gedánken sámmeln; ~ся с ду́хом Mut fássen; sich (*D*) ein Herz fássen, sein Herz in béide Hände néhmen*; ~ся с си́лами séine Kräfte sámmeln [zusámmennehmen*]

со́бственн||ик *м* Éigentümer *m* (6); Éigner *m* (6); Besítzer *m* (6); Ínhaber *m* (6); земе́льный ~ик Lándbesitzer *m*; Grúndbesitzer *m*; Grúndeigentümer *m*; кру́пный земе́льный ~ик Gróßgrundbesitzer *m*; ме́лкий ~ик Kléineigentümer *m* (6); **~ический** Besítzer-; Éigentümer-

со́бственно 1. *вводн. сл.* éigentlich; létzten Éndes (*в конце́ концо́в*); ~ говоря́ im Grúnde genómmen; что он, ~, хоте́л сказа́ть? was wóllte er éigentlich ságen?; **2.** *части́ца* (*в со́бственном смы́сле*) im éigentlichen [éngeren] Sínne

собственнору́чн||ый éigenhändig; ~ая по́дпись éigenhändige Únterschrift

со́бственность *ж* Éigentum *n* -s, Besítz *m* -es; ~ на что-л. Éigentum an (*D*); дви́жимая ~ Mobíliјen *pl*; bewégliches Éigentum; bewégliche Hábe; недви́жимая ~ Immobíliјen *pl*; Líegenschaften *pl*, Grúndeigentum *n*; земе́льная ~ Grúndbesitz *m*, Grúndeigentum *n*; Lándeigentum *n*; социалисти́ческая ~ sozialístisches Éigentum; госуда́рственная ~ Stáatseigentum *n*; колхо́зная ~ Kolchóseigentum *n*, kollektivwirtschaftliches Éigentum; общенаро́дная ~ allgeméines Vólkseigentum; ча́стная ~ Privateigentum [-'va:t-] *n*; обще́ственная ~ geséllschaftliches Éigentum; переда́ть в чью-л. ~ übereígnen *vt*; перейти́ в общенаро́дную ~ in Vólkseigentum übergehen*

со́бственн||ый éigen, Éigen-; *мат.* echt; ~ый дом Éigenheim *n* (2), éigenes Haus; чу́вство ~ого досто́инства Sélbstgefühl *n* -(e)s; в ~ом смы́сле сло́ва im éigentlichen Sínne des Wórtes; в ~ые ру́ки zu (éigenen) Händen; persönlich (*ли́чно*); и́мя ~ое *грам.* Éigenname *m* (15); ~ый вес Éigengewicht *n* (2); ~ое значе́ние *мат.* Éigenwert *m* (1)

собуты́льник *м разг.* Zéchbruder *m* (6*), Trínkgenosse *m* (9), Zéchkumpan *m* (1)

собы́т||ие *с* Eréignis *n* (3*); Begébenheit *f* (10); Geschéhen *n* -s; истори́ческое ~ие ein históriisches Eréignis; знамена́тельное ~ие ein dénkwürdiges Eréignis; совреме́нное ~ие éine Begébenheit aus der Gégenwart; ~ия из ру́сской исто́рии Eréignisse aus der rússischen Geschíchte; ~ия за неде́лю (*ру́брика в газе́те*) Wéltgeschehen der Wóche; ~ия дня Tágesgeschehen *n*; бога́тый ~иями eréignisreich; э́то бы́ло ~ием das war ein (gróßes) Eréignis

сова́ *ж* Éule *f* (11); бе́лая ~ Schnée-Eule *f*; боло́тная ~ Súmpfohreule *f*

сова́ть stécken *vt*; zústecken *vt*, unbemerkt hinéinschieben* [hinéinstecken] (*незаме́тно дава́ть что-л.*); ◇ он суёт свой нос повсю́ду *разг.* er steckt séine Náse in álles [überáll hinéin]; **~ся** *разг.* sich (úngebeten) éinmischen; ~ся не в свой дела́ sich in frémde Ángelegenheiten míschen; не су́йся не в своё де́ло! kümmere dich nicht um frémde Ángelegenheiten!, zúpfe dich an déiner éigenen Náse

соверша́ть *см.* соверши́ть; **~ся 1.** *см.* соверши́ться; **2.** *страд.* verríchtet wérden (*ср.* соверши́ть)

совершéние *с* Vollzíehung *f*, Vollführung *f*; ~ преступлéния die Verübung [Begéhung] éines Verbréchens; ~ сдéлки Vertrágsabschluß *m* -sses, -schlüsse, Káufabschluß *m*, Geschäftsabschluß *m*

совершéнно *нареч.* vollkómmen, vóllständig, völlig; ganz, gänzlich; durcháus (*безусловно*); он ~ чёрный er ist vollkómmen [ganz] schwarz; ~ вéрно ganz ríchtig, ganz recht; ~ незнакóмый völlig [ganz] únbekannt

совершеннолéт||ие *с* Vólljährigkeit *f*, Mündigkeit *f*; достúгнуть ~ия vólljährig [mündig] wérden

совершеннолéтний *прил.* **1.** vólljährig, mündig; **2.** *в знач. сущ. м* Vólljährige *m* (14), Mündige *m* (14)

совершéнн||ый 1. (*безупречный*) vollkómmen, volléndet; ~ое произведéние искýсства ein volléndetes [volléndet schönes] Kúnstwerk; **2.** (*абсолютный, полный*) vollkómmen, ganz, gänzlich, völlig; ~ая прáвда die réine [vólle] Wáhrheit; **3.** *грам.*: ~ый вид der perfektíve [-vә] Aspékt, der volléndete Aspékt

совершéнств||о *с* **1.** Vollkómmenheit *f*, Volléndung *f*; верх ~а der Gípfel der Vollkómmenheit; достúгнуть ~а den Gípfel der Vollkómmenheit erréichen; auf der Höhe sein; довестú до ~а bis zur Vollkómmenheit bríngen*; в ~е vollkómmen, volléndet; **2.** *мн.* ~а (*достоинства*) Vórzüge *pl*; **~ованиe** *с* Vervóllkommnung *f*

совершéнствовать vervóllkommnen *vt*; **~ся** sich vervóllkommnen; sich (höher) qualifizíeren (*повышать свою квалификацию*)

совершúть verríchten *vt*, vollführen *vt*, vollbríngen* *vt*, vollzíehen* *vt*; begéhen* *vt*, verüben *vt* (*что-л. плохое*); ~ пóдвиг éine Héldentat vollbríngen*; ~ путешéствие éine Réise máchen; ~ сдéлку éinen Vertrág [éinen Kauf, ein Geschäft] ábschließen*; ~ преступлéние ein Verbréchen begéhen* [verüben]; **~ся** geschéhen* *vi* (s), erfólgen *vi* (s), sich vollzíehen*; совершúвшийся факт volléndete Tátsache

сóвеститься *разг.* sich schämen, sich geníeren [ʒe-]

сóвестлив||ость *ж* Gewíssenhaftigkeit *f*; **~ый** gewíssenhaft

сóвестно *предик. безл.*: мне ~ ich schäme mich; es ist mir péinlich; как вам не ~! schämen Sie sich nicht?; емý не ~, что он... er macht sich kein Gewíssen daráus, daß er..., er schämt sich nicht, daß er...

сóвест||ь *ж* Gewíssen *n* -s; угрызéния ~и Gewíssensbisse *pl*; гóлос ~и die Stímme des Gewíssens; свобóда ~и Gewíssensfreiheit *f*; ◇ без зазрéния ~и gewíssenlos; óhne sich (*D*) ein Gewíssen daráus zu máchen; для очúстки ~и zur Berúhigung des Gewíssens; идтú на сдéлку с ~ью gégen das (éigene) Gewíssen hándeln; по чúстой ~и mit gútem Gewíssen; in gútem Gláuben; со спокóйной ~ью séelenruhig; по ~и! Hand aufs Herz!; по ~и говоря (um) die Wáhrheit zu ságen; имéть на ~и auf dem Gewíssen háben, рабóтать на ~ь tadellos [éinwandfrei] árbeiten

совéт I *м* **1.** (*наставление*) Rat *m* -(e)s, *pl* -schläge; Rátschlag *m* (1*); давáть ~ы Rátschläge gében*; j-m mit séinem Rat zur Séite stéhen*; просúть ~а um Rat frágen [ángehen*], éinen Rat erbítten*; по чьему́-л. ~у auf j-s Rat [Ánraten]; врачéбный ~ ärztlicher Rátschlag; послýшайтесь моегó ~а hören Sie auf méinen Rat; befólgen sie méinen Rat; **2.** (*совещание*) Rat *m* (1*); воéнный ~ Kríegsrat *m*; педагогúческий ~ Pädagógischer Rat; семéйный ~ Famíli|enrat *m*; держáть ~ Rat hálten*; sich beráten*, beráten* *vi*; **3.** (*коллегиальный орган*) Rat *m* (1*); Совéт Минúстров Minísterrat *m*; Совéт Безопáсности (ООН) Sícherheitsrat *m* (der UN); Совéт Экономúческой Взаимопóмощи (*сокр.* СЭВ) der Rat für Gégenseitige Wírtschaftshilfe (*сокр.* RGW); Совéт Нарóдных Комиссáров (*сокр.* Совнарком *и* СНК) *ист.* der Rat der Vólkskommissare; Госудáрственный ~ Stáatsrat *m*; консультатúвный ~ Béirat *m*; ~ трудовóго коллектúва der Rat des Árbeitskollektivs; учёный ~ (*вуза*) wíssenschaftlicher Rat (*в СССР*); Senát *m* (1) (*в других странах*); ~ старéйшин Ältestenrat *m*; ◇ ~ да любóвь! Líebe und Éintracht!

совéт II *м* (*орган государственной власти в СССР*) Sowjét *m* -s, -s; Верхóвный Совéт СССР der Óberste Sowjét der UdSSR; Совéт Сою́за der Unións-sowjet; Совéт Национáльностей der Nationalitätensowjet; Съезд Совéтов Sowjétkongreß *m* -sses, -sse; Совéты нарóдных депутáтов die Sowjéts der Vólksdeputierten; областнóй Совéт Gebíetssowjet *m*; райóнный Совéт Rayonsowjet [rɛ'joŋ-] *m*; Stádtbezirkssowjet *m* (*в городе*); поселкóвый Совéт Síedlungssowjet *m*; сéльский Совéт Dórfsowjet *m*; мéстные Совéты örtliche Sowjéts; Совéт рабóчих, солдáтских и крестья́нских депутáтов *ист.* der Sowjét der Árbeiter-, Soldáten- und Báuerndeputierten

совéтник *ж* **1.** Beráter *m* (6); Rátgeber *m* (6); **2.** (*должность*) Rat *m* (1*); Beráter *m* (6); экономúческий ~ Wírtschaftsberater *m*; торгóвый ~ Hándelsrat *m*; воéнный ~ Militärberater *m*; специáльный ~ *воен.* Sónderberater *m*; ~ мúссии Gesándtschaftsrat *m*; ~ посóльства Bótschaftsrat *m*

совéтовать ráten* *vt*, éinen Rat gében*, beráten* *vt*; empféhlen* *vt* (*рекомендовать*); **~ся** (*спрашивать совета*) um Rat frágen [bítten*] (с кем-л bei *D*), sich (*D*) Rat hólen; sich beráten*; berátschlagen *vi* (с кем-л. о чём-л. mit j-m über *A*); ~ся мéжду собóй sich untereinánder beráten*, éinen Rat hálten*

советóлог *м* Sowjetológe *m* (9)

советолóгия *ж* Sowjetologíe *f*

совéтск||ий Sowjét-; sowjétisch; Совéтский Сою́з Sowjétunion *f*; ~ое госудáрство Sowjétstaat *m* -(e)s; ~ая держáва Sowjétmacht *f*; ~ая странá Sowjétland *n* -(e)s; ~ая власть Sowjétmacht *f*; ~ий строй die sowjétische Geséllschaftsordnung

совéтчик *м* Beráter *m* (6), Rátgeber *m* (6)

совещáние *с* Berátung *f* (10), Bespréchung *f* (10) (*тж. обсуждение*); Konferénz *f* (10); произвóдственное ~ Produktiónsberatung *f*; предварúтельное ~ Vórbesprechung *f*; тáйное ~ Gehéimbesprechung *f*; Совещáние по безопáсности и сотрýдничеству в Еврóпе (*сокр.* СБСЕ) Konferénz für Sícherheit und Zusámmenarbeit in Európa (*сокр.* KSZE)

совещáтельн||ый berátend; Berátungs-; ~ый гóлос éine berátende Stímme; ~ая кóмната *юр.* Berátungszimmer *n* (6)

совещáться sich beráten*, beráten* *vi*, berátschlagen *vi* (с кем-л. о чём-л. mit j-m über *A*)

Совинформбюрó *с* (Совéтское информациóнное бюрó) *ист.* Sowinfórmbüro *n* -s

совúный Éulen-; éulenhaft

сóвка *ж* **1.** (*птица*) Zwérgohreule *f* (11); **2.** (*бабочка*) Éule *f* (11); капýстная ~ Kóhleule *f*

совладáть *разг.* Herr wérden (с кемлибо, с чем-л. über *A*), fertig wérden (mit *D*); ~ с собóй sich behérrschen, sich in der Gewált háben

совладé||лец *м юр.* Mítbesitzer *m* (6), Míteigentümer *m* (6); Mítinhaber *m* (6); Kómpagnon [-panjɔŋ] *m* -s, -s; **~ние** *с юр.* Mítbesitz *m* -es, Míteigentum *n* -s

совместúм||ость *ж* Veréinbarkeit *f*; **~ый** veréinbar

совместúтель *м* Ángestellte *m* (14), der zwei [méhrere] Tätigkeiten [Funktiónen] zugléich áusübt; Ángestellte, der zwei [méhrere] Ämter zugléich bekléidet

совместúтельств||о *с* gléichzeitige Tätigkeit auf zwei [méhreren] Plánstellen; zwéiter Berúf; по ~у nébenamtlich, als Nébenbeschäftigung; im Nébenberuf; рабóтать по ~у *см.* совместительствовать; **~овать** zwei [méhrere] Tätigkeiten [Funktiónen] zugléich áusüben; zwei [méhrere] Ämter zugléich bekléiden; im Nébenberuf [nébenberuflich] árbeiten

совместúть 1. veréinen *vt*; ~ полéзное с приятным *разг.* das Ángenehme mit dem Nützlichen verbínden*; **2.** *мат.* (*при наложении*) übereinánder|legen *отд. vt*; **~ся 1.** (*совпасть*) zusámmenfallen* *vi* (s); kongruént sein; **2.** (*соединиться*; *сочетаться*) sich veréinigen

совмéстн||о *нареч.* geméinsam; geméinschaftlich; zusámmen; **~ый** geméinsam; geméinschaftlich; ~ая рабóта geméinsame Árbeit, Zusámmenarbeit *f*; ~ое обучéние Ko|edukatión *f*, ko|edukatíver [-vәr] Únterricht; ~ая жизнь geméinsames Lében, Zusámmenleben *n* -s, ~ые усúлия veréinte Bemühungen; ~ое произвóдство кинофúльмов Geméinschaftsproduktion *f*, Kóproduktion *f* (auf dem Gebíet des Films)

совмещáть *см.* совместúть; **~ся 1.** *см.* совместúться; **2.** *страд.* veréinigt wérden (*ср.* совместúть)

совмещéн||ие *с* **1.** Veréinigung *f*; ~ие должностéй die Veréinigung der Ämter [Funktiónen]; ~ие профéссий Áneignen und Áusüben *n* éines zwéiten (zúsätzlichen) Berúfes; (gléichzeitige) Áusübung méhrerer Berúfe; запрéт ~ия das Verbót, bestímmte Funktiónen gléichzeitig zu bekléiden, Inkompatibilität *f*; **2.** *мат.* (*при наложении*) Déckung *f*, Déckungsgleichheit *f*; Kongruénz *f*

совмещённый: ~ санýзел Bad und WC in éinem Raum

Совнаркóм *м* (Совéт Нарóдных Комиссáров) *ист.* der Rat der Vólkskommissare

совнархóз *м* (совéт нарóдного хозя́йства) *ист.* Vólkswirtschaftsrat *m* (1*)

совóк *м* Hándschaufel *f* (11); Kéhrschaufel *f* (*для мусора*)

совокуп||úться ko|itíeren *vi*, sich páaren, sich begátten; **~лéние** *с* Páarung *f*, Begáttung *f*, Kó|itus *m* =; **~ля́ться** *см.* совокупúться

совокýпн||ость *ж* Gesámtheit *f*; Gesámtsumme *f*; в ~ости insgesámt; по ~ости дохóдов nach [gemäß] dem Gesámteinkommen; по ~ости улúк únter Berücksichtigung áller Indízi|en; **~ый** Gesámt-; veréint

совóчек *м* (*детский*) Búddelschippe *f* (11), Kínderschaufel *f* (11)

совпад||а́ть *см.* **совпа́сть;** **~е́ние** *с* **1.** Zusámmenfallen *n* -s, Zusámmentreffen *n* -s; ~е́ние во вре́мени zéitliches Zusámmenfallen; **2.** (*общность, единство*) Überéinstimmung *f* (10); **3.** *мат.* Kongruénz *f* (10)

совпа́сть 1. zusámmenfallen* *vi* (s), zusámmentreffen* *vi* (*s*); übereín¦stimmen *отд. vi* (*соответствовать*); **2.** *мат.* kongruíeren *vi*, sich décken

соврати́ть verléiten *vt*, verführen *vt*; ~ с пути́ и́стинного vom ríchtigen Weg ábbringen*; **~ся** ábkommen* *vi* (s), ábweichen* *vi* (s)

совра́ть *разг.* (vór)lügen* *vt*; áufschneiden* *vi* (*рассказывать небылицы*)

совраща́ть *см.* соврати́ть; **~ся 1.** *см.* соврати́ться; **2.** *страд.* verléitet [verführt] wérden

совраще́ние *с* Verführung *f* (10), Verléitung *f* (10)

совреме́нн||ик *м* Zéitgenosse *m* (9); **~ица** *ж* Zéitgenossin *f* (12); **~ость** *ж* **1.** (*современная эпоха, действительность*) Gégenwart *f*; Jétztzeit *f*; Zéitgeschehen *n* -s; пробле́мы ~ости Gégenwartsprobleme *pl*; связь с ~остью Zéitnähe *f*; свя́занный с ~остью gégenwartsnahe; с то́чки зре́ния ~ости vom Gesíchtspunkt der Gégenwart; **2.** (*соответствие нашему времени*) Zéitgemäßheit *f*, das Zéitgemäße (*sub*); **~ый 1.** (*кому-л., чему-л.*) zéitgenössisch; dámalig; gégenwärtig (с чем-л. *D*); **2.** (*относящийся к настоящему времени*) zéitgemäß, héutig, jétzig; ~ая литерату́ра die néuere Literatúr, die Literatúr der Gégenwart; ~ое иску́сство Gégenwartskunst *f*; ~ый ру́сский язы́к die rússische Spráche der Gégenwart; ~ая молодёжь die Júgend von héute; **3.** (*стоящий на уровне своего времени*) modérn, néuzeitlich; са́мая ~ая те́хника die modérnste Téchnik; быть ~ым zéitgemäß sein; modérn sein

совсе́м *нареч.* ganz; он ~ молодо́й er ist ganz jung; ~ не... (ganz und) gar nicht..., durcháus nicht...; я его́ ~ не зна́ю ich kénne ihn gar [überháupt] nicht; э́то ~ не так das ist durcháus nicht so; не ~ nicht ganz; ~ ра́но in áller Frühe

совхо́з *м* Sowchós *m* (1), Sowchóse *f* (11), (sowjétisches) Stáatsgut *n* (5); **~ный** Stáatsguts-; ~ное произво́дство Produktión *f* der Sowchóse [der Stáatsgüter]

согбе́нный *уст.* gebéugt

согла́с||ие *с* **1.** Éinwilligung *f*, Zústimmung *f* (с чем-л. zu *D*), Bewílligung *f*; Éinverständnis *n* -ses; вы́нужденное ~ие erzwúngenes Éinverständnis; с о́бщего ~ия mit allgeméiner Zústimmung; únter allgeméinem Éinverständnis; по обою́дному ~ию nach béiderseitigem Éinverständnis, nach béiderseitiger Éinwilligung; изъяви́ть ~ие séine Zústimmung erklären; **2.** (*взаимопонимание*) Éinvernehmen *n* -s, Éintracht *f*; дости́гнуть по́лного ~ия vólles Éinvernehmen erzíelen; жить в ~ии in gútem Éinvernehmen [éinträchtig] lében; gut miteinánder áuskommen*; ◇ держа́вы Согла́сия *ист.* Ententemächte [ã'tãt-] *pl*

согласи́тельн||ый Schlíchtungs-; ~ая коми́ссия Schlíchtungskommission *f* (10)

согласи́ться 1. (*на что-л.*) éinwilligen *vi* (in *A*); éingehen* *vi* (s) (auf *A*); éinverstanden sein (mit *D*); ~ на предложе́ние in den Vórschlag éinwilligen; auf den Vórschlag éingehen*; **2.** (*с кем-л., с чем-л.*) béipflichten *vi* (*D*), béistimmen *vi* (*D*), zústimmen *vi* (*D*); **zúgeben*** *vt* (*признать*); ~ с мне́нием éiner Méinung béistimmen; ~ с его́ предложе́нием séinem Vórschlag zústimmen [béipflichten]; согласи́тесь, что... wóllen Sie bítte zúgeben, daß...; gében Sie doch zu, daß...; нельзя́ не ~ с тем, что... man muß zúgeben, daß...; man kann nicht umhín, sich damít éinverstanden zu erklären, daß...; **3.** (*условиться*) übereín¦kommen* *отд. vi* (s), veréinbaren *vt*; verábreden *vt*; мы согласи́лись уе́хать вме́сте wir kámen überéin [háben veréinbart], geméinsam [gléichzeitig] ábzureisen

согла́сно 1. *нареч.* éinig, éinträchtig, harmónisch; жить ~ éinträchtig lében, in gútem Éinvernehmen [in Éintracht] lében; петь ~ harmónisch [im Takt] síngen*; **2.** *предлог* (*чему-л., с чем-л.*) laut (*G, D*); entspréchend (*D*) (*ставится б. ч. после сущ.*); zufólge (*ставится перед сущ. в G или после сущ. в D*); gemäß (*D*) (*ставится б. ч. после сущ.*); ~ по́длиннику laut Originál; ~ официа́льным да́нным ámtlichen Ángaben nach; ~ пла́ну plángemäß; ~ усло́виям veréinbarungsgemäß

согла́сн||ый I **1.** (*на что-л.*) wíllens; beréit (*готовый*); быть ~ым на... beréit sein zu... (*D*); wíllens sein (+ *inf* с zu); он не согла́сен пойти́ er ist nicht gewíllt zu géhen; **2.** (*с кем-л., с чем-л.*) éinverstanden (mit *D*), übeŕeinstimmend (mit *D*); все с э́тим ~ы dámit sind álle éinverstanden; álle kómmen daŕin überéin; быть ~ым с кем-л. mit j-m éinverstanden sein, mit j-m dersélben [dergléichen] Méinung [Ánsicht] sein; он не согла́сен с ва́ми er ist mit íhnen nicht éinverstanden; ко́пия ~а с по́длинником die Kopíe [Ábschrift] stimmt mit dem Originál überéin, die Kopíe entspŕicht dem Originál; **3.** (*гармоничный*) im Éinvernehmen; harmónisch; ~ое пе́ние harmónischer Gesáng

согла́сный II *прил. фон.* **1.** konsonántisch; ~ звук Konsonánt *m* (8); **2.** *в знач. сущ. м* Konsonánt *m* (8)

согласова́ние *с* **1.** Veréinbarung *f* (10) (*с кем-л.*); Ko¦ordiníerung *f* (10) (*интересов, целей и т. п.*); ~ пла́нов Plánabstimmung *f*, Plánko¦ordinierung *f*; ~ прое́кта Zústimmung *f* zum Projékt; **2.** *грам.* Kongruénz *f*, Übeŕeinstimmung *f*; ~ времён Zéitenfolge *f*; **3.** *радио* Ánpassung *f*, Ábstimmung *f*

согласо́ванн||о *нареч.* übeŕeinstimmend (mit *D*); in Éinklang (mit *D*); ko¦ordiníert; **~ость** *ж* Übeŕeinstimmung *f*; Ko¦ordiniertheit *f*; Éinstimmigkeit *f*; Éinklang *m* -(e)s; **~ый** übeŕeinstimmend; ko¦ordiníert; éinhellig (*единодушный*); ~ые де́йствия ko¦ordiníerte Aktiónen; das éinhellige Vórgehen

согласова́ть 1. in Éinklang bríngen*, in Übeŕeinstimmung bríngen*; ko¦ordiníeren *vt* (*планы и т. п.*); veréinbaren *vt* (с кем-л. mit *D*); schlíchten *vt* (*примирить*); как э́то ~? wie reimt sich das zusámmen?; *грам.* in Kongruénz [Übeŕeinstimmung] bríngen*; **~ся 1.** einánder entspréchen*; übereín¦stimmen *отд. vi*; übereín¦kommen* *отд. vi* (s); **2.** *грам.* kongruíeren *vi*, entspréchen* *vi*, übereín¦stimmen *отд. vi*

согласо́вывать *см.* согласова́ть

соглаша́тель *м* Versöhnler *m* (6), Kompromíßler *m* (6); **~ский** versöhnlerisch, kompromíßlerisch; ~ская та́ктика Búrgfriedenstaktik *f*; **~ство** *с* Versöhnlertum *n* -s, Kompromíßlertum *n* -s

соглаша́ться *см.* согласи́ться

соглаше́н||ие *с* **1.** Übeŕeinkunft *f* (3), Übeŕeinkommen *n* (7); Éinverständnis *n* (3*); Ábmachung *f* (*сговор*); полюбо́вное ~ие fríedliches Béilegen, fríedliche Béilegung; ~ие состоя́лось das Übeŕeinkommen fand statt [kam zustánde]; прийти́ к ~ию с кем-л. sich mit j-m verständigen, mit j-m übereín¦kommen* *отд.*, mit j-m zu éinem Übeŕeinkommen gelángen; по ~ию, согла́сно ~ию veréinbarungsgemäß; по взаи́мному ~ию nach béiderseitigem Éinverständnis, laut béiderseitiger Zústimmung [Übeŕeinstimmung]; по ~ию с кем-л. laut Veréinbarung mit (*D*); im Éinverständnis [Éinvernehmen] mit (*D*); пла́та по ~ию Bezáhlung *f* nach Übeŕeinkommen; **2.** (*договор*) Ábkommen *n* (7); трудово́е ~ие Árbeitsvereinbarung *f* (10); Árbeitskontrakt *m* (1); двусторо́ннее ~ие bilateráles [zwéiseitiges] Ábkommen; многосторо́ннее ~ие multilateráles [méhrseitiges] Ábkommen; о́бщее ~ие Globálabkommen *n*, allgeméine Veréinbarung; междунаро́дное ~ие internationáles Ábkommen; межгосуда́рственное ~ие zwíschenstaatliche Veréinbarung; межправи́тельственное ~ие Regíerungsabkommen *n*, Ábkommen auf Regíerungsebene; ~ие о переми́рии Wáffenstillstandsabkommen *n*; дополни́тельное ~ие Zúsatzabkommen *n*; текст ~ия der Wórtlaut des Ábkommens; уча́стники ~ия Vertrágsparteі¦en *pl*

соглята́тай *м уст.* Spión *m* (1); Spítzel *m* (6), Láuscher *m* (6), Áufpasser *m* (6)

согна́ть 1. (*с места*) verjágen *vt*, vertréiben* *vt*; verschéuchen *vt* (*спугнуть*); **2.** (*в одно место*) zusammentreiben* *vt*

согну́ть 1. bíegen* *vt*, krümmen *vt*, béugen *vt*; ~ коле́ни die Kní¦e béugen; **2.** (*сложить*) fálten *vt*; ◇ ~ в бара́ний рог, ~ в дугу́ kírre [zahm] máchen [kríegen]; kléinkriegen *отд. vt*; **~ся** sich bíegen*, sich krümmen, sich béugen; sich dúcken (*съёжиться*); ◇ ~ся в три поги́бели *разг.* sich krümmen, éinen krümmen Búckel máchen; *перен.* gefügig wérden

согра́ждане *мн.* Mítbürger *pl*

согрев||а́ние *с* Erwärmen *n* -s; Erwärmung *f*; **~а́ть** *см.* согре́ть; **~а́ться 1.** *см.* согре́ться; **2.** *страд.* erwärmt [gewärmt] wérden; **~а́ющий:** ~а́ющий компре́сс wármer Úmschlag

согре́ть 1. erwärmen *vt*, áufwärmen *vt*; **2.** (*утешить, ободрить*) trösten *vi*, áufheitern *vt*; **~ся** sich erwärmen; warm wérden

согреши́ть sündigen *vi*, sich versündigen

со́да *ж* Sóda *f*, *n*, Nátriumkarbonat *n* -(e)s; каусти́ческая ~ káustisches Sóda, Ätznatron *n* -s; кальцини́рованная ~ kalziníertes Sóda

соде́йств||ие *с* Béistand *m* -(e)s, Míthilfe *f*; Förderung *f*; Unterstützung *f* (*поддержка*); Mítwirkung *f* (*участие*); при ~ии únter Míthilfe; при акти́вном ~ии únter aktíver [-vər] Míthilfe (кого́-л. von *D*), mit aktívem Dazútun; комите́т ~ия Förderungsausschuß *m* -sses, -schüsse; оказа́ть ~ие Béistand léisten; **~овать** béitragen* *vi* (чему́-л. zu *D*); fördern *vt*; unterstützen *vt* (*поддерживать*); ~овать ро́сту zum Wáchstum béitragen*; ~овать кому́-л. в чём-л. j-m zu etw. (*D*) verhélfen*

содержа́н||ие *с* **1.** Erháltung *f*; Unterháltung *f*, Instándhaltung *f* (*в исправности*); ~ие в чистоте́ Sáuberhaltung *f*; ~ие под аре́стом Haft *f*, Inháfthaltung *f*; расхо́ды по ~ию Unterháltungskosten *pl*, Únterhaltskosten *pl*; **2.** (*зарплата*) Gehált *n* (5); óтпуск с сохранéнием ~ия bezáhlter Úrlaub; **3.** (*количество*) Gehált *m* (1); Prozéntsatz *m* (1*); Zusámmensetzung *f* (10) (*состав*); ~ие сáхара в свёкле Zúckergehalt der Rübe; ~ие желéза в рудé Éisengehalt des Érzes; **4.** (*сущность*) Ínhalt *m* -(e)s; фóрма и ~ие Form und Ínhalt; ~ие письмá der Ínhalt des Bríefes **5.** (*оглавление*) Ínhaltsverzeichnis *n* (3*); **6.** *с.-х.* (*животных*) Háltung *f*; стóйловое ~ие Stállhaltung *f*; ◇ быть на ~ии у когó-л. Únterhalt beziehen*; von j-m unterhálten [unterstützt] wérden; von j-m áusgehalten wérden (*презр.*)

содержáнка *ж* Mätrésse *f* (11)

содержáтельн||ость *ж* Réichhaltigkeit *f*, Inhaltsreichtum *m* -s; **~ый** ínhaltsreich; geháltvoll; réichhaltig; áufschlußreich

содержáть 1. (*держать*) hálten* *vt*, erhálten* *vt*; instánd hálten* (*в исправности*); ~ в чистотé sáuberhalten* *отд. vt*; хорошó ~ gut hálten*; ~ под арéстом in Haft hálten*; **2.** (*кого-л.*) unterhálten* *vt*, unterstützen *vt*; áushalten* *vt* (*презр.*); **3.** (*вмещать, заключать в себе*) enthálten* *vt*, éinschließen* *vt*; fássen *vt*; ~ в себé (*включать*) beínhalten* *vt*; рудá содéржит мнóго желéза das Erz hat éinen hóhen Éisengehalt; **4.** *уст.* (*заведение*) unterhálten* *vt*; **~ся 1.** (*находиться*) enthálten sein; sich befínden*; в книге содéржится мнóго противорéчий das Buch enthält víele Wídersprüche; ~ся под арéстом sich in Haft befínden*, in Haft sein; **2.** *страд.* unterhálten wérden (*ср.* содержáть)

содержáщий -háltig; ~ углекислотý kóhlensäurehaltig

содержи́мое *с* Ínhalt *m* -(e)s

сóдов||ый Sóda-; ~ая водá Sódawasser *n* -s

содоклáд *м* Kórreferat *n* (2); **~чик** *м* Kórreferent *m* (8)

содóм *м разг.* gróßer Lärm, Skandál *m* (1), Spektákel *m* (6)

содр||áть 1. ábziehen* *vt*; ~áть корý (*с чего-л.*) ábrinden *vt*; ~áть шкýру die Haut [das Fell] ábziehen*; **2.** *перен. разг.* schröpfen *vt*, das Fell über die Óhren ziehen*; он ~áл с меня крýпную сýмму er hat mich tüchtig [órdentlich] geschröpft

содрог||áние *с* Erbében *n* -s; Scháuder *m* (6); привести когó-л. в ~áние j-n erbében [scháudern] máchen, j-n mit Scháuder erfüllen; **~áться, ~нýться** erbében *vi* (h, s), erzíttern *vi* (s) (от чегó-л. vor *D*); scháudern *vi*

содрýжеств||о *с* Zusámmenarbeit *f*; боевóе ~о Wáffengemeinschaft *f*, Kámpfgemeinschaft *f*; мировóе социалисти́ческое ~о die sozialístische Stáatengemeinschaft, die Geméinschaft der sozialístischen Stáaten; страны социалисти́ческого ~а die Stáaten der sozialístischen Geméinschaft

сóев||ый Sója-; ~ый боб Sójabohne *f* (11); ~ое мáсло Sójaöl *n* -(e)s

соединéние *с* **1.** (*действие*) Veréinigen *n* -s, Zusámmenfügen *n* -s, Zusámmenschließen *n* -s; **2.** *тех.* Kúpplung *f* (10), Verbíndung *f* (10); ~ труб Róhrverbindung *f*; **3.** *хим.* Verbíndung *f* (10); **4.** *эл.* Scháltung *f* (10); послéдовательное ~ Réihenschaltung *f*, Sérienschaltung *f*; **5.** *мат.* Kombinatión *f* (10); **6.** *воен.* Verbánd *m* (1*); войсковóе ~ Trúppenverband *m*

соединённ||ый veréinigt, veréint; **~ыми** си́лами mit veréinten Kräften

соедини́тель *м эл.* Verbíndungsstück *n* (2); Verbínder *m* (6)

соедини́тельн||ый Bínde-; Verbíndungs-; *грам.* kopulatív; ~ая ткань *анат.* Bíndegewebe *n* (6); ~ый союз *грам.* Kopulatív *n* (2), Kopulatívum [-vum] *n* -s, -va

соедин||и́ть verbínden* *vt*; veréinigen *vt*, veréinen *vt* (*объединить*); zusámmenlegen *vt* (*поместить вместе*); **~и́ть** желéзной дорóгой éine Éisenbahnverbindung hérstellen (что-л. zwíschen *D*); ~и́ть по телефóну telefónisch verbínden*; меня́ не ~и́ли (*по телефону*) ich hábe kéinen Ánschluß bekómmen ~и́ть чёрточкой [дефи́сом] kóppeln *vt*; ~и́ть болтáми verbólzen *vt*, verschráuben *vt*; ~и́ть винтáми verschráuben *vt*; ~и́ть заклёпками verníeten *vt*; ~и́ть послéдовательно *эл.* hintereinánder [in Séri!e, in Réihe] schálten; **~и́ться 1.** sich verbínden*, sich in Verbíndung sétzen; sich veréinigen (*объединиться*); ~и́ться по телефóну sich telefónisch in Verbíndung sétzen; **2.** *хим.* sich verbínden*, éine Verbíndung éingehen*

соединя́ть *см.* соедини́ть; **~ся 1.** *см.* соедини́ться; **2.** *страд.* verbúnden wérden (*ср.* соединить)

сожалéн||ие *с* **1.** (*о чём-л.*) Bedáuern *n* -s (über *A*); вы́разить своё ~ие по пóводу... sein Bedáuern äußern wégen... (*G*); **2.** (*жалость, сострадание*) Mítleid *n* -(e)s (mit *D*); из ~ия aus Mítleid, aus Barmhérzigkeit; без ~ия óhne Bedáuern; únbarmherzig, óhne Erbármen (*безжалостно*); ◇ к ~ию léider, bedáuerlicherweise; к большóму ~ию zum größten Bedáuern [Léidwesen]

сожалé||ть (*о чём-л.*) bedáuern *vt*; я ~ю, что... es tut mir leid, daß...

сожжéн||ие *с* Verbrénnung *f* (10); Éinäscherung *f* (10) (*кремация*); предáть ~ию éinäschern *vt*

сожи́тель *м* **1.** Zímmergenosse *m* (9); **2.** *разг. уст.* Béischläfer *m* (6); **~ница** *ж* **1.** Zímmergenossin *f* (12); **2.** *разг. уст.* Béischläferin *f* (12), Konkubíne *f* (11); **~ство** *с* **1.** Zusámmenleben *n* -s; Wóhngemeinschaft *f*; **2.** (*половая связь*) Konkubinát *n* -s, wílde Éhe

сожрáть *груб.* áuffressen* *vt*, verschlíngen* *vt*

созвáниваться *см.* созвони́ться

созвáть 1. (herbéi)rúfen* *vt*; zusámmenrufen* *vt*; zusámmentrommeln *vt* (*разг.*); versámmeln *vt*, éinladen* *vt* (*пригласить*); **2.** (*собрание, парламент и т. п.*) éinberufen* *vt*

созвéздие *с астр.* Stérnbild *n* (5), Gestírn *n* (2)

созвони́ться *разг.* sich telefónisch in Verbíndung sétzen (*связаться по телефону с кем-л.*); sich telefónisch verábreden (*договориться о чём-л.*)

созвýч||ие *с* Gléichklang *m* (1*); Harmoníe *f* (11); **~ный** *муз.* gléichklingend; harmónisch; *перен.* im Éinklang; ~ный эпóхе im Éinklang mit der Épóche; im Zéitgeist gehálten; dem Zéitgeist entspréchend

создавáть *см.* создáть; **~ся 1.** *см.* создáться; **2.** *страд.* geschäffen wérden (*ср.* создáть)

создáние *с* **1.** (*действие*) Scháffen *n* -s, Schöpfung *f*, Bíldung *f*; Ánlegung *f* (*запасов и т. п.*); **2.** (*произведение*) Schöpfung *f* (10); Werk *n* (2), Gebílde *n* (6); **3.** (*существо*) Geschöpf *n* (2)

создáтель *м* Schöpfer *m* (6); Stífter *m* (6) (*учредитель*); Úrheber *m* (6) (*инициатор, зачинщик*); Gründer *m* (6), Begründer *m* (6) (*основатель*)

создáть scháffen* *vt*; stíften *vt* (*учредить*); gründen *vt* (*основать*); áufbauen *vt* (*организацию и т. п.*); ~ благоприя́тные услóвия для рабóты günstige Árbeitsbedingungen scháffen*; ~ óбраз (*в театре и т. п.*) éine Gestált náchschaffen*; ~ настроéние Stímmung máchen; он сóздан для э́того er ist dazú wie geschäffen [wie gebóren]; ~ стóимость *эк.* Wert bílden [scháffen*]; ~ волоки́ту *разг.* den Ámtsschimmel réiten*; **~ся** entstéhen* *vi* (s), entspríngen* *vi* (s) (*возникнуть*); sich heráusbilden (*постепенно образоваться*); создалóсь впечатлéние, что... es entstánd der Éindruck, daß...; es máchte den Éindruck, daß...; у меня́ создалóсь впечатлéние... ich gewánn [hátte] den Éindruck...; es máchte auf mich den Éindruck...; в создáвшейся обстанóвке in der entstándenen Situatión; нóвые создáвшиеся услóвия die néuentstandenen Bedíngungen

созерц||áние *с* Betráchtung *f*; **~áтельный** beschäulich; kontemplatív; besínnlich; ~áтельное состоя́ние beschäuliche Rúhe; ~áтельная жизнь ein kontemplatíves [beschäuliches] Lében; ~áтельная натýра ein besínnlicher Mensch; **~áть** ánschauen *vt*, betráchten *vt*

созидáние *с* Erríchten *n* -s, Erbáuung *f*; Gründung *f* (*основание*)

созидáтель *м* Schöpfer *m* (6); Gründer *m* (6) (*основатель*); **~ный** schöpferisch; Scháffens- Schöpfer-; ~ный труд schöpferische Árbeit; ~ная рабóта Áufbauwerk *n* -(e)s; ~ный процéсс Scháffensprozeß *m* -sses, der schöpferische Prozéß

созидáть erríchten *vt*, áufbauen *vt*, scháffen* *vt*

сознав||áть éinsehen* *vt*, (án)erkénnen* *vt*; sich (*D*) bewúßt sein (*G*); ~áть свою винý sich (*D*) séiner Schuld bewúßt wérden; séine Schuld éinsehen*; ~áя, что... in dem Bewúßtsein, daß...; сáми тогó не ~áя óhne sich (*D*) déssen bewúßt zu sein; **~áться 1.** *см.* сознáться; **2.** *страд.* éingesehen [erkánnt, ánerkannt] wérden

сознáн||ие *с* **1.** Bewúßtsein *n* -s; бытиé определя́ет ~ие das Sein bestímmt das Bewúßtsein; клáссовое ~ие Klássenbewußtsein *n*; **2.** (*ясное понимание чего-л.*) Bewúßtsein *n* -s; ~ие дóлга Pflíchtbewußtsein *n*; ~ие вины́ Schúldbewußtsein *n*; ~ие необходи́мости die Éinsicht in die Nótwendigkeit; с пóлным ~ием чегó-л. in vóllem Bewúßtsein (*G*); **3.** (*чувство*) Bewúßtsein *n* -s, Besínnung *f*; в ~ии bei vóllem Bewúßtsein; потеря́ть ~ие bewúßtlos wérden, das Bewúßtsein verlíeren*; без ~ия bewúßtlos; óhnmächtig; прийти́ в ~ие zur Besínnung kómmen*, wíeder zu sich (*D*) kómmen*; **4.** *уст.* (*признание в своей вине, проступке*) Geständnis *n* (3*), Bekénntnis *n* (3*)

сознáтельн||о *нареч.* **1.** bewúßt; **2.** (*с умыслом*) ábsichtlich, vórsätzlich; **~ость** *ж* Bewúßtsein *n* -s; Bewúßtheit *f*, Éinsicht *f*; клáссовая ~ость Klássenbewußtsein *n*; высóкая ~ость hoch entwíckeltes Bewúßtsein; рост ~ости zúnehmende Bewúßtseinsreife; Bewúßtseinsbildung *f*; **~ый 1.** bewúßt; pflíchtbewußt; ~ые рабóчие klássenbewußte Árbeiter; **2.** (*намеренный*) bewúßt; vórbedacht, ábsichtlich, vórsärtzlich; ~ый постýпок éine vórbedachte Tat

сознáть *см.* сознавáть; **~ся** (*в чём-либо*) éingestehen* *vt*; zúgeben* *vt*; ein Bekénntnis áblegen, bekénnen* *vt*; нельзя́ не ~ся..., нáдо ~ся... man muß zúgeben...

созрев||áние *с* **1.** Réifen *n* -s, Réifwerden *n* -s, Áusreifen *n*; рáннее ~áние Frühreife *f*; пóзднее ~áние Spätreife *f*; половóе ~áние Pubeszénz *f*, Pubertätszeit *f*; **2.** *перен.* Heránreifen *n* -s; ~áние идéи das Heránreifen [Áusreifen] einer Idée; **~áть** *см.* созрéть

созрéвший geréift; reif

созрé||ть 1. réifen *vi* (s), áusreifen *vi* (s), reif wérden; хлебá ~ли das Getréide ist reif [steht in der Réife]; **2.** *перен.* heránreifen *vi* (s)

созы́в *м* Éinberufung *f* (10); céссия Верхóвного Совéта СССР пéрвого ~а die Sítzung des Óbersten Sowjéts der UdSSR der érsten Legislatúrperiode

созывáть *см.* созвáть

соизвóлить, соизволя́ть *уст.*, *тепéрь ирон.* gerúhen *vi*, sich heráblassen*; so gnädig sein

соизмери́м||ость *ж* **1.** *мат.* Kommensurabilität *f*; **2.** *перен.* Vergléichbarkeit *f*; **~ый 1.** *мат.* kommensurábel; **2.** *перен.* vergléichbar

соискá||ние *с* Bewérbung *f*; на ~ние учёной стéпени дóктора наýк zur Erlángung der Dóktorwürde; **~тель** *м* Bewérber *m* (6); Ánwärter *m* (6)

сóйка *ж* (*птица*) Éichelhäher *m* (6)

сойти́ 1. (*спуститься вниз*) hinúntergehen* *vi* (s) (*по направлению от говорящего*); herúntersteigen* *vi* (s); herábsteigen* *vi* (s) (*книжн.*) (*по направлению к говорящему*); ~ с лóшади vom Pferd stéigen*; ~ с корабля́ an(s) Land géhen*; **2.** (*покинуть*) verlássen* *vt*; fórtgehen* *vi* (s); ~ с дорóги den Weg verlássen*; vom Wége ábweichen*; ~ со сцéны 1) von der Bühne ábtreten*; 2) *перен.* (*исчезнуть*) von der Óberfläche [Bíldfläche] verschwínden*; ~ с рéльсов entgléisen *vi* (s); ~ с дистáнции *спорт.* áusscheiden* (s); **3.** (*о коже, краске и т. п.*) ábgehen* *vi* (s), sich áblösen; ábbröckeln *vi* (s); **4.** *разг.* (*быть принятым за кого-л.*) ángesehen wérden (für *A*); ◇ э́то сошлó das ging durch; э́то сошлó емý с рук er ist glücklich [léichten Káufes] davóngekommen; э́то не сойдёт емý с рук das wird ihm nicht so dúrchgehen; das wird ihm téuer zu stéhen kómmen; сойдёт! *разг.* 1) (*обойдётся*) es wird schon géhen!; 2) (*окажется приемлемым*) es ist gut genúg!; ~ в моги́лу stérben* (s), das Zéitliche ségnen; ~ на нет zuníchte wérden, álle Bedéutung éinbüßen; ~ с умá verrückt wérden, den Verstánd verlíeren*

сойти́сь 1. (*собраться*) sich versámmeln; zusámmenkommen* *vi* (s), zusámmentreffen* *vi* (s), zusámmentreten* *vi* (s); **2.** (*встретиться*) einánder tréffen*, sich begégnen; aufeinánder¦stoßen* *отд.* *vi* (*s*); **3.** (*об одежде*) zúgehen* *vi* (s); пóяс не сошёлся der Gürtel ging nicht zu; **4.** (*сблизиться*) sich fínden*, sich befréunden, Fréundschaft schlíeßen*; näher¦treten* *отд.* *vi* (s) (с кем-л. *D*); они́ не сошли́сь харáктерами sie pássen nicht zueinánder; sie können sich nicht vertrágen; **5.** *разг.* (*о половой связи*) ein Verhältnis éingehen* (с кем-л. mit *D*); miteinánder lében; geschléchtlich verkéhren **6.** (*согласиться с чем-л.*) übereín¦kommen* *отд.* *vi* (s) (в чём-л. in *D*), sich éinigen (относи́тельно чегó-л. über *A*); ~ в ценé sich über den Preis [bezüglich des Préises] verständigen; **7.** (*совпасть*) zusámmenfallen* *vi* (s), sich décken; все покáзания сошли́сь álle Áussagen stímmten übereín; счёт не схóдится die Réchnung stimmt nicht

сок *м* Saft *m* (1*); фруктóвый ~ Óbstsaft *m*; виногрáдный ~ Traubensaft *m*; желýдочный ~ *физиол.* Mágensaft *m*; ◇ в пóлном ~ý *разг.* in vóller Lébenskraft (*о людях*); im Saft stéhend (*о растениях*); вари́ться в сóбственном ~ý *разг.* im éigenen Saft schmóren

соко||вáрка *ж* Sáftkocher *m* (6); **~выжимáлка** *ж* Frúchtentsafter *m* (6), Frúchtpresse *f* (11) (*для фруктов*); Sáftpresse *f* (*для фруктов и овощей*)

сóкол *м* Fálke *m* (9); ◇ гол как сóкол *погов.* ≅ arm wie éine Kírchenmaus; **~и́ный** Fálken-; ~и́ная охóта Fálkenjagd *f*, Fálkenbeize *f*

сокóльник *м* Falkeníer *m* (1), Fálkner *m* (6)

сократи́м||ость *ж* **1.** *мат.* Kürzbarkeit *f*; Reduzíerbarkeit *f*; **2.** *физиол.* Verkürzbarkeit *f*; **~ый** *мат.* kürzbar; reduzierbar

сократи́ть 1. (*сделать короче*) kürzen *vt*, verkürzen *vt*, ábkürzen *vt*; ~ срок die Frist kürzen [unterbíeten*]; ~ расскáз die Erzählung kürzen; ~ слóво das Wort ábkürzen, das Wort ábgekürzt gében*; ~ рабóчий день den Árbeitstag verkürzen; ~ путь den Weg ábkürzen; **2.** (*уменьшить*) verríngern *vt*, vermíndern *vt*; reduzíeren *vt*; herábsetzen *vt* (*снизить*); ~ расхóды die Kósten verríngern [herábsetzen]; ~ произвóдство die Produktión éinschränken [drósseln]; ~ постáвки die Líeferungen kürzen; ~ потреблéние den Konsúm beschnéiden* [éinschränken]; ~ штáты den Stéllenplan kürzen; ~ втрóе auf ein Dríttel sénken; **3.** *разг.* (*уволить*) entlássen* *vt*, kündigen *vt*; **4.** *мат.* kürzen *vt* (*дробь*); reduzíeren *vt* (*уравнение*); **~ся 1.** (*укоротиться*) sich verkürzen; **2.** (*уменьшиться*) sich verríngern, sich vermíndern; ~ся в два рáза auf die Hälfte zurückgehen*; **3.** *мат.* sich kürzen; **4.** *физиол.* sich verkürzen, sich zusámmenziehen*; **5.** *разг.* (*ограничить себя*) sich éinschränken

сокращáть *см.* сократи́ть; **~ся 1.** *см.* сократи́ться 1, 2, 4; **2.** *мат.* kürzbar sein; sich kürzen lássen*; **3.** *страд.* verkürzt wérden (*ср.* сократи́ть)

сокращéн||ие *с* **1.** (*укорочение*) Verkürzung *f* (10), Kürzung *f*; напечáтать что-л. с ~иями etw. mit Kürzungen ábdrucken; без ~ий (*о книге и т. п.*) úngekürzt; ~ие рабóчего врéмени Árbeitszeitverkürzung *f*; **2.** (*уменьшение*) Verríngerung *f* (10), Vermínderung *f* (10); Reduzíerung *f*; Herábsetzung *f* (10) (*снижение*); ~ие произвóдства die Éinschränkung [Drósselung] der Produktión; Betríebseinschränkung *f*; Produktiónsrückgang *m*; ~ие потреблéния die Schrúmpfung [Beschnéidung] des Konsúms, Konsúmeinschränkung *f*; ~ие спрóса *ком.* Náchfragerückgang *m*, Náchfrageschrumpfung *f*, Náchlassen *n* der Náchfrage; ~ие вооружéний Rüstungsbeschränkung *f*; ~ие воéнного бюджéта Kürzung der Rüstungsausgaben; ~ие вооружённых сил Trúppenreduzierung *f*; ~ие штáтов Stéllenplankürzung *f*, die Kürzung der Plánstellen; Personálabbau *m* -(e)s, der Ábbau [die Kürzung, die Reduzíerung] des Personálbestandes; **3.** *разг.* (*по службе*) Entlássung *f* (10), Kündigung *f* (10); **4.** *мат.* Kürzung *f* (10); Reduzíerung *f* (10); **5.** *физиол.* Verkürzung *f* (10), Zusámmenziehung *f* (10); **6.** (*аббревиатура*) Ábkürzung *f* (10), Abbreviatúr [-vía-] *f* (10)

сокращённ||о *нареч.* **1.** (*кратко*) kurz; **2.** (*употребляя сокращения*) abgekürzt, verkürzt; **~ый 1.** kurz; verkürzt; kúrzgefaßt (*краткий, упрощённый*); **2.** *лингв.* ábgekürzt, abbreviiert [-'vi:rt]; ~ое предложéние verkürzter Satz

сокровéнный gehéim, héimlich; (tief im Ínneren) verbórgen

сокрóвищ||е *с* Schatz *m* (1*); Kóstbarkeit *f* (10) (*драгоценность*); ни за каки́е ~а für kéine Schätze der Welt; **~ница** *ж тж. перен.* Schátzkammer *f* (11); ~ница знáний Schátzkammer *f* des Wíssens

сокрушáть 1. *см.* сокруши́ть; **2.** *разг.* (*печалить*) bekümmern *vt*, betrüben *vt*; **~ся 1.** *разг.* (*печалиться*) betrübt sein, sich ábhärmen, sich grämen; jámmern *vi*; **2.** *страд.* verníchtet wérden (*ср.* сокруши́ть).

сокрушéн||ие *с* **1.** (*печаль*) Trübsal *f* (3), Kümmernis *f* (3), Bekümmernis *f*, с ~ием betrübt, níedergeschlagen; **2.** (*разрушение, уничтожение*) Verníchtung *f*; Zerschmétterung *f*; Zerstörung *f*

сокруш||и́тельный verníchtend; zerstörend; zerschmétternd; нанести́ врагý ~и́тельный удáр dem Féinde éinen verníchtenden Schlag versétzen [béibringen*]; **~и́ть** verníchten *vt*; zerschméttern *vt*; níederschmettern *vt*; níederwerfen* *vt*; zermálmen *vt*; zerstören *vt* (*разрушить*); ~и́ть надéжды álle Hóffnungen verníchten [zerstören]

сокры́тие *с* Verhéimlichung *f* (10); Verhéhlung *f* (10); Hehleréi *f* (10); Unterschlágung *f* (10)

солгáть lügen* *vi*, j-m vórlügen* *vt*

солдáт *м* Soldát *m* (8); наёмный ~ Söldner *m* (6), Söldling *m* (1); служи́ть в ~ах *уст.* (als Soldát) díenen *vi*; **~ик** *м* (*игрушка*) Spíelsoldat *m* (8), Zínnsoldat *m*; **~ка** *ж уст.* Soldátenfrau *f* (10); **~ня́** *ж презр.* Soldatéska *f*, *pl* -ken; **~ский** Soldáten-; soldátisch, soldátenhaft; **~чина** *ж ист.* Soldátendienst *m* -es, Soldátenlos *n* -es

солдафóн *м презр.* Kommíßhengst *m* (1)

солевáр *м* Sálzsieder *m* (6), Sálzarbeiter *m* (6); Salínenarbeiter *m*; **~енный, ~ный** Sálzsiede-; ~ный завóд Sálzsiederei *f* (10), Salíne *f* (11); **~ня** *ж* Sálzsiederei *f* (10), Salíne *f* (11)

солевóй Salz-; ~ раствóр Sálzlösung *f* (10)

соледобывáние *с* Sálzgewinnung *f*

солемéр *м* Halométer *n* (6), Sálzgehaltmesser *m* (6)

солéние *с* (*действие*) Sálzen *n* -s, Éinsalzen *n*

соленóид *м физ.*, *тех.* Solenoíd *n* (2)

солён||ость *ж* Sálzigkeit *f*, Sálzgehalt *m* (1); **~ый 1.** (*содержащий соль*) sálzig, sálzhaltig; Salz-; **2.** (*приготовленный посредством соления*) (éin-) gesálzen; Salz-; ~ые огурцы́ Sálzgurken *pl*, sáure [éingesalzene] Gúrken; ~ые грибы́ Pílze in Sálzlake; **3.** *перен. разг.* gesálzen; ~ая шýтка ein gesálzener Witz; ~ое словцó ein gesálzenes Wort

солéнье *с чаще мн.* das Éingesalzene (*sub*)

солепромы́шленность *ж* Sálzindustrie *f*

солеци́зм *м лингв.* Solözísmus *m* =, -men

солидариз||áция *ж* Solidarisíerung *f*; **~и́роваться, ~овáться** sich solidarisíeren, sich solidárisch erklären

солида́рн||ость *ж* Solidarität *f*; забасто́вка ~ости Solidaritätsstreik *m* -(e)s, -s; выраже́ние ~ости Solidaritätsbekundung *f* (10); из ~ости aus Solidarität; **~ый** solidárisch; быть ~ым с кем-л. mit j-m solidárisch sein; sich mit j-m solidarisíeren; séine Solidarität mit j-m erklären; ~ое обяза́тельство *юр.* Solidárverpflichtung *f* (10); ~ая отве́тственность *юр.* Solidárhaftung *f* (10)

соли́дн||ость *ж* **1.** (*прочность*) Solidität *f*; Háltbarkeit *f*; Gründlichkeit *f* (*основательность*); Bonität *f* (10) (*фирмы*); **2.** (*о человеке*) Solidität *f*; Gedíegenheit *f*; Ernst *m* -es (*серьёзность*); **~ый 1.** (*прочный*) solíd(e); háltbar; gründlich (*основательный*); ~ые позна́ния solíde [gründliche] Kénntnisse, ein gründliches Wíssen; ~ая су́мма éine gehörige [bedéutende] Súmme; **2.** (*о человеке*) solíd(e); ernst; gesétzt; bejáhrt, bei Jáhren (*пожилой*)

солипси́зм *м филос.* Solipsísmus *m* =

соли́ровать *муз.* sólo [als Solíst] áuftreten*

соли́ст *м* Solíst *m* (8); Sólosänger *m* (6) (*певец*); Sólotänzer *m* (6) (*балета*); **~ка** *ж* Solístin *f* (12); Sólosängerin *f* (12) (*певица*); Sólotänzerin *f* (12) (*балета*)

солите́р *м* (*бриллиант*) Solitär *m* (1)

солитёр *м зоол.* Bándwurm *m* (4)

соли́ть 1. (*приправлять*) sálzen (*part* II gesálzt *u* gesálzen) *vt*; **2.** (*впрок*) (éin)sálzen *vt*; pökeln *vt* (*мясо, рыбу*)

со́лка *ж* (*заготовка впрок*) Éinsalzen *n* -s

со́ллюкс *м мед.* Sólluxlampe *f* (11)

со́лнечн||ый sónnig; Sónnen-; solár, solárisch; ~ое затме́ние Sónnenfinsternis *f* (3); ~ое пятно́ Sónnenfleck *m* (1); ~ая ко́мната sónniges Zímmer; ~ая пого́да sónniges Wétter; ~ая сторона́ Sónnenseite *f*; ~ая систе́ма Sónnensystem *n*, -s; ~ая ва́нна Sónnenbad *n* (5); ~ый уда́р Sónnenstich *m* -(e)s; ~ые часы́ Sónnenuhr *f* (10); ~ые очки́ Sónnenbrille *f* (11); ~ая акти́вность Sónnenaktivität [-vi-] *f*; ~ая радиа́ция Sónnenstrahlung *f*; ~ая эне́ргия Sónnenenergie *f*; ~ый год Sónnenjahr *n* -(e)s; ~ый диск Sónnenscheibe *f*; ~ое сплете́ние *анат.* Sónnengeflecht *n* -(e)s, Solárplexus *m* =

со́лнц||е *с* Sónne *f*; го́рное ~е Höhensonne *f*; орби́та Со́лнца *астр.* Sónnenbahn *f*; год споко́йного Со́лнца *астр.* das Jahr der rúhigen Sónne; ориенти́роваться по ~у sich nach der Sónne ríchten; на ~е (*под его лучами*) in der Sónne; гре́ться на ~е sich sónnen

солнцеворо́т *м* (*народное название солнцестояния*) Sónnenwende *f*

солнцепёк *м* Sónnenglut *f*

солнцестоя́ние *с астр.* Sónnenwende *f*; ле́тнее ~ Sómmersonnenwende *f*; зи́мнее ~ Wíntersonnenwende *f*

со́лнышко *с разг., ласк.* die líebe Sónne

со́ло *муз.* **1.** *сущ. с* Sólo *n* -s, *pl* -s *u* -li; **2.** *нареч.* sólo

солов||е́й *м* Náchtigall *f* (10); щёлканье ~ья́ Náchtigallenschlag *m* -(e)s; ◇ ~ья́ ба́снями не ко́рмят *посл.* ≅ von schönen Wórten wird man nicht satt

соло́вый (*о масти лошади*) isabéllfarben

соловьи́ный Náchtigallen-

со́лод *м* Malz *n* -es; **~и́ть** málzen *vt*

солодко́вый: ~ ко́рень *фарм.* Süßholzwurzel *f* (11), Lakrítzenwurzel *f*

солодо́вня *ж* Malzeréi *f* (10)

солодо́вый Malz-; ~ са́хар Málzzucker *m* -s

соложе́ние *с* Málzen *n* -s

соло́м||а *ж* Stroh *n* -(e)s; цве́та ~ы stróhfarben, stróhgélb; stróhblónd (*о волосах*); кры́тый ~ой stróhgedeckt; **~енный** Stroh-; aus Stroh, stróhig; ~енный тюфя́к Stróhsack *m* (1*); ◇ ~енная вдова́ *разг.* Stróhwitwe *f* (11); **~инка** *ж* Stróhhalm *m* (1); ◇ утопа́ющий и за ~инку хвата́ется *посл.* der Ertrínkende klámmert sich an éinen Stróhhalm

соломи́т *м стр.* Solomít *n* -s (*Leichtbauplatten aus gepreßtem Stroh*)

соло́мк||а *ж* **1.** Stroh *n* -(e)s; шля́па из ~и Stróhhut *m* (1*); **2.** (*вид печенья*) Stángen *pl*

соломовя́з *м с.-х.* Stróhbinder *m* (6)

Соломо́н *м библ.* Sálomo *m*; **~ов:** ~ово реше́ние salomónisches Úrteil

соломоре́зка *ж с.-х.* Häckselmaschine *f* (11); Stróhhackmaschine *f*; Stróhschneider *m* (6)

солони́на *ж* Sálzfleisch *n* -es, Pökelfleisch *n*

соло́нка *ж* Sálzfaß *n* -sses, -fässer; Sálzstreuer *m* (1) (*с дырочками*)

со́лоно *нареч.* sehr sálzig, gesálzen; ◇ ему́ ~ пришло́сь *разг.* er hat viel áusstehen müssen, er hat viel dúrchgemacht

солонова́тый (ein wénig zu) sálzig

солонча́к *м* struktúrloser Sálzboden, Sálzerde *f*; **~о́вый** Salz-; ~о́вые расте́ния Sálzpflanzen *pl*, Halophýten *pl*

соль I *ж* Salz *n* (2); пова́ренная ~ Kóchsalz *n*; ка́менная ~ Stéinsalz *n*; морска́я ~ Séesalz *n*; столо́вая ~ Spéisesalz *n*; ◇ ~ земли́ das Salz der Érde; атти́ческая ~ áttisches Salz; в э́том ~ расска́за das ist (ében) die Pointe [po'ɛ̃:tə] der Erzählung

соль II *с муз.* G. *n* =, =; ~-дие́з Gis *n* =; ~-бемо́ль Ges *n* =; ~ мажо́р G-Dur *n* =; в ~ мажо́ре in G-Dur; ~ мино́р g-Moll *n* =; в ~ мино́ре in g-Moll

со́льн||ый *муз.* sólo, Sólo-; ~ый но́мер Sólonummer *f* (11); ~ая па́ртия Sólopartie *f* (11); ~ый та́нец Sólotanz *m* (1*)

сольфе́джио *с муз.* Solfeggio [-'fɛdʒo] *n* -s, -ggien [-'fɛdʒən]

соля́нка *ж* **1.** *бот.* Sálzkraut *n* -(e)s; **2.** *кул.* Soljánka *f* (*Fleisch- oder Fischsuppe mit Sauerkohl, eingelegten Gurken und Gewürz*); **3.** *кул.* Soljánka *f* (*Fleisch-, Fisch- oder Pilzspeise mit gedämpftem Kohl*)

солян||о́й Salz-; ~а́я копь, ~о́й рудни́к Sálzbergwerk *n* (2); ~о́е о́зеро Sálzsee *m* (13); ~ы́е разрабо́тки Sálzgewinnung *f*

соля́н||ый: ~ая кислота́ *хим.* Sálzsäure *f*

соля́р *м тех. разг.* (*соляровое масло*) Díeselöl *n* -(e)s, Solaröl *n*

соляриза́ция *ж фото* Solarisatión *f* (10)

соля́рий *м* Solárium *n* -s, -ri̯en; Bestráhlungsraum *m* (1*); Líegewiese *f* (11)

соля́рка *ж см.* соля́р

соля́ров||ый: ~ое ма́сло *тех.* Díeselöl *n*-(e)s, Soláröl *n*

сом *м* (*рыба*) Wels *m* (1)

сомали́||ец *м* Somáli̯er *m* (6), Somáli *m* -s, -s; **~йский** somálisch

сомати́ческ||ий *биол., мед.* somátisch; ~ие кле́тки somátische Zéllen, Körperzellen *pl*

со́мкнутый geschlóssen; ~ строй *воен.* geschlóssene Órdnung

сомкну́ть zúmachen *vt*, schlíeßen* *vt*; ~ глаза́ die Áugen schlíeßen*; einschláfen* *vi* (s) (*заснуть*); не ~ глаз kein Áuge zútun*, nicht éinschlafen können*; **~ся 1.** sich schlíeßen*; *воен.* sich zusámmenschließen*; напра́во [нале́во, к середи́не] сомкни́сь! (*команда*) nach rechts [nach links, zur Mítte] áufschließen!; **2.** (*о глазах*) zúfallen* *vi* (s)

сомна́мбул||а *м, ж мед.* Somnambúle *m* (9), Schláfwandler *m* (6) (*о мужчине*); Somnambúle *f* (11), Schláfwandlerin (12) (*о женщине*); **~и́зм** *мед.* Somnambulísmus *m* =, Schláfwandeln *n* -s; Náchtwandeln *n*, Móndsüchtigkeit *f*; **~и́ческий** *мед.* somnambúl, schláfwandlerisch; náchtwandelnd, móndsüchtig

сомнева́ться (*в ком-л., в чём-л.*) zwéifeln *vi* (an *D*); bezwéifeln *vt*; Zwéifel [Bedénken] hégen [trágen*]; мо́жно не ~ в том, что... es unterlíegt kéinem Zwéifel, daß...

сомне́н||ие *с* Zwéifel *m* (6); в э́том нет ~ия dárüber kann kein [nicht der míndeste] Zwéifel bestéhen, das unterlíegt kéinem Zwéifel, es ist nicht zu bezwéifeln; э́то вне вся́кого ~ия das ist áußer állem Zwéifel; э́то не подлежи́т ~ию es steht áußer Zwéifel; без ~ия zwéifellos; zwéifelsohne; подверга́ть что-л. ~ию etw. bezwéifeln, über etw. (*A*) Zwéifel hégen, etw. in Zwéifel zíehen*; испы́тывать в чём-л. ~ an etw. (*D*) zwéifeln; возника́ют ~ия es kómmen Zwéifel [Bedénken], Zwéifel stéigen auf; не оставля́ет ~ия, что... es bestéht kein Zwéifel, daß...

сомни́тельн||ый 1. zwéifelhaft, frágwürdig; ~ый слу́чай Zwéifelsfall *m* (1*); ~ое преиму́щество zwéifelhafter Vórzug [Vórteil, Gewínn]; ~ый комплиме́нт ein zwéifelhaftes Komplimént; **2.** (*подозрительный*) verdächtig; frágwürdig; ~ая ли́чность éine frágwürdige Persón

сомно́житель *м мат.* Multiplikátor *m* -s, -tóren

сон *м* **1.** (*состояние*) Schlaf *m* -(e)s; лече́ние сном Schláftherapie *f*; послеобе́денный ~ Míttagsschlaf *m*, Míttagsschläfchen *n* (7); чу́ткий ~ léiser Schlaf; сквозь ~ im Schlaf; на ~ гряду́щий vor dem Schláfengehen; он провёл ночь без сна er hat éine schláflose Nacht verbrácht; меня́ кло́нит ко сну mich schläfert, ich bin schläfrig; **2.** (*сновидение*) Traum *m* (1*); ви́деть ~ träumen *vi* (о чём-л. von *D*); ви́деть во сне träumen *vi*, im Traum séhen*; как во сне wie im Traum; ◇ ~ в ру́ку *шутл.* der Traum ist in Erfüllung gegángen; сна ни в одно́м глазу́ нет ich bin kein bißchen müde; ни сном ни ду́хом не винова́т kein bißchen schúldig, völlig únschuldig; ни сном ни ду́хом не знать чего́-л. kéine blásse Áhnung von etw. (*D*) háben; ве́чный ~ der éwige Schlaf, Tódesschlaf *m*

сонанима́тель *м юр.* Mítmieter *m* (6)

сонасле́дник *м юр.* Míterbe *m* (9)

сонасле́довать *юр.* geméinsam érben

сона́т||а *ж муз.* Sonáte *f* (11); **~и́на** *ж муз.* Sonatíne *f* (11); **~ный** *муз.* Sonáten-

соне́т *м лит.* Sonétt *n* (2)

сонли́в||ость *ж* Schläfrigkeit *f*, Schláfsucht *f*; *мед.* Somnolénz *f*; **~ый** schläfrig; verschláfen; schláfsüchtig; *мед.* somnolént

сонм *м уст., теперь ирон.* Ménge *f* (11), Myriáden *pl*

со́нн||ый 1. Schlaf-; verschláfen, schläfrig; schláftrunken; ~ые глаза́ verschláfene [schláftrunkene] Áugen;

~ая болéзнь Schláfkrankheit *f*; ~ая óдурь Schláftrunkenheit *f*; **2.** *уст.* (*снотворный*) éinschläfernd; Schlaf-; ~ый напи́ток Schláftrunk *m* (1); ◇ там ~ое цáрство *разг.* da ist álles in Schlaf gehüllt; da ist kein Lében in der Búde; как ~ая мýха *разг.* matt wie éine Flíege; ~ая артéрия *анат.* Kópfschlagader *f* (11)

сонóрный *фон.* sonór; ~ соглáсный Sonór *m* (1), Sonórlaut *m* (1)

сóня 1. *ж зоол.* Häselmaus *f* (3); Siebenschläfer *m* (6); **2.** *м, ж разг.* (*о человеке*) Schláfmütze *f* (11), Lángschläfer *m* (6); Spätaufsteher *m* (6)

соображáть 1. (*обдумывать*) überlégen *vt*; erwägen* *vt* (*взвешивать*); **2.** (*понимать*) verstéhen* *vt*, fássen *vt*, erfássen *vt*; kapíeren *vt* (*разг.*); хорошó ~ éine gúte Áuffassungsgabe háben, Verstánd háben; плóхо ~ éine lánge Léitung háben; ein Brett vor dem Kopf háben (*разг.*)

соображéн||ие *с* **1.** (*понимание чего-л.*) Áuffassungsgabe *f*, Verstánd *m* -(e)s; **2.** (*мнение, суждение, предположение*) Méinung *f*; Überlégung *f*, Erwägung *f*; **3.** *б. ч. мн.* ~ия (*планы, расчёты*) Grund *m* (1*), Bewéggrund *m* (1*), Rücksicht *f* (10); э́то бы́ло вы́звано деловы́ми ~иями das war von sáchlichen Erwägungen getrágen [bestímmt]; исходя́ из э́тих ~ий aus díeser Überlégung heráus; по поня́тным ~иям erklärlicherweise; по финáнсовым ~иям aus finanziéllen [pekuniären] Gründen [Rücksichten]; ◇ приня́ть в ~ие berücksichtigen *vt*; in Erwägung zíehen* (*учесть*)

сообрази́тельн||ость *ж* Áuffassungsgabe *f*; **~ый** geschéit, verständig, áuffassungsfähig; nicht auf den Kopf gefállen (*разг.*)

сообрази́ть *см.* соображáть

сообрáзн||о *предлог* (*чему-л.*, *с чем-л.*) gemäß (*D*), entspréchend (*D*) (*ставятся б.ч. после сущ.*); in Éinklang (mit *D*); ~о с обстоя́тельствами den Úmständen gemäß [entspréchend]; ~о с егó положéнием séiner Láge ángemessen; **~ость** *ж* Ángemessenheit *f*; **~ый** (*с чем-л.*) ángemessen (*D*); entspréchend (*D*); э́то ни с чем не ~о das hat kéinen Sinn

сообразовáть (*с чем-л.*) in Éinklang [in Übereínstimmung] bríngen* (mit *D*); ríchten *vt* (nach *D*); ~ расхóды с дохóдами die Áusgaben nach den Éinnahmen ríchten [régeln]; **~ся** (*с чем-л.*) Réchnung trágen* (*D*); in Réchnung zíehen* (*A*); sich ríchten (nach *D*); ~ся с си́лами den vorhándenen Kräften Réchnung trágen*; sich nach den vorhándenen Kräften ríchten; сообразýясь с чем-л. etw. berücksichtigend

сообщá *нареч.* zusámmen; geméinsam; geméinschaftlich; im Veréin (mit *D*); рабóтать ~ Hand in Hand árbeiten; дéйствовать ~ geméinsam hándeln; mit j-m in diesélbe Kérbe háuen* (*разг.*), mit j-m am gléichen Seil [Stráng] zíehen* (*разг.*)

сообщáть *см.* сообщи́ть; как сообщáет ТАСС TASS-Meldungen zufólge; **~ся 1.** (*иметь сношения*) verkéhren *vi*; Verbíndung háben, in Verbíndung stéhen*; **2.** (*о предметах — быть соединённым*) in Verbíndung stéhen*, zusámmenhängen* *vi*; сообщáющиеся сосýды *физ.* kommunizíerende Gefäße; **3.** *страд.* mítgeteilt wérden (*ср.* сообщи́ть)

сообщéн||ие *с* **1.** (*действие*) Mítteilung *f*, Benáchrichtigung *f*, Verláutbarung *f*; **2.** (*известие*) Mítteilung *f* (10); Náchricht *f* (10); Bekanntmachung *f* (10), Verláutbarung *f* (10); официáльное ~ие offiziélle [ámtliche] Mítteilung; ~ие печáти Préssemeldung *f* (10); ~ие сóбственного корреспондéнта Éigenmeldung *f*; прави́тельственное ~ие Regíerungserklärung *f* (10); regíerungsamtliche Mítteilung; ~ие по телегрáфу telegráfische Mítteilung; ~ие по телетáйпу Mítteilung über Férnschreiber; **3.** (*связь*) Verkéhr *m* -s; Verbíndung *f* (10); Kommunikatión *f* (10); телегрáфное **~ие** Férnschreibverkehr *m*; Férnschreibverbindung *f*; воздýшное ~ие Lúftverkehr *m*; железнодорóжное ~ие Éisenbahnverkehr *m*, Báhnverkehr *m*; Báhnverbindung *f*; прямóе ~ие dirékte Verbíndung; срéдства ~ия Verkéhrsmittel *pl*

сообщéств||о *с* Geséllschaft *f*, Geméinschaft *f*; Европéйское экономи́ческое сообщество (*сокр.* ЕЭС) («Óбщий ры́нок») die Europäische Wírtschaftsgemeinschaft (*сокр.* EWG); ◇ **в** ~е с кем-л. geméinsam mit j-m

сообщи́ть 1. mítteilen *vt*; zur Kénntnis bríngen*, mélden *vt*; benáchrichtigen *vt*, in Kénntnis sétzen (комý-л. что-л. j-n über *A*); **2.** (*передать, придать какие-л. качества*) verléihen* *vt*

сообщн||ик *м* Míttäter *m* (6), Mítschuldige *m* (14); Komplíze *m* (9), Komplíce [-tsə] *m* (9), Hélfershelfer *m* (6); **~ичество** *с* Míttäterschaft *f*; Komplízenschaft *f*

соорудить, сооружáть erríchten *vt*, erbáuen *vt*, áufführen *vt*; ánlegen *vt*

сооружéн||ие *с* **1.** (*действие*) Erríchtung *f*, Erbáuung *f*, Bau *m* -(e)s; ~ие воздýшных ли́ний Fréileitungsbau *m*; **2.** (*здание*) Bau *m* -(e)s, -ten; Báuwerk *n* (2), (báuliche) Ánlage *f* (11); промы́шленные ~ия Industríeanlagen *pl*; оборони́тельное ~ие *воен.* Vertéidigungsanlage *f*; вентиляциóнное ~ие *горн.* Bewétterungsanlage *f*; трáнспортное ~ие Förderanlage *f*; рыбопропускнóе ~ие Físchpaßanlage *f*

сосóсность *ж тех.* (*валов*) Áchsfluchtung *f*

соотвéтственн||о *нареч. и предлог* (*чемy-л.*) entspréchend (*D*) (*ставится б. ч. после сущ.*); gemäß (*D*) (*ставится б. ч. после сущ.*); bezíehungsweise; ~о э́тому démgemäß; **~ый** entspréchend; ángemessen (*сообразный*)

соотвéтств||ие *с* Entspréchen *n* -s; Ángemessenheit *f*; Übereínstimmung *f* (чемý-л. mit *D*); в ~ии с чем-л. éiner Sáche (*D*) entsprechend [gemäß]; im Éinklang [in Übereínstimmung] mit etw. (*D*); в пóлном ~ии in vóllem Éinvernehmen; **~овать** entsprechen* *vi* (чемý-л. *D*); übereínstimmen *vi* (mit *D*), im Éinklang stéhen* (mit *D*) (*согласоваться*); **~ующий 1.** (*чему-л.*) entsprechend (*D*); übereínstimmend (mit *D*); не ~ующий назначéнию zwéckentfremdet; **2.** (*пригодный для данного случая*) pássend, ángemessen, geéignet

соотвéтчик *м юр.* Mítangeklagte *m* (14)

сотéчественн||ик *м* Lándsmann *m* -(e)s, -leute; **~ица** *ж* Lándsmännin *f* (12)

соотнести́ in Wéchselbeziehung bríngen*, in ein Verhältnis zueinánder bríngen*

соотноси́тельный korrelatív

соотноси́ть *см.* соотнести́

соотношéние *с* Wéchselbeziehung *f* (10); Wéchselverhältnis *n* (3*); Korrelatión *f* (10); Verhältnis *n*; ~ сил Kräfteverhältnis *n*; ~ языкá и мышлéния die Bezíehung zwíschen Spráche und Dénken

сопéние *с* Schnáufen *n* -s

сопереживáть míterleben *vt*

сопéрн||ик *м* Nébenbuhler *m* (6), Mítbewerber *m* (6); Rivale [-'vaː-] *m* (9); Konkurrént *m* (8) (*конкурент*); не имéть ~иков áußer Konkurrénz stéhen*; **~ица** *ж* Nébenbuhlerin *f* (12), Mítbewerberin *f* (12); Konkurréntin *f* (12) (*конкурентка*)

сопéрнич||ать 1. (*в чём-л.*) wétteifern *неотд.* *vi*; rivalisíeren [-va-] *vi*; konkurríeren *vi* (*конкурировать*); **2.** (*быть равного достоинства*) sich méssen* (können*); es mit j-m áufnehmen können*; ты не мóжешь с ним ~ать du kannst dich mit ihm nicht méssen; **~ество** *с* Nébenbuhlerschaft *f*; Rivalität [-va-] *f* (в чём-л. um *A*); Wéttbewerb *m* -(e)s, Wéttstreit *m* -(e)s (*соискание*); Konkurrénz *f* (*конкуренция*)

сопéть schnáufen *vi*; prústen *vi* (*фыркать*)

сóпка *ж* **1.** (*гора*) Kúppe *f* (11), Bérgkuppe *f*; **2.** (*вулкан*) kléiner Vulkán [vul-]; Schlámmvulkan *m* (1) (*грязевая*)

соплемéнник *м* Stámmesgenosse *m* (9)

соплемéнный stámmverwandt

сóпли *мн. груб.* Rotz *m* -es, Násenschleim *m* -(e)s

сопли́вый *разг.* rótzig; rótznasig

соплó *с тех.* Múndstück *n* (2), Düse *f* (11)

соплóдие *с бот.* Frúchtstand *m* (1*)

сопля́к *м груб.* Rótznase *f* (11)

соподчин||éние *с* **1.** Ko|ordinatión *f* (10); Béiordnung *f* (10); **2.** *грам.* Béiordnung *f* (10), Ko|ordiníerung *f* (10); ~éние предложéний die Béiordnung [Ko|ordiníerung] der Sätze; **~ённый** béigeordnet (*тж. грам.*); ko|ordiníert; **~и́ть, ~я́ть** béiordnen *vt*; ko|ordiníeren *vt*

сополимéр *м хим.* Kópolymer *n* (2)

сопостави́м||ый vergléichbar; ~ые цéны Vergléichspreise *pl*

сопостáв||ить gegenüber|stellen *отд.* *vt*; konfrontíeren *vt*; vergléichen* *vt*, éinen Vergléich ánstellen (mit *D*) (*сравнить*); **~лéние** *с* Gegenüberstellung *f* (10); Vergléich *m* (1) (*сравнение*); **~ля́ть** *см.* сопостáвить

сопрáно 1. *с* (*голос*) Soprán *m* -s, Sopránstimme *f*; **2.** *ж* (*певица*) Soprán *m* -s, -e, Sopranístin *f* (12)

сопредéльн||ый Grenz- (*пограничный*); ángrenzend (*смежный*); ~ое госудáрство ángrenzender Staat

сопрéть verfáulen *vi* (s), (vor Féuchtigkeit) verdérben* *vi* (s)

соприкасáться 1. (*с кем-л.*, *с чем-л.*) in Berührung kómmen* (mit *D*); **2.** (*быть смежным*) sich berühren; (án)stréifen *vi*

соприкосновéн||ие *с* (*с кем-л.*, *с чем-л.*) Berührung *f* (10); Fühlung *f*; Túchfühlung *f*; тóчка ~ия Berührungspunkt *m* (1), Fühlungspunkt *m*; имéть ~ие с кем-л. mit j-m in Berührung sein; mit j-m Fühlung [Túchfühlung] háben; боевóе ~ие *воен.* Geféchtsberührung *f*; ~ие с проти́вником Féindberührung *f*; входи́ть в ~ие *воен.* Fühlung bekómmen* [áufnehmen*]; выходи́ть из ~ия *воен.* die Fühlung verlíeren*

соприкоснýться *см.* соприкасáться I

сопричáстн||ость *ж* Mítbeteiligtsein *n* -s; **~ый** mítbeteiligt; téilhaftig (чемý-л. *G*)

сопроводи́тельн||ый Begléit-; ~ое письмó Begléitbrief *m* (1), Begléitschreiben *n* (7); ~ый докумéнт Begléitpapiere *pl*

сопровожда́ть 1. begléiten *vt*, geléiten *vt*; Gefólgschaft léisten (кого́-л. *D*); eskortíeren *vt* (*эскортировать*); fólgen *vi* (s) (кого́-л. *D*) (*следовать*); **2.** (*что-л. чем-л.*) verséhen* *vt* (mit *D*); ~ указа́ниями mit Bemérkungen verséhen*; kommentíeren *vt*; **~ся** begléitet [geléitet, eskortíert] wérden

сопровожд||а́ющий *прич.* **1.** Begléit-, Geléit-; ~а́ющие ли́ца Begléitpersonen *pl*; ~а́ющее су́дно Begléitschiff *n* (2), Geléitschiff *n*; **2.** *в знач. сущ. м* Begléiter *m* (6); *воен.* Begléitposten *m* (7); **~е́ние** *с* **1.** (*действие*) Begléitung *f* (10); в ~е́нии кого́-л. in j-s Begléitung; **2.** (*сопровождающие*) Geléit *n* (2), Begléitung *f* (10); *ав.* Begléitschutz *m* -es; *мор.* Geléit *n*; **3.** *муз.* Begléitung *f* (10); в ~е́нии роя́ля mit Klavierbegleitung [-'vi:r-]

сопрома́т *м разг.* (сопротивле́ние материа́лов) Féstigkeitslehre *f*; **~чик** *м* Spezialíst *m* (8) für Féstigkeitslehre

сопротивл||е́ние *с* **1.** Wíderstand *m* -(e)s (*тж. эл.*); *тех.* Féstigkeit *f*; ока́зывать ~е́ние Wíderstand léisten [entgégensetzen]; встре́тить ~е́ние auf Wíderstand stóßen*; слома́ть ~е́ние *воен.* den Wíderstand bréchen*; движе́ние Сопротивле́ния *ист.* Wíderstandsbewegung *f*; ~е́ние среды́ *физ.* der Wíderstand des Médiums; тео́рия ~е́ния материа́лов Féstigkeitslehre *f*; ~е́ние изги́бу *тех.* Bíegefestigkeit *f*; ~е́ние растяже́нию *тех.* Zúgfestigkeit *f*; водяно́е [гидравли́ческое] ~е́ние *тех.* Wásserwiderstand *m*; **2.** *эл.* (*деталь*) Wíderstand *m* -(e)s; ◇ пойти́ по ли́нии наиме́ньшего ~е́ния den Weg des geríngsten Wíderstandes géhen*; das Brett an der dünnsten Stélle bóhren (*разг.*); **~я́емость** *ж* **1.** Wíderstandsfähigkeit *f*, Wíderstandsvermögen *n* -s, Resisténz *f*; высо́кой ~я́емости *тех.* hóchwiderstandsfähig; **2.** *мед.* Wíderstandsfähigkeit *f*, Wíderstandsvermögen *n* -s; ни́зкая ~я́емость Wíderstandsschwäche *f*; **~я́ться** widerstéhen* *vi*, sich widersétzen, Wíderstand léisten [entgégensetzen]; sich stémmen (чему́-л. gégen *A*) (*противиться*)

сопряже́ние *с тех.* Kópplung *f* (10), Kúpplung *f* (10); Verbíndung *f* (10), Ánschluß *m* -sses, -schlüsse

сопряжённ||ый *прич.* **1.** (*с чем-л.*) verknüpft; verbúnden; verquíckt; ~ые с э́тим тру́дности die damít verknüpften [verbúndenen] Schwíerigkeiten; **2.** *в знач. прил. тех.* gekúppelt, gekóppelt; verbúnden; ángeschlossen; *мат.* konjugiert

сопу́тств||овать begléiten *vt* (*тж перен.*); das Geléit gében* (кому́-л. *D*); **~ующий** begléitend; Begléit-; ~ующие обстоя́тельства Begléitumstände *pl*; ~ующее явле́ние Nébenerscheinung *f* (10)

сор *м* Kéhricht *m* -(e)s; ку́ча ~а Kéhrichthaufen *m* (7); ◇ не выноси́ ~а из избы́ *разг.* ≅ man wäscht nicht séine schmútzige Wäsche vor állen Léuten

соразме́р||ить ánpassen *vt* (с чем-л. *D*); bemessen* *vt* (nach *D*); ins ríchtige Verhältnis bríngen*; **~но** (*с чем-л.*) ángemessen (*D*), entsprẹ́chend (*D*); ánteilmäßig (*пропорционально*); тра́тить де́ньги ~но за́работку séinem Éinkommen gemäß lében; **~ность** *ж* Ángemessenheit *f*; Proportionalität *f*, das ríchtige Verhältnis; **~ный** gemäß (с чем-л. *D*), ángemessen, entsprẹ́chend (*D*); proportionál, ánteilmäßig (*пропорциональный*)

соразмеря́ть *см.* соразме́рить

сора́тник *м* Kámpfgenosse *m* (9), Kámpfgefährte *m* (9); Mítkämpfer *m* (6); Wáffenbruder *m* (6*), Wáffengefährte *m*

сорби́т I *м хим.* Sorbít *m* -s

сорби́т II *м мет.* Sorbít *m* -s

сорване́ц *м разг.* Wíldfang *m* (1*), Schlíngel *m* (6)

сорва́ть 1. ábreißen* *vt*; herúnterreißen* *vt*; pflücken *vt* (*цветок*); с до́ма сорва́ло кры́шу das Dach wúrde ábgedeckt; ~ с кого́-л. ма́ску j-m die Máske herúnterreißen*; j-n entlárven; **2.** (*провалить*) hintertréiben* *vt*; veréiteln *vt*; schéitern máchen, zum Schéitern bríngen*; sabotíeren *vt*; sprẹ́ngen *vt* (*собрание, переговоры*); ~ програ́мму die Áusführung des Prográmms verhíndern [sabotíeren]; ~ рабо́ту die Árbeit sabotíeren [zuníchte máchen]; **3.** *разг.* (*выместить на ком-л.*): ~ зло́бу на ком-л. séine Wut an j-m áuslassen*; **4.:** ~ резьбу́ *тех.* Gewínde überdréhen; ◇ ~ банк *карт.* die Bank sprẹ́ngen; **~ся 1.** (*упасть*) sich lósreißen* *отд.*; ábstürzen *vi* (s), hinábstürzen *vi* (s); **2.** (*о слове и т. п.*) entschlǘpfen *vi* (s); entfáhren* *vi* (s); у меня́ сорвало́сь с языка́ необду́манное сло́во es ist mir ein únbedachtes Wort entschlǘpft; **3.** *разг.* (*потерпеть неудачу*) mißglǘcken *vi* (s); ins Wásser fállen*; сорвало́сь! es ist mißglǘckt!, es ist schíefgegangen!; ~ся на экза́мене durch die Prǘfung [durchs Exámen] fállen*, dúrchfallen* *vi* (s); ~ся с ме́ста *разг.* lósstürzen *отд. vi* (s); ◇ он как [бу́дто, сло́вно] с цепи́ сорва́лся *разг.* er ist áußer Rand und Band geráten*; er hat über die Stränge gehá́uen

сорвиголова́ *м разг.* Mórdskerl *m* (1); Wíldfang *m* (1*); Dráufgänger *m* (6); Wágehals *m* (1*), Tóllkühne *m* (14) (*смельчак*)

сорганизова́ть *разг.* organisíeren *vt*, zustánde bríngen* *vt*; **~ся** *разг.* zustánde kómmen* *vi* (s)

со́рго *с бот.* Sórghum [gum] *n* -s, Sórgho [-go] *m* -s, Móhrenhirse *f*

соревнова́н||ие *с* Wéttbewerb *m* (1), Wéttstreit *m* (1); *спорт.* Wéttkampf *m* (1*); Wéttspiel *n* (2) (*о спорт. играх*); социалисти́ческое ~ие sozialístischer Wéttbewerb; вы́звать на социалисти́ческое ~ие zum sozialístischen Wéttbewerb áuffordern; ~ие в честь чего́-л. Sónderwettbewerb zu Éhren (*G*); вступи́ть в ~ие in den Wéttbewerb tréten*; éinen Wéttbewerb veréinbaren; предприя́тие, победи́вшее в ~ии Síegerbetrieb *m* (1); междунаро́дные ~ия *спорт.* Länderkämpfe *pl*; Länderspiele *pl*; ~ия по пла́ванию Schwímmwettkämpfe *pl*; вы́йти из ~ий *спорт.* áusscheiden* *vi* (s)

соревнова́ться wétteifern *неотд. vi*, im Wéttbewerb miteinánder stéhen*; *спорт.* sich méssen*

сориенти́ровать(ся) *см.* ориенти́ровать(ся)

сори́нка *ж* Stáubkorn *n* (5)

сори́ть um sich (*A*) wérfen*; Staub [Schmutz] máchen; verúnreinigen *vt* (*где-л.*); verschǘtten *vt* (*просыпать что-л.*); ◇ ~ деньга́ми Geld vergéuden [verschléudern]; Geld zum Fénster hináuswerfen*, Geld auf die Stráße wérfen*, mit dem Gélde um sich (*A*) wérfen* [schméißen* (*разг.*)]

со́рность *ж с.-х.* Verúnkrautung *f*, Únkrautbesatz *m* -es

со́рн||ый: ~ая трава́ Únkraut *n* -(e)s

сорняки́ *мн.* Únkraut *n* -(e)s

соро́дич *м уст.* Verwándte *m* (14)

со́рок víerzig; челове́к лет ~а́ ein Mann an die víerzig; ему́ о́коло ~а́ er ist gégen víerzig; ему́ ~ с ли́шним er ist in den Víerzigern

соро́ка *ж* Élster *f* (11); треща́ть как ~ *разг.* wie éine Élster schwátzen; ~-воро́вка *фольк.* díebische Élster

сорокагра́дусный víerziggradig

сорокадне́вный víerzigtägig

сорокале́т||ие *с* **1.** (*период*) vierzig Jáhre; **2.** (*годовщина*) Víerzigjahrfeier *f* (11), víerzigjähriges Jubilä́um, der víerzigste Jáhrestag; der víerzigste Gebúrtstag (*человека*); **~ний** víerzigjährig; ~ний мужчи́на Víerzigjährige *m* (14), Víerziger *m* (6)

сорокачасово́й víerzigstündig

сороков||о́й der víerzigste; ~о́й но́мер Númmer víerzig; ~а́я страни́ца Séite víerzig; ~ы́е го́ды die víerziger Jáhre

сороконо́жка *ж зоол.* Táusendfüßler *m* (6)

сорокопу́т *м зоол.* Néuntöter *m* (6); Wǘrger *m* (6)

соро́чк||а *ж* Hemd *n* (13); ◇ роди́ться в ~е ein Sónntagskind [Glückskind] sein; únter éinem glǘcklichen Stern gebóren sein

сорт *м* **1.** (*качество чего-л.*) Sórte *f* (11), Qualität *f* (10); Gǘteklasse *f* (11); Wahl *f* (10); вы́сший ~ Spítzensorte *f*, béste [érstklassige] Qualität, Spítzenqualität *f*; Gǘteklasse *f*, érste Wahl; пе́рвый ~ érste Sórte [Wahl]; príma (*разг.*); сре́дний ~ Míttelsorte *f*; ху́дший ~ geríngste Sórte [Qualität], Sórte niedrigster [geríngster] Qualität; ры́ночный ~ Hándelssorte *f*; **2.** (*вид*) Sórte *f* (11); ~ я́блок Ápfelsorte *f*; ~ муки́ Méhltype *f* (11); **3.** *разг.* (*о людях*) Schlag *m* -(e)s, Ménschenschlag *m*; тако́го же ~а von ähnlichem Schlag

сорта́мент *м*, **сортиме́нт** *м тех.* Sortimént *n* (2), Áuswahl *f*

сортирова́ть 1. sortíeren *vt*, áussortieren *vt*, áuslesen* *vt*, síchten *vt*; **2.** *горн.* (*отделять руду от примесей*) schéiden* *vt*

сортиро́в||ка *ж* **1.** (*действие*) Sortíerung *f*, Sortíeren *n* -s, Áuslesen *n* -s, Síchten *n* -s; **2.** *с.-х.* (*машина*) Sortíermaschine *f* (11); Sortíergerät *n* (2), Sortíerer *m* (6), Áuslesemaschine *f*; Getréidereiniger *m* (6) (*для зерна*); **3.** *ж.-д.* Rangieren [raŋ'ʒi:rən] *n* -s; Zúgbildung *f* (10), Verschíeben *n* -s; **~очная** *сущ. ж* (*станция*) Rangíerbahnhof [raŋ'ʒi:r-] *m* (1*), Verschíebebahnhof *m*; **~очный 1.** Sortíer-; **2.** *ж.-д.* Rangier- [raŋ'ʒi:r-]; ~очная го́рка stéigendes Rangiergleis; Áblaufberg *m* (1); ~очная платфо́рма Úmladerampe *f* (11), Úmladehalle *f* (11); **~щик** *м* Sortíerer *m* (6), Áusleser *m* (6); *горн.* Kláuber *m* (6)

со́ртн||ость *ж* Sórte *f* (11), Qualität *f* (10); Qualitätseinstufung *f* (10); Gǘteklassestruktur *f*; **~ый** áusgesucht; Qualitäts-

сортов||о́й Sórten-; ~о́е зерно́ Sórtengetreide *n* -s; ~о́е желе́зо Profíleisen *n* -s

сортоиспыта́ние *с с.-х.* Sórtenprüfung *f*

сортосме́на *ж с.-х.* Sórtenwechsel *m* -s

со́рфинг *см.* сёрфинг

СОС *межд.* (*сигнал бедствия*) SOS *n* =

соса́ние *с* Säugen *n* -s; Lútschen *n* -s (*конфеты и т. п.*)

соса́ть säugen(*) *vi, vt*; lútschen *vi, vt* (*конфету, палец и т. п.*): ~ грудь an der Brust säugen *; die Brust néhmen*; ◊ у меня сосёт под ло́жечкой ≅ mir ist übel, ich hábe ein Übelkeitsgefühl

сосва́тать (*кого-л.*) verhéiraten *vt*; an den Mann bríngen* (*разг.*); verkúppeln *vt* (*презр.*)

сосе́д *м* Náchbar *m* (13, 8); **~ка** *ж* Náchbarin *f* (12); **~ний** benáchbart; Náchbar-; ánliegend, Ánlieger- (*прилегающий*); ~нее госуда́рство Náchbarstaat *m* (13), ángrenzender Staat; ~ний дом Náchbarhaus *n* (5), das ángrenzende Haus; ~няя ко́мната Nébenzimmer *n* (6); **~ский** *разг.* náchbarlich; ~ский сын der Sohn von Náchbarn; **~ство** *с* Náchbarschaft *f*; находя́щийся по ~ству nächstliegend; жить по ~ству in der Náchbarschaft [in der Nähe] wóhnen; **~ствовать** sich in der Náchbarschaft befínden*

соси́ска *ж* (Wíener) Würstchen *n*

соси́сочная *сущ. ж* Würstchenimbißraum *m* (1*); Würstchenbude *f* (11) (*ларёк*)

со́ска *ж* Schnúller *m* (6), Lútscher *m* (6); Núckel *m* (6) (*разг.*)

соска́бливать *см.* соскобли́ть

соска́кивать *см.* соскочи́ть

соска́льзыв‖ание *с* Ábgleiten *n* -s; Herúntergleiten *n* -s; **~ать** *см.* соскользну́ть

соскобли́ть ábschaben *vt*, ábkratzen *vt*

соско́к *м спорт.* Ábsprung *m* (1*)

соскользну́ть (her)ábgleiten* *vi* (s), herúntergleiten* *vi* (s) (*по направлению к говорящему*); hinábgleiten* *vi* (s), hinúntergleiten* *vi* (s) (*по направлению от говорящего*); ábrutschen *vi* (s)

соскочи́ть 1. herúnterspringen* *vi* (s) (*по направлению к говорящему*); hinúnterspringen* *vi* (s) (*по направлению от говорящего*); ~ с крова́ти aus dem Bett spríngen*; ~ с трамва́я von der Stráßenbahn (áb)spríngen*; **2.** (*сорваться с чего-л.*) ábspringen* *vi* (s), lósspringen* *отд. vi* (s), lósgehen* *отд. vi* (s); ~ с пе́тель aus den Ángeln géhen*

соскреба́ть, соскрести́ ábschaben *vt*, ábkratzen *vt*

соску́читься 1. sich lángweilen; die Gedúld verlíeren* (*потерять терпение*); ~ ждать das Wárten satt bekómmen*; des Wártens überdrüssig wérden (*книжн.*); **2.** (*о ком-л., о чём-л., по кому-л., по чему-л.*) Séhnsucht bekómmen* (nach *D*); sich séhnen (nach *D*)

сослага́тельн‖ый: ~ое наклоне́ние *грам.* Kónjunktiv *m* (1), Möglichkeitsform *f*

со́сланный *прил.* **1.** verbánnt, verschíckt; áusgewiesen; **2.** *в знач. сущ. м* Verbánnte *m* (14), Verschíckte *m* (14); Áusgewiesene *m* (14)

сосла́ть verschícken *vt*, verbánnen *vt*; áusweisen* *vt*

сосла́ться sich berúfen*, sich bezíehen* (на кого́-л. auf *A*); verwéisen* *vi*, hínweisen* *vi*, Bezúg néhmen* (на что-л. auf *A*); ~ на чьё-л. мне́ние sich auf j-s Méinung berúfen*; ~ на чьи-л. слова́ j-s Wórte ánführen; ~ на за́нятость Überlástung vórschützen, sich auf Árbeitsüberlastung berúfen*

со́слепа, со́слепу *нареч. разг.* aus Kúrzsichtigkeit; kúrzsichtig wie er [sie] war; in séiner [íhrer] Blíndheit [Kúrzsichtigkeit]

сосло́в‖ие *с* Stand *m* (1*); привилеги́рованные ~ия bevórrechtete Stände; духо́вное ~ие der géistliche Stand; ◊ тре́тье ~ие *ист.* (*во Франции*) der dríttе Stand; же́нское ~ие *шутл.* die Fráuen

сосло́вн‖ость *ж* Ständeordnung *f*; Ständeteilung *f*; Zúgehörigkeit *f* zu éinem Stand; **~ый** Stándes-; ständisch; Stände-; ~ое представи́тельство Ständevertretung *f* (10); ~ый предрассу́док Stándesvorurteil *n* (2); ~ое госуда́рство Ständestaat *m* (13)

сослужи́в‖ец *м* Kollége *m* (8), Árbeitskollege *m*; Berúfskollege *m*; Kamerád *m* (8) (*по военной службе*); **~ица** *ж* Kollégin *f* (12), Árbeitskollegin *f*; Berúfskollegin *f*

сослужи́ть: ~ слу́жбу кому́-л. j-m éinen Dienst [gúte Díenste] léisten [erwéisen*]

сосн‖а́ *ж* Kíefer *f* (11); Föhre *f* (11); ◊ заблуди́ться в трёх со́снах aus éiner únkomplizierten Láge kéinen Áusweg wíssen*; **~о́вый** Kíefern-; Föhren-; ~о́вый бор Kíefernwald *m* (4); ~о́вая смола́ Kíenharz *n* -es; ~о́вая ши́шка Kíenapfel *m* (6*), Kíefernzapfen *m* (7); ~о́вые дрова́ Kíefernholz *n* -es

сосну́ть *разг.* éinnicken *vi* (s); ~ немно́го ein Schläfchen máchen

сосня́к *м* Kíefernwald *m* (4), Kíeferngehölz *n* -es, Föhrenwald *m*

сосо́к *м анат.* Brústwarze *f* (11); Zítze *f* (11) (*у животных*)

сосо́чек *м* **1.** *анат.* Wärzchen *n* (7), Háutwärzchen *n*; **2.** *бот.* Papílle *f* (11)

сосредото́чен‖ие *с* Konzentratión *f* (10), Zusámmenballung *f* (10); Ánhäufung *f* (10); Ánsammlung *f* (10), Versámmlung *f* (10) (*людей, сил*); ~ие во́йск Konzentríerung *f* der Trúppen; Trúppenkonzentration *f*; ~ие огня́ *воен.* (*сокр.* СО) Féuerzusammenfassung *f*, Konzentríerung des Féuers; **~но** *нареч.* konzentríert, gesámmelt; áufmerksam (*внимательно*); **~ность** *ж* **1.** Konzentratión *f*, Konzentríertheit *f*; **2.** (*внимание*) Sámmlung *f*, Áufmerksamkeit *f*, Vertíeftheit *f*; ~ность в само́м себе́ Sélbstversunkenheit *f*; **~ный 1.** konzentríert; auf éinen Punkt geríchtet; ~ный ого́нь *воен.* zusámmengefaßtes Féuer; **2.** (*о человеке*) gesámmelt, konzentríert; vertíeft, áufmerksam (*внимательный*); ~ный взгляд ein gespánnter Blick

сосредото́чивать *см.* сосредото́чить; **~ся 1.** *см.* сосредото́читься; **2.** *страд.* konzentríert wérden (*ср.* сосредото́чить)

сосредото́чить 1. konzentríeren *vt*; zusámmenballen *vt*; *воен.* zusámmenfassen *vt*; ~ войска́ die Trúppen konzentríeren; ~ ого́нь *воен.* das Féuer zusámmenfassen; **2.** (*мысли и т. п.*) sámmeln *vt*, konzentríeren *vt*; auf éinen bestímmten Punkt ríchten; ~ внима́ние die Áufmerksamkeit ríchten [konzentríeren] (на чём-л. auf *A*); sich vertíefen (in *A*) (*углубиться*); **~ся 1.** (*о силах, войсках и т. п.*) sich ánsammeln, sich konzentríeren, sich ánhäufen; **2.** (*о человеке*) sich sámmeln, sich konzentríeren; sich vertíefen (на чём-л. in *A*) (*углубиться*)

соста́в *м* **1.** Zusámmensetzung *f* (10); Bestándteile *pl* (*составные части*); **2.** (*соединение, смесь*) воспламени́тельный ~ *воен.* Zündsatz *m* (1*); дымово́й ~ *воен.* Nébelmasse *f* (11); зажига́тельный ~ Brándsatz *m*, Brándmasse *f*; **3.** (*о коллективе людей*) Bestánd *m* (1*); ~ прави́тельства Zusámmensetzung *f* der Regíerung; избра́ть прези́диум в сле́дующем ~е das Präsídium in fólgender Zusámmensetzung wählen; избра́ть но́вый ~ чего́-л. neu wählen *vt*; ли́чный ~ Personálbestand *m*; Personál *n* (2); Belégschaft *f* (10); социа́льный ~ soziále Zusámmensetzung, soziále Struktúr; кла́ссовый ~ klássenmäßige Zusámmensetzung, Klássenstruktur *f*; преподава́тельский ~ Léhrkörper *m* (6); ~ населе́ния Bevölkerungszusammensetzung *f* (10), Bevölkerungsstruktur *f* (10); ~ правле́ния Léitungsgremium *n* -s, -mi̯en; ~ суда́ Zusámmensetzung des Geríchts; ~ исполни́телей *театр.* Besétzung *f* (10); второ́й ~ *театр.* die zwéite Besétzung; ~ кома́нды *спорт.* die Áufstellung der Mánnschaft; кома́ндный ~ *воен.* Kommandeurkader [-'dø:r-] *pl*, Kommandeure *pl*; рядово́й ~ *воен.* Mánnschafts(be)stand *m*, Mánnschaften *pl*; чи́сленный ~ *воен.* Stärke *f*; ~ вое́нного вре́мени *воен.* Kríegsstärke *f*; ~ ми́рного вре́мени *воен.* Fríedensstärke *f*; лётный ~ *ав.* Flúgzeugbesatzung *f*, flíegendes Personál; нелётный ~ *ав.* Bódenpersonal *n*; медици́нский ~ medizínisches Personál; пла́вающий [корабе́льный] ~ *мор.* Schíffsbesatzung *f* (10), fáhrendes Personál, Bórdpersonal *n*; в по́лном ~е vóllzählig; коми́ссия в по́лном ~е der gánze Áusschuß; быть в ~е делега́ции éiner Delegatión ángehören; делега́ция в ~е девяти́ челове́к éine néunköpfige Delegatión; войти́ в ~ (*организации*) éintreten* *vi* (s) (in *A*); входи́ть в ~ gehören zu (*D*), ángehören *vi* (*D*); éinverleibt sein (*D*); в ~е кого́-л., чего́-л. bestéhend aus (*D*); darúnter (*в числе*); уйти́ из ~а правле́ния aus der Léitung áusscheiden*; уйти́ в по́лном ~е vóllzählig zurücktreten*; **4.** *ж.-д.* Zug *m* (1*); подвижно́й ~ róllendes Materiál; поездно́й ~ Wágenzug *m*; ◊ слова́рный ~ *лингв.* Wórtschatz *m* -es, Wórtbestand *m* -(e)s; ~ преступле́ния *юр.* Tátbestand *m* (1*) (éines Verbréchens)

состави́тель *м* **1.** Verfásser *m* (6); **2.** ~ поездо́в *ж.-д.* Rangieraufseher [raŋ'ʒi:r-] *m* (6); Rangierer [raŋ'ʒi:rər] *m* (6), Rangiermeister *m* (6) (*старший*)

соста́в‖ить 1. zusámmenstellen *vt*, zusámmensetzen *vt*; bílden *vt* (*образовать*); míschen *vt*, míxen *vt* (*смешать*); ~ить по́езд *ж.-д.* éinen Zug bílden; **2.** (*сочинить*) verfássen *vt*; ábfassen *vt*, áufsetzen *vt*, entwérfen* *vt* (*деловое письмо и т. п.*); áufstellen *vt* (*список, смету и т. п.*); ~ить протоко́л ein Protokóll áufnehmen* [áufsetzen]; ~ить план éinen Plan áufstellen [áusarbeiten]; plánen *vt*; **3.** (*представлять, являться*) bílden *vt*, áusmachen *vt*; э́то ~ит большу́ю су́мму das macht éine gróße Súmme aus; э́то не ~ит труда́ das wird kéine Mühe kósten; ◊ ~ить себе́ мне́ние sich (*D*) éine Méinung bílden; ~ить себе́ состоя́ние ein Vermögen erwérben*; ~ить кому́-л. компа́нию j-m Geséllschaft léisten; ~ себе́ и́мя sich (*D*) éinen Námen máchen; **~иться 1.** sich zusámmensetzen; **2.** (*возникнуть*) entstéhen* *vi* (s), sich bílden, áufkommen* *vi* (s); ~илось мне́ние es entstánd die Ánsicht, es bíldete sich die Méinung

составле́ние *с* Zusámmenstellen *n* -s, Zusámmenstellung *f*; Verfássen *n* -s (*словаря, учебника*); Áufsetzen *n* -s, Ábfassen *n* -s (*документа, письма и т. п.*); ~ протоко́ла Protokóllaufnahme *f*; Áufsetzung [Áufnahme] éines Protokólls; ~ пла́на Áusarbeitung [Áufstellung] *f* des Plans, Plánaufstellung *f*; ~ докуме́нта Ábfassung *f* éiner Úrkunde

составля́||ть *см.* соста́вить; э́то не ~ет исключе́ния das bíldet kéine Áusnahme; **~ться 1.** *см.* соста́виться **2.** *страд.* zusámmengestellt wérden (*ср.* соста́вить)

составля́ющая *сущ. ж. физ.* Komponénte *f* (11)

составн||о́й 1. (*составляющий*) Bestánd-; ~а́я часть Bestándteil *m* (1); **2.** (*составленный*) zusámmengesetzt; ~о́е сказу́емое *грам.* ein zusámmengesetztes Prädikát

соста́рить alt máchen, áltern *vt*; **~ся** áltern *vi* (s), alt wérden

состоя́н||ие *с* **1.** Zústand *m* (1*); Láge *f* (11) (*положение*); ~ие здоро́вья Gesúndheitszustand *m*, Befínden *n* -s; ~ие ры́нка *эк.* Márktlage *f*; в жи́дком ~ии in flüssigem Zústand; ~ие пого́ды Wétterlage *f* (11); мора́льное ~ие morálische Verfássung; споко́йное ~ие ду́ха rúhiger Gemütszustand; **2.** (*капитал*) Vermögen *n* (7), Hábe *f*; ◇ быть в ~ии (*сделать что-л.*) imstánde sein; быть не в ~ии (*сделать что-л.*) nicht imstánde sein, áußerstande sein

состоя́тельн||ость *ж* **1.** (*платёжеспособность*) Záhlungsfähigkeit *f*; **2.** (*материальное благосостояние*) Wóhlstand *m* -(e)s, Wóhlhabenheit *f*; **3.** (*обоснованность*) Stíchhaltigkeit *f*, Tríftigkeit *f*; ~ость до́водов die Stíchhaltigkeit der Arguménte; **~ый 1.** (*платёжеспособный*) záhlungsfähig; **2.** (*материально обеспеченный*) wóhlhabend, bemíttelt; begütert; **3.** (*обоснованный*) begründet, stíchhaltig, tríftig

состо||я́ть 1. (*находиться*) sein* *vi* (s); ~я́ть на слу́жбе ángestellt sein; díenen *vi*, im Dienst stéhen*; ~я́ть на учёте (im Náchweis) erfáßt sein; ~я́ть при ком-л. j-m béigeordnet [zúgewiesen] sein; ~я́ть в распоряже́нии zur Verfügung stéhen* (*D*); ~я́ть в до́лжности судьи́ das Amt éines Ríchters bekléiden; **2.** (*из кого-л., из чего-л.*) bestéhen* *vi*, sich zusámmensetzen (aus *D*); коми́ссия ~и́т из трёх чле́нов die Kommissión bestéht aus drei Mítgliedern; ~я́ть из трёх часте́й aus drei Téilen bestéhen*, sich aus drei Téilen zusámmensetzen; ~я́щий из двух часте́й zwéiteilig; **3.** (*заключаться*) bestéhen* *vi* (в чём-л. in *D*); их си́ла ~и́т в том, что... íhre Stärke [Kraft] bestéht dárin, daß...

состоя́ться státtfinden* *отд. vi*; erfólgen *vi* (s)

сострада́||ние *с* Mítleid *n* -(e)s, Mítgefühl *n* -(e)s; относи́ться с ~анием к кому́-л. Mítleid mit j-m háben; испы́тывать ~а́ние Mítleid empfínden*; **~а́тельный** mítleidig, náchfühlend; **~а́ть** Mítleid háben

сострига́ть *см.* состри́чь

состри́ть *разг.* éinen Witz máchen [réißen*, vom Stápel lássen*]

состри́чь ábschneiden* *vt*, ábscheren* *vt*

сострога́ть ábhobeln *vt*

состро́ить *разг.*: ~ грима́су éine Frátze schnéiden*; ein Gesícht zíehen*

состря́пать *см.* стря́пать

состыко́ванный *косм.* zusámmengekoppelt

состыкова́ть *косм.* ándocken *vt*, zusámmenbauen *vt*, zusámmenstellen *vt*, zusámmensetzen *vt* (*напр. ступени ракеты*); **~ся** *см.* стыкова́ться

состяза́ние *с* Wéttkampf *m* (1*), Wéttstreit *m* (1), Wéttbewerb *m* (1); ~ в бе́ге Wéttlauf *m* (1*); ~ в пла́вании Wéttschwimmen *n* (7)

состяза́ться wéttkämpfen *отд. тк. inf vi*; wéttstreiten* *отд. тк. inf vi* (*в спорте*); wétteifern *неотд. vi* (*соперничать*); ~ в пла́вании um die Wétte schwímmen*; ~ в остроу́мии einánder an Geist überbíeten*

сосу́д *м* **1.** Behälter *m* (6); Gefäß *n* (2); стекля́нный ~ Glásbehälter *m*; **2.** *анат.* Gefäß *n* (2); кровено́сный ~ Blútgefäß *n*; лимфати́ческий ~ Lýmphgefäß *n*; **~истый** *биол.* vaskulár [vas-]

сосу́лька *ж* Éiszapfen *m* (7)

сосуно́к *м* Säugling *m* (1); Mílchsauger *m* (6) (*о животном*)

сосуществов||а́ние *с* Kó¦existenz *f*, Nebeneinánderbestehen *n* -s; ми́рное ~а́ние госуда́рств с ра́зным обще́ственным стро́ем fríedliche Kó¦existenz von Stáaten mit unterschíedlicher Geséllschaftsordnung; **~а́ть** ko¦existíeren *vi*, in Kó¦existenz lében, nebeneinánder¦bestehen* *отд. vi*

сосу́щ||ий sáugend; Saug-; ~ая боль nágender Schmerz

сосцеви́дный wárzenförmig; ~ отро́сток *анат.* Wárzenfortsatz *m* (1*)

сосчита́ть (zusámmen)zählen *vt*, áufzählen *vi*; **~ся** (*с кем-л.*) ábrechnen *vi* (mit *D*); они́ сосчита́лись sie sind quitt

со́тая *сущ. ж* Húndertstel *n* (6)

сотвор||е́ние *с* Schöpfung *f*, Erscháffung *f*; ~е́ние ми́ра *рел.* die Erscháffung der Welt; **~и́ть** scháffen* *vt*, erscháffen* *vt*

со́тенная *сущ. ж разг.* Húnderter *m* (6), Hundertrúbelschein *m* (1)

со́тка *ж*: приуса́дебный уча́сток в во́семь со́ток éigenes Grúndstück von áchthundert Quadrátmetern

сотка́ть wében *vt*

со́тник *м ист.* (*в казачьих войсках*) Kosákenoberleutnant *m* (1)

со́тн||я *ж* **1.** Húndert *n* (2); деся́тки и ~и *мат.* die Zéhner und Húnderter; ~ями zu Húnderten; ~и люде́й Húnderte von Ménschen; не́сколько со́тен ein paar húndert; **2.** *ист.* (*в казачьих войсках*) Kosákenschwadron *f* (10)

сотова́рищ *м* Gefährte *m* (9), Kamerád *m* (8); Kollége *m* (9), Berúfskollege *m* (*по профессии*)

со́тов||ый Schéiben-, Wáben-; ~ый мёд Schéibenhonig *m* -s, Wábenhonig *m*; ~ая яче́йка Hónigzelle *f* (11)

сотрапе́зник *м уст.* Tíschgenosse *m* (9)

сотру́дн||ик *м* **1.** Mítarbeiter *m* (6); ближа́йшие ~ики éngste Mítarbeiter; **2.** (*служащий*) Ángestellte *m* (14); ◇ нау́чный ~ик wíssenschaftlicher Mítarbeiter; **~ичать** zusámmenarbeiten *vi*; mítarbeiten *vi* (в чём-л. an *D*); kollaboríeren *vi* (*неодобр.*); zusámmenwirken *vi* (*о государствах и т. п.*); téilnehmen* *отд. vi* (an *D* — *участвовать в чём-л.*); **~ичество** *с* Zusámmenarbeit *f*; Mítarbeit *f*, Mítwirkung *f* (*участие в чём-л.*); делово́е ~ичество Árbeitsgemeinschaft *f*; междунаро́дное ~ичество internationále Zusámmenarbeit; экономи́ческое ~ичество wírtschaftliche [ökonómische] Zusámmenarbeit; в ~ичестве с кем-л. in Zusámmenarbeit mit (*D*); в те́сном ~ичестве in énger Zusámmenarbeit

сотряс||а́ть erschüttern *vt*, (er)bében lássen*; **~а́ться 1.** sich schütteln; erbében *vi* (s), (er)zíttern *vi*, schüttern *vi*; **2.** *страд.* erschüttert [geschüttelt] wérden; **~е́ние** *с* Erschütterung *f* (10); Schlag *m* (1*) (*удар*); Stoß *m* (1*) (*толчок*); Bében *n* -s, Erzíttern *n* -s, Wánken *n* -s (*колебание*); ◇ ~е́ние мо́зга *мед.* Gehírnerschütterung *f* (10)

со́т||ы *мн.* Hónigscheibe *f* (11), Hónigwabe *f* (11); Zéllen *pl* (*ячейки*); мёд в ~ах Schéibenhonig *m* -s, Wábenhonig *m*; выреза́ть ~ы Hónigwaben áusschneiden*

со́т||ый der húndertste; ~ый но́мер Númmer húndert; ~ая страни́ца Séite húndert; ~ая до́ля Húndertstel *n* (6), húndertster Teil

соумы́шленн||ик *м*, **~ица** Mítschuldige *m*, *f* (14)

со́ус *м* Sóße *f* (11), Túnke *f* (11), ◇ ни под каки́м ~ом *разг.* kéinesfalls; **~ник** *м* Sóßenschüssel *f* (11), Sóßenkanne *f* (11), Sauciere [*фр.* zo'sjɛːrə] *f* (11)

соуча́ст||вовать mítbeteiligt sein (в чём-л. an *D*); sich betéiligen (an *D*); téilnehmen* *отд. vi* (an *D*); éinen Ánteil háben (an *D*); míttun* *vi*; **~ие** *с* Mítbeteiligung *f*, Ánteilnahme *f*; Téilhaberschaft *f*; Míttäterschaft *f*, Mítschuld *f* (*в преступлении*); **~ник** *м* (*в чём-л.*) Mítbeteiligte *m* (14), Téilnehmer *m* (6), Téilhaber *m* (6); Míttäter *m* (6), Mítschuldige *m* (14) (*в преступлении*); Mítverschworene *m* (14) (*в заговоре*)

соучен||и́к *м* Mítschüler *m* (6); **~и́ца** *ж* Mítschülerin *f* (12)

софа́ *ж* Sófa *n* -s, -s; Díwan *m* (1)

соф||и́зм *м* Sophísmus *m* =, -men, Sophísma *n* -s, -men; **~и́ст** *м* Sophíst *m* (8); **~и́стика** *ж* Sophístik *f*; **~исти́ческий** sophístisch

соффи́т *м* **1.** *архит.* Soffítte *f* (11); **2.** *эл.* Soffíttenlampe *f* (11)

соха́ *ж с.-х.* Hákenpflug *m* (1*)

соха́тый *прил.* **1.** (*рогатый*) mit verzwéigtem Gewéih; **2.** *в знач. сущ. м* Elch *m* (1)

со́хнуть 1. tróckneen *vi* (s), áustrocknen *vi* (s); áusdörren *vi* (s), dürre wérden (*высохнуть*); у меня́ со́хнет во рту die Zúnge klebt mir am Gáumen; **2.** *разг.* (*чахнуть*) ábmagern *vi* (s), ábnehmen* *vi*

сохран||е́ние *с* **1.** Erháltung *f*; Béibehaltung *f* (*в прежнем виде, размере*); зако́н ~е́ния эне́ргии *физ.* das Gesétz der Erháltung der Energíe; ~е́ние ми́ра die Erháltung [das Erhálten] des Fríedens; ~е́ние в та́йне Geh éimhaltung *f*; ~е́ние материа́льных це́нностей Wérterhaltung *f*; **2.** (*сбережение*) Áufheben *n* -s, Verwáhrung *f*, Áufbewahrung *f*; взять на ~е́ние in Verwáhrung néhmen*; дать на ~е́ние in Verwáhrung gében*; **~и́ть 1.** (*сберечь*) erhálten* *vt*, áufheben* *vt*, áufbewahren *vt*, verwáhren *vt*; béibehalten* *vt* (*в том же виде, размере*), ~и́ть та́йну ein Gehéimnis wáhren; ~и́ть в та́йне gehéim¦halten* *отд. vt*; ~и́ть поря́док Órdnung hálten*; **2.** (*не утратить*) (áufrecht)erhálten* *vt*, éinhalten* *vt*, wáhren *vt*; ~и́ть мир den Fríeden erhálten*; ~и́ть что-л. в па́мяти etw. im Gedächtnis behálten*; ~и́ть споко́йствие Rúhe bewáhren; ~и́ть хладнокро́вие Káltblütigkeit [Gléichmut] bewáhren; ~и́ть благода́рность к кому́-л. j-m séine Dánkbarkeit bewáhren; ~и́ть си́лу (*о законе, договоре*) in Kraft bléiben*, Gültigkeit behálten*; ~и́ть за собо́й пра́во sich (*D*) das Recht vórbehalten* [áusbedingen*]; **~и́ться** erhálten [gewährt] bléiben*; э́то ~и́лось в мое́й па́мяти das hat sich mir éingeprägt; он хорошо́ ~и́лся (*о человеке*) er hat sich gut erhálten [gehálten]

сохра́нн||ость *ж* Unverséhrtheit *f*; быть в це́лости и ~ости unverséhrt [únverletzt] sein; heil und ganz sein;

~ый únversehrt, únverletzt; быть ~ым únversehrt sein; heil sein

сохраня́ть *см.* сохрани́ть; **~ся 1.** *см.* сохрани́ться; **2.** *страд.* erhálten wérden (*ср.* сохрани́ть)

соцве́тие *с бот.* Blütenstand *m* (1*), Infloreszénz *f* (10)

соцдогово́р *м* (догово́р о социалисти́ческом соревнова́нии) sozialístischer Wéttbewerbsvertrag

социа́л-демокра́т *м* Soziáldemokrat *m* (8); **~и́ческий** soziáldemokratisch, **~и́я** *ж* Soziáldemokratie *f*

социализа́||ция *ж* Sozialisíerung *f*; **~и́ровать** sozialisíeren *vt*

социали́зм *м* Sozialísmus *m* =; нау́чный ~ wíssenschaftlicher Sozialísmus; построе́ние ~a der Áufbau des Sozialísmus; при ~е im Sozialísmus

социали́ст *м* Sozialíst *m* (8); ~-утопи́ст utópischer Sozialíst

социалисти́ческ||ий sozialístisch; ~ое строи́тельство sozialístischer Áufbau; ~ое госуда́рство sozialístischer Staat; ~ая систе́ма хозя́йства sozialístisches Wírtschaftssystem; ~ое соревнова́ние sozialístischer Wéttbewerb; ~ое о́бщество die sozialístische Geséllschaft; ~ая зако́нность sozialístische Gesétzlichkeit; Социалисти́ческая еди́ная па́ртия Герма́нии (*сокр.* СЕПГ) Sozialístische Éinheitspartei Déutschlands (*ГДР*)

социали́стка *ж* Sozialístin *f* (12)

социали́ст-революционе́р (*сокр.* эсе́р) *м ист.* Soziálrevolutionär [-vo-] *m* (1)

социа́л-шовини́ст *м* Soziálchauvinist [-ʃovi-] *m* (8)

социа́льно soziál, Soziál-; ~ опа́сный geméingefährlich, asoziál

социа́льно-бытов||о́й: ~ы́е усло́вия die soziálen Lébensbedingungen

социа́льно-экономи́ческий soziálökonomisch

социа́льн||ый soziál, Soziál-; ~ое обеспе́чение Soziálfürsorge *f*; ~ое положе́ние soziále Stéllung; soziáler Stand; ~ая напряжённость soziále Spánnungen; ~ое нера́венство soziále Úngleichheit; ~ая несправедли́вость soziále Úngerechtigkeit; ~ая обеспе́ченность и защищённость soziále Sícherheit und Gebórgenheit

социо́лог *м* Soziológe *m* (9); **~и́ческий** soziológisch

социоло́гия *ж* Soziologíe *f*

соцобяза́тельство *с* (обяза́тельство по социалисти́ческому соревнова́нию) Verpflíchtung *f* (10) (im sozialístischen Wéttbewerb); Sélbstverpflichtung *f* (*индивидуальное*)

соцсоревнова́ние *с* (социалисти́ческое соревнова́ние) sozialístischer Wéttbewerb; вы́звать на ~ zum sozialístischen Wéttbewerb áuffordern [heráusfordern]; разверну́ть ~ den sozialístischen Wéttbewerb entfálten [verbréiten]; ~ ме́жду брига́дами [ме́жду отде́льными рабо́чими] der sozialístische Wéttbewerb von Brigáde zu Brigáde [von Mann zu Mann]

соцстра́х *м* (социа́льное страхова́ние) Soziálversicherung *f*

соче́льник *м рел.* Wéihnachtsabend *m* (1), Héiligabend *m*, der Héilige Ábend

сочета́емость *ж* Kombiníerbarkeit *f* (10); *лингв. тж.* Valénz [va-] *f* (10)

сочета́||ние *с* Verbíndung *f* (10), Veréinigung *f* (10); Kombinatión *f* (10) (*тж. мат.*); ~ние тео́рии и пра́ктики Verbíndung von Theoríe und Práxis; **~тельный** *спец.* Kombinatións-, kombiniért; ~тельный рефле́кс kombiniérter Refléx

сочет||а́ть veréinigen *vt*, veréinen *vt*, verbínden* *vt*; kombiníeren *vt*; ~а́ть в себе́ in sich (*D*) veréinigen; ~а́ть тео́рию с пра́ктикой die Theoríe mit der Práxis veréinen [verbínden*]; **~а́ться 1.** sich verbínden*, sich veréinigen; (zusámmen)pássen *vi* (*подходить*); в нём ~а́ется эне́ргия с больши́м умо́м er veréinigt in sich Energíe und gróßen Verstánd; одно́ не ~а́ется с други́м eins paßt nicht zum ánderen; eins reimt sich nicht mit dem ánderen; **2.**: ~а́ться бра́ком *уст.* éine Éhe éingehen*

сочин||е́ние *с* **1.** (*действие*) Verfássen *n* -s, Ábfassen *n* -s (*составление*); Díchten *n* -s (*стихов*); со́бственного ~е́ния sélbstverfaßt; **2.** (*произведение*) Werk *n* (2); (по́лное) собра́ние ~е́ний die Gesámtausgabe der Wérke; sämtliche Wérke; избранные ~е́ния Áuswahlausgabe *f* (11), áusgewählte Schríften [Wérke]; шко́льное ~е́ние Schúlaufsatz *m* (1*), Áufsatz *m*; **3.** *грам.* Verbíndung *f* (10), Béiordnung *f* (10), Koordiníerung *f* (10); ~е́ние предложе́ний Sátzverbindung *f*; **~и́тель** *м* **1.** *уст.*, *теперь ирон.* Díchter *m* (6), Schríftsteller *m* (6) (*писатель*); Komponíst *m* (8) (*композитор*); **2.** *разг.* (*выдумщик*) Áufschneider *m* (6); **~и́тельный** *грам.*: ~и́тельный сою́з béiordnende Konjunktión; **~и́ть, ~я́ть 1.** verfássen *vt*, ábfassen *vt*; schréiben* *vt*; díchten *vt* (*стихи*); komponíeren *vt* (*музыку*); ~и́ть му́зыку к чему́-л. die Musík zu etw. (*D*) schréiben*; **2.** *разг.* (*выдумать*) erfínden* *vt*, erdíchten *vt*; áufschneiden* *vi* (*хвастаться*); flúnkern *vi* (*привирать*)

сочи́т||ься síckern *vi* (s), tröpfeln *vi*, rínnen* *vi*; áusschwitzen *vi* (*о смоле*); кровь ~ся из ра́ны das Blut rinnt [síckert] aus der Wúnde; ра́на ~ся кро́вью die Wúnde blútet

сочлен||е́ние *с* **1.** *анат.*, *тех.* Gelénk *n* (2); **2.** *тех.* (*способ скрепления*) Verbíndung *f*, Kúpplung *f*; **~и́ть, ~я́ть** verbínden* *vt*, zusámmenfügen *vt*; zusámmensetzen *vt*

со́чн||ость *ж* Sáftigkeit *f*; **~ый** sáftig; ~ый корм *с.-х.* Kráftfutter *n* (6); ~ый го́лос klángvolle Stímme; ~ые кра́ски sátte [kräftige] Fárben

сочу́вств||енный mítfühlend; téilnahmsvoll, téilnehmend (*участливый*); wóhlwollend (*доброжелательный*); verständnisvoll (*понимающий*); относи́ться ~енно sympathisíeren *vi* (к кому́-л., к чему́-л. mit *D*); Mítgefühl zéigen (mit j-m); **~ие** *с* Téilnahme *f*, Mítgefühl *n* -(e)s (*сострадание*); Gewógenheit *f*, Wóhlwollen *n* -s (*доброжелательность*); Verständnis *n* -ses (*понимание*); Sympathíe *f* (11) (*симпатия*); вы́разить ~ие sein Mítgefühl [Béileid] áusdrücken; не встре́тить [не найти́] ~ия kein Verständnis [kéinen Ánklang] fínden*; auf Únverständnis [Áblehnung] stóßen*; из ~ия к кому́-л., к чему́-л. aus Mítgefühl [aus Sympathíe] mit j-m, mit etw. (*D*); **~овать** mítfühlen *vt*, *vi*; náchfühlen *vt*; bemítleiden *vt*; verstéhen *vt* (*понимать*); sympathisíeren *vi* (mit *D*) (*симпатизировать, одобрять*); wóhlwollen* *отд. vi* (*D*) (*относиться благожелательно*); ~овать чьему́-л. го́рю j-s Schmerz mítfühlen; **~ующий** *прич.* **1.** *см.* сочу́вствовать; **2.** *в знач. сущ. м* Sympathisíerende *m* (14)

со́шка *ж* **1.** (*подставка для ружья*) Áuflage [Gábelstütze] *f* für das Gewéhr; **2.**: рулева́я ~ *авто* Lénkstockhebel *m* (6); ◊ ме́лкая ~ *разг.* kléiner Mann; *собир.* kléine Léute

сошни́к *м* **1.** *с.-х.* Pflúgeisen *n* (7); Pflúgschar *f* (10); Pflúgmesser *n* (6); **2.** *с.-х.* (*в сеялке*) Drí llschar *f* (10); **3.** *воен.*: ~ лафе́та Laféttensporn *m* -(e)s, -ren, Sporn *m*

сою́з *м* **1.** (*единение*) Bund *m* (1*), Bündnis *n* (3*); ~ рабо́чих и крестья́н das Bündnis der Árbeiter mit den Báuern; **2.** (*государственное объединение*) Bund *m* (1*); Unión *f* (10); Сове́тский Сою́з Sowjétunion *f* (*сокр.* SU); Сою́з Сове́тских Социалисти́ческих Респу́блик (СССР) die Unión der Sozialístischen Sowjétrepubliken (UdSSR); **3.** (*дружественное объединение*) Bündnis *n* (3*); Alliánz *f* (10) (*соглашение*); вое́нный ~ Militärbündnis *n*; оборони́тельный ~ Vertéidigungsbündnis *n*; заключи́ть ~ ein Bündnis schlíeßen* [éingehen*]; ~ госуда́рств Stáatenbund *m* (1*); Свяще́нный ~ *ист.* die Héilige Alliánz; Тро́йственный ~ *ист.* Dréibund *m*; **4.** (*организация, объединение*) Veréinigung *f* (10); Verbánd *m* (1*), Veréin *m* (1); профессиона́льный ~ Gewérkschaftsverband *m*; Gewérkschaft *f* (10); ~ писа́телей Schríftstellerverband *m*; ~ компози́торов Komponístenverband *m*; **5.** *грам.* Konjunktión *f* (10), Bíndewort *n* (5)

сою́з||ник *м* Verbündete *m* (14); Búndesgenosse *m* (9); Alliíerte *m* (14); **~нический** alliíert; Bündnis-; ~нические обяза́тельства Bündnispflichten *pl*; Сою́знический Сове́т *ист.* Alliíertenrat *m* -(e)s

сою́зно-республика́нск||ий die Unión und die Republíken betréffend, Unións- und Republík-; ~ое министе́рство Unións- und Republíkministerium *n* -s, -rien

сою́зн||ый 1. Búndes-; verbündet, alliíert (*о государствах*); ~ые держа́вы die verbündeten [alliíerten] Mächte; ~ое госуда́рство Búndesstaat *m* (13); **2.** (*относящийся к СССР*) Unións-; ~ые респу́блики Uniónsrepubliken *pl*

со́я *ж* Sója *f*, Sójabohne *f* (11)

спад *м* Rückgang *m* (1*); *эк.* Fláute *f*; ~ произво́дства Rückgang der Produktión, Produktiónsrückgang *m*; экономи́ческий ~ wírtschaftlicher Rückschlag; ~ делово́й акти́вности geschäftliche Fláute, Geschäftsrückgang *m*

спада́ть 1. *см.* спасть; **2.** (*идти на убыль*) rückläufig wérden

спазм *м*, **спа́зма** *ж мед.* Krampf *m* (1*); **~ати́ческий** *мед.* krámpfhaft; krámpfartig

спа́ивать I betrúnken máchen, zum Trunk verléiten; zum Trínken animíeren; blau máchen *vt*, j-n zu Bóden [únter den Tisch] trínken* (*разг.*)

спа́ивать II *см.* спая́ть

спай *м тех.* Lötstelle *f* (11)

спа́йка *ж* **1.** *тех.* Lötung *f* (10); **2.** *перен.* (*связь, союз*) Verbúndenheit *f*, Zusámmenhalt *m* -(e)s; Solidarität *f* (*солидарность*); **3.** *мед.* Verwáchsung *f* (10), Kommissúr *f* (10)

спали́ть versengen *vt*, verbrénnen* *vt* (*обжечь, подпалить*); níederbrennen* *vt* (*сжечь дотла*)

спа́льник *м разг.* Schláfsack *m* (1*)

спа́льн||ый Schlaf-; ~ый ваго́н Schláfwagen *m* (7); ~ое ме́сто Schláfplatz *m* (1*), Schláfstelle *f* (11); Schláfgelegenheit *f* (10); ~ые принадле́жности Béttzeug *n* -(e)s, Schláfzeug *n*; ~ый мешо́к Schláfsack *m* (1*)

спа́льня *ж* Schláfzimmer *n* (6)

спаньё *с разг.* Schláfen *n* -s; Schlaf *m* -(e)s

спардéк *м мор.* Áufbaudeck *n* (2)

спáренн||ый gepáart, aus zwei Téilen bestéhend; ~ая ездá *ж.-д.* die gepáarte Zúgführung; die gepáarte Zúgschicht; ~ый пулемёт Zwillings-MG *n* -s, -s; ~ый телефóн Dóppelanschluß *m* -sses, -schlüsse

спáрж||а *ж бот.* Spárgel *m* (6); рéзать ~у Spárgel stéchen*

спáрив||ание *с* Páarung *f* (10), Páaren *n* -s; **~ать** *см.* спáрить; **~аться 1.** sich páaren; **2.** *страд.* gepáart wérden

спáрить 1. (zwei) zusámmenspannen *vt*; **2.** (*живóтных*) páaren *vt*

спартакиáда *ж* Spartakiáde *f* (11)

спартáн||ец *м* Spartáner *m* (6); **~ский** spartánisch; ~ское воспитáние spartánische Erzíehung

спáрывать *см.* спорóть

спас *м рел.* Erlöser *m* -s, Héiland *m* -(e)s

спас||áние *с* Rétten *n* -s, Réttung *f*; Errétten *n*; слýжба ~áния на вóдах Wásserrettungsdienst *m* -es; слýжба ~áния в горáх Bérgrettungsdienst *m*; **~áтельный** Réttungs-, Bérgungs-; ~áтельный круг Réttungsring *m* (1); ~áтельный пóяс Réttungsgürtel *m* (6); ~áтельная лóдка Réttungsboot *n* (2); ~áтельные рабóты Bérgungsarbeiten *pl*; ~áтельный отря́д Réttungsmannschaft *f* (10); Réttungstrupp *m* -s, -s; **~áть** *см.* спасти́; ~áет то (обстоя́тельство), что... zugúte kommt der Úmstand, daß...; **~áться 1.** *см.* спасти́сь; ~áйся кто мóжет! rétte sich, wer kann!; **2.** *страд.* geréttet [erréttet] wérden; **~éние** *с* **1.** (*дéйствие*) Rétten *n* -s; Errétten *n*; *мор.* Bérgen *n* -s; **2.** (*результáт*) Réttung *f*, Erréttung *f*

спаси́бо *частица* **1.** dánke; большóе ~! bésten Dank!, víelen Dank!, schönen Dank!; dánke víelmals!; **2.** *в знач. сущ. с* Dank *m* -(e)s

спаси́тель *м* Rétter *m* (6), Errétter *m*; **~ный** réttend; Réttungs-; ~ное срéдство Réttungsmittel *n* (6)

спасовáть 1. (*в кáртах*) pássen *vi*, **2.:** ~ пéред трýдностями die Flínte ins Korn wérfen*; не ~ пéред чем-л. vor etw. (*D*) nicht zurückweichen* [nicht zurückschrecken*]

спасти́ rétten *vt*, errétten *vt* (от когó-л., от чегó-л. vor *D*); in Sícherheit bríngen*; *мор.* bérgen *vt*; ~ положéние die Situatión rétten; **~сь** sich rétten; sich in Sícherheit bríngen* (от когó-л., от чегó-л. vor *D*)

спасть (áb)fállen* *vi* (s); sínken* *vi* (s) (*пони́зиться*); ábnehmen* *vi* (*умéньшиться*); водá спáла das Wásser ist gefállen; жарá спáла die Hítze hat ábgenommen [náchgelassen]

спать schláfen* *vi*; ложи́ться ~ schláfen géhen*, sich schláfen légen, zu Bett géhen*; уложи́ть детéй ~ die Kínder schláfen légen; (мне) ~ хóчется ich will schláfen, ich bin schläfrig; ~ под откры́тым нéбом únter fréiem Hímmel schláfen*; крéпко ~ fest schláfen*; ~ как уби́тый wie ein Dachs [wie ein Múrmeltier] schláfen*; ~ пóсле обéда ein Míttagsschläfchen hálten* [máchen]; ◇ ~ и ви́деть *разг.* séhnlichst wünschen; im Wáchen von etw. (*D*) träumen; ~ сном прáведника den Schlaf des Geréchten schláfen*; **~ся** *безл.*: мне не спи́тся ich kann nicht (éin)schláfen; хорошó спи́тся под ýтро gégen Mórgen schläft sich's gut

спáянн||ость *ж* Éinigkeit *f*, Verbúndenheit *f*; Zusámmenhalt *m* -(e)s; **~ый 1.** zusámmengelötet, verlötet; **2.** *перен.* éinig; verbúnden

спая́ть 1. zusámmenlöten *vt*, verlöten *vt*; **2.** *перен.* éinigen *vt*; verbínden* *vt*; zusámmenschweißen *vt*

спевáться *см.* спéться 1

спéвка *ж* Chorprobe ['ko:r-] *f* (11)

спек||áние *с тех.* Bácken *n* -s, Zusámmenbacken *n*; Agglomeratión *f*; Síntern *n* -s, Sínterung *f*; **~áться 1.:** кровь ~áется das Blut gerínnt; **2.** *тех.* bákken* *vi*; **~áющийся** *тех.* ~áющийся ýголь Báckkohle *f* (11)

спектáкль *м* Vórstellung *f* (10), Áufführung *f* (10); дневнóй ~ Tágesvorstellung *f*, Náchmittagsvorstellung *f*

спектр *м физ.* Spéktrum *n* -s, *pl* -tren *u* -tra; **~áльный** Spektrál-; ~áльный анáлиз Spektrálanalyse *f* (11)

спектрóграф *м* Spektrográph *m* (8)

спектрó||метр *м* Spektrométer *n* (6); **~мéтрия** *ж* Spektrometríe *f*

спектроскóп *м* Spektroskóp *n* (2); **~и́я** *ж* Spektroskopíe *f*

спектрофотóметр *м физ.* Spektrophotométer *n* (6)

спекул||и́рование *с* Spekulíeren *n* -s; **~и́ровать** spekulíeren *vt*; schíeben* *vt*, Schíebergeschäfte máchen; ~и́ровать на чём-л. (*испóльзовать что-л.*) etw. áusschlachten; **~я́нт** *м* Spekulánt *m* (8); Schíeber *m* (6); крýпный ~я́нт Gróßschieber *m*

спекуляти́вн||ый I spekulatív; Spekulatións-; Schíeber-; ~ая ценá Spekulatiónspreis *m* (1)

спекуляти́вный II *филос.* spekulatív

спекуля́ция I *ж* Spekulatión *f* (10); Schíebung *f* (10); Schíebergeschäft *n* (2); ~ на вздувáнии цен Préiswucher *m* -s

спекуля́ция II *ж филос.* Spekulatión *f*

спеленáть wíckeln *vt*

спелеóлог *м* Speläológe *m* (9), Höhlenforscher *m* (6)

спелеолóгия *ж* Speläologíe *f*, Höhlenforschung *f*

спéл||ость *ж* Réife *f*; **~ый** reif; érntefertig; вполнé ~ый hóchreif, vóllreif

спервá *нареч. разг.* erst, zuérst, zu allerérst; vor állem (*прéжде всегó*); ánfangs (*рáньше*); ~ надó убрáть erst [vor állem] muß man áufräumen; ~ покáзался дым (zu)érst würde Rauch síchtbar

спéреди *нареч.* **1.** (*на вопрос «где?»*) vórn(e); **2.** (*на вопрос «откýда?»*) von vórn(e)

сперéть I *безл.*: у меня́ дыхáние спёрло es verschlúg mir den Átem [die Luft]

сперéть II *разг.* (*укрáсть*) kláuen *vt*, stibítzen *vt*

спéрма *ж физиол.* Spérma *n* -s, *pl* -men *u* -ta

сперматозóид *м физиол.* Spermatozó¦on *n* -s, -zó¦en

спермацéт *м фарм., тех.* Spermazét *n* -(e)s; Wálrat *m, n* -(e)s

спёртый stíckig; dumpf; ~ вóздух stíckige Luft; éine Luft zum Erstícken

спеси́в||ость *ж см.* спесь; **~ый** hóchmütig; hóchnäsig

спесь *ж* Hóchmut *m* -(e)s; Hóchnäsigkeit *f*; ◇ сбить ~ с когó-л. j-m den Hóchmut áustreiben*

спеть I (*о плодáх*) réifen *vi* (s), reif wérden

спеть II (*пéсню*) síngen* *vt*, vórsingen* *vt*; **~ся 1.** sich éinsingen*; sich im Chorgesang ['ko:r-] üben; **2.** *перен. разг.* sich verständigen; ein ábgekartetes Spiel tréiben*; ~ся с кем-л. mit j-m in dassélbe Horn blásen*

спех: э́то не к ~у *разг.* dámit hat es kéine Éile; dámit hat es gúte Wéile

спец *м разг.* (*мáстер на что-л.*) Fáchmann *m* -(e)s, -leute, Méister *m* (6), Könner *m* (6); он в э́том дéле ~ dárin ist er Fáchmann

специализ||áция *ж* Spezialisíerung *f*; **~и́рованный** spezialisíert; ~и́рованный магази́н Fáchgeschäft *n* (2); **~и́роваться** sich spezialisíeren (по чемý-л., в чём-л. auf *A*)

специали́ст *м* Fáchmann *m* -(e)s, -leute, Spezialíst *m* (8); Sáchkenner *m* (6) (*знатóк*); ~ по чемý-л. Spezialíst für (*A*); быть ~ом в какóм-л. дéле sich in éinem Fach áuskennen*, in etw. (*D*) Fáchmann sein; кáдры ~ов Fáchkräfte *pl*, Fácharbeiter *pl*

специáльн||о *нареч.* speziéll; éxtra; áusdrücklich; éinzig und alléin (*исключи́тельно*); besónders, éigens (*нарóчно*); я пришёл ~о, чтóбы поговори́ть с вáми ich bin éxtra gekómmen, um mit Íhnen zu spréchen; ~о для вас speziéll [éxtra, éinzig und alléin] für Sie; **~ость** *ж* Fach *n* (5), Spezialität *f* (10); Fáchgebiet *n* (2) (*óтрасль*); Fáchrichtung *f* (10) (*техни́ческая*); berúfliche Ríchtung, Berúfsrichtung *f* (*профéссия*); основнáя ~ость Háuptberuf *m* (1); не по основнóй ~ости im Nébenberuf; имéть ~ость Fácharbeiter sein; рабóтать по своéй ~ости in séinem Fach stéhen*; séinem Berúf náchgehen*; испóльзовать когó-л. по ~ости j-n in séinem [íhrem *usw.*] Fach éinsetzen; испóльзовать когó-л. не по ~ости j-n berúfsfremd beschäftigen; рабóтать не по ~ости berúfsfremd árbeiten; э́то не по моéй ~ости das schlägt nicht in mein Fach; какáя у вас ~ость? was sind Sie von Berúf?; **~ый** speziéll; Speziál-; Fach-; Sónder-; ~ое образовáние Fáchbildung *f*; ~ая литератýра Fáchliteratur *f*; ~ый вы́пуск (*газéты*) Sónderausgabe *f* (11), Sóndernummer *f* (11); ~ый уполномóченный Sónderbeauftragte *m* (14); ~ая шкóла Sónderschule *f* (11)

спéции *мн.* Spezeréi¦en *pl*; Gewürz *n* (2)

специ́фика *ж* Besónderheit *f*, Éigenheit *f*; Spezífik *f*

спецификáция *ж спец.* Spezifikatión *f* (10); Stückliste *f* (11)

специфи́ческ||ий spezífisch; ~ое срéдство Spezífikum *n* -s, *pl* -ka, Sóndermittel *n* (6)

спецкóр *м разг.* (специáльный корреспондéнт) Sónderkorrespondent *m* (8)

спецкýрс *м* (speziéller Vórlesungszyklus *m* =, =len

спецóвка *ж разг. см.* спецодéжда

спецодéжда *ж* Berúfskleidung *f* (10), Árbeitskleidung *f*; Speziálkleidung *f*; Árbeitsschutzbekleidung *f* (*защи́тная*); тёплая ~ Kälteschutzkleidung *f*

спецподготóвка *ж* (специáльная подготóвка) Speziálausbildung *f*; Sónderausbildung *f*

спецшкóла *ж* (специáльная шкóла) Sónderschule *f* (11)

спечь bácken* *vt*; **~ся** dúrchbacken* *vi*

спéш||енный *воен.* ábgesessen, zu Fuß; **~ивать(ся)** *см.* спéшить(ся)

спéшить *воен.* ábsitzen lássen*

спеши́ть 1. éilen *vi*, sich beéilen, hásten *vi*; es éilig háben, Éile háben; sich spúten (*разг.*); ~ на пóмощь zu Hílfe éilen; ~ на пóезд sich zum Zug beéilen; дéлать что-л. не спешá sich (*D*) Zeit néhmen*; **2.** (*о часáх*) vórgehen* *vi* (s)

спéшиться ábsitzen* *vi* (s); aus dem Sáttel spríngen*

спе́ш||ка *ж* Éile *f*, Hétze *f*, Hetzeréi *f*, Hast *f*; в ~ке in (der) Éile; **~но** *нареч.* éilig; éilends; hástig; schléunig(st) (*немедленно*); dríngend, drínglich (*срочно*); **~ность** *ж* Éile *f*, Hást(igkeit) *f*, Éiligkeit *f*; Drínglichkeit *f* (*неотложность*); **~ный** éilig; hástig; drínglich, dríngend (*неотложный*); ~ное письмо́ Éilbrief *m* (1); ~ная по́чта Éilpost *f*; ~ное де́ло éine dríngende Ángelegenheit; в ~ном поря́дке dríngend

спива́ться *см.* спи́ться

спидве́й *м спорт.* Speedway-Rennen [ˈspi:dwe:-] *n* -s

спидо́метр *м тех.* Tachométer *n* (6), Geschwíndigkeitsmesser *m* (6), Fáhrtmesser *m*

спи́кер *м* (*в Англии и США*) Speaker [ˈspi:kər] *m* (6)

спи́ливать, спили́ть ábsägen *vt*

спин *м яд. физ.* Spin [sp-] *m* -s, Éigendrehimpuls *m* -es

спин||а́ *ж* Rücken *m* (7); Búckel *m* (6) (*разг.*); упа́сть на́ ~у auf den Rücken fállen*; rücklings hínschlagen*; nach hínten fállen*; пла́вать на ~е́ auf dem Rücken schwímmen*; поверну́ться ~о́й к кому́-л. j-m den Rücken zúdrehen [(zú)kéhren]; прислони́ться ~о́й sich mit dem Rücken ánlehnen (к чему́-л. gégen *A*, an *A*); ве́тер нам в спи́ну wir háben den Wind im Rücken; ◇ гнуть спи́ну kátzbuckeln *неотд. vi*; kríechen* *vi*; за ~о́й у кого́-л. hínter j-s Rücken; стоя́ть за ~о́й кого́-л. j-m den Rücken stéifen; j-m im Rücken stéhen*; нанести́ уда́р в спи́ну j-m in den Rücken fállen*

спи́нк||а *ж* **1.** (*у мебели*) Rückenlehne *f* (11), Léhne *f*; с высо́кой ~ой mit hóher Léhne; **2.** (*у одежды*) Rückenteil *m* (1), *n* (2)

спи́ннинг *м* Spínnangel *f* (11)

спинно́й Rücken-; ~ хребе́т Rückgrat *n* (2), Wírbelsäule *f* (11); ~ мозг Rückenmark *n* -s

спинномозгов||о́й *анат.* Rückenmarks-, spinál, Spinál-; ~а́я жи́дкость Rückenmarksflüssigkeit *f*, Liquor *m* -s

спира́ль *ж* **1.** Spiŕale *f* (11); Spirállinie *f* (11); **2.** *эл.* Wéndel *f* (11), Spirále *f* (11); **~ный** Spirál-; spirálförmig; ~ная ле́стница Wéndeltreppe *f* (11); ~ная пружи́на Spirálfeder *f* (11); ~ное сверло́ Spirálbohrer *m* (6)

спира́нт *м фон* Spiránt *m* (8), Réibelaut *m* (1)

спира́ть *см.* сперéть I

спири́т *м* Spiritíst *m* (8); **~и́зм** *м* Spiritísmus *m* =; **~и́ческий** spiritístisch; ~и́ческий сеа́нс spiritístische Sítzung

спиритуал||и́зм *м филос.* Spiritualísmus *m* =; **~и́ст** *м филос.* Spiritualíst *m* (8); **~исти́ческий** *филос.* spiritualístisch

спиро́метр *м мед.* Spirométer *n* (6), Átmungsmesser *m* (6), Lúngenmesser *m*

спирохе́та *ж бакт.* Spirochäte *f* (11)

спирт *м* Spíritus *m* =, *pl* = *u* -se; Álko¦hol *m* -s; Sprit *m* (1) (*разг.*); ви́нный ~ Wéingeist *m* -es, Wéinspiritus *m*; древе́сный ~ Hólzspiritus *m*, Hólzgeist *m*; нашаты́рный ~ Sálmiakgeist *m*; денатури́рованный ~ denaturíerter Spíritus; **~но́е** *сущ. с разг.* Spirituósen *pl*, géistige Getränke (*pl*); **~но́й** spirituós; ~ные напи́тки géistige [alko¦hólische] Getränke, Spirituósen *pl*; **~ова́ть** *спец.* alko¦holisíeren *vt*, mit Álko¦hol versétzen; **~о́вка** *ж* Spírituskocher *m* (6); **~ово́й** Spíritus-, Álko¦hol-; Spirt-; ~ова́я горе́лка Spírítusbrenner *m* (6), Álko¦holbrenner *m*; ~ово́й заво́д Spírítusbrennerei *f* (10)

спиртоме́р *м тех.* Álko¦holmesser *m* (6)

списа́ть **1.** ábschreiben* *vt*; kopíeren *vt* (*скопировать*); **2.** (*позаимствовать у кого-л.*) ábschreiben* *vt* (von *D*); ~ друг у дру́га voneinánder ábschreiben*; **3.** (*долг, сумму*) gútschreiben* *отд. vt*; búchen *vt*; belásten *vt*; áusbuchen *vt* (*в убыток*); ~ со счёта (vom Kónto) ábbuchen, (ein Kónto) belásten; ~ в расхо́д als Kósten búchen; ~ долг éine Schuld ábschreiben* [áusbuchen]; **4.** (*с корабля*) entlássen* *vt*, ábheuern *vt*; **~ся** sich bríeflich verábreden [verständigen]; sich schríftlich in Verbíndung sétzen

спи́с||ок *м* **1.** Líste *f* (11); Verzéichnis *n* (3*); ~ок опеча́ток Drúckfehlerverzeichnis *n*; именно́й ~ок Námen(s)liste *f*, námentliche Áufstellung [Líste], Persónenverzeichnis *n*, Persónenliste *f*; ~ок прису́тствующих Ánwesenheitsliste *f*; ~ки избира́телей Wählerlisten *pl*; **2.:** послужно́й ~ок Díenstliste *f* (11); *воен.* Personálbogen *m* (7, 7*); трудово́й ~ок Díenstliste *f*; ◇ чёрные ~ки schwárze Líste (*sg*)

спи́сывать *см.* списа́ть; **~ся** **1.** *см.* списа́ться; **2.** *страд.* ábgeschrieben [kopíert] wérden (*ср.* списа́ть)

спито́й *разг.* dünn; ~ чай ábgestandener dünner Tee, álter Téesatz

спи́ться *разг.* sich dem Trunk ergében*; Säufer wérden

спи́хивать, спихну́ть *разг.* herúnterstoßen* *vt*, herúnterdrängen *vt* (*по направлению к говорящему*); hinúnterstoßen* *vt* (*по направлению от говорящего*)

спи́ца *ж* **1.** (*для вязания*) Stríсknadel *f* (11); **2.** (*колеса́*) Spéiche *f* (11), Rádspeiche *f*; ◇ пя́тая ~ в колесни́це *разг.* das fünfte Rad am Wágen

спич *м* Réde *f* (11), Speech [*англ.* spi:tʃ] *m* -es, *pl* -e *u* -es

спи́чеч||ница *ж* Stréichholzständer *m* (6), Stréichholzbüchse *f* (11); Zúndholzständer *m* (*книжн.*), Zündholzbüchse *f* (*книжн.*) (*настольная*); Stréichholzschachtel *f* (11), Zündholzschachtel *f* (*книжн.*) (*карманная*); **~ный** Stréichholz-; Zündholz- (*книжн.*); ~ная коро́бка Stréichholzschachtel *f* (11); Zündholzschachtel *f* (*книжн.*)

спи́ч||ка *ж* Stréichholz *n* (5); Zündholz *n* (*книжн.*); коро́бка ~ек éine Scháchtel Stréichhölzer; худо́й как ~ка *разг.* spíndeldürr; но́ги как ~ки *разг.* spíndeldürre Béine; Stórchbeine *pl*

сплав I *м* (*ле́са*) Flößen *n* -s, Flößung *f*, Hólzflößerei *f*; молево́й ~ Hólztrift *f*

сплав II *м* (*металлов*) Legíerung *f* (10); лёгкий ~ Léichtmetallegierung (*при переносе* Leichtmetall-legierung) *f*

спла́вить I **1.** (*лес*) flößen *vt*; tríften *vt* (*молем*); **2.** *перен. разг.* (*отделаться*) lóswerden* *отд. vt* (s), ábschieben* *vt* (*кого-л.*); lósschlagen* *отд. vt*, ábschaffen *vt* (*что-л.*)

спла́вить II (*металлы*) legíeren *vt*

сплавля́ть *см.* спла́вить I, II

сплавн||о́й flößbar, Flöß-; ~о́й лес Flößholz *n* -es; ~а́я река́ flößbarer Fluß

спла́вщик *м* (*ле́са*) Flößer *m* (6)

сплани́ровать plánen *vt*; veránschlagen *vt* (*составить смету*)

спла́чивать *см.* сплоти́ть; **~ся** **1.** *см.* сплоти́ться; **2.** *страд.* geschárt [zusámmengeschlossen] wérden (*ср.* сплоти́ть)

сплёвывать *см.* сплю́нуть

сплести́ zusámmenflechten* *vt*, verknüpfen *vt*; klöppeln *vt* (*кружево*); wínden* *vt* (*венок*); **~сь** sich verschlíngen*, sich verfléchten*

сплет||а́ть *см.* сплести́; **~а́ться** **1.** *см.* сплести́сь; **2.** *страд.* zusámmengeflochten wérden (*ср.* сплести́), **~е́ние** *с* **1.** Gefléсht *n* (2); Verschlíngung *f* (10); **2.:** со́лнечное ~е́ние *анат.* Sónnengeflecht *n* (2)

спле́т||ник *м* Klátschbruder *m* (6*), Klátschmaul *n* (5); **~ница** *ж* Klátschbase *f* (11); **~ничать** klátschen *vi*, Klatscheréi¦en máchen; **~ня** *ж* Klatscheréi *f* (10); Geklátsch *n* -es, Geréde *n* -s

сплеча́ *нареч.*: руби́ть ~ mit der Tür ins Haus fállen*

сплин *м уст.* Spleen [*англ.* spli:n] *m* -s, -s

сплоти́ть schären *vt*; (zusámmen)-schlíeßen* *vt*; veréinigen *vt*; éinen *vt*; zusámmenschweißen *vt*; ~ ряды́ *тж. перен.* die Réihen schlíeßen*; **~ся** sich zusámmenschließen*; zusámmenhalten* *vi*; sich schären (вокру́г чего́-л. um *A*)

сплохова́ть *разг.* éinen Féhler máchen; versägen *vi*

сплоче́ние *с* Zusámmenhalten *n* -s; Geschlóssenheit *f*; Veréinigung *f*; Zusámmenschluß *m* -sses

сплочённ||ость *ж* Geschlóssenheit *f*; Éinigkeit *f*; **~ый** geschlóssen; éinmütig; féstgefügt; éinig; боро́ться ~ыми ряда́ми in geschlóssenen Réihen kämpfen

сплошн||о́й dicht, geschlóssen; kompákt; únunterbrochen (*непрерывный*); ~а́я электрифика́ция dúrchgängige Elektrofizíerung; ~а́я ма́сса kompákte Másse; ◇ ~о́й вздор *разг.* vollkómmener Únsinn, der réinste Blödsinn

сплошь *нареч.* **1.** (*полностью*) gänzlich; völlig; durchwég; dúrchgehend; **2.** (*ничего кроме*) láuter, nichts als; ~ цветы́ láuter Blúmen, nichts als Blúmen; ◇ ~ и ря́дом, ~ да ря́дом auf Schritt und Tritt

сплутова́ть *разг.* mógeln *vi*; éinen Schélmenstreich máchen [verüben]; sich (*D*) éine Spítzbüberei zuschúlden kómmen lássen*; betrügen* *vt*

сплы||ть: бы́ло да ~ло *разг.* ≅ wie gewónnen, so zerrónnen

сплю́нуть áusspucken *vi*, *vt*, áusspeien* *vi*, *vt*

сплю́снутый *см.* сплю́щенный

сплю́щ||енный plättgedrückt; plättgequetscht; ábgeplattet; platt; fláchgequetscht; **~ивание** *с* Ábplattung *f*; Fláchquetschung *f*; **~ивать** *см.* сплю́щить; **~иваться** **1.** *см.* сплю́щиться; **2.** *страд.* plättgedrückt [plättgequetscht, ábgeplattet] wérden; **~ить** plättdrükken *отд. vt*; plättquetschen *отд. vt*; ábplatten *vt*; **~иться** plättgedrückt [plättgequetscht] wérden

сплясáть *разг.* (vór)tänzen *vt*

сподви́жник *м* Mítkämpfer *m* (6), Kämpfgenosse *m* (9)

спозара́нку *нареч. разг.* früh; in áller Frühe; vor Tau und Tag

спои́ть *см.* спа́ивать I

споко́йн||о *нареч.* rúhig; still; gelássen; mit Rúhe; in Rúhe; соверше́нно ~о in áller Rúhe; сиде́ть ~о sich rúhig verhálten*; still sítzen*; ~о! Rúhe!; rúhig Blut!; ~о обду́мать in Rúhe überlégen; **~ый** rúhig; still; gelássen (*уравновешенный*); fríedlich (*мирный*); ~ое настрое́ние áusgeglichene Stímmung; ~ое мо́ре stílles [glättes] Meer; ~ое кре́сло Rúhesessel *m* (6), ein bequémer Séssel; со ~ой со́вестью mit gútem [rúhigem, réinem] Gewíssen; ~ой но́чи! gúte Nacht!; wünsche gut zu schláfen!; бу́дьте ~ы! Sie können ganz rúhig sein!; dárauf können Sie sich verlássen!

споко́йствие *с* Rúhe *f*, Stílle *f*; Fríede *m* -ns, Fríeden *m* -s (*мир*); Gelássenheit *f* (*уравнове́шенность*); сохрани́ть ~ (ду́ха) die [séine] Rúhe [Séelenruhe] bewáhren; sich nicht aus der Rúhe [Fássung] bríngen lássen*

споко́н: ~ ве́ку, ~ веко́в *разг.* seit jéher; seit Úrbeginn; seit gráuer Vórzeit, seit álters her

сполáскивать *см.* сполосну́ть

спол́з||а́ние *с* **1.** Hinúnterkriechen *n* -s; **2.** (*смеще́ние*) Ábrutschen *n* -s; **3.** *перен. неодобр.* Ábgleiten *n* -s (к чему́-л. zu *D*); ~**а́ть 1.** *см.* сползти́; **2.** (*о го́рных поро́дах и т. п.*) ábrutschen *vi* (s); ~**а́ться** zusámmenkriechen* *vi* (s)

сползти́ 1. hinúnterkriechen* *vi* (s); **2.** (*сдви́нуться, смести́ться*) ábrutschen *vi* (s); **3.** *перен. неодобр.* ábgleiten* *vi* (s) (к чему́-л. in *A*); ~**сь** *см.* сполза́ться

сполна́ *нареч.* vóllständig; vóllzählig; де́ньги полу́чены ~ (*на́дпись на счёте*) Geld ríchtig erhálten

сполосну́ть ábspülen *vt*

спонде́й *м лит.* Spondé¦us *m* =, -dé¦en

спонта́нный spontán

спор *м* **1.** Streit *m* -(e)s, Wórtwechsel *m* (6); Wórtgefecht *n* (2); ~ы Stréitigkeiten *pl*; учёный ~ wíssenschaftlicher Méinungsstreit; wíssenschaftliches Stréitgespräch; бесполе́зный ~ ein nútzloser Streit; Streit um des Káisers Bart (*разг.*); зате́ять ~ éinen Wórtwechsel ánfangen*; éinen Streit vom Záune bréchen* (*разг.*); урегули́ровать ~ éinen Streit béilegen; вы́звавший горя́чие ~ы heiß umstrítten; **2.** *юр.* Stréitsache *f* (11), Réchtsstreit *m* (1); трудово́й ~ Árbeitsstreitigkeit *f*; Árbeitskonflikt *m* (1); ◇ ~у нет das ist zwéifellos [únzweifelhaft], das ist únbestreitbar [únbestritten]

спо́ра *ж биол.* Spóre *f* (11)

споради́ческий sporádisch; veréinzelt; ~ слу́чай заболева́ния Éinzelerkrankung *f* (10), Éinzelfall *m* (1*), sporádischer Fall

спора́нгий *м бот.* Sporángium *n* -s, -gi¦en, Spórenbehälter *m* (6)

спо́рить 1. (*о чём-л.*) stréiten* *vi*, sich stréiten* (über *A*); ~ о пустяка́х (sich) um des Káisers Bart stréiten*; **2.** (*держа́ть пари́*) wétten *vi*; на что спо́рим? um was wétten wir [wóllen wir wétten]?; **3.** *юр.* éinen Prozéß führen; stréiten* *vi*

спо́рит||ься *разг.* (*удава́ться*) gut vonstátten géhen* *vi* (s), gelíngen* *vi* (s); gut von der Hand géhen*; рабо́та ~ся die Árbeit geht vorán; рабо́та у него́ ~ся die Árbeit geht ihm rasch [leicht] von der Hand

спо́рн||ость *ж* Stríttigkeit *f*; ~**ый** stríttig, umstrítten, Streit-; ~ый вопро́с Stréitfrage *f* (11), stríttige Fráge; ~ый слу́чай Stréitfall *m* (1*)

спо́ров||ый *бот.* Spóren-; ~ые расте́ния Spórengewächse *pl*

спо́рок *м* ein zertrénntes Kléidungsstück; das ábgetrennte Óberzeug (éines Kléidungsstückes)

споро́ть ábtrennen *vt*, lóstrennen *отд. vt*

спорт *м* Sport *m* -(e)s; гребно́й ~ Rúdersport *m*; лы́жный ~ Skisport [ˈʃiː-] *m*; па́русный ~ Ségelsport *m*; стрелко́вый ~ Schíeßsport *m*; велосипе́дный ~ Rádsport *m*; во́дный ~ Wássersport *m*; ко́нный ~ Réiten *n* -s; большо́й ~ Léistungssport *m*; занима́ться ~ом Sport tréiben*; но́вости ~а (*в газе́те*) vom Spórtgeschehen

спортгородо́к *м* (спорти́вный городо́к) Spórtkomplex *m* (1)

спортза́л *м* (спорти́вный зал) Túrnhalle *f* (11), Spórthalle *f*

спорти́вн||ый Sport-; spórtlich, spórtgerecht, spórtmäßig; ~ая площа́дка Spórtplatz *m* (1*); ~ый костю́м Spórtanzug *m* (1*), ein spórtmäßiger Ánzug, Spórtbekleidung *f* (10), Dreß *m* -sses, -sse; ~ая о́бувь Spórt- und Túrnschuhe *pl*; ~ые това́ры Spórtartikel *pl*; ~ое обозре́ние Überblick *m* über die Spórtereignisse; ~ое о́бщество Spórtverein *m* (1); Spórtgemeinschaft *f* (10) (*сокр.* SG, *в ГДР*); ~ый зал Túrnhalle *f* (11), Spórthalle *f*; ~ые соревнова́ния spórtliche Wéttkämpfe *pl*; ~ый значо́к Spórtleistungsabzeichen *n* (7)

спортплоща́дка *ж* (спорти́вная площа́дка) Spórtplatz *m* (1*)

спортсме́н *м* Spórtler *m* (6), Spórtsmann *m* (4); ~-разря́дник Spítzensportler *m* (6), Léistungssportler *m*; ~**ка** *ж* Spórtlerin *f* (12); ~**ский** Sport-, Spórtler-; spórtlich, spórtgemäß

спорттова́ры *мн.* (спорти́вные това́ры) Spórtartikel *pl*

спорхну́ть (*о пти́це*) hinúnterhüpfen; *vi* (s), hinúnterflattern *vi* (s), herúnterfliegen* *vi* (s)

спо́рщик *м разг.* Stréitsüchtige *m* (14); Stréithahn *m* (1*), Kämpfhahn *m*

спо́рый *разг.* vórteilhaft, günstig, erfólgreich; schnell (*бы́стрый*)

спорынья́ *ж бот.* Mútterkorn *n* (5)

спо́соб *ж* Wéise *f* (11), Art *f* (10); Art und Wéise; Verfáhren *n* (7), Methóde *f* (11) (*приём, ме́тод*); Míttel *n* (6), Weg *m* (1) (*сре́дство*); ~ испыта́ния Prǘfverfahren *n*; ~ платежа́ Záhlungsart *f*, Záhlungsweise *f*; ~ выраже́ния Áusdrucksweise *f*; ~ употребле́ния (*инстру́кция*) Gebráuchsanweisung *f* (10); ~ испо́льзования Hándhabung *f* (10); ~ произво́дства *эк.* Produktiónsweise *f*; ~ изготовле́ния Fértigungsart *f*; ~ реше́ния *мат.* Lösungsverfahren *n*, Lösungsweg *m*; ~ устано́вки *тех.* Éinbauart *f*; каки́м бы то ни́ было ~ом auf wélche Art und Wéise es auch [ímmer] sei, auf jéde belíebige Wéise, so óder so

спосо́бн||ость *ж* **1.** Fähigkeit *f*, Vermögen *n* -s, Kraft *f*; пропускна́я ~ость Áufnahmefähigkeit *f*; Dúrchlaßfähigkeit *f*; Léistungsfähigkeit *f*; Kapazität *f*; поглоти́тельная ~ость *тех.* Áufnahmevermögen *n* -s; покупа́тельная ~ость *эк.* Káufkraft *f*; **2.** *б. ч. мн.* ~ости (*дарова́ние*) Fähigkeit *f* (10); Begábung *f* (10) (к чему́-л. für *A*); у́мственные ~ости géistige Fähigkeiten; разви́тие ~остей die Entwícklung der Fähigkeiten; ~ость к му́зыке musikálische Fähigkeiten, Begábung für Musík; musikálisches Talént; челове́к с больши́ми ~остями ein Mensch von [mit] gróßen Fähigkeiten; ~**ый 1.** (*одарённый*) begábt, befähigt, fähig, talentíert; bíldungsfähig (*об учащемся*); **2.** (*на что-л.*) fähig (*G или* zu *D*); ~ый к труду́ árbeitsfähig; ~ый носи́ть ору́жие wáffenfähig; вода́ ~а превраща́ться в пар das Wásser besítzt die Éigenschaft [das Vermögen], sich in Dampf zu verwándeln

спосо́бствовать béitragen* *vi* (чему́-л. zu *D*); fördern *vt*; begünstigen *vt* (*благоприя́тствовать*); ~ кому́-л. в чём-л. j-m in etw. (*D*) behílflich sein; ~ тому́, что... dázu béitragen*, daß...; ~ сближе́нию éine Ánnäherung vermítteln

споткну́ться 1. (*обо что-л.*) stólpern *vi* (s) (über *A*); stráucheln *vi* (h, s); **2.** *разг.* (*запну́ться*) stécken¦bleiben* *отд. vi* (s); stócken *vi*; nach Wórten súchen; **3.** *разг.* (*потерпе́ть неуда́чу*) entgléisen *vi* (s), stráucheln *vi* (s), zu Fall kómmen*

спотыка́ться *см.* споткну́ться

спохват||и́ться, спохва́тываться *разг.* sich plötzlich (éines ándern) besínnen* [erínnern]; он ~и́лся, что... es fiel ihm plötzlich ein, daß...

спра́ва *нареч.* **1.** (*на вопрос «отку́да?»*) von rechts, von der réchten Séite; **2.** (*на вопрос «где?»*) rechts, réchter Hand; ~ был лес rechts lag der Wald; ~ от меня́ rechts von mir, zu méiner Réchten, réchter Hand

справедли́в||о *нареч.* gerécht; begründet; mit Recht, mit Grund; zu Recht (*по пра́ву*); recht und bíllig; ~о тре́бовать zu Recht fórdern; ~**ость** *ж* **1.** Geréchtigkeit *f*; по ~ости von Rechts wégen; bílligerweise; geréchterweise; по всей ~ости nach Recht und Bílligkeit; по ~ости говоря́ óffen geságt; óffen und éhrlich; **2.** (*пра́вильность*) Ríchtigkeit *f*, Wáhrheit *f*; ◇ отда́ть ~ость кому́-л. j-m Geréchtigkeit widerfáhren lássen*; ну́жно отда́ть ему́ ~ость... man muß es ihm lássen...; das muß ihm der Neid lássen...; отдава́я ~ость... um gerécht zu sein...; ~**ый 1.** gerécht; bíllig, réchtmäßig; geréchtfertigt; ~ое тре́бование éine bíllige [réchtmäßige] Fórderung; быть ~ым к кому́-л., к чему́-л. j-m, éiner Sáche (*D*) gerécht wérden; **2.** (*пра́вильный*) wahr, ríchtig, begründet

спра́вить *разг.* (*отпра́здновать*) féiern *vt*

спра́в||иться 1. (*осве́домиться*) sich erkúndigen; Erkúndigungen éinziehen* (о ком-л., о чём-л. über *A*, nach *D*); náchforschen *vi*, náchfragen *vi* (nach *D*); náchschlagen* *vi*, náchsehen* *vi* (*в словаре́ и т. п.*); ~иться по докуме́нтам in den Ákten náchschlagen*; **2.** (*с кем-л. — одоле́ть*) fértig wérden (mit *D*); j-n kléinkriegen *отд.*; с ним не легко́ ~иться mit ihm hat man kein léichtes Spiel; **3.** (*с чем-л.*) fértig wérden (mit *D*), zuréchtkommen *отд. vi* (s) (mit *D*); scháffen *vt*; sich gewáchsen zéigen (*D*); bewältigen *vt*; éiner Sáche (*G*) Herr wérden (*книжн.*) (*одоле́ть*); ~иться с рабо́той die Árbeit scháffen [bewältigen]; ~иться с тру́дностями mit den Schwíerigkeiten fértig wérden; der Schwíerigkeiten Herr wérden (*книжн.*); ~иться с зада́чей die Áufgabe méistern; der Áufgabe gerécht wérden; он не ~ился с э́тим er kam damít nicht zurécht; уж мы с э́тим ~имся wir wérden es schon scháffen

спра́в||ка *ж* **1.** Áuskunft *f* (3), Ermítt(e)lung *f* (10), Erkúndigung *f* (10); наведе́ние ~ок Náchforschung *f* (10), Náchfrage *f* (11); навести́ ~ки о ком-л., о чём-л. Áuskünfte [Erkúndigungen] über j-n, über etw. (*A*) éinholen [éinziehen*]; Ermítt(e)lungen ánstellen; дать кому́-л. ~ку о чём-л. j-m über etw. (*A*) Áuskunft gében* [ertéilen]; обрати́ться к кому́-л. за ~кой j-n um Áuskunft bítten*; sich um Áuskunft an j-n wénden(*); **2.** (*удостове-*

рение) Beschéinigung *f* (10), Bestätigung *f* (10); Áusweis *m* (1); ~ка с ме́ста рабо́ты von der Árbeitsstelle áusgestellte Beschéinigung; ~ка о местожи́тельстве Mítteilung *f* über den Wóhnort; ~ка о состоя́нии здоро́вья Gesúndheitszeugnis *n* (3*)

справля́ть *см.* спра́вить

справля́ться I *см.* спра́виться

справля́ться II *страд.* geféiert wérden

спра́вочн||ик *м* Náchschlagewerk *n* (2), Náchschlagebuch *n* (5), Hándbuch *n*; железнодоро́жный ~ик Kúrsbuch *n*; ~**ый** Áuskunfts-; Náchweis-, Náchschlage- (*о книге и т. п.*); ~ое бюро́ Áuskunftsbüro *n* -s, -s, Áuskunftsstelle *f* (11), Áuskunft *f*; ~ая литерату́ра Náchschlagewerke *pl*

спра́шив||ать *см.* спроси́ть; вас ~ают Sie wérden verlángt, man [jémand] wünscht Sie zu spréchen; его́ ни не ~ают er wird nicht gefrágt; er hat (ja) nichts mítzureden; ничего́ не ~ая *разг.* óhne viel zu frágen; ~**аться 1.** *см.* спроси́ться **1**; **2.** *безл.*: ~ается (es) fragt sich

спрессова́ть, спрессо́вывать (zusámmen)préssen *vt*

спри́нклер *м тех.* Sprínkler *m* (6)

спринт *м спорт.* Sprint *m* (1), Kúrzstreckenlauf *m* (1*); ~**ер** *м* Sprínter *m* (6), Kúrzstreckenläufer *m* (6)

спринцев||а́ние *с мед.* Spülung *f* (10); ~**а́ть** *мед.* spülen *vt*; ~**а́ться** *мед.* sich (*D*) Spülungen máchen

спринцо́вка *ж мед.* **1.** (*промывание*) Spülung *f* (10); **2.** (*прибор*) Sprítzflasche *f* (11)

спрова́дить, спрова́живать *разг.* (héimlich) fórtschicken *vt*; hináuskomplimentieren *vt*, ábschieben* *vt* (*выставить*); бы́стро спрова́дить кого́-л. j-n kurz ábfertigen

спровоци́ровать *см.* провоци́ровать

спрос *м* **1.** *эк.* Náchfrage *f* (11); ма́ссовый ~ Mássennachfrage *f*; Mássenbedarf *m* -(e)s; возро́сший ~ на что-л. der Méhrbedarf an etw. (*D*); ~ и предложе́ние Ángebot und Náchfrage; ~ превыша́ет предложе́ние die Náchfrage übersteigt das Ángebot; на э́тот това́р есть ~ es ist [es herrscht] Náchfrage nach der Wáre, die Wáre ist sehr gefrágt; **2.**: без ~а, без ~у óhne Erláubnis; ◇ ~ де́нег не сто́ит *погов.* das Frágen kóstet kein Geld

спроси́ть 1. frágen *vt*; Frágen stéllen [ríchten]; sich erkúndigen (о чём-л. nach *D*, über *A*) (*справиться*); ~ уро́к die Háusaufgabe ábfragen; **2.** (*требовать ответственности*) fórdern *vt* (von *D*), Réchenschaft fórdern, zur Verántwortung ziehen*; с вас за э́то спро́сят Sie wérden dafür zu verántworten háben; **3.** (*желать видеть кого-л.*) nach j-m verlángen [frágen], j-n zu séhen [zu spréchen] wünschen; ~**ся** *разг.* **1.** (*спросить разрешения у кого-л.*) j-s Erláubnis [Zústimmung] éinholen, j-n um Erláubnis [Zústimmung] bítten*; **2.** *безл.*: за э́то с тебя́ спро́сится dáfür wirst du Réchenschaft áblegen müssen

спросо́нок, спросо́нья *нареч. разг.* schláftrunken; verschláfen; (vom Schlaf) benómmen

спроста́ *нареч. разг.* árglos; nicht böswillig; óhne Híntergedanken (*без задней мысли*)

спрут *м зоол.* Kráke *f* (11)

спры́гивать, спры́гнуть (*с чего-л.*) ábspringen* *vi* (s) (von *D*); hinúnterspringen* *vi* (s) (*по направлению от говорящего*); herúnterspringen* *vi* (s) (*по направлению к говорящему*)

спрыс||кивание *с* Bespritzen *n* -s; ~**кивать,** ~**нуть 1.** bespritzen *vt*, beféuchten *vt*; **2.** *разг.* (*выпить по случаю чего-л.*) begießen* *vt*, féiern *vt*

спряга́ть *грам.* konjugíeren *vt*, béugen *vt*; ~**ся** *грам.* **1.** konjugíerbar sein; **2.** *страд.* konjugíert wérden

спряже́ние *с грам.* Konjugatión *f* (10), Béugung *f* (10)

спрямле́ние *с спец.* Ríchten *n* -s; Ábfluchtung *f*

спря́тать 1. verstécken *vt*, verbérgen* *vt*; **2.** (*убрать, запереть*) áufheben* *vt*; verwáhren *vt*, áufbewahren *vt* (*сохранить*); ~**ся** sich verstécken, sich verbérgen*; sich verstéckt [verbórgen] hálten*

спу́гивать, спугну́ть verschéuchen *vt*, áufscheuchen *vt*

спуд: держа́ть что-л. под ~ом *разг.* etw. verbórgen hálten*; держа́ть свои́ спосо́бности под ~ом *разг.* ≅ sein Licht únter den Schéffel stéllen; вытащить из-под ~а *разг.* ≅ áusgraben* *vt*, der Vergéssenheit entréißen *vt*

спурт *м спорт.* Spurt *m* (1) (*pl тж.* -s)

спуртова́ть *спорт.* spúrten *vi*

спуск *м* **1.** Ábstieg *m* (1); ~ с горы́ Ábstieg vom Bérge; **2.** (*склон*) Ábhang *m* (1*); Böschung *f* (10); Hálde *f* (11); **3.** (*наклонная плоскость*) Bahn *f* (10), Rútsche *f* (11); винтово́й ~ Schnéckenrutsche *f*; ступе́нчатый ~ Stúfenrutsche *f*; **4.** *горн.* Éinhängen *n* -s, Hängen *n*; Tálfahrt *f*; Ábhang *m* (1*); **5.** *гидр.* Áblaß *m* -sses, Ábfluß *m* -sses, Áblauf *m* -(e)s; **6.**: ~ со ста́пеля (*судна*) Stápellauf *m* (1*); ~ шлю́пки (на́ воду) das Áussetzen [Zuwásserlassen, Fíeren] éines Bóotes; ~ самолёта Ábstieg *m* (1), Sínken *n* -s; ~ фла́га das Éinziehen [Éinholen, Stréichen] der Flágge; **7.** (*в оружии*) Ábzug *m* (1*); (*в фотоаппарате*) Áuslöser *m* (6); ◇ не дава́ть кому́-л. ~у *разг.* j-m nichts dúrchgehen lássen*; j-m zúsetzen

спуска́ть *см.* спусти́ть; ◇ не ~ глаз с кого́-л., с чего́-л. j-n, etw. únverwandt [únverwandten Blicks] ánsehen*; sich (von éinem Ánblick) nicht lósreißen können*; j-n, etw. mit den Blícken verfólgen [verschlíngen*]; ~**ся 1.** *см.* спусти́ться; **2.** *страд.* herábgelassen wérden (*ср.* спусти́ть)

спускн||о́й *тех.*: ~о́й кран Ábflußhahn *m* (1*), Áblaßhahn *m*, Zápfhahn *m*; ~а́я труба́ Fállrohr *n* (2), Áblaßrohr *n*

спусково́й: ~ крючо́к *воен.* Ábzug *m* (1*)

спусти́ть 1. hinúnterlassen* *vt* (*по направлению от говорящего*); herúnterlassen* *vt*, heráblassen* *vt* (*по направлению к говорящему*); *тех.* ábsenken *vt*; ~ флаг die Flágge éinholen [níederholen, éinziehen*, stréichen*]; ~ знамёна die Fáhnen sénken; **2.**: ~ су́дно со ста́пеля ein Schiff vom Stápel láufen lássen*; ~ шлю́пку (на́ воду) ein Boot áussetzen [zu Wásser lássen*, fíeren]; **3.** (*отпустить, выпустить*) lóslassen* *отд. vt*; ~ соба́ку с це́пи den Hund von der Kétte lóslassen*; ~ соба́к на кого́-л. die Húnde auf j-n hétzen; ~ пе́тлю éine Másche fállen lássen*; ~ во́ду из пруда́ das Wásser aus dem Teich áblassen*, den Teich áblassen*; ~ балло́н den Ballon [-'lɔŋ] áblassen*; **4.** *разг.* (*промотать*): ~ де́ньги das Geld dúrchbringen* [verschléudern]; **5.** *разг.* (*простить*): ~ кому́-л. что-л. j-m etw. dúrchgehen lássen*; j-m durch die Fínger séhen*; я ему́ не спущу́ э́того dáfür wird er mir büßen; ◇ ~ куро́к ábdrücken *vi*; ~ кого́-л. с ле́стницы *разг.* j-n die Tréppe hinúnterwerfen*; ~ по́езд под отко́с éinen Zug zum Entgléisen bringen*; ~ жир *разг.* ábnehmen* *vi*; де́лать что-л. спустя́ рукава́ *разг.* etw. náchlässig tun* [máchen]; ~**ся 1.** herúntersteigen* *vi* (s), herábsteigen* *vi* (s) (*по направлению к говорящему*); hinúntersteigen* *vi* (s), hinábsteigen* *vi* (s) (*книжн.*) (*по направлению от говорящего*); ~ся до у́ровня кого́-л. auf das Niveau [ni'vo:] (*G*) herábsinken* [hinábsinken*]; **2.** (*о самолёте*) níedergehen* *vi* (s); lánden *vi* (s) (*приземлиться*); wássern *vi* (*сесть на воду*); **3.** (*вниз по реке*) flußáb(wärts) fáhren*; flußáb(wärts) schwímmen* (*о пловце*)

спустя́ *предлог* nach (*D*); nach Verláuf von (*D*); ~ не́сколько дней ein paar Táge später, nach éinigen Tágen; nach Verláuf von éinigen Tágen; не́сколько лет ~ éinige Jáhre später; мно́го лет ~ víele Jáhre später; über Jahr und Tag

спу́танн||о *нареч.* verwíckelt; verzwíckt; verwórren (*о речи*); ~**ый 1.** verwíckelt; verwórren, wirr (*о речи*); **2.** (*о лошадях*) gefésselt

спу́тать 1. (*нитки, волосы и т. п.*) verwíckeln *vt*, verwírren* *vt*; **2.**: ~ ло́шадь dem Pferd Fúßfesseln ánlegen, das Pferd fésseln; **3.** (*принять за другого, за другое*) verwéchseln *vt*; я вас спу́тал с ке́м-то ich hábe Sie mit jémandem verwéchselt; **4.** *разг.* (*сбить с толку*) írremachen *отд. vt*; aus dem Konzépt bríngen*; ◇ ~ ка́рты die Kárten durcheinánderwerfen*; éinen Strich durch die Réchnung máchen; ~**ся 1.** (*о нитках, волосах и т. п.*) sich verwíckeln; sich verfítzen; **2.** (*о мыслях*) sich verwírren; **3.** *разг.* (*сбиться в речи*) aus dem Konzépt kómmen* [geráten*]; sich verhéddern; **4.** *разг.* (*связаться*) sich éinlassen* (с кем-л. mit *D*)

спу́тник *м* **1.** Gefährte *m* (9); Réisegefährte *m* (*по путешествию*); ~ (всей) жи́зни Lébensgefährte *m*; Wégbegleiter *m* (6); неизбе́жный ~ (*о явлении и т. п.*) únausbleibliche Begléiterscheinung; **2.** *астр., косм.* Satellít *m* (8), Trabánt *m* (8); ~ Земли́ (*естественный и искусственный*) Érdsatellit *m*, Érdtrabant *m*, Érdbegleiter *m* -s; иску́сственный ~ Земли́ (*сокр.* ИСЗ) Spútnik *m* -s, -s, künstlicher Érdtrabant [Érdsatellit]; есте́ственный ~ natürlicher Satellít; ~ плане́ты Planétenmond *m* -es, Planétensatellit *m*; ~ Луны́ Móndsatellit *m*; иску́сственный ~ Луны́ künstlicher Móndsatellit; метеороло́гический ~ Wéttersatellit *m*; ~ свя́зи Náchrichtensatellit *m*; разве́дывательный ~ Áufklärungssatellit *m*, Spionágesatellit [-ʒə-] *m*; запусти́ть ~ éinen Spútnik stárten; вы́вести ~ за преде́лы земно́й атмосфе́ры den Satellíten aus der Lúfthülle hináusbefördern

спу́тница *ж* Gefährtin *f* (12); Réisegefährtin *f* (*по путешествию*)

спу́тывать *см.* спу́тать 1, 2; ~**ся 1.** *см.* спу́таться 1, 4; **2.** *страд.* verwíckelt wérden (*ср.* спу́тать)

спья́на, спья́ну *нареч. разг.* in der Trúnkenheit; im Suff (*груб.*)

спя́тить *разг.* (*сойти с ума*) übergeschnappt sein, verdréht sein; éinen Vógel háben, éinen Stich háben (*шутл.*)

спя́чк||а *ж*: зи́мняя ~а Wínterschlaf *m* -(e)s; ле́тняя ~а Sómmerschlaf *m*; находи́ться в состоя́нии ~и Wínterschlaf [Sómmerschlaf] hálten*

спя́щ||ий schláfend; притвори́ться ~им sich schláfend stéllen; ◇ Спя́щая Краса́вица (*в сказке*) Dornrös¦chen *n* -s

сраба́тывание I *с спец.* (*износ инструмента, механизма*) Ábnutzung *f*, Verschléißen *n* -s

сраба́тывание II *с спец.* (*прибора*) Ánsprechen *n* -s

сраба́тывать *см.* срабо́тать; **~ся** *см.* срабо́таться I, II

срабо́танность I *ж спец.* (*изношенность инструмента, механизма*) Ábnutzung *f*, Verschléiß *m* -es; Ábgenutztheit *f*

срабо́танность II *ж* (*согласованность в работе*) gut aufeinánder ábgestimmte Zusámmenarbeit; der Éinklang in der Árbeit; Hand-in-Hánd-Arbeiten *n* -s; здесь чу́вствуется ~ hier klappt die Árbeit

срабо́т||ать **1.** *разг.* árbeiten *vt*, áusführen *vt*; чи́сто ~ано sáuber geárbeitet; **2.** *спец.* (*о приборе*) ánsprechen* *vi*

срабо́таться I *спец.* (*износиться — об инструменте, механизме*) sich ábnutzen, verschléißen* *vi* (s)

срабо́т||аться II (*с кем-л.*) sich aufeinánder éinarbeiten; Hand in Hand árbeiten; хорошо́ ~авшийся коллекти́в ein gut éingearbeitetes Kollektív

сравне́н||ие *с* **1.** Vergléich *m* (1); в ~ии, по ~ию с кем-л., с чем-л. im Vergléich zu (*D*), verglíchen mit (*D*), gegenüber (*D*); gégen (*A*); для ~ия zu Vergléichszwecken; вне ~ия unvergléichbar, unvergléichlich, nicht zu vergléichen; невы́годное ~ие ein úngünstig áusfallender Vergléich; не идти́ ни в како́е ~ие с кем-л., с чем-л. sich nicht méssen können* mit (*D*); **2.** *грам.*: сте́пени ~ия Stéigerungsstufen *pl*; измене́ние по степеня́м ~ия Komparatión *f*, Stéigerung *f*

сра́внивать I *см.* сравни́ть

сра́внивать II *см.* сравня́ть

сравни́м||ый vergléichbar; ~ая величина́ Vergléichswert *m* (1)

сравни́тельно *нареч.* (*относительно*) relatív, verhältnismäßig; ◇ ~ с (*предлог*) im Vergléich zu (*D*)

сравни́тельно-истори́ческий: ~ ме́тод histórisch vergléichende Methóde, kómparativ-histórische Methóde

сравни́тельн||ый **1.** vergléichend; ~ое языкозна́ние vergléichende Philologíe [Sprächwissenschaft]; **2.** *грам.*: ~ая сте́пень Kómparativ *m* (1), érste Stéigerungsstufe, Méhrstufe *f* (11); **3.** (*относительный*) relatív, verhältnismäßig

сравни́ть vergléichen* *vt*; in Vergléich stéllen; nebeneinánder¦stellen *отд. vt*; gegenüber¦stellen *отд. vt* (*сопоставить*); э́то ни с чем не сравни́мо das sucht séinesgleichen; **~ся** (*с кем-л. в чём-л.*) sich gléichstellen *отд.* (j-m in *D*); sich méssen* (mit j-m); с ним никто́ не мо́жет ~ся ihm kann níemand an die Séite gestéllt wérden; gégen ihn kann níemand áufkommen; mit ihm kann sich níemand méssen

сравня́ть (*кого-л.*) gléichsetzen *отд. vt*, gléichstellen *отд. vt* (с кем-л. *D*)

сража́ть(ся) *см.* срази́ть(ся)

сраже́н||ие *с* Schlacht *f* (10); Kampf *m* (1*); морско́е ~ие Séeschlacht *f*; по́ле ~ия Schláchtfeld *n* (5); дать ~ие éine Schlacht líefern; приня́ть ~ие die Schlacht ánnehmen*

срази́ть **1.** (*врага*) níederschlagen* *vt*; níederwerfen* *vt*; **2.** *перен.* níederschlagen* *vt*, níederschmettern *vt* (*о горе*); eréilen *vt* (*о смерти*); **~ся** **1.** kämpfen *vi*, sich schlágen*; éine Schlacht schlágen*; sich méssen* (*тж. в спорт. играх*); **2.** *шутл.* (*в шахматы и т. п.*) éine Partíe spíelen

сра́зу *нареч.* **1.** (*моментально*) sofórt; sogléich; im Áugenblick; unverzüglich (*немедленно*); **2.** (*одновременно*) gléichzeitig, zugléich

срам *м разг.* Schánde *f*, Schimpf *m* -(e)s, Schmach *f*; ◇ стыд и ~ Schimpf und Schánde; **~и́ть** *разг.* beschímpfen *vt*; schmähen *vt*; **~и́ться** *разг.* sich blamíeren, sich lächerlich máchen; **~ни́к** *м*, **~ни́ца** *ж разг.* Schámlose *m*, *f* (14); **~но́й** *разг.* schámlos; **~ота́** *ж разг.* Schánde *f*; Schmach *f*

сраст||а́ние *с* Zusámmenwachsen *n* -s; Verwáchsen *n* -s; **~а́ться,** **~и́сь** verwáchsen* *vi* (s); zusámmenwachsen* *vi* (s); héilen *vi* (s) (*о ране*); vernárben *vi* (s) (*зарубцеваться*)

срасти́ть **1.** zusámmenwachsen lássen*; **2.** *тех.* (*соединить*) verbínden* *vt* (с чем-л. mit *D*); zusámmenfügen *vt*; ánstücken *vt*; verlängern *vt*; **3.** *перен.* (*объединить, слить*) fusioníeren *vt* (*банки, концерны, политические группировки и т. п.*)

сраще́ние *с* **1.** Verwáchsen *n* -s, Zusámmenwachsen *n* -s; *мед.* Verwáchsung *f*; *эк.* Verfléchtung *f*; ~ век Áugenlidverwachsung *f*; **2.** *спец.* (*соединение*) Verbíndung *f*; ◇ фразеологи́ческое ~ *лингв.* erstárrte Rédewendung, stárre phraseológische Verbíndung

сра́щив||ание *с* **1.** Verwáchsen *n* -s; Zusámmenwachsen *n* -s; **2.** *спец.* (*соединение*) Verbíndung *f*; Verschmélzung *f*; Verlängerung *f*; **3.** *перен.* (*объединение, слияние*) Fusión *f* (*банков, концернов, политических группировок и т. п.*); **~ать** *см.* срасти́ть

сребροно́сн||ый *геол.* sílberhaltig; ~ая поро́да sílberhaltiges Gestéin

сред||а́ I *ж* **1.** *спец.* (*вещество, тело́*) Médium *n* -s, -di¦en; пита́тельная ~а́ *биол.* Nährboden *m* (7*); **2.** (*окружение, совокупность природных условий, в которых протекает жизнедеятельность какого-л. организма*) Úmwelt *f*; влия́ние [де́йствие] окружа́ющей ~ы́ Úmwelteinfluß *m* -sses, -flüsse; обусло́вленный влия́нием окружа́ющей ~ы́ úmweltbedingt; охра́на окружа́ющей ~ы́ Úmweltschutz *m* -es; загрязне́ние окружа́ющей ~ы́ Úmweltverschmutzung *f*; усло́вия окружа́ющей ~ы́ Úmweltbedingungen *pl*, Úmweltverhältnisse *pl*; **3.** (*социально-бытовые условия*) Milieu [*фр.* miˈljøː] *n* -s, -s, Umgébung *f* (10); Úmwelt *f*; в свое́й ~е́ únter sich; in séinem Milieu; в ~е́ эмигра́нтов in Emigrántenkreisen

среда́ II *ж* (*день недели*) Míttwoch *m* (1); в сре́ду am Míttwoch; в про́шлую сре́ду am vórigen Míttwoch; в бу́дущую сре́ду am nächsten Míttwoch; в сре́ду ве́чером (am) Míttwoch ábend; в сре́ду у́тром (am) Míttwoch früh; по ~м míttwochs

среди́ *предлог* **1.** mítten (auf *D*, in *D*); inmítten (*G*); ~ у́лицы mítten auf der Stráße; ~ ко́мнаты inmítten des Zímmers, mítten im Zímmer; ~ но́чи mítten in der Nacht; **2.** (*в числе*) únter (*D*); ~ нас únter uns; ◇ ~ бе́ла дня am héllichten Táge

средиземномо́рск||ий mediterrán, Míttelmeer-; ~ие стра́ны Míttelmeerländer *pl*

средизе́мный míttelländisch

среди́на *см.* середи́на

сре́дне *нареч. разг.* (*так себе*) míttelmäßig, mäßig

среднеазиа́тский míttelasiatisch

среднеарифмети́ческий dúrchschnittlich

средневек||о́вый míttelalterlich; **~о́вье** *с* Míttelalter *n* -s

средневерхненеме́цкий *лингв.* míttelhochdeutsch (*сокр.* mhd.); ~ язы́к Míttelhochdeutsch *n* = *u* -s, das Míttelhochdeutsche (*sub*) (*сокр.* Mhd.)

среднегодово́й Jáhresdurchschnitts-, Jáhresmittel-; ~ дохо́д das Dúrchschnittseinkommen im Jáhre

сре́дн||ее *сущ. с* Dúrchschnitt *m* -(e)s; ~ее арифмети́ческое arithmétisches Míttel; вы́ше ~его über dem Dúrchschnitt, überdurchschnittlich; übermittelgroß (*о росте*); в ~ем im Dúrchschnitt

среднеевропе́йск||ий mítteleuropä¦isch; ~ое вре́мя mítteleuropä¦ische Zeit

среднеме́сячн||ый Mónatsdurchschnitts-; ~ая вы́работка Mónatsdurchschnittsleistung *f* (10)

средненёбный *фон.* Míttelgaumen-; ~ звук Míttelgaumenlaut *m* (1)

среднепо́здний *с.-х.* míttelspät

среднера́нний *с.-х.* míttelfrüh

среднесу́точн||ый Tágesmittel-; Tágesdurchschnitts-; ~ая вы́работка tägliche Dúrchschnittsarbeit, dúrchschnittliche Tágesarbeit

среднеязы́чный *фон.* Míttelzungen-; ~ звук Míttelzungenlaut *m* (1)

сре́дн||ий **1.** Míttel-; míttler; мужчи́на ~его ро́ста ein Mann von míttlerer Größe; ~их лет in míttlerem Álter; **2.** (*взятый в среднем*) Míttel-; Dúrchschnitts-, dúrchschnittlich; ~яя величина́ [ци́фра] Míttelwert *m* (1), Dúrchschnittsgröße *f* (11); Dúrchschnittszahl *f* (10); ~яя часова́я ско́рость Stúndenmittel *n* -s; Stúndengeschwindigkeit *f*; ~ие да́нные Míttelwerte *pl*, Dúrchschnittswerte *pl*, Dúrchschnitte *pl*; ~ий во́зраст Dúrchschnittsalter *n* -s; **3.** *разг.* (*посредственный*) míttelmäßig; mäßig; **4.** *грам.*: ~ий род Néutrum *n* -s, das sächliche Geschlécht; существи́тельное ~его ро́да Néutrum *n* -s, *pl* Néutra, sächliches Súbstantiv; ~ий зало́г Médium *n* -s, -di¦en; ◇ ~ий па́лец Míttelfinger *m* (6); ~ее у́хо *анат.* Míttelohr *n* -(e)s; ~яя шко́ла Míttelschule *f* (11); Óberschule *f* (*ГДР*); ~ее образова́ние Míttelschulbildung *f*; Óberschulbildung *f* (*ГДР*); ~ие века́ *ист.* Míttelalter *n* -s

средосте́ние *с* **1.** *анат.* Míttelfell *n* (2); **2.** (*преграда*) Schéidewand *f* (3)

средото́чие *с* Sámmelpunkt *m* (1); Míttelpunkt *m*

сре́дств||о *с* **1.** (*приём*) Míttel *n* (6); Weg *m* (1) (*способ*); Kniff *m* (1) (*уловка*); все ~а álle Míttel und Wége; все́ми досту́пными ~ами mit állen zu Gebóte stéhenden Mítteln; ~а ма́ссовой информа́ции Mássenmedi¦en *pl*, Médi¦en *pl*; пуска́ть в ход все ~а álle Míttel ánwenden*; ≅ álle Mínen springen lássen*, álle Hébel in Bewégung sétzen; állerlei Kniffe ánwenden* (*разг.*); **2.** *б. ч. мн.* ~а (*предметы, приспособления для осуществления чего-л.*) Míttel *n* (6); ~а произво́дст-

ва *эк.* Produktiónsmittel *pl*; трáнспортные ~а Transpórtmittel *pl*, Beförderungsmittel *pl*; ~а защи́ты Schútzmittel *pl*; **3.** (*лекарство, препарат и т. п.*) Míttel *n* (6); лекáрственное ~о Arznéimittel *n*; предохрани́тельное ~о Verhütungsmittel *n*; укрепля́ющее ~о Kräftigungsmittel *n*; Tónikum *n* -s, -ka; наркоти́ческое ~о Betäubungsmittel *n*; перевя́зочные ~а Verbándmittel *pl*; ~о для борьбы́ с сорняка́ми *с.-х.* Únkrautbekämpfungsmittel *n*, Herbizíd *m* (1); ~о для борьбы́ с вреди́телями *с.-х.* Schädlingsbekämpfungsmittel *n*; **4.** *мн.* ~а (*деньги, капитал, материальные ценности*) Míttel *pl*; дéнежные ~а Géldmittel *pl*, Gélder *pl*; общéственные ~а öffentliche Míttel [Gélder], Míttel [Gélder] der öffentlichen Hand; ~а к существовáнию Existénzmittel *pl*; отпусти́ть ~а Míttel bewílligen; жить не по ~ам über séine Verhältnisse lében; человéк со ~ами ein bemíttelter Mensch

средь *см.* среди́

срез *м* **1.** (*действие*) Schnéiden *n* -s, Schnitt *m* (1); **2.** (*место*) Schníttstelle *f* (11), Schnitt *m* (1), Schérung *f*; **3.** *мед.* Schníttpräparat *n* (2)

сре́з||ать 1. ábschneiden* *vt*; ábsägen *vt* (*спилить*); **2.** *разг.* (*на экзамене*) dúrchfallen lássen*; **~а́ть** *см.* срéзать; **~аться** *разг.* (*на экзамене*) dúrchfallen* *vi* (s), dúrchfliegen* *vi* (s); **~ка** *ж тех.* Ábschneiden *n* -s, Ábsägen *n* -s; Ábscherung *f*

сре́зывать *см.* срéзать 1

срисова́ть ábzeichnen *vt*

срисо́в||ка *ж разг.* Ábzeichnen *n* -s; **~ывать** *см.* срисовáть

сробе́||ть *разг.* nicht den Mut áufbringen*; knéifen* *vi* (s) (*отступить, увильнуть*); он ~л er verlór den Mut; das Herz fiel ihm in die Hósen

сровня́ть ébnen *vt*, planíeren *vt*; ◊ ~ с землёй dem Érdboden gléichmachen

сродн||и́ *нареч. разг.* verwándt; он мне ~и́ er ist mein Verwándter, er ist mir verwándt; **~и́ть** ánnähern *vt*; näher¦bringen* *отд. vt* (с кем-л. *D*); **~и́ться** einánder näher¦treten* *отд.*; sich aneinánder gewöhnen (*свыкнуться*)

сро́д||ный náhe; verwándt; ähnlich (*похожий*); **~ство́** *с* **1.** Verwándtschaft *f*; **2.** *хим.* Verwándtschaft *f* (10); Affinität *f* (10); избира́тельное ~ство́ Wáhlverwandtschaft *f*

сро́ду *нареч. разг.* nie im Lében; ~ не вида́л ich hábe das mein Lébtag nicht geséhen, ich hábe das nie im Lében geséhen

срок *м* Termín *m* (1); Frist *f* (10); Zéitpunkt *m* (1); Zéitdauer *f*; Zéitspanne *f* (11) (*промежуток времени*); ~ возвра́та (*книги*) Léihfrist *f*; в ~, к ~у réchtzeitig; frístgemäß; termíngemäß; termíngerecht; то́чно в ~ pünktlich zur féstgesetzten Zeit; genáu auf die Minúte; кра́йний ~ die äußerste [létzte] Frist; der létzte Termín; максима́льный ~ Höchstdauer *f*; сжа́тый ~ kúrzer Termín; жёсткий ~ únbedingt éinzuhaltender Termín, nicht zu verlängernder Termín; испыта́тельный ~ Próbezeit *f* (10); *юр.* Bewährungsfrist *f*; после́дний ~ Schlúßtermin *m*; гаранти́йный ~ Garantíefrist *f*; ~ слу́жбы (*вещи*) Nútzungsdauer *f*, Háltbarkeit *f*; дополни́тельный ~, льго́тный ~ Náchfrist *f*, Sónderfrist *f*; исте́кший ~ ábgelaufene Frist; на како́й ~? für wie lánge?; на ~ befrístet, auf bestímmte Zéit(dauer); без ~а únbefristet; до ~а vor Frístablauf, vórfristig; в коро́ткий ~ ínnerhalb kúrzer Zeit; в кратча́йший ~ in kürzester Frist; ~ом на три́дцать дней für éine Frist von dréißig Tágen, für dréißig Táge; ~ платежа́ Záhlungstermin *m*, Záhlungsfrist *f*; ~ де́йствия Láufzeit *f*, Gültigkeitsdauer *f*; по истече́нии ~а nach Áblauf der Frist; указа́ть ~ éinen Termín féstsetzen; просро́чить ~ éinen Termín verstréichen lássen* [versäumen]; вы́держать ~ den Termín éinhalten*; сократи́ть ~ die Frist (ver)kürzen; растя́гивать ~и die Fristen überschréiten*; éinen Termín ímmer wíeder verlängern; ограни́ченный ~ом befrístet; пришёл ~ die Zeit ist ábgelaufen; ◊ дай~! *разг.* gib [laß] mir Zeit!, wárte nur!, du mußt mir mehr Zeit gében!

сро́чн||о *нареч.* éilig; dríngend; чрезвыча́йно ~о besónders vórdringlich [éilig]; **~ость** *ж* Drínglichkeit *f*; Éiligkeit *f*; **~ый 1.** éilig; dríngend, drínglich; ~ые ме́ры Sofórtmaßnahmen *pl*; ~ая по́мощь Sofórthilfe *f*; ~ая химчи́стка Schnéllreinigung *f*; ~ый ремо́нт Schnéllreparatur *f* (10); в ~ом поря́дке dríngend; im Schnéllverfahren; in kürzester Frist; **2.** (*на срок*) befrístet; Termín-; auf Termín; auf Zeit; ~ая рабо́та Termínarbeit *f* (10)

сруб *м* **1.**: прода́ть лес на ~ den Wald zum Ábholzen verkáufen; **2.** (*избы, колодца*) Blóckbau *m* -(e)s, -ten, Hólzwerk *n* -(e)s, Zímmerwerk *n*; Hólzgerüst *n* (éines Háuses); коло́дезный ~ Brúnneneinfassung *f* (10), Brúnnenkasten *m* (7); **~а́ть, ~и́ть** ábschlagen* *vt*, ábhauen* (*impf* háute ab) *vt*; ábholzen *vt*; fällen *vt* (*валить*)

срыв *м* **1.** Veréitelung *f* (10), Hintertréibung *f* (10), Desorganisíerung *f* (10); Sabotíerung *f* (10); Spréngung *f* (10); ~ собра́ния die Spréngung éiner Versámmlung; ~ пла́на die Dúrchkreuzung [Veréitelung] des Plans; ~ ата́ки die Verhínderung éines Ángriffs; ~ забасто́вки Stréikbruch *m* (1*); уда́чи и ~ы Erfólge und Míßerfolge; **2.** *тех.* Áblösung *f*, Ábreißen *n* -s

срыва́ть I *см.* сорва́ть

срыва́ть II *см.* срыть

срыва́ться I **1.** *см.* сорва́ться; **2.** *страд.* ábgerissen [ábgepflückt] wérden; **3.** *страд.* (к срыва́ть I) gespréngt [veréitelt] wérden (*ср.* сорва́ть)

срыва́ться II *страд.* (к срыва́ть II) ábgetragen [geschléift] wérden

срыть ábtragen* *vt* (*холм и т. п.*); schléifen *vt* (*укрепления и т. п.*)

сря́ду *нареч. разг.* hintereinánder; óhne Unterbréchung (*без перерыва*)

сса́дина *ж* Schrámme *f* (11); Schürfung *f* (10), Háutabschürfung *f*; Háutverletzung *f* (10)

ссади́ть I (*кого-л.*) j-n veránlassen* áuszusteigen; j-n áussteigen lássen* (*пассажира*); j-n herúnternehmen* *vt*, j-m ábsteigen hélfen* (*помочь сойти*); j-m vom Pférde hélfen* (*с лошади*)

ссади́ть II (*кожу*) schürfen *vt*; schrámmen *vt*

сса́живать *см.* ссади́ть I, II

ссе́ление *с*: ~ дереве́нь die Úmsiedlung von Dörfern in gróße Síedlungen

ссечь ábhauen* *vt*; ábsäbeln *vt*

ссо́р||а *ж* Streit *m* (1); Zank *m* (1*); Verféindung *f*, Zwist *m* (1); быть в ~е с кем-л. mit j-m verféindet [verzánkt] sein; mit j-m zerfállen sein; mit j-m auf dem Kríegsfuß stéhen*; иска́ть ~ы Streit súchen; **~ить** verféinden *vt*, entzwéien *vt*; zu Féinden máchen; áufhetzen *vt* (*натравливать*); **~иться** sich zánken, zánken *vi*, sich stréiten*, stréiten* *vi*; sich verféinden, sich entzwéien; sich in den Háaren líegen* (*разг.*)

ссо́хнуться áustrocknen *vi* (s); zusámmenschrumpfen *vi* (s) (*сморщиться*)

СССР *м* (Сою́з Сове́тских Социалисти́ческих Респу́блик) die UdSSR (die Unión der Sozialístischen Sowjétrepubliken)

ссу́д||а *ж* Dárlehen *n* (7); Ánleihe *f* (11); проце́нтная ~а Zínsdarlehen *n*; беспроце́нтная ~а únverzinsliches [zínsloses] Dárlehen; безвозвра́тная ~а Dárlehen óhne Rückzahlungsverpflichtung, níchtrückzahlbares Dárlehen; возвра́тная ~а rückzahlbares Dárlehen, Dárlehen mit Rückzahlungsverpflichtung; вре́менная ~а Überbrückungsdarlehen *n*, Überbrückungskredit *m*; госуда́рственная ~а Stáatsanleihe *f*, öffentliche Ánleihe; ба́нковская ~а Bánkkredit *m* (1); гипоте́чная ~а Hypothékendarlehen *n*; льго́тная ~а Kredít zu Vórzugsbedingungen; ~а на постро́йку Báukostenzuschuß *m* -sses, -schüsse, дава́ть ~у кому́-л. j-m éine Ánleihe gewähren; (j-m) léihen* *vt*, j-n beléihen*; брать ~у у кого́-л. (bei j-m) léihen* *vt*, éine Ánleihe máchen; **~и́ть** léihen* *vt*, bórgen *vt*, beléihen* *vt*; **~ный** *эк.* Leih-; ~ный банк Kredítbank *f*; ~ный капита́л Léihkapital *n* -s

ссужа́ть *см.* ссуди́ть

ссу́чивать, ссучи́ть zusámmendrehen *vt*, zusámmenzwirnen *vt*

ссыла́ть *см.* сосла́ть

ссыла́||ться I *см.* сосла́ться; ~ясь на... mit [únter] Bezúgnahme auf... (*A*)

ссыла́ться II *страд.* verschíckt [verbánnt, áusgewiesen] wérden

ссы́лка I *ж* **1.** (*действие*) Áusweisung *f* (10); Verbánnung *f* (10), Verwéisung *f* (10); Deportatión *f* (10), Deportíerung *f* (10); **2.** (*состояние*) Verbánnung *f* (10); Exíl *n* (2)

ссы́лк||а II *ж* (*указание*) Hínweis *m* (1), Verwéisung *f* (10); Bezúgnahme *f* (на что-л. auf *A*); Nóte *f* (11), Fúßnote *f* (*примечание*); Quéllenangabe *f* (11) (*указание источника*); со ~ой на хорошо́ осведомлённые круги́ únter Berúfung auf unterríchtete Kréise

ссыльнопоселе́нец *м ист.* Zwángssiedler *m* (6); Stráfkolonist *m* (8)

ссы́льный *сущ. м* Verbánnte *m* (14); Áusgewiesene *m* (14); Deportíerte *m* (14)

ссыпа́ние *с* Zusámmenschütten *n* -s Spéichern *n* -s (*на склад*)

ссы́п||ать, ссыпа́ть (zusámmen)schütten *vt*; áufschütten *vt*; spéichern *vt* (*на склад*); **~ка** *ж* (*на склад*) Spéichern *n* -s, Éinspeichern *n* -s; ~ка зерна́ Kórnschüttung *f*; **~но́й** Spéicher-; ~но́й пункт Ánnahmestelle *f* (11) für Getréide, Getréidesammelstelle *f*, Áblieferungsstelle *f*

ссыха́ться *см.* ссо́хнуться

стабилиза́тор *м* **1.** *тех.* Stabilisátor *m* -s, -tóren; *ав. тж.* Höhenflosse *f* (11); *ракет. тж.* Flósse *f*, Stabilisíerungsfläche *f* (11), Dämpfungsflosse *f*; хвостово́й ~ Schwánzflosse *f*, Héckflosse *f*; **2.** *эл.* Gléichhalter *m* (6)

стабилиз||а́ция *ж* Stabilisíerung *f*; **~и́ровать** stabilisíeren *vt*, stabíl máchen; **~и́роваться 1.** sich stabilisíeren; **2.** *страд.* stabilisíert wérden

стаби́льн||ость *ж* Stabilität *f*; **~ый** stabíl; Stabíl-; ~ые це́ны stabíle Préise, Féstpreise *pl*; ~ые уче́бники stabíle Léhrbücher

ста́вень *м см.* ста́вня

ста́в||ить **1.** (hín)stéllen *vt*; sétzen *vt*; ~ить в ряд in éiner Réihe áufstellen; **2.** (*в игре*) sétzen *vt*; **3.** *театр.* áufführen *vt*; bríngen* *vt*; die Regie [-'ʒi:] führen (*режиссировать*); э́ту пье́су не ста́вят díeses Stück wird nicht áufgeführt; теа́тр ~ит но́вую коме́дию (*такого-то*) das Theáter bringt ein néues Lústspiel (von *D*); **4.** (*машину*) párken *vt*; ~ить маши́ну пе́ред гости́ницей das Áuto vor dem Hotél párken; ◇ ~ить те́сто den Teig áufsetzen; ~ить усло́вия Bedíngungen stéllen; ~ить пробле́му ein Problém áufwerfen* [áufrollen]; ~ить вопро́с ребро́м die Fráge scharf stéllen; die Fráge zúspitzen; ~ить кого́-л. в нело́вкое положе́ние j-n in éine péinliche Láge bríngen*; ~ить кого́-л. в безвы́ходное положе́ние j-n in éine verzwéifelte Láge versétzen; j-m kéinen Áusweg lássen*; ~ить свое́й зада́чей sich (*D*) zur Áufgabe máchen [stéllen, sétzen]; ~ить на голосова́ние ábstimmen lássen*; zur Ábstimmung bríngen*; ~ить кого́-л. в приме́р j-n als Múster [als Vórbild] hínstellen; ни в грош [ни во что] не ~ить кого́-л. *разг.* j-n geríngachten *отд.*, j-n geríngschätzen *отд.*; sich (*D*) nichts aus j-m máchen; высоко́ ~ить кого́-л. j-n hóchschätzen *отд.*, j-n hóchachten *отд.*; ~ить на посто́й *воен.* éinquartieren *vt*; belégen *vt*; ~ить отме́тку éine Nóte gében*; ~ить всё на ка́рту álles auf éine Kárte sétzen; álles in die Wáagschale wérfen*

ста́виться *страд.* gestéllt wérden; gesétzt wérden; áufgeführt wérden (*ср.* ста́вить)

ста́вк||а I *ж* **1.** (*в игре*) Éinsatz *m* (1*), Spíeleinsatz *m*; Wétteinsatz *m*; **2.** *перен.*: де́лать ~у на что-л. auf etw. (*A*) sétzen; séine Hóffnung auf [in] etw. (*A*) sétzen; де́лать ~у на кого́-л. sein Vertráuen [séine Hóffnung] auf [in] j-n sétzen; их ~а би́та ihr Spiel ist verlóren; **3.** (*тарифа и т. п.*) Satz *m* (1*); Ráte *f* (11); Táxe *f* (11); максима́льная [наивы́сшая] ~а Höchstsatz *m*; Höchstrate *f*; минима́льная ~а Míndestsatz *m*; Míndestrate *f*; часова́я ~а Stúndensatz *m*; ~а за́работной пла́ты Lóhnsatz *m*; по вы́сшей ~е nach dem höchsten Satz; ◇ о́чная ~а *юр.* Konfrontatión *f* (10), Gegenüberstellung *f* (10)

ста́вка II *ж* **1.** (*место расположения высшего военачальника*) Háuptquartier *n* -s; ~ главнокома́ндующего Großes Háuptquartier; **2.** (*высший орган руководства вооружёнными силами во время войны*) Óberkommando *n* -s

ста́вленник *м* Protegé [-'ʒe:] *m* -s, -s; Schützling *m* (1); Günstling *m* (1) (*фаворит*); Kreatúr *f* (10)

ста́вня *ж* Láden *m* (7*); Fénsterladen *m* (*окна*); Türladen *m* (*двери*)

ставри́да *ж зоол.* Stócker *m* (6), Stöcker *m* (6); кру́глая ~ Schíldmakrele *f* (11)

стагна́ция *ж эк.* Stagnatión *f*, Stíllstand *m* -(e)s

стадиа́льн||ость *ж* Stadialität *f*; **~ый** Stádi¦en-; stadiál, stúfenweise

стади́йный *см.* стадиа́льный

стадио́н *м* Stádion *n* -s, -di¦en; на ~е im Stádion

ста́дия *ж* Stádium *n* -s, -di¦en; Stúfe *f* (11); ~ разви́тия Entwícklungsstufe *f*; вы́сшая ~ höchstes Stádium; коне́чная ~ Éndstadium *n*, Éndphase *f* (11); нача́льная ~ Ánfangsstadium *n*, Ánfangsphase *f*

ста́дн||ость *ж* Hérdentrieb *m* -(e)s, Hérdeninstinkt *m* -(e)s; **~ый** Hérden-; ~ый инсти́нкт Hérdeninstinkt *m* -(e)s, Hérdentrieb *m* -(e)s

ста́до *с* Hérde *f* (11)

стаж *м* **1.** (*продолжительность деятельности*) Dienstalter *n* -s; Berúfsjahre *pl*; Árbeitspraxis *f*; Bewährungszeit *f* (10); трудово́й ~ die Dáuer der Berúfstätigkeit; кандида́тский ~ Kandidátenzeit *f*; парти́йный ~ die Dáuer der Partéimitgliedschaft; **2.** (*производственная практика учащегося*): проходи́ть ~ das Práktikum dúrchmachen; испыта́тельный ~ Próbezeit *f*, Prüfzeit *f*; Éinarbeitungszeit *f*; **~ёр** *м* Praktikánt *m* (8); **~ёрка** *ж* Praktikántin *f* (12); **~и́ровать** die Próbezeit dúrchmachen; das Práktikum máchen [ábleisten], éine Éinarbeitungszeit ábleisten; **~иро́вка** *ж* Práktikum *n* -s, práktischer Léhrgang

ста́ивать *см.* стая́ть

ста́йер *м спорт.* Lángstreckenläufer *m* (6)

стака́н **1.** Glas *n* (5); Trínkglas *n*; вы́пить ~ ча́ю ein Glas Tee trinken*; **2.** *тех.* Hülse *f* (11); Hülle *f* (11): Búchse *f* (11), Büchse *f* (11); Gehäuse *n* (6); запа́льный ~ *воен.* Zünderhülse *f*; Spréngbüchse *f* (*мины*)

стакка́то *нареч. муз.* staccáto

ста́ксель *м мор.* Stágsegel *n* (6)

сталагми́т *м мин.* Stalagmít *m* (1, 8), Áuftropfstein *m* (1)

сталакти́т *м мин.* Stalaktít *m* (1, 8), Trópfstein *m* (1); **~овый** *мин.* Stalaktít-; stalaktítisch, Trópfstein-; ~овая пеще́ра Trópfsteinhöhle *f* (11)

сталебето́н *м* Stáhlbeton [-be,toŋ] *m* -s; **~ный** Stáhlbeton- [-be,tɔŋ-]

стлева́р *м* Stáhlwerker *m* (6)

сталелите́й||ный: ~ный цех Stáhlgießerei *f* (10); **~щик** *м* Stáhlgießer *m* (6), Stáhlwerker *m* (6)

сталеплави́льн||ый Stáhlschmelz-, ~ая печь Stáhlschmelzofen *m* (7*)

сталепрока́т||ный Stáhlwalz-; ~ный заво́д Stáhl- und Wálzwerk *n* (2); **~чик** *м* Stáhlwalzwerker *m* (6)

ста́лкивать *см.* столкну́ть; **~ся** **1.** *см.* столкну́ться; **2.** *страд.* herúntergestoßen [herábgestoßen] wérden; zusámmengestoßen wérden

ста́ло быть *вводн. сл. разг.* álso; dáher; déshalb, fólglich (*следовательно*)

сталь *ж* Stahl *m* (1*, 1); лита́я ~ Gúßstahl *m*; листова́я ~ Stáhlblech *n* (2); сортова́я ~ Fórmstahl *m*; Profílstahl *m*; бессеме́ровская ~ Béssemerstahl *m*; марте́новская ~ Siemens-Mártin-Stahl *m*, SM-Stahl *m*, Mártinstahl *m*, Flámmofenstahl *m*; тома́совская ~ Thómasstahl *m*, wíndgefrischter Stahl; цементи́рованная ~ Zeméntstahl *m*; инструмента́льная ~ Wérkzeugstahl *m*; ка́чественная ~ Qualitätsstahl *m*; высокока́чественная ~ Édelstahl *m*; леги́рованная ~ legíerter Stahl; быстроре́жущая ~ Schnéllstahl *m*; конструкцио́нная ~ Báustahl *m*, Maschínenbaustahl *m*; ле́нточная ~ Bándstahl *m*; фасо́нная ~ Fórmstahl *m*

стальн||о́й **1.** Stahl-; stählern; ~о́й лист Stáhlblech *n* (2); ~о́й цвет stáhlfarben; stáhlbláu, stáhlgráu; **2.** *перен.* stählern, stáhlhárt, éisern; éhern (*высок.*); ~а́я во́ля stählerner Wílle; ~ы́е не́рвы stählerne Nerven, Nérven wie Dráhtseile

стаме́ска *ж* Stémmeisen *n* (7), Béitel *m* (6), Stéchbeitel *m*

стан I *м* (*фигура*) Gestált *f* (10), Statúr *f* (10), Figúr *f* (10)

стан II *м* (*лагерь*) Láger *n* (6); полево́й ~ Féldstützpunkt *m* (1)

стан III *м тех.* Wálzwerk *n* (2), Wálzanlage *f* (11); прока́тный ~ Wálzstraße *f* (11); листопрока́тный ~ Bléchwalzwerk *n*, Bléchstraße *f*; про́волочный ~ Dráhtwalzwerk *n* (2)

станда́рт *м* Stándard *m* -s, -s, Norm *f* (10); Gütevorschrift *f* (10); Téchnische Norm; госуда́рственный ~ (*сокр.* ГОСТ) stáatlicher Stándard (*сокр.* GOST); миров́ой ~ Wéltniveau [-ni-,vo:] *n* -s, Wélthöchststand *m* -(e)s, Wéltspitze *f*; общесою́зный ~ (*сокр.* ОСТ) Uniónsstandard *m* (*сокр.* OST); промы́шленный ~ Industríenorm *f*; телевизио́нный ~ Férnsehnorm *f*; соотве́тственно ~у nórmgerecht; ◇ золото́й ~ Góldstandard *m*; **~иза́ция** *ж* Standardisíerung *f* (10); Nórmung *f* (10); **~изи́ровать, ~изова́ть** standardisíeren *vt*; nórmen *vt*; **~ность** *ж* Nórmgerechtigkeit *f*; **~ный** **1.** Standard-; standardisíert; genórmt; Éinheits-; ~ный разме́р Stándardgröße *f* (11); ~ная проду́кция Týpenproduktion *f*, Týpenerzeugnisse *pl*, Stándarderzeugnisse *pl*; ~ные дома́ montágefertige [-ʒə-] Häuser; **2.** *перен.* schablónenhaft

стани́на *ж тех.* Ráhmen *m* (7), Bett *n* (13), Bock *m* (1*), Gestéll *n* (2), Grúndplatte *f* (11); Holm *m* (1); бокова́я ~ Séitenholm *m*

станио́ль *м тех.* Stanniól *n* (2)

стани́||ца *ж* Staníza *f* =, *pl* -s *u* -zen, Kosákensiedlung *f* (10), Kosákendorf *n* (5); **~чник** *м* Dórfkosak *m* (8)

станко́в||ый **1.** *воен.*: ~ый пулемёт schwéres Maschínengewehr (*сокр.* SMG); **2.** *иск.*: ~ая жи́вопись Táfelmalerei *f*

станкозаво́д *м* Wérkzeugmaschinenfabrik *f* (10)

станкострое́ние *с* Wérkzeugmaschinenbau *m* -(e)s

станкострои́тель *м* Wérkzeugmaschinenbauer *m* (6); **~ный:** ~ный заво́д Wérkzeugmaschinenfabrik *f* (10)

станови́ться *см.* стать I 1, 4

становле́н||ие *с* Wérden *n* -s, Entstéhen *n* -s; в проце́ссе ~ия im Werden; го́ды ~ия Entwícklungsjahre *pl*

станово́й *сущ. м ист.* Polizéihauptmann auf dem Lánde

стано́к *м* **1.** Wérkzeugmaschine *f* (11); Wérkbank *f* (3); тка́цкий ~ Wébstuhl *m* (1*); лесопи́льный ~ Hólzsägebank *f*; столя́рный ~ Tíschlerbank *f*; печа́тный ~ Drúckerpresse *f* (11); сверли́льный ~ Bóhrmaschine *f*; винторе́зный ~ Schráubenschneidemaschine *f*; тока́рный ~ Dréhmaschine *f* (*для металла*); Dréchslerbank *f* (*для дерева*); револьве́рный ~ Revolverbank [re'vɔlvər-] *f*; шлифова́льный ~ Schléifmaschine *f*; фре́зерный ~ Fräsmaschine *f*; строга́льный ~ Hóbelbank *f*, Hóbelmaschine *f*; балансиро́вочный ~ Áuswuchtmaschine *f*; **2.** (*оружия*) Lafétte *f* (11), Gestéll *n* (2); **3.** *с.-х.* Bucht *f* (10), Stall *m* (1*), Box *f* (10), Stand *m* (1*), Platz *m* (1*); ~ для порося́т Férkelbucht *f*, Férkelbox *f*; до́йльный ~ Mélkstand *m*

стано́чник *м* Maschínenarbeiter *m* (6)

ста́нсы *мн. лит.* Stánzen *pl*

станцева́ть tánzen *vt*

станцио́нный Statións-; Báhnhofs-; ~ зал Wártesaal *m* -(e)s, -säle; ~ смотри́тель *ист.* Statiónsvorsteher *m* (6), Pósthalter *m* (6)

ста́нция *ж* **1.** Statión *f* (10); Báhnhof *m* (1*); железнодоро́жная ~ Éisenbahnstation *f*; узлова́я ~ Knótenpunkt *m* (1), Kréuzungsbahnhof *m*; ~ отправле́ния Ábgangsbahnhof *m*; Áufgabebahnhof *m*, Versándstation *f*; ~ назначе́ния Bestímmungsbahnhof *m*, Zíelbahnhof *m*; коне́чная ~ Éndstation *f*; това́рная ~ Güterbahnhof *m*; сортиро́вочная ~ Rangierbahnhof [raŋ'ʒi:r-] *m*; Verschíebebahnhof *m*; тупико́вая ~ Kópfbahnhof *m*; пассажи́рская ~ Persónenbahnhof *u*; перева́лочная ~ Úmschlagbahnhof *m*, Úmladebahnhof *m*; переса́дочная ~ Úmsteigebahnhof *m*, Übergangsbahnhof *m*; пограни́чная ~ Grénzstation *f*, Grénzbahnhof *m*; ~ метро́ Ú-Bahnhof *m*; Métrostation *f* (*в СССР*); нача́льник ста́нции Báhnhofsvorsteher *m* (6); **2.** (*учреждение, предприятие специального назначения*) Statión *f* (10); Amt *n* (5); Stélle *f* (11); телефо́нная ~ Férnsprechamt *n*, Férnsprechvermittlungsstelle *f*; междугоро́дная (телефо́нная) ~ Férnamt *n*; ме́стная (телефо́нная) ~ Órtsamt *n*; электри́ческая ~ Kráftwerk *n*, Elektrizitätswerk *n* (2); насо́сная ~ Púmpwerk *n*, Púmpstation *f*; метеорологи́ческая ~ Wétterwarte *f* (11); Wétterdienststelle *f*; о́пытная ~ *с.-х.* Versúchsstation *f*; автозапра́вочная ~ Tánkstelle *f*; бензозапра́вочная ~ Zápfstelle *f*, Tánkstelle *f*; водоочи́стная ~ Kläranlage *f* (11); водонапо́рная ~ Wásserwerk *n*; испыта́тельная ~ Versúchsstation *f*, Prüfstelle *f*; сейсми́ческая ~ Érdbebenwarte *f*; радиолокацио́нная ~ Radárstation *f*; машиносчётная ~ Réchenzentrum *n* -s, -tren; **3.** *геод., геогр.* (*точка стояния*) Stándpunkt *m* (1); **4.:** косми́ческая ~ Wéltraumstation *f*; орбита́льная ~ Orbitálstation *f*

ста́пел||ь *м мор.* Stápel *m* (6); спуск со ~я Stápellauf *m* (1*)

ста́птывать(ся) *см.* стопта́ть(ся)

стара́ние *с* Fleiß *m* -es, Bemühung *f* (10), Mühe *f* (11); Éifer *m* -s (*усердие*); Ánstrengung *f* (10) (*усилие*); приложи́ть всё ~ álle Mühe verwénden * (auf *A*)

стара́тель *м* (*на золотых приисках*) Góldsucher *m* (6), Góldgräber *m* (6)

стара́тельн||ость *ж* Fleiß *m* -es; Sórgfalt *f* (*тщательность*); Éifer *m* -s (*усердие*); **~ый** fléißig; sórgfältig, sórgsam (*тщательный*); éifrig (*усердный*)

стара́ться sich bemühen; sich (*D*) Mühe gében*; sich befléißigen; ~ изо всех сил álles dránsetzen; sich (*D*) die Béine áusreißen* (*разг.*); ◇ рад ~! ímmer zu Diensten!, erfréut zu díenen!

старе́йшина *м* Älteste *m* (14); Sénior *m* -s, -nióren; сове́т старе́йшин Ältestenrat *m* (1*)

старе́ние *с* Áltern *n* -s; *тех.* Álterung *f*

старе́ть 1. áltern *vi* (s), alt wérden, in die Jáhre kómmen*; **2.** (*устаревать*) veralten *vi* (s); **3.** *тех.* (*о материалах*) áltern *vi* (s)

ста́р||ец *м* Greis *m* (1); **~и́к** *м* **1.** Álte *m* (14), álter Mann; Greis *m* (1) (*книжн.*); **2.** *мн.* ~ики́ (*старые люди*) álte Léute; **~ика́шка** *м пренебр.* áltes Männchen; **~ико́вский** gréisenhaft

старин||а́ I *ж* **1.** (*время*) álte Zéiten (*pl*); в ~у́ in álten Zéiten; Ánno dázumal; in úralten Zéiten; in der gúten álten Zeit; **2.** (*старинные вещи*) Antiquität *f* (10); Áltväterkram *m* -(e)s; ◇ тряхну́ть ~о́й das Álte áuffrischen, wíeder jung wérden

старина́ II *м разг.* (*обращение*) Álterchen *n*; álter Knábe; áltes Haus

стари́н||ка: по ~ке nach álter Art; auf álte Art; nach álter Wéise; **~ный 1.** alt; áltertümlich; áltfränkisch (*старомодный*); **2.** (*давнишний*) alt; ~ный прия́тель álter [lángjähriger] Freund

ста́р||ить alt máchen; **~иться** áltern *vi* (s), alt wérden, in die Jáhre kómmen*; **~ичо́к** *м* der (kléine) Álte; áltes Männchen; **~ова́тый** recht [zíemlich] alt, ältlich

старове́р *м рел.* Áltgläubige *m* (14); *перен.* áltmodischer Mensch

старода́вн||ий alt; lángjährig (*давнишний*); ~ие обы́чаи überkómmene [überlíeferte] Bräuche

ста́рое *сущ. с* das Álte (*sub*); приня́ться за ~ wíeder auf das Álte zurückkommen*; ◇ кто ~ помя́нет, тому́ глаз вон *погов.* ≅ Schwamm drüber; man soll nicht náchtragend sein

старожи́л *м* Álteingesessene *m* (14); Úreinwohner *m* (6)

старомо́дн||ость *ж* das Áltmodische (*sub*); das Áltfränkische (*sub*); **~ый** áltmodisch; áltfränkisch; áltväterisch; ~ый челове́к ein rückständiger Mensch; быть ~ым (*о человеке*) áltmodische Ánsichten háben

староообра́зный ältlich, alt áussehend

старообря́дец *м*, **старообря́дка** *ж рел.* Áltgläubige *m, f* (14)

старопеча́тный von áltem Druck

старорежи́мный vom álten Regime [re'ʒi:m], reaktionär, rückständig

старо́ре́чье *с* áltes Flußbett, Áltwasser *n* (6*)

старосве́тский áltväterlich; úrväterlich; aus Úrgroßmutters Zéiten

старославя́нский *лингв.* áltslawisch; ~ язы́к die áltslawische Spráche, das Áltslawische (*sub*)

ста́роста *м* **1.** (*группы, курса и т. п.*) Älteste *m, f* (14); Grúppenälteste *m, f* (*группы*); Klássenälteste *m, f* (*класса*); Stúbenälteste *m, f* (*комнаты в общежитии*); **2.** *ист.* (*сельский и т. п.*) Dórfälteste *m* (14); Dórfschulze *m* (9)

ста́рост||ь *ж* Álter *n* -s; глубо́кая ~ь hóhes Álter; беспоко́йная ~ь stürmischer Lébensabend; умере́ть в глубо́кой ~и hóchbetagt stérben*; дожи́ть до ~и ein hóhes Álter erréichen; на ~и лет, под ~ь auf séine [íhre *usw.*] álten Táge; ~ь берёт своё das Álter fórdert sein Recht

старт *м* **1.** Start *m* -(e)s, -s; дать ~ das Stártzeichen gében*, stárten lássen*; выходи́ть на ~ an den Start géhen*; на ~! (*команда*) auf die Plätze!; **2.** *ав., косм.* Start *m* -(e)s, -s, Ábflug *m* (1*), Ábfahrt *f*, Ábgang *m* -(e)s, Ábheben *n* -s; Áufflug *m*, Áufstieg *m* -(e)s; Ábschuß *m* -sses (*ракеты*); ~ косми́ческого корабля́ der Start éines Wéltraumschiffes; неуда́вшийся ~ Féhlstart *m*; гото́вый к ~у flúgklar, flúgreif

ста́рт||ер *м* **1.** *спорт.* Stárter *m* (6); **2.** *тех.* Stárter *m* (6), Ánlasser *m* (6); ~ер-генера́тор Ánlaßgenerator *m* (13); **~ова́ть** *спорт.* stárten *vi* (s, h); ábschwimmen* *vi* (s) (*в соревновании по плаванию*); **~овый** Start-; ~овая коло́дка Stártblock *m* (1*); дать ~овый вы́стрел den Stártschuß gében*; ~овый дви́гатель *ав.* Stárttriebwerk *n* (2)

стару́ха *ж* Álte *f* (14), Gréisin *f* (12)

стару́||шечий Áltweiber-; **~шка** *ж* áltes Mütterchen; Gréisin *f* (12)

ста́рческ||ий gréisenhaft; áltersbedingt; hínfällig (*дряхлый*); ~ая сла́бость Áltersschwäche *f*; ~ий во́зраст Gréisenalter *n* -s

ста́рше älter; он ~ меня́ на два го́да er ist zwei Jáhre älter als ich

старшекла́ссник *м* Schüler *m* (6) der Óberstufe

старшеку́рсник *м* Studént *m* (8) des létzten Stúdi|enjahres (*студент последнего курса*); ~и Studénten der höheren Seméster; Studénten des létzten Stúdi|enjahres (*студенты последнего курса*)

ста́рш||ие *сущ. мн.* Erwáchsene *pl* (*взрослые по отношению к детям*); **~ий** *прил.* **1.** (*по годам*) älter; ~ий сын der ältere Sohn; ~ий брат der ältere [größe] Brúder; **2.** (*по положению*) Óber-; ~ий врач Óberarzt *m* (1*); **3.** (*о классе, ученике и т. п.*) älter; студе́нты ~их ку́рсов Studénten der höheren Seméster; **4.** *в знач. сущ. м* (*по годам*) Ältere *m*, Älteste *m* (14), Sénior *m* -s, -nióren; **5.** *в знач. сущ. м* (*по положению*) Vórgesetzte *m* (14); Díenstälteste *m* (14); ~ий по зва́нию *воен.* Ránghöhere *m* (14)

старшина́ *м* **1.** Älteste *m* (14); Doyen [*фр.* doa'jẽ] *m* -s, -s (*дипломатического корпуса*); **2.** *воен.*: ~ ро́ты Háuptfeldwebel *m* (6); **3.** *мор.* Maat *m* (1, 13); ~ второ́й статьи́ Maat *m*; ~ пе́рвой статьи́ Óbermaat *m*; гла́вный ~ Méister *m* (6); гла́вный корабе́льный ~ Óbermeister *m*

старшинств||о́ *с* **1.** (*по годам*) Álter *n* -s, Áltersfolge *f*; по ~у́ dem Álter nach; **2.** (*по службе*) Díenstalter *n* -s; *воен.* Rángfolge *f*, Rángordnung *f*; по ~у́ в до́лжности *воен.* nach der Höhe der Díenststellung; по ~у́ по зва́нию *воен.* nach der Höhe des Díenstgrades

ста́р||ый alt; ~ые пла́тья getrágene [ábgelegte] Kléider; ~ые ве́щи álte Sáchen; álter Kram, Plúnder *m* -s, ábgelegtes Zeug (*старьё*); Antiquitäten *pl* (*старинные*); ~ый стиль der álte Stil, der álte Kalénder; der Juliánische Kalénder; ~ый режи́м das álte Regime [re'ʒi:m]; ~ый го́род (*о части города*) Áltstadt *f* (3); ◇ по ~ой па́мяти aus álter Fréundschaft [Ánhänglichkeit]; ~ый друг лу́чше но́вых двух *посл.* ≅ die álten Fréunde sind die bésten; ~ая пе́сня das álte Lied, die álte Léier; ~ые и ма́лые alt und jung, groß und klein

старьё *с разг.* álter Kram, Plúnder *m* -s, Trödel *m* -s; áltes Zeug

старьёвщик *м* Áltwarenhändler *m* (6); Trödler *m* (6) (*презр.*)

ста́скивать *см.* стащи́ть 1, 2

стасова́ть (*карты*) míschen *vt*

ста́тика *ж мех.* Státik *f*; ~ сооруже́ний Báustatik *f*

стати́ст *м* (*в театре*) Kléindarsteller *m* (6), Kompárse *m* (9); stúmme Persón; Statíst *m* (8)

стати́ст||ик *м* Statístiker *m* (6); **~ика** *ж* Statístik *f* (10); **~и́ческий** statístisch; ~и́ческие да́нные statístische Ángaben, statístische Dáten

стати́стка *ж* (*в театре*) Kléindarstellerin *f* (12); Statístin *f* (12)

стати́ческий *мех.* státisch

стати́чный státisch

ста́тн||ость *ж* Státtlichkeit *f*; Wóhlgebautheit *f*; **~ый** státtlich; wóhlgebaut; imposánt

ста́тор *м эл.* Ständer *m* (6), Státor *m* -s, -tóren

ста́тский Staats-; Zivil-; [-'vi:l-]; ~ сове́тник *ист.* Stáatsrat *m* (1*)

статс-секрета́рь *м* Stáatssekretär *m* (1)

ста́тус *м юр.* Státus *m* =; правово́й ~ Réchtsstatus *m*, Réchtsstellung *f*

ста́тус-кво́ *м юр.* Státus quo *m* =, = (*лат.*)

стату́т *м юр.* Statút *n* (13), Sátzung *f*, Órdnung *f*; оккупацио́нный ~ Besátzungsstatut *n*; ~ о́рдена Sátzung éines Órdens

стату́этка *ж* Statuétte *f* (11)

ста́туя *ж* Státue *f* (11); Stándbild *n* (5)

ста||ть I **1.** (*сделаться*) wérden* *vi* (s); ~ть привы́чным zur Gewóhnheit wérden; ~ло хо́лодно es ist kalt gewórden; ~ть ясне́е an Klárheit gewínnen*; ~ть учи́телем Léhrer wérden; ~ть же́ртвой кого́-л., чего́-л. j-m, éiner Sáche (*D*) zum Ópfer fállen*; **2.** (*начать*) ánfangen* *vi*, begínnen* *vi*; я ~л рабо́тать ich begánn zu árbeiten; ~ло света́ть es begánn zu dämmern; не ~ть (*перестать*) unterlássen* *vt*; séinlassen*; я не ~л ката́ться на конька́х ich ließ das Schlíttschuhlaufen sein; **3.** (*остановиться*) stéhenbleiben* *отд. vi* (s), (án)hálten* *vi*; ло́шади ~ли die Pférde híelten; часы́ ~ли die Uhr ist stéhengeblieben; река́ ~ла der Fluß [Strom] ist zúgefroren; **4.** (*встать, занять место*) Platz néhmen*; sich stéllen; tréten* *vi* (s); stéigen* *vi* (s); ~ть ла́герем lágern *vi* (h, s); das Láger áufschlagen*; ~ть на я́корь ánkern *vi*, vor Ánker géhen*; ~ть на коле́ни níederknien *vi* (s); auf die Knie fállen*; ~ть в по́зу éine Póse ánnehmen*; sich in Positúr wérfen*; ~ть в о́чередь sich ánstellen (за чем-л. nach *D*); станови́сь! (*команда*) ángetreten!; ~ть на стул auf den Stuhl stéigen*; sich auf den Stuhl stéllen; ~ть на учёт sich ánmelden; ~ть на чью-л. сто́рону für j-n Partéi néhmen*, j-s Partéi ergréifen*; **5.** *разг.* (*стоить*) zu stéhen kómmen*; kósten *vi*; э́то до́рого ~нет das wird téuer zu stéhen kómmen; **6.** *безл.* (*кого-л., чего-л.*; *б. ч. с отрицанием*) dahín¦schwinden* *отд. vi* (s); его́ не ~ло er ist gestórben [verschíeden]; ◇ во что бы то ни ~ло um jéden Preis; kóste es, was es wólle; за мной де́ло не ~нет an mir soll es nicht líegen [féhlen]; за чем де́ло ~ло? worán liegt es, daß...?; woran hápert's?

стат||ь II *сущ. ж разг.*: с како́й ~и? wiesó denn?, wie kómme ich [kommst du, kommt er *usw.*] dazú?

ста́ться (*случиться*) geschéhen* *vi* (s); los sein* *vi* (s); passíeren *vi* (s); что с ним ста́лось? was ist mit ihm geschéhen?, was ist mit ihm los?, was ist aus ihm gewórden?; was ist ihm zúgestoßen?; мо́жет ~ (es) kann geschéhen; es kann sein; es ist möglich

статья́ *ж* **1.** *лит.* Artíkel *m* (6); Áufsatz *m* (1*); Béitrag *m* (1*); передова́я ~ Léitartikel *m*; редакцио́нная ~ redaktionéller Béitrag; **2.** (*документа*) Artíkel *m* (6); Paragráph *m* (8), Bestímmung *f* (10); Pósten *m* (7) (*счёта*); прихо́дная ~ Éinkommensposten *m*; Éinnahmeposten *m*, Zúgangsposten *m*; Éingangsposition *f* (10), éinnahmeseitige Positión; расхо́дная ~ Ábgangsposten *m*, Áusgabeposten *m*; Áusgangsposition *f*, Kóstenposition *f*; áusgabenseitige Positión; ~ зако́на Gesétzesparagraph *m*, Gesétzesartikel *m*; ~ догово́ра Ábschnitt *m* [Artíkel] éines Vertráges; Vertrágspunkt *m* (1); ◇ э́то осо́бая ~ *разг.* das ist ein Kapítel für sich

стафилоко́кк *м бакт.* Staphylokókkus *m* =, *pl* -kókken

стаха́новец *м* Stachánowarbeiter *m* (6)

стациона́р *м* stationäre [órtsfeste] Éinrichtung (*библиотека, кино и т. п.*); Kránkenhaus *n* (5) (*больница*); **~ный** stationär, órtsfest, mit féstem Stándort; ~ное лече́ние Kránkenhausbehandlung *f*, Ánstaltsbehandlung *f*; stationäre Behándlung; ~ный больно́й ein Kránker in stationärer Behándlung

стача́ть zusámmennähen *vt*; zusámmensteppen *vt*; zusámmenflicken *vt* (*сшить из кусков*)

ста́чеч||ник *м* Stréikende *m* (14); **~ный** Streik-; ~ный комите́т Stréikkomitee *n* -s, -s; ~ное движе́ние Stréikbewegung *f*

ста́чивать *см.* сточи́ть

ста́чиваться **1.** *см.* сточи́ться; **2.** *страд.* ábgeschliffen wérden

ста́чк||а *ж* **1.** Streik *m* -(e)s, -s; Áusstand *m* -(e)s; Árbeitseinstellung *f* (10); всео́бщая ~а Generálstreik *m*; полити́ческая ~а polítischer Streik; экономи́ческая ~а ökonómischer Streik; ~а в знак проте́ста Protéststreik *m*; устро́ить ~у stréiken *vi*; in (den) Streik tréten*; руководи́ть ~ой éinen Streik léiten; **2.** *разг.*: быть в ~е с кем-л. mit j-m im Éinverständnis sein; mit j-m únter éiner Décke stécken

стащи́ть **1.** (*снять, сдвинуть*) ábziehen* *vt*, wégziehen* *vt*; **2.** (*в одно место*) zusámmenschleppen *vt*; **3.** *разг.* (*украсть*) kláuen *vt*, stibítzen *vt*

ста́я *ж* Schwarm *m* (1*); Zug *m* (1*); Rúdel *n* (6) (*волков*); ~ птиц Vógelschwarm *m*; ~ ди́ких гусе́й ein Zug Wíldgänse

ста́ять ábtauen *vi* (s)

ствол *м* **1.** (*дерева*) Stamm *m* (1*), Báumstamm *m*; **2.** (*стрелкового оружия*) Lauf *m* (1*); Rohr *n* (2) (*орудийный*); **3.** *архит.* (*часть колонны*) Schaft *m* (1*); **4.** *горн.* Schächtsäule *f*, Schächtröhre *f*, Schacht *m* (1*); подъёмный ~ Förderschacht *m*; вентиляцио́нный ~ Wétterschacht *m*

створ *м* **1.** *гидр.* Spérrstelle *f* (11), Wéhrstelle *f*; **2.** *геод.* Méßstrecke *f* (11), Visíerlini¦e [vi-] *f* (11)

створа́жив||ание *с* Gerínnen *n* -s; Verkäsen *n* -s; **~ать(ся)** *см.* створо́жить(ся)

ство́рка *ж* Flügel *m* (6); Kláppe *f* (11)

створо́жить gerínnen máchen [lássen*]; **~ся** gerínnen* *vi* (s); verkäsen *vi* (s)

ство́рчат||ый Flügel-; áufklappbar; ~ая дверь Flügeltür *f* (10)

стеари́н *м* Stearín *n* -s; **~овый** Stearín-; ~овая свеча́ Stearínkerze *f* (11)

сте́бель *м* Stiel *m* (1); Sténgel *m* (6); Halm *m* (1) (*травы*); **~ный** Stiel-; Sténgel-; Halm-

стебе́льчатый: ~ шов Stíelstich *m* (1)

стеблёвый *бот.*: ~ побе́г Sténgelblatt *n* (5); ~ злак Hálmfrucht *f* (3)

стёган||ый gestéppt, Stepp-; ~ая ку́ртка Wáttejacke *f* (11); ~ое одея́ло Stéppdecke *f* (11)

стега́ть I (*одеяло и т. п.*) stéppen *vt*

стег||а́ть II (*хлестать*) péitschen *vt* **~ну́ть** éinen Péitschenhieb versétzen (кого́-л. *D*)

стёжка *ж* **1.** (*действие*) Stéppen *n* -s; **2.** (*шов*) Stéppnaht *f* (3)

стежо́к *м* Stéppstich *m* (1)

стезя́ *ж уст.* Weg *m* (1), Pfad *m* (1)

стек *м* Réitgerte *f* (11)

стека́ть(ся) *см.* стечь(ся)

стекло́ *с* **1.** (*материал*) Glas *n* (5); око́нное ~ Fénsterglas *n*; зерка́льное ~ Spíegelglas *n*; безоско́лочное ~ splítterfreies Glas; Sícherheitsglas *n*; **2.** (*изделие*) Glas *n* (5); Schéibe *f* (11); Fénsterscheibe *f*, Schéibenglas *n* (*в окне*); ла́мповое ~ Lámpenglas *n*; ветрово́е ~ *авто* Wíndschutzscheibe *f*; зажига́тельное ~ Brénnglas *n*, Brénnlinse *f* (11); увеличи́тельное ~ Vergrößerungsglas *n*, Lúpe *f* (11); стёкла очко́в Bríllengläser *pl*; часово́е ~ Úhrglas *n*; **3.** *собир.* (*посуда, художественные изделия*) Gláswaren *pl*, Gláserzeugnisse *pl*

стеклобето́н *м* Glásbeton [-,tɔŋ] *m* -s

стеклобло́к *м* Glásziegel *m* (6)

стеклова́р *м* Glásschmelzer *m* (6)

стеклова́та *ж* Gláswatte *f*

стеклови́дн||ый glásig; glásartig; ◇ ~ое те́ло *анат.* Gláskörper *m* (6)

стекловолокни́стый Glásfaser-

стекловолокно́ *с* Glásfaser *f* (11)

стеклогра́ф *м* Glásplatten-Vervielfältigungsapparat *m* (1), Ábziehapparat *m*

стеклоду́в *м* Glásbläser *m* (6)

стеклома́сса *ж* Glásmasse *f*

стекломоза́ика *ж* Glásmosa¦ik *n* (2)

стеклоочисти́тель *м авто* Schéibenwischer *m* (6)

стеклопаке́т *м стр.* Verbúndscheibe *f* (11), Dóppelscheibenglas *n* (5)

стеклоплави́льн||ый Glásschmelz-; ~ая печь Glásschmelzofen *m* (7*)

стеклопла́ст *м* glásfaserverstärkter Plast

стеклоре́з *м* (*рабочий*) Glásschneider *m* (6)

стеклоруберо́ид *м стр.* (wéicher) Dáchbelag auf Glásfaserbasis

стеклота́ра *ж* Léergut *n* aus Glas

стеклотексто́лит *м* Hártglasleinen *n* -s, Glástextolit *m* -en

стеклотка́нь *ж* Glásgewebe *n* -s

стеклоцеме́нт *м стр.* Glászement *m* -(e)s

стеклоэфиропла́ст *м* glásfaserverstärkter Polyéster

стекля́нн||ый Glas-; gläsern; ~ая дверь Glástür *f* (10); ~ый това́р Gláswaren *pl*; Glásgeschirr *n* -(e)s (*посуда*); ~ые бу́сы Glásperlen *pl*; ~ая ма́сса Glásmasse *f*; ~ая бума́га Glás̈papier *n* -s; ~ая та́ра Léergut *n* aus Glas, Glásbehälter *m* (6); со ~ой кры́шей glásüberdacht

стекля́рус *м собир.* Glásperlen *pl*

стеко́ль||ный Glas-, Gláser-; ~ный заво́д Gláshütte *f* (11); ~ная промы́шленность Glásindustrie *f*; **~щик** *м* Gláser *m* (6)

стели́ть(ся) *разг. см.* стлать(ся)

стелла́ж *м* Regál *n* (2), Gestéll *n* (2); Wárenträger *m* (6), Wárenregal *n*; Bücherregal *n*, Büchergestell *n* (*для книг*)

сте́лька *ж* Brándsohle *f* (11), Éinlegesohle *f*; Éinlage *f* (*супинатор*); ◇ пьян как ~ *разг.* ≅ er ist blau; er ist voll; er ist stóckbesoffen

сте́льная: ~ коро́ва trächtige Kuh

стемне́||ть *безл.* dämmern *vi*; dúnkeln *vi*; ~ло es ist dúnkel gewórden; ско́ро ~ет es wird bald dämmern, es wird bald dúnkel wérden

стен||á *ж* **1.** Wand *f* (3); Máuer *f* (11) (*каменная*); Hólzwand *f*, Schéidewand *f* (*деревянная перегородка*); жить ~á в стéну с кем-л. Wand an Wand mit j-m wóhnen; гóлые стéны léere [káhle] Wände; **2.** *перен.* (*преграда*) Wand *f* (3), Schéidewand *f*; ◇ в четырёх ~áх *разг.* in séinen vier Wänden; in séinen vier Pfählen; припере́ть когó-л. к ~é j-n an die Wand drücken; j-n in die Énge tréiben*; идти́ ~óй wie éine geschlóssene Máuer ánrücken; встать ~óй sich wie ein Mann erhében*; положи́ться на когó-л., на что-л. как на кáменную стéну sich auf j-n, auf etw. (*A*) félsenfést verlássen*, félsenfést auf j-n, auf etw. (*A*) vertráuen; хоть нá ~у лезь das ist um die Wände [an den Wänden] hináufzuklettern

стен||áние *с уст.* Stöhnen *n* -s, Ächzen *n* -s; Gestöhn *n* -(e)s; **~áть** *уст.* stöhnen *vi*, ächzen *vi*

стенгазéта *ж* (стеннáя газéта) Wándzeitung *f* (10)

стенд *м* **1.** Stand *m* (1*); Ständer *m* (6); Staffeléi *f* (10); Scháutafel *f* (11); **2.** (*испытательный*) Prüfstand *m* (1*); заводскóй ~ Wérkprüfstand *m*; ракéтный ~ Rakétenprüfstand *m*

стéн||ка *ж* **1.** *см.* стенá 1; **2.** (*сосуда и т. п.*) Wand *f* (3); Wándung *f* (10) (*труб и т. п.*); толщинá ~ки Wándstärke *f*; Wánddicke *f* (*труб и т. п.*); **3.** (*комбинированный шкаф*) Schránkwand *f*; ◇ гимнасти́ческая ~ка *спорт.* Sprόssenwand *f*; постáвить к ~ке *разг.* an die Wand stéllen; erschíeßen* *vt*; **~нóй** Wand-; ~ные часы́ Wánduhr *f* (10); ~нóй шкаф Wándschrank *m* (1*); ~нáя газéта Wándzeitung *f* (10)

стеногрáмма *ж* Stenográmm *n* (2)

стенóграф *м* Stenográf *m* (8); **~и́ровать** stenografíeren *vt*, *vi*; **~и́ст** *м* Stenográf *m* (8); **~и́стка** *ж* Stenográfin *f* (12); **~и́ческий** stenográfisch, kúrzschriftlich, Kúrzschrift-; Sténo-

стеногрáфия *ж* Stenografíe *f* (11), Kúrzschrift *f* (10); Sténo *f* (*разг.*)

стенокарди́я *ж мед.* Stenokardíe *f*, Hérzkrampf *m* (1*)

стенолáз *м* (*птица*) Máuerläufer *m* (6)

стéнопись *ж* Wándmalerei *f* (10); Wándbilder *pl*

стенотипи́ст *м*, **~ка** *ж* Schréiber(in) *m*, *f* an der Stenografíemaschine

стенотипи́я *ж* Stenotypíe *f*

стéньга *ж мор.* Sténge *f* (11); Tóppmast *m* (1, 13)

степéнн||ость *ж* Gesétztheit *f*, gesétztes Wésen; Würde *f*; **~ый** gesétzt, würdevoll; gravitätisch [-vi-]; ~о выступáть würdevoll dahérschreiten*; einhérstolzieren *vi* (s)

стéпен||ь *ж* **1.** Grad *m* (1); Maß *n* (2); Stúfe *f* (11); **2.** *мат.* Poténz *f* (10); возвести́ числó в трéтью [четвёртую] ~ь éine Zahl in die dritte [víerte] Poténz erhében*; кóрень трéтьей ~и dritte Wúrzel; **3.** (*учёная*) wíssenschaftlicher [akadémischer] Grad; ~ь кандидáта наýк Dóktorgrad *m* (1), Dóktorwürde *f* (11); присуди́ть ~ь den Grad zúerkennen* [verléihen*]; **4.** *грам.*: ~и сравнéния Stéigerungsstufen *pl*, Stéigerungsgrade *pl*; положи́тельная ~ь Pósitiv *m* (1); сравни́тельная ~ь Kómparativ *m* (1); превосхóдная ~ь Súperlativ *m* (1); ◇ в дóлжной ~и in gehöriger Wéise; in gehörigem [gebührendem] Maß; до послéдней ~и aufs äußerste; in höchstem Grad; в высóкой ~и in hóhem Grad; до нéкоторой ~и, до извéстной ~и in gewíssem Grad; до какóй ~и? bis zu wélchem Grad?, inwiewéit?

степн||óй Stéppen-; ~áя óбласть Stéppengebiet *n* (2); ~áя полосá Stéppenzone *f* (11)

степь *ж* Stéppe *f* (11); вéресковая ~ Héide *f* (11)

стервя́тник *м зоол.* Áasgeier *m* (6)

стереови́зор *см.* стереотелеви́зор

стереоголóвка *ж* (*у проигрывателя*) Stéreotonabnehmer *m* (6)

стереозвýк *м* Ráumton *m* (1*), 3-D--Klang *m* (*dreidimensionaler Klang*)

стереозвучáние *с см.* стереофони́я

стереоизображéние *с* Ráumbild *n* (5)

стереокинó *с* Stéreokino *n* -s, Ráumbildkino *n*

стереометри́ческий *мат.* stereométrisch

стереомéтрия *ж мат.* Stereometríe *f*, Geometríe *f* des Ráumes

стереопласти́нка *ж* Stéreoplatte *f* (11)

стереоскóп *м* Stereoskóp *n* (2); **~и́ческий** stereoskópisch, Ráumbild-; ~и́ческий фильм Ráumbildfilm *m* (1)

стереосни́мок *м* Ráumbild *n* (5); stereoskópische Áufnahme

стереотелеви́зор *м* Stéreofernseher *m* (6)

стереоти́п *м полигр.* Stereotýp *m* (13); Stéreoplatte *f* (11)

стереотипёр *м полигр.* Stereotypeur [-'pø:r] *m* (1)

стереотипи́ровать *полигр.* stereotypíeren *vt*

стереоти́п||ия *ж полигр.* Stereotypíe *f*; **~ный 1.** *полигр.* stereotýp; ~ное издáние Stereotýpausgabe *f* (11); **2.** *перен.* stereotýp; ~ное выражéние éine stereotýpe [ábgedroschene] Rédensart

стереотрубá *ж* Schérenfernrohr *n* (2)

стереофони́ческий stereophónisch, Ráumton-; ~ фильм Ráumtonfilm *m* (1)

стереофони́я *ж* Stereophoníe *f*

стереохи́мия *ж* Stereochemíe *f*

стереоэффéкт *м* Stéreoeffekt *m* (1), Ráumwirkung *f* (10)

стерéть 1. (*обтереть*) ábwischen *vt*; ~ пыль с чегó-л. (den) Staub von etw. (*D*) wíschen; etw. ábstauben; ~ с доски́ die Táfel ábwischen; **2.** (*резинкой написанное*) áusradieren *vt*, wégradieren *vt*; **3.** (*растереть*) zerréiben* *vt*; réiben* *vt*; ~ в порошóк zu Púlver zerréiben*, pulverisíeren [-ve-] *vt*; **4.** (*ногу*) sich (*D*) wund réiben* *vt*; **5.**: ~ (магнитофóнную) зáпись éine Tónbandaufnahme [Áufnahme] löschen; ◇ ~ с лицá земли́ vertílgen *vt*, áusrotten *vt*; vom Érdboden hinwégfegen; **~ся** (*о написанном*) sich verwíschen; únleserlich wérden; ~ся в пáмяти aus dem Gedächtnis schwínden*

стерéчь 1. (*охранять, караулить*) bewáchen *vt*; betréuen *vt*; behüten *vt*, überwáchen *vt* (*когó-л.*); **2.** (*подстерегать когó-л.*) láuern *vi* (auf *A*)

стéржень *м* **1.** *тех.* Stiel *m* (1); Stab *m* (1*); Stánge *f* (11) (*арматуры*); Kern *m* (1) (*литья*); **2.** (*нарыва*) Éiterstock *m* (1*); **3.** *перен.* Ángelpunkt *m* (1); Kérnpunkt *m*; der spríngende Punkt

стержнев||óй 1. Stiel-; Kern-; ~áя маши́на *мет.* Kérnformmaschine *f* (11); **2.** *перен.* Haupt-; Zentrál-; Kern-

стерилиз||áтор *м* Sterilisátor *m* -s, -tóren; **~áция** *ж* **1.** (*обеззараживание*) Sterilisíerung *f*; Kéimtötung *f*; **2.** (*обеспложивание*) Sterilisatión *f*, Sterilisíerung *f*; **~óванный** sterilisíert; kéimfrei; **~овáть** sterilisíeren *vt*

стери́льн||ость *ж* **1.** (*отсутствие бактерий*) Kéimfreiheit *f*; **2.** (*неспособность к оплодотворению*) Únfruchtbarkeit *f*, Sterilität *f*; **~ый 1.** (*обеззараженный*) kéimfrei, steríl; **2.** (*обеспложенный*) steríl; únfruchtbar

стéрлинг: фунт ~ов das Pfund Stérling; **~овый** Stérling-; ~овая зóна *эк.* Stérlingraum *m* -(e)s, Stérlingzone *f*

стéрлядь *ж* Stérlet *m* (1)

стерня, стерня́ *ж с.-х.* Stóppelfeld *n* (5)

стерпéть 1. (*сдержаться*) an sich (*A*) hálten*; sich behérrschen; **2.** (*вытерпеть*) áushalten* *vt*, ertrágen* *vt*, dúlden *vt*, erdúlden *vt*; sich (*D*) etw. gefállen lássen*; ~ оби́ду éine Kränkung hínnehmen* [über sich (*A*) ergéhen lássen*]

стёртый 1. (*неясный*) verwíscht; verschwómmen; únleserlich (*о написанном*); **2.** (*о монете, медали*) ábgegriffen, ábgenutzt

стеснéн||ие *с* **1.** Beéngung *f* (10), Bedrängung *f* (10); Bedrückung *f* (10) (*притеснение*); Beschränkung *f* (10) (*ограничение*); ~ие в срéдствах Beschränktheit der Míttel, Knáppheit an Mítteln, Géldknappheit *f*, Géldverlegenheit *f*, Géldnot *f*; **~ие в груди́** Beéngtheit [Beklómmenheit] in der Brust; **2.** (*неловкость*) Befángenheit *f* (*смущение*); Beklómmenheit *f*; Verwírrung *f*; Benómmenheit *f*, Schüchternheit *f* (*робость*); дéйствовать без ~ия rücksichtslos hándeln; пожáлуйста, без ~ий! bítte, óhne Úmstände!; без ~ия úngezwungen

стеснённ||ый beéngt; bedrängt, befángen (*смущённый*); beschränkt, éingeschränkt (*ограниченный*); ~ое дыхáние Átembeklemmung *f*; быть в ~ых обстоя́тельствах sich in bedrängten Verhältnissen befínden*; быть ~ым в деньгáх in Géldverlegenheit [Géldnot] sein; pekuniäre Schwíerigkeiten háben; knapp bei Kásse sein (*разг.*)

стесн||и́тельность *ж* **1.** (*застенчивость*) Verlégenheit *f*; Befángenheit *f*; Schüchternheit *f* (*робость*); **2.** (*неудобство*) Únbequemlichkeit *f* (10); Lästigkeit *f*; **~и́тельный 1.** (*стесняющий*) lästig; beéngend; únbequem; **2.** (*стесняющийся*) verlégen; beklómmen; schüchtern (*робкий*); **~и́ть 1.** (*сжать*) zusámmendrängen *vt*; éinengen *vt*; **2.** (*затруднить, ограничить*) beéngen *vt*, éinschränken *vt*, lästig fállen* (*когó-л. D*); ~и́ть себя́ в чем-л. sich (in írgendeiner Bezíehung) éinschränken; **~и́ться** (*ограничить себя в чём-л.*) sich éinschränken, sich (*D*) Éinschränkungen áuferlegen; **~я́ть 1.** (*смущать*) verwírren *vt*, geníeren [ʒe-] *vt*; verlégen máchen; in Verlégenheit bríngen*; **2.** *см.* стесни́ть 2; **~я́ться 1.** (*смущаться*) sich geníeren [ʒe-]; verlégen [schüchtern, befángen] sein; говори́те не ~я́ясь sprέchen Sie ganz óffen [frei von der Léber weg (*разг.*)]; не ~я́ться чем-л. sich nicht geníeren; sich (*D*) kéinen Zwang ántun* (*свободно обращаться*); kéine Rücksicht néhmen* auf (*A*) (*не обращать внимания*); sich nicht kümmern um (*A*) (*пренебрегать*); **2.** (*ограничивать себя*) sich einschränken, sich beschränken; не ~я́ться в срéдствах 1) (*в деньгах*) sich (*D*) nichts verságen; Geld in Hülle und Fülle háben; 2) *перен.* nicht héikel in der Wahl der Mittel sein; **3.** *страд.* éingeschränkt wérden; belästigt wérden (*ср.* стеснить)

стетоскóп *м мед.* Stethoskóp *n* (2), Hörrohr *n* (2)

стечéние *с* **1.** (*рек*) Zusámmenfluß *m* -sses; Veréinigung *f* (10); **2.** (*скопление*) Stáuung *f* (10), Áuflauf *m* (1*); Zusámmentreffen *n* -s; ~ нарóда Ándrang *m* -(e)s; Áuflauf *m* (1*); ◇ ~ обстоятельств das Zusámmentreffen von Úmständen

стечь ábfließen* *vi* (s), áblaufen* *vi* (s); áusfließen* *vi* (s) (*вытечь*); ábtropfen *vi* (s) (*по каплям*); **~ся 1.** zusámmenfließen* *vi* (s); sich veréinigen (*о реках*); **2.** *перен.* zusámmenströmen *vi* (s); zusámmenlaufen* *vi* (s)

сти́брить *разг.* kláuen *vt*, máusen *vt*, stibítzen *vt*

стивидóр *м мор.* Stáuer *m* (6)

сти́гма *ж*, **стигмáт** *м* Stigma *n* -s, *pl* -ta *u* -men; Wúndmal *n* (2)

стилéт *м* Stilétt *n* (2)

стилиз||áтор *м* Stílkünstler *m* (6); Stilíst *m* (8); **~áция** *ж* Stilisíerung *f* (10); stilístische Náchahmung; **~овáть** stilisíeren *vt*

стили́ст *м* Stilíst *m* (8); **~ика** *ж* Stilístik *f*, Stílkunde *f*, Stílkunst *f*; Stíllehre *f*; **~и́ческий** stilístisch

стил||ь *м* **1.** *иск.*, *лит.*, *лингв.* Stil *m* (1); писáть хорóшим ~ем éinen gúten Stil schréiben*; сохрани́ть ~ь den Stil wáhren; передáть ~ь stílgetreu wíedergeben*; **2.** (*манера*) Stil *m* (1); Maníer *f* (10); ~ь руковóдства Léitungsstil *m*; в ~е... im Stil(e) (*G*); вóльный ~ь *спорт.* Fréistil *m* -(e)s; **3.** (*о летосчислении*) Stil *m* (1), Zéitrechnung *f* (10)

сти́льность *ж* Stil *m* -(e)s

сти́льн||ый **1.** stílvoll; stílvollendet; stílgerecht, stílecht (*выдержанный в стиле*); ~ая мéбель Stílmöbel *n* (6); **2.** (*свойственный стиляге*) übertríeben modérn

стиля́га *м*, *ж разг.* Hálbstarke *m*, *f* (14), Módefatzke *m* (9)

сти́мул *м* Stímulus *m* =, -li; Ánreiz *m* (1); Ánsporn *m* -(e)s; материáльный ~ materiéller Ánreiz; **~и́рование** *с* Stimulíerung *f* (10); экономи́ческое ~ и́рование ökonómische Stimulíerung; **~и́ровать** stimulíeren *vt*; fördern *vt*; éinen Impúls gében* (что-л. *D*); ánreizen *vt* (zu *D*); éinen Ánreiz gében* (zu *D*)

стимуля́тор *м хим.* Stimulátor *m* -s, -tóren, Wírkstoff *m* (1); Réizkörper *m* (6)

стипенди||áльный Stipéndi¦en-; ~áльный фонд Stipéndi¦enfonds [-ˌfɔŋ] *m* = [-ˌfɔŋs], = [-ˌfɔŋs]; **~áт** *м* Stipéndi¦enempfänger *m* (6), Stipendiát *m* (8); Stipendíst *m* (8) (*австр.*)

стипéндия *ж* Stipéndium *n* -s, -di¦en; повы́шенная ~ Léistungsstipendium *n*; именнáя ~ Sónderstipendium *n*

стипль-чéз *м спорт.* Híndernisrennen *n* (7)

стирáльн||ый Wasch-; ~ая маши́на Wáschmaschine *f* (11); ~ый порошóк Wáschpulver *n* (6); ~ая доскá Wáschbrett *n* (5)

стирáть I *см.* стерéть

стирáть II (*бельё*) wáschen* *vt*

стирáться I **1.** *см.* стерéться; **2.** *страд.* ábgewischt wérden (*ср.* стерéть)

стирáться II **1.** (*отмываться при стирке*) sich wáschen lássen*; **1.** *страд.* gewáschen wérden

сти́рк||а *ж* Wäsche *f*; Wáschen *n* -s; отдáть что-л. в ~у etw. zum Wáschen gében*, etw. wáschen lássen*, etw. zur Wäsche [in die Wäsche] gében*

сти́скивать, сти́снуть zusámmenpressen *vt*; ~ в объя́тиях stürmisch umármen, an sich (*A*) préssen, in der Umármung fast erstícken; ~ зýбы die Zähne zusámmenbeißen*

стих I *м лит.* Vers *m* (1); Gedícht *n* (2) (*стихотворение*); бéлые ~и́ réimlose Vérse, Blánkverse *pl*; сбóрник ~óв Gedíchtband *m* (1*), Gedíchtsammlung *f* (10)

стих II *м разг.* (*настроение*) Láune *f* (11); на негó ~ нашёл er hat éinen Ráppel

стихáть *см.* сти́хнуть

стихи́йн||о *нареч.* spontán; **~ость** *ж* Spontane¦ität *f*; Elementárgewalt *f*; **~ый** elementár, Elementár-; spontán; blíndwirkend; ~ое бéдствие Natúrkatastrophe *f* (11); ~ая си́ла Elementárkraft *f* (3), elementáre Kraft, Natúrkraft *f*; ~ое движéние spontáne Bewégung; носи́ть [имéть] ~ый харáктер éinen spontánen Charákter [ka-] háben

стих||и́я *ж* Elemént *n* (2); Elementárkraft *f* (3), Natúrkraft *f*, Natúrgewalt *f* (10); ◇ быть в своéй ~и́и in séinem Elemént sein

сти́хнуть still wérden; stíllschweigen* *отд. vi* (*замолчать*); sich berúhigen (*успокоиться*); sich légen (*о ветре и т. п.*); áufhören *vi* (*прекратиться*); вéтер стих der Wind hat sich gelégt; шум стих es wúrde still; дождь стих der Régen ließ nach

стихоплёт *м разг.* Réimschmied *m* (1); Díchterling *m* (1)

стихосложéние *с* **1.** *лит.* Vérsbau *m* -(e)s; **2.** (*сочинение стихов*) Díchten *n* -s

стихотворéние *с* Gedícht *n* (2)

стихотвóрец *м уст.* Díchter *m* (6), Poét *m* (8)

стихотвóр||ный Gedícht-; Vers-; ~ный размéр Vérsmaß *n* (2); ~ная фóрма рéчи gebúndene Réde

стишóк *м разг.* kléines Gedícht; Vérs¦chen *n* (7)

стлáник *м лес.* Krúmmholz *n* -es, Knieholz *n*

стлать áusbreiten *vt*; décken *vt*; légen *vt*; ~ постéль das Bett máchen; **~ся** sich áusbreiten; ~ся по землé (*о растениях*) auf der Érde ránken; дым стéлется der Rauch geht níeder; тумáн стéлется по землé der Nébel zieht, der Nébel lágert über der Érde

сто húndert; увели́чивать в ~ раз verhúndertfachen *vt*; ◇ ~ раз говори́лось об э́том *разг.* schon húndertmal [x-mal] war davón die Réde; на (все) ~ процéнтов húndertprozentig; на все ~ *разг.* príma, áusgezeichnet

стог *м* Schóber *m* (6); ~ сéна Héuschober *m*, Héumiete *f* (11); ~ солóмы Stróhdiemen *m* (6), Stróhfeimen *m* (6)

стоговáние *с с.-х.* Sétzen *n* von Schóbern; ~ сéна Stápeln des Heu(e)s, Héuschichtung *f*

стоговóз *м с.-х.* Schóberzieher *m* (6)

стогометáтель *м с.-х.* Schóbersetzer *m* (6)

стогрáдусный húndertgradig; ~ термóметр das húndertgradige [húndertteilige] Thermométer

стóик *м филос.*, *перен.* Stó¦iker *m* (6)

стóимостн||ый *эк.* wértmäßig, Wert-; ~ое выражéние Wértausdruck *m* -(e)s, wértmäßiger Áusdruck; в ~ом выражéнии wértmäßig, im Wértausdruck

стóимост||ь *ж* **1.** *эк.* Wert *m* -(e)s; номинáльная ~ь Nominálwert *m*, Nénnwert *m*; Nénnbetrag *m* (1*), Nominálbetrag *m*; потреби́тельская ~ь Gebráuchswert *m*; меновáя ~ь Táuschwert *m*; прибáвочная ~ь Méhrwert *m*; товáрная ~ь Wárenwert *m*; ~ь рабóчей си́лы der Wert der Árbeitskraft; Árbeitskosten *pl*; закóн ~и Wértgesetz *n* (2); **2.** (*денежное выражение, цена*) Preis *m* (1), Kósten *pl*; ~ь жи́зни Lébenshaltungskosten *pl*; ~ь проéзда Fáhrpreis *m*; ~ь пересы́лки Versándkosten *pl*

стó||ить **1.** kósten *vt*; э́то ~ило мне мнóго трудá das kóstete mir [mich] viel Mühe; **2.** *безл.* (*следует, имеет смысл*): э́то ~ит прочéсть das lohnt (sich) zu lésen; не ~ит es lohnt sich nicht; **3.** *безл.* (*нужно*) bráuchen *vt*; вам ~ит тóлько предложи́ть Sie bráuchen nur vórzuschlagen; ◇ он ~ит семеры́х *разг.* er ist síeben Mann wert; ничегó не ~ить nichts [kéinen Deut] wert sein (*о вещах*); nichts táugen (*о человеке*); не ~ит трудá es lohnt die Mühe [der Mühe] nicht; das ist nicht der Mühe wert; не ~ит (благодáрности)! kéine Úrsache (zu dánken)!; игрá не ~ит свеч, овчи́нка вы́делки не ~ит ≅ die Sáche lohnt der Mühe nicht; дéло вы́еденного яйцá не ~ит ≅ die Sáche ist kéinen Pfífferling [Schuß Púlver, Héller] wert; емý ничегó не ~ит оби́деть человéка es macht ihm nichts aus, j-n zu kränken; не ~ит тогó... es ist nicht der Mühe wert...

стоици́зм *м* **1.** *филос.* Sto¦izísmus *m* =; **2.** *перен.* Sto¦izísmus *m* =; Únerschütterlichkeit *f*; Gléichmut *m* -(e)s (*хладнокровие*)

стои́ческий **1.** *филос.* stó¦isch; **2.** *перен.* stó¦isch; únerschütterlich; gléichmütig (*хладнокровный*)

стóйбище *с* Nomádensiedlung *f* (10), Nomádenlager *n* (6)

стóйк||а I *ж* **1.** (*в буфере и т. п.*) Théke *f* (11), Ládentisch *m* (1), Schánktisch *m*; **2.** (*стол или шкафчик*) Ständer *m* (6); ~а для деловы́х бумáг Áktenständer *m* (6); реклáмная ~а Blíckfangständer *m*; **3.** *тех.* Ständer *m* (6); Stützbalken *m* (7), Stiel *m* (1); Stütze *f* (11); Pfósten *m* (7); Säule *f* (11); палáточная ~а Zéltstange *f* (11), Zéltstock *m* (1*); тéнтовая ~а Zéltmast *m* (13); **4.** *спорт.* (*боковая штанга ворóт*) Tórpfosten *m* (7), Pfósten *m* (7); **5.** (*воротник*) Stéhkragen *m* (7)

стóйк||а II *ж* **1.** *воен.*, *спорт.* Stíllstehen *n* -s; **2.** (*в гимнастике — положение тела головой вниз*) Stand *m* -(e)s; ~а на рукáх Hándstand *m*; ~а на головé Kópfstand *m*; **3.** *охот.* Ánstand *m* -(e)s, Stéllung *f* (10); сдéлать ~у (*о собаке*) stéhen* *vi*

стóйк||ий **1.** stándhaft; fest; wíderstandsfähig (*о плодовых растениях и т. п.*); ~ий бóрец ein áufrechter Kämpfer; **2.** *физ.*, *хим.* stabíl; beständig; stándfest; ~ое равновéсие *физ.* das stabíle Gléichgewicht; ~ое ОВ *воен. хим.* séßhafter [lángwirkender] Kámpfstoff; **~ость** *ж* **1.** Stándhaftigkeit *f*; Féstigkeit *f*; **2.** *физ.*, *хим.* Stabilität *f*; Séßhaftigkeit *f* (*боевых отравляющих веществ*)

стóйло *с* Stállverschlag *m* (1*), Box *f* (10), Stand *m* (1*); Pférdeverschlag *m*, Pférdestand *m* (*в конюшне*); **~вый:** ~вое содержáние скотá *с.-х.* Stállhaltung *f* des Viehs

стоймя́ *нареч.* stéhend, áufrecht

сток *м* **1.** (*действие*) Ábfließen *n* -s; **2.** (*место стока*) Ábfluß *m* -sses, -flüsse,

Wásserablauf *m* (1*), Áblaß *m* -sses, -lässe

сто́кер *м тех.* Stóker *m* (6)

стокра́т, ~но *нареч.* húndertfach; húndertfältig; **~ный** húndertfach, verhúndertfacht

стол *м* **1.** Tisch *m* (1); пи́сьменный ~ Schréibtisch *m*, кру́глый ~ Rúndtisch *m*, rúnder Tisch; ло́мберный ~ Kártentisch *m*, Spíeltisch *m*; операцио́нный ~ Operatiónstisch *m*; передвижно́й ~ RóIltisch *m*; поворо́тный ~ Dréhtisch *m*; вибрацио́нный ~ *тех.* Rüttelisch *m*; приглаша́ть [звать] к ~у́ zu Tisch bítten* [rúfen*]; сесть за ~ sich an den Tisch sétzen; zu Tisch géhen* (*для еды*); встать из-за ~а́ (*после еды*) die Táfel áufheben*; накры́ть (на) ~ den Tisch décken; пода́ть на ~ áuftragen* *vt*, áuftischen *vt*; подава́ть за ~о́м bei Tísche áufwarten [bedíenen]; убра́ть со ~а́ den Tisch [vom Tisch] ábräumen; (den Tisch) ábdecken; **2.** (*еда*) Kost *f*, Küche *f* (11); дома́шний ~ Háuskost *f*, häusliche Kost; диети́ческий ~ Diätkost *f*; ~ и кварти́ра Kost und Logis [loˈʒiː]; **3.** (*отдел в учреждении*): а́дресный ~ Adréssenbüro *n* -s, -s; спра́вочный ~ Áuskunftsbüro *n*; па́спортный ~ Abtéilung *f* für Páß- und Méldewesen; ~ зака́зов (*в магазине*) Bestélldienst *m* -es, Bestélldienstabteilung *f*; Abtéilung Kúndendienst; ~ нахо́док Fúndbüro *n* -s, -s; ◇ ~ перегово́ров Verhándlungstisch *m* -(e)s

столб *м* **1.** Säule *f* (11); Pfósten *m* (7); Pfahl *m* (1*); Stánge *f* (11); Pféiler (6) (*у постройки*); километро́вый ~ Kilométerstein *m* (1); телегра́фный ~ Telegráphenstange *f*; пограни́чный ~ Grénzpfahl *m*; межево́й ~ Grénzpfahl *m*; ~ы́ для су́шки белья́ Wäschepfähle *pl*, Wäschetrockengerüst *n* (2); **2.** (*масса чего-л.*) Säule *f*; ~ ды́ма Ráuchsäule *f*, Ráuchfahne *f* (11); ~ пы́ли Stáubsäule *f*; поднима́ть пыль ~о́м Staub áufwirbeln; **3.:** рту́тный ~ Quécksilbersäule *f*; водяно́й ~ Wássersäule *f* (*сокр.* WS); ◇ позвоно́чный ~ *анат.* Rückgrat *m* (11), Wírbelsäule *f* (11); позо́рный ~ Schándpfahl *m* (1*), Pránger *m* (6); поста́вить к позо́рному ~у́ an den Pránger stéllen; ánprangern *vt*

столбе́ц *м* (*газетный и т. п.*) Spálte *f* (11); ~ цифр Záhlenreihe *f* (11)

сто́лбик *м* **1.** kléiner Pfósten [Pfahl]; **2.** *бот.* Gríffel *m* (6)

столбня́к *м* **1.** *мед.* Stárrkrampf *m* -(e)s, Tetanie *f*, Tétanus *m* =; **2.:** на него́ нашёл ~ *разг.* er stand wie verstéinert, er erstárrte zur Sálzsäule

столбов||о́й 1.: ~а́я доро́га *уст.* Póststraße *f* (11); **2.** *ист.*: ~о́й дворяни́н Ádlige *m* (14) aus áltem Geschlécht

столе́т||ие *с* **1.** Jahrhúndert *n* (2), Säkulum *n* -s, -la; **2.** (*годовщина*) Jahrhúndertfeier *f* (11), Húndertjahrfeier, *f*, húndertjähriges Jubiläum, der húndertste Jáhrestag; ~ие со дня сме́рти húndertster Tódestag; **~ний** húndertjährig

столе́тник *м бот.* Agáve [-və] *f* (11) (*агава*); Álo¦e *f* (11) (*алоэ*)

столи́ца *ж* Háuptstadt *f* (3); Metropóle *f* (11)

столи́чный háuptstädtisch, Háuptstadt-; gróßstädtisch; ~ жи́тель Éinwohner der Háuptstadt

столк||нове́ние *с* **1.** Zusámmenstoß *m* (1*), Zusámmenprall *m* (1), Aufeinánderprallen *n* -s, Kollisión *f* (10); **2.** (*спор*) Wíderstreit *m* (1); Kollisión *f* (10); ~нове́ние интере́сов Interéssenkollision *f*; Interéssenkonflikt *m* (1); **3.** (*стычка, бой*) Zusámmenstoß *m* (1*), Zusammentreffen *n* -s; вооружённое ~нове́ние der bewáffnete Zusámmenstoß; **~ну́ть 1.** herúnterstoßen* *vt*, herábstoßen* *vt*; ~ну́ть ло́дку в во́ду das Boot ins Wásser stóßen* [schíeben*]; ~ну́ть с ме́ста vom Platz rücken; **2.** (*вместе*) zusámmenstoßen* *vt*; zusámmenführen *vt*; **~ну́ться 1.** zusámmenstoßen* *vi* (s); zusámmenprallen *vi* (s), aufeinánder¦prallen *отд. vi* (s); **2.** (*встретиться*) aufeinánder¦stoßen* *отд. vi* (s), zusámmentreffen* *vi* (s); einánder begégnen; вам придётся ещё ~ну́ться с э́тим Sie wérden noch damít zu tun háben; **3.** *перен.* (*вступить в противоречие, конфликт*) aneinánder¦geraten* *отд. vi* (s); aufeinánder¦platzen *отд. vi* (s); kollidíeren *vi* (*об интересах*)

столкова́ться *разг.* sich verständigen (о чём-л. über *A*); zum Éinverständnis kómmen*, übeŕein¦kommen* *отд. vi* (s)

стол||ова́ться in Kost sein, Kóstgänger sein; spéisen *vi*; Verpflégungsteilnehmer [Tíschgast] sein; **~о́вая** *ж* **1.** (*в квартире*) Éßzimmer *n* (6), Spéisezimmer *n*; **2.** (*общественного питания*) Sélbstbedienungsgaststätte *f* (11) Spéiseraum *m* (1*); Spéisesaal *m* -(e)s, -säle; Ménsa *f* =, -sen (*студенческая*); заводска́я ~о́вая Wérkskantine *f* (11), Betríebsgaststätte *f*; **~о́вый** Tisch-, Táfel-; Eß-; Spéise-; ~о́вый прибо́р Éßbesteck *n* (2), Tischbesteck *n*, Táfelbesteck *n*; ~о́вое бельё Tíschzeug *n* -(e)s, Tíschwäsche *f*; ~о́вая ло́жка Éßlöffel *m* (6); по ~о́вой ло́жке éßlöffelweise; ~о́вое вино́ Tíschwein *m* (1); ◇ ~о́вые го́ры *геогр.* Táfelberge *pl*

столо́чь zerstóßen* *vt*, zerstámpfen *vt*, zerkléinern *vt*

столп *м* Stütze *f* (11), Säule *f* (11); ~ы́ о́бщества die Stützen der Geséllschaft

столпи́ться sich ánsammeln, sich zusámmenrotten; éinen Áuflauf bílden

столпотворе́ние *с разг.* Ménschenandrang *m* -(e)s; Durcheinánder *n* -s; Tó¦huwabó¦hu *n* -s *u* =, -s *u* =; вавило́нское ~ der Túrmbau zu Bábel

столь *нареч.* so, solch; ébenso (*при сравнении*); ~ мно́го so viel; ~ ва́жный вопро́с solch éine wíchtige Fráge, éine so wíchtige Fráge; не ~ бога́т, как... nicht so reich, wie...; э́то не ~ ва́жно das ist nicht so wíchtig

сто́лько *нареч.* sovíel; ~-то sovíel, so und so viel; ~ же ébensoviel; я зна́ю ~ же ско́лько и вы ich weiß ébensoviel wie Sie; ещё ~ же noch éinmal sovíel; он не ~ силён, ско́лько ло́вок er ist nicht so stark, wie gewándt

сто́льн||ик *м ист.* Trúchseß *m* -sessen, -sessen; **~ый:** ~ый го́род *уст.* Háuptstadt *f* (3)

столя́р *м* Tíschler *m* (6), Schréiner *m* (6); **~ничать** tíschlern *vi*; das Tíschlerhandwerk betréiben*; schréinern *vi*; **~ный** Tíschler-, Schréiner-; ~ная мастерска́я Tíschlerwerkstatt *f*, *pl* -stätten, Tischleréi *f* (10), Schreineréi *f* (10); ~ное ремесло́ Tíschlerhandwerk *n* -(e)s; ~ная рабо́та Tíschlerarbeit *f* (10); ~ный стано́к Tíschlerbank *f* (3); ~ный клей Tíschlerleim *m* -(e)s

стомати́т *м мед.* Stomatítis *f*

стомато́лог *м* Stomatológe *m* (9), Múndhöhlenspezialist *m* (8)

стоматоло́гия *ж* Stomatologíe *f*

стоматоско́п *м мед.* Stomatoskóp *n* (2), Múndspiegel *m* (6)

стон *м* Stöhnen *n* -s, Gestöhn *n* -(e)s; Ächzen *n* -s; **~а́ть** stöhnen *vi*; ächzen *vi*

стоп stopp!, halt!

стоп||а́ I *ж* (*ноги́*) Fuß *m* (1*); пло́ская ~а́ Pláttfuß *m*; ◇ напра́вить свои́ ~ы́ *уст. или ирон.* séine Schrítte lénken; идти́ по чьим-л. ~а́м in j-s Fúß(s-)tapfen tréten*; in j-s Spúren trótten; припа́сть к ~а́м *уст.* zu Füßen fállen*

стопа́ II *ж лит.* Vérsfuß *m* (1*)

стопа́ III *ж* **1.** (*книг, газет и т. п.*) Stoß *m* (1*), Stápel *m* (6); Pakét *n* (2); **2.** (*бумаги*) Ries *n* (2)

сто́пка *ж* **1.** (*кучка*) Stoß *m* (1*), Häufchen *n* (7); **2.** (*стаканчик*) Gläs¦chen *n* (7)

стоп-кра́н *м* Nótbremse *f* (11)

стоп-ли́ния *ж* (*для остановки транспорта*) Stópplini¦e *f*, Háltelini¦e *f*

сто́пор *м* Spérrbolzen *m* (7), Spérrvorrichtung *f* (10); *мор.* Stópper *m* (6); **~ить** stóppen *vi*, *vt*, brémsen *vi*, *vt*; ánhalten* *vi*, *vt*; *мор.* stóppen *vt*; **~иться** ins Stócken kómmen*; **~ный** Sperr-; ~ный рыча́г Spérrhebel *m* (6); ~ный винт Féststellschraube *f* (11)

сто́ппер *м спорт.* Stópper *m* (6)

стопроце́нтный 1. húndertprozentig; **2.** (*сплошной*) vóllständig, vóllzählig; lückenlos

стопта́ть (Schúhwerk) ábtragen* *vt* (*сносить*); ~ каблуки́ die Hácken ábtreten* [schíeftreten*]; **~ся** ábgetreten [schíefgetreten] sein (*о каблуках*)

сторгова́ться (*о цене*; *тж. перен. разг.*) sich éinigen (auf *A*), übeŕein¦kommen* *отд. vi* (s); hándelseins wérden; ~ на 50 рубля́х sich auf 50 Rúbel éinigen

стори́цею *нареч.*: возда́ть ~ húndertfältig vergélten*; mit Zins und Zínseszinsen zurückzahlen; den Dank réichlich ábtragen*

сто́рож *м* Wächter *m* (6); Wärter *m* (6); ночно́й ~ Náchtwächter *m*; лесно́й ~ Wáldwärter *m*; Wáldhüter *m* (6); тюре́мный ~ Gefängniswärter *m*; железнодоро́жный ~ Báhnwärter *m*

сторожев||о́й Wärter-; Wächter-; Wacht-; ~а́я бу́дка Wärterhäus¦chen *n* (7); ~а́я вы́шка [ба́шня] Wáchtturm *m* (1*); Wárte *f* (11); Bewáchungsturm *m* (1*) (*в лагере*); ~о́й ка́тер Küstenschutzschiff *n* (2) (*сокр.* KS-Schiff, KSS); ~а́я заста́ва *воен.* Sícherungswache *f* (11); ~о́й пост *воен.* Wáchtposten *m* (7); ~а́я ро́та Vórpostenkompanie *f* (11); ~о́е охране́ние *воен.* Vórposten *pl*

сторож||и́ть 1. bewáchen *vt*; überwáchen *vt*; beóbachten *vt* (*наблюдать*); ~и́ть дом das Haus hüten; **2.** (*подстерегать кого-л.*) áufpassen *vi* (auf *A*), láuern *vi* (auf *A*); erwárten *vt*; **~и́ха** *ж разг.* Wächterin *f* (12)

сторо́жка *ж* Wächterhäus¦chen *n* (7), Wärterhäus¦chen *n*; *ж.-д.* Báhnwärterhäus¦chen *n*

сторон||а́ *ж* **1.** Séite *f* (11); пра́вая [лицева́я] ~а́ мате́рии die réchte Séite [die Óberseite] des Stóffes; ле́вая ~а́ мате́рии die línke Séite des Stóffes; лицева́я ~а́ до́ма die Front [die Fassáde] des Háuses; торцо́вая ~а́ до́ма die Stírnseite [die Gíebelseite] des Háuses; лицева́я ~а́ меда́ли die Vórderseite der Medaille [meˈdaljə]; обра́тная [оборо́тная] ~а́ меда́ли *тж. перен.* die Kéhrseite der Medaille; ты́льная ~а́ Rückseite *f*; сто́роны угла́ *мат.* die Schénkel éines Wínkels; сто́роны треуго́льника die Séiten [die Schénkel] éines Dréiecks; отвести́ кого́-л. в сто́рону (*для разговора*) j-n beiséite néhmen*; отложи́ть что-л. в сто́рону etw. beiséite légen; бро́ситься в сто́рону sich zur Séite wérfen*; éinen Satz zur Séite máchen (*о лошади*); уклони́ться в сто́рону vom Weg [*перен.*

vom Théma] ábkommen* [ábschweifen]; сверну́ть в сто́рону (séitlich) ábbiegen* *vi* (s); по э́ту сто́рону díesseits (чего-л. *G*); по ту сто́рону jénseits (чего́-л. *G*); со ~ы́ кого́-л. von séiten (*G*), séitens (*G*); -seits; с ка́ждой ~ы́ jéderseits; с обе́их сторо́н béiderseits, von béiden Séiten; auf béiden Séiten; ро́дственник со ~ы́ отца́ ein Verwándter väterlicherseits; ни с той, ни с друго́й ~ы́ von kéiner Séite; wéder von der éinen noch von der ánderen Séite; **2.** (*в судебном процессе и т. п.*) Partéi *f* (10); Séite *f* (11) (*в споре и т. п.*); Verhándlungsseite *f*, Verhándlungspartner *m* (6) (*в переговорах*); догова́ривающиеся сто́роны Vertrágspartner *pl*; Verhándlungspartner *pl*, die vertrágschließenden Séiten; заинтересо́ванная ~á interessíerte Séite [Partéi]; Interessént *m* (8); брать чью-л. сто́рону für j-n Partéi ergréifen*; auf j-s Séite tréten*; стать на чью-л. сто́рону sich auf j-s Séite stéllen; j-s Partéi néhmen* [ergréifen*]; **3.** (*страна, край*) Land *n* (5), Gégend *f* (10); чужа́я ~á Frémde *f*; ◇ я со свое́й ~ы́... ich méinerseits [méinesteils]...; was mich ángeht [ánbelangt]...; ich für mein Teil...; с одно́й ~ы́..., с друго́й ~ы́... éinerseits..., ánder(er)seits...; э́то умно́ с их ~ы́ das ist klug von íhnen; э́то хорошо́ [пло́хо] с ва́шей ~ы́ das ist gut [schlecht] von Íhnen; держа́ться в ~é sich ábseits hálten*, sich férnhalten* *отд.*; шу́тки в сто́рону! Spaß beiséite!; óhne Spaß!; im Ernst!; пройти́ ~о́й (*о туче и т. п.*) séitlich vorbéigehen*; узна́ть что-л. ~о́й etw. únter der Hand [auf ánderem Wége] erfáhren*; с э́той ~ы́ я споко́ен was dies betrífft, bin ich rúhig; in díeser Hínsicht bin ich rúhig; наблюда́ть со ~ы́ objektiv beóbachten; со ~ы́ видне́е der Unbeteiligte sieht schärfer; име́ть свои́ хоро́шие сто́роны séine gúten Séiten háben; в сто́рону *театр.* beiséite; иска́ть что-л. на ~é etw. woánders [äußer dem Háuse] súchen; отда́ть на́ сторону etw. äußer dem Haus [Betríeb] ábgeben* [wéggeben*]; моё де́ло ~á ≅ das ist nicht méine Sáche; méin Náme ist Háse (*разг.*); на все четы́ре сто́роны in álle vier Wínde; ~á жи́зни Lébensgebiet *n* (2)

сторон||и́ться **1.** zur Séite géhen*; áusweichen* *vi* (s); ~и́сь! Bahn frei!; **2.** (*избегать*) (ver)méiden * *vt*; ~и́ться кого́-л. j-m aus dem Wége géhen*

сторо́нний únbeteiligt; äußenstehend

сторо́нник *м* Partéigänger *m* (6); Ánhänger *m* (6) (*приверженец*); быть ~ом кого́-л., чего́-л. für j-n, für etw. (*A*) sein; быть убеждённым ~ом кого́-л. j-s überzéugter Ánhänger sein; zu j-s Fáhne schwören* (*разг.*); ~и ми́ра Fríedensanhänger *pl*, Fríedensfreunde *pl*

сто́ртинг *м* (*парламент в Норвегии*) Storting ['stu:r-] *n* (2) (*pl тж.* -s)

сторублёв||ка *ж разг.* Húnderter *m* (6), Hundertrúbelschein *m* (1); ~**ый** Hundertrúbel-

стоскова́ться (*по ком-л., по чём-л.*) sich séhnen (nach *D*), Séhnsucht bekómmen* [háben]

стоу́ст||ый: ~ая молва́ die húndertzüngige Fáma

сточи́ть ábschleifen* *vt*; ~**ся** sich ábschleifen*

сто́чн||ый Ábfluß-, Áblauf-; ~ая труба́ Ábflußrohr *n* (2); ~ые во́ды Ábwässer *pl*

стошн||и́ть *безл.* sich übergében*, erbréchen* *vi*; меня́ ~и́ло ich hábe erbróchen [gebróchen], ich múßte mich übergében

стоя́к *м* **1.** (*брус*) Ständer *m* (6); **2.** (*труба*) Stéigrohr *n* (2), Fállrohr *n*; Stéigleitung *f* (10)

стоя́н||ие *с* Stéhen *n* -s; ~**ка** *ж* **1.** Líegeplatz *m* (1*), Ánlegestelle *f*, Ánlegeplatz *m*, Ánkerplatz *m* (*флота*); Stándort *m* (4) (*войск*); *ав.* Ábstellplatz *m* (1*) (*для самолёта*); я́корная ~ка *мор.* Ánkergrund *m* (1*), Ánkerplatz *m*; пла́тная ~ка автомаши́н bewáchter Párkplatz; ~ка такси́ Táxihalterplatz *m*, Táxihaltestelle *f*; **2.** (*стояние автомашин*) Párken *n* -s; пла́та за ~ку Párkgebühr *f* (10); ~ка автомаши́н запрещена́! Párken verbóten!; **3.** (*место пребывания*) Síedlung *f* (10), Wóhnstätte *f* (11)

сто||я́ть **1.** stéhen* *vi*, stíllstehen* *отд. vi*; ~я́ть на часа́х *воен.* Pósten [Wáche] stéhen*; ~я́ть на я́коре *мор.* vor Ánker líegen*; ánkern *vi*; ~я́ть на прико́ле *мор.* stílliegen* (*при переносе* still-liegen) *отд. vi*, áufliegen* *vi*; ~я́ть в о́череди Schlánge stéhen*; ánstehen* *vi*; ~я́ть на коле́нях knien *vi*; **2.** (*остановиться*) hálten* *vi*; ánhalten* *vi*, stéhenbleiben* *отд. vi* (s); стой! halt!; стой! кто идёт? halt! Wer da?; стой! стреля́ть бу́ду! halt óder ich schíeße!; ско́лько вре́мени ~и́т по́езд? wievíel Áufenthalt hat der Zug?, wie lánge hält der Zug?; **3.** (*находиться в бездействии*): часы́ ~я́т die Uhr steht; рабо́та ~и́т die Árbeit ruht [steht still]; **4.** (*продолжаться — о погоде*) ánhalten* *vi*; dáuern *vi*; ~и́т хоро́шая пого́да [моро́з] das gúte Wétter [der Frost] hält an; ~я́ла хоро́шая пого́да es hérrschte schönes Wétter; ~и́т о́сень es ist Herbst; **5.** *воен.* (*квартировать*) stéhen* *vi*, líegen* *vi*; ~я́ть ла́герем lágern *vi*; **6.** (*о транспорте*) párken *vi*; маши́на ~и́т пе́ред гости́ницей das Áuto parkt vor dem Hotél; ◇ ~я́ть на своём auf etw. (*D*) bestéhen* [behárren]; an séinem Stándpunkt fésthalten*; bei séiner Méinung bléiben*; ~я́ть за кого́-л. für j-n sein, sich für j-n éinsetzen; ~я́ть за мир für den Fríeden sein [éintreten*], sich für den Fríeden éinsetzen; ~я́ть горо́й за кого́-л., за что-л. j-m, éiner Sáche (*D*) únerschütterlich [félsenfést] ergében sein; ~я́ть у кого́-л. над душо́й *разг.* j-m kéine Rúhe lássen*; ~я́ть на пове́стке дня auf der Tágesordnung stéhen*

стоя́ч||ий **1.** stéhend; áufrecht; ~ее положе́ние áufrechte Láge; ~ий воротни́к Stéhkragen *m* (7); ~ее ме́сто Stéhplatz *m* (1*); **2.**: ~ая вода́ stéhendes Wásser

сто́ящ||ий *разг.* préiswert; э́то де́ло ~ее das lohnt sich

страви́ть I **1.** *с.-х.* ábgrasen *vt*, ábweiden *vt*; **2.** *тех.* áusätzen *vt*; ábbeizen *vt*

страви́ть II (*кого-л. с кем-л.*) aufeinánder¦hetzen *отд. vt*, gegeneinánder¦hetzen *отд. vt*

стра́вливать *см.* страви́ть I, II

страда́ *ж* **1.** Érntezeit *f*; **2.** *перен.* héiße [schwére] Árbeit

страд||а́лец *м* Dúlder *m* (6); ~**а́льческий** léidend, gequält, Dúlder-; ~а́льческий вид Dúldermiene *f*

страда́ние *с* Léiden *n* (7); Qual *f* (10)

страда́тельный: ~ зало́г *грам.* Pássiv *n* -s

страд||а́ть **1.** léiden* *vi* (от чего́-л. únter *D*); **2.** (*чем-л.— болеть*) kránken *vi* (an *D*); léiden* *vi* (an *D*); **3.** *разг.* (*быть плохим*) schlecht stéhen*; у него́ ~а́ет орфогра́фия mit der Orthographíe hápert es bei ihm

страдива́риус *м муз.* (*скрипка*) Stradivari(us)geige [-'va:-] *f* (11), Stradivári *f* =, -s

стра́дн||ый: ~ая пора́ *см.* страда́

страж *м уст.* Wächter *m* (6)

стра́ж||а *ж* Wáche *f* (11); пограни́чная ~а Grénzwache *f*; конво́йная ~а Begléitwache *f*; тюре́мная ~а Gefängniswache *f*; стоя́ть на ~е 1) *воен.* Wáche hálten*; Wáche stéhen*; 2) *перен.* auf der Hut sein; wáchen *vi* (кого́-л., чего́-л. über *A*); стоя́ть на ~е ми́ра über den Fríeden wáchen, auf Fríedenswacht stéhen*; быть на ~е чьих-л. интере́сов j-s Interéssen wáhrnehmen*; содержа́ться под ~ей verháftet sein; взять [заключи́ть] под ~у in Gewáhrsam néhmen*, verháften *vt*, in Haft néhmen*

стра́ждущий léidend; dúldend

стран||а́ *ж* Land *n* (5); Страна́ Сове́тов das Land der Sowjéts; миролю-би́вая ~á fríedliebendes Land; освободи́вшиеся стра́ны fréigewordene [souverän gewórdene] Länder; развива́ющиеся стра́ны Entwícklungsländer *pl*; социалисти́ческие стра́ны sozialístische Länder; ~á-член (*какой-л. международной организации*) Mítgliedsland *n*; стра́ны-уча́стницы (*какой-л. международной организации*) Téilnehmerländer *pl*; родна́я ~á Héimatland *n*; ◇ четы́ре ~ы́ све́та die vier Hímmelsrichtungen

страни́ца *ж* Séite *f* (11); нумера́ция страни́ц Paginatión *f* (10); на ~х журна́ла auf den Séiten der Zéitschrift; по ~м печа́ти (*заголовок*) Blick in die Présse

стра́нн||ик *м* Wánderer *m* (6); Wállfahrer *m* (6), Pílger *m* (6) (*паломник*); ~**ический** Wánder-; únstet; ~ическая жизнь Wánderleben *n* -s; únstetes Lében

стра́нн||о *нареч.* séltsamerweise; как э́то ни ~о wie sónderbar [únbegreiflich] es auch schéinen mag; ~**ость** *ж* Séltsamkeit *f* (10); Sónderbarkeit *f* (10); Wúnderlichkeit *f* (10); Éigentümlichkeit *f* (10) (*своеобразие*); челове́к со ~остями ein sónderbarer [schrúlliger] Kauz; Sónderling *m* (1); он со ~остями er hat Schrúllen [Ráupen] im Kopf; ~**ый** séltsam; sónderbar; wúnderlich (*удивительный*); éigentümlich (*своеобразный*); schrúllig, schrúllenhaft (*со странностями*), э́то мне ка́жется ~ым das scheint mir sónderbar; das befrémdet mich

странове́д||ение *с* Lándeskunde *f*; ~**ческий** lándeskundlich

стра́нств||ие *с*, ~**ование** *с* Wánderung *f* (10); Réise *f* (11); Fáhrt *f* (10), ~**овать** wándern *vi* (s); réisen *vi* (s); beréisen *vt*; ~**ующий** fáhrend, wándernd; ~ующий ры́царь *ист.* fáhrender Rítter

страстн||о́й *рел.*: ~а́я неде́ля Kárwoche *f* (11); ~а́я пя́тница Karfréitag *m* (1)

стра́стн||ость *ж* Léidenschaftlichkeit *f*; Hítzigkeit *f*, Héftigkeit *f* (*горячность*); Féuer *n* -s (*пылкость*); ~ость нату́ры [хара́ктера] Léidenschaftlichkeit des Naturélls [des Charákters]; ~**ый** **1.** (*о человеке*) léidenschaftlich; hítzig, héftig; féurig (*пылкий*); begéistert, passioníert (*о музыканте, охотнике и т. п.*); **2.** (*о желании и т. п.*) léidenschaftlich; heiß; glühend; von Léidenschaft getrágen (*о речи и т. п.*)

страсть I *ж* Léidenschaft *f* (10); Passión *f* (10); (*к чему-л.*); быть охва́ченным ~ю von Léidenschaft ergríffen sein; прони́кнуться ~ю к кому́-л. in Léidenschaft für j-n erglühen, von Léidenschaft für j-n ergríffen sein; стра́сти разгоре́лись die Léidenschaften sind entbránnt; э́то его́ ~ (*любимое занятие*) das ist séine Liebhaberéi, das ist sein Hobby ['hɔbi]

страсть II *нареч. разг.* (*очень*) sehr, schrécklich; мне ~ как хо́чется ich möchte es schrécklich [sehr] gern

страте́г *м* Stratége *m* (9); **~и́ческий** stratégisch; ~и́ческое сырьё stratégischer [kríegswichtiger] Róhstoff

страте́гия *ж* Strategíe *f* (11); революцио́нная ~ Strategíe der Revolutión [-vo-], revolutionäre Strategíe; вое́нная ~ Militärstrategie *f*, Kríegsstrategie *f*

стратона́вт *м* Stratonáut *m* (8)

стратоста́т *м* Stratostát *m* (8), Stratosphärenballon [-,lɔŋ] *m* -s, -s

стратосфе́ра *ж* Stratosphäre *f*

стра́ус *м* Strauß *m* (1); **~овый** Strauß-; ~овое перо́ Stráuß(en)feder *f* (11)

страх I *м* Angst *f* (3); Furcht *f*; Entsétzen *n* -s (*ужас*); смерте́льный ~ Tódesangst *f*; охва́ченный ~ом ángsterfüllt; entsétzt; под ~ом сме́рти bei Tódesstrafe; дрожа́ть от ~а vor Angst bében; vor Furcht zíttern; дрожа́щий от ~а von Angst geschüttelt; держа́ть кого́-л. в ~е j-m Angst éinjagen, j-m Furcht éinflößen; j-m Angst máchen; без ~а! nur kéine Angst!; со ~ом и тре́петом mit Zíttern und Zágen; ◇ на свой ~ (и риск) auf éigenes Rísiko, auf éigene Gefáhr; auf die éigene Káppe (*разг.*); у ~а глаза́ велики́ *посл.* Furcht hat táusend Áugen

страх II *нареч. разг.* (*очень*) sehr, schrécklich, fúrchtbar

страхка́сса *ж* (страхова́я ка́сса) Versícherungskasse *f* (11)

страхов||а́ние *с* Versícherung *f* (10); госуда́рственное ~а́ние stáatliche Versícherung; социа́льное ~а́ние Soziálversicherung *f*; ~а́ние от несча́стных слу́чаев Únfallversicherung *f*; ~а́ние дома́шнего иму́щества Háusratversicherung *f*; ~а́ние жи́зни Lébensversicherung *f*; ~а́ние от огня́ Féuerversicherung *f*; **~а́тель** *м* Versícherte *m* (14); Versícherungsnehmer *m* (6), **~а́ть** versíchern *vt*; ~а́ть от чего́-л. gégen etw. (*A*) versíchern; **~а́ться** **1.** sich versíchern; **2.** *страд.* versíchert wérden

страх||о́вка *ж* **1.** Versícherung *f* (10); Sícherstellung *f* (*гарантия*); **2.** (*сумма*) Versícherungssumme *f* (11); Versícherungsprämi|e *f* (11); **3.** (*в альпинизме*) Sícherungsseil *n* (2); **~ово́й** Versícherungs-; ~ово́й по́лис Versícherungspolice [-sə] *f*; Versícherungsschein *m* (1); ~ово́е возмеще́ние Entschädigungsbetrag *m* (1*), (ánerkannte) Schádenssumme *f* (11); ~ово́й взнос Versícherungsbeitrag *m* (1*); ~ово́й аге́нт Versícherungsagent *m* (8); **~о́вщик** *м* Versícherer *m* (6); Versícherungsgeber *m* (6)

страши́лище *с разг.* Úngetüm *n* (2); Úngeheuer *n* (6); Úntier *n* (2)

страши́ть schrécken *vt;* Furcht éinflößen; Angst éinjagen [máchen]; **~ся** sich fürchten (чего́-л. vor *D*); Angst háben; zurückschrecken* *vi* (s)

стра́шн||о **1.** *нареч.* fürchterlich, schrécklich, entsétzlich; ~о вы́глядеть schrécklich [fürchterlich] áussehen*; **2.** *предик. безл.* ängstlich; bánge; мне ~о ich hábe Angst, mir ist angst [bánge]; ~о ду́мать, что... es ist nicht áuszudenken, daß...; здесь ~о остава́ться одному́ hier hat man Angst, alléin zu bléiben; ему́ ста́ло ~о ihm wúrde angst und bánge; **3.** *нареч. разг.* (*сильно*) schrécklich, fúrchtbar, entsétzlich; **~ый** **1.** fürchterlich, fúrchtbar, schrécklich, schréckenerregend; beängstigend; dróhend (*угрожающий*); **2.** (*безобразный*) abschéulich, ábstoßend, ábschreckend; **3.** (*сильный*) gewáltig, úngeheuer, kolossál; schrécklich

страща́ть *разг.* éinschüchtern *vt*; dróhen *vi* (кого́-л. *D*); angst [bánge] máchen

стре́жень *м* Háuptwasser *n* -s, Strómstrich *m* -(e)s

стрекоза́ *ж* Libélle *f* (11); Wásserjungfer *f* (11)

стрекот||а́ние *с* **1.** (*насекомых*) Zírpen *n* -s; **2.** (*сороки*) Schwätzen *n* -s, Kréischen *n* -s; **~а́ть** **1.** (*о насекомых*) zírpen *vi*; **2.** (*о сороке*) schwätzen *vi*, kréischen *vi*

стрел||а́ *ж* **1.** Pfeil *m* (1); пусти́ть ~у́ den Pfeil ábschießen*; **2.** *тех.* Áusleger *m* (6), Arm *m* (1); ~а́ проги́ба Pféilhöhe *f* (11), Bíegepfeil *m*; ~а́ кра́на Kránausleger *m*, Kránarm *m*; **3.** (*название некоторых курьерских поездов*) D-Zug *m* (1*), Expréßzug *m*

стреле́ц *м ист.* Strelítz(e) *m* (8, 9); **~кий** *ист.* Strelítzen-; ~кий бунт Strelítzenaufstand *m* -(e)s

стре́лка *ж* **1.** Zéiger *m* (6) (*часов*); Nádel *f* (11) (*компаса*); Zünglein *n* (7) (*весов*); Pfeil *m* (1), Hínweiszeichen *n* (7) (*указательная*); **2.** *ж.-д.* Wéiche *f* (11); **3.** (*мыс, коса*) Lándzunge *f* (11)

стрелко́в||ый Schieß-; Schützen-; ~ый батальо́н Schützenbataillon [-ta-,ljo:n] *n* (2); ~ое отделе́ние Schützengruppe *f* (11); ~ый кружо́к Schíeßzirkel *m* (6)

стреловидный pféilförmig

стрело́к *м* Schütze *m* (9)

стрелоли́ст *м бот.* Pféilkraut *n* -(e)s

стре́лочник *м* Wéichensteller *m* (6), Wéichenwärter *m* (6)

стрельба́ *ж* Schíeßen *n* -s; Féuer *n* -s; Schießeréi *f* (10); Beschíeßung *f* (10) (*обстрел*); боева́я ~ Geféchtsschießen *n*; Schárfschießen *n*; ~ за́лпами Lágenfeuer *n*, Sálvenfeuer [-vən-] *n*; ~ на пораже́ние Wírkungsschießen *n*; ~ из пулемётов MG-Schießen *n*; руже́йная ~ Gewéhrfeuer *n*; ору́дийная ~ Geschützschießen *n*; ~ по кому́-л., по чему́-л. Schíeßen gégen (*A*)

стре́льбище *с* Schíeßplatz *m* (1*)

стрельну́ть *см.* стреля́ть

стре́льчатый **1.** *стр.* spítzbogig; Spítzbogen-; **2.** (*в виде стрелы*) pféilförmig

стре́лян||ый **1.** kámpferfahren; ~ый солда́т ein kámpferfahrener Soldát; **2.:** ~ые ги́льзы léere Patrónenhülsen; ◇ ~ый воробе́й *разг.* álter Háse; éiner, der weiß, wo Bárthel den Most holt

стреля́ть **1.** schíeßen* *vi*; féuern *vi* (в кого́-л., во что-л. auf *A*); ~ дичь Wild schíeßen*; ~ из ружья́ mit dem Gewéhr schíeßen*; ~ в упо́р éinen Náhschuß ábgeben*; aus Gewéhrlänge schíeßen*; учи́ться ~ Schíeßunterricht néhmen*; schíeßen lérnen; **2.** *безл.* (*о боли*) zúcken *vi*, réißen* *vi*; у меня́ стреля́ет в у́хе ich hábe Óhrenreißen; ◇ ~ глаза́ми 1) (*бросать быстрые взгляды*) äugeln *vi*; 2) (*кокетничать*) Áugen máchen; äugeln *vi*; mit Blícken kokettíeren; ~ из пу́шек по воробья́м mit Kanónen nach Spátzen schíeßen*; **~ся** **1.** (*с кем-л.*) sich duellíeren; **2.** (*застрелиться*) sich erschíeßen*

стремгла́в *нареч.* Hals über Kopf; jählings

стреми́тельн||о *нареч.* rasch; éilig; mit Úngestüm; **~ость** *ж* Úngestüm *n* -(e)s, Héftigkeit *f*; Hast *f*; **~ый** úngestüm; hástig

стрем||и́ться **1.** strében *vi*, tráchten *vi* (к чему́-л. nach *D*); bestrébt sein; ~и́ться к сла́ве nach Ruhm strében; **2.** (*устремляться куда-л.*) zústreben *vi* (*D*); ~и́ться к до́му dem Háuse zústreben; **~ле́ние** *с* Strében *n* -s (к чему́-л. nach *D*), Bestrében *n* -s, Bestrébung *f* (10); Tráchten *n* -s; о́бщее ~ле́ние geéintes Bestrében; **~ле́ние к ми́ру** Fríedensstreben *n*

стремни́на *ж* **1.** (schnélle, réißende) Strömung *f* (10); **2.** *уст.* (*обрыв*) Ábhang *m* (1*)

стре́мя *с* Stéigbügel *m* (6), Bügel *m*; вдеть но́гу в ~ den Fuß in den Bügel stéllen; е́хать в ~ nebeneinánder réiten*

стремя́нка *ж* Léiter *f* (11), Dóppelleiter *f*, Tréppenleiter *f*, Stéhleiter *f*

стрено́живать, стрено́жить kóppeln *vt*, fésseln *vt*

стре́пет *м зоол.* Zwérgtrappe *f* (11)

стрептоко́кк *м бакт.* Streptokókkus *m* =, -kókken; **~овый** Streptokókken-; ~овая анги́на Streptokókkenangina *f*

стрептомици́н *м фарм.* Streptomyzín *n* -s

стрептоци́д *м фарм.* Streptozíd *n* -s

стресс *м мед.* Streß *m* -sses, -sse

стре́ссор *м мед.* Stréssor *m* -s

стрига́льн||ый *текст.* Scher-; **~ая** маши́на Schérmaschine *f* (11)

стрига́льщик *м* Schérer *m* (6)

стригу́щий: ~ лиша́й *мед.* schérende Fléchte

стриж *м* Ségler *m* (6); чёрный ~ Máuersegler *m*

стри́ж||еный geschnítten; geschóren; kurz geschóren (*коротко*); mit kúrzem Haar (*о человеке*); **~ка** *ж* **1.** (*действие*) Háarschneiden *n* -s (*волос*); Schur *f* (10) (*овец*); Schéren *n* -s (*сукон*); Beschnéiden *n* -s (*деревьев*); **2.** (*причёска*) Háarschnitt *m* (1); коро́ткая ~ка (*у женщины*) Kúrzhaarfrisur *f* (10); ~ка ёжиком Bürstenfrisur *f*

стри́ппер *м тех.* Strípper *m* (6)

стрипти́з *м* Striptease [*англ.* 'strɪpti:s] *n* =, =; **~ка** *ж* Stripteasetänzerin ['stripti:s-] *f* (12)

стрихни́н *м мед.* Strychnín *n* -s

стричь schnéiden* *vt*, schéren* *vt*; ~ но́гти die Nägel schnéiden*; ~ ове́ц Scháfe schéren*; ~ дере́вья die Bäume beschnéiden*; ◇ ~ под одну́ гребёнку über éinen Kamm schéren*; ≅ über éinen Léisten schlágen*; **~ся** sich (*D*) das Haar [*разг.* die Háare] schnéiden*; sich (*D*) das Haar [*разг.* die Háare] schnéiden lássen*; ко́ротко ~ся sich (*D*) das Haar [*разг.* die Háare] kurz schnéiden lássen*

стробоско́п *м физ.* Stroboskóp *n* (2)

строга́льный Hóbel-; ~ стано́к Hóbelbank *f* (3), Hóbelmaschine *f* (11)

строга́льщик *м* Hóbler *m* (6)

строга́ть hóbeln *vt*

стро́г||ий streng; hart (*суровый*); rigorós (*непреклонный*); genáu, strikt (*точный*); herb (*о красоте*); ~ая изоля́ция *юр.* strénge Éinzelhaft; в ~ом смы́сле сло́ва im wáhren [éigentlichen] Sinn des Wórtes; под ~им секре́том streng gehéim; **~о** *нареч.* **1.** streng; stréngstens; ~о запреща́ется (es ist) streng verbóten; ~о-на́строго stréngstens; **2.** (*точно*) genáu; exákt, strikt; ~о говоря́ strénggenommen; **~ость** *ж* **1.** Strénge *f*; Härte *f*; Schärfe *f*; со всей ~остью mit [in] áller Schärfe; **2.** *мн.* ~ости (*строгие меры*) strénge [schárfe] Máßnahmen

строев||о́й I *воен.* Trúppen-; Exerzíer-; ~о́й офице́р Trúppenoffizier *m* (1), Fróntoffizier *m*; *мор.* Séeoffizier *m*; ~а́я слу́жба Trúppendienst *m* -es; ~а́я часть táktischer Trúppenteil; ~ы́е заня́тия Exerzíerausbildung *f*

строево́й II: ~ лес Báuholz *n* -es

строе́ние *с* **1.** (*структура*) Bau *m* -(e)s; Áufbau *m*; Gefüge *n* (6), Konstitutión *f* (10), Struktúr *f* (10); **2.** (*здание, постройка, сооружение*) Bau *m* -(e)s, -ten; Gebäude *n* (6), Báuwerk *n* (2), Báulichkeiten *pl*; надво́рное ~ Hófgebäude *n*; ве́рхнее ~ Óberbau *m* (*железнодорожного пути*); ни́жнее ~ Únterbau *m* (*железнодорожного пути*)

строи́тел||ь *м* **1.** Báuschaffende *m* (14); Báuarbeiter *m* (6) (*строительный рабочий*); Báumeister *m* (6) (*инженер, зодчий*); **2.** *перен.* Erbáuer *m* (6); Schöpfer *m* (6)

строи́тель||ный Bau-; ~ные материа́лы Báumaterial *n* -s; -i¦en; Báustoffe *pl*; ~ное де́ло Báuwesen *n* -s; ~ный институ́т Hóchschule *f* für Báuwesen; ~ный рабо́чий Báuarbeiter *m* (6); ~ный му́сор Báuschutt *m* -(e)s; ~ный уча́сток Báuabschnitt *m* (1); Báugrundstück *n* (2), Báugelände *n* (6); ~ная дета́ль Báuteil *n* (1); ~ные леса́ Báugerüst *n* (2); **~ство** *с* **1.** (*действие*) Bau *m* -(e)s; Áufbau *m*; Erríchtung *f*; Báutätigkeit *f*; скоростно́е ~ство Schnéllbauweise *f*; высо́тное ~ство Hóchhausbau *m*; крупнобло́чное ~ство Gróßblockbauweise *f*, Gróßblockbau *m*; крупнопане́льное ~ство Gróßplattenbauweise *f*, Gróßplattenbau *m*; сбо́рное ~ство Montágebauweise [-ʒə-] *f*, Montágebau *m*; промы́шленное ~ство Industríebau *m*; городско́е ~ство Städtebau *m*; ~ство кана́ла Kanálbau *m*, Bau éines Kanáls; **2.** (*объект*) Báuunternehmen *n* (7); Báubetrieb *m* (1); **3.** *перен.* Áufbau *m* -(e)s; ми́рное ~ство fríedlicher Áufbau, fríedliche Áufbautätigkeit

стро́ить **1.** báuen *vt*; erríchten *vt* (*возводить*); **2.** *перен.* áufbauen *vt*, scháffen* *vt*; ~ но́вую жизнь ein néues Lében áufbauen; ~ пла́ны Pläne schmíeden; ~ на чём-л. auf etw. (*A*) áufbauen; **3.** (*ставить в строй*) ántreten lássen*, áufstellen *vt*; formíeren *vt*; ~ батальо́н в коло́нну ein Bataillon [-ta'ljo:n] zu éiner Kolónne áufstellen; ◇ ~ возду́шные за́мки Lúftschlösser báuen; ~ ко́зни Ränke schmíeden; ~ гла́зки кому́-л. j-m schöne Áugen máchen, mit j-m kokettíeren; ~ из себя́ дурака́ sich dumm stéllen

строи́ть verdréifachen *vt*

стро́иться **1.** (*становиться в строй*) ántreten* *vi* (s); sich áufstellen; sich formíeren; стро́йся! (*команда*) ángetreten!, ántreten!; **2.** (*строить себе дом*) sich (*D*) ein Haus báuen; **3.** *страд.* (áuf)gebáut wérden (*ср.* стро́ить); вновь ~ (*о городе и т. п.*) sich im Néubau befínden*, neu áufgebaut wérden

строй *м* **1.** Bau *m* -(e)s; Organisatión *f*; Órdnung *f* (10); Glíederung *f* (10); госуда́рственный ~ Stáatsordnung *f*, Stáatsform *f* (10); социалисти́ческий ~ sozialístische Órdnung, Sozialísmus *m* =; респу́блика́нский ~ republikánische Órdnung [Stáatsform]; обще́ственный ~ Geséllschaftsordnung *f*; граммати́ческий ~ языка́ der grammatikálische Áufbau der Spráche; die grammátische [grammatikálische] Struktúr der Spráche; **2.** *воен.* Front *f* (10); Glíederung *f* (10), Órdnung *f* (10); *ав.* Verbánd *m* (1*); *мор.* Formatión *f* (10); со́мкнутый ~ geschlóssene Órdnung; развёрнутый ~ Líni¦e *f*; похо́дный ~ Márschordnung *f*; в ко́нном строю́ zu Pferd; находи́ться в строю́ im Dienst stéhen; пе́ред стро́ем vor der Front; сле́довать стро́ем geschlóssen marschíeren; ◇ вводи́ть в ~ in Betríeb néhmen*; вы́вести из стро́я *воен.* áußer Gefécht sétzen; kámpfunfähig máchen; вы́йти из стро́я *тех.* áusfallen* (s)

стро́йк||а *ж* **1.** (*строительство*) Bau *m* -(e)s, Báuen *n* -s; **2.** (*объект*) Bau *m* -(e)s, Báubetrieb *m* (1); Báustelle *f* (11), Báuplatz *m* (1*) (*территория*); Bau *m* -(e)s, -ten (*строящееся сооружение*); промы́шленная ~а Industríebau *m*; Industríebaustelle *f*; уда́рная ~а Schwérpunktbau *m*, Schwérpunktobjekt *n* (2); уда́рная комсомо́льская ~а Komsomólobjekt *n*, Júgendobjekt *n*; рабо́тать на ~е auf dem Bau árbeiten; пойти́ (рабо́тать) на ~у auf den Bau géhen* (*разг.*); Báuarbeiter wérden

строймате́риалы *мн.* (строи́тельные материа́лы) Báumaterial *n* -s, -i¦en; Báustoffe *pl*

стро́йн||о *нареч.* geórdnet; harmónisch; im Takt; ~о петь im Takt [harmónisch, im Éinklang] síngen*; ~о возвыша́ться schlank empórragen; **~ость** *ж* **1.** (*о человеке*) Schlánkheit *f*, Ébenmaß *n* -es; **2.** (*о здании*) Harmoníe *f*; harmónische Glíederung; **3.** *муз.* Takt *m* -(e)s; Éinstimmigkeit *f*; Éinklang *m* -(e)s; **~ый** **1.** (*о человеке, фигуре*) schlank; gut gebáut, ébenmäßig, wóhlgestaltet; **2.** (*о движении*) harmónisch; ~ыми ряда́ми in Reih und Glied; in geschlóssenen Réihen; в ~ом поря́дке in tádelloser Órdnung; **3.** (*о здании, музыке*) harmónisch; gut komponíert; táktfest (*тк. о музыке*); **4.** (*о речи*) lógisch, gut áufgebaut

стройотря́д *м* (*студенческий строительный отряд*) studéntische Báubrigade *f* (11)

стройплоща́дка *ж* (*строительная площадка*) Báustelle *f* (11)

строк||а́ *ж* Zéile *f* (11); кра́сная ~а́ Ábsatz *m* (1*); с но́вой [кра́сной] ~и́ mit éinem Ábsatz; a línea; нача́ть с но́вой ~и́ mit éiner néuen Zéile begínnen*; ◇ чита́ть ме́жду строк zwíschen den Zéilen lésen*; не вся́кое лы́ко в стро́ку *погов.* ≅ man soll nicht álles so genáu néhmen; man soll nicht jédes Wort auf die Góldwaage légen

строкоотливн||о́й *полигр.*: ~а́я маши́на Zéilengießmaschine *f* (11)

стро́нуть **1.** (*с места*) wégrücken *vt*; in Bewégung sétzen (*транспортное средство*); **2.** *охот.* (*вспугнуть дичь, птицу*) áufschrecken *vt*, áufscheuchen *vt*

стро́нций *м* Stróntium *n* -s (*хим. знак* Sr)

строп *м* *спец.* Stropp *m* -(e)s, -s; Hálteleine *f* (11), Ánschlagseil *n* (2), Ánschlagkette *f* (11)

стропи́ла *мн.* *стр.* Dáchverband *m* (1*); Dáchstuhl *m* (1*), Dách¦sparren *m* (7)

стропо́вка *ж* *стр.* Ánhängen *n* -s, Ánschlagen *n* -s

стропово́й *м*, **стропо́вщик** *м* Kránanhänger *m* (6), Ánschläger *m* (6)

стропти́в||ость *ж* Wíderspenstigkeit *f*; Störrigkeit *f*; Wíderborstigkeit *f*; **~ый** störrisch; wíderspenstig; wíderborstig

строфа́ *ж* *лит.* Stróphe *f* (11), Vérssatz *m* (1*)

строфа́нт *м* *фарм.* Strophánthus *m* =; **~и́н** *м* *фарм.* Strophantín *n* -s

строчи́ть **1.** (*шить*) stéppen *vt*; ábnähen *vt*; **2.** *разг.* (*писать*) rasch [hástig] schréiben*; **3.** *разг.* (*о пулемёте*) knáttern *vi*, prásseln *vi*

стро́чка I *ж* (*шов*) Stéppnaht *f* (3); ажу́рная ~ durchbróchene Naht

стро́чка II *ж* *см.* строка́

строчн||о́й: ~а́я бу́ква kléiner Búchstabe

строчо́к *м* (*гриб*) Bíschofsmütze *f* (11)

струбци́на *ж* *тех.* (*зажимное устройство*) Zwínge *f* (11)

струг I *м* **1.** (*столярный инструмент*) Hóbel *m* (6); **2.** (*строительная машина*) Bódenhobel *m* (6), Planíerhobel *m*, Schälschrapper *m* (6); доро́жный ~ Stráßenhobel *m*

струг II *м* *ист.* (*судно*) Bárke *f* (11)

стру́жка *ж* Span *m* (1*); Hóbelspan *m*; металли́ческая ~ Metállspäne *pl*; упако́вочная ~ Hólzwolle *f*; мы́льная ~ Séifenflocken *pl*; карто́фельная ~ Kartóffelschnitzel *pl*

струи́ться ríeseln *vi*, rínnen* *vi* (s) (*о жидкости*); tríefen *vi* (s) (*каплями*); strömen *vi* (s) (*о свете, воздухе*)

стру́йка *ж* Rínnsal *n* (2); Strahl *m* (13); ~ молока́ Mílchstrahl *m*; ~ воды́ dünner Wásserstrahl

структу́р||а *ж* Struktúr *f* (10), Bau *m* -(e)s; Áufbau *m*; Gefüge *n* (6); кла́ссовая ~а о́бщества die Klássenstruktur der Geséllschaft; ~а языка́ die Struktúr der Spráche; по свое́й ~е der Struktúr nach, strukturéll; ~а по́чвы Bódenbeschaffenheit *f*, Bódenstruktur *f*

структурали́зм *м* *лингв.* Strukturalísmus *m* =

структура́льн||ый *лингв.* strukturéll; ~ая лингви́стика strukturélle Linguístik

структури́рованный strukturíert

структу́рн||ый strukturéll, Struktúr-, ~ая по́чва *с.-х.* Struktúrboden *m* (7*)

струн||а́ *ж* **1.** Sáite *f* (11); натя́гивать ~у́ éine Sáite áufziehen*; перебира́ть стру́ны (mit den Fíngern) über die Sáiten gléiten*; металли́ческая ~а́ Dráhtsaite *f*; **2.** *спорт.*, *тех.* Sáite *f* (11), Séhne *f* (11); ◇ вы́тянуться ~о́й [в ~у́] kérzengeráde stéhen*; держа́ть кого́-л. в ~е́ *разг.* streng gégen j-n [mit j-m] sein; streng gégen j-n vórgehen*

стру́нк||а *ж*: вы́тянуться в ~у kérzengeráde stéhen*; stramm stéhen*; по ~е ходи́ть у кого́-л. [пе́ред кем-л.] *разг.* j-m Gehórsam [Fólge] léisten, j-m auf jéden Wink gehórchen; заде́ть чью-л. сла́бую ~у an j-s schwáche Stélle rühren

стру́нный Streich-; ~ инструме́нт Stréichinstrument *n* (2); ~ орке́стр Stréichorchester [-kɛs-] *n* (6)

струнобето́н *м* *спец.* Stáhlsaitenbeton [-,tɔŋ] *m* -s

струп *м* Schorf *m* (1); Grind *m* (1)

стру́сить Furcht [Angst] bekómmen* [kríegen], von Furcht ergríffen wérden; es mit der Angst zu tun bekómmen*

струхну́ть *разг.* *см.* стру́сить

стручко́в||ый Hülsen-; ~ые расте́ния Hülsenfrüchte *pl*, Hülsengewächse *pl*; Leguminósa *pl* (*лат.*)

стручо́к *м* Hülse *f* (11); Schóte *f* (11)

струя́ *ж* Strahl *m* (1); Strom *m* (1*) (*большая*); ~ во́здуха Lúftstrom *m*, Lúftzug *m* (1*); ~ све́та Líchtschein *m* -(e)s; Líchtstrahl *m*

стря́п||ать *разг.* **1.** kóchen *vt*, zúbereiten *vt*; **2.** *перен. пренебр.* áusdenken* *vt*, áussinnen* *vt* (*выдумать*); zusámmenschmieren *vt* (*сочинять*); ~ать стишки́ Vérse schmíeden [verbréchen*]; **3.** *перен. пренебр.* (*делать, мастерить*) (zusámmen)zímmern *vt*; **~ня́** *ж разг.* **1.** Kóchen *n* -s, Zúbereiten *n* -s (des Éssens); Kocheréi *f*; **2.** (*кушанье*) Éssen *n* -s; **3.** *перен. пренебр.* (*о сочинении*) Schund *m* -(e)s; **~у́ха** *ж разг.* Köchin *f* (12)

стря́пчий *м* **1.** *ист.* (*название некоторых должностных лиц в Русском государстве 16— начала 18 вв., выполнявших различные хозяйственные обязанности при царском дворе*) Hófbeamte *sub m*; **2.** (*чиновник по судебному надзору в России в 18 — первой половине 19 вв.*) Fiskál *m* (1); **3.** (*частный поверенный и ходатай по делам в дореволюционной России*) Sáchwalter *m* (6); Advokát [-vo-] *m* (8); Sýndikus *m* =, *pl* -dizi (*адвокат фирмы*)

стряс||ти́сь *разг.* zústoßen* *vi* (s) (с кем-л. *D*); heréinbrechen* *vi* (s) (über *A*); с ним ~ло́сь несча́стье ihm ist ein Únglück zúgestoßen

стря́хивать, стряхну́ть ábschütteln *vt*; ábwerfen* *vt* (*сбросить*); стряхну́ть с себя́ гнету́щее чу́вство quälende Gedánken ábschütteln [verschéuchen]

студени́стый gállertähnlich, gállertartig

студе́нт *м* Studént *m* (8); ~-ме́дик Medizíner *m* (6), Medizínstudent *m*; ~-хи́мик Chemíestudent *m*; **~ка** *ж* Studéntin *f* (12)

студе́нче||ский studéntisch, Studénten-; ~ская столо́вая Ménsa *f*, *pl* -sen; ~ские ле́тние спорти́вные и́гры Akadémische Sómmerspiele; **~ство** *с* **1.** *собир.* Studéntenschaft *f*; **2.** (*пора*) Studéntenzeit *f*, Stúdi¦enzeit *f*

студёный *разг.* kalt, éiskalt

сту́день *м кул.* Sülze *f* (11); Gállert *n* (2); ~ из теля́тины Kálbssülze *f*

студи́ец *м разг.* Schüler *m* (6) einer Kúnstschule [Musíkschule]

студи́йный Stúdio-; ~ спекта́кль Stúdioaufführung *f* (10)

студи́ть ábkühlen *vt*

сту́дия *ж* **1.** Stúdio *n* -s, -s; Atelier [-'lje:] *n* -s, -s; **2.:** театра́льная ~ Theáterschule *f* (11); телевизио́нная ~ Férnsehstudio *n* -s, -s; ~ звукоза́писи Tónatelier [-,lje:] *n* -s, -s, Tónaufnahmeraum *m* (1*)

сту́жа *ж разг.* Frost *m* (1*); Kälte *f*

стук *м* Póchen *n* -s; Klópfen *n* -s; Schläge *pl* (*удары*); Rättern *n* -s (*колёс поезда*); ~ в дверь Póchen [Klópfen] an der Tür; разда́лся ~ в дверь es hat (an die Tür) geklópft; **~ать(ся)** *см.* сту́кнуть(ся); **~нуть 1.** póchen *vi*, klópfen *vi*; **2.** (*ударить*) stóßen* *vt*; schlágen* *vt*; eine lángen (кого́-л. j-m) (*разг.*); ◇ ему́ ~нуло со́рок лет *разг.* er hat vierzig Jáhre auf dem Búckel; **~нуться** (*обо что-л.*) sich stóßen* (an *D*); ~нуться голово́й обо что-л. sich an etw. (*A*) den Kopf éinstoßen*, mit dem Kopf an etw. (*A*) [gégen etw. (*A*)] stóßen*

стул *м* **1.** Stuhl *m* (1*); мя́гкий ~ Pólsterstuhl *m*; складно́й ~ Kláppstuhl *m*; винтово́й ~ Dréhstuhl *m*; ве́нский ~ Wíener Stuhl; предложи́ть ~ кому́-л. j-m éinen Stuhl ánbieten*, j-n zum Sítzen nötigen; **2.** *мед.* Stuhl *m* -(e)s, Stúhlgang *m* -(e)s; ◇ сиде́ть ме́жду двух сту́льев zwíschen zwei Stühlen sítzen*

сту́п||а *ж* Mörser *m* (6); ◇ толо́чь во́ду в ~е *погов.* ≅ léeres Stroh dréschen*

ступ||а́ть 1. schréiten* *vi* (s); tréten* *vi* (s), áuftreten* *vi* (s); тяжело́ ~а́ть stámpfen *vi*, éinen schwéren Gang háben; **2.** *повел.*: ~а́й! geh!; ~а́йте! géhen Sie!; ~а́й скоре́е! geh schnéller!, fort!

ступе́нчатый stúfig, ábgestuft, stúfenförmig, stúfenartig; ~ шкив *тех.* Stúfenscheibe *f* (11)

ступе́нь *ж* **1.** (*лестницы*) Stúfe *f* (11); ступе́нями stúfenweise; **2.** (*стадия*) Stúfe *f* (11); Etáppe *f* (11); вы́сшая ~ höchste Stúfe; **3.** (*ракеты*) Flúgkörperstufe *f* (11), Rakétenstufe *f*; **~ка** *ж* Stúfe *f* (11); Léitersprosse *f* (11) (*стремянки*); со ~ки на ~ку *тж. перен.* von Stúfe zu Stúfe; поднима́ться по ~кам die Stúfen empórsteigen*; éine Tréppe hináufsteigen* [heráufsteigen*]; спуска́ться по ~кам die Stufen hinábsteigen* [herábsteigen*]

ступи́ть *см.* ступа́ть 1; ~ че́рез поро́г die Schwélle überschréiten*

ступи́ца *ж* Nábe *f* (11), Rádnabe *f*

сту́пка *ж* Mörser *m* (6)

ступня́ *ж* Fuß *m* (1*), Fúßsohle *f* (11) (*человека*); Sóhle *f* (11) (*животного*)

стуча́ть 1. klópfen *vi*, ánklopfen *vi*; póchen *vi*; ~ в дверь ánklopfen *vi*; an die Tür klópfen [póchen]; ~ кулако́м по́ столу mit der Faust auf den Tisch schlágen*; ~ зуба́ми mit den Zähnen kláppern; **2.:** се́рдце стучи́т das Herz schlägt; в виска́х стучи́т die Schläfen hämmern; **~ся** póchen *vi*; (án)klópfen *vi*

стушева́ться, стушёвываться 1. (*сгладиться*) sich verwíschen; nicht hervórstechen*; in den Schátten tréten*; **2.** (*смутиться*) in Verwírrung geráten*; **3.** *уст.* (*исчезнуть*) únbemerkt verschwínden*

стыд *м* Scham *f*; Schánde *f*; красне́ть от ~а́ schámrot wérden; ◇ ~ и срам! Schmach und Schánde!; к моему́ ~у́ zu méiner Schánde; не име́ть ни ~а, ни со́вести schám- und gewíssenlos sein; **~и́ть** (*кого-л.*) j-n beschämen; j-m ins Gewíssen réden; **~и́ться** sich schämen; ~и́ться за кого́-л. für j-n erröten; ~и́тесь! schämt euch!

стыдли́в||ость *ж* Schámhaftigkeit *f*; Verschämtheit *f*; **~ый** schámhaft; verschämt

сты́дн||о *предик. безл.* es ist éine Schánde; ~о лгать es ist éine Schánde zu lügen; мне ~о ich schäme mich; мне за вас ~о ich schäme mich für euch [Sie]; как вам не ~о! schämen Sie sich!; schämen Sie sich denn gar nicht?; как ~о! wélche Schánde!, so éine Schánde!; **~ый** schändlich, schmählich

стык *м* **1.** Schéide *f*, Grénze *f* (11), *воен.* Naht *f* (3); на ~е веко́в um die Jahrhúndertwende; **2.** *тех.* Fúge *f* (11); Stoß *m* (1*)

стыкова́ть *тех.* zusámmenkoppeln *vt*, éine Zusámmenkopplung vórnehmen*; *косм. тж.* ándocken *vt*; косми́ческие корабли́ стыко́ваны в еди́ную орбита́льную ста́нцию die Ráumschiffe sind zu éiner Orbitálstation gekóppelt; **~ся** *тех.*, *косм.* gekóppelt wérden

стыко́в||ка *ж тех.* Kópplung *f* (10), Kópplungsmanöver [-vәr] *n* (6), Verbíndung *f* (10); *косм. тж.* Ánschluß *m* -sses, Dócken *n* -s, Ándockung *f*; Rendezvous [rãdә'vu:] *n* =, = (*встреча*); ~ка косми́ческих корабле́й Ráumschiffkopplung *f*; ~ка спу́тников на орби́те Satellítenrendezvous *n*; **~очный** *тех.*, *косм.* Kóppel-; Kópplungs-; ~очное устро́йство Kóppelmanschette *f* (11)

сты́нуть, стыть ábkühlen *vi*; kalt wérden; ◇ кровь сты́нет в жи́лах от у́жаса das Blut gerínnt éinem in den Ádern vor Entsétzen

сты́чка *ж* **1.** *воен.* Geplänkel *n* (6); Tréffen *n* (7); **2.** (*перебранка*) Zusámmenstoß *m* (1*); Wórtwechsel *m* (6)

стюарде́сса *ж* Stewardeß [*англ.* 'stju:әrdɛs] *f* =, *pl* -dessen

стяг *м* Bánner *n* (6), Fáhne *f* (11)

стя́гива||ние *с воен.* Zusámmenziehung *f*; Ánsammlung *f*; **~ть** *см.* стяну́ть 1, 2, 3; **~ться 1.** *см.* стяну́ться; **2.** *страд.* zusámmengezogen wérden (*ср.* стяну́ть 1, 2, 3)

стяжа́тель *м* gewínnsüchtiger [hábgieriger, hábsüchtiger] Mensch; Géldjäger *m* (6), Ráffer *m* (6); **~ство** *с* Hábgier *f*, Hábsucht *f*; Ráffgier *f*, Ráffsucht *f*

стяжа́ть erwérben* *vt*; ~ сла́ву Ruhm erwérben*

стя́жка *ж стр.* Verschlúß *m* -sses, -schlüsse, Schloß *n* -sses, Schlösser, Spánnvorrichtung *f* (10)

стяну́ть 1. zusámmenziehen* *vt*, bínden* *vt*, schnüren *vt*, zúschnüren *vt*; **2.** (*войска*) zusámmenziehen* *vt*; **3.** (*снять*) herúnterziehen* *vt*; **4.** *разг.* (*украсть*) stibítzen *vt*, kláuen *vt*; **~ся 1.** sich zúschnüren, sich zúziehen*; **2.** (*о войсках*) sich zusámmenziehen*

су *с* (*французская монета в пять сантимов*) Sou [su:] *m* -s, -s (*после числ. pl* =)

суахи́ли 1. *мн.* (*народ*) Sua¦héli(s) *pl*; **2.** *м* (*язык*) Sua¦héli *n* =

субаква́льн||ый *мед.* Únterwasser-; ~ый душ Únterwasserdusche *f*; ~ая (кише́чная) ва́нна Únterwasserdarmbad *n* (5)

субальпи́йский subalpín

субаре́нда *ж эк.* Únterpacht *f*

субаркти́ческий *геогр.* subárktisch

суббо́т||а *ж* Sónnabend *m* (1), Sámstag *m* (1); в ~у am Sónnabend; в про́шлую ~у am vórigen Sónnabend; в бу́дущую ~у am nächsten Sónnabend; в ~у ве́чером (am) Sónnabend ábend; в ~у у́тром (am) Sónnabend früh; по ~ам sónnabends; **~ний** Sónnabend-; ~ний ве́чер Sónnabendabend *m* (1), Sámstagabend *m* (1); ~ним ве́чером am Sónnabendabend

суббо́тник *м* Subbótnik *m* -s, -s (*freiwillige kollektive Arbeit ohne Entgelt*); Áufbaueinsatz *m* (1*)

субконтине́нт *м* Súbkontinent *m* (1)

сублим||а́т *м хим.* Sublimát *m* (2); **~а́ция** *ж хим.* Sublimatión *f* (10); **~и́ровать** *хим.* sublimíeren *vt*

субнорма́ль *ж мат.* Subnormále *f* (11)

суборбита́льн||ый *косм.* Suborbitál-; ~ая ско́рость Suborbitálgeschwindigkeit *f*

субордина́ция *ж* Subordinatión *f* (10); Únterordnung *f*

субподря́д *м стр.* Únterauftrag *m* (1*), Náchauftrag *m*; Náchauftragnehmervertrag *m* (1*)

субподря́дчик *м* Náchauftragnehmer *m* (6), Únterauftragnehmer *m*

субпроду́кты *мн.* Innerei¦en *pl*

субраке́та *ж косм.* Subrakéte *f* (11)

субре́тка *ж театр.* Soubrette [*фр.* zu'brɛtə] *f* (11)

субсветов||о́й *косм.* Únterlicht-; ~а́я ско́рость Únterlichtgeschwindigkeit *f*

субсиди́ровать *фин.* subventioníeren [-vɛn-] *vt*, finanziéll unterstützen *vt*, Subventiónen [Stützungsgelder] záhlen (an *A*)

субси́дия *ж фин.* Unterstützung *f* (10); finanziélle Béihilfe; Subventión [-vɛn-] *f* (10); госуда́рственная ~ stáatlicher Zúschuß

субстантив||а́ция *ж лингв.* Substantivierung [-'vi:-] *f*; **~и́ровать** *лингв.* substantivieren [-'vi:-] *vt*

субста́нция *ж* Substánz *f* (10)

субститу́т *м* Ersátz *m* -es

субститу́ция *ж* Substitutión *f*, Ersétzung *f*

субстра́т *м* **1.** *филос.* Substrát *n* (2); **2.** *биол.* Nährboden *m* -s

субстратосфе́ра *ж метео* Substratosphäre *f*

субти́льн||ость *ж* Féinheit *f*, Zártheit *f*; Únansehnlichkeit *f*; **~ый** fein, zart; únansehnlich

субти́тр *м кино* Úntertitel *m* (6)

субтро́п||ики *мн. геогр.* Súbtropen *al*, súbtropisches Gebíet; **~и́ческий** *геогр.* súbtropisch

субъедини́ца *ж спец.* Úntereinheit *f* (10)

субъе́кт *м* **1.** *филос., грам.* Subjékt *n* (2); **2.** *разг.* (*челове́к*) Subjékt *n* (2), Kreatúr *f* (10)

субъектив||и́зм *м филос.* Subjektivismus [-'vis-] *m* =; **~и́стский** *филос.* subjektivistisch [-'vis-]

субъекти́в||но *нареч.* subjektív; vom persönlichen Stándpunkt; **~ность** *ж* Subjektivität [-vi-] *f*; **~ный** subjektív; ~ный идеали́зм *филос.* subjektíver [-vər] Idealísmus

суве́ни́р *м* Souvenir [*фр.* suvə'ni:r] *n* -s, -s; Ándenken *n* (7)

сувере́н *м* Souverän [zuvə-] *m* (1), Alléinherrscher *m* (6); **~ите́т** *м* Souveränität [zuvə-] *f*; Óberhoheit *f*; ~ите́т возду́шного простра́нства Lúfthoheit *f*; **~ный** souverän [zuvə-]; ~ная террито́рия Hóheitsgebiet *n* (2)

суво́ровец *м* Schüler *m* (6) [Zögling *m* (1)] der Suwórowschule

суво́ровск||ий Suwórow-; ~ое учи́лище Suwórowschule *f* (11) (*für künftige Berufssoldaten*)

сугли́н||истый léhmig; tónig; tónhaltig; **~ок** *м* Léhmboden *m* (7*); Tónboden *m*; Létten *m* (7)

сугро́б *м* Schnéehaufen *m* (7); Schnéewehe *f* (11) (*зано́с*)

сугу́б||о *нареч.* äußerst; höchst; besónders; áusgesprochen; ~о опа́сно äußerst [höchst] gefährlich; **~ый** äußerst; höchst; besónder

суд *м* **1.** (*учрежде́ние*) Gericht *n* (2); Geríchtshof *m* (1*); Geríchtsbehörde *f* (11); наро́дный ~ Vólksgericht *n*; Междунаро́дный ~ Internationáler Geríchtshof; Верхо́вный ~ СССР Óberstes Gericht der UdSSR; городско́й ~ Stádtgericht *n*; райо́нный ~ Rayongericht [rɛ'jɔŋ-] *n* (*в СССР*); Kréisgericht *n* (*в ГДР*); уголо́вный ~ Stráfgericht *n*, Kriminálgericht *n*; ~ прися́жных Schwúrgericht *n*; трете́йский ~ Schíedsgericht *n*, Arbitráge [-ʒə] *f*; това́рищеский ~ Kamerádschaftsgericht *n*; Schíedskommission *f* (10) (*при домко́ме*); Konflíktkommission *f* (*при профко́ме*); **вое́нно-полево́й** ~ Kríegsgericht *n*; Stándgericht *n*; вое́нный ~ Militärgericht *n*, Kríegsgericht *n*; вызыва́ть в ~ vor Gerícht láden*; обрати́ться в ~ den Réchtsweg beschréiten*; подава́ть в ~ на кого́-л. j-n verklágen, j-n geríchtlich belángen, gégen j-n geríchtlich vórgehen*; заседа́ние ~а́ Geríchtssitzung *f* (10), Geríchtsverhandlung *f* (10); возбужда́ть де́ло в ~е́ éinen Prozéß ánstrengen; **2.** (*сужде́ние*) Úrteil *n* (2); отдаю́ э́то на ваш ~ ich überlásse es Íhrem Úrteil; ~ пото́мства das Úrteil der Náchwelt; **3.** (*разбо́р де́ла*) Verhándlung *f* (10), Geríchtsverhandlung *f*; Geríchtsverfahren *n* (7); день ~а́ Geríchtstag *m* (1); Geríchtstermin *m* (1); привле́чь к ~у́ zur geríchtlichen Verántwortung zíehen*; отда́ть под ~, преда́ть ~у́ vor Gerícht stéllen; dem Gerícht übergében*; добива́ться ~о́м auf geríchtlichem Wége zu erlángen [erréichen] súchen; быть под ~о́м únter Ánklage stéhen*; без ~а́ и сле́дствия óhne Geríchtsverfahren; твори́ть ~ и распра́ву *уст.* Gerícht hálten* und bestráfen, die Geríchtshoheit áusüben; ◇ ~ Ли́нча Lynchjustiz ['lynç- *u* lintʃ-] *f*; ~ че́сти Éhrengericht *n*; на нет и ~а́ нет *погов.* wo nichts ist, hat (selbst) der Káiser sein Recht verlóren

суда́ *мн. от* су́дно I

суда́к *м* Zánder *m* (6)

суда́н||ец *м* Sudanése *m* (9); **~ка** *ж* Sudanésin *f* (12); **~ский** sudanésisch, sudánisch

суда́рыня *ж уст.* gnädige Frau

су́дарь *м уст.* Herr *m* (8)

суда́чить *разг.* klätschen *vi* (über *A*); dúrchhecheln *vt*; die Köpfe zusámmenstecken

суде́бник *м ист.* Gesétzbuch *n* (5); Gesétzsammlung *f* (10)

суде́бно-медици́нский geríchtsmedizinisch

суде́бно-сле́дственн||ый: ~ые о́рганы geríchtliche Untersúchungsinstanzen, Réchtspflegeorgane *pl*

суде́бн||ый geríchtlich, Geríchts-; ~ые изде́ржки Geríchtskosten *pl*; ~ым поря́дком auf dem Réchtsweg(e), auf geríchtlichem Wége, geríchtlich; ~ая медици́на Geríchtsmedizin *f*; ~ое заседа́ние Geríchtssitzung *f* (10); ~ый сле́дователь Untersúchungsrichter *m* (6); ~ый исполни́тель Geríchtsvollzieher *m* (6); ~ая процеду́ра Geríchtsverfahren *n* -s; ~ое разбира́тельство Geríchtsverhandlung *f* (10); ~ое сле́дствие Beweísaufnahme *f* (11); ~ая оши́бка Justízirrtum *m* (4); ~ое уби́йство Justízmord *m* (1) (*при сме́ртном пригово́ре*)

суде́йск||ий Geríchts-; geríchtlich, Ríchter-; ríchterlich; ~ая до́лжность Ríchteramt *n* (5); ~ая колле́гия Ríchterkollegium *n* -s, -gi¦en

суде́йство *с спорт.* Spíelleitung *f*

суди́лище *с уст., тепе́рь неодобр.* Gerícht *n* (2); Geríchtshof *m* (1*)

суди́мост||ь *ж* Vórstrafe *f* (11); не име́ть ~и nicht vórbestraft sein; он име́ет две ~и er ist zwéimal vórbestraft; снять ~ь die Vórstrafe tílgen

суди́ть **1.** ríchten *vt*; ~ кого́-л. *тж. перен.* über j-n Gerícht hálten*; über j-n zu Gerícht sítzen*; **2.** *спорт.* das Spiel léiten; **3.** (*о чём-л.*) beúrteilen *vt*, úrteilen *vi* (über *A*); schlíeßen* *vi* (auf *A*); наско́лько мо́жно ~ sowéit zu entnéhmen ist (по чему́-л. *D*); су́дя по чему́-л. nach etw. (*D*) zu schlíeßen [zu úrteilen]; су́дя по вне́шности dem Äußeren nach; nach dem Äußeren zu schlíeßen [zu úrteilen]; су́дя по сообще́ниям печа́ти sowéit der Présse zu entnéhmen ist; ◇ суди́те са́ми ságen Sie selbst; ~ и ряди́ть réchten und ríchten; séine Glóssen máchen (über *A*); j-n durch die Héchel zíehen* (*злосло́вить о ком-л.*); ему́ (не́) бы́ло суждено́... es war ihm (nicht) beschíeden [bestímmt]...; **~ся** (*с кем-л.*) mit j-m éinen Prozéß führen [hában], mit j-m im Prozéß líegen* [stéhen*]

судки́ *мн. см.* судо́к 3

су́дно I *с мор.* Schiff *n* (2); Wásserfahrzeug *n* (2); па́русное ~ Ségelschiff *n*; вое́нное ~ Kríegsschiff *n*; нефтенали́вное ~ Tánkschiff *n*, Tánker *m* (6); насыпно́е ~ Schüttgutfrachtschiff *n*, Schüttgutfrachter *m* (6); грузово́е ~ Fráchtschiff *n*, Fráchter *m*; пассажи́рское ~ Fáhrgastschiff *n*; гражда́нское ~ Schiff der Hándels- und Fischeréiflotte; торго́вое ~ Hándelsschiff *n*; китобо́йное ~ Wálfangschiff *n*, Wálfangboot *n* (2); рыболо́вное ~ Fischeréifahrzeug *n* (2), Físchlogger *m* (6); тамо́женное ~ Zóllwachtschiff *n*; кабота́жное ~ Küstenschiff *n*; уче́бное ~ Schúlschiff *n*; ~ на подво́дных кры́льях Trágflügelschiff *n*

су́дно II *с* (*для лежа́чего больно́го*) Béttpfanne *f* (11), Schíeber *m* (6)

су́дный *уст.* Geríchts-, geríchtlich; ◇ ~ день *рел.* Geríchtstag *m* -(e)s

судове́рфь *ж* Schíffswerft *f* (10), Schíffsbaubetrieb *m* (1)

судовладе́лец *м* Réeder *m* (6); Schíffseigner *m* (6)

судоводи́тель *м мор.* Schíffsführer *m* (6), Kapitän *m* (1); Lótse *m* (9) (*ло́цман*)

судовожде́ние *с* Navigatión [-vi-] *f*

судов||о́й Schiffs-; ~а́я кома́нда Besátzung *f* (10), Schíffsbesatzung *f*, Mánnschaft *f* (10); ~о́е ору́дие Schíffsgeschütz *n* (2)

судоговоре́ние *с юр.* mündliche Dárlegung des Fálles durch die Partéi¦en in der Geríchtssitzung in Zivilsachen [-'vi:l-]

судо́к *м* **1.** (*для у́ксуса, пе́рца и т. п.*) Gewürzständer *m* (6), Menáge [-ʒə] *f* (11); **2.** (*со́усник*) Sóßenschüssel *f* (11); **3.** *мн.* судки́ (*для перено́са пи́щи*) Menáge [-ʒə] *f* (11), Éssenträger *m* (6)

судомодели́ст *м* Schíffsmodellbauer *m* (6)

судомо́йка *ж* Geschírrwäscherin *f* (12)

судоподъёмник *м тех.* Schíffshebewerk *n* (2)

судопроизво́дство *с юр.* Geríchtsverfahren *n* (7), Prozéßordnung *f*

судоремо́нтн||ый Schiffsreparatur-; ~ая верфь Schíffsreparaturwerft *f* (10), Reparatúrwerft *f*; ~ая при́стань Ánlegestelle *f* (11) für Reparatúrfahrzeuge

су́дорога *ж* Krampf *m* (1*)

су́дорожн||о *нареч.* krámpfhaft; ~о схвати́ться за что-л. séine Hände in etw. (*A*) verkrámpfen, sich krámpfhaft an etw. (*A*) (án)klámmern; **~ый** Krampf-; krámpfhaft; verkrámpft; *перен.* krámpfig; ~ый ка́шель Krámpfhusten *m* -s; ~ое состоя́ние Krámpfzustand *m* (1*)

судостро||е́ние *с* Schíff(s)bau *m* -(e)s; **~и́тель** *м* Schíff(s)bauer *m* (6); **~и́тельный** Schíff(s)bau-; ~и́тельная промы́шленность Schíff(s)bau *m* -(e)s, Schíff(s)bauindustrie *f*

судоустро́йство *с юр.* Geríchtsordnung *f* (10), Geríchtsverfassung *f* (10)

судоходн||ость *ж* Schíffbarkeit *f*; **~ый** schíffbar; befáhrbar (*о реке́ и т. п.*); ~ная тра́сса Schíffahrtsweg (*при перено́се* Schiff-fahrtsweg) *m* (1); **~ство** *с* Schíffahrt *f* (10) (*при* *переносе* Schiff-fahrt); речно́е ~ство Flußschiffahrt *f*, Bínnenschiffahrt *f*

судьб||а́ *ж* Schícksal *n* (2); Geschíck *n* (2); Los *n* (2) (*удел, участь*); связа́ть свою́ ~у́ с кем-л. sein Schícksal mit j-m verknüpfen; покори́ться ~е́ sich in sein Schícksal ergében* [fügen]; ◇ искуша́ть ~у́ das Schícksal versúchen [heráusfordern]; каки́ми ~а́ми? *разг.* was führt dich her?, wie kommst du hierhér?; не ~а́ ему́ *разг.* es ist ihm nicht bestímmt [beschíeden]; во́лею суде́б durch Zúfall; durch des Schícksals Fügung

суд||ья́ *м* **1.** Ríchter *m* (6); мирово́й ~ья́ Fríedensrichter *m*; трете́йский ~ья́ Schíedsrichter *m*; наро́дный ~ья́ Vólksrichter *m*; отвести́ ~ью́ éinen Ríchter [ein Mítglied des Geríchts] áblehnen; **2.** *спорт.* Schíedsrichter *m* (6); ~ья́ соревнова́ния Kámpfrichter *m*; ~ья́ на ли́нии Líni¦enrichter *m*; ~ья́ на ри́нге (*бокс*) Ríngrichter *m*; ~ья́-секундоме́три́ст Zéitnehmer *m* (6); ◇ я вам не ~ья́ *разг.* ich will mich nicht zu Íhrem Ríchter áufwerfen

суеве́р||ие *с* Áberglaube *m* (15); **~ный** ábergläubisch

сует||а́ *ж* **1.** Éile *f*; Hast *f*; Únruhe *f*; в дневно́й ~е́ in der Hast des Táges; **2.** *см.* су́етность; **~и́ться** hásten *vi*; (geschäftig) hin und her láufen* *vi* (s), hin und her rénnen* *vi* (s); **~ли́вость** *ж* Hástigkeit *f*, Hast *f*, (übergroße) Geschäftigkeit *f*; **~ли́вый** (állzu) geschäftig; éilig; hástig

су́ет||ность *ж уст.* Éitelkeit *f*; Níchtigkeit *f*; **~ный** *уст.* éitel; níchtig; **~ня́** *ж разг. см.* сует́а 1

сужде́ние *с* Úrteil *n* (2); Méinung *f* (10), Ánsicht *f* (10) (*мнение*); отрица́тельное ~ ábfälliges Úrteil; вы́сказать ~ ein Úrteil ábgeben* (о чём-л. über *A*)

суже́ние *с* Veréngung *f* (10); Éinengung *f*; *тех.* Verjüngung *f* (10); ~ ры́нка *эк.* Schrúmpfen *n* [Schrúmpfung] *f*, Éinengung *f*] des Márktes

су́живать *см.* су́зить; **~ся 1.** *см.* су́зиться; **2.** *страд.* veréngt [verjüngt] wérden (*ср.* су́зить)

су́зить veréngen *vt*; éinengen *vt*; énger máchen; zusámmenziehen* *vt*; *тех.* verjüngen *vt*; **~ся** énger wérden; sich veréngе(r)n; sich zusámmenziehen*; éinlaufen* *vi* (s) (*садиться — о материи и т. п.*); zusámmenschrumpfen *vi* (s) (*сократиться*); *тех.* sich verjüngen

сук *м* Ast *m* (1*)

су́ка *ж* Hündin *f* (12)

сукно́ *с* Tuch *n* (2); ◇ положи́ть под ~ ≅ auf die lánge Bank schíeben*; лежа́ть под ~м (*о проекте, предложении*) ≅ im Schréibtisch schmóren

сукнова́л *м* Túchwalker *m* (6); **~ьный** Túchwalk-; ~ьная маши́на Túchwalke *f* (11); ~ьная гли́на *текст.* Wálkerde *f*; **~ьня** *ж* Túchwalkerei *f* (10); Wálkmühle *f* (11)

сукова́тый ástig; knórrig

суко́н||ка *ж* Túchlappen *m* (7); Wólllappen (*без переноса* Wollappen) *m*; **~ный** Tuch-; ◇ ~ный язы́к hölzerne Spráche; **~щик** *м* Túchweber *m* (6), Túchmacher *m* (6)

су́кре *м* (*денежная единица Эквадора*) Súcre *m* =, =

су́кровица *ж* Blútwasser *n* -s, Blútserum *n* -s

сулем||а́ *ж хим.* Sublimát *n* (2); **~о́вый** *хим.* Sublimát-

сули́ть *разг.* verspréchen* *vt*, verhéißen* *vt* (*обещать*); voráussagen *vt*, prophezéi¦en *vt* (*предвещать*); ◇ ~ золоты́е го́ры góldene Bérge verspréchen*

султа́н I *м* (*титул*) Súltan *m* (1)

султа́н II *м* (*на шляпе*) Féderbusch *m* (1*)

султа́нка *ж* (*рыба*) Méerbarbe *f* (11)

султа́нский Súltans-

сульфадимези́н *м фарм.* Sulfadimezín *n* -s

сульфами́ды *мн.*, **сульфанилами́ды** *мн. фарм.* Sulfonamíde *pl*

сульфа́т *м хим.* Sulfát *n* (2); ~ аммо́ния Ammóniumsulfat *n*

сульфи́д *м хим.* Sulfíd *n* (2), Schwéfelverbindung *f* (10)

сульфиди́н *м фарм.* Sulphidín *n* -s

сульфи́т *м хим.* Sulfít *n* (2)

сум||а́ *ж* Béutel *m* (6), Pácktasche *f* (11); Sack *m* (1*); Béttelsack *m* (*нищего*); ◇ ходи́ть с ~о́й bétteln géhen*

сумасбро́д *м*, **~ка** *ж* Tóllkopf *m* (1*); **~ничать** Tóllheiten begéhen*; **~ный** tóllköpfig, töricht; **~ство** *с* Tóllheit *f* (10); Tórheit *f* (10)

сумасше́дший *прил.* **1.** wáhnsinnig, verrückt, írrsinnig; *перен. тж.* toll; ~ дом Írrenanstalt *f* (10), Írrenhaus *n* (5); **2.** *в знач. сущ. м* Írrsinnige *m* (14), Wáhnsinnige *m*, Verrückte *m* (14); бу́йный ~ Tóbsüchtige *m* (14)

сумасше́ств||ие *с* Wáhnsinn *m* -(e)s; Írrsinn *m*; Verrücktheit *f* (*тж. перен.*); довести́ кого́-л. до ~ия éinen wáhnsinnig máchen; до ~ия *перен.* bis zum Wáhnsinn; zum Verrücktwerden

сумато́ха *ж* Durcheinánder *n* -s, Wírrwarr *m* -s; Getümmel *n* -s; Tó¦huwabó¦hu *n* -s

сума́х *м бот.* Éssigbaum *m* (1*)

сумбу́р *м* Durcheinánder *n* -s, Wírrwarr *m* -s; Únordnung *f*, Chaos ['ka:os] *n* =; **~ность** *ж* Durcheinánder *n* -s; das Chaótische [ka-] (*sub*); **~ный** únordentlich; chaótisch [ka-] (*беспорядочный*); konfús, únklar, dúnkel, verwórren (*неясный, сбивчивый*)

су́мер||ечный Dämmerungs-; dämmerig; **~ки** *мн.* Dämmerung *f*; в ~ках in der Dämmerung; im Hálbdunkel

суме́||ть können* *vt*; verstéhen* *vt*, wíssen* *vi* (zu + *inf*); vermögen* *vt* (*смочь*); не ~ю сказа́ть das kann ich nicht ságen; ich wüßte nicht zu ságen; он ~л завоева́ть дове́рие er hat es verstánden, Vertráuen zu erwérben

су́мк||а *ж* **1.** Tásche *f* (11); Hándtasche *f*; шко́льная ~а Máppe *f* (11), Schúlmappe *f*; Schúlranzen *m* (7) (*ранец*); патро́нная ~а *воен.* Patrónentasche *f*; полева́я ~а Méldetasche *f*, Kártentasche *f*; хозя́йственная ~а Éinkaufstasche *f*, Márkttasche *f*, Éinholtasche *f*; тка́невая [матерча́тая] ~а Textílbeutel *m* (6), Stóffbeutel *m*; ~а из пластма́ссы Kúnststoffbeutel *m*; ~а для противога́за Schútzmaskentasche *f*; охо́тничья ~а Jágdtasche *f*; **2.** *анат.* Kápsel *f* (11), Béutel *m* (6), Hülle *f* (11); серде́чная ~а Hérzbeutel *m*; воспале́ние серде́чной ~и *мед.* Perikardítis *f*, Hérzbeutelentzündung *f*; **3.** *зоол.* (*у сумчатых животных*) Béutel *m* (6)

су́мм||а *ж* Súmme *f* (11); Betrág *m* (1*); в ~е... im Betráge von...; о́бщая ~а Gesámtbetrag *m*, Gesámtsumme *f*; на ~у... im Wérte von..., in Höhe von...; **~а́рность** *ж* der summárische Charákter [ka-]; **~а́рный** summárisch, Súmmen-; **~и́рование** *с* Summíeren *n* -s; Summíerung *f* (10), Zusámmenrechnen *n* -s (*подведение итогов*); *мат.* Summatión *f* (10); *перен.* Zusámmenfassung *f* (10); Resümíeren *n* -s; **~и́ровать** summíeren *vt*; *перен.* zusámmenfassen *vt*; resümíeren *vt*; **~и́ровать** впечатле́ния séine Éindrücke zusámmenfassen

су́мочка *ж* Täschchen *n* (7), Hándtasche *f* (11), Béutelchen *n* (7)

су́мрак *м* Dúnkel *n* -s; Dúnkelheit *f*; Dämmerung *f*

су́мрач||ность *ж* Trübheit *f*; Dúnkelheit *f*; Fínsternis *f*; **~ный 1.** (*пасмурный*) trüb(e), dúnkel; сего́дня ~но héute ist es trübe; **2.** *перен.* fínster, trüb(e)

су́мчатые *сущ. мн. зоол.* Béuteltiere *pl*

сумя́тица *ж* Verwírrung *f* (10); Durcheinánder *n* -s, Wírrwarr *m* -s

сунду́к *м* Kóffer *m* (6); Trúhe *f* (11)

су́нуть(ся) *см.* сова́ть(ся)

суп *м* Súppe *f* (11); мясно́й ~ Fléischsuppe *f*, Fléischbrühe *f* (11)

суперарби́тр *м* Óberschiedsrichter *m* (6); Súperarbiter *m* (6)

супергетероди́н *м радио* Súper *m* (6), Superheterodýnempfänger *m* (6)

суперкала́ндр *м цел.* Satiníer(walz)-werk *n* (2)

суперме́н *м* Súperman [-men] *m*

супермо́дный übermodern, hýpermodern

суперобло́жка *ж* Schútzumschlag *m* (1*)

суперта́нкер *м* Súpertanker *m* (6)

суперфосфа́т *м хим.* Superphosphát *n* (2)

су́песок *м* Sándboden *m* -s

супесча́ный sándig

супина́тор *м мед.* Fußstütze *f* (11), Fúßeinlage *f* (11)

супов||о́й Súppen-; ~а́я ми́ска Súppenschüssel *f* (11); Súppenterrine *f* (11); ~о́е мя́со Súppenfleisch *n* -es

супо́нь *ж* Kúmmetriemen *m* (7)

супоро́сая, супоро́сная: ~ свинья́ trächtige Sau

супплети́вный *лингв.* suppletív

су́ппорт *м тех.* Suppórt *m* (1), Wérkzeugschlitten *m* (7)

супру́||г *м* Gátte *m* (9), Éhemann *m* (4), Mann *m*; Gemáhl *m* (1) (*высок.*); **~га** *ж* Gáttin *f* (12), Éhefrau *f* (10); Gemáhlin *f* (12) (*высок.*); **~ги** *мн.* Éhepaar *n* (2), Éheleute *pl*; **~жеский** éhelich, Éhegátten-; **~жество** *с* Éhe *f*, Éhestand *m* -(e)s

сургу́ч *м* Síegellack *m* (1); **~ный** Síegellack-

сурди́нк||а *ж* Dämpfer *m* (6); игра́ть под ~у mit dem Dämpfer spíelen; ◇ под ~у héimlich; únbemerkt; únter der Hand

сурдока́мера *ж косм.* schálldichte Kámmer, schálltoter Raum (*für das Training von Kosmonauten*)

сурепи́ца *ж бот.* **1.** (*масличное растение*) Rübsaat *f*, Rübsame *m* (15), Rübsamen *m* (7); Rübsen *m* -s; **2.** *см.* суре́пка

суре́пка *ж бот.* (*сорняк*) (échtes) Bárbarakraut *n* -(e)s

су́рик *м хим.* Ménnig *m* -(e)s, Ménnige *f*; свинцо́вый ~ Bléimennig *m*

сурина́м||ец *м* Surinámer *m* (6), Surinamése *m* (9); **~ский** surinámisch, surinaméisch

суро́в||ость *ж* Strénge *f*, Ráuheit *f*, Härte *f*; **~ый 1.** streng, rauh, hart; ~ый пригово́р strénges Úrteil; ~ое наказа́ние strénge [hárte] Stráfe; ~ый кли́мат ráuhes Klíma; ~ая действи́тельность ráuhe Wírklichkeit; **~ое** испыта́ние hárte Prüfung; обраща́ться с кем-л. ~о j-n stíefmütterlich behándeln; **2.:** ~ые ни́тки róher Zwirn; ~ое полотно́ úngebleichte Léinwand, Róhleinen *n* (7)

суро́к *м зоол.* Múrmeltier *n* (2); ◇ он спит как ~ er schläft wie éine Rátte [ein Múrmeltier, ein Klotz, ein Dachs]

суррога́т *м* Ersátz *m* -es, Ersátzmittel *n* (6), Áustauschstoff *m* (1), Surrogát *n* (2)

сурьма́ *ж* Antimón(ium) *n* -s (*хим. знак* Sb)

суса́льн||ый: ~ое зо́лото Bláttgold *n* -(e)s

су́слик *м зоол.* Zíeselmaus *f* (3), Zíeselratte *f* (11)

су́сло *с* Most *m* (1); Würze *f* (11); пивно́е ~ Bíerwürze *f*

суспе́нзия *ж физ., тех.* Suspensión *f* (10)

суспензо́рий *м мед.* Suspensórium *n* -s, -ri¦en, Trágbeutel *m* (6) für den Hódensack

суста́в *м* Gelénk *n* (2); неподви́жность ~ов *мед.* Gelénkstarre *f*; **~но́й** Gelénk-; ~но́й ревмати́зм Gelénkrheumatismus *m* =

сутенёр *м* Zúhälter *m* (6)

су́тки *мн.* víerundzwanzig Stúnden; Tag und Nacht; семь су́ток síeben Táge

су́толока *ж* Gedränge *n* -s; Getümmel *n* -s; Gestöße *n* -s, Durcheinánder *n* -s

су́точн||ые *сущ. мн.* Diäten *pl*, Tágegelder *pl*; **~ый** víerundzwanzigstündig; gánztägig, Táges-; ~ая добы́ча Tágesförderung *f* (10)

суту́л||иться sich krumm hálten*; éinen rúnden Rücken háben; **~ова́тый** mit étwas krúmmer Háltung; gebückt; **~ость** *ж* Háltungsschwäche *f*; **~ый** mit krúmmem Rücken, gebückt

сут||ь *ж* Wésen *n* -s; ~ь де́ла Háuptsache *f*, das Wésen [der Kern] der Sáche; Kérnpunkt *m* (1); der spríngende Punkt; бли́же к ~и де́ла! zur Sáche!; вни́кнуть в ~ь де́ла der Sáche auf den Grund géhen*, in das Wésen der Sáche éindringen*; по ~и де́ла éigentlich, im Grúnde genómmen

сутя́га *м* Querulánt *m* (8); Prozéßsüchtige *m* (14); Ränkeschmied *m* (1)

сутя́жничес||кий prozéßsüchtig; ränkesüchtig; **~тво** *с* Prozéßsucht *f*, Prozéßwut *f*

суфле́ *с кул.* Soufflé [*фр.* zu'fle:] *n* -s, -s

суфлёр *м* Souffleur [*фр.* zu'flø:r] *m* (1); **~ский** Souffléur- [zu'flø:r-]; ~ская бу́дка Souffleurkasten *m* (7*)

суфли́ровать soufflíeren [zu-] *vt, vi*, vórsagen *vt*

суфражи́зм *м* Suffragéttenbewegung *f*

суфражи́ст||ка *ж* Suffragétte *f* (11); Fráuenrechtlerin *f* (12)

су́ффикс *м грам.* Suffíx *n* (2), Náchsilbe *f* (11); **~а́ция** *ж лингв.* Suffigíerung *f*

суха́р||ница *ж* Brótkörbchen *n* (7), Sémmelkörbchen *n*; **~ный** Zwíeback-; ~ные кро́шки Zwíebackkrümel *pl*; ~ное те́сто Zwíebackteig *m* -(e)s

суха́р||ь *м* **1.** Zwíeback *m* (1*); морски́е **~и́** Schíffszwieback *m*, Hártbrot *n*; панировочные ~и́ Sémmelbrösel *pl*; **2.** *перен. разг.* tróckener [hérzloser] Wicht; schwúngloser Mensch; **3.** *тех.* Bácke *f* (11), Gléitstein *m* (1)

су́хо **1.** *предик. безл.* trócken; dürr; на у́лице ~ auf der Stráße ist es trócken; **2.** *нареч. перен.* trócken, kalt, hérzlos; ~ отве́тить trócken [kurz] ántworten; **~ва́тый** kühl; zurückhaltend

сухове́й *м* héiße Wínde (*pl*); Tróckenwind *m* (1)

сухогру́з *м* **1.** (*груз*) Tróckengut *n* (5), Tróckenfracht *f* (10); **2.** (*судно*) Tróckenfrachter *m* (6)

сухожи́лие *с анат.* Séhne *f* (11)

сух||о́й **1.** trócken; vertrócknet; dürr; ~о́е де́рево dürrer Baum; **~о́й** кли́мат tróckenes [régenarmes, arídes] Klíma; ~о́й пар tróckener Dampf; ~а́я перего́нка tróckene Destillatión; **~о́й** груз Tróckengut *n* (5); **~и́е** кра́ски Fárben in Púlverform, Fárbpulver *n* (6); храни́ть в ~о́м ме́сте trócken áufbewahren; **2.** (*худощавый*) háger, máger; séhnig (*жилистый*); **3.** *перен.* trócken, kalt; hart, únfreundlich; hérzlos; ~о́й приём ein kálter Empfáng; ◇ ~о́е вино́ úngesüßter [*спец.* tróckener] Wein; ~о́й зако́н Antialko¦hólgesetz *n* -(e)s, Pro¦hibitión *f*; ~и́м путём auf dem Lándwege; zu Lánde; вы́йти ~и́м из воды́ *разг.* mit héiler Haut davónkommen*

сухопа́рник *м тех.* Dámpftrockner *m* (6), Dámpfentwässerungsapparat *m* (1)

сухопа́рый *разг.* háger, séhnig

сухопу́тн||ый Land-; ~ые войска́ Lándstreitkräfte *pl*

сухору́кий *разг.* éinarmig; mit éinem verkrüppelten Arm

сухосто́й *м собир. лес.* ábständiges Holz, stéhendes Tróckenholz, Dürrholz *n* -es

су́хость *ж* **1.** Tróckenheit *f*; **2.** *перен.* Tróckenheit *f*, Kälte *f*; Hérzlosigkeit *f*

сухо́тка *ж*: ~ спинно́го мо́зга *мед.* Rückenmarkschwindsucht *f*, Tábes *f*

сухофру́кты *мн.* getrócknetes Obst, Tróckenobst *n* -es, Dörrobst *n*

сухоцве́т *м бот.* Stróhblume *f* (11)

сухоща́в||ость *ж* Hágerkeit *f*, Séhnigkeit *f*; **~ый** háger, séhnig

сучи́ть zwírnen *vt*; wínden* *vt* (*верёвки*)

сучкова́тый ástig; knórrig

сучкоре́зка *ж* Entástungsmaschine *f* (11)

сучо́к *м* Ästchen *n* (7); Zweig *m* (1); Ast *m* (1*); ◇ без сучка́ без задо́ринки; ни сучка́ ни задо́ринки tádellos; éinwandfrei; glatt, wie geschmíert, wie am Schnürchen

су́ш||а *ж* Féstland *n* -(e)s; на ~е zu Lánde, auf dem Féstland; на ~е и на мо́ре zu Wásser und zu Lánde

суше́ние *с* Trócknen *n* -s; Dörren *n* -s

сушени́ца *ж бот.* Rúhrkraut *n* -(e)s

сушёный getrócknet, gedörrt, Dörr-

суш||и́лка *ж* **1.** (*аппарат*) Tróckner *m* (6), Trócknungsanlage *f* (11); ~и́лка для воло́с Tróckenhaube *f* (11); **2.** (*помещение*) Tróckenraum *m* (1*); Tróckenkammer *f* (11); *с.-х.* Tróckenboden *m* -s, Dárre *f* (11), Dárrkammer *f*; **~и́льный** *тех.* Trócken-; Dörr-; Darr-; **~и́льня** *ж см.* суши́лка 2

суши́ть trócknen *vt*; dörren *vt*; dárren *vt*; rösten *vt* (*лён*); ~ фру́кты Obst bácken [trócknen]; **~ся** **1.** trócknen *vi* (s); **2.** *страд.* getrócknet wérden (*ср.* суши́ть)

су́шка *ж* **1.** (*действие*) Trócknen *n* s; Dörren *n* -s; Rösten *n* -s (*льна*); **2.** (*баранка*) Kríngel *m* (6)

сушь *ж* Tróckenheit *f*; Dürre *f*

суще́ственн||ый wésentlich; essentíell; bedéutend (*значительный*); ~ая попра́вка éinschneidende Korrektúr; без ~ых измене́ний óhne wésentliche [bedéutende] Änderungen

существи́тельное *с грам.* Súbstantiv *n* (2), Háuptwort *n* (5), Díngwort *n*

существ||о́ I *с* (*сущность*) Wésen *n* -s, das Wésentliche (*sub*); прове́рка по ~у́ sáchliche Prüfung; говори́ть [отвеча́ть] по ~у́ sich an das Théma hálten*; sáchlich [zur Sáche] spréchen*; ◇ по ~у́ (говоря́) *в знач. вводн. сл.* (*в сущности*) im wésentlichen; grúndsätzlich geséhen, im Grúnde genómmen

существ||о́ II *с* (*живой организм*) Wésen *n* (7); Geschöpf *n* (2) (*создание*); ◇ всем свои́м ~о́м mit Leib und Séele; mit Híngabe (*самоотверженно*)

существ||ова́ние *с* Existénz *f*; Dásein *n* -s; Bestéhen *n* -s, Bestánd *m* -(e)s; **~ова́ть** existíeren *vi*; bestéhen* *vi* (s); ~у́ет..., ~у́ют... es gibt...; ~у́ют лю́ди, кото́рые... es gibt Ménschen, die...; таки́х явле́ний не ~у́ет sólche Erschéinungen existíeren [gibt es] nicht; он для меня́ не ~у́ет er existíert für mich nicht; er ist bei mir ábgemeldet (*разг.*)

су́щ||ий wahr; wáhrhaft; echt; э́то ~ая пра́вда das ist die réine Wáhrheit; ~ий вздор réiner [glátter] Únsinn; ~ее наказа́ние *разг.* éine wáhre Stráfe

су́щност||ь *ж* Wésen *n* -s; Charákter [ka-] *m* -s; das Wésentliche (*sub*); ◇ в ~и (говоря́) *в знач. вводн. сл.* éigentlich; genáu gespróchen; im Grúnde genómmen

суя́гная: ~ овца́ trächtiges Schaf

сфабрикова́ть *см.* фабрикова́ть

сфа́гнум *м бот.* Sphágnum *n* -s, Tórfmoos *n* -es

сфальши́вить *см.* фальши́вить

сфе́р||а *ж* **1.** Sphäre *f* (11); Beréich *m* (1), *n* (2); Gebíet *n* (2); Región *f* (10), Zóne *f* (11) (*зона*); ~а влия́ния Interéssengebiet *n*, Éinflußsphäre *f*; ~а де́йствия Wírkungssphäre *f*; Wírkungsbereich *m*; Wírkungskreis *m* (1); ~а обслу́живания Díenstleistungsbereich *m* -(e)s; ~а обраще́ния *эк.* Úmlaufsphäre *f*, Zirkulatiónssphäre *f*; **2.** (*среда, общественное окружение*) Sphäre *f* (11); в вы́сших ~ах in höheren Sphären; быть в свое́й ~е in séinem Elemént sein; **3.** *мат.* Kúgel *f* (11); небе́сная ~а Hímmelskugel *f*; **~и́ческий** sphärisch, Kúgel-

сферо́ид *м спец.* Sphäroíd *n* (2); **~а́льный** *спец.* sphäro¦idál

сфинкс *м* Sphinx *f* (3)

сфи́нктер *м анат.* Sphínkter *m* -s, -tére, Schlíeßmuskel *m* (13)

сформирова́ть(ся) *см.* формирова́ть(ся)

сформули́ровать *см.* формули́ровать

сфотографи́ровать(ся) *см.* фотографи́ровать(ся)

схвати́ть **1.** pácken *vt*; fássen *vt*, (er)gréifen* *vt*; ~ беглеца́ den Flüchtling fássen [éinfangen*]; **2.** *разг.* (*понять*) begréifen* *vt*; erfássen *vt*; áuffassen *vt*; ~ смысл den Sinn erfássen; **3.** *разг.*: ~ каку́ю-л. боле́знь sich (*D*) éine Kránkheit hólen [zúziehen*]; **~ся** **1.** (*за что-л.*) sich fássen, sich hálten* (an *A*); ~ся за́ руки sich an den Händen hálten* [fássen]; **2.** (*вступить в борьбу*) hándgemein wérden (с кем-л. mit *D*) (*врукопашную*); aneinánder¦geraten* *отд. vi* (s) (*словесно*); ◇ ~ся за́ голову sich (*D*) an den Kopf fássen

схва́тка *ж* (*стычка*) Zusámmenstoß *m* (1*); Geplänkel *n* (6); Náhkampf *m* (1*), Hándgemenge *n* (6) (*рукопашная*)

схва́тки *мн.* (*боли*) Ánfall *m* (1*); Wéhen *pl* (*при родах*)

схва́тывание *с тех.* Féstwerden *n* -s; Ábbinden *n* -s (*о бетоне*)

схва́тывать *см.* схвати́ть; **~ся 1.** *см.* схвати́ться; **2.** (*о бетоне*) ábbinden* *vi*

схе́ма *ж* **1.** Schéma *n* -s, *pl* -s *u* -ta; Plan *m* (1*) (*план*); *воен.* Skízze *f* (11); тра́нспортная ~ Verkéhrslini¦en-plan *m*; **2.** (*изложение в общих чертах*) Übersicht *f* (10), Plan *m* (1*); ~ докла́да Konzeptión *f* des Vórtrags; **3.** *эл.* Scháltung *f* (10); Scháltbild *n* (5) (*изображение схемы*); **~тизи́ровать** schematisíeren *vt*; **~ти́зм** *м* Schematísmus *m* =, -men; **~ти́ческий** schemátisch; **~и́чность** *ж* das Schemátische (*sub*); **~ти́чный** schemátisch

схемоте́хника *ж эл.* Scháltungstechnik *f*, Schálttechnik *f*

схи́зма *ж церк.* Schísma *n* -s, -men, Kírchenspaltung *f* (10), Spáltung *f*

схитри́ть éine List ánwenden*; zu éiner List gréifen*

схлы́нуть 1. wégfluten *vi* (s); zurückfluten *vi* (s), sich verláufen*; **2.** *перен.* náchlassen* *vi*; ábflauen *vi* (s)

сход *м см.* схо́дка 2

сходи́мость *ж мат.* Konvergénz [-vɛr-] *f* (10)

сходи́ть 1. *несов. см.* сойти́; **2.** *сов.*: ~ за кем-л., за чем-л. nach j-m, nach etw. (*D*) géhen* *vi* (s); j-n, etw. (áb)hólen géhen*; j-n, etw. hólen; ~ за молоко́м nach Milch géhen*, Milch hólen; ~ посмотре́ть что-л. sich (*D*) etw. ánsehen géhen*; ~ куда́-л. (*по делу*) éinen Gang máchen; ◇ не ~ со сце́ны (*о пьесе*) ímmer wíeder gespíelt wérden; э́та исто́рия не схо́дит со страни́ц газе́т díese Geschíchte taucht ímmer wíeder in den Zéitungen auf; не сходя́ с ме́ста óhne von der Stélle zu géhen; stéhenden Fúßes; **~ся** *см.* сойти́сь

схо́дка *ж* **1.** Zusámmenkunft *f* (3); **2.** *ист.* (*собрание*) Versámmlung *f* (10), Geméindeversammlung *f*

схо́дни *мн. мор.* Steg *m* (1); Láufplanke *f* (11), Láufsteg *m*, Ländungssteg *m*; ~ спу́щены der Ländungssteg ist áusgeworfen

схо́д||ный 1. (*похожий*) ähnlich; **2.** *разг.* (*подходящий — о цене и т. п.*) erschwínglich; erträglich; ánnehmbar; **~ство** *с* Ähnlichkeit *f* (10); **~ство** во вку́сах die Gléichheit des Geschmácks; фами́льное ~ство Famíli¦enähnlichkeit *f*; у него́ большо́е ~ство с отцо́м er ist séinem Váter wie aus dem Gesícht geschnítten

схо́ж||есть *ж* Ähnlichkeit *f* (10); **~ий** ähnlich

схола́ст *м*, **~ик** *м тж. перен.* Scholástiker *m* (6); **~ика** *ж* Scholástik *f*; *перен. тж.* Wórtklauberei *f*, Spítzfindigkeit *f*; **~и́ческий** *тж. перен.* scholástisch; **~и́чный** spítzfindig, formál

схорони́ть begráben* *vt*, beérdigen *vt*; bestátten *vt*

сца́пать *разг.* fássen *vt*, pácken *vt*, ergréifen* *vt* (*что-л.*); stibítzen *vt* (*украсть*); beim Schlafíttchen kríegen, ertáppen *vt*, erwíschen *vt*, fángen* *vt* (*кого-л.*)

сцара́пать, сцара́пывать ábkratzen *vt*

сцеди́ть, сце́живать ábgießen* *vt*

сце́н||а *ж* **1.** (*в театре*) Bühne *f* (11); Széne *f* (11); Brétter *pl* (*подмостки*); враща́ющаяся ~а Dréhbühne *f*; рабо́тники ~ы Bühnenschaffende *sub pl*; перерабо́тка для ~ы Dramatisíerung *f*; Bühnenfassung *f* (10); **2.** (*часть действия*) Széne *f* (11); Áuftritt *m* (1); **3.** *лит.* (*эпизод*) Széne *f* (11); Episóde *f* (11); ◇ сходи́ть со ~ы vom Scháuplatz ábtreten*, das Feld räumen; устро́ить кому́-л. ~у j-m éine Széne máchen

сцена́рий *м* Dréhbuch *n* (5)

сценари́ст *м* Dréhbuchautor *m* (13), Fílmautor *m*, Dréhbuchverfasser *m* (6)

сцени́ч||еский szénisch; Bühnen-; **~еский эффе́кт** Bühneneffekt *m* (1); **~ный** bühnenwirksam, für die Bühne geéignet; **~ная пье́са** bühnenwirksames Theáterstück

сцеп *м спец.* **1.** (*действие*) Ánhängen *n* -s, Kúppeln *n* -s; **2.** (*приспособление*) Kúpplung *f* (10), Kúppelvorrichtung *f* (10); **3.** (*сцепленные транспортные машины*) Wágenzug *m* (1*), *с.-х.* Aggregát *n* (2)

сцепи́ть zusámmenhaken *vt*; (zusámmen)kúppeln *vt* (*вагоны и т. п.*); **~ся 1.** sich ineinánder verháken [verkrállen]; **2.** *разг.* (*поссориться*) sich in die Háare geráten*, (héftig) aneinánder¦geraten* *отд. vi* (s)

сце́п||ка *ж ж.-д. авто* Kúpplung *f* (10); **~ле́ние** *с* **1.** *тех.* Ko¦häsión *f*; **2.** *ж.-д., авто* Kúpplung *f* (10); включи́ть ~ле́ние *авто* éinkuppeln *vi*; вы́ключить ~ле́ние *авто* áuskuppeln *vi*; **~ля́ть** *см.* сцепи́ть; **~ля́ться 1.** *см.* сцепи́ться; **2.** *страд.* ineinándergehakt wérden; *ж.-д.* gekúppelt wérden; **~но́й** *тех.* Kúppel-; **~но́й прибо́р** Kúppelhaken *m* (7); **~щик** *м ж.-д.* Wágenkuppler *m* (6); Rangierer [raŋ'ʒi:rər] *m* (6)

счастли́в||ец *м*, **~чик** *м* Glückliche *m* (14); Glückspilz *m* (1); Schóßkind des Glücks; Sónntagskind *n* (5); Glückskind *n*; **~ый** glücklich; **~ого пути́!** glückliche Réise!, réisen Sie gut!; **~ого** пла́вания! állzeit gúte Fahrt!

сча́сть||е *с* Glück *n* -(e)s; ◇ на́ше ~е, что... wir können von Glück ságen, daß...; к ~ю, на ~е, по ~ю glücklicherweise; zum Glück; на на́ше ~е zu únserem Glück; попыта́ть ~я das Glück versúchen

счесть 1. (*принять за что-л.*) hálten* *vt* (за что-л. für *A*); betráchten *vt* (als *A*); ánsehen* *vt* (als *A*); der Ánsicht sein; ~ свои́м до́лгом es für séine Pflicht hálten*, als séine Pflicht eráchten; ~ **необходи́мым** es für nótwendig hálten*; es für nötig ánsehen*; sich bemüßigt fühlen; **2.** *уст.* (*сосчитать*) zählen *vt*, zusámmenzählen *vt*; **~ся** miteinánder verréchnen; sich éinigen

счёт *м* **1.** Réchnen *n* -s; Zählen *n* -s; у́стный ~ Kópfrechnen *n*; **2.** *бухг.* Kónto *n* -s, *pl* -ten *u* -s; Gúthaben *n* (7); Réchnung *f* (10); **теку́щий** ~ láufende Réchnung, Kónto *n*; Kontokorrént *n* (2); лицево́й ~ persönliches Kónto; откры́ть ~ ein Kónto eröffnen; в ~ a cónto; за ~ auf [für] Réchnung; вести́ ~ чему́-л. über etw. (*A*) Réchnung führen; über etw. (*A*) Buch führen; **3.** (*из магазина и т. п.*) Réchnung *f* (10); заплати́ть по ~у éine Réchnung begléichen* [bezáhlen]; **4.** *муз.* Takt *m* (1); в два [три] ~а in zwei [drei] Tákten; ◇ быть у кого́-л. на хоро́шем счету́ bei j-m gut ángeschrieben sein; bei j-m éinen Stein im Brett háben; на э́тот ~ in díeser Hínsicht, in díeser Bezíehung; ~у нет záhllos, óhne Zahl; жить за [на] чей-л. ~ j-m auf der Tásche líegen*; жить за [на] чужо́й ~ auf frémde Kósten lében; за ~ лу́чшей организа́ции durch béssere Organisatión; в два ~а in éinem Áugenblick; im Nu; im Hándumdrehen; в коне́чном ~е létzten Éndes; létztlich; im Éndresultat; ста́вить в ~ in (zur) Ánrechnung bríngen*; свести́ ~ы с кем-л. mit j-m ábrechnen; séine Réchnung mit j-m máchen; я до́лжен свести́ с ним ~ы ich hábe noch ein Hühnchen mit ihm zu rúpfen (*разг.*); э́то ска́зано на мой ~ das ist auf mich gemünzt; das gilt mir; со ~ом 2 : 0 mit 2 zu 0; ~ 5 : 3 в на́шу по́льзу fünf zu drei für uns; ниче́йный ~ *спорт.* Púnktgleichheit *f*; на его́ боево́м счету́... auf sein Kónto kómmen [kommt]...; сбро́сить со ~а [со счето́в] кого́-л., что-л. j-n stréichen*, j-n, etw. nicht mehr berücksichtigen

счётно-реша́ющ||ий: ~ее устро́йство (elektrónische) Dátenverarbeitungsanlage *f* (11) (*сокр.* EDVA)

счётн||ый 1. Réchen-; Zähl-; *мат.* ábzählbar; **~ая коми́ссия** Zählkommission *f* (10); **~ая маши́на** Réchenmaschine *f* (11); **~ая лине́йка** Réchenschieber *m* (6); **2.** *бухг.* Búchhaltungs-; Búchführungs-; Réchnungs-; **~ый** докуме́нт Búchführungsunterlage *f* (11)

счетово́д *м* Réchnungsführer *m* (6); **~ный** Réchnungs-; Búchhaltungs-; Búchführungs-; **~ство** *с* Búchführung *f* (10); Réchnungsführung *f*; Réchnungswesen *n* -s

счётчик *м* Zähler *m* (6); Zählwerk *n* (2), Zählvorrichtung *f* (10), Zählapparat *m* (1); *физ.* Zählrohr *n* (2); электри́ческий ~ Strómzähler *m*; га́зовый ~ Gásuhr *f* (10), Gásmesser *m* (6); ~ оборо́тов Dréhzahlmesser *m*; ~ Ге́йгера Géigerzähler *m*; ~ ка́дров *фото* Bíldzählwerk *n*

счёты *мн.* Réchenbrett *n* (5)

счисле́н||ие *с мат.* Réchnen *n* -s; Zählen *n* -s; систе́ма ~ия Réchensystem *n* (2); десяти́чная систе́ма ~ия Dezimálsystem *n*, Zéhnersystem *n*

счи́стить ábputzen *vt*, säubern *vt*; réinigen *vt*; schälen *vt* (*шелуху*); **~ся** (*о грязи и т. п.*) sich ábputzen lássen*

счита́лка *ж разг.* Ábzählreim *m* (1)

счи́танн||ый: до отхо́да по́езда остава́лись ~ые мину́ты bis zur Ábfahrt des Zúges wáren nur noch wénige Minúten

счит||а́ть I **1.** *см.* счесть 1; **2.** *мат.* réchnen *vt*, zählen *vt*; ~а́ть в уме́ im Kopf réchnen; ◇ не ~а́я кого́-л., чего́-л. óhne j-n, etw. (*A*) zu réchnen; úngerechnet, exklusíve [-və], áusschließlich, áusgenommen (*исключая*); ábgerechnet (*помимо*); ~а́я в том числе́ darúnter; éinbegriffen, inklusíve [-və], éinschließlich; пя́тое окно́, ~а́я от угла́ das fünfte Fénster von der Écke; ◇ ~а́ть воро́н [га́лок] *разг.* Máulaffen féilhalten*, úntätig herúmstehen* [herúmsitzen*]

счита́ть II (*сверить*) kollationíeren *vt*

счита́||ться 1. (*с кем-л., с чем-л.*) berücksichtigen *vt*; Rücksicht néhmen* (с кем-л. auf *A*); in Betrácht zíehen* (*A*); Réchnung trágen* (*D*); не ~ться ни с чем sich an níchts kéhren, auf nichts Rücksicht néhmen*; с ним ~ются er hat étwas zu ságen; er stellt étwas vor; **2.** (*слыть*) gélten* *vi* (als *N*, für *A*); он ~ется лу́чшим врачо́м er gilt als der béste Arzt; ~ется, что... es wird ángenommen, daß...; man glaubt, daß...; **3.** *разг.* (*произвести расчёты*) ábrechnen *vi*, Géldangelegenheiten erlédigen; **4.** э́то не ~ется das gilt nicht; das zählt nicht mit; **5.** *страд.* gezählt [geréchnet] wérden

счи́тка *ж* **1.** *театр.* (*чтение по ролям*) Lésen *n* -s mit vertéilten Róllen; **2.** (*текста*) Vergléich *m* (1)

счи́тывание *с спец.* Áblesen *n* -s, Áblesung *f*; Ábtasten *n* -s; Ábfühlen *n* -s; ~ информа́ции *выч. тех.* Informatiónsabfühlung *f*; ~ с магни́тной ле́нты Magnétbandabfühlung *f*

счи́тывать *см.* счита́ть II

счища́ть *см.* счи́стить; **~ся 1.** *см.* счи́ститься; **2.** *страд.* geréinigt wérden (*ср.* счи́стить)

сшиба́ть, сшиби́ть 1. úmstoßen* *vt*, úmrennen* *vt*, über den Háufen rénnen*; ~ кого́-л. с ног j-n úmstoßen*, j-n über den Háufen rénnen*; **2.** (*с чего-л.*) herúnterstoßen* *vt*, herúnterwerfen* *vt*

сшив||а́ние *с* Zusámmennähen *n* -s; **~а́ть** *см.* сшить 2

сши́тый (zusámmen)genäht; хорошо́ ~ (*о платье*) gútgenäht; gútsitzend

сшить 1. nähen *vt*; sich (*D*) etw. nähen; nähen lássen*; **2.** (*сшить вместе*) zusámmennähen *vt*; zúnähen *vt*; héften *vt* (*книги, газеты и т. п.*)

съеда́ть *см.* съесть

съеде́ние *с*: отда́ть на ~ zum Fraß vórwerfen*; *перен.* auf Gnáde óder Úngnade áusliefern

съедо́бный éßbar

съёживаться, съёжиться zusámmenschrumpfen *vi* (s); sich zusámmenziehen*; sich (zu éinem Knäuel) zusámmenrollen (*свернуться клубочком*)

съезд *м* **1.** (*партии*) Partéitag *m* (1); **2.** (*организации*) Kongréß *m* -sses, -sse; ~ профсою́зов Gewérkschaftskongreß *m*; ~ Сою́за писа́телей Kongréß des Schríftstellerverbandes; ~ Сове́тов Sowjétkongreß *m*; Съезд наро́дных депута́тов Kongréß der Vólksdeputierten; **3.** (*действие*) Zusámmenkunft *f* (5); ~ госте́й Éintreffen der Gäste

съе́здить hínfahren* *vi* (s), hínreisen *vi* (s); éinen Ábstecher máchen (*завернуть куда-л. по дороге*)

съе́здовский Kongréß-

съезжа́ть(ся) *см.* съе́хать(ся)

съём *м* Ábnehmen *n* -s, Herúnternehmen *n*; *тех.* Ábzug *m* -(e)s, Ábziehen *n* -s; Ábnahme *f*; ~ проду́кции *тех.* Produktión *f*, Produktiónsausstoß *m* (1*), Áusstoß *m*, Produktiónsmenge *f*; ~ стру́жки Spánabhebung *f* (10)

съёмк||а *ж* **1.** Áufnahme *f* (11); Vermessung *f* (10); ~а ме́стности Geländeaufnahme *f*; геодези́ческая ~а geodätische Vermessung; глазоме́рная ~а áugenmäßige Áufnahme, Áufnahme nach Áugenmaß; топографи́ческая ~а topográphische Áufnahme, Lándesaufnahme *f*, Lándesvermessung *f*; геологи́ческая ~а geológische Áufnahme; возду́шная ~а Lúft(bild)aufnahme *f*; назе́мная ~а Érdbildaufnahme *f*, terréstrische Áufnahme; **2.:** ~а фи́льма Fílmaufnahme *f*; Dréhen éines Films; Dréharbeiten *pl*; павильо́нные ~и Ateliéraufnahmen [-'lje:-] *pl*, Áufnahmen im Stúdio; нату́рные ~и Áußenaufnahmen *pl*, Áufnahmen im Fréien; стереоскопи́ческая ~а Ráumbildaufnahme *f*, Stéreoaufnahme *f*; подво́дная ~а Únterwasseraufnahme *f*

съёмный 1. ábnehmbar; **2.** *с.-х.* (*о плодах*) reif

съёмочн||ый 1. *кино* Dreh-, Áufnahme-; ~ые рабо́ты Dréharbeiten *pl*, Áufnahmearbeiten *pl*; ~ый коллекти́в, ~ая гру́ппа Dréhstab *m* (1*), Áufnahmestab *m*; ~ый пери́од Dréhzeit *f* (10*); **2.** *геод.* Vermessungs-

съёмщик *м* (*наниматель*) Míeter *m* (6)

съестн||о́е *сущ. с* das Éßbare (*sub*); Spéise *f* (11); Lébensmittel *pl*; **~о́й** Eß-; Náhrungs-; Lébensmittel-; ~ы́е припа́сы Lébensmittelvorräte *pl*; Éßwaren *pl*

съесть áufessen* *vt*; verschlíngen* *vt* (*жадно*); ◇ он на э́том соба́ку съел *разг.* ≅ er ist ein Méister in diesem Fach [darín]; das hat er weg [heráus]; dárauf verstéht er sich

съе́хать 1. (*сверху*) herúnterfahren* *vi* (s); herúntergleiten* *vi* (s); herábgleiten* *vi* (s) (*книжн.*); herábrutschen *vi* (s) (*книжн.*) (*соскользнуть*); ~ на́бок auf die Séite rútschen; **2.** (*с квартиры*) áusziehen* *vi* (s); **3.** (*свернуть с дороги*) éinbiegen* *vi* (s); **4.** (*сползти — о шапке и т. п.*) herúnterrutschen *vi* (s); **~ся** sich éinfinden*; ánkommen* *vi* (s), ánlangen *vi* (s); gefáhren kómmen*; zusámmenkommen* *vi* (s)

сы́воротка *ж* **1.** (*молочная*) Mólke *f*; **2.** *мед.* Sérum *n* -s, *pl* -ren *u* -ra; Héilserum *n* (*лечебная*); Ímpfstoff *m* (1) (*для прививки*); противодифтери́йная ~ Diphtheríeserum *n*; противостолбня́чная ~ Tétanusserum *n*

сы́гранн||ость *ж*: ~ость кома́нды *спорт.* das Zusámmenspiel der Mánnschaft; **~ый** (gut) aufeinánder éingespielt

сыгра́ть spíelen *vt*; áufspielen *vt*, vórspielen *vt* (*исполнить*); ~ роль *тж. перен.* éine Rólle spíelen; ◇ ~ шу́тку [шту́ку] с кем-л. *разг.* j-m éinen Streich spíelen; j-m ein Schnípрchen schlágen*; ~ с кем-л. плоху́ю шу́тку *разг.* j-m übel mítspielen; **~ся** sich aufeinánder éinspielen

сыгро́вка *ж муз.* Orchesterprobe ['-kɛs-] *f* (11)

сы́змала *нареч. разг.* von klein auf, von Kíndesbeinen an [auf]

сы́знова *нареч. разг.* aufs néue, von néuem; wíeder

сын *м* Sohn *m* (1*); ~ своего́ вре́мени ein Kind séiner Zeit; **~и́шка** *м ласк.* Söhnchen *n* (7); **~о́вний** Söhnes-; ~о́вний долг Sóhnespflicht *f* (10); **~о́к** *м см.* сыни́шка

сы́пать schütten *vt*; stréuen *vt*; áusstreuen *vt*, áusschütten *vt*; verschütten *vt* (*просыпать*); ◇ ~ остро́тами Wítze réißen*; ~ деньга́ми mit Geld um sich wérfen*; ~ цита́тами mit Zitáten um sich wérfen*; **~ся** verschüttet wérden; níederprasseln *vi* (s); herábrieseln *vi* (s); herúnterrollen *vi* (s); herábfallen* *vi* (s) (*падать*); штукату́рка сы́плется der Stuck fällt ab, der Mörtel ríeselt herúnter; ка́мни сы́плются с горы́ die Stéine róllen vom Bérge herúnter; ◇ ~ся гра́дом hágeldicht régnen [níedersausen, prásseln]; упрёки сы́пались гра́дом es hágelte Vórwürfe

сыпно́й: ~ тиф *мед.* Flécktyphus *m* =

сыпу́ч||ий Streu-; Flug-; stréubar; schüttfähig; ~ие тела́ *собир.* Schüttgut *n* -(e)s; ме́ры ~их тел Hóhlmaße *pl*; ~ий песо́к Flúgsand *m* -(e)s; Tríebsand *m*

сыпь *ж* Áusschlag *m* (1*); корева́я ~ Másernausschlag *m*; появле́ние сы́пи Eruptión *f*

сыр *м* Käse *m* -s, =; Quarkkäse *m* (*творожный*); пла́вленый ~ Schmélzkäse *m*; зелёный ~ Kräuterkäse *m*; ◇ как ~ в ма́сле ката́ться *погов.* ≅ wie die Máde im Speck sítzen*; lében wie der Hérrgott in Fránkreich

сыр-бо́р: из-за э́того ~ загоре́лся *разг.* déshalb ist der gánze Streit entbránnt; das gab den Ánstoß zum Stréit

сыре́ть feucht wérden; schwítzen *vi* (*покрываться сыростью, напр. о стенах*)

сыре́ц: шёлк-~ Róhseide *f* (11); ко́жа-~ úngegerbtes Léder, Róhleder *n* -s

сырко́в||ый: ~ая ма́сса süße Quárkmasse mit Rosínen und ánderen Zútaten

сы́рник *м* Quárkpfannkuchen *m* (7)

сы́рный Käse-; käsig

сырова́р *м* Käsemacher *m* (6), Käser *m* (6)

сырова́ренный: ~ заво́д Käsefabrik *f* (10), Käseréi *f* (10)

сырова́рня *ж* Käsefabrik *f* (10), Käseréi *f* (10)

сырова́тый 1. (*влажный*) étwas feucht; féuchtnaß (*о белье и т. п.*); **2.** (*неготовый, недожаренный и т. п.*) étwas roh; hálbgar; nicht ganz dúrchgebacken; únfertig

сырodéлие *с* Käseherstellung *f*, Käsebereitung *f*

сыро́ежка *ж* (*гриб*) Täubling *m* (1)

сыр||о́й 1. (*влажный*) feucht; ~óе де́рево, ~ы́е дрова́ násses Holz; **2.** (*недопечённый, недоваренный*) schlecht dúrchgebacken; nicht gar, feucht; **3.** (*не варёный и т. п.*) roh; **4.** *тех.* (*необработанный*) roh; únbearbeitet; **5.** (*с нездоровой полнотой — о человеке*) wóhlbeleibt und träge

сыро́к *м*: пла́вленый ~ Schmélzkäse *m* -s; Käse¦ecke *f* (11) (*треугольный*); два пла́вленых сырка́ zwei Stück Schmélzkäse; zwei Käse¦ecken

сырокопчёный: ~ о́корок Róhschinken *m* (7)

сыромя́тн||ый wéißgegerbt; ~ая ко́жа wéißgegerbtes [wéißgares] Léder

сыромя́тчик *м кож.* Wéißgerber *m* (6)

сы́ромять *ж кож.* Róhhaut *f*

сы́рость *ж* Féuchtigkeit *f*

сырьё *с тех.* Róhmaterial *n* -(e)s; Róhstoff *m* (1); Róhprodukt *n* (2); Róhware *f* (11); втори́чное ~ Sekundärrohstoff *m*, Áltstoff *m*, Áltmaterial *n*; исхо́дное ~ Áusgangsrohstoff *m*, Áusgangsmaterial *n*, Grúndstoff *m*; оте́чественное ~ éinheimischer Róhstoff; промы́шленное ~ industriéller Róhstoff, Industríerohstoff *m*; сельскохозя́йственное ~ Agrárrohstoffe *pl*; коже́венное ~ Róhleder *n* (6)

сырьев||о́й Róhstoff-; ~а́я ба́за Róhstoffbasis *f*; ~ы́е ресу́рсы Róhstoffquellen *pl*; Róhmaterialvorräte *pl*

сырьём *нареч. разг.* roh

сыск *м уст.* Fáhndung *f* (nach Verbréchern); Detektívwesen *n* -s, Spítzeldienst *m* -es (*служба сыска*)

сыска́ть *разг.* áuffinden* *vt*; áufsuchen *vt*; áufspüren *vt*; **~ся** *разг.* sich áuffinden*, sich fínden lássen*

сыскн||о́й *уст.* Detektív-; ~а́я поли́ция Kriminálpolizei *f*

сы́т||ный sättigend; náhrhaft (*питательный*); réichlich (*обильный*); **~ость** *ж* Sáttheit *f*; **~ый** satt; wóhlgenährt (*откормленный*); я сыт ich bin satt; ◇ ~ый голо́дного не разуме́ет *посл.* der Sátte verstéht den Húngrigen nicht; ≅ wer im Trócknen sitzt, lacht über den Régen

сыч *м зоол.* Kauz *m* (1*), Käuzchen *n* (7)

сычу́||г *м анат.* Lábmagen *m* -s; **~жный** *физиол.* Lab-; ◇ ~жный ферме́нт *спец.* Lábferment *n* (2)

сы́щик *м* Detektív *m* (1), Spítzel *m* (6), Gehéimpolizist *m* (8), Ermíttlungsbeamte *sub m*

СЭВ *м* (Сове́т Экономи́ческой Взаимопо́мощи) RGW (Rat für Gégenseitige Wírtschaftshilfe)

сэконо́мить éinsparen *vt*

сэр *м* Sir [zø:r] *m* -s, -s

сюда́ *нареч.* hierhér; туда́ и ~ hin und her

сюжéт *м* Ínhalt *m* -(e)s; Fábel *f*, Gégenstand *m* -(e)s; Sujet [*фр.* sy'ʒe:] *n* -s, -s, Stoff *m* (1); **~ный** Fábel-, Ínhalts-

сюзерéн *м* **1.** *ист.* Suzerän *m* (1), Óberlehnsherr *m* (8); **2.** (*в международном праве*) Suzerän *m* (1), ein Staat, der die Suzeränität über éinen ánderen áusübt

сюзеренитéт *м* **1.** *ист.* Suzeränität *f*, Óberlehnshoheit *f*; **2.** (*в международном праве*) Suzeränität *f*, Óberhoheit *f* éines Stáates über éinen hálbsouveränen [-zuvə-] Staat [über éinen Vasállenstaat]

сюзерéнный suzerän, óberlehnsherrlich

сюúта *ж муз.* Suite [*фр.* 'sŭi:tə] *f* (11)

сюрприз *м* Überráschung *f* (10); **~ный:** ~ная корóбка Geschénkpackung *f* (10)

сюрреализм *м лит., иск.* Surrealísmus *m* =

сюртýк *м* Géhrock *m* (1*)

сюсюк||анье *с* Gelíspel *n* -s; **~ать** líspeln *vi*

сяк *нареч. разг.*: (и) так и ~ so und so; auf díese und jéne Wéise; wie Sie wóllen

Т

та *ж см.* тот

табáк *м* Tábak *m* (1); курúтельный ~ Ráuchtabak *m*; нюхáтельный ~ Schnúpftabak *m*; жевáтельный ~ Káutabak *m*, Priem *m* (1); нюхать ~ Tábak schnúpfen; ◇ дéло — ~ *разг.* es ist Éssig damít

табакéрка *ж* Tábaksdose *f* (11)

табаковóд *м* Tábakbauer *m* (6), Tábakpflanzer *m* (6); **~ство** *с* Tábak(an)bau *m* -(e)s

табáчн||ик *м* (*рабочий*) Tábakarbeiter *m* (6); **~ый 1.** Tábak(s)-; ~ая фáбрика Tábakfabrik *f* (10); ~ый кисéт Tábakbeutel *m* (6); **2.** (*о цвете*) tábakfarben

тáбель *м* **1.** (*список*) Kontrólliste (*при переносе* Kontroll-liste) *f* (11); ~ о рáнгах *ист.* Rángliste *f*, Rángtafel *f*; **2.** (*для контроля явки на работу*) Kontrólltafel *f* (11) (*доска*); Kontróllmarke *f* (11) (*номерок*); нóмер тáбеля Kontróllnummer *f* (11), Márkennummer *f*; **3.** (*в школе*) Zéugnis *n* (3*), Zensúrenheft *n* (2); ◇ ~-календáрь Wándkalender *m* (6); **~ный:** ~ная доскá Kontrólltafel *f* (11); ~ное имýщество *воен.* Nórmausrüstung *f*; **~щик** *м*, **~щица** *ж* Kontrolleur [-'lø:r] *m* (1), der éine Kontrólltafel überwácht

таблéтка *ж* Tablétte *f* (11)

таблúца *ж* Táfel *f* (11), Tabélle *f* (11); Áufstellung *f* (10) (*перечень*); ~ умножéния Éinmaléins *n* =, =; ~ логарúфмов *мат.* Logaríthmentafel *f*; ~ вы́игрышей Gewínnliste *f* (11); ~ расстоя́ний Entférnungstafel *f*; перевóдная ~ Úmrechnungstabelle *f*; ~ налóговых стáвок Stéuertabelle *f*; ~ вы́держек *фото* Belíchtungstabelle *f*

таблúчка *ж* **1.** *уменьш. от* таблúца; **2.** (*дощечка с надписью*) (kléines) Schild *n* (5); фúрменная ~ Fírmenschild *n*

таблúчный Tabéllen-, tabellárisch

таблó *с* Scháutafel *f* (11), Méldetafel *f*; *ж.-д.* Gléisbild *n* (5); светово́е ~ Léuchttafel *f*

табльдóт *м* Table d'hote [*фр.* tabl-'do:t] *f*, geméinschaftliche Táfel

тáбор *м* Láger *n* (6); цыгáнский ~ Zigéunerlager *n*; расположúться ~ом ein Láger áufschlagen*

табý *с* Tabú *n* -s, -s; наложúть ~ (*на что-л.*) tabuíeren *vt*, mit Tabú belégen

табуля́тор *м* Tabulátor *m* -s, -tóren

табýн *м* **1.** Pférdeherde *f* (11); **2.** (*стая птиц*) Vógelschwarm *m* (1*); **3.** *разг.* (*толпа людей*) Ménschenhaufen *m* (7); **~щик** *м* Pférdehirt *m* (8)

табурéт *м*, **~ка** *ж* Hócker *m* (6), Schémel *m* (6)

тавéрна *ж* Tabérne *f* (11), Taverne [-'vɛr-] *f* (11), Schénke *f* (11)

тáволга *ж бот.* Mäde(l)süß *n* (2), Spíerstrauch *m* (4)

тавóт *м тех.* Stáufferfett *n* -(e)s; **~ница** *ж тех.* Stáufferbüchse *f* (11)

таврúческий *ист.-геогр.* táurisch

таврó *с* Brándmal *n* (2, 5), Stémpel *m* (6); Gestǘtszeichen *n* (7) (*у лошадей*); наклáдывать ~ brándmarken *неотд. vt*; brénnen* *vt* (*лошади*)

таврóв||ый *тех.* T-förmig; ~ая бáлка T-Träger *m* (6)

тавто||логúческий tautológisch; **~лóгия** *ж* Tautologíe *f* (11)

тагáн *м* Féuerbock *m* (1*), Dréifuß *m* (1)

таджúк *м* Tadshíke *m* (9); **~ский** tadshíkisch; ~ский язы́к die tadshíkische Spráche, das Tadshíkische (*sub*)

таджúчка *ж* Tadshíkin *f* (12)

таёжн||ик *м* Táigabewohner *m* (6); **~ый** Táiga-

таз I *м* (*посуда*) Bécken *n* (7); Schüssel *f* (11); Wáschbecken *n* (*для умывания*); ~ для варéнья Bécken [Méssingbecken] zum Éinkochen der Frǘchte

таз II *м анат.* Bécken *n* (7)

тáзик *м* Schüsselchen *n* (7); kléines Bécken

тазобéдренн||ый *анат.* Hǘft-; ~ая кость Hǘftbein *n* (2); ~ый сустáв Hǘftgelenk *n* (2)

тáзов||ый *анат.* Bécken-; ~ая пóлость Béckenhöhle *f* (11)

таилáнд||ец *м* Tháiländer *m* (6); **~ский** tháiländisch

таúнственн||ость *ж* das Gehéimnisvolle (*sub*); **~ый** gehéimnisvoll; gehéimnisreich; mysteriös

тáинство *с рел.* Sakramént *n* (2)

таúть 1. verhéimlichen *vt*, gehéimhalten* *отд. vt*; verhéhlen *vt*, verbérgen* *vt*; ~ злóбу прóтив когó-л. Haß [Groll] gégen j-n hégen; **2.** (*заключать в себе*) in sich etw. bérgen*; ◇ нéчего грехá ~ man muß [du mußt *usw.*] óffen bekénnen, daß...; **~ся 1.** (*скрывать что-л. от кого-л.*) verhéimlichen *vt*; **2.** (*скрываться*) sich verstécken, sich verbérgen*; **3.** (*заключаться в чём-л.*) stécken *vt*; líegen* *vi*

тайгá *ж* Táiga *f*, díchtes Wáldgebiet

тайкóм *нареч.* héimlich, im gehéimen; in áller Stílle; im stíllen; ~ от когó-л. hínter j-s Rǘcken

тайм *м спорт.* Hálbzeit *f* (10)

тáймер *м* Schältuhr *f* (10), Zéitschaltuhr *f*

тáйн||а *ж* Gehéimnis *n* (3*); государственная ~а Stáatsgeheimnis *n*; служéбная ~а Díenstgeheimnis *n*; коммéрческая ~а Geschäftsgeheimnis *n*; ~а перепúски Póstgeheimnis *n*, Bríefgeheimnis *n*; врачéбная ~а ärztliche Schwéigepflicht; сохранять ~у ein Gehéimnis wáhren; держáть что-л. в (глубóкой) ~е etw. (streng) gehéimhalten*; посвящáть когó-л. в ~у j-n in ein Gehéimnis éinweihen; j-n ins Vertráuen zíehen*; дéлать из чегó-л. ~у aus etw. (*D*) ein Gehéimnis máchen; mit etw. (*D*) gehéimtun*; вы́дать ~у ein Gehéimnis verráten*; знать ~у ein Gehéimnis wíssen*; узнáть ~у hínter ein Gehéimnis kómmen*; in ein Gehéimnis éindringen*

тайнúк *м* Verstéck *n* (2); tóter Bríefkasten (*для шпионов*); Schlúpfwinkel *m* (6) (*убежище*); Gehéimfach *n* (5) (*в столе, в шкафу и т. п.*); ◇ в ~áх сéрдца [душú] im verbórgensten Wínkel des Hérzens; im Ínnersten der Séele

тáйно *нареч.* gehéim, héimlich

тайнобрáчные *сущ. мн. бот.* Kryptogámen *pl*, kryptogámische Pflánzen

тáйнопись *ж* Gehéimschrift *f*, Kryptographíe *f*

тáйн||ый gehéim; héimlich; Gehéim-; ~ый совéт gehéimer Rat; ~ое голосовáние gehéime Ábstimmung; выбирáть ~ым голосовáнием in gehéimer Ábstimmung wählen; ~ое соглашéние Gehéimabkommen *n* (7); ~ый сою́з Gehéimbund *m* (1*); ~ый договóр Gehéimvertrag *m* (1*); ~ая надéжда verbórgene Hóffnung

тайфýн *м* Taifún *m* (1)

так 1. *нареч.* (*таким образом, способом*) so; auf díese Wéise; dérart; auf so(lch) éine Art und Wéise; он отвечáл ~ er ántwortete so [fólgendermáßen, wie folgt]; дéло обстоúт ~ so steht die Sáche; ~, чтóбы... so, daß...; говорú ~, чтóбы всем бы́ло слы́шно sprich so, daß dich ein jéder hören kann; ~ же (как) ébenso (wie); **2.** *утвердительная частица* ja; fréilich; úменно ~ fréilich; ganz so; es stimmt (áuffallend); ~ ли? stimmt es?; не ~ ли? nicht wahr?; **3.** *нареч.* (*настолько*) so, dérmaßen; он ~ изменúлся, что... er hat sich dérmaßen verändert, daß...; бýдьте ~ добры́ séien Sie so gut, wóllen Sie (bítte) so gut sein; **4.** *союз* álso (*следовательно*); so, sodánn, dann (*то, в таком случае*); ты не пойдёшь, ~ я пойдý gehst du nicht, so géhe ich; не тут, ~ там wenn nicht hier, dann dort; ~ вот где hier álso; ◇ ~ úли инáче sowiesó; so óder so; jédenfalls; wie dem auch sei; recht óder schlecht; ~ назывáемый sógenannt; ~ сказáть sozuságen; здесь чтó-то не ~ hier ist étwas nicht in Órdnung; hier stimmt étwas nicht; как ~? wiesó?; wie ist es möglich?; ~ напримéр so zum Béispiel; ~ емý и нáдо das geschíeht ihm recht; so geschíeht's ihm recht; и ~ и сяк auf jéde mögliche Wéise; auf verschíedene Art und Wéise; auf jéde Art; и ~ и э́так so und auch so; он э́то ~ (прóсто) сказáл 1) (*спроста*) er hat es óhne Híntergedanken [óhne bestímmte Ábsicht] gesagt; 2) (*попусту, зря*) er hat ins Bláue hinéingeredet; и ~ дáлее (*сокр.* и т. д.) und so wéiter (*сокр.* usw.); et cétera (*сокр.* etc.); ~-таки, ~ и doch, wírklich, trotz alledém [állem]; он ~-таки [~ и] уéхал er ist doch [wírklich, tátsächlich] fórtgefahren; ~ и быть gut, méinetwégen; он и ~ ужé бóлен er ist óhnehin schon krank; ~ себé *разг.* (*ответ на вопрос о здоровье и т. п.*) sosó, sosó lalá; mäßig; so zíemlich; как бы не ~! warúm nicht gar!; das hätte noch geféhlt!; ~-то ~, но... sowéit gut und schön, áber...; ~ что... so daß; ~ тóчно *воен.* jawóhl!; zu Beféhl! (*слушаюсь*)

такелáж *м мор.* Tákelwerk *n* -(e)s, Takeláge [-ʒə] *f* (10), Tákelzeug *n* -(e)s, Tákelung *f*, Táuwerk *n* -(e)s, Táuzeug *n* -(e)s; Ríchtzeug *n*, Rǘstzeug *n*; Geléine *n* -s (*аэростата*); **~ник** *м* Tákeler *m* (6); **~ный:** ~ные рабóты Tákelarbeit *f* (10)

тáкже *нареч.* auch; gléichfalls; ébenfalls; ~ не auch nicht

-таки *частица разг.* doch, dénnoch; schon; он-~ пришёл er ist doch gekómmen; опять-~ wíederum

тáк как *союз* da, weil

такóв *мест.* so; so(lch) éin(er), ein sólcher; все онѝ ~ы álle sind sie gleich; он не ~, как вы дýмаете er ist nicht, wie Sie dénken; ◇ и был ~ *разг.* er war auf und davón; er hátte sich aus dem Stáube gemácht; und weg war er

таковóй *мест. канц.* díeser; dersélbe; sélber; как ~ als sólcher

такóвский: не ~ он человéк *разг.* dazú ist er nicht fähig; er hat nicht das Zeug dazú

так||óй *мест.* **1.** (*перед сущ.*) solch; solch ein; so ein; ein sólcher; derléi (*подобный*); ~óй рабóтник solch ein Árbeiter; это совершéнно ~áя же кни́га das ist genáu dassélbe Buch; вы всё ~óй же Sie sind ímmer der gléiche [dersélbe]; в ~óм слýчае in díesem Fálle; таки́м ты мне нрáвишься so gefällst du mir; **2.** (*перед прил.*) so; so sehr; он ~óй ýмный er ist so klug [geschéit]; ~óй же большóй, как ébenso groß, wie; ◇ кто ~óй?, кто ~и́е? wer ist das?; что ~óе? (*что случилось*) was gibt's?, was ist geschéhen [los]?; ~óй-то dér und dér; ein bestímmter; ein gewísser; ~óй-то товáрищ ein gewísser Genósse; в ~óй-то час zu dér und dér Stúnde; zu éiner bestímmten Stúnde; ~и́м óбразом auf so(lch) éine Wéise; álso (*в начале предложения*); до ~óй стéпени dérmaßen; ну и что же ~óго? *разг.* und wenn schon?, was ist denn hier schon dabéi?

такóй-сякóй *бран.* daß dich díeser und jéner (hol)!

тáкс||а I *ж* (*расценка*) Táxe *f* (11), Gebühr *f* (10), Taríf *m* (1), Préistafel *f* (11); плати́ть по ~е laut Táxe záhlen

тáкса II *ж* (*собака*) Dáchshund *m* (1); Dáckel *m* (6), Téckel *m* (6) (*н.-нем.*)

таксáтор *м* Taxátor *m* -s, -tóren Schätzer *m* (6)

таксáция *ж* **1.** *эк.* Taxíerung *f*; **2.** (*в лесном хозяйстве*) Wáldabschätzung *f*; Fórstabschätzung *f*, Fórsttaxation *f*

таксéма *ж лингв.* Taxém *n* (2)

такси́ *с* Táxi *n* = *u* -s, = *u* -s, Táxe *f* (11) (*разг.*); маршрýтное ~ Liníentaxi *n*; грузовóе ~ Gütertaxi *n*; плáта за ~ Táxigebühr *f* (10)

такси́ровать taxíeren *vt*, (den Wert) ábschätzen *vt*

таксирóв||ка *ж* Taxíerung *f*; **~щик** *м* Taxátor *m* -s, -tóren, Taxíerer *m* (6)

такси́ст *м разг.* Táxifahrer *m* (6)

таксóметр *м* Taxaméter *m* (6), Fáhrpreisanzeiger *m* (6)

таксомотóр *м см.* такси́; **~ный** Táxi-; ~ный парк Táxizentrale *f* (11)

такт I *м* **1.** *муз.* Takt *m* (1); ~ в три чéтверти Dreivíerteltakt *m*; держáть ~ den Takt hálten*, im Takt bléiben*; отбивáть ~ den Takt schlágen*, taktíeren *vt*; сби́ться с ~а aus dem Takt kómmen* [geráten*]; **2.** *тех.* Takt *m* (1), Árbeitsgang *m* (1*); рабóчий ~ Árbeitstakt *m*, Árbeitsrhythmus *m* =, -men; ◇ речевóй ~ Spréchtakt *m*

такт II *м* (*о поведении*) Takt *m* -(e)s, Táktgefühl *n* -(e)s, Féingefühl *n*

тáктик *м* Táktiker *m* (6)

тáктик||а *ж* Táktik *f* (10); измени́ть ~у die Táktik ändern; das Rúder herúmwerfen*

тáктико-техни́ческ||ий: ~ие дáнные *воен.* táktisch-téchnische Charakterístik

такти́льн||ый *биол.* taktíl; ~ое вос-при́ятие Tástwahrnehmung *f*

такти́ческ||ий táktisch; ~ая едини́ца *воен.* táktische Éinheit

такти́чн||ость *ж* Féinfühligkeit *f*, Féingefühl *n* -(e)s; Táktgefühl *n*; ~ость вáшего поведéния Ihr táktvolles Benéhmen; **~ый** táktvoll; féinfühlig; быть ~ым Táktgefühl besítzen*

тáктовый *муз.* Takt-

талáнт *м* Talént *n* (2); Begábung *f* (10) (*одарённость*); большóй ~ gróßes Talént; прирóдный [врождённый] ~ ángeborenes Talént; ◇ зары́ть свой ~ sein Talént verkümmern lássen*; **~ливый** taléntvoll, talentíert; begábt, befähigt (*тк. о ком-л.*)

тáлер I *м* (*монета*) *уст.* Táler *m* (6) (*после числ. pl* =)

тáлер II *м полигр.* Drúckfundament *n* (2), Fórmbett *n* (2), Drúcktisch *m* (1)

тáли *мн.* **1.** *мор.* Tákel *n* (6), Tálje *f* (11); **2.** *см.* таль

талисмáн *м* Tálisman *m* (1), Maskóttchen *n* (7)

тáл||ия *ж* Taille [*фр.* 'taljə] *f* (11); обня́ть за ~ию um die Táille fássen; сши́тый в ~ию (*о платье*) auf Táille geárbeitet; пальтó в ~ию tailliérter Mántel; до ~ии táillenlang; ни́зкая ~ия tíefe Táille

тáллий *м* Thállium *n* -s (*хим. знак* Tl)

талмýд *м* Tálmud *m* -(e)s; **~и́ст** *м* Talmudíst *m* (8); **~и́ческий** talmúdisch, talmudístisch

талóн *м* Ábschnitt *m* (1); Kupon [-'pɔŋ] *m* -s, -s; Bon [bɔŋ] *m* -s, -s, Márke *f* (11); контрóльный ~ Kontróllabschnitt *m*; прикрепи́тельный ~ Zúweisungsschein *m* (1); Gútschein *m*; Bezúgsschein *m* (*на получение товара при карточной системе*); ~ на бензи́н Tánkscheck *m* -s, -s; без ~а márkenfrei

тáлреп *м мор.* Spánnschloß *n* -sses, -schlösser; винтовóй ~ Spánnschraube *f* (11)

тáл||ый áufgetaut; geschmólzen, Tau-; ~ый снег táuender Schnee, im Táuen begríffener Schnee; mátschiger [wéicher] Schnee; ~ая водá Schmélzwasser *n* -s, Schnéewasser *n* -s

таль *ж тех.* Fláschenzug *m* (1*), Róllenzug *m*, Kéttenflaschenzug *m*

тáльвег *м геогр.* Tálweg *m* (1)

тальк *м мин.* Talk *m* -(e)s; Tálkum *n* -s (*порошок*); **~овый** Talk-; ~овый слáнец *мин.* Tálkstein *m* -(e)s

тáльма *ж уст.* Überwurf *m* (1*)

тáльник *м бот.* Púrpurweide *f* (11)

там *нареч.* dort, da; ~ же (*при ссылках в печати*) vergléiche dort (*сокр. vgl. d.*), ébendá (*сокр.* ebd.); ◇ ~ и сям hier und dort, hier und da; то ~, то сям bald hier, bald dort [da]; ~ ви́дно бýдет das Wéitere wird sich zéigen; что бы ~ ни́ было was auch sein mag, wie dem auch sei

тамадá *м* Tamadá *m* = (*Tischmeister bei Festessen*)

тамари́нд *м бот.* Tamarínde *f* (11)

тамари́ск *м бот.* Tamaríske *f* (11)

тáмбур *м* **1.** *стр.* Wíndfang *m* (1*), Vórraum *m* (1*) (*у дверей*); Únterbau *m* -(e)s, -ten (éiner Kúppel), Támbour [-bu:r] *m* (1) (*под куполом*); **2.** *ж.-д.* geschlóssene Pláttform; Wíndfang *m* (1*); **3.:** ~ газоубéжища Gásschleuse *f* (11); **4.** (*вышивание*) Tamburíerstikkerei *f*

тамбури́н *м муз.* Tamburín *n* (2), Schéllentrommel *f* (11)

тамбурмажóр *м воен.* Támbourmajor [-bu:r-] *m* (1); Óbertrommler *m* (6)

тáмбурный: ~ шов Tamburíerstich *m* (1), Kéttenstich *m*

тамóженн||ик *м* Zóllbeamte *m* (14); **~ый** Zoll-; ~ый досмóтр Zóllkontrolle *f*; Zóllabfertigung *f*; ~ая пóшлина Zoll *m* (1*), Zóllgebühr *f* (10); **~ый** тари́ф Zólltarif *m* (1); ~ое управлéние Zóllverwaltung *f* (10); ~ый барьéр Zóllschranke *f* (11)

тамóжня *ж* Zóllamt *n* (5)

тáмошний *разг.* dórtig

тамплиéры *мн. ист.* Témpelherren *pl*, Témpelritter *pl*

тампóн *м мед.* Tampón *m* -s, -s; Túpfer *m* (6), Éinlage *f* (11); Wáttebausch *m* (1, 1*) (*ватный*); Gazebausch ['ga:zə-] *m* (*марлевый*); **~áж** *м горн.* Ábdichtung *f*, Zementíerung *f*; **~áция** *ж мед.* Tamponáde *f*; **~и́ровать** *мед.* tamponíeren *vt*

тамтáм *м муз.* Támtam *n* -s, -s, Gong *m*, *n* -s, -s

тáнгенс *м мат.* Tángens *m* =; **~óида** *ж мат.* Tangénte *f* (11), Tangéntenkurve [-və] *f* (11)

тангенциáльный *мат.* tangentiál

тáнго *с* (*танец*) Tángo *m* -s, -s

тандéм *м* **1.** (*двухместный велосипед*) Tándemfahrrad *n* (5); **2.:** устанóвка ~ *ав.* Tándemanordnung *f* (10); Tándemaufstellung *f* (10)

тáн||ец *м* Tanz *m* (1*); нарóдные ~цы Vólkstänze *pl*; бáльные ~цы Geséllschaftstänze; площáдка для ~цев Tánzdiele *f* (11), Tánzboden *m* (7*); учи́тель ~цев Tánzlehrer *m* (6); урóки ~цев Tánzstunden *pl*, Tánzunterricht *m* -es; дáмский ~ец Dámenwahl *f* (10); спорти́вные ~цы на льду Éistanz *m*; соревновáние по ~цам Préistanzen *n* -s (*на приз*)

танзани́||ец *м* Tansánier *m* (6); **~йка** *ж* Tansánierin *f* (12); **~йский** tansánisch

тани́н *м фарм.* Tannín *n* -s

танк I *м воен.* Pánzer *m* (6), Pánzerwagen *m* (7); лёгкий, тяжёлый ~ léichter, schwérer Pánzer; срéдний ~ míttelschwerer Pánzer; ~-трáльщик *м* Mínensuchpanzer *m*, Mínenräumpanzer *m*; мостовóй ~ Brückenlegepanzer *m*; огнемётный ~ Flámmenwerferpanzer *m*; ~-амфи́бия Schwímmpanzer *m*

танк II *м* (*цистерна*) Tank *m* (1) (*pl тж.* -s), Zistérne *f* (11)

тáнкер *м* Tánkschiff *n* (2), Tánker *m* (6)

танкéтка *ж воен.* Kléinkampfwagen *m* (7), léichter Pánzer

танкéтки *мн.* (*ед.* танкéтка *ж*) Pumps mit Kéilabsatz, Kéilpantolette *f* (11)

танки́ст *м* Pánzersoldat *m* (8)

тáнков||ый *воен.* Pánzer-; ~ая атáка Pánzerangriff *m* (1); ~ая часть Pánzereinheit *f* (10); ~ый бой Pánzerkampf *m* (1*); ~ые войскá Pánzertruppen *pl*; ~ая диви́зия Pánzerdivision [-vi-] *f* (10)

танкодрóм *м* Pánzerfahrstrecke *f* (11), Pánzerübungsplatz *m* (1*)

танкоопáсн||ый *воен.* pánzergefährdet; ~ое направлéние pánzergefährdete Ríchtung

танкостроéние *с* Pánzerbau *m* -(e)s

Тантáл *м миф.* Tántalus *m* =; мýки ~а Tántalusqualen *pl*

тантáл *м мин.* Tántal *n* -s (*хим. знак* Ta)

тантали́т *м мин.* Tantalít *n* -(e)s

тантье́ма *ж эк.* Tantieme [tã'tĭɛmə] *f* (11), Gewínnanteil *m* (1)

танцев||а́льный Tanz-; tänzerisch; ~а́льный ве́чер Tánzabend *m* (1), Tánzveranstaltung *f* (10); ~а́льная му́зыка Tánzmusik *f*; ~а́льная площа́дка Tánzdiele *f* (11), Tánzboden *m* (7, 7*); **~а́ть** tánzen *vi, vt*

танц||кла́сс *м уст.* Tánzklasse *f* (11); Tánzstunde *f* (11); **~ме́йстер** *м уст.* Tánzlehrer *m* (6)

танцо́вщ||ик *м* Tänzer *m* (6); Tánzkünstler *m* (6), Ballétttänzer (*при переносе* Ballett-tänzer) *m*; **~ица** *ж* Tänzerin *f* (12); Tánzkünstlerin *f* (12), Ballétttänzerin (*при переносе* Ballétt-tänzerin) *f*

танцо́р *м* Tänzer *m* (6)

танцу́лька *ж разг.* Tánzabend *m* (1), Tanz *m* -es

тапёр *м уст.* Klavierspieler ['-vi:r-] *m* (6)

тапио́ка *ж* Tapióka *f*, Tapiókamehl *n* -(e)s

тапи́р *м зоол.* Tápir *m* (1)

та́пки, та́почки *мн.* (*ед.* та́пка, та́почка *ж*): дома́шние ~ Háusschuhe *pl*; спорти́вные ~ Spórtschuhe *pl*, Túrnschuhe *pl*

та́ра *ж* **1.** (*упаковка*) Tára *f*, *pl* -ren, Verpáckung *f* (10), Páckmaterial *n* -s, -i¦en; консе́рвная ~ Konsérvenbüchsen [-ven-] *pl*, Konsérvendosen *pl*; возвра́тная ~ Léihverpackung *f*; стекля́нная ~ Glásverpackung *f*; ра́зовая ~ Éinwegverpackung *f*; verlórene Verpáckung; поро́жняя ~ Léergut *n* (5); **2.** (*вес упаковки*) Tára *f*, *pl* -ren, Táragewicht *n* (2), Verpáckungsgewicht *n*; ~ подвижно́го соста́ва Éigengewicht *n*, Éigenmasse *f* (11)

taраба́нить *разг.* laut klópfen, ráttern *vi*

тараба́рск||ий: ~ая гра́мота *разг.* *см.* тараба́рщина

тараба́рщина *ж* Káuderwelsch *n* -es

тарака́н *м* (schwárze) Schábe *f* (11), Küchenschabe *f*; **~ий** Schában-

тара́н *м* **1.** (*древнее стенобитное орудие*) Máuerbrecher *m* (6), Wídder *m* (6), Stúrmbock *m* (1); **2.** *мор.* Ramm *m* (1); Rámmsporn *m* -(e)s, -sporen; **3.** *ав., воен.* Rámmen *n* -s; **4.** *тех.* Wídder *m* (6), Rámme *f* (11), Rámmbock *m* (1); **~ить** rámmen *vt*; ◇ **~ный** Ramm-; ◇ ~ная кость *анат.* Sprúngbein *n* (2)

таранта́с *м* Tarantás *m* =, =, Réisewagen *m* (7)

таранте́лла *ж* (*танец*) Tarantélla *f*, *pl* -s *u* -llen

тара́нтул *м зоол.* Tarántel *f* (11)

тара́нь *ж зоол.* Zährte *f* (11)

тарата́йка *ж разг.* Kabriolétt *n* (2), zwéirädiger Wágen

тарато́р||ить *разг.* pláppern *vi*, schwátzen *vi*; **~ка** *м, ж разг.* Pláudertasche *f* (11), Pláppermaul *n* (5), Schwátzmaul *n*

тарахте́ть *разг.* póltern *vi*, hólpern *vi*; Lärm máchen

тара́щить: ~ глаза́ *разг.* die Áugen áufsperren [áufreißen*], glótzen *vi*

таре́лк||а *ж* **1.** Téller *m* (6); Éßteller *m*; глубо́кая ~а tíefer Téller, Súppenteller *m*; ме́лкая ~а flácher Téller; **2.** *тех.*: ~а бу́фера Púfferteller *m* (6); ◇ быть не в свое́й ~е *разг.* míßmutig [míßgestimmt, schléchter Láune, nicht bei Láune] sein; sich nicht recht wohl (in séiner Haut) fühlen

таре́лки *мн. муз.* Schállbecken *pl*, Bécken *pl*, Zímbeln *pl*

тари́ров||ание *с ком. тех.* Éichung *f*; Taríeren *n* -s; **~ать** éichen *vt*, taríeren *vt*

тари́ф *м* Taríf *m* (1); Gebühr *f* (10); запрети́тельный ~ Spérrtarif *m*, Prohibitívtarif *m*; льго́тный ~ Vórzugstarif *m*; тамо́женный ~ Zólltarif *m*; ~ на электри́чество Strómgebühr *f*, Strómtarif *m*, Strómpreis *m*; тра́нспортный ~ Verkéhrstarif *m*; зона́льный ~ *ж.-д.* Zónentarif *m*; ме́стный ~ *ж.-д.* Náhverkehrstarif *m*; грузово́й ~ *ж.-д.* Fráchttarif *m*; ~ опла́ты труда́ die Éinstufung in éine Lóhngruppe; **~ика́ция** *ж* Tarifíeren *n* -s, tarífmäßige Éinstufung; **~ици́ровать** tarifíeren *vt*; in éine Lóhngruppe éinstufen (*рабочего*); **~ный** Taríf-; ~ная се́тка Tarífnetz *n* (2), Tarífstaffelung *f* (10); ~ная ста́вка Tarífsatz *m* (1*); ~ный по́яс Tarífzone *f* (11); запрети́тельная ~ная систе́ма Prohibitívsystem *n* (2)

та́рный Verpáckungs-

та́ртар *м миф.* Tártarus *m* =; Únterwelt *f*

тартарары́: провали́ться в ~ *разг.* zum Téufel géhen* (s), in die Hölle fáhren*

тарти́нка *ж* belégtes Brötchen

та́ры-ба́ры *мн.* Schwatz *m* -es; Geschwätz *n* -es; Geplápper *n* -s; и пошли́ ~ und die Zúngen lösten sich

таска́ть 1. (*носить*) schléppen *vt*; schléifen *vt* (*волочить*); ~ всю́ду с собо́й überál mit sich schléppen; ~ за́ во́лосы кого́-л. j-n an [bei] den Háaren zíehen*; **2.** *разг.* (*воровать*) stibítzen *vt*, kláuen *vt*, máusen *vt*; **~ся** *разг.* sich herúmtreiben*

тасова́ть (*карты*) míschen *vt*

тасо́вка *ж* (*карт*) Míschen *n* (der Spíelkarten)

ТАСС *м* (Телегра́фное аге́нтство Сове́тского Сою́за) TASS *f* (Telegráfenagentur der UdSSR)

тата́р||ин *м* Tatár *m* (8); **~ка** *ж* Tatárin *f* (12)

тата́рник *м бот.* Krátzdistel *f* (11)

тата́рск||ий tatárisch; ~ий язы́к die tatárische Spráche, das Tatárische (*sub*); ~ое и́го *ист.* Tatárenherrschaft *f*, Mongólenherrschaft *f*

тату́ировать tatauíeren *vt*, tätowíeren *vt*; **~ся 1.** sich tatauíeren [tätowíeren] lássen*; **2.** *страд.* tatauíert [tätowíert] wérden

татуиро́вка *ж* Tatauíerung *f* (10), Tätowíerung *f* (10)

тафта́ *ж текст.* Taft *m* (1); шёлковая ~ Séidentaft *m*

тахео́метр *м геод.* Tachyméter *n* (6)

тахо́метр *м тех.* Tachométer *n* (6), Geschwíndigkeitsmesser *m* (6), Dréhzahlmesser *m*; Tácho *n* -s, -s (*разг.*)

тахта́ *ж* Líege *f* (11)

тача́нка: пулемётная ~ Maschínengewehrwagen *m* (7)

тача́ть zusámmennähen *vt*, stéppen *vt*

та́чк||а *ж* Schúbkarren *m* (7), Kárren *m*; везти́ на ~е kárren *vt*

тащи́ть *см.* таска́ть; **~ся** *разг.* sich schléppen; éле ~ся sich lángsam [mit Mühe] fórtbewegen; kríechen* *vi* (s)

та́яние *с* Táuen *n* -s, Schmélzen *n* -s

та́ять 1. táuen *vi* (h, s); schmélzen* *vi* (s); та́ет *безл.* es taut; es ist Táuwetter; **2.** (*растворяться*) zergéhen* *vi* (s); конфе́та та́ет во рту das Bonbón zergéht auf der Zúnge; **3.** (*худеть*) ábmagern *vi* (s), ábnehmen* *vi*; ~ с го́ря sich vor Gram verzéhren; **4.** *разг.* (*о средствах*) (zusámmen)schmélzen* *vi* (s); **5.** *разг.* (*от восхищения и т. п.*) vergéhen* *vi* (s) (от чего́-л. vor *D*)

тбили́сец *м* Éinwohner *m* (6) von Tbilíssi

тварь *ж* **1.** *уст.* Geschöpf *n* (2); **2.** *бран.* Kreatúr *f* (10), Lúder *n* (6)

тверде́ние *с* Erhärtung *f*, Erhärten *n* -s; дисперсио́нное ~ Áltern *n* -s, Álterung *f*; ~ на во́здухе Lúfterhärtung *f*; ~ бето́на Betónerhärtung *f*

тверде́ть sich verhärten, hart [fest] wérden

тверди́ть 1. wiederhólen *vt*; hártnäckig beháupten; ~ всё одно́ и то же ständig dassélbe wiederhólen; **2.** *разг.* (*зубрить*) áuswendig lérnen

твёрдо *нареч.* fest; hart; ~ стоя́ть на нога́х fest auf den Füßen stéhen*; ~ реши́ть (félsen)fest beschlíeßen*; ~ знать уро́к séine Áufgabe gut kénnen*; séine Áufgabe aus dem Éffeff kénnen* (*разг.*); ~ запо́мнить sich (*D*) etw. fest éinprägen; ◇ ~ стоя́ть на своём auf etw. (*D*) behárren

твердова́тый zíemlich hart

твердока́менный *разг.* (*о человеке*) unbéugsam

твердоло́бый éngstirnig; stur, díckköpfig, éigensinnig (*упрямый*)

твердоме́р *м* Härteprüfer *m* (6)

твёрд||ость *ж* **1.** *тех.* Härte *f*, Féstigkeit *f*, Stárrheit *f*; ~ость по Ро́квеллу *тех.* Róckwellhärte *f* (*сокр.* HR); **2.** (*стойкость*) Féstigkeit *f*; Stándhaftigkeit *f*; **~ый 1.** fest, hart; starr, steif (*о переплёте и т. п.*); ~ое де́рево hártes Holz, Hártholz *n* (5); ~ое те́ло *физ.* féster Körper, Féstkörper *m* (6); фи́зика ~ых тел Féstkörperphysik *f*; ~ый согла́сный *лингв.* hárter Konsonánt; **2.** (*стойкий*) fest; unerschütterlich; stándhaft; ~ое наме́рение [реше́ние] féste Ábsicht, félsenféster [unerschütterlicher] Entschlúß; по ~ым це́нам zu fésten Préisen [Féstpreisen]; ~ый ду́хом челове́к ein stándhafter Mensch; он оста́лся твёрд er blieb unerschütterlich; ◇ стать где-л. ~ой ного́й írgendwó fésten Fuß fássen; в здра́вом уме́ и ~ой па́мяти bei vóllem Verstánd und úngetrübtem Gedächtnis

тверды́ня *ж* **1.** *уст.* Féste *f* (11); Féstung *f* (10); **2.** (*оплот*) Bóllwerk *n* (2), Hóchburg *f* (10)

твид *м текст.* Tweed [twi:t] *m* -s, -s

твоё *с см.* твой

твой *мест.* **1.** dein (*f* déine, *n* dein, *pl* déine); der (die, das) déine, der (die, das) déinige (*без сущ.*); э́то моя́ кни́га, а э́то твоя́ das ist mein Buch, und das ist das déinige (*или* das ist deins); э́то твоё das ist dein; **2.** *в знач. сущ. с* твоё (*собственность*) das Déine, das Déinige; мне не ну́жно твоего́ das Déine bráuche ich nicht; dein Zeug bráuche ich nicht (*разг.*); **3.** *в знач. сущ. мн.* твои́ (*родные*) die Déinigen, die Déinen; твои́ живу́т на да́че die Déinigen wóhnen auf dem Lánde; ◇ э́то твоё де́ло das ist déine Sáche; э́то о́чень любе́зно с твое́й стороны́ das ist sehr nett von dir; лу́чше твоего́ (*чем ты*) bésser als du

творе́ние *с* **1.** (*действие*) Scháffen *n* -s; **2.** (*существо*) Geschöpf *n* (2); **3.** (*художественное произведение*) Schöpfung *f* (10), Werk *n* (2)

творе́ц *м* Schöpfer *m* (6); Gestálter *m* (6); наро́д — ~ исто́рии das Volk ist der Gestálter der Geschíchte

твори́ло *с тех.* Kálkgrube *f* (11), Kálktrog *m* (1*), Mörtelkasten *m* (7)

твори́тельный: ~ паде́ж *грам.* Instrumentál(is) *m* =, -les

твори́ть I **1.** (*создавать*) scháffen* *vt*; **2.** (*делать*) máchen *vt*, tun* *vt*; verríchten *vt*; erzéugen *vt*; ~ чудеса́

Wúnder vollbríngen*; ~ суд *уст.* Gerícht hálten*; ríchten *vt*

твори́ть II: ~ и́звесть *тех.* Kalk ánmachen [ánrühren]

твори́т||ься *разг.* vórgehen* *vi* (s); passíeren *vi* (s); geschéhen* *vi* (s); что здесь ~ся? was geht hier vor?

творо́г *м* Quark *m* -(e)s

творо́ж||истый quárkig; verkäst; **~ить** gerínnen lássen* (*молоко*); **~ник** *м* Quárkpfannkuchen *m* (7); **~ный** Quark-, quárkig

тво́рческ||ий schöpferisch; Scháffens-; ~ая си́ла schöpferische Kraft, Scháffenskraft *f*; ~ая иде́я gestálterische Idée; ~ие ме́тоды schöpferische Methóden; ~ий путь худо́жника künstlerischer Scháffensweg; ~ие пла́ны Scháffenspläne *pl*

тво́рчеств||о *с* **1.** Scháffen *n* -s; **2.** (*совокупность созданного*) Werk *n* (2); наро́дное ~о Vólkskunst *f*; Vólksschaffen *n*; в ~е Пу́шкина in Púschkins Wérken; гру́ппа наро́дного ~а Vólkskunstgruppe *f*

твоя́ *ж см.* твой

те *мн. см.* тот

т. е. *см.* то́ есть

теа́тр *м* Theáter *n* (6); о́перный ~ Ópernhaus *n* (5), Óper *f* (11); зелёный ~ Fréilichttheater *n*, Fréilichtbühne *f* (11); ку́кольный ~ Púppentheater *n*; Kásperl(e)theater *n* (*с Петрушкой*); драмати́ческий ~ 1) (*учреждение*) Scháuspielhaus *n* (5); 2) (*род искусства*) Spréchtheater *n* (6); ~ ю́ного зри́теля Júgendtheater *n*; Theáter der Júngen Welt (*ГДР*); студе́нческий ~ Studéntenbühne *f* (11); ~-сту́дия Stúdiotheater *n*; биле́т в ~ Theáterkarte *f* (11); ~ у микрофо́на Hörspiel *n* (2); ◇ ~ вое́нных де́йствий Kríegsschauplatz *m* (1*); анатоми́ческий ~ Anatomíe *f* (11)

театра́л *м* Theáterliebhaber *m* (6); Theáterfreund *m* (1); **~иза́ция** *ж* Dramatisíerung *f*, Bühnenbearbeitung *f*; **~изова́ть** für die Bühne beárbeiten

театра́льн||ость *ж* **1.** Bühnenwirksamkeit *f*; Bühnenkunst *f*; **2.** (*наигранность*) Theatrálik *f*, Schwülstigkeit *f*; **~ый 1.** Theáter-; ~ое представле́ние Theátervorstellung *f* (10); ~ое иску́сство Bühnenkunst *f*; ~ое учи́лище Scháuspielschule *f* (11); ~ый институ́т Theáterhochschule *f*; ~ый музе́й Muséum für Theáterkunst; **2.** (*наигранный*) theatrálisch

театрове́д *м* Theáterwissenschaftler *m* (6)

театрове́дение *с* Theáterwissenschaft *f*

тебе́ *дат. см.* ты

тебя́ *род., вин. см.* ты

тевто́нский teutónisch; ~ о́рден *ист.* Déutschritterorden *m* (7), der Déutsche Ritterorden

тевто́ны *мн. ист.* Teutónen *pl*

тезаври́ров||ание *с эк.* Thesauríerung *f*, Hórtung *f*, Hórten *n* -s; **~ать** *эк.* thesauríeren *vt*, hórten *vt*, spéichern *vt*

те́зис *м* Thése *f* (11), Léitsatz *m* (1*); ~ы к докла́ду Thésen des Vórtrag(e)s

тёзка *м, ж* Námensvetter *m* (13) (*о мужчине*); Námensschwester *f* (11) (*о женщине*)

теи́зм *м филос.* Theísmus *m* =

теи́н *м хим.* Theín *n* -s

теи́ст *м филос.* Theíst *m* (8)

тейлори́зм *м эк.* Taylorsystem ['te:lər-] *n* -s, Taylorísmus *m* =

теки́н||ец *м* Tekínze *m* (9); **~ка** *ж* Tekínzin *f* (12); **~ский** tekínzisch; ~ский ковёр turkménischer Téppich

текст *м* Text *m* (1); Wórtlaut *m* -(e)s; специа́льный ~ Fáchtext *m*; аутенти́чный ~ authéntischer Wórtlaut

тексти́ль *м собир.* Textílwaren *pl*, Textílijen *pl*; Wébwaren *pl*; **~ный** Textíl-, textíl; ~ная промы́шленность Textílindustrie *f*; ~ная о́бувь Stóffschuhe *pl*; **~щик** *м* Textílarbeiter *m* (6)

текстови́к *м* Téxtdichter *m* (6)

тексто́вка *ж* Bíldunterschrift *f* (10)

текстово́й Text-

текстоли́т *м* Textolít *n* (2), *m* (1)

текстуа́льн||о *нареч.* téxtgemäß, dem Wórtlaut gemäß, téxtlich; **~ый 1.** (*дословный*) téxtgemäß, téxtgetreu, wörtlich; **2.** (*относящийся к тексту*) Text-; ~ые вариа́нты Téxtvarianten *pl*

тексту́ра *ж спец.* Textúr *f*; ~ древеси́ны Máserung *f*

текто́н||ика *ж* **1.** *геол.* Tektónik *f*; **2.** *архит.* Architektónik *f*; **~и́ческий 1.** *геол.* tektónisch; **2.** *архит.* architektónisch

теку́ч||есть *ж* **1.** *физ.* Flüssigsein *n* -s, Fließbarkeit *f*; **2.** (*непостоянство*) Fluktuatión *f*; ~есть рабо́чей си́лы Fluktuatión der Árbeitskräfte; **~ий 1.** *физ.* flüssig; dünnflüssig; **2.** (*проточный*) fließend, strömend; **3.** (*непостоянный*) fluktuíerend, veränderlich, únbeständig

теку́щ||ий 1. *прич.* fließend; **2.** *прил.* (*о годе и т. п.*) láufend; díeser (*этот*); 5-го числа́ ~его ме́сяца am 5. díeses [des láufenden] Mónats (*сокр.* d. M. *или* l. M.); в ~ем году́ im láufenden Jahr; ~ие дела́ láufende Geschäfte [Ángelegenheiten]; **2.** (*на повестке дня*) Verschíedenes *sub n*; ~ий моме́нт gégenwärtige Láge; ~ие собы́тия Zéitgeschehen *n* -s; заня́тия по ~ей поли́тике polítischer Gégenwartsunterricht; ◇ ~ий счёт *фин.* Kontokorrént *n* (2); láufendes Kónto

телеба́шня *ж* Férnsehturm *m* (1*), Séndeturm *m*

телевеща́ние *с* Férnsehfunk *m* -(e)s

телеви́ден||ие *с тех.* Férnsehen *n* -s, Férnsehfunk *m* -(e)s; цветно́е ~ие Fárbfernsehen *n*; чёрно-бе́лое ~ие Schwarzwéißfernsehen *n*; промы́шленное ~ие industriélles Férnsehen; програ́мма ~ия Férnsehprogramm *n* (2); выступа́ть по ~ию im Férnsehen áuftreten*; передава́ть по ~ию im Férnsehen sénden

телевизио́нн||ый Férnseh-; ~ая устано́вка Bíldfunkanlage *f* (11); ~ая переда́ча Férnsehsendung *f* (10); ~ая постано́вка Férnsehspiel *n* (2); ~ый центр Férnsehsender *m* (6), Férnsehzentrum *n* -s, -tren; ~ая сту́дия Férnsehstudio *n* -s, -s; ~ая разве́дка *воен.* Férnsehaufklärung *f* (10); смотре́ть ~ую переда́чу férnsehen* *отд. vi*; съёмка ~ой програ́ммы на киноплёнку Zwíschenfilmaufnahme *f* (11); по ~ой се́ти über das Férnsehnetz; подво́дная ~ая съёмка Únterwasserfernsehaufnahme *f*; передвижна́я ~ая ста́нция (*сокр.* ПТС) Férnsehaufnahmewagen *m* (7)

телеви́зор *м* Férnsehempfänger *m* (6), Férnsehapparat *m* (1), Férnsehgerät *n* (2); Férnseher *m* (6) (*разг.*); консо́льный ~ Férnsehstandgerät *n*, Férnsehtruhe *f* (11); смотре́ть спекта́кль по ~у ein Scháuspiel im Férnsehen séhen*; по ~у im Férnsehen; включи́ть ~ den Férnsehapparat [das Férnsehen, den Férnseher] ánstellen [éinschalten]; смотре́ть ~ férnsehen* *отд. vi*; **~ный** Férnseh-; ~ный сто́лик Férnsehtisch *m* (1)

телевыключа́тель *м* Férnausschalter *m* (6)

теле́га *ж* Léiterwagen *m* (7), Kástenwagen *m* (*с бортами*); Pférdewagen *m*, Fúhrwerk *n* (2)

телегени́чный telegén

телегла́з *м* Férnauge *n* (13)

телегра́мма *ж* Telegrámm *n* (2); ~-мо́лния Blítztelegramm *n*; ~ на худо́жественно офо́рмленном бла́нке Telegrámm auf Schmúckblatt; Schmúckblattelegramm *n* (*при переносе* Schmúckblatt-telegramm); ~-письмо́ Bríeftelegramm *n*; ночна́я ~ Telegrámm mit Náchtzustellung; междунаро́дная ~ Áuslandstelegramm *n*

телегра́ф *м* **1.** Telegráf *m* (8), Telegráph *m* (8); Férnschreiber *m* (6) (*абонентный*); беспро́волочный ~ dráhtloser Telegráf, Rádiotelegraf *m*, Fúnktelegraf *m*; по ~у, ~ом telegráfisch; **2.** (*учреждение*) Telegráfenamt *n* (5)

телеграф||и́ровать telegrafíeren *vt*; fúnken *vt* (*по радио*); **~и́ст** *м* Telegrafíst *m* (8); Telegráfenbeamte *m* (14); *воен.* Férnschreiber *m* (6); **~и́я** *ж* Telegrafíe *f*, Férnschreibwesen *n* -s; **~ный** Telegráfen-, telegráfisch, Draht-; Férnschreib-; ~ный а́дрес Telegrámmadresse *f* (11), Dráhtanschrift *f* (10); ~ное сообще́ние telegráfische Náchricht [Míttellung]; ~ное аге́нтство Telegráfenagentur *f* (10); ~ная ста́нция *воен.* Férnschreibstelle *f* (11), Férnschreibzentrale *f* (11)

теледа́тчик *м* Férngeber *m* (6)

теле́жка *ж* **1.** (kléiner) Wágen *m* (7); Kárren *m* (7) (*тачка*); ручна́я ~ Hándkarren *m*, Schúbkarren *m*; **2.** *спец.*: ваго́нная ~ Úntergestell *n* (2), Gestéll *n*; кра́новая ~ Láufkatze *f* (11)

телезри́тель *м* Férnsehteilnehmer *m* (6); Zúschauer *m* (6) am Bíldschirm

телеизмере́ние *с* Férnmessung *f*

телека́мера *ж* Férnsehkamera *f* -s

телекино́ *с* Férnsehkino *n* -s, -s

телекомпа́ния *ж* Férnsehgesellschaft *f* (10)

телеко́мпас *м* Férnkompaß *m* -sses, -sse

те́лекс *с* Télex *m* (1)

телеме́тр *м* Férnmeßgerät *n* (2)

телеметри́я *ж* Férnmessung *f*

телемеханиза́ция *ж* Férnsteuerung *f*

телемеха́ника *ж* Férnwirktechnik *f*

телемо́ст *м* Férnsehbrücke *f* (11)

телёнок *м* Kalb *n* (5); ~ на пле́мя Zúchtkalb *n*; убо́йный ~ Schláchtkalb *n*; ◇ куда́ Мака́р теля́т не гоня́л *разг.* ≅ wo der Pféffer wächst

телеоблуче́ние *с физ.* Férnbestrahlung *f*

телеобрабо́тка *ж*: ~ да́нных Dátenfernverarbeitung *f*

телеобъекти́в *м фото* Téleobjektiv *n* (2)

телео||логи́ческий *филос.* teleológisch; **~ло́гия** *ж филос.* Teleologíe *f*

телепа́тия *ж* Telepathíe *f*

телепереда́тчик *м* Férnsehsender *m* (6)

телепереда́ч||а *ж* Férnsehsendung *f* (10); ~а для молодёжи Júgendfernsehen *n* -s; смотре́ть ~у férnsehen* *отд. vi*; се́рия телепереда́ч Séndereihe *f* (11)

телепередви́жка *ж* Férnsehaufnahmewagen *m* (7)

телеприёмник *м* Férnempfänger *m* (6)

телеради́ола *ж* Férnsehapparat *m* (1) mit Plättenspieler und Rúndfunkgerät

телерегули́рование *с*, **телерегулиро́вка** *ж* Férnregelung *f*

телеса́ *мн. ирон.* Léibesfülle *f*

телесеа́нс *м косм.* Zeit der Férnsehverbindung

телесигнализа́ция *ж* Férnmeldung *f*

телеско́п *м* **1.** (*прибор*) Teleskóp *n* (2), Férnrohr *n* (2); **2.** *зоол.* Teleskópfisch *m* (1); **~и́ческий** teleskópisch; **~ный** Teleskópen-

теле́сн||ый körperlich; Körper-, Léibes-; ~ые поврежде́ния Körperverletzungen *pl*; ~ое наказа́ние Prügelstrafe *f* (11), Körperstrafe *f* (11); ~ого цве́та fléischfarben

телесту́дия *ж* Férnsehstudio *n* -s, -s

телета́йп *м* Férnschreiber *m* (6), Férndrucker *m* (6); **~ный** Férnschreib-; ~ная ли́ния Férnschreibleitung *f* (10); ~ная ле́нта Férnschreibstreifen *m* (7)

teletermо́метр *м* Férnthermometer *n* (6)

теле||управле́ние *с* Férnsteuerung *f*, Férnlenkung *f*; Férnbedienung *f*; **~управля́емый** férnbedient; ~управля́емая стре́лка *ж.-д.* férnbediente Wéiche

телефи́льм *м* Férnsehfilm *m* (1)

телефо́н *м* Telefón *n* (2), Telephón *n*, Férnsprecher *m* (6); но́мер ~а Telefónnummer *f* (11); Rúfnummer *f*; спа́ренный ~ Dóppelanschluß *m* -sses, -schlüsse; по ~у telefónisch, férnmündlich, durchs Telefón; говори́ть по ~у telefoníeren *vi*; позвони́ть по ~у ánrufen* *vt*; ánklingeln *vt* (*разг.*); вы́звать к ~у ans Telefón rúfen*; ans Telefón verlángen; разгово́р по ~у Telefóngespräch *n* (2), Telefonát *n* (2); ~ за́нят die Númmer ist besétzt; висе́ть на ~е *разг.* an der Stríppe hängen*; вы́зов [звоно́к] по ~у Ánruf *m* (1); я поста́вил себе́ ~ ich hábe mir ein Telefón légen lássen; ~ испо́рчен das Telefón ist gestört; вас про́сят к ~у Sie wérden am Telefón verlángt; междугоро́дный ~ Férnamt *n* (5) (*станция*); ~-автома́т Férnsprechautomat *m* (8); Münzfernsprecher *m*; у него́ нет ~а er hat kein Telefón [kéinen Telefónanschluß]; по́льзование ~ом Telefónbenutzung *f*; **~иза́ция** *ж* Ánschluß *m* an das Férnsprechnetz [Telefónnetz]; **~и́ровать** telefoníeren *vi*, ánrufen* *vt*; ánklingeln *vt* (*разг.*); **~и́ст** *м* Telefoníst *m* (8); *воен.* Férnsprecher *m* (6); **~и́стка** *ж* Telefonístin *f* (12); Fräulein *n* vom Amt (*разг.*); **~и́я** *ж* Telefoníe *f*, Férnsprechwesen *n* -s; **~ный** telefónisch, Telefón-, Férnsprech-; férnmündlich; ~ная ста́нция Férnsprechamt *n* (5); автомати́ческая ~ная ста́нция (*сокр.* АТС) Sélbstanschlußamt *n* (*сокр.* SA-Amt), Wählamt *n*; автомати́ческая междугоро́дная ~ная связь Sélbstwählfernverkehr *m* -s; ~ная тру́бка Hörer *m* (6); ~ная бу́дка Férnsprechzelle *f* (11); Telefónzelle *f*; ~ный разгово́р Telefonát *n* (2); Telefóngespräch *n* (2); ме́стный ~ный разгово́р Órtsgespräch *n*; междугоро́дный ~ный разгово́р Férngespräch *n*; ~ная кни́га Telefónbuch *n* (5), Férnsprechbuch *n*; ~ная связь Férnsprechverkehr *m* -s, Telefónverbindung *f*

телефонограмма *ж* férnmündliche Mítteilung, telefónische Náchricht, Férnspruch *m* (1*), zúgesprochenes Telegrámm, Telefonát *n* (2)

телефотогра́фия *ж* Telefotografíe *f* (11), fotográfische Férnaufnahme

теле́ц *м астр.* Stier *m* -(e)s; ◇ золото́й ~ das Góldene Kalb; der Götze Mámmon

телеце́нтр *м* Férnsehzentrum *n* -s, -tren, Férnsehstudio *n* -s, -s

телеэкра́н *м* Bíldschirm *m* (1)

тели́ться kálben *vi*

тёлка *ж* Färse *f* (11), Kálbe *f* (11)

теллу́р *м* Tellúr *n* -s (*хим. знак* Te)

теллу́рий *м астр.* Tellúrium *n* -s, -ri¦en

теллу́ристый *хим.* tellúrhaltig

те́л||о *с* **1.** Körper *m* (6); Leib *m* (4) (*человека, животного*); твёрдое ~о *физ.* féster Körper, Féstkörper *m*; жи́дкое ~о *физ.* flüssiger Körper; небе́сное ~о *астр.* Hímmelskörper *m*; ино-ро́дное ~о Frémdkörper *m*; усечённое ~о *мат.* Stumpf *m*; геометри́ческое ~о geométrischer Körper; на ~е am Körper; дрожа́ть всем ~ом am gánzen Léibe zíttern [bében]; **2.** (*останки*) die stérbliche Hülle; ◇ быть пре́данным душо́й и ~ом кому́-л. [чему́-л.] j-m [éiner Sáche] mit Leib und Séele ergében sein; быть в ~е *разг.* dick [wóhlbeleibt] sein; спасть с ~а (*о скоте*) *разг.* ábmagern *vi* (s); нагуля́ть ~о (*о скоте*) *разг.* Fett ánsetzen, fett wérden; держа́ть в чёрном ~е stíefmütterlich behándeln; streng [kurz] hálten*

телогре́йка *ж* **1.** ärmellose Jácke; **2.** (*ватник*) Wáttejacke *f* (11)

телодвиже́ние *с* Körperbewegung *f*, Gebärde *f* (11)

телосложе́ние *с* Körperbau *m* -(e)s; Körperbeschaffenheit *f*; Gestált *f* (10) (*фигура*)

телохрани́тель *м* Léibwächter *m* (6)

телу́шка *ж* Färse *f* (11), Kálbe *f* (11)

те́льный: ~ цвет Fléischfarbe *f*

тельня́шка *ж разг.* Matrósenhemd *n* (13)

те́льфер *м эл.* Eléktrozugkatze *f*, E-Zúgkatze *f*

те́льц||е *с* **1.** *уменьш.* Körperchen *n* (7); **2.** *биол.* Úrkörperchen *n* (7), Zélle *f* (11); кра́сные [бе́лые] кровяны́е ~а́ róte [wéiße] Blútkörperchen; семенно́е ~е Sámentierchen *n* (7), Spermatozóon *n* -s, *pl* -zó¦en

теля́та *мн. см.* телёнок

теля́т||ина *ж* Kálbfleisch *n* -es; жарко́е из ~ины Kálbsbraten *m* (7); **~ник** *м с.-х.* **1.** (*хлев*) Kälberstall *m* (1*); **2.** (*работник*) Kälberpfleger *m* (6); **~ница** *ж* Kälberpflegerin *f* (12)

теля́ч||ий Kalb(s)-; ◇ ~ий восто́рг *разг.* kíndische [tólle] Fréude; ~ьи не́жности Geschmätze *n* -s, übertríebene Zärtlichkeiten

тем **1.** *тв. ед., дат. мн. см.* тот; **2.** *союз:* ~ бо́лее um so mehr; ~ лу́чше um so bésser; ~ ху́же um so schlímmer; чем бо́льше, ~ лу́чше je mehr, désto bésser; ◇ ~ не ме́нее nichtsdestowéniger; úngeachtet déssen

те́м||а *ж* **1.** Théma *n* -s, *pl* -men *u* -ta; Gégenstand *m* (1*); отклони́ться от ~ы vom Théma ábkommen*; основна́я ~а (*напр. конференции*) Ráhmenthema *n*; **2.** *муз.* Théma *n* -s, *pl* -men *u* -ta

тема́т||ика *ж* Thematík *f*; Thémenkreis *m* -es; ~ика почто́вой ма́рки Márkenmotiv *n* (2); **~и́ческий** thematísch, Thémen-; ~и́ческая колле́кция (ма́рок) Motívsammlung *f* (10); ~и́ческий план Thémenplan *m* (1*)

тембр *м* Timbre [tẽbr(ə)] *m* -s, -s, Klángfarbe *f* (11)

темен||но́й *анат.* Schéitel-; ~а́я кость Schéitelbein *n* (2)

те́мень *ж разг.* Dúnkelheit *f*; Fínsternis *f*

те́ми *тв. мн. см.* тот

темля́к *м воен.* Dégenband *n* (5); Tróddel *f* (11); Portepée *n* -s, -s (*офицерский*); Fáustriemen *m* (7) (*кавалерийский*); ки́сточка ~а́ Dégenquaste *f* (11)

темне́||ть **1.** dúnkel wérden, dúnkeln *vi*; у меня́ ~ет в глаза́х es wird mir schwarz vor den Áugen; **2.** *безл.*: ~ет es dämmert, es wird dúnkel; es dúnkelt (*книжн.*); **3.** (*виднеться*) sich dúnkel ábheben*; **~ться** **1.** (*виднеться*) sich dúnkel [schwarz] ábheben*; **2.** *безл.*: ~ется es dämmert

темни́тель *м театр.* Sáalverdunklungseinrichtung *f* (10)

темни́ть *тж. перен.* verdúnkeln *vt*

темни́ца *ж уст.* Gefängnis *n* (3*); Kérker *m* (6)

темно́ *нареч.* dúnkel, fínster; ◇ ~ хоть глаз вы́коли *разг.* ≅ es ist stóckfinster

тёмно- *в сложн.* dúnkel-; тёмно-кра́сный dúnkelrot

темнова́тый zíemlich dúnkel

темно||воло́сый dúnkelhaarig, brünétt; **~ко́жий** mit dúnkler Haut; gebräunt

тёмно-ру́сый dúnkelblond

тёмно-си́ний dúnkelblau, tíefblau

темнот||а́ *ж* **1.** (*мрак*) Dúnkel *n* -s; Dúnkelheit *f*; Fínsternis *f*; в ~е́ im Dúnkeln; прийти́ домо́й до ~ы́ vor dem Dúnkelwerden nach Háuse kómmen*; по́сле наступле́ния ~ы́ nach dem Dúnkelwerden; **2.** (*невежество*) Únwissenheit *f*, Únkenntnis *f*; Rückständigkeit *f*; **3.** (*неясность*) Únklarheit *f*; Zwéideutigkeit *f*; das Dúnkle (*sub*)

тёмн||ый **1.** dúnkel; fínster; **2.** (*неясный*) únklar; zwéideutig; dúnkel; úngewiß; **3.** (*подозрительный*) dúnkel, verdächtig; ~ая ли́чность ein dúnkler Éhrenmann; éine verdächtige Persönlichkeit; dúnkle Existénz; éine líchtscheue Gestált; ~ые си́лы líchtscheue Eleménte; ~ое де́ло éine dúnkle Geschíchte [Ángelegenheit]; **4.** (*невежественный*) úngebildet, únwissend, rückständig; ◇ ~ая вода́ *мед.* Amauróse *f*, schwarzer Star; темна́ вода́ во о́блаках *погов.* ≅ dúnkel ist der Réde Sinn

темп *м* Témpo *n* -s, *муз. pl* -pi *u* -s, *спорт. pl* -s; ~ ро́ста Wáchstumstempo *n*, Zúwachstempo *n*; ~ ре́чи Spréchtempo *n*; в ускоренном ~е in beschléunigtem [verstärktem] Témpo; ускоря́ющий ~ wáchsendes Témpo; ме́дленным ~ом in lángsamem Témpo; бе́шеный ~ rásendes Témpo; ускоря́ть ~ das Témpo beschléunigen

те́мпера *ж* **1.** (*краска*) Témpera *f*, Témperafarbe *f*; **2.** (*живопись*) Témperamalerei *f*

темпера́мент *м* Temperamént *n* (2); **~ный** temperaméntvoll

температу́р||а *ж* Temperatúr *f* (10); за́данная ~а Sólltemperatur *f*; ~а кипе́ния Síedepunkt *m* (1); ~а замерза́ния Gefríerpunkt *m*; ~а застыва́ния Erstárrungstemperatur *f*; Stóckpunkt *m* (*масла*); среднегодова́я ~а Jáhresmittel *n* (6); рабо́чая ~а Betríebstemperatur *f*; высо́кая ~а hóhe Temperatúr; максима́льная ~а Höchsttemperatur *f*; сре́дняя ~а míttlere Temperatúr; ни́зкая ~а níedrige Temperatúr; паде́ние ~ы Temperatúrrückgang *m* (1*), Temperatúrabfall *m* (1*); *мед.* Temperatúrsenkung *f* (10); ~а на вхо́де *тех.* Éintrittstemperatur *f*; ре́зкое паде́ние ~ы Temperatúrsturz *m* (1*); *мед. тж.* Fíebersturz *m*; повыше́ние ~ы Temperatúranstieg *m* -(e)s, Temperatúrerhöhung *f*; ко́мнатная ~а Zímmertemperatur *f*; норма́льная ~а normále Temperatúr; у него́ норма́льная ~а *мед.* er ist fíeberfrei; повы́шенная ~а (*у больного*) erhöhte Temperatúr, Fíeber *n* -s; пони́женная ~а Úntertemperatur *f*; ме́рить ~у die Temperatúr méssen*; *мед.*

Fíeber méssen*; регули́ровать ~у temperíeren *vt*; **~ить** *мед. разг.* fíebern *vi*; Fíeber háben; **~ный** Temperatúr-; ~ная крива́я *мед.* Fíeberkurve *f* (11)

темпер||а́ция *ж муз.* Stímmung *f*; **~и́рованный** *муз.* temperíert

темь *ж разг.* Dúnkel *n* -s, Dúnkelheit *f*, Fínsternis *f*

те́мя *с анат.* Schéitel *m* (6)

тена́кль *м полигр.* Tenákel *n* (6); Manuskrípthalter *m* (6)

тенденцио́зн||ость *ж* der tendenziöse Charákter [ka-]; tendenziöse Áuslegung; **~ый** tendenziös

тенде́нц||ия *ж* **1.** Tendénz *f* (10); Hang *m* -(e)s, Néigung *f* (10) (*склонность*); **2.** (*направление развития*) Trend *m* -s, -s, Tendénz *f*; име́ть ~ию к чему́-л. die Tendénz háben (zu + *inf*); tendíeren *vi*; zu etw. (*D*) néigen

те́ндер *м* **1.** *ж.-д.* Ténder *m* (6), Kóhlenwagen *m* (7); **2.** *ав.* Spánnschloß *n* (5); **3.** *мор.* Ténder *m* (6); éinmastiger Hóchsee-Spórtsegler

тенев||о́й scháttig; Schátten-; ~о́й теа́тр Scháttentheater *n* (6), Scháttenspiel *n* (2); ~а́я сторона́ у́лицы die scháttige Séite der Stráße; ~а́я сторона́ де́ла die Scháttenseite éiner Ángelegenheit; ~о́й кабине́т *перен. полит.* Scháttenkabinett *n* (2)

тенелюби́вый *бот.* scháttenbedürftig, scháttenliebend

тенёта *мн.* Netz *n* (2); Garn *n* (2)

тензо́метр *м тех.* Déhnungsmesser *m* (6)

тени́стый **1.** (*затенённый*) scháttig; **2.** (*дающий тень*) scháttenspendend

те́ннис *м спорт.* Ténnis *n* =; der wéiße Sport; насто́льный ~ Tíschtennis *n*; игра́ть в ~ Ténnis spíelen; стол для насто́льного ~а Tíschtennisplatte *f* (11); **~и́ст** *м* Ténnisspieler *m* (6); **~ка** *ж* Pólohemd *n* (13)

те́ннис||ный Ténnis-; ~ный корт Ténnisplatz *m* (1*); ~ная раке́тка Ténnisschläger *m* (6), Schläger *m*, Rakétt *n* (2)

те́нор *м* Tenór *m* (1*, 1); драмати́ческий ~ Héldentenor *m*; **~о́вый** Tenór-; ~о́вая па́ртия Tenórpartie *f* (11); ~о́вый ключ Tenórschlüssel *m* (6)

тент *м* Sónnendach *n* (5); *мор.* Sónnensegel *n* (6); Überzelt *n* (2) (*над палаткой*); Régenschutzdach *n* (*парусиновый*)

тен||ь *ж* **1.** Schátten *m* (7); ночны́е ~и die Fíttiche der Nacht (*поэт.*); глубо́кие ~и Schlágschatten *pl*; отбра́сывать ~и Schátten wérfen* (auf *A*), beschátten *vt*; дава́ть ~ь Schátten gében* [spénden]; лечь в ~и́ sich in den Schátten légen; подо́бно ~и scháttenhaft; от де́рева пада́ет ~ь der Baum wirft Schátten; **2.** (*призрак*) Schátten *m* (7); Geist *m* (4); ца́рство ~ей Scháttenreich *n* -(e)s; Reich der Schátten; ◇ кита́йские ~и *театр.* Scháttenspiel *n* (2); от неё оста́лась одна́ ~ь sie ist nur noch ein Schátten (íhrer selbst); ни ~и kéine Spur, kéinen Schímmer; здесь нет ни ~и сомне́ния das unterlíegt kéinem Zwéifel [nicht dem míndesten Zwéifel]; он свое́й ~и бои́тся er fürchtet sich vor séinem éigenen Schátten; быть в ~и́ im Dúnkeln bléiben*; im Híntergrund sein [stéhen*]; броса́ть ~ь на кого́-л. éinen Schátten [Mákel] auf j-n wérfen*; сле́довать за кем-л. как ~ь j-m wie ein Schátten fólgen; не́чего ~ь наводи́ть! *разг.* mach mir nichts vor!

теого́ния *ж миф.* Theogoníe *f*

теодице́я *ж филос.* Theodizée *f*

теодоли́т *м* Theodolít *m* (1)

теократи́ческий theokrátisch

теокра́тия *ж* Theokratíe *f*

тео́лог *м* Theológe *m* (9)

теологи́ческий theológisch

теоло́гия *ж* Theologíe *f*

теоре́м||а *ж мат.* Theorém *n* (2); Léhrsatz *m* (1*); доказа́ть ~у ein Theorém bewéisen*; ~а подо́бия Ähnlichkeitssatz *m*

теоретизи́ровать theoretisíeren *vi*

теоре́тик *м* Theorétiker *m* (6)

теорети́ч||еский theorétisch; **~ность** *ж* der theorétische Charákter [ka-]; **~ный** rein theorétisch, abstrákt

теори||я *ж* Theoríe *f* (11); Léhre *f* (11); ~я и пра́ктика Theoríe und Práxis; ~я социалисти́ческой револю́ции die Theoríe der sozialístischen Revolutión; ~я кла́ссовой борьбы́ die Theoríe des Klássenkampfes; ~я позна́ния *филос.* Erkénntnistheorie *f*; ~я относи́тельности Relativitätstheorie [-vi-] *f*; ~я вероя́тностей *мат.* Wahrschéinlichkeitsrechnung *f*; волнова́я ~я *физ.* Wéllentheorie *f*; ~я игр *киберн.* Spíeltheorie *f*, Theoríe der Spíele; ~я перево́да Übersétzungswissenschaft *f*; ~я кри́зисов *эк.* Krísentheorie *f*; вы́двинуть ~ю éine Theoríe áufstellen

теосо́фия *ж* Theosophíe *f*

тепе́решн||ий *разг.* jétzig; gégenwärtig; в ~ее вре́мя jetzt; zur Zeit; in der jétzigen [gégenwärtigen] Zeit, héutzutage

тепе́рь *нареч.* jetzt, gégenwärtig; nun; im gegébenen [in díesem] Áugenblick [Momént]; in der jétzigen [gégenwärtigen] Zeit; ~, когда́ jetzt, wo [da]; я ~ пойду́ nun gehe ich; ~ э́то не при́нято zu únserer Zeit ist das nicht ángebracht

тёпленький lau, láuwarm; чуть ~ kaum warm

тепле́ть warm [wärmer] wérden

те́плиться (schwach) brénnen* *vi*, léuchten *vi*; glímmen(*) *vi*; ещё те́плится наде́жда es ist noch ein Fúnken Hóffnung vorhánden

тепли́ца *ж* Tréibhaus *n* (5), Wármhaus *n*, Gewächshaus *n*

тепли́чн||ый **1.** Tréibhaus-; ~ое расте́ние *тж. перен.* Tréibhauspflanze *f* (11); **2.** (*изнеженный*) verzärtelt; verwöhnt, verhätschelt

тепл||о́ I *сущ. с тж. перен.* Wärme *f*; отрабо́танное ~о́ Ábwärme *f*; физи́ческое ~о́ Éigenwärme *f*; двена́дцать гра́дусов ~а́ zwölf Grad Wärme; держа́ть в ~е́ warm hálten* *vt*; тео́рия ~а́ *физ.* Wärmelehre *f*; храни́ть в ~е́ warm lágern *vt*

тепло́ II **1.** *нареч.* warm; *перен. тж.* hérzlich; одева́ться ~ sich warm kléiden; меня́ ~ встре́тили ich wúrde hérzlich empfángen; **2.** *предик. безл.*: мне ~ mir ist warm; сего́дня ~ (*о погоде*) es ist warm héute, héute ist wármes Wétter

теплова́тый láuwarm, lau

теплово́з *м тех.* Díesellokomotive [-və] *f* (11), Díesellok *f*, *pl* -s]

тепловозо||строе́ние *с* Díesellok(omotiv)bau *m* -(e)s; **~строи́тельный**: ~строи́тельный заво́д Díesellokomotivwerk *n* (2)

теплов||о́й Wärme-, thérmisch; ~о́й дви́гатель Wärmekraftmaschine *f* (11); ~о́й эффе́кт *физ.* Wärmeleistung *f*; ~а́я изоля́ция *тех.* Wärmeschutz *m* -es; Wärmedämmung *f* (10); ~о́е расшире́ние *физ.* Wärmeschub *m* -(e)s, thérmische Áusdehnung; Wärmeausdehnung *f*; ~о́й уда́р *мед.* Hítzschlag *m* (1*)

тепло||ёмкий wärme¦intensiv; **~ёмкость** *ж физ.* Wärmekapazität *f*

тепло||защи́та *ж* Wärmeschutz *m* -es; **~излуче́ние** *с* Wärme(aus)strahlung *f* (10)

теплоизоляцио́нн||ый Wärmedämm-; ~ые материа́лы Wärmedämmstoffe *pl*

теплоизоля́ция *ж* Wärmedämmung *f* (10), Wärmeschutz *m* -es, Wärme¦isolíerung *f* (10)

теплокро́вн||ые *мн. зоол.* Wármblüter *pl*; **~ый** *зоол.* wármblütig

теплолече́ние *с* Wärmetherapie *f*

теплолюби́вый (*о растениях*) wärmeliebend

тепломе́р *м физ.* Wärmemesser *m* (6); Kaloriméter *n* (6), Wärme(verbrauchs)zähler *m* (6)

теплонепроница́емый *физ.* wärmedicht, wärmeundurchlässig

теплообме́н *м* Wärmeaustausch *m* -(e)s

теплоотда́ча *ж* Wärmeabgabe *f*

теплопереда́ча *ж физ.* Wärmeübertragung *f*

теплопоте́ри *мн.* Wärmeverluste *pl*

теплопрово́дн||ость *ж физ.* Wärmeleitung *f*, Wärmeleitfähigkeit *f*; **~ый** *физ.* wärmeleitend, wärmeleitfähig; dúrchlässig für Wärmestrahlen

теплопрозра́чн||ость *ж физ.* Diathermanität *f*; **~ый** *физ.* diathérmisch, diathermán

теплосе́ть *ж* Héizungsnetz *n* -es, Wärmeversorgungsnetz *n*, Férnheizsystem *n* (2)

теплоснабже́ние *с* Wärmeversorgung *f*

теплосто́йкий thermostabil, wärmebeständig

теплот||а́ *ж* **1.** Wärme *f*; Hérzlichkeit *f*, Fréundschaftlichkeit *f* (*сердечность*); **2.** *физ.* Wärme *f*; скры́тая ~а́ gebúndene Wärme; уде́льная ~а́ spezífische Wärme; уче́ние о ~е́ Wärmelehre *f*; едини́ца ~ы́ Wärme¦einheit *f* (10); Kaloríe *f* (11)

теплотво́рн||ый *тех.* wärme¦erzeugend; ~ая спосо́бность Héizkraft *f*, Brénnwert *m* -(e)s

теплоте́хник *м* Wärme¦ingenieur [-ɪnʒeniø:r] *m* (1), Héizungsfachmann *m* -(e)s, -leute

теплоте́хника *ж* Wärmetechnik *f*

теплотра́сса *ж* Héiztrasse *f* (11)

теплофи||ка́ция *ж тех.* Férnheizung *f*; Héißwasser-Férnheizung *f*; Dámpf-Férnheizung *f*; **~ци́ровать** Férnheizung ánlegen; ~ци́ровать жилы́е дома́ Wóhnhäuser an die Férnheizung ánschließen*

теплохо́д *м* Mótorschiff *n* (2)

теплоцентра́ль *ж* Férnheizwerk *n* (2)

теплоэлектро||ста́нция *ж* Wärmekraftwerk *n* (2); **~центра́ль** *ж* (*сокр.* ТЭЦ) Wärmekraft- und Férnheizwerk *n* (2), Héizkraftwerk *n*

теплу́шка *ж ж.-д.* (be)héizbarer Güterwagen

тёпл||ый **1.** warm; mild (*только о погоде*); **2.** (*сердечный*) warm, hérzlich, fréundschaftlich; ~ые пожела́ния die hérzlichsten [bésten] Wünsche; ◇ ~ое месте́чко ein wármes Plätzchen; éine éinträgliche Stélle; ein éinträgliches Pöstchen; у него́ ~ое месте́чко der sitzt warm, der ist gut dran; der hat éinen gúten Pósten

теплы́нь *ж разг.* wóhlige Wärme; míldes [wármes] Wétter, mílde Witterung

терапе́вт *м мед.* Interníst *m* (8); **~и́ческий** therapéutisch; internístisch

терапи́я *ж мед.* Therapíe *f*; Kránkenbehandlung *f*; трудова́я ~ Beschäftigungstherapie *f*, Árbeitstherapie *f*; ~сном Schláftherapie *f*; лучевáя ~ Stráhlentherapie *f*; ультравысокочастóтная ~ Últraschalltherapie *f*

терато||логи́ческий *биол.* teratológisch, ánormal; **~лóгия** *ж биол.* Teratologíe *f*

тéрбий *м* Térbium *n* -s (*хим. знак* Tb)

теребúть **1.** zúpfen *vt*, réißen* *vt*; zérren *vt*; **2.** *разг.* (*не давать покоя*) j-m kéine Rúhe lássen*; quälen *vt*; plágen *vt*; **3.** *с.-х.* (*лён, коноплю*) ráufen *vt*

тереблéние *с с.-х.* (*льна, конопли*) Ráufen *n* -s

тéрем *м* (*в древней Руси*) Wóhnraum im óberen Teil éines réichen Háuses; жéнский ~ Kemenáte *f* (11)

терéть réiben* *vt*; ~ глазá sich (*D*) die Áugen réiben*; башмакú трут нóги die Stíefel réiben die Füße wund; **~ся** **1.** sich réiben* (обо что-л. an *D*); **2.** *перен.* verkéhren *vi*, úmgehen* *vi* (s) (средú когó-л., мéжду кем-л. mit *D*); ~ся óколо когó-л. sich an j-n drängen

терзáн||ие *с* Qual *f* (10); Pein *f*; ◇ миллиóн ~ий Höllenqualen *pl*

терзáть **1.** zerréißen* *vt*; ~добы́чу das Ópfer zerfléischen; **2.** (*мучить*) quälen *vt*, péinigen *vt*; **~ся** sich quälen, sich grämen, sich mártern; ~ся угрызéниями сóвести von Gewíssensbissen gequält wérden

тёрка *ж* Réibeisen *n* (7), Réibe *f* (11)

термидóр *м ист.* Thermidór *m* = *u* -s, -s

тéрмин *м* Fáchausdruck *m* (1*), Términus *m* =, -ni, Fáchwort *n* (5)

термино||логи́ческий terminológisch; **~лóгия** *ж* Terminologíe *f*; грамматúческая ~лóгия grammátische Terminologíe [Bezéichnungen]

терми́т I *м мет.* Thermít *n* (2)

терми́т II *м зоол.* Termíte *f* (11)

терми́ческ||ий *физ.*, *тех.* thérmisch, Wärme-; ~ая обрабóтка Wärmebehandlung *f*

термобарокáмера *ж физ.* Thérmobarokammer *f* (11)

термобатарéя *ж эл.* Thérmobatterie *f* (11)

термóграф *м физ.*, *тех.* Thermográph *m* (8)

термодинáм||ика *ж физ.* Thermodynámik *f*, Wärmelehre *f*; **~и́ческий** thermodynámisch

термоизоля́ция *ж физ.*, *тех.* Wärmeisolierung *f*, Wärmedämmung *f*

термокатóд *м эл.* Glühkatode *f* (11)

термокопи́р *м спец.* Thérmokopiergerät *n* (2)

термолáмпа *ж тех.* Thérmolampe *f* (11)

термóметр *м* Thermométer *n* (6); *мед.* Fíeberthermometer *n*; ~ Реомю́ра [Цéльсия, Фаренгéйта] Thermométer nach Réaumur [reo'my:r] [Célsius, Fáhrenheit]; максимáльный ~ Máximumthermometer *n*; минимáльный ~ Mínimumthermometer *n*; дистанциóнный ~ Férnthermometer *n*; рту́тный ~ Quécksilberthermometer *n*; тóчный ~ Féinthermometer *n*; **~и́ческий** *физ.* thermométrisch

термообрабóтка *ж* Wärmebehandlung *f*

термопáра *ж см.* термоэлемéнт

термореакти́вный *хим.* härtbar; ~ая пластмáсса Duroplást *m* (1)

терморегули́рование *с физ.* Thérmosteuerung *f*

терморегуля́||тор *м физ.* Wärmeregler *m* (6); **~ция** *ж физиол.* Wärmeregelung *f*

тéрмос *м* Thérmosflasche *f* (11); Wärmebehälter *m* (6); Éssenkübel *m* (6) (*для общественного питания*); сýмка-~ Kühltasche *f* (11)

термоскóп *м физ.* Thermoskóp *n* (2)

термостáт *м физ.*, *тех.* Thermostát *m* (1, 8)

термотерапи́я *ж мед.* Thermotherapíe *f*

термо||хими́ческий thermochémisch; ~хими́ческое тóпливо thermochémischer Brénnstoff; **~хи́мия** *ж* Thermochemíe *f*

термоэлектри́че||ский thérmoelektrisch; **~ство** *с* Thérmoelektrizität *f*

термоэлемéнт *м физ.* Thérmoelement *n* (2)

термоя́дерн||ый thermonukleár; управля́емая ~ая реáкция gestéuerte thermonukleáre Reaktión; ~ое орýжие thermonukleáre Wáffe, Kérnsynthesewaffe *f* (11)

тéрмы *мн. ист.* Thérmen *pl*; wárme Bäder; *геол.* Thermálquellen *pl*

тёрн *м бот. см.* тернóвник

терни́стый dórnig; Dorn-; *перен.* dórnenvoll; ~ путь ein dórnenvoller Pfad

тéрния *мн. уст.* Dórnen *pl*, Stácheln *pl*

тернó||вник *м бот.* Schléhdorn *m* (1), Schléhe *f* (11); **~вый** dórnig; Dórnen-; Schléhen-; ~вый лишáй *бот.* Schléhenflechte *f* (11)

терпели́в||ость *ж* Gedúld *f*, Lángmut *f*; **~ый** gedúldig, dúldsam, lángmütig

терпéн||ие *с* Gedúld *f*, Lángmut *f*; вы́вести когó-л. из ~ия j-n aus der Fássung bríngen*; вы́йти из ~ия die Gedúld verlíeren*; aus der Haut fáhren* (*разг.*); он потеря́л ~ие séine Gedúld ist geríssen; запасти́сь [вооружи́ться] ~ием sich mit Gedúld wáppnen; набрáться ~ия Gedúld áufbringen*; ◇ ~ие и труд всё перетрýт *посл.* ≅ mit Gedúld und Spúcke fängt man éine Múcke; mit Gedúld und Zeit kommt man mählich weit; Gedúld [Mühe] und Fleiß bricht álles Eis

терпенти́н *м хим.* Terpentín *m* -s; **~ный**, **~овый** Terpentín-

терпéть **1.** (*боль, холод и т. п.*) léiden* *vt*; ertrágen* *vt*; ~ нуждý Not léiden*; ~ боль Schmérzen ertrágen*; **2.** (*запастись терпением*) sich gedúlden, sich mit Gedúld wáppnen; **3.** (*допустить*) dúlden *vt*, léiden* *vt*; sich (*D*) etw. gefállen lássen*; э́то не тéрпит отлагáтельства das dúldet kéinen Áufschub; **4.** (*урон, потери и т. п.*) erléiden* *vt*; léiden* *vt*; ~ поражéние (*тж. перен.*) éine Níederlage erléiden* [davóntragen*]; éine Schláppe erléiden*; ~ неудáчу éinen Míßerfolg háben; ◇ не ~ когó-л. j-n nicht léiden [áusstehen, vertrágen; ríechen (*разг.*)] können*; врéмя тéрпит es ist nicht dríngend, es ist nicht éilig; врéмя не тéрпит die Zeit drängt; es ist kéine Zeit zu verlíeren; дéло не тéрпит die Sáche hat Éile; **~ся** *безл.*: мне не тéрпится es drängt mich (*inf* + zu); ich brénne daráuf (*inf* + zu); es juckt mir in den Fíngern (*разг.*)

терпи́м||о *нареч.* tolerant; **~ость** *ж* Dúldsamkeit *f*, Toleránz *f*; проявúть ~ость Toleránz üben; ◇ дом ~ости *уст.* Bordéll *n* (2); **~ый** **1.** (*снисходительный*) dúldsam, tolerant; быть ~ым tolerant sein; Toleránz üben; **2.** (*сносный*) erträglich, passábel, erträgbar, léidlich

тéрпк||ий herb; **~ость** *ж* Hérbe *f*, Hérbheit *f*, Hérbigkeit *f*

Терпсихóра *ж миф.* Terpsíchore *f*

терпýг *м тех.* Ráspel *f* (11); Krátzfeile *f* (11)

терракóт||а *ж* Terrakótta *f*, *pl* -tten, Terrakótte *f* (11); **~овый** Terrakótta-; ~ового цвéта terrakóttafarben

террáрий *м*, **террáриум** *м* Terrárium *n* -s, -rien, Kríechtierhaus *n* (5)

террáса *ж* **1.** Terrásse *f* (11), Veránda [ve-] *f*, *pl* -den; **2.** (*геол.* Terrásse *f* (11); Ábsatz *m* (1*); Stúfe *f* (11); располóженный ~ми terrássenförmig; terrássenartig

террасúровать *спец.* terrassíeren *vt*, stúfenförmig ánlegen

террикóн *м горн.* Hálde *f* (11)

территориáльн||ый territoriál; Territoriál-; ~ая áрмия Territoriáltruppen *pl*; Territoriálheer *n* (2); ~ые вóды Hóheitsgewässer *n* -s, Territoriálgewässer *n*; ~ые претéнзии Gebíetsforderungen *pl*

территóрия *ж* Territórium *n* -s, -rien, Gebíet *n* (2); ~ страны́ das Ländesgebiet, Hóheitsgebiet *n*; (под)мандáтная ~ Mandátsgebiet *n*; подопéчная ~ Tréuhandgebiet *n*; ~ завóда das Wérkgelände; воздýшная ~ der Lúftraum; откры́тая ~ Fréifläche *f* (11), Fréigelände *n* (6)

террóр *м* Térror *m* -s; **~изи́ровать** terrorisíeren *vt*; **~и́зм** *м* Terrorísmus *m* =; госудáрственный ~и́зм Stáatsterrorismus *m*

террори́ст *м* Terroríst *m* (8); **~и́ческий** terrorístisch; Térror-; ~и́ческий акт Térrorakt *m* (1)

тёртый geríeben; ◇ ~ калáч *разг.* ein geríebener Kúnde

терцéт *м* **1.** *муз.* Terzétt *n* (2); **2.** *лит. см.* терцúна

терци́на *ж лит.* Terzíne *f* (11)

тéрция *ж* **1.** *муз.* Terz *f* (10); большáя ~ gróße Terz; мáлая ~ kléine Terz; **2.** *мат.*, *астр.* Tértie *f* (11); **3.** *полигр.* Tértia *f*

терьéр *м* (*собака*) Térrier *m* (6)

теря́ть verlíeren* *vt*; éinbüßen *vt* (*терпеть убыток, ущерб*); verlústig géhen* (что-л. *G*) (*лишиться*); ~ когó-л. из вúду j-n aus den Áugen verlíeren*; не ~ из вúду im Áuge behálten*; не ~ мýжества den Mut nicht sínken lássen*, den Mut nicht verlíeren*; ~ авторитéт die Autorität éinbüßen; der Autorität verlústig géhen*; ~ врéмя Zeit verlíeren*; нам нельзя́ ~ врéмени wir háben kéine Zeit zu verlíeren*; ~ в чьём-л. мнéнии in j-s Áugen verlíeren*; in j-s Méinung sínken; ~ цéнность den Wert verlíeren* [éinbüßen]; ~ надéжду die Hóffnung áufgeben* [verlíeren*, sínken lássen*]; ~ на чём-л. bei etw. (*D*) Verlúst erléiden* [háben]; ~ пóчву под ногáми den Bóden únter den Füßen verlíeren*; ~ сúлу (*за давностью*) *юр.* verjähren *vi* (s); **~ся** **1.** (*о вещах*) verlórengehen* *отд.* *vi* (s); verschwínden* *vi* (s); abhánden kómmen* (*книжн.*); **2.** (*о человеке*) die Géistesgegenwart verlíeren*; den Kopf verlíeren*; in Verwírrung geráten*, in Verlégenheit geráten*; **3.** náchlassen* *vi*, schwächer wérden (*о памяти*); ◇ ~ся в догáдках sich in Vermútungen ergéhen* [verlíeren*]

тёс *м собир.* Schnítttholz *n* (5), dünne Brétter

тесáк *м* **1.** *воен.* Stútzsäbel *m* (6); **2.** (*плотничий*) Axt *f* (3)

тесáть beháuen* *vt*, zúhauen* *vt*, ábstemmen *vt*; ◇ емý хоть кол на головé теши́ *разг.* ≅ er ist störrisch [stárrköpfig (*книжн.*)]; er will mit dem Kopf durch die Wand

тесём||ка *ж* Lítze *f* (11); schmáles Band (*лента*); Schnur *f* (3) (*шнур*); **~очный** Lítzen-; Band-; ~очное произво́дство Bándindustrie *f*

тесло́ *с* (*плотника*) Téxel *f* (11), Déchsel *f* (11), Hóhlbeil *n* (2), Hándbeil *n*

тесни́на *ж* Énge *f* (11), Hóhlweg *m* (1), Éngpaß *m* -sses, -pässe

тесни́ть **1.** (*неприятеля*) drängen *vt*; zurückdrängen *vt*; zurückwerfen* *vt*; **2.** (*угнетать, притеснять*) bedrücken *vt*, bedrängen *vt*; unterdrücken *vt*; **3.** (*об одежде, обуви*) drücken *vi*, zu eng sein; **~ся** **1.** (*толпиться*) sich drängen; sich zusámmendrängen, sich häufen; **2.** (*быть в тесноте*) sich éinengen; eng [gedrängt] sítzen* (*сидеть тесно*); eng [éinge|engt, zusámmengedrängt] lében, in éngen Wóhnverhältnissen lében (*жить тесно*)

те́сно *нареч.* **1.** eng, éinge|engt; gedrängt; **2.** (*близко*) eng, intím, ínnig; **3.** *предик.*: здесь ~ hier ist es eng; hier ist zu wénig Platz

тесноваты́й étwas [zíemlich] eng

теснот||а́ *ж* **1.** Énge *f*; Ráummangel *m* -s; жить в ~е́ zusámmengedrängt [zusámmengepfercht, beéngt] lében; **2.** (*давка*) Gedränge *n* -s; ◇ в ~е́, да не в оби́де *погов.* ≅ klein [eng], áber gemütlich

те́сн||ый **1.** eng; schmal; éinge|engt; gedrängt; ~ые боти́нки énge Schúhe; пла́тье ~о в плеча́х das Kleid spannt in den Schúltern; **2.** (*близкий*) eng, ínnig, intím; ~ая дру́жба ínnige [énge] Fréundschaft; dícke Fréundschaft (*разг.*); в ~ом кругу́ im éngen [kléinen] Kréis(e); im Kréise der nächsten Fréunde; ◇ мир те́сен *погов.* die Welt ist ein Dorf

тесо́вый Brétter-

тест *м* Test *m* (1), *pl тж.* -s, Prüfung *f* (10); ~-програ́мма Téstprogramm *n* (2)

те́стер *м эл., радио* Téster *m* (6), Prüfer *m* (6); ла́мповый ~ Röhrenprüfgerät *n* (2), Röhrenprüfer *m* (6)

те́сто *с* **1.** *кул.* Teig *m* -(e)s; сдо́бное ~ Bútterteig *m*; слоёное ~ Blätterteig *m*; ~ подхо́дит der Teig geht auf [árbeitet]; **2.** (*масса чего-л.*) (téigige) Másse *f* (11); Brei *m* (1), Schlémpe *f* (11); жи́дкое цеме́нтное ~ Zeméntschlempe *f*; ◇ из одного́ те́ста (*о людях*) gléichen [éines] Schláges sein

тестомеси́лка *ж* Téigknetmaschine *f* (11), Knétmaschine *f*

тестообра́зный téigig, bréiig

те́стфильм *м* Téstfilm *m* (1), Prüffilm *m*

тесть *м* Schwíegervater *m* (6*) (*Vater der Ehefrau*)

тесьма́ *ж* Band *n* (5), Bórte *f* (11)

тетани́я *ж мед.* Tetaníe *f*

тётенька *ж разг.* Tántchen *n* (7)

те́терев *м* Bírkhahn *m* (1*)

тетёрка *ж* **1.** Bírkhenne *f* (11), Bírkhuhn *n* (5); **2.** *разг.* Bírkhahn *m* (1*)

тетёря: глуха́я ~ *разг., бран.* táuber Míchel

тетива́ *ж* **1.** (*лука*) Bógensehne *f* (11); **2.** (*лестницы*) Tréppenwange *f* (11); **3.** *спец.* Léine *f* (11); Kórdel *f* (11); судова́я ~ Tréidelseil *n* (2)

тётка *ж* **1.** Tánte *f* (11); **2.** *разг.* (*взрослая женщина*) Frau *f* (10); Tántchen *n* (7) (*как обращение*)

тетраго́н *м мат.* Tetragón *n* (2), Víereck *n* (2)

тетра́дка *ж*, **тетра́дь** *ж* Heft *n* (2); чернова́я ~ Schmíerheft *n*; Kládde *f* (11) (*н.-нем.*); ~ для рисова́ния Zéichenheft *n*; но́тная ~ Nótenheft *n*; ~ в кле́тку [в линéйку] karíertes [liníertes] Heft

тетрало́гия *ж лит., муз.* Tetralogíe *f* (11)

тетра́метр *м лит.* Tetrámeter *m* (6)

тетра́эдр *м мат.* Tetraéder *n* (6), Víerflächner *m* (6)

тетро́д *м радио* Tetróde *f* (11), Dóppelgitterröhre *f* (11)

тётушка *ж ласк.* Tántchen *n* (7)

тётя *ж см.* тётка

те́фтели *мн. кул.* Fléischklößе *pl*, Téfteli *pl*

тех *род., вин., пр. мн. см.* тот

техми́нимум *м* (техни́ческий ми́нимум) téchnische Grúndkenntnisse, téchnische Elementárausbildung

те́хник *м* Téchniker *m* (6); Téchnikerin *f* (12) (*о женщине*); зубно́й ~ Záhntechniker *m*; ~-ради́ст Fúnktechniker *m* (6)

те́хник||а *ж* **1.** Téchnik *f*; ~а звукоза́писи Tóntechnik *f*; ~а свя́зи Náchrichtentechnik *f*, Férnmeldetechnik *f*; вычисли́тельная ~а Réchentechnik *f*; доро́жная ~а Stráßenbautechnik *f*; холоди́льная ~а Kältetechnik *f*; произво́дственная ~а Fértigungstechnik *f*; ~а безопа́сности Sícherheitstechnik *f*, Árbeitsschutz *m* -es; боева́я ~а Kríegsmaterial *n* -s, -i|en; Wáffen und Gerät; овладе́ть ~ой die Téchnik méistern; **2.** (*совокупность приёмов*) Fértigkeit *f*

те́хнико-организацио́нн||ый téchnisch-organisatórisch; ~ые мероприя́тия téchnisch-organisatórische Máßnahmen

те́хнико-строи́тельный báutechnisch

те́хникум *м* Fáchschule *f* (11); Ingenieurschule [ɪnʒe'nïø:r-] *f* (*технический*); библиоте́чный ~ Fáchschule für Bibliothekáre; фармацевти́ческий ~ Fachschule für Pharmazíe; го́рный ~ Bérgingenieurschule *f*; строи́тельный ~ Ingenieurschule für Báuwesen; тексти́льный ~ Textílingenieurschule *f*

техници́зм *м* Technizísmus *m* =

техни́ческ||ий téchnisch; ~ое образова́ние téchnische Bíldung; ~ий надзо́р téchnische Kontrólle [Überwáchung]; ~ие культу́ры *с.-х.* téchnische Kultúren; ~ие да́нные téchnische Dáten; ~ая документа́ция téchnische Dokumentatión [Únterlagen]; ~ое переоснаще́ние téchnische Úmrüstung

техни́чный (*о спортсмене и т. п.*) gewándt, geschíckt

техно́||лог *м* Technológe *m* (9); Verfáhrenstechniker *m* (6); хи́мик-~лог Chemíetechnologe *m*; ~лог-металлу́рг Hüttentechnologe *m*; ~лог-тексти́льщик Textíltechnologe *m*; **~логи́ческий** technológisch; ~логи́ческий проце́сс Árbeitsvorgang *m* (1*); **~ло́гия** *ж* Technologíe *f*; хими́ческая ~ло́гия chémische Verfáhrenstechnik *f*, chémische Technologíe; в соотве́тствии с ~ло́гией fértigungsgerecht; ~ло́гия произво́дственных проце́ссов Technologíe der Produktiónsprozesse

технору́к *м* (техни́ческий руководи́тель) téchnischer Léiter, Betríebsleiter *m* (6)

техосмо́тр *м* (техни́ческий осмо́тр) téchnische Inspektión [Dúrchsicht]

техперсона́л *м* (техни́ческий персона́л) téchnisches Personál

техре́д *м* (техни́ческий реда́ктор) téchnischer Redakteur [-'tø:r]

техусло́вия *мн.* (техни́ческие усло́вия) Gütevorschriften *pl*

течеиска́тель *м тех.* Lécksuchgerät *n* (2), Lécksucher *m* (6)

тече́н||ие *с* **1.** Flíeßen *n* -s, Strömen *n* -s; пла́вное ~ие ре́чи der Fluß der Réde; **2.** (*ток, струя*) Strömung *f* (10); морско́е ~ие Méeresströmung *f*; вихрево́е ~ие Wírbelströmung *f*, Wírbelstrom *m* (1*), turbulénte Strömung; возду́шное ~ие Lúftströmung *f*; ве́рхнее ~ие (реки́) Óberlauf *m* -(e)s; ни́жнее ~ие Únterlauf *m*; сре́днее ~ие Míttellauf *m*; вверх по ~ию stromáuf(wärts); вниз по ~ию stromáb(wärts); плыть про́тив ~ия gégen den Strom schwímmen* (*тж. перен.*); плыть по ~ию mit dem Strom schwímmen* (*тж. перен.*); пусти́ть ло́дку по ~ию das Boot tréiben lássen*; **3.** (*ход*) Gang *m* -(e)s, Verláuf *m* -(e)s; Lauf *m*, Áblauf *m*; с ~ием вре́мени mit der Zeit; im Láufe der Zeit; ~ие де́ла der Gang [der Verláuf] éiner Ángelegenheit; предоста́вить де́ло со́бственному ~ию den Díngen fréien Lauf lássen*; **4.** (*направление в искусстве, науке и т. п.*) Strömung *f* (10); литерату́рное ~ие Strömung in der Literatúr, literárische Strömung

те́чк||а *ж биол.* Brunst *f*, Brunft *f*; быть в ~е brúnften *vi*, brünstig wérden

течь I *глаг.* **1.** flíeßen* *vi* (s); strömen *vi* (h, s); у меня́ кровь течёт из но́су ich hábe Násenbluten; с меня́ течёт пот der Schweiß rinnt mir (von der Stirn, den Rücken hinúnter); ich bin wie in Schweiß gebádet; у меня́ слю́нки теку́т das Wásser läuft mir im Múnde zusámmen; **2.** (*проходить*) rínnen* *vi* (s); verrínnen* *vi* (s); verláufen* *vi* (s); vergéhen* *vi* (s), verflíeßen* *vi* (s), verstréichen* *vi* (s); ме́дленно течёт вре́мя lángsam verrínnt die Zeit; теку́т дни за дня́ми es verstréicht ein Tag um den ánderen; **3.** (*пропускать воду*) leck sein; Wásser dúrchlassen*; бо́чка течёт das Faß leckt [läuft, ist leck]

течь II *сущ. ж* **1.** (*пробоина*) Leck *n* -(e)s; **2.** (*проникновение жидкости*) Leckáge [-ʒe] *f* (11); дать ~ leck wérden

те́шить ergötzen *vt*, belústigen *vt*; unterhálten* *vt*; ~ себя́ наде́ждой sich in der Hóffnung wíegen; не бу́дем ~ себя́ напра́сной наде́ждой wir wóllen uns gar nichts vórmachen; **~ся** **1.** (*развлекаться*) sich ergötzen (чем-л. an *D*); sich belústigen, sich vergnügen; sich unterhálten*; **2.** (*над кем-л.*) sich lústig máchen (über *A*), j-n zum bésten háben; ◇ ми́лые браня́тся — то́лько те́шатся *погов.* was sich liebt, das neckt sich; чем бы дитя́ ни те́шилось, лишь бы не пла́кало *погов.* laßt ihm doch das kíndliche Vergnügen

тёшка *ж* Báuchstück *n* (2) (éines Físches)

тёща *ж* Schwíegermutter *f*, *pl* -mütter (*Mutter der Ehefrau*)

тиа́ра *ж* Tiára *f*, *pl* -ren

тибе́т||ец *м* Tibéter *m* (6), Tibetáner *m* (6); **~ский** tibétisch

ти́гель *м* **1.** *тех.* Tíegel *m* (6), Schmélztiegel *m*; Háfen *m* (7*) (*для варки стекла*); **2.** *полигр.* Tíegel *m* (6); **~ный** Tíegel-; ~ная сталь Tíegelstahl *m* -(e)s

тигр *м* Tíger *m* (6)

тигр||ёнок *м* Tígerjunge *sub n*; júnger [kléiner] Tíger; **~и́ца** *ж* Tígerin *f* (12), Tígerweibchen *n* (7); **~о́вый** Tíger-; getígert (*полосатый*); ~о́вая шку́ра Tígerfell *n* (2)

тик I *м мед.* Tick *m* -(e)s; nervöse Zúckung

тик II *м* (*ткань*) Zwíllich *m* (1), Zwilch *m* (1), Drell *m* (1), Dríllich *m* (1)

тик III *м бот.* Teakbaum ['ti:k-] *m* (1*), Tíekbaum *m*

ти́канье *с* Tícken *n* -s, Ticktáck *n* -(e)s

ти́кать tícken *vi*

ти́ковый I (*из ткани*) Zwíllich-, Drell-

ти́ков||ый II *бот.* Teak- [ti:k-], Tiek-; ~ое де́рево 1) (*древесина*) Téakholz *n* -es, Tíekholz *n*; 2) (*растение*) Téakbaum *m* (1*), Tíekbaum *m*

ти́к-та́к *межд.* tíck-táck

ти́льда *ж полигр.* Tílde *f* (11)

тимо́л *м хим.* Thymól *n* -s

тимофе́евка *ж бот.* Líeschgras *n* -es

тимпа́н *м муз., стр.* Týmpanum *n* -s, -na

тимья́н *м бот.* Thýmian *m* (1), Quéndel *m* (6)

ти́на *ж* **1.** Schlamm *m* -(e)s; Álgen *pl*, Tang *m* (1); **2.** *перен.* Sumpf *m* (1*)

ти́нист||ость *ж* Schlámmigkeit *f*; **~ый** schlámmig; verschlämmt

тинкту́ра *ж фарм.* Tinktúr *f* (10)

тиоко́л *м фарм.* Thiokól *n* -s

тип *м* **1.** Typ *m* (13), Týpus *m* =, -pen, Art *f* (10) (*вид*); ~ корабля́ Schíffsklasse *f* (11); ~ самолёта Flúgzeugtyp *m*; **2.** *разг.* (*о человеке*) Exemplár *n* (2), Subjékt *n* (2)

типа́ж *м* Týpenreihe *f* (11)

типиз||а́ция *ж* Typisíerung *f*, Týpung *f*; **~и́ровать** typisíeren *vt*, týpen *vt*

типи́ческий týpisch; charakterístisch [ka-], kénnzeichnend

типи́чн||ость *ж* das Týpische (*sub*); das Kénnzeichnende (*sub*); **~ый** týpisch; charakterístisch [ka-], kénnzeichnend; ~ая фигу́ра týpische Figúr [Gestált]; ~ейший сторо́нник (*какой-л. политики*) der profilíerteste Verféchter (*irgendeiner Politik*)

типов||о́й Éinheits-, Týpen-, typisíert, Múster-; ~о́й догово́р Mústervertrag *m* (1*), Ráhmenvertrag *m*; ~о́й уста́в Músterstatut *n* (13); ~о́е проекти́рование *стр.* Týpenprojektierung *f*

типо́граф *м* **1.** (*работник*) Búchdrucker *m* (6), Typográph *m* (8); **2.** (*машина*) Typográph *m* (8)

типогра́ф||ия *ж* Druckeréi *f* (10); подпо́льная ~ия Gehéimdruckerei *f*; **~ский** Drúck(er)-, Búchdruck(er)-, typográphisch; ~ская маши́на Drúckmaschine *f* (11); ~ская кра́ска Drúckfarbe *f* (11), Drúckerschwärze *f* (*чёрная*); ~ское иску́сство Búchdruckerkunst *f*, Typographíe *f*; **~щик** *м* Drúcker *m* (6), Búchdrucker *m*

типолитогра́фия *ж* Búch- und Stéindruckerei *f* (10)

типо||логи́ческий typológisch; **~логи́ческая** классифика́ция языко́в die typológische Klassifizíerung der Spráchen; **~ло́гия** *ж* Typologíe *f*

типоразме́р *м* Týpengröße *f* (11), Báugröße *f*

типу́н *м* (*болезнь птиц*) Pips *m* -es; ◇ ~ тебе́ на язы́к! *разг.* ≅ hüte déine böse Zúnge!

ти́пчик *м разг.* (*молодчик*) Frúchtchen *n* (7)

тир *м* Schíeßstand *m* (1*), Schíeßbude *f* (11); Schíeßplatz *m* (1*)

тира́да *ж* Tiráde *f* (11); Wórtschwall *m* (1*)

тира́ж *м* **1.** (*займа*) Zíehung *f* (10), Verlósung *f* (10); ~ погаше́ния Tílgungsziehung *f*; вы́йти в ~ (*об облигации*) gezógen wérden; in der Tílgungsziehung heráuskommen*; *перен.* séine Zeit ábgedient háben; zum álten Éisen gewórfen wérden; **2.** *полигр.* Áuflage *f* (11); разме́р ~а́ Áuflagenhöhe *f*; ма́ссовый ~ Mássenauflage *f*

тира́н *м* Tyránn *m* (8); Despót *m* (8), Gewáltherrscher *m* (6); **~ить** tyrannisíeren *vt*; quälen *vt*; ~ить живо́тных Tíere quälen; **~и́ческий** tyránnisch, gráusam; **~и́я** *ж* Tyrannéi *f*, Gewáltherrschaft *f*

тира́нство *с* Tyrannéi *f*; Quäleréi *f* (10); **~вать** tyrannisíeren *vt*, quälen *vt*

тиратро́н *м эл.* Thyratrón *n* (2), Thyratrónröhre *f* (11)

тире́ *с* Gedánkenstrich *m* (1), Bíndestrich *m*

тиро́лец *м* Tiróler *m* (6)

тиро́ль||ка *ж* Tirólerin *f* (12); **~ский** Tiróler-; Tiróler, tirólerisch; ~ская пе́сня Tiróler Lied *n* (5)

тис *м бот.* Éibe *f* (11), Táxus *m* =, =

ти́скать **1.** *разг.* (*жать*) quétschen *vt*, (áb)drücken *vt*; préssen *vt*; **2.** *см.* ти́снуть

тиск||и́ *мн. тех.* Schráubstock *m* (1*), Zwínge *f* (11), Féilbank *f* (3), Féilkloben *m* (7); ручны́е ~и́ Hándkloben *m*; зажа́ть в ~и́ in éinen Schráubstock éinspannen; *перен. тж.* j-n in die Zánge néhmen*; быть в ~ах *перен.* in éiserner Umklámmerung sein, in schwérer Bedrängnis sein

тисне́ние *с* Druck *m* -(e)s, Prägung *f*; Drúckmuster *n* (6)

тиснёный gepréßt, geprägt, bedrúckt; *полигр.* ábgezogen

ти́снуть *полигр.* (áb)drúcken *vt*, ábziehen* *vt*; prägen *vt*

тита́н *м* **1.** *миф.* Titán *m* (8); *перен.* Titán *m* (8), Ríese *m* (9); **2.** Titán *n* -s (*хим. знак* Ti); **3.** (*кипятильник*) Héißwasserbereiter *m* (6), Wásserboiler *m* (6)

тита́нистый *хим.* Titán-, titánhaltig

титани́ческий titánisch, ríesig, ríesenhaft

тита́новый *хим.* Titán-

ти́тло *с лингв.* Ábkürzungszeichen *n* (7) (*в древней и средневековой письменности*)

титр *м* **1.** *хим., текст.* Títer *m* (6); **2.** *кино* Áufschrift *f* (10); загла́вные ~ы (фи́льма) Vórspann *m* -(e)s, Fílmvorspann *m*; заключи́тельные ~ы (фи́льма) Ábspann *m*

титров||а́ние *с* **1.** *хим.* Titríerung *f*, Titratión *f*; **2.** *текст.* Titríeren *n* -s; **~а́ть** titríeren *vt*

ти́тул *м* **1.** Títel *m* (6); Éhrentitel *m*; **2.** *полигр.* Títel *m* (6); ~ на корешке́ Rückentitel *m*; на обло́жке Úmschlagtitel *m*; **~о́ванный** titulíert; **~ова́ть** titulíeren *vt*, benénnen* *vt*

ти́тульный *полигр.* Títel-; ~ лист Títelblatt *n* (5)

тиф *м мед.* Týphus *m* =; брюшно́й ~ Báuchtyphus *m*, Únterleibstyphus *m*, Abdominálty phus *m*; сыпно́й ~ Fléckty phus *m*; возвра́тный ~ Rückfallty phus *m*

тифо́зный *мед. прил.* **1.** Týphus-, typhös; ~ больно́й Týphuskranke *m* (14); **2.** *в знач. сущ. м* Týphuskranke *m* (14)

ти́х||ий **1.** (*негромкий*) léis(e); gedämpft (*приглушённый*); ~ое журча́ние ручья́ das léise Gemürmel des Báches; ~ие шаги́ léise Schrítte; ~им го́лосом mit gedämpfter [léiser] Stímme; **2.** (*спокойный*) still, rúhig; fríedlich (*мирный*); ~ая грусть stílle Tráuer; ~ий ребёнок ein rúhiges Kind; ~ий нрав ein sánftes Gemüt, ein sánfter Charákter; **3.** (*медленный*) lángsam; ~им ша́гом mit lángsamen Schrítten; ~ий ход lángsame Fahrt; ◇ ~ий час (*в санатории и т. п.*) Rúhestunde *f*, Míttagsruhe *f*; в ~ом о́муте че́рти во́дятся *посл.* ≅ stílle Wásser sind tief

ти́хо **1.** *нареч.* (*негромко*) léise; gedämpft (*приглушённо*); geräuschlos (*без шума*); **2.** *нареч.* (*спокойно*) still, rúhig; **3.** *предик.* still; wíndstill (*о погоде*); здесь ~ (*нет шума*) hier ist es still; hier herrscht Stílle [Rúhe]; **4.** *нареч.* (*медленно*) lángsam

тихомо́лком *нареч. разг.* stíllschweigend, héimlich; klámmheimlich (*разг.*)

тихо́нько *нареч. разг.* **1.** (*негромко*) ganz léise; gedämpft (*приглушённо*); **2.** (*медленно*) ganz lángsam, bedächtig; **3.** (*тайком*) héimlich, in áller Stílle

тихо́ня *м, ж разг.* Dúckmäuser *m* (6), Léisetreter *m* (6); ein stílles Wásser (*о человеке*)

тихоокеа́нск||ий pazífisch, Pazífik-; ~ий флот Pazífikflotte *f* (11); ~ие стра́ны die Länder des Pazífikraums

тихохо́д *м шутл.* **1.** (*о человеке*) sich lángsam fórtbewegender Mensch; **2.** (*о транспорте*) lángsam géhendes Tránsportmittel

тихохо́дный *тех.* mit geringer Schnélligkeit; lángsam láufend

тихо́хонько *нареч. разг.* ganz léise [still, lángsam]

ти́ше **1.** *сравн. ст.* léiser; **2.:** ~! Rúhe!; still!, rúhig!; ◇ ~ воды́, ни́же травы́ *погов.* ≅ (múcks)mäus¦chenstill; ~ е́дешь, да́льше бу́дешь *посл.* ≅ éile mit Wéile

тишин||а́ *ж* Stílle *f*, Láutlosigkeit *f*, Geräuschlosigkeit *f*; Rúhe *f*, Fríeden *m* -s, Fríedlichkeit *f* (*спокойствие*); соблюда́ть ~у́ still sein; Rúhe hálten*; соблюда́йте ~у́, идёт заседа́ние (*объявление*) bítte Rúhe, Sítzung!; водвори́ть ~у́ Rúhe schäffen [stíften]; zur Rúhe bríngen*; наруша́ть ~у́ die Rúhe stören; die Stílle (unter)bréchen*; в ~е́ in der Stílle; ~а́ поле́й der Fríeden der Natúr

тишко́м *нареч. разг.* (klámm)héimlich

тиш||ь *ж* **1.** *см.* тишина́; в ~и́ in der Stílle; **2.** (*о погоде*) stílles Wétter; ◇ здесь ~ь да гладь hier herrscht (idýllische) Rúhe und Éintracht

тка́нев||ый **1.** Stoff-; Gewébe-, gewébt; **2.** *биол.* Gewébe-; ◇ ~ая терапи́я Gewébetherapie *f*

ткань *ж* **1.** *текст.* Stoff *m* (1); Wébstoff *m*; Gewébe *n* (6); декорати́вные тка́ни Ráumtextili¦en *pl*, Dekórstoffe *pl*, Dekoratiónsstoffe *pl*; бельева́я ~ Wäschestoff *m*; камво́льная ~ Kámmgarnstoff *m*; Kámmgarngewebe *n*; костю́мная ~ Ánzugstoff *m*, Kostümstoff *m*; пальто́вая ~ Mántelstoff *m*; льняна́я ~ Léinengewebe *n*, Léinen *n* (6); полульняна́я ~ Hálbleinen *n*; обивочная ~ Möbelstoff *m*; хлопчатобума́жная ~ Báumwollgewebe *n*, Báumwollstoff *m*; шерстяна́я ~ Wóllstoff *m*; про́волочная ~ *тех.* Dráhtgewebe *n*; **2.** *биол.* Gewébe *n* (6); соедини́тельная ~ Bíndegewebe *n*; **3.** *муз., лит.* (*основа*) Grúndstock *m* (1*), Kern *m* (1)

тканьё *с* **1.** (*действие*) Wében *n* -s, Weberéi *f*; **2.** *разг.* (*тканые изделия*) Wébware *f* (11), Gewébe *n* (6)

ткать wében *vt*

тка́цк||ий Wéb-; Wéber-; ~ий стано́к Wébstuhl *m* (1*); ~ое де́ло Weberéi *f*

тка́цко-пряди́льный Textíl-

ткач *м* Wéber *m* (6); **~ество** *с* Weberéi *f*

тка́чик *м* (*птица*) Wébervogel *m* (6*)

ткачи́ха *ж* Wéberin *f* (12)

ткнуть **1.** (*воткнуть*) (hinéin)stóßen* *vt*; (hinéin)stécken *vt*; **2.** (*засунуть*) stécken *vt*, stópfen *vt*; ◇ ~ па́льцем в кого́-л., во что-л. mit dem Fínger auf j-n, auf etw. (*A*) wéisen* [zéigen, déuten]

тле́ние *с* **1.** (*гниение*) Fäulnis *f*, Verwésung *f*, Módern *n* -s; **2.** (*горение*) Glímmen *n* -s, Schwélen *n* -s

тле́нн||ость *ж* Vergänglichkeit *f*; **~ый** vergänglich, verwéslich

тлетво́рн||ость *ж* Verdérblichkeit *f*; Schädlichkeit *f*; **~ый** verdérblich; únheilbringend, únheilvoll; schädlich; ~ое дыха́ние Fäulnisdunst *m* (1*)

тлеть **1.** (*гнить*) fäulen *vt*; verwésen *vi* (s), (ver)módern *vi* (s); **2.** (*слабо гореть*) glímmen(*) *vi*, schwélen *vi*; **~ся** glímmen(*) *vi*; glühen *vi*

тля *ж* **1.** *зоол.* Blättlaus *f* (3); **2.** *разг.* (*о человеке*) éine Null

тмин *м бот.* Kümmel *m* (6); **~ный** Kümmel-

то I **1.** *с см.* тот; **2.** *союз* so, dann, sodánn; е́сли э́то так, то я приду́ wenn das stimmt, so kómme ich; то..., то... bald..., bald...; mal..., mal...; то тут, то там bald hier, bald dort; то одно́, то друго́е bald dies, bald das; не то..., не то... halb..., halb..., entwéder..., óder...; не то по тру́сости, не то по глу́пости halb [entwéder] aus Féigheit, halb [óder] aus Dúmmheit; sei [war] es Féigheit, sei [war] es Dúmmheit; ни то ни сё nicht gehä́uen, nicht gestóchen; ◇ то́-то darúm, déshalb; то́-то он был зол déshalb war er so böse; то́-то он бу́дет зол er wird sich schön ärgern; то́-то! *разг.* naében!; то и де́ло ständig, dáuernd; да и то áußerdem, überdíes (auch noch); у меня́ оди́н экземпля́р, да и то плохо́й ich hábe nur ein Exemplár, und auch díeses [das] ist schlecht; не то, чтóбы nicht, daß (+*conj*)..., áber; не то, чтóбы мне бы́ло стра́шно, но я не люблю́ ходи́ть туда́ nicht, daß ich Furcht hätte, áber ich mag nicht híngehen; а (не) то, не то óder, sonst, ándernfalls; скажи́, в чём де́ло, не то [а то, а не то] я уйду́ sag, was los ist, óder ich géhe fort [sonst géhe ich fort]

-то II *усилительная частица* gerádе,ében; в том-то и де́ло das ist es ja ében; э́того-то я и хоте́л das ist es gerádе, was ich wóllte; ◇ то́-то и оно́! das ist es ja ében!, da liegt der Háse im Pféffer!

тобо́ю *тв. см.* ты

това́р *м* **1.** Wáre *f* (11); Artíkel *m* (6); ~ отли́чного ка́чества Wáre Güteklasse I (eins); Qualitätsware *f*; ~ы бытово́й хи́мии Háushalts¦chemikali¦en *pl*; ви́нно-во́дочные ~ы Wéine und Spirituósen; ~ы дли́тельного по́льзования lánglebige Güter; ~ы ма́ссового [широ́кого] потребле́ния Mássenbedarfsartikel *pl*; Wáren des täglichen Bedárfs; пушно́й ~ Ráuchwaren *pl*, Pélzwaren *pl*; сыпу́чий ~ Schüttgut *n* (5); хо́дкий ~ gängbarer Artíkel; stark gefrágte Wáre; begéhrte Wáre; нехо́дкий ~ áusgefallene [úngangbare] Wáre; kéinen Ábsatz fíndende Wáre; дефици́тный ~ Mángelware *f*; залежа́лый ~ Ládenhüter *m* (6); брако́ванный ~ Áusschußware *f*, Áusschuß *m* -sses; бро́совый ~ Rámschware *f*; ~ из-под прила́вка *разг.* Wáre únterm Ládentisch, Flüsterware *f*; распределе́ние ~ов Wárenverteilung *f*; вы́дача ~а Wárenausgabe *f* (*в магазине*); **2.** *ж.-д.* Gut *n* (5); ◇ показа́ть ~ лицо́м etw. von der bésten Séite zéigen, etw. im günstigsten Líchte zéigen

това́рищ *м* **1.** Genósse *m* (9); Genóssin *f* (12) (*женщина*); Kamerád *m* (8) (*приятель*); Freund *m* (1) (*друг*); Kollége *m* (9) (*по работе*); шко́льный ~ Schúlkamerad *m*; ~ де́тства Júgendfreund *m* (1), Spíelgefährte *m* (9); ~ по несча́стью Léidensgefährte *m*, Léidensgenosse *m*; ~ по ору́жию Wáffenbruder *m* (6*); Kríegskamerad *m*; ~ по рабо́те Kollége *m*; Kúmpel *m* (6) (*разг.*); ~ по шко́ле Mítschüler *m* (6); ~ по университе́ту [по ву́зу] Stúdi¦enkollege *m*, Kommilitóne *m* (9), Stúdi¦enfreund *m*, Stúdi¦enkamerad *m*; **2.** (*в обращении к члену партии*) Genósse *m* (9); Genóssin *f* (12) (*к женщине*); (*к сослуживцу, к коллеге по профессии*) Kollége *m* (9); Kollégin *f* (12) (*к женщине*); **3.** *уст.* (*помощник, заместитель*): ~ прокуро́ра stéllvertretender Stáatsanwalt, Stéllvertreter des Stáatsanwalts; ~ мини́стра stéllvertretender Miníster; ~ председа́теля stéllvertretender Vórsitzender; ◇ пе́ший ко́нному не ~ *погов.* ≅ Úngleich trennt die Fréundschaft

това́рищеск||ий kamerádschaftlich, fréundschaftlich, kollegiál; ~ий суд Éhrengericht *n* (2); ~ая встре́ча *спорт.* Fréundschaftstreffen *n* (7), Fréundschaftsspiel *n* (2); с ~им приве́том mit kollegiálem Gruß

това́рищество *с* **1.** (*товарищеские отношения*) Kamerádschaft *f*, Kamerádschaftlichkeit *f*; Kollegialität *f*; ~ по ору́жию Wáffenbrüderschaft *f*; **2.** (*объединение*) Genóssenschaft *f* (10); Geséllschaft *f* (10); Kompaníe *f* (11); акционе́рное ~ Ákti¦engesellschaft *f*; по́лное ~ óffene Hándelsgesellschaft (*сокр.* oHG); ~ с ограни́ченной отве́тственностью Geséllschaft mit beschränkter Háftung (*сокр.* GmbH)

това́рка *ж разг.* Gefährtin *f* (12)

това́рно-де́нежный *эк.* Wáre—Géld-

това́рн||ость *ж эк.* Wárencharakter [-ka-] *m* -s, Wárenform *f* (der Prodúkte); Wárenerträge *pl*; Wárenergiebigkeit *f*; Márktanteil *m* -(e)s (*производства*); Márktfähigkeit *f* (*продукта*); **~ый** **1.** *эк.* Wáren-; Markt-; wárenmäßig; ~ое хозя́йство Wárenwirtschaft *f*; ~ая проду́кция Wárenproduktion *f*; Márktproduktion *f*; ~ый хлеб Márktgetreide *n* -s; ~ое обраще́ние Wárenzirkulation *f*; ~ое произво́дство Wárenproduktion *f*; ~ые отноше́ния Wárenbeziehungen *pl*; ~ый знак Wárenzeichen *n* (7), Schútzmarke *f* (11); **2.** *ж.-д.*: ~ый по́езд Güterzug *m* (1*); ~ая ста́нция Güterbahnhof *m* (1*)

товарове́д *м* Wárenkundler *m* (6); **~ение** *с* Wárenkunde *f*; **~ческий** wárenkundlich

товаро||обме́н *м эк.* Wárenaustausch *m* -es; **~оборо́т** *м эк.* Wárenumsatz *m* -es; Wárenverkehr *m* -s; Güterumschlag *m* -(e)s; вне́шний ~оборо́т Áußenhandelsumsatz *m*; **~отправи́тель** *м* Wárenabsender *m* (6), Wárenabfertiger *m* (6)

това́ро-пассажи́рский : ~ по́езд gemíschter Zug

товаро||получа́тель *м* Wárenempfänger *m* (6); **~производи́тель** *м эк.* Wárenproduzent *m* (8); ме́лкий ~производи́тель éinfacher Wárenproduzent

то́га *ж* Tóga *f*, *pl* -gen

тогда́ **1.** *нареч.* (*в то время*) dámals; ~ я жил в Москве́ dámals lébte ich in Móskau; ~-то и ну́жно бы́ло... gerádе dámals war es nótwendig...; ~ же zur gléichen Zeit, zur sélben Zeit; **2.** *союз* (*после того*) da, dann, daráuf(hín); он отказа́лся, ~ я сказа́л ему́ er léhnte ab, daráufhin [da] ságte ich ihm; **3.** *союз* (*в таком случае*) so, dann; е́сли э́то пра́вда, ~ я рад wenn das wahr ist, so bin ich froh; **4.**: ~ как während; wogégen

тогда́шний *разг.* dámalig

того́ *род. см.* тот

тоголе́з||ец *м* Togolése *m* (8); **~ский** togolésisch

то́ есть (*сокр.* т. е.) das heißt (*сокр.* d. h.)

тожде́ственн||ость *ж* Identität *f*; Übereínstimmung *f*; Gléichheit *f*; **~ый** idéntisch, gléich(bedeutend), übereínstimmend

то́ждество *с* Identität *f* (10), Gléichheit *f*

то́же *нареч.* auch, ébenfalls, gléichfalls; я ~ пойду́ ich géhe auch

тоже́ственный *см.* тожде́ственный

то́жество *см.* то́ждество

ток I *м* **1.** (*течение*) Strömung *f* (10), Zug *m* (1*); ~ во́здуха Lúftzug *m*; **2.** *эл.* Strom *m* (1*); ~ высо́кого напряже́ния Hóchspannungsstrom *m*; переме́нный ~ Wéchselstrom *m*; постоя́нный ~ Gléichstrom *m*; ~ высо́кой часто́ты Hóchfrequenzstrom *m*; ~и Фуко́ Wírbelströme *pl*; трёхфа́зный ~ Dréhstrom *m*; прекраще́ние пода́чи ~а Strómsperre *f*; ~и в земле́ Érdströme *pl*

ток II *м охот.* Balz *f*

ток III *м* (*площадка для молотьбы*) Ténne *f* (11), Dréschboden *m* (7*); Drúschplatz *m* (1*)

тока́й *м*, **тока́йское** *сущ. с* Tokájer (Wein) *m* -s

тока́рн||ый **1.** (*относящийся к обработке металла*) Dreh-; ~ая мастерска́я Dreheréi *f* (10); ~ый стано́к Dréhmaschine *f* (11); ~о-винторе́зный стано́к Gewíndedrehmaschine *f*, Léit- und Zúgspindeldrehmaschine *f*; ~ый автома́т Dréhautomat *m* (8); **2.** (*относящийся к обработке дерева*) Dréchsel-

то́карь *м* Dréher *m* (6) (*по металлу*); ~-скоростни́к Schnélldreher *m*; Dréchsler *m* (6) (*по дереву*)

токка́та *ж муз.* Tokkáta *f*, *pl* -ten

токов||а́ние *с* Bälzen *n* -s; **~а́ть** bálzen *vi*

токоведу́щий *эл.* strómführend

токоподво́д *м эл.* Strómzuführung *f* (10)

токо||приёмник *м* **1.** *эл.* Strómverbraucher *m* (6); **2.** *тех.* Strómabnehmer *m* (6) (*напр. троллейбуса*); **~проводя́щий** strómleitend; **~снима́тель**, **~съёмник** *см.* токоприёмник 2

токсико́з *м мед.* Toxikóse *f*

токсиколо́гия *ж* Toxikologíe *f*

токси́||н *м* Toxín *n* (2), Gíftstoff *m* (1); **~ческий** tóxisch, gíftig; **~чность** *ж* Gíftigkeit *f*, Toxizität *f*

тол *м* (*взрывчатое вещество*) Trinitrotoluól *n* -s

то́левый *стр.* Papp-, aus Dáchpappe

толк *м* **1.** *разг.* (*смысл*) Sinn *m* -(e)s; Nútzen *m* -s (*польза*); Vórteil *m* -(e)s (*выгода*); с ~ом 1) (*со смыслом*) verständig; mit Sinn und Verstánd; 2) (*с результатом*) mit Erfólg, erfólgreich; бе́з ~у 1) sínnlos, únvernünftig, úngereimt; 2) (*напрасно*) únnütz, nútzlos; vergébens; говори́ть бе́з ~у in den Wind réden; из э́того не вы́йдет ~у daráus wird nichts; das hat kéinen Sinn; из него́ ~у не вы́йдет aus ihm wird nichts Geschéites; доби́ться ~у (das Gewünschte) erréichen *vt*; сбить с ~у verwírren *vt*; írremachen *отд.* *vt*; aus dem Konzépt bríngen*; **2.** (*направление, склад*) Ríchtung *f* (10); Schattíerung *f* (10); са́мого различного ~а der verschíedensten Schattíerungen; **3.** *мн.* ~и (*слухи*) Gerücht *n* (2), Geréde *n* -s; идут ~и о том, что... es géhen Gerüchte, daß...; Gerüchte sind im Úmlauf, daß...; вызвать много ~ов viel Staub áufwirbeln; делать предметом ~ов ins Geréde bríngen*; становиться предметом ~ов ins Geréde kómmen*; ◊ взять в ~ éinsehen* *vt*, begréifen* *vt*; знать ~ в чём-л. sich auf etw. (*A*) verstéhen*, sich in etw. (*D*) áuskennen*

толкание *с* Stößen *n* -s; ~ ядра *спорт.* Kúgelstoßen *n*

толкатель *м тех.* Stößel *m* (6), Schúbvorrichtung *f* (10)

толкать 1. stößen* *vt*; drängen *vt*; púffen *vt* (*разг.*); толкнуть кого-л. j-n ánstoßen*; j-m éinen Stoß versétzen [gében*]; **2.** (*двигать вперёд*) vórwärtsstoßen* *vt*; vor sich her stößen*; vor sich her tréten*; schíeben* *vt*; *перен.* fördern *vt*; **3.** (*побуждать*) ánspornen *vt*; áufstacheln *vt*; ~ на преступление zu éinem Verbréchen áufstacheln; толкнуть на путь (*чего-л.*) auf éinen Weg drängen [bríngen*]; **4.** *спорт.* stößen* *vt* (*ядро*); **~ся 1.** drängen *vi*, (einánder) stößen* *vt*, sich stößen*; **2.** *разг.* (*обращаться к кому-л., куда-л.*) bei j-m ánklopfen; я толкался во все двери ich ging von Hinz zu Kunz; **3.** *разг.* (*находиться где-л. без особого дела*) sich herúmtreiben*, herúmlungern *vi*

толкач *м* **1.** *тех.* Stámpfer *m* (6); **2.** *ж.-д.* Schíebelokomotive [-və] *f* (11); **3.** (*судно*) Schúbschiff *n* (2) **4.** *перен.* (*о человеке*) Förderer *m* (6)

толкнуть *см.* толкать; **~ся** *см.* толкаться 2

толкование *с* **1.** (*действие*) Erklärung *f*, Áuslegung *f*, Déutung *f*; Interpretatión *f*; заниматься ~м чего-л. etw. kommentíeren [erläutern]; буквальное ~ wörtliche Áuslegung; ложное ~ Míßdeutung *f*; **2.** (*объяснительный текст*) Kommentár *n* (2), Erläuterung *f* (10)

толкователь *м* Kommentátor *m* -s, -tóren, Áusleger *m* (6), Déuter *m* (6)

толковать 1. (*объяснять*) erklären *vt*, erläutern *vt*; áuslegen *vt*, déuten *vt*; ~ закон ein Gesétz áuslegen; ~ всё в дурную сторону álles in schléchtem Sínne déuten [áuslegen]; **2.** *разг.* (*разговаривать*) réden *vi*; spréchen* *vi* (über *A*); bespréchen* *vt*; постоянно ~ о чём-л. etw. ímmer im Múnde führen; он всё своё толкует er verstéift sich ímmer nur auf das Séine

толков||ый 1. geschéit; verständig, vernünftig; éinsichtsvoll (*понятливый, смышлёный*); klar (*ясный*); он ~ый человек er ist geschéit; er ist ein klárer [héller] Kopf; это ~ое предложение díeser Vórschlag hat Hand und Fuß; **2.:** ~ый словарь erklärendes Wörterbuch, Definitiónswörterbuch *n* (5)

толком *нареч. разг.* vernünftig; zusámmenhängend (*понятно*); wie es sich gebührt

толкотня *ж* Gedränge *n* -s

толкучий: ~ рынок *разг. см.* толкучка 2

толкучка *ж разг.* **1.** (*толкотня*) Gedränge *n* -s; **2.** (*рынок*) Trödelmarkt *m* (1*)

толмач *м уст.* Dólmetscher *m* (6)

толока *ж с.-х.* Bráchacker *m* (6*) (*используемая для выпаса скота*)

толокно *с* Hávermehl *n* (2)

толокнянка *ж бот.* Bärentraube *f* (11)

толокнный aus Hávermehl; ◊ ~ лоб *разг.* Dúmmkopf *m* (1*), Ésel *m* (6)

толочь (zer)stößen* *vt*; zerkléinern *vt*; ◊ ~ воду в ступе *погов.* ≅ Wásser mit éinem Sieb schöpfen; **~ся 1.** herúmstehen* *vi* (h); sich herúmtreiben* (*слоняться*); там постоянно толчётся народ dort ist ein beständiges Kómmen und Géhen; **2.** *страд.* zerstößen [zerkléinert] wérden

толп||а *ж* Ménge *f* (11); Ménschenmenge *f*; **~иться** sich (zusámmen-) drängen, sich häufen; **~ой** *нареч.* in Mássen, in Schâren; schárenweise; álle zusámmen (*вместе*)

толстенький *разг.* klein und dick, rúndlich

толстеть dick wérden; zúnehmen* *vi*

толстить dick máchen

толстоватый zíemlich dick

толстовец *м* Tolstoiáner *m* (6), Ánhänger der Léhre von Tolstói

толстовка *ж* Hémdbluse [blúsenartige Jácke] mit Gürtel

толстовство *с*, **толстовщина** *ж* Tolstoiánertum *n* -(e)s

толстогубый díсklippig, mit áufgeworfenen Líppen

толстозадый *разг.* mit díckem Híntern

толстокож||ие *сущ. мн. зоол.* Díckhäuter *pl*; **~ий** díckhäutig; *перен.* díckfellig, únempfindlich

толстокорый mit dícker Rínde (*о деревьях*); díckschalig (*о плодах*)

толстомордый *разг.* mit bréiter Schnáuze

толсто||ногий díckbeinig; **~пузый** *разг.* díckbäuchig; díckwanstig; **~стенный** díckwandig

толстосум *м разг.* Géldsack *m* (1*), Géldprotz *m* (8)

толст||уха *ж разг.* Dícke *f* (14), **~ушка** *ж разг.* Díckchen *n* (7), Díckerchen *n* (7)

толст||ый dick; beléibt (*о человеке*); ~ый слой éine dícke Schicht; ~ый холст gróbe Léinwand; ~ая кишка *анат.* Díckdarm *m* (1*)

толстяк *м* Dícke *m* (14), Díckwanst *m* (1*)

толуол *м хим.* Toluól *n* -s

толчение *с* Stößen *n* -s, Zerstößen *n* -s, Zerkléinern *n* -s

толчёный zerstößen, zerkléinert

толчея *ж* **1.** *разг.* Gedränge *n* -s, Gestöße *n* -s, das Kómmen und Géhen; **2.** *мор.* Schlágwelle *f*; **3.** (*мельница*) Stámpfmühle *f*

толчками *нареч.* stößweise, rúckweise

толчок *м* **1.** Stoß *m* (1*), Ruck *m* (1), Schub *m* (1*); подземный ~ Érdstoß *m*; **2.** (*импульс, побуждение*) Ánstoß *m* (1*), Impúls *m* (1); Ántrieb *m* (1); давать ~ чему-л. Ánregung gében* (zu *D*); éinen Áuftrieb gében*; получить ~ éinen Áuftrieb erhálten*; **3.** *спорт.* Stößen *n* -s (*штанги*)

толща *ж* **1.** Dícke *f*; **2.** *геол.* Schicht *f*, Mächtigkeit *f*, Másse *f* (11)

толще *сравн. ст. см.* толстый

толщин||а *ж* Dícke *f*; Stärke *f* (11) (*стены, плиты и т. п.*); Úmfang *m* (1*) (*в объёме*); ~а льда Éisstärke *f*; Kalíber *n* (6) (*проволоки и т. п.*); ~а пласта *геол.* Schíchtmächtigkeit *f*; ~а перекрытия Déckendicke *f*; ~ой в пять сантиметров fünf Zentiméter dick

толь *м стр.* Dáchpappe *f*, Téerpappe *f*

только 1. *нареч.* (*лишь*) nur, alléin, bloß; erst (*в отношении времени*); у меня ~ два рубля ich hábe nur zwei Rúbel; сейчас ~ три часа es ist erst drei Uhr; и ~? (*это всё?*) ist das álles?, wéiter nichts?; если ~ wenn bloß [nur]; но и ~ áber auch nur das; ~ тогда erst dann; ~ чтоében erst; **ében (geráde);** я ~ что ужинал ich hábe eben [geráde] erst zu Ábend gegéssen; это ~ начало das ist erst der Ánfang; **2.** *союз* (*едва*) kaum; ~ я вошёл kaum war ich éingetreten; лишь ~, как ~ sobáld, kaum; **3.** *союз* (*но*), nur, áber; я согласен, ~ имейте в виду, что... ich bin éinverstanden, bítte áber in Betrácht zu zíehen, daß...; ◊ не ~..., но и... nicht nur..., sóndern auch...; ~ бы wenn nur; ~ бы нам успеть закончить работу wenn wir nur réchtzeitig die Árbeit beénden könnten; ему денег ~-~ хватило на дорогу sein Geld réichte geráde noch für die Fahrt; смотри ~ не забывай! sieh zu, daß du es nicht vergíßt!; чего ~ он не видал was er nicht álles geséhen hat; попробуй ~ сделать это! versúch das nur!, unterstéh dich nur!; ~ его и видели und fort war er

том *м* Band *m* (1*) (*сокр.* Bd.); в трёх ~ах in drei Bänden; двойной ~ Dóppelband *m*; ~ами (*о выпуске*) bándweise

томагавк *м* Tómahawk [-ha:k] *m* -s, -s

томасирование *с тех.* Thómasprozeß *m* -sses, Thómasverfahren *n* -s

томасовск||ий *тех.* Thómas-; ~ая сталь Thómasstahl *m* (1*)

томасшлак *м тех.* Thómasschlacke *f*, Thómasmehl *n* -(e)s

томат *м* **1.** Tomáte *f* (11); **2.** (*паста*) Tomátenmark *n* -(e)s; **~ный** Tomáten-; ~ный сок Tomátensaft *m* -es; ~ная паста Tomátenmark *n* -(e)s, Tomátenpaste *f*

томик *м* Bändchen *n* (7); Büchlein *n* (7)

томительн||ость *ж* quälender Zústand; quälendes [drückendes] Gefühl; ~ость ожидания die Qual des Wártens; **~ый** quälend, ermüdend, drückend; ~ая скука tödliche Láng(e)weile; ~ые часы ожидания quálvolle Stúnden des Wártens

томить 1. (*мучить*) quälen *vt*; schmáchten lássen*; **2.** *тех.* témpern *vt*; **3.** *кул.* dämpfen *vt*, schmóren *vt* (*овощи*); **4.** *спец.* fermentíeren *vt* (*напр. табак*); **~ся 1.** *кул.* schmóren *vi* (s); **2.** (*мучиться*) schmáchten *vi*; ~ся в ожидании vor Úngeduld vergéhen*; ~ся жаждой dürsten *vi*, Durst háben, nach Wásser léchzen; nach éinem Trunk schmáchten; ~ся по чему-л. sich nach etw. (*D*) séhnen; nach etw. (*D*) dürsten

томление *с* **1.** Séhnsucht *f*, Schmáchten *n* -s; **2.** *тех.* Témpern *n* -s; **3.** *кул.* Dämpfen *n* -s; Schmóren *n* -s; **4.** *спец.* Fermentíeren *n* -s, Fermentíerung *f*

томлён||ый 1. *кул.* geschmórt (*о мясе*); gedämpft (*об овощах*); **2.:** ~ая сталь *тех.* Brénnstahl *m* -(e)s

томн||ость *ж* Schmáchten *n* -s; Träumeréi *f*; Lässigkeit *f* (*движений*); **~ый** matt; schmáchtend, träumerisch (*о взгляде, выражении*); lässig (*о движениях*)

томпак *м тех.* (*сплав*) Tómbak *m* -s; **~овый** Tómbak-

тому *дат. см.* тот; ◊ год ~ назад vor éinem Jahr

тон *м* Ton *m* (1*); Klang *m* (1*), Laut *m* (1) (*голоса*); Tónart *f* (10), Tónlage *f* (11) (*тональность*); Tönung *f* (10) (*цвет, оттенок*); повелительным ~ом im Beféhlston; im Kommándoton, in bárschem Ton; переменить ~ éinen ánderen Ton ánschlagen*; в корректном ~е in éiner korrékten Tónart; сбавить ~ séinen Ton mäßigen; éinen beschéideneren Ton ánschlagen*; повы́сить ~ éinen schärferen Ton ánschlagen*; не говори́те со мной таки́м ~ом ich verbítte mir díesen Ton; вы́держать в одни́х ~áх (о цвете) fárbig aufeinánder ábstimmen; окра́шенный в све́тлый ~ léichtgetönt; ковёр в зелёных ~áх ein Téppich in grünen Tönungen; в сде́ржанных ~áх in gedämpften Tönen; ◇ хоро́ший ~ gúter Ton; дурно́й ~ schléchter Ton; schléchte Maníeren; задава́ть ~ den Ton ángeben*, tónangebend sein; попа́сть в ~ den ríchtigen Ton fínden* [ánschlagen*]

тона́льность *ж* **1.** *муз.* Tónart *f* (10); ~ до мажо́р C-Dur-Tónart *f*; **2.** *муз.* (*реестр голоса*) Stímmlage *f* (11); **3.** *иск.* Fárbgebung *f*

тонга́н||ец *м* Tongáner *m* (6); **~ский** tongánisch

тоне́тика *ж лингв.* Tónlehre *f*

тонзилли́т *м мед.* Tonsillítis *f*, Mándelentzündung *f*

тонзу́ра *ж* Tonsúr *f* (10)

тонизи́ровать *мед.* tonisíeren *vt*

то́ника *ж муз.* Tónika *f*, *pl* -ken, Grúndton *m* (1*), Háuptton *m*

тонина́ *ж тех.* Féinheit *f*

тони́ческ||ий I *лит.* tónisch, akzentuíerend; ~ое стихосложе́ние akzentuíerender Vérsbau

тони́ческ||ий II *мед.* tónisch, stärkend; ~ие сре́дства tónische Míttel, Stärkungsmittel *pl*

то́нк||ий 1. dünn; fein; zart; schlank (*худощавый, стройный*); ~ий слой сне́га dünne Schnéeschicht; ~ий шёлк dünne Séide; ~ая пыль féiner Staub; ~ие па́льцы féine [zárte, schlánke] Fínger; ~ие черты́ лица́ féine Gesíchtszüge; ~ий го́лос dünne [zárte, féine] Stímme; ~ая та́лия schlánke Taille ['taljə]; **2.** (*утончённый*) fein, verféinert; ~ий за́пах féiner [léichter] Gerúch; ~ий вкус féiner [verféinerter, áusgesuchter] Geschmáck; ~ая рабо́та féine Árbeit; ~ое разли́чие féiner Únterschied; **3.**: ~ий слух schárfes [féines] Gehör; ~ое чутьё schárfer Gerúch(s)sinn; eine gúte Náse (*разг.*); *перен.* Fíngerspitzengefühl *n* -(e)s; ~ий намёк éine léise Ánspielung [Ándeutung]; **4.** (*хорошо разбирающийся*) fein; ~ий ум dúrchdringender Verstánd; ~ий знато́к gúter Kénner; ~ий поли́тик schláuer Polítiker; ◇ ~ая кишка́ *анат.* Dünndarm *m* (1*)

то́нко *нареч.* **1.** dünn; in dünnen Schéiben (*тонкими ломтями*); **2.** (*утончённо*) fein, subtíl; ◇ э́то сли́шком ~ das ist zu spítzfindig; где ~, там и рвётся *посл.* wo der Fáden dünn ist, da reißt er; ≅ állzu straff gespánnt, zerspríngt der Bógen

тонко||волокни́стый féinfas(e)rig; **~зерни́стый** *геол.* féinkörnig; ~зерни́стый мра́мор féinkörniger Mármor; **~ко́жий** dünnhäutig; **~ко́рый** mit dünner Rínde (*о деревьях*); dünnschalig (*о плодах*); **~листово́й** *спец.* Féinblech-; **~но́гий** dünnbeinig; **~ру́нный** féinwollig; **~ство́льный** dünnstämmig; **~сте́бельный** dünnstengelig; **~сте́нный** dünnwandig

то́нкост||ь *ж* **1.** Dünne *f*; Dünnheit *f* (10); Féinheit *f* (*нитки, ткани и т. п.*); Schlánkheit *f* (*фигуры*); Verféinerung *f* (*вкуса*); **2.** *перен.* Féinheit *f* (10); Finésse *f* (11); Subtilität *f*; до ~и aufs genáueste; ◇ знать до ~ей sich bis ins kléinste genáu áuskennen* (что-л. in *D*); вдава́ться в ~и auf Éinzelheiten éingehen*; Háare spálten (*ирон.*)

тонкосуко́нн||ый: ~ая фа́брика Féintuchwerk *n* (2); ~ый бушла́т Matrósenjacke aus féinem Tuch

тонкоше́ий mit dünnem Hals

тонкошёрстный, тонкошёрстый féinwollig

тонме́йстер Tóningenieur [-ınʒe,niø:r] *m* (1), Tónmeister *m* (6)

то́нн||а *ж* Tónne *f* (11); за ~у für [pro] Tónne; су́дно в 500 реги́стровых тонн ein Schiff von 500 Regístertonnen; грузово́е су́дно в 10 000 тонн Zéhntausend-Tónnen-Fráchter *m* (6)

тонна́ж *м* **1.** *мор.* Tónnengehalt *m* (1); Tonnáge [-ʒə] *f*; Schíffsraum *m* -(e)s; Räumte *f* (11) (*незагруженный*); наливно́й ~ Tánkerflotte *f* (11); океа́нский ~ Hóchseeflotte *f*; **2.** (*грузоподъёмность*) Ládefähigkeit *f*

тонне́ль *см.* тунне́ль

то́нно-киломе́тр *м* Tónnenkilometer *f* (6)

то́нный *разг. ирон.* áufgeblasen

тоново́й *иск.*, *полигр.* getönt

тонсту́дия *ж кино* Tónstudio *n* -s, -s

то́нус *м физиол.*, *мед.* Tónus *m* =

тону́ть ertrínken* *vi* (s); (ver)sínken* *vi* (s), úntergehen* *vi* (s) (*о судне*); ~ в дела́х *разг.* (vor Árbeit) nicht wíssen*, wo éinem der Kopf steht; ~ в снегу́ im Schnee versínken*; де́рево не то́нет Holz geht nicht únter

тонфи́льм *м* **1.** *кино* Tónfilm *m* (1); **2.** *радио* Tónband *n* (5), Hörfilm *m* (1)

то́ньше *сравн. ст. см.* то́нкий

то́ня *ж* **1.** (*невод с уловом*) Físchzug *m* (1*); Nétzzug *m*; **2.** (*место лова*) Fischeréi *f* (10), Físchfangplatz *m* (1*)

топа́з *м* Topás *m* (1); ды́мчатый ~ Ráuchtopas *m*

то́пать stámpfen *vi*, trámpeln *vi*

топи́ть I (*печь*) héizen *vt*, féuern *vt*

топи́ть II **1.** (*воск, жиры и т. п.*) áuslassen* *vt*; schmélzen *vt*; **2.** (*молоко*) Milch im Ófen dämpfen

топи́ть III **1.** ertränken *vt*; versénken *vt*, in den Grund bóhren (*судно*); ~ го́ре в вине́ den Kúmmer im Wein ertränken; **2.** (*губить*) zugrúnde ríchten; ins Verdérben stürzen (*только о человеке*)

топи́ться I (*о печи*) **1.** brénnen* *vi*; печь то́пится der Ófen brennt; **2.** *страд.* gehéizt wérden

топи́ться II **1.** (*о воске, жире и т. п.*) schmélzen* (s); **2.** (*о молоке*) gedämpft wérden; **3.** *страд.* áusgelassen [geschmólzen] wérden

топи́ться III (*лишать себя жизни*) sich ertränken, ins Wásser géhen*

то́пк||а I *ж* **1.** (*действие*) Héizen *n* -s; Behéizung *f*; Féuerung *f*; режи́м ~и Féuerführung *f*; **2.** (*часть печи*) Féuerung *f* (10)

то́пка II *ж* (*жиров и т. п.*) Schmélzen *n* -s, Áuslassen *n* -s

то́пк||ий súmpfig, morástig; **~ость** *ж* Súmpfigkeit *f*, Morástigkeit *f*

топлён||ый: ~ое молоко́ im Ófen gedämpfte Milch; ~ое ма́сло Bútterschmalz *m* -es, Schmélzbutter *f*, geschmólzene [áusgelassene] Bútter

то́пливн||ый: ~ая промы́шленность Brénnstoffindustrie *f*; ~ый насо́с Kráftstoffpumpe *f* (11); Héizölpumpe *f* (*для мазута*)

то́плив||о *с* Brénnstoff *m* (1), Héizstoff *m*; Brénnmaterial *n* -s, -ílen, Féuerung *f* (10); Kráftstoff *m*, Tréibstoff *m*; жи́дкое ~о flüssiger Brénnstoff, Héizöl *n*; твёрдое ~о fester Brénnstoff; газообра́зное ~о Tréibgas *n* (2); я́дерное ~о Kérnbrennstoff *m*; ди́зельное ~о Díeseltreibstoff *m*; испо́льзовать в ка́честве ~а verhéizen *vt*

топливозапра́вщик *м* Kráftstofftankwagen *m* (7)

топливопрово́д *м* Kráftstoffleitung *f* (10)

топля́к *м* (*затонувшее при сплаве бревно*) Sénkholz *n* -es

то́пнуть áufstampfen *vi*

топо́граф *м* Topográph *m* (8); **~и́ческий** topográphisch; *воен.* Verméssungs-; ~и́ческая съёмка Lándesaufnahme *f*; topográphische Áufnahme; ~и́ческий усло́вный знак Kártenzeichen *n* (7); topográphisches Zéichen

топогра́фия *ж* **1.** (*отдел геодезии*) Topographíe *f* (11), Geländekunde *f*, Geländelehre *f*; **2.** (*поверхность*) Óberflächengestalt *f*

то́полев||ый Páppel-; ~ая алле́я Páppelallee *f* (11)

тополо́гия *ж* Topologíe *f*

то́поль *м* Páppel *f* (11); пирамида́льный ~ Pyramídenpappel *f*; серебри́стый ~ Sílberpappel *f*

топони́м||ика *ж* **1.** Órtsnamen *pl*, Órtsnamenschatz *m* -es; **2.** *лингв.* Toponomástik *f*, Órtsnamenkunde *f*; **~и́ческий** toponomástisch, Órtsnamen-

топо́р *м* Beil *n* (2); Axt *f* (3); ◇ во́здух здесь — хоть ~ ве́шай die Luft hier ist zum Schnéiden

топори́ще *с* Áxtstiel *m* (1), Béilstiel *m*

топо́рн||ый grob; úngeschlacht, úngehobelt (*о человеке*); ~ая рабо́та grobe [únfertige] Árbeit

топо́рщить sträuben *vt*; **~ся** sich sträuben; ábstehen* *vi* (s) (*о материи и т. п.*)

то́пот *м* Geträppel *n* -s; Stámpfen *n* -s; ко́нский ~ Pférdegetrappel *n*

топота́ть *разг.* tráppeln *vi*

то́псель *м мор.* Tóppsegel *n* (6)

топта́ть zertréten* *vt*, zerdrücken *vt*; stámpfen *vt*; ~ траву́ das Gras zertréten* [zerdrücken]; ~ гли́ну Lehm stámpfen; ~ нога́ми mit Füßen tréten*; ~ пол *разг.* den Fúßboden schmútzig máchen; ◇ ~ кого́-л. в грязь j-n in den Schmutz zíehen*; **~ся** stámpfen *vi*; tráppeln *vi*, hin- und hértreten*; ~ся на ме́сте von éinem Fuß auf den ánderen tréten*; *перен.* auf der Stélle tréten*; nicht vom Fleck [nicht von der Stélle] kómmen*

топты́гин *м шутл.* (*медведь*) Méister Petz

топча́к *м с.-х.* Stámpfe *f* (11), Stámpfmühle *f* (11)

топча́н *м* Líegebett *n* (13)

топы́риться *разг. см.* топо́рщиться

топь *ж* Súmpfland *n* (5), Morást *m* (1); Bruch *m* (1*); súmpfige [morástige] Stélle

то́рб||а *ж* Sack *m* (1*); Fúttersack *m*; Fréßbeutel *m* (6); ◇ носи́ться с кем-л., с чем-л. как с пи́саной ~ой ≅ ein gróßes Getúe mit j-m, mit etw. (*D*) máchen; j-n, etw. wie ein róhes Ei behándeln

торг *м* **1.** Hándel *m* -s; ме́лочный ~ Féilschen *n* -s, Scháchern *n* -s; закули́сный ~ *перен.* Kúhhandel *m*; **2.** *уст.* (*базар*) Markt *m* (1*); **3.** *мн.* ~и́ Auktión *f* (10), Verstéigerung *f* (10); публи́чные ~и́ öffentliche Verstéigerung; прода́жа с ~о́в Verstéigerung *f*, Verauktioníerung *f*

торга́||ш *м* Krämer *m* (6); *перен.* Krämerseele *f* (11), Schácherer *m* (6); **~шество** *с* Krämergeist *m* -(e)s; **~ши́** *мн. собир.* Krämervolk *n* -(e)s

торгова́ть 1. hándeln *vi* (чем-л. mit *D*); Hándel tréiben*; ~ о́птом im gróßen hándeln, Gróßhandel tréiben*; ~

в ро́зницу im kléinen hándeln, Kléinhandel tréiben*; **2.** (*о магазине*) geöffnet sein; магази́н торгу́ет до восьми́ часо́в der Láden ist bis acht Uhr geöffnet; **3.** *уст,* (*покупать у кого-л.*) káufen *vt*, erhándeln *vt*; **~ся** hándeln *vi*, féilschen *vi* (из-за чего́-л. um *A*)

торго́в||ец *м* Händler *m* (6), Káufmann *m* -(e)s, -leute; кру́пный ~ец Gróßhändler *m*, Gróßkaufmann *m*; ме́лкий ~ец Kléinhändler *m*; у́личный ~ец Stráßenhändler *m*; **~ка** *ж* Händlerin (*f*) (12), Márktweib *n* (5)

торго́вл||я *ж* Hándel *m* -s; госуда́рственная ~я stáatlicher Hándel; кооперати́вная ~я genóssenschaftlicher Hándel; колхо́зная ~я Kolchóshandel *m*; ча́стная ~я Privathandel [-'va:t-] *m*; вну́тренняя ~я Bínnenhandel *m*; вне́шняя ~я Áußenhandel *m*; ~я ме́жду Восто́ком и За́падом Ost-Wést-Handel *m*; опто́вая ~я Gróßhandel *m*; ро́зничная ~я Éinzelhandel *m*, Kléinhandel *m*; культу́ра ~и Verkáufskultur *f*; посре́дническая ~я Zwíschenhandel; посы́лочная ~я Versándhandel *m*; ~я пушни́ной Ráuchwarenhandel *m*; свобо́дная ~я Fréihandel *m*; спекуляти́вная ~я Schwárzhandel *m*; ~я вразно́с Wánderhandel *m*, Stráßenhandel *m*

торго́во-правово́й hándelsrechtlich

торго́во-промы́шленн||ый Industríe- und Hándels-; ~ая пала́та Industríe- und Hándelskammer *f* (11)

торго́в||ый 1. Hándels-; ~ый центр Hándelszentrum *n* -s, -tren; ~ый представи́тель Hándelsvertreter *m* (6); ~ый догово́р Hándelsvertrag *m* (1*); ~ый флот Hándelsflotte *f* (11); ~ое су́дно Hándelsschiff *n* (2); ~ый капита́л *эк.* Hándelskapital *n* -s; ~ая монопо́лия *эк.* Hándelsmonopol *n* -(e)s; ~ый дом *эк.* Hándelshaus *n* (5); Fírma *f*, *pl* -men; ~ая организа́ция Hándelsorganisation *f* (10); ~ое помеще́ние Verkáufsraum *m* (1*); ~ые рабо́тники káufmännische Ángestellte *pl*; **2.** *спец.* (*товарный*) Wáren-, Markt-; ~ый хлеб Márktgetreide *n* -s

торгпре́д *м* (торго́вый представи́тель) Hándelsvertreter *m* (6)

торгпре́дство *с* (торго́вое представи́тельство) Hándelsvertretung *f* (10)

тореадо́р *м* Stíerkämpfer *m* (6), Toreadór *m* (1) (*конный*); Toréro *m* -s, -s (*пеший*)

торе́ц *м* **1.** *тех.* Stírnseite *f* (11), Stírnfläche *f* (11), Kópfende *n* (9); **2.** (*брусок*) séchskantiger Hólzpflasterklotz; **3.** *разг.* (*мостовая*) Hólzpflaster *n* (6)

торже́ственн||о *нареч.* féierlich; **~ость** *ж* Féierlichkeit *f*; **~ый** féierlich; féstlich, Fest-; ~ое заседа́ние Féstakt *m* (1); ~ое откры́тие Féstakt zur Eröffnung; ~ый слу́чай féierliche Ángelegenheit

торжеств||о́ *с* **1.** (*праздник*) Féier *f* (11); Féierstunde *f* (11); Féierlichkeit *f* (10); Féstlichkeit *f*; Féstakt *m* (1); Октя́брьские ~а́ Októberfeierlichkeiten *pl*; **2.** *тк. ед.* (*победа*) Triúmph *m* (1); Sieg *m* (1); ~о́ правосу́дия Triúmph der Geréchtigkeit; **~ова́ть** triumphíeren *vi*; síegen *vi*; féiern *vt*; júbeln *vi*, frohlócken *неотд. vi* (*ликовать*); ~ова́ть побе́ду den Sieg féiern; **~у́ющий** triumphíerend; síegreich

то́ри *м полит.* Tóry *m* -s, -s

то́рий *м* Thórium *n* -s (*хим. знак* Th)

торкре́т *м тех.* Sprítzbeton [-tɔŋ] *m* -s, -s

торкрети́рование *с тех.* Betonspritzverfahren [-'tɔŋ-] *n* -s, Torkretíeren *n* -s

торма́шк||и: полете́ть вверх **~ами** kópfüber fállen* [flíegen*]

торможе́ние *с* **1.** *тех.* Brémsen *n* -s, Brémsung *f*, Hémmung *f*; авари́йное ~ Nótbremsung *f*; пла́вное ~ stóßfreies Brémsen; **2.** *физиол.*: ~ рефле́ксов die Hémmung der Refléxe; охрани́тельное ~ Schútzhemmung *f*

то́рмоз *м* **1.** Brémse *f* (11); Brémspedal *n* (2) (*у автомобиля*); авари́йный ~ Nótbremse *f*; гидравли́ческий ~ Flüssigkeitsbremse *f*, hydráulische Brémse, Óldruckbremse *f*; пневмати́ческий ~ Drúckluftbremse *f*; **2.** (*помеха*) Hémmschuh *m* (1); Híndernis *n* (3*); **~и́ть 1.** brémsen *vt*; hémmen *vt*; **2.** (*быть помехой*) híndern *vt*, hémmen *vt*, éinen Hémmschuh ánlegen (что-л. *D*); Híndernisse [Stéine] in den Weg légen; **~но́й** *тех.* Brems-; ~но́й башма́к Hémmschuh *m* (1); **~я́щий** hémmend; препя́тствие, ~я́щее рост ein wáchstumshemmendes Híndernis

тормоши́ть 1. zúpfen *vt*, zérren *vt*; **2.** *разг.* (*беспокоить*) stören *vt*; j-m kéine Rúhe lássen*; j-m zúsetzen

то́рн||ый (*о дороге*) gebáhnt, geébnet; áusgetreten; пойти́ по ~ой доро́ге *перен.* geébnete Wége géhen*

торова́т||ость *ж разг.* Fréigebigkeit *f*; **~ый** *разг.* fréigebig

торопи́ть ántreiben* *vt*, zur Éile ántreiben*; ~ с чем-л. etw. beschléunigen; он торо́пит меня́ с отъе́здом er drängt mich zur Ábreise; **~ся** éilen *vi*; sich beéilen; hásten *vi*; es éilig háben, sich spúten (*разг.*); sich überstürzen (*при разговоре*); не ~ся sich (*D*) Zeit lássen*; куда́ вы торо́питесь? wohín géhen Sie so éilig?; wo brennt's? (*разг.*); он торо́пится ко́нчить рабо́ту в срок er beéilt sich, die Árbeit zum Termín zu beéndigen; не торопя́сь gemächlich; in Rúhe

торопли́в||о *нареч.* éilig, éilfertig, mit Éile; hástig; überstürzt; **~ость** *ж* Éilfertigkeit *f*, Hast *f*; Überstürzung *f*; **~ый** éilig, hástig; ~ые шаги́ hástige Schrítte

торо́с *м* Páckeis *n* -es, Éisbank *f* (3); Éisblock *m* (1*); **~и́ться** (*о льдинах*) sich aufeinánder türmen *отд.*

тороше́ние: ~ льдов Éispressung *f*

торпе́да *ж* Torpédo *m* -s, -s

торпеди́ров||ание *с* Torpedíeren *n* -s; **~ать** torpedíeren *vt* (*тж. перен.*)

торпе́дн||ый *воен.-мор.*: ~ый аппара́т Torpédorohr *n* (2); Torpédorohrsatz *m* (1*) (*многотрубный*); ~ая ата́ка Torpédoangriff *m* (1); ~ый ка́тер Torpédoschnellboot *n* (2), Schnéllboot *n*

торпедоно́сец *м ав.* Torpédoflugzeug *n* (2)

торр *м физ.* Torr *n* (2)

торс *м* Rumpf *m* (1*), Tórso *m* -s, -s

торсио́нн||ый *тех.* Torsións-, Dréhstab-; ~ая подве́ска *тех.* Dréhstabfederung *f* (10)

торт *м* Tórte *f* (11)

торф *м* Torf *m* (1, 1*); загото́вка ~а Tórfaufbereitung *f*

торфо||добыва́ние *с*, **~добы́ча** *ж* Tórfgewinnung *f*; **~образова́ние** *с* Vertórfung *f*; **~перегно́йный:** ~перегно́йный горшо́чек *с.-х.* Tórf-Humus-Nährtopf *m* (1*); **~разрабо́тка** *ж* **1.** (*действие*) Tórfgewinnung *f*; **2.** (*место работ*) Tórfbruch *m* (1*), Tórflager *n* (6); **~со́с** *м* Tórfschlammpumpe *f* (11)

торфян||и́к *м* **1.** (*место разработки*) Tórfbruch *m* (1*), Tórflager *n* (6), Tórfmoor *n* (2); **2.** (*работник*) Tórfstecher *m* (6); Tórffachmann *m* -es, -leute (*специалист*); **~и́стый** Torf-, tórfhaltig; **~о́й** Torf-; ~о́й мох Tórfmoos *n* -es; ~о́е боло́то Tórfmoor *n* (2); ~о́й брике́т Tórfbrikett *n* (2); ~а́я подсти́лка *с.-х.* Tórfunterlage *f* (11); ~ы́е разрабо́тки Tórfstich *m* (1); ~а́я пыль Tórfmull *m* -s

торцева́ть 1. *тех.* plándrehen *vt*; **2.:** ~ мостову́ю die Fáhrbahn mit Hólzpflaster áuslegen

торцо́вка *ж спец.* Áblängen *n* -s

торцо́в||ый 1.: ~ая мостова́я Hólzpflaster *n* (6); **2.** *стр.* Stirn-; ~ая стена́ Stírnwand *f* (3)

торча́ть 1. ábstehen* *vi* (h), hervórstehen* *vt*; hervórragen *vi*; **2.** *разг.* (*находиться*) stécken *vi*; ~ пе́ред глаза́ми beständig vor j-s Áugen sein

торчко́м, торчмя́ *нареч. разг.* áufrecht; ábstehend

торше́р *м* Stéhleuchte *f* (11), Stéhlampe *f* (11)

тоск||а́ *ж* **1.** Tráuer *f*; Schwérmut *f*; Melancholíe [-ko-] *f*; Beklémmung *f*; меня́ му́чит ~а́ mir liegt ein Stein auf dem Hérzen; ~а́ его́ гло́жет der Gram verzéhrt ihn [zehrt an ihm, frißt an ihm]; **2.** (*скука*) Láng(e)weile *f*; наводи́ть ~у́ на кого́-л. j-n lángweilen; **3.** (*по чём-л., по ком-л.*) Séhnsucht *f* (nach *D*); ~а́ по ро́дине [по до́му] Héimweh *n* -(e)s

тоскли́в||о 1. wéhmütig; schwérmütig; melancholisch [-'ko:-]; beklómmen; **2.** (*скучно*) lángweilig; **~ый 1.** wéhmütig; schwérmütig; melancholisch [-'ko:-] **2.** (*скучный*) lángweilig

тосковать 1. bedrückt sein; schwérmütig sein; (in) trüber Stímmung sein; Trübsal blásen* (*разг.*); **2.** (*скучать*) sich lángweilen; **3.** (*по ком-л., по чём-л.*) sich séhnen (nach *D*), Séhnsucht háben (nach *D*); ~ по ро́дине [по до́му] Héimweh háben; sich nach der Héimat séhnen

тост *м* Toast [*англ.* to:st] *m* (1), Trínkspruch *m* (1*); провозглаша́ть ~ в честь кого́-л. éinen Toast [Trínkspruch] auf j-n áusbringen*

то́стер *м* Bróttoaster [-to:stər] *m* (6)

тот *мест.* jéner (*f* jéne, *n* jénes; *pl* jéne); ~ учени́к jéner Schüler; те ребя́та jéne Kínder; в том до́ме in jénem Háus; в ~ раз das vórige Mal; dámals; с того́ вре́мени, с тех пор seitdém; seit dér Zeit; ~ и друго́й díeser und jéner, der éine und der ándere; béide; ни ~ ни друго́й kéiner von béiden; не ~, так друго́й wenn nicht der éine, so der ándere; и́менно ~ében [geráde] jéner; ~ же dersélbe; оди́н и ~ же, ~ же (са́мый) (ein und) dersélbe; то же (са́мое) dassélbe; das gléiche; до того́, что (*до такой степени*) so (sehr), daß; bis zu dem Gráde, daß; тем са́мым dádurch; ме́жду тем, тем вре́менем inzwíschen, míttlerweile; вме́сте с тем bei alledém; с тем (что́бы) um zu, mit der Ábsicht (*при одном подлежащем*); damít (*при разных подлежащих*); тому́ наза́д vor (*D*); ме́сяц тому́ наза́д vor éinem Mónat; к тому́ же áußerdem, überdíes; obendréin; zudém; тому́ бу́дет три го́да, как... es sind drei Jáhre her, daß...; ◇ и без того́ ohnehín, sowiesó; ни с того́ ни с сего́ mir nichts, dir nichts; óhne jéden Grund; ни то́, ни сё wéder Fisch noch Fleisch; поговори́ть о том, о сём vom Húndertsten ins Táusendste kómmen*

тотализа́тор *м* Totalisátor *m* -s, -tóren; Wéttschalter *m* (6), Tóto *m* -s, -s

тоталита́рный totalitär

тота́льн||ый totál; ~ая война́ totáler Krieg

тоте́м *м* Tótem *n* -s, -s; **~и́зм** *м* Totemísmus *m* =

то́тчас *нареч.* sofórt, sogléich, auf der Stélle

точе́ние *с* Schléifen *n* -s; Dréhen *n* -s (*на токарном станке*), Ábdrehen *n* -s (*инструментов*); Dréchseln *n* -s (*дерева*); Wétzen *n* -s (*на точильном камне*); продо́льное ~ Lángdrehen *n*; ~ торцо́в Plándrehen *n*

точёный 1. geschlíffen; gedréht; ábgedreht; 2. (*о чертах лица, пальцах*) wie (aus Stein [Mármor]) geméißelt

то́чечн||ый púnktförmig; Punkt-; ~ая сва́рка *спец.* Púnktschweißen *n* -s

точи́лка *ж разг.* (*машинка для очинки карандашей*) Spítzmaschine *f* (11), Bléistiftspitzmaschine *f*

точи́ло *с* Schléifstein *m* (1); Schléifmaschine *f* (11)

точи́ль||ный Schleif-, Wetz-; ~ный брусо́к [ка́мень] Schléifstein *m* (1); ~ный реме́нь Stréichriemen *m* (7); ~ный стано́к Schléifmaschine *f* (11); ~ная мастерска́я Schleiferéi *f* (10), Schléifwerkstatt *f*, *pl* -stätten; **~щик** *м* 1. Schléifer *m* (6); 2. (*жук*) Klópfkäfer *m* (6), Tótenuhr *f* (10)

точи́ть I 1. (*делать острым*) schärfen *vt*; wétzen *vt*; schléifen* *vt*; déngeln *vt* (*косу*); ~ каранда́ш éinen Bléistift spítzen; 2. (*на токарном станке*) dréhen *vt* (*металл*); dréchseln *vt* (*дерево*); ◇ ~ зу́бы на кого́-л. éinen Groll gégen j-n hégen; éinen Pik auf j-n háben; j-n auf dem Kíeker háben; ~ нож (*на кого-л.*) Übles im Schílde führen (*gegen j-n*)

точи́ть II (*прогрызать*) nágen *vt*; zerfréssen* *vt* (*о червях и т. п.*); ржа́вчина то́чит желе́зо Rost frißt Éisen; ◇ вода́ ка́мень то́чит stéter Trópfen höhlt den Stein

точи́ть III (*источать*) áusscheiden* *vt*; áusströmen lássen*

точи́ться I *страд.* geschärft [geschlíffen] wérden (*ср.* точи́ть I)

точи́ться II *страд.* zerfréssen wérden

точи́ться III (*вытекать*) flíeßen* *vi* (*s*)

то́чк||а I *ж* 1. Punkt *m* (1); ~а пересече́ния Schníttpunkt *m*; ~а опо́ры Stützpunkt *m*; ~а приложе́ния си́лы Ángriffspunkt éiner Kraft; ~а кипе́ния *физ.* Síedepunkt *m*; ~а замерза́ния *физ.* Gefríerpunkt *m*; мёртвая ~а *тех.* Tótpunkt *m*; ~а росы́ *физ.* Táupunkt *m*; ~а весе́ннего равноде́нствия Frühlingspunkt *m*, Wídderpunkt *m*, Frühlingsanfang *m* -s; ~а осе́ннего равноде́нствия Hérbstpunkt *m*, Hérbstanfang *m*; огнева́я ~а *воен.* Féuernest *n* (5); ~а наво́дки *воен.* Ríchtpunkt *m*; ~а попада́ния *воен.* Tréffpunkt *m*; ~а прице́ливания *воен.* Háltepunkt *m*; ~и соприкоснове́ния *перен.* Berührungspunkte *pl*; исхо́дная ~а Áusgangspunkt *m*; вы́сшая ~а Höhepunkt *m*; торго́вая ~а Verkáufsstelle *f* (11); 2. *грам.* Punkt *m* (1); ~а с запято́й Semikólon *n* -s, *pl* -s *u* -la, Stríchpunkt *m*; поста́вить ~у éinen Punkt máchen; ◇ ~а зре́ния Gesíchtspunkt *m*, Stándpunkt *m*; с совреме́нной ~и зре́ния aus der héutigen Sicht; с ~и зре́ния кого́-л. von j-s Stándpunkt aus geséhen; с э́той ~и зре́ния únter díesem Gesíchtswinkel; попа́сть в ~у den Nágel auf den Kopf tréffen*; ins Schwárze tréffen*; den Hébel an der ríchtigen Stélle ánsetzen; дойти́ до ~и *разг.* am Énde séiner Kräfte [Kraft] sein; ~а в ~у *разг.* genáu; aufs Haar; háargenau; ста́вить ~у на(д) «и» das Tüpfelchen [das Pünktchen] aufs «i» sétzen; застря́ть на мёртвой ~е auf dem tóten Punkt ángekommen sein; сдви́нуть с мёртвой ~и in Gang bríngen*; über den tóten Punkt hinwégbringen*; ~а! (*конец*) nun áber Schluß (damít)!; на э́том мо́жно бы́ло бы поста́вить ~у hierbéi könnte man es bewénden lássen*

то́чк||а II *ж тех.* Schléifen *n* -s; Schärfen *n* -s; Wétzen *n* -s (*ср.* точе́ние)

точне́е *сравн. ст. от* то́чный *и* то́чно I; ◇ ~ говоря́ genáugenommen

то́чно I *нареч.* 1. genáu, pünktlich; präzís(e); Punkt (*о времени*); ~ в пять (часо́в) Punkt [Schlag] fünf (Uhr); ~ так же ébenso; genáuso; ~ так же, как ébenso wie; ~ тако́й der gléiche, genáu dersélbe; 2. (*в ответе*) ja, ríchtig; ◇ так ~! *воен.* jawóhl!; zu Beféhl! (*слушаюсь*)

то́чно II *союз.* 1. (*как будто*) als ob (+ *conj*); ~ он не в состоя́нии сам прие́хать als ob er nicht imstánde wäre, selbst zu kómmen; 2. (*подобно, как*) gleichwíe, wie; genáuso wie; он ~ поме́шанный er ist wie verrückt

то́чност||ь *ж* Genáuigkeit *f*; Pünktlichkeit *f*; Präzisión *f*; ~ь измере́ния Méßgenauigkeit *f*; ~ь отсчёта Áblesegenauigkeit *f*; в ~и genáu (so), aufs Haar, ébenso; pünktlich; с ~ью до 0,1 genáu (bis) auf 0,1; ~ь попада́ния Tréffsicherheit *f*; с большо́й ~ью mit gróßer Genáuigkeit [Präzisión]; повы́шенной ~и (*о приборе и т. п.*) (von) hóher Präzisión; автома́т высо́кой ~и Automát von gróßer [hóher] Präzisión, Präzisiónsautomat *m* (8)

то́чн||ый genáu; pünktlich; präzís(e); ~ый перево́д genáue Übersétzung; ~ый челове́к pünktlicher Mensch; ~ое вре́мя genáue Zeit; ~ые нау́ки exákte Wíssenschaften; ~ая меха́ника Féinmechanik *f*; ~ые прибо́ры Präzisiónsinstrumente *pl*; ~ые измери́тельные прибо́ры Präzisiónsmeßgeräte *pl*

то́чь-в-то́чь *нареч.* genáu, auf ein Haar, aufs Haar

тошн||и́ть: меня́ ~и́т mir ist übel, mir ist schlecht; от э́того уже́ ~и́т *перен. разг.* das kotzt éinen (schon) an

то́шно *предик. безл.*: мне ~ mir ist übel [schlecht]; ich muß bréchen; ~ смотре́ть [ви́деть] es ist nicht mítanzusehen; es ist zum Kótzen! (*разг.*)

тошнот||а́ *ж* 1. Übelkeit *f*, Bréchreiz *m* (1); вызыва́ть ~у́ Übelkeit errégen [hervórrufen*, verúrsachen]; 2. (*отвращение*) Ékel *m* -s

тошнотво́рный 1. vomitív [vo-]; Bréchreiz [Übelkeit] errégend; 2. (*отвратительный*) wíderlich, wíderwärtig, ékelhaft

то́шный *разг.* 1. ékelerregend; 2. (*отвратительный*) wíderlich, ékelig

тоща́ть *разг.* ábmagern *vi* (s), háger [máger] wérden

то́щ||ий 1. (*худой*) máger, dürr, ábgezehrt, ábgemagert; 2. (*пустой; бедный*) leer; schlaff; dürr; на ~ий желу́док *разг.* auf nüchternen Mágen; ~ая по́чва dürrer [mágerer] Bóden; ~ий у́голь *тех.* Mágerkohle *f* (11); ~ий карма́н *разг.* léere Tásche

тпру *межд.* halt!; brr!; ◇ ни ~ ни ну! wéder hü noch hott!

трава́ *ж* Gras *n* (5), Kraut *n* (5); морска́я ~ Séegras *n*; со́рная ~ Únkraut *n*; ни́зкая ~ kúrzes Gras; кормовы́е тра́вы Fútterpflanzen *pl*, Fúttergräser *pl*; лека́рственные [целе́бные] тра́вы Arznéikräuter *pl*, Héilkräuter *pl*; паху́чие тра́вы dúftende [aromátische] Gräser [Kräuter]; лежа́ть на траве́ im Gras líegen*; ◇ худа́я ~ из по́ля вон *погов.* Únkraut muß man mit der Wúrzel áusreißen; э́то давно́ траво́й поросло́ *погов.* darüber ist längst Gras gewáchsen

тра́верз *м* 1. *мор., ав.*: на ~е, по ~у víerkant; quérab; 2. *стр.* Traverse [-ˈvɛr-] *f* (11), Quérbalken *m* (7), Quérträger *m* (6)

тра́верза *ж см.* тра́верз 2

тра́верс *м* 1. *воен.* Schúlterwehr *f* (10), Quérwand *f* (3), Traverse [-ˈvɛr-] *f* (11); ты́льный ~ Rückenwehr *f*; 2. *см.* тра́верз 1; 3. *см.* тра́верз 2; 4. *гидр.* Bühne *f* (11)

тра́верса *ж см.* тра́верз 2

траверси́ровать *спорт.* traversíeren [-vɛr-] *vt*

травести́ *с театр.* Travestíe [-vɛs-] *f* (11)

трави́нка *ж* Gräs¦chen *n* (7), Hälmchen *n* (7)

трави́ть I (*поле и т. п.*) ábweiden *vt*; ábgrasen *vt*

трави́ть II 1. (*на охоте*) (mit Húnden) hétzen *vt*; 2. (*преследовать*) verfólgen *vt*; gégen j-n hétzen

трави́ть III 1. (*отравлять, уничтожать*) vergíften *vt*, áusrotten *vt*; ~ крыс Rátten vertílgen; Ráttengift (áus)légen; 2. *тех.* ätzen *vt*, béizen *vt*; 3. *хим.* ábbrennen* *vt* (*кислотой*)

трави́ть IV *мор.* náchgeben* *vt*; (áb)fíeren *vt*; náchlassen* *vt*

трави́ться *разг.* sich vergíften

травле́н||ие *с* 1. (*металлов*) Ätzen *n* -s, Béizen *n* -s; ~ие на ци́нке *тип.* Zínkätzung *f*; испыта́ние ~ием Ätzprobe *f* (11); 2. *хим.* Ábbrennen *n* -s

тра́вля *ж* 1. *охот.* Hétzjagd *f* (10), Hatz *f* (10); 2. *перен.* Hétze *f*; Verfólgung *f* (10); Késseltreiben *n* -s

тра́вма *ж* Verlétzung *f* (10), Wúnde *f* (11); Tráuma *n* -s, *pl* -men *u* -ta (*психическая*); произво́дственная ~ Betríebsverletzung *f* (10); Betríebsunfall *m* (1); душе́вная ~ séelisches Tráuma, séelische Erschütterung; **~ти́зм** *м* Únfallgeschehen *n* -s; у́личный ~ти́зм Verkéhrsunfälle *pl*; спорти́вный ~ти́зм Spórtunfälle *pl*; **~ти́ческий** traumátisch

травматоло́гия *ж мед.* Traumatologíe *f*

травни́к *м* 1. (*настойка*) Kräuterlikör *m* (1); Kräuteraufguß *m* -sses, -güsse; 2. (*справочник*) Kräuterbuch *n* (5)

траво||по́лье *с с.-х.* Grásanbau *m* -(e)s; Féldgraswirtschaft *f*; **~по́льный** *с.-х.* Grásanbau-, Fútteranbau-, Fúttergrasanbau-; ~по́льный севооборо́т Fúttergras(saat)folge; ~по́льная систе́ма Féldgraswirtschaft *f*; **~се́яние** *с* Fútter(gras)anbau *m* -(e)s; Gräseranbau *m*; **~сме́сь** *ж* Fúttergrasgemisch *n* (2); **~сто́й** *м с.-х.* Grásbestand *m* (1*); **~я́дный** *зоол.* grásfressend; ~я́дное живо́тное grásfressendes Tier, Grásfresser *m* (6)

травян||и́стый 1. Gras-, Kraut-; 2. (*сходный с травой*) grásartig; kráutartig; 3. (*поросший травой*) grásbewachsen; 4. (*о вкусе*) geschmácklos, fáde; **~о́й** Gras-; Kraut-; ~ы́е дере́вья Grásbäume *pl*; ~а́я вошь *зоол.* Bláttlaus *f* (3); ~а́я лягу́шка Grásfrosch *m* (1*); ~о́го цве́та grásgrün

траге́ди||я *ж* 1. *лит.* Tragödi¦e *f* (11), Tráuerspiel *n* (2); а́втор ~и Trágiker *m* (6); 2. *перен.* Tragödi¦e *f* (11), Tráuerspiel *n* (2)

траги́зм *м* Trágik *f*; ~ положе́ния die Trágik der Láge

тра́гик *м* (*актёр*) Tragöde *m* (9)

трагиком||е́дия *ж* Tragikomödi|e *f* (11); **~и́ческий** tragikómisch, érnstheiter

траги́ческ||и *нареч.* trágisch; ~и относи́ться к чему́-л. etw. trágisch néhmen*; око́нчиться ~и trágisch énden; **~ий** trágisch; ~ая актри́са Tragödin *f* (12)

траги́чн||о *см.* траги́чески; **~ость** *ж* Trágik *f*; **~ый** trágisch, erschütternd

традицио́нный traditionéll, überlíefert, (ált)hérkömmlich, althérgebracht

тради́ц||ия *ж* Tradítion *f* (10), Überlíeferung *f* (10); по ~ии traditiónsgemäß, traditiónsgebunden

траекто́рия *ж* Flúgbahn *f* (10), Trajektóri|e *f* (11)

трак *м тех.* Kéttenglied *n* (5)

тракт *м* Stráße *f* (11); Trakt *m* (1); почто́вый ~ *уст.* Póststraße *f*; ◇ желу́дочно-кише́чный ~ *анат.* Mágen-Dárm-Trakt *m*, Mágen-Dárm-Kanal *m* -s, -näle

тракта́т *м* **1.** (*научное сочинение*) Traktát *m* (1), *n* (2), Ábhandlung *f* (10); **2.** (*международный договор*) Stáatsvertrag *m* (1*)

练

тракти́р *м* Schénke *f* (10); Áusschank *m* (1*); Wírtshaus *n* (5), Gásthaus *n*; **~щик** *м* Schánkwirt *m* (1) **~щица** *ж* Schánkwirtin *f* (12)

трактова́ть **1.** (*обсуждать*) behándeln *vt*, erörtern *vt*; **2.** (*толковать*) déuten *vt*, áuffassen *vt*

тракто́вка *ж* **1.** (*обсуждение*) Behándlung *f*, Beléuchtung *f*; **2.** (*толкование*) Áuslegung *f* (10), Déutung *f* (10)

тра́ктор *м* Tráktor *m* -s, -tóren; ~-тяга́ч Schlépper *m* (6), Trécker *m* (6), Zúgmaschine *f* (11); ~-толка́ч Schúbtraktor *m*; мо́щный ~ Gróßtraktor *m*; гу́сеничный ~ Ráupenschlepper *m*, Ráupentraktor *m*; колёсный ~ Rádschlepper *m*, Rádtraktor *m*; универса́льный ~ Universáltraktor *m*; пропашно́й ~ Háckfruchtschlepper *m*; трелёвочный ~ *лес.* Hólzrückschlepper *m*; коли́чество ~ов в 15-си́льном исчисле́нии die Traktórenzahl in 15 PS úmgerechnet; рабо́тать на ~е éinen Tráktor fáhren*

трактори́з||а́ция *ж* Traktorisíerung *f*; Áusstattung mit Traktóren [Schléppern]; **~ова́ть** traktorisíeren *vt*

трактори́ст *м* Traktoríst *m* (8)

тра́кторн||ый Traktóren-; ~ая тя́га Schlépp(er)zug *m* -(e)s, Traktórenantrieb *m* (1); ~ый по́езд Tréckerzug *m* (1*)

тракторостро||е́ние *с* Traktórenbau *m* -(e)s; **~и́тельный:** ~и́тельный заво́д Traktórenwerk *n* (2)

трал *м* **1.** (*рыболовный*) Trawl [*англ.* trɔ:l] *n* -s, -s, Schléppnetz *n* (2); **2.** (*гидрографический*) Bagger *m* (6); **3.:** противоми́нный ~ *воен.* Mínenräumgerät *n* (2); ~-иска́тель *мор.* Mínensuchgerät *n*

тра́ление *с* Schléppnetzfischerei *f*; ~ мин Mínensuchen *n* -s; Mínenräumen *n* -s

тра́лер *м см.* тра́улер

тра́лить *мор.* mit dem Schléppnetz físchen; ~ ми́ны Mínen súchen [räumen]

тра́ловый *мор.* Schléppnetz-; Mínensuch-, Mínenräum-

тра́льщик *м* **1.** (*рыболовный*) Schléppnetzboot *n* (2); **2.** *мор.* Mínensuchboot *n* (2), Mínensucher *m* (6); ка́терный ~ Mínenräumboot *n*

трамбов||а́ние *с* Stámpfen *n* -s, Rámmen *n* -s; **~а́ть** (*землю*) stámpfen *vt*, rámmen *vt*

трамбо́вка *ж* **1.** (*действие*) Stámpfen *n* -s, Rámmen *n* -s; **2.** (*орудие*) Stámpfer *m* (6), Rámme *f* (11)

трамв||а́й *м* Stráßenbahn *f* (10); Stráßenbahnwagen *m* (7) (*вагон*); е́хать на ~а́е mit der Stráßenbahn fáhren*; сесть на ~а́й in die Stráßenbahn stéigen*; вы́йти из ~а́я aus der Stráßenbahn stéigen*; ◇ речно́й ~а́й Líni|enmotorschiff *n* (2), kléines Passagíerschiff (*für Stadtverkehr*)

трамва́йн||ый Stráßenbahn-; ~ое сообще́ние Stráßenbahnverkehr *m* -(e)s; ~ый парк Stráßenbahnhof *m* (1*), Depot [-'po:] *n* -s, -s; ~ая остано́вка Stráßenbahnhaltestelle *f* (11)

трамва́йщик *м разг.* Stráßenbahner *m* (6); Árbeiter [Ángestellter] der Stráßenbahn

трампли́н *м* Sprúngbrett *n* (5); Sprúngschanze *f* (11) (*лыжный*); прыжки́ с ~а Schánzenspringen *n* -s, Schíspringen *n*; по́льзоваться чем-л. как ~ом etw. als Sprúngbrett benútzen

транжи́р *м разг.* Verschwénder *m* (6); **~ка** *ж разг.* Verschwénderin *f* (12); **~ить** *разг.* vergéuden *vt*, verschwénden *vt*

транзи́стор *м* **1.** *эл.* Transístor *m* -s, -tóren; **2.** (*радиоприёмник*) Transístorradio *n* -s, -s, Kófferradio *n*

транзи́т *м* Transít *m* -(e)s, Dúrchfuhr *f*; перевози́ть ~ом als Transítware [Transítgut] befördern; проезжа́ть ~ом im Transít réisen

транзити́вность *ж грам.* Transitivität [-vi-] *f*

транзи́т||ник *м* Transítreisende *m* (14); **~ный** Transít-; Dúrchgangs-; ~ный това́р Transítgut *n* (5), Transítware *f* (11); ~ный парохо́д Ánschlußdampfer *m* (6); ~ная та́кса Dúrchgangszoll *m* (1*); ~ная ви́за Dúrchreisevisum [-vi-] *n* -s, -sa, Transítvisum *n*

транквилиза́тор *м мед.* Tanquilizer ['trɛŋkvilaezər] *m* (6)

транс *м мед.* Transe [*англ.* tra:ns] *f*

транс||альпи́йский transalpín; **~-атланти́ческий** transatlántisch

трансгре́ссия *ж геол.* Transgressión *f* (10)

трансильва́нский síebenbürgisch

транскриби́ровать *лингв.* transkribíeren *vt*

транскри́пция *ж лингв.*, *муз.* Transkriptión *f* (10), Láutumschrift *f* (10)

трансли́ровать sénden *vt*; übertrágen* *vt*

транслитера́ция *ж лингв.* Transliteratión *f*

транслитери́ровать *лингв.* transliteríeren *vt*

трансляцио́нн||ый Übertrágungs-; ~ая радиоста́нция Übertrágungsfunkstelle *f* (11)

трансля́ция *ж* Séndung *f*, Übertrágung *f*, Fúnksendung *f*

трансмиссио́нный *тех.* Transmissións-, Übertráge-, Trieb-

трансми́ссия *ж тех.* Transmissión *f*, Übertrágung *f*, Tríebwerk *n* (2); *авто* Kráftübertragung *f*

трансми́ттер *м* Lóchstreifensender *m* (6)

транснациона́льн||ый *эк.* transnationál; ~ая корпора́ция (*сокр.* ТНК) multinationáler Konzérn, Múlti *m* -s, -s (*разг.*)

трансокеа́нский transozeánisch, überseé|isch, Übersee-

транспара́нт *м* **1.** Transparént *n* (2), Léuchtbild *n* (5); Sprúchband *n* (5); **2.** (*для письма*) Líni|enblatt *n* (5)

транспира́ция *ж биол.* Transpiratión *f*, Áusdünstung *f*

трансплант́ация *ж мед.* Transplantatión *f*, Gewébeverpflanzung *f*

транспони́р||овать *муз.* transponíeren *vt*, übertrágen* *vt*; **~о́вка** *ж муз.* Transponíerung *f*

тра́нспорт *м* **1.** (*перевозка*) Transpórt *m* -(e)s, Beförderung *f*; **2.** (*отрасль хозяйства*) Transpórtwesen *n* -s; Verkéhrswesen *n*; во́дный ~ Wássertransport *m*; речно́й и морско́й ~ Bínnen- und Séeschiffahrt *f*; возду́шный ~ Lúftverkehr *m* -(e)s: автомоби́льный ~ Kráftverkehr *m*, Áutoverkehr *m*; назе́мный ~ Óberflächenverkehr *m*; подзе́мный ~ Úntertageförderung *f*; городско́й ~ Stádtverkehr *m*; ме́стный ~ Náhverkehr *m*; вну́тренний ~ Ínlandsverkehr *m*; грузово́й ~ Güterverkehr *m*; конте́йнерный ~ Behälterverkehr *m*, Containerverkehr [kən'te:nər-] *m*; гужево́й ~ Wágentransport *m*; **3.** (*партия грузов и т. п.*) Partíe *f* (11), Schub *m* (1*); Séndung *f* (10); **4.** (*перевозочные средства*) Fáhrzeuge *pl*, Transpórtmittel *pl*; *мор.* Transpórtschiff *n* (2), Transpórter *m* (6); у́гольный ~ Kóhlenfrachter *m* (6)

трансп́орт *м бухг.* (*перенос на другую страницу*) Übertrag *m* (1*), Transpórt *m* (1)

транспорта́бельный transportábel, transpórtfähig

транспортёр *м* Förderer *m* (6); Transpórtband *n*; ле́нточный ~ Gúrtförderer *m*, Förderband *n* (5); у́гольный ~ Kohlenfließband *n*

транспорти́р *м тех.* Transporteur [-'tø:r] *m* (1), Grádbogen *m* (7); Wínkelmesser *m* (6) (*угломер*)

транспорти́ровать befördern *vt*, versénden(*) *vt*, transportíeren *vt*

тра́нспортн||ик *м* **1.** Transpórtarbeiter *m* (6); Ángestellter des Verkéhrswesens; Éisenbahner *m* (6) (*железнодорожник*); **2.** *разг.* (*самолёт*) Transpórtflugzeug *n* (2); **~ый** Transpórt-, Verkéhrs-; ~ое су́дно Transpórtschiff *n* (2); ~ые сре́дства Transpórtmittel *pl*; еди́ная ~ая систе́ма éinheitliches Verkéhrssystem

транссиби́рский transsibírisch

трансура́ны *мн.* Transuráne *pl*

трансфе́рт *м фин.* Transfér *m* -s, Übertrágung *f* (10), Verréchnung *f* (10); **~ный** Transfér-, Verréchnungs-

трансформа́тор *м* **1.** *эл.* Úmformer *m* (6), Úmspanner *m* (6), Strómwandler *m* (6), Transformátor *m* -s, -tóren, Tráfo *m* -s, -s; дифференциа́льный ~ Spréchspule *f* (11); **2.** *свз.* Übertráger *m* (6); **~ный** *эл.* Transformatóren-, Úmspann-; ~ная подста́нция Úmspannwerk *n* (2)

трансформа́ция *ж* **1.** Transformatión *f* (10), Verwándlung *f* (10); **2.** *эл.* Úmformung *f*, Transformatión *f*

трансформи́зм *м биол.* Transformísmus *m* =, Ábstammungslehre *f*

трансформи́ровать úmformen *vt*; transformíeren *vt*; úmwandeln *vt*; **~ся** **1.** sich transformíeren; sich verwándeln; **2.** *страд.* transformíert wérden

трансфу́зия *ж мед.* Transfusión *f* (10)

трансцендента́льный *филос.* transzendentál

трансценде́нтн||ый **1.** *филос.* transzendént, übersinnlich; **2.** *мат.:* ~ые чи́сла transzendénte Záhlen

траншеекопа́тель *м* Grábenbagger *m* (6)

траншéйный *воен.* Gráben-; ~ экскавáтор Grábenbagger *m* (6)

траншéя *ж* **1.** *стр.* Gráben *m* (7*), Kanál *m* (1*); **2.** *горн.* Éinschnitt *m* (1); **3.** *воен.* Schützengraben *m* (7*), Gráben *m*, Láufgraben *m*; си́лосная ~ Sílogrube *f* (11), Gärfuttergrube *f*

трап *м* **1.** *мор.* Schíffstreppe *f* (11); забóртный ~ Fállreep *n* (2); **2.** *ав.* Gangway [ˈgæŋwe:] *f*, *pl* -s; **3.** *театр.* Lúke *f* (11); **4.** (*для стока*) Áblauf *m* (1*), Ábfluß *m* -sses, -flüsse

трáпез||а *ж* *уст.* Tisch *m* (1); Táfel *f* (11); Mahl *n* (5, 2); **~ная** *сущ.* *ж* *церк.* Refektórium *n* -s, -tóri¦en

трапéция *ж* **1.** *мат.* Trapéz *n* (2); **2.** *спорт.* Trapéz *n* (2), Scháukelreck *n* (2), Schwébereck *n*

трáсса *ж* Trásse *f* (11), Strécke *f* (11), Líni¦e *f* (11); ~ для соревновáния *спорт.* Kámpfbahn *f* (10); воздýшная ~ Flúgstrecke *f*, Lúftverkehrslini¦e *f*; судохóдная ~ Schíffahrtsweg (*при переносе* Schiff-fahrtsweg) *m* (1); лы́жная ~ Skipiste [ˈʃi:-] *f* (11); сáночная ~ Bóbbahn *f* (10); ~ скоростнóго спýска (*на лыжах*) Ábfahrtsstrecke *f*

трассáнт *м* *фин.* Trassánt *m* (8), Wéchselaussteller *m* (6)

трасси́р||овать trassíeren *vt*; ábstekken *vt* (*отмечать вехами*); *воен.* spúren *vi*; **~ующий** Léuchtspur-; **~ующая** пýля Léuchtkugel *f* (11); **~ующий** снаря́д Spúrgeschoß *n* -sses, -sse, Léuchtspurgeschoß *n*

трáта *ж* Áusgabe *f* (11), Verbráuch *m* -(e)s; бесплóдная ~ врéмени únnützer Zéitverlust

трáтить áusgeben* *vt*, veráusgaben *vt* (*расходовать*); verbráuchen *vt*, verlíeren* *vt*, vergéuden *vt*, vertrödeln *vt* (*время и т. п.*); не ~ мнóго слов nicht viel Wórte máchen; **~ся 1.** Geld áusgeben* [verschwénden]; Áusgaben máchen; **2.** *страд.* veráusgabt [áusgegeben] wérden (*ср.* трáтить)

трáтта *ж* *фин.* Trátte *f* (11)

трáулер *м* *мор.*: (рыболóвный) ~ Trawler [*англ.* ˈtrɔ:lər] *m* (6), Físchtrawler *m*

трáур *м* **1.** Tráuer *f*; Leid *n* -(e)s; глубóкий ~ tíefe Tráuer; день национáльного ~а Stáatstrauertag *m* (1); **2.** (*одежда и т. п.*) Tráuerkleidung *f* (10); носи́ть ~ по ком-л. um j-n Tráuer trágen*

трáурница *ж* (*бабочка*) Tráuermantel *m* (6*)

трáур||ный 1. Tráuer-; **~ный** ми́тинг Gedénkstunde *f* (11); **~ное** шéствие Tráuerprozession *f* (10); Tráuerzug *m* (1*); **~ный** марш Tráuermarsch *m* (1*); **~ная** повя́зка Tráuerflor *m* (1), Flor *m*; **2.** (*скорбный*) tráurig, léidvoll

трафарéт *м* **1.** (*модель, шаблон*) Schablóne *f* (11); сéтчатый ~ Síebdruckschablone *f*; **2.** *перен.* Schablóne *f*, Schéma *n* -s, *pl* -s *u* -ta; по ~у nach Schéma F, schemátisch; **~ность** *ж* Schablóne *f*, schemátischer Charákter; **~ный 1.** *тех.* Modéll-, Schablóne-; **2.** *перен.* schemátisch, konventionéll [-vən-]; **~ное** выражéние sprächliches Klischée

трах *межд.* krach!, pardáuz!

трахеи́т *м* *мед.* Trache¦ítis *f*, Lúftröhrenentzündung *f*

трахéйный *анат.* Trachéen-

трахеотоми́я *ж* *мед.* Tracheotomíe *f*, Lúftröhrenschnitt *m* (1)

трахéя *ж* *анат.* Trachée *f* (11), Lúftröhre *f* (11)

трахи́т *м* *геол.* Trachýt *m* (1)

трáхнуть *разг.* (zu Bóden) schméttern *vt*; éinen Hieb versétzen (когó-л. *D*)

трахóма *ж* *мед.* Trachóm *n* -(e)s

трéб||а *ж* *церк.* Ámtshandlung *f* éines Géistlichen; **~ник** *м* *церк.* Agénde *f* (11), Altárbuch *n*

трéбован||ие *с* **1.** Fórderung *f* (10), Verlángen *n* (7); Gebót *n* (2), Beféhl *m* (1) (*приказание*); Ánsuchen *n* (7) (*просьба*); по ~ию когó-л. auf j-s Ánsuchen [Fórderung]; оснóвные ~ия Grúndforderungen *pl*; настоя́тельное ~ие dríngendes Ánsuchen; завы́сить ~ие überfórdern *vt*; закóнное ~ие réchtmäßige Fórderung; по ~ию судá laut [gemäß] Fórderung des Geríchts; остановка по ~ию Bedárfshaltestelle *f* (11); **2.** *мн.* ~ия (*запросы*) Bedürfnisse *pl*; **3.** (*притязание*) Fórderung *f* (10), Ánspruch *m* (1*) (auf *A*); Ánforderung *f* (10); Belánge *pl*; чрезмéрное ~ие Ánsinnen *n* -s; откáзáться от своих ~ий von séinen Ánsprüchen [Fórderungen] Ábstand néhmen*; предъявлять к комý-л. высóкие ~ия hóhe Ánforderungen an j-n stéllen; соглашáться на чьи-л. ~ия auf j-s Fórderungen éingehen*; отвечáть ~иям den Ánforderungen entspréchen* [gerécht wérden]; **4.** (*документ*) Bestéllzettel *m* (6); Bestéllung *f* (10) (на что-л. auf *A*)

трéбовательн||ость *ж* gróße Ánsprüche; Strénge *f* (*строгость*); **~ый 1.** (*о человеке*) ánspruchsvoll; streng (*строгий*); ~ый к самомý себé ánspruchsvoll gégen sich selbst; **2.** *уст.* (*о документе*) Bestéll-; ~ая вéдомость Bestélliste (*при переносе* Bestell-liste) *f* (11)

трéбовать 1. fórdern *vt*, verlángen *vt*; дополни́тельно ~ что-л. náchfordern *vt*; **2.** (*нуждаться в чём-л.*) erfórdern *vt*; bedürfen *vi* (чегó-л. *G*); извéстие трéбует подтверждéния die Náchricht bedárf der Bestätigung; э́то трéбует внимáния das erfórdert Áufmerksamkeit; больнóй трéбует покóя der Kránke braucht [bedárf der (*книжн.*)] Rúhe; **3.** (*вызывать куда-л.*) bestéllen *vt*; áuffordern zu kómmen; berúfen* *vt*; ~ в суд vor Gerícht láden*; **~ся 1.** nötig [erfórderlich] sein; benötigt wérden; на э́то трéбуется мнóго врéмени das erfórdert [verlángt, braucht] viel Zeit; заводý трéбуются слéдующие материáлы das Werk benötigt fólgendes Materiál; трéбуется кóмната ein Zímmer wird gesúcht; срóчно трéбуются (*в объявлении о предложении работы*) wir súchen zum sofórtigen Ántritt [zur sofórtigen Éinstellung]; wir súchen für sofórt; **2.** *страд.* gesúcht [verlángt] wérden

требухá *ж* Éingeweide *pl*, Kaldáunen *pl*, Inneréien *pl*

тревóг||а *ж* **1.** (*беспокойство*) Únruhe *f*, Áufregung *f*, Besórgnis *f*; быть в ~е sich beúnruhigen; sich áufregen; sich (*D*) Sórgen máchen (о ком-л. um *A*); in Sórgen sein (о ком-л. um *A*); **2.** (*сигнал опасности*) Alárm *m* (1); Alármsignal *n* (2), Alármzeichen *pl*; подня́ть ~у alarmíeren *vt*; бить ~у Alárm [Lärm] schlágen*; боевáя ~а Geféchtsalarm *m*; хими́ческая ~а Gásalarm *m*; лóжная ~а blínder Alárm; пожáрная ~а Féueralarm *m*; учéбная ~а Próbealarm *m*; воздýшная ~а Lúftalarm *m*, Flíegeralarm *m*; объяви́ть воздýшную ~у Flíegeralarm mélden [ánsagen]

тревóжить 1. (*нарушать покой*) beúnruhigen *vt*; stören *vt*; j-s Rúhe stören; j-m kéine Rúhe lássen*; **2.** (*волновать*) áufregen *vt*; in Sórge versétzen; **~ся** sich beúnruhigen; sich áufregen; sich (*D*) Gedánken [Sórgen] máchen (о чём-л. über, um *A*)

тревóжн||ость *ж* das Áufregende (*sub*), das Beängstigende (*sub*); Únsicherheit *f*; **~ый 1.** (*встревоженный*) áufgeregt, beúnruhigt, rástlos; alarmíert; ~ое состоя́ние [настроéние] rástlose [nervöse] Stímmung, Alármstimmung *f*; **2.** (*вызывающий тревогу*) beúnruhigend, áufregend, bedénklich, beängstigend, alarmíerend; ~ое извéстие alarmíerende Náchricht; ~ое положéние besórgniserregende Láge; мне ~о mein Herz ist schwer; **3.** (*обозначающий тревогу*) Alárm-; ~ый сигнáл Alármsignal *n* (2)

треволнéние *с* *разг.* (gróße) Áufregung *f* (10); Erschütterung *f* (10); Wíderwärtigkeiten [Stürme] des Lébens

тред-юниóн *м* Trade-Union [*англ.* ˈtre:d-] *f* (10); **~и́зм** *м* Trade-Unionísmus [ˈtre:d-] *m* =; **~и́ст** *м* Trade-Unioníst [ˈtre:d-] *m* (8)

трéзвенник *м* Abstinénzler *m* (6), Antialkohóliker *m* (6)

трезвéть *тж. перен.* nüchtern wérden

трéзво *нареч.* **1.** (*умеренно, воздержанно*) nüchtern; mäßig, enthältsam; **2.** (*разумно*) vernünftig, nüchtern, verständig

трезвóн *м* Geläut *n* (2), Glóckengeläut *n*; Gebímmel *n* (6) (*разг.*); **~ить 1.** (*о колоколах*) läuten *vi*; **2.** *разг.* (*разглашать*) verbréiten *vt*; áusposaunen *vt*; an die gróße Glócke hängen

трéзвость *ж* **1.** (*воздержанность, умеренность*) Nüchternheit *f*; Mäßigkeit *f*, Enthältsamkeit *f*; **2.** (*разумность*) Vernünftigkeit *f*, Nüchternheit *f*

трезвýчие *с* *муз.* Dréiklang *m* (1*)

трéзв||ый 1. (*не пьяный*) nüchtern; **2.** (*непьющий*) enthältsam, abstinént; **3.** (*разумный*) gesúnd, nüchtern, vernünftig; sáchlich; имéть ~ый взгляд на вéщи gesúnde Ánsichten háben; ~ый человéк ein nüchterner Mensch, ~ая головá ein klárer Kopf; ◇ что у ~ого на умé, то у пья́ного на языкé *погов.* was der Nüchterne denkt, rédet der Betrúnkene

трезýбец *м* Dréizack *m* (1)

трéйлер *м* (*автоприцеп*) Trailer [*англ.* ˈtrɛɪlə] *m* (6), Tíeflader *m* (6), Transpórtfahrgestell *n* (2)

трек *м* *спорт.* Rénnbahn *f* (10); Rádrennbahn *f*; закры́тый ~ Wínterbahn *f*; гóнки по ~у Bähnrennen *n* (7)

трелевáть *лес.* ábschleppen *vt*, zíehen* *vt*, rücken *vt*

трелёвка *ж* *лес.* Zíehen *n* -s, Rücken *n* -s, Ábschleppen *n* -s

трел||ь *ж* *муз.* Tríller *m* (6); ~и жáворонка das Tríllern der Lérche; ~и соловья́ Náchtigallenschlag *m* -(e)s; пускáть ~и trällern *vi*, tríllern *vi*, Tríller schlágen*

трелья́ж *м* **1.** (*решётка*) Gítterwerk *n* (2), Dráhtgitter *n* (6); **2.** (*зеркало*) dréiteiliger Spíegel [Pféilerspiegel]

трéма *ж* *лингв.* Tréma *n* -s, *pl* -s *u* -ta, Trénnungszeichen *n* (7)

трéмоло *с* *муз.* Trémolo *n* -s, -s

трен *м* (*шлейф*) Schléppe *f* (11)

тренажёр *м* *ав., косм.* Trainer [ˈtrɛ:-] *m* (6), Trainergerät *n* (2)

трéнер *м* *спорт.* Trainer [*англ.* ˈtrɛ:nər] *m* (6); Trainerin *f* (12) (*о женщине*); стáрший ~ Chéftrainer [ˈʃɛf-] *m*

трéнзель *м* Trénse *f* (11)

трéни||е *с* **1.** Réibung *f*; си́ла ~я *физ.* Réibungskraft *f* (3); **2.** *мн.* ~я (*столкновения*) Réibungen *pl*, Únstimmigkeiten *pl*; Zusámmenstöße *pl*, Míßhelligkeiten *pl*; Méinungsverschiedenheiten *pl*

тренировáть trainíeren [trɛ-] *vt*, (éin)üben *vt*, dúrcharbeiten *vt*; dúrchbilden *vt*; **~ся** (*в чём-л.*) sich trainíeren [trɛ-], trainíeren *vi*, sich üben, üben *vi* (in *D*)

трениро́в||ка *ж* Training ['trɛ:-] *n* -s, Übung *f* (10); *спорт.* Körperschulung *f*; **~очный** Trainings- ['trɛ:-]; Übungs-

тренóга *ж* **1.** Dréifuß *m* (1); **2.** (*путы лошади*) Fúßkoppel *f* (11), Spánnfessel *f* (11)

тренóжить kóppeln *vt*, fésseln *vt*

тренóжник *м см.* тренóга 1

трéнькать *разг.* klímpern *vi*

трепáк *м* Trepák *m* -s (*русский народный танец*)

трепáло *с тех.* Schwínge *f* (11); Fláchsschwinge *f* (*для льна*); Hánfschwinge *f* (*для конопли*)

трепáль||ный: ~ная машúна Schlágmaschine *f* (11); Fláchsschwinge *f* (11) (*для льна*); Hánfschwinge *f* (*для конопли*); **~щик** *м* Schwínger *m* (6); Fláchsschwinger *m* (*льна*); Hánfschwinger *m* (*конопли*)

трепáн *м мед.* Trepán *m* (1), Schädelbohrer *m* (6)

трепанáция *ж мед.* Trepanatión *f* (10); ~ чéрепа Schädelbohrung *f* (10), Schädeltrepanation *f*

трепáнг *м зоол.* Trépang *m* (1) (*pl тж.* -s); Séewalze *f* (11), Séegurke *f* (11)

трепáние *с* Bréchen *n* -s; Schwíngen *n* -s (*льна, конопли*); Schlágen *n* -s (*хлопка*)

трепанúровать *мед.* trepaníeren *vt*

трепáть **1.** záusen *vt*; zérren *vt*, zíehen* *vt*; ~ зá волосы an den Háaren zíehen*; егó трéплет лихорáдка er fíebert; das Fíeber schüttelt ihn; вéтер трéплет вóлосы der Wind zaust die Háare; **2.** (*лён, коноплю*) bréchen* *vt*, schwíngen* *vt*; **3.** *разг.* (*костюм, обувь и т. п.*) vertrágen* *vt*, strapazíeren *vt*; ábnutzen *vt*; ◇ ~ нéрвы *разг.* die Nérven áufreiben* [zerrütten]; ~ языкóм *разг.* schwätzen *vi*; schwätzen *vi*; séiner Zúnge fréien Lauf lássen*; **~ся** **1.** *разг.* (*изнашиваться*) sich ábnutzen, ábgenutzt wérden; **2.** *груб.* (*болтать*) schwätzen *vi*, schwätzen *vi*; quásseln *vi*, quátschen *vi*

трепáч *м груб.* Schwätzer *m* (6), Quátschkopf *m* (1*), Áufschneider *m* (6)

трéпел *м геол.* Trípel *m* -s

трéпет *м* Zíttern *n* -s, Bében *n* -s; с ~ом mit Zíttern und Bében; привестú в ~ zíttern [erbében] máchen; привестú в рáдостный ~ vor Fréude erbében lássen*; наводúть ~ на когó-л. j-m Angst éinflößen; j-n in Furcht versétzen; j-m éinen Schrécken éinjagen; **~áние** *с* Zíttern *n* -s, Bében *n* -s

трепетáть **1.** zíttern *vi*, bében *vi*; fláttern *vi*; stark póchen (*о сердце*); ~ от рáдости vor Fréude zíttern [bében]; ~ от ýжаса [от стрáха] vor Entsétzen [vor Furcht] bében; **2.** (*о пламени*) fláckern *vi*; **3.** (*биться*) záppeln *vi*; zúcken *vi*

трéпетн||ый **1.** (*испуганный*) scheu; ángstvoll, ángsterfüllt; zítternd; сéрдце ~о бьётся das Herz hämmert [klopft, pocht] ángstvoll; **2.** (*вздрагивающий*) zúckend; fláckernd (*о свете*)

трепéщущий zítternd, bébend; ángsterfüllt (*испуганный*)

трёпк||а *ж* **1.** Schwíngen *n* -s; Fláchsschwingen *n* -s (*льна*); Hánfschwingen *n* -s (*конопли*); **2.** *разг.* (*нагоняй*) Rüffel *m* (6); Prügel *pl* (*побои*); задáть ~у комý-л. j-n tüchtig verháuen* [versóhlen, verdréschen*]; ◇ ~а нéрвов Nérvenaufwand *m* -(e)s

трепыхáться *разг.* zúcken *vi*, záppeln *vi*; fláckern *vi* (*об огне*)

треск *м* Knall *m* (1), Kráchen *n* -s; Prásseln *n* -s, Geprássel *n* -s; Knístern *n* -s, Gekníster *n* -s (*сучьев, огня*); Knáttern *n* -s, Geknátter *n* -s (*ружейных выстрелов*); ◇ с ~ом (*выгнать и т. п.*) mit gróßem Krach, Knall und Fall; с ~ом провалúться mit Páuken und Trompéten dúrchfallen* (s)

трескá *ж* Dorsch *m* (1), Kábeljau *m* (1) (*pl тж.* -s) (*свежая*); Klíppfisch *m* (1), Laberdán *m* (1), Stóckfisch *m* (*вяленая*)

трéскаться plátzen *vi* (s), áufspringen*, (zer)springen* *vi* (s), Risse bekómmen*, bérsten* *vi* (s); у негó кóжа на рукáх трéснула er hat áufgesprungene [rissige] Hände

трескóвый Dorsch-, Kábeljau-; Stóckfisch-, Klíppfisch-; ~ жир Dórschlebertran *m* -(e)s

трескотня́ *ж* **1.** Prásseln *n* -s, Geprássel *n* -s; Knáttern *n* -s, Geknátter *n* -s (*ружейных выстрелов*); **2.** (*кузнечиков*) Gezírpe *n* -s; **3.** *разг.* (*болтовня*) Geschwätz *n* -es, Geplápper *n* -s, Geschnátter *n* -s

трескýч||ий **1.** prásselnd, knísternd; ~ий морóз grímmige [schnéidende] Kälte, klírrender Frost; на дворé ~ий морóз es friert Stein und Bein; **2.** (*громкий*); ~ие фрáзы hóchtrabende [schwülstige] Phrásen

трéснуть **1.** *см.* трéскаться; **2.** *груб.* (*ударить*) (ver)háuen* *vt*; (j-m eins) áuswischen *vt*; **3.** (*потерпеть крах*) plátzen *vi* (s)

трéснуться *разг.* sich stóßen* (*обо что-л.* gégen *A*)

трест *м* **1.** (*монополия*) Trust [trast] *m* -s, -s; **2.** (*объединение предприятий*) Veréinigung *f* (10); строúтельный ~ Báukombinat *n* (2)

трестá *ж с.-х.* Stroh *n* -(e)s; льнянáя ~ Fláchsstroh *n*; конопля́ная ~ Hánfstroh *n*

трестúровать *эк.* vertrusten [-'trast-] *vt*; zu Trusts veréinigen

третéйск||ий Arbitráge- [-ʒə-], Schíeds(gerichts)-; ~ий суд Schíedsgericht *n* (2); ~ое решéние Schíedsspruch *m* (1*); ~ий судья́ Schíedsrichter *m* (6)

трéт||ий der drítte; ~ье лицó drítte Persón; ein Drítter; ~ьего мáя am drítten Mai; den drítten Mai (*на письме*); в ~ьем часý nach zwei Uhr; zwíschen zwei und drei; ~ий час es geht auf drei, es ist zwei Uhr vorbéi; ~ьего дня vórgestern; ~ье сослóвие *ист.* der drítte Stand; говорúть в ~ьем лицé in der drítten Persón spréchen*; ~ья часть Dríttel *n* (6); der drítte Teil; главá [странúца] ~ья Kapítel [Séite] drei; ~ий нóмер Númmer drei; ◇ из ~ьих рук aus drítter Hand

третúровать malträtíeren *vt*, schlecht behándeln

третúчный *геол.* Tertiär-; ~ перúод Tertiärzeit *f*

треть *ж* Dríttel *n* (6)

трéтье *сущ. с* (*третье блюдо, десерт*) Náchspeise *f* (11), drítter Gang, Dessért *n* -s, -s

третье||сóртный (*низкосортный*) drítter Wahl, schléchter Qualität; **~степéнный** **1.** (*несущественный*) bedéutungslos; **2.** (*весьма посредственный*) dríttrangig

треугóлка *ж* (*шляпа*) Dréispitz *m* (1); Dréimaster *m* (6) (*уст.*)

треугóльн||ик *м* **1.** Dréieck *n* (2); прямоугóльный ~ик réchtwinkliges Dréieck; равнобéдренный ~ик gléichschenkliges Dréieck; равностóронний ~ик gléichseitiges Dréieck; **2.** *муз.* (*ударный инструмент*) Triángel *m* (6); **3.** *разг.* (*руководство предприятия*) Dréieck *n* (2) (*Direktor, Parteisekretär, Vorsitzender der Gewerkschaft*); **~ый** *мат.* dréieckig; *муз.* triangulär

треýх *м* Pélzmütze *f* mit drei Kláppen

трéф||овый *карт.* Treff-, Kreuz-; Éichel-; **~ы** Treff *n* -s, -s, Kreuz *n* (2); Éichel *f* (11); ходúть с треф Treff [Kreuz] áusspielen

трёхáктн||ый dréiaktig; ~ая пьéса Dréiakter *m* (6)

трёхвалéнтный dréiwertig

трёхглáв||ый: ~ая мы́шца *анат.* Trízeps *m* =, -e

трёхгодúчный dréijährig

трёхгодовáлый dréijährig; ~ ребёнок ein dréijähriges Kind

трёхголóс(н)ый *муз.* dréistimmig

трёхгрáнный dréiflächig, dréikantig; ~ клинóк dréischneidige Klínge; ~ напúльник Dréikantfeile *f* (11); dréieckige Féile

трёхднéвный dréitägig; ~ срок dréitägige Frist

трёхдюймóвка *ж разг.* **1.** (*орудие*) 76mm-Geschütz *n* (2); **2.** (*доска*) 3 Zoll [76 mm] díckes Brett

трёхжúльный *эл.* dréiadrig, Dréileiter-

трёхзнáчный dréistellig

трёхзýбчатый (*о вилах*) dréizinkig

трёхкилометрóв||ый **1.** drei Kilométer lang; **2.:** ~ая кáрта Kárte im Máßstab 1 : 33 000

трёхколёсный dréiräd(e)rig; ~ велосипéд Dréirad *n* (5); ~ мотоцúкл Mótordreirad *n* (5)

трёхкóмнатный Dréizimmer-

трёхкрáтный dréifach

трёхлáмповый *радио* Dréiröhren-

трёхлéтие *с* **1.** (*срок*) Zéitraum von drei Jáhren; Triénnium *n* -s, -niјen (*книжн.*); **2.** (*годовщина*) der drítte Jáhrestag; прáздновать ~ (*какóго-л. событúя*) das dréijährige Jubiläum (éines Eréignisses) féiern

трёхлéтний dréijährig, von drei Jáhren

трёхлéток dréijährig; дуб-~ dréijährige Éiche

трёхлúстный dréiblätterig

трёхмáчтов||ый dréimastig; ~ое сýдно Dréimaster *m* (6)

трёхмéрный dréidimensional

трёхмéстный dréisitzig

трёхмéсячн||ый dréimonatig; ~ый ребёнок ein Kind von drei Mónaten, ein drei Mónate áltes Kind

трёхмотóрный dréimotorig

трёхнедéльный dréiwöchig; ~ ребёнок ein Kind von drei Wóchen

трёхóкись *ж хим.* Tríoxid *n* (2); ~ желéза Éisentrioxid *n*

трёхорудúйн||ый: ~ая бáшня *воен.* Dríllingsturm *m* (1*)

трёхóска *ж разг.* Dréiachser *m* (6)

трёхоснóвный *хим.* dréibasisch

трёхóсный dréiachsig

трёхпáлубн||ый Dréideck-; ~ое сýдно ein Schiff mit drei Decks, Dréidecker *m* (6)

трёхпáлый dréizehig; dréifingerig

трёхпóль||е *с с.-х.* Dreifélderwirtschaft *f*; **~ный** Dreifélder-; **~ная** систе́ма Dreiféldersystem *n* -(e)s; **~ное** хозя́йство Dreifélderwirtschaft *f*

трёхпроце́нтный dréiprozentig

трёхра́зовый dréimalig

трёхрублёвка *ж разг.* Dréirubelschein *m* (1)

трёхря́дный dréireihig

трёхсло́жный *лингв.* dréisilbig

трёхсло́йный dréischichtig

трёхсме́н||ка *ж разг.* Dréischichtarbeit *f*, Dréischichtbetrieb *m* -(e)s, Árbeit in dréischichtigem Betríeb; **~ный** dréischichtig, Dréischicht-

трёхсотле́т||ие *с* **1.** (*срок*) Zéitraum von dréihundert Jáhren; die dréihundertjährige Existénz; **2.** (*годовщина*) Dreihundertjáhrfeier *f*; **~ний** dreihundertjährig; ~ний юбиле́й Dreihundertjáhrfeier *f*

трёхсо́тый der dréihundertste; ~ год на́шей э́ры das Jahr dréihundert únserer Zéitrechnung; ~ но́мер Númmer dréihundert

трёхство́лка *ж* Drílling *m* (1)

трёхство́льный 1. (*об оружии*) dréiläufig; **2.** *бот.* dréistämmig

трёхство́рчатый *стр.* (*об окне*) dréiflügelig

трёхсто́пный *лит.* dréifüßig; ~ стих dréifüßiger Vers, Dréifuß *m* (1*)

трёхсторо́нний dréiseitig

трёхстру́нный *муз.* dréisaitig

трёхступе́нчат||ый dréistufig; ~ая переда́ча *авто* Dréiganggetriebe *n* (6)

трёхсу́точный dréitägig

трёхто́м||ник *м* dréibändige Áusgabe; **~ный** dréibändig

трёхто́нка *ж разг.* Dréitonner *m* (6)

трёхфа́зный *эл.* dréiphasig, Dréiphasen-; ~ ток Dréhstrom *m* -(e)s

трёхходово́й *тех.* Dréiwege-, dréigängig; ~ винт dréigängige Schráube; ~ кран Dréiwegehahn *m* (1*)

трёхцве́тн||ый dréifarbig; Dreifárben- (*в фотографии, в печати*); ~ая печа́ть Dreifárbendruck *m* -(e)s

трёхчасово́й 1. (*продолжающийся 3 часа*) dréistündig; **2.** (*рассчитанный на 3 часа*) für drei Stúnden; **3.** (*о поезде и т. п.*) Dréiuhr-

трёхчле́н *м мат.* Trinóm *n* (2); **~ный** trinómisch, dréigliedrig; ~ное уравне́ние dréigliedrige Gléichung

трёхэта́жный zwéistöckig, dréigeschossig

трёхъязы́чный *лингв.* dréisprachig

трёшка, трёшница *ж разг.* Dreirúbelschein *m* (1)

трещ||а́ть 1. kráchen *vi*; knácken *vi*; knístern *vi*, prásseln *vi* (*при сгорании*); **2.** (*о кузнечиках и т. п.*) zírpen *vi*; **3.** *разг.* (*болтать*) schwätzen *vi*, schwätzen *vi*; pláppern *vi*, schnáttern *vi*; **4.** *разг.* (*о предприятии и т. п.*) kráchen *vi*; bankrótt géhen*, Bankrótt máchen; ◊ у меня́ голова́ ~и́т (*от боли*) *разг.* mir brummt [schmerzt] der Kopf; у меня́ голова́ ~и́т от дел *разг.* ich weiß nicht, wo mir der Kopf steht

тре́щин||а *ж* Riß *m* -sses, -sse; Spalt *m* (1), Spálte *f* (11); Sprung *m* (1*) (*на посуде*); Rínne *f* (11) (*во льду*); *мед.* Schrúnde *f* (11); *геол.* Kluft *f* (10); покры́тый ме́лкими ~ами ríssig; áufgesprungen (*о коже*); глубо́кая ~а ein tíefer [kláffender] Riß; ◊ дать ~у éinen Ríß bekómmen*; дру́жба дала́ ~у die Fréundschaft hat éinen Riß bekómmen

трещо́тка *ж* **1.** *тех.* Rätsche *f* (11); **2.** (*у сторожа*) Knárre *f* (11), Klápper *f* (11), Rássel *f* (11); **3.** *разг.* (*болтун*) Pláppermaul *n* (5), Pláppertasche *f* (11)

три drei

триа́да *ж филос.* Triáde *f* (11)

триангуля́ция *ж* **1.** *мат.* Triangulatión *f*, Trianguliérung *f*; **2.** *геод.* Nétzlegung *f*

триа́с *м геол.* Trías *f*

трибра́хий *м лит.* Tríbrachys *m* =

трибу́н *м* Tribún *m* (1, 8); наро́дный ~ Vólkstribun *m*; ~ револю́ции Tribún der Revolutión

трибу́н||а *ж* Tribüne *f* (11); Rédnerbühne *f* (*оратора*); Tribünenaufbau *m* -(e)s (*временного характера*); говори́ть с ~ы von der Tribüne heráb spréchen*

трибуна́л *м* Geríchtshof *m* (1*), Tribunál (*высок.*) *n* (2); революцио́нный ~ Revolutiónstribunal *n*; вое́нный ~ Kríegsgericht *n* (2); Междунаро́дный ~ der Internationále Geríchtshof

тривиа́льн||ость *ж* Trivialität [-vĭa-] *f*, Plättheit *f* (10); **~ый** trivial [-'vĭa:l], platt

тригонометри́ческ||ий *мат.* trigonométrisch; ~ие фу́нкции trigonométrische Funktiónen; ~ий пункт *геод.* trigonométrischer Punkt

тригономе́трия *ж мат.* Trigonometríe *f*; прямолине́йная ~ ébene Trigonometríe; сфери́ческая ~ sphärische Trigonometríe

тридевя́т||ый: в ~ом ца́рстве [госуда́рстве] *фольк.* sehr weit in der Frémde

три́девять: за ~ земе́ль *фольк.* sehr weit; am Énde der Welt; über Berg und Tal

тридеся́тый *см.* тридевя́тый

тридцатиле́тн||ий dréißigjährig; ~ий мужчи́на Dréißiger *m* (6); ~яя же́нщина Dréißigerin *f* (12)

тридца́т||ый der dréißigste; ~ого ма́рта am dréißigsten März; den dréißigsten März (*на письме*); страни́ца ~ая Séite dréißig; ему́ пошёл ~ый год er steht im dréißigsten Lébensjahr; ~ые го́ды die dréißiger Jáhre; ~ый но́мер Númmer dréißig

три́дцать dréißig; перевали́ть за ~ (лет) in den Dréißigern sein [stéhen*]; ему́ лет ~ er ist um die dréißig herúm; ему́ под ~ er ist an die dréißig; ему́ за ~ er ist in den Dréißigern

триеди́нство *с* Dreiéinheit *f*; ◊ драмати́ческое ~ *лит.* Éinheit der Hándlung, der Zeit und des Órtes

трие́р *м с.-х.* Trieur [tri'ø:r] *m* (1), Áuslesemaschine *f* (11)

триерова́ть mit dem Trieur [tri'ø:r] réinigen

три́жды *нареч.* dréimal, drei mal...

три́зна *ж ист.* Tótenfeier *f* (11), Léichenschmaus *m* (1*)

трико́ *с* **1.** (*ткань*) Trikot [tri'ko: *u* 'trıko] *m* -s, Trikótstoff *m* -(e)s; **2.** (*дамское бельё*) Schlüpfer *m* (6); **3.** (*костюм для цирка, спорта*) Trikot [-'ko:] *n* -s, -s

трикота́ж *м* **1.** (*материя*) Trikot [tri'ko: *u* 'trıko] *m* -s; **2.** *собир.* (*изделия*) Trikotágen [-ʒən] *pl*; Wírkwaren *pl*; Óbertrikotagen *pl* (*верхний*); Úntertrikotagen *pl* (*бельё*); **~ница** *ж* Wírkerin *f* (12); **~ный** Trikotáge- [-ʒə-]; gewírkt; ~ные изде́лия Wírkwaren *pl*, Stríckwaren *pl*; Trikotágen *pl*

триктра́к *м* (*игра*) Trícktrack *n* -s

трили́стник *м бот.* Dréiblatt *n* (5); Klee *m* -s

триллио́н *м* Billión *f* (10)

трило́гия *ж лит.* Trilogíe *f* (11)

триме́стр *м* (*в вузах*) Trímester *n* (6)

триме́тр *м лит.* Triméter *m* (6)

трина́дцат||ый der dréizehnte; страни́ца ~ая Séite dréizehn; ~ого ма́рта am dréizehnten März; den dréizehnten März (*на письме*); ~ый но́мер Númmer dréizehn

трина́дцать dréizehn

тринида́д||ец *м* Trinidáder *m* (6); **~ский** trinidádisch

трино́м *м мат.* Trinóm *n* (2)

три́о *с* Trío *n* -s, -s

трио́д *м радио* Trióde *f* (11)

триоле́т *м лит.* Triolétt *n* (2)

трио́ль *ж муз.* Trióle *f* (11)

трипла́н *м ав.* Dréidecker *m* (6)

три́плекс *м* Tríplexglas *n* (5)

три́ппер *м мед.* Trípper *m* -s, Gonorrhöe *f*

три́птих *м иск.* Tríptychon *n* -s, -en; *церк. тж.* Flügelaltar *m* (1*)

трире́ма *ж ист.* Triréme *f* (11), Triére *f* (11)

три́ста dréihundert

три́тий *м* Trítium *n* -s (*хим. знак* T)

трито́н *м* **1.** *зоол.* Molch *m* (1); **2.** *физ.* Tríton *n* -s, -tónen

триумви́р *м ист.* Triúmvir [-vir] *m* -s *u* -n, *pl* -n; **~а́т** *м ист.* Triumvirát [-vi-] *n* (2), Dreimännerherrschaft *f*

триу́мф *м* Triúmph *m* (1); с ~ом triumphíerend; im Triúmph; **~а́льный** Triúmph-; triumphál; Síeges-; ~а́льное ше́ствие Triúmphzug *m* (1*); ~а́льная а́рка Triúmphbogen *m* (7); **~а́тор** *м ист.* Triumphátor *m* -s, -tóren

трифто́нг *м лингв.* Triphthóng *m* (1), Dréilaut *m* (1)

трихи́н||а *ж зоол.* Trichíne *f* (11); **~о́з** *м мед.* Trichinóse *f*

три́шкин: ~ кафта́н ≅ ein áltes Loch mit éinem néuen Stópfen

троака́р *м мед.* Troikart [*фр.* troa'ka:r] *m* =, -s, Trokár *m* (1) (*pl тж.* -s), Stécher *m* (6)

трог *м геол.* Trógtal *n* (5)

тро́гательн||ость *ж* das Rührende (*sub*), das Ergréifende (*sub*), das Bewégende (*sub*); **~ый** rührend, ergréifend, bewégend

тро́гать *см.* тро́нуть 1, 2, 3, 4; **~ся** *см.* тро́нуться 1, 4

троглоди́т *м ист.* Troglodýt *m* (8), Höhlenbewohner *m* (6)

тро́е drei; для всех трои́х für álle dréi(e); нас бы́ло ~ wir wáren (únser) drei, wir wáren zu dréien [zu dritt]; их пришло́ ~ es kámen drei; sie kámen drei Mann hoch (*разг.*)

троебо́рье *с спорт.* Dréikampf *m* (1*)

троекра́тн||о *нареч.* dréimal; **~ый** dréimalig, dréifach; ~ое тре́бование dréimalige Fórderung

тро́ечник *м* míttelmäßiger Schüler

трои́||ть 1. (*делить на три части*) in drei Téile téilen; **2.** (*соединять по трое*) je drei Téile veréinigen; **3.** *уст.* (*увеличивать втрое*) etw. dréimal wiederhólen

трои́ться: у него́ в глаза́х трои́тся álles erschéint ihm dréifach

тро́иц||а *ж рел.* Dreiéinigkeit *f*; Pfíngsten *n* -s (*праздник*); ◊ бог ~у лю́бит *посл.* áller gúten Dínge sind drei

тро́йк||а *ж* **1.** (*цифра*) Drei *f* (10); **2.** (*отметка*) Drei *f* (10) (*Schulzensur «befriedigend» in der UdSSR*); **3.** *карт.* Drei *f* (10); ~а пик Pik-Drei *f*; **4.** (*лошадей*) Tróika *f*, *pl* -s; Dréigespann *n* (2); пра́вить ~ой ein Dréigespann führen; **5.** (*комиссия из трёх лиц*) Dréierausschuß *m* -sses, -schüsse; **6.** (*костюм*) ein dréiteiliger Ánzug

тройни́к *м эл., тепл.* T-Stück *n* (2), T-Glied *n* (5), Ábzweigsstück *n*

тройни́чный: ~ нерв *анат.* Trigéminus *n* =, dréiästiger Hírnnerv

тройн||о́й dréifach; **~óе пра́вило** *мат.* Dréisatzrechnung *f*, Dréisatz *m* (1*)

тро́йня *ж разг.* Drillinge *pl*

тройня́шка *ж разг.* Drilling *m* (1)

тро́йственн||ость *ж* Dréifältigkeit *f*; **~ый** dréifältig; Dréi(er)-, Trípel-; ◇ Тро́йственный сою́з *ист.* Dréibund *m* -(e)s; Тро́йственное согла́сие *ист.* Trípelallianz *f*

тролле́й *м* (*контактный провод*) Óberleitung *f* (10), Schléifleitung *f*, Fáhrdraht *m* (1*)

тролле́йбус *м* Óbus *m* -sses, -sse, Óberleitungsbus *m*; сочленённый ~ Gelénkobus *m*; **~ный** Óbus-; **~ная ли́ния** Óbus-Lini|e *f*

троллейво́з *м* Güter-Óbus *m* -sses, -sse

тромб I *м мед.* Thrómbus *m* =, -ben Blútpfropfen *m* (7)

тромб II *м* (*смерч*) Trómbe *f* (11); Windhose *f* (11)

тромбо́з *м мед.* Thrombóse *f*

тромбо́н *м муз.* Posáune *f* (11); **~и́ст** *м* Posáunenbläser *m* (6), Posaunist *m*

тромбофлеби́т *м мед.* Phlebítis *f*, Venenentzündung ['ve:-] *f*

трон *м* Thron *m* (1); **~ный** Thron-; **~ная речь** Thrónrede *f* (11)

тро́ну||ть 1. (*прикоснуться*) ánrühren *vt*, berühren *vt*, ánfassen *vt*; и па́льцем не ~ть mit kéinem Fínger berühren; 2. (*беспокоить*) stören *vt*; beúnruhigen *vt*; не тронь его! laß ihn in Rúhe! 3. (*растрогать*) rühren *vt*; bewégen *vt*; ergréifen* *vt*; э́то меня́ не ~ло das ließ mich kalt; 4. (*о лошадях*) ánziehen* *vi* (s), zúfahren* *vi* (s); 5. *безл.*: моро́зом ~ло ли́стья die Blätter háben Frost ábbekommen; **~ться** 1. (*двинуться*) sich rühren, sich bewégen; sich in Bewégung sétzen; ánfahren* *vi* (s) (*о поезде*); лёд ~лся das Eis ist gebróchen (*тж. перен.*); ~ться в путь sich auf den Weg máchen; áufbrechen* *vi* (s); ábfahren* *vi* (s); 2. *разг.* (*помешаться*) überschnappen *vi* (s), nicht ganz normál sein; éinen Vógel háben; 3. *разг.* (*испортиться*) éinen Stich háben, ángegangen sein; 4. (*испытывать сочувствие*) gerührt wérden

троп *м лит.* Trópe *f* (11), Trópus *m* =, -pen, bíldlicher Áusdruck

тропа́ *ж* Fúßweg *m* (1); Pfad *m* (1) (*тж. перен.*); го́рная [вью́чная] ~ Sáumpfad *m*

тро́пик *м геогр.* Wéndekreis *m* (1); ~ Ра́ка Wéndekreis des Krébses; ~ Козеро́га Wéndekreis des Stéinbocks

тро́пики *мн. геогр.* (*стра́ны*) Trópen *pl*

тропи́нк||а *ж* Pfad *m* (1); идти́ ~ой, по ~е éinen Pfad verfólgen

тропи́ческ||ий *геогр.* trópisch; Trópen-; ~ий по́яс trópische Zóne; trópischer Gürtel; ~ая лихора́дка Trópenfieber *n* -s; ◇ ~ий год *астр.* trópisches Jahr

тро́пка *ж см.* тропи́нка

тропосфе́ра *ж метеор.* Troposphäre *f*

трос *м* Tau *n* (2), Trósse *f* (11), Seil *n* (2), Léine *f* (11); Dráhtseil *n* (2); Kábel *n* (6); стально́й ~ Dráhtseil *n*, Dráhttau *n*, Stáhldrahttau *n*; **тя́говый** ~ Zúgseil *n*; *мор.* Reep *n* (2)

трости́нка *ж* Schílfrohr *n* (2); dünnes Rohr

трости́ть *текст.* fáchen *vt*, dublíeren *vt*

тростни́к *м* Schilf *n* (2); Rohr *n* (2); Röhricht *n* (2) (*заросли*); са́харный ~ Zúckerrohr *n*; **~о́вый** Schilf-, Rohr-; ~о́вый са́хар Róhrzucker *m* -s

тро́сточка *ж* Róhrstöckchen *n* (7); Spazíerstöckchen *n*

трость *ж* 1. Róhrstock *m* (1*), Spazíerstock *m*; 2. *муз.* Rohr *n* (2), Róhrblatt *n* (5)

троти́л *м воен., хим.* Trinitrotoluól *n* -s

тротуа́р *м* Fúßweg *m* (1), Géhsteig *m* (1)

трофе́й *м* Trophäe *f* (11), Béutestück *n* (2); *мн. воен.* Béute *f*; **~ный** Béute-; erbéutet

трофи́ческ||ий *анат.* tróphisch, Ernährungs-; ~ие не́рвы tróphische Nérven [-f- *u* -v-], Ernährungsnerven *pl*

трохе́й *м лит.* Trochä|us *m* =, -chäen

троцк||и́зм *м* Trotzkísmus *m* =; **~и́ст** *м* Trotzkíst *m* (8); **~и́стский** trotzkístisch

троюро́дн||ый im drítten Grad blútsverwandt; ~ый брат Vétter zwéiten Grádes; ~ая сестра́ Kusíne zwéiten Grádes

троя́||кий dréierléi; **~ко** *нареч.* auf dréierlei Art [Wéise]

троя́н||ец *м ист.* Trojáner *m* (6), Tróer *m* (6); **~ский** *ист.* trojánisch; ~ский конь das trojánische Pferd

труб||а́ *ж* 1. Rohr *n* (2); Röhre *f* (11); Schórnstein *m* (1), Kamín *m* (1) (*дымовая*); Schlot *m* (1) (*фабричная*); печна́я ~а́ Ófenrohr *n*; водосто́чная ~а́ Ábflußrohr *n*; водопрово́дная ~а́ Wásser(leitungs)rohr *n*; канализацио́нная ~а́ Kanalisatiónsrohr *n*; дрена́жная ~а́ Dränrohr *n*, Entwässerungsrohr *n*, Síkkerrohr *n*; дымога́рная ~а́ Féuerrohr *n*; слухова́я ~а́ Hörrohr *n*; подзо́рная ~а́ Férnrohr *n*; 2. *муз.* Trompéte *f* (11); Posáune *f* (11); ~а́ орга́на Órgelpfeife *f* (11); игра́ть на ~е́ (die) Trompéte blásen*; 3. *анат.* Túba *f*, *pl* -ben, Túbe *f* (11); 4. *охот.* Rúte *f* (11); Schwanz *m* (1*) (*лисы*); ◇ аэродинами́ческая ~а́ Wíndkanal *m* -(e)s, -näle; вы́лететь в ~у́ *разг.* ruiníert sein; únter die Räder geráten*; пройти́ ого́нь и во́ду и ме́дные тру́бы ≅ mit állen Wässern gewáschen (und mit állen Húnden gehétzt) sein

трубаду́р *м ист., лит.* Troubadour [*фр.* truba'du:r] *m* (1) (*pl тж.* -s); *перен. ирон.* Apóstel *m* (6)

труба́ч *м воен.* Trompéter *m* (6), Horníst *m* (8)

труби́ть 1. posáunen *vi*, trompéten *vi*; blásen* *vi, vt*; ~ в трубу́ trompéten *vi*; posáunen *vi*; ~ в рог das Horn blásen*; ins Horn stóßen*; ~ в рожо́к túten *vi*; 2. *разг.* (*о чём-л.*) áusposaunen *vt*; áustrompeten *vt*; etw. an die gróße Glócke hängen

тру́бка *ж* 1. Röhre *f* (11), Röhrchen *n* (7); Rohr *n* (2), Hörrohr *n* (*врача*); телефо́нная ~ Hörer *m* (6); сифо́нная ~ Héberrohr *n*, Sáugrohr *n*; пая́льная ~ Lötrohr *n*; газосве́тная ~ Léuchtröhre *f*, Gásentladungsröhre *f*; нео́новая ~ Néonröhre *f*; рези́новая ~ Gúmmischlauch *m* (1*); телевизио́нная (приёмная) ~ Bíldröhre *f*; ~ снаря́да *воен.* Zünder *m* (6); Brénnzünder *m*; дистанцио́нная ~ *воен.* Zéitzünder *m*; Brénnzünder *m*; 2. (*свёрток*) Rólle *f* (11), Papíerrolle *f*; 3. (*для курения*) Pféife *f* (11), Tábakspfeife *f*; 4. *бот.* (*ростковая*) Kéimschlauch *m* (1*)

тру́бный 1. Rohr-, Röhren-; 2. *муз.* Posáunen-, Trompéten-

трубоволочи́ль||ный: ~ный цех Róhrzieherei *f* (10); ~ный стан Róhrziehbank *f* (3); **~щик** *м* Róhrzieher *m* (6)

трубоку́р *м разг.* Pféifenraucher *m* (6*)

трубонарезно́й: ~ стано́к Róhrgewindeschneidmaschine *f* (11)

трубонаре́зчик *м* Róhrleitungsschlosser *m* (6)

трубопрово́д *м* Róhrleitung *f* (10); вса́сывающий ~ Sáugleitung *f*, Ánsaugleitung *f*; нагнета́тельный ~ Drúckleitung *f*, Stéigleitung *f*; пневмати́ческий ~ Drúckluftleitung *f*

трубопрово́дчик *м* Róhrleger *m* (6)

трубопрока́тный: ~ заво́д Róhrwalzwerk *n* (2)

трубопрока́тчик *м* Róhrwalzwerker *m* (6)

трубоpе́з *м* Róhrabschneider *m* (6)

трубоукла́дчик *м* 1. (*человек*) Róhrleger *m* (6); 2. (*кран*) Róhrverlegungskran *m* (1, 1*), Róhrlegekran *m*

трубочи́ст *м* Schórnsteinfeger *m* (6), Ráuchfangkehrer *m* (6)

тру́бочный 1. Rohr-, Röhren-; 2.: ~ таба́к Pféifentabak *m* (1)

тру́бчатый Rohr-, Röhren-, röhrenförmig; *мед.* tubulär; ~ котёл Röhrenkessel *m* (6); ~ вал Róhrwelle *f* (11)

труве́р *м ист. лит.* Trouvère [*фр.* tru'vɛ:r] *m* -s, -s

труд *м* 1. Árbeit *f* (10); у́мственный ~ Kópfarbeit *f*, géistige Árbeit; физи́ческий ~ phýsische [körperliche] Árbeit; рабо́тники у́мственного и физи́ческого ~а́ die manuéll und géistig Scháffenden; ми́рный тво́рческий ~ das fríedliche Scháffen; разделе́ние ~а́ Árbeitsteilung *f*; охра́на ~а́ Árbeitsschutz *m* -es; предложе́ние ~а́ (*в газете*) Stéllenangebote *pl*; жить свои́м ~о́м von séiner (Hände) Árbeit lében; ка́ждому по ~у́ jédem nach séiner Léistung; 2. (*заботы, хлопоты*) Mühe *f*, Árbeit *f*; взять на себя́ ~ sich (*D*) die Mühe néhmen*; положи́ть на что-л. мно́го ~а́ auf etw. (*A*) viel Mühe verwénden; напра́сный ~ verlórene [vergébliche] Mühe; vergébliches Bemühen; verlór(e)ne Líebesmüh'; не сто́ит ~а́ es ist nicht der Mühe wert; es lohnt die Mühe nicht; с ~о́м mit Mühe; mühsam; schwer; с больши́м ~о́м mit Mühe und Not; я с ~о́м вас понима́ю ich kann Sie nur schwer verstéhen*; без ~а́ mühelos, leicht; mit Léichtigkeit; ◇ без ~а́ не вы́нешь и ры́бки из пруда́ ≅ óhne Fleiß kein Preis; 3. (*научное сочинение*) Werk *n* (2), Ábhandlung *f* (10); ~ы нау́чного о́бщества die Veröffentlichungen éiner wíssenschaftlichen Geséllschaft; 4. (*школьный предмет*) Wérkunterricht *m* -(e)s, Wérken *n* -s

труди́ться árbeiten *vi*; sich bemühen; sich (*D*) Mühe gében*; ~ над чем-л. an etw. (*D*) árbeiten; ◇ не труди́тесь! bemühen Sie sich nicht!; máchen Sie kéine Úmstände!

трудова́тый zíemlich schwer; zíemlich schwíerig

трудновоспиту́емый schwér|erziehbar, schwíerig

труднодосту́пный schwer zúgänglich

труднообраба́тываемый schwer zu beárbeiten

трудноперева́риваемый schwérverdaulich

труднопреодоли́мый schwer überwíndbar

труднопроизноси́мый schwer áuszusprechen

труднопроходи́мый schwer passíerbar

тру́дн||ость *ж* Schwíerigkeit *f* (10); ~ости ро́ста Wáchstumsschwierigkeiten *pl*; э́то не представля́ет **~остей** das beréitet [macht] kéine Schwíerigkeiten; преодоле́ть ~ости die Schwíerigkeiten überwínden*; **~ый** schwer, schwíerig; mühsam; в ~ую мину́ту in schwérer Stúnde; ~ый вопро́с éine schwíerige Fráge; ~ый ребёнок (*для воспитания*) ein schwíeriges Kind; ein schwer zu lénkendes Kind; ~ые дни hárte Táge; мне ~о пове́рить э́тому es fällt mir schwer, dies zu gláuben; ich kann es kaum gláuben

трудов||о́й 1. Árbeits-; wérktätig, árbeitend; scháffend; erwérbstätig; ~о́й ко́декс Árbeitsgesetzbuch *n* (5); ~о́е населе́ние wérktätige Bevölkerung; ~а́я жизнь árbeitsreiches Lében; ~ы́е бу́дни Árbeitstage *pl*; ~а́я ва́хта Produktiónsaufgebot *n* -(e)s; ~а́я дисципли́на Árbeitsdisziplin *f*; ~а́я интеллиге́нция die scháffende Intelligénz; ~ы́е резе́рвы Árbeitsreserven [-vən] *pl*; ~а́я кни́жка Árbeitsbuch *n* (5); ~а́я пови́нность Árbeitspflicht *f*; Árbeitsdienst *m* -es (*в фашистской Германии*); ~а́я шко́ла Árbeitsschule *f* (11); ~о́й догово́р Árbeitsvertrag *m* (1*); **2.** (*заработанный*) erwórben, verdíent; erárbeitet; ~ы́е де́ньги erárbeitetes Geld

трудо||де́нь *м* Árbeitseinheit *f* (10) (*сокр.* AE); начисля́ть ~дни́ Árbeitseinheiten ánrechnen; опла́чивать по ~дня́м nach der Zahl der Árbeitseinheiten entlóhnen; опла́та ~дня́ Wert der Árbeitseinheit

трудоёмк||ий zeit- und kráftraubend; árbeitsintensiv; ~ая рабо́та zéit- und kráftraubende Árbeit; ~ие проце́ссы árbeitsintensive Prozésse; **~ость** *ж* Árbeitsaufwand *m* -(e)s; ~ость обслу́живания *тех.* Wártungsaufwand *m*

трудо||люби́вый fléißig, árbeitsam; **~лю́бие** *с* Fleiß *m* -es, Árbeitsamkeit *f*

трудоспосо́бн||ость *ж* Árbeitsfähigkeit *f*; Léistungsfähigkeit *f*; Erwérbsfähigkeit *f*; с ограни́ченной ~остью erwérbsbeschränkt; beschränkt árbeitsfähig; утра́тить ~ость erwérbsunfähig wérden; **~ый** árbeitsfähig; léistungsfähig

трудотерапи́я *ж мед.* Árbeitstherapie *f*

трудоустро́йство *с* Árbeitsvermittlung *f*, árbeitsmäßige Únterbringung; Rehabilitatión *f* (*инвалидов*)

трудя́щ||ийся *прил.* **1.** wérktätig; scháffend; ~иеся ма́ссы die wérktätigen [scháffenden] Mássen; **2.** *в знач. сущ. м* Wérktätige *m* (14); Berúfstätige *m*; *мн. собир.* ~иеся die Wérktätigen

тру́жен||ик *м*, **~ица** *ж* Wérktätige *m*, *f* (14), Scháffende *m*, *f* (14); ~ики се́льского хозя́йства die Wérktätigen der Lándwirtschaft

тру́женический árbeitsreich, mühevoll

труни́ть *разг.* sich lústig máchen (над кем-л. über *A*); áufziehen* *vt*; verúlken *vt*

труп *м* Léiche *f* (11); Léichnam *m* (1) (*человека*); Kadáver [-vər] *m* (6) (*животного*); **~ный** Léichen-, Verwésungs-; ~ный за́пах Léichengeruch *m* -(e)s; Verwésungsgeruch *m*; ~ный яд Léichengift *n* -(e)s

тру́ппа *ж* Trúppe *f* (11)

трус *м* Féigling *m* (1); Hásenfuß *m* (1*), Ángsthase *m* (9), Ángstmeier *m* (6), Mémme *f* (11) (*разг.*); ◇ ~а пра́здновать *разг.* sich féig(e) benéhmen*

тру́сики *мн. см.* трусы́

тру́сить *разг.* Angst háben (кого́-л., чего́-л. vor *D*); sich fürchten (vor *D*); féige [kléinmütig] sein; éinen Bámmel háben (*разг.*); ~ пе́ред опа́сностью sich vor der Gefáhr verkríechen*

труси́ть I *разг.* (*сыпучее*) schütten *vt*

труси́ть II *разг.* (*бежать рысцой*) im Trott géhen*

труси́||ха *ж* Féigling *m* (1); Ángsthase *m* (9), (féige) Mémme (*разг.*); **~шка** *м см.* трус

трусли́в||ость *ж см.* тру́сость; **~ый** féig(e), féigherzig, mémmenhaft; он не ~ого деся́тка er ist kein Féigling, er kann séinen Mann stéhen*

трусова́тый zághaft; schwáchherzig

тру́сость *ж* Féigheit *f*; Féigherzigkeit *f*, Fúrchtsamkeit *f*; Mémmenhaftigkeit *f*; Kléinmut *m* -(e)s (*малодушие*); вы́казать ~ sich féig(e) benéhmen*

трусц||а́: е́хать ~о́й *разг.* im léichten Trab fáhren*

трусы́ *мн.* Slip *m* -s, -s; kúrze Spórthose, Túrnhose *f* (11) (*спортивные*); Bádehose *f* (*купальные*); Schwímmhose *f* (*плавки*)

трут *м* Zúnder *m* (6); Zündschnur *f* (10)

тру́тень *м* **1.** *зоол.* Drohn *m* (8); **2.** *перен.* Dróhne *f*, Schmarótzer *m* (6)

трутови́к *м бот.* Báumschwamm *m* (1*)

труха́ *ж* Mulm *m* -(e)s

трухля́вый verfáult, mürbe; morsch, wúrmstichig (*о дереве*)

трущо́б||а *ж* **1.** Élendsviertel *n* (6); Élendsbehausungen *pl*; Slum [*англ.* slʌm *u* slam] *m* -s, -s (*б. ч. pl*); жить в ~е in éinem Loch [in éiner jämmerlichen Wóhnung] lében; in éinem Élendsviertel lében; **2.** (*захолустье*) Krähwinkel *m* (6); Nest *n* (5), Provínznest [-'vɪnts-] *n*

трын-трава́: ему́ всё ~ *разг.* ihm ist álles gléich(gültig); ihm ist álles schnúppe

трюи́зм *м* Bínsenwahrheit *f* (10)

трюк *м* **1.** (*акробата*) Trick *m* (1) (*pl тж.* -s), Kniff *m* (1), Kúnstgriff *m* (1); ста́рый ~ ein ábgedroschener Trick; **2.** (*проделка*) Kúnststück *n* (2); Streich *m* (1)

трюм *м* **1.** *мор.* Schíffsraum *m* (1*), Kíelraum *m*, Láderaum *m*; в ~е únter Deck; **2.** *театр.* Raum *m* (1*) únter der Bühne

трюмо́ *с* Trumeau [*фр.* try'mo:] *m* -s, -s, Pféilerspiegel *m* (6)

трю́фель *м* **1.** (*гриб*) Trüffel *f* (11); **2.** (*конфета*) rúnde Schokoládenpraline

тряпи́чн||ик *м* Lúmpensammler *m* (6), Lúmpenmann *m* (4); Lúmpenhändler *m* (6); **~ый** Lúmpen-, Hádern-, Láppen-; ~ая бума́га Lúmpenpapier *n* -(e)s; Hádernpapier *n*

тря́пк||а *ж* **1.** Lúmpen *m* (7); Láppen *m* (7), Wíschlappen *m* (*для вытирания пыли*); Flícken *m* (7) (*лоскут для починки*); **2.** *мн. презр.* ~и (*о нарядах*) Láppen *pl*, Tand *m* -(e)s; **3.** *разг.* (*о человеке*) Wáschlappen *m* (7); Jámmerlappen *m*; sánfter Héinrich

тряпьё *с* Lúmpen *pl*; Hádern *pl*; Láppen *pl*; Álttextilien *pl* (*книжн.*)

тряси́на *ж* Sumpf *m* (1*) (*тж. перен.*); Moor *n* (2), Morást *m* (1, 1*)

тря́ск||а *ж* Schütteln *n* -s, Rütteln *n* -s; Geschüttel *n* -s, Gerüttel *n* -s; **~ий** (*об автомашине*) stóßend, klápperig; rüttelnd

трясогу́зка *ж зоол.* Báchstelze *f* (11)

тряс||ти́ 1. schütteln *vt*; rütteln *vt*; **2.** *безл.*: его́ ~ёт от хо́лода er zíttert [schlóttert] vor Kälte; меня́ ~ёт лихора́дка ich hábe Schüttelfrost; das Fíeber schüttelt mich; в маши́не ~ёт der Wágen schüttelt [stößt]; **~ти́сь 1.** sich schütteln, zíttern *vi*; ~ти́сь от сме́ха sich vor Láchen schütteln; sich vor Láchen áusschütten wóllen*; **2.** (*дрожать*) zíttern *vi*, bében *vi*; ~ти́сь от хо́лода vor Kälte zíttern [schlóttern]; ~ти́сь в лихора́дке Schüttelfrost háben; von Fíeberschauern geschüttelt wérden; ◇ ~ти́сь над ка́ждой копе́йкой *разг.* jéden Pfénnig úmdrehen; ~ти́сь над кем-л. *разг.* j-n hüten wie séinen Áugapfel

тряхну́ть *см.* трясти́ 1; ◇ ~ стари-но́й *разг.* die Júgend áufleben lássen*; ~ мошно́й *разг.* mit dem Geld um sich wérfen* [schméißen*]; das Geld (mit vóllen Händen) zum Fénster hináuswerfen*

тсс *межд.* pst!; still!

туале́т *м* **1.** (*одежда*) Toilétte [to͝a-] *f* (11); Kléidung *f* (10); **2.** (*одевание*) Ánkleiden *n* -s; занима́ться ~ом Toilétte [to͝a-] máchen; sich ánziehen*; **3.** (*стол*) Toilétte [to͝a-] *f* (11), Pútztisch *m* (1); **4.** (*уборная*) Toilétte [to͝a-] *f* (11), Klosétt *n* (2) (*pl тж.* -s); **~ный** Toilétten- [to͝a-]; ~ное мы́ло Toiléttenseife *f*, Féinseife *f*

ту́ба *ж* **1.** *муз.* Túba *f*, *pl* -ben; **2.** *см.* тю́бик

туберкулёз *м мед.* Tuberkulóse *f* (*сокр.* Tb, Tbc, Tbk); ~ лёгких Lúngentuberkulose *f*; ко́стный ~ Knóchentuberkulose *f*; Knóchenfraß *m* -es; боле́ть ~ом Tb(c) [-te:be('tse:)] háben, Tuberkulóse háben; **~ный** *прил.* **1.** tuberkulös; ~ный больно́й Tuberkulöse *m* (14); ~ный диспансе́р Tb(c)-Berátungsstelle *f* (11); Tb(c)-Fürsorgestelle *f*; Tuberkulóseberatung *f*; **~ный** сана-то́рий Sanatórium für Lúngenkrankheiten, Tuberkulósesanatorium *n*-s, -ri̯en, Lúngenheilstätte *f* (11); **2.** *в знач. сущ. м* Tuberkulósekranke *m* (14)

туберкули́н *м* Tuberkulín *n* -s

тубeróза *ж бот.* Tuberóse *f* (11)

туви́н||ец *м* Tuwíner *m* (6); **~ка** *ж* Tuwínerin *f* (12); **~ский** tuwínisch; ~ский язы́к die tuwínische Spráche, das Tuwínische (*sub*)

ту́го *нареч.* **1.** (*плотно, крепко*) straff; stramm; fest; ~ наби́ть мешо́к den Sack vóllstopfen; ~ натяну́ть straff ánziehen*; ~ натяну́ть лук den Bógen straff spánnen; **2.** (*с трудом*) schwer; mühsam, lángsam; де́ло подвига́ется ~ die Sáche geht schwer vonstátten; ◇ мне прихо́дится ~ *разг.* bei mir geht es knapp her; ich hábe es schwer [nicht leicht]; он ~ сообража́ет er ist schwer von Begríff, er hat éine lánge Léitung (*разг.*); у него́ ~ с деньга́ми er ist knapp bei Kásse; подтяну́ть ту́же по́яс den Ríemen énger schnállen

тугоду́м *м разг.* Mensch mit lánger Léitung; он ~ er hat éine lánge Léitung

туг||о́й straff; fest; prall; stramm gespánnt (*натянутый*); eng (*тесный*); ~о́й у́зел (fest) zúgezogener Knóten; straff geschürzter Knóten; ~а́я пружи́на stráffe Féder; ~а́я коса́ stéifgeflochtener Zopf; ◇ ~о́й на́ ухо schwérhörig

тугопла́вкий *тех.* schwérflüssig; schwer schmélzbar, schwérschmelzend

тугоу́хий schwérhörig

ту́грик *м* (*денежная единица Монгольской Народной Республики*) Túgrik *m* -s, -s (*после числ. pl* =)

туда́ *нареч.* dahín, dorthín; ~ и обра́тно hin und zurück; hin und her; биле́т ~ и обра́тно Rückfahrkarte *f* (11); Retourkarte [re'tu:r-] *f* (*австр.*); ◇ ~ ему́ и доро́га! *разг.* das geschieht ihm recht!

туда́-сюда́ *разг.* **1.** *нареч.* (*в разные стороны*) hin und her; **2.** *предик.* (*сносно, сойдёт*) léidlich, passábel

ту́ер *м* Kéttenschleppschiff *n* (2)

тужи́ть *разг.* betrübt sein, tráuern *vi* (о чём-л. um *A*)

ту́житься *разг.* sich ánstrengen; sich (*D*) Mühe gében*

тужу́рка *ж* Jácke *f* (11), Jóppe *f* (11); Jackétt [ʒa-] *n* (2); Háusjacke *f* (*мужская*)

туз *м* **1.** *карт.* As *n* (3*); **2.** *разг.* (*влиятельный человек*) gróßes Tier, wíchtige Persón

тузе́м||ец *м*, **~ка** *ж* Éingeborene *m, f* (14); **~ный** éingeboren; éinheimisch; ~ное населе́ние éingeborene [éinheimische] Bevölkerung; ~ные обы́чаи éinheimische Sítten [Gebräuche]

тузи́ть *разг.* háuen* *vt*; prügeln *vt*; ~ кулака́ми mit den Fäusten beárbeiten

тузлу́к *м сущ.* Láke *f* (11)

тук *м с.-х.* Mineráldünger *m* (6); азо́тистый ~ Stíckstoffdünger *m*

ту́ков||ый *с.-х.* Dünger-; ~ая се́ялка Düngerstreuer *m* (6); ~ая промы́шленность Düngemittelindustrie *f*

ту́ллий *м* Thúlium *n* -s (*хим. знак* Tm)

ту́ловище *с* Rumpf *m* (1*)

тулу́п *м* lánger Pélzmantel; овчи́нный ~ Schäfpelz *m* (1)

тулья́ *ж* (*шляпы*) Stúmpe *f* (11); Óberteil der Mütze; Hútboden *m* (7*)

тума́к *м разг.* Fáustschlag *m* (1*); Puff *m* (1*); дать кому́-л. ~а́ j-m éinen Fáustschlag versétzen, j-n púffen

тума́н I *м* **1.** Nébel *m* (6); густо́й ~ díchter Nébel; назе́мный ~ Bódennebel *m*; на дворе́ [на у́лице] ~ es ist dráußen nébelig; ~ рассе́ялся der Nébel hat sich verzógen; ~ сел der Nébel fiel [sénkte sich]; поднима́ется ~ der Nébel steigt auf; поднима́ется лёгкий ~ (*на море*) es místet; **2.** *перен.*: как в ~е wie umnébelt; ви́деть что-л. сло́вно в ~е etw. wie durch éinen Nébelschleier séhen*; напусти́ть ~у *разг.* bläuen Dunst vórmachen

тума́н II *м ист.* (*иранская денежная единица*) Tomán *m* (1) (*после числ. pl* =)

тума́н||ить trüben *vt*; **~ иться** **1.** (*затемняться*) sich umnébeln; **2.** (*омрачаться*) sich verdüstern; sich verfínstern; **~ность** *ж* **1.** *астр.* Nébelfleck *m* (1); ~ность Андроме́ды der Andrómeda-Nébel; **2.** (*неясность*) Nébel *m* (6); Nébelhaftigkeit *f*, Únklarheit *f* (10); Verschwómmenheit *f*; **~ный** **1.** néb(e)lig; Nébel-; díesig; ~ная даль nébelhafte Férne [Wéite]; **2.** *перен.* (*неясный*) nébelhaft, schléierhaft; únklar, verschwómmen; ~ные объясне́ния únklare [nébelhafte] Erklärungen; **3.** *перен.* (*затуманенный*) umnébelt; ~ный взгляд umnébelter [umflórter] Blick

ту́мба *ж* **1.** (*уличная*) Préllstein *m* (1); **2.** (*подставка*) Sóckel *m* (6), Fuß *m* (1*); ста́ртовая ~ (*в бассейне*) Stártblock *m* (1*); **3.** *разг.* (*о неуклюжем человеке*) Tólpatsch *m* (1)

ту́мблер *м эл.* Kípp(hebel)schalter *m* (6), Hébelschalter *m*

ту́мбочка *ж* (*шкафчик*) Náchttisch *m* (1)

тунгу́с *м* Tungúse *m* (9) (*ср.* эве́нк)

ту́ндра *ж* Túndra *f*, *pl* -ren

туне́ц *м зоол.* Thúnfisch *m* (1)

тунея́д||ец *м* Níchtstuer *m* (6), Tágedieb *m* (1); Schmarótzer *m* (6), Fáulenzer *m* (6), Drückeberger *m* (6); Müßiggänger *m* (6) (*книжн.*); **~ство** *с* Schmarotzeréi *f*; Müßiggang *m* -(e)s (*книжн.*)

туни́ка *ж* Túnika *f*, *pl* -ken

туни́с||ец *м* Tunésier *m* (6); **~ка** *ж* Tunésierin *f* (12); **~ский** tunésisch

туннелестрое́ние *с* Túnnelbau *m* -(e)s

тунне́ль *м* Túnnel *m* (6) (*pl тж.* -s), Stóllen *m* (7); ка́бельный ~ Kábelkanal *m* (1*); железнодоро́жный ~ Éisenbahntunnel *m*; ~ для пешехо́дов Fúßgängerunterführung *f* (10); проложи́ть ~ éinen Túnnel báuen; провести́ ~ под горо́й éinen Berg untertúnneln

тунне́льщик *м* Túnnelbauer *m* (6)

тупе́ть **1.** (*о ноже и т. п.*) stumpf wérden; **2.** (*об уме, памяти*) ábstumpfen *vi* (s)

тупи́к *м* Sáckgasse *f* (11); *ж.-д.* tótes Gleis, Ábstellgeis *n* (2); завести́ в ~ auf ein tótes Gleis schíeben*; зайти́ в ~ *перен.* in éine Sáckgasse geráten*; поста́вить кого́-л. в ~ *перен.* j-n in Verlégenheit bríngen*; j-n in die Énge tréiben*

тупи́ть stumpf máchen; ábstumpfen *vt*; **~ся** stumpf wérden, ábstumpfen *vi* (s)

тупи́ца *м, ж разг.* stúmpfsinniger Mensch; Dúmmkopf *m* (1*), Schwáchkopf *m*

тупоголо́вый stúmpfsinnig, borníert, begríffsstutzig

тупо́й **1.** (*о ноже и т. п.*) stumpf; **2.** (*о боли, чувстве*) dumpf; **3.** (*о человеке*) stúmpfsinnig, schwáchköpfig; borníert (*ограниченный*); ◇ ~ у́гол *мат.* stúmpfer Wínkel

тупоно́сый stúmpfnasig

ту́пость *ж* **1.** (*ножа и т. п.*) Stúmpfheit *f*; **2.** (*непонятливость*) Stúmpfsinn *m* -(e)s; Stúmpfsinnigkeit *f*; **3.**: ~ зву́ка *мед.* (*при выслушивании*) Dúmpfheit *f*, Máttheit *f*

тупоуго́льный *мат.* stúmpfwinklig

тупоу́м||ие *с* Stúmpfsinn *m* -(e)s; Borníertheit *f*; Stupidität *f*; **~ный** stumpf; stúmpfsinnig; stupíd; borníert (*ограниченный*)

тур I *м* **1.** (*танца*) Tour [*фр.* tu:r] *f* (10); Rúnde *f* (11); ~ ва́льса Wálzertour *f*; **2.** (*этап*) Tour [*фр.* tu:r] *f* (10), Túrnus *m* =, -se; ~ вы́боров Wáhlgang *m* (1*); заключи́тельный ~ Schlúßrunde *f* (11); ~ перегово́ров Verhándlungsrunde *f*

тур II *м воен.* Schánzkorb *m* (1*)

тур III *м* (*вымерший бык*) Áuerochs *m* (8), Ur *m* (1)

тура́ *ж шахм.* Turm *m* (1*)

турба́за *ж* (тури́стская ба́за) Tourístenstation [tu-] *f* (10), Tourístenherberge *f* (11); Júgendherberge *f* (*для молодёжи*)

турби́н||а *ж тех.* Turbíne *f* (11); акти́вная ~а Gléichdruckturbine *f*; реакти́вная ~а Überdruckturbine *f*; гидравли́ческая ~а Wásserturbine *f*; **~ный** Turbínen-

турбо||агрега́т *м* Turbínensatz *m* (1*), Turbosatz *m*, Turbínenaggregat *n* (2); **~винтово́й** Túrboprop(eller)-; ~винтово́й самолёт Túrbopropflugzeug *n* (2), Turboprópmaschine *f* (11); Propéllerturbinenflugzeug *n*, PTL-Flugzeug *n*; **~во́з** *м ж.-д.* Túrbolokomotive [-və] *f* (11); **~генера́тор** *м* Túrbogenerator *m* (13); **~компре́ссор** *м* Túrbokompressor *m* (13); Túrboverdichter *m* (6); *ав.* Túrbolader *m* (6); **~насо́с** *м* Túrbopumpe *f* (11); **~реакти́вный** Túrbodüsen-; ~реакти́вный дви́гатель Túrbojet [-dʒɛt] *m* -s, -s; Turbínen(luft)strahltriebwerk *n* (2), TL-Tríebwerk *n*, Túrbostrahltriebwerk *n*; **~электрохо́д** *м* Túrbo-Eléktroschiff *n* (2)

турбуле́нтность *ж физ.* Turbulénz *f*, Verwírbelung *f*

туре́ль *ж воен.* Dréhkranz *m* (1*)

туре́цкий türkisch; ~ язы́к die türkische Spráche, das Türkische (*sub*); ◇ ~ бараба́н *муз.* türkische Trómmel, Páuke *f* (11); Késselpauke *f*

тури́зм *м* Tourísmus [tu-] *m* =; Tourístik [tu-] *f*; Tourístenverkehr *m* -(e)s; Wándersport *m* -(e)s (*пешеходный*); междунаро́дный ~ internationáler Réiseverkehr; группово́й ~ Grúppenreisen *pl*

ту́рий Áuerochsen-; ~ рог Úrhorn *n* (5)

тури́ст *м* Toúrist [tu-] *m* (8); Áusflügler *m* (6); Wánd(e)rer *m* (6) (*путешествующий пешком*); **~ка** *ж* Tourístin [tu-] *f* (12); Áusflüglerin *f* (12); Wándrerin *f* (12) (*путешествующая пешком*); **~ский** tourístisch [tu-], Tourísten-; ~ская гру́ппа Tourístengruppe *f* (11), Réisegruppe *f*

туркме́н *м* Turkméne *m* (9); **~ка** *ж* Turkménin *f* (12); **~ский** turkménisch; ~ский язы́к die turkménische Spráche, das Turkménische (*sub*)

турмали́н *м мин.* Turmalín *n* -s

ту́рман *м* (*голубь*) Tümmler *m* (6), Tümmeltaube *f* (11)

турне́ *с* **1.** (*поездка по круговому маршруту*) Rúndfahrt *f* (10); **2.** (*гастроли*) Tournee [*фр.* tur'ne:] *f*, *pl* -s, Gástspielreise *f* (11); отпра́виться в ~ éine Tournee ántreten*

турне́пс *м с.-х.* Rúnkelrübe *f* (11), Fútterrübe *f*

турни́к *м спорт.* Reck *n* (2)

турнике́т *м* **1.** Dréhkreuz *n* (2); **2.** *мед.* Tourniquet [turni'ke:] *n* -s, -s, Áderpresse *f* (11)

турни́р *м* Turníer *n* (2); ша́хматный ~ Scháchturnier *n*; **~ный** Turníer-; ~ная табли́ца Turníertabelle *f* (11)

турну́ть *разг.* hináussetzen *vt*; an die Luft sétzen

турню́р *м* Turnüre *f* (11)

ту́рок *м* Türke *m* (9)

туру́сы: нести́ [разводи́ть] ~ на колёсах *разг.* únnützes Zeug schwátzen; das Bláue vom Hímmel herúnter schwátzen; Schaum schlágen*

турухта́н *м зоол.* Kámpfhahn *m* (1*)

турча́нка *ж* Türkin *f* (12)

ту́скл||ость *ж* (*света, блеска*) Trübheit *f*; Máttigkeit *f*; Fárblosigkeit *f* (*стиля и т. п.*); **~ый** trübe, matt; *перен.* fárblos; ~ые глаза́ trübe Áugen

тускне́||ть sich trüben, trübe [matt] wérden; *перен.* verblássen *vi* (s); взгляд ~ет (*у умирающего*) das Áuge bricht; сла́ва его́ ~ет sein Ruhm verbláßt

тут I *нареч.* **1.** (*о месте*) hier; **2.** (*о времени*) da, alsdánn; ~ же sofórt, sogléich, auf der Stélle; ◇ не ~-то бы́ло da hast du dich áber verréchnet; они́ ~ как ~ sie sind schon da; (да) и всё ~ und genúg davón, und damít Schluß

тут II *м бот.* Máulbeerbaum *m* (1*)

ту́тов||ый *бот.* Máulbeer-; ~ое де́рево Máulbeerbaum *m* (1*); ~ая я́года Máulbeere *f* (11); ~ый шелкопря́д *зоол.* Séidenspinner *m* (6)

туф *м геол.* Tuff *m* (1), Túffstein *m* (1)

21 – 1052

ту́фли *мн.* (*ед.* ту́фля *ж*) Schúhe *pl* (*sg* Schuh *m*); дома́шние ~ Pantóffeln *pl*; Babúschen *pl* (*разг.*); Háusschuhe *pl* (*с задником*); лакиро́ванные ~ Láckschuhe *pl*

ту́хл||ость *ж* Fäulnis *f*, Fäule *f*; **~ый** verfáult, faul; stínkig; **~я́тина** *ж разг.* verfáultes Zeug

ту́хнуть I (*гаснуть*) erlöschen* *vi* (s), am Erlöschen sein; áusgehen* *vi* (s)

ту́хнуть II (*портиться*) verfáulen *vi* (s); verdérben* *vi* (s), éinen Stich bekómmen* [háben]

ту́ч||а *ж* **1.** Wólke *f* (11); ~и Wólken *pl*, Gewölk *n* -(e)s; дождева́я ~а Régenwolke *f*; грозова́я ~а Gewítterwolke *f*; покрыва́ться ~ами sich bewölken, sich mit Wólken bezíehen*; **2.** (*множество*) Únmenge *f*; **~ево́й** Wólken-

тучне́ть 1. zúnehmen* *vi*, Fett ánsetzen, fett wérden; **2.** (*о земле*) frúchtbar wérden

ту́чн||ость *ж* **1.** (*человека*) Wóhlbeleibtheit *f*; Féttleibigkeit *f*; **2.** (*земли*) Frúchtbarkeit *f*; **~ый 1.** fett; wóhlbeleibt, féttleibig (*о человеке*); **2.** (*о земле*) frúchtbar; **3.** kórnreich (*о колосьях*); sáftig (*о траве*)

туш *м муз.* Tusch *m* (1); игра́ть ~ éinen Tusch blásen*

ту́ша *ж* **1.** áusgeweidetes Rind [Tier]; geschláchtetes Tier; Tíerkörper *m* (6); **2.** *разг.* (*о тучном человеке*) Díckwanst *m* (1*), Féttwanst *m*

туше́ *с муз.* Ánschlag *m* (1*)

тушева́ть túschen *vt*; schattíeren *vt*; **~ся** in Verwírrung [in Verlégenheit] geráten*

туше́ние I *с* (*огня*) Löschen *n* -s

туше́ние II *с кул.* Dämpfen *n* -s, Schmóren *n* -s, Dünsten *n* -s

тушёнка *ж разг.* Schmórfleisch *n* in Büchsen

тушёный gedämpft, geschmórt, gedünstet

туши́ть I **1.** (*гасить*) löschen *vt*, áuslöschen *vt*; **2.** (*подавлять*) unterdrúkken *vt*, dämpfen *vt*

туши́ть II *кул.* dämpfen *vt*, schmóren *vt*, dünsten *vt*

тушка́нчик *м зоол.* Spríngmaus *f* (3)

туше́вка *ж* Túschen *n* -s, Schattíerung *f*

тушь *ж* Túsche *f* (11); рису́нок ~ю Túschzeichnung *f* (10)

ту́я *ж бот.* Thúja *f*, *pl* -s, Lébensbaum *m* (1*)

тща́тельн||ость *ж* Sórgfalt *f*, Sórgfältigkeit *f*; Genáuigkeit *f*; **~ый** sórgfältig; genáu

тщеду́ш||ие *с* Schwäche *f*; Kränklichkeit *f*, Gebréchlichkeit *f*; **~ный** schwächlich; kränklich, gebréchlich; ~ный челове́к Schwächling *m* (1)

тщесла́в||ие *с* Éitelkeit *f*; Rúhmsucht *f*; Prahlerei *f*; **~ный** éitel; rúhmsüchtig; práhlerisch; hóchfahrend

тще́тн||о *нареч.* vergéblich, vergébens, umsónst; **~ость** *ж* Vergéblichkeit *f*; Nútzlosigkeit *f*, Frúchtlosigkeit *f*; он уви́дел ~ость свои́х попы́ток er sah ein, daß séine Versúche vergéblich wáren; **~ый** vergéblich; nútzlos; ~ые уси́лия vergébliche [nútzlose] Bemühungen

ты *мест.* du; Du (*в письмах*); э́то ты das bist du, du bist's; тебя́ не́ бы́ло до́ма du warst nicht zu Háuse; вме́сто тебя́ an déiner Stélle; я тебе́ уже́ говори́л ich hábe dir schon gesagt; у меня́ к тебе́ про́сьба ich hábe éine Bítte an dich; он дово́лен тобо́й er ist mit dir zufríeden; он говори́л о тебе́ er hat von dir gespróchen; мы с тобо́й ich und du; wir béide; говори́ть кому́-л. ты j-n dúzen, j-m du ságen; быть на ты с кем-л. sich dúzen (mit *D*), mit j-m auf du und du sein; du zueinánder ságen; обрати́ться к кому́-л. на ты j-n per [mit] du ánreden; ◇ на́ тебе́! ≅ potztáusend!; ну́ тебя́! ≅ ach geh!; laß mich!

ты́кать I (*совать и т. п.*) (hinéin)stécken *vt*, stóßen* *vt*; wéisen* *vt*, zéigen *vt* (*показывать*); ~ па́льцем в кого́-л. mit dem Fínger auf j-n wéisen*; ~ в глаза́ [в нос] etw. j-m únter die Náse réiben*

ты́кать II *разг.* (*называть на ты*) dúzen *vt*

ты́каться *разг.* **1.** (*наталкиваться*) sich stóßen*; **2.** (*соваться*) sich wénden* (к кому́-л. an *A*)

ты́ква *ж* Kürbis *m* -sses, -sse

ты́квенн||ые *сущ. мн. бот.* Kürbisgewächse *pl*; **~ый** Kürbis-

тыквообра́зный kürbisartig, kürbisähnlich, kürbisförmig

тыл *м* **1.** Hínterland *n* -(e)s; Rücken *m* (7); *воен.* Etáppe *f* (11); rückwärtiger Raum, rückwärtiges Gebíet (*район*); глубо́кий ~ tíefes Hínterland; напа́сть с ~а in den Rücken fállen* (на кого́-л. *D*); обходи́ть с ~а im Rücken fássen; заходи́ть в ~ кому́-л. j-n umgéhen*; обеспе́чить ~ den Rücken décken [síchern]; **2.** *мн.* ~ы́ *воен.* rückwärtige Díenste *pl*; Logístik *f* (*в НАТО*)

тылови́к *м воен.* Ángehörige *m* (14) der rückwärtigen Díenste

тылов||о́й *воен.* rückwärtig; Rück(en)-; Etáppen-; **~о́й** райо́н rückwärtiger Raum; ~о́й отря́д Náchtrupp *m* -s, -s; ~ы́е ча́сти, подразделе́ния и учрежде́ния rückwärtige Trúppenteile, Éinheiten und Éinrichtungen

ты́льн||ый: ~ая пове́рхность руки́ Hándrücken *m* (7), äußere Hándfläche

тын *м* Pfáhlzaun *m* (1*); Stakétenzaun *m*

ты́сяч||а *ж* táusend; Táusend *n* (2) (*как сущ.*); пять ты́сяч fünftausend; в ~у раз бо́льший táusendmal größer; ~и и ~и Táusende und áber Táusende, táusend und áber táusend; víele Táusende; viel táusend; на ~у pro mílle; расхо́ды исчисля́ются ~ами die Áusgaben gíngen in die Táusende; ~и люде́й Táusende (von) Ménschen; на ~у ладо́в *разг.* táusendfältig; ~у извине́ний! ich bítte víelmals um Entschúldigung!

тысячекра́тный táusendfach, táusendfältig

тысячеле́т||ие *с* **1.** Jahrtáusend *n* (2), Millénnium *n* -s, -i|en; **2.** (*юбилей*) das táusendjährige Jubilä|um; **~ний** táusendjährig, Millénnium(s)-; jahrtáusendalt

тысячели́стник *м бот.* Scháfgarbe *f* (11)

тысячепятисотле́тие *с* Fünfzehnhundertjährfeier *f*, fünfzehnhundertjähriges Jubilä|um

ты́сячная *сущ. ж* Promílle *n* (6)

ты́сячн||ый 1. (*о части*) der táusendste; ~ая до́ля ein Táusendstel; **2.** (*из нескольких тысяч*) táusendfach; ~ая толпа́ táusendköpfige Ménge, éine Ménschenmenge, die nach Táusenden zählt

тычи́на *ж* Pfahl *m* (1*), Stánge *f* (11)

тычи́нка *ж бот.* Stáubfaden *m* (7*)

тычо́к *м* **1.** *стр.* Bínder *m* (6), Strékker *m* (6); **2.** (*удар*) Stoß *m* (1*) (mit der Faust); **3.** (*кол*) Pflock *m* (1*)

тьма I *ж* (*мрак*) Fínsternis *f*; Dúnkel *n* -s (*тж. перен.*); кроме́шная ~ úndurchdringliche [ägýptische] Fínsternis; сквозь тьму веко́в durch das Dúnkel der Jahrhúnderte [Jahrtáusende]; aus gráuer Vórzeit

тьма II *ж разг.* (*множество*) Únmenge *f*

тьма-тьму́щая *ж разг.* úngeheure [ríesige] Ménge

тьфу *межд. разг.* pfui!; ~ про́пасть Téufel auch!, pfui Téufel!, Téufel noch eins!; ~, ~, ~! toi, toi, toi!

тюбете́йка *ж* Tjubetéika *f*, *pl* -s (*rundes buntes Käppchen*)

тю́бик *м* Túbe *f* (11)

тю́бинг *м стр.* Tübbing *m* -s, -s, Túnnelring *m* (1)

тюк *м* Pack *m* (1, 1*); Wárenballen *m* (7); ~а́ми bállenweise

тюкова́ть in Bállen pácken

тю́левый Tüll-

тюле́ний Róbben-; Séehund(s)-; ~ про́мысел Róbbenfang *m* -(e)s, Róbbenschlag *m* -(e)s; ~ жир Róbbentran *m* -(e)s; Séehundstran *m* -(e)s

тюле́нь *м* **1.** Róbbe *f* (11), Séehund *m* (1); **2.** (*о неуклюжем человеке*) Tölpel *m* (6), únbeholfener Mensch

тюль *м* Tüll *m* -s; се́тчатый ~ Gíttertüll *m*

тюльпа́н *м* Túlpe *f* (11); **~ный** Túlpen-; ~ное де́рево Túlpenbaum *m* (1*)

тю́ник *м*, **тю́ника** *ж* Túnika *f*, *pl* -ken

тюрба́н *м* Túrban *m* (1); Túrbankappe *f* (11) (*фасон шляпы*)

тюре́м||ный Gefängnis-; ~ное заключе́ние Gefängnishaft *f*; Fréiheitsstrafe *f*, Fréiheitsentzug *m* -(e)s (*лишение свободы*); пять лет ~ного заключе́ния fünf Jáhre Gefängnis; **~щик** *м* Gefängniswärter *m* (6); **~щица** *ж* Gefängniswärterin *f* (12)

тю́рки *мн.* Túrkvölker *pl*

тю́ркск||ий Turk-; ~ие языки́ Túrksprachen *pl*; ~ие наро́ды Túrkvölker *pl*

тюрьм||а́ *ж* Gefängnis *n* (3*); Kérker *m* (6); заключи́ть в ~у́ ins Gefängnis wérfen* [stécken]; éinkerkern *vi*; éinsperren *vt*; ins Kíttchen spérren, éinlochen *vt* (*разг.*); находи́ться в ~е́ éingekerkert sein; вы́пустить из ~ы́ aus dem Gefängnis entlássen*; auf fréien Fuß sétzen; убежа́ть из ~ы́ áusbrechen* *vi* (s), aus dem Gefängnis entspríngen*; ◇ по нему́ ~а́ пла́чет das Gefängnis wártet auf ihn

тю́ря *ж* **1.** kálte Brótspeise mit Kwaß óder Sálzwasser; **2.** *разг.* (*рохля*) Tölpel *m* (6)

тю́тельк||а *ж*: ~а в ~у *разг.* genáu, aufs Haar

тю-тю́ *межд.* nicht da!, verschwúnden!, weg!

тюфя́к *м* **1.** Matrátze *f* (11), Béttsack *m* (1*); Pólster *n* (6); соло́менный ~ Stróhsack *m*; волосяно́й ~ Róßhaarmatratze *f*; **2.** *разг.* (*о нерасторопном человеке*) Schláppschwanz *m* (1*), Tólpatsch *m* (1); **3.** *гидр.* Páckwerk *n* (2), Sénkstück *n* (2)

тюфя́чный Matrátzen-

тя́вк||анье *с разг.* Kläffen *n* -s; **~ать, ~нуть** kläffen *vi*; bläffen *vi*

тяг *м*: дать [зада́ть] ~у *разг.* áusreißen* *vi* (s), Réißaus néhmen*, ábhauen *vi* (s)

тя́г||а *ж* **1.** (*в трубе и т. п.*) Zug *m* -(e)s, Ábzug *m*, Lúftzug *m*; нет ~и es zieht nicht; **2.** *тех.* (*тяговое усилие*) Zug *m* -(e)s, Zúgkraft *f*; *ж.-д.* Zúgförderung *f*; кóнная ~а Pférdezug *m*; паровáя ~а Dámpfzug *m*; электри́ческая ~а eléktrische Zúgkraft; *ж.-д.* eléktrischer Fáhrbetrieb [Betríeb]; тепловóзная ~а Díeselbetrieb *m* -(e)s; реакти́вная ~а Schub *m* (1*); механи́ческая ~а Kráftzug *m*; **3.** *тех.* (*приспособление*) Zúgstange *f* (11), Zúgseil *n* (2), Zúgschiene *f* (11); тормознáя ~а *авто* Brémsstange *f*; **4.** (*стремление*) Zug *m* -(e)s; Hang *m* -(e)s; Drang *m* -(e)s; Strében *n* -s; ~а к знáниям Wíssensdrang *m*, Wíssensdurst *m* -es; ~а к учёбе Lust zum Lérnen; **5.** *охот.* Strich *m* (1)

тягáться 1. *разг.* (*мериться силами*) sich méssen*, wétteifern *vi*; es mit j-m an etw. (*D*) áufnehmen*; **2.** *уст.* (*судиться*) éinen Prozéß führen (с кем-л. gégen *A*)

тягáч *м* Trécker *m* (6), Zúgmaschine *f* (11); Schlépper *m* (6); колёсный ~ Rádschlepper *m*; гýсеничный ~ Ráupenschlepper *m*; седéльный ~ Sáttelschlepper *m*

тя́гло *с* **1.** *ист.* Ábgabe *f* (11), Stéuer *f* (11); **2.**: живóе ~ Zúgvieh *n* -(e)s, Gespánnkraft *f*

тя́гловый 1. *ист.* Fron-; **2.**: ~ скот Zúgvieh *n* -(e)s

тягов||ы́й *тех.* Zug-; ~ы́й крюк Zúghaken *m* (7); ◇ ~áя подстáнция *эл.*, *ж.-д.* Báhnunterwerk *n* (2)

тя́гостн||ый lästig; péinlich; drückend; ~ое впечатлéние péinlicher [beklémmender] Éindruck

тя́гость *ж* Schwére *f*, Last *f*; быть в ~ комý-л. j-m zur Last fállen*; j-m ein Klotz am Bein sein

тяготá *ж* Schwére *f*, Last *f*, Druck *m* -(e)s; Not *f*; *мн. тж.* Belástungen *pl*

тяготéн||ие *с* **1.** *физ.* Gravitatión [-vi-] *f*, Schwérkraft *f*; закóн всеми́рного ~ия Gravitatiónsgesetz *n* -es; **2.** (*влечение*) Néigung *f*, Hang *m* -(e)s (к чемý-л. zu *D*); **3.** (*к какому-л. центру*) Ánziehungskraft *f*, Tendénz *f* (zu *D*); **4.** (*гнёт*) Last *f*, Schwére *f*

тяготéть 1. *физ.* gravitíeren [-vi-] *vi* (к чемý-л. zu *D*); **2.** (*иметь влечение к кому-л., к чему-л.*) sich híngezogen fühlen (zu *D*); éine Néigung háben (zu *D*); ein Verlángen [éinen Hang] háben (nach *D*); tendíeren *vi* (*к какому-л. центру* zu *D*); **3.** (*о проклятии, роке и т. п.*) lásten *vi* (над кем-л. auf *D*); **4.** *уст.* (*преобладать*) dominíeren *vi*, die Óberhand háben

тягот||и́ть (*обременять*) zur Last fállen* (когó-л. *D*); belästigen *vt*; bedrücken *vt* (*удручать*); э́то ~и́т егó сóвесть es liegt schwer auf séinem Gewíssen; **~и́ться** (*чем-л.*) sich bedrückt [belästigt] fühlen; etw. lóswerden wóllen*; etw. für schwer [für lästig] hálten*

тягýч||есть *ж* Díckflüssigkeit *f*, Viskosität [vis-] *f* (*о жидкости*); Déhnbarkeit *f*, Zähigkeit *f* (*о металлах*); **~ий 1.** díckflüssig, zähflüssig (*о жидкости*); déhnbar, zähe (*о металлах*); **2.** (*медленный — о песне и т. п.*) gedéhnt, lánggezogen, getrágen, schléppend; **3.** (*скучный*) éintönig, lángweilig

тяж *м спец.* Strang *m* (1*)

тя́жб||а *ж уст.* Prozéß *m* -sses, -sse; Réchtsstreit *m* (1); вести́ ~у éinen Prozéß führen; prozessíeren *vi*

тя́жебн||ый *уст.* Prozéß-; Geríchts-; ~ое дéло Prozéß *m* -sses, -sse, Geríchtssache *f* (11)

тяжелéть 1. schwer [schwérer] wérden; **2.** (*становиться менее подвижным*) schwérfällig wérden

тяжелó 1. *нареч.* schwer; beschwérlich (*затруднительно*); mühsam (*с трудом*); schwérfällig (*о походке*); ~ бóлен schwer krank, érnstlich erkránkt; **2.** *предик. безл.*: мне ~ (+*инф.*) es fällt [es ist] mir schwer zu (+ *inf*); мне ~ дýмать об э́том es schmerzt mich, darán zu dénken; у меня́ ~ на душé es ist mir schwer ums Herz; ~ смотрéть на э́то das ist ein schwérer Ánblick; es fällt éinem schwer, das mit ánzusehen

тяжелоатлéт *м спорт.* Schwérathlet *m* (8)

тяжеловáтый zíemlich schwer

тяжеловéс *м* **1.** *спорт.* Schwérgewichtler *m* (6); борéц-~ Schwérgewichtsringer *m* (6); **2.** *ж.-д. разг.* Schwérlastzug *m* (1*), Schwérlaster *m* (6)

тяжеловéсн||ость *ж* Schwére *f*; Schwérfälligkeit *f*; **~ый 1.** schwer; massív; schwérfällig; **2.** (*неуклюжий — о слоге*) plump

тяжеловóз *м* Lástpferd *n* (2)

тяжелогрýзн||ый *спец.* Schwérgut-; ~ое сýдно Schwérgutschiff *n* (2)

тяжелодýм *м* schwérfälliger [lángsamer] Kopf; он ~ er ist lángsam von Begríff; er hat éine lánge Léitung (*разг.*)

тяжелорáненый *м* Schwérverwundete *m* (14)

тяжёл||ый 1. schwer; frúchtschwer (*о колосьях*); ~ые мы́сли schwére Gedánken; ~ые временá schwére Zéiten; ~ое чýвство ein níederdrückendes Gefühl; **2.** (*суровый*) schwer, hart; ~ая кáра éine schwére [hárte] Stráfe; ~ый удáр ein hárter Schícksalsschlag; **3.** (*трудный, утомительный*) schwer, beschwérlich; mühevoll; ~ая рабóта schwére Árbeit; ~ое дыхáние mühsamer Átem; **4.** (*серьёзный*) ernst, schwíerig; ~ый вопрóс éine schwíerige Fráge; ~ая болéзнь schwére Kránkheit; он в ~ом состоя́нии er ist schwer krank, sein Zústand ist ernst; **5.** (*неуживчивый — о человеке, характере*) únverträglich; ◇ ~ое машинострoéние Schwérmaschinenbau *m* -(e)s; ~ые метáллы Schwérmetalle *pl*; ~ая промы́шленность Schwérindustrie *f*; ~ая артиллéрия schwére Artillerie; ~ый стиль schwérfälliger [überládener] Stil; у негó тяжёлая рукá *разг.* er hat éine schwére Faust; быть ~ым на подъём *разг.* schwérfällig sein; kéinen Unternéhmungsgeist háben; ~ый вóздух dúmpfe [stíckige] Luft

тя́жест||ь *ж* **1.** (*чего-л.*) Schwére *f*; Gewícht *n* (2); си́ла ~и *физ.* Schwérkraft *f*; центр ~и *физ.* Schwérpunkt *m* (1); **2.** *спорт.* Gewícht *n* (2); поднятие ~ей Gewíchtheben *n* -s; **3.** (*груз, тж. перен.*) Last *f* (10); Wucht *f* (10), Bürde *f* (11); ~ь забóт Sórgenlast *f*; ~ь ули́к *юр.* die Wucht der Bewéise, die Last der Bewéise [des Bewéismaterials]

тя́жк||ий schwer, mühsam; ernst (*серьёзный*); quálvoll (*мучительный*); ~ое преступлéние schwéres Verbréchen; ◇ пусти́ться во все ~ие ein áusschweifendes [lóckeres] Lében führen

тя́жущийся *сущ. м юр.* Prozessíerende *m* (14)

тянýть 1. zíehen* *vt* (за что-л. an *D*); schléppen *vt*, schléifen *vt* (*волочить*); récken *vt* (*растягивать*); ~ канáт ein Seil zíehen*; ~ за вóлосы an den Háaren zíehen*; ~ жрéбий das Los zíehen*; ~ прóволоку Draht zíehen*; **2.** (*медленно произносить*) déhnen *vt*; ~ словá Wórte déhnen, in gedéhntem Ton [gedéhnt] spréchen*; ~ всё ту же пéсню *перен.* ímmer die álte Léier ánstimmen; **3.** (*медлить*) zögern *vi*; verzögern *vt*; in die Länge zíehen* (*затягивать*); ~ дéло éine Sáche in die Länge zíehen*; éine Sáche auf die lánge Bank schíeben*; **4.** *безл.* (*влечь*): егó тя́нет er hat Lust, er fühlt sich híngezogen; ihn verlángt (к чемý-л. nach *D*); егó тя́нет ко сну ihn schläfert; **5.** (*весить*) wíegen* *vi*; тя́нет два килó es wiegt zwei Kílo; **6.** (*вымогать*) erpréssen *vt*; **7.** (*о дымоходе*) zíehen* *vi*, Zug háben; **~ся 1.** (*простираться*) sich erstrécken; sich zíehen*; sich áusbreiten, sich áusdehnen; **2.** (*длиться*) sich hínziehen*; dáuern *vi*; sich in die Länge zíehen*; врéмя тя́нется (дóлго) die Zeit wird lang; **3.** (*потягиваться*) sich déhnen, sich récken; **4.** (*расти*) wáchsen* *vi* (s), sich in die Höhe récken; **5.** (*стараться достать; стремиться*) lángen *vi* (за чем-л. nach *D*); die Hand áusstrecken; цветóк тя́нется к сóлнцу die Blúme streckt sich der Sónne entgégen; **6.** (*в соревнованиях*) nácheifern *vi* (за кем-л. *D*); náchstreben *vi* (*D*); Schritt zu hálten súchen (mit *D*)

тянýчка *ж* (wéiches zähflüssiges) Sáhnebonbon [-bɔŋ,bɔŋ] *n* -s, -s; Plómbenzieher *m* (6) (*шутл.*)

тя́пка *ж* Háckmesser *n* (6), Kráuteisen *n* (6)

тяп-ля́п *разг.* náchlässig; írgendwíe

тя́пнуть *разг.* **1.** (*топором*) hácken *vt*; **2.** (*схватить зубами*) fássen *vt*, pácken *vt*; **3.** (*украсть*) stéhlen* *vt*, stibítzen *vt*

тя́тя *м разг.* Papá *m* -s, -s, Váti *m* -s, -s

У

у *предлог* **1.** (*возле*) nében, an (*D на вопрос «где?»*; *A на вопрос «куда?»*); сидéть у окнá am Fénster sítzen*; постáвить стол у окнá den Tisch ans Fénster stéllen; у изголóвья am Kópfende; **2.** (*у кого-л.*) bei (*D*); жить у свои́х роди́телей bei séinen Éltern lében [wóhnen]; учи́ться у когó-л. bei j-m lérnen; **3.** (*указывает на наличие чего-л.*) *сочетание его с мест. или сущ. переводится*: 1) *мест. или сущ.* в *N*: у меня́ есть ich hábe, ich besítze; у меня́ нет книг ich hábe kéine Bücher; рýки у неё бы́ли крáсные sie hátte róte Hände, íhre Hände wáren rot; мать у негó больнá séine Mútter ist krank; муж у неё поги́б на войнé ihr Mann ist im Krieg gefállen; у тебя́ идёт кровь из нóсу déine Náse blútet; лицó у негó поблéднело sein Gesícht wúrde blaß; часы́ у меня́ останови́лись méine Uhr ist stéhengeblieben; 2) *мест. или сущ. в D*: у меня́ боля́т зýбы mir tun die Zähne weh; ры́ба вы́скользнула у меня́ из рук der Físch glitt mir aus den Händen; у меня́ пропадáет билéт mir verfällt éine Kárte; у негó пропáл аппети́т ihm ist der Appetít vergángen; у меня́ возни́кла идéя mir kam ein Gedánke; **4.** (*указывает на лишение чего-л.*; *сочетание его с глаголом «взять» и т. п. переводится соответствующим гл. и мест. или сущ. в D*) у негó укрáли дéньги ihm ist (das) Geld gestóhlen wórden; он отби́л у меня́ охо́ту er hat mir die Lust genómmen; отня́ть у ребёнка но́жницы dem Kind die Schére wégnehmen*; **5.** (*в значении принадлежности*): но́жки у сту́ла die Béine des Stúhles, die Stúhlbeine; ◇ у вла́сти an der Macht, an der Hérrschaft; am Rúder

уба́в||ить vermíndern *vt*, verríngern *vt*; verkléinern *vt* (*в размере*); (ver)kürzen *vt* (*в длину*); énger máchen (*в ширину*); ~ить ша́гу den Schritt verlángsamen, lángsamer géhen*; ~ить ход die Fahrt verlángsamen; die Geschwíndigkeit herábsetzen [vermíndern]; ~ить в ве́се léichter wérden, ábnehmen* *vi*; ~ить в про́ймах in den Áchseln énger máchen; он ~ил себе́ не́сколько лет er hat sich um éinige Jáhre jünger gemácht; нельзя́ ни ~ить, ни приба́вить ни сло́ва hier darf kein Wort gestríchen óder hinzúgefügt wérden; **~иться** ábnehmen* *vi*, náchlassen* *vi*; sich verríngern; fállen* *vi* (s), sínken* *vi* (s) (*о воде*); воды́ ~илось das Wásser ist gefállen; дни ~ились die Táge sind kürzer gewórden; **~ле́ние** *с* Verríngerung *f* (10); Verkléinerung *f* (10) (*в размере*); Verkürzung *f* (10) (*в длину*); ~ле́ние ве́са Gewíchtsabnahme *f* (11)

убавля́ть *см.* уба́вить; **~ся 1.** *см.* уба́виться; **2.** *страд.* vermíndert wérden (*ср.* уба́вить)

убаю́кать éinwiegen *vt*, in den Schlaf wíegen [síngen*]; *перен.* éinschläfern *vt*

убаю́кив||ание *с* Éinwiegen *n* -s; **~ать** *см.* убаю́кать

убега́ть *см.* убежа́ть

убеди́тельн||ость *ж* Überzéugungskraft *f*; Schlágkraft *f*; **~ый** überzéugend; éinleuchtend, tríftig, schlágend; э́то ~о das ist éinleuchtend; das léuchtet mir ein; ~ая про́сьба éine ínständige [dríngende, dríngliche] Bítte; ~ый до́вод ein tríftiger Grund; ~ое доказа́тельство ein schlüssiger Beweis

убеди́ть überzéugen *vt* (в чём-л. von *D*); überréden *vt*, bewégen* *vt* (zu *D*); j-n zu etw. (*D*) bríngen*; ~ кого́-л. лечи́ться j-n überréden [dazú bríngen*], sich ärztlich behándeln zu lássen; дать себя́ ~ sich von etw. (*D*) überzéugen lássen*; sich bewégen [beréden] lássen*; **~ся** sich überzéugen (в чём-л. von *D*); sich vergewíssern (*G*), sich (*D*) die Sícherheit verscháffen; die Überzéugung gewínnen*

убежа́||ть 1. davónlaufen* *vi* (s), fórtlaufen* *vi* (s), wéglaufen* *vi* (s); türmen *vi* (s) (*разг.— удрать*); **2.** (*спастись бегством*) flüchten *vi* (s), sich flüchten, flíehen* *vi* (s); entkómmen* *vi* (s) (от кого́-л., от чего́-л. *D*); áusreißen* *vi* (s), entwíschen *vi* (s) (*разг.*); ◇ молоко́ ~ло die Milch ist übergekocht [übergelaufen]

убежда́ть(ся) *см.* убеди́ть(ся)

убежде́н||ие *с* **1.** (*действие*) Überzéugen *n* -s; Zúreden *n* -s, Überréden *n*; путём ~ия durch Überzéugung; все ~ия оста́лись безрезульта́тными álles (gúte) Zúreden blieb erfólglos; álle Überrédungskünste blíeben erfólglos; **2.** (*убеждённость*) Überzéugung *f*; си́ла ~ия Überzéugungskraft *f*; то́ном глубо́кого ~ия im Brústton der Überzéugung; с твёрдым ~ием in der fésten Überzéugung; **3.** (*мнение*) Überzéugung *f* (10); Gesínnung *f* (10); Ánschauung *f* (10), Ánsicht *f* (10) (*воззрение*); де́йствовать по ~ию nach séiner Überzéugung hándeln; де́йствовать вопреки́ своему́ ~ию gégen séine Überzéugung hándeln; wíder bésseres Wíssen und Gewíssen hándeln; полити́ческие ~ия polítische Überzéugungen [Ánschauungen]; меня́ть свои́ ~ия séine Ánschauungen [die Fárbe] wéchseln; каковы́ его́ ~ия? wie ist er gesínnt?

убеждённ||о *нареч.* überzéugt; von der Überzéugung durchdrúngen; **~ость** *ж* Überzéugtheit *f*; **~ый** überzéugt; ~ый сторо́нник ein überzéugter Ánhänger

убе́жищ||е *с* **1.** Asýl *n* (2), Zúfluchtsort *m* (1); Zúflucht *f*; Únterschlupf *m* (1*), Schlúpfwinkel *m* (6) (*приют*); Óbdach *n* -(e)s (*кров*); пра́во ~а Asýlrecht *n* -(e)s; иска́ть ~а Únterkunft [Zúflucht] súchen; проси́ть полити́ческого ~а um polítisches Asýl bítten; **2.** *воен.* Únterstand *m* (1*), Búnker *m* (6); Únterstellraum *m* (1*) (*для огневого средства*); вре́менное ~е provisórischer [-vi-] Únterstand; Lúftschutzraum *m*, Lúftschutzkeller *m* (6) (*бомбоубежище*)

убелённый: ~ сединáми mit wéißem [ergráutem] Haar; wéißhaarig, sílberhaarig; sílberweiß

уберега́ть, убере́чь bewáhren *vt* (от кого́-л., от чего́-л. vor *D*); behüten *vt* (*сохранить*); rétten *vt*, in Sícherheit bríngen* (*спасти*); убере́чь ребёнка от просту́ды das Kind vor Erkältung bewáhren; **~ся** sich bewáhren, sich (*D*) in acht néhmen*, sich hüten (от чего́-л., от кого́-л. vor *D*); verméiden* *vt*; убере́чься от несча́стья éinem Únglück aus dem Wége géhen*

убива́ть *см.* уби́ть; **~ся 1.** *разг.* (*горевать*) sich (zu Tóde) grämen; vor Kúmmer [Gram] vergéhen*; **2.** *см.* уби́ться 2; **3.** (*много трудиться*) sich tótrackern *отд.* **4.** *страд.* erschlágen wérden (*ср.* уби́ть)

уби́йственн||ый mörderisch, tödlich, verníchtend; *перен.* fúrchtbar, schrécklich; ~ый кли́мат mörderisches Klíma; ~ое настрое́ние (tíef)gedrückte Stímmung; ~ая иро́ния verníchtende Ironíe

уби́йство *с* Mord *m* (1), Ermórdung *f* (10) (*умышленное*); Tótschlag *m* (1*) (*в драке*); ~ из-за угла́ Méuchelmord *m*; ~ с це́лью грабежа́ Ráubmord *m*

уби́йца *м* Mörder *m* (6); Kíller *m* (6) (*разг.*); наёмный ~ gedúngener Mörder; ~ из-за угла́ Méuchelmörder *m*

убира́ть *см.* убра́ть; **~ся 1.** *см.* убра́ться; убира́йся! *разг.* mach, daß du fórtkommst!, scher dich (fort)!, hau ab!, verdúfte!, fort!; **2.** *страд.* áufgeräumt wérden; beséitigt wérden

уби́т||ый *прич. и прил.* **1.** getötet, ermórdet, erschlágen; úmgebracht; gefállen (*на войне*); **2.** *перен.* verníchtet, erlédigt, geschlágen; ~ый го́рем vom Kúmmer [Gram] gebróchen, grámgebeugt; с ~ым ви́дом níedergeschlagen. **3.** *в знач. сущ. м* Ermórdete *m* (14), Erschlágene *m* (14); Tóte *m* (14); Gefállene *m* (14) (*на войне*); два уби́тых и пять ра́неных zwei Tóte und fünf Verwúndete; ◇ он спит как ~ый *разг.* er schläft wie ein Sack [Múrmeltier, Klotz]

уби́ть 1. töten *vt*; tótschlagen* *отд. vt*, erschlágen* *vt*; ermórden *vt* (*умышленно*); úmbringen* *vt*; **2.** *перен.* (*уничтожить*) verníchten; ~ наде́жды Hóffnungen verníchten; **3.** (*привести в отчаяние кого-л.*) j-n in Verzwéiflung stürzen; ◇ ~ вре́мя die Zeit tótschlagen*; хоть убе́й, не зна́ю *разг.* schlag mich tot, ich weiß nicht; одни́м уда́ром двух за́йцев ~ zwéi Flíegen mit éiner Kláppe schlágen*; **~ся 1.** (*насмерть*) tödlich verúnglücken, ums Lében kómmen*; **2.** *разг.* (*ушибиться*) sich hart stóßen*

ублажа́ть, ублажи́ть (*кого-л.*) **j-n** umschméicheln; j-m jéden Wunsch von den Áugen áblesen*

ублю́док *м* **1.** Míschling *m* (1) (*о животных*); **2.** *презр.* Bástard *m* (1)

убо́гий *прил.* **1.** ármselig; ärmlich; dürftig, karg, kümmerlich (*бедный*); kläglich (*ничтожный*); verkrüppelt (*искалеченный*); **2.** *в знач. сущ. м* ármer Schlúcker, ármer Téufel (*бедняк*); Krüppel *m* (6) (*калека*)

убо́жество *с* **1.** Ármseligkeit *f*, Ärmlichkeit *f*; Dürftigkeit *f*, Kärglichkeit *f*; духо́вное ~ géistige Ármut; **2.** *уст.* (*физический недостаток*) Verkrüppelung *f*

убо́й *м с.-х.* Schláchten *n* -s, Schláchtung *f*, Ábschlachten *n*; откорми́ть (*скот*) на ~ schláchtreif mästen; корми́ть как на ~ wie éine Gans vóllstopfen; вы́нужденный ~ Nótschlachtung *f*; вести́ на ~ zur Schláchtbank führen; **~ный 1.** *с.-х.* Schlacht-, zum Schláchten bestímmt; ~ный скот Schláchtvieh *n* -(e)s, Mástvieh *n*; ~ный вес Schláchtgewicht *n* (2); **2.** *воен.*: ~ная си́ла Verwúndungsfähigkeit *f*, Verwúndungskraft *f*

убо́р *м уст.* Gewánd *n* (5); Putz *m* -es, Schmuck *m* (1); ◇ головно́й ~ Kópfbedeckung *f* (10)

убо́рист||ость *ж* Gedrängtheit *f*; **~ый** éngbeschrieben; éngbedruckt (*о шрифте*)

убо́рка *ж* **1.** *с.-х.* Érnte *f* (11), Érnteeinbringung *f*, Bérgung der Érnte; das Éinbringen [Éinfahren] der Érnte; **2.** (*помещения и т. п.*) Áufräumen *n* -s, Säuberung *f* (10); Réinemachen *n* -s; генера́льная ~ Gróßreinemachen *n*

убо́рная *сущ. ж* **1.** Ánkleidezimmer *n* (6), Garderóbe *f* (11) (*актёра*); **2.** (*туалет*) Toilétte [toa-] *f* (11), Klosétt *n* (2)

убо́рочн||ый *с.-х.* Érnte-; ~ая маши́на Érntemaschine *f* (11); ~ая кампа́ния Érntekampagne [-,panjə] *f*

убо́рщица *ж* Ráumpflegerin *f* (12), Réinigungskraft *f* (3); Réinigungsfrau *f* (10), Pútzfrau *f*; Réinemach(e)frau *f*

убра́нство *с* Áusschmückung *f* (10), Áusstattung *f* (10); Schmuck *m* (1); ~ ко́мнат Zímmerausstattung *f*, Zímmereinrichtung *f* (10)

убра́ть 1. áufräumen *vt*; wégräumen *vt*; wégschaffen *vt*, wégnehmen* *vt*, beséitigen *vt*; ~ с доро́ги [с пути́] aus dem Wége räumen [scháffen]; ~ со стола́ (den Tisch) ábdecken; **2.** (*привести в порядок*) áufräumen *vt*, in Órdnung bríngen*, Órdnung máchen; ~ ко́мнату das Zímmer áufräumen; ~ посте́ль das Bett máchen; **3.** *мор.* áufklaren *vt*; ~ паруса́ die Ségel éinziehen*; **4.** (*украсить*) (áus)schmücken *vt*, pútzen *vt*; **5.** (*спрятать*) wégtun* *vt*, wéglegen *vt*; verwáhren *vt*; **6.** (*урожай*) érnten *vt*; éinbringen* *vt*; **~ся 1.** (*привести в порядок*) *разг. см.* убра́ть 2; **2.** *разг.* (*уйти*) sich aus dem Stáube máchen; ~ся подобру́-поздоро́ву réchtzeitig verschwínden*; mit héiler Haut davónkommen*; ábhauen* (*impf* háute ab) *vi* (s); **3.** *уст.* (*нарядиться*) sich schmücken; **4.** *разг.* (*окончить работу*): ~ся с хле́бом das Getréide ábernten; ~ся с сеноко́сом die Héuernte beénden

убыв||а́ние *с* Ábnahme *f*, Vermínderung *f*, Verríngerung *f*; Náchlassen *n* -s, Fállen *n* -s; Sínken *n* -s (*о воде*); Ábnehmen *n* -s (*луны*); **~а́ть** *см.* убы́ть

у́быль *ж* **1.** (*уменьшение*) Ábnahme *f*, Ábgang *m* -(e)s, Fállen *n* -s; Sínken *n* -s (*о воде*); **вода́ пошла́ на ~** das Wásser sinkt; **2.** (*убыток*) Schwund *m* -(e)s; Verlúst *m* (1); есте́ственная ~ natürlicher Schwund; возмести́ть ~ den Verlúst ersétzen, für den Verlúst áufkommen*

убыстри́ть beschléunigen *vt*

убы́т||ок *м* Verlúst *m* (1), Náchteil *m* (1); Scháden *m* (7*); Éinbuße *f* (11); чи́стый ~ок réiner [glátter] Verlúst; нести́ [потерпе́ть] ~ки Schäden erléiden*; Verlúste davóntragen*; быть [оказа́ться] в ~ке den Schaden háben; den kürzeren zíehen* (*разг.*); возмести́ть ~ок für éinen Schaden áufkommen*; э́то мне в ~ок das ist für mich ein Náchteil [Verlúst]; прямо́й ~ок únmittelbarer Verlúst; dirékter Schaden

убы́точн||ость *ж* Náchteiligkeit *f*; вы́яснилась ~ость э́того предприя́тия es hat sich gezéigt, daß díeser Betríeb mit Verlúst árbeitet; **~ый** verlústbringend; náchteilig; ~ое предприя́тие ein verlústbringender [únrentabler] Betríeb

убы́ть 1. (*уменьшиться*) sich vermíndern, sich verríngern; ábnehmen* *vi*; zurückgehen* *vi* (s); náchlassen* *vi*; fállen* *vi* (s); sínken* *vi* (s) (*о воде*); ábschwellen *vi* (s) (*спасть*), léiser wérden (*о звуке*); **2.** *офиц.* (*отбыть, уехать*) áusscheiden* *vi* (s); ábfahren* *vi* (s); *воен.* áusrücken *vi* (s); ~ в о́тпуск in Úrlaub gehen* (s); ◇ от его́ слов тебя́ не убу́дет! *разг.* séine Wórte scháden dir ja nicht!

уваж||а́емый geáchtet, geschätzt; ángesehen; ~а́емый челове́к Respéktsperson *f* (10); geáchtete Persönlichkeit *f*; ~а́емый това́рищ (*в обращении*) (sehr) geéhrter [veréhrter] Genósse; **~а́ть** áchten *vt*, éhren *vt*; respektíeren *vt*; schätzen *vt* (*ценить*); **~е́ние** *с* Áchtung *f*; Respektíerung *f*; Éhrerbietung *f*; по́льзоваться ~е́нием Áchtung geníeßen*, in (hóhem) Ánsehen stéhen*; завоева́ть ~е́ние sich (*D*) Áchtung erwérben*; пита́ть ~е́ние к кому́-л., относи́ться с ~е́нием к кому́-л. vor j-m [für j-n] Áchtung háben [hégen]; für j-n Áchtung empfínden*; внуша́ть ~е́ние Áchtung [Respékt] éinflößen; из ~е́ния aus Áchtung; при всём моём ~е́нии bei [trotz] áll(er) méiner Áchtung; с (и́скренним) ~е́нием (*в конце письма*) mit (áufrichtiger) Hóchachtung, hóchachtungsvoll

уважи́тельн||ость *ж* **1.** (*причины*) Tríftigkeit *f*; Stíchhaltigkeit *f*; **2.** (*почтительность*) Éhrerbietung *f*; **~ый 1.** (*о причине и т. п.*) tríftig; éinleuchtend; по ~ым причи́нам aus tríftigen [stíchhaltigen] Gründen; отсу́тствовать по ~ой причи́не entschúldigt féhlen; **2.** (*проникнутый уважением*) éhrerbietig

ува́жить *разг.* **1.** (*кого-л.*) entgégenkommen* *vi* (s) (*D*); **2.** (*что-л.*) berücksichtigen *vt*, in Betrácht zíehen*, Réchnung trágen* (*D*); ~ про́сьбу eine Bítte berücksichtigen, einer Bítte Réchnung trágen*

у́валень *м разг.* schwérfälliger [únbeholfener] Mensch, Tólpatsch *m* (1)

ува́риваться, увари́||ться *разг.* **1.** (*уменьшиться*) éinkochen *vi* (s); **2.** (*вполне свариться*) gar sein; мя́со ~лось das Fleisch ist gar

уведоми́тельн||ый benáchrichtigend, in Kénntnis sétzend; ~ое письмо́ [сообще́ние] schríftliche Benáchrichtigung [Míttéilung]

уве́дом||ить míttéilen *vt* (кого́-л. *D*); j-n wíssen lássen* (о чём-л. *A*); benáchrichtigen *vt*, in Kénntnis sétzen, unterríchten *vt* (о чём-л. von *D*); mélden *vt* (кого́-л. *D*); **~ле́ние** *с* **1.** Mítteilung *f* (10), Benáchrichtigung *f* (10), Méldung *f* (10); **2.** (*действие*) Benáchrichtigung *f*, Inkénntnissetzung *f*; **~ля́ть** *см.* уве́домить

увезти́ 1. fórtführen *vt*; fórtbringen* *vt*, fórtschaffen *vt*; mítnehmen* *vt* (*с собой*); **2.** (*похитить кого-л.*) entführen *vt*

увекове́ч||ение *с* Veréwigung *f*; **~ивать, ~ить** veréwigen *vt*; unstérblich máchen

увеличе́ние *с* Vergrößerung *f* (10); Verméhrung *f* (10) (*умножение*); Erwéiterung *f* (10) (*расширение*); Zúnahme *f* (11), Stéigerung *f* (10); Zúwachs *m* -es (*рост*); ~ чи́сленности а́рмии die Verstärkung der Armée; ~ посевно́й пло́щади die Erwéiterung der Áussaatfläche

увели́чивать *см.* увели́чить; **~ся 1.** *см.* увели́читься; **2.** *страд.* vergrößert wérden (*ср.* увели́чить)

увеличи́тель *м фото* Vergrößerungsgerät *n* (2)

увеличи́тельн||ый vergrößernd; Vergrößerungs-; ~ое стекло́ Vergrößerungsglas *n* (5), Lúpe *f* (11)

увели́чить vergrößern *vt*; verméhren *vt* (*умножить*); erwéitern *vt* (*расширить*); stéigern *vt* (*повысить*); verstärken *vt* (*усилить*); ~ втро́е auf das Dréifache vergrößern; ~ дохо́ды die Éinnahmen verméhren; ~ чи́сленность а́рмии die Armée verstärken; **~ся** größer wérden, sich vergrößern; an Größe zúnehmen*, zúnehmen* *vi*; sich verméhren (*умножиться*); wáchsen* *vi* (s) (*вырасти*); stéigen* *vi* (s) (*повыситься*)

венча́||ть *см.* венча́ть 2, 3; **~ться** gut áusgehen* [énden]; ~ться успе́хом von Erfólg gekrönt sein

увере́ние *с* Versícherung *f* (10), Zúsicherung *f*, Betéuerung *f* (10)

уве́ренн||о *нареч.* sícher; überzéugt; zúversichtlich; говори́ть ~о bestímmt [vóller Überzéugung] sprechen* [réden]; ~о идти́ свое́й доро́гой *тж. перен.* sícher [unbeírrt] séinen Weg géhen*; ~о смотре́ть вперёд zúversichtlich in die Zúkunft scháuen; **~ость** *ж* Gewíßheit *f*, Sícherheit *f*; Überzéugung *f*; Zúversicht *f*; вы́разить ~ость в чём-л. séiner Überzéugung Áusdruck gében*, séine Überzéugung zum Áusdruck bríngen*; ~ость в свои́х си́лах das Vertráuen auf die éigenen Kräfte; ~ость в себе́ Sélbstvertrauen *n* -s, Sélbstsicherheit *f*; ~ость в за́втрашнем дне gesícherte Zúkunft; ~ость в побе́де Síegeszuversicht *f*; с ~остью sícher, zúversichtlich, vóller Überzéugung [Zúversicht]; утвержда́ть что-л. с ~остью etw. mit áller Gewíßheit behäupten; в по́лной ~ости in der vóllen [vólligen] Gewíßheit; im fésten Gláuben

уве́ренн||ый 1. (*твёрдый*) sícher, fest; ~ый го́лос síchere [féste] Stímme; ~ая рука́ síchere [féste] Hand; **2.** (*убеждённый*) überzéugt (в чём-л. von *D*); gewíß, sícher (*G*); im fésten Gláuben (an *A*); zúversichtlich; быть твёрдо ~ым der fésten Zúversicht [voll Zúversicht] sein; быть ~ым в успе́хе des Erfólges sícher sein, séiner Sáche gewíß sein; быть ~ым в ком-л. sich auf j-n verlássen*, j-s sícher sein; ◇ бу́дьте уве́рены! séien Sie únbesorgt!, verlássen Sie sich daráuf!

уве́рить (*в чём-л.*) versíchern *vt*, betéuern *vt* (кого́-л. *D*); überzéugen *vt* (*убедить* — кого́-л. в чём-л. von *D*); éinreden *vt* (кого́-л. *D*) (*внушить*); wéismachen *отд. vt*, vórmachen *vt* (кого́-л. *D*) (*в заведомой неправде*); **~ся** sich überzéugen (в чём-л. von *D*), sich vergewíssern (*G или* über *A*)

уверну́ться áusweichen* *vi* (s), aus dem Wége géhen* (от чего́-л. *D*); sich heráusreden, Áusreden [Áusflüchte] máchen (*отговориться*)

уве́ровать fest an j-n, an etw. (*A*) gláuben

увёртка *ж* Áusflucht *f* (13); Áusrede *f* (11), Wínkelzug *m* (1*); Fisimaténten *pl* (*разг.*)

увёртлив||ость *ж разг.* **1.** (*ловкость*) Gewándtheit *f*, Behéndigkeit *f*; **2.** (*хитрость*) Schláuheit *f*, Fíndigkeit *f*; **~ый** *разг.* **1.** (*ловкий*) gewándt, fix, behénd; **2.** (*хитрый*) schlau, fíndig

увёртываться *см.* уверну́ться

уверту́ра *ж муз.* Ouvertüre [uvɛr-] *f* (11); Vórmusik *f*, Títelmusik *f* (*в кино*)

уверя́ть *см.* уве́рить

увеселе́ни||е *с* **1.** Belústigung *f* (10), Erhéiterung *f* (10); **2.** *б. ч. мн.* ~я (*развлечение*) Vergnügung *f* (10); Vergnügen *n* (7), Amüsement [-'maŋ] *n* -s

увесели́тельн||ый 1. belústigend, erhéiternd; **2.** (*доставляющий удовольствие*) Lust-, Vergnügungs-; ~ая пое́здка Vergnügungsreise *f* (11)

увеселя́ть 1. belústigen *vt*, erhéitern *vt*, áufheitern *vt*; **2.** (*развлекать*) amüsíeren *vt*; **~ся 1.** sich amüsíeren; Vergnügungen náchgehen*; **2.** *страд.* belústigt wérden (*ср.* увеселя́ть)

уве́сист||ость *ж* **1.** (*тяжесть, вес*) Schwére *f*; **2.** *разг.* (*сила*) Wucht *f* (10); **~ый 1.** (*тяжёлый*) schwer; **2.** *разг.* (*сильный*) wúchtig

увести́ 1. wégführen *vt*, fórtführen *vt*; mit sich néhmen* (*с собой*); **2.** (*похитить*) entführen *vt*; mítgehen lássen*; **3.** (*отвлечь*) áblenken *vt*

уве́ч||ить verstümmeln *vt*, zum Krüppel máchen; **~ный** *прил. уст.* **1.** verstümmelt, verkrüppelt; **2.** *в знач. сущ. м* Krüppel *m* (6)

уве́чье *с* Verstümmelung *f* (10), Körperverletzung *f* (10)

уве́шать, уве́шивать behängen *vt*, vóllhängen *отд. vt*

увеща́ние *с* Ermáhnung *f* (10)

увеща́ть, увещева́ть ermáhnen *vt*, máhnen *vt*

увива́ться (*за кем-л.*) *разг.* j-m den Hof máchen; j-n umschwärmen (*о многих*)

увида́ть(ся) *разг. см.* уви́деть(ся)

уви́деть 1. erblícken *vt*, séhen* *vt*; **2.** (*осознать*) (éin)séhen* *vt*, verstéhen* *vt*, erkénnen* *vt*; ◇ ~ свет das Licht der Welt erblícken; (поживём —) уви́дим wir wérden ja séhen; вот уви́дишь! *разг.* du wirst (schon) séhen!; **~ся** sich séhen*, sich wíedersehen*; sich tréffen* (*встретиться*)

уви́ливать *разг.* (*от чего-л.*) áuszuweichen (ver)súchen (*D*); sich áuszureden (ver)súchen (*отговариваться*); sich heráuszuwinden (ver)súchen; Áusflüchte [Fisimaténten] máchen, sich dréhen und wénden

увильну́ть *разг.* (*от чего-л.*) áusweichen* *vi* (s) (*D*); entschlüpfen *vi* (s) (*D*); sich heráusreden (*отговориться*)

уви́ть 1. *разг.* (*обмотать*) umwíckeln *vt*, umwínden* *vt*; **2.** (*обвить*) umránken *vt*, umwínden* *vt* (*о растениях*); **~ся** *разг.* sich wínden*, sich schlíngen*, sich ránken

увлажн||éние *с* **1.** (*действие*) Beféuchtung *f*, Ánfeuchtung *f*; Féuchtmachen *n* -s; **2.** (*состояние*) Féuchtigkeit *f*; **~и́тель** *м* Beféuchtungsapparat *m* (1); ~и́тель во́здуха Lúftbefeuchter *m* (6); **~и́ть, ~я́ть** feucht máchen, beféuchten *vt*, ánfeuchten *vt*; **~я́ться** feucht [naß] wérden

увлека́тельный hínreißend, spánnend, spánnungsreich

увлека́ть *см.* увле́чь; **~ся 1.** *см.* увле́чься; **2.** *страд.* híngerissen wérden (*ср.* увле́чь)

увлека́ющийся 1. leicht begéistert, schwärmerisch (veránlangt); enthusiástisch; **2.** (*влюбчивый*) sich leicht verlíebend

увлече́ние *с* **1.** (*пыл, одушевление*) Begéisterung *f*; Enthusiásmus *m* =, Féuer *n* -s; Übereifer *m* -s; **2.** (*чем-л.*) Begéisterung *f* (für *A*); **3.** (*любовное*) Léidenschaft *f* (кем-л. für *A*)

увлечённ||ость *ж* Begéisterung *f*; Begéisterungsfähigkeit *f* (*способность увлечься*); **~ый** híngerissen, begéistert

увле́чь 1. (*утащить за собой*) fórtziehen* *vt*, fórtschleppen *vt*; **2.** (*восхитить, пленить*) hínreißen* *vt*, fórtreißen* *vt*; in Begéisterung versétzen; **3.** (*соблазнить*) verführen *vt*, verléiten *vt*; **~ся 1.** (*чем-л.*) sich fórtreißen [hínreißen] lássen* (durch *A*, von *D*); sich begéistern (für *A*); éine Léidenschaft fássen (für *A*); **2.** (*кем-л.*) sich verlíeben (in *A*); éine Vórliebe háben (für *A*); in Léidenschaft entbrénnen* (zu *D*, für *A*)

уво́д *м* **1.** Wégführen *n* -s; **2.** *тех.* Verláufen *n* -s (*сверла*); **3.** *разг.* (*похищение*) Entführung *f* (10); Raub *m* -(e)s; **~и́ть** *см.* увести́

уво́з *м* **1.** Wégbringen *n* -s; **2.** *разг.* (*похищение*) Entführung *f* (10); Raub *m* -(e)s; **~и́ть** *см.* увезти́

уволáкивать *разг. см.* уволо́чь

уво́лить 1. entlássen* *vt*, kündigen *vi* (кого́-л. *D*); ábbauen *vt* (*сократить*); ~ со слу́жбы j-m den Dienst [das Árbeitsverhältnis] kündigen; ~ в отста́вку in den Rúhestand versétzen, verábschieden *vt*; ~ в о́тпуск *воен.* beúrlauben *vt*; **2.** (*освободить от чего-л.*) enthében* *vt* (*G*); befréien *vt* (von *D*); entbínden* *vt* (von *D*); уво́льте меня́ от э́того ersparen Sie mir das, verschónen Sie mich damít; **~ся** (*со службы*) die Stélle áufgeben*; den Dienst quittíeren; kündigen *vi* (*заявить об уходе*); ~ся в о́тпуск *воен.* sich beúrlauben lássen*

уволо́чь *разг.* fórtschleppen *vt*, wégschleppen *vt*

увольн||е́ние *с* Entlássung *f* (10), Kündigung *f* (10); Ábbau *m* -(e)s (*сокращение*); ~е́ние в отста́вку *воен.* Versétzung in den Rúhestand, Verábschiedung *f* (10); ~е́ние в о́тпуск *воен.* Beúrlaubung *f* (10); ~е́ние в запа́с *воен.* Versétzung in die Resérve [-vә]; ~е́ние от до́лжности *уст.* Ámtsenthebung *f* (10); ~е́ние со слу́жбы Díenstenthebung *f*, Díenstentlassung *f*; предупрежде́ние об ~е́нии за ме́сяц mónatliche Kündigung; **~и́тельная** *сущ. ж воен.* Úrlaubsschein *m* (1); **~и́тельный** Entlássungs-, Kündigungs-; ~и́тельное свиде́тельство Entlássungsbescheinigung *f* (10), Kündigungsschein *m* (1); ~и́тельная запи́ска *воен.* Entlássungsschein *m* (1); **~я́ть** *см.* уво́лить 1; **~я́ться 1.** *см.* уво́литься; я увольня́юсь с пе́рвого числа́ ich kündige zum Érsten; **2.** *страд.* entlássen [ábgebaut] wérden

увуля́рн||ый *лингв.* uvulár [-vu-]; **~ый** звук uvulárer Laut, Zäpfchenlaut *m* (1)

увы́ *межд.* léider!, ach!

увяд||а́ние *с* **1.** (*о цветах*) Verwélken *n* -s; **2.** (*о человеке*) Wélken *n* -s; Dahínsiechen *n* -s; Verblühen *n* -s (*чаще о женщине*); **~а́ть** *см.* увя́нуть

увя́дший verwélkt; welk; verblüht (*тж. о женщине*)

увяза́ть I **1.** (*сделать свёрток*) zusámmenbinden* *vt*; éinpacken *vt*; verschnüren *vt*; **2.** (*согласовать*) in Éinklang bríngen*; (die Árbeit *usw.* mit j-m) koordiníeren *vt*

увяза́ть II *см.* увя́знуть

увяза́ться (*за кем-л., с кем-л.*) j-m nicht von der Séite géhen*; sich an j-s Férsen héften

увя́зка *ж* **1.** (*багажа и т. п.*) Verpáckung *f*, Verschnüren *n* -s; **2.** (*согласование*) Koordiníerung *f* (10), Ábstimmung *f*, Inéinklangbringen *n* -s

увя́знуть 1. stéckenbleiben* *vi* (s); éinsinken* *vi* (s); ~ в грязи́ im Schmutz [Dreck (*разг.*), Kot (*австр.*)] stéckenbleiben* [versácken]; **2.** *перен.* hängenbleiben* *отд. vi* (s), sich verstrícken

увя́зывать *см.* увяза́ть I

увя́зываться 1. *см.* увяза́ться; **2.** *страд.* zusámmengebunden [éingepackt, verschnürt] wérden (*ср.* увяза́ть I)

увя́нуть 1. (ver)wélken *vi* (s), verblühen *vi* (s), welk wérden; **2.** (*о человеке*) wélken *vi* (s); verblühen *vi* (s) (*чаще о женщине*); dahínsiechen *vi* (s) (*хиреть*)

угада́ть, уга́дывать erráten* *vt*; ~ пра́вду die Wáhrheit erráten*; ins Schwarze tréffen*; я угада́л! ich hab's! (*разг.*)

уганди́||ец *м* Ugánder *m* (6); **~йский** ugándisch

уга́р *м* **1.** (*газ*) Kóhlenoxyd *n* -(e)s; Kóhlendunst *m* -es; Kóhlengas *n* -es; в ко́мнате па́хнет ~ом es riecht im Zímmer nach Kóhlengas; **2.** (*отравление*) Kóhlengasvergiftung *f*; **3.** (*опьянение, упоение*) Rausch *m* (1*), Táumel *m* -s; **4.** *тех.* Ábbrand *m* (1*); **5.** *текст.* Ábgang *m* (1*), Ábfall im (1*)

уга́рный dúnstig; ~ газ Kóhlenoxyd *n* -(e)s

угас||а́ние *с* **1.** (*огня*) Erlöschen *n* -s, Áuslöschen *n*, Áusgehen *n* -s; **2.** *перен.* Dahínsiechen *n* -s, Vergéhen *n* -s; **~а́ть** *см.* уга́снуть

уга́снуть 1. (*погаснуть*) erlöschen* *vi* (s), áuslöschen* *vi* (s), áusgehen* *vi* (s); **2.** *перен.* dahínsiechen *vi* (s), vergéhen* *vi* (s); versíegen *vi*; zur Néige géhen*

углево́д *м хим.* Kohlé(n)hydrat *n* (2)

углеводоро́д *м хим.* Kóhlenwasserstoff *m* -(e)s; (не)преде́льный ~ (ún)gesättigter Kóhlenwasserstoff; **~истый** *хим.* kóhle(n)hydrathaltig

углево́з *м мор.* Kóhle(n)frachter *m* (6)

угледобы́ча *ж* Kóhlenförderung *f*, Kóhlengewinnung *f*

углежо́г *м* Köhler *m* (6)

углекислота́ *ж хим.* Kóhlensäure *f*

углеки́сл||ый *хим.* kóhlensauer; ~ый газ Kóhlensäuregas *n* -es, Kóhlensäure *f*; ~ое желе́зо kóhlensaures Éisen; ~ый минера́льный исто́чник Sáuerbrunnen *m* (7), Säuerling *m* (1); ~ые ва́нны Karbónsäurebäder *pl*; ~ые со́ли Karbonáte *pl*

углеко́п *м уст.* Bérgmann *m* -s, *pl* -leute, Kúmpel *m* (6)

углено́сный *геол.* kóhle(n)führend

углепромы́шленн||ость *ж* Kóhlenindustrie *f*; **~ый** Kóhlenindustrie-

углеро́д *м хим.* Kóhlenstoff *m* -(e)s; **~истый** *хим.* kóhlenstoffhaltig; ~истое соедине́ние Kóhlenstoffverbindung *f* (10)

угле||рудово́з *м* (*судно*) Kóhle-Érz-Frachter *m* (6); **~хи́мия** *ж* Kóhlechemie *f*

углова́т||ость *ж* Éckigkeit *f*, Kántigkeit *f*; Úngeschicklichkeit *f* (*неловкость*); Plúmpheit *f* (*неуклюжесть*); **~ый** éckig, kántig; úngeschickt (*неловкий*); línkisch, plump (*неуклюжий*)

углов||о́й 1. Eck-; ~о́й дом Éckhaus *n* (5); ~о́е ме́сто Écksitz *m* (1); Éckplatz *m* (1*); ~о́й уда́р (*футбол*) Éckstoß *m* (1*), Éckball *m* (1*); **2.** *спец.* Wínkel-; ~о́е желе́зо, ~а́я сталь Wínkeleisen *n* (7); ~а́я частота́ Wínkelfrequenz *f* (10)

угломе́р *м тех.* Wínkelmesser *m* (6); *воен.* Téilkreis *m* (1), Téilring *m* (1); **~-квадра́нт** *м воен.* Ríchtaufsatz *m* (1*); **~ный** *спец.* Wínkelmeß-; ~ный инструме́нт Wínkelmeßinstrument *n* (2)

углуби́ть vertíefen *vt*; ~ противоре́чия Wídersprüche verschärfen; **~ся 1.** (*стать глубже*) sich vertíefen, tíefer wérden; **2.** (*войти вглубь*) (tíefer) éindringen* *vi* (s); **3.** *перен.* sich versénken, sich vertíefen; éindringen* *vi* (s); ~ся в кни́гу sich in ein Buch vertíefen [versénken]

углубле́ние *с* **1.** (*действие*) Vertíefung *f*, Vertíefen *n* -s; ~ кри́зиса die Vertíefung der Kríse; **2.** (*впадина*) Vertíefung *f* (10); ~ по́чвы Bódensenke *f* (11); **3.** *мор.* Tíefgang *m* -(e)s

углублённ||о *нареч.* gründlich; éingehend, áusführlich; von Grund aus; **~ый 1.** vertíeft; ~ый в нау́чные заня́тия in wíssenschaftliche Stúdien vertíeft; **2.** (*основательный*) gründlich; éingehend, áusführlich, tíefschürfend

углубля́ть *см.* углуби́ть; **~ся 1.** *см.* углуби́ться; **2.** *страд.* vertíeft wérden

угляд||е́ть *разг.* (*за кем-л.*) áufpassen *vi* (auf *A*); не ~и́шь! man kann nicht genúg áufpassen!

угна́ть 1. (*прогнать*) fórtjagen *vt*, fórttreiben* *vt*; in die Férne tréiben*, weit fórtschicken; **2.** (*похитить*) verschléppen *vt*; wégtreiben* *vt* (*скот*); ráuben *vt*, entführen *vt* (*автомашину*); **~ся** *разг.* gléichkommen* *отд. vi* (s) (за кем-л. *D*); mit j-m Schritt hálten*; за ним не ~ся er ist nicht éinzuholen

угнезди́ться *разг.* sich éinnisten; sich níederlassen*, sich éinrichten

угнета́тель *м* Unterdrücker *m* (6), Bedrücker *m*

угнет||а́ть 1. unterdrücken *vt*, unterjóchen *vt*; **2.** (*мучить, удручать*) bedrücken *vt*, níederdrücken *vt*; э́то меня́ о́чень ~а́ет das bedrückt mich sehr; das liegt mir wie ein Alp auf der Brust [Séele]; **~а́ющий** *прич.* **1.** *см.* угнета́ть; **2.** *в знач. прил.* bedrückend, níederdrückend; **~е́ние** *с* **1.** Unterdrückung *f*, Bedrückung *f*, Druck *m* -(e)s; **2.** *перен.* Níedergeschlagenheit *f*, Depressión *f*

угнетённ||ость *ж* **1.** Unterdrücktheit *f*; **2.** (*подавленное состояние*) Bedrücktheit *f*, Níedergeschlagenheit *f*, Depressión *f*; **~ый 1.** (*притесняемый*) unterdrückt, unterjócht; **2.** (*удручённый*) bedrückt, níedergeschlagen, deprimíert; ~ое состоя́ние Níedergeschlagenheit *f*, Depressión *f*; быть в ~ом состоя́нии níedergeschlagen [deprimíert] sein

угова́рив||ать zu überréden súchen, zúreden *vi* (кого́-л. *D*), éinreden *vi* (auf *A*); не ~айте меня́! überréden Sie mich (bítte) nicht!

уговáриваться *см.* уговори́ться

уговóр *м* **1.** Zúreden *n* -s; Überrédung *f* (10); не поддавáться никаки́м ~ам sich durch nichts überréden [überzéugen] lássen*; несмотря́ на все ~ы trotz állem Zúreden; **2.** *разг.* (*соглашение*) Verábredung *f* (10), Ábmachung *f* (10), Übereínkunft *f* (3), Veréinbarung *f* (10); с ~ом... mit [únter] der Bedíngung, daß...; соглáсно ~у laut Übereínkunft; э́то прóтив ~а das ist gégen [wíder (*уст.*)] die Ábrede; ◇ ~ дорóже дéнег *погов.* ≅ Vórrede spart Náchrede

уговори́ть überréden *vt*; bewégen* *vt*, zu etw. (*D*) bríngen*; легкó дать себя́ ~ leicht zu überréden sein; für etw. (*A*) zu háben sein; ~ся (*с кем-л. о чём-л.* — *условиться*) sich verábreden, sich verständigen (über *A*); veréinbaren *vt*, ábmachen *vt*; éine Ábmachung tréffen*

угóд||а: в ~у комý-л. j-m zu Gefállen, j-m zulíebe

угод||и́ть I (*комý-л.*) éinen Gefállen tun*, gefällig sein (*D*); емý [на негó] не ~и́шь man kann es ihm nicht recht tun [máchen]

угоди́ть II *разг.* **1.** (*очутиться*) geráten* *vi* (s); ~ в я́му in éine Grúbe fállen* [geráten*]; **2.** (*попасть во что-л.*) tréffen* *vt*; ~ пря́мо в глаз dirékt ins Áuge tréffen*

угóдлив||ость *ж* Díenstfertigkeit *f*; Servilität [-vi-] *f*, Liebedienereí *f* (*низкопоклонство*); ~ый díensteifrig; schméichlerisch, servil [-'vi:l], líebedienerisch, kríecherisch (*льстивый*)

угóдник *м* Geréchte *m* (14)

угóдничать *разг.* (*перед кем-л.*) kríechen* *vi* (s, h) (vor *D*), liebedienern *неотд. vi* (bei, vor *D*), kátzbuckeln *неотд. vi* (vor *D*); scharwénzeln *vi* (vor *D*, um *A*)

угóдно 1. *предик. безл.*: что (вам) ~? was wünschen Sie?; ~ ли вам? ist es Íhnen recht?, paßt es Íhnen?; не ~ ли вам möchten Sie (nicht) vielléicht, wäre es Íhnen recht; как вам ~ wie Sie wünschen; éсли вам ~ wenn es Íhnen recht ist; **2.** *частица*: кто ~ jéder belíebige; всё, что ~ álles, was Sie wóllen; пришли́те когó ~ schícken Sie, wen Sie wóllen; как ~ belíebig, (ganz) wie Sie wóllen; какóй ~ jéder belíebige; кудá ~ wohín Sie wóllen, wohín man will; где ~ überáll, wo man will, ganz gleich wo; когдá ~ ímmer, zu jéder (belíebigen) Zeit; ◇ скóлько (душé) ~ *разг.* soviel man will, nach Hérzenslust; не ~ ли vielléicht wünschen Sie; éсли ~ *вводн. сл.* vielléicht

угóдный lieb, ángenehm, erwünscht, gefällig (*приятный*); pássend, geéignet (*подходящий*)

угóдь||е *с с.-х.* Grúndstück *n* (2), Gelände *n* (6); лесны́е ~я Wáldungen *pl*, Förste(n) *pl*; полевы́е ~я Áckerland *n* -(e)s; естéственные кормовы́е ~я natürliches Grünland; охóтничьи ~я Jágdgründe *pl*; сенокóсное ~е Héuschlag *m* (1*); сельскохозя́йственные ~я lándwirtschaftliche Nútzfläche

угожд||áть *см.* угоди́ть I; ~áть комý-л. sich bei j-m lieb Kind máchen; ~éние *с* Díensteifer *m* -s, Díenstfertigkeit *f*; Gefälligkeit *f*

ýгол *м* **1.** Écke *f* (11), Wínkel *m* (6); на углý an der Écke; удáриться об ~ sich an éiner Écke stóßen*, ánecken *vi* (s); в углý in der Écke, im Wínkel; завернýть зá ~ um die Écke bíegen*; за углóм hínter der Écke; um die Écke; **2.** *спец.* Wínkel *m* (6); Écke *f* (11); прямóй ~ réchter Wínkel; óстрый ~ spítzer Wínkel; тупóй ~ stúmpfer Wínkel; смéжные углы́ Nébenwinkel *pl*; вертикáльные углы́ Schéitelwinkel *pl*; противолежáщий ~ Gégenwinkel *m*; ~ падéния *физ.* Éinfallswinkel *m*; ~ отражéния *физ.* Reflexiónswinkel *m*; ~ зрéния *физ.* Gesíchtswinkel *m*, Séhwinkel *m*; согнýть под углóм *тех.* ánwinkeln *vt*; **3.** *воен.*: ~ бросáния Ábgangswinkel *m*; ~ возвышéния Erhöhungswinkel *m*; ~ пеленгáции Péilwinkel *m*; ~ атáки *ав.* Ángriffswinkel *m*; **4.** (*помещение*) Wínkel *m* (6), Únterkunftsstelle *f* (11), Schláfstelle *f* (11); имéть свой ~ sein Plätzchen háben, sein Heim háben; ◇ крáсный ~ (*в избе*) *уст.* Zímmerwinkel, wo die Héiligenbilder hängen; во всех углáх (*всюду*) in állen Écken und Wínkeln; под углóм зрéния vom Stándpunkt aus geséhen, únter dem Gesíchtspunkt; уби́ть из-за углá aus dem Hínterhalt ermórden, méuchlings ermórden; загнáть в ~ in die Énge tréiben*; сглáдить óстрые углы́ die Spítze ábbrechen* (чегó-л. *D*)

уголóвн||ик *м* **1.** (*преступник*) Kriminélle *m* (14); **2.** *разг.* (*специалист по уголовному праву*) Stráfrechtler *m* (6); ~ый *прил.* **1.** Kriminál-, kriminéll, Straf-, stráfrechtlich; ~ое законодáтельство Stráfgesetzgebung *f*; ~ый процéсс Stráfprozeß *m* -sses, -sse; ~ый кóдекс Stráfgesetzbuch *n* (5); ~ое судопроизвóдство Stráfrechtsverfahren *n* -s; ~ое преслéдование stráfrechtliche Verfólgung; ~ый рóзыск Kriminálbehörde *f* (11); Kriminálpolizei *f* (10); ~ый престýпник Verbrecher *m* (6), Kriminélle *m* (14); ~ое преступлéние Verbrechen *n* (7); ~ая ответственность stráfrechtliche Verántwortlichkeit; **2.** *в знач. сущ. м* Kriminélle *m* (14)

уголóвщина *ж разг.* **1.** (*преступление*) Kriminalität *f*; Verbrechen *n* (7), Kriminálfall *m* (1*); **2.** *собир.* (*преступники*) Kriminélle *sub pl*, Verbrécher *pl*

уголóк *м* **1.** *уменьш.* Éckchen *n* (7), Wínkel *m* (6); **2.** (*помещение*) Écke *f* (11), Raum *m* (1*); ◇ крáсный ~ Róte Écke, Kultúrraum *m* (1*)

ýголь *м* Kóhle *f* (11); кáменный ~ Stéinkohle *f*; бýрый ~ Bráunkohle *f*; тóщий ~ Mágerkohle *f*; добы́ча ýгля Kóhlenförderung *f*; пылáющие [тлéющие] ýгли glühende [glímmende] Kóhlen; грузи́ть ~ Kóhlen áufnehmen*, kóhlen *vi*; ◇ бéлый ~ Wásserkraft *f*, wéiße Kóhle; голубóй ~ Wíndkraft *f*, Wíndenergie *f*; сидéть как на ýгольях wie auf glühenden Kóhlen sítzen*

угóльник *м* **1.** (*инструмент*) Zéichenwinkel *m* (6), Dréieck *n* (2) (*чертёжный*); *тех.* Wínkel *m* **2.** (*металлическая накладка*) Wínkeleisen *n* (7), Wínkelblech *n* (2)

ýгольн||ый Kóhlen-; Stéinkohlen- (*каменноугольный*); ~ая промы́шленность Kóhlenindustrie *f*; Kóhlenbergbau *m* -(e)s; ~ый бассéйн Kóhlenbekken *n* (7); ~ые шáхты Kóhlengruben *pl*; ~ый разрéз Kóhlentagebau *m* -(e)s; ~ая я́ма Kóhlenbunker *m* (6) (*на пароходе*); Kóhlengrube *f* (11) (*в земле*); ~ая кислотá Kóhlensäure *f*; ~о-металлурги́ческий потенциáл montánindustri|elle Grúndlage

ýгольщик *м* **1.** (*шахтёр*) Bérgmann *m* -s, *pl* -leute, Kúmpel *m* (6); Kóhlenhäuer *m* (6) (*забойщик*); **2.** (*грузчик*) Kóhlentrimmer *m* (6); **3.** (*торговец углем*) Kóhlenhändler *m* (6); **4.** (*углежог*) Köhler *m* (6)

угомóн *м разг.*: нет ~у на негó man kann ihn nicht berúhigen [zur Rúhe bríngen*]; ~у не знать sich (*D*) kéine Rúhe gönnen; ~ тебя́ возьми́ berúhige dich

угомони́ть *разг.* berúhigen *vt*, besänftigen *vt*, beschwíchtigen *vt*; ~ся *разг.* sich berúhigen, rúhig wérden; gesétzt wérden, áustoben *vi* (*остепениться*)

угóн *м* **1.** (*похищение*) Wégtreiben *n* -s (*скота*); Díebstahl *m* (1*); ~ скотá Víehdiebstahl *m*; ~ автомаши́ны Áutodiebstahl *m*; ~ самолёта Flúgzeugentführung *f*; **2.** (*выселение*) Verschléppen *n* -s; Deportíeren *n* -s, **3.** *ж.-д.*: ~ рéльсов Schíenenwanderung *f*

угóнщик *м* Entführer *m* (6) (*самолёта*); Áutodieb *m* (1) (*автомобиля*)

угоня́ть *см.* угнáть

угорáзди||ть *б. ч. безл. разг.* auf die (únglückliche) Idée bríngen*; чёрт ~л егó, нелёгкая ~ла егó der Téufel hat ihn gerítten; егó ~ло попáсть под маши́ну er hat das Pech gehábt, únter das Áuto zu kómmen; как э́то вас ~ло пойти́ тудá? wie sind Sie auf die únglückliche Idée verfállen, dorthín zu géhen?

угорáть *см.* угорéть 1

угорé||лый: как ~лый разг. wie ein Wáhnsinniger, wie ein Beséssener [Verrückter], wie beséssen [verrückt]; ~ть **1.** vom Kóhlengas Kópfweh bekómmen*, vom Kóhlengas benómmen sein [vergíftet wérden]; **2.** *разг.*: ты что, ~л что ли? du bist wohl nicht bei Tróst?, bist du verrückt?

ýгорь I *м* (*на лице*) Píckel *m* (6), Mítesser *m* (6), Fínne *f* (11)

ýгорь II *м* (*рыба*) Aal *m* (1); морскóй ~ Séeaal *m*

угости́ть bewírten *vt*; ~ на слáву reich [glänzend] bewírten; ~ когó-л. чем-л. j-m etw. vórsetzen, j-n mit etw. (*D*) bewírten; ~ся *разг.* dem Éssen zúsprechen*

угощáть *см.* угости́ть; ~ся **1.** *разг. см.* угости́ться; угощáйся (без стеснéния) lang órdentlich zu!; **2.** *страд.* bewírtet wérden

угощéние *с* **1.** (*действие*) Bewírtung *f* (10); **2.** (*еда*) Éssen *n* -s; Schmaus *m* (1*)

угревáтый píckelig, vóll(er) Mítesser

угрóбить 1. *груб.* (*убить*) káltmachen *отд. vt*, úmbringen* *vt*; **2.** *разг.* (*испортить, загубить*) verdérben* *vt*, zugrúnde ríchten, ruiníeren *vt*

угрож||áемый gefährdet, bedróht; ~áть **1.** (*комý-л.*) dróhen *vi* (*D*), bedróhen *vt* (чем-л. mit *D*); **2.** (*предстоять*) dróhen *vi*, bevórstehen* *vi*; емý ~áет смертéльная опáсность er ist [schwebt] in Tódesgefahr; ~áющий dróhend, bedróhlich

угрóз||а *ж* Dróhung *f* (10); Bedróhung *f*; Ándrohung *f*; Gefáhr *f* (10) (*опасность*); пусты́е ~ы léere [éitle] Dróhungen; ~а войны́ Kríegsgefahr *f*; ~а я́дерной войны́ die Gefáhr éines Kérnwaffenkrieges; под ~ой войны́ únter Ándrohung éines Kríeges; ~а ми́ру Gefährdung des Fríedens; ~а си́лой Gewáltandrohung *f*; с ~ами únter Dróhungen; быть под ~ой чегó-л. in Gefáhr sein [schwében]; постáвить под ~у gefährden *vt*, éiner Gefáhr áussetzen; держáть когó-л. под (постоя́нной) ~ой j-n in Schach hálten*; ~а флáнгу *воен.* Flánkenbedrohung *f*; ◇ ~ами ничегó не возьмёшь! bánge máchen gilt nicht!

угро́зыск *м* (уголо́вный ро́зыск) Kriminálpolizei *f* (10)

у́гро-фи́нск||ий *лингв.* úgro-fínnisch; ~ие языки́ úgro-fínnische Spráchen

угрызе́н||ие: ~ия со́вести Gewíssensbisse *pl*

угрю́м||ость *ж* Verdríeßlichkeit *f*; mürrisches [fínsteres] Wésen; **~ый** mürrisch, verdríeßlich, brúmmig; düster, fínster (*тж. о природе*)

уда́в *м зоол.* Ríesenschlange *f* (11); Boa *f*, *pl* -s

удава́ться *см.* уда́ться 1

удави́ть erdrósseln *vt*, erwürgen *vt*, strangulíeren *vt*; erhängen *vt* (*повесить*); **~ся** sich erdrósseln, sich erwürgen; sich erhängen (*повеситься*)

удавле́ние *с* Erwürgen *n* -s, Erdrósselung *f*, Strangulíerung *f*

уда́вленник *м разг.* Erwürgte *m* (14), Erdrósselte *m* (14); Erhängte *m* (14) (*повешенный*)

удале́ние *с* Entférnung *f*, Beséitigung *f*; ~ воло́с (*на теле*) Háarentfernung *f*, Entháarung *f*; ~ жи́ра Entféttung *f*; ~ зу́ба Záhnextraktion *f* (10); ~ нёбных минда́лин Tonsillektomíe *f*

удалённ||ость *ж* Entférnung *f* (10); Entlégenheit *f*; **~ый** fern, entlégen

удале́ц *м разг.* kühner [wághalsiger] Mensch [Búrsche], Dráufgänger *m* (6)

удали́ть entférnen *vt*; fórtschaffen *vt*, beséitigen *vt*; ~ пятно́ éinen Fleck entférnen; ~ зуб éinen Zahn zíehen*; **~ся** sich entférnen; fórtgehen* *vi* (s); sich zurückziehen* (*уединиться*); ~ся от о́бщества sich von der Geséllschaft férnhalten*

удало́й, уда́лый kühn, verwégen; dráufgängerisch; ◇ мал да уда́л *погов.* klein, áber ohó

у́даль *ж*, **удальство́** *с* Kühnheit *f*; Verwégenheit *f*; Dráufgängertum *n* -s; Schneid *m* -(e)s

удаля́ть *см.* удали́ть; **~ся 1.** *см.* удали́ться; **2.** *страд.* entférnt [beséitigt] wérden (*ср.* удали́ть)

уда́р *м* **1.** (*чем-л.*) Schlag *m* (1*), Hieb *m* (1), Streich *m* (1); Klaps *m* (1) (*ладонью*); Stoß *m* (1*), Ánstoß *m*, Ánprall *m* (1) (*толчок, столкновение*); одни́м ~ом mit éinem Schlag; нанести́ ~ éinen Stoß [Schlag, Hieb, Stich] versétzen; нанести́ реши́тельный ~ den entschéidenden Stoß führen; ста́вить под ~ in Gefáhr bríngen*, gefährden *vt*; быть под ~ом in Gefáhr schwében [sein]; отби́ть ~ éinen Schlag [Stoß, Hieb, Stich] ábwehren [paríeren]; сопротивле́ние ~у *тех.* Schlágfestigkeit *f* (10); ~ гро́ма Dónnerschlag *m*; ~ мо́лнии Blítzschlag *m*; си́ла ~а Stóßkraft *f*; ~ в спи́ну *перен.* ein Dólchstoß (in den Rücken); нанести́ кому́-л. ~ в спи́ну j-m in den Rücken fállen*; смерте́льный ~ *тж. перен.* Tódesstoß *m*; **2.** *разг.* (*кровоизлияние в мозг*) Schlag *m* (1*), Schláganfall *m* (1*); Apoplexíe *f* (*мед.*); с ним случи́лся ~ er hátte [bekám] éinen Schláganfall; со́лнечный ~ Sónnenstich *m* (1); теплово́й ~ Hítzschlag *m*; **3.** *спорт.* Stoß *m* (1*), Schlag *m* (1*); свобо́дный ~ Fréistoß *m*; пу́шечный ~ Bómbenschuß *m*; углово́й ~ Éckstoß *m*, Éckball *m* (1*); ~ спра́ва (*теннис*) Vórhandschlag *m*; ~ сле́ва (*теннис*) Rückhandschlag *m*; штрафно́й ~ Stráfstoß *m*; си́льный ~ Schuß *m* -sses, Schüsse; **4.** *воен.* Schlag *m* (1*); Stoß *m* (1*), Vórstoß *m*, Ángriff *m* (1); огнево́й ~ Féuerstoß *m*; штыково́й ~ Bajonéttangriff *m*; гла́вный ~ Háuptschlag *m* (1*), Háuptstoß *m* (1*); направле́ние гла́вного ~а Schwérpunkt *m* (1) (des Ángriffs); ору́жие пе́рвого ~а Érstschlagswaffe *f*; **5.** (*потрясение*) Schlag *m* (1*), Únglück *n* (2), Erschütterung *f* (10); ~ы судьбы́ Schícksalsschläge *pl*, ◇ быть в ~е gut áufgelegt sein, in Stímmung sein (*в настроении*); im Zúge [in Form, auf der Höhe] sein (*на высоте*); он сего́дня не в ~е er hat héute kéinen gúten Tag

ударе́ние *с* **1.** *лингв.* Betónung *f* (10); Akzént *m* (1); слове́сное ~ Wórtakzent *m*; экспирато́рное ~ expiratórische Betónung; логи́ческое ~ lógische Betónung; ~ па́дает на второ́й слог die Betónung liegt auf der zwéiten Sílbe; die zwéite Sílbe ist [wird] betónt; де́лать ~ betónen *vt*; den Akzént (auf *A*) légen (*на слове, слоге и т. п.*); **2.** (*значок*) Akzént *m* (1); Betónungszeichen *n* (7); **3.** *перен.* Betónung *f*, Hervórhebung *f*, Hervórheben *n* -s, Náchdruck *m* -(e)s; де́лать ~ на чём-л. betónen *vt*, unterstréichen* *vt*, hervórheben* *vt*; etw. mit besónderem Náchdruck ságen

уда́ренный *лингв.* betónt, stárktonig

удар||и́ть 1. schlágen* *vt* (чем-л. mit *D*), éinen Hieb [Schlag] versétzen (кого́-л. *D*); ~ить кого́-л. j-n schlágen*, sich an j-m vergréifen*, gégen j-n hándgreiflich [tätlich] wérden; ~ить ного́й mit dem Fuß tréten*; ~ить па́лкой mit éinem Stock schlágen*; ~ить по́ столу auf den Tisch schlágen*; гром ~ил der Dónner róllte, es gab éinen Dónnerschlag; мо́лния ~ила в де́рево der Blitz hat in den Baum éingeschlagen; ~ить в ко́локол die Glócke läuten; ~ить в бараба́н trómmeln *vi*, die Trómmel schlágen*; ~ить в ладо́ши in die Hände klátschen; ~ить в наба́т Sturm läuten; **2.** (*внезапно атаковать*) jäh ángreifen*; **3.** (*о снаряде*) áufschlagen* *vi* (s); ◇ ~или моро́зы der Frost sétzte plötzlich ein; ~ить в штыки́ mit der blánken Wáffe vórstoßen* [vórstürzen]; ~ить в го́лову (*о вине*) zu [in den] Kopf stéigen*; не ~ить лицо́м в грязь *разг.* sich nicht blamíeren [blóßstellen]; mit etw. (*D*) Éhre éinlegen; ~ить по рука́м (*при договоре*) éinschlagen* *vi*, mit Hándschlag bekräftigen; ~ить по карма́ну *разг.* ein Loch in den Béutel réißen*; ins Geld láufen*; ~ить по бюрократи́зму gégen den Bürokratísmus éinschreiten* [vórgehen*]; его́ ~ило в жар er wúrde (plözlich) vom Fíeber geschüttelt; его́ ~ило в пот er war (plötzlich) wie in Schweiß gebádet; его́ ~ил парали́ч der Schlag hat ihn getróffen; ~ить во все колокола́ etw. an die gróße Glócke hängen; за́пах ~ил ему́ в нос der Gerúch sprang ihn an; **~иться 1.** (*обо что-л.*) sich stóßen* (an *D*, gégen *A*); ~иться голово́й mit dem Kopf gégen etw. (*A*) stóßen*; mit dem Kopf (auf *A*) áufschlagen*; **2.** (*попасть во что-л.*) schlágen* (s); пу́ля ~илась в сте́ну die Kúgel schlug in die Wand; **3.** *перен. разг.*: ~иться в воспомина́ния sich in Erínnerungen ergéhen*; ~иться в слёзы in Tränen áusbrechen*; ~иться в амби́цию die gekränkte Léberwurst [den Beléidigten, Gekränkten] spíelen; ~иться бежа́ть [в бе́гство] Férsengeld gében*; lósrennen* *отд. vi* (s), lósstürzen *отд. vi* (s); ~иться в кра́йность ins Extrém verfállen*; ◇ ~иться об закла́д wétten *vi* (на что-л. um *A*)

уда́рник I *м* (*передовой работник*) Béstarbeiter *m* (6); Stóßarbeiter *m*, Aktivíst [-'vist] *m* (8)

уда́рник II *м воен.* (*в оружии*) Schlágbolzen *m* (7)

уда́рник III *м* (*музыкант*) Schlágzeuger *m* (6)

уда́рничество *с* Stóßarbeiterbewegung *f*; Aktivístenbewegung [-'vistən-] *f*

уда́рн||ый I **1.** Schlág-; ~ые инструме́нты *муз.* Schlágzeug *n* -(e)s; ~ая волна́ (*при детонации*) Drúckwelle *f* (11); **2.** *воен.* Stoß-; Ángriffs-; ~ая гру́ппа Stóßgruppe *f* (11), Stóßtrupp *m* -s, -s; ~ые войска́ Ángriffstruppen *pl*; Stóßtruppen *pl*; **3.** *тех.* Schlag-; Stoß-; **4.** *лингв.* betónt

уда́рн||ый II **1.** (*о работе*) Stoß-; Aktivísten- [-'vistən-]; ~ая брига́да Stóßbrigade *f* (11); **2.** (*неотложный, срочный, важный*) éilig, dríngend; в ~ом поря́дке éilig, dríngend; ~ая молодёжная стро́йка Schwérpunktobjekt *n* der Júgend, Júgendobjekt *n* (2)

ударопро́чный schlágfest

ударя́емый *лингв.* betónt, stárktonig

ударя́ть *см.* уда́рить; **~ся 1.** *см.* уда́риться; **2.** *страд.* geschlágen wérden

уда́||ться 1. gelíngen* *vi* (s); glücken *vi* (s); пра́здник ~лся das Fest ist (gut) gelúngen; как тебе́ э́то ~ло́сь? wie hast du das (bloß) ángestellt?; ему́ всё ~ётся ihm gelíngt álles; э́то не ~ло́сь das ist mißlúngen [mißglückt, schief gegángen, schlecht áusgefallen]; **2.** *разг.* (*быть похожим*) geráten* *vi* (s); сын ~лся в отца́ der Sohn ist nach dem Váter geráten

уда́ч||а *ж* Gelíngen *n* -s; Erfólg *m* (1), Glück *n* -(e)s; ein glücklicher Wurf *m* (1*) (*разг.*); ему́ всегда́ ~а er hat ímmer Glück; пожела́ть ~и Glück [Erfólg] wünschen

уда́ч||ливость *ж* Glück *n* -(e)s; **~ливый** glücklich, von Erfólg begléitet, erfólgreich; **~ник** *м разг.* Glückspilz *m* (1), Glückskind *n* (5), Sónntagskind *n*; **~ный** gelúngen, erfólgreich, glücklich; geráten; ~ный портре́т gelúngenes Bild, gut getróffenes Bild, geglücktes Porträt; ~ное выраже́ние tréffender Áusdruck; э́то бы́ло ~но, э́то вы́шло ~ным das war gelúngen; das hat sich gut getróffen; das hat sich glücklich gefügt

удва́ивать *см.* удво́ить; **~ся 1.** *см.* удво́иться; **2.** *страд.* verdóppelt wérden

удвое́ние *с* Verdóppelung *f* (10), *лингв.* Geminatión *f*, Verdóppelung *f*

удво́енный verdóppelt

удво́ить verdóppeln *vt*; ~ стара́ния die Ánstrengungen verdóppeln; **~ся** sich verdóppeln

уде́л I *м* (*участь*) Los *n* (2); Schícksal *n* (2)

уде́л II *м ист.* Léh(e)n *n* (7); Lándbesitz *m* -es (*eines Fürsten oder der Zarenfamilie*)

удел||и́ть zúteilen *vt*, ábgeben* *vt*, zur Verfügung stéllen (*предоставить*); wídmen *vt* (*посвятить*); **~и́ть** внима́ние Beáchtung schénken; sein Áugenmerk zúwenden*; ~и́те мне пять мину́т! schénken Sie mir fünf Minúten Zeit!

уде́льн||ый I spezífisch; ~ый вес 1) *физ.* spezífisches Gewícht; 2) (*роль, значение*) Gewícht *n* (2), Bedéutung *f* (10); Ánteil *m* (1); ~ая нагру́зка Éinheitsgewicht *n* -(e)s

уде́льн||ый II *ист.* Lehns-; Feudál-; ~ый пери́од die Període der feudálen Zersplítterung; ~ый князь Léhnsfürst *m* (8); ~ые зе́мли die Länderéien [der Lándbesitz] der Zárenfamilie

уделя́ть *см.* **удели́ть**

у́держ *разг.*: без ~у hémmungslos, unaufháltsam; ему́ нет ~у er ist nicht zu bändigen; не знать ~у sich nicht mäßigen können*; kéine Grénzen kénnen*

удерж||а́ние *с* Ábzug *m* (1*) (*из чего́-л.* von *D*); Éinbehaltung *f*; ~а́ние из зарпла́ты Gehál tsabzug *m*; **~а́ть 1.** (*не выпустить, сохранить*) hálten* *vt*, zurückhalten* *vt*, fésthalten* *отд. vt*; béibehalten* *vt*, bewáhren *vt*; ~а́ть в па́мяти behálten* *vt*, im Gedächtnis bewáhren [behálten*]; ~а́ть пози́цию *воен.* die Stéllung behäupten; **2.** (*сдержать; подавить*) zurückhalten* *vt*, unterdrücken *vt*; bändigen *vt*, zähmen *vt*; ~а́ть крик éinen Schrei unterdrücken; его́ ниче́м не уде́ржишь ihn kann nichts hálten; da hálten ihn kéine zehn Pférde (*разг.*); **3.** (*вычесть*) ábziehen* *vt*, zurückbehalten* *vt*; in Ábzug bríngen*; éinbehalten* *vt*; **~а́ться 1.** sich hálten*; sich fésthalten* *отд.*; ánhalten* *vi* (*о погоде и т. п.*); *воен.* sich behäupten; ~а́ться в седле́ fest im Sáttel sítzen*; не ~а́ться на нога́х sich nicht auf den Béinen hálten können*, das Gléichgewicht verlíeren*; ~а́ться на нога́х sich áufrecht hálten*, nicht fállen*; **2.** (*от чего-л.*) sich enthálten* (*G*); verzíchten *vi* (auf *A*); sich verságen (*A*); ~а́ться от куре́ния sich des Ráuchens enthálten*

уде́рживать *см.* удержа́ть; **~ся 1.** *см.* удержа́ться; **2.** *страд.* zurückgehalten wérden (*ср.* удержа́ть)

удесятерённый verzéhnfacht; *перен. тж.* víelfach verstärkt

удесятери́ть verzéhnfachen *vt*; *перен. тж.* víelfach verstärken; **~ся** sich verzéhnfachen, verzéhnfacht wérden; *перен. тж.* sich víelfach verstärken, víelfach verstärkt wérden; sich vervíelfachen, vervíelfacht wérden

удесятеря́ть(ся) *см.* удесятери́ть(ся)

удешев||и́ть verbílligen *vt*; den Preis herábsetzen [ermäßigen]; **~и́ться** bílliger wérden, sich verbílligen; **~ле́ние** *с* Verbílligung *f* (10); **~лённый** (*о товаре*) verbílligt; **~ля́ть(ся)** *см.* удешеви́ть(ся)

удиви́тельн||ый mérkwürdig (*необычайный*); bewúndernswert (*достойный удивления*); stáunenswert, erstáunlich (*поразительный*); wúnderbar, wúndervoll (*чудесный*); не ~о, что..., ничего́ ~ого, что... (es ist) kein Wúnder, daß...; es ist nicht zu verwúndern, daß...; в э́том нет ничего́ ~ого da braucht man sich nicht zu wúndern; ~ым о́бразом áuffallenderweise, wúnderbarerweise; in überráschender Wéise; что ~ого? ist es zu verwúndern?, was Wúnder?, ist es verwúnderlich?

удив||и́ть in Verwúnderung [Erstáunen] sétzen; wúndern *vi*; меня́ ~и́ло es wúnderte mich; **~и́ться** sich wúndern, stáunen *vi*; in Stáunen geráten*

удивле́н||ие *с* Verwúnderung *f* (10); Erstáunen *n* -s; Stáunen *n*; к моему́ вели́кому ~ию zu méinem größten [höchsten] Erstáunen, zu méiner größten Verwúnderung; на ~ие (всему́ све́ту) zur größten Überráschung; смотре́ть на кого́-л. с ~ием j-n groß ánschauen [ánsehen*]

удивля́ть(ся) *см.* удиви́ть(ся); не перестава́ть удивля́ться nicht aus dem Stáunen heráuskommen*

удила́ *мн.* Gebíß *n* -sses, -sse; закуси́ть ~ (*о лошади*) dúrchgehen* *vi* (s); *перен.* sich Hals über Kopf in etw. (*A*) stürzen; sich hínreißen [fórtreißen] lássen*

уди́лище *с* Ángelrute *f* (10)

уди́льщик *м* Ángler *m* (6)

удира́ть *см.* удра́ть

уди́ть ángeln *vi*, *vt*; físchen *vi*, *vt*; ◇ ~ ры́бу в му́тной воде́ im trüben físchen; **~ся** (*о рыбе*) sich ángeln lássen*, ánbeißen* *vi*

удлин||е́ние *с* Verlängerung *f* (10); Áusdehnung *f* (10); ~е́ние крыла́ *ав.* Flügelstreckung *f* (10); **~ённый** verlängert; länglich (*продолговатый*)

удлин||и́тель *м* **1.** (*для карандаша*) Verlängerungshülse *f* (11); **2.** *эл.* Verlängerungsschnur *f* (10); **~и́ть** verlängern *vt*; áusdehnen *vt*; ~и́ть пла́тье ein Kleid länger máchen; **~и́ться** sich verlängern, länger wérden

удлин||я́ть *см.* удлини́ть; strécken *vt*; э́то пла́тье ~я́ет фигу́ру díeses Kleid wirkt stréckend; **~я́ться 1.** *см.* удлини́ться; **2.** *страд.* verlängert wérden (*ср.* удлини́ть)

удму́рт *м* Udmúrte *m* (9); **~ка** *ж* Udmúrtin *f* (12); **~ский** udmúrtisch; ~ский язы́к die udmúrtische Spráche, das Udmúrtische (*sub*)

удо́бн||о 1. *нареч.* bequém, pássend, recht; **2.** *предик. безл.* es paßt, es ist ángenehm (*подходит*); es gehört sich, es schickt sich, es ist am Plátze (*прилично*); мне ~о в кре́сле ich sítze bequém im Séssel; мне́ ~о в э́том костю́ме ich fühle mich wohl in díesem Ánzug; вам ~о? (*подходит?*) ist es Íhnen recht?; е́сли вам э́то ~о wenn Íhnen das paßt [recht ist]; как вам ~о ganz nach Íhrem Belíeben, (ganz) wie sie wünschen; мне ~о... es paßt mir (+ *inf c zu*); ~о ли прийти́ так по́здно? ist es Íhnen recht [paßt es Íhnen], wenn ich so spät kómme?; **~ый 1.** bequém; ~ое сообще́ние bequéme Verbíndung; **2.** (*подходящий*) pássend, geéignet; ángemessen; hándlich (*для обращения*); günstig (*благоприятный*); ~ый слу́чай günstige [pássende] Gelégenheit

удобовари́м||ость *ж* (léichte) Verdáulichkeit *f*; *перен. шутл.* Ánnehmbarkeit *f*; Verständlichkeit *f*; **~ый** leicht verdáulich; *перен. шутл.* ánnehmbar; leicht verständlich

удобо||исполни́мый (leicht) erfüllbar, (leicht) áusführbar; **~поня́тный** leicht begréiflich [verständlich]; **~произноси́мый** leicht áuszusprechen (*предик.*); leicht áussprechbar; **~чита́емый** léserlich, (gut) lésbar

удобре́н||ие *с с.-х.* **1.** (*действие*) Düngung *f*; Düngen *n* -s; **2.** (*вещество*) Dünger *m* (6); Düngemittel *n* (6); хими́ческое ~ие chémischer Dünger, Kúnstdünger *m*; сбо́рное ~ие Kompóst *m* (1), Míschdünger *m*; известко́вое ~ие Kálkdünger *m*; органи́ческие ~ия orgánische Düngemittel; зелёное ~ие Gründünger *m*; есте́ственное ~ие Stálldünger *m*, Stállmist *m* (1), Dung *m* -(e)s; азо́тное ~ие Stíckstoffdünger *m*; кали́йное ~ие Kálidünger *m*; внесе́ние ~ий Düngerstreuen *n* -s, Stréuen von Dünger (*химических*); Áusbreiten von Dünger (*естественных*)

удо́брить, удобря́ть *с.-х.* düngen *vt*, *vi*

удо́бств||о *с* Bequémlichkeit *f* (10); Komfórt *m* -(e)s; с ~ом bequém, komfortábel; кварти́ра со все́ми ~ами Wóhnung mit állem Komfórt [mit állen Bequémlichkeiten]

удовлетворе́н||ие *с* **1.** Befríedigung *f*, Genúgtuung *f*, Zufríedenheit *f*; получи́ть по́лное ~ие vólle Genúgtuung erhálten*; находи́ть ~ие в чём-л. in etw. (*D*) Befríedigung fínden*, sich (*D*) in etw. (*D*) gefállen*; вы́разить своё ~ие séiner Genúgtuung Áusdruck gében*; конфли́кт ко́нчился к о́бщему ~ию der Konflíkt löste sich in Wóhlgefallen áuf; **2.** (*действие*) Befríedigung *f*, Zufríedenstellung *f*; ~ие про́сьбы die Erfüllung [Gewährung] éiner Bítte; **3.** Déckung *f* (*издержек*); Sättigung *f* (*спроса*); ◇ тре́бовать ~ия у кого́-л. *уст.* von j-m Genúgtuung fórdern, j-n fórdern (*вызвать на дуэль*); дать кому́-л. ~ие *уст.* j-m Genúgtuung gében* (*на дуэли*)

удовлетворённ||о *нареч.* befríedigt, zufríeden, zufríedengestellt, mit Befríedigung; **~ость** *ж* Zufríedenheit *f*, Befríedigung *f*, Befríedigtsein *n* -s; **~ый** befríedigt, zufríeden, zufríedengestellt; ~ая про́сьба erfüllte Bítte

удовлетвор||и́тельный befríedigend; zufríedenstellend; genügend; **~и́ть 1.** befríedigen *vt*, zufríedenstellen *отд. vt*; Genüge léisten, Genüge tun* (*кого́-л. D*); ~и́ть про́сьбу éine Bítte erfüllen, éine Bítte gewähren; ~и́ть жела́ние éinen Wunsch erfüllen, éinem Wunsch náchkommen*; ~и́ть чьи-л. тре́бования j-s Fórderungen státtgeben*; **2.** *воен.* (*довольствием и т. п.*) versórgen *vt*, verséhen* (mit *D*); **3.** (*соответствовать, отвечать*) entspréchen* *vi*, genügen *vi*; ~и́ть всем тре́бованиям állen Ánforderungen gerécht wérden; **4.** (*компенсировать*) entschädigen *vt*, ábfinden* *vt*; **~и́ться** sich begnügen, sich zufríedengeben* *отд.*, sich beschéiden*, vorlíeb|nehmen* *отд. vi* (*чем-л.* mit *D*); **~я́ть** *см.* удовлетвори́ть; **~я́ться 1.** *см.* удовлетвори́ться; **2.** *страд.* befríedigt wérden (*ср.* удовлетвори́ть)

удово́льств||ие *с* Vergnügen *n* (7); Wóhlbehagen *n* -s; испы́тывать ~ие от чего́-л. Vergnügen fínden*, sein Vergnügen háben (an *D*); доста́вить ~ие Vergnügen máchen, Spaß máchen; к о́бщему ~ию zur allgeméinen Fréude; zu áller Zufríedenheit; с ~ием mit Vergnügen; sehr gern (*охотно*); с больши́м ~ием! mit größem Vergnügen!, es wird mir ein außerórdentliches Vergnügen sein!; находи́ть ~ие в чём-л. séine Fréude [séinen Spaß] háben (mit *D*, an *D*); жить в своё ~ие das Lében genießen*, sórglos lében; я не име́ю ~ия вас знать ich hábe nicht das Vergnügen, Sie zu kénnen

удово́льствоваться *см.* дово́льствоваться

удо́д *м зоол.* Wíedehopf *m* (1)

удо́||й *м с.-х.* **1.** (*количество молока*) Mílchertrag *m* (1*); Mélkertrag *m*; Mílchleistung *f*; дневно́й ~й Tágesertrag an Milch; **2.** (*доение*) Mélken *n* -s

удо́йливая *разг. см.* удо́йная

удо́йная *с.-х.* Melk-; Milch-; ~ коро́ва Mílchkuh *f* (2)

удо́йность *ж* Mílchleistung *f* (éiner Kuh)

удорожа́||ние *с* Vertéuerung *f* (10); **~ть(ся)** *см.* удорожи́ть(ся)

удорожи́ть vertéuern *vt*, die Préise höchtreiben* [stéigern, erhöhen]; **~ся** sich vertéuern; im Préis stéigen*; téurer wérden

удоста́ивать *см.* удосто́ить; **~ся 1.** *см.* удосто́иться; **2.** *страд.* gewürdigt wérden

удостовере́ние *с* **1.** (*действие*) Bestätigung *f* (10); Beschéinigung *f* (10); Begláubigung *f* (10); в ~ э́того [чего́] zur Begláubigung déssen; **2.** (*доку-*

мент) Beschéinigung *f* (10), Schein *m* (1), Áusweis *m* (1), Náchweis *m*, Zéugnis *n* (3*); вре́менное ~ vórläufige Beschéinigung; вы́дать ~ éine Beschéinigung [éinen Áusweis] áusstellen; ~ ли́чности Personálausweis *m*; ~ журнали́ста Présseausweis *m*

удостове́р||енный begláubigt, beschéinigt, úrkundlich [dokumentárisch] belégt [náchgewiesen]; **~ить** beschéinigen *vt*, beúrkunden *vt*, begláubigen *vt*; náchweisen* *vt*; bestätigen *vt*, bekräftigen *vt* (*подтвердить*); ~ить по́дпись die Únterschrift begláubigen; ~ить чью-л. ли́чность j-n legitimíeren; **~иться** sich vergewíssern (daß...); sich überzéugen (в чём-л. von *D*); sich (*D*) Gewíßheit verscháffen (über *A*)

удостоверя́ть *см.* удостове́рить; **~ся 1.** *см.* удостове́риться; **2.** *страд.* beschéinigt [begláubigt] wérden

удосто́||ить 1. würdigen *vt*, für würdig [wert] eráchten; ~ить зва́ния j-m éinen Títel verléihen*; ~ить кого́-л. награ́ды j-n éiner Áuszeichnung würdigen; **2.** (*оказать внимание*) beéhren *vt* (чем-л. mit *D*); он не ~ил меня́ отве́том er würdigte mich kéiner Ántwort; **~иться** (*награды и т. п.*) (*einer Auszeichnung usw.*) für würdig befúnden [erächtet] wérden; (*einer Auszeichnung usw.*) würdig sein

удосу́жи(ва)ться *разг.* Zeit fínden*; ábkommen können*; sich (*D*) Zeit néhmen*

удочери́ть (als Tóchter) ánnehmen* *vt*, adoptíeren *vt*

у́дочк||а *ж* Ángel *f* (11); Ángelrute (*удилище*) *f* (11); попа́сться на ~у sich fángen lássen*; auf den Leim géhen*, auf die Léimrute kríechen*; ánbeißen* *vi*; вот ты и попа́лся на ~у nun bist du auf den Leim gegángen; заки́нуть ~у die Fühler áusstrekken, auf den Busch klópfen; пойма́ть на ~у überlísten *vt*, betrügen *vt*

удра́ть *разг.* sich davónmachen; sich áuf- und davónmachen; áusreißen* *vi* (s), Reißáus néhmen* (*спастись бегством*); sich (héimlich) aus dem Stáube máchen, sich verdrücken (*уйти украдкой*)

удружи́ть *разг.* **1.** éinen Fréundschaftsdienst léisten; éinen Gefállen tun* [erwéisen*]; **2.** *ирон.* éinen Bärendienst [éinen schlímmen Dienst] erwéisen*

удруча́ть *см.* удручи́ть

удручённый níedergeschlagen; níedergedrückt, deprimíert; ~ го́рем grámgebeugt

удручи́ть (be)drücken *vt*, níederdrükken *vt*, deprimíeren *vt*

удуш||и́ть 1. *см.* удуши́ть; **2.** (*о газах*) ersticken *vt*; **~а́ющий:** ~а́ющие отравля́ющие вещества́ lúngenschädigende Kámpfstoffe; **~е́ние** *с* Erwürgen *n* -s, Erdrósseln *n* -s; Erstícken *n* -s (*газами*); *перен.* Ábwürgen *n*, Drósselung *f*; **~и́ть** erwürgen *vt*, erdrósseln *vt*; erstícken *vt* (*газами*); *перен.* ábwürgen *vt*, drósseln *vt*

уду́шлив||ость *ж* **1.** (*газов*) erstíckende Wírkung; **2.** (*атмосферы*) Schwüle *f*; **~ый 1.** erstíckend; ~ый газ Stíckgas *n* (2); ~ый ка́шель Stíckhusten *m* -s; **2.** (*душный*) stíckig; drükkend

уду́шь||е *с* Átemnot *f* (3), Erstíckung *f* (10); припа́док ~я Erstíckungsanfall *m* (1*)

уединён||ие *с* Zurückgezogenheit *f*; Éinsamkeit *f*; Ábgeschiedenheit *f* (*одиночество*); жить в ~ии ábgeschieden [zurückgezogen] lében, in der Éinsamkeit lében

уединённ||ость *ж* Ábgeschiedenheit *f*, Éinsamkeit *f*, Zurückgezogenheit *f*; **~ый** éinsam, ábgeschieden, zurückgezogen; entlégen (*отдалённый*)

уедини́ть ábsondern *vt*, isolíeren *vt*

уедини́ться, уединя́ться sich (von der Welt) zurückziehen*, sich ábsondern, die ménschliche Geséllschaft méiden*

уе́зд *м ист.* Kreis *m* (1); Lándkreis *m*; **~ный** *ист.* Kreis-; ~ный го́род Kréisstadt *f* (3)

уезжа́ть *см.* уе́хать

уе́зженный féstgefahren, glättgewalzt

уе́хать ábfahren* *vi* (s), fórtfahren* *vi* (s), wégfahren* *vi* (s), ábreisen *vi* (s), verréisen *vi* (s) (куда́-л. nach *D*)

уж I *м зоол.* Nátter *f* (11); ко́льчатый ~ Ríngelnatter *f*; ◇ ползти́ [извива́ться] ~ом scharwénzeln *vi*, líebedienern *неотд. vi*

уж II **1.** *нареч. см.* уже́; **2.** *частица разг.* (*право*) wírklich, in der Tat; уж я не зна́ю ich weiß wírklich nicht

ужа́лить stéchen* *vt* (*о насекомых*), béißen* *vt* (*о змее*); ◇ как ужа́ленный (*вскочить и т. п.*) wie von den Tarántel gestóchen

ужа́риваться, ужа́риться *разг.* (*о мясе и т. п.*) **1.** (*до готовности*) völlig durchbráten* *vi*; **2.** (*жарясь, уменьшиться*) (beim Bráten) (éin)schrúmpfen *vi* (s)

у́жас *м* **1.** Entsétzen *n* -s, Gráuen *n* -s; Schrécken *m* (7), Furcht *f* (*страх*); Ábscheu *m* -(e)s, *f* (*отвращение*); смерте́льный ~ Tódesangst *f* (3); привести́ [пове́ргнуть] в ~ in Schrécken versétzen; Entsétzen [Schrécken] éinflößen (кого́-л. *D*); прийти́ в ~ sich entsétzen; содрога́ться от ~а vor Angst zíttern [schlóttern], von Entsétzen geschüttelt sein; в ~е entsétzt von Angst [Schreck, Entsétzen] gepáckt; како́й ~! wie schrécklich!, wie entsétzlich!, wie fürchtbar!; ach du Schreck!; **2.** (*предмет страха*) Schrécken *m* (7); Gréuel *m* (6); ~ы войны́ die Schrécken des Kríeges, Kríegsgreuel *pl*; **3.** *в знач. нареч. разг.* schrécklich, fürchtbar, fürchterlich; ~ как хо́лодно es ist entsétzlich [gráuenhaft] kalt; ◇ к моему́ ~у zu méinem Schréck(en); до ~а *разг.* schrécklich, erschréckend; **~а́ть(ся)** *см.* ужасну́ть(ся); **~а́ющий 1.** entsétzlich, schrécklich, fürchterregend, gráuenhaft; gräßlich (*отвратительный*): ~а́ющая пого́да abschéuliches Wétter; **2.** *разг.* (*чрезмерный*) máßlos, schrécklich; ~а́ющая глу́пость éine máßlose [fürchterliche] Dümmheit

ужа́сно *нареч. разг.* **1.** (*чрезмерно, крайне*) fürchtbar, fürchterlich, máßlos; **2.** (*очень плохо*) fürchtbar, schrécklich, schéußlich; gráuenhaft, entsétzlich; как ~! (wie) gráuenhaft!, (wie) entsétzlich!; ~ вы́глядеть (*о нездоровом человеке*) fürchtbar (schlecht) áussehen*

ужасну́ть erschrécken *vt*; in Schrékken versétzen, Entsétzen éinflößen (кого́-л. *D*); **~ся** sich entsétzen, von Furcht [Entsétzen] gepáckt wérden; entsétzt sein (чему́-л. über *A*, vor *D*); я ужасну́лся ich war entsétzt, mir gráute (vor *D*)

ужа́сн||ый 1. (*страшный*) schrécklich, fürchtbar, fürchterlich, entsétzlich, gráuenhaft; **2.** *разг.* (*чрезмерный*) máßlos, ungeheuerlich; unerträglich (*о боли и т. п.*); ~ые му́ки gräßliche [entsétzliche, schréckliche] Quálen

у́же *сравн. ст. см.* у́зкий

уже́ *нареч.* schon, beréits; **~ давно́** schon längst, schon seit länger Zeit; ~ не раз schon wiederhólt [víelmals]; он ~ не ребёнок er ist kein Kind mehr

уже́ли, уже́ль *уст. см.* неуже́ли

уже́ние *с* Ángeln *n* -s

ужива́ться *см.* ужи́ться

ужи́вчив||ость *ж* Verträglichkeit *f*; **~ый** verträglich, umgänglich

ужи́мк||а *ж*, *б. ч. мн.* ~и Grimásse *f* (11) (*гримаса*); únnatürliche Gebärde (*неестественный жест*)

у́жин *м* Ábendbrot *n* (2), Ábendessen *n* (7), Ábendmahlzeit *f* (10); Náchtmahl *n* (5, 2) (*австр.*); Souper [*фр.* su'pe:] *n* -s, -s (*парадный*); за ~ом beim Ábendbrot [Ábendessen]; по́сле ~а nach dem Ábendbrot [Ábendessen]

у́жинать Ábendbrot éssen*, zu Ábend [zur Nacht (*австр.*)] éssen* [spéisen]

ужи́ться 1. (*где-л.*) sich éinleben, sich gewöhnen, sich éingewöhnen; **2.** (*с кем-л.*) sich vertrágen*; (mit j-m) gut áuskommen*

узаконе́ние *с* **1.** (*действие*) Legitimíerung *f* (10); Inkráfttreten *n* -s; **2.** *уст.* (*закон*) Gesétz *n* (2), Verórdnung *f* (10)

узако́нить, узаконя́ть zum Gesétz máchen, gesétzliche Kraft verléihen* (*D*), für réchtsverbindlich erklären, gesétzlich féstlegen

узбе́к *м* Usbéke *m* (9); **~ский** usbékisch; ~ский язы́к die usbékische Spráche, das Usbékische (*sub*)

узбе́чка *ж* Usbékin *f* (12)

узд||а́ *ж тж. перен.* Zaum *m* (1*), Zügel *m* (6); держа́ть кого́-л. в ~е́ j-n im Záume hálten*, j-n zügeln; j-n an der Kandáre hálten* (*разг.*)

узде́чка *ж* **1.** Zaum *m* (1*); **2.** *анат.* ~ языка́ Zúngenband *n* (5)

уздцы́ *мн.* Zaum *m* (1*); держа́ть ло́шадь под ~ das Pferd beim Zaum hálten*

у́зел *м* **1.** (*на верёвке*) Knóten *m* (7); завяза́ть ~ éinen Knoten schlíngen* [knüpfen, schürzen]; завяза́ть узло́м 1) (*что-л.*) zusámmenknoten *vt*; 2) *перен.* (*кого-л.*) j-n gefügig máchen; завяза́ться узло́м sich verknóten; развяза́ть [распу́тать] ~ *тж. перен.* éinen Knóten lösen [entwírren]; ~ противоре́чий ein Netz von Wídersprüchen; **2.** *ж.-д.* Knótenpunkt *m* (1); Knóten *m* (7), Ánschluß *m* -sses, -schlüsse; железнодоро́жный ~ Éisenbahnknotenpunkt *m*; ~ тра́нспортных коммуника́ций Verkéhrsknotenpunkt *m*; **3.** *воен.*: укреплённый ~ Werk *n* (2); ~ оборо́ны Vertéidigungsknoten *m*; ~ свя́зи Náchrichtenzentrale *f* (11); **4.** (*свёрток*) Bündel *n* (6), Bund *n* (1;) **5.** *бот., анат.* Knóten *m* (7); не́рвные узлы́ Nérvenknoten *pl*; Nérvenganglien *pl*; **6.** *мор.* (*единица скорости*) Knóten *m* (7); **7.** *тех.* Báugruppe *f* (11), Éinheit *f* (10), Báuteil *n* (2); Montágegruppe [-ʒə-] *f* (11), Fértigteil *n* (2); санита́рный ~ sanitäre Ánlagen (*pl*); *стр.* komplétte Sanitärzelle (*f*), sanitärtechnische Ráumzelle (*f*); **8.** *текст.* Nóppe *f* (11); ◇ разруби́ть го́рдиев ~ den górdischen Knóten dúrchhauen*

у́зк||ий 1. schmal; eng, knapp (*тесный*); schmálsitzig (*о диване, скамье*); ~ая ле́нта schmáles Band; ~ая ю́бка énger [knápper] Rock; пла́тье ~о das Kleid spannt [ist zu eng]; **2.** (*ограниченный*) beschränkt, éngstirnig; ~ие взгля́ды beschränkte Ánsichten; ~ая специа́льность ganz speziélles Fach; ~ая специализа́ция énge Spezialisíerung; ◇ в ~ом смы́сле сло́ва im éngeren Sínne des Wórtes; в ~ом кругу́ im éngeren Kreis;

~ое место Éngpaß *m* -sses, -pässe; Schwíerigkeit *f* (10), schwáche Stélle

узкове́домственн||ый eng ressortmäßig [-'so:r-]; ~ые интере́сы Ressórtinteressen *pl*

узкого́рлый énghalsig (*о посуде*)

узкогру́дый schmálbrüstig, éngbrüstig

узкоколе́й||ка *ж ж.-д. разг.* Schmálspurbahn *f* (10); Kléinbahn *f*; **~ный** schmálspurig, Schmálspur-

узколи́стный, узколи́стый *бот.* schmálblättrig

узко||ло́бость *ж перен.* Éngstirnigkeit *f*, Beschränktheit *f*, Borníertheit *f*; **~ло́бый** mit níedriger Stirn; *перен. разг.* éngstirnig, beschränkt, borníert; **~но́сый** spitz (*об обуви*)

узкоплёночный: ~ фильм Schmálfilm *m* (1)

узкопле́чий schmálschultrig

узлова́тый knótig; knórrig (*о ветви*); *текст.* nöppig

узлов||о́й 1. Knóten-; ~а́я ста́нция *ж.-д.* Knótenpunkt *m* (1); **2.** *перен.* (*главный*) wésentlich; ~ы́е моме́нты иссле́дования Schwérpunkte der Fórschung; ~а́я зада́ча Schwérpunktaufgabe *f* (11)

узнава́ть, узна́ть 1. (*знакомого, что-л. знакомое*) erkénnen* *vt*, wíedererkennen* *vt*; ~ по чему́-л. an etw. (*D*) erkénnen*; ~ по го́лосу an der Stímme erkénnen*; **2.** (*новости и т. п.*) erfáhren* *vt*; Erkúndigungen éinziehen* (что-л. über *A*), sich erkúndigen (nach *D*) (*справляться*); **3.** (*знакомиться*) kénnenlernen *отд. vt*; тепе́рь я его́ лу́чше узна́л jetzt hábe ich ihn näher kénnengelernt

узни́||к *м*, **~ца** *ж* Gefángene *m*, *f* (14), Éingekerkerte *m*, *f* (14)

узо́р *м* Múster *n* (6); Ornamént *n* (2); Stickeréi *f* (10) (*вышитый*); ледяно́й ~ Éisblume *f* (11) (*на окне*); ~ для вышива́ния Stíckmuster *n*; **~ный, ~чатый 1.** gemústert; **2.** *лес.* gemásert

у́зость *ж* **1.** Énge *f*, Knáppheit *f*, Schmálheit *f*; **2.** (*ограниченность*) Énge *f*, Beschränktheit *f*, Borníertheit *f*, Éngstirnigkeit *f*

узре́ть *уст.* erblícken *vt*, gewáhren *vt*; gewáhr wérden (что-л. *G*); séhen* *vt*

узурп||а́тор *м* Usurpátor *m* -s, -tóren; **~а́ция** *ж* Usurpatión *f* (10), réchtswidrige Áneignung; **~и́ровать** usurpíeren *vt*, sich (*D*) etw. (wíderrechtlich) áneignen

у́зус *м юр.* Úsus *m* =

у́зы *мн.* Bánde *pl* (*тж. перен.*); Fésseln *pl*; ~ дру́жбы Fréundschaftsbande *pl*; кро́вные ~ Blútsbande *pl*

уйгу́ры *мн.* Uigúren *pl*

у́йма *ж разг.* Únmenge *f* (11); ~ де́нег Héidengeld *n* -(e)s

уйти́ 1. géhen* *vi* (s), wéggehen* *vi* (s), fórtgehen* *vi* (s), verlássen* *vt* (*покинуть*); sich auf den Weg máchen (*отправиться*); sich auf die Sócken máchen (*разг.*); ~ в лес in den Wald géhen*; ~ в откры́тое мо́ре in See stéchen*; ~ вперёд vorángehen* *vi* (s), voráuseilen *vi* (s); überhólen *vt* (*обогнать*); *перен.* Fórtschritte máchen; ~ далеко́ вперёд *перен.* weit voráus sein; часы́ ушли́ вперёд die Uhr geht vor; ~ со слу́жбы die Stélle áufgeben* [verlássen*]; ~ в отста́вку den Ábschied néhmen*; ~ в о́тпуск auf Úrlaub géhen*; ~ со сце́ны von der Bühne ábtreten*; *перен.* sich vom öffentlichen Lében zurückziehen*; ~ от ми́ра sich von der Welt zurückziehen*; ~ в себя́ sich séinen Gedánken híngeben*; ~ в кни́гу [в рабо́ту] sich in ein Buch [in éine Árbeit] vertíefen [versénken]; ~ из жи́зни (*умереть*) aus dem Lében schéiden*; **2.** (*спастись*) entkómmen* *vi* (s), entgéhen* *vi* (s) (от кого́-л., от чего́-л. *D*); ~ от опа́сности éiner Gefáhr entgéhen*; ~ от пресле́дования den Verfólger ábschütteln; **3.** (*израсходоваться*) erschöpft [veráusgabt] sein; все мои́ си́лы ушли́ álle méine Kräfte sind erschöpft; **4.** (*о времени*) verflíeßen* *vi* (s), vergéhen* *vi* (s), verstréichen* *vi* (s); на э́то ушло́ мно́го вре́мени das hat viel Zeit gekóstet [gebráucht, in Ánspruch genómmen]; ◇ ~ ни с чем únverrichteterdinge fórtgehen*; молоко́ ушло́ die Milch ist übergelaufen; он далеко́ не уйдёт er wird es nicht weit bríngen, er kommt nicht weit; э́то от нас не уйдёт das wird uns nicht entgéhen; das bleibt uns; по́чва ушла́ у него́ из-под ног er verlór den Bóden únter den Füßen; ~ на дно versínken* *vi* (s), úntergehen* *vi* (s); у меня́ душа́ в пя́тки ушла́ das Herz ist mir in die Hósen gefállen

ука́з *м* Erláß *m* -sses, -sse, Verórdnung *f* (10); Ukás *m* (1) (*царский*); изда́ть ~ éinen Erláß verábschieden; ◇ ему́ никто́ не ~ für ihn gibt es kéine Autorität; он мне не ~ er hat mir nichts zu beféhlen

указа́н||ие *с* **1.** Hínweis *m* (1); Ángabe *f* (11) (*сведение, сообщение*); с ~ием а́дреса únter Ángabe der Adrésse; **2.** (*совет*) Wéisung *f* (10), Ánweisung *f*, Instruktión *f* (10), Unterwéisung *f*; методи́ческие ~ия methódische Ánweisungen; Stúdi¦enanleitungen *pl* (*для самостоятельного изучения*); де́лать [дава́ть] ~ия Ánweisungen gében*, Vórschriften ergéhen lássen*; veránlassen *vt*

ука́занный genánnt; erwähnt (*упомянутый*); vórgeschrieben (*предписанный*); **в ~** срок zur vórgeschriebenen Frist [Zeit]; ~ путь der gewíesene Weg

указа́тель *м* Ánzeiger *m* (6), Índex *m* (1) (*pl тж.* Índizes), Regíster *n* (6); Verzéichnis *n* (3*) (*в книге*); ~ цен Préisverzeichnis *n*, Préisliste *f* (11); библиографи́ческий ~ Quéllennachweis *m* (1); предме́тный ~ Sáchregister *n*; железнодоро́жный ~ Kúrsbuch *n* (5); доро́жный ~ Wégweiser *m* (6); ~ поворо́та *ав.* Fáhrtrichtungsanzeiger *m*; ~ ско́рости *ав., авто* Fáhrtmesser *m* (6); мига́ющий ~ поворо́та *авто* Blínkleuchte *f* (11), Blínker *m* (6); **~ный** Zéige-; Ánzeiger-; ~ный па́лец Zéigefinger *m* (6); ~ная стре́лка Zéiger *m* (6); ~ное местоиме́ние *грам.* Demonstratívpronomen *n* (7), hínweisendes Fürwort

указ||а́ть 1. zéigen *vt*, *vi*, áufzeigen *vt*; ángeben* *vt*; wéisen* *vt*, *vi*; ~а́ть кому́-л. доро́гу j-m den Weg zéigen [wéisen*]; мне ~а́ли моё ме́сто man hat mir méinen Platz ángewiesen; **2.** (*обратить внимание*) hínweisen* *vi*, híndeuten *vi*, verwéisen* *vt* (на что-л. auf *A*); ~а́ть на про́махи auf die Féhler hínweisen*; **3.** (*инструктировать*) beléhren *vt*; ◇ ~а́ть кому́-л. на дверь j-m die Tür wéisen*

ука́з||ка *ж* **1.** Zéigestab *m* (1)*, Zéigestock *m* (1*); **2.**: по чьей-л. ~ке nach Vórschrift; auf j-s Wéisung [Gehéiß]; жить по чужо́й ~ке sich am Gängelband führen lássen*; **~чик** *м разг.* Léhrmeister *m* (6); ты мне не ~чик du hast mir nichts zu ságen [vórzuschreiben]; **~ывать** *см.* указа́ть

укат||а́ть glättwalzen *отд. vt*; ébnen *vt* (*дорогу*); ◇ ~а́ли си́вку круты́е го́рки *погов.* ≅ das Únglück hat séine Kraft gebróchen

укати́ть 1. (*шар, мяч*) wégrollen *vt*, fórtrollen *vt*; **2.** *разг.* (*уехать*) wégfahren* *vi* (s), fórtfahren* *vi* (s), lósziehen* *vi* (s); auf und davón zíehen*; ábrauschen *vi* (s), ábschwirren *vi* (s) (*на автомашине*); **~ся** fórtrollen *vi* (s), wégrollen *vi* (s)

ука́тка *ж* Glättwalzen *n* -s; Ébnen *n* -s (*дороги*)

ука́тывать I *см.* уката́ть

ука́тывать II *см.* укати́ть

укач||а́ть, ука́чивать 1. (*ребёнка*) éinwiegen *vt*; éinschaukeln *vt*; in den Schlaf wíegen; **2.** *безл.*: меня́ ~а́ло 1) ich wúrde séekrank (*о страдающем морской болезнью*); 2) ich wúrde vom lángen Fáhren schläfrig (*от долгой езды*)

укипа́ть, укипе́ть *разг.* éinkochen *vi* (s)

укла́д *м* Áufbau *m* -(e)s, Struktúr *f* (10), Systém *n* (2); ~ **жи́зни** Lébensweise *f* (11), Lébensform *f* (10); обще́ственно-экономи́ческий ~ geséllschaftlich-ökonómische Formatión

укла́дка *ж* **1.** (*упаковка вещей*) Éinpacken *n* -s, Verpácken *n*; **2.** (*складывание товара, дров*) Lágerung *f* (10); **3.** (*рельсов, кабеля*) Verlégen *n* -s, Légen *n*; ~ ре́льсов Schíenenlegen *n*; **4.** (*бетона*) Éinbringen *n* -s; **5.** (*воло́с*) Frisíeren *n* -s

укла́д||чик *м* **1.** Pácker *m* (6); Stápler *m* (6) (*в штабеля*); **2.** *мор.* Trímmer *m* (6); **3.** *ж.-д.* Schíenenleger *m* (6); Verlégekran *m* (1) (*кран*); **~ывать** *см.* уложи́ть **1—6**; **~ываться 1.** *см.* уложи́ться; э́то не ~ывается в моём представле́нии das paßt nicht in méine Vórstellungen hinéin; **2.** *см.* уле́чься **1**; **3.** *страд.* éingepackt wérden (*ср.* уложи́ть)

укле́йка *ж зоол.* Wéißfisch *m* (1)

укло́н *м* **1.** Néigung *f* (10), Ábschrägung *f* (10); Sénkung *f* (10); Ábschüssigkeit *f* (10) (*покатость*); Ábfall *m* (1*) (*почвы*); круто́й ~ stéiler Ábfall; Gefälle *n* (6); идти́ под ~ bergáb géhen*; е́хать под ~ bergáb fáhren*; **2.** (*установка, тенденция*) Éinstellung *f* (10); Éinschlag *m* (1*); Ríchtung *f* (10); speziélle Áusrichtung, Spezialisíerung *f* (10); шко́ла с техни́ческим ~ом éine Schúle mit téchnischem Éinschlag; **3.** *полит.* Ábweichung *f* (10)

уклон||е́ние *с* **1.** (*от прямого пути и т. п.*) Ábweichen *n* -s, Ábweichung *f* (10); **2.** (*от темы и т. п.*) Ábschweifen *n* -s; **3.** (*от обязанностей и т. п.*) Umgéhen *n* -s, Méiden *n* -s; **~и́ться 1.** (*в сторону*) ábweichen* *vi* (s), ábschwenken *vi* (s) (от чего́-л. von *D*); áusweichen* *vi* (s) (*D*); **2.** (*от темы и т. п.*) ábschweifen *vi* (s); **~и́ться** от вопро́са éiner Fráge áusweichen*; ~и́ться от те́мы vom Théma ábkommen*; не ~и́ться от те́мы (*разговора*) bei der Sáche bléiben*; **3.** (*от обязанностей и т. п.*) sich entzíehen* (*D*), umgéhen* *vt*; sich drücken (von *D*) (*разг.*); sich enthálten* (*G*) (*воздержаться*)

уклономе́р *м* Néigungsmesser *m* (6)

уклоноуказа́тель *м* (*путевой знак*) Wárnzeichen «stárkes Gefälle»

укло́нчив||ость *ж* áusweichende Art; **~ый** áusweichend; ~ый отве́т éine áusweichende Ántwort

уклоня́ться *см.* уклони́ться; ~ от рабо́ты árbeitsscheu sein

уклю́чина *ж* Rúderdolle *f* (11), Dólle *f*, Rúdergabel *f* (11)

укоко́шить *разг.* úmbringen* *vt*, um die Écke bríngen*; kíllen *vt* (*груб.*)

уко́л *м* **1.** Stich *m* (1); Stíchwunde *f* (11); **2.** *мед.* Éinstich *m* (1), Éinspritzung *f* (10), Injektión *f* (10); де́лать ~ éine Sprítze gében*; **3.** *мн.* ~ы *перен.* Sticheléien *pl*; **~о́ть 1.** stéchen* *vt*; **2.** *перен.* stícheln *vi*, éinen Stich versétzen; **~о́ться** sich stéchen*

укомплект||ова́ние *с* Vervóllständigung *f* (10); Komplettíerung *f* (10) (*тж. воен.*); **~ова́ть, ~о́вывать** vervóllständigen *vt*; ergänzen *vt* (*дополнять*); komplettíeren *vt* (*тж. воен.*); **~о́вываться** komplettíert [ergänzt, vervóllständigt] wérden

уко́р *м* Vórwurf *m* (1*); ста́вить в ~ кому́-л. j-m zum Vórwurf máchen, j-m vórwerfen*

укора́чивать kürzer máchen; verkürzen *vt*, (áb)kürzen *vt*; **~ся 1.** kürzer wérden, sich verkürzen; **2.** *страд.* gekürzt wérden, kürzer gemácht wérden

укорен||е́ние *с* **1.** (*растений*) Éinwurzelung *f* (10); **2.** *перен.* Éinbürgerung *f*, Wúrzelfassen *n* -s; Veránkerung *f*; **~и́ть 1.** (*растения*) éinwurzeln lássen*; **2.** (*внедрить*) éinführen *vt*; **~и́ться 1.** (*о растениях*) sich éinwurzeln, Wúrzel fássen [schlágen*]; **2.** *перен.* sich éinbürgern, éinwurzeln *vi*; Wúrzel schlágen* [fássen], Fuß fássen; (fest) veránkert sein; ~и́вшаяся привы́чка éingefleischte Gewóhnheit; ~и́вшиеся тради́ции althérgebrachte Traditiónen; **~я́ть** *см.* укорени́ть; **~я́ться 1.** *см.* укорени́ться; **2.** *страд.* éingebürgert wérden

укори́зн||а *ж* Vórwurf *m* (1*); **~енный** vórwurfsvoll

укори́ть *см.* укоря́ть

укороти́ть kürzer máchen; verkürzen *vt*, (áb)kürzen *vt* (*тж. о сроке*); **~ся** kürzer wérden (*тж. о сроке*)

укоря́ть (*кого-л. в чём-л.*) j-m etw. vórwerfen* [vórhalten*]; j-m etw. zum Vórwurf máchen

уко́с *м с.-х.* Héuernte *f* (11); Héuertrag *m* (1*) (*количество сена*)

уко́сина *ж тех.* Kníestütze *f* (11), Áusleger *m* (6)

укоси́ть *разг.* ábmähen *vt*

укра́дкой *нареч.* verstóhlen, héimlich, im stíllen; посмотре́ть на кого́-л. ~ j-n verstóhlen ánschauen

украи́н||ец *м* Ukraíner *m* (6); **~ка** *ж* Ukraínerin *f* (12); **~ский** ukraínisch; ~ский язы́к die ukraínische Spráche, das Ukraínische (*sub*)

укра́с||ить (áus)schmücken *vt*, verzíeren *vt*; dekoríeren *vt* (*декорировать*); **~иться** sich schmücken; ein féstliches Kleid ánlegen (*о городе и т. п.*); домá ~ились фла́гами die Häuser wáren beflággt

укра́сть stéhlen* *vt*, entwénden* *vt*; sich vergréifen* (что-л. an *D*)

украша́тельство *с* Prúnksucht *f*; Schönfärberei *f*; Efféktthascherei *f*; *архит.* Zúckerbäckerstil *m* (1)

украша́ть *см.* укра́сить; **~ся 1.** *см.* укра́ситься; **2.** *страд.* geschmückt wérden (*ср.* укра́сить)

украше́н||ие *с* **1.** (*действие*) Áusschmückung *f* (10); Verschönerung *f* (10); Dekoríerung *f* (10) (*декорирование*); **2.** (*предмет*) Schmuck *m* (1), Schmúckwerk *n* (2); Verzíerung *f* (10); Zíerde *f* (11) (*тж. перен.*); ёлочные ~ия Wéihnachtsbaumschmuck *m* (-e)s, Báumschmuck *m*; Báumbehang *m* -(e)s

укрепи́ть 1. (*прикрепить*) beféstigen *vt* (к чему́-л. an *A*), féstmachen *отд. vt*; **2.** (*здоровье*) stärken *vt*, kräftigen *vt*; **3.** *перен.* (*дружбу, власть*) féstigen *vt*; **4.** (*упрочить*) konsolidíeren *vt*; **5.** *воен.* beféstigen *vt*; **~ся 1.** (*о здоровье и т. п.*) erstárken *vi* (s); **2.** *перен.* (*о дружбе, хозяйстве*) sich féstigen; **3.** *воен.* sich beféstigen, sich verschánzen; fésten Fuß fássen (*обосноваться*)

укреп||ле́ние *с* **1.** (*действие*) Féstigung *f*, Stärkung *f*, Verstärkung *f*, Kräftigung *f*; Konsolidíerung *f* (*упрочение*); ~ле́ние ми́ра ме́жду наро́дами die Féstigung des Fríedens zwíschen den Völkern; **2.** *воен.* Beféstigung *f* (10); берегово́е ~ле́ние Küstenbefestigung *f*; долговре́менное ~ле́ние ständige Beféstigung *f*; полево́е ~ле́ние Féldbefestigung *f* (10); Búnker *m* (6); предмо́стное ~ле́ние Brückenkopf *m* (1*), Lándekopf *m*; **~лённый** geféstigt, gekräftigt; verstärkt; *воен.* beféstigt; ~лённый райо́н beféstigtes Gebíet, beféstigter Áufmarschraum; **~ля́ть** *см.* укрепи́ть; **~ля́ться 1.** *см.* укрепи́ться; **2.** *страд.* geféstigt wérden (*ср.* укрепи́ть); **~ля́ющий** *прич.* **1.** stärkend, kräftigend; де́йствовать ~ля́юще на не́рвную систе́му nérvenstärkend wírken; **2.** *в знач. прил.* Kräftigungs-, Stärkungs-; ~ля́ющее сре́дство *мед.* Stärkungsmittel *n* (6), Kräftigungsmittel *n*

укро́мн||ый ábgelegen, éinsam, still; gemütlich, behäglich (*уютный*); ~ое месте́чко héimliches Plätzchen

укро́п *м бот.* Dill *m* (1); **~ный** Dill-

укроти́тель *м* Bändiger *m* (6); ~ звере́й Tíerbändiger *m*, Dompteur [dɔmp'tœr] *m* (1); ~ змей Schlángenbeschwörer *m* (6); **~ница** *ж* Tíerbändigerin *f* (12), Dompteuse [dɔmp'tœ:ze] *f* (11)

укроти́ть, укроща́ть zähmen *vt*, bändigen *vt*; *перен. тж.* bezwíngen* *vt*, zügeln *vt*; j-n kirr(e) máchen [kríegen] (*разг.*); besänftigen *vt* (*успокоить*); ~ чей-л. гнев j-s Zorn beschwíchtigen

укроще́ние *с* Zähmung *f*, Bändigung *f*; *перен. тж.* Zügelung *f*; Beschwíchtigung *f* (10), Besänftigung *f* (10) (*успокоение*)

укрупн||е́ние *с* Vergrößerung *f* (10); Erwéiterung *f* (10); Zusámmenfassung *f* (10), Zusámmenlegung *f* (10) (*объединение*); ~е́ние ме́лких колхо́зов Zusámmenlegung kléiner Kolchóse [Kollektívwirtschaften]; **~и́ть, ~я́ть** vergrößern *vt*; erwéitern *vt*; zusámmenfassen *vt*, zusámmenlegen *vt* (*объединить*)

укрыв||а́тель *м* Héhler *m* (6); **~а́тельница** *ж* Héhlerin *f* (12); **~а́тельство** *с* Hehleréi *f* (10), Verhéhlung *f* (10); Verhéimlichung *f* (10); **~а́ть** *см.* укры́ть; **~а́ться 1.** *см.* укры́ться; **2.** *страд.* bedéckt wérden (*ср.* укры́ть)

укры́тие *с тж. воен.* Déckung *f* (10), Schutz *m* -es; Únterstand *m* (1*) (*убежище*)

укры́ть 1. (*накрыть*) bedécken *vt*, zúdecken *vt*; verhüllen *vt* (*укутать*); **2.** (*спрятать, скрыть*) verstécken *vt*, verhéhlen *vt*, verbérgen* *vt*, verbórgen hálten*; verschwínden lássen*; Óbdach gewähren (*D*) (*предоставить убежище*); etw. únter Dach und Fach bríngen* (*в безопасном месте*); **~ся 1.** (*накрыться*) sich bedécken, sich zúdecken; sich éinhüllen (*укутаться*); **2.** (*спрятаться*) sich verbérgen*, sich verstécken; Schutz súchen; **3.** (*остаться незамеченным*) entgéhen* *vi* (s) (от чего́-л. *D*); ~ся от пресле́дований den Verfólgungen entgéhen*; от него́ ничего́ не укры́лось es blieb ihm nichts verbórgen; es entgíng ihm nichts

у́ксус *м* Éssig *m* (1); древе́сный ~ Hólzessig *m*; **~ница** *ж* Éssigflasche *f* (11)

уксусноки́слый *хим.* éssigsauer

у́ксус||ный Éssig-, éssighaltig; **~ная** кислота́ *хим.* Éssigsäure *f* (10)

уку́поривать, уку́пор||ить 1. (*бутылку*) verkórken *vt*, zúpfropfen *vt*; **2.** *разг.* (*упаковать*) verpácken *vt*, éinpacken *vt*; **~ка** *ж* **1.** Verkórken *n* -s; **2.** *разг.* (*упаковка*) Verpácken *n* -s, Éinpacken *n*

уку́с *м* Biß *m* -sses, -sse; Stich *m* (1) (*насекомого*); Bíßwunde *f* (11) (*рана от укуса*); ~ змей Schlángenbiß *m*; ~ насеко́мого Inséktenstich *m* (1); **~и́ть** béißen* *vt*; stéchen* *vt* (*о насекомом*); ◇ кака́я му́ха его́ ~и́ла? *разг.* ≅ was ist ihm in die Króne gefáhren?, wélche Laus ist ihm denn über die Léber geláufen?

уку́т||ать éinwickeln *vt*, éinhüllen *vt*; vermúmmen *vt*, éinmummen *vt* (*разг.*); **~аться** sich éinhüllen, sich éinwickeln; sich vermúmmen, sich éinmummen (*разг.*); **~ывание** *с мед.* Páckung *f* (10), Úmschlag *m* (1*); холо́дное ~ывание kálte Páckung; **~ывать** *см.* уку́тать; **~ываться 1.** *см.* уку́таться; **2.** *страд.* éingehüllt wérden (*ср.* уку́тать)

ула́влив||ание *с* Fángen *n* -s, Áuffangen *n*; **~ать** *см.* улови́ть

ула́д||ить 1. órdnen *vt*, régeln *vt*, éinrichten *vt*; ~ить де́ло éine Ángelegenheit régeln; éine Sáche ins réine bríngen* (*разг.*); **2.** (*спор*) schlíchten *vt*, béilegen *vt*; **~иться** sich régeln, in Órdnung kómmen*; sich légen, sich gében* (*успокоиться*); всё ~илось álles hat sich in Wóhlgefallen áufgelöst

ула́живать *см.* ула́дить; **~ся 1.** *см.* ула́диться; **2.** *страд.* geórdnet wérden (*ср.* ула́дить)

ула́мывать *см.* улома́ть

ула́н *м ист.* Ulán *m* (8); **~ский** *ист.* Ulánen-; ~ский полк Ulánenregiment *n* (5)

у́лей *м* Bíenenkorb *m* (1*); Bíenenstock *m* (1*)

улепетну́ть, улепётывать *разг.* áusreißen* *vi* (s), türmen *vi* (s), ábhauen* (*impf* háute ab) *vi* (s)

улета́ть, улете́ть 1. wégfliegen* *vi* (s), fórtfliegen* *vi* (s), davónfliegen* *vi* (s); **2.** (*миновать*) verflíegen* *vi* (s), vergéhen *vi* (s)

улету́чиваться, улету́читься sich verflüchtigen, verflíegen *vi* (s); *перен. разг.* verdúften *vi* (s), verschwínden* *vi* (s)

уле́чься 1. sich hínlegen, sich níederlegen; ~ спать schláfen [zu Bett] géhen*; **2.** (*о буре, ветре и т. п.; о гневе и т. п.*) sich légen, náchlassen* *vi*; sich berúhigen

улизну́ть *разг.* entwíschen *vi* (s), sich davónmachen, sich aus dem Stáube máchen; durch die Läppen géhen*

ули́к||а *ж* Bewéis *m* (1); Bewéisstück *n* (2), Córpus delícti *n* = =, *pl* -pora = (*вещественное доказательство*); ко́свенные ~и índirekte Bewéise; Indízi|enbeweise *pl*, Indízi|en *pl*, прямы́е ~и dirékte Bewéise; за недоста́тком ули́к wégen Mängel(s) an Bewéisen

ули́тка *ж* **1.** *зоол.* Schnécke *f* (11); **2.** *анат.* (*уха*) Óhrschnecke *f* (11);

Schnécke *f*, **Schnéckengang** *m* **(1*)**; **3.** *мат.* Schnéckenlinie *f* (11)

улиткови́дный, улиткообра́зный schnéckenförmig, schnéckenartig

у́лиц||а *ж* Stráße *f* (11); Gásse *f* (11) (*небольшая*); ~а с односторо́нним движе́нием Éinbahnstraße *f*; на ~е auf der Stráße, dráußen; он живёт на ~е Го́рького er wohnt in der Górkistraße; мои́ о́кна выхо́дят на ~у méine Fénster géhen auf die Stráße (hináus); ◇ оказа́ться на ~е 1) (*без жилья*) óbdachlos sein; 2) (*без работы*) arbeitslos sein

улич||а́ть *см.* уличи́ть; **~е́ние** *с* Überführung *f* (10); **~и́ть** (*в чём-л.*) überführen *vt* (*G*); ertáppen *vt* (bei *D*); ~и́ть кого́-л. во лжи j-n Lügen stráfen, j-n beim Lügen ertáppen

у́личн||ый Stráßen-; ~ое движе́ние Stráßenverkehr *m* -(e)s; пра́вила ~ого движе́ния Verkéhrsvorschriften *pl*, Stráßenverkehrsordnung *f*; ~ый мальчи́шка Stráßenjunge *m* (9), Gássenjunge *m*; ~ый бой Stráßenkampf *m* (1*)

уло́в *м* (*добыча*) Fang *m* -(e)s, Béute *f*; ~ ры́бы (*количество*) Físchfangertrag *m* (1*)

улови́м||ый erkénnbar, bemérkbar, erfáßbar; hörbar (*слухом*); едва́ ~ая улы́бка ein kaum bemérkbares Lächeln; едва́ ~ый шёпот ein kaum hörbares Flüstern

улови́тель *м тех.* Fänger *m* (6)

улови́ть 1. fángen* *vt*, áuffangen* *vt*; ~ взгляд éinen Blick áuffangen*; ~ звук den Schall éinfangen*; ~ моме́нт éinen Zéitpunkt ábpassen; **2.** (*понять, заметить*) erfássen *vt*; wáhrnehmen* *отд. vt*; ~ смысл den Sinn erfássen

уло́вка *ж* Kniff *m* (1), Wínkelzug *m* (1*); Áusflucht *f* (3); Fínte *f* (11); Hándgriff *m* (1)

уложе́ние *с юр.* Gesétzbuch *n* (5), Gesétzsammlung *f* (10)

уложи́ть 1. (*положить*) légen *vt*; ~ спать zu Bett bríngen*, schláfen légen; **2.** (*вещи*) (éin)pácken *vt*; **3.** (*кабель и т. п.*) légen *vt*, verlégen *vt*; **4.** (*складывать*) lágern *vt*, stápeln *vt*; **5.** (*волосы*) éinlegen *vt*; **6.** (*устлать, выложить*) áuslegen *vt*, bedécken *vt*; ~ пол моза́ичной пли́ткой den Fúßboden mit Mosaíkplatten áuslegen; **7.** *разг.* (*повалить, убить*) úmlegen *vt*; ~ на ме́сте auf der Stélle töten, tótschlagen* *отд. vt*; níedermachen *vt*; níederstrekken *vt*; **~ся 1.** (*вместиться*) hinéingehen* *vi* (s), Platz fínden* *перен.* hinéinpassen *vi*; **2.** *разг.* (*упаковаться*) pácken *vt*; ◇ ~ся в определённое вре́мя mit éiner bestímmten Zeit áuskommen*; ~ся в голове́ klar wérden, zum Bewúßtsein kómmen*

улома́ть *разг.* (mit Mühe) überréden *vt*, (mit Mühe) überzéugen *vt*, herúmbringen* *vt*

у́лочка *ж* kléine Stráße, Gäßchen *n* (7)

улуч||а́ть, ~и́ть ábpassen *vt*; ~и́ть денёк sich éinen Tag erübrigen; ~и́ мину́тку nimm dir éinen Áugenblick Zeit

улучш||а́ть *см.* улу́чшить; **~а́ться 1.** *см.* улу́чшиться; **2.** *страд.* verbéssert wérden; **~е́ние** *с* Verbésserung *f* (10), Bésserung *f*; Verédelung *f* (*облагораживание*); Áufbesserung *f* (*положения и т. п.*); ~е́ние пого́ды Wétterbesserung *f*; внести́ ~е́ние во что-л. éine Verbésserung an etw. (*D*) vórnehmen*

улу́чш||ить (ver)béssern *vt*; verédeln *vt* (*облагородить*); **~иться** sich (ver)béssern, bésser wérden; положе́ние ~илось die Láge hat sich gebéssert; die Sáche steht bésser

улыб||а́ться lächeln *vi*; ~а́ться кому́-л. j-m zúlächeln; j-n ánlächeln; ◇ э́то мне не ~а́ется das sagt mir nicht zu; сча́стье ~а́лось ему́ *разг.* das Glück war ihm hold [günstig], das Glück láchte ihm

улы́бк||а *ж* Lächeln *n* -s; мимолётная ~а ein léichtes Lächeln; с ~ой lächelnd; вы́звать ~у ein Lächeln hervórrufen* [entlócken]

улыбну́ться *см.* улыба́ться

ультимати́вный ultimatív

ультима́тум *м* Ultimátum *n* -s, *pl* -s *u* -ten; предъявля́ть ~ ein Ultimátum stéllen

у́льтра *м* Últra *m* =, -s

ультравысокочасто́тный *эл.* Últrahochfrequenz-, UHF-

ультразву́к *м* Últraschall *m*

ультразвуково́й Últraschall-

ультракоро́тк||ий: ~ие во́лны *физ.* Últrakurzwellen *pl*

ультрамари́н *м* Ultramarín *n* -s; **~овый** ultramarín(blau)

ультрамикроско́п *м физ.* Últramikroskop *n* (2)

ультрамо́дный *разг. см.* ультрасовреме́нный

ультрасовреме́нность Súpermodernität *f*

ультрасовреме́нный súpermodern, hýpermodern

ультрафиоле́тов||ый *физ.* últraviolett [-vi-]; ~ые лучи́ últraviolette Stráhlen, UV-Strahlen *pl*

улюлю́ка||нье *охот.* Tréiberruf *m* (1), Jágdruf *m*, Hétzruf *m*; **~ть 1.** *охот.* die Húnde auf der Hétzjagd durch Rúfe «uljulju» ántreiben*; **2.** *перен. разг.* j-n jóhlend verspótten

ум *м* Verstánd *m* -(e)s, Vernúnft *f*; Sinn *m* -(e)s, Geist *m* (4); о́стрый ум schárfer Verstánd; вели́кий ум ein gróßer Geist; склад ума́ Mentalität *f* (10); Áuffassungsweise *f* (11), Dénkweise *f*; ◇ волнова́ть умы́ die Gemüter errégen; приходи́ть на ум in den Sinn kómmen*, éinfallen* *vi* (s); что тебе́ взбрело́ на ум? was ist dir in die Króne gefáhren?; э́то у меня́ из ума́ не идёт *разг.* das geht [kommt] mir nicht aus dem Sinn; счита́ть в уме́ im Kopf réchnen; оди́н в уме́ (*при сложении и умножении*) mérke eins; у него́ друго́е на уме́ er hat étwas ándcres im Sinn; у неё то́лько развлече́ния на уме́ sie hat nur Vergnügen im Kopf, sie denkt nur an Vergnügen; э́то не его́ ума́ де́ло das ist für ihn zu hoch; ума́ не приложу́ *разг.* das kann ich nicht fássen; der Verstánd steht mir still; у него́ что на уме́, то и на языке́ *разг.* er sagt, was er denkt; er hat das Herz auf der Zúnge; взя́ться за ум *разг.* sich éines bésseren besínnen*; у него́ ум за ра́зум захо́дит *разг.* er weiß nicht, wo ihm der Kopf steht; сойти́ с ума́ den Verstánd verlíeren*, verrückt wérden; с ума́ мо́жно сойти́! es ist zum Wáhnsinnigwerden [Verrücktwerden]!; своди́ть с ума́ um den Verstánd bríngen* (*A*), den Kopf verdréhen (*D*); быть не в своём уме́ ganz von Sínnen sein, nicht (ganz) bei Trost sein; быть в своём [в здра́вом] уме́ bei vóllem Verstánde sein; séine fünf [síeben] Sínne beisámmen haben; быть без ума́ от кого́-л., от чего́-л. entzückt sein von (*D*), ganz hin sein; э́то уму́ непостижи́мо das ist unfáßbar [unbegréiflich]; взя́ться за ум klüger [vernünftiger] wérden; он себе́ на уме́ er hat es fáustdick hínter den Óhren; в уме́ ли ты? du bist wohl nicht recht geschéit [nicht ganz bei Trost]!, bist du bei Sínnen?; он за́дним умо́м кре́пок *разг.* séine bésten Gedánken kómmen hinterhér [zu spät]; er bráucht séine Wéisheit viel zu spät; ум хорошо́, а два лу́чше *погов.* vier Áugen séhen mehr als zwei; у меня́ э́того и в уме́ не́ было das ist mir nicht éinmal in den Sinn gekómmen; э́то — от его́ большо́го ума́ *ирон.* das kommt von séiner übergroßen Klúgheit

умал||е́ние *с* Vermínderung *f* (10), Verríngerung *f* (10), Ábwertung *f*; Herábsetzung *f* (10), Herábminderung *f*, Schmälerung *f* (10); **~и́ть** vermíndern *vt*, verríngern *vt*; herábsetzen *vt*, schmälern *vt*; bagatellisíeren *vt*, beéinträchtigen *vt*, herábwürdigen *vt*; ~и́ть чьи-л. заслу́ги j-s Verdíenste schmälern [herábsetzen]

умалишённ||ый *прил.* **1.** (géistes)gestört, írrsinnig, verrückt; **2.** (*в знач. сущ. м*) Írrsinnige *m* (14), Verrückte *m* (14); дом ~ых Írrenanstalt *f* (10), Írrenhaus *n* (5)

ума́лчив||ание *с* Verschwéigen *n* -s; **~ать** *см.* умолча́ть

умаля́ть *см.* умали́ть

ума́сливать, ума́слить *перен. разг.* j-m Hónig ums Maul [um den Mund, um den Bart] schmíeren

ума́ять *разг.* ermüden *vt*, ábquälen *vt*; **~ся** *разг.* ermüden *vi* (s), sich ábquälen, von Kräften kómmen*, sich ábrackern

у́мбра *ж* (*краска*) Úmbra *f*

уме́лец *м* Méister *m* (6), Könner *m* (6)

уме́лый geschíckt, gewándt; sáchkundig (*компетентный*)

уме́ние *с* Fähigkeit *f* (10) (*что-л. делать + inf с* zu); Fértigkeit *f* (in *D*), Geschícklichkeit *f* (*ловкость*); Können *n* -s (*возможности*); Fáchkenntnis *f* (3) (*знания, компетентность*); ~ рисова́ть Fértigkeit im Zéichnen

уменьш||а́емое *с мат.* Minuénd *m* (8); **~а́ть** *см.* уме́ньшить; **~а́ться 1.** *см.* уме́ньшиться; **2.** *страд.* verkléinert wérden (*ср.* уме́ньшить); **~е́ние** *с* Verkléinerung *f* (10), Verríngerung *f* (10); Vermínderung *f* (10); Ábnahme *f* (*убыль, истощение*); Rückgang *m* -(e)s (*сокращение*); Ermäßigung *f* (*цены и т. п.*); ~е́ние числа́ чле́нов (*общества и т. п.*) Rückgang der Mítgliederzahl; **~и́тельный** *грам.* Verkléinerungs-, verkléinernd; ~и́тельная фо́рма Deminutív *n* (2), Diminutívum [-vum] *n* -s, *pl* Diminutíva, Verkléinerungsform *f* (10)

уме́ньшить verkléinern *vt*, verríngern *vt*, vermíndern *vt*; ~ втро́е auf ein Dríttel verríngern; **~ся** sich verríngern, kléiner wérden; zusámmenschrumpfen *vi* (s) (*сократиться, съёжиться*); ábnehmen* *vi*, zurückgehen* *vi* (s) (*ослабевать, убывать*)

уме́ренн||о *нареч.* gemäßigt, mäßig; mit Maß, máßvoll (*есть и т. п.*); **~ость** *ж* Mäßigkeit *f*; Mäßigung *f*, Entháltsamkeit *f* (*в пище и питье*); **~ый** gemäßigt, mäßig; gelínd(e) (*о тепле*); máßvoll, entháltsam (*в пище и питье*); ~ый кли́мат gemäßigtes Klíma; ~ая цена́ ángemessener Preis

умере́ть stérben* *vi* (s); úmkommen* *vi* (s) (*погибнуть*); hínscheiden* *vi* (s) (*офиц.*); ~ за кого́-л. den Tod für j-n erléiden*; ◇ хоть умри́ kóste es, was es wólle, únter állen Úmständen

уме́рить mäßigen *vt*, éinschränken

vt; herábsetzen vt; ~ пыл den Éifer dämpfen

умертви́ть töten vt, úmbringen* vt; ábtöten vt (*нерв*)

уме́рший *прич.* **1.** gestórben; verstórben (*офиц.*); verschíeden, entschláfen (*высок.*); **2.** *в знач. сущ. м* Verstórbene m (14); Tóte m (14); ~ с го́лоду Verhúngerte m (14)

умерщвл||е́ние *с* Tötung f (10); Ermórdung f (10); ~е́ние не́рва *мед.* Ábtötung éines Nervs; **~я́ть** *см.* умертви́ть; ◇ ~я́ть плоть sich kastéien

умеря́ть *см.* уме́рить

умести́ть únterbringen* vt, plazíeren vt, Platz fínden* [máchen] (что-л. für A); **~ся** hinéingehen* vi (s), sich únterbringen lássen*; Platz fínden*

уме́стн||ый **1.** pássend, ángebracht; státthaft; счита́ть ~ым es für ángebracht hálten*; **2.** *предик. безл.*: э́то ~о das ist am Platz; бы́ло бы ~о es wäre ángebracht [am Plátze]

уме́ть können* vt, verstéhen* vt; ~ петь síngen können*; ~ рисова́ть zu zéichnen verstéhen*; он уме́ет самостоя́тельно рабо́тать er verstéht [ist imstánde] sélbständig zu árbeiten; сде́лаю, как уме́ю ich wérde es tun, so gut ich kann; э́то на́до ~! *разг.* das will gekónnt sein!

умеща́ть *см.* умести́ть; **~ся** **1.** *см.* умести́ться; **2.** *страд.* úntergebracht wérden

уме́ючи *нареч.* mit Sáchkenntnis, mit Sáchverständnis, sáchverständig

умил||е́ние *с* Rührung f; wéiche Régung, Ergríffenheit f (*волне́ние*); **~ённый** gerührt, weich gestímmt; **~и́тельный** rührend, ergréifend; **~и́ть** rühren vt, weich stímmen, bewégen vt; **~и́ться** gerührt sein, Rührung empfínden*

уми́лостивить begütigen vt; besänftigen vt (*смягча́ть*)

уми́льн||ый **1.** (*не́жный*) rührend, zart, zärtlich; **2.** (*льсти́вый*) schméichlerisch; ~ым го́лосом *ирон.* mit (zúcker)süßer Stímme

умиля́ть(ся) *см.* умили́ть(ся)

умина́ть *см.* умя́ть

умир||а́ние *с* Stérben n -s; Dahínsterben n (*угаса́ние*); Ábsterben n (*приро́ды*); **~а́ть** stérben* vi (s); im Stérben líegen*; in den létzten Zügen líegen*; hínscheiden* vi (s), verschéiden* vi (s) (*высок.*); он ~а́ет er liegt im Stérben, es geht mit ihm zu Énde; ~а́ть от ску́ки *разг.* vor Láng(er)weile stérben*, sich zu Tóde lángweilen; ~а́ть с го́лоду verhúngern vi (s); ~а́ть со́ смеху vor Láchen bérsten* [plátzen]; sich tótlachen *отд.*; **~а́ющий** *прич.* **1.** stérbend; verschéidend (*высок.*); ábsterbend, erlöschend (*угаса́ющий*); **2.** *в знач. сущ. м* Stérbende m (14), Tódkranke m (14)

умиротвор||е́ние *с* Friedensstiftung f; Versöhnung f, Besänftigung f; Befríedung f; **~ённость** *ж* Gefühl n [Zústand m] vóllkommener Rúhe [Berúhigung]; **~и́ть** Fríeden stíften; versöhnen vt, besänftigen vt; **~и́ться** sich áussöhnen; sich berúhigen, sich zufríedengeben* *отд.*; **~я́ть** *см.* умиротвори́ть; **~я́ться** **1.** *см.* умиротвори́ться; **2.** *страд.* versöhnt wérden; besänftigt wérden

умля́ут *м лингв.* Úmlaut m (1); с ~ом úmgelautet

умне́ть klug [klüger, vernünftiger] wérden

у́мн||ик *м*, **~ица** *ж* Klúge m, f (14), klúger Kopf; Schláukopf m (1*) (*хитре́ц*); ártiges Kind (*по отноше́нию к ребёнку*); стро́ить из себя́ ~ика den Néunmalweisen spíelen; **~ича́ть** *разг.* den Klúgen spíelen; klug réden, klúge Réden führen

умнож||а́ть *см.* умно́жить; **~а́ться** **1.** *см.* умно́житься; **2.** *страд.* verméhrt wérden (*ср.* умно́жить); **~е́ние** *с* **1.** Verméhrung f, Vergrößerung f, Erwéiterung f, Verstärkung f; Vervíelfachung f; **2.** *мат.* Multiplikatión f (10); табли́ца ~е́ния Einmaléins n =, =; знак ~е́ния Málzeichen n (7)

умно́жить **1.** (ver)méhren vt, vergrößern vt, (ver)stärken vt; ~ сла́ву den Ruhm méhren; ~ свои́ си́лы séine Kräfte stärken [vervíelfachen]; ~ свои́ дохо́ды sein Éinkommen vergrößern; ~ свои́ зна́ния séine Kénntnisse erwéitern; **2.** *мат.* multiplizíeren vt, málnehmen* *отд.* vt; ~ де́сять на пять zehn mit fünf multiplizíeren; **~ся** sich verméhren, sich vergrößern; zúnehmen* vi

у́мный klug; geschéit; vernünftig (*благоразу́мный*); verständig (*поня́тливый*)

умозаключ||а́ть *см.* умозаключи́ть; **~е́ние** *с* Schluß m -sses, Schlüsse, Schlúßfolgerung f (10); *филос.* Syllogísmus m =, -men; **~и́ть** schlúßfolgern *неотд*, fólgern vi, den Schluß zíehen*, zu der Schlúßfolgerung kómmen*, schlíeßen* vi

умозр||е́ние *с филос.* (géistige) Spekulatión f; **~и́тельность** *ж филос.* spekulatíver [-vər] Charákter [ka-]; **~и́тельный** *филос.* spekulatív

умоисступле́ние *с* Géistesverwirrung f; Wáhnsinn m -(e)s; Raseréi f

умоли́ть (*кого́-л.*) j-n durch (fléhentliche) Bítten zu etw. (D) bewégen*

у́молк: говори́ть без ~у ununterbróchen [óhne Únterlaß] réden

умолка́ть, умо́лкнуть verstúmmen vi (s); stíllschweigen* *отд.* vi

умоло́т *м с.-х.* Dréschertrag m (1*); Ausdrusch m -es

умолч||а́ние *с* Verschwéigen n -s; **~а́ть** verschwéigen* vt, für sich behálten*; sich über etw. (A) áusschweigen*; mit Stíllschweigen übergéhen* (*обойти́ молча́нием*)

умоля́||ть ánflehen vt, beschwören* vt, fléhentlich bítten* (о чём-л. um A); **~юще** *нареч.* fléhend, fléhentlich

умонастрое́ние *с* Géistesrichtung f (10)

умопомеша́тельство *с* Géistesstörung f (10), Géistesverwirrung f

умопомрач||е́ние *с* Géistestrübung f (10), géistige Umnáchtung; ◇ до ~е́ния äußerst, (bis) zum Verrücktwerden; **~и́тельный** *разг.* verblüffend, frappíerend; erstáunlich

умо́р||а *предик. разг.* das ist zum Tótlachen [Kránklachen]; **~и́тельность** *ж разг.* Lächerlichkeit f, Kómik f; **~и́тельный** *разг.* (höchst) lächerlich, úrkomisch, possíerlich; э́то ~и́тельно das ist úrkomisch [zum Láchen]; ~и́тельно вы́глядеть éine kómische Figúr máchen

умори́ть *разг.* **1.** zu Tóde quälen, úmbringen* vt; ~ го́лодом verhúngern lássen*; **2.** (*утоми́ть*) von Kräften bríngen*, erschöpfen vt; **~ся** *разг.* sich ábquälen; ermüden vi (s), von Kräften kómmen*

у́мственн||ый géistig, Géistes-; ~ые спосо́бности géistige Fähigkeiten, Intelligénz f; ~ый труд géistige Árbeit, Kópfarbeit f; рабо́тники ~ого труда́ Géistesschaffende sub pl; géistige Árbeiter; ~о отста́лый géistig zurückgeblieben [únentwickelt]

у́мствов||ание *с ирон.* Klügeln n -s; Philosophíeren n -s, Náchsinnen n -s; **~ать** *ирон.* klügeln vi; philosophíeren vi, náchsinnen* vi

умудрённый: ~ о́пытом durch Erfáhrung gewítzigt [wéise]

умудр||и́ть wéise máchen, klüger máchen, beléhren vt; **~и́ться** *разг.* etw. fértigbringen* *отд.*; он ~и́лся сде́лать э́то ра́ньше er hat es fértiggebracht, das früher zu tun; **~я́ть(ся)** *см.* умудри́ть(ся)

умфо́рмер *м эл.* Úmformer m (6)

умча́ть (in schnéllem Ritt) entführen vt; fórtziehen* vt; **~ся** **1.** davóneilen vi (s), davónrennen* vi (s), davónjagen vi (s); **2.** (*минова́ть*) verflíegen* vi (s)

умыва́льн||ая *сущ. ж.* Wáschraum m (1*); Wáschgelegenheit f (10); **~ик** *м* Wáschbecken n (7), Wáschtisch m (1); Wáschkommode f (11); **~ый** Wasch-; ~ые принадле́жности Wáschzeug n -(e)s; Toilettenartikel [toa'letən-] pl; ~ый таз Wáschschüssel f (11), Wáschbecken n (7)

умыва́ть(ся) *см.* умы́ть(ся)

умык||а́ние *с* (*ста́рый обы́чай*) Entführung f (10); Bráutraub m -(e)s; **~а́ть** entführen vt; ráuben vt

у́мыс||ел *м* Ábsicht f (10), Vórhaben n (7), Vórsatz m (1*); без ~ла óhne Ábsicht, únvorsätzlich; э́то ска́зано без зло́го ~ла es ist nicht böse geméint; с ~лом vórsätzlich, mit Vórbedacht, mit Ábsicht; не без (та́йного) ~ла nicht ganz únabsichtlich

умы́ть wáschen* vt; ~ лицо́ sich (D) das Gesícht wáschen*; ~ ру́ки sich (D) die Hände wáschen*; *перен.* séine Hände in Únschuld wáschen*; **~ся** sich wáschen*

умы́шлен||но *нареч.* ábsichtlich, mit Ábsicht, mit Vórbedacht, vórsätzlich; mútwillig; **~ность** *ж* Ábsichtlichkeit f, Vórsätzlichkeit f; **~ный** ábsichtlich, vórsätzlich

умя́ть *разг.* **1.** (*размя́ть*) knéten vt, dúrchkneten vt; **2.** (*уплотни́ть*) zusámmenpressen vt, féststampfen *отд.* vt; **3.** (*съесть*) hinúnterschlingen* vt, verschlíngen* vt, gíerig éssen*; verpútzen vt; **~ся** zusámmenschrumpfen vi (s)

унаво́жив||ание *с с.-х.* Düngen n -s, Düngung f (10); повто́рное ~ание Náchdüngen n; **~ать, унаво́зить** *с.-х.* düngen vt

унасле́дов||анный erérbt, érblich; **~ать** érben vt, erérben vt

унди́на *ж фольк.* Undíne f (11); Wássernixe f (11)

унести́ **1.** fórttragen* vt, fórtbringen* vt, wégschaffen vt; fórtwehen vt (*ве́тром*); ~ с собо́й mítnehmen* vt; ~ со́тни жизне́й Húnderte ins Grab bríngen*; ло́дку далеко́ унесло́ тече́нием das Boot wúrde von der Strömung weit ábgetrieben; **2.** *разг.* (*похи́тить*) stéhlen* vt, ráuben vt; он е́ле но́ги унёс kaum, daß es ihm geláng davónzukommen; mit knápper Not kónnte er sich rétten

унести́сь entéilen vi (s), davónjagen vi (s); мы́сли его́ унесли́сь далеко́ séine Gedánken schwéiften in die Férne

униа́т *м рел.*, **~ка** *ж рел.* Uníerte m, f (14)

универма́г *м* (универса́льный магази́н) Wárenhaus n (5), Káufhaus n; се́льский ~ Lándwarenhaus n

универсали́зм *м филос.* Universalísmus [-ver-] m =

универса́льн||ость *ж* Universalität [-vɛr-] f; **~ый** universéll [-vɛr-], universál, Universál-; víelfach verwéndbar, víelseitig; Méhrzweck-, Állzweck-; ~ое сре́дство Universálmittel *n* (6), Állheilmittel *n*; ~ый магази́н *см.* универма́г

универса́м *м* Káufhalle *f*

универсиа́да *f* *спорт.* Universiáde [-vɛr-] *f* (11), Studéntenolympiade *f* (11)

университе́т *м* Universität [-vɛr-] *f* (10); вече́рний ~ маркси́зма-ленини́зма Ábendhochschule des Marxísmus-Leninísmus; учи́ться в ~е an der Universität sein [studíeren]; **~ский** Universitäts- [-vɛr-]; ~ское образова́ние Universitätsausbildung *f*, akadémische Bíldung; Universitätsabschluß *m* -sses (*зако́нченное*); ~ский го́род Universitätsstadt *f* (3)

униж||а́ть *см.* уни́зить; **~а́ться 1.** *см.* уни́зиться; **2.** *страд.* erníedrigt wérden (*ср.* уни́зить); **~е́ние** *с* Erníedrigung *f* (10), Démütigung *f* (10), Heräbsetzung *f* (10)

униже́нн||о *нареч.* démütig, démutsvoll, mit Démut; **~ый** gedémütigt, erníedrigt

униза́ть besétzen *vt*, verzíeren *vt* (чем-л. mit *D*)

унизи́тельн||ость *ж* das Erníedrigende (*sub*); das Démütigende (*sub*); **~ый** démütigend, erníedrigend, entwürdigend, herábsetzend

уни́зить erníedrigen *vt*, démütigen *vt*, herábsetzen *vt*, entwürdigen *vt*; **~ся** sich erníedrigen, sich démütigen

уни́зывать *см.* униза́ть

уника́льный éinzigartig, Sónder-, éinmalig

у́никум *м* Únikum *n* -s, -s (*pl тж.* -ka)

унима́ть *см.* уня́ть; **~ся 1.** *см.* уня́ться; **2.** *страд.* berúhigt wérden (*ср.* уня́ть)

униполя́рный *физ.* unipolár, éinpolig

унисо́н *м муз.* Unísono *n* -s, -s, Éinklang *m* (1*); ◇ в ~ éinstimmig; éinmütig (*единоду́шно*); петь в ~ éinstimmig síngen*; де́йствовать в ~ с кем-л. mit j-m ins gléiche Horn blásen* [stóßen*]

унита́з *м* Kloséttbecken *n* (7)

унита́рн||ый *спец.* éinheitlich, Éinheits-; ~ое госуда́рство Éinheitsstaat *m* (1); ~ый снаря́д *воен.* Éinheitspatrone *f* (11)

унифи||ка́ция *ж* Veréinheitlichung *f*; Unifizíerung *f*; Typisíerung *f*, Standardisíerung *f*; **~ци́рованный** veréinheitlicht; éinheitlich; **~ци́ровать** veréinheitlichen *vt*; unifizíeren *vt*

уничиж||е́ние *с уст.* Erníedrigung *f*, Herábwürdigung *f*; Veráchtlichmachung *f*; **~и́тельный 1.** *уст.* erníedrigend, herábwürdigend; démütigend, ábschätzig, ábfällig; **2.** *лингв.* ábwertend; ~и́тельное значе́ние (сло́ва) die ábwertende Bedéutung (éines Wórtes)

уничтож||а́ть *см.* уничто́жить; **~а́ющий** vernichtend, zerstörend, verhéerend; ~а́ющий взгляд vernichtender Blick; **~е́ние** *с* **1.** (*истребле́ние*) Vertílgung *f*, Vernichtung *f*; Zuníchtemachung *f*; Áufreibung *f* (*проти́вника*); Zerstörung *f* (10) (*разруше́ние*); по́лное ~е́ние всего́ я́дерного ору́жия die vóllständige Vernichtung áller Kérnwaffen; **2.** (*упраздне́ние*) Áufhebung *f*, Ábschaffung *f*; Beséitigung *f*; ~е́ние эксплуата́ции челове́ка челове́ком die Ábschaffung der Áusbeutung des Ménschen durch den Ménschen

уничто́жить 1. (*истреби́ть*) verníchten *vt*, zuníchte máchen; vertílgen *vt*; áusmerzen *vt*; zerstören *vt* (*разру́шить*); ~ проти́вника den Feind verníchten [áufreiben*]; **2.** (*упраздни́ть*) áufheben* *vt*, ábschaffen *vt*; beséitigen *vt*; zuníchte máchen; ~ привиле́гию ein Vórrecht ábschaffen [áufheben*]; ~ зло в заро́дыше das Übel im Keim erstícken

у́ния *ж* Unión *f* (10)

уноси́ть *см.* унести́; **~ся 1.** *см.* унести́сь; **2.** *страд.* fórtgetragen wérden (*ср.* унести́)

у́нтер *м уст. разг. см.* у́нтер-офице́р

у́нтер-офице́р *м уст.* Únteroffizier *m* (1); **~ский** *уст.* Únteroffiziers-

унты́ *мн.* (*ед.* унт *м*) hóhe (*über das Knie reichende*) Pélzstiefel (*aus Rentierfellen*)

у́нция *ж* Únze *f* (11)

уны́в||а́ть verzágen *vi*; den Mut verlíeren* [sínken lássen*]; den Kopf hängen lássen*; не ~а́й! Kopf hoch!

уны́л||ый verzágt, mútlos, tróstlos; níedergeschlagen (*пода́вленный*); ~ый пейза́ж éine tróstlose Lándschaft [Gégend]; ~ый вид tróstloser Ánblick; ~о смотре́ть tróstlos dréinschauen

уны́ние *с* Verzágtheit *f*, Mútlosigkeit *f*, Tróstlosigkeit *f*; Níedergeschlagenheit *f* (*пода́вленность*); впасть в ~ verzágen *vi* (s), den Mut sínken lássen*; den Kopf hängen lássen*

уню́хать *перен. разг.* áusschnüffeln *vt*

уня́ть 1. (*успоко́ить*) berúhigen *vt*, beschwíchtigen *vt*, zur Rúhe bríngen*; ~ дете́й die Kínder beschwíchtigen; ~ стра́сти die Léidenschaften dämpfen; **2.** (*кровь, боль*) stíllen *vt*; **~ся 1.** (*успоко́иться*) sich berúhigen, náchlassen* *vi*, sich légen; **2.** (*прекрати́ться*) still wérden

упа́д: танцева́ть до ~у bis zum Úmfallen tánzen; смея́ться до ~у *разг.* ≅ sich hálbtót [krumm und schief] láchen, sich vor Láchen áusschütten

упа́д||ок *м* Verfáll *m* -(e)s; Níedergang *m* -(e)s (*зака́т, ги́бель*); Tíefstand *m* -(e)s (*засто́й*); прийти́ в ~ок in Verfáll geráten*, verfállen* *vi* (s); вести́ к ~ку чего́-л. etw. zum Verfáll führen; ~ок сил Kräfteverfall *m*, Schwäche *f*; находи́ться в состоя́нии ~ка sich im Níedergang befínden*; ~ок ду́ха Mútlosigkeit *f*, Depressión *f* (10)

упа́дочниче||ский Verfálls-; dekadént; **~ство** *с* Dekadénz *f*; чу́вство ~ства Dekadénzstimmung *f* (10), Verfállsstimmung *f*

упа́дочн||ый Verfálls-; dekadént (*о литерату́ре, иску́сстве*); Depressións-, Níedergangs-; deprimíert (*об эконо́мике и т. п.*); ~ое состоя́ние Depressiónszustand *m* -(e)s

упакова́ть éinpacken *vt*, verpácken *vt*; **~ся** (séine Sáchen) pácken *vt*; sich réisefertig máchen

упако́в||ка *ж* **1.** (*де́йствие*) Verpácken *n* -s, Éinpacken *n*; **2.** (*та́ра*) Verpáckung *f* (10), Páckung *f*; безвозвра́тная ~ка *ком.* nicht wíederverwendbare Verpáckung, Éinwegverpackung *f*; в изя́щной ~ке in geschmáckvoller Áufmachung; **~очная** *сущ. ж* Páckraum *m* (1*); Packeréi *f* (10); **~о́чный** Pack-, Verpáckungs-; ~очная бума́га Páckpapier *n* -(e)s; ~о́чные материа́лы Verpáckungsmittel *pl*; **~щи́к** *м* Pácker *m* (6); **~щи́ца** *ж* Páckerin *f* (12)

упако́вывать *см.* упакова́ть; **~ся 1.** *см.* упакова́ться; **2.** *страд.* verpáckt [éingepackt] wérden

упа́риваться, упа́риться *разг.* sich ábhetzen, in Schweiß geráten*, in Schweiß gebádet sein

упа́||сть 1. fállen* *vi* (s), úmfallen* *vi* (s), hínfallen* *vi* (s), stürzen *vi* (s); **2.** *перен.* sínken* *vi* (s), fállen* *vi* (s); zurückgehen* *vi* (s) (*о температу́ре*); **це́ны ~ли die Préise sind gefállen** [gesúnken]; баро́метр ~л das Barométer ist gefállen; ~сть ду́хом mútlos wérden, den Mut sínken lássen* [verlíeren*]; ~сть в чьих-л. глаза́х in j-s Áugen verlíeren*

упере́ть 1. stémmen *vt*, stützen *vt* (во что-л. auf *A*); **2.** *груб.* (*укра́сть*) kláuen *vt*; **~ся 1.** sich stémmen, sich léhnen, sich stützen (чем-л. mit *D*, во что-л. an *A*, gégen *A*); **2.** *разг.* (*на чём-л.*) (*заупря́миться*) sich widersétzen (*D*); sich sträuben, sich spérren (gégen *A*); sich verstéifen (auf *A*); он упёрся как бык er ist stíernackig [hálsstarrig]

упе́чь *разг.*: его́ упекли́ **на край све́та** man hat ihn dórthin **geschíckt** [verschíckt], wo Fuchs und Háse sich [einánder] gúte Nacht ságen; тебя́ ещё упеку́т в тюрьму́ du kommst noch hínter Gítter [hínter schwédische Gardínen]

упива́ться *см.* упи́ться

упира́ть 1 *см.* упере́ть; **2.** (*подчёркивать*) betónen *vt*; Gewícht légen (на что-л. auf *A*); **~ся 1.** *см.* упере́ться; **2.** (*встре́тить препя́тствие*) stóßen* *vi* (во что-л. auf *A*); де́ло упира́ется в недоста́ток де́нег díese Ángelegenheit stößt auf Géldschwierigkeiten

упи́са́ть *разг.* **1.**: я уписа́л всё на одно́й страни́це ich hábe álles auf éiner Séite úntergebracht [níedergeschrieben]; **2.** (*съесть*) gíerig éssen*, hínterschlingen* *vt*, verschlíngen* *vt*; **~ся** *разг.* (*на страни́це*) auf éiner Séite Platz fínden*

упи́сывать *см.* уписа́ть; **~ся 1.** *см.* уписа́ться; **2.** *страд.* áufgeschrieben wérden

упи́танн||ость *ж* Wóhlgenährtheit *f*, (gúter) Ernährungszustand *m* -(e)s; **~ый** wóhlgenährt; gemästet (*о скоте́*)

упи́ться (*наслади́ться*) sich beráuschen, sich ergötzen (чем-л. an *D*)

упла́т||а *ж* Bezáhlung *f*, Záhlung *f* (10); ~а до́лга die Ábzahlung [Ábtragung] éiner Schuld; ~а нало́гов die Entríchtung der Stéuern; в счёт **~ы** als Akóntozahlung, a cónto; ~а произво́дится die Záhlung erfólgt [geschíeht]; единовре́менная ~а éinmalige Záhlung; с ~ой (*тако́го-то числа́*) záhlbar am...; подлежа́щий ~е záhlbar, fällig; **~и́ть, упла́чивать** záhlen *vt*, bezáhlen *vt*; Záhlung léisten; éinzahlen *vt* (*внести́*); áuszahlen *vt* (*вы́платить*); entríchten *vt* (*взно́сы, нало́ги*); ~и́ть долг éine Schuld bezáhlen [begléichen*]; ~и́ть по счёту éine Réchnung bezáhlen [begléichen*]; ~и́ть по ве́кселю éinen Wéchsel éinlösen; ~и́ть че́ком durch Scheck záhlen; mit éinem Scheck bezáhlen; ~и́ть всё до копе́йки auf Héller und Pfénnig bezáhlen; ~и́ть по частя́м in Ráten [rátenweise] (áb)záhlen; ~и́ть чле́нский взнос den Mítgliedsbeitrag bezáhlen

уплести́, уплета́ть *шутл.* (*есть*) (ver)schlíngen* *vt*, gíerig éssen*, tüchtig éinhauen(*)

уплотн||е́ние *с* **1.** Verdíchtung *f* (10), Díchtung *f*; ~е́ние рабо́чего дня rationélle Áusnutzung der Árbeitszeit; **2.** *мед.* Verdíchtung *f* (10), Verhärtung *f* (10); **3.** *спец.* Ábdichtung *f*, Díchtung *f*; лабири́нтное ~е́ние *тепл.* Labyrínthdichtung *f*; **~и́ть** verdíchten *vt*, díchter [kompákter] máchen, ábdichten *vt*; **~и́ться** sich verdíchten, dícht(er) wérden; **~я́ть** *см.* уплотни́ть; **~я́ться 1.** *см.* уплотни́ться; **2.** *страд.* verdíchtet [ábgedichtet] wérden

уплыва́ть, уплы́ть 1. (*о пловце*) fórtschwimmen* *vi* (s), wégschwimmen* *vi* (s); **2.** (*уехать*) fórtfahren* *vi* (s); fórtrudern *vi* (s) (*на лодке*); fórtsegeln *vi* (s) (*под парусами*); **3.** *разг.* (*миновать*) vergéhen* *vi* (s), verflíegen* *vi* (s), verflíeßen* *vi* (s); **4.** *разг.* (*исчезнуть*) verschwínden* *vi* (s), futsch sein

упов‖а́ние *с уст.* Vertráuen *n* -s, Hóffnung *f* (10), Zúversicht *f*; **~а́ть** *уст.* hóffen *vi*, vertráuen *vi*, báuen *vi* (на кого́-л., на что-л. auf *A*)

уподо́б‖ить vergléichen* *vt*, gléichstellen *отд. vt*; **~иться 1.** ähnlich wérden; sich ángleichen*, gléichen* *vi*; **2.** *лингв.* sich assimilíeren; **~ле́ние** *с* **1.** Vergléichung *f* (10), Gléichstellung *f* (10); **2.** *лингв.* Assimilatión *f* (10), Ángleichung *f* (10); **~ля́ть** *см.* уподо́бить; **~ля́ться 1.** *см.* уподо́биться; **2.** *страд.* verglíchen [gléichgestellt] wérden

упое́н‖ие *с* Rausch *m* (1*), Táumel *m* -s, Entzücken *n* -s; **~ие** успе́хами Erfólgsrausch *m*; быть в **~ии** beráuscht [entzückt] sein

упои́тельный beráuschend; hérrlich, entzückend (*превосходный*)

упоко́й: за **~** *уст.* für j-s Séelenheil

уполза́ть, уползти́ 1. wégkriechen* *vi* (s), fórtkriechen* *vi* (s); **2.** (*скатиться*) ábgleiten* *vi* (s)

уполномо́ч‖енный *сущ. м* Bevóllmächtigte *m* (14); Beáuftragte *m* (14); специа́льный **~енный** Sónderbeauftragte *m*; **~ивать, ~ить** bevóllmächtigen *vt*, ermächtigen *vt*; Vóllmacht ertéilen (кого́-л. *D*)

упомин‖а́ние *с* Erwähnung *f* (10), Nénnung *f* (10) (*кого-л.*); при **~а́нии** bei Erwähnung; досто́йный **~а́ния** nénnenswert; **~а́ть** *см.* упомяну́ть

упо́мнить *разг.* im Gedächtnis behálten*; sich mérken; sich erínnern (an *A*)

упомя́н‖утый erwähnt, genánnt; **~утый** вы́ше óbenerwähnt, vórgenannt; то́лько что **~утый** létztgenannt; **~у́ть** erwähnen *vt*, nénnen* *vt*; нельзя́ не **~у́ть** man darf nicht únerwähnt lássen; **~уть** вскользь nebenbéi erwähnen

упо́р *м* Stütze *f* (11); Stützpunkt *m* (1); *тех.* Ánschlag *m* (1*); Wíderlager *n* (6); Préllbock *m* (1*) (*тж. ж.-д.*); **~** для винто́вки Geméhrauflage *f* (11); стреля́ть с **~а** *воен.* áufgelegt schíeßen*; ◇ де́лать **~** на что-л. etw. (náchdrücklich) hervórheben* [betónen], auf etw. Gewícht légen; etw. zum Schwérpunkt máchen; смотре́ть в **~** fixíeren *vt*, ánstarren *vt*; вы́стрелить в **~** aus nächster Nähe schíeßen*; сказа́ть пря́мо в **~** j-m etw. ins Gesícht ságen, j-m etw. auf den Kopf zúsagen

упо́р‖ный 1. hártnäckig, behárrlich; hálsstarrig, stárrköpfig (*упрямый*); **~но** молча́ть behárrlich [hártnäckig] schweigen*; **~ная** борьба́ ein hártnäckiger Kampf; **2.** *тех.*: **~ный** подши́пник Spérrlager *n* (6); Drúcklager *n*; **~ство** *с* Hártnäckigkeit *f*, Behárrlichkeit *f*; Hálsstarrigkeit *f*, Stárrköpfigkeit *f* (*упрямство*); **~ствовать** behárren *vi*, hártnäckig bestéhen* (в чём-л. auf *D*); steif und fest behaúpten *vt*

упорхну́ть 1. (*улететь*) davónflattern *vi* (s), fórtfliegen* *vi* (s); **2.** *разг.* (*быстро удалиться*) sich rasch entférnen, wéggehen* *vi* (s)

упоря́доч‖ение *с* Régelung *f* (10), Órdnen *n* -s; Órdnung *f*; **~енный** gerégelt, geórdnet, órdnungsmäßig; **~ивать, ~ить** régeln *vt*, in Órdnung bríngen*

употреби́тельн‖ость *ж* Gebräuchlichkeit *f*; **~ый** gebräuchlich, geläufig, gángbar; üblich, lándläufig (*общепринятый*); **~ые** выраже́ния gebräuchliche [lándläufige] Áusdrücke

употреб‖и́ть (ge)bráuchen *vt*; ánwenden(*) *vt*, verwénden(*) *vt* (*применить*); benútzen *vt*, benützen *vt*; sich bedíenen (*G*) (*воспользоваться*); **~ить** в де́ло verwénden(*) *vt*, in Ánwendung bríngen*; **~и́ть** выраже́ние éinen Áusdruck benútzen; sich éines Áusdrucks bedíenen (*книжн.*); **~и́ть** наси́лие Gewált ánwenden(*) [gebráuchen]; **~и́ть** два часа́ на что-л. für etw. (*A*) zwei Stúnden bráuchen; **~и́ть** все уси́лия álle Kräfte áufbieten*; **~ле́ние** *с* Gebráuch *m* -(e)s; Ánwendung *f* (10), Verwéndung *f* (*применение*); изъя́ть из **~ле́ния** áußer Gebráuch sétzen; войти́ в **~ле́ние** in Gebráuch kómmen*; вы́йти из **~ле́ния** aus dem Gebráuch [aus der Móde] kómmen*; э́то выраже́ние вы́шло из **~ле́ния** díeser Áusdruck ist nicht mehr gebräuchlich [wird nicht mehr gebráucht]; ввести́ в **~ле́ние** éinführen *vt*; в большо́м [широ́ком] **~ле́нии** häufig gebráucht; бы́вший в **~ле́нии** gebráucht; спо́соб **~ле́ния** Gebráuchsweise *f* (11), Ánwendungsverfahren *n* (7); Gebráuchsanweisung *f* (10) (*указание*); гото́вый к **~ле́нию** gebráuchsfertig; для вну́треннего **~ле́ния** (*о лекарстве*) ínnerlich (ánzuwenden), zum ínneren Gebráuch; пе́ред **~ле́нием** взба́лтывать! vor Gebráuch schütteln!; **~ля́ть** *см.* употреби́ть; **~ля́ть** лека́рство Medizín éinnehmen*; **~ля́ться 1.** gebräuchlich sein, üblich [lándläufig] sein; широко́ **~ля́ться** bréite Ánwendung fínden*; weit verbréitet sein; не **~ля́ться** úngebräuchlich sein, nicht üblich sein; **2.** *страд.* gebráucht wérden (*ср.* употреби́ть)

упра́в‖а *ж* **1.** *разг.* Geréchtigkeit *f*; найти́ **~у** на кого́-л. j-m béikommen*; j-n kírre kríegen; на него́ нашла́сь **~а** er hat séinen Méister gefúnden; на него́ нет **~ы** ihm ist nicht béizukommen; **2.** *ист.* Amt *n* (5), Verwáltung *f* (10); городска́я **~а** Stádtverwaltung *f*; зе́мская **~а** Lándverwaltung *f*

управде́л *м разг. см.* управдела́ми

управдела́ми *м* (управля́ющий дела́ми) Geschäftsführer *m* (6); Kanzléichef [-,ʃef] *m* -s, -s

управдо́м *м* (управля́ющий до́мом) Háusverwalter *m* (6)

управи́тель *м уст.* Verwálter *m* (6)

упра́виться *разг.* fértig wérden, zustánde kómmen*, zuréchtkommen* *отд. vi* (s) (с чем-л. mit *D*), bewältigen *vt*

управле́ни‖е *с* **1.** (*страной, делами и т. п.*) Verwáltung *f*, Léitung *f*; Verwáltungstätigkeit *f*; **2.** (*судном, машиной и т. п.*) Lénkung *f*, Führung *f*; Stéuerung *f*; те́хника **~я** и регули́рования Stéuer- und Régeltechnik *f*; двойно́е **~е** *ав.* Dóppelsteuerung *f*; **~е** на расстоя́нии Férnlenkung *f*; Férnsteuerung *f*, Férnbedienung *f*; **~е** от перфока́рт *автм.* Lóchkartensteuerung *f*; **~е** от перфоле́нты *автм.* Lóchbandsteuerung *f*; цифрово́е **~е** *автм.* numérische Stéuerung, Numérik-Steuerung *f*; с цифровы́м **~ем** *автм.* numérisch gestéuert; пульт **~я** Stéuerpult *n* (2), Schältpult *n*; систе́ма автомати́ческого **~я** automátisches Stéuersystem; програ́ммное **~е** Prográmmsteuerung *f*; **3.** (*учреждение*) Administratión *f* (10), Léitung *f* (10); Direktión *f* (10); Verwáltung *f* (10); гла́вное **~е** Háuptverwaltung *f*; **4.** *грам.* Rektión *f* (10); **5.** *воен. тех.* Kommándo *n* -s, -s; коменда́нтское **~е** Kommandantúr *f* (10); **~е** войска́ми Trúppenführung *f*; **~е** огнём Féuerleitung *f*; **~е** бо́ем Geféchtsleitung *f*; **6.** (*дирижирование*): под **~ем** únter Léitung [Stábführung]

управле́нческий Verwáltungs-; **~** аппара́т Verwáltungsapparat *m* (1), Verwáltungskräfte *pl*

управля́ем‖ость *ж* Lénkbarkeit *f*; **~ый** lénkbar; gelénkt, férngelenkt; stéuerbar; **~ый** аэроста́т *ав.* Lénkballon [,lɔŋ] *m* -s, -s; **~ое** сло́во *грам.* regíertes Wort; **~ый** снаря́д férngelenktes [férngesteuertes] Geschóß; **~ый** реакти́вный снаря́д gelénkte Rakéte; **~ый** от перфока́рт *автм.* lóchkartengesteuert

управля́ть 1. verwálten *vt*, léiten *vt*; regíeren *vt* (*страной*); **2.** (*судном, машиной*) führen *vt*, lénken *vt*; stéuern *vt* (*судном*); **3.** *грам.* regíeren *vt*; **~ся 1.** *см.* упра́виться; **2.** *страд.* verwáltet wérden (*ср.* управля́ть)

управля́ющ‖ий *прич.* **1.** *см.* управля́ть; **~ее** сло́во *грам.* regíerendes Wort; **2.** *в знач. сущ. м* Verwálter *m* (6), Léiter *m* (6); **~ий** дела́ми Geschäftsführer *m* (6); Kanzléichef [,ʃɛf] *m* -s, -s; **~ий** до́мом Háusverwalter *m*

упражн‖е́ние *с* **1.** Üben *n* -s, Übung *f* (10); **2.** (*при обучении*) Übung *f* (10); Übungsaufgabe *f* (11) (*задание*); боево́е **~е́ние** *воен.* Geféchtsübung *f*; **~я́ть** üben *vt*; trainíeren [trɛ-] *vt* (*спорт.*); **~я́ться** üben *vi*, sich üben (в чём-л. in *D*); trainíeren [trɛ-] *vt* (*спорт.*); **~я́ться** в бе́ге [в прыжка́х] sich im Láufen [im Springen] üben, Láufen [Springen] trainíeren; **~я́ться** на бру́сьях am Bárren üben; **~я́ться** в англи́йском [неме́цком] языке́ sich in der énglischen [déutschen] Spráche üben; **~я́ться** в та́нце éinen Tanz üben; **~я́ться** на роя́ле Klavíer [-'vi:r] üben

упраздн‖е́ние *с* Áufhebung *f* (10); Ábschaffung *f* (10); Annullíerung *f* (10) (*отмена*); Áuflösung *f* (10); **~и́ть, ~я́ть** áufheben* *vt*; ábschaffen *vt*; annullíeren *vt* (*о законе и т. п.*); áuflösen *vt*; **~и́ть** тру́дности Schwíerigkeiten beséitigen

упра́шивать mit Bítten bestürmen; (ínständig) bítten*; заста́вить себя́ **~** sich nötigen lássen*

упрёк *м* Vórwurf *m* (1*); с **~ом** (*сказать, посмотреть*) vórwurfsvoll, бро́сить кому́-л. **~** j-m etw. vórwerfen*; ста́вить кому́-л. что-л. в **~** j-m etw. zum Vórwurf máchen

упрек‖а́ть, ~ну́ть j-m etw. zum Vórwurf máchen; vórwerfen* *vt* (в чём-л. *A*, кого́-л. *D*); j-m éinen Vórwurf máchen (в чём-л. wégen *G*); она́ **~ну́ла** его́ в упря́мстве sie warf ihm séine Störrigkeit vor

упре́ть *разг.* **1.** (*свариться*) gar wérden; **2.** (*вспотеть*) schwítzen *vi*

упрос‖и́ть durch Bítten bewégen*, zu etw. (*D*) bríngen*; я **~и́л** его́ написа́ть э́то письмо́ ich hábe ihn bewógen [dazú gebrácht], díesen Brief zu schréiben

упрости́ть veréinfachen *vt*; verfláchen *vt*, versímpeln *vt*; simplifizíeren *vt*; **~ся** sich veréinfachen, éinfacher wérden

упро́чение *с* Féstigung *f*, Sícherung *f*; Konsolidíerung *f*

упро́ч‖ивать, ~ить féstigen *vt*, síchern *vt*; konsolidíeren *vt*; сохрани́ть **и ~ить** мир den Fríeden erhálten* und féstigen; ~ить свои знáния séine Kénntnisse féstigen; ~иться sich féstigen

упрощ||áть *см.* упрости́ть; **~áться 1.** *см.* упрости́ться; **2.** *страд.* veréinfacht wérden; **~éнец** *м* Vulgarisátor [vul-] *m* -s, -óren; **~éние** *с* Veréinfachung *f*; для ~éния (дéла) der Éinfachheit hálber; **~éнство, ~éнчество** *с* Simplifizíerung *f* (10)

упру́г||ий elástisch, fédernd; bíegsam, spánnkräftig; geschméidig (*о походке*); **~ость** *ж* Elastizität *f*; Geschméidigkeit *f* (*о походке*); Féderung *f*; Spánnung *f*; Spánnkraft *f*, Bíegsamkeit *f*; ~ость ткáни Gewébespannung *f*

упря́жк||а *ж* Gespánn *n* (2); идти́ в ~е vor den [an den] Wágen gespánnt sein

упряжн||óй: ~áя лóшадь Zúgpferd *n* (2), Wágenpferd *n*; ~ые собáки Schlíttenhunde *pl*

у́пряжь *ж* Geschírr *n* (2); Pférdegeschirr *n*; *ж.-д.* Zúggeschirr *n*

упря́м||ец *м* éigensinniger Mensch, Stárrkopf *m* (1*), Díckkopf *m*; **~иться** éigensinnig [díckköpfig, hálsstarrig] sein; **~ица** *ж* Díckkopf *m* (1*), Stárrkopf *m*; **~ство** *с* Éigensinn *m* -(e)s, Hártnäckigkeit *f*, Díckköpfigkeit *f*, Hálsstarrigkeit *f*, Stárrsinn *m*

упря́м||ый éigensinnig, hártnäckig, díckköpfig, verbóhrt, stárrköpfig, hálsstarrig; stur (*разг.*); bóckig (*о детях*); ~ая лóшадь ein wíderspenstiges Pferd; ~ый осёл ein störrischer Ésel; быть ~ым stárrköpfig sein, éinen dícken Schädel háben; ~о стоя́ть на чём-л. sich auf etw. (*A*) verstéifen; auf etw. (*D*) stárrköpfig behárren

упря́т||ать, ~ывать *разг.* **1.** verbérgen* *vt*, verstécken *vt*; verwáhren (*хранить*); **2.** ~ать в тюрьму́ ins Gefängnis stécken, éinlochen *vt*

упускáть, упусти́ть 1. lóslassen* *отд.* *vt*, entwíschen [entkómmen, entschlüpfen] lássen*; **2.** (*пропустить, пренебречь*) vergéssen* *vt*, aus dem Áuge lássen*; versäumen *vt*, verpássen *vt*; sich (*D*) entgéhen lássen*; vorübergehen lássen*; ~ из ви́ду áußer acht lássen*, nicht berücksichtigen, не ~ когó-л. из ви́ду j-n nicht aus den Áugen lássen*; ~ слу́чай éine Gelégenheit verpássen; не ~ слу́чая die Gelégenheit ergréifen*; die Gelégenheit beim Schöpf(e) fássen (*разг.*)

упущéние *с* Versäumnis *n* (3*), Unterlássung *f* (10); Náchlässigkeit *f* (*небрежность*); Lücke *f* (11); ~ по слу́жбе Díenstversäumnis *n*; большóе ~ ein schwéres Versäumnis

упы́рь *м* Vampír ['vam-] *m* (1)

урá hurrá!; громóвое ~ ein dónnerndes Hurrá; кри́ки ~ Hurrárufe *pl*; ~ в честь когó-л. ein Hurrá auf (*A*)

уравнéние *с* **1.** (*действие*) Ángleichung *f*, Áusgleichung *f*; ~ в правáх die réchtliche Gléichstellung; **2.** *мат.* Gléichung *f* (10); ~ с двумя́ неизвéстными éine Gléichung mit zwei Únbekannten; ~ пéрвой стéпени éine Gléichung érsten Grádes; квадрáтное ~ éine quadrátische Gléichung; маши́нное ~ Réchnergleichung *f*

урáвнивание *с* Áusgleich *m* -(e)s

урáвнивать I *см.* уравня́ть

урáвнивать II *см.* уровня́ть

урáвниваться I **1.** *см.* уравня́ться, **2.** *страд.* gléichgemacht wérden (*ср.* урáвнивать I)

урáвниваться II **1.** *см.* уровня́ться; **2.** *страд.* nivelliert [geébnet] wérden (*ср.* урáвнивать II)

уравни́||ловка *ж разг.* Gléichmacherei *f*; **~тельный** áusgleichend, Áusgleich-; ~тельный налóг Áusgleichsteuer *f* (11)

уравновéсить áusgleichen* *vt*, ins Gléichgewicht bríngen*; *тех.* áuswuchten *vt* (*напр. машину*)

уравновéшенн||ость *ж* (*характера*) Áusgeglichenheit *f*, Gléichmäßigkeit *f*, Gléichmaß *n* -es; **~ый 1.** áusgeglichen, im Gléichgewicht; **2.** (*о характере*) áusgeglichen

уравновéшивать *см.* уравновéсить; **~ся 1.** sich áusgleichen*; взаи́мно ~ся einánder áusgleichen*, sich (*D*) die Wáage hálten*; **2.** *страд.* ins Gléichgewicht gebrácht wérden

уравня́ть gléichmachen *отд.* *vt*, áusgleichen* *vt*, egalisíeren *vt*; gléichstellen *отд.* *vt* (с кем-л. *D*); auf die gléiche Stúfe stéllen; ~ в правáх когó-л. с кем-л. j-m die gléichen Réchte (wie j-m ánderen) éinräumen; **~ся** gléichkommen* *отд.* *vi* (s) (с кем-л. *D*); auf dieselbe [die gléiche] Stúfe gestéllt wérden

ураѓан *м* Orkán *m* (1); Wírbelsturm *m* (1*); Húrrikan *m* (1) (*в Америке*); подóбный ~у orkánartig; ~ом blítzschnell, in Wíndeseile; **~ный** stürmisch, orkánartig; ~ный огóнь *воен.* Trómmelfeuer *n* -s

уразумéть *разг.* begréifen* *vt*, verstéhen* *vt*; (mit dem Verstánd) fássen *vt*; sich (*D*) über etw. (*A*) klar wérden

урáльск||ий Urál-; Урáльский хребéт Urálgebirge *n* -s; ~ие самоцвéты Urálhalbedelsteine *pl*

Урáн *м астр.* Uránus *m* =

урáн *м* Urán *n* -s (*хим. знак.* U)

урани́т *м мин.* Uranít *m* (1)

урáнов||ый *хим.* Urán-; ~ая рудá Uránerz *n* (2)

урá-патриóт *м през.* Hurrápatriot *m* (8)

урбан||изáция *ж* Urbanisíerung *f*, Verstädterung *f*; **~и́зм** *м иск.* Urbanísmus *m* =

урвáть *разг.* **1.** (*присвоить*) (für sich) ábreißen* *vt*; **2.** *перен.* abzwakken *vt*, ábzapfen *vt*; erübrigen *vt*; ~ врéмя (mit Mühe) Zeit fínden* [erübrigen]

урду́ (*язык*) Úrdu *n* -s

урегули́ров||ание *с* (*вопроса и т. п.*) Régelung *f*, Erlédigung *f*; Béilegung *f*; Beréinigung *f*; ми́рное ~ание friedliche Régelung, *f*, friedliche Béilegung; ~ание спóрных вопрóсов die Beréinigung der Stréitfragen; **~ать** (*вопросы и т. п.*) régeln *vt*, erlédigen *vt*, in Órdnung bríngen*; beréinigen *vt*; ~ать конфли́кт den Konflíkt béilegen; **~аться** sich régeln, in Órdnung kómmen*

урéзать, урезáть 1. *разг.* (*сделать короче*) beschnéiden* *vt*, verkürzen *vt*; **2.** (*уменьшить, сократить*) verríngern *vt*, éinschränken *vt*, schmälern *vt*; kürzen *vt*; beschnéiden* *vt*; ~ зарплáту den Lohn [das Gehált] kürzen; ~ при́быль den Gewínn schmälern; ~ расхóды die Áusgaben éinschränken; ~ чьи-л. правá j-s Réchte begrénzen [beschränken, beschnéiden*]

урезóнивать, урезóнить zur Vernúnft bríngen*; j-m den Kopf zuréchtsetzen [zuréchtrücken]

урéзывать *см.* урéзать

уреми́я *ж мед.* Urämíe *f*

урéтр||а *ж анат.* Uréthra *f*, *pl* -thren, Hárnröhre *f* (11); **~и́т** *м мед.* Urethrítis *f*; **~оскóп** *м мед.* Urethroskóp *n* (2)

ури́на *ж мед.* Urín *m* -(e)s, Harn *m* -(e)s

у́рна *ж* Úrne *f* (11); избирáтельная ~ Wáhlurne *f*

уробили́н *м биол.* Urobilín *n* -s

у́ров||ень *м* **1.** Niveau [*фр.* -'vo:] *n* -s, -s (*тж. перен.*); Ébene *f* (11); Stand *m* (1*); жи́зненный ~ень Lébensstandard *m* -(e)s; ~ень производи́тельных сил der Entwícklungsstand [Stand] der Produktívkräfte; повышéние жи́зненного ~ня Erhöhung des Lébensstandards [des Lébensniveaus]; вы́сший ~ень Höchststand *m*; на ~не лу́чших мировы́х стандáртов mit Wéltniveau; ни́зкий ~ень Tíefstand *m*; высóкого ~ня niveauvoll [-'vo:-]; ~ень воды́ Wásserstand *m*; над ~нем мóря über dem Méeresspiegel; на высóком техни́ческом ~не téchnisch hóchstehend; auf hóhem téchnischem Niveau; на недостáточно высóком ~не niveaulos [ni'vo:-]; в ~ень auf gléicher Höhe (с чем-л. mit *D*); стать в ~ень с кем-л. sich auf j-s Niveau erhében*; быть на ~не *перен.* den gestéllten Fórderungen entsprechen*; ~ень культу́ры Kultúrniveau *n*, Kultúrstufe *f* (11); идéйный ~ень ideológisches Niveau; повышéние идéйно-полити́ческого ~ня gesélIschaftspolitische Wéiterbildung; контáкты на вы́сшем ~не Kontákte auf höchster Ébene; встрéча на вы́сшем ~не Gípfelkonferenz *f* (10), Gípfel *m* (7); вести́ переговóры на ~не мини́стров auf Minísterebene verhándeln; **2.** (*инструмент*) Wásserwaage *f* (11), Libélle *f* (11); **3.** *эл.* Pégel *m* (6)

уровнемéр *м* Füllstandsmesser *m* (6)

уровня́ть (*сделать ровным*) nivellíeren [-ve-] *vt*, ébnen *vt*; **~ся** glatt wérden

урóд *м* **1.** Míßgeburt *f* (10); **2.** (*некрасивый человек*) ein Áusbund von Häßlichkeit; Schéusal *n* (2), Úngetüm *n* (2); ◇ в семьé не без ~а ≅ in jéder Hérde fíndet sich ein schwárzes Schaf; **~ец** *м* kléines Míßgeschöpf; **~ина** *м, ж разг. см.* урóд 2; Vógelscheuche *f* (11) (*о женщине*)

урод||и́ть *с.-х.* erzéugen *vt*, hervórbringen* *vt*; **~и́ться 1.** (*о растениях*) gedéihen* *vi* (s); овёс ~и́лся der Háfer steht gut; **2.:** ~и́ться в когó-л. j-m náchharten, nach j-m geráten*, j-m ähneln

урóд||ливость *ж* **1.** Míßgestalt *f*; Únförmigkeit *f*; Abnormität *f*; **2.** (*некрасивость*) (ábschreckende) Häßlichkeit *f*; **~ливый 1.** míßgestaltet, úngestaltet, únförmig; abnórm, disharmónisch; **2.** (*некрасивый*) häßlich; wíderwärtig, ábstoßend (*отталкивающий*); **~овать 1.** (*делать некрасивым*) verúnstalten *vt*, entstéllen *vt*; verúnzieren *vt*; **2.** (*калечить*) verkrüppeln *vt*, verstümmeln *vt*; **3.** (*нравственно*) verdérben* *vt*, verkrüppeln *vt*; **~ство** *с см.* урóдливость

урож||áй *м* Érnte *f* (11); Érnteertrag *m* (1*); ~áй чегó-л. Érnte an (*D*); Erträge *pl* an (*D*); ~áй хлóпка Báumwollertrag *m*; хлóпок нóвого ~áя die néugeerntete Báumwolle; die néue Báumwollernte; снять ~áй ábernten *vt*; богáтый ~áй éine gúte [réiche] Érnte; снять ~áй бы́стро и без потéрь die Érnte schnell und verlústlos bérgen* [éinbringen*]; прáздник ~áя Érntefest *n* (2); убóрка ~áя Érnte *f* (11); Érnteeinbringung *f*; пóмощь в сбóре ~áя Érnteeinsatz *m* (1*)

урожáй||ность *ж* Erträge *pl*, Érnteertrag *m* (1*) (*уровень урожая*); ~ность с гектáра Héktarertrag *m*; повышéние ~ности с гектáра Stéigerung der Héktarerträge; **~ный** frúchtbar, ergíebig; ~ный сорт éine ertrágreiche Sórte

урождённая (*перед девичьей фамилией*) (éine) gebórene (*сокр.* geb.)

урожéнец *м*, **урожéнка** *ж* gebürtig (чегó-л. aus *D*); Éinheimische *m*, *f* (14); урожéнец Москвы́ ein gebórener Móskauer, Móskauer von Gebúrt

урóк *м* **1.** Stúnde *f* (11), Únterrichtsstunde *f*; давáть ~и Stúnden gében*, Únterricht ertéilen [gében*]; **2.** *перен.* Léhre *f* (11); Beléhrung *f*; ~и истóрии Léhren der Geschíchte; э́то бýдет тебé ~ом das wird dir éine Léhre sein; сурóвый ~ éine bíttere Léhre; получи́ть хорóший ~ gehörig Léhrgeld záhlen; ~ не пошёл емý на пóльзу er hat nichts zúgelernt; **3.** (*задание*) Áufgabe *f* (11), Schúlaufgabe *f*, Háusaufgabe *f*; Pénsum *n* -s, *pl* -sen *u* -sa; сдéлать ~и die Áufgaben [Háusaufgaben, Schúlarbeiten] máchen; отвечáть ~ die Áufgabe hérsagen

урóлог *м* Urológ(e) *m* (8, 9); **~и́ческий** urológisch

урологи́я *ж* Urologíe *f*

урóн *м* Verlúst *m* (1); Ábbruch *m* (1*); понести́ ~ éinen Verlúst erléiden* [davóntragen*]; причини́ть ~ Ábbruch tun*; нанести́ ~ Scháden zúfügen

урони́ть 1. fállen lássen*; ~ гóлову на грудь den Kopf auf die Brust sínken lássen*; **2.** *перен.* herábsetzen *vt* erníedrigen *vt*

уротропи́н *м фарм.* Urotropín *n* -s

урóчище *с* **1.** (natürliche) Grénze *f* (11), Schéide *f* (11); **2.** (*лесной участок*) Wáldstück *n* (2)

урóчн||ый 1. (*определённый*) bestímmt, féstgesetzt; veréinbart; в ~ый час zur bestímmten [féstgesetzten] Stúnde; **2.:** ~ая рабóта Termínarbeit *f* (10), Akkórdarbeit *f* (10); Árbeit in Akkórd

уругвá||ец *м* Uruguáyer *m* (6); **~йский** uruguáyisch

урч||áние *с* Knúrren *n* -s, Kóllern *n* -s (*в желудке*); Schnúrren *n* -s (*кошки*); **~áть** knúrren *vi*, klúckern *vi*, kóllern *vi*; schnúrren *vi* (*о кошке*)

урывáть *см.* урвáть

уры́вками *нареч.* mit Únterbréchungen; ab und zu, mánchmal

урю́к *м* gedörrte Aprikósen

уря́дник *м ист.* **1.** Lándpolizist *m* (8); **2.** (*в казачестве*) Únteroffizier *m* (1)

ус *м* Schnúrrbart *m* (1*); ◇ китóвый ус Físchbein *n* -(e)s; мотáть себé на ус *разг.* ≅ sich (*D*) hínter die Óhren schréiben*; и в ус себé не дуть *разг.* ≅ sich nicht darán kéhren, sich (*D*) nichts daráus máchen; sich wénig dárúm kümmern; мы и сáми с усáми *погов.* ≅ wir sind auch nicht von géstern; wir sind auch nicht dümmer als die ánderen

усáдебн||ый zum Báuernhof [Gútshof] gehörig; ~ая земля́ zum Báuernhof [Gútshof] gehöriges Land

усади́ть I hínsetzen *vt*, éinen Platz ánweisen* (*D*); zum Sítzen áuffordern *vt* (*заставить сесть*)

усади́ть II (*растениями*) bepflánzen *vt*, (mit Pflánzen) besétzen *vt*

усáдка *ж тех.* Schrúmpfung *f* (10); *текст.* Éinlaufen *n* -s, Krúmpfen *n* -s; Schwund *m* -(e)s

усáдьба *ж* Hof *m* (1*); крестья́нская ~ Báuernhof *m*, Gehöft *n* (2); Hófland *n* -(e)s (*приусадебный участок*); помéщичья ~ Gut *n* (5), Gútshof *m*

усáживать *см.* усади́ть I, II

усáживаться 1. *см.* усéсться; **2.** *страд.* híngesetzt wérden; placiert [-'tsi:rt] wérden

усáтый schnúrrbärtig

усáч *м* **1.** *разг.* Schnúrrbärtige *m* (14); **2.** (*рыба*) Bárbe *f* (11); **3.** (*жук*) Hólzkäfer *m* (6), Bóckkäfer *m*, Bock *m* (1*)

усвáивать *см.* усвóить

усвоéние *с* Áneignung *f*, Erlérnung *f*; *биол.* Áufnahme *f*, Assimilatión *f*

усвó||ить behálten* *vt*; sich (*D*) áneignen *vt*; begréifen* *vt*; (er)lérnen *vt* (*выучить*); sich (*D*) ángewöhnen (*привычку и т. п.*); verdáuen *vt* (*пищу*); акти́вно ~ить что-л. etw. sich (*D*) aktív áneignen; **~я́емость** *ж* **1.** (*знаний и т. п.*) Fáßlichkeit *f*, Erlérnbarkeit *f*; **2.** (*пищи*) Verdáulichkeit *f*; **~я́емый** fáßbar, erlérnbar; verdáulich (*о пище*); *биол.* áufnehmbar, assimilíerbar

усéивать *см.* усéять

усéрд||ие *с* Éifer *m* -s; Fleiß *m* -es (*прилежание*); с ~ием éifrig, mit Ínbrunst; **~но** *нареч.* mit Éifer, voll Éifer; **~ный** éifrig, ínbrünstig; fléißig (*прилежный*); **~ствовать** sich éifrig bemühen, éifrig besórgt sein, sich beéifern; sich (*D*) etw. ángelegen sein lássen*

усéсться sich (hín)sétzen, Platz néhmen*; по местáм die Plätze éinnehmen* [besétzen]; ~ за рабóту sich an die Árbeit sétzen [máchen]

усечённый ábgeschnitten, ábgekürzt; *мат.* ábgestumpft; ~ кóнус ábgestumpfter Kégel, Kégelstumpf *m* (1)

усéя||ть besäen *vt*; übersäen *vt*, überstréuen *vt*; bedécken *vt*; нéбо ~но звёздами der Hímmel ist mit Stérnen besät [bedéckt]

усидéть 1. rúhig sítzen* (bléiben*); он минýты не мóжет ~ er kann kéine Minúte rúhig sítzen; **2.** *перен. разг.* (*удержаться на какой-л. работе*) séinen Platz beháupten, sich hálten*

уси́дчив||ость *ж* Áusdauer *f*, Behárrlichkeit *f*; обладáть ~остью Sítzfleisch háben (*разг.*); **~ый** áusdauernd, behárrlich; ~о рабóтать mit Áusdauer árbeiten

ýсик *м* **1.** (*у рыб*) Bártfaden *m* (7*); **2.** (*у насекомых*) Fühler *m* (6), Fühlfaden *m* (7*); Fühlhorn *n* (5); **3.** (*растения*) Ránke *f* (11); Gránne *f* (11) (*колоса*); пускáть ~и ránken *vi*; **4.** *мн.* ~и (*маленькие усы*) Schnúrrbärtchen *n* (7), Líppenbart *m* (1*)

усилéние *с* Verstärkung *f*; Verschärfung *f*, Stéigerung *f*

уси́ленн||ый verstärkt; verschärft; gestéigert, ánsteigend; ~ое питáние kräftige Náhrung; ~ые заня́тия intensíve [-və]Stúdi:en; ~ое наблюдéние verschärfte Beóbachtung; ~ые прóсьбы drígende Bítten

уси́ливать *см.* уси́лить; **~ся 1.** *см.* уси́литься; **2.** *страд.* verstärkt [verschärft, gestéigert] wérden

уси́л||ие *с* **1.** Bemühung *f* (10), Ánstrengung *f* (10), Kráftaufwand *m* -(e)s; соединёнными ~иями mit veréinten Kräften; прилагáть все ~ия álles tun*, álles daránsetzen; álle Kräfte éinsetzen; напрáвить все ~ия на что-л. álle Ánstrengungen lénken [ríchten] auf (*A*); ~иями когó-л. dank j-s Bemühungen; **2.** *тех.*, *физ.* Kraft *f* (3); скрýчивающее ~ие Dréhkraft *f*; срéзывающее ~ие Schérkraft *f*; тя́говое ~ие Zúgkraft *f*

усили́тель *м эл.*, *радио* Verstärker *m* (6); катóдный ~ Kathódenverstärker *m*; лáмповый ~ Röhrenverstärker *m*

уси́лить verstärken *vt*; verschärfen *vt*, stéigern *vt* (*сделать более интенсивным*); verschlímmern *vt* (*ухудшить*); ~ наблюдéние [внимáние] die Beóbachtung [die Áufmerksamkeit] verschärfen; **~ся** sich verstärken; sich stéigern; (an Kraft, an Stärke, an Gewált) zúnehmen* *vi*, héftiger wérden; sich verschärfen, sich zúspitzen (*обостриться*); ánwachsen* *vi* (s) (*о ветре, буре*); um sich gréifen* (*об эпидемии, пожаре*)

ускакáть 1. fórtspringen* *vi* (s), fórthüpfen *vi* (s); **2.** (*на лошади*) davónreiten* *vi* (s), davónjagen *vi* (s), davónsprengen *vi* (s)

ускользáть, ускользн||ýть 1. entgléiten* *vi* (s); **2.** (*уходить тайком*) entschlüpfen *vi* (s); entwíschen *vi* (s); ~ýть из дóму sich aus dem Háuse stéhlen*; **3.** (*от внимания*) entgéhen* *vi* (s) (*D*); от егó взгля́да не ~ýло ничегó séinem Blick entgíng nichts

ускорéние *с тж. физ.* Beschléunigung *f* (10); ~ социáльно-экономи́ческого разви́тия страны́ die Beschléunigung der soziálökonomischen Entwícklung des Lándes; ~ си́лы тя́жести *физ.* Schwérkraftbeschleunigung *f*; ~ свобóдного падéния *физ.* Fállbeschleunigung *f*, Érdbeschleunigung *f*

ускóренн||ый beschléunigt; verkürzt (*о сроке и т. п.*); ~ые кýрсы Schnéllkursus *m* =, -kurse

ускори́тель *м тех.*, *физ.* Beschléuniger *m* (6); ~ заря́женных части́ц Téilchenbeschleuniger *m*; стáртовый [реакти́вный] ~ *ав.* Stártbeschleuniger *m*, Rakétenstarthilfe *f* (11)

ускóрить 1. beschléunigen *vt*; ~ какóе-л. дéло éine Sáche beschléunigen [vorántreiben*]; Féuer [Dampf] hínter etw. (*A*) máchen (*разг.*); **2.** (*приблизить срок и т. п.*) beschléunigen *vt*, näherrücken *отд. vt*; **~ся 1.** schnéller wérden; an Geschwíndigkeit zúnehmen*; **2.** (*приблизиться — о сроке и т. п.*) näherrücken *отд. vi* (s)

ускоря́ть *см.* ускóрить; **~ся 1.** *см.* ускóриться; **2.** *страд.* beschléunigt wérden (*ср.* ускóрить)

услáвливаться *см.* услóвиться

услáд||а *ж уст.* Erquíckung *f* (10), Lábsal *n* (2), Lábung *f* (10), Genúß *m* -sses, -nüsse; **~и́ть** erquícken *vt*, láben *vt*, ergötzen *vt*; **~и́ться** sich ergötzen, sich wéiden (чем-л. an *D*)

услаждáть *см.* услади́ть; **~ся 1.** *см.* услади́ться; **2.** *страд.* erquíckt wérden; gelábt [ergötzt] wérden

услáть fórtschicken *vt*, wégschicken *vt*, ábsenden(*) *vt*; entférnen *vt* (*удалить*)

уследи́ть 1. (*за кем-л.*) áchtgeben* *отд. vi*, áufpassen *vi* (auf *A*); **2.** (*за чем-л.*) verfólgen *vt*, áufspüren *vt*; **3.** *разг.* (*обнаружить наблюдая*) durch Beóbachtung féststellen

услóв||ие *с* **1.** Bedíngung *f* (10); Voráussetzung *f* (10) (*предпосылки*); Vórbehalt *m* (1) (*оговорка*); Nébenbestimmung *f* (10), Kláusel *f* (11) (*особое условие в договоре и т. п.*); непремéнное ~ие únbedingte Voráussetzung; стáвить ~ием zur Bedíngung máchen, die Bedíngung stéllen; с ~ием, чтóбы... únter der Bedíngung [dem Vórbehalt], daß...; при ~ии vórbehaltlich; на э́тих ~иях zu díesen Bedíngungen; ~ия задáчи *мат.* Áufgabenstellung *f*; Voráussetzungen der Áufgabe; соблюдáть ~ия die Bedíngungen befólgen [éinhalten*]; **2.** *мн.* ~ия (*обстановка*) Verhältnisse *pl*, Zústände *pl*; ~ия трудá Árbeitsbedingungen *pl*; жили́щные ~ия Wóhnverhältnisse *pl*; погóдные ~ия Wétterverhältnisse *pl*; **ме́стные ~ия** örtliche Verhältnisse; в ~иях ми́ра únter Fríedensverhältnissen, im Fríeden; в ~иях капитали́зма im Kapitalísmus; ~ия окружа́ющей среды́ Úmweltbedingungen *pl*; в ны́нешних ~иях únter den gégenwärtigen Verhältnissen [Úmständen]; в дома́шних ~иях únter häuslichen Verhältnissen; **3.** (*договор*) Veréinbarung *f* (10), Ábmachung *f* (10); Überéinkunft *f* (3); заключи́ть ~ие éine Veréinbarung [Ábmachung] tréffen*; éinen Vertrág schlíeßen*; по ~ию laut Vertrág

усло́в||иться veréinbaren *vt*; ábmachen *vt*; verábreden *vt*; überéinkommen* *vi* (s) (о чём-л. über *A*); ~иться о встре́че ein Zusámmentreffen veréinbaren [verábreden]; ~иться о вре́мени [о ме́сте, о цене́] sich über die Zeit [über den Ort, über den Preis] éinigen; **~ленный** veréinbart, ábgemacht, verábredet; **~ливаться** *см.* усло́виться

усло́вно *нареч.* bedíngt; bedíngungsweise; únter Vórbehalt; ~ осуди́ть *юр.* bedíngt [mit Stráfaussetzung] verúrteilen

условнорефлекто́рный *физиол.* bedíngtreflektorisch

усло́вн||ость *ж* **1.** Bedíngtheit *f*; Ánnahme *f*; Konventión [-vɛn-] *f* (10) (*на сцене*); **2.** (*формальность*) Formalität *f* (10), Fórmsache *f* (11); **~ый 1.** (*с условием*) bedíngt; konventionéll [-vɛn-]; ~ое согла́сие bedíngte Zústimmung; ~ый пригово́р *юр.* bedíngte Verúrteilung; ~ый рефле́кс *физиол.* bedíngter Refléx; срок ~ого наказа́ния *юр.* Bewährungsfrist *f*; **2.** (*условленный*) veréinbart, verábredet, ábgemacht; ~ый знак ein verábredetes [veréinbartes] Zéichen; Kártenzeichen *n* (7) (*картографический*); ~ый а́дрес Déckadresse *f* (11); **3.** *предик.*: всё э́то о́чень ~о das álles ist sehr relatív; das ist Fórmsache; das álles ändert sich je nach den Úmständen; **4.** *грам.* konditionál, Konditionál-, Bedíngungs-; ~ое наклоне́ние Konditionál *m* -s, -e, Konditionális *m* =, -les

усложне́ние *с* Komplikatión *f* (10), Verwíck(e)lung *f* (10), Erschwérung *f* (10), Erschwérnis *f* (3)

усложнённ||ость *ж* Kompliziertheit *f*; **~ый** kompliziert, verwíckelt, erschwért

усложни́ть komplizíeren *vt*, verwíckeln *vt*, erschwéren *vt*; **~ся** kompliziert(er) [verwíckelt(er), schwérer] wérden

усложня́ть *см.* усложни́ть; **~ся 1.** *см.* усложни́ться; **2.** *страд.* erschwért wérden (*ср.* усложни́ть)

услу́г||а *ж* **1.** Dienst *m* (1), Díenstleistung *f* (10); Gefälligkeit *f* (10), Gefállen *m* (7) (*любезность, одолжение*); ме́лкие ~и kléine Hándreichungen; ока́зывать кому́-л. ~у j-m éinen Dienst erwéisen* [léisten]; j-m éinen Gefállen tun*; быть к ~ам zu Díensten stéhen*; оказа́ть кому́-л. медве́жью ~у j-m éinen Bärendienst erwéisen*; ~а за ~у éine Gefälligkeit für die ándere; **2.** *мн.* ~и (*обслуживание*) Bedíenung *f*; ко́мната с ~ами ein Zímmer mit Bedíenung; коммуна́льные ~и Geméinschaftseinrichtungen *pl*

услуж||е́ние *с уст.* Dienst *m* (1); **~и́ть** Dienst(e) léisten [erwéisen*]; éinen Gefállen tun*

услу́жлив||ость *ж* Díensteifer *m* -s, Díenstfertigkeit *f*, Díenstbereitschaft *f*; **~ый** díensteifrig, díenstfertig, díenstwillig, gefällig; ◇ ~ый дура́к опа́снее врага́ *посл.* ≅ blínder Éifer schádet nur

услыха́ть, услы́шать hören *vt*, vernéhmen* *vt*; erfáhren* *vt* (*узнать*)

усма́тривать *см.* усмотре́ть

усмеха́ться, усмехну́ться spöttisch [irónisch] lächeln; schmúnzeln *vi* (*добродушно*); кри́во ~ sáuer lächeln; ~ чему́-л. belächeln *vt*

усме́шка *ж* spöttisches [irónisches] Lächeln

усмир||е́ние *с* Bändigung *f*, Zähmung *f*; ~е́ние восста́ния die Unterdrückung [Níederwerfung] éines Áufstandes; **~и́тель** *м* Unterdrücker *m* (6); **~и́ть, ~я́ть** bändigen *vt*, zähmen *vt*; unterdrücken *vt*, níederwerfen* *vt* (*восстание*)

усмотре́н||ие *с* Ermessen *n* -s, Gútdünken *n* -s, Belíeben *n* -s; предоста́вить на чьё-л. ~ие j-s Ermessen [Gútdünken, Entschéidung] überlássen*, j-s Wahl überlássen*; переда́ть на чьё-л. ~ие dem Gútdünken (*G*) anhéimstellen; я передаю́ э́то на ва́ше ~ие ich stélle es Íhnen anhéim; по со́бственному ~ию nach éigenem Ermessen; э́то зави́сит от его́ ~ия das hängt von séinem Gútdünken ab

усмотре́ть 1. erséhen* *vt*, wáhrnehmen* *отд. vt*, bemérken *vt*; áuslegen *vt* (*понять как*); zu erblícken verméinen (*то, чего нет на самом деле*); ~ в чём-л. де́рзость etw. als Fréchheit áuslegen; **2.** (*присмотреть*) áufpassen *vi*, áchtgeben *отд. vi* (за чем-л., за кем-л. auf *A*); ~ за всем séine Áugen überáll háben

усласти́ть, услаща́ть *разг.* verséhen* *vt*, schmücken *vt* (чем-л. mit *D*)

усну́ть 1. éinschlafen* *vi* (s); **2.** (*о рыбе*) éingehen* *vi* (s), stérben* *vi* (s), ábstehen* *vi*; ◇ ~ ве́чным сном für ímmer éinschlafen* (s), stérben* *vi* (s)

усо́бица *ж ист.* Zwíetracht *f*

усоверше́нствов||ание *с* Vervóllkommnung *f* (10); Verbésserung *f* (10); Fórtbildung *f*; ку́рсы ~ания Wéiterbildungskurse *pl*; **~ать** vervóllkommnen *vt*; verbéssern *vt*; **~аться 1.** sich vervóllkommnen; **2.** *страд.* vervóllkommnet wérden

усо́вестить ins Gewíssen réden (кого́-л. *D*); ermáhnen *vt*; **~ся** *разг.* Réue [Scham] empfínden*

усо́вещивать *см.* усо́вестить; **~ся** *см.* усо́веститься

усомн||и́ться zwéifeln *vi*, Zwéifel hégen (в чём-л. an *D*), ánzweifeln *vt*; я ~и́лся mir kämen Zwéifel [Bedénken], es stíegen mir Zwéifel auf

усо́пший *уст. прил.* **1.** entschláfen, gestórben; **2.** *в знач. сущ. м* Entschláfene *m* (14), Verstórbene *m* (14)

усо́хнуть éintrocknen *vi* (s), vertrócknen *vi* (s)

успева́емост||ь *ж* Fórtschritte *pl*, Léistungen *pl*, Lérnergebnisse *pl*; schúlische Léistungen, Léistungsstand der Schüler (*в школе*); о́бщая ~ь (*в классе и т. п.*) Gesámtleistung *f*; плоха́я ~ь Zurückbleiben *n* -s; повыше́ние ~и Léistungssteigerung *f*, Erhöhung der Lérnergebnisse; оце́нка ~и die Beúrteilung der schúlischen Léistungen; повыша́ть ~ь den Léistungsstand (der Schüler) hében*

успева́||ть 1. *см.* успе́ть; **2.** (*в учении*) mítkommen* *vi* (s), wéiterkommen* *vi* (s), voránkommen* *vi*; Fórtschritte máchen; ~ть по всем предме́там in állen Fächern mítkommen*; пло́хо ~ть schlecht lérnen, nicht mítkommen*; не ~ть in den schúlischen Léistungen zurückbleiben*; не ~ть по арифме́тике im Réchnen nicht wéiterkommen*, im Réchnen schlecht sein; **~ющий** fórtgeschritten; ~ющий учени́к gúter Schüler; ~ющий по матема́тике stark in Mathematík

успе́ется *безл. разг.* es hat Zeit, es brennt nicht

успе́ние *с церк.* Maríä Hímmelfahrt

успе́||ть zur (réchten) Zeit kómmen*, zuréchtkommen* *отд. vi* (s); ~ть на по́езд den Zug erreichen, zum Zug zuréchtkommen*; ~ть пообе́дать noch Zeit zum Éssen háben; он не ~л сде́лать (*что-л.*) er kam nicht dazú, er hätte nicht die Zeit (*etw. zu tun*); ◇ не ~л он огляну́ться, как... éhe er sich's versáh...

успе́х *м* **1.** Erfólg *m* (1), Fórtschritt *m* (1); Gelíngen *n* -s (*удача*); жела́ю вам ~а! ich wünsche Íhnen güten Erfólg!; ~ предприя́тия das Gelíngen des Unternéhmens; уве́ренность в ~е Erfólgsgewißheit *f*; име́ть ~ Erfólg háben; gut ábschneiden* (*разг.*); по́льзоваться ~ом Zúspruch háben (*о докладе и т. п.*); ~ у пу́блики Públikumserfolg *m*; коме́дия име́ет ~ [по́льзуется больши́м ~ом] das Lústspiel ist ein vóller Erfólg, das Lústspiel zieht; име́ть заслу́женный ~ sich verdíenten Erfólgs erfréuen; не име́ть ~а kéinen Erfólg háben; dúrchfallen* *vi* (s) (*провалиться*); с тем же ~ом mit dem gléichen Ergébnis; в слу́чае ~а im Erfólgsfall; не име́ть ~а в жи́зни kéinen Erfólg im Lében háben; auf kéinen grünen Zweig kómmen* (*разг.*); **2.** (*достижение*) Léistung *f* (10); Erfólg *m* (1); доби́ться значи́тельных ~ов bedéutende Erfólge [Léistungen] erzíelen; се́рия ~ов Erfólgsseri¦e *f*; боево́й ~ Kámpferfolg *m* -(e)s; ча́стный ~ *воен.* Téilerfolg *m*; де́лать ~и Fórtschritte máchen, vórwärtskommen* *vi* (s)

успе́шн||о *нареч.* erfólgreich, mit (gútem) Erfólg; идти́ ~о (*о делах*) gut géhen* [stéhen*], sich günstig entwíckeln; **~ость** *ж* (*предприятия и т. п.*) Gelíngen *n* -s, erfólgreicher Verláuf, günstige Entwícklung, **~ый** erfólgreich, gelúngen; gedéihlich; ~ое разви́тие gedéihliche Entwícklung

успока́ив||ать *см.* успоко́ить; **~аться 1.** *см.* успоко́иться; **2.** *страд.* berúhigt [beschwíchtigt] wérden; **~ающий** berúhigend, beschwíchtigend; besänftigend (*смягчающий*); ~ающее сре́дство *мед.* Berúhigungsmittel *n* (6)

успоко||е́ние *с* **1.** (*действие*) Berúhigung *f*, Beschwíchtigung *f*; Besänftigung *f* (*смягчение*); Línderung *f*; для ~е́ния zur Berúhigung; **2.** (*спокойствие*) Rúhe *f*; **~и́тельный** berúhigend, Berúhigungs-; ~и́тельные ве́сти berúhigende Náchrichten

успоко́ить 1. berúhigen *vt*, beschwíchtigen *vt*, zur Rúhe bríngen*; besänftigen *vt* (*смягчить*); **2.** (*унять*) berúhigen *vt*, stíllen *vt*, líndern *vt*; míldern *vt*; **~ся 1.** sich berúhigen, rúhig wérden, zur Rúhe kómmen*; успоко́йтесь! Rúhe!, still!; berúhigen Sie sich!; rúhig Blut! (*не волнуйтесь*); ~ся на дости́гнутом sich mit dem Erréichten zufríedengeben*; **2.** (*о ветре, буре*) sich légen; náchlassen* *vi* (*тж. о боли*)

уста́ *мн. поэт.* Mund *m* (1, 5); Líppen *pl*; ◇ говори́ть чьи́ми-л. ~ми frémde Wórte wiederhólen; узна́ть из чьих-л. уст von jémandem erfáhren*, из пе́рвых уст aus érster Quélle, únmittelbar von (*D*); э́то у всех на ~х álle sprechen davón, das ist in áller Múnde; переходи́ть из уст в ~ von Mund zu Mund géhen*; твои́ми бы ~ми да мёд пить! *погов.*

≅ wie schön wär's, wenn du recht hättest!; ~ми младе́нцев глаго́лет и́стина *посл.* Kíndermund tut Wáhrheit kund

уста́в *м* Statút *n* (13), Órdnung *f* (10); Sátzung *f* (10); *воен.* Vórschrift *f* (10), Reglemént [-'maŋ-] *n* -s, -s; Уста́в ООН die UN-Sátzung, die UN-Charta [-,kar-]; уста́в па́ртии Partéistatut *n*; ~ сельскохозя́йственной арте́ли das Statút des lándwirtschaftlichen Artéls; приме́рный ~ Músterstatut *n*; согла́сно ~у sátzungsmäßig; sátzungsgemäß; ~ во́инской слу́жбы Díenstvorschriften *pl*; полево́й ~ *воен.* Félddienstordnung *f*; боево́й ~ *воен.* Geféchtsvorschrift *f*

устава́ть *см.* уста́ть; ◇ не устава́я (*делать что-л.*) únunterbrochen

уста́в||ить 1. vóllstellen *отд. vt*; áufstellen *vt*; die gánze Fläche éinnehmen*; **2.**: ~ить глаза́ на кого́-л. *разг.* den Blick únverwandt auf j-n ríchten; kéinen Blick von j-m wénden*; **~иться 1.** (*поместиться*) Platz fínden*; sich únterbringen lássen*; **2.** *разг.* (*пристально смотреть*) ánstarren *vt*, fixíeren *vt*; **~ля́ть** *см.* уста́вить 1; **~ля́ться 1.** *см.* уста́виться 1; **2.** *страд.* vóllgestellt wérden (*ср.* уста́вить 1)

уста́вн||ый statútenmäßig; *воен.* vórschriftsmäßig; ◇ ~ая гра́мота *ист.* Geríchtsordnung *f*

уста́л||ость *ж* Müdigkeit *f* (*тж. тех.*); Máttigkeit *f*, Ermáttung *f*, Ermüdung *f*; кра́йняя ~ость Erschöpfung *f*; **~ый** müde, matt, ermüdet; erschöpft (*до изнеможения*); ~ый с доро́ги réisemüde; **~ый** вид müdes [erschöpftes] Áussehen; ~ый го́лос mátte [schwáche] Stímme

у́стал||ь *ж разг.*: не знать ~и kéine Müdigkeit kénnen*; sich (*D*) wéder Rast noch Rúhe gönnen; nímmermüde sein; без ~и únermüdlich; óhne Rast und (óhne) Ruh, únunterbrochen

устана́вливать *см.* установи́ть; **~ся 1.** *см.* установи́ться; **2.** *страд.* áufgestellt wérden (*ср.* установи́ть)

установ||и́ть 1. (*поместить*) áufstellen *vt*, hínstellen *vt*; *тех.* éinbauen *vt*, montíeren *vt*; éinstellen *vt*; **2.** (*наладить*) hérstellen *vt*; ~и́ть связь éine Verbíndung hérstellen; *воен. тж.* die Verbíndung áufnehmen*; ~и́ть конта́кт с кем-л. mit j-m Kontákt [Verbíndung] áufnehmen*; **3.** (*ввести, назначить*) féstsetzen *отд. vt*, féstlegen *отд. vt*; bestímmen *vt*; éinführen *vt*; **~и́ть вре́мя** (die) Zeit bestímmen [féstlegen]; ~и́ть пра́здник éinen Féiertag éinführen [féstsetzen]; **~и́ть** це́ну den Preis féstsetzen; ~и́ть диктату́ру éine Diktatúr erríchten; **4.** (*констатировать*) féststellen *отд. vt*, konstatíeren *vt*; ~и́ть факт éine Tátsache féststellen; **~и́ться 1.** (*о взглядах и т. п.*) sich heráusbilden; Gestált gewínnen*; sich éinbürgern; ~и́лся обы́чай der Brauch hat sich éingebürgert; **2.** (*наступить*) éintreten* *vi* (s); ánhalten* *vi* (*о погоде*); sich ánbahnen (*об отношениях и т. п.*); зима́ ~и́лась der Wínter ist éndgültig éingezogen

устано́в||ка *ж* **1.** (*размещение*) Áufstellen *n* -s, Áufstellung *f*; **2.** *тех.* (*монтаж, налаживание*) Áufstellung *f*; Montáge [-ʒə] *f*, Installatión *f*, Éinbau *m* -(e)s; ~ка прице́ла *воен.* Visíereinstellung [vi-] *f*; (*в артиллерии*) Áufsatzeinstellung *f*; **3.** *тех.* (*устройство, механизм*) Ánlage *f* (11), Éinrichtung *f* (10), Vórrichtung *f* (10); Gestéll *n* (2); враща́ющаяся ~ка Dréhgestell *n* (*для прожектора и т. п.*); ~ка для кондициони́рования (во́здуха) Klíma¦anlage *f*; до́ильная ~ка Mélkanlage *f*, Mélkstand *m* (1*); измери́тельная ~ка Méßeinrichtung *f*; обогати́тельная ~ка *горн.* Áufbereitungsanlage *f*; пескостру́йная ~ка Sándstrahlgebläse *n* (6); пылеочи́стная ~ка Entstáubungsanlage *f*; рентге́новская ~ка Röntgenapparat *m* (1); хими́ческая ~ка Chemíeanlage *f*; холоди́льная ~ка Kälteanlage *f*, Kühlanlage *f*; **4.** (*ориентировка*) Éinstellung *f* (10), Stéllungnahme *f*; целева́я ~ка Zíelsetzung *f* (10), Ziel *n* (2); име́ть ~ку на что-л. auf etw. (A) éingestellt sein; etw. im Áuge háben; **5.** (*директива*) Ríchtlini¦e *f* (11), Direktíve [-və] *f* (11); **~ле́ние** *с* **1.** Erríchtung *f*; Féstlegung *f*; Éinführung *f* (*введение*); Féstsetzung *f* (*назначение*); ~ле́ние свя́зи die Hérstellung der Verbíndung; ~ле́ние прямы́х конта́ктов die Áufnahme dirékter Kontákte; ~ле́ние бра́тских свя́зей die Knüpfung brüderlicher Bánde; **2.** (*констатирование*) Féststellung *f*; Konstatíeren *n* -s; **~ленный 1.** *тех.* installíert; **2.** (*предусмотренный*) féstgestellt, féstgesetzt; bestímmt; vórgeschrieben (*предписанный*); ~ленный час die féstgesetzte [féstgelegte, ángesetzte] Stúnde [Zeit]; ~ленная ско́рость die vórgeschriebene Geschwíndigkeit; по ~ленной фо́рме nach der vórgeschriebenen Form; nach dem féstgesetzten Múster; в ~ленное вре́мя in der vórgesehenen Zeit; **~очный 1.** *тех.* Áufstellungs-; Installatións-; Éinstell-; ~очный винт Stéllschraube *f* (11); **2.** *перен.* (*директивный*) ríchtungweisend, Direktív-

устарева́ть *см.* устаре́ть

устаре́лый verältet, überältert; únmodern, antiquíert, áltertümlich (*старинный, допотопный*)

устаре́ть verálten *vi* (s); überáltert sein; überhólt sein; aus der Móde kómmen*

уста́ть müde wérden (от чего́-л. *G*), ermüden *vi* (s), ermátten *vi* (s); ~ от спо́ров das Stréiten satt háben; des Stréitens müde wérden [überdrüssig sein] (*книжн.*)

устели́ть *см.* устла́ть

устере́чь (be)hüten *vt*, bewáhren *vt*

устила́ть *см.* устла́ть

устла́ть bedécken *vt*, áuslegen *vt*; bekléiden *vt* (чем-л. mit *D*)

у́стн||ый mündlich; ~ая речь die mündliche Réde, das gespróchene Wort; в ~ой бесе́де im Gespräch, gesprächsweise; фо́рма ~ой ре́чи die Form der mündlichen Réde, die gesprochene Form

усто́||й *м* **1.** *тех.* (*моста*) Pféiler *m* (6); Úferpfeiler *m* (*береговой*); **2.** (*подпора*) Wíderlager *n* (6); **3.** *б. ч. мн.* ~и (*нормы жизни*) Grúndsätze *pl*, Grúndlagen *pl*, Prinzípi¦en *pl*; Grúndpfeiler *pl*; Säulen *pl*; мора́льные ~и morálischer Halt

усто́йчив||ость *ж* **1.** Stándfestigkeit *f*; Wíderstandsfähigkeit *f* (*сопротивляемость*); Resisténz *f*, Stétigkeit *f*; Stabilität *f*; ~ость в полёте *ав.* Flúgstabilität **2.** (*взглядов и т. п.*) Festigkeit *f*, Stándhaftigkeit *f*; **~ый 1.** stándfest; wíderstandsfähig; resistént, wétterfest (*о растении*); stabíl, dáuerhaft; ~ая пого́да beständiges Wétter; ~ое равнове́сие stabíles Gléichgewicht; **2.** (*о взглядах и т. п.*) fest, stándhaft; ◇ ~ое словосочета́ние éine féste Wórtverbindung

усто||я́ть 1. (*удержаться на ногах*) das [sein] Gléichgewicht bewáhren; áufrecht stéhenbleiben*; **2.** (*против соблазна, искушения*) widerstéhen* *vi* (*D*); fest bléiben* *vi* (s), stándhalten* *отд. vi* (*D*); **~ться** *разг.* ábstehen* *vi*; sich sétzen; klar wérden; вода́ ~лась das Wásser ist klar gewórden, im Wásser hat sich ein Satz gebíldet; молоко́ ~лось auf der Milch hat sich Sáhne gebíldet

устра́ив||ать *см.* устро́ить; ◇ э́то меня́ не ~ает das paßt mir nicht, damít ist mir nicht gedíent; **~аться 1.** *см.* устро́иться; **2.** *страд.* éingerichtet wérden, veránstaltet wérden; organisíert wérden (*ср.* устро́ить)

устран||е́ние *с* Beséitigung *f*, Behébung *f*; Entférnung *f* (*удаление*); ~е́ние конкуре́нции die Áusschaltung der Konkurrénz; ~е́ние угро́зы die Beséitigung [Ábwendung] der Gefáhr; ~е́ние от до́лжности Entlássung *f*; Ámtsenthebung *f*; **~и́ть** beséitigen *vt*, behében* *vt*; entférnen *vt* (*удалить*); ábstellen *vt*, ábschaffen *vt*; wégräumen *vt* (*препятствие и т. п.*); ~и́ть от до́лжности entlássen* *vt*, des Póstens [Ámtes] enthében*; по́лностью ~и́ть оши́бки die Féhler áusmerzen; ~и́ть искаже́ния *тлв., радио* entzérren *vt*; **~и́ться** sich férnhalten* *отд.* (от чего́-л. von *D*); sich zurückziehen*; sich distanzíeren; **~я́ть** *см.* устрани́ть; **~я́ться 1.** *см.* устрани́ться; **2.** *страд.* beséitigt [entférnt, wéggeschafft] wérden (*ср.* устрани́ть)

устраш||а́ть *см.* устраши́ть; **~а́ться 1.** *см.* устраши́ться; **2.** *страд.* erschréckt [éingeschüchtert] wérden; **~а́ющий** erschréckend, ábschreckend, fúrchterregend; **~е́ние** *с* Ábschreckung *f*; Éinschüchterung *f*; для ~е́ния zur Éinschüchterung, als ábschreckendes Béispiel; поли́тика ~е́ния Ábschreckungspolitik *f*; **~и́ть** erschrécken *vt*; éinschüchtern *vt*; Schrécken éinjagen (кого́-л. *D*); in Furcht [Angst, Schrécken] versétzen; **~и́ться** erschrécken* *vi* (s), in Furcht [Ángst, Schrécken] geráten*; sich éinschüchtern lássen*

устрем||и́ть ríchten *vt*, lénken *vt*; (hín)wénden(*) *vt*; héften *vt*; ~и́ть взо́ры на что-л., на кого́-л. den Blick auf etw. (*A*), auf j-n héften [ríchten]; etw., j-n ins Áuge fássen; **~и́ться** (*куда-л.*) sich ríchten (nach *D*), sich wénden(*) (*направиться*); éilen *vi* (s), sich stürzen (*броситься*); (hín)strében *vi*; **~ле́ние** *с* **1.** Ríchten *n* -s, Wénden *n* -s; **2.** *б. ч. мн.* **~ле́ния** (*желания, помыслы*) Strében *n* -s; Bestrébung *f* (10), Ábsichten *pl*; **~лённость** *ж* Zíelstrebigkeit *f*; Néigung *f*, Hang *m* -(e)s (к чему́-л. zu *D*); **~ля́ть** *см.* устреми́ть; **~ля́ться** *см.* устреми́ться

у́стрица *ж* Áuster *f* (11)

у́стричн||ые *сущ. мн. зоол.* Áustern *pl*; **~ый** Áustern-

устро́итель *м* Veránstalter *m* (6); Organisátor *m* -s, -tóren

устро́||ить 1. (*организовать*) éinrichten *vt*, veránstalten *vt*, organisíeren *vt*; ánlegen *vt* (*основать, учредить*); ~ить свой быт sich éinrichten; ~ить сканда́л [сце́ну] éinen Skandál [éinen Krach] máchen (*кому-л. D*); **2.** (*привести в порядок*) in Órdnung bríngen*, órdnen *vt*, régeln *vt*; ~ить свои́ дела́ séine Ángelegenheiten órdnen [régeln]; **3.** (*кого-л.*) únterbringen* *vt*, versórgen *vt*; j-m éine Stélle verschàffen (*на службу*); **4.** (*оказаться подходящим*) pássen *vi*, recht sein (*D*); э́то его́ ~ило das päßte ihm, damít war ihm gedíent; **~иться 1.** (*на квартире и т. п.*) únterkommen* *vt* (s), Únterkunft fínden*, sich éinrichten; **2.** (*на работу*) Árbeit fínden*; я хорошо́ ~ился ich hábe éine güte Stélle; **3.** (*наладиться*) in Órdnung kómmen*, sich régeln, sich máchen, sich gében*; всё ~ится es wird sich álles máchen [gében, fínden]

устройство с 1. (*действие*) Éinrichtung *f*, Veránstaltung *f*, Organisíerung *f*; 2. (*приведение в порядок*) Régelung *f*, Órdnung *f*; 3. (*структура*) Áufbau *m* -(e)s, Órdnung *f* (10); госуда́рственное ~ Stáatsaufbau *m*; общественное ~ Geséllschaftsordnung *f* (10); 4. (*оборудование*) Éinrichtung *f* (10), Ánlage *f* (11), Vórrichtung *f*, Áusrüstung *f* (10), 5. (*приспособление*) Éinrichtung *f* (10), Gerät *n* (2); Mechanísmus *m* =, -men; арифметическое ~ Réchenwerk *n* (2); контролирующее и управляющее ~ Überwáchungs- und Stéuer(ungs)gerät *n*, Kontróll- und Stéuereinrichtung *f*; програ́ммное ~ Prográmmgeber *m* (6); подслушивающее ~ Ábhöranlage *f* (11)

уступ м Ábsatz *m* (1*), Ábstufung *f* (10); Stúfe *f* (11) (*ступень*); ~ами terrássenförmig, stúfenförmig

уступ||ать 1. *см.* уступить; 2. (*в чём-л.*) náchstehen* *vi*; nicht gléichkommen* (в чём-л. in *D*); **~ительный** *грам.* konzessív; **~ительное предложение** Éinräumungssatz *m* (1*), Konzessívsatz *m*; **~ить** 1. (*отказаться от чего-л.*) ábtreten* *vt*, überlássen* *vt*; éinräumen *vt*; ~ить первенство j-m den Vórtritt lássen*; j-m den Vórzug gében*; 2. (*в чём-л. идти на уступки*) náchgeben* *vi*; klein béigeben*; ~ить чьим-л. просьбам j-s Bítten willfähren; 3. (*скинуть с цены*) (vom Préise) áblassen* *vi*; ◇ ~ить дорогу den Weg fréigeben* [fréimachen]

уступ||ка ж 1. Zúgeständnis *n* (3*); Konzessión *f* (10); Kompromíß *m*, *n* -sses, -sse; взаимные ~ки gégenseitiges Entgégenkommen; идти на ~ки Zúgeständnisse máchen, náchgeben* *vi*; добиться больших ~ок gróße Zúgeständnisse erzíelen [ábnötigen (у кого-л. *D*)]; 2. (*чего-л.*) Ábtretung *f* (10), Überlássung *f* (10); Vergünstigung *f* (10); 3. (*в цене*) Préisermäßigung *f* (10), Rabátt *m* (1)

уступообразный, уступчатый ábgestuft; terrássenförmig

уступчив||ость ж Náchgiebigkeit *f*, Willfährigkeit *f*; **~ый** náchgiebig, willfährig; entgégenkommend (*предупредительный*)

устыдить beschämen *vt*; **~ся** sich schämen (чего-л., кого-л. *G*)

устье с 1. (*реки*) Mündung *f* (10); 2. (*отверстие*) Öffnung *f* (10), Loch *n* (5); ~ печи Ófenloch *n*

устьице с *бот.* Póre *f* (11)

усугуб||ить vergrößern *vt*; verstärken *vt* (*усилить*); vertíefen *vt* (*углубить*); verdóppeln *vt* (*удвоить*); erschwérend ins Gewícht fállen*; ~ить вину die Schuld verschärfen; **~иться** sich vergrößern; sich verstärken (*усилиться*); sich vertíefen (*углубиться*); sich verméhren, sich verdóppeln (*удвоиться*)

усугуб||ление с Vergrößerung *f*; Verstärkung *f*; Verméhrung *f*; Vertíefung *f*; **~лять** *см.* усугубить; **~ляться** 1. *см.* усугубиться; 2. *страд.* vergrößert [verstärkt, vertíeft, verdóppelt] wérden

усушка ж 1. *разг.* (*действие*) Éintrocknen *n* -s; 2. (*потеря в весе*) Tróckenverlust *m* (1), Másseverlust *m*, Tróckenschwund *m* -(e)s, Schwund *m*

усы *см.* ус

усылать *см.* услать

усынов||ить adoptíeren *vt*, an Kíndes Statt ánnehmen*; **~ление** с Adoptión *f* (10); **~лённый** adoptíert; **~лять** *см.* усыновить

усыпальница ж *уст.* Tótengruft *f* (3), Grábgewölbe *n* (6), Gruft *f*

усыпать, усыпать überschütten *vt*, bestréuen *vt*, übersäen *vt*, besäen *vt*; ~ цветами mit Blúmen überschütten [besäen]

усып||ительный *разг.* (*монотонный*) éinschläfernd, monotón; **~ить** 1. éinschläfern *vt*; *мед.* betäuben *vt*, narkotisíeren *vt*; 2. *перен.* éinschläfern *vt*, beschwíchtigen *vt*; ~ить бдительность die Wáchsamkeit éinschläfern; **~ление** с Éinschläferung *f*; **~лять** *см.* усыпить; **~ляющий** *см.* усыпительный

усыхать *см.* усохнуть

утаивать, утаи||ть verbérgen* *vt*, verhéhlen *vt*, verhéimlichen *vt* (от кого-л. vor *D*); ◇ шила в мешке не ~шь *погов.* ≅ es ist nichts so fein gespónnen, es kommt doch éndlich an die Sónnen; die Sónne bríngt es an den Tag

утайк||а ж *разг.* Verbérgen *n* -s, Verhéimlichung *f*, Verhéhlen *n* -s; без ~и óhne Hehl, óffen, únverhohlen

утаптывать *см.* утоптать

утаскивать, утащить *разг.* 1. wégschleppen *vt*, fórtschleppen *vt*; 2. (*украсть*) entwénden *vt*, stéhlen* *vt*

утварь ж *собир.* Gerät *n* (2); Gerätschaften *pl*; домашняя ~ Háushaltsgegenstände *pl*

утвердительн||ый bestätigend; bejáhend, zústimmend, bekräftigend; ответить ~о bejáhen *vt*

утвердить 1. bestätigen *vt*, sanktioníeren *vt*; ~ закон ein Gesétz verábschieden; 2. *уст.* (*уверить, убедить*) bestärken *vt*, bekräftigen *vt*, (be)féstigen *vt*; ~ в намерении in der Ábsicht bestärken; ~ кого-л. в его мнении j-n in séiner Méinung bestärken

утвердиться 1. sich féstigen, sich dúrchsetzen, sich konsolidíeren; Fuß fássen, sich éinbürgern (*об обычаях и т. п.*); 2. *уст.* (*во мнении, в намерении*) bestärkt wérden (in *D*), féstbleiben* *отд. vi* (s); sich bestärkt fühlen (in *D*)

утвержд||ать 1. *см.* утвердить; 2. (*высказать мнение*) behaupten *vt*, versíchern *vt*; Behauptungen áufstellen; **~аться** 1. *см.* утвердиться; 2. *страд.* behauptet wérden (*ср.* утвердить); **~ение** с 1. Bestätigung *f* (10); ~ение цен Préisgenehmigung *f* (10); представить на ~ение zur Bestätigung vórlegen; 2. (*высказывание*) Behauptung *f* (10)

утёнок м Éntlein *n* (7), Éntenküken *n* (7)

утепл||ение с Erwärmung *f*; Behéizung *f* (*отопление*); **~ить, ~ять** erwärmen *vt*; behéizen *vt* (*отапливать*); wínterfest [kältefest] máchen (*на зиму*)

утереть *разг.* ábwischen *vt*, ábtrocknen *vt*; ◇ ~ нос кому-л. *разг.* j-m séine Überlégenheit zéigen, j-n übertrúmpfen; **~ся** *разг.* sich ábwischen, sich ábtrocknen

утерпе||ть sich enthálten*, sich zurückhalten*, an sich hálten*; не ~ть, чтобы не... sich nicht enthálten können*, zu..., nicht umhín können*, zu...; я не ~л, чтобы не сказать ich kónnte nicht umhín zu ságen

утеря ж *офиц.* Abhándenkommen *n* -s, Verlúst *m* (1)

утерять verlíeren* *vt*, éinbüßen *vt*; **~ся** verlórengehen* *отд. vi* (s)

утёс м Félsen *m* (7); Klíppe *f* (11) (*береговой*); **~истый** félsig

утеха ж Vergnügen *n* (7); Fréude *f* (11) (*радость*); Zéitvertreib *m* -(e)s (*развлечение*); Belústigung *f* (10) (*удовольствие*); Trost *m* -es (*утешение*)

утечка ж 1. Áusfließen *n* -s, Ábfließen *n*, Síckern *n* -s (*жидкости*); Áusströmen *n* -s (*газа*); Ábleitung *f* (*тока*); 2. *ком.* Leckáge [-ʒə] *f* (11); 3. *тех.* (*потеря*) Léckverlust *m* (1); Verlúst *m*

уте||чь 1. áusfließen* *vi* (s), áuslaufen* *vi* (s); entwéichen* *vi* (s), áusströmen *vi* (s) (*о газе*); 2. *разг.* (*миновать*) verfließen *vi* (s), vergéhen* *vi* (s), verflíegen* *vi* (s); 3. *разг.* (*убежать*) davónlaufen* *vi* (s); ◇ много воды ~кло с тех пор da ist schon viel Wásser den Berg hinúntergeflossen

утеш||ать *см.* утешить; **~аться** 1. *см.* утешиться; 2. *страд.* getröstet wérden; **~ение** с Trost *m* -es, Tröstung *f* (10), Vertröstung *f*; Fréude *f* (11) (*радость*); плохое ~ение ein bílliger [schléchter] Trost

утешитель м Tröster *m* (6); **~ный** tröstlich, tröstend, tróstreich, tróstbringend; erfréulich; ~ный приз *спорт.* Tróstpreis *m* (1); это ~но das ist ein Trost, das ist tröstlich [erfréulich]

утешить trösten *vt*; vertrösten *vt*; **~ся** sich trösten; sich ábfinden* (чем-л. mit *D*)

утилиз||ация ж Utilisíerung *f*; Áusnutzung *f*, Verwértung *f* (10); **~ировать** utilisíeren *vt*; áusnutzen *vt*, verwérten *vt*

утилит||аризм м *филос.* Utilitarísmus *m* =; **~арность** ж Utilität *f*, Nützlichkeit *f*; **~арный** utilitarístisch, Utilitäts-, Nützlichkeits-

утил||ь м *собир.* Áltstoff *m* (1); Áltmaterial *n* -(e)s; (verwértbare) Ábfälle *pl*; сбор ~я Áltmaterialsammlung *f*, Áltstoffsammlung *f*

утильсырьё с *см.* утиль

утин||ый Énten-; ~ый нос Éntenschnabel *m* (6*)

утирать(ся) *см.* утереть(ся)

утихать, утихнуть sich berúhigen (*успокоиться*); áufhören *vi* (*о шуме*); verstúmmen *vi* (s) (*замолчать*); náchlassen* *vt*, sich légen (*о ветре, боли*)

утихомирить beschwíchtigen *vt*, besänftigen *vt*, zur Rúhe bríngen*; **~ся** sich berúhigen

утк||а ж 1. Énte *f* (11); 2. (*ложный слух*) Énte *f* (11); пустить газетную ~у éine Énte in die Welt sétzen; 3. *мед.* (*сосуд*) Énte *f*, Uríngglas *n* (5); 4. *мор.* Klámpe *f* (11)

уткать *разг.* durchwében *vt*, (hin)éinweben *vt*; ~ ткань серебром Sílber in den Stoff éinweben

уткнуть *разг.* stécken *vt*, hinéinstekken *vt*; **~ся:** ~ся в угол sich in éinen Wínkel verkríechen*; ~ся головой в подушку den Kopf ins Kíssen stécken [im Kíssen vergráben*]; ~ся в книгу sich in das Buch vertíefen

утконос м *зоол.* Schnábeltier *n* (2)

утлый zerbréchlich, nicht fest, morsch

уток м *текст.* Schuß *m* -sses, *pl* Schüsse, Schúßfaden *m* (7*)

утол||ение с Stíllung *f*, Línderung *f*; **~ить** stíllen *vt*, líndern *vt*; ~ить боль den Schmerz líndern; ~ить жажду den Durst löschen [stíllen]; ~ить голод den Húnger stíllen

утолстить(ся) *см.* утолщать(ся)

утолщ||ать verdícken *vt*, dícker máchen; **~аться** dícker wérden, sich verdícken; **~ение** с 1. (*действие*) Verdíckung *f*; 2. (*место*) Verdíckung *f* (10); *мед.*, *бот.* Ánschwellung *f* (10), Wulst *m* (1*)

утолять *см.* утолить

утомительный ermüdend, ánstrengend

утом||и́ть ermüden *vt*, ánstrengen *vt*, erschöpfen *vt*; **~и́ть** глаза́ sich die Áugen überánstrengen; **~и́ться** müde [matt] wérden, ermüden *vi* (s); sich überánstrengen (*переутоми́ться*); **~ле́ние** *с* Ermüdung *f*, Ermáttung *f*, Erschöpfung *f*; Müdigkeit *f*; **~лённый** ermüdet, ermáttet, erschöpft, ábgespannt; **~ля́емость** *ж* Ermüdbarkeit *f*; у неё бы́страя ~ля́емость sie wird schnell müde, sie ermüdet rasch; **~ля́ть(ся)** *см.* утоми́ть(ся)

утону́ть ertrínken* *vi* (s); úntergehen* *vi* (s), versínken* *vi* (s) (*о судне*)

утонч||а́ть *см.* утончи́ть; **~а́ться 1.** см. утончи́ться; **2.** *страд.* verdünnt [*тех.* verjüngt] wérden

утончённ||ость *ж* Verféinerung *f*; Raffiníertheit *f*; **~ый** verféinert; raffiníert, erlésen

утончи́ть 1. dünner máchen; *тех.* verjüngen *vt*; **2.** *перен.* verféinern *vt*; raffiníerter máchen; **~ся 1.** sich verdünnen; *тех.* sich verjüngen; **2.** *перен.* sich verféinern; raffiníerter wérden

утопа́||ть 1. *см.* тону́ть; **2.** *перен.* versínken* *vi* (s); ~ть в слеза́х in Tränen schwímmen* [zerfließen*]; ~ть в ро́скоши im Überfluß schwélgen; **~ющий** *прич.* **1.** *см.* утопа́ть; ~ющий в зе́лени in Grün gebéttet; **2.** *в знач. сущ. м* Ertrínkende *m* (14)

утоп||и́зм *м* Utopísmus *m* =; **~и́ст** *м* Utopíst *m* (8)

утопи́ть 1. ertränken *vt*, ersäufen *vt*; versénken *vt* (*судно*); **2.** *перен. разг.* ruiníeren *vt*, zugrúnde ríchten; **~ся** sich ertränken, ins Wásser géhen*

утопи́ческий utópisch; ~ социали́зм utópischer Sozialísmus

уто́пия *ж* Utopíe *f* (11)

уто́пленник *м*, **уто́пленница** *ж* Ertrúnkene *m*, *f* (14); Wässerleiche *f* (11) (*разг.*); ◇ ему́ везёт как уто́пленнику ≅ er ist ein Péchvogel

утопта́ть fésttreten* *отд. vt*, féststampfen *отд. vt*

уто́чина *ж текст.* Schúßfaden *m* (7*)

уточн||е́ние *с* Präzisíerung *f* (10), genáue(re) Ángabe [Bestímmung], genáue(re) [kláre(re)] Fássung; Berichtigung *f*; **~и́ть** präzisíeren *vt*, genáuer [klárer] formulíeren [fássen, bestímmen]; beríchtigen *vt*; **~и́ться** sich klären

уто́чн||ый *текст.* Schuß-, ~ая пря́жа Schúßgarn *n* (2)

уточня́ть *см.* уточни́ть; **~ся 1.** *см.* уточни́ться; **2.** *страд.* präzisíert wérden (*ср.* уточни́ть)

утра́ивать(ся) *см.* утро́ить(ся)

утрамб||ова́ть féststampfen *отд. vt*; **~ова́ться** fest wérden; **~о́вка** *ж* Féststampfen *n* -s; **~о́вывать** *см.* утрамбова́ть; **~о́вываться 1.** *см.* утрамбова́ться; **2.** *страд.* féstgestampft wérden

утра́т||а *ж* Verlúst *m* (1); Éinbuße *f* (11); понести́ тяжёлую ~у éinen schmérzlichen Verlúst erléiden*; **~ить** verlíeren* *vt*, éinbüßen *vt*, um etw. (*A*) kómmen*; **~иться** verlórengehen* *отд. vi* (s)

утра́чивать(ся) *см.* утра́тить(ся)

у́тренн||ий Mórgen-, mórgendlich, Früh-, Vórmittags-; ~ее заседа́ние Vórmittagssitzung *f* (10); ~яя заря́ Mórgenröte *f*, Mórgenrot *n* -(e)s; ~ий и́ней Frühreif *m* -(e)s

у́тренник *м* **1.** (*представление*) Frühveranstaltung *f* (10), Mórgenveranstaltung *f*, Vórmittagsvorstellung *f* (10); Matinée *f* (11); **2.** (*мороз*) Mórgenfrost *m* (1*)

утри́р||овать übertréiben* *vt*, überspítzen *vt*, überbetonen *vt*; **~о́вка** *ж* Übertréibung *f* (10)

у́тр||о *с* Mórgen *m* (7); Frühe *f*; в де́вять часо́в ~а́ um neun Uhr mórgens [früh]; ка́ждое ~о jéden Mórgen; под ~о gégen Mórgen, im Mórgengrauen; ра́нним ~ом frühmorgens, am frühen Mórgen; по ~а́м am Mórgen, in den Mórgenstunden, mórgens; спать до́лго по ~а́м am Mórgen lánge schláfen*; ein Lángschläfer sein; lánge in den Mórgen hinéin schláfen*; в одно́ прекра́сное ~о éines schönen Mórgens; на сле́дующее ~о am nächsten Mórgen; den nächsten Mórgen; ◇ до́брое ~о!, с до́брым ~ом! gúten Mórgen!; ~о ве́чера мудрене́е *погов.* ≅ gúter Rat kommt über Nacht; man muß éine Sáche beschláfen

утро́б||а *ж* **1.** (*чрево матери*) Mútterleib *m* (-e)s, Schoß *m* (1*); **2.** *груб.* (*живот*) Mágen *m* (7), Bauch *m* (1*); ◇ ненасы́тная ~а Víelfraß *m* (1), Nímmersatt *m* (1); **~ный 1.** Léibes-, vórgeburtlich; ~ный пери́од разви́тия заро́дыша die Entwícklungsperiode des Émbryos im Mútterleib; **2.** (*о звуке*) dumpf, hohl

утрое́ние *с* Verdréifachung *f* (10)

утро́||енный verdréifacht; **~ить** verdréifachen *vt*; **~иться** sich verdréifachen

у́тром *нареч.* mórgens, am Mórgen, früh; сего́дня ~ héute mórgen, héute früh; за́втра ~ mórgen früh; ра́но ~ am frühen Mórgen, frühmorgens; поднима́ться [встава́ть] ра́но ~ zéitig áufstehen*; früháufstehen*; früh aus den Fédern kríechen* (*разг.*)

утруди́ть, утружда́ть bemühen *vt*, belästigen *vt*, behélligen *vt*; zur Last fállen*, Mühe verúrsachen (*D*)

утружда́ться sich bemühen; sich ánstrengen

утру́ска *ж торг.* Ábgang *m* (1*), Verlúst *m* (1) (durch Verschütten)

утряса́ть(ся) *см.* утрясти́(сь)

утрясти́ *разг.* **1.** zusámmenrütteln *vt*, zusámmenschütteln *vt*; **2.** *перен.* régeln *vt*; in Órdnung bríngen*; **~сь** *перен. разг.* in Órdnung kómmen*

утучн||и́ть, ~я́ть (*почву*) düngen *vt*; **~я́ться** fett [fétter, frúchtbarer] wérden

уты́кать, утыка́ть bestécken *vt*, vóllstecken *vt*

утю́г *м* Bügeleisen *n* (7), Plätte *f* (11); электри́ческий ~ с регуля́тором Réglerbügeleisen *n*

утю́ж||ить plätten *vt*, bügeln *vt*; **~ка** *ж* Plätten *n* -s, Bügeln *n* -s; отда́ть в ~ку zum Bügeln (wég)gében*

утяжели́ть beschwéren *vt*

утя́тина *ж кул.* Éntenfleisch *n* -(e)s

уф *межд.* uff!

ух *межд.* ach!, uff!

уха́ *ж* Físchsuppe *f* (11)

уха́б *м* Loch *n* (5), Schlágloch *n*; **~истый** hólprig, vóll(er) Löcher [Schláglöcher]

ухажёр *м разг.* **1.** (*волокита*) Schürzenjäger *m* (6), Fráuenheld *m* (8), Wéiberheld *m*; **2.** (*поклонник*) Veréhrer *m* (6), Kavalíer [-va-] *m* (1)

уха́жив||ание *с* **1.** (*за больным, за ребёнком*) Pflége *f*; Wártung *f*; **2.** (*за женщиной*) Hófmachen *n* -s (*D*), Flirt *m* -s, -s (за кем-л. mit *D*); **~ать 1.** (*за больным, за ребёнком, за цветами*) pflégen *vt*; sórgen *vi* (за кем-л. für *A*); versórgen *vt*; wárten *vt*; не́жно ~ать за кем-л. j-n hégen und pflégen; **2.** (*за женщиной*) den Hof máchen (за кем-л. *D*), flírten *vi* (mit *D*); hínter j-m her sein (*разг.*)

у́хар||ский *разг.* tóllkühn, verwégen; **~ство** *с разг.* Tóllkühnheit *f*, Verwégenheit *f*

у́хать *см.* у́хнуть

ухва́т *м* Tópfgabel *f* (11), Ófengabel *f*

ухвати́ть 1. ergréifen* *vt*, erfássen *vt*, pácken *vt*; **2.** *разг.* (*понять*) begréifen* *vt*, kapíeren *vt*; **~ся** gréifen* *vi* (за что-л. nach *D*); sich fésthalten* *отд.* (an *D*); sich ánklammern (an *A*) (*уцепиться*); ~ся за мысль éinen Gedánken áufgreifen*; sich an éinen Gedánken klámmern

ухва́тка *ж разг.* **1.** Hándgriff *m* (1), Kúnstgriff *m*; Gebärde *f* (11); **2.** (*манера поведения*) Maníer *f* (10), Úmgangsform *f* (10)

ухитри́ться, ухитря́ться *разг.* etw. geschíckt fértigbringen*; verstéhen* *vt*; etw. schlau ánfangen*

ухищр||е́ние *с* List *f*, Kniff *m* (1), Schlich *m* (1); прибега́ть к ра́зным ~е́ниям allerléi Kníffe und Pfíffe [Kníffe und Ränke] ánwenden*; **~я́ться** raffiníert vórgehen*, schlau [lístig] hándeln [etw. máchen]; etw. zu erzíelen [erréichen] verstéhen* [wíssen*]

ухло́пать, ухло́пывать *разг.* **1.** (*убить*) úmbringen* *vt*, um die Écke bríngen*; **2.** (*истратить*) verschwénden *vt*, verschléudern *vt*, vertún* *vt*

ухмыльну́ться, ухмыля́ться *разг.* schmúnzeln *vi*; grínsen *vi*

у́хнуть *разг.* **1.** (*издать громкий звук*) krächen *vi*; **2.** (*уронить*) fállen lássen*; **3.** (*свалиться*) zusámmenbrechen* *vi* (s), zusámmenstürzen *vi* (s); **4.** (*истратить*) verschléudern *vt*, vertún* *vt*

у́хо *с* Ohr *n* (13); воспале́ние сре́днего у́ха *мед.* Míttelohrentzündung *f* (10); шум [звон] в уша́х Óhrensausen *n* -s; быть туги́м на́ ухо schwérhörig [hárthörig] sein; говори́ть на́ ухо ins Ohr ságen; дать в ~ [по́ уху] *груб.* éine Óhrfeige gében* [verábreichen], j-m éine (he)rúnterhauen [klében]; поводи́ть уша́ми (*о лошади*) *разг.* die Óhren spítzen; он глух на одно́ ~ er ist auf éinem Ohr taub; ◇ слу́шать кра́ем у́ха *разг.* mit hálbem Ohr (hín)hören; не вида́ть как свои́х уше́й nie zu séhen bekómmen; пропусти́ть ми́мо уше́й *разг.* nicht beáchten *vt*; nícht hínhören (auf *A*); überhören *vt*; nicht hören wóllen* (*нарочно*); заткну́ть у́ши sich (*D*) die Óhren zústopfen; прокрича́ть [прожужжа́ть] у́ши кому́-л. *разг.* j-m die Óhren vóllblasen*; j-m in den Óhren líegen*; ре́зать ~ den Óhren wéhtun*; у́ши вя́нут от э́того *разг.* es ist ékelhaft, das mit ánzuhören; по́ уши *разг.* bis über die Óhren; влюби́ться по́ уши *разг.* sich bis über béide Óhren verlíeben; он и ~м не ведёт *разг.* er kehrt sich nicht darán; er macht sich nichts daráus; er läßt sich darúm kéine gráuen Háare wáchsen; держа́ть ~ востро́ *погов.* die Óhren spítzen, die Óhren steif hálten*, áufpassen *vi*, scharf áufmerken; разве́сить у́ши (*заслушаться*) die Óhren áufsperren; в одно́ ~ вхо́дит, в друго́е выхо́дит zu éinem Ohr heréin und zum ánderen (wíeder) hináus; навостри́ть ~ [у́ши] die Óhren spítzen; дойти́ до чьих-л. уше́й j-m zu Óhren kómmen*; во все у́ши слу́шать ganz Ohr sein; он ест так, что за уша́ми трещи́т er ißt héißhungrig [mit größem Appetít]; у стен есть у́ши *погов.* die Wände háben Óhren

уховёртка *ж зоол.* Óhrenkriecher *m* (6), Óhrwurm *m* (4)

ухо́д I *м* **1.** Wéggang *m* -(e)s, Wéggehen *n* -s, Ábgang *m* (1*); Ábwandern *n* -s, Rücktritt *m* (1) (*отставка*); до ~а vor dem Wéggehen; ~ со сце́ны Ábgang *m* (von der Bühne); пéред сáмым ~ом únmittelbar vor dem Fórtgehen; **2.** (*отбытие*) Ábgang *m* (1*); Ábfahrt *f* (10) (*поезда, парохода*)

ухóд II *м* (*за кем-л., за чем-л.*) Pflége *f*, Pflégearbeit *f*, Behándlung *f* (*G*); Wártung *f* (*тж. тех.*); ~ за больны́ми Kránkenpflege *f*; ~ за зубáми Záhnpflege *f*; ~ за кóжей Háutpflege *f*; нуждáться в ~е Pflége bráuchen, pflégebedürftig sein

уходи́ть *см.* уйти́; мне порá ~ ich muß géhen

ухудш||áть(ся) *см.* уху́дшить(ся); **~éние** *с* Verschléchterung *f*, Verschlímmerung *f*; ~éние отношéний Trübung [Verschléchterung] der Bezíehungen

уху́дш||ить verschléchtern *vt*, verschlímmern *vt*; zúspitzen *vt* (*об отношениях*); **~иться** sich verschléchtern, sich verschlímmern; sich zúspitzen (*об отношениях*)

уцелéть **1.** (*о человеке*) heil [únversehrt, únverletzt] bléiben*; am Lében bléiben* (*остаться в живых*); **2.** (*о здании, предмете*) únbeschädigt [intákt] bléiben*; heil und ganz bléiben*

уценённ||ый zu éinem herábgesetzten Preis; ~ые товáры préisgesenkte [wértgeminderte] Wáren; магази́н ~ых товáров Láden für verbílligte Wáren

уцени́ть den Preis étwas herábsetzen

уцéнка *ж* (*скидка в цене*) Préisnachlaß *m* -sses, -lässe

уцепи́ться sich ánklammern, sich klámmern (за что-л. an *A*) (*тж. перен.*); sich (krámpfhaft) fésthalten* (an *D*)

учáств||овать **1.** (*принимать участие*) téilnehmen* *отд. vi*, sich betéiligen (an *D*); mítmachen *vt*; mítarbeiten *vi* (*сотрудничать*); mítwirken *vi* (*в концерте и т. п.*); **2.** (*иметь долю*) Ánteil háben (в чём-л. an *D*); **~ующий** *прич.* **1.** téilnehmend; **2.** *в знач. сущ. мн.* ~ующие Téilnehmer *pl*, Betéiligte *sub pl*; Mítwirkende *sub pl* (*в концерте и т. п.*)

учáст||ие *с* **1.** Téilnahme *f*, Betéiligung *f*, Ánteil *m* -s; Mítarbeit *f* (*сотрудничество*); Mítwirkung *f* (10) (*в концерте и т. п.*); ширóкое ~ие bréite Téilnahme; привлекáть когó-л. к ~ию в чём-л. j-n zur Mítarbeit [Téilnahme] an etw. (*D*) heránziehen*; принимать ~ие sich betéiligen (в чём-л. an *D*); mítmachen *vt* (*разг.*); mítwirken *vi* (bei, in *D*); mit von der Partíe sein (bei *D*) (*разг.*); при ~ии когó-л. únter Betéiligung [Téilnahme] von (*D*); имéть прáво ~ия téilnahmeberechtigt sein; э́то случи́лось без егó ~ия er hátte kéinen Ánteil darán; ~ие в вы́борах Wáhlbeteiligung *f*; **2.** (*обладание долей*) Ánteil *m* (1); Betéiligung *f* (10); **3.** (*сочувствие*) Ánteilnahme *f*, Mítgefühl *n* -(e)s; принимáть ~ие в ком-л. mit j-m mítfühlen; вы́разить ~ие Ánteilnahme entgégenbringen*

участи́ть häufiger wiederhólen, häufen *vt*; **~ся** **1.** (*стать чаще*) sich häufen, sich wiederhólen, öfter vórkommen*; **2.** (*ускориться*) sich beschléunigen

участкóвый *прил.* **1.** Revier- [-'vi:r], Ábschnitts-; ~ врач Beréichsarzt *m* (1*); **2.** *в знач. сущ. м разг.* (*милиционер*) Ábschnittsbevollmächtigte *m* (14)

учáстлив||ость *ж* Mítgefühl *n* -(e)s, Wéichherzigkeit *f*; **~ый** téilnahmsvoll, téilnehmend, mítfühlend; ~ о относи́ться к комý-л. j-n téilnahmsvoll behándeln, für j-n Téilnahme zéigen

учáстн||ик *м* **1.** Téilnehmer *m* (6); Mítwirkende *m* (14) (*напр. спектакля*); ~ик войны́ Kriegsteilnehmer *m*; ~ик зáговора Mítverschwörer *m* (6), Téilnehmer an der Verschwörung; непосрéдственный ~ик чегó-л. Nächstbeteiligte *m* (14); ~ик вы́ставки Áussteller *m* (6); ~ик игр на пéрвенство *спорт.* Méisterschaftsbewerber *m* (6); ~ики *собир.* Téilnehmerkreis *m* (1); числó ~иков Téilnehmerzahl *f* (10); **2.** (*в доле*) Betéiligte *m*, *f* (14); Téilhaber *m* (6); Pártner *m* (6); Téilhaberin *f* (12) (*о женщине*)

учáст||ок *м* **1.** (*земли*) Grúndstück *n* (2), Parzélle *f* (11); дроби́ть [дели́ть] на ~ки éinteilen *vt*, parzellíeren *vt*; **2.** (*часть поверхности*) Ábschnitt *m* (1); Strécke *f* (11); строи́тельный ~ок Báustelle *f* (11), Báuabschnitt *m*; ~ок дорóги Stráßenabschnitt *m*; óпытный ~ок *с.-х.* Versúchsfeld *n* (5); шкóльный ~ок Schúlgarten *m* (7*); **3.** *воен.* Ábschnitt *m* (1), Beréich *m* (1), *n* (2); ~ок атáки Ángriffsraum *m* (1*); ~ок боя́ Geféchtsabschnitt *m*, Geféchtsbereich *m*, *n*; ~ок проры́ва Dúrchbruchsabschnitt *m*; ~ок фрóнта Fróntabschnitt *m*; **4.** (*работы*) Árbeitsgebiet *n* (2), Árbeitsfeld *n* (5); Árbeitsbereich *m* (1), *n* (2); произвóдственный ~ок Méisterbereich *m*, *n*, Produktiónsbereich *m*, *n*; **5.** (*административный*) Revier [-'vi:r] *n* (2); Strécke *f* (11), Stréckenabschnitt *m* (1) (*железнодорожный*); избирáтельный ~ок Wáhlbezirk *m* (1); Wáhllokal *n* (2) (*место голосования*); **6.** (*полицейский — в царской России*) Polizéirevier [-,vi:r] *n* (2)

у́часть *ж* Los *n* (2), Geschíck *n* (2), Schícksal *n* (2); раздели́ть чью-л. ~ j-s Los téilen

учащáть(ся) *см.* участи́ть(ся)

учáщаяся *сущ. ж* Schülerin *f* (12); Studíerende *f* (14)

учащённый beschléunigt; ~ пульс *мед.* beschléunigter Puls

учáщийся *сущ. м.* Schüler *m* (6); Studíerende *m* (14)

учёб||а *ж* Lérnen *n* -s; Stúdium *n* -s, -di¦en; Léhre *f* (*производственная*); Áusbildung *f*; Schúlung *f*; прекрати́ть ~у das Stúdium [den Schúlbesuch] áufgeben*; за ~ой beim Lérnen, beim Stúdium; товáрищ по ~е Stúdi¦enkollege *m* (9), Stúdi¦enkamerad *m* (8)

учéбн||ик *м* Léhrbuch *n* (5), Schúl(lehr)buch *n*; ~ик немéцкого языкá Déutschlehrbuch *n*; **~ый** Lehr-, Únterrichts-, Schul-; Stúdi¦en-, Bíldungs-, schúlisch; ~ый год Léhrjahr *n* (2) (*на производстве*); Schúljahr *n* (*в школе*); Stúdi¦enjahr *n* (*в вузе*); ~ый год в сéти парти́йного просвещéния Partéilehrjahr *n*; ~ое врéмя Únterrichtszeit *f*; Schúlzeit *f* (*в школе*); ~ые заня́тия Únterrichtsstunden *pl*; ~ый курс Kúrsus *m* =, Kúrse, Léhrgang *m* (1*); ~ый план Léhrplan *m* (1*), ~ый процéсс Léhrbetrieb *m* (1); ~ый предмéт Léhrfach *n* (5), Fach *n*; ~ое задáние Léhrpensum *n* -s, -sen; ~ые посóбия Léhrmittel *pl*; Lérnmittel *pl* (*напр. учебники, тетради*); ~ое заведéние Bíldungseinrichtung *f* (10); ~ая часть Ábteilung für Stúdi¦enangelegenheiten; прорéктор по ~ой чáсти Prorektor für Stúdi¦enangelegenheiten; ~ая стрельбá *воен.* Übungsschießen *n*, -s, Schúlschießen *n*; ~ый плац Exerzíerplatz *m* (1*), Übungsplatz *m*; ~ое сýдно Schúlschiff *n* (2); ~ая тревóга Próbealarm *m* (1)

учéн||ие *с* **1.** Lérnen *n* -s, Stúdium *n* -s, -di¦en; Léhre *f* (*ремеслу*); быть в ~ии in die Léhre géhen*; in der Léhre [Áusbildung] sein (у когó-л. bei *D*) (*на производстве*); кóнчить ~ие das Stúdium ábschließen* [beénden]; die Schúle absolvieren [-'vi:-]; die Léhre dúrchmachen (*обучиться ремеслу*); **2.** (*преподавание*) Únterricht *m* -(e)s, Beléhrung *f* (10); Léhren *n* -s, Únterrichten *n* -s; **3.** *воен.*: воéнное ~ие Manöver [-vər] *n* (6), Übung *f* (10); одностóроннее ~ие Übung óhne Gégenseitigkeit; двустóроннее ~ие Übung mit Gégenseitigkeit; **4.** (*теория*) Léhre *f* (11); **~ие** Лéнина die Léhre Lénins; ◇ ~ье свет, (а) неучéнье тьма *погов.* ≅ Wíssen ist Macht; без ~ия нет умéния Übung macht den Méister

учен||и́к *м* **1.** (*в школе*) Schüler *m* (6); отстáющий [хорóший] ~и́к léistungsschwächer [gúter, léistungsstärker] Schüler; пéрвый ~и́к Klássenerste *m* (14); **2.** (*на производстве*) Léhrling *m* (1); Ánlernling *m*; ~и́к профессионáльно-техни́ческого учи́лища Berúfsschüler *m* (6); **3.** (*последователь*) Schüler *m* (6); Ánhänger *m* (6) (éiner Léhre); **~и́ца** *ж* Schülerin *f* (12); **~и́ческий** **1.** Schul-, Schüler- (*о школьнике*); Léhrlings-, Lehr- (*на производстве*); ~и́ческая рабóта Schülerarbeit *f* (10); **2.** (*несамостоятельный, незрелый*) schülerhaft, Ánfänger-; **~и́чество** *с* Léhre *f*

учён||ость *ж* Geléhrsamkeit *f*, Geléhrtheit *f*; **~ый** *прил.* **1.** (*о человеке*) geléhrt; **2.** (*относящийся к науке*) geléhrt, wíssenschaftlich; ~ый комитéт wíssenschaftliches Komitée; ~ое óбщество wíssenschaftliche Geséllschaft; ~ая стéпень akadémischer [wíssenschaftlicher] Grad; ~ое звáние Proféssorentitel *m* (6); Dozéntentitel *m* (6); **3.** (*дрессированный*) ábgerichtet, dressíert; **4.** *в знач. сущ. м* Geléhrte *m* (14), Wíssenschaftler *m* (6); жéнщина-~ый Wíssenschaftlerin *f* (12); мировóй ~ый ein Geléhrter von Wéltruf; кабинéтный ~ый Stúbengelehrte *m*

учéсть **1.** beréchnen *vt*, (éin)kalkulíeren *vt*; Bestándsaufnahme máchen; registríeren *vt*; **2.** (*принять во внимание*) berücksichtigen *vt*, in Betrácht zíehen*; Réchnung trágen* (что-л. *D*); Rücksicht néhmen* (auf *A*); **3.** (*вексель*) diskontíeren *vt*

учёт *м* **1.** Beréchnung *f* (10); Inventúr [-vɛn-] *f* (*в магазине*); Réchnungswesen *n* -s, Réchnungsführung *f*; Erfássung *f*; Bilanzíerung *f*; (*статистика*) Statístik *f* (10); Evidénz [-vi-] *f* (*австр.*); ~ потрéбностей (statístische) Erfássung des Bedárfs; народнохозя́йственный ~ vólkswirtschaftliche Statístik; бухгалтéрский ~ Búchführung *f*; búchhalterische Erfássung (*чего-л.*); ~ себестóимости Kóstenrechnung *f*; вести́ ~ beréchnen *vt*; Buch führen (über *A*), éintragen* *vt* (*записывать*); kontrollíeren *vt* (*проверять*); проводи́ть ~ в магази́не im Geschäft Inventúr máchen; закры́то на ~ wégen Inventúr geschlóssen; не поддавáться ~у sich nicht ábschätzen [beréchnen] lássen*; без ~а чегó-л. óhne Rücksicht auf etw. (*A*); с ~ом чегó-л. únter Berücksichtigung (*G*); **2.** (*регистрация*) Registríerung *f* (10), Registratúr *f* (10); Éintragung *f* (10); ~ военнообя́занных die Erfássung der Wéhrpflichtigen; взять на ~ registríeren *vt*, in die Líste éintragen*; постáвить на ~ erfássen *vt*; снять с ~а stréichen* *vt*; встать на ~ sich ánmelden; сня́ться с ~а sich ábmelden; **3.** *фин.* (*векселей*) Diskontíerung *f* (10), Diskónt *m* -(e)s; стáвка ~а Diskóntsat *m* (1*)

учетвер||ённый vervíerfacht; **~и́ть** vervíerfachen *vt*; **~и́ться** sich vervíerfachen; **~я́ть(ся)** *см.* учетвери́ть(ся)

учётный **1.** Beréchnungs-; statístisch; Kontróll-; **2.** *фин.* Diskónt(o)-; ~ банк

Diskóntbank *f* (10); ~ процéнт Diskónt *m* (1), Diskóntsatz *m* (1*)

учи́лищ||е *с* Léhranstalt *f* (10), Schúle *f* (11); **воéнное** ~е Kríegsschule *f*, Militärschule *f*; пехóтное ~е Infanteríeschule *f*; **~ный** Schul-

учин||и́ть, ~я́ть tun* *vt*, vollführen *vt*, verüben *vt*, begéhen* *vt*; ~и́ть скандáл *разг.* éinen Skandál máchen, Krach máchen; ~и́ть распрáву ein Stráfgericht ábhalten*; ~и́ть допрóс ein Verhör ánstellen

учи́тель *м* Léhrer *m* (6) (*тж. перен.*); Léhrkraft *f* (3); Léhrmeister *m* (6) (*наставник*); ~ немéцкого языкá Déutschlehrer *m*, Léhrer der déutschen Spráche; **~ница** *ж* Léhrerin *f* (12); **~ская** *ж* Léhrerzimmer *n* (6); **~ский** Léhrer-; ~ский инститýт Léhrerbildungsanstalt *f* (10); Institút für Léhrerbildung; **~ство** *с* **1.** *собир.* Léhrerschaft *f* (10), Léhrkörper *m* (6), Léhrer *pl*; **2.** (*деятельность*) Léhrtätigkeit *f*; Léhrerberuf *m* -(e)s (*профессия*); **~ствовать** Léhrer sein, als Léhrer tätig sein, unterríchten *vt*

учи́тыв||ать *см.* учéсть; ~ая in Ánbetracht (*G*), únter Berücksichtigung (*G*); mit Rücksicht auf (*A*); únter Beáchtung (*G*); im Hínblick auf (*A*); нельзя́ не ~ать es darf nicht übersέhen wérden

учи́ть 1. (*обучать*) léhren *vt*; unterwéisen* *vt* (чемý-л. in *D*); béibringen* *vt* (когó-л. *D*); unterríchten *vt*, Únterricht ertéilen (когó-л. *D*) (*преподавать*); ánlernen *vt* (*на производстве*); **2.** (*запоминать, усваивать*) lérnen *vt*; ~ роль (séine) Rólle lérnen [éinüben]; **~ся** lérnen *vi*, studíeren *vi*, im Áusbildungsverhältnis stéhen*; éine Léhrzeit dúrchmachen (*какому-л. ремеслу*); отпрáвить ~ся в шкóлу in die Schúle [zum Únterricht] schícken; ~ся читáть lésen lérnen; ~ся в пя́том клáссе in die fünfte Klásse géhen*; он ýчится на пя́том кýрсе er ist im fünften Stúdienjahr; ◊ ~ся на гóрьком óпыте Léhrgeld záhlen; век живи́, век учи́сь *погов.* der Mensch [man] lernt nie aus

учреди́тель *м* Gründer *m* (6), Stífter *m* (6); **~ный** Gründungs-, Stíftungs-; ~ное собрáние konstituíerende Versámmlung, Konstituánte *f* (11); verfássunggebende Versámmlung

учреди́ть, учреждáть 1. (*основать*) gründen *vt*, stíften *vt*; scháffen* *vt*, ins Lében rúfen* (*создать*); **2.** (*ввести*) éinführen *vt*

учреждéн||ие *с* **1.** (*действие*) Organisíerung *f*, Gründung *f*, Stíftung *f*; **2.** (*заведение*) Institutión *f* (10), Ánstalt *f* (10), Éinrichtung *f* (10); Dienststelle *f* (11); Behörde *f* (11), Amt *n* (5) (*государственное*); Büró *n* -s, -s (*контора*); прави́тельственные ~ия Regíerungsbehörden *pl*, Regíerungsämter *pl*

учти́в||ость *ж* Höflichkeit *f*, höfliche Art; **~ый** höflich

учýять *разг. тж. перен.* wíttern *vt*; spüren *vt*; Wind bekómmen* (von *D*)

ушáн *м зоол.* (*летучая мышь*) Gróßohr *n* (13), Gróßohrfledermaus *f* (3)

ушáнка *ж* wárme Mütze mit Óhrenklappen

ушáстый lángohrig; gróßohrig

ушáт *м* Zúber *m* (6), Kübel *m* (6); ◊ вы́лить на когó-л. ~ холóдной воды́ j-m éine kálte Dúsche verábfolgen [verábreichen]

ушераздирáющий óhrenzerreißend, trómmelfellerschütternd

ýши *мн. см.* ýхо

ушиб *м* Stoß *m* (1*), Schlag *m* (1*); Verlétzung *f* (10); Préllung *f*; **~áть(ся)** *см.* ушиби́ть(ся); **~и́ть** stóßen* *vt*, schlágen* *vt*, verlétzen *vt*; préllen *vt*; **~и́ться** sich stóßen*, sich verlétzen

ушивáть, уши́ть 1. (*сузить*) ábnähen *vt*, (durch Nähen) énger máchen; éinnähen *vt*; **2.** (*украсить*) verzíeren *vt*, bestícken *vt*

ýшко *с см.* ýхо; ◊ у негó ýшки на макýшке er ist auf der Hut

ушкó *с* **1.** (*петелька, дужка*) Hénkel *m* (6), Griff *m* (1); Schláufe *f* (11), Schlínge *f* (11) (*сапога*); **2.** (*у иглы*) Nádelöhr *n* (2)

ушн||и́к *м разг.* (*врач*) Óhrenarzt *m* (1*), Óhrenspezialist *m* (8); **~óй** Óhren-; Ohr-; ~áя железá Óhrdrüse *f* (11); ~áя рáковина Óhrmuschel *f* (11); ~áя сéра Óhrenschmalz *n* -es; ~óе зéркало *мед.* Óhrenspiegel *m* (6), Otoskóp *n* (2); ~ы́е болéзни Óhrenkrankheiten *pl*

ущéлистый zerklüftet

ущéлье *с* Bérgschlucht *f* (10), Schlucht *f*, Kluft *f* (3), Éngpaß *m* -sses, -pässe, Hóhlweg *m* (1)

ущем||и́ть 1. klémmen *vt*, éinklemmen *vt*, quétschen *vt*; ~и́ть себé пáлец sich (*D*) éinen Fínger éinklemmen [quétschen]; **2.** *перен.* kränken *vt*, verlétzen *vt* (*оскорбить*); schmälern *vt* (*повредить*); ~и́ть чьё-л. самолю́бие j-s Éigenliebe verwúnden [verlétzen]; ~и́ть чьи-л. интерéсы j-s Interéssen schmälern; **~лéние** *с* **1.** Klémmung *f* (10), Quétschung *f* (10), Éinklemmung *f*; **2.**: ~лéние гры́жи *мед.* Brúcheinklemmung *f* (10); **3.** *перен.* Kränkung *f* (10), Verlétzung *f* (10) (*оскорбление*); Schmälerung *f* (10) (*нанесение ущерба*); ~лéние самолю́бия Verlétzung der Éigenliebe; ~лéние интерéсов Schmälerung der Interéssen; ~лéние ли́чности Éinengung der Persönlichkeit; **~ля́ть** *см.* ущеми́ть

ущéрб *м* **1.** Scháden *m* (7*), Verlúst *m* (1), Náchteil *m* (1); Éinbuße *f* (11) (*убыток*); материáльный ~ Sáchschaden *m*; нанести́ ~ Scháden zúfügen [bríngen*]; schädigen *vt*, Ábbruch tun*; beéinträchtigen *vt*; нанести́ самомý себé ~ sich (*D*) selbst scháden, sich ins éigene Fleisch schnéiden*; понести́ ~ Scháden erléiden* [davóntragen*]; в ~ комý-л. j-m zum Scháden, j-m zum Náchteil; в ~ здрáвому смы́слу gégen den gesúnden Ménschenverstand; ◊ лунá на ~е es ist ábnehmender Mond, wir háben ábnehmenden Mond

ущипнýть 1. knéifen* *vt*, zwícken *vt*; **2.** *разг.* (*уязвить*) kränken *vt*, verlétzen *vt*; **3.** *разг.* (*отщипнуть*) ábzwicken *vt*

ую́т *м* Gemütlichkeit *f*, Behäglichkeit *f*; Wóhnlichkeit *f*; чýвство ~а ein wóhliges Gefühl; **~ный** (*о месте*) gemütlich, behäglich, wóhnlich, ánheimelnd; ~ная кóмната ein gemütliches [wóhnlich éingerichtetes] Zímmer; чýвствовать себя́ ~но sich wohl [behäglich] fühlen

уязв||и́мость *ж* Verwúndbarkeit *f*; *перен.* Ánfechtbarkeit *f*; **~и́мый** verwúndbar; *перен.* ánfechtbar; **~и́ть** kränken *vt*, verlétzen *vt*, verwúnden *vt*; an der empfíndlichsten Stélle tréffen*; **~лéние** *с* Verwúndung *f* (10); Kränkung *f* (10), Beléidigung *f* (10); **~ля́ть** *см.* уязви́ть

уясн||éние *с* Erklärung *f* (10), Erläuterung *f* (10), Verdéutlichung *f* (10); Klärung *f*; Áufhellung *f* (10); **~и́ть, ~я́ть** erklären *vt*, erläutern *vt*, klárlegen *vt*, verständlich máchen; ~и́ть себé что-л. sich (*D*) etw. klármachen, sich (*D*) über etw. (*A*) klárwerden; über etw. (*A*) Klárheit gewínnen*; sich (*D*) über etw. (*A*) im klären sein; ~и́ть себé положéние sich (*D*) über die Láge klárwerden*; die Situatión erfássen

Ф

фа *сущ. с муз.* F *n* =, =; ключ фа F-Schlüssel *m* -s, ~-диéз Fis *n* =; ~-бемóль Fes *n* =; ~ мажóр F-Dur *n* =; в ~ мажóре in F-Dur; ~ минóр f-Moll *n* =; в ~ минóре in f-Moll

фабзавкóм *м ист.* (фабри́чно-заводскóй комитéт) Betríebsgewerkschaftsleitung *f*, Betriebskomitee *n* -s, -s (der Gewérkschaft); **~овец** *м ист.* Mítglied *n* der Betríebsgewerkschaftsleitung

фабзáвуч *м ист.* (фабри́чно-заводскóе учи́лище) Bertíebsfachschule *f* (11), Betríebsberufsschule *f*

фабкóм *м* (фабри́чный комитéт) *см.* фабзавкóм

фáбрика *ж* Fabrík *f* (10); Werk *n* (2); Betríeb *m* (1); сукóнная ~ Túchfabrik *f*; бумáжная ~ Papíerfabrik *f*; краси́льная ~ Färberéi *f* (10); пряди́льная ~ Spinneréi *f* (10); ткáцкая ~ Weberéi *f* (10); камвóльная ~ Kámmgarnspinnerei *f*; целлюлóзная ~ Zéllstoffwerk *n*; конди́терская ~ Süßwarenfabrik *f*; швéйная ~ Bekléidungswerk *n*; обогати́тельная ~ *горн.* Áufbereitungsanlage *f* (11)

фáбрика-кýхня *ж* Gróßküche *f* (10), Gróßküchenbetrieb *m* (1)

фабрикáнт *м* Fabrikánt *m* (8), Fabríkbesitzer *m* (6)

фабрикáт *м* Fabrikát *n* (2), Erzéugnis *n* (3*), Prodúkt *n* (2)

фабрикáция *ж* **1.** *уст.* Verfértigung *f*, Ánfertigung *f*, Hérstellung *f*; **2.** *перен.*: ~ слýхов das Áufbringen von Gerüchten; ~ фальши́вок die Hérstellung von Fälschungen

фабриковáть 1. *уст.* fabrizíeren *vt*, erzéugen *vt*, hérstellen *vt*; ánfertigen *vt*, verfértigen *vt*; **2.** *перен.* fabrizíeren *vt*, erfínden* *vt*; zusámmenbrauen *vt* (*разг.*); ~ слýхи Gerüchte áufbringen*

фáбрить *уст.* schwärzen *vt*, färben *vt*

фабри́чно-заводск||óй Betríebs-, Fabrík(s)-, Werks-; шкóла ~óго обучéния *ист.* Betríebsschule *f* (11), Fabríkschule *f*, Wérkschule *f*

фабри́чн||ый *прил.* **1.** Fabrík(s)-; ~ая мáрка, ~ое клеймó Fabríkmarke *f* (11); Schútzmarke *f*; Fabríkzeichen *n* (7); ~ая ценá Fabríkpreis *m* (1); ~ый гудóк Fabríksirene *f* (11); **2.** (*промышленный*) Fabrík-, Industríe-; ~ый гóрод Fabríkstadt *f* (3), Industríestadt *f*; ~ая проми́шленность Fabríkindustrie *f*; ~ым спóсобом fabríkmäßig, in der Fabrík (hérgestellt); **3.** *в знач. сущ. м уст.* Fabríkarbeiter *m* (6)

фáбула *ж лит.* Fábel *f* (11), Ínhalt *m* (1), Hándlung *f* (10) (*содержание*)

фавн *м миф.* Faun *m* (1)

фавóр *м*: быть в ~е у когó-л. *разг.* bei j-m gut ángeschrieben sein; bei j-m éinen Stein im Brett háben

фавори́т *м* **1.** Günstling *m* (1), Líebling *m* (1), Favorít [-vo-] *m* (8); **2.** *спорт.* Favorít [-vo-] *m* (8); **~и́зм** *м* Günstlingswirtschaft *f*; **~ка** *ж* Favorítin [-vo-] *f* (12)

фагóт *м муз.* Fagótt *n* (2); **~и́ст** *м* Fagottíst *m* (8)

фагоци́т *м биол.* Phagozýte *f* (11)

фагоци́тóз *м биол.* Phagozytóse *f*

фа́з||а *ж* Pháse *f* (11), Stádium *n* -s, -di|en, Entwícklungsstufe *f* (11); Ábschnitt *m* (1) (*период*); ~ы луны́ *астр.* Móndphasen *pl*

фаза́н *м* Fasán *m* (1, 13); **~ий** Fasánen-

фа́зис *м см.* фа́за

фа́зовый Phásen-

фазо́метр *м эл.* Phasométer *n* (6); Phásenmesser *m* (6)

фазотро́н *м физ.* Synchrozyklotrón [-kro-] *n* (2)

фа́кел *м* Fáckel *f* (11)

фа́кель||ный Fáckel-; ~ное ше́ствие Fáckelzug *m* (1*); **~щик** *м* Fáckelträger *m* (6)

факи́р *м* Fákir *m* (1)

факси́миле 1. *с* Faksímile *n* -s, -s; **2.** *прил., нареч.* vórlagengetreu náchgebildet

факт *м* Tátsache *f* (11), Fakt *m* -(e)s, -en; общеизве́стный ~ éine állbekannte Tátsache; достове́рный ~ éine únbestrittene Tátsache; доказа́ть на ~ах an Hand von Tátsachen bewéisen*; осно́вываться на ~ах auf Tátsachen berúhen; sich auf den Bóden der Tátsachen stéllen; исходи́ть из реа́льных ~ов sich an die reálen Tátsachen hálten*; оказа́ться пе́ред ~ом vor éiner Tátsache stéhen*; пе́ред лицо́м ~ов ángesichts der Tátsachen; принима́я во внима́ние все ~ы wenn man álle Tátsachen berücksichtigt; счита́ться с ~ом der Tátsache Réchnung trágen*; говоря́т ~ы die Tátsachen beságen; бога́тый ~ами reich an Tátsachen; э́то ~! (es ist) Tátsache!; отчёт, постро́енный на ~ах Tátsachenbericht *m* (1); ~ остаётся ~ом die Tátsache bleibt bestéhen; учи́ться на ~ах aus Tátsachen lérnen; поста́вить кого́-л. пе́ред соверши́вшимся ~ом j-n vor éine volléndete Tátsache stéllen; печа́льно, но ~ tráurig, áber wahr; ~ы — упря́мая вещь an Tátsachen kann man nicht rütteln; Tátsachen lássen sich nicht léugnen [wégleugnen]

факти́ческ||и *нареч.* tátsächlich, in der Tat, in Wírklichkeit, fáktisch; de fácto (*лат.*); **~ий** tátsächlich, den Tátsachen entspréchend; wírklich (*действи́тельный*); fáktisch; ~ое положе́ние де́ла der tátsächliche Stand der Dínge [der Sáche, der Ángelegenheit]; большо́й ~ий материа́л reich(haltig)es Tátsachenmaterial; ◇ ~ий брак wilde Éhe

фактогра́фия *ж* Beschréibung von Tátsachen óhne Stéllungnahme

фа́ктор *м* Fáktor *m* -s, -tóren; Momént *n* (2); вне́шний ~ äußerer Fáktor

факто́рия *ж* Faktoréi *f* (10), Hándelsniederlassung *f* (10); пушна́я ~ Pélztierfaktorei *f*

факто́тум *м уст.* Faktótum *n* -s, -s

факту́р||а *ж* **1.** *ком.* Faktúr *f* (10), Faktúra *f*, *pl* -ren, Wárenrechnung *f* (10); вы́писать ~у fakturíeren *vi*, in Réchnung stéllen; **2.** *иск.* Faktúr *f* (10); **3.** *текст.* Gewébestruktur *f* (10) (*ткани*); **4.** *спец.* Síchtfläche *f* (11), Áußenseite *f* (11)

факультати́вн||ый fakultatív, wáhlfrei; ~ая ле́кция fakultatíve Vórlesung, Söndervorlesung *f* (10)

факульте́т *м* Fakultät *f* (10); медици́нский ~ die medizínische Fakultät; юриди́ческий ~ die juristische Fakultät; быть на юриди́ческом [медици́нском] ~е Júra [Medizín] studíeren; **~ский** Fakultäts-

фал *м мор., косм.* Fall *n* (13); *ав.* Sícherheitsseil *n* (2)

фала́нга *ж* **1.** *воен. ист.* Phálanx *f*, *pl* -lángen; **2.** *анат.* Phálanx *f*, *pl*-lángen, Fíngerglied *n* (5); Glíederknöchel *m* (6)

фаланстéр *м* Phalanstére [*фр.* falãs'tɛ:r] *f*, *pl* -ren [-rən]

фа́лда *ж* Schoß *m* (1*), Fráckschoß *m*, Róckschoß *m*

фалери́ст *м* Ábzeichensammler *m* (6)

фа́линь *м мор.* Fángleine *f* (11)

фалре́п *м мор.* Fállreep *n* (2), Fállreepstau *n* (2)

фальсифик||а́т *м* Fälschung *f* (10), gefälschtes Prodúkt; **~а́тор** *м* Falsifikátor *m* -s, -tóren, Fälscher *m* (6); ~а́торы исто́рии Geschíchtsfälscher *pl*; **~а́ция** *ж* Fälschung *f* (10), Verfälschung *f*

фальсифици́ров||анный gefälscht, verfälscht; **~ать** fälschen *vt*, verfälschen *vt*

фальста́рт *м спорт.* Féhlstart *m* (1) (*pl тж.* -s), Frühstart *m*

фальц *м* **1.** *тех.* Falz *m* (1); Rínne *f* (11) (*желобок*); Fúge *f* (11), Naht *f* (3) (*шов*); **2.** *полигр.* Falz *m* (1)

фальцев||а́льный *полигр.* Falz-, zum Fálzen; ~а́льная маши́на Fálzmaschine *f* (11), Fálzer *m* (6); **~а́ть** fálzen *vt*

фальце́т *м муз.* Falsétt *n* (2), Fístelstimme *f* (11)

фальцо́в||ка *ж полигр.* Fálzen *n* -s, Fálzung *f*; **~щик** *м* Fálzer *m* (6); **~щица** *ж* Fálzerin *f* (12)

фальшбо́рт *м мор.* Schánzkleid *n* (5)

фальши́в||ить 1. (*быть неискренним*) héucheln *vi*; únaufrichtig [falsch] sein; **2.** *муз.* detoníeren *vi*, falsch spíelen [síngen*]; **~ка** *ж разг.* Fälschung *f* (10), gefälschtes Dokumént

фальшивомоне́тчик *м* Fálschmünzer *m* (6)

фальши́в||ый 1. (*подде́льный*) falsch, gefälscht, verfälscht; künstlich; ~ые де́ньги gefälschtes [fálsches] Geld; **2.** (*о челове́ке, хара́ктере*) falsch, únwahr, verlógen; únaufrichtig (*неискренний*); héuchlerisch (*лицеме́рный*); **3.**: ~ая но́та éine fálsche Nóte, Míßton *m* (1*)

фальшки́ль *м мор.* Fálschkiel *m* (1), Áfterkiel *m*

фальшь *ж* Fálschheit *f*, Verlógenheit *f*; Betrúg *m* -(e)s (*обма́н*); Únaufrichtigkeit *f* (*неи́скренность*); Heucheléi *f* (*притво́рство*)

фами́лия *ж* Famíli|enname *m* (15), Náme *m*; Zúname *m*; и́мя и ~ Vór- und Zúname; де́вичья ~ Mädchenname *m*; как ва́ша ~? wie héißen Sie?, wie ist Ihr Náme?

фами́льн||ый Famíli|en-; ~ое схо́дство Famíli|enähnlichkeit *f*

фамилья́рн||ичать *разг.* familiär [vertráulich] tun*; **~ость** *ж* Familiarität *f*, Vertráulichkeit *f*; **~ый** familiär, übertríeben vertraulich

фанабе́рия *ж разг.* Dünkel *m* -s, Arrogánz *f*; Ánmaßung *f*

фанати́зм *м* Fanatísmus *m*

фана́тик *м* Fanátiker *m* (6)

фанати́ч||еский fanátisch; **~ка** *ж* Fanátikerin *f* (12); **~ность** *ж* Fanatísmus *m* =; **~ный** fanátisch

фанда́нго *с* (*та́нец*) Fandángo *m* -s,

фане́р||а *ж* Furníer *n* (2), Furníerholz *n* -es; клеёная ~а Spérrholz *n*; **~ный** Furníer-, Spérrholz-, aus Furníerholz; ~ная перегоро́дка éine Schéidewand aus Furníerholz; ~ный лист Furníerbrett *n* (5)

фанерова́ть furníeren *vt*

фа́нза *ж* Báuernhaus *n* (5) (*China*)

фант *м* Pfand *n* (5); игра́ в ~ы Pfänderspiel *n* -(e)s; игра́ть в ~ы Pfänder spielen

фантазёр *м* Phantást *m* (8), Schwärmer *m* (6), Träumer *m* (6); **~ка** *ж* Schwärmerin *f* (12), Träumerin *f* (12); **~ство** *с* Phantasteréi *f*

фантази́ровать 1. phantasíeren *vi*; schwärmen *vi*, träumen *vi* (*мечта́ть*); **2.** *муз.* phantasíeren *vi*, improvisíeren [-vi-] *vi*

фанта́з||ия *ж* **1.** Phantasíe *f*; Trúgbild *n* (5); Éinbildungskraft *f* (*воображе́ние*); с бога́той ~ией phantasíebegabt, mit üppiger Phantasíe; **2.** (*мечта́*) Phantasíegebilde *n* (6); Lúftschloß *n* -sses, -schlösser (*возду́шный за́мок*); Hírngespinst *n* (2) (*химе́ра*); **3.** *разг.* (*при́чуда, при́хоть*) Gríllе *f* (11), Láune *f* (11), Éinfall *m* (1*); ему́ пришла́ в го́лову ~ия ihm kam ein phantástischer [tóller] Gedánke; plötzlich hátte er den Éinfall (+ *inf* c zu); **4.** *муз.* Fantasíe *f*(11); Improvisatión [-vi-] *f* (10)

фантасмаго́рия *ж* Phantasmagoríe *f* (11), Schéinbild *n* (5), Trúgbild *n*

фанта́ст *м* **1.** Phantást *m* (8), Schwärmer *m* (6), Träumer *m* (6); **2.** (*писа́тель*) utópischer Schríftsteller; **~ика** *ж* Phantástik *f*; нау́чная ~ика wíssenschaftlich-utópische Literatúr; **~и́ческий** phantástisch; wúnderlich (*причу́дливый*); únmöglich (*несбы́точный*); **~и́чность** *ж* das Phantástische (*sub*); **~и́чный** *см.* фантасти́ческий

фанто́м *м* Phantóm *n* (2)

фанфа́ра *ж муз.* **1.** (*труба́*) Fanfáre *f* (11), Trompéte *f* (11); **2.** (*тру́бные зву́ки*) Fanfárenstöße *pl*; Fanfárenklänge *pl*, Trompétengeschmetter *n* -s

фанфари́ст *м* Fanfárenbläser *m* (6); взвод ~ов Fanfárenzug *m* (1*) (*пионе́рский*)

фанфаро́н *м разг.* Áufschneider *m* (6), Gróßtuer *m* (6), Ángeber *m* (6); **~ство** *с разг.* Áufschneiderei *f*, Gróßtuerei *f*, Ángabe *f*

фа́ра *ж* Schéinwerfer *m* (6); противотума́нная ~ Nébelscheinwerfer *m*; ~ да́льнего све́та Férnlicht *n* -(e)s

фара́да *ж эл.* Farád *n* = *u* -s, = (*сокр.* F)

фарадиза́ция *ж мед.* Faradisatión *f*, Farádotherapie *f*

фарао́н *м* **1.** *ист.* Phárao *m* = *u* -s, -raónen; **2.** *карт.* Phárao *n* -s, Pháro *n* -s

фарва́тер *м мор.* Fáhrwasser *n* -s; Fáhrrinne *f* (11); идти́ в ~е *тж. перен.* im Fáhrwasser ségeln; напра́вить в ~ *тж. перен.* ins Fáhrwasser lénken

Фаренге́йт: термо́метр ~а Fáhrenheitsches Thermométer; по ~у nach Fáhrenheit

фаринга́льный *лингв.* pharyngál; ~ звук pharyngáler Laut, Ráchenlaut *m* (1)

фаринги́т *м мед.* Pharyngítis *f*, Ráchenentzündung *f* (10)

фарингоско́п *м мед.* Kéhlkopfspiegel *m* (6); Pharyngoskóp *n* (2)

фарисе́й *м* Pharisäer *m* (6); Héuchler *m* (6); Schéinheilige *m* (14); **~ский** pharisä|isch; héuchlerisch; schéinheilig; **~ство** *с* Heucheléi *f*, Schéinheiligkeit *f*

фармако́||лог *м* Pharmakológe *m* (8, 9); **~логи́ческий** pharmakológisch; **~ло́гия** *ж* Pharmakologíe *f*, Arznéimittellehre *f*

фармакопе́я *ж* Arznéibuch *n* (5)
фармаце́вт *м* Pharmazéut *m* (8); ~**ика** *ж* Pharmazéutik *f*, Arznéikunde *f*; ~**и́ческий** pharmazéutisch; Arznéimittel-
фармаци́я *ж* Pharmazíe *f*, Pharmazéutik *f*, Arznéikunde *f*
фарс *м* Farce [-sə] *f* (11), Pósse *f* (11); *перен.* Fárce *f*, Verspóttung *f* (10)
фа́ртук *м* Schürze *f* (11); ко́жаный ~ (*экипажа*) Sprítzleder *n* (6); Kníedecke *f* (11)
фарфо́р *м* **1.** (*материал*) Porzellán *n* -s, -e, **2.** *собир.* (*изделия*) Porzellán *n* -s; Porzellángeschirr *n* -(e)s; худо́жественный ~ Kúnstporzellan *n*, Zíerporzellan *n*; ~**овый** Porzellán-, aus Porzellán; ~овая гли́на Porzellánerde *f*, Kaolín *n* -s; ~овый заво́д Porzellánfabrik *f* (10); ~овые изде́лия (*посуда*) Gebráuchsporzellan *n*
фарш *м* das Gehäckte (*sub*); Hackfleisch *n* -es (*мясной*); Füllsel *n* (6), Füllung *f* (10), Fárce [-sə] *f* (11) (*начинка*)
фарширо́в||анный gefüllt; farciert [-'si:-]; ~анная ры́ба gefüllter Fisch; ~**а́ть** füllen *vt*
фас *м* Vórderansicht *f* (10); ◇ в ~, ~ом in Vórderansicht
фаса́д *м* **1.** Fassáde *f* (11), Front *f* (10), Vórderseite *f* (11); Stírnseite *f*; Scháuseite *f*; гла́вный ~ Vórderfront *f*; пере́дний ~ (*здания*) Háuptfassade *f*, Háuptseite *f*; за́дний ~ (*здания*) Hínterseite *f*, Hófseite *f*, Hóffront *f*; ли́ния ~ов (*домов*) Flúchtlinie *f* (11); **2.** *спец.* Áufriß *m* -risses, -risse; Vórderansicht *f* (10) (*чертежа*)
фасе́т *м тех.* Facétte *f* (11), Schléiffläche *f* (11)
фасе́точн||ый: ~ые глаза́ *зоол.* Facéttenaugen *pl*
фа́ска *ж тех.* Fáse *f* (11), Schrägkante *f* (11)
фасова́ть ábpacken *vt* (*сыпучий, штучный товар*); ábfüllen *vt* (*жидкость*)
фасо́вка *ж* Ábpacken *n* -s; Ábfüllen *n* -s
фасо́ль *ж* Bóhnen *pl*; стручко́вая ~ Schníttbohnen *pl*; кустова́я ~ Búschbohnen *pl*
фасо́н *м* Fasson [-'sɔŋ] *f*, *pl* -s; Mách¦art *f* (10); Schnitt *m* (1), Zúschnitt *m* (*покрой*); Form *f* (10) (*форма*); Art *f* (*манера*); на друго́й ~ auf éine ándere Art [Maníer]; снять ~ die Fassón náchahmen; ◇ держа́ть ~ *разг.* gróßtun* *отд. vi*, sich wíchtig máchen; ~**истый** *разг.* **1.** schick; elegánt, fein; **2.** (*вычурного фасона*) mit Verzíerungen überláden; **3.** (*о человеке*) stútzerhaft, géckenhaft
фасо́нн||ый **1.** *тех.* Form-; ~ое литьё Fórmguß *m* -sses; ~ая сталь Profílstahl *m* (1*); ~ая дета́ль Fórmteil *m* (1); **2.** *ткст.* Múster-, Zier-, Phantasíe-; ~ая ткань Músterstoff *m* (1); Zíergewebe *n* (6); ~ые изде́лия Phantasíeartikel *pl*
фат *м* Läffe *m* (9), Fátzke *m* (9), éitler Áffe, Láckaffe *m* (9), Schnösel *m* (6)
фата́ *ж* Bräutschleier *m* (6)
фатали́зм *м* Fatalísmus *m* =
фатали́ст *м* Fatalíst *m* (8); ~**и́ческий** fatalístisch
фата́льн||ость *ж* Fatalität *f*, Verhängnis *n* -sses; ~**ый** fatál, verhängnisvoll, schícksalhaft

фа́та-морга́на *ж* Fáta Morgána *f*, *pl* -nen *u* -s; Trúgbild *n* (5)
фатова́т||ость *ж* Áffigkeit *f*, Géckenhaftigkeit *f*; ~**ый** áffig, géckenhaft
фатовство́ *с* Géckenhaftigkeit *f*
фа́тум *м* Fátum *n* -s, -ta, Schícksal *n* (2), Verhängnis *n* (3*)
фа́уна *ж* Fáuna *f*, *pl* -nen, Tíerwelt *f*
фаустпатро́н *м воен.* Pánzerfaust *f* (3)
фа́хверк *м тех.* Fáchwerk *n* (2)
фаце́т *м см.* фасе́т
фаце́ции *мн. лит.* Fazéti¦en *pl*, Schwänke *pl*
фашиз||а́ция *ж* Faschisíerung *f*; ~**и́ровать** faschisíeren *vt*
фаши́зм *м* Faschísmus *m*
фаши́н||а *ж* Faschíne *f* (11), Réisigbündel *n* (6); ~**ный** Faschínen-; ~ная да́мба Faschínendamm *m* (1*)
фаши́ст *м* Faschíst *m* (8); ~**ский** faschístisch
фаэто́н *м* (*экипаж, автомобиль*) Pháeton *m* -s, -s
фая́нс *м* **1.** (*материал*) Stéingut *n* -(e)s; **2.** *собир.* (*изделия*) *иск.* Fayence [fa'jaŋs] *f* (11); ~**овый** Stéingut-; ~овая таре́лка Stéingutteller *m* (6); *иск.* Fayenceteler [fa'jaŋs-] *m*; ~овый заво́д Stéingutfabrik *f* (10), Kerámikwerk *n* (2)
февра́л||ь *м* Fébruar *m* = *u* -s; в ~е́ ме́сяце im Mónat Fébruar; в нача́ле ~я́ Ánfang Fébruar; в середи́не ~я́ Mítte Fébruar; в конце́ ~я́ Énde Fébruar; в ~е́ про́шлого го́да im Fébruar vórigen Jáhres, vórigen Fébruar; в ~е́ э́того го́да im Fébruar díeses Jáhres, díesen Fébruar; в ~е́ бу́дущего го́да im Fébruar nächsten Jáhres, nächsten Fébruar
февра́льский Fébruar-; Февра́льская револю́ция die Fébruarrevolution
федерал||и́зм *м* Föderalísmus *m* =; ~**и́ст** *м* Föderalíst *m* (8); ~**и́стский** föderalístisch
федера́льн||ый Búndes-; Föderál-, föderál; на ~ых нача́лах auf föderaler Grúndlage; ~ый ка́нцлер Búndeskanzler *m* (6)
федерати́вн||ый Búndes-; föderatív, Föderatív-; Росси́йская Сове́тская Федерати́вная Социалисти́ческая Респу́блика Rússische Sozialístische Föderatíve Sowjétrepublik; Федерати́вная Респу́блика Герма́нии Búndesrepublik Déutschland
федера́ц||ия *ж* Föderatión *f* (10), Bund *m* (1*); созда́ние ~ии Föderíerung *f*; Всеми́рная ~ия профсою́зов (*сокр.* ВФП) Weltgewérkschaftsbund *m* -es (*сокр.* WGB)
фе́динг *м радио* Fading ['fe:-] *m*, *n* -s, -s. Schwund *m* -(e)s
феери́ческий, феери́чный fé¦enhaft, záuberhaft, märchenhaft
фее́рия *ж* Märchenspiel *n* (2); *перен.* märchenhafter [záuberhafter] Ánblick
фейерве́рк *м* Féuerwerk *n* (2)
фек||а́лии *мн. физиол.* Fäkáli¦en *pl*, Áuswurfstoffe *pl*; ~**а́льный** *физиол.* fäkál; ~а́льное удобре́ние Abortdünger *m* (6)
фелла́х *м* Felláche *m* (9)
фельдма́ршал *м* Féldmarschall *m* (1*)
фельдма́ршальский Féldmarschall-; ~ жезл Márschallstab *m* (1*)
фельдфе́бель *м воен. ист.* Féldwebel *m* (6); ~**ский** Féldwebel(s)-
фе́льдшер *м* Árzthelfer *m* (6); Féldscher *m* (6); ветерина́рный ~ Veterinärhelfer *m*; ~**и́ца** *ж* Árzthelferin *f* (12); ~**ский** Árzthelfer-; Féldscher-

фельдъе́герь *м* Éilbote *m* (9), Kuríer *m* (6)
фелье́то́н *м* Feuilleton [*фр.* fœjə'tɔ̃] *n* -s, -s; ~**и́ст** *м* Feuilletoníst [fœjə-] *m* (8); ~**ный** feuilletonistisch, Feuilleton- [*фр.* fœjə'tɔ̃]; ~ный стиль Feuilletonstil *m* -(e)s
фелю́га *ж мор.* Felúke *f* (11)
Феми́да *ж миф.* Thémis *f*
феминиза́ция *ж* Verwéiblichung *f*
фемин||и́зм *м* Fráuenrechtsbewegung *f*; ~**и́ст** *м* Fráuenrechtler *m* (6); ~**и́стка** *ж* Fráuenrechtlerin *f* (12); ~**и́стский** fráuenrechtlerisch, Fráuenrechts-
фен *м* Fön *m* (1), Háartrockenapparat *m* (1), Háartrockner *m* (6)
фён *м* (*ветер*) Föhn *m* (1)
фенаце́ти́н *м фарм.* Phenazetín *n* -s
фе́никс *м миф.* Phönix *m* =, -e; возни́кнуть, как ~ из пе́пла wie ein Phönix aus der Ásche stéigen*
фено́л *м хим.* Phenól *n* -s; ~**овый** *хим.* Phenól-
феноло́гия *ж биол.* Phänologíe *f*
фено́мен *м* Phänomén *n* (2), áußergewöhnliche Erschéinung; Genie [ʒe'ni:] *n* -s, -s (*гений*)
феноменали́зм *м филос.* Phänomenalísmus *m*
феномена́льн||ый phänomenál, úngewöhnlich, áußergewöhnlich; ~ая па́мять fábelhaftes [phänomenáles] Gedächtnis; Bómbengedächtnis *n* (3*) (*разг.*)
феноменоло́гия *ж филос.* Phänomenologíe *f*
феноплáст *м* Phenoplást *m* (1)
фео́д *м ист.* Lehn *n* (2), Léhen *n* (7)
феода́л *м* Feudále *m* (9), Feudálherr *m* (8); ~**и́зм** *м* Feudalísmus *m* =, Feudálsystem *n* -(e)s; при ~и́зме im Feudalísmus
феода́льн||ый feudál, Feudál-, Lehns-; ~ый строй Feudálordnung *f*, die feudále Órdnung; ~ые пережи́тки feudále Überreste
фе́рзевый *шахм.* Dámen-; ~ фланг Dámenflügel *m* (6)
ферзь *м шахм.* Königin *f* (12), Dáme *f* (11)
фе́рма I *ж с.-х.* Farm *f* (10); Víehwirtschaft *f* (10); колхо́зная ~ Kollektívwirtschaftsfarm *f*, Kolchósfarm *f*; моло́чная ~ Mílchfarm *f*, Meieréi *f* (10)
фе́рма II *ж стр.* Bínder *m* (6); Träger *m* (6), Fáchwerkträger *m*, Háuptträger *m*; хвостова́я ~ *ав.* Schwánzträger *m*
ферма́та *ж муз.* Fermáte *f* (11)
ферме́нт *м биол., хим.* Fermént *n* (2), Gärstoff *m* (1); ~**а́ция** *ж* Fermentatión *f*, Gärung *f*, Gärungsprozeß *m* -sses; ~**и́ровать** **1.** (*бродить*) fermentíeren *vi*, gären *vi*; **2.** (*подвергать брожению*) fermentíeren *vt*, gären lássen*
фе́рмер *м* Fármer *m* (6); ~**ский** Farm-, Fármer-; ~**ство** *с* **1.** (*занятие*) Fármwesen *n* -s; **2.** *собир.* Fármer *pl*
фе́рмий *м* Férmium *n* -s (*хим. знак* Fm)
фермуа́р *м уст.* **1.** (*застёжка*) Schlíeßhaken *m* (7); **2.** (*ожерелье*) Fermoir [-mo'a:r] *n* (2)
фернамбу́к *м* **1.** (*древесина*) Fernambúkholz *n* (5); Brasílholz *n*; **2.** (*краска*) Fernambúkfarbe *f* (11)
ферри́т *м хим., физ.* Ferrít *m* -(e)s
ферромагнети́зм *м* Ferromagnetísmus *m*
ферромáрганец *м тех.* Mangáneisen *n* -s, Ferromangán *n* -s

ферросили́ций *м тех.* Ferrosilízium *n* -s

ферроспла́в *м тех.* Férrolegierung *f* (10)

феррохро́м *м тех.* Ferrochrom [-'kro:m] *n* -s

ферт *м разг.* Láffe *m* (9), Láckaffe *m*; Zíerbengel *m* (6)

фе́ска *ж* Fes *m* = *u* -ses, = *u* -se

фестива́ль *м* Féstival [-val] *n* (2), Féstspiele *pl*; Всеми́рный ~ демократи́ческой молодёжи Wéltfestspiele der demokrátischen Júgend

фесто́н *м* Feston [-'tõ] *n* -s, -s; Zácke *f* (11) (*зубчик*); укра́сить ~ами festoníeren *vt*; **~чатый** festonartig [-'tõ-], gezáckt

фети́ш *м* Fétisch *m* (1); **~иза́ция** *ж* Fetischisíerung *f*; **~и́зм** *м* Fetischismus *m* =, Fétischverehrung *f*; това́рный ~и́зм Wárenfetischismus *m*; **~и́ст** *м* Fetischíst *m* (8)

фетр *м* Filz *m* (1); **~овый** Filz-, aus Filz; ~овая шля́па Fílzhut *m*; ~овый колпа́к (*для шляп*) Stúmpen *m* (7)

фефёла *ж разг.* dícke Schlámpe, dícke, schlämpige Frau

фехтова́ль||ный Fecht-; ~ное иску́сство Féchtkunst *f*; ~ная ма́ска Féchtkorb *m* (1*); **~щик** *м* Féchter *m* (6)

фехтов||а́ние *с* Féchten *n* -s; учи́тель ~а́ния Féchtmeister *m* (8); **~а́ть** féchten* *vi*

фешене́бельн||ость *ж* Schick *m* -(e)s, módische Elegánz; **~ый** fein, schick, módisch, elegánt

фе́я *ж миф.* Fee *f* (11)

фи *межд.* pfui

фиа́кр *м* Fiáker *m* (6), Míetkutsche *f* (11)

фиа́л *м поэт.* Phióle *f* (11)

фиа́лк||а *ж* Véilchen *n* (7); альпи́йская ~а Álpenveilchen *n*; **~овые** *мн. бот.* Violazéịen *pl*, Véilchen *pl*; **~овый** Véilchen-; ~овый ко́рень Véilchenwurzel *f* (11)

фиа́ско *с* Fiásko *n* -s, Míßerfolg *m* -(e)s; потерпе́ть ~ ein Fiásko erléiden*; Míßerfolg háben; schéitern *vi* (s), dúrchfallen* *vi* (s) (*провалиться*)

фибергла́с *м* glásfaserverstärkter Plast

фибергла́совый Glásfaser-; ~ шест *спорт.* Glásfaserstab *m* (1*)

фи́бр||а *ж* **1.** *анат. бот.* Fáser *f* (11); **2.** *спец.* Fíber *f* (11), Kúnstfaserstoff *m* (1); вулканизи́рованная ~а Vulkánfiber [vʊl-] *f* (11); ◊ **всéми** ~ами души́ mit állen Fásern des Hérzens, mit [aus] gánzer Séele

фибри́н *м физиол.* Fibrín *n* -s, Fáserstoff *m* -(e)s

фи́бровый Fíber-

фибро́зный *анат., бот.* fibrös, fáserig, Fáser-

фиброли́т *м* Hólzwolle-Léichtbauplatten *pl*

фибро́ма *ж мед.* Fibróm *n* (2), Fásergeschwulst *f* (3)

фи́г||а *ж* **1.** (*плод*) Féige *f* (11); **2.** (*дерево*) Féigenbaum *m* (1*); ◊ показа́ть ~у *груб.* j-m éine Náse dréhen, смотре́ть в кни́гу и ви́деть ~у nichts verstéhen*

фигаро́ *с* Boléro *m* -s, -s, Bolérojäckchen *n* (7), kúrzes Dámenjäckchen

фи́гли-ми́гли *мн. разг.* Tricks *pl*, Wínkelzüge *pl*, Fínten *pl*

фигля́р *м* **1.** Táschenspieler *m* (6), Póssenreißer *m* (6); **2.** (*кривляка*) Poseur [-'zø:r] *m* (1); **~ничать** Póssen réißen* [tréiben*], Hokuspókus máchen, scháuspielern *vi*; **~ство** *с* Gaukeléi *f*, Hokuspókus *m* =, =; Póssenreißerei *f*

фи́гов||ый Féigen-; ~ое де́рево Féigenbaum *m* (1*); ◊ ~ый листо́к Féigenblatt *n* (5)

фигу́р||а *ж* **1.** Figúr *f* (10), Gestált *f* (10); Statúr *f* (10); у него́ хоро́шая ~а er hat éine gúte Figúr, er ist gut [schön] gewáchsen; пла́тье, сши́тое по ~е auf die Figúr geárbeitetes Kleid; **2.** (*личность*) Figúr *f* (10); Persönlichkeit *f* (10); кру́пная ~а éine hervórragende Persönlichkeit; **типи́чная** ~а éine týpische [charakterístische] Figúr; **3.** *мат., шахм., спорт.* Figúr *f* (10); геометри́ческая ~а geométrische Figúr; ~а в та́нцах Tánzfigur *f*; **4.** *лит.* Figúr *f* (10); Wéndung *f* (10); ритори́ческая ~а rhetórische Wéndung; **5.** *карт.* Bild *n* (5); **6.** *ав.* Figúr *f* (10); ~а вы́сшего пилота́жа Kúnstflugfigur *f*; **7.** *полигр.* Ábbildung *f* (10), Bild *n* (5)

фигура́льн||о *нареч.* (*в переносном смысле*) bíldlich, im übertrágenen Sínne; **~ость** *ж* (*переносный смысл*) das Bíldliche (*sub*), der übertrágene Sinn; **~ый** (*иносказательный*) bíldlich, übertrágen; ~ое выраже́ние bíldlicher Áusdruck

фигура́нт *м театр.* Figuránt *m* (8); Statíst *m* (8), stúmme Persón

фигура́ция *ж муз.* Figuratión *f* (10), Áusschmückung *f* (10)

фигури́ровать figuríeren *vi*, erschéinen* *vi* (s), áuftreten* *vi* (s)

фигури́ст *м спорт.* Éiskunstläufer *m* (6); **~ка** *ж* Éiskunstläuferin *f* (12)

фигу́рн||ый **1.** (*узорный*) Figúr(en)-; mit Figúren verzíert; ~ые бу́лочные изде́лия *мн.* Gebildbäckereien *pl*; **2.** *спорт., спец.*: ~ое ката́ние (на конька́х) Éiskunstlauf *m*; обяза́тельная програ́мма ~ого ката́ния на конька́х Pflíchtfigur *f*, Pflíchtlaufen *n* -s, Pflíchtübung *f*; произво́льная програ́мма ~ого ката́ния на конька́х Kür *f*, Kürlaufen *n* -s; ~ые ско́бки *мат.* geschwéifte Klámmern; ~ый полёт *ав.* Kúnstflug *m* (1*)

фи́дер *м тех.* Feeder [*англ.* 'fi:-] *m* (6), Spéisekabel *n* (6), Spéiseleitung *f* (10)

фиджи́||ец *м* Fidschiáner *m* (8); **~йский** fidschiánisch

фи́жмы *мн.* Réifrock *m* (1*), Krinolíne *f* (11)

физиа́тр *м* Physiotherapéut *m* (8)

физиатри́я *ж мед.* Physiatríe *f*, Natúrheilkunst *f*

фи́зик *м* Phýsiker *m* (6); ~-а́томщик *разг.* Atómphysiker *m*; ~-я́дерщик *разг.* Kérnphysiker *m*

фи́зика *ж* Physík *f*; я́дерная ~ Kérnphysik *f*; прикладна́я ~ ángewandte Physík; ~ твёрдого те́ла Féstkörperphysik *f*

фи́зико-математи́ческий mathemátisch-physikálisch

физиокра́т *м эк.* Physiokrát *m* (8); **~и́ческий** physiokrátisch; **~ия** *ж* Physiokratíe *f*

физио́||лог *м* Physiológ(e) *m* (8, 9); **~логи́ческий** physiológisch; ~логи́ческий раство́р physiológische Lösung; **~ло́гия** *ж* Physiologíe *f*

физиономи́ст *м* Physiognóm *m* (8)

физионо́мика *ж* Physiognómik *f*

физионо́мия *ж* Gesícht *n* (5); Physiognomíe *f* (11) (*выражение лица*); *перен.* Gesícht *n*, Charákter [ka-] *m* -s, Wésen *n* -s

физиотерап||е́вт *м* Physiotherapéut *m* (8); **~евти́ческий** physiotherapéutisch; **~и́я** *ж* Physiotherapíe *f*

физи́ческ||ий **1.** physisch, kǿrperlich; ~ий труд phýsische [körperliche] Árbeit; ~ая си́ла Körperkraft *f*, phýsische Kraft; **~ое** лицо́ *юр.* phýsische Persón; **~ий** объём произво́дства Prodúktiónsvolumen [-vo-] *n* (7), Naturálvolumen der Produktión; **2.** (*относящийся к физике*) physikálisch; **~ая** хи́мия physikálische Chemíe; **~ая** геогра́фия physikálische Geographíe; **~ий** кабине́т Physíkzimmer *n* (6) (in der Schúle), physikálisches Kabinétt

физкульту́р||а *ж* (физи́ческая культу́ра) Körperkultur *f*, Sport *m* -(e)s; Kǿrpererziehung *f*, Túrnunterricht *m* -(e)s (*в школе*); **~ник** *м* Spórtler *m* (6); Túrner *m* (6) (*гимнаст*); Spórtlehrer *m* (6), Körpererzieher *m* (6); **~ница** *ж* Spórtlerin *f* (12); Túrnerin *f* (12) (*гимнастка*); **~ный** Sport-; Turn- (*гимнастический*); ~ный пара́д Spórtparade *f* (11)

физо́рг *м* (физкульту́рный организа́тор) Spórtfunktionär *m* (6)

фикса́ж *м фото* Fixíerbad *n* (5)

фиксати́в *м* (*для карандашных рисунков*) Fixatív *n* (2)

фикса́тор *м* **1.** *тех.* Ríegel *m* (6), Schnápperstift *m* (1); *геод.* Féststeller *m* (6); **2.** *биол.* Fixátor *m* -en, -tóren

фиксатуа́р *м* Bártwichse *f* (11), Háarpomade *f* (11), Fixatív *n* (2), Háarfixativ *n*

фикса́ция *ж* **1.** (*закрепление; установление*) Fixíerung *f*, Féstlegung *f*; **2.** *фото* Fixíerung *f*, Fixíeren *n* -s

фикси́ровать **1.** (*установить*) fixíeren *vt*, féstsetzen *vt*, féstlegen *vt*; **2.** (*сосредоточить*) fixíeren *vt*, konzentríeren *vt*; **3.** *фото* fixíeren *vt*

фикти́вн||ость *ж* Fingíertheit *f*; Fiktivitát [-vi-] *f*; **~ый** fiktív, fingíert; ~ая сде́лка *юр.* Schéingeschäft *n* (2), fiktíves Réchtsgeschäft

фи́кус *м бот.* Gúmmibaum *m* (1*)

фи́кция *ж* Fiktión *f* (10), Vórspiegelung *f* (10)

филантро́п *м* Philanthróp *m* (8), Ménschenfreund *m* (1); **~и́ческий** philanthrópisch, ménschenfreundlich; **~ия** *ж* Philanthropíe *f*, Ménschenfreundlichkeit *f*

филарм||они́ческий *муз.* philharmónisch; **~о́ния** *ж* Philharmoníe *f* (11)

филатели́ст *м* Philatelíst *m* (8), Bríefmarkensammler *m* (6); **~и́ческий** philatelístisch

филатели́я *ж* Philatelíe *f*, Bríefmarkenkunde *f*

филе́ I *с кул.* Filet [*фр.* fi'le:] *n* -s, -s, Léndenstück *n* (2); Filetbraten *m* (7) (*жаркое*); ры́бное ~ Físchfilet *n*; ~ из се́льди Héringsfilet *n*; разде́лывать ры́бу на ~ filetíeren *vt*

филе́ II *с* (*рукоделие*) Filet [*фр.* fi'le:] *n* -s, -s, Filetarbeit *f*

филе́й *м см.* филе́ I

филе́йн||ый I Filet- [*фр.* fi'le:]; ~ая часть Filetstück *n* (2); Brúststück *n* (*у птицы*); Rückenstück *n* (у рыбы)

филе́йн||ый II Filet- [*фр.* fi'le:]; ~ая игла́ Filetnadel *f* (11); де́лать ~ую рабо́ту filíeren *vi*

филёнка *ж* Füllung *f* (10); дверна́я ~ Türfüllung *f*

филёр *м* (*сыщик*) Spítzel *m* (6), Polizéispitzel *m*

филиа́л *м* Filiále *f* (11); Zwéigstelle *f* (11); Zwéigniederlassung *f* (10); ~ акаде́мии нау́к Filiále der Akademíe der Wíssenschaften

филиа́льн||ый Filiál-, Zweig-; ~ое

отделе́ние Filiálabteilung *f* (10), Zwéigabteilung *f*

филигра́н||ный *тех.* Filigrán-; *перен.* filigránartig, fein, zart; ~ная рабо́та Filigránarbeit *f*; Sílberfadenarbeit *f* (*из серебра*)

филигра́н||ь *ж* **1.** (*ювелирное изделие*) Filigrán *n* (2); **2.** (*водяной знак*) Wásserzeichen *n* (7)

фи́лин *м зоол.* Úhu *m* -s, -s

фили́ппика *ж* (*речь*) Philíppika *f*, *pl* -ken, Stráfpredigt *f* (10)

филиппи́н||ец *м* Philippíner *m* (8); **~ский** philippínisch

фили́стер *м* Philíster *m* (6), Spíeßbürger *m* (6), Spíeßer *m* (6); **~ский** philiströs, philísterhaft, spíeßbürgerlich, spíeßig; **~ство** *с* Philístertum *n* -s, Spíeßbürgerlichkeit *f*, Spíeßigkeit *f*

филлоксе́ра *ж зоол.* Phylloxéra *f*, *pl* -ren; виногра́дная ~ Réblaus *f* (3)

филогене́з *м биол.* Phylogenése *f*, Phylogeníe *f*

филогенети́ческий *биол.* phylogenétisch

филогени́я *ж см.* филогене́з

филодендро́н *м бот.* Philodéndron *n* -s, -dren

филокарти́ст *м* Póstkartensammler *m* (6)

фило́||лог *м* Philológ(e) *m* (8, 9); **~логи́ческий** philológisch; ~логи́ческий факульте́т philológische Fakultät; **~ло́гия** *ж* Philologíe *f*

фило́соф *м* Philosóph *m* (8)

филосо́ф||ия *ж* Philosophíe *f*; **~ски** *нареч.* philosóphisch; **~ский 1.** philosóphisch; **2.** *разг.* (*глубокомысленный*) tíefsinnig, wéise; ◇ ~ский ка́мень Stein der Wéisen; **~ствовать 1.** philosophíeren *vi*; **2.** *разг.* (*рассуждать*) wéise [tíefsinnige] Betráchtungen ánstellen, klug réden

филумени́ст *м* Philluminíst *m* (8), Stréichholzetikettensammler *m* (6)

фильдеко́с *м* Brillantflor [brilʼjant-] *m* (1); **~овый** Flor-

фильдепе́рс *м* Fil de Perse [*фр.* -dəʼpɛrs] *m* =; **~овый** aus Fil de Perse [*фр.* -dəʼpɛrs]

фи́лькин: ~а гра́мота réchtsungültiges Dokumént (vóller Féhler)

фильм *м* **1.** (*плёнка*) Fílmband *n* (5); Bíldstreifen *m* (7), Stréifen *m*; **2.** (*картина*) Film *m* (1); немо́й ~ Stúmmfilm *m*; звуково́й ~ Tónfilm *m*; озву́ченный ~ bespróchener [vertónter] Film; худо́жественный ~ Spíelfilm *m*; цветно́й ~ Fárbfilm *m*; де́тский ~ Kínderfilm *m*; документа́льный ~ Dokumentárfilm *m*; цветно́й документа́льный ~ Fárbdokumentarfilm *m*; мультипликацио́нный ~ Tríckfilm *m*; нау́чный ~ wíssenschaftlicher Film; уче́бный ~ Léhrfilm *m*, Únterrichtsfilm *m*; полнометра́жный ~ ábendfüllender Film; короткометра́жный ~ Kúrzfilm *m*; видово́й ~ Natúrfilm *m*; люби́тельский ~ Amateurfilm [-ʼtø:r-] *m*; повто́рный ~ wíederaufgeführter Film *m*; рекла́мный ~ Wérbefilm *m*; телевизио́нный ~ Férnsehfilm *m*; стереоскопи́ческий ~ plástischer Film, Ráumbildfilm *m*; хроника́льный ~ Wóchenschau *f*; узкоплёночный ~ Schmálfilm *m*; широкоплёночный ~ Bréitfilm *m*, Normálfilm *m*; широкоэкра́нный ~ Bréitwandfilm *m*; ~ у́жасов Hórrorfilm *m*; чёрно-бе́лый ~ Schwarzwéißfilm *m*; назва́ние ~а Fílmtitel *m* (6); ~ о живо́тных Tíerfilm *m*; ~ совме́стного произво́дства Geméinschaftsfilm *m*; ~-опере́тта Operéttenfilm *m*; ~-спекта́кль Férnsehspiel *n*; ста́вить ~ (*по сценарию, по какому-л. произведению*) verfílmen *vt*; ~-ска́зка Märchenfilm *m*; детекти́вный ~ Kriminálfilm *m*; снима́ть ~ éinen Film dréhen; пока́зывать ~ den Film vórführen; пока́з ~а Fílmvorführung *f* (10); коллекти́вный просмо́тр ~а geméinsamer Fílmbesuch; дубли́ровать ~ den Film synchronisíeren; ~ дубли́рован на ру́сский язы́к der Film läuft in rússischer Fássung; ~ вы́шел на экра́н der Film ist ángelaufen, der Film ist úraufgeführt wórden; ~ идёт der Film läuft; но́вый ~ бу́дет демонстри́роваться с за́втрашнего дня der néue Film läuft mórgen an [geht ab mórgen über die Léinwand]

фильмоско́п *м* Bíldwerfer *m* (6)

фильмоте́ка *ж* Fílmarchiv *n* (2), Filmothék *f* (10)

фильтр *м* Fílter *m*, *n* (6); **~а́т** Filtrát *n* (2); **~а́ция** *ж* Filtríerung *f*, Filtratión *f*, Fílterung *f*

фильтров||а́льный Fílter-; ~а́льная бума́га Filtríerpapier *n* -(e)s; **~а́ние** *с* Filtríeren *n* -s, Fíltern *n* -s, Fílterung *f*; **~а́ть 1.** filtríeren *vt*, fíltern *vt*; **2.** *разг.* (*проверять*) ábsondern *vt*, prüfen *vt*

фимиа́м *м* Wéihrauch *m* -(e)s; кури́ть ~ (*кому-л.*) *перен.* j-n bewéihräuchern

фина́л *м* **1.** Finále *n* -s, -s, Schluß *m* -sses, Schlüsse, Énde *n* (13); *муз.* Schlúßteil *m* (1); **2.** *спорт.* Finále *n* -s, -s, Éndspiel *n* (2); че́тверть ~а Víertelfinale *n*; восьма́я ~а Áchtelfinale *n*; вы́йти в ~ ins Finále kómmen* [éinziehen*]

фина́льный Finál-, Schluß-, End-; ~ акко́рд Schlúßakkord *m* (1); ~ круг (*в спортивном соревновании*) Entschéidungsrunde *f* (11), Schlúßrunde *f*

финанси́ров||ание *с* Finanzíerung *f*; ~ание за счёт со́бственных средств Éigenfinanzierung *f*; **~ать** finanzíeren *vt*; Geld gében* [bescháffen] (что-либо zu *D*, für *A*)

финанси́ст *м* **1.** (*специалист по финансам*) Finánz(fach)mann *m* (4) (*pl тж.* -leute); **2.** (*капиталист, банкир*) Géldmann *m* -(e)s, -leute, Finanzier [finanʼtsie:] *m* -s, -s

фина́нсов||ый finanziʼéll, Finánz-; Geld-; ~ый отде́л Finánzabteilung *f* (10), Finánzamt *n* (5); ~ая систе́ма Finánzsystem *n* (2), Géldsystem *n*; ~ый капита́л Finánzkapital *n* -(e)s; ~ый год Réchnungsjahr *n* (2); ~ый магна́т Finánzmagnat *m* (8)

фина́нсы *мн.* **1.** Finánzen *pl*, Finánzwesen *n* -s; Géldwesen *n* -s; **2.** *разг.* Geld *n* (5) (*деньги*); Finánzlage *f* (*денежные дела*)

фи́ник *м* Dáttel *f* (11)

финик||и́ец *м ист.* Phönízìʼer *m* (6); **~и́йский** phönízisch

фи́ников||ый Dáttel-; ~ая па́льма Dáttelpalme *f* (11)

фининспе́ктор *м* (фина́нсовый инспе́ктор) Stéuerinspektor *m* (13)

фини́фть *ж* Email [*фр.* eʼmaẹ] *n* -s, -s, Emaille [eʼmaljə] *f* (11), Schmelz *m* (1)

фи́ниш *м* Ziel *n* (2); Éndspurt *m* -s, Éndkampf *m* -(e)s (*заключительная часть состязания*); ли́ния ~а Zíelstrich *m* (1); прийти́ к ~у пе́рвым als érster das Zíelband erréichen; пересе́чь ли́нию ~а die Zíellinie passíeren; **~и́ровать** am Ziel ánkommen*; **~ный** Ziel-; ~ная ле́нта Zíelband *n* (5); ~ная пряма́я Zíelgerade *f* (11); вы́йти на ~ную пряму́ю zum Éndspurt ánsetzen (*тж. перен.*)

фи́нка I *ж* (*женщина*) Fínnin *f* (12)

фи́нка II *ж* **1.** *разг.* (*нож*) fínnisches Mésser; **2.** (*шапка*) rúnde fláche Mütze mit herábklappbarem Pélzrand; **3.** (*лошадь*) Pferd nórdeuropäischer Rasse; **4.** (*шлюпка*) fínnisches Físcherboot

финля́ндский fínnisch, fínnländisch

финн *м* Fínne *m* (9)

финно́з *м мед.* Fínnenkrankheit *f*; **~ный** *мед.* fínnig; ~ное мя́со fínniges Fleisch

финотде́л *м* (фина́нсовый отде́л) Finánzabteilung *f* (10), Finánzamt *n* (3)

фи́нский fínnisch; ~ язы́к die fínnische Spráche, das Fínnische (*sub*); ◇ ~ нож fínnisches Mésser

финт *м спорт.* Fínte *f* (11), Täuschungsmanöver [-vər] *n* (6)

финти́ть *разг.* Fínten [Fláusen, Fisaténten] (vór)máchen; Áusflüchte súchen [máchen]

финтифлю́шка *ж разг.* **1.** (*безделушка*) Krímskrams *m* = *u* -es, Tand *m* -(e)s; **2.** (*о легкомысленной женщине*) Flíttchen *n* (7)

фиоле́товый violétt [vi-], líla *inv*; ~ цвет violétte [líla] Fárbe, Violétt *n* -(e)s, Líla *n* -s

фьо́рд *м см.* фьорд

фиориту́ра *ж муз.* Fioritúr *f* (10)

фи́рм||а *ж* Fírma *f*, *pl* -men; Geschäftshaus *n* (5), Hándelshaus *n*; основна́я ~а Stámmfirma *f*; ◇ под ~ой únter dem Déckmantel

фи́рменный Fírmen-; ~ магази́н Industríeladen *m* (7)

фирн *м* (*снег*) Firn *m* (1), Fírnschnee *m* -s

фисгармо́ния *ж муз.* Harmónium *n* -s, -niʼen

фиск *м уст. фин.* Fískus *m* =, Stáatskasse *f* (11)

фиска́л *м разг. неодобр.* Denunziánt *m* (8)

фиска́лить *разг. неодобр.* denunzíeren *vt*

фиска́льный *юр.* fiskálisch, Fiskál-

фиста́шк||а *ж* (*плод*) Pistáziʼe *f* (11); **~овый** Pistáziʼen-; ~овое де́рево Pistáziʼenbaum *m* (1*); ~ового цве́та héllgrün, zártgrün

фи́стула *ж мед.* Fístel *f* (11)

фистул||а́ *ж муз.* Fístel *f* (11), Fístelstimme *f* (11), Falsétt *n* (2); петь ~о́й Falsétt [mit Falséttstimme] síngen*; falsettíeren *vi*

фити́ль *м* Docht *m* (1) (*свечи, лампы*); Lúnte *f* (11), Zündschnur *f* (3) (*снаряда*); тле́ющий ~ порохово́й бо́чки *перен.* glímmende Lúnte am Púlverfaß

фити́н *м фарм.* Phytín *n* -s

фи́тинг *м тех.* Fítting *n* (2), Róhrverbinder *m* (6)

фито||биоло́гия *ж* Phytobiologíe *f*; **~патоло́гия** *ж* Phytopathologíe *f*; **~терапи́я** *ж* Phytotherapíe *f*

фитю́лька *ж разг.* **1.** Sächelchen *n* (7), Kléinigkeit *f* (10); **2.** (*незначительный человек*) únbedeutender Mensch

фи́фа, фи́фочка *ж разг.* Flíttchen *n* (7)

фи́шка *ж* (*в игре*) Spíelmarke *f* (11)

флаг *м* Flágge *f* (11), Fáhne *f* (11); национа́льный ~ Ländesfahne *f* (11); подня́ть ~ die Flágge híssen [áufziehen*], flággen *vi*; спусти́ть ~ die Flágge éinziehen* [éinholen]; приспусти́ть ~ (*в знак траура*) hálbmast [hálbstock] flággen; укрáсить ~ами beflággen vt, mit Flággen schmücken; подъём ~а (в пионерлагере) Fáhnenappell m (1); под ~ом (чего-л.) 1) (во имя чего-л.) únter der Flágge (G), im Námen (G); 2) (прикрывая чем-л. истинные намерения) únter dem Déckmantel (G), únter Vórtäuschung (G); под чужим ~ом únter fálscher Flágge

флаг-капитáн м мор. Flággkapitän m (1)

флáгман м мор. 1. (командующий эскадрой) Flággoffizier m (1); 2. (корабль) Flággschiff n (2); **~ский** Flagg-; ~ский корáбль см. флáгман 2

флаг-офицéр м мор. Flággleutnant m (1)

флагштóк м Flággenstock m (1*); Fáhnenmast m (1)

флáжн||ый: ~ая сигнализáция Flággensignalisierung f

флаж||óк м 1. Fähnchen n (7); сигнáльный ~óк Signálflagge f (11); 2. охот. Láppen m (7); обклáдывать ~кáми (участок) verláppen vt

флажолéт м муз. Flageolétt [-ʒo-] n (2)

флакóн м Flakon [-ˈkõ] m, n -s, -s, Fläschchen n (7)

флamáнд||ец м Fláme m (9); **~ка** ж Flämin f (12); **~ский** flämisch; ~ский язык die flämische Spráche, das Flämische (sub)

флaмúнго м зоол. Flamíngo m -s, -s

фланг м воен. Flánke f (11), Flügel m (6); Séite f (11); атаковáть когó-л. во ~ [с ~а] j-m in die Flánke fállen*; прикрытие ~а Flánkendeckung f

флангóв||ый прил. 1. Flánken-; ~ая атáка Flánkenangriff m (1); ~ый удáр Stoß in die Flánke; 2. в знач. сущ. м Flügelmann m (4)

фланéлевка ж мор., разг. Matrósenflanelljacke f (11)

фланéлев||ый Flanéll-, flanéllen, aus Flanéll

фланéль ж Flanéll m (1)

фланёр м разг. Flaneur [-ˈnø:r] m (1); Búmmler m (6)

флáнец м тех. Flansch m (1); Bördel m (6) (отогнутый); соединительный ~ Ánschlußflansch m

фланúровать flaníeren vi, (herúm)-búmmeln vi, umhérschlendern vi (h, s)

фланкúр||ование с воен. flankíerende Bestréichung, Flankíerung f; **~овать** flankíerend bestréichen*; flankíeren vt

фланцевáть bördeln vt (трубы); kümpeln vt (котёл)

флáттер м ав. Fláttern n -s

флебúт м мед. Phlebítis f, Venenentzündung [ˈve:-] f (10)

флéгма ж 1. Phlégma n -s, Trägheit f; Lässigkeit f; Gléichgültigkeit f (равнодушие); 2. разг. см. флегмáтик

флегмáт||ик м Phlegmátiker m (6); **~ичность** ж Phlégma n -s; **~úчный** phlegmátisch, träge; lässig; gléichgültig (равнодушный)

флегмóна ж мед. Phlegmóne f (11)

флéйт||а ж Flöte f (11); игрáть на ~е auf der Flöte blásen*, Flöte spíelen

флейтúст м Flötist m (8), Flötenspieler m (6)

флéксия ж лингв. Flexión f (10), Bíegung f (10); ~ оснóвы, внýтренняя ~ Stámmflexion f, ínnere Flexión

флектúвн||ый лингв. Flexións-; ~ое окончáние Flexiónsendung f (10); ~ые языкú flektíerende Sprachen

флёр м Flor m (1); Schléier m (6) (вуаль)

флибустьéр м ист. Flibústi|er m (6), Séeräuber m (6), Fréibeuter m (6)

флúгель м Flügel m (6), Séitenflügel m, Séitengebäude n (6)

флúгель-адъютáнт м воен. ист. Flügeladjutant m (8)

флинтглáс м тех. Flíntglas n -es

флирт м Flirt m -s, Liebeléi f (10); **~овáть** flírten vi; den Hof máchen (D) (с женщиной)

флокс м бот. Phlox m -es, Flámmenblume f (11)

фломáстер м Filzstift m (1)

флóра ж Flóra f, pl -ren, Pflánzenwelt f

флорент||úйский florentínisch; **~úнец** м Florentíner m (6)

флорúн м 1. (монета) Florín m -s, -s; 2. (денежная единица Нидерландов) Gúlden m (7)

флот м Flótte f (11); речнóй ~ Bínnenflotte f (11); морскóй ~ Maríne f (11); воéнно-морскóй ~ Kríegsmarine f, Maríne f; Séekriegsflotte f (11); воздýшный ~ Lúftflotte f; торгóвый ~ Hándelsflotte f; морскóй торгóвый ~ Hándelsmarine f; рыболóвный ~ Físchfangflotte f; тáнкерный ~ Tánkerflotte f; рефрижерáторный ~ Kühlflotte f; океáнский ~ Hóchseeflotte f; служить во ~е bei [in] der Maríne díenen; Matróse sein; смотр ~а Flóttenschau f (10)

флотáция ж горн. Flotatión f, Schwímmaufbereitung f

флотúлия ж Flottílle f (11); ~ трáльщиков Mínensuchflottille f (11); китобóйная ~ Wálfangflottille f

флотúровать горн. flotíeren vt

флотовóдец м Flottenführer m (6)

флóтский прил. 1. Flótten-; Maríne-; 2. в знач. сущ. м Séemann m (4) (pl тж. -leute)

флуоресц||éнция ж физ. Fluoreszénz f; **~úровать** fluoreszíeren vi; **~úрующий** fluoreszíerend; ~úрующий экран Léuchtschirm m (1)

флюгáрка ж 1. мор. Fähnchen n (7); 2. (над дымовой трубой) Ráuchkappe f (11), Schórnsteinhaube f (11); 3. разг. см. флюгер 1

флюгер м 1. Wétterfahne f (11), Wíndfahne f; Wétterhahn m (1*) (в виде петуха); 2. перен. wétterwendischer Mensch

флюúды мн. Fluídum n -s, -da

флюкту||áция ж Fluktuatión f; **~úрующий** fluktuíerend

флюорогрáфия ж Léuchtfotografie f

флюс м 1. мед. Záhngeschwür n (2); 2. тех. Flúßmittel n (6), Zúsatz m

флютбéт м гидр. Stúrzboden m (7*), Wéhrboden m, Wéhrplatte f (11)

фля́га ж, **фля́жка** ж (fláche) Flásche f (11), Féldflasche f, Réiseflasche f; Táschenflasche f (охотничья и т. п.)

фойé с театр. Foyer [фр. foaˈje:] n -s, -s, Vórhalle f (11), Wándelhalle f (зал); Wándelgang m (1*) (коридор)

фок м мор. Fock f (10)

фокáльн||ый физ. fokál, Fokál-, Brénnpunkt-; ~ое расстоя́ние Fokálabstand m (1*), Brénnweite f (11); ~ая повéрхность Brénnpunktfläche f (11)

фок-мáчта ж мор. Fóckmast m (1, 13)

фок-рéй м мор. Fóckrahe f (11)

фокстерьéр м (собака) Fóxterri|er m (6)

фокстрóт м Fóxtrott m -s, -s

фóкус I м 1. физ., мат. Brénnpunkt m (1); Fókus m =; = (pl. тж. -se); не в ~е defokussíert; 2. мед. Herd m (1), Entzündungsherd m, Kránkheitsherd m (1); 3. перен. Brénnpunkt m (1), Míttelpunkt m

фóкус II м 1. (трюк) Kúnststück n (2), Trick m -s, -s, Hokuspókus m =; 2. мн. ~ы разг. (капризы) Láunen pl; 3. мн. ~ы разг. (уловки) Máchenschaften pl; ◇ в тóм-то и ~ da liegt der Háse im Pféffer

фокусúровать scharf éinstellen, den Brénnpunkt éinstellen

фóкусник м 1. Táschenspieler m (6), Záuberkünstler m (6); 2. разг. (капризный человек) láunenhafter Mensch

фóкуснич||анье с разг. 1. Gaukeléi f, Póssenreißerei f; 2. (кривлянье, капризы) Láunenhaftigkeit f; **~ать** разг. 1. Kúnststücke máchen, Hokuspókus máchen; Póssen réißen* [tréiben*]; 2. (капризничать) láunenhaft sein; séinen Láunen die Zügel schíeßen lássen*

фóкусн||ый физ. Brénnpunkt-; ~ое расстоя́ние Brénnweite f (11)

фолиáнт м Foliánt m (8), Fólioband m (1*)

фóлио с 1. Fólio n -s, Fólioband m; 2. бухг. Fólio n -s, -s u -i|en

фоллúкул м анат. Follíkel m (6), Drüsenbläs|chen n (7); **~я́рный** follikulär, follikulár

фóльга ж Fóli|e f (11), Prägefoli|e f; Blättmetall n -(e)s; золотáя ~ Góldfoli|e f

фольклóр м Folklore [англ. -ˈlo:rə] f, Vólkskunst f; **~úст** м Folkloríst m (8), Vólkskunstforscher m (6); **~ный** Vólkskunst-; folkloristisch

фон I м Grund m (1*); Híntergrund m (тж. перен.); по свéтлому ~у auf héllem Grund; с чёрным ~ом schwárzgrundiert; выделя́ться на ~е тж. перен. sich vom Híntergrund ábheben*; служить ~ом комý-л., чемý-л. den Híntergrund bílden; социáльный ~ (романа и т. п.) der soziále Híntergrund; музыкáльный ~ кино Untermálung f (10); сплошнóй ~ полигр. (glátte) Fárbfläche f (11); шумовóй ~ радио Grúndgeräusch n (2); ~ перемéнного тóка радио Brúmmen n -s; Nétzton m (1*)

фон II м (единица уровня громкости) Phon n -s, -s u =

фон III (частица) von (указывает на дворянское происхождение)

фонáр||ик м (kléine) Latérne f (11), Lämpchen n (7); кармáнный ~ик Táschenlampe f; китáйский ~ик Lampión m -s, -s; **~ный** Latérnen-; ~ный столб Latérnenpfahl m (1*); **~щик** м уст. Latérnenanzünder m (6), Laternenputzer m (6)

фонáрь м 1. Latérne f (11); Lámpe f (11); Léuchte f (светильник); Licht n (5) (на паровозе, на судне, на берегу); потайнóй ~ Bléndlaterne f, проекциóнный ~ Bíldwerfer m (6); Projektiónslampe f (11); волшéбный ~ Latérna mágica f, pl -nae -cae, Záuberlaterne f; зáдний ~ авто Schlúßleuchte f, Rücklicht n; лаборатóрный ~ фото Dúnkelkammerlampe f; 2. стр. Érker m (6); ~ вéрхнего свéта Óberlicht n (5); 3. разг. (синяк) bláuer Fleck; настáвить комý-л. фонарéй j-m das Gesícht braun [grün] und blau schlágen*

фонд м 1. (денежные средства) Fonds [fõ:] m = [fõ:s], = [fõ:s]; Géldmittel pl; запáсный ~ (денег) Resérvefonds [-və-] *m*; **валю́тный** ~ Devisenbestand [-'vi:-] *m*; ~ **за́работной пла́ты** Lóhnfonds *m*; ~ **материа́льных поощре́ний** Stimulíerungsfonds *m*; ~ **испо́льзования амортизацио́нных отчисле́ний** Amortisatiónsverwendungsfonds *m*; ~ **испо́льзования при́были** Gewínnverwendungsfonds *m*; **эффекти́вность испо́льзования** ~**ов** Fóndseffektivität [-vi-] *f*; **выделе́ние** ~**ов** (*напр. бумаги*) Kontingéntszuweisung *f*; **2.** (*ресурсы, запасы*) (éiserner) Bestánd *m* (1*), Grúndbestand *m*; **библиоте́чный** ~ Bücherbestand *m*; **ры́ночные** ~**ы** Wárenangebot *n* (2); **3.** *мн.* ~**ы** (*ценные бумаги*) Effékten *pl*, Wértpapiere *pl*; ~**ы па́дают** die Wértpapiere [Kúrse] fállen

фо́ндов||ый Fonds- [fɔŋ-]; Effékten-; fóndsbezogen; ~**ая би́ржа** Fóndsbörse *f* (11), Efféktenbörse *f*; ~**ый капита́л** Kapitál in Effékten [in Wértpapieren]

фондо||ёмкость *ж эк.* Fondsintensität ['fɔŋ-] *f*; ~**отда́ча** *ж эк.* Grúndfondsléistung [-fɔŋ-] *f*, Grúndfondsquote *f*

фоне́ма *ж лингв.* Phonе́m *n* (2); ~**ти́ческий** *лингв.* phonemátisch

фоне́т||ика *ж* Phonétik *f*, Láutlehre *f*; ~**и́ст** *м* Phonétiker *m* (6); ~**и́ческий** phonétisch; ~**и́ческая транскри́пция** phonétische Transkriptión, Láutschrift *f*

фо́ника *ж физ.* Phónik *f*, Schállehre (*при переносе* Schall-lehre) *f*

фони́ческий phónisch, Ton-

фо́нов||ый Grúndton-; ~**ая му́зыка** *кино* Musíkuntermalung *f*

фоногра́мма *ж* Phonográmm *n* (2)

фоно́граф *м* Phonográph *m* (8), Spréchmaschine *f* (11)

фоноло́гия *ж лингв.* Phonologíe *f*

фонта́н *м* **1.** Fontäne *f* (11), Spríngbrunnen *m* (7); **нефтяно́й** ~ Érdölfontäne *f*, Érdölausbruch *m* (1*); **га́зовый** ~ Gásausbruch *m*, Gáseruption *f*; **бить** ~**ом** hervórquellen* *vi* (s); **2.** *перен.* Schwall *m* (1*); ~**и́рование** *с горн.* Eruptión *f*; **свобо́дное** ~**и́рование** fréie Eruptión; ~**и́ровать** *горн.* (spríngbrunnenartig) hervórquellen* *vi* (s), eruptíeren *vi*

фонта́нчик *м* kléine Fontäne; ~ **для питья́** Trínkstrahl *m* (13), Trínkbrunnen *m* (7)

фо́ра *ж* (*в игре*) Vórgabe *f* (11)

фордеви́нд *м мор.* vor dem Wínde

фордыба́чить *разг.* bramarbasíeren *vi*

форе́йтор *м уст.* Vórreiter *m* (6)

форе́ль *ж* Forélle *f* (11)

фо́рзац *м полигр.* Vórsatz *m* (1*), Vórsatzblatt *n* (5)

фо́ринт *м* (*денежная единица Венгрии*) Fórint *m* -(e)s, -s (*после числ. pl* =) (*сокр.* Ft)

фо́рм||а *ж* **1.** (*вид*) Form *f* (10), Gestált *f* (10); Úmrisse *pl* (*очертания*); **в** ~**е ша́ра** in Kúgelform, kúgelförmig; **в пи́сьменной** ~**е** schríftlich, in schríftlicher Form; **прекра́сный по** ~**е** fórmschön; ~**а заболева́ния** Erkránkungsform *f*; ~**а правле́ния** Regíerungsform *f*, Regíerungssystem *n* (2); ~**а оде́жды** *воен.* Unifórm *f* (10), Ánzug *m* (1*); **2.** *филос.* Form *f* (10); ~**а и содержа́ние** Form und Ínhalt; **3.** *грам.* Form *f* (10); **кра́ткая** ~**а** Kúrzform *f*; **по́лная** ~**а** Vóllform *f*; Lángform *f* (*прилагательное*); **граммати́ческие** ~**ы** grammátische Fórmen; **4.** *тех.* (*для отливки*) Form *f* (10), Gíeßform *f*; *стр.* Matríze *f* (11), Schálungsform *f*; **5.** (*одежда*) Unifórm *f* (10); **шко́льная** ~**а** Schúlanzug *m* (*мальчиков*); Schúlkleid *n* (*девочек*); **полева́я** ~**а** *воен.* Féld(dienst)uniform *f*; **пара́дная** ~**а** Parádeuniform *f*; Parádeanzug *m*; **надева́ть** ~**у** die Unifórm ánlegen; **по́лная** ~**а** vólle Unifórm; **6.** *канц.* Formulár *n* (2), Vórdruck *m* (1); Fórmblatt *n* (5); **по** ~**е** laut Vórdruck (*на бланке*); **7.** *полигр.* Form *f* (10), Drúckform *f*; ◇ **ма́лые** ~**ы** *иск.* kléine Fórmen; **по всей** ~**е** nach állen Régeln; **быть в** ~**е** in Form sein; **быть не в** ~**е** nicht in Form sein; **поте́ря спорти́вной** ~**ы** Verlúst der spórtlichen Form

формали́зм *м* Formalísmus *m* =

формали́н *м фарм.* Formalín *n* -s

формали́ст *м* Formalíst *m* (8), Fórmelkrämer *m* (6); ~**ика** *ж* Formalístik *f*, Formalität *f*, Fórmelkram *m* -s; ~**и́ческий** formalístisch; ~**ка** *ж* Formalístin *f* (12)

формальдеги́д *м хим.* Fórmaldehyd *m* -s

форма́льн||о *нареч.* (*по-формальному, для вида*) formél l, der Form nach; der Form hálber (*ради формы*), ~**ость** *ж* Formalität *f* (10), Förmlichkeit *f* (10), Formáli¦en *pl*; **пуста́я** ~**ость** éine léere Formalität, bloße Fórmsache; ~**ый 1.** formál, formél l; ~**ая ло́гика** formále Lógik; ~**ый ввод во владе́ние** formále Éinführung in den Besítz; **2.** (*об отношении к делу и т. п.*) formál, formalístisch; bürokrátisch (*бюрократический*)

форма́т *м* Formát *n* (2); **большо́го** ~**а** gróßformatig

форма́ция *ж* Formatión *f* (10), Gestáltung *f* (10), Bíldung *f* (10); **общественно-экономи́ческая** ~ soziálökonomische Formatión, ökonómische Geséllschaftsformation

фо́рменн||ый 1. (*по форме*) fórmgemäß; der Form entspréchend, Form-; **2.:** ~**ая оде́жда** Unifórm *f* (10); ~**ая фура́жка** Díenstmütze *f* (11); **3.** *разг.* (*сущий*) ríchtig, volléndet, echt; ~**ый плут** ein volléndeter [áusgemachter] Spítzbube; ~**ый дура́к** ein komplétter Narr

формирова́ние *с* **1.** (*действие*) Formíerung *f*, Bíldung *f*; Gestáltung *f*; Fórmung *f*; ~ **созна́ния** Bewúßtseinsbildung *f*; ~ **кабине́та** Kabinéttsbildung *f*; ~ **поездо́в** *ж.-д.* Zúgbildung *f*, Zúgzusammensetzung *f*; **2.** *воен.* Formatión *f* (10), Áufstellung *f* (10); **но́вое** ~ Néuaufstellung *f*

формирова́ть formíeren *vt*, bílden *vt*; *воен.* áufstellen *vt*; *перен.* prägen *vt*; ~ **хара́ктер** den Charákter prägen; ~**ся 1.** sich formíeren, sich heráusbilden, entstéhen* *vi* (s); **2.** *страд.* formíert [gebíldet] wérden

формова́ть fórmen *vt*, modellíeren *vt*

формо́в||ка *ж* Fórmung *f*; *мет., стр.* Fórmen *n* -s, Fórmgebung *f*; Rúnden *n* -s (*трубы*); ~**о́й** Form-; ~**о́й хлеб** Kástenbrot *n* -(e)s; ~**очный** Form-; Formeréi-; ~**очное отделе́ние** *мет.* Formeréi *f*; ~**очный песо́к** *мет.* Fórmsand *m* -(e)s, Gíeßsand *m*; ~**щик** *м* Fórmer *m* (6), Modellíerer *m* (6)

формообразова́тельный fórmgebend

фо́рмул||а *ж* Fórmel *f* (11); **вы́разить в** ~**е** [~**ой**] durch éine Fórmel áusdrücken, in éine Fórmel fássen

формули́ров||ание *с* Formulíerung *f*; ~**ать** formulíeren *vt*, éine Fórmel fínden* (*что-л.* für *A*), in Wórte fássen; ábfassen *vt*

формулиро́вк||а *ж* **1.** (*формулирование*) Formulíerung *f*; **2.** (*формула*) Formulíerung *f* (10); **дать** ~**у** formulíeren *vt*, in éine Fórmel fássen; **дать но́вую** [**чёткую**] ~**у** éine néue [kláre] Formulíerung prägen; **измене́ние** ~**и** Úmformulierung *f* (10)

формуля́р *м* **1.** (*форма*) Vórdruck *m* (1); Formulár *n* (2); **чита́тельский** ~ (*в библиотеке*) Lésekarte *f* (11); **2.** *уст.* (*послужной список*) Díenstliste *f* (11)

форни́я *м* (*формова́ние несминае́мых изде́лий*) *текст.* knítterfreie Áusrüstung

форпо́ст *м* Vórposten *m* (7)

форс: для ~**у** *разг.* zum Staat, um Effékt zu erzíelen

форси́ров||ание *с* **1.** (*ускорение*) Forcíeren [-'si:-] *n* -s, Forcíerung *f*, Beschléunigung *f*; **2.** *воен.* Forcíeren [-'si:-] *n* -s; ~**ание во́дной прегра́ды** gewáltsames Überwínden [Forcíeren] éines Wásserhindernisses; ~**анный** forcíert [-'si:rt], beschléunigt; ~**анный марш** *воен.* Gewáltmarsch *m* (1*), Éilmarsch *m*; ~**ать 1.** (*ускорять*) forcíeren [-'si:-] *vt*, beschléunigen *vt*; vorántreiben* *vt*; **2.** *воен.* erzwíngen* *vt*, forcíeren [-'si:-] *vt*; ~**ать ре́ку** den Übergang (über éinen Fluß) erzwíngen*

форси́ть *разг.* wíchtig tun*, gróßtun* *отд. vi*

форс-мажо́р *м* höhere Gewált

форсу́нка *ж тех.* Düse *f* (11); Éinspritzdüse *f*; Zerstäuber *m* (6) (*распылитель*)

форт *м воен.* Fort [fo:r] *n* -s, -s, Féstungswerk *n* (2)

фо́рте 1. *нареч. муз.* fórte; **2.** *сущ. с* Fórte *n* -s

фо́ртель *м разг.* Stückchen *n* (7), Trick *m* -s, -s, Streich *m* (1); **вы́кинуть** ~ éinen Streich spíelen, sich (*D*) ein tólles Stückchen léisten

фортепья́нн||ый Klavíer- [-'vi:r-], für Klavíer; ~**ый аккомпанеме́нт** Klavíerbegleitung *f*

фортепья́но *с* Klavíer [-'vi:r] *n* (2), Pianofórte *n* -s, -s; **игра́ть на** ~ Klavíer spíelen; **аккомпани́ровать на** ~ auf dem Klavíer begléiten

форт-заста́ва *ж воен. ист.* Spérrfort [-fo:r] *n* -s, -s

форти́ссимо 1. *нареч. муз.* fortíssimo; **2.** *сущ. с* Fortíssimo *n* -s

фортификацио́нн||ый *воен.* fortifikatórisch, Beféstigungs-; ~**ое сооруже́ние** Beféstigungsanlage *f* (11)

фортифика́ция *ж воен.* **1.** (*наука*) Fortifikatión *f*; Beféstigungslehre *f*; Schánzkunst *f* (*полевая*); **2.** (*сооружения*) Beféstigungsanlagen *pl*; **долговре́менная** ~ ständige Beféstigung; **полева́я** ~ Féldbefestigung *f* (10)

фо́рточка *ж* Kláppfenster *n* (6), Lüftungsklappe *f* (11)

форту́на *ж уст.* Glück *n* -(e)s, (glückliches) Schícksal *n* -(e)s

фо́рум *м* Fórum *n* -s, *pl* -ren *u* -ra; **всеми́рный** ~ Wéltforum *n*

форшла́г *м муз.* Vórschlag *m* (1*)

форшма́к *м кул.* gehäckter Héring

форште́вень *м мор.* Vórsteven [-vən] *m* (7)

фосге́н *м хим.* Phosgén *n* -s, Phosgéngas *n* -es

фосфа́т *м хим.* Phosphát *n* (2)

фо́сфор *м* Phósphor *m* -s (*хим. знак* P)

фосфоресц||е́нция *ж физ.* Phosphoreszénz *f*, Phosphoreszíeren *n* -s, Náchleuchten *n* -s; ~**и́ровать** *физ.* phosphoreszíeren *vi*, náchleuchten *vi*

фо́сфористый *хим.* Phósphor-, phósphorig, phósphorhaltig; ~ ангидри́д Phósphorigsäureanhydrid *n* (2), Diphósphortrioxid *n* (2)

фосфор||и́т *м мин.* Phosphorít *m* (1); **~и́ческий** phósphorig, Phósphor-

фосфорноки́слый *хим.* phósphorsauer; ~ ка́льций phósphorsaures Kálzium, Trikálziumphosphat *n* (2)

фо́сфорн||ый Phósphor-; ~ая бо́мба Phósphorbombe *f* (11)

фот *м физ.* (*единица освещённости*) Phot *n* -s, = (*знак* ph)

фо́то *с разг.* (*фотография*) Fóto *n* -s, -s, Phóto *n* -s, -s, Fotografíe *f* (11), Líchtbild *n* (5)

фотоаппара́т *м* Fótoapparat *m* (1), Kámera *f*, *pl* -s

фотоателье́ *с* Fótoatelier [-,lie:] *n* -s, -s

фотовспы́шка *ж* Blítzlicht *n* (5)

фотогени́чный für den Film [zum Photographíeren] geéignet; photogén, fotogén

фотогравю́ра *ж* Fotogravüre [-'vy:-] *f* (11)

фотогра́мма *ж* Méßbild *n* (5)

фотограмметри́я *ж* Fotogrammetríe *f*, Photogrammetríe *f*, Líchtbildmessung *f*

фото́граф *м* Photográph *m* (8), Fotográf *m* (8); ~-люби́тель Amateurfotograf [-'tør-] *m*

фотографи́ров||ание *с* Photographíeren *n* -s, Fotografíeren *n* -s, Áufnehmen *n* -s; Knípsen *n* -s (*разг.*); **~ать** photographíeren *vt*, fotografíeren *vt*, áufnehmen* *vt*, Áufnahmen máchen; knípsen *vt* (*разг.*); **~аться 1.** sich photographíeren [sich fotografíeren, sich áufnehmen] lássen*; **2.** *страд.* photographíert [fotografíert] wérden

фотографи́ческ||и *нареч.* photográphisch, fotográfisch; ~и то́чный mit photográphischer Genáuigkeit; **~ий** photográphisch, fotográfisch, Phóto-, Fóto-; ~ая пласти́нка photográphische Plátte, Líchtbildplatte *f* (11); ~ий аппара́т Fótoapparat *m* (1); Kámera *f*, *pl* -s; ~ая плёнка Film *m* (1); ~ий сни́мок (fotográfische) Áufnahme *f* (11), Líchtbild *n* (5), Fóto *n* -s, -s, Phóto *n* -s, -s

фотогра́ф||ия *ж* **1.** (*действие*) Photographíeren *n* -s, Fotografíeren *n* -s, Photographíe *f*, Fotografíe *f*; занима́ться ~ией photographíeren *vi*, fotografíeren *vi*; sich mit Photographíe beschäftigen; момента́льная ~ия Moméntphotographie *f*; Schnéllphotographie *f*; Schnáppschuß *m* -sses (*разг.*); цветна́я ~ия Fárbfotografie *f*; **2.** (*снимок*) Fóto *n* -s, -s, Phóto *n* -s, -s, (fotográfische) Áufnahme *f* (11), Photographíe *f* (11), Líchtbild *n* (5); цветна́я ~ия Fárbfoto *n*; **3.** (*учреждение*) Fótoatelier [-,lie:] *n* -s, -s

фотодокуме́нт Fótodokument *n* (2)

фотока́рточка *ж* Fóto *n* -s, -s, Phóto *n* -s, -s, Líchtbild *n* (5); ~ для па́спорта [докуме́нта] Páßbild *n*

фотоко́нкурс *м* Fótowettbewerb *m* (1)

фотокопирова́льн||ый: ~ая маши́на Fotokopíermaschine *f* (11)

фотоко́пия *ж* Fotokopíe *f* (11)

фотокорреспонде́нт *м* Bíldberichter *m* (6)

фотолаборато́рия *ж* Fótolabor *n* -s, -s, Dúnkelkammer *f* (11); *воен.* Bíldstelle *f* (11)

фотолитогра́фия *ж* Fotolithografíe *f* (11)

фотома́стер *м* Méisterfotograf *m* (8)

фото́метр *м физ.* Photométer *n* (6), Fotométer *n*, Líchtmesser *m* (6); **~и́ческий** photométrisch, fotométrisch, Líchtmeß-

фотоме́трия *ж физ.* Photometríe *f*, Fotometríe *f*, Líchtmessung *f*

фотомехани́ческий photomechánisch, fotomechánisch

фотомонта́ж *м* Fótomontage [-ʒə] *f* (11)

фото́н *м физ.* Phóton *n* -s, -tónen, Líchtquant *n* (8)

фотообъекти́в *м* photográphisches Objektív; Fótoobjektiv *n* (2)

фотопейза́ж *м* Lándschaftsfoto *n* -s, -s

фотопереда́тчик *м* Bíldsender *m* (6)

фотоприёмник *м* Bíldempfänger *m* (6)

фоторадиогра́мма *м* Fúnkbild *n* (5)

фоторазве́дка *ж воен.* Líchtbilderkundung *f*, Bílderkundung *f*, Bíldaufklärung *f*

фоторепорта́ж *м* Fótoreportage [-ʒə] *f* (11), Bíldbericht *m* (1)

фоторепортёр *м* Bíldberichter *m* (6), Fótoreporter *m* (6)

фотоси́нтез *м бот.* Phótosynthese *f*

фотосни́мок *м* Líchtbild *n* (5), Fóto *n* -s, -s, Phóto *n* -s, -s; Áufnahme *f* (11)

фотосфе́ра *ж астр.* Photosphäre *f*

фотосхе́ма *ж* Bíldskizze *f* (11)

фотосъёмка *ж* Líchtbildaufnahme *f* (11)

фототе́ка *ж* Photothék *f* (10)

фототелегра́мма *ж* Bíldtelegramm *n* (2)

фототелегра́ф *м* Phototelegráph *m* (8), Bíldtelegraf *m* (8), Bíldfunk *m* -(e)s

фототерапи́я *ж мед.* Phototherapíe *f*, Líchtheilkunde *f*

фото||ти́пия *ж полигр.* Phototypíe *f* (11), Líchtdruck *m* (1); **~трансформа́тор** *м* Entzérrungsgerät *n* (2)

фотохими́ческий photochémisch, fotochémisch

фотохи́мия *ж* Photochemíe *f*, Fotochemíe *f*

фотоцинкогра́фия *ж* Photozinkographíe *f*, Fotozinkografíe *f*

фотоэлектри́че||ский *тех.* photoeléktrisch; líchtelektrisch; **~ство** *с* Photoelektrizität *f*, Fotoelektrizität *f*

фотоэлеме́нт *м эл.* Fótozelle *f* (11)

фрагме́нт *м* Fragmént *n* (2), Brúchstück *n* (2)

фрагмента́рн||ость *ж* fragmentárischer Zústand [Charákter (ka-)]; **~ый** fragmentárisch, brúchstückweise

фра́з||а *ж* **1.** (*предложение*) Satz *m* (1*); **2.** *муз.* Phráse *f* (11); **3.** (*пустой набор слов*) Phráse *f* (11); léeres Geschwätz (*болтовня*); о́бщие ~ы allgeméine Rédensarten; прикрыва́ясь ~ой únter dem Déckmantel von Phrasen

фразеологи́ческий *лингв.* phraseológisch

фразеоло́гия *ж* **1.** *лингв.* Phraseologíe *f*; **2.** *разг.* (*пустословие*) Geschwätz *n* -es, Geréde *n* -s, Phrásen *pl*

фразёр *м* Phrásenheld *m* (8), Phrásendrescher *m* (6), Schwätzer *m* (6), Schönredner *m* (6); **~ка** *ж* Phrásenheldin *f* (12), Schwätzerin *f* (12), Schönrednerin *f* (12); **~ство** *с* Schönrednerei *f*, Phrásenmacherei *f*, Phrásendrescherei *f*, hóhles [léeres] Geschwätz, léere Worte

фрази́р||овать *муз.* phrasíeren *vt*; **~овка** *ж муз.* Phrasíerung *f*

фра́зовый *лингв.* Satz-

фрак *м* Frack *m* (1*) (*pl тж.* -s)

фраки́йский thrázisch

фрактýра *ж* **1.** *мед.* Fraktúr *f* (10), Bruch *m* (1*); **2.** (*шрифт*) Fraktúr *f*, gótische Schrift

фракционе́р *м* Fraktiónsmacher *m* (6)

фракциони́ров||ание *с хим.* Fraktioníeren *n* -s; **~ать** *хим.* fraktioníeren *vt*

фракцио́нн||ый I *полит.* Fraktións-; ~ая борьба́ Fraktiónskampf *m* -es

фракцио́нн||ый II *хим.* fraktionär, Fraktións-; Fraktioníer-; ~ая ко́лба Fraktioníerkolben *m* (7); ~ая перего́нка fraktioníerte Destillatión

фра́кция I *ж полит.* Fraktión *f* (10)

фра́кция II *ж хим.* Fraktión *f* (10)

фраму́га *ж стр.* Óberlicht(fenster)-flügel *m* (6); der óbere vergláste Türflügel (*двери*)

франк *м* Franc [frã] *m* =, -s (*после числ. pl* =) (*сокр.* fr.) (*денежная единица Франции, Бельгии, Люксембурга*); Fránken *m* (7) (*денежная единица Швейцарии*)

фра́нки *мн. ист.* Fránken *pl*

франки́р||овать (*письмо и т. п.*) frankíeren *vt*; **~о́вка** *ж* Frankíerung *f*

франкмасо́н *м* Fréimaurer *m* (6); **~ство** *с* Fréimaurerei *f*

фра́нко- *ком.* fránko, frei; fráchtfrei; ~-су́дно fránko Schiff; ~-грани́ца frei Grénzstation; ~-ваго́н frei Waggón

франкоязы́чный frankophón, französischsprachig

франт *м* Stútzer *m* (6); **~и́ть** *разг.* Staat máchen, sich heráusputzen; **~и́ха** *ж разг.* Módedame *f* (11), Módepuppe *f* (11)

франтов||ско́й gepútzt, stútzerhaft; **~ство́** *с* Módesucht *f*, Pútzsucht *f*

францу́женка *ж* Französin *f* (12)

францу́з *м* Franzóse *m* (9); **~ский** französisch; ~ский язы́к die französische Spráche, das Französische (*sub*)

фра́у *ж* Frau *f* (10)

фрахт *м ком.* **1.** (*плата*) Fracht *f* (10), Fráchtkosten *pl*, Fráchtgebühr *f* (10), Fráchtsatz *m* (1*); **2.** (*груз*) Fracht *f* (10), Ládung *f* (10); **~ова́тель** *м ком.* Befráchter *m* (6), Verfráchter *m* (6); **~ова́ть** *ком.* (*судно*) befráchten *vt*, verfráchten *vt*, míeten *vt*, héuern; chartern ['ʃar- *u* 'tʃar-] *vt* (*тж. самолёт*); **~о́вка** *ж ком.* (*судна*) Befráchtung *f*; Charterung ['ʃar- *u* 'tʃar-] *f* (*тж. самолёта*); **~о́вый** *ком.* Fracht-; ~о́вая ста́вка Fráchtgebühr *f* (10)

фра́чн||ый Frack-; ~ая па́ра Fráckanzug *m* (1*)

фрега́т *м* **1.** *мор.* Fregátte *f* (11); **2.** *зоол.* Fregáttvogel *m* (6*)

фреза́ *ж тех.* **1.** (*инструмент*) Fräser *m* (6); **2.** (*машина*) Fräse *f* (11), Fräsmaschine *f* (11)

фре́зер *см.* фреза́ 1; **~ный** *тех.* Fräs-, Fräser-; ~ный стано́к Fräsmaschine *f* (11)

фрезеров||а́ние *с тех.* Fräsen *n* -s; **~а́ть** *тех.* fräsen *vt*

фрезеро́вщик *м* Fräser *m* (6); ~-скоростни́к Schnéllfräser *m*

фрейд||и́зм *м* Fréudsche Theoríe; **~и́ст** *м* Freudiáner *m* (6)

фре́йлейн *ж* Fräulein *n* (7)

фре́йлина *ж* Hóffräulein *n* (7)

френези́я *ж мед.* Phrenesíe *f*, Géistesstörung *f*, Wáhnsinn *m* -(e)s

френо||логи́ческий phrenológisch; **~ло́гия** *ж* Phrenologíe *f*, Schädellehre *f*

френч *м воен.* Féldrock *m* (1*), Militärrock *m*, Unifórmjacke *f* (11)

фре́ск||а *ж иск.* Fréske *f* (11), Frésko *n* -s, -ken, Wándgemälde *n* (6); **~овый** Frésko-, Frésken-; ~овая жи́вопись Fréskomalerei *f*, Wándmalerei *f*

фриво́льн||ость *ж* Frivolität [-vo-] *f*, Léichtfertigkeit *f*; Schlüpfrigkeit *f*; **~ый** frivol [-'vo:l], léichtfertig; schlüpfrig (*не вполне пристойный*)

фриги́йский *ист.* phrýgisch; ◇ ~ колпа́к phrýgische Mütze

фриз *м стр.* Fries *m* (1), Gesímsstreifen *m* (7)

фрикаде́ль(ка) *ж* Frikadélle *f* (11), Fléischklößchen *n* (7)

фрикасе́ *с кул.* Frikassée *n* -s, -s

фрикати́вный *лингв.* frikatív, Réibe-; ~ звук Frikatívlaut *m* (1), Réibelaut *m*

фрикцио́н *м тех.* Réibungskupplung *f*; **~ный** *тех.* Friktións-, Réibungs-; Reib-; ~ная му́фта Friktiónskupp(e)lungsmuffe *f* (11), Réibungskupplung *f* (10); ~ный приво́д Réibantrieb *m* (1); ~ная переда́ча Réib(ungs)getriebe *n* (6)

фритре́дер *м эк.* Ánhänger *m* des Fréihandelssystems; **~ство** *с* Fréihandel *m* -s, Fréihandelssystem *n* -(e)s

фро́нда *ж ист., перен.* Frónde *f*

фрондирова́ть frondíeren *vi*

фронт *м* **1.** Front *f* (10); находи́ться на ~е an der Front sein [stéhen*]; отпра́виться на ~ an die Front géhen*; война́ на два ~а Zweifróntenkrieg *m* (1); **2.** *перен.* Front *f* (10); идеологи́ческий ~ ideológische Front; еди́ный ~ Éinheitsfront *f*; наро́дный ~ Vólksfront *f*; культу́рный ~ Kultúrfront *f*; хозя́йственный ~ Wírtschaftsfront *f*; еди́ным ~ом in geéinter [geschlóssener] Front; борьба́ на два ~а der Kampf an zwei Frónten [nach zwei Séiten]; ◇ переме́на ~а Fróntwechsel *m* -s; Fárbenwechsel *m*; перемени́ть ~ sein Verhálten [séine Ánschauungen] ändern; die Fárbe wéchseln; стать во ~ Front máchen; strámmstehen* *отд. vi*; **3.** *тех., стр.* Front *f* (10), Vórderseite *f* (11), Vórderwand *f* (3)

фронта́льн||ый Frontál-, frontál; ~ая ата́ка Frontálangriff *m* (1); ~ый уда́р frontáler Stoß

фронтиспи́с *м* **1.** *полигр.* Frontispíz *n* (2), Títelvignette [-vi,njɛtə] *f* (11), Títelbild *n* (5); **2.** *стр.* Vórdergiebel *m* (6), Gíebelseite *f* (11)

фронти́т *м мед.* Stírnhöhlenentzündung *f* (10), Frontítis *f*

фронтов||и́к *м* Fróntkämpfer *m* (6), Fróntsoldat *m* (8); **~о́й** Front-; ~о́й това́рищ Fróntkamerad *m* (8)

фронто́н *м стр.* Gíebel *m* (6), Gíebeldreieck *n* (2), Zíergiebel *m*; Vórderfront *f* (10)

фрукт *м* **1.** Frucht *f* (3); ~ы *собир.* Obst *n* -es, Früchte *pl*; све́жие ~ы Fríschobst *n*; заса́харенные ~ы kandíerte Früchte; консерви́рованные ~ы konservíerte Früchte, Óbstkonserven *pl*; сушёные ~ы Tróckenobst *n*; заморо́женные ~ы Gefríerobst *n*; **2.** *разг.* (*о человеке*) (sáuberes) Früchtchen *n* (7); э́то что за ~? was ist denn das für éine Blüte?; **~о́вый** Frucht-, Obst-; ~о́вый сад Óbstgarten *m* (7*); ~о́вый сок Frúchtsaft *m* (1*), Óbstsaft *m*

фрукто́за *ж хим.* Fruktóse *f*, Frúchtzucker *m* -s

фта́лев||ый *хим.* Phthal-; ~ая кислота́ Phthálsäure *f*

фтиза́тр *м* Lúngenfacharzt *m* (1*)

фтизиатри́я *ж* Phthiseologíe *f*, Tuberkulóseheilkunde *f*

фтор *м* Flúor *n* -s (*хим. знак* F)

фтори́рова||ние *с хим.* Fluoríerung *f*; **~ть** *хим.* fluoríeren *vt*

фтористоводоро́дн||ый *хим.* Flúorwasserstoff-; ~ая кислота́ Flúorwasserstoffsäure *f*

фто́ристый *хим.* Flúor-, flúorhaltig; ~ ка́лий Flúorkalium *n* -s, Kálium-fluorid *n* -(e)s

фу *межд.* **1.** (*выражение отвращения*) pfui!; фу, кака́я га́дость! pfui, wie ékelhaft!; **2.** (*выражение усталости и т. п.*) uff!

фу́га I *ж муз.* Fúge *f* (11)

фу́га II *ж тех.* Fúge *f* (11), Núte *f* (11)

фуга́нок *м тех.* Fügehobel *m* (6), Ráuhbank *f* (3), Schlíchthobel *m*

фуга́с *м воен.* Spréngmine *f* (11), Flättermine *f*, Trétmine *f*; Ländmine *f*; **~ка** *ж разг.* Spréngbombe *f* (11); **~ный** Spreng-; ~ное де́йствие Spréngwirkung *f*; ~ная бо́мба Spréngbombe *f* (11)

фугова́ть *спец.* **1.** fúgen *vt*; **2.** (*выравнивать*) ábrichten *vt*

фуже́р *м* großes Wéinglas

фу́кать, фу́кнуть (*в шашках*) (éinen Stein) blásen* *vt*

фукси́н *м* (*краска*) Fuchsín *n* -s

фу́ксия *ж бот.* Fúchsi¦e *f* (11)

фульгури́т *м геол.* Fulgurít *m* (1)

фуля́р *м* (*ткань*) Foulard [*фр.* fu'la:r] *m* -s, -s; **~овый** Foulard- [*фр.* fu'la:r]; ~овый плато́к ein Foulardhalstuch

фунда́мент *м* **1.** *стр.* Fundamént *n* (2), Gründung *f* (10), Bett *n* (13); Grúndbau *m* -s, *pl* -ten, Únterbau *m*; подвести́ ~ untermáuern *vt*; постро́ить ~ ein Fundamént légen; закла́дка ~а Fundamentíerung *f*; **2.** *перен.* (*основа*) Grúndlage *f* (11), Básis *f*, *pl* -sen; заложи́ть ~ éinen Báustein légen (zu *D*)

фундамента́льн||о *нареч.* fundamentál, grúndlegend; von Grund auf, gründlich; **~ость** *ж* (*основательность*) Gründlichkeit *f*; **~ый** (*основательный, глубокий*) fundamentál, grúndlegend; gründlich; ~ые зна́ния gründliches Wíssen; ~ые иссле́дования Grúndlagenforschung *f*; ◇ ~ая библиоте́ка Zentrálbibliothek *f* (10)

фунди́рованн||ый **1.** *эк.* fundíert, gedéckt; ~ые за́ймы fundíerte [gedéckte] Ánleihen; ~ый дохо́д fundíertes Éinkommen

фуникулёр *м* Dráhtseilbahn *f* (10); Ständseilbahn *f*

функциона́льн||ый funktionál, funktionéll; ~ая зави́симость *мат.* funktionále Ábhängigkeit; ~ое приспособле́ние *биол.* funktionélle Ánpassung

функционе́р *м* (*активист*) Funktionär *m* (1)

функциони́ров||ание *с* Funktioníeren *n* -s; Funktiónsweise *f*; **~ать** funktioníeren *vi*

фу́нкц||ия *ж* **1.** Funktión *f* (10), Verríchtung *f* (10); **2.** (*обязанность*) Funktión *f* (10), Áufgabe *f* (11); Verpflíchtung *f* (10); выполня́ть ~ии кого́-л. die Funktión als ... erfüllen; **3.** *мат.* Funktión *f* (10); произво́дная ~ия ábgeleitete Funktión

фунт *м* **1.** *уст.* (*мера веса*) Pfund *n* -(e)s, -e (*после числ.* *pl* =); пять ~ов ма́сла fünf Pfund Bútter; продава́ть ~ами pfúndweise [nach Pfund] verkáufen; ве́сом в де́сять ~ов zéhnpfündig; **2.** (*денежная единица*) Pfund *n* -(e)s, -e (*после числ.* *pl* =); ~ сте́рлингов ein Pfund Stérling; ◇ вот так ~! da háben wir die Beschérung!

фу́нтик *м* (*мешочек*) (kléine) Tüte *f* (11)

фунтово́й *уст.* éinpfündig, Pfund-

фу́ра *ж* Lástwagen *m* (7), Fúhrwerk *n* (2)

фура́ж *м* Fútter *n* -s, Fúttermittel *n* (6); гру́бый ~ Ráuhfutter *n*

фуражи́р *м воен.* Furagíer [-'ʒi:r] *m* (1); Fúttermeister *m* (6); **~ова́ть** *воен. уст.* furagieren [-'ʒi:-] *vi*, Fútter beschäffen; **~о́вка** *ж воен. уст.* Furagieren *n* [-'ʒi:-] -s, Fútterbeschaffung *f*

фура́жка *ж* Mütze *f* (11), Schírmmütze *f*

фура́жн||ый Furáge- [-ʒə-], Fútter-; ~ое зерно́ Fúttergetreide *n* -s

фурго́н *м* Plánwagen *m* (7)

фу́рия *ж миф., перен.* Fúri¦e *f* (11)

фу́рма *ж мет.* Wíndform *f* (10), Blásform *f*, Wínddüse *f* (11)

фурниту́ра *ж* Zúbehör *n* (2), Furnitúr *f* (10)

фуро́р *м* Furóre *f*, ráuschender [rásender] Béifall; произвести́ ~ *разг.* Furóre máchen, Áufsehen errégen

фуру́нкул *м мед.* Furúnkel *m* (6)

фурункулёз *м мед.* Furunkulóse *f*

фурьери́зм *м* Fourierísmus [fu-] *m*

фут *м* Fuß *m* -es, -e *и с числ.* =; длино́ю в два ~а zwei Fuß lang

футбо́л *м* Fúßball *m* -(e)s, Fúßballspiel *n* -(e)s; **~и́ст** *м* Fúßballspieler *m* (6), Fúßballer *m* (6); **~ка** *ж* Fúßballtrikot [-'ko:] *n*, *m* -s, -s

футбо́льн||ый *спорт.* Fúßball-; ~ая кома́нда Fúßballmannschaft *f* (10), Fúßballelf *f* (10), Elf *f*; ~ый мяч Fúßball *m* (1*); ~ое по́ле Fúßballplatz *m* (1*)

футеро́вка *ж тех.* Áusfütterung *f*, Áusmauerung *f*, Áuskleidung *f*

футля́р *м* Futterál *n* (2), Etui [ety'i:] *n* -s, -s; Hülle *f* (11), Überzug *m* (1*), Bezúg *m* (*чехол*); Tásche *f* (11) (*для хирургических инструментов*); Gehäuse *n* (6), Schútztasche *f* (*фотоаппарата*); ◇ челове́к в ~е ein Mensch im Futterál, ein zúgeknöpfter Mensch

фу́товый éinen Fuß lang

футур||и́зм *м иск.* Futurísmus *m* =; **~и́ст** *м иск.* Futuríst *m* (8); **~исти́ческий** futurístisch

футуроло́гия *ж* Futurologíe *f*

футшто́к *м мор.* Pégel *m* (6), Pégellatte *f* (11)

фуфа́йка *ж* Stríckjacke *f* (11), (gestríckte) Únterziehjacke *f*

фы́рк||анье *с* Schnáuben *n* -s, Schnáufen *n* -s; Fáuchen *n* -s (*кошки*); **~ать, ~нуть** **1.** schnáuben *vi*, schnáufen *vi*; fáuchen *vi* (*о кошке*); **2.** *разг.* (*смеяться*) lósplatzen *vi* (s), heráusplatzen *vi* (s), kurz áuflachen *vi*, (lós)prústen *vi*

фьорд *м* Fjord *m* (1)

фюзеля́ж *м ав.* Rumpf *m* (1*), Flúgzeugrumpf *m*

Х

ха́живать *см.* ходи́ть 1, 3

хай *м разг.* Lärm *m* -(e)s, Geschréi *n* -(e)s

хака́с||ы *мн.* Chakássen *pl*; **~ский** chakássisch; ~ский язы́к die chakássische Spráche, das Chakássische (*sub*)

ха́ки **1.** *прил.* (*о цвете*) khakifarben ['ka:-], khákifarbig; **2.** *сущ.* *с* (*ткань*)

Khaki ['ka:-] *m* =; Khakiuniform *f* (10) (*одежда*)

ха́ла *ж* Zópfbrot *n* (2); ~ с ма́ком Móhnzopf *m* (1*)

хала́т *м* **1.** (*восточная одежда*) Chalát *m* -s, -s; ori|entálischer wéiter Mántel; **2.** (*домашняя одежда*) Schláfrock *m* (1*), Mórgenrock *m*; купа́льный ~ Bádemantel *m* (6*); **3.** (*спецодежда*) Árbeitskittel *m* (6); до́кторский ~ Árztkittel *m*; маскиро́вочный ~ *воен.* Tárnmantel *m* (6*); Tárnjacke *f* (11)

хала́тн||ость *ж* Fáhrlässigkeit *f*, Náchlässigkeit *f*, Schlamperéi *f*; **~ый** fáhrlässig, náchlässig, schlámpig; ~ое отноше́ние к свои́м обя́занностям Pflíchtvergessenheit *f*; mángelnder Árbeitseifer

халва́ *ж* Hálwa *n* -s *u* = (*Art Walnußmarzipan*)

халде́й *м ист.* Chaldäer *m* (6)

хали́ф *м ист.* Kalíf *m* (8); **~а́т** *м ист.* **1.** (*государство*) Kalifát *n* (2); **2.** (*власть*) Kalífentum *n* -s

халту́р||а *ж* **1.** (*плохая работа*) Pfuscheréi *f*, Stümperéi *f*, Murks *m* -es; Kitsch *m* -(e)s; Schluderéi *f* (*разг.*); **2.** (*лёгкий заработок*) (léichter) Nébenverdienst *m* (1); **~ить 1.** (*плохо работать*) pfúschen *vi*, stümpern *vi*, húdeln *vi*; **2.** (*гнаться за лёгким заработком*) léichtem Verdíenst náchjagen; **~ный** stümperhaft; kítschig; ~ная рабо́та *см.* халту́ра 1; **~щик** *м* **1.** (*плохой работник*) Pfúscher *m* (6); Stümper *m* (6); Múrkser *m* (6), Schlúderer *m* (6); **2.** (*стремящийся к лёгкому заработку*) léichten Verdíenst Súchender

халу́па *ж разг.* Káte *f* (11)

халцедо́н *м мин.* Chalzedón [çal-] *m* (1)

хам *м бран.* Flégel *m* (6); Róhling *m* (1), Gróbian *m* (1)

хамелео́н *м* **1.** *зоол.* Chamäleon [ka-] *n* -s, -s; **2.** (*о беспринципном человеке*) Wétterfahne *f* (11), wétterwendischer Mensch

хами́ть *разг.* sich flégelhaft benéhmen*

хамса́ *ж зоол.* (Krímsche) Anschóvis [-vis] *f*, *pl* =

ха́м||ский *разг.* grob, roh; flégelhaft; **~ство** *с разг.* Gróbheit *f*, Róheit *f*

хан *м ист.* Khan [ka:n] *m* (1)

хандр||а́ *ж* (gründlose) Schwérmut *f*; Spleen [*англ.* spli:n] *m* -(e)s; на него́ напа́ла ~а́ *разг.* er fängt Grillen, er bläst Trübsal; **~и́ть** *разг.* Grillen fángen*; Trübsal blásen*; schwérmütig [trübselig] sein

ханжа́ *м, ж* Schéinheilige *m f* (14), Frömmler *m* (6), Múcker *m* (6), Héuchler *m* (6); Frömmlerin *f* (12), Múckerin *f* (12) (*о женщине*)

ха́нже||ский schéinheilig, bigótt, frömmelnd, múckerhaft; **~ство** *с* Schéinheiligkeit *f*, Bigotteríe *f*; Frömmeléi *f*, Múckertum *n* -s

ханжи́ть *разг.* frömmeln *vi*; schéinheilig sein; fromm tun*, sich fromm stéllen, Frömmigkeit héucheln

ха́н||ский Khan- [kan-]; **~ство** *с ист.* Khanat [ka'na:t] *n* (2)

ха́ос *м миф.* Chaos ['ka-] *n* =

хао́с (*беспорядок, путаница*) Chaos ['ka-] *n* =, Únordnung *f*; Durcheinánder *n* -s, Wírrwarr *m* -(e)s; настоя́щий ~ ein wáhres Cháos

хаоти́ч||еский chaótisch [ka-], wirr, verwórren; kúnterbunt; **~ность** *ж* chaótischer [ka-] Zústand; Wírrwarr *m* -(e)s; **~ный** *см.* хаоти́ческий

ха́пать, ха́пнуть *груб.* **1.** (*схватить*) pácken *vt*, ergréifen* *vt*; **2.** (*о деньгах u m. n.*) éinheimsen *vt*, éinstecken *vt*, ergáttern *vt*

харaки́ри *с* Harakíri *n* = *u* -s

хара́ктер *м* **1.** Charákter [ka-] *m* -s, -tére; Wésen *n* -s; Kénnzeichnung *f* (10); дурно́й ~ ein schléchter Charákter; угрю́мый ~ ein mürrisches [sáuertöpfisches] Wésen; тяжёлый ~ ein schwíeriger Charákter; си́льный ~ ein stárker [féster] Charákter; прямота́ ~а Áufrichtigkeit *f*, geráder Sinn; Fréimut *m* -(e)s; име́ть твёрдый ~ charákterfest sein; челове́к с ~ом ein Mensch von Charákter, ein charáktervoller Mensch; **2.** (*свойство*) Éigenart *f* (10); Charákter *m* [ka-] -s, -tére; Beschäffenheit *f* (*структура, состояние*); Gepräge *n* -s (*произведения искусства u m. n.*); ~ по́чвы [гру́нта] der Charákter des Bódens, Bódenbeschaffenheit *f*; ~ ме́стности die Éigenart [der Charákter] des Geländes; ◇ вы́держать ~ Charákter (-festigkeit) zéigen; э́то не в его́ ~е das liegt nicht in séinem Charákter

характер||изова́ть charakterisíeren [ka-] *vt*, kénnzeichnen *неотд. vt*; **~и́стика** *ж* **1.** Charakterístik [ka-] *f* (10); Kénnzeichnung *f* (10); Beúrteilung *f* (10); для ~и́стики э́того челове́ка um díesen Ménschen zu charakterisíeren; **2.** *мат.* Charakterístik [ka-] *f* (10); Kénnziffer *f* (11), Wert *m* (1)

характе́рн||о *нареч.* charakterístisch [ka-], kénnzeichnend; bezéichnend (*показательно*); kénnzeichnenderweise; ~о, что... es ist kénnzeichnend [bezéichnend], daß...; э́то для него́ о́чень ~о das ist für ihn sehr bezéichnend; **~ый 1.** (*выразительный*) charáktervoll [ka-], áusdrucksvoll; ~ое лицо́ Charákterkopf *m* (1*), ein markánter Kopf; **2.** (*отличительный*) charakterístisch [ka-], kénnzeichnend, bezéichnend, hervórstechend; ~ый факт éine kénnzeichnende Tátsache; ~ая черта́, ~ый штрих ein charakterístischer Zug; (kénnzeichnender) Wésenszug *m* (1*), Charakterístikum *n* -s, -ka; ~ый при́знак ein kénnzeichnendes Mérkmal, ein hervórstechendes Kénnzeichen; **3.** *театр.* Charákter- [ka-]; ~ый та́нец Charáktertanz *m* (1*), Áusdruckstanz *m*; актёр на ~ые ро́ли Charákterdarsteller *m* (6)

ха́риус *м* (*рыба*) Äsche *f* (11)

ха́рк||анье *с* Spéien *n* -s, Spúcken *n* -s; ~анье кро́вью Blútspucken *n*; **~ать** *мед.* Schleim áuswerfen*; spéien* *vt*; spúcken *vt*; ~ать кро́вью Blut spúcken

ха́ртия *ж* Charta ['kar-] *f*, *pl* -s; Charte ['ʃartə] *f* (11); конституцио́нная ~ Verfássungsurkunde *f* (11); Вели́кая ~ во́льностей *ист.* Mágna Chárta libertátum (*лат.*); Наро́дная ~ (*чартистов*) *ист.* Vólks|charta *f*; Атланти́ческая ~ die Atlántikcharta

харч *м разг. см.* харчи́

харче́вня *ж* Spéisewirtschaft *f* (10); Gárküche *f* (11)

харчи́ *мн. разг.* Kost *f*; Beköstigung *f*; **~ться** *разг.* sich beköstigen; spéisen *vi*

ха́ря *ж груб.* Frésse *f* (11); Schnáuze *f* (11)

ха́та *ж* Hütte *f* (11); ◇ моя́ ~ с кра́ю (, я ничего́ не зна́ю) *погов.* ≅ mein Náme ist Háse, ich weiß von nichts

ха́халь *м разг.* Líebhaber *m* (6), Gelíebte *m* (14)

ха́ять *разг.* tádeln *vt*, herúntermachen *vt*, rügen *vt*

хвал||а́ *ж* Lob *n* -(e)s, Lóbpreisung *f* (10); воздава́ть ~у́ préisen* *vt*; Lob und Preis síngen*; sich in Lóbeserhebungen ergéhen*

хвале́бн||о *нареч.* lóbend; ~о отзыва́ться (о чём-л.) des Lóbes voll sein (über *A*); **~ый** lóbend, Lob-; Preis-; ~ая песнь Lóbgesang *m* (1*); Préislied *n* (5); ~ая речь lóbende Réde, Lóbrede *f* (11), Lóbpreisung *f* (10)

хвалёный víelgerühmt; hóchgepriesen

хвали́ть lóben *vt* (за что-л. für *A*, wégen *G*); préisen* *vt*, rühmen *vt*, lóbpreisen (*) *неотд. vt* (*восхвалять*); Lob spénden (кого́-л. *D*); **~ся 1.** sich rühmen (*ср.* хва́стать); **2.** *карт.* réizen *vi*

хва́стать, хва́статься práhlen *vi*; gróßtun* *отд. vi*, dícktun* *отд. vi* (*разг.*); sich brüsten; den Mund voll néhmen*; renommíeren *vi*; ~ чем-л. mit etw. (*D*) práhlen; не хва́стаясь óhne Ánmaßung, óhne zu renommíeren [práhlen]; э́тим он не ста́нет ~ damít wird er sich nicht brüsten; das wird er sich nicht hínter den Spíegel stécken

хвастли́в||ость *ж* Práhlsucht *f*, Sélbstüberhebung *f*; **~ый** rúhmredig, práhlerisch, gróßtuerisch

хвастовство́ *с* Prahleréi *f*, Gróßtun *n* -s, Ángabe *f*, Wichtigtueréi *f*

хвасту́н *м* Ángeber *m* (6); Práhlhans *m* -es, *pl* -hänse, Áufschneider *m* (6), Wíchtigtuer *m* (6); Renommíst *m* (8)

хвасту́нья *ж* Ángeberin *f* (12)

хват I *м разг.* ein gewándter [flínker] Kerl

хват II *м спорт.* Griff *m* (1)

хвата́ть I (*схватывать*) pácken *vt*, ergréifen* *vt*, fássen *vt*; schnáppen *vt* (*зубами*) (что-л. nach *D*); ráffen *vt*; ~ кого́-л. за ши́ворот j-n am Krágen fássen; j-n am [beim] Schlafíttchen pácken; ◇ ~ во́здух nach Luft schnáppen; ~ на лету́ im Flúge áuffangen*

хвата́||ть II *см.* хвати́ть I 1; не ~ть nicht lángen, nicht áusreichen; féhlen *vi* (*отсутствовать*); мне не ~ет вре́мени es fehlt [mángelt] mir an Zeit; ◇ э́того ещё не ~ло! das hätte noch geféhlt, das féhlte geráde noch!

хвата́ться 1. (*за что-л.*) gréifen* *vi* (nach *D*); sich fésthalten* (an *D*); sich (án)klämmern (an *D*) (*цепляться*); **2.** (*начинать что-л. делать*) gréifen* *vi* (за что-л. zu *D*); unternéhmen* *vt* (*предпринимать*); ◇ ~ за соло́минку sich an éinen Stróhhalm klámmern, nach dem réttenden Stróhhalm gréifen*; ~ за ум zur Vernúnft kómmen*

хват||и́ть I **1.** (*быть достаточным*) (áus)réichen *vi*, lángen *vi*; у него́ (не) ~и́ло му́жества сде́лать э́то er hátte (nicht) den Mut, es zu tun; э́того хва́тит на́ год das wird für ein Jahr áusreichen; э́того ненадо́лго хва́тит das wird nicht lánge vórhalten*; **2.** *безл.* (*оказаться в силах что-л. сделать*): меня́ на э́то хва́тит ich bin dazú fähig; ◇ хва́тит! (*довольно*) genúg!; es genügt!; с меня́ хва́тит *разг.* ich hábe genúg davón; ich hábe es satt

хват||и́ть II *разг.* **1.** (*ударить*) schlágen* *vt*, *vi*; éinen Schlag versétzen (кого́-л. *D*); **2.** (*о явлениях природы, болезнях*) plötzlich éinsetzen [áuftreten* (s)]; хвати́л моро́з plötzlich sétzte Frost ein; его́ хвати́л уда́р er hat éinen Schláganfall gehábt [erlítten]; ◇ ~и́ть че́рез край zu weit géhen*; sich (*D*) zu viel erláuben; éine Sáche zu weit tréiben*; ~и́ть ли́шнего ein Glas zu viel trínken*

хвати́ться *разг.* plötzlich kómmen* (чего́-л. auf *A*); sich plötzlich entsínnen* (*G*) (*вспомнить*); ~ кого́-л., чего́-л. (plötzlich) j-n, etw. vermíssen;

22 – 1052

(plötzlich) j-s Ábwesenheit bemérken (*тк. кого-л.*)

хва́тка *ж* Griff *m* (1); Biß *m* -sses, -sse (*у живо́тных*); ◇ мёртвая ~ Würgegriff *m*

хвать *предик. разг.*: я ~ его́ за по́яс ich páckte ihn am Gürtel

хво́йн||ые *мн. бот.* Nádelbäume *pl*, Nádelhölzer *pl*; **~ый** Nádel-; ~ый лес Nádelwald *m* (4); ~ый экстра́кт Fíchtennadelessenz *f*; Fíchtennadelextrakt *m* -(e)s; ~ое мы́ло Fíchtennadelseife *f*

хвора́ть *разг.* krank sein, únpäßlich sein; kränkeln *vi* (*прихва́рывать*)

хво́рост *м собир.* **1.** Réisig *n* -s; **2.** (*пече́нье*) Kráusgebäck *n* (2), Chwórost *m* -es (*Gebäck aus gekrümmten Teigstreifen*); **~и́на** *ж* Gérte *f* (11); Rúte *f* (11)

хво́р||ость *ж разг. см.* хворь; **~ый** *разг.* krank; kränklich, schwächlich, siech

хворь *ж разг.* Kránkheit *f*

хвост *м* **1.** Schwanz *m* (1*); Schweif *m* (1) (*пуши́стый*); *охот.* Rúte *f* (11); павли́н распусти́л ~ der Pfau schlug [máchte] ein Rad; поджа́ть ~ den Schwanz éinziehen*; *перен. тж.* klein béigeben*; kléinlaut wérden; поджа́в ~ mit éingezogenem Schwanz; виля́ть [верте́ть] ~о́м mit dem Schwanz wédeln, schwänzeln *vi*; *перен.* sich éinschmeicheln, scharwénzeln *vi*; fúchsschwänzeln *неотд. vi*; **2.** (*концева́я часть*) Schwanz *m* (1*); Schweif *m* (1); *тех.* Zápfen *m* (7); ~ коме́ты Kométenschweif *m* (1); ~ коло́нны *воен.* das Énde der Kolónne; **3.** *разг.* (*о́чередь*) Schlánge *f* (11), Réihe *f* (11); стоя́ть в ~е́ Schlánge stéhen*; ánstehen* *vi* (за чем-л. nach *D*); встать в ~ sich ánstellen; **4.** *разг.* (*несданный экзамен, невыполненная часть работы*) Rückstände *pl*; ◇ плести́сь в ~е́ zurückbleiben* *vi* (s); náchbleiben* *vi* (s); hinterhér trótten *vi* (s); показа́ть ~ *разг.* ábhauen* *vi* (s); держа́ть ~ пистоле́том *разг.* die Óhren steif hálten*; (и) в ~ и в гри́ву (*бить, гнать и т. п.*) mit Ánspannung áller Kräfte; наступи́ть кому́-л. на ~ j-m auf den Schwanz tréten*, j-n beléidigen; быть [висе́ть] на ~е́ (*кого-л.*) j-n éinholen, j-m auf den Férsen sein; ко́нский ~ (*приче́ска*) Pférdeschwanz *m* (1*); ~ трубо́й *разг.* erhóbener Schwanz

хвоста́тый geschwänzt, Schwanz-

хво́стик *м уменьш.* Schwänzchen *n* (7); ◇ ему́ пятьдеся́т с ~ом er ist étwas über fünfzig

хвостов||о́й Schwanz-; ~о́е опере́ние *ав.* Schwánzleitwerk *n* (2), Héckleitwerk *n*; ~о́й сигна́льный фона́рь *ж.-д.* Schlúßlicht *n* (5); ~а́я часть (*ракеты*) Heck *n* (2) (*pl тж.* -s)

хвощ *м бот.* Scháchtelhalm *m* (1)

хво́я *ж бот.* Nádel *f* (11); Nádelbaumzweig *m* (1); *собир.* Nádelholz *n* -es

хе́дер *м с.-х.* Schnéidwerk *n* (2), Mähapparat *m* (1)

хек *м* (*ры́ба*) Séehecht *m* (1)

хемотропи́зм *м бот.* Chemotropísmus *m* =, -men

хе́рес *м* (*вино*) Xéreswein ['çe:rɛs-] *m* -(e)s, Jerez ['çe:rɛs] *m* =

херуви́м *м рел.* Chérub *m* -s, -im *u* -ínen, Éngel *m* (6)

хиа́зм *м лингв.* Chiásmus *m* =

хиба́рка *ж* (élende) Hütte *f* (11)

хи́жина *ж* (kléine) Hütte *f* (11), Häus¦chen *n* (7)

хи́лость *ж* Kränklichkeit *f*, Schwächlichkeit *f*

хи́лус *м физиол.* Chýlus *m* =, Mílchsaft *m* -(e)s

хи́л||ый kränklich, schwächlich; siech; zart; hínfällig; ~ое расте́ние éine schwächliche Pflánze

химе́р||а *ж* **1.** *миф.* Chimära *f*; **2.** (*фанта́зия*) Schimäre *f* (11), Chimäre *f* (11); Hírngespinst *n* (2); Wahn *m* -(e)s, Trúgbild *n* (5); **~и́ческий** *см.* химери́чный; **~и́чность** *ж* das Trügerische (*sub*), das Schimärenhafte (*sub*); **~и́чный** schimärisch, trügerisch, phantástisch

хим||иза́ция *ж* Chemisíerung *f*; **~и́зм** *м* Chemísmus *m* =

хи́мик *м* Chémiker *m* (6); ~-нефтя́ник Érdölchemiker *m*, Petrólchemiker *m*; ~-орга́ник Orgániker *m* (6); ~-тексти́льщик Textílchemiker *m*

химика́лии *мн.* Chemikáli¦en *pl*

химиотерапи́я *ж мед.* Chemotherapíe *f*

хими́ческ||и *нареч.* chémisch, auf chémischem Wége; **~ий** chémisch, Chemíe-; ~ие соедине́ния chémische Verbíndungen; ~ая лаборато́рия chémisches Laboratórium; рабо́чие ~ой промы́шленности Chemíearbeiter *pl*; кру́пное ~ое произво́дство Gróßchemie *f*; ~ая война́ Gáskrieg *m* (1); Gíftgaskrieg *m*; chémischer Krieg; ~ая трево́га *воен.* Gásalarm *m* (1); ~ий снаря́д chémische Granáte; ~ая кома́нда (*отря́д*) Gástrupp *m* -s, -s; ~ое нападе́ние Gásangriff *m* (1); ~ое ору́жие chémische Wáffe

хи́м||ия *ж* Chemíe *f*; органи́ческая ~ия orgánische Chemíe; неоргани́ческая ~ия ánorganische Chemíe; бытова́я ~ия Háushaltschemie *f*; прикладна́я ~ ángewandte Chemíe; уче́бник по ~ии Léhrbuch der Chemíe

хи́мус *м физиол.* Chýmus *m* =

химчи́стка *ж* chémische Réinigung; сро́чная ~ Schnéllreinigung *f*

хи́на *ж см.* хини́н

хи́нди *м лингв.* Híndi *n* =

хин||и́н *м* Chinín *n* -s; **~ный** Chína-; ~ное де́рево Chínabaum *m* (1*), Chínarindenbaum *m*; ~ная ко́рка Chínarinde *f* (11); ~ная насто́йка Chínatinktur *f* (10)

хи́ппи *м* Híppie *m* -s, -s

хире́ть **1.** síechen *vi* (s); dahínsiechen *vi* (s), kränkeln *vi* (*то́лько о челове́ке*); éingehen* *vi* (s), verkümmern *vi* (s) (*то́лько о расте́ниях*); **2.** (*приходи́ть в упа́док*) verkümmern *vi* (s), verfállen* (s); dahínsiechen *vi* (s)

хирома́нт *м* Hándlini¦endeuter *m* (6), Hándwahrsager *m* (6), Chirománt *m* (8); **~ия** *ж* Chiromantíe *f*, Hándlesekunst *f*; **~ка** Hándlini¦endeuterin *f* (12), Hándwahrsagerin *f* (12), Chiromántin *f* (12)

хиру́рг *м* Chirúrg *m* (8); **~и́ческий** chirúrgisch; ~и́ческий нож Seziermesser *n* (6); ~и́ческое отделе́ние (*больни́цы*) chirúrgische Statión; **~и́я** *ж* Chirurgíe *f* (11); восстанови́тельная ~и́я Wiederhérstellungs¦chirurgie *f*

хито́н *м* Chitón *m* (1)

хи́тр||енький verschmítzt, pfíffig; schlau; **~е́ц** *м* Schláue *m* (14); Schláukopf *m* (1*); Schláumeier *m* (6); Schláufuchs *m* (1*)

хитрец||а́ *ж*: с ~о́й *разг.* schlau; pfíffig; он не без ~ы́ *разг.* er hat es fáustdick hínter den Óhren

хитри́нк||а *ж см.* хитреца́; глаза́ с ~ой schláue Áugen

хитри́ть **1.** schlau [lístig] sein; schlau hándeln, éine List ánwenden*; ein fálsches Spiel tréiben* (*лука́вить*); **2.** *разг.* (*му́дрить*) klügeln *vi*

хи́тро *нареч.* **1.** schlau, lístig; pfíffig (*лука́во*); hínterlistig (*кова́рно*); **2.** (*не про́сто*) áusgeklügelt, spítzfindig, knífflig

хитросплете́ние *с* Wortklauberéi *f* (10); Kasuístik *f*; Wínkelzüge *pl*

хи́трость *ж* **1.** Schláuheit *f* (10), List *f* (10); Schláue *f*; **2.** *разг.* (*тру́дность, сло́жность*) Schwíerigkeit *f* (10), Knífflígkeit *f* (10); **3.** (*приём*) Trick *m* -s, -s; вое́нная ~ Kríegslist *f*; пойти́ на ~ zu éinem Trick gréifen*; ◇ не велика́ [не больша́я] ~ (das ist) kein Kúnststück

хитроу́м||ие *с* Spítzfindigkeit *f*; **~ный** (spítz)findig; knífflig; fein erdácht

хи́тр||ый **1.** schlau, lístig; verschmítzt (*себе́ на уме́*); hínterlistig (*кова́рный*); pfíffig (*лука́вый*); **2.** *разг.* (*тру́дный, сло́жный*) schwíerig; kompliziert; lístenreich; де́ло не ~ое das ist nicht kompliziert, das ist éinfach

хитрю́га *м, ж разг. см.* хитре́ц

хихи́к||анье *с разг.* Kíchern *n* -s, Gekícher *n* -s; **~ать**, **~нуть** *разг.* kíchern *vi*

хище́ние *с* Raub *m* -(e)s (чего́-л. an *D*); Díebstahl *m* (1*) (*воровство́*); Unterschlágung *f* (10)

хи́щн||ик *м* **1.** Ráubtier *n* (2) (*зверь*); Ráubvogel *m* (6*) (*пти́ца*); **2.** *перен.* Räuber *m* (6); **~ически** *нареч.* nach Räuberart, räuberisch; **~ический** Raub-, räuberisch; ~ическое хозя́йство, ~ическая обрабо́тка земли́ Ráubbau *m* -(e)s; **~ичество** *с* Raub *m* -(e)s, Räuberéi *f*

хи́щн||о *нареч.* ráubgierig, ráublustig; **~ость** *ж* Ráubgier *f*, Ráublust *f*; **~ый** **1.** Raub-; ~ые живо́тные Ráubtiere *pl*; ~ые пти́цы Ráubvögel *pl*; **2.** *перен.* ráubgierig, ráublustig, räuberisch

хладаге́нт *м тех.* Kältemittel *n* (6), Kühlmittel *n*

хладнокро́в||ие *с* Káltblütigkeit *f*; Gelássenheit *f* (*невозмути́мость*); сохрани́ть ~ие rúhig Blut bewáhren; **~ный** káltblütig; gelássen (*невозмути́мый*)

хладноло́мк||ий *тех.* káltbrüchig; **~ость** *ж тех.* Káltbruch *m* -(e)s, Káltbrüchigkeit *f*

хла́дный *поэт. см.* холо́дный

хладобо́йня *ж* Schláchthaus *n* (5); Schláchthof *m* (1*) (mit Kühlhaus)

хладоноси́тель *м* Kälteträger *m* (6)

хладоте́хника *ж* Kältetechnik *f*

хладотра́нспорт *м* Kühltransport *m* (1)

хлам *м собир.* Kram *m* -(e)s, Plúnder *m* -s, Trödel *m* -s, Gerümpel *n* -s

хлами́да *ж разг.* ein álter ábgetragener Mántel; ein áltes Kleid

хлеб *м* **1.** (*печёный*) Brot *n* -(e)s; дома́шний ~ háusbackenes Brot; чёрный ~ Schwárzbrot *n*, Róggenbrot *n*; бе́лый ~ Wéißbrot *n*, Wéizenbrot *n*; пеклева́нный ~ Gráubrot *n*; чёрствый ~ tróckenes [hártes] Brot; ~ с изю́мом Rosínenbrot *n*; ~ из муки́ просто́го помо́ла Schrótbrot *n*; сажа́ть ~ (в пе́чку) Brot in den Ófen schíeben*; **2.** (*карава́й*) Laib *m* (1), Brot *n* (2); **3.** (*зерно, зла́ки*) Korn *n* -(e)s, Getréide *n* -s, Brótgetreide *n*; подво́з ~а Getréidezufuhr *f*; э́кспорт ~а Getréideausfuhr *f*; ~ на корню́ Getréide auf dem Halm; убо́рка ~а Kórnernte *f*, Getréideernte *f*; ози́мые ~а́ Wíntergetreide *n*, Wínterkorn *n* -(e)s; яровы́е ~а́ Sómmergetreide *n*, Sómmerkorn *n*; ◇ зараба́тывать себе́ на

~ sich (*D*) sein Brot verdíenen; **sein éigenes** Brot éssen*; лиши́ть кого́-л. куска́ ~а j-n um Brot und Lohn [ums Brot, um séinen Verdíenst] bríngen*; отня́ть у кого́-л. кусо́к ~а j-m sein Stück Brot néhmen*; у него́ куска́ ~а нет er hat nichts zu éssen [nichts zu béißen und zu bréchen]; лиши́ться ~а brótlos wérden; ~ насу́щный das tägliche Brot; жить на чужи́х ~а́х bei j-m das Gnádenbrot éssen*; перебива́ться с ~а на квас ≅ von der Hand in den Mund lében

хлеба́ть *разг.* löffeln *vt*, schlürfen *vt*; ◇ уйти́ несо́лоно хлеба́вши únverrichteterdinge [únverrichtetersache] ábziehen*; *австр.* únverrichteter Dínge [Sáche] ábziehen*

хле́бец *м* Brötchen *n* (7); ◇ хрустя́щие хле́бцы Knäckebrot *n* (2)

хле́бница *ж разг.* Brótkorb *m* (1*)

хлебну́ть *разг.* **1.** éinen Schluck tun* (чего́-л. von *D*); **2.** (*испыта́ть*) erléiden* *vt*, erlében *vt*

хле́бн||ый 1. (*о зерне*) Korn-, Getréide-; ~ые зла́ки Getréidepflanzen *pl*, Brótgetreide *n* -s; ~ый райо́н kórnreiches Gebíet; ein getréideproduzíerendes Gebíet; ~ый ры́нок Kórnmarkt *m* -(e)s; ~ая торго́вля Kórnhandel *m* -s; ~ый э́кспорт Getréideausfuhr *f*; **2.** (*о печёном хлебе*) Brot-; ~ые изде́лия Báckwaren *pl*; **3.** *разг.* (*доходный*) Brot-, vórteilhaft, éinträglich; gewínnbringend; ◇ ~ое де́рево Brótfruchtbaum *m* (1*)

хлебобу́лочн||ый: ~ые изде́лия Báckwaren *pl*

хлебозаво́д *м* Brótfabrik *f* (10)

хлебозаготови́тель *м* (*организация*) (stáatliche) Getréidebeschaffungsstelle; ~**ный** Getréidebeschaffungs-, Getréideerfassungs-

хлебозагото́в||ки *мн.* (stáatliche) Getréidebeschaffung *f* (10), (stáatliche) Getréideerfassung *f*; госуда́рственный план ~ок der stáatliche Getréideerfassungsplan

хлебозаку́пки *мн.* (stáatlicher) Getréide(ein)kauf *m* (1*), (stáatlicher) Kórnaufkauf *m*, (stáatlicher) Getréideaufkauf *m*

хлебокопни́тель *м с.-х.* Getréideaufschichter *m* (6)

хлебопа́шеств||о *с* Áckerbau *m* -(e)s; занима́ться ~ом Áckerbau tréiben*

хлебопа́шец *м* Lándmann *m* -(e)s, -leute; Báuer *m* (8, 13), Áckerbauer *m*

хлебо||пёк *м* Bäcker *m* (6), Brótbäcker *m*; ~**пека́рный** Back-; ~пека́рный порошо́к Báckpulver *n* (6); ~**пека́рня** *ж* Bäckeréi *f* (10); Brótbäckerei *f*; ~**пече́ние** *с* Brótbacken *n* -s; Brótherstellung *f*

хлебопоста́вки *мн.* Getréideablieferung *f* (10)

хлебопроду́кты *мн.* Báckwaren *pl*

хлеборе́зка *ж* Brótschneidemaschine *f* (11)

хлеборо́б *м* Lándmann *m* -(e)s, -leute; Báuer *m* (8, 13), Getréidebauer *m*, Áckerbauer *m*

хлеборо́дный kórnreich; frúchtbar (*плодородный*)

хлебосда́ча *ж* Getréideablieferung *f* (10)

хлебосо́л *м*, ~**ка** *ж* gástfreundlicher Mensch

хлебосо́ль||ный gástfreundlich, gástfrei; ~**ство** *с* Gástfreundschaft *f*

хлеботорго́в||ец *м* Kórnhändler *m* (6); Getréidehändler *m*; ~**ля** *ж* Kórnhandel *m* -s, Getréidehandel *m*

хлебоубо́рка *ж* Getréideernte *f*

хлебофура́ж *м* Fúttergetreide *n* (6)

хлеб-со́ль 1. (*угощение*) Bewírtung *f*; **2.** (*гостеприимство*) **Gástfreundschaft** *f*

хлев *м* Stall *m* (1*); Víehstall *m*; свино́й ~ *тж. перен.* Schwéinestall *m*

хлестако́вщина *ж* das Gehábe [die Áufschneiderei] éines Chlestakow (*nach dem Helden von Gogol*)

хлеста́ть 1. péitschen *vt*; schlágen* *vt*; дождь хле́щет в окно́ der Régen schlägt [trómmelt] gégen das Fénster; **2.** *разг.* (*литься*) strömen *vi*; sich ergíeßen*; sprítzen *vi* (*брызгать*); кровь хле́щет из ра́ны das Blut strömt [schießt] aus der Wúnde; дождь хле́щет es régnet in Strömen; **3.** *груб.* (*пить*) sáufen* *vt*

хлёстк||ий 1. (*о ветре*) péitschend, schnéidend; **2.** (*резкий*) tréffend, scharf; ~ое замеча́ние éine tréffende [schárfe] Bemérkung

хлестну́ть *см.* хлеста́ть

хлоп *межд.* klatsch!; plumps! (*при падении*)

хло́пальщик *м* **1.** *разг.* Béifallklatscher *m* (6); **2.** *охот.* Tréiber *m* (6), Klápperer *m* (6)

хло́пать 1. knállen *vi*; klátschen *vi*; schlágen* *vi*; ~ в ладо́ши in die Hände klátschen; Béifall klátschen (*аплодировать*); ~ бичо́м mit der Péitsche knállen; **2.** (*о моторе*) túckern *vi*; ◇ ~ глаза́ми verständnislos dréinschauen, nichts verstéhen*; als Dúmmer dástehen*, den Dúmmen máchen; ~**ся** *см.* хло́пнуться

хло́пец *м разг.* Búrsch(e) *m* (8, 9), Júnge *m* (9)

хлопково́д *м* Báumwollbauer *m* (6); ~**ство** *с* Báumwoll(an)bau *m* -(e)s

хло́пков||ый Báumwoll-, báumwollen; ~ый жмых Báumwollsamenkuchen *m* (7); ~ое ма́сло Báumwollsamenöl *n* -(e)s

хлопкоочисти́тельный Báumwollreinigungs-, Báumwollentkörnungs-

хлопкопряде́ние *с* Báumwollspinneréi *f*

хлопкоро́б *м* Báumwollbauer *m* (6)

хлопкоубо́рочн||ый: ~ая маши́на Báumwollpflückmaschine *f* (11)

хло́пнуть *см.* хло́пать; ~ две́рью die Tür zúschlagen* [zúknallen, zúhauen (*разг.*)]; ~**ся** *разг.* (*упасть*) hínfallen* *vi* (s); hínschlagen* *vi* (s); hínplumpsen *vi* (s)

хло́пок *м* Báumwolle *f*; ~-волокно́ Báumwollfaser *f* (11); ~-сыре́ц Róhbaumwolle *f*

хлопо́к *м* Klaps *m* (1), Knall *m* (1); kúrzer Schlag

хлопот||а́ть 1. (*быть в хлопотах*) herúmwirtschaften *vi*, geschäftig sein; **2.** (*за кого-л.*) Fürsprache [ein gútes Wort] éinlegen (für *A*); **3.** (*о чём-л.*) sich bemühen (um *A*); ~**ли́вость** *ж* **1.** (*дела и т. п.*) Schwíerigkeit *f*; **2.** (*о человеке*) Geschäftigkeit *f*; ~**ли́вый 1.** (*о деле*) mühevoll; schwíerig; **2.** (*о человеке*) geschäftig

хло́потный *см.* хлопотли́вый 1

хлопоту́н *м*, **хлопоту́нья** *ж разг.* Geschäftige *m*, *f* (14)

хло́поты *мн.* Bemühungen *pl*; Mühen *pl*; Sórgen *pl* (*заботы*); Schereréien *pl* (*возня*); несмотря́ на все мои́ ~ trotz áller méiner Bemühungen; ~ по хозя́йству Wírtschaftssorgen *pl*; наде́лать кому́-л. хлопо́т j-m Schereréien [viel zu scháffen] máchen; ◇ у него́ хлопо́т по́лон рот *погов.* er weiß nicht, wo ihm der Kopf steht; er hat álle Hände voll zu tun, er hat den Kopf vóll(er) Sórgen

хлопу́шка *ж* **1.** (*для мух*) Flíegenklatsche *f* (11); **2.** (*шутиха*) Knállbüchse *f* (11); Knállfrosch *m* (1*); **3.** (*бумажная*) Knállbonbon [-bɔŋˌbɔŋ] *m*, *n*, -s, -s; **4.** *тех.* Kláppe *f* (11)

хлопча́тник *м бот.* Báumwollstaude *f* (11)

хлопчатобума́жн||ый Báumwoll-, báumwollen; ~ая ткань Báumwollgewebe *n* (6), Báumwollstoff *m* (1), Báumwolle *f*

хлопча́т||ый I: ~ая бума́га *уст.* Báumwolle *f*

хлопча́тый II (*хлопьевидный*) flókkig

хло́пья *мн.* Flócken *pl*; ~ми in Flócken; in Flóckenform (*в виде хлопьев*)

хлор *м* Chlor [klo:r] *n* -s (*хим. знак* Cl); Chlórgas *n* -es

хлора́л *м хим.* Chlorál [klo-] *n* -s; ~**гидра́т** *м фарм.* Chlorálhydrat [klo-] *n* -(e)s

хлори́ров||ание *с* Chlorung ['klo:-] *f*, Chloríeren [klo-] *n* -s, Chloren ['klo:-] *n* -s; ~**ать** chloríeren [klo-] *vt*, chloren ['klo:-] *vt*

хлористоводоро́дн||ый *хим.* Chlorwasserstoff- ['klo:r]; ~ая кислота́ Chlórwasserstoffsäure *f*; Sálzsäure *f*

хло́ристый *хим.* Chlor- [klo:r-], chlórhaltig; ~ на́трий Chlornátrium *n* -s, Nátriumchlorid *n* (2); ~ ка́льций Chlorkálzium *n* -s, Kálziumchlorid *n*

хло́рн||ый *хим.* Chlor- [klo:r-]; ~ая кислота́ Chlórsäure *f*; ~ая и́звесть Chlórkalk *m* -(e)s

хлоро́з *м мед.*, *бот.* Chloróse [klo-] *f*

хлорофи́лл *м бот.* Chlorophýll [klo-] *n* -s, Bláttfarbstoff *m* -(e)s; ~**овый** *бот.* Chlorophýll- [klo-]; ~овые зёрна Chlorophýllkörner *pl*

хлорофо́рм *м хим.* Chlorofórm [klo-] *n* -s; опера́ция под ~ом *мед.* éine Operatión únter Chlorofórm; ~**и́ровать** *мед.* chloroformíeren [klo-] *vt*

хлорпикри́н *м хим.* Chlorpikrín [klor-] *n* -s

хлы́н||уть 1. (*о жидкости*) (hervór)strömen *vi* (s), hervórsprudeln *vi* (s), hervórbrechen* *vi* (s); sich (er)gíeßen*; дождь ~ул der Régen begánn zu strömen [zu gíeßen, níederzuprasseln]; кровь ~ула das Blut brach [strömte] hervór; **2.**: толпа́ ~ула на пло́щадь die Ménge [stürzte] auf den Platz [ergóß sich über den Platz]; **3.** (*о чувствах, мыслях*) überkómmen* *vt*, befállen* *vt*

хлыст *м* **1.** (*прут*) Réitpeitsche *f* (11), Réitgerte *f* (11), Gérte *f*, Péitsche *f*; **2.** *лес.* Báumschaft *m* (1), Stamm *m* (1*); **3.** *см.* хлыщ

хлысты́ *мн.* (*секта*) Chlýste *pl* (*Sekte der Selbstgeißler*)

хлыщ *м разг.* Láffe *m* (9), Módenarr *m* (8), Láckaffe *m* (9)

хлю́пать *разг.* **1.** (*о воде*) glúcksen *vi*; **2.** (*по грязи*) pátschen *vi*

хлю́пик *м разг.* Jämmerlappen *m* (7)

хляб||ь *ж* **1.** *разг.* (*жидкая грязь*) Schlamm *m* -(e)s, Schmutz *m* -es; **2.** *уст. поэт.* Ábgrund *m* (1*); Schlund *m* (1*); Kluft *f* (3); ◇ разве́рзлись ~и небе́сные der Hímmel öffnete séine Schléusen

хля́стик *м* (*у одежды*) Hálbgürtel *m* (6); Rückengürtel *m*

хмелево́д *м* Hópfenbauer *m* (6); ~**ство** *с с.-х.* Hópfenbau *m* -(e)s

хмелёк *разг.*: быть под хмелько́м éinen Schwips háben; ángeheitert sein

хмеле́ть betrúnken wérden, éinen Rausch bekómmen*

хмель *м* **1.** *бот.* Hópfen *m* (7); сбор хме́ля Hópfenernte *f*; **2.** (*опьянение*)

Rausch *m* (1*); Schwips *m* (1); Trúnkenheit *f* (*книжн.*); **~ник** *м* Hópfenfeld *n* (5); **~нóе** *сущ. с разг.* ein géistiges [beráuschendes] Getränk; **~нóй 1.** (*опьяняющий*) beráuschend, betäubend; **2.** (*опьяневший*) beráuscht, betrúnken

хмýрить rúnzeln *vt* (*лоб*); verzíehen* *vt* (*лицо*); zusámmenziehen* *vt* (*брови*); **~ся 1.** fínster dréinschauen; **2.** (*о погоде*) sich verfínstern, sich verdüstern, sich trüben; нéбо хмýрится der Hímmel bezíeht [verfínstert, verdüstert, trübt] sich

хмýрый 1. (*мрачный*) fínster; düster; ~ вид ein düsteres [fínsteres] Áussehen; **2.** (*о погоде, о небе*) trübe; bewölkt (*покрытый облаками*); düster (*сумрачный*)

хна *ж* (*краска*) Hénna *f*

хнык||áнье *с разг.* Geplärr *n* -(e)s, Gewínsel *n* -s; Geflénne *n* -s; Flénnen *n* -s; *перен.* Klágelied *n* -(e)s, Gewínsel *n* -s; **~ать** plärren *vi*, flénnen *vi*, (éwig) klágen [jámmern, wínseln]

хóбби *с* Hobby ['hɔbi] *n* -s, -s, Stéckenpferd *n* (2)

хóбот *м* **1.** *зоол.* Rüssel *m* (6); **2.** *тех.* Rüssel *m* (6); Schwéngel *m* (6); Betónschüttrohr *n* (2); **3.** *воен.* (*лафета*) Schwanz *m* (1*), Laféttenschwanz *m*; **~óк** *м* (*у насекомых*) Sáugrüssel *m* (6)

ход *м* **1.** (*движение, функционирование*) Gang *m* -(e)s, Géhen *n* -s; Lauf *m* -(e)s; Bewégung *f*; *мор.* Fahrt *f* (*скорость*); *маш.* Hub *m* (1*); *геод.* Zug *m* (1*); пóлный ~ gróße [hóhe] Fahrt; мáлый ~ geringe [lángsame] Fahrt; зáдний ~ Rückwärtsgang *m*, Rücklauf *m*; Rückwärtsfahrt *f*; дать зáдний ~ den Rückwärtsgang [Rücklauf] éinschalten; холостóй ~ Léerlauf *m*; ~ пóршня Kólbenhub *m*; пóлным ~ом mit Vólldampf, mit Hóchdruck; auf vóllen Touren ['tu:-]; пóезд шёл пóлным ~ом der Zug befánd sich in vóller Fahrt; рабóта идёт пóлным ~ом man árbeitet auf vóllen Touren; делá идýт пóлным ~ом die Sáche ist im vóllen Gang; die Sáche [Árbeit] geht wie geschmíert; пóлный ~ вперёд [назáд]! vólle Fahrt voráus [zurück]!; **2.** (*событий, болезни и т. п.*) Verláuf *m* -(e)s, Lauf *m*; Áblauf *m*; при такóм ~е вещéй bei éinem sólchen Verláuf der Dínge; ~ бóя Geféchtsverlauf *m*; в ~е воéнных операций im Zúge der Kríegshandlungen; **3.** (*вход, проход*) Gang *m* (1*), Éingang *m*; потайнóй ~ Gehéimgang *m*, verstéckter Gang; чёрный ~ Híntertreppe *f* (11); ~ сообщéния *воен.* Verbíndungsgraben *m* (7*); **4.** (*ходовая часть механизма*) Fáhrwerk *n* (2), Fáhrgestell *n* (6); **5.** (*в игре*) Zug *m* (1*) (*в шахматах и т. п.*); Áusspiel *n* -(e)s (*в картах*); встрéчный ~ Gégenzug *m*; ваш ~ Sie sind am Zúge (*в шахматах*); Sie spíelen aus (*в картах*); чей ~? wer ist am Zug? (*в шахматах*); wer spielt aus? (*в картах*); пéрвый [начáльный] ~ Ánspiel *n* -(e)s; ~ коня́ *шахм.* Rösselsprung *m* (1*); ~ конём Spríngerzug *m*; ◇ знать все ~ы́ и вы́ходы *разг.* álle Schlíche kénnen*; wíssen*, wo Bártel den Most holt; быть в ~ý im Gebráuch sein; э́тот товáр в большóм ~ý díese Wáre ist sehr gefrágt, díese Wáre fíndet réißenden Ábsatz; пусти́ть в ~ что-л. etw. zum Éinsatz bríngen*, von etw. (*D*) Gebráuch máchen; etw. in Betríeb sétzen (*предприятие*); пусти́ть в ~ своё остроýмие séinen Witz spíelen lássen*; пусти́ть в ~ все срéдства álle Hébel in Bewégung sétzen, álle Mínen spríngen lássen*; лóвкий ~ ein klúger [diplomátischer] Schácḥzug; дать ~ дéлу éine Sáche in Gang [ins Róllen] bríngen*; на ~ý in Bewégung, in vóller Fahrt; in (vóllem) Betríeb (*о предприятии*); не давáть ~у комý-л. j-n im [am] Vórwärtskommen híndern; j-n nicht vórwärtskommen lássen*

ходáтай *м* **1.** *юр. уст.* Sáchwalter *m* (6); Ánwalt *m* -(e)s, -wälte; **2.** (*заступник*) Fürsprecher *m* (6); **~ство** *с* Bíttgesuch *n* (2), Ánsuchen *n* (7); Fürsprache *f*, Fürbitte *f* (*заступничество*); подáть ~ство éinen Ántrag éinreichen; **~ствовать** ánsuchen *vi*, ersúchen *vi* (*перед кем-л. о чём-л.* bei *D* um *A*); Fürsprache éinlegen, befürworten *vt* (*заступаться за кого-л.*); ~ствовать за когó-л. sich für j-n verwénden* [éinsetzen]

хóдики *мн. разг.* éinfache Péndeluhr (mit Gewíchten)

ходи́ть 1. géhen* *vi* (s); ~ больши́ми шагáми mit gróßen Schrítten géhen*, gróße Schrítte máchen; ~ взад и вперёд hin- und hérgehen* *vi* (s), áuf- und ábgehen* *vi* (s); ~ на лы́жах Ski [Schi] láufen*; ~ по травé запрещáется das Betréten des Rásens ist verbóten; тýчи хóдят die Wólken zíehen; **2.** (*в чём-л.*) trágen* *vt*; ánhaben *vt*; ~ в шýбе éinen Pelz trágen*; im Pelz géhen*; **3.** (*куда-л., посещать кого-л., что-л.*) (hín)géhen* *vi* (s); besúchen *vt*; ~ в теáтр ins Theáter géhen*, das Theáter besúchen; ~ на лéкции Vórlesungen besúchen; **4.** (*о поездах, пароходах и т. п.*) géhen* *vi* (s), verkéhren *vi*, fáhren* *vi* (*курсировать*); **5.** (*о часах*) géhen* *vi* (s); часы́ не хóдят die Uhr steht; **6.** (*в игре*) áusspielen *vt* (*в картах*); zíehen* *vi*, éinen Zug tun* (*в шахматах*); ~ пéрвым am Ánspiel sein, Vórhand háben; ~ с дáмы die Dáme áusspielen; ~ кóзырем éinen Trumpf áusspielen; ~ королём mit dem König zíehen*; вам ~ Sie sind am Zúge (*в шахматах*); Sie spíelen aus (*в картах*); **7.** (*заботиться, ухаживать за кем-л.*) pflégen *vt*, pflégIich behándeln (*за больным и т. п.*); beáufsichtigen *vt*, wárten *vt* (*за детьми*); **8.** (*о деньгах*) in Úmlauf sein; ◇ хóдит слух es geht das Gerücht; хóдят слýхи Gerüchte sind in Úmlauf [kursíeren]; ~ вокрýг да óколо *разг.* um etw. (*A*) wie die Kátze um den héißen Brei herúmgehen* [herúmschleichen*]; ~ пó миру (*просить подаяния*) bétteln géhen*

хóдк||ий 1. (*о товаре*) víelgekauft, leicht verkäuflich; gängig, stark gefrágt; márktfähig; ábsatzfähig; ~ая кни́га ein víelgekauftes Buch; **2.** (*о словах, выражениях*) gebräuchlich; verbréitet; lándläufig; **3.** (*о судне*) schnell

ходов||óй 1. *тех.* Lauf-; Zug-; Fahr-; ~óй винт Zúgspindel *f* (11), Léitspindel *f*; ~áя часть Láufwerk *n* (2), Fáhrwerk *n*; пройти́ ~ы́е испытáния (*о корабле*) die Próbefahrt máchen; **2.** (*обычный*) gebräuchlich, verbréitet; **3.** *см.* хóдкий 1

ходóк *м* **1.** Fußgänger *m* (6); быть хорóшим ~óм ein gúter Fußgänger sein, gut zu Fuß sein; **2.** (*ходатай от крестьян*) Ábgesandte *m* (14); Sprécher *m* (6); **3.** *горн.* Fáhrort *n* (2)

ходýл||и *мн.* Stélzen *pl*; ходи́ть как на ~ях stórchen *vi* (s), stélzen *vi* (s)

ходýльный (*о стиле, о выражении*) schwülstig; geschráubt

ходýн: ~óм ходи́ть *разг.* (*трястись*) wáckeln *vi*, zíttern *vi*; hásten *vi*, hín- und hérrennen*

ходьб||á *ж* Géhen *n* -s, Wándern *n* -s; Gang *m* -(e)s, Gángart *f* (10); ~á тудá и обрáтно Hin- und Hérgehen *n*, Áuf- und Ábgehen *n*, Áuf- und Ábwandern *n*; полчасá ~ы́ éine hálbe Stúnde zu Fuß; в нéскольких минýтах ~ы́ ein paar Minúten von hier; спорти́вная ~á Géhen *n* -s

ходя́ч||ий 1. géhend, géhfähig; ~ий больнóй ein nicht béttlägeriger Kránker; **2.** (*распространённый*) gángbar, verbréitet; geläufig; ~ая и́стина Bínsenwahrheit *f* (10); ◇ ~ая энциклопéдия *разг.* ein wándelndes Léxikon, ein Áusbund von Geléhrsamkeit

хождéн||ие *с* **1.** (*ходьба*) Géhen *n* -s; Wándeln *n* -s; **2.** (*о деньгах*) Úmlauf *m* -(e)s; Kursíeren *n* -s; имéть ~ие gélten* *vi*, úmlaufen* *vi* (s), in Úmlauf sein; ◇ ~ие по мýкам Léidensweg *m* -(e)s; по óбразу пéшего ~ия *разг.* auf Schústers Rappen

хозрасчёт *м* (хозя́йственный расчёт) wírtschaftliche Réchnungsführung, Rentabilitätsprinzip *n* (2) (*pl тж.* -i[en); на ~е auf éigener wírtschaftlicher Básis, mit éigener Réchnungsführung

хозя́ин *м* Wirt *m* (1); Háusherr *m* (8) (*глава семьи*); Besítzer *m* (6) (*владелец*); Gástgeber *m* (6) (*по отношению к гостю*); Háuswirt *m* (1), Míetsherr *m* (8) (*по отношению к жильцу*); Brótgeber *m* (*ирон.*); хозя́ева пóля (*в футболе*) Héimmannschaft *f* (10), éinheimische Mánnschaft; ◇ ~ положéния Herr der Láge, Herr der Situatión; быть ~ом положéния Herr der Láge sein, die Situatión [die Láge] behérrschen; он сам себé ~ er ist sein éigener Herr; без ~а hérrenlos; быть за ~а den Wirt máchen

хозя́йка *ж* Wírtin *f* (12); Besítzerin *f* (12) (*владелица*); Gástgeberin *f* (12) (*по отношению к гостю*); Háuswirtin *f* (12) (*по отношению к жильцу*); домáшняя ~ Háusfrau *f*

хозя́йничать 1. (*вести хозяйство*) wírtschaften *vi*, die Wírtschaft führen [besórgen]; háushalten* *отд. vi*; **2.** (*распоряжаться*) wírtschaften *vi*, ánordnen *vt*, schálten und wálten; hérrschen *vi*

хозя́йск||ий des Wírtes; des Besítzers (*см.* хозя́ин); háushälterisch; ◇ дéло ~ое mach, wie [was] du willst

хозя́йственн||ик *м* Wírtschaftler *m* (6); Wírtschaftsfunktionär *m* (1); **~ость** *ж* Wírtschaftlichkeit *f*; Spársamkeit *f*; **~ый 1.** Wírtschafts-, wírtschaftlich, ökonómisch; ~ое строи́тельство Wírtschaftsaufbau *m* -(e)s; ~ый óрган Wírtschaftsinstitution *f* (10); ~ые товáры Háushaltsartikel *pl*; **2.** (*о человеке*) wírtschaftlich; háushälterisch; spársam (*экономный*)

хозя́йств||о *с* **1.** Wírtschaft *f* (10); Betríeb *m* (1); мировóе ~о Wéltwirtschaft *f*; нарóдное ~о Vólkswirtschaft *f*; плáновое ~о Plánwirtschaft *f*; общéственное ~о vergeséllschaftete Wírtschaft; geséllschaftlich betríebene Wírtschaft; товáрное ~о Wárenwirtschaft *f*; сéльское ~о Lándwirtschaft *f*; вóдное ~о Wásserwirtschaft *f*; леснóе ~о Fórstwirtschaft *f*; трáнспортное ~о Transpórtwesen *n* -s; подсóбное ~о Nébenwirtschaft *f*; домáшнее ~о Háushalt *m*; занимáться (домáшним) ~ом die Wírtschaft führen, den Háushalt besórgen, wírtschaften *vi*; руковóдство ~ом Wírtschaftsführung *f*; **2.** *с.-х.* Wírtschaft *f* (10); Hof *m* (1*) (*двор*); крýпное ~о Gróßwirtschaft *f*; мéлкое ~о Kléinwirtschaft *f*; коллекти́вное

~о Kollektívwirtschaft *f*; **единоли́чное ~о** Éinzelwirtschaft *f*, Éinzelhof *m* (1*)

хозя́йствова||ние *с* Wírtschaften *n* -s; Wírtschaftsführung *f*; **~ть** wírtschaften *vi*

хозя́йчик *м пренебр.* Kléinunternehmer *m* (6); Kléinkapitalist *m* (8)

хозя́юшка *ж разг.* (Frau) Wírtin *f* (12)

хоккеи́ст *м* Hockeyspieler ['hɔke-] *m* (6)

хокке́й *м спорт.* Hockey [*англ.* 'hɔke] *n* -s, Hóckeyspiel *n* -(e)s; Rásenhockey *n* (*на траве*); Éishockey *n* (*на льду*); ~ с ша́йбой Éishockey (mit Schéibe); ~ с мячо́м Éishockey mit Ball; **~ный** Hockey- [*англ.* 'hɔke]; ~ный мяч Hokkeyball *m* (1*); ~ная ша́йба Schéibe *f* (11), Puck [*англ. тж.* pʌk] *m* =, -s

хо́леный gepflégt (*о руках, о человеке*); gepflégt, gestríegelt (*о животном*)

холе́ра *ж мед.* Cholera ['ko:-] *f*

холе́рик *м* Choleriker [ko-] *m* (6)

холери́ческий cholérisch [ko-]

холе́рн||ый *мед.* Cholera- ['ko:-]; ~ая эпиде́мия Choleraepidemie *f* (11)

холестери́н *м мед.* Cholesterín [ko-] *n* -s

холецисти́т *м мед.* Cholezystítis *f*; Gállenblasenentzündung *f*

хо́лить pútzen *vt*; stríegeln *vt* (*чистить животное*); wárten *vt*, pflégen *vt* (*ухаживать*); hätscheln *vt*, verwöhnen *vt* (*баловать*)

хо́лка *ж* Rist *m* (1), Wíderrist *m*

холл *м* Hálle *f* (11); Hotélhalle *f*, Vórhalle *f*; Díele *f* (11) (*в квартире*)

холм *м* Hügel *m* (6); моги́льный ~ Gräbhügel *m*; **~ик** *м уменьш.* (ein kléiner) Hügel *m* (6), Bódenerhebung *f* (10); **~и́стый** hügelig, wéllig, úneben

хо́лод *м* Kälte *f*; пять гра́дусов ~а fünf Grad Kälte; иску́сственный ~ künstliche Kälte; соба́чий ~ *разг.* Húndekälte *f*; ~á всё де́ржатся die Kälte hält únvermindert an

холоде́ть kalt wérden; sich ábkühlen (*стынуть*); ~ от у́жаса vor Entsétzen erstárren

холоде́ц *м кул.* Sülze *f* (11)

холоди́льн||ик *м* **1.** Kühlhalle *f* (11), Kühlhaus *n* (5), Kühlraum *m* (1*) (*помещение*); Kühler *m* (6), Kühlschrank *m* (*шкаф*); Háushaltskühlschrank *m* (*домашний*); ваго́н-~ик Kühlwagen *m* (7); встро́енный ~ик Éinbaukühlschrank *m*; **2.** *тех.* (*конденсатор паровой машины*) Kondensátor *m* -s, -tóren; **~ый** *тех.* Kühl-, Kälte-; kältetechnisch; ~ая устано́вка Kühlanlage *f* (11); Gefríeranlage *f*; ~ая маши́на Kältemaschine *f* (11); ~ое предприя́тие Éinfrierbetrieb *m* (1)

холоди́ть **1.** *разг.* kühlen *vt*, áuskühlen lássen*; **2.** (*вызывать ощущение холода*) Kältegefühl hervórrufen*; **3.** ~ се́рдце das Herz erstárren lássen*

холодне́ть *разг.* (*о погоде*) kühl(er) wérden

хо́лодно *нареч.* **1.** kalt; **2.** (*равнодушно*) kalt, kühl, mit Kälte; úngerührt; ~ встре́тить кого́-л. j-n kühl empfángen*; ~ отнести́сь к кому́-л. j-n kühl [mit Kälte] behándeln; j-m die kálte Schúlter zéigen; **3.** *предик. безл.* es ist kalt; мне ~ mir ist kalt; ich fríere, mich friert; ◇ ему́ от э́того ни жа́рко, ни ~ ihn läßt das (ganz) kalt

холоднова́тый kühl, zíemlich kalt, étwas kalt, frisch

холо́дное *сущ. с* (*блюдо*) Fleisch [Fisch] in Gelée [ʒə-]

холоднока́таный *мет.* káltgewalzt

холоднокро́вные *сущ. мн. зоол.* Káltblüter *pl*

хо́лодность *ж* Kälte *f*

холодноя́нутый *мет.* káltgezogen

холо́д||ный **1.** kalt; ~ная зима́ kálter [strénger] Wínter; ~ный по́яс *геогр.* kálte Zóne; ~ная прока́тка *тех.* Káltwalzen *n* -s; поста́вить в ~ное ме́сто kalt [kühl] stéllen; **2.** *разг.* (*об одежде*) leicht; úngefüttert (*неутеплённый*); **3.** (*равнодушный*) kalt, kühl; fróstig; únfreundlich; ~ный взгляд ein kálter Blick; ◇ ~ное ору́жие die blánke Wáffe; ~ная война́ der kálte Krieg; ~ный сапо́жник Flíckschuster *m* (6); **~о́к** *м* **1.** (*свежесть*) Kühle *f*, Frísche *f*, ein kühler Lúftzug; бодря́щий ~о́к belébende Frísche; у́тренний ~ок Mórgenkühle *f*; **2.** (*теневое место*) schättige [kühle] Stélle; **3.** (*сдержанность*) Kälte *f*, Kühle *f*; Zurückhaltung *f*, Reserviertheit [-'vi:rt-] *f*

холодосто́йкий káltebeständig

холо́п *м ист.* Léibeigene *m* (14); Knecht *m* (1); *перен.* Kriecher *m* (6); **~ский** servil [-'vi:l], kríecherisch; knéchtisch; únterwürfig, úntertänig; **~ство** *с* Servilísmus [-vi-] *m* =, Kriecheréi *f*; Knéchtssinn *m* -(e)s; Únterwürfigkeit *f*

холости́ть kastríeren *vt*; verschnéiden* *vt*; wállachen *vt* (*жеребца*)

холост||о́й **1.** (*о человеке*) lédig, únverheiratet; **2.** (*о жизни, привычках и т. п.*) Júnggesellen-; ~а́я жизнь Júnggesellenleben *n* -s; **3.** *тех.* leer, Leer-; blind, Blind-; ~о́й ход Léerlauf *m* -(e)s; ~о́й патро́н *воен.* Plátzpatrone *f* (11); ~о́й заря́д blínde Ladung; ~о́й вы́стрел Blíndschuß *m* -sses, -schüsse; дви́гатель рабо́тал на ~о́м ходу́ der Mótor lief im Léerlauf; **~я́к** *м* Júnggeselle *m* (9); ста́рый ~я́к álter Júnggeselle, Hágestolz *m* (1); **~я́цкий** Júnggesellen-; ~я́цкое хозя́йство Júnggesellenwirtschaft *f*

холоще́ние *с* Kastríeren *n* -s; Verschnéidung *f*; Wállachen *n* -s (*жеребца*)

холощёный kastríert, verschnítten

холст *м* **1.** Léinwand *f*, Léinen *n* (7); Páckleinwand *f* (*для упаковки*); небелёный ~ Róhleinen *n*; Sáckleinwand *f* (*мешковина*); ~ для оби́вки Pólsterleinwand *f*; **2.** (*картина*) Gemälde *n* (6), Léinwand *f*; **~и́на** *ж* Léinwand *f*; **~и́нка** *ж* **1.** kléines Léinwandstück; **2.** (*ткань*) léichtes Léinengewebe; léichtes Báumwollgewebe; **~и́нный, ~яно́й** léinen; aus Léinwand; aus Sáckleinwand; aus Páckleinwand

холу́й *м презр.* Lakái *m* (8), Spéichellecker *m* (6)

холщо́вый *см.* холсти́нный

хо́л||я *ж*: он живёт в ~е er wird gehégt und gepflégt; er sitzt in der Wólle; держа́ть в ~е verhätscheln *vt*

хому́т *м* **1.** Kúmmet *n* (2); Hálsjoch *n* (2); **2.** *тех.* Bügel *m* (6), Klámmer *f* (11), Schélle *f* (11); рессо́рный ~ Féderband *n* (5); ~ ствола́ Róhrschelle *f*; ◇ наде́ть ~ на кого́-л. j-m ein Joch áuferlegen, j-n ins Joch spánnen; ве́шать (себе́) на ше́ю ~ sich (*D*) éine Last áufladen*; **~ик** *м*: прице́льный ~ик *воен.* Visierschieber [vi-] *m* (6)

хомя́к *м зоол.* Hámster *m* (6)

хон *м мет.-об.* Hónahle *f* (11), Schléifahle *f*

хонингова́ние *с мет.-об.* Hónen *n* -s, Zíehschleifen *n* -s

хо́ппер *м тех.* Tríchterwagen *m* (7), Búnkerwagen *m*

хор *м* Chor [ko:r] *m* (1*); Chórgesang *m* (1*) (*музыкальное произведение*); сме́шанный ~ gemíschter Chor; в сопровожде́нии ~а mit Chórbegleitung; петь ~ом im Chor síngen*; méhrstimmig síngen* (*в несколько голосов*); сканди́ровать ~ом im Spréchchor rúfen*; всем ~ом *перен.* éinstimmig; im Chor; Госуда́рственный ~ ру́сской пе́сни Stáats¦chor des rússischen Liedes

хора́л *м муз.* Chorál [ko-] *m* -s, -räle

хорва́т *м* Kroáte *m* (8); **~ка** *ж* Kroátin *f* (12); **~ский** kroátisch

хо́рда *ж* **1.** *мат.* Chorda ['kɔr-] *f* =, -den, Chórde *f* (11), Séhne *f* (11); **2.** *зоол.* Chorda ['kɔr-] *f* =, -den, Áchsenstab *m* (1*), Rückensaite *f* (11)

хореи́ческий *лит.* choré¦isch, trochä¦isch

хоре́й *м лит.* Choré¦us *m* =, -ré¦en, Trochä¦us *m* =, -chäen

хорёк *м зоол.* Íltis *m* -ses, -se

хорео||графи́ческий choreográphisch [ko-]; **~гра́фия** *ж* Choreographíe [ko-] *f*, Tánzkunst *f*

хоре́я *ж мед.* Choréa [ko-] *f*, Véitstanz *m* -es

хори́ст *м* Choríst [ko-] *m* (8), Chórsänger ['ko:r-] *m* (6); **~ка** *ж* Chorístin [ko-] *f* (12), Chórsängerin ['ko:r-] *f* (12)

хория́мб *м лит.* Choriámbus [ko-] *m* =, -ben

хорме́йстер *м театр.* Chorleiter ['ko:r-] *m* (6)

хорово́д *м* Réigen *m* (7), vólkstümlicher Réigentanz; Réigenspiel *n* (2); Ríngelreihen *m* (7); води́ть ~ den Réigen führen; **~иться** *разг.* sich ábgeben*, sich bemühen (*с чем-л.*); Úmgang háben [pflégen] (*с кем-л.*); **~ный** Réigen-; ~ные пе́сни Réigenlieder *pl*

хоров||о́й Chor- [ko:r]; chórisch; ~о́й кружо́к Chórgesangszirkel *m* (6); ~ы́е па́ртии Chórstimmen *pl*; ~а́я деклама́ция Spréchchor *m* (1*)

хоро́мы *мн.* **1.** *уст.* Gemächer *pl*; **2.** *разг.* (*просторное жилище*) geräumige Wóhnung, Lúxuswohnung *f* (10)

хорони́ть **1.** beérdigen *vt*; begráben* *vt*; béisetzen *vt*; bestátten *vt*; zu Grábe trágen*; **2.** *уст. разг.* (*прятать*) verstécken *vt*; verbérgen* *vt*; ◇ ~ концы́ die Spúren verwíschen [tílgen]; **~ся** **1.** *уст., разг.* (*прятаться*) sich verbérgen*; **2.** *страд.* beérdigt [begráben, béigesetzt, bestáttet] wérden

хорохо́риться *разг.* prählen *vi*, gróßtun* *отд. vi*; ángeben* *vi*

хоро́шеньк||ий hübsch, níedlich; nett; ◇ ~ая исто́рия! *ирон.* éine nétte Geschíchte!; ~ого понемно́жку *ирон.* nicht zuvíel des Gúten; nicht zu viel auf éinmal!; что ска́жете ~ого? was können [wóllen] Sie mir Gútes ságen?

хороше́нько *нареч. разг.* (*как следует*) órdentlich, gehörig, tüchtig, ríchtig

хороше́ть hübsch(er) [schön(er)] wérden

хоро́ш||ий **1.** gut; schön; ~ий хлеб gútes Brot; ~ий го́лос schöne Stímme; ~ая пого́да schönes Wétter; това́р ~его ка́чества Qualitätsware *f* (11); всё э́то ~о́, но... das álles ist ganz gut und schön, áber...; **2.** (*в краткой форме — красивый*) hübsch; schön; она́ ~а́ собо́й sie ist schön; ◇ ~а́ исто́рия!, ~ее де́ло! *ирон.* éine schöne Geschíchte!, das ist ja réizend!, das kann ja gut wérden!; по-~ему im Gúten; что ~его? was gibt's (Néues)?; мы с ним о́чень ~и́ ich stéhe mich gut mit ihm; не по-хоро́шу мил, а по́-милу хоро́ш *погов.* Liebes geht über Schönes

хорошо́ 1. *нареч.* gut; schön; о́чень ~ sehr gut; áusgezeichnet (*отлично*); vortréfflich (*замечательно*); ~ ска́зано gut geságt [áusgedrückt]; ~ па́хнуть gut [ángenehm] ríechen*; dúften *vi*; вы ~ сде́лаете, е́сли придёте Sie täten gut darán zu kómmen; ~ отзыва́ться о ком-л., о чём-л. sich lóbend über j-n, über etw. (*A*) äußern; 2. *предик. безл.*: мне ~ mir ist wohl (zumúte); ich fühle mich gut [wohl]; с ва́шей стороны́ ~, что вы пришли́ es ist lieb von Íhnen, daß Sie gekómmen sind; ~ вам говори́ть! Sie háben gut réden!; ~то, что ~ конча́ется *погов.* Énde gut, álles gut; 3. (*восклицание*) gut!, nun gut!; schön!; éinverstanden! (*выражение согласия*); ~, ~! (*с нетерпением*) schon gut!; ~, о́чень ~! (*с одобрением*) recht so!, áusgezeichnet!; вот ~! (*радостно*) ach, wie schön!, ist das áber schön!

хору́гвь *ж* 1. *церк.* Kírchenfahne *f* (11) (bei Prozessiónen); 2. *уст.* Kriegsbanner *n* (6)

хору́нжий *м ист.* Kosákenleutnant *m* (1)

хо́ры *мн. архит.* Empóre *f* (11)

хорь *м см.* хорёк; ~**ко́вый** Íltis-

хоте́ние *с* Wóllen *n* -s, Begéhren *n* -s; Wunsch *m* (1*) (*желание*)

хоте́||ть wóllen* *vt*, begéhren *vt*; wünschen *vt*, mögen* *vt* (*желать*); стра́стно ~ть чего́-л. etw. léidenschaftlich wóllen*, auf etw. (*A*) brénnen*; я о́чень хочу́ его́ ви́деть ich möchte ihn sehr gern séhen; как хоти́те! wie Sie wóllen!; wie es Íhnen belíebt; он де́лает, что хо́чет er tut, was er will; я хочу́, что́бы э́то бы́ло так ich will es so háben; ~ть спать schläfrig sein; schláfen wóllen*; что вы э́тим хоти́те сказа́ть? was wóllen Sie damít ságen?; was méinen Sie damít?; я то́лько ~л бы́ло идти́ к вам ich hätte geráde die Ábsicht, Sie áufzusuchen; он не хо́чет мне зла er will [wünscht] mir nichts Böses [Übles]; дождь идти́ хо́чет *разг.* es wird wohl régnen; ◇ хо́чешь не хо́чешь *разг.* wohl óder übel; ob man will óder nicht

хоте́||ться *безл.* mögen* *vt*; Lust háben; мне хо́чется поговори́ть с ва́ми ich möchte mit Íhnen spréchen, ich möchte Sie spréchen; мне совсе́м не хо́чется слы́шать об э́том ich will nichts davón hören; мне ~лось бы ich möchte gérne, ich hätte den Wunsch; мне хо́чется пить ich hábe Durst; ich bin dúrstig; мне хо́чется есть ich hábe Húnger, ich bin húngrig; мне хо́чется солёного ich möchte étwas Sálziges (éssen); ich hábe auf étwas Sálziges Appetít; мне совсе́м не хо́чется говори́ть об э́том ich hábe gar kéine Lust davón [darüber] zu spréchen

хоть *союз и частица* 1. (*даже*; *если хотите*) sogár, selbst, méinetwegen; wenn Sie wóllen; вы мо́жете над э́тим рабо́тать ~ неде́лю Sie können méinetwegen [sogár, selbst] éine Wóche darán árbeiten; ~ сейча́с wenn du willst [méinetwegen] sofórt; ~ сего́дня, ~ за́втра ob héute, ob mórgen, mir ist es gleich; wann du willst; 2. (*по крайней мере*) wenn auch nur, nur, wénigstens; doch; е́сли не для меня́, то ~ для моего́ това́рища wenn nicht für mich, so wénigstens für méinen Freund; е́сли вы ~ немно́го поду́маете, то согласи́тесь со мной wenn Sie auch nur étwas náchdenken, so wérden Sie mir recht gében; для э́той рабо́ты мне ну́жно ~ два дня zu díeser Árbeit bráuche ich wénigstens zwei Táge; 3. (*хотя*) obwóhl; obschón; obgléich; wenn auch; ~ и по́здно, я всё же приду́ ich kómme, obwóhl es spät ist; 4.: ~ бы wenn... doch (+*conj*); ~ бы он поскоре́й пришёл wenn er doch schnéller käme; ✧ ~ убе́й, не зна́ю *разг.* schlag mich tot, ich weiß es nicht; ~ куда́! *разг.* tüchtig, fein!; vortréfflich!; он па́рень ~ куда́ er ist ein Práchtkerl; мо́крый, ~ вы́жми *разг.* zum Áus(w)ringen naß; ему́ ~ бы что *разг.* er macht sich gar nichts daráus

хотя́ *союз и частица* 1. obwóhl, obgléich, obschón, ob auch; приду́, ~ мне и не́когда ich kómme, obwóhl ich (éigentlich) kéine Zeit hábe; 2.: ~ бы selbst wenn, wenn auch, ob auch, und wenn (+ *conj*); я ко́нчу рабо́ту, ~ бы мне пришло́сь и ночь просиде́ть ich máche die Árbeit fértig, und wenn ich auch die gánze Nacht durch áufbleiben müßte; я зако́нчу э́ту рабо́ту, ~ бы да́же врач мне э́то запрети́л ich vollénde díese Árbeit, selbst wenn der Arzt es mir verbíeten würde; ◇ ~ бы и так selbst wenn dem so wäre; gesétzt den Fall, es wäre so

хохла́тый 1. zóttig; zerzáust; 2. (*о птицах*) mit Schopf

хохла́цкий *уст. разг.* ukraínisch

хо́хлиться 1. (*о птицах*) die Fédern sträuben; das Gefíeder áufplustern; 2. (*быть мрачным — о человеке*) sich áufplustern

хохо́л I *м* (*клок волос*) Schopf *m* (1*); Háube *f* (11), Féderbusch *m* (1*) (*у птиц*); Háarschopf *m* (*у людей*)

хохо́л II *м разг. уст.* Ukraíner *m* (6)

хохоло́к *м* (kléiner) Schopf *m* (1*), Schöpfchen *n* (7)

хо́хот *м* Gelächter *n* -s, (láutes) Láchen *n* -s; гомери́ческий ~ homérisches Gelächter; взрыв ~а Láchsalve [-vә] *f* (11); ~**а́ть** (laut) láchen *vi*; ~а́ть до упа́ду vor Láchen úmfallen*; sich vor Láchen wälzen [bíegen*]; ~а́ть во весь го́лос láuthals láchen; ~**у́н** *м*, ~**у́нья** *ж*, ~**у́шка** *ж* láchlustiger Mensch, láchlustige Persón

храбр||е́ц *м* Kühne *m* (14), Tápfere *m* (14); ~**и́ться** den Tápferen spíelen; mútig tun*

хра́бр||ость *ж* Tápferkeit *f*; Mut *m* -(e)s (*мужество*); Kühnheit *f* (*отвага*); набра́ться ~ости Mut fássen; sich (*D*) ein Herz fássen; ~**ый** tápfer; mútig (*мужественный*); kühn (*отважный*); ◇ он не из ~ого деся́тка er ist féige

храм *м* Témpel *m* (6) (*тж перен.*); Góttesha us *n* (5); ~ Васи́лия Блаже́нного die Basíliuskathedrale

храмо́вник *м ист.* Témpelherr *m* (8), Témpelritter *m* (6)

хране́н||ие *с* Áufbewahrung *f*; Verwáhrung *f*; Spéicherung *f* (*напр. информации*); отда́ть [сдать] на ~ие in Verwáhrung gében*; deponíeren *vt*; пла́та за ~ие Áufbewahrungsgebühr *f* (10), Verwáhrungsgebühr *f*; отда́ть бага́ж на ~ие Gepäck in Verwáhrung gében*; ка́мера ~ия (багажа́) Gepäckaufbewahrung *f*; ~ие на скла́де Lágerung *f*; Éinlagerung *f*; срок ~ия Lágerfrist *f* (10)

хран||и́лище *с* Áufbewahrungsort *m* (1); Spéicher *m* (6), Depot [-'po:] *n* -s, -s; Behälter *m* (6); ~и́лище боеприпа́сов Munitiónsbunker *m* (6); ~**и́тель** *м* Beschützer *m* (6); Kústos *m* =, Kustóden (*музея, библиотеки*); Hüter *m* (6), Wáhrer *m* (6), Bewáhrer *m* (*традиций и т. п.*)

храни́ть 1. (áuf)bewáhren *vt*; hüten *vt*; lágern *vt* (*на складе*); áufheben* *vt* (*сохранять*); (ver)wáhren *vt* (*беречь*); ~ де́ньги в сберка́ссе sein Geld in der Spárkasse háben* [deponíeren]; ~ в па́мяти im Gedächtnis behálten*; 2. (*соблюдать*) wáhren *vt*; свя́то ~ что-л. etw. wie ein Héiligtum bewáhren; ~ в та́йне что-л. etw. gehéimhalten*; ~ та́йну ein Gehéimnis wáhren; ~ молча́ние Schwéigen bewáhren; Stíllschweigen wáhren; sich áusschweigen*; ~**ся** 1. (*находиться*) sich befínden, in Verwáhrung sein; ~ся на скла́де lágern *vi*, gelágert wérden; 2. *страд.* áufbewahrt wérden (*ср.* храни́ть)

храп *м* 1. Schnárchen *n* -s, Geschnárch(e) *n* -s; 2. (*лошади*) Schnáuben *n* -s, Schnáufen *n* -s; 3. Násenscheidewand *f* (3) (*часть переносья у животных*)

храпе́ть 1. schnárchen *vi*; 2. (*о лошади*) schnáuben *vi*; schnáufen *vi*

храпов||и́к *м тех.* Spérrad *n* (5) (*при переносе* Sperr-rad); Klínkenrad *n*; Fréilaufbremse *f* (11); ~**о́й** Sperr-, ~о́е колесо́ *см.* храпови́к

хребе́т *м* 1. *анат.* Rückgrat *n* (2), Wírbelsäule *f* (11); 2. *геол.* Kamm *m* (1*), Grat *m* (1), Rücken *m* (7); го́рный ~ Gebírgsrücken *m*, Gebírgskette *f* (11); Ура́льский ~ Urálgebirge *n* -s

хрен *м* Méerrettich *m* (1); ◇ ста́рый ~ *бран.* álter Knáster [Knácker]; ~ ре́дьки не сла́ще es ist gehúpft wie gesprúngen; eins ist nicht bésser als das ándere

хрестома́тия *ж* Chrestomatíe [krɛ-] *f* (11), Lésebuch *n* (5)

хризанте́ма *ж* Chrysanthéme [kry-] *f* (11), Chrysánthemum [kry-] *n* -s, -thémen

хризобери́лл *м мин.* Chrysoberýll [çry-] *m* (1)

хризоли́т *м мин.* Chrysolíth [çry-] *m* (1, 8)

хрип *м* 1. Röcheln *n* -s; предсме́ртный ~ Tódesröcheln *n*; 2. *мн.* ~ы *мед.* (*в лёгких*) Geräusch *n* (2), Rásseln *n* -s, Rásselgeräusch *n*

хрипе́ть röcheln *vi* (*задыхаться*); héiser sein (*от простуды*)

хри́п||лый héiser; röchelnd; говори́ть ~лым го́лосом mit héiserer [ráuher] Stímme spréchen*; ~**нуть** héiser wérden; ~**ота́** *ж* Héiserkeit *f*; крича́ть до ~оты́ sich héiser schréien*; sich (*D*) den Hals héiser schréien*

христи||ани́н *м* Christ [krɪst] *m* (8); ~**а́нка** *ж* Christin ['krɪ-] *f* (12); ~**а́нский** christlich ['krɪ-]; ~**а́нство** *с* Chrístentum ['krɪ-] *n* -s; ра́ннее ~а́нство Úrchristentum *n*

Христо́с *м* Christus ['krɪ-] *m* = *u* Christi

христо́соваться sich am Ósterfest dréimalig küssen

хром I *м* Chrom [kro:m] *n* -s (*хим. знак* Cr)

хром II *м* (*кожа*) Chromleder ['kro:m-] *n* -s

хромат||и́зм *м физ., муз.* Chromatísmus [kro-] *m* =; ~**и́ческий** *физ., муз.* chromátisch [kro-]; ~и́ческая аберра́ция chromátische Aberratión; ~и́ческая га́мма chromátische Tónleiter

хрома́ть 1. hínken *vi*, láhmen *vi*; ~ на пра́вую но́гу auf [mit] dem réchten Fuß hínken; 2. (*плохо успевать*) náchbleiben* *vi* (s), zurückbleiben* *vi* (s); 3. (*иметь недостатки*) Mängel háben

хроми́ров||ание *с тех.* Verchromung ['kro:-] *f*, Verchrómen *n* -s; Chromatíe, rung *f* (*кожи*); **~ать** verchromen [-'kro:-] *vt*

хро́мист||ый *хим.*, *тех.* Chrom- [kro:m-], chrómhaltig; ~ое желе́зо Chrómeisen *n* -s; ~ый ка́льций Kálziumchromat *n* -(e)s

хромовоки́сл||ый *хим.* chromsauer ['kro:m-]; ~ая соль chromsaures Salz; Chromát [kro-] *n* (2)

хро́мов||ый I *хим.* Chrom- [kro:m-] ~ая сталь Chrómstahl *m* -(e)s; ~ые квасцы́ Chrómalaun *m* -(e)s

хро́мовый II (*о коже*) Chrom- [kro:m]; chrómledern

хромоге́нный chromogén [kro-], fárbstoffbildend

хром||о́й *прил.* **1.** lahm, hínkend; ~а́я нога́ ein láhmer Fuß; **2.** *в знач. сущ. м* Láhme *m* (14)

хромолитогра́фия *ж* Chromolitographíe [kro-] *f*

хромоно́||гий hínkend, lahm; **~жка** *ж разг.* Hínkefuß *m* (1*), Hínkebein *n* (2)

хромоско́п *м физ.* Chromoskóp [kro-] *n* (2)

хромосо́ма *ж биол.* Chromosóm [kro-] *n* -s, -en

хромосфе́ра *ж астр.* Chromosphäre [kro-] *f*

хромота́ *ж* Hínken *n* -s

хромо||ти́пия *ж полигр.* Chromotypíe [kro-] *f* (11); Fárbendruck *m* (1); **~фотогра́фия** *ж* Chromophotographíe [kro-] *f* (11); fárbige Fotografíe, Fárbbild *n* -(e)s

хро́ник *м разг.* chronischer ['kro:-] Kránker; пала́та ~ов (*в больнице*) Síechenstation *f* (10)

хро́ник||а *ж* **1.** (*летопись*) Chrónik ['kro:-] *f* (10); **2.** (*сведения из текущей жизни*) Tágesbericht *m* -(e)s, Tágesereignisse *pl*, Tágeschronik *f* (*газетная*); Wóchenschau *f* (*в кино*); Tágesübersicht *f* (*по радио*); семе́йная ~а Famíliengeschichte *f* (11); **~а́льный** chronikálisch [kro-]; ~а́льный фильм Wóchenschau *f*

хроникёр *м* Lokálbericht(erstatt)er *m* (6)

хрони́ческий chrónisch ['kro:-]; ~ на́сморк Stóckschnupfen *m* -s

хроно́граф *м тех.* Chronográph [kro-] *m* (8), Zéitschreiber *m* (6)

хроно́||лог *м* Chronológe [kro-] *m* (9); **~логи́ческий** chronológisch [kro-]; zéitlich geórdnet, in zéitlicher Réihenfolge; **~ло́гия** *ж* Chronologíe [kro-] *f* (11); Zéitfolge *f*

хроно́метр *м* Chronométer [kro-] *n* (6), Zéitmesser *m* (6)

хронометр||а́ж *м* Árbeitszeitermittlung *f* (10); Zéitstudie *f* (11), Zéitnahme *f* (11); **~ажи́ст** *м*, **~и́ст** *м* Zéitnehmer *m* (6); **~и́ческий** chronométrisch [kro-]

хроноско́п *м тех.* Chronoskóp [kro-] *n* (2), Zéitmesser *m* (6)

хру́пк||ий **1.** (*ломкий*) brüchig, zerbréchlich; spröde (*о металле, стекле*); **2.** (*нежный*) zart, schwächlich; gebréchlich (*болезненный*); ~ое здоро́вье zárte Gesúndheit; **~ость** *ж* **1.** (*ломкость*) Brüchigkeit *f*; Zerbréchlichkeit *f*; Sprödigkeit *f* (*о металле, стекле*); **2.** (*нежность*) Zártheit *f*; Gebréchlichkeit *f* (*болезненность*)

хруст *м* Knírschen *n* -s, Geknírsche *n* -s; Knácken *n* -s (*костей*)

хруста́лик *м анат.* Áugenlinse *f* (11)

хруста́ль *м* **1.** (*сорт стекла*) Kristállglas *n* (5); **2.** (*посуда*) Kristáll *n* -(e)s; Kristállwaren *pl*; **3.:** го́рный ~ Bérgkristall *m* -(e)s; **~ный** Kristáll-; kristállen; **~ная посу́да** Kristállgeschirr *n* -(e)s

хрусте́ть, хру́стнуть knírschen *vi*; krächen *vi*; knístern *vi*; ~ па́льцами mit den Fíngern knácken; ~ на зуба́х únter den Zähnen knírschen

хрущ *м зоол.* Máikäfer *m* (6)

хрыч *м бран.*: ста́рый ~ álter Knáster [Knácker], Knásterbart *m* (1*); **~о́вка** *ж бран.*: ста́рая ~о́вка álte Véttel

хрю́к||анье *с* Grúnzen *n* -s; **~ать, ~нуть** grúnzen *vi*

хряк *м с.-х.* Éber *m* (6)

хрящ I *м анат.* Knórpel *m* (6)

хрящ II *м геол.* Grus *m* (1), Kies *m* (1)

хрящева́тый, хрящево́й I knórpelig

хрящева́тый, хрящево́й II *геол.* Grus-, Kies-

худе́ние *с* Ábnehmen *n* -s, Ábmagern *n* -s, Mágerwerden *n* -s

ху́денький máger, schmächtig

худе́ть ábmagern *vi* (s), ábnehmen* *vi*; máger wérden

ху́д||о I *сущ. с* Übel *n* (6); Böse *n* -n; ◇ нет ~а без добра́ *посл.* jéder Náchteil hat auch séinen Vórteil; kein Únglück so groß, hat was Gútes im Schoß

ху́до II **1.** *нареч.* (*плохо*) schlecht, übel, schlimm; ~ отзыва́ться о ком-л., о чём-л. sich ábfällig über j-n, über etw. (*A*) äußern; **2.** *предик. безл.*: мне ~ ich fühle mich únwohl; ему́ сде́лалось ~ es würde ihm übel [schlecht]; э́то бы́ло бы не ~ das wäre nicht schlecht; ему́ ~ пришло́сь er war schlimm darán, es ist ihm schlimm ergángen

худоба́ *ж* Mágerkeit *f*, Hágerkeit *f*

худо́жественн||о *нареч.* künstlerisch; **~ость** *ж* das Künstlerische (*sub*); **~ый** künstlerisch, Kunst-; Künstler-; kúnstvoll (*об игре, о работе*); ~ое произведе́ние Kúnstwerk *n* (2); ~ая литерату́ра die schöne [schöngeistige] Literatúr, Belletrístik *f* (10); ~ый фильм Spíelfilm *m* (1); ~ая часть (*торжественного собрания*) die kulturélle Umráhmung; ~ые изде́лия Kúnsterzeugnisse *pl*; ~ое воспита́ние Kúnsterziehung *f*; ~ое учи́лище Kúnstschule *f* (11); Моско́вский Худо́жественный академи́ческий теа́тр das Móskauer Akadémische Künstlertheater

худо́жество *с* **1.** *уст.* Kunst *f* (3); Акаде́мия худо́жеств Akademíe der Künste; **2.** *разг.* (*проделка*) Streich *m* (1), Schábernack *m* (1)

худо́жн||ик *м* **1.** (*артист, виртуоз*) Künstler *m* (6); ~ик сло́ва ein Künstler des Wórtes; **2.** (*живописец*) Máler *m* (6), Kúnstmaler *m*; ~ик-профессиона́л Berúfskünstler *m* (6); ~ик-люби́тель Fréizeitmaler *m*; ~ик-анимали́ст Tíermaler *m*; ~ик-декора́тор *театр.* Bühnenbildner *m* (6); ~ик-оформи́тель (industriéller) Fórmgestalter *m* (6); **~ица** *ж* (*живописец*) Künstlerin *f* (12); Málerin *f* (12), Kúnstmalerin *f*

худ||о́й I **1.** (*плохой*) schlecht, schlimm, übel; böse; в ~о́м смы́сле im schléchten [im üblen] Sinn; **2.** (*изношенный*) ábgenutzt; zerríssen; ◇ на ~о́й коне́ц im schlímmsten [äußersten] Fálle, schlímmstenfalls; wenn álle Strícke réißen; не говоря́ ~о́го сло́ва *разг.* wórtlos, schwéigend, óhne ein Wort zu verlíeren; óhne zu widerspréchen; ~о́й мир лу́чше до́брой ссо́ры *погов.* ein mágerer Vergléich ist bésser als ein fétter Prozéß

худо́й II (*худощавый*) máger, háger; ábgehärmt (*исхудавший*)

худосо́ч||ие *с* Kachexíe *f*, Kräfteverfall *m* -s; Ábzehrung *f*; **~ный** kachéktisch; ábgezehrt; kránkhaft (*болезненный*)

худоща́в||ость *ж* Mágerkeit *f*, Hágerkeit *f*; **~ый** máger, háger

худу́щий *разг.* spíndeldürr

ху́дш||ий **1.** *сравн. и превосх. ст. от* худо́й I *и* плохо́й; в ~ем слу́чае im schlímmsten Fall, schlímmstenfalls; **2.:** са́мое ~ее то, что... das (áller)schlímmste ist, daß...; ну́жно ждать ~его das Schlímmste ist zu befürchten

ху́же *сравн. ст. от* худо́й I, ху́до II, плохо́й, пло́хо; тем ~ um so schlímmer [schléchter]; всё ~ и ~ ímmer schlímmer (und schlímmer), ímmer schléchter; ему́ ста́ло ~ es geht ihm schléchter, es geht mit ihm bergáb, sein Zústand hat sich verschlímmert; ◇ ~ не приду́маешь es ist dénkbar schlecht

хула́ *ж* Schmähung *f* (10); Míßbilligung *f* (10), strénger Tádel (*порицание*)

хулаху́п *м спорт.* Hula-Hoop [hu:lɑ'hʊp] *m* -s, -s

хулига́н *м* **1.** Rowdy [*англ.* 'raodi:] *m* -s, -s, Róhling *m* (1); **2.** *разг.* (*шалун*) Ránge *m* (9); Flégel *m* (6); Strolch *m* (1); **~ить** sich wie ein Rowdy [*англ.* 'raodi:] áufführen; sich roh áufführen; randalíeren *vi*; Únfug tréiben*; Búbenstreiche verüben; áusgelassen [mútwillig] sein (*шалить*); **~ский** Rowdy- [*англ.* 'raodi:], rowdyhaft; rángenhaft; **~ство** *с* Rowdytum ['raodi:-] *n* -s; gróber Únfug

хул||и́тель *м* Schmäher *m* (6), Tádler *m* (6); Lästerer *m* (6); **~и́ть** schmähen *vt*, tádeln *vt*, lästern *vt*

ху́нта *ж* Junta ['xʊn-] *f*, *pl* -ten

хурма́ *ж* **1.** (*плод*) Dáttelpflaume *f* (11); **2.** (*дерево*) Dáttelpflaumenbaum *m*

ху́тор *м* Vórwerk *n* (2), Ánwesen *n* (7), Éinzelhof *m* (1*), Éinzelgehöft *n* (2), Gehöft *n*; **~ско́й** Vórwerks-; **~я́нин** *м* Besítzer éines Éinzelhofes

Ц

ца́нга *ж мст.-об.* Zánge *f* (11), Spánnzange *f*, Spánnstück *n* (2)

ца́пать *см.* ца́пнуть; **~ся** *разг.* (*ссориться*) stréiten* *vi*; aneinánder geraten* *отд. vi* (s); sich (*D*) in den Háaren líegen*, sich (*D*) in die Háare geráten*

ца́пля *ж* Réiher *m* (6)

ца́пнуть *разг.* **1.** (*схватить*) pácken *vi* (за что-л. bei *D*); ergréifen* *vt*; **2.** (*оцарапать*) krátzen *vt*; sich éinkrallen (*впиться когтями*)

цапонла́к *м хим.* Zapónlack *m* (1)

ца́пфа *ж тех.* **1.** Zápfen *m* (7); **2.** (*в орудии*) Schíldzapfen *m* (7)

цара́пать **1.** krátzen *vt*; rítzen *vt*; zerschrámmen *vt* (*пол и т. п.*); **2.** *разг.* (*плохо писать*) krítzeln *vi*; **~ся** **1.** krátzen *vi*; **2.** (*скрестись — о мышах*) nágen *vi*

цара́п||ина *ж* Krátzer *m* (6), Krátzwunde *f* (11), Schrámme *f* (11); Áufschürfung *f* (10); **~нуть** *см.* цара́пать 1

царе́в||ич *м* Zaréwitsch *m* (1), Zárensohn *m* (1*); **~на** *ж* Zaréwna *f*, *pl* -s, Zárentochter *f*, *pl* -töchter

царедво́рец *м* Höfling *m* (1); Hófschranze *m* (9) (*презр.*)

царёк *м* kléiner Sélbstherrscher

цареуби́й||ственный Königsmord-; Zárenmord-; königsmörderisch; **~ство** *с* Königsmord *m* (1); Zárenmord *m*; **~ца** *м* Zárenmörder *m* (6)

цари́зм *м* Zarísmus *m* =

цар||и́ть hérrschen *vi*; ~и́л мрак es hérrschte Fínsternis

цари́ца *ж* Zárin *f* (12); Káiserin *f* (12); *перен.* Königin *f* (12)

ца́рск||ий Záren-; zarístisch; káiserlich; ◇ ~ая во́дка *хим.* Königswasser *n* -s

ца́рственный majestätisch, würdevoll

ца́рств||о *с* **1.** (*ца́рствование*) Regíerung *f*, Regíerungszeit *f*; **2.** (*госуда́рство*) Káiserreich *n* (2); Zárenreich *n*; **3.** *перен.* Reich *n* -(e)s; живо́тное ~о Tíerreich *n*; расти́тельное ~о Pflánzenreich *n*; **~ование** *с* Regíerung *f*, Regíerungszeit *f*; Hérrschaft *f*; в ~ова́ние Петра́ Пе́рвого únter Péter dem Érsten; **~овать** (als Zar) regíeren *vi*; hérrschen *vi* (*тж. перен.*); ~ует тишина́ es herrscht Stílle

цар||ь *м* Zar *m* (8); Káiser *m* (6); *перен.* König *m* (1); ~ь звере́й König der Tíere; ◇ при ~é Горо́хе Ánno Tóbak

царь-пти́ца *ж миф.* Phönix *m* =, -e

ца́ца *ж разг.*: ишь ~ кака́я! ist das áber éine Zíerpuppe!; wie er [sie] die Náse rümpft!

цвести́ 1. blühen *vi*, in Blüte stéhen*; **2.** *перен.* blühen *vi*; gedéihen* *vi* (s); она́ цветёт sie sieht gesúnd [frisch, blühend] aus

цвет *м* **1.** (*окра́ска*) Fárbe *f* (11), Färbung *f* (10); кра́сный ~ róte Fárbe; измене́ние ~а Verfärbung *f*; разли́чных ~о́в von verschíedenen Fárbtönungen; гармо́ния ~о́в fárblicher Zusámmenklang; Harmoníe der Fárben; ~ лица́ Gesíchtsfarbe *f* (11), Teint [*фр.* tɛŋ] *m* -s, -s; име́ть хоро́ший ~ лица́ frísche Fárbe háben; ~а побежа́лости *тех.* Ánlaßfarben *pl*, Ánlauffarben *pl*; основно́й ~ *текст.* Primärfarbe *f*, Stámmfarbe *f*; дополни́тельный ~ *текст.* Komplementärfarbe *f*; контра́стный ~ *текст.* Gégenfarbe *f*; приро́дный ~ *текст.* Sélbstfarbe *f*; **2.** *собир.* (*на дере́вьях*) Blüte *f* (11); Blúmen *pl*; ли́повый ~ Líndenblüte *f*; **3.** *перен.* Blüte *f*; в по́лном ~ý in vóller Blüte; во ~е лет in der Blüte der Jáhre [der Júgend]; ~ а́рмии die Elíte der Armée

цвета́стый bunt, fárbenreich

цвете́н||ие *с* Blüte *f*; Blühen *n* -s, вре́мя ~ия Blütezeit *f*; *бот.* Effloreszénz *f*

цве́т||ень *м прост.* Póllen *m* (7), Blütenstaub *m* -(e)s; **~ик** *м ласк.* Blümchen *n* (7)

цвети́стый 1. blúmenreich; **2.** (*пёстрый*) bunt, fárbenreich, fárbenprächtig; **3.** (*о сло́ге*) blúmig; schwülstig (*высокопа́рный*)

цветко́в||ый: ~ые расте́ния Blütenpflanzen *pl*, Phanerogámen *pl*, Anthophýten *pl*

цветни́к *м* Blúmengarten *m* (7*); Blúmenbeet *n* (13)

цветн||о́й 1. fárbig; bunt (*пёстрый*); Farb-; ~а́я фотогра́фия Fárbfotografie *f* (11); Fárbaufnahme *f* (11) (*сни́мок*); ~о́й фильм Fárbfilm *m* (1); ~о́е телеви́дение Fárbfernsehen *n* -s; ~о́е стекло́ Fárbglas *n* (5); ~а́я бума́га Búntpapier *n* (2); **2.** (*о лю́дях*) fárbig; ~ы́е наро́ды fárbige Völker; ◇ ~ы́е мета́ллы fárbige Metálle, Níchteisenmetalle *pl*, Búntmetalle *pl*; ~а́я металлу́ргия Búntmetallurgie *f*, NE-Metallurgíe [ɛn'e:-] *f*; ~а́я капу́ста Blúmenkohl *m* -(e)s

цветово́д *м* Blúmenzüchter *m* (6); **~ство** *с* **1.** Blúmenzucht *f*; **2.** (*садо́вое хозя́йство*) Gärtneréi *f* (10)

цветов||о́й Fárb(en)-; ~а́я слепота́ *мед.* Fárbenblindheit *f*, Daltonísmus *m* =

цвето́к *м* Blúme *f* (11); Blüte *f* (11) (*на де́реве*); же́нский ~ Frúchtblütenkätzchen *n* (7); мужско́й ~ Stáubblütenkätzchen *n*; *см. тж.* цветы́

цветокорре́ктор *м полигр.* Fárbkorrektor *m* (13), Fárbkorrekturgerät *n* (2)

цвето||ло́же *с бот.* Blütenboden *m* (7*), Blütenachse *f* (11); **~но́жка** *ж бот.* Blütenstengel *m* (6); **~но́сный** *бот.* blütentragend; **~ощуще́ние** *с* Fárbensinn *m* -(e)s; **~переда́ча** *ж фото* Tónwertwiedergabe *f*, Fárbwiedergabe *f*

цвето́ч||ек *м* Blümchen *n* (7); ◇ э́то всё ~ки, а я́годки впереди́ *погов.* das dícke Énde kommt noch [nach]; **~ница** *ж* Blúmenverkäuferin *f* (12); **~ный** Blúmen-; Blüten-; ~ный одеколо́н Blúmenparfüm *n* (2); ~ный покро́в *бот.* Blütenhülle *f*, Periánth *n* -(e)s; ~ный щито́к *бот.* Dóldentraube *f* (11); ~ный чай Blütentee *m* -s; ~ный горшо́к Blúmentopf *m* (1*); ~ный я́щик Blúmenkasten *m* (7*); ~ный магази́н Blúmengeschäft *n* (2)

цвету́щий 1. (*о расте́ниях*) blühend; in Blüte stéhend; **2.** *перен.* blühend, frisch, von [vor] Gesúndheit strótzend; ~ вид ein blühendes [frísches] Áussehen; у неё ~ вид sie sieht frisch [wie das blühende Lében selbst] aus

цветы́ *мн.* Blúmen *pl*; Blüten *pl*; полевы́е ~ Féldblumen *pl*; ко́мнатные ~ Zímmerpflanzen *pl*; сре́занные ~ Schníttblumen *pl*; ~ в горшка́х Tópfpflanzen *pl*; подноси́ть кому́-л. ~ j-m Blúmen überréichen

це́вка *ж* **1.** *текст.* Spúle *f* (11); **2.** *маш.* Getríebestock *m* (1*), Tríebstock *m*, Róllenzahn *m* (1*)

цевьё *с*: ~ ло́жа (*ружья́*) Vórderschaft *m* (1*)

цеди́лка *ж* Séihe *f* (11), Sieb *n* (2), Séihtuch *n* (5)

цеди́ть 1. (*процежива́ть*) (dúrch)séihen *vt*; filtríeren *vt* (*фильтрова́ть*); **2.** (*налива́ть — напр. вино́ из бо́чки*) (áb)zápfen *vt*; ◇ ~ слова́, ~ сквозь зу́бы die Wórte (veráchtlich) zwíschen den Zähnen hervórstoßen*

це́дра *ж*: лимо́нная ~ Zitrónenschale *f*

це́зий *м* Zäsium *n* -s (*хим. знак* Cs)

цезу́ра *ж лит. муз.* Zäsúr *f* (10)

цейло́нский Ceylon- ['tsaɪlɔn-]; ~ чай Ceylontee *m* -s

цейтлу́па *ж кино* Zéitlupe *f* (11)

цейтно́т *м шахм.* Zéitnot *f* (3)

цейхга́уз *м воен.* Zéughaus *n* (5), Áusrüstungskammer *f* (11)

целе́бн||ость *ж* Héilsamkeit *f*, Héilkraft *f*; **~ый** héilsam, héilkräftig, Heil-; ~ое сре́дство Héilmittel *n* (6); ~ая трава́ Héilpflanze *f* (11); ~ые тра́вы Héilkräuter *pl*; ~ый исто́чник Héilquelle *f* (11); ~ая вода́ Héilwasser *n* -s; Héilquelle *f* (11) (*исто́чник*)

целев||о́й ein bestímmtes Ziel verfólgend, Ziel-; zwéckbestimmt; speziéll (*специа́льный*); ~а́я устано́вка Zíeleinstellung *f* (10), Zíelsetzung *f* (10), Ziel *n* (2)

целенапра́вленный zíelgerichtet

целесообра́зн||ость *ж* Zwéckmäßigkeit *f*, Zwéckdienlichkeit *f*; **~ый** zwéckmäßig, zwéckdienlich, zwéckentsprechend

целеуказа́ние *с воен.* Zíelzuweisung *f*

целеустремлённ||ость *ж* Zíelbewußtheit *f*, Zielbewußtsein *n* -s, Zíelstrebigkeit *f*, Zíelsicherheit *f*; **~ый** zíelbewußt, zíelstrebig, zíelsicher, zíelklar

целиба́т *м* Zölibát *n*, *m* -(e)s

це́лик *м воен.* Kímme *f* (11), Lóchkimme *f*

цели́к *м горн.* Féste *f* (11), Pféiler *m* (6); охра́нный ~ Sícherheitspfeiler *m*, Schútzpfeiler *m*

цели́ком *нареч.* ganz, gänzlich; vollkómmen, völlig (*вполне́, соверше́нно*); он ~ отда́лся э́тому де́лу er hat sich mit Leib und Séele [mit Haut und Háar(en), réstlos] díeser Sáche gewídmet; ◇ ~ и по́лностью ganz und gar, vóllständig

цел||ина́ *ж* Néuland *n* -(e)s, Júngfernboden *m* (7), Júngfernerde *f*, júngfräulicher Bóden, Ródeland *n* -(e)s; подня́ть ~ину́ Néuland úrbar máchen [gewínnen*, úmbrechen*, erschlíeßen*]; покори́тели ~ины́ die Eróberer des Néulands; по́днятая ~ина́ Néubruch *m* (1*); е́хать на ~ину́ ins Néuland fáhren*; **~и́нник** *м* Néulandsiedler *m* (6); Néulandfahrer *m* (6) (*е́дущий на целину́*); **~и́нный** Néuland-; ~и́нные зе́мли Néuland *n* -(e)s; освое́ние ~и́нных и за́лежных земе́ль die Úrbarmachung des Néu- und Bráchlandes; Néulanderschlíeßung *f*, Néulandgewinnung *f*

цели́тельн||ость *ж* Héilsamkeit *f*; **~ый** héilsam

це́лить, це́литься 1. zíelen *vi* (во что-л. nach *D*); ~ из ружья́ das Gewéhr ánlegen; ~ в кого́-л. auf j-n zíelen, auf j-n ánlegen; **2.** *перен.* (áb)zíelen *vi* (куда́-л. auf *A*); áusgehen* *vi* (s) (auf *A*) (*ме́тить*); ándeuten *vt*, ánspielen *vi* (auf *A*) (*намека́ть*)

целко́вый *сущ. м уст. разг.* Sílberrubel *m* (6)

целлофа́н *м* Zellophán *n* -s; Zéllglas *n* (5); **~овый** Zellophán-

целлуло́ид *м* Zellulóid *n* -(e)s

целлюло́з||а *ж* Zellulóse *f*, Zéllstoff *m* -(e)s; пря́жа из ~ы Zéllwollgarn *n* (2)

целова́ть küssen *vt*; ~ кого́-л. в щёку j-n auf die Wánge küssen; **~ся** küssen *vi*, sich küssen

це́л||ое *сущ. с* **1.** Gánze *sub n*; архитекту́рное ~ое das architektónische Gánze, Ensemble [*фр.* ã'sãbəl] *n* -s, -s; **2.** *мат.* gánze Zahl; ◇ в ~ом insgesámt; in séiner Gesámtheit; в о́бщем и ~ом im gróßen (und) gánzen; álles in állem

целому́дренн||ость *ж см.* целому́дрие; **~ый** keusch; únberührt

целому́дрие *с* Kéuschheit *f*, Únberührtheit *f*, Júngfräulichkeit *f*

це́лостн||ость *ж* Gánzheit *f*, Úngeteiltheit *f*, Únteilbarkeit *f*; Unversέhrtheit *f*; *полит.* Integrität *f*; территориа́льная ~ость territoriále Integrität; **~ый** úngeteilt; ganz, éinheitlich

це́лост||ь *ж* Unversέhrtheit *f*, Gánzheit *f*; в ~и heil und ganz, unversέhrt

це́л||ый 1. (*неповреждённый, сохра́нный*) unversέhrt, heil, ganz, únverletzt; gánzgeblieben; цел и невреди́м heil und ganz; gesúnd und múnter; wóhlbehalten; всё ли ~о? ist álles heil?, ist nichts zerbróchen?; все ли ~ы? sind álle am Lében?, ist níemand verlétzt?; **2.** (*по́лный, весь цели́ком*) ganz, voll; ~ый го́род die gánze Stadt; ~ая дю́жина ein vólles Dútzend; ~ыми дня́ми tágelang, gánze

Táge hindúrch; ◇ ~ые чи́сла *мат.* gánze Záhlen

цель *ж* **1.** Ziel *n* (2); Zweck *m* (1); Éndziel *n* (*конечная*); Zíelsetzung *f*; ~ пое́здки Réiseziel *n*; пресле́довать ~ ein Ziel verfólgen; рабо́тать, име́я одну́ [о́бщую] ~ mit dem gléichen Ziel árbeiten; с како́й ~ю? zu wélchem Zweck?, wozú?; с ~ю, в це́лях mit dem Ziel, zwecks (*G*), um... (+*inf* с zu); в ми́рных це́лях für fríedliche Zwécke; име́ть ~ю zum Ziel háben; bezwécken *vt*; hínzielen *vi*, áusgehen* *vi* (s), es ángelegt háben (что-л. auf *A*); стреми́ться к це́ли zum Ziel strében; auf ein Ziel lóssteuern; ста́вить себе́ ~ю sich (*D*) das [zum] Ziel stékken [sétzen], sich (*D*) zur Áufgabe máchen; **2.** (*мишень*) Ziel *n* (2), Zíelscheibe *f* (11); попа́сть в ~ das Ziel tréffen*; *перен.* ins Schwárze tréffen*; не попа́сть в ~ das Ziel verféhlen, féhlschießen* *отд. vi*; danébenschießen* *отд. vi*; *перен.* féhlschlagen* *отд. vi*, ins Léere schíeßen*; ~ бомбомета́ния *воен.* Bómbenziel *n*; назе́мная ~ *воен.* Érdziel *n*; подвижна́я ~ *воен.* bewégliches Ziel; расстоя́ние до це́ли Zíeldistanz *f* (10); уда́р попа́л в ~ der Hieb sitzt

цельнокро́еный ángeschnitten (*о рукаве*); dúrchgehend geschnítten (*о платье*)

цельнометалли́ческий Gánzmetall-; ~ ваго́н Gánzmetallwagen *m* (7)

це́льность *ж* **1.** Unverséhrtheit *f*; Integritä́t *f*; **2.** *перен.* Gánzheit *f*; Geschlóssenheit *f*

цельнотя́нутый *тех.* náhtlos (gezógen) (*о трубах*)

це́льн||ый **1.** (*из одного куска, вещества*) aus éinem Stück; ganz, voll; úngeteilt; ~ые ма́чты Pfáhlmasten *pl*; **2.** (*о человеке, натуре и т. п.*) ganz, aus éinem Guß; éinheitlich, geschlóssen; ◇ ~ое молоко́ Vóllmilch *f*; ~ое вино́ réiner Wein

Це́льс||ий: де́сять гра́дусов по ~ию zehn Grad Célsius

цеме́нт *м* Zemént *m* (1); **~а́ция** *ж* *тех.* Zementatión *f*, Zementíerung *f*; **~и́ровать** zementíeren *vt*; **~ный** Zemént-; ~ный раство́р Zeméntmörtel *m* -s

цементово́з *м* Zeménttransporter *m* (6)

цеме́нт-пу́шка *ж* Zeméntkanone *f* (11), Zeméntspritze *f* (11), Torkrétkanone *f*

цен||а́ *ж* Preis *m* (1); ры́ночная ~а́ Márktpreis *m*; твёрдая ~а́ Féstpreis *m*, féster Preis; еди́ная ~а́ Éinheitspreis *m*; фабри́чная ~а́ Fabríkpreis *m*; Sélbstkostenpreis *m* (*себестоимость*); заку́почная ~а́ Ánkaufspreis *m*; загото́вительная ~а́ Beschä́ffungspreis *m*; ориентиро́вочная ~а́ Ríchtpreis *m*; сопостави́мая ~а́ vergléichbarer Preis; це́ны на хлеб Brótpreise *pl*; ~о́й в..., по ~е... zum Preis von... (*D*); по высо́кой ~е́ zu éinem hóhen Preis; téuer (*дорого*); по ни́зкой ~е́ zu éinem níedrigen Preis; bíllig (*дёшево*); па́дать в ~е́ im Preis sínken*; повыша́ться [поднима́ться] в ~е́ im Preis stéigen*; повыше́ние цен Préissteigerung *f*; Préisheraufsetzung *f*; рост цен Préiserhöhung *f*; das Ánziehen der Préise; завыша́ть це́ны Überpreise néhmen*; паде́ние цен das Fállen [Sínken] der Préise; Préissturz *m* (1*) (*стремительное*); сниже́ние цен Préissenkung *f* (10); колеба́ние цен Préisschwankung *f* (10); взви́нчивать це́ны die Préise in die Höhe tréiben*; **вздува́ние [взви́нчивание] цен** Preistreiberéi *f* (10); замора́живание цен Préisstopp *m* -s, -s; наруше́ние устано́вленных цен Préisverstoß *m* (1*); в разли́чную це́ну in állen Préislagen; ◇ э́тому ~ы́ нет das ist nicht mit Geld zu bezáhlen; das ist únbezahlbar; быть в ~е́ *разг.* hoch im Préise stéhen*; знать себе́ це́ну sich (*D*) séines Wértes bewúßt sein; любо́й ~о́й um jéden Preis; доби́ться ~о́й чего́-л. etw. durch (*A*) erkáufen, etw. um den Preis von (*D*) erkáufen

ценз *м* Zénsus *m* =, =; избира́тельный ~ Wáhlzensus *m*; образова́тельный ~ Bíldungsgrad *m* (1), Bíldungsstufe *f* (11); возрастно́й ~ Áltersgrenze *f* (11)

це́нзовый Zénsus-

це́нзор *м* Zénsor *m* -s, -sóren

цензу́ра *ж* Zensúr *f* (10)

цени́тель *м* Kénner *m* (6); ~ иску́сства Kúnstkenner *m*

цени́ть **1.** *разг.* (*определять цену чего-л.*) schätzen *vt*, taxíeren *vt* (во что-л. auf *A*); bewérten *vt*; ~ в сто рубле́й auf húndert Rúbel schätzen; **2.** (*признавать ценным, дорожить*) schätzen *vt*; zu schätzen wíssen*; wǘrdigen *vt*; высоко́ ~ hóchschätzen *vt*; высоко́ ~ что-л. größten Wert auf etw. (*A*) légen; ~ кого́-л. по заслу́гам j-n nach Verdíenst wǘrdigen; **~ся** taxíert [bewértet] wérden; geschätzt wérden; ~ся в сто рубле́й auf húndert Rúbel taxíert [geschätzt] wérden; ◇ ~ся на вес зо́лота mit Gold áufgewogen wérden; Góldes wert sein

це́нник *м* Préisliste *f* (11)

це́нностн||ый: в ~ом выраже́нии *эк.* wértmäßig

це́ннос||ть *ж* **1.** Wert *m* (1); реа́льная ~ть reéller Wert; Sáchwert *m*; сохрани́ть свою́ ~ть séinen Wert behálten*; э́то представля́ет большу́ю ~ть das ist von größem Wert; **2.** (*предмет*) Kóstbarkeit *f* (10); *мн.* ~ти Wérte *pl*, Wértsachen *pl*; ◇ переоце́нка ~тей die Úmwertung der Wérte

це́нн||ый **1.** Wert-; ~ая посы́лка Wértpaket *n* (2), Pakét mit Wértangabe; ~ые бума́ги Wértpapiere *pl*; **2.** *перен.* wértvoll, hóchwertig (*высококачественный*); kóstbar (*драгоценный*; *прекрасный*)

ценообразова́ние *с* Préisbildung *f*

ценообразу́ющий *эк.* préisbildend

центифо́лия *ж* *бот.* Zentifóli|e *f* (11)

це́нтнер *м* Dézitonne *f* (11) (*сокр.* dt); Méterzentner *m* (6) (*австр., швейц.*); Dóppelzentner *m* (*метрический* = 100 *кг*)

центр *м* Zéntrum *n* -s, -tren; Míttelpunkt *m* (1) (*средоточие*); Kern *m* (1); Zentrále *f* (11); ~ тя́жести *физ.* Schwérpunkt *m*; ~ го́рода Stádtmitte *f* (11), Stádtinnere *n* (14), das Zéntrum der Stadt; Stádtkern *m*; областно́й ~ Gebíetshauptstadt *f* (3); краево́й ~ Regiónshauptstadt *f*; администрати́вный ~ Verwáltungszentrum *n*; ~ торго́вли Hándelszentrum *n*; культу́рный ~ Kultúrzentrum *n*; не́рвные ~ы *анат.* Nérvenzentren *pl*; ~ нападе́ния (*в футболе*) Míttelstürmer *m* (6); находи́ться [стоя́ть] в ~е внима́ния im Brénnpunkt [Míttelpunkt] des Interésses stéhen*; im Blíckpunkt stéhen*; **перенести́ ~ тя́жести** das Schwérgewicht verlágern (*тж. перен.*)

центра́л *м* *ист.* Zentrálzuchthaus *n* (5)

централиза́ция *ж* **1.** Zentralisatión *f*, Zentralisíerung *f*; **2.** *ж.-д.* Stéllwerk *n* (2); го́рочная ~ Áblaufstellwerk *n*

централи́зм *м* *полит.* Zentralísmus *m* =; демократи́ческий ~ demokrátischer Zentralísmus

централиз||о́ванный zentralisíert; zentrálgeleitet (*об управлении*); ~о́ванное плани́рование zentrále Plánung; ~о́ванное пла́новое зада́ние Stáatsplanposition *f* (10); ~о́ванное капита́льное строи́тельство Stáatsplanvorhaben *n* -s; **~ова́ть** zentralisíeren *vt*; **~ова́ться** zentralisíert wérden

центра́льн||ый zentrál, Zentrál-; ~ый комите́т Zentrálkomitee *n* -s, -s; Центра́льный Комите́т КПСС das Zentrálkomitee der KPdSU; ~ая не́рвная систе́ма Zentrálnervensystem *n* -s; ~ое отопле́ние Zentrálheizung *f*; ~ый у́гол *мат.* Zéntriwinkel *m* (6); ~ая телефо́нная ста́нция Telefónzentrale *f* (11), Férnsprechvermittlung *f*; ~ая телегра́фная ста́нция Férnschreibvermittlung *f*; ~ая диспе́тчерская *ж.-д.* zentralisíerte Fáhrdienstleitung

центри́зм *м* *полит.* Zentrísmus *m* =

центри́ровать zentríeren *vt*

центри́ст *м* *полит.* Zentríst *m* (8)

центрифу́г||а *ж* *тех.* Zentrifúge *f* (11), Schléuder *f* (11); Wäscheschleuder *f* (*для отжима белья*); **~и́ровать** schléudern *vt*

центробе́жн||ый *физ.* zentrifugál, Zentrifugál-; ~ая си́ла Zentrifugálkraft *f*, Schwúngkraft *f*, Flíehkraft *f*; ~ый насо́с Zentrifugálpumpe *f* (11), Kréiselpumpe *f*

центро́вка *ж* Zentríerung *f*

центросою́з *м* Konsúmgenossenschaftsverband *m* (1*)

центростреми́тельн||ый *физ.* zentripetál; ~ая си́ла Zentripetálkraft *f*

центурио́н *м* *ист.* Zentúrio *m* -s, -riónen

цеп *м* *с.-х.* Dréschflegel *m* (6)

цепене́ть erstárren *vi* (s), steif wérden; ~ от стра́ха vor Schreck [Entsétzen] erstárren

це́пк||ий **1.** fésthaltend, fest (án)haftend; sich ánklammernd; klétternd (*о растениях*); ~ие па́льцы [ру́ки] Fínger [Hände] wie ein Schráubstock [wie éiserne Klámmern]; **2.** (*упорный*) zäh, hártnäckig; **~ость** *ж* **1.** Gréiffähigkeit *f*; Ánklammerungsfähigkeit *f*; **2.** (*упорство*) Zä́higkeit *f*

цепля́ться **1.** sich ánhaken, sich ánklammern (за что-л. an *D*); ránken *vi*, kléttern *vi* (*о растениях*); **2.** (*стремиться сохранить что-л.*) sich klámmern (за что-л. an *D*)

цепн||о́й Kétten-; ~о́й мост Kéttenbrücke *f* (11); ~а́я переда́ча *тех.* Kéttenantrieb *m* (1), Kéttengetriebe *n* (6); ~а́я реа́кция *физ.* Kéttenreaktion *f*; ~о́е пра́вило *мат.* Kéttenrechnung *f*, Kéttensatz *m* -es; ◇ ~о́й пёс Kéttenhund *m* (1)

цепо́чк||а *ж* **1.** (kléine) Kétte, Kéttchen *n* (7); наложи́ть ~у (*на дверь*) die Spérrkette [Síchérheitskette] éinhängen; **2.** (*ряд, вереница*) Aufeinánderfolge *f* (11), Séri|e *f* (11); ~а распа́дов *физ.* Zerfállsreihe *f* (11)

цеппели́н *м* *ав.* Zéppelin *m* (1)

цеп||ь *ж* **1.** Kétte *f* (11); звено́ ~и Kéttenglied *n* (5); посади́ть на́ ~ь an die Kétte légen, ánketten *vt*; спусти́ть с ~и lósketten *vt*, von der Kétte lóslassen*; сорва́ться с ~и sich von der Kétte lósreißen*; как с ~и сорва́лся *разг.* wie toll, wie lósgelassen; ~и ра́бства Sklávenketten *pl*; Kétten der Sklaveréi; ~ь коопери́рующихся предприя́тий Kooperatiónskette *f*; **2.:** горная ~ь Gebírgskette f (11); Gebírge n (6), Höhenzug m (1*); **3.** *эл.*: ~ь тóка Strómkreis m (1), Kreis m; ~ь возбуждéния Errégerstromkreis m; **4.** *воен.* Kétte f (11); Líni¦e f (11); стрелкóвая ~ь Schützenkette f; ~ь сторожевы́х постóв Póstenkette f

цéрбер *м* **1.** *миф.* (*с прописной*) Zérberus m -; **2.** *перен.* Zérberus m =, -se

церебрáльный 1. *анат.* zerebrál, Zerebrál-; **2.** *лингв.*: ~ соглáсный Zerebrállaut m (1)

церемони||áл *м* Zeremoniéll n (2); **~áльный** zeremoniéll; ~áльный марш Parádemarsch m

церемониймéйстер *м ист.* Zeremóni¦enmeister m (6)

церемóниться Úmstände máchen; sich zíeren; не ~ с кем-л. nicht viel Úmstände [nicht viel Féderlesens] mit j-m máchen; не церемóньсь! zíer dich nicht!; mach kéine Úmstände!

церемóн||ия *ж* **1.** Zeremoníe f (11), Zeremoniéll n (2); **2.** *б. ч. мн.* ~ии *перен.* Ziereréi f (10), Förmlichkeit f (10); без ~ий óhne Úmstände; без дальнéйших ~ий óhne viel Úmstände zu máchen; óhne viel Féderlesens

церемóнн||ость *ж* Féierlichkeit f, Förmlichkeit f, Geziértheit f (*жемáнство*); **~ый** zeremoniéll, zeremoniös, féierlich, förmlich; geziért (*жемáнный*)

Церéра *ж миф.* Céres f

цéрий *м* Zer n -s, Zérium n -s (*хим. знак* Ce)

церквýшка *ж*, **цéрковка** *ж* kléine Kírche, Kírchlein n (7)

церковнославя́нский kírchenslawisch; ~ язы́к die kírchenslawische [áltbulgarische] Spráche, das Kírchenslawische (*sub*), das Áltbulgarische (*sub*)

церкóвн||ый kírchlich; Kírchen-; ~ый стáроста Kírchenvorsteher m (6), Kírchenälteste m (14); ~ый прихóд Kírch(en)gemeinde f (11); пáмятник ~ой архитектýры ein sakráles [kírchliches] Báudenkmal; ~ое прáво *юр.* Kírchenrecht n -(e)s; ◇ бéден как ~ая кры́са *погов.* arm wie éine Kírchenmaus

цéрковь *ж* Kírche f (11)

цесáрка *ж* Pérlhuhn n (5)

цех *м* **1.** (*на заводе*) Abtéilung f (10), Betríebsabteilung f, Wérkabteilung f; Wérkhalle f (11), Fabríkhalle f (*помещение*); прокáтный ~ Wálzwerk n (2); литéйный ~ Gießeréi f (10); инструментáльный ~ Wérkzeugmacheréi f (10); механосбóрочный ~ Montágeabteilung [-ʒə-] f, Montáge f (11); набóрный ~ Setzeréi f (10); **2.** *ист.* Zunft f (3), Ínnung f (10)

цехкóм *м* (цеховóй профсоюзный комитéт) Abteilungsgewérkschaftsleitung f (10) (*сокр.* AGL)

цехов||óй 1. (*на заводе*) Werk-; Abtéilungs-; Fabrík-; **2.** *ист.* Zunft-, Ínnungs-; ◇ ~ы́е интерéсы éngstirnige Berúfsinteressen; **~щи́на** *ж разг.* Zúnftgeist m -es

цецé *ж зоол.* Tsétsefliege f (11)

циáн *м хим.* Zyán n -s, Cyán n -s

цианизáция *ж хим.* Zyanisíerung f

цианистоводорóдн||ый *хим.*: ~ая кислотá (*синильная*) Bláusäure f

циáнистый *хим.* Zyán-; ~ кáлий Zyankáli n -s

циáнов||ый *хим.* Zyán-; ~ая кислотá Zyánsäure f; соль ~ой кислоты́ Zyaníd n (2)

цианóз *м мед.* Zyanóse f, Bláusucht f

цы́бик *м уст.* Téepackung f (10)

цивилизáтор *м* Zivilisátor [-vi-] m -s, -tóren; **~ский** zivilisatórisch [-vi-], Zivilisatións-

цивилиз||áция *ж* Zivilisatión [-vi-] f; **~óванный** zivilisíert [-vi-], gesíttet; **~овáть** zivilisíeren [-vi-] vt

цивили́стика *ж юр.* Zivilrecht [-'vi:l-] n -(e)s

циви́льный: ~ лист Zivilliste [-'vi:l-] f (11)

цигáрка *ж* sélbstgedrehte Zigarétte, Sélbstgedrehte f (14)

цигéйка *ж* Bíberlamm n -(e)s

цидýлка *ж разг.* Schrieb m (1)

цикáда *ж* Zikáde f (11), Zírpe f (11)

цикл *м* Zýklus m =, -klen; Úmlauf m -(e)s, Kréislauf m; Réihe f (11), Fólge f (11); рабóчий ~ Árbeitszyklus m; ~ стихóв Gedíchtzyklus m; ~ лéкций Vórlesungsreihe f; нулевóй ~ *стр.* Núllzyklus m

цикламéн *м бот.* Álpenveilchen n (7), Zyklámen n (7)

циклев||áние *с стр.* Zíehklingen n -s; **~áть** *стр.* ábschlichten vt, ábziehen* vt

цикли́ч||еский zýklisch; ~еский кри́зис zýklische Kríse; **~ность** *ж* Zyklizität f; ~ность рабóты der zýklische Árbeitsablauf; **~ный** *см.* цикли́ческий

циклóида *ж мат.* Zykloíde f (11), Rádlini¦e f (11)

циклоидáльный zykloidál

циклóн *м* **1.** *метеор.* Zyklón m (1); Wírbelsturm m (1*) (*ураган*); Zyklóne f (11), Tíefdruckgebiet n (2), Tíef n -s, -s (*область низкого давления*); **2.** *тех.* Zyklónabscheider m (6)

циклони́ческий zyklónisch

циклóп *м миф.* Zyklóp m (8)

циклопи́ческий zyklópisch

циклотрóн *м физ.* Zýklotron n -s, -tróne

ци́кля *ж стр.* Zíehklinge f (11), Spáchtel m (6), f (11)

цикóрий *м бот.* Zichóri¦e f (11), Wégwarte f (11)

цили́ндр *м* **1.** *мат. тех.* Zylínder m (6); **2.** (*шляпа*) Zylínder m (6), Zylínderhut m (1*); **~и́ческий** zylíndrisch, wálzenförmig; **~овый** *тех.* Zylínder-; *как вторая часть сложных слов* -zylindrig; двухцили́ндровый zwéizylindrig

цимбали́ст *м муз.* Zímbelspieler m (6), Háckbrettspieler m

цимбáлы *мн. муз.* Zímbel f (11), Háckbrett n (5)

цингá *ж* Skorbút m -(e)s

цингóтный Skorbút-; ~ больнóй Skorbútkranke m, f (14)

цинерáрия *ж бот.* Zinerária f, *pl* -ri¦en, Zinerári¦e f (11)

цини́зм *м* Zynísmus m =

ци́ник *м* Zýniker m (6)

цини́ч||еский zýnisch; **~ность** *ж* Zynísmus m =; **~ный** zýnisch

цинк *м* Zink n -(e)s (*хим. знак* Zn)

цинков||áние *с* Verzínkung f; **~áть** verzínken vt

ци́нков||ый Zink-; ~ые крáски Zínkfarben pl; ~ая рудá Zínkerz n (2); ~ая обмáнка *мин.* Zínkblende f; ~ая отли́вка Zínkguß m -sses, -güsse; ~ая жесть Zínkblech n (2)

цинкогрáфия *ж* **1.** (*способ*) Zinkographíe f, Zinkotypíe f; **2.** (*предприятие*) Zinkographíe f (11)

ци́нния *ж бот.* Zínni¦e f (11)

цинóвка *ж* Bástmatte f (11), Bínsenmatte f

цирк *м* Zírkus m =, -se; бродя́чий ~ Wánderzirkus m; **~áч** *м* Artíst m (8), Zírkusartist m; **~áчество** *с* Zírkustrick m -s, -s; **~овóй** Zírkus-; ~овóй наéздник Kúnstreiter m (6); ~овóе искýсство Artístik f

циркóн *м мин.* Zirkón m -s

циркóний *м* Zirkónium n -s (*хим. знак* Zr)

циркули́ровать zirkulíeren vi; in Úmlauf sein (*о деньгах*); úmlaufen* vi (s) (*о крови*)

ци́ркул||ь *м* Zírkel m (6); Áußentaster m (6) (*кронциркуль*); нóжка ~я Schénkel éines Zírkels; вычéрчивать ~ем ábzirkeln vt

ци́ркульн||ый 1. Zírkel-; **2.** Kréis-, kréisförmig; ~ая пилá Kréissäge f (11)

циркуля́р *м* Rúndschreiben n (7), Zirkulár n (2); **~ный 1.** Zirkulár-; ~ное письмó Rúndschreiben n (7), Zirkulár n (2); **2.** *спец.* Kreis-

циркуля́ция *ж* Zirkulatión f (10); Úmlauf m -(e)s; Kréislauf m; ~ крóви Blútkreislauf m; Blútzirkulation f; ~ дéнег Géldumlauf m

циррóз *м мед.* Zirrhose [-'ro:] f

цирю́ль||ник *м уст.* Barbíer m (1); **~ня** *ж уст.* Barbíerstube f (11)

цистéрна *ж* Zistérne f (11); Tánkwagen m (7); Késselwagen m; *мор.* Tank m (1) (*pl тж.* -s)

цисти́т *м мед.* Zystítis f, Hárnblasenentzündung f

цистоскóп *м мед.* Zystoskóp n (2)

цитадéль *ж* **1.** Zitadélle f (11); Féste f (11); Stádtfeste f (11); **2.** *перен.* Hóchburg f (10), Böllwerk n (2)

цитáт||а *ж* Zitát n (2); привести́ ~у ein Zitát ánführen, etw. durch ein Zitát belégen

цитвáрн||ый Zítwer-; ~ое сéмя Zítwersamen pl

цити́ров||ание *с* Zitíeren n -s; **~ать** zitíeren vt, wörtlich ánführen

цитолóгия *ж биол.* Zytologíe f, Zéllenlehre f

цитоплáзма *ж* Zytoplásma n -s

ци́тра *ж муз.* Zíther f (11)

ци́трусовые *мн. бот.* Zítrusgewächse pl, Zítrusfrüchte pl

цифербла́т *м* Zífferblatt n (5); Skálenscheibe f (11) (*прибора*)

ци́фр||а *ж* Zíffer f (11); Zahl f (10); Záhlzeichen n (7); контрóльные ~ы Kontróllziffern pl; *эк.* Plánvorgabe f (11), Ríchtzahlen pl; плáновые ~ы Plánzahlen pl; обозначáть ~ами bezíffern vt; ◇ дýтые ~ы áufgebauschte Zíffern

цифров||óй Zíffern-; Záhlen-; ~ы́е дáнные Záhlenangaben pl, Záhlenmaterial n -s; ~áя вычисли́тельная маши́на Digitálrechenmaschine f (11), Digitálrechner m (6); ~óе управлéние numérische Stéuerung; ~óе лотó Záhlenlotto n -s, -s

ци́церо *м полигр.* Cícero f, Cíceroschrift f

цицерóновский cicerónisch, ciceroniánisch

ЦК *м* (Центрáльный Комитéт) ZK (Zentrálkomitee); ЦК КПСС das ZK der KPdSU

цóколь *м* **1.** *стр.* Sóckel m (6); Únterbau m -(e)s; **2.** *эл.* Sóckel m (6), Fássung f (10); **~ный** Sóckel-; ~ный этáж Sóckelgeschoß n -sses, -sse, Kéllergeschoß n

цýгом *нареч.* **1.** mit hintereinánder éingespannten Pférden; **2.** *разг.* (*вереницей*) hintereinánder

цукáт *м* Sukkáde f (11); kandíerte Frúchtschalen [Frúchte]

цунáми *с* Tsunámi m =, -s

цыгáн *м* Zigéuner m (6); **~ка** *ж* Zigéunerin f (12); **~ский** zigéunerisch,

Zigéuner-; ~ский язы́к Zigéunersprache *f*

цы́кать, цы́кнуть *разг.* ánschnauzen *vt*; ~ на кого́-л. j-m über den Mund fáhren*

цы́пки *мн.* kléine Rísse, ráuhe Stéllen

цыплёнок *м* Küken *n* (7); ◇ цыпля́т по о́сени счита́ют *погов.* ≅ man soll den Tag nicht vor dem Ábend lóben

цыпля́тник *м* **1.** *с.-х.* Kü(c)kenstall *m* (1*); **2.** *зоол.* Hühnerhabicht *m* (1)

цы́почк||и *мн.* Fúßspitzen *pl*, Zéhenspitzen *pl*; на ~ах auf den Fúßspitzen, auf den Zéhenspitzen

цып-цы́п *межд.* putt!, putt!

цыц *межд.* still!, kusch!

Ч

чаба́н *м* Hirt *m* (8), Scháfhirt *m*

ча́бер *м бот.* Bóhnenkraut *n* -(e)s, Pféfferkraut *n*

чабре́ц *м бот.* Féldthymian *m* (1)

ча́вк||анье *с* Schmátzen *n* -s, Geschmátz *n* -es; **~ать** schmátzen *vi*, schnálzen *vi*

чад *м* **1.** Dunst *m* -es, Qualm *m* -es; **2.** (*дурман*) Rausch *m* -es; Verbléndung *f*; в ~у́ im Rausch; benébelt

ча́дец *м* Tschäder *m* (6)

чади́ть dúnsten *vi*, quálmen *vi*

ча́дн||ый **1.** (*чадящий*) dúnstig, quálmig; здесь о́чень ~о hier riecht es stark nach Dunst; hier ist es quálmig, hier ist schwére Luft; **2.** (*одурманивающий*) benébelt

ча́до *с уст.* Kind *n* (5); ◇ с ча́дами и домоча́дцами *шутл.* mit Kind und Kégel; **~люби́вый** *уст., шутл.* kínderliebend

чадр||а́ *ж* Schléier *m* (6) (*bei den mohammedanischen Frauen*); сбро́сить ~у́ den Schléier áblegen

ча́дский tschádisch

чаёвник *м* Téeliebhaber *m* (6)

чаёвничать *разг.* sich am Tee gütlich tun*; gemütlich Tee trínken*

чаево́дство *с* Téeanbau *m* -(e)s

чаевы́е *мн. разг.* Trínkgeld *n* (5)

чаёк *м разг.* Tee *m* -s

чаепи́тие *с разг.* Téetrinken *n* -s

чаеубо́рочн||ый: ~ая маши́на Téepflückmaschine *f* (11)

чаи́нка *ж* Téeblättchen *n* (7)

чай I *м* **1.** (*растение и напиток*) Tee *m* -s, -s; кита́йский ~ chinésischer Tee; цвето́чный ~ Blütentee *m*; кирпи́чный ~ (gepréßter) Ziegeltee *m*; кре́пкий ~ stárker Tee; жи́дкий ~ schwácher Tee; ча́шка ча́ю éine Tásse Tee; завари́ть ~ Tee áufbrühen; **2.** (*угощение*) Tee *m* -s; Téegesellschaft *f* (10); устро́ить ~ éinen Tee [éine Téegesellschaft] gében*; пригласи́ть кого́-л. на ча́шку ча́ю j-n zu éiner Tásse Tee bítten* [éinladen*]; за ча́ем beim Téetrinken; ◇ ~ да са́хар! wohl bekómm's!; дать на чай Trínkgeld gében*

чай II *вводн. сл. разг.* (*вероятно*) wohl, wahrschéinlich; ja; ты, ~, проголода́лся du bist wohl húngrig

ча́йка *ж* Möwe *f* (11)

ча́йн||ая *сущ. ж* Téehaus *n* (5); Téestube *f* (11); **~ик** *м* Téekanne *f* (11) (*для чая*); Téekessel *m* (6) (*для кипятка*); **~ица** *ж* Téebüchse *f* (11); **~ый** Tee-; ~ая планта́ция Téepflanzung *f* (10); ~ое де́рево Téestrauch *m* (4); ~ый серви́з Téeservice [-,vi:s] *n* (6), Téegeschirr *n* -(e)s; ◇ ~ая ро́за Téerose *f* (11)

чайхана́ *ж* Téestube *f* (11) (*in Mittelasien*)

чал *м* Zúrrtau *n* (2); **~ить** zúrren *vt*; (mit éinem Tau) ánbinden* *vt*; **~ка** *ж* Ánlegetau *n* (2)

чалма́ *ж* Túrban *m* (1)

ча́л||ый (*о масти*) grau (mit ánderen Fárben vermíscht), gráugefleckt; ~ая ло́шадь Gráuschimmel *m* (6)

чан *м* Kübel *m* (6), Bóttich *m* (1), Bütte *f* (11); Zúber *m* (6)

ча́ра *ж уст.* Bécher *m* (6)

чарда́ш *м* (*венгерский танец*) Tschárdasch *m* = *u* -es, -e

ча́рка *ж* Schnápsglas *n* (5), Glas *n*; Schnápsgläs:chen *n* (7)

чарльсто́н *м* (*танец*) Charleston ['tʃa:rlstən] *m* =, -s

чаров||а́ть bezáubern *vt*; berücken *vt* (*обольщать*); **~ни́ца** *ж* Záuberin *f* (12)

чароде́й *м* Záuberer *m* (6), Wúndertäter *m* (6); **~ка** *ж* Záuberin *f* (12), Wúndertäterin *f* (12); **~ство** *с* Zauberéi *f* (10), Hexeréi *f* (10)

ча́ртер *м ком.* Charter ['ʃar- *u* 'tʃar-] *m* -s, -s; **~ный** *ком.* Charter- ['ʃar- *u* 'tʃar], gechártert; ~ный рейс *ав.* Charterflug *m* (1)

чарт||и́зм *м ист.* Chartísmus [tʃar-] *m* =; **~и́ст** *м ист.* Chartíst [tʃar-] *m* (8)

чару́ющий bezáubernd, berückend

ча́ры *мн.* Záuberkünste *pl*, Zauberéi *f* (10); *перен.* Záuber *m* -s; Réize *pl*

час *м в разн. знач.* Stúnde *f* (11), Uhr *f* (10); двена́дцать ~о́в zwölf Uhr; двена́дцать ~о́в дня Míttag *m* -(e)s; zwölf Uhr míttags; двена́дцать ~о́в но́чи Mítternacht *f*; ~ дня ein Uhr (náchmittags); ~ но́чи ein Uhr nachts; в три ~а́ утра́ um drei Uhr mórgens; в двух ~а́х полёта [езды́ на маши́не] zwei Flúgstunden [Áutostunden] entférnt; кото́рый ~? wie spät ist es?, wieviel Uhr ist es?; до кото́рого ~а? bis wann?; че́рез ~ 1) in éiner Stúnde; 2) (*каждый час*) jéde Stúnde, stündlich; в три ~а́ um drei Uhr; в тече́ние трёх ~о́в in drei Stúnden, im Láufe von drei Stúnden; с ~ úngefähr éine Stúnde; уже́ шесто́й ~ es geht auf sechs, es ist schon fünf (Uhr) durch; обяза́тельное коли́чество ~о́в (*учителя*) Pflíchtstundenzahl *f* (10); е́хать со ско́ростью сто киломе́тров в ~ mit éiner Geschwíndigkeit von húndert Kilométer in der Stúnde [húndert Stúndenkilometer] fáhren*; приёмные ~ы Spréchstunden *pl*; служе́бные ~ы Ámtsstunden *pl*; ~ обе́да Míttagspause *f* (11), Míttagszeit *f*; в свобо́дные ~ы in der fréien Zeit; in den Múßestunden; стоя́ть ~а́ми stúndenlang stéhen*; ◇ мёртвый ~ Rúhestunde *f*, Míttagsruhe *f*; ~ы пик Háuptverkehrszeit *f*, Spítzenzeit *f*, Háuptbelastungszeit *f*; verkéhrsstarke Zeit; стоя́ть на ~а́х *воен.* (auf) Wáche stéhen*; в до́брый ~! gut Glück!; glückliche Réise! (*перед отъездом*); расти́ не по дням, а по ~а́м *разг.* zúsehends wáchsen*; с ~у на ~ 1) (*с каждым часом*) von Stúnde zu Stúnde; 2) (*в ближайшее время*) in állernächster Zeit; jéden Áugenblick; ~ от ~у von Stúnde zu Stúnde, allmählich; ~ в ~ genáu, punkt; ~ за ~ом Stúnde um Stúnde; ~ от ~у не ле́гче! *разг.* das wird ja ímmer bésser!

часо́вня *ж* Kapélle *f* (11)

часов||о́й I *прил.* **1.** (*о часах*) Uhr-, Úhren-; ~о́й заво́д Úhrenfabrik *f* (10); ~о́й механи́зм Úhrwerk *n* (2); ~а́я стре́лка Úhrzeiger *m* (6); Stúndenzeiger *m* (*показывающая часы*); ~о́й магази́н Úhrengeschäft *n* (2); ~ы́х дел ма́стер *уст.* Úhrmacher *m* (6); **2.** (*о времени*) éinstündig (*продолжающийся час*); stúndenweise, Stúnden- (*по часам*); ~а́я бесе́да éinstündiges Gespräch; ~а́я опла́та Stúndenlohn *m* -(e)s; ◇ ~о́й по́яс Zéitzone *f* (11); ~о́й по́езд Einúhrzug *m* (1*)

часов||о́й II *сущ. м воен.* Pósten *m* (7), Schíldwache *f* (11); смени́ть ~о́го den Pósten áblösen

часовщи́к *м* Úhrmacher *m* (6)

часо́к *м разг.* Stündchen *n* (7); уйти́ на ~ auf ein Stündchen fórtgehen*

ча́сом *нареч. разг.* **1.** mánchmal; **2.** *в знач. вводн. сл.* béiläufig (geságt)

часте́нько *нареч. разг.* zíemlich oft

части́к *м спец.* **1.** (*невод*) díchtmaschiges Físchernetz; **2.** Físche, die mit éinem díchtmaschigen Netz gefíscht wérden

части́ть *разг.* etw. oft [schnell, in schnéllem Témpo, übereílt] tun*

части́ца *ж* **1.** Téilchen *n* (7); **2.** *физ.* Téilchen *n* (7); Korpúskel *n* (6); **3.** *грам.* Partíkel *f* (11)

части́ч||ка *ж* Téilchen *n* (7); **~ный** partiéll; téilweise; Teil-; ~ные вы́боры Téilwahlen *pl*; ~но безрабо́тный Kúrzarbeiter *m* (6)

ча́стник *м разг.* Privatunternehmer [-'va:t-] *m* (6); Privátproduzent *m* (8); Priváthändler *m* (6) (*торговец*)

частновладе́льческий *эк.* privat [-'va:t]

ча́стное *сущ. с мат.* Quotiént *m* (8)

частнокапиталисти́ческий privatkapitalistisch ['-va:t-]

ча́стност||ь *ж* **1.** (*исключительность*) Éinmaligkeit *f* (10); Áusnahme *f*; **2.** (*подробность*) Éinzelheit *f* (10), Detail [*фр.* de'taj] *n* -s, -s; в ~и insbesóndere

ча́стн||ый **1.** privat [-'va:t], Privat-; ~ая со́бственность Privateigentum *n* -s; ~ый капита́л Privátkapital *n* -s; ~ое лицо́ Privátperson *f* (10); ~ые уро́ки Privátstunden *pl*; э́то его́ ~ое де́ло das ist séine Privátangelegenheit; ~ым о́бразом privát; **2.** (*отдельный, особый*) besónder, spezi:éll; partiéll; Sónder-; ~ый слу́чай spezi:éller Fall, Sónderfall *m* (1*); ~ый вопро́с Téilfrage *f* (11), Éinzelfrage *f*; ~ая хирурги́я speziélle Chirurgíe

ча́сто *нареч.* **1.** oft, häufig, óftmals, des öfteren; ча́ще всего́ meist; **2.** (*густо, плотно*) dicht, gedrängt

частоко́л *м* Pfáhlzaun *m* (1*); Stakétenzaun *m*; обнести́ ~ом umzäunen *vt*; mit éinem Stakétenzaun umgében*

частота́ *ж* **1.** Häufigkeit *f*; **2.** *спец.* Frequénz *f* (10)

часто́тн||ость *ж* Häufigkeit *f*; Häufigkeitsindex *m* -es, -dizes; **~ый** **1.** Häufigkeits-; ~ый слова́рь Häufigkeitswörterbuch *n* (5); **2.** *спец.* Frequénz-

частотоме́р *м* Frequénzmesser *m* (6)

часту́шка *ж* Tschastúschka *f*, *pl* -ki; Schnádahüpfel *n* (6), Schnáderhüpferl *n* (6) (*баварско-австрийская*)

ча́стый **1.** häufig, óftmalig; wiederhólt (*повторный, повторяющийся*); **2.** (*густой*) dicht; ~ гре́бень ein díchter Kamm; Stáubkamm *m* (1*); ~ лес díchter Wald; ~ не́вод éngmaschiges Físchernetz; **3.** (*быстрый*) schnell; ~ ого́нь *воен.* Schnéllfeuer *n* -s; ~ пульс beschléunigter [schnéller] Puls

час||ть *ж* **1.** (*от целого*) Teil *m* (1); Stück *n* (2); Ánteil *m* (*доля*); *муз.* Satz *m* (1*); бо́льшая ~ть der größte

Teil; Größteil *m*; трéтья ~ть der drítte Teil, Dríttel *n* (6); ~ть тéла Körperteil *m*; составнáя ~ть Bestándteil *m*; запасны́е ~ти Ersátzteile *pl*; по ~тя́м in Ráten, téilweise; **2.** (*отдел*) Abtéilung *f* (10); учéбная ~ть Stúdi¦enabteilung *f* (*в вузе*); Únterrichtsabteilung *f* (*в школе*); хозя́йственная ~ть Verwáltung *f* (10); **3.** *воен.* Trúppe *f* (11), Éinheit *f* (10); Abtéilung *f* (10) (*управлений и учреждений*); вóинская ~ть Trúppenteil *m* (1); дежýрная ~ть Beréitschaft *f* (10); Ábwehrbereitschaft *f*; запáсная ~ть Ersátztruppenteil *m*; ◇ пожáрная ~ть Féuerlöschmannschaft *f* (10), Féuerwehrkommando *n* -s, -s; ~ть свéта *геогр.* Érdteil *m*; ~ть рéчи *грам.* Wórtart *f* (10), Wórtklasse *f* (11); бóльшей ~тью, по бóльшей ~ти größtenteils, zum größten Teil, méistens; э́то не по моéй ~ти *разг.* das íst nicht mein Fach, das schlägt nicht in mein Fach; он знатóк по э́той ~ти *разг.* er kennt dies Fach; по ~ти чегó-л. *разг.* in púncto (*лат.*); was... (án)betrífft [ánbelangt]; егó рвут на ~ти *разг.* er ist stark beánsprucht

чáстью *нареч.* teils; zum Teil

час||ы́ *мн.* Uhr *f* (10); кармáнные ~ы́ Táschenuhr *f*; ручны́е ~ы́ Ármbanduhr *f*; стенны́е ~ы́ Wánduhr *f*; настóльные ~ы́ Tíschuhr *f*; бáшенные ~ы́ Túrmuhr *f*; ~ы́-буди́льник Wécker *m* (6); контрóльные ~ы́ Kontrólluhr *f*, Stéchuhr *f*; водонепроницáемые ~ы́ wássergeschützte Uhr; песóчные ~ы́ Sánduhr *f*; сóлнечные ~ы́ Sónnenuhr *f*; постáвить ~ы́ die Uhr stéllen; провéрить ~ы́ die Uhr auf Gánggenauigkeit überprüfen; завести́ ~ы́ die Uhr áufziehen*; перевести́ ~ы́ вперёд die Uhr vórstellen; перевести́ ~ы́ назáд die Uhr náchstellen; ~ы́ спешáт на пять минýт die Uhr geht fünf Minúten vor; ~ы́ отстаю́т die Uhr geht nach; по мои́м ~áм ужé 12 nach méiner Uhr ist es beréits 12

чáхлый **1.** (*о человеке*) siech, kränklich, ábgezehrt; **2.** (*о растении*) verkümmert; spärlich

чáхнуть **1.** (*терять здоровье*) dahínsiechen *vi* (s); dahínschwinden* *vi* (s); ~ от тоски́ vor Séhnsucht vergéhen*; **2.** (*о растении*) verkümmern *vi* (s)

чахóт||ка *ж* Schwíndsucht *f*; скоротéчная ~ка galoppíerende Schwíndsucht; ◇ кармáнная ~ка *шутл.* Ébbe in der Kásse; ~**очный** *прил.* **1.** schwíndsüchtig; ~очный румя́нец héktische Röte, héktische Flécken; **2.** *в знач. сущ. м* Schwíndsüchtige *m* (14)

чáш||а *ж* Bécher *m* (6); Schále *f* (11); Bécken *n* (7), Schüssel *f* (11); ◇ у них дом — пóлная ~а sie lében im Überfluß; испи́ть гóрькую ~у до дна den bítteren Kelch bis zur Néige léeren; ~а терпéния перепóлнена das Maß ist voll

чашели́стик *м бот.* Kélchblatt *n* (5)

чáшечка *ж* **1.** Täßchen *n* (7); **2.** *бот.* Kelch *m* (1), Blütenkelch *m*

чáшк||а *ж* **1.** Tásse *f* (11); вы́пить ~у чáю éine Tásse Tee trínken*; **2.** (*у весов*) Wáagschale *f* (11), Schále *f*; **3.** *анат.*: колéнная ~а Kníescheibe *f* 11); ◇ ~а эфéса Dégenkorb *m* (1*)

чáща *ж* Díckicht *n* (2); ~ лéса Wáldesdickicht *n*

чáян||ие *с* Erwártung *f* (10), Hóffnung *f* (10); Séhnsucht *f*, Séhnen *n* -s; сверх вся́кого ~ия, пáче ~ия *разг.* über Erwárten, wíder Erwárten, únverhofft; миролюби́вые ~ия Fríedenssehnen *n* -s

чáять *уст.* erwárten *vt*, hóffen *vi* (auf *A*); ◇ души́ не ~ в ком-л. *разг.* éinen Nárren an j-m gefréssen háben

чвáн||иться sich brüsten; ~**ный** hóchmütig, dünkelhaft; ~**ство** *с* Hóchmut *m* -(e)s, Dünkel *m* -s; Prahleréi *f*; Hóchnäsigkeit *f* (*разг.*)

чегó *род. см.* что I

чей **1.** *вопр. мест.* wéssen; чья э́то кни́га? wéssen Buch ist das?; **2.** *относ. мест.* déssen (*f* déren, *n* déssen, *pl* déren); совéтские лётчики, чьи пóдвиги извéстны всемý ми́ру die Sowjétflieger, déren Héldentaten der gánzen Welt bekánnt sind; ◇ ~ бы то ни́ был wéssen es áuch sei; jédermanns; чья взялá? wer hat gesíegt?, wer hátte recht?

чéй-либо, чéй-нибудь *неопр. мест.* (írgend)jémandes

чéй-то *неопр. мест.* únbestimmt wéssen, írgendein

чек *м* **1.** (*банковский*) Scheck *m* -s, -s; Záhlungsanweisung *f* (10); плати́ть по ~у éinen Scheck éinlösen, вы́писать ~ éinen Scheck áusstellen [schréiben*]; ~ на предъяви́теля Ínhaberscheck *m*, Scheck auf Ínhaber; просрóченный ~ verfállener Scheck; **2.** (*кассовый*) Kássenzettel *m* (6), Bon [bɔŋ] *m* -s, -s

чекá *ж* (*у колеса*) Vórstecker *m* (6)

чекáн *м* Stémmeißel (*при переносе* Stemm-meißel) *m* (6)

чекáн||ить **1.** prägen *vt*, schlägen* *vt*; zisel'íeren *vt* (*надписать и т. п.*); ~ить монéту münzen *vt*; Münzen prägen [schlägen*]; **2.** (*швы*) verstémmen *vt*; **3.** *с.-х.* stútzen *vt*; ◇ ~ить шаг im Stéchschritt marschíeren; ~**ка** *ж* **1.** Prägung *f*; Zisel'íeren *n* -s (*надписей и т. п.*); ~ка монéт Münzprägung *f*; прáво ~ки монéт Münzrecht *n* -(e)s, Münzgerechtigkeit *f*; **2.** (*швов*) Verstémmung *f*; **3.** *с.-х.* Stútzen *n* -s; ~**ный** gerprägt, geschlägen; zisel'íert; ~**щик** *м* Münzer *m* (6), Münzpräger *m* (6); Ziseleur [-'lø:r] *m* (1) (*надписей и т. п.*)

чéков||ый Scheck-; ~ая кни́жка Schéckbuch *n* (5)

чёлка *ж* **1.** (*у лошади*) Stírnhaar *n* (2); **2.** (*причёска*) Ponyfrisur ['pɔni-] *f* (10), Pony *m* -s, -s, Ponyfransen *pl*

чёлн *м* Náchen *m* (7), Kahn *m* (1*)

челнóк I *м* (*лодка*) Kahn *m* (1*)

челнóк II *м тех.* Wéb(er)schiffchen *n* (7), Wébschütze *m* (9) (*ткацкий*); Schíffchen *n* (*тж. швейной машины*)

чел||ó *с уст.* Stirn *f* (10); ◇ бить ~óм (комý-л.) j-n démütig [kníefällig, untertänigst] um etw. (*A*) bítten*

челоби́т||ная *ж ист.* Bíttschrift *f* (10); ~**чик** *м ист.* Bíttsteller *m* (6)

человéк *м* **1.** Mensch *m* (8); Mann *m* (4) (*о мужчине*); деловóй ~ Geschäftsmann *m* (4) (*pl тж.* -leute); выдаю́щийся ~ ein hervórragender Mensch, éine hervórragende Persönlichkeit; обыкновéнный ~ ein Dútzendmensch; нас бы́ло дéсять ~ wir wären zehn Persónen [zehn Mann (*о мужчинах*)]; семья́ из трёх ~ éine dréiköpfige Famíli¦e; коллекти́в в двéсти ~ éine zwéihundertköpfige Belégschaft; **2.** *уст.* (*слуга*) Díener *m* (6); Kéllner *m* (6); ◇ он свой ~ er ist kein Frémder; er gehört zu uns [zur Famíli¦e]

человéко-дéнь *м эк.* Árbeitertag *m* (1)

человеко||люби́вый ménschenfreundlich; ~**лю́бие** *с* Ménschenliebe *f*, Ménschenfreundlichkeit *f*

человеконенави́стн||ик *м* Ménschenhasser *m* (6); ~**ический** ménschenfeindlich; ~**ичество** *с* Ménschenhaß *m* -sses

человекообрáзн||ый ménschenähnlich; ~ая обезья́на Ménschenaffe *m* (9)

человéко-чáс *м эк.* Árbeiterstunde *f* (11)

человéчек *м* Ménschlein *n* (7); Männlein *n* (7)

человéче||ский ménschlich; Ménschen-; ~ский рáзум Ménschenverstand *m* -(e)s; ~**ство** *с* Ménschheit *f*

человéчн||ость *ж* Ménschlichkeit *f*, Humanität *f*; ~**ый** ménschlich, humán

челюстн||óй *анат.* Kíefer-; Kínnbakken-; ~áя кость Kíeferknochen *m* (7)

чéлюсть *ж* **1.** Kíefer *m* (6); Kínnbacke *f* (11), Kínnbacken *m* (7), Kínnlade *f* (11); вéрхняя ~ Óberkiefer *m*; ни́жняя ~ Únterkiefer *m*; **2.** (*протез*) Gebíß *n* -sses, -sse; **3.** *тех.* Gréiferschale *f* (11, Schále *f*

чéлядь *ж собир. уст.* Gesínde *n* (6)

чем I *тв.*, **чём** *предл. см.* что I; ◇ уйти́ ни с чем únverrichteterdinge ábziehen*

чем II *союз* **1.** (*после сравн. ст.*) als; в э́том годý посевнáя плóщадь бóльше, ~ в прóшлом in díesem Jahr ist die Ánbaufläche größer als im vórigen; **2.** (*перед сравн. ст.*): ~ ..., тем... je..., désto...; je..., um so...; ~ бóльше я дýмаю, тем бóльше убеждáюсь в своéй правотé je mehr ich náchdenke, désto féster wird méine Überzéugung, daß ich recht hábe; ~ бóльше, тем лýчше je mehr, désto bésser; **3.** (*вместо того чтобы*) statt, anstátt zu (+*inf*); ~ писáть, вы бы рáньше спроси́ли anstátt zu schréiben, hätten Sie doch líeber erst gefrágt; ◇ ~ свет in áller Frühe

чемери́ца *ж бот.* (wéiße) Níeswurz *f* (10), Gérmer *m* (6)

чемодáн *м* Kóffer *m* (6), Hándkoffer *m*; уложи́ть ~ éinpacken *vi*, den Kóffer pácken; ◇ сидéть на ~ах ábreisefertig sein, auf den gepáckten Kóffern sítzen*; ~**ный** Kóffer-; ◇ ~ное настроéние Réisefieber *n* (6)

чемодáнчик *м уменьш.* Stádtköfferchen *n* (7)

чемпиóн *м* Méister *m* (6); ~ ми́ра Wéltmeister *m*; ~ страны́ Nationálmeister *m*, Lándesmeister *m*; ~ Еврóпы Európameister *m*; комáнда ~ Méistermannschaft *f* (10); медáль ~а Méisterschaftsmedaille *f* (11); завоевáть звáние ~а ми́ра die Wéltmeisterschaft erríngen*; ~**áт** *м* Méisterschaft *f* (10); ~áт ми́ра по футбóлу Fúßballweltmeisterschaft *f*; ~**ский** Méister-; ~**ство** *с* (*звание чемпиона*) Méisterschaft *f* (10)

чемý *дат. см.* что I

чепé *с* (чрезвычáйное происшéствие) *разг.* besónderes Vórkommnis

чепéц *м* Háube *f* (11)

чепрáк *м* **1.** (*у лошади*) Schabrácke *f* (11), Sátteldecke *f* (11); **2.** *кож.* Kérnstück *n* (2)

чепух||á *ж* Únsinn *m* -(e)s, dúmmes Zeug, Blödsinn *m* -(e)s; Nónsens *m* -es *u* =, Stuß *m* -sses; болтáть [городи́ть, нести́] ~ý *разг.* Únsinn réden, fáseln *vi*; э́то ~á! das ist héller Blödsinn!, das ist glátter Únsinn!; ~**óвый** *разг.* dumm, blödsinnig

чéпчик *м* Häubchen *n* (7)

червеобрáзный wúrmartig; ~ отрóсток *анат.* Appéndix *f*, *pl* -e *u* -dizes, der Wúrmfortsatz (des Blínddarms)

чéрви *карт. см.* чéрвы

черви́в||еть wúrmstichig wérden; ~**ый** wúrmig; wúrmstichig, mádig

червóн||ец *м* **1.** (*десять рублей*) Tscherwónez *m* =, -nzen, Zehnrúbelschein *m* (1); **2.** *ист.* (*золотая монета*) (Fünfrúbel-, Zehnrúbel-) Góldmünze *f* (11); **3.** *мн.* ~цы *уст.* (*деньги*) Geld *n* (5)

червóнн||ый 1. *карт.* Herz-; Cœur- [*фр.* kø:r]; ~ый валéт Cœurbube (9), Hérzbube *m*; **2.:** ~ое зóлото Dukátengold *n* -(e)s

червотóчина *ж* Wúrmstich *m* (1), Wúrmfraß *m* (1)

чéрв||ы *мн. карт.* Herz *n* (15), Cœur [*фр.* kø:r] *n* = *и* -s, = *и* -s; ходи́ть с ~éй Herz [Cœur] áusspielen

червь *м* Wurm *m* (4) (*тж. перен. о ничтожном человеке*); шелкови́чный ~ Séidenraupe *f* (11); дождевóй ~ Régenwurm *m*

червя́к *м* **1.** Wurm *m* (4); **2.** *тех.* Schnécke *f* (11)

червя́чн||ый: ~ая передáча *тех.* Schnéckengetriebe *n* (6)

червячóк *м* Würmchen *n* (1); ◇ замори́ть ~кá *разг.* den schlímmsten Húnger stíllen

чердáк *м* Bóden *m* (7, 7*), Dáchboden *m*; Tróckenboden *m* (*для сушки*)

чердáчн||ый Bóden-; ~ое помещéние Bódenraum *m* (1*); Mansárde *f* (11), Dáchkammer *f* (11), Dáchstube *f* (11) (*для жилья*)

черёд *м разг.* Réihe *f*, Réihenfolge *f*; ◇ идти́ своúм черёдом séinen Gang géhen*, séinen Lauf néhmen*

черед||á I *ж уст., поэт.* Réihe *f* (11); Zug *m* (1*); длúнной ~óй in lángem Zug

чередá II *ж бот.* Zwéizahn *m* (1*)

чередовáние *с* Réihenfolge *f* (11); Aufeinánderfolge *f*; Wéchsel *m* -s (*смена*); ~ звýков *лингв.* Alternatión *f*; ~ глáсных *лингв.* Vokálwechsel [-vo-] *m*; Áblaut *m* -(e)s (*в индоевропейских языках*)

чередовáть (áb)wéchseln *vt*, aufeinánder fólgen lássen*; **~ся** (áb)wéchseln *vi*; aufeinánder|folgen *отд. vi* (s)

чéрез *предлог с вин.* **1.** (*поверх чего-л., по чему-л.*) über (*A*); перейти́ ~ дорóгу über die Stráße géhen*, die Stráße überquéren; пры́гнуть ~ барьéр über die Schránke sétzen [spríngen*]; ступи́ть ~ порóг die Schwélle überschréiten*; über die Schwélle tréten*; *ком.* via (*о пути следования*); **2.** (*сквозь*) durch (*A*); пройти́ ~ лес durch den Wald géhen*; ~ окнó durch das Fénster; пройти́ ~ испытáния viel dúrchmachen; **3.** (*по прошествии*) nach (*D*); in (*D*) (*в будущем*); ~ год (héute) übers Jahr; in éinem Jahr; ~ два гóда пóсле войны́ zwei Jáhre nach dem Krieg; ~ два часá nach zwei Stúnden; in zwei Stúnden (*в будущем*); álle zwei Stúnden (*каждые два часа*); ~ однý останóвку an der zwéiten [an der übernächsten] Háltestelle; ~ две останóвки an der drítten Háltestelle; **4.** (*посредством*) durch (*A*); mit Hílfe von (*D*) (*с помощью*); я э́то узнáл ~ моегó дрýга ich hábe es durch méinen Freund erfáhren; ~ срéдство когó-л. durch j-s Vermíttlung; mit j-s Hílfe (*с чьей-л. помощью*); разговáривать ~ перевóдчика sich mit Hílfe éines Dólmetschers unterhálten*; ◇ ~ пень-колóду *разг.* náchlässig (*кое-как*); überstürzt (*торопливо*)

черёмуха *ж* **1.** (*ягода*) Fáulbeere *f* (11); **2.** (*дерево*) Fáulbaum *m* (1*), Fáulbeerbaum *m*

черемшá *ж бот.* Bärenlauch *m* -(e)s

черенóк *м* **1.** *бот.* Pfrópfreis *n* (5), Stéckreis *n*; Ábleger *m* (6); **2.** (*у ножа*) Heft *n* (2), Griff *m* (1)

чéреп *м* Schädel *m* (6)

черепáх||а *ж* **1.** Schíldkröte *f* (11); **2.** (*материал*) Schíldpatt *n* -(e)s; **~овый** Schíldpatt-; ~овый грéбень Schíldpattkamm *m* (1*); ~овый суп Schíldkrötensuppe *f* (11)

черепáш||ий: идти́ ~ьим шáгом im Schnéckentempo géhen*

черепи́ц||а *ж* Dáchziegel *m* (6), Dáchstein *m* (1); кры́тый ~ей mit Zíegeln gedéckt

черепи́чн||ый Zíegel-, Dáchziegel-; ~ая кры́ша Zíegeldach *n* (5)

черепн||óй *анат.* Schädel-; ~áя корóбка Hírnschale *f* (11), Schädeldach *n* (5)

черепóк *м* Schérbe *f* (11)

чересполóс||ица *ж* Geméngelage *f* (der Grúndstücke), vertéilt líegendes Áckerland; **~ный:** ~ные владéния Stréuländereien *pl*, verstréut [stréifenweise] líegende Länderéien

чересседéльник *м* Rückenriemen *m* (7), Rückengurt *m* (1)

чересчýр *нареч.* zu, übermäßig, viel zu; über die Máßen, ~ мнóго zu viel, viel zuvíel; ~ мáло zu wénig, viel zuwénig; ◇ э́то ужé ~! das geht zu weit!; das überstéigt álle Grénzen!

черéшневый Süßkirschen-

черéшня *ж* **1.** (*плод*) Süßkirsche *f* (11); **2.** (*дерево*) Süßkirschbaum *m* (1*)

черешóк *м* Bláttstiel *m* (1)

черкáть, чёркать *разг.* (*вычёркивать*) stréichen* *vt*, áusstreichen* *vt*, dúrchstreichen* *vt*

черкéс *м* Tscherkésse *m* (9); **~ский** tscherkéssisch; ~ский язы́к die tscherkéssische Spráche, das Tscherkéssische (*sub*)

черкéшенка *ж* Tscherkéssin *f* (12)

черкн||ýть *разг.* schnell [flüchtig] schréiben*; ~и́ пáру слов schreib ein paar Wórte

чернéние *с* Schwärzen *n* -s

чернёный geschwärzt

чернéть 1. schwarz wérden; **2.** (*виднеться*) sich schwarz ábheben*; **~ся** *см.* чернéть 2

черни́ка *ж* **1.** (*ягода*) Héidelbeere *f* (11); **2.** (*куст*) Héidelbeerstrauch *m* (4)

черни́ла *мн.* Tínte *f* (11)

черни́льн||ица *ж* Tíntenfaß *n* -sses, -fässer; **~ый** Tínten-; ~ый карандáш Tíntenstift *m* (1), Kopíerstift *m*; ~ый прибóр Schréibzeug *n* -(e)s; ~ое пятнó Tíntenfleck *m* (1); ◇ ~ый орéшек *бот.* Gállapfel *m* (6*); ~ая душá *ирон.* Schréiberseele *f* (11)

черни́ть 1. schwärzen *vt*; **2.** *перен.* ánschwärzen *vt*, schléchtmachen *отд. vt*; verleumden *vt* (*клеветать*); in Verrúf bríngen* (*порочить*)

черни́чный Héidelbeer-

чёрно-бéлый schwárzweiß; ~ фильм Schwarzwéißfilm *m* (1)

черно||борóдый schwárzbärtig; **~брóвый** mit schwärzen Áugenbrauen [Bráuen]

черно-бýр||ый schwárzbraun; ~ая лиси́ца Sílberfuchs *m* (1*)

чернобы́льник *м бот.* Béifuß *m* -es

чернов||и́к *м* **1.** (*черновой набросок*) Entwúrf *m* (1*), Konzépt *n* (2); Úrmanuskript *n* (2) (*о рукописи литературного произведения*); в ~икé im Konzépt, im únreinen; **2.** (*черновая тетрадь*) Kládde *f* (11); **~óй** im Entwúrf, im Konzépt; vórläufig (*предварительный*); Roh-; ~óй материáл Róhmaterial *n* -(e)s, -ilen; ~áя ру́копись noch nicht ins réine geschríebenes Manuskrípt

черно||волóсый schwárzhaarig; **~глáзый** schwárzäugig

черногóр||ец *м* Montenegríner *m* (6); **~ский** montenegrínisch

черногри́вый schwárzmähnig

чернозём *м* Schwárzerde *f*; **~ный** Schwárzerde-

чернокни́жник *м уст.* Schwárzkünstler *m* (6), Mágier *m* (6)

чернокóжий *прил.* **1.** schwárzhäutig; schwarz; **2.** *в знач. сущ. м* Schwárze *m* (14)

черноку́дрый schwárzlockig

чернолéсье *с* Láubwald *m* (4)

черномáзый *разг.* **1.** (*смуглый*) mit bráuner [gebräunter, bräunlicher, dúnkler] Gesíchtsfarbe; **2.** (*грязный*) verschmútzt

черномóрец *м* Matróse *m* (9) der Schwárzmeerflotte

черномóрский Schwárzmeer-

черноóкий *поэт.* schwárzäugig

чернорабóчий *м* úngelernter [únqualifizierter] Árbeiter

чернорубáшечники *мн.* (*итальянские фашисты*) Schwárzhemden *pl*

черносли́в *м собир.* gedörrte Pfláumen, Báckpflaumen *pl*

черносóтен||ец *м* **1.** *ист.* Schwárzhunderter *m* (6); **2.** *перен.* Érzreaktionär *m* (1); **~ный 1.** *ист.* Schwárzhunderter-; **2.** *перен.* érzreaktionär

чернотá *ж* Schwärze *f*, Schwarz *n* = *и* -es; Dúnkel *n* -s; ◇ ~ под глазáми schwárze Ríngе um die Áugen

черноýсый mit schwärzem Schnúrrbart

черношёрстый mit schwärzem Fell, schwárzfellig

чёрн||ый 1. schwarz; ходи́ть в ~ом sich schwarz kléiden; in Schwarz gekléidet sein; ~ая ночь fínstere Nacht; ~ый хлеб Schwárzbrot *n* -(e)s; Róggenbrot *n*; **2.** *перен.* schwarz, únheilvoll; ~ая неблагодáрность schnöder Úndank; ~ые мы́сли schwärze [schwére] Gedánken; ~ое дéло éine schlímme [böse] Tat, ein fínsteres Werk; ~ые си́лы реáкции die fínsteren Kräfte der Reaktión; ◇ ~ое дéрево Ébenholz *n* -es; ~ые метáллы Éisenmetalle *pl*; ~ая металлýргия Schwárzmetallurgie *f*, Éisenmetallurgie *f*; ~ый двор Hínterhof *m* (1*); ~ый ход Küchenaufgang *m* (1*); ~ая лéстница Hínteraufgang *m*, Híntertreppe *f*; ~ая рабóта schmútzige [schwärze, gróbe, únqualifizierte] Árbeit; ~ая доскá das Schwárze Brett (*für Áushänge tadelnden Inhalts*); ~ый ры́нок Schwárzmarkt *m* -(e)s, der schwárze Markt; ~ое духовéнство Klóstergeistlichkeit *f*; ~ая избá Ráuchhütte *f* (11); ~ая кровь Vénenblut *n* -(e)s; ~ый лес Láubwald *m* (4); ~ое слóво 1) (*брань*) Schímpfwort *n* (5); 2) (*в словаре*) Stíchwort *n* (5); держáть когó-л. в ~ом тéле j-n kurz [streng, knapp] hálten*; на ~ый день für den Nótfall; отложи́ть дéньги на ~ый день Geld auf die hóhe Kánte légen; черны́м-чернó schwarz wie die Nacht; péchschwarz, kóhl(raben)schwárz; ~ым по бéлому schwarz auf weiß; ~ая сóтня *ист.* Schwárzhunderter *pl*

чернь I *ж уст.* (*простонародье*) Pöbel *m* -s; Mob *m* -s

чернь II *ж* (*сплав*) Niéllo *n* -s, -llen *и* -lli

чернь III *ж* (*краска*) Schwärze *f*, Schwarz *n* = *u* -es

черпа́к *м* Schöpfkelle *f* (11), Schöpfeimer *m* (6), Bágger *m* (6)

черпа́лка *ж* Schöpfkelle *f* (11)

че́рпать, черпну́ть 1. schöpfen *vt*, bággern *vt*; **2.** *перен.* entléhnen *vt*; schöpfen *vt*; че́рпать зна́ния Kénntnisse schöpfen (aus *D*) [entnéhmen* *D*]

черстве́ть 1. trócken wérden, vertrócknen *vi* (s); **2.** *перен.* hártherzig [hart] wérden, sich verhärten

чёрств||ость *ж* (*характера*) Härte *f*; Hárherzigkeit *f*, Gefühllosigkeit *f*; **~ый 1.** (*о хлебе*) trócken, hart; **2.** *перен.* hart, hártherzig, gefühllos; trókken, steif

чёрт *м* Téufel *m* (6); сам ~ не разберёт *разг.* kein Téufel kann daráus klug wérden; сам ~ но́гу сло́мит *разг.* hier fíndet sich selbst der Téufel nicht zurécht; чем ~ не шу́тит *разг.* wer weiß, es könnte doch (wíder Erwárten) éintreten; жить у ~а на кули́чках *разг.* dort wóhnen, wo sich die Füchse gúte Nacht ságen; не так стра́шен ~, как его́ малю́ют ≅ nichts wird so heiß gegéssen, wie es gekócht wird; э́то ~ зна́ет что! *разг.* das ja unerhört!; ~ его́ зна́ет *разг.* weiß der Téufel [der Kúckuck]!; иди́ к ~у *груб.* geh zum Téufel!, scher dich zum Téufel!, geh zum Kúckuck!; всё пошло́ к ~у álles ist zum Téufel (gegángen); на кой ~ *разг.* wozú, zum Téufel; э́то мне оди́н ~ *разг.* das ist mir ganz egál [Wurscht]; ни ~а́ *разг.* absolút nichts; ~ с ним! mag [soll] er sich zum Téufel schéren!; до ~а *разг.* sehr; ~ возьми́!, ~ побери́! *разг.* hol's der Téufel!, Téufel auch!

черт||а́ *ж* **1.** (*линия*) Strich *m* (1); Líni¦e *f* (11); провести́ ~у́ éinen Strich zíehen*; **2.** (*район, полоса территории*) Gebíet *n* (2); пограни́чная ~а́ Grénzlini¦e *f* (11), Grénzgebiet *n*; в ~е́ го́рода ínnerhalb der Stádtgrenze, im Wéichbild der Stadt; **3.** (*характера и т. п.*) Zug *m* (1*); основна́я ~а́ der (hervórstechende) Wésenszug; отличи́тельная ~а́ ein kénnzeichnender Zug, ein charakterístischer Zug; любопы́тная ~а́ (*деталь*) éine interessánte Éinzelheit; прида́ть но́вые ~ы́ mit néuen Zügen áusstatten; ◇ ~ы́ лица́ Gesíchtszüge *pl*; в о́бщих ~а́х im gróßen und gánzen, in gróßen Zügen; in den Háuptzügen; до после́дней ~ы bis zum äußersten

чертёж *м* Riß *m* -sses, -sse; Zéichnung *f* (10); рабо́чий ~ Wérk(statt)zeichnung *f* (10); **~ная** *сущ. ж* Zéichensaal *m* -(e)s, -säle; Zéichenbüro *n* -s, -s (*мастерская*); **~ник** *м* téchnischer Zéichner; ку́рсы ~ников Zéichenkurse *pl*

чертёжный Zéichen-; Reiß-; ~ный прибо́р Réißgerät *n* (2), Zéichengerät *n*; ~ная доска́ Réißbrett *n* (5), Zéichenbrett *n*

чертёнок *м* **1.** kléiner Téufel; Téufelchen *n* (7); **2.** (*озорник*) Wíldfang *m* (1*), Schlíngel *m* (6), Schalk *m* (1, 1*); ◇ у него́ чертеня́та в глаза́х der Schalk sieht ihm aus den Áugen

черти́ть zéichnen *vt, vi*; éine téchnische Zéichnung ánfertigen; áufreißen* *vt*

чёртов Téufels-; ◇ ~а дю́жина *шутл.* Téufelsdutzend *n* (2), dréizehn; ~о колесо́ *разг.* Ríesenrad *n* (5); ~а ко́жа *текст.* Moleskin ['mo:lskın] *m*, *n* -s, -s, Énglischleder *n* -s

черто́в||ка *ж разг.* Téufelin *f* (12); ein Téufel von Weib; **~ски** *нареч. разг.* verdámmt, verflúcht, vertéufelt; ~ски тру́дно (es ist) vertéufelt [verdámmt, verflúcht] schwer; **~ский** *разг.* téuflisch; vertéufelt; verflíxt; ~ская рабо́та verflíxte Árbeit; ~ская хи́трость téuflische List; vertéufelte Schláuheit; **~щи́на** *ж разг.* Teufeléi *f*, Téufelskram *m* -(e)s, Téufelswerk *n* -(e)s

черто́г *м поэт., уст.* Prúnkgemach *n* (5); Palást *m* (1*), Schloß *n* -sses, *pl* Schlösser (*дворец*)

чертополо́х *м бот.* Dístel *f* (11)

чёрточка *ж* **1.** Stríchlein *n* (7), Stríchelchen *n* (7); féiner Strich (*тонкая черта*); **2.** (*дефис*) Téilungszeichen *n* (7), Bíndestrich *m* (1)

черче́ние *с* (téchnisches) Zéichnen

чеса́лка *ж текст.* Wóllkamm *m* (1*), Kamm *m*, Kárde *f* (11); Héchel *f* (11) (*для льна, пеньки*)

чеса́ль||ный *текст.* Kämm-; Kamm-; ~ная маши́на Kámmaschine (*при переносе* Kamm-maschine) *f* (11), Héchelmaschine *f* (*для льна, пеньки*); **~щик** *м текст.* Kämmer *m* (6); Héchler *m* (6)

чеса́ние *с* **1.** Krátzen *n* -s; **2.** *текст.* Kämmen *n* -s; Hécheln *n* -s (*льна, пеньки*)

чёсаный *текст.* gekämmt; gehéchelt (*о льне, пеньке*)

чеса́ть 1. (*волосы*) kämmen *vt*; **2.** *текст.* kämmen *vt*; hécheln *vt* (*лён, пеньку*); **3.** (*руку, нос и т. п.*) krátzen *vt*; ◇ ~ язы́к klátschen *vi*; ~ заты́лок, ~ в заты́лке sich (náchdenklich, verwúndert) im Nácken kráuen; **~ся 1.** sich krátzen; **2.** (*об ощущении*) júcken *vi*; у меня́ че́шется нос mir juckt die Náse; **3.** *разг.* (*расчёсываться*) sich kämmen; ◇ у меня́ ру́ки че́шутся es juckt [krábbelt] mir in den Fíngern; у него́ язы́к че́шется es brennt ihm auf der Zúnge

чесно́к *м* Knóblauch *m* -(e)s

чесно́ч||ный Knóblauch-; ~ная голо́вка Knóblauchzwiebel *f* (11)

чесо́т||ка *ж мед.* Krätze *f*; **~очный** *мед.* krätzig; ~очный больно́й Krätzkranke *m* (14)

че́ствов||ание *с* Éhrung *f* (10), Éhrenbezeigungen *pl*; **~ать** éhren *vt*; féiern *vt*, j-m Éhren bezéigen, würdigen *vt*

чести́ть *разг.* schélten* *vt*, schímpfen *vt* (кого́-л. *тж.* auf *A*)

честн||о́й: вся ~а́я компа́ния *разг.* die gánze Geséllschaft; die gánze Bánde

че́стн||ость *ж* Éhrlichkeit *f*, Rédlichkeit *f*; Réchtschaffenheit *f* (*порядочность*); **~ый** éhrlich, rédlich; áufrecht; réchtschaffen (*порядочный*); ~ый челове́к ein Éhrenmann; ~о говоря́ éhrlich gesägt; ◇ ~ое сло́во Éhrenwort *n* -(e)s; дать ~ое сло́во sein Éhrenwort gében*; на ~ое сло́во auf Éhrenwort; ~ое сло́во! auf Éhre!; висе́ть на ~ом сло́ве an éinem (dünnen) Fáden hängen

честолю́б||ец *м* Éhrgeizige *m* (14); **~и́вый** éhrsüchtig, éhrgeizig; **~ие** *с* Éhrsucht *f*, Éhrgeiz *m* -es

честь *ж* **1.** Éhre *f*; Éhrgefühl *n* -(e)s (*чувство чести*), де́ло че́сти Éhrensache *f*; его́ ~ заде́та er fühlte sich in séiner Éhre gekränkt; **2.** (*репутация*) Ruf *m* (1); ◇ счита́ю за ~ ich hälte es für éine Éhre; вы́полнить что-л. с че́стью etw. in Éhren erfüllen; быть в че́сти́ [hoch] in Éhren stéhen*; на мою́ до́лю вы́пала ~ mir würde die Éhre zutéil; ich hätte die Éhre; э́то де́лает ему́ ~ das geréicht ihm zur Éhre, das macht ihm Éhre; оказа́ть ~ Éhre erwéisen*; отда́ть ~ *воен.* die Éhrenbezeigung erwéisen* [máchen]; salutíeren *vi*; име́ю ~ ich hábe die Éhre; в ~ кого́-л. j-m zu Éhren; здра́вица в ~ кого́-л. ein Hóch(ruf) auf j-n; ~ и ме́сто! *разг.* bítte auf den Éhrenplatz!; пора́ и ~ знать! *разг.* jetzt ist es áber genúg!; jetzt hört es áber auf!; es ist die höchste Zeit áufzubrechen (*о гостях*)

чесуч||а́ *ж* chinésische Róhseide, Schántungseide *f*; **~о́вый** aus Schántungseide

чёт *м* geráde [páare] Zahl; ~ и не́чет paar und únpaar

чета́ *ж* Paar *n* (2); Éhepaar *n*; ◇ он тебе́ не ~ ≅ er paßt nicht für dich; er steht weit hínter dir zurück; er ist mehr wert als du (*лучше тебя*)

четве́рг *м* Dónnerstag *m* (1); в ~ am Dónnerstag; в про́шлый ~ am vórigen Dónnerstag; в бу́дущий ~ (am) nächsten Dónnerstag; в ~ ве́чером (am) Dónnerstag ábend; в ~ у́тром (am) Dónnerstag früh; по ~а́м dónnerstags; ◇ по́сле до́ждичка в ~ *погов.* ≅ am Sankt-Nímmerleins-Tag

четвере́ньк||и: на ~ах auf állen víeren

четвери́к *м уст.* (*мера*) Tschetweŕik *n* -s, -s (*ehemaliges Getreidemaß = 26 Liter*)

четвёрк||а *ж* **1.** Vier *f* (10); **2.** (*отметка*) Vier *f* (10) (*Schulzensur «gut» in der UdSSR*); **3.** *карт.* Vier *f* (10); ~а пик Pík-Vier *f*; **4.** (*лошадей*) Víergespann *n* (2); е́хать ~ой víerspännig fáhren*; **5.** *спорт.* (*лодка*) Víerriemer *m* (6); Víerer *m* (6)

четверно́й *разг.* víerfach; víerfältig

че́тверо vier; их бы́ло ~ sie wáren (íhrer) vier; пришло́ ~ es kámen vier Persónen [Mann]

четверо||кла́ссник *м* Schüler *m* (6) der víerten Klásse; **~ку́рсник** *м* Studént *m* (8) im víerten Stúdi¦enjahr

четвероно́г||ие *сущ. мн.* Víerfüßer *pl*, Quadrupóden *pl*; **~ий** víerfüßig

четверору́кие *сущ. мн. зоол.* Víerhänder *pl*

четверости́шие *с* víerzeilige Stróphe; víerzeiliges Gedícht; Víerzeiler *m* (6)

четверохо́лмие *с анат.* Víerhügel *m* (6)

четвёрочник *м разг.* Schüler, der gewöhnlich die Nóte «gut» erhält

четвертáк *м уст. разг.* fünfundzwánzig Kopéken; Víertelrubel *m* (6)

четверти́нка *ж разг.* Víertel *n* (6); Quart *n* (2)

четверти́чн||ый *геол.* Quartär-; ~ая систе́ма Quartärformation *f*

четвертн||о́й 1.: ~о́й биле́т *уст. разг.* (*25 рублей*) Fünfundzwanzigrubelschein *m* (1); ~а́я но́та *муз.* Víertelnote *f* (11); **2.** (*в школе*) Víerteljahr-; ~ы́е оце́нки Víerteljahrnoten *pl*

четвертов||а́ние *с ист.* Víerteilen *n* -s, Víerteilung *f*; **~а́ть** *ист.* víerteilen *vt*

четверту́шка *ж* Víertel *n* (6)

четвёрт||ый der víerte; ~ого ма́я am víerten Mai; den víerten Mai (*на письме*); ~ый час es geht auf vier (Uhr), drei Uhr vorbéi; в ~ом часу́ nach drei (Uhr), zwíschen drei und vier (Uhr); ~ая страни́ца die víerte Séite, Séite vier; ~ый но́мер Númmer vier; ~ая до́ля Víertel *n* (6); ~ая до́ля листа́ *полигр.* Quart *n* (2)

че́твер||ть *ж* Víertel *n* (6); ~ть листа́ *полигр.* Quart *n* (2); ~ть го́да Víerteljahr *n* (2); Quartál *n* (2); ~ть часа́ Víertelstunde *f* (11); ~ть второ́го ein Víertel nach eins; Víertel zwei; без ~ти час (ein) Víertel vor eins; **2.** *муз.* Víertelnote *f* (11); **3.** (*в школе*) Víerteljahr *n*

(2), Viertel *n* (6); **к концу́ ~ти zum** Vierteljahresabschl uß

четвертьфина́л *м спорт.* Viertelfinale *f* (11)

чётки *мн. рел.* Rósenkranz *m* (1*)

чётк||ий klar, déutlich; léserlich (*о почерке*); genáu, exákt (*точный*); ~ий ритм sträffer Rhýthmus; **~ость** *ж* Klárheit *f*, Déutlichkeit *f*, Exáktheit *f*; Léserlichkeit *f* (*о почерке*)

чётн||ость *ж физ.* Parität *f*; **~ый** geráde, páarig; ~ое число́ geráde Zahl

четы́ре vier; идти́ по ~ в ряд in Víererreihen géhen*; бо́льше чем в ~ ра́за auf mehr als das Víerfache; иди́ на все ~ сто́роны! sieh zu, daß du Land gewínnst!

четы́режды *нареч.* víermal; ~ три vier mal drei

четы́реста víerhundert

четырёхголо́сный *муз.* víerstimmig

четырёхгра́нн||ик *м мат.* Víerflach *n* (2), Víerflächner *m* (6), Tetraéder *n* (6); **~ый** víerflächig; víerkantig

четырёхдне́вный víertägig

четырёхкла́ссный víerklassig

четырёхколёсный víerräd(e)rig

четырёхкра́сочн||ый Víerfärben-; ~ая печа́ть Vierfärbendruck *m* -(e)s

четырёхле́тний víerjährig

четырёхме́стный víersitzig

четырёхме́сячный víermonatig

четырёхмото́рный víermotorig

четырёхпо́льн||ый *с.-х.* Víerfélder-; ~ое хозя́йство Víerfélderwirtschaft *f*

четырёхпроце́нтный víerprozentig

четырёхсло́жный *лингв.* víersilbig

четырёхсотле́тний víerhundertjährig

четырёхсо́тый der víerhundertste

четырёхсто́пный *лит.* víerfüßig

четырёхсторо́нн||ий víerseitig; ~ее совеща́ние Víererkonferenz *f* (10)

четырёхстру́нный víersaitig

четырёхта́ктный Víertakt-; ~ дви́гатель [мото́р] Víertaktmotor *m* (13); Víertakter *m* (6) (*разг.*)

четырёхуго́льн||ик *м* Víereck *n* (2); **~ый** víereckig

четырёхчасово́й víerstündig; ~ по́езд der 4-Uhr-Zug

четырёхэта́жный dréistöckig, víergeschossig

четырнадцатиле́тний víerzehnjährig

четы́рнадцат||ый der víerzehnte; ~ого ма́я am víerzehnten Mai; den víerzehnten Mai (*на письме*); страни́ца ~ая Séite víerzehn; ~ый но́мер Númmer víerzehn

четы́рнадцать víerzehn

чех *м* Tschéche *m* (9)

чехарда́ *ж* **1.** (*игра*) Böckspringen *n* -s; **2.** *перен.* häufiger Wéchsel

чехли́ть mit éinem Überzug verséhen*

чехо́л *м* **1.** Káppe *f* (11); Futterál *n* (2) (*футляр*); Überzug *m* (1*), Schóner *m* (6) (*для мебели и т. п.*); ду́льный ~ *воен.* Mündungskappe *f*; **2.** (*для платья*) Únterkleid *n* (5); на чехле́ из тафты́ (*о платье*) auf Taft gefüttert, táftgefüttert

чехослова́цкий tschechoslowákisch

чечеви́ца *ж* **1.** *бот.* Línse *f* (11) (*растение*); Línsen *pl* (*плоды*); **2.** *физ.* Línse *f* (11); Gláslinse *f*

чечеви́чн||ый Línsen-; ~ый суп Línsensuppe *f*; ◇ за ~ую похлёбку für ein Línsengericht

чечéн||ец *м* Tschetschéne *m* (9); **~ка** *ж* Tschetschénin *f* (12); **~ский** tschetschénisch

чечётка *ж* **1.** (*птица*) Hänfling *m* (1); **2.** (*танец*) Tschetschótka *f* (*Tanz mit häufigem Aufstampfen*); **3.** *разг.* (*болтушка*) Pläppertasche *f* (11)

че́шка *ж* Tschéchin *f* (12); **~ский** tschéchisch; **~ский язы́к die tschéchische Spráche**, das Tschéchische (*sub*)

чешу́йка *ж* (kléine) Schúppe *f* (11)

чешу́йчатый schúppig, geschúppt

чешу||я́ *ж* Schúppe *f* (11); сбро́сить ~ю́ sich schúppen; sich häuten (*о змее*); снима́ть ~ю́ (áb)schúppen *vt*

чи́бис *м зоол.* Kíebitz *m* (1)

чи́ж(ик) *м* Zéisig *m* (1)

чил||и́ец *м* Chiléne [tʃi-] *m* (9); **~и́йка** *ж* Chilénin [tʃi-] *f* (12); **~и́йский** chilénisch [tʃi-], Chíle-; ~и́йская сели́тра Chílesalpeter *m* -s

чили́кать, чили́кнуть *см.* **чири́кать, чири́кнуть**

чин *м* Díenstgrad *m* (1), Rang *m* (1), Würde *f* (11); Klásse *f* (11); ни́жний ~ *воен. ист.* Geméine *m* (14); име́ть высо́кий ~ éinen hóhen Rang bekléiden, éine hóhe Stéllung éinnehmen*; повыше́ние в ~е Rángerhöhung *f* (10), Beförderung *f* (10); лиши́ть ~о́в áller Würden entkléiden; челове́к в ~а́х ein Mann in Amt und Würden [von Rang und Würden]; ◇ ~ ~ом *разг.* wie es sich gehört; без ~о́в *разг.* óhne Úmstände; úngeniert [-ʒə-]

чина́ра *ж бот.* Platáne *f* (11)

чини́ть I **1.** (*исправлять*) flícken *vt*, áusbessern *vt*; reparíeren *vt*, überhólen *vt* (*ремонтировать*); **2.** (*карандаш*) (án)spitzen *vt*

чини́ть II (*устраивать*) máchen *vt*, ánrichten *vt*; ~ препя́тствия Híndernisse beréiten [in den Weg légen]; ~ суд и распра́ву Gerícht über j-n hálten*; zu Gerícht über j-n sítzen*

чи́нк||а *ж* **1.** (*починка*) Flícken *n* -s, Reparíeren *n* -s; **2.** (*карандашей и т. п.*) Ánspitzen *n* -s; маши́нка для ~и карандаше́й Bléistiftspitzmaschine *f* (11)

чи́нн||ость *ж* Maníerlichkeit *f*; gúte Gesíttung; Ánständigkeit *f*; **~ый** maníerlich; gesíttet, gebührlich, ánständig; ártig (*о детях*)

чино́вник *м* **1.** Beámte *m* (14); **2.** *перен.* Beámtenseele *f* (11), Schréiberseele *f*; Bürokrát *m* (8)

чино́вниче||ский Beámten-; bürokrátisch (*презр.*); **~ство** *с* **1.** *собир.* Beámtenschaft *f*; **2.** *перен. презр.* bürokrátisches Verhálten

чино́вничий Beámten-; beámtenhaft; bürokrátisch (*презр.*)

чино́вн||ый *уст.* Beámten-; ~ое дворя́нство Beámtenadel *m* -s

чино||почита́ние *с* Kriecheréi *f*, Unterwürfigkeit *f*; Liebedieneréi *f*; **~произво́дство** *с уст.* Beförderung *f*

чину́ша *м презр.* Beámtenseele *f* (11), Schréibtischkuli *m* -s, -s, Schréiberseele *f*

чи́рей *м* Furúnkel *m* (6)

чири́к||анье *с* Zwítschern *n* -s, Gezwítscher *n* -s; **~ать, ~нуть** zwítschern *vi*; tirilíeren *vi*; (t)schílpen *vi* (*о воробьях*)

чи́ркать, чи́ркнуть **1.** (*спичкой*) ánstreichen* *vt*, ánreißen* *vt*; **2.** *разг.* (*записку*) rasch [flüchtig] níederschreiben*

чиро́к *м зоол.* Kríekente *f* (11), Kríckente *f*

чи́сленн||ик *м уст.* Ábreißkalender (6); **~ость** *ж* Zahl *f*; Ánzahl *f*; Zíffer *f*; *воен.* Stärke *f*; по ~ости der Zahl nach; ~остью в an der Zahl, stark (*ставится после числительного*); ~остью в сто челове́к húndert an der Zahl, húndert Mann stark; ~ость населе́ния Bevölkerungsziffer *f*; о́бщая ~ость отря́да Gesámtstärke der Abtéilung; **~ый** záhlenmäßig; numérisch; ~ое превосхо́дство záhlenmäßiges Übergewicht; ~ый соста́в Stärke *f*, Ánzahl *f*

числи́тель *м мат.* Zähler *m* (6)

числи́тельн||ый: и́мя ~ое *грам.* Záhlwort *n* (5), Numerále *n* -s, -li(e)n; и́мя ~ое коли́чественное Grúndzahlwort *n*, Grúndzahl *f* (10); и́мя ~ое поря́дковое Órdnungszahlwort *n*, Órdnungszahl *f*

чи́слить (*считать кем-л., чем-л.*) j-n führen (als *A*), j-n zählen (zu *D*); ~ кого́-л. больны́м j-n als krank führen **~ся** geführt wérden (als *A*); gezählt wérden (zu *D*); ~ся в спи́ске in der Líste stéhen*; in der Líste geführt wérden; ~ся больны́м als krank geführt wérden, krank geschríeben sein

числ||о́ *с* **1.** *мат.* Zahl *f* (10); це́лое ~о́ gánze Zahl; дро́бное ~о́ Brúchzahl *f*; Bruch *m* (1*); имено́ванное ~о́ benánnte Zahl; мни́мое ~о́ imagináre Zahl; натура́льное ~о́ natürliche Zahl; просто́е ~о́ Prímzahl *f*, переда́точное ~о́ *тех.* Übersétzungsverhältnis *n* (3*); обознача́ть ~ами bezíffern *vt*; **2.** *грам.* Zahl *f* (10), Númerus *m* =, -ri; Záhlform *f* (*категория*); еди́нственное ~о́ Éinzahl *f*, Síngular *m* (1); мно́жественное ~о́ Méhrzahl *f*, Plúral *m* (1); **3.** (*дата*) Dátum *n* -s, -ten; како́е сего́дня ~о́? den wíevielten [wélches Dátum] háben wir héute?; помеча́ть ~о́ datíeren *vt*; в пе́рвых чи́слах ию́ня in den érsten Júnitagen; Ánfang Júni; поме́тить за́дним ~о́м náchdatieren *vt*, zurückdatieren *vt*; **4.** (*количество*) Ánzahl *f* (10); ◇ без ~а́ záhllos; им нет ~а́ sie sind únzählbar; оди́н из их ~а éiner von íhnen; в том ~е́ darúnter; únter íhnen (*между ними*); сре́дним ~о́м dúrchschnittlich, im Dúrchschnitt; в большо́м ~е́ in gróßer Zahl [Ánzahl]; ~о́м в два́дцать челове́к zwánzig Mann stark; по ~у́ чле́нов nach der Ánzahl der Mítglieder

числово́й Záhl(en)-; záhlenmäßig

чисти́лище *с* Fégefeuer *n* -s

чи́стильщик *м* Pútzer *m* (6); ~ сапо́г Stíefelputzer *m*

чи́стить **1.** pútzen *vt*, réinigen *vt*; säubern *vt*; bürsten *vt* (*щёткой*); schéuern *vt* (*посуду*); stríegeln *vt* (*лошадь*); políeren *vt* (*ножи*); ~ зу́бы die Zähne pútzen; ~ковёр пылесо́сом éinen Téppich ábsaugen [stáubsaugen]; ~ му́сорную я́му éine Müllgrube áusnehmen*; **2.** (*фрукты, овощи и т. п.— от кожуры*) schälen *vt*; (áb)péllen *vt*; ~ ры́бу éinen Fisch ábschuppen; **~ся** **1.** sich pútzen (lássen*); **2.** *страд.* gepútzt wérden (*ср.* чи́стить)

чи́стк||а *ж* **1.** Pútzen *n* -s, Réinigen *n* -s; Säuberung *f*; хими́ческая ~а chémische Réinigung; сро́чная ~а Schnéllreinigung *f*; отда́ть в ~у zum Réinigen gében*; réinigen lássen*; ~а ору́жия Wáffenreinigen *n* -s; **2.** (*фруктов, овощей и т. п.*) Schälen *n* -s; **3.** (*организаций*) Säuberung *f* (10)

чи́сто *нареч.* **1.** rein, sáuber; **2.** *в знач. сравн. союза* rein, ganz wie; ◇ ~-на́чисто blítzsauber

чистов||и́к *м разг.* Réinschrift *f* (10); **~о́й** **1.** Rein-; ins réine geschríeben; réinschriftlich; ~а́я тетра́дь Réinschriftheft *n* (2); ~о́й экземпля́р Réinschrift *f* (10); **2.** *тех.* Schlicht-; ~о́й прока́тный стан Féinstraße *f* (11), Féinwalzstraße *f*

чистога́н *м разг.* Bárgeld *n* (5); заплати́ть ~ом in bar [in bárem Gélde] bezáhlen

чистокро́вка *ж разг.* réinrassiges Tier

чистокро́вн||ый réinrassig, réinblütig; ~ая ло́шадь Vóllblutpferd *n* (2), Vóllblut *n* -(e)s, Vóllblüter *m* (6)

чистописа́ние *с* Schönschreiben *n* -s, Schönschrift *f*, Kalligraphíe *f*

чистопло́тн||ость *ж* **1.** Réinlichkeit *f*, Sáuberkeit *f*; **2.** (*порядочность*) Éhrlichkeit *f*, Ánständigkeit *f*; **~ый 1.** réinlich, sáuber; stúbenrein (*о животных*); **2.** (*порядочный*) éhrlich, ánständig

чистоплю́й *м разг.* **1.** péinlich sáuberer Mensch; **2.** (*белоручка*) Mensch, der schwére [schmútzige] Árbeit verábscheut; **~ство** *с разг.* Réinlichkeitsfimmel *m* -s

чистосерде́чн||ость *ж* Óffenherzigkeit *f*; Tréuherzigkeit *f*; **~ый** óffenherzig, áufrichtig, tréuherzig; ~ое призна́ние óffenes [rückhaltloses] Geständnis [Bekénntnis]

чистосо́ртный *с.-х.* sórtenrein, sórtenecht

чистот||а́ *ж* **1.** (*отсутствие грязи*) Réinlichkeit *f*, Sáuberkeit *f*; всё сверка́ло ~о́й álles war blítzsáuber; **2.** (*отсутствие примеси*) Réinheit *f*; ~а́ воды́ Réinheit des Wássers; **3.** (*намерений, побуждений*) Réinheit *f*, Rédlichkeit *f*; Klárheit *f* (*ясность*); **4.** (*тщательность*) Sórgfalt *f*; Genáuigkeit *f*; **5.** (*стиля*) Korréktheit *f*, Ríchtigkeit *f*

чистоте́л *м бот.* Wárzenkraut *n* -(e)s

чи́ст||ый 1. rein, sáuber, únbenutzt (*о белье, посуде*); ~ый плато́к ein únbenutztes [frísches] Táschentuch; ~ая страни́ца éine réine [únbeschriebene] Séite; ~ый бланк ein únausgefülltes Formulár; ~ое не́бо wólkenloser Hímmel; ~ая (магнитофо́нная) плёнка ein léeres [únbespieltes] Tónband; **2.** (*аккуратный*) réinlich; ~ая рабо́та sórgfältige [qualifizíerte] Árbeit; **3.** (*без примеси*) rein; ~ое вино́ réiner Wein; ~ые мета́ллы Réinstmetalle *pl*; ~ое зо́лото Réingold *n* (-e)s, púres Gold; ~ое серебро́ Réinsilber *n* -s; бриллиа́нт ~ой воды́ ein Brillant [brɪl'jant] von réinstem Wásser; ◇ ~ый вес Réingewicht *n* -(e)s, Néttogewicht *n*; ~ый го́лос réine [kláre] Stímme; ~ое произноше́ние réine [gúte] Áussprache; ~ый дохо́д Réingewinn *m* -(e)s; Réineinkünfte *pl*; ~ыми деньга́ми in bárem Gélde; на ~ом во́здухе an der fríschen Luft; принима́ть что-л. за ~ую моне́ту etw. für báre Münze [für bar, für báren Ernst] néhmen*; э́то ~ая пра́вда das ist die réine [réinste] Wáhrheit; в ~ом по́ле auf fréiem Félde; ~ая случа́йность der réin(st)e Zúfall

чита́емость *ж*: ~ кни́ги die Belíebtheit éines Búches

чита́льный Lése-; ~ зал Lésesaal *m* -(e)s, -säle

чита́льня *ж* Lésesaal *m* -(e)s, -säle, Léseraum *m* (1*) (*небольшая*)

чита́тель *м* Léser *m* (6); *собир.* чита́тели Léserschaft *f*, Lésepublikum *n* -s; **~ница** *ж* Léserin *f* (12); **~ский** Léser-; ~ский биле́т Lésekarte *f* (11)

чита́ть 1. lésen* *vt*, *vi*; ~ вслух laut lésen*; vórlesen* *vt* (кому́-л. *D*); ~ стихи́ Gedíchte vórtragen* [áufsagen, rezitíeren]; ~ запо́ем lésewütig sein; ~ по склада́м buchstabíeren *vt*; **2.** (*лекции*) lésen* *vt*; (áb)hálten* *vt*; ~ ле́кцию éine Vórlesung hálten*; ~ политэконо́мию Vórlesungen über polítische Ökonomíe hálten*, polítische Ökonomíe lésen*; ◇ ~ мы́сли Gedánken lésen* [erráten*]; **~ся 1.** sich lésen* (lássen*); кни́га легко́ чита́ется das Buch liest sich leicht; **2.** *страд.* (vór)gelésen wérden (*ср.* чита́ть)

чи́тка *ж* **1.** Lésen *n* -s; Vórlesen *n* (*вслух*); Verlésen *n* (*зачитывание*); **2.** *театр.* Léseprobe *f* (11), Róllenprobe *f*

чих *м* Níeser *m* (6)

чиха́нье *с* Níesen *n* -s; ◇ на вся́кое ~ не наздра́вствуешься *погов.* ≅ man kann es nie állen recht máchen

чиха́тельный Nies-, zum Níesen réizend; ~ таба́к Schnúpftabak *m* (1); ~ газ *хим.* Níesgas *n* (2)

чиха́ть, чихну́ть 1. níesen *vi*; **2.** *разг.* (*на кого-л., на что-л.*) nicht beáchten, sich hinwégsetzen (über *A*); мне чиха́ть на него́ ich pféife auf ihn

чичеро́не *м* Cicerone [*ит.* tʃitʃə'ro:nə] *m* -s, *pl* -s *u* -ni, Frémdenführer *m* (6)

чи́ще *сравн. ст. см.* чи́стый

член *м* **1.** (*часть тела*) Glied *n* (5); **2.** (*организации и т. п.*) Mítglied *n* (5); Téilnehmer *m* (*участник*); ~ па́ртии Partéimitglied *n*; ~ профсою́за Gewérkschaftsmitglied *n*; Gewérkschaftler *m* (6); ~ прези́диума Mítglied des Präsídiums; Vórstandsmitglied *n*; ~-корреспонде́нт korrespondíerendes Mítglied; ~ кружка́ Zírkelteilnehmer *m*; действи́тельный ~ órdentliches Mítglied; почётный ~ Éhrenmitglied *n*; коли́чество чле́нов Mítgliederstand *m* -(e)s; стать ~ом Mítglied wérden, die Mítgliedschaft erwérben*; **3.** *мат.* Glied *n* (5); ~ уравне́ния Glied éiner Gléichung; **4.** *грам.*: ~ предложе́ния Sátzglied *n* (5)

члене́ние *с* Glíederung *f* (10), Áufgliederung *f*

чле́ник *м зоол.* Ábschnitt *m* (1), Glied *n* (5)

членистоно́гие *сущ. мн. зоол.* Glíederfüß(l)er *pl*, Glíedertiere *pl*

члени́ть glíedern *vt*

членовреди́тельство *с* Verstümmelung *f* (10); Sélbstverstümmelung *f*

членоразде́льн||ость *ж* Artikulatión *f*; Déutlichkeit *f*; **~ый** déutlich; artikulíert; ~ая речь artikulíerte Réde

чле́н||ский Mítglieds-; ~ский биле́т Mítgliedskarte *f* (11), Mítgliedsbuch *n* (5); ~ский взнос Mítgliedsbeitrag *m* (1*); **~ство** *с* Mítgliedschaft *f*

чмо́кать, чмо́кнуть *разг.* **1.** schmátzen *vi*; schnálzen *vi*; **2.** (*целовать*) schmátzend küssen

чо́каться *см.* чо́кнуться

чо́кнутый *разг.*: он ~ in séinem Kopf ist éine Schráube los [lócker], er hat éinen Vógel

чо́кнуться ánstoßen* *vi* (за что-л. auf *A*); sich zúprosten; ~ стака́нами mit den Gläsern ánstoßen*

чо́порн||ость *ж* Prüderíe *f*, Gezíertheit *f*, Zímperlichkeit *f*; **~ый** prüde, gezíert, zímperlich, geschráubt; ~о держа́ться sich zíeren; zímperlich tun*

чо́хом *нареч. разг.* álles zusámmen

чрева́тый -drohend, -schwanger; ~ несча́стьями únheilschwanger, únheildrohend; ~ после́дствиями fólgenschwer

чре́во *с* Leib *m* (4), Mútterleib *m*

чревовеща́||ние *с* Báuchreden *n* -s, Báuchredekunst *f*; **~тель** *м* Báuchredner *m* (6)

чревоуго́д||ие *с* Verfréssenheit *f*; **~ник** *м* Víelfraß *m* (1); **~ница** *ж* Víelfraß *m* (1); **~ничать** dem Bauch fröhnen

чрез *см.* че́рез

чрезвыча́йн||о *нареч.* außerórdentlich, eminént; **~ый** außerórdentlich, Sónder-; ~ый посо́л bevóllmächtigter Bótschafter; ~ые полномо́чия außerórdentliche [besóndere] Befúgnisse; зако́н о предоставле́нии ~ых полномо́чий Ermächtigungsgesetz *n* -(e)s; ~ое происше́ствие besónderes Vórkommnis; ~ые ме́ры Sóndermaßnahmen *pl*; ввести́ ~ое положе́ние den Áusnahmezustand verhängen (где-л. über *A*); зако́н о ~ом положе́нии Nótstandsgesetz *n* (2)

чрезме́рн||ость *ж* Übermäßigkeit *f*, Übermaß *n* -es; **~ый** übermäßig, äußerst (groß)

чре́сла *мн. уст.* Lénden *pl*

чте́н||ие *с* Lésen *n* -s; Lektüre; *f* ~ие вслух Láutlesen *n*, láutes Lésen; Vórlesen *n* (*кому-л.*); ~ие про себя́ stúmmes [stílles] Lésen; обяза́тельное ~ие (*в школе*) Pflíchtlektüre *f*; ~ие ле́кций Ábhaltung éiner Vórlesung; во вре́мя ~ия ле́кции während der Vórlesung; объясни́тельное ~ие erläuternde Lektüre, erläuterndes Lésen; самостоя́тельное ~ие sélbständiges Lésen, sélbständige Lektüre; вырази́тельное ~ие Rezitatión *f*; во второ́м [тре́тьем] ~ии (*о законопроекте и т. п.*) in zwéiter [drítter] Lésung; педагоги́ческие ~ия pädagógische Konferénzen

чтец *м* Vórleser *m* (6); Rezitátor *m* -s, -tóren (*декламатор*)

чтить (ver)éhren *vt*, (hóch)áchten *vt*, (hóch)schätzen *vt*; ~ па́мять j-s in Éhren gedénken*; j-s Ándenken in Éhren hálten*

чти́ца *ж* Vórleserin *f* (12)

что I *мест.* **1.** (*в прямом и косвенном вопросе*) was; ~ вы говори́те? was ságen Sie?, wie méinen Sie?; ~ де́лать? was tun?; was ist zu máchen [zu tun]?; из чего́ woráus; за ~ wofür; к чему́ wozú; на ~worauf; о чём вы говори́те? wovón spréchen [réden] Sie?; о чём вы ду́маете? worán dénken Sie?; а ~ я говори́л? was hábe ich geságt?; я зна́ю, о чём вы ду́маете ich weiß, worán Sie dénken; **2.** *разг.* (*который, которая и т. д.*) der (*f* die, *n* das, *pl* die); was; кни́га, ~ лежи́т на столе́ das Buch, das auf dem Tisch liegt; кни́га, ~вы ви́дите на столе́ das Buch, das Sie auf dem Tisch séhen; то, ~ (das,) was; я ви́жу то, ~ лежи́т на столе́ ich séhe das, was auf dem Tisch liegt; я вам прочту́ то, ~ вы захоти́те ich wérde Íhnen (das) vórlesen, was Sie wóllen; **3.** (*почему*) warúm?, weshálb?, was?; ~ вы там ме́длите? weshálb zögern Sie?; ~вы там смеётесь? was habt ihr dort zu láchen?; **4.** (*при сравнении*) wie; глуп, ~ пень dumm wie Bóhnenstroh; челове́к без друзе́й, ~ де́рево без корне́й *посл.* ein Mensch óhne Fréunde ist wie ein Baum óhne Wúrzeln; ◇ ~ за was für; ~ за шум? was ist das für ein Lärm?; ~ за де́рзость! was für éine Fréchheit!; ~ (бы) ни... was auch (ímmer)...; ~ ни возьмёшь was man auch ímmer néhmen möge; álles, was man nimmt; ~ ни сло́во, то ложь jédes Wort éine Lüge; ~ бы ни случи́лось was auch ímmer geschéhen möge; ~ до меня́ was mich betrífft [ánbelangt]; с чего́ он э́то взял? wo hat er das her?, wie kommt er daráuf?; ну и ~ же! was ist denn dabéi!; не ста́вить ни во ~ geríngachten *отд.* *vt*, geríngschätzen *отд.* *vt*, mißáchten *vt*; ни за ~ um kéinen Preis; um nichts in der Welt; auf kéinen Fall!; ни за ~, ни про ~ mir nichts, dir nichts; für nichts und wíeder nichts; ну, ~ же! was ist denn dabéi!; ~ с ва́ми? was fehlt Íhnen?; ~ вы! was Sie nicht ságen!, wo dénken Sie hin?; чего́ там méinetwegen; ~ ему́ де́лается! *разг.* ≅ ihm geht nichts nahe!; ему́ хоть бы ~ *разг.* er macht sich gar nichts daráus; ~ и говори́ть óhne Fráge;

~ ли étwa, vielléicht; **пойти́ мне ~ ли туда́?** soll ich étwa híngehen?; **мне не́ на ~ купи́ть кни́гу** ich hábe kein Geld, das Buch zu káufen; **не́ за ~!** kéine Úrsache; **не́ к чему** (*предик.*) (es hat) kéinen Zweck, (es ist) nicht nötig; **ни к чему́** (*предик.*) (es ist) únnütz [überflüssig]; **он зна́ет ~ к чему́** er verstéht séine Sáche

что II *союз* daß (*передаётся тж. inf. с* zu — *при одном подлежащем в главном и придаточном предложении*); **я сча́стлив, ~ ви́жу вас** ich bin glücklich, Sie zu séhen; **говоря́т, ~...** man sagt, daß...

что́бы *союз* **1.** (*после глаголов, выражающих повеление, желание*) daß; (*передаётся тж. inf с* zu) **я приказа́л, ~ он пришёл** ich hábe ihm beföhlen zu kómmen; ich hábe beföhlen, daß er kómmen soll; **я хочу́, ~ вы э́то прочли́** ich will, daß Sie dies lésen; **~ э́того бо́льше не́ было!** daß (mir) das nicht mehr vórkommt!; **2.** (*для того, чтобы*) damít; um... zu (*при одном подлежащем в главном и придаточном предложении*); **~ вы не забы́ли** damít Sie nicht vergéssen; **я пришёл, ~ поговори́ть с ва́ми** ich bin gekómmen, um mit Íhnen zu spréchen; **для того́, ~ он э́то сде́лал** damít er dies tut; **вме́сто того́, ~** anstátt zu (+ *inf*)

что́-либо, что́-нибудь *мест.* étwas; írgend étwas; **~ подо́бное** so étwas; étwas Ähnliches

что́-то 1. *мест.* étwas; was (*разг.*); **тут ~ не так** hier ist étwas nicht in Órdnung; da stimmt was nicht; **2.** *нареч.* (*слегка*) ein wénig; leicht; étwas; **мне ~ нездоро́вится** ich fühle mich étwas únwohl; ich fühle ein léichtes Únwohlsein; **ты ~ невесёл** ich gláube, du bist tráurig; **3.** *нареч.* (*с оттенком сомнения*) ich gláube, mir scheint; **~ не по́мню** ich kann mich nicht recht entsínnen [erínnern]

чу *межд.* horch!

чуб *м* Schopf *m* (1*)

чуба́рый (*о масти*) gesprénkelt, gefléckt, getígert

чуба́тый mit éinem Schopf

чубу́к *м* (lánge) Tábakspfeife *f* (11)

чува́ш *м* Tschuwásche *m* (9); **~ка** *ж* Tschuwáschin *f* (12); **~ский** tschuwáschisch; **~ский язы́к** die tschuwáschische Spráche, das Tschuwáschische (*sub*)

чу́вственн||ость *ж* Sínnlichkeit *f*; **~ый** sínnlich; **~ое восприя́тие** Sínneswahrnehmung *f*

чувстви́тельн||ость *ж* **1.** (*ощутимость*) Empfíndlichkeit *f*; Fühlbarkeit *f*; **2.** (*впечатлительность*) Sensibilität *f*, Féinfühligkeit *f*; **3.** (*восприимчивость*) Empfíndsamkeit *f*, Sensitivität [-vi-] *f*, Empfíndungsfähigkeit *f*; **4.** (*сентиментальность*) Sentimentalität *f*; Gefühlsseligkeit *f*; Gefühlsduselei *f* (*разг.*); **~ый 1.** (*ощутимый, заметный*) empfíndlich, fühlbar, spürbar, mérklich; **~ое ме́сто** empfíndliche Stélle; *перен.* wúnder Punkt; **~ая утра́та** schwérer Verlúst; **2.** (*впечатлительный*) sensíbel, féinfühlig; gefühlvoll; **~ый челове́к** gefühlvoller Mensch; **3.** (*восприимчивый*) empfíndsam, sensitív; **4.** (*сентиментальный*) sentimentál; gefühlsselig, rührselig

чу́вств||о *с* **1.** Gefühl *n* -(e)s; Sinn *m* -(e)s; **о́рганы чувств** Sínnesorgane *pl*; **~о вку́са** Geschmácksinn *m*; **обма́н чувств** Sínnestäuschung *f*; **не владе́ть свои́ми ~ами** séiner fünf Sínne nicht mächtig sein; **2.** (*чего-л.*) Gefühl *n* (2); Empfíndung *f* (10); **~о жа́лости** Mítleid *n* -(e)s; Mítgefühl *n*; **~о со́бственного досто́инства** Sélbstbewußtsein *n* -s; **~о ме́ры** Maß *n* -es, Gefühl für das réchte Maß; **~о ю́мора** Sinn für Humór; **3.** (*сознание*) Sinn *m* (1); Besínnung *f* (10); **прийти́ в ~о** wíeder zu sich kómmen*; (wíeder) zur Besínnung kómmen*, die Besínnung wíeder erlángen; **без чувств** besínnungslos; **лиши́ться чувств** die Besínnung verlíeren*, in Óhnmacht fállen*, óhnmächtig wérden; **она́ лиши́лась чувств** ihr schwánden die Sínne; sie wúrde óhnmächtig; **~ова́ние** *с уст.* Gefühl *n* -(e)s

чу́вствовать fühlen *vt*; empfínden* *vt*, spüren *vt* (*ощущать*); **~ ра́дость** Fréude empfínden*, sich fréuen; **~ свою́ вину́** séine Schuld fühlen, sich schúldig fühlen; **~ себя́ больны́м** sich krank fühlen; **~ жа́лость** Mítleid empfínden* (**к кому́-л.** für *A*); **~ жа́жду** Durst spüren; **~ся** zu fühlen [zu mérken, zu spüren] sein, sich fühlbar máchen; **чу́вствуется, что...** man fühlt [es ist fühlbar], daß...; **чу́вствуется прохла́да** die Frísche macht sich bemérkbar

чугу́н *м* **1.** Gúßeisen *n* -s; Róheisen *n*; **ко́вкий ~** schmíedbares Gúßeisen; **зерка́льный ~** Spíegeleisen *n*; **се́рый ~** Gráuguß *m* -sses; **2.** (*утварь*) gúßeiserner Topf, gúßeisernes Geschírr; **~ный** gúßeisern

чугунолите́йный: ~ заво́д Éisengießerei *f* (10)

чуда́к *м* Sónderling *m* (1), (kómischer) Kauz *m* (1*), verschróbener Kerl; **~ова́тый** sónderbar, verschróben, úlkig, wúnderlich

чуда́ч||ество *с* Absónderlichkeit *f* (10); **~ка** *ж* verschróbene Persón

чуде́сник *м разг.* Wúndertäter *m* (6), Záuberer *m* (6)

чуде́сный 1. (*волшебный*) Wúnder-, wúnderbar; **2.** *см.* **чу́дный**

чуди́ть *разг.* sich wúnderlich benéhmen*, Schrúllen háben; den Sónderling spíelen

чу́ди||ться *разг.* schéinen* *vi*; vórkommen* *vi* (s); **мне ~тся** mir scheint

чу́дище *с разг. см.* **чудо́вище**

чудн||о́ *нареч. разг.* wúnderlich, ábsonderlich; kómisch, lächerlich (*смешно*); **~о́й** *разг.* wúnderlich, ábsonderlich; kómisch, lächerlich (*смешной*)

чу́дный wúndervoll; áusgezeichnet (*превосходный*); hérrlich, wúnderschön, entzückend (*прекрасный*)

чу́д||о *с* **1.** Wúnder *n* (6); **страна́ ~е́с** Wúnderland *n* (5); **~о из ~е́с** der Wúnder höchstes; **э́то де́лает ~еса́** das wirkt Wúnder; **каза́ться ~ом** wie ein Wúnder ánmuten; **э́то настоя́щее ~о** das ist das réinste Wúnder; **чудеса́ быва́ют и в на́ше вре́мя** *ирон.* es geschéhen noch Zéichen und Wúnder; **насмотре́ться [наслы́шаться] ~е́с** sein bláues Wúnder erlében; **2.** (*нечто восхитительное*) Wúnder *n* (6); Wúnderding *n* (2), Wúnderwerk *n* (2); ◇ **экономи́ческое ~о** Wírtschaftswunder *n*; **~о приро́ды** Natúrwunder *n*; **~о-ю́до** *фольк.* märchenhaftes Úngeheuer

чудо́вищ||е *с* Úntier *n* (2); Schéusal *n* (2), Úngeheuer *n* (6); Únmensch *m* (8); **~ность** *ж* Úngeheuerlichkeit *f*; **~ный** úngeheuer(lich)

чудоде́й *м разг.* Wúndertäter *m* (6); **~ственный** wúndertätig

чу́дом *нареч.* (wie) durch ein Wúnder; **он уцеле́л ~** wie durch ein Wúnder blieb er únversehrt [únverletzt]

чужа́к *м* Frémdling *m* (1), Frémde *m* (14); Áußenseiter *m* (6)

чужби́н||а *ж* Frémde *f*; **на ~е** in der Frémde

чужда́ться sich entférnt [ábseits] hálten*, sich férnhalten* (**кого́-л.** *D*); schéuen *vt*; méiden* *vt*; aus dem Wége géhen* (**кого́-л.** *D*) (*избегать*)

чу́ждый 1. (*непричастный*) fern (**чему́-л.** *D*); **он чужд интри́г** (álle) Intrígen líegen ihm fern; **э́то мне чу́ждо** das liegt mir fern; **~ жи́зни** lébensfremd; **челове́к, ~ ре́вности** ein von Éifersucht fréier Mensch; ein Mensch, der keine Éifersucht kennt; **2.** (*чужой*) fremd; frémdartig; **~ наро́ду** vólksfremd

чужезе́м||ец *м уст.* Frémdling *m* (1); Áusländer *m* (*иностранец*); **~ка** *ж уст.* Áusländerin *f* (*иностранка*); **~ный** *уст.* frémdländisch; áusländisch (*заграничный*)

чужеро́дный ártfremd; Fremd-

чужестра́н||ец *м см.* **чужезе́мец**; **~ка** *ж см.* **чужезе́мка**

чужея́дный *бот.* parasitär

чуж||о́й 1. (*принадлежащий другим*) fremd; **на ~о́й счёт** auf Kósten ánderer; auf frémde Kósten; **назва́ться ~и́м и́менем** éinen frémden Námen ánnehmen*; **под ~и́м и́менем** únter fálschem Námen; únter éinem Décknamen **2.** (*посторонний*) fremd; **~и́е края́** Frémde *f*; **он у себя́ до́ма как ~о́й** er benímmt sich wie sein éigener Gast; **в ~и́е ру́ки** in frémde Hände; ◇ **~и́ми рука́ми жар загреба́ть** *погов.* ≅ sich (*D*) die Kastáni|en aus dem Féuer hólen lássen*; **с ~и́х слов** wie man erzählt; wie ich's gehört hábe; vom Hörensagen

чуко́тский Tschúktschen-

чу́кча *м, ж* Tschúktsche *m, f* (14)

чукча́нка *ж* Tschúktschin *f* (12)

чула́н *м* Kámmer *f* (11); Rúmpelkammer *f*, Ábstellkammer *f* (*для вещей*); Vórratskammer *f* (*для продуктов*)

чул||о́к *м* Strumpf *m* (1*); **шерстяны́е ~ки́** Wóllstrümpfe *pl*, wóllene Strümpfe; **~ки́ без шва** náhtlose Strümpfe; **~ки́ со стре́лкой** Zwíckelstrümpfe; ◇ **си́ний ~о́к** Bláustrumpf *m*

чуло́чн||ик *м* Strúmpfwirker *m* (6); **~ица** *ж* Strúmpfwirkerin *f* (12); **~ый** Strúmpf(waren)-; **~ая фа́брика** Strúmpffabrik *f* (10)

чум *м* Nomádenzelt *n* (2)

чума́ *ж* Pest *f*; **~ рога́того скота́** Rínderpest *f*; **бубо́нная ~** Béulenpest *f*

чума́зый *разг.* schmíerig, schmútzig

чума́к *м уст.* Fráchtfuhrmann *m* (4) (*pl тж.* -leute)

чуми́за *ж с.-х.* Kólbenhirse *f*

чуми́чка *ж разг.* (*замарашка*) Schmíerfink *m* (1), Schmútzliese *f* (11)

чумн||о́й 1. Pest-; verséuchend; **~о́е пятно́** Péstfleck *m* (1); **2.** (*поражённый чумой*) verpéstet

чур *межд. разг.* halt!, nicht wéiter!; **~ меня́!** (*в игре*) nicht ánrühren!; **~ молча́ть!** daß du áber schweigst!

чура́ться *разг.* méiden* *vt*, schéuen *vt*; aus dem Wége géhen* (**кого́-л.** *D*)

чурба́н *м* **1.** Klotz *m* (1*); Hólzblock (1*); **2.** *бран.* Dúmmkopf *m* (1*), Tölpel *m* (6)

чу́рка *ж* Klötzchen *n* (7); kléiner Block

чу́тк||ий 1. (*о слухе*) scharf; héllhörig (*с острым, тонким слухом*); **~ий сон** léiser Schlaf; **~ая соба́ка** ein wáchsamer Hund; **~ий слух** schárfes Gehör; **~о прислу́шиваться** scharf hínhören; **2.** (*отзывчивый*) zártfühlend, féinfühlig, téilnahmsvoll; **~о относи́ться к кому́-л.** j-n mit Zártgefühl behándeln; áufmerksam gégen j-n sein; **~ость**

ж **1.** Schärfe *f* (der Sínne), Héllhörigkeit *f* (*слуха*); Spürsinn *m* -(e)s (*чутьё*); **2.** (*отзывчивость*) Zártgefühl *n* -(e)s, Féingefühl *n*, Féinfühligkeit *f*; Éinfühlungsvermögen *n* -s; Táktgefühl *n*

чу́точ||ка *разг.*: **ни ~ки** kein bíßchen; kéine Spur; **~ку** *нареч. разг.* ein (klein) wénig, ein (klein) bíßchen; éine Kléinigkeit

чуть *нареч.* **1.** (*немного, едва*) kaum; ein wénig, ein bíßchen; он ~ ды́шит er átmet kaum; ~ не (+*глагол*) fast, béinahe; bald (+ *conj*); ~ заме́тная улы́бка ein kaum mérkliches Lächeln; я ~ не упа́л ich wäre bald [béinahe, fast] gefállen; es féhlte nicht viel, so wäre ich gefállen; ~-~ ein klein wénig, nur ganz wénig; **2.**: ~ то́лько kaum, (sogléich) nachdém; ~ **то́лько он вошёл** kaum war er éingetreten; ◇ ~ свет (*рано утром*) im Mórgengrauen; bei Tágesanbruch; ~ что bei dem geríngsten Ánlaß; ~-~ **не счита́ется** *шутл.* ≅ béinahe bringt kéine Mücke um

чутьё *с* **1.** (*у животных*) Spürsinn *m* -(e)s, Wítterung *f*; **2.** *перен.* Gefühl *n* -(e)s; Féingefühl *n*, Fíngerspitzengefühl *n*; Instínkt *m* -(e)s (*инстинкт*); Riecher *m* (6) (*разг.*); языково́е ~ Sprächgefühl *n*

чу́чело *с* **1.** Balg *m* (1*); áusgestopftes Tier; **2.** (*в огороде*) Vógelscheuche *f* (11); соло́менное ~ Stróhmann *m* (4); ◇ ~ горо́ховое Schréckgespenst *n* (5), Popánz *m* (1)

чу́шка *ж* **1.** *разг.* júnges Schwein, Férkel *n* (6); **2.** *тех.* Bárren *m* (7)

чушь *ж* Únsinn *m* -(e)s, dúmmes Zeug, Quark *m* -(e)s, Quatsch *m* -es

чу́ять 1. (*о животных*) wíttern *vt*; ríechen* *vt*; **2.** *разг.* (*чувствовать*) spüren *vt*; empfínden* *vt*; чу́ет моё се́рдце ich fühle, ich hábe das Vórgefühl, mir schwant (étwas)

чьё *с*, **чьи** *мн.*, **чья** *ж см.* чей

Ш

ша́баш *м рел.* Sábbat *m* (1); ◇ ~ ведьм Héxensabbat *m*

шаба́ш *разг.* **1.** *уст.* Féierabend *m* (1); Rúhepause *f* (11); **2.** *предик.* básta!, genúg damít!; **~ить** *разг.* Féierabend máchen

ша́бер *м* Schåber *m* (6), Krátze *f*, (11), Krátzeisen *n* (7)

шабло́н *м* **1.** Schablóne *f* (11), Léhre *f* (11), Modéll *n* (2); Múster *n* (6); **2.** *перен.* Schéma *n* -s, *pl* -s *u* -ta; **~ность** Schablónenhaftigkeit *f*, Schablónenmäßigkeit *f*; Ábgeschmacktheit *f*, Ábgedroschenheit *f*; **~ный** schablónenhaft, schablónenmäßig; Schablónen-; *перен.* ábgeschmackt (*безвкусный*); ábgedroschen (*избитый*)

ша́брить *тех.* schåben *vt*, tuschíeren *vt*

ша́вка *ж разг.* Kläffer *m* (6), Köter *m* (6)

шаг *м* **1.** Schritt *m* (1); Gang *m* -(e)s (*походка*); бе́глый ~ *воен.* Láufschritt *m*; пара́дный ~ *воен.* Stéchschritt *m*; похо́дный ~ *воен.* Márschschritt *m*; ~ в но́гу Gléichschritt *m*; приба́вить ~у, уско́рить ~ éinen Schritt zúlegen, die Schrítte beschléunigen; заме́длить ~и́ die Schrítte verhálten*; ~ом (*ехать и т. п.*) im Schritt; бы́стрым ~ом mit **schnéllen Schrítten**; ни ~у да́льше! **kéinen Schritt wéiter!**; напра́вить свои́ ~и́ séine Schrítte lénken; больши́ми ~а́ми mit größen [lángen] Schrítten; сби́ться с ~а aus dem Schritt geráten*; **2.** *спорт.*: гига́нтские ~и́ Rúndlauf *m* (1*); **3.** *тех.*: ~ резьбы́ Gewíndesteigung *f*; Gewíndeteilung *f*; ~ винта́ Schráubensteigung *f*; ~ заклёпочного шва Níetteilung *f*; ◇ не отступа́ть ни на ~ kéinen Fúßbreit náchgeben* [wéichen*]; в двух ~а́х отсю́да éinen Kátzensprung von hier entférnt; не отходи́ть ни на оди́н ~ от кого́-л. j-m auf Schritt und Tritt fólgen, kéinen Schritt von j-s Séite wéichen*; на ка́ждом ~у́ auf Schritt und Tritt; ~ за ~ом Schritt für Schritt; schríttweise; гига́нтскими ~а́ми mit Ríesenschritten, mit Síebenmeilenstiefeln; сде́лать пе́рвый ~ (*к примирению и т. п.*) den érsten Schritt tun*; сде́лать реши́тельный ~ éinen entschéidenden Schritt tun*; предприня́ть ~и́ Schrítte unternéhmen* [éinleiten]; дипломати́ческий ~ ein diplomátischer Schritt; Demárche [-ʃə] *f* (11); ~и́, напра́вленные на разря́дку Schrítte zur Entspánnung; ло́жный ~ Féhltritt *m* (1); ло́вкий ~ ein klúger Schácházug; пе́рвые ~и́ die érsten Schrítte; Debüt *n* -s, -s

шага́ть schréiten* *vi* (s); géhen* *vi* (s); ме́рно ~ gemésssen schréiten*; ~ **в но́гу** im gléichen Schritt **géhen***; ~ че́рез что-л. etw. überschréiten*; бо́дро ~ wácker [tüchtig] áusschreiten*

шага́ющ||ий schréitend, Schréit-; ~ий экскава́тор Schréitbagger *m* (6)

шаги́стика *ж пренебр.* militärischer Drill

шагну́ть éinen Schritt máchen; ◇ далеко́ ~ gróße Fórtschritte máchen; ша́гу ~ нельзя́ kéinerlei Hándlungsfreiheit háben

ша́гом *нареч.* schríttweise; продвига́ться ~ schríttweise vórwärtskommen*; ~! *воен.* im Schritt!

шагоме́р *м* **1.** Schríttzähler *m* (6); **2.** (*для резьбы*) Stéigungsprüfer *m* (6)

шагре́нев||ый Chagrin- [*фр.* ʃaˈgrɛ̃]; ~ая ко́жа Chagrinleder *n* -s

шагре́нь *ж* Chagrin [*фр.* ʃaˈgrɛ̃] *n* -s; Chagrinleder *n* -s, Nárbenleder *n*

шаж||ко́м *нареч.* schrítt(chen)weise, in kléinen Schrítten; **~о́к** *м уменьш.* Schríttchen *n* (7); kléiner Schritt

ша́йба *ж* **1.** *тех.* Schéibe *f* (11); **2.** *спорт.* Schéibe *f* (11), Puck [*англ. тж.* pʌk] *m* =, -s

ша́йка I *ж* (*людей*) Bánde *f* (11); Rótte *f* (11)

ша́йка II *ж* (*для воды*) Kübel *m* (6)

шайта́н *м* Sátan *m* (1), Téufel *m* (6)

шака́л *с* Schákal *m* -s, -kále

шала́нда *ж* **1.** *мор.* (*баржа*) Prahm *m* (1); **2.** (*рыболовная лодка*) fláches Físcherboot

шала́ш *м* Láubhütte *f* (11), Hütte *f*

ша́левый Schal-; ~ воротни́к Schálkragen *m* (7)

шале́ть *разг.* den Kopf verlíeren*; wie toll wérden

шал||и́ть 1. (*баловаться*) tólle Stréiche verüben, viel Únfug máchen; Mútwillen tréiben*; únartig [áusgelassen] sein; не ~и́! sei ártig!; **2.** (*функционировать неправильно*) nicht ríchtig funktioníeren; здоро́вье ~и́т die Gesúndheit läßt zu wünschen übrig; часы́ ~я́т die Uhr hat Múcken; **3.**: здесь ~я́т (*грабят*) *разг.* hier ist es nicht geheúer; hier kómmen Überfälle vor, hier tréiben Räuber ihr Únwesen; ◇ конь ~и́т das Pferd bäumt sich [steigt, bockt]; ~и́шь! (*как бы не так*) *разг.* das hätte noch geféhlt!

шаловли́в||ость *ж* Mútwille *m* (15); Áusgelassenheit *f*; **~ый** mútwillig; áusgelassen; **néckisch** (*задорный*)

шалопа́й *м разг.* Táugenichts *m* (1) (*G тж.* =), Fáulenzer *m* (6); Búmmler *m* (6); **~ничать** *разг.* **fáulenzen** *vi*; müßiggehen*, búmmeln *vi*

ша́лость *ж* Streich *m* (1); Únart *f* (10); Schelmeréi *f* (10)

шалу́н *м* Wíldfang *m* (1*), Schelm *m* (1), Schalk *m* (1, 1*); mútwilliges [áusgelassenes] Kind (*о ребёнке*); **~и́шка** *м ласк. разг.* Schelm *m* (1), Schalk *m* (1, 1*)

шалу́нья *ж* Schélmin *f* (12), Schelm *m* (1), Schalk *m* (1, 1*)

шалфе́й *м бот.* Sálbei *m* -s

ша́лый *разг. см.* шально́й

шаль *ж* Úmschlagtuch *n* (5); Schálkragen *m* (7) (*воротник*)

шальн||о́й toll, wild; únsinnig; ◇ **~а́я** пу́ля verírrte Kúgel, Zúfalls;treffer *m* (6); ~ы́е де́ньги *неодобр.* óhne Mühe erwórbenes Geld; ~а́я голова́ Tóllkopf *m* (1*)

шама́н *м* Schamáne *m* (9), Medizínmann (4); **~ство** *с* Schamánentum *n* -s

ша́мать *разг.* éssen* *vt*

ша́мк||анье *с* záhnloses Gemúrmel; **~ать** (mit záhnlosem Múnde) múrmeln *vi*, núscheln *vt*, úndeutlich spréchen*

шамо́т *м тех.* Schamótte *f* (11); **~овый** *тех.* Schamótte-; ~овый кирпи́ч, Schamótteziegel *m* (6); ~овый раство́р Schamóttemörtel *m* -s

шампа́нское *с* Sekt *m* (1), Champagner [*фр.* ʃamˈpanjər] *m* (6), Champagnerwein *m* (1), Schäumwein *m*; Schámpus *m* = (*разг. австр.*); заморо́женное ~ káltgestellter Sekt [Champagner]

шампиньо́н *м* (*гриб*) Champignon [ˈʃampinjɔŋ] *m* -s, -s

шампу́н||ь *м* Schampún *n* -s, Schampoo [ʃæmˈpuː] *n* -s; Háarwaschmittel *n* (6); мыть го́лову ~ем das Haar schampuníeren

ша́нец *м воен. ист.* Schánze *f* (11), Verschánzung *f* (10)

шанкр *м мед.* Schánker *m* (6)

шанс *м* Chance [ˈʃaŋsə] *f* (11), Áussicht *f* (10) (auf Erfólg); Möglichkeit *f*; ~ вы́играть Gewínnmöglichkeit *f* (10), Gewínnchance *f*; име́ть все ~ы die bésten Chancen háben; не име́ть никаки́х ~ов kéine Chancen [Áussichten] háben; áussichtslos sein (*быть бесперспективным*)

шансоне́тка *ж* **1.** (*песня*) Líedchen *n* (7), Schláger *m* (6); **2.** (*певица*) Chansonétte *f* (11), Schlágersängerin *f* (12)

шанта́ж *м* Erpréssung *f* (10); **~и́ровать** erpréssen *vt*; **~и́ст** *м* Erprésser *m* (6); Hóchstapler *m* (6) (*авантюрист*)

шантрапа́ *ж собир. груб.* Pack *n* -(e)s; Gesíndel *n* -s; Kréthi und Pléthi

ша́нцевый *воен.* Schanz-; ~ инструме́нт Schánzzeug *m* -(e)s, Schánzgerät *n* (2)

шапиро́граф *м* Vervíelfältigungsapparat *m* (1), Ábziehapparat *m*

шапито́ *с* **1.** (*палатка*) Wánderzirkuszelt *n* (2); **2.** (*передвижной цирк*) Wánderzirkus *m* =, -se

ша́пк||а *ж* **1.** Mütze *f* (11); Káppe *f* (11); мехова́я ~а Pélzmütze *f*; без ~и bárhäuptig; ~а воло́с Háarwald *m* -(e)s; díchtes Haar; ~а облако́в Nébelkappe *f*, Nébelhaube *f* (11); ~а цвето́в Blütenball *m* (1*); **2.** (*заголовок*) Zéitungskopf *m* (1*) (*газеты*); Fílmtitel *m* (6), Vórspann *m* (1) (*фильма*); ◇ ~а-невиди́мка (*в сказке*) Tárnkappe *f*;

ломáть ~у пéред кем-л. *разг.* j-m únterwürfig [úntertänig] sein; vor j-m kríechen*; получи́ть по ~е *разг.* eins auf den Déckel [auf die Náse] kríegen; на вóре ~а гори́т *погов.* ≅ das böse Gewíssen [der Schúldige] verrät sich selbst; по Сéньке и ~а ≅ mehr hat er [sie *u m. д.*] auch nicht verdíent!

шапокля́к *м разг.* Klápphut *m* (1*)

шáпоч||ка *ж уменьш.* Mützchen *n* (7); ◇ Крáсная Шáпочка (*персонаж в сказке*) Rótkäppchen *n*; **~ник** *м* Mützenmacher *m* (6); **~ный** Mützen-; ◇ прийти́ к ~ному разбóру kurz vor Tórschluß kómmen*; имéть ~ное знакóмство с кем-л. mit j-m auf dem Grúßfuß stéhen*, sich mit j-m grüßen

шар *м* Kúgel *f* (11); Ball *m* (1*); Ballon [-'lɔŋ] *m* (1); билья́рдный ~ Bíllardkugel ['bɪljart-] *f*; ~-зонд Sondíerballon *m*; земнóй ~ Érdball *m*; воздýшный ~ Lúftballon *m*; зáпуск (воздýшного) ~а das Áuflassen éines Ballons; ~ пýщен с э́той террито́рии der Ballon wúrde von díesem Gebíet aus gestártet [áufgelassen]; ◇ прóбный ~ Versúchsballon *m*; хоть ~óм покати́ *разг.* leer, wie áusgekehrt, wie áusgefegt

шарабáн *м* Krémser *m* (6)

шарáда *ж* Sílbenrätsel *n* (6)

шарáхаться, шарáхнуться *разг.* zurückfahren* *vi* (s), zurückschaudern *vi* (s); zurückschrecken* *vt* (s); schéuen *vi*, scheu wérden (*о лошади*)

шарж *м* Karikatúr *f* (10); Grotéske *f* (11); **~и́ровать** karikíeren *vt*; übertréiben* *vt*; grotésk náchahmen

шáрик *м* Kügelchen *n* (7), Kúgel *f* (11); крáсные [бéлые] кровяны́е ~и *физиол.* róte [wéiße] Blútkörperchen, **~овый** Kúgel-; ~овый подши́пник *см.* шарикоподши́пник; ~овая рýчка Kúgelschreiber *m* (6)

шарикоподши́пник *м тех.* Kúgellager *n* (6)

шáрить tástend súchen, durchstöbern *vt*

шáрк||анье *с* Schárren *n* -s, Geschár-r(e) *n* -(e)s; Schlúrfen *n* -s; **~ать, ~нуть** schárren *vi*; ~ать ногáми schlúrfen *vi*; ~ать тýфлями mit den Pantóffeln schláppen, látschig géhen*; ~нуть нóжкой éinen Krátzfuß máchen

шаркýн *м разг.* Hóhlkopf *m* mit glänzendem Äußeren

шарлатáн *м* Schárlatan *m* (1); Betrüger *m* (6); Márktschreier *m* (6); Hóchstapler *m* (6) (*авантюрист*); Quácksalber *m* (6), Kúrpfuscher *m* (6) (*о знахаре*); **~ство** *с* Scharlataneríe *f* (10); Márktschreierei *f* (10); Hóchstapelei *f* (10) (*авантюризм*); Kúrpfuscherei *f* (10), Quácksalberei *f* (10) (*знахарство*)

шарлóтка *ж кул.* gebáckener Zwíeback mit Äpfeln

шарм *м* Scharm *m* -s

шармáн||ка *ж* Léierkasten *m* (7); Dréhorgel *f* (11) (*книжн.*); игрáть на ~ке die Dréhorgel spíelen; ◇ завести́ ~ку die álte Léier ánfangen*; **~щик** *м* Léierkastenmann *m* (4); Dréheorgelspieler *m* (6) (*книжн.*)

шарни́р *м* Gelénk *n* (2); Scharníer *n* (2); на ~ах gelénkig

шаровáры *мн.* Púmphosen *pl*, Plúderhosen *pl*

шарови́дн||ость *ж* Kúgelförmigkeit *f*; **~ый** kúgelig, kúgelförmig; Kúgel-; ~ая мóлния Kúgelblitz *m* (1)

шаровóй Kúgel-; kúgelförmig; ~ сегмéнт *мат.* Kúgelabschnitt *m* (1), Kúgelkappe *f* (11), Kalótte *f* (11); ~ клáпан *тех.* Kúgelventil [-vən-] *n* (2); **шаровáя** мóлния Kúgelblitz *m* (1)

шарообрáзный kúgelartig, kúgelförmig

шар-пилóт *м* Pilótballon [-,lɔŋ] *m* (1)

шарф *м* Schal *m* (1) (*pl тж.* -s); Schärpe *f* (11) (*перевязь*); вя́заный ~ Stríckschal *m*

шасси́ *с авто, ав.* Chassis [*фр.* ʃa'si:] *n* = [ʃa'si:s], = [ʃa'si:s], Fáhrgestell *n* (2), Gestéll *n*; Úntergestell *n*; лы́жное ~ Kúfengestell *n*; убирáющееся ~ éinziehbares [éinfahrbares] Fáhrwerk [Fáhrgestell]; Éinziehfahrwerk *n* (2); амортизáтор ~ Fáhrgestellfederung *f*

шатáние *с* **1.** (*качание*) Scháukeln *n* -s; Schwánken *n* -s, Táumeln *n* -s; **2.** *разг.* (*ходьба без цели*) Herúmtreiben *n* -s; Herúmstrolchen *n* -s; **3.** (*колебания, неустойчивость*) Schwánken *n* -s; Únschlüssigkeit *f*, Záudern *n* -s

шатáть schütteln *vt*, rütteln *vt* (*трясти*); scháukeln *vt* (*качать*); **~ся 1.** wánken *vi*, schwíngen* *vi*, wáckeln *vi* (*тж. перен.*); kíppeln *vi* (*о столе и т. п.*); táumeln *vi* (h, s) (*нетвёрдо держаться на ногах*); tórkeln *vi* (*о пьяном*); зуб шатáется der Zahn wáckelt; **2.** *разг.* (*слоняться*) sich herúmtreiben*; schléndern *vi*; müßig géhen*; ~ся без дéла búmmeln *vi*; die Zeit vergéuden; die Táge stéhlen*

шатéн *м*, **~ка** *ж* Bráunhaarige *m*, *f* (14); он ~ er hat bráunes Haar

шатёр *м* **1.** (*палатка*) Zelt *n* (2); **2.** *архит.* áchteckiger kégelförmiger Turm

шáтия *ж груб.* Bánde *f* (11), Rótte *f* (11), Rásselbande *f*, Pack *n* -(e)s

шáтк||ий 1. wáckelig, schwánkend; kíppelig (*о столе и т. п.*); únsicher (*о походке*); **2.** (*переменчивый, ненадёжный*) wánkelmütig, únbeständig, veränderlich, únsicher; ~ое здорóвье schwáche Gesúndheit; ~ая морáль gelóckerte Morál(begriffe); ◇ ни ~о, ни вáлко sosó lalá, éinigermáßen; **~ость** *ж* (*переменчивость, ненадёжность*) Únbeständigkeit *f*, Únsicherheit *f*

шатрóв||ый Zelt-; ~ая кры́ша Kégeldach *n* (5)

шатýн *м тех.* Tríebstange *f* (11), Schúbstange *f*, Pléuelstange *f*

шáфер *м* Bráutführer *m* (6)

шафрáн *м* **1.** (*цветок*) Krókus *m* -ses, -se; **2.** (*пряность*) Sáfran *m* -s; **~ный** Sáfran-; ~ного цвéта sáfrangelb

шах I *м* (*титул*) Schah *m* -s, -s

шах II *м* Schach *n* -(e)s; объяви́ть ~ королю́ dem König Schach bíeten*; ~ и мат Schach und matt, scháchmátt

шахи́ня *ж* Káiserin *f* (12) von Irán, Gáttin des Schahs

шахмати́ст *м* Scháchspieler *m* (6)

шáхматн||ый Schach-; ~ая игрá Scháchspiel *n* -(e)s; ~ый турни́р Scháchwettkampf *m* (1*); ~ая олимпиáда Scháсholympiade *f* (11); ~ая доскá Scháchbrett *n* (5); ~ый ход Scháchzug *m* (1*); в ~ом поря́дке scháchbrettförmig

шáхматы *мн.* Schach *n* -(e)s, Scháchspiel *n* -(e)s; игрáть в ~ Schach spíelen; сеáнс одновремéнной игры́ в ~ Simultán-Scháchpartie *f* (11)

шáхта *ж* Grúbe *f* (11); Schacht *m* (1*); каменноугóльная ~ Kóhlengrube *f*, Stéinkohlengrube *f*

шахтёр *м* Grúbenarbeiter *m* (6); Kúmpel *m* (6); Bérgmann *m* -(e)s, -leute; День ~а der Tag des Bérgmanns; **~ка** *ж* **1.** (*жена шахтёра*) Bérgarbeiterfrau *f* (10); **2.** (*рабочий костюм*) Bérgarbeiterkittel *m* (6)

шáхтн||ый Grúben-, Schacht-; **~ая** печь *тех.* Scháchtofen *m* (7*); ~ая подъёмная маши́на Grúbenaufzug *m* (1*)

шáшечн||ица *ж* Dámebrett *n* (5); Dámbrett *n* (*австр.*); **~ый** Dáme-; Dam- (*австр.*); ~ая доскá Dámebrett *n* (5); Dámbrett *n* (5) (*австр.*)

шаши́ст *м* Dámespieler *m* (6)

шáшка I *ж* (*оружие*) Säbel *m* (6)

шáшка II *ж* **1.** (*в игре*) Dámestein *m* (1); Dámstein *m* (*австр.*); **2.** *мн.* (*игра*) Dámespiel *n* -(e)s; Dámspiel *n* (*австр.*), Bréttspiel *n*; **3.** *воен.*: подрывнáя ~ Spréngkörper *m* (6); дымовáя ~ Nébelkörper *m*, Ráuchkörper *m*; пироксили́новая ~ Pyroxilínsprengkörper *m*; **4.** (*для мощения дорог*) Pflásterwürfel *m* (6)

шашлы́к *м кул.* Scháschlyk *m* -s, -s

шáшни *мн. разг.* Intrígen *pl*, Ränke *pl*; Geplänkel *n* (6), Téchtelmechtel *n* (6) (*любовные*)

шваб *м* Schwábe *m* (9); **~ка** *ж* Schwäbin *f* (12)

швáбра *ж* Schrúbber *m* (6) (*для мытья палубы*)

швáбский schwäbisch

шваль *ж груб.* Gesíndel *n* -s Lúmpenpack *n* -(e)s

швартóв *м мор.* Féstmacheleine *f* (11); Háltetau *n* (2); отдáть ~ы! (*команда*) Léinen los!; **~áть** vertäuen *vt*, verhólen *vt*, féstmachen *vt*

швед *м* Schwéde *m* (9); **~ка** *ж* Schwédin *f* (12); **~ский** schwédisch; ~ский язы́к die schwédische Spráche, das Schwédische (*sub*); ◇ ~ская скамéйка *спорт.* Schwédenbank *f* (3), Lángbank *f*; ~ская стéнка *спорт.* Spróssenwand *f* (3)

швéйн||ик *м* Konfektiónsarbeiter *m* (6); **~ый** Näh-; Konfektións-, Bekléidungs- (*о промышленности*); ~ая маши́на Nähmaschine *f* (11); нóжная ~ая маши́на Nähmaschine mit Fußbedienung; ~ая иглá Nähnadel *f* (11); ~ая мастерскáя Schnéiderwerkstatt *f*, *pl* -stätten; ~ая фáбрика Bekléidungswerk *n* (2); ~ая промы́шленность Konfektiónsindustrie *f*, Bekleidungsindustrie *f*

швейцáр *м* Portier [-'tje:] *m* -s, -s, Pförtner *m* (6)

швейцáр||ец *м* Schwéizer *m* (6); **~ка** *ж* Schwéizerin *f* (12)

швейцáрская *сущ. ж* (*комната*) Portierstube [-'tje:-] *f* (11), Pfórtnerloge [-ʒə] *f* (11)

швейцáрский I (*относящийся к Швейцарии*) Schwéizer *inv*, schwéizerisch

швейцáрский II (*относящийся к швейцару*) Portiers- [-'tje:s], Pförtner-

швéллер *м тех.* U-Stahl *m* (1, 1*); U-Träger *m* (6)

швея́ *ж* Näherin *f* (12)

швырковы́й: ~ые дровá Brénnholz *n* -es (in kúrzen Schéiten)

швырнýть *см.* швыря́ть 1

швыря́ние *с* **1.** (*бросание*) Schléudern *n* -s, Wérfen *n* -s; **2.** *разг.* (*деньгами*) Verschwéndung *f*, Vergéudung *f*

швыря́ть 1. (*бросать*) schléudern *vt*, schméißen* *vt*, wérfen* *vt*; hínknallen *vt*; ~ кáмни [камня́ми] mit Stéinen schléudern; **2.** *разг.*: ~ деньгáми mit dem Geld um sich schméißen*, Geld verschwénden; Geld zum Fénster hináus wérfen* [schméißen*]; **~ся 1.** *разг.* um sich wérfen*; schléudern *vi*, schméißen* *vi* (чем-л. mit *D*); einánder bewérfen* *vt*; **2.** (*пренебрегать*) vergéuden *vt*; geríngschätzen *vt*; **3.** *страд.* geschléudert [geschmissen] wérden

шевели́ть bewégen *vt*; rühren *vt*, régen *vt*; ~ губáми die Líppen bewégen;

~ сéно das Heu wénden; **~ся** sich bewégen; sich rühren, sich régen

шевельну́ть *см.* шевели́ть; ◇ и пáльцем не ~ kéinen Fínger rühren; брóвью не ~ óhne mit der Wímper zu zúcken; **~ся** *см.* шевели́ться

шевелю́ра *ж* Haar *n* (2), Háarschopf *m* (1*)

шевио́т *м* Cheviot [ˈʃe:vĭɔt] *m* -s, -s; ~овый Cheviot- [ˈʃe:vĭɔt-], aus Cheviot

шевр||о́ *с* Chevreau [ʃəˈvro:] *n* -s, -s, Chevreauleder *n*, -s; **~о́вый** Chevreau- [ʃəˈvro:-], aus Chevreau

шеде́вр *м* Méisterwerk *n* (2); Glánzstück *n* (2)

шезло́нг *м* Líegestuhl *m* (1*), Líegesessel *m* (6)

ше́йка *ж* **1.** Hälsichen *n* (7); Hals *m* (1*); **2.**: ~ вáла [óси] *тех.* Wéllenhals *m* (1*); Hálszapfen *m* (7); **3.**: ~ мáтки *анат.* Gebärmutterhals *m* (1*); **4.**: рáковая ~ (*конфета*) Krébsschwanz *m* (1*)

ше́йн||ый Hals-; ~ая цепóчка Hálskette *f* (11); ~ый позвонóк *анат.* Hálswirbel *m* (6)

ше́йх *м* Scheich *m* (1); Scheik *m* (1)

шёл *ед. м прош. см.* идти́

ше́ле||ст *м* Ráuschen *n* -s; Ráscheln *n* -s, Geráschel *n* -s (*шуршание*); ~ст ли́стьев das Ráuschen [Säuseln] der Blätter (im Wínde); **~сте́ть** ráuschen *vi*; säuseln *vi*; ráscheln *vi* (*шуршать*)

шёлк *м* Seide *f* (11) (*ткань*); Séidenfaden *m* (7*), Séidenzwirn *m* (1) (*нитки*); ~-сыре́ц Róhseide *f*; натурáльный ~ Natúrseide *f*; искýсственный ~ Kúnstseide *f*, Viskóse [vis-] *f*; кручёный ~ gezwírnte Séide; Séidenzwirn *m*; ~ в моткáх Séidenbündel *n* (6), Séidenwickel *m* (6); на ~ý auf Séide (geárbeitet), mit Séide gefüttert; вы́шивка ~ом Séidenstickerei *f* (10)

шелков||и́нка *ж* Séidenfaden *m* (7*); **~и́стый** séidig; séidenartig; ~и́стые вóлосы séidiges [séidenweiches] Haar

шелков||и́ца *ж бот.* (wéißer) Máulbeerbaum *m* (1*); **~и́чный** Máulbeer-; Séiden-; ~и́чный червь Séidenraupe *f* (11)

шелково́д *м* Séiden(raupen)züchter *m* (6); **~ство** *с* Séidenbau *m* -(e)s, Séidenzucht *f*

шёлков||ый **1.** séiden; aus Séide; Séiden-; ~ая ткань Séidengewebe *n* (6), Séidenstoff *m* (1); **2.** (*напоминающий шёлк*) séidenweich, geschméidig; ◇ он стал как ~ый er ist kírre [gefügig, gehórsam] gewórden

шелкопря́д *м зоол.* Séidenspinner *m* (6), Séidenraupe *f* (11)

шёлкопряд||е́ние *с* Séidenspinnerei *f*; **~и́льный:** ~и́льная фáбрика Séidenspinnerei *f* (10)

шёлкотка́цк||ий: ~ая фáбрика Séidenweberei *f* (10)

шеллак *м* (*смола*) Schéllack *m* (1)

шелохну́ться sich régen, sich rühren; sich leicht bewégen; стоя́ть — не ~ únbeweglich stéhen*; wie ein Stándbild dástehen*

шелуди́вый gríndig, räudig, krätzig

шелуха́ *ж* Schále *f* (11), Hülse *f* (11); Schüppe *f* (11); картóфельная ~ Kartóffelschale *f*, Pélle *f* (11)

шелуше́ние *с* **1.** *мед.* Háutschuppung *f*, Ábschuppung *f*; **2.** (*зерна, гороха*) Enthülsung *f*

шелуши́ть áushülsen *vt*, enthülsen *vt*; schälen *vt*; **~ся** **1.** sich schälen; **2.** *мед.* sich schüppen, sich schélfern, schélfern *vi*

ше́льм||а *м, ж* **1.** *бран.* Spítzbube *m* (9), Schúrke *m* (9); **2.** *шутл.* Schelm *m* (1); **~е́ц** *м разг.* Schelm *m* (1); Filou [*фр.* -ˈlu:] *m* -s, -s

шельмов||а́ние *с* **1.** *ист.* Ánprangerung *f* (10); öffentliche Schändung; **2.** *перен.* Entéhrung *f* (10); Éhrabschneiderei *f* (10); **~а́ть** **1.** *ист.* ánprangern *vt*; an den Pránger [Schándpfahl] stéllen; **2.** (*порочить*) entéhren *vt*; die Éhre ráuben [ábschneiden*] (когó-л. *D*); j-s Éhre beflécken

шельф *с геогр.* Schelf *m* (1), *n* (2), Féstland(s)sockel *m* (6)

шемя́кин: ~ суд *разг.* úngerechtes [käufliches] Gerícht; Justízfarce [-sə] *f*

ше́нкель *м спорт.* Schénkel *m* (6)

шепеля́в||ить líspeln *vi*, mit der Zúnge ánstoßen*; **~ость** *ж* Sigmatísmus *m* =, líspelnde Áussprache des «s»; **~ый** líspelnd

шепну́ть zúflüstern *vt*

шёпот *м* Flüstern *n* -s; Geflüster *n* -s

шепот||ко́м *нареч.* im Flüsterton; **~о́к** *м* Flüstern *n* -s; Flüsterton *m* -(e)s

шёпотом *нареч.* im Flüsterton, léise

шептала́ *ж* gedörrte Aprikósen [Pfírsiche]

шепта́ть flüstern *vt*; ráunen *vt* (*по секрету, таинственно*); ~ нá ухо ins Ohr flüstern; **~ся** sich im Flüsterton unterhálten*; miteinánder flüstern; túscheln *vi* (*шушукаться*)

шепту́н *м разг.* **1.** (*тот, кто тихо говорит*) Flüsterer *m* (6); **2.** (*клеветник*) Verléumder *m* (6), *pl тж.* böse Zúngen

шербе́т *м* Scherbétt *n* (2), Sorbétt *n* (2)

шере́нг||а *ж* Glied *n* (5); Réihe *f* (11); ~ами glíederweise; в две ~и zwéiglied(e)rig; в три ~и in Dréierreihen, dréiglied(e)rig

шери́ф *м* Scheriff [ˈʃɛ-] *m* -s, -s

шерохова́т||ость *ж* **1.** (*поверхности*) Únebenheit *f*; Ráuheit *f*; **2.** (*стиля и т. п.*) Hólprigkeit *f*; **~ый** **1.** (*неровный*) úneben; rauh (*шершавый*); **2.** (*о стиле*) hólprig

шерст||и́нка *ж* Wóllhaar *n* (2); Wóllfaden *m* (7*); **~и́стый** **1.** (*о ткани*) wóllig; wóllartig (*напоминающий шерсть*); **2.** (*об овцах*) wóllreich

шерстоби́т *м тех.* Wóllschläger *m* (6)

шерстопряд||е́ние *с* Wóllspinnen *n* -s, Wóllspinnerei *f*; **~и́льный** Wóllspinn-; ~и́льная фáбрика Wóllspinnerei *f* (10)

шерсто||тка́чество *с* Wóllweberei *f*; **~чеса́льный** Wóllkämm-; ~чесáльная маши́на Wóllkämmaschine (*при переносе* Wóllkämm-maschine) *f* (11)

шерс||ть *ж* **1.** (*волосяной покров животных*) Haar *n* (2), Fell *n* (2); **2.** (*волокно для пряжи*) Wólle *f*; чёсаная [кáрдная] ~ть Krátzwolle *f*, Krémpelwolle *f*, Stréichwolle *f*; древéсная ~ть Hólzwolle *f*; **3.** (*пряжа*) Wóllgarn *n* (2); **4.** (*шерстяная ткань*) Wóllstoff *m* (1); из чи́стой ~ти réinwollen; ◇ по ~ти mit dem Strich; прóтив ~ти gégen den Strich

шерстян||о́й wóllen, Woll-; ~áя матéрия Wóllstoff *m* (1); ~ы́е ткáни Wóllgewebe *pl*; ~ы́е издéлия Wóllwaren *pl*; ~áя промы́шленность Wóllindustrie *f*

шерхе́бель *м тех.* Schárfhobel *m* (6), Schärfhobel *m*, Schúrfhobel *m*

шерша́вый rauh, úneben, stóppelig

ше́ршень *м* (*насекомое*) Horníssе *f* (11)

шест *м* Stánge *f* (11); Stab *m* (1*); ~ для прыжкóв *спорт.* Sprúngstab *m*, Sprúngstange *f*; прыжóк с ~óм (в высотý) Stábhochsprung *m* (1*)

ше́ствие *с* Zug *m* (1*), Úmzug *m* (*демонстрация*); Prozessión *f* (10) (*процессия*); погребáльное ~ Léichenzug *m*

ше́ствовать schréiten* *vi* (s), einhérschreiten* *vi* (s); вáжно ~ (einhér)stolzíeren *vi* (s, h)

шестёрка *ж* **1.** (*цифра*) Sechs *f* (10); **2.** (*карт.* Sechs *f* (10); ~ червéй Coeur-Sechs [ˈkø:r-] *f*; **3.** (*лошадей*) Séchsspänner *m* (6), Séchsgespann *n* (2)

шестерно́й séchsfach

шестерня́ *ж тех.* Tríebrad *n* (5); Záhnrad *n*

ше́стеро *числит.* sechs; нас бы́ло ~ wir wáren (únser) sechs

шестигра́нн||ик *м мат.* Séchsflach *n* (2), Hexaéder *n* (6); **~ый** *мат.* séchskantig; séchsflächig

шестидесятиле́тний séchzigjährig

шестидеся́т||ый der séchzigste; ~ый нóмер Númmer séchzig; страни́ца ~ая Séite séchzig; ~ые гóды die séchziger Jáhre

шестидне́в||ка *ж разг.* Sechstágewoche *f* (11); **~ный** séchstägig

шестизна́чный séchsstellig

шестиле́т||ие *с* **1.** (*срок*) Zéitraum von sechs Jáhren; **2.** (*годовщина*) der séchste Jáhrestag; **~ний** séchsjährig

шести||ме́стный: ~мéстный автомоби́ль Séchssitzer *m* (6); **~ме́сячный** séchsmonatig; **~неде́льный** séchswöchig; **~па́лый** séchsfingerig (*о руке*); séchszehig (*о ноге*)

шестипо́ль||е *с с.-х.* Sechsfélderwirtschaft *f*; **~ный:** ~ный севооборóт Sechsfélderfruchtfolge *f*

шестисо́т||ый der séchshúndertste; ~ая годовщи́на der séchshúndertste Jáhrestag; ~ый нóмер Númmer séchshúndert

шестисто́пный *лит.* séchsfüßig

шестиуго́льн||ик *м мат.* Séchseck *n* (2); **~ый** séchseckig

шестиэта́жный fünfstöckig, séchsgeschossig

шестнадцатиле́тний séchzehnjährig

шестна́дцат||ый der séchzehnte; ~ого ию́ля am séchzehnten Júli; den séchzehnten Júli (*на письме*); страни́ца ~ая Séite séchzehn; ~ый нóмер Númmer séchzehn

шестна́дцать séchzehn

шестови́к *м спорт.* Stábhochspringer *m* (6)

шест||о́й der séchste; ~óго мáя am séchsten Mai; den séchsten Mai (*на письме*); в средý ~óго мáя am Míttwoch, dem séchsten Mai; ~áя дóля Séchstel *n* (6); ~áя часть ми́ра ein Séchstel der Érde; ~óй час es geht auf sechs (Uhr), (es ist) fünf Uhr vorbéi; в ~óм часý zwíschen fünf und sechs; сегóдня ~óе числó héute ist der séchste

шесто́к *м* **1.** (*в печи*) Hérdstelle *f* (11); **2.** (*насест*) Hühnerstange *f* (11)

шесть sechs

шестьдеся́т séchzig; лет ~ an die séchzig, um die séchzig

шестьсо́т séchshúndert

ше́стью *нареч.* séchsmal; ~ шесть sechs mal sechs

шеф *м* **1.** (*руководитель*) Chef [ʃɛf] *m* -s, -s, Vórgesetzte *m* (13); **2.** (*учреждение, принявшее шефство*) Páte *m* (9), betréuende Organisatión, Pátenorganisation *f* (10); **~ство** *с* Betréuung *f*, Pátenschaft *f*; взять ~ство над чем-л. die Pátenschaft über etw. (*A*) übernéhmen*; **~ствовать** Pátenschaft háben [áusüben] (над чем-л., над кем-л. über *A*)

ше́я *ж* Hals *m* (1*); ◇ брóситься комý-л. на шéю j-m um den Hals fállen*; вéшаться комý-л. на шéю sich j-m an den Hals wérfen*; sich j-m áufdrängen; получи́ть по шéе *груб.* eins ins Genícк kríegen; вы́гнать [вы́толкать] кого́-л. в ше́ю *груб.* j-m zéigen, wo der Zímmermann das Loch gelássen hat; j-n áchtkantig hináuswerfen*; слома́ть [сверну́ть] себе́ ше́ю sich (*D*) den Hals bréchen*; у него́ кре́пкая ~ *разг.* der hat éinen bréiten Rücken, er kann éinen Puff vertrágen*; име́ть кого́-л. на ше́е *разг.* j-n auf dem Hálse háben; сиде́ть у кого́-л. на ше́е *разг.* j-m auf der Tásche líegen*

ши́бко *нареч. разг.* **1.** schnell, rasch; **2.** (*крепко*) héftig, sehr; stark; он ~ скуча́ет er lángweilt sich sehr

ши́ворот *м разг.* Krágen *m* (7); взять кого́-л. за ~ j-n am Krágen [beim Schlafíttchen] fássen [pácken]

ши́ворот-навы́ворот *разг.* verkéhrt

шизофрени́я *ж мед.* Schizophrenie *f*

шик *м* **1.** (*щегольство*) Schick *m*, -(e)s, Elegánz *f*; **2.** (*ловкий приём*) (geschíckter) Hándgriff *m* (1)

ши́канье *с* Zíschen *n* -s, Gezísch(e) *n* -(e)s

шика́рный **1.** (*щегольской*) schick, fein, elegánt; schníttig; **2.** (*прекрасный*) áusgezeichnet, príma

ши́кать **1.** (*чтобы заставить замолчать*) zíschen *vi*; **2.** (*освистывать*) áuszischen *vt*

ши́кнуть *см.* ши́кать 1

шикова́ть Staat máchen, prúnken *vi* (чем-л. mit *D*)

ши́ллинг *м* Schílling *m* (1) (*после числ. pl* =)

ши́л||о *с* Áhle *f* (11), Pfriem *m* (1); ◇ ~а в мешке́ не ута́ишь *посл.* die Wáhrheit kommt (doch) an den Tag

ши́мми *м* (*танец*) Shimmy [ˈʃimi] *m* -s, = *u* -s

шимпанзе́ *м* Schimpánse *m* (9)

ши́н||а *ж* **1.** (*колеса́*) Rádreifen *m* (7), Réifen *m*; пневмати́ческая ~а Lúftreifen *m*, pneumátischer Réifen, Pneu *m* -s, -s; автомоби́льная ~а Áutoreifen *m*; наде́ть ~ы на колесо́ ein Rad beréifen; Réifen áufziehen*; ~ы *мн.* Beréifung *f*; **2.** *мед.* Schíene *f* (11); наложи́ть ~у schíenen *vt*

шине́ль *ж* Mántel *m* (6*); солда́тская ~ Soldátenmantel *m*; фо́рменная ~ Unifórmmantel *m*

шинка́рка *ж уст.* Schánkwirtin *f* (12)

шинка́рь *м уст.* Schánkwirt *m* (1)

шинко́в||анный *кул.* geschnítten; gehóbelt; ~анная капу́ста geschníttener Sáuerkohl, geschníttenes [gehóbeltes] Sáuerkraut; **~а́ть** schnéiden* *vt*, hóbeln *vt*; **~ка** *ж* Gemüsehobel *m* (6), Kráuthobel *m*, Kóhlhobel *m*

ши́нн||ый Schíenen-; Réifen-; ~ое желе́зо Bándeisen *n* -s

шино́к *м уст.* Schánkwirtschaft *f* (10)

шиноремо́нтный Réifenreparatur-; ~ заво́д Réifenreparaturwerk *n* (2)

шинши́лла *ж* **1.** (*животное*) Chinchilla [tʃinˈtʃilja] *f*, *pl* -s; **2.** (*мех*) Chinchilla [tʃinˈtʃilja] *n* -s, -s

шиньо́н *м* Chignon [ʃiˈnjɔ̃] *m* -s, -s; Háarteil *n* (2)

шип *м* **1.** *бот.* Dorn *m* (13), Stáchel *m* (13); без ~о́в óhne Dórnen, dórnenlos; **2.** *тех.* Dorn *m* (1), Zápfen *m* (7); Stóllen *m* (7) (*подковы*); подко́ванная на ~ы́ (*о лошади*) scharf beschlágen; **3.** *спорт.*: боти́нки на ~а́х Nágelschuhe *pl*

шипе́ние *с* Zíschen *n* -s, Brútzeln *n*; Gezísch(e) *n* -(e)s; Súrren *n* -s, Gesúrr(e) *n* -(e)s

шипе́ть zíschen *vi*, brútzeln *vi* (*о масле*); fáuchen *vi* (*о кошке*)

шипо́вки *мн. спорт.* Spikes [spaiks] *pl*

шипо́вник *м бот.* Héckenrose *f* (11), wílde Róse; плод ~а Hágebutte *f* (11)

шипу́ч||ий **1.** (*пенящийся*) schäumend, pérlend, bráusend; ~ее вино́ Schäumwein *m* (1); **2.** (*издающий шипение*) zíschend; **~ка** *ж разг.* Bráuselimonade *f*

шипя́щий *прич. и прил.* **1.** zíschend; Zisch-; **2.** *в знач. сущ. м лингв.* Zíschlaut *m* (1)

ши́ре *сравн. ст.* от широ́кий; как мо́жно ~ *перен.* in möglichst bréitem Áusmaß; wéitestgehend

ширин||а́ *ж* Bréite *f*, Wéite *f*; ~о́й в де́сять ме́тров zehn Méter breit; в ~у́ in die Bréite; двойно́й ~ы́ dóppelt breit; ~а́ колеи́ Spúrweite *f*

ши́риться (*распространяться*) sich áusbreiten, sich verbréiten; Platz gréifen*, in die Bréite géhen*; слу́хи ши́рятся die Gerüchte méhren sich [gréifen um sich]

ши́рм||а *ж* Schírmwand *f* (3); створча́тая [складна́я] ~а spánische Wand; служи́ть ~ой кому́-л. *перен.* j-m als Déckmantel díenen

широ́к||ий *тж. перен.* breit, weit; ~ая пу́блика das bréite Públikum, die bréite Öffentlichkeit; ~ие ма́ссы die bréiten Mássen; ~ий экра́н *кино* Bréitwand *f* (3); ~ое собра́ние éine stárkbesuchte Versámmlung; ~ие пла́ны gróßangelegte [wéitgehende] Pläne; ~ая кампа́ния (*за что-л.*) éine gróßangelegte Kampagne [-ˈpanjə] (zu *D*); ~ие возмо́жности umfássende Möglichkeiten; ~ая програ́мма ein umfássendes Prográmm; ~ое строи́тельство ein gróßzügiger Áufbau; ~ие свя́зи wéitreichende Verbíndungen; са́мые ~ие полномо́чия wéitestgehende Vóllmachten; ~ий обме́н ein áusgedehnter Áustausch; в ~ом смы́сле im wéiten Sínne; в ~ом масшта́бе, в ~их разме́рах im gróßen Máßstab [Áusmaß, Ráhmen]; ~о́ образо́ванный umfássend gebíldet; ~о́ применя́ться wéitestgehend verwéndet wérden; быть ~о́ предста́вленным (*на выставке и т. п.*) stark vertréten sein; ~о́ раскры́ть глаза́ die Áugen áufreißen*, gróße Áugen máchen; смотре́ть на кого́-л. ~о́ раскры́тыми глаза́ми j-n groß ánsehen*; смотре́ть ~о́ на ве́щи gróßzügig sein; gróßzügige Ánsichten háben; ◇ ~ая нату́ра ein gróßzügiger Mensch; жить на ~ую но́гу auf gróßem Fúße lében; сде́лать ~ий жест éine gróßzügige Géste máchen

широковеща́||ние *с* Rúndfunk *m* -s; телевизио́нное ~ние Férnsehfunk *m*; **~тельный** **1.**: ~тельная радиоста́нция Rúndfunkstation *f* (10); **2.** *ирон.* (*многообещающий*) víelversprechend; márktschreierisch

широко||гру́дый bréitbrüstig; **~захва́тный** *с.-х.* wéitgreifend; **~колéйный** *ж.-д.* breitspurig; **~ко́стный** stárkknochig; **~кры́лый** bréitflügelig; **~ли́ственный**, **~ли́стый** bréitblättrig; **~ли́цый** mit bréitem Gesícht; **~пле́чий** bréitschult(e)rig; **~по́лый** **1.** (*о шляпе*) bréitrandig; **2.** (*об одежде*) wéitschößig, mit bréiten Schößen; **~форма́тный** *кино* Gróßformat-; **~экра́нный** *кино* Bréitwand-; ~экра́нный фильм Bréitwandfilm *m* (1)

широт||а́ *ж* **1.** Bréite *f*; Wéite *f*; *перен.* Réichweite *f*; Spánnweite *f*; ~а́ взгля́дов die Wéite der Gedánken; ~а́ кругозо́ра Wéitblick *m* -(e)s; **2.** *геогр.* Bréite *f*; гра́дус ~ы́ Bréitengrad *m* (1); тридца́тый гра́дус се́верной ~ы́ der dréißigste Grad nördlicher Bréite; ра́зность широ́т Bréitendifferenz *f* (10)

ширпотре́б *м* (това́ры широ́кого потребле́ния) Güter *pl* [Wáren *pl*, Artíkel *pl*] für den Mássenbedarf, Mássenbedarfsgüter *pl*, Mássenbedarfsartikel *pl*

ширь *ж* (*простор*) Wéite *f*; Áusdehnung *f*; wéite Fläche; ◇ разверну́ться во всю ~ sich in vóllem Máße entfálten [zéigen]

шить nähen *vt*, *vi*; schnéidern *vt*; stícken *vt*, *vi* (*вышивать*); ~ на маши́не mit der Maschíne nähen; ~ себе́ что-л. (*у портнихи, портного*) sich (*D*) etw. nähen lássen*; ◇ э́то бе́лыми ни́тками ши́то ≅ das ist fádenscheinig; ши́то-кры́то *разг.* gehéim, im gehéimen, vertúscht

шить||ё *с* **1.** (*вещь*) Näherei *f* (10), Näharbeit *f* (10); **2.** (*действие*) Nähen *n* -s; ку́рсы ~я́ Nähkurse *pl*; **3.** (*вышивание*) Stícken *n* -s **4.** (*вышивка*) Stíckeréi *f* (10); ~ё гла́дью énglische Stickeréi

ши́фер *м* Schíefer *m* (6)

шифо́н *м* (*ткань*) Chiffon [*фр.* ʃiˈfɔ̃] *m* -s, -s

шифонье́рка *ж* Chiffonnière [ʃi-] *f* (11)

шифр *м* **1.** (*условное письмо*) Chiffre [*фр.* ˈʃifər] *f* (11), Gehéimschrift *f* (10); ключ ~а Schlüssel *m*; **2.** (*библиотечный*) Signatúr *f* (10)

шифрова́льщик *м* Chiffreur [ʃiˈfrøːr] *m* (1)

шифро́ванн||ый chiffríert [ʃi-], verschlüsselt; ~ая депе́ша chiffríertes [verschlüsseltes] Telegrámm

шифр||ова́ть verschlüsseln *vt*; chiffríeren [ʃi-] *vt*; **~о́вка** *ж* **1.** (*действие*) Verschlüsselung *f*, Chíffrierung [ʃi-] *f* (10); **2.** *разг.* (*радиограмма*) verschlüsselter Fúnkspruch

ши́хта *ж тех.* Schicht *f* (10); Beschíkkungsgut *n* -(e)s; Möller *m* (6); Charge [ˈʃarʒə] *f*; Éinsatz *m* (1*)

шиш **1.** *см.* ку́киш; **2.**: у меня́ ни ~а́ нет *разг.* ich hábe rein gar nichts; bei mir herrscht völlige Ébbe

шиша́к *м ист.* (*шлем*) Helm *m* (1)

ши́шк||а *ж* **1.** (*на голове, на лбу и т. п.*) Béule *f* (11); весь в ~ах vóller Béulen; **2.** *тех.* (*литейная*) Kern *m* (1); **3.** *бот.* Zápfen *m* (7); ело́вая ~а Tánnenzapfen *m*; **4.** *текст.* Kárde *f* (11); ◇ (ва́жная) ~а *разг.* ein gróßes Tier; на бе́дного Мака́ра все ~и ва́лятся *погов.* er ist der Sündenbock; er ist ein Péchvogel

шишко||ва́тый verbéult; knótig, knórrig (*о дереве и т. п.*); **~ви́дный** béulenähnlich, béulenartig, zápfenförmig; ~ви́дная железа́ *анат.* Zírbeldrüse *f* (11); **~но́сный** *бот.* zápfentragend; ~но́сные расте́ния Zápfenbäume *pl*

шкала́ *ж* Skála *f*, *pl* -len *u* -s, Skále *f* (11); Téilung *f* (10); скользя́щая [подвижна́я] ~ gléitende Skála; ~ термо́метра Thermométerskala *f*; ~ за́работной пла́ты Lóhnskala *f*, Taríſskala *f*; ~ рассе́ивания *воен.* Tréffreihe *f* (11); светя́щаяся ~ Léuchtskala *f*; деле́ния шкалы́ Téilstriche *pl*, Skálenstriche *pl*

шка́лик *м разг.* Schnápsgläschen *n* (7)

шка́нцы *мн. мор.* Hínterdeck *n* (2); Schánze *f* (11)

шкату́лка *ж* Schmúckkästchen *n* (7); Géldkästchen *n*; Schatúlle *f* (11); ◇ музыка́льная ~ Spíeldose *f* (11); klíngende Kléinigkeiten (*о радиопередаче*)

шкаф *м* Schrank *m* (1*); платяно́й ~ Kléiderschrank *m*; кни́жный ~ Bücherschrank *m*; несгора́емый ~ Géldschrank *m*; стенно́й ~ Wándschrank *m*

шкафу́т *мор.* Míttеldeck *n* (2)

шквал *м* **1.** (*порыв ветра*) Wíndstoß *m* (1*); Bö *f* (10); ~ с дождём Régenbö f; **2.** *перен.* Sturm *m* (1*); Brécher *m* (6)

шква́листый böig; ~ ве́тер Bö *f* (10)

шква́рки *мн. кул.* Schwárten *pl*; Grieben *pl*

шкво́рень *м тех.* Kúpplungsbolzen *m* (7), Bólzen *m*; передко́вый ~ *воен.* Prótznagel *m* (6*)

шкив *м тех.* Schéibe *f* (11); приводно́й ~ Ántriebsscheibe *f*

шки́пер *м мор.* Schíffskapitän *m* (1)

шко́дить *разг.* Stréiche máchen, Únfug tréiben*

шко́л||а *ж* **1.** Schúle *f* (11); Schúlgebäude *n* (6), Schúlhaus *n* (5) (*здание*); нача́льная ~а Elementárschule *f*; Grúndschule *f*; сре́дняя ~а Míttelschule *f*; Óberschule *f* (*в ГДР*); непо́лная сре́дняя ~а Áchtjahresschule *f*; ~а-десятиле́тка Zéhnjahresschule *f*; вы́сшая ~а Hóchschule *f*; ~а рабо́чей молодёжи Ábendschule *f*, Schúle für Berúfstätige; се́льская ~а Lándschule *f*; специа́льная ~а Speziálschule *f*; ~а-интерна́т Internátsschule *f*; национа́льная ~а nationálsprachige Schúle; ~а продлённого дня Gánztagsschule *f*; Tágesschule (*в ГДР*); ~а фабри́чно-заводско́го обуче́ния (*сокр.* ФЗУ) *ист.* Betríebsberufsschule *f*; ~а с математи́ческим укло́ном Schúle mit erwéitertem Mathematíkunterricht; ~а верхово́й езды́ Réitschule *f*; оконча́ние ~ы Schúlentlassung *f*; ходи́ть в ~у zur [in die] Schúle géhen*, die Schúle besúchen; отда́ть в ~у in die Schúle schícken, éinschulen *vt*; перевести́ в другу́ю ~у in éine ándere Schúle versétzen; око́нчить ~у die Schúle ábschließen* [absolvíeren]; die Schúle dúrchmachen (*разг.*); рабо́тать в ~е an éiner Schúle árbeiten [tätig sein]; яви́ться по́длинной ~ой *перен.* éine léhrreiche Schúle sein; он прошёл хоро́шую ~у *перен.* er hat éine gúte Schúle dúrchgemacht; **2.** (*в науке, искусстве*) Schúle *f* (11); Ríchtung *f* (10); созда́ть ~у éine Schúle gründen

шко́лить *разг.* schúlen *vt*; schúlmeistern *неотд. vt*; j-n streng hálten* (*держать в строгости*) dressíeren *vt*, ábrichten *vt* (*муштровать*)

шко́льн||ик *м* Schüler *m* (6); Schúlkind *n* (5); Pennäler *m* (6) (*уст.*); мла́дшие ~ики Schüler der únteren Klássen; Únterstufenschüler *pl*; ста́ршие ~ики Schüler der óberen Klássen; Óberstufenschüler *pl*; (радио)переда́ча для ~иков Schúlfunk *m* -(e)s; **~ица** *ж* Schülerin *f* (12); Schúlmädchen *n* (7); **~ический** Schüler-; schülerhaft; ~ическая проде́лка Schülerstreich *m* (1); **~ичество** *с* (*ребячество*) Kinderéi *f* (10); **~ый** Schul-; schúlisch; ~ый рабо́тник Pädagóge *m* (9); ~ые го́ды Schúlzeit *f*; ~ое зда́ние Schúlgebäude *n* (6), Schúlhaus *n* (5); ~ый това́рищ Schúlfreund *m* (1), Schúlkamerad *m* (8); ребёнок ~ого во́зраста ein Kind im Schúlalter, ein schúlpflichtiges Kind; обяза́тельное ~ое обуче́ние Schúlpflicht *f*; ~ые мероприя́тия schúlische Veránstaltungen; ~ое воспита́ние schúlische Erzíehung; ~ый отде́л (*напр. в министерстве просвещения*) Abtéilung *f* Schúlwesen; ~ый радиоу́зел Schúlfunk *m* -(e)s

школя́р||ский scholástisch; **~ство** *с* únselbständiges, pedántisches Verhálten

шкот *м мор.* Schóte *f* (11)

шку́р||а *ж* **1.** Fell *n* (2); Róhhaut *f* (3), Balg *m* (1*); **2.** (*кожура*) Schále *f* (11); **3.** *груб. см.* шку́рник; **4.** *груб.* (*ругательство*) Hálsabschneider *m* (6), geméines Subjékt; сдира́ть ~у das Fell ábziehen*; ábbalgen *vt*; ◇ драть ~у с кого́-л. j-m das Fell über die Óhren zíehen*; дрожа́ть за свою́ ~у um sein Lében bángen [zíttern]; спаса́ть свою́ ~у séine Haut rétten, sich féige aus der Gefáhr rétten; быть в чьей-л. ~е in j-s Láge sein; испыта́ть что-л. на свое́й ~е etw. am éigenen Léibe erfáhren* [spüren]; **~ка** *ж* **1.** (*мех*) Fell *n* (2), Féllchen *n* (7); **2.** *спец.* Schmírgelzeug *n* -(e)s, Schmírgelpapier *n* (2) (*наждачная*); Gláspapier *n* (*стеклянная*)

шку́рн||ик *м презр.* Egoíst *m* (8); **~ичество** *с презр.* Sélbstsucht *f*, Éigennutz *m* -es, Egoísmus *m* =; **~ый** *презр.* éigennützig

шла *ед. ж прош. см.* идти́

шлагба́ум *м* Schlágbaum *m* (1*); *ж.-д.* Báhnschranke *f* (11); автомати́ческий ~ sélbsttätig [automátisch] bedíente Schránke, zúgbediente Schránke

шлак *м* Schlácke *f* (11)

шлако||бето́н *м* Schláckenbeton *m* -s, -s; **~бло́к** *м стр.* Schláckenstein *m* (1); **~ви́к** *м мет.* Schláckenkammer *f* (11)

шланг *м тех.* Schlauch *m* (1*)

шлейф *м* Shléppe *f* (11)

шлем I *м* (*головной убор*) Helm *m* (1); Háube *f* (11); лётный ~ Flíegerkappe *f* (11); водола́зный ~ Táucherhelm *m*; про́бковый ~ Trópenhelm *m*; защи́тный ~ Schútzhelm *m*, Stúrzhelm *m*

шлем II *карт.* Schlemm *m* (1) (*pl тж.* -s)

шлемофо́н *м воен., ав.* Kópfhaube *f* (11)

шлёпанцы *мн. разг.* Pantóffeln *pl*; Fílzpantoffeln *pl* (*из войлока*)

шлёпать *разг.* **1.** schlúrfen *vi*, látschen *vi* (*туфлями*); pátschen *vi*, wáten *vi* (s) (*по воде, по грязи*); **2.** (*кого-л.*) j-n klátschend schlágen*, j-m éinen Klaps gében*; **~ся** *см.* шлёпнуться

шлёпнуть (*кого-л.*) j-m éinen Klaps gében*; **~ся** hínplumpsen *vi* (s)

шлеп||о́к *м разг.* Klaps *m* (1); надава́ть ~ко́в кому́-л. j-m Klápse versétzen

шлея́ *ж* Geschírriemen (*при переносе* Geschirr-riemen) *m* (7), Síele *f* (11)

шли *мн. прош. см.* идти́

шлиф *м тех.* Schliff *m* (1)

шлифова́||льный Schleif-; ~льный стано́к Schléifmaschine *f* (11); ~льный круг Schléifscheibe *f* (11); **~ние** *с* Schléifen *n* -s; Féilen *n* -s (*напильником*)

шлифова́ть **1.** schléifen* *vt*; políeren *vt*; schmírgeln *vt*; féilen *vt* (*напильником*); **2.** *перен. разг.* féilen *vt*, ábschleifen* *vt*; (den létzten) Schliff gében*; **~ся** **1.** sich schléifen [féilen] lássen*; э́тот мета́лл хорошо́ шлифу́ется díeses Metáll läßt sich gut féilen; **2.** *страд.* geschlíffen wérden (*ср.* шлифова́ть)

шлифо́в||ка *ж* **1.** *см.* шлифова́ние; **2.** *перен.* Ábschleifen *n* -s, Volléndung *f*; **~щик** *м* Schléifer *m* (6)

шлих *м горн.* Schlich *m* (1)

шли́хта *ж тех.* Schlíchte *f* (11)

шлихтов||а́ние *с тех.* Schlíchten *n* -s; **~а́ть** schlíchten *vt*

шло *ед. с прош. см.* идти́

шлюз *м* **1.** *гидр.* Schléuse *f* (11); ка́мера ~а Schléusenkammer *f* (11); Stáukammer *f*; откры́ть ~ы die Schléusen öffnen; **2.** *горн.* Gerínne *n* (6)

шлюзов||а́ние *с* Schléusung *f* (10); **~а́ть** schléusen *vt*; **~о́й** Schléusen-; ~ые воро́та Schléusentore *pl*

шлюп *м мор.* Schlúppe *f* (11)

шлюпба́лка *ж мор.* Bóotsdavit [-ˌde:vit] *m* -s, -s

шлю́п||ка *ж* Boot *n* (2); гребна́я ~ка Rúderboot *n*; па́русная ~ка Ségelboot *n*; корабе́льная [судова́я] ~ка Schíffsboot *n*, Béiboot *n*; спаса́тельная ~ка Réttungsboot *n*; поднима́ть ~ку ein Boot éinbringen*; спуска́ть ~ку ein Boot áusbringen* [fíeren]; **~очный** Boots-

шлю́ха *ж груб. разг.* Nútte *f* (11)

шля́п||а *ж* **1.** Hut *m* (1*); мя́гкая ~а Schlápphut *m*; наде́ть ~у den Hut áufsetzen; снять ~у den Hut ábnehmen*; den Hut zíehen* [lüften] (*здороваясь*); надви́нуть ~у на глаза́ den Hut in die Áugen [ins Gesícht] zíehen*; челове́к в ~е der Mann mit dem Hut (auf dem Kopf); **2.** *разг.* (*о человеке*) Schláppschwanz *m* (1*); **~ка** *ж* **1.** Hütchen *n* (7); да́мская ~ка Dámenhut *m* (1*); **2.**: ~ка гвоздя́ Nágelkopf *m* (1*); ~ка ги́льзы (*патрона*) Hülsenboden *m* (7); ~ка гриба́ der Hut [der Schirm] éines Pílzes; **~ница** *ж* (*модистка*) Hútmacherin *f* (12); Modístin *f* (12); **~ный** Hut-

шля́ться *разг.* sich herúmtreiben*, (herúm)schléndern *vi*, búmmeln *vi*

шля́хт||а *ж ист.* Schláchta *f*, pólnischer Kléinadel; **~ич** *м* Schláchtschitz *m* (8)

шмель *м* Húmmel *f* (11)

шмуцти́тул *м полигр.* Schmútztitel *m* (6)

шмыг *предик. разг.* husch, husch

шмыга́ть *разг.* hin- und hérhuschen *vi* (s); ◇ ~ но́сом schnüffeln *vi*; schnópern *vi*

шмыгну́ть *разг.* húschen *vi*(s); gléiten* *vi* (s)

шни́цель *м кул.* Schnítzel *n* (6); ~ по-ве́нски Wíener Schnítzel

шнур *м* **1.** Schnur *f* (3); **2.** (*электрический*) Schnur *f* (3), Léitungsschnur *f*; ◇ запа́льный ~ Zündschnur *f*; бикфо́рдов ~ Zéitzündschnur *f*

шнурова́ть schnüren *vt*; **~ся** sich schnüren

шнуро́в||ка *ж* Verschnürung *f* (10); Schnürung *f*; **~о́й** Schnür-, geschnürt

шнуро́к *м* Schnur *f* (3); Posamént *n* (13) (*обычн. мн.*); Litze *f* (11) (*плетёный*); Schnürsenkel *m* (6), Schúhband *n* (5) (*для ботинок*); развяза́ть ~ den Schnürsenkel lösen; ~ развяза́лся der Schnürsenkel [das Schúhband] ist áufgegangen [los]

шныря́ть *разг.* hín- und hérlaufen* *vi* (s), sich herúmtreiben*

шов *м* **1.** Naht *f* (3); ко́стный ~ *анат.* Knóchennaht *f*; заклёпочный ~ *тех.* Níetnaht *f*; без шва náhtlos; **2.** *стр.* Fúge *f* (11); Stéinfuge *f*; ◇ треща́ть по всем швам *разг.* in állen Fúgen krächen, aus den Fúgen géhen*

шовин||и́зм *м* Chauvinísmus [ʃovi-] *m* =; **~и́ст** *м* Chauviníst [ʃovi-] *m* (8); **~исти́ческий** chauvinístisch [ʃovi-]

шок *м мед.* Schock *m* -(e)s, -s

шоки́ровать schockíeren *vt*

шокола́д *м* Schokoláde *f* (11); пли́тка ~а Schokoládentafel *f* (11); ~-лом Brúchschokolade *f*; **~ный** Schokoláden-; schokoládenbraun (*о цвете*)

шо́мпол *м воен.* Wíschstock *m* (1*); Ládestock *m* (*для забивания заряда*)

шо́рн||ик *м* Sáttler *m* (6); **~ый** Sáttler-; ~ая мастерска́я Sattleréi *f* (10)

шо́рох *м* Geräusch *n* (2); Geráschel *n* -s, Ráuschen *n* -s (*шуршание*)

шо́рты *мн.* Shorts [*англ.* ʃɔ:rts] *pl*, kúrze Hóse

шо́ры *мн.* (*наглазники*) Schéuklappen *pl*; ◇ держа́ть кого́-л. в шо́рах j-n streng hálten*

шоссе́ *с* Chaussee [*фр.* ʃɔ'se:] *f* (11)

шоссе́йн||ый Chaussee- [*фр.* ʃɔ'se:-]; ~ая доро́га Chaussee *f* (11)

шотла́ндец *м* Schótte *m* (9)

шотла́ндка I *ж* Schóttin *f* (12)

шотла́ндка II *ж* (*клетчатая ткань*) gewürfelter [karíerter] Stoff, Schóttenstoff *m* -(e)s

шотла́ндский schóttisch

шо́у *с* Show [ʃo:] *f* =, -s

шофёр *м* Kráftfahrer *m* (6), Fáhrer *m*, Áutofahrer *m*, Chauffeur [*фр.* ʃɔ'fø:r] *m* (1); ~ такси́ Táxifahrer *m* (6); ~-инстру́ктор Fáhrlehrer *m* (6); **~ский** Fáhrer-

шпа́г||а *ж* Dégen *m* (7); обнажи́ть ~у den Dégen zíehen* [entblößen, zücken]; скрести́ть ~и (*с кем-л.*) die Dégen kréuzen; фехтова́ние на ~ах Dégenfechten *n* -s

шпага́т *м* **1.** Bíndfaden *m* (7*); Spagát *m* (1) (*австр.*); **2.** *спорт.* Spagát *m* (1), *n* (2)

шпа́жник *м бот.* Gladióle *f* (11)

шпаклева́ть spáchteln *vt*

шпаклёвка *ж* **1.** (*действие*) Spáchteln *n* -s; **2.** (*вещество*) Spáchtel *m* (6), *f* (11), Spáchtelkitt *m* -(e)s

шпа́ла *ж ж.-д.* Schwélle *f* (11), Éisenbahnschwelle *f*

шпале́р||ы *мн.* **1.** (*ряды*) Spalíer *n* (2); выстра́ивать ~ами in Spalíer áufstellen; стоя́ть ~ами Spalíer stéhen* [bílden]; **2.** (*настенные ковры*) Gobelintapete [-'lɛ-] *f* (11)

шпана́ *ж обычно собир. груб.* Pack *n* -(e)s, Bánde *f* (11)

шпанго́ут *м мор., ав.* Spant *n* (13)

шпа́ндырь *м* Spánnriemen *m* (7); Kníeriemen *m*

шпа́нка *ж* **1.** (*вишня*) Wéichselkirsche *f* (11); **2.** (*шпанская муха*) *см.* шпа́нский

шпа́нск||ий: **~ая** му́ха spánische Flíege

шпарга́лка *ж разг.* Spícker *m* (6), Spíckzettel *m* (6), Mógelzettel *m*

шпа́рить *разг.* **1.** (*кипятком*) brühen *vt*; ábbrühen *vt*; mit kóchendem Wásser übergíeßen* *vt*; **2.** (*делать, говорить и т. п. без остановки*) etw. óhne áufzuhören [únunterbrochen, in éinem fort] tun*

шпат *м мин.* Spat *m* (1); полево́й ~ Féldspat *m*; плавико́вый ~ Fúßspat *m*

шпа́тель *м тех., мед.* Spátel *m* (6), *f* (11)

шпа́ц||ия *ж полигр.* Spátium *n* -s, -tijen; разби́ть на ~ии spationíeren *vt*, gespérrt sétzen

шпенёк *м тех.* Stift *m* (1), Zápfen *m* (7)

шпигова́ть (*салом*) spícken *vt*

шпик I *м* (*сало*) Speck *m* (1), Schwéinespeck *m*

шпик II *м разг.* (*сыщик*) Spítzel *m* (6); Beschátter *m* (6); Achtgróschenjunge *m* (9)

шпиль *м* **1.** (*остриё*) Spítze *f* (11); Nádel *f* (11); ~ на ба́шне Túrmspitze *f*, Túrmaufsatz *m* (1*); **2.** *мор.* Spill *n* (2)

шпи́льк||а *ж* **1.** (*для волос*) Háarnadel *f* (11); **2.** (*гвоздь*) Stift *m* (1); Zwécke *f* (11) (*сапожная*); **3.:** ~а ко́мпаса Nádelträger *m* (6); **4.** (*каблук*) Pfénnigabsatz *m* (1*); ◇ отпуска́ть ~и j-m Nádelstiche versétzen, sich in Sticheléien gégen j-n ergéhen*

шпина́т *м бот.* Spinát *m* -(e)s

шпингале́т *м* **1.** (*задвижка*) Ríegel *m* (6), Schíeber *m* (6); **2.** *шутл.* (*юноша небольшого роста*) Knirps *m* (1)

шпи́ндель *м тех.* Spíndel *f* (11)

шпине́ль *ж мин.* Spinéll *m* (1)

шпио́н *м* Spión *m* (1); **~а́ж** *м* Spionáge [-ʒə] *f*; **~ить** spioníeren *vi*, Spionáge [-ʒə] tréiben*; Spítzeldienste léisten (*заниматься слежкой*); ~ить за кем-л. j-m náchspionieren; j-n beschátten; **~ка** *ж* Spiónin *f* (12); **~ский** Spionáge- [-ʒə-]; ~ская организа́ция Spionágeorganisation *f* (10); организова́ть ~скую сеть ein Spionágenetz áufziehen*; ~ско-подрывна́я де́ятельность Spionáge- und Zersétzungstätigkeit *f*

шпиц I *м* (*остриё*) Spítze *f* (11), Túrmspitze *f*

шпиц II *м* (*порода собак*) Spitz *m* (1)

шпицру́тены *мн. ист.* Spíeßruten *pl*; Spíeßrutenlaufen *n* -s (*наказание*)

шплинт *м тех.* Splint *m* (1)

шпон *м*, **шпо́на** *ж* **1.** *полигр.* Dúrchschuß *m* -sses, -schüsse; **2.** *тех.* Furníer *n* (2)

шпо́нка *ж тех.* **1.** Féder *f* (11); Kéilfeder *f*; **2.** *стр.* Dübel *m* (6), Döbel *m* (6)

шпо́р||а *ж* Sporn *m* -(e)s, *pl* Spóren; Stáchel *m* -s, -n; дать ~ы *см.* шпо́рить; **~ить** (án)spórnen *vt*; ~ить коня́ dem Pferd die Spóren gében*

шприц *м мед.* Sprítze *f* (11); набра́ть жи́дкость в ~ die Flüssigkeit mit der Sprítze áufziehen*

шпро́ты *мн.* Sprótten *pl*

шпу́льк||а *ж тех.* Spúle *f* (11); нама́тывать на ~у spúlen *vt*

шпунт *м* **1.** *тех.* Spund *m* (1*); ~ на шипа́х Zápfenspundung *f*; **2.** (*инструмент скульптора*) Spítzeisen *n* (7)

шпунтов||а́ние *с тех.* Spúndung *f* (10); стано́к для ~а́ния Spúndmaschíne *f* (11); **~а́ть** spúnden *vt*

шпур *м горн.* Bóhrloch *n* (5)

шпыня́ть *разг.* stícheln *vi* (кого́-л. gégen *A*); bespötteln *vt*

шрам *м* Schrámme *f* (11), Nárbe *f* (11)

шрапне́ль *ж воен.* Schrapnéll *n* (2); **~ный** Schrapnéll-; ~ная пу́ля Füllkugel *f* (11), Schrapnéllkugel *f*

шрила́нк||ец *м* Srilánker *m* (6); **~и́йский** srilánkisch

шрифт *м* Drúckschrift *f* (10); Schrift *f*; Schrífttype *f* (11); жи́рный ~ Féttdruck *m* (1*); курси́вный ~ Kursívschrift *f*; готи́ческий ~ gótische Schrift, Fraktúr *f* (10); déutsche Schrift; напеча́танный ме́лким ~ом in Perl gedrúckt, im Kléindruck; напеча́танный жи́рным ~ом féttgedruckt

шрот *м с.-х.* Schrot *n* (2)

штаб *м* **1.** *воен.* Stab *m* (1*); Háuptquartier *n* (2); генера́льный ~ Generálstab *m*; ~ а́рмии Arméestab *m*; **2.** *перен.* Stab *m* (1*), führendes Orgán

шта́бел||ь *м* Stápel *m* (6); сложи́ть в ~я́ áufschichten *vt*, áufstapeln *vt*

штаби́ст *м воен. разг.* Stábsoffizier *m* (1)

штаб-кварти́ра *ж воен.* Stábsquartier *n* (2)

штабно́й *воен.* Stabs-

штаб-офице́р *м воен. ист.* Stábsoffizier *m* (1)

штабс-капита́н *м воен. ист.* Stabskapitän *m* (1)

штаг *м мор.* Stag *n* (2)

штаке́тник *м* Stakétenzaun *m* (1*)

штамб *м лес., сад.* Báumstamm *m* (1*)

штамп *м* **1.** *тех.* Stánze *f* (11); **2.** *канц.* Stémpel *m* (6), Fírmenstempel *m*; **3.** (*трафарет*) Schablóne *f* (11); языково́й ~ sprächliches Klischée

штампов||а́льный *тех.* Stanz-; ~а́льный цех Stanzeréi *f* (10), Stánzabteilung *f* (10); **~а́ние** *с* Stánzen *n* -s

штампо́в||анный **1.** gestánzt; **2.** (*трафаретный*) schablónenhaft, ábgedroschen, ábgeschmackt; ~анное выраже́ние ábgedroschene Rédensart; **~а́ть** **1.** *тж. перен.* stémpeln *vt*; **2.** *тех.* stánzen *vt*; **~ка** *ж см.* штампова́ние; **~очный:** ~очный пресс Stánzpresse *f* (11); **~щик** *м* Stánzer *m* (6); **~щица** *ж* Stánzerin *f* (12)

шта́нга *ж* **1.** *тех.* Stánge *f* (11); бурова́я ~ Bóhrstange *f*; **2.** (*снаряд в тяжёлой атлетике*) Schéibenhantel *f* (11), Hántel *f*, Stánge zum Gewíchtheben; **3.** *спорт. разг.* (*боковая стойка ворот*) Tórpfosten *m* (7)

штангенци́ркуль *м* Stángenzirkel *m* (6)

штанги́ст *м спорт.* Gewíchtheber *m* (6)

штанда́рт *м уст.* Standárte *f* (11)

штани́на *ж* Hósenbein *n* (2)

штаны́ *мн.* Hóse *f* (11), Hósen *pl*

шта́пель *м* Zéllwolle *f*; Stápelfaser *f* (11)

шта́пель||ный: ~ое волокно́ Stápelfaser *f* (11); Zéllwolle *f* (11); ~ые тка́ни Zéllwollstoffe *pl*

штат I *м* Staat *m* (13); Соединённые Шта́ты Аме́рики die Veréinigten Stáaten von Amérika

штат II *м* (*постоянный состав сотрудников*) Personálbestand *m* -(e)s; **~ы** учителе́й Léhrkörper *m* (6); быть [состоя́ть] в ~е fest [háuptamtlich, háuptberuflich] ángestellt sein; включи́ть в ~ fest [háuptamtlich, háuptberuflich] ánstellen; сокраще́ние ~ов Stéllenplankürzung *f*; утвержде́ние ~ов Bestätigung des Stéllenplans

штати́в *м* Statív *n* (2), Gestéll *n* (2)

шта́тн||ый etatmäßig [e'ta:-], háuptamtlich, háuptberuflich; ~ая до́лжность Plánstelle *f* (11); ~ый препода-ва́тель féstangestellter [háuptamtlicher] Léhrer; ~ое расписа́ние Stéllenplan *m* (1*); занима́ющий ~ую до́лжность Ínhaber éiner Plánstelle, féstangestellter [háuptamtlicher] Mítarbeiter

шта́тск||ий *прил.* **1.** zivíl [-'vi:l], Zivíl-; в ~ом пла́тье in Zivíl; **2.** *в знач. сущ. м* Zivilíst [-vi-] *m* (8)

шта́ты *мн. канц. см.* штат II

ште́вень *м мор.* Stéven [-vən] *m* (7)

ште́йгер *м горн.* Stéiger *m* (6)

штемпелев||а́ние *с* Stémpeln *n* -s, Stémpelung *f*; **~а́ть** stémpeln *vt*, ábstempeln *vt*

ште́мпель *м* Stémpel *m* (6); Síegel *n* (6) (*большая печать*); почто́вый ~ Póststempel *m*

ште́псель *м эл.* **1.** (*вилка*) Stécker *m* (6); Stöpsel *m* (6); аппара́тный ~ Gerätestecker *m*; двойно́й ~ Dóppelstekker *m*; **2.** *разг.* (*розетка*) Stéckdose *f* (11); **~ный** *эл.*: ~ная коро́бка Stéckdose *f* (11); ~ная ви́лка Stécker *m* (6)

штибле́ты *мн. уст.* Hálbstiefel *pl*

штилев||о́й: ~ая полоса́ *мор.* Zóne der Wíndstille, Wíndstillenzone *f* (11)

штиль *м* Wíndstille *f*; мёртвый ~ völlige Wíndstille

штифт *м тех.* Stift *m* (1); **~о́вый** *тех.*: ~о́вая заклёпка Níetstift *m*

шти́хель *м тех.* Grábstichel *m* (6), Stíchel *m*

шток *м* **1.** *тех.* Stock *m* (1*); Stánge *f* (11); ~ по́ршня Kólbenstange *f*; **2.** *мор.* Stock *m* (1*), Ánkerstock *m*

штокро́за *ж бот.* Stóckrose *f* (11), Málve [-və] *f* (11)

што́льня *ж горн.* Stóllen *m* (7)

што́п||альный Stopf-; ~альная игла́ Stópfnadel *f* (11); **~анье** *с* Stópfen *n* -s; **~ать** stópfen *vt*, áusbessern *vt*; flícken *vt* (*чинить, класть заплаты*);

~ка *ж* **1.** (*действие*) Stópfen *n* -s; худóжественная ~ка Kúnststopfen *n*; **2.** (*нитки*) Stópfgarn *n* (2); **3.** (*заштопанное место*) gestópfte Stélle

штóпор *м* **1.** (*для бутылок*) Kórkenzieher *m* (6); **2.** *ав.* Spirálflug *m* (1*), Trúdeln *n* -s; входи́ть в ~ ins Trúdeln geráten*; **~ить** *ав.* (áb)trúdeln *vi* (s); **~ом** *нареч.* spirálförmig, schráubenförmig

штóр||а *ж* Vórhang *m* (1*); Róllo *n* -s, -s, Rouleau [*фр.* ru'lo:] *n* -s, -s (*в виде рулона*); Store [ʃto:r] *m* -s, -s (*отодвигающаяся в сторону*); спусти́ть ~ы die Vórhänge herúnterlassen*

штóрм *м* Sturm *m* (1*), Stúrmwind *m* -(e)s; **~овóй** Sturm-; stürmisch; ~овóй сигнáл Stúrmsignal *n* (2)

штормтрáп *м мор.* Stúrmleiter *f* (11); Jákobsleiter *f*

штоф I *м уст.* (*мера жидкости*) Stof *m* (1), Stauf *m* (1) (≅*1,2l*)

штоф II *м уст.* (*ткань*) gemústerter Wóllstoff [Séidenstoff, Möbelstoff]; **~ный** Stoff-; aus gemústertem Möbelstoff

штраф *м* Géldstrafe *f* (11); снять ~ с когó-л. j-m éine Stráfe [Géldstrafe] erlássen*; подлежáщий ~у stráfbar; **~нóй** Straf-; ~нáя рóта Stráfkompanie *f* (11); ~нáя плóщадка *спорт.* Stráfraum *f* (11); ~нóй удáр *спорт.* dirékter Fréistoß; Stráfstoß *m* (1*) (*одиннадцатиметровый*); **~овáть** **1.** éine Géldstrafe áuferlegen (когó-л. *D*); **2.** *спорт.* éine Stráfe verhängen

штрейкбрéхер *м* Stréikbrecher *m* (6); **~ство** *с* Stréikbrechertum *n* -s

штрек *м горн.* Strécke *f* (11), Schlag *m* (1*); восстающий ~ stéigende Strécke; проводи́ть ~ éine Strécke vórtreiben*; прохóдка ~a Stréckenvortrieb *m* -(e)s

штри́пк||а *ж* Strippe *f* (11), Steg *m* (1), брю́ки со ~ой Stéghose *f* (11)

штрих *м* **1.** Strich *m* (1); **2.** *перен.* Zug *m* (1*); характéрный ~ charakterístischer Zug; **~овáть** schraffíeren *vt*; **~óвка** *ж* Schraffíerung *f*

штуди́ровать studíeren *vt*, dúrcharbeiten *vt*

штýк||а *ж* **1.** Stück *n* (2); нéсколько штук я́блок ein paar Äpfel; двáдцать пять штук папирóс fünfundzwánzig Stück Zigarétten; штук дéсять úngefähr zehn Stück, an die zehn Stück; ~а полотнá ein Stück Léinwand; **2.** *разг.* (*вещь*) Sáche *f* (10), Ding *n* (2), Stück *n* (2); **3.** *разг.* (*выходка*) Streich *m* (1); Stückchen *n* (7); сыгрáть ~у с кем-л. j-m éinen Streich [Schábernack] spíelen; вы́кинуть ~у ein Ding dréhen; ◇ вот так ~а! éine schöne Geschíchte!; в тóм-то и ~а! *разг.* das ist es jaében!; da liegt der Háse im Pféffer!; э́то не ~а *предик.* das ist nicht schwer; срáзу ви́дно, что он за ~а man sieht gleich, was er für éiner ist

штукатýр *м* Stúckarbeiter *m* (6); Pútzer *m* (6); **~ить** verpútzen *vt*, mit Stuck bewérfen*; **~ка** *ж* Stuck *m* -(e)s, Putz *m* -es; сухáя ~ка Tróckenputz *m*; **~ный** Stuck-; ~ная рабóта Stúckarbeit *f*

штурвáл *м* Hándrad *n* (5); *мор., ав.* Stéuerrad *n*

штурвáльный Stéuer-

штурм *м* Sturm *m* (1*), Stúrmangriff *m* (1), Stúrmanlauf *m* (1*), Bestürmung *f* (10); брать ~ом im Sturm (éin)néhmen* [erobern]; erstürmen *vt* (*тж. перен.*)

штýрман *м мор.* Stéuermann *m* (4) (*pl тж.* -leute); Navigatiónsoffizier [-vi-] *m* (1); *ав.* Navigátor *m* -s, -tóren; **~ский** Stéuermanns-; *ав.* navigatórisch [-vi-]

штурмов||áть stürmen *vt*, erstürmen *vt* (*тж. перен.*); zum Sturm vórgehen*; Sturm láufen* (что-л. gégen *A*) (*тж. перен.*); **~и́к** *м ав.* Jágdbomber *m* (6)

штурмóвка *ж ав.* Tíefangriff *m* (1)

штурмов||óй *воен.* Sturm-; ~áя грýппа Stóßtrupp *m* -s, -s; ~áя авиáция Jágdbomber *pl*; **~щи́на** *ж разг.* Überstürzung *f*; Féuerwehrmethode *f*; Hóchdruckarbeit *f* (*um Planrückstände aufzuholen*)

штýцер *м* (*ружьё*) Stútzbüchse *f* (11), Stútzen *m* (7)

штýчн||ый Stück-; Éinzel-; stückweise; ~ая рабóта Stückarbeit *f*; ~ый товáр Stückware *f* (11); ~ое произвóдство Éinzelfertigung *f*

штык *м* **1.** *воен.* Bajonétt *n* (2) (*гранёный*); Séitengewehr *n* (2) (*клинковый*); примкнýть ~и́! (*команда*) Séitengewehr pflanzt auf!; брóситься в ~и́ Sturm láufen*; повернýть ~и́ прóтив когó-л. die Gewéhre gégen j-n úmdrehen; быть встрéченным в ~и́ *перен.* gehárnischte Áufnahme fínden*; **2.** *тех.* Metállbarren *m* (7), Éisenbarren *m* **3.** *мор.* (*узел*) Stek *m* -s, -s

штыков||óй Bajonétt-; ~áя атáка Bajonéttangriff *m* (1); ~óй бой Bajonéttkampf *m* (1*)

штырь *м тех.* Stab *m* (1*); Spíndel (11); Bólzen *m* (7)

шýба *ж* **1.** Pelz *m* (1), Pélzmantel *m* (6*); **2.** (*у холодильника*) Éispelz *m* (1); удали́ть шýбу den Éispelz [den Kühlschrank] ábtauen (lássen*)

шубёнка *ж разг.* schäbiger Pelz

шугá *ж* Éisschlamm *m* -(e)s

шýлер *м* Fálschspieler *m* (6), Betrüger *m* (6), Voltenschläger ['vɔl-] *m* (6); **~ский** betrügerisch, fálschspielerisch, únehrlich

шýлерство *с* Fálschspielerei *f* (10), Betrügeréi *f* (10)

шум *м* Lärm *m* -(e)s; Geräusch *n* (2); ~ в ушáх Óhrensausen *n* -s; ~ вéтра [волн] Bráusen [Ráuschen] des Wíndes [der Wéllen]; ~ ли́стьев Ráuschen der Blätter; производи́ть ~ Lärm verúrsachen [máchen]; ◇ мнóго ~у из ничегó viel Lärm um nichts; зачéм поднимáть стóлько ~у? wozú sovíel Áufhebens?; надéлать ~у viel Staub áufwirbeln; Áufsehen errégen; подня́ть большóй ~ viel Áufhebens [größes Halló, éinen größen Sums (*разг.*)] máchen (из-за чегó-л. um *A*); он поднимáет мнóго ~а из-за пустякóв er macht von állem viel Wésens; áдский ~ Höllenlärm *m*, Mórdsspektakel *m* (6); ~ и гам Héidenlärm *m*

шумéть **1.** lärmen *vi*, Lärm máchen; ein Geräusch verúrsachen (*слабо*); ráuschen *vi* (*о листьях*); póltern *vi* (*стучать*); ~ по пóводу чегó-л. *перен.* mit größem Stímmenaufwand von etw. (*D*) réden; viel Áufhebens máchen von etw. (*D*); **2.** *разг.* (*скандалить, браниться*) skandalíeren *vi*, tóben *vi*; Spektákel máchen, spektákeln *vi*

шуми́х||а *ж разг.* Rúmmel *m* -s, Sensatión *f* (10), Áufsehen *n* -s; газéтная ~а Présselärm *m* -(e)s; подня́ть ~у Lärm máchen, (größes) Tamtám máchen; без вся́кой ~и óhne álles Áufheben

шумли́в||ость *ж* lärmendes [láutes] Wésen [Gebáren]; **~ый** lärmend; póltend; laut

шýмный lärmend, geräuschvoll; laut; lärmerfüllt; ~ успéх Bómbenerfolg *m* (1)

шумови́к *м* **1.** *театр.* Geräuschmacher *m* (6); **2.** *муз.* Schlágzeuger *m* (6)

шумóвка *ж* Scháumlöffel *m* (6), Scháumkelle *f* (11)

шумов||óй Lärm-; Geräusch-; ~ы́е эффéкты *театр.* Geräuscheffekte *pl*; ~áя радиáция kósmische Ráuscheinstrahlung *f*; ~áя нагрýзка Lärmbelästigung *f*

шумóк: под ~ *разг.* im gehéimen, im stíllen; únbemerkt

шумопоглощáющий lärmschluckend

шунт *м эл.* Shunt [ʃant] *m* (1), Nébenschlußwiderstand *m* (1*), Nébenschluß *m* -sses, -schlüsse

шýрин *м* Schwáger *m* (6*) (*Bruder der Ehefrau*)

шуровáть *тех.* schüren *vt*

шурýп *м тех.* Schráube *f* (11); Hólzschraube *f*

шурф *м горн.* Schurf *m* (1*); **~овáть** *горн.* schürfen *vt*

шурш||áние *с* Ráuschen *n* -s, Rascheln *n* -s; Knístern *n* -s (*шёлка*); **~áть** ráuschen *vi*, ráscheln *vi*; knístern *vi* (*о платье*)

шýры-мýры *мн. разг.* Techtelméchtel *n* (6)

шýстрый *разг.* behénd, geschwínd flink, fix, gewándt

шут *м* **1.** *ист.* Hófnarr *m* (8); **2.** *театр.* Póssenreißer *m* (6), Clown [klaon] *m* -s, -s; **3.** *перен.* Wítzbold *m* (1), Spáßmacher *m* (6), Spáßvogel *m* (6); ◇ ~ горóховый *разг.* Hanswúrst *m* (1); ~ егó знáет! *разг.* weiß der Kúckuck!

шути́ть schérzen *vi*, spáßen *vi*; Scherz tréiben*, Spaß máchen; я не шучý ich spréche in állem [vóllem] Ernst, das ist mein (vóller) Ernst; вы шýтите! Sie schérzen!; ist das Scherz óder Ernst?; ~ над кем-л. sich über j-n lústig máchen, sich (*D*) mit j-m éinen Spaß máchen [erláuben]; sein Spáßchen mit j-m tréiben*; j-n zum Nárren hálten*; ◇ шýтки ~ Spáßchen máchen, wítzeln *vi*, Witze réißen*; ~ с огнём mit dem Féuer spíelen; Stroh zum Féuer tun*

шути́ха *ж* **1.** Närrin *f* (12); **2.** (*для фейерверка*) Schwärmer *m* (6)

шýт||ка *ж* **1.** Scherz *m* (1), Spaß *m* (1*); Witz *m* (1) (*острота*); злáя ~ка ein böser [schléchter] Scherz; сыгрáть с кем-л. (злýю) ~ку j-m éinen Schábernack [Streich] spíelen, mit j-m Scherz tréiben*; sich (*D*) mit j-m [gégen j-n] éinen Scherz erláuben; в ~ку, **~ки рáди** im [zum, aus] Scherz; zum Spaß; spáßeshalber, schérzweise; не обижáться на ~ку éinen Scherz verstéhen*, auf éinen Scherz éingehen*; мне не до ~ок ich bin nicht zum Schérzen [Spáßen] áufgelegt; **отдéлываться ~ками** etw. mit éinem Scherz ábtun*; **преврати́ть что-л. в неви́нную ~ку** etw. bagatellisíeren [verhármlosen]; **2.** *театр.* Schwank *m* (1*); ◇ э́то не ~ки das ist kein Spaß, damít ist nicht zu spáßen; ~ки в стóрону! Scherz [Spaß] beiséite!; mach kéinen Scherz!; крóме ~ок? ist das Ihr Ernst?, ist das Scherz óder Ernst?; крóме ~ок! mein vóller Ernst!; ~ка сказáть, ~ка ли das ist (doch) kéine Kléinigkeit; das ist leicht gesägt; das ist kein Páppenstiel; с ним ~ки плóхи ≅mit ihm ist nicht gut Kírschen éssen; не на ~ку érnstlich, állen Érnstes; не на ~ку взволновáться in nicht gerínge Áufregung geráten*

шутли́вый schérzhaft, spáßhaft, schérzend

шутни́к *м* Spáßmacher *m* (6), Spáßvogel *m* (6*), Wítzbold *m* (1)

шутов||скóй Nárren-; ~скóй наря́д Nárrenrock *m* (1*); **~скáя вы́ходка**

Narretéi *f* (10), närrischer Streich; **~ство́** *с* Nárrenpossen *pl*; Narretéi *f* (10); Nárrenstreich *m* (1)

шу́точн||ый schérzhaft, Scherz-; ~ое стихотворе́ние Schérzdichtung *f* (10); ◇ де́ло не ~ое das ist kéine Kléinigkeit; das ist kein Páppenstiel

шутя́ *нареч.* **1.** schérzend, im [zum] Scherz; не ~ óhne Spaß, im Ernst; **2.** (*очень легко*) spíelend (leicht), mühelos

шушу́к||анье *с* **1.** Geflüster *n* -s, Gemúnkel *n* -s; Gezíschel *n* -s (*злобное*); **2.** (*секретничанье*) Gehéimtuerei *f* (10); **~аться 1.** túscheln *vi*, miteinánder flüstern; múnkeln *vi*; die Köpfe zusámmenstecken, zíscheln *vi* (*злобно*); **2.** (*секретничать*) gehéimnisvoll tun*

шхе́ры *мн. геогр.* Schären *pl*

шху́на *ж мор.* Schóner *m* (6)

шш, ш-ш *межд.* pst!; schsch!, léise!

Щ

щаве́лев||ый 1. *бот.* Sáuerampfer-; ~ый суп Sáuerampfersuppe *f*; **2.** *хим.* Oxál-; ~ая кислота́ Oxálsäure *f*; соль ~ой кислоты́ Oxálsäuresalz *n* (2)

щаве́ль *м бот.* Sáuerampfer *m* -s

щади́ть (ver)schónen *vt*; náchsichtig sein (кого́-л. gégen *A*) (*быть снисходительным*); не ~ себя́ schónungslos gégen sich selbst sein; не ~ свои́х сил kéine Mühe schéuen; ~ чью-л. жизнь j-s Lében schónen; ~ чьё-л. самолю́бие j-s Éhrgefühl nicht verlétzen

щебёнка *ж см.* щебень 1

щебёночн||ый Schótter-; ~ое покры́тие Schótterdecke *f*

ще́бень *м* **1.** *стр.* Schótter (6); **2.** *геол.* Stéinschutt *m* -(e)s

щебе́т *м*, **~а́ние** *с* Zwítschern *n* -s, Gezwítscher *n* -s; *перен.* Schwátzen *n* -s; Pláppern *n* -s (*о детях*); **~а́ть** zwítschern *vi*; *перен.* schwátzen *vi*; pláppern *vi* (*о детях*)

щебнедроби́лка *ж* Splíttbrecher *m* (6)

щеглёнок *м* júnger Stíeglitz

щего́л *м* Stíeglitz *m* (1)

щеголева́т||ость *ж* Elegánz *f*; Pútzsucht *f*; **~ый** elegánt; gepútzt

щеголи́ха *ж* Módepuppe *f* (11), Módedame *f* (11)

щёголь *м* Módenarr *m* (8); Módeaffe *m* (9), Láckaffe *m* (*разг.*)

щеголь||ну́ть *см.* щеголя́ть; **~ско́й** elegánt, pútzsüchtig; **~ство́** *с* Elegánz *f*; Pútzsucht *f*

щеголя́ть 1. sich pútzen; Staat máchen; **2.** (*чем-л.— выставлять напоказ*) práhlen *vi*, prótzen *vi* (mit *D*); zur Schau stéllen

щедр||ость *ж* Fréigebigkeit *f*; **~о́ты** *мн. уст.* Gáben *pl*; Wóhltaten *pl* (*благодеяния*); **~ый 1.** fréigebig, gróßzügig; ~ой руко́й mit vóllen Händen; **2.** (*обильный*) reich (an *D*); áusgiebig; ~ые дары́ réichliche Gáben; ~ая приро́да die fréigebige Natúr

щек||а́ *ж* Wánge *f* (11), Bácke *f* (11); уда́рить по ~е́ j-m éine Óhrfeige [éine Schélle, éine Báckpfeife] gében*; j-m ins Gesícht schlágen*; ◇ упи́сывать за о́бе ~и́ *разг.* mit vóllen Bácken káuen, sich (*D*) béide Bácken (vóll)stópfen

щеко́лда *ж* Klínke *f* (11), Türklinke *f*

щёкот *м* (*птиц*) Schlag *m* (1*); соловьи́ный ~ Náchtigallenschlag *m*

щекот||а́ние *с* Kítzeln *n* -s, Gekítzel *n* -s; **~а́ть 1.** kítzeln *vt*; **2.** *безл.*: в го́рле щеко́чет es kítzelt [príckelt] mir im Hálse **3.** *перен.* kítzeln *vt*; **~а́ть** самолю́бие кого́-л. j-s Éigenliebe kítzeln

щеко́т||ка *ж* Kítzel *m* -s; боя́ться ~ки kítzlig sein; **~ли́вость** *ж* (*дела*) Héikelkeit *f*; **~ли́вый** héikel, delikát, kítzlig

щеко́тно *предик. безл.*: мне ~ es kítzelt mich

щелево́й 1. *тех.* geschlítzt, Schlitz-, Spalt-; **2.**: ~ звук *фон.* Réibelaut *m* (1)

щели́стый *разг.* ríssig; zerklüftet

щёлк I *сущ. м разг.* Knack *m* (1)

щёлк II *предик. разг.* klitsch!, klatsch! (*кнутом*); knipp!, knips! (*пальцами*)

щёлк||а *ж* Spálte *f* (11); смотре́ть в ~у durch die Spálte séhen*

щёлканье *с* **1.** (чем-л. mit *D*) Schnálzen *n* -s (*языком*); Kláppern *n* -s, Geklápper *n* -s (*зубами*); Knípsen *n* -s, Schníppen *n* -s (*пальцами*); Knállen *n* -s (*кнутом*); **2.** (*о замке́ и т. п.*) Zúschnappen *n* -s; **3.** (*орехов*) Knácken *n* -s; **4.** (*соловья*) Schlag *m* (1*)

щёлк||ать 1. (*ударять*): ~ать по́ носу j-m éinen Násenstüber gében*; **2.** (чем-л. mit *D*) schnálzen *vi* (*языком*); kláppern *vi* (*зубами*); knípsen *vi*, schníppen *vi* (*пальцами*); knállen *vi* (*кнутом*); **3.** (*о замке́ и т. п.*) schnáppen *vi*, éinschnappen *vi* (s); **4.** (*орехи*) knácken *vt*; **5.** (*о соловье*) schlágen* *vi*; flöten *vi*; **~нуть** *см.* щёлкать 1, 2, 3

щелкопёр *м презр. уст.* Féderfuchser *m* (6); Skríbifax *m* (1)

щелку́н *м зоол.* Spríngkäfer *m* (6); Schnéllkäfer *m*

щелку́нчик *м* (*в сказке*) Núßknacker *m* -s

щёлок *м* Láuge *f* (11), Láugenwasser *n* -s

щелочно́й *хим.* alkálisch, Alkáli-, básisch

щёлочность *ж хим.* Alkali(ni)tät *f*

щёлочь *ж хим.* Alkáli *n* -s, *pl* -en; Láuge *f* (11)

щелчо́к *м* **1.** (*удар*) Schnips *m* (1), Schníppchen *n* (7); Násenstüber *m* (6) (*по носу*; *тж. перен.*); **2.** (*звук*) Knállgeräusch *n* (2), Knall *m* (1)

щель *ж* **1.** Spálte *f* (11); Spalt *m* (1); Rítze *f* (11), Riß *m* -sses, -sse; голосова́я ~ *анат.* Stímmritze *f*; смотрова́я ~ *воен.* Séhschlitz *m* (1); **2.** (*траншея*) Déckungsgraben *m* (7*), Splítter(schutz)graben *m*; **3.** (*телефона-автомата*) Münzeinwurf *m* (1*)

щем||и́ть: у меня́ се́рдце ~и́т es ist mir schwer [beklómmen] ums Herz, es drückt mir das Herz ab; у меня́ ~и́т грудь ich hábe Schmérzen in der Brust

щен||и́ться Júnge wérfen*; **~о́к** *м* **1.** Hündchen *n* (7); júnger Hund; **2.** *бран.* Grünschnabel *m* (6*)

щепа́ *ж собир.* Späne *pl*

щепа́ть spálten (*part* II gespáltet *u* gespálten) *vt*, schléißen(*) *vt*

щепети́льн||ость *ж* **1.** skrupulöse Genáuigkeit; Gewíssenhaftigkeit *f* (*добросовестность*); **2.** (*о положении и т. п.*) Héikelkeit *f*; **~ый 1.** skrupulös; übergenau; gewíssenhaft (*добросовестный*); быть ~ым etw. übergenau [háarschárf] néhmen*; **2.** (*о вопросе и т. п.*) héikel

ще́пк||а *ж* Span *m* (1*); Kien *m* -(e)s; ◇ худо́й как ~а spíndeldürr; ≅ dürr wie ein Bíndfaden [éine Bóhnenstange]; лес ру́бят — ~и летя́т *посл.* wo gehóbelt wird, fállen Späne

щепн||о́й *уст.* Holz-; ~а́я посу́да Hólzgeschirr *n* (2)

щепо́тка *ж*, **щепо́ть** *ж* Príse *f* (11); ~ табаку́ éine Príse Tábak

щерба́тый *разг.* **1.** (*беззубый*) záhnlückig, mit Záhnlücken; **2.** (*о лице*) póckennarbig; **3.** (*о посуде*) schártig, ríssig, schrámmig

щерби́на *ж* **1.** *разг.* (*на лице*) Póckennarbe *f* (11); **2.** (*зазубрина*) Schrámme *f* (11), Schárte *f* (11); Riß *m* -sses, -sse

щети́н||а *ж* Bórsten *pl*; *перен. тж.* bórstiges Haar; **~истый** bórstig; **~иться 1.** sich sträuben; das Fell [die Stácheln] sträuben; **2.** *перен. разг.* wíderhaarig wérden; in Hárnisch geráten*

щёт||ка *ж* **1.** Bürste *f* (11); зубна́я ~ка Záhnbürste *f*; ~ка для воло́с Háarbürste *f*; платяна́я ~ка Kléiderbürste *f*; полова́я ~ка Schéuerbürste *f*; полотёрная ~ка Bóhner *m* (6), Bóhnerbesen *m* (7); Bóhnerbürste *f*; почи́стить **~кой** (áb)bürsten *vt*; **2.** *эл.* Bürste *f* (11); **~очник** *м* Bürstenbinder *m* (6); **~очный** Bürsten-

щёчный *анат.* Wángen-, Bácken-; ~ зуб Báckenzahn *m* (1*)

щи *мн.* Kóhlsuppe *f*; све́жие щи frísche Kóhlsuppe; ки́слые щи Sáuerkohlsuppe *f*; зелёные щи Sáuerampfersuppe *f*; пусты́е щи Kóhlsuppe óhne Fleisch

щи́колотк||а *ж* Knöchel *m* (6); по ~у fúßhóch, fúßtief, bis an die Knöchel

щипа́ть 1. knéifen* *vt*; zwícken *vt*; **2.** (*о морозе, горчице и т. п.*) béißen* *vt*, brénnen* *vi*; **3.** (*траву*) rúpfen *vt*, zúpfen *vt*; **4.**: ~ пеньку́ Hanf ráufen; ~ пти́цу Geflügel rúpfen; **~ся** (*щипать кого-л.*) knéifen* *vt*, zwícken *vt*

щипе́ц *м* **1.** *стр.* Gíebel *m* (6); **2.** *охот.* Húndeschnauze *f* (11)

щипк||о́вый *муз.* Zupf-; ~о́вые инструме́нты Zúpfinstrumente *pl*; **~о́м** *нареч. муз.* pizzicáto

щип||ну́ть *см.* щипа́ть 1; **~о́к** *м* Kniff *m* (1)

щипцы́ *мн.* Zánge *f* (11); ~ для оре́хов Núßknacker *m* (6); ~ для зави́вки Brénnschere *f* (11); ~ для ками́на Ófenzange *f*; ~ для са́хара Zúckerzange *f*; акуше́рские ~ Gebúrtszange *f*, Gebúrtshelferzange *f*

щи́пчики *мн.* kléine Zánge

щит *м* **1.** *ист.* Schild *m* (1); Wáppenschild *m* (*на гербе*); **2.** *тех.* Schild *m* (1); Gítter *n* (6) (*решетчатый*); Schútzbrett *n* (5), Schnéeschutz *m* -es (*от снежных заносов*); **3.** (*стенд*) Schild *n* (5), Táfel *f* (11), рекла́мный ~ Wérbeschild *n*; Plakáttafel *f*, Reklámeschild *n*; распредели́тельный ~ *эл.* Schálttafel *f* (11); **4.** (*у черепахи, рака и т. п.*) Pánzer *m* (6); **5.** *гидр.* Schütz *n* (2); **6.** (*для проходки туннелей*) Vórtriebsschild *m* (1); ◇ подня́ть кого́-л. на ~ j-n auf den Schild hében*, j-n féiern; на ~е́ верну́ться Besíegter sein; со ~о́м верну́ться Síeger sein

щитови́дн||ый *анат.* Schild-; ~ая железа́ Schílddrüse *f* (11); ~ый хрящ Schíldknorpel *m* (6)

щито́к *м* **1.** *см.* щит 2, 3; **2.** (*у насекомых*) Brústschild *m* (1), Schild *m*; **3.** *бот.* (*соцветие*) Dóldentraube *f* (11), Ébenstrauß *m* (1*); приви́вочный ~ *с.-х.* Okulíerschild *m* (1); **4.** *авто, ав.* (*приборный*) Instruméntenbrett *n* (5), Armatúrenbrett *n*

щитоно́сец *м ист.* Schíldknappe *m* (9); Schíldträger *m* (6)

щитообра́зный schíldförmig

щу́ка *ж* Hecht *m* (1)

щуп *м спец.* **1.** Fühler *m* (6), Táster

m (6); Mínensuchstab *m* (1*) (*для отыскивания мин*); **2.** (*для почвы*) Sónde *f* (11)

щу́пальце *с зоол.* Fühler *m* (6), Fühlhorn *n* (5); Fühlfaden *m* (7*) (*членистые*); Fángarm *m* (1) (*тж. перен.*)

щу́пать 1. befühlen *vt*; betásten *vt*; *мед.* palpíeren *vt*; ~ пульс den Puls fühlen; **2.** *перен.* sondíeren *vt*, áusforschen *vt*

щу́плый schmächtig; gebréchlich (*слабый*)

щур *м зоол.* Hákengimpel *m* (6), Kérnbeißer *m* (6)

щу́рить: ~ глаза́ *см.* щу́риться; **~ся** die Áugen zusámmenkneifen*; blínzeln *vi*

щу́чий Hecht-; ◇ по щу́чьему веле́нью (*в сказке*) wie hérgezaubert, wie im Märchen, auf den érsten Wunsch hin

Э

эбе́нов||ые *мн. бот.* Ebenazé|en *pl*; **~ый** Ébenholz-; aus Ébenholz; ~ое де́рево Ébenholzbaum *m* (1*); Ébenholz *n* -es (*материал*)

эбони́т *м тех.* Ebonít *n* -(e)s, Hártgummi *m* -s

эбуллиоско́п *м хим.* Ebullioskóp *n* (2), Síedemesser *m* (6); **~и́я** *ж хим.* Ebullioskopíe *f*

эвакопу́нкт *м* (эвакуацио́нный пункт) Ábtransportstelle *f* (11), Kránkensammelstelle *f*

эвакуацио́нный Evakuatións- [eva-], Ábtransport-, Ábschub-; Räumungs-; ~ пункт (*для раненых, больных*) Ábtransportstelle *f* (11), Kránkensammelstelle *f*

эвакуа́ция *ж* Evakuíerung [eva-] *f*, Ábtransport *m* -(e)s; Räumung *f* (*пункта, района*); ~ ра́неных Verwúndetenabtransport *m*

эвакуи́ровать evakuíeren [eva-] *vt*, ábtransportieren *vt*, ábschieben* *vt*; räumen *vt* (*район, пункт*); **~ся** evakuíert [eva-] wérden

эвдио́метр *м физ.* Eudiométer *n* (6), Gásmeßröhre *f* (11)

эве́н *м* Ewéne *m* (9)

эве́нк *м* Ewénke *m* (9)

эве́нка *ж* Ewénin *f* (12)

эвенки́й||ка *ж* Ewénkin *f* (12); **~ский** ewénkisch

эве́нский ewénisch

эвентуа́льный eventuéll [-ven-]

эвкали́пт *м бот.* Eukalýptus *m* =, = (*pl тж.* -ten); **~овый** Eukalýptus-; ~овое ма́сло Eukalýptusöl *n* -(e)s

ЭВМ *ж* (электро́нно-вычисли́тельная маши́на) elektrónische Dátenverarbeitungsanlage *f* (11) (*сокр.* EDVA); Elektrónenrechner *m* (6), Computer [kɔm'pju:tər] *m* (6)

эвольве́нта *ж мат.* Evolvente [evɔl-'ventə] *f* (11)

эволюцион||и́зм *м* Evolutionísmus [-vo-] *m* =; **~и́ровать** evolutioníeren [-vo-] *vi*, sich entwíckeln, sich entfálten, sich heráusbilden; **~и́ст** *м* Evolutioníst [-vo-] *m* (8)

эволюцио́нн||ый Evolutións- [-vo-]; Entwícklungs-; ~ая тео́рия Evolutiónstheorie *f*; Entwícklungstheorie *f*

эволю́ция *ж* Evolutión [-vo-] *f* (10), Entwícklung *f*, Entfáltung *f*, Heráusbildung *f*

э́врика *межд.* héureka!, ich hab's gefúnden!

эври́стика *ж* Heurístik *f*

эвристи́ческий heurístisch; ~ ме́тод die heurístische Methóde

эвфем||и́зм *м лингв.* Euphemísmus *m* =, -men; **~исти́ческий** *лингв.* euphemístisch

эвфон||и́ческий *лит.* euphónisch; **~и́я** *ж лит.* Euphoníe *f*; Wóhlklang *m* -(e)s

эги́д||а: под ~ой únter der Ägíde, únter dem Schutz

эгои́зм *м* Egoísmus *m* =, Sélbstsucht *f*, Éigennutz *m* -es

эгои́ст *м* Egoíst *m* (8); **~и́ческий** egoístisch, sélbstsüchtig; **~и́чность** *ж см.* эгои́зм; **~и́чный** *см.* эгоисти́ческий; **~ка** *ж* Egoístin *f* (12)

эгоцентр||и́зм *м* Egozentrísmus *m* =; **~и́ческий** egozéntrisch

Э́дда *ж лит.* Édda *f*, *pl* -s *u* Édden; Ста́ршая ~ die Ältere Édda; Мла́дшая ~ die Jüngere Édda

эдельве́йс *м бот.* Édelweiß *n* (2)

эде́м *м* Éden *n* -s, der Gárten Éden, Paradíes *n* -es

эди́кт *м ист.* Edíkt *n* (2); Erláß *m* -sses, -sse

эже́ктор *м тех.* Ejéktor *m* -s, -tóren, Sáugstrahlpumpe *f* (11)

эзо́пов(ский): ~ язы́к äsópische Spráche; allegórische Spráche, Blúmensprache *f*

эзотери́ческий esotérisch

эй *межд.* he!, hedá!

эйнште́йний *м* Einstéinium *n* -s (*хим. знак* Es)

эквадо́р||ец *м* Ekuadoriáner *m* (6); **~ский** ekuadoriánisch

эква́тор *м геогр.* Äquátor *m* -s; небе́сный ~ *астр.* Hímmelsäquator *m*

экваториа́||л *м астр.* Äquatoriál *n* (2), Äquatoreál *n* (2); **~льный** *геогр.* äquatoriál, Äquatoriál-

эквивале́нт *м* Äquivalént [-va-] *n* (2); Gégenwert *m* (1); **~ность** *ж* Äquivalénz [-va-] *f*, Gléichwertigkeit *f*; **~ный** äquivalént [-va-], gléichwertig

эквилибри́ст *м* Äquilibríst *m* (8), Gléichgewichtskünstler *m* (6); **~ика** *ж* Äquilibrístik *f*; слове́сная ~ика Wórtspielerei *f* (10)

эквипотенциа́льн||ый *физ.* äquipotentiéll; ~ая пове́рхность Äquipotentiálfläche *f* (11)

экзальт||а́ция *ж* Exaltatión *f*, Überspánntheit *f*; **~иро́ванный** exaltíert, überspánnt

экза́мен *м* Exámen *n* (7) (*pl тж.* -mina), Prüfung *f* (10); ~ по хи́мии Prüfung in Chemíe, Chemíeprüfung *f*, Chemíeexamen *n*; вступи́тельный [приёмный] ~ Áufnahmeprüfung *f*; перехо́дный ~ Zwíschenprüfung *f*; Semésterprüfung *f* (*за семестр*); выпускно́й ~ Ábschlußprüfung *f*; Abitúr *n* (2) (*сокр.* Ábi *n*) (*в средней школе*); Réifeprüfung *f*; Matúra *f* (*австр., швейц.*); Maturitätsprüfung *f* (*швейц.*); госуда́рственный ~ Stáatsexamen *n*; положе́ние об ~ах Prüfungsordnung *f*; держа́ть ~ im Exámen stéhen*; вы́держать ~ das Exámen [die Prüfung] áblegen [bestéhen*, máchen]; вы́держать ~ на хорошо́ die Prüfung mit (dem Prädikát) «gut» áblegen [bestéhen*]; принима́ть ~ die Prüfung ábnehmen*; провали́ться на ~е dúrchfallen* *vi* (s), durch die Prüfung [durchs Exámen] fállen*

экзамена́тор *м* Examinátor *m* -s, -tóren, Prüfer *m* (6)

экзаменацио́нн||ый Prüfungs-, Examinatións-, Exámens-; ~ая се́ссия Prüfungsperiode *f* (11); ~ая рабо́та Prüfungsarbeit *f* (10), Exámensarbeit *f*

экзаменова́ть prüfen *vt*, examiníeren *vt*; **~ся 1.** sich éiner Prüfung unterzíehen*, Prüfungen áblegen; **2.** *страд.* geprüft wérden

экзамену́ющийся *прич.* **1.** *см.* экзаменова́ться; **2.** *в знач. сущ. м* Prüfling *m* (1), Examinánd *m* (8)

экза́рх *м церк., ист.* Exárch *m* (8)

экзеку́ция *ж уст.* Zwángsvollstreckung *f*; Körperstrafe *f* (11) (*телесное наказание*); Hínrichtung *f* (*казнь*)

экзе́ма *ж мед.* Ekzém *n* (2); **~то́зный** *мед.* Ekzém-

экземпля́р *м* Exemplár *n* (2); Áusfertigung *f* (10) (*офиц.*); еди́нственный ~ Unikát *n* (2)

экзистенциали́зм *м филос.* Existentialísmus *m* =

экзоге́нный *геол.* exogén

экзотери́ческий exotérisch

экзотерми́ческий *хим.* exothérm

экзо́т||ика *ж* Exótik *f*; **~и́ческий** exótisch

экиво́к||и *мн.* Zwéideutigkeit *f* (10); Áusflüchte *pl*, Áusreden *pl*; без вся́ких ~ов óhne Úmschweife; geráde heráus; klipp und klar

э́кий *разг.* so(lch) ein; э́кое сча́стье! solch ein Glück!

экипа́ж I *м* (*коляска*) Wágen *m* (7), Equipáge [-ʒə] *f* (11); Kútsche *f* (11)

экипа́ж II *м* (*личный состав*) Mánnschaft *f* (10); Besátzung *f* (10); фло́тский ~ Maríneinfanterieabteilung *f*

экипир||ова́ть áusrüsten *vt*, áusstatten *vt*; **~о́вка** *ж* Áusrüstung *f* (10), Áusstattung *f* (10)

э́ккер *м геод.* Wínkelmaß *n* (2)

эклампси́я *ж мед.* Eklampsíe *f* (11)

эклекти́зм *м* Eklektizísmus *m* =

экле́кт||ик *м* Ekléktiker *m* (6); **~ика** *ж* Eklektizísmus *m* =; **~и́ческий** ekléktisch

экле́р *м* (*пирожное*) Eclair [e'klɛ:r] *n* -s, -s

экли́пт||ика *ж астр.* Eklíptik *f*; накло́н ~ики Néigung *f* der Eklíptik; **~и́ческий** eklíptisch

экло́га *ж лит.* Eklóge *f* (11), Hírtengedicht *n* (2)

экологи́ческий ökológisch

эколо́гия *ж* Ökologíe *f*

эконо́м *м уст.* **1.** (*бережливый человек*) ein spársamer Mensch; **2.** (*заведующий хозяйством*) Verwálter *m* (6), Háushalter *m* (6), Háusverwalter *m*

экономa̍йзер *м тех.* Ekonomiser [-'maɪ̯ze-] *m* (6)

экономи́зм *м* Ökonomísmus *m* =

эконо́мика *ж* **1.** (*научная дисциплина*) Ökonómik *f*, Wírtschaftslehre *f*; **2.** (*структура хозяйства*) Ökonómik *f*; Wírtschaft *f*; Wírtschaftsform *f* (10), Wírtschaftssystem *n* (2); ökonómische Struktúr; мирова́я ~ Wéltwirtschaft *f*; социалисти́ческая ~ sozialístische Ökonómik; ~ се́льского хозя́йства Agrárökonomik *f*

эконо́мико-географи́ческий wírtschaftsgeographisch

экономи́ст *м* Wírtschaftsfachmann *m* (4); Ökonóm *m* (8), Wírtschaftswissenschaftler *m* (6) (*теоретик*); инжене́р-~ Ingenieurökonom [ɪnʒə'nɪø:r-] *m*

эконо́мить spáren *vt*, éinsparen *vt*; ~ рабо́чую си́лу Árbeitskräfte éinsparen

экономи́ческ||ий ökonómisch, wírtschaftlich, Wírtschafts-; ~ий ана́лиз ökonómische Analýse; ~ий зако́н ökonómisches Gesétz; зако́ны ~ого разви́тия die ökonómischen Entwícklungsgesetze; ~ая ка́рта Wírtschaftskarte *f*

(11); ~ий кри́зис Wírtschaftskrise *f* (11); ~ое плани́рование Wírtschaftsplanung *f*; ~ий показа́тель ökonómische Kénnziffer; ~ое положе́ние wírtschaftliche Láge; ~ий проце́сс ökonómischer Prozéß; ~ое разви́тие wírtschaftliche Entwícklung; ~ий потенциа́л Wírtschaftspotential *n* (2); ~ий райо́н Wírtschaftsgebiet *n* (2); ~ий рост wírtschaftliches Wáchstum; ~ие свя́зи Wírtschaftsbeziehungen *pl*; ~ое сотру́дничество wírtschaftliche Zusámmenarbeit; ~ая поли́тика Wírtschaftspolitik *f*; ~ая геогра́фия ökonómische Geographíe, Wírtschaftsgeographie *f*; ~ая по́мощь Wírtschaftshilfe *f*; ~ая нау́ка Wírtschaftswissenschaft *f*; ~ий институ́т Hóchschule *f* für Ökonomíe

экономи́чн||ость *ж* Wírtschaftlichkeit *f*; Vórteilhaftigkeit *f* (*вы́годность*); Rentabilität *f* (*рента́бельность*); **~ый** wírtschaftlich; vórteilhaft (*вы́годный*); rentábel (*рента́бельный*)

эконо́м||ия *ж* **1.** Éinsparung *f*; Spársamkeit *f* (*бережли́вость*); Erspárung *f* (*тж. сбереже́ния*); строжа́йший режи́м ~ии das stréngste Spársamkeitsregime [-,ʒi:m]; ~ия де́нежных средств [сырья́, то́плива] Éinsparung von Géldmitteln [von Róhstoff und Materiál, von Brénnstoff]; ~ия электроэне́ргии Strómeinsparung *f*, Éinsparung von Energíe; для ~ии вре́мени um Zeit zu spáren; соблюда́ть ~ию spársam [háushälterisch] sein; spársam mit etw. (*D*) úmgehen*; **2.**: полити́ческая ~ия polítische Ökonomíe; **3.** *уст.* (*име́ние*) Gut *n* (5), Gútswirtschaft *f* (10), Lándwirtschaft *f*

эконо́мка *ж уст.* Háushälterin *f* (12), Wírtschafterin *f* (12)

эконо́мн||ичать *разг.* spáren *vi*; géizig [kníckerig] sein; **~ость** *ж* Spársamkeit *f* (*бережли́вость*); Wírtschaftlichkeit *f* (*хозя́йственность*); **~ый** spársam (*бережли́вый*); wírtschaftlich (*хозя́йственный*); ~ый в отноше́нии расхо́да материа́ла materiálsparend

экра́н *м* **1.** Schirm *m* (1), Schírmwand *f* (3); Ábschirmung *f* (10); Féuerschirm *m*, Vórsetzer *m* (6) (*перед ками́ном*); *мед.* Röntgenschirm *m*; **2.** *кино* Fílmeinwand *f*; широ́кий ~ Bréitwand *f*; ~ телеви́зора Bíldschirm *m*; вы́йти на ~ ánlaufen* *vi*; über die Léinwand géhen*; снять карти́ну с ~а den Film zurückziehen*; ◊ ма́лый ~ Bíldschirm *m*, Férnseher *m* (6); **~иза́ция** *ж* Verfílmung *f*; **~изи́ровать** verfílmen *vt*; **~и́рование** *с физ.* Ábschirmung *f*, Schírmwirkung *f*; **~и́ровать** ábschirmen *vt*

эксика́тор *м хим.* Exsikkátor *m* -s, -tóren

экскава́тор *м* Bágger *m* (6); шага́ющий ~ Schréitbagger *m*; (сверх)мо́щный ~ Hóchleistungsbagger *m*; одноковшо́вый ~ Löffelbagger *m*; многоковшо́вый (цепно́й) ~ Éimerkettenbagger *m*; транше́йный ~ Grábenbagger *m*; **~ный** Bágger-; **~щик** *м* Bággerführer *m* (6)

экскава́ция *ж тех.* Bággern *n* -s, Áusbaggern *n*

экскреме́нты *мн.* Exkreménte *pl*, Áusscheidungsprodukte *pl*, Kot *m* -(e)s

экскре́ты *мн. физиол.* Exkréte *pl*

экскре́ция *ж физиол.* Exkretión *f*, Áusscheidung *f*, Ábsonderung *f*

э́кскурс *м* Exkúrs *m* (1), Ábschweifung *f* (10); Stréifzug *m* (1*); истори́ческий ~ ein geschíchtlicher Rückblick; ~ в про́шлое Rückblick *m* (1), Rückblende *f* (11)

экскурса́нт *м* Áusflügler *m* (6); Exkursiónsteilnehmer *m* (6); **~ка** *ж* Áusflüglerin *f* (12), Exkursiónsteilnehmerin *f* (12)

экскурсио́нн||ый Áusflugs-; Exkursións-; ~ая ба́за Touristenheim [tu-] *n* (2)

экску́рсия *ж* Áusflug *m* (1*), Exkursión *f* (10); Léhrausflug *m*, Léhrfahrt *f* (10) (*с уче́бной це́лью*); Führung *f* (10) (*по музе́ю*); ~ по го́роду (*на маши́не*) Stádtrundfahrt *f*

экскурсово́д *м* Stádtführer *m* (6) (*по го́роду*); Führer *m* (6) (*в музе́е и т. п.*)

экслибри́с *м* Exlíbris *n* =, *pl* =

экспанси́вн||ость *ж* Únbeherrschtheit *f*, Impulsivität *f*; **~ый** únbeherrscht, impulsív

экспансиони́стск||ий Expansións-; expansionístisch; ~ая поли́тика, Expansiónspolitik *f*

экспа́нсия *ж* **1.** (*агресси́вная поли́тика*) Expansión *f* (10); **2.** (*расшире́ние*) Expansión *f* (10), Áusdehnung *f*; Áusbreitung *f*

экспатри||а́ция *ж* Áusbürgerung *f*, Expatriíerung *f*, Expatriatión *f*; **~и́ровать** áusbürgern *vt*, expatriíeren *vt*; **~и́роваться 1.** áuswandern *vi* (s); **2.** *страд.* expatriíert [áusgewiesen, áusgebürgert] wérden

экспеди́ровать *спец.* expedíeren *vt*, ábfertigen *vt*, ábsenden (*) *vt*; áufgeben* *vt*

экспеди́тор *м* Spediteur [-'tø:r] *m* (1); Expediént *m* (8); Expediteur [-'tø:r] *m* (1) (*австр.*)

экспедицио́нный Expeditións-; Speditións-; ~ ко́рпус *воен.* Expeditiónskorps [-,ko:r] *n* = [-,ko:rs], = [-,ko:rs]

экспеди́ция *ж* **1.** Expeditión *f* (10); нау́чная ~ wíssenschaftliche Expeditión, Fórschungsreise *f* (11); кара́тельная ~ Stráfexpedition *f*; **2.** (*отпра́вка, рассы́лка*) Expeditión *f*, Ábfertigung *f*, Versánd *m* -(e)s; **3.** (*учрежде́ние, отде́л для рассы́лки*) Expeditión *f* (10), Ábfertigungsstelle *f* (11), Versándabteilung *f* (10); Versánddienst *m* -es (*в магази́не*)

экспериме́нт *м* Experimént *n* (2), (wíssenschaftlicher) Versúch *m* (1); производи́ть ~ы Experiménte [Versúche] vórnehmen* [ánstellen], experimentíeren *vi*; **~а́льный** experimentál, experimentéll, Versúchs-; erfáhrungsgemäß; ~а́льное обору́дование Versúchsanlage *f* (11); **~а́тор** *м* Experimentátor *m* -s, -tóren; **~и́рование** *с* Experimentíeren *n* -s; **~и́ровать** experimentíeren *vi*

экспе́рт *м* Sáchverständige *m* (14), Gútachter *m* (6), Expérte *m* (9); Béirat *m* (1*) (*консульта́нт*); Fáchmann *m* -(e)s, -leute (*специали́ст*); **~и́за** *ж* Begútachtung *f* (10), Expertíse *f* (11); Untersúchung *f* (10); заключе́ние ~и́зы Gútachten *n* (7); производи́ть ~и́зу sáchverständig untersúchen [prüfen], begútachten *vt*; sein Gútachten ábgeben*; проходи́ть ~и́зу éiner Expertíse unterzógen wérden; результа́т ~и́зы Befúnd *m* (1) (der Expertíse); **~ный** Sáchverständigen-; Expérten-; ~ная коми́ссия Sáchverständigenkommission *f* (10)

экспирато́рн||ый *лингв.* exspiratórisch, Hauch-, Exspiratións-; Áusatmungs-; ~ое ударе́ние expiratórischer Akzént

экспира́ция *ж лингв.* Exspiratión *f*, Áusatmung *f*

эксплanта́ция *ж биол.* Explantatión *f*

эксплика́ция *ж спец.* Explikatión *f* (10), Erklärung *f* (10), Erläuterung *f* (10)

эксплуата́тор *м* Áusbeuter *m* (6); **~ский** áusbeuterisch, Áusbeuter-

эксплуат||ацио́нник *м разг.* Betríebsfachmann *m* -(e)s, *pl* -leute; **~ацио́нный** *тех.* Betríebs-; Nútzungs-; ~ацио́нная ско́рость *авто* Nútzungsgeschwindigkeit *f*; **~а́ция** *ж* **1.** Áusbeutung *f*; **2.** *тех.* Betríeb *m* -(e)s; Nútzbarmachung *f*, Áusnutzung *f*; ~а́ция желе́зных доро́г Éisenbahnbetrieb *m*; сдать в ~а́цию dem Betríeb übergében*; in Betríeb néhmen*; ввод в ~а́цию Inbetríebnahme *f*, Inbetríebsetzung *f*; **~и́ровать 1.** áusbeuten *vt*; **2.** *тех.* nútzbar máchen, bewírtschaften *vt*; betréiben* *vt*

экспозе́ *с* Exposé [-'ze:] *n* -s, -s; Berícht *m* (1); Dárlegung *f* (10); Hándlungsabriß *m* -sses, -sse

экспози́метр *м фото* Belíchtungsmesser *m* (6)

экспози́ция *ж* **1.** *лит.* Expositión *f* (10), Éinführung *f* (10), Éinleitung *f* (10); Dárlegung *f* (10) (*изложе́ние*); **2.** *фото* Belíchtung *f*; **3.** (*в музе́е*) Áusstellung *f* (10), Schau *f* (10)

экспон||а́т *м* Exponát *n* (2); Áusstellungsobjekt *n* (2), Áusstellungsstück *n* (2); Muséumsstück *n* (*музе́йный*); **~е́нт** *м* **1.** (*на вы́ставке*) Áussteller *m* (6); **2.** *мат.* Exponént *m* (8), Hóchzahl *f* (10); **~и́ровать 1.** (*на вы́ставке*) áusstellen *vt*; **2.** *фото* belíchten *vt*; **3.** *шахм.* exponíeren *vt*

экспоно́метр *м фото* Belíchtungsmesser *m* (6)

э́кспорт *м* Expórt *m* (1), Áusfuhr *f*; соглаше́ние на ~ Expórtabkommen *n* (7) (чего́-л. über *A*); запре́т ~а Áusfuhrverbot *n* (2); сокраще́ние ~а Expórtrückgang *m* (1*); **~ёр** *м* Exporteur [-'tø:r] *m* (1); **~и́рование** *с* Expórt *m* (1), Áusfuhr *f*; **~и́ровать** exportíeren *vt*, áusführen *vt*; **~ный** Expórt-, Áusfuhr-; ~ная торго́вля Expórthandel *m* -s; ~ные това́ры Áusfuhrwaren *pl*, Expórtartikel *pl*

экспре́сс *м ж.-д.* Expréß *m* -sses, *pl* Expréßzüge; Schnéllzug *m* (1*) (*ско́рый*); Blítzzug *m*; *мор.* Schnéllschiff *n* (2); Éilbus *m* -ses, -se (*авто́бус*)

экспресси́вный expressív, áusdrucksvoll, áusdrucksstark

экспрессион||и́зм *м иск.* Expressionísmus *m* =; **~и́ст** *м* Expressioníst *m* (8); **~и́стский** expressionístisch

экспре́ссия *ж* Expressión *f*, Áusdruck *m* -(e)s, Áusdruckskraft *f*

экспре́ссный Expréß-

экспро́мт *м* Improvisatión [-vi-] *f* (10); Stégreifdichtung *f* (10) (*стихи́*); **~ом** *нареч.* aus dem Stégreif; ex témpore; сыгра́ть ~ом (на роя́ле) (auf dem Klavier [-'vi:r]) improvisíeren [-vi-]; спеть что-л. ~ом etw. aus dem Stégreif (vór)síngen*; сказа́ть речь ~ом éine Stégreifrede hálten*, aus dem Stégreif réden

экспропри||а́тор *м* Entéigner *m* (6), Expropriateur [-'to:r] *m* (1); **~а́ция** *ж* Entéignung *f* (10); **~и́ровать** entéignen *vt*

экста́з *м* Ekstáse *f* (11); Verzückung *f* (10), höchste Begéisterung *f*; приводи́ть в ~ in Ekstáse versétzen; bis zur Verzückung stéigern; впасть в ~ in Verzückung [Ekstáse] gerâten*

экстенси́вн||ость *ж* Extensität *f*; **~ый** extensív

экстéрн *м* Extérne *m*, *f* (14); **~а́т** *м* Externát *n* (2)

экстерриториа́льн||ость *ж* Exterritorialität *f*; пра́во ~ости Exterritorialitätsrecht *n* -(e)s; **~ый** exterritoriál

экстерье́р *м* Exterieur [-'riø:r] *n* (2)

э́кстра éxtra; éxtrafein, besónders fein

экстравага́нтн||ость *ж* Extravagánz

[-va-] *f*, Überspánntheit *f*; **~ый** extravagánt [-va-], überspánnt

экстраги́ров||ание *с* **1.** *хим.*, *тех.* Extra¦híerung *f* (10); **2.** *мед.* Extraktión *f* (10); Entférnung *f* (*зуба*); **~ать 1.** *хим.*, *тех.* extra¦híeren *vt*; áuslaugen *vt*; **2.** *мед.* extra¦híeren *vt*; entférnen *vt*, zíehen* *vt* (*зуб*)

экстракла́сс *м спорт.* Óberliga *f*; ~! (*отлично*) Klásse!

экстра́кт *м* **1.** Extrákt *m* (1); Áuszug *m* (1*); **2.** (*сущность чего-л.*) Háuptinhalt *m* -(e)s, Kern *m* -(e)s; Exzérpt *n* (2), Áuszug *m* (1*) (*выдержки из книги*); **~и́вный** extraktív, Extraktív-; **~и́вные** веществá Extraktívstoffe *pl*

экстра́ктор *м тех.* Extraktiónsapparat *m* (1), Extrakteur [-'tø:r] *m* (1)

экстра́кция *ж* **1.** *хим.*, *тех.* Extraktión *f* (10), Extrahíerung *f* (10); **2.** *мед.* Extraktión *f* (10)

экстраордина́рный áußerordentlich, áußergewöhnlich

экстраполи́рование *с*, **экстраполя́ция** *ж мат.* Extrapolatión *f* (10)

экстрем||и́зм *м* Extremísmus *m* =; **~и́ст** *м* Extremíst *m* (8)

э́кстренн||о *нареч.* dríngend, éilig; **~ость** *ж* Drínglichkeit *f*, Éiligkeit *f*; **~ый 1.** (*чрезвычайный*) éxtra, Éxtra-, Sónder-; Sofórt-; ~ый вы́пуск (газéты) Éxtrablatt *n* (5); ~ое заседáние áußerordentliche Sítzung, Sóndersitzung *f* (10); тóрмоз ~ого торможéния Nótbremse *f* (11); **2.** (*срочный*) dríngend, éilig, Eil-

эксуда́т *м мед.* Exsudát *n* (2), Ábsonderung *f*

эксце́нтрик I *м* (*в цирке*) Exzéntriker *m* (6)

эксце́нтрик II *м тех.* Exzénter *m* (6)

эксце́нтриковый *тех.* Exzénter-; ~ диск Exzénterscheibe *f* (11)

эксцентри́ческий I *см.* эксцентри́чный

эксцентри́ческий II *мат.* exzéntrisch

эксцентри́чн||ость *ж* **1.** *театр.* Exzéntrik *f*; **2.** (*необычность*) Überspánntheit *f*; Verschróbenheit *f*; **~ый** überspánnt; verschróben

эксце́сс *м* Exzéß *m* -sses, -sse, Áusschreitung *f* (10), Áusschweifung *f* (10)

экс-чемпио́н *м* Éxmeister *m* (6)

эктоде́рма *ж биол.* Ektodérm *n* (2)

эласти́чн||ость *ж* Elastizität *f*; Déhnbarkeit *f*; Spánnkraft *f*; **~ый** elástisch; déhnbar; fédernd, náchgiebig (*упругий*); ~ые чулки́ Silástikstrümpfe *pl*

элева́тор *м* **1.** *тех.* Elevator ['-va:-] *m* -s, -tóren; Áufzug *m* (1*); **2.** (*зернохранилище*) Getréidespeicher *m* (6)

элега́нтн||ость *ж* Elegánz *f*, Féinheit *f*; **~ый** elegánt, fein

элеги́ческий 1. *лит.* elégisch; **2.** *перен.* elégisch, wéhmütig, wéhmutsvoll

эле́гия *ж* **1.** *лит.*, *муз.* Elegíe *f* (11); **2.** *перен.* Wéhmut *f*, Melancholíe [-laŋko-] *f*

электриз||а́ция *ж физ.*, *мед.* Elektrisíerung *f* (10); **~ова́ть 1.** *физ.* elektrisíeren *vt*; **2.** *мед.* elektrisíeren *vt*, eléktrisch behándeln; **3.** *перен.* elektrisíeren *vt*; **~ова́ться** elektrisíert wérden

эле́ктрик *м* Eléktriker *m* (6); Elektrotéchniker *m* (6); инженéр-~ Eléktroingenieur [-ɪnʒe,niø:r] *m* (1)

электри́к (*цвет*) türkísblau, táubenblau

электрифи||ка́ция *ж* Elektrifizíerung *f*; **~ци́ровать** elektrifizíeren *vt*

электри́ческ||ий eléktrisch, Kraft-, Strom-; ~ий ток eléktrischer Strom; ~ая лáмпочка Glühlampe *f* (11), Glühbirne *f* (11); Bírne *f* (*разг.*); **~ий звоно́к** eléktrische Klíngel [Glócke]; **~ий** свет eléktrisches Licht; ~ая желéзная дорóга eléktrische Éisenbahn; ~ая стáнция *см.* электростáнция; ~ая маши́на Elektrisíermaschine *f* (11); ~ий скат *зоол.* Zítterrochen *m* (7); ~ий ýгорь *зоол.* Zítteraal *m* (1)

электри́честв||о *с* Elektrizität *f*; Strom *m* -(e)s (*ток*); приводи́ть в движéние ~ом eléktrisch betréiben* [ántreiben*]

электри́чка *ж разг.* eléktrische Éisenbahn

электроаку́ст||ика *ж* Eléktroakustik *f*; **~и́ческий** eléktroakustisch; ~и́ческие музыкáльные инструмéнты eléktroakustische Musíkinstrumente; ~и́ческий прибóр Phónogerät *n* (2)

электро||ана́лиз *м* Eléktroanalyse *f* (11); **~аппара́т** *м* Eléktroapparat *m* (1); **~бри́тва** *ж* eléktrischer Rasíerapparat, Eléktrorasierer *m* (6), Tróckenrasierer *m*

электрово́з *м* eléktrische Lokomotíve [-və], Eléktrolokomotive *f* (11); Eléktrolok *f*, *pl* -s, É-Lok *f*

электро||гита́ра *ж* Eléktrogitarre *f* (11); **~гре́лка** *ж* eléktrisches Héizkissen; eléktrischer Fúßwärmer (*для ног*)

электро́д *м физ.* Elektróde *f* (11)

электро||дви́гатель *м* Eléktromotor *m* (13); **~дви́жущий** *физ.* eléktromotorisch; ~дви́жущая си́ла (*сокр.* э. д. с.). elektromotorische Kraft (*сокр.* EMK); **~детона́тор** *м* Glühzünder *m* (6); **~ди́зельный** díeselelektrisch; ~ди́зельный паровóз díeselelektrische Lokomotíve [-və], Díeselelektrolok *f*, *pl* -s; **~ди́зельный** пóезд Díesel-Triebwagenzug *m* (1*); **~дина́мика** *ж* Elektrodynámik *f*; **~динами́ческий** elektrodynámisch; **~динамо́метр** *м* Elektrodynamométer *n* (6)

электро́дный *физ.* Elektróden-

электро||до́йка *ж* eléktrisches Mélken; **~до́илка** *ж* eléktrische Mélkmaschine; **~дре́ль** *ж* Eléktrobohrer *m* (6); **~ёмкость** *ж физ.* Eléktrokapazität *f* (10); **~заво́д** *м* (*у часов*) eléktrischer Áufzug; **~запа́л** *м* Glühzündstück *n* (2), eléktrischer Zünder; **~защи́та** *ж спец.* eléktrischer Korrosiónsschutz; **~и́згородь** *ж* eléktrischer Wéidezaun

электроизмери́тельн||ый: ~ая аппаратýра eléktrische Méßgeräte (*pl*)

электро||ками́н *м* Héizstrahler *m* (6), Kamínstrahler *m*, Ráumluftheizer *m* (6); **~ка́р** *м* Eléktrokarren *m* (7), É-Karren *m*; **~кардиогра́мма** *ж* (*сокр.* ЭКГ) *мед.* Elektrokardiográmm *n* (2) (*сокр.* EKG); **~кардиогра́фия** *ж мед.* Elektrokardiographíe *f*; Hérztonaufnahme *f*; **~кастрю́ля** *ж* eléktrischer Kóchtopf; **~кипяти́льник** *м* eléktrischer Wásserwärmer; Táuchsieder *m* (6) (*погружаемый*); **~коагуля́ция** *ж мед.* Elektrokoagulatión *f* (10); **~комба́йн** *м* Eléktromähdrescher *m* (6); **~кофемо́лка** *ж* eléktrische Káffeemühle; **~ла́мповый:** ~лáмповый завóд Glühlampenwerk *n* (2); **~лече́бница** *ж* eléktrotherapeutische Héilanstalt, Elektrotherapéutikum *n* -s, -ka; **~лече́ние** *с* Elektrotherapíe *f*; eléktrisches Héilverfahren

электро́лиз *м хим.* Elektrolýse *f* (11)

электроли́т *м физ.* Elektrolýt *m* -s *u* -en, *pl* -e; **~и́ческий** *физ.* elektrolýtisch

электро||ло́в *м* Eléktrofischerei *f*; **~магнети́зм** *м физ.* Elektromagnetísmus *m* =; **~магни́т** *м* Eléktromagnet *m* (1); **~магни́тный** *физ.* elektromagnetisch; ~магни́тное пóле eléktromagnetisches Feld; **~маши́нка** *ж*: (пи́шущая) ~маши́нка eléktrische Schréibmaschine; **~металлу́ргия** *ж* Eléktrometallurgie *f*

электро́метр *м физ.* Elektrométer *n* (6)

электроме́трия *ж физ.* Elektrometríe *f*

электромеха́н||ик *м* Eléktromechaniker *m* (6); **~ика** *ж* Elektromechánik *f*; **~и́ческий** elektromechánisch

электромоби́ль *м* Eléktromobil *n* (2)

электромонтёр *м* Eléktromonteur [-,tø:r] *m* (1)

электромото́р *м* Eléktromotor *m* (13); гребнóй ~ *мор.* Propéllermotor *m*; **~ный** elektromotórisch

электромузыка́льный: ~ инструмéнт eléktrisches Musíkinstrument

электро́н *м физ.* Eléktron *n* -s, -trónen

электронагре́в *м* eléktrische Behéizung; **~а́тель** *м* eléktrisches Héizgerät

электронасо́с *м* eléktrische Púmpe

электро́н-во́льт *м яд. физ.* Elektrónenvolt [-vɔlt] *n* = *u* -(e)s, *pl* =

электро́ник *м* Elektróniker *m* (6)

электро́ника *ж* Elektrónik *f*

электро́нно-вычисли́тельн||ый: ~ая маши́на (*сокр.* ЭВМ) Elektrónenrechenmaschine *f* (11), Elektrónenrechner *m* (6), Computer [kɔm'pju:tər] *m* (6); ~ый центр Réchenzentrum *n* -s, -tren

электро́нно-лучев||о́й: ~áя трýбка Elektrónenstrahlröhre *f* (11)

электро́нно-микроскопи́ческий elektrónenmikroskopisch

электро́нно-счётн||ый: ~ая маши́на Elektrónenrechenmaschine *f* (11), Elektrónenrechner *m* (6), Computer [kɔm'pju:tər] *m* (6)

электро́нн||ый *физ.* Elektrónen-, elektrónisch; ~ая теóрия Elektrónentheorie *f*; ~ая лáмпа Elektrónenröhre *f* (11); ~ая оболóчка Elektrónenhülle *f*; ~ое управлéние elektrónische Stéuerung; ~ый микроскóп Elektrónenmikroskop *n* (2), Übermikroskop *n*; ~ый мозг Elektrónengehirn *n* (2); ~ый телескóп elektrónisches Teleskóp; ~ая вычисли́тельная маши́на (*сокр.* ЭВМ) Elektrónenrechenmaschine *f* (11), Elektrónenrechner *m* (6), Computer [kɔm'pju:tər] *m* (6); ~ая обрабóтка инфорáции elektrónische Dátenverarbeitung (*сокр.* EDV)

электро́но-во́льт *м см.* электрóн-вóльт

электро́нщик *м* Elektróniker *m* (6)

электро||обору́дование *с* eléktrische Áusrüstung; ~оборýдование автомоби́ля Áutoelektrik *f*, Kfz-Elektrik *f*; **~одея́ло** *с* (eléktrische) Héizdecke *f* (11); **~орга́н** *м* elektrónische Órgel; **~отопи́тельный** Eléktroheiz-; ~отопи́тельный рефлéктор Stráhlheizofen *m* (7*); **~па́хота** *ж* eléktrisches Pflügen; **~переда́ча** *ж* Elektrizitätsübertragung *f*; eléktrische Energíeübertragung; ли́ния ~передáчи Kráftstromleitung *f* (10); Férnleitung *f*; **~пе́чь** *ж мет.* Eléktroofen *m* (7*); **~пила́** *ж* Eléktrosäge *f* (11), eléktrische Säge; **~пита́ние** *с* Strómversorgung *f*; подáча ~питáния Strómzuführung *f*; **~плави́льный:** ~плави́льная печь eléktrischer Schmélzofen; **~плита́** *ж* Eléktroherd *m* (1); **~пли́тка** *ж* eléktrische Kóchplatte; **~плуг** *м* Eléktro(motor)pflug *m* (1*); **~погру́зчик** *м* Eléktrostapler *m* (6); Eléktrofahrlader *m* (6); **~подста́нция** *ж* Únterwerk *n* (2), Úmspannwerk *n*; **~по́езд** *м* eléktrischer Zug; **~полоте́нце** *с* Händetrockner *m* (6); **~полотёр** *м* Böhnermaschine *f* (11); **~прибо́р** *м* Elektrogerät *n* (2); бытовóй ~прибóр eléktrisches Háushaltgerät; **~прибо́р,** берýщий мнóго энéргии ein strómintensives [-vəs] Gerät; ~**привóд** *м* eléktrischer Ántrieb; ~**прóвод** *м* eléktrische Léitung; Líchtleitung *f* (10) (*осветительный*)

электропровóдн||ость *ж физ.* eléktrische Léitfähigkeit; ~**ый** *физ.* eléktrisch léitend

электро||проигрыватель *м* eléktrischer Plàttenspieler; ~**промышленность** *ж* Eléktroindustrie *f*, elektrotéchnische Industríe; ~**развéдка** *ж геол.* Eléktroschürfen *n* -s, eléktrisches Schürfen; ~**свáрка** *ж* Eléktroschweißen *n* -s, É-Schweißen *n*; ~**свáрщик** *м* Eléktroschweißer *m* (6), É-Schweißer *m*; ~**сéть** *ж* Strómnetz *n* (2)

электроскóп *м физ.* Elektroskóp *n* (2)

электро||снабжéние *с* Strómversorgung *f*; ~**стáль** *ж* Eléktrostahl *m* -(e)s

электростáнция *ж* Kráftwerk *n* (2); Elektrizitätswerk *n* (2); передвижнáя ~ fáhrbares Kráftwerk; áтомная ~ (*сокр.* АЭС) Kérnkraftwerk *n* (*сокр.* KKW); мóщная ~ Gróßkraftwerk *n*; насóсно-(гидро)аккумули́рующая ~ Púmpspeicherwerk *n*; прили́вная ~ Gezéitenkraftwerk; тепловáя ~ Wärmekraftwerk *n*

электростáт||ика *ж физ.* Elektrostátik *f*; ~**и́ческий** *физ.* elektrostátisch

электро||суши́лка *ж* eléktrische Tróckenmaschine, Strómtrockner *m* (6); ~**табло́** *с* eléktrische Ánzeigetafel; ~**тéльфер** *м* Eléktrozugkatze *f* (11); ~**терапи́я** *ж* Elektrotherapíe *f*

электротéхн||ик *м* Elektrotéchniker *m* (6), Eléktriker *m* (6); ~**ика** *ж* Elektrotéchnik *f*; ~**и́ческий** elektrotéchnisch

электро||тя́га *ж* eléktrische Zúgkraft; eléktrischer Fáhrbetrieb [Zúgbetrieb], eléktrische Traktión; ~**устанóвка** *ж* eléktrische Ánlage; ~**утю́г** *м* eléktrisches Bügeleisen; ~утю́г с регуля́тором Réglerbügeleisen *n* (7); ~**физиолóгия** *ж* Elektrophysiologíe *f*

электрофóн *м муз.* Elektrophón *n* (2)

электрофóр *м тех.* Elektrophór *m* (1)

электро||хими́ческий eléktrochemisch; ~**хи́мия** *ж* Eléktrochemie *f*

электрохóд *м мор.* Eléktroschiff *n* (2)

электрошóк *м мед.* Eléktroschock *m* (1)

электроэнéрг||ия *ж* Eléktroenergie *f*; Strom *m* -(e)s; снабжéние ~ией Strómversorgung *f*, Energíeversorgung *f*; потреби́тели ~ии Strómabnehmer *pl*; экономия ~ии Strómeinsparung *f*

электроэнцефалогрáмма *ж* (*сокр.* ЭЭГ) Eléktroenzephalográmm *n* (2) (*сокр.* EEG)

элемéнт *м* **1.** Elemént *n* (2); Beständteil *m* (1) (*составная часть*); ~ констру́кции Báuelement *n*; встрáиваемый ~ Báuelement *n*; **2.** *хим.* Elemént *n* (2), Grúndstoff *m* (1); **3.** *эл.* Zélle *f* (11); гальвани́ческий ~ galvánisches [-va-] Elemént; сухóй ~ Tróckenelement *n*

элементáрн||о *нареч.* elementár; éinfach, únkompliziert (*несложно*); ~**ость** *ж* das Elementáre (*sub*), Éinfachheit *f*; ~**ый** elementár, Elementár-, Ánfangs-; Grund-; ~ые знáния Ánfangsgründe *pl*

элерóн *м ав.* Quérruder *n* (6)

эли́зия *ж лингв.* Elisión *f* (10)

эликси́р *м фарм.* Elixíer *n* (2), Héiltrank *m* (1*), Áufguß *m* -sses, -güsse

элимин||áция *ж*, ~**и́рование** *с* Eliminatión *f* (10); ~**и́ровать** eliminíeren *vt*

эли́та *ж* Elíte *f*

э́ллин *м ист.* Helléne *m* (9)

э́ллинг *м* **1.** *мор.* Hélling *m* (1), *f* (10); (überdéckte) Schíffbauhalle *f*; **2.** *ав.* Hálle *f* (11)

эллин||и́зм *м* Hellenísmus *m* =; ~**исти́ческий** hellenístisch

э́ллинский hellénisch, (ált)gríechisch

э́ллипс *м* **1.** *мат.* Ellípse *f* (11); **2.** *см.* э́ллипсис

э́ллипсис *м лингв.* Ellípse *f* (11)

эллипсóид *м мат.* Ellipsoíd *n* (2)

эллипти́ческ||ий **1.** *мат.* ellíptisch, ellípsenförmig; **2.** *лингв.* ellíptisch; ~ое предложéние ellíptischer Satz, Ellípse *f* (11)

эль *м* (*пиво*) Ale [*англ.* e:l] *n* -s

эльдорáдо *с* Eldorádo *n* -s, -s

эльзáс||ец *м* Élsässer *m* (6); ~**ка** *ж* Élsässerin *f* (12); ~**ский** élsässisch

эльф *м миф.* Elf *m* (8), Élfe *f* (11)

элю́вий *м геол.* Elúvium [-vi-] *n* -s

эмáлев||ый Email- [*фр.* e'mae], Schmelz-; ~ые крáски Emailfarben *pl*

эмалир||óванный emailliert [emal'ji:rt]; ~**овáть** emaillieren [emal'ji:rən] *vt*; ~**óвочный** Emaillier- [emal'ji:r-]; ~**óвщик** *м* Emaillierer [emal'ji:rər] *m* (6)

эмáль *ж* Email [*фр.* e'mae] *n* -s, -s, Emaille [e'maljə] *f* (11); Schmelz *m* -es; покрывáть ~ю emaillieren [emal'ji:ren] *vt*; зубнáя ~ *анат.* Záhnschmelz *m*

эманáция *ж физ.* Emanatión *f* (10), Áusstrahlung *f* (10); ~ рáдия *хим.* Rádiumemanation *f*

эмансипáция *ж* Emanzipatión *f*, Befréiung *f*; ~ жéнщин Emanzipatión der Frau

эмансипи́ровать emanzipíeren *vt*; ~**ся** sich emanzipíeren

эмбáрго *с эк.* Embárgo *n* -s, -s; Hándelssperre *f* (11); наложи́ть ~ ein Embárgo verhängen (на что-л. über *A*)

эмблéма *ж* Emblém *n* (2), Sínnbild *n* (5); Wáhrzeichen *n* (7); ~**ти́ческий** emblemátisch, sínnbildlich

эмболи́я *ж мед.* Embolíe *f* (11)

эмбриогенéз *м биол.* Embryogenése *f*

эмбриó||лог *м* Embryológe *m* (9); ~**логи́ческий** embryológisch; ~**лóгия** *ж* Embryologíe *f*

эмбриóн *м биол.* Émbryo *m* -s, *pl* -bryónen *u* -s, Kéimling *m* (1); ~**áльный** *биол.* embryonál, Embryonál-; в ~áльном состоя́нии im Embryonálzustand; *перен.* únentwickelt, únreif; im Kéime

эмигрáнт *м* Áuswanderer *m* (6), Emigránt *m* (8); ~**ка** *ж* Áuswandererin *f* (12), Emigrántin *f* (12); ~**ский** Emigránten-

эмиграциóнный Emigratións-

эмигрáция *ж* **1.** Áuswanderung *f*, Emigratión *f*; Exíl *n* (2) (*изгнание*); **2.** *собир.* (*эмигранты*) Emigratión *f*

эмигри́ровать áuswandern *vi* (s), emigríeren *vi* (s)

эми́р *м* Émir *m* (1)

эмиссáр *м* Emissär *m* (1)

эмиссиóнный *эк.* Emissións-; ~ банк Emissiónsbank *f* (10), Nótenbank *f*

эми́ссия I *ж эк.* Emissión *f* (10)

эми́ссия II *ж физ.* Emissión *f*; Áussendung *f*

эмити́ровать *физ.* emittíeren *vt*; áussenden *vt*

эмоционáльн||ость *ж* Emotionalität *f*; Gefühlsbetontheit *f*; ~**ый** emotionál; gefühlsbetont; gefühlsmäßig; Gefühls-

эмóция *ж* Emotión *f* (10); Gemütsbewegung *f* (10); Gefühl *n* (2); Érregung *f*, Gefühlsregung *f*

эмпирé||й: витáть в ~ях in höheren Regiónen schwében

эмпири́зм *м филос.* Empirísmus *m* =

эмпи́рик *м филос.* Empíriker *m* (6)

эмпириокритици́зм *м филос.* Empiriokritizísmus *m* —

эмпири́ческий empírisch, erfáhrungsmäßig

э́му *м зоол.* Ému *m* -s, -s, Émustrauß *m* (1)

эмульгáтор *м хим.* Emulgátor *m* -s, -tóren

эму́льсия *ж хим.* Emulsión *f* (10)

эмфáза *ж лит.* Empháse *f* (11), Náchdruck *m* -(e)s, náchdrückliche Betónung

эмфати́ческий *лит.* emphátisch, náchdrücklich, éindringlich, stark

эмфизéма *ж мед.* Emphysém *n* (2)

энгармони́ческий *муз.* enharmónisch

эндеми́ческий *мед.*, *биол.* endémisch, Land-, Orts-

энди́вий *м бот.* Endívie [-vĭə] *f* (11)

эндогáмия *ж этн.* Endogamíe *f* (11)

эндогéнный endogén

эндодéрма *ж биол.* Endodérmis *f*, *pl* -men

эндокарди́т *м мед.* Endokardítis *f*

эндокри́нн||ый *физиол.*, *анат.* endokrín; ~ые жéлезы endokríne Drüsen, Drüsen mit ínnerer Sekretión

эндокринóлог *м* Endokrinológe *m* (9)

эндокринолóгия *ж физиол.* Endokrinologíe *f*

эндотерми́ческ||ий *хим.* endothérm, wärmebindend; ~ие реáкции endothérme Reaktiónen

э́ндшпиль *м шахм.* Éndspiel *n* (2)

энергéтик *м* Energíewirtschaftler *m* (6)

энергéтика *ж* Energétik *f*; Energíewirtschaft *f*; я́дерная ~ Kérnenergetik *f*

энергети́ческ||ий energétisch, Energíe-; Kraft-; ~ое хозя́йство Energíewirtschaft *f*; ~ая систéма Verbúndsystem *n* (2), Energíe(versorgungs)system *n*

энерги́чн||ость *ж* Energíe *f*, Tátkraft *f*; ~**ый** enérgisch, tátkräftig

энéрг||ия *ж* **1.** *физ.*, *тех.* Energíe *f* (11); Kraft *f*; потенциáльная ~ия potentiélle Energíe, Energíe der Láge; тепловáя ~ия Wärmeenergie *f*; ~ия áтомного ядрá Atómkernenergie *f*; закóн сохранéния и превращéния ~ии das Gesétz der Erháltung und der Úmwandlung der Energíe; затрáта ~ии Energíeaufwand *m* -(e)s; **2.** (*настойчивость*) Energíe *f*, Tátkraft *f*

энерго||блóк *м* Energíeblock *m* (1*); ~**вооружённость** *ж* Energíeeinsatz *m* -es, Energíeausstattung *f*; ~**гигáнт** *м* Energíeriese *m* (9); ~**ёмкий** energíeintensiv; ~**машиностроéние** *с* Energíemaschinenbau *m* -(e)s; ~**постáвки** *мн.* Strómlieferungen *pl*; ~**сеть** *ж* Energíenetz *n* (2); ~**систéма** *ж* Verbúndsystem *n* (2), Energíe(versorgungs)system *n*; ~**снабжéние** *с* Energíeversorgung *f*

энкли́т||ика *ж лингв.* Enklítikon *n* -s, -ken; ~**и́ческий** *лингв.* enklítisch

энтери́т *м мед.* Enterítis *f*, Dármentzündung *f*

энтодéрма *биол.* Entodérm *n* (2)

энтомó||лог *м* Entomológe *m* (9); ~**логи́ческий** entomológisch; ~**лóгия** *ж* Entomologíe *f*, Inséktenkunde *f*

энтомофáг *м зоол.* Entomophá ge *m* (9), inséktenfressendes Insékt

энтропи́я *ж физ.*, *мед.* Entropíe *f* (11)

энтузиáзм *м* Enthusiásmus *m* =, Begéisterung *f*; Elán *m* -s (*подъём*); трудовóй ~ Árbeitseifer *m* -s, Árbeitselan *m*; пóлный ~а begéistert, vóll(er) Begéisterung

энтузиáст *м* Enthusiást *m* (8); он ~ своегó дéла er ist von séiner Sáche

begéistert; **~ка** *ж* Enthusiástin *f* (12)
энцефали́т *м мед.* Enzephalítis *f*, Gehírnentzündung *f*
энцефалогра́мма *ж мед.* Enzephalográmm *n* (2)
энцефало́граф *м мед.* Enzephalográph *m* (8)
энци́клика *ж* Enzýklika *f*, *pl* -ken
энциклопед||и́ст *м* **1.** *ист.* Enzyklopädíst *m* (8); **2.** (*всесторонне образованный*) víelseitig gebíldeter Mensch; Universalgenie [-vɛr'sa:lʒe,ni:] *n* -s, -s, Universálgelehrte *m* (14); **~и́ческий 1.** enzyklopädisch; **~и́ческий** слова́рь Léxikon *n* -s, -ka, Enzyklopädíe *f* (11); **2.** (*многосторонний*) víelseitig
энциклопе́дия *ж* Enzyklopädíe *f* (11), Léxikon *n* -s, -ka; де́тская ~ Kínderlexikon *n*; ◇ ходя́чая ~ *шутл.* ein wándelndes Léxikon
Эо́л *м миф.* Äolus *m*-'
эоли́т *м археол.* Eolíth *m* (1)
эо́лов: ~а а́рфа Äolsharfe *f* (11)
эоце́н *м геол.* Eozän *n* -s
эпенте́за *ж лингв.* Epenthése *f* (11), Epénthesis *f*, *pl* -thésen
эпиго́н *м* Epigóne *m* (9), Náchahmer *m* (6)
эпигра́мма *ж лит.* Epigrámm *n* (2); Sínngedicht *n* (2); **~ти́ческий** *лит.* epigrammátisch
эпи́граф *м* **1.** Epigráph *n* (2), Mótto *n* -s, -s; **2.** *ист.* Áufschrift *f* (10), Ínschrift *f*
эпидемио́||лог *м* Epidemiológe *m* (9), Fácharzt für Epidemiologíe; **~логи́ческий** epidemiológisch; **~ло́гия** *ж* Epidemiologíe *f*
эпидеми́ческий epidémisch, Epidémi¦en-, Séuchen-
эпиде́мия *ж* Epidemíe *f* (11), Séuche *f* (11)
эпиде́рмис *м биол.* Epidérmis *f*, *pl* -men
эпидиаско́п *м* Epidiaskóp *n* (2)
эпизо́д *м* Episóde *f* (11); (nébensächliches) Eréignis *n* (3*) [Erlébnis *n* (3*)]; *лит.* Nébenhandlung *f*; **~и́ческий** episódisch; Zwíschen-; zéitweise
эпизоо́тия *ж вет.* Víehseuche *f* (11)
э́пика *ж лит.* Épik *f*, erzählende Díchtung
эпикур||е́ец *м* Epikuré¦er *m* (6); *перен.* Genúßmensch *m* (8); **~е́йский** epikuré¦isch; *перен.* geníeßerisch, üppig
эпиле́псия *ж мед.* Epilepsíe *f*, Fállsucht *f*
эпиле́пт||ик *м* Epiléptiker *m* (6), Fállsüchtige *m* (14); **~и́ческий** epiléptisch, fállsüchtig
эпило́г *м лит.* Epilóg *m* (1), Náchwort *n* (2)
эпистоля́рный *лит.* epistolárisch, in Bríefform; ~ рома́н Bríefroman *m* (1)
эпита́фия *ж* Epitáph *n* (2), Epitáphium *n* -s, -phi¦en, Grábschrift *f* (10), Grábinschrift *f*
эпителиа́льн||ый *биол.* epithélisch; **~ая** ткань Epithélgewebe *n* -s
эпите́лий *м биол.* Epithél *n* (2), Epithélium *n* -s, -li¦en
эпи́тет *м лит.* Epítheton *n* -s, -ta, Béiwort *n* (5)
эпифи́з *м анат.* Epiphýse *f* (11)
эпифи́т *м бот.* Epiphýt *m* (8)
эпи́фора *ж лит.* Epíphora *f*
эпице́нтр *м* Epizéntrum *n* -s, -tren (*землетрясения*); Detonatiónszentrum *n* (*взрыва*); ~ я́дерного взры́ва Bódennullpunkt *m* (1)
эпи́ческий *лит.* épisch, erzählend
эпокси́дн||ый *хим.* Epoxýd-; **~ая** смола́ Epoxýdharz *n* (2)
эполе́т *м* Epauléttе [epo-] *f* (11), Epaulétt *n* -(e)s, -s
эпопе́я *ж лит.* Epopöe *f* (11)
э́пос *м лит.* Épos *n* =, *pl* Épen, Héldengedicht *n* (2)
эпо́х||а *ж* Epóche *f* (11); Zéitabschnitt *m* (1); положи́ть нача́ло но́вой **~е** éine néue Epóche éinleiten
эпоха́льный epochál, epóchemachend
э́ра *ж* Ära *f*, *pl* Ären; Zéitalter *n* -s; Zéitrechnung *f* (*система летосчисления*); до на́шей э́ры (*сокр.* до н. э.) vor únserer Zéitrechnung (*сокр.* v. u. Z.); на́шей э́ры (*сокр.* н. э.) únserer Zéitrechnung (*сокр.* u. Z.); нача́ло но́вой э́ры *перен.* Zéitenwende *f*
э́рбий *м* Érbium *n* -s (*хим. знак* Er)
эрг *м физ.* Erg *n* -s
эрготи́зм *м мед.* Ergotísmus *m* =, Kríbbelkrankheit *f*
э́ре *с* (*монета*) Öre *f* =, =
эре́кция *ж физиол.* Erektión *f*
эри́нии *мн. миф.* Erínnyen *pl*
эри́стика *ж* Erístik *f*, Stréitkunst *f*
эрите́ма *ж мед.* Erythém *n* (2)
эритроци́ты *мн. физиол.* Erythrozýten *pl*
э́ркер *м стр.* Érker *m* (6)
э́рлифт *м тех.* Drúckluftheber *m* (6)
Эрмита́ж *м* Ermitáge [-ʒə] *f*
эро́зия *ж геол., мед.* Erosión *f* (10)
Эро́с *м*, **Эро́т** *м миф.* Éros *m* -'
эроти́зм *м см.* эротома́ния
эро́тика *ж* Erótik *f*
эроти́ческий erótisch, sínnlich
эротома́н *м* Erotománe *m* (9); **~ия** *ж* Erotomaníe *f*; **~ка** *ж* Erotománin *f* (12)
эрсте́д *м физ.* Örsted, Oersted ['ø:r-] *n* = *u* -s, =
эруди́рованный gebíldet, geléhrt, mit hóher [umfássender] Bíldung; belésen (*начитанный*)
эруди́т *м* Geléhrte *m* (14)
эруди́ц||ия *ж* Bíldung *f*, Geléhrsamkeit *f*; Belésenheit *f* (*начитанность*); с большо́й **~ией** mit hóher [umfássender] Bíldung
эрцге́рцог *м ист.* Érzherzog *m* (1)
эсе́р *м ист.* Soziálrevolutionär [-vo-] *m* (1)
эска́дра *ж мор., ав.* Geschwáder *n* (6)
эска́дренный *мор.* Geschwáder-; ~ миноно́сец Zerstörer *m* (6)
эскадри́лья *ж ав.* Flíegerstaffel *f* (11), Stáffel *f*; ~ бомбардиро́вщиков Bómbenstaffel *f*, Kámpfstaffel *f*; ~ истреби́телей Jágdstaffel *f*
эскадро́н *м воен.* Schwadrón *f* (10), Eskadrón *f* (10); разве́дывательный ~ Áufklärungsschwadron *f*; **~ный** Schwadróns-, Eskadróns-
эскала́тор *м* Rólltreppe *f* (11)
эскала́ция *ж* Eskalatión *f* (10)
эскало́п *м кул.* Steak [ste:k] *n* -s, -s
эска́рп *м воен.* ínnere Grábenböschung; Klétterwand *f* (3), Pánzersteilhang *m* (1*) (*противотанковый*); **~и́ровать** *воен.* (*скат*) (éinen Hang) ábstechen* *vt*; **~овый** *воен.* Böschungs-
эски́з *м* Skízze *f* (11); Entwúrf *m* (1*), Úmriß *m* -sses, -sse (*чертёж*); **~ный** skízzenhaft; Skízzen-; **~ный** прое́кт Vórentwurf *m* (1*)
эскимо́ *с* Eis *n* am Stiel
эскимо́с *м* Éskimo *m* -s, *pl* = *u* -s
эско́рт *м* Eskórte *f* (11); Geléit *n* (2), Schútzgeleit *n*; почётный ~ Éhrengeleit *n*; **~и́ровать** eskortíeren *vt*; geléiten *vt*
эскула́п *м шутл.* Äskulápjünger *m* (6)
эсми́нец *м* (*эска́дренный миноно́сец*) *мор.* Zerstörer *m* (6)
эспадро́н *м спорт.* (*сабля, фехтовальное оружие*) Säbel *m* (6); фехтова́ние на **~ах** Säbelfechten *n* -s
эспа́ндер *м спорт.* Expánder *m* (6), Múskelstrecker *m* (6)
эспаньо́лка *ж* Zwíckelbärtchen *n* (7), Spítzbart *m* (1*)
эсparце́т *м бот.* Esparsétte *f* (11)
эсперанти́ст *м* Esperantíst *m* (8)
эспера́нто *с* Esperánto *n* -s
эсплана́да *ж* Esplanáde *f* (11)
эссе́ *с* Essay [ɛ'se:] *m*, *n* -s, -s
эссеи́ст *м* Essayist [ɛse'ist] *m* (8)
эссе́нция *ж* Essénz *f* (10)
эстака́да *ж* **1.** *стр.* Gerüstbrücke *f* (11); **2.** *гидр.* Léitwerk *n* (2); **3.** *горн.* Förderbrücke *f* (11); **4.** *ж.-д.* Hóchgleis *n* (2); **5.** (*улицы*) Hóchstraße *f* (11)
эста́мп *м иск.* Estámpe *f* (11)
эстафе́т||а **1.** Stáffel *f* (11), Staféttе *f* (11); **~а** ми́ра Fríedensstafette *f*; уча́стник **~ы** Stáffelläufer *m* (6); **2.** (*палочка*) Wéchselstab *m* (1*), Stáffelstab *m*; **~ный** Stáffel-, Stafétten-; **~ный** бег Stáffellauf *m* (1*), Stafféttenlauf *m*; **~ная** па́лочка Stáffelstab *m* (1*)
эсте́т *м* Ästhét *m* (8); **~и́зм** *м* **1.** Ästhetizísmus *m* =; **2.** (*эстетство*) Ästhétentum *n* -s; **~ика** *ж* **1.** Ästhétik *f*; **2.:** промы́шленная **~ика** industriélle Fórmgestaltung; **~и́ческий, ~и́чный** ästhétisch; **~ство** *с* Ästhétentum *n* -s
эсто́н||ец *м* Éste *m* (9); **~ка** *ж* Éstin *f* (12); **~ский** éstnisch; **~ский** язы́к die éstnische Spráche, das Éstnische (*sub*)
эстраго́н *м бот.* Estragón *m* -s
эстра́д||а *ж* **1.** Bühne *f* (11); **2.** (*вид искусства*) Kléinkunstbühne *f*, Estráde *f*; **~ный** Estráden-; **~ный** конце́рт Estrádenkonzert *n* (2)
эстуа́рий *м геогр.* Ästuárium *n* -s, -ri¦en, Tríchtermündung *f* (10)
э́та *ж см.* э́тот
эта́ж *м* Stock *m* -(e)s, *pl* Stóckwerke, Stóckwerk *n* (2), Etáge [-ʒə] *f* (11), Geschóß *n* -sses, -sse; пе́рвый ~ Érdgeschoß *n* -sses, -sse, Parterre [-'tɛr *u разг.* -'tɛrə] *n* -s, -s; второ́й ~ érster Stock; жить на второ́м **~е́** im érsten Stock wóhnen; дом в де́сять **~е́й** ein zéhngeschossiges [néunstöckiges] Haus
этаже́рка *ж* Regál *n* (2), Bücherregal *n*, Büchergestell *n* (2)
эта́жность *ж спец.* Etágenanzahl [-ʒən-] *f*
э́так *нареч. разг.* **1.** so; auf díese [sólche] Art; **2.** *в знач. частицы* (*приблизительно*) úngefähr; **~ий** *разг.* so ein, so'n; по́сле **~ой** неуда́чи nach só einem Míßerfolg; nach so 'ner Schläppe
этало́н *м тех.* Etalon [-'lɔ̃] *m* -s, -s, Éichmaß *n* (2); Normál *n* (2), Vergléichsnormal *n*; Mústergewicht *n* (2) (*мер веса*)
эта́н *м хим.* Äthán *n* -s
эта́п *м* **1.** (*стадия*) Etáppe *f* (11), Ábschnitt *m* (1), Stúfe *f* (11); на совреме́нном **~е** разви́тия auf der héutigen Entwícklungsstufe; **2.** *спорт.* Etáppe *f* (11), Téilstrecke *f* (11); **3.** *воен.* Etáppenort *m* (1), Náchschubgebiet *n* (2); **4.** *ист.* Etáppe *f* (11); Arrestántentransport *m* (1); ◇ отпра́вить по **~у** *ист.* per Etáppe [zwángsweise] ábschieben*; **~ный 1.** *воен.* Etáppen-; **~ная** слу́жба Etáppendienst *m* -(e)s; **2.:** **~ным** поря́дком *ист.* per Etáppe, zwángsweise
э́ти *мн. см.* э́тот
э́тика *ж* Éthik *f*
этике́т *м* Etikétte *f* (11); Úmgangsformen *pl*; наруше́ние **~а** Etikéttenfehler *m* (6)

этике́тка *ж* Etikétt *n* (2); Préisschild *n* (5), Préisetikett *n* (*с указанием цены*)
эти́л *м хим.* Äthýl *n* -s
этиле́н *м хим.* Äthylén *n* -s
эти́ловый *хим.* Äthýl-; ~ спирт Äthanól *n* -s, Äthýlalko¦hol *m* -s; ~ эфи́р Äthýläther *m* -s
этимо||логи́ческий *лингв.* etymológisch; ~логи́ческий слова́рь etymológisches Wörterbuch; ~**ло́гия** *ж лингв.* Etymologíe *f* (11)
этио||логи́ческий *мед.* ätiológisch; ~**ло́гия** *ж мед.* Ätiologíe *f*
эти́ческий, эти́чный éthisch, síttlich
этни́ческий éthnisch, Volks-
этно́граф *м* Ethnográph *m* (8); ~**и́ческий** ethnográphisch; ~и́ческий музе́й Völkerkundemuse¦um *n* -s, -se¦en
этногра́фия *ж* Ethnographíe *f*, Völkerkunde *f*
э́то *мест. с* **1.** *см.* э́тот; **2.** *в знач. сущ.* das, díes(es), es; da(r)- (*в соединении с предлогами*); ~ хорошо́ das ist gut; я ~ ви́жу ich séhe es; об ~м davón, darüber; по́сле ~го danách; с э́тим damít; для ~го dafür; от ~го davón; что ~? was ist das?, was bedéutet das?; кто ~? wer ist das?; ~ его́ сестра́ das ist séine Schwéster; при всём ~м bei alledém; **3.** *частица* denn; что ~ с ва́ми? was fehlt Íhnen denn?; как ~ мо́жно? wie kann man bloß?
э́тот *мест.* díeser (*f* díese, *n* díeses, *pl* díese); возьми́те э́ту кни́гу, а я возьму́ ту néhmen Sie díeses Buch, und ich néhme jénes
этру́с||ки *мн. ист.* Etrúsker *pl*; ~**ский** etrúskisch; ~ский язы́к die etrúskische Spráche, das Etrúskische (*sub*)
этю́д *м* **1.** *лит., иск.* Stúdi¦e *f* (11); **2.** *муз.* Etüde *f* (11), Übungsstück *n* (2); **3.** *шахм.* Etüde *f* (11); ~**ник** *м* Skizzenmappe *f* (11); ~**ный** Stúdi¦en-; Etüden-
э́фа *ж зоол.* Éfa *f* -s, Sándrasselotter *m* (6)
эфемери́ды *мн.* **1.** *астр.* Ephemeríden *pl*; **2.** *зоол.* Ephemeríden *pl*, Éintagsfliegen *pl*
эфеме́рн||ость *ж* Vergänglichkeit *f*; ~**ый** ephemér(isch), vergänglich
эфе́с *м* Dégengriff *m* (1)
эфио́п *м* Äthiópi¦er *m* (6); ~**ка** *ж* Äthiópi¦erin *f* (12); ~**ский** äthiópisch
эфи́р *м в разн. знач.* Äther *m* -s; сло́жный ~ *хим.* Éster *m* -s; наркотизи́ровать ~ом ätherisíeren *vt*; ~**ность** *ж* Zártheit *f*; ~**ный** **1.** *хим.* äthérisch; ~ные масла́ äthérische Öle; **2.** *перен.* äthérisch; zart, dúftig
эфирома́ния *ж мед.* Ätheromaníe *f*
эфироно́с *м бот.* äthérische Öle enthältende Pflánze
эффе́кт *м* **1.** Effékt *m* (1), Wírkung *f* (10); экономи́ческий ~ Nútzeffekt *m*; реа́льный ~ чего́-л. der reále Nútzwert (*G*); дать бы́стрый ~ éine rásche Wírkung háben; рассчи́танный на ~ auf Effékt beréchnet; пого́ня за ~ом Effékthascherei *f*; **2.**: светово́ые ~ы *театр.* Líchteffekte *pl*
эффекти́вн||ость *ж* Effektivität [-vi-] *f*, Wírksamkeit *f*; Wírkungsgrad *m* (1); ~ость испо́льзования основны́х фо́ндов Grúndfondseffektivität [-fɔŋ-] *f*; ~**ый** effektív, wírkungsvoll, wírksam; ~ый ме́тод éine wírkungsvolle Methóde; ~ые ме́ры wírksame Míttel
эффе́ктный effektvoll, wírkungsvoll, éindrucksvoll
эффузи́вн||ый *геол.* Effusív-; Ergúß-; ausfließend; ~ые поро́ды Effusívgestein *n* -(e)s
эффу́зия *ж геол., физ.* Effusión *f* (10), Ergúß *m* -sses, Áusströmung *f*
эх *межд.* **1.** (*сожаление*) ach!, oh!, wie scháde!; **2.** (*упрёк*) ei!
эхиноко́кк *м зоол., мед.* Echinokókkus *m* =, *pl* -kken
э́хо *с* Écho *n* -s, -s, Wíderhall *m* -(e)s
эхоло́т *м мор.* Écholot *n* (2)
эшафо́т *м* Schafótt *n* (2)
эшело́н *м воен.* **1.** Stáffel *f* (11), Tréffen *n* (7); боево́й ~ Geféchtsstaffel *f*; **2.** (*воинский поезд*) Militärzug *m* (1*)
эшелони́ров||ание *с воен.* (*построение эшелонами*) Stáffelung *f* (10); Glíederung *f* (10); ~ание во́йск Stáffelung der Trúppen; ~ание в глубину́ Tíefengliederung *f*, Tíefenstaffelung *f*, Rückwärtsstaffelung *f*; ~**анный** *воен.* gestáffelt; ~анные де́йствия авиа́ции aufeinánderfolgende Schläge der Lúftwaffe; ~**ать** *воен.* stáffeln *vt*

Ю

юа́нь *м* (*денежная единица КНР*) Juan [ˈjyːan] *m* = *u* -s, *pl* -s (*после числ. pl* =)
юбиле́й *м* Jubiläˌum *n* -s, -läen; Jubiläˌumsfeier *f*, Jáhresfeier *f*; Gedénktag *m* (1); двадцатиле́тний ~ das zwánzigjährige Jubiläˌum; столе́тний ~ Húndertjahrfeier *f*; пра́здновать [отмеча́ть] ~ ein Jubiläˌum féiern [begéhen*]; ~**ный** Júbel-, Jubiläˌums-; ~ные торжества́ Jubiläˌumsfeierlichkeiten *pl*
юбиля́р *м* Jubilár *m* (1); ~**ша** *ж разг.* Jubilárin *f* (12)
ю́бк||а *ж* **1.** Rock *m* (1*), Fráuenrock *m*; ни́жняя ~а Únterrock *m*, Pétticoat [-ˌkoːt] *m* -s, -s; ~а с брете́льками Trägerrock *m*; **2.** *неодобр.* (*о женщине*) Schürze *f* (11); ◇ держа́ться за ~у (ма́тери) am Róckzipfel (der Mútter) hängen*
юбо́ч||ник *м разг.* Fráuenheld *m* (8), Wéiberheld *m*, Schürzenjäger *m* (6), Schwérenöter *m* (6)
ювели́р *м* Juwelíer *m* (1); ~**ный** Juwelíer-, Juwélen-, Schmuck-; ~ный магази́н Juwelíerladen *m* (7*), Juwelíergeschäft *n* (2); ~ное иску́сство Juwelíerkunst *f*; ~ные изде́лия Schmúckwaren *pl*, Schmúckartikel *pl*; ~ная промы́шленность Schmúckwarenindustrie *f*
юг *м* Süden *m* -s; Süd (*поэт., мор., геогр.— употр. без артикля; сокр.* S); на ю́ге im Süden; на юг, к ю́гу nach Süden; südwärts; на юг [к ю́гу, на ю́ге] от чего́-л. südlich von etw. (*D*); с ю́га von [aus dem] Süden; на ю́ге Евро́пы im Süden Európas
ю́го||-восто́к *м* Südósten *m* -s; Südóst (*поэт., мор., геогр.— употр. без артикля; сокр.* SO); ~-**восто́чный** südöstlich, Südóst-; ~-восто́чный ве́тер Südóstwind *m* (1); Südóst *m* -s (*поэт.*); ~-**за́пад** *м* Südwésten *m* -s; Südwést (*поэт., мор., геогр.— употр. без артикля; сокр.* SW); ~-**за́падный** südwéstlich, Südwést-; ~-за́падный ве́тер Südwéstwind *m* (1); Südwést *m* -s (*поэт.*)
югосла́в *м* Jugosláwe *m* (9); ~**ка** *ж* Jugosláwin *f* (12); ~**ский** jugosláwisch
юдофо́б *м уст.* Júdenhasser *m* (6), Júdenfeind *m* (1), Antisemít *m* (8); ~**ство** *с уст.* Júdenhaß *m* -sses, Júdenfeindschaft *f*
южа́н||ин *м* Südländer *m* (6); ~**ка** *ж* Südländerin *f* (12)
южне́е (*чего-л.*) südlich (von *D*)
южноафрика́нский südafrikanisch
ю́жн||ый südlich, Süd-; südländich (*характерный для юга*); Ю́жный бе́рег Кры́ма die Südküste der Krim; ~ый ве́тер Südwind *m* (1); Süd *m* -s (*поэт.*); ~ая широта́ *геогр.* südliche Bréite; Ю́жный по́люс Südpol *m* -s
юла́ *ж* **1.** (*игрушка*) Kréisel *m* (6), Dréhkreisel *m*; **2.** *разг.* (*непоседа*) Quécksilber *n* -s, Quécksilbernatur *f*
юлиа́нский: ~ календа́рь der Juliánische Kalénder
юли́ть *разг.* **1.** (*тж. перен.— извора́чиваться*) sich dréhen (und wénden); **2.** (*заискивать перед кем-л.*) scharwénzeln *vi*; um j-n herúmschwänzeln
ю́мор *м* Humór *m* -s; ◇ ~ ви́сельника Gálgenhumor *m*
юмори́ст *м* **1.** (*писатель*) Humoríst *m* (8); **2.** *разг.* (*человек, обладающий чувством юмора*) ein humórvoller Mensch; ~**ика** *ж* humorístische Literatúr; ~**и́ческий** humorístisch; humórvoll (*с юмором*); ~и́ческий расска́з Humoréske *f* (10)
ю́нга *м* Schíffsjunge *m* (9)
юне́ц *м разг.* Júnge *m* (9); Mílchbart *m* (1*) (*молокосос*)
юнио́р *м спорт.* Júnior *m* -s, *pl* Junióren
ю́нкер *м ист.* **1.** (*помещик в Пруссии*) Júnker *m* (6), Größgrundbesitzer *m* (6); **2.** *воен.* Júnker *m* (6)
ю́нкерск||ий *ист.* **1.** júnkerlich; **2.** *воен.* Júnker-; ~ое учи́лище Júnkerschule *f* (11)
юнко́р *м* (ю́ный корреспонде́нт) Júgendkorrespondent *m* (8)
юнна́ты *мн.* (ю́ные натурали́сты) júnge Natúrforscher *pl*
Юно́на *ж миф.* Júno *f* -s
ю́ность *ж* **1.** Júgend *f*, Júgendzeit *f*; **2.** *собир.* (*молодёжь*) Júgend *f*, júnge Léute
ю́нош||а *м* júnger Búrsche; júnger Mann; ~**еский** Júgend-; Jünglings-; júgendlich; ~еский пыл júgendlicher Éifer; ~еское движе́ние Júgendbewegung *f*; ~**ество** *с* **1.** *собир.* (*молодёжь*) Júgend *f*, júnge Léute; **2.** (*пора, время*) Júgend *f*, Júgendzeit *f*, Jünglingsalter *n* -s
ю́ный jung, júgendlich; с ю́ных лет von Júgend an, von jung auf
Юпи́тер *м астр., миф.* Júpiter *m* -s
юпи́тер *м тех.* Júpiterlampe *f* (11), Schéinwerfer *m* (6)
юр: на юру́ 1) (*на открытом месте*) im Zúgwind, auf éinem erhöhten óffenen [wíndigen] Platz; 2) (*на людном месте*) an éiner belébten Stélle
ю́ра *ж геол.* Júra *m* -s, Júraformation *f*
юра́ *ж спец.* (*косяк рыбы*) Zug *m* -(e)s
юриди́ческ||ий jurístisch, Rechts-; jurídisch (*австр.*); ~ий факульте́т die jurístische Fakultät; ~ие нау́ки Réchtswissenschaften *pl*; ~ий акт jurístischer Akt; ~ое лицо́ jurístische Persón; ~ая консульта́ция jurístische Berátungsstelle; прида́ть ~ую фо́рму in jurístische Form kléiden
юрисди́кция *ж* Jurisdiktión *f*, Réchtsprechung *f*; Geríchtsbarkeit *f*
юриско́нсульт *м* Réchtsberater *m* (6), Justitiár *m* (1)
юриспруде́нция *ж* Jurisprudénz *f*, Réchtwissenschaft *f*, Júra *pl*
юри́ст *м* Juríst *m* (8); ~-междунаро́дник Völkerrechtler *m* (6)
ю́ркий **1.** flink; behénd (*проворный*); bewéglich (*подвижной*); **2.** *разг.* (*пронырливый*) geríeben, pfíffig
юркну́ть hinéinschlüpfen *vi* (s); wéghuschen *vi* (s); vorbéihuschen *vi* (s)

ю́ркость *ж* **1.** Flínkheit *f*; Behéndigkeit *f* (*проворство*); Béweglichheit *f* (*подвижность*); **2.** *разг.* (*пронырливость*) Pfíffigkeit *f*

юро́дивый *сущ. м* Narr in Chrísto, Schwáchsinnige *m* (14), Blödsinnige *m* (14)

юро́дство *с* Blödsinn *m* -(e)s, Schwáchsinn *m*

юро́дствовать den Nárren máchen; den Blödsinnigen spíelen

ю́рск||ий *геол.* Júra-, jurássisch; ~ий известня́к Júrakalkstein *m* -(e)s; ~ая форма́ция Júraformation *f*

ю́рта *ж* Júrte *f* (11), (rúndes) Fílzzelt *n* (2)

Ю́рьев: во́т тебе, ба́бушка, и ~ день! *погов.* ≅ da háben wir den Salát [die Beschérung]!

юсти́ровать *тех.* justíeren *vt*, genáu éinstellen *vt*

юсти́ц||ия *ж* Justíz *f*, Réchtspflege *f*; сове́тник ~ии Justízrat *m* (1*)

ют *м мор.* Áchterdeck *n* (2)

юти́ться (élend) háusen *vi*; zusámmengepfercht wóhnen

юфть *ж* Júchten *m*, *n* -s, Júchtenleder *n* -s

Я

я *мест.* **1.** ich (*G* méiner, *D* mir, *A* mich); э́то я das bin ich; ich bin's!; отпусти́те меня́! lássen Sie mich!; меня́ не́ было до́ма ich war nicht zu Háuse; вме́сто меня́ an méiner Stélle, für mich; мне э́то уже́ говори́ли man hat es mir schon geságt; он дово́лен мно́ю er ist mit mir zufríeden; э́то меня́ не каса́ется das geht mich nichts an; да́йте мне кни́гу gében Sie mir ein Buch; идёмте со мной kómmen Sie mit mir; он говори́л обо мне er sprach von mir; ни мой това́рищ, ни я wéder mein Freund noch ich; у меня́ э́того нет ich hábe das nicht; я сам э́то сде́лаю ich wérde es selbst tun; я, нижеподписа́вшийся, свиде́тельствую, что... ich, Éndesunterzeichneter, bestätige, daß...; **2.** *в знач. сущ.* Ich *n* = *u* -s, = *u* -s; Individualität [-vi-] *f* (10); сохрани́ть своё «я» séine Individualität wáhren; моё второ́е «я» mein ánderes Ich; ◇ я не я, ло́шадь не моя́ *погов.* ≅ mein Náme ist Háse, ich weiß von nichts

я́бед||а **1.** *ж уст.* (*клевета, донос*) Verléumdung *f* (10); Angeberéi *f* (10); **2.** *м, ж разг. см.* я́бедник, я́бедница; **~ник** *м разг.* Verléumder *m* (6), Ángeber *m* (6); **~ница** *ж разг.* Verléumderin *f* (12), Ángeberin *f* (12); **~ничать** *разг.* verléumden *vt*, ángeben* *vt*

я́блок||о *с* Ápfel *m* (6*); ра́нние сорта́ я́блок Frühäpfel *pl*; разме́ром с ~о ápfelgroß; ◇ глазно́е ~о *анат.* Áugapfel *m*; ада́мово ~о *анат.* Ádamsapfel *m*; ло́шадь се́рая в ~ах Ápfelschimmel *m* (6); ~о мише́ни *воен.* Spíegel *m* (6); ~о раздо́ра Zánkapfel *m*; ~у не́где упа́сть ≅ hier ist für kéine Stécknadel mehr Platz; ~о от я́блони недалеко́ па́дает *посл.* der Ápfel fällt nicht weit vom Stamm; wie der Baum, so Frucht

я́блоневый Ápfelbaum-

я́блоня *ж* Ápfelbaum *m* (1*); ди́кая ~ Hólzapfelbaum *m*

я́блоч||ко *с см.* я́блоко; ◇ кита́йское ~ко Paradíesapfel *m* (6*); **~ный** Ápfel-; ~ный пиро́г Ápfelkuchen *m* (7); Strúdel *m* (6) (*слоёный*)

ява́н||ец *м* Djawáner [dʒa-] *m* (6); **~ский** djawánisch [dʒa-]

яви́ться **1.** kómmen* *vi* (s); erschéinen* *vi* (s); sich éinstellen; *воен.* sich mélden, sich ánmelden; ~ в суд vor Gerícht erschéinen*; ~ в ука́занное вре́мя sich zur ángegebenen Zeit éinstellen; ~ кста́ти zu gelégener [zur réchten] Zeit kómmen*; gelégen [geráde recht] kómmen*; у меня́ яви́лась мысль mir kam ein Gedánke; **2.** (*быть, оказаться, сделаться*) sein* *vi* (s), sich erwéisen* (als); э́то яви́лось причи́ной его́ сме́рти das war die Úrsache séines Tódes

я́вк||а *ж* **1.** (*в суд и т. п.*) Erschéinen *n* -s; ~а обяза́тельна Erschéinen [Téilnahme] ist Pflicht; ~а по призы́ву *воен.* Gestéllung *f*; Ánmeldung *f*; день ~и Gestéllungstag *m* -(e)s; **2.** (*на подпольной работе*) Treff *m* -s, -s, Ánlaufstelle *f* (11)

явле́ние *с* **1.** Erschéinung *f* (10); ~ приро́ды Natúrerscheinung *f*; типи́чное ~ éine týpische Erschéinung; стра́нное ~ éine sónderbare [éigentümliche] Erschéinung; **2.** (*событие*) Eréignis *n* (3*); **3.** (*в пьесе*) Áuftritt *m* (1), Széne *f* (11)

явля́ться *см.* яви́ться

я́вн||ый offensíchtlich, áugenscheinlich; óffenbar; klar, déutlich, áusgesprochen; únverkennbar (*несомненный*); ~ая ложь éine offensíchtliche Lüge; ~ая несправедли́вость éine offensíchtliche Úngerechtigkeit; ~ый враг ein óffener Feind; ~ая озабо́ченность mérkliche Besórgnis

я́вор *м бот.* Bérgahorn *m* -(e)s

я́вочн||ый: ~ая кварти́ра Treff *m* -s, -s; (konspiratíver) Tréffpunkt *m* (1); ~ым поря́дком éigenmächtig

я́вственный klar, déutlich; laut, vernéhmlich (*о звуке, голосе*)

я́вствовать hervórgehen* *vi* (s); из э́того я́вствует, что... daráus geht hervór, daß...; э́то я́вствует из... das ist aus... (*D*) zu erséhen, das erhéllt aus... (*D*)

явь *ж* Wírklichkeit *f*

ягдта́ш *м* Jágdtasche *f* (11)

я́гель *м бот.* Réntierflechte *f*, Réntiermoos *n* -es

ягнёнок *м* Lamm *n* (5) (*тж. перен. разг. о тихом человеке*)

ягни́ться lámmen *vi*

ягня́та *мн. см.* ягнёнок

ягня́тник *м зоол.* Lämmergeier *m* (6)

ягня́чий Lamm(s)-

я́год||а *ж* Béere *f* (11); ~ы *собир.* Béeren *pl*, Béerenfrüchte *pl*; ви́нная ~а Féige *f* (11); разведе́ние я́год Béerenanbau *m* -(e)s; дава́ть ~ы (*о растении*) Béeren trágen*; ◇ э́то одного́ по́ля ~а *разг.* ≅ sie sind von éinem Schláge; das ist das gléiche Kalíber; das wächst auf éinem Félde

я́годица *ж анат.* Gesäß *n* (2), Gesäßbacke *f* (11)

я́год||ник *м* **1.** Béeren(obst)garten *m* (7*); Béerenanlage *f*; **2.** (*куст*) Béerenstrauch *m* (4); **~ный** Béeren-; ~ный сок Béerensaft *m* (1*); ~ный куст Béerenstrauch *m* (4)

ягуа́р *м зоол.* Jáguar *m* (1)

яд *м* **1.** Gift *n* (2); **2.** *перен.* Gift *n* -(e)s; Gálle *f*; Bósheit *f* (*злоба, ехидство*)

я́дерник *м разг.* Kérnforscher *m* (6), Kérntechniker *m* (6)

я́дерн||ый Kern-, nukleár; ~ая фи́зика Kérnphysik *f*; ~ая эне́ргия Kérnenergie *f*; ~ая те́хника Kérntechnik f; ~ая реа́кция Kérnreaktion *f* (10); ~ый реа́ктор Kérnreaktor *m* (8); ~ое то́пливо Kérntreibstoff *m* -(e)s; назе́мный ~ый взрыв Kérnwaffendetonation *f* an der Érdoberfläche; ~ый снаря́д Granáte *f* mit Kérnladung; ~ая война́ Kérnwaffenkrieg *m* (1), nukleárer Krieg; ~ое ору́жие Kérnwaffe *f* (11), nukleáre Wáffe; испыта́ния ~ого ору́жия Kérnwaffenversuche *pl*; Kérntests *pl*; догово́р о нераспростране́нии ~ого ору́жия Atómsperrvertrag *m* (1*); зо́на, свобо́дная от ~ого ору́жия kérnwaffenfreie Zóne

я́дерщик *м разг.* Kérnforscher *m* (6), Kérntechniker *m* (6)

ядови́т||о *нареч.* gíftig, gállig; bósháft (*зло, ехидно*); béißend (*язвительно*); **~ость** *ж* **1.** Gíftigkeit *f*; **2.** *перен.* Gíftigkeit *f*, das Bóshafte (*sub*); **~ый** **1.** gíftig, Gift-; ~ая змея́ Gíftschlange *f* (11); ~ое вещество́ Gíftstoff *m* (1); **2.** *перен.* gíftig; bóshaft (*злой, ехидный*); béißend (*язвительный*)

ядоно́сный gíftliefernd

ядохимика́ты *мн.* chémische Schädlingsbekämpfungsmittel *pl*; Pflánzenschutzmittel *pl*

ядрёный *разг.* **1.** (*твёрдый, плотный*) kräftig, kérnig; **2.** (*о человеке*) kérngesund, stramm, kráftstrotzend; **3.** (*о воздухе, напитках*) frisch, erquíckend; **4.** (*грубоватый, напр. о словах*) kérnig, márkig, kräftig

я́дрица *ж* Búchweizengrütze *f*

ядро́ *с* **1.** Kern *m* (1); ~ оре́ха Núßkern *m*; ~ а́тома Atómkern *m*; ~ кле́тки Zéllkern *m*; **2.** *перен.* Kern *m* -(e)s, Háuptkern *m*, das Wésentliche (*sub*); ~ па́ртии der Kern der Partéi; руководя́щее ~ der léitende Kern; **3.** (*пушечное*) Kanónenkugel *f* (11), Kúgel *f*; **4.** *спорт.* Kúgel *f* (11); толка́ние ядра́ Kúgelstoßen *n* -s

я́зва *ж* **1.** Geschwür *n* (2); Wúnde *f* (11) (*рана*); ~ желу́дка Mágengeschwür *n*; сиби́рская ~ *мед.* Mílzbrand *m* -(e)s; морова́я ~ *уст.* Séuche *f* (11); **2.** *перен.* Pláge *f*, Übel *n* (6), Krébsschaden *m* -s, Géißel *f* (11); **3.** *разг.* (*о человеке*) Gíftnudel *f*, Lästermaul *n* (5)

я́звенник I *м бот.* Wúndklee *m* -s

я́звенник II *м разг.* (*больной*) Mágengeschwürkranke *m* (14)

я́звенн||ый geschwürig; Geschwürs-; ~ая боле́знь Mágengeschwür *n* (2)

язви́тельный béißend, höhnisch; gíftig

язви́ть sticheln *vi*; spötteln *vi*, höhnen *vi*

язы́к *м* **1.** *анат.* Zúnge *f* (11); обло́женный ~ *мед.* belégte Zúnge; показа́ть ~ die Zúnge zéigen (*врачу*); die Zúnge heráusstrecken (*из озорства*); **2.** (*речь*) Spráche *f* (11); Zúnge *f* (11) (*поэт.*); ру́сский ~ die rússische Spráche, das Rússische (*sub*); родно́й ~ Múttersprache *f*; живо́й ~ lébende Spráche; мёртвый ~ tóte Spráche; дре́вние ~и́ die álten Spráchen; но́вые ~и́ die modérnen Spráchen; разгово́рный ~ Úmgangssprache *f*; пи́сьменный литерату́рный ~ Schríftsprache *f*; иностра́нный ~ frémde Spráche, Frémdsprache *f*; ~-осно́ва Úrsprache *f*; ~-посре́дник Míttlersprache *f*; родово́й ~ Gentílsprache *f*; племенно́й ~ Stámmessprache *f*; ~и́ наро́дностей die Spráchen der Völkerschaften; национа́льный ~ Nationálsprache *f*; уче́ние о ~е́ die Léhre von der Spráche; владе́ть каки́м-л ~о́м éine Spráche behérrschen; говори́ть на двух ~а́х zwei Spráchen spréchen*; говори́ть на хоро́шем неме́цком ~е́ ein gútes Deutsch spréchen*; ~ жéстов Gebärdensprache *f*, die Spráche der Gésten; **3.**: ~ ко́локола

Klöppel *m* (6); **4.** (*пленный*) Gefángene *m* (14) (*der Aussagen machen kann*); взять ~á éinen Gefángenen éinbringen*; ◇ злой ~ éine böse Zúnge, éine spítze Zúnge; найти́ óбщий ~ éine geméinsame Spráche fínden*; übereínkommen* *vi* (s); sich verständigen; у негó отня́лся ~ die Zúnge verságte ihm; у негó ~ прили́п к гортáни das Wort blieb ihm in der Kéhle stécken; ~ до Ки́ева доведёт *погов.* ≅ mit Frágen kommt man durch die Welt; у негó хорошó ~ подвéшен *разг.* er ist flink mit der Zúnge; er ist rédegewandt; er hat ein gut geöltes Múndwerk; держáть ~ за зубáми die Zúnge im Zaum hálten*; den Schnábel hálten* (*разг.*); придержáть ~ die Zúnge zügeln [hüten]; прикуси́ть ~ sich (*D*) auf die Zúnge béißen*; чесáть ~ die Zúnge wétzen; кто тебя́ за ~ тянýл? *разг.* kannst du déine Zúnge nicht zügeln?; э́то слóво вéртится у меня́ на ~é das Wort liegt [schwebt] mir auf der Zúnge; у негó дли́нный ~, у негó ~ без костéй *разг.* er hat éine lánge Zúnge; что на умé, то и на ~é *посл.* ≅ wes das Herz voll ist, des geht der Mund über; у негó что на умé, то и на ~é er hat [trägt] das Herz auf der Zúnge

языковéд *м* Spráchforscher *m* (6), Spráchwissenschaftler *m* (6), Linguíst *m* (8); **~ение** *с* Spráchwissenschaft *f*, Linguístik *f*; **~ческий** spráchwissenschaftlich, linguístisch

языковóй *лингв.* Sprach-; spráchlich

языкóв||ый Zúngen-; ~ая колбасá Zúngenwurst *f*

языкознáние *с* Spráchwissenschaft *f*; сравни́тельное ~ vergléichende Spráchwissenschaft *f*

языкотвóрческий *лингв.* spráchschöpferisch

язы́че||ский héidnisch, Héiden-; **~ство** *с* Héidentum *n* -s

язычкóв||ый 1. *анат.*, *лингв.* Zäpfchen-; **2.** *муз.*: ~ый инструмéнт Zúngeninstrument *n* (2); ~ая трубá Zúngenpfeife *f* (11)

язы́чник *м* Héide *m* (9)

язы́чн||ый *анат.* Zúngen-; ~ые мы́шцы Zúngenmuskulatur *f*

язычóк *м* **1.** (kléine) Zúnge *f* (11), Zünglein *n* (7), Züngelchen *n* (7); **2.** *анат.* Zäpfchen *n* (7); **3.** (*в замкé*) Ríegel *m* (6); **4.** *муз.* Zúnge *f* (11); **5.** (*ботинка*) Zúnge *f* (11)

И

язь *м* (*рыба*) Áland *m* (1)

яи́чко *с* **1.** *см.* яйцó; **2.** *анат.* Hóden *m* (7)

яи́чник *м* *анат.* Éierstock *m* (1*)

яи́чн||ица *ж* Éierkuchen *m* (7), Omelétte *f* (11); ~ица-болтýнья Rührei *n* (5); ~ица-глазýнья Sétz¦ei *n*; Spíegel¦ei *n*; Óchsenauge *n* (13) (*разг.*); **~ый** Ei-, Éier-; ~ый желтóк Éigelb *n* -(e)s; Éidotter *m* (6); ~ый белóк Éiweiß *n* -es; ~ая скорлупá Éierschale *f* (11); ~ый порошóк Éipulver *n* -s, Tróckenei *n*

яйлá *ж* Jáilagebirge *n* -s

яйцеви́дный éiförmig; oval [o'va:l]; ~ лист *бот.* éiförmiges Blatt

яйцевóд *м* *анат.* Éileiter *m* (6)

яйцеклáд *м* *зоол.* Éilegeapparat *m* (1)

яйцекладýщий *зоол.* éierlegend

яйцеклéтка *ж* *биол.* Éizelle *f* (11)

яйценóск||ий *с.-х.* éierlegend; **~ость** *ж* Légeleistung *f*

яйцерóдный *зоол.* ovipár [ovi-]; éierlegend

яйцó *с* Ei *n* (5); ~ всмя́тку wéiches [wéichgekochtes] Ei; ~ в мешóчек pfláumenweiches Ei; крутóе ~ hártes [hártgekochtes] Ei; диети́ческое ~ Trínk¦ei *n*; **разби́ть ~** *кул.* **das Ei ánschlagen***; ◇ э́то вы́еденного яйцá не стóит *разг.* ≅ das ist kéinen róten Héller [kéinen Pfífferling, kéinen Schuß Púlver] wert

як *м* *зоол.* Jak *m* -s, -s

якоби́н||ец *м* *ист.* Jakobíner *m* (6); **~ский** *ист.* jakobínisch; **~ство** *с* *ист.* Jakobínertum *n* -s

я́кобы *частица* ángeblich; он ~ всё пóнял er hat ángeblich álles verstánden

я́корн||ый *мор.* Ánker-; ~ая цепь Ánkerkette *f* (11); ~ая стоя́нка Ánkerplatz *m* (1*)

я́кор||ь *м* *мор.*, *эл.*, *тех.* Ánker *m* (6); плавýчий ~ь Tréibanker *m*; станови́ться на ~ь vor Ánker géhen*; брóсить ~ь den Ánker áuswerfen*; стоя́ть на ~е vor Ánker líegen*; снимáться с ~я den Ánker líchten; ◇ ~ь спасéния Réttungsanker *m*

якýт *м* Jakúte *m* (9); **~ка** *ж* Jakútin *f* (12); **~ский** jakútisch; ~ский язы́к die jakútische Spráche, das Jakútische (*sub*)

якшáться *разг.* (*с кем-л.*) úmgehen* *vi* (s), verkéhren *vi* (mit *D*); sich mit j-m ábgeben*; gut Freund sein (mit *D*)

ял *м*, **я́лик** *м* *мор.* Jólle *f* (11), Boot *n* (2)

я́личник *м* Jóllenführer *m* (6)

я́ловичный *см.* я́ловый 2

я́лов||ость *ж* *с.-х.* Únfruchtbarkeit *f*; **~ый 1.:** ~ая корóва gélte [únfruchtbare] Kuh; **2.** *спец.* (*о коже*) rínd(s)ledern

я́ма *ж* **1.** Grúbe *f* (11); мýсорная [помóйная] ~ Müllgrube *f*; выгребна́я ~ Sénkgrube *f*; ýгольная ~ (*на судне*) Kóhlenbunker *m* (6); **2.** *уст.* (*тюрьма*) Loch *n* -s, Kíttchen *n* -s, Gefängnis *n* (3*); ◇ воздýшная ~ *ав.* Lúftloch *n* (5); вóлчья ~ *воен.* Wólfsgrube *f*; рыть комý-л. я́му *разг.* j-m éine Grúbe gráben*

ямá||ец *м* Jamaikáner *m* (6); **~йка** *ж* Jamaikánerin *f* (12); **~йский** jamaikánisch

ямб *м* *лит.* Jámbus *m* =, -ben; пятистóпный ~ fünffüßige Jámben *pl*; **~и́ческий** *лит.* jámbisch

ямбохорéй *м* *лит.* Jambochoré¦us *m* =, -ré¦en

я́мка *ж* kléine Grúbe; kléines Loch

я́мочка *ж* *уменьш.* Grübchen *n* (7); Wángengrübchen *n* (*на щеке*)

ямщи́к *м* Póstkutscher *m* (6)

янвáрский Jánuar-

январ||ь *м* Jánuar *m* = *u* -s, в ~é мéсяце im Mónat Jánuar; в начáле ~я́ Ánfang Jánuar; в середи́не ~я́ Mítte Jánuar; в концé ~я́ Énde Jánuar; в ~é прóшлого гóда im Jánuar vórigen Jáhres, (im) vórigen Jánuar; в ~é э́того гóда im Jánuar díeses Jáhres; в ~é бýдущего гóда Jánuar nächsten Jáhres, (im) nächsten Jánuar

я́нки *м* Yankee [*англ.* 'jɛŋki] *m* -s, -s

янтáрный 1. Bérnstein-; **2.** (*о цвете*) bérnsteingelb

янтáрь *м* Bérnstein *m* -s; чёрный ~ Gagát *m* (1); Jett *m* -s, Péchkohle *f*, schwárzer Bérnstein

Я́нус *м* *миф.* Jánus *m*-'

янычáр *м* *ист.* Janitschár *m* (8)

япóн||ец *м* Japáner *m* (6); **~ка** *ж* Japánerin *f* (12); **~ский** japánisch; ~ский язы́к die japánische Spráche, das Japánische (*sub*)

яр *м* **1.** (*обрыв*) stéiler Ábhang; ábschüssiges Úfer; **2.** (*овраг*) tíefe Schlucht

ярд *м* (*мера*) Yard *n* -s, -s *и после числ.* =

ярéмн||ый: ~ые вéны *анат.* Hálsadern *pl*

я́рка *ж* júnges Schaf

я́рк||ий 1. grell; hell; lébhaft; fárbenfroh, léuchtend (*о цвете*); **2.** *перен.* markánt, prägnánt; hervórragend (*выдающийся*); hervórstechend (*бросающийся в глаза*); kraß, tréffend, scharf (*резкий*); ~ий примéр ein schlágendes Béispiel; ~ое доказáтельство ein éindrucksvoller [spréchender] Bewéis; ~о вы́раженный schlágend [drástisch] áusgedrückt; scharf áusgeprägt

я́рко-крáсный hóchrot; schárlachrot

я́ркость *ж* **1.** (*света, красок*) Grélleheit *f*; Hélle *f*; Hélligkeit *f*; Lébhaftigkeit *f*; Léuchtdichte *f*; Léuchtkraft *f*; ~ изображéния *тлв.* Bíldhelligkeit *f*; **2.** *перен.* das Markánte (*sub*), Prägnánz *f*; das Hervórstechende (*sub*), das Hervórragende (*sub*); Schärfe *f* (*резкость*)

ярлы́к *м*, **ярлычóк** *м* Etikétt *n* (2); Etikétte *f* (11) (*швейц.*, *австр.*); Signatúr *f* (10) (*на книге и т. п.*); Préisschild *n* (5) (*с указанием цены*)

я́рмар||ка *ж* Jáhrmarkt *m* (1*), Mésse *f* (11); ~ка образцóв Mústermesse *f*; **~очный** Jáhrmarkts-, Mésse-

ярмó *с* Joch *n* (2); *перен.* *тж.* Last *f*; сбрóсить ~ das Joch ábschütteln

я́ро *нареч.* éifrig, héftig, úngestüm

яров||изáция *ж* *с.-х.* Jarowisíeren *n* -s, Jarowisatión *f*; **~изи́ровать** *с.-х.* jarowisíeren *vt*, verkéimen *vt*; **~óй** *с.-х.* Sómmer-; ~ы́е хлебá *см.* яровы́е; **~ы́е** *сущ. мн.* *с.-х.* Sómmergetreide *n* -s, Sómmerkorn *n* -(e)s, Sómmersaaten *pl*

я́ростный 1. wütend, grímmig; **2.** (*неукротимый*) verbíssen

я́рост||ь *ж* Wut *f*, Grimm *m* -(e)s; привести́ в ~ь in Wut bríngen* [versétzen]; прийти́ в ~ь in Wut [in Hítze, in Ráge (-ʒə)] geráten*; вне себя́ от ~и áußer sich vor Wut; wútschnaubend; блéдный от ~и blaß vor Wut

я́рус *м* **1.** *театр.* Rang *m* (1*); пéрвый ~ der érste Rang; **2.** *геол.* (*слой*) Láge *f* (11); Schicht *f* (10), Stúfe *f* (11)

я́рый éifrig; héftig, wütend; léidenschaftlich (*страстный*)

я́рь-медя́нка *ж* *хим.* Grünspan *m* -(e)s

я́сельный Kríppen-; Kínderkrippen-

я́сеневый Éschen-

я́сень *м* *бот.* Ésche *f* (11)

я́сли *мн.* **1.** (*детские*) Kínderkrippe *f* (11), Kríppe *f* **2.** (*для скота*) Kríppe *f* (11), Fútterkrippe *f*; **~-сад** *м* Kínderkombination *f* (10)

яснови́д||ение *с* Héllsehen *n* -s, **~ец** *м* Héllseher *m* (6); **~ица** *ж* Héllscherin f (12)

я́сность *ж* Klárheit *f*; Déutlichkeit *f* (*понятность*); ~ мы́сли Gedánkenklarheit *f*; внести́ ~ Klárheit scháffen, áufklären *vt*

я́сн||ый 1. klar; ~ое нéбо klárer [héller, wólkenloser] Hímmel; ~ая погóда héiteres [fréundliches, wólkenloses] Wétter; **2.** (*понятный*; *отчётливый*) déutlich, klar; übersichtlich (*наглядный*); ~о говори́ть klar [verständlich] spréchen*; ~о понимáть gut verstéhen*; стать бóлее ~ым klárer wérden, an Klárheit gewínnen*; имéть ~ое представлéние о чём-л. éine kláre Vórstellung von etw. (*D*) háben; sich (*D*) über etw. (*A*) klar sein, über etw. (*A*) im kláren sein; **3.** (*очевидный*) klar, áugenscheinlich, áugenfällig; óffenkundig; ~о, что... (es ist) klar, daß...; ~о без слов, что... es verstéht sich von selbst, daß...; комý не ~о, что... jéder wird verstéhen, daß...; бы́ло совершéнно ~о

23 – 1052

es war vollkómmen klar, es lag óffen zutáge; ~о как день klar wie die Sónne, sónnenklar; ◇ как гром средь ~ого нéба wie ein Blitz aus héiterem Hímmel

я́ства *мн. уст.* (réichhaltige) Spéisen *pl*

я́стреб *м* Hábicht *m* (1); ~-перепелятник Spérber *m* (6); **~и́ный** Hábichts-; hábichtsartig

ясты́к *м рыб.* **1.** (*икра*) gánzer róher Rógen; **2.** (*плёнка*) Rógenhäutchen *n* -s

ятага́н *м* (*оружие*) Jatagán *m* (1), Krúmmsäbel *m* (6)

ять: знать что-л. на ~ *разг.* etw. aus dem Éffeff [FF] können* [verstéhen*]

я́хонт *м уст.* Édelstein *m* (1) (*Rubin und Saphir*)

я́хта *ж* Jacht *f* (10)

яхт-клу́б *м* Jáchtklub *m* -s, -s

яхтсме́н *м* Ségler *m* (6), Jáchtsegler *m*

ячéистый zellulár

ячéйка *ж* **1.** Zélle *f* (11); Másche *f* (11) (*в сетке*); сóтовая ~ Hónigzelle *f*; **2.** (*общественной организации*) Zélle *f* (11); **3.** (*прежнее название первичной парторганизации*) Partéizelle *f* (11); **4.** *воен.* Schützenloch *n* (5)

ячмéнн||ый Gérsten-; ~ый хлеб Gérstenbrot *n* -(e)s; ~ое зернó Gérstenkorn *n* (5)

ячмéнь I *м бот.* Gérste *f*; зáячий ~ Mäusegerste *f*

ячмéнь II *м* (*на глазу*) Gérstenkorn *n* (5)

я́чнев||ый Gérsten-; ~ая крупá Gérstengries *m* -es

я́шм||а *ж мин.* Jáspis *m* -ses (*G тж.* =); **~овый** *мин.* Jáspis-; ~овая шкатýлка Jáspisschatulle *f* (11)

я́щер *м зоол.* Échse *f* (11), Schúppentier *n* (2)

я́щерица *ж* Éidechse *f* (11)

я́щик *м* **1.** Kásten *m* (7); Kíste *f* (11); (*большой*) Trúhe *f* (*ларь*); почтóвый ~ Bríefkasten *m*; абонемéнтный почтóвый ~ Póstschließfach *n* (5); мýсорный ~ Müllkürbel *m* (5); Mülltonne *f* (11); заря́дный ~ *воен.* Munitiónswagen *m* (7); **2.** (*выдвижной*) Schúblade *f* (11), Schúbfach *n* (5), Schúbkasten *m* (7), Schub *m* (1*); запирáющийся ~ Schlíeßfach *n*; ◇ «чёрный ~» Black-bóx ['blɛk-] *f* (10); отклáдывать что-л. в дóлгий ~ *разг.* ≅ etw. auf die lánge Bank schíeben*; не отклáдывать в дóлгий ~ *разг.* ≅ etw. nicht auf die lánge Bank schíeben*; nicht lánge mit etw. (*D*) fáckeln

я́щур *м вет.* Mául- und Kláuenseuche *f*

ГЕОГРАФИЧЕСКИЕ НАЗВАНИЯ

В настоящий список включены названия стран (государств), их столиц и иных важнейших городов, имеющих политическое, экономическое, культурное и историческое значение, обозначения административных и географических районов, природных географических объектов и иных географических реалий, представляющих интерес для пользователя.

В списке приведены, как правило, краткие названия государств, поскольку полные официальные обозначения употребляются лишь в специальных текстах (напр. в международно-правовых актах), при переводе которых используются специальные справочники.

В качестве переводов названий городов (главным образом стран Восточной Европы) наряду с официальными названиями, заимствованными из соответствующего национального языка, в списке представлены и неофициальные немецкие названия, широко употребляющиеся в современной литературе и периодике (напр., Bratislava — Preßburg, Poznań — Posen). В некоторых случаях в скобках даны факультативные варианты немецких названий, в основе которых лежит национальная форма названия города, напр., Aschchabad (Aschgabat).

Абиджа́н *г.* Abidjan [-'dʒa:n] *n* -s

Абисси́ния Abessíni¦en *n* -s; *см.* Эфио́пия

Абу́-Да́би *г.* Ábu Dhabi [-'da:bi] *n* -s

Абу́джа (*столица Нигерии*) Abúja [-dʒa] *n* -s

Абха́зия Abchási¦en *n* -s

Австрали́йский Сою́з der Austrálische Bund -n -es

Австра́лия Austráli¦en *n* -s

А́встрия Österreich *n* -s

А́встро-Ве́нгрия *ист.* Österreich-Úngarn *n* -s

Адди́с-Абе́ба *г.* Áddis-Ábeba *n* -s

А́ден *г.* Áden *n* -s

Аджа́рия Adschári¦en *n* -s

Адриа́тика das Adriátische Meer -n -es, die Ádria

Адыге́я Adygéja *n* -s

Азербайджа́н Aserbaidschán *n* -s

А́зия Ási¦en *n* -s

Азо́вское мо́ре das Asówsche Meer -n -es

Азо́рские острова́ die Azóren

А́йзенах *г.* Éisenach *n* -s

А́йзенхю́ттенштадт *г.* Éisenhüttenstadt *n* -s

А́йзенштадт *г.* Éisenstadt *n* -s

А́ккра (*столица Ганы*) Accra ['ak-] *n* -s

Ала́ндские острова́ die Åland(s)inseln ['a:lant-]

Ала́ния Aláni¦en *n* -s; *см.* Се́верная Осе́тия

Алба́ния Albáni¦en *n* -s

Александри́я *г.* Alexándria *n* -s

Алеу́тские острова́ die Ale¦úten

Алжи́р 1. (*государство*) Algéri¦en *n* -s **2.** (*город*) Algier [al'ʒi:r] *n* -s

Алма́-Ата́ Álma-Áta (Almatý) *n* -s

Алта́й 1. (*горы*) der Altái **2.** Респу́блика ~ die Republík Altái

Алта́йский край die Altái-Region

А́льпы die Álpen

Аля́ска Aláska *n* -s

Амазо́ния Amazóni¦en *n* -s, das Amazónas-Gebiet -(e)s

Амазо́нка *р.* der Amazónas

Аме́рика Amérika *n* -s

Амма́н (*столица Иордании*) Ammán *n* -s

Амстерда́м *г.* Amsterdám *n* -s

Амударья́ *р.* der Amúdarjá = *u* -s

Аму́р *р.* der Ámur (Amúr) = *u* -s

Ангара́ *р.* die Angará

А́нглия Éngland *n* -s

Анго́ла Angóla *n* -s

Андама́нские острова́ die Andamánen

Андо́рра Andórra *n* -s

А́нды (*горы*) die Ánden

Анкара́ *г.* Ánkara *n* -s

Антананари́ву (*столица Мадагаскара*) Antananarívo [-vo] *n* -s

Антаркти́да die Antárktika

Анта́рктика die Antárktis

Антве́рпен *г.* Antwérpen *n* -s

Анти́гуа и Барбу́да Antígua und Barbúda *n* -s -s

Анти́льские острова́ die Antíllen

Апенни́нский полуо́стров die Apenninenhalbinsel

Апенни́ны (*горы*) die Apenninen

А́пиа (*столица Западного Самоа*) Apía *n* -s

Арави́йский полуо́стров Arábi¦en *n* -s

Ара́льское мо́ре der Áralsee -s

Аргенти́на Argentíni¦en *n* -s

Арде́нны (*горы*) die Ardénnen

А́рктика die Árktis

Арме́ния Arméni¦en *n* -s

Арха́нгельск *г.* Archángelsk

Асси́рия *ист.* Assýri¦en *n* -s

А́страхань *г.* Ástrachan *n* -s

Асунсьо́н (*столица Парагвая*) Asunción [asun'siɔn] *n* -s

Атланти́да die Atlántis

Атла́нтика der Atlántik -s

Атланти́ческий океа́н der Atlántische Ózean -n -s

А́тлас, Атла́сские го́ры der Átlas

А́угсбург *г.* Áugsburg *n* -s

Афганиста́н Afghanistan [-'ga:-] *n* -s

Афи́ны Athén *n* -s

А́фрика Áfrika *n* -s

А́хен *г.* Áachen *n* -s

Ашхаба́д *г.* Aschchabád (Aschgabát) *n* -s

Бава́рия Báyern *n* -s

Бава́рские А́льпы die Báyerischen Álpen

Бага́мские острова́ die Ba¦hámas, die Ba¦háma¦inseln

Багда́д *г.* Bágdad *n* -s

Ба́ден I (*историческая область в Германии*) Báden *n* -s

Ба́ден II (*город в Австрии*) Báden *n* -s

Ба́ден-Ба́ден *г.* Báden-Báden *n* -s

Ба́ден-Вю́ртемберг (*земля в ФРГ*) Báden-Württemberg *n* -s

Ба́зель *г.* Básel *n* -s

Байка́л *оз.* der Báikalsee -s

Байкону́р *г.* Baikonúr *n* -s

Баку́ *г.* Bakú *n* -s

Ба́латон *оз.* der Bálaton -s, Plättensee -s

Балка́нские го́ры der Bálkan -s

Балка́нский полуо́стров die Bálkanhalbinsel

Балти́йское мо́ре die Óstsee, das Báltische Meer -n -(e)s

Ба́лтия das Báltikum -s; *см. тж.* Приба́лтика

Балха́ш *оз.* der Balcháschsee -s

Бамако́ (*столица Мали*) Bamakó *n* -s

Банги́ (*столица Центральноафриканской республики*) Bangui [bã'gi:] *n* -s

Бангко́к *г.* Bángkok *n* -s

Бангладе́ш Bangladesh [-'dɛʃ], Bangladésch *n* -s

Ба́ндар-Сери́-Бегава́н (*столица Брунея*) Bándar Serí Begáwan *n* = = -s

Банджу́л (*столица Гамбии*) Banjul [-'dʒu:l] *n* -s

Банду́нг *г.* Bándung *n* -s

Барба́дос (*остров и государство*) Barbádos *n*

Ба́ренцево мо́ре die Bárentssee

Барнау́л *г.* Barnaúl *n* -s

Барсело́на *г.* Barcelóna [-tse-] *n* -s

Бату́ми *г.* Batúmi *n* -s

Бахре́йн Bahráin, Bahrein [bax'rein] *n* -s

Бахчиса́рай *г.* Bachtschissarái *n* -s

Башки́рия Baschkíri¦en *n* -s

Башкортоста́н Baschkortostán *n* -s; *см. тж.* Башки́рия

Бейру́т (*столица Ливана*) Beirút *n* -s

Белару́сь *см.* Белору́ссия

Бе́лгород *г.* Bélgorod *n* -s

Белгра́д *г.* Bélgrad, Béograd *n* -s

Бели́з Belize [bɛ'li:z] *n* -s

Бе́лое мо́ре das Wéiße Meer -n (e)s

Беломо́рско-Балти́йский кана́л der Wéißmeer-Óstsee-Kanal -s

Белору́ссия Wéißrußland *n* -s

Бе́лфаст *г.* Belfast [-'fa:st *u* 'bɛl-] *n* -s

Бе́льгия Bélgi¦en *n* -s

Бельмопа́н (*столица Белиза*) Belmópan *n* -s

Бенга́лия (*историческая область на юге Азии*) Bengálen *n* -s

Бенга́льский зали́в der Golf von Bengálen -(e)s = =

Бенилю́кс die Béneluxstaaten

Бени́н Benín *n* -s

Бе́рег Слоно́вой ко́сти *см.* Кот-д'Ивуа́р

Березина́ *р.* die Beresiná

Бе́рингов проли́в die Béringstraße

Бе́рингово мо́ре das Béringmeer -(e)s

Берли́н *г.* Berlín *n* -s
Берму́дские острова́ die Bermúdas, die Bermúdainseln
Берму́дский треуго́льник das Bermúdadreieck -s
Берн *г.* Bern *n* -s
Бески́ды (*горы*) die Beskíden
Бессара́бия *ист.* Bessarábi¦en *n* -s
Би́рма Bírma, Búrma *n* -s; *см.* Мьянма
Би́рмингем *г.* Birmingham ['bœ:(r)miŋəm] *n* -s
Биробиджа́н *г.* Birobidschán *n* -s
Биса́у (*столица Гвинеи-Бисау*) Bissáu *n* -s
Биска́йский зали́в der Golf von Biskáya -(e)s = =, die Biskáya (Biscaya) [-'ka:ja]
Бишке́к *г.* Bischkék *n* -s
Благове́щенск *г.* Blagowéschtschensk *n* -s
Бли́жний Восто́к der Náhe Ósten -n -s
Боге́мия *ист.* Böhmen *n* -s
Богота́ (*столица Колумбии*) Bogotá *n* -s
Бо́денское о́зеро der Bódensee -s
Болга́рия Bulgári¦en *n* -s
Боли́вия Bolívi¦en [-vi-] *n* -s
Боло́нья *г.* Bologna [bo'lɔnja] *n* -s
Большо́й Бельт (*пролив*) der Gróße Belt -n -(e)s
Бомбе́й *г.* Bómbay [-be:] *n* -s
Бонн *г.* Bonn *n* -s
Борне́о *о-в* Bórneo *n* -s
Бо́рнхольм *о-в* Bornhólm *n* -s
Бородино́ Borodinó *n* -s
Бо́сния и Герцегови́на Bósni¦en und Herzegówina *n*
Бо́стон *г.* Boston ['bɔstən] *n* -s
Босфо́р (*пролив*) der Bósporus
Ботни́ческий зали́в der Bóttnische Méerbusen -n -s
Ботсва́на Botswána *n* -s
Бо́хум *г.* Bóchum *n* -s
Браззави́ль (*столица Конго*) Brazzaville [-za'vil] *n* -s
Брази́лия 1. (*государство*) Brasíli¦en *n* -s **2.** (*город*) Brasília *n* -s
Бра́нденбург (*земля и город в ФРГ*) Brándenburg *n* -s
Братисла́ва *г.* Bratisláva [-va] *n* -s, Préßburg *n* -s
Братск *г.* Bratsk *n* -s
Бра́уншвейг *г.* Bráunschweig *n* -s
Брахмапу́тра *р.* der Brahmapútra -s
Бре́мен *г.* Brémen *n* -s
Бре́слау *г. ист. см.* Вро́цлав
Брест *г.* Brest *n* -s
Брета́нь *п-ов* die Bretagne [-'tanjə]
Бри́джтаун (*столица Барбадоса*) Bridgetown ['bridʒtaun] *n* -s
Брита́нские острова́ die Brítischen Ínseln
Брно *г.* Brno *n* -s, Brünn *n* -s
Бро́ккен (*гора*) der Bröcken -s
Бруне́й Brúnei *n* -s
Брюссе́ль *г.* Brüssel *n* -s
Брянск *г.* Brjansk *n* -s
Бря́нщина das Brjánsker Gebíet = -(e)s
Буг *р.* der Bug -s
Будапе́шт *г.* Búdapest *n* -s
Бужумбу́ра (*столица Бурунди*) Bujumbúra *n* -s
Бургенла́нд (*земля в Австрии*) das Búrgenland -(e)s
Буркина́ Фасо́ Burkína Fáso *n* -s
Буру́нди Burúndi *n* -s
Буря́тия Burjáti¦en *n* -s
Бута́н Bhutan ['bu:-] *n* -s
Бухара́ *г.* Buchára *n* -s
Бухаре́ст *г.* Búkarest *n* -s
Бухенва́льд Búchenwald *n* -s
Буэ́нос-А́йрес *г.* Buénos Áires *n*
Вавило́н *ист.* Bábylon *n* -s; Bábel *n* -s
Вавило́ния *ист.* Babylóni¦en *n* -s
Ваду́ц (*столица Лихтенштейна*) *г.* Vaduz [fa'du:ts] *n* -s
Вале́тта (*столица Мальты*) Valétta [va-] *n* -s
Ванку́вер *г.* Vancouver [vɛn'ku:vər] *n* -s
Вануа́ту Vanuátu [vɛ-] *n* -s
Варша́ва *г.* Wárschau *n* -s
Ватерло́о Wáterloo
Ватика́н 1. (*государство*) der Vatikán [va-] -s **2.** (*город*) die Vatikánstadt
Вашингто́н *г.* Washington ['wɔʃiŋtən] *n* -s
Ве́зер *р.* die Wéser
Везу́вий (*вулкан*) der Vesúv [ve-] = *u* -s
Ве́ймар *г.* Wéimar *n* -s
Великобрита́ния Gróßbritanni¦en *n* -s
Ве́ллингтон (*столица Новой Зеландии*) Wellington ['wɛliŋtən] *n* -s
Ве́на *г.* Wien *n* -s
Ве́нгрия Úngarn *n* -s
Венесуэ́ла Venezuéla [ve-] *n* -s
Вене́ция *г.* Venédig [ve-] *n* -s
Верде́н *г.* Verdun [vɛr'dœ̃:] *n* -s
Верса́ль *г.* Versailles [vɛr'zai] *n*
Ве́рхнее *оз.* der Óbere See -n -s
Верхнере́йнская ни́зменность die Óberrheinische Tiefebene
Ве́рхняя А́встрия (*земля в Австрии*) Óberösterreich *n* -s
Ве́рхняя Силе́зия (*историческая область в Польше*) Óberschlesi¦en *n* -s
Верхоя́нск *г.* Werchojánsk *n* -s
Вестфа́лия (*историческая область в Германии*) Westfálen *n* -s
Византи́я *ист.* **1.** (*Восточно-Римская империя*) das Byzantínische Reich -n -(e)s **2.** (*греческая колония*) Byzánz *n* -s
Викто́рия I (*столица Сейшельских Островов*) Victória [vik-] *n* -s
Викто́рия II *оз.* der Victóriasee [vik-] -s
Ви́ла (*столица Вануату*) Vila ['vi:-] *n* -s
Ви́льгельмсха́фен *г.* Wilhelmshaven [-'ha:f(ə)n] *n* -s
Ви́льнюс *г.* Vilnius ['vil-] *n* -s, Wílna *n* -s
Ви́ндхук (*столица Намибии*) Windhuk *n* -s
Ви́сбаден *г.* Wiesbaden *n* -s
Ви́сла *р.* die Wéichsel
Ви́ттенберг *г.* Wittenberg *n* -s
Вифлее́м *г.* Bethlehem ['be:t-] *n* -s
Владивосто́к *г.* Wladiwostók *n* -s
Владикавка́з *г.* Wladikawkás *n* -s
Влади́мир *г.* Wladímir *n* -s
Влта́ва *р.* die Móldau
Воево́дина (*автономный край в Югославии*) die Wojwódina
Во́лга *р.* die Wólga
Во́лго-Ба́лтийский во́дный путь der Wólga-Óstsee-Schiffahrtsweg -s
Волгогра́д *г.* Wólgograd *n* -s
Во́лго-Донско́й судохо́дный кана́л der Wólga-Dón-Schiffahrtskanal -s
Во́логда *г.* Wólogda
Во́лхов *р.* der Wólchow -s
Воро́неж *г.* Worónesch *n* -s
Восто́чная Пру́ссия *ист.* Óstpreußen *n* -s
Восто́чная Ри́мская импе́рия *ист.* das Óströmische Reich -n -(e)s
Восто́чная Сиби́рь Óstsibíri¦en *n* -s
Восто́чно-Европе́йская равни́на die Ósteuropäische Ébene
Восто́чно-Сиби́рское мо́ре die Óstsibírische See
Вра́нгеля о́стров die Wrángelinsel
Вро́цлав *г.* Wrocław ['vrɔtswaf] *n* -s, Bréslau *n* -s
Ву́пперталь *г.* Wúppertal *n* -s
Вы́борг *г.* Wýborg *n* -s
Вьентья́н (*столица Лаоса*) Vientiane [viɛn'tja(:)n(ə)] *n* -s
Вьетна́м Vietnám [viɛt-] *n* -s
Вю́нсдорф Wünsdorf *n* -s
Вю́рцбург *г.* Würzburg *n* -s
Гаа́га *г.* Den Haag, Haag *m* -s
Габо́н Gabún *n* -s
Габоро́не (*столица Ботсваны*) Gaboróne *n* -s
Гава́йи, Гава́йские острова́ die Hawáii-Inseln
Гава́на *г.* Havanna [-'va-] *n* -s
Гавр *г.* Le Havre [lə'(h)a:vr(ə)] *n* -s
Га́за *г.* Gáza (Gása) *n* -s; **се́ктор ~** Gása-Streifen -s
Гаи́ти Ha¦íti *n* -s
Гайа́на Guyana [gu'ja:-] *n* -s
Гала́пагос *о-ва* die Galápagosinseln
Галиле́я *ист.* Galiläa *n* -s
Га́лле *г.* Hálle *n* -s
Га́мбия Gámbia *n* -s
Га́мбург *г.* Hámburg *n* -s
Га́на Ghana ['ga:-] *n* -s
Ганг *р.* der Gánges
Ганно́вер *г.* Hannóver [-vər] *n* -s
Гарц (*горы*) der Harz -es
Гваделу́па Guadeloupe [-'lup] *n* -s
Гватема́ла (*государство и город*) Guatemála *n* -s
Гвиа́на Guayana [-'ja:-] *n* -s
Гвине́я Guinéa [gi-] *n* -s
Гвине́я-Биса́у Guinéa-Bissáu [gi-] *n* -s
Гданьск *г.* Gdańsk *n*, Dánzig *n* -s
ГДР *ист.* die DDR; *см.* Герма́нская Демократи́ческая Респу́блика
Гды́ня *г.* Gdynia ['gdinja] *n* -s
Гебри́дские острова́, Гебри́ды *мн.* die Hebríden
Ге́йдельберг *г.* Héidelberg *n* -s
Ге́льголанд *о-в* Hélgoland *n* -s
Ге́льзенки́рхен *г.* Gelsenkírchen *n* -s
Гент *г.* Gent *n* -s
Ге́нуя *г.* Génua *n* -s
Ге́ра *г.* Géra *n* -s
Гё́рлиц *г.* Görlitz *n* -s
Герма́ния Déutschland *n* -s

Германская Демократи́ческая Респу́блика (*сокр.* ГДР) *ист.* Déutsche Demokrátische Republík
Ге́ссен (*земля в ФРГ*) Héssen *n* -s
Гётеборг *г.* Göteborg *n* -s
Гёттинген *г.* Göttingen *n* -s
Гибралта́р *п-ов* Gibráltar *n* -s
Гибралта́рский проли́в die Stráße von Gibráltar
Гимала́и (*горы*) der Himálaja = *u* -s
Гиндуку́ш (*горы*) der Híndukusch = *u* -s
Гла́зго *г.* Glasgow ['gla:sgo:] *n* -s
Го́би (*пустыня*) die Góbi
Гола́нские высо́ты die Golánhöhen
Голго́фа Gólgatha *n* -s
Голла́ндия Hólland *n* -s
Голливу́д Hollywood ['hɔlɪwʊd] *n* -s
Гольфстри́м der Gólfstrom -(e)s
Гондура́с Hondúras *n*
Гонко́нг *г.* Hóngkong *n* -s
Гонолу́лу *г.* Honolúlu *n* -s
Горн (*мыс*) Kap Hoorn [ho:rn] *n* -s =
Го́рький *г. ист.* Górki; *см.* **Ни́жний Но́вгород**
Го́та *г.* Gótha *n* -s
Го́тланд *о-в* Gótland *n* -s
Гра́йфсвальд *г.* Gréifswald *n* -s
Грац *г.* Graz *n*
Грена́да (*остров и государство*) Grenáda *n* -s
Гренла́ндия *о-в* Grönland *n* -s
Гре́ция Gríechenland *n* -s
Гри́нвич *г.* Greenwich ['grɪnɪdʒ] *n* -s
Гро́зный *г.* Grósny *n* -s
Гру́зия Geórgi¦en *n* -s
Гуанчжо́у *г.* Guangzhou [gŭaŋ'dʒɔu] *n* -s
Гудзо́н *р.* der Hudson ['hads(ə)n] -s
Гуро́н *оз.* der Húronsee -s
Дагеста́н Dágestan *n* -s
Дака́р (*столица Сенегала*) Dakár *n* -s
Да́кка (*столица Бангладеш*) Dákka *n* -s
Да́льний Восто́к der Férne Ósten -n -s
Дама́ск (*столица Сирии*) Damáskus *n*
Да́ния Dänemark *n* -s
Да́нциг *г. ист.* Dánzig *n* s; *см.* **Гданьск**
Дар-эс-Сала́м (*столица Танзании*) Daressalám *n* -s
Дардане́ллы (*пролив*) die Dardanéllen
Да́угава *р.* die Dáugava [-va]; *см. тж.* **За́падная Двина́**
Да́ха́у Dáchau *n* -s
Дежнёва Мыс Kap Deschnjów *n* -s =
Де́ли *г.* Délhi [-li:] *n* -s
Десна́ *р.* die Desná
Де́ссау *г.* Déssau *n* -s
Джака́рта (*столица Индонезии*) Jakárta [dʒa-] *n* -s
Джибу́ти (*государство и город*) Djibouti, Dschibuti [dʒi'bu:ti] *n* -s
Джомолу́нгма (*вершина Гималаев*) der Chomolúngma = *u* -s; *см. тж.* **Эвере́ст**
Джо́рджтаун (*столица Гайаны*) Georgetown ['dʒɔ:(r)dʒtaun] *n* -s
Днепр *р.* der Dnjepr -s
Днепропетро́вск *г.* Dnjepropetrówsk *n* -s
Днестр *р.* der Dnjestr = *u* -s
До́брой Наде́жды Мыс Kap der Gúten Hóffnung *n* -s = =
Домини́ка Domínica *n* -s

Доминика́нская Респу́блика die Dominikánische Republík
Дон *р.* der Don = *u* -s
Донба́сс der Dónbass, das Dónezbecken -s
Доне́ц *р.* der Dónez
Доне́цк *г.* Dónezk *n* -s
До́ртмунд *г.* Dórtmund *n* -s
До́ха (*столица Катара*) Dó¦ha *n* -s
Дра́ва *р.* die Drau
Дре́зден *г.* Drésden *n* -s
Ду́блин *г.* Dublin ['dablɪn] *n* -s
Дубна́ *г.* Dubná *n* -s
Дубро́вник *г.* Dubrovnik [-'rov-] *n* -s
Дувр *г.* Dover ['do:v(ə)r] *n* -s
Ду́йсбург *г.* Duisburg ['dy:s-] *n* -s
Дуна́й *р.* die Dónau
Душанбе́ *г.* Duschanbé *n* -s
Дюнке́рк *г.* Dünkirchen *n* -s, Dunkerque [dœ̃'kɛrk] *n* -s
Дю́ссельдорф *г.* Düsseldorf *n* -s
Евпато́рия *г.* Jewpatórija *n* -s
Евра́зия Eurási¦en *n* -s
Евре́йская автоно́мная о́бласть das Jüdische Autonóme Gebíet -n -n -(e)s
Евро́па Európa *n* -s
Европе́йский Сою́з die Europäische Unión
Евфра́т *р.* Éuphrat = *u* -s
Еги́пет Ägýpten *n* -s
Екатеринбу́рг *г.* Jekaterinbúrg *n* -s
Енисе́й *р.* der Jénissei [-se:j] = *u* -s
Ерева́н *г.* Jérewan *n* -s
Ессентуки́ *г.* Jessentukí *n* -s
Железново́дск *г.* Schelesnowódsk *n* -s
Жёлтое мо́ре das Gélbe Meer -n -(e)s
Жене́ва *г.* Genf *n* -s
Жене́вское о́зеро der Génfer See = -s
Жигули́ (*возвышенность*) die Schigulíberge
За́але *р.* die Sáale
Забайка́лье Transbaikáli¦en *n* -s
За́греб *г.* Zagreb ['za:grɛp] *n* -s, Ágram *n* -s
Заи́р Zaire [za'i:r(ə)] *n* -s
Закавка́зье Transkaukási¦en *n* -s
Закарпа́тье Transkarpáti¦en *n* -s, die Karpátoukraíne
Заксенха́узен *г.* Sáchsenhausen *n* -s
За́ле *см.* **За́але**
За́льцбург (*город и земля в Австрии*) Sálzburg *n* -s
Замбе́зи *р.* der Sambési = *u* -s
За́мбия Sámbia *n* -s
Занзиба́р *о-в* Sánsibar *n* s
За́падная Двина́ *р.* Wéstliche Dwína; *см. тж.* **Да́угава**
За́падная Сиби́рь Wéstsibíri¦en *n* -s
За́падное Само́а Wéstsamóa *n* -s
Запоро́жье *г.* Saporóschje *n* -s
Зела́ндия *о-в* Séeland *n* -s
Зелёного мы́са острова́ *см.* **Ка́бо-Ве́рде**
Зимба́бве Simbábwe *n* -s
Зо́линген *г.* Sólingen *n* -s
Зо́ндские острова́ die Súndainseln
Зуль *г.* Suhl *n* -s
Зунд (*пролив*) der Sund -(e)s
Ива́ново *г.* Iwánowo *n* -s
Ига́рка *г.* Igárka *n* -s
Иерихо́н *г.* Jéricho *n* -s
Иерусали́м *г.* Jerúsalem *n* -s

Иже́вск *г.* Ischéwsk *n* -s
Йза́р *р.* die Ísar
Изра́иль Ísrael [-e:l] *n* -s
Йльмень *оз.* der Ílmensee -s
Ингуше́тия Inguschéti¦en *n* -s
Инд *р.* der Índus
Инди́йский океа́н der Índische Ózean -n -s, der Índik -s
Йндия Índi¦en *n* -s
Индокита́й *п-ов* Indochína *n* -s
Индоне́зия Indonési¦en *n* -s
Индоста́н *п-ов* Vórderindi¦en *n* -s
Йнсбрук *г.* Ínnsbruck *n* -s
Иони́ческое мо́ре das Iónische Meer -n -(e)s
Иорда́н *р.* der Jórdan -s
Иорда́ния Jordáni¦en *n* -s
Ира́к (der) Irák (*с артиклем* =, *без артикля* -s)
Ира́н (der) Irán (*с артиклем* =, *без артикля* -s)
Ирку́тск *г.* Irkútsk *n*
Ирла́ндия Írland *n* -s
Иртыш *р.* der Irtysch [ir'tɪʃ]
Исламаба́д *г.* Islamabád *n* -s
Исла́ндия Ísland *n* -s
Испа́ния Spáni¦en *n* -s
Иссы́к-Ку́ль *оз.* der Issyk-Kul [i'sik‚kʊl] -s
Ита́лия Itáli¦en *n* -s
Иту́ру́п *о-в* Iturúp *n* -s
Иуде́я *ист.* Judäa *n* -s
Йе́мен (der) Jémen (*с артиклем* =, *без артикля* -s)
Йе́на *г.* Jéna *n* -s
Йокоха́ма *г.* Jokoháma, Yokoháma [jo-] *n* -s
Йоха́ннесбург *г.* Johánnesburg *n* -s
Йошкар-Ола́ *г.* Joschkár-Olá *n* -s
Кабарда́ Kabardíni¦en *n* -s
Кабарди́но-Балка́рия Kabardíno-Balkári¦en *n* -s
Ка́бо-Ве́рде Káp Verde ['ve:r-] *n* = =
Кабу́л *г.* Kabúl *n* -s
Кавка́з der Káukasus
Каза́нь *г.* Kasán *n* -s
Казахста́н Kasachstán *n* -s
Казбе́к der Kasbék -s
Каи́р *г.* Káiro *n* -s
Кайе́нна (*административный центр Гвианы*) Cayenne [ka'jɛn] *n* -s
Кале́ *г.* Calais [ka'lɛ:] *n*
Калиманта́н *о в* Kalimántan *n* -s
Кали́нин *г. ист.* Kalínin *n* -s; *см.* **Тверь**
Калинингра́д *г.* Kalíningrad *n* -s
Калмы́кия Kalmýki¦cn, Kalmücki¦en *n* -s
Калу́га *г.* Kalúga *n* -s
Кальку́тта *г.* Kalkútta *n* -s
Ка́ма *р.* die Káma
Камбо́джа Kambódscha *n* -s
Камеру́н Kámerun (Kamerún) *n* -s
Кампа́ла (*столица Уганды*) Kampála *n* -s
Камча́тка *п-ов* Kamtschátka *n* -s
Кана́да Kánada *n* -s
Кана́рские острова́ die Kanárischen Ínseln, die Kanáren
Канбе́рра *г.* Canberra ['kɛnbərə] *n* -s
Канн, Ка́нны *г.* Cannes [kan] *n*
Канто́н *г.* Kánton *n* -s; *см.* **Гуанчжо́у**
Ка́при *о-в* Cápri *n* -s

Караганда́ *г.* Karagandá *n* -s
Каракалпа́кия Karakalpáki¦en *n* -s
Кара́кас (*столица Венесуэлы*) Carácas *n*
Каракýмский кана́л der Karakúm-Kanal -s
Каракýмы (*пустыня*) die Karakúm
Карача́ево-Черке́сская Респу́блика die Republík der Karatscháier und Tscherkéssen
Кара́чи *г.* Karátschi *n* -s
Каре́лия Karéli¦en *n* -s
Кари́бское мо́ре das Karíbische Meer -n -(e)s, die Karíbik
Кари́нтия (*земля в Австрии*) Kärnten *n* -s
Карл-Ма́ркс-Штадт *г. ист.* Karl-Márx-Stadt *n* -s; *см.* Хе́мниц
Ка́рлови-Ва́ри *г.* Kárlovy Vary [-vi'va:ri] *n* = -s, Kárlsbad *n* -s
Кароли́нские острова́ die Karolínen
Карпа́ты (*горы*) die Karpáten
Ка́рское мо́ре die Kárasee
Карфаге́н *ист.* Karthágo *n* -s
Касабла́нка *г.* Casablanca [-'blaŋka] *n* -s
Ка́спий, Каспи́йское мо́ре das Káspische Meer -n -(e)s, der Káspisee -s
Ка́ссель *г.* Kássel *n* -s
Кастри́ (*столица Сент-Люсии*) Castries ['ka:stris] *n*
Катало́ния Katalóni¦en *n* -s
Ка́тар Kátar *n* -s
Катманду́ (*столица Непала*) Katmándu (Katmandú) *n* -s
Катови́це *г.* Katowíce [-tsə] *n* -s, Káttowitz *n*
Каттега́т (*пролив*) das Káttegat -s
Ка́унас *г.* Káunas *n*
Квебе́к (*город и провинция*) Quebec [kvi'bɛk] *n* -s
Кёльн *г.* Köln *n* -s
Ке́мбридж *г.* Cambridge ['ke:mbridʒ] *n* -s
Ке́мерово *г.* Kémerowo *n* -s
Кёнигсбе́рг *г. ист.* Königsberg *n* -s; *см.* Калинингра́д
Ке́ния Kénia *n* -s
Ке́нтербери *г.* Canterbury ['kɛntəbəri] *n* -s
Керчь *г.* Kertsch *n* -s
Кига́ли (*столица Руанды*) Kigáli *n* -s
Ки́ев *г.* Ki¦ew *n* -s
Килиманджа́ро (*гора*) der Kilimandscháro = *u* -s
Киль *г.* Kiel *n* -s
Кингсто́н (*столица Ямайки*) Kingston ['kıŋstən] *n* -s
Кинша́са (*столица Заира*) Kinshasa [kin'ʃa-] *n* -s
Кипр (*остров и государство*) Zýpern *n* -s
Кирги́зия Kirgísi¦en *n* -s, Kirgistán *n* -s
Кириба́ти Kiribáti *n* -s
Ки́ров *г.* Kírow *n* -s
Кислово́дск *г.* Kislowódsk *n*
Кита́й Chína *n* -s
Ки́то (*столица Эквадора*) Quito ['ki:to] *n* -s
Кишинёв *г.* Kischinjów *n* -s, Chişinău [kiʃi'nɛu] *n* -s
Кла́генфурт *г.* Klágenfurt *n* -s
Кла́йпеда *г.* Kláipeda *n* -s; Mémel *n* -s (*ист.*)
Кли́вленд *г.* Cleveland ['kli:vlənt] *n* -s
Ключевска́я со́пка (*вулкан*) die Kljutschewskája Sópka
Ко́бленц *г.* Kóblenz *n*
Ко́вентри *г.* Coventry ['kɔvəntri] *n* -s
Коло́мбо (*столица Шри-Ланки*) Colómbo *n* -s
Колу́мбия Kolúmbi¦en *n* -s
Колыма́ *р.* die Kolymá
Ко́льский полуо́стров die Hálbinsel Kóla
Ко́ми Респу́блика die Republík Kómi
Комо́рские Острова́ die Komóren
Комсомо́льск-на-Аму́ре *г.* Komsomólsk am Amúr *n*
Ко́накри (*столица Гвинеи*) Conakry [kɔna'kri:] *n* -s
Ко́нго 1. (*река*) der Kóngo = *u* -s **2.** (*государство*) Kóngo *n* -s (*с артиклем* der Kóngo)
Константино́поль *г. ист.* Konstantinópel *n* -s; *см.* Стамбу́л
Копенга́ген *г.* Kopenhágen *n* -s
Кордилье́ры (*горы*) die Kordilleren [-di'lje:-]
Коре́йская Наро́дно-Демократи́ческая Респу́блика die Koreánische Vólksdemokratische Republík
Коре́я Koréa *n* -s; **Респу́блика ~** die Republík Koréa
Кори́нф *г.* Korínth *n* -s
Ко́рсика *о-в* Kórsika *n* -s
Ко́сово (*автономный край в Югославии*) der Kósovo [-vo]
Ко́ста-Ри́ка Kostaríka *n* -s
Кострома́ *г.* Kostromá *n* -s
Ко́тбус *г.* Cóttbus *n*
Кот-д'Иву́ар Côte d'Ivoir [ko:tdi'võa:r] *n* -s
Кра́ков *г.* Kraków ['kra:kuf] *n* -s, Krákau *n* -s
Краснода́р *г.* Krasnodár *n* -s
Краснода́рский край die Región Krasnodár
Кра́сное мо́ре das Róte Meer -n -(e)s
Красноя́рск *г.* Krasnojársk *n* -s
Красноя́рский край die Región Krasnojársk
Криво́й Рог *г.* Kriwói Rog *n* = =
Крит *о-в* Kréta *n* -s
Кроншта́дт *г.* Krónstadt *n* -s
Крым *п-ов* die Krim
Куа́ла-Лу́мпур (*столица Малайзии*) Kuála Lúmpur *n* = -s
Ку́ба Kúba *n* -s
Куба́нь *р.* der Kubán = *u* -s
Куве́йт Kuwáit, Kuwéit *n* -s
Кузба́сс (**Кузне́цкий у́гольный бассе́йн**) (das) Kúsbass, das Kusnézkbecken -s
Ку́йбышев *г. ист.* Kúibyschew *n* -s; *см.* Сама́ра
Куна́ши́р *о-в* Kunaschír *n* -s
Кура́ *р.* die Kurá
Курга́н *г.* Kurgán *n* -s
Кури́лы, Кури́льские острова́ die Kurílen
Курля́ндия *ист.* Kúrland *n* -s
Курск *г.* Kursk *n*
Кута́иси *г.* Kutaíssi *n* -s
Кызы́л *г.* Kysyl [ki'zıl] *n* -s
Кызылку́м (*пустыня*) die Kysyl-kúm [ki'zıl-]
Кюсю́ *о-в* Kyushu [-'ʃu] *n* -s
Ла́гос *г.* Lágos *n*; *см.* Абу́джа
Ла́дога, Ла́дожское о́зеро der Ládogasee *n* -s
Ла-Ма́нш (*пролив*) der Ärmelkanal -s
Лао́с Láos *n*
Ла-Па́с (*фактическая столица Боливии*) La Paz ['pa:s]
Ла́птевых мо́ре die Láptewsee
Лас-Ве́гас *г.* Las Vegas ['ve:-]
Ла́твия Léttland *n* -s
Лати́нская Аме́рика Latéinamerika *n* -s
Ле́йпциг *г.* Léipzig *n* -s
Ле́на *р.* die Léna
Ленингра́д *г. ист.* Léningrad *n* -s; *см.* Санкт-Петербу́рг
Ленингра́дская о́бласть das Léningrader Gebíet = -(e)s
Лесо́то Lesótho *n* -s
Либе́рия Libéria *n* -s
Либреви́ль (*столица Габона*) Libreville [librə'vil] *n* -s
Лива́н der Líbanon -s
Ливерпу́ль *г.* Liverpool [lıvər'pu:l] *n* -s
Ли́вия Líbyen *n* -s
Лилль *г.* Lille [lil] *n* -s
Лило́нгве (*столица Малави*) Lilóngwe [-ve:] *n* -s
Ли́ма (*столица Перу*) Líma *n* -s
Линц *г.* Linz *n*
Лио́н *г.* Lyon [li'ɔ̃:] *n* -s
Ли́пецк *г.* Lípezk *n*
Лиссабо́н *г.* Líssabon *n* -s
Литва́ Lítauen *n* -s
Лифля́ндия *ист.* Livland ['lif-] *n* -s
Ли́хтенштейн Liechtenstein ['liç-] *n* -s
Лодзь *г.* Łódź [wʊtʃ] *n* -s
Лоза́нна *г.* Lausanne [lo'zan] *n* -s
Ломе́ (*столица Того*) Lomé ['lo:me] *n* -s
Ло́ндон *г.* Lóndon *n* -s
Лос-А́нджелес *г.* Los Angeles [lɔs'ɛndʒələs] *n*
Лотари́нгия (*историческая область на территории Франции*) Lóthringen *n* -s
Луа́нда (*столица Анголы*) Luánda *n* -s
Луа́ра *р.* die Loire [lŏa:r]
Луса́ка (*столица Замбии*) Lusáka *n* -s
Львов *г.* Lwow (Lwiw) *n* -s; Lémberg *n* -s
Льеж *г.* Lièges [liɛ̃ʒ] *n* -s, Lüttich *n* -s
Лю́бек *г.* Lübeck *n* -s
Лю́блин *г.* Lúblin *n* -s
Любля́на *г.* Ljubljána *n* -s, Láibach *n* -s
Люксембу́рг (*государство и город*) Lúxemburg *n* -s
Лю́небург *г.* Lüneburg *n* -s
Люце́рн *г.* Luzérn *n* -s
Маа́с *р.* die Maas
Маври́кий (*остров и государство*) Mauritius *n*
Маврита́ния Mauretáni¦en *n* -s
Мага́да́н *г.* Magadán *n* -s
Ма́гдебург *г.* Mágdeburg *n* -s
Магелла́нов проли́в die Magellánstraße
Магнитого́рск *г.* Magnitogórsk *n*
Ма́гриб der Mághreb -s
Мадагаска́р (*остров и государство*) Madagáskar *n* -s

Мадéйра *о-в* Madeira [ma'de:ra], Madéra *n* -s
Мадрáс *г.* Mádras *n*
Мадри́д *г.* Madríd *n* -s
Майдáнек Maidánek *n* -s
Майн *р.* der Main -s
Майнц *г.* Mainz *n*
Майóрка *о-в* Mallorca [-'jorka] *n* -s
Мáйсен *г.* Méißen *n* -s
Македóния Makedóni¦en, Mazedóni¦en *n* -s
Малáбо (*столица Экваториальной Гвинеи*) Malábo *n* -s
Малáви Maláwi *n* -s
Малáйзия Malaysia *n* -s
Малáйский архипелáг der Maláiische Archipél -n -s
Малáккский проли́в die Stráße von Malákka
Мáлая Áзия Kléinasi¦en *n* -s
Мáле (*столица Мальдивской Республики*) Malé ['ma:le] *n* -s
Мали́ Máli *n* -s
Мáлый Бельт der Kléine Belt -n -s
Мальди́вы (*острова и государство*) die Maledíven [-vən]
Мáльта (*остров и государство*) Málta *n* -s
Манáгуа (*столица Никарагуа*) Manágua *n* -s
Манáма (*столица Бахрейна*) Manáma *n* -s
Мáнгейм *г.* Mánnheim *n* -s
Мани́ла (*столица Филиппин*) Maníla *n* -s
Мáнчестер *г.* Manchester ['mɛntʃəstə(r)] *n* -s
Мапýту (*столица Мозамбика*) Mapúto *n* -s
Мариáнские островá die Mariánen
Мариáнский жёлоб der Mariánengraben -s
Мáрий-Эл: Респýблика ~ die Republík Mári-El
Мари́ца *р.* die Marítza
Марки́зские островá die Marquesas-Inseln [mar'ke:-]
Мáрна *р.* die Márne
Марóкко Marókko *n* -s
Марсéль *г.* Marseille [mar'sɛ:j] *n* -s
Мартини́ка Martinique [-'nik] *n* -s
Маршáлловы островá die Marshallinseln ['marʃal- *u* 'ma:ʃəl-]
Мáсеру (*столица Лесото*) Máseru *n* -s
Маскáт (*столица Омана*) Máskat *n* -s
Махачкалá *г.* Machatschkalá *n* -s
Мбабáне (*столица Свазиленда*) Mbabáne *n* -s
Мéкка *г.* Mékka *n* -s
Мекленбýрг (*историческая область в Германии*) Mécklenburg ['me:k-] *n* -s
Мекленбýрг-Передняя Померáния (*земля в ФРГ*) Mecklenburg-Vorpómmern ['me:k-] *n* -s
Мекленбýргская бýхта die Mecklenburger ['me:k-] Bucht
Мекленбýргское поозёрье die Mecklenburger ['me:k-] Séenplatte
Мекóнг *р.* der Mékong -s
Мéксика México *n* -s
Мексикáнский зали́в der Golf von México -(e)s = =
Меланéзия *о-ва* Melanési¦en *n* -s
Мéльбурн *г.* Melbourne ['mɛlbərn] *n* -s
Мёртвое мóре das Tóte Meer -n -(e)s
Месопотáмия *ист.* Mesopotámi¦en *n* -s, das Zwíschenstromland -(e)s
Мéхико (*столица Мексики*) México *n* -s, México-Stadt *n* -s
Микéны *г. ист.* Mykénä, Mykéne *n* -s
Микронéзия *о-ва* Mikronési¦en *n* -s
Милáн *г.* Máiland *n* -s
Минерáльные Вóды *г.* Minerálnyje Wódy *n* = =
Минск *г.* Minsk *n*
Миссиси́пи *р.* der Mississíppi = *u* -s
Миссýри *р.* der Missouri [-'su:-] = *u* -s
Мичигáн *оз.* der Míchigansee [-ʃigən] -s
Могади́шо (*столица Сомали*) Mogadíschu *n* -s
Мозамби́к Moçambique [-sam'bik] *n* -s
Мóзель *р.* die Mósel
Молдáвия Moldáwi¦en *n* -s, Moldóva [-va] *n* -s
Монáко Monáco (Mónaco) *n* -s
Монблáн (*гора*) der Montblanc [mɔ̃'blã:] = *u* -s
Монгóлия die Mongoléi
Монреáль *г.* Montreal [mɔntrı'ɔ:l] *n* -s
Монрóвия (*столица Либерии*) Monróvia [-vĭa] *n* -s
Монтевидéо (*столица Уругвая*) Montevidéo [-vi-] *n* -s
Мóнте-Кáрло (*столица Монако*) Mónte Cárlo *n* = -s
Morávия (*историческая область в Чехии*) Mähren *n* -s
Мордóвия Mordówi¦en *n* -s
Moróни (*столица Коморских островов*) Moroní *n* -s
Москвá 1. (*город*) Móskau *n* -s **2.** (*река*) die Móskwa
Москóвская óбласть das Móskauer Gebíet = -(e)s
Мрáморное мóре das Mármarameer -(e)s
Мýрманск *г.* Múrmansk *n* -s
Мьянмá Myánmar *n* -s
Мю́нстер *г.* Münster *n* -s
Мю́нхен *г.* München *n* -s
Нагасáки *г.* Nagasáki *n* -s
Нагóрный Карабáх Nagórny Karabách *n* = =, Bérgkarabach *n* = *u* -s
Найрóби (*столица Кении*) Nairóbi *n* -s
Нáльчик *г.* Náltschik *n* -s
Нами́бия Namíbia *n* -s
Нанки́н *г.* Nánking *n* -s
Нант *г.* Nantes [nã:t] *n*
Нáрва *г.* Nárwa, Nárva [-va] *n* -s
Нарья́н-Мар *г.* Narján-Már *n* -s
Нáссау, Нáссо (*столица Багамских Островов*) Nássau *n* -s
Наýру Naúru *n* -s
Нахичевáнь (*город и автономия*) Nachitschewán *n* -s
Нджамéна (*столица Чада*) N'Djaména [ndʒa-] *n* -s
Неáполь *г.* Neápel *n* -s
Невá *р.* die Néwa
Нéйсе *р.* die Néiße
Нéккар *р.* der Néckar -s
Нéман *р.* der Njémen -s, die Mémel
Нéмцев Povóлжья Автонóмная Совéтская Социалисти́ческая Респýблика *ист.* die Autonóme Sozialístische Sowjétrepublik der Wólgadeutschen
Непáл Népal (Nepál) *n* -s
Нечернозéмье das Níchtschwarzerdegebiet *n* -(e)s
Ниагáра *р.* der Niagára -s
Ниамéй (*столица Нигера*) Niamey [nja'mɛ:] *n* -s
Ни́гер 1. (*река*) der Níger = *u* -s **2.** (*государство*) Níger *n* -s
Нигéрия Nigéria *n* -s
Нидерлáнды die Níederlande
Нижегорóдская óбласть das Gebíet Níschni Nówgorod -(e)s = =
Ни́жний Нóвгород *г.* Níschni Nówgorod *n* = -s
Ни́жняя Áвстрия (*земля в Австрии*) Níederösterreich *n* -s
Ни́жняя Саксóния (*земля в Германии*) Níedersachsen *n* -s
Ни́жняя Силéзия *ист.* Níederschlesi¦en *n* -s
Никарáгуа Nikarágua *n* -s
Никоси́я (*столица Кипра*) Nikosía *n* -s
Нил *р.* der Nil -s
Ниневи́я *г. ист.* Nínive [-ve:] *n* -s
Ни́цца *г.* Nízza *n* -s
Нóвая Гвинéя *о-в* Neuguinéa [-gi-] *n* -s
Нóвая Зелáндия Neuséeland *n* -s
Нóвая Землá *о-ва* Nówaja Semljá *n* = =
Нóвгород *г.* Nówgorod *n* -s
Новороссúйск *г.* Noworossíjsk *n*
Новосиби́рск *г.* Nowosibírsk *n*
Новосиби́рские островá die Neusibírischen Ínseln
Нóвый Орлеáн *г.* New Orleans [nju:ɔ:(r)'li:ns] *n* = -
Нойбрáнденбург *г.* Neubrándenburg *n* -s
Норвéгия Nórwegen *n* -s
Нори́льск *г.* Norílsk *n*
Нуакшóт (*столица Мавритании*) Nouakchott [nuak'ʃɔt] *n* -s
Нукуалóфа (*столица государства Тонга*) Nukualófa *n* -s
Нью-Йóрк (*город и штат*) New York [nju:'jɔ:rk] *n* = -s
Ньюфáундленд *о-в* Neufúndland *n* -s
Ню́рнберг *г.* Nürnberg *n* -s
Объединённые Арáбские Эмирáты die Veréinigten Arábischen Emiráte
Обь *р.* der Ob = *u* -s
Óгненная Землá *о-ва* Féuerland *n* -(e)s
Óденвальд (*горы*) der Ódenwald -(e)s
Óдер *р.* die Óder
Одéсса *г.* Odéssa *n* -s
Óдра *см.* **Óдер**
Окá *р.* die Oká
Океáния Ozeáni¦en *n* -s
Óкленд *г.* Auckland ['ɔ:klənt] *n* -s
Óксфорд *г.* Óxford *n* -s
Оли́мпия *ист.* Olýmpia *n* -s
Óльстер Ulster ['alstər] *n* -s
Омáн Omán *n* -s
Омск *г.* Omsk *n*
Онéжское óзеро der Onégasee -s
Онтáрио *оз.* der Ontáriosee -s
Орёл *г.* Orjól *n* -s
Оренбýрг *г.* Orenbúrg *n* -s
Орлеáн *г.* Orléans [ɔrle'ã] *n*

Орло́вщина das Gebíet Orjól -(e)s =
О́сака *г.* Osáka *n* -s
Освéнцим Áuschwitz *n*, Oświecim [o'ʃvientsim] *n*
О́сло *г.* Óslo *n* -s
Отта́ва *г.* Óttawa *n* -s
Охо́тское мо́ре das Ochótskische Meer -n -(e)s, das Ochótsker Meer = -(e)s
Па-де-Кале́ (*пролив*) die Stráße von Calais [ka'lɛ:], die Stráße von Dover ['do:və(r)]
Па́дуя *г.* Pádua *n* -s
Пакиста́н Pákistan *n* -s
Палести́на Palästína *n* -s
Пами́р (*горы*) der Pamír -s
Пана́ма (*государство и город*) Pánama *n* -s
Пана́мский кана́л der Pánamakanal -s
Па́пуа-Но́вая Гвине́я Pápua-Neuguinéa [-gi-] *n* -s
Парагва́й Paraguay [para'gŭa:] *n* -s
Парамари́бо (*столица Суринама*) Paramaríbo *n* -s
Пари́ж *г.* París *n*
Пеки́н *г.* Péking *n* -s
Пелопоннéс der Peloponnés = *u* -es
Пéнза *г.* Pénsa *n* -s
Перéдняя А́зия Vórderasi¦en *n* -s
Пермь *г.* Perm *n* -s
Перси́дский зали́в der Pérsische Golf -n -(e)s
Пéрсия *ист.* Pérsi¦en *n* -s
Перу́ Perú *n* -s
Петербу́рг *г.* Pétersburg *n* -s; *см.* Санкт-Петербу́рг
Петерго́ф *г.* Péterhof *n* -s; *см.* Петродворéц
Петрогра́д *г. ист.* Pétrograd *n* -s; *см.* Санкт-Петербу́рг
Петродворéц *г.* Petrodworéz *n*
Петрозаво́дск *г.* Petrosawódsk *n*
Петропа́вловск-Камча́тский *г.* Petropáwlowsk-Kamtschátski *n* -s
Печо́ра *р.* die Petschóra
Пи́за *г.* Písa *n* -s
Пирéй *г.* der Piräus
Пиренéи (*горы*) die Pyrenäen
Пиренéйский полуо́стров die Pyrenäenhalbinsel
Пи́тсбург *г.* Píttsburgh [-bə:g] *n* -s
Пицу́нда *г.* Pizúnda *n* -s
Плéвен *г.* Pléwen
Пльзень *г.* Pílsen *n* -s, Plzeň [plzɛn] *n* -s
Пномпéнь (*столица Камбоджи*) Phnom Penh [pnɔm'pɛn]
По *р.* der Po = *u* -s
Пово́лжье das Wólgagebiet -s
Подмоско́вье das Móskauer Gebíet = -(e)s, die Umgébung Móskaus
По́знань *г.* Poznań ['pɔznan] *n* -s, Pósen *n* -s
Полинéзия Polynési¦en *n* -s
Полта́ва *г.* Poltáwa *n* -s
По́льша Pólen *n* -s
Помпéя *ист.* Pompéji *n* -s
Порт-Лу́и (*столица Маврикия*) Port Louis ['pɔt'lu:is] *n*
Порт-Мо́рсби (*столица Папуа-Новой Гвинеи*) Port Moresby ['pɔ:t 'mɔ:rzbi] *n*
По́рто-Но́во (*столица Бенина*) Pórto Nóvo [-vo] *n*
Порт-о-Прéнс (*столица Гаити*) Port-au-Prince [pɔrto'prɛ̃:s] *n*
Порт-оф-Спéйн (*столица Тринидада и Тобаго*) Port of Spain ['pɔ:t əv 'spein] *n*
Порт-Са́йд *г.* Port Saíd *n* = -s
По́ртсмут *г.* Portsmouth ['pɔ:(r)tsməθ] *n*
Португа́лия Pórtugal *n* -s
По́тсдам *г.* Pótsdam *n* -s
Пра́га *г.* Prag *n* -s
Пра́я (*столица Кабо-Верде*) Práia ['praĭə] *n* -s
Предура́лье Urálvorland *n* -(e)s
Претóрия *г.* Pretória *n* -s
Приба́лтика Báltikum *n* -s; *см. тж.* Ба́лтия
Приднестро́вье Transnístri¦en *n* -s
Прикаспи́йская ни́зменность die Káspische Sénke
Примо́рский край die Región Primórje
Примо́рье die Férnöstliche [Pazífische] Küstenregion
При́пять *р.* der Prípet -s
При́штина (*административный центр автономного края Косово, Югославия*) Príschtina *n* -s
Пру́ссия *ист.* Préußen *n* -s
Прут *р.* der Pruth -s
Псков *г.* Pskow *n* -s; Pléskau *n* -s (*ист.*)
Пуэ́рто-Ри́ко Puérto Ríco *n* -s
Пхенья́н *г.* Pjöngjáng [pjɔŋ'jaŋ] *n* -s
Пя́рну *г.* Pärnu *n* -s; Pérnau *n* -s (*ист.*)
Пятиго́рск *г.* Pjatigórsk *n* -s
Раба́т (*столица Марокко*) Rabát *n* -s
Равалпи́нди *г.* Rawalpíndi *n* -s
Ра́венсбрюк *г.* Rávensbrück [-vən-] *n* -s
Рангу́н Rangún *n* -s; *см.* Янго́н
Рéйкьявик *г.* Reykjavik ['raik- *u* 'rɛikjavi:k] *n* -s
Рейн *р.* der Rhein -s
Рéйнланд-Пфа́льц (*земля в ФРГ*) Rhéinland-Pfálz *n*
Рéйнские Сла́нцевые го́ры das Rhéinische Schíefergebirge -n -s
Реюньо́н *о-в* Réunion [rey'niõ:] *n* -s
Ри́га *г.* Ríga *n* -s
Ри́жский зали́в der Rígaer Méerbusen = -s, die Rígaer Bucht
Ри́жское взмо́рье der Rígaer Méeresstrand = -(e)s
Ри́за *г.* Riesa *n* -s
Ри́ла (*горы*) das Rílagebirge -s
Рим *г.* Rom *n* -s
Ри́о-Гра́нде *р.* der Río Gránde = =
Ри́о-де-Жанéйро *г.* Rio de Janeiro [ˌrio de ʒa'ne:ro] *n* = = -s
Ри́ца *оз.* der Rízasee -s
Родо́пы (*горы*) die Rhodópen
Ро́дос *о-в* Rhódos *n*
Розо́ (*столица Доминики*) Roseau [ro'zo:] *n* -s
Ро́на *р.* die Rhóne
Росси́йская Федера́ция die Rússische Föderatión
Росси́я Rúßland *n* -s
Росто́в *г.* Rostów *n* -s
Росто́в-на-Дону́ *г.* Rostów am Don *n* -s = =
Ро́сток *г.* Róstock *n* -s
Ро́ттердам *г.* Rotterdám *n* -s
Руа́нда Ruánda, Rwanda ['rŭan-] *n* -s
Ру́дные го́ры das Érzgebirge -s
Румы́ния Rumäni¦en *n* -s
Рур 1. *р.* die Ruhr **2.** (*индустриальный район*) das Rúhrgebiet -s
Русь *ист.* die Rus
Рю́ген *о-в* Rügen *n* -s
Ряза́нь *г.* Rjasán *n* -s
Саа́р 1. (*река*) die Saar **2.** (*земля в ФРГ*) Saárland *n* -(e)s
Саарбрю́ккен *г.* Saárbrücken *n* -s
Са́ва *р.* die Sáve [-və]
Сайго́н *г.* Sáigon *n* -s; *см.* Хошими́н
Саксо́ния (*земля в ФРГ*) Sáchsen *n* -s
Саксо́ния-Анга́льт (*земля в ФРГ*) Sáchsen-Ánhalt *n* -s
Саксо́нская Швейца́рия die Sächsische Schweiz
Сало́ники Saloníki *n* -s
Сальвадо́р El Salvadór [-va-] *n* = -s
Сама́ра *г.* Samára *n* -s
Самарка́нд *г.* Samarkánd *n* -s
Само́а *о-ва* die Samóainseln
Сана́ (*столица Йемена*) Sána *n* -s
Сан-Мари́но (*государство и город*) San Maríno *n* = -s
Санкт-Петербу́рг *г.* Sankt Pétersburg, St. Pétersburg *n* = -s
Сан-Па́улу *г.* São Páulo ['sa:u] *n* = -s
Сан-Сальвадо́р (*столица Сальвадора*) San Salvadór [-va-] *n* = -s
Са́нто-Доми́нго (*столица Доминиканской Республики*) Sánto Domíngo *n* = -s
Сан-Томé (*столица Сан Томе и Принсипи*) São Tomé ['sa:u to'me:] *n* = -s
Сан-То́ме и При́нсипи São Tomé und Príncipe ['sa:u to'me: ʊnt'prɪnsipə] *n* = = = -s
Сантья́го (*столица Чили*) Santiágo (de Chíle) [də'tʃi:le(:)] *n* -s
Сан-Франци́ско *г.* San Francisco [fran'tsisko] *n* = -s
Сан-Хосé (*столица Коста-Рики*) San José [xo'se:] *n* = -s
Сан-Хуа́н (*административный центр Пуэрто-Рико*) San Juan [xu'an] *n* = =
Са́ппоро *г.* Sappóro *n* -s
Сара́ево *г.* Sarajévo [-vo] *n* -s
Сара́нск *г.* Saránsk *n* -s
Сара́тов *г.* Sarátow *n* -s
Сарди́ния *о-в* Sardíni¦en *n* -s
Сау́довская Ара́вия Saudi-Arábi¦en *n* -s
Саха́: Респу́блика ~ Яку́тия die Republík Sachá-Jakúti¦en
Сахали́н *о-в* Sachalín *n* -s
Саха́ра die Sahára
Сая́ны (*горы*) die Sajánen, das Sajángebirge -s
Сва́зиленд Swásiland *n* -s
Свердло́вск *г. ист.* Swérdlowsk *n*; *см.* Екатеринбу́рг
Свердло́вская о́бласть das Swérdlowsker Gebíet = -(e)s, das Gebíet Swérdlowsk -(e)s =
Свирь *р.* der Swir -s
Свято́й Еле́ны о́стров Sankt Hélena *n* = -s

Свяще́нная Ри́мская импе́рия Герма́нской на́ции *ист.* das Héilige Römische Reich Déutscher Natión -n -n -(e)s = =
Сева́н *оз.* der Sewánsee -s
Севасто́поль *г.* Sewástopol *n* -s
Се́верная Аме́рика Nórdamérika *n* -s
Се́верная Двина́ *р.* die Nördliche Dwína
Се́верная Земля́ *о-в* Séwernaja Semljá *n* = -s
Се́верная Ирла́ндия Nórdírland *n* -s
Се́верная Коре́я Nórdkoréa *n* -s
Се́верная Осе́тия Nórdosséti¦en *n* -s
Се́верное мо́ре die Nórdsee
Се́верный Ледови́тый океа́н das Nórdpolarmeer -(e)s
Се́верный Рейн-Вестфа́лия (*земля в ФРГ*) Nórdrhein-Westfálen *n* -s
Севи́лья *г.* Sevilla [se'vilja] *n* -s
Севр *г.* Sèvres [sɛ:vr] *n* -s
Се́гед *г.* Szeged ['sɛ-] *n* -s
Сейше́льские Острова́ die Seychellen [se'ʃɛ-]
Селиге́р *оз.* der Seligérsee -s
Се́на *р.* die Seine ['sɛ:n(ə)]
Снега́л 1. (*государство*) Sénegal *n* -s **2.** (*река*) der Sénegal -s
Сент-Джо́нс (*столица государства Антигуа и Барбунда*) Saint John's, St. John's [ˏs(ə)nt'dʒɔnz] *n*
Сент-Джо́рджес (*столица Гренады*) Saint George's, St. George's [ˏs(ə)nt 'dʒɔ:(r)dʒiz] *n*
Сент-Люси́я Saint Lucia, St. Lucia [ˏs(ə)nt 'lu:ʃə] *n* = -s
Се́рбия Sérbi¦en *n* -s
Се́ргиев Поса́д *г.* Sérgiew Possád *n*
Сеу́л *г.* Seoul [se:'u:l], Söul *n* -s
Сиби́рь Sibíri¦en *n* -s
Сива́ш (*залив*) der Siwásch -s, das Fáule Meer -n -(e)s
Си́дней *г.* Sydney ['sɪdnɪ] *n* -s
Сико́ку *о-в* Shikóku [ʃi-] *n* -s
Силе́зия *ист.* Schlési¦en *n* -s
Симби́рск *г. ист.* Simbírsk *n; см.* Улья́новск
Симферо́поль *г.* Simferópol *n* -s
Сина́йский полуо́стров die Sína¦ihalbinsel
Си́рия Sýri¦en *n* -s
Сихотэ́-Али́нь (*горы*) der Sichoté-Alín = *u* -s
Сици́лия *о-в* Sizíli¦en *n* -s
Сиэ́тл *г.* Seattle [sɪ'ɛt(ə)l] *n* -s
Скагерра́к (*пролив*) der [das] Skágerrak -s
Скандина́вия, Скандина́вский полуо́стров Skandinávi¦en [-vi-] *n* -s
Ско́пье (*столица Македонии*) Skópje *n* -s
Славо́ния Slawóni¦en *n* -s
Слова́кия die Slowakéi
Слове́ния Slowéni¦en *n* -s
Смоле́нск *г.* Smolénsk *n* -s
Смоле́нщина das Smolénsker Gebíet = -(e)s
СНГ GUS; *см.* Содру́жество Незави́симых Госуда́рств
Сове́тский Сою́з *ист.* die Sowjétunion; *см.* Сою́з Сове́тских Социалисти́ческих Респу́блик
Содру́жество (*до 1947 г.* Брита́нское ~ на́ций) die Commonwealth ['kɔmənwɛlθ]
Содру́жество Незави́симых Госуда́рств (*сокр.* СНГ) die Geméinschaft der únabhängigen Stáaten (GUS)
Соединённое Короле́вство Великобрита́нии и Се́верной Ирла́ндии das Veréinigte Königreich Größbritanni¦en und Nórdírland -n -(e)s = = =
Соединённые Шта́ты Аме́рики (*сокр.* США) die Veréinigten Stáaten von Amérika (die USA)
Соломо́новы острова́ die Sálomoninseln
Соломо́новы Острова́ (*государство*) die Salomónen
Сомали́ 1. (*полуостров*) die Somálihalbinsel **2.** (*государство*) Somália *n* -s
Софи́я *г.* Sófia *n* -s
Со́чи *г.* Sótschi *n* -s
Сою́з Сове́тских Социалисти́ческих Респу́блик (*сокр.* СССР) *ист.* die Unión der Sozialístischen Sowjétrepubliken
Спа́рта *ист.* Spárta *n* -s
Средизе́мное мо́ре das Míttelmeer -(e)s, das Míttelländische Meer -n -(e)s
Среднеру́сская возвы́шенность der Míttelrussische Lándrücken -n -s
Сре́дний Восто́к der Míttlere Ósten -n -s
Сре́дняя А́зия Míttelasi¦en *n* -s, Zentrálasi¦en *n* -s
СССР *ист.* die UdSSR
Ста́врополь *г.* Stáwropol *n* -s
Ста́вропольский край die Región Stáwropol
Сталингра́д *г. ист.* Stálingrad *n* -s; *см.* Волгогра́д
Стамбу́л *г.* Istanbul ['istambu:l] *n* -s
Степанаке́рт *г.* Stepanakért *n* -s
Стокго́льм *г.* Stóckholm *n* -s
Страсбу́р, Стра́сбург *г.* Stráßburg *n* -s, Strasbourg [stras'bu:r] *n* -s
Су́ва (*столица Фиджи*) Súva [-va] *n* -s
Суда́н der Sudán (*с артиклем* =, *без артикля* -s)
Суде́ты (*горы*) die Sudéten
Су́здаль *г.* Súsdal *n* -s
Су́кре (*официальная столица Боливии*) Sucre ['sukrə] *n* -s
Сулаве́си *о-в* Sulawesi [-'ve:] *n* -s, Celébes [(t)se'le:-] *n*
Сума́тра *о-в* Sumátra *n* -s
Сурина́м Surináme *n* -s
Суху́ми *г.* Suchúmi *n* -s
Суэ́ц *г.* Suez ['zu:ɛs], Sú¦es *n*
Суэ́цкий кана́л der Sú¦ezkanal -s
США die USA; *см.* Соединённые Шта́ты Аме́рики
Сыктывка́р *г.* Syktywkár *n* -s
Сырдарья́ *р.* der Syr-Darjá -s
Сьерра-Лео́не Siérra Leóne *n* = -s
Сянга́н *г.* Xianggang [sjaŋ'gaŋ] *n* -s; *см.* Гонко́нг
Та́врия *ист.* Táuri¦en *n* -s
Таджикиста́н Tadschikistán *n* -s
Таила́нд Tháiland *n* -s
Таи́ти Tahíti *n* -s
Тайбе́й *г.* Táipeh *n* -s
Тайва́нь *о-в* Táiwan *n* -s
Таймы́р, Таймы́рский полуо́стров (die Hálbinsel) Taimýr [tae'mir]
Та́ллин(н) *г.* Tállinn *n* -s, Réval [-val] *n* -s
Тама́нский полуо́стров, Тама́нь (die Hálbinsel) Tamán
Тамбо́в *г.* Tambów *n* -s
Танганьи́ка *оз.* der Tanganjíkasee -s
Танже́р *г.* Tánger *n* -s
Танза́ния Tansanía *n* -s
Тара́ва (*столица Кирибати*) Taráwa *n* -s
Та́рту *г.* Tártu *n* -s, Dórpat *n* -s
Тасма́ния *о-в* Tasmáni¦en *n* -s
Татарста́н Tatarstán *n* -s
Та́тры (*горы*) die Tátra
Та́унус (*горы*) der Táunus
Ташке́нт *г.* Taschként *n* -s
Тбили́си *г.* Tbilissi *n* -s, Tíflis *n*
Тверь *г.* Twer *n* -s
Тегера́н *г.* Téheran *n* -s
Тегусига́льпа (*столица Гондураса*) Tegucigálpa [-si-] *n* -s
Тель-Ави́в *г.* Tel Aviv [tɛl a'vi:f] *n* = -s
Те́мза *р.* die Thémse
Те́резин *г.* Therési¦enstadt *n* -s
Те́рек *р.* der Térek -s
Тибе́т Tíbet *n* -s
Тибр *р.* der Tíber = *u* -s
Тигр *р.* der Tígris
Тимо́р *о-в* Tímor *n* -s
Тира́на *г.* Tirána *n* -s
Тира́споль *г.* Tiráspol *n* -s
Тиро́ль (*земля в Австрии*) Tiról *n* -s
Тирре́нское море das Tyrrhénische Meer -n -(e)s
Ти́са *р.* die Theiß
Ти́хий океа́н der Stílle Ózean -n -s, der Pazífische Ózean -n -s, der Pazífik -s
То́го Tógo *n* -s
То́кио *г.* Tókio, Tókyo *n* -s
Толья́тти *г.* Toljátti *n* -s
Томск *г.* Tomsk *n* -s
Томь *р.* der Tom -s
То́нга Tónga *n* -s
Toро́нто *г.* Torónto *n* -s
Трансильва́ния Siebenbürgen *n* -s
Трембли́нка Treblinka [trɛm'blin-]
Тринида́д и Тоба́го Trínidad und Tobágo *n* -s -s
Три́поли (*столица Ливии*) Trípolis *n* s
Трир *г.* Trier *n* -s
Тро́я *ист.* Trója *n* -s
Тува́ Túwa *n* -s
Тува́лу Tuvalu [-'va-] *n* -s
Ту́ла *г.* Túla *n* -s
Тулу́за *г.* Toulouse [tu'lu:s] *n*
Туни́с 1. (*государство*) Tunési¦en *n* -s **2.** (*город*) Túnis *n*
Туркеста́н *ист.* Turkestán *n* -s
Туркмениста́н Turkmenistán *n* -s
Ту́рция die Türkéi
Тхи́мпху (*столица Бутана*) Thimbú *n* -s
Тю́бинген *г.* Tübingen *n* -s
Тюме́нь *г.* Tjumén *n* -s
Тю́рингенский Лес (*горы*) der Thüringer Wald = -(e)s
Тюри́нгия (*земля в ФРГ*) Thüringen *n* -s

Тянь-Ша́нь (*горы*) der Tienschán [tǐɛn-] = *u* -s
Уагаду́гу (*столица Буркина-Фасо*) Wagadúgu *n* -s
Уга́нда Ugánda *n* -s
Удму́ртия Udmúrti¦en *n* -s
Узбекиста́н Usbékistan *n* -s
Украи́на die Ukraíne
Улан-Ба́тор *г.* Ulán-Bátor *n* -s
Улан-Удэ́ *г.* Ulán-Udé *n* -s
Улья́новск *г.* Uljánowsk *n* -s
Ура́л 1. (*река*) der Urál -s **2.** (*горы*) das Urálgebirge -s
Уругва́й Uruguay [-'gŭai] *n* -s
Уссу́ри *р.* der Ussúri -s
Уфа́ *г.* Ufá *n* -s
Уэ́льс Wales ['we:ls] *n* =
Фаре́рские острова́ die Fä́röer
Федерати́вная Респу́блика Герма́ния (*сокр.* ФРГ) die Búndesrepublik Déutschland
Феодо́сия *г.* Feodóssija *n* -s
Фергана́ *г.* Ferganá *n* -s
Фи́вы *г. ист.* Thében *n* -s
Фи́джи 1. (*острова*) die Fídschiinseln **2.** (*государство*) Fídschi *n* -s
Филаде́льфия *г.* Philadélphia *n* -s
Филиппи́ны (*острова и государство*) die Philippínen
Финики́я *ист.* Phönízi¦en, Phöníki¦en *n* -s
Финля́ндия Fínnland *n* -s
Фи́нский зали́в der Fínnische Méerbusen -n -s
Фирвальдшт́етское о́зеро der Vierwáldstätter See = -s
Флоре́нция *г.* Florénz *n*
Фолкле́ндские [Мальви́нские] острова́ die Fálklandinseln, die Malvinen [-'vi:-]
Фора́рльберг (*земля в Австрии*) Vórarlberg *n* -s
Фра́йберг *г.* Fréiberg *n* -s
Фра́кия *ист.* Thráki¦en, Thrázi¦en *n* -s
Франко́ния (*историческая область в ФРГ*) Fránken *n* -s
Фра́нкфурт-на-Ма́йне *г.* Fránkfurt am Main *n* -s = =
Фра́нкфурт-на-О́дере *г.* Fránkfurt (Óder) *n* -s
Фра́нца-Ио́сифа Земля́ *о-ва* Fránz-Jóseph-Land *n* -s
Фра́нция Fránkreich *n* -s
Францу́зская Полине́зия Französisch-Polynési¦en *n* -s
ФРГ die BRD; *см.* Федерати́вная Респу́блика Герма́ния
Фрита́ун (*столица Сьерра-Леоне*) Freetown ['fri:taun] *n* -s
Фру́нзе *ист.* Frúnse *n* -s; *см.* Бишке́к
Фудзия́ма (*гора*) der Fudschi(jáma) ['fudʒi-] -s
Фунафу́ти (*столица Тувалу*) Funafúti *n* -s
Фюрт *г.* Fürth *n* -s
Хаба́ровск *г.* Chabárowsk *n* -s
Хаба́ровский край die Región Chabárowsk
Хабома́и *о-в* Habomái *n* -s
Ха́ген *г.* Hágen *n* -s
Ха́йфа *г.* Háifa *n* -s
Хака́сия Chakássi¦en *n* -s
Хамм *г.* Hamm *n* -s
Ханó́й *г.* Hanói *n* -s
Хара́ре (*столица Зимбабве*) Haráre *n* -s
Харби́н *г.* Harbín, Charbín *n* -s
Харту́м (*столица Судана*) Khartum [kar'tu:m *u* 'kar-] *n* -s
Ха́рьков *г.* Chárkow *n* -s
Ха́фель *р.* die Hável [-fəl]
Хе́льсинки *г.* Hélsinki *n* -s
Хе́мниц *г.* Chémnitz ['kɛm-] *n*
Херсо́н *г.* Chersón *n* -s
Хиби́ны (*горы*) die Chibíny, die Chibínenberge
Хиросúма *г.* Hiroshima [-'ʃi-], Hiroschíma *n* -s
Хокка́йдо *о-в* Hokkáido *n* -s
Хониа́ра (*столица государства Соломоновы Острова*) Honiára *n* -s
Хонсю́ *о-в* Honshu [-'ʃu] *n* -s
Хорва́тия Kroáti¦en *n* -s
Хошими́н *г.* Ho-Chi-Minh-Stadt [hotʃi'min-] *n* -s
Хуанхэ́ *р.* der Huanghé (Hwanghó) =
Хью́стон *г.* Houston ['hju:stən] *n* -s
Цви́ккау *г.* Zwíckau *n* -s
Цейло́н Ceylon ['tsailɔn] *n* -s; *см.* Шри-Ла́нка
Центра́льная А́зия Zentrálasi¦en *n* -s
Центра́льная Аме́рика Míttelamérika *n* -s
Центральноафрика́нская Респу́блика die Zentrálafrikanische Republík
Цю́рих *г.* Zürich *n* -s
Чава́ш Респу́блики *см.* Чува́шия
Чад 1. (*государство*) Tschad *n* -s **2.** (*озеро*) der Tschádsee -s, der Tschad -s
Чебокса́ры *г.* Tscheboksáry *n* -s
Челю́скин Мыс Кап Tscheljúskin *n* -s =
Челя́бинск *г.* Tscheljábinsk *n* -s
Черке́сск *г.* Tscherkéssk *n*
Черни́гов *г.* Tscherníġow *n* -s
Черно́быль *г.* Tschernóbyl *n* -s
Черного́рия Montenégro *n* -s
Чёрное мо́ре das Schwárze Meer -n -(e)s
Че́хия Tschéchi¦en *n* -s, die Tschéchische Republík
Чехослова́кия *ист.* die Tschechoslowakéi
Чече́нская Респу́блика Ичке́рия die Tschetschénische Republík Itschkéria
Чечня́ Tschetschéni¦en *n* -s
Чика́го *г.* Chicago [ʃi'ka:-] *n* -s
Чи́ли Chile ['tʃi:lə] *n* -s
Чита́ *г.* Tschitá *n* -s
Чува́шия Tschuwáschi¦en *n* -s
Чудско́е о́зеро der Péipussee -s
Чуко́тка, Чуко́тский полуо́стров die Tschúktschenhalbinsel
Чуко́тское мо́ре die Tschúktschensee
Чунци́н *г.* Chunking [tʃuŋ'kiŋ] *n* -s
Шанха́й *г.* Schanghái, Shanghái [ʃaŋ-] *n* -s
Шва́бия (*историческая область и административный округ в ФРГ*) Schwában *n* -s
Шварцва́льд (*горы*) der Schwárzwald -(e)s
Швейца́рия die Schweiz
Шве́ция Schwéden *n* -s
Ше́льда *р.* die Schélde
Шетла́ндские острова́ die Shetlandinseln ['ʃɛtlənt-]
Ше́ффилд *г.* Sheffield ['ʃɛfi:ld] *n* -s
Шикота́н *о-в* Shikotán [ʃi-] *n* -s
Ши́пка (*перевал*) der Schípkapaß -sses
Шле́звиг-Гольште́йн (*земля в ФРГ*) Schléswig-Hólstein *n* -s
Шотла́ндия Schóttland *n* -s
Шпицбе́рген *о-в* Spítzbergen *n* -s
Шпре *см.* Шпрее
Шпре́вальд (*географический район в ФРГ*) der Spréewald -(e)s
Шпре́е *р.* die Spree
Шри-Ла́нка Srí Lánka *n* = -s
Штетти́н *г.* Stettín *n* -s; *см.* Щéцин
Шти́рия (*земля в Австрии*) die Stéiermark
Штра́льзунд *г.* Strálsund *n* -s
Штýттгарт *г.* Stúttgart *n* -s
Щéцин *г.* Szczecin ['ʃtʃɛtʃin] *n* -s, Stéttin *n* -s
Э́бро *р.* der Ébro -s
Эвере́ст (*гора*) der Mount Everest [ˌmaunt 'everəst]; *см. тж.* Джомолýнгма
Эге́йское мо́ре das Ägä́ische Meer -n -(e)s, die Ägä́is
Э́динбург *г.* Édinburg, Edinburgh ['ɛdinbərə] *n* -s
Э́йзенах *см.* А́йзенах
Э́йзенхюттенштадт *см.* А́йзенхюттенштадт
Э́йзенштадт *см.* А́йзенштадт
Э́йре Eire ['e:ri] *n* -s; *см.* Ирла́ндия
Эквадо́р Ecuadór, Ekuadór *n* -s
Экваториа́льная Гвине́я Äquatoriálguinea [-gi-] *n* -s
Эли́ста *г.* Elísta *n* -s
Эль-Куве́йт (*столица Кувейта*) Al-Kuweit [ku've:t] *n* -s
Э́льба I *о-в* Élba *n* -s
Э́льба II *р.* die Élbe
Эльбру́с (*гора*) der Elbrús =
Эльза́с (*историческая область во Франции*) das Élsaß = *u* -sses
Эмс *р.* die Ems
Э́ресунн (*пролив*) der Öresund -(e)s
Э́ри *оз.* der Ériesee -s
Эр-Рия́д (*столица Саудовской Аравии*) Er-Riád *n* -s
Э́рфурт *г.* Érfurt *n* -s
Э́ссен *г.* Éssen *n* -s
Эстля́ндия *ист.* Éstland *n* -s
Эсто́ния Éstland *n* -s
Э́тна (*вулкан*) der Ätna -s
Эфио́пия Äthiópi¦en *n* -s
ЮАР *см.* Ю́жно-Африка́нская Респу́блика
Югосла́вия Jugosláwi¦en *n* -s
Ю́жная Аме́рика Südamérika *n* -s
Ю́жная А́фрика Südáfrika *n* -s
Ю́жная Коре́я Südkoréa *n* -s
Ю́жная Осе́тия Südosséti¦en *n* -s

Ю́жно-Африка́нская Респу́блика (*сокр.* ЮАР) die Republík Südáfrika

Ю́жно-Сахали́нск *г.* Júschno-Sachalínsk *n* -s

Ю́жные Кури́лы die Südkurílen

Ю́жный Буг der Südliche Bug -n -s

Юката́н *п-ов* Yucatán [ju-] *n* -s

Юра́ (*горы*) der Júra = *u* -s

Ю́рмала *г.* Júrmala *n* -s

Ютла́ндия *п-ов* Jütland *n* -s

Я́ва *о-в* Java [-va] *n* -s

Яку́тия Jakúti¦en *n* -s; *см. тж.* Саха́

Яку́тск *г.* Jakútsk *n* -s

Я́лта *г.* Jálta *n* -s

Яма́йка (*остров и государство*) Jamáika *n* -s

Яма́л *п-ов* der Jamál -s

Ямусу́кро (*столица Кот д'Ивуара*) Jamoussoukro [jamu'sukro] *n* -s

Янго́н (*столица Мьянмы*) Jangón, Yangón *n* -s

Янцзы́, Янцзыцзя́н *р.* der Jangtsé = *u* -s, der Jangtsekiáng = *u* -s

Япо́ния Jápan *n* -s

Япо́нское мо́ре das Japánische Meer -n -(e)s

Яросла́вль *г.* Jarosláwl *n* -s

Яу́нде (*столица Камеруна*) Jáounde *n* -s

ГРАММАТИЧЕСКИЕ ТАБЛИЦЫ

ТАБЛИЦА СКЛОНЕНИЙ ИМЕН СУЩЕСТВИТЕЛЬНЫХ

1

	sg	pl
N	der Tag	die Tage
G	des Tag(e)s	der Tage
D	dem Tag(e)	den Tagen
A	den Tag	die Tage

Примечание:
только -es в *G sg* имеет напр.: Greis — Greises.

1*

	sg	pl
N	der Bach	die Bäche
G	des Bach(e)s	der Bäche
D	dem Bach(e)	den Bächen
A	den Bach	die Bäche

Примечание:
1) только -es в *G sg* имеют напр.: Hals — Halses, Tisch — Tisches, Baβ — Basses, Blitz—Blitzes
2) в *pl* a переходит в ä (Gang — Gänge)
aa » » ä (Saal — Säle)
au » » äu (Gebrauch — Gebräuche, Schmaus — Schmäuse)
o » » ö (Sohn — Söhne)
u » » ü (Hut — Hüte)

2

	sg	pl
N	das Haar	die Haare
G	des Haar(e)s	der Haare
D	dem Haar(e)	den Haaren
A	das Haar	die Haare

Примечание:
1) только -es в *G sg* имеют напр.: Maβ — Maβes, Roβ — Rosses, Haus—Hauses, Fleisch—Fleisches, Gesetz—Gesetzes;
2) при краткой гласной β в *G* и *D sg* и в *pl* переходит в ss; напр.: Roβ — Rosses.

3

	sg	pl
N	die Kuh	die Kühe
G	der Kuh	der Kühe
D	der Kuh	den Kühen
A	die Kuh	die Kühe
N	die Kenntnis	die Kenntnisse
G	der Kenntnis	der Kenntnisse
D	der Kenntnis	den Kenntnissen
A	die Kenntnis	die Kenntnisse
N	die Drangsal	die Drangsale
G	der Drangsal	der Drangsale
D	der Drangsal	den Drangsalen
A	die Drangsal	die Drangsale

Примечание:
1) в некоторых словах в *pl*
a переходит в ä (Hand — Hände)
au » » äu (Braut — Bräute)
o » » ö (Not — Nöte)
u » » ü (Luft — Lüfte);
2) β в *sg* переходит в ss в *pl*: Nuβ — Nüsse;
3) глухому [s] в *sg* соответствует звонкое [z] в *pl*: Gans — Gänse, Maus — Mäuse;
4) слова, оканчивающиеся на -nis, имеют в *pl* окончание -nisse (*см.* Kenntnis).

3*

	sg	pl
N	das Bedürfnis	die Bedürfnisse
G	des Bedürfnisses	der Bedürfnisse
D	dem Bedürfnis	den Bedürfnissen
A	das Bedürfnis	die Bedürfnisse
N	der Firnis	die Firnisse
G	des Firnisses	der Firnisse
D	dem Firnis	den Firnissen
A	den Firnis	die Firnisse

Примечание:
эта группа слов имеет в *G sg* только окончание -es.

4

	sg	pl
N	der Wald	die Wälder
G	des Wald(e)s	der Wälder
D	dem Wald(e)	den Wäldern
A	den Wald	die Wälder

Примечание:
1) только -es в *G sg* имеет слово Geist — Geistes;
2) в *pl* a переходит в ä (Rand — Ränder)
au » » äu (Strauch — Sträucher)
o » » ö (Gott — Götter)
u » » ü (Wurm — Würmer)

5

	sg	pl
N	das Dach	die Dächer
G	des Dach(e)s	der Dächer
D	dem Dach(e)	den Dächern
A	das Dach	die Dächer
N	der Reichtum	die Reichtümer
G	des Reichtum(e)s	der Reichtümer
D	dem Reichtum(e)	den Reichtümern
A	den Reichtum	die Reichtümer

Примечание:
в *pl* a переходит в ä (Pfand — Pfänder)
au » » äu (Haupt — Häupter)
o » » ö (Dorf — Dörfer)
u » » ü (Gut — Güter).

6

	sg	pl
N	der Adler	die Adler
G	des Adlers	der Adler
D	dem Adler	den Adlern
A	den Adler	die Adler
N	das Messer	die Messer
G	des Messers	der Messer
D	dem Messer	den Messern
A	das Messer	die Messer
N	der Deckel	die Deckel
G	des Deckels	der Deckel
D	dem Deckel	den Deckeln
A	den Deckel	die Deckel
N	das Mittel	die Mittel
G	des Mittels	der Mittel
D	dem Mittel	den Mitteln
A	das Mittel	die Mittel
N	das Geleise	die Geleise
G	des Geleises	der Geleise
D	dem Geleise	den Geleisen
A	das Geleise	die Geleise

6*

	sg	pl
N	der Vater	die Väter
G	des Vaters	der Väter
D	dem Vater	den Vätern
A	den Vater	die Väter
N	das Kloster	die Klöster
G	des Klosters	der Klöster
D	dem Kloster	den Klöstern
A	das Kloster	die Klöster

7

	sg	pl
N	das Mädchen	die Mädchen
G	des Mädchens	der Mädchen
D	dem Mädchen	den Mädchen
A	das Mädchen	die Mädchen
N	das Büchlein	die Büchlein
G	des Büchleins	der Büchlein
D	dem Büchlein	den Büchlein
A	das Büchlein	die Büchlein
N	der Lappen	die Lappen
G	des Lappens	der Lappen
D	dem Lappen	den Lappen
A	den Lappen	die Lappen

7*

	sg	pl
N	der Faden	die Fäden
G	des Fadens	der Fäden
D	dem Faden	den Fäden
A	den Faden	die Fäden
N	der Ofen	die Öfen
G	des Ofens	der Öfen
D	dem Ofen	den Öfen
A	den Ofen	die Öfen

Примечание:

в *pl* а переходит в ä (Garten — Gärten)
o » » ö (Boden — Böden)

8

	sg	pl
N	der Bär	die Bären
G	des Bären	der Bären
D	dem Bären	den Bären
A	den Bären	die Bären
N	der Bauer	die Bauern
G	des Bauern	der Bauern
D	dem Bauern	den Bauern
A	den Bauern	die Bauern

9

	sg	pl
N	der Genosse	die Genossen
G	des Genossen	der Genossen
D	dem Genossen	den Genossen
A	den Genossen	die Genossen

10

	sg	pl
N	die Frau	die Frauen
G	der Frau	der Frauen
D	der Frau	den Frauen
A	die Frau	die Frauen

11

	sg	pl
N	die Tafel	die Tafeln
G	der Tafel	der Tafeln
D	der Tafel	den Tafeln
A	die Tafel	die Tafeln
N	die Gabe	die Gaben
G	der Gabe	der Gaben
D	der Gabe	den Gaben
A	die Gabe	die Gaben

Примечание:

в словах, оканчивающихся на -ie, в *pl* окончание -en произносится раздельно от предшествующего i: Harmonie — Harmoni¦en

12

	sg	pl
N	die Genossin	die Genossinnen
G	der Genossin	der Genossinnen
D	der Genossin	den Genossinnen
A	die Genossin	die Genossinnen

13

	sg	pl
N	das Ohr	die Ohren
G	des Ohr(e)s	der Ohren
D	dem Ohr(e)	den Ohren
A	das Ohr	die Ohren
N	der Typ	die Typen
G	des Typs	der Typen
D	dem Typ	den Typen
A	den Typ	die Typen

Примечание:

1) только -es в *G sg* имеет слово Schmerz — Schmerzes;
2) в *G sg* в слове Juwel e отсутствует — Juwels; *N pl* — Juwelen;
3) слова на -e и -el получают в *G sg* только -s и в *pl* только -n, напр.: Auge — Auges—Augen; Stachel — Stachels — Stacheln.

14

	sg	pl
N	der (die) Abgeordnete	die Abgeordneten
G	des (der) Abgeordneten	der Abgeordneten
D	dem (der) Abgeordneten	den Abgeordneten
A	den Abgeordneten (die Abgeordnete)	die Abgeordneten
N	ein Abgeordneter	Abgeordnete
G	eines Abgeordneten	Abgeordneter
D	einem Abgeordneten	Abgeordneten
A	einen Abgeordneten	Abgeordnete
N	eine Abgeordnete	Abgeordnete
G	einer Abgeordneten	Abgeordneter
D	einer Abgeordneten	Abgeordneten
A	eine Abgeordnete	Abgeordnete

15

	sg	pl
N	der Gedanke	die Gedanken
G	des Gedankens	der Gedanken
D	dem Gedanken	den Gedanken
A	den Gedanken	die Gedanken
N	das Herz	die Herzen
G	des Herzens	der Herzen
D	dem Herzen	den Herzen
A	das Herz	die Herzen

ТАБЛИЦА ГЛАГОЛОВ СИЛЬНОГО И НЕПРАВИЛЬНОГО СПРЯЖЕНИЯ

ZUSAMMENSTELLUNG DER KONJUGATIONSFORMEN DER STARKEN UND DER UNREGELMÄßIGEN VERBEN

Infinitiv Неопределённая форма	Indikativ Präsens Изъявительное наклонение Настоящее время	Indikativ Imperfekt Изъявит. накл. Прошедшее время	Konjunktiv Imperfekt Сослагат. накл. Прошедшее время	Imperativ Повелительное наклонение	Partizip II Причастие прошедшего времени
backen	backe, bäckst, bäckt	buk, ~(e)st *u* backte	büke[1] *u* backte	back(e)	gebacken
befehlen	befehle, befiehlst, befiehlt	befahl	beföhle[1] *u реже* befähle[1]	befiehl	befohlen
beginnen	beginn||e, ~st, ~t	begann	begönne[1] *u реже* begänne	beginn(e)	begonnen
beißen	beiß||e, ~t, ~t	biß, bissest	bisse	beiß(e)	gebissen
bergen	berge, birgst, birgt	barg	bärge[1] (bürge)[2]	birg	geborgen
bersten	berste, birst, birst *u реже* berstest, berstet	barst, ~est (borst, ~est)[2]	bärste[1] (börste)[2]	birst	geborsten
bewegen	beweg||e, ~st, ~t	bewog	bewöge[1]	beweg(e)	bewogen
biegen	bieg||e, ~st, ~t	bog	böge[1]	bieg(e)	gebogen
bieten	biet||e, ~(e)st, ~et (beutst, beut)[2]	bot, ~(e)st	böte[1]	biet(e) (beut)[2]	geboten
binden	bind||e, ~est, ~et	band, ~(e)st	bände	bind(e)	gebunden
bitten	bitt||e, ~est, ~et	bat, ~(e)st	bäte	bitt(e)	gebeten
blasen	blase, bläst, bläst	blies, ~est	bliese[1]	blas(e)	geblasen
bleiben	bleib||e, ~st, ~t	blieb, ~(e)st	bliebe	bleib(e)	geblieben
braten	brate, brätst, brät	briet, ~(e)st	briete[1]	brat(e)	gebraten
brechen	breche, brichst, bricht	brach [-a:-]	bräche [-ɛ:-]	brich	gebrochen
brennen	brenn||e, ~st, ~t	brannte	brennte[1]	brenn(e)	gebrannt
bringen	bring||e, ~st, ~t	brachte	brächte	bring(e)	gebracht
denken	denk||e, ~st, ~t	dachte	dächte	denk(e)	gedacht
dingen[3] *высок.*	ding||e, ~st, ~t	dingte (dang)[2]	dingte[1] (dingete, dünge, dänge)[2]	ding(e)	gedungen *u реже* gedingt
dreschen	dresche, drischst, (drischest)[2], drischt	drosch *u* drasch, ~(e)st	drösche[1] *u реже* dräsche[1]	drisch	gedroschen
dringen	dring||e, ~st, ~t	drang	dränge[1]	dring(e)	gedrungen
dünken *высок.*	dünkt *u* deucht	dünkte *u* deuchte	dünkte (deuchte)[2]	—	gedünkt *u* gedeucht
dürfen	darf, ~st, ~; dürfen	durfte	dürfte	—	gedurft
empfehlen	empfehle, empfiehlst, empfiehlt	empfahl	empfähle (empföhle)[2]	empfiehl	empfohlen
erbleichen *высок.*	erbleich||e, ~st, ~t	erblich *u* erbleichte	erbliche *u* erbleichte	erbleich(e)	erblichen *u* erbleicht
erkiesen *высок.*	erkies||e, ~(es)t, ~t	erkor (erkieste)[2]	erköre[1]	(erkies(e)[2]	erkoren (erkiest)[2]
erlöschen	erlösche, erlisch(e)st, erlischt	erlosch, ~(e)st	erlösche[1]	erlisch	erloschen
erschallen[4]	erschall||e, ~st, ~t	erschallte *u* erscholl	erschallte[1] (erschölle)[2]	erschall(e)	erschallt *u* erschollen
erschrecken	erschrecke, erschrickst, erschrickt	erschrak, ~(e)st	erschräke	erschrick	erschrocken
erwägen	erwäg||e, ~st, ~t	erwog, ~(e)st	erwöge[1]	erwäg(e)	erwogen
essen	esse, ißt (issest)[2], ißt	aß, ~est	äße	iß	gegessen
fahren	fahre, fährst, fährt	fuhr, ~(e)st	führe	fahr(e)	gefahren
fallen	falle, fällst, fällt	fiel	fiele	fall(e)	gefallen
fangen	fange, fängst, fängt	fing	finge	fang(e)	gefangen
fechten	fechte, fichtst, ficht	focht, ~est	föchte[1]	ficht	gefochten
finden	find||e, ~est, ~et	fand, ~(e)st	fände	find(e)	gefunden
flechten	flechte, flichtst, flicht	flocht, ~est	flöchte[1]	flicht	geflochten
fliegen	flieg||e, ~st, ~t (fleugst, fleugt)[2]	flog, ~(e)st	flöge	flieg(e) (fleug)[2]	geflogen
fliehen	flieh||e, ~st, ~t (fleuchst, fleucht)[2]	floh, ~(e)st	flöhe[1]	flieh(e) (fleuch)[2]	geflohen
fließen	fließ||e, ~(es)t, ~t (fleußt, fleußt)[2]	floß, flossest	flösse[1]	fließ(e) (fleuß)[2]	geflossen
fressen	fresse, frißt (frissest)[2], frißt	fraß, ~est	fräße	friß	gefressen
frieren	frier||e, ~st, ~t	fror	fröre	frier(e)	gefroren
gären	gär||e, ~st, ~t	gor *u* gärte	gärte (göre)[2]	gär(e)	gegoren *u* gegärt
gebären	gebäre, gebärst, gebärt *u* gebierst, gebiert	gebar	gebäre[1]	gebär(e) *u* gebier	geboren
geben	gebe, gibst, gibt	gab	gäbe	gib	gegeben
gedeihen	gedeih||e, ~st, ~t	gedieh	gediehe[1]	gedeih(e)	gediehen
gehen	geh||e, ~st, ~t	ging	ginge	geh(e)	gegangen
gelingen	gelingt	gelang	gelänge	geling(e)	gelungen

[1] Книжные формы; в живой речи заменяются формой würde + Infinitiv; *напр.* büke = würde backen

[2] Формы даются в порядке употребительности. Устаревшие формы приведены в скобках.

[3] Ср. bedingen.

[4] Ср. schallen.

Infinitiv Неопределённая форма	**Indikativ Präsens** Изъявительное наклонение Настоящее время	**Indikativ Imperfekt** Изъявит. накл. Прошедшее время	**Konjunktiv Imperfekt** Сослагат. накл. Прошедшее время	**Imperativ** Повелительное наклонение	**Partizip II** Причастие прошедшего времени
gelten	gelte, giltst, gilt	galt, ~(e)st	gälte[1] (gölte)[2]	—	gegolten
genesen *высок.*	genes‖e, ~(es)t, ~t	genas, ~est	genäse[1]	genes(e)	genesen
genießen	genieß‖e, ~t (~est)[2], ~t	genoß, genossest	genösse[1]	genieß(e)	genossen
geschehen	geschieht	geschah	geschähe	—	geschehen
gewinnen	gewinn‖e, ~st, ~t	gewann, ~(e)st	gewänne[1] (gewönne)[2]	gewinn(e)	gewonnen
gießen	gieß‖e, ~t (~est)[2], ~t	goß, gossest	gösse[1]	gieß(e)	gegossen
gleichen	gleich‖e, ~t (~est)[2], ~t	glich, ~(e)st	gliche	gleich(e)	geglichen
gleiten	gleit‖e, ~est, ~et	glitt, ~(e)st	glitte[1]	gleit(e)	geglitten
glimmen	glimm‖e, ~st, ~t	glimmte *и реже* glomm	glimmte[1] *и реже* glömme[1]	glimm(e)	geglimmt *и реже* geglommen
graben	grabe, gräbst, gräbt	grub, ~(e)st	grübe[1]	grab(e)	gegraben
greifen	greif‖e, ~st, ~t	griff, ~(e)st	griffe	greif(e)	gegriffen
haben	habe, hast [-a-], hat [-a-]; haben	hatte	hätte	hab(e)	gehabt
halten	halte, hältst, hält	hielt, ~(e)st	hielte	halt(e)	gehalten
hängen (hangen)[2] *vi*	häng‖e, ~st, ~t (hange)[2]	hing, ~(e)st	hinge	häng(e)	gehangen
hängen *vt*	häng‖e, ~st, ~t	hängte	hängte	häng(e)	gehängt *и ю.-нем*, gehangen
hauen	hau‖e, ~st, ~t	hieb *и* haute	hiebe[1] *и* haute	hau(e)	gehauen
heben	heb‖e, ~st, ~t	hob, (~est)	höbe[1] (hübe)[2]	heb(e)	gehoben
heißen	heiß‖e, ~(es)t, ~t	hieß, ~st (~est)[2]	hieße	heiß(e)	geheißen
helfen	helfe, hilfst, hilft	half, ~st (~est)[2]	hälfe[1] (hülfe)[2]	hilf	geholfen
kennen	kenn‖e, ~st, ~t	kannte	kennte[1]	kenn(e)	gekannt
klimmen	klimm‖e, ~st, ~t	klomm, ~st (~est)[2]	klömme[1]	klimm(e)	geklommen
klingen	kling‖e, ~st, ~t	klang, ~st (~est)[2]	klänge	kling(e)	geklungen
kneifen	kneif‖e, ~st, ~t	kniff, ~st (~est)[2]	kniffe[1]	kneif(e)	gekniffen
kommen	komm‖e, ~st, ~t (kömmst, kömmt)[2]	kam	käme	komm(e)	gekommen
können	kann, ~st, ~; können	konnte	könnte	könne	gekonnt
kreischen	kreisch‖e, ~est, ~t	kreischte	kreischte	kreisch(e)	gekreischt
kriechen	kriech‖e, ~st, ~t (kreuchst, kreucht)[2]	kroch	kröche	kriech(e) (kreuch)[2]	gekrochen
küren *высок.*	kür‖e, ~st, ~t	kürte *и* kor, ~(e)st	kürte[1] *и* köre[1]	kür(e)	gekürt *и* gekoren
laden *грузить; заряжать*	lade, lädst, lädt	lud, ~(e)st	lüde[1]	lad(e)	geladen
laden *приглашать*	lade, lädst, lädt *и* ladest, ladet	lud, ~(e)st	lüde[1]	lad(e)	geladen
lassen	lasse, läßt (lässest)[2], läßt	ließ, ~est	ließe	laß *и реже* lasse	gelassen
laufen	laufe, läufst, läuft	lief, ~st (~est)[2]	liefe	lauf(e)	gelaufen
leiden	leid‖e, ~est, ~et	litt, ~(e)st	litte	leid(e)	gelitten
leihen	leih‖e, ~st, ~t	lieh, ~st (~est)[2]	liehe[1]	leih(e)	geliehen
lesen	lese, liest (liesest)[2], liest	las, ~est	läse	lies	gelesen
liegen	lieg‖e, ~st, ~t	lag	läge	lieg(e)	gelegen
lügen	lüg‖e, ~st, ~t	log	löge[1]	lüg(e)	gelogen
mahlen	mahl‖e, ~st, ~t	mahlte	mahlte	mahl(e)	gemahlen
meiden	meid‖e, ~est, ~et	mied, ~(e)st	miede[1]	meid(e)	gemieden
melken	melk‖e, ~st, ~t *и реже* milkst, milkt	melkte *и реже* molk	melkte[1] (mölke)[2]	melk(e) *и реже* milk	gemolken *и реже* gemelkt
messen	messe, mißt (missest)[2] mißt	maß, ~est	mäße[1]	miß	gemessen
mißlingen	mißlingt	mißlang	mißlänge	—	mißlungen
mögen	mag, ~st, ~; mögen	mochte	möchte	—	gemocht
müssen	muß, ~t, ~; müssen, müßt (müsset)[2], müssen	mußte	müßte	müsse	gemußt
nehmen	nehme, nimmst, nimmt	nahm	nähme	nimm	genommen
nennen	nenn‖e, ~st, ~t	nannte	nennte[1]	nenn(e)	genannt
pfeifen	pfeif‖e, ~st, ~t	pfiff, ~st (~est)[2]	pfiffe[1]	pfeif(e)	gepfiffen
pflegen	pfleg‖e, ~st, ~t	pflegte *и* pflog, ~(e)st	pflegte *и* pflöge[1]	pleg(e)	gepflegt *и* gepflogen
preisen	preis‖e, ~(es)t, ~t	pries, ~est	priese[1]	preis(e)	gepriesen
quellen	quelle, quillst, quillt	quoll	quölle[1]	quill	gequollen
raten	rate, rätst, rät	riet, ~(e)st	riete	rat(e)	geraten
reiben	reib‖e, ~st, ~t	rieb, ~st (~est)[2]	riebe[1]	reib(e)	gerieben
reihen	reih‖e, ~st, ~t	reihte (rieh)[2]	reihte	reih(e)	gereiht (geriehen)[2]
reißen	reiß‖e, ~t (~est)[2], ~t	riß, rissest	risse	reiß(e)	gerissen
reiten	reit‖e, ~(e)st, ~et	ritt, ~(e)st	ritte	reit(e)	geritten

[1] Книжные формы; в живой речи заменяются формой würde + Infinitiv; *напр.* gälte = würde gelten.
[2] Формы даются в порядке употребительности. Устаревшие формы приведены в скобках.

Infinitiv Неопределённая форма	Indikativ Präsens Изъявительное наклонение Настоящее время	Indikativ Imperfekt Изъявит. накл. Прошедшее время	Konjunktiv Imperfekt Сослагат. накл. Прошедшее время	Imperativ Повелительное наклонение	Partizip II Причастие прошедшего времени
rennen	renn‖e, ~st, ~t	rannte	rennte	renn(e)	gerannt
riechen	riech‖e, ~st, ~t	roch	röche	riech(e)	gerochen
ringen	ring‖e, ~st, ~t	rang	ränge[1]	ring(e)	gerungen
rinnen	rinn‖e, ~st, ~t	rann, ~(e)st	ränne[1] *u* rönne[1]	rinn(e)	geronnen
rufen	ruf‖e, ~st, ~t	rief, ~st (~est)[2]	riefe	ruf(e)	gerufen
salzen	salz‖e, ~(es)t, ~t	salzte	salzte	salz(e)	gesalzt *u* gesalzen
saufen	saufe, säufst, säuft	soff, ~st (~est)[2]	söffe	sauf(e)	gesoffen
saugen	saug‖e, ~st, ~t	sog, ~st (~est)[2] *u* saugte	söge[1]	saug(e)	gesogen *u* gesaugt
schaffen	schaff‖e, ~st, ~t	schuf, ~st (~est)[2]	schüfe[1]	schaff(e)	geschaffen
schallen	schall‖e, ~st, ~t	schallte *u* scholl	schölle[1] *u* (schallte)[2]	schall(e)	geschallt
scheiden	scheid‖e, ~est, ~et	schied, ~(e)st	schiede[1]	scheid(e)	geschieden
scheinen	schein‖e, ~st, ~t	schien, ~st (~est)[2]	schiene[1]	schein(e)	geschienen
scheißen	scheiß‖e, ~t, ~t	schiß, schissest	schisse[1]	scheiß(e)	geschissen
schelten	schelte, schiltst, schilt	schalt, ~(e)st	schölte[1] (schälte)[1]	schilt	gescholten
scheren *стричь*	scher‖e, ~st, ~t (schierst, schiert)[2]	schor, ~st (~est)[2] (scherte)[2]	schöre[1] (scherte)[2]	scher(e)	geschoren (geschert)[2]
scheren (sich) *беспокоиться*	scher‖e, ~st, ~t *u* schierst, schiert	scherte	scherte	scher(e)	geschert
schieben	schieb‖e, ~st, ~t	schob, ~st (~est)[2]	schöbe[1]	schieb(e)	geschoben
schießen	schieß‖e, ~t, ~t	schoß, schossest	schösse[1]	schieß(e)	geschossen
schinden	schind‖e, ~est, ~et	schund, ~(e)st	schünde[1]	schind(e)	geschunden
schlafen	schlafe, schläfst, schläft	schlief, ~st (~est)[2]	schliefe	schlaf(e)	geschlafen
schlagen	schlage, schlägst, schlägt	schlug, ~st (~est)[2]	schlüge	schlag(e)	geschlagen
schleichen	schleich‖e, ~st, ~t	schlich, ~st (~est)[2]	schliche	schleich(e)	geschlichen
schleifen	schleif‖e, ~st, ~t	schliff, ~st (~est)[2]	schliffe[1]	schleif(e)	geschliffen
schleißen	schleiß‖e, ~t(~est)[2], ~t	schleißte *u* schliß, schlissest	schlisse[1] *u* schleißte[1]	schleiß(e)	geschleißt, geschlissen
schliefen	schlief‖e, ~st, ~t	schloff, ~(e)st	schlöffe[1]	schlief(e)	geschloffen
schließen	schließ‖e, ~t, ~t (schleußt, schleußt)[2]	schloß, schlossest	schlösse[1]	schließ(e) (schleuß)[2]	geschlossen
schlingen	schling‖e, ~st, ~t	schlang, ~st (~est)[2]	schlänge[1]	schling(e)	geschlungen
schmeißen	schmeiß‖e, ~t(~est)[2], ~t	schmiß, schmissest	schmisse	schmeiß(e)	geschmissen
schmelzen *vi*	schmelze, schmilzt, schmilzt	schmolz, ~(es)t	schmölze[1]	schmilz	geschmolzen
schmelzen *vt*	schmelz‖e, ~t, ~t *u* schmilzt, schmilzt	schmelzte *u* schmolz, ~(es)t	schmelzte[1] *u* schmölze[1]	schmelz(e) *u* schmilz	geschmelzt *u* geschmolzen
schnauben	schnaub‖e, ~st, ~t	schnaubte (schnob)[2]	schnaubte[1] (schnöbe)[2]	schnaub(e)	geschnaubt (geschnoben)[2]
schneiden	schneid‖e, ~est, ~et	schnitt, ~(e)st	schnitte	schneid(e)	geschnitten
schrecken[3] *пугаться*	schrecke, schrickst, schrickt	schrak, ~st (~est)[2]	schräke	schrick	geschrocken
schrecken *кричать (о дичи)*	schreckt	schreckte *u* schrak	schreckte *u* schräke	—	geschrocken
schreiben	schreib‖e, ~st, ~t	schrieb, ~st (~est)[2]	schriebe	schreib(e)	geschrieben
schreien	schrei‖e, ~st, ~t	schrie; schrie(e)n	schriee[1]	schrei(e)	geschrie(e)n
schreiten	schreit‖e, ~est, ~et	schritt, ~(e)st	schritte[1]	schreit(e)	geschritten
schweigen	schweig‖e, ~st, ~t	schwieg, ~st(~est)[2]	schwiege[1]	schweig(e)	geschwiegen
schwellen	schwelle, schwillst, schwillt	schwoll, ~st (~est)[2]	schwölle[1]	*редко* schwill	geschwollen
schwimmen	schwimm‖e, ~st, ~t	schwamm, ~st(~est)[2]	schwömme[1] *u* schwämme[1]	schwimm(e)	geschwommen
schwinden	schwind‖e, ~est, ~et	schwand, ~(e)st	schwände	schwind(e)	geschwunden
schwingen	schwing‖e, ~st, ~t	schwang, ~st (~est)[2]	schwänge[1]	schwing(e)	geschwungen
schwören	schwör‖e, ~st, ~t	schwur *u* schwor, ~st (~est)[2]	schwüre[1]	schwör(e)	geschworen
sehen	sehe, siehst, sieht	sah	sähe	sieh(e)	gesehen
sein	bin, bist, ist; sind, seid, sind; *Konjunktiv Präsens* sei, sei(e)st, sei; seien, seiet, seien	war, warst; ihr wart(waret)[2]	wäre, wär(e)st; ihr wär(e)t	sei, seid	gewesen
senden	send‖e, ~est, ~et	sandte *u* sendete	sendete	send(e)	gesandt *u* gesendet
sieden	sied‖e, ~est, ~et	sott, ~est	sötte[1]	sied(e)	gesotten
singen	sing‖e, ~st, ~t	sang, ~st (~est)[2]	sänge	sing(e)	gesungen
sinken	sink‖e, ~st, ~t	sank, ~(e)st	sänke[1]	sink(e)	gesunken
sinnen	sinn‖e, ~st, ~t	sann, ~st (~est)[2]	sänne[1] *u* sönne[1]	sinn(e)	gesonnen
sitzen	sitz‖e, ~t, ~t	saß, ~est	säße	sitz(e)	gesessen
sollen	soll, ~st, ~	sollte	sollte	—	gesollt

[1] Книжные формы; в живой речи заменяются формой würde + Infinitiv; *напр.* ränge=würde ringen.
[2] Формы даются в порядке употребительности. Устаревшие формы приведены в скобках.
[3] См. тж. erschrecken.

Infinitiv Неопределённая форма	Indikativ Präsens Изъявительное наклонение Настоящее время	Indikativ Imperfekt Изъявит. накл. Прошедшее время	Konjunktiv Imperfekt Сослагат. накл. Прошедшее время	Imperativ Повелительное наклонение	Partizip II Причастие прошедшего времени
spalten	spalt‖e, ~est, ~et	spaltete	spaltete	spalte	gespaltet *u* gespalten
speien	spei‖e, ~st, ~t	spie; spie(e)n	spiee[1]	spei(e)	gespie(e)n
spinnen	spinn‖e, ~st, ~t	spann, ~st (~est)[2]	spönne[1] *u* spänne[1]	spinn(e)	gesponnen
spleißen	spleiß‖e, ~t, ~t	spliß, splissest	splisse[1]	spleiß(e)	gesplissen
sprechen	spreche, sprichst, spricht	sprach [-a:-], ~(e)st	spräche [-ɛ:-]	sprich	gesprochen
sprießen	sprieß‖e, ~t (~est)[2], ~t	sproß, sprossest	sprösse[1]	sprieß(e)	gesprossen
springen	spring‖e, ~st, ~t	sprang, ~st (~est)[2]	spränge	spring(e)	gesprungen
stechen	steche, stichst, sticht	stach [-a:-], ~st (~est)[2]	stäche [-ɛ:-]	stich	gestochen
stecken	steck‖e, ~st, ~t	stak, ~(e)st *u* steckte	stäke[1] *u* steckte	steck(e)	gesteckt
stehen	steh‖e, ~st, ~t	stand, ~(e)st (stund, ~est)[2]	stünde[1] *u* stände	steh	gestanden
stehlen	stehle, stiehlst, stiehlt	stahl	stähle[1] *u* stöhle[1]	stiehl	gestohlen
steigen	steig‖e, ~st, ~t	stieg, ~st (~est)[2]	stiege	steig(e)	gestiegen
sterben	sterbe, stirbst, stirbt	starb	stürbe[1]	stirb	gestorben
stieben	stieb‖e, ~st, ~t	stob, ~st (~est)[2] *u* stiebte	stöbe[1] *u* stiebte	stieb(e)	gestoben *u* gestiebt
stinken	stink‖e, ~st, ~t	stank, ~(e)st	stänke	stink(e)	gestunken
stoßen	stoße, stößt, stößt	stieß, ~est	stieße	stoß(e)	gestoßen
streichen	streich‖e, ~st, ~t	strich, ~st (~est)[2]	striche	streich(e)	gestrichen
streiten	streit‖e, ~est, ~et	stritt, ~(e)st	stritte[1]	streit(e)	gestritten
tragen	trage, trägst, trägt	trug	trüge	trag(e)	getragen
treffen	treffe, triffst, trifft	traf, ~st (~est)[2]	träfe	triff	getroffen
treiben	treib‖e, ~st, ~t	trieb	triebe[1]	treib(e)	getrieben
treten	trete, trittst, tritt	trat, ~(e)st	träte	tritt	getreten
triefen	trief‖e, ~st, ~t	triefte *u* troff, ~(e)st	triefte *u* tröffe[1]	trief(e)	getrieft *u* getroffen
trinken	trink‖e, ~st, ~t	trank, ~st (~est)[2]	tränke	trink(e)	getrunken
trügen	trüg‖e, ~st, ~t	trog, ~(e)st	tröge[1]	trüg(e)	getrogen
tun	tue, tust, tut	tat, ~(e)st (tät, tätst)[2]	täte	tu(e)	getan
verbleichen	verbleich‖e, ~st, ~t	verblich	verbliche[1]	verbleiche	verblichen
verderben	verderbe, verdirbst, verdirbt	verdarb	verdürbe[1]	verdirb	verdorben
verdrießen	verdrieß‖e, ~t (~est)[2], ~t	verdroß, verdrossest	verdrösse[1]	verdrieß(e)	verdrossen
vergessen	vergesse, vergißt (vergissest)[2], vergißt	vergaß, ~est	vergäße	vergiß	vergessen
verlieren	verlier‖e, ~st, ~t	verlor	verlöre	verlier(e)	verloren
verzeihen	verzeih‖e, ~st, ~t	verzieh, ~st (~est)[2]	verziehe[1]	verzeih(e)	verziehen
wachsen	wachse, wächst (wächest)[2] wächst	wuchs [-u:-], ~est	wüchse [-y:-]	wachs(e)	gewachsen
wägen[3]	wäg‖e, ~st, ~t	wog (wägte)[2]	wöge[1] (wäg(e)te)[2]	wäg(e)	gewogen
waschen	wasche, wäsch(e)st, wäscht	wusch [-u:-], ~est	wüsche [-y:-]	wasch(e)	gewaschen
weben	web‖e, ~st, ~t	webte *u* wob, ~(e)st	webte[1] *u* wöbe[1]	web(e)	gewebt *u* gewoben
weichen	weich‖e, ~st, ~t	wich, ~(e)st	wiche[1]	weich(e)	gewichen
weisen	weis‖e, ~t (~est)[2], ~t	wies, ~est	wiese[1]	weis(e)	gewiesen
wenden	wend‖e, ~est, ~et	wandte *u* wendete	wendete	wende	gewandt *u* gewendet
werben	werbe, wirbst, wirbt	warb	würbe[1]	wirb	geworben
werden	werde, wirst, wird	wurde (ward)[2]	würde	werde	geworden *u* worden[4]
werfen	werfe, wirfst, wirft	warf, ~st (~est)[2]	würfe[1]	wirf	geworfen
wiegen	wieg‖e, ~st, ~t	wog	wöge[1]	wieg(e)	gewogen
winden	wind‖e, ~est, ~et	wand, ~est	wände[1]	wind(e)	gewunden
winken	wink‖e, ~st, ~t	winkte	winkte[1]	winke	gewinkt (gewunken)[2]
wissen	weiß, ~t, ~; wissen, wißt, wissen	wußte	wüßte	wisse	gewußt
wollen	will, ~st, ~; wollen	wollte	wollte	wolle	gewollt
wringen	wring‖e, ~st, ~t	wrang, ~st (~est)[2]	wränge[1]	wring(e)	gewrungen
zeihen[5] *высок.*	zeih‖e, ~st, ~t	zieh, ~(e)st *u редко* zeihte	ziehe[1]	zeih(e)	geziehen
ziehen	zieh‖e, ~st, ~t (zeuchst, zeucht)[2]	zog, ~st (~est)[2]	zöge	zieh(e) (zeuch)[2]	gezogen
zwingen	zwing‖e, ~st, ~t	zwang, ~st (~est)[2]	zwänge	zwing(e)	gezwungen

[1] Книжные формы; в живой речи заменяются формой würde + Infinitiv; *напр.* spiee = würde speien

[2] Формы даются в порядке употребительности. Устаревшие формы приведены в скобках.

[3] Ср. wiegen.

[4] В формах страдательного залога.

[5] Ср. verzeihen.

ТАБЛИЦА НЕМЕЦКОЙ ТРАНСКРИПЦИИ РУССКИХ ИМЕН

Система транскрипции русских имен и названий проф. Штейница легко доступна для понимания и довольно в качестве справочного пособия

Druckschrift: Antiqua	Druckschrift: Kursiv	Benennung	Aussprache		etwa wie in
А а	*А а*	a		a	kann
				a:	aber
Б б	*Б б*	bɛ		b	backen
			am Wortende	p	Kap
В в	*В в*	vɛ		v	Wasser
			am Wortende	f	Brief
Г г	*Г г*	gɛ		g	Garten
			am Wortende	k	Spuk
Д д	*Д д*	dɛ		d	Dank
			am Wortende	t	hart
Е е	*Е е*	jɛ		jɛ	Antje
			unbetont	ə	bereit
Ё ё Е е	*Ё ё* *Е е*	jɔ		jɔ	Joch
Ж ж	*Ж ж*	ʒɛ		ʒ	Passagier
			am Wortende	ʃ	Tisch
З з	*З з*	zɛ		z	Rose
			am Wortende	s	Kies
И и	*И и*	i:		i:	Biene
Й й	*Й й*	(i mit der Kürze)		ĭ	Mai
К к[2]	*К к*[2]	ka		k	kalt
Л л	*Л л*	ɛl			*engl.* well
				li	Billard
М м	*М м*	ɛm		m	Muhme
Н н	*Н н*	ɛn		n	nun
О о	*О о*	ɔ		ɔ	Sonne
			unbetont vor betonter Silbe	a	Fabrik
П п	*П п*	pɛ		p	Paul
Р р	*Р р*	ɛr	Zungen-	R	Rat
С с[2,3]	*С с*[2,3]	ɛs		s	naß
Т т	*Т т*	tɛ		t	Titel
У у	*У у*	u		u	Mutter
				u:	Uhr
Ф ф	*Ф ф*	ɛf		f	Fahrt
Х х	*Х х*	xa		x	ach
				ç	ich
Ц ц	*Ц ц*	tsɛ		ts	zu
Ч ч	*Ч ч*	tʃɛ		tʃ	Kutsche

[1] Diese herkömmliche Schreibung hat sich durchgesetzt, ehe die Grundsätze der Umschrift von W. Steinitz festgelegt
[2] Die Buchstabenfolge кс (wie z.B. in Александра) wird im Deutschen durch x wiedergegeben (z.B.. Ale-
[3] Die Verdoppelung сс wird wie ß in «Faß» gesprochen und entsprechend der russischen Schreibung des Eigen-

И НАЗВАНИЙ ПО СИСТЕМЕ ПРОФЕССОРА ШТЕЙНИЦА

точно передает звуки русского языка. Настоящая таблица утверждена Министерством народного образования ГДР для школы и учреждений.

Wiedergabe in Antiqua nach Steinitz	Beispiele zur Umschrift nach Steinitz (mit russischer Betonung)	Wiedergabe nach der sog. bibliothekar. Transkription
A, a	Амударья (= Amudarja), Лена (= Lena) Аня (= Anja), Ваня (= Wanja)	A, a
B, b	Баку (= Baku), Челябинск (= Tscheljabinsk) Глеб (= Gleb)	B, b
W, w	Вязьма (= Wjasma), Москва (= Moskwa) Орлов (= Orlow)	V, v
G, g	Гоголь (= Gogol) Кривой Рог (= Kriwoi Rog)	G, g
D, d	Днепр (= Dnepr), Одесса (= Odessa) Ленинград (= Leningrad)	D, d
Je, je im Anlaut je nach Vokal je nach ъ und ь e nach Konsonant	Ереван (= Jerewan) Фадеев (= Fadejew), aber: Киев (= Kiew[1]) съезд (Sjesd [= Kongreß]), Запорожье (= Saporoshje) Днепр (= Dnepr), aber: Совет (= Sowjet[1])	E, e
Jo, jo o nach sch, sh, tsch, z	Орёл, Орел (= Orjol) Жёлтое море, Желтое море (= Sholtoje more [= Gelbes Meer])	Ë, ë
Sh, sh	Жуковский (= Shukowski), Ржев (= Rshew) Воронеж (= Woronesh)	Ž, ž
S, s	Новая Земля (= Nowaja Semlja), Казань (= Kasan) союз (= Sojus) [= Union])	Z, z
I, i ï als eigener Laut nach Vokal	Иркутск (= Irkutsk), Калинин (= Kalinin) Кутаиси (Kutaïssi)	I, i
i J im Anlaut, j nach e unbezeichnet nach и unbezeichnet nach ы	Тайга (= Taiga), Алексей (= Alexej [2]), Толстой (= Tolstoi) Йошкар-Ола (= Joschkar-Ola) Бийск (= Bisk), Горький (= Gorki) Грозный (= Grosny)	J, j
K, k	Кремль (= Kreml), Маяковский (Majakowski), Омск (= Omsk)	K, k
L, l	Латвия (= Latwija), Волга (= Wolga), Орёл, Орел (= Orjol) Ленин (= Lenin), Ольга (= Olga)	L, l
M, m	Мурманск (= Murmansk), Крым (Krim [1])	M, m
N, n	Нина (= Nina), Иван (= Iwan)	N, n
O, o	Ольга (= Olga), Гоголь (= Gogol) Одесса (= Odessa)	O, o
P, p	Пушкин (= Puschkin), Севастополь (= Sewastopol), Майкоп (= Maikop)	P, p
R, r	Репин (= Repin), Урал (= Ural), Днестр (= Dnestr)	R, r
S, s im Anlaut ss im Wortinneren zwischen Vokalen s im Wortinneren in allen anderen Fällen s im Auslaut	Самарканд (= Samarkand) Некрасов (= Nekrassow) Красноярск (= Krasnojarsk) Энгельс (= Engels)	S, s
T, t	Ташкент (= Taschkent), Катаев (= Katajew)	T, t
U, u	Ульянов (= Uljanow), Фрунзе (= Frunse) Урал (= Ural), Тула (= Tula), Баку (= Baku)	U, u
F, f	Фадеев (= Fadejew), Прокофьев (= Prokofjew)	F, f
Ch, ch	Харьков (= Charkow), Чехов (= Tschechow) Хибины (= Chibiny)	Ch, ch
Z, z	Циолковский (= Ziolkowski), Винница (= Winniza), Донец (= Donez)	C, c
Tsch, tsch	Чайковский (= Tschaikowski), Мичурин (= Mitschurin), Шостакович (= Schostakowitsch)	Č, č

worden waren.
xandra).
namens in Antiqua im Auslaut mit ss wiedergegeben. Beispiel: Донбасс = Donbass.

Druckschrift		Benennung	Aussprache	etwa wie in
Antiqua	Kursiv			
Ш ш	*Ш ш*	ʃa	ʃ	schon
Щ щ	*Щ щ*	ʃtʃa	ʃtʃ	
Ъ ъ	*Ъ ъ*	jɛr (hartes Zeichen)	stumm	
Ы ы	*Ы ы*	jɛr'y	zwischen i und y	Fisch
Ь ь	*Ь ь*	weiches Zeichen	stumm	
Э э	*Э э*	ɛ	ɛ e	Erbe Ehre
Ю ю	*Ю ю*	ju	ju	jung
Я я	*Я я*	ja	ja ja:	Jammer Jahr

[1] Diese herkömmliche Schreibung hat sich durchgesetzt, ehe die Grundsätze der Umschrift von W. Steinitz festge-

продолжение

Wiedergabe in Antiqua nach Steinitz	Beispiele zur Umschrift nach Steinitz (mit russischer Betonung)	Wiedergabe nach der sog. bibliothekar. Transkription
Sch, sch	Шолохов (=Scholochow), Пушкин (=Puschkin), Иртыш (=Irtysch)	Š, š
Schtsch, schtsch	Щедрин (=Schtschedrin), Радищев (=Radischtschew)	Šč, šč
unbezeichnet	съезд (=Sjesd [=Kongreß])	am Wortende unbezeichnet, im Wortinneren durch Bindestrich wiedergegeben
y	Рыльский (=Rylski), Грозный (=Grozny), aber: Крым (=Krim[1])	y
unbezeichnet	Лёнька, Ленька (=Ljonka), Гоголь (=Gogol)	
E e	Энгельс (=Engels), Днепрогэс (=Dneproges)	Ė, ė
Ju, ju	Юрьев (=Jurjew), Анюта (=Anjuta)	Ju, ju
Ja, ja	Ялта (=Jalta), Вязьма (=Wjasma), Ваня (=Wanja) Ярославль (=Jaroslawl), Татьяна (=Tatjana), Амударья (=Amudarja)	Ja, ja

legt worden waren.

СПИСОК НАИБОЛЕЕ УПОТРЕБИТЕЛЬНЫХ И УСТОЙЧИВЫХ СОКРАЩЕНИЙ, ВСТРЕЧАЮЩИХСЯ В ПЕЧАТИ

АЗЛК [*а-зэ-эл-ка́*] — автомоби́льный заво́д и́мени Ле́нинского комсомо́ла

АМН [*а-эм-э́н*] — Акаде́мия медици́нских нау́к СССР

АН [*а-э́н* и *ан*] — Акаде́мия нау́к

АССР [*а-эс-эс-э́р*] — автоно́мная сове́тская социалисти́ческая респу́блика

АТС [*а-тэ-э́с*] — автомати́ческая телефо́нная ста́нция

БелАЗ [*бела́з*], *м* — Белору́сский автомоби́льный заво́д; автомоби́ль э́того заво́да

БССР [*бэ-эс-эс-э́р*] — Белору́сская Сове́тская Социалисти́ческая Респу́блика

БСЭ [*бэ-эс-э́*] — Больша́я сове́тская энциклопе́дия

БТИ [*бэ-тэ-и́*] — бюро́ техни́ческой информа́ции

ВАЗ [*ваз*], *м* — Во́лжский автомоби́льный заво́д

ВАСХНИЛ [*васхни́л*] — Всесою́зная акаде́мия сельскохозя́йственных нау́к и́мени В. И. Ле́нина

ВВС [*вэ-вэ-э́с*] — вое́нно-возду́шные си́лы

ВДНХ [*вэ-дэ-эн-ха́*] — Вы́ставка достиже́ний наро́дного хозя́йства СССР

ВЛКСМ [*вэ-эл-ка-эс-э́м*] — Всесою́зный Ле́нинский Коммунисти́ческий Сою́з Молодёжи

ВМС [*вэ-эм-э́с*] — вое́нно-морски́е си́лы

ВМФ [*вэ-эм-э́ф*] — вое́нно-морско́й флот

ВНР [*вэ-эн-э́р*] — Венге́рская Наро́дная Респу́блика

ВПШ [*вэ-пэ-ша́*] — Вы́сшая парти́йная шко́ла при ЦК КПСС

ВФП [*вэ-эф-пэ́*] — Всеми́рная федера́ция профсою́зов

ВЦСПС [*вэ-цэ-эс-пэ-э́с*] — Всесою́зный Центра́льный Сове́т Профессиона́льных Сою́зов

ГАЗ [*газ*], *м* — Го́рьковский автомоби́льный заво́д; автомоби́ль э́того заво́да

ГАИ [*гаи́*] — Госуда́рственная автомоби́льная инспе́кция

ГДР [*гэ-дэ-э́р*] — Герма́нская Демократи́ческая Респу́блика

ГОСТ [*гост*], **гост**, *м* — госуда́рственный общесою́зный станда́рт

ГТО [*гэ-тэ-о́*] — «Гото́в к труду́ и оборо́не СССР» (*физкультурный комплекс*)

ГУМ [*гум*], *м* Госуда́рственный универса́льный магази́н

ГЭС [*гэс*] — гидроэлектроста́нция

ДОСААФ [*доса́ф*] — Всесою́зное Краснознамённое доброво́льное о́бщество соде́йствия а́рмии, авиа́ции и фло́ту

ЖЭК [*жэк*] — жили́щно-эксплуатацио́нная конто́ра

ЗАЗ [*заз*], *м* — Запоро́жский автомоби́льный заво́д

ЗИЛ [*зил*], *м* — Моско́вский автомоби́льный заво́д и́мени И. А. Лихачёва; автомоби́ль э́того заво́да

ИВЦ [*и-вэ-цэ́*] — информацио́нно-вычисли́тельный центр

ИЛ [*ил*], **Ил**, *м* — самолёт констру́кции С. В. Илью́шина

ИМЛ [*иэмэ́л*] — Институ́т маркси́зма-ленини́зма при ЦК КПСС

ИТР [*и-тэ-э́р*] — инжене́рно-техни́ческие рабо́тники

КамАЗ [*кама́з*], *м* — Ка́мский автомоби́льный заво́д

КБ [*ка-бэ́*] — констру́кторское бюро́

КВН [*ка-вэ-э́н*] — Клуб весёлых и нахо́дчивых

КНДР [*ка-эн-дэ-э́р*] — Коре́йская Наро́дно-Демократи́ческая Респу́блика

КНР [*ка-эн-э́р*] — Кита́йская Наро́дная Респу́блика

КП [*ка-пэ́*] — Коммунисти́ческая па́ртия

КПД, кпд [*ка-пэ-дэ́*] — коэффицие́нт поле́зного де́йствия

КПСС [*ка-пэ-эс-э́с*] — Коммунисти́ческая па́ртия Сове́тского Сою́за

КрАЗ [*краз*], *м* — Кременчу́гский автомоби́льный заво́д; автомоби́ль э́того заво́да

ЛГУ [*эл-гэ-у́*] — Ленингра́дский госуда́рственный университе́т

МАЗ [*маз*], *м* — Ми́нский автомоби́льный заво́д; автомоби́ль э́того заво́да

МГУ [*эм-гэ-у́*] — Моско́вский госуда́рственный университе́т и́мени М. В. Ломоно́сова

МИД [*мид*], *м* — Министе́рство иностра́нных дел

МНР [*эм-эн-э́р*] — Монго́льская Наро́дная Респу́блика

МСЭ [*эм-эс-э́*] — Ма́лая сове́тская энциклопе́дия

МХАТ [*мхат*], *м* — Моско́вский Худо́жественный академи́ческий теа́тр СССР и́мени М. Го́рького

НАТО [*на́то*] — Организа́ция Се́вероатланти́ческого догово́ра (англ. North Atlantic Treaty Organization, NATO)

НРБ [*эн-эр-бэ́*] — Наро́дная Респу́блика Болга́рия

ОВ [*о-вэ́*] — отравля́ющие вещества́

ООН [*оо́н*] — Организа́ция Объединённых На́ций

ОТК [*о-тэ-ка́*] — отде́л техни́ческого контро́ля

ПВО [*пэ-вэ-о́*] — противовозду́шная оборо́на

ПНР [*пэ-эн-э́р*] — По́льская Наро́дная Респу́блика

ПТУ [*пэ-тэ-у́*] — профессиона́льно-техни́ческое учи́лище

РУНО [*руно́*] — райо́нное управле́ние наро́дного образова́ния

РСФСР [*эр-эс-эф-эс-э́р*] — Росси́йская Сове́тская Федерати́вная Социалисти́ческая Респу́блика

СА [*эс-а́*] — Сове́тская А́рмия

СОКК и КП [*сок и ка-пэ́*] — Сою́з о́бществ Кра́сного Креста́ и Кра́сного Полуме́сяца СССР

ССР [*эс-эс-э́р*] — Сове́тская Социалисти́ческая Респу́блика (например: Азербайджа́нская ССР)

СССР [*эс-эс-эс-э́р*] — Сою́з Сове́тских Социалисти́ческих Респу́блик

СФРЮ [*эс-эф-эр-ю́*] — Социалисти́ческая Федерати́вная Респу́блика Югосла́вия

США [*сша* и *эс-ша́*] — Соединённые Шта́ты Аме́рики

СЭВ [*сэв*] — Сове́т Экономи́ческой Взаимопо́мощи

ТУ [*ту*], **Ту** — самолёт констру́кции А. Н. Ту́полева

ТЭЦ [*тэц*] — теплоэлектроцентра́ль

ТЮЗ [*тюз*], *м* — теа́тр ю́ного зри́теля

УССР [*у-эс-эс-э́р*] — Украи́нская Сове́тская Социалисти́ческая Респу́блика

ФРГ [*фэ-эр-гэ́*] — Федерати́вная Респу́блика Герма́нии

ЦБНТИ [*цэ-бэ-эн-тэ-и́*] — центра́льное бюро́ нау́чно-техни́ческой информа́ции

ЦДРИ [*цэ-дри́*] — Центра́льный дом рабо́тников иску́сств СССР

ЦДСА [*цэ-дэ-са́*] — Центра́льный дом Сове́тской А́рмии и́мени М. В. Фру́нзе

ЦК [*цэ-ка́*] — Центра́льный Комите́т

ЦКБ [*цэ-ка-бэ́*] — центра́льное констру́кторское бюро́

ЦКТБ [*цэ-ка-тэ-бэ́*] — центра́льное констру́кторское техни́ческое бюро́

ЦПКиО [*цэ-пэ-кэ-и-о́*] — центра́льный парк культу́ры и о́тдыха

ЦСКА [*цэ-эс-ка́*] — Центра́льный спорти́вный клуб а́рмии

ЦУМ [*цум*], *м* — Центра́льный универса́льный магази́н

ЧП [*че-пэ́*] — чрезвыча́йное происше́ствие

ЧССР [*че-эс-эс-э́р*] — Чехослова́цкая Социалисти́ческая Респу́блика

ЭКГ [*э-ка-гэ́*] — электрокардиогра́мма

ЮНЕСКО [*юнэ́ско*] — Организа́ция Объединённых На́ций по вопро́сам образова́ния, нау́ки и культу́ры (англ. United Nations Educational, Scientific and Cultural Organization, UNESCO)

ЯК [*як*], **Як**, *м* — самолёт констру́кции А. С. Я́ковлева

СПИСОК РУССКИХ ГЛАГОЛЬНЫХ ФОРМ, ИМЕЮЩИХ ЗВУКОВЫЕ И ИНЫЕ ОСОБЕННОСТИ В СВОЁМ ОБРАЗОВАНИИ

башу́, баси́шь *наст. вр. от* **баси́ть**

бегу́, бежи́шь, бегу́т *наст. вр. от* **бежа́ть**

берёг(-ся), берегла́(-сь) *прош. вр. от* **бере́чь(-ся)**

берегу́(-сь), бережёшь(-ся), берегу́т(-ся) *наст. вр. от* **бере́чь(-ся)**

беру́(-сь), берёшь(-ся), *наст. вр. от* **брать(-ся)**

бешу́(-сь), бе́сишь(-ся), бе́сит(-ся), *наст. вр. от* **беси́ть(-ся)**

блюду́, блюдёшь *наст. вр. от* **блюсти́**

брёл, брела́ *прош. вр. от* **брести́**

бре́ю(-сь), бре́ешь(-ся) *наст. вр. от* **брить(-ся)**

брожу́, бро́дишь *наст. вр. от* **броди́ть**

бро́шу(-сь), бро́сишь(-ся) *буд. вр. от* **бро́сить(-ся)**

бужу́, бу́дишь *наст. вр. от* **буди́ть**

вбегу́, вбежи́шь, вбегу́т *буд. вр. от* **вбежа́ть**

введу́, введёшь *буд. вр. от* **ввести́**

ввёл, ввела́ *прош. вр. от* **ввести́**

ввожу́ I, вво́дишь *наст. вр. от* **вводи́ть**

ввожу́ II, вво́зишь *наст. вр. от* **ввози́ть**

вгляжу́сь, вгляди́шься *буд. вр. от* **вгляде́ться**

вгоню́, вго́нишь *буд. вр. от* **вогна́ть**

вде́ну, вде́нешь *буд. вр. от* **вдеть**

веду́, ведёшь *наст. вр. от* **вести́**

вёл(-ся), вела́(-сь) *прош. вр. от* **вести́(-сь)**

ве́шу, ве́сишь *наст. вр. от* **ве́сить**

взберу́сь, взберёшься *буд. вр. от* **взобра́ться**

взведу́, взведёшь *буд. вр. от* **взвести́**

взвёл (взвёлся *и* взвелся́), взвела́(-сь) *прош. вр. от* **взвести́(-сь)**

взве́шу(-сь), взве́сишь(-ся) *буд. вр. от* **взве́сить(-ся)**

взвожу́, взво́дишь *наст. вр. от* **взводи́ть**

взобью́, взобьёшь *буд. вр. от* **взбить**

взойду́, взойдёшь *буд. вр. от* **взойти́**

взошёл, взошла́ *прош. вр. от* **взойти́**

взыщу́, взы́щешь *буд. вр. от* **взыска́ть**

вишу́, виси́шь *наст. вр. от* **висе́ть**

влечу́, влети́шь *буд. вр. от* **влете́ть**

вне́млю́, вне́млешь *наст. вр. от* **внима́ть**

вношу́, вно́сишь *наст. вр. от* **вноси́ть**

вобью́, вобьёшь *буд. вр. от* **вбить**

вовлёк(-ся), вовлекла́(-сь) *прош. вр. от* **вовле́чь(-ся)**

вовлеку́(-сь), вовлечёшь(-ся), вовлеку́т(-ся) *буд. вр. от* **вовле́чь(-ся)**

вожу́ I, во́дишь *наст. вр. от* **води́ть**

вожу́ II, во́зишь *наст. вр. от* **вози́ть**

вожу́сь I, во́дишься *наст. вр. от* **води́ться**

вожу́сь II, во́зишься *наст. вр. от* **вози́ться**

возбужу́(-сь), возбуди́шь(-ся) *буд. вр. от* **возбуди́ть(-ся)**

воздади́м, воздади́те, воздаду́т *мн. ч. буд. вр. от* **возда́ть**

возда́м, возда́шь, возда́ст *ед. ч. буд. вр. от* **возда́ть**

возда́ст(-ся) 3 *л. ед. ч. буд. вр. от* **возда́ть(-ся)**

возношу́(-сь), возно́сишь(-ся) *наст. вр. от* **возноси́ть(-ся)**

возражу́, возрази́шь *буд. вр. от* **возрази́ть**

возро́с, возросла́ *прош. вр. от* **возрасти́**

войду́, войдёшь *буд. вр. от* **войти́**

воло́к(-ся), волокла́(-сь) *прош. вр. от* **воло́чь(ся)**

волью́, вольёшь *буд. вр. от* **влить**

вонжу́, вонзи́шь *буд. вр. от* **вонзи́ть**

вопью́сь, вопьёшься *буд. вр. от* **впи́ться**

ворочу́ I, воро́тишь *буд. вр. от* **вороти́ть** I

ворочу́ II, воро́тишь *наст. вр. от* **вороти́ть** II

ворочу́сь, воро́тишься *буд. вр. от* **вороти́ться**

восприму́, воспри́мешь *буд. вр. от* **восприня́ть**

воспроизведу́, воспроизведёшь *буд. вр. от* **воспроизвести́**

восста́ну, восста́нешь *буд. вр. от* **восста́ть**

восстаю́, восстаёшь *наст. вр. от* **восстава́ть**

восхожу́, восхо́дишь *наст. вр. от* **восходи́ть**

вошью́, вошьёшь *буд. вр. от* **вшить**

во́ю, во́ешь *наст. вр. от* **выть**

вою́ю, вою́ешь *наст. вр. от* **воева́ть**

впаду́, впадёшь *буд. вр. от* **впасть**

впишу́(-сь), впи́шешь(-ся) *буд. вр. от* **вписа́ть(-ся)**

вплету́, вплетёшь *буд. вр. от* **вплести́**

впряг(-ся), впрягла́(-сь) *прош. вр. от* **впрячь(-ся)**

впрягу́(-сь), впряжёшь(-ся), впрягу́т(-ся) *буд. вр. от* **впря́чь(-ся)**

впряду́, впрядёшь *буд. вр. от* **впрясть**

впрял, впря́ла́ *прош. вр. от* **впрясть**

впущу́, впу́стишь *буд. вр. от* **впусти́ть**

вре́жу, вре́жешь *буд. вр. от* **вре́зать**

врежу́, вреди́шь *наст. вр. от* **вреди́ть**

врос, вросла́ *прош. вр. от* **врасти́**

вро́ю, вро́ешь *буд. вр. от* **врыть**

всажу́, вса́дишь *буд. вр. от* **всади́ть**

вскро́ю, вскро́ешь *буд. вр. от* **вскрыть**

вспашу́, вспа́шешь *буд. вр. от* **вспаха́ть**

всплыву́, всплывёшь *буд. вр. от* **всплыть**

вста́ну, вста́нешь *буд. вр. от* **встать**

встаю́, встаёшь *наст. вр. от* **встава́ть**

встря́ну, встря́нешь *буд. вр. от* **встрять**

всхожу́, всхо́дишь *наст. вр. от* **всходи́ть**

вхожу́, вхо́дишь *наст. вр. от* **входи́ть**

въе́ду, въе́дешь *буд. вр. от* **въе́хать**

въе́мся, въе́шься, въе́стся *наст. вр. от* **въе́сться**

вы́беру(-сь), вы́берешь(-ся) *буд. вр. от* **вы́брать(-ся)**

вы́веду, вы́ведешь *буд. вр. от* **вы́вести**

вы́вел, вы́вела *прош. вр. от* **вы́вести**

вы́винчу, вы́винтишь *буд. вр. от* **вы́винтить**

вы́вожу(-сь), вы́возишь(-ся) *буд. вр. от* **вы́возить(ся)**

вывожу́ I, выво́дишь *наст. вр. от* **выводи́ть**

вывожу́ II, выво́зишь *наст. вр. от* **вывози́ть**

вы́волок, вы́волокла *прош. вр. от* **вы́волочь**

вы́волоку, вы́волочешь, вы́волокут *буд. вр. от* **вы́волочь**

вы́глажу, вы́гладишь *буд. вр. от* **вы́гладить**

вы́гляжу, вы́глядишь *наст. вр. от* **вы́глядеть** II

вы́гоню, вы́гонишь *буд. вр. от* **вы́гнать**

вы́греб, вы́гребла *прош. вр. от* **вы́грести**

вы́гребу, вы́гребешь *буд. вр. от* **вы́грести**

вы́дадим, вы́дадите, вы́дадут *мн. ч. буд. вр. от* **вы́дать(-ся)**

вы́дам, вы́дашь, вы́даст *ед. ч. буд. вр. от* **вы́дать**

вы́еду, вы́едешь *буд. вр. от* **вы́ехать**

вы́ем, вы́ешь, вы́ест *буд. вр. от* **вы́есть**

вы́жгу, вы́жжешь, вы́жгут *буд. вр. от* **вы́жечь**

вы́жег, вы́жгла *прош. вр. от* **вы́жечь**

вы́живу, вы́живешь *буд. вр. от* **вы́жить**

вы́жму, вы́жмешь *буд. вр. от* **вы́жать** I

вы́зову(-сь), вы́зовешь(-ся) *буд. вр. от* **вы́звать(-ся)**

вы́крашу(-сь), вы́красишь(-ся) *буд. вр. от* **вы́красить(-ся)**

вы́лечу, вы́летишь *буд. вр. от* **вы́лететь**

вы́лью, вы́льешь *буд. вр. от* **вы́лить**

вы́мету, вы́метешь *буд. вр. от* **вы́мести**

вы́мою, вы́моешь *буд. вр. от* **вы́мыть**

вы́мрет *буд. вр. от* **вы́мереть**

выношу́, выно́сишь *наст. вр. от* **выноси́ть**

вы́паду, вы́падешь *буд. вр. от* **вы́пасть**

вы́пал, вы́пала *прош. вр. от* **вы́пасть**
вы́пек, вы́пекла *прош. вр. от* **вы́печь**
вы́пеку, вы́печешь, вы́пекут *буд. вр. от* **вы́печь**
вы́полощу, вы́полощешь *буд. вр. от* **вы́полоскать**
вы́провожу, вы́проводишь *буд. вр. от* **вы́проводить**
вы́пряг(-ся), вы́прягла(-сь) *прош. вр. от* **вы́прячь(-ся)**
вы́прягу(-сь), вы́пряжешь(-ся), вы́прягут(-ся) *буд. вр. от* **вы́прячь(-ся)**
вы́пью, вы́пьешь *буд. вр.* от **вы́пить**
вы́ражу(-сь), вы́разишь(-ся) *буд вр. от* **вы́разить(-ся)**
вы́ращу, вы́растишь *буд. вр. от* **вы́растить**
вы́рос, вы́росла *прош. вр. от* **вы́расти**
вы́рою(-сь), вы́роешь(-ся) *буд. вр. от* **вы́рыть(-ся)**
вы́сажу(-сь), вы́садишь(-ся) *буд. вр. от* **вы́садить(-ся)**
вы́свобожу(-сь), вы́свободишь(-ся) *буд. вр. от* **вы́свободить(-ся)**
вы́сек I, вы́секла *прош. вр. от* **вы́сечь** I
вы́сек II, вы́секла *прош. вр. от* **вы́сечь** II
вы́секу I, вы́сечешь, вы́секут *буд. вр. от* **вы́сечь** I
вы́секу II, вы́сечешь, вы́секут *буд. вр. от* **вы́сечь** II
вы́сплюсь, вы́спишься *буд. вр. от* **вы́спаться**
вы́стелю, вы́стелешь *буд. вр. от* **вы́стлать** *и* **вы́стелить**
вы́стриг, вы́стригла *прош. вр. от* **вы́стричь**
вы́стригу, вы́стрижешь, вы́стригут *буд. вр. от* **вы́стричь**
вы́ужу, вы́удишь *буд. вр. от* **вы́удить**
вы́хвачу, вы́хватишь *буд. вр. от* **вы́хватить**
вы́хожу, вы́ходишь *буд. вр. от* **вы́ходить**
выхожу́, выхо́дишь *наст. вр. от* **выходи́ть**
вы́чел, вы́чла *прош. вр. от* **вы́честь**
вы́чту, вы́чтешь *буд. вр. от* **вы́честь**
вы́шел, вы́шла *прош. вр. от* **вы́йти**
вью, вьёшь *наст. вр. от* **вить**
вяжу́, вя́жешь *наст. вр. от* **вяза́ть**

гла́жу, гла́дишь *наст. вр. от* **гла́дить**
гложу́, гло́жешь *наст. вр. от* **глода́ть**
гляжу́(-сь), гляди́шь(-ся) *наст. вр. от* **гляде́ть(-ся)**
гогочу́, гого́чешь *наст. вр. от* **гогота́ть**
гожу́сь, годи́шься *наст. вр. от* **годи́ться**
гоню́(-сь), го́нишь(-ся) *наст. вр. от* **гнать(-ся)**
горжу́сь, горди́шься *наст. вр.* от **горди́ться**
гощу́, гости́шь *наст. вр. от* **гости́ть**
грёб, гребла́ *прош. вр. от* **грести́**
гребу́, гребёшь *наст. вр. от* **грести́**
грущу́, грусти́шь *наст. вр. от* **грусти́ть**

дади́м(-ся), дади́те(-сь), даду́т(-ся) *мн. ч. буд. вр. от* **дать(-ся)**
дам(-ся), дашь(-ся), даст(-ся) *ед. ч. буд. вр. от* **дать(-ся)**
даю́(-сь), даёшь(-ся) *наст. вр. от* **дава́ть(-ся)**
де́ну(-сь), де́нешь(-ся) *буд. вр. от* **деть(-ся)**
деру́(-сь), дерёшь(-ся) *наст. вр. от* **драть(-ся)**
доберу́(-сь), доберёшь(-ся) *буд. вр. от* **добра́ть(-ся)**
добрёл, добрела́ *прош. вр. от* **добрести́**
добре́ю I, добре́ешь *наст. вр. от* **добре́ть**
добре́ю II, добре́ешь *буд. вр. от* **добри́ть**
добу́ду, добу́дешь *буд. вр. от* **добы́ть**
добужу́сь, добу́дишься *буд. вр. от* **добуди́ться**
доведу́, доведёшь *буд. вр. от* **довести́**
довожу́ I, дово́дишь *наст. вр. от* **доводи́ть**
довожу́ II, дово́зишь *наст. вр. от* **довози́ть**
довожу́сь, дово́дишься *наст. вр. от* **доводи́ться**
догоню́, дого́нишь *буд. вр. от* **догна́ть**
доеди́м, доеди́те, доедя́т *мн. ч. буд. вр. от* **дое́сть**
дое́л, дое́ла *прош. вр. от* **дое́сть**
дое́м, дое́шь, дое́ст *ед. ч. буд. вр. от* **дое́сть**
дожую́, дожуёшь *буд. вр. от* **дожева́ть**
дозову́сь, дозовёшься *буд. вр. от* **дозва́ться**
дойду́, дойдёшь *буд. вр.* **дойти́**
дойму́, доймёшь *буд. вр. от* **доня́ть**
докажу́, дока́жешь *буд. вр. от* **доказа́ть**
докачу́(-сь), дока́тишь(-ся) *буд. вр. от* **докати́ть(-ся)**
долечу́ I, долети́шь *буд. вр. от* **долете́ть**
долечу́ II, доле́чишь *буд. вр. от* **долечи́ть**
долечу́сь, доле́чишься *буд. вр. от* **долечи́ться**
долью́, дольёшь *буд. вр. от* **доли́ть**
домёл, домела́ *прош. вр. от* **домести́**
домелю́, доме́лешь *буд. вр. от* **домоло́ть**
домо́ю(-сь), домо́ешь(-ся) *буд. вр. от* **домы́ть(-ся)**
доношу́, доно́сишь *буд. вр. от* **доноси́ть**
допёк(-ся), допекла́(-сь) *прош. вр. от* **допе́чь(ся)**
допою́, допоёшь *буд. вр. от* **допе́ть**
допрошу́, допро́сишь *буд. вр. от* **допроси́ть**
допряду́, допрядёшь *буд. вр. от* **допря́сть**
допря́л, допряла́ *прош. вр. от* **допря́сть**
допущу́, допу́стишь *буд. вр. от* **допусти́ть**
допью́, допьёшь *буд. вр. от* **допи́ть**
доро́с, доросла́ *прош. вр. от* **дорасти́**
доскажу́, доска́жешь *буд. вр. от* **досказа́ть**
доскачу́, доска́чешь *буд. вр. от* **доскака́ть**
доскрёб, доскребла́ *прош. вр. от* **доскрести́**
доскребу́, доскребёшь *буд. вр. от* **доскрести́**
доста́ну, доста́нешь *буд. вр. от* **доста́ть**
достаю́, достаёшь *наст. вр. от* **достава́ть**
дохожу́, дохо́дишь *наст. вр. от* **доходи́ть**
дошёл, дошла́ *прош. вр. от* **дойти́**
дошучу́сь, дошу́тишься *буд. вр. от* **дошути́ться**

егожу́, егози́шь *наст. вр. от* **егози́ть**
еди́м, еди́те, едя́т *мн. ч. наст. вр. от* **есть** I
е́ду, е́дешь *наст. вр. от* **е́хать**
е́зжу, е́здишь *наст. вр. от* **е́здить**
ем, ешь *ед. ч. наст. вр. от* **есть** I

жгу(-сь), жжёшь(-ся) *наст. вр. от* **жечь(-ся)**
живу́, живёшь *наст. вр. от* **жить**
жму(-сь), жмёшь(-ся) *наст. вр. от* **жать(-ся)** I

забегу́, забежи́шь, забегу́т *буд. вр. от* **забежа́ть**
заберу́(-сь), заберёшь(-ся) *буд. вр. от* **забра́ть(-ся)**
забреду́, забредёшь *буд. вр. от* **забрести́**
забрёл, забрела́ *прош. вр. от* **забрести́**
забро́шу, забро́сишь *буд. вр. от* **забро́сить**
забры́зжу, забры́зжешь *буд. вр. от* **забры́згать**
забу́ду(-сь), забу́дешь(-ся) *буд. вр. от* **забы́ть(-ся)**
забью́(-сь), забьёшь(-ся) *буд. вр. от* **заби́ть(-ся)**
заведу́(-сь), заведёшь(-ся) *буд. вр. от* **завести́(-сь)**
завёл(-ся), завела́(-сь) *прош. вр. от* **завести́(-сь)**
заверчу́(-сь), заве́ртишь(-ся) *буд. вр. от* **заверте́ть(-ся)**
завожу́ I, заво́дишь *наст. вр. от* **заводи́ть**
завожу́ II, заво́зишь *наст. вр. от* **завози́ть**
заво́ю, заво́ешь *буд. вр. от* **завы́ть**
завою́ю, завою́ешь *буд. вр. от* **завоева́ть**
завью́(-сь), завьёшь(-ся) *буд. вр. от* **зави́ть(-ся)**
завяжу́, завя́жешь *буд. вр. от* **завяза́ть** I
завя́л, завя́ла *прош. вр. от* **завя́нуть**
загашу́, зага́сишь *буд. вр. от* **загаси́ть**
загляжу́сь, загляди́шься *буд. вр. от* **загляде́ться**
загоню́, заго́нишь *буд. вр. от* **загна́ть**
загорожу́(-сь), загоро́дишь(-ся) *буд. вр. от* **загороди́ть(-ся)**
загружу́(-сь), загру́зишь(-ся) *буд. вр. от* **загрузи́ть(-ся)**
загрущу́, загрусти́шь *буд. вр. от* **загрусти́ть**
заде́ну, заде́нешь *буд. вр. от* **заде́ть**
зае́ду, зае́дешь *буд. вр. от* **зае́хать**
зажгу́, зажжёшь, зажгу́т *буд. вр. от* **заже́чь**
зажёг(-ся), зажгла́(-сь) *прош. вр. от* **заже́чь(-ся)**
заживу́, заживёшь *буд. вр. от* **зажи́ть** II
зажму́, зажмёшь *буд. вр. от* **зажа́ть**
зазна́юсь, зазна́ешься *буд. вр. от* **зазна́ться** *и* **зазнава́ться**
зайду́, зайдёшь *буд. вр. от* **зайти́**
займу́, займёшь *буд. вр. от* **заня́ть** I
займу́, займёшь *буд. вр. от* **заня́ть** II
займу́сь, займёшься *буд. вр. от* **заня́ться** I
закажу́, зака́жешь *буд. вр. от* **заказа́ть**
закачу́(-сь), зака́тишь(-ся) *буд. вр. от* **закати́ть(-ся)**
заколю́, зако́лешь *буд. вр. от* **заколо́ть**
закра́лся, закра́лась *прош. вр. от* **закра́сться**
закра́шу, закра́сишь *буд. вр. от* **закра́сить**
закро́ю, закро́ешь *буд. вр. от* **закры́ть**
закручу́(-сь), закру́тишь(-ся) *буд. вр. от* **закрути́ть(-ся)**
закушу́, заку́сишь *буд. вр. от* **закуси́ть** I, II
зала́жу, зала́дишь *буд. вр. от* **зала́дить**
залёг, залегла́ *прош. вр. от* **зале́чь**
залью́, зальёшь *буд. вр. от* **зали́ть**

зальюсь, зальёшься *буд. вр. от* **залиться** I, II

залягу, заляжешь *буд. вр. от* **залечь**

замёл, замела *прош. вр. от* **замести**

замечу, заметишь *буд. вр. от* **заметить**

замою, замоешь *буд. вр. от* **замыть**

замучу(-сь), замучишь(-ся) *буд. вр. от* **замучить(-ся)**

замучу, замутишь *буд. вр. от* **замутить**

заножу, занозишь *буд. вр. от* **занозить**

запёк(-ся), запекла(-сь) *прош. вр. от* **запечь(-ся)**

запеку, запечёшь, запекут *буд. вр. от* **запечь**

запишу(-сь), запишешь(-ся) *буд. вр. от* **записать(-ся)**

заплачу, заплачешь *буд. вр. от* **заплакать**

заплачу, заплатишь *буд. вр. от* **заплатить**

заплету, заплетёшь *буд. вр. от* **заплести**

заплыву, заплывёшь *буд. вр. от* **заплыть** I

запляшу(-сь), запляшешь(-ся) *буд. вр. от* **заплясать(-ся)**

запою, запоёшь *буд. вр. от* **запеть**

запрещу, запретишь *буд. вр. от* **запретить**

запрошу(-сь), запросишь(-ся) *буд. вр. от* **запросить(-ся)**

запру(-сь), запрёшь(-ся) *буд. вр. от* **запереть(-ся)**

запряг, запрягла *прош. вр. от* **запрячь**

запрягу(-сь), запряжёшь(-ся), запрягут(-ся) *буд. вр. от* **запрячь(-ся)**

запущу, запустишь *буд. вр. от* **запустить** I, II

зарёкся, зареклась *прош. вр. от* **заречься**

зарою(-сь), зароешь(-ся) *буд. вр. от* **зарыть(-ся)**

заряжу, зарядишь *буд. вр. от* **зарядить** I, II

засвищу, засвистишь *и* засвищешь *буд. вр. от* **засвистеть**

засёк, засекла *прош. вр. от* **засечь** I, II

засеку, засечёшь, засекут *буд. вр. от* **засечь** I, II

засижусь, засидишься *буд. вр. от* **засидеться**

засниму, заснимешь *буд. вр. от* **заснять**

застаю, застаёшь *наст. вр. от* **заставать**

застелю, застелешь *буд. вр. от* **застлать** *и* **застелить**

застиг, застигла *прош. вр. от* **застичь** *и* **застигнуть**

застряну, застрянешь *буд. вр. от* **застрять**

застужу(-сь), застудишь(-ся) *буд. вр. от* **застудить(-ся)**

застыну, застынешь *буд. вр. от* **застыть**

засяду, засядешь *буд. вр. от* **засесть**

затёк, затекла *прош. вр. от* **затечь**

затешусь, затешешься *буд. вр. от* **затесаться**

затопчу, затопчешь *буд. вр. от* **затоптать**

захожу, заходишь *наст. вр. от* **заходить** I

захохочу, захохочешь *буд. вр. от* **захохотать**

захочется *буд. вр. от* **захотеться**

захочу, захочешь *буд. вр. от* **захотеть**

зачёл(-ся), зачла(-сь) *прош. вр. от* **зачесть(-ся)**

зачешу(-сь), зачешешь(-ся) *буд. вр. от* **зачесать(-ся)**

зачту, зачтёшь *буд. вр. от* **зачесть**

зашёл, зашла *прош. вр. от* **зайти**

зашелещу, зашелестишь *буд. вр. от* **зашелестеть**

зашепчу, зашепчешь *буд. вр. от* **зашептать**

зашлю, зашлёшь *буд. вр. от* **заслать**

зашью(сь), зашьёшь(-ся) *буд. вр. от* **зашить(ся)**

защищу(-сь), защитишь(-ся) *буд. вр. от* **защитить(-ся)**

зову(сь), зовёшь(-ся) *наст. вр. от* **звать(-ся)**

избегу, избежишь, избегут *буд. вр. от* **избежать**

изберу, изберёшь *буд. вр. от* **избрать**

извещу, известишь *буд. вр. от* **известить**

извлёк, извлекла *прош. вр. от* **извлечь**

извлеку, извлечёшь, извлекут *буд. вр. от* **извлечь**

извожу(сь) I, изводишь(-ся) *наст. вр. от* **изводить(-ся)**

извожу(-сь) II, извозишь(-ся) *буд. вр. от* **извозить(-ся)**

изгоню, изгонишь *буд. вр. от* **изгнать**

издаю, издаёшь *наст. вр. от* **издавать**

изживу, изживёшь *буд. вр. от* **изжить**

излажу, излазишь *буд. вр. от* **излазить**

излечу(-сь), излечишь(-ся) *буд. вр. от* **излечить(-ся)**

измажу(-сь), измажешь(-ся) *буд. вр. от* **измазать(-ся)**

измелю, измелешь *буд. вр. от* **измолоть**

изнемог, изнемогла *прош. вр. от* **изнемочь**

изнемогу, изнеможешь, изнемогут *буд. вр. от* **изнемочь**

изношу(-сь), износишь(-ся) *буд. вр. от* **износить(-ся)**

изображу, изобразишь *буд. вр. от* **изобразить**

изобрёл, изобрела *прош. вр. от* **изобрести**

изобью(-сь), изобьёшь(-ся) *буд. вр. от* **избить(-ся)**

изолью(-сь), изольёшь(-ся) *буд. вр. от* **излить(-ся)**

изомну(-сь), изомнёшь(-ся) *буд. вр. от* **измять(-ся)**

изрёк, изрекла *прош. вр. от* **изречь**

изрою, изроешь *буд. вр. от* **изрыть**

изъел, изъела *прош. вр. от* **изъесть**

изыму, изымешь *буд. вр. от* **изъять**

изыщу, изыщешь *буд. вр. от* **изыскать**

искажу, исказишь *буд. вр. от* **исказить**

испёк(-ся), испекла(-сь) *прош. вр. от* **испечь(ся)**

испеку, испечёшь, испекут *буд. вр. от* **испечь**

испишу, испишешь *буд. вр. от* **исписать**

испущу, испустишь *буд. вр. от* **испустить**

истёк, истекла *прош. вр. от* **истечь**

истеку, истечёшь *буд. вр. от* **истечь**

истешу, истешешь *буд. вр. от* **истесать**

истолок(-ся), истолкла(-сь) *прош. вр. от* **истолочь(-ся)**

истопчу(-сь), истопчешь(-ся) *буд. вр. от* **истоптать(-ся)**

истрачу(-сь), истратишь(-ся) *буд. вр. от* **истратить(-ся)**

исхлещу, исхлещешь *буд. вр. от* **исхлестать**

исхожу I, исходишь *буд. вр. от* **исходить** I

исхожу II, исходишь *наст. вр. от* **исходить** II

ищу, ищешь *наст. вр. от* **искать**

качу(-сь), катишь(-ся) *наст. вр. от* **катить(-ся)**

квашу, квасишь *наст. вр. от* **квасить**

кипячу(-сь), кипятишь(-ся) *наст. вр. от* **кипятить(-ся)**

клал, клала *прош. вр. от* **класть**

клевещу, клевещешь *наст. вр. от* **клеветать**

клокочу, клокочешь *наст. вр. от* **клокотать**

клялся, клялась *прош. вр. от* **клясться**

клянусь, клянёшься *наст. вр. от* **клясться**

колешу, колесишь *наст. вр. от* **колесить**

колочу(-сь), колотишь(-ся) *наст. вр. от* **колотить(-ся)**

конопачу, конопатишь *наст. вр. от* **конопатить**

копчу I, коптишь *наст. вр. от* **коптеть** II

копчу II, коптишь *наст. р. от* **коптить**

копчусь, коптишься *наст. вр. от* **коптиться**

кошу I, косишь *наст. вр. от* **косить** I

кошу II, косишь *наст. вр. от* **косить** II

кошусь, косишься *наст. вр. от* **коситься**

краду, крадёшь *наст. вр. от* **красть**

крою, кроешь *наст. вр. от* **крыть**

крою, кроишь *наст. вр. от* **кроить**

кручу(-сь), крутишь(-ся) *наст. вр. от* **крутить(-ся)**

лажу I, ладишь *наст. вр. от* **ладить** I, II

лажу II, лазишь *наст. вр. от* **лазить**

лёг, легла *прош. вр. от* **лечь**

лепечу, лепечешь *наст. вр. от* **лепетать**

лечу I, летишь *наст. вр. от* **лететь**

лечу II, лечишь *наст. вр. от* **лечить**

лопочу, лопочешь *наст. вр. от* **лопотать**

лужу, лудишь *наст. вр. от* **лудить**

льщу, льстишь *наст. вр. от* **льстить**

льщусь, льстишься *нат. вр. от* **льститься**

лью, льёшь *наст. вр. от* **лить**

лягу, ляжешь, лягут *буд. вр. от* **лечь**

мёл, мела *прош. вр. от* **мести**

мелю, мелешь *наст. вр. от* **молоть**

мету, метёшь *наст. вр. от* **мести**

мечу, метишь *наст. вр. от* **метить** I, II

мечу, мечешь *наст. вр. от* **метать**

мечусь, мечешься *наст. вр. от* **метаться**

мну(-сь), мнёшь(-ся) *наст. вр. от* **мять(-ся)**

мог, могла *прош. вр. от* **мочь** I

могу, можешь, могут *наст. вр. от* **мочь** I

молочу, молотишь *наст. вр. от* **молотить**

мою(-сь), моешь(-ся) *наст. вр. от* **мыть(-ся)**

наберу(-сь), наберёшь(-ся) *буд. вр. от* **набрать(-ся)**

набрёл, набрела *прош. вр. от* **набрести**

набро́шу(-сь), набро́сишь(-ся) *буд. вр. от* **набро́сить(-ся)**

наведу́, наведёшь *буд. вр. от* **навести́**

навёл, навела́ *прош. вр. от* **навести́**

наверчу́, наве́ртишь *буд. вр. от* **наверте́ть**

навлёк, навлекла́ *прош. вр. от* **навле́чь**

наво́жу, наво́зишь *наст. вр. от* **наво́зить**

навожу́ I, наво́дишь *наст. вр. от* **наводи́ть**

навожу́ II, наво́зишь *буд. вр. от* **навози́ть** II

навожу́сь, наво́зишься *буд. вр. от* **навози́ться**

наврежу́, навреди́шь *буд. вр. от* **навреди́ть**

навяжу́, навя́жешь *буд. вр. от* **навяза́ть** I

навяжу́сь, навя́жешься *буд. вр. от* **навяза́ться**

нага́жу, нага́дишь *буд. вр. от* **нага́дить**

нагоню́, наго́нишь *буд. вр. от* **нагна́ть**

нагрёб, нагребла́ *прош. вр. от* **нагрести́**

нагребу́, нагребёшь *буд. вр. от* **нагрести́**

нагружу́(-сь), нагру́зишь(-ся) *буд. вр. от* **нагрузи́ть(-ся)**

наде́ну, наде́нешь *буд. вр. от* **наде́ть**

надкушу́, надку́сишь *буд. вр. от* **надкуси́ть**

надое́м, надое́шь, надое́ст *буд. вр. от* **надое́сть**

надпишу́, надпи́шешь *буд. вр. от* **надписа́ть**

наеди́мся, наеди́тесь, наедя́тся *мн. ч. буд. вр. от* **нае́сться**

нае́зжу(-сь), нае́здишь(-ся) *буд. вр. от* **нае́здить(-ся)**

нае́лся, нае́лась *прош. вр. от* **нае́сться**

нае́мся, нае́шься *буд. вр. от* **нае́сться**

наживу́(-сь), наживёшь(-ся) *буд. вр. от* **нажи́ть(-ся)**

нажму́, нажмёшь *буд. вр. от* **нажа́ть** I

нажну́, нажнёшь *буд. вр. от* **нажа́ть** II

назову́(-сь), назовёшь(-ся) *буд. вр. от* **назва́ть(-ся)**

найду́(-сь), найдёшь(-ся) *буд. вр. от* **найти́(-сь)**

найму́(-сь), наймёшь(-ся) *буд. вр. от* **наня́ть(-ся)**

накажу́, нака́жешь *буд. вр. от* **наказа́ть** I, II

накладу́, накладёшь *буд. вр. от* **накла́сть**

наклевещу́, наклеве́щешь *буд. вр. от* **наклевета́ть**

накли́чу, накли́чешь *буд. вр. от* **накли́кать**

накошу́, нако́сишь *буд. вр. от* **накоси́ть**

накра́шу(-сь), накра́сишь(-ся) *буд. вр. от* **накра́сить(-ся)**

накро́ю(-сь), накро́ешь(-ся) *буд. вр. от* **накры́ть(-ся)**

накрою́, накрои́шь *буд. вр. от* **накрои́ть**

накручу́, накру́тишь *буд. вр. от* **накрути́ть**

нала́жу, нала́дишь *буд. вр. от* **нала́дить**

налёг, налегла́ *прош. вр. от* **нале́чь**

налечу́, налети́шь *буд. вр. от* **налете́ть**

налью́, нальёшь *буд. вр. от* **нали́ть**

наля́гу, наля́жешь, наля́гут *буд. вр. от* **нале́чь**

нама́жу(-сь), нама́жешь(-ся) *буд. вр. от* **нама́зать(-ся)**

намелю́, наме́лешь *буд. вр. от* **намоло́ть**

наме́чу, наме́тишь *буд. вр. от* **наме́тить**, I, II

намечу́, наме́чешь *буд. вр. от* **намета́ть**

намну́, намнёшь *буд. вр. от* **намя́ть**

намолочу́, намоло́тишь *буд. вр. от* **намолоти́ть**

намо́ю, намо́ешь *буд. вр. от* **намы́ть**

нанижу́, нани́жешь *буд. вр. от* **наниза́ть**

наношу́, нано́сишь *буд. вр. от* **нанoси́ть**

нападу́, нападёшь *буд. вр. от* **напа́сть**

напа́кощу, напа́костишь *буд. вр. от* **напа́костить**

напёк, напекла́ *прош. вр. от* **напе́чь**

напеку́, напечёшь *буд. вр. от* **напе́чь**

напишу́, напи́шешь *буд. вр. от* **написа́ть**

наплёл, наплела́ *прош. вр. от* **наплести́**

наплету́, наплетёшь *буд. вр. от* **наплести́**

наплюю́, наплюёшь *буд. вр. от* **наплева́ть**

напляшу́сь, напля́шешься *буд. вр. от* **напляса́ться**

напо́рчу, напо́ртишь *буд. вр. от* **напо́ртить**

напою́ I, напоёшь *буд. вр. от* **напе́ть**

напою́ II, напо́ишь *буд. вр. от* **напои́ть**

напрошу́сь, напро́сишься *буд. вр. от* **напроси́ться**

напря́г(-ся), напрягла́(-сь) *прош. вр. от* **напря́чь(-ся)**

напрягу́(-сь), напряжёшь(-ся) *буд. вр. от* **напря́чь(-ся)**

напью́сь, напьёшься *буд. вр. от* **напи́ться**

наро́ю, наро́ешь *буд. вр. от* **нары́ть**

наряжу́(-сь), наря́дишь(-ся) *буд. вр. от* **наряди́ть(-ся)**

насажу́, наса́дишь *буд. вр. от* **насади́ть** I, II

наскрёб, наскребла́ *прош. вр. от* **наскрести́**

наскребу́, наскребёшь *буд. вр. от* **наскрести́**

наслажу́сь, наслади́шься *буд. вр. от* **наслади́ться**

наслежу́, наследи́шь *буд. вр. от* **наследи́ть**

настелю́, насте́лешь *буд. вр. от* **настла́ть** *и* **настели́ть**

насти́г, насти́гла *прош. вр. от* **насти́гнуть** *и* **насти́чь**

настри́г, настри́гла *прош. вр. от* **настри́чь**

настригу́, настрижёшь, настригу́т *буд. вр. от* **настри́чь**

насую́, насуёшь *буд. вр. от* **насова́ть**

насы́щу(-сь) *буд. вр. от* **насы́тить(-ся)**

craся́ду, craся́дешь *буд. вр. от* **насе́сть**

натолку́, натолчёшь, натолку́т *буд. вр. от* **натоло́чь**

натопчу́, нато́пчешь *буд. вр. от* **натопта́ть**

натру́(-сь), натрёшь(-ся) *буд. вр. от* **натере́ть(ся)**

наужу́, нау́дишь *буд. вр. от* **науди́ть**

нахлещу́(сь), нахле́щешь(-ся) *буд. вр. от* **нахлеста́ть(-ся)**

нахожу́, нахо́дишь *наст. вр. от* **находи́ть** I, II

нахожу́сь I, нахо́дишься *наст. вр. от* **находи́ться** I

нахожу́сь II, нахо́дишься *буд. вр. от* **находи́ться** II

начажу́, начади́шь *буд. вр. от* **начади́ть**

начерчу́, наче́ртишь *буд. вр. от* **начерти́ть**

начешу́, наче́шешь *буд. вр. от* **начеса́ть**

начну́, начнёшь *буд. вр. от* **нача́ть**

нашёл(-ся), нашла́(-сь) *прош. вр. от* **найти́(-сь)**

нашью́, нашьёшь *буд. вр. от* **наши́ть**

недогляжу́, недогляди́шь *буд. вр. от* **недогляде́ть**

недое́м, недое́шь, недое́ст *буд. вр. от* **недое́сть**

недосплю́, недоспи́шь *буд. вр. от* **недоспа́ть**

ненави́жу, ненави́дишь *наст. вр. от* **ненави́деть**

ношу́(-сь), но́сишь(-ся) *наст. вр. от* **носи́ть(-ся)**

но́ю, но́ешь *наст. вр. от* **ныть**

обанкро́чусь обанкро́тишься *буд. вр. от* **обанкро́титься**

обведу́, обведёшь *буд. вр. от* **обвести́**

обвёл, обвела́ *прош. вр. от* **обвести́**

обвожу́ I, обво́дишь *наст. вр. от* **обводи́ть**

обвожу́ II, обво́зишь *наст. вр. от* **обвози́ть**

обволо́к(-ся), обволокла́(-сь) *прош. вр. от* **обволо́чь(-ся)**

обвяжу́(-сь), обвя́жешь(-ся) *буд. вр. от* **обвяза́ть(-ся)**

обгложу́, обгло́жешь *буд. вр. от* **обглода́ть**

обгоню́, обго́нишь *буд. вр. от* **обогна́ть**

обдеру́(-сь), обдерёшь(-ся) *буд. вр. от* **ободра́ть(-ся)**

обегу́, обежи́шь, обегу́т *буд. вр. от* **обежа́ть**

обезвре́жу, обезвре́дишь *буд. вр. от* **обезвре́дить**

обеззара́жу, обеззара́зишь *буд. вр. от* **обеззара́зить**

обесцве́чу(-сь), обесцве́тишь(-ся) *буд. вр. от* **обесцве́тить(-ся)**

обжёг(-ся), обожгла́(сь) *прош. вр. от* **обже́чь(ся)**

обживу́(-сь), обживёшь(-ся) *буд. вр. от* **обжи́ть(-ся)**

обзаведу́сь, обзаведёшься *буд. вр. от* **обзавести́сь**

обзавожу́сь, обзаво́дишься *наст. вр. от* **обзаводи́ться**

обзову́, обзовёшь *буд. вр. от* **обозва́ть**

оби́жу(-сь), оби́дишь(-ся) *буд. вр. от* **оби́деть(-ся)**

обкраду́, обкрадёшь *буд. вр. от* **обокра́сть**

обла́жу, обла́зишь *буд. вр. от* **обла́зить**

облёкся, облеклась *прош. вр. от* **обле́чься**

облеку́сь, облечёшься, облеку́тся *буд. вр. от* **обле́чься**

облечу́, облети́шь *буд. вр. от* **облете́ть**

оближу́(-сь), обли́жешь(-ся) *буд. вр. от* **облиза́ть(-ся)**

облокочу́сь, облоко́тишься *буд. вр. от* **облокоти́ться**

обма́жу(-сь), обма́жешь(-ся) *буд. вр. от* **обма́зать(-ся)**

обмёл, обмела́ *прош. вр. от* **обмести́**

о́бмер, обмерла́ *прош. вр. от* **обмере́ть**

обмету́, обметёшь *буд. вр. от* **обмести́**

обмечу́, обме́чешь *буд. вр. от* **обмета́ть** I

обмолочу́, обмоло́тишь *буд. вр. от* **обмолоти́ть**

обмо́ю(-сь), обмо́ешь(-ся) *буд. вр. от* **обмы́ть(-ся)**

обниму́(-сь), обни́мешь(-ся) *буд. вр. от* **обня́ть(-ся)**

обобью́, обобьёшь *буд. вр. от* **обби́ть** *и* **оби́ть**

обовью́(-сь), обовьёшь(-ся) *буд. вр. от* **обви́ть(-ся)**

обогащу́(-сь), обогати́шь(-ся) *буд. вр. от* **обогати́ть(-ся)**

обожгу́(-сь), обожжёшь(-ся), обожгу́т(-ся) *буд. вр. от* **обже́чь(-ся)**

обойду́, обойдёшь *буд. вр. от* **обходи́ть**

обойму́(-сь), обоймёшь(-ся) *буд. вр. от* **обня́ть(-ся)**

обокра́л, обокра́ла *прош. вр. от* **обокра́сть**

обольщу́(-сь), обольсти́шь(-ся) *буд. вр. от* **обольсти́ть(-ся)**

оболью́(-сь), обольёшь(-ся) *буд. вр. от* **обли́ть(-ся)**

обомру́, обомрёшь *буд. вр. от* **обмере́ть**

обопру́сь, обопрёшься *буд. вр. от* **опере́ться**

обопью́сь, обопьёшься *буд. вр. от* **опи́ться**

оботру́(-сь), оботрёшь(-ся) *буд. вр. от* **обтере́ть(-ся)**

обошёл(-ся), обошла́(-сь) *буд. вр. от* **обойти́(-сь)**

обошью́, обошьёшь *буд. вр. от* **обши́ть**

обращу́(-сь), обрати́шь(-ся) *буд. вр. от* **обрати́ть(-ся)**

обре́жу(-сь), обре́жешь(-ся) *буд. вр. от* **обре́зать(-ся)**

обрёк, обрекла́ *прош. вр. от* **обре́чь**

обрёл, обрела́ *прош. вр. от* **обрести́**

обрету́, обретёшь *буд. вр. от* **обрести́**

обро́с, обросла́ *прош. вр. от* **обрасти́**

обсажу́, обса́дишь *буд. вр. от* **обсади́ть**

обсужу́, обсу́дишь *буд. вр. от* **обсуди́ть**

обтёр(-ся), обтёрла(-сь) *прош. вр. от* **обтере́ть(-ся)**

обтешу́, обте́шешь *буд. вр. от* **обтеса́ть**

обтешу́сь, обте́шешься *буд. вр. от* **обтеса́ться**

обу́жу, обу́зишь *буд. вр. от* **обу́зить**

обхвачу́, обхва́тишь *буд. вр. от* **обхвати́ть**

обхожу́, обхо́дишь *наст. вр. от* **обходи́ть**

обхожу́сь, обхо́дишься *наст. вр. от* **обходи́ться**

объеди́м(-ся), объеди́те(-сь), объедя́т(-ся) *мн. ч. буд. вр. от* **объе́сть(-ся)**

объе́м(-ся), объе́шь(-ся) *ед. ч. буд. вр. от* **объе́сть(-ся)**

обыщу́(-сь), обы́щешь(-ся) *буд. вр. от* **обыска́ть(-ся)**

обяжу́(-сь), обя́жешь(-ся) *буд. вр. от* **обяза́ть(-ся)**

оглашу́, огласи́шь *буд. вр. от* **огласи́ть**

огляжу́(-сь), огляди́шь(-ся) *буд. вр. от* **огляде́ть(-ся)**

оде́ну(-сь), оде́нешь(-ся) *буд. вр. от* **оде́ть(-ся)**

оживу́, оживёшь *буд. вр. от* **ожи́ть**

окачу́(-сь), ока́тишь(-ся) *буд. вр. от* **окати́ть(-ся)**

оконфу́жу(-сь), оконфу́зишь(-ся) *буд. вр. от* **оконфу́зить(-ся)**

опа́л, опа́ла *прош. вр. от* **опа́сть**

опережу́, опереди́шь *буд. вр. от* **опереди́ть**

опишу́, опи́шешь *буд. вр. от* **описа́ть**

опишу́сь, опи́шешься *буд. вр. от* **описа́ться**

оплачу́, опла́тишь *буд. вр. от* **оплати́ть**

оповещу́, оповести́шь *буд. вр. от* **оповести́ть**

опозна́ю, опозна́ешь *буд. вр. от* **опозна́ть**

опознаю́, опознаёшь *наст. вр. от* **опознава́ть**

опрошу́, опро́сишь *буд. вр. от* **опроси́ть**

опущу́(-сь), опу́стишь(-ся) *буд. вр. от* **опусти́ть(-ся)**

орошу́, ороси́шь *буд. вр. от* **ороси́ть**

осажу́, оса́дишь *буд. вр. от* **осади́ть** I, II

освещу́, освети́шь *буд. вр от* **освети́ть**

освищу́, осви́щешь *буд. вр. от* **освиста́ть**

освобожу́(-сь), освободи́шь(-ся) *буд. вр. от* **освободи́ть(-ся)**

осёкся, осекла́сь *прош. вр. от* **осе́чься**

осе́л, осе́ла *прош. вр. от* **осе́сть**

оста́нусь, оста́нешься *буд. вр. от* **оста́ться**

остаю́сь, остаёшься *наст. вр. от* **остава́ться**

остри́г(-ся), остри́гла(-сь) *прош. вр. от* **остри́чь(-ся)**

остригу́(-сь), острижёшь(-ся), остригу́т(-ся) *буд. вр. от* **остри́чь(-ся)**

остужу́, осту́дишь *буд. вр. от* **остуди́ть**

осты́ну, осты́нешь *буд. вр. от* **осты́ть**

осужу́, осу́дишь *буд. вр. от* **осуди́ть**

отберу́, отберёшь *буд. вр. от* **отобра́ть**

отбро́шу, отбро́сишь *буд. вр. от* **отбро́сить**

отбу́ду, отбу́дешь *буд. вр. от* **отбы́ть**

отва́жу, отва́дишь *буд. вр. от* **отва́дить**

отведу́, отведёшь *буд. вр. от* **отвести́**

отвёл, отвела́ *прош. вр. от* **отвести́**

отверчу́сь, отве́ртишься *буд. вр. от* **отверте́ться**

отвлёк(-ся), отвлекла́(-сь) *прош. вр. от* **отвле́чь(-ся)**

отвлеку́(-сь), отвлечёшь(-ся), отвлеку́т(-ся) *буд. вр. от* **отвле́чь(-ся)**

отвожу́, отво́дишь *наст. вр. от* **отводи́ть**

отвожу́, отво́зишь *наст. вр. от* **отвози́ть**

отвою́ю, отвою́ешь *буд. вр. от* **отвоева́ть**

отвяжу́(-сь), отвя́жешь(-ся) *буд. вр. от* **отвяза́ть(-ся)**

отгла́жу(-сь), отгла́дишь(-ся) *буд. вр. от* **отгла́дить(-ся)**

отгоню́, отго́нишь *буд. вр. от* **отогна́ть**

отгорожу́(-сь), отгороди́шь(-ся) *буд. вр. от* **отгороди́ть(-ся)**

отгребу́, отгребёшь *буд. вр. от* **отгрести́** I, II

отгружу́, отгру́зишь *буд. вр. от* **отгрузи́ть**

отдади́м, отдади́те, отдаду́т *мн. ч. буд. вр. от* **отда́ть**

отда́м, отда́шь, отда́ст *ед. ч. буд. вр. от* **отда́ть**

отдаю́, отдаёшь *наст. вр. от* **отдава́ть**

отдеру́, отдерёшь *буд. вр. от* **отодра́ть**

отёк, отекла́ *прош. вр. от* **оте́чь**

отеку́, отечёшь, отеку́т *буд. вр. от* **оте́чь**

отзову́(-сь), отзовёшь(-ся) *буд. вр. от* **отозва́ть(-ся)**

откажу́(-сь), отка́жешь(-ся) *буд. вр. от* **отказа́ть(-ся)**

откачу́(-сь), отка́тишь(-ся) *удд. вр. от* **откати́ть(-ся)**

отколочу́, отколо́тишь *буд. вр. от* **отколоти́ть**

откро́ю(-сь), откро́ешь(-ся) *буд. вр. от* **откры́ть(-ся)**

откушу́, отку́сишь *буд. вр. от* **откуси́ть**

отлёг, отлегла́ *прош. вр. от* **отле́чь**

отмёл, отмела́ *прош. вр. от* **отмести́**

отмету́, отметёшь *буд. вр. от* **отмести́**

отме́чу(-сь), отме́тишь(-ся) *буд. вр. от* **отме́тить(-ся)**

отмо́ю(-сь), отмо́ешь(-ся) *буд. вр. от* **отмы́ть(-ся)**

отнесу́, отнесёшь *буд. вр. от* **относи́ть**

отниму́, отни́мешь *буд. вр. от* **отня́ть**

отношу́, отно́сишь *наст. вр. от* **относи́ть**

отношу́сь, отно́сишься *наст. вр. от* **относи́ться**

отображу́, отобрази́шь *буд. вр. от* **отобрази́ть**

отобью́(-сь), отобьёшь(-ся) *буд. вр. от* **отби́ть(-ся)**

отожму́, отожмёшь *буд. вр. от* **отжа́ть** I

отолью́, отольёшь *буд. вр. от* **отли́ть**

отомщу́, отомсти́шь *буд. вр. от* **отомсти́ть**

отопью́, отопьёшь *буд. вр. от* **отпи́ть**

отосплю́сь, отоспи́шься *буд. вр. от* **отоспа́ться**

ототру́, ототрёшь *буд. вр. от* **оттере́ть**

отошёл, отошла́ *прош. вр. от* **отойти́**

отошлю́, отошлёшь *буд. вр. от* **отосла́ть**

отпа́л, отпа́ла *прош. вр. от* **отпа́сть**

отплачу́, отпла́тишь *буд. вр. от* **отплати́ть**

отпрошу́сь, отпро́сишься *буд. вр. от* **отпроси́ться**

отпря́г(-ся), отпрягла́(-сь) *прош. вр. от* **отпря́чь(-ся)**

отпущу́, отпу́стишь *буд. вр. от* **отпусти́ть**

отращу́, отрасти́шь *буд. вр. от* **отрасти́ть**

отре́жу, отре́жешь *буд. вр. от* **отре́зать**

отрёкся, отрекла́сь *прош. вр. от* **отре́чься**

отреку́сь, отречёшься, отреку́тся *буд. вр. от* **отре́чься**

отро́с, отросла́ *прош. вр. от* **отрасти́**

отро́ю, отро́ешь *буд. вр. от* **отры́ть**

отсёк, отсекла́ *прош. вр. от* **отсе́чь**

отсеку́, отсечёшь, отсеку́т *буд. вр. от* **отсе́чь**

отскрёб, отскребла́ *прош. вр. от* **отскрести́**

отскребу́, отскребёшь *буд. вр. от* **отскрести́**

отста́ну, отста́нешь *буд. вр. от* **отста́ть**

отстаю́, отстаёшь *наст. вр. от* **отстава́ть**

отстри́г, отстри́гла *прош. вр. от* **отстри́чь**

отстригу́, отстрижёшь, отстригу́т *буд. вр. от* **отстри́чь**

отся́ду, отся́дешь *буд. вр. от* **отсе́сть**

оттопчу́, отто́пчешь *буд. вр. от* **оттопта́ть**

отхвачу́, отхва́тишь *буд. вр. от* **отхвати́ть**

отхлещу́, отхле́щешь *буд. вр. от* **отхлеста́ть**

отцвёл, отцвела́ *прош. вр. от* **отцвести́**

отчи́щу(-сь), отчи́стишь(-ся) *буд. вр. от* **отчи́стить(-ся)**

отши́б, отши́бла *прош. вр. от* **отшиби́ть**

отъе́ду, отъе́дешь *буд. вр. от* **отъе́хать**

отыщу́(-сь), оты́щешь(-ся) *буд. вр. от* **отыска́ть(-ся)**

охвачу́, охва́тишь *буд. вр. от* **охвати́ть**

пал, па́ла *прош. вр. от* **пасть** I

пёк, пекла́ *прош. вр. от* **печь** II

пёкся, пекла́сь *прош. вр. от* **пе́чься** I, II

пеку́, печёшь, пеку́т *наст. вр. от* **печь** II

пеку́сь, печёшься, пеку́тся *наст. вр. от* **пе́чься** I, II

перебегу́, перебежи́шь, перебегу́т *буд. вр. от* **перебежа́ть**

переберу́(-сь), переберёшь(-ся) *буд. вр. от* **перебра́ть(-ся)**

перебью́, перебьёшь *буд. вр. от* **переби́ть**

переведу́, переведёшь *буд. вр. от* **перевести́**

перевёл, перевела́ *прош. вр. от* **перевести́**

перевожу́ I, перево́дишь *наст. вр. от* **переводи́ть**

перевожу́ II, перево́зишь *наст. вр. от* **перевози́ть**

перевяжу́(-сь), перевя́жешь(-ся) *буд. вр. от* **перевяза́ть(-ся)**

перегоню́, перего́нишь *буд. вр. от* **перегна́ть**

перегорожу́, перегороди́шь *буд. вр. от* **перегороди́ть**

перегружу́, перегру́зишь *буд. вр. от* **перегрузи́ть**

передади́м, передади́те, передаду́т *мн. ч. буд. вр. от* **переда́ть**

переда́м, переда́шь, переда́ст *ед. ч. буд. вр. от* **переда́ть**

передаю́, передаёшь *наст. вр. от* **передава́ть**

перее́ду, перее́дешь *буд. вр. от* **перее́хать**

переживу́, переживёшь *буд. вр. от* **пережи́ть**

пережую́, пережуёшь *буд. вр. от* **пережева́ть**

перезабу́ду, перезабу́дешь *буд. вр. от* **перезабы́ть**

перезаряжу́, перезаря́дишь *буд. вр. от* **перезаряди́ть**

переизберу́, переизберёшь *буд. вр. от* **переизбра́ть**

переиздади́м, переиздади́те, переиздаду́т *мн. ч. буд. вр. от* **переизда́ть**

перейду́, перейдёшь *буд. вр. от* **перейти́**

перейму́, переймёшь *буд. вр. от* **переня́ть**

переколочу́, переколо́тишь *буд. вр. от* **переколоти́ть**

переколю́, переко́лешь *буд. вр. от* **переколо́ть**

перекра́шу(-сь), перекра́сишь(-ся) *буд. вр. от* **перекра́сить(-ся)**

перекрещу́(-сь), перекре́стишь(-ся) *буд. вр. от* **перекрести́ть(-ся)**

перекро́ю, перекро́ешь *буд. вр. от* **перекры́ть**

перекушу́, перeку́сишь *буд. вр. от* **перекуси́ть**

перелечу́, перелсти́шь *буд. вр. от* **перелете́ть**

перелью́, перельёшь *буд. вр. от* **перели́ть** I, II

переля́гу, переля́жешь *буд. вр. от* **переле́чь**

перема́жу(-сь), перема́жешь(-ся) *буд. вр. от* **перема́зать(-ся)**

перемелю́, переме́лешь *буд. вр. от* **перемоло́ть**

перемещу́(-сь), перемести́шь(-ся) *буд. вр. от* **перемести́ть(-ся)**

перенапря́г(-ся), перенапряга́ть(-ся) *прош. вр. от* **перенапря́чь(-ся)**

переношу́, перено́сишь *наст. вр. от* **переноси́ть**

переохлажу́(-сь), переохлади́шь(-ся) *буд. вр. от* **переохлади́ть(-ся)**

перепишу́, перепи́шешь *буд. вр. от* **переписа́ть**

переплачу́, перепла́тишь *буд. вр. от* **переплати́ть**

переплету́, переплетёшь *буд. вр. от* **переплести́**

переплыву́, переплывёшь *буд. вр. от* **переплы́ть**

перепо́рчу, перепо́ртишь *буд. вр. от* **перепо́ртить**

перерóс, переросла́ *прош. вр. от* **перерасти́**

переро́ю, переро́ешь *буд. вр. от* **переры́ть**

пересажу́, переса́дишь *буд. вр. от* **пересади́ть**

пересдади́м, пересдади́те, пересдаду́т *мн. ч. буд. вр. от* пересда́ть

пересдаю́, пересдаёшь *наст. вр. от* **пересдава́ть**

пересёк(-ся), пересекла́(-сь) *прош. вр. от* **пересе́чь(-ся)**

пересе́л, пересе́ла *прош. вр. от* **пересе́сть**

перескажу́, переска́жешь *буд. вр. от* **пересказа́ть**

переспрошу́, переспро́сишь *буд. вр. от* **переспроси́ть**

переста́ну, переста́нешь *буд. вр. от* **переста́ть**

перестаю́, перестаёшь *наст. вр. от* **перестава́ть**

переся́ду, переся́дешь *буд. вр. от* **пересе́сть**

перетёр, перетёрла *прош. вр. от* **перетере́ть**

перетру́, перетрёшь *буд. вр. от* **перетере́ть**

перетружу́сь, перетру́дишься *буд. вр. от* **перетруди́ться**

перехвачу́, перехва́тишь *буд. вр. от* **перехвати́ть**

перехожу́, перехо́дишь *наст. вр. от* **переходи́ть**

перечёл, перечла́ *прош. вр. от* **перече́сть** I, II

перешёл, перешла́ *прош. вр. от* **перейти́**

перешлю́, перешлёшь *буд. вр. от* **пересла́ть**

перешью́, перешьёшь *буд. вр. от* **переши́ть**

пишу́, пи́шешь *наст. вр. от* **писа́ть**

пла́чу(-сь), пла́чешь(-ся) *наст. вр. от* **пла́кать(-ся)**

плачу́, пла́тишь *наст. вр. от* **плати́ть**

плёл, плела́ *прош. вр. от* **плести́**

плёлся, плела́сь *прош. вр. от* **плести́сь**

плету́, плетёшь *наст. вр. от* **плести́**

плету́сь, плетёшься *наст. вр. от* **плести́сь**

плюю́, плюёшь *наст. вр. от* **плева́ть**

пляшу́, пля́шешь *наст. вр. от* **пляса́ть**

побегу́, побежи́шь, побегу́т *буд. вр. от* **побежа́ть**

побрёл, побрела́ *прош. вр. от* **побрести́**

побре́ю(-сь), побре́ешь(-ся) *буд. вр. от* **побри́ть(-ся)**

поброжу́, побро́дишь *буд. вр. от* **побродить**

побу́ду, побу́дешь *буд. вр. от* **побы́ть**

побужу́, побу́дишь *буд. вр. от* **побуди́ть**

побью́, побьёшь *буд. вр. от* **поби́ть**

поведу́, поведёшь *буд. вр. от* **повести́**

повёл, повела́ *прош. вр. от* **повести́**

поверчу́(-сь), пове́ртишь(-ся) *буд. вр. от* **поверте́ть(-ся)**

пове́шу, пове́сишь *буд. вр. от* **пове́сить**

повлёк, повлекла́ *прош. вр. от* **повле́чь**

поврежу́, повреди́шь *буд. вр. от* **повреди́ть**

погашу́, пога́сишь *буд. вр. от* **погаси́ть**

погла́жу, погла́дишь *буд. вр. от* **погла́дить**

погляжу́(-сь), погляди́шь(-ся) *буд. вр. от* **погляде́ть(-ся)**

погоню́(-сь), пого́нишь(-ся) *буд. вр. от* **погна́ть(-ся)**

погощу́, погости́шь *буд. вр. от* **погости́ть**

погружу́(-сь), погру́зишь(-ся) *буд. вр. от* **погрузи́ть(-ся)**

пода́м(-ся), пода́шь(-ся), пода́ст (-ся) *буд. вр. от* **пода́ть(-ся)**

подбро́шу, подбро́сишь *буд. вр. от* **подбро́сить**

подведу́, подведёшь *буд. вр. от* **подвести́**

подвёл, подвела́ *прош. вр. от* **подвести́**

подве́шу, подве́сишь *буд. вр. от* **подве́сить**

подвинчу́, подвинти́шь *буд. вр. от* **подвинти́ть**

подвожу́ I, подво́дишь *наст. вр. от* **подводи́ть**

подвожу́ II, подво́зишь *наст. вр. от* **подвози́ть**

погляжу́, погляди́шь *буд. вр. от* **погляде́ть**

подде́ну, подде́нешь *буд. вр. от* **подде́ть**

подеру́сь, подерёшься *буд. вр. от* **подра́ться**

поджёг, подожгла́ *прош. вр. от* **подже́чь**

подзову́, подзовёшь *буд. вр. от* **подозва́ть**

подкраду́сь, подкрадёшься *буд. вр. от* **подкра́сться**

подкра́шу(-сь), подкра́сишь(-ся) *буд. вр. от* **подкра́сить(-ся)**

подкручу́, подкру́тишь *буд. вр. от* **подкрути́ть**

подкую́, подкуёшь *буд. вр. от* **подкова́ть**

подла́жу(-сь), подла́дишь(-ся) *буд. вр. от* **подла́дить(-ся)**

подлечу́ I, подлети́шь *буд. вр. от* **подлете́ть**

подлечу́ II, подле́чишь *буд. вр. от* **подлечи́ть**

подлечу́сь, подле́чишься *буд. вр. от* **подлечи́ться**

подлижу́, подли́жешь *буд. вр. от* **подлиза́ть**

подлижу́сь, подли́жешься *буд. вр. от* **подлиза́ться**

подмёл, подмела́ *прош. вр. от* **подмести́**

подмету́, подметёшь *буд. вр. от* **подмести́**

подме́чу, подме́тишь *буд. вр. от* **подме́тить**

подниму́(-сь), подни́мешь(-ся) *буд. вр. от* **подня́ть(-ся)**

подношу́, подно́сишь *наст. вр. от* **подноси́ть**

подобью́, подобьёшь *буд. вр. от* **подби́ть**

подожгу́, подожжёшь, подожгу́т *буд. вр. от* **подже́чь**

подожму́, подожмёшь *буд. вр. от* **поджа́ть**

подойду́, подойдёшь *буд. вр. от* **подойти́**

подолью́, подольёшь *буд. вр. от* **подли́ть**

подопру́, подопрёшь *буд. вр. от* **подпере́ть**

подотру́, подотрёшь *буд. вр. от* **подтере́ть**

подошёл, подошла́ *прош. вр. от* **подойти́**

подошлю́, подошлёшь *буд. вр. от* **подосла́ть**

подошью́, подошьёшь *буд. вр. от* **подши́ть**

подпишу́(-сь), подпи́шешь(-ся) *буд. вр. от* **подписа́ть(-ся)**

подпоя́шу(-сь), подпоя́шешь(-ся) *буд. вр. от* **подпоя́сать(-ся)**

подпущу́, подпу́стишь *буд. вр. от* **подпусти́ть**

подращу́, подрасти́шь *буд. вр. от* **подрасти́ть**

подре́жу, подре́жешь *буд. вр. от* **подре́зать**

подро́с, подросла́ *прош. вр. от* **подрасти́**

подсе́л, подсе́ла *прош. вр. от* **подсе́сть**

подскажу́, подска́жешь *буд. вр. от* **подсказа́ть**

подскачу́, подска́чешь *буд. вр. от* **подскака́ть**

подстелю́, подсте́лешь *буд. вр. от* **подостла́ть** *и* **подстели́ть**

подстерёг, подстерегла́ *прош. вр. от* **подстере́чь**

подстерегу́, подстережёшь, подстерегу́т *буд. вр. от* **подстере́чь**

подстри́г(-ся), подстри́гла(-сь) *прош. вр. от* **подстри́чь(-ся)**

подстригу́(-сь), подстрижёшь(-ся), подстригу́т(-ся) *буд. вр. от* **подстри́чь(-ся)**

подся́ду, подся́дешь *буд. вр. от* **подсе́сть**

подтвержу́, подтверди́шь *буд. вр. от* **подтверди́ть**

подхожу́, подхо́дишь *наст. вр. от* **подходи́ть**

подъе́ду, подъе́дешь *буд. вр. от* **подъе́хать**

подыму́(-сь), поды́мешь(-ся) *буд. вр. от* **подня́ть(-ся)**

подыщу́, поды́щешь *буд. вр. от* **подыска́ть**

поеди́м, поеди́те *мн. ч. буд. вр. от* **пое́сть**

пое́ду, пое́дешь *буд. вр. от* **пое́хать**

пое́зжу, пое́здишь *буд. вр. от* **пое́здить**

пое́м, пое́шь, пое́ст *ед. ч. буд. вр. от* **пое́сть**

поживу́, поживёшь *буд. вр. от* **пожи́ть**

пожму́, пожмёшь *буд. вр. от* **пожа́ть** I

пожну́, пожнёшь *буд. вр. от* **пожа́ть** II

позабу́ду, позабу́дешь *буд. вр. от* **позабы́ть**

познаю́, познаёшь *наст. вр. от* **познава́ть**

позову́, позовёшь *буд. вр. от* **позва́ть**

поищу́, пои́щешь *буд. вр. от* **поиска́ть**

пойду́, пойдёшь *буд. вр. от* **пойти́**

пойму́, поймёшь *буд. вр. от* **поня́ть**

покажу́(-сь), пока́жешь(-ся) *буд. вр. от* **показа́ть(-ся)**

покляну́сь, поклянёшься *буд. вр. от* **покля́сться**

поколочу́, поколо́тишь *буд. вр. от* **поколоти́ть**

покошу́сь, покоси́шься *буд. вр. от* **покоси́ться**

покра́шу, покра́сишь *буд. вр. от* **покра́сить**

покро́ю(-сь), покро́ешь(-ся) *буд. вр. от* **покры́ть(-ся)**

пола́жу, пола́дишь *буд. вр. от* **пола́дить**

полёг, полегла́ *прош. вр. от* **поле́чь**

полечу́ I, полети́шь *буд. вр. от* **полете́ть**

полечу́ II, поле́чишь *буд. вр. от* **полечи́ть**

полечу́сь, поле́чишься *буд. вр. от* **полечи́ться**

полижу́, поли́жешь *буд. вр. от* **полиза́ть**

полощу́(-сь), поло́щешь(-ся) *наст. вр. от* **полоска́ть(-ся)**

пома́жу, пома́жешь *буд. вр. от* **пома́зать**

помашу́, пома́шешь *буд. вр. от* **помаха́ть**

помелю́, поме́лешь *буд. вр. от* **помоло́ть**

помету́, метёшь *буд. вр. от* **помести́**

поме́чу, поме́тишь *буд. вр. от* **поме́тить**

помещу́(-сь), помести́шь(-ся) *буд. вр. от* **помести́ть(-ся)**

помну́, помнёшь *буд. вр. от* **помя́ть**

помогу́, помо́жешь, помо́гут *буд. вр. от* **помо́чь**

поморо́жу, поморо́зишь *буд. вр. от* **поморо́зить**

помо́ю(-сь), помо́ешь(-ся) *буд. вр. от* **помы́ть(-ся)**

помру́, помрёшь *буд. вр. от* **помере́ть**

помучу́(-сь), помучишь(-ся) *буд. вр. от* **пому́чить(-ся)**

пони́жу, пони́зишь *буд. вр. от* **пони́зить**

поношу́ I, поно́сишь *наст. вр. от* **поноси́ть** II

поношу́ II, поно́сишь *буд. вр. от* **поноси́ть** I

попаду́(-сь), попадёшь(-ся) *буд. вр. от* **попа́сть(-ся)**

попа́л(-ся), попа́ла(-сь) *прош. вр. от* **попа́сть(-ся)**

попишу́, попи́шешь *буд. вр. от* **пописа́ть**

попла́чусь, попла́чешься *буд. вр. от* **попла́каться**

поплачу́сь, попла́тишься *буд. вр. от* **поплати́ться**

поплёлся, поплела́сь *прош. вр. от* **поплести́сь**

поплету́сь, поплетёшься *буд. вр. от* **поплести́сь**

поплыву́, поплывёшь *буд. вр. от* **поплы́ть**

попляшу́, попля́шешь *буд. вр. от* **попляса́ть**

попо́рчу, попо́ртишь *буд. вр. от* **попо́ртить**

попою́, попоёшь *буд. вр. от* **попе́ть**

попрошу́(-сь), попро́сишь(-ся) *буд. вр. от* **попроси́ть(-ся)**

попью́, попьёшь *буд. вр. от* **попи́ть**

попя́чусь, попя́тишься *буд. вр. от* **попя́титься**

поре́жу(-сь), поре́жешь(-ся) *буд. вр. от* **поре́зать(-ся)**

поро́с, поросла́ *прош. вр. от* **порасти́**

по́рчу, по́ртишь *наст. вр. от* **по́ртить**

посажу́, поса́дишь *буд. вр. от* **посади́ть**

посвечу́, посвети́шь *буд. вр. от* **посвети́ть**

посвищу́ I, посви́щешь *буд. вр. от* **посвиста́ть**

посвищу́ II, посвисти́шь *буд. вр. от* **посвисте́ть**

посвящу́, посвяти́шь *буд. вр. от* **посвяти́ть**

посещу́, посети́шь *буд. вр. от* **посети́ть**

посижу́, посиди́шь *буд. вр. от* **посиде́ть**

поскачу́, поска́чешь *буд. вр. от* **поскака́ть**

поскрёб, поскребла́ *прош. вр. от* **поскрести́**

поспа́л, поспала́ *прош. вр. от* **поспа́ть**

посплю́, поспи́шь *буд. вр. от* **поспа́ть**

постелю́, посте́лешь *буд. вр. от* **постла́ть** *и* **постели́ть**

постерегу́, постережёшь, постерегу́т *буд. вр. от* **постере́чь**

пости́г, пости́гла *прош. вр. от* **пости́чь** *и* **пости́гнуть**

постри́г(ся), постри́гла(-сь) *прош. вр. от* **постри́чь(-ся)**,

постригу́(-сь), пострижёшь(-ся) *буд. вр. от* **постри́чь(-ся)**

потёк, потекла́ *прош. вр. от* **потёчь**

поте́шу(-сь), поте́шишь(-ся) *буд. вр. от* **поте́шить(-ся)**

потолку́, потолчёшь, потолку́т *буд. вр. от* **потоло́чь**

потоло́к, потолкла́ *прош. вр. от* **потоло́чь**

потра́чу(-сь), потра́тишь(-ся) *буд. вр. от* **потра́тить(-ся)**

потру́, потрёшь *буд. вр. от* **потере́ть**

потружу́сь, потру́дишься *буд. вр. от* **потруди́ться**

похлопочу́, похлопо́чешь *буд. вр. от* **похлопота́ть**

похожу́, похо́дишь *наст. вр. от* **походи́ть** I

похожу́, похо́дишь *буд. вр. от* **походи́ть** II

почешу́(-сь), поче́шешь(-ся) *буд. вр. от* **почеса́ть(-ся)**

почи́щу(-сь), почи́стишь(-ся) *буд. вр. от* **почи́стить(-ся)**

почту́, почтёшь *буд. вр. от* **поче́сть**

почту́, почти́шь *буд. вр. от* **почти́ть**

пошёл, пошла́ *прош. вр. от* **пойти́**

пошепчу́(-сь), поше́пчешь(-ся) *буд. вр. от* **пошепта́ть(-ся)**

пошлю́, пошлёшь *буд. вр. от* **посла́ть**

пошучу́, пошу́тишь *буд. вр. от* **пошути́ть**

пошью́, пошьёшь *буд. вр. от* **поши́ть**

пощажу́, пощади́шь *буд. вр. от* **пощади́ть**

пощекочу́, пощеко́чешь *буд. вр. от* **пощекота́ть**

пою́ I, поёшь *наст. вр. от* **петь**

пою́ II, пои́шь *наст. вр. от* **пои́ть**

превзойду́, превзойдёшь *буд. вр. от* **превзойти́**

превзошёл, превзошла́ *прош. вр. от* **превзойти́**

превозмо́г, превозмогла́ *прош. вр. от* **превозмо́чь**

превозмогу́, превозмо́жешь, превозмо́гут *буд. вр. от* **превозмо́чь**

превозношу́, превозно́сишь *наст. вр. от* **превозноси́ть**

превосхожу́, превосхо́дишь *наст. вр. от* **превосходи́ть**

превращу́(-сь), преврати́шь(-ся) *буд. вр. от* **преврати́ть(-ся)**

предви́жу, предви́дишь *наст. вр. от* **предви́деть**

предостерёг, предостерегла́ *прош. вр. от* **предостере́чь**

предостерегу́, предостережёшь, предостерегу́т *буд. вр. от* **предостере́чь**

предотвращу́, предотврати́шь *буд. вр. от* **предотврати́ть**

предпочёл, предпочла́ *прош. вр. от* **предпоче́сть**

предпочту́, предпочтёшь *буд. вр. от* **предпоче́сть**

предприму́, предпри́мешь *буд. вр. от* **предприня́ть**

предскажу́, предска́жешь *буд. вр. от* **предсказа́ть**

предста́ну, предста́нешь *буд. вр. от* **предста́ть**

прекращу́, прекрати́шь *буд. вр. от* **прекрати́ть**
пренебрёг, пренебрегла́ *прош. вр. от* **пренебре́чь**
пренебрегу́, пренебрежёшь, пренебрегу́т *буд. вр. от* **пренебре́чь**
преподаю́, преподаёшь *наст. вр. от* **преподава́ть**
преподнёс, преподнесла́ *прош. вр. от* **преподнести́**
преподношу́, преподно́сишь *наст. вр. от* **преподноси́ть**
пресёк, пресекла́ *прош. вр. от* **пресе́чь**
пресеку́, пресечёшь, пресеку́т *буд. вр. от* **пресе́чь**
пресы́щусь, пресы́тишься *буд. вр. от* **пресы́титься**
прибегу́, прибежи́шь, прибегу́т *буд. вр. от* **прибежа́ть**
приберёг, приберегла́ *прош. вр. от* **прибере́чь**
приберегу́, прибережёшь, приберегу́т *буд. вр. от* **прибере́чь**
приберу́(-сь), приберёшь(-ся) *буд. вр. от* **прибра́ть(-ся)**
прибли́жу(-сь), прибли́зишь(-ся) *буд. вр. от* **прибли́зить(-ся)**
прибу́ду, прибу́дешь *буд. вр. от* **прибы́ть**
прибью́, прибьёшь *буд. вр. от* **приби́ть** I, II
приведу́, приведёшь *буд. вр. от* **привести́**
привёл, привела́ *прош. вр. от* **привести́**
привлёк, привлекла́ *прош. вр. от* **привле́чь**
привлеку́, привлечёшь, привлеку́т *буд. вр. от* **привле́чь**
привожу́ I, приво́дишь *наст. вр. от* **приводи́ть**
привожу́ II, приво́зишь *наст. вр. от* **привози́ть**
приволо́к, приволокла́ *прош. вр. от* **приволо́чь**
привста́ну, привста́нешь *буд. вр. от* **привста́ть**
привстаю́, привстаёшь *наст. вр. от* **привстава́ть**
привяжу́(-сь), привя́жешь(-ся) *буд. вр. от* **привяза́ть(-ся)**
пригляжу́(-сь), пригляди́шь(-ся) *буд. вр. от* **пригляде́ть(-ся)**
пригожу́сь, пригоди́шься *буд. вр. от* **пригоди́ться**
пригрожу́, пригрози́шь *буд. вр. от* **пригрози́ть**
придеру́сь, придерёшься *буд. вр. от* **придра́ться**
приду́, придёшь *буд. вр. от* **прийти́**
прие́ду, прие́дешь *буд. вр. от* **прие́хать**
прие́лся, прие́лась *прош. вр. от* **прие́сться**
прижгу́, прижжёшь *буд. вр. от* **приже́чь**
прижёг, прижгла́ *прош. вр. от* **приже́чь**
приживу́сь, приживёшься *буд. вр. от* **прижи́ться**
прижму́(-сь), прижмёшь(-ся) *буд. вр. от* **прижа́ть(-ся)**
призна́ю(-сь), призна́ешь(-ся) *наст. вр. от* **призна́ть(-ся)**
признаю́, признаёшь *наст. вр. от* **признава́ть**
призову́, призовёшь *буд. вр. от* **призва́ть**
прикажу́, прика́жешь *буд. вр. от* **приказа́ть**
приколочу́, приколо́тишь *буд. вр. от* **приколоти́ть**
прикро́ю(-сь), прикро́ешь(-ся) *буд. вр. от* **прикры́ть(-ся)**
прикручу́, прикру́тишь *буд. вр. от* **прикрути́ть**
прикушу́, прику́сишь *буд. вр. от* **прикуси́ть**
прикую́, прикуёшь *буд. вр. от* **прикова́ть**
прила́жу, прила́дишь *буд. вр. от* **прила́дить**
прилёг, прилегла́ *прош. вр. от* **приле́чь**
прилечу́, прилети́шь *буд. вр. от* **прилете́ть**
приля́гу, приля́жешь *буд. вр. от* **приле́чь**
приме́чу, приме́тишь *буд. вр. от* **приме́тить**
примечу́, приме́чешь *буд. вр. от* **примета́ть**
примну́, примнёшь *буд. вр. от* **примя́ть**
примощу́сь, примости́шься *буд. вр. от* **примости́ться**
приму́, при́мешь *буд. вр. от* **приня́ть**
приму́сь, при́мешься *буд. вр. от* **приня́ться**
прини́к, прини́кла *прош. вр. от* **прини́кнуть**
приношу́, прино́сишь *наст. вр. от* **приноси́ть**
прину́жу, прину́дишь *буд. вр. от* **прину́дить**
приобрёл, приобрела́ *прош. вр. от* **приобрести́**
приобрету́, приобретёшь *буд. вр. от* **приобрести́**
приоде́ну(-сь), приоде́нешь(-ся) *буд. вр. от* **приоде́ть(-ся)**
приоткро́ю, приоткро́ешь *буд. вр. от* **приоткры́ть**
припа́л, припа́ла *прош. вр. от* **припа́сть**
припа́с, припасла́ *прош. вр. от* **припасти́**
приплету́сь, приплетёшься *буд. вр. от* **приплести́сь**
приподниму́(-сь), приподни́мешь(-ся) *буд. вр. от* **приподня́ть(-ся)**
приподыму́(-сь), приподы́мешь(-ся) *буд. вр. от* **приподня́ть(-ся)**
припря́чу, припря́чешь *буд. вр. от* **припря́тать**
приро́с, приросла́ *прош. вр. от* **прирасти́**
присе́л, присе́ла *прош. вр. от* **присе́сть**
прискачу́, приска́чешь *буд. вр. от* **прискака́ть**
приста́ну, приста́нешь *буд. вр. от* **приста́ть**
пристыжу́, пристыди́шь *буд. вр. от* **пристыди́ть**
prися́ду, прися́дешь *буд. вр. от* **присе́сть**
приукра́шу, приукра́сишь *буд. вр. от* **приукра́сить**
прихвачу́, прихва́тишь *буд. вр. от* **прихвати́ть**
прихожу́, прихо́дишь *наст. вр. от* **приходи́ть**
прихожу́сь, прихо́дишься *наст. вр. от* **приходи́ться**
причешу́(-сь), приче́шешь(-ся) *буд. вр. от* **причеса́ть(-ся)**
пришёл, пришла́ *прош. вр. от* **прийти́**
пришёлся, пришла́сь *прош. вр. от* **прийти́сь**
пришлю́, пришлёшь *буд. вр. от* **присла́ть**
пришью́, пришьёшь *буд. вр. от* **приши́ть**
приючу́, приюти́шь *буд. вр. от* **приюти́ть**
пробегу́(-сь), пробежи́шь(-ся) *буд. вр. от* **пробежа́ть(-ся)**
проберу́сь, проберёшься *буд. вр. от* **пробра́ться**
пробормочу́, пробормо́чешь *буд. вр. от* **пробормота́ть**
пробу́ду, пробу́дешь *буд. вр. от* **пробы́ть**
проведу́, проведёшь *буд. вр. от* **провести́**
провёл, провела́ *прош. вр. от* **провести́**
провожу́ I, прово́дишь *наст. вр. от* **проводи́ть** I
провожу́ II, прово́дишь *буд. вр. от* **проводи́ть** II
провожу́ III, прово́зишь *наст. вр. от* **провози́ть**
провозглашу́, провозгласи́шь *буд. вр. от* **провозгласи́ть**
прогла́жу, прогла́дишь *буд. вр. от* **прогла́дить**
проглочу́, прогло́тишь *буд. вр. от* **проглоти́ть**
прогляжу́, прогляди́шь *буд. вр. от* **прогляде́ть**
прогоню́, прого́нишь *буд. вр. от* **прогна́ть**
прода́м, прода́шь, прода́ст *буд. вр. от* **прода́ть**
продаю́, продаёшь *наст. вр. от* **продава́ть**
проде́ну, проде́нешь *буд. вр. от* **проде́ть**
прое́ду(-сь), прое́дешь(-ся) *буд. вр. от* **прое́хать(-ся)**
прое́зжу, прое́здишь *буд. вр. от* **прое́здить**
прое́л, прое́ла *прош. вр. от* **прое́сть**
прое́м, прое́шь, прое́ст *буд. вр. от* **прое́сть**
прожгу́, прожжёшь *буд. вр. от* **проже́чь**
прожёг, прожгла́ *прош. вр. от* **проже́чь**
прожую́, прожуёшь *буд. вр. от* **прожева́ть**
прозову́, прозовёшь *буд. вр. от* **прозва́ть**
произведу́, произведёшь *буд. вр. от* **произвести́**
произвёл, произвела́ *прош. вр. от* **произвести́**
произвожу́, произво́дишь *наст. вр. от* **производи́ть**
произношу́, произно́сишь *наст. вр. от* **произноси́ть**
пройду́(-сь), пройдёшь(-ся) *буд. вр. от* **пройти́(-сь)**
прокачу́(-сь), прока́тишь(-ся) *буд. вр. от* **прокати́ть(-ся)**
прокипячу́, прокипяти́шь *буд. вр. от* **прокипяти́ть**
прокляну́, проклянёшь *буд. вр. от* **прокля́сть**
прокормлю́(-сь), прокóрмишь(-ся) *буд. вр. от* **прокорми́ть(-ся)**
прокраду́сь, прокрадёшься *буд. вр. от* **прокра́сться**
прокра́лся, прокрала́сь *прош. вр. от* **прокра́сться**
прокушу́, проку́сишь *буд. вр. от* **прокуси́ть**
пролечу́, пролети́шь *буд. вр. от* **пролете́ть**
промо́ю, промо́ешь *буд. вр. от* **промы́ть**
проношу́, проно́сишь *буд. вр. от* **проноси́ть**
пропаду́, пропадёшь *буд. вр. от* **пропа́сть**
пропа́л, пропа́ла *прош. вр. от* **пропа́сть**
пропёк(-ся), пропекла́(-сь) *прош. вр. от* **пропе́чь(-ся)**
проплачу́, пропла́чешь *буд. вр. от* **пропла́кать**

прополощу́, прополо́щешь *буд. вр. от* **прополоска́ть**

пропущу́, пропу́стишь *буд. вр. от* **пропусти́ть**

проре́жу, проре́жешь *буд. вр. от* **проре́зать**

прорежу́, проредишь *буд. вр. от* **прореди́ть**

проро́с, проросла́ *прош. вр. от* **прорасти́**

проро́ю, проро́ешь *буд. вр. от* **проры́ть**

просижу́, просиди́шь *буд. вр. от* **просиде́ть**

проскачу́, проска́чешь *буд. вр. от* **проскака́ть**

прослежу́, проследи́шь *буд. вр. от* **проследи́ть**

прослежу́сь, прослези́шься *буд. вр. от* **прослези́ться**

прослыву́, прослывёшь *буд. вр. от* **прослы́ть**

просплю́(-сь), проспи́шь(-ся) *буд. вр. от* **проспа́ть(-ся)**

простужу́(-сь), просту́дишь(-ся) *буд. вр. от* **простуди́ть(-ся)**

простыну, просты́нешь *буд. вр. от* **просты́ть**

протёк, протекла́ *прош. вр. от* **протечь**

процежу́, проце́дишь *буд. вр. от* **процеди́ть**

прочёл, прочла́ *прош. вр. от* **проче́сть**

прочи́щу, прочи́стишь *буд. вр. от* **прочи́стить**

прочту́, прочтёшь *буд. вр. от* **проче́сть**

прошёл, прошла́ *прош. вр. от* **пройти́**

прошепчу́, проше́пчешь *буд. вр. от* **прошепта́ть**

пря́чу(-сь), пря́чешь(-ся) *наст. вр. от* **пря́тать(-ся)**

пущу́, пу́стишь *буд. вр. от* **пусти́ть**

пыхчу́, пыхти́шь *наст. вр. от* **пыхте́ть**

пью, пьёшь *наст. вр. от* **пить**

пя́чусь, пя́тишься *наст. вр. от* **пя́титься**

разбегу́сь, разбежи́шься, разбегу́тся *буд. вр. от* **разбежа́ться**

разбережу́, разбереди́шь *буд. вр. от* **разбереди́ть**

разберу́(-сь), разберёшь(-ся) *буд. вр. от* **разобра́ть(-ся)**

разбрёлся, разбрела́сь *прош. вр. от* **разбрести́сь**

разбужу́, разбу́дишь *буд. вр. от* **разбуди́ть**

разведу́, разведёшь *буд. вр. от* **развести́** I, II, III

разведу́сь, разведёшься *буд. вр. от* **развести́сь** I

развёл, развела́ *прош. вр. от* **развести́** I, II, III

развёлся, развела́сь *прош. вр. от* **развести́сь** I, II

разве́шу, разве́сишь *буд. вр. от* **разве́сить** I, II

развинчу́, развинти́шь *буд. вр. от* **развинти́ть**

развлёк(-ся), развлекла́(-сь) *прош. вр. от* **развле́чь(-ся)**

развлеку́(-сь), развлечёшь(ся), развле́кут(-ся) *буд. вр. от* **развле́чь(-ся)**

развожу́ I, разво́дишь *наст. вр. от* **разводи́ть** I, II, III

развожу́ II, разво́зишь *наст. вр. от* **развози́ть**

разврашу́(-сь), разврати́шь(-ся) *буд. вр. от* **разврати́ть(-ся)**

развяжу́, развя́жешь *буд. вр. от* **развяза́ть**

разгла́жу, разгла́дишь *буд. вр. от* **разгла́дить**

разглашу́, разгласи́шь *буд. вр. от* **разгласи́ть**

разгляжу́, разгляди́шь *буд. вр. от* **разгляде́ть**

разгоню́(-сь), разго́нишь(-ся) *буд. вр. от* **разогна́ть(-ся)**

разгрёб, разгребла́ *прош. вр. от* **разгрести́**

разгребу́, разгребёшь *буд. вр. от* **разгрести́**

разгружу́(-сь), разгру́зишь(-ся) *буд. вр. от* **разгрузи́ть(-ся)**

разда́м, разда́шь, разда́ст *буд. вр. от* **разда́ть** I

раздаю́, раздаёшь *наст. вр. от* **раздава́ть** I

раздобу́ду, раздобу́дешь *буд. вр. от* **раздобы́ть**

разжую́, разжуёшь *буд. вр. от* **разжева́ть**

разма́жу, разма́жешь *буд. вр. от* **разма́зать**

разме́чу, разме́тишь *буд. вр. от* **разме́тить**

размещу́(-сь), размести́шь(-ся) *буд. вр. от* **размести́ть(-ся)**

разниму́, разни́мешь *буд. вр. от* **разня́ть**

разношу́ I, разно́сишь *буд. вр. от* **разноси́ть** II

разношу́ II, разно́сишь *наст. вр. от* **разноси́ть** I

разобью́(-сь), разобьёшь(-ся) *буд. вр. от* **разби́ть(-ся)**

разожгу́, разожжёшь *буд. вр. от* **разже́чь**

разожму́, разожмёшь *буд. вр. от* **разжа́ть**

разойду́сь, разойдёшься *буд. вр. от* **разойти́сь**

разолью́, разольёшь *буд. вр. от* **разли́ть**

разомну́(-сь), разомнёшь(-ся) *буд. вр. от* **размя́ть(-ся)**

разошёлся, разошла́сь *прош. вр. от* **разойти́сь**

разошлю́, разошлёшь *буд. вр. от* **разосла́ть**

разражу́сь, разрази́шься *буд. вр. от* **разрази́ться**

разре́жу, разре́жешь *буд. вр. от* **разре́зать**

разрежу́, разреди́шь *буд. вр. от* **разреди́ть**

разро́сся, разросла́сь *прош. вр. от* **разрасти́сь**

разро́ю, разро́ешь *буд. вр. от* **разры́ть**

разряжу́ I, разряди́шь *буд. вр. от* **разряди́ть** I

разряжу́ II, разря́дишь *буд. вр. от* **разряди́ть** II

разузна́ю, разузна́ешь *буд. вр. от* **разузна́ть**

разукра́шу(-сь), разукра́сишь(-ся) *буд. вр. от* **разукра́сить(-ся)**

разыщу́, разы́щешь *буд. вр. от* **разыска́ть**

раскра́шу(-сь), раскра́сишь(-ся) *буд. вр. от* **раскра́сить(-ся)**

раскро́ю(-сь), раскро́ешь(-ся) *буд. вр. от* **раскры́ть(-ся)**

раскрою́, раскрои́шь *буд. вр. от* **раскрои́ть**

раскушу́, раску́сишь *буд. вр. от* **раскуси́ть**

распа́лся, распа́лась *прош. вр. от* **распа́сться**

распишу́(-сь), распи́шешь(-ся) *буд. вр. от* **расписа́ть(-ся)**

распла́чусь, распла́чешься *буд. вр. от* **распла́каться**

расплачу́сь, распла́тишься *буд. вр. от* **расплати́ться**

расплёл(-ся), расплела́(-сь) *прош. вр. от* **расплести́(-сь)**

расплету́, расплетёшь *буд. вр. от* **расплести́**

распоряжу́сь, распоряди́шься *буд. вр. от* **распоряди́ться**

распрягу́, распряжёшь, распрягу́т *буд. вр. от* **распря́чь**

рассеку́, рассечёшь, рассеку́т *буд. вр. от* **рассе́чь**

рассе́лся, рассе́лась *прош. вр. от* **рассе́сться**

рассержу́(-сь), рассе́рдишь(-ся) *буд. вр. от* **рассерди́ть(-ся)**

расскажу́, расска́жешь *буд. вр. от* **рассказа́ть**

расспрошу́, расспро́сишь *буд. вр. от* **расспроси́ть**

расста́нусь, расста́нешься *буд. вр. от* **расста́ться**

расстаю́сь, расстаёшься *наст. вр. от* **расстава́ться**

расстелю́, рассте́лешь *буд. вр. от* **разостла́ть** *и* **расстели́ть**

растёр, растёрла *прош. вр. от* **растере́ть**

растолку́, растолчёшь, растолку́т *буд. вр. от* **растоло́чь**

растоло́к, растолкла́ *прош. вр. от* **растоло́чь**

растопчу́, расто́пчешь *буд. вр. от* **растопта́ть**

растра́чу, растра́тишь *буд. вр. от* **растра́тить**

расхожу́сь, расхо́дишься *буд. вр. от* **расходи́ться**

расхохочу́сь, расхохо́чешься *буд. вр. от* **расхохота́ться**

расхочу́, расхо́чешь *буд. вр. от* **расхоте́ть**

расцвёл, расцвела́ *прош. вр. от* **расцвести́**

расцелу́ю, расцелу́ешь *буд. вр. от* **расцелова́ть**

расчи́щу, расчи́стишь *буд. вр. от* **расчи́стить**

ращу́, расти́шь *наст. вр. от* **расти́ть**

ре́жу, ре́жешь *наст. вр. от* **ре́зать**

рожу́, роди́шь *буд. вр. от сов. и наст. вр. от несов.* **роди́ть**

ропщу́, ро́пщешь *наст. вр. от* **ропта́ть**

рос, росла́ *прош. вр. от* **расти́**

ро́ю(-сь), ро́ешь(-ся) *наст. вр. от* **рыть(-ся)**

руковожу́, руководи́шь *наст. вр. от* **руководи́ть**

сажу́сь, сади́шься *наст. вр. от* **сади́ться** I

сбегу́, сбежи́шь, сбегу́т *буд. вр. от* **сбежа́ть**

сберёг, сберегла́ *прош. вр. от* **сбере́чь**

сберегу́, сбережёшь, сберегу́т *буд. вр. от* **сбере́чь**

сбли́жусь, сбли́зишься *буд. вр. от* **сбли́зиться**

сбре́ю, сбре́ешь *буд. вр. от* **сбрить**

сбро́шу, сбро́сишь *буд. вр. от* **сбро́сить**

сбу́ду, сбу́дешь *буд. вр. от* **сбыть**

сведу́, сведёшь *буд. вр. от* **свести́**

свёл, свела́ *прош. вр. от* **свести́**

свищу́, свисти́шь *наст. вр. от* **свисте́ть**

свожу́ I, сво́дишь *буд. вр. от* **своди́ть** I

свожу́ II, сво́дишь *наст. вр. от* **своди́ть** II

свожу́ III, сво́зишь *буд. вр. от* **свози́ть**

свяжу́, свя́жешь *буд. вр. от* **связа́ть**

свяжу́сь, свя́жешься *буд. вр. от* **связа́ться**

сгла́жу I, сгла́дишь *буд. вр. от* **сгла́дить**

сгла́жу II, сгла́зишь *буд. вр. от* **сгла́зить**
сгоню́, сго́нишь *буд. вр. от* **согна́ть**
сгрёб, сгребла́ *прош. вр. от* **сгрести́**
сгребу́, сгребёшь *буд. вр. от* **сгрести́**
сгружу́, сгру́зишь *буд. вр. от* **сгрузи́ть**
сдади́м(-ся), сдади́те(-сь), сдаду́т(-ся) *мн. ч. буд. вр. от* **сда́ть(-ся)**
сда́м(-ся), сда́шь(-ся), сда́ст(-ся) *ед. ч. буд. вр. от* **сдать(-ся)**
сдаю́, сдаёшь *наст. вр. от* **сдава́ть**
сдаю́сь, сдаёшься *наст. вр. от* **сдава́ться**
сёк, секла́ *прош. вр. от* **сечь**
секу́, сечёшь, секу́т *наст. вр. от* **сечь**
сел, се́ла *прош. вр. от* **сесть**
сержу́(-сь), се́рдишь(-ся) *наст. вр. от* **серди́ть(-ся)**
сжёг, сожгла́ *прош. вр. от* **сжечь**
сижу́, сиди́шь *наст. вр. от* **сиде́ть**
скажу́, ска́жешь *буд. вр. от* **сказа́ть**
скачу́ I, ска́чешь *наст. вр. от* **скака́ть**
скачу́ II, ска́тишь *буд. вр. от* **скати́ть** I
сколочу́, сколо́тишь *буд. вр. от* **сколоти́ть**
скольжу́, скользи́шь *наст. вр. от* **скользи́ть**
сконфу́жу(-сь), сконфу́зишь(-ся) *буд. вр. от* **сконфу́зить(-ся)**
скошу́, ско́сишь *буд. вр. от* **скоси́ть** I, II
скра́шу, скра́сишь *буд. вр. от* **скра́сить**
скрёб(-ся), скребла́(-сь) *прош. вр. от* **скрести́(-сь)**
скребу́, скребёшь *наст. вр. от* **скрести́**
скрещу́, скрести́шь *буд. вр. от* **скрести́ть**
скро́ю(-сь), скро́ешь(-ся) *буд. вр. от* **скры́ть(-ся)**
скрою́, скрои́шь *буд. вр. от* **скрои́ть**
скручу́, скру́тишь *буд. вр. от* **скрути́ть**
скую́, скуёшь *буд. вр. от* **скова́ть**
слёг, слегла́ *прош. вр. от* **слечь**
слежу́, следи́шь *наст. вр. от* **следи́ть**
слечу́, слети́шь *буд. вр. от* **слете́ть**
слыву́, слывёшь *наст. вр. от* **слыть**
сля́гу, сля́жешь *буд. вр. от* **слечь**
смёл, смела́ *прош. вр. от* **смести́**
смелю́, сме́лешь *буд. вр. от* **смоло́ть**
смету́, сметёшь *буд. вр. от* **смести́**
смешу́, смеши́шь *наст. вр. от* **смеши́ть**
смог, смогла́ *прош. вр. от* **смочь**
смогу́, смо́жешь, смо́гут *буд. вр. от* **смочь**
смолочу́, смоло́тишь *буд. вр. от* **смолоти́ть**
смо́ю, смо́ешь *буд. вр. от* **смыть**
снабжу́, снабди́шь *буд. вр. от* **снабди́ть**
снаряжу́(-сь), снаряди́шь(-ся) *буд. вр. от* **снаряди́ть(-ся)**
сни́жу(-сь), сни́зишь(-ся) *буд. вр. от* **сни́зить(-ся)**
снизойду́, снизойдёшь *буд. вр. от* **снизойти́**
снизошёл, снизошла́ *прош. вр. от* **снизойти́**
сную́, снуёшь *наст. вр. от* **снова́ть**
соберу́(-сь), соберёшь(-ся) *буд. вр. от* **собра́ть(-ся)**
совмещу́, совмести́шь *буд. вр. от* **совмести́ть**
совью́, совьёшь *буд. вр. от* **свить**
сожгу́, сожжёшь *буд. вр. от* **сжечь**
сожму́, сожмёшь *буд. вр. от* **сжать** I
сожму́сь, сожмёшься *буд. вр. от* **сжа́ться**
сожну́, сожнёшь *буд. вр. от* **сжать** II

создади́м, создади́те, создаду́т *мн. ч. буд. вр. от* **созда́ть**
созда́м, созда́шь, созда́ст *ед. ч. буд. вр. от* **созда́ть**
создаю́, создаёшь *наст. вр. от* **создава́ть**
сознаю́(-сь), сознаёшь(-ся) *наст. вр. от* **сознава́ть(-ся)**
созову́, созовёшь *буд. вр. от* **созва́ть**
сойду́(-сь), сойдёшь(-ся) *буд. вр. от* **сойти́(-сь)**
соображу́, сообрази́шь *буд. вр. от* **сообрази́ть**
сооружу́, сооруди́шь *буд. вр. от* **сооруди́ть**
соотношу́, соотно́сишь *наст. вр. от* **соотноси́ть**
состри́г, состри́гла *прош. вр. от* **состри́чь**
состригу́, сострижёшь, состригу́т *буд. вр. от* **состри́чь**
сотру́, сотрёшь *буд. вр. от* **стере́ть**
сошёл, сошла́ *прош. вр. от* **сойти́**
сошёлся, сошла́сь *прош. вр. от* **сойти́сь**
сошлю́сь, сошлёшься *буд. вр. от* **сосла́ться**
сошью́, сошьёшь *буд. вр. от* **сшить**
спал I, спа́ла *прош. вр. от* **спасть**
спал II, спала́, спа́ло *прош. вр. от* **спать**
спишу́, спи́шешь *буд. вр. от* **списа́ть**
сплёл, сплела́ *прош. вр. от* **сплести́**
сплету́, сплетёшь *буд. вр. от* **сплести́**
сплочу́, сплоти́шь *буд. вр. от* **сплоти́ть**
сплю, спишь *наст. вр. от* **спать**
спляшу́, спля́шешь *буд. вр. от* **спляса́ть**
спохвачу́сь, спохва́тишься *буд. вр. от* **спохвати́ться**
спрошу́(-сь), спро́сишь(-ся) *буд. вр. от* **спроси́ть(-ся)**
спря́чу(-сь), спря́чешь(-ся) *буд. вр. от* **спря́тать(-ся)**
сре́жу, сре́жешь *буд. вр. от* **сре́зать**
стёк, стекла́ *прош. вр. от* **стечь**
стелю́, сте́лешь *наст. вр. от* **стла́ть** *и* **стели́ть**
стёр(-ся), стёрла(-сь) *прош. вр. от* **стере́ть(-ся)**
стерёг, стерегла́ *прош. вр. от* **стере́чь**
стерегу́, стережёшь, стерегу́т *наст. вр. от* **стере́чь**
стих, сти́хла *прош. вр. от* **сти́хнуть**
сто́ю, сто́ишь *наст. вр. от* **сто́ить**
стою́, стои́шь *наст. вр. от* **стоя́ть**
стри́г(-ся), стри́гла(-сь) *прош. вр. от* **стри́чь(-ся)**
стригу́(-сь), стрижёшь(-ся) *наст. вр. от* **стри́чь(-ся)**
стру́шу, стру́сишь *буд. вр. от* **стру́сить**
стыжу́(-сь), стыди́шь(-ся) *наст. вр. от* **стыди́ть(-ся)**
суечу́сь, суети́шься *наст. вр. от* **суети́ться**
су́жу, су́зишь *буд. вр. от* **су́зить**
сужу́(-сь), су́дишь(-ся) *наст. вр. от* **суди́ть(-ся)**
схожу́ I, схо́дишь *буд. вр. от* **сходи́ть** I
схожу́ II, схо́дишь *наст. вр. от* **сходи́ть** II
счёл, сочла́ *прош. вр. от* **счесть**
съеди́м, съеди́те, съедя́т *мн. ч. буд. вр. от* **съесть**
съе́ду, съе́дешь *буд. вр. от* **съе́хать**
съе́зжу, съе́здишь *буд. вр. от* **съе́здить**
съел *прош. вр. от* **съесть**
съем, съешь, съест *ед. ч. буд. вр. от* **съесть**
ся́ду, ся́дешь *буд. вр. от* **сесть**

твержу́, тверди́шь *наст. вр. от* **тверди́ть**
тёк, текла́ *прош. вр. от* **течь** I
толку́, толчёшь, толку́т *наст. вр. от* **толо́чь**
толо́к, толкла́ *прош. вр. от* **толо́чь**
топчу́(-сь), то́пчешь(-ся) *наст. вр. от* **топта́ть(-ся)**
трепещу́, трепе́щешь *наст. вр. от* **трепета́ть**
тружу́сь, тру́дишься *наст. вр. от* **труди́ться**
тру́шу, тру́сишь *наст. вр. от* **тру́сить**
ты́чу(-сь), ты́чешь(-ся) *наст. вр. от* **ты́кать(-ся)**

убью́(-сь), убьёшь(-ся) *буд. вр. от* **уби́ть(-ся)**
уведу́, уведёшь *буд. вр. от* **увести́**
уви́жу(-сь), уви́дишь(-ся) *буд. вр. от* **уви́деть(-ся)**
увлёк(-ся), увлекла́(-сь) *прош. вр. от* **увле́чь(-ся)**
увлеку́(-сь), увлечёшь(-ся) *буд. вр. от* **увле́чь(-ся)**
увожу́ I, уво́дишь *наст. вр. от* **уводи́ть**
увожу́ II, уво́зишь *наст. вр. от* **увози́ть**
угожу́, угоди́шь *буд. вр. от* **угоди́ть**
уе́ду, уе́дешь *буд. вр. от* **уе́хать**
ужу́, у́дишь *наст. вр. от* **уди́ть**
уйду́, уйдёшь *буд. вр. от* **уйти́**
уйму́, уймёшь *буд. вр. от* **уня́ть**
укажу́, ука́жешь *буд. вр. от* **указа́ть**
украду́, украдёшь *буд. вр. от* **укра́сть**
укра́л, *прош. вр. от* **укра́сть**
укра́шу, укра́сишь *буд. вр. от* **укра́сить**
улечу́, улети́шь *буд. вр. от* **улете́ть**
уля́гусь, уля́жешься, уля́гутся *буд. вр. от* **уле́чься**
умру́, умрёшь *буд. вр. от* **умере́ть**
унёс, унесла́ *прош. вр. от* **унести́**
унёсся, унесла́сь *прош. вр. от* **унести́сь**
уни́жу(-сь), уни́зишь(-ся) *буд. вр. от* **уни́зить(-ся)**
унижу́, уни́жешь *буд. вр. от* **униза́ть**
упёр(-ся), упёрла(-сь) *прош. вр. от* **упере́ть(-ся)**
упрошу́, упро́сишь *буд. вр. от* **упроси́ть**
упру́(-сь), упрёшь(-ся) *буд. вр. от* **упере́ть(-ся)**
упущу́, упу́стишь *буд. вр. от* **упусти́ть**
усажу́, уса́дишь *буд. вр. от* **усади́ть**
уся́дусь, уся́дешься *буд. вр. от* **усе́сться**
утёк, утекла́ *прош. вр. от* **уте́чь**
утра́чу, утра́тишь *буд. вр. от* **утра́тить**
утру́сь, утрёшься *буд. вр. от* **утере́ться**
ушёл, ушла́ *прош. вр. от* **уйти**

хлопочу́, хлопо́чешь *наст. вр. от* **хлопота́ть**
хны́чу, хны́чешь *наст. вр. от* **хны́кать**
хожу́, хо́дишь *наст. вр. от* **ходи́ть**
хочу́, хо́чешь *наст. вр. от* **хоте́ть**

цвёл, цвела́ *прош. вр. от* **цвести́**
цвету́, цветёшь *наст. вр. от* **цвести́**

черчу́, че́ртишь *наст. вр. от* **черти́ть**
чешу́(-сь), че́шешь(-ся) *наст. вр. от* **чеса́ть(-ся)**

шепчу́(-сь), ше́пчешь(-ся) *наст. вр. от* **шепта́ть(-ся)**
шлю, шлёшь *наст. вр. от* **слать**
шью, шьёшь *наст. вр. от* **шить**